全国 地名 駅名 よみかた辞典

最新 市町村合併完全対応版

日外アソシエーツ編集部編

日外アソシエーツ

Guide to Reading

of

Japanese Place Names

including

Railroad Station Names

Compiled by

Nichigai Associates, Inc.

©2016 by Nichigai Associates, Inc.

Printed in Japan

本書はディジタルデータでご利用いただくことが
できます。詳細はお問い合わせください。

●編集担当● 荒井 理恵

刊行にあたって

　本書は『新訂全国地名駅名よみかた辞典』（2006年10月刊）の最新版である。

　1999（平成11）年改正の旧合併特例法に基づき、全国で進められた“平成の大合併”も2010（平成22）年に一区切りを迎えた。前版刊行時、1,819あった市町村数は2016年8月現在、1,718市町村（790市745町183村）となった。過去10年で町・村は減少したが、市はわずかに増加し町の数を上回っている。また前版刊行後、新潟市（2007年）、浜松市（同）、岡山市（2009年）、相模原市（2010年）、熊本市（2012年）の5市が新たに政令指定都市となった。合併市に限り、人口要件が緩和されたことによって岡山市、相模原市、熊本市といった中規模都市が政令市に昇格している。

　変更・新規に追加した地名は、市町村合併や政令指定都市誕生によるものが多かった。地名には地形や地質など自然に因んだもの、その地にあったものや住んでいた人などの由縁に因むもの、町域・町名変更で作られたものなどの由来があるが、相次ぐ合併で従来の地名の意味が薄れつつある。新たな地名は、公募で決定した宮城県亘理郡山元町の「つばめの杜」や、まちづくりの一環として地域の統一性やイメージを重視し命名された大阪府茨木市の「彩都あかね」など各地方公共団体の独自性をもつ場合もある。わかりやすく柔らかな印象をもつひらがな表記に改称する傾向も定着しつつある。他方で、近年自然災害が頻発していることから、過去におきた地震や水害の痕跡がある古くから存在する地名も注目されている。

　駅名では、2015（平成27）年の北陸新幹線、2016（平成28）年の北海道新幹線の開通に伴いJR各社から経営分離した「青い森鉄道」や「えちごトキめき鉄道」、ほか運営事業者がかわった路線があり、それに伴う新駅・改称駅がみられた。利用者の減少や経済不況により廃線となった

路線も多く、廃止駅の増加も続いている。一方、川崎市とJR東日本による鉄道の利便性向上と利用拡大を目指す"戦略的新駅"として南武線支線に小田栄駅が新設されるなど新しい動きも出ている。そのほか東武鉄道伊勢崎線の業平橋駅の改称やJR湖西線のおごと温泉駅など、観光誘致を図り駅名を変更する例もある。

　本書には原則として全国の現行地名と駅名を掲載したが、前版刊行後に市町村合併によって消えてしまった旧市町村の名称も現在の市町村名を参照する形で残した。音訳や点訳活動を行われているボランティアの方々に広くご利用いただくことを期し、前版同様「まち」「ちょう」「むら」「そん」の区別に留意して編集につとめ、地名118,845件、駅名8,987件、計127,832件の読みがなを収録した。

　日本の地名に関心を持つすべての方にとって、本書が大いに役立つことを願っている。

　　　2016年8月

　　　　　　　　　　　　　　　　　　　日外アソシエーツ編集部

目　次

凡　例……………………………………………………………… (6)

頭字音訓ガイド…………………………………………………… (9)

検　字　表………………………………………………………… (27)

全国地名駅名よみかた辞典 ………………………………………… 1

凡　例

1．概　要

　　本書は全国の現行地名および鉄道線の駅名、合わせて127,832件について
それぞれの読みがなを明示した「よみかた辞典」である。

2．収録範囲

（1）地　名

　　都道府県名、都道府県内の郡名、政令指定都市を含む全国の市町村の名
称、特別区（東京23区）名、政令指定都市区名ならびに市区町村に属す
る町名、大字の名称。但し全く漢字を用いないものは除く。

（2）駅　名

　　ＪＲ北海道・東日本・東海・西日本・四国・九州各社の鉄道線の臨時
駅を含む全駅の名称ならびに全国の公営鉄道線、民営鉄道線（ケーブ
ルカー、ロープウェイなどを除く）の各駅・停留所の名称。但し全く
漢字を用いないものは除く。

3．記載事項

（1）地名には読みがなの後ろに、所在地を示す都道府県名、都道府県郡名、

都道府県市（区）名、都道府県郡町・村名を記載した。なお、前版刊行
後に合併もしくは編入を行った市町村、消滅した郡は、下記のように示
した。なお、2016年中の変更が決定している市町村についても新市町村
名を示した。

　　　　　　〈例〉　一色町　いっしきちょう　⇒　西尾市（愛知県）
　　　　　　　　　　八束郡　⇒　消滅（島根県）

（2）駅名には読みがなの後ろに、路線名と所在地を示す都道府県名を記載

した。

4．排　列

（1）頭字の排列

　　地名・駅名の頭文字によって「英数字」「カタカナ」「ひらがな」および「漢
字」に分け、総画数順・部首順に排列した。

(6)

（2）地名・駅名の排列

　　2文字目以降の総画数順に排列、2文字目の総画数を見出しの前に記載した。英数字、カタカナ、ひらがな、記号類の総画数は「0」とみなした。同じ画数内では部首順に排列した。表記が同じ場合は、全国地方公共団体コードによって、おおむね北から南へ排列した。

5．頭字音訓ガイド

（1）漢字の頭文字の音（カタカナで記載）または訓（ひらがなで記載）を五十音順に並べ、頭文字の所在を掲載ページで示した。

　　　〈例〉アイ　　愛　　1153
　　　　　　あい　　始　　843
　　　　　　　　　　相　　884

6．検字表

（1）漢字の頭文字を本文と同じ総画数部首順に並べ、次に頭文字と2番目の文字の表記、2番目の文字の総画数を掲載した。なお、英数字、カタカナ、ひらがな、記号類の総画数は「0」とみなし、所在は掲載ページで示した。

　　　〈例〉人
　　　　　　³人丸　　29
　　　　　　⁵人母　　29
　　　　　　　人穴　　29
　　　　　　⁶人吉　　29

7．典拠・参考資料

（1）地　名
　　市町村自治研究会編集『全国市町村要覧 平成27年版』（第一法規、2015年11月）
　　日本郵便株式会社ウェブサイト（http://www.post.japanpost.jp/）
　　各地方自治体公式ウェブサイト

（2）駅　名
　　国土交通省鉄道局監修『鉄道要覧 平成27年度』（電気車研究会、2015年9月）
　　鉄道事業各社公式ウェブサイト

頭字音訓ガイド

あ

ア	阿	796
	窪	1222
	鴉	1258
アイ	愛	1153
あい	始	843
	相	884
	藍	1278
あいだ	間	1136
あう	会	478
	合	497
	逢	981
あお	青	801
	蒼	1193
あおい	葵	1125
あおぐ	仰	479
あか	朱	528
	赤	647
	垢	838
	緋	1225
あかいろ	猩	1121
あかがね	銅	1231
あがた	県	884
あかつき	暁	1102
あかね	茜	908
あがめる	崇	1015
あがる	上	88
	騰	1298
あかるい	明	698
あき	秋	898
あきなう	商	1009
あきらか	昭	854
	晃	945
	暘	1174
あきる	飽	1207
	飫	1207
アク	悪	1019
あく	開	1136
あくた	芥	639
あくつ	圷	501
あけぼの	曙	1273
あげる	挙	945
	揚	1102
あこがれる	憧	1240
あさ	麻	1070
	朝	1105
あさい	浅	876
あさがら	莇	980
あさひ	旭	521
あざみ	薊	1265
あさり	蜊	1288
あし	芷	453
	芦	633
	足	652
	脚	1044
	葦	1125
	葭	1129
あじ	味	663
	鯵	1302
あした	旦	416
あずさ	梓	1021
あずま	東	713
あせ	汗	529
あぜ	畔	971
あそぶ	遊	1135
あたい	値	923
あたえる	与	123
	與	1230
あたたかい	温	1113
あたま	頭	1268
あたらしい	新	1155
あたり	辺	472
あたる	当	519
	當	1183
	應	1273
あつい	厚	837
	敦	1102
	暑	1103
	熱	1249
あつかう	扱	521
あつまる	聚	1229
	蟠	1286
あつめる	集	1138
あてぎ	椴	1178
あと	後	847
	跡	1203
あな	穴	469
あに	兄	352
あね	姉	674
あぶ	虻	914
あぶみ	鐙	1297
あぶら	油	762
あま	天	312
	尼	395
	蜑	1195
あまい	甘	438
あまる	余	601
	餘	1270
あみ	網	1225
	羅	1293
あめ	天	312
	雨	801
	飴	1206
あや	斐	1102
	綾	1223
	綺	1229
あやつる	操	1258
あやまる	謝	1278
あゆ	鮎	1270
あゆむ	歩	753
あらい	荒	908
	粗	1040
	麁	1207
あらう	洗	877
あらかじめ	予	279
あらがね	鉱	1204
あらし	嵐	1089
あらた	畭	1122
あらためる	改	622
あらと	砺	975
あらわす	表	776
あらわれる	現	1036
	顕	1288
	露	1297
あり	蟻	1295
ある	在	500
	有	526
あるく	歩	753
あわ	泡	762
	粟	1124
あわい	淡	1034
あわび	鮑	1052
アン	安	503
	案	946
	庵	1018
	鞍	1255
	闇	1279
あんず	杏	622

い

イ	以	351
	伊	473
	夷	503
	衣	552
	位	594
	医	606
	囲	608
	依	661
	易	698
	威	843
	姨	843
	為	881
	帷	1018
	惟	1019
	椅	1020
	移	1037
	葦	1125
	意	1154
	維	1224
	蔚	1230
	熨	1249
	鰄	1298
い	井	280
	亥	473
	藺	1294
いう	曰	330
いえ	家	930
いおり	庵	1018
いかだ	枋	751
	桴	1024
	筏	1124
いかり	碇	1184
いかる	怒	848
いかるが	鵤	1290
いき	息	944
いきおい	勢	1145
いきる	生	438
	活	870
イク	育	767
	澳	1260
いく	行	551
	幾	1090
いけ	池	534
いこう	憩	1258
いさお	勲	1239
いさましい	勇	813
いさめる	諫	1265
いし	石	462
いしずえ	礎	1281
いしぶみ	碑	1218
いずみ	泉	873
いそ	磯	1274
	礒	1281
いそぐ	急	813
いた	板	748
いたがね	鈑	1136
いたずらに	徒	943
いただく	頂	1064
いたる	至	549
イチ	一	12
	壱	612
いち	市	396
イツ	逸	1053
いつくしむ	慈	1154
いつつ	五	283
いと	糸	545
いとぐち	緒	1224
いとなむ	営	1076
いなずま	電	1205
いぬ	犬	349
	戌	521
	狗	765
いね	稲	1218
いのしし	猪	1035
いのる	祈	766
いばら	茨	908
	荊	908
いま	今	288
いましめ	戒	622
いましめる	警	1295
いまわしい	忌	617
いも	芋	551
いもうと	妹	674
いやし	賤	1255
いやしい	卑	836
いり	杁	529
いる	居	678
	要	914
	射	939
	鋳	1255
いるか	鯑	1288
いれる	入	29
いろ	色	550
いろどる	彩	1019
いろり	炉	763
	鑪	1302
いわ	岩	682
	磐	1298
いわう	祝	889
いわく	曰	330
いわし	鰯	1298
イン	引	317
	印	483
	因	500
	員	927
	院	984
	寅	1015
	陰	1063
	蔭	1230
	隠	1234
いん	院	984

う

ウ	右	383
	宇	510
	有	526

	羽	545
	芋	551
	雨	801
	栫	963
	烏	970
う	卯	383
	鵜	1288
うえ	上	88
うえる	植	1108
うお	魚	1064
うかがう	伺	598
うく	浮	968
うぐい	鯎	1288
うぐいす	鶯	1270
	鷪	1301
うけたまわる	承	697
うける	受	662
	請	1254
うごく	動	1009
うさぎ	兎	661
	菟	1126
うし	丑	249
	牛	347
うじ	氏	338
うしお	潮	1248
うしとら	艮	550
うしろ	後	847
うす	臼	549
	碓	1184
うず	渦	1113
うすい	薄	1264
うずら	鶉	1296
うた	歌	1214
うたい	謡	1265
うち	内	302
ウツ	蔚	1230
	尉	1249
うつ	打	415
うつくしい	伃	481
	美	901
うつほ	筑	900
	靭	1139
うつる	移	1037
うで	腕	1125
うてな	台	390
うでわ	釧	1063
うね	畝	970
	畦	1036
うば	姥	843
うま	午	306
	馬	985
うまれる	生	438
うみ	海	868
うむ	産	1036
うめ	梅	959
うめる	埋	929
うもれる	埋	929
うやまう	敬	1102
うら	浦	963
	裏	1195
うらなう	卜	47
	占	383
うらやむ	羨	1191
うり	瓜	537
うる	売	612
うるう	閏	1136
うるおう	濡	1274
うるおす	潤	1248
うるし	漆	1215
うれる	熟	1249
うろこ	鱗	1302
ウン	運	1133
	雲	1139

え

エ	衣	552
	依	661
	恵	943
え	江	529
	柄	865
	荏	908
	絵	1125
	餌	1235
エイ	永	432
	曳	525
	英	769
	栄	857
	営	1076
	影	1240
	頴	1261
えがく	画	765
エキ	亦	473
	役	617
	易	698
	益	972
	掖	1020
	駅	1235
えさ	餌	1235
えだ	枝	701
えだみち	岐	616
エツ	曰	330
	越	1131
えのき	榎	1212
えび	蛯	1129
	蝦	1253
	魵	1257
えびす	夷	503
	戎	519
	狄	630
	胡	907
えびら	箙	1223
えぶり	杁	529
えらぶ	撰	1240
えり	襟	1286
エン	円	301
	奄	673
	延	693
	垣	838
	烟	970
	莚	980
	淵	1034
	渕	1035
	焔	1035
	堰	1078
	園	1145
	塩	1146
	煙	1181
	猿	1182
	筵	1191
	遠	1203
	鉛	1204
	鳶	1237
	縁	1251
	燕	1260
	薗	1263
	閹	1268
	鴛	1270
えんじゅ	槐	1214

お

オ	於	698
	悪	1019
	飫	1207
お	尾	614
	緒	1224
おい	老	548
	笈	900
	於	698
おいて	於	698
おいる	老	548
オウ	王	350
	応	617
	往	695
	押	696
	始	843
	皇	884
	桜	953
	翁	977
	黄	1071
	奥	1080
	横	1241
	澳	1260
	鴬	1270
	鴨	1270
	應	1273
	櫻	1298
	鶯	1301
	鸚	1302
	鷹	1303
おう	負	813
	追	915
おうぎ	扇	944
おおい	多	501
おおう	幕	1153
	覆	1286
おおかみ	狼	970
おおきい	大	145
	巨	396
	仔	481
	萬	1129
おおざら	盤	1249
おおとり	鳳	1237
	鴻	1280
おおやけ	公	298
おか	丘	351
	岡	678
	陵	1064
おがむ	拝	697
おき	沖	628
	澳	1260
おぎ	荻	979
おきな	翁	977
おきる	起	981
オク	屋	844
	奥	1080
	澳	1260
おく	奥	1080
	置	1191
おくる	送	915
おけ	桶	1021
おこす	起	981
おごそか	厳	1272
おこなう	行	551
おこる	怒	848
	興	1263
おさ	筬	1191
おさえる	押	696
おさない	稚	1190
おさめる	収	383
	治	758
	修	921
	納	976
おしえる	教	1020
おす	牡	630
	押	696
	雄	1138
おそい	遅	1134
おそれる	恐	943
おちる	堕	1078
	落	1128
オツ	乙	18
おっと	夫	316
おと	音	916
おとうと	弟	617
おとこ	男	631
おどす	威	843
おどる	踊	1230
おどろく	驚	1301
おなじ	同	497
おなもみ	蒼	1129
おに	鬼	1006
おの	斧	698
おのおの	各	484
おのれ	己	248
おば	姨	843
おび	帯	942
おびる	帯	942
おぼえる	覚	1129
おぼろ	朧	1297
おも	主	351
おもい	重	916
おもう	思	848
	惟	1019
おもて	表	776
	面	916
おもむろ	徐	943
おや	親	1265
および	及	139
おりる	下	47
おる	折	622
	織	1281
おろす	卸	836
おわる	了	23
	卒	662
オン	音	916
	恩	943
	温	1113
	隠	1234
おん	御	1090
おんな	女	194

か

カ	下	47

頭字音訓ガイド　か

読み	字	頁		読み	字	頁		読み	字	頁		読み	字	頁		読み	字	頁
	化	288			廻	846			鶴	1298		かたわら	傍	1075			栢	946
	火	345			海	868		かく	書	945		かち	徒	943			萱	1125
	加	354			界	882			掻	1019		カツ	活	870			榧	1214
	可	383			皆	884		ガク	学	674			葛	1046		かよう	通	981
	禾	469			桧	962			岳	681			割	1076		から	唐	928
	仮	478			借	1009			楽	1175			筈	1124			漢	1179
	瓜	537			堺	1078			額	1288			滑	1178		がら	柄	865
	伽	594			絵	1125			鰐	1298		かつ	且	350		からい	辛	653
	花	635			開	1136		かくれる	隠	1234			勝	1104		からし	芥	639
	佳	661			階	1137		かげ	陰	1063		ガツ	月	330		からす	烏	970
	河	753			槐	1214			景	1103		かつお	鰹	1302			鴉	1258
	茄	769			魁	1236			蔭	1230		かつぐ	担	697		からだ	躰	1133
	科	898			潰	1249			影	1240		かつて	曽	1020		からむし	苧	774
	夏	929			懐	1258		がけ	崕	843			曾	1103		かり	仮	478
	家	930			檜	1274		かけはし	桟	957		かつら	桂	950			狩	881
	荷	979			蟹	1294		かける	欠	337		かど	角	642			假	1009
	華	980		かい	貝	646			掛	1019			門	794			雁	1137
	蚊	980		ガイ	外	394			駈	1256		かなう	叶	383		かりる	借	921
	假	1009			亥	473			懸	1297		かなえ	鼎	1207		かる	刈	305
	掛	1019			苅	639		かご	篭	1262		かなしい	悲	1101			苅	639
	捲	1020			蓋	1192			籠	1301		かなでる	奏	843			猟	1036
	菓	1046			鮠	1280		かこむ	囲	608		かなめ	要	914		かるい	軽	1133
	裂	1052			鎧	1287		かさ	笠	1037		かに	蟹	1294		かれ	彼	695
	渦	1113		かいこ	蚕	980			傘	1075		かね	金	777		かれい	鰈	1298
	霞	1129		かいな	腕	1125			嵩	1152			釛	984		かれる	枯	861
	過	1133		かう	買	1131		かささぎ	鵲	1296			鉦	1204			涸	1035
	嫁	1150		かえす	返	654		かさなる	重	916			鐘	1297			槝	1214
	椵	1178		かえで	楓	1177		かざる	飾	1206		かねる	兼	923		かわ	川	238
	嘉	1207		かえる	帰	942		かし	樫	1246		かのえ	庚	692			皮	459
	歌	1214			復	1101			橿	1274		かば	椛	1022			河	753
	樺	1247		かお	顔	1288		かじ	梶	1021			樺	1247			革	916
	蝦	1253		かおり	香	919		かじか	鮖	1270		かぶ	株	946		がわ	側	1009
	鍋	1279		かおる	薫	1264			鰍	1298		かぶと	冑	808		かわうそ	獺	1293
	鍜	1279		かがみ	鏡	1295		かしぐ	炊	763			兜	1009		かわかす	乾	1007
	霞	1279		かがむ	屈	678		かしこい	賢	1265		かぶら	蕪	1252		かわせみ	翠	1229
かが	蚊	980		かがやく	輝	1255		かしら	頭	1268		かぶらや	鏑	1295		かわら	瓦	437
ガ	瓦	437		かかる	掛	1019		かしわ	柏	863		かべ	壁	1258		かわる	代	352
	我	621		かかわる	関	1231		かす	粕	1040		かま	釜	983			替	1103
	画	765		かき	垣	838			貸	1131			窯	1250		カン	干	249
	臥	768			柿	859			糟	1277			鎌	1287			甘	438
	芽	769			蛎	1052		かず	数	1155		がま	蒲	1192			甲	440
	峨	939			蠣	1297		かすい	鵥	1301		かまえる	構	1212			亙	473
	我	980		かぎ	勾	306		かすむ	霞	1279		かます	叺	391			汗	529
	賀	1130			鈎	1136		かせ	椵	1178		かまど	竈	1298			串	593
	蛾	1194			鍵	1278		かぜ	風	917		かみ	上	88			旱	622
	駕	1256		カク	各	484		かぞえる	数	1155			神	889			肝	633
が	蛾	1194			角	642			算	1222			紙	976			函	661
カイ	介	288			画	765		かた	方	322		かみなり	雷	1205			官	675
	会	478			狢	882			片	345		かむ	狨	630			冠	808
	回	500			革	916			潟	1248		かめ	亀	1007			巻	845
	灰	537			涸	1035		かたい	堅	1078			瓶	1036			柑	861
	戒	622			郭	1053		かたち	形	617		かも	鴨	1270			竿	899
	改	622			覚	1129		かたどる	象	1129		かもめ	鴎	1302			乾	1007
	芥	639			塙	1149		かたな	刀	44		かや	茅	769			勘	1009

(13)

き　頭字音訓ガイド

	菅	1049
	貫	1053
	寒	1083
	間	1136
	閑	1137
	勧	1145
	寛	1150
	感	1154
	漢	1179
	管	1222
	綣	1229
	関	1231
	歓	1248
	舘	1263
	諫	1265
	館	1269
	環	1274
	韓	1280
	観	1286
	鹹	1298
	灘	1298
ガン	丸	124
	元	295
	岸	681
	岩	682
	眼	1037
	雁	1137
	顔	1288
	願	1296
	巌	1297
かんじる	感	1154
かんばしい		
	臭	632
	芳	641
かんむり	冠	808

き

キ	乞	133
	己	248
	企	479
	机	528
	気	529
	岐	616
	希	616
	忌	617
	祁	632
	其	661
	季	675
	祈	766
	旺	838
	葵	884
	紀	900
	姫	930
	帰	942
	記	980
	起	981
	鬼	1006
	亀	1007
	基	1010
	埼	1010
	寄	1014
	崎	1015
	掎	1020
	喜	1076
	幾	1090
	稀	1122
	葵	1125
	貴	1131
	碁	1184
	旗	1211
	箕	1222
	綺	1229
	嬉	1239
	槻	1247
	輝	1255
	機	1258
	磯	1274
	櫃	1281
	騎	1288
	鰭	1298
き	木	331
	黄	1071
	樹	1260
ギ	祁	632
	其	661
	宜	675
	祇	767
	義	1191
	儀	1239
	礒	1281
	蟻	1295
キク	菊	1047
	麹	1258
	鞠	1280
きく	利	605
	効	945
	聞	1229
きざす	萌	1051
	萠	1052
きざはし	階	1137
きざむ	鵰	1296
きし	岸	681
きずく	築	1261
きそう	競	1297
きた	北	359
きたえる	鍛	1278
	鍛	1279
きたる	来	627
キチ	吉	484
キツ	吉	484
	桔	946
	橘	1258
きつね	狐	765
きつねあざみ		
	莪	980
きぬ	衣	552
	絹	1191
きぬた	砧	974
きね	杵	701
きのえ	甲	440
きび	黍	1145
きびしい	厳	1272
きみ	君	607
きも	肝	633
	胆	907
キャク	客	843
	脚	1044
ギャク	逆	915
キュウ	九	22
	久	127
	及	139
	弓	249
	丘	351
	旧	416
	休	479
	吸	494
	朽	528
	汲	529
	臼	549
	求	629
	玖	630
	皀	632
	糺	633
	急	813
	笈	900
	宮	931
	球	1036
	給	1125
	鳩	1207
	樛	1248
	鬮	1304
ギュウ	牛	347
キョ	去	383
	巨	396
	居	678
	苣	776
	炬	881
	挙	945
	秬	975
	虚	1052
	許	1053
	筥	1191
	裾	1195
	鋸	1267
	欅	1298
ギョ	魚	1064
	御	1090
	漁	1215
きよい	浄	870
	清	1029
キョウ	兄	352
	叶	383
	共	483
	杏	622
	京	658
	供	661
	協	662
	狭	881
	香	919
	恐	943
	挟	945
	狭	970
	胸	977
	脇	978
	強	1019
	教	1020
	経	1040
	郷	1053
	頃	1064
	喬	1077
	桙	1113
	韮	1139
	境	1208
	蕎	1252
	橋	1258
	興	1263
	薑	1265
	橿	1274
	鏡	1295
	競	1297
	響	1298
	鷲	1301
ギョウ	仰	479
	刑	483
	行	551
	形	617
	暁	1102
	業	1175
キョク	旭	521
	曲	678
	局	614
	極	1175
ギョク	玉	435
きり	桐	946
	霧	1296
きりかぶ	株	1281
きる	切	305
	伐	480
きわ	際	1234
きわめる	極	1175
キン	巾	248
	芹	640
	近	654
	金	777
	菫	1051
	欽	1113
	琴	1121
	筋	1123
	禁	1184
	篁	1223
	錦	1267
	襟	1286
ギン	狺	630
	銀	1230

く

ク	九	22
	工	248
	区	306
	玖	630
	供	661
	狗	765
	苦	769
	紅	900
	倶	921
	貢	980
	椌	1113
	駈	1256
	駒	1256
グ	具	661
くい	杭	701
	椴	1178
クウ	空	767
くう	喰	1077
グウ	宮	931
	隅	1137
くき	茎	769
くぎ	釘	984
くぐりど	閤	1234
くこ	蒟	980
くさ	草	911
くさよもぎ		
	薦	1264
くし	串	593
	櫛	1274
くじ	鬮	1304
くじら	鯨	1296

(14)

くす	樺	1247
くず	葛	1046
くすのき	楠	1176
くすり	薬	1264
くずれる	崩	1016
くだ	管	1222
くだる	下	47
くち	口	139
くちる	朽	528
クツ	屈	678
	堀	1011
くつ	沓	757
くつがえす		
	覆	1286
くつろぐ	寛	1150
くつわ	轡	1301
くに	邑	656
	国	668
くぬぎ	椚	1113
	櫟	1290
くばる	配	983
くび	首	918
	頸	1268
くびはねる		
	刎	483
くぼ	窪	1222
くま	隈	1137
	熊	1216
	澳	1260
くみ	組	1044
ぐみ	茱	914
くみする	与	123
	與	1230
くむ	汲	529
	酌	983
	組	1044
くも	雲	1139
	蜘	1230
くもる	曇	1258
くら	倉	922
	庫	943
	蔵	1252
	鞍	1255
くらい	位	594
くらべる	比	337
くり	栗	947
くりや	厨	1076
くる	来	627
くるしい	苦	769
くるま	車	653
くるみ	樹	1177
くるわ	郭	1053
くれ	呉	607
	榑	1214
くれない	紅	900
くれる	暮	1212
くろ	玄	435
	黒	1071
くろがね	鉄	1204
くろきび	秬	975
くわ	桑	949
	鍬	1278
くわえる	加	354
くわだてる		
	企	479
クン	君	607
	訓	980
	馴	1207
	勲	1239
	薫	1264
ダン	軍	915
	郡	982
	群	1191

け

ケ	化	288
	仮	478
	芥	639
	家	930
	假	1009
	袈	1052
	椵	1178
	懸	1297
け	毛	338
ゲ	下	47
	椵	1178
	鍜	1279
ケイ	兄	352
	刑	483
	形	617
	枅	751
	茎	769
	荊	908
	計	915
	恵	943
	桂	950
	笄	976
	啓	1009
	渓	1024
	畦	1036
	経	1040
	脛	1044
	蛍	1052
	頃	1064
	敬	1102
	景	1103
	軽	1133
	渓	1181
	継	1191
	慶	1240
	稽	1250
	憩	1258
	薊	1265
	螢	1265
	頸	1268
	繋	1277
	鮭	1280
	鮨	1280
	警	1295
	鶏	1296
	競	1297
ゲイ	芸	640
	迎	654
	猊	1036
	鯨	1296
ケツ	欠	337
	穴	469
	血	551
	結	1125
	蕨	1253
ゲツ	月	330
けむり	烟	970
	煙	1181
けやき	欅	1298
ける	蹴	1295
けわしい	嶬	1150
	巌	1297
ケン	犬	349
	見	642
	枡	751
	建	846
	県	884
	研	888
	兼	923
	剣	924
	拳	945
	軒	981
	健	1009
	堅	1078
	検	1108
	硯	1122
	萱	1125
	間	1136
	絹	1191
	蜆	1195
	縑	1229
	蜷	1230
	権	1247
	劔	1258
	賢	1265
	鍵	1278
	顕	1288
	懸	1297
	鰹	1302
ゲン	元	295
	玄	435
	弦	693
	彦	846
	原	924
	拳	945
	現	1036
	源	1179
	蜆	1195
	厳	1272

こ

コ	己	248
	戸	318
	古	383
	呼	662
	狐	765
	虎	776
	故	849
	枯	861
	炬	881
	胡	907
	庫	943
	涸	1035
	菰	1049
	袴	1052
	壺	1080
	湖	1114
	楜	1177
	鼓	1207
	皷	1218
こ	子	195
	木	331
	児	602
	粉	976
ゴ	五	283
	伍	288
	午	306
	伍	479
	呉	607
	吾	607
	莒	776
	後	847
	珸	1036
	御	1090
	楜	1177
	碁	1184
	護	1297
こい	鯉	1288
こいし	礫	1297
こいしい	恋	944
コウ	口	139
	工	248
	公	298
	勾	306
	尻	395
	広	411
	弘	415
	甲	440
	亘	473
	交	473
	光	481
	向	494
	好	503
	江	529
	芒	551
	行	551
	更	593
	孝	613
	杠	627
	岡	678
	岬	690
	幸	690
	庚	692
	杭	701
	肱	767
	肴	768
	厚	837
	垢	838
	後	847
	恒	848
	皇	884
	紅	900
	荒	908
	虹	914
	郊	916
	香	919
	効	945
	晃	945
	狭	970
	耕	977
	航	979
	貢	980
	高	988
	康	1018
	皐	1037
	黄	1071
	桐	1113
	控	1113
	港	1114
	蛤	1129
	鈎	1136
	塙	1149

(15)

さ　頭字音訓ガイド

	幌	1152
	溝	1179
	鉱	1204
	構	1212
	橋	1214
	綱	1224
	閣	1234
	廣	1240
	興	1263
	薑	1265
	鋼	1268
	糠	1277
	藁	1278
	溝	1278
	鮫	1280
	鴻	1280
こう	乞	133
	請	1254
	講	1278
ゴウ	合	497
	剛	924
	業	1175
	豪	1230
	轟	1298
こうがい	笄	976
こうし	犧	1293
こうじ	糀	1191
	麹	1258
こうぞ	楮	1178
こえ	声	612
こえる	肥	768
	越	1131
	超	1133
こおり	氷	434
	郡	982
こがね	鈎	984
コク	石	462
	告	608
	谷	644
	国	668
	鈎	984
	黒	1071
	穀	1221
	鵠	1289
こぐ	漕	1215
ゴク	鈎	984
こけ	苔	774
ここのつ	九	22
こころ	心	318
こころざす	志	617
こころみる	試	1195
こし	腰	1192
こしき	甑	1261
こじり	鐺	1298
こす	越	1131
こたえ	答	1123
こたえる	応	617
コツ	乞	133
	兀	133
	笏	976
	骨	988
ゴツ	兀	133
こて	鏝	1298
こと	事	658
	琴	1121
ごとく	如	503
ことごとく	侭	661
ことぶき	寿	613
ことわり	理	1036
こな	粉	976
このむ	好	503
こぶ	瘤	1249
こぶし	拳	945
こま	狛	765
	駒	1256
こまかい	細	1041
ごみ	埖	929
こむ	込	472
こめ	米	542
こめる	込	472
こも	薦	1264
これ	此	430
	是	856
	惟	1019
ころ	頃	1064
ころがす	転	1053
ころぶ	転	1053
ころも	衣	552
コン	今	288
	艮	550
	近	654
	坤	672
	昆	698
	建	846
	根	951
	紺	1040
こん	紺	1040
ゴン	権	1247
	厳	1272

さ

サ	左	396
	佐	594
	沙	629
	皆	668
	砂	888
	茶	913
	差	942
	嵯	1150
	簑	1194
	簑	1262
ザ	座	943
サイ	才	249
	切	305
	再	483
	西	554
	妻	674
	斉	777
	采	777
	柴	861
	宰	939
	晒	945
	財	980
	彩	1019
	採	1019
	斎	1020
	済	1024
	細	1041
	菜	1049
	最	1103
	犀	1121
	裁	1129
	催	1145
	塞	1149
	簑	1194
	際	1234
	簑	1262
	穩	1276
	賽	1278
さい	犀	1121
ザイ	在	500
	材	623
	財	980
さいわい	幸	690
	祥	975
さお	竿	899
さか	坂	609
	阪	657
さかい	界	882
	堺	1078
	境	1208
さかえる	栄	857
さかき	榊	1175
さかずき	盃	884
さかな	肴	768
	魚	1064
さからう	逆	915
さがる	下	47
さかん	壮	501
	昌	698
	盛	1037
さき	先	483
	埼	1010
	崎	1015
さぎ	鷺	1302
さきがけ	魁	1236
サク	作	598
	柵	861
	柞	868
	朔	946
	策	1123
	酢	1136
さく	咲	838
さくら	桜	953
	櫻	1298
ざくろ	榴	1214
さけ	酒	964
	鮭	1280
さげる	提	1101
ささ	笹	1038
ささえる	支	321
さしはさむ	挿	945
さす	刺	662
	指	848
	差	942
	挿	945
	鍼	1279
さだめる	定	676
サツ	札	416
	撮	1240
	薩	1278
ザツ	雑	1234
さつき	皐	1037
さと	里	656
さとい	哲	927
さば	鯖	1288
	鯖	1296
さばく	裁	1129
さびしい	寂	1015
	淋	1035
さま	様	1214
さむい	寒	1083
さむらい	士	144
	侍	661
さめ	鮫	1280
さめる	冷	603
	覚	1129
	醒	1265
さや	鞘	1268
さら	皿	459
	更	593
さらす	晒	945
さる	去	383
	申	442
	猿	1182
ざる	笊	976
さわ	沢	629
	澤	1260
さわら	椹	1178
さわる	触	1195
	障	1234
サン	三	71
	山	220
	杉	623
	参	662
	珊	882
	桟	957
	蚕	980
	産	1036
	傘	1075
	散	1102
	蒜	1193
	算	1222
	酸	1230
	讃	1301
ザン	残	963

し

シ	士	144
	子	195
	支	321
	止	337
	氏	338
	仕	351
	司	390
	只	391
	四	391
	市	396
	此	430
	矢	459
	示	469
	糸	545
	至	549
	伺	598
	志	617
	私	633
	芝	640
	刺	662
	皆	668
	始	674
	姉	674
	枝	701
	泗	763

(16)

祇　767	織　1281	沙　629	拾　849	初　603
哇　838	識　1295	社　632	柊　865	所　696
姿　843	しぎ　鴫　1271	車　653	洲　870	杵　701
思　848	ジキ　直　765	舎　768	秋　898	爼　805
指　848	食　918	柘　862	修　921	俎　808
柿　859	しく　敷　1241	砂　888	袖　980	爼　881
柴　861	ジク　柚　867	射　939	習　1044	書　945
茨　908	舳　1046	斜　1020	揖　1101	勏　980
師　942	しげる　茂　775	貰　1131	萩　1126	庶　1019
晒　945	滋　1116	鉈　1205	葺　1127	渚　1024
砥　974	繁　1262	謝　1278	集　1138	暑　1103
祠　975	しし　宍　613	ジャ　蛇　1052	嵩　1152	黍　1145
紙　976	獅　1182	シャク　尺　316	楢　1176	緒　1224
梓　1021	しじみ　蜆　1195	杓　623	聚　1229	諸　1253
紫　1042	しずか　閑　1137	赤　647	鍬　1278	曙　1273
歯　1113	静　1234	借　921	蹴　1295	ジョ　女　194
葹　1129	しずく　雫　1064	酌　983	鰍　1298	如　503
獅　1182	しずめる　鎮　1287	釈　1055	鷲　1302	助　606
試　1195	した　下　47	錫　1268	蟲　1304	徐　943
資　1203	舌　549	鵲　1296	ジュウ　十　44	勏　980
幟　1240	したがう　服　700	しゃく　笏　976	廿　317	除　984
駛　1257	随　1137	ジャク　若　769	汁　434	鋤　1255
髭　1257	したしい　親　1265	寂　1015	戎　519	ショウ　小　196
錫　1268	シチ　七　19	雀　1064	住　599	井　280
鮨　1280	シツ　室　843	鵲　1296	拾　849	升　306
贄　1287	蛭　1129	シュ　手　320	重　916	少　316
ジ　示　469	漆　1215	主　351	紐　977	正　430
地　500	膝　1251	守　513	渋　1024	生　438
寺　513	質　1255	朱　528	シュク　夙　501	匠　483
次　529	櫛　1274	取　662	叔　662	庄　517
耳　549	ジツ　日　323	狩　881	祝　889	床　617
自　549	実　676	茱　914	宿　1015	尚　678
似　598	しで　椣　1113	首　918	縮　1278	承　697
児　602	しとみ　蔀　1230	酒　964	ジュク　熟　1249	招　697
事　658	しな　品　838	珠　970	シュツ　出　352	昇　698
侍　661	科　898	淞　1035	ジュツ　戌　521	昌　698
治　758	しなやか　靱　1139	種　1221	シュン　舛　549	松　701
持　848	しの　篠　1276	聚　1229	俊　805	沼　758
時　945	しのぐ　駕　1256	撞　1240	春　849	青　801
滋　1116	しのだけ　篶　1223	諏　1253	笋　976	咲　838
慈　1154	しのぶ　忍　621	ジュ　寿　613	隼　985	昭　854
蒔　1193	しば　芝　640	受　662	馴　1207	相　884
爾　1218	柴　861	舳　1046	駿　1280	荘　913
餌　1235	しぶい　渋　1024	竪　1191	ジュン　巡　517	将　939
しあわせ　幸　690	しま　洲　870	聚　1229	笋　976	挾　945
しい　椎　1112	島　939	樹　1260	純　976	祥　975
しお　汐　533	嶋　1210	嬬　1273	隼　985	称　975
塩　1146	しみる　染　861	濡　1274	閏　1136	秤　975
潮　1248	しめす　示　469	シュウ　収　383	順　1139	笑　976
しか　鹿　1067	しめる　占　383	州　517	楯　1175	商　1009
しがらみ　柵　861	しも　下　47	舟　549	潤　1248	巻　1021
しかれども	霜　1280	秀　633	鶉　1296	淞　1035
然　1120	シャ　且　350	周　662	ショ　且　350	紹　1044
シキ　式　519		宗　676	疋　453	菖　1049
色　550				

す　　　　　　　　　　頭字音訓ガイド

	勝	1104
	湘	1116
	焼	1120
	猩	1121
	装	1129
	象	1129
	橡	1178
	照	1181
	聖	1191
	蒋	1193
	蛸	1194
	鉦	1204
	摺	1211
	精	1223
	障	1234
	憧	1240
	樟	1247
	樅	1248
	箱	1250
	請	1254
	賞	1255
	橡	1260
	橦	1260
	薔	1265
	鞘	1268
	篠	1276
	鯖	1296
	鐘	1297
ジョウ	上	88
	丈	122
	成	519
	条	623
	杖	623
	定	676
	帖	690
	乗	805
	城	838
	浄	870
	常	1016
	條	1024
	盛	1037
	場	1078
	畳	1121
	筬	1191
	靖	1205
	静	1234
	縄	1251
	繩	1293
	譲	1297
	饒	1298
しょうぶ	菖	1049
ショク	色	550
	食	918
	埴	1010

	植	1108
	殖	1113
	触	1195
	飾	1206
	薔	1265
	織	1281
	職	1281
しらせる	報	1080
しらべる	検	1108
	調	1254
しり	尻	395
しりぞく	退	915
しる	汁	434
	知	766
	識	1295
しるし	印	483
	記	980
しるす	識	1295
しろ	白	453
	城	838
しろがね	銀	1230
シン	心	318
	申	442
	身	653
	辛	653
	辰	653
	信	805
	津	878
	神	889
	振	945
	真	972
	秦	975
	針	983
	深	1024
	進	1053
	森	1109
	稔	1113
	寝	1150
	新	1155
	榛	1212
	槙	1214
	横	1214
	賑	1230
	請	1254
	薪	1264
	親	1265
	鍼	1279
	鶫	1301
ジン	人	29
	刃	133
	仁	293
	壬	307
	侭	661
	甚	882

	神	889
	侭	908
	秦	975
	陣	984
	稔	1113
	靭	1139
	靱	1139
	楢	1178
	稔	1190

す

ス	素	976
	須	1139
	諏	1253
	藪	1286
す	州	517
	巣	1016
	酢	1136
ズ	図	609
	杜	627
	豆	646
	逗	981
	途	982
	厨	1076
	頭	1268
スイ	水	338
	吹	608
	忰	621
	垂	672
	炊	763
	椎	1112
	翠	1229
	穂	1250
	燧	1274
すい	酸	1230
ズイ	随	1137
	瑞	1183
スウ	崇	1015
	嵩	1152
	数	1155
	雛	1288
すう	吸	494
すえ	末	428
	季	675
	陶	1063
すがた	姿	843
すき	鋤	1255
すぎ	杉	623
	椙	1112
すぎる	過	1133
すくない	少	316
すくも	粉	1125

すぐれる	卓	662
	俊	805
すけ	介	288
	佐	594
すげ	菅	1049
すこし	少	316
すこやか	健	1009
すし	鮨	1280
すじ	条	623
	條	1024
	筋	1123
すす	煤	1182
すず	鈴	1205
	錫	1268
すすき	芒	551
	薄	1264
すずき	鱸	1304
すすぐ	雪	1064
すずしい	涼	1035
すすむ	進	1053
すずめ	雀	1064
すすめる	勧	1145
	薦	1264
	闐	1268
すずり	硯	1122
すそ	裾	1195
すだれ	簾	1293
すっぽん	鼈	1304
すな	砂	888
すなわち	乃	22
すね	脛	1044
すのこ	簀	1178
すばる	昴	857
すべて	総	1224
すべる	統	1125
	滑	1178
すみ	角	642
	炭	881
	隅	1137
	墨	1239
すみやか	速	981
すみれ	菫	1051
すむ	住	599
	栖	957
	済	1024
	澄	1248
すめらぎ	皇	884
すもも	李	627
する	摺	1211
	摩	1241
すわる	座	943
スン	寸	196

せ

セ	世	351
セ	勢	1145
	背	908
	畝	970
	脊	977
ゼ	瀬	1290
ゼイ	是	856
セイ	井	280
	世	351
	正	430
	生	438
	成	519
	西	554
	声	612
	征	695
	斉	697
	青	801
	政	849
	星	856
	栖	957
	済	1024
	清	1029
	盛	1037
	晴	1103
	犀	1121
	猩	1121
	貫	1131
	勢	1145
	筬	1191
	聖	1191
	誠	1195
	鉦	1204
	靖	1205
	精	1223
	蜻	1230
	誓	1230
	静	1234
	請	1254
	整	1258
	醒	1265
	鯖	1296
せい	背	908
	脊	977
せがれ	忰	621
セキ	夕	144
	尺	316
	石	462
	汐	533
	赤	647
	皆	668
	脊	977
	寂	1015

頭字音訓ガイド　　た

	跡	1203
	碩	1218
	渇	1248
	積	1261
せき	堰	1078
	関	1231
セツ	切	305
	折	622
	接	1019
	設	1053
	雪	1064
	摂	1154
	節	1191
ゼツ	舌	549
ぜに	銭	1231
せまい	狭	881
	狭	970
せまる	迫	776
せみ	蟬	1253
せむし	瘻	1261
せり	芹	640
せる	競	1297
セン	千	133
	川	238
	仙	351
	占	383
	亘	473
	先	483
	舛	549
	串	593
	苫	774
	専	844
	染	861
	泉	873
	浅	876
	洗	877
	扇	944
	栴	957
	栫	963
	船	1044
	釧	1063
	羨	1191
	銭	1231
	撰	1240
	潜	1248
	箭	1250
	蟬	1253
	賤	1255
	薦	1264
	闡	1268
ゼン	全	479
	前	808
	善	1077
	然	1120

	禅	1184
	蟬	1253
	賤	1255
	膳	1262
ぜん	膳	1262

そ

ソ	疋	453
	岨	689
	狙	808
	俎	881
	祖	898
	素	976
	曽	1020
	粗	1040
	組	1044
	曾	1103
	楚	1175
	麁	1207
	鼠	1207
	礎	1281
	蘇	1293
ソウ	双	306
	爪	345
	匝	382
	壮	501
	早	524
	走	652
	宗	676
	奏	843
	相	884
	草	911
	荘	913
	送	915
	倉	922
	挿	945
	桑	949
	笊	976
	巣	1016
	掃	1019
	掻	1019
	曽	1020
	曹	1021
	惣	1101
	曾	1103
	湊	1119
	装	1129
	僧	1145
	蒼	1193
	層	1211
	槍	1213

	漕	1215
	総	1224
	箱	1250
	操	1258
	橦	1260
	甑	1261
	藪	1265
	薔	1265
	糟	1277
	霜	1280
	藪	1286
	鎗	1287
	藻	1294
	竈	1298
	鏘	1298
	鯵	1302
そう	副	1009
ゾウ	造	981
	象	1129
	増	1209
	憎	1211
	雑	1234
	蔵	1252
	橡	1260
そうじて	惣	1101
そえる	添	1034
そぎ	枌	751
ソク	束	625
	足	652
	則	812
	息	944
	速	981
	側	1009
	塞	1149
ゾク	俗	806
	粟	1124
	続	1191
そこ	底	692
そそぐ	注	759
そだてる	育	767
ソツ	卒	662
そで	袖	980
そと	外	394
そなえる	供	661
	具	661
	備	1075
その	其	661
	園	1145
	薗	1263
そば	岨	689
そばめ	嬬	1273
そま	杣	627
そむく	背	908
そめる	染	861

そら	空	767
そる	反	307
	剃	812
それ	其	661
ソン	村	625
	孫	930
	栫	963
	尊	1089
	巽	1090
	樽	1260
	鱒	1302

た

タ	太	308
	多	501
	朵	529
	詫	1195
	鉈	1205
	駄	1236
た	田	442
ダ	打	415
	朵	529
	蛇	1052
	堕	1078
	駄	1236
	糯	1297
タイ	大	145
	太	308
	代	352
	台	390
	対	614
	坌	672
	岱	689
	苔	774
	待	848
	胎	907
	退	915
	帯	942
	泰	965
	袋	1052
	替	1103
	貸	1131
	躰	1133
	碓	1184
	黛	1271
たい	鯛	1296
ダイ	乃	22
	大	145
	内	302
	代	352
	台	390
	弟	617

	岱	689
	第	1039
	醍	1265
たいまつ	炬	881
たいら	平	401
たえ	妙	612
たお	垰	843
たか	鷹	1303
たかい	高	988
	喬	1077
	嵩	1152
たがい	互	288
たがやす	畊	883
	耕	977
たから	宝	676
たき	滝	1179
	瀧	1293
たきぎ	薪	1264
タク	宅	513
	沢	629
	卓	662
	拓	697
	度	846
	澤	1260
たく	炊	763
ダク	濁	1260
たぐい	類	1288
たくみ	工	248
	匠	483
たけ	丈	122
	竹	539
	岳	681
たけし	武	751
たけのこ	筍	976
	筍	1223
たこ	凧	352
	蛸	1194
たしか	慥	1211
たす	足	652
たすける	介	288
	佐	594
	助	606
	扶	622
	祐	898
	掖	1020
ただ	只	391
ただし	但	600
ただしい	正	430
ただす	糺	633
ただちに	直	765
たたみ	畳	1121
ダチ	達	1134
たちばな	橘	1258
タツ	達	1134

Column 1

	獺	1293
たつ	立	470
	辰	653
	竜	975
	裁	1129
	龍	1271
ダツ	獺	1293
たっとぶ	尊	1089
たづな	鞍	1235
たつみ	巽	1090
たて	楯	1175
	竪	1191
たで	蓼	1230
たていと	経	1040
たてまつる	奉	674
たてる	建	846
たな	店	692
	棚	1112
たに	谷	644
	渓	1024
	谿	1181
たぬき	狸	970
たね	種	1221
たのしい	楽	1175
たのむ	頼	1268
たのもしい	頼	1268
たば	束	625
たび	度	846
	旅	945
たべる	食	918
たま	玉	435
	珠	970
	球	1036
	弾	1090
	霊	1255
たまう	給	1125
	飫	1207
たみ	民	432
たむろする	屯	317
ため	為	881
ためす	試	1195
ためる	溜	1181
たも	欟	1290
たもつ	保	806
たより	便	806
たよる	頼	1268
たら	鱈	1298
たらのき	楤	1178
たる	樽	1260
たれる	垂	672
たわら	俵	923
タン	丹	278

Column 2

	反	307
	旦	416
	但	600
	坦	672
	担	697
	段	868
	炭	881
	胆	907
	淡	1034
	短	1122
	蟶	1195
	端	1222
	箪	1250
	誕	1254
	壇	1258
	檀	1274
	鍛	1278
ダン	団	500
	男	631
	段	868
	弾	1090
	談	1254
	壇	1258
	檀	1274
	灘	1298

ち

チ	地	500
	池	534
	治	758
	知	766
	値	923
	恥	977
	智	1103
	遅	1134
	稚	1190
	置	1191
	馳	1207
	蜘	1230
ち	千	133
	血	551
ちいさい	小	196
ちかい	近	654
ちかう	誓	1230
ちから	力	44
チク	竹	539
	舳	1046
	筑	1123
	築	1261
ちしゃ	苣	776
ちすじ	胄	908
ちち	父	345

Column 3

	乳	658
ちぢむ	縮	1278
チツ	姪	843
	秩	975
ちなむ	因	500
ちまた	閻	1268
チャ	茶	913
ちゃ	茶	913
	茗	914
チャク	箸	1222
	蟶	1195
チュウ	丑	249
	中	250
	仲	479
	虫	551
	沖	628
	肘	633
	忠	695
	抽	697
	注	759
	胄	808
	昼	845
	柱	862
	胄	908
	紐	977
	厨	1076
	鋳	1255
チョ	苧	774
	苧	980
	猪	1035
	楮	1178
	箸	1222
	緒	1224
チョウ	丁	22
	町	631
	帖	690
	長	782
	重	916
	張	1019
	彫	1019
	掉	1020
	條	1024
	釣	1063
	頂	1064
	鳥	1065
	塚	1078
	朝	1105
	畳	1121
	超	1133
	楪	1178
	蔦	1230
	銚	1231
	澄	1248
	潮	1248
	蝶	1253

Column 4

	調	1254
	鯛	1296
	鵰	1296
ちょう	蝶	1253
チョク	直	765
	勅	812
ちる	散	1102
チン	枕	750
	砧	974
	陳	1063
	椿	1176
	椹	1178
	鎮	1287

つ

ツ	都	1054
	鵡	1296
つ	津	878
ツイ	対	614
	追	915
	椎	1112
	槌	1176
ついたち	朔	946
ツウ	通	981
つえ	杖	623
つか	柄	865
	塚	1078
つが	栂	862
	樛	1248
つがい	番	1121
つかえる	仕	351
つかさどる	司	390
つき	月	330
	槻	1247
つぎ	次	529
つく	突	767
	附	800
	巻	1021
	撞	1240
	橦	1260
つぐ	接	1019
	継	1191
つくえ	机	528
つくだ	佃	601
つぐみ	鶫	1296
つくる	作	598
	造	981
つげ	柘	862
つける	付	352
つげる	告	608
つじ	辻	472

Column 5

つた	蔦	1230
つたえる	傳	1145
つたわる	伝	480
つち	土	140
	坤	672
	槌	1176
つつ	筒	1123
つづく	続	1191
つつみ	堤	1079
つづみ	鼓	1207
	鼜	1218
つつむ	包	359
つづる	綴	1225
つと	苞	776
つどう	集	1138
つとめる	務	1009
つな	綱	1224
つなぐ	維	1224
	繋	1277
つね	恒	848
	常	1016
つの	角	642
つばき	椿	1176
つばめ	燕	1260
つぶ	㕥	632
	粒	1040
つぶれる	潰	1249
つぼ	坪	672
	壺	1080
つぼね	局	614
つま	妻	674
つむ	積	1261
つめ	爪	345
つめたい	冷	603
つゆ	露	1297
つよい	剛	924
	強	1019
つら	面	916
つらい	辛	653
つらなる	連	982
つらぬく	貫	1053
つらねる	列	483
つる	弦	693
	釣	1063
	鶴	1298
つるぎ	剣	924
	劔	1258

て

て	手	320
テイ	丁	22
	汀	434

と

	弟	617
	定	676
	底	692
	帝	805
	剃	812
	貞	915
	庭	943
	砥	974
	釘	984
	停	1009
	梯	1022
	堤	1079
	提	1101
	摘	1102
	程	1122
	躰	1133
	碇	1184
	禎	1184
	鼎	1207
デイ	泥	759
テキ	狄	630
	的	765
	荻	979
	笛	1039
	鏑	1295
デキ	條	1024
テツ	哇	838
	姪	843
	哲	927
	暖	1183
	鉄	1204
	綴	1225
	徹	1240
てら	寺	513
てらす	照	1181
でる	出	352
テン	天	312
	店	692
	点	881
	添	1034
	淀	1034
	転	1053
	傳	1145
	殿	1178
	槙	1214
	鎮	1287
	鶲	1301
	纒	1301
	鱒	1302
デン	田	442
	伝	480
	佃	601
	淀	1034
	稔	1113

	傳	1145
	殿	1178
	電	1205
	鶲	1301

ト	斗	322
	吐	497
	図	609
	杜	627
	兎	661
	徒	943
	涂	982
	都	1054
	渡	1116
	登	1122
	菟	1126
	塗	1149
と	戸	318
ド	土	140
	奴	395
	度	846
	怒	848
といし	砥	974
トウ	刀	44
	冬	394
	当	519
	灯	537
	豆	646
	東	713
	杳	757
	唐	928
	島	939
	桐	946
	桃	957
	納	976
	逗	981
	兜	1009
	掉	1020
	桶	1021
	陶	1063
	塔	1080
	棟	1113
	湯	1117
	登	1122
	等	1123
	答	1123
	筒	1123
	統	1125
	塘	1149
	當	1183
	嶋	1210

	樋	1213
	稲	1218
	滕	1249
	踏	1255
	橦	1260
	燈	1260
	頭	1268
	檮	1281
	藤	1281
	蟷	1295
	鶢	1296
	鐙	1297
	騰	1298
	鐽	1298
とう	問	1009
ドウ	同	497
	洞	881
	動	1009
	堂	1010
	童	1123
	道	1134
	銅	1231
	憧	1240
	撞	1240
とうげ	峠	845
とうとい	尊	1089
	貴	1131
とお	十	44
とおい	遠	1203
とおす	通	981
とおる	徹	1240
とが	科	898
とき	時	945
	鴇	1257
トク	特	970
	徳	1210
	犢	1293
とぐ	研	888
ドク	毒	753
	独	882
	読	1230
とこ	床	617
ところ	所	696
とし	年	517
とじる	綴	1225
とち	杤	628
	栃	862
トツ	突	767
とつぐ	嫁	1150
ととのえる	整	1258
とどまる	留	971
	逗	981
	停	1009
とどろく	轟	1298

となえる	称	975
との	殿	1178
どの	殿	1178
とのえる	調	1254
とばり	帷	1018
とび	鳶	1237
とぶ	飛	918
とま	苫	774
とまる	泊	761
とむ	冨	1009
	富	1083
とめる	止	337
	留	971
とも	友	307
	共	483
	朋	701
	艪	979
	舳	1046
	鞆	1235
	艫	1301
ともえ	巴	317
ともしび	灯	537
	炬	881
	燈	1260
ともなう	伴	601
ともに	倶	921
とら	虎	776
	寅	1015
とり	酉	656
	鳥	1065
とる	取	662
	採	1019
	撮	1240
どろ	泥	759
トン	屯	317
	敦	1102
	頓	1206
ドン	鈍	1136
	曇	1258
とんび	鳶	1237
とんぼ	蜻	1230

な

ナ	那	654
	奈	673
	糯	1297
な	名	497
	菜	1049
ナイ	乃	22
	内	302
ない	無	1120
なえ	苗	774

なおす	直	765
なか	中	250
	仲	479
ながい	永	432
	仔	481
	長	782
ながえしばり	轅	1287
なかば	半	382
なかれ	勿	306
ながれる	流	969
なぎ	梛	1113
なぎさ	汀	434
	渚	1024
なく	鳴	1237
なごむ	和	663
なし	梨	1022
なす	為	881
なた	鉈	1205
なだ	洋	881
	灘	1298
なつ	夏	929
なつかしい	懐	1258
なでる	撫	1241
など	等	1123
ななつ	七	19
ななめ	斜	1020
なべ	鍋	1279
	鐺	1298
なまず	鯰	1296
なまり	鉛	1204
なみ	並	658
	波	969
	浪	969
なみだ	涙	969
なめらか	滑	1178
なら	楢	1176
ならう	習	1044
ならべる	並	658
なる	成	519
なれる	馴	1207
なわ	縄	1251
	縄	1293
なわて	畷	1183
ナン	南	813
	娚	930
	楠	1176
	難	1288
なんじ	爾	1218

に

ニ	二	23
	仁	293
	尼	395
	弐	519
	児	602
に	丹	278
	荷	979
にえ	贄	1287
におう	匂	306
にぎわう	賑	1230
にごる	濁	1260
にし	西	554
にじ	虹	914
にしき	錦	1267
にじゅう	廿	317
ニチ	日	323
にな	蜷	1230
	螺	1278
になう	担	697
	荷	979
にぶい	鈍	1136
ニュウ	入	29
	廿	317
	乳	658
ニョ	如	503
ニョウ	饒	1298
にら	韮	1139
にる	似	598
にれ	楡	1178
にわ	庭	943
にわとり	鶏	1296
ニン	人	29
	仁	293
	壬	307
	任	480
	忍	621
	荏	908
	稔	1190

ぬ

ヌ	奴	395
	怒	848
ぬう	縫	1262
ぬか	糠	1277
ぬく	抜	622
	抽	697
ぬさ	幣	1240
ぬし	主	351
ぬで	欛	1260
ぬの	布	400
ぬま	沼	758
ぬる	塗	1149
ぬれる	濡	1274

ね

ネ	祢	898
	褌	1281
ね	値	923
	根	951
ネイ	寧	1209
ねがう	願	1296
ねこ	猫	1036
ねずみ	鼡	805
	鼠	1207
ネツ	熱	1249
ねる	寝	1150
	練	1229
ネン	年	517
	捻	1019
	然	1120
	鯰	1296

の

の	乃	22
	野	1056
ノウ	娚	930
	納	976
	能	977
	農	1203
のき	軒	981
のぎ	禾	469
	芒	551
のこぎり	鋸	1267
のこる	残	963
のす	熨	1249
のぞく	除	984
のぞむ	莅	980
	望	1021
	臨	1281
のたまわく	曰	330
のち	後	847
のっとる	則	812
のばす	延	693
のびる	延	693
のべる	陳	1063
のぼり	幟	1240
のぼる	上	88
	昇	698
	登	1122
のり	紀	900
のる	乗	805
	駕	1256
	騎	1288
のろし	燧	1274

は

ハ	巴	317
	芭	641
	杷	748
	波	759
	玻	882
	破	975
	播	1240
	簸	1293
は	刃	133
	歯	1113
	葉	1127
バ	芭	641
	馬	985
	婆	1013
	摹	1265
	場	1078
ハイ	拝	697
	盃	884
	背	908
	祓	975
	配	983
	稗	1221
はい	灰	537
	皿	459
バイ	売	612
	貝	646
	倍	923
	梅	959
	買	1131
	煤	1182
はいる	入	29
はえる	栄	857
はか	墓	1150
はがね	鋼	1268
はかま	袴	1052
はかり	秤	975
はかる	図	609
	計	915
はぎ	脛	1044
	萩	1126
ハク	白	453
	伯	601
	泊	761
	狛	765
	迫	776
	柏	863
	栢	946
	粕	1040
	博	1076
	薄	1264
はく	吐	497
	掃	1019
バク	麦	657
	博	1076
	幕	1153
はぐくむ	育	767
ばける	化	288
はこ	函	661
	筥	1191
	箱	1250
はこぶ	運	1133
はさむ	挟	945
はし	端	1222
	箸	1222
	橋	1258
はじかみ	薑	1265
はしけ	艀	1192
はしご	梯	1022
はしばみ	榛	1212
はじまる	始	674
はじめ	甫	631
はじめて	初	603
はしら	柱	862
はしる	走	652
	奔	674
はじる	恥	977
はす	蓮	1194
はず	筈	1124
はずむ	弾	1090
はぜ	枦	751
	櫨	1297
はせる	馳	1207
	駛	1257
はた	畑	882
	旗	1211
	幡	1240
	機	1258
はたけ	畑	882
	畠	971
ハチ	八	31
	鉢	1204
はち	蜂	1195
	鉢	1204
ばち	桴	1024
ハツ	発	883
はつ	初	603
バツ	伐	480
	抜	622
	秣	975
	筏	1124
はと	鳩	1207
はな	花	635
	華	980
	鼻	1239
はなじる	洟	763
はなつ	放	697
はなはだしい	甚	882
はなぶさ	英	769
はなやか	華	980
はなれる	離	1295
はなわ	塙	1149
はに	埴	1010
はね	羽	545
はねつるべ	桔	946
はは	母	432
はば	巾	248
	幅	1090
ばば	婆	1013
ははそ	柞	868
はま	浜	965
はまぐり	蛤	1129
はや	鮠	1280
はやい	夙	501
	早	524
	速	981
	駿	1257
はやし	林	750
はやぶさ	隼	985
はら	原	924
	腹	1192
はらい	祓	975
はらう	払	416
はらおび	鞦	1235
はらむ	孕	395
	胎	907
はり	針	983
	梁	1022
	鍼	1279
はる	春	849
	張	1019
はるか	遙	1230
はれる	晴	1103
ハン	反	307
	半	382
	帆	517
	伴	601
	判	604
	坂	609
	采	656
	阪	657
	板	748
	班	970

頭字音訓ガイド　ふ

第1列

	畔	971
	般	979
	斑	1102
	釩	1136
	飯	1141
	幡	1240
	繁	1262
	蟠	1286
バン	万	122
	伴	601
	判	604
	采	656
	板	748
	挽	1019
	曼	1021
	晩	1103
	番	1121
	萬	1129
	盤	1249
	磐	1249
	蕃	1252
	蟠	1286

ひ

ヒ	比	337
	皮	459
	庇	617
	彼	695
	枇	750
	肥	768
	卑	836
	毘	868
	飛	918
	悲	1101
	斐	1102
	琵	1121
	榧	1214
	碑	1218
	緋	1225
	鞁	1235
	糒	1262
	薇	1265
	鴟	1296
	轡	1301
ひ	日	323
	火	345
	灯	537
	陽	1137
	樋	1213
	燈	1260
ビ	尾	614
	弥	693

第2列

	枇	750
	毘	868
	眉	888
	美	901
	梶	1021
	備	1075
	琵	1121
	鼻	1262
	糒	1262
ひいでる	秀	633
	英	769
ひいらぎ	柊	865
ひうち	燧	1274
ひえ	稗	1221
ひえる	冷	603
ひがし	東	713
ひかる	光	481
ヒキ	匹	306
ひき	匹	306
	疋	453
	蟇	1265
ひきづな	靷	1235
ひく	引	317
	曳	525
	抽	697
	挽	1019
	搟	1020
	弾	1090
ひげ	須	1139
	髭	1257
ひこ	彦	846
ひざ	膝	1251
ひさご	瓢	1260
ひさし	庇	617
ひさしい	久	127
ひし	菱	1051
ひじ	肘	633
	肱	767
ひじき	枡	751
ひしゃく	杓	623
ひじり	聖	1191
ひそかに	密	1015
ひそむ	潜	1248
ひたい	額	1288
ひだり	左	396
ヒツ	匹	306
	筆	1124
ひつ	櫃	1281
ひつじ	羊	545
ひつじさる	坤	672
ひでり	旱	622
ひと	人	29
	仁	293
ひとしい	斉	697

第3列

	等	1123
ひとつ	一	12
	壱	612
ひとり	独	882
ひな	雛	1288
ひねる	捻	1019
ひのえ	丙	351
ひのき	桧	962
	檜	1274
ひのし	熨	1249
ひので	暘	1174
ひびく	響	1298
ひめ	姫	930
ひも	紐	977
ヒャク	百	538
	栢	946
ヒュウ	彪	632
	驫	1304
ひょ	鵯	1296
ヒョウ	氷	434
	兵	603
	坪	672
	苞	776
	表	776
	俵	923
	標	1248
	瓢	1260
	驫	1304
ビョウ	苗	774
	屏	845
	猫	1036
ヒョク	皀	632
ひら	平	401
ひらく	拓	697
	啓	1009
	開	1136
	闢	1268
ひる	昼	845
	蛭	1129
	蒜	1193
ひれ	鰭	1298
ひろい	広	411
	弘	415
	博	1076
	廣	1240
ひろう	拾	849
ヒン	品	838
	浜	965
ビン	便	806
	敏	945
	瓶	1036
	縄	1293

ふ

フ	不	250
	夫	316
	父	345
	付	352
	布	400
	扶	622
	甫	631
	美	641
	府	692
	斧	698
	歩	753
	附	800
	負	813
	趺	883
	浮	968
	釜	983
	冨	1009
	婦	1013
	桴	1024
	符	1040
	富	1083
	普	1103
	孵	1192
	樽	1214
	敷	1241
	鮒	1270
	鮬	1288
ブ	不	250
	分	305
	奉	674
	武	751
	歩	753
	負	813
	趺	883
	部	1055
	無	1120
	部	1230
	撫	1241
	舞	1251
	蕪	1252
	鵡	1290
フウ	風	917
	梵	1024
	楓	1177
ふえ	笛	1039
ふえる	増	1209
ふかい	深	1024
ふき	蕗	1253
フク	伏	480
	服	700
	副	1009
	幅	1090

第5列

	復	1101
	福	1184
	腹	1192
	簸	1223
	覆	1286
ふく	吹	608
	葺	1127
	瓢	1260
ふくべ	瓢	1260
ふくろ	袋	1052
ふける	老	548
	更	593
ふさ	房	696
	総	1224
ふさぐ	塞	1149
ふし	節	1191
ふじ	藤	1281
ふす	臥	768
ふせぐ	防	657
ふせる	伏	480
ふた	双	306
	蓋	1192
ふだ	札	416
	楪	1178
ふたたび	再	483
ふたつ	二	23
	両	473
	弐	519
ふち	淵	1034
	渕	1035
	縁	1251
フツ	払	416
	祓	975
ブツ	仏	295
	勿	306
	物	763
ふで	筆	1124
ぶと	蟇	1265
ふとい	太	308
ふところ	懐	1258
ふな	鮒	1270
ふね	舟	549
	船	1044
ふみ	文	321
	踏	1255
ふむ	踏	1255
ふもと	梺	1024
	麓	1296
ふやす	殖	1113
ふゆ	冬	394
ふる	振	945
	古	383
	旧	416
ふるう	掉	1020
ふるさと	郷	1053
ふれる	触	1195

(23)

頭字音訓ガイド

フン	分	305
	刎	483
	粉	751
	粉	976
	紛	1257
ブン	分	305
	文	321
	刎	483
	聞	1229
	紛	1257

へ

ヘイ	丙	351
	平	401
	兵	603
	並	658
	坪	672
	枋	751
	屏	845
	柄	865
	瓶	1036
	塀	1080
	箟	1222
	餅	1235
	幣	1240
へい	塀	1080
ベイ	米	542
	茗	914
ヘキ	碧	1218
	壁	1258
へさき	舻	979
	舳	1046
	艫	1301
ヘツ	甑	1304
ベツ	別	604
	甑	1304
べに	紅	900
へび	蛇	1052
へら	箟	1222
へり	縁	1251
へる	経	1040
ヘン	片	345
	辺	472
	返	654
	釆	656
ベン	弁	414
	便	806

ほ

ホ	甫	631
	歩	753
	保	806
	浦	963
	畝	970
	蒲	1192
	鮒	1288
ほ	帆	517
	穂	1250
ボ	母	432
	菩	1051
	墓	1150
	暮	1212
ホウ	方	322
	包	359
	芳	641
	奉	674
	宝	676
	庖	693
	放	697
	朋	701
	枋	751
	法	761
	泡	762
	苞	776
	峰	941
	峯	942
	逢	981
	崩	1016
	萌	1051
	萠	1052
	蚫	1052
	報	1080
	棚	1112
	蓬	1193
	蜂	1195
	豊	1195
	飽	1207
	蒡	1230
	鳳	1237
	鵏	1257
	縫	1262
ボウ	卯	383
	牟	537
	芒	551
	坊	612
	防	657
	房	696
	茅	769
	昂	857
	虻	914
	桙	963
	畝	970
	望	1021
	萌	1051
	萠	1052
	傍	1075
	棒	1113
	貿	1131
	鉾	1231
ほお	朴	528
ほがらか	朗	946
ホク	北	359
ボク	卜	47
	木	331
	朴	528
	牧	763
	睦	1183
	墨	1239
ほくそ	椋	1214
ほこ	桙	963
	鉈	1205
	鉾	1231
ほこら	祠	975
ほし	星	856
ほしい	欲	1024
ほしいい	糒	1262
ほす	干	249
ほそい	細	1041
ほたる	蛍	1052
	螢	1265
ボツ	勿	306
ほっする	欲	1024
ほど	程	1122
ほとけ	仏	295
ほね	骨	988
ほのお	焔	1035
ほまれ	誉	1195
ほめる	賞	1255
	讃	1301
ほら	洞	881
ほり	堀	1011
ほる	彫	1019
ほろ	褻	1053
	幌	1152
ホン	本	417
	奔	674
ボン	盆	884
	梵	1024
	蟠	1286

ま

マ	麻	1070
	摩	1241
	磨	1261
ま	間	1136
マイ	米	542
	妹	674
	枚	750
	埋	929
まいる	参	662
まう	舞	1251
まえ	前	808
まかせる	任	480
まき	牧	763
	槙	1214
	槇	1214
マク	幕	1153
まく	巻	845
	蒔	1193
	綰	1229
	播	1240
まぐさ	秣	975
まくら	枕	750
まける	負	813
まげる	曲	525
まご	孫	930
まこと	真	972
	誠	1195
まこも	菰	1049
まさに	将	939
	鼎	1207
まさる	勝	1104
まじわる	交	473
ます	升	306
	枡	751
	益	972
	桝	1022
	増	1209
	鱒	1302
まず	先	483
また	又	47
	亦	473
	俣	808
	復	1101
まだら	斑	1102
まち	町	631
マツ	末	428
	秣	975
まつ	松	701
	待	848
まったく	全	479
まっとうする	全	479
まつりごと	政	849
まと	的	765
まど	牖	1178
まとう	纒	1301
まないた	俎	808
	爼	881
まなこ	眼	1037
まなぶ	学	674
まぬかれる	免	661
まねく	招	697
まま	侭	661
	堋	1239
	壗	1273
まめ	豆	646
まもる	守	513
	護	1297
まゆ	眉	888
まゆずみ	黛	1271
まゆみ	檀	1274
まり	鞠	1280
まる	丸	124
まるい	丸	124
	円	301
まれ	希	616
	稀	1122
まわり	周	662
まわる	回	500
	廻	846
マン	万	122
	曼	1021
	満	1119
	萬	1129
	饅	1298

み

ミ	味	663
	弥	693
	眉	888
み	身	653
	実	676
	箕	1222
みがく	磨	1261
みかど	帝	805
みぎ	右	383
みさお	操	1258
みさき	岬	690
みささぎ	陵	1064
みじかい	短	1122
みず	水	338
	瑞	1183
みずうみ	湖	1114
みずから	自	549
みずたで	蕾	1265
みずのえ	壬	307
みずのと	癸	884
みせ	店	692
みぞ	溝	1179
みだれる	乱	594

頭字音訓ガイド　　　　　　　　　　よ

読み	字	頁	読み	字	頁	読み	字	頁	読み	字	頁	読み	字	頁
みち	途	982	むぐら	葎	1129		望	1021		屋	844		右	383
	道	1134	むし	虫	551		網	1225		家	930		由	452
みちる	満	1119	むじな	狢	882	もうける	設	1053	やいば	刃	133		有	526
ミツ	密	1015	むしろ	莚	980	もうす	申	442	やかた	舘	1263		邑	656
みつぐ	貢	980		筵	1191	もえる	萌	1051		館	1269		酉	656
みっつ	三	71		寧	1209		萠	1052	やきた	畭	1122		勇	813
みどり	碧	1218	むずかしい			モク	木	331	ヤク	厄	306		柚	867
	緑	1226		難	1288		目	459		亦	473		祐	898
	翠	1229	むすぶ	結	1125	もく	杢	627		役	617		涌	969
みな	皆	884	むっつ	六	299	もぐる	潜	1248		益	972		悠	1019
みなと	港	1114	むつまじい			モチ	勿	306		薬	1264		郵	1055
	湊	1119		睦	1183	もち	餅	1235	やく	炬	881		揖	1101
みなみ	南	813	むなしい	虚	1052	もちいる	用	439		焼	1120		湧	1120
みなもと	源	1179		椌	1113	もちごめ	糯	1297	やさしい	易	698		遊	1135
みね	峰	941	むね	宗	676	モツ	物	763	やしなう	養	1255		雄	1138
	峯	942		胸	977	もつ	持	848	やしろ	社	632		栖	1176
	嶺	1273		棟	1113	もって	以	351	やすい	安	503		熊	1216
みの	蓑	1194		橦	1260	もっとも	最	1103		康	1018	ゆう	夕	144
	簑	1262	むら	村	625	もっぱら	専	844	やすむ	休	479	ゆえ	故	849
みのる	実	676		邑	656	もてあそぶ			やすんじる			ゆか	床	617
	稔	1190	むらさき	紫	1042		弄	617		靖	1205	ゆき	雪	1064
みみ	耳	549	むれ	群	1191	もと	元	295	やち	莄	1051	ゆく	行	551
みや	宮	931	むろ	室	843		本	417	やぢ	莄	1051		往	695
みやこ	京	658					素	976	やつ	奴	395		征	695
	都	1054	**め**				資	1203	やっこ	奴	395	ゆず	柚	867
ミョウ	名	497				もとづく	基	1010	やっつ	八	31	ゆずる	禅	1184
	妙	612	メ	米	542	もとめる	求	629	やど	宿	1015		譲	1297
	明	698	め	目	459	もの	物	763	やどる	舎	768	ゆたか	豊	1195
	苗	774		芽	769	ものいみ	斎	1020	やな	梁	1022		饒	1298
	茗	914	メイ	名	497	ものさし	尺	316		簗	1277	ゆび	指	848
	猫	1036		明	698	もみ	籾	900	やなぎ	柳	865	ゆみ	弓	249
みる	見	642		茗	914		樅	1248		楊	1177	ゆめ	夢	1150
	観	1286		冥	924	もも	百	538	やぶ	薮	1265	ゆり	揺	1137
ミン	民	432		銘	1231		桃	957		藪	1286	ゆる	揺	1137
				鳴	1237	もよおす	催	1145	やぶれる	破	975	ゆるす	許	1053
む			めい	姪	843	もらう	貰	1131	やま	山	220	ゆれる	揺	1137
			めおと	娚	930	もり	杜	627	やまと	倭	923			
ム	牟	537	めぐむ	恵	943		森	1109	やみ	闇	1279	**よ**		
	武	751	めぐる	巡	517	もる	盛	1037	やり	槍	1213			
	務	1009	めし	飯	1141	もろもろ	諸	1253		鎗	1287	ヨ	与	123
	無	1120	めばえ	萌	1052	モン	文	321		鑓	1298		予	279
	夢	1150	メン	免	661		門	794	やわらぐ	和	663		伃	481
	鉾	1231		面	916		紋	977		畭	1122		余	601
	蕪	1252		綿	1225		問	1009					畭	1122
	鵡	1290					聞	1229	**ゆ**				誉	1195
	霧	1296	**も**										飫	1207
むかう	向	494				**や**			ユ	油	762		與	1230
むかえる	迎	654	モ	茂	775					楡	1178		餘	1270
むぎ	麦	657	も	藻	1294	ヤ	夜	672	ゆ	湯	1117	よ	世	351
むく	椋	1113	モウ	毛	338		耶	907	ユイ	惟	1019		代	352
むくいまつる				芒	551		野	1056		維	1224		夜	672
	賽	1278		孟	675	や	矢	459	ユウ	又	47	よい	吉	484
むくいる	報	1080					弥	693		友	307		好	503

(25)

ら

	良	633
	佳	661
	善	1077
	義	1191
	嘉	1207
ヨウ	孕	395
	用	439
	羊	545
	洋	881
	要	914
	涌	969
	桶	1021
	揚	1102
	湧	1120
	葉	1127
	陽	1137
	暘	1174
	楊	1177
	樣	1178
	腰	1192
	様	1214
	踊	1230
	遙	1230
	窯	1250
	養	1255
	謡	1265
	應	1273
	繩	1293
	櫻	1298
	鷹	1303
ヨク	欲	1024
よくする	能	977
よこ	横	1241
よし	由	452
よそおう	装	1129
よつぎ	胄	908
よっつ	四	391
よどむ	淀	1034
よね	米	542
よぶ	呼	662
よみがえる	蘇	1293
よむ	読	1230
よめ	嫁	1150
よもぎ	蓬	1193
よる	因	500
	依	661
	夜	672
	寄	1014
よろい	甲	440
	冑	808
	鎧	1287
よろこぶ	喜	1076
	慶	1240
	歓	1248

よろしい	宜	675
よろず	万	122
	萬	1129

ら

ラ	螺	1278
	羅	1293
ライ	礼	469
	来	627
	雷	1205
	頼	1268
	瀬	1290
ラク	洛	881
	落	1128
	楽	1175
	酪	1204
ラチ	埒	929
ラン	乱	594
	嵐	1089
	藍	1278
	蘭	1294

り

リ	利	605
	李	627
	里	656
	狸	970
	莉	980
	梨	1022
	理	1036
	裏	1195
	鯉	1288
	離	1295
リキ	力	44
リク	六	299
	陸	1063
	蓼	1230
リツ	立	470
	栗	947
	葎	1129
リャク	歴	1215
リュウ	立	470
	柳	865
	流	969
	留	971
	竜	975
	笠	1037
	粒	1040
	隆	1064
	硫	1122

	溜	1181
	榴	1214
	瑠	1218
	瘤	1249
	龍	1271
リョ	呂	608
	旅	945
リョウ	了	23
	両	473
	伶	602
	良	633
	苓	776
	梁	1022
	涼	1035
	猟	1036
	菱	1051
	陵	1064
	椋	1113
	漁	1215
	綾	1223
	蓼	1230
	領	1235
	寮	1240
	霊	1255
	嶺	1273
リョク	力	44
	緑	1226
リン	林	750
	淋	1035
	鈴	1205
	輪	1255
	臨	1281
	藺	1294
	鱗	1302

る

ル	流	969
	留	971
	瑠	1218
	瘤	1249
	瘻	1261
ルイ	涙	969
	類	1288

れ

レイ	礼	469
	伶	602
	冷	603
	苓	776
	涙	969

	砺	975
	茘	980
	蛎	1052
	鈴	1205
	領	1235
	霊	1255
	嶺	1273
	蠣	1297
レキ	歴	1215
	櫟	1290
	礫	1297
レツ	列	483
レン	恋	944
	連	982
	蓮	1194
	練	1229
	鎌	1287
	簾	1293

ろ

ロ	呂	608
	芦	633
	枦	751
	炉	763
	舮	979
	蕗	1253
	櫨	1297
	露	1297
	艫	1301
	鑪	1302
	鷺	1302
	鱸	1304
ロウ	老	548
	弄	617
	朗	946
	浪	969
	狼	970
	滝	1179
	瘻	1261
	篭	1262
	櫟	1290
	瀧	1293
	朧	1297
	籠	1301
ロク	六	299
	鹿	1067
	緑	1226
	轆	1287
	籠	1296
ロン	論	1254

わ

ワ	和	663
	倭	923
	窪	1222
わ	輪	1255
	環	1274
ワイ	隈	1137
わかい	若	769
わかれる	別	604
わき	脇	978
	掖	1020
わきばさむ		
	掖	1020
わきまえる		
	弁	414
わく	枠	751
	涌	969
	湧	1120
	滕	1249
わける	分	305
わざ	業	1175
わざわい	厄	306
わし	鵰	1296
	鷲	1302
わた	綿	1225
わたくし	私	633
わたる	航	979
	渡	1116
わに	鰐	1298
わびる	詫	1195
わら	藁	1278
わらう	笑	976
わらじむし		
	蟠	1286
わらび	蕨	1253
わらべ	童	1123
わりふ	符	1040
わる	割	1076
わるい	悪	1019
われ	吾	607
	我	621
ワン	湾	1120
	腕	1125

検 字 表

検字表

英数字	3
カタカナ	3
ひらがな	5

1画

一
- 0画：一ケ(12)　一ッ(12)　一ノ(12)　一つ(12)　一の(12)
- 2画：一丁(12)
- 3画：一万(13)　一山(13)　一川(13)　一已(13)
- 4画：一之(13)　一円(13)　一切(13)　一分(13)　一区(13)　一尺(13)　一心(13)　一戸(13)　一文(13)　一斗(13)　一方(13)　一日(13)　一木(13)　一氏(13)　一王(13)
- 5画：一号(13)　一本(13)　一白(13)
- 6画：一刕(13)　一印(13)　一宇(13)　一州(14)　一式(14)　一色(14)
- 7画：一尾(14)　一志(14)　一条(14)　一村(15)　一町(15)　一社(15)　一言(15)　一身(15)　一里(15)
- 8画：一坪(15)　一枝(15)　一松(15)　一枚(15)　一武(15)　一迫(15)　一雨(16)　一青(16)
- 9画：一乗(16)　一屋(17)　一柳(17)　一津(17)　一畑(17)
- 10画：一宮(17)　一庫(17)　一浦(18)　一真(18)　一針(18)
- 11画：一宿(18)　一條(18)　一部(18)　一野(18)
- 12画：一場(18)　一塚(18)　一景(18)　一勝(18)　一森(18)　一湊(18)　一番(18)　一筋(18)　一貴(18)　一須(18)
- 13画：一新(18)　一蓮(18)
- 14画：一箕(18)　一関(18)
- 16画：一橋(18)
- 17画：一鍬(18)　一霞(18)
- 18画：一観(18)

乙
- 0画：乙ケ(18)
- 3画：乙丸(18)　乙千(18)　乙大(18)　乙女(18)　乙子(18)　乙川(18)
- 4画：乙之(19)　乙戸(19)　乙木(19)　乙父(19)　乙犬(19)
- 5画：乙母(19)　乙田(19)　乙立(19)
- 6画：乙吉(19)　乙多(19)　乙次(19)
- 7画：乙坂(19)　乙見(19)
- 8画：乙事(19)　乙供(19)　乙忠(19)　乙房(19)　乙茂(19)　乙金(19)
- 9画：乙津(19)　乙狩(19)　乙畑(19)
- 10画：乙原(19)　乙姫(19)　乙訓(19)　乙連(19)
- 11画：乙軸(19)　乙部(19)　乙野(19)　乙黒(19)
- 12画：乙越(19)　乙隈(19)
- 13画：乙幌(19)
- 14画：乙徳(19)　乙窪(19)
- 15画：乙輪(19)
- 19画：乙瀬(19)

2画

七
- 0画：七ケ(19)　七ッ(19)　七つ(19)
- 2画：七二(19)　七十(20)
- 3画：七久(20)　七口(20)　七山(20)
- 4画：七井(20)　七五(20)　七分(20)　七反(20)　七戸(20)　七日(20)
- 5画：七北(20)　七右(20)　七号(20)　七左(20)　七本(20)　七目(20)　七石(20)
- 6画：七光(20)　七名(20)　七地(20)　七曲(20)　七次(20)　七百(20)　七色(20)
- 7画：七尾(20)　七折(20)　七条(20)　七村(21)　七沢(21)　七町(21)　七社(21)　七見(21)　七里(21)
- 8画：七和(21)　七国(21)　七宗(21)　七宝(21)　七松(21)　七板(21)　七林(21)
- 9画：七保(21)　七城(21)　七栄(21)　七海(21)　七美(21)　七草(21)　七郎(21)　七重(21)
- 10画：七倉(21)　七原(21)　七宮(21)　七島(21)　七浦(21)　七軒(21)　七釜(21)
- 11画：七崎(22)　七條(22)　七郷(22)　七野(22)　七鳥(22)　七黒(22)
- 12画：七塚(22)　七嵐(22)　七渡(22)　七湊(22)　七番(22)　七道(22)　七間(22)　七隈(22)　七飯(22)
- 13画：七源(22)　七滝(22)　七箇(22)
- 15画：七穂(22)
- 18画：七観(22)
- 19画：七瀬(22)

丁
- 丁(22)
- 0画：丁ノ(22)
- 3画：丁子(22)
- 5画：丁未(22)　丁田(22)
- 9画：丁保(22)
- 12画：丁塚(22)

乃
- 4画：乃井(22)　乃木(22)
- 5画：乃白(22)

九
- 0画：九の(22)
- 2画：九十(22)
- 3画：九万(22)　九久(22)　九大(22)　九川(22)
- 4画：九之(22)　九升(22)　九反(22)　九戸(22)　九日(22)
- 5画：九号(22)　九左(22)　九生(22)　九石(22)
- 6画：九州(22)　九年(22)
- 7画：九尾(22)　九折(22)　九条(22)　九町(23)　九里(23)
- 8画：九居(23)
- 9画：九品(23)　九度(23)　九段(23)　九美(23)　九郎(23)　九重(23)
- 10画：九家(23)　九島(23)　九軒(23)　九鬼(23)
- 11画：九産(23)　九野(23)
- 12画：九番(23)　九間(23)
- 14画：九網(23)
- 15画：九蔵(23)
- 16画：九樹(23)　九頭(23)
- 18画：九蟠(23)

了
- 了(23)
- 13画：了頓(23)
- 15画：了輪(23)

二
- 二(23)
- 0画：二ケ(23)　二タ(23)　二ッ(23)　二ノ(24)　二つ(24)　二の(24)
- 2画：二丁(25)　二乃(25)　二人(25)　二入(25)　二十(25)　二又(25)
- 3画：二上(25)　二丈(25)　二口(25)　二女(25)　二子(25)　二川(25)
- 4画：二中(26)　二之(26)　二井(26)　二区(26)　二升(26)　二双(26)　二戸(26)　二方(26)　二日(26)　二月(26)　二木(26)　二王(26)
- 5画：二本(26)　二田(26)
- 6画：二伊(26)　二名(26)　二庄(26)　二池(26)　二色(26)　二西(27)
- 7画：二串(27)　二位(27)　二尾(27)　二条(27)　二村(27)　二沢(27)　二町(27)　二見(27)　二里(27)
- 8画：二和(27)　二帖(27)　二所(27)　二松(27)　二東(27)　二枚(27)　二歩(27)　二河(27)　二股(28)
- 9画：二俣(28)　二栄(28)　二海(28)　二津(28)　二神(28)　二荒(28)　二郎(28)　二重(28)　二面(28)　二風(28)
- 10画：二宮(28)　二島(28)　二料(28)　二浦(28)　二軒(28)　二崎(28)
- 11画：二條(28)　二郷(28)　二部(28)　二野(28)　二鹿(28)
- 12画：二塚(28)　二森(28)　二渡(28)　二番(28)　二筋(29)　二葉(29)　二越(29)　二間(29)

3画　検字表

二階	29	入軻	30	八尻	34	八家	38	[5]力石	44	十須	47	下子	50
[13]二勢	29	入郷	30	八平	34	八島	38	[8]力武	44	[13]十楽	47	下小	50
二睦	29	入部	30	八広	34	八峰	38	力長	44	十禅	47	下山	50
二豊	29	入野	30	八本	34	八栗	38	[9]力昼	44	十腰	47	下川	51
[18]二藤	29	入鹿	30	八甲	34	八浜	38	十		[15]十輪	47	下弓	51
[19]二瀬	29	[12]入善	30	八田	34	八畝	38	[1]十一	44	卜		[4]下中	51
人		入場	30	八目	34	八竜	38	[2]十七	44	[5]卜半	47	下丹	52
[3]人丸	29	入粟	30	八石	34	八軒	38	十九	44	[8]卜味	47	下之	52
[5]人母	29	入覚	30	八辺	34	八通	39	十二	44	又		下井	52
人穴	29	入間	30	[6]八伏	34	八郡	39	十人	44	[2]又八	47	下五	52
[6]人吉	29	入須	30	八光	34	[11]八劔	39	十八	44	[3]又丸	47	下今	52
[7]人形	29	[13]入塩	30	八名	34	八曽	39	[3]十三	45	[6]又吉	47	下仁	52
人来	29	[15]入蔵	30	八多	34	八條	39	十川	45	[7]又兵	47	下元	52
人見	29	[16]入澤	30	八次	34	八菅	39	[4]十五	45	[11]又野	47	下六	52
人里	29	入膳	31	八江	35	八野	39	十六	45	[12]又富	47	下内	52
[8]人知	29	八		八百	35	八釣	39	十太	45	[13]又新	47	下切	52
[9]人面	29	[0]八ケ	31	八色	35	八鹿	39	十文	45	[15]又穂	47	下分	52
[11]人宿	29	八ツ	31	[7]八作	35	[12]八塚	39	十方	45			下双	52
[15]人舞	29	八ノ	31	八坂	35	八尋	39	十日	45			下反	52
[16]人橋	29	八つ	31	八声	35	八景	39	十王	46	**3画**		下友	52
入		八の	31	八尾	35	八勝	39	[5]十四	46			下太	52
入	29	[1]八乙	31	八床	37	八森	39	十市	46			下天	53
[0]入ケ	29	[2]八丁	31	八条	37	八問	40	十弗	46	下		下戸	53
[3]入山	29	八人	31	八東	37	八満	40	[6]十全	46	下	47	下手	53
入川	29	八十	31	八沢	37	八番	40	十字	46	[0]下々	47	下文	53
[4]入之	29	[3]八下	31	八甫	37	八筋	40	十年	46	下オ	47	下斗	53
入内	29	八上	31	八町	37	八街	40	[7]十余	46	下ケ	47	下方	53
入方	29	八丈	31	八社	37	八間	40	十兵	46	下コ	47	下日	53
入水	29	八万	31	八角	37	八雲	40	十役	46	下シ	47	下月	53
[5]入出	29	八千	31	八里	37	八飯	40	十志	46	下タ	47	下木	53
入四	29	八口	32	八阪	37	[13]八塩	40	十条	46	下チ	47	下欠	53
入広	29	八女	32	[8]八並	37	八楠	40	十村	46	下ト	47	下止	53
入本	29	八子	32	八事	37	[14]八熊	40	十町	46	下ノ	47	下比	53
入生	29	八寸	32	八京	37	八箇	40	十花	46	下モ	48	下毛	53
入田	29	八山	32	八卦	37	八総	40	十谷	46	下さ	48	下氏	53
[6]入会	29	八川	32	八和	37	[15]八幡	40	十足	46	下の	48	下水	53
入地	29	[4]八之	32	八帖	37	八槻	43	十里	46	下り	48	下片	53
入江	29	八井	32	八房	37	八潮	43	[8]十和	46	[1]下一	48	下牛	53
入舟	30	八分	32	八枝	37	[16]八橋	43	十念	46	下乙	48	[5]下世	53
[7]入佐	30	八反	32	八東	37	八積	44	十枝	46	[2]下七	48	下仙	53
入尾	30	八太	32	八河	37	八頭	44	[9]十洲	46	下丁	48	下代	53
入折	30	八天	32	八迫	37	八龍	44	十津	46	下九	48	下出	53
入来	30	八夫	32	八金	37	[17]八講	44	十神	46	下二	48	下加	53
入沢	30	八尺	32	[9]八保	37	八鍬	44	十郎	46	下入	48	下北	53
入町	30	八戸	32	八前	37	[19]八瀬	44	十面	47	下八	48	下半	53
入谷	30	八手	32	八屋	37	刀		[10]十倉	47	[3]下三	48	下右	53
[8]入和	30	八文	32	八柱	37	[5]刀出	44	十宮	47	下上	48	下古	53
入明	30	八斗	32	八津	37	[7]刀利	44	十島	47	下万	48	下司	53
入河	30	八方	32	八神	37	刀町	44	十軒	47	下与	48	下台	54
[10]入倉	30	八日	32	八草	37	[10]刀根	44	[11]十貫	47	下丸	48	下四	54
入島	30	八木	33	八郎	37	力		[12]十塚	47	下久	48	下尻	54
入釜	30	八王	33	八重	38	[3]力万	44	十勝	47	下口	49	下左	54
[11]入曽	30	[5]八代	34	[10]八倉	38	力丸	44	十番	47	下土	49	下市	54
入船	30	八出	34	八剣	38	力山	44	十間	47	下士	49	下布	54
												下大	49

検字表　3画

下平 54	下作 57	下妻 59	下染 61	下真 64	下陸 66	下殿 68
下広 54	下似 57	下宗 59	下栢 61	下砥 64	下雪 66	下源 68
下弁 54	下余 57	下宝 59	下柏 61	下祇 64	下魚 66	下溝 68
下打 54	下児 57	下居 59	下柳 61	下祓 64	下鳥 66	下滝 68
下本 54	下兵 57	下岡 59	下柚 61	下竜 64	下鹿 67	下福 69
下末 54	下初 57	下岸 59	下段 61	下荻 64	下麻 67	下堅 69
下正 54	下判 57	下岩 59	下毘 61	下莇 64	下黒 67	下筬 69
下永 54	下別 57	下府 59	下海 61	下蚊 64	12下厨 67	下糀 69
下氷 54	下利 57	下延 59	下洲 61	下財 64	下善 67	下蒲 69
下玉 54	下助 57	下所 59	下浄 61	下起 64	下場 67	下蓬 69
下瓦 54	下君 57	下押 59	下泉 61	下通 64	下堤 67	下蓮 69
下生 54	下具 57	下拝 59	下浅 62	下連 64	下塔 67	下蛸 69
下甲 54	下吾 57	下拍 59	下津 62	下郡 64	下奥 67	下触 69
下田 54	下吹 57	下斉 59	下狭 63	下院 64	下富 67	下豊 69
下白 55	下呂 57	下明 59	下狢 63	下陣 64	下幅 67	下遠 69
下目 55	下坂 57	下枝 60	下畑 63	下馬 64	下御 67	下鉢 69
下矢 55	下妙 57	下松 60	下発 63	下高 64	下曾 67	下頓 69
下石 55	下尾 57	下東 60	下相 63	下鬼 65	下替 67	14下境 69
下立 55	下志 57	下板 60	下砂 63	11下亀 65	下勝 67	下増 69
下辺 55	下忍 58	下林 60	下神 63	下冨 65	下朝 67	下徳 69
6下伊 55	下折 58	下武 60	下祖 63	下唯 65	下検 67	下暮 69
下仲 56	下材 58	下河 60	下秋 63	下堀 65	下植 67	下榎 69
下伏 56	下条 58	下沼 60	下籾 63	下宿 65	下森 67	下構 69
下先 56	下杉 58	下波 60	下茨 63	下崎 65	下棟 67	下樋 69
下印 56	下村 58	下油 60	下荒 63	下悪 65	下渡 67	下漆 69
下吉 56	下来 58	下物 60	下草 63	下据 65	下湯 67	下熊 69
下向 56	下沖 58	下牧 60	下茶 63	下斎 65	下番 67	下稲 69
下名 56	下沢 58	下狛 60	下重 63	下曽 65	下硯 67	下種 69
下地 56	下町 58	下直 60	下音 63	下望 65	下筒 67	下稗 69
下圷 56	下芦 58	下知 60	下風 63	下梶 65	下粟 67	下窪 69
下多 56	下花 58	下祇 60	下香 63	下梨 65	下萱 67	下箕 69
下安 56	下芥 58	下芽 60	10下倉 63	下條 65	下落 67	下綱 69
下宇 56	下見 58	下若 60	下俵 63	下渋 65	下葭 67	下総 69
下寺 56	下谷 58	下苗 60	下原 63	下深 65	下蛭 67	下網 69
下庄 56	下貝 58	下茂 60	下唐 63	下清 65	下賀 67	下銀 69
下当 56	下赤 58	下金 60	下宮 63	下渕 65	下越 67	下関 69
下旭 56	下足 58	下長 60	下島 63	下猪 65	下軽 67	下鞆 69
下早 56	下車 58	下門 61	下峰 64	下笠 65	下達 67	下餅 69
下曲 56	下近 59	下阿 61	下帯 64	下笹 65	下道 67	15下幡 69
下有 56	下里 59	下雨 61	下座 64	下粕 65	下鈎 68	下影 69
下江 56	下阪 59	下青 61	下恩 64	下経 65	下開 68	下敷 69
下池 56	8下並 59	9下保 61	下恵 64	下紺 65	下間 68	下横 69
下牟 57	下京 59	下俣 61	下時 64	下細 65	下隅 68	下樫 69
下百 57	下依 59	下前 61	下栗 64	下組 65	下須 68	下権 69
下竹 57	下兎 59	下南 61	下桑 64	下船 65	下飯 68	下槻 69
下米 57	下到 59	下厚 61	下根 64	下菅 65	13下園 68	下穂 69
下糸 57	下味 59	下垣 61	下梅 64	下貫 65	下塩 68	下箱 69
下羽 57	下和 59	下城 61	下浜 64	下郷 66	下幌 68	下舞 70
下老 57	下呰 59	下室 61	下浦 64	下都 66	下愛 68	下諏 70
下臼 57	下国 59	下屋 61	下涌 64	下部 66	下新 68	下駒 70
下舌 57	下垂 59	下彦 61	下流 64	下野 66	下椿 68	16下樵 70
下衣 57	下坪 59	下後 61	下烏 64	下閉 66	下楠 68	下濁 70
下西 57	下夜 59	下星 61	下狼 64	下陰 66	下楢 68	下濃 70
7下佐 57	下奈 59	下柿 61	下益 64	下陳 66	下椣 68	下甑 70

(31)

3画　　　　検字表

下積 70	三大 73	三百 77	三俣 82	三眺 85	三領 87	上弓 93
下繁 70	三女 73	三竹 77	三咲 82	三笠 85	15三潴 87	4上中 93
下興 70	三小 73	三色 77	三品 82	三笹 85	三穂 87	上丹 93
下舘 70	三山 73	7三佐 77	三城 82	三組 85	三縄 87	上之 93
下薬 70	三川 73	三作 77	三室 82	三葛 85	三蔵 87	上井 94
下鞘 70	三才 74	三住 77	三屋 82	三菱 85	三輪 87	上五 94
下館 70	4三中 74	三助 77	三度 82	三貫 85	三養 87	上今 94
下鮎 70	三丹 74	三坑 77	三廻 82	三郷 85	16三橋 87	上仁 94
下鴬 70	三之 74	三坂 77	三拾 82	三都 85	17三篠 88	上元 94
下鴨 70	三井 74	三坊 77	三春 82	三部 85	19三瀬 88	上六 94
17下櫛 71	三仏 74	三尾 77	三昧 82	三野 85	24三鷹 88	上内 94
下檜 71	三六 74	三条 78	三栄 82	三陸 85	上	上刈 94
下磯 71	三内 74	三杉 78	三柿 82	三黒 85	上 88	上切 94
下篠 71	三分 74	三村 78	三柳 82	12三厩 85	0上イ 88	上分 94
下槽 71	三区 74	三沢 78	三津 82	三塚 86	上オ 88	上反 94
下薩 71	三反 74	三町 78	三洋 82	三富 86	上ケ 88	上友 94
下鍵 71	三引 74	三社 78	三畑 82	三景 86	上ゲ 88	上太 94
下鍛 71	三戸 74	三良 78	三砂 82	三朝 86	上ザ 88	上天 94
下鍜 71	三手 74	三芳 78	三神 82	三森 86	上チ 88	上巴 95
18下藤 71	三文 74	三見 79	三秋 82	三棟 86	上ト 88	上戸 95
下藪 71	三方 74	三角 79	三美 82	三湯 86	上ノ 88	上手 95
下離 71	三日 74	三谷 79	三茶 82	三番 86	上ミ 89	上文 95
下鵤 71	三木 74	三里 79	三郎 82	三筋 86	上リ 89	上斗 95
19下瀬 71	三毛 75	三阪 79	三重 82	三筑 86	上と 89	上方 95
下蟹 71	三王 75	8三並 79	三面 83	三萩 86	上の 89	上日 95
下鏡 71	5三世 75	三京 79	10三倉 83	三賀 86	上り 89	上月 95
下鯖 71	三代 75	三和 79	三俵 83	三越 86	1上一 89	上木 95
下鶏 71	三加 75	三国 80	三原 83	三道 86	上乙 89	上欠 95
20下露 71	三右 75	三夜 81	三家 83	三間 86	2上七 89	上止 95
21下灘 71	三左 75	三奈 81	三宮 83	三階 86	上丁 89	上比 95
下鶴 71	三本 75	三妻 81	三島 83	三隅 86	上乃 89	上毛 95
下鶯 71	三永 75	三宝 81	三峰 83	三雄 86	上九 89	上氏 95
22下籠 71	三生 76	三岡 81	三峯 83	三雲 86	上二 89	上水 95
24下鱗 71	三田 76	三岳 81	三恵 83	三須 87	上人 89	上片 95
下鷺 71	三疋 76	三岩 81	三栗 83	13三園 87	上入 89	上牛 95
三	三矢 76	三岱 81	三根 83	三愛 87	上八 89	上王 95
0三ケ 71	三石 76	三幸 81	三栖 83	三新 87	上力 89	5上丘 95
三ッ 72	6三会 76	三弥 81	三浦 83	三楽 87	上十 89	上世 95
三ノ 72	三伝 76	三所 81	三浜 84	三蔵 87	3上下 89	上仙 95
三つ 73	三光 76	三拝 81	三畠 84	三殿 87	上三 90	上代 95
三の 73	三先 76	三明 81	三留 84	三溝 87	上上 90	上出 95
2三丁 73	三吉 76	三松 81	三納 84	三滝 87	上万 90	上加 95
三入 73	三合 77	三枚 81	三軒 84	三碓 87	上与 90	上北 96
三八 73	三名 77	三林 81	三馬 84	三福 87	上丸 90	上半 96
三刀 73	三在 77	三河 81	11三宿 84	三樋 87	上久 90	上右 96
三十 73	三好 77	三波 81	三崎 84	三熊 87	上千 90	上古 96
三又 73	三宅 77	三泊 81	三帳 84	三稲 87	上口 90	上司 96
3三上 73	三寺 77	三直 81	三梨 84	三種 87	上土 90	上台 96
三万 73	三成 77	三股 81	三條 84	三箇 87	上士 90	上四 96
三丸 73	三机 77	三若 81	三渓 84	三関 87	上大 91	上尻 96
三久 73	三次 77	三苫 81	三清 84		上子 91	上市 96
三千 73	三江 77	三迫 82	三渕 84		上小 91	上布 96
三口 73	三池 77	三門 82	三瓶 84		上山 92	上平 96
三土 73	三牟 77	9三保 82	三盛 84		上川 92	上広 97

(32)

上弁 97	上糸 100	上辰 103	上迫 106	上軍 108	上除 110	上黒 116
上打 97	上羽 100	上近 103	上金 106	上重 108	上陣 110	12上博 116
上札 97	上老 100	上里 103	上長 106	上面 108	上馬 110	上厨 116
上本 97	上臼 100	上麦 103	上門 106	上風 108	上高 110	上善 116
上末 97	上舌 101	8上並 104	上阿 106	上音 108	上鬼 111	上堰 116
上正 97	上色 101	上京 104	上雨 106	上飛 108	11上亀 111	上堤 116
上永 97	上衣 101	上依 104	上青 106	10上倉 108	上冨 111	上塔 116
上玉 97	上西 101	上兎 104	上香 106	上原 108	上間 111	上奥 116
上瓦 97	7上更 101	上到 104	9上保 106	上唐 109	上堂 111	上富 116
上生 97	上佐 101	上味 104	上前 106	上家 109	上堀 111	上御 116
上用 97	上作 101	上和 104	上南 106	上宮 109	上宿 112	上揚 117
上甲 97	上似 101	上咜 104	上厚 106	上島 109	上崎 112	上曾 117
上田 97	上住 101	上国 104	上品 106	上峰 109	上常 112	上勝 117
上白 98	上但 101	上垂 104	上城 106	上差 109	上庶 112	上朝 117
上目 98	上余 101	上坪 104	上室 106	上帯 109	上強 112	上検 117
上矢 98	上児 101	上夜 104	上屋 106	上座 109	上張 112	上植 117
上石 98	上初 101	上奈 104	上昼 106	上徒 109	上悪 112	上森 117
上立 99	上判 101	上官 104	上巻 107	上恩 109	上斜 112	上棚 117
上辺 99	上別 101	上宗 104	上彦 107	上恵 109	上曽 112	上棟 117
6上伊 99	上利 101	上定 104	上後 107	上挙 109	上望 112	上温 117
上仮 99	上助 101	上宝 104	上怒 107	上時 109	上桶 112	上渡 117
上会 99	上君 101	上居 104	上春 107	上桐 109	上梶 112	上湯 117
上仲 99	上呉 101	上岡 104	上昭 107	上栗 109	上梨 112	上湧 117
上伝 99	上吾 101	上岸 104	上星 107	上桑 109	上渋 112	上然 117
上伏 99	上吹 101	上岩 104	上栄 107	上桂 109	上渚 112	上番 117
上先 99	上呂 101	上幸 104	上柿 107	上根 109	上深 112	上登 117
上印 99	上坂 101	上底 104	上柴 107	上桜 109	上清 112	上筒 117
上吉 99	上坊 101	上府 104	上染 107	上梅 110	上猪 112	上粟 117
上向 99	上壱 101	上延 104	上柏 107	上桧 110	上盛 112	上萱 117
上合 99	上妙 101	上所 104	上柳 107	上浦 110	上笠 112	上萩 117
上名 99	上対 101	上押 104	上柚 107	上浜 110	上笹 112	上葉 117
上地 99	上尾 102	上拝 104	上段 107	上浮 110	上粕 112	上落 117
上圷 99	上志 102	上明 104	上昆 107	上涌 110	上経 112	上葭 117
上多 99	上折 102	上杵 104	上海 107	上流 110	上紺 112	上蛭 117
上夷 99	上材 102	上枝 104	上浄 107	上烏 110	上細 112	上覚 117
上如 99	上条 102	上松 105	上泉 107	上狼 110	上組 112	上賀 117
上安 99	上杉 102	上東 105	上浅 107	上珠 110	上船 112	上越 118
上宇 100	上村 102	上板 105	上津 107	上益 110	上葛 112	上軽 118
上寺 100	上来 102	上林 105	上洞 107	上真 110	上菅 112	上運 118
上州 100	上沖 102	上武 105	上狢 107	上砥 110	上萠 112	上達 118
上当 100	上沢 102	上河 105	上畑 107	上祓 110	上蛇 112	上道 118
上成 100	上町 102	上杳 105	上発 107	上竜 110	上袋 112	上鈎 118
上旭 100	上社 103	上沼 105	上県 107	上納 110	上貫 112	上開 118
上早 100	上芦 103	上法 105	上相 108	上脇 110	上郷 112	上間 118
上曲 100	上花 103	上油 105	上砂 108	上荻 110	上郡 113	上陽 118
上有 100	上芥 103	上物 105	上神 108	上莇 110	上野 113	上雄 118
上江 100	上芭 103	上牧 105	上祖 108	上蚊 110	上閉 115	上雲 118
上汐 100	上芳 103	上狛 105	上秋 108	上起 110	上陰 115	上須 118
上池 100	上見 103	上直 105	上籾 108	上連 110	上陳 115	上飯 118
上牟 100	上谷 103	上知 105	上美 108	上郡 110	上陸 115	13上勢 119
上百 100	上貝 103	上祇 106	上茨 108	上釜 110	上魚 115	上塩 119
上竹 100	上赤 103	上芽 106	上荒 108	上院 110	上鳥 115	上幌 119
上米 100	上足 103	上若 106	上草 108		上鹿 116	上愛 119
	上車 103	上茂 106	上荘 108		上麻 116	上意 119
			上茶 108			

上新 119	上横 121	上鷺 122	与力 123	丸田 125	久玉 128	久美 131
上楠 119	上樫 121	丈	3与三 123	丸石 125	久生 128	久重 132
上椹 119	上槻 121	0丈ケ 122	4与五 123	6丸池 125	久田 128	10久兼 132
上殿 119	上標 121	丈の 122	与六 123	丸米 125	久白 129	久原 132
上源 119	上穂 121	4丈六 122	5与北 123	7丸尾 125	久目 129	久家 132
上溝 119	上箱 121	万	与古 123	丸町 125	久石 129	久座 132
上滝 119	上舞 121	0万々 122	与左 123	丸谷 125	久礼 129	久恵 132
上猿 120	上蔵 121	2万力 122	与市 123	8丸岡 125	6久光 129	久栗 132
上福 120	上蕨 121	3万久 122	与田 123	丸松 127	久地 129	久根 132
上竪 120	上諸 121	万才 122	6与名 123	丸林 127	久多 129	久留 132
上筬 120	上諏 121	4万木 122	与次 123	丸河 127	久安 129	久能 133
上糀 120	上輪 121	5万世 122	7与兵 123	丸沼 127	久寺 129	久通 133
上蒲 120	上駒 121	万代 122	与呂 123	9丸屋 127	久成 129	久連 133
上蓬 120	16上橋 121	万古 122	与床 123	丸柱 127	久次 129	11久崎 133
上蓮 120	上樵 121	万平 122	与沢 123	10丸島 127	久江 129	久常 133
上蛸 120	上潟 121	万正 122	与良 123	丸根 127	久根 129	久得 133
上詰 120	上甑 121	万田 122	与那 123	11丸亀 127	久百 129	久郷 133
上豊 120	上積 121	万石 122	8与侈 123	丸渕 127	久米 129	久野 133
上路 120	上築 121	6万光 122	与板 123	丸貫 127	7久佐 129	久隆 133
上遠 120	上繁 121	万吉 122	9与保 124	丸野 127	久住 129	12久喜 133
上鉢 120	上興 121	万年 122	与津 124	12丸塚 127	久兵 129	久場 133
上雷 120	上舘 121	万成 122	10与倉 124	丸森 127	久利 129	久富 133
上頓 120	上薬 121	万江 122	与原 124	13丸新 127	久寿 129	久御 133
14上嘉 120	上錫 121	万行 122	与島 124	丸滝 127	久尾 129	久賀 133
上境 120	上鞆 121	7万坂 122	与座 124	15丸潟 127	久岐 129	久須 133
上増 120	上館 121	万寿 123	与根 124	丸穂 127	久志 129	13久慈 133
上徳 120	上鴨 121	万尾 123	与能 124	16丸橋 127	久我 129	久福 133
上暮 120	17上櫛 121	万条 123	11与野 124	19丸瀬 127	久村 129	久路 133
上榎 120	上檜 121	万沢 123	12与喜 124	久	久来 129	久遠 133
上樋 120	上磯 121	万町 123	与惣 124	0久々 127	久沢 129	14久徳 133
上歌 120	上篠 121	万里 123	与賀 124	久ノ 128	久良 129	久領 133
上漆 120	上薩 121	9万屋 123	13与楽 124	久が 128	久見 129	15久蔵 133
上熊 120	上螺 121	万津 123	与路 124	2久乃 128	久谷 130	19久瀬 133
上稲 120	上鍵 121	10万倍 123	15与儀 124	3久下 128	久豆 130	乞
上種 120	上鍛 121	万座 123	与縄 124	久万 128	久貝 130	5乞田 133
上稗 120	上銀 121	万根 123	与論 124	久土 128	久那 130	兀
上窪 120	上鴻 121	万能 123	17与謝 124	久山 128	久里 130	3兀山 133
上箇 120	上齋 121	11万野 123	19与瀬 124	久井 128	8久国 130	刃
上箕 120	18上藤 121	12万博 123	丸	久太 128	久宝 130	8刃物 133
上綱 120	上藪 122	万善 123	丸 124	久戸 128	久居 130	10刃連 133
上総 120	上雛 122	万場 123	0丸ケ 124	久手 128	久岡 130	千
上網 120	上鵜 122	万富 123	丸ノ 124	久斗 128	久所 130	0千々 133
上銀 120	19上瀬 122	万勝 123	丸の 124	久方 128	久枝 130	千ケ 133
上銭 120	上藻 122	13万楽 123	3丸万 124	久木 128	久松 130	2千丁 133
上鉾 120	上蟹 122	万歳 123	丸大 124	久比 128	久杳 130	千人 133
上関 121	上願 122	万福 123	丸子 124	5久世 128	久知 130	3千丈 133
上鞆 121	上鯖 122	14万徳 123	丸小 124	久代 128	久茂 130	千万 133
上餅 121	20上露 122	18万騎 123	丸山 124	久出 128	久金 130	千川 133
上鳴 121	21上灘 122	19万瀬 123	4丸之 125	久右 128	9久保 130	4千刈 133
上鼻 121	上鶴 122	万願 123	丸井 125	久古 128	久城 131	千反 134
15上幡 121	上鷺 122	与	丸内 125	久左 128	久屋 131	千引 134
上幟 121	22上籠 122	1与一 123	丸太 125	久本 128	久度 131	千戸 134
上影 121	23上鷺 122	2与九 123	5丸本 125	久末 128	久後 131	千手 134
上敷 121	24上鱗 122				久泉 131	千日 134
					久津 131	

千木 134　**⁵千代** 134　**千平** 135　**千旦** 135　**千本** 135　**千田** 135　**千疋** 135　**千石** 135　**⁶千両** 136　**千合** 136　**千同** 136　**千安** 136　**千守** 136　**千年** 136　**千成** 136　**千早** 136　**千曳** 136　**千曲** 136　**千羽** 136　**千舟** 136　**⁷千住** 136　**千坊** 136　**千寿** 136　**千把** 136　**千杉** 136　**千束** 136　**千村** 136　**千沢** 136　**千町** 136　**千苅** 136　**千谷** 136　**千貝** 136　**千走** 136　**千足** 136　**千里** 136　**千防** 137　**⁸千国** 137　**千枚** 137　**千林** 137　**千河** 137　**千波** 137　**千股** 137　**千若** 137　**千金** 137　**千門** 137　**⁹千保** 137　**千垣** 137　**千城** 137　**千屋** 137　**千怒** 137　**千栄** 137　**千洗** 137　**千津** 137　**千秋** 137

千草 137　**¹⁰千倉** 137　**千俵** 137　**千原** 137　**千唐** 137　**千島** 137　**千浜** 137　**千献** 137　**千軒** 138　**¹¹千崎** 138　**千現** 138　**千船** 138　**千野** 138　**千鳥** 138　**¹²千厩** 138　**千塚** 138　**千富** 138　**千尋** 138　**千提** 138　**千渡** 138　**千畳** 138　**千葉** 138　**千賀** 138　**千躰** 138　**千間** 138　**千須** 138　**¹³千僧** 138　**千歳** 138　**千滝** 139　**千福** 139　**千路** 139　**¹⁴千徳** 139　**千種** 139　**千崎** 139　**千綿** 139　**千駄** 139　**¹⁵千穂** 139　**千縄** 139　**¹⁶千頭** 139　**²¹千竈** 139

及
³及川 139　**⁷及位** 139

口
⁰口ケ 139　**口の** 139　**²口八** 139　**³口大** 139　**⁴口之** 139　**口内** 139　**口分** 139　**口戸** 139　**口木** 139　**⁵口仙** 139　**口広** 139

口永 139　**口田** 139　**口目** 139　**口石** 139　**⁶口吉** 139　**口宇** 140　**口米** 140　**口羽** 140　**⁷口佐** 140　**口色** 140　**⁷口別** 140　**口坂** 140　**口谷** 140　**口阪** 140　**⁸口和** 140　**口波** 140　**口金** 140　**口長** 140　**⁹口春** 140　**口神** 140　**¹⁰口原** 140　**口酒** 140　**¹¹口細** 140　**口野** 140　**¹²口湊** 140　**口粟** 140　**口須** 140　**¹⁴口榎** 140　**¹⁶口鴨** 140

土
土 140　**⁰土々** 140　**土ケ** 140　**²土入** 140　**³土下** 140　**土丸** 140　**土口** 140　**土子** 140　**土山** 140　**土川** 140　**⁴土井** 141　**土太** 141　**土手** 141　**土支** 141　**⁵土代** 141　**土出** 141　**土古** 141　**土市** 141　**土布** 141　**土打** 141　**土本** 141　**土生** 141　**土田** 141　**土矢** 141　**土穴** 141

⁶土合 141　**土宇** 141　**土庄** 141　**土成** 141　**土気** 141　**土瓜** 141　**土羽** 141　**⁷土佐** 141　**土作** 143　**土呂** 143　**土坂** 143　**土岐** 143　**土沢** 143　**土町** 143　**土谷** 143　**⁸土取** 143　**土居** 143　**土底** 143　**土武** 143　**土河** 143　**土肥** 143　**⁹土室** 143　**土屋** 143　**土飛** 143　**¹⁰土倉** 143　**土原** 143　**土師** 143　**土庫** 143　**土浦** 143　**土浮** 143　**¹¹土堂** 144　**土堀** 144　**土場** 144　**土塔** 144　**土深** 144　**土清** 144　**土淵** 144　**土渕** 144　**土船** 144　**土野** 144　**¹²土喰** 144　**土場** 144　**土御** 144　**土棚** 144　**土湯** 144　**土筒** 144　**土越** 144　**土路** 144　**¹⁴土樋** 144　**¹⁵土器** 144　**¹⁶土橋** 144　**土樽** 144　**土舘** 144

士
³士寸 144　**⁶士多** 144　**⁷士別** 144　**¹³士幌** 144　**士農** 144

夕
夕カ 144　**⁴夕日** 144　**⁵夕田** 144　**⁶夕凪** 144　**⁹夕栄** 144　**¹⁰夕原** 144　**¹¹夕張** 144　**¹²夕筋** 144　**夕葉** 145　**夕陽** 145　**¹⁸夕顔** 145

大
大 145　**⁰大ケ** 145　**大ノ** 145　**大さ** 145　**大み** 145　**大わ** 145　**²大人** 145　**大入** 145　**大八** 145　**大刀** 145　**大力** 145　**大又** 145　**³大下** 145　**大三** 145　**大上** 145　**大丸** 145　**大久** 145　**大口** 146　**大土** 147　**大子** 147　**大小** 147　**大山** 147　**大川** 147　**大工** 148　**⁴大不** 148　**大中** 148　**大丹** 148　**大井** 148　**大五** 149　**大今** 149　**大仁** 149　**大元** 149　**大六** 149　**大円** 149

大内 149　**大分** 150　**大双** 150　**大友** 150　**大夫** 150　**大引** 150　**大心** 150　**大戸** 150　**大手** 150　**大文** 151　**大方** 151　**大日** 151　**大月** 151　**大木** 151　**大欠** 152　**大比** 152　**大毛** 152　**大水** 152　**大父** 152　**大片** 152　**大王** 152　**⁵大世** 152　**大仙** 152　**大代** 152　**大北** 152　**大半** 152　**大可** 152　**大台** 152　**大只** 152　**大外** 152　**大央** 152　**大尼** 152　**大市** 152　**大平** 152　**大広** 153　**大本** 153　**大正** 153　**大永** 153　**大玉** 153　**大生** 153　**大用** 153　**大甲** 153　**大田** 153　**大白** 154　**大目** 154　**大矢** 154　**大石** 154　**大穴** 154　**大辻** 155　**大全** 155

大仲 155　**大伝** 155　**大任** 155　**大光** 155　**大吉** 155　**大向** 155　**大同** 155　**大名** 155　**大在** 155　**大地** 155　**大多** 155　**大安** 155　**大宇** 156　**大宅** 156　**大寺** 156　**大州** 157　**大年** 157　**大庄** 157　**大当** 157　**大成** 157　**大戌** 157　**大曲** 157　**大朴** 157　**大毎** 158　**大江** 158　**大池** 158　**大牟** 158　**大瓜** 158　**大竹** 158　**大羽** 158　**大舟** 159　**大芋** 159　**大虫** 159　**大行** 159　**大衣** 159　**大西** 159　**⁷大更** 159　**大串** 159　**大佐** 159　**大作** 159　**大住** 159　**大宜** 159　**大初** 159　**大別** 159　**大利** 159　**大助** 159　**大君** 159　**大吹** 159　**大呂** 159　**大坂** 160　**大坊** 160　**大寿** 160　**大尾** 160　**大岐** 160

3画　検字表

大形	160	大松	167	大柏	171	大留	178	大黒	183	大楽	189	大樽	193
大志	160	大東	167	大柳	171	大真	178	[12]大博	183	大槌	189	大濁	193
大我	160	大板	168	大海	171	大秦	178	大厩	183	大椴	189	大積	193
大改	160	大林	168	大洲	171	大竜	178	大喜	183	大楠	189	大膳	193
大杉	160	大武	168	大泉	171	大納	178	大善	183	大蔵	189	大興	193
大村	160	大歩	168	大洗	171	大能	178	大堰	183	大殿	189	大舘	193
大杁	160	大河	168	大津	171	大脇	178	大場	184	大源	189	大蘭	193
大沖	160	大杏	168	大洞	172	大荷	178	大塚	184	大溝	189	大薮	193
大沢	160	大治	168	大洋	172	大衾	178	大堤	185	大滝	189	大衡	193
大町	161	大沼	168	大狩	172	大財	178	大塔	185	大福	190	大鋸	193
大社	162	大波	168	大畑	172	大通	178	大富	185	大聖	190	大館	193
大良	162	大泊	169	大皆	173	大釜	178	大嵐	185	大蒲	191	[17]大嶺	193
大芦	162	大炊	169	大県	173	大針	179	大御	185	大蓮	191	大豪	193
大花	162	大物	169	大砂	173	大馬	179	大勝	185	大誉	191	大磯	193
大苅	162	大牧	169	大祝	173	大高	179	大朝	185	大豊	191	大篠	194
大芝	162	大知	169	大神	173	[11]大亀	179	大植	185	大跡	191	大簗	194
大見	162	大空	169	大秋	173	大冨	179	大森	185	大路	191	大謝	194
大角	162	大肥	169	大紀	173	大堂	179	大棚	186	大頓	191	大鍬	194
大谷	162	大茅	169	大美	173	大堀	179	大椎	186	[14]大嘉	191	大鍋	194
大豆	163	大苗	169	大胡	173	大寄	179	大椚	186	大境	191	[18]大甕	194
大貝	163	大茂	169	大背	173	大宿	179	大渡	186	大増	191	大藤	194
大赤	163	大迫	169	大荒	173	大崎	179	大湯	186	大嶋	191	大藪	194
大足	163	大金	169	大草	173	大崩	179	大満	186	大徳	191	大観	194
大辰	163	大長	169	大貞	173	大幛	179	大湊	186	大暮	191	大鎌	194
大迎	163	大門	169	大面	173	大強	179	大湾	186	大榎	191	大額	194
大那	163	大阿	170	大音	173	大張	179	大湫	186	大樋	191	大類	194
大里	163	大附	170	[10]大倉	173	大掛	179	大琳	186	大槙	191	[19]大瀬	194
大阪	164	大青	170	大俵	173	大曽	179	大登	186	大熊	191	大簾	194
大麦	164	[9]大乗	170	大倭	173	大桶	179	大童	186	大稲	191	大蟠	194
[8]大京	164	大信	170	大兼	173	大梶	180	大給	186	大窪	191	大願	194
大依	164	大保	170	大原	173	大桝	180	大萱	186	大綱	191	[20]大巌	194
大供	164	大俣	170	大埇	174	大椛	180	大萩	186	大網	191	大簇	194
大協	164	大冠	170	大家	174	大深	180	大街	186	大関	192	大鐘	194
大味	164	大前	170	大宮	174	大清	180	大覚	186	大領	192	大饗	194
大和	164	大南	170	大将	175	大淵	180	大賀	186	[15]大幡	192	大鰐	194
大国	166	大垣	170	大島	176	大淀	180	大越	186	大慶	192	[21]大鶴	194
大坪	166	大城	170	大峰	177	大渕	180	大超	186	大撫	192	[22]大籠	194
大垈	166	大垪	170	大峯	177	大猪	180	大軽	186	大横	192	[23]大鷲	194
大学	166	大垬	170	大師	177	大笹	180	大道	186	大樟	192	[24]大鷹	194
大宜	166	大始	170	大庭	177	大船	180	大開	187	大槻	192	女	
大宝	166	大室	170	大恩	177	大菊	180	大間	187	大潟	192	[0]女の	194
大岡	166	大屋	170	大悟	177	大菅	180	大隅	187	大澗	192	[3]女子	194
大岳	166	大峡	171	大桐	177	大菱	180	大隈	187	大潮	192	女川	194
大岸	166	大峠	171	大栗	177	大蛇	180	大雄	187	大穂	192	[4]女化	195
大岩	167	大巻	171	大桑	177	大袋	180	大雲	189	大窯	192	女方	195
大幸	167	大度	171	大根	177	大貫	180	大須	189	大箱	192	女木	195
大府	167	大廻	171	大桃	177	大郷	180	大飯	189	大縄	192	[5]女布	195
大性	167	大指	171	大梅	177	大部	180	[13]大僧	189	大蔵	192	女石	195
大所	167	大持	171	大浦	177	大釈	180	大園	189	大蕨	193	[6]女池	195
大房	167	大政	171	大酒	177	大野	180	大塩	189	大諏	193	[7]女良	195
大披	167	大昭	171	大浜	177	大雪	182	大墅	189	大輪	193	女谷	195
大明	167	大栄	171	大流	178	大鳥	182	大寛	189	[16]大壇	193	女那	195
大杭	167	大柿	171	大畠	178	大鹿	183	大慈	189	大橋	193	[8]女学	195
大枝	167	大栃	171	大畔	178	大麻	183	大新	189	大樹	193	女沼	195

検字表 3画

⁹女屋	195	小川	198	小立	202	小芝	206	小俣	210	小脇	214	小湾	218
女神	195	小才	199	小見	202	小見	206	小前	210	小荷	214	小焼	218
¹⁰女原	195	⁴小中	199	⁶小伊	202	小角	206	小南	210	小袖	214	小禄	218
女島	195	小丹	199	小仲	202	小谷	206	小垣	210	小通	214	小童	218
¹¹女堂	195	小井	199	小伝	202	小豆	206	小城	210	小郡	214	小筑	218
女鳥	195	小今	199	小伏	202	小貝	206	小室	210	小釜	215	小粟	218
女鹿	195	小仁	199	小匠	202	小赤	206	小屋	210	小針	215	小結	218
¹²女満	195	小六	199	小印	202	小車	206	小峠	210	小院	215	小萱	218
¹⁵女影	195	小内	199	小吉	202	小迎	206	小春	210	小馬	215	小萩	218
子		小切	199	小向	202	小那	206	小柿	210	小高	215	小賀	218
⁰子々	195	小友	199	小名	202	小里	206	小柴	210	¹¹小動	215	小軽	218
子ノ	195	小太	199	小地	203	小阪	206	小柱	210	小堀	215	小道	218
子ハ	195	小天	199	小多	203	小防	206	小柳	210	小尉	215	小鈍	218
⁴子木	195	小夫	199	小安	203	小麦	206	小海	210	小張	215	小間	218
⁵子平	195	小尺	199	小宇	203	⁸小京	206	小泉	211	小斎	215	小隈	218
子母	195	小引	199	小宅	203	小其	206	小津	211	小曽	215	小須	218
子生	195	小戸	199	小寺	203	小周	206	小洞	211	小梨	215	¹³小圏	218
⁶子吉	195	小手	199	小当	203	小和	206	小畑	211	小深	215	小塩	218
子安	196	小文	199	小成	203	小国	207	小県	211	小清	215	小塙	218
子守	196	小方	199	小曲	203	小坪	207	小相	211	小淵	215	小幌	218
子成	196	小日	199	小机	203	小妻	207	小砂	211	小淀	216	小揃	218
⁷子来	196	小月	199	小杁	203	小姓	207	小祝	211	小渕	216	小新	218
⁸子供	196	小木	200	小江	203	小宝	207	小神	211	小笠	216	小椿	218
子宝	196	小比	200	小池	203	小岩	207	小美	211	小笹	216	小殿	218
子抱	196	小爪	200	小百	203	小性	207	小荒	211	小船	216	小溝	218
子易	196	小片	200	小竹	203	小房	207	小草	211	小菅	216	小滝	218
⁹子思	196	小牛	200	小糸	203	小明	207	小計	211	小菱	216	小猿	219
¹⁰子浦	196	小犬	200	小羽	204	小松	207	小面	211	小袴	216	小暖	219
¹³子飼	196	⁵小世	200	小舟	204	小板	208	小音	211	小袋	216	小碓	219
¹⁶子隣	196	小仙	200	小衣	204	小枕	208	小食	211	小郷	216	小福	219
寸		小代	200	小西	204	小林	208	小香	211	小部	216	小筵	219
⁷寸沢	196	小出	200	⁷小串	204	小歩	208	¹⁰小倉	211	小釈	216	小絹	219
¹⁰寸座	196	小加	200	小佐	204	小河	208	小値	212	小野	216	小群	219
小		小北	200	小作	204	小沼	208	小原	212	小雀	217	小蓋	219
小	196	小右	200	小別	204	小波	209	小宮	212	小鳥	217	小蓑	219
⁰小々	196	小古	200	小利	204	小泊	209	小将	212	小鹿	217	小路	219
小ケ	196	小台	200	小吹	204	小牧	209	小島	212	小黒	217	小鈴	219
小セ	196	小四	200	小呂	204	小空	209	小峰	213	¹²小割	217	小頓	219
小ノ	196	小奴	200	小坂	204	小股	209	小峯	213	小善	217	¹⁴小境	219
¹小一	196	小市	200	小坊	205	小茎	209	小座	213	小場	217	小摺	219
²小二	196	小布	200	小局	205	小若	209	小庭	213	小塚	217	小榎	219
小人	196	小岐	200	小岐	205	小苗	209	小栗	213	小堤	217	小熊	219
小入	196	小平	200	小形	205	小茂	209	小桑	213	小嵐	218	小稲	219
小八	196	小本	201	小志	205	小迫	209	小桁	213	小御	218	小窪	219
小又	196	小正	201	小折	205	小金	209	小根	213	小揚	218	小綱	219
³小下	196	小玉	201	小杉	205	小長	209	小桜	213	小曾	218	小網	219
小上	196	小生	201	小束	205	小門	209	小梅	213	小勝	218	小関	219
小丸	196	小用	201	小村	205	小阿	209	小浦	213	小森	218	小雑	219
小久	196	小甲	201	小来	205	小附	209	小浜	213	小椎	218	¹⁵小幡	219
小千	196	小田	201	小沢	205	小雨	210	小浮	214	小港	218	小敷	219
小白	196	小白	202	小町	205	小青	210	小涌	214	小渡	218	小樺	220
小口	196	小目	202	小社	205	⁹小乗	210	小流	214	小湯	218	小槻	220
小土	196	小矢	202	小良	205	小信	210	小畠	214	小湊	218	小縄	220
小子	196	小石	202	小芦	205	小保	210	小真	214			小舞	220
小山	196	小穴	202	小花	205								

語	頁	語	頁	語	頁	語	頁	語	頁	語	頁	語	頁
小蔵	220	山天	226	山武	232	山斐	237	川尻	241	10川倉	245	工	
小諸	220	山手	226	山河	232	山森	237	川平	241	川原	245	6工団	248
小諏	220	山方	226	山波	232	山葵	237	川本	242	川宮	246	8工学	248
小駕	220	山月	226	山直	232	山賀	237	川永	242	川島	246	9工栄	248
16小橋	220	山木	226	山苗	232	山越	237	川田	242	川栗	246	13工業	248
小樽	220	山王	227	山門	232	山軽	237	川目	242	川桁	246	18工藤	248
小橡	220	5山代	227	9山保	232	山道	237	川辺	242	川根	246	己	
小濁	220	山出	227	山前	232	山階	237	6川会	242	川浦	246	己	
小積	220	山加	227	山南	232	山隈	237	川先	242	川流	246	12己斐	248
小篭	220	山北	227	山城	232	山陽	237	川向	242	川脇	246	巾	
小薄	220	山古	227	山室	233	山飯	238	川合	243	川通	246	巾	248
小薬	220	山外	227	山屋	233	13山新	238	川名	243	川連	246	3巾上	248
小頭	220	山尻	227	山海	233	山楯	238	川在	243	川除	247	9巾前	248
小館	220	山市	227	山泉	233	山滝	238	川守	243	11川副	247	巾廻	249
小鴨	220	山本	227	山津	233	山路	238	川寺	243	川崎	247	干	
17小嶺	220	山玉	228	山洞	233	14山熊	238	川成	243	川張	247	5干布	249
小磯	220	山田	228	山畑	233	山端	238	川曲	243	川添	247	6干尽	249
小篠	220	山白	230	山県	233	山曲	238	川汲	243	川淵	247	8干供	249
小繁	220	山目	230	山神	233	山綱	238	川糸	243	川船	247	干拓	249
小鎚	220	山立	230	山科	233	山蔵	238	川衣	243	川袋	247	9干俣	249
小鍋	220	山辺	230	山荘	233	山際	238	川西	243	川貫	247	干草	249
18小櫃	220	6山伏	230	山面	234	山鼻	238	7川余	243	川部	247	12干場	249
小観	220	山先	230	山香	234	15山潟	238	川尾	243	川野	247	干隈	249
小鎌	220	山吉	230	10山倉	234	山潤	238	川床	243	12川場	247	13干溝	249
19小瀬	220	山名	230	山原	234	16山館	238	川村	243	川奥	247	干蒲	249
21小鶴	220	山地	230	山家	234	19山瀬	238	川町	244	川富	247	15干潟	249
22小籠	220	山寺	230	山宮	234	川		川花	244	川勝	247	弓	
小轡	220	山江	230	山島	234	川	238	川見	244	川棚	247	0弓ケ	249
24小鷺	220	山池	230	山桑	234	0川ノ	238	川角	244	川渡	247	弓ノ	249
小鷹	220	山百	230	山根	234	川の	238	川谷	244	川湯	247	弓の	249
山		山臼	230	山桜	234	2川入	238	川阪	244	川登	247	4弓之	249
山	220	山西	231	山浦	234	川又	238	8川並	244	川越	248	弓手	249
0山ケ	220	7山吹	231	山祇	234	3川下	238	川和	244	川道	248	弓木	249
山ノ	220	山坂	231	山脇	234	川上	238	川奈	244	川開	248	5弓田	249
山の	221	山坊	231	山荻	234	川久	239	川妻	244	川間	248	弓矢	249
2山二	221	山尾	231	山起	234	川口	239	川岡	244	13川園	248	弓立	249
山入	221	山形	231	山高	234	川小	240	川岸	244	川滝	248	7弓沢	249
山十	221	山志	231	11山崎	234	川山	240	川房	244	川詰	248	弓町	249
3山下	221	山折	231	山桶	235	4川中	240	川東	244	川跡	248	8弓取	249
山上	222	山村	231	山桝	235	川之	240	川沿	244	川路	248	弓弦	249
山久	222	山町	231	山梨	235	川井	240	川治	244	14川嶋	248	弓波	249
山口	222	山芦	231	山添	235	川元	240	川沼	244	川樋	248	9弓削	249
山大	222	山花	231	山粕	236	川内	240	川股	244	川窪	248	10弓原	249
山女	222	山見	231	山菅	236	川匂	240	川茂	244	川端	248	12弓場	249
山子	222	山谷	231	山袋	236	川反	241	川長	244	川関	248	弓渡	249
山小	222	山那	231	山郷	236	川太	241	9川俣	244	15川澄	248	弓越	249
山川	222	山里	231	山都	236	川戸	241	川前	244	川縁	248	24弓鷹	249
4山中	224	8山国	231	山部	236	川手	241	川南	245	16川頭	248	才	
山之	225	山奈	231	山野	237	川方	241	川室	245	17川嶺	248	1才乙	249
山五	226	山居	231	山陰	237	川木	241	川柳	245	18川藤	248	3才川	249
山元	226	山岡	231	山陵	237	川犬	241	川津	245	19川瀬	248	4才之	249
山内	226	山岸	231	山鳥	237	5川代	241	川畑	245	21川鶴	248	才木	249
山切	226	山枝	232	山鹿	237	川付	241	川相	245			5才代	249
山分	226	山東	232	12山奥	237	川北	241	川面	245			才田	249
						川去	241						

検字表　4画

Column 1

6 才羽 249
7 才尾 249
才良 249
才見 249
才角 249
才谷 249
8 才金 249
9 才津 249
10 才原 249
才栗 249
11 才崎 249
才野 249
12 才覚 249

4画

丑
3 丑子 249
丑山 249
9 丑首 249
11 丑寅 249
不
2 不二 250
不入 250
3 不土 250
6 不老 250
7 不吹 250
不戻 250
不来 250
8 不知 250
9 不室 250
10 不時 250
不破 250
11 不動 250
不魚 250
15 不審 250
不澄 250
中
中 250
0 中々 251
中オ 251
中チ 251
中ト 251
中ノ 251
中の 251
中ふ 252
中み 252
1 中一 252
2 中丁 252
中二 252
中八 252
中十 252
3 中下 252

Column 2

中三 252
中上 252
中万 252
中丸 252
中久 252
中千 252
中土 252
中士 252
中大 252
中子 252
中小 252
中山 253
中川 254
4 中之 255
中井 255
中五 256
中今 256
中元 256
中公 256
中内 256
中切 256
中分 256
中区 256
中午 256
中友 256
中太 256
中天 256
中戸 256
中手 256
中斗 256
中方 256
中日 256
中木 256
中水 256
中爪 256
中片 256
5 中世 256
中仙 256
中代 256
中出 256
中加 256
中北 256
中古 256
中台 256
中央 257
中巨 259
中市 259
中布 259
中平 259
中広 259
中札 259
中本 259
中正 259
中永 259

Column 3

中玉 259
中瓦 259
中生 259
中田 259
中白 260
中目 260
中矢 260
中石 260
中立 260
中込 260
中辻 260
中辺 260
6 中伊 261
中伏 261
中印 261
中吉 261
中向 261
中名 261
中在 261
中地 261
中多 261
中安 261
中宇 261
中寺 261
中州 261
中庄 261
中当 261
中成 261
中旭 261
中江 261
中汐 261
中池 261
中牟 261
中瓜 261
中百 261
中竹 261
中米 261
中糸 261
中羽 261
中老 261
中臼 261
中舟 261
中西 261
7 中佐 261
中佃 262
中判 262
中別 262
中利 262
中呉 262
中坂 262
中尾 262
中希 262
中志 262
中折 262

Column 4

中条 262
中杉 262
中束 262
中村 262
中沖 263
中沢 263
中町 263
中社 264
中花 264
中芳 264
中角 264
中谷 264
中足 264
中里 264
8 中京 265
中依 265
中味 265
中和 265
中国 265
中坪 265
中奈 265
中妻 265
中学 265
中宗 265
中宝 265
中津 265
中居 265
中岡 265
中岳 265
中岸 265
中岩 265
中岬 266
中幸 266
中底 266
中店 266
中府 266
中延 266
中斉 266
中松 266
中東 266
中板 266
中林 266
中河 266
中沼 266
中波 266
中泊 266
中油 266
中牧 266
中知 266
中迫 266
中金 266
中長 266
中門 266
中阿 266
中青 266

Column 5

9 中保 266
中俣 266
中前 266
中品 266
中垣 266
中城 267
中埖 267
中室 267
中屋 267
中峠 267
中後 267
中持 267
中春 267
中昭 267
中柴 267
中染 267
中柘 267
中柏 267
中柳 267
中段 267
中毘 267
中海 267
中洲 267
中泉 267
中津 267
中洞 268
中狭 268
中畑 268
中発 268
中砂 268
中神 268
中祖 268
中秋 268
中籾 268
中美 268
中荒 268
中草 268
中茶 268
中追 268
中音 268
10 中倉 268
中俵 268
中原 268
中唐 269
中家 269
中宮 269
中島 269
中峰 271
中峯 271
中帯 271
中座 271
中恩 271
中恵 271
中挟 271

Column 6

中書 271
中栗 271
中桑 271
中根 271
中桜 271
中浦 271
中浜 271
中烏 271
中献 271
中畠 271
中益 271
中真 271
中秦 271
中納 271
中能 271
中般 271
中荻 271
中袖 271
中通 271
中郡 271
中釘 271
中院 271
中陣 271
中馬 271
中高 271
11 中冨 272
中務 272
中間 272
中堂 272
中埠 272
中堀 272
中埣 272
中寄 272
中宿 272
中崎 272
中常 272
中帳 272
中庶 272
中悪 272
中据 272
中斜 272
中曽 272
中條 272
中梵 272
中深 272
中清 272
中猪 272
中畦 272
中笹 272
中粕 272
中紺 272
中組 272
中葛 272
中菰 272

Column 7

中菜 272
中菅 272
中設 273
中貫 273
中郷 273
中都 273
中部 273
中野 273
中釣 273
中陰 275
中陸 275
中雪 275
中魚 275
中鳥 275
中鹿 275
中麻 275
中黒 275
12 中割 275
中喜 275
中善 275
中塚 275
中堤 275
中奥 275
中寒 275
中富 275
中御 275
中勝 275
中朝 275
中森 275
中椎 275
中港 275
中渡 275
中湊 275
中湧 275
中無 275
中番 275
中登 275
中稀 275
中筋 275
中筒 276
中粟 276
中萱 276
中萩 276
中落 276
中葭 276
中越 276
中軽 276
中道 276
中開 276
中間 276
中雄 276
中須 276
中飯 276
13 中勢 276

中園 276	18中藤 277	6井光 282	五八 283	9五厘 287	今小 288	今金 291
中塩 276	中薮 277	井寺 282	五力 283	五城 287	今山 288	9今保 291
中幌 276	中鵜 278	井江 282	五十 283	五泉 287	今川 288	今城 291
中愛 276	19中瀬 278	井牟 282	3五万 284	五津 287	4今中 289	今昭 291
中新 276	中藻 278	7井串 282	五千 284	五祝 287	今之 289	今泉 291
中楽 277	中鶉 278	井吹 282	五女 284	五郎 287	今井 289	今津 291
中楠 277	21中鶴 278	井坂 282	五川 284	五香 287	今仁 289	今畑 292
中殿 277	丹	井折 282	五才 284	10五個 287	今戸 289	今荘 292
中滑 277	3丹三 278	井村 282	4五之 284	五宮 287	今木 289	10今倉 292
中溝 277	丹上 278	井沢 282	五井 284	五島 287	今片 289	今宮 292
中滝 277	丹土 278	井谷 282	五分 284	五料 287	5今代 289	今島 292
中暖 277	丹川 278	井貝 282	五反 284	五桂 287	今出 289	今帰 292
中福 277	4丹戸 278	8井坪 282	五太 284	五耕 287	今北 289	今浦 292
中堅 277	丹木 278	井岡 282	五戸 284	五軒 287	今古 289	今浜 292
中継 277	丹比 278	井延 282	五斗 284	11五常 287	今左 289	今郡 292
中蓮 277	5丹生 278	井杭 282	五日 284	五庵 287	今市 289	今釜 292
中豊 277	6丹羽 278	井沼 282	五月 285	五條 288	今平 289	11今堀 292
中鉢 277	7丹坂 278	井波 282	五木 285	五貫 288	今本 289	今宿 292
中鈴 277	丹尾 278	井門 282	五毛 285	五郷 288	今生 289	今崎 293
中電 277	丹那 278	9井俣 282	5五主 285	五部 288	今田 289	今船 293
中頓 277	8丹治 278	井室 282	五代 285	五野 288	今立 290	今野 293
14中増 277	丹波 278	井相 282	五加 285	12五幾 288	今辻 290	今魚 293
中嶋 277	9丹南 279	井草 282	五号 285	五智 288	6今伊 290	今鹿 293
中徳 277	丹後 279	10井倉 282	五台 285	五畳 288	今任 290	12今博 293
中樋 277	丹荘 279	井原 282	五平 285	五番 288	今光 290	今堅 293
中歌 277	10丹原 279	井宮 282	五本 285	五筋 288	今吉 290	今塚 293
中熊 277	11丹野 279	井栗 282	五目 285	五間 288	今在 290	今富 293
中稲 277	12丹間 279	井桁 282	五辻 285	五閑 288	今安 290	今御 293
中種 277	丹陽 279	井根 282	6五合 285	五雲 288	今寺 290	今朝 293
中箕 277	13丹勢 279	井脇 282	五名 285	13五僧 288	今庄 290	今森 293
中総 277	18丹藤 279	井荻 282	五百 285	五新 288	今成 290	今渡 293
中網 277	予	井高 282	五老 285	五福 288	今江 290	今道 293
中関 277	11予野 279	11井堀 282	7五位 285	五穀 288	今池 290	今開 293
15中億 277	井	井崎 282	五佐 286	五成 288	今米 290	今隈 293
中撫 277	0井ケ 280	井深 282	五助 286	五農 288	今羽 290	今須 293
中敷 277	井ノ 280	井細 282	五坊 286	14五箇 288	今西 290	13今新 293
中横 277	井の 280	井野 282	五条 286	五関 288	7今住 290	今滝 293
中権 277	3井上 280	井鹿 283	五村 286	五領 288	今別 290	今福 293
中標 277	井口 280	12井堰 283	五町 286	15五幡 288	今図 290	14今熊 293
中潟 277	井土 280	井寒 283	五社 286	五輪 288	今坂 290	今鉾 293
中穂 277	井子 280	井揚 283	五谷 286	16五橋 288	今村 290	今関 293
中箱 277	井山 280	井無 283	五里 286	五艘 288	今沢 290	16今橋 293
中諏 277	井川 280	井筒 283	8五味 286	17五霞 288	今町 290	今葉 293
16中橋 277	4井之 281	井道 283	五和 286	20五譲 288	今谷 291	17今嶺 293
中樽 277	井内 281	井随 283	五国 286	化	今里 291	仁
中興 277	井戸 281	14井窪 283	五坪 286	5化石 288	8今国 291	3仁万 293
中館 277	井手 281	井関 283	五官 286	12化粧 288	今岡 291	仁山 293
中頭 277	5井代 281	井鼻 283	五所 286	介	今府 291	仁川 293
中館 277	井出 281	19井瀬 283	五明 286	7介良 288	今板 291	4仁井 294
17中篠 277	井古 281	五	五林 287	今	今林 291	仁公 294
中鍛 277	井尻 281	0五ケ 283	五歩 287	0今 288	今治 291	仁夫 294
中鴻 277	井田 281	五ノ 283	五知 287	0今の 288	今泊 291	仁戸 294
	井石 282	2五丁 283	五門 287	3今上 288		仁手 294
	井辺 282	五人 283		今大 288		仁方 294

検字表　　　　4画

仁木	294	仏田	295	⁷元更	296	元結	298	六甲	299	円万	301	内田	302
仁王	294	⁶仏伝	295	元住	296	¹³元塩	298	六田	299	円子	301	⁶内匠	303
⁵仁世	294	仏光	295	元図	296	元新	298	⁶六会	299	円山	301	内名	303
仁古	294	仏向	295	元妙	296	元福	298	六合	299	⁴円井	301	内守	303
仁左	294	⁷仏社	295	元志	296	¹⁴元旗	298	六名	299	⁵円正	301	内成	303
仁本	294	仏谷	295	元村	296	元総	298	六地	300	円田	301	内池	303
仁玉	294	⁸仏並	295	元沖	296	元鳴	298	六百	300	⁶円光	301	⁷内佐	303
仁田	294	仏具	295	元町	296	¹⁵元横	298	⁷六呂	300	円成	301	内住	303
仁礼	294	¹⁰仏原	295	元赤	297	元箱	298	六坊	300	円朱	301	内尾	303
⁶仁多	294	仏島	295	⁸元和	297	¹⁶元橋	298	六尾	300	円池	301	内役	303
仁宇	294	仏師	295	元学	297	元興	298	六把	300	円行	301	内村	303
仁江	294	仏浜	295	元岡	297	元薬	298	六条	300	⁷円応	301	内町	303
⁷仁位	294	¹¹仏教	295	元林	297	¹⁷元鍛	298	六沢	300	円町	301	内花	303
仁佐	294	元		元法	297	¹⁸元藤	298	六町	300	円良	301	内谷	303
仁別	294	¹元乙	295	元長	297	元観	298	六角	300	円谷	301	内里	303
仁助	294	²元八	295	元阿	297	公		六車	300	⁸円宗	301	⁸内京	303
仁尾	294	³元下	295	⁹元城	297	⁴公文	298	六里	300	円明	301	内侍	303
仁志	294	元三	295	元屋	297	⁵公田	298	⁸六供	300	円阿	302	内免	303
仁杉	294	元久	295	元怒	297	公立	298	六実	300	⁹円保	302	内国	303
仁良	294	元土	295	元持	297	⁶公会	298	六所	300	円城	302	内坪	303
仁谷	294	元大	295	元柴	297	公光	298	六枚	300	円政	302	内妻	303
⁸仁和	294	元女	295	元柳	297	公庄	298	⁹六泉	300	円海	302	内幸	303
仁所	294	元山	295	元浄	297	⁸公事	298	六科	300	¹⁰円原	302	内房	303
⁹仁保	294	元川	295	元浅	297	公官	298	六郎	300	円藤	302	内松	303
仁神	295	⁴元中	295	元祝	297	公所	298	¹⁰六倉	300	円能	302	内河	303
仁科	295	元今	295	元茶	297	公門	298	六原	300	円通	302	内沼	303
¹⁰仁倉	295	元天	295	元重	297	⁹公保	298	六家	300	¹¹円野	302	内泊	303
仁座	295	元日	295	¹⁰元倉	297	公津	298	六島	300	¹²円満	302	内牧	303
仁連	295	元木	295	元原	297	¹⁰公納	298	六座	300	¹³円福	302	内表	303
¹¹仁堀	295	元欠	295	元宮	297	¹¹公崎	298	六栗	300	¹⁴円徳	302	内長	303
仁崎	295	元比	295	元島	297	公郷	298	六根	300	¹⁵円蔵	302	内門	303
仁淀	295	元水	295	元栗	297	¹³公園	298	六浦	300	¹⁸円藤	302	⁹内保	303
仁頃	295	⁵元代	296	元桜	297	六		六軒	300	²⁰円護	302	内城	303
仁頂	295	元加	296	元浜	297	⁰六ケ	299	六連	301	内		内屋	303
¹²仁賀	295	元北	296	元真	298	六ツ	299	六高	301	⁰内ケ	302	内海	303
仁達	295	元台	296	元紋	298	六が	299	¹¹六崎	301	内ノ	302	内津	303
仁間	295	元四	296	元能	298	²六丁	299	六條	301	²内入	302	内畑	303
¹³仁愛	295	元札	296	元起	298	六十	299	六貫	301	³内丸	302	内神	303
仁豊	295	元本	296	¹¹元宿	298	³六万	299	六郷	301	内久	302	内美	303
¹⁴仁嘉	295	元永	296	元悪	298	六千	299	六野	301	内大	302	¹⁰内原	303
仁簡	295	元玉	296	元清	298	六川	299	¹²六湛	301	内子	302	内宮	304
¹⁵仁摩	295	元甲	296	元紺	298	⁴六之	299	六渡	301	内小	302	内島	304
仁蔵	295	元田	296	元船	298	六分	299	六番	301	内山	302	内座	304
¹⁸仁藤	295	元目	296	元菊	298	六升	299	六筋	301	内川	302	内浦	304
仏		元石	296	元郷	298	六反	299	六道	301	⁴内中	302	内浜	304
⁰仏ケ	295	⁶元両	296	元野	298	六天	299	¹³六路	301	内之	302	内真	304
仏ノ	295	元伊	296	元頂	298	六戸	299	¹⁴六箇	301	内井	302	内記	304
仏が	295	元吉	296	元魚	298	六手	299	¹⁵六輪	301	内五	302	内郡	304
²仏又	295	元名	296	元麻	298	六方	299	¹⁶六光	301	内日	302	内馬	304
³仏大	295	元宇	296	¹²元博	298	六日	299	¹⁹六籠	301	⁵内代	302	内高	304
仏子	295	元寺	296	元善	298	六月	299	円		内平	302	¹¹内堀	304
⁴仏木	295	元江	296	元散	298	六木	299	円	301	内本	302	内宿	304
⁵仏主	295	元百	296	元植	298	⁵六本	299	¹円一	301	内生	302	内張	304
仏生	295	元竹	296	元禄	298			³円上	301			内深	304

(41)

検字表

内淡 304	7切谷 305	4双六 306	4太井 308	5天台 313	天理 315	廿六 317
内淵 304	8切房 305	双月 306	太夫 308	天平 313	天菅 315	廿日 317
内淀 304	切明 305	双水 306	5太右 308	天正 313	天赦 315	廿木 317
内船 304	9切畑 305	5双代 306	太市 308	天生 313	天都 315	5廿代 317
内郷 304	10切原 305	双石 306	太平 308	天白 313	天野 315	7廿里 317
内部 304	切差 305	7双沖 306	太田 308	天目 313	12天塚 315	8廿枝 317
内野 304	切梅 305	双見 306	太白 308	天矢 313	天満 315	廿治 317
内黒 304	切留 305	双里 306	6太吉 310	天辺 313	天童 316	10廿原 317
12内御 304	切通 305	8双岩 306	太地 310	6天守 313	天筒 316	廿軒 317
内蛄 304	11切添 305	9双柳 306	太寺 310	天池 313	天道 316	引
内越 304	12切越 305	双海 306	7太尾 310	天竹 313	天開 316	3引土 317
内間 304	15切幡 305	双美 306	太町 310	天羽 313	天間 316	引山 317
内須 304	分	10双珠 306	太良 310	天行 313	13天塩 316	4引水 317
13内殿 304	4分木 305	12双葉 306	8太岡 310	7天伯 313	天幕 316	5引本 317
内竪 304	分水 305	反	太東 310	天坂 313	天福 316	引田 317
内蕢 304	5分田 306	5反田 307	9太海 310	天売 313	14天寧 316	引目 317
内鉋 304	分目 306	7反町 307	太美 310	天尾 313	天徳 316	6引地 317
14内構 304	9分城 306	反返 307	太郎 310	天応 313	天領 316	7引佐 317
内箕 304	10分倍 306	8反松 307	10太宰 310	天良 313	16天橋 316	引作 317
15内蔵 304	分校 306	友	太秦 310	天花 313	天龍 316	8引治 317
16内橋 304	分梅 306	0友が 307	11太堂 312	天見 313	19天瀬 316	11引野 317
内膳 304	11分郷 306	4友之 307	太斎 312	天谷 313	天願 316	12引越 318
内舘 304	分部 306	友井 307	12太森 312	天辰 313	22天籟 316	引間 318
18内藤 304	13分福 306	友月 307	太賀 312	8天使 313	夫	心
19内瀬 304	14分銅 306	5友丘 307	太間 312	天和 313	7夫沢 316	3心和 318
21内灘 305	15分線 306	友永 307	太陽 312	天宝 313	9夫神 316	11心斎 318
内竈 305	勾	友田 307	13太鼓 312	天底 313	10夫馬 316	心経 318
刈	5勾田 306	6友江 307	14太閤 312	天性 313	11夫婦 316	心野 318
3刈小 305	6勾当 306	7友住 307	16太興 312	天拝 313	14夫雑 316	19心臓 318
5刈生 305	8勾金 306	友杉 307	太融 312	天昌 314	少	戸
刈田 305	匂	友村 307	天	天明 314	0少ケ 316	0戸ケ 318
6刈安 305	4匂天 306	8友定 307	0天力 312	天林 314	4少分 316	戸ノ 318
刈羽 305	7匂坂 306	友岡 307	天ケ 312	天沼 314	8少林 316	2戸入 318
7刈谷 305	勿	友延 307	天ノ 312	天炉 314	10少将 316	3戸上 318
8刈和 305	7勿来 306	友沼 307	天が 312	天狗 314	少連 316	戸久 318
刈沼 305	区	友知 307	天の 312	天空 314	13少路 316	戸口 318
9刈屋 305	9区界 306	9友泉 307	2天人 312	天竺 314	尺	戸山 318
刈草 305	匹	友重 307	3天下 312	9天保 314	3尺土 316	戸川 318
11刈宿 305	7匹見 306	10友兼 307	天万 312	天城 314	5尺代 316	4戸中 318
12刈萱 305	午	11友寄 307	天久 312	天建 314	7尺別 316	戸円 318
15刈穂 305	8午房 306	友道 307	天子 312	天栄 314	尺谷 316	戸切 318
切	10午起 306	友部 307	天山 312	天津 314	8尺所 316	戸手 318
3切山 305	升	友野 307	天川 312	天神 314	9尺度 317	戸木 318
切川 305	5升田 306	12友道 307	4天之 312	天祐 315	屯	戸毛 318
4切井 305	7升形 306	13友愛 307	天井 312	天美 315	5屯田 317	戸水 318
切戸 305	升沢 306	友楽 307	天仁 312	天草 315	巴	5戸代 318
切欠 305	升谷 306	壬	天内 312	天面 315	7巴町 317	戸出 318
切牛 305	8升岡 306	5壬生 307	天引 312	10天宮 315	廿	戸田 318
5切左 305	9升屋 306	太	天戸 312	天座 315	1廿一 317	戸矢 318
切田 305	15升潟 306	0太ノ 308	天文 312	天浪 315	2廿九 317	戸石 319
切目 305	厄	1太一 308	天日 312	天秤 315	廿人 317	戸穴 319
切石 305	9厄神 306	2太刀 308	天月 312	天竜 315	3廿三 317	6戸伏 319
切立 305	双	太子 308	天水 312	11天掛 315	廿山 317	戸地 319
	3双子 306	3太山 308	天王 312	天望 315	4廿五 317	

検字表 4画

戸守	319	手ノ	320	⁵文丘	322	日上	324	日宗	327	日蒔	329	月舘	331
戸次	319	²手力	320	⁶文光	322	日土	324	日宝	327	日裏	329	木	
⁷戸吹	319	³手久	320	⁷文沢	322	日川	324	日岡	327	日詰	329	木	331
戸坂	319	手子	320	文花	322	日工	324	日明	327	¹⁴日彰	329	⁰木ケ	331
戸尾	319	⁵手代	320	文谷	322	⁴日中	324	日枝	327	日暮	329	木ノ	331
戸岐	319	手平	320	文里	322	日厄	324	日東	327	日蔭	329	木の	331
戸杓	319	手広	321	⁸文京	322	日切	324	日沼	327	¹⁵日影	329	³木下	332
戸来	319	手打	321	文苑	322	日引	324	日泥	327	日撫	330	木上	332
戸沢	319	手石	321	⁹文室	322	日戸	324	日泊	327	日輪	330	木与	332
戸町	319	⁶手光	321	文津	322	日方	324	日物	327	¹⁶日積	330	木子	332
戸谷	319	手安	321	¹⁰文挾	322	日比	324	日知	327	日鋼	330	木山	332
戸赤	319	手成	321	文殊	322	日水	324	日金	327	日		木川	332
⁸戸国	319	⁷手呂	321	文珠	322	⁵日丘	324	日長	327	⁷日佐	330	木工	332
戸奈	319	手形	321	文納	322	日代	324	⁹日侯	327	月		⁴木之	332
戸板	319	手良	321	¹¹文教	322	日出	324	日前	327	月	330	木内	332
戸河	319	手角	321	¹²文覚	322	日古	324	日南	327	⁰月ケ	330	木刈	332
戸牧	319	手貝	321	¹³文園	322	日司	324	日室	327	月ノ	330	木太	332
戸茂	319	⁸手取	321	文達	322	日平	324	日指	327	月が	330	木引	332
戸門	319	手岡	321	¹⁵文蔵	322	日本	324	日栄	327	月の	330	木戸	332
⁹戸室	319	⁹手城	321	斗		日末	325	日畑	327	³月山	330	木月	332
戸政	319	手屋	321	⁰斗ノ	322	日永	325	日草	327	⁴月之	330	⁵木代	333
戸津	319	手柄	321	⁴斗内	322	日生	325	日計	327	⁵月丘	330	木古	333
戸狩	319	手洗	321	斗升	322	日用	325	日限	327	月出	330	木広	333
戸畑	319	¹⁰手倉	321	⁶斗合	322	日田	325	日面	327	月布	330	木札	333
戸神	319	手原	321	斗有	322	日白	325	¹⁰日原	327	月田	330	木本	333
戸草	319	手宮	321	斗米	322	日石	325	日夏	327	⁶月吉	330	木生	333
戸面	320	手島	321	¹²斗賀	322	日立	325	日宮	327	月次	330	木田	333
¹⁰戸倉	320	手栗	321	方		日辺	325	日島	327	月江	330	木目	333
戸原	320	¹¹手寄	321	⁰方ケ	322	⁶日光	325	日振	327	⁷月坂	330	木立	333
戸宮	320	手崎	321	方ノ	322	日吉	325	日根	327	月形	330	⁶木全	333
戸島	320	手掛	321	²方八	322	日向	326	日浦	327	月町	330	木伏	333
戸破	320	手野	321	³方上	322	日名	326	日真	327	月見	330	木地	333
戸脇	320	¹²手塚	321	方丈	322	日在	326	日華	327	月谷	330	木多	333
戸高	320	手堤	321	方口	322	日地	326	日連	327	⁸月京	330	木守	333
¹¹戸崎	320	手賀	321	⁴方木	322	日宇	326	日高	327	月夜	330	木庄	333
戸張	320	手越	321	⁵方田	322	日守	326	¹¹日曽	328	月岡	330	木成	333
戸祭	320	¹⁴手熊	321	⁶方地	322	日当	326	日産	328	月若	331	木早	333
戸郷	320	¹⁵手蔵	321	⁷方谷	322	日羽	326	日笠	328	⁹月屋	331	木曳	333
戸部	320	¹⁶手樽	321	⁸方京	322	日色	326	日脚	328	月津	331	木次	333
戸野	320	¹⁸手鎌	321	方杭	322	⁷日坂	326	日貫	328	月美	331	木江	333
戸鹿	320	支		⁹方保	322	日尾	326	日進	328	¹⁰月原	331	木瓜	333
¹²戸塚	320	支	321	方南	322	日役	326	日野	328	月島	331	木米	333
戸森	320	¹⁰支倉	321	方面	322	日応	326	日頃	329	月浦	331	木舟	333
戸賀	320	支笏	321	¹⁰方座	322	日杉	326	¹²日富	329	月浜	331	⁷木更	333
戸越	320	¹¹支雪	321	方財	322	日沢	326	日御	329	¹¹月崎	331	木佐	333
¹³戸蒔	320	¹²支寒	321	¹⁴方領	322	日秀	326	日渡	329	月野	331	木住	333
¹⁴戸綿	320	¹³支幌	321	日		日見	326	日登	329	¹²月寒	331	木呂	333
戸隠	320	文		日	323	日谷	326	日越	329	月隈	331	木売	333
¹⁶戸頭	320	文	321	⁰日々	323	日赤	326	日開	329	¹³月楯	331	木尾	333
¹⁷戸磯	320	⁰文の	321	日ケ	323	日足	326	日間	329	¹⁴月鋒	331	木岐	333
¹⁸戸鎮	320	³文下	321	日ノ	323	日近	326	¹³日新	329	¹⁵月影	331	木折	333
手		文丸	322	日の	323	⁸日並	326	日照	329	月潟	331	木材	333
手	320	文久	322	²日乃	323	日和	326	日置	329	月輪	331	木村	333
⁰手々	320	⁴文化	322	³日下	323	日奈	327	日義	329	¹⁶月橋	331	木沢	333

(43)

検字表

木町 333	木賊 336	比恵 338	水内 339	水南 342	爪	片原 347
木花 333	木路 336	比留 338	水切 339	水城 342	爪 345	片島 347
木見 333	木鉢 336	11比婆 338	水分 339	水屋 342	4爪木 345	片峰 347
木谷 334	14木徳 336	比曽 338	水天 339	水巻 342	5爪田 345	片庭 347
8木和 334	木樋 336	13比路 338	水引 339	水海 342	爪白 345	片桐 347
木明 334	木綿 336	14比嘉 338	水戸 339	水津 342	父	片浜 347
木枕 334	15木器 336	15比敷 338	水木 339	水神 342	3父子 345	11片寄 347
木沼 334	木幡 337	16比叡 338	5水主 340	水草 342	4父井 345	片巣 347
木直 334	16木積 337	17比謝 338	水北 340	水計 343	父木 345	片掛 347
木知 334	木興 337	19比羅 338	水尻 340	10水原 343	5父石 345	片添 347
木附 334	木頭 337	毛	水広 340	水宮 343	10父原 345	片淵 347
9木乗 334	18木藤 337	2毛人 338	水本 340	水島 343	父島 345	片粕 347
木俣 334	19木瀬 337	4毛井 338	水玉 340	水根 343	父鬼 345	片野 347
木前 334	欠	5毛田 338	水田 340	水栖 343	11父野 345	片魚 347
木城 334	0欠ケ 337	毛矢 338	水白 340	水浜 343	片	12片場 347
木屋 334	欠ノ 337	毛穴 338	水目 340	水流 343	0片ケ 345	片無 347
木柑 334	2欠入 337	6毛吉 338	水石 340	水納 343	2片又 345	13片塩 347
木津 334	3欠上 337	毛成 338	水穴 340	水通 343	3片上 345	14片端 347
木祖 334	4欠之 337	毛有 338	6水守 340	水釜 343	片口 345	片鉾 347
木風 334	5欠田 337	7毛利 338	水成 340	11水堂 343	片子 345	15片縄 347
10木倉 334	7欠町 337	毛呂 338	水汲 340	水堀 343	片山 345	片蔵 347
木原 334	10欠真 337	毛見 338	水江 340	水崎 343	片川 346	片諏 347
木宮 334	止	毛谷 338	水竹 340	水掛 343	4片内 346	19片瀬 347
木島 334	7止別 337	9毛屋 338	水芋 340	水族 343	5片丘 346	牛
木庭 334	8止若 337	毛祝 338	7水判 340	水梨 343	片平 346	0牛ケ 347
木根 334	比	毛革 338	水呑 340	水深 343	片田 346	牛ノ 348
木浦 334	0比々 337	10毛倉 338	水尾 340	水淵 343	6片名 346	3牛久 348
木浜 334	2比八 337	毛原 338	水抜 340	水笠 343	片地 346	牛子 348
木流 334	3比久 337	毛根 338	水沢 340	水船 343	片江 346	牛山 348
木能 334	比土 337	毛馬 338	水町 342	水郷 343	片羽 346	牛川 348
木脇 334	比子 337	11毛野 338	水見 342	水野 343	片西 346	4牛木 348
木造 334	4比井 337	12毛塚 338	水角 342	水鳥 343	7片吹 346	5牛出 348
11木崎 335	比内 337	毛無 338	水谷 342	12水喰 343	片坂 346	牛句 348
木挽 335	比木 337	毛萱 338	水走 342	水渡 344	片町 346	牛市 348
木曽 335	比毛 337	毛賀 338	水車 342	水無 344	片角 346	牛生 348
木梨 335	5比布 337	毛陽 338	水里 342	水落 344	片谷 346	牛田 348
木部 335	比礼 337	氏	8水取 342	水越 344	片貝 346	牛立 348
木野 336	比立 337	9氏乗 338	水垂 342	水道 344	8片岡 346	牛込 348
12木場 336	6比企 337	氏神 338	水居 342	水間 344	片岸 346	6牛伏 348
木曾 336	比地 337	10氏家 338	水岡 342	水須 344	片岩 346	牛地 348
木植 336	比江 337	水	水府 342	13水源 344	片府 346	牛寺 348
木筒 336	比自 337	0水ケ 338	水房 342	水溜 344	片延 346	7牛尾 348
木葉 336	比衣 337	水ノ 338	水押 342	14水窪 344	片知 346	牛沢 348
木落 336	7比作 337	水の 338	水明 342	水銀 344	片門 346	牛谷 348
木賀 336	比良 337	3水下 338	水林 342	15水澄 344	9片俣 346	8牛妻 348
木越 336	比角 337	水上 338	水沼 342	16水橋 344	片品 346	牛居 348
木間 336	8比和 337	水口 338	水泥 342	火	片城 346	牛岩 348
木須 336	比奈 337	水土 339	水牧 342	0火の 345	片屋 346	牛沼 348
13木園 336	比延 337	水子 339	水茎 342	4火之 345	片房 346	牛牧 348
木慈 336	比治 337	水川 339	水門 342	5火打 345	片柴 346	9牛屋 348
木滑 336	9比屋 337	4水中 339	水附 342	7火売 345	片柳 346	牛巻 348
木滝 336	比津 337	水之 339	9水保 342	10火釜 345	片神 346	牛津 348
木蓮 336	比美 337	水井 339	水俣 342	12火散 345	片草 347	
木詰 336	10比島 338	水元 339	水前 342		10片倉 347	

検字表　5画

牛洞 348	12犬塚 349	主	出	加	加須 359	北川 364
牛神 348	犬落 350	4主水 351	出 352	加 354	13加勢 359	北工 364
牛草 348	犬間 350	9主計 351	0出ル 352	0加々 354	加園 359	4北不 364
牛重 348	13犬飼 350	10主原 351	出し 352	3加三 354	加塩 359	北中 364
牛首 349	14犬熊 350	主師 351	出の 352	加久 354	加殿 359	北丹 365
10牛倉 349	犬鳴 350	11主基 351	3出上 352	3加子 355	加福 359	北之 365
牛原 349	15犬蔵 350	12主税 351	出丸 352	4加太 355	加井 359	北井 365
牛島 349	王	13主殿 351	出口 352	加斗 355	14加増 359	北五 365
牛根 349	0王ケ 350	以	出川 352	加木 355	加稲 359	北今 365
牛浜 349	王ノ 350	3以下 351	4出井 353	5加世 355	15加養 359	北仁 365
11牛堀 349	3王丸 350	以久 351	出戸 353	加古 355	18加藤 359	北元 365
牛崎 349	王子 350	5以布 351	出水 353	加布 355	19加瀬 359	北六 365
牛深 349	4王仁 350	以平 351	5出北 353	加平 355	包	北内 365
牛渕 349	5王司 350	仕	出平 353	加広 355	5包末 359	北切 365
牛窓 349	6王寺 350	2仕丁 351	出田 353	加生 355	7包近 359	北区 365
牛袋 349	8王居 350	4仕切 351	出目 353	加田 355	北	北双 365
牛野 349	王城 350	5仕出 351	出石 353	加礼 355	北 359	北友 365
牛鹿 349	12王喜 350	仙	6出会 353	6加名 355	0北1 359	北太 365
12牛渡 349	王塚 350	3仙川 351	出仲 353	加守 355	北2 359	北天 365
牛越 349	王番 350	4仙水 351	出光 353	加江 355	北3 359	北戸 365
牛隈 349	王越 350	5仙北 351	出合 353	加羽 355	北4 359	北文 365
13牛飼 349	13王滝 350	仙台 351	出在 353	加西 355	北5 359	北斗 365
14牛熊 349	王禅 350	仙石 352	出汐 353	7加佐 355	北6 359	北方 366
牛網 349	19王瀬 350	仙町 352	出灰 353	加住 355	北7 359	北日 366
15牛潟 349		仙見 352	出羽 353	加尾 355	北8 359	北木 366
牛踏 349	**5画**	8仙波 352	7出作 353	加来 355	北9 359	北比 366
牛輪 349		仙法 352	出村 354	加沢 355	北イ 360	北水 366
16牛頸 349	且	9仙美 352	出来 354	加良 355	北ト 360	北片 366
牛館 349	7且来 350	10仙納 352	出沢 354	加谷 355	北ノ 360	北牛 366
21牛鶴 349	丘	11仙崎 352	出町 354	加里 355	北の 360	北王 366
犬	3丘上 351	12仙遊 352	出花 354	8加坪 355	北み 360	5北丘 366
0犬ケ 349	丘山 351	14仙鳳 352	出谷 354	加枝 355	1北七 360	北仙 366
3犬上 349	7丘町 351	代	出走 354	加東 355	2北七 360	北代 366
犬丸 349	丘里 351	代 352	8出沼 354	加治 355	北九 360	北出 367
犬山 349	10丘珠 351	0代々 352	9出垣 354	加法 356	北二 360	北加 367
犬川 349	世	代ケ 352	出城 354	加茂 356	北入 361	北半 367
4犬内 349	3世久 351	3代万 352	出屋 354	9加屋 357	北八 361	北古 367
犬方 349	5世古 351	代山 352	出後 354	加持 357	北十 361	北只 367
犬毛 349	世田 351	5代田 352	出洲 354	加津 357	北又 362	北四 367
5犬田 349	6世名 351	7代沢 352	出津 354	加畑 357	3北下 362	北外 367
犬迫 349	世安 351	8代官 352	10出原 354	加神 357	北三 362	北央 367
犬石 349	7世良 351	11代宿 352	出島 354	加美 357	北上 362	北尼 367
6犬伏 349	8世知 351	代野 352	出庭 354	加胡 358	北与 362	北市 367
犬成 349	世附 351	付	出浜 354	加草 358	北丸 362	北布 367
7犬吠 349	9世保 351	8付知 352	出流 354	加計 358	北久 362	北平 367
犬来 349	11世冨 351	11付寄 352	出馬 354	10加倉 358	北千 362	北広 367
犬見 349	13世楽 351	兄	11出野 354	加島 358	北及 363	北本 368
8犬若 349	世継 351	3兄川 352	12出塚 354	加悦 358	北口 363	北末 368
犬迫 349	19世羅 351	4兄弟 352	出塔 354	加納 358	北土 363	北氷 368
9犬神 349	丙	8兄国 352	出湯 354	11加曽 358	北夕 363	北汀 368
10犬島 349	丙 351	9兄畑 352	出間 354	加野 359	北大 363	北玄 368
犬帰 349		凧	出雲 354	12加登 359	北子 363	北玉 368
11犬掛 349		3凧山 352	13出路 354	加賀 359	北小 363	北瓦 368
犬渕 349			15出縄 354	加陽 359	北山 363	北甘 368

北生 368	北村 371	北南 374	北涌 376	北鹿 379	北蒲 381	半戸 382
北田 368	北杜 371	北品 374	北烏 376	北麻 379	北蓑 381	半月 382
北疋 368	北沖 371	北垣 374	北畝 376	北黄 379	北蓮 381	[5]半左 382
北白 368	北沢 371	北城 374	北畠 376	北黒 379	北裏 381	半田 382
北目 369	北狄 372	北室 374	北真 376	[12]北場 379	北豊 381	[6]半地 382
北矢 369	北町 372	北屋 374	北秦 376	北塚 379	北農 381	[7]半坂 382
北石 369	北花 372	北後 374	北秩 376	北富 379	北鉄 381	半沢 382
北立 369	北苅 372	北持 374	北竜 376	北巽 379	北鈴 381	半町 382
北辻 369	北見 372	北春 374	北納 376	北幾 379	[14]北境 381	半谷 382
北辺 369	北角 372	北昭 374	北能 376	北御 379	北熊 381	[9]半城 382
[6]北伊 369	北谷 372	北星 374	北脇 376	北朝 379	北稲 381	半屋 383
北会 369	北赤 373	北栄 374	北荻 376	北森 379	北窪 381	[10]半原 383
北休 370	北足 373	北柿 374	北荷 376	北棟 379	北端 381	半家 383
北仲 370	北車 373	北柏 374	北袖 376	北港 379	北綾 381	[11]半崎 383
北伝 370	北里 373	北柳 374	北通 376	北湯 379	北緑 381	半済 383
北伏 370	北阪 373	北段 374	北郡 376	北湊 379	[15]北横 381	半野 383
北光 370	[8]北京 373	北毘 374	北釘 376	北無 379	北権 381	[12]半割 383
北吉 370	北參 373	北海 374	北馬 376	北瑛 379	北標 381	半道 383
北吸 370	北和 373	北泉 374	北高 376	北琴 379	北潟 381	[15]半蔵 383
北向 370	北国 373	北浅 374	北鬼 377	北番 379	北舞 381	[16]半頭 383
北名 370	北学 373	北津 374	[11]北亀 377	北登 379	北蔵 381	占
北地 370	北定 373	北洞 374	北側 377	北稀 379	北諸 381	[5]占出 383
北多 370	北宝 373	北甚 375	北埼 377	北筑 379	[16]北橘 381	[9]占冠 383
北安 370	北岡 373	北畑 375	北埠 377	北葉 379	北濃 381	卯
北宇 370	北岸 373	北相 375	北堀 377	北落 379	北膳 381	[0]卯の 383
北寺 370	北岩 373	北砂 375	北宿 377	北貴 379	北興 381	[0]卯八 383
北庄 370	北幸 373	北神 375	北崎 377	北越 379	北頭 381	[3]卯子 383
北成 370	北府 373	北秋 375	北巣 377	北軽 379	北鴨 381	[4]卯之 383
北旭 370	北延 373	北美 375	北常 377	北道 379	[17]北嶺 381	[7]卯坂 383
北曲 370	北弥 373	北茨 375	北斎 377	北開 379	北檜 381	卯辰 383
北有 370	北所 373	北荒 375	北曽 377	北間 379	北磯 382	[9]卯垣 383
北江 370	北押 373	北草 375	北桶 377	北陽 379	北篠 382	[10]卯原 383
北汐 370	北明 373	北逆 375	北條 377	北雄 379	北鍋 382	[12]卯塚 383
北池 370	北松 373	北面 375	北深 377	北須 379	北鴻 382	[13]卯遠 383
北牟 371	北河 373	北音 375	北清 377	北飯 379	[18]北藤 382	[15]卯敷 383
北瓜 371	北沼 373	北風 375	北猪 377	[13]北勢 379	北鎌 382	去
北竹 371	北波 373	[10]北俵 375	北笹 377	北園 380	北鵜 382	[12]去場 383
北羽 371	北牧 373	北兼 375	北細 377	北塩 380	[19]北蟹 382	収
北舟 371	北的 373	北剣 375	北習 377	北夢 380	北願 382	[10]収納 383
北西 371	北股 373	北原 375	北船 377	北寝 380	北鯖 382	右
[7]北更 371	北芽 373	北宮 375	北葛 377	北嵯 380	北鶉 382	[3]右山 383
北佐 371	北茅 373	北島 375	北菅 377	北幌 380	北麓 382	[4]右手 383
北作 371	北若 373	北峰 375	北菩 377	北新 380	[20]北鎧 382	[5]右左 383
北余 371	北茂 373	北恩 375	北袋 377	北椿 381	[21]北灘 382	右田 383
北兵 371	北表 373	北扁 375	北設 377	北楢 381	北靈 382	[7]右近 383
北初 371	北迫 373	北旅 375	北進 377	北楠 381	北鶴 382	[8]右京 383
北別 371	北金 373	北根 375	北郷 377	北殿 381	[24]北鷹 382	右松 383
北利 371	北長 373	北桜 375	北都 378	北滑 381	匝	右股 383
北助 371	北門 374	北梅 375	北溝 378	北溝 381	[14]匝瑳 382	[9]右城 383
北坂 371	北阿 374	北桧 375	北野 378	北滝 381	半	右籽 383
北妙 371	北青 374	北浦 375	北陸 379	北猿 381	[0]半ノ 382	可
北尾 371	[9]北信 374	北酒 376	北陵 379	北福 381	[3]半山 382	[7]可児 383
北志 371	北俣 374	北浜 376	北魚 379	北糀 381	[4]半分 382	[8]可知 383
北条 371	北前 374	北浮 376	北鳥 379	北群 381		[10]可真 383

検字表　5画

11可部　383	古君　387	古島　388	17古謝　390	四天　392	11冬野　394	12外割　395
13可愛　383	古呂　387	古座　388	古鍛　390	四戸　392	16冬頭　394	外善　395
可睡　383	古尾　387	古梅　388	19古瀬　390	四手　392	外	外塚　395
叶	古岐　387	古浜　388	古麓　390	四方　392	0外ケ　394	外堤　395
叶　383	古志　387	古真　389	司	四日　392	外ノ　394	外童　395
4叶木　383	古我　387	古郡　389	7司町　390	四木　392	2外入　394	外蛯　395
叶水　383	古来　387	古馬　389	台	四王　392	3外丸　394	外間　395
7叶谷　383	古沢　387	古高　389	台　390	5四本　392	外土　394	13外園　395
8叶松　383	古町　387	11古堂　389	0台ケ　390	四疋　392	外大　394	外新　395
9叶津　383	古社　387	古宿　389	台ノ　390	四辻　392	外山　394	14外箕　395
古	古見　387	古曽　389	3台上　390	6四会　393	外川　394	16外薄　395
0古ケ　383	古谷　387	古桶　389	4台之　390	四百　393	4外中　394	19外瀬　395
2古丁　383	古里　387	古淵　389	台六　390	7四坊　393	外之　394	奴
古二　383	8古京　387	古船　389	台方　390	四条　393	外五　395	3奴久　395
古人　383	古味　387	古郷　389	5台田　390	四杖　393	外内　395	奴山　395
3古三　383	古和　387	古都　389	7台村　390	四村　393	外日　395	孕
古上　383	古国　387	古部　389	台町　390	四町　393	外木　395	5孕石　395
古久　384	古奈　387	古野　389	8台所　390	四谷　393	5外平　395	6孕西　395
古千　384	古定　387	古雪　389	台東　390	8四国　393	外田　395	8孕東　395
古口　384	古岸　387	古魚　389	台金　390	四季　393	外目　395	尻
古大　384	古府　387	古黒　389	10台原　390	四所　393	6外旭　395	3尻上　395
古小　384	古所　387	12古博　389	11台宿　390	9四屋　393	外江　395	4尻内　395
古山　384	古明　387	古堅　389	12台場　391	四柳　393	7外尾　395	尻手　395
古川　384	古林　387	古場　389	台道　391	四神　393	外町　395	尻毛　395
古枝　384	古武　387	古御　389	13台新　391	四郎　393	外花　395	5尻平　395
4古丹　385	古河　387	古森　389	16台濁　391	四重　393	外邑　395	7尻別　395
古井　385	古波　387	古渡　389	只	10四倉　393	8外国　395	尻労　395
古仁　386	古知　387	古満　389	3只上　391	四宮　394	外坪　395	9尻屋　395
古仏　386	古茂　388	古湊　389	7只来　391	四浦　394	外岡　395	10尻高　395
古内　386	古虎　388	古萩　389	只見　391	四畝　394	外林　395	12尻無　395
古戸　386	古長　388	古街　389	9只持　391	四軒　394	外河　395	尼
古月　386	古門　388	古賀　389	11只野　391	11四條　394	外波　395	0尼ケ　395
古木　386	古青　388	古道　389	12只越　391	四貫　394	外泊　395	3尼子　396
古毛　386	9古保　388	古開　389	叺	四郷　394	外牧　395	5尼辻　396
5古世　386	古前　388	古間　389	5叺田　391	四都　394	外苑　395	6尼寺　396
古出　386	古城　388	古閑　389	四	四鹿　394	9外垣　395	11尼崎　396
古市　386	古室　388	古飯　390	0四ケ　391	12四御　394	外城　395	18尼額　396
古布　386	古屋　388	13古園　390	四ツ　391	四番　394	外屋　395	19尼瀬　396
古平　386	古後　388	古新　390	四ノ　391	四筋　394	外畑　395	巨
古正　386	古怒　388	古楢　390	四つ　392	四葉　394	外神　395	9巨海　396
古氷　386	古政　388	古殿　390	2四丁　392	四街　394	外荒　395	13巨勢　396
古田　386	古海　388	古豊　390	四十　392	四賀　394	10外原　395	19巨瀬　396
古石　386	古泉　388	古雅　390	3四三　392	四間　394	外島　395	左
古込　386	古津　388	14古徳　390	四万　392	14四徳　394	外浜　395	0左ケ　396
6古名　386	古畑　388	古槙　390	四大　392	四熊　394	外記　395	2左入　396
古多　386	古祖　388	古熊　390	四女　392	四箇　394	外院　395	4左内　396
古安　386	古荒　388	古箕　390	四山　392	21四竈　394	外馬　395	5左右　396
古宇　386	古鳴　388	古関　390	四川　392	冬	11外側　395	左古　396
古寺　386	10古凍　388	15古敷　390	4四之　392	4冬木　394	外堀　395	左平　396
古庄　386	古原　388	古舞　390	四元　392	冬父　394	外崎　395	左石　396
古江　386	古家　388	16古橋　390	四分　392	9冬室　394	外潤　395	7左沢　396
古池　387	古宮　388	古舘　390	四区　392	10冬島　394	外部　395	左近　396
古西　387		古館　390	四反　392	冬師　394	外野　395	8左京　396
7古佐　387						左妻　396
古作　387						

左底	396	市沢	398	布礼	400	平牛	403	平林	407	平福	410	広目	411
左股	396	市町	398	⁶布気	400	⁵平丘	403	平河	407	平絹	410	広石	412
左門	396	市谷	398	⁷布佐	400	平代	403	平沼	407	平群	410	⁶広両	412
⁹左津	396	市貝	398	布忍	400	平出	403	平金	407	平蜂	410	広吉	412
左草	396	⁸市和	398	布沢	400	平加	403	⁹平南	407	平豊	410	広名	412
¹⁰左通	396	市坪	398	布良	400	平北	403	平垣	407	平鉢	410	広地	412
左馬	396	市岡	398	布里	400	平台	403	平城	407	¹⁴平榎	410	広多	412
¹¹左曽	396	市武	398	⁸布沼	400	平四	403	平屋	407	平端	410	広安	412
左組	396	市波	398	⁹布屋	400	平左	403	平恒	407	¹⁵平敷	410	広江	412
左貫	396	市青	398	布巻	400	平正	403	平柴	407	平横	410	広池	412
¹²左堰	396	市城	398	布施	400	平永	403	平柳	407	平潟	410	⁷広住	412
²⁰左礫	396	市屋	398	布津	401	平生	403	平海	407	平蔵	410	広坂	412
左鐙	396	市海	398	¹⁰布原	401	平田	403	平泉	407	¹⁶平澤	410	広尾	412
市		市荒	398	布師	401	平石	404	平津	408	平穏	410	広沢	412
市	396	¹⁰市原	398	布浦	401	⁶平伝	404	平畑	408	平舘	410	広町	412
⁰市ケ	396	市姫	398	布留	401	平吉	404	平神	408	平薄	410	広芝	412
市ノ	396	市島	398	¹¹布崎	401	平地	404	平祢	408	平館	410	広見	412
市が	396	市庭	399	布袋	401	平安	404	平荒	408	¹⁷平磯	411	広谷	412
市の	396	市振	399	布部	401	平宇	404	平荘	408	平糠	411	広里	412
²市十	396	市浜	399	布野	401	平成	404	平面	408	平鍋	411	⁸広岡	412
³市三	396	市脇	399	¹²布喜	401	平江	404	¹⁰平倉	408	¹⁸平礒	411	広明	412
市丸	397	¹¹市宿	399	¹³布勢	401	平池	404	平原	408	平藤	411	広杭	412
市大	397	市崎	399	¹⁵布橋	401	平米	404	平島	408	平鯨	411	広河	412
市子	397	市部	399	¹⁶布橋	401	⁷平串	404	平鎌	408	¹⁹平瀬	411	広表	412
市小	397	市野	399	¹⁸布鎌	401	平佐	404	平栗	408	²¹平鶴	411	広長	412
市山	397	市鹿	399	¹⁹布瀬	401	平作	404	平根	408	広		⁹広前	412
市川	397	¹²市善	399	平		平似	404	平桜	408	広	411	広栄	412
⁴市中	397	市場	399	平	401	平佛	404	平浦	408	⁰広ケ	411	広津	412
市之	397	市森	400	⁰平ケ	401	平吹	404	平通	408	³広三	411	広洋	412
市井	397	市棚	400	²平七	401	平坂	404	平郡	408	広上	411	広畑	412
市円	397	市渡	400	平八	401	平尾	405	平針	408	広久	411	広神	413
市木	397	市街	400	平又	401	平床	405	平馬	408	広大	411	広美	413
市毛	397	市道	400	³平下	401	平形	405	平高	408	広小	411	広面	413
⁵市丘	397	¹³市塙	400	平三	401	平折	405	¹¹平堀	408	広川	411	¹⁰広原	413
市北	397	市新	400	平上	401	平沢	405	平得	408	⁴広中	411	広宮	413
市右	397	市福	400	平久	401	平町	405	平清	408	広之	411	広島	413
市市	397	¹⁴市徳	400	平口	401	平良	405	平笠	408	広内	411	広峰	413
市布	397	¹⁶市橋	400	平土	402	平苅	405	平細	408	広戸	411	広峯	413
市平	397	¹⁹市瀬	400	平大	402	平芝	405	平菅	408	広手	411	広根	413
市民	397	布		平子	402	平見	405	平貫	408	広文	411	広浦	413
市生	397	布	400	平小	402	平谷	405	平郷	409	広木	411	広浜	413
市用	397	³布下	400	平山	402	平貝	405	平野	409	⁵広丘	411	広馬	413
市田	397	布土	400	平川	402	平赤	405	平鹿	410	広代	411	広高	413
市立	397	布川	400	⁴平中	402	平足	405	¹²平塚	410	広古	411	¹¹広域	413
市辺	397	布才	400	平之	402	平里	405	平等	410	広台	411	広崎	413
⁶市名	397	⁴布太	400	平井	402	⁸平京	405	平賀	410	広市	411	広渕	413
市寺	397	布引	400	平六	402	平取	405	平道	410	広弁	411	広眺	413
⁷市助	398	布木	400	平内	402	平和	405	平間	410	広本	411	広紹	413
市岩	398	⁵布尻	400	平太	402	平居	406	平須	410	広末	411	広船	413
市尾	398	布市	400	平戸	403	平岡	406	¹³平塩	410	広永	411	広袴	413
市役	398	布生	400	平手	403	平岸	407	平幕	410	広田	411	広貫	413
市条	398	布田	400	平方	403	平岩	407	平新	410	広白	411	広郷	413
市村	398	布目	400	平木	403	平岫	407	平楽	410			広野	413
市来	398			平水	403	平松	407	平滝	410			広陵	413
								平碧	410				

広黄 413	打戻 416	札森 417	本佐 420	本納 426	末	正吉 431
12広場 413	打沢 416	13札幌 417	本住 420	本能 426	末 428	正名 431
広富 414	打見 416	札滑 417	本別 420	本脇 426	3末三 429	正行 431
広渡 414	打返 416	本	本坂 420	本通 426	末上 429	7正坂 431
広葉 414	9打保 416	本 417	本妙 420	本郡 426	末丸 429	正谷 431
広街 414	10打馬 416	0本も 417	本尾 420	本陣 426	4末之 429	8正和 431
広道 414	11打梨 416	1本一 417	本岐 420	本馬 426	末友 429	正宗 431
広陽 414	12打越 416	2本丁 417	本折 420	本高 426	5末包 429	正岡 431
13広塩 414	14打墨 416	本九 417	本材 420	11本動 426	末広 429	正往 431
広路 414	19打瀬 416	本八 417	本条 420	本堂 426	末正 430	正明 431
広電 414	払	3本三 417	本村 420	本塋 426	末永 430	正法 431
14広徳 414	3払川 416	本上 417	本沢 420	本堀 426	末田 430	正直 431
広駅 414	4払戸 416	本丸 417	本町 421	本宿 426	末石 430	正門 431
15広幡 414	払方 416	本千 417	本谷 423	本巣 426	6末吉 430	9正保 431
広横 414	5払田 416	本大 417	8本宗 423	本笠 426	末後 430	正後 431
16広橋 414	7払体 416	本子 417	本岡 423	本組 426	末寺 430	正津 431
17広嶺 414	払沢 416	本小 417	本幸 423	本船 426	末成 430	正神 431
19広瀬 414	旧	本山 417	本府 423	本郷 426	末次 430	正面 431
弁	5旧広 416	本川 417	本所 423	本部 428	7末坂 430	10正島 431
3弁才 414	旧白 416	4本中 417	本明 423	本野 428	末沢 430	正能 431
4弁之 414	7旧役 416	本井 418	本河 423	本鳥 428	末町 430	正連 431
弁分 414	8旧居 416	本今 418	本沼 423	本黒 428	末谷 430	正院 431
弁天 414	旧岡 416	本内 418	本法 423	12本堅 428	8末宝 430	11正崎 431
9弁城 415	旧東 416	本太 418	本牧 423	本港 428	末松 430	正部 431
10弁華 415	旧門 416	本天 418	本茅 424	本渡 428	末武 430	正野 431
弁財 415	11旧停 416	本戸 418	本長 424	本満 428	末長 430	正雀 431
12弁景 415	12旧港 416	本木 418	9本保 424	本給 428	9末信 430	12正場 431
15弁慶 415	13旧塩 416	本水 418	本俣 424	本覚 428	末恒 430	正覚 431
弘	16旧舘 416	5本北 418	本前 424	本道 428	11末崎 430	正道 431
弘 415	旦	本台 418	本厚 424	本開 428	末盛 430	13正楽 431
3弘川 415	旦 416	本市 418	本城 424	本間 428	末野 430	正福 431
4弘化 415	3旦土 416	本匠 418	本屋 424	本須 428	12末森 430	正蓮 431
5弘田 415	4旦之 416	本吉 418	本瓦 424	本飯 428	13末続 430	14正徳 431
6弘西 415	6旦西 416	本合 419	本星 424	13本塩 428	15末廣 430	15正儀 431
7弘見 415	7旦谷 416	本名 420	本柿 424	本新 428	此	正権 431
8弘和 415	8旦東 416	本地 420	本柳 424	本楯 428	4此木 430	16正親 431
弘明 415	10旦島 416	本多 420	本海 424	本蓮 428	7此花 430	17正厳 431
弘法 415	11旦野 416	本庄 420	本泉 424	本豊 428	19此瀬 430	18正観 431
9弘前 415	12旦過 416	本江 420	本津 424	14本徳 428	正	母
弘栄 415	札	本池 420	本砂 424	本鏊 428	3正上 430	0母ケ 432
10弘高 415	札 416	本牟 420	本神 424	本銚 428	正丸 430	3母子 432
12弘道 415	0札の 416	本米 420	本耶 424	本関 428	正久 430	6母衣 432
19弘瀬 415	3札久 416	本羽 420	本荘 424	15本窯 428	正山 430	7母体 432
打	4札元 416	本行 420	10本原 424	本輪 428	4正円 430	9母畑 432
3打上 415	札内 416	7本位 420	本宮 424	本駒 428	正友 430	10母原 432
4打中 415	札友 417		本島 426	16本橋 428	正手 430	母島 432
打井 415	札木 417		本徒 426	本燈 428	正木 431	母恋 432
打内 415	札比 417		本桐 426	本謙 428	5正代 431	11母袋 432
打木 415	7札刈 417		本栖 426	本館 428	正弘 431	母屋 432
5打出 415	8札弦 417		本梅 426	17本鍛 428	正永 431	12母間 432
打田 415	札的 417		本浦 426	18本織 428	正田 431	民
打穴 415	9札前 417		本浜 426	本藤 428	正立 431	5民田 432
7打坂 416	12札場 417		本流 426	本鵠 428	6正光 431	永
打尾 416	札富 417		本竜 426	19本願 428	正印 431	3永久 432
			本笑 426			

5画　検字表

永大 432	[14]永徳 434	玉江 436	瓦町 437	[9]生保 439	甲州 441	田手 445
永小 432	[15]永慶 434	玉池 436	瓦谷 437	生品 439	甲西 441	田方 445
永山 432	永穂 434	[7]玉串 436	[8]瓦林 437	生津 439	[7]甲佐 441	田木 445
[4]永井 432	永養 434	玉作 436	[9]瓦屋 437	[10]生倉 439	甲条 441	田水 445
永太 432	[16]永興 434	玉村 436	[10]瓦宮 437	生剛 439	甲良 441	田牛 445
永手 432	[17]永嶺 434	玉来 436	瓦師 437	生家 439	[8]甲府 441	[5]田主 445
永木 432	[18]永観 434	玉師 436	[11]瓦堂 437	生島 439	甲弩 441	田代 445
永犬 432	[19]永瀬 434	玉沢 436	瓦曽 437	生振 439	甲東 441	田処 446
[5]永代 432	汁	玉見 436	[12]瓦場 437	生桑 439	甲突 441	田出 446
永平 432	[7]汁谷 434	玉谷 436	瓦葺 437	生琉 439	[9]甲南 441	田尻 446
永末 432	汀	玉里 436	甘	生馬 439	甲屋 441	田布 446
永田 432	[12]汀間 434	[8]玉取 436	[4]甘木 438	[11]生部 439	甲栄 441	田平 446
[6]永会 433	氷	玉姓 436	甘水 438	生野 439	甲津 441	田打 447
永吉 433	[3]氷上 434	玉東 436	[5]甘田 438	[12]生勝 439	甲風 441	田本 447
永地 433	氷川 434	[9]玉前 436	[6]甘地 438	生湯 439	[10]甲原 441	田末 447
永安 433	[4]氷之 434	玉垣 436	[7]甘呂 438	生萱 439	甲浦 441	田甲 447
永江 433	[5]氷玉 434	玉城 436	甘村 438	生越 439	[11]甲崎 441	田立 447
永池 433	[7]氷坂 434	玉屋 436	[8]甘沼 438	生間 439	甲野 441	田辺 447
[7]永作 433	氷見 434	玉柏 436	[9]甘南 438	生須 439	[12]甲斐 441	[6]田伏 447
永利 433	[8]氷取 434	玉津 436	[10]甘栗 438	[13]生源 439	甲賀 441	田光 447
永寿 433	[9]氷室 434	[10]玉原 436	[11]甘粕 438	生福 439	甲陽 442	田吉 447
永尾 433	[11]氷野 434	玉宮 437	[13]甘楽 438	生路 439	[13]甲楽 442	田向 447
永沢 433	玄	玉島 437	[20]甘露 438	[15]生穂 439	[14]甲徳 442	田名 447
永谷 433	[3]玄子 435	玉庭 437	生	生駒 439	[16]甲頭 442	田地 447
[8]永和 433	[5]玄正 435	玉桂 437	[0]生ノ 438	[17]生櫛 439	申	田寺 447
永国 433	[6]玄好 435	玉浦 437	生の 438	[19]生瀬 439	[5]申平 442	田江 447
永岡 433	[8]玄武 435	玉祥 437	[3]生三 438	用	[12]申塚 442	田羽 447
永昌 433	[9]玄海 435	玉造 437	生土 438	[3]用久 439	田	田老 447
永松 433	玄界 435	[11]玉崎 437	生子 438	用勾 440	田 442	[7]田住 448
永沼 433	[10]玄倉 435	玉掛 437	生山 438	用土 440	[0]田ノ 442	田助 448
永金 433	玄馬 435	玉梨 437	[4]生井 438	用山 440	田ん 442	田吹 448
[9]永栄 433	[12]玄番 435	玉淀 437	生月 438	[4]用之 440	[2]田丁 442	田尾 448
永畑 433	[15]玄蕃 435	玉船 437	[5]生出 438	用木 440	田二 442	田床 448
永草 433	玉	玉貫 437	生平 438	[5]用田 440	田人 442	田折 448
永重 433	玉 435	玉野 437	生玉 438	用石 440	田力 442	田抓 448
[10]永倉 433	[0]玉ノ 435	[12]玉堤 437	生田 438	[6]用吉 440	[3]田下 442	田村 448
永原 433	玉の 435	玉植 437	生目 438	[7]用呂 440	田上 442	田沢 448
永島 433	[3]玉上 435	玉森 437	生石 438	用沢 440	田万 442	田町 448
[11]永崎 433	玉山 435	玉湯 437	[6]生名 438	[8]用宗 440	田丸 442	田良 449
永添 433	玉川 435	玉越 437	生地 438	用居 440	田久 442	田角 449
永淵 433	[4]玉之 435	[13]玉園 437	生守 438	[9]用海 440	田口 442	田谷 449
永野 433	玉井 435	玉滝 437	生江 439	用草 440	田土 443	田貝 449
永黒 433	玉戸 436	玉置 437	[7]生利 439	[12]用賀 440	田子 443	田近 449
[12]永塚 433	玉手 436	[14]玉鉾 437	生坂 439	[19]用瀬 440	田小 443	田迎 449
永富 433	玉木 436	[15]玉縄 437	生尾 439	甲	田山 443	田麦 449
永森 433	玉水 436	玉蔵 437	生沢 439	甲 440	田川 443	[8]田並 449
永満 433	[5]玉丘 436	[17]玉櫛 437	生良 439	[0]甲ケ 440	[4]田中 443	田京 449
永覚 433	玉出 436	[19]玉瀬 437	生花 439	[3]甲大 440	田之 443	田和 449
[13]永塩 433	玉本 436	玉藻 437	生見 439	甲子 440	田井 445	田奈 449
永楽 433	玉生 436	瓦	生谷 439	甲山 440	田内 445	田所 449
永源 434	玉田 436	[0]瓦ケ 437	生麦 439	[5]甲奴 440	田刈 445	田林 449
永碇 434	玉目 436	[3]瓦口 437	[8]生実 439	甲田 441	田切 445	田河 449
永福 434	[6]玉伝 436	[4]瓦之 437	生松 439	甲立 441	田戸 445	田治 449
永豊 434	玉名 436	[5]瓦田 437	生板 439	[6]甲仲 441		田沼 449
		[7]瓦役 437				

検字表　5画

田波	449	田無	452	白水	454	白根	456	目		矢加	460	矢頃	462
田牧	449	田結	452	白王	455	白柄	457	3目丸	459	矢本	460	矢黒	462
田舎	449	田賀	452	5白市	455	白梅	457	目久	459	矢田	460	12矢場	462
田茂	449	田越	452	白布	455	白浦	457	目川	459	矢立	460	矢幅	462
田附	449	田道	452	白田	455	白浜	457	4目手	459	6矢向	460	矢筈	462
9田垣	449	田間	452	白石	455	白馬	457	目木	459	矢合	460	矢賀	462
田室	449	田隈	452	6白地	455	11白崎	457	目比	459	矢地	460	矢越	462
田屋	449	13田園	452	白州	455	白望	457	5目代	459	矢守	460	矢道	462
田彦	449	田楽	452	白帆	455	白毫	457	目出	459	矢臼	460	矢颪	462
田後	449	田殿	452	白江	455	白符	457	目加	459	7矢作	460	13矢馳	462
田染	449	田路	452	白百	455	白菊	457	目田	459	矢吹	461	14矢嶋	462
田柄	450	14田嘉	452	白竹	455	白野	457	目白	459	矢坂	461	矢熊	462
田海	450	田熊	452	白米	455	白鳥	457	6目名	459	矢尾	461	矢駄	462
田津	450	田窪	452	白糸	455	12白粟	458	目安	459	矢形	461	15矢幡	462
田狭	450	田端	452	白羽	455	白萩	458	7目吹	459	矢来	461	矢縄	462
田畑	450	15田儀	452	白老	455	白道	458	目坂	459	矢沢	461	矢蔵	462
田皆	450	田幡	452	7白坂	455	白雲	458	目沢	459	矢走	461	16矢橋	462
田県	450	田潟	452	白妙	455	白須	458	目尾	459	矢那	461	17矢矯	462
田神	450	16田橋	452	白尾	455	13白勢	458	目来	459	8矢並	461	20矢護	462
田籵	450	田頭	452	白杉	455	白新	458	目良	459	矢坪	461	石	
田面	450	田頼	452	白沢	455	白楽	458	8目沼	459	矢岳	461	石	462
10田倉	450	17田篠	452	13白男	456	白滝	458	目迫	459	矢放	461	0石ケ	462
田原	450	18田鎮	452	白楽	456	14白旗	458	9目垣	459	矢板	461	石ノ	462
田家	450	19田瀬	452	白谷	456	白銀	458	10目俵	459	矢武	461	石が	462
田宮	450	21田鶴	452	8白兎	456	白鳳	458	目時	459	矢治	461	石の	462
田島	450	由		白和	456	15白幡	458	目桑	459	矢波	461	2石刀	462
田峯	451	4由仁	452	白国	456	白岳	458	目高	459	矢附	461	3石下	462
田振	451	由比	452	白岡	456	白樫	458	11目堀	459	9矢指	461	石上	462
田栗	451	5由加	452	白岳	456	白樺	458	目崎	459	矢持	461	石丸	463
田浦	451	由布	452	白岩	456	白潟	458	目梨	459	矢柄	461	石子	463
田烏	451	6由宇	452	白拍	456	白駒	458	目黒	459	矢洗	461	石小	463
田畠	451	7由利	453	白枝	456	16白壁	458	12目覚	459	矢津	461	石山	463
田益	451	由岐	453	白松	456	白龍	458	17目篠	459	矢畑	461	石川	463
田能	451	由良	453	白板	456	17白嶺	458	矢	459	矢神	461	石才	463
田脇	451	9由津	453	白河	456	白檮	458	0矢ノ	459	矢美	461	4石不	463
田高	451	由美	453	白狐	456	白糠	458	矢の	459	矢迫	461	石井	463
11田宿	451	11由野	453	白虎	456	白鍬	459	2矢又	459	10矢倉	461	石仏	464
田崎	451	15由縄	453	白金	456	18白藤	459	3矢下	459	矢剣	461	石元	464
田曽	451	疋		9白保	456	19白瀬	459	矢上	459	矢原	461	石内	464
田添	451	5疋田	453	白南	456	24白鷲	459	矢口	460	矢島	461	石切	464
田淵	451	9疋相	453	白屋	456	白鷹	459	矢山	460	矢峰	461	石引	464
田渕	451	白		白柏	456	皮		矢川	460	矢浜	461	石戸	464
田貫	451	3白上	453	白洲	456	22皮籠	459	矢巾	460	矢留	461	石手	464
田部	451	白丸	453	白泉	456	皿		矢中	460	矢納	461	石木	464
田野	451	白久	453	白炭	456	皿	459	矢之	460	矢高	461	石火	464
田黒	452	白土	453	白砂	456	3皿山	459	矢井	460	11矢間	461	石王	464
12田喜	452	白子	453	白神	456	4皿引	459	矢切	460	矢崎	461	5石出	464
田場	452	白小	453	白草	456	皿木	459	矢引	460	矢掛	462	石打	464
田塚	452	白山	453	10白倉	456	7皿尾	459	矢戸	460	矢曽	462	石本	464
田富	452	白川	454	白原	456	皿谷	459	矢方	460	矢祭	462	石末	464
田検	452	4白井	454	白島	456	皿貝	459	矢木	460	矢細	462	石母	464
田植	452	白仁	454	白峰	456	8皿沼	459	矢水	460	矢船	462	石生	464
田港	452	白方	454	白庭	456			5矢代	460	矢部	462	石田	464
田渡	452	白木	454	白桑	456					矢野	462	石立	465

6画 検字表

6石休 465	石浦 467	礼文 469	立伏 471	9辻垣 472	亘	伊岐 475
石伏 465	石浜 467	6礼羽 469	立合 471	辻畑 472	亘 473	伊形 475
石刎 465	石畠 467	7礼作 469	立江 471	10辻原 472	11亘理 473	伊折 475
石同 465	石納 467	8礼受 469	7立串 471	11辻堂 472	亥	伊良 475
石名 465	石脇 467	礼拝 469	立売 471	12辻森 472	14亥鼻 473	伊芸 475
石在 465	石釜 467	禾	立沢 471	16辻興 472	交	伊角 475
石地 465	11石亀 467	5禾生 469	立町 471	辺	0交り 473	伊豆 475
石寺 465	石動 467	9禾津 469	立花 471	3辺土 472	2交人 473	伊那 475
石州 465	石堂 467	12禾森 469	立見 471	辺川 472	5交北 473	伊里 475
石成 465	石崎 467	穴	立谷 471	4辺戸 473	10交通 473	8伊具 475
石江 465	石曽 467	穴 469	立足 471	5辺田 473	11交野 473	伊奈 475
石羽 465	石渕 467	3穴口 469	立里 471	6辺名 473	亦	伊実 476
7石作 465	石盛 467	穴山 469	8立岡 471	辺地 473	4亦戸 473	9伊延 476
石住 465	石貫 467	穴川 469	立岩 471	7辺沢 473	伊	伊房 476
石坂 465	石郷 467	4穴井 469	立明 471	8辺法 473	0伊ケ 473	伊東 476
石尾 465	石部 468	穴内 469	立河 471	11辺渓 473	3伊上 473	伊沼 476
石応 465	石野 468	穴太 469	立金 471	辺野 473	伊万 473	伊舎 476
石志 465	石鳥 468	穴水 469	立長 471		伊与 473	9伊保 476
石沢 465	石黒 468	5穴生 469	9立屋 471	**6画**	伊久 474	伊後 476
石町 465	12石喜 468	穴田 469	立神 471	両	伊子 474	伊是 476
石良 465	石場 468	6穴伏 469	立科 471	3両三 473	伊子 474	伊砂 476
石花 465	石塚 468	穴地 469	立飛 471	両山 473	伊川 474	伊祖 476
石芝 465	石堤 468	穴守 469	立香 471	両川 473	伊才 474	伊草 476
石見 465	石塔 468	穴虫 469	10立原 471	4両月 473	4伊丹 474	伊茶 476
石谷 465	石廊 468	7穴吹 469	立島 471	5両田 473	伊予 474	伊香 476
石那 465	石森 468	穴村 469	立根 471	両石 473	伊井 474	10伊倉 476
8石和 465	石渡 468	穴沢 470	立脇 471	6両竹 473	伊刈 474	伊原 476
石坪 466	石畳 468	8穴明 470	11立崎 471	両羽 473	伊切 474	伊島 476
石妻 466	石越 468	9穴畑 470	立蛇 471	7両尾 473	伊太 474	伊差 476
石居 466	石道 468	10穴原 470	立部 471	両戒 473	伊戸 474	伊座 476
石岡 466	石間 468	穴師 470	立野 472	両沢 473	伊文 474	伊庭 476
石延 466	石須 468	11穴笠 470	立鳥 472	両町 473	伊方 474	伊根 476
石松 466	13石園 468	穴部 470	12立場 472	8両併 473	伊月 474	伊浜 476
石枕 466	石新 468	14穴窪 470	立葉 472	両国 473	伊木 474	伊納 476
石林 466	石楠 468	16穴橋 470	立道 472	両迫 473	伊比 474	伊能 476
石河 466	石滝 468	穴鴨 470	立開 472	9両前 473	伊王 474	11伊崎 476
石金 466	石蓮 468	17穴闇 470	立間 472	両城 473	5伊仙 474	伊深 476
石長 466	14石熊 468	18穴藤 470	13立福 472	両度 473	伊加 474	伊船 476
9石垣 466	石関 469	立	16立壁 472	両津 473	伊古 474	伊都 476
石城 466	石墨 469	0立ケ 470	19立願 472	両神 473	伊左 474	伊部 476
石屋 466	15石窯 469	2立入 470	込	10両原 473	伊平 474	伊野 476
石峠 466	16石橋 469	3立子 470	4込之 472	両島 473	伊田 474	伊陸 476
石巻 466	石積 469	立小 470	込木 472	両郡 473	伊由 474	12伊喜 476
石持 466	石薬 469	立山 470	11込野 472	両高 473	6伊伝 474	伊勝 476
石泉 466	17石鎚 469	立川 470	辻	11両宿 473	伊在 474	伊無 476
石津 466	18石櫃 469	4立中 470	辻 472	両郷 473	伊地 475	伊賀 476
石狩 466	石観 469	立仏 470	0辻の 472	12両善 473	伊江 475	伊達 477
石畑 466	19石瀬 469	立戸 470	3辻三 472	両御 473	7伊串 475	伊集 477
石神 466	石蟹 469	立木 470	辻久 472	両呉 473	伊佐 475	伊須 477
石風 467	石鏡 469	5立本 470	辻子 472	両替 473	伊呉 475	13伊勢 477
石飛 467	示	立田 470	4辻之 472	13両新 473	伊吹 475	伊福 478
10石倉 467	11示野 469	立石 470	辻井 472	16両橋 473	伊呂 475	14伊熊 478
石原 467	礼	立込 470	5辻本 472		伊坂 475	伊関 478
石島 467	0礼ケ 469	6立会 470	7辻町 472		伊尾 475	15伊敷 478

検字表　6画

16伊興 478	仲池 479	伏黒 481	16光樹 483	3吉丸 484	吉沼 490	向が 494
17伊篠 478	仲西 479	12伏菟 481	先	吉久 484	吉波 490	3向上 494
18伊藤 478	7仲尾 479	仔	3先山 483	吉小 484	吉舎 490	向小 494
19伊覇 478	仲村 479	7仔邑 481	9先後 483	吉山 484	吉長 490	向山 494
22伊讚 478	仲沖 479	光	11先崎 483	吉川 484	9吉前 490	向川 494
仮	仲町 479	光 481	12先達 483	4吉之 485	吉城 490	4向中 494
5仮生 478	仲谷 480	0光ガ 481	14先魁 483	吉井 485	吉屋 490	向之 494
仮立 478	8仲宗 480	光ケ 481	共	吉文 486	吉春 490	向井 494
9仮屋 478	仲泊 480	光リ 481	5共立 483	吉方 486	吉海 490	向天 494
11仮宿 478	9仲保 480	光が 481	6共成 483	吉木 486	吉津 490	向日 494
会	仲屋 480	光の 481	共西 483	吉水 486	吉畑 490	向月 494
0会々 478	仲洞 480	3光子 481	8共和 483	5吉出 486	吉美 490	向木 494
3会下 478	仲畑 480	光山 481	共明 483	吉北 486	吉胡 490	5向丘 494
5会生 478	10仲原 480	4光井 481	9共保 483	吉平 486	10吉倉 490	向加 494
会田 478	仲島 480	光月 481	共栄 483	吉本 486	吉原 490	向古 494
7会沢 478	仲座 480	光木 481	10共恵 483	吉母 486	吉島 491	向台 494
8会所 478	仲浜 480	5光代 481	共益 483	吉永 486	吉峰 491	向外 494
9会染 478	仲通 480	光台 481	11共進 483	吉生 487	吉根 491	向市 494
会津 478	11仲宿 480	光市 481	13共豊 483	吉田 487	吉浦 491	向平 495
11会野 479	仲郷 480	光末 481	14共練 483	吉礼 488	吉浜 491	向本 495
12会富 479	12仲塚 480	光正 481	16共墾 483	6吉光 488	吉留 491	向田 495
19会瀬 479	仲御 480	6光吉 482	再	吉向 488	吉祥 491	向石 495
企	仲筋 480	光地 482	9再度 483	吉名 488	吉馬 493	6向寺 495
11企救 479	仲間 480	光好 482	再春 483	吉地 488	吉高 493	向州 495
休	仲順 480	光行 482	刑	吉年 488	11吉崎 493	向有 495
5休石 479	17仲嶺 480	光西 482	11刑部 483	吉成 488	吉常 493	向江 495
8休治 479	伝	7光町 482	列	吉江 489	吉部 493	向西 495
仰	3伝上 480	8光和 482	7列見 483	吉竹 489	吉野 493	7向佐 495
4仰木 479	5伝石 480	光国 482	刎	吉羽 489	12吉備 493	向作 495
伍	8伝法 480	光岡 482	5刎田 483	7吉佐 489	吉塚 493	向別 495
8伍和 479	10伝馬 480	光岸 482	匠	吉作 489	吉富 493	向坂 495
全	16伝燈 480	光明 482	0匠ケ 483	吉住 489	吉無 494	向町 495
12全間 479	任	9光冨 482	5匠台 483	吉坂 489	吉賀 494	向谷 495
全隈 479	9任海 480	光南 482	7匠町 483	吉尾 489	吉隈 494	8向国 495
14全徳 479	伐	光城 482	9匠南 483	吉志 489	13吉新 494	向居 495
仲	10伐株 480	光栄 482	印	吉村 489	吉滝 494	向東 495
仲 479	伏	光津 482	4印内 483	吉沢 489	吉福 494	向河 495
9仲ノ 479	伏 480	光洋 482	5印代 484	吉町 489	14吉隠 494	9向屋 495
仲の 479	3伏久 480	光貞 482	印田 484	吉良 489	吉際 494	向津 495
3仲丸 479	伏山 480	光音 482	6印西 484	吉見 489	15吉敷 494	向洋 495
仲久 479	4伏木 480	光風 482	7印役 484	吉谷 489	吉槻 494	向畑 495
仲子 479	5伏古 480	10光珠 482	印沢 484	吉身 489	16吉橋 494	向草 495
仲山 479	伏石 481	11光冨 482	9印南 484	吉里 489	18吉藤 494	10向原 495
4仲之 479	6伏羊 481	光崎 482	11印野 484	8吉和 489	19吉瀬 494	向島 495
仲井 479	7伏尾 481	光都 482	12印場 484	吉国 489	20吉懸 494	向浜 496
仲六 479	伏見 481	光野 482	印賀 484	吉奈 489	吸	向能 496
仲切 479	伏谷 481	12光善 482	18印旛 484	吉宗 489	3吸川 494	向高 496
仲手 479	8伏拝 481	光満 482	各	吉定 489	6吸江 494	11向副 496
仲方 479	9伏屋 481	光葉 482	8各和 484	吉岡 489	7吸坂 494	向宿 496
仲木 479	伏美 481	光陽 482	11各務 484	吉延 490	吸谷 494	向笠 496
5仲仕 479	10伏倉 481	光順 483	吉	吉所 490	向	向郷 496
仲田 479	伏原 481	15光輝 483	吉 484	吉松 490	向 494	向陵 496
6仲地 479	11伏部 481		0吉ケ 484	吉武 490	0向ケ 494	向鹿 496
仲多 479	伏野 481		2吉乃 484	吉河 490		

6画

[12]向粟 496	名木 497	[21]名鱛 500	壮	夷川 503	安江 506	安針 508
向陽 496	[5]名古 497	因	[17]壮瞥 501	[4]夷之 503	安竹 506	安馬 508
[13]向新 496	名号 497	[10]因原 500	夙	[7]夷町 503	安行 506	安骨 508
向遠 497	名四 497	因島 500	[3]夙川 501	[10]夷浜 503	安西 506	[11]安堵 508
[15]向敷 497	名平 497	[15]因幡 500	多	夷馬 503	[7]安佐 506	安堂 508
向横 497	名田 497	回	多 501	[11]夷堂 503	安住 506	安堀 508
[16]向橋 497	名目 498	[5]回田 500	[0]多々 501	[12]夷隅 503	安別 506	安張 508
[19]向瀬 497	名石 498	団	多の 501	好	安坂 506	安清 508
[20]向旗 497	名立 498	[3]団子 500	[3]多久 501	[5]好本 503	安岐 506	安部 508
[21]向灘 497	[6]名次 498	在	多子 501	[12]好間 503	安条 506	安野 508
合	名池 498	[3]在士 500	[4]多井 501	[15]好摩 503	安来 506	[12]安善 508
[0]合ノ 497	名舟 498	[5]在田 500	多比 501	如	安沢 506	安場 508
[3]合子 497	名西 498	[6]在江 500	[5]多以 501	[4]如月 503	安町 506	安塚 508
合山 497	[7]名谷 498	在自 500	多加 501	如水 503	安良 506	安富 509
合川 497	[8]名取 498	[7]在良 500	多功 501	[7]如来 503	安芸 506	安智 509
[4]合戸 497	名和 498	[8]在府 500	多可 501	[8]如法 503	安角 506	安渡 509
[5]合代 497	名東 498	在房 500	多古 501	[9]如是 503	安満 506	安登 509
合生 497	[9]名城 498	[10]在家 500	多布 501	[13]如意 503	安足 506	安賀 509
合田 497	名屋 498	在師 500	多田 501	安	安里 507	安達 509
[6]合成 497	名柄 498	在庭 500	[6]多伎 501	[0]安ケ 503	[8]安並 507	安間 509
[7]合志 497	名洗 498	地	多気 501	[2]安八 503	安和 507	安雲 509
合谷 497	名畑 498	[0]地ノ 500	多米 501	[3]安上 503	安国 507	安須 509
[8]合河 497	名神 498	[3]地下 500	[7]多呂 502	安久 503	安実 507	[13]安新 509
合波 497	名草 498	地子 500	多沢 502	安口 503	安居 507	安楽 509
[9]合海 497	名音 498	[4]地不 500	多良 502	安土 503	安岡 507	安源 509
[10]合島 497	[10]名倉 498	地内 500	多芸 502	安子 504	安房 507	[14]安徳 509
合浦 497	名島 499	地区 500	多里 502	安川 504	安松 507	[15]安慶 509
合流 497	名残 499	地引 500	[8]多和 502	[4]安中 504	安東 507	安養 509
合馬 497	名高 499	[5]地主 500	多奈 502	安丹 504	安武 507	[16]安曇 509
[11]合鹿 497	[11]名寄 499	地代 500	多居 502	安井 504	安治 507	安濃 509
[12]合場 497	名崎 499	地尻 500	多武 502	安元 504	安波 507	安積 510
[13]合戦 497	名張 499	地本 500	多治 502	安心 504	安知 507	[17]安謝 510
[15]合歓 497	名掛 499	[6]地吉 500	多肥 502	安戸 505	安茂 507	[18]安藤 510
吐	名貫 499	地合 500	多門 502	安方 505	安長 507	[19]安瀬 510
[4]吐月 497	名郷 499	地名 500	[9]多保 502	安木 505	[9]安保 507	安蘇 510
[5]吐生 497	名都 499	地行 500	多屋 502	安比 505	安城 507	宇
吐田 497	名野 499	[7]地吹 500	多度 502	安毛 505	安威 507	[3]宇久 510
[9]吐前 497	名鹿 499	地見 500	多祢 502	安牛 505	安室 507	宇土 510
[10]吐師 497	[12]名割 499	[9]地保 500	[10]多家 502	[5]安乎 505	安屋 507	宇山 510
同	名塚 499	[10]地家 500	多根 502	安代 505	安恒 507	[4]宇井 510
[4]同心 497	名港 499	地島 500	[11]多寄 502	安出 505	安政 507	宇内 510
[6]同地 497	名賀 499	地脇 500	多部 502	安尻 505	安津 507	宇刈 510
[7]同志 497	名越 499	[11]地堀 500	多野 502	安布 505	安食 507	宇木 510
名	名須 499	地崎 500	[12]多喜 502	安平 505	[10]安倉 507	[5]宇代 510
名 497	[13]名塩 499	地黄 500	多賀 502	安本 505	安倍 507	宇出 510
[0]名ケ 497	名楽 499	[12]地御 500	[14]多聞 502	安永 505	安原 508	宇加 510
[2]名入 497	名鉄 499	[13]地福 500	[15]多摩 503	安用 505	安孫 508	宇生 510
[3]名下 497	名電 499	地続 500	[16]多磨 503	安田 505	安家 508	宇田 510
名子 497	[14]名嘉 499	地鉄 500	[18]多禮 503	安立 505	安島 508	宇目 510
名山 497	名駅 499	[15]地頭 500	夷	[6]安吉 505	安桜 508	[6]宇地 510
[4]名切 497	[15]名蔵 499	[16]地頭 501	夷 503	安宅 505	安浦 508	宇多 510
名内 497	名駒 499	坏	[0]夷ケ 503	安栖 505	安眞 508	宇気 511
名戸 497	[19]名瀬 499	[3]坏大 501	[3]夷子 503	安朱 505	安納 508	宇江 511
名手 497	[20]名護 500			安次 506		

検字表 6画

7宇佐	511	18宇藤	513	寺坂	515	11州崎	517	7式見	519	成町	520	旭杉	522
宇兵	511	守		寺尾	515	巡		8式岩	519	成谷	520	旭町	522
宇別	511	3守口	513	寺志	515	0巡り	517	式阿	519	8成和	520	旭見	524
宇坂	511	守山	513	寺村	515	12巡間	517	10式根	519	成岩	520	8旭岡	524
宇尾	511	4守内	513	寺沢	515	帆		11式部	519	成松	520	旭岱	524
宇良	511	守木	513	寺町	515	3帆山	517	15式敷	519	成東	520	旭東	524
宇角	511	5守田	513	寺社	516	7帆谷	517	弐		成育	520	9旭前	524
宇谷	511	守目	513	寺谷	516	帆足	517	4弐分	519	成城	520	旭南	524
宇那	511	6守江	513	寺里	516	9帆柱	517	当		成恒	520	旭神	524
8宇受	511	7守谷	513	8寺具	516	年		3当山	519	成海	520	10旭原	524
宇和	511	8守牧	513	寺和	516	3年川	517	5当代	519	成相	520	旭桃	524
宇奈	511	9守屋	513	寺坪	516	5年代	517	当古	519	成美	520	旭浦	524
宇東	512	守後	513	寺宝	516	7年呂	517	当田	519	成香	520	旭浜	524
宇治	512	守恒	513	寺岡	516	年見	517	当目	519	10成島	521	旭通	524
宇波	512	11守部	513	寺所	516	9年柄	517	7当別	519	成能	521	11旭野	524
宇茂	512	20守護	513	寺東	516	10年貢	517	当町	519	11成亀	521	12旭無	524
宇陀	512	宅		寺林	516	庄		8当所	519	成清	521	13旭園	524
9宇保	512	5宅田	513	寺河	516	庄	517	当知	519	成章	521	旭新	524
宇南	512	11宅野	513	寺泊	516	0庄ケ	518	9当津	519	12成塚	521	14旭駅	524
宇品	512	12宅間	513	寺迫	516	庄の	518	10当浜	519	13成滝	521	16旭橋	524
宇城	512	寺		寺門	516	3庄山	518	11当郷	519	14成増	521	旭館	524
宇栄	512	寺	513	9寺前	516	庄川	518	当部	519	16成興	521	早	
宇津	512	0寺ケ	513	寺南	516	4庄中	518	当野	519	18成藤	521	1早乙	524
宇美	512	寺ノ	513	寺垣	516	庄之	518	当麻	519	19成瀬	521	3早口	524
10宇原	512	寺の	513	寺屋	516	庄内	518	12当間	519	成願	521	早子	524
宇宮	512	3寺下	514	寺後	516	庄戸	518	13当幌	519	戌		4早戸	524
宇島	512	寺上	514	寺泉	516	5庄右	518	当新	519	6戌亥		早月	524
宇座	512	寺久	514	寺津	516	庄司	518	当路	519	12戌渡	521	早水	524
宇根	512	寺口	514	寺洞	517	庄布	518	14当熊	519	扱		5早出	524
宇留	512	寺子	514	寺畑	517	庄本	518	当銘	519	7扱沢	521	早田	524
宇連	512	寺小	514	10寺倉	517	庄田	518	戎		旭		6早米	524
宇高	512	寺山	514	寺原	517	6庄吉	518	4戎之	519	旭	521	7早坂	524
11宇宿	512	寺川	514	寺家	517	庄名	518	5戎本	519	0旭ケ	521	早尾	524
宇崎	512	4寺中	514	寺島	517	庄西	518	7戎島	519	旭が	522	早岐	524
宇曽	512	寺之	514	寺師	517	7庄兵	519	10戎八	519	2旭八	522	早来	524
宇貫	512	寺井	514	寺畠	517	庄町	519	戎通	519	3旭三	522	早町	524
宇都	512	寺今	514	寺畔	517	8庄和	519	成		旭上	522	早良	524
宇部	513	寺元	514	寺脇	517	庄府	519	3成上	519	旭山	522	早見	525
宇野	513	寺内	514	11寺宿	517	庄所	519	成子	519	旭川	522	8早物	525
宇隆	513	寺分	514	寺崎	517	庄林	519	成山	519	4旭中	522	早股	525
12宇喜	513	寺戸	514	寺部	517	9庄南	519	成川	519	旭五	522	早苗	525
宇堅	513	寺方	514	寺野	517	庄屋	519	4成井	519	旭区	522	9早俣	525
宇検	513	5寺台	514	12寺塚	517	庄栄	519	成木	519	旭天	522	10早借	525
宇筒	513	寺尻	514	寺渡	517	庄泉	519	成毛	520	旭日	522	早宮	525
宇賀	513	寺平	514	寺間	517	10庄原	519	5成出	520	旭毛	522	早島	525
宇道	513	寺本	514	13寺福	517	庄島	519	成本	520	5旭丘	522	早通	525
宇須	513	寺田	514	寺裏	517	庄高	519	成生	520	旭出	522	早馬	525
13宇園	513	6寺向	515	寺跡	517	11庄野	519	成田	520	旭北	522	早高	525
宇楚	513	寺地	515	14寺領	517	13庄新	519	6成合	520	旭台	522	11早崎	525
宇福	513	寺庄	515	15寺横	517	庄福	519	成安	520	旭市	522	早渕	525
宇遠	513	寺池	515	16寺館	517	14庄境	519	成竹	520	旭本	522	早船	525
14宇嘉	513	寺竹	515	州		19庄瀬	519	成羽	520	旭田	522	早野	525
15宇摩	513	寺西	515	0州の	517	式		7成君	520	6旭寺	522	12早道	525
16宇頭	513	7寺作	515	7州見	517	4式内	519	成沢	520	7旭志	522		

6画　検字表

早雲	525
13早楠	525
早福	525
早鈴	525
14早稲	525
15早潟	525
18早藤	525
19早瀬	525
20早鐘	525
曳	
6曳舟	525
10曳馬	525
11曳船	525
曲	
曲	525
0曲ノ	525
曲り	525
3曲子	525
曲川	525
4曲尺	525
曲手	525
曲木	525
5曲本	525
曲田	525
6曲竹	525
7曲沢	525
曲町	525
曲谷	525
8曲松	525
曲金	525
9曲畑	525
10曲師	525
11曲渕	525
13曲新	526
曲路	526
15曲輪	526
有	
3有久	526
有山	526
有川	526
4有井	526
有戸	526
有木	526
有毛	526
5有市	526
有本	526
有永	526
有玉	526
有田	526
6有吉	526
有安	526
有帆	526
有年	526
7有佐	526
有尾	526
有村	526
有沢	526
有里	526
8有定	526
有居	526
有岡	526
有弥	526
有明	526
有枝	527
有松	527
有東	527
有武	527
有河	527
有金	527
9有城	527
有屋	527
有度	527
有春	527
有海	527
有洞	527
有畑	527
有秋	527
10有原	527
有家	527
有島	527
有峰	527
有栖	527
有浦	527
有珠	527
有脇	527
有馬	527
11有冨	528
有野	528
12有備	528
有喜	528
有富	528
有賀	528
有間	528
有飯	528
13有幌	528
有楽	528
有漢	528
有滝	528
有福	528
14有爾	528
有銘	528
16有壁	528
17有磯	528
机	
机	
11机張	528
朽	
4朽木	528
12朽飯	528
14朽網	528
朱	
4朱円	528
朱文	528
11朱雀	528
17朱鞠	528
朴	
3朴山	528
4朴木	528
5朴平	528
7朴坂	528
朴沢	529
朴谷	529
11朴野	529
19朴瀬	529
杂	
0杂の	
杁	
杁	529
0杁ケ	529
杁ノ	529
3杁下	529
9杁前	529
次	
0次ケ	529
2次月	529
次木	529
6次吉	529
次年	529
9次屋	529
次郎	529
10次倉	529
次滝	529
11次第	529
12次場	529
13次新	529
気	
3気子	529
気山	529
4気比	529
気仙	529
6気多	529
7気佐	529
9気屋	529
10気高	529
12気勝	529
気賀	529
15気噴	529
汗	
汗	
3汗干	529
汲	
3汲上	529
汲川	529
7汲沢	529
江	
江	529
0江ケ	529
江ノ	530
江の	530
2江又	530
3江下	530
江三	530
江上	530
江与	530
江口	530
江子	530
江川	530
4江中	530
江丹	530
江之	530
江井	530
江刈	530
江戸	530
江月	531
江木	531
江比	531
5江代	531
江包	531
江北	531
江古	531
江尻	531
江平	531
江弁	531
江本	531
江永	531
江田	531
江辻	531
6江吉	531
江向	531
江名	531
江地	531
江守	531
江西	531
7江住	531
江別	531
江坂	531
江尾	531
江村	532
江良	532
江花	532
江見	532
江迎	532
江里	532
8江並	532
江刺	532
江和	532
江奈	532
江府	532
江松	532
江東	532
江波	532
江泊	532
9江俣	532
江南	532
江指	533
江持	533
江柄	533
江洲	533
江津	533
江畑	533
江面	533
10江原	533
江島	533
江差	533
江師	533
江栗	533
江浦	533
江馬	533
11江堀	533
江崎	533
江曽	533
江添	533
江部	533
江野	533
江釣	533
12江場	533
江森	533
江無	533
江越	533
江道	533
江辺	533
江須	533
14江熊	533
江端	533
江網	533
15江蔵	533
16江積	533
江頭	533
17江繋	533
19江瀬	533
汐	
0汐ノ	533
汐の	533
2汐入	533
4汐井	534
汐手	534
汐止	534
5汐吹	534
7汐町	534
汐見	534
9汐屋	534
汐首	534
10汐留	534
13汐路	534
池	
池	534
0池ケ	534
池の	534
3池下	534
池上	534
池口	535
池子	535
池川	535
4池中	535
池之	535
池元	535
池内	535
池戸	535
池月	535
5池代	535
池尻	535
池平	535
池田	535
池穴	535
池辺	536
6池向	536
池地	536
池多	536
池寺	536
池州	536
池庄	536
7池尾	536
池村	536
池沢	536
池町	536
池花	536
池見	536
池谷	536
8池和	536
池底	536
池河	536
池治	536
池金	536
9池城	536
池泉	536
池津	536
10池原	536
池島	537
池峰	537
池浦	537
11池亀	537
池崎	537
池船	537
池袋	537
池部	537
池野	537
池黒	537
12池場	537
池奥	537
池開	537
池須	537
13池園	537
池新	537
池殿	537
14池端	537
15池麩	537
灰	
3灰久	537
4灰方	537
灰木	537
8灰沼	537
10灰島	537
12灰塚	537
灯	
灯	537
5灯台	537
8灯明	537
牟	
5牟田	537
牟礼	537
7牟佐	537
牟呂	537
牟岐	537
牟形	537
瓜	
4瓜内	537
5瓜生	537
7瓜谷	538
8瓜坪	538
10瓜倉	538
瓜島	538
瓜破	538
瓜連	538
11瓜郷	538
13瓜幕	538
百	
0百々	538
2百人	538
3百万	538
百子	538
百山	538
百川	538
4百之	538
百戸	538
百月	538
5百市	538
百田	538

検字表　6画

百
- 百目 538
- 百石 538
- 6百合 538
- 百年 539
- 百次 539
- 百舌 539
- 7百坂 539
- 百束 539
- 百村 539
- 百沢 539
- 百町 539
- 百苅 539
- 百谷 539
- 百足 539
- 百里 539
- 8百枝 539
- 9百津 539
- 百草 539
- 10百家 539
- 百島 539
- 百浦 539
- 百留 539
- 11百済 539
- 百船 539
- 12百塚 539
- 百道 539
- 百間 539
- 13百楽 539
- 14百鉾 539
- 15百槻 539
- 16百頭 539

竹
- 竹 539
- 0竹ケ 539
- 竹ノ 539
- 竹の 539
- 2竹又 539
- 3竹下 539
- 竹万 539
- 竹山 539
- 竹川 539
- 4竹中 539
- 竹之 539
- 竹井 540
- 竹元 540
- 竹内 540
- 竹太 540
- 竹日 540
- 竹木 540
- 5竹丘 540
- 竹平 540
- 竹広 540
- 竹本 540
- 竹末 540
- 竹瓦 540
- 竹生 540
- 竹田 540
- 竹矢 540
- 竹辺 540
- 6竹合 541
- 竹安 541
- 竹成 541
- 7竹佐 541
- 竹尾 541
- 竹村 541
- 竹米 541
- 竹沢 541
- 竹町 541
- 竹芝 541
- 竹見 541
- 竹谷 541
- 8竹並 541
- 竹岡 541
- 竹所 541
- 竹房 541
- 竹松 541
- 竹林 541
- 竹波 541
- 竹迫 541
- 竹長 541
- 9竹俣 541
- 竹垣 541
- 竹城 541
- 竹屋 541
- 竹柄 541
- 竹荘 541
- 10竹倉 541
- 竹原 541
- 竹島 541
- 竹浦 541
- 竹浜 541
- 11竹崎 541
- 竹渕 541
- 竹袋 542
- 竹貫 542
- 竹部 542
- 竹野 542
- 12竹富 542
- 竹森 542
- 竹筒 542
- 竹越 542
- 竹間 542
- 13竹園 542
- 竹腰 542
- 14竹鼻 542
- 15竹駒 542
- 16竹橋 542

米
- 米 542
- 0米ケ 542
- 米ノ 543
- 米が 543
- 3米丸 543
- 米口 543
- 米子 543
- 米山 543
- 米川 543
- 4米之 543
- 米五 543
- 米内 543
- 米戸 543
- 米水 543
- 5米代 543
- 米出 543
- 米本 543
- 米永 543
- 米生 543
- 米田 543
- 米込 544
- 6米光 544
- 米多 544
- 7米坂 544
- 米村 544
- 米沢 544
- 米町 544
- 米良 544
- 米谷 544
- 米里 544
- 8米岡 544
- 米松 544
- 米河 544
- 米迫 544
- 9米屋 544
- 米持 544
- 米泉 544
- 米津 544
- 米神 544
- 10米倉 544
- 米原 544
- 米島 544
- 米浜 544
- 米納 544
- 11米崎 544
- 米郷 544
- 米野 544
- 12米奥 544
- 米渡 544
- 米満 544
- 米湊 545
- 米道 545
- 米須 545
- 16米澤 545

糸
- 糸 542
- 0糸ケ 545
- 3糸久 545
- 糸川 545
- 4糸井 545
- 糸木 545
- 5糸田 545
- 糸白 545
- 6糸米 545
- 7糸岐 545
- 糸我 545
- 糸沢 545
- 糸町 545
- 糸谷 545
- 9糸洲 545
- 10糸原 545
- 糸島 545
- 11糸崎 545
- 糸貫 545
- 糸野 545
- 糸魚 545
- 12糸満 545

羊
- 0羊ケ 545
- 16羊蹄 545

羽
- 羽 545
- 0羽ケ 545
- 羽ノ 545
- 2羽二 545
- 羽入 545
- 3羽下 545
- 羽子 545
- 羽山 545
- 羽川 545
- 4羽中 545
- 羽仁 545
- 羽仏 545
- 羽六 545
- 羽内 545
- 羽刈 545
- 羽太 545
- 羽戸 545
- 羽方 545
- 羽毛 545
- 羽水 545
- 羽牛 545
- 5羽付 545
- 羽出 545
- 羽加 545
- 羽布 545
- 羽広 546
- 羽生 546
- 羽田 546
- 羽白 546
- 羽石 546
- 羽立 546
- 6羽司 546
- 羽多 546
- 羽安 546
- 羽成 546
- 羽曳 546
- 羽衣 546
- 羽西 546
- 7羽坂 546
- 羽尾 546
- 羽床 546
- 羽折 546
- 羽東 546
- 羽村 546
- 羽沢 546
- 羽里 546
- 8羽咋 546
- 羽所 546
- 羽拍 546
- 羽東 546
- 羽林 546
- 羽若 546
- 羽茂 546
- 羽附 546
- 9羽前 546
- 羽屋 547
- 羽後 547
- 羽計 547
- 10羽倉 547
- 羽原 547
- 羽島 547
- 羽帯 547
- 羽栗 547
- 羽根 547
- 11羽崎 547
- 羽渕 547
- 羽貫 547
- 羽野 547
- 羽鳥 547
- 羽黒 547
- 12羽場 548
- 羽塚 548
- 羽賀 548
- 羽間 548
- 羽須 548
- 13羽幌 548
- 16羽鯏 548
- 18羽織 548

老
- 3老久 548
- 老川 548
- 4老木 548
- 5老古 548
- 老司 548
- 7老良 548
- 老谷 548
- 8老松 548
- 9老星 549
- 老津 549
- 老神 549
- 10老原 549
- 11老野 549
- 12老富 549
- 老間 549
- 13老節 549

耳
- 耳 549
- 3耳川 549
- 4耳切 549
- 6耳成 549
- 8耳取 549
- 10耳原 549

自
- 2自力 549
- 5自由 549
- 8自治 549
- 11自動 549
- 12自然 549
- 16自衛 549

至
- 7至孝 549
- 至宝 549
- 13至誠 549

臼
- 0臼ケ
- 4臼井 549
- 5臼尻 549
- 臼田 549
- 臼石 549
- 7臼作 549
- 臼谷 549
- 8臼坪 549
- 臼杵 549
- 11臼野 549

舌
- 3舌山 549
- 12舌間 549

舛
- 4舛方 549
- 5舛田 549

舟
- 2舟丁 549
- 舟入 549
- 3舟久 550
- 舟大 550
- 舟子 550
- 舟川 550
- 4舟戸 550
- 舟木 550
- 5舟生 550
- 舟田 550
- 舟石 550
- 6舟江 550
- 7舟尾 550
- 舟形 550
- 舟町 550
- 舟見 550
- 8舟岡 550
- 舟枝 550
- 9舟屋 550
- 舟津 550
- 10舟倉 550
- 舟原 550
- 11舟崎 550
- 12舟場 550
- 舟渡 550
- 16舟橋 550

艮
- 7艮町 550

色
- 4色内 550
- 色生 550
- 5色目 551
- 7色見 551
- 10色浜 551
- 11色麻 551

芋
- 3芋小 551
- 芋川 551
- 5芋生 551
- 芋田 551
- 7芋沢 551
- 芋赤 551
- 8芋茎 551
- 10芋島 551
- 14芋窪 551
- 16芋鞘 551

芒
- 12芒塚 551

虫
- 3虫川 551
- 5虫生 551
- 7虫谷 551

6画　検字表

8虫取	551	衣		西山	563	西弁	568	西衣	571	西学	575	西坩	579
虫所	551	0衣ケ	552	西川	564	西札	568	7西佐	571	西宗	575	西始	579
9虫追	551	3衣山	552	西工	564	西本	568	西住	571	西宝	575	西室	579
11虫崎	551	衣川	552	西弓	564	西末	568	西伯	571	西居	575	西屋	579
虫掛	551	衣干	553	4西中	564	西正	568	西初	571	西岡	575	西後	579
虫野	551	8衣奈	553	西丹	565	西永	568	西別	571	西岸	576	西持	579
12虫塚	551	11衣崎	553	西之	565	西汀	568	西吾	571	西岩	576	西春	579
14虫窪	551	衣掛	553	西予	565	西玉	568	西吹	571	西幸	576	西栄	579
15虫幡	551	衣笠	553	西井	565	西生	568	西坂	571	西府	576	西柴	579
血		12衣棚	554	西五	565	西田	568	西坊	572	西延	576	西染	579
0血ケ	551	14衣摺	554	西今	565	西由	569	西対	572	西弥	576	西栃	579
9血洗	551	西		西仁	565	西白	569	西尾	572	西彼	576	西柏	579
行		西	554	西元	565	西目	569	西岐	572	西念	576	西柳	580
2行人	551	0西1	554	西公	565	西矢	569	西忌	572	西所	576	西段	580
行力	551	西2	554	西六	565	西石	569	西志	572	西押	576	西海	580
3行川	551	西3	554	西円	565	西穴	569	西折	572	西招	576	西洲	580
行才	551	西4	554	西内	565	西立	569	西改	572	西拝	576	西泉	580
4行仁	551	西5	554	西分	566	西辻	569	西材	572	西昆	576	西浅	580
行内	551	西6	554	西区	566	6西伊	569	西条	572	西明	576	西洗	580
行戸	551	西7	554	西友	566	西会	569	西村	572	西松	576	西津	580
行方	551	西8	554	西太	566	西仲	569	西沖	572	西東	576	西洞	580
5行平	551	西9	554	西天	566	西伝	569	西汰	573	西板	577	西狭	580
行正	551	西ケ	555	西心	566	西任	569	西沢	573	西枇	577	西畑	580
行永	551	西ノ	555	西戸	566	西伏	569	西町	573	西林	577	西相	581
行用	551	西ハ	556	西文	566	西光	569	西社	573	西武	577	西砂	581
行田	551	西ユ	556	西斗	566	西刑	569	西糺	573	西河	577	西神	581
6行地	551	西が	556	西方	566	西印	569	西芦	573	西治	578	西祖	581
7行作	551	西つ	556	西日	566	西吉	569	西花	573	西沼	578	西秋	582
行沢	551	西の	556	西月	566	西向	570	西芝	574	西波	578	西粂	582
行町	551	西み	556	西木	566	西同	570	西芭	574	西泊	578	西紀	582
行谷	551	1西一	556	西欠	566	西名	570	西見	574	西法	578	西紅	582
行里	551	2西七	557	西水	566	西多	570	西角	574	西油	578	西美	582
8行事	551	西九	557	西片	566	西夷	570	西谷	574	西牧	578	西茨	582
行幸	551	西二	558	西牛	567	西安	570	西貝	574	西肥	578	西荒	582
行延	551	西人	558	西王	567	西宇	570	西赤	574	西舎	578	西草	582
行明	551	西入	558	西主	567	西寺	570	西足	574	西若	578	西荘	582
行松	551	西八	558	西仙	567	西年	570	西辛	574	西茂	578	西茶	582
行波	551	西十	559	西代	567	西庄	570	西辰	574	西表	578	西追	582
9行信	551	西又	559	西出	567	西成	571	西近	574	西迫	578	西郊	582
行畑	551	3西下	559	西加	567	西旭	571	西那	574	西金	578	西面	582
10行馬	551	西三	559	西包	567	西早	571	西里	574	西長	578	西革	582
11行啓	551	西上	559	西北	567	西曲	571	西阪	574	西門	578	西飛	582
行基	551	西万	560	西可	567	西有	571	8西並	574	西阿	578	西香	582
行部	551	西与	560	西古	567	西朱	571	西京	574	西青	579	10西倉	582
行野	551	西丸	560	西台	567	西朴	571	西佳	575	9西保	579	西剣	582
12行遇	551	西久	560	西四	567	西気	571	西取	575	西侯	579	西原	582
14行徳	552	西千	560	西外	567	西汗	571	西受	575	西冠	579	西唐	582
16行橋	552	西口	560	西尻	567	西江	571	西味	575	西前	579	西姫	583
行積	552	西土	560	西尼	567	西池	571	西和	575	西則	579	西宮	583
行縢	552	西士	560	西市	567	西牟	571	西国	575	西南	579	西島	583
行衛	552	西大	560	西布	567	西竹	571	西垂	575	西厚	579	西峰	583
行頭	552	西女	562	西平	568	西米	571	西坪	575	西品	579	西帯	583
19行願	552	西子	562	西広	568	西羽	571	西奈	575	西垣	579	西座	583
		西小	562			西臼	571	西奉	575	西城	579	西恵	583

検字表 7画

西恋 583	西添 586	西湯 589	西蓮 591	西親 593	串田 593	佐用 595
西扇 583	西淀 586	西湊 589	西蜆 591	西諫 593	7串作 593	佐田 595
西旅 583	西猪 586	西焼 589	西裏 591	西錦 593	串町 593	佐白 595
西時 583	西畦 586	西琴 589	西豊 591	西鞆 593	串良 593	佐目 595
西桔 583	西笠 586	西畳 589	西路 591	西館 593	9串茶 593	6佐伊 595
西桐 583	西笹 586	西番 589	西鉄 591	西鴨 593	10串原 593	佐合 595
西栗 583	西紺 586	西登 589	西鈴 592	17西嶺 593	串浜 593	佐名 596
西桑 583	西細 586	西粟 589	西飾 592	西磯 593	11串挽 594	佐多 596
西桂 583	西紫 586	西結 589	14西境 592	西篠 593	串野 594	佐江 596
西根 583	西組 586	西萱 589	西増 592	西薩 593	12串間 594	佐竹 596
西桜 583	西習 586	西萩 589	西嶋 592	西鍵 593	16串橋 594	佐羽 596
西梅 583	西船 586	西葉 589	西徳 592	西鍛 593	乱	7佐伯 596
西浦 583	西葛 587	西落 589	西旗 592	西鍋 593	3乱川 594	佐助 596
西酒 584	西菜 587	西賀 589	西榎 592	西霞 593	16乱橋 594	佐呂 596
西浜 584	西菅 587	西貸 590	西様 592	西餅 593	位	佐志 596
西留 584	西菩 587	西越 590	西槙 592	西鴻 593	3位川 594	佐折 596
西益 584	西袋 587	西軽 590	西熊 592	18西藤 593	5位田 594	佐沢 596
西真 584	西貫 587	西達 590	西種 592	西観 593	6位守 594	佐良 596
西祓 584	西逸 587	西遅 590	西窪 592	西鎌 593	12位登 594	佐見 596
西秦 584	西郷 587	西道 590	西端 592	西難 593	伽	佐谷 596
西納 584	西都 587	西遊 590	西箕 592	19西瀬 593	19伽羅 594	佐那 596
西脇 584	西部 587	西酢 590	西綾 592	西蟹 593	佐	佐里 596
西荻 584	西野 587	西開 590	西緑 592	西鯖 593	佐 594	8佐取 596
西通 584	西隆 588	西間 590	西翠 592	西鵜 593	0佐々 594	佐味 596
西連 584	西陵 588	西階 590	西蓼 592	西簾 593	佐ヶ 594	佐和 596
西郡 584	西魚 588	西隈 590	西銘 592	21西灘 593	2佐八 594	佐坪 596
西釜 584	西鳥 588	西雄 590	西関 592	西鶴 593	3佐下 594	佐夜 596
西釘 584	西鹿 588	西雲 590	西駅 592	22西籠 593	佐久 594	佐奇 596
西院 584	西麻 588	西須 590	西鳴 592	西鱈 593	佐千 594	佐奈 596
西陣 585	西黒 588	西飯 590	15西億 592	24西鷹 593	佐土 594	佐岡 596
西馬 585	12西屓 588	13西勢 590	西幡 592		佐女 594	佐念 596
西高 585	西喜 588	西園 590	西横 592	**7画**	佐山 594	佐治 596
11西乾 586	西善 588	西塩 590	西樫 592	更	佐川 594	佐沼 596
西亀 586	西堺 588	西夢 590	西権 592	4更木 593	佐才 595	佐波 596
西側 586	西場 588	西嫁 590	西槻 592	更毛 593	4佐之 595	佐知 596
西冨 586	西塚 588	西幌 590	西潟 592	5更生 593	佐井 595	9佐保 596
西問 586	西堤 588	西愛 590	西熱 592	7更別 593	佐内 595	佐俣 596
西堂 586	西奥 588	西新 590	西磐 592	8更和 593	佐太 595	佐室 596
西堀 586	西寒 588	西楢 591	西穂 592	更岸 593	佐引 595	佐屋 596
西宿 586	西富 589	西楠 591	西窯 592	9更南 593	佐手 595	佐是 596
西崎 586	西巽 589	西滑 591	西線 592	更屋 593	佐文 595	佐柿 596
西巣 586	西御 589	西溝 591	西蔵 592	更科 593	佐方 595	佐柳 596
西幀 586	西惣 589	西滝 591	西諸 592	更級 593	佐木 595	佐津 596
西庶 586	西敦 589	西猿 591	西調 592	11更盛 593	佐比 595	佐畑 596
西掛 586	西晴 589	西瑞 591	西鋳 592	更進 593	佐水 595	佐紀 596
西据 586	西勝 589	西禁 591	西駒 592	13更新 593	5佐世 595	佐美 596
西梶 586	西朝 589	西福 591	16西橘 592	串	佐加 595	佐草 596
西桝 586	西植 589	西堅 591	西橋 592	串 593	佐古 595	10佐倉 597
西梨 586	西森 589	西糀 591	西燕 592	3串川 593	佐左 595	佐原 597
西條 586	西椎 589	西置 591	西頴 592	4串戸 593	佐布 595	佐島 597
西梵 586	西棟 589	西聖 591	西興 592	串木 593	佐弁 595	佐浦 597
西棟 586	西温 589	西蒲 591	西舘 593	5串本 593	佐本 595	佐浜 597
西渋 586	西湖 589	西蓑 591	西蘭 593		佐生 595	佐留 597
西深 586	西港 589					佐真 597
西淡 586						

11佐堂	597	住		余呉	602	初野	604	利島	606	吾		坂牛	610
佐崎	597	0住ノ	599	余床	602	初鹿	604	利根	606	3吾川	607	5坂出	610
佐梨	597	住の	599	8余所	602	12初富	604	12利賀	606	4吾井	607	坂北	610
佐貫	597	3住山	599	9余津	602	初森	604	助		5吾平	607	坂尻	610
佐部	597	住川	599	10余座	602	初湯	604	2助七	606	吾田	607	坂左	610
佐野	597	4住之	599	余能	602	初越	604	3助川	606	8吾妻	607	坂市	610
12佐備	597	住友	599	11余野	602	19初瀬	604	4助六	606	10吾桑	608	坂本	610
佐喜	597	5住永	599	余野	602	判		助戸	606	11吾郷	608	坂田	611
佐善	597	住用	599	15余慶	602	0判の	604	助木	606	吾野	608	坂石	611
佐斐	597	住田	599	19余瀬	602	5判田	604	5助田	606	15吾潟	608	坂辺	611
佐渡	597	6住吉	599	伶		別		6助任	606	告		6坂宇	611
佐賀	597	住次	600	2伶人	602	0別ケ	604	助光	606	告	608	坂州	611
佐開	597	住江	600	児		3別子	604	助次	606	吹		坂西	611
佐間	598	7住初	600	5児玉	602	別山	604	7助佐	606	3吹上	608	7坂形	611
佐須	598	8住所	600	児石	602	4別井	604	助沢	606	4吹井	608	坂町	611
14佐與	598	11住崎	600	6児池	602	5別司	604	8助命	606	5吹田	608	坂谷	611
佐嶋	598	12住道	600	10児島	602	6別印	604	助宗	606	吹矢	608	坂足	611
15佐摩	598	但		12児湯	603	別名	604	助松	606	吹込	608	坂里	611
佐敷	598	8但東	600	兵		別当	604	9助信	606	7吹谷	608	8坂東	611
17佐糠	598	但沼	601	4兵太	603	7別役	604	18助藤	606	8吹東	608	坂牧	611
18佐囊	598	10但馬	601	5兵右	603	別苅	604	医		9吹屋	608	坂長	611
佐藤	598	佃		6兵団	603	8別府	604	3医大	606	吹畑	608	9坂城	611
作		佃	601	兵安	603	別所	604	4医王	606	10吹原	608	坂室	611
作	598	7佃町	601	7兵家	603	別町	605	5医生	606	吹浦	608	坂津	611
0作の	598	11佃野	601	10兵家	603	別枝	605	8医学	607	11吹張	608	坂畑	611
3作才	598	伯		兵庫	603	別迫	605	17医療	607	吹野	608	坂祝	611
4作手	598	4伯太	601	11兵部	603	9別保	605	君		12吹塚	608	10坂原	611
作木	598	伯方	601	16兵衛	603	別海	605	0君ケ	607	吹越	608	坂根	611
5作平	598	5伯母	601	冷		別畑	605	君が	607	13吹新	608	坂浦	611
作田	598	伯玄	601	3冷川	603	10別宮	605	3君川	607	吹路	608	坂浜	611
6作名	598	8伯治	601	4冷水	603	別院	605	5君田	607	呂		11坂崎	611
7作見	598	10伯耆	601	5冷泉	603	11別堀	605	7君沢	607	3呂久	608	坂貫	611
作谷	598	伴		11冷清	603	別曽	605	8君迫	607	囲		坂部	611
8作並	598	伴	601	初		別條	605	9君津	607	20囲護	608	坂野	611
作事	598	4伴中	601	3初山	603	別郷	605	10君島	607	図		12坂場	611
9作屋	598	5伴北	601	4初日	603	12別寒	605	君帰	607	10図師	609	坂登	611
作畑	598	6伴西	601	5初台	603	利		12君塚	607	12図景	609	坂越	612
作草	598	8伴東	601	初生	603	3利上	605	15君影	607	坂		坂間	612
10作倉	598	9伴南	601	初田	603	4利木	605	呉		坂	609	13坂路	612
作原	598	11伴堂	601	初石	603	5利右	605	0呉ポ	607	0坂ノ	609	17坂嶺	612
11作庵	598	伴野	601	7初声	603	利尻	605	3呉川	607	坂の	609	19坂瀬	612
12作場	598	余		初沢	603	利弘	606	5呉市	607	2坂又	609	坊	
作塚	598	2余丁	601	初町	603	利生	606	6呉地	607	3坂下	609	坊	612
作道	598	3余子	601	初芝	603	利田	606	呉竹	607	坂上	609	0坊ケ	612
作集	598	余山	601	8初若	603	7利別	606	呉羽	607	坂口	609	坊ノ	612
13作新	598	余川	601	9初狩	603	利町	606	7呉我	607	坂山	609	坊の	612
伺		4余戸	601	初神	603	8利岡	606	8呉服	607	4坂中	609	3坊丸	612
5伺去	598	5余市	601	初音	603	利府	606	呉松	607	坂之	609	坊口	612
似		余平	602	初香	603	利松	606	9呉屋	607	坂井	609	4坊之	612
4似内	598	余田	602	10初原	603	利波	606	11呉崎	607	坂内	610	坊方	612
9似首	598	6余地	602	初島	603	9利保	606			坂戸	610	5坊主	612
10似島	598	余多	602	初馬	604	利屋	606			坂手	610	8坊所	612
11似鳥	599	7余別	602	11初崎	604	利津	606			坂月	610	坊金	612
								10利倉	606				

検字表　7画

坊門 612	宍	尾月 615	19尾瀬 616	4志井 617	22志籠 621	折笠 622
9坊城 612	4宍戸 613	5尾去 615	23尾鷲 616	志太 617	忍	12折渡 622
坊屋 612	5宍甘 613	尾尻 615	岐	志戸 617	忍 621	13折違 622
坊津 612	10宍倉 613	尾平 615	3岐山 616	志手 617	0忍ケ 621	15折敷 622
10坊島 612	宍原 613	尾札 615	8岐波 616	志文 617	7忍町 621	16折壁 622
11坊袋 612	11宍崎 613	尾末 615	岐阜 616	志方 618	忍阪	折橋 622
13坊新 612	12宍喰 613	尾母 615	9岐南 616	志木 618	9忍保 621	抜
14坊領 612	宍塚 613	尾永 615	11岐宿 616	志比 618	忍海 621	4抜月 622
19坊瀬 612	宍粟 613	尾生 615	12岐富 616	志水 618	忍草 621	7抜里 622
壱	宍道 613	尾田 615	希	5志布 618	10忍辱 621	9抜海 622
0壱ツ 612	寿	尾白 615	0希ノ 616	志生 618	11忍野 621	扶
2壱丁 612	寿 613	尾立 615	希み 616	志田 618	忍頂 621	10扶桑 622
4壱分 612	3寿小 613	6尾仲 615	5希央 616	6志多 618	13忍路 621	改
7壱岐 612	寿山 613	尾当 615	11希望 616	7志佐 618	悴	5改代 622
壱町 612	寿川 613	尾曳 615	床	志君 618	7悴谷 621	11改寄 622
壱里 612	4寿中 613	7尾別 615	床丹 617	志岐 618	我	15改養 622
10壱献 612	5寿北 613	尾坂 615	8床波 617	志折 618	2我入 621	旱
11壱貫 612	寿古 613	尾岐 615	15床潭 617	志村 618	6我如 621	8旱泥 622
声	寿台 613	尾肝 615	床舞 617	志谷 618	我老 621	杏
11声問 612	寿白 613	尾花 615	17床鍋 617	志那 618	7我那 621	7杏町 622
売	7寿町 613	尾見 615	庇	8志免 618	10我孫 621	材
4売木 612	8寿命 614	尾谷 615	7庇町 617	志和 618	我峰 621	4材木 623
5売市 612	9寿南 614	尾車 615	弄	志幸 619	11我部 621	杓
売布 612	10寿能 614	8尾国 615	4弄月 617	志波 619	12我喜 621	3杓子 623
9売津 612	寿通 614	尾垂 615	弟	志知 619	13我路 621	条
妙	11寿域 614	尾奈 615	3弟子 617	志茂 619	17我謝 622	7条里 623
妙 612	寿都 614	尾俗 615	8弟国 617	志門 619	戒	9条南 623
4妙心 612	13寿楽 614	尾長 615	形	9志度 619	3戒川 622	杖
6妙伝 612	寿豊 614	尾附 615	3形山 617	志柿 619	5戒外 622	0杖ケ 623
妙光 612	対	9尾俣 615	7形見 617	志染 619	6戒光 622	5杖立 623
7妙体 612	対 614	尾城 615	10形原 617	志海 619	9戒重 622	杉
妙町 612	4対中 614	尾津 615	役	志津 619	折	杉 623
妙見 612	対田 614	10尾倉 615	2役人 617	志紀 620	3折口 622	0杉ケ 623
8妙典 612	10対馬 614	尾原 615	4役犬 617	志美 620	4折之 622	杉ノ 623
妙国 612	12対雁 614	尾島 615	5役田 617	10志原 620	折戸 622	杉の 623
妙法 612	17対厳 614	尾根 615	6役行 617	志家 620	折方 622	3杉下 623
妙油 613	局	尾浦 615	8役知 617	志真 620	折木 622	杉久 623
9妙音 613	局 614	尾浜 615	応	志高 620	5折平 622	杉山 623
妙香 613	尾	尾高 615	4応仁 617	11志崎 620	折本 622	4杉之 623
10妙原 613	0尾ケ 614	11尾崎 615	8応法 617	志都 620	折生 622	杉井 623
妙高 613	尾ノ 614	尾張 616	9応神 617	志鳥 620	折田 622	杉戸 623
11妙堂 613	2尾八 614	尾曽 616	10応時 617	12志登 620	折立 622	杉木 624
12妙満 613	3尾下 614	尾添 616	応桑 617	志筑 620	6折合 622	杉水 624
13妙楽 613	尾上 614	尾盛 616	忌	志賀 620	折地 622	5杉北 624
妙義 613	尾久 615	尾野 616	11忌部 617	志貴 621	7折坂 622	杉平 624
妙蓮 613	尾小 615	12尾登 616	志	13志源 621	折尾 622	杉本 624
14妙徳 613	尾山 615	尾道 616	志 617	志路 621	折谷 622	杉末 624
15妙慶 613	尾川 615	尾幌 616	0志々 617	14志徳 621	8折居 622	杉生 624
16妙興 613	4尾中 615	14尾関 616	志ヶ 617	15志撫 621	折茂 622	杉甲 624
18妙顕 613	尾之 615	15尾儀 616	3志下 617	志摩 621	折門 622	杉田 624
孝	尾井 615	尾綬 616	志久 617	志駒 621	9折津 622	杉目 624
3孝子 613	尾内 615	16尾頭 616	志口 617	16志積 621	10折原 622	杉立 624
5孝田 613	尾切 615	尾駿 616	志土 617	18志観 621	折浜 622	6杉名 624
	尾太 615		志子 617	志鎌 621	11折崎 622	杉地 624
	尾引 615					

7画　検字表

杉江 624	村市 626	李川 627	13沖塩 629	沢根 630	7町村 631	糺
7杉尾 624	村田 626	5李平 627	沖新 629	11沢崎 630	町苅 632	7糺町 633
杉村 624	村石 626	7李沢 627	14沖端 629	沢部 630	町谷 632	肝
杉沢 624	6村合 626	李町 627	15沖縄 629	沢野 630	8町並 632	3肝川 633
杉町 624	村西 626	8李俊 627	16沖館 629	沢登 630	町坪 632	5肝付 633
杉花 624	7村杉 626	11李崎 627	21沖鶴 629	沢間 630	町居 632	肝属 633
杉谷 624	村角 626	杠	求	13沢新 630	町東 632	12肝煎 633
杉阪 624	村里 626	12杠葉 627	6求名 629	14沢端 630	町長 632	肘
8杉並 624	8村国 626	柚	7求町 629	牡	9町保 632	4肘内 633
杉奈 624	村居 626	柚 627	11求菩 629	4牡丹 630	町前 632	7肘谷 633
杉妻 624	村岡 626	0柚ノ 627	沙	11牡鹿 630	町南 632	12肘塚 633
杉河 624	村所 626	3柚山 627	8沙弥 629	狄	町屋 632	良
杉若 624	村松 626	4柚之 627	10沙流 629	狄塚 630	町後 632	3良川 633
9杉屋 624	村東 627	柚木 627	沙留 629	狌	町畑 632	4良王 633
杉栄 624	村雨 627	5柚田 628	沢	7狌花 630	10町原 632	5良田 633
杉柳 624	9村前 627	杤	沢 629	玖	町島 632	7良町 633
杉津 624	村南 627	10杤原 628	0沢ケ 629	6玖老 630	町庭 632	13良福 633
10杉原 624	10村高 627	沖	沢ノ 629	7玖村 630	町浦 632	芦
杉宮 624	11村崎 627	沖 628	沢メ 629	8玖波 630	11町組 632	0芦ケ 633
杉島 624	村貫 627	0沖ノ 628	1沢乙 629	9玖珂 630	町袋 632	芦ノ 633
杉浦 624	村野 627	沖の 628	2沢丁 629	10玖島 631	町野 632	芦の 633
11杉堂 624	村黒 627	3沖万 628	沢入 629	玖珠 631	13町新 632	3芦山 633
杉崎 624	12村雲 627	沖山 628	沢又 629	12玖須 631	町楠 632	芦川 633
杉清 625	13村新 627	4沖之 628	3沢下 629	甫	町裏 632	4芦之 633
杉菜 625	17村櫛 627	沖今 628	沢上 629	5甫母 631	16町頭 632	芦刈 633
杉貴 625	杜	沖元 628	沢口 629	17甫嶺 631	皀	5芦北 633
杉野 625	0杜せ 627	沖内 628	沢山 629	男	10皀莢 632	芦生 633
12杉塚 625	杜の 627	5沖代 628	沢川 629	3男山 631	祁	芦田 633
杉森 625	2杜乃 627	沖台 628	4沢中 629	男川 631	12祁答 632	芦辺 634
杉軽 625	杢	沖田 628	沢之 629	4男木 631	社	6芦名 634
13杉塘 625	10杢師 627	沖立 628	沢井 629	男成 631	社 632	芦安 634
14杉箸 625	来	6沖名 628	沢内 629	7男里 631	0社ノ 632	7芦別 634
16杉澤 625	3来丸 627	沖宇 628	沢木 629	8男沼 631	社が 632	芦沢 634
杉館 625	6来伝 627	7沖村 628	沢水 629	9男神 631	社の 632	芦町 634
19杉瀬 625	7来住 627	沖町 628	5沢尻 629	10男能 631	3社口 632	芦花 634
東	来別 627	沖見 628	沢田 629	男衾 631	社山 633	芦苅 634
5東本 625	来秀 627	8沖松 628	沢目 630	男鬼 631	5社台 633	芦見 634
7東里 625	来見 627	沖波 628	沢辺 630	11男野 631	社辺 633	芦谷 634
8東金 625	来迎 627	沖金 628	6沢向 630	男鹿 631	6社光 633	8芦峅 634
9東前 625	8来居 627	9沖洲 628	沢地 630	町	社名 633	芦河 634
10東原 625	来岸 627	沖美 628	沢江 630	町 631	社地 633	芦沼 634
東荷 625	9来巻 627	10沖家 628	7沢村 630	0町ノ 631	7社町 633	9芦垣 634
16東積 625	来待 627	沖島 628	沢町 630	3町下 631	社谷 633	芦屋 634
村	来春 627	沖浦 628	沢良 630	町上 631	8社東 633	芦津 634
3村上 625	来海 627	沖浜 628	沢見 630	4町之 631	社突 633	10芦倉 634
村久 625	10来宮 627	沖通 628	沢谷 630	町分 631	9社前 633	芦原 634
村山 625	来栖 627	沖高 628	沢里 630	町方 631	10社家 633	芦浦 635
4村之 625	来馬 627	11沖側 628	8沢紙 630	5町付 631	14社領 633	芦畔 635
村井 625	12来運 627	沖宿 628	沢底 630	町北 631	15社横 633	11芦崎 635
村元 626	15来縄 627	沖野 628	沢松 630	町尻 631	私	芦清 635
村内 626	李	12沖塚 628	9沢海 630	町平 631	5私市 633	芦范 635
村木 626	李 627	沖渡 628	沢津 630	町田 631	11私部 633	芦部 635
5村北 626	3李山 627	沖須 629	10沢倉 630	6町西 631	秀	芦野 635
		沖飯 629	沢原 630		6秀安 633	12芦場 635

字	頁	字	頁	字	頁	字	頁	字	頁	字	頁	字	頁
芦検	635	花房	637	花繰	639	5芝本	640	見山	642	角木	643	谷地	645
芦渡	635	花松	637	21花鶴	639	芝生	640	見川	642	5角打	643	谷好	645
芦間	635	花林	637	芥		芝田	640	4見内	642	角生	643	谷当	645
14芦徳	635	花表	637	3芥川	639	芝辻	640	見方	642	角田	643	谷汲	645
芦窪	635	花長	637	5芥西	639	6芝西	640	見日	642	角石	643	7谷尾	646
芦網	635	9花咲	637	7芥見	639	7芝町	640	5見世	642	6角地	643	谷村	646
16芦橋	635	花垣	637	8芥附	639	芝谷	640	見付	642	角池	643	谷沢	646
21芦鶴	635	花城	637	苅		8芝東	640	見広	642	7角坂	643	谷町	646
花		花室	637	4苅毛	639	芝沼	640	見田	642	角折	643	谷貝	646
花	635	花屋	637	5苅生	639	芝突	640	見目	642	角来	643	8谷和	646
0花ケ	635	花巻	637	苅田	639	9芝草	640	見立	642	角沢	643	谷坪	646
花ノ	635	花春	637	6苅安	639	10芝原	640	6見合	642	8角茂	643	谷定	646
花の	635	花泉	637	苅宇	639	芝宮	641	見老	642	9角南	643	谷河	646
2花乃	635	花津	637	7苅谷	639	芝浦	641	7見尾	642	角屋	643	谷迫	646
3花上	635	花狭	637	9苅屋	639	芝高	641	見町	642	角柄	643	9谷保	646
花口	635	花畑	637	10苅原	639	11芝崎	641	見花	642	角海	643	谷埋	646
花小	635	花美	637	11苅宿	639	芝野	641	8見取	642	角泉	643	谷屋	646
花山	635	花香	637	苅野	639	12芝塚	641	見和	642	10角倉	643	谷柏	646
花川	635	10花倉	637	12苅萱	640	芝堤	641	見奈	642	角原	643	谷浅	646
4花中	635	花原	637	苅間	640	芝富	641	見延	642	角島	643	谷津	646
花之	635	花島	637	16苅橋	640	芝童	641	見明	642	角振	643	谷相	646
花井	635	花栗	637	19苅藻	640	13芝園	641	見沼	642	11角崎	643	谷神	646
花天	635	花浦	637	芹		芝新	641	見物	642	角渕	643	谷茶	646
花戸	635	花畠	637	0芹ケ	640	14芝樋	641	見附	642	角野	643	10谷原	646
花月	635	花畔	637	芹が	640	16芝薬	641	9見津	642	角鹿	643	谷峨	646
花木	636	花脊	637	3芹口	640	芭		見砂	642	12角割	643	谷島	646
花水	636	花高	637	芹山	640	15芭蕉	641	10見借	642	角間	643	谷根	646
5花丘	636	11花堂	638	芹川	640	20芭露	641	見島	642	15角盤	643	谷浜	646
花尻	636	花崎	638	4芹中	640	芙		見座	642	16角館	643	谷畠	646
花本	636	花岡	638	芹井	640	13芙蓉	641	見能	642	谷		11谷郷	646
花正	636	花常	638	5芹出	640	芳		見高	642	谷	644	谷部	646
花田	636	花済	638	芹田	640	0芳ケ	641	11見寄	642	0谷ケ	644	谷野	646
花白	636	花渕	638	7芹沢	640	芳ノ	641	見崎	642	谷の	644	12谷塚	646
花目	636	花野	638	芹町	640	3芳士	641	見野	642	3谷下	644	谷奥	646
花石	636	12花塚	638	芹谷	640	芳川	641	見頃	642	谷三	644	14谷熊	646
花立	636	花富	638	8芹沼	640	4芳井	641	12見晴	642	谷上	644	谷稲	646
6花守	636	花勝	638	16芹橋	640	芳友	641	13見滝	642	谷万	644	16谷頭	646
花江	636	花道	638	芸		5芳生	641	見福	642	谷口	644	19谷瀬	646
花池	636	花開	638	3芸大	640	芳田	641	15見槻	642	谷山	644	豆	
7花作	636	花隈	638	6芸西	640	7芳志	641	18見褝	642	谷川	644	0豆ケ	646
花住	636	花陽	638	11芸術	640	芳沢	641	19見瀬	642	4谷中	645	3豆口	646
花坂	636	13花園	638	16芸濃	640	芳町	641	角		谷之	645	5豆田	646
花尾	636	花楯	639	芝		8芳斉	641	角	642	谷井	645	14豆腐	646
花沢	636	花殿	639	芝	640	芳河	641	0角の	642	谷内	645	貝	
花町	636	14花徳	639	0芝ノ	640	9芳泉	641	2角十	642	谷戸	645	0貝ケ	646
花良	636	15花影	639	3芝下	640	11芳野	641	3角三	642	谷王	645	貝ノ	646
花芝	636	花蔵	639	芝久	640	12芳賀	641	角子	642	5谷台	645	貝の	646
花見	636	花輪	639	芝大	640	芳雄	641	角山	643	谷尻	645	3貝川	646
花谷	636	16花壇	639	芝山	640	15芳養	641	角川	643	谷本	645	4貝少	646
花車	636	花橋	639	芝川	640	見		4角井	643	谷永	645	5貝田	647
花里	636	花積	639	4芝中	640	0見々	642	角五	643	谷田	645	貝皿	647
8花京	636	花館	639	芝之	640	見ノ	642	角切	643	6谷向	645	6貝地	647
花和	637	17花磯	639	芝井	640	2見入	642			谷合	645	貝守	647
花岡	637	19花瀬	639	芝公	640	3見上	642			谷在	645		

漢字	頁	漢字	頁	漢字	頁	漢字	頁	漢字	頁	漢字	頁	漢字	頁
7貝吹	647	赤谷	649	赤須	652	13足滝	653	9近津	654	里川	656	麦田	657
貝沢	647	赤阪	650	13赤塩	652	14足摺	653	10近島	654	4里中	657	7麦沢	657
貝谷	647	8赤和	650	赤滝	652	身		近浦	654	里仁	657	麦谷	657
8貝取	647	赤坪	650	14赤碕	652	6身成	653	13近義	654	里公	657	9麦垣	657
貝附	647	赤妻	650	15赤幡	652	8身延	653	近鉄	654	里分	657	10麦倉	657
9貝屋	647	赤岡	650	赤磐	652	車		16近衛	654	里方	657	麦原	657
貝柄	647	赤岩	650	赤穂	652	車	653	18近藤	654	5里平	657	麦島	657
貝津	647	赤枝	650	赤膚	652	2車力	653	迎		里本	657	11麦野	657
10貝原	647	赤松	650	16赤橋	652	3車川	653	3迎山	654	里白	657	12麦塚	658
貝家	647	赤林	650	赤館	652	4車之	653	4迎戸	654	里矢	657	**8画**	
貝島	647	赤河	650	17赤嶺	652	車方	653	迎木	654	6里吉	657	並	
11貝掛	647	赤沼	650	19赤瀬	652	車木	653	5迎田	654	7里別	657	3並川	658
貝曽	647	赤泊	650	赤鑰	652	5車田	653	7迎町	654	里改	657	4並木	658
貝殻	647	赤法	650	走		車地	653	9迎洋	654	里町	657	7並杉	658
貝渚	647	赤迫	650	2走入	652	7車作	653	10迎紐	654	里見	657	並里	658
貝渕	647	赤門	650	4走井	652	車尾	653	返		里谷	657	8並岡	658
貝野	647	9赤保	650	走水	652	車折	653	5返田	654	8里波	657	並松	658
12貝喰	647	赤前	650	5走出	652	車町	653	6返吉	654	9里美	657	並河	658
貝塚	647	赤垣	650	走古	652	車谷	653	那		10里島	657	9並建	658
赤		赤城	650	7走谷	652	9車屋	653	0那の	654	里根	657	並柳	658
赤	647	赤屋	651	10走島	652	10車帰	653	3那久	654	里浦	657	並美	658
2赤十	647	赤怒	651	15走潟	652	11車崎	653	5那加	655	11里郷	657	12並塚	658
3赤下	647	赤星	651	足		12車場	653	那古	655	里野	657	14並榎	658
赤土	647	赤海	651	0足ケ	652	車塚	653	7那岐	655	12里塚	657	15並槻	658
赤大	647	赤津	651	3足久	652	車道	653	那良	655	里飯	657	乳	
赤子	647	赤神	651	足山	652	辛		那谷	655	阪		4乳井	658
赤山	647	赤祖	651	足川	652	3辛川	653	8那東	655	3阪大	657	5乳母	658
赤川	647	赤重	651	4足水	652	5辛皮	653	那波	655	4阪井	657	7乳呑	658
4赤井	647	赤首	651	5足代	652	10辛島	653	那知	655	阪内	657	事	
赤木	648	10赤倉	651	足田	652	辰		9那珂	655	阪倉	657	7事代	658
赤毛	648	赤剥	651	足立	652	0辰ノ	653	10那倉	655	5阪本	657	京	
赤水	648	赤島	651	足込	652	3辰口	653	12那智	655	阪田	657	京	658
5赤代	648	赤浦	651	6足守	652	辰巳	653	那賀	655	6阪合	657	0京ケ	658
赤平	648	赤浜	651	足成	652	5辰田	653	那間	656	8阪松	657	京コ	658
赤玉	648	赤留	651	足次	652	7辰尾	653	那須	656	阪東	657	京セ	658
赤生	648	赤荻	651	足羽	652	8辰沼	653	19那覇	656	9阪急	657	京ノ	658
赤田	648	赤連	651	7足利	652	10辰起	653	邑		阪南	657	京が	658
赤目	648	赤馬	651	足助	652	11辰野	653	3邑久	656	阪神	657	京の	658
赤石	648	11赤堀	651	足尾	653	近		5邑生	656	10阪原	657	3京丸	658
6赤名	648	赤崎	651	足沢	653	3近川	654	6邑地	656	13阪新	657	京口	658
赤地	648	赤崩	651	足見	653	4近内	654	9邑南	656	防		京山	658
赤宇	648	赤渋	651	足谷	653	近戸	654	12邑智	656	3防己	657	4京丹	658
赤江	648	赤渕	651	足近	653	近文	654	13邑楽	656	6防地	657	京太	658
赤池	648	赤袴	651	8足門	653	近木	654	15邑輝	656	8防府	657	京月	658
赤羽	648	赤野	651	9足柄	653	近牛	654	酉		9防城	657	京王	658
7赤佐	649	12赤塚	651	足洗	653	5近右	654	10酉島	656	10防原	657	5京北	659
赤住	649	赤堤	651	10足原	653	近平	654	13酉新	656	11防鹿	657	京田	659
赤坂	649	赤場	651	足高	653	近田	654	采		麦		京目	659
赤尾	649	赤童	651	11足寄	653	6近江	654	采女	656	0麦ケ	657	6京地	659
赤村	649	赤絵	652	足崎	653	7近見	654	里		麦ノ	657	京成	659
赤沢	649	赤萩	652	足深	653	8近岡	654	里	656	3麦丸	657	7京尾	660
赤花	649	赤道	652	足袋	653	近延	654	0里の	656	麦口	657		
赤芝	649	赤間	652	足野	653	近長	654	3里口	656	5麦生	657		
赤見	649	赤雁	652					里山	656				

検字表　8画

京町	660	函		4味方	663	和知	666	国岡	669	4坪井	672	12奈喜	674
京良	660	7函谷	661	5味加	663	和長	666	国府	669	坪内	672	13奈義	674
京阪	660	9函南	661	6味庄	663	9和南	666	5国松	671	5坪尻	672	奈路	674
8京命	660	16函館	661	7味坂	663	和屋	666	国東	671	坪生	672	15奈摩	674
京坪	660	刺		味見	663	和泉	666	国武	671	坪田	672	奉	
京岡	660	4刺牛	662	8味岡	663	和食	667	国直	671	坪穴	672	6奉行	674
京泊	660	9刺巻	662	味明	663	10和倉	667	6国英	671	6坪池	672	7奉社	674
9京急	660	協		味泥	663	和島	667	7国長	671	7坪谷	672	8奉免	674
京泉	660	5協生	662	9味美	663	和納	667	8国附	671	8坪沼	672	16奉膳	674
10京島	660	6協成	662	10味原	663	11和深	667	9国信	671	10坪根	672	奉還	674
京浜	660	8協和	662	味酒	663	和渕	667	国屋	671	11坪崎	672	奔	
11京終	660	卒		味真	663	和野	667	国栄	671	坪野	672	7奔別	674
京都	660	5卒古	662	12味間	663	12和寒	667	国神	671	塋		12奔渡	674
12京善	660	10卒島	662	14味噌	663	和富	667	国貞	671	塋	672	13奔幌	674
京塚	661	卓		16味鋺	663	和無	667	国重	671	夜		妻	
京街	661	9卓屋	662	和		和賀	667	国香	671	0夜ノ	672	妻	674
13京極	661	参		和	663	14和徳	667	10国兼	671	夜の	672	0妻ケ	674
16京橋	661	10参宮	662	0和ケ	663	和歌	667	国峰	671	3夜久	672	妻の	674
17京覧	661	11参野	662	3和上	663	和爾	667	国時	671	夜叉	673	4妻木	674
19京願	661	取		和久	663	和銅	667	国栖	671	夜子	673	5妻田	674
依		3取上	662	和口	663	15和霊	667	国泰	671	5夜市	673	6妻有	674
4依井	661	4取手	662	4和井	663	18和邇	667	国納	671	6夜光	673	7妻町	674
5依古	661	5取出	662	和仁	663	呰		国高	671	夜臼	673	8妻良	674
依田	661	取石	662	和天	663	7呰見	668	11国崎	671	7夜見	673	妻沼	674
7依那	661	取立	662	和戸	663	国		国済	671	8夜明	673	妻波	674
佳		9取香	662	和木	663	3国下	668	12国場	671	9夜後	673	9妻科	674
12佳景	661	11取組	662	和水	663	国上	668	国富	671	10夜宮	673	11妻崎	674
供		受		5和台	663	国久	668	国森	671	12夜寒	673	妻鳥	674
6供米	661	14受領	662	和市	663	国山	668	国賀	671	夜間	673	妻鹿	674
侍		叔		和布	663	4国中	668	国道	671	夜須	673	始	
10侍島	661	叔洒	662	和田	663	国分	668	国閑	671	奄		9始神	674
侍浜	661	呼		和白	665	国友	668	13国衙	671	9奄美	673	姉	
俁		2呼人	662	6和会	665	国木	668	国誉	671	奈		0姉ケ	674
0俁ノ	661	3呼子	662	和光	665	5国包	668	国遠	671	3奈土	673	3姉大	674
兎		7呼坂	662	和合	665	国北	668	国鉄	671	奈女	673	姉子	674
4兎之	661	8呼松	662	和名	666	国市	668	14国際	671	奈川	673	6姉西	674
兎内	661	11呼野	662	和地	666	国広	668	国領	672	4奈井	673	7姉別	674
5兎田	661	12呼塚	662	和多	666	国本	668	15国影	672	奈戸	673	8姉東	674
7兎作	661	13呼続	662	和字	666	国末	669	16国縫	672	奈比	673	姉茶	674
兎我	661	周		和庄	666	国正	669	国頭	672	5奈半	673	10姉帯	674
兎谷	661	5周世	662	和気	666	国母	669	坤		奈古	673	11姉崎	674
9兎品	661	周匝	662	和江	666	国玉	669	10坤高	672	6奈多	673	姉猪	674
13兎新	661	周布	662	7和佐	666	国生	669	垂		奈江	673	妹	
免		7周佐	662	和坂	666	国立	669	4垂井	672	7奈佐	673	7妹尾	674
0免ノ	661	周防	662	和東	666	6国会	669	垂水	672	奈呉	673	妹町	674
5免田	661	8周参	663	和沢	666	国光	669	5垂坂	672	奈良	673	9妹背	674
11免鳥	661	周東	663	和良	666	国安	669	垂松	672	9奈保	674	学	
具		9周南	663	和見	666	7国作	669	9垂柳	672	奈垣	674	学	674
6具同	661	11周船	663	8和味	666	国体	669	坦		奈屋	674	0学が	674
7具志	661	12周智	663	和国	666	国坂	669	3坦子	672	奈美	674	4学戸	674
具谷	661	周陽	663	和尚	666	国見	669	坪		奈胡	674	学文	674
8具定	661	味		和泊	666	国谷	669	0坪ノ	672	10奈島	674	5学田	675
其		0味ケ	663			8国定	669	3坪山	672	奈根	674	7学芸	675
14其綿	661	3味川	663					坪川	672	奈留	674	8学林	675

8画

学苑 675	7宗吾 676	宝地 677	11屈巣 678	岡郷 681	岩山 682	岩知 686
学門 675	宗呂 676	宝有 677	屈斜 678	岡部 681	岩川 682	9岩保 686
9学南 675	宗甫 676	宝江 677	岡	岡野 681	4岩中 682	岩城 686
学研 675	宗谷 676	宝米 677	岡 678	12岡場 681	岩井 682	4岩室 686
10学原 675	8宗岡 676	7宝坂 677	0岡ノ 678	岡富 681	岩内 682	岩屋 686
学校 675	宗枝 676	宝来 677	岡の 679	岡飯 681	岩切 683	岩廻 687
11学習 675	宗林 676	宝町 677	1岡一 679	13岡新 681	岩戸 683	岩栄 687
13学園 675	宗法 676	宝谷 678	3岡三 679	岡豊 681	岩手 683	岩染 687
季	9宗津 676	宝貝 678	岡上 679	18岡織 681	岩月 683	岩柄 687
0季の 675	10宗高 676	8宝和 678	岡口 679	岳	岩木 683	岩泉 687
9季美 675	11宗掛 676	宝松 678	岡山 679	岳 681	岩欠 683	岩津 687
孟	宗郷 676	宝林 678	岡川 679	0岳ノ 681	岩水 683	岩狩 687
3孟子 675	12宗賀 676	9宝持 678	4岡之 679	5岳辺 681	5岩代 683	岩神 687
6孟地 675	宗道 676	宝栄 678	岡元 679	7岳見 681	岩出 683	岩科 687
官	13宗獣 676	宝泉 678	岡円 679	岳谷 681	岩古 684	岩美 687
7官社 675	14宗像 676	宝神 678	5岡出 679	8岳東 681	岩尻 684	岩首 687
8官林 675	15宗慶 676	10宝島 678	岡北 679	9岳南 681	岩弘 684	10岩倉 687
宜	宗顧 676	宝梅 678	岡古 679	岳美 681	岩本 684	岩原 688
3宜山 675	定	宝珠 678	岡広 679	11岳野 681	岩田 684	岩宮 688
6宜名 675	3定山 676	宝竜 678	岡本 679	12岳温 681	岩目 684	岩島 688
宜次 675	4定元 676	宝馬 678	岡田 679	岸	岩石 684	岩根 688
9宜保 675	定内 676	11宝亀 678	岡安 680	岸 681	岩穴 684	岩栖 688
11宜野 675	定友 676	12宝塚 678	岡寺 680	0岸の 681	岩立 684	岩畠 688
実	定方 676	宝達 678	岡当 680	3岸上 681	岩辺 684	岩脇 688
0実ケ 676	定水 676	宝陽 678	岡成 680	岸川 681	6岩吉 684	11岩宿 688
3実久 676	5定正 676	宝飯 678	岡西 680	4岸之 682	岩名 684	岩崎 688
5実田 676	6定光 676	13宝殿 678	7岡別 680	岸井 682	岩地 684	岩崩 688
7実沢 676	定次 676	14宝徳 678	岡村 680	岸水 682	岩安 684	岩常 688
実谷 676	8定国 676	15宝慶 678	岡沢 680	5岸本 682	岩成 684	岩曽 688
8実取 676	定宗 676	宝蔵 678	岡町 680	岸田 682	岩糸 684	岩清 688
実松 676	定府 676	16宝積 678	岡花 680	岸糸 682	岩老 684	岩淵 688
実法 676	定明 676	19宝鏡 678	岡芹 680	6岸地 682	岩舟 684	岩渕 688
実門 676	定法 676	尚	岡見 680	7岸呂 682	7岩佐 685	岩船 688
9実相 676	10定峰 676	14尚徳 678	岡谷 680	岸町 682	岩作 685	岩部 688
実籾 676	定留 676	居	岡里 680	岸良 682	岩利 685	岩野 688
10実栗 676	11定基 676	3居土 678	8岡松 680	岸谷 682	岩坂 685	岩黒 688
実留 676	12定塚 676	4居切 678	岡東 680	岸里 682	岩尾 685	12岩塚 688
11実崎 676	宝	5居尻 678	岡沼 680	8岸和 682	岩村 685	岩壹 689
実郷 676	宝	居平 678	岡波 680	岸岡 682	岩沢 685	岩富 689
12実報 676	0宝ケ 676	居辺 678	9岡前 680	岸河 682	岩見 685	岩森 689
13実勢 676	宝が 676	6居伝 678	岡南 680	9岸城 682	岩谷 686	岩渡 689
実豊 676	3宝山 676	居合 678	岡垣 680	岸津 682	岩車 686	岩満 689
14実穀 676	宝川 677	7居町 678	岡屋 680	10岸根 682	8岩和 686	岩賀 689
宗		9居相 678	岡巻 680	11岸部 682	岩国 686	岩道 689
0宗ノ 676		10居倉 678	岡泉 680	岸野 682	岩坪 686	岩開 689
4宗円 676		居島 678	岡津 680	岩	岩岡 686	岩間 689
宗太 676		居能 678	岡発 680	岩 682	岩岬 686	13岩園 689
宗方 676		11居宿 678	10岡原 680	0岩ケ 682	岩押 686	岩殿 689
5宗右 676		居組 678	岡宮 680	岩ノ 682	岩松 686	岩滑 689
宗古 676		12居森 678	岡島 680	岩の 682	岩武 686	岩滝 689
6宗光 676		15居敷 678	岡造 680	3岩下 682	岩沼 686	14岩熊 689
宗安 676		屈	11岡崎 680	岩上 682	岩波 686	岩稲 689
宗守 676		4屈戸 678	岡経 681	岩丸 682	岩法 686	岩窪 689
宗行 676		7屈足 678		岩子 682		岩端 689

岩鼻 689	幸神 692	9延風 693	**忠**	押分 696	**抽**	明川 698
15岩撫 689	10幸原 692	10延原 693	5忠生 695	押戸 696	0抽ケ 697	4明元 698
岩槻 689	幸浦 692	延島 693	忠白 695	押手 696	**拝**	明円 698
16岩橋 689	幸通 692	延時 693	6忠次 695	押方 696	4拝戸 697	明天 698
岩舘 689	幸連 692	延珠 693	7忠兵 695	押日 696	5拝田 697	明戸 698
岩館 689	幸高 692	11延清 693	忠別 695	押木 696	7拝志 697	明日 698
18岩藤 689	11幸崎 692	延野 693	忠町 695	5押付 696	10拝宮 697	明月 698
19岩瀬 689	幸庵 692	12延喜 693	忠見 695	押出 696	拝島 697	明木 698
岨	幸袋 692	14延徳 693	8忠和 695	押加 696	拝師 697	明王 698
7岨谷 689	12幸喜 692	16延興 693	忠岡 695	押平 696	**放**	5明世 698
岱	幸塚 692	**弦**	忠治 695	押田 696	3放士 697	明主 698
8岱明 689	幸陽 692	7弦谷 693	9忠海 695	押立 696	5放出 697	明正 698
岬	13幸福 692	9弦巻 693	11忠庵 695	押込 696	放生 697	明永 698
岬 690	14幸徳 692	**弥**	忠野 695	押辺 696	12放森 697	明生 698
4岬之 690	15幸穂 692	2弥八 693	12忠隈 695	6押羽 696	**斉**	明用 698
5岬台 690	**庚**	弥刀 693	13忠節 695	押西 696	0斉ノ 697	明田 698
7岬町 690	4庚午 692	弥十 693	15忠縄 695	7押尾 696	5斉田 697	明石 698
12岬陽 690	5庚台 692	3弥上 693	忠蔵 695	押沢 696	8斉和 697	明辺 699
帖	庚申 692	弥山 693	16忠興 695	押角 696	18斉藤 697	6明伏 699
7帖佐 690	12庚塚 692	4弥五 693	18忠類 695	8押岡 696	**斧**	明光 699
幸	**底**	5弥四 693	**所**	押沼 696	3斧口 698	明地 699
幸 690	5底田 692	弥左 693	所 696	押垣 696	16斧磨 698	明成 699
0幸ケ 690	10底倉 692	弥市 693	3所久 696	9押廻 696	斧積 698	7明見 699
幸ノ 690	**店**	弥平 693	所口 696	押畑 696	**於**	明豆 699
幸の 690	9店屋 692	弥正 693	所子 696	押砂 697	3於下 698	明里 699
3幸子 690	**府**	弥永 693	4所木 696	10押帯 697	於与 698	8明和 699
幸川 690	3府川 692	弥生 693	5所司 696	11押堀 697	5於札 698	明宝 699
4幸内 690	4府中 692	5弥次 694	7所沢 696	押淵 697	7於呂 698	明河 699
幸区 690	府内 693	7弥兵 694	所谷 696	押部 697	8於斉 698	明治 699
幸心 690	5府本 693	弥吾 694	9所畑 696	押野 697	9於保 698	明法 699
幸手 690	8府所 693	弥谷 694	所草 696	12押登 697	12於幾 698	明知 699
5幸丘 690	9府屋 693	8弥陀 694	10所原 696	押越 697	13於福 698	9明保 699
幸主 690	府相 693	9弥彦 694	所島 696	14押熊 697	**易**	明前 699
幸平 690	10府馬 693	弥栄 694	11所部 696	15押撫 697	8易国 698	明南 699
幸生 690	13府殿 693	弥柳 694	所野 696	**承**	易居 698	明屋 699
幸田 690	14府領 693	10弥起 694	14所窪 696	4承元 697	**昆**	明星 699
6幸在 690	**庖**	弥高 694	**房**	**招**	5昆布 698	明海 699
幸地 690	2庖丁 693	11弥勒 695	3房丸 696	招 697	12昆陽 698	明泉 699
幸竹 690	**延**	12弥喜 695	4房内 696	12招提 697	**昇**	明津 699
幸西 690	3延久 693	弥富 695	房王 696	**拓**	5昇平 698	明洋 699
7幸町 690	延川 693	弥運 695	5房田 696	3拓川 697	7昇町 698	明神 699
幸谷 692	4延友 693	13弥源 695	9房前 696	5拓北 697	**昌**	明科 700
8幸和 692	5延広 693	18弥藤 695	10房島 696	6拓成 697	5昌平 698	明秋 700
幸岡 692	延末 693	**往**	**押**	8拓実 697	昌永 698	明美 700
幸房 692	延永 693	5往生 695	0押ノ 696	9拓勇 697	8昌明 698	10明倫 700
幸明 692	6延合 693	7往完 695	2押入 696	拓栄 697	9昌栄 698	明原 700
幸治 692	延行 693	往来 695	3押上 696	拓海 697	13昌農 698	明島 700
幸知 692	7延坂 693	11往郷 695	押口 696	11拓進 697	**明**	明峰 700
9幸前 692	延沢 693	**征**	押小 696	12拓殖 697	0明ケ 698	明浜 700
幸南 692	延町 693	5征矢 695	押山 696	13拓新 697	明が 698	明通 700
幸栄 692	8延命 693	**彼**	押川 696	拓鉄 697	明の 698	11明添 700
幸海 692	延岡 693	4彼方 695	4押井 696	**担**	3明千 698	明理 700
幸津 692		8彼岸 695	押元 696	16担橋 697	明土 698	明郷 700
幸畑 692		彼杵 695	押切 696		明大 698	明野 700

8画　検字表

12明塚	700	松丸	703	松明	709	松塚	712	3東下	717	東仙	725	東庄	729
明晶	700	松久	703	松枝	709	松富	712	東三	717	東出	725	東当	729
明智	700	松子	703	松林	709	松森	712	東上	718	東加	725	東成	729
明覚	700	松小	703	松河	709	松程	712	東方	719	東包	725	東旭	729
明賀	700	松山	703	松沼	709	松葉	712	東与	719	東北	725	東早	730
明道	700	松川	704	松波	709	松街	712	東丸	719	東半	725	東曲	730
13明園	700	4松之	704	松法	709	松隈	713	東久	719	東古	725	東有	730
明新	700	松井	705	松若	709	松陽	713	東千	719	東台	725	東朱	730
明楽	700	松元	705	松茂	709	13松園	713	東口	719	東四	725	東汗	730
14明徳	700	松内	705	松迫	709	松新	713	東土	719	東外	726	東江	730
15明輪	700	松戸	705	松長	709	松福	713	東士	719	東尻	726	東池	730
16明磧	700	松月	705	9松保	709	14松藤	713	東大	719	東市	726	東牟	730
20明礬	700	松木	705	松前	709	15松影	713	東子	720	東布	726	東瓜	730
服		5松丘	705	松南	709	松潟	713	東小	720	東平	726	東百	730
8服岡	700	松代	705	松城	709	松縄	713	東山	721	東広	726	東竹	730
11服部	700	松平	706	松室	709	16松橋	713	東川	722	東弁	726	東米	730
朋		松本	706	松屋	709	松館	713	東工	722	東札	726	東羽	730
7朋来	701	松末	706	松栄	709	17松嶺	713	東弓	722	東本	726	東老	730
杵		松永	706	松柏	709	松濤	713	4東中	722	東末	727	東臼	730
0杵ノ	701	松生	706	松海	709	松鴻	713	東丹	723	東正	727	東行	730
6杵白	701	松田	706	松泉	709	19松瀬	713	東之	723	東永	727	東西	730
10杵島	701	松石	706	松神	709	22松籟	713	東予	723	東玉	727	7東串	730
16杵築	701	6松任	706	松美	709	東		東井	723	東瓦	727	東佐	730
杭		松伏	706	松草	709	東	713	東五	723	東甘	727	東作	730
0杭ノ		松名	706	松重	710	0東1	713	東今	723	東生	727	東住	730
5杭出	701	松寺	706	松音	710	東2	714	東仁	723	東田	727	東伯	730
6杭全	701	松帆	706	松風	710	東3	714	東元	723	東由	727	東初	730
杭名	701	松年	706	松飛	710	東4	714	東公	723	東白	727	東別	730
19杭瀬	701	松成	706	松香	710	東5	714	東六	723	東目	728	東助	730
枝		松杁	706	10松倉	710	東6	714	東円	724	東矢	728	東吾	731
枝	701	松江	706	松原	710	東7	714	東内	724	東石	728	東吹	731
3枝下	701	松池	706	松宮	711	東8	714	東刈	724	東立	728	東坂	731
枝大	701	松百	707	松島	711	東9	714	東分	724	東辻	728	東坊	731
枝山	701	松竹	707	松峰	711	東ケ	714	東区	724	6東両	728	東壱	731
枝川	701	松虫	707	松根	711	東ノ	714	東太	724	東伊	728	東尾	731
5枝去	701	松行	707	松浦	711	東ハ	714	東天	724	東仲	728	東岐	731
6枝光	701	7松坂	707	松浜	711	東あ	714	東屯	724	東任	728	東希	731
枝吉	701	松寿	707	松浪	711	東か	714	東心	724	東伏	728	東形	731
枝成	701	松尾	707	松留	711	東が	714	東戸	724	東光	728	東忌	731
7枝折	701	松村	708	松脇	711	東つ	714	東手	724	東共	728	東志	731
枝村	701	松沢	708	松軒	711	東と	714	東文	724	東刑	728	東我	731
8枝国	701	松町	708	松降	711	東の	714	東斗	724	東印	728	東折	731
枝幸	701	松見	708	11松堀	711	東み	714	東方	724	東吉	729	東改	731
枝松	701	松角	708	松寄	711	東め	714	東日	724	東向	729	東材	731
11枝堀	701	松谷	708	松崎	711	1東一	715	東月	724	東合	729	東条	731
枝郷	701	松里	708	松庵	712	2東七	715	東木	724	東同	729	東杉	731
枝野	701	松阪	708	松梨	712	東九	715	東比	724	東名	729	東村	731
松		8松並	708	松袋	712	東二	716	東毛	724	東地	729	東汰	731
松	701	松和	708	松郷	712	東入	716	東水	724	東多	729	東沢	731
0松ケ	701	松岡	708	松部	712	東八	717	東片	724	東夷	729	東町	731
松ノ	703	松岸	709	松野	712	東力	717	東牛	724	東安	729	東社	732
松が	703	松岩	709	松陰	712	東十	717	東王	724	東宇	729	東紀	732
松の	703	松延	709	松陵	712	東又	717	5東丘	724	東寺	729	東芦	732
3松下	703	松房	709	12松喜	712			東主	725	東年	729		
松上	703												

東花 732	東牧 735	東草 739	東高 741	東御 743	東溝 746	16東橘 747		
東芹 732	東狐 735	東荘 739	11東側 741	東惣 744	東滝 746	東橋 747		
東芝 732	東的 735	東茶 739	東堀 741	東勝 744	東照 746	東築 747		
東芭 733	東芽 735	東茱 739	東宿 741	東朝 744	東瑞 746	東篭 747		
東芳 733	東若 735	東逆 739	東崎 741	東植 744	東福 746	東興 747		
東見 733	東苗 735	東郊 739	東帷 741	東森 744	東堅 746	東舘 747		
東角 733	東茂 736	東面 739	東強 741	東椎 744	東糀 746	東蘭 747		
東谷 733	東金 736	東音 739	東梶 741	東温 744	東置 746	東諫 747		
東貝 733	東長 736	東風 739	東條 741	東湖 744	東蒲 746	東輯 747		
東赤 733	東門 736	東香 739	東梵 741	東港 744	東蒔 746	東頼 747		
東足 733	東阿 736	10東倉 739	東渋 741	東渡 744	東蜂 746	東館 747		
東辰 733	東青 736	東兼 739	東深 741	東湯 744	東蜆 746	東鮎 747		
東近 733	9東信 736	東剣 739	東清 741	東犀 744	東裏 746	東鴨 747		
東那 733	東保 736	東原 739	東淡 741	東端 744	東豊 746	17東嶺 747		
東邦 733	東俣 736	東員 739	東淵 741	東琴 744	東鉄 746	東曙 747		
東阪 733	東前 736	東唐 739	東淀 741	東畳 744	14東境 746	東櫛 747		
8東亜 733	東則 736	東姫 739	東猪 741	東登 744	東徳 746	東磯 747		
東京 733	東南 737	東家 739	東産 741	東筑 744	東榎 746	東篠 747		
東佳 733	東厚 737	東宮 739	東畔 741	東粟 744	東漆 746	東簗 747		
東免 733	東品 737	東島 740	東笠 741	東結 744	東熊 746	東鍛 747		
東受 733	東垣 737	東峰 740	東笹 741	東萱 744	東稲 746	東鍋 747		
東味 733	東城 737	東恋 740	東粒 741	東萩 744	東穀 746	東霞 747		
東和 733	東坿 737	東扇 740	東紺 741	東葉 744	東種 746	東餅 747		
東国 734	東室 737	東旅 740	東細 741	東落 744	東窪 746	東鴻 747		
東垂 734	東屋 737	東栗 740	東組 741	東蛭 744	東端 746	18東臨 747		
東坪 734	東後 737	東桑 740	東習 741	東莇 744	東箕 746	東藤 747		
東奈 734	東持 737	東桂 740	東船 741	東貸 744	東綾 746	東観 747		
東奉 734	東春 737	東根 740	東葛 742	東越 744	東総 746	東鎌 747		
東姉 734	東昭 737	東桜 740	東菜 742	東軽 744	東網 746	東雛 747		
東学 734	東栄 737	東梅 740	東菅 742	東遅 744	東緑 746	東鵜 747		
東実 734	東染 737	東浦 740	東菱 742	東道 744	東蓼 746	19東瀬 747		
東宝 734	東栃 737	東酒 740	東貫 742	東開 744	東銀 746	東藻 747		
東岡 734	東柏 737	東浜 740	東逸 742	東間 744	東関 746	東蟹 748		
東岸 734	東柳 737	東流 740	東郷 742	東隈 744	東静 747	東鯖 748		
東岩 734	東段 738	東浪 740	東都 742	東陽 744	東領 747	東鵡 748		
東幸 734	東海 738	東真 740	東部 742	東雁 744	東駅 747	東麓 748		
東府 734	東泉 738	東秦 740	東野 742	東雄 745	東鳴 747	20東巌 748		
東延 734	東浅 738	東秩 740	東釧 743	東雲 745	東墨 747	21東灘 748		
東弥 734	東津 738	東粉 740	東陵 743	東須 745	15東億 747	東鶴 748		
東彼 734	東洞 738	東納 740	東雪 743	東飯 745	東幡 747	22東籠 748		
東所 734	東洋 738	東能 740	東魚 743	13東勢 745	東横 747	東鱈 748		
東房 734	東狭 738	東脇 740	東鳥 743	東圏 745	東樫 747	23東鷲 748		
東拝 734	東畑 738	東蚊 740	東鹿 743	東塩 745	東権 747	24東鷹 748		
東明 734	東相 738	東起 741	東麻 743	東塙 745	東槻 747	杷		
東松 735	東砂 738	東逗 741	東黒 743	東塘 745	東潟 747	4杷木 748		
東板 735	東神 738	東造 741	12東厩 743	東夢 745	東磐 747	板		
東枇 735	東祖 738	東通 741	東善 743	東寝 745	東舞 747	0板ケ 748		
東林 735	東秋 739	東連 741	東堺 743	東幌 745	東蔵 747	板ノ 748		
東武 735	東粂 739	東郡 741	東塚 743	東愛 745	東蕪 747	3板子 748		
東河 735	東紀 739	東釜 741	東堤 743	東新 745	東蕗 747	板山 748		
東沼 735	東紅 739	東釘 741	東奥 743	東楢 745	東諸 747	板川 748		
東泊 735	東美 739	東院 741	東寒 743	東椹 745	東輝 747	4板中 748		
東法 735	東茨 739	東陣 741	東富 743	東殿 746	東鋳 747	板井 748		
東油 735	東荒 739	東馬 741	東幾 743	東滑 746	東駒 747	板戸 748		

8画　検字表

板木	748	林小	750	武州	752	[5]河北	754	[8]治和	758	[15]沼影	759	泊山	761
[5]板付	748	林山	750	武西	752	河本	754	治長	758	[16]沼頭	759	[7]泊別	761
板田	748	[4]林之	750	[7]武佐	752	河田	754	[9]治郎	758	沼館	759	泊村	761
板目	748	林内	750	武体	752	河辺	754	[11]治部	758	注		泊町	761
[7]板尾	748	林友	750	武兵	752	[6]河合	755	沼		[10]注連	759	[10]泊浦	761
板村	748	[5]林尻	750	武志	752	河曲	755	沼	758	泥		泊浜	761
板沢	748	林田	750	武芸	752	河西	755	[0]沼ケ	758	[7]泥沢	759	[11]泊崎	761
板良	748	[6]林寺	751	武里	752	[7]河佐	755	沼ノ	758	[11]泥亀	759	泊野	761
板見	748	[7]林吾	751	[8]武亜	752	河岐	755	沼の	758	[15]泥潟	759	[13]泊新	761
板谷	748	林町	751	武周	752	河村	755	[3]沼上	758	波		法	
板貝	748	[9]林泉	751	武奈	752	河来	755	沼久	758	[3]波久	759	[3]法万	761
[8]板取	748	[10]林島	751	武居	752	河芸	755	沼口	758	波子	759	法士	761
板妻	748	[11]林堂	751	武岡	752	河谷	755	沼小	758	波川	759	[4]法仏	761
板東	748	林崎	751	武者	752	[8]河和	755	沼山	758	[4]波介	759	法円	761
板波	748	林添	751	[9]武信	752	河岡	755	[4]沼之	758	波分	759	法木	761
板知	749	林野	751	[10]武家	752	河岸	755	沼木	758	波方	759	法王	761
板附	749	[12]林道	751	武庫	752	河東	755	沼牛	758	波木	760	[5]法正	761
[9]板室	749	林間	751	武留	752	河沼	756	[5]沼代	758	波止	760	法用	761
板屋	749	[13]林新	751	武連	752	[9]河南	756	沼北	758	[5]波左	760	法田	761
板持	749	[18]林藤	751	[11]武曽	752	河津	756	沼尻	758	波平	760	法目	761
板柳	749	枠		武部	752	河面	756	沼本	758	波打	760	[6]法光	761
[10]板倉	749	[6]枠杁	751	[12]武富	752	[10]河原	756	沼田	758	波田	760	法吉	761
板原	749	枌		武勝	752	河島	757	沼目	759	波立	760	法寺	761
板峰	749	[7]枌尾	751	武隈	752	河根	757	沼辺	759	[6]波多	760	法成	761
板庭	749	[8]枌所	751	武雄	752	河桃	757	[6]沼向	759	波江	760	[7]法花	761
板留	749	枋		[13]武節	752	河浦	757	沼江	759	[7]波佐	760	[8]法性	761
板荷	749	[4]枋木	751	武豊	752	河畔	757	[7]沼沢	759	波志	760	法枝	761
[11]板宿	749	枦		武路	752	河高	757	沼町	759	波見	760	法林	761
板野	749	[6]枦字	751	[14]武徳	752	[11]河堀	757	沼谷	759	波豆	760	[9]法柳	761
[12]板場	749	枡		[15]武蔵	752	河崎	757	沼返	759	[8]波並	760	法海	761
板茸	749	[6]枡江	751	[16]武衛	753	河添	757	[8]沼和	759	波岡	760	法泉	761
[13]板楠	750	[7]枡形	751	[17]武藏	753	河野	757	沼垂	759	波松	760	法界	761
[14]板鼻	750	枡		歩		河陰	757	沼波	759	[9]波垣	760	法皇	761
[15]板敷	750	[3]枡川	751	[6]歩行	753	[12]河渡	757	[9]沼保	759	波津	760	法音	761
[16]板橋	750	武		[7]歩坂	753	河間	757	沼南	759	波浮	760	[10]法島	761
[18]板櫃	750	武	751	毒		河陽	757	沼津	759	波留	760	法師	761
枇		[0]武ガ	751	毒沢	753	河須	757	[10]沼宮	759	波除	760	法能	762
[8]枇杷	750	[3]武丸	751	河		[14]河増	757	沼島	759	波高	760	法華	762
枚		武久	751	[0]河ケ	753	河端	757	[11]沼崎	759	[11]波寄	760	法連	762
[4]枚方	750	武士	751	河ノ	753	[15]河輪	757	沼添	759	波崎	760	[11]法曽	762
[8]枚岡	750	武子	751	河の	753	[19]河瀬	757	沼袋	759	波野	760	法隆	762
枕		武山	751	[2]河又	753	杳		沼部	759	[12]波賀	760	[12]法善	762
[4]枕木	750	武川	751	[3]河下	753	杳	757	沼野	759	波須	761	法勝	762
[11]枕崎	750	[4]武之	751	河上	753	[3]杳川	757	沼黒	759	[13]波照	761	法貴	762
枕野	750	武井	751	河口	753	[4]杳井	757	[12]沼森	759	波路	761	法量	762
[19]枕瀬	750	武内	751	河山	753	[7]杳尾	757	沼越	759	[15]波敷	761	[13]法楽	762
林		武木	751	[4]河中	753	杳形	757	沼間	759	[16]波積	761	法蓮	762
林	750	[5]武平	751	河之	753	杳見	757	沼隈	759	[19]波瀬	761	[15]法憧	762
[0]林ガ	750	武本	752	河井	753	杳谷	757	沼須	759	泊		法蔵	762
林ノ	750	武生	752	河内	753	[11]杳掛	757	[13]沼新	759	泊	761	法養	762
林が	750	武田	752	河戸	754	治		[14]沼樋	759	[3]泊小	761	[19]法鏡	762
林の	750	武石	752	河方	754	[4]治水	758	沼端	759			泡	
[3]林下	750	[6]武吉	752	河毛	754	[5]治田	758	沼緑	759			[19]泡瀬	762
		武名	752	河水	754	[7]治良	758						

(70)

油	牧ノ 763	[7]的形 765	[17]知覧 766	茄	若咲 771	[7]苦別 774
[1]油一 762	牧の 763	[11]的野 765	[19]知識 766	[3]茄子 769	若栄 771	[9]苦前 774
[3]油久 762	[3]牧上 763	[12]的場 765	祈	芽	若柴 771	[11]苦務 774
油小 762	牧口 763	直	[6]祈年 766	[5]芽生 769	若柳 771	[15]苦編 774
油山 762	牧山 763	[0]直り 765	[11]祈祷 767	[8]芽武 769	若海 772	苗
油川 762	牧川 763	[2]直入 765	祇	[9]芽室 769	若洲 772	[0]苗ケ 774
[4]油井 762	[4]牧之 763	[3]直下 765	[13]祇園 767	[12]芽登 769	若泉 772	[4]苗木 774
油夫 762	牧区 764	直川 765	空	茅	若狭 772	[5]苗代 774
油戸 762	牧戸 764	[4]直井 765	[3]空久 767	[0]茅ケ 769	若草 772	苗加 774
油日 762	[5]牧丘 764	直方 765	空也 767	茅ノ 769	若原 772	苗平 774
油木 762	牧平 764	直木 766	[7]空見 767	[4]茅刈 769	若宮 772	苗生 774
油比 762	牧田 764	[5]直世 766	[8]空知 767	[5]茅平 769	若旅 773	苗田 775
[5]油出 762	牧目 764	[6]直地 766	[9]空城 767	[7]茅吹 769	若栗 773	[6]苗羽 775
油平 762	[6]牧西 764	直江 766	[11]空堀 767	茅町 769	若桜 773	[8]苗松 775
油田 762	[7]牧志 764	[7]直別 766	空清 767	[8]茅沼 769	若浜 773	[9]苗津 775
[6]油宇 762	牧沢 764	直坂 766	[12]空港 767	[10]茅原 769	[11]若猪 773	[10]苗島 775
油江 762	牧町 764	直来 766	空焼 767	茅根 769	若菜 773	苗振 775
[7]油町 762	牧谷 764	直見 766	[14]空熊 767	[11]茅部 769	若菱 773	[11]苗鹿 775
油良 762	[10]牧島 764	[8]直弥 766	突	茅野 769	若郷 773	[12]苗塚 775
油見 762	牧浜 764	[9]直柱 766	[8]突抜 767	[12]茅場 769	若野 773	苗間 775
油谷 762	[11]牧曽 764	直海 766	育	茅堤 769	[12]若富 773	[15]苗穂 775
油車 762	牧野 764	直津 766	[0]育ケ 767	苦	若森 773	茂
油阪 762	[12]牧場 764	[10]直家 766	[5]育生 767	[4]苦木 769	若萩 773	[0]茂ケ 775
[8]油河 762	牧御 764	直島 766	[6]育成 767	[6]苦竹 769	若葉 773	[4]茂内 775
[9]油屋 762	牧港 764	[16]直鮒 766	[7]育良 767	[8]苦林 769	若達 774	茂木 775
油津 762	牧落 765	[19]直瀬 766	[8]育波 767	[13]苦楽 769	若須 774	茂尻 775
油畑 762	[13]牧園 765	知	[10]育素 767	茎	[13]若園 774	茂市 775
[10]油島 762	牧新 765	[0]知々 766	肬	[4]茎太 769	若楠 774	茂平 775
油留 762	牧福 765	[2]知人 766	[3]肬川 767	[5]茎永 769	若福 774	茂田 775
[11]油堀 762	狗	[3]知久 766	肴	[11]茎崎 769	若鳩 774	茂辺 775
油渕 763	[3]狗子 765	[4]知之 766	[7]肴町 768	若	[14]若緑 774	[6]茂吉 775
油袋 763	狐	知井 766	肥	若 769	[15]若樫 774	茂名 775
油野 763	[0]狐ケ 765	知内 766	[3]肥土 768	[0]若の 769	若槻 774	茂地 775
[12]油須 763	[3]狐山 765	知夫 766	肥子 768	[3]若久 769	若潮 774	茂宇 775
[15]油横 763	[4]狐井 765	[5]知古 766	[5]肥前 768	若小 769	若穂 774	茂西 775
[16]油橋 763	[5]狐田 765	[6]知名 766	肥後 768	若山 769	若駒 774	[7]茂串 775
泗	[6]狐地 765	知多 766	[10]肥島 768	[4]若井 770	[18]若藤 774	茂呂 775
[4]泗水 763	狐池 765	知気 766	肥留 768	若木 770	[21]若鶴 774	茂沢 775
炊	[7]狐沢 765	知行 766	[11]肥猪 768	若水 770	苔	茂谷 775
[7]炊村 763	[10]狐島 765	[7]知利 766	[12]肥塚 768	若王 770	[3]苔山 774	茂足 775
炉	[11]狐崎 765	知床 766	臥	[5]若代 770	[8]苔実 774	茂里 775
[11]炉粕 763	[12]狐塚 765	知来 766	[4]臥牛 768	若生 770	[15]苔縄 774	[8]茂岩 775
物	狐森 765	知社 766	[10]臥竜 768	若田 770	苧	茂林 775
[4]物井 763	[13]狐禅 765	知花 766	舎	[6]若州 770	[0]苧ケ 774	[9]茂畑 775
物木 763	[16]狐橋 765	知見 766	[2]舎人 768	若江 770	[7]苧町 774	茂草 775
[5]物出 763	狐興 765	知足 766	[7]舎利 768	若竹 770	[10]苧島 774	[10]茂原 775
[7]物見 763	狛	[8]知和 766	[14]舎熊 769	[7]若佐 770	苫	茂宮 775
[10]物倉 763	狛 765	知念 766	英	若杉 770	[3]苫小 774	茂庭 775
物流 763	[5]狛田 765	知波 766	[5]英田 769	若見 771	[5]苫生 774	茂浦 776
[11]物部 763	[6]狛江 765	[9]知昭 766	英町 769	若里 771	苫田 774	[11]茂寄 776
[12]物集 763	画	[11]知寄 766	[9]英彦 769	[8]若松 771	[6]苫多 774	茂庵 776
牧	[7]画図 765	知清 766	[12]英賀 769	若林 771	苫米 774	茂菅 776
牧 763	的			[9]若保 771		茂野 776
[0]牧ケ 763	[5]的石 765					

8画　検字表

茂陰 776	3金下 777	9金俣 781	17金磯 782	長呂 784	長泉 789	長曾 792
茂雪 776	金上 777	金城 781	19金鶏 782	長坂 784	長津 789	長勝 792
12茂喜 776	金丸 777	金室 781	**長**	長寿 785	長洞 789	長森 792
茂森 776	金久 777	金屋 781	長 782	長尾 785	長畑 789	長渡 792
13茂幌 776	金子 777	金巻 781	0長ケ 783	長志 785	長砂 789	長禄 793
茂福 776	金山 777	金指 781	長ノ 783	長折 785	長科 789	長等 793
苓	金川 778	金持 781	2長刀 783	長東 785	長竿 789	長萱 793
5苓北 776	4金井 778	金星 781	長又 783	長沖 785	長草 789	長間 793
苜	金内 778	金柳 781	3長下 783	長沢 785	長貞 789	長陽 793
10苜原 776	金戸 778	金泉 781	長万 783	長町 786	長迫 789	長須 793
苞	金手 778	金津 781	長与 783	長良 786	長面 789	13長楽 793
4苞木 776	金木 778	金砂 781	長久 783	長見 786	長音 789	長殿 793
虎	金比 778	金重 781	長土 783	長谷 786	10長倉 789	長源 793
0虎ノ 776	5金代 778	10金倉 781	長小 783	長走 787	長原 790	長溝 793
3虎丸 776	金出 778	金剛 781	長山 783	長辰 787	長姫 790	長滝 793
5虎石 776	金古 778	金原 782	長川 783	長里 787	長宮 790	長福 793
7虎杖 776	金市 778	金島 782	4長井 783	8長兎 787	長島 790	長節 793
虎秀 776	金平 778	金峰 782	長五 783	長峰 787	長峰 790	長筬 793
虎谷 776	金生 778	金座 782	長内 783	長和 787	長師 790	14長旗 793
8虎居 776	金田 778	金浦 782	長太 783	長国 787	長根 790	長熊 793
虎岩 776	金目 778	金浜 782	長引 783	長妻 787	長栖 790	15長慶 793
9虎屋 776	金矢 778	金竜 782	長戸 783	長宗 787	長浦 790	長横 793
10虎姫 776	金石 778	金納 782	長手 783	長居 787	長浜 791	長潟 793
11虎渓 776	金立 779	金華 782	長方 783	長岡 787	長流 791	長穂 793
12虎渡 776	6金光 779	金馬 782	長月 783	長岸 787	長畝 791	長縄 793
表	金地 779	11金亀 782	長木 783	長岩 787	長畠 791	長蔵 793
表 776	金成 779	金埋 782	長毛 783	長府 787	長留 791	16長橋 793
3表山 776	金曲 779	金崎 782	5長丘 783	長延 788	長起 791	長澤 793
4表木 776	金江 779	金淵 782	長左 783	長所 788	長通 791	長興 793
5表台 776	金池 779	金渕 782	長平 783	長房 788	長配 791	17長嶺 793
7表佐 776	金竹 779	金瓶 782	長本 783	長明 788	長高 791	長檀 793
表尾 776	金色 779	金粕 782	長生 783	長松 788	11長堂 791	長瀞 793
表町 776	7金吹 779	金船 782	長田 783	長治 788	長堀 791	長磯 793
8表参 776	金坂 779	金野 782	長目 784	長沼 788	長崎 791	長篠 793
9表柴 776	金尾 779	12金場 782	長田 784	長泥 788	長曽 792	18長藤 793
10表桜 776	金折 779	金塚 782	6長伏 784	長法 788	長深 792	19長瀬 793
11表郷 776	金杉 779	金富 782	長光 784	長牧 788	長清 792	21長鶴 794
表野 776	金東 779	金属 782	長先 784	長知 788	長淵 792	**門**
13表慈 776	金沢 779	金換 782	長吉 784	長者 788	長渕 792	門 794
15表蔵 776	金町 780	金勝 782	長在 784	長苗 788	長笹 792	2門入 794
迫	金良 780	金森 782	長地 784	長迫 789	長船 792	3門口 794
迫 776	金見 780	金棒 782	長安 784	長門 789	長貫 792	門川 794
3迫川 776	金谷 780	金港 782	長寺 784	長附 789	長郷 792	4門井 794
4迫戸 776	金足 780	金程 782	長江 784	9長乗 789	長都 792	門内 794
5迫田 776	8金宝 780	13金楽 782	長池 784	長南 789	長部 792	門戸 794
6迫西 776	金岡 780	金鈴 782	長竹 784	長屋 789	長野 792	門毛 794
7迫町 776	金岩 781	14金閣 782	長老 784	長峡 789	長鳥 792	5門司 794
12迫間 776	金房 781	15金敷 782	長行 784	長後 789	12長割 792	門外 794
采	金明 781	金箱 782	7長更 784	長持 789	長喜 792	門生 794
3采女 777	金枝 781	金蔵 782	長作 784	長政 789	長善 792	門田 794
金	金東 781	金輪 782	長住 784	長栄 789	長場 792	6門伝 794
0金ケ 777	金武 781	16金橋 782	長兵 784	長柄 789	長塚 792	7門別 794
金が 777	金河 781	金親 782	長利 784	長海 789	長堤 792	門尾 794
金の 777	金物 781	金龍 782	長助 784	長洲 789	長富 792	門沢 794

門谷 794	阿志 797	**雨**	青津 803	**信**	保美 807	前林 811
門貝 794	阿村 797	0雨ケ 801	青畑 803	4信友 805	10保原 807	前河 811
8門和 794	阿沙 797	3雨山 801	青草 803	信太 805	11保曽 808	前波 811
門松 794	阿良 797	5雨田 801	10青倉 803	信夫 805	保野 808	前泊 811
9門前 794	阿見 797	6雨池 801	青原 803	信木 805	12保喜 808	前空 811
門屋 796	阿那 797	7雨沢 801	青島 803	5信末 805	保塚 808	9前後 811
10門倉 796	8阿幸 797	8雨坪 801	青峰 803	6信州 805	保渡 808	前津 811
門原 796	阿弥 797	9雨畑 801	青根 803	信更 805	13保福 808	前洞 811
門島 796	阿東 797	10雨宮 801	青梅 803	信条 806	**俣**	前畑 811
門真 796	阿武 797	雨竜 801	青砥 803	8信取 806	11俣野 808	前砂 811
門脇 796	阿波 797	雨降 801	青馬 803	9信砂 806	12俣落 808	前飛 811
門馬 796	阿知 799	12雨提 801	11青堀 803	信香 806	**俎**	10前兼 811
11門部 796	9阿保 799	雨晴 801	青宿 803	11信部 806	9俎柳 808	前原 811
門野 796	阿南 799	雨間 801	青崎 803	12信喜 806	**冑**	前島 812
12門間 796	阿品 799	13雨煙 801	青梨 804	信富 806	3冑山 808	前栽 812
13門間 796	阿室 799	14雨窪 801	青笹 804	信貫 806	**冠**	前浜 812
14門樋 796	阿毘 799	雨踊 801	青菅 804	信達 806	3冠山 808	前浪 812
門静 796	阿津 799	15雨潜 801	青郷 804	13信楽 806	4冠木 808	前鬼 812
阿	阿畑 799	**青**	青部 804	16信濃 806	12冠着 808	11前宿 812
3阿下 796	10阿倉 799	青 801	青野 804	**俗**	17冠嶽 808	前崎 812
阿三 796	阿倍 799	0青ケ 801	12青塚 804	8俗明 806	**前**	前組 812
阿万 796	阿原 799	青ノ 801	青森 804	**便**	前 808	前郷 812
阿久 796	阿島 799	3青女 801	青葉 804	0便ノ 806	0前ケ 808	前野 812
阿口 796	阿恵 799	青井 801	青雲 805	**保**	前ノ 808	12前勝 812
阿子 796	阿真 799	4青戸 802	13青墓 805	保 806	1前一 808	前森 812
阿山 796	阿納 799	青方 802	青蓮 805	0保々 806	2前九 808	前渡 812
阿川 796	阿能 799	青木 802	青豊 805	3保久 806	3前上 808	前開 812
4阿井 796	11阿曽 799	青毛 802	青路 805	保土 806	前久 808	前間 812
阿仁 796	阿部 800	青水 802	16青橋 805	4保之 806	前口 808	前須 812
阿仏 796	阿野 800	5青出 802	青樹 805	保井 806	前小 808	前飯 812
阿内 796	12阿寒 800	青古 802	青龍 805	保内 807	前山 808	13前塩 812
阿分 796	阿智 800	青市 802	**帛**	保戸 807	前川 809	前新 812
阿戸 796	阿賀 800	青生 802	0帛ケ 805	保手 807	4前方 809	14前熊 812
阿手 797	阿間 800	青田 802	11帛野 805	保刈 807	前木 809	前網 812
阿方 797	阿須 800	青石 802		保木 807	5前古 809	15前潟 812
阿月 797	13阿鉄 800	6青地 802	**9画**	5保加 807	前左 809	前箱 812
阿木 797	14阿嘉 800	青江 802	**乗**	保古 807	前平 809	16前橋 812
5阿古 797	阿歴 800	青池 802	5乗本 805	保母 807	前田 809	**則**
阿左 797	阿漕 800	青竹 802	6乗竹 805	保田 807	6前地 809	4則之 812
阿母 797	15阿権 800	青羽 802	8乗附 805	保示 807	前池 809	5則平 812
阿玉 797	阿蔵 800	7青谷 802	9乗廻 805	保立 807	前牟 809	8則定 812
阿田 797	阿諏 800	青近 802	乗政 805	6保多 807	7前坂 809	則松 812
阿由 797	阿霄 800	8青河 802	10乗倉 805	7保呂 807	前村 809	則武 812
6阿伝 797	18阿難 800	青沼 802	12乗越 805	保坂 807	前沢 809	9則貞 812
阿光 797	19阿瀬 800	青波 803	15乗鞍 805	保見 807	8前並 811	11則清 812
阿多 797	阿蘇 800	青物 803	19乗瀬 805	保谷 807	前芝 811	**剃**
阿字 797	**附**	青苗 803	**帝**	8保免 807	前町 811	8剃金 812
阿寺 797	5附田 800	9青南 803	12帝塚 805	保岡 807	前谷 811	**勅**
7阿佐 797	9附洲 800	青垣 803	**俊**	保明 807	前貝 811	6勅旨 812
阿児 797	10附島 800	青屋 803	6俊成 805	9保品 807	前里 811	勅使 812
阿坂 797	附馬 800	青柳 803	14俊徳 805	保城 807	前弥 811	**勇**
阿尾 797	11附船 801	青海 803		保春 807	前明 811	5勇払 813
阿形 797	12附属 801			保栄 807		7勇足 813
				保津 807		8勇知 813

字	頁	字	頁	字	頁	字	頁	字	頁	字	頁	字	頁
[15]勇舞	813	[4]南不	818	南由	824	南坂	826	南股	829	南原	831	南船	832
勇駒	813	南中	818	南疋	824	南妙	826	南若	829	南家	831	南葛	833
急		南丹	818	南白	824	南宍	826	南金	829	南宮	831	南菅	833
[11]急患	813	南井	818	南目	824	南尾	826	南長	829	南島	831	南菱	833
負		南五	818	南矢	824	南希	826	南門	829	南峯	831	南菩	833
[14]負簾	813	南今	818	南石	824	南弟	826	南阿	829	南恩	831	南蛇	833
南		南元	818	南立	824	南志	826	南青	829	南恵	831	南袋	833
南	813	南公	818	南材	824	南条	826	[9]南信	829	南扇	831	南郷	833
[0]南1	813	南六	818	南辻	824	南沖	826	南保	829	南旅	831	南都	833
南2	813	南内	818	[6]南伊	824	南沢	826	南侯	829	南栗	831	南部	833
南3	813	南切	818	南会	824	南町	826	南前	829	南桑	831	南野	833
南4	813	南分	818	南休	824	南肘	827	南品	829	南根	831	南陵	834
南5	813	南区	818	南仲	824	南良	827	南城	829	南桜	831	南雪	834
南7	813	南友	819	南伝	825	南花	827	南彦	829	南桃	831	南魚	834
南8	813	南太	819	南光	825	南芥	828	南後	829	南梅	831	南鳥	834
南9	813	南天	819	南印	825	南角	828	南持	829	南浦	831	南鹿	834
南ア	813	南戸	819	南吉	825	南谷	828	南昭	829	南酒	831	南麻	834
南ウ	813	南手	819	南向	825	南赤	828	南春	829	南浜	831	南黄	834
南ケ	813	南斗	819	南団	825	南足	828	南星	829	南浮	831	南黒	834
南ト	814	南方	819	南多	825	南車	828	南栄	829	南流	831	[12]南塚	834
南ノ	814	南日	821	南夷	825	南辰	828	南柿	830	南烏	831	南奥	834
南ユ	814	南木	821	南安	825	南那	828	南柴	830	南畝	831	南寒	834
南あ	814	南比	821	南宇	825	南里	828	南荒	830	南畠	832	南富	834
南い	814	南水	821	南守	825	[8]南亜	828	南柏	830	南真	832	南巽	834
南が	814	南片	821	南寺	825	南京	828	南柳	830	南砺	832	南御	834
南さ	814	南牛	821	南庄	825	南佳	828	南段	830	南竜	832	南暑	834
南つ	814	南王	821	南成	825	南和	828	南毘	830	南納	832	南曾	834
南の	814	[5]南丘	821	南旭	825	南国	828	南海	830	南脇	832	南植	834
南は	814	南仙	821	南有	825	南垂	828	南泉	830	南荻	832	南森	834
南ひ	814	南出	821	南気	825	南坪	828	南浅	830	南荷	832	南棟	834
[1]南一	814	南加	821	南江	825	南学	828	南津	830	南袖	832	南湖	834
南乙	814	南半	821	南池	825	南宝	828	南甚	830	南起	832	南港	834
[2]南七	814	南古	821	南牟	825	南居	828	南畑	830	南通	832	南滋	834
南九	814	南台	821	南百	825	南岡	828	南県	830	南郡	832	南渡	834
南二	814	南四	821	南竹	825	南岩	828	南相	830	南馬	832	南登	834
南入	815	南外	822	南米	825	南幸	828	南砂	830	南高	832	南稀	834
南八	815	南央	823	南糸	825	南延	828	南神	830	[11]南亀	832	南落	834
南十	815	南尼	823	南羽	825	南房	828	南秋	830	南埼	832	南街	834
[3]南下	815	南巨	823	南耳	825	南押	828	南紀	830	南堀	832	南貴	834
南三	815	南市	823	南臼	825	南明	828	南美	830	南宿	832	南貸	834
南上	816	南布	823	南舟	825	南杵	828	南茨	830	南崎	832	南越	834
南万	816	南平	823	南行	826	南松	828	南荒	830	南崩	832	南軽	834
南与	816	南広	823	[7]南更	826	南東	828	南草	830	南荘	830	南道	834
南丸	816	南札	823	南串	826	南板	828	南荘	830	南常	832	南開	834
南久	816	南本	823	南佐	826	南林	828	南虹	830	南斎	832	南間	834
南千	816	南末	823	南作	826	南武	828	南逆	830	南斜	832	南隈	834
南口	816	南正	823	南住	826	南河	828	南面	830	南桶	832	南陽	834
南土	816	南永	823	南佃	826	南沼	828	南音	830	南條	832	南雄	835
南士	816	南汀	824	南余	826	南波	828	南風	830	南清	832	南雲	835
南大	816	南玉	824	南兵	826	南牧	829	南飛	830	南笠	832	南須	835
南子	817	南瓦	824	南初	826	南的	829	[10]南借	830	南笹	832	南飯	835
南小	817	南生	824	南別	826	南直	829	南倉	830	南粕	832	[13]南勢	835
南山	817	南甲	824	南呉	826	南知	829	南俵	830	南細	832	南園	835
南川	817	南田	824	南吹	826			南兼	831	南紫	832	南塘	835

南寝 835	南鴻 836	品	城本 840	姥山 843	16室積 844	6峠向 845
南幌 835	18南藤 836	0品ケ 838	城生 840	姥川 843	19室瀬 844	7峠坂 845
南摂 835	南観 836	3品川 838	城田 840	5姥石 843	室蘭 844	峠町 845
南新 835	南鎌 836	4品之 838	城辺 840	7姥沢 843	専	9峠前 845
南楯 835	南類 836	品井 838	6城光 840	9姥柳 843	6専光 844	峠廻 845
南椿 835	南鵜 836	7品沢 838	城有 840	姥神 843	12専勝 844	峠革 845
南楢 835	19南瀬 836	11品野 838	城西 840	10姥島 843	13専福 844	11峠野 845
南楠 835	南蟹 836	16品濃 838	7城町 840	11姥堂 843	屋	13峠滝 845
南殿 835	南願 836	旺	城村 840	姥苺 843	2屋入 844	14峠境 845
南溝 835	南鶉 836	4旺内 838	城見 840	姥袋 843	3屋久 844	15峠横 845
南滝 835	南籟 836	垣	城里 841	12姥堤 843	屋子 844	16峠橋 845
南禅 835	南籠 836	0垣ケ 838	8城岡 841	姥賀 843	屋山 844	巻
南福 835	20南鐙 836	垣ノ 838	城所 841	16姥懐 843	4屋井 844	巻 845
南稚 835	21南靉 836	4垣之 838	城東 841	姿	屋内 844	1巻乙 845
南蒲 835	南鶴 836	垣内 838	城若 841	姿 843	屋戸 844	3巻大 845
南蓮 835	24南鷹 836	垣戸 838	9城前 841	姪	5屋代 844	5巻甲 845
南豊 835	卑	5垣生 838	城南 841	0姪の 843	屋古 844	6巻向 845
南鈴 835	3卑下 836	垣田 838	城垣 842	10姪浜 843	屋永 844	8巻東 845
南鳩 835	卸	6垣吉 838	城屋 842	姨	7屋形 844	10巻島 845
14南境 835	0卸セ 836	7垣花 838	城廻 842	11姨捨 843	屋我 845	11巻堀 845
南増 836	5卸本 836	垣見 838	城栄 842	客	屋良 845	巻淵 845
南榎 836	6卸団 836	9垣屋 838	10城原 842	客 843	8屋宜 845	巻渕 845
南熊 836	7卸町 837	10垣倉 838	城島 842	7客坊 843	屋所 845	巻野 845
南稲 836	13卸新 837	垣根 838	城浜 842	室	9屋城 845	度
南種 836	厚	14垣鼻 838	城通 842	室 843	屋度 845	6度会 846
南箕 836	厚 837	22垣籠 838	11城堀 842	0室の 843	10屋島 845	10度島 846
南総 836	3厚川 837	垢	城崎 842	3室口 843	11屋堂 845	廻
南関 836	4厚中 837	5垢田 838	城望 842	室小 843	屋部 845	0廻り 846
南雑 836	厚内 837	城	城清 842	室山 843	12屋富 845	4廻戸 846
南駅 836	厚木 837	城 838	城野 842	室川 843	屋鈍 845	5廻田 846
15南敷 836	5厚生 837	0城ケ 838	12城塚 842	4室内 843	14屋嘉 845	9廻神 846
南横 836	厚田 837	城ノ 838	城森 842	室戸 843	15屋敷 845	10廻倉 846
南標 836	7厚別 837	城が 838	城間 842	室木 843	16屋頭 845	廻栖 846
南箱 836	厚利 837	城の 838	城隅 842	室牛 843	昼	11廻淵 846
南舞 836	厚床 837	2城力 838	城陽 842	5室本 843	5昼田 845	12廻堰 846
南蔵 836	厚沢 837	3城下 838	13城新 842	室生 843	8昼居 845	廻間 846
南蝉 836	厚貝 837	城上 839	城殿 842	室田 844	10昼根 845	16廻舘 846
南諏 836	8厚和 837	城久 839	城腰 842	7室住 844	11昼曽 845	廻館 846
南輝 836	厚岸 837	城土 839	14城端 842	室尾 844	12昼場 845	建
南頬 836	厚東 837	城山 839	15城輪 843	室村 844	昼間 845	3建久 846
南駒 836	9厚保 837	城川 839	16城興 843	室町 844	昼飯 845	建川 846
16南橘 836	厚南 837	4城中 839	垰	室堂 844	屏	5建花 846
南濃 836	厚栄 838	城之 839	垰 843	室野 844	屏 845	7建花 846
南興 836	厚狭 838	城井 839	埊	12室場 844	9屏風 845	9建屋 846
南舘 836	10厚原 838	城元 839	埊 843	13室園 844	峠	10建家 846
南薫 836	厚真 838	城内 839	奏	室新 844	峠 845	建馬 846
南錦 836	12厚賀 837	城戸 840	0奏の 843		0峠ノ 845	11建部 846
南館 836	厚陽	城木 840	始		3峠下 845	13建福 846
17南檜 836	咲	5城丘 840	7始良 843		峠上 845	15建穂 846
南篠 836	0咲が 838	城主 840	威		峠小 845	彦
南鍛 836	5咲田 838	城代 840	14威徳 843		5峠田 845	0彦ケ 846
南駿 836	7咲来 838	城北 840	姥			2彦七 846
	咲花 838	城台 840	0姥ケ 843			3彦三 846
	咲見 838	城平 840	3姥子 843			彦山 846

9画　検字表

彦川	846
[4]彦太	846
[6]彦名	846
彦成	846
彦江	846
彦糸	846
[7]彦兵	846
彦坂	846
彦沢	846
彦見	846
彦谷	846
[9]彦洲	846
彦音	846
[10]彦倉	846
彦島	846
彦根	847
[11]彦崎	847
彦部	847
彦野	847
[12]彦富	847
[14]彦徳	847
後	
後	847
[2]後九	847
[3]後三	847
後久	847
後大	847
後山	847
後川	847
[5]後台	847
後平	847
後正	847
後生	847
後田	847
後疋	847
[6]後地	847
後有	847
後江	847
[7]後別	847
後尾	847
後町	847
後谷	847
[8]後免	847
後河	847
[9]後屋	847
後畑	847
後草	847
後飛	847
[10]後原	848
後家	848
後畠	848
[11]後庵	848
後范	848
後郷	848
後野	848
[12]後賀	848
後閑	848
後須	848
後飯	848
[13]後楽	848
[14]後榛	848
後箇	848
後静	848
[15]後潟	848
[18]後藤	848
[19]後瀬	848
後蘭	848
待	
[4]待井	848
[6]待池	848
[10]待兼	848
恒	
[3]恒久	848
[6]恒次	848
[7]恒見	848
[8]恒武	848
[12]恒富	848
思	
[3]思川	848
[4]思井	848
[10]思案	848
[11]思堀	848
[12]思勝	848
怒	
[5]怒田	848
指	
[0]指ケ	848
[4]指中	848
指方	848
[5]指出	848
[6]指合	848
指江	848
[8]指杭	848
指物	848
[9]指柳	848
[10]指扇	848
[11]指宿	848
指崎	848
[13]指塩	848
持	
[3]持丸	848
持子	849
[4]持中	849
持木	849
[5]持田	849
[6]持光	849
持合	849
[7]持尾	849
[8]持国	849
持明	849
[10]持倉	849
持留	849
[12]持越	849
拾	
[4]拾六	849
[5]拾石	849
[7]拾壱	849
拾町	849
故	
[9]故屋	849
政	
[5]政田	849
[6]政成	849
[8]政和	849
政所	849
政枝	849
政泊	849
[9]政津	849
春	
[0]春ケ	849
春の	849
[3]春山	849
[4]春日	849
春木	852
[5]春田	852
春立	852
[6]春光	852
春吉	852
春江	852
春竹	853
[7]春来	853
春沢	853
春町	853
春見	853
春近	853
春里	853
[8]春岡	853
春若	853
春雨	853
[9]春哉	853
春海	853
春美	853
春風	853
春香	853
[10]春原	853
春宮	853
春帯	853
[11]春採	853
春野	853
[12]春湖	854
春賀	854
[13]春園	854
春照	854
春路	854
春遠	854
[14]春載	854
昭	
[5]昭代	854
[8]昭和	854
昭府	855
昭明	855
[9]昭南	855
昭栄	855
[10]昭島	855
[11]昭野	855
是	
[3]是川	856
[5]是永	856
[6]是安	856
[7]是里	856
[8]是松	856
[9]是則	856
是政	856
星	
[0]星倉	856
星が	856
星の	856
[3]星久	856
星山	856
星川	856
[4]星井	856
星丘	856
星田	856
[6]星合	856
[7]星尾	856
星沢	856
星見	856
星谷	856
[8]星取	856
星和	856
星岡	856
[10]星倉	856
星原	856
星宮	856
[11]星崎	856
星野	856
星陵	856
星鹿	856
[12]星塚	856
星越	856
[13]星園	856
星置	856
昴	
昴	857
栄	
栄	857
[0]栄ケ	857
[1]栄一	857
[2]栄二	857
[4]栄中	857
栄区	857
[5]栄丘	857
栄本	857
栄生	857
栄田	857
[7]栄村	857
栄町	857
栄谷	859
[8]栄和	859
栄岡	859
栄枝	859
栄松	859
[10]栄原	859
栄恵	859
栄扇	859
栄根	859
栄浜	859
栄荻	859
栄通	859
[11]栄盛	859
栄進	859
栄野	859
[12]栄富	859
栄森	859
[13]栄新	859
[15]栄穂	859
[16]栄橋	859
[17]栄磯	859
柿	
柿	859
[0]柿ケ	859
柿ノ	859
柿の	859
[3]柿下	859
柿山	859
[4]柿之	859
柿木	859
[5]柿平	860
柿本	860
柿生	860
柿田	860
[7]柿沢	860
柿町	860
柿谷	860
[8]柿和	860
柿岡	860
柿沼	860
柿泊	860
柿迫	860
[9]柿畑	860
[10]柿原	860
柿島	860
[11]柿崎	860
柿野	861
[13]柿園	861
[14]柿礒	861
柿餅	861
柑	
柑	861
[3]柑子	861
枯	
枯	861
[4]枯木	861
柵	
柵	861
[0]柵ノ	861
[3]柵下	861
柵口	861
[7]柵町	861
[10]柵原	861
柴	
柴	861
[0]柴の	861
[1]柴乙	861
[2]柴又	861
[3]柴山	861
[4]柴内	861
柴木	861
[5]柴平	861
柴生	861
柴甲	861
柴田	861
柴目	861
[6]柴名	861
柴尾	861
柴町	861
柴谷	861
[9]柴垣	861
柴屋	861
柴巻	861
柴怒	861
[10]柴原	861
柴高	861
[11]柴宿	861
柴崎	861
柴野	861
[12]柴間	861
[16]柴橋	861
柴舘	861
染	
染	861
染	862
[4]染井	862
[6]染地	862
染羽	862
[7]染谷	862
[9]染屋	862
[11]染野	862
[13]染殿	862
柱	
柱	862
[1]柱一	862
[2]柱七	862
柱九	862
柱二	862
柱八	862
[3]柱三	862
[4]柱五	862
柱六	862
[5]柱四	862
柱本	862
柱田	862
[7]柱町	862
柱谷	862
[10]柱島	862
[11]柱野	862
[12]柱道	862
[17]柱曙	862
栂	
栂	862
[0]栂・	862
[11]栂野	862
柘	
[12]柘植	862
[14]柘榴	862
栃	
栃	862
[0]栃ノ	862
[3]栃上	862
栃山	862
栃川	862
[4]栃内	862
栃木	862
[5]栃本	862
栃立	862
[6]栃江	862
[7]栃尾	862
栃沢	862
栃谷	862
[9]栃屋	862
栃栄	862
栃泉	862
栃津	862
[10]栃倉	862
栃原	863
[11]栃堀	863
栃梨	863
[14]栃窪	863
柏	
柏	863

検字表　9画

0柏イ 863	10柊原 865	14柳窪 867	海岸 869	8浄明 871	泉梅 875	9浅海 877
柏ケ 863	11柊野 865	15柳縄 867	海松 869	浄法 871	泉涌 875	浅草 877
柏た 863	柄	16柳橋 867	海知 869	9浄南 873	泉通 876	浅香 877
柏の 863	5柄目 865	19柳瀬 867	海門 869	10浄真 873	泉釜 876	10浅原 877
3柏下 863	7柄杓 865	柚	9海保 869	11浄教 873	泉馬 876	浅根 877
柏上 863	柄沢 865	0柚ノ 867	海南 869	14浄瑠 873	11泉崎 876	11浅野 877
柏久 863	柄貝 865	柚の 867	海屋 869	泉	泉盛 876	12浅越 877
柏子 863	10柄倉 865	4柚之 867	海津 869	泉 873	泉菅 876	浅間 877
柏山 863	柳	柚木 867	海洋 870	0泉ガ 873	泉郷 876	19浅瀬 877
柏川 863	柳 865	柚比 868	海神 870	泉ケ 873	泉都 876	洗
4柏中 863	0柳ケ 865	10柚原 868	海草 870	泉が 874	泉野 876	4洗井 877
柏井 863	柳が 865	12柚須 868	10海原 870	泉も 874	12泉森 876	洗切 878
柏戸 863	2柳丁 865	柞	海浦 870	1泉一 874	13泉新 876	洗心 878
柏木 863	柳八 865	5柞田 868	海浜 870	3泉下 874	泉楽 876	5洗平 878
5柏丘 863	3柳丸 865	10柞原 868	海竜 870	泉三 874	泉源 876	7洗町 878
柏台 863	柳久 865	段	11海崎 870	泉大 874	泉福 876	洗足 878
柏市 863	柳小 865	段 868	海望 870	泉山 874	14泉窪 876	10洗馬 878
柏広 863	柳山 865	0段ノ 868	海添 870	泉川 874	16泉興 876	津
柏玉 863	柳川 865	段の 868	海部 870	4泉中 874	浅	津 878
柏田 863	4柳之 865	3段下 868	海野 870	泉井 874	浅 876	0津々 878
柏矢 863	柳井 865	段上 868	海鹿 870	泉区 874	0浅ケ 876	津ノ 878
6柏合 863	柳元 865	段山 868	12海善 870	泉日 874	3浅口 876	津の 878
柏寺 863	柳内 865	7段町 868	海塚 870	泉水 874	浅子 876	2津乃 878
柏西 863	柳戸 865	10段原 868	海渡 870	5泉北 874	浅小 876	3津万 878
7柏寿 863	柳水 865	段留 868	海詠 870	泉台 874	浅山 876	津丸 878
柏尾 863	5柳古 865	毘	海運 870	泉平 874	浅川 876	津久 878
柏村 864	柳台 865	7毘沙 868	海道 870	泉本 874	4浅中 876	津口 878
柏町 864	柳平 865	8毘舎 868	海陽 870	泉正 874	浅井 876	津山 878
柏谷 864	柳本 865	海	13海楽 870	泉玉 874	浅内 876	津川 878
柏里 864	柳生 865	0海ノ 868	海路 870	泉田 874	浅木 876	4津之 878
8柏東 864	柳田 865	海の 868	15海潟 870	6泉仲 874	浅水 877	津井 878
柏林 864	7柳作 865	3海上 868	海蔵 870	泉寺 874	5浅丘 877	津内 878
9柏屋 864	柳図 866	海土 868	16海隣 870	泉州 874	浅古 877	津戸 878
10柏倉 864	柳村 866	海士 868	19海瀬 870	泉池 874	浅生 877	津水 878
柏原 864	柳沢 866	海山 868	活	泉西 874	浅田 877	5津古 878
柏島 864	柳町 866	海川 868	5活平 870	7泉佐 874	浅立 877	津尻 878
柏座 864	柳谷 866	4海内 868	6活汲 870	泉体 874	6浅名 877	津市 878
柏桑 864	柳里 866	海戸 868	洲	泉尾 874	浅地 877	津布 878
11柏堂 864	8柳林 866	海王 868	3洲山 870	泉村 874	浅江 877	津母 878
柏堀 864	柳河 866	5海外 868	4洲之 870	泉沢 874	浅牟 877	津田 878
柏崎 864	9柳城 866	海尻 868	5洲本 870	泉町 874	浅羽 877	津辺 879
柏梨 864	柳津 866	海本 868	6洲先 870	泉谷 875	浅谷 877	6津吉 879
柏清 864	柳風 867	海田 868	8洲河 870	8泉岡 875	浅里 877	津向 879
柏野 864	10柳原 867	海辺 868	10洲原 870	泉岳 875	7浅利 877	津名 879
12柏森 864	柳島 867	6海光 868	洲宮 870	泉岩 875	浅尾 877	津地 879
柏葉 864	柳根 867	海吉 868	洲島 870	泉明 875	浅岐 877	津守 879
柏陽 864	11柳堀 867	海老 869	11洲崎 870	泉東 875	浅沢 877	津寺 879
13柏農 864	柳崎 867	7海応 869	12洲雲 870	泉河 875	浅見 877	津江 879
14柏熊 865	柳清 867	海沢 869	浄	9泉南 875	浅谷 877	津池 879
柏稲 865	柳郷 867	海良 869	浄土 870	泉津 875	8浅岡 877	津羽 879
24柏鷺 865	柳野 867	海芝 869	4浄心 871	泉神 875	浅岸 877	津西 879
柊	12柳場 867	海谷 869	浄水 871	10泉原 875	浅所 877	7津別 879
3柊山 865	柳森 867	海邦 869	7浄花 871	泉宮 875	浅沼 877	津吹 879
7柊町 865	13柳新 867	8海味 869	浄谷 871	泉島 875	浅茅 877	津呂 879

津志 879	0洞ケ 881	7狩別 882	畑野 883	盆	相浜 887	11砂崩 889
津村 879	3洞下 881	狩尾 882	12畑賀 883	10盆栽 884	相能 887	12砂場 889
津沢 879	洞川 881	10狩留 882	14畑嶋 883	県	相馬 887	砂塚 889
津町 879	4洞内 881	11狩宿 882	畑熊 883	県 884	11相淵 887	砂森 889
津花 879	洞戸 881	狩幹 882	16畑鮎 883	5県庁 884	相野 887	砂湯 889
津谷 879	5洞北 881	狩鹿 882	畩	県立 884	相鹿 887	砂賀 889
8津具 879	洞田 881	12狩場 882	5畩田 883	6県守 884	12相森 887	砂越 889
津和 879	7洞尾 881	独	発	7県町 884	相渡 887	砂道 889
津奈 879	洞町 881	8独狐 882	3発久 883	10県病 884	相筋 887	13砂新 889
津居 879	洞谷 881	13独鈷 882	4発戸 883	14県総 884	相賀 887	16砂糖 889
津波 879	8洞岳 881	狢	6発地 883	相	13相楽 887	祝
津知 879	9洞南 881	7狢谷 882	7発作 883	0相ノ 884	相滝 887	3祝子 889
津金 879	洞泉 881	11狢野 882	発坂 883	相の 884	14相模 887	4祝戸 889
津門 879	10洞島 881	珊	発志 883	2相又 884	相窪 887	5祝田 889
9津保 879	13洞爺 881	4珊内 882	発足 883	3相上 884	15相撲 888	6祝吉 889
津南 879	洋	14珊瑚 882	8発知 883	相山 884	19相瀬 888	7祝町 889
津屋 879	6洋光 881	玻	12発寒 883	相川 885	眉	祝谷 889
津海 879	洋向 881	6玻名 882	葵	4相之 885	3眉山 888	9祝津 889
津風 879	11洋望 881	甚	3葵巳 884	相互 885	研	10祝島 889
10津倉 879	洋野 881	5甚田 882	皆	相内 885	7研究 888	祝梅 889
津原 879	洛	甚兵 882	0皆与 884	相戸 885	9研屋 888	11祝部 889
津家 879	6洛西 881	7甚兵 882	3皆与 884	相月 885	砂	12祝森 889
津宮 879	為	16甚衛 882	皆口 884	相木 885	砂 888	13祝園 889
津島 879	2為又 881	界	皆山 884	5相去 886	0砂ケ 888	神
津浦 880	3為川 881	界 882	皆川 884	相可 886	砂ノ 888	神 889
津浪 880	4為心 881	3界川 882	4皆戸 884	相玉 886	3砂久 888	0神々 889
津留 880	5為本 881	5界外 882	皆木 884	相生 886	砂口 888	神ガ 889
津秦 880	為石 881	畑	皆毛 884	相田 886	砂子 888	神ケ 889
津荷 880	6為当 881	畑 882	5皆生 884	6相合 886	砂山 888	神ノ 889
津高 880	10為栗 881	0畑ケ 882	皆田 884	相名 886	砂川 888	神の 889
11津堂 880	11為寄 881	3畑上 882	6皆吉 884	相米 886	4砂井 888	3神下 889
津崎 880	炭	畑山 882	皆同 884	相羽 886	5砂古 888	神上 889
津郷 880	3炭山 881	4畑中 882	7皆尾 884	相老 886	砂払 888	神久 889
津野 880	4炭之 881	畑井 882	皆沢 884	7相坂 886	砂本 888	神土 889
12津富 880	8炭所 881	畑方 882	皆谷 884	相沢 886	砂田 888	神大 889
津森 880	12炭焼 881	畑木 882	8皆実 884	相良 886	砂込 888	神子 889
津渡 880	21炭竈 881	畑毛 882	9皆春 884	相見 886	砂辺 888	神山 889
津賀 880	点	5畑台 882	皆神 884	相谷 886	7砂沢 888	神川 889
津越 880	11点野 881	畑市 882	10皆市 884	8相国 886	砂町 888	4神中 890
津軽 880	炬	畑田 882	11皆野 884	相武 886	砂見 888	神之 890
津雲 880	3炬口 881	6畑合 883	12皆葉 884	相河 887	砂谷 888	神井 890
13津新 880	俎	畑寺 883	皆葎 884	相泊 887	砂走 888	神内 890
津福 880	10俎倉 881	畑江 883	皆賀 884	相知 887	8砂岡 888	神分 890
14津嘉 880	狭	畑池 883	皆越 884	相金 887	砂押 888	神戸 890
15津幡 880	3狭口 881	7畑村 883	19皆瀬 884	9相俣 887	砂林 888	神月 890
津摩 880	狭山 881	畑沢 883	皇	相南 887	砂沼 888	神木 890
津蔵 880	狭川 881	畑町 883	3皇子 884	相染 887	砂金 888	神水 890
16津橋 880	4狭戸 881	畑谷 883	皇山 884	相津 887	9砂津 888	神爪 890
津積 880	10狭原 881	畑里 883	6皇后 884	相神 887	砂畑 888	5神丘 890
津興 880	12狭間 881	9畑屋 883	8皇居 884	10相倉 887	砂美 888	神主 890
19津瀬 880	狩	10畑原 883	14皇徳 884	相原 887	10砂原 888	神仙 890
津覇 880	3狩口 881	畑宮 883	盃	相島 887	砂流 888	神代 890
洞	狩川 882	畑島 883	7盃村 884	相差 887	砂留 889	神出 890
洞 881	5狩生 882	11畑宿 883		相浦 887		神功 890

検字表　9画

神末	890	神武	894	神道	897	秋永	899	⁶紀伊	900	美夜	903	美鈴	906
神正	890	神河	894	神間	897	秋田	899	紀寺	900	美奈	903	¹⁴美旗	906
神生	890	神波	894	神集	897	⁶秋吉	899	⁷紀尾	900	美岬	903	美熊	907
神田	890	神祇	894	神須	897	秋名	899	紀見	900	美幸	903	美蔓	907
神目	891	神苑	894	¹³神薗	897	秋成	899	⁸紀和	900	美明	903	¹⁵美穂	907
神石	891	神若	894	神楽	897	⁷秋沢	899	紀宝	900	美松	903	美談	907
神立	891	神長	894	神殿	897	秋町	899	⁹紀泉	900	美東	903	美駒	907
神辺	891	神門	894	神滝	897	秋芳	899	紀美	900	美波	903	¹⁶美濃	907
⁶神向	892	⁹神保	895	神照	897	秋谷	899	紅		美空	903	美薗	907
神合	892	神俣	895	神福	897	秋里	899	⁷紅谷	900	美茂	903	¹⁷美鷲	907
神在	892	神前	895	神置	897	⁸秋和	899	⁹紅屋	900	⁹美保	903	¹⁹美瀬	907
神守	892	神南	895	神路	897	秋妻	899	紅茸	900	美南	904	美蘭	907
神宅	892	神垣	895	神農	897	秋房	899	¹⁰紅梅	900	美咲	904	耶	
神州	892	神城	895	神鉄	897	秋松	899	紅粉	900	美星	904	¹⁰耶馬	907
神帆	892	神威	895	¹⁴神増	897	⁹秋保	899	¹²紅葉	900	美栄	904	¹¹耶麻	907
神当	892	神室	895	神稲	897	秋榮	899	紅雲	900	美津	904	胡	
神成	892	神屋	895	神領	897	秋津	899	美		美畑	904	⁵胡四	907
神有	892	神指	895	¹⁵神撫	898	秋畑	899	⁰美々	901	美祢	904	⁷胡町	907
神次	892	神海	895	神穂	898	¹⁰秋原	899	美ノ	901	¹⁰美倉	904	⁹胡屋	907
神池	892	神泉	895	神縄	898	秋根	899	美し	901	美原	904	¹⁰胡桃	907
神米	892	神津	895	¹⁶神蘭	898	秋浜	899	美の	901	美唄	904	¹¹胡麻	907
神西	892	神洞	895	¹⁹神瀬	898	¹¹秋堂	899	²美乃	901	美馬	904	¹⁶胡録	907
⁷神住	892	神畑	895	²⁰神懸	898	秋常	899	³美土	901	美座	905	胎	
神余	892	神美	895	祖		秋野	899	美女	901	美浦	905	⁴胎内	907
神坂	892	¹⁰神倉	895	³祖山	898	秋鹿	899	美山	901	美浜	905	胆	
神尾	892	神原	895	⁴祖父	898	¹²秋喜	899	美川	902	美留	905	⁷胆沢	907
神志	892	神家	895	⁵祖母	898	秋塚	899	⁴美井	902	美馬	905	背	
神条	892	神宮	895	⁶祖式	898	秋葉	899	美方	902	¹¹美堀	905	⁰背ノ	908
神杉	892	神島	896	⁷祖谷	898	秋間	899	美木	902	美崎	905	⁴背戸	908
神村	892	神峰	896	⁹祖泉	898	¹⁴秋徳	899	⁵美加	902	美深	905	⁶背合	908
神来	892	神座	896	¹⁰祖原	898	¹⁵秋穂	899	美甘	902	美盛	905	⁷背負	908
神沢	892	神庭	896	祖師	898	秋縄	899	美生	902	美章	905	胄	
神町	892	神恵	896	祖浜	898	¹⁶秋築	899	美用	902	美笠	905	⁴胄中	908
神社	892	神扇	896	祢		¹⁷秋篠	899	美田	902	美笛	905	茜	
神花	892	神栖	896	⁸祢宜	898	竿		⁶美吉	902	美術	905	⁰茜ケ	908
神谷	892	神浦	896	⁹祢津	898	⁵竿打	899	美合	902	美袋	905	⁵茜台	908
神足	892	神流	896	祐		⁹竿津	900	美好	902	美郷	905	茜平	908
神里	892	神納	896	³祐久	898	¹⁰竿浦	900	美宇	902	美都	906	⁷茜町	908
⁸神呪	892	神通	896	⁴祐天	898	笈		美守	902	美野	906	¹⁰茜浜	908
神和	892	神郡	896	⁶祐光	898	⁰笈ケ	900	美成	902	美雪	906	¹¹茜部	908
神奈	893	神馬	896	祐安	898	³笈川	900	美江	902	美鹿	906	茨	
神宝	893	¹¹神埼	896	⁸祐金	898	⁸笈松	900	⁷美佐	902	美麻	906	⁰茨ケ	908
神居	893	神宿	896	科		¹⁹笈瀬	900	美作	902	¹²美善	906	³茨川	908
神岡	893	神崎	896	⁷科沢	898	筑		美住	902	美富	906	⁴茨木	908
神岳	894	神渕	896	秋		⁴筑井	900	美利	902	美瑛	906	⁵茨田	908
神岩	894	神船	896	秋	898	籵		美坂	902	美登	906	茨目	908
神岬	894	神郷	896	⁰秋ケ	898	⁹籵谷	900	美杉	902	美萩	906	⁷茨沢	908
神野	894	神野	897	秋ノ	898	籵保	900	⁷美芳	902	美葉	906	茨谷	908
神幸	894	神陵	897	³秋丸	898	紀		美谷	902	美賀	906	⁹茨城	908
神房	894	神鳥	897	秋山	898	⁰紀ノ	900	美里	902	美須	906	¹⁰茨島	908
神拝	894	¹²神場	897	秋川	898	紀の	900	⁸美亜	903	¹³美園	906	¹¹茨曽	908
神於	894	神森	897	⁴秋元	898	³紀三	900	美和	903	美幌	906	茨野	908
神明	894	神湊	897	秋月	898	⁵紀北	900	美国	903	美殿	906	¹³茨新	908
神松	894	神着	897	⁵秋台	898					美禽	906		
神林	894												

(79)

荏	荒砥 911	草部 912	虹	11追進 916	8音金 917	食満 918
3荏子 908	荒高 911	草野 912	0虹ケ 914	郊	9音威 917	首
5荏田 908	11荒堀 911	草鹿 912	虹ノ 914	9郊南 916	音海 917	7首里 918
10荏原 908	荒宿 911	12草場 912	虹が 914	重	10音根 917	11首部 919
12荏隈 908	荒崎 911	草葉 913	虹の 914	0重ノ 916	11音部 917	香
荊	荒張 911	草越 913	7虹別 914	4重井 916	12音無 917	香 919
4荊木 908	荒野 911	草道 913	虹貝 914	重内 916	14音聞 917	0香々 919
5荊本 908	12荒塚 911	草間 913	要	5重右 916	15音標 917	香ケ 919
7荊沢 908	荒越 911	13草塩 913	要 914	重本 916	音調 917	2香力 919
10荊原 908	荒間 911	15草敷 913	5要田 914	重永 916	風	3香下 919
荒	13荒楯 911	16草壁 913	6要池 914	重立 916	0風の 917	香久 919
2荒又 908	荒蒔 911	草積 913	7要町 914	6重光 916	3風口 917	香山 919
3荒口 908	14荒増 911	草薙 913	8要法 914	重吉 916	4風戸 917	香川 919
荒土 908	荒熊 911	荘	10要害 914	重地 916	5風市 917	4香之 919
荒子 909	荒網 911	荘 913	計	重安 916	風布 917	香日 919
荒山 909	15荒幡 911	3荘山 913	5計石 915	重池 916	風田 917	香月 919
荒川 909	荒輪 911	荘川 913	7計呂 915	重行 916	6風合 917	香木 919
4荒中 909	19荒瀬 911	4荘内 913	10計根 915	7重住 916	風成 917	5香北 919
荒井 909	草	5荘田 913	貞	重尾 916	風早 917	香田 919
荒内 910	0草ケ 911	6荘成 913	3貞山 915	重里 916	7風呂 917	6香合 919
荒戸 910	草ノ 912	8荘苑 913	4貞元 915	重阪 916	風尾 917	香寺 919
荒手 910	3草久 912	10荘原 913	貞月 915	8重味 916	9風屋 917	香西 919
荒木 910	草口 912	荘島 913	5貞永 915	重岡 916	風巻 917	7香住 920
5荒北 910	4草井 912	13荘園 913	6貞光 915	重枝 916	風神 917	香呑 920
荒古 910	草内 912	17荘厳 913	貞安 915	重松 916	10風師 917	香呂 920
荒平 910	草刈 912	茶	8貞宝 915	重河 916	風烈 917	香坂 920
荒本 910	草戸 912	0茶ノ 913	軍	重茂 916	風連 917	香我 920
荒生 910	草木 912	茶が 913	3軍川 915	10重倉 916	11風深 918	香束 920
荒田 910	草水 912	茶や 913	4軍水 915	重原 916	風祭 918	香良 920
荒石 910	草牛 912	3茶与 913	軍岡 915	重根 916	風袋 918	香花 920
6荒地 910	5草出 912	茶山 913	9軍畑 915	重留 916	12風渡 918	香芝 920
荒戎 910	草加 912	4茶内 913	逆	12重富 916	風間 918	香里 920
荒江 910	草平 912	茶戸 913	3逆川 915	13重義 916	16風頭 918	8香取 920
荒池 910	草生 912	6茶臼 913	4逆井 915	18重藤 916	飛	香林 920
7荒尾 910	6草地 912	7茶売 913	逆水 915	面	飛 918	香河 920
荒沢 910	草安 912	茶志 913	7逆谷 915	3面川 916	0飛ケ 918	9香南 920
荒町 910	草江 912	茶町 913	9逆面 915	5面白 916	4飛内 918	香城 921
荒見 910	草牟 912	茶花 914	19逆瀬 915	8面岸 916	5飛平 918	香春 921
荒牟 911	7草住 912	8茶所 914	送	11面野 916	飛田 918	香津 921
8荒居 911	草尾 912	9茶屋 914	16送橋 915	12面替 916	8飛松 918	香美 921
荒武 911	草花 912	茶津 914	退	15面影 916	9飛香 918	10香流 921
荒河 911	草谷 912	茶畑 914	6退休 915	面縄 916	10飛島 918	香能 921
荒牧 911	8草岡 912	13茶園 914	追	革	飛梅 918	11香桶 921
荒茅 911	9草柳 912	茶路 914	2追入 915	9革屋 916	飛高 918	香深 921
荒金 911	草津 912	16茶磨 914	3追上 915	11革堂 916	11飛鳥 918	香淀 921
9荒俣 911	草香 912	茱	追子 915	音	12飛弾 918	香貫 921
荒屋 911	10草倉 912	10茱原 914	4追内 915	4音戸 916	飛森 918	12香椎 921
荒巻 911	草島 912	11茱崎 914	追分 915	6音成 916	飛渡 918	香焼 921
荒海 911	草荷 912	12茱萸 914	追手 915	音江 916	15飛幡 918	香登 921
荒津 911	11草崎 912	茗	6追名 915	音羽 916	飛駒 918	13香園 921
荒畑 911	草掛 912	0茗ケ 914	7追良 915	7音更 917	19飛騨 918	15香澄 921
荒神 911	草深 912	10茗荷 914	9追廻 915	音別 917	食	19香蘭 921
10荒島 911	草笛 912	虻	10追原 915	音沢 917	12食場 918	20香櫨 921
荒浜 911		5虻田 914	追浜 916	音谷 917		香露 921

検字表 **10画**

10画

俱
7俱利 921
8俱知 921

借
11借宿 921

修
3修大 921
6修多 921
修成 921
8修学 921
11修理 922
12修善 922
14修徳 922

倉
0倉ケ 922
倉ノ 922
3倉下 922
倉久 922
4倉井 922
倉内 922
倉木 922
倉水 922
5倉本 922
倉永 922
倉田 922
倉石 922
6倉光 922
倉吉 922
7倉坂 922
倉沢 922
倉見 922
倉谷 922
8倉岡 922
倉岳 922
倉松 922
倉治 923
倉知 923
9倉俣 923
倉垣 923
倉持 923
倉栄 923
倉科 923
倉重 923
10倉庭 923
倉益 923
倉真 923
倉骨 923
11倉常 923
倉掛 923
倉曽 923
倉梯 923
倉渕 923

倉部 923
12倉富 923
倉賀 923
倉越 923
13倉数 923
15倉敷 923
16倉橋 923

値
12値賀 923

倍
5倍本 923

俵
俵 923
0俵ケ 923
3俵口 923
俵山 923
4俵中 923
俵元 923
5俵田 923
6俵舛 923
7俵沢 923
俵町 923
9俵屋 923
俵柳 923
10俵原 923
俵峰 923
俵真 923
16俵橋 923
19俵瀬 923

倭
倭 923
4倭文 923
7倭町 923

兼
3兼久 923
兼山 923
4兼六 923
5兼平 924
兼永 924
兼田 924
6兼次 924
9兼俣 924
兼城 924
11兼基 924
14兼箇 924

冥
12冥賀 924

剣
剣 924
3剣大 924
6剣吉 924
7剣沢 924
剣町 924
剣谷 924

11剣崎 924
剣淵 924
剣野 924
12剣御 924

剛
7剛志 924

原
原 924
0原ケ 924
原セ 924
原ノ 924
3原上 924
原万 924
原久 924
原口 925
原大 925
4原子 925
原小 925
原山 925
原川 925
4原中 925
原井 925
原内 925
原分 925
原方 925
原日 925
原木 925
原水 925
5原北 925
原古 925
原市 925
原生 925
原田 925
原目 925
6原向 925
原団 925
原地 925
原当 925
原虫 925
7原別 925
原尾 925
原村 925
原町 925
原良 927
原谷 927
原里 927
8原明 927
原松 927
原牧 927
原邸 927
9原保 927
原南 927
原城 927
原屋 927

10原倉 927
原島 927
原荻 927
原通 927
原釜 927
原馬 927
原高 927
11原宿 927
原崎 927
原郷 927
原野 927
原黒 927
12原場 927
原道 927
13原新 927
14原境 927
原歌 927
19原爆 927

員
5員弁 927
6員光 927

哲
6哲多 927
哲西 927

唐
0唐ケ 928
唐の 928
2唐人 928
3唐久 928
唐子 928
唐山 928
唐川 928
4唐丹 928
唐戸 928
唐木 928
唐牛 928
唐王 928
5唐古 928
唐竹 928
唐白 928
唐尾 928
唐杉 928
唐沢 928
唐谷 928
8唐国 928
唐岩 928
唐房 928
唐松 928
唐物 928
9唐津 928
10唐原 928
唐栗 928
唐桑 928
唐浜 929

唐院 929
11唐崎 929
唐笠 929
唐船 929
12唐湊 929
13唐園 929
14唐樋 929
16唐橋 929
18唐櫃 929
19唐瀬 929

埋
5埋田 929
8埋金 929
15埋縄 929
16埋橋 929

埼
4埼木 929

垰
12垰渡 929

夏
3夏山 929
4夏井 929
夏切 929
5夏目 929
6夏吉 929
7夏坂 929
夏尾 929
夏見 929
8夏茂 929
9夏屋 930
夏狩 930
夏秋 930
10夏島 930
夏栗 930
夏針 930
11夏梨 930
12夏焼 930
夏間 930
14夏端 930

姫
姫 930
0姫ケ 930
姫ノ 930
3姫子 930
姫小 930
姫川 930
4姫之 930
姫戸 930
姫方 930
5姫田 930
6姫池 930
7姫町 930
姫見 930

姫里 930
8姫松 930
姫若 930
9姫城 930
姫室 930
姫津 930
10姫樋 930
姫宮 930
姫島 930
11姫野 930
13姫路 930

娚
7娚杉 930

孫
4孫六 930
孫内 930
5孫代 930
孫平 930
孫田 930
7孫兵 930
孫沢 930
孫谷 930
9孫屋 930
10孫根 930
16孫橋 930

家
0家ノ 930
家の 930
3家久 930
家山 930
4家中 930
家之 931
家内 931
5家代 931
家永 931
家田 931
6家地 931
家西 931
7家串 931
8家和 931
家房 931
家東 931
家武 931
9家俊 931
家城 931
10家原 931
家島 931
家庭 931
家根 931
11家野 931
12家富 931
14家徳 931
22家籠 931

宮
宮 931
0宮ケ 931
宮ノ 931
宮が 931
宮の 931
宮み 932
3宮下 932
宮上 932
宮丸 932
宮久 932
宮千 932
宮口 932
宮子 932
宮小 932
宮山 932
宮川 932
4宮中 933
宮之 933
宮井 933
宮元 933
宮内 933
宮夫 933
宮戸 933
宮手 933
宮木 933
宮犬 933
宮王 933
5宮丘 933
宮代 934
宮加 934
宮北 934
宮古 934
宮司 934
宮台 934
宮市 934
宮平 934
宮本 934
宮永 934
宮甲 934
宮田 934
宮石 935
6宮先 935
宮吉 935
宮地 935
宮守 935
宮寺 935
宮庄 935
宮成 935
宮竹 935
宮西 935
7宮坂 935
宮尾 935
宮床 935

宮条 935	宮滝 939	島江 940	9峰南 942	庭	恋の 944	7旅来 945
宮村 935	宮裏 939	島池 940	峰後 942	4庭井 943	3恋山 944	16旅篭 945
宮沖 936	宮路 939	7島坂 940	10峰原 942	庭月 943	4恋木 944	22旅籠 945
宮沢 936	14宮摺 939	島尾 940	峰浜 942	5庭代 943	7恋谷 944	晃
宮町 936	宮歌 939	島村 940	峰耕 942	庭田 943	11恋野 944	11晃望 945
宮良 936	宮熊 939	島町 940	峰高 942	7庭坂 943	13恋路 944	晒
宮谷 936	宮窪 939	島見 940	15峰輪 942	庭谷 943	14恋隠 944	晒屋 945
宮里 936	宮関 939	島里 941	峯	11庭野 943	扇	時
8宮和 936	宮鼻 939	8島並 941	峯 942	19庭瀬 943	0扇ガ 944	0時ケ 945
宮松 936	16宮舘 939	島松 941	3峯山 942	徐	扇ケ 944	2時又 945
宮東 936	19宮瀬 939	島東 941	8峯岩 942	13徐福 943	扇が 944	4時之 945
宮林 936	宰	島泊 941	10峯浜 942	徒	3扇大 944	時水 945
宮河 936	8宰府 939	島牧 941	差	3徒士 943	扇山 944	5時田 945
宮苑 936	11宰都 939	島門 941	4差木 942	4徒之 943	5扇台 944	6時任 945
宮若 936	14宰領 939	9島栄 941	5差出 942	7徒町 943	扇田 944	時光 945
宮迫 936	射	島泉 941	差田 942	恩	扇石 944	時吉 945
宮長 936	4射水 939	島津 941	9差首 942	5恩田 943	7扇町 944	時安 945
9宮保 936	8射和 939	10島原 941	11差組 942	6恩名 943	8扇河 945	7時志 945
宮前 936	12射場 939	島宮 941	12差間 942	恩地 943	9扇屋 945	時沢 945
宮垣 937	将	島根 941	帰	恩多 943	扇畑 945	8時和 945
宮城 937	8将門 939	島浦 941	7帰来 942	7恩志 943	10扇原 945	時長 945
宮室 937	9将軍 939	島高 941	師	10恩根 943	扇島 945	9時津 945
宮後 937	15将監 939	11島崎 941	4師戸 942	恩納 943	11扇酒 945	10時庭 945
宮栄 937	峨	島袋 941	5師田 942	12恩智 943	16扇橋 945	11時崎 945
宮海 937	10峨朗 939	島野 941	8師岡 942	恩間 943	挙	時曽 945
宮津 937	島	島陰 941	師長 942	恐	5挙母 945	19時瀬 945
宮荘 937	島 939	12島勝 941	11師崎 942	9恐神 943	11挙野 945	書
10宮原 937	0島ケ 939	島越 941	15師範 942	恵	拳	5書写 945
宮島 937	島ノ 939	島道 941	帯	0恵み 943	0拳ノ 945	11書副 946
宮根 938	島の 940	島間 941	2帯刀 942	2恵乃 943	振	朔
宮浦 938	3島上 940	島須 941	3帯山 942	3恵下 943	4振内 945	4朔日 946
宮浜 938	島大 940	13島新 941	5帯広 942	恵久 943	6振老 945	朗
宮脇 938	島子 940	島鉄 941	8帯金 942	恵子 943	7振別 945	朗根 946
宮通 938	島小 940	島潟 941	9帯屋 943	恵山 943	振甫 945	案
11宮側 938	島山 940	16島橋 941	10帯島 943	4恵方 943	9振草 945	5案田 946
宮堂 938	島川 940	島頭 941	帯高 943	恵比 943	15振慶 945	株
宮寄 938	4島中 940	19島瀬 941	12帯富 943	5恵央 944	16振興 945	11株梗 946
宮宿 938	島之 940	峰	13帯解 943	恵田 944	挿	栢
宮崎 938	島井 940	峰 941	18帯織 943	7恵我 944	16挿頭 945	3栢山 946
宮曽 938	島内 940	0峰ノ 941	庫	恵良 944	挟	4栢木 946
宮淵 938	島切 940	5峰山 941	12庫場 943	恵恩 944	5挟田 945	5栢谷 946
宮渕 938	島戸 940	峰田 942	庫富 943	8恵和 944	挟石 945	12栢森 946
宮袋 938	島方 940	6峰吉 942	座	恵岱 944	12挟間 945	16栢橋 946
宮郷 938	島木 940	峰寺 942	0座ノ 943	9恵南 944	敏	桔
宮部 938	島氏 940	7峰坂 942	3座川 943	恵美 944	4敏内 945	11桔梗 946
宮野 938	5島出 940	峰沢 942	5座主 943	恵茶 944	9敏音 945	桐
12宮場 938	島尻 940	峰町 942	座生 943	10恵原 944	12敏満 945	0桐ケ 946
宮塚 938	島本 940	峰見 942	6座光 943	恵庭 944	効	桐が 946
宮森 938	島田 940	8峰坪 942	座安 943	12恵塚 944	15効範 945	3桐山 946
宮越 938	島立 940	峰岡 942	8座波 943	息	旅	4桐木 946
宮須 939	6島名 940	峰岸 942	12座喜 943	10息栖 944	5旅石 945	5桐古 946
13宮園 939	島地 940	峰延 942	座間 943	恋	6旅伏 945	桐生 946
宮新 939	島寺 940			0恋ケ 944	旅名 945	
宮椿 939	島庄 940			恋し 944		

7桐沢 946	3桑下 949	桂艮 951	根白 952	桜井 954	梅	梅里 961
桐見 946	桑上 949	桂西 951	根石 952	桜区 954	17梅檀 957	8梅坪 961
桐谷 947	桑久 949	7桂坂 951	6根安 952	桜木 954	桃	梅忠 961
8桐岡 947	桑山 949	桂沢 951	根宇 952	桜水 955	0桃ケ 957	梅林 961
桐林 947	桑川 949	桂町 951	根当 952	5桜丘 955	桃の 957	梅河 961
9桐畑 947	桑才 949	桂芝 951	根成 952	桜台 955	3桃山 957	9梅南 961
10桐原 947	4桑切 949	桂見 951	根羽 952	桜本 955	桃川 959	梅室 961
12桐間 947	桑木 949	桂羽 951	7根坂 952	桜田 955	4桃井 959	梅屋 961
栗	5桑古 949	桂谷 951	根尾 952	6桜江 955	桃内 959	梅津 961
栗 947	桑市 949	8桂坤 951	根志 952	7桜佐 956	桃木 959	梅美 962
0栗ケ 947	桑平 949	桂坪 951	根折 952	桜作 956	5桃生 959	梅香 962
栗ノ 947	桑田 949	桂岡 951	根来 952	桜坂 956	7桃町 959	10梅原 962
2栗又 947	6桑名 949	桂河 951	根町 952	桜尾 956	桃見 959	梅宮 962
3栗下 947	桑曲 949	9桂南 951	8根岸 952	桜形 956	桃谷 959	梅島 962
栗子 947	桑江 949	桂城 951	根府 953	桜沢 956	桃里 959	梅浦 962
栗山 947	7桑折 949	桂後 951	根知 953	桜花 956	8桃取 959	梅竜 962
4栗木 947	桑村 949	桂春 951	根金 953	桜見 956	9桃俣 959	11梅郷 962
5栗丘 947	桑町 949	桂浅 951	根雨 953	桜谷 956	桃栄 959	梅野 962
栗平 947	桑谷 949	桂畑 951	9根城 953	8桜並 956	桃紅 959	12梅森 962
栗生 947	8桑取 949	桂荒 951	根室 953	桜岡 956	10桃原 959	梅満 962
栗田 947	9桑南 949	桂飛 951	根廻 953	桜岱 956	桃浦 959	梅湊 962
栗矢 947	桑栄 949	10桂原 951	根洗 953	桜枝 956	桃浜 959	梅須 962
6栗寺 947	桑津 949	桂恋 951	根津 953	桜林 956	11桃崎 959	13梅園 962
7栗住 947	桑畑 949	桂根 951	10根倉 953	桜倉 956	桃陵 959	15梅影 962
栗坂 947	10桑原 950	11桂乾 951	根原 953	桜門 956	13桃園 959	16梅橋 962
栗尾 947	桑島 950	桂清 951	根差 953	9桜美 956	梅	梅薮 962
栗沢 947	桑納 950	桂野 951	根浦 953	10桜原 956	0梅ケ 959	桧
栗町 948	桑院 950	12桂巽 951	根高 953	桜宮 956	梅ノ 960	3桧山 962
栗見 948	11桑崎 950	桂御 951	11根堀 953	桜島 957	梅が 960	4桧木 962
栗谷 948	桑部 950	桂朝 951	根宿 953	桜庭 957	梅の 960	5桧生 962
栗阪 948	桑野 950	14桂徳 951	根崎 953	桜畠 957	3梅小 960	7桧尾 962
8栗坪 948	12桑間 950	19桂瀬 951	根添 953	桜通 957	梅山 961	桧町 962
栗岡 948	13桑園 950	根	根笠 953	桜馬 957	梅府 961	桧谷 962
栗東 948	桑飼 950	根 951	12根堅 953	11桜堂 957	4梅之 961	8桧岱 962
栗林 948	14桑窪 950	0根々 951	根塚 953	桜淵 957	梅井 961	桧物 962
9栗屋 948	16桑橋 950	根ケ 951	根森 953	桜渕 957	梅元 961	桧股 962
栗柄 948	19桑瀬 950	根の 951	13根獅 953	桜野 957	梅内 961	9桧垣 962
栗面 948	桂	3根下 951	根路 953	12桜塚 957	梅戸 961	10桧倉 963
10栗原 948	桂 950	根三 951	14根際 953	桜堤 957	梅月 961	桧原 963
栗宮 948	0桂ケ 950	根上 951	17根嶽 953	桜森 957	梅木 961	11桧曽 963
栗島 948	3桂下 950	根小 951	桜	桜渡 957	5梅丘 961	梓
栗栖 948	桂上 950	4根井 951	桜 953	桜街 957	梅北 961	梓 963
栗真 949	桂久 950	根元 951	0桜ガ 953	桜道 957	梅平 961	桙
11栗崎 949	桂千 950	根反 952	桜ケ 953	13桜園 957	梅本 961	15桙衝 963
栗笠 949	桂大 950	根太 952	桜ノ 954	桜新 957	梅田 961	残
栗野 949	桂子 950	根戸 952	桜が 954	16桜橋 957	6梅光 961	11残堀 963
12栗森 949	桂山 950	根木 952	桜の 954	21桜鶴 957	梅名 961	浦
栗須 949	桂川 950	根火 952	3桜上 954	桟	梅地 961	浦 963
14栗熊 949	4桂木 950	5根占 952	桜口 954	桟 957	梅竹 961	0浦ノ 963
15栗駒 949	5桂北 951	根古 952	桜大 954	15桟敷 957		浦の 963
16栗橋 949	桂台 951	根市 952	桜小 954	16桟橋 957		3浦上 963
桑	桂市 951	根本 952	桜山 954	栖		浦口 963
0桑ケ 949	桂平 951	6根田 952	桜川 954	5栖本 957		浦土 963
桑ノ 949	6桂池 951		4桜之 954	6栖吉 957		
				10栖原 957		

字	頁	字	頁	字	頁	字	頁	字	頁	字	頁	字	頁
浦大	963	酒匂	965	浜田	966	浜道	968	7浪床	969	畝		真ケ	972
浦山	963	5酒田	965	浜石	966	浜開	968	浪花	969	畝	970	2真人	972
浦川	963	7酒折	965	浜辺	966	浜須	968	8浪岡	969	4畝刈	970	3真上	972
4浦戸	963	酒見	965	6浜吉	966	13浜園	968	浪松	970	5畝市	970	真土	972
浦方	964	酒谷	965	浜名	966	浜新	968	浪板	970	畝田	970	真弓	972
浦木	964	8酒直	965	浜寺	966	浜頓	968	10浪速	970	10畝原	971	4真中	972
5浦尻	964	酒門	965	浜当	967	15浜横	968	16浪館	970	11畝部	971	真方	972
浦本	964	9酒屋	965	浜旭	967	16浜館	968	烏		畝野	971	真木	972
浦田	964	酒津	965	浜竹	967	19浜離	968	0烏ケ	970	12畝傍	971	5真加	972
6浦伊	964	10酒倉	965	浜行	967	20浜懸	968	3烏丸	970	畠		真布	972
浦向	964	11酒野	965	7浜佐	967	浮		烏山	970	3畠口	971	真玉	972
浦安	964	13酒殿	965	浜住	967	4浮孔	968	烏川	970	畠山	971	真申	972
浦庄	964	酒蒔	965	浜別	967	5浮田	968	4烏手	970	4畠中	971	真田	972
浦白	964	15酒蔵	965	浜坂	967	6浮気	968	5烏出	970	5畠田	971	6真伝	972
浦舟	964	泰		浜尾	967	浮羽	968	烏生	970	7畠町	971	真光	972
7浦佐	964	8泰明	965	浜改	967	7浮谷	968	6烏江	970	15畠敷	971	真名	972
浦志	964	泰阜	965	浜村	967	8浮金	968	7烏杜	970	畔		真地	972
浦村	964	12泰童	965	浜町	967	9浮城	968	10烏原	970	4畔戸	971	真如	972
浦町	964	15泰澄	965	浜芦	967	浮柳	968	烏脇	970	5畔田	971	真成	972
浦見	964	浜		浜見	967	浮洲	968	12烏帽	970	6畔吉	971	真舟	972
浦里	964	浜	965	浜角	967	浮津	968	烏森	970	畔地	971	真行	972
8浦和	964	0浜ケ	965	浜谷	967	10浮島	969	15烏鴉	970	9畔屋	971	7真更	973
浦底	964	浜ノ	965	浜里	967	11浮野	969	烟		13畔蛸	971	真坂	973
浦河	964	浜の	965	8浜岩	967	12浮塚	969	5烟田	970	18畔藤	971	真尾	973
9浦城	964	1浜一	965	浜松	967	浮間	969	特		留		真志	973
浦柄	964	2浜七	965	浜河	967	16浮橋	969	4特牛	970	0留ケ	971	真我	973
浦津	964	浜乃	965	浜金	967	18浮鞭	969	狸		留が	971	真町	973
浦神	964	浜九	965	9浜厚	967	涌		3狸小	970	5留辺	971	真谷	973
10浦原	964	浜二	965	浜屋	967	4涌井	969	5狸穴	970	6留守	971	真那	973
浦島	964	浜八	965	浜津	967	涌元	969	11狸淵	970	7留寿	971	真里	973
浦桑	964	3浜三	965	浜砂	968	7涌谷	969	12狸塚	970	留町	971	8真国	973
11浦堂	964	浜口	965	浜草	968	8涌波	969	狸森	970	8留岡	971	真学	973
浦宿	964	浜大	965	浜風	968	流		狼		10留原	971	真宗	973
浦崎	964	浜子	965	浜首	968	流	969	3狼ノ	970	留浦	971	真岡	973
浦梨	964	浜小	965	10浜原	968	3流山	969	3狼久	970	留真	971	真幸	973
浦添	964	浜山	965	浜家	968	流川	969	4狼内	970	11留産	971	真泥	973
浦郷	964	浜川	965	浜島	968	4流木	969	7狼沢	970	留萌	971	真法	973
浦部	964	4浜中	966	浜浦	968	5流末	969	12狼森	970	12留場	972	真苧	973
浦野	964	浜之	966	浜益	968	7流作	969	13狼煙	970	益		真金	973
12浦富	964	浜井	966	浜脇	968	流杉	969	狭		3益丸	972	9真南	973
浦賀	964	浜五	966	浜荻	968	流町	969	12狭間	970	益子	972	真室	973
浦越	964	浜元	966	浜通	968	流谷	969	珠		5益生	972	真星	973
浦間	964	浜六	966	浜高	968	8流岡	969	3珠川	970	益田	972	真栄	973
浦須	964	浜方	966	浜鬼	968	9流星	969	9珠洲	970	6益安	972	真柴	973
13浦幌	964	5浜加	966	11浜宿	968	10流留	969	珠泉	970	7益見	972	真柄	973
浦新	964	浜北	966	浜崎	968	流通	969	10珠師	970	8益岡	972	真狩	973
15浦幡	964	浜台	966	浜掛	968	涙		13珠数	970	9益城	972	真砂	973
浦横	964	浜四	966	浜添	968	16涙橋	969	班		益屋	972	真神	973
16浦興	964	浜尻	966	浜経	968	浪		5班目	970	益津	972	真美	973
19浦瀬	964	浜市	966	浜野	968	0浪の	969	10班島	970	10益原	972	10真家	973
酒		浜平	966	浜黒	968	5浪打	969	11班渓	970	益浦	972	真宮	973
0酒々	964	浜玉	966	12浜富	968	6浪合	969	班蛇	970	11益野	972	真島	973
3酒丸	964	浜甲	966	浜勝	968	浪江	969			真		真庭	973
4酒井	964										0真々	972		

検字表　10画

真栗 973	祓	竕	耕	般	我	逢阪 981
真浦 973	³祓川 975	⁵竕田 976	⁵耕田 977	⁶般舟 979	¹⁰我原 980	⁸逢妻 981
真畔 973	称	笄	¹¹耕野 977	⁸般若 979	莇	¹²逢隈 981
真脇 973	⁶称名 975	¹⁰笄島 976	耻	舮	⁵莇平 980	¹⁹逢瀬 981
¹¹真亀 973	秦	箏	⁹耻風 977	⁷舮作 979	莇生 980	逗
真崎 973	秦 975	⁷箏町 976	胸	荻	⁶莇地 980	³逗子 981
真清 973	⁶秦庄 975	粉	³胸上 977	荻 979	⁷莇谷 980	造
真盛 973	⁷秦町 975	³粉川 976	脊	³荻久 979	蚊	³造山 981
真経 973	⁹秦南 975	⁵粉白 976	¹⁰脊振 977	荻川 979	³蚊口 980	⁵造田 981
真船 973	¹¹秦梨 975	⁸粉河 976	能	⁵荻市 979	⁴蚊斗 980	造石 981
真菰 973	秦野 975	¹⁰粉浜 976	⁰能ケ 977	荻布 979	蚊爪 980	⁷造谷 981
真菅 973	秩	紙	⁵能代 977	荻生 979	⁷蚊谷 980	¹²造道 981
真野 973	⁴秩父 975	³紙子 976	能古 977	⁶荻伏 979	⁸蚊沼 980	速
真鹿 974	秤	⁷紙町 976	能生 977	荻名 979	⁹蚊屋 980	⁴速水 981
¹²真備 974	³秤口 975	⁹紙屋 976	能田 977	⁷荻作 979	¹¹蚊野 980	⁵速玉 981
真喜 974	秬	¹⁴紙漉 976	⁶能竹 977	荻谷 979	¹²蚊焼 980	⁷速見 981
真賀 974	⁷秬谷 975	¹⁵紙敷 976	⁷能町 977	⁸荻杵 979	蚕	⁹速星 981
真道 974	秣	純	能見 977	¹⁰荻原 979	⁰蚕ノ 980	通
真間 974	³秣川 975	⁴純心 976	⁸能取 977	荻島 979	¹⁰蚕桑 980	通 981
¹³真殿 974	竜	素	能実 977	荻浦 979	¹⁵蚕養 980	⁰通り 981
真滝 974	⁰竜ケ 975	³素山 976	⁹能美 977	荻浜 979	袖	⁵通古 981
真福 974	竜が 975	⁹素柄 976	¹⁰能島 977	¹¹荻堀 979	⁰袖ケ 980	通外 981
¹⁴真嘉 974	³竜口 975	納	¹¹能部 977	荻埣 979	²袖又 980	⁷通町 981
真端 974	竜山 975	納 976	¹²能満 977	荻曽 979	³袖山 980	通谷 981
真網 974	⁴竜王 975	⁴納内 976	能登 977	荻袋 979	⁴袖之 980	通車 981
¹⁵真駒 974	⁵竜台 975	⁵納戸 976	¹³能勢 978	荻野 979	袖五 980	⁸通東 981
¹⁶真壁 974	竜玄 975	⁶納地 976	能義 978	¹²荻道 979	⁷袖沢 980	通法 981
¹⁷真謝 974	竜田 975	納年 976	¹⁴能増 978	¹⁴荻窪 979	袖谷 980	⁹通津 981
¹⁸真鯉 974	⁶竜光 975	納米 976	¹⁵能褒 978	荷	¹⁰袖師 980	通洞 982
¹⁹真瀬 974	竜安 975	⁷納沙 976	¹⁹能瀬 978	²荷八 979	¹¹袖崎 980	¹¹通堂 982
²¹真鶴 974	竜西 975	納花 976	脇	³荷口 979	袖野 980	通船 982
砧	⁷竜串 975	⁸納官 976	脇 978	荷山 979	記	¹⁵通横 982
砧 974	竜見 975	納定 976	⁰脇ノ 978	⁴荷之 979	⁵記田 980	途
⁴砧公 974	竜角 975	納所 976	³脇三 978	荷内 979	訓	⁷途別 982
砥	竜谷 975	⁹納屋 976	脇山 978	⁷荷尾 979	³訓子 980	連
⁰砥の 974	⁸竜岡 975	¹⁰納島 976	脇川 978	⁹荷負 980	貢	⁴連尺 982
³砥上 974	⁹竜前 975	納座 976	⁴脇之 978	¹⁰荷原 980	³貢川 980	連日 982
砥山 974	竜南 975	納院 976	脇元 978	¹¹荷掛 980	⁷貢町 980	連火 982
砥川 974	竜泉 975	¹²納場 976	脇戸 978	荷菜 980	財	⁵連代 982
⁵砥石 974	竜洋 975	納富 976	脇方 978	¹²荷揚 980	⁰財ノ 980	連石 982
⁷砥沢 974	竜神 975	¹³納楚 976	⁵脇出 978	¹⁴荷稲 980	⁵財田 980	⁶連光 982
¹¹砥堀 974	竜美 975	紐	脇本 978	華	⁶財光 980	連合 982
砥部 975	¹⁰竜宮 975	¹⁰紐差 977	脇田 978	³華川 980	⁹財津 980	⁷連坊 982
砺	竜島 976	紋	⁷脇町 978	⁹華城 980	¹¹財部 980	連谷 982
⁸砺波 975	¹¹竜崎 976	⁷紋別 977	⁸脇岬 978	¹⁰華浦 980	¹²財賀 981	⁸連取 982
破	竜野 976	⁹紋屋 977	⁹脇屋 978	¹²華陽 980	起	連枝 982
⁸破岩 975	¹³竜腹 976	¹⁵紋穂 977	脇神 978	¹³華園 980	起 981	¹⁰連島 982
²²破籠 975	¹⁵竜舞 976	翁	¹⁰脇浜 978	¹⁵華蔵 980	⁶起会 981	¹¹連雀 982
祥	¹⁶竜興 976	⁷翁沢 977	¹¹脇袋 978	莅	軒	¹⁴連歌 982
⁹祥栄 975	笑	翁町 977	脇野 978	莅 980	¹⁴軒嶋 981	郡
¹²祥雲 975	⁴笑内 976	⁸翁長 977	航	蓮	逢	郡 982
祠	笏	¹⁰翁島 977	⁸航空 979	⁵蓮打 980	⁷逢坂 981	³郡上 982
¹⁰祠峯 975	¹²笏賀 976	¹⁶翁橋 977		¹²蓮場 980	逢束 981	郡山 982
					逢谷 981	郡川 982

10画　検字表

4郡中 982	0針ケ 983	13隼福 985	馬宿 986	高日 989	高見 993	高宮 999
郡元 982	3針山 983	馬	馬掛 986	高月 989	高角 994	高島 999
郡戸 982	4針中 983	0馬ケ 985	馬捨 986	高木 989	高谷 994	高峰 999
5郡司 982	針日 983	馬ノ 985	馬淵 986	高水 990	高豆 994	高峯 999
郡本 982	針木 983	馬の 985	馬渕 986	5高丘 990	高那 994	高師 999
7郡町 982	5針生 983	2馬入 985	馬野 986	高司 990	8高免 994	高座 999
8郡府 982	針田 983	3馬下 985	12馬喰 986	高台 990	高取 994	高校 999
9郡津 982	7針尾 983	馬上 985	馬場 986	高市 990	高和 994	高根 999
10郡家 982	針町 983	馬山 985	馬塚 987	高平 990	高坪 994	高浦 1000
16郡築 982	針貝 983	4馬之 985	馬堤 987	高本 990	高奈 994	高浜 1000
酊	8針岡 983	馬内 985	馬揚 987	高末 990	高岡 994	高畠 1000
5酊田 983	9針屋 983	馬引 985	馬替 987	高玉 990	高岳 994	高畔 1000
配	10針原 983	馬手 985	馬渡 987	高生 990	高岸 994	高造 1000
8配松 983	針浜 984	馬木 985	馬登 987	高田 990	高岩 994	高速 1000
9配津 983	11針崎 984	馬水 985	馬越 987	高白 991	高岱 994	高針 1000
釜	針曽 984	5馬主 985	馬道 987	高石 991	高府 994	高陟 1000
釜 983	12針道 984	馬出 985	馬間 987	高辻 991	高房 994	高馬 1000
0釜ケ 983	14針摺 984	馬司 985	13馬絹 987	高辺 992	高松 994	11高堂 1000
釜ノ 983	釘	馬尻 985	馬路 987	6高伏 992	高東 995	高堀 1000
3釜口 983	11釘貫 984	馬市 985	馬剣 987	高光 992	高林 995	高崎 1000
4釜中 983	12釘無 984	馬田 985	馬馳 987	高向 992	高河 995	高崩 1001
釜之 983	14釘隠 984	馬立 985	15馬敷 988	高地 992	高波 995	高曽 1001
釜井 983	釻	馬込 985	馬潟 988	高安 992	高牧 995	高梨 1001
釜戸 983	釻 984	6馬伏 986	馬縹 988	高寺 992	高知 995	高梁 1001
釜木 983	院	馬池 986	馬鞍 988	高州 992	高茂 995	高清 1001
5釜加 983	4院之 984	7馬佐 986	16馬橋 988	高成 992	高門 995	高渕 1002
釜台 983	院内 984	馬形 986	馬頭 988	高旭 992	高阿 995	高盛 1002
釜生 983	6院庄 984	馬来 986	17馬篠 988	高次 992	9高前 995	高船 1002
釜石 983	8院林 984	馬町 986	19馬瀬 988	高江 992	高南 995	高貫 1002
7釜利 983	19院瀬 984	馬見 986	22馬籠 988	高池 992	高品 995	高郷 1002
釜尾 983	除	馬谷 986	骨	高羽 992	高垣 995	高部 1002
釜沢 983	除 984	馬走 986	9骨屋 988	高舟 992	高城 995	高野 1002
釜谷 983	0除ケ 984	馬車 986	10骨原 988	高虫 992	高室 995	高隆 1003
8釜杭 983	3除川 984	8馬居 986	高	高西 992	高屋 995	高陵 1003
釜沼 983	4除戸 984	馬門 986	高 988	7高串 992	高栄 996	12高善 1003
9釜室 983	5除北 984	9馬乗 986	0高ケ 988	高佐 992	高柿 996	高場 1003
釜屋 983	9除南 984	馬垣 986	高ノ 988	高作 992	高柴 996	高塚 1003
釜段 983	11除堀 984	馬屋 986	高の 988	高住 992	高柳 996	高富 1004
釜津 983	陣	馬洗 986	2高力 988	高判 992	高洲 996	高御 1004
10釜倉 983	陣 984	馬狩 986	3高下 988	高別 992	高津 996	高朝 1004
釜島 983	0陣ケ 984	馬神 986	高上 988	高坂 992	高畑 997	高椅 1004
釜座 983	陣の 984	馬草 986	高丸 988	高坊 992	高砂 997	高植 1004
釜浦 983	3陣山 984	馬道 986	高久 988	高尾 992	高神 998	高森 1004
11釜清 983	陣川 985	馬首 986	高千 988	高志 993	高祖 998	高棚 1004
釜淵 983	4陣中 985	10馬借 986	高土 988	高材 993	高科 998	高渡 1004
釜笛 983	陣内 985	馬島 986	高子 988	高杖 993	高美 998	高番 1004
12釜塚 983	9陣屋 985	馬庭 986	高小 988	高杉 993	高草 998	高萩 1004
釜渡 983	10陣原 985	馬桑 986	高山 988	高村 993	高茶 998	高落 1004
13釜滝 983	12陣場 985	馬梶 986	高川 989	高来 993	高重 998	高賀 1004
14釜窪 983	隼	馬流 986	4高井 989	高沢 993	10高倉 998	高越 1004
15釜輪 983	隼 985	馬荷 986	高円 989	高町 993	高原 998	高道 1004
18釜額 983	2隼人 985	馬郡 986	高内 989	高社 993	高埴 999	高間 1004
針	7隼町 985	11馬堀 986	高天 989	高良 993	高姫 999	高陽 1004
針 983	10隼郡 985		高戸 989	高花 993	高家 999	高雄 1004

高須 1004	鬼長 1006	亀町 1008	冨波 1009	4堂之 1010	堀谷 1012	寂
13高勢 1004	9鬼怒 1006	亀谷 1008	12冨塚 1009	5堂本 1010	8堀岡 1012	13寂蒔 1015
高園 1004	鬼柳 1006	亀貝 1008	冨着 1009	堂田 1010	堀底 1012	宿
高塩 1005	鬼津 1006	亀里 1008	冨貴 1009	7堂坂 1010	堀松 1012	宿 1015
高塙 1005	10鬼島 1006	8亀和 1008	副	堂尾 1010	堀河 1012	0宿ノ 1015
高新 1005	鬼脇 1006	亀岡 1008	3副川 1009	堂形 1010	堀金 1012	3宿久 1015
高殿 1005	鬼高 1006	亀岩 1008	勘	堂谷 1010	9堀南 1012	宿大 1015
高溝 1005	11鬼崎 1006	9亀城 1008	2勘八 1009	8堂林 1010	堀林 1012	宿女 1015
高滝 1005	鬼袋 1006	亀屋 1008	4勘内 1009	9堂前 1010	堀廻 1012	宿川 1015
高蓋 1005	鬼鹿 1006	亀泉 1008	7勘兵 1009	堂屋 1010	堀津 1012	4宿井 1015
高路 1005	12鬼塚 1007	亀津 1008	勘助 1009	堂畑 1010	堀畑 1013	宿戸 1015
高遠 1005	鬼無 1007	亀首 1008	8勘定 1009	10堂原 1010	10堀兼 1013	宿毛 1015
高鈴 1005	鬼童 1007	10亀倉 1008	11勘堂 1009	堂宮 1010	堀株 1013	5宿布 1015
14高増 1005	鬼越 1007	亀島 1008	13勘新 1009	堂島 1010	堀高 1013	宿本 1015
高嶋 1005	15鬼舞 1007	亀浦 1008	勘解 1009	堂庭 1010	11堀崎 1013	宿田 1015
高徳 1005	16鬼橋 1007	亀浜 1008	動	堂浦 1010	堀掛 1013	6宿地 1015
高樋 1005	19鬼瀬 1007	11亀崎 1008	4動木 1009	堂脇 1010	堀船 1013	7宿町 1015
高熊 1005	22鬼籠 1007	亀梨 1008	8動物 1009	11堂崎 1010	堀部 1013	宿谷 1015
高窪 1005		亀野 1008	12動植 1009	堂野 1010	堀野 1013	8宿岩 1015
高関 1005	**11画**	12亀場 1009	16動橋 1009	12堂場 1010	12堀割 1013	宿河 1015
高鼻 1005	乾	亀塚 1009	務	堂奥 1010	堀替 1013	9宿屋 1015
15高儀 1005	5乾出 1007	亀須 1009	5務田 1009	13堂殿 1011	堀越 1013	10宿原 1015
高幡 1005	7乾町 1007	13亀嵩 1009	啓	14堂嶋 1011	堀道 1013	宿根 1015
高横 1005	乾谷 1007	14亀徳 1009	5啓北 1009	堂端 1011	13堀溝 1013	宿浦 1015
高槻 1005	10乾馬 1007	商	啓生 1009	堀	堀連 1013	宿連 1015
高穂 1005	13乾新 1007	2商人 1009	8啓明 1009	堀 1011	14堀端 1013	11宿堂 1015
高蔵 1005	14乾徳 1007	3商工 1009	12啓運 1009	0堀ノ 1011	16堀篭 1013	宿郷 1015
高輪 1005	亀	9商栄 1009	間	堀の 1011	22堀籠 1013	宿野 1015
16高橋 1005	0亀ケ 1007	13商業 1009	8間牧 1009	3堀下 1011	婆	12宿間 1015
高舘 1005	亀ノ 1007	健	9間屋 1010	堀上 1011	7婆沢 1013	13宿跡 1015
高薗 1005	亀が 1007	6健老 1009	12間寒 1010	堀口 1011	婦	15宿横 1015
高薮 1005	亀の 1007	8健武 1009	間御 1010	堀山 1011	4婦中 1013	寅
高頭 1005	3亀下 1007	9健軍 1009	13間詰 1010	堀川 1011	6婦気 1014	寅田 1015
17高嶺 1005	亀久 1007	12健堅 1009	基	堀工 1011	婦美 1014	7寅沢 1015
高磯 1005	亀山 1007	側	3基山 1010	4堀之 1011	寄	密
高鍋 1005	亀川 1007	10側島 1009	7基町 1010	堀内 1012	寄 1014	9密柑 1015
18高摘 1006	4亀井 1007	停	8基松 1010	2堀切 1012	2寄人 1014	崎
19高瀬 1006	亀戸 1007	7停車 1009	15基線 1010	堀方 1012	4寄戸 1014	崎 1015
高麗 1006	亀木 1007	假	埼	堀木 1012	寄木 1014	0崎ノ 1015
23高鷲 1006	亀水 1007	11假宿 1009	5埼玉 1010	堀止 1012	5寄田 1014	3崎山 1015
鬼	5亀甲 1007	借	埴	堀片 1012	6寄合 1014	4崎戸 1015
0鬼ケ 1006	亀田 1008	13借楽 1009	5埴生 1010	5堀出 1012	7寄住 1014	崎方 1015
3鬼丸 1006	亀石 1008	兜	埴田 1010	堀田 1012	寄近 1014	5崎平 1015
鬼女 1006	亀穴 1008	兜 1009	7埴見 1010	堀立 1012	8寄居 1014	崎本 1015
鬼子 1006	6亀吉 1008	兜台 1009	埴谷 1010	堀込 1012	寄岩 1014	崎田 1015
4鬼木 1006	亀成 1008	8兜沼 1009	9埴科 1010	6堀合 1012	寄延 1014	崎辺 1015
5鬼北 1006	亀有 1008	冨	10埴師 1010	堀江 1012	寄松 1014	6崎守 1015
鬼古 1006	7亀作 1008	3冨士 1009	堂	堀池 1012	寄附 1014	8崎岡 1015
鬼石 1006	亀住 1008	冨川 1009	堂 1010	堀米 1012	9寄巻 1014	崎房 1015
6鬼伏 1006	亀尾 1008	5冨田 1009	0堂ケ 1010	堀西 1012	寄畑 1014	崎枝 1015
鬼志 1006	亀村 1008	6冨地 1009	堂ノ 1010	堀坂 1012	10寄島 1014	10崎原 1015
鬼沢 1006	亀沢 1008	冨多 1009	堂の 1010	堀尾 1012	13寄新 1014	12崎無 1015
8鬼取 1006		7冨尾 1009	3堂山 1010	堀町 1012	17寄磯 1014	17崎鍬 1015
鬼岩 1006		8冨居 1009	堂川 1010	堀見 1012		

11画　　　検字表

崇	常真 1016	悪	16教興 1020	8望岳 1021	7梨沢 1022	深
9崇城 1015	常称 1016		斎	9望海 1021	梨谷 1022	3深大 1024
13崇禅 1015	11常郷 1016	4悪戸 1019	3斎川 1020	望洋 1021	11梨郷 1022	深山 1025
14崇徳 1015	常陸 1016	悪王 1019	5斎田 1020	梓	梨野 1022	深川 1025
崩	12常喜 1016	5悪石 1019	7斎条 1020	梓 1021	梁	4深井 1025
崩 1016	常普 1016	惟	10斎宮 1020	3梓山 1021	梁 1022	深内 1025
3崩山 1016	常番 1016	9惟信 1019	12斎富 1020	梓川 1021	3梁川 1022	深戸 1025
8崩免 1016	常葉 1016	悠	18斎藤 1020	7梓町 1021	梁田 1024	深日 1025
10崩浜 1016	13常新 1017	3悠久 1019	斜	8梓河 1021	8梁取 1024	深木 1025
11崩野 1016	常楽 1017	7悠里 1019	4斜内 1020	16梓橋 1021	12梁場 1024	深水 1025
巣	常滑 1017	掛	7斜里 1020	桶	19梁瀬 1024	5深田 1025
3巣子 1016	常禅 1017	掛 1019	曽	3桶川 1021	條	6深年 1025
巣山 1016	常福 1017	2掛入 1019	0曽々 1020	9桶屋 1021	條 1024	深江 1025
5巣本 1016	常豊 1017	3掛下 1019	2曽又 1020	桶海 1021	桙	深池 1025
6巣合 1016	14常徳 1017	掛川 1019	3曽万 1020	桶狭 1021	9桙海 1024	7深作 1025
11巣組 1016	常総 1017	4掛之 1019	曽大 1020	梶	12桙場 1024	深坂 1025
16巣鴨 1016	15常澄 1017	5掛出 1019	曽山 1020	梶 1021	梵	深志 1025
常	常盤 1017	掛田 1019	曽川 1020	0梶ケ 1022	4梵天 1024	深沢 1025
常 1016	常磐 1018	6掛合 1019	4曽井 1020	梶が 1022	栞	深町 1026
2常入 1016	18常藤 1018	7掛尾 1019	曽木 1020	梶ノ 1022	7栞町 1024	深良 1026
3常万 1016	19常願 1018	9掛保 1019	曽比 1020	3梶山 1022	欲	深芝 1026
常久 1016	帷	掛畑 1019	5曽代 1020	梶川 1022	12欲賀 1024	深見 1026
常山 1016	3帷子 1018	掛相 1019	曽本 1020	4梶井 1022	渓	深谷 1026
常川 1016	庵	10掛馬 1019	曽田 1020	梶内 1022	8渓和 1024	深阪 1026
4常井 1016	庵 1018	12掛割 1019	6曽地 1020	梶木 1022	済	8深味 1026
常元 1016	3庵川 1018	掛塚 1019	曽池 1020	5梶田 1022	4済井 1024	深坪 1026
常六 1016	7庵住 1018	掛落 1019	7曽我 1020	梶尾 1022	渋	深岩 1026
常木 1016	庵町 1018	14掛樋 1019	曽良 1020	梶町 1022	3渋山 1024	深河 1026
5常世 1016	庵谷 1018	15掛澗 1019	曽谷 1020	8梶並 1022	渋川 1024	深沼 1026
常代 1016	8庵治 1018	掛盤 1019	8曽和 1020	梶取 1022	4渋井 1024	深長 1026
常広 1016	10庵原 1018	採	曽於 1020	梶岡 1022	渋木 1024	9深城 1026
常永 1016	庵浦 1018	14採銅 1019	曽波 1020	9梶屋 1022	5渋民 1024	深廻 1026
常用 1016	康	接	9曽屋 1020	10梶栗 1022	渋田 1024	深持 1026
常田 1016	5康生 1018	8接岨 1019	曽祢 1020	11梶野 1022	6渋江 1024	深海 1026
6常全 1016	庶	10接骨 1019	10曽原 1020	12梶賀 1022	渋池 1024	深津 1026
常光 1016	11庶野 1019	掃	曽師 1020	16梶橋 1022	7渋沢 1024	深草 1026
常吉 1016	13庶路 1019	11掃部 1019	曽根 1021	桃	渋見 1024	10深原 1028
常名 1016	強	搔	11曽郷 1021	4桃木 1022	渋谷 1024	深浦 1028
常安 1016	4強戸 1019	16搔懷 1019	曽野 1021	6桃名 1022	8渋沼 1024	11深堀 1028
常竹 1016	9強巻 1019	捻	13曽福 1021	梯	9渋草 1024	深郷 1028
常行 1016	強首 1019	4捻木 1019	14曽爾 1021	7梯町 1022	10渋倉 1024	深野 1028
7常呂 1016	11強梨 1019	挽	巻	桝	11渋崎 1024	12深森 1028
常見 1016	19強羅 1019	4挽木 1019	6巻米 1021	6桝田 1022	渋野 1024	深渡 1028
8常和 1016	張	按	曹	7桝形 1022	渚	深程 1028
常国 1016	9張星 1019	3按上 1020	13曹源 1021	9桝屋 1022	渚 1024	深萱 1028
常明 1016	13張碓 1019	11掎鹿 1020	曼	12桝塚 1022	4渚元 1024	深萩 1028
常松 1016	彩	掉	8曼陀 1021	梨	渚内 1024	13深溝 1028
9常保 1016	0彩り 1019	0掉ケ 1020	望	0梨ケ 1022	5渚本 1024	15深輪 1029
常室 1016	9彩紅 1019	教	0望が 1021	梨が 1022	6渚西 1024	19深瀬 1029
常海 1016	11彩都 1019	6教会 1020	望ヶ 1021	3梨子 1022	渚町 1024	清
常泉 1016	彩野 1019	7教良 1020	4望井 1021	梨川 1022	8渚東 1024	清 1029
常神 1016	17彩霞 1019	8教育 1020	望月 1021	4梨木 1022	9渚南 1024	3清久 1029
10常宮 1016	彫	13教楽 1020	6望地 1021	5梨本 1022	渚栄 1024	清子 1029
	8彫刻 1019	教業 1020	7望町 1021		13渚滑 1024	清川 1029

4清井 1029	清真 1033	淀の 1034	6猪名 1035	瓶	笠沙 1037	笹谷 1039
清五 1029	清竜 1033	3淀下 1034	7猪尾 1035	3瓶山 1036	笠見 1037	笹走 1039
清元 1029	清納 1033	淀大 1034	猪谷 1035	産	8笠取 1037	8笹岡 1039
清六 1029	11清崎 1033	淀川 1035	8猪国 1036	3産士 1036	笠岡 1037	笹林 1039
清内 1029	清庵 1033	4淀木 1035	猪岡 1036	産女 1036	笠岩 1037	笹沼 1039
清心 1029	清船 1033	淀臥 1035	猪臥 1036	産山 1036	笠臥 1037	笹波 1039
清戸 1029	清部 1033	5淀平 1035	猪苗 1036	8産所 1036	9笠屋 1037	9笹屋 1039
清月 1029	清野 1033	淀本 1035	9猪乗 1036	産物 1036	笠指 1037	笹巻 1039
清水 1029	清隆 1033	淀生 1035	猪俣 1036	9産品 1036	笠柄 1038	笹津 1039
清王 1031	12清富 1033	6淀江 1035	猪垣 1036	12産湯 1036	笠柳 1038	10笹倉 1039
5清本 1031	清道 1033	淀池 1035	猪狩 1036	13産業 1036	笠神 1038	笹原 1039
清末 1031	清開 1033	7淀町 1035	10猪倉 1036	畦	10笠原 1038	笹島 1039
清玄 1031	清間 1033	9淀屋 1035	猪島 1036	5畦布 1036	笠島 1038	11笹堀 1039
清生 1031	清閑 1033	淀美 1035	猪高 1036	畦田 1037	笠師 1038	笹崎 1039
清田 1031	清須 1033	10淀原 1035	11猪梅 1036	7畦別 1037	笠梅 1038	笹曽 1039
6清光 1031	13清新 1033	淀帥 1035	猪別 1036	畦町 1037	笠破 1038	笹渕 1039
清名 1031	清源 1033	13淀新 1035	猪渕 1036	11畦野 1037	11笠堀 1038	笹貫 1039
清地 1031	清滝 1033	14淀樋 1035	猪野 1036	皐	笠部 1038	笹部 1039
清州 1032	清福 1034	淀際 1035	12猪渡 1036	0皐ケ 1037	12笠森 1038	笹野 1039
清池 1032	14清徳 1034	涼	14猪熊 1036	盛	笠間 1038	12笹場 1039
清竹 1032	15清澄 1034	8涼松 1035	猪鼻 1036	盛 1037	13笠滝 1038	笹塚 1039
7清住 1032	清蔵 1034	9涼風 1035	17猪篠 1036	3盛山 1037	笠置 1038	笹森 1039
清児 1032	清輝 1034	淋	猫	5盛田 1037	14笠窪 1038	笹賀 1039
清冷 1032	19清瀬 1034	5淋代 1035	2猫又 1036	7盛町 1037	15笠幡 1038	笹道 1039
清助 1032	清瀧 1034	渕	3猫山 1036	盛里 1037	笠舞 1038	笹間 1039
清尾 1032	淡	渕 1035	5猫田 1036	8盛岡 1037	16笠縫 1038	16笹舘 1039
清沢 1032	8淡河 1034	0渕ノ 1035	猫石 1036	盛金 1037	20笠懸 1038	笹館 1039
清見 1032	10淡島 1034	3渕上 1035	7猫沢 1036	9盛泉 1037	笹	第
清谷 1032	11淡渕 1034	4渕之 1035	8猫実 1036	13盛新 1037	笹 1038	0第1 1039
清里 1032	淡窓 1034	7渕町 1035	9猫屋 1036	眼	0笹ケ 1038	第2 1039
清阪 1032	12淡陽 1034	8渕東 1035	10猫洞 1036	5眼目 1037	笹が 1038	第3 1039
8清和 1032	13淡路 1034	渕垣 1035	猫島 1036	移	2笹八 1038	第4 1039
清岸 1032	15淡輪 1034	10渕高 1035	11猫渕 1036	移 1037	3笹下 1038	第5 1039
清延 1033	添	11渕崎 1035	12猫啼 1036	10移原 1037	笹丸 1038	1第一 1039
清明 1033	0添ノ 1034	涸	16猫興 1036	笠	笹久 1038	2第二 1039
清武 1033	3添山 1034	8涸沼 1035	19猫瀬 1036	笠 1037	笹口 1038	第十 1039
清河 1033	添川 1034	淞	獵	3笠上 1037	笹土 1038	笛
清金 1033	4添牛 1034	5淞北 1035	10獵師 1036	笠山 1037	笹子 1038	5笛田 1039
清門 1033	5添田 1034	焔	猊	笠川 1037	笹山 1038	7笛吹 1039
9清城 1033	添石 1034	21焔魔 1035	14猊鼻 1036	4笠之 1037	笹川 1038	10笛倉 1039
清後 1033	6添地 1034	猪	球	笠井 1037	4笹井 1038	11笛堂 1039
清洲 1033	7添別 1034	0猪ノ 1035	9球泉 1036	笠戸 1037	笹戸 1038	15笛舞 1039
清泉 1033	添谷 1034	3猪子 1035	10球浦 1036	笠方 1037	笹木 1038	符
清美 1033	9添津 1034	猪小 1035	12球場 1036	笠木 1037	笹毛 1038	9符津 1040
清荒 1033	11添野 1034	猪山 1035	16球磨 1036	5笠市 1037	5笹丘 1038	粗
清音 1033	淵	猪川 1035	現	笠田 1037	笹平 1038	4粗毛 1040
清風 1033	3淵上 1034	4猪之 1035	3現川 1036	笠目 1037	笹本 1038	粕
10清原 1033	7淵町 1034	猪戸 1035	4現王 1036	笠石 1037	笹田 1038	0粕ケ 1040
清哲 1033	淵見 1034	猪方 1035	8現和 1036	6笠名 1037	笹目 1038	3粕川 1040
清峰 1033	9淵垣 1034	猪木 1035	理	笠寺 1037	6笹曲 1038	4粕毛 1040
清根 1033	11淵野 1034	猪去 1035	理大 1036	7笠佐 1037	笹尾 1039	5粕田 1040
清浦 1033	淀	猪平 1035	7理休 1036	笠利 1037	笹沖 1039	粕礼 1040
清流 1033	淀 1034	猪田 1035	珸	笠形 1037	笹町 1039	7粕谷 1040
清畠 1033	0淀ケ 1034	猪目 1035	14珸瑤 1036		笹良 1039	9粕屋 1040

11画　検字表

1列目

- ^{10}粕島 1040
- 粕畠 1040
- ^{11}粕淵 1040
- 粕渕 1040
- ^{12}粕森 1040
- ^{16}粕壁 1040
- 粒
- ^{6}粒江 1040
- ^{10}粒浦 1040
- 経
- ^{2}経力 1040
- ^{5}経田 1040
- 経立 1040
- ^{9}経栄 1040
- ^{11}経堂 1040
- ^{12}経塚 1040
- ^{16}経壇 1040
- 紺
- ^{9}紺屋 1040
- 細
- 細 1041
- ^{2}細入 1041
- 細八 1041
- ^{3}細口 1041
- 細山 1041
- 細川 1041
- 細工 1041
- ^{4}細井 1041
- 細内 1041
- 細木 1041
- ^{5}細代 1041
- 細永 1041
- 細田 1041
- ^{6}細光 1041
- 細江 1041
- 細池 1041
- 細竹 1041
- 細米 1041
- ^{7}細呂 1041
- 細坂 1041
- 細尾 1041
- 細見 1041
- 細谷 1041
- ^{8}細坪 1041
- 細岡 1041
- 細沼 1041
- ^{9}細屋 1041
- 細津 1042
- 細畑 1042
- 細草 1042
- ^{10}細島 1042
- 細浦 1042
- ^{11}細堀 1042
- 細野 1042

2列目

- ^{12}細越 1042
- 細間 1042
- 紫
- 紫 1042
- ^{0}紫ケ 1042
- ^{3}紫山 1042
- ^{4}紫水 1042
- ^{5}紫台 1042
- ^{6}紫合 1042
- 紫竹 1042
- ^{7}紫尾 1043
- 紫町 1043
- ^{8}紫明 1043
- 紫波 1043
- ^{9}紫保 1043
- 紫香 1043
- ^{10}紫原 1043
- 紫峰 1043
- ^{11}紫野 1043
- ^{12}紫塚 1044
- 紫雲 1044
- ^{13}紫園 1044
- 紫福 1044
- 紹
- ^{4}紹巴 1044
- 組
- 組 1044
- 習
- ^{7}習志 1044
- 脚
- ^{7}脚折 1044
- 脛
- ^{5}脛永 1044
- 船
- ^{0}船ケ 1044
- 船の 1044
- ^{2}船入 1044
- ^{3}船上 1044
- 船久 1044
- 船大 1044
- 船子 1044
- 船小 1044
- 船川 1044
- ^{4}船之 1044
- 船井 1044
- 船引 1044
- 船戸 1044
- 船木 1044
- 船水 1044
- ^{5}船丘 1045
- 船代 1045
- 船出 1045
- 船平 1045
- 船玉 1045

3列目

- 船生 1045
- 船田 1045
- 船石 1045
- ^{6}船寺 1045
- 船江 1045
- 船行 1045
- ^{7}船佐 1045
- 船坂 1045
- 船尾 1045
- 船形 1045
- 船杉 1045
- 船町 1045
- 船見 1045
- 船谷 1045
- ^{8}船居 1045
- 船岡 1045
- 船所 1045
- 船明 1045
- 船泊 1045
- 船迫 1045
- 船附 1045
- ^{9}船屋 1045
- 船津 1045
- ^{10}船倉 1045
- 船原 1045
- 船宮 1045
- 船浜 1045
- 船馬 1045
- ^{11}船堂 1045
- 船堀 1045
- 船崎 1045
- ^{12}船場 1045
- 船塚 1046
- 船渡 1046
- 船越 1046
- 船間 1046
- ^{13}船路 1046
- ^{14}船窪 1046
- 船鉾 1046
- ^{15}船穂 1046
- ^{16}船橋 1046
- 船頭 1046
- 軸
- ^{12}軸越 1046
- 菓
- ^{3}菓子 1046
- 葛
- 葛 1046
- ^{0}葛ケ 1046
- 葛が 1046
- 葛の 1046
- ^{3}葛下 1046
- 葛山 1046

4列目

- 葛川 1046
- ^{4}葛木 1047
- ^{5}葛布 1047
- 葛本 1047
- 葛生 1047
- ^{6}葛西 1047
- ^{7}葛尾 1047
- 葛沢 1047
- 葛町 1047
- ^{8}葛和 1047
- 葛岡 1047
- 葛法 1047
- ^{9}葛城 1047
- 葛巻 1047
- 葛畑 1047
- ^{10}葛原 1047
- 葛島 1047
- 葛梅 1047
- ^{11}葛袋 1047
- 葛貫 1047
- 葛野 1047
- ^{12}葛塚 1047
- 葛港 1047
- 葛渡 1047
- 葛葉 1047
- ^{13}葛飾 1047
- ^{18}葛藤 1047
- ^{22}葛籠 1047
- 菊
- ^{3}菊川 1047
- ^{4}菊井 1048
- 菊水 1048
- ^{5}菊丘 1048
- 菊本 1048
- 菊田 1048
- ^{6}菊名 1048
- 菊地 1048
- 菊池 1048
- ^{7}菊住 1048
- 菊坂 1048
- 菊谷 1048
- ^{8}菊岡 1048
- ^{9}菊屋 1048
- 菊美 1048
- ^{10}菊浜 1048
- ^{11}菊野 1048
- 菊鹿 1048
- ^{12}菊間 1049
- 菊満 1049
- ^{13}菊園 1049
- ^{14}菊鉾 1049
- 菰
- ^{3}菰口 1049
- ^{5}菰田 1049

5列目

- ^{6}菰池 1049
- ^{9}菰屋 1049
- ^{10}菰原 1049
- ^{11}菰野 1049
- 菜
- ^{4}菜切 1049
- ^{9}菜川 1049
- 菜根 1049
- ^{12}菜飯 1049
- ^{13}菜園 1049
- ^{14}菜摘 1049
- 菖
- ^{13}菖蒲 1049
- 菅
- 菅 1049
- ^{0}菅ケ 1049
- 菅ノ 1049
- 菅の 1049
- ^{3}菅大 1049
- 菅山 1050
- ^{4}菅井 1050
- 菅内 1050
- 菅刈 1050
- 菅引 1050
- 菅木 1050
- ^{5}菅仙 1050
- 菅出 1050
- 菅北 1050
- 菅平 1050
- 菅生 1050
- 菅田 1050
- ^{6}菅合 1050
- 菅江 1050
- 菅池 1050
- 菅牟 1050
- ^{7}菅尾 1050
- 菅沢 1050
- 菅町 1050
- 菅谷 1050
- 菅里 1050
- ^{8}菅沢 1050
- 菅波 1050
- 菅城 1050
- ^{9}菅栄 1050
- 菅畑 1050
- 菅相 1050
- ^{10}菅原 1050
- 菅島 1051
- 菅根 1051
- 菅浜 1051
- 菅馬 1051
- ^{11}菅野 1051
- ^{12}菅場 1051
- 菅無 1051

6列目

- 菅間 1051
- ^{13}菅塩 1051
- ^{14}菅稲 1051
- 菅窪 1051
- 菱
- ^{3}菱丸 1051
- 菱川 1051
- ^{4}菱刈 1051
- 菱分 1051
- 菱木 1051
- ^{5}菱平 1051
- 菱田 1051
- ^{6}菱江 1051
- 菱池 1051
- ^{7}菱町 1051
- ^{8}菱沼 1051
- ^{9}菱屋 1051
- 菱津 1051
- ^{11}菱野 1051
- ^{15}菱潟 1051
- 菩
- ^{12}菩提 1051
- 萌
- ^{0}萌え 1051
- ^{4}萌木 1051
- ^{5}萌出 1051
- ^{12}萌葱 1051
- 童
- ^{5}童平 1051
- 范
- ^{4}范中 1051
- 萠
- ^{8}萠和 1052
- 虚
- ^{8}虚空 1052
- 蛎
- ^{19}蛎瀬 1052
- 蛍
- ^{0}蛍が 1052
- ^{6}蛍池 1052
- ^{7}蛍沢 1052
- ^{9}蛍茶 1052
- ^{16}蛍橋 1052
- 蛇
- ^{0}蛇ケ 1052
- 蛇ノ 1052
- 蛇の 1052
- ^{3}蛇口 1052
- ^{4}蛇之 1052
- ^{5}蛇田 1052
- 蛇石 1052
- 蛇穴 1052
- ^{6}蛇池 1052
- ^{7}蛇坂 1052

7列目

- 蛇尾 1052
- 蛇沢 1052
- ^{8}蛇松 1052
- 蛇沼 1052
- ^{9}蛇廻 1052
- 蛇持 1052
- ^{10}蛇浦 1052
- ^{11}蛇崎 1052
- 蛇渕 1052
- 蛇野 1052
- ^{12}蛇喰 1052
- 蛇塚 1052
- ^{13}蛇園 1052
- 蛇溝 1052
- ^{22}蛇籠 1052
- 蚫
- 蚫 1052
- 袈
- ^{13}袈裟 1052
- 袴
- ^{5}袴田 1052
- ^{12}袴塚 1052
- 袋
- 袋 1052
- 袋口 1052
- ^{3}袋山 1052
- ^{4}袋井 1052
- 袋内 1052
- ^{5}袋田 1052
- ^{6}袋地 1052
- ^{7}袋町 1052
- ^{8}袋板 1053
- 袋迫 1053
- ^{9}袋津 1053
- 袋畑 1053
- ^{10}袋倉 1053
- 袋原 1053
- 袋畠 1053
- ^{12}袋達 1053
- 裟
- ^{4}裟月 1053
- 裟野 1053
- ^{14}裟綿 1053
- 許
- ^{5}許田 1053
- ^{12}許斐 1053
- 設
- ^{13}設楽 1053
- 貫
- 貫 1053
- ^{4}貫井 1053
- 貫戸 1053
- ^{5}貫田 1053
- ^{6}貫気 1053

検字表　11画

7貫見 1053	4都井 1054	12釈尊 1056	野呂 1059	野寄 1062	12陰陽 1063	雪見 1064
8貫弥 1053	都夫 1054	野	野坂 1059	野崎 1062	陳	雪谷 1064
9貫津 1053	5都丘 1054	野 1056	野形 1059	野曽 1062	0陳ケ 1063	雪車 1064
10貫原 1053	都加 1054	0野々 1056	野志 1059	野深 1062	陳ノ 1063	9雪屋 1064
転	都北 1054	1野一 1056	野条 1059	野添 1062	陶	11雪野 1064
7転坂 1053	都市 1054	2野七 1056	野束 1060	野笹 1062	陶 1063	12雪御 1064
逸	都平 1054	野入 1056	野村 1060	野菊 1062	0陶の 1063	雪森 1064
7逸見 1053	都庁 1054	3野下 1056	野来 1060	野郷 1062	4陶元 1063	15雪輪 1064
進	都田 1054	野上 1056	野沢 1060	野黒 1062	5陶本 1063	頃
4進之 1053	都由 1054	野丈 1056	野甫 1060	12野場 1062	陶生 1063	5頃末 1064
進化 1053	都立 1054	野久 1056	野町 1060	野塚 1062	7陶町 1063	18頃藤 1064
8進和 1053	都辺 1054	野口 1056	野良 1060	野渡 1062	9陶栄 1063	頂
11進陶 1053	7都住 1054	野子 1057	野花 1060	野萱 1062	10陶原 1063	6頂吉 1064
14進徳 1053	都呂 1054	野川 1057	野芥 1060	野萩 1062	11陶郷 1063	魚
郭	都志 1054	4野中 1057	野見 1060	野間 1062	14陶磁 1063	0魚の 1064
4郭内 1053	都町 1054	野井 1057	野谷 1060	13野塩 1062	15陶器 1063	5魚市 1064
5郭巨 1053	都祁 1055	野介 1057	野里 1060	野嵩 1062	陸	7魚住 1064
7郭町 1053	8都和 1055	野元 1057	8野並 1061	野幌 1062	陸 1063	魚尾 1065
郷	都岡 1055	野内 1057	野依 1061	野新 1062	0陸ノ 1063	魚町 1065
郷 1053	都府 1055	野友 1057	野岡 1061	野殿 1062	3陸上 1063	魚見 1065
0郷ケ 1053	都於 1055	野手 1057	野岳 1061	野溝 1062	4陸中 1063	8魚河 1065
郷ノ 1053	都治 1055	野方 1057	野底 1061	野福 1062	5陸本 1063	魚沼 1065
1郷乙 1054	9都城 1055	野月 1057	野忽 1061	野続 1063	陸田 1063	9魚屋 1065
3郷口 1054	都屋 1055	野木 1057	野林 1061	野蒜 1063	7陸別 1063	魚津 1065
郷山 1054	都染 1055	野比 1057	野波 1061	野跡 1063	陸津 1064	魚神 1065
4郷中 1054	10都原 1055	野毛 1057	野狐 1061	野路 1063	陸前 1064	10魚島 1065
郷之 1054	都島 1055	野水 1057	野迫 1061	野遠 1063	11陸郷 1064	魚帰 1065
郷六 1054	都留 1055	野火 1057	野門 1061	野馳 1063	12陸奥 1064	魚浜 1065
郷分 1054	都通 1055	野爪 1057	9野南 1061	14野増 1063	隆	魚躬 1065
郷戸 1054	11都盛 1055	5野牛 1057	野垣 1061	野端 1063	7隆見 1064	11魚崎 1065
5郷市 1054	都部 1055	野代 1057	野室 1061	野銭 1063	9隆城 1064	魚梁 1065
郷本 1054	都野 1055	野付 1057	野巻 1061	野際 1063	陵	魚貫 1065
郷田 1054	12都喜 1055	野出 1057	野洲 1061	野駄 1063	6陵西 1064	魚野 1065
6郷地 1054	都塚 1055	野尻 1057	野津 1061	15野潟 1063	9陵南 1064	19魚瀬 1065
郷西 1054	都筑 1055	野市 1058	野畑 1061	野箱 1063	17陵厳 1064	鳥
7郷沢 1054	都賀 1055	野本 1058	野神 1061	17野篠 1063	雀	0鳥ケ 1065
郷町 1054	13都路 1055	野末 1058	野秋 1061	19野瀬 1063	0雀ケ 1064	鳥ノ 1065
8郷免 1054	都農 1055	野母 1058	野胡 1061	21野鶴 1063	雀の 1064	鳥が 1065
郷東 1054	都電 1055	野田 1058	野荒 1061	釧	5雀田 1064	3鳥口 1065
9郷前 1054	14都窪 1055	野白 1059	野面 1061	11釧望 1063	8雀居 1064	鳥子 1065
郷屋 1054	16都橋 1055	野矢 1059	10野倉 1061	13釧路 1063	雀林 1064	鳥小 1065
郷柿 1054	部	野石 1059	野原 1061	釣	10雀宮 1064	鳥山 1065
郷津 1054	部 1055	野立 1059	野孫 1061	3釣上 1063	12雀森 1064	鳥川 1065
10郷原 1054	2部入 1055	野辺 1059	野家 1061	釣山 1063	雫	4鳥之 1065
郷島 1054	5部田 1055	6野伏 1059	野島 1061	4釣井 1063	5雫石 1064	鳥井 1065
郷桜 1054	8部垂 1055	野向 1059	野庭 1061	7釣町 1063	雪	鳥木 1065
11郷部 1054	9部室 1055	野地 1059	野栗 1062	10釣浜 1063	0雪ノ 1064	5鳥田 1065
郷野 1054	部栄 1055	野多 1059	野桑 1062	11釣部 1063	雪が 1064	鳥矢 1065
13郷新 1054	10部原 1055	野寺 1059	野根 1062	20釣鐘 1063	雪入 1064	鳥穴 1065
19郷瀬 1054	部連 1055	野州 1059	野浦 1062	陰	5雪田 1064	6鳥羽 1065
都	郵	野江 1059	野能 1062	5陰平 1063	雪穴 1064	鳥舌 1066
都 1054	9郵便 1055	野老 1059	野馬 1062	陰田 1063	7雪沢 1064	7鳥住 1066
0都ケ 1054	釈	7野佐 1059	野高 1062		雪町 1064	鳥坂 1066
3都万 1054	8釈迦 1055	野作 1059	11野堀 1062			鳥形 1066
	9釈泉 1056					

検字表 — 12画

鳥

鳥沢 1066 / 鳥町 1066 / 鳥見 1066 / 鳥谷 1066 / 8鳥並 1066 / 鳥取 1066 / 鳥居 1066 / 9鳥屋 1066 / 鳥海 1066 / 鳥神 1066 / 鳥追 1066 / 10鳥原 1066 / 鳥島 1066 / 鳥根 1066 / 鳥栖 1066 / 鳥浜 1066 / 鳥通 1067 / 11鳥崎 1067 / 鳥渕 1067 / 鳥野 1067 / 12鳥喰 1067 / 鳥塚 1067 / 鳥越 1067 / 13鳥飼 1067 / 14鳥嶋 1067 / 15鳥澄 1067

鹿

鹿 1067 / 0鹿ケ 1067 / 鹿ノ 1067 / 鹿の 1067 / 2鹿又 1067 / 3鹿下 1067 / 鹿上 1067 / 鹿子 1067 / 鹿小 1067 / 鹿山 1067 / 4鹿中 1067 / 鹿内 1067 / 鹿毛 1067 / 鹿王 1067 / 5鹿北 1067 / 鹿央 1067 / 鹿本 1068 / 鹿田 1068 / 鹿目 1068 / 鹿立 1068 / 6鹿伏 1068 / 7鹿児 1068 / 鹿尾 1068 / 鹿折 1068 / 鹿町 1068 / 鹿見 1068 / 鹿角 1068 / 鹿谷 1068 / 鹿足 1068 / 8鹿妻 1068 / 鹿放 1068 / 鹿松 1068 / 鹿沼 1068 / 鹿波 1068 / 9鹿乗 1068 / 鹿俣 1068 / 鹿室 1068 / 鹿屋 1068 / 鹿峠 1068 / 鹿海 1068 / 鹿狩 1068 / 鹿畑 1068 / 鹿背 1069 / 鹿追 1069 / 10鹿原 1069 / 鹿家 1069 / 鹿島 1069 / 鹿峰 1070 / 鹿帰 1070 / 鹿庭 1070 / 鹿校 1070 / 鹿浜 1070 / 鹿留 1070 / 鹿討 1070 / 鹿骨 1070 / 11鹿教 1070 / 鹿部 1070 / 鹿野 1070 / 鹿黒 1070 / 12鹿勝 1070 / 鹿森 1070 / 鹿渡 1070 / 鹿賀 1070 / 鹿間 1070 / 13鹿園 1070 / 鹿塩 1070 / 鹿路 1070 / 鹿飼 1070 / 14鹿嶋 1070 / 鹿熊 1070 / 鹿窪 1070 / 15鹿敷 1070 / 16鹿篭 1070 / 鹿頭 1070 / 19鹿瀬 1070 / 22鹿籠 1070

麻

麻 1070 / 3麻山 1070 / 4麻友 1070 / 5麻加 1070 / 麻布 1070 / 麻生 1070 / 6麻宇 1071 / 7麻見 1071 / 麻里 1071 / 8麻苧 1071 / 9麻畑 1071 / 11麻郷 1071 / 12麻植 1071 / 13麻溝 1071 / 17麻績 1071

黄

8黄和 1071 / 黄波 1071 / 黄金 1071 / 9黄柳 1071 / 10黄島 1071 / 17黄檗 1071

黒

黒 1071 / 3黒丸 1071 / 黒土 1071 / 黒子 1071 / 黒山 1071 / 黒川 1071 / 4黒井 1072 / 黒内 1072 / 黒戸 1072 / 黒木 1072 / 黒氏 1072 / 黒水 1072 / 5黒平 1072 / 黒本 1072 / 黒生 1072 / 黒田 1072 / 黒石 1073 / 6黒江 1073 / 黒牟 1073 / 黒羽 1073 / 7黒住 1073 / 黒坂 1073 / 黒尾 1073 / 黒沢 1073 / 黒見 1073 / 黒谷 1073 / 8黒周 1073 / 黒界 1073 / 黒岡 1073 / 黒岩 1073 / 黒杭 1073 / 黒松 1073 / 黒河 1073 / 黒肥 1073 / 黒金 1073 / 黒門 1074 / 9黒保 1074 / 黒俣 1074 / 黒屋 1074 / 黒津 1074 / 黒砂 1074 / 黒神 1074 / 黒茶 1074 / 10黒原 1074 / 黒姫 1074 / 黒島 1074 / 黒桂 1074 / 黒浜 1074 / 黒流 1074 / 11黒崎 1074 / 黒添 1074 / 黒渕 1074 / 黒笹 1074 / 黒袴 1074 / 黒貫 1074 / 黒部 1074 / 黒野 1074 / 黒鳥 1074 / 12黒森 1074 / 黒須 1074 / 13黒滝 1074 / 14黒鉾 1074 / 黒髪 1074 / 15黒潮 1074 / 黒駒 1074 / 16黒澤 1074 / 黒蔴 1075 / 黒鴨 1075 / 17黒磯 1075 / 18黒藤 1075 / 19黒瀬 1075

12画

傘

8傘松 1075 / 14傘鉾 1075

備

4備中 1075 / 9備前 1075 / 備後 1075 / 19備瀬 1075

傍

5傍示 1075 / 8傍所 1076

割

3割子 1076 / 割山 1076 / 5割付 1076 / 割出 1076 / 割田 1076 / 割目 1076 / 7割町 1076 / 9割前 1076 / 11割野 1076 / 12割塚 1076

博

6博多 1076 / 7博労 1076

厨

厨 1076 / 3厨子 1076 / 厨川 1076

営

8営所 1076

喜

0喜々 1076 / 2喜入 1076 / 3喜与 1076 / 喜久 1076 / 4喜六 1076 / 喜友 1076 / 5喜右 1076 / 喜平 1076 / 喜田 1076 / 6喜仲 1076 / 喜光 1076 / 喜吉 1076 / 喜合 1076 / 喜名 1076 / 喜多 1076 / 喜如 1077 / 7喜佐 1077 / 喜志 1077 / 喜沢 1077 / 喜町 1077 / 喜里 1077 / 8喜念 1077 / 喜舎 1077 / 喜茂 1077 / 喜門 1077 / 喜阿 1077 / 9喜屋 1077 / 喜界 1077 / 喜美 1077 / 10喜連 1077 / 11喜婦 1077 / 12喜惣 1077 / 喜登 1077 / 13喜楽 1077 / 喜殿 1077 / 19喜瀬 1077

喬

4喬木 1077

喰

3喰丸 1077 / 5喰代 1077

善

0善ケ 1077 / 3善久 1077 / 4善太 1077 / 5善北 1077 / 善右 1077 / 善左 1077 / 善正 1077 / 6善光 1077 / 善名 1077 / 善地 1077 / 善行 1077 / 善応 1077 / 善谷 1077 / 8善和 1077 / 善明 1077 / 善波 1077 / 善法 1077 / 善長 1077 / 善阿 1077 / 9善南 1077 / 善城 1077 / 10善師 1077 / 善桂 1078 / 善根 1078 / 善能 1078 / 善通 1078 / 11善進 1078 / 善郷 1078 / 善部 1078 / 12善道 1078 / 13善福 1078 / 15善導 1078 / 善慶 1078 / 善蔵 1078

堰

堰 1078 / 0堰の 1078 / 3堰下 1078 / 堰上 1078 / 堰口 1078 / 5堰代 1078 / 6堰向 1078 / 堰合 1078 / 10堰根 1078 / 12堰場 1078 / 堰間 1078

堅

3堅下 1078 / 堅子 1078 / 5堅田 1078 / 7堅志 1078 / 堅来 1078 / 8堅苔 1078 / 9堅海 1078 / 堅神 1078 / 10堅倉 1078 / 堅浦 1078 / 11堅粕 1078 / 12堅達 1078 / 15堅磐 1078

堺

堺 1078 / 4堺区 1078 / 5堺市 1078 / 堺田 1078 / 7堺町 1078 / 8堺東 1078 / 12堺筋 1078

場

4場之 1078 / 12場割 1078

堕

9堕星 1078

塚

塚 1078 / 0塚ノ 1078 / 塚口 1078 / 3塚山 1078 / 塚本 1079 / 塚田 1079 / 塚目 1079 / 6塚名 1079 / 塚地 1079 / 塚西 1079 / 7塚沢 1079 / 塚町 1079 / 塚角 1079 / 塚谷 1079 / 8塚長 1079 / 9塚畑 1079 / 10塚原 1079 / 塚浜 1079 / 塚脇 1079 / 11塚堀 1079 / 塚崎 1079 / 塚淵 1079 / 塚部 1079

検字表　12画

塚野 1079	13壺楊 1080	奥津 1082	富木 1085	富島 1088	幾栄 1090	御室 1092
12塚森 1079	奥	奥洞 1082	富水 1085	富根 1088	10幾島 1090	御屋 1093
塚無 1079	奥 1080	奥畑 1082	5富丘 1085	富浦 1088	11幾寅 1090	御指 1093
塚越 1079	0奥オ 1080	奥県 1082	富加 1085	富浜 1088	幾野 1090	御津 1093
塚間 1079	3奥万 1080	奥神 1082	富平 1085	富益 1088	弾	御神 1097
堤	奥大 1080	奥秋 1082	富本 1085	富高 1088	5弾正 1090	御荘 1097
堤 1079	奥子 1080	奥飛 1082	富永 1085	11富堂 1088	御	御茶 1097
0堤ケ 1079	奥山 1081	10奥原 1082	富田 1086	富崎 1089	御 1090	御香 1097
3堤下 1079	奥川 1081	奥夏 1082	6富仲 1086	富盛 1089	3御三 1090	10御倉 1097
堤上 1079	4奥中 1081	奥師 1082	富任 1086	富船 1089	御子 1090	御姫 1097
4堤内 1079	奥之 1081	奥浦 1082	富光 1086	富蒗 1089	御山 1090	御宮 1097
5堤北 1079	奥井 1081	奥浜 1082	富吉 1086	富郷 1089	御弓 1090	御射 1097
堤台 1079	奥内 1081	奥馬 1082	富合 1086	富部 1089	4御井 1090	御島 1097
堤外 1079	奥天 1081	11奥野 1082	富安 1087	富野 1089	御仁 1090	御座 1097
堤尻 1079	奥戸 1081	奥鹿 1082	富州 1087	12富塚 1089	御内 1090	御徒 1097
堤本 1080	5奥仙 1081	奥麻 1082	富江 1087	富貴 1089	御座 1090	御料 1097
堤田 1080	奥出 1081	12奥湊 1082	富池 1087	富雄 1089	御太 1090	御旅 1097
6堤団 1080	奥古 1081	奥間 1082	富竹 1087	13富新 1089	御手 1090	御浜 1097
堤西 1080	奥尻 1081	奥須 1083	富西 1087	14富嶋 1089	御方 1090	御浪 1097
7堤町 1080	奥市 1081	13奥塩 1083	7富尾 1087	15富樫 1089	5御代 1090	御蔵 1097
堤谷 1080	奥平 1081	奥新 1083	富来 1087	富蔵 1089	御札 1090	御莫 1097
10堤原 1080	奥本 1081	奥殿 1083	富沢 1087	16富濃 1089	御正 1090	御馬 1097
堤根 1080	奥玉 1081	14奥榎 1083	富町 1087	富澤 1089	御母 1090	11御堂 1097
堤脇 1080	奥田 1081	15奥潭 1083	富良 1087	尊	御玉 1090	御宿 1097
堤起 1080	奥白 1081	16奥興 1083	富谷 1087	7尊利 1089	御用 1090	御崎 1097
堤通 1080	6奥吉 1081	奥鴨 1083	富里 1087	8尊延 1089	御田 1090	御望 1098
11堤崎 1080	奥地 1081	19奥瀬 1083	8富並 1087	9尊保 1089	御立 1090	御清 1098
堤野 1080	奥多 1081	寒	富和 1087	11尊野 1089	6御仮 1091	御祭 1098
13堤新 1080	奥宇 1081	3寒川 1083	富岡 1087	12尊勝 1089	御吉 1091	御笠 1098
塔	奥州 1081	4寒井 1083	富岸 1088	嵐	御名 1091	御経 1098
0塔ケ 1080	奥池 1082	5寒田 1083	富松 1088	3嵐山 1089	御庄 1091	御船 1098
塔ノ 1080	奥牟 1082	7寒別 1083	富東 1088	5嵐田 1089	御成 1091	御許 1098
塔の 1080	奥米 1082	寒沢 1083	富武 1088	7嵐町 1089	御机 1091	御野 1098
3塔下 1080	奥行 1082	8寒昇 1083	富若 1088	13嵐電 1089	御池 1091	御陵 1098
4塔之 1080	7奥佐 1082	寒河 1083	富長 1088	巽	御舟 1091	御麻 1098
5塔田 1080	奥呉 1082	9寒風 1083	9富保 1088	巽 1090	7御作 1091	12御厩 1098
6塔寺 1080	奥坂 1082	富	富厚 1088	0巽ケ 1090	御囲 1091	御厨 1098
7塔尾 1080	奥条 1082	富 1083	富咲 1088	巽が 1090	御坂 1091	御棚 1099
8塔岩 1080	奥沢 1082	0富ケ 1083	富室 1088	4巽北 1090	御坊 1091	御棟 1099
10塔原 1080	奥町 1082	富が 1083	富屋 1088	5巽西 1090	御杖 1091	御畳 1099
11塔野 1080	奥芝 1082	富の 1083	富栄 1088	6巽西 1090	御杉 1091	御着 1099
塀	奥谷 1082	3富下 1083	富柳 1088	7巽町 1090	御来 1091	御給 1099
4塀之 1080	8奥武 1082	富久 1083	富海 1088	8巽東 1090	御花 1091	御開 1099
報	奥河 1082	富口 1083	富津 1088	9巽南 1090	8御供 1091	13御園 1099
8報国 1080	奥波 1082	富土 1083	富県 1088	幅	御免 1091	御嵩 1099
10報恩 1080	奥若 1082	富士 1083	富神 1088	3幅下 1090	御国 1091	御殿 1099
14報徳 1080	奥迫 1082	富小 1085	富秋 1088	幾	御宝 1091	御稜 1099
壺	奥金 1082	富山 1085	富美 1088	3幾久 1090	御岳 1091	14御徳 1099
壺 1080	奥長 1082	富川 1085	富草 1088	幾千 1090	御幸 1091	御旗 1099
0壺ケ 1080	奥阿 1082	4富之 1085	富重 1088	5幾世 1090	御所 1092	御熊 1099
3壺川 1080	9奥春 1082	富双 1085	10富倉 1088	幾代 1090	御明 1092	御領 1099
4壺井 1080	奥栄 1082	富戸 1085	富原 1088	6幾地 1090	御波 1092	15御器 1099
7壺阪 1080	奥海 1082		富家 1088	7幾里 1090	御油 1092	御幣 1100
9壺屋 1080	奥泉 1082			9幾春 1090	御牧 1092	御廟 1100
					御門 1092	
					9御前 1092	

御影 1100	揚	普正 1103	勝竜 1105	11朝菜 1108	森元 1110	13森園 1112
御蔵 1100	6揚羽 1102	6普光 1103	勝納 1105	朝野 1108	森友 1111	森新 1112
御請 1100	7揚町 1102	10普恩 1103	勝能 1105	12朝捲 1108	森戸 1111	森腰 1112
御調 1100	12揚場 1102	11普済 1103	勝連 1105	朝陽 1108	森片 1111	18森藤 1112
御霊 1100	摘	16普賢 1103	勝馬 1105	13朝園 1108	5森北 1111	椙
御駕 1100	3摘山 1102	最	11勝堂 1105	朝賜 1108	森尻 1111	7椙谷 1112
16御劔 1100	敬	3最上 1103	勝常 1105	14朝熊 1108	森本 1111	棚
御膳 1100	3敬川 1102	4最戸 1103	勝部 1105	15朝潮 1108	森末 1111	3棚山 1112
御舘 1100	散	8最知 1103	勝野 1105	朝駒 1108	森永 1111	4棚井 1112
御薗 1101	5散布 1102	9最栄 1103	12勝善 1105	17朝篠 1108	森田 1111	棚方 1112
御館 1101	散田 1102	12最勝 1103	勝富 1105	朝霞 1108	森目 1111	棚木 1112
17御嶽 1101	敦	曾	勝賀 1105	19朝霧 1108	森石 1111	棚毛 1112
19御簾 1101	11敦盛 1102	6曾宇 1103	勝間 1105	検	6森吉 1111	5棚田 1112
御願 1101	12敦賀 1102	8曾和 1103	13勝楽 1105	7検見 1108	森合 1111	7棚尾 1112
復	斑	替	勝瑞 1105	13検福 1108	森安 1111	棚沢 1112
復 1101	7斑尾 1102	6替地 1103	勝福 1105	15検儀 1108	森寺 1111	棚谷 1112
4復井 1101	13斑鳩 1102	7替佐 1103	勝蓮 1105	植	森行 1111	9棚草 1112
惣	斐	替坂 1103	15勝幡 1105	3植下 1108	森西 1111	10棚倉 1112
惣 1101	3斐川 1102	勝	勝蔵 1105	植上 1108	7森住 1111	棚原 1112
3惣山 1101	暁	勝 1104	勝	植大 1108	森坂 1111	11棚野 1112
4惣中 1101	暁 1102	0勝ど 1104	19勝瀬 1105	植山 1108	森孝 1111	13棚塩 1112
惣六 1101	7暁町 1102	2勝入 1104	朝	4植月 1108	森尾 1111	16棚橋 1112
惣分 1101	8暁学 1103	3勝下 1104	3朝山 1105	植木 1108	森村 1111	棚頭 1112
惣太 1101	景	勝大 1104	4朝戸 1106	5植出 1109	森沢 1111	20棚懸 1112
惣爪 1101	8景林 1103	勝山 1104	朝日 1106	植田 1109	森町 1111	24棚鱗 1112
5惣右 1101	12景勝 1103	勝川 1104	朝月 1107	6植竹 1109	森近 1111	椎
惣田 1101	13景福 1103	4勝木 1104	朝比 1107	7植村 1109	8森岡 1111	0椎ノ 1112
6惣印 1101	暑	5勝占 1104	5朝丘 1107	8植房 1109	森岳 1111	椎の 1112
惣在 1101	12暑寒 1103	勝央 1104	朝代 1107	植松 1109	森忠 1111	3椎土 1112
惣地 1101	晴	勝本 1104	朝加 1107	植苗 1109	森松 1111	4椎木 1112
7惣作 1101	3晴山 1103	勝田 1104	朝生 1107	9植柳 1109	森東 1111	5椎出 1112
惣兵 1101	5晴丘 1103	勝目 1104	朝田 1107	植畑 1109	森林 1111	椎本 1112
惣利 1101	7晴見 1103	勝立 1104	6朝凪 1107	植草 1109	森河 1111	椎田 1112
惣社 1101	8晴明 1103	6勝地 1104	朝地 1107	10植栗 1109	森若 1111	6椎名 1112
8惣林 1101	晴門 1103	勝瓜 1105	朝気 1107	11植野 1109	9森南 1111	椎池 1112
惣門 1101	9晴海 1103	7勝佐 1105	朝汐 1107	13植園 1109	森垣 1111	7椎谷 1112
10惣座 1101	晴美 1103	勝呂 1105	7朝志 1107	15植槻 1109	森屋 1111	8椎垂 1112
11惣郷 1101	12晴嵐 1103	勝沢 1105	朝来 1107	森	森後 1112	椎泊 1112
12惣森 1101	智	勝町 1105	朝町 1107	森 1109	森政 1112	椎迫 1112
13惣新 1101	5智北 1103	勝見 1105	朝見 1107	0森カ 1110	森津 1112	9椎榮 1112
14惣領 1101	7智里 1103	勝谷 1105	8朝国 1108	森ノ 1110	森荘 1112	椎津 1112
15惣慶 1101	10智恵 1103	8勝岡 1105	朝妻 1108	森が 1110	10森宮 1112	椎草 1112
悲	13智福 1103	勝沼 1105	朝岡 1108	森の 1110	森島 1112	10椎倉 1112
5悲田 1101	16智積 1103	9勝保 1105	朝府 1108	3森下 1110	森浦 1112	椎原 1112
提	智頭 1103	勝俣 1105	朝明 1108	森上 1110	森脇 1112	11椎堂 1112
提 1101	晩	勝南 1105	朝金 1108	森久 1110	11森堂 1112	椎崎 1112
16提興 1101	5晩台 1103	勝屋 1105	朝長 1108	森口 1110	森宿 1112	12椎塚 1112
掻	晩生 1103	勝海 1105	9朝屋 1108	森子 1110	森崎 1112	椎葉 1112
6掻西 1101	晩田 1103	勝神 1105	朝柄 1108	森小 1110	森清 1112	棟
9掻保 1101	6晩成 1103	10勝倉 1105	朝美 1108	森山 1110	森添 1112	10棟高 1113
掻屋 1102	14晩稲 1103	勝原 1105	10朝倉 1108	森川 1110	森郷 1112	棒
11掻宿 1102	普	勝島 1105	朝酌 1108	4森中 1110	森部 1112	10棒振 1113
12掻斐 1102	4普天 1103	勝根 1105		森之 1110	森野 1112	椋
	5普代 1103	勝浦 1105			12森越 1112	4椋木 1113

検字表　12画

⁵椋本 1113	¹⁰湖畔 1114	渡通 1116	湯迫 1118	⁹湊泉 1120	¹⁰琴浦 1121	硯石 1122
⁸椋岡 1113	¹¹湖陵 1114	渡連 1116	⁹湯前 1118	¹⁰湊浦 1120	琴浪 1121	⁷硯町 1122
椋枝 1113	¹²湖遊 1114	¹¹渡部 1116	湯屋 1118	湊浜 1120	¹¹琴寄 1121	⁹硯屋 1122
椋波 1113	湖陽 1114	渡鹿 1116	湯浅 1119	湊通 1120	琴崎 1121	硫
¹¹椋野 1113	港	¹²渡喜 1117	湯神 1119	湊高 1120	¹²琴塚 1121	¹¹硫黄 1122
榔	港 1114	渡場 1117	湯倉 1119	¹¹湊桶 1120	¹³琴電 1121	¹⁴硫酸 1122
¹⁰榔原 1113	⁰港ケ 1115	渡散 1117	¹⁰湯原 1119	湊紺 1120	琵	稀
椌	³港山 1115	¹⁴渡嘉 1117	湯宮 1119	¹²湊御 1120	¹²琵琶 1121	⁸稀府 1122
⁴椌木 1113	港川 1115	¹⁵渡慶 1117	湯島 1119	湊道 1120	畳	程
梆	⁴港中 1115	¹⁶渡橋 1117	湯桧 1119	¹³湊新 1120	⁹畳屋 1121	⁰程ケ 1122
⁵梆辻 1113	港区 1115	¹⁹渡瀬 1117	湯浦 1119	湧	番	³程久 1122
棯	⁵港北 1115	湯	湯浜 1119	³湧川 1120	⁰番の 1121	⁵程田 1122
³棯小 1113	港本 1115	湯 1117	湯涌 1119	⁴湧水 1120	³番士 1121	¹⁰程島 1122
椚	⁶港西 1115	⁰湯ケ 1117	¹¹湯宿 1119	⁷湧別 1120	⁵番生 1122	¹²程塚 1123
椚 1113	⁷港町 1115	湯ノ 1117	湯崎 1119	湧洞 1120	番田 1122	童
⁰椚ノ 1113	⁸港明 1115	湯の 1117	湯梨 1119	湾	⁶番匠 1122	³童子 1123
³椚山 1113	⁹港南 1115	²湯八 1117	湯船 1119	湾 1120	⁷番坂 1122	⁵童仙 1123
⁴椚木 1113	港栄 1116	³湯上 1117	湯郷 1119	⁴湾月 1120	番条 1122	⁸童侍 1123
⁵椚平 1113	¹⁰港島 1116	湯口 1117	湯野 1119	焼	番町 1122	筋
椚田 1113	¹²港晴 1116	湯山 1117	¹²湯温 1119	⁵焼山 1120	⁹番前 1122	筋 1123
⁸椚林 1113	港陽 1116	湯川 1117	湯渡 1119	焼尻 1120	番屋 1122	⁰筋ケ 1123
¹²椚塚 1113	¹³港楽 1116	⁴湯之 1117	湯湾 1119	焼石 1120	番神 1122	筋山 1123
樏	¹⁴港緑 1116	湯元 1117	¹³湯触 1119	⁶焼米 1120	¹⁰番堂 1122	筋川 1123
¹⁰樏原 1113	滋	湯内 1117	¹⁴湯窪 1119	⁷焼杉 1120	¹¹番帳 1122	⁹筋屋 1123
欽	¹¹滋野 1116	湯日 1117	¹⁷湯檜 1119	⁹焼津 1120	番組 1122	筋海 1123
⁸欽明 1113	¹²滋賀 1116	湯木 1117	¹⁹湯瀬 1119	¹¹焼野 1120	¹²番場 1122	¹³筋違 1123
歯	湘	⁵湯出 1117	満	¹⁶焼橋 1120	¹⁶番館 1122	策
¹⁵歯舞 1113	湘	湯布 1117	³満久 1119	然	唸	⁴策牛 1123
殖	⁹湘南 1116	湯平 1117	⁴満仁 1119	⁷然別 1120	⁷唸町 1122	筑
¹¹殖産 1113	渡	湯本 1118	満水 1119	無	登	³筑土 1123
渦	渡 1116	湯玉 1118	⁵満田 1119	⁵無代 1120	登 1122	⁵筑北 1123
¹²渦森 1113	⁰渡ケ 1116	湯田 1118	満池 1119	無加 1120	⁰登リ 1122	筑地 1123
温	³渡久 1116	⁶湯地 1118	⁶満全 1119	無田 1120	²登又 1122	⁶筑西 1123
⁴温井 1113	渡口 1116	湯次 1118	⁷満寿 1119	⁹無音 1120	³登大 1122	⁸筑波 1123
温水 1113	渡川 1116	湯江 1118	⁹満屋 1119	¹⁰無栗 1120	登川 1122	⁹筑前 1123
⁵温出 1113	⁴渡内 1116	湯舟 1118	満泉 1119	¹¹無動 1120	⁴登戸 1122	筑後 1123
温田 1113	渡刈 1116	湯西 1118	満美 1119	無悪 1120	⁵登世 1122	¹¹筑紫 1123
⁶温江 1113	渡戸 1116	⁷湯別 1118	¹⁰満倉 1119	無鹿 1120	⁶登米 1122	¹³筑豊 1123
⁷温見 1113	⁵渡辺 1116	湯坂 1118	¹⁵満穂 1119	¹²無量 1120	⁷登別 1122	¹⁵筑摩 1123
⁹温品 1113	⁶渡合 1116	湯尾 1118	¹⁶満澤 1119	犀	登呂 1122	筑穂 1123
温海 1113	渡名 1116	湯岐 1118	¹⁹満願 1119	犀川 1121	登尾 1122	筑縄 1123
温泉 1113	⁷渡利 1116	湯村 1118	湊	¹⁵犀潟 1121	登町 1122	¹⁹筑瀬 1123
¹⁰温根 1114	渡沢 1116	湯来 1118	湊 1119	猩	登良 1122	等
¹²温湯 1114	渡町 1116	湯沢 1118	²湊入 1119	⁰猩々 1121	⁹登栄 1122	⁰等々 1123
湖	渡里 1116	湯町 1118	³湊山 1119	琴	登畑 1122	⁶等安 1123
³湖山 1114	⁸渡具 1116	湯谷 1118	湊川 1119	⁰琴ノ 1121	登美 1122	⁹等持 1123
⁵湖北 1114	渡波 1116	湯里 1118	⁴湊中 1119	⁵琴平 1121	¹¹登野 1122	答
⁶湖光 1114	⁹渡前 1116	⁸湯坪 1118	⁵湊北 1120	琴田 1121	¹²登喜 1122	⁷答志 1123
湖西 1114	渡柳 1116	湯岡 1118	湊本 1120	⁷琴似 1121	短	¹¹答野 1123
⁸湖岸 1114	渡津 1116	湯所 1118	⁷湊坂 1120	琴坂 1121	¹¹短野 1122	筒
湖東 1114	¹⁰渡原 1116	湯抱 1118	湊町 1120	琴町 1121	硯	³筒口 1123
湖青 1114	渡島 1116	湯河 1118	湊里 1120	琴芝 1121	³硯川 1122	⁴筒井 1123
⁹湖南 1114		湯泊 1118		⁸琴岡 1121	⁵硯田 1122	筒戸 1123
湖城 1114		湯沸 1118		⁹琴海 1121		⁵筒石 1123

12画　検字表

筒
- 6筒地 1123
- 7筒尾 1124
- 8筒金 1124
- 10筒針 1124
- 11筒野 1124
- 12筒森 1124

筈
- 9筈巻 1124

筏
- 4筏木 1124
- 9筏津 1124
- 12筏場 1124
- 13筏溝 1124

筆
- 0筆ケ 1124
- 3筆山 1124
- 7筆甫 1124

粟
- 粟 1124
- 0粟ケ 1124
- 2粟又 1124
- 3粟山 1124
- 4粟井 1124
- 粟斗 1124
- 5粟生 1124
- 粟田 1124
- 7粟佐 1124
- 粟沢 1124
- 粟谷 1124
- 8粟国 1124
- 9粟屋 1124
- 粟津 1124
- 10粟倉 1124
- 粟原 1124
- 粟宮 1124
- 粟島 1124
- 11粟崎 1124
- 粟野 1125
- 12粟賀 1125
- 粟飯 1125
- 13粟殿 1125
- 14粟窪 1125

粐
- 10粐島 1125

絵
- 3絵下 1125
- 7絵図 1125
- 10絵師 1125
- 絵紙 1125
- 11絵笛 1125
- 14絵柄 1125

給
- 2給人 1125
- 4給分 1125
- 給父 1125
- 5給田 1125
- 11給部 1125

結
- 結 1125
- 7結佐 1125
- 結束 1125
- 8結東 1125
- 9結城 1125
- 10結馬 1125
- 11結崎 1125
- 12結善 1125
- 15結縁 1125

統
- 4統内 1125
- 統太 1125

腕
- 12腕塚 1125

葵
- 葵 1125
- 4葵区 1125
- 6葵西 1125
- 7葵町 1125
- 8葵東 1125

葦
- 5葦北 1125
- 8葦附 1125

萱
- 4萱方 1125
- 5萱生 1125
- 萱田 1125
- 7萱尾 1125
- 萱町 1125
- 萱苅 1125
- 萱谷 1125
- 8萱沼 1125
- 9萱津 1125
- 萱草 1126
- 10萱原 1126
- 萱島 1126
- 萱振 1126
- 萱根 1126
- 11萱野 1126
- 12萱場 1126
- 萱森 1126
- 萱間 1126
- 16萱橋 1126

菟
- 5菟田 1126
- 12菟道 1126

萩
- 萩 1126
- 0萩ケ 1126
- 萩ノ 1126
- 萩が 1126
- 萩の 1126
- 2萩乃 1126
- 3萩山 1126
- 4萩中 1126
- 萩之 1126
- 萩内 1126
- 萩牛 1126
- 5萩丘 1126
- 萩台 1126
- 萩市 1126
- 萩生 1126
- 7萩坂 1126
- 萩尾 1126
- 萩町 1126
- 萩見 1126
- 萩谷 1126
- 8萩岡 1127
- 9萩垣 1127
- 萩室 1127
- 萩荘 1127
- 10萩倉 1127
- 萩津 1127
- 萩島 1127
- 11萩埜 1127
- 萩崎 1127
- 萩野 1127
- 12萩塚 1127
- 萩森 1127
- 萩間 1127
- 13萩園 1127
- 萩殿 1127
- 15萩蕪 1127

葺
- 6葺合 1127

葉
- 0葉ノ 1127
- 葉の 1127
- 3葉山 1127
- 4葉多 1128
- 6葉多 1128
- 葉池 1128
- 7葉坂 1128
- 葉苅 1128
- 9葉室 1128
- 10葉原 1128
- 11葉鹿 1128
- 12葉萱 1128

落
- 落地 1128
- 落衣 1128
- 7落折 1128
- 8落居 1128
- 落岩 1128
- 9落神 1128
- 11落添 1128
- 落部 1128
- 落野 1129
- 3落川 1128
- 4落井 1128
- 落方 1128
- 5落石 1128
- 6落合 1128

葎
- 5葎生 1129
- 葎沢 1129
- 葎谷 1129
- 10葎島 1129

葭
- 0葭ケ 1129
- 3葭川 1129
- 5葭生 1129
- 6葭池 1129
- 葭牟 1129
- 7葭町 1129
- 葭谷 1129
- 9葭津 1129
- 10葭原 1129
- 葭島 1129
- 11葭添 1129

萬
- 2萬力 1129
- 13萬歳 1129

葹
- 5葹田 1129

蛤
- 蛤 1129
- 10蛤浜 1129

蛭
- 0蛭ケ 1129
- 3蛭子 1129
- 蛭川 1129
- 5蛭田 1129
- 6蛭池 1129
- 7蛭谷 1129
- 9蛭畑 1129
- 11蛭野 1129
- 12蛭間 1129
- 14蛭窪 1129

蛎
- 3蛎川 1129
- 7蛎町 1129
- 蛎谷 1129

裁
- 7裁判 1129

装
- 7装束 1129

覚
- 4覚王 1129
- 5覚仙 1129
- 6覚寺 1129
- 8覚岸 1129
- 13覚路 1129

象
- 6象ケ 1129
- 15象潟 1129

賀
- 賀 1130
- 5賀古 1130
- 賀田 1130
- 6賀庄 1131
- 7賀来 1131
- 8賀茂 1131
- 10賀恵 1131
- 11賀張 1131
- 12賀集 1131
- 13賀数 1131
- 20賀露 1131

貴
- 5貴布 1131
- 貴平 1131
- 貴生 1131
- 6貴老 1131
- 7貴住 1131
- 貴志 1131
- 11貴崎 1131
- 貴船 1131
- 13貴僧 1131

貸
- 3貸上 1131

買
- 5買田 1131

貿
- 8貿易 1131

貫
- 2貫人 1131

越
- 越 1131
- 0越ケ 1131
- 越ノ 1131
- 越の 1131
- 2越又 1132
- 3越下 1132
- 越久 1132
- 越小 1132
- 越川 1132
- 4越中 1132
- 越井 1132
- 越戸 1132
- 越木 1132
- 越水 1132
- 5越本 1132
- 越生 1132
- 越田 1132
- 6越名 1132
- 越地 1132
- 越安 1132
- 7越坂 1132
- 越尾 1132
- 越来 1132
- 越沢 1132
- 越谷 1132
- 8越河 1132
- 越知 1132
- 9越前 1132
- 越巻 1132
- 越後 1133
- 越津 1133
- 越畑 1133
- 10越原 1133
- 11越堀 1133
- 越掛 1133
- 越部 1133
- 越智 1133
- 12越御 1133
- 越智 1133
- 越渡 1133
- 13越歳 1133
- 越殿 1133
- 越裏 1133
- 越路 1133

超
- 12超勝 1133

躰
- 6躰光 1133

軽
- 4軽井 1133
- 軽米 1133
- 7軽里 1133
- 軽海 1133
- 11軽野 1133
- 15軽舞 1133

運
- 運 1133
- 4運内 1133
- 運天 1133
- 8運河 1133
- 11運動 1133

過
- 7過足 1133
- 10過書 1133

達
- 3達上 1134
- 5達古 1134
- 達布 1134
- 8達者 1134
- 9達美 1134
- 16達磨 1134

遅
- 6遅羽 1134
- 7遅沢 1134
- 遅谷 1134
- 11遅郷 1134
- 遅野 1134
- 12遅場 1134
- 遅越 1134
- 19遅瀬 1134

道
- 道 1134
- 0道ケ 1134
- 道ノ 1134
- 道メ 1134
- 3道下 1134
- 道三 1134
- 道上 1134
- 道口 1134
- 道土 1134
- 道川 1134
- 4道仏 1134
- 道内 1134
- 道方 1134
- 5道仙 1134
- 道北 1134
- 道古 1134
- 道市 1134
- 道平 1134
- 道本 1134
- 道正 1134
- 道玄 1134
- 道生 1134
- 道田 1134
- 道目 1134
- 6道全 1134
- 道光 1134
- 道合 1134
- 道寺 1134
- 道成 1134
- 道有 1134
- 道行 1134
- 7道伯 1134
- 道佛 1134
- 道坂 1134
- 道形 1134
- 道志 1134
- 8道坪 1134
- 道明 1134
- 道東 1134
- 道林 1134
- 道河 1134

道法 1134	鈍	18間藤 1137	10雁原 1138	靫	須釜 1141	飯柳 1143
道表 1134	6鈍池 1136	間鎌 1137	雁島 1138	5靫本 1139	11須崎 1141	飯泉 1143
道金 1134	鈑	19間瀬 1137	11雁宿 1138	9靫負 1139	須淵 1141	飯美 1143
道阿 1134	4鈑戸 1136	閑	12雁道 1138	靫屋 1139	須渕 1141	飯重 1143
9道前 1134	閏	7閑谷 1137	14雁歌 1138	韮	須郷 1141	飯香 1143
道南 1134	4閏戸 1136	10閑馬 1137	集	3韮山 1139	須野 1141	10飯倉 1143
道城 1134	開	15閑蔵 1137	集 1138	韮川 1139	須頃 1141	飯原 1143
道後 1134	開 1136	19閑羅 1137	7集町 1138	11韮崎 1139	12須惠 1141	飯島 1143
道海 1135	0開ケ 1136	閖	雄	12韮塚 1139	須萱 1141	飯浦 1143
道泉 1135	3開口 1136	3閖上 1137	雄 1138	順	須賀 1141	飯能 1143
道祖 1135	5開出 1136	階	0雄ケ 1138	4順化 1139	須越 1141	飯降 1143
道祐 1135	開北 1136	3階上 1137	3雄山 1138	9順海 1139	須軽 1141	飯高 1143
10道修 1135	開平 1136	7階見 1137	5雄冬 1138	順風 1139	須雲 1141	11飯梨 1144
道原 1135	開田 1136	隅	雄平 1138	須	15須影 1141	飯淵 1144
道家 1135	6開成 1136	0隅ケ 1137	7雄町 1138	0須々 1139	須澄 1141	飯盛 1144
道庭 1135	開江 1136	5隅田 1137	8雄和 1138	須ケ 1139	須縄 1141	飯笹 1144
道悦 1135	開西 1136	7隅村 1137	雄松 1138	須ノ 1139	16須磨 1141	飯野 1144
道笑 1135	7開町 1136	隅町 1137	雄武 1138	3須万 1139	須衛 1141	12飯喰 1144
11道崎 1135	8開明 1136	隈	雄物 1138	須子 1139	18須藤 1141	飯場 1144
道部 1135	9開津 1136	隈 1137	9雄信 1138	須山 1139	飯	飯塚 1144
道野 1135	開発 1136	4隈之 1137	雄城 1138	須川 1140	飯 1141	飯富 1144
12道善 1135	11開盛 1136	6隈江 1137	雄柏 1138	4須天 1140	0飯ノ 1141	飯森 1144
道場 1135	開進 1136	隈谷 1137	雄飛 1138	須戸 1140	3飯久 1141	飯満 1144
道満 1135	12開智 1136	8隈府 1137	10雄郡 1138	須木 1140	飯土 1141	飯給 1144
道賀 1135	開運 1136	随	雄馬 1138	5須加 1140	飯子 1141	飯間 1144
道順 1135	開陽 1136	4随分 1137	12雄勝 1138	須古 1140	飯山 1141	飯隈 1144
13道意 1135	13開源 1136	10随原 1137	雄琴 1139	須玉 1140	4飯井 1142	13飯福 1144
道新 1135	14開間 1136	陽	14雄総 1139	須田 1140	飯氏 1142	飯詰 1144
道源 1135	間	0陽だ 1137	15雄踏 1139	6須多 1140	5飯出 1142	飯豊 1144
道福 1135	間 1136	陽な 1137	16雄興 1139	須安 1140	飯母 1142	14飯樋 1144
道頓 1135	0間々 1136	5陽田 1137	18雄鎮 1139	須成 1140	飯玉 1142	飯綱 1144
14道徳 1135	3間下 1136	陽光 1137	雲	須江 1140	飯生 1142	16飯積 1144
18道鵜 1135	間口 1136	陽成 1137	0雲ケ 1139	7須坂 1140	飯田 1142	飯舘 1145
19道瀬 1135	間山 1136	陽羽 1137	3雲山 1139	須志 1140	飯石 1142	18飯櫃 1145
遊	4間中 1136	陽西 1137	4雲井 1139	須村 1140	6飯仲 1142	黍
3遊子 1135	間之 1136	8陽明 1137	5雲仙 1139	須沢 1140	飯合 1142	5黍田 1145
4遊木 1135	間内 1136	陽東 1137	雲出 1139	須玖 1140	飯名 1142	
6遊光 1135	間戸 1137	9陽南 1137	6雲州 1139	須谷 1140	飯地 1142	
遊行 1135	間方 1137	11陽皐 1137	7雲見 1139	須走 1140	飯寺 1142	13画
7遊佐 1135	間木 1137	雁	雲谷 1139	8須依 1140	7飯坂 1142	
遊谷 1135	5間田 1137	0雁ケ 1137	8雲岩 1139	須和 1140	飯村 1142	催
9遊屋 1135	6間伏 1137	雁ノ 1137	雲河 1139	須河 1140	飯沢 1142	6催合 1145
遊泉 1135	間米 1137	雁の 1137	雲金 1139	須波 1140	飯良 1142	僧
10遊家 1135	7間沢 1137	3雁丸 1137	9雲南 1139	須知 1140	飯角 1142	7僧坊 1145
遊馬 1135	8間明 1137	4雁木 1137	雲洞 1139	須長 1140	飯谷 1142	9僧津 1145
11遊部 1135	間長 1137	5雁田 1137	10雲原 1139	9須屋 1140	飯貝 1143	11僧堂 1145
13遊園 1135	間門 1137	6雁多 1138	雲浜 1139	須巻 1140	8飯岡 1143	僧都 1145
14遊摺 1135	10間倉 1137	雁坂 1138	雲竜 1139	須津 1140	飯沼 1143	13僧殿 1145
酢	間宮 1137	雁里 1138	雲耕 1139	須美 1140	9飯前 1143	傳
酢 1136	間島 1137	8雁股 1138	11雲梯 1139	10須原 1140	飯南 1143	7傳兵 1145
7酢貝 1136	間脇 1137	雁金 1138	雲雀 1139	須恵 1141	飯室 1143	勧
鈎	11間崎 1137	9雁屋 1138	靫	須浜 1141	飯持 1143	8勧学 1145
8鈎取 1136	間野 1137	雁巻 1138	9靫屋 1139	須脇 1141		10勧修 1145
	13間新 1137					11勧進 1145

13画　検字表

勢
²勢力 1145
³勢子 1145
⁴勢井 1145
⁵勢田 1145
⁶勢多 1145
勢至 1145
⁷勢見 1145
⁹勢津 1145
¹⁰勢家 1145
勢浜 1145
¹¹勢理 1145
勢野 1145
¹²勢雄 1145

園
園 1145
³園山 1145
⁴園井 1146
⁵園生 1146
園田 1146
⁷園町 1146
園見 1146
⁹園城 1146
¹⁰園原 1146
¹¹園部 1146

塩
塩 1146
⁰塩ケ 1146
塩ノ 1146
²塩入 1146
³塩上 1146
塩土 1146
塩子 1146
塩小 1146
塩山 1146
塩川 1147
塩干 1147
⁴塩中 1147
塩之 1147
塩井 1147
塩内 1147
塩分 1147
塩木 1147
⁵塩付 1147
塩出 1147
塩尻 1147
塩本 1147
塩生 1147
塩田 1147
⁶塩名 1148
塩成 1148
塩気 1148
塩江 1148
塩池 1148

⁷塩冶 1148
塩坂 1148
塩尾 1148
塩沢 1148
塩町 1148
塩見 1148
塩谷 1148
⁸塩岡 1148
塩河 1148
塩沼 1148
⁹塩前 1148
塩屋 1148
塩津 1149
塩狩 1149
塩草 1149
¹⁰塩原 1149
塩庭 1149
塩浸 1149
塩浜 1149
塩荷 1149
塩釜 1149
¹¹塩崎 1149
塩深 1149
塩船 1149
塩郷 1149
塩部 1149
塩野 1149
¹²塩喰 1149
塩塚 1149
塩富 1149
塩森 1149
塩焼 1149
塩道 1149
¹³塩新 1149
塩殿 1149
塩路 1149
塩飽 1149
¹⁷塩嶺 1149
¹⁹塩瀬 1149
²¹塩竈 1149
塩鶴 1149

塞
⁰塞ノ 1149

塗
⁴塗戸 1149
¹⁰塗師 1149

塘
¹³塘路 1149

塙
塙 1149
³塙山 1150
⁵塙田 1150
⁷塙町 1150

墓
⁰墓ノ 1150

夢
⁰夢ケ 1150
夢が 1150
夢の 1150
⁹夢前 1150
夢子 1150
¹¹夢野 1150
¹⁵夢舞 1150

嫁
¹⁰嫁兼 1150
嫁島 1150

寛
⁵寛弘 1150
⁸寛延 1150
⁹寛政 1150

寝
⁹寝屋 1150

嵯
¹⁰嵯峨 1150
¹²嵯塚 1152

嵩
³嵩山 1152

幌
⁴幌内 1152
幌戸 1152
幌毛 1152
⁵幌加 1152
幌平 1152
⁶幌向 1152
⁷幌似 1153
幌呂 1153
幌里 1153
⁸幌岡 1153
幌岩 1153
幌延 1153
幌武 1153
幌茂 1153
⁹幌南 1153
幌泉 1153
幌美 1153
¹¹幌萌 1153
¹²幌満 1153
¹³幌新 1153
¹⁷幌糠 1153

幕
³幕山 1153
⁴幕内 1153
幕田 1153
⁶幕西 1153
⁷幕別 1153
¹⁰幕島 1153

¹¹幕張 1153
幕野 1153

愛
⁰愛· 1153
愛し 1153
愛の 1153
³愛大 1153
愛子 1153
愛山 1153
愛川 1153
⁴愛戸 1153
愛木 1153
愛牛 1153
⁵愛本 1153
愛生 1153
愛田 1153
⁶愛光 1153
愛名 1153
愛西 1153
⁷愛住 1153
愛別 1153
愛岐 1153
⁸愛国 1153
愛宕 1153
愛入 1153
愛東 1154
愛知 1154
⁹愛冠 1154
愛南 1154
愛栄 1154
愛染 1154
愛荘 1154
¹⁰愛島 1154
¹¹愛郷 1154
愛野 1154
¹²愛媛 1154
愛敬 1154
¹⁶愛隣 1154
¹⁷愛環 1154

意
⁶意宇 1154

感
⁵感田 1154

慈
⁶慈光 1154
⁸慈明 1154
慈法 1154
¹⁰慈恩 1154
¹¹慈眼 1154
¹²慈尊 1154
慈悲 1154

摂
⁵摂田 1154
⁹摂待 1154

摂津 1155

数
³数久 1155
⁴数牛 1155
⁹数屋 1155
数津 1155
数神 1155
¹⁰数馬 1155
¹¹数寄 1155
¹²数須 1155
¹⁹数瀬 1155

新
新 1155
⁰新々 1155
新ケ 1155
新シ 1155
新ノ 1155
新ン 1155
新さ 1155
新ひ 1155
¹新一 1155
²新丁 1155
新九 1155
新二 1155
新入 1155
新八 1155
新刀 1155
新十 1155
新又 1155
³新下 1155
新三 1155
新上 1155
新万 1155
新丸 1155
新久 1155
新千 1155
新口 1155
新土 1155
新夕 1155
新大 1155
新女 1156
新子 1156
新小 1156
新山 1156
新川 1156
新工 1157
新弓 1157
⁴新中 1157
新丹 1157
新井 1157
新五 1157
新今 1157
新元 1157

新内 1157
新区 1157
新天 1157
新戸 1157
新方 1157
新日 1157
新月 1157
新木 1157
新氏 1158
新水 1158
新片 1158
新王 1158
⁵新代 1158
新出 1158
新加 1158
新右 1158
新可 1158
新古 1158
新台 1158
新外 1158
新左 1158
新市 1158
新平 1158
新広 1158
新札 1158
新本 1158
新末 1158
新正 1158
新玉 1158
新瓦 1158
新生 1158
新用 1159
新甲 1159
新田 1159
新疋 1160
新白 1160
新目 1160
新矢 1160
新石 1160
新立 1160
⁶新伊 1160
新伝 1160
新光 1160
新先 1160
新吉 1160
新合 1160
新名 1160
新在 1160
新地 1160
新多 1161
新夷 1161
新安 1161
新守 1161

新寺 1161
新庄 1161
新成 1161
新旭 1161
新早 1161
新有 1161
新江 1162
新池 1162
新百 1162
新羽 1162
新臼 1162
新行 1162
新西 1162
⁷新作 1162
新住 1162
新別 1162
新利 1162
新助 1162
新坂 1162
新尾 1162
新形 1162
新戒 1162
新改 1162
新杉 1162
新村 1162
新沖 1162
新沢 1162
新町 1162
新芦 1164
新花 1164
新芝 1164
新見 1164
新角 1164
新谷 1164
新貝 1164
新赤 1164
新車 1164
新那 1164
新里 1164
⁸新京 1164
新免 1164
新函 1164
新取 1164
新和 1164
新妻 1164
新学 1164
新官 1164
新定 1164
新宝 1164
新居 1164
新岡 1165
新岩 1165
新幸 1165
新庚 1165

(98)

13画

新府 1165	新美 1168	新魚 1171	新静 1173	8楢岡 1175	楠久 1177	楳
新延 1165	新荒 1168	新鳥 1171	新鼻 1173	楚	楠川 1177	楳 1178
新所 1165	新荘 1168	新鹿 1171	15新敷 1174	3楚川 1175	4楠元 1177	椵
新拓 1165	新茶 1168	新黒 1171	新横 1174	5楚辺 1175	楠公 1177	3椵川 1178
新明 1165	新逆 1168	12新博 1171	新樺 1174	8楚和 1175	楠木 1177	榁
新松 1165	10新倉 1168	新喜 1171	新潟 1174	9楚洲 1175	5楠丘 1177	5榁代 1178
新東 1165	新原 1168	新善 1171	新穂 1174	10楚原 1175	楠北 1177	殿
新板 1165	新夏 1168	新堺 1171	新舞 1174	椿	楠平 1177	殿 1178
新林 1165	新家 1168	新塚 1171	新蔵 1174	椿 1176	楠本 1177	0殿ケ 1178
新河 1165	新宮 1168	新堤 1172	新諏 1174	0椿ケ 1176	7楠村 1177	3殿下 1178
新治 1165	新島 1169	新富 1172	新駒 1174	椿が 1176	楠甫 1177	殿山 1178
新沼 1165	新座 1169	新御 1172	16新整 1174	1椿一 1176	楠町 1177	殿川 1178
新法 1165	新恵 1169	新替 1172	新橋 1174	3椿山 1176	楠見 1177	4殿戸 1178
新牧 1165	新桐 1169	新勝 1172	新築 1174	椿川 1176	楠谷 1177	5殿台 1178
新知 1165	新桑 1169	新朝 1172	新縫 1174	4椿井 1176	楠那 1177	殿平 1178
新股 1165	新根 1169	新検 1172	新興 1174	5椿世 1176	8楠味 1177	殿辻 1178
新茅 1165	新桜 1169	新森 1172	新舘 1174	椿台 1176	9楠風 1177	7殿坂 1178
新茂 1165	新浦 1169	新椋 1172	新館 1174	椿市 1176	10楠原 1177	殿村 1178
新迫 1165	新浜 1169	新温 1172	17新檜 1174	椿立 1176	楠島 1177	殿沢 1178
新邸 1165	新鳥 1170	新港 1172	新磯 1174	7椿尾 1176	楠根 1177	殿町 1178
新金 1165	新留 1170	新渡 1172	新篠 1174	椿町 1176	楠浦 1177	殿谷 1178
新長 1165	新能 1170	新湯 1172	新鍛 1174	8椿東 1176	11楠崎 1177	殿里 1178
新門 1165	新逗 1170	新湊 1172	新鴻 1174	椿泊 1176	楠部 1177	8殿岡 1178
新青 1165	新通 1170	新湧 1172	18新職 1174	9椿洞 1176	楠野 1177	殿所 1178
9新保 1165	新郡 1170	新琴 1172	新藤 1174	椿草 1176	12楠葉 1177	9殿垣 1178
新冠 1166	新釜 1170	新賀 1173	新鎌 1174	10椿原 1176	13楠新 1177	殿城 1178
新前 1166	新馬 1170	新越 1173	新鵜 1174	椿高 1176	16楠橋 1177	殿廻 1178
新南 1166	新高 1170	新道 1173	19新瀬 1174	11椿黒 1176	19楠瀬 1177	10殿原 1178
新品 1166	11新冨 1170	新開 1173	21新鶴 1174	12椿森 1176	楓	殿島 1178
新垣 1166	新堂 1170	新間 1173	暘	16椿澤 1176	楓 1177	11殿部 1178
新垢 1166	新堀 1170	新陽 1173	7暘谷 1174	楢	0楓ケ 1177	殿野 1178
新城 1166	新宿 1170	新須 1173	楽	楢 1176	5楓台 1177	滑
新屋 1166	新崎 1170	新飯 1173	0楽々 1175	0楢の 1176	7楓町 1177	3滑川 1178
新巻 1167	新張 1171	13新園 1173	4楽内 1175	3楢下 1176	楊	5滑田 1178
新建 1167	新得 1171	新幌 1173	5楽市 1175	楢山 1176	楊 1177	滑石 1178
新後 1167	新斎 1171	新溝 1173	楽平 1175	4楢井 1176	3楊子 1177	7滑谷 1178
新政 1167	新曽 1171	新滝 1173	楽田 1175	楢戸 1176	4楊井 1177	8滑河 1178
新春 1167	新桝 1171	新照 1173	7楽町 1175	楢木 1176	樹	9滑津 1178
新星 1167	新涯 1171	新瑞 1173	9楽音 1175	7楢尾 1176	0樹ケ 1177	13滑楚 1179
新栄 1167	新深 1171	新福 1173	12楽間 1175	楢町 1176	楮	漢
新柴 1167	新清 1171	新堅 1173	13楽園 1175	9楢津 1176	楮 1178	7漢那 1179
新栃 1168	新猪 1171	新蒲 1173	業	10楢原 1176	7楮町 1178	8漢国 1179
新柏 1168	新産 1171	新豊 1173	5業平 1175	11楢崎 1176	10楮原 1178	源
新柳 1168	新盛 1171	新鉄 1173	極	12楢葉 1176	楮根 1178	0源じ 1179
新海 1168	新経 1171	新雷 1173	13極楽 1175	16楢橋 1176	椹	2源八 1179
新泉 1168	新紺 1171	14新境 1173	榊	楠	0椹原 1178	3源大 1179
新津 1168	新組 1171	新稲 1173	榊 1175	楠 1176	楡	源太 1179
新狭 1168	新晋 1171	新穀 1173	0榊ノ 1175	0楠ケ 1177	4楡木 1178	源氏 1179
新発 1168	新船 1171	新綱 1173	3榊山 1175	楠が 1177	5楡生 1178	源左 1179
新相 1168	新郷 1171	新総 1173	7榊町 1175	2楠乃 1177	7楡俣 1178	源平 1179
新砂 1168	新都 1171	新緑 1173	10榊原 1175	3楠上 1177	10楡原 1178	源田 1179
新祝 1168	新部 1171	新鉾 1173	11榊野 1175		楡島 1178	7源兵 1179
新神 1168	新野 1171	新関 1173	楢			源助 1179
新秋 1168	新釧 1171	新雑 1173				

Column 1

源町 1179
8源河 1179
9源栄 1179
11源清 1179
12源道 1179
14源緑 1179
18源藤 1179

溝
溝 1179
0溝ノ 1179
溝の 1179
3溝上 1179
溝口 1179
溝川 1179
4溝之 1179
溝井 1179
5溝古 1179
溝尻 1179
溝辺 1179
7溝尾 1179
溝足 1179
8溝延 1179
溝沼 1179
9溝前 1179
10溝原 1179
11溝堀 1179
溝部 1179
溝陸 1179
13溝路 1179
14溝旗 1179
溝端 1179

滝
滝 1179
0滝ケ 1179
滝ノ 1179
滝の 1180
2滝八 1180
滝又 1180
3滝下 1180
滝上 1180
滝口 1180
滝子 1180
滝山 1180
滝川 1180
4滝不 1180
滝之 1180
滝井 1180
滝元 1180
滝水 1180
5滝台 1180
滝尻 1180
滝平 1180
滝広 1180

Column 2

滝本 1180
滝田 1180
6滝寺 1180
滝西 1180
7滝呂 1180
滝尾 1180
滝沢 1180
滝町 1180
滝見 1181
滝谷 1181
8滝岡 1181
滝波 1181
9滝春 1181
滝畑 1181
滝美 1181
10滝倉 1181
滝原 1181
滝宮 1181
滝根 1181
滝浜 1181
滝脇 1181
滝馬 1181
11滝部 1181
滝野 1181
12滝道 1181
13滝新 1181
14滝窪 1181
15滝輪 1181
16滝頭 1181
19滝瀬 1181

溜
4溜井 1181
6溜池 1181

渓
7渓村 1181

煙
3煙山 1181

照
0照ケ 1181
照が 1181
3照山 1181
4照井 1181
5照田 1181
6照光 1181
7照里 1181
8照国 1181
照岡 1181
照沼 1181
照波 1181
照若 1181
9照屋 1181
10照島 1181

Column 3

煤
0煤ケ 1182

猿
0猿ケ 1182
2猿八 1182
3猿久 1182
猿山 1182
猿川 1182
4猿木 1182
5猿払 1182
猿田 1182
6猿江 1182
7猿別 1182
猿投 1182
猿沢 1182
8猿和 1182
9猿海 1182
10猿倉 1182
猿島 1182
11猿崎 1182
猿袋 1182
猿野 1182
12猿喰 1182
猿渡 1182
猿猴 1182
猿賀 1182
猿間 1182
13猿楽 1182
猿飼 1182
14猿稲 1182
猿鳴 1182
16猿壇 1182
猿橋 1182

獅
3獅子 1182

瑞
0瑞ケ 1183
6瑞光 1183
瑞江 1183
7瑞応 1183
8瑞岩 1183
瑞波 1183
10瑞原 1183
瑞梅 1183
瑞浪 1183
12瑞雲 1183
14瑞鳳 1183
15瑞慶 1183
瑞穂 1183
16瑞龍 1183

暖
7暖町 1183

Column 4

當
11當麻 1183

睦
睦 1183
4睦月 1183
5睦平 1183
6睦合 1183
睦成 1183
睦西 1183
7睦沢 1183
睦町 1183
8睦実 1183
9睦南 1183
10睦家 1183
11睦寄 1184

碓
4碓井 1184

碁
5碁石 1184
9碁点 1184

碇
0碇ケ 1184

禁
11禁野 1184

禅
5禅台 1184
8禅定 1184
禅昌 1184

禎
13禎瑞 1184

福
福 1184
0福ケ 1184
福ノ 1184
2福乃 1184
福二 1184
福力 1184
3福上 1184
福万 1184
福与 1184
福丸 1184
福久 1185
福土 1185
福士 1185
福大 1185
福山 1185
福川 1185
福工 1185
4福中 1185
福井 1185
福元 1185
福戸 1185
福手 1185
福木 1185

Column 5

福水 1185
福王 1185
5福丘 1185
福市 1185
福平 1185
福本 1185
福正 1185
福母 1185
福永 1185
福生 1185
福用 1185
福田 1186
福石 1186
6福光 1186
福吉 1186
福地 1186
福守 1186
福成 1186
福江 1186
福池 1187
福米 1187
7福住 1187
福寿 1187
福尾 1187
福束 1187
福村 1187
福来 1187
福沢 1187
福町 1187
福旬 1187
福良 1187
福見 1187
福角 1187
福谷 1187
福里 1187
8福取 1187
福受 1187
福和 1187
福宗 1187
福定 1187
福居 1187
福岡 1187
福武 1188
福治 1188
福泊 1188
福知 1188
福長 1188
9福前 1188
福室 1188
福屋 1188
福栄 1188
福柳 1188
福泉 1188
福津 1188

Column 6

福神 1188
福美 1188
福重 1188
福面 1188
福音 1188
10福俵 1188
福兼 1188
福原 1188
福島 1189
福庭 1189
福浦 1189
福浜 1189
福畠 1189
福留 1189
福釜 1189
11福堂 1189
福崎 1189
福桶 1189
福清 1189
福船 1189
福部 1189
福野 1190
12福塚 1190
福富 1190
福智 1190
福渡 1190
福満 1190
福童 1190
福貴 1190
福道 1190
福間 1190
13福新 1190
福路 1190
14福増 1190
福徳 1190
福稲 1190
16福橋 1190
福積 1190
福舘 1190
福頼 1190
福館 1190
19福瀬 1190

稚
3稚子 1190
4稚内 1190
稚日 1190
7稚児 1190
9稚咲 1190

稔
5稔台 1190
7稔町 1190

竪
0竪ケ 1191
3竪大 1191

Column 7

4竪切 1191
7竪町 1191
竪社 1191
8竪林 1191
竪門 1191
9竪神 1191
11竪亀 1191
竪堀 1191
12竪富 1191

節
3節丸 1191
節子 1191
11節婦 1191

筵
4筵内 1191

筥
8筥松 1191

筬
10筬島 1191

糀
5糀台 1191
7糀町 1191
糀谷 1191
9糀屋 1191

継
継 1191
5継立 1191
7継孝 1191
11継鹿 1191

絹
絹 1191
0絹ケ 1191
絹の 1191
5絹田 1191
8絹延 1191
絹板 1191
9絹屋 1191

続
7続谷 1191
10続浜 1191

置
4置戸 1191
8置杵 1191
15置賜 1191

義
4義方 1191
6義仲 1191
14義塾 1191

群
7群来 1191
8群岡 1191
10群馬 1191

羨
5羨古 1191

聖	11蒔鳥 1193	蓮根 1194	誉	豊英 1200	16豊橋 1203	鉦
0聖ケ 1191	12蒔絵 1193	11蓮常 1194	誉 1195	豊若 1200	17豊糠 1203	5鉦打 1204
1聖一 1191	蒋	蓮野 1194	5誉田 1195	豊茂 1200	21豊饒 1203	鉄
3聖川 1191	11蒋渕 1193	15蓮潟 1194	詫	9豊保 1200	資	鉄 1204
4聖天 1191	蒼	蛾	12詫間 1195	豊前 1200	5資生 1203	3鉄山 1204
聖心 1191	3蒼久 1193	9蛾眉 1194	豊	豊南 1200	跡	鉄工 1204
5聖社 1191	7蒼社 1193	蛸	豊 1195	豊城 1200	跡 1203	4鉄王 1204
8聖佳 1191	8蒼前 1193	0蛸の 1194	0豊ケ 1195	豊室 1200	0跡ケ 1203	7鉄町 1204
聖和 1191	蒜	4蛸井 1194	豊が 1195	豊後 1200	5跡市 1203	9鉄屋 1204
10聖真 1191	3蒜山 1193	蛸木 1194	3豊上 1196	豊春 1201	跡永 1203	鉄炮 1204
聖高 1191	5蒜生 1193	6蛸地 1194	豊久 1196	豊栄 1201	6跡江 1203	10鉄扇 1204
11聖陵 1191	10蒜畠 1193	9蛸屋 1194	豊山 1196	豊海 1201	7跡佐 1203	鉄砲 1204
13聖愛 1191	蓬	蛸草 1195	豊川 1196	豊洲 1201	11跡部 1203	鉄竜 1204
14聖徳 1191	3蓬川 1193	10蛸島 1195	4豊中 1196	豊泉 1201	農	12鉄道 1204
18聖蹟 1191	5蓬平 1193	16蛸薬 1195	豊之 1196	豊津 1201	2農人 1203	15鉄輪 1204
20聖護 1192	逢生 1193	蜂	豊井 1196	豊洋 1201	8農事 1203	16鉄鋼 1204
22聖籠 1192	蓬田 1193	0蜂ケ 1195	豊内 1196	豊砂 1201	農学 1203	鉢
腰	7蓬沢 1193	6蜂伏 1195	豊水 1196	豊科 1201	9農神 1203	鉢 1204
3腰山 1192	9蓬栄 1193	9蜂屋 1195	豊牛 1196	豊秋 1201	11農野 1203	0鉢ケ 1204
6腰当 1192	10蓬莱 1193	11蜂巣 1195	5豊丘 1196	豊美 1201	12農場 1203	3鉢山 1204
10腰浜 1192	蕢	12蜂須 1195	豊代 1196	10豊倉 1201	遠	4鉢木 1204
12腰越 1192	3蕢川 1194	蜆	豊北 1196	豊原 1201	3遠山 1203	6鉢伏 1204
腹	4蕢毛 1194	12蜆塚 1195	豊四 1196	豊島 1201	4遠井 1203	鉢地 1205
4腹太 1192	7蕢村 1194	蟶	豊平 1196	豊根 1201	遠方 1203	7鉢形 1205
7腹赤 1192	蕢沢 1194	7蟶住 1195	豊永 1196	豊浦 1201	5遠田 1203	12鉢塚 1205
10腹帯 1192	蕢町 1194	裙	豊玉 1196	豊浜 1202	遠目 1203	鉢森 1205
14腹鞍 1192	蕢谷 1194	11裙野 1195	豊田 1197	豊留 1202	遠矢 1203	鈴
觲	8蕢和 1194	裏	豊白 1198	豊益 1202	遠石 1203	鈴 1205
3觲川 1192	9蕢垣 1194	3裏山 1195	6豊地 1198	豊祥 1202	6遠州 1203	0鈴ケ 1205
蓋	蕢津 1194	裏川 1195	豊年 1198	豊能 1202	遠江 1204	鈴が 1205
4蓋井 1192	10蕢原 1194	4裏之 1195	豊成 1198	11豊崎 1202	遠西 1204	3鈴丸 1205
蒲	蕢島 1194	裏片 1195	豊西 1198	豊清 1202	7遠見 1204	鈴久 1205
0蒲ケ 1192	蕢脇 1194	裏寺 1195	7豊作 1198	豊郷 1202	遠里 1204	鈴子 1205
2蒲入 1192	11蕢野 1194	7裏尾 1195	豊似 1198	豊野 1202	8遠東 1204	鈴川 1205
4蒲之 1192	12蕢道 1194	裏町 1195	豊住 1198	豊頃 1202	遠若 1204	4鈴井 1205
蒲刈 1192	15蕢輪 1194	8裏門 1195	豊体 1198	12豊喰 1202	9遠浅 1204	鈴木 1205
蒲木 1192	蓮	9裏城 1195	豊坂 1198	豊場 1202	11遠崎 1204	5鈴加 1205
5蒲生 1192	蓮 1194	裏栄 1195	豊沢 1198	豊寒 1202	遠野 1204	鈴石 1205
蒲田 1192	0蓮ケ 1194	裏風 1195	豊町 1198	豊富 1202	12遠塚 1204	7鈴町 1205
6蒲江 1192	5蓮代 1194	10裏桜 1195	豊秀 1198	豊満 1202	遠間 1204	鈴見 1205
蒲池 1193	蓮台 1194	裏高 1195	豊見 1198	豊葦 1202	遠軽 1204	鈴谷 1205
蒲牟 1193	蓮正 1194	11裏宿 1195	豊邦 1198	豊間 1202	15遠敷 1204	鈴身 1205
7蒲町 1193	蓮田 1194	裏野 1195	豊里 1198	13豊幌 1203	18遠藤 1204	8鈴岡 1205
8蒲沼 1193	6蓮如 1194	13裏慈 1195	8豊国 1199	豊新 1203	19遠瀬 1204	鈴金 1205
10蒲倉 1193	蓮池 1194	裏新 1195	豊実 1200	豊楽 1203	酪	9鈴屋 1205
蒲原 1193	7蓮町 1194	16裏築 1195	豊岡 1200	豊滝 1203	12酪陽 1204	鈴美 1205
蒲庭 1193	蓮花 1194	触	豊岩 1200	豊照 1203	鉛	10鈴原 1205
蒲郡 1193	蓮見 1194	7触坂 1195	豊岬 1200	豊福 1203	鉛 1204	鈴家 1205
11蒲萄 1193	蓮角 1194	試	豊房 1200	豊蒔 1203	3鉛山 1204	鈴連 1205
蒲野 1193	8蓮河 1194	18試験 1195	豊昇 1200	豊詰 1203	鉛川 1204	11鈴張 1205
12蒲須 1193	蓮沼 1194	誠	豊明 1200	14豊徳 1203	鉱	鈴野 1205
蒔	9蓮乗 1194	8誠和 1195	豊松 1200	15豊幡 1203	3鉱山 1204	鈴鹿 1205
3蒔田 1193	蓮美 1194	12誠道 1195	豊河 1200	豊稼 1203		12鈴塚 1205
8蒔苗 1193	10蓮宮 1194		豊沼 1200	豊穂 1203		14鈴熊 1205

16鈴繁 1205
19鈴蘭 1205
鉈
9鉈屋 1205
電
6電気 1205
7電車 1205
13電鉄 1205
雷
雷 1205
3雷土 1205
雷山 1205
5雷田 1205
7雷別 1205
8雷門 1205
11雷鳥 1205
13雷電 1205
靖
8靖国 1205
頓
5頓田 1206
7頓別 1206
10頓原 1206
11頓野 1206
飴
9飴屋 1206
飾
6飾西 1206
8飾東 1206
16飾磨 1206
飽
0飽の 1207
9飽海 1207
10飽浦 1207
妖
8妖肥 1207
馳
3馳下 1207
5馳出 1207
馴
9馴柴 1207
10馴馬 1207
鳩
0鳩ケ 1207
鳩ノ 1207
鳩が 1207
3鳩山 1207
鳩川 1207
7鳩吹 1207
鳩谷 1207
8鳩岡 1207
10鳩原 1207
11鳩崎 1207
鳩部 1207

12鳩間 1207
麁
9麁津 1207
鼎
鼎 1207
1鼎一 1207
3鼎上 1207
鼎止 1207
4鼎中 1207
鼎切 1207
6鼎名 1207
鼎西 1207
8鼎東 1207
鼓
0鼓ケ 1207
鼓が 1207
8鼓岡 1207
9鼓海 1207
13鼓滝 1207
鼠
0鼠ケ 1207
2鼠入 1207
15鼠蔵 1207

【14画】

嘉
2嘉入 1207
3嘉久 1207
嘉山 1207
嘉川 1207
4嘉手 1207
5嘉右 1207
6嘉多 1207
7嘉良 1207
8嘉例 1207
嘉坪 1207
9嘉津 1208
嘉美 1208
10嘉家 1208
嘉島 1208
嘉祥 1208
11嘉麻 1208
12嘉渡 1208
嘉鈍 1208
嘉間 1208
嘉陽 1208
13嘉数 1208
嘉鉄 1208
14嘉徳 1208
15嘉幡 1208
嘉穂 1208

19嘉瀬 1208
境
境 1208
0境ノ 1208
3境下 1208
境三 1208
境上 1208
境女 1208
境小 1208
境山 1208
境川 1208
4境中 1208
境之 1208
境木 1208
5境平 1208
境田 1208
境目 1208
6境伊 1208
境寺 1208
境江 1208
境百 1208
境米 1208
境西 1208
7境別 1208
境町 1208
境谷 1208
8境免 1208
境松 1209
境東 1209
境林 1209
9境保 1209
境南 1209
境栄 1209
10境原 1209
境島 1209
境根 1209
11境宿 1209
境野 1209
12境堤 1209
境森 1209
境港 1209
境萩 1209
13境新 1209
14境関 1209
16境橋 1209
境興 1209
増
増
3増山 1209
増川 1209
4増井 1209
増戸 1209

増毛 1209
5増市 1209
増永 1209
増田 1209
7増位 1209
増尾 1209
増形 1209
増沢 1209
増谷 1209
8増坪 1209
増岡 1209
増林 1209
増長 1209
9増泉 1209
12増富 1209
増森 1209
増間 1209
13増楽 1209
15増穂 1209
16増館 1209
寧
13寧楽 1209
層
12層雲 1210
嶋
嶋 1210
5嶋北 1210
嶋田 1210
9嶋南 1210
19嶋瀬 1210
徳
2徳力 1210
3徳下 1210
徳万 1210
徳丸 1210
徳久 1210
徳大 1210
徳山 1210
徳川 1210
4徳之 1210
徳井 1210
徳氏 1210
徳王 1210
5徳市 1210
徳本 1210
徳正 1210
徳永 1210
徳用 1210
徳田 1210
6徳光 1210
徳吉 1210
徳合 1210
徳地 1210
徳成 1211

徳次 1211
徳江 1211
徳行 1211
7徳佐 1211
徳志 1211
徳沢 1211
徳町 1211
徳良 1211
徳芳 1211
8徳命 1211
徳和 1211
徳定 1211
徳居 1211
徳延 1211
徳長 1211
9徳前 1211
徳屋 1211
徳持 1211
徳政 1211
徳星 1211
徳泉 1211
徳重 1211
10徳倉 1211
徳島 1211
徳時 1211
徳浦 1211
徳益 1211
11徳宿 1211
徳常 1211
徳庵 1211
徳野 1211
12徳富 1211
徳森 1211
徳満 1211
徳間 1211
14徳増 1211
15徳蔵 1211
慥
9慥柄 1211
摺
7摺出 1211
摺沢 1211
摺町 1211
摺見 1211
11摺淵 1211
旗
0旗ケ 1211
旗の 1211
3旗井 1211
5旗立 1211
8旗岡 1211
9旗屋 1211

旗指 1211
11旗宿 1211
12旗塚 1212
14旗鉾 1212
暮
4暮戸 1212
5暮田 1212
8暮坪 1212
10暮帰 1212
榎
榎 1212
0榎ノ 1212
榎が 1212
3榎下 1212
4榎井 1212
榎元 1212
榎戸 1212
榎木 1212
5榎市 1212
榎本 1212
榎生 1212
榎田 1212
6榎列 1212
榎尾 1212
榎町 1212
榎谷 1212
8榎松 1212
榎林 1212
9榎前 1212
榎津 1212
榎神 1212
10榎原 1212
11榎船 1212
構
3構口 1212
榛
6榛名 1212
7榛沢 1212
8榛松 1212
榛東 1212
10榛原 1212
檜
8檜昔 1213
樋
0樋ケ 1213
樋ノ 1213
樋の 1213
3樋下 1213
樋上 1213
樋山 1213
樋川 1213
4樋之 1213
樋井 1213

5樋田 1213
樋目 1213
7樋沢 1213
樋里 1213
9樋春 1213
10樋島 1213
樋脇 1213
11樋堀 1213
樋掛 1213
樋曽 1213
樋野 1213
12樋場 1213
樋渡 1213
樋越 1213
13樋詰 1213
16樋橋 1213
19樋瀬 1214
22樋籠 1214
槇
槇 1214
3槇山 1214
様
7様似 1214
15様舞 1214
槐
槐 1214
槁
槁 1214
榧
0榧の 1214
榑
3榑川 1214
樽
9樽坪 1214
樽俣 1214
榴
0榴ケ 1214
8榴岡 1214
横
横 1214
3横下 1214
横山 1214
横代 1214
横本 1214
7横尾 1214
横谷 1214
10横原 1214
横島 1214
11横野 1214
12横塚 1214
歌
歌 1214
3歌丸 1214
歌川 1214

検字表　14画

歌/歴/漁/漆/漕/熊	熊/爾/瑠/皷/碩/碑/碧	稲	稲/穀/種/稗	稗/窪/端/管/算/箸/箟/箕	箕/篁/簾/精/綾/維/網	緒/総/綴/緋/綿/網/緑
歌才 1214	熊井 1216	稲	稲原 1219	[7]稗谷 1221	箕岡 1222	緒
[4]歌内 1214	熊内 1216	稲 1218	稲宮 1219	[9]稗柄 1222	[9]箕面 1222	[3]緒川 1224
[5]歌田 1214	熊手 1216	[3]稲下 1218	稲島 1219	[10]稗原 1222	[10]箕島 1223	[4]緒方 1224
[7]歌別 1214	熊木 1216	稲上 1218	稲庭 1219	稗畠 1222	箕浦 1223	[5]緒玉 1224
歌志 1214	熊毛 1216	稲口 1218	稲荷 1219	窪	[11]箕郷 1223	緒立 1224
歌見 1214	熊牛 1216	稲土 1218	[11]稲寄 1220	窪 1222	[15]箕輪 1223	総
歌里 1214	[5]熊出 1216	稲子 1218	稲宿 1220	[0]窪ノ 1222	[19]箕瀬 1223	[4]総元 1224
[8]歌長 1214	熊本 1216	稲川 1218	稲梓 1220	[3]窪川 1222	篁	[6]総光 1224
[9]歌津 1214	熊田 1216	稲干 1218	稲清 1220	[4]窪之 1222	[8]篁岳 1223	総合 1224
歌神 1215	熊石 1216	[4]稲元 1218	稲渕 1220	窪木 1222	簾	総曲 1224
[10]歌姫 1215	[6]熊耳 1216	稲戸 1218	稲郷 1220	[5]窪本 1222	[19]簾瀬 1223	[7]総社 1224
歌島 1215	熊西 1216	稲木 1218	稲部 1220	窪田 1222	精	[8]総和 1224
[12]歌登 1215	[7]熊坂 1216	稲毛 1218	稲野 1220	[7]窪町 1222	[7]精町 1223	[9]総持 1224
歌越 1215	熊見 1216	稲牛 1218	[12]稲場 1220	[8]窪松 1222	[8]精舎 1223	総津 1225
[13]歌棄 1215	熊谷 1216	[5]稲丘 1218	稲塚 1220	[9]窪南 1222	[10]精華 1223	[11]総進 1225
[15]歌敷 1215	熊走 1216	稲代 1218	稲穂 1220	窪垣 1222	[11]精進 1223	[14]総領 1225
歌舞 1215	[8]熊取 1217	稲永 1218	稲童 1220	窪屋 1222	[12]精道 1223	綴
歴	熊味 1217	稲生 1218	稲葉 1220	窪津 1222	綾	[3]綴子 1225
[4]歴木 1215	熊居 1217	稲田 1218	稲越 1221	[11]窪野 1222	[0]綾ノ 1223	[12]綴喜 1225
漁	熊岡 1217	[6]稲光 1218	[13]稲置 1221	[13]窪新 1222	[3]綾大 1223	緋
[4]漁太 1215	[10]熊倉 1217	稲吉 1219	稲蒔 1221	端	綾子 1223	[4]緋牛 1225
[5]漁生 1215	熊党 1217	稲地 1219	[14]稲熊 1221	[6]端気 1222	綾川 1223	綿
[7]漁町 1215	熊原 1217	稲多 1219	[15]稲敷 1221	[8]端岡 1222	[4]綾中 1223	[7]綿町 1225
[10]漁師 1215	[11]熊堂 1217	稲成 1219	[16]稲積 1221	[11]端南 1222	綾之 1223	[9]綿屋 1225
漆	熊崎 1217	稲次 1219	稲築 1221	[12]端登 1222	綾井 1223	[11]綿貫 1225
[3]漆山 1215	熊張 1217	稲舟 1219	[17]稲嶺 1221	端間 1222	綾戸 1223	[12]綿場 1225
漆川 1215	熊淵 1217	稲西 1219	[18]稲藤 1221	[13]端詰 1222	[5]綾田 1223	網
[4]漆戸 1215	熊袋 1217	[7]稲佐 1219	[19]稲瀬 1221	管	[6]綾羽 1223	[3]網上 1225
[5]漆本 1215	熊野 1217	稲尾 1219	稲鯨 1221	[12]管鈍 1222	綾西 1223	網川 1225
漆玉 1215	[12]熊塚 1217	稲志 1219	穀	算	[7]綾材 1223	網干 1225
漆生 1215	熊森 1217	稲村 1219	[5]穀田 1221	[8]算所 1222	綾町 1223	[4]網引 1225
[7]漆沢 1215	熊渡 1217	稲沢 1219	穀町 1221	箸	綾里 1223	網戸 1225
漆町 1215	熊無 1217	稲見 1219	種	[4]箸中 1222	[9]綾垣 1223	[5]網代 1225
漆谷 1215	熊登 1217	稲谷 1219	種 1221	箸木 1222	[11]綾堀 1223	網田 1225
[8]漆所 1215	[14]熊嶋 1217	稲里 1219	[3]種子 1221	[7]箸別 1222	綾部 1223	[6]網地 1225
[9]漆垣 1215	[19]熊瀬 1218	[8]稲取 1219	種川 1221	箸尾 1222	綾野 1223	[7]網走 1225
漆畑 1215	爾	稲垂 1219	[4]種井 1221	[15]箸蔵 1222	[12]綾渡 1223	[9]網屋 1225
漆草 1215	[7]爾志 1218	稲実 1219	[5]種市 1221	箟	[13]綾園 1223	網津 1225
[10]漆原 1215	瑠	稲岡 1219	種生 1221	[9]箟津 1222	[14]綾歌 1223	[10]網島 1225
漆島 1215	[15]瑠璃 1218	稲府 1219	[6]種次 1221	箕	[18]綾織 1223	網浜 1225
[11]漆曽 1215	皷	稲辺 1219	種池 1221	[3]箕土 1222	[19]綾瀬 1224	[11]網掛 1225
漆野 1215	[3]皷川 1218	稲武 1219	[7]種村 1221	箕山 1222	綾羅 1224	網野 1225
[12]漆塚 1215	碩	稲河 1219	種沢 1221	箕川 1222	維	[12]網場 1226
[14]漆端 1215	[5]碩田 1218	稲波 1219	種町 1221	[4]箕六 1222	[13]維新 1224	網道 1226
漕	碑	稲狐 1219	種里 1221	箕升 1222	網	緑
[5]漕代 1215	[4]碑文 1218	[9]稲保 1219	[8]種具 1221	[5]箕打 1222	[3]網子 1224	緑 1226
熊	[13]碑殿 1218	稲垣 1219	[10]種差 1221	箕田 1222	[4]網分 1224	[0]緑ガ 1226
熊 1216	碧	稲城 1219	[11]種崎 1221	[6]箕曲 1222	網木 1224	緑ケ 1226
[0]熊ケ 1216	碧水 1218	稲屋 1219	稗	[7]箕作 1222	[5]網代 1224	緑が 1227
熊ノ 1216	[9]碧南 1218	稲津 1219	稗方 1221	箕形 1222	網田 1224	緑の 1227
[2]熊入 1216	碧海 1218	稲畑 1219	稗木 1221	箕沖 1222	[6]網取 1224	[1]緑乙 1227
[3]熊山 1216		稲美 1219	[5]稗古 1221	箕町 1222	[8]網取 1224	[3]緑小 1227
熊川 1216		[10]稲倉 1219	稗田 1221	箕谷 1222	[10]網島 1224	緑山 1227
[4]熊之 1216				[8]箕和 1222	[11]網掛 1224	緑川 1227
					[12]網場 1224	

15画　　　　検字表

緑
4緑井 1227
緑区 1227
緑木 1227
5緑丘 1227
緑丙 1227
緑台 1227
緑甲 1228
6緑光 1228
緑地 1228
7緑町 1228
緑花 1229
8緑岡 1229
緑苑 1229
9緑泉 1229
緑風 1229
10緑恵 1229
11緑埜 1229
緑郷 1229
12緑陽 1229
13緑園 1229
14緑藤 1229
16緑橋 1229

練
4練丑 1229
練木 1229
練牛 1229
7練兵 1229
10練馬 1229
11練貫 1229

綺
5綺田 1229

縋
縋 1229

翠
翠 1229
0翠ケ 1229
8翠松 1229
9翠香 1229
11翠鳥 1229

聞
5聞出 1229

聚
13聚楽 1229

奥
4奥井 1230
7奥兵 1230

蔭
7蔭谷 1230

蔚
3蔚山 1230

蔀
9蔀屋 1230

蔦
4蔦元 1230

蓼
3蓼川 1230
4蓼内 1230
6蓼池 1230
9蓼畑 1230
10蓼原 1230
11蓼野 1230

蜘
4蜘手 1230

蜻
3蜻川 1230
4蜻木 1230
5蜻田 1230

蜻
10蜻浦 1230

誓
6誓多 1230

読
6読合 1230
7読売 1230
読谷 1230
10読書 1230

豪
11豪渓 1230
14豪徳 1230

賑
7賑町 1230
8賑岡 1230
16賑橋 1230

踊
5踊石 1230
12踊場 1230

遙
12遙堪 1230

酸
13酸奨 1230

銀
3銀山 1230
4銀天 1230
銀水 1230
5銀丘 1230
7銀杏 1230
銀町 1230
9銀南 1230
銀屋 1231
10銀座 1231
14銀閣 1231
17銀嶺 1231
19銀鏡 1231

銭
5銭田 1231
8銭函 1231
9銭屋 1231
10銭原 1231
銭座 1231
11銭亀 1231
銭渕 1231
12銭湯 1231
13銭塘 1231

銚
3銚子 1231

銅
3銅山 1231
7銅町 1231
銅谷 1231
9銅屋 1231
10銅座 1231

鉾
0鉾ケ 1231
鉾ノ 1231
3鉾土 1231
5鉾田 1231
鉾立 1231
10鉾根 1231

銘
7銘苅 1231
9銘城 1231

関
関 1231
0関ケ 1231
関ノ 1231
関が 1231
関の 1231
3関下 1231
関口 1232
関大 1232
関山 1232
関川 1232
4関之 1232
関井 1232
関内 1232
関戸 1232
関方 1232
5関外 1232
関尻 1232
関市 1232
関本 1232
関田 1232
関白 1232
関目 1232
関辺 1232
6関守 1232
関西 1232
7関村 1232
関沢 1232
関町 1232
関谷 1233
8関取 1233
関和 1233
11関妻 1233
関岡 1233
12関東 1233
13関金 1233
関門 1233
9関前 1233
関南 1233
関屋 1233
関柴 1233
関津 1233
関茶 1233
10関原 1233
関宮 1233
関根 1233
11関堀 1233
関宿 1234
関崎 1234
関都 1234
関野 1234
12関場 1234
関富 1234
関間 1234
13関園 1234
関新 1234
16関舘 1234

闇
闇 1234

隠
7隠岐 1234
隠里 1234
13隠蓑 1234

際
3際川 1234
8際波 1234

障
3障子 1234

雑
5雑司 1234
6雑吉 1234
雑式 1234
雑色 1234
12雑賀 1234
14雑穀 1234
15雑敷 1234
雑餉 1234

静
静 1234
0静が 1234
静川 1234
4静内 1234
5静市 1235
静平 1235
6静西 1235
7静町 1235
静谷 1235
静里 1235
8静和 1235
静岡 1235
静波 1235
9静海 1235
静狩 1235
10静修 1235
静浦 1235
12静間 1235

鞁
12鞁筒 1235

柄
10柄町 1235
柄浦 1235

領
3領下 1235
4領毛 1235
5領石 1235
10領家 1235

餌
9餌指 1235
餌差 1235
11餌釣 1235

餅
0餅ケ 1235
4餅木 1235
5餅田 1235
10餅原 1235
餅耕 1235
12餅粟 1235
餅飯 1235

駅
4駅元 1235
5駅北 1235
6駅西 1235
8駅東 1235
9駅前 1236
駅南 1236
10駅家 1236
駅通 1236
11駅部 1236

駄
3駄口 1236
6駄地 1236
7駄坂 1236
8駄知 1236
9駄科 1236
駄経 1236

魁
7魁町 1236

鳶
0鳶ケ 1237
7鳶尾 1237
鳶町 1237

鳳
鳳 1237
4鳳中 1237
5鳳北 1237
鳳至 1237
鳳西 1237
7鳳町 1237
8鳳東 1237
鳳南 1237
10鳳珠 1237
11鳳凰 1237
13鳳瑞 1237

鳴
3鳴子 1237
鳴川 1238
4鳴水 1238
5鳴丘 1238
鳴石 1238
鳴竹 1238
7鳴尾 1238
鳴沢 1238
鳴見 1238
鳴谷 1238
8鳴和 1238
鳴門 1238
9鳴海 1238
鳴神 1238
10鳴浜 1238
11鳴鹿 1238
鳴滝 1238
19鳴瀬 1239

墨
墨 1239
5墨田 1239
6墨名 1239
墨江 1239
7墨坂 1239
9墨俣 1239
墨染 1239

鼻
4鼻毛 1239
8鼻和 1239
10鼻高 1239

15画

儀
6儀式 1239
8儀明 1239
儀長 1239
9儀保 1239
12儀間 1239
14儀徳 1239

勲
勲 1239
9勲祢 1239

圸
4圸之 1239

嬉
嬉 1239
5嬉石 1239
7嬉里 1239
11嬉野 1239

寮
7寮町 1240

幡
0幡ケ 1240
3幡山 1240
幡川 1240
4幡中 1240
5幡代 1240
幡生 1240
6幡多 1240
幡西 1240
7幡町 1240
幡谷 1240
幡豆 1240
9幡保 1240
幡屋 1240
11幡崎 1240
幡野 1240
13幡路 1240
18幡鎌 1240
19幡羅 1240

幣
15幣舞 1240

幟
7幟町 1240

廣
3廣山 1240

影
影 1240
5影石 1240
8影取 1240
影沼 1240
9影津 1240
10影鬼 1240
11影野 1240
12影森 1240

徹
8徹宝 1240
徹明 1240

慶
3慶万 1240
慶山 1240
7慶佐 1240

検字表　15画

[8]慶所 1240	横手 1243	[11]横堀 1245	[10]樺島 1247	[5]潮平 1248	穂	[6]縄地 1251
[10]慶留 1240	横木 1243	横曽 1245	[11]樺崎 1247	潮田 1248	[0]穂ノ 1250	[12]縄間 1251
[11]慶野 1240	横水 1243	横渚 1245	樺野 1247	[6]潮風 1248	[4]穂仁 1250	[15]縄蔵 1251
[12]慶賀 1240	横牛 1243	横紺 1245	権	潮江 1248	穂日 1250	膝
[14]慶徳 1240	[5]横代 1243	横范 1245	[4]権太 1247	[7]潮村 1248	[5]穂出 1250	[3]膝子 1251
憧	横北 1243	横部 1245	[5]権世 1247	潮来 1248	穂北 1250	[5]膝立 1251
[18]憧憬 1240	横市 1243	横野 1245	権正 1247	潮別 1248	[7]穂別 1250	[7]膝折 1251
撮	横平 1243	[12]横割 1245	権田 1247	[8]潮岬 1249	穂坂 1250	[12]膝森 1251
[15]撮影 1240	横打 1243	横場 1245	[11]権堂 1247	[9]潮海 1249	穂見 1250	舞
撰	横田 1243	横塚 1245	権常 1247	潮津 1249	穂谷 1250	舞 1251
[10]撰原 1240	横石 1243	横堤 1245	権現 1247	潮美 1249	[8]穂並 1250	[0]舞々 1251
撞	[6]横地 1243	横曾 1245	樟	潮音 1249	穂波 1250	舞ケ 1251
[4]撞木 1240	横寺 1243	横森 1245	[7]樟谷 1247	[10]潮浜 1249	[9]穂保 1250	舞の 1251
播	横江 1243	横渡 1245	[12]樟葉 1247	潮通 1249	穂栄 1250	[3]舞子 1251
[6]播州 1240	[7]横住 1243	横落 1245	樟陽 1247	[11]潮崎 1249	穂香 1250	舞川 1251
[16]播磨 1240	横吹 1244	横越 1245	槻	潮彩 1249	[10]穂浪 1250	[4]舞戸 1251
撫	横坂 1244	横道 1246	[0]槻ノ 1247	[13]潮新 1249	穂馬 1250	舞木 1251
[3]撫子 1241	横尾 1244	横間 1246	[3]槻下 1247	潮路 1249	穂高 1250	[5]舞出 1251
撫川 1241	横志 1244	横隈 1246	[4]槻木 1247	[14]潮静 1249	[11]穂崎 1250	舞台 1251
[4]撫牛 1241	横沢 1244	横須 1246	[5]槻田 1248	潰	[16]穂積 1250	舞田 1251
[15]撫養 1241	横町 1244	[13]横溝 1246	[7]槻沢 1248	[13]潰溜 1249	窯	[6]舞多 1251
摩	横芝 1244	横路 1246	[8]槻並 1248	滕	[4]窯元 1250	[7]舞町 1251
[4]摩文 1241	横見 1244	[14]横樋 1246	標	[9]藤屋 1249	[7]窯町 1250	舞車 1251
[7]摩利 1241	横谷 1244	横網 1246	[9]標津 1248	熟	窯神 1250	舞阪 1251
[8]摩周 1241	横貝 1244	横関 1246	標茶 1248	[5]熟田 1249	箭	[8]舞岡 1251
[9]摩耶 1241	横迎 1244	横領 1246	樛	熱	[3]箭弓 1250	舞松 1251
[12]摩湯 1241	[8]横和 1244	[15]横諏 1246	[4]樛木 1248	[5]熱田 1249	[8]箭坪 1250	[9]舞屋 1251
敷	横居 1244	横輪 1246	樴	[6]熱池 1249	箪	[10]舞原 1251
[3]敷山 1241	横岡 1244	[16]横壁 1246	[3]樴山 1248	[9]熱海 1249	[11]箪笥 1250	舞姫 1251
敷川 1241	横松 1244	[17]横磯 1246	歓	[10]熱郛 1249	箱	舞浜 1251
[4]敷戸 1241	横枕 1244	横鍛 1246	[12]歓喜 1248	[11]熱野 1249	箱 1250	舞高 1251
敷文 1241	横林 1244	[19]横瀬 1246	歓遊 1248	[13]熱塩 1249	[0]箱ケ 1250	[11]舞崎 1251
[6]敷地 1241	横河 1244	樫	潟	熨	箱の 1250	舞野 1251
[7]敷佐 1241	横沼 1244	[0]樫ノ 1246	[3]潟上 1248	[4]熨斗 1249	[3]箱川 1250	[14]舞網 1251
[8]敷波 1241	横法 1244	[3]樫山 1246	[4]潟元 1248	瘤	[5]箱田 1250	[15]舞潟 1251
[9]敷津 1241	[9]横前 1244	[4]樫切 1246	[7]潟町 1248	[4]瘤木 1249	箱石 1250	[21]舞鶴 1251
[10]敷原 1241	横垣 1244	樫月 1246	[10]潟浦 1248	盤	[7]箱作 1250	蕎
敷島 1241	横城 1244	[5]樫立 1246	[14]潟端 1248	[0]盤の 1249	箱谷 1250	[7]蕎麦 1252
敷根 1241	横屋 1244	樫辻 1246	[16]潟頭 1248	[5]盤尻 1249	[8]箱岩 1250	[10]蕎原 1252
敷柿 1241	横柿 1244	[6]樫合 1246	潤	[8]盤若 1249	[9]箱柳 1250	蔵
敷浪 1241	横津 1244	樫曲 1246	潤 1248	[11]盤渓 1249	[10]箱原 1250	[0]蔵々 1252
横	横畑 1244	樫西 1246	[4]潤井 1248	磐	箱宮 1250	[2]蔵人 1252
[0]横マ 1241	横砂 1244	[7]樫尾 1246	[5]潤田 1248	磐 1249	箱島 1250	[3]蔵上 1252
[1]横一 1241	横神 1245	樫見 1246	[10]潤島 1248	[4]磐井 1249	箱根 1250	蔵土 1252
[2]横七 1241	[10]横倉 1245	[8]樫東 1246	[11]潤野 1248	磐戸 1249	[11]箱崎 1251	蔵子 1252
横丁 1241	横宮 1245	[9]樫津 1246	澄	[5]磐田 1249	箱清 1251	蔵小 1252
[3]横土 1241	横島 1245	[10]樫原 1246	[3]澄川 1248	[7]磐里 1249	[12]箱塚 1251	蔵川 1252
横大 1241	横峰 1245	[11]樫野 1247	[6]澄池 1248	[9]磐城 1249	箱森 1251	[4]蔵之 1252
横小 1242	横座 1245	樺	潜	磐盾 1250	[13]箱殿 1251	蔵木 1252
横山 1242	横根 1245	樺 1247	[8]潜木 1248	[10]磐梯 1250	緑	蔵王 1252
横川 1242	横浦 1245	[0]樺の 1247	[10]潜竜 1248	[11]磐梯 1250	[3]緑山 1251	[5]蔵主 1252
[4]横井 1243	横浜 1245	[3]樺山 1247	潮	稽	縄	蔵本 1252
横六 1243	横畠 1245	[4]樺戸 1247	潮 1248	[5]稽古 1250	[4]縄手 1251	蔵玉 1252
横内 1243	横馬 1245	[7]樺沢 1247	[3]潮干 1248		[5]縄生 1251	
横戸 1243						

16画　検字表

蔵田 1252
6蔵光 1252
蔵次 1252
7蔵作 1252
8蔵岡 1252
蔵底 1252
蔵所 1252
蔵波 1252
蔵迫 1252
9蔵前 1252
蔵垣 1252
10蔵原 1252
11蔵堂 1252
蔵宿 1252
蔵野 1252
12蔵満 1252
13蔵数 1252
蔵福 1252
14蔵増 1252
蔵関 1252
15蔵敷 1252
蔵縄 1252
16蔵館 1252

蕃
3蕃山 1252
8蕃昌 1252

蕪
4蕪木 1252
7蕪里 1252
9蕪城 1252
11蕪郷 1252

蕗
5蕗田 1253

蕨
蕨 1253
5蕨市 1253
蕨平 1253
蕨生 1253
7蕨貫 1253
蕨谷 1253
8蕨岡 1253
蕨岱 1253
11蕨曽 1253
蕨野 1253

蝦
6蝦夷 1253
11蝦貫 1253
16蝦蟆 1253

蝉
3蝉口 1253

蝶
0蝶ケ 1253
6蝶名 1253

諸
諸 1253
0諸の 1253
3諸口 1253
諸子 1253
諸川 1253
4諸井 1253
諸仏 1253
諸木 1253
諸毛 1253
5諸田 1253
6諸江 1253
7諸志 1253
諸沢 1253
諸町 1253
諸見 1253
8諸岡 1253
9諸持 1253
10諸桑 1253
諸浦 1253
諸留 1253
11諸寄 1253
諸鹿 1253
12諸塚 1253
諸富 1253
諸越 1253
諸鈍 1253
13諸数 1253
諸福 1253
15諸輪 1253
19諸願 1253

諏
11諏訪 1253

請
0請ノ 1254
4請戸 1254
請方 1254
6請地 1254
請西 1254
8請阿 1254
9請負 1254

誕
5誕生 1254

談
談 1254
6談合 1254

調
3調子 1254
調川 1254
5調布 1254
13調殿 1254
14調練 1254

論
5論田 1254
6論地 1255
19論瀬 1255

質
7質志 1255
9質美 1255

賞
5賞田 1255

賤
0賤ノ 1255

踏
2踏入 1255
4踏分 1255
19踏瀬 1255

輝
4輝北 1255
8輝国 1255
9輝美 1255

輪
4輪之 1255
6輪西 1255
9輪厚 1255
10輪島 1255

鋤
鋤 1255
11鋤崎 1255

鋳
8鋳物 1255
14鋳銭 1255

霊
3霊山 1255
5霊仙 1255
霊安 1255
9霊南 1255
霊屋 1255

鞍
3鞍川 1255
4鞍手 1255
鞍月 1255
8鞍馬 1255
10鞍骨 1255
11鞍掛 1255

養
3養川 1255
4養父 1255
5養母 1256
養安 1256
養老 1256
7養沢 1256
10養蚕 1256
11養野 1256
13養福 1256
23養鱒 1256

駕
3駕与 1256
7駕町 1256
17駕輿 1256

駈
3駈上 1256

駒
駒 1256
0駒ケ 1256
駒の 1256
3駒山 1256
駒川 1256
駒之 1256
駒方 1256
駒力 1256
駒木 1256
駒止 1256
駒水 1256
5駒生 1256
駒立 1256
駒込 1256
6駒寺 1256
駒羽 1256
駒衣 1256
駒西 1256
7駒形 1256
駒沢 1256
駒見 1257
駒里 1257
8駒岡 1257
駒林 1257
駒牧 1257
駒門 1257
9駒前 1257
駒栄 1257
10駒帰 1257
駒畠 1257
11駒崎 1257
駒野 1257
12駒場 1257
駒塚 1257
駒渡 1257
駒越 1257
13駒園 1257
駒新 1257
14駒跳 1257
駒鳴 1257
16駒橋 1257
22駒籠 1257

駿
10駿馬 1257

髭
9髭茶 1257

紛
5紛穴 1257

錫
0錫ケ 1257
3錫久 1257
錫子 1257
7錫崎 1257
11錫巣 1257
16錫頭 1257

鴉
0鴉ケ 1258
10鴉根 1258

麺
7麺町 1258
9麺屋 1258

16画

劔
劔 1258

壇
0壇ノ 1258
4壇之 1258
9壇前 1258
11壇野 1258

壁
5壁田 1258
7壁沢 1258

懐
3懐山 1258

憩
憩が 1258
7憩町 1258

操
5操出 1258
7操町 1258

整
12整備 1258

曇
0曇華 1258

機
18機織 1258

橘
橘 1258
7橘町 1258
橘谷 1258
9橘柳 1258
10橘浦 1258
橘通 1258
13橘新 1258

橋
0橋ノ 1258
橋の 1258
2橋丁 1258
3橋下 1258
橋上 1258
橋丸 1258
橋口 1258
橋山 1258
4橋之 1258
橋戸 1258
橋爪 1258
5橋弁 1259
橋本 1259
橋田 1259
橋目 1259
橋立 1259
6橋向 1259
橋西 1259
7橋呉 1259
橋尾 1259
橋良 1259
橋谷 1259
8橋岡 1259
橋東 1259
橋波 1259
橋門 1259
9橋屋 1259
橋津 1259
10橋桁 1260
橋浦 1260
11橋野 1260
12橋場 1260
橋賀 1260
13橋詰 1260
16橋橋 1260

樹
4樹木 1260

樽
3樽上 1260
樽口 1260
樽川 1260
4樽井 1260
樽水 1260
5樽本 1260
樽石 1260
7樽沢 1260
樽町 1260
樽見 1260
8樽味 1260
樽岸 1260
樽前 1260
樽屋 1260
10樽真 1260

橡
3橡久 1260

橦
4橦木 1260

橱
10橱島 1260

濁
濁川 1260
7濁沢 1260
濁谷 1260

澳
5澳田 1260

澤
澤 1260
4澤井 1260

燕
燕 1260
3燕三 1260
5燕市 1260
7燕沢 1260
11燕清 1260

燈
13燈豊 1260
22燈籠 1260

瓢
瓢 1260
瓢町 1260
15瓢箪 1260

瓶
7瓶谷 1261
8瓶岩 1261

瘦
15瘦槻 1261

磨
9磨屋 1261

頴
頴娃 1261

積
3積川 1261
4積丹 1261
7積志 1261
積良 1261
12積善 1261

築
3築三 1261
築上 1261
築山 1261
4築切 1261
築木 1261
築比 1261
6築地 1261
7築別 1261
築町 1261
9築城 1261
11築捨 1261
築添 1261

検字表　17画

Panel 1

	漢字	頁
	築盛	1261
12	築港	1261
16	築館	1262
22	築籠	1262
	篭	
3	篭山	1262
5	篭田	1262
7	篭谷	1262
8	篭林	1262
9	篭屋	1262
12	篭場	1262
	篭渡	1262
	簑	
7	簑沢	1262
10	簑原	1262
15	簑輪	1262
	楠	
	橝	1262
	繁	
3	繁山	1262
5	繁本	1262
6	繁多	1262
8	繁和	1262
	繁昌	1262
	繁松	1262
10	繁根	1262
18	繁藤	1262
	縫	
7	縫別	1262
10	縫原	1262
	膳	
	膳	1262
4	膳夫	1262
8	膳所	1262
9	膳前	1263
12	膳棚	1263
	興	
	興	1263
0	興ケ	1263
2	興人	1263
4	興戸	1263
7	興志	1263
8	興和	1263
	興国	1263
	興法	1263
9	興南	1263
	興津	1263
10	興宮	1263
	興留	1263
11	興部	1263
	興野	1263
	興隆	1263
12	興善	1263
	興道	1263

Panel 2

	漢字	頁
13	興福	1263
	舘	
	舘	1263
0	舘ケ	1263
	舘ノ	1263
3	舘の	1263
	舘山	1263
4	舘方	1263
5	舘市	1263
	舘矢	1263
6	舘合	1263
7	舘沢	1263
	舘町	1263
	舘花	1263
9	舘谷	1263
	舘前	1263
	舘南	1263
11	舘野	1263
12	舘越	1263
	舘開	1263
	薗	
	薗	1263
0	薗ケ	1263
11	薗部	1263
	薫	
0	薫る	1264
7	薫別	1264
	薪	
	薪	1264
12	薪森	1264
	薦	
3	薦川	1264
	薦生	1264
9	薦津	1264
11	薦野	1264
	薄	
4	薄井	1264
	薄木	1264
	薄毛	1264
5	薄市	1264
	薄平	1264
7	薄沢	1264
	薄谷	1264
8	薄波	1264
10	薄倉	1264
	薄原	1264
	薄島	1264
	薄根	1264
11	薄袋	1264
12	薄場	1264
	薄葉	1264
	薬	
4	薬井	1264
	薬円	1264

Panel 3

	漢字	頁
	薬水	1264
	薬王	1264
7	薬利	1264
	薬谷	1264
9	薬屋	1264
	薬研	1264
10	薬師	1264
	薬院	1264
11	薬袋	1264
12	薬勝	1264
13	薬園	1264
	薬新	1264
	薮	
0	薮ノ	1265
3	薮川	1265
4	薮内	1265
5	薮田	1265
10	薮原	1265
11	薮崎	1265
	薮野	1265
12	薮塚	1265
	薑	
	薑	1265
	薊	
11	薊野	1265
	薔	
16	薔薇	1265
	稗	
5	稗生	1265
	稗田	1265
10	稗島	1265
	螢	
3	螢川	1265
5	螢田	1265
7	螢谷	1265
	墓	
5	墓目	1265
8	墓沼	1265
	親	
0	親ケ	1265
	親川	1265
4	親不	1265
	親方	1265
	親王	1265
5	親田	1265
	親沢	1265
8	親和	1265
	親松	1265
9	親柄	1265
11	親船	1265
	親野	1265
13	親園	1265
14	親鼻	1265

Panel 4

	漢字	頁
	謡	
7	謡坂	1265
	謡谷	1265
	諫	
6	諫早	1265
	賢	
	賢	1265
10	賢島	1265
11	賢堂	1265
	醒	
0	醒ケ	1265
4	醒井	1265
	醐	
16	醍醐	1265
	鋸	
9	鋸南	1267
	錦	
	錦	1267
0	錦ケ	1267
	錦が	1267
3	錦大	1267
4	錦之	1267
5	錦本	1267
6	錦江	1267
	錦糸	1267
7	錦町	1267
	錦見	1268
8	錦岡	1268
	錦松	1268
9	錦城	1268
	錦海	1268
10	錦通	1268
11	錦堀	1268
	錦猪	1268
	錦野	1268
14	錦綾	1268
18	錦織	1268
	鋼	
14	鋼管	1268
	錫	
10	錫高	1268
	闇	
21	闇魔	1268
	鞘	
7	鞘町	1268
11	鞘堂	1268
	頭	
3	頭山	1268
	頭川	1268
7	頭町	1268
	頭谷	1268
8	頭陀	1268
12	頭集	1268

Panel 5

	漢字	頁
	頼	
3	頼久	1268
4	頼元	1268
6	頼成	1268
9	頼城	1268
10	頼兼	1268
	頸	
9	頸城	1268
	館	
	館	1269
0	館ノ	1269
3	館下	1269
	館山	1269
	館川	1269
4	館内	1269
5	館出	1269
	館古	1269
	館田	1269
6	館向	1269
7	館町	1269
8	館取	1269
	館林	1269
9	館前	1269
	館南	1269
	館後	1269
10	館浦	1269
	館浜	1269
	館脇	1269
	館馬	1270
11	館崎	1270
	館野	1270
12	館越	1270
13	館腰	1270
	餘	
11	餘部	1270
	鮎	
3	鮎川	1270
5	鮎田	1270
7	鮎沢	1270
	鮎貝	1270
9	鮎屋	1270
12	鮎喰	1270
19	鮎瀬	1270
	鮒	
5	鮒田	1270
	鮖	
7	鮖谷	1270
	鴬	
0	鴬が	1270

Panel 6

	漢字	頁
	鴬の	1270
5	鴬台	1270
11	鴬宿	1270
	鴨	
3	鴨口	1270
	鴨女	1270
	鴨子	1270
	鴨川	1270
4	鴨之	1270
	鴨方	1270
5	鴨付	1270
	鴨生	1270
	鴨田	1270
6	鴨地	1270
	鴨庄	1270
	鴨江	1270
	鴨池	1270
7	鴨志	1270
	鴨沢	1271
	鴨谷	1271
8	鴨居	1271
	鴨河	1271
9	鴨前	1271
	鴨狩	1271
	鴨神	1271
10	鴨倉	1271
	鴨宮	1271
	鴨島	1271
11	鴨崎	1271
	鴨部	1271
	鴨野	1271
	鳴	
4	鳴内	1271
11	鳴野	1271
	黛	
	黛	1271
	龍	
0	龍ケ	1271
	龍ノ	1271
3	龍山	1271
4	龍円	1271
	龍王	1271
5	龍田	1271
6	龍光	1271
	龍地	1271
	龍安	1271
	龍江	1272
	龍池	1272
7	龍助	1272
	龍角	1272
8	龍岡	1272
	龍明	1272
	龍門	1272

Panel 7

	漢字	頁
9	龍前	1272
	龍城	1272
	龍泉	1272
	龍神	1272
10	龍島	1272
	龍華	1272
	龍造	1272
11	龍郷	1272
	龍野	1272
12	龍湖	1272
	龍間	1272
13	龍禅	1272
14	龍徳	1272
15	龍舞	1272
	龍蔵	1272

18画

	漢字	頁
	厳	
4	厳木	1272
9	厳美	1273
10	厳原	1273
	厳島	1273
	壕	
3	壕下	1273
	嬬	
10	嬬恋	1273
	嶺	
	嶺	1273
5	嶺田	1273
	嶺町	1273
11	嶺崎	1273
	應	
5	應田	1273
	曙	
	曙	1273
1	曙一	1273
2	曙七	1273
	曙九	1273
	曙二	1273
	曙八	1273
	曙十	1273
3	曙三	1273
	曙川	1273
4	曙五	1273
	曙六	1273
5	曙北	1273
	曙台	1273
	曙四	1273
7	曙町	1273
16	曙橋	1274
	橿	
10	橿原	1274

(107)

18画 検字表

櫛	磯町 1275	篠隈 1277	鍬	[9]霞城 1280	礒	藤助 1283
[0]櫛ケ 1274	磯谷 1275	[13]篠路 1277	[0]鍬ケ 1278	[10]霞浦 1280	[11]礒野 1281	藤吾 1283
[3]櫛川 1274	[8]磯岡 1275	[14]篠窪 1277	鍬ノ 1278	霜	襌	藤坂 1283
[4]櫛引 1274	磯松 1275	[19]篠瀬 1277	[5]鍬田 1278	[0]霜ケ 1280	[6]襌次 1281	藤尾 1283
櫛木 1274	磯河 1275	[22]篠籠 1277	[6]鍬江 1278	[7]霜条 1280	[8]襌宜 1281	藤沢 1283
[5]櫛田 1274	[9]磯城 1275	簗	[7]鍬形 1278	鞠	織	藤町 1283
[8]櫛林 1274	磯津 1275	[0]簗ノ 1277	[9]鍬柄 1278	[3]鞠山 1280	[5]織田 1281	藤花 1283
[9]櫛屋 1274	磯草 1275	簗川 1277	[11]鍬掛 1278	[11]鞠生 1280	[8]織物 1281	藤見 1283
櫛津 1274	[10]磯原 1275	[5]簗平 1277	鍵	韓	[10]織姫 1281	藤里 1283
[10]櫛原 1274	磯島 1275	[7]簗沢 1277	鍵 1278	[0]韓々 1280	[11]織笠 1281	藤阪 1283
[11]櫛挽 1274	磯浦 1275	[12]簗場 1277	[3]鍵山 1278	駿	織部 1281	[8]藤並 1283
櫛梨 1274	磯浜 1275	[19]簗瀬 1277	[4]鍵之 1278	[8]駿府 1280	[15]織幡 1281	藤和 1284
櫛淵 1274	[11]磯崎 1275	糠	[5]鍵田 1278	駿東 1280	職	藤垂 1284
櫛笥 1274	磯部 1275	糠 1277	鍵穴 1278	駿河 1280	[2]職人 1281	藤岡 1284
[19]櫛羅 1274	磯野 1275	[3]糠子 1277	[7]鍵町 1278	鮭	臨	藤枝 1284
檀	[12]磯道 1275	[4]糠内 1277	[9]鍵屋 1278	[3]鮭川 1280	[9]臨海 1281	藤松 1284
[5]檀田 1274	磯間 1276	糠田 1277	[11]鍵掛 1278	[5]鮭尾 1280	[12]臨港 1281	藤林 1284
[10]檀紙 1274	[13]磯路 1276	[6]糠地 1277	鍛	鮫	藤	藤河 1284
[11]檀渓 1274	磯訓 1276	[7]糠沢 1277	[7]鍛冶 1278	鮫 1280	藤 1281	藤治 1284
[13]檀渓 1274	[16]磯壁 1276	[8]糠坪 1277	[8]鍛冶 1279	[0]鮫ケ 1280	[0]藤ケ 1281	藤波 1284
檜	[19]磯鶏 1276	[9]糠南 1277	[10]鍛高 1279	鮫ノ 1280	藤ノ 1281	藤金 1284
[3]檜山 1274	稔	[11]糠野 1277	[11]鍛埜 1279	[3]鮫川 1280	藤が 1281	藤阿 1284
檜川 1274	[8]稔東 1276	[12]糠塚 1277	鍋	[7]鮫町 1280	藤の 1281	藤附 1284
[4]檜木 1274	篠	糟	[0]鍋ケ 1279	[9]鮫洲 1280	[2]藤七 1282	[9]藤前 1284
[7]檜尾 1274	[0]篠ケ 1276	[7]糟屋 1277	[3]鍋小 1279	[10]鮫島 1280	[3]藤下 1282	藤城 1284
檜沢 1274	篠ノ 1276	繋	鍋山 1279	鮫浦 1280	藤上 1282	藤屋 1284
[8]檜枝 1274	篠の 1276	繋 1277	[4]鍋内 1279	鮱	藤久 1282	藤巻 1284
檜物 1274	[3]篠山 1276	[7]繋沢 1277	鍋片 1279	[3]鮱川 1280	藤山 1282	藤後 1284
[9]檜前 1274	篠川 1276	縮	[5]鍋平 1279	鮨	藤川 1282	藤栄 1284
檜垣 1274	[4]篠井 1276	[12]縮景 1278	鍋田 1279	[9]鮨洗 1280	[4]藤之 1282	藤柄 1284
[10]檜原 1274	篠内 1276	薩	鍋石 1279	鴻	藤井 1282	藤津 1284
[13]檜新 1274	篠木 1276	[3]薩川 1278	[7]鍋倉 1279	[0]鴻ノ 1280	藤五 1282	藤香 1284
濡	[5]篠平 1276	[15]薩摩 1278	[8]鍋沼 1279	鴻の 1280	藤元 1282	[10]藤倉 1284
[10]濡浜 1274	篠本 1276	藍	[9]鍋屋 1279	[4]鴻之 1280	藤六 1282	藤原 1284
燦	篠田 1276	[3]藍川 1278	[10]鍋倉 1279	鴻仏 1280	藤内 1282	藤家 1285
燦 1274	篠目 1276	[4]藍内 1278	鍋原 1279	[6]鴻池 1280	藤太 1282	藤島 1285
[0]燦ケ 1274	[7]篠坂 1276	[5]藍本 1278	鍋島 1279	[8]鴻茎 1280	藤心 1282	藤根 1285
[5]燦田 1274	篠尾 1276	[7]藍住 1278	[11]鍋掛 1279	[9]鴻草 1280	藤戸 1282	藤浪 1285
環	篠東 1276	藍那 1278	[13]鍋蓋 1279	[10]鴻島 1280	藤方 1282	藤高 1285
[7]環状 1274	篠町 1276	[9]藍畑 1278	[15]鍋潟 1279	[11]鴻巣 1280	藤木 1282	[11]藤寄 1285
磯	篠花 1276	藍島 1278	鍛	鴻野 1281	[5]藤代 1282	藤崎 1285
磯 1274	[8]篠岡 1276	[10]藍場 1278	[7]鍛冶 1279		藤四 1282	藤掛 1285
[0]磯ケ 1274	篠波 1276	藁	[8]鍛冶 1279		藤平 1282	藤野 1285
磯ノ 1274	[9]篠屋 1276	[9]藁屋 1278	鍼	**18画**	藤本 1282	[12]藤塚 1285
磯の 1274	篠津 1276	螺	[7]鍼灸 1279		藤生 1283	藤森 1285
[3]磯上 1275	[10]篠原 1276	[12]螺湾 1278	闇	檮	藤田 1283	藤棚 1285
磯子 1275	篠島 1277	講	[12]闇無 1279	[10]檮原 1281	藤白 1283	藤琴 1285
磯山 1275	篠座 1277	[11]講堂 1278	霞	櫃	[6]藤光 1283	藤越 1285
[4]磯之 1275	篠栗 1277	謝	霞 1279	[5]櫃石 1281	藤守 1283	藤間 1285
磯分 1275	篠根 1277	[6]謝名 1278	[0]霞ケ 1279	[10]櫃島 1281	藤成 1283	[13]藤新 1285
[5]磯辺 1275	[11]篠崎 1277	[7]謝花 1278	霞が 1280	櫃挾 1281	藤曲 1283	[15]藤縄 1285
[6]磯光 1275	篠部 1277	[15]謝敷 1278	[5]霞台 1280	[11]櫃崎 1281	藤江 1283	藤蔵 1285
[7]磯村 1275	[12]篠場 1277	賽	霞目 1280	磽	藤西 1283	[16]藤橋 1286
磯沢 1275	篠塚 1277	[0]賽ノ 1278	[7]霞町 1280	[7]磽町 1281	[7]藤兵 1283	[19]藤瀬 1286

検字表　19画

第1列

薮
- 藪 1286
- 0薮ケ 1286
- 3薮下 1286
- 4薮之 1286
- 5薮田 1286
- 8薮神 1286
- 10薮原 1286
- 薮畔 1286
- 12薮塚 1286

蟠
- 11蟠渓 1286

襟
- 11襟野 1286

覆
- 9覆盆 1286

観
- 3観三 1286
- 観山 1286
- 4観月 1286
- 5観世 1286
- 6観光 1286
- 8観法 1286
- 9観海 1286
- 観音 1286
- 12観喜 1286
- 観晴 1287
- 観覚 1287

贅
- 3贅川 1287
- 5贅田 1287
- 10贅浦 1287

轆
- 23轆轤 1287

鎧
- 鎧 1287
- 15鎧潟 1287

鎌
- 0鎌ケ 1287
- 4鎌井 1287
- 鎌手 1287
- 5鎌田 1287
- 7鎌形 1287
- 鎌沢 1287
- 鎌苅 1287
- 鎌谷 1287
- 8鎌取 1287
- 9鎌屋 1287
- 10鎌原 1287
- 鎌島 1287
- 鎌庭 1287
- 11鎌崎 1287
- 鎌掛 1287

第2列

- 鎌野 1287
- 12鎌塚 1287
- 鎌須 1287
- 13鎌数 1287
- 鎌滝 1287
- 19鎌瀬 1287

鎗
- 6鎗田 1287
- 9鎗屋 1287

鎮
- 6鎮西 1287
- 8鎮岩 1288

雛
- 5雛田 1288
- 9雛草 1288
- 10雛倉 1288

難
- 8難波 1288

額
- 1額乙 1288
- 5額田 1288
- 7額住 1288
- 額見 1288
- 額谷 1288
- 10額原 1288
- 12額塚 1288
- 13額新 1288

顔
- 4顔戸 1288
- 6顔好 1288

顕
- 14顕徳 1288

類
- 10類家 1288

騎
- 6騎西 1288
- 10騎射 1288

鯉
- 0鯉ケ 1288
- 3鯉口 1288
- 鯉山 1288
- 鯉川 1288
- 6鯉江 1288
- 鯉池 1288
- 8鯉沼 1288
- 11鯉淵 1288

鯒
- 12鯒越 1288

鯏
- 10鯏浦 1288

鵜
- 0鵜ケ 1288
- 鵜ノ 1288
- 鵜の 1288

第3列

- 2鵜入 1288
- 3鵜山 1288
- 鵜川 1288
- 4鵜方 1289
- 鵜木 1289
- 6鵜戸 1289
- 鵜池 1289
- 7鵜住 1289
- 鵜杉 1289
- 鵜来 1289
- 鵜谷 1289
- 8鵜沼 1289
- 鵜泊 1289
- 鵜苫 1289
- 10鵜原 1289
- 鵜島 1289
- 鵜浦 1289
- 11鵜崎 1289
- 鵜野 1289
- 鵜鳥 1289
- 12鵜森 1289
- 鵜渡 1289
- 鵜無 1289
- 13鵜飼 1289
- 鵜殿 1289
- 14鵜網 1289
- 15鵜縄 1289

鵠
- 4鵠戸 1289
- 8鵠沼 1289

鵡
- 3鵡川 1290

鳩
- 鳩 1290
- 4鳩木 1290

19画

櫟
- 5櫟本 1290
- 櫟田 1290
- 8櫟枝 1290
- 10櫟原 1290
- 11櫟野 1290

櫨
- 3櫨山 1290

瀬
- 0瀬々 1290
- 瀬ケ 1290
- 瀬ノ 1290
- 2瀬又 1290
- 3瀬下 1290
- 瀬上 1290

第4列

- 瀬山 1290
- 瀬川 1290
- 4瀬之 1290
- 瀬井 1290
- 瀬切 1290
- 瀬木 1291
- 5瀬古 1291
- 瀬田 1291
- 瀬石 1291
- 瀬辺 1291
- 6瀬名 1291
- 瀬多 1291
- 瀬羽 1291
- 瀬西 1291
- 7瀬利 1291
- 瀬尾 1291
- 瀬良 1291
- 瀬見 1292
- 瀬谷 1292
- 瀬貝 1292
- 瀬里 1292
- 8瀬居 1292
- 瀬底 1292
- 瀬板 1292
- 瀬武 1292
- 瀬波 1292
- 瀬長 1292
- 9瀬南 1292
- 瀬相 1292
- 10瀬原 1292
- 瀬峰 1292
- 瀬留 1293
- 瀬高 1293
- 11瀬崎 1293
- 瀬部 1293
- 瀬野 1293
- 12瀬棚 1293
- 瀬越 1293
- 瀬道 1293
- 13瀬嵩 1293
- 瀬滝 1293
- 14瀬領 1293
- 16瀬頭 1293

瀧
- 瀧 1293
- 4瀧元 1293
- 瀧谷 1293

犢
- 16犢橋 1293

獺
- 0獺ケ 1293
- 8獺河 1293
- 11獺郷 1293

第5列

- 獺野 1293

簸
- 3簸川 1293

簾
- 15簾舞 1293

縄
- 2縄又 1293

羅
- 6羅臼 1293
- 12羅賀 1293
- 13羅漢 1293

蘇
- 4蘇刈 1293
- 7蘇我 1293
- 10蘇原 1294
- 13蘇鉄 1294

藻
- 3藻川 1294
- 6藻池 1294
- 7藻別 1294
- 8藻岩 1294
- 9藻津 1294
- 10藻浦 1294
- 12藻散 1294
- 藻琴 1294

蘭
- 7蘭町 1294
- 10蘭島 1294
- 蘭梅 1294
- 蘭留 1294
- 12蘭場 1294
- 蘭越 1294

藺
- 5藺生 1294
- 7藺町 1294

蟹
- 0蟹ケ 1294
- 5蟹甲 1294
- 蟹寺 1294
- 蟹江 1294
- 7蟹作 1294
- 蟹沢 1294
- 蟹町 1294
- 10蟹原 1294

蟻
- 0蟻ケ 1295
- 3蟻山 1295
- 蟻川 1295

蟷
- 16蟷螂 1295

警
- 8警固 1295
- 警弥 1295

第6列

- 14警察 1295

識
- 6識名 1295

蹴
- 3蹴上 1295

鏡
- 鏡 1295
- 0鏡ケ 1295
- 鏡が 1295
- 3鏡大 1295
- 鏡小 1295
- 鏡山 1295
- 鏡川 1295
- 4鏡今 1295
- 鏡水 1295
- 5鏡去 1295
- 鏡田 1295
- 鏡白 1295
- 鏡石 1295
- 6鏡吉 1295
- 鏡地 1295
- 鏡池 1295
- 鏡竹 1295
- 7鏡町 1295
- 8鏡岩 1295
- 鏡沼 1295
- 9鏡屋 1295
- 鏡柿 1295
- 鏡洲 1295
- 鏡狩 1295
- 鏡草 1295
- 10鏡原 1295
- 鏡宮 1295
- 鏡島 1295
- 鏡梅 1295
- 11鏡葛 1295
- 鏡野 1295
- 13鏡新 1295
- 14鏡増 1295
- 15鏡敷 1295
- 鏡横 1295

鏑
- 4鏑木 1295

離
- 離 1295
- 10離宮 1295

霧
- 0霧ケ 1296
- 霧が 1296
- 3霧山 1296
- 5霧生 1296
- 霧立 1296

第7列

- 6霧多 1296
- 10霧島 1296

願
- 願 1296
- 6願成 1296
- 9願海 1296

鯨
- 鯨 1296
- 4鯨井 1296
- 8鯨岡 1296
- 鯨波 1296

鯖
- 5鯖石 1296
- 6鯖江 1296
- 8鯖波 1296
- 19鯖瀬 1296

鯛
- 0鯛ノ 1296
- 6鯛名 1296
- 7鯛尾 1296
- 8鯛取 1296
- 10鯛浜 1296

鯰
- 鯰 1296
- 5鯰田 1296
- 6鯰江 1296

鶏
- 0鶏ケ 1296
- 7鶏沢 1296
- 9鶏冠 1296
- 14鶏鉾 1296

鵲
- 7鵲町 1296

鵯
- 鵯 1296
- 3鵯久 1296
- 5鵯本 1296
- 鵯石 1296
- 7鵯町 1296
- 11鵯崎 1296
- 鵯野 1296
- 13鵯新 1296

鶫
- 11鶫巣 1296

鶴
- 10鶴島 1296
- 12鶴越 1296

鵬
- 7鵬町 1296

麓
- 麓 1296
- 3麓山 1297
- 麓村 1297
- 麓町 1297

【20画】

11麓郷 1297

巖
9巖城 1297
10巖根 1297
懸
5懸札 1297
櫨
4櫨木 1297
7櫨谷 1297
10櫨原 1297
12櫨塚 1297
磔
5磔石 1297
10磔浦 1297
競
10競馬 1297
13競艇 1297
15競輪 1297
糯
0糯ケ 1297
朧
6朧気 1297
蠣
12蠣塚 1297
護
6護江 1297
8護国 1297
15護摩 1297
18護藤 1297
讓
6讓羽 1297
10讓原 1297
鐘
0鐘ケ 1297
4鐘木 1297
7鐘尾 1297
9鐘巻 1297
10鐘紡 1297
11鐘寄 1297
鐘崎 1297
鐘釣 1297
12鐘場 1297
13鐘楼 1297
15鐘鋳 1297
鐙
鐙 1297
6鐙西 1297
12鐙塚 1297
14鐙摺 1297

露
10露峰 1297
11露梨 1297
16露橋 1297
18露藤 1297
響
7響町 1298
9響南 1298
饅
16饅頭 1298
騰
8騰波 1298
鰍
7鰍沢 1298
鰐
3鰐川 1298
5鰐石 1298
鹹
3鹹川 1298
鹼
11鹼渕 1298

【21画】

櫻
4櫻井 1298
11櫻野 1298
欅
5欅平 1298
灘
灘 1298
4灘分 1298
灘区 1298
5灘北 1298
7灘町 1298
9灘南 1298
10灘浜 1298
竈
竈 1298
3竈山 1298
8竈門 1298
轟
轟 1298
4轟井 1298
轟木 1298
7轟町 1298
鑓
4鑓水 1298
5鑓田 1298
7鑓見 1298
9鑓屋 1298
鐺
3鐺山 1298

7鑓別 1298
饒
饒 1298
5饒平 1298
8饒波 1298
鰯
7鰯ケ 1298
6鰯江 1298
鰭
0鰭ケ 1298
鶴
0鶴ケ 1298
鶴が 1299
鶴の 1299
3鶴三 1299
鶴丸 1299
鶴子 1299
鶴山 1299
鶴川 1299
4鶴木 1299
5鶴丘 1299
鶴代 1299
鶴市 1299
鶴打 1299
鶴生 1299
鶴甲 1299
鶴田 1299
6鶴光 1299
鶴吉 1299
鶴多 1299
鶴江 1299
鶴羽 1299
7鶴児 1299
鶴形 1299
鶴来 1299
鶴沢 1299
鶴町 1299
鶴芝 1300
鶴見 1300
鶴谷 1300
鶴里 1300
8鶴奉 1300
鶴居 1300
鶴岡 1300
鶴河 1300
鶴沼 1300
鶴泊 1300
鶴牧 1300
9鶴城 1300
鶴屋 1300
鶴巻 1300
鶴海 1300
10鶴原 1300
鶴島 1300

鶴峰 1300
鶴馬 1300
11鶴寄 1300
鶴崎 1300
鶴巣 1300
鶴望 1300
鶴堅 1300
鶴野 1301
12鶴喰 1301
鶴賀 1301
鶴間 1301
13鶴福 1301
鶴蒔 1301
15鶴舞 1301
16鶴橋 1301
鶴館 1301
19鶴瀬 1301
鴬
0鴬の 1301
7鴬沢 1301
鴬町 1301
鴬谷 1301
11鴬崎 1301
鴬巣 1301
鴬野 1301
鷗
8鷗和 1301

【22画】

籠
3籠上 1301
籠山 1301
4籠月 1301
5籠田 1301
6籠池 1301
7籠町 1301
9籠屋 1301
10籠原 1301
11籠掛 1301
籠淵 1301
經
經 1301
鑪
7鑪作 1301
讃
6讃州 1301
7讃岐 1301
讃良 1301
轡
8轡取 1301
鷲
鷲 1301

鰹
11鰹淵 1302
鯵
0鯵ケ 1302
15鯵潟 1302
鷗
10鷗島 1302

【23画】

鱒
3鱒川 1302
7鱒沢 1302
10鱒浦 1302
11鱒渕 1302
鷲
0鷲ノ 1302
3鷲子 1302
4鷲之 1302
5鷲北 1302
7鷲別 1302
鷲尾 1302
鷲沢 1302
鷲足 1302
8鷲府 1302
鷲林 1302
9鷲津 1302
鷲神 1302
10鷲原 1302
鷲家 1302
鷲宮 1302
鷲島 1302
11鷲宿 1302
鷲崎 1302
鷲巣 1302
鷲野 1302
12鷲塚 1302

【24画】

鱸
鱸 1302
鱗
7鱗町 1302
鷺
0鷺ケ 1302
鷺ノ 1302
鷺の 1302
3鷺山 1302
8鷺沼 1303
9鷺洲 1303
鷺畑 1303

10鷺宮 1303
鷺島 1303
鷺浦 1303
11鷺巣 1303
鷹
0鷹ノ 1303
鷹の 1303
2鷹乃 1303
3鷹子 1303
5鷹司 1303
鷹辻 1303
6鷹匠 1303
鷹合 1303
鷹羽 1303
7鷹尾 1303
鷹来 1303
鷹見 1303
8鷹取 1303
鷹岡 1303
鷹泊 1303
9鷹架 1303
鷹狩 1303
10鷹島 1303
鷹峯 1303
鷹師 1303
鷹栖 1303
11鷹巣 1303
鷹部 1303
鷹野 1304
12鷹場 1304
鷹番 1304
13鷹殿 1304
鷹飼 1304

【25画】

鼉
5鼉奴 1304

【26画】

鑪
11鑪野 1304

【27画】

鱸
鱸 1304

【30画】

驫
4驫木 1304

全国地名駅名よみかた辞典

英数字

1号北　いちごうきた　北海道上川郡東川町
1号南　いちごうみなみ　北海道上川郡東川町
3号　さんごう　北海道上川郡東神楽町
4号　よんごう　北海道上川郡東神楽町
5号　ごごう　北海道上川郡東神楽町
6号　ろくごう　北海道上川郡東神楽町
7号　ななごう　北海道上川郡東神楽町
7線　ななせん　北海道上川郡鷹栖町
8号　はちごう　北海道上川郡東神楽町
8線　はっせん　北海道上川郡鷹栖町
9号　きゅうごう　北海道上川郡東神楽町
9線　きゅうせん　北海道上川郡鷹栖町
10号　じゅうごう　北海道上川郡東神楽町
10線　じっせん　北海道上川郡鷹栖町
11号　じゅういちごう　北海道上川郡東神楽町
11線　じゅういっせん　北海道上川郡鷹栖町
12号　じゅうにごう　北海道上川郡東神楽町
12線　じゅうにせん　北海道上川郡鷹栖町
13号　じゅうさんごう　北海道上川郡東神楽町
13線　じゅうさんせん　北海道上川郡鷹栖町
14号　じゅうよんごう　北海道上川郡東神楽町
14線　じゅうよんせん　北海道上川郡鷹栖町
15号　じゅうごごう　北海道上川郡東神楽町
15線　じゅうごせん　北海道上川郡鷹栖町
16号　じゅうろくごう　北海道上川郡東神楽町
16線　じゅうろくせん　北海道上川郡鷹栖町
17号　じゅうななごう　北海道上川郡東神楽町
17線　じゅうななせん　北海道上川郡鷹栖町
18号　じゅうはちごう　北海道上川郡東神楽町
18線　じゅうはっせん　北海道上川郡鷹栖町
19号　じゅうきゅうごう　北海道上川郡東神楽町
19線　じゅうきゅうせん　北海道上川郡鷹栖町
20号　にじゅうごう　北海道上川郡東神楽町
20線　にじっせん　北海道上川郡鷹栖町
21号　にじゅういちごう　北海道上川郡東神楽町
21線　にじゅういっせん　北海道上川郡鷹栖町
22号　にじゅうにごう　北海道上川郡東神楽町
22線　にじゅうにせん　北海道上川郡鷹栖町
23号　にじゅうさんごう　北海道上川郡東神楽町
23線　にじゅうさんせん　北海道上川郡鷹栖町
24号　にじゅうよんごう　北海道上川郡東神楽町
24線　にじゅうよんせん　北海道上川郡鷹栖町
25号　にじゅうごごう　北海道上川郡東神楽町
25線　にじゅうごせん　北海道上川郡鷹栖町
26号　にじゅうろくごう　北海道上川郡東神楽町
26線　にじゅうろくせん　北海道上川郡鷹栖町
27号　にじゅうななごう　北海道上川郡東神楽町
27線　にじゅうななせん　北海道上川郡鷹栖町
JA広島病院前　じぇいえいひろしまびょういんまえ　広島県（広島電鉄宮島線）
JR三山木　じぇいあーるみやまき　京都府（JR片町線）
JR小倉　じぇいあーるおぐら　京都府（JR奈良線）

JR五位堂　じぇいあーるごいどう　奈良県（JR和歌山線）
JR河内永和　じぇいあーるかわちえいわ　大阪府（JRおおさか東線）
JR長瀬　じぇいあーるながせ　大阪府（JRおおさか東線）
JR俊徳道　じぇいあーるしゅんとくみち　大阪府（JRおおさか東線）
JR藤森　じぇいあーるふじのもり　京都府（JR奈良線）
JR難波　じぇいあーるなんば　大阪府（JR関西本線）
YRP野比　わいあーるぴーのび　神奈川県（京浜急行電鉄久里浜線）

カタカナ

アイランド北口　あいらんどきたぐち　兵庫県（神戸新交通六甲アイランド線）
アイリス町　あいりすちょう　三重県亀山市
アスモ前　あすもまえ　静岡県（天竜浜名湖鉄道線）
アトサヌプリ原野　あとさぬぷりげんや　北海道川上郡弟子屈町
インター西　いんたーにし　福島県会津若松市
インター南　いんたーみなみ　埼玉県三郷市
インテック本社前　いんてっくほんしゃまえ　富山県（富山ライトレール線）
ウイング土屋　ういんぐつちや　千葉県成田市
ウェスパ椿山　うぇすぱつばきやま　青森県（JR五能線）
ウッディタウン中央　うっでぃたうんちゅうおう　兵庫県（神戸電鉄公園都市線）
ウトナイ北　うとないきた　北海道苫小牧市
ウトナイ南　うとないみなみ　北海道苫小牧市
ウトロ中島　うとろなかじま　北海道斜里郡斜里町
ウトロ西　うとろにし　北海道斜里郡斜里町
ウトロ東　うとろひがし　北海道斜里郡斜里町
ウトロ香川　うとろかがわ　北海道斜里郡斜里町
ウトロ高原　うとろこうげん　北海道斜里郡斜里町
ウルエ長根　うるえながね　青森県三戸郡五戸町
ウルエ長根下　うるえながねした　青森県三戸郡五戸町
エミネント葉山町　えみねんとはやままち　長崎県長崎市
エルム町　えるむちょう　北海道赤平市
オヒテ川　おひてかわ　福島県耶麻郡猪苗代町
カキ田　かきた　福島県耶麻郡猪苗代町
カツクイ沢山　かつくいさわやま　秋田県湯沢市
カブト中央町　かぶとちゅうおうちょう　岡山県笠岡市
カブト西町　かぶとにしまち　岡山県笠岡市
カブト東町　かぶとひがしまち　岡山県笠岡市
カブト南町　かぶとみなみまち　岡山県笠岡市
カルルス町　かるるすちょう　北海道登別市
ガーラ湯沢　がーらゆざわ　新潟県（JR上越新幹線ほか）
ガギ田　がぎた　福島県耶麻郡猪苗代町
ガス平　がすたい　青森県上北郡東北町
クチョロ原野　くちょろげんや　北海道川上郡標茶町

クッチャロ湖畔　くっちゃろこはん　北海道枝幸郡浜頓別町

グミ沢原　ぐみさわはら　福島県耶麻郡猪苗代町

グランドプラザ前　ぐらんどぷらざまえ　富山県(富山地方鉄道市内線)

グランド通　ぐらんどどおり　高知県(とさでん交通伊野線)

グリーンヒル別荘地　ぐりーんひるべっそうち　静岡県伊東市

グリンタウン榊原　ぐりんたうんさかきばら　三重県津市

コウノトリの郷　こうのとりのさと　兵庫県(京都丹後鉄道宮津線)

コッタロ原野　こったろげんや　北海道川上郡標茶町

コモンヒルズ北山　こもんひるずきたやま　岐阜県岐阜市

サッポロビール庭園　さっぽろびーるていえん　北海道(JR千歳線)

サンゴ台　さんごだい　和歌山県東牟婁郡串本町

サンドーム西　さんどーむにし　福井県(福井鉄道福武線)

ジヤトコ前　じやとこまえ　静岡県(岳南電車線)

スバル町　すばるちょう　群馬県太田市

スパランド豊海　すぱらんどとよみ　大分県別府市

スポーツ公園　すぽーつこうえん　福井県(福井鉄道福武線)

セメント町　せめんとまち　山口県山陽小野田市
　　　　　　せめんとまち　大分県津久見市

センター北　せんたーきた　神奈川県(横浜市交通局ブルーラインほか)

センター南　せんたーみなみ　神奈川県(横浜市交通局ブルーラインほか)

タラノ木　たらのき　青森県上北郡野辺地町

ダイハツ町　だいはつちょう　大阪府池田市

デンテツターミナルビル前　でんてつたーみなるびるまえ　高知県(とさでん交通ごめん線)

トヨタ町　とよたちょう　愛知県豊田市

トレードセンター前　とれーどせんたーまえ　大阪府(大阪市交通局南港ポートタウン線)

トロッコ保津峡　とろっこほづきょう　京都府(嵯峨野観光鉄道線)

トロッコ亀岡　とろっこかめおか　京都府(嵯峨野観光鉄道線)

トロッコ嵐山　とろっこあらしやま　京都府(嵯峨野観光鉄道線)

トロッコ嵯峨　とろっこさが　京都府(嵯峨野観光鉄道線)

ドーム前　どーむまえ　大阪府(阪神電気鉄道阪神なんば線)

ドーム前千代崎　どーむまえちよざき　大阪府(大阪市交通局長堀鶴見緑地線)

ナゴヤドーム前矢田　なごやどーむまえやだ　愛知県(名古屋市交通局名城線)

ニセコ町　にせこちょう　北海道虻田郡

ニタ田　にたんだ　愛知県犬山市

ニュータウン南町　にゅーたうんみなみまち　山口県柳井市

ヌマオロ原野　ぬまおろげんや　北海道川上郡標茶町

ノーフォーク広場　のーふぉーくひろば　福岡県(平成筑豊鉄道門司港レトロ観光線)

ハウステンボス町　はうすてんぼすまち　長崎県佐世保市

ハノ木沢　はのきざわ　福島県耶麻郡猪苗代町

バスセンター前　ばすせんたーまえ　北海道(札幌市交通局東西線)

パルプ町　ぱるぷちょう　北海道旭川市

パルプ町一条　ぱるぷちょういちじょう　北海道旭川市

パルプ町二条　ぱるぷちょうにじょう　北海道旭川市

ヒジリ田　ひじりだ　愛知県知多郡武豊町

ファミリー公園前　ふぁみりーこうえんまえ　奈良県(近畿日本鉄道橿原線)

フィオーレ喜連川　ふぃおーれきつれがわ　栃木県さくら市

フジテック前　ふじてっくまえ　滋賀県(近江鉄道多賀線)

ブナ坂　ぶなざか　富山県中新川郡立山町

ベル前　べるまえ　福井県(福井鉄道福武線)

ポートタウン西　ぽーとたうんにし　大阪府(大阪市交通局南港ポートタウン線)

ポートタウン東　ぽーとたうんひがし　大阪府(大阪市交通局南港ポートタウン線)

ポン仁達内　ぽんにたちない　北海道枝幸郡浜頓別町

マキノ町下　まきのちょうしも　滋賀県高島市

マキノ町下開田　まきのちょうしもかいで　滋賀県高島市

マキノ町上開田　まきのちょうかみかいで　滋賀県高島市

マキノ町大沼　まきのちょうおおぬま　滋賀県高島市

マキノ町小荒路　まきのちょうこあらじ　滋賀県高島市

マキノ町山中　まきのちょうやまなか　滋賀県高島市

マキノ町中庄　まきのちょうなかしょう　滋賀県高島市

マキノ町白谷　まきのちょうしらたに　滋賀県高島市

マキノ町石庭　まきのちょういしば　滋賀県高島市

マキノ町辻　まきのちょうつじ　滋賀県高島市

マキノ町在原　まきのちょうありはら　滋賀県高島市

マキノ町寺久保　まきのちょうてらくぼ　滋賀県高島市

マキノ町西浜　まきのちょうにしはま　滋賀県高島市

マキノ町沢　まきのちょうさわ　滋賀県高島市

マキノ町牧野　まきのちょうまきの　滋賀県高島市

マキノ町知内　まきのちょうちない　滋賀県高島市

マキノ町海津　まきのちょうかいづ　滋賀県高島市

マキノ町浦　まきのちょううら　滋賀県高島市

マキノ町高木浜　まきのちょうたかぎはま　滋賀県高島市

マキノ町野口　まきのちょうのぐち　滋賀県高島市

マキノ町森西　まきのちょうもりにし　滋賀県高島市

マキノ町蛭口　まきのちょうひるぐち　滋賀県高島市

マキノ町新保　まきのちょうしんぼ　滋賀県高島市

モエレ沼公園　もえれぬまこうえん　北海道札幌市東区

モノレール浜松町　ものれーるはままつちょう　東京都(東京モノレール線)

モレラ岐阜　もれらぎふ　岐阜県(樽見鉄道線)

ヤナバスキー場前　やなばすきーじょうまえ　長野県(JR大糸線・臨)

ユーカリが丘
　ゆーかりがおか　千葉県 (京成電鉄京成本線ほか)
　ゆーかりがおか　千葉県佐倉市
ヨギトギ沢　よぎとぎさわ　長野県岡谷市
ラベンダー畑　らべんだーばたけ　北海道 (JR富良
野線・臨)
ロープウェイ入口　ろーぷうぇいいりぐち　北海道
（札幌市交通局山鼻線）
ヱケ屋敷　えげやしき　愛知県知多郡武豊町

ひらがな

あいの里一条　あいのさといちじょう　北海道札幌市
北区
あいの里二条　あいのさとにじょう　北海道札幌市
北区
あいの里三条　あいのさとさんじょう　北海道札幌市
北区
あいの里五条　あいのさとごじょう　北海道札幌市
北区
あいの里公園　あいのさとこうえん　北海道 (JR札沼
線)
あいの里四条　あいのさとしじょう　北海道札幌市
北区
あいの里教育大　あいのさときょういくだい　北海道
（JR札沼線）
あおば台　あおばだい　富山県射水市
あおば町
　あおばちょう　福島県須賀川市
　あおばちょう　福井県越前市
あおば通
　あおばどおり　宮城県 (JR仙石線)
　あおばどおり　新潟県新潟市秋葉区
あかしあ台
　あかしあだい　大阪府河内長野市
　あかしあだい　兵庫県三田市
あかつき台　あかつきだい　三重県四日市市
あかねケ丘　あかねがおか　山形県山形市
あかね台　あかねだい　神奈川県横浜市青葉区
あかね町
　あかねちょう　千葉県柏市
　あかねちょう　新潟県胎内市
　あかねちょう　滋賀県大津市
あがたが丘　あがたがおか　三重県四日市市
あが野北　あがきた　新潟県東蒲原郡阿賀町
あが野南　あがのみなみ　新潟県東蒲原郡阿賀町
あきた白神　あきたしらかみ　秋田県 (JR五能線)
あきほ町　あきほちょう　山形県酒田市
あきる野市　あきるのし　東京都
あくと町　あくとちょう　栃木県佐野市
あけの平　あけのだいら　宮城県黒川郡富谷町
あけぼの北　あけぼのきた　宮城県石巻市
あけぼの本町　あけぼのほんまち　島根県益田市
あけぼの西町　あけぼのにしまち　島根県益田市
あけぼの町
　あけぼのちょう　北海道苫小牧市
　あけぼのちょう　北海道江別市
　あけぼのちょう　北海道深川市

あけぼのまち　北海道紋別郡滝上町
あけぼのちょう　青森県黒石市
あけぼのまち　宮城県仙台市青葉区
あけぼのちょう　栃木県下都賀郡壬生町
あけぼのまち　石川県小松市
あけぼのちょう　岡山県岡山市南区
あけぼのちょう　鹿児島県枕崎市
あけぼの東町　あけぼのひがしまち　島根県益田市
あこや町　あこやちょう　山形県山形市
あさぎり町　あさぎりちょう　熊本県球磨郡
あさけが丘　あさけがおか　三重県四日市市
あさひが丘
　あさひがおか　北海道江別市
　あさひがおか　広島県広島市安佐北区
　あさひがおか　山口県山陽小野田市
あさひ町　あさひまち　山形県山形市
あさひ荘苑　あさひそうえん　石川県白山市
あさひ新町　あさひしんまち　佐賀県鳥栖市
あざみ野
　あざみの　神奈川県 (横浜市交通局ブルーラインほ
か)
　あざみの　神奈川県横浜市青葉区
あざみ野南　あざみのみなみ　神奈川県横浜市青葉区
あしび野　あしびの　茨城県つくば市
あし原町　あしはらちょう　愛知県名古屋市西区
あじさいケ丘　あじさいがおか　岐阜県美濃加茂市
あすか台　あすかだい　奈良県生駒市
あすか野北　あすかのきた　奈良県生駒市
あすか野南　あすかのみなみ　奈良県生駒市
あすと長町　あすとながまち　宮城県仙台市太白区
あすなろう四日市　あすなろうよっかいち　三重県
（四日市あすなろう鉄道内部線）
あすみが丘　あすみがおか　千葉県千葉市緑区
あすみが丘東　あすみがおかひがし　千葉県千葉市
緑区
あずま町
　あずまちょう　山形県山形市
　あずまちょう　埼玉県東松山市
あたご町　あたごちょう　栃木県那須塩原市
あつみ温泉　あつみおんせん　山形県 (JR羽越本線)
あのつ台　あのつだい　三重県津市
あぶくま台　あぶくまだい　福島県郡山市
あま市　あまし　愛知県
あやの台　あやのだい　和歌山県橋本市
あやめが丘　あやめがおか　山梨県南アルプス市
あやめ公園　あやめこうえん　山形県 (山形鉄道フラ
ワー長井線)
あやめ台
　あやめだい　千葉県千葉市稲毛区
　あやめだい　大分県日田市
あやめ池北　あやめいけきた　奈良県奈良市
あやめ池南　あやめいけみなみ　奈良県奈良市
あゆみが丘　あゆみがおか　神奈川県横浜市都筑区
あゆみ野　あゆみの　大阪府和泉市
あら町
　あらまち　山形県長井市
　あらまち　群馬県高崎市
あわくら温泉　あわくらおんせん　岡山県 (智頭急行
線)
あわら市　あわらし　福井県

5

あわら町 あわらまち 富山県高岡市
あわら湯のまち あわらゆのまち 福井県(えちぜん鉄道三国芦原線)
いこいの丘 いこいのおか 愛媛県今治市
いこいの広場 いこいのひろば 静岡県(天竜浜名湖鉄道線)
いこいの村 いこいのむら 熊本県(JR豊肥本線)
いずみ市 いすみし 千葉県
いずみ中央 いずみちゅうおう 神奈川県(相模鉄道いずみ野線)
いずみ町
　いずみちょう 栃木県下都賀郡壬生町
　いずみちょう 岡山県岡山市北区
いずみ野
　いずみの 北海道江別市
　いずみの 神奈川県(相模鉄道いずみ野線)
いたや町 いたやちょう 青森県北津軽郡板柳町
いちき串木野市 いちきくしきのし 鹿児島県
いづろ通 いづろどおり 鹿児島県(鹿児島市交通局1系統ほか)
いなべ市 いなべし 三重県
いの町 いのちょう 高知県吾川郡
いぶき野
　いぶきの 神奈川県横浜市緑区
　いぶきの 新潟県新潟市江南区
　いぶきの 大阪府和泉市
いまい台 いまいだい 埼玉県本庄市
いよ立花 いよたちばな 愛媛県(伊予鉄道横河原線)
いろは町
　いろはちょう 岐阜県関市
　いろはちょう 愛知県名古屋市港区
いわき市 いわきし 福島県
いわて沼宮内 いわてぬまくない 岩手県(JR東北新幹線ほか)
うきは市 うきはし 福岡県
うぐいす台
　うぐいすだい 京都府長岡京市
　うぐいすだい 島根県松江市
うずら野 うずらの 茨城県稲敷郡阿見町
うねめ町 うねめまち 福島県郡山市
うるいど南 うるいどみなみ 千葉県市原市
うるし原 うるしばら 宮城県伊具郡丸森町
うるま市 うるまし 沖縄県
うれし野 うれしの 埼玉県ふじみ野市
えびす町
　えびすちょう 岐阜県中津川市
　えびすちょう 山口県山陽小野田市
えびの上江 えびのうわえ 宮崎県(JR吉都線)
えびの市 えびのし 宮崎県
えびの飯野 えびのいいの 宮崎県(JR吉都線)
えりも町 えりもちょう 北海道幌泉郡
えりも岬 えりもさき 北海道幌泉郡えりも町
おいらせ町 おいらせちょう 青森県上北郡
おおい町 おおいちょう 福井県大飯郡
おおつ野 おおつの 茨城県土浦市
おかどめ幸福 おかどめこうふく 熊本県(くま川鉄道湯前線)
おかの台 おかのだい 福岡県遠賀郡水巻町
おごと温泉 おごとおんせん 滋賀県(JR湖西線)

おびし町 おびしまち 石川県小松市
おゆみ野
　おゆみの 千葉県(京成電鉄千原線)
　おゆみの 千葉県千葉市緑区
おゆみ野中央 おゆみのちゅうおう 千葉県千葉市緑区
おゆみ野有吉 おゆみのありよし 千葉県千葉市緑区
おゆみ野南 おゆみのみなみ 千葉県千葉市緑区
お台場海浜公園 おだいばかいひんこうえん 東京都(ゆりかもめ臨海線)
お花茶屋
　おはなちゃや 東京都(京成電鉄京成本線)
　おはなちゃや 東京都葛飾区
お茶屋町 おちゃやまち 山口県防府市
かえで町 かえでちょう 北海道岩見沢市
かがり台 かがりだい 大阪府富田林市
かき道 かきどう 長崎県長崎市
かしの木台
　かしのきだい 京都府福知山市
　かしのきだい 奈良県生駒郡安堵町
かしわ台 かしわだい 神奈川県(相模鉄道本線)
かし野台 かしのだい 埼玉県川越市
かじま台 かじまだい 愛知県常滑市
かすみがうら市 かすみがうらし 茨城県
かすみ町 かすみちょう 宮城県仙台市若林区
かすみ野 かすみの 埼玉県川越市
かずさ小糸 かずさこいと 千葉県君津市
かずさ鎌足 かずさかまたり 千葉県木更津市
かせ河原町 かせがわらちょう 山口県周南市
かたしま台 かたしまだい 大分県大分市
かちどき橋 かちどきばし 徳島県徳島市
かつらぎ町 かつらぎちょう 和歌山県伊都郡
かの里 かのさと 愛知県名古屋市中川区
かぶと山 かぶとやま 京都府(京都丹後鉄道宮津線)
かほく市 かほくし 石川県
かみあい町 かみあいちょう 茨城県日立市
かみのやま温泉 かみのやまおんせん 山形県(JR奥羽本線)
かもしま北町 かもしまきたまち 島根県益田市
かもしま西町 かもしまにしまち 島根県益田市
かもしま東町 かもしまひがしまち 島根県益田市
かもめ台 かもめだい 富山県射水市
かもめ町 かもめちょう 神奈川県横浜市中区
かやの木町 かやのきちょう 岐阜県中津川市
かやの町 かやのちょう 千葉県柏市
かるが浜 かるがはま 広島県(JR呉線)
かわつる三芳野 かわつるみよしの 埼玉県川越市
ききょう台 ききょうだい 愛知県瀬戸市
きぬがさ町 きぬがさちょう 滋賀県東近江市
きよみ野 きよみの 埼玉県吉川市
くいな橋 くいなばし 京都府(京都市交通局烏丸線)
くきのうみ中央 くきのうみちゅうおう 福岡県北九州市若松区
くすのき台 くすのきだい 埼玉県所沢市
くぬぎざわ西 くぬぎざわにし 山形県山形市
くぬぎ山
　くぬぎやま 千葉県(新京成電鉄線)

くぬぎやま 千葉県鎌ケ谷市
くりこま高原 くりこまこうげん 宮城県（JR東北新幹線ほか）
ぐみの木 ぐみのき 青森県黒石市
けやきの森 けやきのもり 山形県上山市
けやき台
　けやきだい 茨城県水戸市
　けやきだい 茨城県守谷市
　けやきだい 埼玉県所沢市
　けやきだい 埼玉県坂戸市
　けやきだい 千葉県白井市
　けやきだい 福井県吉田郡永平寺町
　けやきだい 兵庫県三田市
　けやきだい 佐賀県（JR鹿児島本線）
　けやきだい 佐賀県三養基郡基山町
　けやきだい 大分県大分市
けやき台町 けやきだいまち 長崎県長崎市
けやき平
　けやきだいら 茨城県古河市
　けやきだいら 神奈川県川崎市宮前区
けやき坂 けやきざか 兵庫県川西市
けや木 けやき 埼玉県本庄市
こうのす台 こうのすだい 千葉県流山市
こがねが丘 こがねがおか 京都府長岡京市
こがね町
　こがねちょう 山形県酒田市
　こがねちょう 新潟県新潟市秋葉区
こてはし台 こてはしだい 千葉県千葉市花見川区
ことぶき町 ことぶきちょう 愛知県春日井市
こどもの国
　こどものくに 神奈川県（東京急行電鉄こどもの国線）
　こどものくに 愛知県（名古屋鉄道蒲郡線）
こぶし台 こぶしだい 栃木県矢板市
こぶし町 こぶしちょう 埼玉県所沢市
こまつの杜 こまつのもり 石川県小松市
こも石 こもいし 山形県山形市
こも原町 こもはらちょう 愛知県名古屋市西区
さいたま市 さいたまし 埼玉県
さいたま新都心 さいたましんとしん 埼玉県（JR東北本線）
さがみ野
　さがみの 神奈川県（相模鉄道本線）
　さがみの 神奈川県座間市
さぎの宮 さぎのみや 静岡県（遠州鉄道線）
さくらケ丘 さくらがおか 岐阜県美濃市
さくらが丘 さくらがおか 高知県宿毛市
さくらの里 さくらのさと 長崎県長崎市
さくらの森 さくらのもり 茨城県つくば市
さくらんぼ東根 さくらんぼひがしね 山形県（JR奥羽本線）
さくらんぼ駅前 さくらんぼえきまえ 山形県東根市
さくら台
　さくらだい 茨城県牛久市
　さくらだい 千葉県旭市
さくら市 さくらし 栃木県
さくら夙川 さくらしゅくがわ 兵庫県（JR東海道本線）
さくら住座 さくらじゅうざ 岡山県岡山市中区
さくら坂
　さくらざか 大阪府南河内郡河南町

さくらざか 兵庫県三田市
さくら坂南 さくらざかみなみ 大阪府南河内郡河南町
さくら町
　さくらまち 東京都日野市
　さくらちょう 大阪府藤井寺市
さくら通り さくらどおり 岩手県北上市
ささゆり台 ささゆりだい 奈良県北葛城郡上牧町
さそう平 さそうたい 青森県上北郡七戸町
さちが丘
　さちがおか 千葉県四街道市
　さちがおか 神奈川県横浜市旭区
さつきケ丘
　さつきがおか 青森県三沢市
　さつきがおか 千葉県四街道市
　さつきがおか 愛知県丹羽郡大口町
　さつきがおか 京都府福知山市
　さつきがおか 大阪府四條畷市
さつきが丘
　さつきがおか 福島県喜多方市
　さつきがおか 千葉県千葉市花見川区
　さつきがおか 神奈川県横浜市青葉区
さつき台
　さつきだい 愛知県瀬戸市
　さつきだい 三重県名張市
　さつきだい 大阪府阪南市
　さつきだい 兵庫県三木市
　さつきだい 奈良県生駒市
　さつきだい 和歌山県橋本市
　さつきだい 福岡県北九州市八幡西区
さつき平 さつきだいら 埼玉県三郷市
さつき町
　さつきちょう 栃木県鹿沼市
　さつきちょう 神奈川県海老名市
　さつきちょう 静岡県静岡市駿河区
　さつきちょう 兵庫県赤穂市
さつき野
　さつきの 新潟県（JR信越本線）
　さつきの 新潟県新潟市秋葉区
さつき野西 さつきのにし 大阪府堺市美原区
さつき野東 さつきのひがし 大阪府堺市美原区
さつま町 さつまちょう 鹿児島県薩摩郡
さぬき市 さぬきし 香川県
さるやま町 さるやままち 栃木県宇都宮市
しいの木台 しいのきだい 千葉県柏市
しじま台 しじまだい 石川県金沢市
しまなみの杜 しまなみのもり 愛媛県今治市
しらかし台 しらかしだい 宮城県宮城郡利府町
しらかば町 しらかばちょう 北海道苫小牧市
しらさぎ台 しらさぎだい 和歌山県橋本市
しらとり台 しらとりだい 神奈川県横浜市青葉区
すげさわの丘 すげさわのおか 山形県山形市
すさみ町 すさみちょう 和歌山県西牟婁郡
すすきの町 すすきのちょう 神奈川県相模原市中央区
すすき野 すすきの 神奈川県横浜市青葉区
すずかけ台
　すずかけだい 東京都（東京急行電鉄田園都市線）
　すずかけだい 兵庫県三田市
すずかけ町 すずかけちょう 群馬県太田市

すずらんの里　すずらんのさと　長野県（JR中央本線）

すずらん台北町　すずらんだいきたまち　北海道河東郡音更町

すずらん台仲町　すずらんだいなかまち　北海道河東郡音更町

すずらん台西1番町　すずらんだいにしいちばんちょう　三重県名張市

すずらん台西2番町　すずらんだいにしにばんちょう　三重県名張市

すずらん台西3番町　すずらんだいにしさんばんちょう　三重県名張市

すずらん台西4番町　すずらんだいにしよんばんちょう　三重県名張市

すずらん台東1番町　すずらんだいひがしいちばんちょう　三重県名張市

すずらん台東2番町　すずらんだいひがしにばんちょう　三重県名張市

すずらん台東3番町　すずらんだいひがしさんばんちょう　三重県名張市

すずらん台東4番町　すずらんだいひがしよんばんちょう　三重県名張市

すずらん台東5番町　すずらんだいひがしごばんちょう　三重県名張市

すずらん台南町　すずらんだいみなみまち　北海道河東郡音更町

すみよし台　すみよしだい　神奈川県横浜市青葉区

すみれガ丘　すみれがおか　兵庫県宝塚市

すみれが丘　すみれがおか　神奈川県横浜市都筑区

すみれ台
　　すみれだい　静岡県焼津市
　　すみれだい　愛知県瀬戸市
　　すみれだい　兵庫県西宮市

すみれ野
　　すみれの　埼玉県鴻巣市
　　すみれの　新潟県新潟市北区
　　すみれの　奈良県香芝市

せいれい町　せいれいちょう　愛知県瀬戸市

せたな町　せたなちょう　北海道久遠郡

せんげん台　せんげんだい　埼玉県（東武鉄道伊勢崎線）

たかの台　たかのだい　東京都小平市

たきない町　たきないちょう　和歌山県田辺市

たちばな台　たちばなだい　神奈川県横浜市青葉区

たつの市　たつのし　兵庫県

たのうら御立岬公園　たのうらおたちみさきこうえん　熊本県（肥薩おれんじ鉄道）

たびら平戸口　たびらひらどぐち　長崎県（松浦鉄道西九州線）

だいどう豊里　だいどうとよさと　大阪府（大阪市交通局今里筋線）

ちくし台　ちくしだい　福岡県春日市

ちはら台　ちはらだい　千葉県（京成電鉄千原線）

ちはら台西　ちはらだいにし　千葉県市原市

ちはら台東　ちはらだいひがし　千葉県市原市

ちはら台南　ちはらだいみなみ　千葉県市原市

つがる市　つがるし　青森県

つきみ野
　　つきみの　神奈川県（東京急行電鉄田園都市線）
　　つきみの　神奈川県大和市

つくしケ丘　つくしがおか　北海道網走市

つくしが丘
　　つくしがおか　千葉県柏市
　　つくしがおか　愛知県西尾市

つくし座　つくしざ　千葉県四街道市

つくし野
　　つくしの　千葉県我孫子市
　　つくしの　東京都（東京急行電鉄田園都市線）
　　つくしの　東京都町田市
　　つくしの　新潟県新潟市北区
　　つくしの　福井県福井市

つくばみらい市　つくばみらいし　茨城県

つくば市　つくばし　茨城県

つくも町　つくもまち　広島県安芸郡海田町

つくりや台　つくりやだい　千葉県印西市

つつじケ丘
　　つつじがおか　東京都（京王電鉄京王線）
　　つつじがおか　京都府福知山市
　　つつじがおか　京都府舞鶴市
　　つつじがおか　福岡県大野城市

つつじケ丘町　つつじがおかちょう　福井県鯖江市

つつじが丘
　　つつじがおか　岩手県盛岡市
　　つつじがおか　東京都昭島市
　　つつじがおか　神奈川県横浜市青葉区
　　つつじがおか　新潟県胎内市
　　つつじがおか　石川県金沢市
　　つつじがおか　岐阜県各務原市
　　つつじがおか　愛知県名古屋市名東区
　　つつじがおか　愛知県豊橋市
　　つつじがおか　愛知県知多市
　　つつじがおか　兵庫県神戸市垂水区
　　つつじがおか　兵庫県川辺郡猪名川町
　　つつじがおか　和歌山県和歌山市
　　つつじがおか　長崎県長崎市

つつじが丘北　つつじがおかきた　兵庫県三田市

つつじが丘北1番町　つつじがおかきたいちばんちょう　三重県名張市

つつじが丘北2番町　つつじがおかきたにばんちょう　三重県名張市

つつじが丘北3番町　つつじがおかきたさんばんちょう　三重県名張市

つつじが丘北4番町　つつじがおかきたよんばんちょう　三重県名張市

つつじが丘北5番町　つつじがおかきたごばんちょう　三重県名張市

つつじが丘北6番町　つつじがおかきたろくばんちょう　三重県名張市

つつじが丘北7番町　つつじがおかきたななばんちょう　三重県名張市

つつじが丘北8番町　つつじがおかきたはちばんちょう　三重県名張市

つつじが丘北9番町　つつじがおかきたきゅうばんちょう　三重県名張市

つつじが丘北10番町　つつじがおかきたじゅうばんちょう　三重県名張市

つつじが丘南　つつじがおかみなみ　兵庫県三田市

つつじが丘南1番町　つつじがおかみなみいちばんちょう　三重県名張市

つつじが丘南2番町　つつじがおかみなみにばんちょう　三重県名張市

つつじが丘南3番町　つつじがおかみなみさんばんちょう　三重県名張市

ひばりがおか	ひばりがおか	神奈川県茅ケ崎市
ひばりがおか	ひばりがおか	神奈川県座間市
ひばりがおか	ひばりがおか	静岡県富士宮市
ひばりがおか	ひばりがおか	福岡県糟屋郡宇美町
ひばりがおか	ひばりがおか	鹿児島県いちき串木野市
ひばりが丘北	ひばりがおかきた	東京都東久留米市
ひばりが丘団地	ひばりがおかだんち	東京都東久留米市
ひばり丘町	ひばりおかちょう	滋賀県東近江市
ひばり台	ひばりだい	埼玉県比企郡小川町
ひばり野	ひばりの	埼玉県鴻巣市
ひびきの北	ひびきのきた	福岡県北九州市若松区
ひびきの南	ひびきのみなみ	福岡県北九州市若松区
ひびき野仲町	ひびきのなかまち	北海道河東郡音更町
ひびき野西町	ひびきのにしまち	北海道河東郡音更町
ひびき野東町	ひびきのひがしまち	北海道河東郡音更町
ひび野	ひびの	千葉県千葉市美浜区
ひまわり台	ひまわりだい	愛知県瀬戸市
ひめじ別所	ひめじべっしょ	兵庫県（JR山陽本線）
ひや水	ひやみず	和歌山県海南市
ひよどり北町	ひよどりきたまち	兵庫県神戸市北区
ひよどり台	ひよどりだい	兵庫県神戸市北区
ひよどり台南町	ひよどりだいみなみまち	兵庫県神戸市北区
ひよどり南台	ひよどりみなみだい	富山県富山市
ひより台		
	ひよりだい	宮城県仙台市太白区
	ひよりだい	宮城県黒川郡富谷町
ひらき台	ひらきだい	山口県宇部市
ひろせ町	ひろせちょう	群馬県伊勢崎市
ひろせ野鳥の森	ひろせやちょうのもり	埼玉県（秩父鉄道線）
ひろのが丘	ひろのがおか	兵庫県加東市
ふじガ丘	ふじおか	兵庫県宝塚市
ふじが丘	ふじおか	大分県大分市
ふじき野	ふじきの	千葉県印旛郡酒々井町
ふじの台	ふじのだい	愛知県瀬戸市
ふじみ野		
	ふじみの	埼玉県（東武鉄道東上本線）
	ふじみの	埼玉県ふじみ野市
	ふじみの	神奈川県平塚市
ふじみ野市	ふじみのし	埼玉県
ふじみ野西	ふじみのにし	埼玉県富士見市
ふじみ野東	ふじみのひがし	埼玉県富士見市
ふじ町一条	ふじちょういちじょう	北海道岩見沢市
ふじ町二条	ふじちょうにじょう	北海道岩見沢市
ふるさとの浜辺公園	ふるさとのはまべこうえん	東京都大田区
ふるさと公園	ふるさとこうえん	福島県（会津鉄道線）
ふれあい生力	ふれあいしょうりき	福岡県（平成筑豊鉄道伊田線）
ほくほく大島	ほくほくおおしま	新潟県（北越急行ほくほく線）
ほたる野	ほたるの	千葉県木更津市
ほとけ沢	ほとけさわ	青森県上北郡東北町
ほなみ町	ほなみまち	山形県鶴岡市

ほら貝	ほらがい	愛知県名古屋市緑区
ほると台	ほるとだい	愛知県田原市
まかや町	まかやまち	鹿児島県枕崎市
まきの木台	まきのきだい	三重県四日市市
まぐろ本町	まぐろほんまち	鹿児島県いちき串木野市
ますみケ丘	ますみがおか	長野県伊那市
まつかげ台	まつかげだい	神奈川県厚木市
まつもと町屋	まつもとまちや	福井県（えちぜん鉄道三国芦原線）
まなび野		
	まなびの	大阪府和泉市
	まなびの	長崎県西彼杵郡長与町
	まなびの	宮崎県宮崎市
ままの上	ままのうえ	山形県長井市
まんのう町	まんのうちょう	香川県仲多度郡
みかの原町	みかのはらちょう	茨城県日立市
みこと川	みことがわ	長野県長野市
みさき公園	みさきこうえん	大阪府（南海電気鉄道多奈川線ほか）
みささぎ台	みささぎだい	奈良県北葛城郡広陵町
みすずが丘	みすずがおか	神奈川県横浜市青葉区
みずきケ丘	みずきがおか	岐阜県可児市
みずきが丘	みずきがおか	三重県亀山市
みずき台	みずきだい	大阪府和泉市
みずきの		
	みずきの	茨城県守谷市
	みずきの	新潟県新潟市西区
みずの坂	みずのざか	愛知県瀬戸市
みずほ台		
	みずほだい	宮城県仙台市泉区
	みずほだい	埼玉県（東武鉄道東上本線）
	みずほだい	千葉県香取市
	みずほだい	千葉県大網白里市
	みずほだい	三重県亀山市
みず木町	みずきちょう	神奈川県横浜市金沢区
みその台	みそのだい	神奈川県藤沢市
みそら野	みそらの	新潟県新潟市秋葉区
みそら野町	みそらのちょう	新潟県阿賀野市
みたけ台	みたけだい	神奈川県横浜市青葉区
みつい台	みついだい	東京都八王子市
みつわ台		
	みつわだい	千葉県（千葉都市モノレール2号線）
	みつわだい	千葉県千葉市若葉区
みづき山	みづきやま	高知県高知市
みどりケ丘	みどりがおか	愛媛県松山市
みどりケ丘町	みどりがおかちょう	福井県敦賀市
みどりが丘		
	みどりがおか	埼玉県秩父市
	みどりがおか	埼玉県比企郡小川町
	みどりがおか	千葉県大網白里市
	みどりがおか	福岡県福岡市東区
みどりの中央	みどりのちゅうおう	茨城県つくば市
みどりの東	みどりのひがし	茨城県つくば市
みどりの南	みどりのみなみ	茨城県つくば市
みどり口	みどりぐち	広島県（スカイレールサービス線）
みどり中央	みどりちゅうおう	広島県（スカイレールサービス線）

つつじが丘南4番町　つつじがおかみなみよんばんちょう　三重県名張市

つつじが丘南5番町　つつじがおかみなみごばんちょう　三重県名張市

つつじが丘南6番町　つつじがおかみなみろくばんちょう　三重県名張市

つつじが丘南7番町　つつじがおかみなみななばんちょう　三重県名張市

つつじが丘南8番町　つつじがおかみなみはちばんちょう　三重県名張市

つつじが浜　つつじがはま　石川県七尾市

つつじ町　つつじちょう　群馬県館林市

つつじ野　つつじの　埼玉県狭山市

つつみ野　つつみの　千葉県野田市

つばさが丘北　つばさがおかきた　大阪府泉南郡熊取町

つばさが丘西　つばさがおかにし　大阪府泉南郡熊取町

つばさが丘東　つばさがおかひがし　大阪府泉南郡熊取町

つばめの杜　つばめのもり　宮城県亘理郡山元町

つばめ野　つばめの　富山県富山市

つるぎ町　つるぎちょう　徳島県美馬郡

つるさき陽光台　つるさきようこうだい　大分県大分市

ときがわ町　ときがわまち　埼玉県比企郡

ときめき西　ときめきにし　新潟県新潟市西区

ときめき東　ときめきひがし　新潟県新潟市西区

ときわ台
　ときわだい　宮城県黒川郡大衡村
　ときわだい　東京都（東武鉄道東上本線）
　ときわだい　石川県加賀市
　ときわだい　山梨県富士吉田市
　ときわだい　大阪府（能勢電鉄妙見線）
　ときわだい　大阪府豊能郡豊能町

ときわ町　ときわちょう　北海道苫小牧市

とちの木　とちのき　宮城県黒川郡富谷町

となみ市　となみし　富山県砺波市

とよさか町　とよさかちょう　京都府綾部市

とん田西町　とんでんにしまち　北海道北見市

とん田東町　とんでんひがしまち　北海道北見市

ながた野　ながたの　千葉県大網白里市

なぎさ町　なぎさちょう　大阪府泉大津市

なぎの浦　なぎのうら　石川県七尾市

なつみ台　なつみだい　奈良県五條市

なにわ橋　なにわばし　大阪府（京阪電気鉄道中之島線）

におの浜　におのはま　滋賀県大津市

にかほ市　にかほし　秋田県

にぎわい広場　にぎわいひろば　愛媛県今治市

にしの台　にしのだい　愛知県知多市

にじが丘
　にじがおか　愛知県名古屋市名東区
　にじがおか　大分県大分市

にっさい花みず木　にっさいはなみずき　埼玉県坂戸市

ぬかびら源泉郷　ぬかびらげんせんきょう　北海道河東郡上士幌町

のぞみケ丘　のぞみがおか　岐阜県関市

のぞみが丘　のぞみがおか　愛知県半田市

のぞみ町
　のぞみちょう　北海道苫小牧市
　のぞみまち　山形県鶴岡市

のぞみ野
　のぞみの　千葉県袖ケ浦市
　のぞみの　大阪府和泉市

のの岳　ののだけ　宮城県（JR気仙沼線）

はぎの台　はぎのだい　愛知県瀬戸市

はつが野　はつがの　大阪府和泉市

はなのき台　はなのきだい　千葉県成田市

はなの森　はなのもり　大分県大分市

はなみずき通　はなみずきどおり　愛知県（愛知高速交通東部丘陵線）

はまなす町　はまなすちょう　北海道苫小牧市

はりまや町　はりまやちょう　高知県高知市

はりまや橋　はりまやばし　高知県（とさでん交通ごめん線ほか）

はりま勝原　はりまかつはら　兵庫県（JR山陽本線）

はるひ野
　はるひの　神奈川県（小田急電鉄多摩線）
　はるひの　神奈川県川崎市麻生区

はわい長瀬　はわいながせ　鳥取県東伯郡湯梨浜町

はわい温泉　はわいおんせん　鳥取県東伯郡湯梨浜町

ばらの丘　ばらのおか　静岡県島田市

ひかりケ丘　ひかりがおか　福岡県宗像市

ひかりが丘
　ひかりがおか　兵庫県相生市
　ひかりがおか　奈良県生駒市

ひかり野　ひかりの　北海道北見市

ひがし野　ひがしの　茨城県守谷市

ひがんだ団地　ひがんだだんち　山口県山陽小野田市

ひこね芹川　ひこねせりかわ　滋賀県（近江鉄道多賀線）

ひじり野北一条　ひじりのきたいちじょう　北海道上川郡東神楽町

ひじり野北二条　ひじりのきたにじょう　北海道上川郡東神楽町

ひじり野南一条　ひじりのみなみいちじょう　北海道上川郡東神楽町

ひじり野南二条　ひじりのみなみにじょう　北海道上川郡東神楽町

ひじり野南三条　ひじりのみなみさんじょう　北海道上川郡東神楽町

ひたちなか市　ひたちなかし　茨城県

ひたち野うしく　ひたちのうしく　茨城県（JR常磐線）

ひたち野西　ひたちのにし　茨城県牛久市

ひたち野東　ひたちのひがし　茨城県牛久市

ひばりが丘
　ひばりがおか　東京都（西武鉄道池袋線）
　ひばりがおか　神奈川県秦野市
　ひばりがおか　長野県小諸市
　ひばりがおか　愛知県みよし市
　ひばりがおか　愛媛県松山市
　ひばりがおか　熊本県水俣市
　ひばりがおか　大分県大分市

ひばりケ丘町　ひばりがおかちょう　福井県敦賀市

ひばりヶ丘
　ひばりがおか　北海道（札幌市交通局東西線）
　ひばりがおか　千葉県柏市
　ひばりがおか　東京都西東京市

9

みどり中街　みどりなかまち　広島県（スカイレール
サービス線）
みどり台
　　みどりだい　宮城県名取市
　　みどりだい　茨城県稲敷郡美浦村
　　みどりだい　千葉県（京成電鉄千葉線）
　　みどりだい　千葉県柏市
　　みどりだい　千葉県八街市
　　みどりだい　千葉県印西市
みどり台北　みどりだいきた　北海道千歳市
みどり台南　みどりだいみなみ　北海道千歳市
みどり市　みどりし　群馬県
みどり平　みどりだいら　千葉県匝瑳市
みどり町
　　みどりちょう　青森県五所川原市
　　みどりまち　山形県鶴岡市
　　みどりちょう　茨城県結城市
　　みどりまち　茨城県筑西市
　　みどりちょう　茨城県坂東市
　　みどりまち　石川県小松市
　　みどりちょう　三重県亀山市
　　みどりまち　鳥取県倉吉市
　　みどりまち　沖縄県うるま市
みどり野　みどりの　北海道石狩郡当別町
みどり野北　みどりのきた　埼玉県富士見市
みどり野西　みどりのにし　埼玉県富士見市
みどり野町　みどりのまち　栃木県宇都宮市
みどり野東　みどりのひがし　埼玉県富士見市
みどり野南　みどりのみなみ　埼玉県富士見市
みどり湖
　　みどりこ　長野県（JR中央本線）
　　みどりこ　長野県塩尻市
みなかみ町　みなかみまち　群馬県利根郡
みなと元町　みなともとまち　兵庫県（神戸市交通局
海岸線）
みなと坂　みなとさか　長崎県長崎市
みなと町　みなとちょう　茨城県日立市
みなと香椎　みなとかしい　福岡県福岡市東区
みなべ町　みなべちょう　和歌山県日高郡
みなみ子宝温泉　みなみこだからおんせん　岐阜県
（長良川鉄道越美南線）
みなみ町　みなみちょう　栃木県鹿沼市
みなみ野
　　みなみの　埼玉県比企郡滑川町
　　みなみの　東京都八王子市
みなみ銀座　みなみぎんざ　山口県周南市
みなよし台　みなよしだい　愛知県みよし市
みのが丘　みのがおか　宮城県塩竈市
みのりが丘　みのりがおか　山形県山形市
みのり台　みのりだい　千葉県（新京成電鉄線）
みのり町　みのりちょう　千葉県四街道市
みの越　みのこし　岡山県笠岡市
みはらしの丘
　　みはらしのおか　山形県山形市
　　みはらしのおか　山形県上山市
みはる野　みはるの　神奈川県厚木市
みぶ羽生田産業団地　みぶにゅうださんぎょうだんち
栃木県下都賀郡壬生町
みもすそ川町　みもすそがわちょう　山口県下関市
みやき町　みやきちょう　佐賀県三養基郡

みやぎ台
　　みやぎだい　宮城県仙台市青葉区
　　みやぎだい　千葉県船橋市
みやこ町　みやこまち　福岡県京都郡
みやこ野　みやこの　千葉県大網白里市
みやま市　みやまし　福岡県
みゆきケ丘　みゆきがおか　三重県四日市市
みゆき台　みゆきだい　和歌山県橋本市
みゆき町　みゆきちょう　北海道室蘭市
みよし台　みよしだい　埼玉県入間郡三芳町
みよし市　みよしし　愛知県
みらい平　みらいだいら　茨城県（首都圏新都市鉄道
つくばエクスプレス線）
み春野　みはるの　千葉県千葉市花見川区
むかわ町　むかわちょう　北海道勇払郡
むさしケ丘　むさしがおか　福岡県筑紫野市
むさし台　むさしだい　埼玉県比企郡嵐山町
むさし野
　　むさしの　埼玉県川越市
　　むさしの　東京都西多摩郡瑞穂町
むさし野南　むさしのみなみ　埼玉県川越市
むつ市　むつし　青森県
めぐみが丘　めぐみがおか　神奈川県平塚市
めじろ台
　　めじろだい　東京都（京王電鉄高尾線）
　　めじろだい　東京都八王子市
もえぎケ丘　もえぎがおか　愛知県犬山市
もえぎ町　もえぎちょう　北海道苫小牧市
もえぎ野
　　もえぎの　神奈川県横浜市青葉区
　　もえぎの　新潟県新潟市東区
もえぎ野台　もえぎのだい　茨城県北相馬郡利根町
もくせいの杜　もくせいのもり　東京都昭島市
もこと山　もことやま　北海道斜里郡小清水町
もねの里　もねのさと　千葉県四街道市
もみじケ丘　もみじがおか　宮城県黒川郡大和町
もみじが丘　もみじがおか　岐阜県美濃市
もみじが丘町　もみじがおかまち　長崎県佐世保市
もみじ台北　もみじだいきた　北海道札幌市厚別区
もみじ台西　もみじだいにし　北海道札幌市厚別区
もみじ台東　もみじだいひがし　北海道札幌市厚別区
もみじ台南　もみじだいみなみ　北海道札幌市厚別区
もみの木台　もみのきだい　神奈川県横浜市青葉区
もりの里　もりのさと　石川県金沢市
やぐま台
　　やぐまだい　愛知県（豊橋鉄道渥美線）
　　やぐまだい　愛知県田原市
やながわ希望の森公園前　やながわきぼうのもりこう
えんまえ　福島県（阿武隈急行線）
やまて坂　やまてざか　愛知県瀬戸市
ゆいの杜　ゆいのもり　栃木県宇都宮市
ゆうきが丘　ゆうきがおか　宮城県黒川郡上三川町
ゆずが丘　ゆずがおか　宮城県柴田郡柴田町
ゆずり葉台　ゆずりはだい　兵庫県宝塚市
ゆだ高原　ゆだこうげん　岩手県（JR北上線）
ゆだ錦秋湖　ゆだきんしゅうこ　岩手県（JR北上線）
ゆめが丘
　　ゆめがおか　神奈川県（相模鉄道いずみ野線）
　　ゆめがおか　三重県伊勢市

11

1画（一）

ゆめがおか　大分県大分市
ゆめみ野
　ゆめみの　茨城県（関東鉄道常総線）
　ゆめみの　茨城県取手市
　ゆめみの　埼玉県北葛飾郡松伏町
ゆめみ野東　ゆめみのひがし　埼玉県北葛飾郡松伏町
ゆめみ野東町　ゆめみのひがしまち　北海道江別市
ゆめみ野南町　ゆめみのみなみまち　北海道江別市
ゆりが丘
　ゆりがおか　宮城県名取市
　ゆりがおか　新潟県柏崎市
　ゆりがおか　奈良県北葛城郡上牧町
　ゆりがおか　福岡県糟屋郡宇美町
ゆりのき台
　ゆりのきだい　千葉県八千代市
　ゆりのきだい　兵庫県三田市
ゆりの台　ゆりのだい　愛知県瀬戸市
よし池　よしいけ　愛知県長久手市
よし野　よしの　北海道釧路郡釧路町
よもぎ台　よもぎだい　愛知県名古屋市名東区
りんくうポート北　りんくうぽーときた　大阪府泉南郡田尻町
りんくうポート南　りんくうぽーとみなみ　大阪府泉南郡田尻町
りんくう町　りんくうちょう　愛知県常滑市
りんくう往来北　りんくうおうらいきた　大阪府泉佐野市
りんくう往来南　りんくうおうらいみなみ　大阪府泉佐野市
りんくう南浜　りんくうみなみはま　大阪府泉南市
りんくう常滑　りんくうとこなめ　愛知県（名古屋鉄道空港線）
りんどう町　りんどうちょう　北海道標津郡中標津町
わらび野
　わらびの　北海道二海郡八雲町
　わらびの　熊本県水俣市

1画

【一】

0**一ケ谷町**　いちがやちょう　兵庫県西宮市
一ツ山町　ひとつやまちょう　岐阜県関市
一ツ木
　ひとつぎ　埼玉県比企郡吉見町
　ひとつぎ　愛知県（名古屋鉄道名古屋本線）
一ツ木町　ひとつぎちょう　愛知県刈谷市
一ツ石　ひついし　栃木県日光市
一ツ石郷　ひついしごう　長崎県東彼杵郡東彼杵町
一ツ谷
　ひとつや　青森県五所川原市
　ひとつや　山梨県韮崎市
　ひとつや　長野県小諸市
一ツ松　ひとつまつ　大分県中津市
一ツ屋敷新田　ひとつやしきしんでん　新潟県三条市
一ツ家
　ひとつや　東京都足立区
　ひとつや　三重県伊賀市
一ツ森町　ひとつもりまち　青森県西津軽郡鰺ヶ沢町
一ツ橋　ひとつばし　東京都千代田区

一ツ橋町　ひとつばしちょう　高知県高知市
一ノ山　いちのやま　新潟県燕市
一ノ井手　いちのいで　山口県周南市
一ノ分目　いちのわけめ　千葉県香取市
一ノ沢　いちのさわ　福島県石川郡石川町
一ノ沢町　いちのさわまち　栃木県宇都宮市
一ノ谷　いちのや　茨城県猿島郡境町
一ノ谷町　いちのたにちょう　兵庫県神戸市須磨区
一ノ門　いちのもん　新潟県三条市
一ノ草町　いちのくさちょう　愛知県半田市
一ノ宮
　いちのみや　群馬県富岡市
　いちのみや　東京都多摩市
　いちのみや　京都府福知山市
一ノ宮町
　いちのみやまち　石川県羽咋市
　いちのみやちょう　三重県鈴鹿市
一ノ割
　いちのわり　埼玉県（東武鉄道伊勢崎線）
　いちのわり　埼玉県春日部市
　いちのわり　愛知県常滑市
一ノ渡　いちのわたり　青森県上北郡野辺地町
一ノ関
　いちのせき　岩手県（JR東北新幹線ほか）
　いちのせき　宮城県黒川郡富谷町
一ノ瀬　いちのせ　滋賀県犬上郡多賀町
一つ山　ひとつやま　愛知県名古屋市天白区
一の坂町西　いちのさかちょうにし　北海道滝川市
一の坂町東　いちのさかちょうひがし　北海道滝川市
一の沢
　いちのさわ　北海道砂川市
　いちのさわ　栃木県宇都宮市
一の谷　いちのたに　福岡県春日市
一の谷町　いちのたにちょう　島根県松江市
一の洲　いちのす　大分県大分市
一の宮　いちのみや　新潟県糸魚川市
一の宮本町　いちのみやほんまち　山口県下関市
一の宮住吉　いちのみやすみよし　山口県下関市
一の宮町
　いちのみやちょう　滋賀県長浜市
　いちのみやちょう　山口県下関市
　いちのみやちょう　宮崎県宮崎市
一の宮町三野　いちのみやまちさんの　熊本県阿蘇市
一の宮町中坂梨　いちのみやまちなかさかなし　熊本県阿蘇市
一の宮町中通　いちのみやまちなかどおり　熊本県阿蘇市
一の宮町手野　いちのみやまちての　熊本県阿蘇市
一の宮町北坂梨　いちのみやまちきたさかなし　熊本県阿蘇市
一の宮町坂梨　いちのみやまちさかなし　熊本県阿蘇市
一の宮町宮地　いちのみやまちみやじ　熊本県阿蘇市
一の宮町荻の草　いちのみやまちおぎのくさ　熊本県阿蘇市
一の宮学園町　いちのみやがくえんちょう　山口県下関市
一の宮東町　いちのみやひがしまち　山口県下関市
一の宮卸本町　いちのみやおろしほんまち　山口県下関市

1画（一）

一の島　いちのしま　富山県氷見市
一の鳥居　いちのとりい　兵庫県（能勢電鉄妙見線）
一の渡
　　いちのわたり　岩手県（三陸鉄道北リアス線）
　　いちのわたり　岩手県下閉伊郡田野畑村
一の越　いちのこし　富山県中新川郡上市町
一の関　いちのせき　宮城県加美郡色麻町
一の橋　いちのはし　北海道上川郡下川町
2一丁田甲　いっちょうだこう　福島県河沼郡会津坂下町
一丁目
　　いっちょうめ　福島県喜多方市
　　いっちょうめ　静岡県下田市
3一万城町　いちまんじょうちょう　宮崎県都城市
一山　いちやま　長野県飯山市
一川目　ひとかわめ　青森県上北郡おいらせ町
一巳町　いちゃんちょう　北海道深川市
4一之木　いちのき　三重県伊勢市
一之江
　　いちのえ　東京都（東京都交通局新宿線）
　　いちのえ　東京都江戸川区
一之江町　いちのえちょう　東京都江戸川区
一之沢　いちのさわ　新潟県南魚沼市
一之貝　いちのかい　新潟県長岡市
一之宮
　　いちのみや　神奈川県高座郡寒川町
　　いちのみや　三重県伊賀市
一之宮町　いちのみやまち　岐阜県高山市
一之船入町　いちのふないりちょう　京都府京都市中京区
一之袋　いちのふくろ　千葉県東金市
一円　いちえん　滋賀県犬上郡多賀町
一切　いっさい　高知県幡多郡大月町
一分　いちぶ　奈良県（近畿日本鉄道生駒線）
一区町　いっくちょう　栃木県那須塩原市
一尺屋　いっしゃくや　大分県大分市
一心町　いっしんちょう　北海道美唄市
一心院南　いっしんいんみなみ　秋田県大館市
一戸
　　いちのへ　岩手県（IGRいわて銀河鉄道線）
　　いちのへ　岩手県二戸郡一戸町
一戸町　いちのへまち　岩手県二戸市
一文字町　いちもんじちょう　広島県福山市
一文橋　いちもんばし　京都府長岡京市
一斗俵　いっとひょう　高知県高岡郡四万十町
一方　いっぽう　岡山県津山市
一方井　いっかたい　岩手県岩手郡岩手町
一日市
　　ひといち　岩手県花巻市
　　ひといち　秋田県南秋田郡八郎潟町
　　ひといち　新潟県新潟市東区
　　ひといち　新潟県魚沼市
　　していち　富山県南砺市
　　ひといち　兵庫県豊岡市
　　ひといち　岡山県岡山市東区
一日市場
　　ひといちば　長野県（JR大糸線）
　　ひといちば　岐阜県岐阜市
一日市場北町　ひといちばきたまち　岐阜県岐阜市
一日町　ひといちまち　山形県天童市

一木
　　ひとつき　福岡県大川市
　　ひとつぎ　福岡県朝倉市
　　いちぎ　大分県大分市
一木町　ひとつぎちょう　広島県庄原市
一氏　いちうじ　宮崎県串間市
一王山町　いちのうさんちょう　兵庫県神戸市灘区
一王寺町　いちおうじちょう　福井県福井市
5一号地　いちごうち　愛知県知多郡武豊町
一本木
　　いっぽんぎ　北海道北斗市
　　いっぽんぎ　青森県三戸郡五戸町
　　いっぽんぎ　岩手県滝沢市
　　いっぽんぎ　秋田県能代市
　　いっぽんぎ　山形県東根市
　　いっぽんぎ　福島県伊達市
　　いっぽんぎ　福島県西白河郡矢吹町
　　いっぽんぎ　埼玉県比企郡川島町
　　いっぽんぎ　富山県富山市
　　いっぽんぎ　富山県中新川郡立山町
　　いっぽんぎ　長野県中野市
一本木下　いっぽんぎした　福島県喜多方市
一本木上　いっぽんぎうえ　福島県喜多方市
一本木沢　いっぽんぎさわ　青森県十和田市
一本木町
　　いっぽんぎちょう　福井県福井市
　　いっぽんぎちょう　岐阜県関市
　　いっぽんぎちょう　愛知県半田市
　　いっぽんぎちょう　愛知県津島市
一本木前　いっぽんぎまえ　青森県三戸郡五戸町
一本杉
　　いっぽんすぎ　岩手県花巻市
　　いっぽんすぎ　宮城県加美郡加美町
　　いっぽんすぎ　秋田県大館市
　　いっぽんすぎ　福島県伊達市
　　いっぽんすぎ　新潟県五泉市
一本杉町
　　いっぽんすぎまち　宮城県仙台市若林区
　　いっぽんすぎまち　石川県七尾市
一本町　いっぽんまち　福岡県大牟田市
一本松
　　いっぽんまつ　北海道紋別市
　　いっぽんまつ　福島県伊達市
　　いっぽんまつ　福島県田村郡三春町
　　いっぽんまつ　茨城県筑西市
　　いっぽんまつ　埼玉県（東武鉄道越生線）
　　いっぽんまつ　岐阜県本巣郡北方町
　　いっぽんまつ　静岡県沼津市
　　いっぽんまつ　愛知県名古屋市天白区
　　いっぽんまつ　愛媛県南宇和郡愛南町
　　いっぽんまつ　福岡県（JR日田彦山線）
一本松町　いっぽんまつちょう　北海道苫小牧市
一本柳
　　いっぽんやなぎ　宮城県加美郡加美町
　　いっぽんやなぎ　宮城県遠田郡涌谷町
　　いっぽんやなぎ　宮城県遠田郡美里町
　　いっぽんやなぎ　山形県東置賜郡高畠町
一本柳南　いっぽんやなぎみなみ　宮城県加美郡加美町
一白町　いっぱくまち　石川県加賀市
6一刎　ひとはね　富山県氷見市
一印谷　いちいんだに　兵庫県篠山市

13

1画（一）

一宇　いちう　徳島県美馬郡つるぎ町
一宇田町　いちうだちょう　三重県伊勢市
一州町　いっしゅうちょう　愛知県名古屋市港区
一式町　いっしきちょう　滋賀県東近江市
一色
　いっしき　福島県東白川郡棚倉町
　いっしき　千葉県富津市
　いっしき　神奈川県三浦郡葉山町
　いしき　神奈川県中郡二宮市
　いっしき　山梨県南巨摩郡身延町
　いっしき　岐阜県養老郡養老町
　いっしき　静岡県富士市
　いっしき　静岡県磐田市
　いっしき　静岡県焼津市
　いしき　静岡県賀茂郡南伊豆町
　いしき　静岡県賀茂郡西伊豆町
　いしき　静岡県駿東郡小山町
　いっしき　愛知県新城市
　いっしき　滋賀県米原市
　いしき　岡山県津山市
　いしき　岡山県真庭市
一色下方町　いしきしもかたちょう　愛知県稲沢市
一色三反田町　いしきさんたんだちょう　愛知県稲沢市
一色上方町　いしきかみがたちょう　愛知県稲沢市
一色川俣町　いしきかわまたちょう　愛知県稲沢市
一色中屋敷町　いしきなかやしきちょう　愛知県稲沢市
一色中通町　いしきなかどおりちょう　愛知県稲沢市
一色市場町　いしきいちばちょう　愛知県稲沢市
一色白山町　いしきはくさんちょう　愛知県稲沢市
一色巡見町　いしきじゅんけんちょう　愛知県稲沢市
一色竹橋町　いしきたけはしちょう　愛知県稲沢市
一色西町　いしきにしまち　愛知県稲沢市
一色町
　いっしきちょう　岐阜県瑞浪市
　いっしきちょう　愛知県豊橋市
　いっしきちょう　愛知県岡崎市
　いしきちょう　愛知県一宮市
　いしきちょう　愛知県刈谷市
　いっしきちょう　愛知県豊田市
　いっしきちょう　⇒西尾市（愛知県）
　いしきちょう　愛知県蒲郡市
　いっしきちょう　三重県津市
　いっしきちょう　三重県伊勢市
　いっしきまち　三重県桑名市
　いっしきちょう　京都府京都市上京区
一色町一色　いっしきちょういっしき　愛知県西尾市
一色町千間　いっしきちょうせんげん　愛知県西尾市
一色町大塚　いっしきちょうおおつか　愛知県西尾市
一色町小薮　いっしきちょうこやぶ　愛知県西尾市
一色町中外沢　いっしきちょうなかとざわ　愛知県西尾市
一色町生田　いっしきちょういくた　愛知県西尾市
一色町池田　いっしきちょういけだ　愛知県西尾市
一色町佐久島　いっしきちょうさくしま　愛知県西尾市
一色町坂田新田　いっしきちょうさかたしんでん　愛知県西尾市
一色町対米　いっしきちょうついごめ　愛知県西尾市
一色町赤羽　いっしきちょうあかばね　愛知県西尾市
一色町味浜　いっしきちょうあじはま　愛知県西尾市

一色町松木島　いっしきちょうまつきじま　愛知県西尾市
一色町治明　いっしきちょうじめい　愛知県西尾市
一色町前野　いっしきちょうまえの　愛知県西尾市
一色町酒手島　いっしきちょうさかてじま　愛知県西尾市
一色町細川　いっしきちょうほそかわ　愛知県西尾市
一色町野田　いっしきちょうのだ　愛知県西尾市
一色町惣五郎　いっしきちょうそうごろう　愛知県西尾市
一色町開正　いっしきちょうかいしょう　愛知県西尾市
一色町養ケ島　いっしきちょうよがしま　愛知県西尾市
一色町藤江　いっしきちょうふじえ　愛知県西尾市
一色長畑町　いしきながはたちょう　愛知県稲沢市
一色青海町　いしきあおかいちょう　愛知県稲沢市
一色神宮町　いしきじんぐうちょう　愛知県稲沢市
一色森山町　いしきもりやまちょう　愛知県稲沢市
一色道上町　いしきみちかみちょう　愛知県稲沢市
一色新町　いしきしんまち　愛知県名古屋市中川区
一色跡之口町　いしきあとのくちちょう　愛知県稲沢市
一色藤塚町　いしきふじつかちょう　愛知県稲沢市
7-尾　いちお　京都府福知山市
一志　いちし　三重県（JR名松線）
一志町　いちしちょう　三重県伊勢市
一志町みのりケ丘　いちしちょうみのりがおか　三重県津市
一志町八太　いちしちょうはた　三重県津市
一志町大仰　いちしちょうおおのき　三重県津市
一志町小山　いちしちょうおやま　三重県津市
一志町小戸木　いちしちょうこべき　三重県津市
一志町井生　いちしちょういう　三重県津市
一志町井関　いちしちょういせぎ　三重県津市
一志町日置　いちしちょうひおき　三重県津市
一志町片野　いちしちょうかたの　三重県津市
一志町田尻　いちしちょうたじり　三重県津市
一志町石橋　いちしちょういしばし　三重県津市
一志町庄村　いちしちょうしょうむら　三重県津市
一志町其村　いちしちょうそのむら　三重県津市
一志町其倉　いちしちょうそのくら　三重県津市
一志町波瀬　いちしちょうはぜ　三重県津市
一志町虹が丘　いちしちょうにじがおか　三重県津市
一志町高野　いちしちょうたかの　三重県津市
一志町新沢田　いちしちょうしんさわだ　三重県津市
一条
　いちじょう　北海道江別市
　いちじょう　北海道深川市
　いちじょう　北海道雨竜郡秩父別町
　いちじょう　栃木県宇都宮市
　いちじょう　富山県射水市
　いちじょう　福岡県筑後市
一条北
　いちじょうきた　北海道天塩郡幌延町
　いちじょうきた　北海道上川郡新得町
一条西　いちじょうにし　北海道岩見沢市
一条東　いちじょうひがし　北海道岩見沢市
一条南
　いちじょうみなみ　北海道天塩郡幌延町
　いちじょうみなみ　北海道上川郡新得町

14

1画（一）

一条通
いちじょうどおり　北海道旭川市
いちじょうどおり　北海道網走郡津別町
いちじょうどおり　北海道広尾郡大樹町
いちじょうどおり　大阪府堺市堺区
一条通北　いちじょうどおりきた　北海道紋別郡遠軽町
一条通南　いちじょうどおりみなみ　北海道紋別郡遠軽町
一条院町　いちじょういんちょう　大阪府和泉市
一条殿町　いちじょうでんちょう　京都府京都市上京区
一条横町　いちじょうよこちょう　京都府京都市上京区
一条橋　いちじょうばし　高知県（とさでん交通ごめん線）
一村尾　ひとむらお　新潟県南魚沼市
一町　かずちょう　奈良県橿原市
一町田
いっちょうだ　青森県弘前市
いっちょうだ　静岡県賀茂郡南伊豆町
一町田中　いっちょうたなか　山梨県山梨市
一町目　いっちょうめ　京都府京都市上京区
一町畑　いっちょうはた　山梨県中央市
一社
いっしゃ　愛知県（名古屋市交通局東山線）
いっしゃ　愛知県名古屋市名東区
一言　ひとこと　静岡県磐田市
一身田　いしんでん　三重県（JR紀勢本線）
一身田上津部田　いっしんでんこうづべた　三重県津市
一身田大古曽　いっしんでんおおごそ　三重県津市
一身田中野　いっしんでんなかの　三重県津市
一身田平野　いっしんでんひらの　三重県津市
一身田町　いっしんでんちょう　三重県津市
一身田豊野　いっしんでんとよの　三重県津市
一里山　いちりやま　滋賀県大津市
一里山町
いちりやまちょう　愛知県刈谷市
いちりやまちょう　兵庫県神戸市長田区
いちりやまちょう　兵庫県西宮市
一里木町　いちりぎまち　熊本県宇土市
一里坦　いちりだん　福島県須賀川市
一里塚
いちりつか　宮城県加美郡加美町
いちりづか　京都府長岡京市
一里塚町　いちりづかちょう　愛知県瀬戸市
一里壇　いちりだん　福島県伊達郡桑折町
8 一坪田　ひとつぼた　千葉県成田市
一枝　いちえだ　福岡県北九州市戸畑区
一松　ひとつまつ　千葉県長生郡長生村
一松乙　ひとつまつおつ　千葉県長生郡長生村
一松丁　ひとつまつてい　千葉県長生郡長生村
一松丙　ひとつまつへい　千葉県長生郡長生村
一松戊　ひとつまつぼ　千葉県長生郡長生村
一松甲　ひとつまつこう　千葉県長生郡長生村
一松町　ひとまつちょう　京都府京都市上京区
一松飛地甲　ひとつまつとびちこう　千葉県長生郡長生村
一松道　いっしょうどう　岐阜県岐阜市

一枚田　いちまいだ　宮城県刈田郡七ケ宿町
一武
いちぶ　熊本県（くま川鉄道湯前線）
いちぶ　熊本県球磨郡錦町
一迫一本杉　いちさまいっぽんすぎ　宮城県栗原市
一迫下大土　いちさましもおおど　宮城県栗原市
一迫下小僧　いちさましもこぞう　宮城県栗原市
一迫三嶋　いちはさみしま　宮城県栗原市
一迫上久保　いちはさまかみくぼ　宮城県栗原市
一迫上大土　いちはさまかみおおど　宮城県栗原市
一迫上中島　いちはさまかみなかじま　宮城県栗原市
一迫久保田　いちはさまくぼた　宮城県栗原市
一迫土川　いちはさまつちかわ　宮城県栗原市
一迫大川口　いちはさまおおかわぐち　宮城県栗原市
一迫大平沢　いちはさまおおひらさわ　宮城県栗原市
一迫大栗　いちはさまおおぐり　宮城県栗原市
一迫大清水　いちはさまおおすず　宮城県栗原市
一迫大際　いちはさまだいぎわ　宮城県栗原市
一迫女子町　いちさまめごまち　宮城県栗原市
一迫小坂本　いちはさまこさかもと　宮城県栗原市
一迫山沢　いちはさまやまさわ　宮城県栗原市
一迫山崎　いちはさまやまざき　宮城県栗原市
一迫川口　いちはさまかわぐち　宮城県栗原市
一迫川台　いちはさまかわだい　宮城県栗原市
一迫不動西　いちはさまふどうにし　宮城県栗原市
一迫中小僧　いちはさまなかこぞう　宮城県栗原市
一迫中屋敷浦　いちはさまなかやしきうら　宮城県栗原市
一迫天神　いちはさまてんじん　宮城県栗原市
一迫日向　いちはさまひなた　宮城県栗原市
一迫片子沢　いちはさまかたござわ　宮城県栗原市
一迫北沢　いちはさまきたざわ　宮城県栗原市
一迫平館　いちはさまひらだて　宮城県栗原市
一迫宇南田　いちはさまうなんだ　宮城県栗原市
一迫西風　いちはさまならい　宮城県栗原市
一迫佐野　いちはさまさの　宮城県栗原市
一迫佐野原　いちはさまさのばら　宮城県栗原市
一迫坂下西　いちはさまさかしたにし　宮城県栗原市
一迫沖　いちはさまおき　宮城県栗原市
一迫沖浦　いちはさまおきうら　宮城県栗原市
一迫沢田　いちはさまさわだ　宮城県栗原市
一迫岡田　いちはさまおかだ　宮城県栗原市
一迫岩ケ沢　いちはさまいわがさわ　宮城県栗原市
一迫松の木　いちはさままつのき　宮城県栗原市
一迫松原沢　いちはさままつばらさわ　宮城県栗原市
一迫沼田　いちはさまぬまた　宮城県栗原市
一迫狐崎　いちはさまきつねざき　宮城県栗原市
一迫青木　いちはさまあおき　宮城県栗原市
一迫屋敷田　いちはさまやしきだ　宮城県栗原市
一迫柳目　いちはさまやなぎのめ　宮城県栗原市
一迫神山　いちはさましんざん　宮城県栗原市
一迫荒町　いちはさまあらまち　宮城県栗原市
一迫荒屋敷　いちはさまあらやしき　宮城県栗原市
一迫要害　いちはさまようがい　宮城県栗原市
一迫宮下　いちはさまみやした　宮城県栗原市
一迫宮前　いちはさまみやまえ　宮城県栗原市
一迫真坂　いちはさままさか　宮城県栗原市
一迫高田　いちはさまたかだ　宮城県栗原市

15

1画（一）

一迫高橋　いちはさまたかはし　宮城県栗原市
一迫清水目　いちはさますずめ　宮城県栗原市
一迫清水原　いちはさましみずはら　宮城県栗原市
一迫細越　いちはさまほそごえ　宮城県栗原市
一迫鹿込　いちはさまししごめ　宮城県栗原市
一迫御崎　いちはさまみさき　宮城県栗原市
一迫萩生　いちはさまはぎう　宮城県栗原市
一迫間杭元　いちはさまけんぐいもと　宮城県栗原市
一迫新米　いちはさましんまい　宮城県栗原市
一迫嶋躰　いちはさましまたい　宮城県栗原市
一迫横町　いちはさまよこまち　宮城県栗原市
一迫横町浦　いちはさまこまちうら　宮城県栗原市
一迫論田　いちはさまろんでん　宮城県栗原市
一迫鍛冶屋敷　いちはさまかじやしき　宮城県栗原市
一雨　いちぶり　和歌山県東牟婁郡古座川町
一青　ひとと　石川県鹿島郡中能登町
9 一乗寺　いちじょうじ　京都府（叡山電鉄叡山本線）
一乗寺下り松町　いちじょうじさがりまつちょう　京都府京都市左京区
一乗寺大谷　いちじょうじおおたに　京都府京都市左京区
一乗寺大原田町　いちじょうじおおはらだちょう　京都府京都市左京区
一乗寺大新開町　いちじょうじだいしんかいちょう　京都府京都市左京区
一乗寺小谷町　いちじょうじこたにちょう　京都府京都市左京区
一乗寺才形町　いちじょうじさいかたちょう　京都府京都市左京区
一乗寺中ノ田町　いちじょうじなかのだちょう　京都府京都市左京区
一乗寺月輪寺町　いちじょうじがつりんじちょう　京都府京都市左京区
一乗寺木ノ本町　いちじょうじきのもとちょう　京都府京都市左京区
一乗寺水掛町　いちじょうじみずがけちょう　京都府京都市左京区
一乗寺出口町　いちじょうじでぐちちょう　京都府京都市左京区
一乗寺北大丸町　いちじょうじきたおおまるちょう　京都府京都市左京区
一乗寺払殿町　いちじょうじはらいとのちょう　京都府京都市左京区
一乗寺向畑町　いちじょうじむかいばたちょう　京都府京都市左京区
一乗寺地蔵本町　いちじょうじじぞうもとちょう　京都府京都市左京区
一乗寺竹ノ内町　いちじょうじたけのうちちょう　京都府京都市左京区
一乗寺西水干町　いちじょうじにしみずぼしちょう　京都府京都市左京区
一乗寺西杉ノ宮町　いちじょうじにしすぎのみやちょう　京都府京都市左京区
一乗寺西浦畑町　いちじょうじにしうらばたちょう　京都府京都市左京区
一乗寺西閯川原町　いちじょうじにしとじかわらちょう　京都府京都市左京区
一乗寺花ノ木町　いちじょうじはなのきちょう　京都府京都市左京区
一乗寺谷田町　いちじょうじたにだちょう　京都府京都市左京区

一乗寺赤ノ宮町　いちじょうじあかのみやちょう　京都府京都市左京区
一乗寺里ノ西町　いちじょうじさとのにしちょう　京都府京都市左京区
一乗寺里ノ前町　いちじょうじさとのまえちょう　京都府京都市左京区
一乗寺松田町　いちじょうじまつだちょう　京都府京都市左京区
一乗寺松原町　いちじょうじまつはらちょう　京都府京都市左京区
一乗寺東水干町　いちじょうじひがしみずぼしちょう　京都府京都市左京区
一乗寺東杉ノ宮町　いちじょうじひがしすぎのみやちょう　京都府京都市左京区
一乗寺東浦町　いちじょうじひがしうらちょう　京都府京都市左京区
一乗寺東閯川原町　いちじょうじひがしとじかわらちょう　京都府京都市左京区
一乗寺河原田町　いちじょうじかわはらだちょう　京都府京都市左京区
一乗寺門口町　いちじょうじもんぐちちょう　京都府京都市左京区
一乗寺青城町　いちじょうじあおじょうちょう　京都府京都市左京区
一乗寺南大丸町　いちじょうじみなみおおまるちょう　京都府京都市左京区
一乗寺染殿町　いちじょうじそめどのちょう　京都府京都市左京区
一乗寺宮ノ東町　いちじょうじみやのひがしちょう　京都府京都市左京区
一乗寺梅ノ木町　いちじょうじうめのきちょう　京都府京都市左京区
一乗寺病ダレ　いちじょうじやまいだれ　京都府京都市左京区
一乗寺馬場町　いちじょうじばばちょう　京都府京都市左京区
一乗寺高槻町　いちじょうじたかつきちょう　京都府京都市左京区
一乗寺堂ノ前町　いちじょうじどうのまえちょう　京都府京都市左京区
一乗寺堀ノ内町　いちじょうじほりのうちちょう　京都府京都市左京区
一乗寺庵野町　いちじょうじいおりのちょう　京都府京都市左京区
一乗寺清水町　いちじょうじしみずちょう　京都府京都市左京区
一乗寺釈迦堂町　いちじょうじしゃかどうちょう　京都府京都市左京区
一乗寺野田町　いちじょうじのだちょう　京都府京都市左京区
一乗寺塚本町　いちじょうじつかもとちょう　京都府京都市左京区
一乗寺御祭田町　いちじょうじごさいでんちょう　京都府京都市左京区
一乗寺葉山町　いちじょうじはやまちょう　京都府京都市左京区
一乗寺樋ノ口町　いちじょうじひのくちちょう　京都府京都市左京区
一乗寺稲荷町　いちじょうじいなりちょう　京都府京都市左京区
一乗寺燈籠本町　いちじょうじとうろうもとちょう　京都府京都市左京区

1画（一）

一乗寺築田町　いちじょうじつくだちょう　京都府京都市左京区
一乗寺薬師堂町　いちじょうじやくしどうちょう　京都府京都市左京区
一乗谷　いちじょうだに　福井県（JR越美北線）
一屋町　ひとつやちょう　愛知県大府市
一柳通　いちやなぎどおり　愛知県名古屋市中川区
一津屋
　ひとつや　大阪府松原市
　ひとつや　大阪府摂津市
一畑　いちはた　大分県豊後高田市
一畑口　いちばたぐち　島根県（一畑電車北松江線）
10 一宮
　いちのみや　千葉県長生郡一宮町
　いちみや　静岡県周智郡森町
　いちのみや　愛知県一宮市
　いちのみや　岡山県岡山市北区
　いちのみや　岡山県津山市
　いちのみや　香川県（高松琴平電気鉄道琴平線）
　いっく　高知県高知市
一宮しなね　いっくしなね　高知県高知市
一宮山崎　いちのみややまさき　岡山県岡山市北区
一宮中町　いっくなかまち　高知県高知市
一宮市　いちのみやし　愛知県
一宮西町　いっくにしまち　高知県高知市
一宮町
　いちのみやまち　千葉県長生郡
　いちのみやちょう　愛知県豊川市
　いちのみやちょう　徳島県徳島市
　いちのみやちょう　香川県高松市
　いっくちょう　愛媛県新居浜市
一宮町一ノ宮　いちのみやちょういちのみや　山梨県笛吹市
一宮町下矢作　いちのみやちょうしもやはぎ　山梨県笛吹市
一宮町下野田　いちのみやちょうしものだ　兵庫県宍粟市
一宮町三方町　いちのみやちょうみかたまち　兵庫県宍粟市
一宮町上矢作　いちのみやちょうかみやはぎ　山梨県笛吹市
一宮町上岸田　いちのみやちょうかみきしだ　兵庫県宍粟市
一宮町上野田　いちのみやちょうかみのだ　兵庫県宍粟市
一宮町千米寺　いちのみやちょうせんべいじ　山梨県笛吹市
一宮町千町　いちのみやちょうせんちょう　兵庫県宍粟市
一宮町土塚　いちのみやちょうつちづか　山梨県笛吹市
一宮町小城　いちのみやちょうこじょう　山梨県笛吹市
一宮町中尾　いちのみやちょうなかお　山梨県笛吹市
一宮町井内　いちのみやちょういうち　兵庫県宍粟市
一宮町公文　いちのみやちょうくもん　兵庫県宍粟市
一宮町北都塚　いちのみやちょうきたみやこづか　山梨県笛吹市
一宮町北野呂　いちのみやちょうきたのろ　山梨県笛吹市
一宮町市之蔵　いちのみやちょういちのくら　山梨県笛吹市

一宮町本都塚　いちのみやちょうもとみやこづか　山梨県笛吹市
一宮町末木　いちのみやちょうすえき　山梨県笛吹市
一宮町生栖　いちのみやちょういぐす　兵庫県宍粟市
一宮町田中　いちのみやちょうたなか　山梨県笛吹市
一宮町石　いちのみやちょういし　山梨県笛吹市
一宮町伊和　いちのみやちょういわ　兵庫県宍粟市
一宮町地蔵堂　いちのみやちょうじぞうどう　山梨県笛吹市
一宮町安黒　いちのみやちょうあぐろ　兵庫県宍粟市
一宮町安積　いちのみやちょうあづみ　兵庫県宍粟市
一宮町百千家満　いちのみやちょうおちやま　兵庫県宍粟市
一宮町竹原田　いちのみやちょうたけはらだ　山梨県笛吹市
一宮町西安積　いちのみやちょうにしあづみ　兵庫県宍粟市
一宮町西深　いちのみやちょうにしぶか　兵庫県宍粟市
一宮町杉田　いちのみやちょうすぎた　兵庫県宍粟市
一宮町国分　いちのみやちょうこくぶ　山梨県笛吹市
一宮町坪井　いちのみやちょうつぼい　山梨県笛吹市
一宮町東市場　いちのみやちょうひがしいちば　兵庫県宍粟市
一宮町東河内　いちのみやちょうひがしごうち　兵庫県宍粟市
一宮町東原　いちのみやちょうひがしばら　山梨県笛吹市
一宮町東新居　いちのみやちょうひがしあらい　山梨県笛吹市
一宮町河原田　いちのみやちょうかわはらだ　兵庫県宍粟市
一宮町狐新居　いちのみやちょうきつねあらい　山梨県笛吹市
一宮町金田　いちのみやちょうかねた　山梨県笛吹市
一宮町金沢　いちのみやちょうかなざわ　山梨県笛吹市
一宮町南野呂　いちのみやちょうみなみのろ　山梨県笛吹市
一宮町神沢　いちのみやちょうかんざわ　山梨県笛吹市
一宮町草木　いちのみやちょうくさぎ　兵庫県宍粟市
一宮町倉床　いちのみやちょうくらとこ　兵庫県宍粟市
一宮町能倉　いちのみやちょうよくら　兵庫県宍粟市
一宮町深河谷　いちのみやちょうふかだに　兵庫県宍粟市
一宮町黒原　いちのみやちょうくろはら　兵庫県宍粟市
一宮町森添　いちのみやちょうもりそえ　兵庫県宍粟市
一宮町閏賀　いちのみやちょううるか　兵庫県宍粟市
一宮町須行名　いちのみやちょうすぎょうめ　兵庫県宍粟市
一宮町塩田　いちのみやちょうしおだ　山梨県笛吹市
一宮町新巻　いちのみやちょうあらまき　山梨県笛吹市
一宮町福中　いちのみやちょうふくなか　兵庫県宍粟市
一宮町福知　いちのみやちょうふくち　兵庫県宍粟市
一宮町福野　いちのみやちょうふくの　兵庫県宍粟市
一宮町嶋田　いちのみやちょうしまだ　兵庫県宍粟市
一宮町横山　いちのみやちょうよこやま　兵庫県宍粟市
一宮町橋立　いちのみやちょうはしたて　山梨県笛吹市
一宮東町　いっくひがしまち　高知県高知市
一宮南町　いっくみなみまち　高知県高知市
一宮徳谷　いっくとくだに　高知県高知市
一庫　ひとくら　兵庫県川西市

17

1画（乙）

一浦町　いちのうらまち　福岡県大牟田市
一真町　いっしんちょう　京都府京都市上京区
一針町　ひとつはりまち　石川県小松市
11 一宿　いちやどり　富山県下新川郡入善町
一條
　いちじょう　静岡県賀茂郡南伊豆町
　いちじょう　福岡県八女郡広川町
一部
　いちぶ　鳥取県米子市
　いちぶ　熊本県荒尾市
一部町　いちぶまち　福岡県大牟田市
一野坪　いちのつぼ　青森県五所川原市
一野渡　いちのわたり　青森県弘前市
12 一場　いちば　愛知県清須市
一塚町　いちづかまち　石川県白山市
一景島　いっけいじま　宮城県気仙沼市
一勝地
　いっしょうち　熊本県（JR肥薩線）
　いっしょうち　熊本県球磨郡球磨村
一森山　いちもりやま　宮城県塩竈市
一湊　いっそう　鹿児島県熊毛郡屋久島町
一番　いちばん　愛知県名古屋市熱田区
一番丁
　いちばんちょう　和歌山県和歌山市
　いちばんちょう　香川県丸亀市
一番沢　いちばんさわ　北海道厚岸郡浜中町
一番町
　いちばんちょう　北海道江別市
　いちばんちょう　青森県弘前市
　いちばんちょう　青森県八戸市
　いちばんちょう　青森県黒石市
　いちばんちょう　宮城県仙台市青葉区
　いちばんちょう　山形県酒田市
　いちばんちょう　福島県白河市
　いちばんちょう　栃木県宇都宮市
　いちばんちょう　東京都千代田区
　いちばんちょう　東京都立川市
　いちばんまち　富山県富山市
　いちばんまち　富山県高岡市
　いちばんまち　富山県砺波市
　いちばんちょう　福井県小浜市
　いちばんちょう　岐阜県岐阜市
　いちばんちょう　静岡県静岡市葵区
　いちばんちょう　静岡県三島市
　いちばんちょう　静岡県磐田市
　いちばんちょう　愛知県刈谷市
　いちばんちょう　京都府京都市上京区
　いちばんちょう　大阪府門真市
　いちばんちょう　兵庫県神戸市長田区
　いちばんちょう　岡山県笠岡市
　いちばんちょう　山口県周南市
　いちばんちょう　徳島県徳島市
　いちばんちょう　愛媛県松山市
一番堀通町　いちばんぼりどおりちょう　新潟県新潟市中央区
一番関　いちばんぜき　秋田県由利本荘市
一筋目　ひとすじめ　和歌山県和歌山市
一貴山　いきさん　福岡県（JR筑肥線）
一須賀　いちすか　大阪府南河内郡河南町
13 一新町　いっしんまち　福岡県柳川市
一蓮社町　いちれんしゃちょう　京都府京都市中京区
14 一箕町八角　いっきまちやすみ　福島県会津若松市

一箕町八幡　いっきまちやはた　福島県会津若松市
一箕町松長　いっきまちまつなが　福島県会津若松市
一箕町金堀　いっきまちかねほり　福島県会津若松市
一箕町亀賀　いっきまちかめが　福島県会津若松市
一箕町鶴賀　いっきまちつるが　福島県会津若松市
一関　いちぜき　熊本県阿蘇郡南阿蘇村
一関市　いちのせきし　岩手県
16 一橋学園　ひとつばしがくえん　東京都（西武鉄道多摩湖線）
一橋宮ノ内町　いちのはしみやのうちちょう　京都府京都市東山区
一橋野本町　いちのはしのもとちょう　京都府京都市東山区
17 一鍬田
　ひとくわだ　千葉県香取郡多古町
　ひとくわだ　愛知県新城市
一霞　ひとかすみ　山形県鶴岡市
18 一観音町　いちかんのんちょう　京都府京都市上京区

【乙】

乙
　おつ　茨城県筑西市
　きのと　新潟県胎内市
　おつ　長野県小諸市
　おつ　香川県小豆郡土庄町
　おつ　高知県安芸郡奈半利町
　おつ　高知県高岡郡佐川町
　おつ　熊本県球磨郡五木村
0 乙ケ林町　おかばやしちょう　愛知県豊田市
乙ケ崎　おとがさき　石川県鳳珠郡穴水町
3 乙丸
　おとまる　石川県（北陸鉄道石川線）
　おとまる　福岡県北九州市若松区
乙丸町
　おとまるまち　石川県金沢市
　おとまるまち　石川県白山市
乙千屋　おとじや　熊本県葦北郡芦北町
乙大工町　おつだいくまち　青森県黒石市
乙女
　おとめ　栃木県小山市
　おとめ　長野県（JR小海線）
　おとめ　長野県小諸市
乙女浜町　おとめはまちょう　滋賀県東近江市
乙女新田　おとめしんでん　大分県宇佐市
乙子
　おとご　茨城県守谷市
　おとご　岡山県岡山市東区
乙子町　おとこちょう　島根県益田市
乙川　おっかわ　愛知県（JR武豊線）
乙川一色町　おつかわいしきちょう　愛知県半田市
乙川八幡町　おつかわはちまんちょう　愛知県半田市
乙川内山町　おつかわうちやまちょう　愛知県半田市
乙川太田町　おつかわおおたちょう　愛知県半田市
乙川北側町　おつかわきたがわちょう　愛知県半田市
乙川市場町　おつかわいちばちょう　愛知県半田市
乙川末広町　おつかわすえひろちょう　愛知県半田市
乙川吉野町　おつかわよしのちょう　愛知県半田市
乙川向田町　おつかわむかいだちょう　愛知県半田市
乙川西ノ宮町　おつかわにしのみやちょう　愛知県半田市

乙川町　おつかわちょう　愛知県半田市
乙川若宮　おつかわわかみやちょう　愛知県半田市
乙川栄町　おつかわさかえまち　愛知県半田市
乙川畑田町　おつかわはただちょう　愛知県半田市
乙川浜側町　おつかわはまがわちょう　愛知県半田市
乙川高良町　おつかわたからまち　愛知県半田市
乙川深田町　おつかわふかだちょう　愛知県半田市
乙川新町　おつかわしんまち　愛知県半田市
乙川殿町　おつかわとのまち　愛知県半田市
乙川源内林町　おつかわげんないばやしちょう　愛知県半田市
乙川稗田町　おつかわひえだちょう　愛知県半田市
乙川薬師町　おつかわやくしちょう　愛知県半田市
4乙之子　おとのこ　愛知県あま市
乙戸　おっと　茨城県土浦市
乙戸南　おっとみなみ　茨城県土浦市
乙木　おとぎ　兵庫県神戸市垂水区
乙木町　おとぎちょう　奈良県天理市
乙父　おっち　群馬県多野郡上野村
乙犬　おといぬ　福岡県糟屋郡篠栗町
5乙母　おとも　群馬県多野郡上野村
乙田　おこだ　愛知県常滑市
乙田町　おとだちょう　奈良県生駒市
乙立町　おったちちょう　島根県出雲市
6乙吉　おとよし　新潟県妙高市
乙吉町
　おとよしまち　新潟県長岡市
　おとよしちょう　島根県益田市
乙多見　おたみ　岡山県岡山市中区
乙次　おとじ　新潟県新発田市
7乙坂　おさか　福井県丹生郡越前町
乙坂今北町　おつさかこんぼくちょう　福井県鯖江市
乙見　おとみ　大分県臼杵市
8乙事　おっこと　長野県諏訪郡富士見町
乙供
　おっとも　青森県(青い森鉄道線)
　おっとも　青森県上北郡東北町
乙供山　おっともやま　青森県上北郡東北町
乙忠部　おつちゅうべ　北海道枝幸郡枝幸町
乙房町　おとぼうちょう　宮崎県都城市
乙茂
　おとも　岩手県下閉伊郡岩泉町
　おとも　新潟県三島郡出雲崎町
乙金　おとがな　福岡県大野城市
乙金台　おとがなだい　福岡県大野城市
乙金東　おとがなひがし　福岡県大野城市
9乙津
　おつ　東京都あきる野市
　おとづ　大分県大分市
乙津町　おとづまち　大分県大分市
乙津港町　おとづみなとまち　大分県大分市
乙狩　おとがり　岐阜県美濃市
乙畑　おつはた　栃木県矢板市
10乙原
　おとはら　岐阜県揖斐郡揖斐川町
　おちばら　兵庫県三田市
　おんばら　島根県(JR三江線)
　おんばら　島根県邑智郡美郷町
　おとばる　大分県別府市

乙姫　おとひめ　熊本県阿蘇市
乙姫町　おとひめちょう　宮崎県日南市
乙訓郡　おとくにぐん　京都府
乙連沢　おとれざわ　栃木県大田原市
11乙舳町　おつともちょう　神奈川県横浜市金沢区
乙部
　おとべ　岩手県盛岡市
　おとべ　三重県津市
乙部ケ丘　おとべがおか　愛知県豊田市
乙部町
　おとべちょう　北海道爾志郡
　おとべちょう　愛知県豊田市
　おとべちょう　三重県松阪市
乙部道ノ下　おとべみちのしも　青森県上北郡東北町
乙部道ノ上　おとべみちのかみ　青森県上北郡東北町
乙野　おとの　福岡県宮若市
乙黒　おとぐろ　山梨県中央市
12乙越　おつこし　青森県上北郡東北町
乙隈　おとぐま　福岡県小郡市
13乙幌　おっぽろ　北海道厚岸郡厚岸町
14乙徳兵衛町　おつとくべえまち　青森県黒石市
乙窪　おちくぼ　滋賀県野洲市
15乙輪町　おとわちょう　愛知県春日井市
19乙瀬　おとぜ　徳島県板野郡藍住町

2画

【七】

0七ケ岳登山口　ななつがたけとざんぐち　福島県(会津鉄道線)
七ケ所新田　しちかしょしんでん　新潟県上越市
七ケ巻　なながまき　長野県下高井郡野沢温泉村
七ケ浜町　しちがはままち　宮城県宮城郡
七ケ宿町　しちかしゅくまち　宮城県刈田郡
七ツ山　ななつやま　宮崎県東臼杵郡諸塚村
七ツ石　ななついし　栃木県下都賀郡壬生町
七ツ石町　ななついしまち　青森県西津軽郡鰺ケ沢町
七ツ寺町　ななつでらちょう　愛知県稲沢市
七ツ池町　ななついけまち　福島県郡山市
七ツ屋
　ななつや　石川県(北陸鉄道浅野川線)
　ななつや　愛知県犬山市
七ツ屋町　ななつやまち　石川県金沢市
七ツ段　ななつだん　福島県二本松市
七ツ家　ななつえ　福岡県柳川市
七ツ島　ななつじま　鹿児島県鹿児島市
七ツ淵　ななつぶち　高知県高知市
七ツ森　ななつもり　岩手県岩手郡雫石町
七ツ新屋　ななつしんや　静岡県静岡市清水区
七ツ館　ななつだて　青森県五所川原市
七ツ屋町　ななつやちょう　三重県四日市市
2七二会乙　なにあいおつ　長野県長野市
七二会丁　なにあいてい　長野県長野市
七二会己　なにあいき　長野県長野市
七二会丙　なにあいへい　長野県長野市
七二会戊　なにあいぼ　長野県長野市
七二会甲　なにあいこう　長野県長野市

2画（七）

七十刈　ななじゅうがり　山形県山形市
³七久保
　ななくぼ　長野県（JR飯田線）
　ななくぼ　長野県上伊那郡飯島町
七口　ななくち　富山県滑川市
七山
　しちやま　大阪府泉南郡熊取町
　ななやま　和歌山県海南市
七山仁部　ななやまにぶ　佐賀県唐津市
七山浦　ななやまきうら　佐賀県唐津市
七山北　しちやままきた　大阪府泉南郡熊取町
七山白木　ななやましらき　佐賀県唐津市
七山池原　ななやまいけばる　佐賀県唐津市
七山西　しちやまにし　大阪府泉南郡熊取町
七山東　しちやまひがし　大阪府泉南郡熊取町
七山南　しちやまみなみ　大阪府泉南郡熊取町
七山荒川　ななやまあらかわ　佐賀県唐津市
七山馬川　ななやまのかわ　佐賀県唐津市
七山滝川　ななやまたきがわ　佐賀県唐津市
七山藤川　ななやまふじかわ　佐賀県唐津市
⁴七井
　なない　栃木県（真岡鉄道線）
　なない　栃木県芳賀郡益子町
七井土　なないど　千葉県長生郡長生村
七井中央　なないちゅうおう　栃木県芳賀郡益子町
七五三　しめ　岐阜県本巣市
七五三場　しめば　茨城県結城市
七分一　しちぶいち　富山県氷見市
七反田町　ひちたんだちょう　愛知県名古屋市中川区
七反野　しちたんの　愛知県名古屋市港区
七戸
　しちのへ　青森県上北郡七戸町
　ななと　高知県長岡郡本山町
七戸十和田　しちのへとわだ　青森県（JR東北新幹線）
七戸町　しちのへまち　青森県上北郡
七日市
　なめかいち　秋田県北秋田市
　なのかいち　群馬県富岡市
　なのかいち　新潟県長岡市
　なのかいち　新潟県魚沼市
　なめかいち　京都府舞鶴市
　なぬかいち　島根県鹿足郡吉賀町
七日市西町　なのかいちにしまち　岡山県岡山市北区
七日市町
　なんかいちまち　石川県加賀市
　なめかいちちょう　岡山県井原市
七日市東町　なのかいちひがしまち　岡山県岡山市北区
七日市場　なのかいちば　山梨県山梨市
七日市新田　なのかいちしんでん　新潟県魚沼市
七日市新町　なんかいちしんまち　石川県加賀市
七日町
　なめかまち　山形県山形市
　なのかまち　山形県寒河江市
　なめかまち　福島県（JR只見線）
　なのかまち　福島県会津若松市
　なのかまち　新潟県新潟市秋葉区
　なのかまち　新潟県長岡市
　なぬかまち　岐阜県高山市

　なのかまち　静岡県掛川市
　なぬかまち　熊本県人吉市
⁵七北田　ななきた　宮城県仙台市泉区
七右衛門新田　しちうえもんしんでん　千葉県松戸市
七号地　ななごうち　愛知県知多郡武豊町
七左町　しちざちょう　埼玉県越谷市
七本　ななもと　千葉県夷隅郡御宿町
七本木
　しちほんき　埼玉県児玉郡上里町
　しちほんぎ　三重県伊賀市
七本木町　しちほんぎちょう　愛知県半田市
七目郷　ななめごう　長崎県南松浦郡新上五島町
七石　しちこく　新潟県阿賀野市
⁶七光台
　ななこうだい　千葉県（東武鉄道野田線）
　ななこうだい　千葉県野田市
七名乙　ななめおつ　新潟県東蒲原郡阿賀町
七名甲　ななめこう　新潟県東蒲原郡阿賀町
七地町　しちちまち　熊本県人吉市
七曲
　ななまがり　福島県伊達郡川俣町
　ななまがり　千葉県佐倉市
　ななまがり　富山県南砺市
七曲り　ななまがり　和歌山県和歌山市
七曲町　ななまがりまち　石川県金沢市
七曲岱　ななまがりたい　秋田県大館市
七次台　ななつぎだい　千葉県白井市
七百石町　しちひゃくこくちょう　京都府綾部市
七百苅　ななひゃくがり　福島県喜多方市
七色
　なないろ　奈良県吉野郡十津川村
　なないろ　和歌山県東牟婁郡北山村
⁷七尾　ななお　石川県（JR七尾線）
七尾台　ななおだい　山口県山口市
七尾市　ななおし　石川県
七尾町　ななおちょう　島根県益田市
七折
　ななおれ　愛媛県伊予郡砥部町
　ななおり　宮崎県西臼杵郡日之影町
七条
　しちじょう　北海道江別市
　しちじょう　北海道深川市
　しちじょう　北海道雨竜郡秩父別町
　しちじょう　京都府（京阪電気鉄道本線）
　しちじょう　奈良県奈良市
七条中町　しちじょうなかまち　京都府舞鶴市
七条西
　しちじょうにし　北海道旭川市
　しちじょうにし　北海道岩見沢市
七条西町　しちじょうにしまち　奈良県奈良市
七条町
　しちじょうちょう　愛知県名古屋市南区
　しちじょうちょう　滋賀県長浜市
　しちじょうちょう　奈良県奈良市
七条東　しちじょうひがし　北海道岩見沢市
七条東町　しちじょうひがしまち　奈良県奈良市
七条通
　しちじょうどおり　北海道旭川市
　しちじょうどおり　大阪府堺市堺区

2画（七）

七条御所ノ内中町 しちじょうごしょのうちなかまち 京都府京都市下京区

七条御所ノ内北町 しちじょうごしょのうちきたまち 京都府京都市下京区

七条御所ノ内本町 しちじょうごしょのうちほんまち 京都府京都市下京区

七条御所ノ内西町 しちじょうごしょのうちにしまち 京都府京都市下京区

七条御所ノ内南町 しちじょうごしょのうちみなみまち 京都府京都市下京区

七村滝寺 ななむらたきでら 富山県南砺市

七沢
　　ななさわ　千葉県成田市
　　ななさわ　神奈川県厚木市

七沢町 ななさわちょう 山梨県甲府市

七町目 ななちょうめ 京都府京都市中京区

七社 しちしゃ 富山県小矢部市

七見 しちみ 石川県鳳珠郡能登町

七見町 ななみちょう 徳島県阿南市

七里
　　しちり　栃木県日光市
　　ななさと　埼玉県（東武鉄道野田線）
　　しちり　滋賀県蒲生郡竜王町
　　ななさと　高知県高岡郡四万十町

七里ガ浜 しちりがはま 神奈川県鎌倉市

七里ガ浜東 しちりがはまひがし 神奈川県鎌倉市

七里ケ浜 しちりがはま 神奈川県（江ノ島電鉄線）

8七和 ななわ 三重県（三岐鉄道北勢線）

七国 ななくに 東京都八王子市

七宗町 ひちそうちょう 岐阜県加茂郡

七宝 しっぽう 愛知県（名古屋鉄道津島線）

七宝台町 しっぽうだいちょう 愛媛県新居浜市

七宝町 しっぽうちょう ⇒あま市（愛知県）

七宝町下之森 しっぽうちょうしものもり 愛知県あま市

七宝町下田 しっぽうちょうしもだ 愛知県あま市

七宝町川部 しっぽうちょうかわべ 愛知県あま市

七宝町伊福 しっぽうちょういふく 愛知県あま市

七宝町安松 しっぽうちょうやすまつ 愛知県あま市

七宝町沖之島 しっぽうちょうおきのしま 愛知県あま市

七宝町秋竹 しっぽうちょうあきたけ 愛知県あま市

七宝町桂 しっぽうちょうかつら 愛知県あま市

七宝町遠島 しっぽうちょうとおしま 愛知県あま市

七宝町徳実 しっぽうちょうとくざね 愛知県あま市

七宝町鯰橋 しっぽうちょうなまずばし 愛知県あま市

七宝町鷹居 しっぽうちょうたかい 愛知県あま市

七松町 ななまつちょう 兵庫県尼崎市

七板 なないた 福井県大野市

七林町 ななばやしちょう 千葉県船橋市

9七保町下和田 ななほまちしもわだ 山梨県大月市

七保町奈良子 ななほまちならご 山梨県大月市

七保町林 ななほまちはやし 山梨県大月市

七保町浅川 ななほまちあさかわ 山梨県大月市

七保町葛野 ななほまちかずの 山梨県大月市

七保町駒宮 ななほまちこまみや 山梨県大月市

七保町瀬戸 ななほまちせと 山梨県大月市

七城町小野崎 しちじょうまちおのざき 熊本県菊池市

七城町山崎 しちじょうまちやまさき 熊本県菊池市

七城町水次 しちじょうまちみつぎ 熊本県菊池市

七城町加恵 しちじょうまちかえ 熊本県菊池市

七城町台 しちじょうまちうてな 熊本県菊池市

七城町甲佐町 しちじょうまちこうさまち 熊本県菊池市

七城町辺田 しちじょうまちへた 熊本県菊池市

七城町岡田 しちじょうまちおかだ 熊本県菊池市

七城町林原 しちじょうまちはやしばる 熊本県菊池市

七城町砂田 しちじょうまちすなだ 熊本県菊池市

七城町荒牧 しちじょうまちあらまき 熊本県菊池市

七城町流川 しちじょうまちながれかわ 熊本県菊池市

七城町高田 しちじょうまちたかた 熊本県菊池市

七城町高島 しちじょうまちたかじま 熊本県菊池市

七城町亀尾 しちじょうまちかめお 熊本県菊池市

七城町清水 しちじょうまちきよみず 熊本県菊池市

七城町菰入 しちじょうまちこもいり 熊本県菊池市

七城町新古閑 しちじょうまちしんこが 熊本県菊池市

七城町橋田 しちじょうまちはした 熊本県菊池市

七城町瀬戸口 しちじょうまちせとぐち 熊本県菊池市

七城町蘇崎 しちじょうまちそさき 熊本県菊池市

七栄 ななえ 千葉県富里市

七海 しつみ 石川県鳳珠郡穴水町

七美 しちみ 富山県射水市

七美中野 しちみなかの 富山県射水市

七草木 ななくさぎ 福島県田村郡三春町

七郎町 しちろうまち 石川県白山市

七重町 ななえまち 福岡県中間市

七重浜
　　ななえはま　北海道（道南いさりび鉄道線）
　　ななえはま　北海道北斗市

10七倉 ななくら 秋田県南秋田郡五城目町

七原町
　　しつはらまち　石川県七尾市
　　しちはらまち　石川県白山市

七宮町 しちのみやちょう 兵庫県神戸市兵庫区

七島
　　ななしま　新潟県阿賀野市
　　ななしま　愛知県名古屋市港区

七島町 ななしまちょう 神奈川県横浜市神奈川区

七浦
　　なううら　山形県山形市
　　ななうら　新潟県阿賀野市

七浦町 ななうらまち 福岡県大牟田市

七軒 しちけん 新潟県新潟市南区

七軒町
　　しちけんちょう　栃木県佐野市
　　しちけんちょう　新潟県新潟市南区
　　しちけんまち　新潟県長岡市
　　しちけんまち　新潟県十日町市
　　しちけんまち　富山県富山市
　　ひちけんちょう　岐阜県岐阜市
　　しちけんちょう　静岡県磐田市
　　しちけんちょう　京都府京都市中京区
　　しちけんちょう　京都府京都市東山区

七軒茶屋 しちけんぢゃや 広島県（JR可部線）

七軒家 しちけんや 大阪府東大阪市

七釜 しちかま 兵庫県美方郡新温泉町

21

2画（丁, 乃, 九）

11七崎　ななさき　岐阜県瑞穂市
七條　しちじょう　徳島県板野郡上板町
七郷一色　ななさといっしき　愛知県新城市
七野　しちの　石川県河北郡津幡町
七鳥　ななとり　愛媛県上浮穴郡久万高原町
七黒　しちくろ　石川県河北郡津幡町
12七塚　ななつか　広島県（JR芸備線）
七塚町　ななつかちょう　広島県庄原市
七嵐　ななあらし　長野県松本市
七渡　ななわたり　千葉県茂原市
七湊　ななみなと　新潟県村上市
七番丁
　しちばんちょう　和歌山県和歌山市
　しちばんちょう　香川県丸亀市
七番町
　しちばんちょう　福島県白河市
　しちばんちょう　静岡県静岡市葵区
　しちばんちょう　愛知県名古屋市港区
　しちばんちょう　京都府京都市上京区
　ななばんちょう　兵庫県神戸市長田区
　ななばんちょう　岡山県笠岡市
七道　しちどう　大阪府（南海電気鉄道南海本線）
七道西町　しちどうにしまち　大阪府堺市堺区
七道東町　しちどうひがしまち　大阪府堺市堺区
七間町
　しちけんちょう　富山県滑川市
　しちけんちょう　静岡県静岡市葵区
七隈
　ななくま　福岡県（福岡市交通局七隈線）
　ななくま　福岡県福岡市城南区
七飯　ななえ　北海道（JR函館本線）
七飯町　ななえちょう　北海道亀田郡
13七源町　しちげんちょう　北海道増毛郡増毛町
七滝
　ななたき　岩手県下閉伊郡田野畑村
　ななたき　熊本県上益城郡御船町
14七窪
　ななくぼ　福島県伊達郡川俣町
　ななくぼ　石川県かほく市
七箇　しちか　香川県仲多度郡まんのう町
15七穂　ななほ　新潟県新潟市南区
18七観音町　しちかんのんちょう　京都府京都市中京区
19七瀬
　ななせ　長野県長野市
　ななせ　長野県中野市
七瀬中町　ななせなかまち　長野県長野市
七瀬南部　ななせなんぶ　長野県長野市

【丁】
丁　てい　長野県小諸市
0丁ノ町　ちょうのまち　和歌山県伊都郡かつらぎ町
3丁子　ようろご　千葉県香取市
丁子田　ちょうしだ　愛知県長久手市
丁子屋町　ちょうじやちょう　京都府京都市中京区
丁子風呂町　ちょうじぶろちょう　京都府京都市上京区
5丁未　ていみ　北海道夕張市
丁田町
　ちょうだちょう　愛知県名古屋市名東区
　ちょうちょう　愛知県半田市
　ちょうだちょう　愛知県西尾市
9丁保余原　よろほよばら　広島県山県郡北広島町
12丁塚　ちょうづか　青森県三戸郡五戸町

【乃】
4乃井野　のいの　兵庫県佐用郡佐用町
7乃木　のぎ　島根県（JR山陰本線）
乃木坂　のぎざか　東京都（東京地下鉄千代田線）
乃木町　のぎまち　北海道函館市
乃木浜　のぎはま　山口県下関市
乃木福富町　のぎふくとみちょう　島根県松江市
5乃白町　のしらちょう　島根県松江市

【九】
0九の城町　くのしろちょう　三重県四日市市
2九十九町　つくもちょう　北海道士別市
九十九里町　くじゅうくりまち　千葉県山武郡
九十根　くじゅうね　千葉県大網白里市
3九万坪　くまんつぼ　茨城県つくば市
九久平町　くぎゅうだいらちょう　愛知県豊田市
九大学研都市　きゅうだいがっけんとし　福岡県（JR筑肥線）
九大新町　きゅうだいしんまち　福岡県福岡市西区
九川
　くかわ　新潟県長岡市
　くがわ　和歌山県田辺市
　くがわ　愛媛県松山市
4九之坪　くのつぼ　愛知県北名古屋市
九之曽根　くのそね　新潟県三条市
九升田　くしょうだ　秋田県大仙市
九反田　くたんだ　高知県高知市
九反田町　くたんだまち　長野県須坂市
九戸村　くのへむら　岩手県九戸郡
九戸郡　くのへぐん　岩手県
九日市
　ここのかいち　新潟県村上市
　ここのかいち　島根県邑智郡美郷町
九日市下町　ここのかいちしものちょう　兵庫県豊岡市
九日市上町　ここのかいちかみのちょう　兵庫県豊岡市
九日市中町　ここのかいちなかのちょう　兵庫県豊岡市
九日町
　ここのかまち　新潟県南魚沼市
　ここのかまち　熊本県人吉市
5九号地　きゅうごうち　愛知県知多郡武豊町
九左エ門廻り　くざえもんまわり　愛知県犬山市
九生滝　くりゅうだき　福島県石川郡平田村
九石　さざらし　栃木県芳賀郡茂木町
6九州工大前　きゅうしゅうこうだいまえ　福岡県（JR鹿児島本線）
九州鉄道記念館　きゅうしゅうてつどうきねんかん　福岡県（平成筑豊鉄道門司港レトロ観光線）
九年橋　くねんばし　岩手県北上市
7九尾　つづらお　奈良県吉野郡天川村
九折　つづらおり　石川県河北郡津幡町
九条
　くじょう　北海道深川市
　くじょう　北海道雨竜郡秩父別町
　くじょう　宮城県気仙沼市
　くじょう　京都府（京都市交通局烏丸線）

2画（了，二）

くじょう　大阪府（大阪市交通局中央線ほか）
くじょう　大阪府大阪市西区
くじょう　奈良県（近畿日本鉄道橿原線）
九条平野町　くじょうひらのちょう　奈良県大和郡山市
九条西
　くじょうにし　北海道旭川市
　くじょうにし　北海道岩見沢市
九条町
　くじょうちょう　京都府京都市南区
　くじょうちょう　奈良県大和郡山市
　くじょうちょう　奈良県天理市
九条東　くじょうひがし　北海道岩見沢市
九条南　くじょうみなみ　大阪府大阪市西区
九条通　くじょうどおり　北海道旭川市
九町　くちょう　愛媛県西宇和郡伊方町
九町目　きゅうちょうめ　京都府京都市中京区
九里川尻　くりかわしり　石川県鳳珠郡能登町
8**九居瀬町**　くいぜちょう　滋賀県東近江市
9**九品仏**　くほんぶつ　東京都（東京急行電鉄大井町線）
九品寺
　くほんじ　和歌山県海南市
　くほんじ　熊本県熊本市中央区
九品寺交差点　くほんじこうさてん　熊本県（熊本市交通局A系統ほか）
九品町　くほんちょう　愛知県一宮市
九度山
　くどやま　和歌山県（南海電気鉄道高野線）
　くどやま　和歌山県伊都郡九度山町
九度山町　くどやまちょう　和歌山県伊都郡
九段下　くだんした　東京都（東京地下鉄東西線ほか）
九段北　くだんきた　東京都千代田区
九段南　くだんみなみ　東京都千代田区
九美上　くみあげ　千葉県香取市
九郎丸　くろうまる　福岡県嘉穂郡桂川町
九郎左衛門笹台　くろうざえもんささだい　秋田県能代市
九郎原
　くろうばら　島根県鹿足郡吉賀町
　くろうばら　福岡県（JR篠栗線）
　くろうばら　福岡県嘉麻市
九重
　ここのえ　北海道苫前郡苫前町
　ここのえ　千葉県（JR内房線）
九重町
　ここのえちょう　岐阜県岐阜市
　ここのえちょう　愛知県名古屋市中川区
　くのうちょう　島根県安来市
　ここのえまち　大分県玖珠郡
九重野　くじゅうの　大分県竹田市
10**九家ノ丁**　くけのちょう　和歌山県和歌山市
九島　くしま　新潟県東蒲原郡阿賀町
九軒　くけん　宮城県遠田郡涌谷町
九軒町　きゅうけんちょう　京都府京都市上京区
九鬼　くき　三重県（JR紀勢本線）
九鬼町
　くきちょう　三重県尾鷲市
　くきちょう　大阪府和泉市

11**九産大前**　きゅうさんだいまえ　福岡県（JR鹿児島本線）
九野本　くのもと　山形県長井市
12**九番丁**
　きゅうばんちょう　和歌山県和歌山市
　くばんちょう　香川県丸亀市
九番町
　くばんちょう　福島県白河市
　くばんちょう　愛知県名古屋市港区
　きゅうばんちょう　岡山県笠岡市
九番町西裏　くばんちょうにしうら　福島県白河市
九間町西　くけんちょうにし　大阪府堺市堺区
九間町東　くけんちょうひがし　大阪府堺市堺区
14**九網**　くあみ　福岡県大川市
15**九蔵町**　くぞうまち　群馬県高崎市
16**九樹**　くじゅう　高知県四万十市
九頭　くず　高知県高岡郡日高村
九頭竜湖　くずりゅうこ　福井県（JR越美北線）
18**九蟠**　くばん　岡山県岡山市東区

【了】

13**了頓図子町**　りょうとんずしちょう　京都府京都市中京区
15**了輪**　りょうわ　富山県小矢部市

【二】

二　ふた　福岡県朝倉郡筑前町
0**二ケ崎**　にがさき　愛知県知多郡武豊町
二夕　ふた　福岡県小郡市
二夕又　ふたまた　高知県安芸郡北川村
二夕子
　ふたご　岩手県八幡平市
　ふたご　佐賀県唐津市
二夕松町　ふたまつちょう　福岡県北九州市門司区
二夕宮町　ふたみやちょう　愛知県豊田市
二ツ小屋　ふたつごや　埼玉県深谷市
二ツ小屋町　ふたつごやちょう　群馬県太田市
二ツ山　ふたつやま　新潟県新発田市
二ツ井　ふたつい　秋田県（JR奥羽本線）
二ツ井町下野　ふたついまちしもの　秋田県能代市
二ツ井町下野川端　ふたついまちしものかわばた　秋田県能代市
二ツ井町下野家後　ふたついまちしものいえうしろ　秋田県能代市
二ツ井町下桧柄　ふたついまちしもひえがら　秋田県能代市
二ツ井町三千苅　ふたついまちさんぜんがり　秋田県能代市
二ツ井町上山崎　ふたついまちかみやまざき　秋田県能代市
二ツ井町上台　ふたついまちうわだい　秋田県能代市
二ツ井町上野　ふたついまちうわの　秋田県能代市
二ツ井町小掛　ふたついまちこがけ　秋田県能代市
二ツ井町小槻木　ふたついまちこつきのき　秋田県能代市
二ツ井町小繋　ふたついまちこつなぎ　秋田県能代市
二ツ井町山根　ふたついまちやまね　秋田県能代市
二ツ井町中坪　ふたついまちなかつぼ　秋田県能代市
二ツ井町中坪道下　ふたついまちなかつぼみちした　秋田県能代市

2画（二）

二ツ井町五千苅　ふたついまちごせんがり　秋田県能
代市
二ツ井町仁鮒　ふたついまちにぶな　秋田県能代市
二ツ井町切石　ふたついまちきりいし　秋田県能代市
二ツ井町太田面　ふたついまちおおたもて　秋田県能
代市
二ツ井町比井野　ふたついまちひいの　秋田県能代市
二ツ井町田代　ふたついまちたしろ　秋田県能代市
二ツ井町町尻　ふたついまちまちじり　秋田県能代市
二ツ井町苅又石　ふたついまちかりまたいし　秋田県
能代市
二ツ井町狐台　ふたついまちきつねだい　秋田県能
代市
二ツ井町海道上　ふたついまちかいどううえ　秋田県
能代市
二ツ井町茶屋下　ふたついまちちゃやした　秋田県能
代市
二ツ井町飛根　ふたついまちとぶね　秋田県能代市
二ツ井町家後　ふたついまちいえうしろ　秋田県能
代市
二ツ井町桜台　ふたついまちさくらだい　秋田県能
代市
二ツ井町梅内　ふたついまちうめない　秋田県能代市
二ツ井町荷上場　ふたついまちにあげば　秋田県能
代市
二ツ井町高関　ふたついまちたかせき　秋田県能代市
二ツ井町麻生　ふたついまちあそう　秋田県能代市
二ツ井町塚台　ふたついまちつかのだい　秋田県能
代市
二ツ井町道上中坪　ふたついまちみちかみなかつぼ　秋
田県能代市
二ツ井町滑良子川端　ふたついまちなめらこかわばた
秋田県能代市
二ツ井町種　ふたついまちたね　秋田県能代市
二ツ井町稗川原　ふたついまちひえかわはら　秋田県
能代市
二ツ井町稗柄　ふたついまちひえがら　秋田県能代市
二ツ井町槻ノ木　ふたついまちつきのき　秋田県能
代市
二ツ井町駒形　ふたついまちこまがた　秋田県能代市
二ツ井町濁川　ふたついまちにごりかわ　秋田県能
代市
二ツ井町薄井　ふたついまちうすい　秋田県能代市
二ツ木　ふたつぎ　千葉県松戸市
二ツ木二葉町　ふたつぎふたばちょう　千葉県松戸市
二ツ石　ふたついし　長野県上高井郡高山村
二ツ寺　ふたつでら　愛知県あま市
二ツ寺町　ふたつでらまち　石川県金沢市
二ツ杁　ふたついり　愛知県（名古屋鉄道名古屋本
線）
二ツ沢　ふたつさわ　宮城県仙台市太白区
二ツ谷町　ふたつやちょう　神奈川県横浜市神奈川区
二ツ岩　ふたついわ　北海道網走市
二ツ沼　ふたつぬま　埼玉県吉川市
二ツ屋
　　ふたつや　新潟県十日町市
　　ふたつや　石川県かほく市
　　ふたつや　福井県南条郡南越前町
　　ふたつや　静岡県裾野市
　　ふたつや　愛知県丹羽郡大口町

　　ふたつや　兵庫県神戸市西区
二ツ屋町
　　ふたやまち　石川県金沢市
　　ふたつやまち　石川県輪島市
　　ふたつやまち　石川県加賀市
　　ふたつやちょう　福井県福井市
二ツ屋境　ふたつやさかい　秋田県大館市
二ツ柳　ふたつやなぎ　新潟県五泉市
二ツ家　ふたつや　埼玉県北本市
二ツ宮
　　ふたつみや　埼玉県さいたま市西区
　　ふたつみや　埼玉県上尾市
二ツ島町　ふたつしままち　宮崎県延岡市
二ツ峰　ふたつみね　愛知県知多郡武豊町
二ツ破　ふたつやぶり　富山県滑川市
二ツ堂　ふたつどう　新潟県新発田市
二ツ梨町　ふたつなしまち　石川県小松市
二ツ郷屋　ふたつごうや　新潟県長岡市
二ツ野　ふたつの　高知県高岡郡佐川町
二ツ塚
　　ふたつか　千葉県野田市
　　ふたつづか　富山県中新川郡立山町
二ツ森家ノ下　ふたつもりいえのした　青森県上北郡
七戸町
二ツ森家ノ表　ふたつもりいえのおもて　青森県上北
郡七戸町
二ツ森家ノ後　ふたつもりいえのうしろ　青森県上北
郡七戸町
二ツ壇　ふたつだん　宮城県遠田郡美里町
二ツ橋町
　　ふたつばしちょう　神奈川県横浜市瀬谷区
　　ふたつばしちょう　愛知県名古屋市中村区
二ノ丁　にのちょう　大分県中津市
二ノ井手　にのいで　山口県周南市
二ノ平　にのたいら　神奈川県足柄下郡箱根町
二ノ田　にのた　愛知県常滑市
二ノ坪　にのつぼ　宮城県加美郡加美町
二ノ宮
　　にのみや　埼玉県児玉郡神川町
　　にのみや　高知県宿毛市
二ノ浜　にのはま　宮城県気仙沼市
二ノ割　にのわり　愛知県常滑市
二ノ滝
　　にのたき　富山県小矢部市
　　にのたき　高知県吾川郡仁淀川町
二ノ関　にのせき　宮城県黒川郡富谷町
二ノ瀬
　　にのせ　京都府（叡山電鉄鞍馬線）
　　にのせ　佐賀県西松浦郡有田町
二ツ室　ふたつむろ　栃木県那須塩原市
二の丸
　　にのまる　神奈川県横浜市都筑区
　　にのまる　長野県上田市
　　にのまる　愛知県名古屋市中区
　　にのまる　熊本県熊本市中央区
二の丸町
　　にのまるまち　富山県射水市
　　にのまるまち　静岡県静岡市清水区
二の坂町西　にのさかちょうにし　北海道滝川市
二の坂町東　にのさかちょうひがし　北海道滝川市

2画（二）

二の岡　にのおか　静岡県御殿場市
二の宮
　にのみや　茨城県つくば市
　にのみや　福井県福井市
二の森　にのもり　宮城県仙台市宮城野区
二の橋　にのはし　北海道上川郡下川町
²二丁田　にちょうだ　福島県耶麻郡猪苗代町
二丁目
　にちょうめ　福島県喜多方市
　にちょうめ　埼玉県八潮市
　にちょうめ　静岡県下田市
二丁通町　にちょうどおりちょう　大阪府四條畷市
二丁掛町　にちょがけちょう　福井県鯖江市
二乃岱　にのたい　北海道上磯郡木古内町
二人司町　ににんつかさちょう　京都府京都市下京区
二入　ふたいり　千葉県君津市
二十人町　にじゅうにんまち　宮城県仙台市宮城野区
二十人町通　にじゅうにんまちどおり　宮城県仙台市宮城野区
二十八日町　にじゅうはちにちまち　岩手県久慈市
二十六木　とどろき　秋田県由利本荘市
二十世紀が丘丸山町　にじゅっせいきがおかまるやまちょう　千葉県松戸市
二十世紀が丘中松町　にじゅっせいきがおかなかまつちょう　千葉県松戸市
二十世紀が丘戸山町　にじゅっせいきがおかとやまちょう　千葉県松戸市
二十世紀が丘柿の木町　にじゅっせいきがおかかきのきちょう　千葉県松戸市
二十世紀が丘美野里町　にじゅっせいきがおかみのりちょう　千葉県松戸市
二十世紀が丘梨元町　にじゅっせいきがおかなしもとちょう　千葉県松戸市
二十世紀が丘萩町　にじゅっせいきがおかはぎちょう　千葉県松戸市
二十四軒　にじゅうよんけん　北海道（札幌市交通局東西線）
二十四軒一条　にじゅうよんけんいちじょう　北海道札幌市西区
二十四軒二条　にじゅうよんけんにじょう　北海道札幌市西区
二十四軒三条　にじゅうよんけんさんじょう　北海道札幌市西区
二十四軒四条　にじゅうよんけんしじょう　北海道札幌市西区
二十平　はたちたい　青森県上北郡野辺地町
二十軒　にじっけん　岐阜県（名古屋鉄道各務原線）
二十騎町　にじゅっきまち　東京都新宿区
二又
　ふたまた　北海道網走郡津別町
　ふたまた　青森県上北郡横浜町
　ふたまた　福島県二本松市
　ふたまた　千葉県東金市
　ふたまた　千葉県山武郡横芝光町
二又町　ふたまたまち　大分県大分市
二又新町　ふたまたしんまち　石川県金沢市
二又瀬　ふたませ　福岡県福岡市東区
二又瀬新町　ふたませしんまち　福岡県福岡市東区
³二上
　ふたがみ　富山県高岡市
　にじょう　奈良県（近畿日本鉄道大阪線）

二上山　にじょうざん　奈良県（近畿日本鉄道南大阪線）
二上町
　ふたがみまち　富山県高岡市
　ふたがみまち　福井県福井市
二上神社口　にじょうじんじゃぐち　奈良県（近畿日本鉄道南大阪線）
二上新　ふたがみしん　富山県高岡市
二丈一貴山　にじょういきさん　福岡県糸島市
二丈上深江　にじょうかみふかえ　福岡県糸島市
二丈片山　にじょうかたやま　福岡県糸島市
二丈田中　にじょうたなか　福岡県糸島市
二丈石崎　にじょういしざき　福岡県糸島市
二丈吉井　にじょうよしい　福岡県糸島市
二丈町　にじょうまち　⇒糸島市（福岡県）
二丈松末　にじょうますえ　福岡県糸島市
二丈松国　にじょうまつくに　福岡県糸島市
二丈武　にじょうたけ　福岡県糸島市
二丈波呂　にじょうはろ　福岡県糸島市
二丈長石　にじょうながいし　福岡県糸島市
二丈浜窪　にじょうはまくぼ　福岡県糸島市
二丈深江　にじょうふかえ　福岡県糸島市
二丈鹿家　にじょうしかか　福岡県糸島市
二丈満吉　にじょうみつよし　福岡県糸島市
二丈福井　にじょうふくい　福岡県糸島市
二口
　ふたくち　富山県射水市
　ふたくち　石川県羽咋郡宝達志水町
二口町
　ふたくちまち　富山県富山市
　ふたくちまち　石川県金沢市
二女子町　ににょしちょう　愛知県名古屋市中川区
二子
　ふたご　千葉県館山市
　ふたご　千葉県鴨川市
　ふたご　神奈川県川崎市高津区
　ふたご　静岡県御殿場市
　ふたご　愛知県（名古屋鉄道尾西線）
　ふたご　愛知県北名古屋市
　ふたご　兵庫県加古郡播磨町
　ふたご　岡山県倉敷市
二子玉川　ふたこたまがわ　東京都（東京急行電鉄大井町線ほか）
二子町
　ふたごちょう　岩手県北上市
　ふたごちょう　千葉県船橋市
　ふたごちょう　愛知県春日井市
二子町上丸島　ふたごちょうかみまるじま　愛知県愛西市
二子町丸島　ふたごちょうまるじま　愛知県愛西市
二子町小判山　ふたごちょうこばんやま　愛知県愛西市
二子町定納　ふたごちょうじょうの　愛知県愛西市
二子町松原　ふたごちょうまつばら　愛知県愛西市
二子町柳原　ふたごちょうやなぎはら　愛知県愛西市
二子町新田　ふたごちょうしんでん　愛知県愛西市
二子野　ふたごの　高知県吾川郡仁淀川町
二子塚
　ふたごづか　福島県福島市
　ふたごづか　福島県西白河郡中島村

2画（二）

二子塚町　ふたごづかまち　石川県加賀市
二子新地　ふたこしんち　神奈川県（東京急行電鉄田園都市線）
二川
　ふたがわ　愛知県（JR東海道本線）
　ふたがわ　和歌山県有田郡有田川町
　ふたがわ　鹿児島県垂水市
二川目　ふたかわめ　青森県上北郡おいらせ町
二川町　ふたがわちょう　愛知県豊橋市
⁴二中通　にちゅうどおり　鹿児島県（鹿児島市交通局1系統）
二之江町　にのえちょう　東京都江戸川区
二之町　にのちょう　新潟県村上市
二之坪　にのつぼ　兵庫県篠山市
二之宮　にのみや　静岡県磐田市
二之宮町　にのみやまち　群馬県前橋市
二之宮東　にのみやひがし　静岡県磐田市
二之宮浅間　にのみやせんげん　静岡県磐田市
二之袋
　にのふくろ　千葉県東金市
　にのふくろ　千葉県大網白里市
二井　にたい　岡山県赤磐市
二井田
　にいだ　秋田県大館市
　にいだ　秋田県湯沢市
　にいだ　福島県（阿武隈急行線）
二井宿　にいじゅく　山形県東置賜郡高畠町
二区町　にくちょう　栃木県那須塩原市
二升石　にしょういし　岩手県下閉伊郡岩泉町
二双子　にそうし　青森県黒石市
二戸　にのへ　岩手県（JR東北新幹線ほか）
二戸市　にのへし　岩手県
二戸郡　にのへぐん　岩手県
二方町　ふたかたちょう　愛知県名古屋市西区
二日市
　ふつかいち　兵庫県美方郡新温泉町
　ふつかいち　岡山県倉敷市
　ふつかいち　福岡県（JR鹿児島本線）
　ふつかいち　福岡県筑紫野市
二日市中央　ふつかいちちゅうおう　福岡県筑紫野市
二日市北　ふつかいちきた　福岡県筑紫野市
二日市西　ふつかいちにし　福岡県筑紫野市
二日市町
　ふつかいちまち　石川県金沢市
　ふつかいちまち　石川県野々市市
　ふつかいちちょう　福井県福井市
　ふつかいちまち　岡山県岡山市北区
二日市南　ふつかいちみなみ　福岡県筑紫野市
二日市場　ふつかいちば　千葉県市原市
二日町
　ふつかまち　青森県三戸郡三戸町
　ふつかまち　岩手県紫波郡紫波町
　ふつかまち　宮城県仙台市青葉区
　ふつかまち　山形県上山市
　ふつかまち　新潟県長岡市
　ふつかまち　新潟県南魚沼市
　ふつかまち　富山県南砺市
　にのまち　熊本県人吉市
二月田　にがつでん　鹿児島県（JR指宿枕崎線）
二木
　ふたき　宮城県仙台市若林区

ふたき　宮城県岩沼市
二木成　にぎなり　茨城県筑西市
二木島　にぎしま　三重県（JR紀勢本線）
二木島町　にぎしまちょう　三重県熊野市
二木島里町　にぎしまさとちょう　三重県熊野市
二王座　におうざ　大分県臼杵市
⁵二本木
　にほんき　青森県上北郡野辺地町
　にほんぎ　岩手県一関市
　にほんぎ　福島県喜多方市
　にほんぎ　埼玉県入間市
　にほんぎ　東京都西多摩郡瑞穂町
　にほんぎ　新潟県（えちごトキめき鉄道妙高はねうまライン）
　にほんぎ　新潟県新潟市江南区
　にほんぎ　新潟県新発田市
　にほんぎ　愛知県犬山市
　にほんぎ　鳥取県米子市
　にほんぎ　熊本県熊本市西区
二本木口　にほんぎぐち　熊本県（熊本市交通局A系統）
二本木向　にほんきむかい　青森県上北郡野辺地町
二本木向前田　にほんきむかいまえだ　青森県上北郡野辺地町
二本木町
　にほんぎまち　愛知県碧南市
　にほんぎちょう　愛知県安城市
二本木新町　にほんぎしんまち　愛知県安城市
二本杉後　にほんすぎうしろ　秋田県大館市
二本松
　にほんまつ　福島県（JR東北本線）
　にほんまつ　神奈川県相模原市緑区
　にほんまつ　新潟県北蒲原郡聖籠町
　にほんまつ　長野県飯田市
　にほんまつ　愛知県新城市
　にほんまつ　滋賀県大津市
二本松市　にほんまつし　福島県
二本松町　にほんまつちょう　京都府京都市上京区
二本柳　にほんやなぎ　青森県三戸郡五戸町
二本柳向　にほんやなぎむかい　青森県三戸郡五戸町
二本紀　にほんき　茨城県下妻市
二本榎　にほんえのき　神奈川県横浜市神奈川区
二田　ふただ　秋田県（JR男鹿線）
二田町　ふたたちょう　大阪府泉大津市
⁶二伊滝　にいたき　福島県二本松市
二名
　にみょう　奈良県奈良市
　ふたな　愛媛県（JR予土線）
　にみょう　愛媛県上浮穴郡久万高原町
二名平野　にみょうひらの　奈良県奈良市
二名町　にみょうちょう　奈良県奈良市
二名東町　にみょうひがしまち　奈良県奈良市
二名津　ふたなづ　愛媛県西宇和郡伊方町
二庄内　にしょうない　青森県黒石市
二池町　ふたついけちょう　愛知県高浜市
二色
　にしき　大阪府貝塚市
　にしき　和歌山県東牟婁郡串本町
二色中町　にしきなかまち　大阪府貝塚市
二色北町　にしききたまち　大阪府貝塚市
二色南町　にしきみなみまち　大阪府貝塚市

2画（二）

二色根 にいろね 山形県南陽市
二色浜 にしきのはま 大阪府（南海電気鉄道南海本線）
二色港町 にしきみなとまち 大阪府貝塚市
二西 ふたにし 福岡県遠賀郡水巻町
7二串町 にくしちょう 大分県日田市
二位田 にいだ 山形県山形市
二尾 にお 京都府宇治市
二条
　にじょう 北海道江別市
　にじょう 北海道深川市
　にじょう 北海道雨竜郡秩父別町
　にじょう 京都府（JR山陰本線ほか）
二条大路南 にじょうおおじみなみ 奈良県奈良市
二条北
　にじょうきた 北海道天塩郡幌延町
　にじょうきた 北海道上川郡新得町
二条西
　にじょうにし 北海道旭川市
　にじょうにし 北海道岩見沢市
二条西洞院町 にじょうにしのとういんちょう 京都府京都市中京区
二条町 にじょうちょう 奈良県奈良市
二条東 にじょうひがし 北海道岩見沢市
二条油小路町 にじょうあぶらのこうじちょう 京都府京都市中京区
二条前 にじょうまえ 京都府（京都市交通局東西線）
二条南
　にじょうみなみ 北海道天塩郡幌延町
　にじょうみなみ 北海道上川郡新得町
二条城町 にじょうじょうちょう 京都府京都市中京区
二条城前 にじょうじょうまえ 京都府（京都市交通局東西線）
二条通
　にじょうどおり 北海道旭川市
　にじょうどおり 北海道広尾郡大樹町
　にじょうどおり 大阪府堺市堺区
二条通北 にじょうどおりきた 北海道紋別郡遠軽町
二条通南 にじょうどおりみなみ 北海道紋別郡遠軽町
二条新町 にじょうしんちょう 京都府京都市中京区
二条殿町 にじょうでんちょう 京都府京都市中京区
二村 ふたむら 福井県敦賀市
二村台 ふたむらだい 愛知県豊明市
二沢 にさわ 和歌山県有田郡有田川町
二町目
　にちょうめ 京都府京都市上京区
　にちょうめ 京都府京都市東山区
二町町 ふたまちちょう 滋賀県守山市
二見
　ふたみ 新潟県佐渡市
　ふたみ 奈良県五條市
　ふたみ 愛媛県西宇和郡伊方町
　ふたみ 沖縄県名護市
二見ケ岡 ふたみがおか 北海道網走市
二見下大野町 ふたみしもおおのまち 熊本県八代市
二見本町 ふたみほんまち 熊本県八代市
二見町
　ふたみちょう 岐阜県羽島郡笠松町

　ふたみちょう 愛知県豊川市
　ふたみちょう 兵庫県西宮市
二見町三津 ふたみちょうみつ 三重県伊勢市
二見町山田原 ふたみちょうやまだはら 三重県伊勢市
二見町今一色 ふたみちょういまいしき 三重県伊勢市
二見町光の街 ふたみちょうひかりのまち 三重県伊勢市
二見町江 ふたみちょうえ 三重県伊勢市
二見町西 ふたみちょうにし 三重県伊勢市
二見町西二見 ふたみちょうにしふたみ 兵庫県明石市
二見町西二見駅前 ふたみちょうにしふたみえきまえ 兵庫県明石市
二見町松下 ふたみちょうまつした 三重県伊勢市
二見町東二見 ふたみちょうひがしふたみ 兵庫県明石市
二見町南二見 ふたみちょうみなみふたみ 兵庫県明石市
二見町荘 ふたみちょうしょう 三重県伊勢市
二見町茶屋 ふたみちょうちゃや 三重県伊勢市
二見町溝口 ふたみちょうみぞぐち 三重県伊勢市
二見町福里 ふたみちょうふくさと 兵庫県明石市
二見赤松町 ふたみあかまつまち 熊本県八代市
二見洲口町 ふたみすぐちまち 熊本県八代市
二見浦 ふたみのうら 三重県（JR参宮線）
二見野田崎町 ふたみのたざきまち 熊本県八代市
二里ケ浜 にりがはま 和歌山県（南海電気鉄道加太線）
二里町八谷搦 にりちょうはちやがらみ 佐賀県伊万里市
二里町大里乙 にりちょうおおざとおつ 佐賀県伊万里市
二里町大里甲 にりちょうおおざとこう 佐賀県伊万里市
二里町中里乙 にりちょうなかざとおつ 佐賀県伊万里市
二里町中里甲 にりちょうなかざとこう 佐賀県伊万里市
8二和田 にわだ 熊本県下益城郡美里町
二和向台 にわむこうだい 千葉県（新京成電鉄線）
二和西 ふたわにし 千葉県船橋市
二和東 ふたわひがし 千葉県船橋市
二帖半敷町 にじょうはんじきちょう 京都府京都市下京区
二所宮 にしょのみや 石川県羽咋郡志賀町
二松 ふたまつ 富山県富山市
二東 ふたひがし 福岡県遠賀郡水巻町
二枚橋
　にまいばし 岩手県花巻市
　にまいばし 福島県相馬郡飯舘村
　にまいばし 静岡県御殿場市
二枚橋町大通り にまいばしまちおおどおり 岩手県花巻市
二枚橋町北 にまいばしまちきた 岩手県花巻市
二枚橋町南 にまいばしまちみなみ 岩手県花巻市
二歩 にぶ 宮城県遠田郡涌谷町
二河 にこう 和歌山県東牟婁郡那智勝浦町
二河町 にこうちょう 広島県呉市

27

2画 (二)

二河峡町　にこうきょうちょう　広島県呉市
二河原辺　にがらべ　大阪府南河内郡千早赤阪村
二股
　　ふたまた　北海道 (JR函館本線)
　　ふたまた　北海道上川郡美瑛町
　　ふたまた　北海道白糠郡白糠町
9二俣
　　ふたまた　千葉県市川市
　　ふたまた　新潟県妙高市
　　ふたまた　富山県富山市
　　ふたまた　三重県伊勢市
　　ふたまた　京都府 (京都丹後鉄道宮福線)
　　ふたまた　大阪府八尾市
　　ふたまた　熊本県玉名郡玉東町
二俣川
　　ふたまたがわ　神奈川県 (相模鉄道いずみ野線ほか)
　　ふたまたがわ　神奈川県横浜市旭区
二俣本町　ふたまたほんまち　静岡県 (天竜浜名湖鉄道線)
二俣尾
　　ふたまたお　東京都 (JR青梅線)
　　ふたまたお　東京都青梅市
二俣町
　　ふたまたまち　石川県金沢市
　　ふたまたまち　石川県輪島市
　　ふたまたちょう　三重県伊勢市
二俣町二俣　ふたまたちょうふたまた　静岡県浜松市天竜区
二俣町大園　ふたまたちょうおおその　静岡県浜松市天竜区
二俣町阿蔵　ふたまたちょうあくら　静岡県浜松市天竜区
二俣町南鹿島　ふたまたちょうみなみかじま　静岡県浜松市天竜区
二俣町鹿島　ふたまたちょうかじま　静岡県浜松市天竜区
二俣新町
　　ふたまたしんまち　千葉県 (JR京葉線)
　　ふたまたしんまち　千葉県市川市
　　ふたまたしんまち　富山県富山市
二栄　ふたばえ　大分県佐伯市
二海郡　ふたみぐん　北海道
二津留　ふたづる　熊本県上益城郡山都町
二神　ふたがみ　愛媛県松山市
二神町　にしんちょう　京都府京都市上京区
二荒町　ふたあらまち　栃木県宇都宮市
二郎　にろう　兵庫県 (神戸電鉄三田線)
二重作　ふたえさく　茨城県鉾田市
二重堀　ふたえぼり　愛知県小牧市
二重橋前　にじゅうばしまえ　東京都 (東京地下鉄千代田線)
二面
　　ふたおもて　福井県あわら市
　　ふたおもて　香川県小豆郡小豆島町
二風谷　にぶたに　北海道沙流郡平取町
10二宮
　　にのみや　北海道勇払郡むかわ町
　　にのみや　北海道中川郡豊頃町
　　にのみや　千葉県船橋市
　　にのみや　東京都あきる野市
　　にのみや　神奈川県 (JR東海道本線)
　　にのみや　神奈川県中郡二宮町

にくう　新潟県佐渡市
にのみや　石川県鹿島郡中能登町
にのみや　岡山県津山市
二宮あおば台　にのみやあおばだい　石川県鹿島郡中能登町
二宮町
　　にのみやまち　⇒真岡市 (栃木県)
　　にのみやまち　神奈川県中郡
　　にのみやまち　石川県金沢市
　　にのみやちょう　兵庫県神戸市中央区
二宮町羽代　にのみやちょうはしろ　島根県江津市
二宮町神主　にのみやちょうかんぬし　島根県江津市
二宮町神村　にのみやちょうかむら　島根県江津市
二宮東　にのみやひがし　東京都あきる野市
二島
　　ふたじま　福岡県 (JR筑豊本線)
　　ふたじま　福岡県北九州市若松区
二料　にりょう　大阪府高槻市
二浦町早浦　ふたうらまちはやうら　熊本県天草市
二浦町亀浦　ふたうらまちかめうら　熊本県天草市
二軒在家　にけんざいけ　福島県南会津郡只見町
二軒屋　にけんや　徳島県 (JR牟岐線)
二軒屋町
　　にけんちょう　愛知県岡崎市
　　にけんやちょう　徳島県徳島市
二軒茶屋
　　にけんちゃや　宮城県仙台市若林区
　　にけんちゃや　京都府 (叡山電鉄鞍馬線)
　　にけんぢゃや　鹿児島県 (鹿児島市交通局1系統)
11二崎　ふたざき　福岡県京都郡苅田町
二條　にじょう　静岡県賀茂郡南伊豆町
二郷　にごう　宮城県遠田郡美里町
二部
　　にぶ　千葉県南房総市
　　にぶ　鳥取県西伯郡伯耆町
二野　にの　岐阜県可児市
二野町　ふたのちょう　愛知県名古屋市瑞穂区
二鹿　ふたしか　山口県岩国市
12二塚
　　ふたつか　富山県 (JR城端線)
　　ふたつか　富山県高岡市
　　ふたつか　富山県滑川市
　　ふたつか　福岡県行橋市
二森　ふたもり　福岡県小郡市
二渡　ふたわたり　鹿児島県薩摩郡さつま町
二番　にばん　愛知県名古屋市熱田区
二番丁　にばんちょう　和歌山県和歌山市
二番沢　にばんさわ　北海道厚岸郡浜中町
二番町
　　にばんちょう　山形県酒田市
　　にばんちょう　福島県白河市
　　にばんちょう　栃木県宇都宮市
　　にばんちょう　東京都千代田区
　　にばんまち　富山県高岡市
　　にばんちょう　岐阜県岐阜市
　　にばんちょう　静岡県静岡市葵区
　　にばんちょう　静岡県磐田市
　　にばんちょう　京都府京都市上京区
　　にばんちょう　兵庫県神戸市長田区
　　にばんちょう　岡山県笠岡市
　　にばんちょう　山口県周南市

2画（人，入）

にばんちょう　愛媛県松山市
二番堰　にばんぜき　秋田県由利本荘市
二筋目　ふたすじめ　和歌山県和歌山市
二葉
　　ふたば　東京都品川区
　　ふたば　神奈川県横須賀市
二葉の里　ふたばのさと　広島県広島市東区
二葉町
　　ふたばちょう　秋田県横手市
　　ふたばちょう　神奈川県横浜市南区
　　ふたばちょう　新潟県新潟市中央区
　　ふたばちょう　新潟県胎内市
　　ふたばちょう　岐阜県大垣市
　　ふたばちょう　愛知県豊川市
　　ふたばちょう　大阪府豊中市
　　ふたばちょう　兵庫県神戸市長田区
　　ふたばちょう　兵庫県小野市
　　ふたばちょう　高知県高知市
二越　ふたごえ　北海道松前郡松前町
二間塚　ふたまづか　千葉県富津市
二階平　にかいだいら　青森県三戸郡五戸町
二階平下タ　にかいだいらした　青森県三戸郡五戸町
二階町
　　にかいまち　兵庫県姫路市
　　にかいまち　兵庫県篠山市
　　にかいまち　鳥取県鳥取市
　　にかいまち　岡山県津山市
二階堂
　　にかいどう　神奈川県鎌倉市
　　にかいどう　新潟県燕市
　　にかいどう　奈良県（近畿日本鉄道天理線）
二階堂上ノ庄町　にかいどうかみのしょうちょう　奈良県天理市
二階堂北菅田町　にかいどうきたすがたちょう　奈良県天理市
二階堂町　にかいどうちょう　福井県越前市
二階堂南菅田町　にかいどうみなみすがたちょう　奈良県天理市
13 **二勢町**　ふたせまち　石川県輪島市
二睦町　にぼくまち　長野県須坂市
二豊団地　にほうだんち　大分県大分市
18 **二藤袋**　にとうぶくろ　山形県尾花沢市
19 **二瀬川**　ふたせがわ　静岡県掛川市
二瀬本　にせもと　熊本県上益城郡山都町
二瀬町　ふたせちょう　愛知県名古屋市中村区

【人】
3 **人丸**　ひとまる　山口県（JR山陰本線）
人丸町　ひとまるちょう　兵庫県明石市
人丸前　ひとまるまえ　兵庫県（山陽電気鉄道本線）
5 **人母**　ひとぶ　富山県南砺市
人穴　ひとあな　静岡県富士宮市
6 **人吉**　ひとよし　熊本県（JR肥薩線）
人吉市　ひとよしし　熊本県
人吉温泉　ひとよしおんせん　熊本県（くま川鉄道湯前線）
7 **人形**　にんぎょう　埼玉県鴻巣市
人形町　にんぎょうちょう　東京都（東京地下鉄日比谷線ほか）
人来田　ひときた　宮城県仙台市太白区

人見
　　ひとみ　埼玉県深谷市
　　ひとみ　千葉県君津市
　　ひとみ　福岡県（平成筑豊鉄道伊田線）
人見町　ひとみちょう　北海道函館市
人里　へんぼり　東京都西多摩郡檜原村
8 **人知**　ひとじ　奈良県吉野郡川上村
9 **人面**　ひとづら　新潟県長岡市
11 **人宿町**　ひとやどちょう　静岡県静岡市葵区
15 **人舞**　ひとまい　北海道上川郡清水町
16 **人橋**　ひとばし　新潟県新発田市

【入】
入　いり　岡山県苫田郡鏡野町
0 **入ケ谷**　いりかや　群馬県邑楽郡明和町
入ケ谷町　いりかやちょう　群馬県館林市
3 **入山**
　　いりやま　群馬県吾妻郡中之条町
　　いりやま　長野県長野市
入山辺　いりやまべ　長野県松本市
入山津　いりやまづ　千葉県長生郡長生村
入山崎　いりやまざき　千葉県匝瑳市
入山瀬
　　いりやませ　静岡県（JR身延線）
　　いりやませ　静岡県富士市
　　いりやませ　静岡県掛川市
入川　にゅうがわ　新潟県佐渡市
4 **入之波**　しおのは　奈良県吉野郡川上村
入内　にゅうない　青森県青森市
入方　いりかた　岐阜県大垣市
入水　いりみず　福岡県飯塚市
5 **入出**　いりで　静岡県湖西市
入四間町　いりしけんちょう　茨城県日立市
入広瀬　いりひろせ　新潟県（JR只見線）
入本郷　いりほんごう　茨城県常陸大宮市
入生田
　　いりうだ　山形県東置賜郡高畠町
　　いりうだ　神奈川県（箱根登山鉄道線）
　　いりゅうだ　神奈川県小田原市
入田
　　にゅうた　岡山県笠岡市
　　にゅうた　岡山県美作市
　　にゅうた　高知県四万十市
　　にゅうた　大分県竹田市
入田沢　いりたざわ　山形県米沢市
入田町　にゅうたちょう　徳島県徳島市
6 **入会地**
　　いりあいち　千葉県香取市
　　にゅうかいち　富山県射水市
入会町　にゅうかいちょう　岐阜県各務原市
入地
　　いれじ　茨城県（関東鉄道竜ケ崎線）
　　いりじ　福岡県朝倉市
入地町
　　いれじまち　茨城県龍ケ崎市
　　いりちまち　熊本県宇土市
入江
　　いりえ　北海道虻田郡洞爺湖町
　　いりえ　神奈川県横浜市神奈川区
　　いりえ　石川県金沢市

29

2画（入）

いりえ　静岡県静岡市清水区
いりえ　滋賀県米原市
いりえ　岡山県笠岡市

入江町
いりえちょう　北海道室蘭市
いりえちょう　北海道釧路市
いりえちょう　福島県福島市
いりえちょう　山口県下関市

入江谷　いりえだに　高知県吾川郡仁淀川町
入江岡　いりえおか　静岡県（静岡鉄道静岡清水線）
入江岡町　いりえおかちょう　静岡県静岡市清水区
入江南町　いりえみなみちょう　静岡県静岡市清水区
入江通　いりえどおり　兵庫県神戸市兵庫区
入江葭町　いりえよしまち　三重県桑名市
入舟　いりふね　北海道釧路市

入舟町
いりふねちょう　北海道函館市
いりふねちょう　北海道余市郡余市町
いりふねちょう　栃木県栃木市
いりふねちょう　岐阜県岐阜市

7**入佐**　いりさ　熊本県上益城郡山都町
入佐町　いりさちょう　鹿児島県鹿児島市
入尾　いりお　福井県丹生郡越前町
入折戸　いりおりと　山形県西置賜郡小国町
入来町浦之名　いりきちょううらのみょう　鹿児島県薩摩川内市
入来町副田　いりきちょうそえだ　鹿児島県薩摩川内市

入沢
いりさわ　北海道二海郡八雲町
いりさわ　宮城県気仙沼市

入町
いりちょう　福井県鯖江市
いりまち　滋賀県野洲市

入谷
いりや　宮城県本吉郡南三陸町
いりや　東京都（東京地下鉄日比谷線）
いりや　東京都台東区
いりや　東京都足立区
いりや　神奈川県（JR相模線）
いりや　神奈川県座間市
いりたに　富山県南砺市
にゅうだに　奈良県高市郡明日香村

入谷町
いりやまち　東京都足立区
いりたにちょう　福井県越前市

8**入和田**　いりわだ　新潟県刈羽郡刈羽村
入明　いりあけ　高知県（JR土讃線）
入明町　いりあけちょう　高知県高知市
入河内　にゅうがうち　高知県安芸市
10**入倉**　にゅうぐら　山形県寒河江市
入島　にゅうじま　静岡県静岡市葵区
入釜　いりがま　石川県羽咋郡志賀町
11**入曽**　いりそ　埼玉県（西武鉄道新宿線）

入船
いりふね　北海道小樽市
いりふね　千葉県市川市
いりふね　千葉県浦安市
いりふね　東京都中央区
いりふね　愛知県名古屋市港区

入船西町　いりふねにしまち　大分県津久見市

入船町
いりふねちょう　北海道苫小牧市
いりふねちょう　北海道古平郡古平町
いりふねちょう　北海道浦河郡浦河町
いりふねちょう　山形県酒田市
いりふねちょう　神奈川県秦野市
いりふねちょう　新潟県新潟市中央区
いりふねちょう　静岡県静岡市清水区
いりふねちょう　愛知県豊橋市
いりふねまち　愛知県碧南市
にゅうせんちょう　鳥取県境港市
いりふねちょう　広島県福山市
いりふねちょう　山口県周南市
いりふねちょう　香川県坂出市
いりふねまち　福岡県大牟田市
いりふねまち　長崎県長崎市

入船東町　いりふねひがしまち　大分県津久見市
入舸町　いりかちょう　北海道積丹郡積丹町

入郷
いりごう　栃木県芳賀郡茂木町
にゅうごう　和歌山県伊都郡九度山町

入部　いりぶ　神奈川県平塚市

入野
いり　茨城県桜川市
いりの　千葉県旭市
いりの　東京都あきる野市
いの　神奈川県平塚市
いりの　兵庫県淡路市
しおの　奈良県吉野郡吉野町
にゅうの　和歌山県日高郡日高川町
にゅうの　広島県（JR山陽本線）
いりの　山口県岩国市
いりの　徳島県那賀郡那賀町
いりの　愛媛県上浮穴郡久万高原町
いりの　高知県幡多郡黒潮町
いりの　宮崎県東諸県郡綾町
いりの　鹿児島県（JR指宿枕崎線）

入野山　にゅうのやま　香川県東かがわ市
入野中山台　にゅうのなかやまだい　広島県東広島市
入野町　いりのちょう　静岡県浜松市西区
入鹿出新田　いるかでしんでん　愛知県小牧市
12**入善**　にゅうぜん　富山県（あいの風とやま鉄道線）
入善町　にゅうぜんまち　富山県下新川郡
入場　いりば　愛知県名古屋市港区
入場町　いりばちょう　愛知県名古屋市港区
入粟野　いりあわの　栃木県鹿沼市
入覚　にゅうがく　福岡県行橋市

入間
いりま　山形県西村山郡西川町
いるま　静岡県賀茂郡南伊豆町

入間川　いるまがわ　埼玉県狭山市

入間市
いるまし　埼玉県（西武鉄道池袋線）
いるまし　埼玉県

入間田　いりまだ　宮城県柴田郡柴田町
入間町　いりまちょう　東京都調布市
入間郡　いるまぐん　埼玉県
入須川　いりすかわ　群馬県利根郡みなかみ町
13**入塩川**　いりしおがわ　新潟県長岡市
15**入蔵**　いりくら　大分県大分市
入蔵新田　にゅうぐらしんでん　新潟県三条市
16**入澤**　いりさわ　長野県佐久市

入膳　にゅうぜん　富山県下新川郡入善町

【八】

⁰八ケ　はっか　富山県高岡市
　八ケ山　はっかやま　富山県富山市
　八ケ代　やかしろ　栃木県那須烏山市
　八ケ尻町　はちがしりちょう　愛知県西尾市
　八ケ崎　はちがさき　千葉県松戸市
　八ケ崎緑町　はちがさきみどりちょう　千葉県松戸市
　八ツ口
　　やつくち　埼玉県熊谷市
　　やつくち　新潟県岩船郡関川村
　八ツ分　やつわけ　宮城県刈田郡七ケ宿町
　八ツ手　やつで　長野県諏訪郡原村
　八ツ木　やつき　栃木県芳賀郡芳賀町
　八ツ木町　やつぎちょう　愛知県岡崎市
　八ツ田　やつだ　新潟県東蒲原郡阿賀町
　八ツ田町　やつだちょう　愛知県知立市
　八ツ矢町　やつやまち　石川県白山市
　八ツ矢新町　やつやしんまち　石川県白山市
　八ツ寺町　やつでらまち　岐阜県岐阜市
　八ツ役　やつやく　青森県青森市
　八ツ沢　やつさわ　山梨県上野原市
　八ツ並　やつなみ　福岡県築上郡上毛町
　八ツ俣町　やつまたちょう　福井県福井市
　八ツ屋　やつや　愛知県海部郡大治町
　八ツ柳町　やつやなぎちょう　京都府京都市下京区
　八ツ面町　やつおもてちょう　愛知県西尾市
　八ツ島
　　やつしま　埼玉県川越市
　　やつしま　福井県（えちぜん鉄道三国芦原線）
　　やつしま　福井県福井市
　八ツ島町　やつしまちょう　福井県福井市
　八ツ梅町　やつうめちょう　岐阜県岐阜市
　八ツ森　やつもり　宮城県刈田郡七ケ宿町
　八ツ興屋　やつごうや　山形県鶴岡市
　八ノ木谷地　はのきやち　青森県上北郡野辺地町
　八ノ谷　はちのたに　石川県河北郡津幡町
　八ノ窪町　はちのくぼちょう　熊本県水俣市
　八つ尾町　やつおまち　長崎県長崎市
　八つ松　やつまつ　愛知県名古屋市緑区
　八の久保町　はちのくぼちょう　長崎県佐世保市
¹八乙女
　　やおとめ　宮城県（仙台市交通局南北線）
　　やおとめ　宮城県仙台市泉区
　　やおとめ　宮城県柴田郡大河原町
　　やおとめ　千葉県いすみ市
　　やおとめ　福井県南条郡南越前町
　八乙女中央　やおとめちゅうおう　宮城県仙台市泉区
²八丁　はっちょう　広島県大竹市
　八丁平　はっちょうだいら　北海道室蘭市
　八丁目　はっちょうめ　埼玉県春日部市
　八丁牟田　はっちょうむた　福岡県（西日本鉄道天神大牟田線）
　八丁西町　はっちょうにしまち　大阪府高槻市
　八丁馬場　はっちょうばば　熊本県（熊本市交通局A系統ほか）
　八丁堀
　　はっちょうぼり　東京都（JR京葉線ほか）

　　はっちょうぼり　東京都中央区
　　はっちょうぼり　広島県（広島電鉄本線ほか）
　　はっちょうぼり　広島県広島市中区
　八丁道　はっちょうみち　富山県高岡市
　八丁畷　はっちょうなわて　神奈川県（JR南武線ほか）
　八丁畷町
　　はっちょうなわてちょう　大阪府高槻市
　　はっちょうなわてまち　佐賀県佐賀市
　八人町　はちにんまち　富山県富山市
　八十士　やそし　北海道紋別市
　八十内　やそうち　福島県田村郡三春町
　八十歩　はちじゅうぶ　富山県砺波市
　八十場　やそば　香川県（JR予讃線）
³八下北　やしもきた　大阪府堺市北区
　八下町　やしもちょう　大阪府堺市東区
　八上下　やかみしも　兵庫県篠山市
　八上上　やかみかみ　兵庫県篠山市
　八上内　やかみうち　兵庫県篠山市
　八丈町　はちじょうまち　東京都
　八万町　はちまんちょう　徳島県徳島市
　八万舘　はちまんだて　福島県二本松市
　八千代
　　やちよ　栃木県宇都宮市
　　やちよ　千葉県茂原市
　　やちよ　新潟県新潟市中央区
　　やちよ　石川県羽咋郡志賀町
　八千代ケ岡　やちよがおか　北海道上川郡東神楽町
　八千代中央　やちよちゅうおう　千葉県（東葉高速鉄道東葉高速線）
　八千代区下三原　やちよくしもみはら　兵庫県多可郡多可町
　八千代区下村　やちよくしもむら　兵庫県多可郡多可町
　八千代区下野間　やちよくしものま　兵庫県多可郡多可町
　八千代区大和　やちよくやまと　兵庫県多可郡多可町
　八千代区大屋　やちよくおおや　兵庫県多可郡多可町
　八千代区中村　やちよくなかむら　兵庫県多可郡多可町
　八千代区中野間　やちよくなかのま　兵庫県多可郡多可町
　八千代区仕出原　やちよくしではら　兵庫県多可郡多可町
　八千代区坂本　やちよくさかもと　兵庫県多可郡多可町
　八千代区赤坂　やちよくあかさか　兵庫県多可郡多可町
　八千代区門田　やちよくかどた　兵庫県多可郡多可町
　八千代区俵田　やちよくたわらだ　兵庫県多可郡多可町
　八千代区横屋　やちよくよこや　兵庫県多可郡多可町
　八千代台
　　やちよだい　千葉県（京成電鉄京成本線）
　　やちよだい　三重県四日市市
　八千代台北　やちよだいきた　千葉県八千代市
　八千代台西　やちよだいにし　千葉県八千代市
　八千代台東　やちよだいひがし　千葉県八千代市
　八千代台南　やちよだいみなみ　千葉県八千代市
　八千代市　やちよし　千葉県

2画（八）

八千代町
やちよちょう　北海道帯広市
やちよまち　茨城県結城郡
やちよまち　群馬県高崎市
やちよちょう　神奈川県平塚市
やちよちょう　静岡県静岡市葵区
やちよちょう　静岡県静岡市清水区
やちよまち　福岡県北九州市八幡西区
やちよまち　長崎県（長崎電気軌道1系統ほか）
やちよまち　長崎県長崎市

八千代町下根　やちよちょうしもね　広島県安芸高田市

八千代町上根　やちよちょうかみね　広島県安芸高田市

八千代町土師　やちよちょうはじ　広島県安芸高田市

八千代町向山　やちよちょうむかいやま　広島県安芸高田市

八千代町佐々井　やちよちょうささい　広島県安芸高田市

八千代町勝田　やちよちょうかった　広島県安芸高田市

八千代通　やちよどおり　大阪府堺市堺区

八千代緑が丘　やちよみどりがおか　千葉県（東葉高速鉄道東葉高速線）

八千石　はっせんごく　茨城県稲敷市

八千浦　やちほ　新潟県上越市

八千数　はっせんず　高知県高岡郡四万十町

八千種　やちくさ　兵庫県神崎郡福崎町

八千穂　やちほ　長野県（JR小海線）

八口　やつくち　富山県高岡市

八口免　やくちめん　長崎県北松浦郡佐々町

八女市　やめし　福岡県

八女郡　やめぐん　福岡県

八子新田　はちこしんでん　埼玉県吉川市

八寸町　はちすちょう　群馬県伊勢崎市

八山田　やつやまだ　福島県郡山市

八川
はちかわ　富山県富山市
はちがわ　奈良県葛城市
やかわ　島根県（JR木次線）
やかわ　島根県仁多郡奥出雲町
やかわ　高知県長岡郡大豊町

4**八之尻**　はちのしり　山梨県西八代郡市川三郷町

八井内　やいない　奈良県桜井市

八井田　やいた　茨城県稲敷郡美浦村

八分字町　はふじまち　熊本県熊本市南区

八反　はったん　愛知県名古屋市守山区

八反田
はったんだ　青森県南津軽郡田舎館村
はったんだ　福島県伊達郡川俣町
はったんだ　愛知県犬山市
はったんだ　鳥取県東伯郡琴浦町
はったんだ　熊本県熊本市東区

八反田北町　はったんだきたまち　京都府舞鶴市

八反田南町　はったんだみなみまち　京都府舞鶴市

八反田郷　はちんただごう　長崎県東彼杵郡東彼杵町

八反地　はったんじ　愛媛県松山市

八反町　はったんちょう　高知県高知市

八反畑　はったばた　静岡県三島市

八太町　はったちょう　三重県松阪市

八太郎　はったろう　青森県八戸市

八天町　はってんまち　長崎県諫早市

八夫　やぶ　滋賀県野洲市

八尺堂　はっしゃくどう　青森県上北郡七戸町

八尺鏡野　やたがの　和歌山県東牟婁郡那智勝浦町

八戸
はちのへ　青森県（JR東北新幹線ほか）
やえ　佐賀県佐賀市
やと　大分県津久見市

八戸ノ里　やえのさと　大阪府（近畿日本鉄道奈良線）

八戸市　はちのへし　青森県

八戸地　はとち　京都府舞鶴市

八戸溝　やえみぞ　佐賀県佐賀市

八手庭　はでにわ　宮城県亘理郡山元町

八文字町　はちもんじちょう　京都府京都市下京区

八斗　はつと　千葉県長生郡白子町

八斗沢　はっとざわ　青森県十和田市

八斗島町　やったじままち　群馬県伊勢崎市

八方谷　はっぽうや　福島県田村郡三春町

八日市
ようかいち　埼玉県児玉郡神川町
ようかいち　新潟県村上市
ようかいち　石川県金沢市
ようかいち　滋賀県（近江鉄道八日市線ほか）

八日市上之町　ようかいちかみのちょう　滋賀県東近江市

八日市出町　ようかいちでまち　石川県金沢市

八日市本町　ようかいちほんまち　滋賀県東近江市

八日市町
ようかいちまち　石川県小松市
ようかいちまち　石川県加賀市
ようかいちまち　石川県白山市
ようかいちちょう　滋賀県東近江市

八日市町地方　ようかいちまちじがた　石川県小松市

八日市松尾町　ようかいちまつおちょう　滋賀県東近江市

八日市東本町　ようかいちひがしほんまち　滋賀県東近江市

八日市東浜町　ようかいちひがしはまちょう　滋賀県東近江市

八日市金屋　ようかいちかなや　滋賀県東近江市

八日市浜野町　ようかいちはまのちょう　滋賀県東近江市

八日市清水　ようかいちしみず　滋賀県東近江市

八日市野々宮町　ようかいちののみやちょう　滋賀県東近江市

八日市場
ようかいちば　千葉県（JR総武本線）
ようかいちば　千葉県匝瑳市
ようかいちば　千葉県香取市
ようかいちば　山梨県南巨摩郡身延町

八日市場町　ようかいちばちょう　三重県伊勢市

八日市緑町　ようかいちみどりまち　滋賀県東近江市

八日沢　ようかざわ　福島県河沼郡会津坂下町

八日町
ようかまち　青森県八戸市
ようかまち　青森県三戸郡三戸町
ようかちょう　岩手県久慈市
ようかまち　宮城県気仙沼市
ようかまち　山形県山形市
ようかまち　山形県上山市

2画（八）

ようかまち　福島県会津若松市
ようかまち　東京都八王子市
ようかまち　富山県富山市
ようかまち　富山県南砺市
ようかまち　岐阜県高山市
八木
　やぎ　千葉県佐倉市
　やぎ　千葉県旭市
　やぎ　京都府（JR山陰本線）
　やぎ　広島県広島市安佐南区
　はちぼく　熊本県上益城郡山都町
八木ノ沢　やぎのさわ　福島県南会津郡南会津町
八木が谷　やきがや　千葉県船橋市
八木が谷町　やきがやちょう　千葉県船橋市
八木入田　やぎいりた　兵庫県南あわじ市
八木大久保　やぎおおくぼ　兵庫県南あわじ市
八木山
　やぎやま　新潟県東蒲原郡阿賀町
　やぎやま　富山県富山市
　やぎやま　岡山県備前市
　やぎやま　福岡県飯塚市
八木山本町　やぎやまほんちょう　宮城県仙台市太白区
八木山弥生町　やぎやまやよいちょう　宮城県仙台市太白区
八木山松波町　やぎやままつなみちょう　宮城県仙台市太白区
八木山東　やぎやまひがし　宮城県仙台市太白区
八木山南　やぎやまみなみ　宮城県仙台市太白区
八木山香澄町　やぎやまかすみちょう　宮城県仙台市太白区
八木山動物公園　やぎやまどうぶつこうえん　宮城県（仙台市交通局東西線）
八木山緑町　やぎやまみどりちょう　宮城県仙台市太白区
八木戸　やきど　三重県多気郡明和町
八木田
　やぎた　福島県福島市
　やぎた　埼玉県熊谷市
八木立石　やぎたていし　兵庫県南あわじ市
八木寺内　やぎじない　兵庫県南あわじ市
八木西口　やぎにしぐち　奈良県（近畿日本鉄道橿原線）
八木沢
　やぎさわ　岩手県宮古市
　やぎさわ　福島県大沼郡会津美里町
　やぎさわ　福島県相馬郡飯舘村
　やぎさわ　長野県（上田電鉄別所線）
　やぎさわ　長野県上田市
　やぎさわ　静岡県伊豆市
八木町
　やぎちょう　千葉県銚子市
　やぎちょう　東京都八王子市
　やぎちょう　滋賀県近江八幡市
　やぎまち　兵庫県姫路市
　やぎちょう　奈良県橿原市
　やぎちょう　広島県広島市安佐南区
八木町八木　やぎちょうやぎ　京都府南丹市
八木町八木嶋　やぎちょうやぎのしま　京都府南丹市
八木町大藪　やぎちょうおおやぶ　京都府南丹市
八木町山室　やぎちょうやまむろ　京都府南丹市
八木町日置　やぎちょうひおき　京都府南丹市

八木町木原　やぎちょうきわら　京都府南丹市
八木町北屋賀　やぎちょうきたやが　京都府南丹市
八木町北廣瀬　やぎちょうきたひろせ　京都府南丹市
八木町氷所　やぎちょうひどころ　京都府南丹市
八木町玉ノ井　やぎちょうたまのい　京都府南丹市
八木町刑部　やぎちょうおさべ　京都府南丹市
八木町池ノ内　やぎちょういけのうち　京都府南丹市
八木町池上　やぎちょういけがみ　京都府南丹市
八木町西田　やぎちょうにしだ　京都府南丹市
八木町青戸　やぎちょうあおと　京都府南丹市
八木町南廣瀬　やぎちょうみなみひろせ　京都府南丹市
八木町室河原　やぎちょうむろがわら　京都府南丹市
八木町室橋　やぎちょうむろはし　京都府南丹市
八木町屋賀　やぎちょうやが　京都府南丹市
八木町柴山　やぎちょうしばやま　京都府南丹市
八木町神吉　やぎちょうかみよし　京都府南丹市
八木町美里　やぎちょうみさと　京都府南丹市
八木町船枝　やぎちょうふなえだ　京都府南丹市
八木町野条　やぎちょうのじょう　京都府南丹市
八木町鳥羽　やぎちょうとば　京都府南丹市
八木町諸畑　やぎちょうもろはた　京都府南丹市
八木町観音寺　やぎちょうかんおんじ　京都府南丹市
八木国分　やぎこくぶ　兵庫県南あわじ市
八木岡　やぎおか　栃木県真岡市
八木原
　やぎはら　群馬県（JR上越線）
　やぎはら　群馬県渋川市
八木浜町
　やぎはまちょう　北海道目梨郡羅臼町
　やぎはまちょう　滋賀県長浜市
八木馬回　やぎうままわり　兵庫県南あわじ市
八木崎　やぎさき　埼玉県（東武鉄道野田線）
八木崎町　やぎさきちょう　埼玉県春日部市
八木野原　やぎのはら　兵庫県南あわじ市
八木鳥井　やぎとりい　兵庫県南あわじ市
八木間町　やぎまちょう　静岡県静岡市清水区
八木新庄　やぎしんじょう　兵庫県南あわじ市
八木蒔　やぎまき　茨城県行方市
八木徳野　やぎとくの　兵庫県南あわじ市
八木養宜上　やぎようぎかみ　兵庫県南あわじ市
八木養宜中　やぎようぎなか　兵庫県南あわじ市
八木橋　やぎはし　福島県郡山市
八王子
　はちおうじ　埼玉県さいたま市中央区
　はちおうじ　東京都（JR中央本線）
　はちおうじ　山口県防府市
八王子みなみ野　はちおうじみなみの　東京都（JR横浜線）
八王子市　はちおうじし　東京都
八王子町
　はちおうじちょう　愛知県瀬戸市
　はちおうじちょう　愛知県田原市
　はちおうじちょう　三重県四日市市
　はちおうじちょう　京都府京都市下京区
　はちおうじちょう　山口県宇部市
八王寺
　はちおうじ　新潟県燕市
　はちおうじ　大阪府池田市

2画（八）

八王寺町
　はちおうじちょう　岡山県倉敷市
　はちおうじまち　福岡県北九州市八幡東区
　はちおうじまち　熊本県熊本市中央区
　はちおうじまち　熊本県熊本市南区
⁵八代
　やしろ　千葉県成田市
　やしろ　岐阜県岐阜市
　やしろ　兵庫県姫路市
　やしろ　兵庫県朝来市
　やしろ　島根県仁多郡奥出雲町
　やしろ　岡山県総社市
　やしろ　山口県周南市
　やしろ　愛媛県八幡浜市
　やしろ　熊本県（JR鹿児島本線ほか）
八代北俣　やしろきたまた　宮崎県東諸県郡国富町
八代市　やつしろし　熊本県
八代本町　やしろほんちょう　兵庫県姫路市
八代町
　やしろまち　青森県弘前市
　やしろまち　茨城県龍ケ崎市
　やしろちょう　静岡県富士市
　やしろちょう　愛知県名古屋市北区
　やしろちょう　京都府綾部市
八代町大間田　やつしろちょうおおまだ　山梨県笛吹市
八代町北　やつしろちょうきた　山梨県笛吹市
八代町永井　やつしろちょうながい　山梨県笛吹市
八代町竹居　やつしろちょうたけい　山梨県笛吹市
八代町米倉　やつしろちょうよねくら　山梨県笛吹市
八代町奈良原　やつしろちょうならばら　山梨県笛吹市
八代町岡　やつしろちょうおか　山梨県笛吹市
八代町南　やつしろちょうみなみ　山梨県笛吹市
八代町高家　やつしろちょうこうか　山梨県笛吹市
八代町増利　やつしろちょうまさり　山梨県笛吹市
八代東光寺町　やしろとうこうじちょう　兵庫県姫路市
八代南俣　やつしろみなみまた　宮崎県東諸県郡国富町
八代宮前町　やしろみやまえちょう　兵庫県姫路市
八代通　やしろどおり　高知県（とさでん交通伊野線）
八代郡　やつしろぐん　熊本県
八代緑ケ丘町　やしろみどりがおかちょう　兵庫県姫路市
八出　やいで　岡山県津山市
八尻町　はちじりまち　福岡県大牟田市
八平　はちへい　佐賀県杵島郡白石町
八広
　やひろ　東京都（京成電鉄押上線）
　やひろ　東京都墨田区
八本　はちほん　千葉県香取市
八本町　はちほんまち　福岡県大牟田市
八本松
　はちほんまつ　宮城県仙台市太白区
　はちほんまつ　広島県（JR山陽本線）
八本松西　はちほんまつにし　広島県東広島市
八本松町正力　はちほんまつちょうしょうりき　広島県東広島市

八本松町吉川　はちほんまつちょうよしかわ　広島県東広島市
八本松町米満　はちほんまつちょうよねみつ　広島県東広島市
八本松町宗吉　はちほんまつちょうむねよし　広島県東広島市
八本松町原　はちほんまつちょうはら　広島県東広島市
八本松町飯田　はちほんまつちょういいだ　広島県東広島市
八本松町篠　はちほんまつちょうささ　広島県東広島市
八本松東　はちほんまつひがし　広島県東広島市
八本松南　はちほんまつみなみ　広島県東広島市
八本松飯田　はちほんまついいだ　広島県東広島市
八甲　はっこう　青森県黒石市
八田
　はった　茨城県常陸大宮市
　はった　茨城県筑西市
　はった　新潟県胎内市
　はった　福井県南条郡南越前町
　はった　福井県丹生郡越前町
　はった　愛知県（JR関西本線ほか）
　はった　三重県四日市市
　はった　京都府舞鶴市
　はった　京都府船井郡京丹波町
　はった　奈良県磯城郡田原本町
　はた　高知県吾川郡いの町
　はった　福岡県福岡市東区
八田大倉　はったおおくら　秋田県南秋田郡井川町
八田中町　はったなかまち　石川県白山市
八田北町　はんだきたちょう　大阪府堺市中区
八田本町　はったほんまち　愛知県名古屋市中川区
八田寺町
　はんだいじちょう　大阪府堺市中区
　はんだいじちょう　大阪府堺市西区
八田西町　はんだにしまち　大阪府堺市中区
八田町
　はったまち　石川県金沢市
　はったまち　石川県七尾市
　はったまち　石川県白山市
　はったまち　愛知県名古屋市中川区
　はったちょう　愛知県春日井市
　はったちょう　大阪府岸和田市
　はったちょう　奈良県五條市
八田町西　はったまちにし　石川県金沢市
八田町東　はったまちひがし　石川県金沢市
八田沼　やたぬま　千葉県富津市
八田南之町　はんだみなみのちょう　大阪府堺市中区
八田新保　はったしんぼ　福井県丹生郡越前町
八目　はちめ　滋賀県犬上郡豊郷町
八石下　はっこくした　宮城県加美郡加美町
八石町　はちこくちょう　福井県越前市
八辺　やっぺ　千葉県匝瑳市
⁶八伏　はちぶせ　富山県小矢部市
八光町　はっこうちょう　愛知県春日井市
八名井　やない　愛知県新城市
八多町　はたちょう　徳島県徳島市
八多町下小名田　はたちょうしもおなだ　兵庫県神戸市北区
八多町上小名田　はたちょうかみおなだ　兵庫県神戸市北区
八多町中　はたちょうなか　兵庫県神戸市北区

2画（八）

八多町吉尾　はたちょうよしお　兵庫県神戸市北区
八多町西畑　はたちょうにしばた　兵庫県神戸市北区
八多町附物　はたちょうつくもの　兵庫県神戸市北区
八多町屏風　はたちょうびょうぶ　兵庫県神戸市北区
八多町柳谷　はたちょうやなぎだに　兵庫県神戸市北区
八多町深谷　はたちょうふかだに　兵庫県神戸市北区
八多喜　はたき　愛媛県（JR予讃線）
八多喜町　はたきちょう　愛媛県大洲市
八次　やつぎ　広島県（JR芸備線）
八江町　やつえまち　福岡県大牟田市
八百刈　はっぴゃくがり　宮城県遠田郡涌谷町
八百屋町
　　やおやちょう　福島県白河市
　　やおやちょう　京都府京都市中京区
　　やおやちょう　京都府京都市下京区
　　やおやまち　徳島県徳島市
　　やおやまち　福岡県柳川市
　　やおやまち　佐賀県唐津市
　　やおやまち　長崎県長崎市
八百津　やおつ　岐阜県加茂郡八百津町
八百津町　やおつちょう　岐阜県加茂郡
八百島　はっぴゃくじま　愛知県名古屋市港区
八百富町　やおとみちょう　愛知県蒲郡市
八色
　　やいろ　千葉県鴨川市
　　やいろ　新潟県（JR上越線）
八色木　やいろぎ　山形県鶴岡市
八色石　やいろいし　島根県邑智郡邑南町
八色原　やいろはら　新潟県南魚沼市
⁷八作内　はっさくうち　福島県郡山市
八坂
　　やさか　北海道網走市
　　やさか　東京都（西武鉄道多摩湖線）
　　はっさか　山梨県南巨摩郡身延町
　　やさか　長野県大町市
　　やさか　岐阜県（長良川鉄道越美南線）
　　やさか　静岡県掛川市
　　はっさか　鳥取県鳥取市
　　はっさか　広島県廿日市市
　　やさか　福岡県小郡市
　　やさか　大分県杵築市
八坂上町　やさかかみまち　京都府京都市東山区
八坂北　やさかきた　静岡県静岡市清水区
八坂台　やさかだい　千葉県東金市
八坂西町　やさかにしちょう　静岡県静岡市清水区
八坂町
　　やさかちょう　福島県二本松市
　　やさかちょう　群馬県伊勢崎市
　　やさかちょう　岐阜県岐阜市
　　やさかちょう　静岡県静岡市清水区
　　はっさかちょう　滋賀県彦根市
　　やさかちょう　大阪府寝屋川市
　　やさかちょう　兵庫県西脇市
　　やさかちょう　広島県三原市
　　やさかまち　香川県高松市
　　やさかまち　長崎県諫早市
八坂東　やさかひがし　静岡県静岡市清水区
八坂南町　やさかみなみちょう　静岡県静岡市清水区
八坂菖蒲　やさかしょうぶ　長野県大町市
八声　やこえ　千葉県夷隅郡大多喜町

八尾
　　やお　大阪府（JR関西本線）
　　やお　奈良県磯城郡田原本町
八尾木
　　やおぎ　大阪府八尾市
　　よおぎ　大阪府八尾市
八尾木北　やおぎきた　大阪府八尾市
八尾木東　やおぎひがし　大阪府八尾市
八尾市　やおし　大阪府
八尾町入谷　やつおまちいりたに　富山県富山市
八尾町八十島　やつおまちやとじま　富山県富山市
八尾町下ノ名　やつおまちしたのみょう　富山県富山市
八尾町下仁歩　やつおまちしもにんぶ　富山県富山市
八尾町下田池　やつおまちしもたいけ　富山県富山市
八尾町下牧　やつおまちしもまき　富山県富山市
八尾町下乗嶺　やつおまちしものりみね　富山県富山市
八尾町下島　やつおまちしもじま　富山県富山市
八尾町下笹原　やつおまちしもささはら　富山県富山市
八尾町下新町　やつおまちしたしんまち　富山県富山市
八尾町三ツ松　やつおまちみつまつ　富山県富山市
八尾町三田　やつおまちみた　富山県富山市
八尾町上ケ島　やつおまちうえがしま　富山県富山市
八尾町上ノ名　やつおまちうえのみょう　富山県富山市
八尾町上仁歩　やつおまちかみにんぶ　富山県富山市
八尾町上田池　やつおまちかみたいけ　富山県富山市
八尾町上牧　やつおまちかみまき　富山県富山市
八尾町上善寺　やつおまちかみこうぜんじ　富山県富山市
八尾町上笹原　やつおまちかみささはら　富山県富山市
八尾町上野　やつおまちうわの　富山県富山市
八尾町上黒瀬　やつおまちかみくろぜ　富山県富山市
八尾町上新町　やつおまちかみしんまち　富山県富山市
八尾町丸山　やつおまちまるやま　富山県富山市
八尾町大下　やつおまちおおしも　富山県富山市
八尾町大玉生　やつおまちおおだもう　富山県富山市
八尾町大杉　やつおまちおおすぎ　富山県富山市
八尾町小井波　やつおまちこいなみ　富山県富山市
八尾町小長谷　やつおまちこながたに　富山県富山市
八尾町小長谷新　やつおまちこながたにしん　富山県富山市
八尾町川住　やつおまちかわすみ　富山県富山市
八尾町中　やつおまちなか　富山県富山市
八尾町中山　やつおまちなかやま　富山県富山市
八尾町中仁歩　やつおまちなかにんぶ　富山県富山市
八尾町中神通　やつおまちなかじんづう　富山県富山市
八尾町中島　やつおまちなかじま　富山県富山市
八尾町井田　やつおまちいだ　富山県富山市
八尾町井田新　やつおまちいだしん　富山県富山市
八尾町井栗谷　やつおまちいくりたに　富山県富山市
八尾町今町　やつおまちいままち　富山県富山市
八尾町内名　やつおまちうちみょう　富山県富山市
八尾町切詰　やつおまちきりづめ　富山県富山市

2画（八）

八尾町天池　やつおまちあまいけ　富山県富山市
八尾町天満町　やつおまちてんまんちょう　富山県富山市
八尾町水口　やつおまちみなくち　富山県富山市
八尾町水谷　やつおまちみずたに　富山県富山市
八尾町水無　やつおまちみずなし　富山県富山市
八尾町北谷　やつおまちきただに　富山県富山市
八尾町外堀　やつおまちそとぼり　富山県富山市
八尾町布谷　やつおまちぬのたに　富山県富山市
八尾町平沢　やつおまちひらさわ　富山県富山市
八尾町平林　やつおまちひらばやし　富山県富山市
八尾町正間　やつおまちまさま　富山県富山市
八尾町田中　やつおまちたなか　富山県富山市
八尾町田頭　やつおまちたのかしら　富山県富山市
八尾町石戸　やつおまちせきど　富山県富山市
八尾町寺家　やつおまちじけ　富山県富山市
八尾町竹ノ内　やつおまちたけのうち　富山県富山市
八尾町西川倉　やつおまちにしかわくら　富山県富山市
八尾町西町　やつおまちにしまち　富山県富山市
八尾町西松瀬　やつおまちにしまつぜ　富山県富山市
八尾町西神通　やつおまちにしじんづう　富山県富山市
八尾町西原　やつおまちにしがはら　富山県富山市
八尾町西葛坂　やつおまちにしくずさか　富山県富山市
八尾町西新町　やつおまちにししんまち　富山県富山市
八尾町坂ノ下　やつおまちさかのした　富山県富山市
八尾町妙川寺　やつおまちみょうせんじ　富山県富山市
八尾町尾久　やつおまちおぎゅう　富山県富山市
八尾町尾畑　やつおまちおばたけ　富山県富山市
八尾町杉田　やつおまちすぎた　富山県富山市
八尾町村杉　やつおまちむらすぎ　富山県富山市
八尾町花房　やつおまちはなぶさ　富山県富山市
八尾町角間　やつおまちかくま　富山県富山市
八尾町谷内　やつおまちやち　富山県富山市
八尾町谷折　やつおまちたにおり　富山県富山市
八尾町赤石　やつおまちあかいし　富山県富山市
八尾町足谷　やつおまちあしたに　富山県富山市
八尾町和山　やつおまちわやま　富山県富山市
八尾町岩屋　やつおまちいわや　富山県富山市
八尾町岩島　やつおまちいわしま　富山県富山市
八尾町松原　やつおまちまつばら　富山県富山市
八尾町東川倉　やつおまちひがしかわくら　富山県富山市
八尾町東布谷　やつおまちひがしぬのたに　富山県富山市
八尾町東坂下　やつおまちさこぎ　富山県富山市
八尾町東町　やつおまちひがしまち　富山県富山市
八尾町東松瀬　やつおまちひがしまつぜ　富山県富山市
八尾町東原　やつおまちひがしはら　富山県富山市
八尾町東葛坂　やつおまちひがしくずさか　富山県富山市
八尾町東新町　やつおまちひがししんまち　富山県富山市
八尾町武道原　やつおまちぶどうはら　富山県富山市

八尾町油　やつおまちあぶら　富山県富山市
八尾町青根　やつおまちあおね　富山県富山市
八尾町乗嶺　やつおまちのりみね　富山県富山市
八尾町保内　やつおまちやすうち　富山県富山市
八尾町城生　やつおまちじょうのう　富山県富山市
八尾町柴橋　やつおまちしばはし　富山県富山市
八尾町栃折　やつおまちとちおり　富山県富山市
八尾町柚木　やつおまちゆのき　富山県富山市
八尾町草連坂　やつおまちそうれんざか　富山県富山市
八尾町茗ケ原　やつおまちみょうがはら　富山県富山市
八尾町茗ケ島　やつおまちみょうがじま　富山県富山市
八尾町追分　やつおまちおいわけ　富山県富山市
八尾町倉ケ谷　やつおまちくらがたに　富山県富山市
八尾町宮ケ島　やつおまちみやがしま　富山県富山市
八尾町宮ノ下　やつおまちみやのした　富山県富山市
八尾町宮腰　やつおまちみやのこし　富山県富山市
八尾町島地　やつおまちしまじ　富山県富山市
八尾町峯　やつおまちみね　富山県富山市
八尾町桐谷　やつおまちきりだに　富山県富山市
八尾町栗須　やつおまちくりす　富山県富山市
八尾町桂原　やつおまちかつらはら　富山県富山市
八尾町梅苑町　やつおまちうめぞのちょう　富山県富山市
八尾町高尾　やつおまちたかお　富山県富山市
八尾町高峯　やつおまちたかみね　富山県富山市
八尾町高野　やつおまちたかの　富山県富山市
八尾町高善寺　やつおまちこうぜんじ　富山県富山市
八尾町高熊　やつおまちたかくま　富山県富山市
八尾町高橋　やつおまちたかはし　富山県富山市
八尾町高瀬　やつおまちたかせ　富山県富山市
八尾町庵谷　やつおまちいおりだに　富山県富山市
八尾町掛畑　やつおまちかけはた　富山県富山市
八尾町深谷　やつおまちふかだに　富山県富山市
八尾町清水　やつおまちしょうず　富山県富山市
八尾町猟師ケ原　やつおまちりょうしがはら　富山県富山市
八尾町細滝　やつおまちほそだき　富山県富山市
八尾町野須郷　やつおまちのすごう　富山県富山市
八尾町野飼　やつおまちのがい　富山県富山市
八尾町黒田　やつおまちくろだ　富山県富山市
八尾町奥田　やつおまちおくだ　富山県富山市
八尾町道畑下中山　やつおまちどばたけしもなかやま　富山県富山市
八尾町須郷　やつおまちすごう　富山県富山市
八尾町新田　やつおまちしんでん　富山県富山市
八尾町新名　やつおまちしんみょう　富山県富山市
八尾町新屋　やつおまちあらや　富山県富山市
八尾町滝脇　やつおまちたきのわき　富山県富山市
八尾町滅鬼　やつおまちめっき　富山県富山市
八尾町福島　やつおまちふくじま　富山県富山市
八尾町鼠谷　やつおまちよめだに　富山県富山市
八尾町窪　やつおまちくぼ　富山県富山市
八尾町翠尾　やつおまちみすお　富山県富山市
八尾町樫尾　やつおまちかしお　富山県富山市
八尾町諏訪町　やつおまちすわまち　富山県富山市

2画（八）

八尾町舘本郷　やつおまちたちほんごう　富山県富山市
八尾町薄尾　やつおまちすすきお　富山県富山市
八尾町薄島　やつおまちうすじま　富山県富山市
八尾町鏡町　やつおまちかがみまち　富山県富山市
八尾南　やおみなみ　大阪府（大阪市交通局谷町線）
八床町　やとこちょう　愛知県瀬戸市
八条
　はちじょう　北海道江別市
　はちじょう　北海道深川市
　はちじょう　北海道雨竜郡秩父別町
　はちじょう　岐阜県安八郡神戸町
　はちじょう　奈良県奈良市
八条が丘　はちじょうがおか　京都府長岡京市
八条内田町　はちじょううちだちょう　京都府京都市南区
八条寺内町　はちじょうてらのうちちょう　京都府京都市南区
八条西
　はちじょうにし　北海道旭川市
　はちじょうにし　北海道岩見沢市
八条坊門町
　はちじょうぼうもんちょう　京都府京都市下京区
　はちじょうぼうもんちょう　京都府京都市南区
八条町
　はちじょうちょう　滋賀県長浜市
　はちじょうちょう　京都府京都市南区
　はちじょうちょう　奈良県奈良市
　はちじょうちょう　奈良県大和郡山市
八条東　はちじょうひがし　北海道岩見沢市
八条通　はちじょうどおり　北海道旭川市
八条源町　はちじょうみなもとちょう　京都府京都市南区
八束　やつか　北海道瀬棚郡今金町
八束町二子　やつかちょうふたご　島根県松江市
八束町入江　やつかちょうにゅうこう　島根県松江市
八束町寺津　やつかちょうてらづ　島根県松江市
八束町江島　やつかちょうえしま　島根県松江市
八束町波入　やつかちょうはにゅう　島根県松江市
八束町馬渡　やつかちょうまわたし　島根県松江市
八束町亀尻　やつかちょうかめしり　島根県松江市
八束町遅江　やつかちょうおそえ　島根県松江市
八束郡　やつかぐん　⇒消滅（島根県）
八束穂
　やつかほ　石川県白山市
　やつかほ　愛知県新城市
八沢　はっさわ　神奈川県秦野市
八甫　はっぽう　埼玉県久喜市
八町
　はちまち　福島県大沼郡金山町
　はっちょう　茨城県結城郡八千代町
　やまち　福井県大野市
　はっちょう　三重県津市
　はっちょう　滋賀県犬上郡豊郷町
　はっちょう　佐賀県杵島郡江北町
八町中　はっちょうなか　富山県富山市
八町北　はっちょうきた　富山県富山市
八町目　はちちょうめ　京都府京都市中京区
八町牟田　はっちょうむた　福岡県三潴郡大木町

八町西
　はっちょうにし　富山県富山市
　はっちょうにし　愛媛県今治市
八町東
　はっちょうひがし　富山県富山市
　はっちょうひがし　愛媛県今治市
八町河原　はっちょうがわら　埼玉県児玉郡上里町
八町南　はっちょうみなみ　富山県富山市
八町通
　はっちょうどおり　愛知県豊橋市
　はっちょうどおり　愛知県一宮市
八社
　はっしゃ　愛知県名古屋市中村区
　やさ　富山県津山市
八社宮　はさみ　兵庫県豊岡市
八角町　やすみまち　福島県会津若松市
八里台　やさとだい　石川県小松市
八阪町　やさかちょう　大阪府岸和田市
8 八並　やつなみ　福岡県福津市
八事　やごと　愛知県（名古屋市交通局鶴舞線ほか）
八事山　やごとさん　愛知県名古屋市天白区
八事天道　やごとてんどう　愛知県名古屋市天白区
八事日赤　やごとにっせき　愛知県（名古屋市交通局名城線）
八事本町　やごとほんまち　愛知県名古屋市昭和区
八事石坂　やごといしざか　愛知県名古屋市天白区
八事町　やごとちょう　愛知県春日井市
八事富士見　やごとふじみ　愛知県名古屋市昭和区
八京　やきょう　高知県南国市
八卦　はつけ　岩手県岩手郡雫石町
八和町　やつわまち　富山県小矢部市
八帖北町　はっちょうきたまち　愛知県岡崎市
八帖町　はっちょうちょう　愛知県岡崎市
八帖南町　はっちょうみなみまち　愛知県岡崎市
八房　やぶさ　鹿児島県いちき串木野市
八枝　やつえ　福岡県北九州市八幡西区
八東　はっとう　鳥取県（若桜鉄道線）
八河谷　やこうだに　鳥取県八頭郡智頭町
八迫区　やさこく　大分県佐伯市
八金　やかね　鳥取県西伯郡南部町
9 八保　やほ　兵庫県赤穂郡上郡町
八前　はちまえ　愛知県名古屋市名東区
八屋
　やつや　鳥取県倉吉市
　はちや　福岡県豊前市
八屋戸　はちやど　滋賀県大津市
八柱　やばしら　千葉県（新京成電鉄線）
八津　やつ　秋田県（秋田内陸縦貫鉄道線）
八津合町　やつあいちょう　京都府綾部市
八神
　はかみ　島根県飯石郡飯南町
　ねりがみ　岡山県久米郡美咲町
八神町　やがみちょう　愛知県名古屋市中川区
八草
　やくさ　静岡県静岡市葵区
　やくさ　愛知県（愛知環状鉄道線）
八草町　やくさちょう　愛知県豊田市
八郎岳町　はちろうだけまち　長崎県長崎市
八郎潟　はちろうがた　秋田県（JR奥羽本線）

37

2画（八）

八郎潟町　はちろうがたまち　秋田県南秋田郡
八重
　やえ　鳥取県西伯郡大山町
　はえ　宮崎県西都市
八重山郡　やえやまぐん　沖縄県
八重田　やえだ　青森県青森市
八重田町　やえだちょう　三重県松阪市
八重咲町　やえざきちょう　神奈川県平塚市
八重巻中町　やえまきなかちょう　福井県福井市
八重巻町　やえまきちょう　福井県福井市
八重巻東町　やえまきひがしちょう　福井県福井市
八重洲　やえす　東京都中央区
八重洲町　やえすまち　福岡県北九州市小倉南区
八重津　やえづ　福岡県朝倉市
八重竿　やえざお　鹿児島県大島郡伊仙町
八重原
　やえはら　千葉県君津市
　やえはら　長野県東御市
八重島　やえしま　沖縄県沖縄市
八重笠町　やえがさちょう　群馬県太田市
八重菊　やえぎく　青森県五所川原市
八重森町　やえもりまち　長野県須坂市
八重練　やえねり　滋賀県犬上郡多賀町
八重穂　やえほ　千葉県香取郡東庄町
八重瀬町　やえせちょう　沖縄県島尻郡
10 八倉
　やくら　愛媛県伊予市
　やくら　愛媛県伊予郡砥部町
八剣
　やつるぎ　岐阜県羽島郡岐南町
　やつるぎ　愛知県名古屋市守山区
八剣北　やつるぎきた　岐阜県羽島郡岐南町
八家
　やか　兵庫県（山陽電気鉄道本線）
　やか　兵庫県姫路市
八家町　やつやちょう　愛知県名古屋市中川区
八島
　やしま　山口県熊毛郡上関町
　やしま　福岡県糸島市
　やしま　熊本県熊本市西区
八島台　やしまだい　福島県田村郡三春町
八島田
　やしまだ　福島県福島市
　やしまだ　岡山県赤磐市
八島町
　やしまちょう　福島県福島市
　やしまちょう　群馬県高崎市
　やしまちょう　岐阜県岐阜市
　やしまちょう　岐阜県大垣市
　やしまちょう　滋賀県長浜市
　やしまちょう　大阪府守口市
　やしまちょう　奈良県奈良市
　やしまちょう　島根県出雲市
　やしままち　熊本県熊本市西区
　やしまちょう　沖縄県石垣市
八峰町　はっぽうちょう　秋田県山本郡
八栗　やくり　香川県（高松琴平電気鉄道志度線）
八栗口　やくりぐち　香川県（JR高徳線）
八栗平　はっくりたい　青森県上北郡七戸町

八栗新道　やくりしんみち　香川県（高松琴平電気鉄道志度線）
八浜　はちはま　岡山県（JR宇野線）
八浜町八浜　はちはまちょうはちはま　岡山県玉野市
八浜町大崎　はちはまちょうおおさき　岡山県玉野市
八浜町見石　はちはまちょうみいし　岡山県玉野市
八浜町波知　はちはまちょうはち　岡山県玉野市
八畝　ようね　高知県長岡郡大豊町
八竜神　はちりゅうじん　福島県白河市
八竜新田　はちりゅうしんでん　新潟県南魚沼市
八軒　はちけん　北海道（JR札沼線）
八軒一条西　はちけんいちじょうにし　北海道札幌市西区
八軒一条東　はちけんいちじょうひがし　北海道札幌市西区
八軒七条西　はちけんしちじょうにし　北海道札幌市西区
八軒七条東　はちけんしちじょうひがし　北海道札幌市西区
八軒九条西　はちけんくじょうにし　北海道札幌市西区
八軒九条東　はちけんくじょうひがし　北海道札幌市西区
八軒二条西　はちけんにじょうにし　北海道札幌市西区
八軒二条東　はちけんにじょうひがし　北海道札幌市西区
八軒八条西　はちけんはちじょうにし　北海道札幌市西区
八軒八条東　はちけんはちじょうひがし　北海道札幌市西区
八軒十条西　はちけんじゅうじょうにし　北海道札幌市西区
八軒十条東　はちけんじゅうじょうひがし　北海道札幌市西区
八軒三条西　はちけんさんじょうにし　北海道札幌市西区
八軒三条東　はちけんさんじょうひがし　北海道札幌市西区
八軒小路　はちけんこうじ　宮城県仙台市若林区
八軒五条西　はちけんごじょうにし　北海道札幌市西区
八軒五条東　はちけんごじょうひがし　北海道札幌市西区
八軒六条西　はちけんろくじょうにし　北海道札幌市西区
八軒六条東　はちけんろくじょうひがし　北海道札幌市西区
八軒台　はちけんだい　茨城県石岡市
八軒四条西　はちけんしじょうにし　北海道札幌市西区
八軒四条東　はちけんしじょうひがし　北海道札幌市西区
八軒町
　はちけんまち　岐阜県高山市
　はちけんちょう　愛知県半田市
　はちけんちょう　愛知県刈谷市
　はちけんちょう　京都府京都市東山区
　はちけんちょう　京都府京都市下京区
　はちけんまち　福岡県柳川市
八軒屋　はちけんや　岡山県倉敷市
八軒屋町　はちけんやまち　島根県松江市

2画（八）

八軒屋敷町　はちけんやしきちょう　京都府京都市山科区
八通町　やとおりちょう　愛知県豊橋市
八郡　やこおり　長野県南佐久郡佐久穂町
11 八剱町
　はちけんちょう　愛知県名古屋市中川区
　やつるぎちょう　愛知県岩倉市
八曽　はっそ　愛知県犬山市
八條
　はちじょう　栃木県真岡市
　はちじょう　埼玉県八潮市
八菅山　はすげさん　神奈川県愛甲郡愛川町
八野　はちの　石川県かほく市
八野町　はちのちょう　三重県鈴鹿市
八釣　やつり　奈良県高市郡明日香村
八鹿　ようか　兵庫県（JR山陰本線）
八鹿町九鹿　ようかちょうくろく　兵庫県養父市
八鹿町八木　ようかちょうやぎ　兵庫県養父市
八鹿町八鹿　ようかちょうようか　兵庫県養父市
八鹿町下小田　ようかちょうしもおだ　兵庫県養父市
八鹿町下網場　ようかちょうしもなんば　兵庫県養父市
八鹿町三谷　ようかちょうみたに　兵庫県養父市
八鹿町上小田　ようかちょうかみおだ　兵庫県養父市
八鹿町上網場　ようかちょうかみなんば　兵庫県養父市
八鹿町大江　ようかちょうおおえ　兵庫県養父市
八鹿町小山　ようかちょうこやま　兵庫県養父市
八鹿町小佐　ようかちょうおさ　兵庫県養父市
八鹿町今滝寺　ようかちょうこんりゅうじ　兵庫県養父市
八鹿町日畑　ようかちょうひばた　兵庫県養父市
八鹿町石原　ようかちょういしはら　兵庫県養父市
八鹿町伊佐　ようかちょういざ　兵庫県養父市
八鹿町米里　ようかちょうめいり　兵庫県養父市
八鹿町坂本　ようかちょうさかもと　兵庫県養父市
八鹿町国木　ようかちょうくぬぎ　兵庫県養父市
八鹿町岩崎　ようかちょういわさい　兵庫県養父市
八鹿町青山　ようかちょうあおやま　兵庫県養父市
八鹿町浅間　ようかちょうあさま　兵庫県養父市
八鹿町高柳　ようかちょうたかやなぎ　兵庫県養父市
八鹿町宿南　ようかちょうしゅくなみ　兵庫県養父市
八鹿町朝倉　ようかちょうあさくら　兵庫県養父市
八鹿町舞狂　ようかちょうぶきょう　兵庫県養父市
12 八塚
　やつづか　富山県南砺市
　やつづか　富山県射水市
八尋　やひろ　福岡県鞍手郡鞍手町
八景　はっけい　青森県三戸郡五戸町
八景水谷
　はけのみや　熊本県（熊本電気鉄道藤崎線）
　はけのみや　熊本県熊本市北区
八景町
　はっけいちょう　兵庫県三田市
　はっけいまち　長崎県長崎市
八景島
　はっけいじま　神奈川県（横浜シーサイドライン）
　はっけいじま　神奈川県横浜市金沢区
八勝通　はっしょうとおり　愛知県名古屋市瑞穂区

八森
　はちもり　秋田県（JR五能線）
　はちもり　山形県山形市
八森チゴキ　はちもりちごき　秋田県山本郡八峰町
八森ノケソリ　はちもりのけそり　秋田県山本郡八峰町
八森乙の水　はちもりおとのみず　秋田県山本郡八峰町
八森八森　はちもりはちもり　秋田県山本郡八峰町
八森八森後　はちもりはちもりうしろ　秋田県山本郡八峰町
八森八森家後　はちもりはちもりいえうしろ　秋田県山本郡八峰町
八森下家後　はちもりしもいえうしろ　秋田県山本郡八峰町
八森下嘉治助台　はちもりしもかじすけだい　秋田県山本郡八峰町
八森下館下　はちもりしもたてした　秋田県山本郡八峰町
八森三十釜　はちもりさんじゅうがま　秋田県山本郡八峰町
八森三沢　はちもりみさわ　秋田県山本郡八峰町
八森上家後　はちもりかみいえうしろ　秋田県山本郡八峰町
八森上嘉治助台　はちもりかみかじすけだい　秋田県山本郡八峰町
八森小入川家の上　はちもりこいりかわいえのかみ　秋田県山本郡八峰町
八森山内　はちもりさんない　秋田県山本郡八峰町
八森山内台　はちもりさんないだい　秋田県山本郡八峰町
八森中家後　はちもりなかいえうしろ　秋田県山本郡八峰町
八森中浜　はちもりなかはま　秋田県山本郡八峰町
八森中嶋　はちもりなかじま　秋田県山本郡八峰町
八森五輪台下段　はちもりごりんだいげだん　秋田県山本郡八峰町
八森五輪台上段　はちもりごりんだいじょうだん　秋田県山本郡八峰町
八森木戸の沢　はちもりきどのさわ　秋田県山本郡八峰町
八森古屋敷　はちもりふるやしき　秋田県山本郡八峰町
八森本館　はちもりもとだて　秋田県山本郡八峰町
八森本館中台　はちもりもとだてなかだい　秋田県山本郡八峰町
八森立石　はちもりたていし　秋田県山本郡八峰町
八森伊勢鉢台　はちもりいせばちだい　秋田県山本郡八峰町
八森寺の後　はちもりてらのうしろ　秋田県山本郡八峰町
八森寺の後川向　はちもりてらのうしろかわむかい　秋田県山本郡八峰町
八森和田表　はちもりわだおもて　秋田県山本郡八峰町
八森岩館　はちもりいわだて　秋田県山本郡八峰町
八森岩館向台　はちもりいわだてむかいだい　秋田県山本郡八峰町
八森岩館塚の台　はちもりいわだてつかのだい　秋田県山本郡八峰町
八森林の沢　はちもりはやしのさわ　秋田県山本郡八峰町

39

2画（八）

八森泊台　はちもりとまりだい　秋田県山本郡八峰町
八森物見　はちもりものみ　秋田県山本郡八峰町
八森茂浦　はちもりもうら　秋田県山本郡八峰町
八森長坂　はちもりながさか　秋田県山本郡八峰町
八森門の沢　はちもりかどのさわ　秋田県山本郡八峰町
八森茶の沢　はちもりちゃのさわ　秋田県山本郡八峰町
八森倉の沢　はちもりくらのさわ　秋田県山本郡八峰町
八森家の上　はちもりいえのかみ　秋田県山本郡八峰町
八森家の向　はちもりいえのむかい　秋田県山本郡八峰町
八森家の後　はちもりいえのうしろ　秋田県山本郡八峰町
八森浜田　はちもりはまだ　秋田県山本郡八峰町
八森釜の上　はちもりかまのうえ　秋田県山本郡八峰町
八森鹿の浦　はちもりかのうら　秋田県山本郡八峰町
八森塚の台　はちもりつかのだい　秋田県山本郡八峰町
八森御所の台　はちもりごしょのだい　秋田県山本郡八峰町
八森湯の尻　はちもりゆのしり　秋田県山本郡八峰町
八森新浜田　はちもりしんはまだ　秋田県山本郡八峰町
八森椿　はちもりつばき　秋田県山本郡八峰町
八森椿台　はちもりつばきだい　秋田県山本郡八峰町
八森滝ノ間　はちもりたきのま　秋田県山本郡八峰町
八森滝の上　はちもりたきのうえ　秋田県山本郡八峰町
八森鉱山　はちもりこうざん　秋田県山本郡八峰町
八森樋長　はちもりとよなが　秋田県山本郡八峰町
八森横間　はちもりよこま　秋田県山本郡八峰町
八森横間台　はちもりよこまだい　秋田県山本郡八峰町
八森諸沢下脇　はちもりもろさわしもわき　秋田県山本郡八峰町
八森諸沢口　はちもりもろさわぐち　秋田県山本郡八峰町
八森篭田　はちもりかごた　秋田県山本郡八峰町
八森磯村　はちもりいそむら　秋田県山本郡八峰町
八椡町　やつくぬぎちょう　栃木県足利市
八満　はちまん　長野県小諸市
八番　はちばん　愛知県名古屋市熱田区
八番丁
　　はちばんちょう　和歌山県和歌山市
　　はちばんちょう　香川県丸亀市
八番町
　　はちばんちょう　静岡県静岡市葵区
　　はちばんちょう　岡山県笠岡市
八筋川
　　やすじかわ　茨城県稲敷市
　　やすじかわ　千葉県香取市
八筋町　やすじちょう　愛知県名古屋市西区
八街
　　やちまた　千葉県（JR総武本線）
　　やちまた　千葉県八街市
八街市　やちまたし　千葉県
八間通　はちけんどおり　三重県桑名市

八雲
　　やくも　北海道（JR函館本線）
　　やくも　茨城県笠間市
　　やくも　東京都目黒区
八雲中町　やぐもなかまち　大阪府守口市
八雲北町　やぐもきたまち　大阪府守口市
八雲台
　　やぐもだい　東京都調布市
　　やくもだい　島根県松江市
八雲西町　やぐもにしまち　大阪府守口市
八雲町
　　やくもちょう　北海道二海郡
　　やぐもちょう　岩手県釜石市
　　やくもちょう　愛知県名古屋市昭和区
　　やぐもちょう　愛媛県新居浜市
八雲町日吉　やくもちょうひよし　島根県松江市
八雲町平原　やくもちょうひらはら　島根県松江市
八雲町西岩坂　やくもちょうにしいわさか　島根県松江市
八雲町東岩坂　やくもちょうひがしいわさか　島根県松江市
八雲町熊野　やくもちょうくまの　島根県松江市
八雲東町　やぐもひがしまち　大阪府守口市
八雲通　やぐもどおり　兵庫県神戸市中央区
八飯　やい　福井県南条郡南越前町
13八塩　やしお　栃木県大田原市
八楠　やくす　静岡県焼津市
14八熊　やぐま　愛知県名古屋市中川区
八熊通　やぐまどおり　愛知県名古屋市中川区
八箇　はっか　新潟県十日町市
八総　やそう　福島県南会津郡南会津町
15八幡
　　やはた　北海道江別市
　　はちまん　北海道石狩市
　　やはた　北海道虻田郡倶知安町
　　やわた　青森県弘前市
　　やわた　青森県八戸市
　　やわた　青森県三沢市
　　はちまん　青森県北津軽郡中泊町
　　はちまん　宮城県仙台市青葉区
　　やわた　宮城県多賀城市
　　やわた　秋田県横手市
　　はちまん　秋田県大館市
　　やわた　秋田県湯沢市
　　やはた　福島県耶麻郡猪苗代町
　　やはた　茨城県筑西市
　　やはた　埼玉県坂戸市
　　はちまん　埼玉県比企郡川島町
　　やわた　千葉県市川市
　　やわた　千葉県館山市
　　やわた　千葉県市原市
　　やわた　千葉県君津市
　　やわた　千葉県富津市
　　やわた　神奈川県平塚市
　　やわた　新潟県新発田市
　　やわた　新潟県加茂市
　　やはた　新潟県佐渡市
　　やわた　新潟県南魚沼市
　　はちまん　新潟県胎内市
　　やはた　富山県富山市
　　はちまん　富山県南砺市
　　やはた　富山県下新川郡入善町
　　やわた　石川県小松市

やわた　石川県羽咋郡志賀町
はちまん　福井県越前市
やわた　長野県佐久市
やわた　長野県千曲市
やわた　岐阜県揖斐郡池田町
はちまん　静岡県（遠州鉄道線）
やはた　静岡県静岡市駿河区
やわた　静岡県浜松市浜北区
やわた　静岡県藤枝市
はつま　静岡県伊豆市
やはた　静岡県駿東郡清水町
やわた　愛知県（名古屋鉄道豊川線）
はちまん　愛知県一宮市
はちまん　愛知県新城市
やわた　愛知県知多市
はちまん　愛知県海部郡蟹江町
やばた　三重県名張市
やわた　鳥取県米子市
やわた　鳥取県東伯郡琴浦町
やはた　岡山県岡山市中区
やはた　広島県広島市佐伯区
やはた　広島県安芸郡府中町
はちまん　愛媛県新居浜市
やはた　福岡県（JR鹿児島本線）
やはた　熊本県熊本市南区
やはた　熊本県葦北郡芦北町

八幡カイトリ　やわたかいとり　京都府八幡市
八幡が丘　やはたがおか　広島県広島市佐伯区
八幡一ノ坪　やわたいちのつぼ　京都府八幡市
八幡八萩　やわたやはぎ　京都府八幡市
八幡下　はちまんした　秋田県由利本荘市
八幡三ノ甲　やわたさんのこう　京都府八幡市
八幡三反長　やわたさんだおさ　京都府八幡市
八幡三本橋　やわたさんぼんばし　京都府八幡市
八幡久保田　やわたくぼた　京都府八幡市
八幡千束　やわたせんぞく　京都府八幡市
八幡土井　やわたどい　京都府八幡市
八幡大芝　やわたおおしば　京都府八幡市
八幡大谷　やわたおおたに　京都府八幡市
八幡女郎花　やわたおみなえし　京都府八幡市
八幡小西　やわたこにし　京都府八幡市
八幡小松　やわたこまつ　京都府八幡市
八幡小路
　はちまんこうじ　福島県白河市
　はちまんこうじ　佐賀県佐賀市
八幡山
　はちまんやま　福島県白河市
　はちまんやま　福島県須賀川市
　はちまんやま　東京都（京王電鉄京王線）
　はちまんやま　東京都世田谷区
　やはたやま　静岡県静岡市駿河区
　はちまんやま　愛知県名古屋市天白区
八幡山下　やわたやました　京都府八幡市
八幡山本　やわたやまもと　京都府八幡市
八幡山田　やわたやまだ　京都府八幡市
八幡山柴　やわたやましば　京都府八幡市
八幡山路　やわたやまじ　京都府八幡市
八幡中ノ山　やわたなかのやま　京都府八幡市
八幡中山町　やわたなかやまちょう　滋賀県長浜市
八幡五反田　やわたごたんだ　京都府八幡市
八幡今田　やわたいまだ　京都府八幡市
八幡双栗　やわたそぐり　京都府八幡市

八幡月夜田　やわたつきよだ　京都府八幡市
八幡木　はちまんぎ　埼玉県川口市
八幡水珀　やわたすいはく　京都府八幡市
八幡丘　やはたおか　北海道富良野市
八幡北町　やわたきたちょう　千葉県市原市
八幡北浦　やわたきたうら　京都府八幡市
八幡台
　はちまんだい　茨城県つくば市
　はちまんだい　茨城県北相馬郡利根町
　はちまんだい　栃木県宇都宮市
　はちまんだい　千葉県木更津市
　はちまんだい　千葉県佐倉市
　はちまんだい　神奈川県伊勢原市
　はちまんだい　愛知県瀬戸市
　はちまんだい　大阪府寝屋川市
　はちまんだい　熊本県荒尾市
八幡市
　やわたし　京都府（京阪電気鉄道本線）
　やわたし　京都府
八幡平
　はちまんたい　秋田県（JR花輪線）
　はちまんたい　秋田県鹿角市
八幡平ノ山　やわたひらのやま　京都府八幡市
八幡平石　はちまんたいし　岩手県
八幡平田　やわたひらた　京都府八幡市
八幡平谷　やわたびょうだに　京都府八幡市
八幡平温泉郷　はちまんたいおんせんきょう　岩手県八幡平市
八幡広門　やわたひろかど　京都府八幡市
八幡旦所　やわただんじょ　京都府八幡市
八幡本通　やはたほんとおり　愛知県名古屋市中川区
八幡田　はちまんでん　埼玉県鴻巣市
八幡田町　はちまんだちょう　新潟県十日町市
八幡石不動　やわたいしふどう　京都府八幡市
八幡石塚　やわたいしづか　千葉県市原市
八幡吉原　やわたよしはら　京都府八幡市
八幡吉野　やわたよしの　京都府八幡市
八幡吉野垣内　やわたよしのがいと　京都府八幡市
八幡名残　やわたなごり　京都府八幡市
八幡在応寺　やわたざいおうじ　京都府八幡市
八幡安居塚　やわたあんごづか　京都府八幡市
八幡式部谷　やわたしきぶだに　京都府八幡市
八幡池ノ首　やわたいけのくび　京都府八幡市
八幡西区　やはたにしく　福岡県北九州市
八幡西島　やわたにしじま　京都府八幡市
八幡西高坊　やわたにしたかぼう　京都府八幡市
八幡沢　やわたさわ　京都府八幡市
八幡沢岱　はちまんさわたい　秋田県大館市
八幡町
　はちまんちょう　北海道函館市
　はちまんちょう　北海道石狩市
　はちまんちょう　北海道瀬棚郡今金町
　はちまんちょう　青森県弘前市
　はちまんちょう　岩手県盛岡市
　はちまんちょう　岩手県一関市
　はちまんちょう　岩手県下閉伊郡山田町
　はちまんちょう　宮城県石巻市
　はちまんちょう　宮城県白石市
　やわたまち　山形県寒河江市
　はちまんまち　福島県須賀川市
　はちまんちょう　福島県西白河郡矢吹町

2画（八）

はちまんまち　福島県田村郡三春町
はちまんちょう　茨城県水戸市
はちまんちょう　茨城県ひたちなか市
やわたちょう　栃木県足利市
やわたちょう　栃木県小山市
やはたまち　群馬県高崎市
やはたちょう　群馬県伊勢崎市
はちまんちょう　群馬県太田市
はちまんちょう　埼玉県飯能市
やわたちょう　埼玉県草加市
やはたちょう　千葉県銚子市
はちまんちょう　千葉県柏市
はちまんちょう　東京都八王子市
やはたちょう　東京都武蔵野市
はちまんちょう　東京都東久留米市
はちまんちょう　神奈川県横浜市南区
はちまんちょう　新潟県三条市
やはたまち　新潟県佐渡市
はちまんちょう　富山県射水市
やわたまち　石川県七尾市
やわたまち　石川県小松市
やわたちょう　石川県白山市
やわたちょう　福井県福井市
やわたまち　長野県飯田市
はちまんちょう　長野県小諸市
はちまんちょう　岐阜県岐阜市
はちまんまち　岐阜県高山市
はちまんちょう　岐阜県中津川市
はちまんちょう　岐阜県羽島郡笠松町
はちまんちょう　静岡県浜松市中区
はちまんちょう　静岡県沼津市
はちまんちょう　静岡県富士市
はちまんちょう　愛知県岡崎市
はちまんちょう　愛知県瀬戸市
はちまんちょう　愛知県春日井市
やわたちょう　愛知県豊川市
はちまんちょう　愛知県刈谷市
はちまんちょう　愛知県豊田市
はちまんちょう　愛知県高浜市
やはたちょう　三重県津市
はちまんちょう　三重県四日市市
はちまんちょう　三重県桑名市
やはたちょう　三重県伊賀市
はちまんちょう　滋賀県近江八幡市
はちまんちょう　京都府京都市上京区
やわたちょう　京都府京都市下京区
やわたちょう　京都府京都市伏見区
はちまんちょう　大阪府岸和田市
やはたまち　大阪府高槻市
やはたちょう　兵庫県神戸市灘区
やはたまち　奈良県磯城郡田原本町
はちまんちょう　鳥取県倉吉市
やわたちょう　島根県松江市
やはたちょう　岡山県高梁市
やはたちょう　広島県呉市
やはたちょう　香川県坂出市
やはたちょう　香川県観音寺市
はちまんちょう　福岡県北九州市小倉南区
やはたまち　佐賀県唐津市
やはたまち　長崎県長崎市
やはたちょう　長崎県佐世保市
やはたまち　長崎県島原市
はちまんちょう　熊本県八代市
はちまんちょう　熊本県水俣市
はちまんまち　熊本県天草市

はちまんちょう　大分県中津市
やはたまち　大分県日田市
はちまんちょう　宮崎県都城市
八幡町入間　はちまんちょういりま　岐阜県郡上市
八幡町下村　やはたちょうしもむら　兵庫県加古川市
八幡町上西条　やはたちょうかみさいじょう　兵庫県加古川市
八幡町大手町　はちまんちょうおおてまち　岐阜県郡上市
八幡町大正町　はちまんちょうたいしょうまち　岐阜県郡上市
八幡町小那比　はちまんちょうおなび　岐阜県郡上市
八幡町小野　はちまんちょうおの　岐阜県郡上市
八幡町中西条　やはたちょうなかさいじょう　兵庫県加古川市
八幡町中坪　はちまんちょうなかつぼ　岐阜県郡上市
八幡町五町　はちまんちょうごちょう　岐阜県郡上市
八幡町市島　はちまんちょういちしま　岐阜県郡上市
八幡町本庄　やはたちょうほんじょう　広島県三原市
八幡町本町　はちまんちょうほんまち　岐阜県郡上市
八幡町吉野　はちまんちょうよしの　岐阜県郡上市
八幡町向山　はちまんちょうむかいやま　岐阜県郡上市
八幡町安久田　はちまんちょうあくだ　岐阜県郡上市
八幡町旭　はちまんちょうあさひ　岐阜県郡上市
八幡町有坂　はちまんちょうありさか　岐阜県郡上市
八幡町有穂　はちまんちょうありほ　岐阜県郡上市
八幡町西乙原　はちまんちょうにしおっぱら　岐阜県郡上市
八幡町初音　はちまんちょうはつね　岐阜県郡上市
八幡町初納　はちまんちょうしょのう　岐阜県郡上市
八幡町尾崎町　はちまんちょうおさきちょう　岐阜県郡上市
八幡町那比　はちまんちょうなび　岐阜県郡上市
八幡町宗佐　やはたちょうそうさ　兵庫県加古川市
八幡町河鹿　はちまんちょうかじか　岐阜県郡上市
八幡町肴町　はちまんちょうさかなまち　岐阜県郡上市
八幡町垣内　やはたちょうかいち　広島県三原市
八幡町城南町　はちまんちょうじょうなんちょう　岐阜県郡上市
八幡町屋中　やはたちょうやなか　広島県三原市
八幡町柳町　はちまんちょうやなぎまち　岐阜県郡上市
八幡町洲河　はちまんちょうすごう　岐阜県郡上市
八幡町相生　はちまんちょうあいおい　岐阜県郡上市
八幡町美山　はちまんちょうみやま　岐阜県郡上市
八幡町美生　やはたちょうみのう　広島県三原市
八幡町宮内　やはたちょうみやうち　広島県三原市
八幡町島　はちまんちょうしま　岐阜県郡上市
八幡町島谷　はちまんちょうしまだに　岐阜県郡上市
八幡町桜町　はちまんちょうさくらまち　岐阜県郡上市
八幡町船町　やはたちょうふなまち　兵庫県加古川市
八幡町野々倉　はちまんちょうののくら　岐阜県郡上市
八幡町野串　やはたちょうのぐし　広島県三原市
八幡町野村　やはたちょうのむら　兵庫県加古川市
八幡町新町　はちまんちょうしんまち　岐阜県郡上市
八幡町殿町　はちまんちょうとのまち　岐阜県郡上市
八幡町稲成　はちまんちょういなり　岐阜県郡上市
八幡町橋本町　はちまんちょうはしもとちょう　岐阜県郡上市

2画（八）

八幡町篝　やはたちょうかがり　広島県三原市
八幡町鍛冶屋町　はちまんちょうかじやまち　岐阜県郡上市
八幡町職人町　はちまんちょうしょくにんまち　岐阜県郡上市
八幡町瀬取　はちまんちょうせとり　岐阜県郡上市
八幡岸本　やわたきしもと　京都府八幡市
八幡岱新田　はちまんたいしんでん　秋田県北秋田市
八幡松原　やわたまつばら　京都府八幡市
八幡東　やはたひがし　広島県広島市佐伯区
八幡東区　やはたひがしく　福岡県北九州市
八幡東町
　やはたひがしちょう　滋賀県長浜市
　やはたひがしまち　岡山県岡山市中区
八幡東林　やわたとうりん　京都府八幡市
八幡東島　やわたひがしじま　京都府八幡市
八幡東浦　やわたひがしうら　京都府八幡市
八幡林　やはたばやし　青森県青森市
八幡武蔵芝　やわたむさししば　京都府八幡市
八幡河原崎　やわたかわらざき　京都府八幡市
八幡沓田　やわたくつでん　京都府八幡市
八幡沼　はちまぬま　秋田県南秋田郡八郎潟町
八幡苗田　やわたなえだ　京都府八幡市
八幡長田　やわたおさだ　京都府八幡市
八幡長町　やわたながまち　京都府八幡市
八幡長谷　やわたながたに　京都府八幡市
八幡前
　はちまんまえ　山形県山形市
　はちまんまえ　京都府（叡山電鉄鞍馬線）
　はちまんまえ　和歌山県（南海電気鉄道加太線）
八幡南山　やわたみなみやま　京都府八幡市
八幡垣内山　やわたかいとやま　京都府八幡市
八幡城ノ内　やわたじょうのうち　京都府八幡市
八幡屋　やはたや　大阪府大阪市港区
八幡柿ケ谷　やわたかきがだに　京都府八幡市
八幡柿木垣内　やわたかきのきがいと　京都府八幡市
八幡柴座　やわたしばざ　京都府八幡市
八幡海岸通　やわたかいがんどおり　千葉県市原市
八幡砂田　やわたさでん　京都府八幡市
八幡神原　やわたかみはら　京都府八幡市
八幡科手　やわたしなで　京都府八幡市
八幡原
　はちまんばら　山形県米沢市
　やわたばら　群馬県佐波郡玉村町
　やわたばら　千葉県茂原市
八幡原町　やわたばらまち　群馬県高崎市
八幡座主　やわたざす　石川県羽咋郡志賀町
八幡浦　やわたうら　千葉県市原市
八幡浜　やわたはま　愛媛県（JR予讃線）
八幡浜市　やわたはまし　愛媛県
八幡通
　やはたどおり　大阪府堺市堺区
　はちまんどおり　兵庫県神戸市中央区
八幡馬場
　やわたばば　京都府八幡市
　やわたのばば　山口県山口市
八幡高坊　やわたたかぼう　京都府八幡市
八幡高畑　やわたたかばたけ　京都府八幡市
八幡宿　やわたじゅく　千葉県（JR内房線）

八幡崎本林　やわたさきほんばやし　青森県平川市
八幡崎本宮　やわたさきもとみや　青森県平川市
八幡崎松枝　やわたさきまつえだ　青森県平川市
八幡崎松橋　やわたさきまつはし　青森県平川市
八幡崎宮本　やわたさきみやもと　青森県平川市
八幡崎宮田　やわたさきみやた　青森県平川市
八幡崎高原　やわたさきたかはら　青森県平川市
八幡崎高野　やわたさきたかの　青森県平川市
八幡清水井　やわたしみずい　京都府八幡市
八幡盛戸　やわたさかんど　京都府八幡市
八幡菰池　やわたこもいけ　京都府八幡市
八幡菖蒲池　やわたしょうぶいけ　京都府八幡市
八幡野　やわたの　静岡県伊東市
八幡備前　やわたびぜん　京都府八幡市
八幡御幸谷　やわたごこうだに　京都府八幡市
八幡御馬所　やわたごばしょ　京都府八幡市
八幡植松　やわたうえまつ　京都府八幡市
八幡森　やわたもり　京都府八幡市
八幡森垣内　やわたもりがいと　京都府八幡市
八幡渡ル瀬　やわたわたるせ　京都府八幡市
八幡焼木　やわたやけぎ　京都府八幡市
八幡番賀　やわたばんが　京都府八幡市
八幡軸　やわたじく　京都府八幡市
八幡隅田口　やわたすみだぐち　京都府八幡市
八幡園内　やわたそのうち　京都府八幡市
八幡新田
　やわたしんでん　新潟県新発田市
　やわたしんでん　愛知県（名古屋鉄道河和線）
　はちまんしんでん　三重県員弁郡東員町
八幡新町
　やはたしんまち　新潟県佐渡市
　やはたしんまち　富山県富山市
　やはたしんまち　愛知県知多市
八幡源氏垣外　やわたげんじがいと　京都府八幡市
八幡源野　やわたげんの　京都府八幡市
八幡福禄谷　やわたふくろくだに　京都府八幡市
八幡樋ノ口　やわたひのくち　京都府八幡市
八幡舞台　やわたぶたい　京都府八幡市
八幡館　はちまんだて　青森県南津軽郡大鰐町
八槻　やつき　福島県東白川郡棚倉町
八潮
　やしお　埼玉県（首都圏新都市鉄道つくばエクスプレス線）
　やしお　埼玉県八潮市
　やしお　東京都品川区
八潮市　やしおし　埼玉県

16 八橋
　やばせ　秋田県秋田市
　やつはし　愛知県北設楽郡設楽町
　やばせ　鳥取県（JR山陰本線）
　やばせ　鳥取県東伯郡琴浦町
八橋イサノ　やばせいさの　秋田県秋田市
八橋三和町　やばせみわちょう　秋田県秋田市
八橋大沼町　やばせおおぬまちょう　秋田県秋田市
八橋大畑　やばせおおはた　秋田県秋田市
八橋大道東　やばせだいどうひがし　秋田県秋田市
八橋本町　やばせほんちょう　秋田県秋田市
八橋田五郎　やばせたごろう　秋田県秋田市
八橋町　やつはしちょう　愛知県知立市

43

2画（刀，力，十）

八橋南　やばせみなみ　秋田県秋田市
八橋運動公園　やばせうんどうこうえん　秋田県秋田市
八橋新川向　やばせしんかわむかい　秋田県秋田市
八橋鯰沼町　やばせどじょうぬままち　秋田県秋田市
八積　やつみ　千葉県（JR外房線）
八頭町　やずちょう　鳥取県八頭郡
八頭郡　やずぐん　鳥取県
八頭高校前　やずこうこうまえ　鳥取県（若桜鉄道線）
八龍町　はちりゅうちょう　愛知県名古屋市北区
17 八講　はっこう　富山県射水市
八講田　はっこうでん　富山県小矢部市
八鍬　やくわ　山形県寒河江市
19 八瀬比叡山口　やせひえいざんぐち　京都府（叡山電鉄叡山本線）
八瀬花尻町　やせはなじりちょう　京都府京都市左京区
八瀬近衛町　やせこのえちょう　京都府京都市左京区
八瀬秋元町　やせあきもとちょう　京都府京都市左京区
八瀬野瀬町　やせのせちょう　京都府京都市左京区

【刀】

5 刀出　かたなで　兵庫県姫路市
7 刀利　とうり　富山県南砺市
刀町　かたなまち　佐賀県唐津市
10 刀根　とね　福井県敦賀市
刀根山　とねやま　大阪府豊中市
刀根山元町　とねやまもとまち　大阪府豊中市

【力】

3 力万　りきまん　兵庫県佐用郡佐用町
力丸　りきまる　千葉県長生郡長柄町
力丸町
　りきまるまち　群馬県前橋市
　りきまるちょう　滋賀県長浜市
　りきまるまち　福岡県北九州市八幡西区
力山　ちからやま　岐阜県関市
5 力石
　ちからいし　長野県千曲市
　ちからいし　高知県高岡郡津野町
力石町　ちからいしちょう　愛知県豊田市
8 力武　りきたけ　福岡県小郡市
力長町大当寺　りきながちょうだいとうじ　愛知県江南市
力長町社宮司　りきながちょうしゃぐうじ　愛知県江南市
力長町若宮　りきながちょうわかみや　愛知県江南市
力長町神出　りきながちょうかみで　愛知県江南市
力長町神明　りきながちょうしんめい　愛知県江南市
力長町宮前　りきながちょうみやまえ　愛知県江南市
力長町観音寺　りきながちょうかんのんじ　愛知県江南市
9 力昼　りきびる　北海道苫前郡苫前町

【十】

1 十一日町　じゅういちにちまち　青森県八戸市
十一号地　じゅういちごうち　愛知県半田市
十一条西　じゅういちじょうにし　北海道岩見沢市

十一条東　じゅういちじょうひがし　北海道岩見沢市
十一条通　じゅういちじょうどおり　北海道旭川市
十一屋　じゅういちや　愛知県名古屋市港区
十一屋町
　じゅういちやまち　石川県金沢市
　じゅういちやちょう　愛知県名古屋市港区
十一番丁　じゅういちばんちょう　和歌山県和歌山市
十一番町
　じゅういちばんちょう　愛知県名古屋市中川区
　じゅういちばんちょう　岡山県笠岡市
2 十七条　じゅうしちじょう　岐阜県瑞穂市
十七軒町　じゅうしちけんちょう　三重県四日市市
十九田町　じゅくたちょう　岐阜県多治見市
十九条
　じゅうくじょう　岐阜県（樽見鉄道線）
　じゅうくじょう　岐阜県瑞穂市
十九町　じゅっくちょう　滋賀県長浜市
十九首　じゅうくしゅ　静岡県掛川市
十九渕　つづらふち　和歌山県西牟婁郡白浜町
十二
　じゅうに　新潟県新潟市北区
　じゅうに　京都府福知山市
十二ノ木　じゅうにのき　新潟県上越市
十二丁目　じゅうにちょうめ　岩手県花巻市
十二川原　じゅうにかわら　青森県南津軽郡田舎館村
十二天　じゅうにてん　新潟県胎内市
十二条西　じゅうにじょうにし　北海道岩見沢市
十二条東　じゅうにじょうひがし　北海道岩見沢市
十二町
　じゅうにちょう　富山県氷見市
　じゅうにちょう　鹿児島県指宿市
十二町島　じゅうにちょうじま　富山県高岡市
十二里町　じゅうにりちょう　滋賀県守山市
十二所
　じゅうにしょ　秋田県（JR花輪線）
　じゅうにしょ　秋田県大館市
　じゅうにそ　神奈川県鎌倉市
　じゅうにしょ　兵庫県養父市
十二所前町　じゅうにしょまえちょう　兵庫県姫路市
十二林　じゅうにばやし　青森県むつ市
十二前　じゅうにまえ　新潟県新潟市北区
十二神　じゅうにしん　新潟県阿賀野市
十二兼　じゅうにかね　長野県（JR中央本線）
十二軒町　じゅうにけんちょう　大阪府大阪市中央区
十二湖　じゅうにこ　青森県（JR五能線）
十二番丁　じゅうにばんちょう　和歌山県和歌山市
十二道島　じゅうにどうしま　新潟県新潟市南区
十二潟町　じゅうにがたまち　新潟県長岡市
十二橋　じゅうにきょう　千葉県（JR鹿島線）
十人　じゅうにん　長野県上田市
十人町
　じゅうにんまち　佐賀県唐津市
　じゅうにんまち　長崎県長崎市
十人牧場　じゅうにんぼくじょう　北海道空知郡上富良野町
十八女　さかりちょう　徳島県阿南市
十八才乙　じゅうはつさいおつ　山形県西村山郡大江町
十八才甲　じゅうはつさいこう　山形県西村山郡大江町

44

2画（十）

十八日町
じゅうはちにちまち　青森県八戸市
じゅうはちにちまち　岩手県久慈市

十八成浜　くぐなりはま　宮城県石巻市

十八条
じゅうはちじょう　岐阜県瑞穂市
じゅうはちじょう　大阪府大阪市淀川区

³**十三**
じゅうさん　青森県五所川原市
じゅうそう　福井県あわら市
じゅうそう　大阪府（阪急電鉄京都本線ほか）

十三元今里　じゅうそうもといまざと　大阪府大阪市淀川区

十三日町　じゅうさんにちまち　青森県八戸市

十三丘　とみおか　京都府福知山市

十三本町　じゅうそうほんまち　大阪府大阪市淀川区

十三条西　じゅうさんじょうにし　北海道岩見沢市

十三奉行　じゅうさんぶぎょう　茨城県ひたちなか市

十三東　じゅうそうひがし　大阪府大阪市淀川区

十三原　じゅうさんばら　福島県白河市

十三原道下　じゅうさんばらみちした　福島県白河市

十三原道上　じゅうさんばらみちうえ　福島県白河市

十三塚　じゅうさんづか　愛知県犬山市

十三塚北　じゅうさんづかきた　岐阜県関市

十三塚町
じゅうさんづかちょう　岐阜県関市
じゅうさんづかちょう　愛知県半田市
じゅうさんづかちょう　愛知県春日井市

十三塚南　じゅうさんづかみなみ　岐阜県関市

十三番丁　じゅうさんばんちょう　和歌山県和歌山市

十三間戸
じゅうさんまど　茨城県稲敷郡河内町
じゅうさんまど　千葉県香取郡神崎町

十三間町　じゅうさんげんまち　石川県金沢市

十三間町中丁　じゅうさんげんまちなかちょう　石川県金沢市

十川
とがわ　青森県（津軽鉄道線）
そがわ　新潟県村上市
とおかわ　高知県（JR予土線）
とおかわ　高知県高岡郡四万十町

十川西町　そがわにしまち　香川県高松市

十川東町　そがわひがしまち　香川県高松市

⁴**五沢**　じゅうござわ　千葉県市原市

十五所　じゅうごしょ　山梨県南アルプス市

十五間　じゅうごけん　新潟県新潟市南区

十六日町　じゅうろくにちまち　青森県八戸市

十六町
じゅうろくちょう　岐阜県大垣市
そろちょう　愛知県名古屋市瑞穂区

十六所　じゅうろくせん　岐阜県関市

十六面　じゅうろくせん　奈良県磯城郡田原本町

十六島町　うっぷるいちょう　島根県出雲市

十太夫　じゅうだゆう　千葉県流山市

十文字
じゅうもんじ　秋田県（JR奥羽本線）
じゅうもんじ　山形県山形市
じゅうもんじ　福島県白河市

十文字町
じゅうもんじまち　群馬県高崎市

じゅうもんじちょう　京都府京都市中京区
じゅうもんじちょう　京都府京都市下京区

十文字町十五野新田　じゅうもんじまちじゅうごのしんでん　秋田県横手市

十文字町十文字　じゅうもんじまちじゅうもんじ　秋田県横手市

十文字町下佐吉開　じゅうもんじまちしもさきちびらき　秋田県横手市

十文字町上佐吉開　じゅうもんじまちかみさきちびらき　秋田県横手市

十文字町上鍋倉　じゅうもんじまちかみなべくら　秋田県横手市

十文字町大道東　じゅうもんじまちだいどうひがし　秋田県横手市

十文字町仁井田　じゅうもんじまちにいだ　秋田県横手市

十文字町木下　じゅうもんじまちきじた　秋田県横手市

十文字町本町　じゅうもんじまちもとまち　秋田県横手市

十文字町西下　じゅうもんじまちにしした　秋田県横手市

十文字町西上　じゅうもんじまちにしかみ　秋田県横手市

十文字町西原1番町　じゅうもんじまちにしはらいちばんちょう　秋田県横手市

十文字町西原2番町　じゅうもんじまちにしはらにばんちょう　秋田県横手市

十文字町佐賀会　じゅうもんじまちさがえ　秋田県横手市

十文字町谷地新田　じゅうもんじまちやちしんでん　秋田県横手市

十文字町宝竜　じゅうもんじまちほうりゅう　秋田県横手市

十文字町栄町　じゅうもんじまちさかえちょう　秋田県横手市

十文字町海道下　じゅうもんじまちかいどうした　秋田県横手市

十文字町通町　じゅうもんじまちとおりまち　秋田県横手市

十文字町梨木　じゅうもんじまちなしのき　秋田県横手市

十文字町麻当　じゅうもんじまちまとう　秋田県横手市

十文字町植田　じゅうもんじまちうえだ　秋田県横手市

十文字町腕越　じゅうもんじまちうでこし　秋田県横手市

十文字町越前　じゅうもんじまちえつぜん　秋田県横手市

十文字町源太左馬　じゅうもんじまちげんだざま　秋田県横手市

十文字町睦合　じゅうもんじまちむつあい　秋田県横手市

十文字町鼎　じゅうもんじまちかなえ　秋田県横手市

十文字町曙町　じゅうもんじまちあけぼのちょう　秋田県横手市

十文野町　ともんのちょう　長崎県佐世保市

十方町　とおほうちょう　愛知県名古屋市西区

十日市
とおかいち　青森県八戸市
とおかいち　新潟県妙高市

45

2画（十）

とおかいち　新潟県刈羽郡刈羽村
とうかいち　富山県高岡市
十日市中　とおかいちなか　広島県三次市
十日市中町　とうかいちなかまち　岡山県岡山市北区
十日市西　とおかいちにし　広島県三次市
十日市西町　とうかいちにしまち　岡山県岡山市北区
十日市町
　とおかいちちょう　大阪府茨木市
　とうかいちまち　広島県（広島電鉄本線ほか）
　とうかいちまち　広島県広島市中区
　とおかいちまち　広島県三次市
十日市東　とおかいちひがし　広島県三次市
十日市東町　とうかいちひがしまち　岡山県岡山市北区
十日市南　とおかいちみなみ　広島県三次市
十日市場
　とおかいちば　千葉県木更津市
　とおかいちば　神奈川県（JR横浜線）
　とおかいちば　山梨県（富士急行線）
　とおかいちば　山梨県都留市
　とおかいちば　山梨県南アルプス市
十日市場町　とおかいちばちょう　神奈川県横浜市緑区
十日町
　とうかまち　山形県山形市
　とおかまち　山形県新庄市
　とおかまち　山形県上山市
　とおかまち　山形県長井市
　とおかまち　新潟県（JR飯山線ほか）
　とおかまち　新潟県長岡市
　とおかまち　新潟県魚沼市
十日町市　とおかまちし　新潟県
十日町赤倉　とおかまちあかくら　新潟県十日町市
十王
　じゅうおう　山形県西置賜郡白鷹町
　じゅうおう　茨城県（JR常磐線）
十王町
　じゅうおうちょう　愛知県名古屋市中村区
　じゅうおうちょう　愛知県岡崎市
　じゅうおうちょう　滋賀県近江八幡市
十王町山部　じゅうおうちょうやまべ　茨城県日立市
十王町友部　じゅうおうちょうともべ　茨城県日立市
十王町友部東　じゅうおうちょうともべひがし　茨城県日立市
十王町伊師　じゅうおうちょういし　茨城県日立市
十王町伊師本郷　じゅうおうちょういしほんごう　茨城県日立市
十王町城の丘　じゅうおうちょうしろのおか　茨城県日立市
十王町高原　じゅうおうちょうたかはら　茨城県日立市
十王町黒坂　じゅうおうちょうくろさか　茨城県日立市
十王堂北　じゅうおうどうきた　宮城県白石市
十王堂前　じゅうおうどうまえ　宮城県白石市
[5]**四日元町**　とよひもとまち　広島県尾道市
四日市　とよひちまち　広島県尾道市
四条　じゅうしじょう　岐阜県本巣市
四軒町　じゅうよんけんちょう　京都府京都市上京区
十市　とおち　高知県南国市
十市町　とおいちちょう　奈良県橿原市

十弗
　とおふつ　北海道（JR根室本線）
　とおふつ　北海道中川郡豊頃町
十弗宝町　とおふつたからまち　北海道中川郡豊頃町
[6]**十全**　じゅうぜん　北海道常呂郡置戸町
十字　じゅうじ　神奈川県小田原市
十字街　じゅうじがい　北海道（函館市交通局2系統ほか）
十年明　じゅうねんみょう　富山県砺波市
[7]**十余一**　とよいち　千葉県白井市
十余二　とよふた　千葉県柏市
十余三
　とよみ　千葉県成田市
　とよみ　千葉県香取郡多古町
十兵衛　じゅうべえ　静岡県富士市
十役野　とやくの　青森県上北郡七戸町
十志町　じゅうしちょう　三重県四日市市
十条
　じゅうじょう　東京都（JR埼京線）
　じゅうじょう　京都府（京都市交通局烏丸線ほか）
十条台　じゅうじょうだい　東京都北区
十条仲原　じゅうじょうなかはら　東京都北区
十条西　じゅうじょうにし　北海道岩見沢市
十条町　じゅうじょうまち　熊本県八代市
十条東　じゅうじょうひがし　北海道岩見沢市
十条通　じゅうじょうどおり　北海道旭川市
十村　とむら　福井県（JR小浜線）
十町　じゅっちょう　鹿児島県指宿市
十花町　じゅっかまち　茨城県常総市
十谷　じっこく　山梨県南巨摩郡富士川町
十足　とおたり　静岡県伊東市
十里
　じゅうり　茨城県稲敷郡河内町
　じゅうり　滋賀県栗東市
十里町　じゅうりちょう　滋賀県長浜市
十里塚　じゅうりづか　山形県酒田市
[8]**十和**　じゅうわ　茨城県つくばみらい市
十和川口　とおわかわぐち　高知県高岡郡四万十町
十和田上向　とわだうわむかい　秋田県鹿角市
十和田大湯　とわだおおゆ　秋田県鹿角市
十和田山根　とわだやまね　秋田県鹿角市
十和田毛馬内　とわだけまない　秋田県鹿角市
十和田市　とわだし　青森県
十和田末広　とわだすえひろ　秋田県鹿角市
十和田岡田　とわだおかだ　秋田県鹿角市
十和田南　とわだみなみ　秋田県（JR花輪線）
十和田草木　とわだくさぎ　秋田県鹿角市
十和田湖　とわだこ　秋田県鹿角郡小坂町
十和田錦木　とわだにしきぎ　秋田県鹿角市
十和田瀬田石　とわだせたいし　秋田県鹿角市
十念寺前町　じゅうねんじまえちょう　京都府京都市上京区
十枝内　としない　青森県上北郡七戸町
[9]**十洲崎**　じっしゅうざき　秋田県能代市
十津　とおず　高知県高知市
十津川村　とつかわむら　奈良県吉野郡
十神　とおがみ　福島県二本松市
十郎川団地　じゅうろうがわだんち　福岡県福岡市西区

十郎原　じゅうろばら　石川県鳳珠郡能登町
十郎島　じゅうろうじま　静岡県磐田市
十郎島町　じゅうろうしまちょう　愛知県西尾市
十郎新町　じゅうろうしんまち　長崎県佐世保市
十面沢　とつらざわ　青森県弘前市
10十倉
　　とくら　千葉県富里市
　　とくら　京都府舞鶴市
　　とくら　兵庫県三田市
十倉中町　とくらなかまち　京都府綾部市
十倉向町　とくらむかいちょう　京都府綾部市
十倉名畑町　とくらなばたけちょう　京都府綾部市
十倉志茂町　とくらしもちょう　京都府綾部市
十宮　とみや　三重県鈴鹿市
十宮町　とみやちょう　三重県鈴鹿市
十島
　　じゅうじま　福島県南会津郡只見町
　　とおしま　山梨県（JR身延線）
　　とおしま　山梨県南巨摩郡南部町
十島村　としまむら　鹿児島県鹿児島郡
十軒町
　　じっけんちょう　岐阜県関市
　　じっけんちょう　静岡県浜松市中区
　　じっけんちょう　愛知県瀬戸市
11十貫河原　じゅっかんがわら　福島県郡山市
12十塚町　とづかちょう　愛知県豊田市
十勝川温泉　とかちがわおんせん　北海道河東郡音
更町
十勝川温泉北　とかちがわおんせんきた　北海道河東
郡音更町
十勝川温泉南　とかちがわおんせんみなみ　北海道河
東郡音更町
十勝太　とかちぶと　北海道十勝郡浦幌町
十勝郡　とかちぐん　北海道
十勝清水　とかちしみず　北海道（JR根室本線）
十番丁
　　じゅうばんちょう　和歌山県和歌山市
　　じゅうばんちょう　香川県丸亀市
十番町
　　じゅうばんちょう　愛知県名古屋市中川区
　　じゅうばんちょう　岡山県笠岡市
十間坂　じゅっけんざか　神奈川県茅ケ崎市
十間町　じつけんまち　石川県金沢市
十須　じゅうす　三重県北牟婁郡紀北町
13十楽寺　じゅうらくじ　香川県綾歌郡宇多津町
十禅寺
　　じゅうぜんじ　熊本県熊本市中央区
　　じゅうぜんじ　熊本県熊本市南区
十禅寺町　じゅうぜんじまち　熊本県熊本市中央区
十禅師　じゅうぜんじ　滋賀県蒲生郡日野町
十禅師町　じゅうぜんじちょう　京都府京都市下京区
十腰内　とこしない　青森県弘前市
15十輪院町　じゅうりんいんちょう　奈良県奈良市
十輪院畑町　じゅうりんいんはたちょう　奈良県奈良市

【卜】
5卜半町　ぼくはんまち　和歌山県和歌山市
8卜味金仏町　ぼくみかなぶつちょう　京都府京都市下
京区

【又】
2又八　またはち　愛知県弥富市
又八町　またはちちょう　愛知県弥富市
3又丸　またまる　岐阜県岐阜市
又丸村中　またまるむらなか　岐阜県岐阜市
又丸町畑　またまるちょうばた　岐阜県岐阜市
又丸柳町　またまるやなぎまち　岐阜県岐阜市
又丸津島　またまるつしま　岐阜県岐阜市
又丸宮東　またまるみやひがし　岐阜県岐阜市
6又吉町　またきちちょう　愛知県津島市
7又兵エ新田　またべえしんでん　岩手県紫波郡矢巾町
11又野
　　また　神奈川県相模原市緑区
　　また　愛媛県新居浜市
12又富　またどみ　千葉県長生郡長南町
13又新　またしん　新潟県燕市
15又穂町　またほちょう　愛知県名古屋市西区

3画

【下】
下
　　しも　福井県大飯郡高浜町
　　しも　静岡県静岡市葵区
　　しも　奈良県桜井市
　　しも　岡山県岡山市中区
　　しも　山口県岩国市
　　しも　徳島県名東郡佐那河内村
　　しも　福岡県宮若市
　　しも　熊本県玉名市
0下々条　しもげじょう　新潟県長岡市
下々条町　しもげじょうまち　新潟県長岡市
下オソツベツ　しもおそつべつ　北海道川上郡標茶町
下ケ戸　さげと　千葉県我孫子市
下ケ傍示　さげほうじ　千葉県大網白里市
下ケ橋町　さげはしちょう　栃木県宇都宮市
下コクネップ　しもこくねっぷ　北海道天塩郡天塩町
下シ沢　くたしざわ　岩手県花巻市
下タノ沢　したのさわ　青森県三戸郡五戸町
下タノ沢頭　したのさわがしら　青森県三戸郡五戸町
下タ川原
　　したかわら　青森県上北郡七戸町
　　したかわら　岩手県八幡平市
　　しもたかわらS　宮城県加美郡加美町
下タ中　したなか　福井県三方上中郡若狭町
下タ町　したまち　秋田県南秋田郡五城目町
下タ林　したばやし　富山県富山市
下チャンベツ　しもちゃんべつ　北海道川上郡標茶町
下トマム　しもとまむ　北海道勇払郡占冠村
下トヨイ　しもとよい　北海道広尾郡広尾町
下ノ内
　　しものうち　福島県二本松市
　　しものうち　福島県石川郡石川町
下ノ加江　しものかえ　高知県土佐清水市
下ノ台　したのだい　福島県南会津郡檜枝岐村
下ノ江
　　したのえ　大分県（JR日豊本線）
　　したのえ　大分県臼杵市

3画（下）

下ノ江町　しものごうまち　石川県能美市
下ノ原　しものはら　福島県南会津郡檜枝岐村
下ノ橋　しものはし　新潟県阿賀野市
下ノ橋町　しものはしちょう　岩手県盛岡市
下モ川原
　　しもかわら　青森県上北郡七戸町
　　しもかわら　岩手県八幡平市
下モ沢向　しもさわむかい　青森県三戸郡五戸町
下さざらい町　しもさざらいちょう　三重県四日市市
下の丁　したのちょう　長崎県島原市
下の内　しものうち　栃木県日光市
下の田　しのた　岩手県八幡平市
下の原町　しものはるちょう　長崎県佐世保市
下の浜　しものはま　広島県廿日市市
下の湯　しものゆ　北海道二海郡八雲町
下り尾　さがりお　奈良県桜井市
下り松町　さがりまつちょう　京都府京都市下京区
[1]下一丁田　しもいっちょうだ　静岡県沼津市
下一之町　しもいちのまち　岐阜県高山市
下一分　しもいちぶ　新潟県阿賀野市
下一文字町　しもいちもんじちょう　京都府京都市中京区
下一日市　しもひといち　新潟県南魚沼市
下一光町　しもいかりちょう　福井県福井市
下一色町
　　しもいしきちょう　愛知県愛西市
　　しもいしきちょう　滋賀県東近江市
下乙女　しもおとめ　大分県宇佐市
下乙見　しもおとみ　京都府船井郡京丹波町
[2]下七見町　しもななみちょう　三重県松阪市
下丁　しもようろ　福井県大野市
下九沢
　　しもくざわ　神奈川県相模原市緑区
　　しもくざわ　神奈川県相模原市中央区
下二　しもふた　福岡県遠賀郡水巻町
下二ケ　しもにか　岡山県久米郡久米南町
下二十町　しもにじっちょう　福岡県北九州市門司区
下二之町　しもにのまち　岐阜県高山市
下二之宮町　しもにのみやちょう　京都府京都市下京区
下二井田　しもにいだ　秋田県湯沢市
下二西　しもふたにし　福岡県遠賀郡水巻町
下二東　しもふたひがし　福岡県遠賀郡水巻町
下二俣町　しもふたまたちょう　滋賀県東近江市
下入野町　しもいりのちょう　茨城県水戸市
下八ツ林　しもやつばやし　埼玉県比企郡川島町
下八丁　しもはっちょう　秋田県横手市
下八川乙　しもやがわおつ　高知県吾川郡いの町
下八川丁　しもやがわてい　高知県吾川郡いの町
下八川十田　しもやがわとおだ　高知県吾川郡いの町
下八川丙　しもやがわへい　高知県吾川郡いの町
下八川甲　しもやがわこう　高知県吾川郡いの町
下八文字町　しもはちもんじちょう　京都府京都市中京区
下八木　しもやぎ　滋賀県愛知郡愛荘町
下八木沢　しもやぎさわ　山梨県南巨摩郡身延町
下八木町　しもやぎちょう　滋賀県長浜市
下八田町　しもやたちょう　京都府綾部市
下八合　しもはちごう　宮城県刈田郡七ケ宿町

下八町　しもはっちょう　長野県須坂市
下八里町　しもやさとまち　石川県小松市
下八枚　しもはちまい　新潟県新潟市南区
下八院　しもはちいん　福岡県大川市
下八釣町　しもやつりちょう　福岡県橿原市
下八幡　しもやはた　大分県大分市
下八瀬　しもやつせ　宮城県気仙沼市
[3]下三ケ尾　しもさんがお　千葉県野田市
下三ツ木町　しもみつぎちょう　愛知県岡崎市
下三之町　しもさんのまち　岐阜県高山市
下三之宮町　しもさんのみやちょう　京都府京都市下京区
下三毛　しもみけ　和歌山県和歌山市
下三光　しもさんこう　新潟県新発田市
下三条町
　　しもさんじょうちょう　兵庫県神戸市兵庫区
　　しもさんじょうちょう　奈良県奈良市
下三谷
　　しもみたに　三重県名張市
　　しもみたに　愛媛県伊予市
下三林町　しもみばやしちょう　群馬県館林市
下三河　しもみかわ　兵庫県佐用郡佐用町
下三俣　しもみつまた　埼玉県加須市
下三草　しもみくさ　兵庫県加東市
下三栖　しもみす　和歌山県田辺市
下三財　しもさんざい　宮崎県西都市
下三條　しもさんじょう　山梨県中央市
下三緒　しもみお　福岡県飯塚市
下三輪町　しもみわまち　宮崎県延岡市
下三橋町　しもみつはしちょう　奈良県大和郡山市
下三瀬　しもみせ　三重県多気郡大台町
下上　しもかみ　山口県周南市
下上津役　しもこうじゃく　福岡県北九州市八幡西区
下上津役元町　しもこうじゃくもとまち　福岡県北九州市八幡西区
下上野　しもうわの　富山県下新川郡入善町
下万呂　しもまろ　和歌山県田辺市
下万寿寺町　しもまんじゅうじちょう　京都府京都市下京区
下万能　しもまんのう　静岡県磐田市
下万願寺町　しもまんがんじちょう　兵庫県加西市
下与田川　しもよたがわ　青森県上北郡野辺地町
下丸子
　　しもまるこ　東京都（東京急行電鉄東急多摩川線）
　　しもまるこ　東京都大田区
　　しもまるこ　長野県上田市
下丸屋町
　　しもまるやちょう　京都府京都市上京区
　　しもまるやちょう　京都府京都市中京区
下久米　しもくめ　兵庫県加東市
下久志　しもくし　鹿児島県大島郡徳之島町
下久我　しもくが　栃木県鹿沼市
下久具　しもくぐ　三重県度会郡度会町
下久知　しもくち　新潟県佐渡市
下久保
　　しもくぼ　青森県三沢市
　　しもくぼ　岩手県岩手郡雫石町
下久屋町　しもくやまち　群馬県沼田市
下久津呂　しもくづろ　富山県氷見市

3画（下）

下久家　しもひさげ　愛媛県南宇和郡愛南町
下久著呂　しもくちょろ　北海道阿寒郡鶴居村
下久部　しもくべ　大分県佐伯市
下久野　しもくの　島根県（JR木次線）
下久堅下虎岩　しもひさかたしもとらいわ　長野県飯田市
下久堅小林　しもひさかたこばやし　長野県飯田市
下久堅知久平　しもひさかたちくだいら　長野県飯田市
下久堅南原　しもひさかたみなばら　長野県飯田市
下久堅柿野沢　しもひさかたかきのさわ　長野県飯田市
下久堅稲葉　しもひさかたいなば　長野県飯田市
下口羽　しもくちば　島根県邑智郡邑南町
下土井　しもどい　岡山県加賀郡吉備中央町
下土方　しもひじかた　静岡県掛川市
下土木内町　しもどぎうちちょう　茨城県日立市
下土田
　　しもつちだ　茨城県かすみがうら市
　　しもつちだ　岡山県岡山市北区
下土地亀　しもどちがめ　新潟県新潟市北区
下土佐　しもとさ　奈良県高市郡高取町
下土沢　しもつちざわ　新潟県岩船郡関川村
下土居　しもつちい　岐阜県岐阜市
下土室　しもつちむろ　石川県能美郡川北町
下土狩
　　しもとがり　静岡県（JR御殿場線）
　　しもとがり　静岡県駿東郡長泉町
下土倉　しもつちくら　新潟県加茂市
下土師　しもはじ　茨城県東茨城郡茨城町
下土棚　しもつちだな　神奈川県藤沢市
下士別　しもしべつ　北海道（JR宗谷本線）
下士別町　しもしべつちょう　北海道士別市
下士幌　しもしほろ　北海道河東郡音更町
下士幌幹線　しもしほろかんせん　北海道河東郡音更町
下大久保
　　しもおおくぼ　栃木県鹿沼市
　　しもおおくぼ　埼玉県さいたま市桜区
　　しもおおくぼ　富山県富山市
　　しもおおくぼ　京都府船井郡京丹波町
下大久保町　しもおおくぼちょう　三重県鈴鹿市
下大久保東ケ丘　しもおおくぼひがしがおか　富山県富山市
下大久保新町　しもおおくぼしんまち　富山県富山市
下大久保緑町　しもおおくぼみどりちょう　富山県富山市
下大川内　しもおおかわうち　鹿児島県出水市
下大川前通　しもおおかわまえどおり　新潟県新潟市中央区
下大之郷　しもおおのごう　静岡県磐田市
下大井　しもおおい　神奈川県小田原市
下大内　しもおおち　京都府福知山市
下大市西町　しもおおいちにしまち　兵庫県西宮市
下大市東町　しもおおいちひがしまち　兵庫県西宮市
下大平楽　しもたいへいらく　青森県三戸郡五戸町
下大田和　しもおおだわ　栃木県真岡市
下大多喜　しもおおたき　千葉県夷隅郡大多喜町
下大江
　　しもおおえ　鳥取県倉吉市

　　しもおおえ　鳥取県東伯郡琴浦町
下大羽　しもおおば　栃木県芳賀郡益子町
下大利
　　しもおおり　福岡県（西日本鉄道天神大牟田線）
　　しもおおり　福岡県大野城市
下大利団地　しもおおりだんち　福岡県大野城市
下大町　しもおおまち　青森県三戸郡五戸町
下大谷
　　しもおおたに　新潟県加茂市
　　しもおおたに　岡山県美作市
下大谷内　しもおおやち　新潟県新潟市北区
下大谷沢　しもおおやざわ　埼玉県日高市
下大阪町　しもおおさかちょう　京都府京都市中京区
下大和田町　しもおおわだちょう　千葉県千葉市緑区
下大沼　しもおおぬま　栃木県真岡市
下大牧町　しもおおまきちょう　愛知県西尾市
下大門町　しもおおかどちょう　茨城県常陸太田市
下大屋町　しもおおやまち　群馬県前橋市
下大屋敷　しもおおやしき　埼玉県比企郡川島町
下大津町　しもおおづちょう　長崎県五島市
下大島　しもおおしま　茨城県つくば市
下大島町
　　しもおおしままち　群馬県前橋市
　　しもおおしままち　群馬県高崎市
下大桑町　しもおおくわちょう　岐阜県岐阜市
下大浦
　　しもおおうら　新潟県三条市
　　しもおおうら　富山県富山市
　　しもおおうら　富山県滑川市
下大納　しもおおのう　福井県大野市
下大崎　しもおおさき　埼玉県白岡市
下大曽　しもおおぞ　栃木県真岡市
下大貫　しもおおぬき　栃木県那須塩原市
下大部町　しもおおべちょう　兵庫県小野市
下大野
　　しもおおの　秋田県由利本荘市
　　しもおおの　茨城県古河市
　　しもおおの　愛媛県北宇和郡鬼北町
下大野町
　　しもおおのちょう　茨城県水戸市
　　しもおおのちょう　徳島県阿南市
　　しもおおのまち　長崎県長崎市
下大鳥　しもおおとり　新潟県村上市
下大鳥居　しもおおどりい　山梨県西八代郡市川三郷町
下大塚　しもおおづか　群馬県藤岡市
下大堤　しもおおづみ　茨城県かすみがうら市
下大渡野町　しもおおわたのまち　長崎県諫早市
下大賀　しもおおが　茨城県那珂市
下大隈　しもおおくま　福岡県中間市
下大新田　しもおおしんでん　新潟県柏崎市
下大蒲原　しもおおかんばら　新潟県五泉市
下大増新田　しもおおましんでん　埼玉県春日部市
下大樽　しもおおぐれ　岐阜県安八郡輪之内町
下大樽新田　しもおおぐれしんでん　岐阜県安八郡輪之内町
下大領　しもだいりょう　栃木県下野市
下大槻　しもおおづき　神奈川県秦野市
下大槻街　しもおおつきこうじ　岩手県一関市
下大蔵　しもおおくら　新潟県村上市

49

3画（下）

下大樹　しもたいき　北海道広尾郡大樹町
下大類町　しもおおるいまち　群馬県高崎市
下子島　しもこしま　奈良県高市郡高取町
下小口　しもおぐち　愛知県丹羽郡大口町
下小山田　しもおやまだ　福島県須賀川市
下小山田町　しもおやまだまち　東京都町田市
下小川
　　しもおがわ　茨城県（JR水郡線）
　　しもおがわ　千葉県香取市
　　しもおがわ　山口県萩市
下小川町　しもおがわちょう　京都府京都市上京区
下小中　しもこなか　山形県鶴岡市
下小中山　しもこなかやま　新潟県新発田市
下小中野　しもこなかの　青森県上北郡野辺地町
下小代　しもごしろ　栃木県（東武鉄道日光線）
下小出町　しもこいでまち　群馬県前橋市
下小田
　　しもおだ　静岡県焼津市
　　しもおだ　京都府福知山市
　　しもおだ　佐賀県杵島郡江北町
　　しもおだ　熊本県玉名市
下小田中　しもこだなか　神奈川県川崎市中原区
下小田中町　しもおだなかまち　静岡県焼津市
下小田井　しもおたい　愛知県（名古屋鉄道犬山線）
下小田切　しもおたぎり　長野県佐久市
下小目　しもおめ　茨城県つくばみらい市
下小池町　しもこいけまち　栃木県宇都宮市
下小舟渡　しもこぶなと　岩手県花巻市
下小坂
　　しもおさか　群馬県甘楽郡下仁田町
　　しもおさか　埼玉県川越市
下小杉　しもこすぎ　静岡県焼津市
下小見野　しもおみの　埼玉県比企郡川島町
下小阪　しもこさか　大阪府東大阪市
下小松
　　しもこまつ　山形県東置賜郡川西町
　　しもこまつ　新潟県新発田市
下小林　しもこばやし　静岡県駿東郡小山町
下小林町　しもこばやしちょう　群馬県太田市
下小河原町　しもこがわらちょう　山梨県甲府市
下小波田　しもこばた　三重県名張市
下小南川　しもおみながわ　高知県土佐郡大川村
下小泉　しもこいずみ　群馬県邑楽郡大泉町
下小泉町　しもこいずみまち　富山県滑川市
下小倉町　しもこぐらちょう　栃木県宇都宮市
下小針　しもこばり　愛知県犬山市
下小針中島　しもおばりなかじま　愛知県小牧市
下小針天神　しもおばりてんじん　愛知県小牧市
下小堀　しもこぼり　千葉県香取市
下小菅　しもこすげ　山形県米沢市
下小野
　　しもおの　千葉県香取市
　　しもおの　静岡県賀茂郡南伊豆町
下小野田　しもおのだ　千葉県長生郡長南町
下小鳥町　しもことりまち　群馬県高崎市
下小鹿野　しもおがの　埼玉県秩父郡小鹿野町
下小塙　しもこばな　福島県双葉郡楢葉町
下小塙町　しもこばなまち　群馬県高崎市

下小路　しもこうじ　宮城県亘理郡亘理町
下小路町　したこうじちょう　静岡県沼津市
下小橋　しもこばし　茨城県猿島郡境町
下小瀬　しもおせ　茨城県常陸大宮市
下小鯖　しもおさば　山口県山口市
下山
　　しもやま　青森県上北郡東北町
　　しもやま　山形県西置賜郡白鷹町
　　しもやま　福島県南会津郡南会津町
　　したやま　新潟県新潟市東区
　　しもやま　新潟県新潟市西蒲区
　　しもやま　新潟県長岡市
　　にざやま　富山県下新川郡入善町
　　しもやま　福井県大野市
　　しもやま　山梨県南巨摩郡身延町
　　しもやま　愛知県長久手市
　　しもやま　京都府（JR山陰本線）
　　しもやま　京都府船井郡京丹波町
　　しもやま　岡山県美作市
　　しもやま　高知県（土佐くろしお鉄道ごめん・なは
　　　り線）
　　しもやま　高知県安芸市
　　しもやま　熊本県上益城郡山都町
下山ノ田　しもやまのた　愛知県知多郡武豊町
下山口
　　しもやまぐち　埼玉県（西武鉄道狭山線）
　　しもやまぐち　神奈川県三浦郡葉山町
下山口新田　しもやまぐちしんでん　埼玉県さいたま
市緑区
下山川　しもやまかわ　茨城県結城郡八千代町
下山中　しもやまなか　福井県丹生郡越前町
下山手通　しもやまてどおり　兵庫県神戸市中央区
下山本　しもやまもと　福島県東白川郡棚倉町
下山田
　　しもやまだ　福島県二本松市
　　しもやまだ　新潟県新発田市
　　しもやまだ　新潟県村上市
　　しもやまだ　富山県高岡市
　　しもやまだ　石川県かほく市
　　しもやまだ　滋賀県長浜市
　　しもやまだ　京都府与謝郡与謝野町
　　しもやまだ　福岡県嘉麻市
下山田代町　しもやまたしろちょう　愛知県豊田市
下山田町　しもやまだちょう　広島県呉市
下山坂　しもやまさか　岡山県玉野市
下山形　しもやまがた　青森県黒石市
下山村　しもやまむら　長野県（JR飯田線）
下山町
　　しもやまちょう　茨城県古河市
　　しもやままち　石川県輪島市
　　しもやまちょう　愛知県名古屋市瑞穂区
下山谷
　　しもやまや　秋田県湯沢市
　　しもやまだに　佐賀県西松浦郡有田町
下山里町　しもやまさとちょう　京都府京都市上京区
下山門
　　しもやまと　福岡県（JR筑肥線）
　　しもやまと　福岡県福岡市西区
下山門団地　しもやまとだんち　福岡県福岡市西区
下山門野　しもやまとの　鹿児島県出水郡長島町
下山屋　しもやまや　新潟県阿賀野市
下山家町　しもやんべまち　山形県山形市

3画（下）

下山崎　しもやまざき　新潟県新潟市南区
下山梨　しもやまなし　静岡県袋井市
下山添　しもやまぞえ　山形県鶴岡市
下山新　にざやましん　富山県下新川郡朝日町
下川
　　しもがわ　山形県鶴岡市
　　したがわ　愛知県新城市
　　しもかわ　高知県土佐郡土佐町
下川入　しもかわいり　神奈川県厚木市
下川下　しもがわしも　和歌山県田辺市
下川上
　　しもかわかみ　埼玉県熊谷市
　　しもがわかみ　和歌山県田辺市
下川口
　　しもかわぐち　新潟県岩船郡関川村
　　しもかわぐち　高知県土佐清水市
下川口町　しもかわぐちちょう　愛知県豊田市
下川中子　しもかわなご　茨城県筑西市
下川井　しもかわい　栃木県那須烏山市
下川井町　しもかわいちょう　神奈川県横浜市旭区
下川井野　しもがわいの　熊本県上益城郡山都町
下川内　しもかわうち　福島県双葉郡川内村
下川手　しもかわて　岐阜県岐阜市
下川尻町　しもかわしりまち　長崎県島原市
下川田町
　　しもかわだまち　群馬県沼田市
　　しもかわだちょう　愛知県一宮市
下川立町　しもかわたちまち　広島県三次市
下川辺
　　しもかわべ　岐阜県加茂郡川辺町
　　しもかわべ　広島県（JR福塩線）
下川合　しもかわい　静岡県（JR飯田線）
下川町
　　しもかわちょう　北海道石狩郡当別町
　　しもかわちょう　北海道上川郡
　　しもかわまち　群馬県前橋市
　　しもかわちょう　愛媛県四国中央市
下川底　しもかわそこ　福岡県豊前市
下川東　しもかわひがし　宮城県栗原市
下川沿　しもかわぞい　秋田県（JR奥羽本線）
下川茂　しもかわも　新潟県佐渡市
下川俣町　しもかわまたまち　栃木県宇都宮市
下川原
　　しもがわら　青森県上北郡横浜町
　　しもがわら　宮城県加美郡加美町
　　したがわら　秋田県大館市
　　しもがわら　秋田県南秋田郡八郎潟町
　　しもがわら　山形県東根市
　　しもがわら　福島県喜多方市
　　しもがわら　福島県伊達市
　　しもがわら　福島県大沼郡会津美里町
　　しもかわら　埼玉県入間郡毛呂山町
　　しもかわはら　静岡県静岡市駿河区
　　しもがわら　愛知県長久手市
　　しもがわら　三重県伊賀市
下川原中島　しもかわはらなかじま　秋田県由利本荘市
下川原甲　しもかわらこう　福島県大沼郡会津美里町
下川原町　しもがわらちょう　新潟県十日町市
下川原南　しもかわはらみなみ　静岡県静岡市駿河区
下川島　しもかわしま　茨城県筑西市

下川崎
　　しもかわさき　福島県二本松市
　　しもかわさき　埼玉県飯能市
　　しもかわさき　埼玉県羽生市
　　しもがわさき　埼玉県幸手市
　　しもがわさき　富山県小矢部市
下川端町　しもかわばたまち　福岡県福岡市博多区
下弓削　しもゆげ　岡山県久米郡久米南町
⁴下中
　　しもなか　新潟県新発田市
　　しもなか　富山県砺波市
　　しもなか　富山県小矢部市
　　しもなか　石川県河北郡津幡町
下中ノ目　しもなかのめ　新潟県新発田市
下中山
　　しもなかやま　茨城県筑西市
　　しもなかやま　新潟県新発田市
　　しもなかやま　山梨県南都留郡道志村
下中川原　しもなかがわら　秋田県湯沢市
下中井　しもなかい　福井県小浜市
下中田　しもなかだ　新潟県上越市
下中江　しもなかえ　新潟県新発田市
下中条
　　しもちゅうじょう　埼玉県行田市
　　しもなかじょう　富山県砺波市
下中条町　しもちゅうじょうちょう　大阪府茨木市
下中村町　しもなかむらちょう　愛知県名古屋市中村区
下中沢　しもなかざわ　新潟県新発田市
下中町
　　しもなかちょう　福井県福井市
　　しもなかちょう　愛知県豊田市
　　しもなかちょう　京都府京都市伏見区
下中町加賀野井　しもなかちょうかがのい　岐阜県羽島市
下中町市之枝　しもなかちょういちのえだ　岐阜県羽島市
下中町石田　しもなかちょういしだ　岐阜県羽島市
下中町城屋敷　しもなかちょうしろやしき　岐阜県羽島市
下中谷　しもなかたに　鳥取県西伯郡南部町
下中居町　しもなかいまち　群馬県高崎市
下中屋町　しもなかやちょう　岐阜県各務原市
下中津川　しもなかつかわ　福島県大沼郡昭和村
下中津井　しもなかつい　岡山県真庭市
下中津良町　しもなかつらちょう　長崎県平戸市
下中津原町　しもなかつはらちょう　福井県越前市
下中島
　　しもなかじま　新潟県村上市
　　しもなかしま　和歌山県有田市
下中崎　しもなかさき　青森県三戸郡五戸町
下中野
　　しもなかの　栃木県那須塩原市
　　しもなかの　岡山県岡山市北区
　　しもなかの　岡山県岡山市南区
下中野目　しもなかのめ　山形県鶴岡市
下中野町
　　しもなかのちょう　滋賀県東近江市
　　しもなかのちょう　長崎県平戸市
下中森　しもなかもり　群馬県邑楽郡千代田町
下中溝　しもなかみぞ　静岡県沼津市

51

3画（下）

下丹生
　しもにゅう　群馬県富岡市
　しもにゅう　滋賀県米原市
下丹生谷　しもにゅうや　和歌山県紀の川市
下一色町　しものいっしきちょう　愛知県名古屋市
　中川区
下之切町　しものきりまち　岐阜県高山市
下之条　しものじょう　長野県上田市
下之町
　しものちょう　群馬県沼田市
　しものちょう　京都府京都市上京区
　しものちょう　京都府京都市下京区
　したのちょう　大阪府泉大津市
　しものちょう　奈良県五條市
下之保　しものほ　岐阜県関市
下之城　しものじょう　長野県東御市
下之城町　しものじょうまち　群馬県高崎市
下之宮　しものみや　群馬県佐波郡玉村町
下之宮町　しものみやちょう　三重県四日市市
下之郷
　しものごう　千葉県長生郡睦沢町
　しものごう　長野県（上田電鉄別所線）
　しものごう　長野県上田市
　しものごう　静岡県藤枝市
　しものごう　滋賀県守山市
　しものごう　滋賀県犬上郡甲良町
下之郷乙　しものごうおつ　長野県上田市
下之郷町
　しものごうちょう　滋賀県長浜市
　しものごうちょう　滋賀県守山市
下井
　しもい　茨城県北相馬郡利根町
　しもい　千葉県印西市
下井手　しもいで　熊本県荒尾市
下井手町　しもいでまち　大分県日田市
下井尻　しもいじり　山梨県山梨市
下井沢　しもいさわ　兵庫県三田市
下井町　しもいちょう　大阪府茨木市
下井町下井　しもいちょうしもい　愛知県尾張旭市
下井町刎内　しもいちょうはねうち　愛知県尾張旭市
下井町前の上　しもいちょうまえのかみ　愛知県尾張
　旭市
下井阪
　しもいさか　和歌山県（JR和歌山線）
　しもいさか　和歌山県紀の川市
下井草
　しもいぐさ　東京都（西武鉄道新宿線）
　しもいぐさ　東京都杉並区
下五井町　しもごいちょう　愛知県豊橋市
下五区　しもごく　北海道富良野市
下五条町　しもごじょうちょう　京都府京都市下京区
下五貫野　しもごかんの　新潟県上越市
下五間町　しもごけんまち　山口県萩市
下五箇　しもごか　群馬県邑楽郡板倉町
下今井
　しもいまい　山梨県南アルプス市
　しもいまい　山梨県甲斐市
下今井町　しもいまいちょう　山梨県甲府市
下今市　しもいまいち　栃木県（東武鉄道鬼怒川線ほ
　か）

下今泉
　しもいまいずみ　神奈川県海老名市
　しもいまいずみ　新潟県新発田市
下今諏訪　しもいますわ　山梨県南アルプス市
下仁手　しもにつて　埼玉県本庄市
下仁木町　しもにぎちょう　愛知県豊田市
下仁田
　しもにた　群馬県（上信電鉄線）
　しもにた　群馬県甘楽郡下仁田町
下仁田町　しもにたまち　群馬県甘楽郡
下仁保　しもにぼ　岡山県赤磐市
下仁興町　しもにごうちょう　奈良県天理市
下元重　しももとしげ　大分県宇佐市
下元郷　しももとごう　東京都西多摩郡檜原村
下六万寺町　しもろくまんじちょう　大阪府東大阪市
下六川　しもむつがわ　和歌山県有田郡有田川町
下六条町　しもろくじょうちょう　福井県福井市
下六條　しもろくじょう　徳島県板野郡上板町
下六嘉　しもろっか　熊本県上益城郡嘉島町
下内川　しもうちかわ　埼玉県吉川市
下内田　しもうちだ　静岡県菊川市
下内田町　しもうちだちょう　岡山県岡山市北区
下内竹　しもないだけ　新潟県新発田市
下内神　しもうちがみ　兵庫県三田市
下内崎　げないざき　秋田県能代市
下内野　しもうちの　佐賀県西松浦郡有田町
下内間木　しもうちまぎ　埼玉県朝霞市
下内橋　げないばし　千葉県木更津市
下内膳　しもないぜん　兵庫県洲本市
下切
　しもぎり　岐阜県（JR太多線）
　しもぎり　岐阜県可児市
　したぎり　高知県土佐郡大川村
　したぎり　高知県幡多郡三原村
　したぎり　熊本県阿蘇郡高森町
下切町
　しもぎりまち　岐阜県高山市
　しもぎりちょう　岐阜県各務原市
　しもぎりちょう　愛知県津島市
　しもぎりちょう　愛知県豊田市
下分
　しもぶん　徳島県名西郡神山町
　しもぶん　高知県高岡郡日高村
下分乙　しもぶんおつ　高知県須崎市
下分甲　しもぶんこう　高知県須崎市
下双嶺　しもぞうれい　富山県富山市
下反田　しもそりだ　山形県山形市
下反田町　しもそりまちちょう　栃木県宇都宮市
下友生　しもともの　三重県伊賀市
下友田　しもともだ　三重県伊賀市
下太　しもふと　静岡県磐田市
下太田
　しもおおた　岩手県盛岡市
　しもおおた　茨城県稲敷市
　しもおおた　茨城県鉾田市
　しもおおた　栃木県矢板市
　しもおおだ　千葉県茂原市
下太田町
　しもおおだちょう　福井県越前市
　しもおおたまち　岐阜県岐阜市

3画（下）

下天下町　しもてがちょう　福井県福井市
下天津
　しもあまつ　京都府（京都丹後鉄道宮福線）
　しもあまつ　京都府福知山市
下天神町　しもてんじんちょう　京都府京都市上京区
下天野　しもあまの　和歌山県伊都郡かつらぎ町
下戸　さげと　京都府福知山市
下戸山　しもどやま　滋賀県栗東市
下戸田
　しもとだ　埼玉県戸田市
　しもとだ　兵庫県西脇市
下戸次　しもへつぎ　大分県大分市
下戸倉　しもとぐら　新潟県五泉市
下戸祭　しもとまつり　栃木県宇都宮市
下戸塚　しもとづか　群馬県藤岡市
下戸越町　しもとごえまち　熊本県人吉市
下手子林　しもてこばやし　埼玉県羽生市
下手沢　しもてざわ　福島県東白川郡棚倉町
下手計　しもてばか　埼玉県深谷市
下手野　しもての　兵庫県姫路市
下手綱　しもてづな　茨城県高萩市
下文狭　しもぶばさみ　栃木県下野市
下斗米　しもとまい　岩手県二戸市
下斗満　しもとまむ　北海道足寄郡陸別町
下方
　したかた　千葉県成田市
　しもがた　新潟県柏崎市
　しもがた　岐阜県揖斐郡大野町
　しもがた　岡山県真庭市
　しもかた　宮崎県日南市
下方町　しもかたちょう　愛知県名古屋市千種区
下日出谷　しもひでや　埼玉県桶川市
下日出谷西　しもひでやにし　埼玉県桶川市
下日向　しもひなた　栃木県鹿沼市
下日野　しもひの　群馬県藤岡市
下日野沢　しもひのざわ　埼玉県秩父郡皆野町
下月隈　しもつきぐま　福岡県福岡市博多区
下木下町　しもきのしたちょう　京都府京都市上京区
下木山　しもきやま　新潟県新潟市南区
下木戸
　しもきど　茨城県下妻市
　しもきど　新潟県新潟市東区
下木田町　しもきだちょう　大阪府寝屋川市
下木佐木　しもきさき　福岡県大川市
下木屋　しもごや　山口県山陽小野田市
下木島
　しもきじま　新潟県新潟市西蒲区
　しもきじま　長野県飯山市
下欠町　しもかけまち　栃木県宇都宮市
下止々呂美　しもとどろみ　大阪府箕面市
下比奈知　しもひなち　三重県名張市
下毛屋　しもけや　福井県勝山市
下氏家町　しもうずえちょう　福井県鯖江市
下水内郡　しもみのちぐん　長野県
下水流町　しもずるちょう　宮崎県都城市
下片田　しもかたた　茨城県古河市
下片島　しもかたしま　福岡県京都郡苅田町
下牛尾　しもうしお　兵庫県神崎郡市川町
下牛潟町　しもうしがたちょう　青森県つがる市

5下世屋　しもせや　京都府宮津市
下仙美里　しもせんびり　北海道中川郡本別町
下仙道　しもせんどう　秋田県雄勝郡羽後町
下代野　しもだいの　秋田県大館市
下代継　しもよつぎ　東京都あきる野市
下出
　しもいで　新潟県糸魚川市
　しもで　富山県南砺市
　しもいで　大阪府阪南市
下出江　しもいずえ　三重県多気郡多気町
下出島　しもいずしま　茨城県坂東市
下出浦　しもいずな　新潟県南魚沼市
下出部町　しもいずえちょう　岡山県井原市
下加斗　しもかど　福井県小浜市
下加治　しもかじ　埼玉県飯能市
下加茂
　しもがも　兵庫県洲本市
　したかも　兵庫県川西市
　しもがも　岡山県加賀郡吉備中央町
下加納　しもかのう　茨城県稲敷郡河内町
下加賀田　しもかがた　茨城県笠間市
下北　しもきた　青森県（JR大湊線）
下北万丁目　しもきたまんちょうめ　岩手県花巻市
下北山村　しもきたやまむら　奈良県吉野郡
下北川　しもきたがわ　高知県吾川郡仁淀川町
下北手宝川　しもきたてたからかわ　秋田県秋田市
下北手松崎　しもきたてまつさき　秋田県秋田市
下北手柳舘　しもきたてやなぎたて　秋田県秋田市
下北手桜　しもきたてさくら　秋田県秋田市
下北手通沢　しもきたてとおりさわ　秋田県秋田市
下北手梨平　しもきたてなしひら　秋田県秋田市
下北手黒川　しもきたてくろかわ　秋田県秋田市
下北手寒川　しもきたてさむかわ　秋田県秋田市
下北方　しもきたがた　広島県三原市
下北方町　しもきたかたまち　宮崎県宮崎市
下北条　しもほうじょう　鳥取県（JR山陰本線）
下北沢　しもきたざわ　東京都（京王電鉄井の頭線ほか）
下北町　しもきたちょう　青森県むつ市
下北迫　しもきたば　福島県双葉郡広野町
下北島　しもきたじま　福岡県筑後市
下北浦　しもきたうら　宮城県加美郡加美町
下北郡　しもきたぐん　青森県
下半田川町　しもはだがわちょう　愛知県瀬戸市
下半原　しもはんばら　福井県大野市
下右田　しもみぎた　山口県防府市
下古山　しもこやま　栃木県下野市
下古川　しもふるかわ　鳥取県倉吉市
下古川布　しもふるかわしき　秋田県能代市
下古内　しもふるうち　茨城県東茨城郡城里町
下古寺　しもふるてら　埼玉県比企郡小川町
下古志町　しもこしちょう　島根県出雲市
下古沢
　しもふるさわ　神奈川県厚木市
　しもこさわ　和歌山県（南海電気鉄道高野線）
　しもこさわ　和歌山県伊都郡九度山町
下古城　しもふるしろ　静岡県駿東郡小山町
下古城町　しもふるしろちょう　京都府京都市中京区
下司　くだし　兵庫県淡路市

53

3画（下）

下司町　げしちょう　福井県鯖江市
下台　しもだい　千葉県印旛郡酒々井町
下四ツ屋　しもよつや　新潟県上越市
下四目町　しもしめちょう　福井県越前市
下尻毛　しもしっけ　岐阜県岐阜市
下左草　しもさそう　岩手県和賀郡西和賀町
下市
　しもいち　奈良県吉野郡下市町
　しもいち　鳥取県（JR山陰本線）
　しもいち　鳥取県西伯郡大山町
　しもいち　岡山県赤磐市
　しもいち　熊本県上益城郡山都町
下市口　しもいちぐち　奈良県（近畿日本鉄道吉野線）
下市之瀬　しもいちのせ　山梨県南アルプス市
下市木　しもいちぎ　三重県南牟婁郡御浜町
下市毛　しもいちげ　茨城県笠間市
下市田
　しもいちだ　長野県（JR飯田線）
　しもいちだ　長野県下伊那郡高森町
下市町
　しもいちちょう　福井県福井市
　しもいちちょう　奈良県吉野郡
　しもいちちょう　山口県山口市
下市原　しもいちばら　茨城県笠間市
下市場
　しもいちば　千葉県八千代市
　しもいちば　長野県駒ケ根市
下市場町
　しもいちばちょう　愛知県春日井市
　しもいちばちょう　愛知県豊田市
下市瀬　しもいちぜ　岡山県真庭市
下布田　しもふだ　千葉県山武市
下布施　しもぶせ　千葉県いすみ市
下平
　しもだいら　岩手県岩手郡雫石町
　しもだいら　福島県二本松市
　しもだいら　群馬県利根郡片品村
　しもだいら　長野県（JR飯田線）
　しもだいら　長野県駒ケ根市
下平丸　しもひらまる　新潟県妙高市
下平川
　しもひらかわ　静岡県菊川市
　しもひらかわ　鹿児島県大島郡知名町
下平井町　しもひらいまち　青森県五所川原市
下平出町　しもひらいでまち　栃木県宇都宮市
下平吹町　しもひらぶきちょう　福井県越前市
下平尾　しもひらお　長野県佐久市
下平町　しもだいらちょう　愛知県豊田市
下平良　しもへら　広島県廿日市市
下平柳
　しもひらやなぎ　山形県東置賜郡川西町
　しもひらやなぎ　茨城県つくばみらい市
下平野町　しもひらのちょう　京都府京都市下京区
下平塚
　しもひらつか　茨城県つくば市
　しもひらつか　茨城県筑西市
下平間
　しもひらま　神奈川県川崎市幸区
　しもひらま　神奈川県伊勢原市
下平新田　しただいらしんでん　新潟県十日町市

下広井町　しもひろいちょう　愛知県名古屋市中村区
下広谷　しもひろや　埼玉県川越市
下広岡　しもひろおか　茨城県つくば市
下広瀬　しもひろせ　埼玉県狭山市
下弁天町　しもべんてんちょう　京都府京都市東山区
下弁財町津興　しもべざいまちつおき　三重県津市
下打波　しもうちなみ　福井県大野市
下本　しもほん　佐賀県西松浦郡有田町
下本山町　しももとやまちょう　長崎県佐世保市
下本多町　しもほんだまち　石川県金沢市
下本村　しもほんむら　高知県高岡郡檮原町
下本町
　しもほんまち　岐阜県羽島郡笠松町
　しもほんちょう　静岡県沼津市
　しもほんまち　愛知県岩倉市
　しもほんまち　和歌山県新宮市
下本能寺前町　しもほんのうじまえちょう　京都府京都市中京区
下本郷
　しもほんごう　静岡県磐田市
　しもほんごう　兵庫県佐用郡佐用町
下本郷町　しもほんごうちょう　島根県益田市
下末　しもずえ　愛知県小牧市
下末吉　しもすえよし　神奈川県横浜市鶴見区
下末松　しもすえまつ　高知県南国市
下正善寺　しもしょうぜんじ　新潟県上越市
下正路　しもしょうじ　大分県中津市
下永　しもなが　奈良県磯城郡川西町
下永井　しもながい　千葉県旭市
下永田　しもながた　栃木県那須塩原市
下永吉　しもながよし　千葉県茂原市
下永良町　しもながらちょう　愛知県西尾市
下永谷
　しもながや　神奈川県（横浜市交通局ブルーライン）
　しもながや　神奈川県横浜市港南区
下永添　しもながそい　大分県中津市
下永野　しもながの　栃木県鹿沼市
下永野町　しもながのまち　熊本県人吉市
下氷鉋　しもひがの　長野県長野市
下玉里　しもたまり　茨城県小美玉市
下瓦町　しもかわらちょう　京都府京都市中京区
下瓦屋　しもかわらや　大阪府泉佐野市
下生井　しもなまい　栃木県小山市
下生出塚　しもおいねづか　埼玉県鴻巣市
下生居　しもなまい　山形県上山市
下甲　しもぎ　鳥取県西伯郡大山町
下田
　しもだ　青森県（青い森鉄道線）
　しもだ　岩手県盛岡市
　しもだ　山形県山形市
　しもだ　茨城県下妻市
　しただ　茨城県潮来市
　しもだ　東京都日野市
　しもだ　新潟県魚沼市
　げだ　富山県中新川郡上市町
　みさだ　富山県中新川郡立山町
　しもだ　福井県小浜市
　しもだ　愛知県一宮市
　しもだ　愛知県長久手市
　しもだ　愛知県知多郡武豊町

3画（下）

しもだ　愛知県北設楽郡東栄町
しもだ　滋賀県湖南市
しもだ　大阪府豊能郡能勢町
しもだ　兵庫県淡路市
しもだ　奈良県香芝市
しもだ　和歌山県新宮市
しもだ　高知県四万十市
下田の口　しもたのくち　高知県幡多郡黒潮町
下田万　しもたま　山口県萩市
下田子　しもたこ　富山県氷見市
下田子島　しもたごじま　石川県能美郡川北町
下田中　しもたなか　兵庫県三田市
下田中町　しもたなかちょう　鳥取県倉吉市
下田井町　しもたいちょう　香川県高松市
下田代町　しもたしろまち　熊本県人吉市
下田尻
　　しもたじり　新潟県柏崎市
　　しもたじり　大阪府豊能郡能勢町
下田市　しもたし　静岡県
下田布施　しもたぶせ　山口県熊毛郡田布施町
下田辺　しもたぬい　三重県度会郡玉城町
下田西　しもたにし　奈良県香芝市
下田沢　しもたざわ　山形県鶴岡市
下田町
　　しもたまち　山形県新庄市
　　しもたまち　栃木県鹿沼市
　　しもだちょう　千葉県千葉市若葉区
　　しもだちょう　神奈川県横浜市港北区
　　しもだまち　大阪府堺市西区
　　しもだまち　佐賀県佐賀市
　　しもたちょう　鹿児島県鹿児島市
下田邑　しもたのむら　岡山県津山市
下田坪　しもたつぼ　青森県上北郡七戸町
下田所　しもたどころ　島根県邑智郡邑南町
下田東　しもだひがし　奈良県香芝市
下田原
　　しもたわら　石川県白山市
　　しもたんばら　山梨県南巨摩郡身延町
　　しもたわら　大阪府四條畷市
　　しもたはら　和歌山県日高郡日高川町
下田原町　しもたわらちょう　栃木県宇都宮市
下田島町　しもたじまちょう　群馬県太田市
下田部町　しもたなべちょう　大阪府高槻市
下田野
　　しもたの　栃木県那須塩原市
　　しもたの　埼玉県秩父郡皆野町
下白山町　しもはくさんちょう　京都府京都市中京区
下白川町　しもしらかわまち　福岡県大牟田市
下白井平　しもしろいたいら　山梨県南都留郡道志村
下白木　しもしらき　大分県大分市
下白水　しもしろうず　福岡県春日市
下白水北　しもしろうずきた　福岡県春日市
下白水南　しもしろうずみなみ　福岡県春日市
下白岩
　　しもしらいわ　富山県中新川郡立山町
　　しもしらいわ　静岡県伊豆市
下白岩町　しもしらいわまち　福島県郡山市
下白金　しもしろかね　岐阜県関市
下白垣　しもしらかき　福岡県大川市
下白滝　しもしらたき　北海道紋別郡遠軽町

下白銀町　しもしろがねちょう　青森県弘前市
下目内澤　しもめないさわ　青森県黒石市
下目黒　しもめぐろ　東京都目黒区
下矢切　しもやぎり　千葉県松戸市
下矢田
　　しもやた　千葉県市原市
　　しもやた　石川県河北郡津幡町
下矢田町
　　しもやたちょう　愛知県西尾市
　　しもやたちょう　京都府亀岡市
下矢次　しもやつぎ　岩手県紫波郡矢巾町
下矢倉町　しもやぐらちょう　滋賀県彦根市
下矢部　しもやべ　大分県宇佐市
下石
　　さがりし　石川県羽咋郡宝達志水町
　　しもいし　広島県山県郡北広島町
下石上　しもいしがみ　栃木県大田原市
下石川
　　しもいしかわ　栃木県鹿沼市
　　しもいしかわ　新潟県新発田市
下石井
　　しもいしい　福島県東白川郡矢祭町
　　しもいしい　兵庫県佐用郡佐用町
　　しもいしい　岡山県岡山市北区
下石引町　しもいしびきまち　石川県金沢市
下石戸　しもいしと　埼玉県北本市
下石戸下　しもいしとしも　埼玉県北本市
下石戸上　しもいしとかみ　埼玉県北本市
下石田
　　しもいしだ　山梨県甲府市
　　しもいしだ　福岡県北九州市小倉南区
下石田町　しもいしだちょう　静岡県浜松市東区
下石町　おろしちょう　岐阜県土岐市
下石見　しもいわみ　鳥取県日野郡日南町
下石阿庄町　おろしあしょうちょう　岐阜県土岐市
下石神井　しもしゃくじい　東京都練馬区
下石倉町　しもいしくらまち　群馬県前橋市
下石原　しもいしわら　東京都調布市
下石崎　しもいしざき　茨城県東茨城郡茨城町
下石陶史台　おろしとうしだい　岐阜県土岐市
下石塚　しもいしつか　栃木県小山市
下石森　しもいしもり　山梨県山梨市
下石橋　しもいしばし　栃木県下野市
下石橋町　しもいしばしちょう　京都府京都市上京区
下石橋南半町　しもいしばしみなみはんちょう　京都府京都市上京区
下立　おりたて　富山県（富山地方鉄道本線）
下立口　おりたてぐち　富山県（富山地方鉄道本線）
下辺沢　しもへんざわ　福島県耶麻郡猪苗代町
下辺見　しもへみ　茨城県古河市
6下伊台町　しもいだいまち　愛媛県松山市
下伊田　しもいた　福岡県（平成筑豊鉄道伊田線）
下伊佐沢　しもいさざわ　山形県長井市
下伊佐野　しもいさの　栃木県矢板市
下伊形町　しもいがたまち　宮崎県延岡市
下伊那郡　しもいなぐん　長野県
下伊草　しもいぐさ　埼玉県比企郡川島町
下伊勢　しもいせ　鳥取県東伯郡琴浦町
下伊勢畑　しもいせはた　茨城県常陸大宮市

55

3画（下）

下伊福　しもいふく　岡山県岡山市北区
下伊福上町　しもいふくかみまち　岡山県岡山市北区
下伊福本町　しもいふくほんまち　岡山県岡山市北区
下伊福西町　しもいふくにしまち　岡山県岡山市北区
下伊敷　しもいしき　鹿児島県鹿児島市
下伊敷町　しもいしきちょう　鹿児島県鹿児島市
下仲間　しもなかま　熊本県上益城郡嘉島町
下伏　げぶせ　富山県富山市
下伏間江　しもふすまえ　富山県高岡市
下先出　しもせんでん　石川県能美郡川北町
下印食　しもいんじき　岐阜県羽島郡岐南町
下吉　しもよし　福島県耶麻郡北塩原村
下吉田
　しもよしだ　青森県上北郡六戸町
　しもよしだ　栃木県下野市
　しもよしだ　埼玉県秩父市
　しもよしだ　福井県三方上中郡若狭町
　しもよしだ　山梨県（富士急行線）
　しもよしだ　山梨県富士吉田市
　しもよしだ　岐阜県加茂郡川辺町
　しもよしだ　愛知県新城市
　しもよしだ　福岡県北九州市小倉南区
　しもよしだ　熊本県山鹿市
下吉田町
　しもよしだちょう　島根県安来市
　しもよしだちょう　香川県善通寺市
下吉田東　しもよしだひがし　山梨県富士吉田市
下吉江　しもよしえ　富山県南砺市
下吉羽　しもよしば　埼玉県幸手市
下吉沢　しもきちさわ　神奈川県平塚市
下吉谷町　しもよしたにまち　石川県白山市
下吉妻　しもきつま　埼玉県春日部市
下吉野　しもよしの　新潟県上越市
下吉影　しもよしかげ　茨城県小美玉市
下向山町　しもむこうやまちょう　山梨県甲府市
下名　しもみょう　鹿児島県姶良市
下名久井　しもなくい　青森県三戸郡南部町
下名川　しもながわ　山形県鶴岡市
下名生　しもみょう　宮城県柴田郡柴田町
下名柄　しもながら　新潟県上越市
下名栗　しもなぐり　埼玉県飯能市
下名連石　しもなれいし　熊本県上益城郡山都町
下名野川　しもなのかわ　高知県吾川郡仁淀川町
下地
　しもじ　愛知県（JR飯田線）
　しもじ　京都府福知山市
下地ケ沢　げちがさわ　秋田県由利本荘市
下地上地　しもじうえち　沖縄県宮古島市
下地与那覇　しもじよなは　沖縄県宮古島市
下地川満　しもじかわみつ　沖縄県宮古島市
下地来間　しもじくりま　沖縄県宮古島市
下地町　しもじちょう　愛知県豊橋市
下地洲鎌　しもじすがま　沖縄県宮古島市
下地嘉手苅　しもじかでかり　沖縄県宮古島市
下圷　しもあくつ　茨城県東茨城郡城里町
下多古　しもたこ　奈良県吉野郡川上村
下多田川　しもただがわ　宮城県加美郡加美町
下多良　しもたら　滋賀県米原市
下多賀　しもたが　静岡県熱海市

下安久　しもあぐ　京都府舞鶴市
下安井　しもやすい　鳥取県日野郡江府町
下安町　しもやすちょう　山形県酒田市
下安松　しもやすまつ　埼玉県所沢市
下安原町　しもやすはらまち　石川県金沢市
下安曇　しもあずま　鳥取県米子市
下宇戸町　しもうどちょう　長崎県佐世保市
下宇和　しもうわ　愛媛県（JR予讃線）
下宇和田　しもうわた　埼玉県幸手市
下宇莫別　しもうばくべつ　北海道上川郡美瑛町
下寺　しもでら　大阪府大阪市浪速区
下寺内　しもじない　新潟県新発田市
下寺尾　しもてらお　神奈川県茅ケ崎市
下寺町
　しもでらちょう　滋賀県草津市
　したでらまち　大阪府大阪市天王寺区
　しもでらまち　兵庫県姫路市
下寺島　しもてらしま　栃木県塩谷郡塩谷町
下庄
　しものしょう　三重県（JR紀勢本線）
　しもしょう　岡山県倉敷市
　しものしょう　徳島県板野郡板野町
　しもしょう　大分県宇佐市
下庄町
　しものしょうちょう　三重県亀山市
　しもしょうまち　岡山県美作市
下当間　しもどうま　静岡県藤枝市
下旭町　しもあさひまち　新潟県新潟市中央区
下早川田町　しもさがわだちょう　群馬県館林市
下早見　しもはやみ　埼玉県久喜市
下早通
　しもはやどおり　新潟県新潟市北区
　しもはやどおり　新潟県新潟市江南区
下早通柳田　しもはやどおりやなぎだ　新潟県新潟市
　江南区
下曲通　しもまがりどおり　新潟県新潟市南区
下有木　しもあるき　福岡県宮若市
下有住　しもありす　岩手県気仙郡住田町
下有芸　しもうげい　岩手県下閉伊郡岩泉町
下有知　しもうち　岐阜県関市
下有福町　しもありふくちょう　島根県浜田市
下江　しもえ　福島県喜多方市
下江戸　しもえど　茨城県那珂市
下江尻町　しもえじりちょう　福井県福井市
下江守町　しもえもりちょう　福井県福井市
下江町　しもえちょう　静岡県浜松市南区
下江津　しもえづ　熊本県熊本市東区
下江留　しもえどめ　静岡県焼津市
下江連　しもえづれ　茨城県筑西市
下江釣子　しもえづりこ　岩手県北上市
下江黒　しもえぐろ　群馬県邑楽郡明和町
下江端　しもえばた　新潟県胎内市
下江鳶　しもえとんび　北海道斜里郡清里町
下池川町　しもいけがわちょう　静岡県浜松市中区
下池永　しもいけなが　大分県中津市
下池田町
　しもいけだちょう　京都府京都市東山区
　しもいけだちょう　大阪府岸和田市
下池守　しもいけもり　埼玉県行田市

3画（下）

下池町 しもいけまち 福岡県大牟田市
下池原 しもいけはら 奈良県吉野郡下北山村
下池部 しもいけべ 新潟県上越市
下牟田口 しもむたぐち 福岡県大川市
下百々 しもどうどう 新潟県上越市
下竹町 しもたけちょう 岐阜県岐阜市
下竹原 しもたわら 福井県小浜市
下米内 しもよない 岩手県盛岡市
下米田町小山 しもよねだちょうこやま 岐阜県美濃加茂市
下米田町山本 しもよねだちょうやまもと 岐阜県美濃加茂市
下米田町今 しもよねだちょういま 岐阜県美濃加茂市
下米田町西脇 しもよねだちょうにしわき 岐阜県美濃加茂市
下米田町東栃井 しもよねだちょうひがしとちい 岐阜県美濃加茂市
下米田町信友 しもよねだちょうのぶとも 岐阜県美濃加茂市
下米田町則光 しもよねだちょうのりみつ 岐阜県美濃加茂市
下米田町為岡 しもよねだちょうためおか 岐阜県美濃加茂市
下米野町 しもこめのちょう 愛知県名古屋市中村区
下米積 しもよなづみ 鳥取県倉吉市
下糸生 しもいとう 福井県丹生郡越前町
下糸田 しもいとだ 福岡県田川郡糸田町
下羽生 しもはにゅう 埼玉県羽生市
下羽田町
　しもはねだちょう 栃木県佐野市
　しもはねだちょう 滋賀県東近江市
下羽角町 しもはすみちょう 愛知県西尾市
下羽津 しもはねづ 新潟県新発田市
下羽鳥 しもはとり 福島県双葉郡双葉町
下老袋 しもおいぶくろ 埼玉県川越市
下臼井
　しもうすい 福岡県福岡市博多区
　しもうすい 福岡県嘉麻市
下舌 しもした 福井県大野市
下衣文町 しもそぶみちょう 愛知県岡崎市
下西 しもにし 島根県隠岐郡隠岐の島町
下西の川 しもにしのかわ 高知県高岡郡檮原町
下西山 しもにしやま 新潟県新発田市
下西山町 しもにしやままち 長崎県長崎市
下西川町 しもにしがわちょう 滋賀県彦根市
下西条 しもにしじょう 長野県塩尻市
下西谷 しもにしだに 鳥取県東伯郡三朝町
下西郷
　しもさいごう 岐阜県岐阜市
　しもさいごう 静岡県掛川市
下西鯵坂 しもにしあじさか 福岡県小郡市
下佐々 しもささ 和歌山県海草郡紀美野町
下佐々木 しもささき 京都府福知山市
下佐々木町 しもささきちょう 愛知県岡崎市
下佐ケ野 しもさがの 静岡県賀茂郡河津町
下佐久間 しもさくま 千葉県安房郡鋸南町
下佐切町 しもさぎりちょう 愛知県豊田市
下佐見 しもさみ 岐阜県加茂郡白川町

下佐谷 しもさや 茨城県かすみがうら市
下佐陀町 しもさだちょう 島根県松江市
下佐曽利 しもさそり 兵庫県宝塚市
下佐野 しもさの 山梨県南巨摩郡南部町
下佐野町 しもさのまち 群馬県高崎市
下佐鳥町 しもさどりまち 群馬県前橋市
下佐幌
　しもさほろ 北海道上川郡新得町
　しもさほろ 北海道上川郡清水町
下作延 しもさくのべ 神奈川県川崎市高津区
下似内 しもにたない 岩手県花巻市
下余戸 しもよど 鳥取県倉吉市
下余田 しもようでん 宮城県名取市
下児木 しもこごのき 新潟県燕市
下児玉 しもこだま 埼玉県児玉郡美里町
下兵庫
　しもひょうご 福井県（えちぜん鉄道三国芦原線）
　しもひょうご 和歌山県（JR和歌山線）
下初田 しもはつだ 栃木県小山市
下判田 しもはんだ 大分県大分市
下別府
　しもべっぷ 茨城県つくば市
　しもべふ 福岡県築上郡築上町
下別所町 しもべっしょちょう 福井県越前市
下利員町 しもとしかずちょう 茨城県常陸太田市
下助任町 しもすけとうちょう 徳島県徳島市
下助渕 しもすけぶち 新潟県村上市
下君山 しもきみやま 茨城県稲敷市
下君田 しもきみだ 茨城県高萩市
下呉地 しもくれじ 高知県高岡郡四万十町
下呉服町 しもごふくまち 福岡県福岡市博多区
下吾川 しもあがわ 愛媛県伊予市
下吹入 しもふきいれ 千葉県山武郡芝山町
下呂 げろ 岐阜県（JR高山本線）
下呂市 げろし 岐阜県
下坂
　しもさか 青森県上北郡野辺地町
　おりさか 鳥取県八頭郡八頭町
下坂下 しもさかした 熊本県玉名郡南関町
下坂中町 しもさかなかちょう 滋賀県長浜市
下坂井 しもさかい 新潟県三条市
下坂田
　しもさかた 茨城県土浦市
　しもさかだ 大分県竹田市
下坂田町 しもさかだちょう 島根県安来市
下坂町
　しもさかまち 新潟県新発田市
　しもさかちょう 愛知県名古屋市瑞穂区
下坂浜町 しもさかはまちょう 滋賀県長浜市
下坂部 しもさかべ 兵庫県尼崎市
下妙典 しもみょうでん 千葉県市川市
下妙覚寺町 しもみょうかくじちょう 京都府京都市中京区
下尾井 しもおい 和歌山県東牟婁郡北山村
下志土知 しもしとち 大分県竹田市
下志文町 しもしぶんちょう 北海道岩見沢市
下志比 しもしい 福井県（えちぜん鉄道勝山永平寺線）
下志多 しもした 青森県上北郡七戸町

3画（下）

下志和田　しもしわだ　福島県伊達市
下志和地町　しもしわちまち　広島県三次市
下志段味　しもしだみ　愛知県名古屋市守山区
下志津　しもしづ　千葉県佐倉市
下志津原　しもしづはら　千葉県佐倉市
下志津新田　しもしづしんでん　千葉県四街道市
下志筑　しもしづく　茨城県かすみがうら市
下忍
　　しもおし　埼玉県行田市
　　しもおし　埼玉県鴻巣市
下折立　しもおりたて　新潟県魚沼市
下折渡　しもおりわたり　高知県高岡郡檮原町
下折橋町　しもおりはしまち　長崎県島原市
下材木町
　　しもざいもくちょう　栃木県鹿沼市
　　しもざいもくちょう　京都府京都市下京区
下条
　　げじょう　新潟県（JR飯山線）
　　げじょう　新潟県加茂市
　　げじょう　新潟県十日町市
　　しもじょう　新潟県五泉市
　　げじょう　新潟県阿賀野市
　　げじょう　富山県射水市
　　しもじょう　静岡県富士宮市
　　しもじょう　山口県宇部市
下条西町　げじょうにしまち　愛知県豊橋市
下条町
　　しもじょうまち　山形県山形市
　　げじょうまち　新潟県長岡市
　　げじょうちょう　新潟県阿賀野市
　　げじょうちょう　愛知県春日井市
　　げじょうちょう　大阪府泉大津市
下条東町　げじょうひがしまち　愛知県豊橋市
下条新　げじょうしん　富山県射水市
下杉　しもすぎ　秋田県北秋田市
下杉川　しもすぎがわ　新潟県五泉市
下村
　　しもむら　岩手県下閉伊郡普代村
　　しもむら　三重県三重郡菰野町
　　しもむら　熊本県球磨郡湯前町
下村三箇　しもむらさんが　富山県射水市
下村木町　しもむらきまち　富山県魚津市
下村田　しもむらた　茨城県常陸大宮市
下村君　しもむらきみ　埼玉県羽生市
下村町　しもむらちょう　三重県松阪市
下来住町　しもきしちょう　兵庫県小野市
下来島　しもきじま　島根県飯石郡飯南町
下沖町
　　しもおきまち　群馬県前橋市
　　したおきちょう　岐阜県瑞浪市
下沢
　　しもざわ　栃木県鹿沼市
　　しもざわ　富山県中新川郡立山町
下沢町　しもざわちょう　岐阜県多治見市
下沢通　しもさわどおり　兵庫県神戸市兵庫区
下沢渡　しもさわたり　群馬県吾妻郡中之条町
下町
　　したまち　岩手県八幡平市
　　したまち　岩手県岩手郡雫石町
　　したまち　福島県二本松市
　　しもまち　茨城県龍ケ崎市

　　しもちょう　茨城県常陸大宮市
　　しもちょう　埼玉県さいたま市大宮区
　　しもちょう　神奈川県横浜市磯子区
　　しもまち　新潟県妙高市
　　しもまち　石川県七尾市
　　しもまち　愛知県西尾市
　　げのまち　和歌山県和歌山市
　　しもまち　岡山県高梁市
　　しもまち　岡山県美作市
　　しもまち　徳島県徳島市
　　したまち　長崎県長崎市
　　しもまち　熊本県菊池郡大津町
下町川　しもまちがわ　岡山県勝田郡勝央町
下町尻　しもまちじり　宮城県刈田郡七ケ宿町
下町西　しもまちにし　岩手県岩手郡雫石町
下町東　しもまちひがし　岩手県岩手郡雫石町
下町歩　しもちょうぶ　茨城県稲敷郡河内町
下町屋　しもまちや　神奈川県茅ケ崎市
下芦川　しもあしがわ　山梨県西八代郡市川三郷町
下芦沢
　　しもあしざわ　山形県西村山郡朝日町
　　しもあしざわ　山梨県甲斐市
下花沢　しもはなざわ　山形県米沢市
下花輪　しもはなわ　千葉県流山市
下芥田町　しもげたちょう　兵庫県加西市
下見
　　しもみ　岡山県真庭市
　　したみ　福岡県筑紫野市
下見町　しもみるまち　青森県上北郡七戸町
下見谷　しもみだに　京都府舞鶴市
下谷
　　したたに　福島県耶麻郡西会津町
　　しもや　埼玉県加須市
　　しもや　埼玉県鴻巣市
　　しもや　千葉県東金市
　　しもや　東京都台東区
　　しもや　神奈川県伊勢原市
　　しもや　山梨県都留市
　　しもだに　鳥取県東伯郡三朝町
　　しもだに　岡山県久米郡美咲町
　　くだたに　山口県下松市
下谷ケ貫　しもやがぬき　埼玉県入間市
下谷本町　しもやもとちょう　神奈川県横浜市青葉区
下谷町
　　しもだにまち　石川県金沢市
　　しもだにちょう　岡山県高梁市
下貝塚
　　しもかいづか　千葉県市川市
　　しもかいづか　千葉県山武郡九十九里町
下赤工　しもあかだくみ　埼玉県飯能市
下赤名　しもあかな　島根県飯石郡飯南町
下赤江　しもあかえ　富山県富山市
下赤江町　しもあかえまち　富山県富山市
下赤坂　しもあかさか　埼玉県川越市
下赤沢　しもあかさわ　茨城県東茨城郡城里町
下赤谷　しもあかだに　新潟県胎内市
下赤岩　しもあかいわ　埼玉県北葛飾郡松伏町
下赤塚　しもあかつか　東京都（東武鉄道東上本線）
下足守　しもあしもり　岡山県岡山市北区
下車力町　したしゃりきちょう　青森県つがる市
下車持　しもくらもち　福井県大飯郡高浜町

58

3画（下）

下近江町　しもおうみちょう　石川県金沢市
下里
　　しもさと　埼玉県比企郡小川町
　　しもさと　東京都東久留米市
　　さがり　新潟県阿賀野市
　　しもさと　兵庫県三田市
　　しもさと　和歌山県（JR紀勢本線）
　　しもさと　熊本県球磨郡湯前町
下里町
　　しもざとちょう　滋賀県東近江市
　　しもざとちょう　大阪府河内長野市
下里見町　しもさとみまち　群馬県高崎市
下阪本　しもさかもと　滋賀県大津市
⁸下並木　しもなみき　神奈川県川崎市川崎区
下京区　しもぎょうく　京都府京都市
下京町　しもきょうまち　長崎県佐世保市
下依知　しもえち　神奈川県厚木市
下兎野　しもうさぎの　岩手県岩手郡雫石町
下到津　しもいとうづ　福岡県北九州市小倉北区
下味原町　しもあじはらちょう　大阪府大阪市天王
　　寺区
下味野　しもあじの　鳥取県鳥取市
下和天別　しもわてんべつ　北海道白糠郡白糠町
下和田
　　しもわだ　山形県東置賜郡高畠町
　　しもわだ　神奈川県大和市
　　しもわだ　静岡県裾野市
　　しもわだ　和歌山県東牟婁郡那智勝浦町
下和田町
　　しもわだまち　群馬県高崎市
　　しもわだちょう　愛知県岡崎市
下和佐　しもわさ　和歌山県和歌山市
下和知　しもわち　広島県（JR芸備線）
下和泉　しもいずみ　神奈川県横浜市泉区
下和納　しもわのう　新潟県新潟市西蒲区
下垰部　しもあざえ　岡山県真庭市
下国井町　しもくにいちょう　茨城県水戸市
下国谷町　しもくにやちょう　愛知県豊田市
下国府塚　しもこうづか　栃木県小山市
下垂木　しもたるき　静岡県掛川市
下坪山　しもつぼやま　栃木県下野市
下夜久野　しもやくの　京都府（JR山陰本線）
下奈良
　　しもなら　埼玉県熊谷市
　　しもなら　岐阜県岐阜市
下奈良一丁地　しもならいっちょうち　京都府八幡市
下奈良一丁堤　しもならいっちょうづみ　京都府八
　　幡市
下奈良二階堂　しもならにかいどう　京都府八幡市
下奈良下三床　しもならしもさんどこ　京都府八幡市
下奈良上ノ段　しもならかみのだん　京都府八幡市
下奈良上三床　しもならかみさんどこ　京都府八幡市
下奈良小宮　しもならこみや　京都府八幡市
下奈良中ノ坪　しもならなかのつぼ　京都府八幡市
下奈良井関　しもならいぜき　京都府八幡市
下奈良今里　しもならいまざと　京都府八幡市
下奈良出垣内　しもならでがいと　京都府八幡市
下奈良名越　しもならなごし　京都府八幡市
下奈良竹垣内　しもならたけがいと　京都府八幡市

下奈良奈良元　しもならならもと　京都府八幡市
下奈良南頭　しもならみなみがしら　京都府八幡市
下奈良宮ノ道　しもならみやのみち　京都府八幡市
下奈良部町　しもならぶまち　栃木県鹿沼市
下奈良野神　しもならのがみ　京都府八幡市
下奈良奥垣内　しもならおくがいと　京都府八幡市
下奈良隅田　しもならすみだ　京都府八幡市
下奈良新下　しもならしんげ　京都府八幡市
下奈良榊　しもならさかき　京都府八幡市
下奈良蜻蛉尻　しもならとんぼじり　京都府八幡市
下奈良蜻蛉尻筋　しもならとんぼじりすじ　京都府八
　　幡市
下妻
　　しもつま　茨城県（関東鉄道常総線）
　　しもつま　福岡県筑後市
　　しもつま　宮崎県西都市
下妻乙　しもつまおつ　茨城県下妻市
下妻丁　しもつまてい　茨城県下妻市
下妻丙　しもつまへい　茨城県下妻市
下妻市　しもつまし　茨城県
下妻戊　しもつまぼ　茨城県下妻市
下妻甲　しもつまこう　茨城県下妻市
下宗方　しもむなかた　大分県大分市
下宗岡　しもむねおか　埼玉県志木市
下宝沢　しもほうざわ　山形県山形市
下居　おりい　奈良県桜井市
下居辺　しもおりべ　北海道河東郡士幌町
下岡　しもおか　高知県高岡郡四万十町
下岡本町
　　しもおかもとちょう　栃木県宇都宮市
　　しもおかもとまち　岐阜県高山市
下岡田　しもおかた　静岡県磐田市
下岡島　しもおかじま　岐阜県揖斐郡揖斐川町
下岡崎　しもおかざき　茨城県筑西市
下岡部町　しもおかべちょう　滋賀県彦根市
下岸本町　しもぎしもとちょう　滋賀県東近江市
下岩　しもいわ　岡山県真庭市
下岩川　しもいわかわ　秋田県山本郡三種町
下岩田　しもいわた　福岡県小郡市
下岩崎
　　しもいわさき　青森県五所川原市
　　しもいわさき　茨城県つくば市
下岩橋　しもいわはし　千葉県印旛郡酒々井町
下岩瀬
　　しもいわせ　茨城県常陸大宮市
　　しもいわせ　埼玉県羽生市
下府
　　しもこう　島根県（JR山陰本線）
　　しものふ　福岡県糟屋郡新宮町
下府町　しもこうちょう　島根県浜田市
下延生　しものぶ　栃木県芳賀郡芳賀町
下所島　しもところじま　新潟県新潟市中央区
下押垂　しもおしだり　埼玉県東松山市
下押萩　しもおしはぎ　愛知県弥富市
下押萩町　しもおしはぎちょう　愛知県弥富市
下拝田　しもはいた　大分県宇佐市
下拍子　したびょうし　福島県伊達郡川俣町
下斉田町　しもさいだまち　群馬県高崎市
下明堂　しもあけどう　青森県上北郡おいらせ町

59

3画（下）

下枝　しもえだ　滋賀県犬上郡豊郷町
下松
　　しもまつ　大阪府（JR阪和線）
　　くだまつ　山口県（JR山陽本線）
下松ノ木平　しまつのきたい　青森県上北郡野辺
　地町
下松市　くだまつし　山口県
下松本
　　しまつもと　岩手県紫波郡紫波町
　　しまつもと　福島県岩瀬郡天栄村
下松町
　　しまつちょう　大阪府岸和田市
　　しまつちょう　鹿児島県枕崎市
下松屋町　しもまつやちょう　京都府京都市中京区
下松原　しまつばら　埼玉県川越市
下松原町　しまつばらちょう　石川県金沢市
下東　しもひがし　京都府舞鶴市
下東山　しもひがしやま　山形県山形市
下東川町　しもひがしがわちょう　愛知県愛西市
下東川津町　しもひがしかわつちょう　島根県松江市
下東郷町　しもとうごうちょう　福井県福井市
下東野　しもひがしの　岐阜県揖斐郡池田町
下板井　しもいたい　兵庫県篠山市
下板並　しもいたなみ　滋賀県米原市
下板橋
　　しもいたばし　青森県上北郡東北町
　　しもいたばし　東京都（東武鉄道東上本線）
下板橋町　しもいたばしちょう　京都府京都市伏見区
下林
　　しもばやし　茨城県石岡市
　　しもばやし　石川県野々市市
　　しもばやし　岡山県総社市
　　しもばやし　愛媛県東温市
　　げばやし　福岡県大川市
下林町
　　しもばやしまち　岐阜県高山市
　　しもばやしちょう　愛知県豊田市
　　しもばやしまち　熊本県人吉市
下武子町　しもたけしまち　栃木県鹿沼市
下武石　しもたけし　長野県上田市
下武射田　しもむざた　千葉県東金市
下河内
　　しもかわち　大阪府南河内郡河南町
　　しもごうち　岡山県真庭市
　　しもかわち　福岡県豊前市
下河戸　しもこうど　栃木県さくら市
下河北町　しもこぎたちょう　福井県福井市
下河合
　　しもかわい　石川県河北郡津幡町
　　しもがわい　兵庫県淡路市
下河合町　しもかわいちょう　茨城県常陸太田市
下河和　しもこうわ　岐阜県美濃市
下河東　しもかとう　山梨県中央市
下河原
　　しもがわら　山形県寒河江市
　　しもがわら　栃木県宇都宮市
　　しもがわら　福井県丹生郡越前町
　　しもがわら　愛知県清須市
　　しもがわら　兵庫県伊丹市
　　しもかわはる　熊本県菊池市
下河原田　しもかわらだ　栃木県小山市

下河原町
　　しもがわらまち　栃木県宇都宮市
　　しもがわらちょう　山梨県甲府市
　　しもがわらちょう　静岡県沼津市
　　しもかわらちょう　京都府京都市東山区
下河原通　しもがわらどおり　兵庫県神戸市灘区
下河原崎　しもかわらざき　茨城県つくば市
下河根川　しもかわねがわ　新潟県長岡市
下河崎町　しもかわさきまち　石川県加賀市
下河渡頭　しもかどがしら　青森県上北郡野辺地町
下河端町　しもこうばたちょう　福井県鯖江市
下沼
　　しもぬま　北海道（JR宗谷本線）
　　しもぬま　北海道天塩郡幌延町
　　しもぬま　愛知県犬山市
下沼田　しもぬまた　千葉県我孫子市
下沼田町　しもぬまたまち　群馬県沼田市
下沼町　しもぬまちょう　愛知県一宮市
下沼部　しもぬまべ　神奈川県川崎市中原区
下沼新田　したぬましんでん　新潟県長岡市
下波　したば　愛媛県宇和島市
下波田町　しもはだちょう　島根県益田市
下油井　しもゆい　岐阜県（JR高山本線）
下油掛町　しもあぶらかけちょう　京都府京都市伏
　見区
下物町　おろしもちょう　滋賀県草津市
下牧
　　しももく　群馬県利根郡みなかみ町
　　しもまき　奈良県北葛城郡上牧町
　　しもまき　岡山県岡山市北区
下牧町　しもまきちょう　石川県小松市
下牧野　しもまきの　富山県高岡市
下狛
　　しもこま　京都府（JR片町線）
　　しもこま　京都府相楽郡精華町
下直竹　しもなおたけ　埼玉県飯能市
下知識町　しもちしきちょう　鹿児島県出水市
下祇園町　しもぎおんちょう　兵庫県神戸市兵庫区
下芽武　しもめむ　北海道広尾郡大樹町
下若　しもわか　富山県射水市
下若生子　しもわかご　福井県大野市
下苗代川目　しもなわしろかわめ　青森県上北郡横
　浜町
下茂木　しももぎ　群馬県佐波郡玉村町
下金山
　　しもかなやま　北海道（JR根室本線）
　　しもかなやま　北海道空知郡南富良野町
　　しもかなやま　千葉県成田市
下金井町　しもかないまち　栃木県宇都宮市
下金沢　しもかねさわ　茨城県久慈郡大子町
下金沢町　しもかねざわまち　山形県新庄市
下金屋　しもかなや　福井県あわら市
下長　しもなが　青森県八戸市
下長下　しもながした　青森県三戸郡五戸町
下長山町　しもながやまちょう　愛知県豊川市
下長木　しながき　新潟県佐渡市
下長田　しもながた　栃木県下野市
下長尾　しもながお　静岡県榛原郡川根本町
下長折　しもながおり　福島県二本松市

60

3画（下）

下長谷　しもながたに　高知県幡多郡三原村
下長沼　しもながぬま　茨城県つくばみらい市
下長根　しもながね　岩手県岩手郡雫石町
下長飯町　しもながえちょう　宮崎県都城市
下長福寺町　しもちょうふくじちょう　京都府京都市下京区
下長窪　しもながくぼ　静岡県駿東郡長泉町
下長磯町　しもながいそまち　群馬県前橋市
下門　したもん　愛知県知多郡武豊町
下門尾　しもかどお　鳥取県八頭郡八頭町
下門前　しももんぜん　新潟県上越市
下阿久原　しもあぐはら　埼玉県児玉郡神川町
下阿井　しもあい　島根県仁多郡奥出雲町
下阿内町　しもあうちまち　群馬県前橋市
下阿古谷　しもあこたに　兵庫県川辺郡猪名川町
下阿弥陀瀬　しもあみだせ　新潟県五泉市
下阿波　しもあわ　三重県伊賀市
下阿知　しもあち　岡山県岡山市東区
下阿毘縁　しもあびれ　鳥取県日野郡日南町
下阿曽　しもあそ　兵庫県揖保郡太子町
下阿野沢　しものさわ　茨城県東茨城郡城里町
下雨ケ谷　しもあまがい　茨城県東茨城郡茨城町
下青山　しもあおやま　茨城県東茨城郡城里町
下青井町　しもあおいまち　熊本県人吉市
下青木　しもあおき　福岡県大川市
下青出　しもあおいで　富山県中新川郡上市町
下青江　しもあおえ　大分県津久見市
下青沢　しもあおざわ　山形県酒田市
下青柳　しもあおやぎ　茨城県石岡市
下青島　しもあおじま　静岡県藤枝市
下青野　しもあおの　兵庫県三田市
下青野町　しもあおのちょう　愛知県岡崎市
下青鳥　しもおおどり　埼玉県東松山市
9 下保土沢　しもほとざわ　青森県三戸郡五戸町
下保内　しもほない　新潟県三条市
下保谷　しもほうや　東京都西東京市
下俣　しもまた　静岡県掛川市
下俣南　しもまたみなみ　静岡県掛川市
下前
　したまえ　岩手県和賀郡西和賀町
　しもまえ　埼玉県戸田市
下前田
　しもまえだ　青森県上北郡野辺地町
　しもまえだ　青森県上北郡おいらせ町
下前田西　しもまえだにし　福島県西白河郡西郷村
下前田東　しもまえだひがし　福島県西白河郡西郷村
下南方　しもみなみがた　福岡県北九州市小倉南区
下南畑　しもなんばた　埼玉県富士見市
下南部　しもなべ　熊本県熊本市東区
下南摩町　しもなんままち　栃木県鹿沼市
下厚崎　しもあつさき　栃木県那須塩原市
下垣内　しもがいと　奈良県生駒郡平群町
下城
　しもじょう　新潟県新発田市
　しもじょう　熊本県阿蘇郡小国町
　したじょう　熊本県球磨郡湯前町
　しもじょう　大分県佐伯市
　しもじろ　鹿児島県大島郡知名町
下城本町　しもしろもとまち　熊本県人吉市

下城野　しもじょうの　福岡県北九州市小倉南区
下城塚　しもじょうづか　新潟県胎内市
下室田町　しももろだまち　群馬県高崎市
下室町　しもむろちょう　愛知県豊田市
下室賀　しもむろが　長野県上田市
下屋　しもや　愛知県稲沢市
下屋地　しもやち　山形県西置賜郡飯豊町
下屋町　しもやちょう　愛知県稲沢市
下屋敷
　しもやしき　青森県上北郡おいらせ町
　しもやしき　富山県小矢部市
　しもやしき　長野県諏訪郡下諏訪町
　しもやしき　愛知県犬山市
下屋敷町
　しもやしきちょう　愛知県春日井市
　しもやしきまち　和歌山県田辺市
下彦川戸　しもひこかわど　埼玉県三郷市
下彦間町　しもひこまちょう　栃木県佐野市
下後山　しもうしろやま　石川県鹿島郡中能登町
下後亟　しもごぜ　富山県小矢部市
下後閑　しもごかん　群馬県安中市
下星谷　しもほしや　茨城県筑西市
下柿木畠　しもかきのきばたけ　石川県金沢市
下染田　しもそめだ　熊本県球磨郡湯前町
下柘植　しもつげ　三重県伊賀市
下柏町　しもがしわちょう　愛媛県四国中央市
下柏崎　しもかしわざき　栃木県塩谷郡高根沢町
下柏野町　しもかしわのまち　石川県白山市
下柳
　しもやなぎ　秋田県能代市
　しもやなぎ　山形県山形市
　しもやなぎ　埼玉県春日部市
　しもやなぎ　新潟県長岡市
　しもやなぎ　京都府福知山市
下柳川町　しもやながわちょう　岐阜県羽島郡笠松町
下柳町
　しもやなぎちょう　京都府京都市東山区
　しもやなぎちょう　京都府京都市下京区
下柳原北半町　しもやなぎはらきたはんちょう　京都府京都市上京区
下柳原南半町　しもやなぎはらみなみはんちょう　京都府京都市上京区
下柳渡戸　しもやなぎわたりど　山形県尾花沢市
下柚木　しもゆぎ　東京都八王子市
下柚野　しもゆの　静岡県富士宮市
下段
　しただん　富山県（富山地方鉄道立山線）
　しただん　富山県中新川郡立山町
　しもだん　鳥取県鳥取市
下毘沙門町　しもびしゃもんちょう　福井県福井市
下海印寺　しもかいいんじ　京都府長岡京市
下海老町　しもえびちょう　三重県四日市市
下洲町　しもすまち　愛知県碧南市
下浄法寺　しもじょうほうじ　福井県吉田郡永平寺町
下泉
　しもいずみ　福島県石川郡石川町
　しもいずみ　茨城県桜川市
　しもいずみ　栃木県小山市
　しもいずみ　千葉県袖ケ浦市
　しもいずみ　静岡県（大井川鉄道大井川本線）

61

3画（下）

しもいずみ　静岡県榛原郡川根本町
下泉町
　　しもいずみちょう　千葉県千葉市若葉区
　　しもいずみちょう　愛媛県新居浜市
下浅見川　しもあさみがわ　福島県双葉郡広野町
下浅津　しもあそづ　鳥取県東伯郡湯梨浜町
下津
　　おりつ　茨城県鹿嶋市
　　しもつ　群馬県利根郡みなかみ町
　　しもつ　和歌山県（JR紀勢本線）
下津ふじ塚町　おりづふじつかちょう　愛知県稲沢市
下津二本杉町　おりづにほんすぎちょう　愛知県稲沢市
下津下町西　おりづしもまちにし　愛知県稲沢市
下津下町東　おりづしもまちひがし　愛知県稲沢市
下津土山町　おりづどやまちょう　愛知県稲沢市
下津大門町　おりづだいもんちょう　愛知県稲沢市
下津小井戸　おりづこいど　愛知県稲沢市
下津小井戸町　おりづこいどちょう　愛知県稲沢市
下津丹下田町　おりづたんげだちょう　愛知県稲沢市
下津井
　　しもつい　岡山県倉敷市
　　しもつい　高知県高岡郡四万十町
下津井田之浦　しもついたのうら　岡山県倉敷市
下津井吹上　しもついふきあげ　岡山県倉敷市
下津木　しもつぎ　和歌山県有田郡広川町
下津片町　おりづかたまち　愛知県稲沢市
下津牛洗町　おりづうしあらいちょう　愛知県稲沢市
下津北山　おりづきたやま　愛知県稲沢市
下津北山町　おりづきたやまちょう　愛知県稲沢市
下津北信正寺町　おりづきたしんしょうじちょう　愛知県稲沢市
下津古久　しもつこく　神奈川県厚木市
下津本郷町　おりづほんごうちょう　愛知県稲沢市
下津田　しもつた　広島県世羅郡世羅町
下津矢口町　おりづやぐちちょう　愛知県稲沢市
下津光明寺町　おりづこうみょうじちょう　愛知県稲沢市
下津寺前町　おりづてらまえちょう　愛知県稲沢市
下津住吉町　おりづすみよしちょう　愛知県稲沢市
下津町
　　しもつちょう　愛知県春日井市
　　おりづちょう　愛知県稲沢市
　　おりづちょう　愛知県清須市
下津町丁　しもつちょうよろ　和歌山県海南市
下津町下　しもつちょうしも　和歌山県海南市
下津町下津　しもつちょうしもつ　和歌山県海南市
下津町上　しもつちょうかみ　和歌山県海南市
下津町丸田　しもつちょうまるだ　和歌山県海南市
下津町大崎　しもつちょうおおさき　和歌山県海南市
下津町大窪　しもつちょうおおくぼ　和歌山県海南市
下津町小松原　しもつちょうこまつばら　和歌山県海南市
下津町小南　しもつちょうこみなみ　和歌山県海南市
下津町小畑　しもつちょうこばた　和歌山県海南市
下津町小原　しもつちょうおばら　和歌山県海南市
下津町中　しもつちょうなか　和歌山県海南市
下津町引尾　しもつちょうひきお　和歌山県海南市
下津町方　しもつちょうかた　和歌山県海南市

下津町市坪　しもつちょういちつぼ　和歌山県海南市
下津町百垣内　しもつちょうももがいと　和歌山県海南市
下津町沓掛　しもつちょうくつかけ　和歌山県海南市
下津町青枝　しもつちょうあおし　和歌山県海南市
下津町梅田　しもつちょううめだ　和歌山県海南市
下津町曽根田　しもつちょうそねだ　和歌山県海南市
下津町笠畑　しもつちょうかさばた　和歌山県海南市
下津町黒田　しもつちょうくろだ　和歌山県海南市
下津町塩津　しもつちょうしおつ　和歌山県海南市
下津町橘本　しもつちょうきつもと　和歌山県海南市
下津町興　しもつちょうおき　和歌山県海南市
下津町鰈川　しもつちょうかれがわ　和歌山県海南市
下津林大般若町　しもつばやしだいはんにゃちょう　京都府京都市西京区
下津林中島町　しもつばやしなかじまちょう　京都府京都市西京区
下津林六反田　しもつばやしろくたんだ　京都府京都市西京区
下津林水掛町　しもつばやしみずかけちょう　京都府京都市西京区
下津林北浦町　しもつばやしきたうらちょう　京都府京都市西京区
下津林佃　しもつばやしつくだ　京都府京都市西京区
下津林芝ノ宮町　しもつばやししばのみやちょう　京都府京都市西京区
下津林東大般若町　しもつばやしひがしだいはんにゃちょう　京都府京都市西京区
下津林東芝ノ宮町　しもつばやしひがししばのみやちょう　京都府京都市西京区
下津林前泓町　しもつばやしまえぶけちょう　京都府京都市西京区
下津林南大般若町　しもつばやしみなみだいはんにゃちょう　京都府京都市西京区
下津林南中島町　しもつばやしみなみなかじまちょう　京都府京都市西京区
下津林番条　しもつばやしばんじょう　京都府京都市西京区
下津林番条町　しもつばやしばんじょうちょう　京都府京都市西京区
下津林楠町　しもつばやしくすのきちょう　京都府京都市西京区
下津油田町　おりづあぶらでんちょう　愛知県稲沢市
下津長田町　おりづながたちょう　愛知県稲沢市
下津南山　おりづみなみやま　愛知県稲沢市
下津南山町　おりづみなみやまちょう　愛知県稲沢市
下津南信正寺町　おりづみなみしんしょうじちょう　愛知県稲沢市
下津屋　しもつや　京都府久世郡久御山町
下津原
　　しもつはら　茨城県久慈郡大子町
　　しもつわら　熊本県玉名郡和水町
下津宮西町　おりづみやにしちょう　愛知県稲沢市
下津島　しもつしま　福島県双葉郡浪江町
下津浦　しもつうら　三重県度会郡南伊勢町
下津高戸町　おりづたかどちょう　愛知県稲沢市
下津蛇池町　おりづじゃいけちょう　愛知県稲沢市
下津野
　　しもつの　和歌山県海南市
　　しもつの　和歌山県有田郡有田川町
　　しもつの　高知県長岡郡本山町

下津黒　しもつぐろ　鳥取県八頭郡八頭町
下津森町　おりづもりまち　愛知県稲沢市
下津新町　おりづしんまち　愛知県稲沢市
下津熊　しもづくま　福岡県行橋市
下津穂所　おりほどころ　愛知県稲沢市
下津穂所町　おりづほどころちょう　愛知県稲沢市
下津鞍掛　おりづくらかけ　愛知県稲沢市
下津鞍掛町　おりづくらかけちょう　愛知県稲沢市
下狭川町　しもさがわちょう　奈良県奈良市
下猪　しもむじな　埼玉県比企郡川島町
下畑
　　しもはた　埼玉県飯能市
　　しもはた　静岡県伊豆の国市
　　しもはた　鳥取県東伯郡三朝町
下畑町
　　しもはたちょう　兵庫県神戸市垂水区
　　しもはたまち　福岡県北九州市八幡西区
下畑野川　しもはたのかわ　愛媛県上浮穴郡久万高
原町
下発知町　しもほっちまち　群馬県沼田市
下相川
　　しもあいかわ　新潟県村上市
　　しもあいかわ　新潟県佐渡市
下相野　しもあいの　兵庫県三田市
下砂井　しもいさごい　茨城県猿島郡境町
下砂見　しもすなみ　鳥取県鳥取市
下神　しもつわ　鳥取県東伯郡北栄町
下神内川　しもかのがわ　山梨県山梨市
下神戸　しもかんべ　三重県伊賀市
下神主　しもこうぬし　栃木県河内郡上三川町
下神田町　しもかみだちょう　大阪府寝屋川市
下神明　しもしんめい　東京都（東京急行電鉄大井町線）
下神泉苑町　しもしんせんえんちょう　京都府京都市伏見区
下神増　しもかんぞ　静岡県磐田市
下祖母石　しもうばいし　山梨県韮崎市
下秋里　しもあきさと　兵庫県佐用郡佐用町
下秋間　しもあきま　群馬県安中市
下籾　しももみ　岡山県久米郡久米南町
下茨田　しもばらだ　宮城県亘理郡亘理町
下荒又　しもあらまた　富山県中新川郡上市町
下荒子　しもあらこ　福島県福島市
下荒井町　しもあらいちょう　福井県福井市
下荒田　しもあらた　鹿児島県鹿児島市
下荒沢　しもあらさわ　新潟県胎内市
下荒河　しもあらが　京都府福知山市
下荒浜　しもあらはま　新潟県上越市
下荒針町　しもあらはりまち　栃木県宇都宮市
下草谷　しもくさだに　兵庫県加古郡稲美町
下草柳　しもそうやぎ　神奈川県大和市
下茶屋　しものちゃや　奈良県御所市
下茶屋町　しもちゃやまち　岐阜県岐阜市
下茶路　しもちゃろ　北海道白糠郡白糠町
下重原町　しもしげはらちょう　愛知県刈谷市
下音羽　しもおとわ　大阪府茨木市
下音更　しもおとふけ　北海道河東郡音更町
下風呂　しもふろ　青森県下北郡風間浦村
下香山　しもかやま　岡山県美作市

下香貫　しもかぬき　静岡県沼津市
下香楽　しもこうらく　福岡県築上郡築上町
10 下倉
　　したくら　新潟県糸魚川市
　　したぐら　新潟県魚沼市
　　したぐら　岡山県総社市
下倉田町　しもくらたちょう　神奈川県横浜市戸塚区
下俵舛　しもたわらます　青森県南津軽郡藤崎町
下原
　　しもはら　宮城県加美郡加美町
　　しもはら　茨城県つくば市
　　しもはら　千葉県いすみ市
　　しもはら　新潟県南魚沼市
　　しもはら　愛知県知多郡武豊町
　　しもばら　岡山県総社市
　　しもばら　岡山県苫田郡鏡野町
　　しもばる　福岡県福岡市東区
　　しもばる　福岡県京都郡みやこ町
　　しもはら　大分県大分市
下原山　しもはらやま　兵庫県篠山市
下原田町　しもはらだまち　熊本県人吉市
下原町
　　しもはらちょう　愛知県春日井市
　　しもばらちょう　京都府綾部市
　　しもはらまち　福岡県北九州市若松区
　　しもはらちょう　宮崎県宮崎市
下原新田　しもはらしんでん　新潟県南魚沼市
下唐子　しもがらこ　埼玉県東松山市
下唐川
　　しもからかわ　石川県鳳珠郡穴水町
　　しもからかわ　愛媛県伊予市
下唐原　しもとうばる　福岡県築上郡上毛町
下宮
　　したみや　茨城県下妻市
　　しもみや　岐阜県安八郡神戸町
　　しものみや　兵庫県豊岡市
　　しもみや　佐賀県東松浦郡玄海町
下宮木町　しもみやきちょう　兵庫県加西市
下宮比町　しもみやびちょう　東京都新宿区
下宮永　しもみやなが　大分県中津市
下宮永町　しもみやながまち　福岡県柳川市
下宮田
　　しもみやだ　千葉県木更津市
　　しもみやだ　千葉県袖ケ浦市
下宮地　しもみやじ　山梨県南アルプス市
下宮地町　しもみやじまち　埼玉県秩父市
下宮町
　　しものみやちょう　大阪府和泉市
　　しもみやちょう　長崎県島原市
　　しもみやちょう　鹿児島県垂水市
下宮河内町　しもみやかわうちちょう　茨城県常陸太田市
下宮崎　しもみやざき　福島県西白河郡矢吹町
下島
　　しもじま　茨城県つくばみらい市
　　しもじま　神奈川県平塚市
　　しもじま　新潟県魚沼市
　　しもじま　富山県滑川市
　　しもじま　富山県小矢部市
　　したじま　富山県南砺市
　　しもじま　長野県（JR飯田線ほか）
　　しもじま　静岡県静岡市駿河区

3画（下）

しもじま　京都府相楽郡和束町
しもじま　高知県南国市
下島山乙　しもしまやまおつ　愛媛県西条市
下島山甲　しもしまやまこう　愛媛県西条市
下島田原　しもしまだはら　宮城県刈田郡七ケ宿町
下島町
　　しもじままち　富山県高岡市
　　しもじまちょう　大阪府守口市
　　しもじまちょう　大阪府門真市
　　しもじまちょう　高知県高知市
下島松　しもしままつ　北海道恵庭市
下峰寺　しもみねでら　鳥取県八頭郡八頭町
下帯那町　しもおびなちょう　山梨県甲府市
下座　げざ　茨城県東茨城郡茨城町
下座倉　しもざくら　岐阜県揖斐郡大野町
下恩方町　しもおんがたまち　東京都八王子市
下恩田　しもおんだ　埼玉県熊谷市
下恵土　しもえど　岐阜県可児市
下時枝　しもときえだ　大分県宇佐市
下栗
　　しもぐり　茨城県下妻市
　　しもぐり　栃木県宇都宮市
下栗山　しもくりやま　富山県富山市
下栗町　しもくりちょう　栃木県宇都宮市
下栗原　しもくりばら　山梨県山梨市
下栗須　しもくりす　群馬県藤岡市
下桑原　しもくわはら　奈良県吉野郡下北山村
下桑島町　しもくわじままち　栃木県宇都宮市
下根　しもね　千葉県佐倉市
下根子　しもねこ　岩手県花巻市
下根本　しもねもと　茨城県稲敷市
下根来　しもねごり　福井県小浜市
下根町
　　しもねちょう　茨城県牛久市
　　しもねまち　千葉県佐倉市
下根岸　しもねぎし　千葉県袖ケ浦市
下梅沢　しもうめざわ　富山県滑川市
下梅屋町　しもうめやちょう　京都府京都市東山区
下梅香　しもばいこう　茨城県水戸市
下浦
　　しもうら　徳島県（JR徳島線）
　　しもうら　福岡県朝倉市
下浦町　しもうらまち　熊本県天草市
下浜　しもはま　秋田県（JR羽越本線）
下浜八田　しもはまはった　秋田県秋田市
下浜田町　しもはまだちょう　群馬県太田市
下浜名ケ沢　しもはまみょうがさわ　秋田県秋田市
下浜羽川　しもはまはねかわ　秋田県秋田市
下浜長浜　しもはまながはま　秋田県秋田市
下浜桂根　しもはまかつらね　秋田県秋田市
下浜街道　しもはまかいどう　宮城県亘理郡亘理町
下浜楢田　しもはまならだ　秋田県秋田市
下涌波町　しもわくなまち　石川県金沢市
下流　したる　静岡県賀茂郡南伊豆町
下烏田　しもからすだ　千葉県木更津市
下浪塚　しもおいのづか　宮城県加美郡加美町
下益城郡　しもましきぐん　熊本県
下益野　しもましの　高知県土佐清水市
下真手　しもまて　三重県多気郡大台町

下真砂　しもまなご　新潟県上越市
下真倉　しもさなぐら　千葉県館山市
下真桑　しもまくわ　岐阜県本巣市
下砥上町　しもとかみちょう　栃木県宇都宮市
下祇園　しもぎおん　広島県（JR可部線）
下祓川町　しもはらいがわちょう　鹿児島県鹿屋市
下竜尾町　しもたつおちょう　鹿児島県鹿児島市
下荻　しもおぎ　山形県南陽市
下荻野　しもおぎの　神奈川県厚木市
下荻野戸　しもおぎのと　山形県天童市
下莇生田町　しもあぞうだちょう　福井県福井市
下蚊屋　さがりかや　鳥取県日野郡江府町
下財町　げざいちょう　兵庫県川西市
下起　しもおこし　愛知県知多郡武豊町
下通　しもとおり　熊本県熊本市中央区
下連雀　しもれんじゃく　東京都三鷹市
下郡
　　しもごおり　宮城県遠田郡涌谷町
　　しもごおり　福島県伊達郡桑折町
　　しもごおり　千葉県（JR久留里線）
　　しもごおり　千葉県木更津市
　　しもごおり　三重県伊賀市
　　しもごおり　大分県大分市
下郡山　しもごおりやま　福島県双葉郡富岡町
下郡工業団地　しもごおりこうぎょうだんち　大分県大分市
下郡中央　しもごおりちゅうおう　大分県大分市
下郡北　しもごおりきた　大分県大分市
下郡東　しもごおりひがし　大分県大分市
下郡南　しもごおりみなみ　大分県大分市
下院内　しもいんない　秋田県湯沢市
下陣屋町　しもじんやちょう　愛知県瀬戸市
下馬
　　げば　宮城県（JR仙石線）
　　げば　宮城県多賀城市
　　しもうま　東京都世田谷区
　　げば　福井県福井市
下馬伏町　しもまぶしちょう　大阪府門真市
下馬尾　げばお　熊本県上益城郡山都町
下馬町
　　げばちょう　福井県福井市
　　しもうまちょう　京都府京都市東山区
下馬寄　しもまいそう　福岡県北九州市門司区
下馬場
　　しもばば　茨城県小美玉市
　　しもばば　新潟県上越市
下馬渡　しもまわたし　茨城県稲敷市
下高　しもたか　大分県宇佐市
下高井　しもたかい　茨城県取手市
下高井戸
　　しもたかいど　東京都（京王電鉄京王線ほか）
　　しもたかいど　東京都杉並区
下高井郡　しもたかいぐん　長野県
下高尻　しもたかじり　島根県鹿足郡吉賀町
下高末　しもこうずえ　岡山県小田郡矢掛町
下高田
　　しもたかだ　青森県三戸郡五戸町
　　しもたかだ　茨城県筑西市
　　しもたかだ　新潟県胎内市
　　しもたかだ　岡山県岡山市北区

3画（下）

下高尾　しもたかお　群馬県富岡市
下高町　しもたかまち　新潟県刈羽郡刈羽村
下高岡　しもたかおか　香川県木田郡三木町
下高屋団地　しもたかやだんち　福岡県京都郡みやこ町
下高柳
　　しもたかやなぎ　埼玉県加須市
　　しもたかやなぎ　新潟県加茂市
下高津　しもたかつ　茨城県土浦市
下高砂　しもたかすな　山梨県南アルプス市
下高倉西　しもたかくらにし　岡山県津山市
下高倉町　しもたかくらちょう　茨城県常陸太田市
下高倉東　しもたかくらひがし　岡山県津山市
下高家　しもたけい　大分県宇佐市
下高島　しもたかじま　福井県勝山市
下高根沢　しもたかねさわ　栃木県芳賀郡芳賀町
下高野
　　しもたかの　埼玉県北葛飾郡杉戸町
　　しもこうや　千葉県八千代市
下高場　しもたかば　福岡県朝倉郡筑前町
下高萩新田　しもたかはぎしんでん　埼玉県日高市
下高間木　しもこうまぎ　栃木県真岡市
下高隈町　しもたかくまちょう　鹿児島県鹿屋市
下高関　しもたかせき　新潟県新発田市
下高橋　しもたかはし　福岡県三井郡大刀洗町
下高瀬　しもだかせ　群馬県富岡市
下鬼柳　しもおにやなぎ　岩手県北上市
11下亀田　しもかめだ　福岡県郡山市
下亀谷　しもかめだに　島根県邑智郡邑南町
下冨田　しもとみた　茨城県鉾田市
下冨居　しもふご　富山県富山市
下唯野
　　しもゆいの　福井県（JR越美北線）
　　しもゆいの　福井県大野市
下堀
　　しもほり　福島県大沼郡会津美里町
　　しもほり　千葉県南房総市
　　しもほり　神奈川県小田原市
　　しもほり　富山県富山市
下堀川町　しもほりかわちょう　京都府京都市上京区
下堀町　しもほりちょう　鹿児島県鹿屋市
下堀詰町　しもほりつめちょう　京都府京都市東山区
下宿　したじゅく　東京都清瀬市
下宿町　しもじゅくまち　福島県須賀川市
下宿前　しもじゅくまえ　福島県須賀川市
下崎
　　しもさき　埼玉県加須市
　　しもさき　福岡県行橋市
下崎山町　しもさきやまちょう　長崎県五島市
下悪戸　しもあくど　秋田県能代市
下据　しもしがらみ　福井県大野市
下斎原　しもさいばら　岡山県苫田郡鏡野町
下曽我　しもそが　神奈川県（JR御殿場線）
下曽祢町　しもそねまち　石川県羽咋市
下曽根
　　しもぞね　茨城県北相馬郡利根町
　　しもぞね　千葉県印西市
　　しもそね　福岡県（JR日豊本線）
　　しもそね　福岡県北九州市小倉南区

下曽根田　しもそねだ　岩手県岩手郡雫石町
下曽根町　しもそねちょう　山梨県甲府市
下曽根新町　しもそねしんまち　福岡県北九州市小倉南区
下望陀　しももうだ　千葉県木更津市
下梶原　しもかじわら　福岡県筑紫郡那珂川町
下梨　しもなし　富山県南砺市
下條村　しもじょうむら　長野県下伊那郡
下渋垂町　しもしぶたれちょう　栃木県足利市
下深川　しもふかわ　広島県（JR芸備線）
下深川町　しもふかわちょう　奈良県奈良市
下深井　しもふかい　秋田県大仙市
下深田　しもふかた　兵庫県三田市
下深谷　しもふかや　三重県（養老鉄道線）
下深谷部　しもふかやべ　三重県桑名市
下深荻町　しもふかおぎちょう　茨城県日立市
下深野　しもふかの　福岡県築上郡築上町
下清久　しもきよく　埼玉県久喜市
下清戸　しもきよと　東京都清瀬市
下清水　しもしみず　山形県鶴岡市
下清水町
　　しもしみずまち　石川県能美市
　　しもしみずちょう　静岡県静岡市清水区
下清蔵口町　しもせいぞうぐちちょう　京都府京都市上京区
下渕
　　しもぶち　奈良県吉野郡大淀町
　　したぶち　福岡県朝倉市
下猪崎　しもいざき　京都府福知山市
下笠　しもがさ　岐阜県養老郡養老町
下笠町　しもがさちょう　滋賀県草津市
下笹目　しもささめ　埼玉県戸田市
下笹森　しもささもり　岩手県岩手郡雫石町
下笹橋　しもささばし　青森県上北郡東北町
下粕尾　しもかすお　栃木県鹿沼市
下経田　しもきょうでん　富山県中新川郡上市町
下紺屋　しもこんや　京都府福知山市
下紺屋町　しもこうやまち　岡山県津山市
下細井町　しもほそいまち　群馬県前橋市
下細江町　しもほそえちょう　福井県福井市
下細谷　しもほそや　埼玉県比企郡吉見町
下組
　　しもぐみ　新潟県十日町市
　　しもぐみ　山梨県北都留郡丹波山村
　　しもぐみ　高知県高岡郡檮原町
下組町　しもくみちょう　岩手県遠野市
下組郷　しもぐみごう　長崎県東彼杵郡川棚町
下船原　しもふなばら　静岡県伊豆市
下船渡
　　しもふなと　岩手県（JR大船渡線）
　　しもふなと　新潟県中魚沼郡津南町
下船越町　しもふなこしちょう　長崎県佐世保市
下菅
　　しもすが　三重県多気郡大台町
　　しもすげ　鳥取県日野郡日野町
下菅又　しもすがまた　栃木県芳賀郡茂木町
下菅口　しもすげぐち　山梨県甲斐市
下菅谷　しもすがや　茨城県（JR水郡線）
下貫　しもぬき　福岡県北九州市小倉南区

65

3画（下）

下郷
　　しもごう　茨城県笠間市
　　しもごう　群馬県甘楽郡下仁田町
　　しもごう　福井県大野市
　　しものごう　鳥取県米子市
　　しもごう　高知県須崎市
下郷町　しもごうまち　福島県南会津郡
下郷谷　しもごうや　茨城県筑西市
下都賀郡　しもつがぐん　栃木県
下部　しもべ　山梨県南巨摩郡身延町
下部温泉　しもべおんせん　山梨県（JR身延線）
下野
　　しもの　秋田県能代市
　　しもの　埼玉県北葛飾郡杉戸町
　　しもの　千葉県市原市
　　しもの　富山県富山市
　　しもの　富山県滑川市
　　したの　富山県南砺市
　　しもの　富山県下新川郡朝日町
　　しもの　岐阜県中津川市
　　しもつけ　鳥取県八頭郡八頭町
　　しもの　熊本県阿蘇郡南阿蘇村
　　しもの　宮崎県西臼杵郡高千穂町
下野上　しものがみ　福島県双葉郡大熊町
下野大沢　しもつけおおさわ　栃木県（JR日光線）
下野川町　しものがわちょう　愛知県豊川市
下野中　しものなか　静岡県静岡市清水区
下野木　しものぎ　福井県三方上中郡若狭町
下野毛　しものげ　神奈川県川崎市高津区
下野代　しものしろ　三重県（養老鉄道線）
下野北　しものきた　静岡県静岡市清水区
下野尻
　　しものじり　福島県耶麻郡西会津町
　　しものじり　愛媛県上浮穴郡久万高原町
下野市　しもつけし　栃木県
下野本　しものもと　埼玉県東松山市
下野田
　　しものだ　群馬県北群馬郡吉岡町
　　しものだ　埼玉県さいたま市緑区
　　しものだ　埼玉県白岡市
　　しものだ　新潟県上越市
　　しものだ　岡山県津山市
　　しものだ　高知県南国市
下野田町　しものだちょう　福井県鯖江市
下野目　しものめ　宮城県加美郡加美町
下野寺　しものでら　福島県福島市
下野西　しものにし　静岡県静岡市清水区
下野条　しものうじょう　京都府福知山市
下野町
　　しものちょう　茨城県水戸市
　　しものまち　石川県白山市
　　しものちょう　静岡県静岡市清水区
　　しものちょう　三重県伊勢市
　　しものちょう　大阪府岸和田市
　　しものちょう　広島県竹原市
　　しものまち　佐賀県鳥栖市
下野花岡　しもつけはなおか　栃木県（JR烏山線）
下野谷町　したのやちょう　神奈川県横浜市鶴見区
下野明　しものみょう　山形県最上郡金山町
下野東　しものひがし　静岡県静岡市清水区

下野宮
　　しものみや　茨城県（JR水郡線）
　　しものみや　茨城県久慈郡大子町
下野堂　しものどう　埼玉県本庄市
下野郷　しものごう　宮城県岩沼市
下野部　しもべ　静岡県磐田市
下野幌テクノパーク　しものっぽろてくのぱーく　北海道札幌市厚別区
下野新　しものしん　富山県富山市
下野殿　しものどの　茨城県筑西市
下野緑町　しものみどりちょう　静岡県静岡市清水区
下閉伊郡　しもへいぐん　岩手県
下陰　しもかげ　兵庫県豊岡市
下陳　しもじん　熊本県上益城郡益城町
下陸別　しもりくべつ　北海道足寄郡陸別町
下雪裡　しもせつり　北海道阿寒郡鶴居村
下魚棚　しもうおのたな　京都府京都市下京区
下鳥羽上三栖町　しもとばかみみすちょう　京都市伏見区
下鳥羽上向島町　しもとばかみむかいじまちょう　京都府京都市伏見区
下鳥羽小柳町　しもとばこやなぎちょう　京都府京都市伏見区
下鳥羽中三町　しもとばなかさんちょう　京都府京都市伏見区
下鳥羽中円面田町　しもとばなかえんめんでんちょう　京都府京都市伏見区
下鳥羽六反長町　しもとばろくたんながちょう　京都府京都市伏見区
下鳥羽北ノ口町　しもとばきたのくちちょう　京都府京都市伏見区
下鳥羽北三町　しもとばきたさんちょう　京都府京都市伏見区
下鳥羽北円面田町　しもとばきたえんめんでんちょう　京都府京都市伏見区
下鳥羽平塚町　しもとばひらつかちょう　京都府京都市伏見区
下鳥羽広長町　しもとばひろおさちょう　京都府京都市伏見区
下鳥羽西芹川町　しもとばにしせりかわちょう　京都府京都市伏見区
下鳥羽西柳長町　しもとばにしやなぎおさちょう　京都府京都市伏見区
下鳥羽但馬町　しもとばたじまちょう　京都府京都市伏見区
下鳥羽芹川町　しもとばせりかわちょう　京都府京都市伏見区
下鳥羽東芹川町　しもとばひがしせりかわちょう　京都府京都市伏見区
下鳥羽東柳長町　しもとばひがしやなぎおさちょう　京都府京都市伏見区
下鳥羽長田町　しもとばおさだちょう　京都府京都市伏見区
下鳥羽前田町　しもとばまえだちょう　京都府京都市伏見区
下鳥羽南三町　しもとばみなみさんちょう　京都府京都市伏見区
下鳥羽南六反長町　しもとばみなみろくたんながちょう　京都府京都市伏見区
下鳥羽南円面田町　しもとばみなみえんめんでんちょう　京都府京都市伏見区

3画（下）

下鳥羽南柳長町　しもとばみなみやなぎおさちょう　京都府京都市伏見区
下鳥羽城ノ越町　しもとばしろのこしちょう　京都府京都市伏見区
下鳥羽浄春ケ前町　しもとばじょうしゅんがまえちょう　京都府京都市伏見区
下鳥羽渡瀬町　しもとばわたりせちょう　京都府京都市伏見区
下鳥羽葭田町　しもとばよしでんちょう　京都府京都市伏見区
下鳥羽澱女町　しもとばよどめちょう　京都府京都市伏見区
下鳥町　しもどりまち　新潟県見附市
下鳥谷部　しもとりやべ　青森県上北郡七戸町
下鳥渡　しもとりわた　福島県福島市
下鹿山　しもかやま　埼玉県日高市
下鹿妻　しもかづま　岩手県盛岡市
下麻生
　しもあさお　神奈川県川崎市麻生区
　しもあそ　富山県高岡市
　しもあそう　岐阜県（JR高山本線）
　しもあそう　岐阜県加茂郡川辺町
下麻生伸町　しもあそうしんまち　富山県高岡市
下麻生町　しもあそうちょう　滋賀県東近江市
下麻生嶋　しもあそうじま　福井県大野市
下黒山　しもくろやま　新潟県佐渡市
下黒川
　しもくろかわ　山形県酒田市
　しもくろがわ　愛知県北設楽郡豊根村
下黒川町　しもくろがわまち　石川県輪島市
下黒田　しもくろだ　富山県高岡市
下黒坂　しもぐろさか　鳥取県日野郡日野町
下黒谷　しもくろたに　福井県大野市
下黒岩　しもくろいわ　群馬県富岡市
下黒門町　しもくろもんちょう　京都府京都市中京区
下黒崎町　しもくろさきまち　長崎県長崎市
下黒瀬　しもくろせ　新潟県阿賀野市
12 下厨川　しもくりやがわ　岩手県盛岡市
下善之木　しもぜんのき　山梨県南都留郡道志村
下場　げば　新潟県新潟市東区
下場本町　げばほんちょう　新潟県新潟市東区
下場新町　げばしんまち　新潟県新潟市東区
下堤　しもづつみ　滋賀県野洲市
下堤町
　しもつつみちょう　石川県金沢市
　しもつつみちょう　京都府京都市左京区
下塔之段町　しもとうのだんちょう　京都府京都市上京区
下奥井
　しもおくい　富山県（富山ライトレール線）
　しもおくい　富山県富山市
下奥田　しもおくだ　山形県東置賜郡川西町
下奥富　しもおくどみ　埼玉県狭山市
下富　しもとみ　埼玉県所沢市
下富川　しもとみがわ　新潟県上越市
下富田　しもとんだ　宮崎県児湯郡新富町
下富岡　しもとみおか　新潟県長岡市
下富野　しもとみの　福岡県北九州市小倉北区
下幅　したはば　岩手県花巻市
下御手洗瀬　しもみたらせ　青森県上北郡野辺地町

下御門町　しもみかどちょう　奈良県奈良市
下御料　しもごりょう　北海道富良野市
下御霊前町　しもごりょうまえちょう　京都府京都市中京区
下御輿町　しもみこしちょう　京都府京都市上京区
下曾根　しもぞね　新潟県上越市
下替地町　したのかちちょう　京都府綾部市
下勝田　しもかつた　千葉県佐倉市
下朝比奈　しもあさひな　静岡県御前崎市
下検地　しもけんじ　福岡県行橋市
下植木町　しもうえきちょう　群馬県伊勢崎市
下植野　しもうえの　京都府乙訓郡大山崎町
下森田本町　しももりだほんまち　福井県福井市
下森田町　しももりだちょう　福井県福井市
下森田桜町　しももりださくらまち　福井県福井市
下森田新町　しももりだしんまち　福井県福井市
下森田藤巻町　しももりだふじまきちょう　福井県福井市
下森原　しももりばら　岡山県苫田郡鏡野町
下棟梁町　しもとうりょうちょう　京都府京都市東山区
下渡
　げど　新潟県村上市
　しもわたり　岐阜県美濃市
下湯口　しもゆぐち　青森県弘前市
下湯川　しもゆかわ　和歌山県有田郡有田川町
下湯江　しもゆえ　千葉県君津市
下湯沢　しもゆざわ　秋田県（JR奥羽本線）
下湯原　しもゆばら　岡山県真庭市
下番
　しものばん　富山県富山市
　しもばん　福井県あわら市
下硯川　しもすずりかわ　熊本県熊本市北区
下硯川町　しもすずりかわまち　熊本県熊本市北区
下筒香　しもつつが　和歌山県伊都郡高野町
下筒賀　しもつつが　広島県山県郡安芸太田町
下粟生津　しもあおうづ　新潟県燕市
下粟津町　しもあわづまち　石川県小松市
下粟野　しもあわの　京都府船井郡京丹波町
下萱丸　しもかやまる　茨城県つくば市
下萱津　しもかやづ　愛知県あま市
下萱場　しもかやば　茨城県取手市
下落合
　しもおちあい　埼玉県さいたま市中央区
　しもおちあい　東京都（西武鉄道新宿線）
　しもおちあい　東京都新宿区
　しもおちあい　神奈川県秦野市
　しもおちあい　神奈川県伊勢原市
下葭原町　しもよしはらちょう　兵庫県西宮市
下蛭田　しもひるだ　埼玉県春日部市
下賀茂　しもがも　静岡県賀茂郡南伊豆町
下越　しもごえ　長野県佐久市
下軽部　しもかるべ　茨城県かすみがうら市
下達布　しもたっぷ　北海道石狩郡新篠津村
下道
　したみち　青森県上北郡野辺地町
　げどう　宮城県遠田郡涌谷町
　したみち　愛媛県八幡浜市
　しもどう　高知県高岡郡四万十町

67

3画（下）

下道山町　しもみちやまちょう　兵庫県加西市
下道目記町　しもどうめきちょう　愛知県西尾市
下道寺町　げどうじちょう　群馬県伊勢崎市
下道潟　しもどうがた　新潟県新潟市南区
下鈎　しもまがり　滋賀県栗東市
下開発町　しもかいはつまち　石川県能美市
下間久里　しもまくり　埼玉県越谷市
下間仁田　しもまにた　群馬県安中市
下隅　したずみ　愛知県常滑市
下須戸　しもすど　埼玉県行田市
下須田　しもすだ　茨城県稲敷市
下須頃　しもすごろ　新潟県三条市
下飯田
　しもいいだ　宮城県仙台市若林区
　しもいいだ　千葉県香取市
　しもいいだ　神奈川県（横浜市交通局ブルーライン）
　しもいいだ　山梨県甲府市
　しもいいだ　岐阜県加茂郡川辺町
下飯田町
　しもいいだちょう　神奈川県横浜市泉区
　しもいいだちょう　静岡県浜松市南区
　しもいいだちょう　愛知県名古屋市北区
下飯坂　しもいいざか　福島県福島市
下飯岡　しもいいおか　岩手県盛岡市
下飯沼　しもいいぬま　茨城県東茨城郡茨城町
下飯野
　しもいいの　千葉県富津市
　しもいいの　富山県富山市
　しもいいの　富山県下新川郡入善町
下飯野新　しもいいのしん　富山県下新川郡入善町
下飯塚　しもいいづか　新潟県新発田市
13下園　しもその　福島県耶麻郡猪苗代町
下塩　しもじお　新潟県長岡市
下塩尻　しもしおじり　長野県上田市
下塩俵　しもしおだわら　新潟県新潟市南区
下塙　しもはなわ　茨城県鹿嶋市
下幌加内　しもほろかない　北海道雨竜郡幌加内町
下幌別　しもほろべつ　北海道枝幸郡枝幸町
下幌呂　しもほろろ　北海道阿寒郡鶴居村
下愛子　しもあやし　宮城県仙台市青葉区
下愛冠　しもあいかっぷ　北海道足寄郡足寄町
下新
　しもしん　新潟県新潟市秋葉区
　しもしん　新潟県五泉市
　しもしん　富山県中新川郡立山町
　しもにい　長野県（アルピコ交通上高地線）
　しもしん　京都府福知山市
下新シ町　しもあたらしちょう　京都府京都市東山区
下新丁　したじんちょう　長崎県島原市
下新入　しもしんにゅう　福岡県直方市
下新川郡　しもにいかわぐん　富山県
下新井　しもあらい　埼玉県所沢市
下新井田　しもにいだ　青森県三戸郡五戸町
下新井田前　しもにいだまえ　青森県三戸郡五戸町
下新日曹町　しもしんにっそうまち　富山県富山市
下新北町　しもしんきたまち　富山県富山市
下新本町　しもしんほんまち　富山県富山市
下新田
　しもしんでん　宮城県気仙沼市
　しもにいだ　宮城県加美郡加美町
　しもしんでん　宮城県遠田郡涌谷町
　しもにいだ　山形県米沢市
　しもしんでん　群馬県（わたらせ渓谷鉄道線）
　しもしんでん　群馬県佐波郡玉村町
　しもしんでん　埼玉県羽生市
　しもしんでん　埼玉県鶴ケ島市
　しもにった　千葉県袖ケ浦市
　しもしんでん　神奈川県小田原市
　しもしんでん　新潟県三条市
　しもしんでん　新潟県上越市
　しもしんでん　新潟県魚沼市
　しもしんでん　長野県伊那市
下新田町
　しもしんでんまち　群馬県前橋市
　しもしんでんちょう　愛知県津島市
下新印　しもしい　鳥取県米子市
下新庄
　しもしんじょう　大阪府（阪急電鉄千里線）
　しもしんじょう　大阪府大阪市東淀川区
下新庄町　しもしんじょうちょう　福井県鯖江市
下新西町　しもしんにしちょう　富山県富山市
下新町
　しもあらまち　新潟県見附市
　しもしんまち　新潟県上越市
　しもしんまち　富山県富山市
　しもあらまち　富山県南砺市
　しもしんちょう　石川県金沢市
　しもしんまち　岐阜県岐阜市
　しもしんまち　岐阜県羽島郡笠松町
　しもしんまち　熊本県人吉市
下新河岸　しもしんがし　埼玉県川越市
下新保
　しもしんぼ　新潟県新発田市
　しもしんぼ　新潟県村上市
下新城　しもしんじょう　神奈川県川崎市中原区
下新城小友　しもしんじょうおとも　秋田県秋田市
下新城中野　しもしんじょうなかの　秋田県秋田市
下新城岩城　しもしんじょういわき　秋田県秋田市
下新城長岡　しもしんじょうながおか　秋田県秋田市
下新城青崎　しもしんじょうあおさき　秋田県秋田市
下新城笠岡　しもしんじょうかさおか　秋田県秋田市
下新津　しもあらつ　福岡県京都郡苅田町
下新倉　しもにいくら　埼玉県和光市
下新宿　しもしんしゅく　千葉県市川市
下新郷　しもしんごう　埼玉県羽生市
下新道　しもしんみち　青森県三戸郡五戸町
下新穂　しもにいぼ　新潟県佐渡市
下椿　しもつばき　富山県魚津市
下楠　しもくす　三重県多気郡大台町
下楠川　しもくすがわ　新潟県新発田市
下椹沢　しもくぬぎさわ　山形県山形市
下殿岡　しもとのおか　長野県飯田市
下殿河内　しもとのごうち　広島県山県郡安芸太田町
下源入　しもげんにゅう　新潟県上越市
下溝
　しもみぞ　神奈川県（JR相模線）
　しもみぞ　神奈川県相模原市南区
下滝
　しもたき　宮城県伊具郡丸森町
　しもたき　兵庫県（JR福知山線）
下滝田　しもたきだ　千葉県南房総市

3画（下）

下滝町　しもたきまち　群馬県高崎市
下滝南　しもたきみなみ　宮城県伊具郡丸森町
下滝野　しもたきの　兵庫県加東市
下福井　しもふくい　京都府舞鶴市
下福元町　しもふくもとちょう　鹿児島県鹿児島市
下福田
　しもふくだ　千葉県成田市
　しもふくだ　鳥取県倉吉市
下福沢　しもふくざわ　山梨県甲斐市
下福良　しもふくら　宮崎県東臼杵郡椎葉村
下福岡　しもふくおか　新潟県阿賀野市
下福島　しもふくじま　岐阜県本巣市
下竪小路　しもたてこうじ　山口県山口市
下竪町　しもたてちょう　京都府京都市上京区
下筱見　しもささみ　兵庫県篠山市
下糀屋町　しもこうじやちょう　京都府京都市下京区
下蒲刈町下島　しもかまがりちょうしもじま　広島県呉市
下蒲刈町三之瀬　しもかまがりちょうさんのせ　広島県呉市
下蒲刈町大地蔵　しもかまがりちょうおおじぞう　広島県呉市
下蒲生　しもかもう　栃木県河内郡上三川町
下蓬田　しもよもぎだ　福島県石川郡平田村
下蓮町　しもはすちょう　群馬県伊勢崎市
下蓮花寺　しもれんげじ　福岡県中間市
下蛸路町　しもたこじちょう　三重県松阪市
下触町　しもふれいちょう　群馬県伊勢崎市
下豊似　しもとよに　北海道広尾郡広尾町
下豊岡町　しもとよおかまち　群馬県高崎市
下豊松　しもとよまつ　広島県神石郡神石高原町
下遠部　しもとおべ　栃木県鹿沼市
下鉢山　しもはちやま　兵庫県豊岡市
下鉢石町　しもはついしまち　栃木県日光市
下頓別　しもとんべつ　北海道枝幸郡浜頓別町
14 下境
　しもさかい　青森県上北郡おいらせ町
　しもさかい　宮城県遠田郡美里町
　しもさかい　秋田県横手市
　しもさかい　栃木県那須烏山市
　しもさかい　福岡県直方市
下増田
　しもますだ　宮城県名取市
　しもますだ　埼玉県熊谷市
下増田町　しもますだまち　群馬県前橋市
下徳丸　しもとくまる　大分県大分市
下徳久　しもとくさ　兵庫県佐用郡佐用町
下徳富　しもとっぷ　北海道（JR札沼線）
下暮地　しもくれち　山梨県南都留郡西桂町
下榎　しもえのき　鳥取県日野郡日野町
下榎島　しもえのきじま　愛知県犬山市
下構町　しもがまえちょう　愛知県名古屋市昭和区
下樋遣川　しもひやりかわ　埼玉県加須市
下漆田町　しもうるしだまち　熊本県人吉市
下漆原　しもうるしばら　京都府舞鶴市
下熊谷　しもくまたに　岡山県新見市
下熊野　しもくまの　富山県富山市
下稲子　しもいなこ　静岡県富士宮市
下稲木町　しもいなぎちょう　岡山県井原市

下稲田　しもいなだ　新潟県上越市
下稲吉　しもいなよし　茨城県かすみがうら市
下稲塚　しもいなづか　新潟県上越市
下稲葉　しもいなば　栃木県下都賀郡壬生町
下稲葉町　しもいなばちょう　滋賀県彦根市
下種　しもだね　鳥取県東伯郡北栄町
下種町　しもたねちょう　島根県益田市
下種足　しもたなだれ　埼玉県加須市
下稗田　しもひえだ　福岡県行橋市
下窪　したくぼ　富山県高岡市
下箕田　しもみだ　三重県鈴鹿市
下箕田町　しもみだちょう　三重県鈴鹿市
下綱　しもつな　秋田県大館市
下綱子　しもつなご　新潟県上越市
下総中山　しもうさなかやま　千葉県（JR総武本線）
下総松崎　しもうさまんざき　千葉県（JR成田線）
下総神崎　しもうさこうざき　千葉県（JR成田線）
下総豊里　しもうさとよさと　千葉県（JR成田線）
下総橘　しもうさたちばな　千葉県（JR成田線）
下網田町　しもおうだまち　熊本県宇土市
下銀谷　しもぎんや　埼玉県比企郡吉見町
下関
　しもせき　秋田県能代市
　しもせき　秋田県湯沢市
　しもせき　新潟県岩船郡関川村
　しもぜき　富山県高岡市
　しものせき　山口県（JR山陽本線）
　しもぜき　高知県長岡郡本山町
下関市　しものせきし　山口県
下関町
　しもせきまち　新潟県見附市
　しもぜきまち　富山県高岡市
下関河内　しもせきごうど　福島県東白川郡矢祭町
下鞆渕　しもともぶち　和歌山県紀の川市
下餅山　しももちやま　山形県酒田市
15 下幡木　しもはたき　茨城県神栖市
下影森　しもかげもり　埼玉県秩父市
下敷田　しもしきだ　大分県宇佐市
下横山　しもよこやま　新潟県佐渡市
下横田
　しもよこた　埼玉県比企郡小川町
　しもよこた　島根県仁多郡奥出雲町
　しもよこた　熊本県上益城郡甲佐町
下横田町　しもよこたちょう　栃木県宇都宮市
下横地　しもよこち　千葉県山武市
下横町
　しもよこまち　栃木県鹿沼市
　しもよこちょう　群馬県高崎市
　しもよこちょう　京都府京都市上京区
　しもよこちょう　島根県出雲市
下横倉町　しもよこくらまち　栃木県宇都宮市
下横野　しもよこの　岡山県津山市
下横割　しもよこわり　静岡県富士市
下横場　しもよこば　茨城県つくば市
下樫出　しもかしいで　新潟県長岡市
下権田　しもごんだ　愛知県長久手市
下槻瀬　しもづきせ　兵庫県三田市
下穂積　しもほづみ　大阪府茨木市
下箱井　しもはこい　新潟県上越市

69

3画（下）

下舞木　しももうぎ　福島県田村郡三春町
下舞台　しもぶたい　愛知県犬山市
下諏訪
　　しもすわ　新潟県燕市
　　しもすわ　長野県（JR中央本線）
下諏訪町
　　しもすわまち　長野県諏訪郡
　　しもすわんちょう　京都府京都市下京区
下駒月　しもこまづき　滋賀県蒲生郡日野町
下駒沢　しもこまざわ　長野県長野市
¹⁶下樵木町　しもこりきちょう　京都府京都市中京区
下濁川　しもにごりかわ　新潟県妙高市
下濃　しもの　鳥取県八頭郡八頭町
下甑町手打　しもこしきちょうてうち　鹿児島県薩摩
川内市
下甑町片野浦　しもこしきちょうかたのうら　鹿児島県
薩摩川内市
下甑町長浜　しもこしきちょうながはま　鹿児島県薩
摩川内市
下甑町青瀬　しもこしきちょうあおせ　鹿児島県薩摩
川内市
下甑町瀬々野浦　しもこしきちょうせせのうら　鹿児
島県薩摩川内市
下積翠寺町　しもせきすいじまち　山梨県甲府市
下繁岡　しもしげおか　福島県双葉郡楢葉町
下興屋　しもこうや　山形県鶴岡市
下興野
　　しもごや　新潟県新潟市秋葉区
　　しもこうや　新潟県新発田市
下興野町　しもごやちょう　新潟県新潟市秋葉区
下舘野　しもたての　福島県郡山市
下薬師堂　しもやくしどう　新潟県南魚沼市
下鞘師町　しもさやしまち　青森県弘前市
下館
　　しもだて　茨城県（JR水戸線ほか）
　　しもたて　新潟県胎内市
下館二高前　しもだてにこうまえ　茨城県（真岡鉄道
線）
下鮎川　しもあゆかわ　和歌山県西牟婁郡上富田町
下鴛原町　しもおしはらまち　石川県金沢市
下鴨下川原町　しもがもしもがわらちょう　京都府京
都市左京区
下鴨上川原町　しもがもかみがわらちょう　京都府京
都市左京区
下鴨川　しもかもがわ　兵庫県加東市
下鴨中川原町　しもがもなかがわらちょう　京都府京
都市左京区
下鴨水口町　しもがもみなくちちょう　京都府京都市
左京区
下鴨北芝町　しもがもきたしばちょう　京都府京都市
左京区
下鴨北茶ノ木町　しもがもきたちゃのきちょう　京都
府京都市左京区
下鴨北野々神町　しもがもきたののがみちょう　京都
府京都市左京区
下鴨北園町　しもがもきたぞのちょう　京都府京都市
左京区
下鴨半木町　しもがもはんぎちょう　京都府京都市左
京区
下鴨本町　しもがもほんまち　京都府京都市左京区
下鴨生　しもかもお　福岡県（JR後藤寺線）

下鴨西半木町　しもがもにしはんぎちょう　京都府京
都市左京区
下鴨西本町　しもがもにしほんまち　京都府京都市左
京区
下鴨西林町　しもがもにしばやしちょう　京都府京都
市左京区
下鴨西梅ノ木町　しもがもにしうめのきちょう　京都
府京都市左京区
下鴨西高木町　しもがもにしたかぎちょう　京都府京
都市左京区
下鴨芝本町　しもがもしばもとちょう　京都府京都市
左京区
下鴨夜光町　しもがもやこうちょう　京都府京都市左
京区
下鴨岸本町　しもがもきしもとちょう　京都府京都市
左京区
下鴨松ノ木町　しもがもまつのきちょう　京都府京都
市左京区
下鴨松原町　しもがもまつばらちょう　京都府京都市
左京区
下鴨東半木町　しもがもひがしはんぎちょう　京都府
都市左京区
下鴨東本町　しもがもひがしほんまち　京都府京都市
左京区
下鴨東岸本町　しもがもひがしきしもとちょう　京都
府京都市左京区
下鴨東梅ノ木町　しもがもひがしうめのきちょう　京都
府京都市左京区
下鴨東高木町　しもがもひがしたかぎちょう　京都府
都市左京区
下鴨東塚本町　しもがもひがしつかもとちょう　京都府
京都市左京区
下鴨東森ケ前町　しもがもひがしもりがまえちょう　京
都府京都市左京区
下鴨狗子田町　しもがもいのこだちょう　京都府京都
市左京区
下鴨前萩町　しもがもまえはぎちょう　京都府京都市
左京区
下鴨南芝町　しもがもみなみしばちょう　京都府京都
市左京区
下鴨南茶ノ木町　しもがもみなみちゃのきちょう　京都
府京都市左京区
下鴨南野々神町　しもがもみなみののがみちょう　京
都府京都市左京区
下鴨泉川町　しもがもいずみがわちょう　京都府京都
市左京区
下鴨神殿町　しもがもこうどのちょう　京都府京都市
左京区
下鴨宮河町　しもがもみやかわちょう　京都府京都市
左京区
下鴨宮崎町　しもがもみやざきちょう　京都府京都市
左京区
下鴨梅ノ木町　しもがもうめのきちょう　京都府京都
市左京区
下鴨高木町　しもがもたかぎちょう　京都府京都市左
京区
下鴨梁田町　しもがもやなだちょう　京都府京都市左
京区
下鴨塚本町　しもがもつかもとちょう　京都府京都市
左京区
下鴨森ケ前町　しもがももりがまえちょう　京都府京
都市左京区

3画（三）

下鴨森本町　しもがもりもとちょう　京都府京都市左京区

下鴨萩ケ垣内町　しもがもはぎがかきうちちょう　京都府京都市左京区

下鴨貴船町　しもがもきぶねちょう　京都府京都市左京区

下鴨蓼倉町　しもがもたでくらちょう　京都府京都市左京区

下鴨膳部町　しもがもかしわべちょう　京都府京都市左京区

17下櫛梨　しもくしなし　香川県仲多度郡琴平町

下檜沢　しもひざわ　茨城県常陸大宮市

下磯　しもいそ　岐阜県揖斐郡大野町

下磯部　しもいそべ　群馬県安中市

下篠尾　しもさそお　京都府福知山市

下篠崎町　しもしのざきまち　東京都江戸川区

下糟屋　しもかすや　神奈川県伊勢原市

下薩摩瀬町　しもさつまぜまち　熊本県人吉市

下鍵山　しもかぎやま　愛媛県北宇和郡鬼北町

下鍛冶屋町　しもかじやまち　山梨県甲府市

下鍛冶屋　しもかじや　新潟県村上市

18下藤又　しもふじまた　石川県河北郡津幡町

下藤沢　しもふじさわ　埼玉県入間市

下藪田　しもやぶた　静岡県藤枝市

下難波　しもなんば　愛媛県松山市

下鵜飼
　　しもうかい　岩手県滝沢市
　　しもうかい　岐阜県岐阜市

19下瀬
　　しもせ　秋田県能代市
　　したせ　山形県酒田市
　　しもぜ　長野県飯田市

下瀬戸　しもせと　富山県中新川郡立山町

下瀬加　しもせか　兵庫県神崎郡市川町

下瀬谷　しもせや　神奈川県横浜市瀬谷区

下蟹田　したがにた　青森県東津軽郡外ケ浜町

下鏡石町　しもかがみいしちょう　京都府京都市上京区

下鯖町　しもさばちょう　鹿児島県出水市

下鶉　しもうずら　北海道空知郡上砂川町

20下露
　　しもつゆ　和歌山県田辺市
　　しもつゆ　和歌山県東牟婁郡古座川町

21下灘　しもなだ　愛媛県（JR予讃線）

下鶴井　しもつるい　兵庫県豊岡市

下鶴間　しもつるま　神奈川県大和市

下鶯野　しもうぐいすの　秋田県大仙市

22下籠谷　しもこもりや　栃木県真岡市

24下鱗形町　しもうろこがたちょう　京都府京都市下京区

下鷺谷　しもさぎのや　栃木県真岡市

【三】

0三ケ
　　さんが　富山県高岡市
　　さんが　富山県魚津市
　　さんが　富山県滑川市
　　さんが　富山県射水市
　　さんが　熊本県上益城郡山都町

三ケ山
　　みかやま　埼玉県大里郡寄居町
　　みけやま　大阪府貝塚市

三ケ山口　みかやまぐち　大阪府（水間鉄道線）

三ケ山町　さんがやまちょう　大阪府岸和田市

三ケ日　みっかび　静岡県（天竜浜名湖鉄道線）

三ケ日町下尾奈　みっかびちょうしもおな　静岡県浜松市北区

三ケ日町三ケ日　みっかびちょうみっかび　静岡県浜松市北区

三ケ日町上尾奈　みっかびちょうかみおな　静岡県浜松市北区

三ケ日町大谷　みっかびちょうおおや　静岡県浜松市北区

三ケ日町大崎　みっかびちょうおおさき　静岡県浜松市北区

三ケ日町日比沢　みっかびちょうひびさわ　静岡県浜松市北区

三ケ日町只木　みっかびちょうただき　静岡県浜松市北区

三ケ日町平山　みっかびちょうひらやま　静岡県浜松市北区

三ケ日町本坂　みっかびちょうほんざか　静岡県浜松市北区

三ケ日町宇志　みっかびちょううし　静岡県浜松市北区

三ケ日町佐久米　みっかびちょうさくめ　静岡県浜松市北区

三ケ日町岡本　みっかびちょうおかもと　静岡県浜松市北区

三ケ日町津々崎　みっかびちょうつづさき　静岡県浜松市北区

三ケ日町都筑　みっかびちょうつづき　静岡県浜松市北区

三ケ日町釣　みっかびちょうつり　静岡県浜松市北区

三ケ日町福長　みっかびちょうふくなが　静岡県浜松市北区

三ケ日町摩訶耶　みっかびちょうまかや　静岡県浜松市北区

三ケ日町駒場　みっかびちょうこまば　静岡県浜松市北区

三ケ日町鵺代　みっかびちょうぬえしろ　静岡県浜松市北区

三ケ月　みこぜ　千葉県松戸市

三ケ木　みかげ　神奈川県相模原市緑区

三ケ尻
　　みかじり　岩手県胆沢郡金ケ崎町
　　みかじり　埼玉県熊谷市
　　みかじり　千葉県東金市

三ケ田町　みけたまち　大分県大分市

三ケ名　さんがみょう　静岡県焼津市

三ケ沢　みかざわ　山形県東田川郡庄内町

三ケ谷
　　さんがや　千葉県茂原市
　　みかだに　奈良県山辺郡山添村

三ケ所
　　さんがしょ　山梨県山梨市
　　さんかしょ　宮崎県西臼杵郡五ケ瀬町

三ケ畑　さんがはた　福岡県宮若市

三ケ島　みかじま　埼玉県所沢市

三ケ根　さんがね　愛知県（JR東海道本線）

71

3画（三）

三ケ浦 さんがうら 熊本県球磨郡球磨村
三ケ野 みかの 静岡県磐田市
三ケ野台 みかのだい 静岡県磐田市
三ケ森
　さんがもり 福岡県（筑豊電気鉄道線）
　さんがもり 福岡県北九州市八幡西区
三ツ又
　みつまた 新潟県魚沼市
　みつまた 高知県四万十市
三ツ又町 みつまたちょう 岐阜県岐阜市
三ツ久保町 みつくぼちょう 愛知県豊田市
三ツ口町
　みつくちまち 石川県能美市
　みつくちちょう 福井県越前市
三ツ子沢町 みつごさわまち 群馬県高崎市
三ツ山町 みつやままち 長崎県長崎市
三ツ川 みつかわ 熊本県玉名市
三ツ井 みつい 愛知県一宮市
三ツ木
　みつぎ 茨城県かすみがうら市
　みつぎ 群馬県藤岡市
　みつぎ 埼玉県鴻巣市
　みつぎ 埼玉県鶴ケ島市
　みつぎ 東京都武蔵村山市
三ツ木台 みつぎだい 埼玉県入間市
三ツ木新田 みつぎしんでん 埼玉県鶴ケ島市
三ツ木新町 みつぎしんまち 埼玉県鶴ケ島市
三ツ出 みつで 長野県長野市
三ツ目内 みつめない 青森県南津軽郡大鰐町
三ツ矢元町 みつやもとちょう 滋賀県長浜市
三ツ矢町 みつやちょう 滋賀県長浜市
三ツ矢橋 みつやばし 三重県桑名市
三ツ石
　みついし 北海道北斗市
　みついし 熊本県（熊本電気鉄道藤崎線）
三ツ石町 みついしちょう 広島県大竹市
三ツ合町 みつあいちょう 静岡県島田市
三ツ寺町 みつでらまち 群馬県高崎市
三ツ池
　みついけ 愛知県愛知郡東郷町
　みついけ 滋賀県犬上郡豊郷町
三ツ池公園 みついけこうえん 神奈川県横浜市鶴見区
三ツ池町
　みついけちょう 愛知県名古屋市中川区
　みついけちょう 愛知県半田市
三ツ作 みつざく 千葉県袖ケ浦市
三ツ尾 みつお 兵庫県佐用郡佐用町
三ツ沢 みつざわ 静岡県富士市
三ツ沢下町
　みつざわしもちょう 神奈川県（横浜市交通局ブルーライン）
　みつざわしもまち 神奈川県横浜市神奈川区
三ツ沢上町
　みつざわかみちょう 神奈川県（横浜市交通局ブルーライン）
　みつざわかみまち 神奈川県横浜市神奈川区
三ツ沢中町 みつざわなかまち 神奈川県横浜市神奈川区

三ツ沢西町 みつざわにしまち 神奈川県横浜市神奈川区
三ツ沢東町 みつざわひがしまち 神奈川県横浜市神奈川区
三ツ沢南町 みつざわみなみまち 神奈川県横浜市神奈川区
三ツ谷 みつや 北海道爾志郡乙部町
三ツ谷町 みつやちょう 三重県四日市市
三ツ谷東町 みつやひがしまち 三重県四日市市
三ツ谷新田 みつやしんでん 静岡県三島市
三ツ和
　みつわ 福島県耶麻郡猪苗代町
　みつわ 埼玉県川口市
　みつわ 長野県中野市
三ツ松
　みつまつ 大阪府（水間鉄道線）
　みつまつ 大阪府貝塚市
三ツ股 みつまた 宮城県石巻市
三ツ門 みつかど 新潟県新潟市西蒲区
三ツ俣 みつまた 新潟県妙高市
三ツ俣町 みつまたちょう 福井県越前市
三ツ屋
　みつや 青森県南津軽郡藤崎町
　みつや 福島県耶麻郡猪苗代町
　みつや 新潟県新潟市北区
　みつや 富山県南砺市
　みつや 石川県（北陸鉄道浅野川線）
　みつや 福井県福井市
三ツ屋町
　みつやちょう 新潟県上越市
　みつやまち 石川県金沢市
　みつやまち 石川県羽咋市
　みつやまち 石川県能美市
　みつやちょう 福井県福井市
　みつやちょう 福井県越前市
　みつやちょう 愛知県名古屋市中川区
三ツ屋野町 みつやのまち 石川県白山市
三ツ相町 みつあいちょう 愛知県豊橋市
三ツ島 みつしま 大阪府門真市
三ツ堀 みつぼり 千葉県野田市
三ツ渕
　みつぶち 岐阜県下呂市
　みつぶち 愛知県小牧市
三ツ渕原新田 みつぶちはらしんでん 愛知県小牧市
三ツ郷屋 みつごうや 新潟県長岡市
三ツ割 みつわり 岩手県盛岡市
三ツ塚 みつづか 富山県中新川郡立山町
三ツ塚新 みつづかしん 富山県中新川郡立山町
三ツ森川原 みつもりかわら 新潟県新潟市北区
三ツ椚 みつくぬぎ 新潟県新発田市
三ツ境
　みつきょう 神奈川県（相模鉄道本線）
　みつきょう 神奈川県横浜市瀬谷区
三ツ橋 みつはし 新潟県上越市
三ツ橋新田 みつはししんでん 新潟県上越市
三ツ頭 みつがしら 福岡県北九州市八幡西区
三ツ藤 みつふじ 東京都武蔵村山市
三ツ瀬
　みつせまち 石川県白山市
　みつぜまち 宮崎県延岡市
三ノ丁 さんのちょう 大分県中津市

3画（三）

三ノ丸
　　さんのまる　秋田県大館市
　　さんのまる　高知県高知市
三ノ分目　さんのわけめ　千葉県香取市
三ノ原　さんのはら　北海道虻田郡留寿都村
三ノ宮
　　さんのみや　神奈川県伊勢原市
　　さんのみや　京都府船井郡京丹波町
　　さんのみや　兵庫県（JR東海道本線）
三ノ宮町　さんのみやまち　大分県日田市
三ノ浜　さんのはま　宮城県気仙沼市
三ノ関　さんのせき　宮城県黒川郡富谷町
三ノ輪
　　みのわ　東京都（東京地下鉄日比谷線）
　　みのわ　東京都台東区
三ノ輪町　みのわちょう　愛知県豊橋市
三ノ輪町三ノ輪　みのわちょうみのわ　愛知県豊橋市
三ノ輪町本興寺　みのわちょうほんこうじ　愛知県豊橋市
三ノ輪橋　みのわばし　東京都（東京都交通局荒川線）
三ノ瀬　さんのせ　大阪府東大阪市
三つ峠　みつとうげ　山梨県（富士急行線）
三の丸
　　さんのまる　茨城県水戸市
　　さんのまる　愛知県名古屋市東区
　　さんのまる　愛知県名古屋市中区
三の倉町　さんのくらちょう　岐阜県多治見市
三の宮　さんのみや　山口県山口市
三の橋　さんのはし　北海道上川郡下川町
²丁目
　　さんちょうめ　福島県喜多方市
　　さんちょうめ　静岡県下田市
三丁町　さんていちょう　京都府京都市上京区
三入　みいり　広島県広島市安佐北区
三入東　みいりひがし　広島県広島市安佐北区
三入南　みいりみなみ　広島県広島市安佐北区
三八松　みやまつ　福岡県三潴郡大木町
三刀屋町乙加宮　みとやちょうおつかみや　島根県雲南市
三刀屋町下熊谷　みとやちょうしもくまたに　島根県雲南市
三刀屋町三刀屋　みとやちょうみとや　島根県雲南市
三刀屋町上熊谷　みとやちょうかみくまたに　島根県雲南市
三刀屋町中野　みとやちょうなかの　島根県雲南市
三刀屋町六重　みとやちょうむえ　島根県雲南市
三刀屋町古城　みとやちょうこじょう　島根県雲南市
三刀屋町伊萱　みとやちょういがや　島根県雲南市
三刀屋町多久和　みとやちょうたくわ　島根県雲南市
三刀屋町坂本　みとやちょうさかもと　島根県雲南市
三刀屋町里坊　みとやちょうさとぼう　島根県雲南市
三刀屋町神代　みとやちょうこうじろ　島根県雲南市
三刀屋町根波別所　みとやちょうねばべっしょ　島根県雲南市
三刀屋町高窪　みとやちょうたかくぼ　島根県雲南市
三刀屋町粟谷　みとやちょうあわだに　島根県雲南市
三刀屋町給下　みとやちょうきゅうした　島根県雲南市
三刀屋町須所　みとやちょうすぞ　島根県雲南市

三刀屋町殿河内　みとやちょうとのごうち　島根県雲南市
三十八社　さんじゅうはっしゃ　福井県（福井鉄道福武線）
三十八社町　さんじゅうはっしゃちょう　福井県福井市
三十団地　みそみだんち　福井県三方上中郡若狭町
三十三間堂廻り町　さんじゅうさんげんどうまわりちょう　京都府京都市東山区
三井川　みそいがわ　和歌山県日高郡日高川町
三十木　みそぎ　和歌山県日高郡日高川町
三十苅町　さんじゅうがりまち　石川県金沢市
三十坪　みそつ　滋賀県蒲生郡日野町
三十軒　さんじゅっけん　宮城県遠田郡涌谷町
三又　みまた　千葉県夷隅郡大多喜町
³上
　　みかみ　山形県上山市
　　みかみ　富山県富山市
　　みかみ　滋賀県野洲市
三上町　みかみちょう　愛知県豊川市
三万谷町　さんまんだにちょう　福井県福井市
三丸　みつまる　福岡県大川市
三久保　みくぼ　熊本県阿蘇市
三久保町　さんくぼちょう　埼玉県川越市
三千刈　さんぜんがり　山形県鶴岡市
三千石　さんぜんごく　青森県北津軽郡板柳町
三口　みつくち　石川県（北陸鉄道浅野川線）
三口町
　　みつくちまち　石川県金沢市
　　みくちちょう　兵庫県加西市
三口新町　みつくちしんまち　石川県金沢市
三土　みつち　鳥取県日野郡日野町
三大寺　さんだいじ　滋賀県大津市
三女子　さんよし　富山県高岡市
三小牛町　みつこうじまち　石川県金沢市
三山
　　さんやま　埼玉県秩父郡小鹿野町
　　みやま　千葉県船橋市
三山口
　　みやまぐち　鳥取県鳥取市
　　みやまぐち　鳥取県八頭郡八頭町
三山木
　　みやまき　京都府（近畿日本鉄道京都線）
　　みやまき　京都府京田辺市
三川
　　みかわ　北海道（JR室蘭本線）
　　みかわ　福島県河沼郡湯川村
　　さんがわ　千葉県旭市
　　みかわ　新潟県（JR磐越西線）
　　みかわ　新潟県佐渡市
　　みかわ　岐阜県加茂郡白川町
　　みかわ　福岡県三井郡大刀洗町
三川下　みつがわしも　大分県大分市
三川上　みつがわかみ　大分県大分市
三川町　みかわぐちちょう　兵庫県神戸市兵庫区
三川内本町　みかわちほんまち　長崎県佐世保市
三川内町　みかわちちょう　長崎県佐世保市
三川内新町　みかわちしんまち　長崎県佐世保市
三川目　みかわめ　青森県三沢市
三川旭　みかわあさひまち　北海道夕張郡由仁町

73

3画（三）

三川町
　　みかわまち　山形県東田川郡
　　みかわちょう　滋賀県長浜市
　　みかわちょう　広島県広島市中区
　　みかわまち　福岡県大牟田市
　　みかわまち　長崎県長崎市
三川泉町　みかわいずみまち　北海道夕張郡由仁町
三川新町　みつがわしんまち　大分県大分市
三川緑町　みかわみどりまち　北海道夕張郡由仁町
三川錦町　みかわにしきまち　北海道夕張郡由仁町
三才
　　さんさい　長野県（JR信越本線）
　　さんさい　長野県長野市
三才山　みさやま　長野県松本市
三才町　さんざいちょう　茨城県常陸太田市
三中　みなか　山形県西村山郡朝日町
三丹町　さんたんちょう　愛知県一宮市
三之丸　さんのまる　三重県桑名市
三之丸町　さんのまるちょう　広島県福山市
三之町　さんのちょう　新潟県村上市
三之宮　さんのみや　山形県酒田市
三之宮町　さんのみやまち　新潟県長岡市
三井
　　みつい　北海道斜里郡斜里町
　　みい　神奈川県相模原市緑区
　　みい　奈良県生駒郡斑鳩町
　　みい　山口県光市
　　みい　香川県仲多度郡多度津町
　　みい　鹿児島県いちき串木野市
三井が丘　みいがおか　大阪府寝屋川市
三井山町　みいやまちょう　岐阜県各務原市
三井北町　みいきたまち　岐阜県各務原市
三井寺　みいでら　滋賀県（京阪電気鉄道石山坂本線）
三井寺町　みいでらちょう　滋賀県大津市
三井町　みいちょう　岐阜県各務原市
三井町三洲穂　みいまちみずほ　石川県輪島市
三井町与呂見　みいまちよろみ　石川県輪島市
三井町小泉　みいまちこいずみ　石川県輪島市
三井町中　みいまちなか　石川県輪島市
三井町仁行　みいまちにぎょう　石川県輪島市
三井町内屋　みいまちうちや　石川県輪島市
三井町市ノ坂　みいまちいちのさか　石川県輪島市
三井町本江　みいまちほんこう　石川県輪島市
三井町長沢　みいまちながさわ　石川県輪島市
三井町洲衛　みいまちすえ　石川県輪島市
三井町細屋　みいまちほそや　石川県輪島市
三井町渡合　みいまちどあい　石川県輪島市
三井町新保　みいまちしんぼ　石川県輪島市
三井町漆原　みいまちうるしはら　石川県輪島市
三井町興徳寺　みいまちこうとくじ　石川県輪島市
三東町　みいひがしまち　岐阜県各務原市
三井南町　みいみなみまち　大阪府寝屋川市
三井郡　みいぐん　福岡県
三井野原　みいのはら　島根県（JR木次線）
三井楽町大川　みいらくまちおおかわ　長崎県五島市
三井楽町丑ノ浦　みいらくまちうしのうら　長崎県五島市
三井楽町貝津　みいらくまちかいつ　長崎県五島市

三井楽町波砂間　みいらくまちはさま　長崎県五島市
三井楽町柏　みいらくまちかしわ　長崎県五島市
三井楽町高崎　みいらくまちたかさき　長崎県五島市
三井楽町渕ノ元　みいらくまちふちのもと　長崎県五島市
三井楽町塩水　みいらくまちしおみず　長崎県五島市
三井楽町嵯峨島　みいらくまちさがのしま　長崎県五島市
三井楽町嶽　みいらくまちたけ　長崎県五島市
三井楽町濱ノ畔　みいらくまちはまのくり　長崎県五島市
三井楽町濱窄　みいらくまちはまさこ　長崎県五島市
三仏生　さんぶしょう　新潟県小千谷市
三六町
　　さんろくちょう　福井県鯖江市
　　さんろくまち　福岡県北九州市戸畑区
三内
　　さんない　青森県青森市
　　さんない　東京都あきる野市
三分　みぶ　長野県佐久市
三分一　さんぶいち　福井県小浜市
三分山町　さんぶやまちょう　愛知県豊田市
三区町　さんくちょう　栃木県那須塩原市
三反田
　　さんたんだ　茨城県ひたちなか市
　　さんたんだ　石川県能美郡川北町
　　さんたんだ　愛知県知多市
三反田町
　　さんたんだちょう　神奈川県横浜市旭区
　　さんたんだちょう　兵庫県尼崎市
三引町　みびきまち　石川県七尾市
三戸　さんのへ　青森県（青い森鉄道線）
三戸町　さんのへまち　青森県三戸郡
三戸郡　さんのへぐん　青森県
三手　みて　岡山県岡山市北区
三文字町　さんもんじちょう　京都府京都市中京区
三方
　　さんぼう　新潟県新潟市西蒲区
　　みかた　福井県（JR小浜線）
　　みかた　福井県三方上中郡若狭町
三方乙　みかたおつ　新潟県東蒲原郡阿賀町
三方上中郡　みかたかみなかぐん　福井県
三方甲　みかたこう　新潟県東蒲原郡阿賀町
三方原町　みかたはらちょう　静岡県浜松市北区
三方郡　みかたぐん　福井県
三日ノ浦郷　みかのうらごう　長崎県南松浦郡新上五島町
三日月
　　みかづき　北海道夕張郡栗山町
　　みかづき　兵庫県（JR姫新線）
　　みかづき　兵庫県佐用郡佐用町
三日月町三ケ島　みかづきちょうみかしま　佐賀県小城市
三日月町久米　みかづきちょうくめ　佐賀県小城市
三日月町甲柳原　みかづきちょうこうやなぎはら　佐賀県小城市
三日月町石木　みかづきちょういしき　佐賀県小城市
三日月町金田　みかづきちょうかなだ　佐賀県小城市
三日月町長神田　みかづきちょうちょうかんだ　佐賀県小城市

3画（三）

三日月町堀江　みかつきちょうほりえ　佐賀県小城市
三日月町道辺　みかつきちょうみちべ　佐賀県小城市
三日月町樋口　みかつきちょうひぐち　佐賀県小城市
三日月町織島　みかつきちょうおりしま　佐賀県小城市
三日市
　みっかいち　新潟県新発田市
　みっかいち　富山県黒部市
　みっかいち　富山県中新川郡上市町
　みっかいち　三重県（近畿日本鉄道鈴鹿線）
　みっかいち　三重県鈴鹿市
　みっかいち　京都府舞鶴市
　みっかいち　島根県邑智郡邑南町
三日市町
　みっかいちまち　石川県小松市
　みっかいちまち　石川県野々市市
　みっかいちちょう　三重県鈴鹿市
　みっかいちちょう　大阪府（南海電気鉄道高野線）
　みっかいちちょう　大阪府河内長野市
　みっかいちちょう　広島県庄原市
三日市南　みっかいちみなみ　三重県鈴鹿市
三日市場　みっかいちば　長野県飯田市
三日町
　みっかまち　青森県八戸市
　みっかまち　宮城県気仙沼市
　みっかまち　山形県山形市
　みっかまち　山形県天童市
　みっかまち　山形県東根市
　みっかまち　福島県大沼郡会津美里町
　みっかまち　富山県南砺市
　みっかまち　石川県羽咋郡宝達志水町
　みっかまち　長野県上伊那郡箕輪町
三日町上　みっかまちうえ　福島県大沼郡会津美里町
三日町上甲　みっかまちうえこう　福島県大沼郡会津美里町
三日町甲　みっかまちこう　福島県大沼郡会津美里町
三日町道上甲　みっかまちみちうえこう　福島県大沼郡会津美里町
三日曽根　みっかそね　富山県射水市
三木　みき　兵庫県（神戸電鉄粟生線）
三木上の丸　みきうえのまる　兵庫県（神戸電鉄粟生線）
三木市　みきし　兵庫県
三木田　みつきた　秋田県北秋田市
三木町
　みきまち　石川県加賀市
　みきちょう　香川県木田郡
三木町中ノ丁　みきまちなかのちょう　和歌山県和歌山市
三木町台所町　みきまちだいどころまち　和歌山県和歌山市
三木町南ノ丁　みきまちみなみのちょう　和歌山県和歌山市
三木町堀詰　みきまちほりづめ　和歌山県和歌山市
三木里　みきさと　三重県（JR紀勢本線）
三木里町　みきさとちょう　三重県尾鷲市
三木浦町　みきうらちょう　三重県尾鷲市
三木閉　みきとじ　大阪府堺市南区
三毛門
　みけかど　福岡県（JR日豊本線）
　みけかど　福岡県豊前市
三王山　さんのうやま　栃木県下野市

三王渕　さんのうふち　新潟県燕市
⁵三世七原　みせしちばら　岡山県真庭市
三世寺　さんぜじ　青森県弘前市
三代　みしろ　福岡県糟屋郡新宮町
三代橋　みだいばし　佐賀県（松浦鉄道西九州線）
三加　さんが　熊本県下益城郡美里町
三加茂　みかも　徳島県（JR徳島線）
三右衛門新田　さんうえもんしんでん　静岡県焼津市
三左衛門堀西の町　さんざえもんぼりにしのまち　兵庫県姫路市
三左衛門堀東の町　さんざえもんぼりひがしのまち　兵庫県姫路市
三本　みつもと　埼玉県熊谷市
三本木
　さんぼんぎ　青森県青森市
　さんぼんぎ　青森県十和田市
　さんぼんぎ　青森県上北郡おいらせ町
　さんぼんぎ　宮城県大崎市
　さんぼんぎ　栃木県那須塩原市
　さんぼんぎ　栃木県河内郡上三川町
　さんぼぎ　群馬県藤岡市
　さんぼんぎ　新潟県五泉市
　さんぼんぎ　岐阜県大垣市
　さんぼんぎ　愛知県海部郡大治町
三本木上伊場野　さんぼんぎかみいばの　宮城県大崎市
三本木五丁目　さんぼんぎごちょうめ　京都府京都市中京区
三本木伊場野　さんぼんぎいばの　宮城県大崎市
三本木伊賀　さんぼんぎいが　宮城県大崎市
三本木坂本　さんぼんぎさかもと　宮城県大崎市
三本木町
　さんぼんぎちょう　福井県福井市
　さんぼんぎちょう　愛知県豊橋市
　さんぼんぎちょう　愛知県日進市
　さんぼんぎちょう　京都府京都市中京区
三本木斉田　さんぼんぎさいだ　宮城県大崎市
三本木南谷地　さんぼんぎみなみやち　宮城県大崎市
三本木秋田　さんぼんぎあきた　宮城県大崎市
三本木音無　さんぼんぎおとなし　宮城県大崎市
三本木桑折　さんぼんぎこおり　宮城県大崎市
三本木高柳　さんぼんぎたかやなぎ　宮城県大崎市
三本木新田　さんぼんぎしんでん　新潟県妙高市
三本木新町　さんぼんぎしんまち　宮城県大崎市
三本木新沼　さんぼんぎにいぬま　宮城県大崎市
三本木蒜袋　さんぼんぎひるぶくろ　宮城県大崎市
三本木蟻ケ袋　さんぼんぎありがふくろ　宮城県大崎市
三本杉　さんぼんすぎ　鳥取県東伯郡琴浦町
三本松
　さんぼんまつ　山形県上山市
　さんぼんまつ　福島県白河市
　さんぼんまつ　奈良県（近畿日本鉄道大阪線）
　さんぼんまつ　鳥取県米子市
　さんぼんまつ　香川県（JR高徳線）
　さんぼんまつ　香川県東かがわ市
　さんぼんまつ　大分県日田市
三本松口　さんぼんまつぐち　鳥取県（JR境線）
三本松山　さんぼんまつやま　福島県白河市
三本松甲　さんぼんまつこう　福島県大沼郡会津美里町

75

3画（三）

三本松町
さんぼんまつちょう　愛知県名古屋市熱田区
さんぼんまつちょう　香川県観音寺市
三本松新町　さんぼんまつしんまち　大分県日田市
三本柳
さんぼんやなぎ　岩手県盛岡市
さんぼんやなぎ　秋田県横手市
三本柳西　さんぼんやなぎにし　長野県長野市
三本柳東　さんぼんやなぎひがし　長野県長野市
三本塚　さんぼんつか　宮城県仙台市若林区
三永　みなが　広島県東広島市
三生野　みしょうの　福井県三方上中郡若狭町
三田
さんだ　千葉県君津市
みた　東京都（東京都交通局三田線ほか）
みた　東京都港区
みた　東京都目黒区
みた　神奈川県川崎市多摩区
さんだ　神奈川県厚木市
さんだ　新潟県上越市
さんだ　富山県魚津市
みた　福井県三方上中郡若狭町
みた　三重県伊賀市
さんだ　兵庫県（JR福知山線ほか）
みた　和歌山県有田郡有田川町
みた　鳥取県八頭郡智頭町
みつだ　岡山県倉敷市
さんでん　岡山県真庭市
三田ケ谷　みたかや　埼玉県羽生市
三田川　みたがわ　山口県周南市
三田井　みたい　宮崎県西臼杵郡高千穂町
三田尻　みたじり　山口県防府市
三田尻本町　みたじりほんまち　山口県防府市
三田市　さんだし　兵庫県
三田本町　さんだほんまち　兵庫県（神戸電鉄公園都市線ほか）
三田町
みたまち　石川県小松市
みたちょう　愛知県刈谷市
みたちょう　三重県四日市市
みたちょう　滋賀県長浜市
みたちょう　大阪府岸和田市
さんだちょう　兵庫県三田市
三田南　さんだみなみ　神奈川県厚木市
三田洞　みたほら　岐阜県岐阜市
三田洞東　みたほらひがし　岐阜県岐阜市
三田新田　さんだしんでん　新潟県上越市
三田窪　みたくぼ　富山県氷見市
三疋田　さんびきだ　三重県多気郡多気町
三矢小台　みやこだい　千葉県松戸市
三矢町　みつやちょう　大阪府枚方市
三石
みついし　岡山県（JR山陽本線）
みついし　岡山県備前市
三石川上　みついしかわかみ　北海道日高郡新ひだか町
三石台　みついしだい　和歌山県橋本市
三石本町　みついしほんちょう　北海道日高郡新ひだか町
三石本桐　みついしほんきり　北海道日高郡新ひだか町

三石旭町　みついしあさひちょう　北海道日高郡新ひだか町
三石西蓬莱　みついしにしほうらい　北海道日高郡新ひだか町
三石西端　みついしにしはた　北海道日高郡新ひだか町
三石東蓬莱　みついしひがしほうらい　北海道日高郡新ひだか町
三石美河　みついしみかわ　北海道日高郡新ひだか町
三石美野和　みついしみのわ　北海道日高郡新ひだか町
三石通　みついしどおり　兵庫県神戸市兵庫区
三石清瀬　みついしきよせ　北海道日高郡新ひだか町
三石富沢　みついしとみさわ　北海道日高郡新ひだか町
三石港町　みついしみなとちょう　北海道日高郡新ひだか町
三石越海町　みついしこしうみちょう　北海道日高郡新ひだか町
三石福畑　みついしふくはた　北海道日高郡新ひだか町
三石蓬栄　みついしほうえい　北海道日高郡新ひだか町
三石豊岡　みついしとよおか　北海道日高郡新ひだか町
三石鳧舞　みついしけりまい　北海道日高郡新ひだか町
三石歌笛　みついしうたふえ　北海道日高郡新ひだか町
三石稲見　みついしいなみ　北海道日高郡新ひだか町
三会　みえ　長崎県（島原鉄道線）
三会町　みえまち　長崎県島原市
三伝　さんでん　新潟県上越市
三光下秣　さんこうしもまくさ　大分県中津市
三光下深水　さんこうしもふこうず　大分県中津市
三光上秣　さんこうかみまくさ　大分県中津市
三光上深水　さんこうかみふこうず　大分県中津市
三光土田　さんこうつちだ　大分県中津市
三光小袋　さんこうおぶくろ　大分県中津市
三光田口　さんこうたぐち　大分県中津市
三光成恒　さんこうなりつね　大分県中津市
三光臼木　さんこううすぎ　大分県中津市
三光西秣　さんこうにしまくさ　大分県中津市
三光佐知　さんこうさち　大分県中津市
三光町
さんこうちょう　北海道苫小牧市
さんこうちょう　山形県鶴岡市
さんこうちょう　群馬県伊勢崎市
さんこうちょう　埼玉県川越市
さんこうちょう　埼玉県坂戸市
さんこうちょう　静岡県静岡市清水区
三光原口　さんこうはらぐち　大分県中津市
三光森山　さんこうもりやま　大分県中津市
三光諫山　さんこういさやま　大分県中津市
三先　みさき　大阪府大阪市港区
三吉
みよし　滋賀県米原市
みよし　奈良県北葛城郡広陵町
みよし　鳥取県八頭郡智頭町
みよし　鳥取県日野郡日南町
みよし　福岡県遠賀郡岡垣町

3画（三）

三吉町
みよしちょう　群馬県桐生市
みよしちょう　神奈川県横浜市中区
みよしちょう　愛知県名古屋市南区
みよしちょう　京都府京都市東山区
みよしちょう　広島県福山市
三吉町南　みよしちょうみなみ　広島県福山市
三合　みあい　富山県砺波市
三合内　さんごううち　福島県二本松市
三合新　みあいしん　富山県砺波市
三名　さんみょう　宮崎県東諸県郡国富町
三名町　さんみょうちょう　香川県高松市
三在町　さんざいちょう　奈良県五條市
三好
みよし　北海道北斗市
みよし　青森県青森市
みよし　東京都江東区
みよし　愛知県弥富市
三好ケ丘　みよしがおか　愛知県（名古屋鉄道豊田線）
三好丘　みよしがおか　愛知県みよし市
三好丘あおば　みよしがおかあおば　愛知県みよし市
三好丘旭　みよしがおかあさひ　愛知県みよし市
三好丘桜　みよしがおかさくら　愛知県みよし市
三好丘緑　みよしがおかみどり　愛知県みよし市
三好市　みよしし　徳島県
三好町
みよしちょう　長野県（上田電鉄別所線）
みよしちょう　長野県中野市
みよしちょう　静岡県三島市
みよしちょう　愛知県弥富市
みよしちょう　愛知県みよし市
みよしちょう　⇒みよし市（愛知県）
三好郡　みよしぐん　徳島県
三宅
みやけ　福井県三方上中郡若狭町
みやけ　岐阜県羽島郡岐南町
みやけ　京都府舞鶴市
みやけ　兵庫県豊岡市
みやけ　兵庫県養父市
みやけ　広島県広島市佐伯区
みやけ　福岡県福岡市南区
みやけ　大分県竹田市
みやけ　宮崎県西都市
三宅八幡　みやけはちまん　京都府（叡山電鉄叡山本線）
三宅中　みやけなか　大阪府松原市
三宅西　みやけにし　大阪府松原市
三宅村　みやけむら　東京都
三宅町
みやけまち　千葉県銚子市
みやけちょう　福井県福井市
みやけまち　愛知県碧南市
みやけちょう　三重県鈴鹿市
みやけちょう　滋賀県守山市
みやけちょう　京都府亀岡市
みやけちょう　奈良県磯城郡
みやけちょう　島根県益田市
みやけちょう　広島県広島市佐伯区
三宅東　みやけひがし　大阪府松原市
三寺町　みつでらちょう　三重県亀山市
三成　みなり　島根県仁多郡奥出雲町

三机　みつくえ　愛媛県西宇和郡伊方町
三次
みつぎ　茨城県稲敷市
みよし　広島県（JR芸備線）
三次市　みよしし　広島県
三次町　みよしまち　広島県三次市
三江　みえ　鳥取県倉吉市
三江湖町　みつえごまち　熊本県八代市
三池　みいけ　福岡県大牟田市
三池町
みいけまち　石川県金沢市
みいけまち　大分県日田市
三池栄町　みいけさかえまち　石川県金沢市
三池郡　みいけぐん　⇒消滅（福岡県）
三池新町　みいけしんまち　石川県金沢市
三牟田　みむた　福岡県朝倉郡筑前町
三百人町　さんびゃくにんまち　宮城県仙台市若林区
三百田　さんびゃくだ　福島県伊達郡川俣町
三百地　さんびゃくじ　新潟県新潟市江南区
三百島　さんびゃくじま　愛知県弥富市
三百瀬　みよせ　和歌山県日高郡日高川町
三竹
みたけ　神奈川県南足柄市
さんちく　新潟県三条市
三色吉　みいろよし　宮城県岩沼市
7**三佐**
みさ　和歌山県日高郡日高川町
みさ　大分県大分市
三作浜　みさくはま　宮城県気仙沼市
三住町
みすみちょう　北海道北見市
みすみちょう　大阪府大東市
三助町　さんすけちょう　京都府京都市上京区
三坑町　さんこうまち　福岡県大牟田市
三坂
みさか　栃木県芳賀郡茂木町
みさか　千葉県南房総市
みさか　福岡県糸島市
三坂町
みさかまち　茨城県常総市
みさかまち　石川県白山市
みさかちょう　兵庫県豊岡市
三坂新田町　みさかしんでんまち　茨城県常総市
三坊大宮町　さんぼうおおみやちょう　京都府京都市中京区
三坊西洞院町　さんぼうにしのとういんちょう　京都府京都市中京区
三坊堀川町　さんぼうほりかわちょう　京都府京都市中京区
三坊猪熊町北組　さんぼういのくまちょうきたぐみ　京都府京都市中京区
三坊猪熊町南組　さんぼういのくまちょうみなみぐみ　京都府京都市中京区
三尾
みお　富山県氷見市
みお　兵庫県美方郡新温泉町
みお　奈良県吉野郡東吉野村
みお　和歌山県日高郡美浜町
三尾川
みおがわ　和歌山県海草郡紀美野町
みおがわ　和歌山県日高郡由良町

77

3画（三）

みとがわ　和歌山県東牟婁郡古座川町
三尾野　みおの　長崎県五島市
三尾野出作町　みおのしゅつさくちょう　福井県鯖江市
三尾野町
みおのちょう　福井県福井市
みおのちょう　長崎県五島市
三条
さんじょう　北海道江別市
さんじょう　北海道深川市
さんじょう　北海道雨竜郡秩父別町
さんじょう　秋田県由利本荘市
さんじょう　千葉県夷隅郡大多喜町
さんじょう　新潟県（JR信越本線）
さんじょう　愛知県名古屋市南区
さんじょう　愛知県一宮市
さんじょう　京都府（京阪電気鉄道鴨東線ほか）
さんじょう　広島県呉市
さんじょう　香川県（高松琴平電気鉄道琴平線）
さんじょう　福岡県太宰府市
三条大宮町
さんじょうおおみやちょう　京都府京都市中京区
さんじょうおおみやちょう　奈良県奈良市
三条大路　さんじょうおおじ　奈良県奈良市
三条川西町　さんじょうかわにしちょう　奈良県奈良市
三条北
さんじょうきた　北海道天塩郡幌延町
さんじょうきた　北海道上川郡新得町
三条市　さんじょうし　新潟県
三条本町　さんじょうほんまち　奈良県奈良市
三条目　さんじょめ　山形県東置賜郡高畠町
三条西
さんじょうにし　北海道旭川市
さんじょうにし　北海道岩見沢市
さんじょうにし　北海道上川郡当麻町
三条町
さんじょうまち　宮城県仙台市青葉区
さんじょうまち　埼玉県さいたま市西区
さんじょうちょう　京都府京都市中京区
さんじょうちょう　兵庫県姫路市
さんじょうちょう　兵庫県芦屋市
さんじょうちょう　奈良県奈良市
さんじょうちょう　香川県高松市
さんじょうちょう　香川県丸亀市
三条京阪　さんじょうけいはん　京都府（京都市交通局東西線）
三条東
さんじょうひがし　北海道岩見沢市
さんじょうひがし　北海道上川郡当麻町
三条油小路町　さんじょうあぶらのこうじちょう　京都府京都市中京区
三条南
さんじょうみなみ　北海道天塩郡幌延町
さんじょうみなみ　北海道上川郡新得町
三条南町　さんじょうみなみちょう　兵庫県芦屋市
三条栄町　さんじょうさかえまち　奈良県奈良市
三条宮前町　さんじょうみやまえちょう　奈良県奈良市
三条桧町　さんじょうひのきまち　奈良県奈良市
三条通
さんじょうどおり　北海道旭川市
さんじょうどおり　北海道広尾郡大樹町
さんじょうどおり　大阪府堺市堺区

三条通り　さんじょうどおり　北海道天塩郡豊富町
三条添川町　さんじょうそえがわちょう　奈良県奈良市
三条猪熊町　さんじょういのくまちょう　京都府京都市中京区
三条殿町　さんじょうでんちょう　京都府京都市上京区
三杉町
みすぎちょう　北海道二海郡八雲町
みすぎちょう　茨城県古河市
みすぎまち　富山県中新川郡上市町
みすぎまち　愛媛県松山市
三村
みむら　茨城県石岡市
みむら　栃木県河内郡上三川町
三沢
みさわ　青森県（青い森鉄道線）
みさわ　青森県三沢市
みさわ　岩手県下閉伊郡田野畑村
みさわ　山形県米沢市
みさわ　埼玉県秩父郡皆野町
みさわ　東京都日野市
みさわ　山梨県南巨摩郡身延町
みさわ　静岡県菊川市
みさわ　愛知県北設楽郡豊根村
みさわ　島根県仁多郡奥出雲町
みつさわ　福岡県（西日本鉄道天神大牟田線）
みつさわ　福岡県小郡市
三沢市　みさわし　青森県
三沢町
みさわまち　福島県いわき市
みさわちょう　愛知県瀬戸市
みさわちょう　和歌山県和歌山市
三町
みまち　埼玉県児玉郡上里町
さんちょう　愛媛県松山市
三町目
さんちょうめ　京都府京都市上京区
さんちょうめ　京都府京都市東山区
三町免　さんちょうめん　埼玉県鴻巣市
三社　さんしゃ　山形県山形市
三社町　さんじゃまち　石川県金沢市
三良坂　みらさか　広島県（JR福塩線）
三良坂町三良坂　みらさかちょうみらさか　広島県三次市
三良坂町仁賀　みらさかちょうにか　広島県三次市
三良坂町田利　みらさかちょうたり　広島県三次市
三良坂町光清　みらさかちょうみつきよ　広島県三次市
三良坂町灰塚　みらさかちょうはいづか　広島県三次市
三良坂町岡田　みらさかちょうおかだ　広島県三次市
三良坂町長田　みらさかちょうながた　広島県三次市
三良坂町皆瀬　みらさかちょうかいぜ　広島県三次市
三芳
みよし　愛媛県西条市
みよし　大分県大分市
三芳小渕町　みよしこぶちまち　大分県日田市
三芳町
みよしまち　埼玉県入間郡
みよしちょう　静岡県沼津市
みよしちょう　京都府京都市上京区
みよしまち　長崎県長崎市

三見
　さんみ　山口県（JR山陰本線）
　さんみ　山口県萩市
三角
　みょうか　愛媛県伊予郡砥部町
　みすみ　熊本県（JR三角線）
三角町
　さんかくちょう　千葉県千葉市花見川区
　さんかくまち　愛知県碧南市
　みすみまち　山口県岩国市
三角町三角浦　みすみまちみすみうら　熊本県宇城市
三角町大口　みすみまちおおくち　熊本県宇城市
三角町大田尾　みすみまちおおたお　熊本県宇城市
三角町中村　みすみまちなかむら　熊本県宇城市
三角町戸馳　みすみまちとばせ　熊本県宇城市
三角町手場　みすみまちてば　熊本県宇城市
三角町里浦　みすみまちさとのうら　熊本県宇城市
三角町波多　みすみまちはた　熊本県宇城市
三角町前越　みすみまちまえごし　熊本県宇城市
三角町郡浦　みすみまちこおのうら　熊本県宇城市
三角野新田　さんかくのしんでん　新潟県新潟市西蒲区
三谷
　みたに　北海道雨竜郡北竜町
　みたに　福島県河沼郡会津坂下町
　みや　栃木県真岡市
　みたに　兵庫県養父市
　みたに　兵庫県美方郡新温泉町
　みたに　奈良県桜井市
　みたに　和歌山県伊都郡かつらぎ町
　みたに　鳥取県日野郡日野町
　みたに　岡山県（井原鉄道線）
　みたに　岡山県加賀郡吉備中央町
　みたに　山口県（JR山口線）
　みたに　高知県高知市
三谷北通　みやきたどおり　愛知県蒲郡市
三谷町
　さんだにまち　石川県小松市
　みやちょう　愛知県蒲郡市
　みたにちょう　香川県高松市
三谷原町　みやはらちょう　愛知県豊川市
三里
　みっさと　秋田県北秋田市
　みさと　三重県（三岐鉄道三岐線）
　みさと　奈良県生駒郡平群町
　みさと　高知県四万十市
三里木　さんりぎ　熊本県（JR豊肥本線）
三里町　みさとまち　福岡県大牟田市
三里塚　さんりづか　千葉県成田市
三里塚光ケ丘　さんりづかひかりがおか　千葉県成田市
三里塚御料　さんりづかごりょう　千葉県成田市
三阪　みさか　岡山県真庭市
8三並　みなみ　福岡県朝倉郡筑前町
三京町　さんきょうまち　長崎県長崎市
三和
　みつわ　北海道磯谷郡蘭越町
　さんわ　北海道上川郡和寒町
　みわ　北海道沙流郡日高町
　みわ　青森県弘前市
　みわ　山形県鶴岡市

　さんわ　茨城県古河市
　みわ　茨城県行方市
　みわ　千葉県印旛郡栄町
　さんわ　新潟県長岡市
　みつわ　長野県小諸市
　みわ　静岡県焼津市
　みと　岡山県岡山市北区
　みつわ　熊本県下益城郡美里町
三和区下中　さんわくしもなか　新潟県上越市
三和区下広田　さんわくしもひろた　新潟県上越市
三和区下田島　さんわくしもたじま　新潟県上越市
三和区下新保　さんわくしもしんぼ　新潟県上越市
三和区三村新田　さんわくみむらしんでん　新潟県上越市
三和区上広田　さんわくかみひろた　新潟県上越市
三和区大　さんわくおお　新潟県上越市
三和区山高津　さんわくやまたかつ　新潟県上越市
三和区山腰新田　さんわくやまのこししんでん　新潟県上越市
三和区川浦　さんわくかわうら　新潟県上越市
三和区中野　さんわくなかの　新潟県上越市
三和区井ノ口　さんわくいのくち　新潟県上越市
三和区今保　さんわくいまほ　新潟県上越市
三和区日和町　さんわくひよりちょう　新潟県上越市
三和区水吉　さんわくみずよし　新潟県上越市
三和区水科　さんわくみずしな　新潟県上越市
三和区北代　さんわくきただい　新潟県上越市
三和区広井　さんわくひろい　新潟県上越市
三和区払沢　さんわくはらいざわ　新潟県上越市
三和区本郷　さんわくほんごう　新潟県上越市
三和区末野　さんわくすえの　新潟県上越市
三和区末野新田　さんわくすえのしんでん　新潟県上越市
三和区田　さんわくた　新潟県上越市
三和区米子　さんわくこめこ　新潟県上越市
三和区沖柳　さんわくおきやなぎ　新潟県上越市
三和区岡木　さんわくおかぎ　新潟県上越市
三和区岡田　さんわくおかだ　新潟県上越市
三和区所山田　さんわくしょやまだ　新潟県上越市
三和区法花寺　さんわくほっけいじ　新潟県上越市
三和区柳林　さんわくやなぎばやし　新潟県上越市
三和区神田　さんわくかんだ　新潟県上越市
三和区神明町　さんわくしんめいちょう　新潟県上越市
三和区宮崎新田　さんわくみやざきしんでん　新潟県上越市
三和区島倉　さんわくしまくら　新潟県上越市
三和区桑曽根　さんわくくわぞね　新潟県上越市
三和区浮島　さんわくうきしま　新潟県上越市
三和区野　さんわくの　新潟県上越市
三和区塔ノ輪　さんわくとうのわ　新潟県上越市
三和区番町　さんわくばんまち　新潟県上越市
三和区越柳　さんわくこしやなぎ　新潟県上越市
三和区稲原　さんわくいなはら　新潟県上越市
三和区窪　さんわくくぼ　新潟県上越市
三和区錦　さんわくにしき　新潟県上越市
三和区鴨井　さんわくかもい　新潟県上越市
三和団地　みわだんち　大分県日田市

3画（三）

三和町
　みつわちょう　宮城県石巻市
　みわまち　山形県鶴岡市
　さんわちょう　群馬県伊勢崎市
　さんわちょう　新潟県新潟市中央区
　さんわまち　新潟県長岡市
　さんわちょう　新潟県柏崎市
　さんわちょう　新潟県十日町市
　さんわちょう　静岡県浜松市南区
　みつわちょう　愛知県愛西市
　さんわちょう　滋賀県長浜市
　さんわちょう　大阪府豊中市
　みわちょう　兵庫県小野市
　さんわちょう　奈良県大和高田市
　さんわちょう　広島県呉市
　さんわちょう　山口県山口市
　さんわまち　長崎県長崎市
　さんわちょう　鹿児島県鹿児島市
三和町みわ　みわちょうみわ　京都府福知山市
三和町下三坂　みわまちしもみさか　福島県いわき市
三和町下川合　みわちょうしもかわい　京都府福知山市
三和町下市萱　みわまちしもいちがや　福島県いわき市
三和町下永井　みわちょうしもながい　福島県いわき市
三和町下板木　みわちょうしもいたき　広島県三次市
三和町上三坂　みわまちかみみさか　福島県いわき市
三和町上川合　みわちょうかみがわい　京都府福知山市
三和町上市萱　みわまちかみいちがや　福島県いわき市
三和町上壱　みわちょうかみいち　広島県三次市
三和町上永井　みわまちかみながい　福島県いわき市
三和町上板木　みわちょうかみいたき　広島県三次市
三和町千束　みわちょうせんぞく　京都府福知山市
三和町大力谷　みわちょうだいりきだに　広島県三次市
三和町大身　みわちょうおおみ　京都府福知山市
三和町大原　みわちょうおおばら　京都府福知山市
三和町川浦　みわちょうかわうら　岐阜県美濃加茂市
三和町中三坂　みわまちなかみさか　福島県いわき市
三和町中出　みわちょうなかで　京都府福知山市
三和町中寺　みわまちなかでら　福島県いわき市
三和町友渕　みわちょうともぶち　京都府福知山市
三和町廿屋　みわちょうつづや　岐阜県美濃加茂市
三和町加用　みわちょうかよう　京都府福知山市
三和町台頭　みわちょうだいと　京都府福知山市
三和町田ノ谷　みわちょうたのたに　京都府福知山市
三和町辻　みわちょうつじ　京都府福知山市
三和町合戸　みわまちごうど　福島県いわき市
三和町寺尾　みわちょうてらお　京都府福知山市
三和町有原　みわちょうありはら　広島県三次市
三和町羽出庭　みわちょうはでにわ　広島県三次市
三和町西松　みわちょうさいまつ　京都府福知山市
三和町芦渕　みわちょうあしぶち　京都府福知山市
三和町岾　みわちょうゆり　京都府福知山市
三和町草山　みわちょうくさやま　京都府福知山市
三和町差塩　みわまちさいそ　福島県いわき市
三和町梅原　みわちょううめはら　京都府福知山市
三和町高杉　みわちょうたかすぎ　京都府福知山市

三和町渡戸　みわまちわたど　福島県いわき市
三和町菟原下　みわちょううばらしも　京都府福知山市
三和町菟原中　みわちょううばらなか　京都府福知山市
三和町飯田　みわちょういいだ　広島県三次市
三和町福田　みわちょうふくだ　広島県三次市
三和町敷名　みわちょうしきな　広島県三次市
三和琴平　みわことひら　高知県南国市
三国
　みくに　新潟県南魚沼郡湯沢町
　みくに　福井県（えちぜん鉄道三国芦原線）
　みくに　大阪府（阪急電鉄宝塚本線）
　みくに　大阪府豊中市
三国ケ丘　みくにがおか　大阪府（JR阪和線ほか）
三国ケ丘御幸通　みくにがおかみゆきどおり　大阪府堺市堺区
三国が丘
　みくにがおか　福岡県（西日本鉄道天神大牟田線）
　みくにがおか　福岡県小郡市
三国本町　みくにほんまち　大阪府大阪市淀川区
三国町つつじが丘　みくにちょうつつじがおか　福井県坂井市
三国町下野　みくにちょうしもの　福井県坂井市
三国町三国東　みくにちょうみくにひがし　福井県坂井市
三国町山王　みくにちょうさんのう　福井県坂井市
三国町山岸　みくにちょうやまぎし　福井県坂井市
三国町川崎　みくにちょうかわさき　福井県坂井市
三国町中央　みくにちょうちゅうおう　福井県坂井市
三国町水居　みくにちょうみずい　福井県坂井市
三国町加戸　みくにちょうかど　福井県坂井市
三国町北本町　みくにちょうきたほんまち　福井県坂井市
三国町平山　みくにちょうひらやま　福井県坂井市
三国町玉江　みくにちょうとうのえ　福井県坂井市
三国町石丸　みくにちょういしまる　福井県坂井市
三国町安島　みくにちょうあんとう　福井県坂井市
三国町汐見　みくにちょうしおみ　福井県坂井市
三国町池上　みくにちょういけがみ　福井県坂井市
三国町池見　みくにちょういけみ　福井県坂井市
三国町竹松　みくにちょうたけまつ　福井県坂井市
三国町米ケ脇　みくにちょうこめがわき　福井県坂井市
三国町米納津　みくにちょうよのづ　福井県坂井市
三国町西今市　みくにちょうにしいまいち　福井県坂井市
三国町西谷　みくにちょうにしたに　福井県坂井市
三国町西野中　みくにちょうにしのなか　福井県坂井市
三国町沖野々　みくにちょうおきの　福井県坂井市
三国町油屋　みくにちょうあぶらや　福井県坂井市
三国町青葉台　みくにちょうあおばだい　福井県坂井市
三国町南本町　みくにちょうみなみほんまち　福井県坂井市
三国町神明　みくにちょうしんめい　福井県坂井市
三国町浜地　みくにちょうはまじ　福井県坂井市
三国町陣ケ岡　みくにちょうじんがおか　福井県坂井市

3画（三）

三国町宿　みくにちょうしゅく　福井県坂井市
三国町崎　みくにちょうさき　福井県坂井市
三国町梶　みくにちょうかじ　福井県坂井市
三国町野中　みくにちょうのなか　福井県坂井市
三国町黒目　みくにちょうくろめ　福井県坂井市
三国町覚善　みくにちょうかくぜん　福井県坂井市
三国町運動公園　みくにちょううんどうこうえん　福井県坂井市
三国町嵩　みくにちょうだけ　福井県坂井市
三国町新保　みくにちょうしんぼ　福井県坂井市
三国町新宿　みくにちょうしんしゅく　福井県坂井市
三国町楽円　みくにちょうらくえん　福井県坂井市
三国町殿島　みくにちょうとのしま　福井県坂井市
三国町滝谷　みくにちょうたきだに　福井県坂井市
三国町緑ケ丘　みくにちょうみどりおか　福井県坂井市
三国町横越　みくにちょうよこごし　福井県坂井市
三国町錦　みくにちょうにしき　福井県坂井市
三国町藤沢　みくにちょうふじさわ　福井県坂井市
三国神社　みくにじんじゃ　福井県（えちぜん鉄道三国芦原線）
三国港　みくにみなと　福井県（えちぜん鉄道三国芦原線）
三夜沢町　みよさわまち　群馬県前橋市
三奈木　みなぎ　福岡県朝倉市
三妻　みつま　茨城県（関東鉄道常総線）
三宝分乙　さんぽうぶんおつ　新潟県東蒲原郡阿賀町
三宝分丙　さんぽうぶんへい　新潟県東蒲原郡阿賀町
三宝分甲　さんぽうぶんこう　新潟県東蒲原郡阿賀町
三宝町　さんぽうちょう　大阪府堺市堺区
三岡　みつおか　長野県（JR小海線）
三岳
　みたけ　北海道松前郡福島町
　みたけ　長野県木曽郡木曽町
三岳町　みたけちょう　青森県弘前市
三岩　みついわ　北海道沙流郡日高町
三岱　さんたい　北海道茅部郡森町
三幸町
　さんこうちょう　栃木県鹿沼市
　みゆきまち　石川県白山市
　みゆきちょう　静岡県浜松市北区
三弥町　みつやちょう　愛知県豊橋市
三所　みところ　島根県仁多郡奥出雲町
三拝川岸　さんばいかわぎし　栃木県小山市
三明
　さんみょう　石川県羽咋郡志賀町
　さんめい　福井県大飯郡高浜町
三明町　さんめいちょう　大阪府大阪市阿倍野区
三松
　みつまつ　福井県（JR小浜線）
　みまつ　奈良県奈良市
三松ケ丘　みまつがおか　奈良県奈良市
三枚町　さんまいちょう　神奈川県横浜市神奈川区
三枚潟　さんまいがた　新潟県新潟市秋葉区
三枚橋
　さんまいばし　秋田県横手市
　さんまいばし　群馬県（東武鉄道桐生線）
　さんまいばし　富山県下新川郡朝日町
　さんまいばし　静岡県沼津市
三枚橋町　さんまいばしちょう　静岡県沼津市

三林町
　さんばやしまち　新潟県見附市
　みばやしちょう　大阪府和泉市
三河　みかわ　奈良県磯城郡三宅町
三河一宮　みかわいちのみや　愛知県（JR飯田線）
三河八橋　みかわやつはし　愛知県（名古屋鉄道三河線）
三河三谷　みかわみや　愛知県（JR東海道本線）
三河上郷　みかわかみごう　愛知県（愛知環状鉄道線）
三河大野　みかわおおの　愛知県（JR飯田線）
三河大塚　みかわおおつか　愛知県（JR東海道本線）
三河川合　みかわかわい　愛知県（JR飯田線）
三河内
　みごうち　京都府与謝郡与謝野町
　みかわち　佐賀県鹿島市
　みかわち　長崎県（JR佐世保線）
三河北町　みかわきたまち　福島県福島市
三河尻　みかわじり　山形県東村山郡山辺町
三河田　みかわだ　長野県佐久市
三河田原　みかわたはら　愛知県（豊橋鉄道渥美線）
三河安城　みかわあんじょう　愛知県（JR東海道新幹線ほか）
三河安城本町　みかわあんじょうほんまち　愛知県安城市
三河安城町　みかわあんじょうちょう　愛知県安城市
三河安城東町　みかわあんじょうひがしまち　愛知県安城市
三河安城南町　みかわあんじょうみなみまち　愛知県安城市
三河町
　みかわちょう　宮城県石巻市
　みかわちょう　群馬県前橋市
　みかわちょう　山口県下関市
　みかわまち　大分県日田市
三河東郷　みかわとうごう　愛知県（JR飯田線）
三河知立　みかわちりゅう　愛知県（名古屋鉄道三河線）
三河南町　みかわみなみまち　福島県福島市
三河屋新田　みかわやしんでん　千葉県我孫子市
三河島　みかわしま　東京都（JR常磐線）
三河高浜　みかわたかはま　愛知県（名古屋鉄道三河線）
三河鳥羽　みかわとば　愛知県（名古屋鉄道蒲郡線）
三河鹿島　みかわかしま　愛知県（名古屋鉄道蒲郡線）
三河塩津　みかわしおつ　愛知県（JR東海道本線）
三河豊田　みかわとよた　愛知県（愛知環状鉄道線）
三河槙原　みかわまきはら　愛知県（JR飯田線）
三波川　さんばがわ　群馬県藤岡市
三泊町　さんどまりちょう　北海道留萌市
三直　みのう　千葉県君津市
三股
　みつまた　北海道河東郡上士幌町
　みまた　宮崎県（JR日豊本線）
三股町　みまたちょう　宮崎県北諸県郡
三股郷　みつまたごう　長崎県東彼杵郡波佐見町
三若町　みわかまち　広島県三次市
三苫
　みとま　福岡県（西日本鉄道西鉄貝塚線）

3画（三）

みとま　福岡県福岡市東区
三迫　みさこ　広島県安芸郡海田町
三門　みかど　千葉県（JR外房線）
三門中町　みかどなかまち　岡山県岡山市北区
三門西町　みかどにしまち　岡山県岡山市北区
三門町
　みかどちょう　千葉県銚子市
　みかどちょう　静岡県袋井市
三門東町　みかどひがしまち　岡山県岡山市北区
9保
　みほ　静岡県静岡市清水区
　みほ　鳥取県東伯郡琴浦町
三保三隅　みほみすみ　島根県（JR山陰本線）
三保内　みほうち　福島県二本松市
三保町　みほちょう　神奈川県横浜市緑区
三保谷宿　みほやじゅく　埼玉県比企郡川島町
三保原　みほばら　岡山県美作市
三保野　みほの　青森県上北郡横浜町
三俣
　みつまた　群馬県（上毛電気鉄道線）
　みつまた　埼玉県加須市
　みつまた　新潟県南魚沼郡湯沢町
　みつまた　静岡県掛川市
　みまた　京都府福知山市
　みまた　島根県邑智郡川本町
三俣町　みつまたまち　群馬県前橋市
三咲
　みさき　千葉県（新京成電鉄線）
　みさき　千葉県船橋市
三咲町
　みさきちょう　千葉県船橋市
　みさきちょう　大阪府茨木市
三品　みしな　埼玉県大里郡寄居町
三城目　さんじょうめ　福島県西白河郡矢吹町
三城町　さんじょうちょう　長崎県大村市
三室
　みむろ　埼玉県さいたま市緑区
　みむろ　奈良県御所市
　みむろ　奈良県生駒郡三郷町
三室戸　みむろど　京都府（京阪電気鉄道宇治線）
三室町
　みむろちょう　群馬県伊勢崎市
　みむろまち　石川県七尾市
三室荒屋　みむろあらや　富山県富山市
三屋　さんや　神奈川県秦野市
三度山町　さんどやままち　愛知県碧南市
三廻部　みくるべ　神奈川県秦野市
三拾町
　さじっちょう　熊本県宇土市
　さんじゅっちょう　鹿児島県始良市
三春　みはる　福島県（JR磐越東線）
三春台　みはるだい　神奈川県横浜市南区
三春町
　みはるまち　福島県田村郡
　みはるちょう　神奈川県横須賀市
三昧田町　さんまいでんちょう　奈良県天理市
三栄　みさかえ　鳥取県日野郡日南町
三栄町
　さんえいちょう　東京都新宿区
　さんえいちょう　三重県四日市市

　さんえいちょう　三重県桑名市
　さんえいちょう　京都府京都市上京区
三柿野　みかきの　岐阜県（名古屋鉄道各務原線）
三柳　みつやなぎ　新潟県三条市
三津
　みつ　奈良県吉野郡吉野町
　みつ　鳥取県鳥取市
　みつ　愛媛県（伊予鉄道高浜線）
　みつ　愛媛県松山市
　みつ　佐賀県神埼郡吉野ケ里町
三津ふ頭　みつふとう　愛媛県松山市
三津町
　みつちょう　滋賀県彦根市
　みつちょう　島根県出雲市
三津屋
　みつや　新潟県新潟市秋葉区
　みつや　愛媛県西条市
三津屋中　みつやなか　大阪府大阪市淀川区
三津屋北　みつやきた　大阪府大阪市淀川区
三津屋町
　みつやちょう　岐阜県大垣市
　みつやちょう　滋賀県彦根市
　みつやちょう　滋賀県東近江市
三津屋東　みつやひがし　愛媛県西条市
三津屋南
　みつやみなみ　大阪府大阪市淀川区
　みつやみなみ　愛媛県西条市
三津浦　みつうら　北海道釧路市
三津浜　みつはま　愛媛県（JR予讃線）
三洋町　さんようちょう　大阪府大東市
三畑町　みはたちょう　三重県鈴鹿市
三砂町　みさごちょう　北海道砂川市
三神町　みかみまち　岐阜県養老郡養老町
三神峯　みかみね　宮城県仙台市太白区
三秋　みあき　愛媛県伊予市
三美　みよし　茨城県常陸大宮市
三茶屋　みつちゃや　奈良県吉野郡吉野町
三郎
　さぶろう　熊本県熊本市中央区
　さぶろう　熊本県熊本市東区
三郎丸
　さぶろうまる　新潟県南魚沼市
　さぶろうまる　富山県砺波市
　さぶろうまる　福井県福井市
　さぶろうまる　広島県世羅郡世羅町
　さぶろうまる　福岡県北九州市小倉北区
　さぶろうまる　福岡県宗像市
三郎丸町
　さぶろうまるちょう　福井県福井市
　さぶろうまるちょう　広島県府中市
三郎町　さぶろうちょう　三重県四日市市
三重　みえ　三重県四日市市
三重田町　みえだまち　長崎県長崎市
三重町
　みえまち　長崎県長崎市
　みえまち　大分県（JR豊肥本線）
三重町上田原　みえまちかみたわら　大分県豊後大野市
三重町久田　みえまちひさだ　大分県豊後大野市
三重町大白谷　みえまちおおしろたに　大分県豊後大野市

3画（三）

三重町小田　みえまちおだ　大分県豊後大野市
三重町小坂　みえまちおさか　大分県豊後大野市
三重町山部　みえまちやまぶ　大分県豊後大野市
三重町川辺　みえまちかわべ　大分県豊後大野市
三重町中津留　みえまちなかづる　大分県豊後大野市
三重町井迫　みえまちいさこ　大分県豊後大野市
三重町内山　みえまちうちやま　大分県豊後大野市
三重町内田　みえまちうちだ　大分県豊後大野市
三重町市場　みえまちいちば　大分県豊後大野市
三重町本城　みえまちほんじょう　大分県豊後大野市
三重町玉田　みえまちたまだ　大分県豊後大野市
三重町伏野　みえまちふせの　大分県豊後大野市
三重町向野　みえまちむこうの　大分県豊後大野市
三重町百枝　みえまちももえだ　大分県豊後大野市
三重町西泉　みえまちにしいずみ　大分県豊後大野市
三重町西畑　みえまちにしはた　大分県豊後大野市
三重町芦刈　みえまちあしかり　大分県豊後大野市
三重町赤嶺　みえまちあかみね　大分県豊後大野市
三重町松尾　みえまちまつお　大分県豊後大野市
三重町浅瀬　みえまちあさせ　大分県豊後大野市
三重町津興　みえちょうつおき　三重県津市
三重町秋葉　みえまちあきば　大分県豊後大野市
三重町宮野　みえまちみやの　大分県豊後大野市
三重町菅生　みえまちすごう　大分県豊後大野市
三重町奥畑　みえまちおくばた　大分県豊後大野市
三重町鷲谷　みえまちわしだに　大分県豊後大野市
三重県　みえけん
三重郡　みえぐん　三重県
三面　みおもて　新潟県村上市
10三倉
　みくら　岐阜県揖斐郡揖斐川町
　みくら　静岡県周智郡森町
　みくら　鳥取県八頭郡若桜町
　みくら　福岡県宗像市
三倉田　みくらだ　岡山県美作市
三俵野町　さんびょうのまち　新潟県長岡市
三原
　みはら　群馬県吾妻郡嬬恋村
　みはら　埼玉県朝霞市
　さんばら　岐阜県下呂市
　みはら　兵庫県豊岡市
　みはら　兵庫県佐用郡佐用町
　みはら　島根県邑智郡川本町
　みはら　広島県（JR山陽新幹線ほか）
　みはら　長崎県長崎市
　みはら　沖縄県那覇市
　みはら　沖縄県名護市
三原台
　みはらだい　東京都練馬区
　みはらだい　大阪府堺市南区
三原市　みはらし　広島県
三原村　みはらむら　高知県幡多郡
三原町
　みはらちょう　福島県二本松市
　みはらまち　広島県三次市
三家　みつえ　静岡県磐田市
三宮　さんぐう　新潟県佐渡市
三宮・花時計前　さんみやはなどけいまえ　兵庫県
　（神戸市交通局海岸線）

三宮町
　さんのみやまち　石川県白山市
　さんのみやちょう　兵庫県神戸市中央区
三島
　みしま　北海道北広島市
　みしま　青森県黒石市
　みしま　茨城県稲敷市
　みしま　栃木県那須塩原市
　みしま　群馬県吾妻郡東吾妻町
　みしま　千葉県香取市
　みしま　静岡県（JR東海道新幹線ほか）
　みしま　大阪府摂津市
　みしま　大阪府東大阪市
三島二日市　みしまふつかまち　静岡県（伊豆箱根鉄
　道駿豆線）
三島上条　みしまじょうじょう　新潟県長岡市
三島中央　みしまちゅうおう　愛媛県四国中央市
三島中条　みしまなかじょう　新潟県長岡市
三島丘　みしまおか　大阪府茨木市
三島市　みしまし　静岡県
三島広小路　みしまひろこうじ　静岡県（伊豆箱根鉄
　道駿豆線）
三島田町　みしまたまち　静岡県（伊豆箱根鉄道駿豆
　線）
三島江　みしまえ　大阪府高槻市
三島西　みしまにし　新潟県柏崎市
三島村　みしまむら　鹿児島県鹿児島郡
三島町
　みしままち　福島県大沼郡
　みしまちょう　新潟県柏崎市
　みしままち　富山県砺波市
　みしまちょう　石川県七尾市
　みしまちょう　福井県敦賀市
　みしまちょう　静岡県浜松市南区
　みしまちょう　大阪府茨木市
　みしまちょう　奈良県天理市
　みしままち　愛媛県伊予市
　みしままち　佐賀県鳥栖市
三島金子　みしまかねこ　愛媛県四国中央市
三島宮川　みしまみやがわ　愛媛県四国中央市
三島紙屋町　みしまかみやちょう　愛媛県四国中央市
三島郡
　さんとうぐん　新潟県
　みしまぐん　大阪府
三島朝日　みしまあさひ　愛媛県四国中央市
三島新保　みしましんぼ　新潟県長岡市
三峰　みつみね　埼玉県秩父市
三峰口　みつみねぐち　埼玉県（秩父鉄道線）
三峯　みつみね　栃木県小山市
三恵台　さんけいだい　静岡県三島市
三栗　めぐり　大阪府枚方市
三根　みつね　東京都八丈町
三根郷
　みねごう　長崎県西彼杵郡長与町
　みねごう　長崎県東彼杵郡東彼杵町
三栖半町　みすはんちょう　京都府京都市伏見区
三栖向町　みすむこうちょう　京都府京都市伏見区
三栖町　みすちょう　京都府京都市伏見区
三浦
　みうら　埼玉県さいたま市緑区
　みうら　三重県北牟婁郡紀北町

83

3画（三）

みうら　奈良県吉野郡十津川村
みうら　鳥取県八頭郡八頭町
みうら　岡山県（JR因美線）
みうら　岡山県津山市
みうら　鹿児島県大島郡瀬戸内町
三浦市　みうらし　神奈川県
三浦名　みうらみょう　千葉県東金市
三浦西　みうらにし　愛媛県宇和島市
三浦町
　みうらまち　石川県金沢市
　みうらまち　石川県白山市
　みうらちょう　長崎県佐世保市
三浦東　みうらひがし　愛媛県宇和島市
三浦海岸　みうらかいがん　神奈川県（京浜急行電鉄久里浜線）
三浦郡　みうらぐん　神奈川県
三浜　みはま　京都府舞鶴市
三浜町　みはまちょう　岡山県岡山市南区
三畠　さんばく　高知県南国市
三留町　みとめちょう　福井県福井市
三納
　さんの　石川県野々市市
　みのう　宮崎県西都市
三納代　みなしろ　宮崎県児湯郡新富町
三納谷　みのうたに　岡山県加賀郡吉備中央町
三軒町
　さんげんちょう　千葉県銚子市
　さんげんちょう　愛知県名古屋市北区
　さんげんちょう　愛知県豊田市
　さんげんちょう　京都府京都市上京区
　さんげんちょう　京都府京都市下京区
三軒屋町
　さんげんやちょう　新潟県新潟市北区
　さんげんやちょう　鳥取県境港市
　さんげんやちょう　徳島県徳島市
三軒屋敷　さんげんやしき　宮城県遠田郡涌谷町
三軒茶屋
　さんげんちゃや　東京都（東京急行電鉄世田谷線ほか）
　さんげんぢゃや　東京都世田谷区
三軒家西　さんげんやにし　大阪府大阪市大正区
三軒家町　さんげんやちょう　広島県尾道市
三軒家東　さんげんやひがし　大阪府大阪市大正区
三軒替地町　さんげんがえちちょう　京都府京都市下京区
三馬　みんま　石川県金沢市
11 三宿　みしゅく　東京都世田谷区
三崎
　みさき　北海道虻田郡京極町
　みさき　埼玉県さいたま市浦和区
　みさき　神奈川県三浦市
　みさき　福井県丹生郡越前町
　みさき　三重県桑名市木曽岬町
　みさき　鳥取県西伯郡南部町
　みさき　岡山県真庭市
　みさき　愛媛県西宇和郡伊方町
　みさき　高知県土佐清水市
三崎口　みさきぐち　神奈川県（京浜急行電鉄久里浜線）
三崎町
　みさきちょう　千葉県銚子市
　みさきちょう　東京都千代田区

みさきちょう　東京都八王子市
みさきちょう　愛知県岡崎市
みさきちょう　愛知県豊明市
三崎町二本松　みさきまちにほんまつ　石川県珠洲市
三崎町大屋　みさきまちおおや　石川県珠洲市
三崎町小泊　みさきまちこどまり　石川県珠洲市
三崎町小網代　みさきまちこあじろ　神奈川県三浦市
三崎町六合　みさきまちむつあい　神奈川県三浦市
三崎町内方　みさきまちないほう　石川県珠洲市
三崎町引砂　みさきまちひきすな　石川県珠洲市
三崎町本　みさきまちほん　石川県珠洲市
三崎町伏見　みさきまちふしみ　石川県珠洲市
三崎町宇治　みさきまちうじ　石川県珠洲市
三崎町寺家　みさきまちじけ　石川県珠洲市
三崎町杉山　みさきまちすぎやま　石川県珠洲市
三崎町城ケ島　みさきまちじょうがしま　神奈川県三浦市
三崎町高波　みさきまちこうなみ　石川県珠洲市
三崎町細屋　みさきまちほそや　石川県珠洲市
三崎町森腰　みさきまちもりこし　石川県珠洲市
三崎町粟津　みさきまちあわづ　石川県珠洲市
三崎町雲津　みさきまちもづ　石川県珠洲市
三崎町諸磯　みさきまちもろいそ　神奈川県三浦市
三崎浦　みさきうら　高知県土佐清水市
三崎通　みさきどおり　三重県桑名市
三帳　さんちょう　山梨県西八代郡市川三郷町
三梨　みつなしちょう　秋田県湯沢市
三條岡　さんじょうおか　新潟県新潟市江南区
三渓
　さんけい　北海道苫前郡苫前町
　みたに　徳島県勝浦郡勝浦町
三清西　さんきよにし　富山県南砺市
三清東　さんきよひがし　富山県南砺市
三渕沢　みふちさわ　新潟県魚沼市
三瓶内　さんべいうち　宮城県伊具郡丸森町
三瓶町二及　みかめちょうにぎゅう　愛媛県西予市
三瓶町下泊　みかめちょうしもどまり　愛媛県西予市
三瓶町上山　さんべちょううやま　島根県大田市
三瓶町小屋原　さんべちょうこやはら　島根県大田市
三瓶町多根　さんべちょうたね　島根県大田市
三瓶町安土　みかめちょうあづち　愛媛県西予市
三瓶町有太刀　みかめちょうあらたち　愛媛県西予市
三瓶町有網代　みかめちょうあらじろ　愛媛県西予市
三瓶町池田　さんべちょういけだ　島根県大田市
三瓶町志学　さんべちょうしがく　島根県大田市
三瓶町周木　みかめちょうしゅうき　愛媛県西予市
三瓶町和泉　みかめちょういずみ　愛媛県西予市
三瓶町長早　みかめちょうながはや　愛媛県西予市
三瓶町垣生　みかめちょうはぶ　愛媛県西予市
三瓶町津布理　みかめちょうつぶり　愛媛県西予市
三瓶町皆江　みかめちょうみなえ　愛媛県西予市
三瓶町野城　さんべちょうのじろ　島根県大田市
三瓶町朝立　みかめちょうあさだつ　愛媛県西予市
三瓶町蔵貫　みかめちょうくらぬき　愛媛県西予市
三瓶町蔵貫浦　みかめちょうくらぬきうら　愛媛県西予市
三瓶町鳴山　みかめちょうしぎやま　愛媛県西予市
三盛町　みつもりちょう　京都府京都市東山区

84

3画（三）

三眺　さんちょう　北海道網走市
三笠
　みかさ　北海道磯谷郡蘭越町
　みかさ　北海道上川郡和寒町
　みかさ　奈良県磯城郡田原本町
三笠市　みかさし　北海道
三笠町
　みかさちょう　北海道枝幸郡枝幸町
　みかさちょう　岐阜県岐阜市
　みかさちょう　岐阜県多治見市
　みかさちょう　兵庫県宝塚市
　みかさまち　山口県岩国市
三笹町　みささちょう　山口県周南市
三組町　みくみちょう　静岡県浜松市中区
三葛　みかずら　和歌山県和歌山市
三菱自工前　みつびしじこうまえ　岡山県（水島臨海
　鉄道線）
三貫地新田　さんがんじしんでん　新潟県三条市
三郷
　みさと　福島県耶麻郡猪苗代町
　さんごう　茨城県筑西市
　みさと　埼玉県（JR武蔵野線）
　みさと　埼玉県三郷市
　さんごう　富山県富山市
　みさと　長野県上高井郡高山村
　さんごう　愛知県（名古屋鉄道瀬戸線）
　さんごう　奈良県（JR関西本線）
三郷乙　さんごうおつ　山形県西村山郡大江町
三郷小倉　みさとおぐら　長野県安曇野市
三郷中央　みさとちゅうおう　埼玉県（首都圏新都市
　鉄道つくばエクスプレス線）
三郷丙　さんごうへい　山形県西村山郡大江町
三郷市　みさとし　埼玉県
三郷甲　さんごうこう　山形県西村山郡大江町
三郷町　さんごうちょう　奈良県生駒郡
三郷町中井田　さんごうちょうなかいだ　愛知県尾張
　旭市
三郷町佐々良木　みさとちょうささらぎ　岐阜県恵
　那市
三郷町角田　さんごうちょうつのだ　愛知県尾張旭市
三郷町栄　さんごうちょうさかえ　愛知県尾張旭市
三郷町野井　みさとちょうのい　岐阜県恵那市
三郷町陶栄　さんごうちょうとうえい　愛知県尾張旭市
三郷町富丘　さんごうちょうとみおか　愛知県尾張旭市
三郷町椋実　みさとちょうむくのみ　岐阜県恵那市
三郷明盛　みさとめいせい　長野県安曇野市
三郷温　みさとゆたか　長野県安曇野市
三都郷　みつご　東京都西多摩郡檜原村
三都橋　みつはし　愛知県北設楽郡設楽町
三部　さんぶ　鳥取県西伯郡伯耆町
三野　みの　岡山県岡山市北区
三野本町　みのほんまち　岡山県岡山市北区
三野町下高瀬　みのちょうしもたかせ　香川県三豊市
三野町大見　みのちょうおおみ　香川県三豊市
三野町太刀野　みのちょうたちの　徳島県三好市
三野町太刀野山　みのちょうたちのやま　徳島県三
　好市
三野町加茂野宮　みのちょうかものみや　徳島県三
　好市
三野町吉津　みのちょうよしづ　香川県三豊市

三野町芝生　みのちょうしぼう　徳島県三好市
三野町清水　みのちょうしみず　徳島県三好市
三野町勢力　みのちょうせいりき　徳島県三好市
三野宮　さんのみや　埼玉県越谷市
三野輪町　みのわちょう　茨城県水戸市
三野瀬　みのせ　三重県（JR紀勢本線）
三陸　さんりく　岩手県（三陸鉄道南リアス線）
三陸町吉浜　さんりくちょうよしはま　岩手県大船渡市
三陸町越喜来　さんりくちょうおきらい　岩手県大船
　渡市
三陸町綾里　さんりくちょうりょうり　岩手県大船渡市
三黒　みくろ　千葉県袖ケ浦市
¹²三厩　みんまや　青森県（JR津軽線）
三厩下平　みんまやしもたいら　青森県東津軽郡外ケ
　浜町
三厩上宇鉄　みんまやかみうてつ　青森県東津軽郡外
　ケ浜町
三厩川柱　みんまやかわしら　青森県東津軽郡外ケ
　浜町
三厩中浜　みんまやなかはま　青森県東津軽郡外ケ浜町
三厩元宇鉄　みんまやもとうてつ　青森県東津軽郡外
　ケ浜町
三厩六條間　みんまやろくじょうま　青森県東津軽郡
　外ケ浜町
三厩木落　みんまやきおとし　青森県東津軽郡外ケ
　浜町
三厩四枚橋　みんまやしまいばし　青森県東津軽郡外
　ケ浜町
三厩尻神　みんまやしりかみ　青森県東津軽郡外ケ
　浜町
三厩本町　みんまやほんちょう　青森県東津軽郡外ケ
　浜町
三厩宇鉄山　みんまやうてつやま　青森県東津軽郡外
　ケ浜町
三厩東町　みんまやひがしまち　青森県東津軽郡外ケ
　浜町
三厩家ノ上　みんまやいえのうえ　青森県東津軽郡外
　ケ浜町
三厩桃ケ丘　みんまやももがおか　青森県東津軽郡外
　ケ浜町
三厩釜野澤　みんまやかまのさわ　青森県東津軽郡外
　ケ浜町
三厩梨ノ木間　みんまやなしのきま　青森県東津軽郡
　外ケ浜町
三厩枌梛　みんまやひょうろう　青森県東津軽郡外ケ
　浜町
三厩新町　みんまやしんちょう　青森県東津軽郡外ケ
　浜町
三厩源兵衛間　みんまやげんべいま　青森県東津軽郡
　外ケ浜町
三厩増川　みんまやますかわ　青森県東津軽郡外ケ
　浜町
三厩算用師　みんまやさんようし　青森県東津軽郡外
　ケ浜町
三厩緑ケ丘　みんまやみどりがおか　青森県東津軽郡
　外ケ浜町
三厩鳴神　みんまやなるかみ　青森県東津軽郡外ケ
　浜町
三厩龍浜　みんまやたつはま　青森県東津軽郡外ケ
　浜町

85

3画（三）

三厩藤嶋　みんまやふじしま　青森県東津軽郡外ケ
浜町
三厩鎧嶋　みんまやよろいじま　青森県東津軽郡外ケ
浜町
三厩鱒泊　みんまやまさかりどまり　青森県東津軽郡
外ケ浜町
三塚　みちづか　長野県佐久市
三塚町　みつづかちょう　岐阜県大垣市
三富下荻原　みとみしもおぎはら　山梨県山梨市
三富下釜口　みとみしもかまくち　山梨県山梨市
三富上柚木　みとみかみゆのき　山梨県山梨市
三富上釜口　みとみかみかまくち　山梨県山梨市
三富川浦　みとみかわうら　山梨県山梨市
三富徳和　みとみとくわ　山梨県山梨市
三景台町　さんけいだいまち　長崎県長崎市
三朝　みささ　鳥取県東伯郡三朝町
三朝町　みささちょう　鳥取県東伯郡
三森
　　みつもり　秋田県にかほ市
　　みつもり　福井県大飯郡おおい町
三森町　みつもりちょう　北海道函館市
三棟町　みつむねちょう　奈良県奈良市
三湯町　みゆちょう　茨城県水戸市
三番　さんばん　大阪府門真市
三番丁　さんばんちょう　和歌山県和歌山市
三番沢　さんばんさわ　北海道厚岸郡浜中町
三番町
　　さんばんちょう　福島県白河市
　　さんばんちょう　栃木県宇都宮市
　　さんばんちょう　東京都千代田区
　　さんばんまち　富山県富山市
　　さんばんまち　富山県高岡市
　　さんばんちょう　岐阜県岐阜市
　　さんばんちょう　静岡県静岡市葵区
　　さんばんちょう　愛知県名古屋市熱田区
　　さんばんちょう　京都府京都市上京区
　　さんばんちょう　兵庫県神戸市長田区
　　さんばんちょう　岡山県笠岡市
　　さんばんちょう　山口県周南市
　　さんばんちょう　愛媛県松山市
三筋
　　みすじ　東京都台東区
　　みすじ　広島県広島市佐伯区
三筋目　みすじめ　和歌山県和歌山市
三筑　さんちく　福岡県福岡市博多区
三萩野　みはぎの　福岡県北九州市小倉北区
三賀　さんが　新潟県北蒲原郡聖籠町
三越前　みつこしまえ　東京都（東京地下鉄銀座線ほ
か）
三越郷　みつごえごう　長崎県東彼杵郡川棚町
三道山町　さんどうやままち　石川県能美市
三間川　みまのかわ　高知県高岡郡津野町
三間坂　みまさか　佐賀県（JR佐世保線）
三間町　さんげんまち　愛知県碧南市
三間町三間中間　みまちょうみまなかいだ　愛媛県宇
和島市
三間町土居中　みまちょうどいなか　愛媛県宇和島市
三間町土居垣内　みまちょうどいかきうち　愛媛県宇
和島市
三間町大内　みまちょうおおうち　愛媛県宇和島市

三間町大藤　みまちょうおおふじ　愛媛県宇和島市
三間町小沢川　みまちょうこそうがわ　愛媛県宇和
島市
三間町川之内　みまちょうかわのうち　愛媛県宇和
島市
三間町中野中　みまちょうなかのなか　愛媛県宇和
島市
三間町元宗　みまちょうもとむね　愛媛県宇和島市
三間町戸雁　みまちょうとがり　愛媛県宇和島市
三間町北増穂　みまちょうきたますお　愛媛県宇和
島市
三間町古藤田　みまちょうことうだ　愛媛県宇和島市
三間町田川　みまちょうたがわ　愛媛県宇和島市
三間町成家　みまちょうなるいえ　愛媛県宇和島市
三間町波岡　みまちょうなみおか　愛媛県宇和島市
三間町迫目　みまちょうはざめ　愛媛県宇和島市
三間町金銅　みまちょうかなどう　愛媛県宇和島市
三間町則　みまちょうすなわち　愛媛県宇和島市
三間町是延　みまちょうこれのぶ　愛媛県宇和島市
三間町是能　みまちょうこれよし　愛媛県宇和島市
三間町音地　みまちょうおんじ　愛媛県宇和島市
三間町兼近　みまちょうかねちか　愛媛県宇和島市
三間町宮野下　みまちょうみやのした　愛媛県宇和
島市
三間町務田　みまちょうむでん　愛媛県宇和島市
三間町曽根　みまちょうそね　愛媛県宇和島市
三間町黒川　みまちょうくろかわ　愛媛県宇和島市
三間町黒井地　みまちょうくろいじ　愛媛県宇和島市
三間町増田　みまちょうますだ　愛媛県宇和島市
三間通　みつまどおり　山形県南陽市
三階町　さんがいちょう　島根県浜田市
三隅下　みすみしも　山口県長門市
三隅上　みすみかみ　山口県長門市
三隅中　みすみなか　山口県長門市
三隅町下古和　みすみちょうしもこわ　島根県浜田市
三隅町三隅　みすみちょうみすみ　島根県浜田市
三隅町上古和　みすみちょうかみこわ　島根県浜田市
三隅町井川　みすみちょういがわ　島根県浜田市
三隅町井野　みすみちょういの　島根県浜田市
三隅町古市場　みすみちょうふるいちば　島根県浜
田市
三隅町矢原　みすみちょうやばら　島根県浜田市
三隅町向野田　みすみちょうむかいのた　島根県浜
田市
三隅町西河内　みすみちょうさいごうち　島根県浜
田市
三隅町折居　みすみちょうおりい　島根県浜田市
三隅町芦谷　みすみちょうあしだに　島根県浜田市
三隅町岡見　みすみちょうおかみ　島根県浜田市
三隅町東平原　みすみちょうひがしひらばら　島根県浜
田市
三隅町河内　みすみちょうこうち　島根県浜田市
三隅町室谷　みすみちょうむろだに　島根県浜田市
三隅町黒沢　みすみちょうくろさわ　島根県浜田市
三隅町湊浦　みすみちょうみなとうら　島根県浜田市
三雄山　さんゆうさん　福島県二本松市
三雲
　　みくも　滋賀県（JR草津線）
　　みくも　滋賀県湖南市

みくも　福岡県糸島市
三須　みす　岡山県総社市
三須町　みすまち　宮崎県延岡市
13三園　みその　東京都板橋区
三園平　みそのだいら　静岡県富士宮市
三園町
　みそのちょう　静岡県沼津市
　みそのちょう　高知県高知市
三愛　さんあい　北海道上川郡美瑛町
三新田　さんしんでん　静岡県富士市
三新町　さんしんちょう　静岡県浜松市南区
三楽　さんらく　福岡県豊前市
三楽町
　さんらくちょう　北海道北見市
　さんらくちょう　熊本県八代市
三歳町　みとせちょう　岐阜県岐阜市
三殿　みどの　香川県東かがわ市
三溝　さみぞ　長野県（アルピコ交通上高地線）
三滝　みたき　広島県（JR可部線）
三滝山　みたきやま　広島県広島市西区
三滝台　みたきだい　三重県四日市市
三滝本町　みたきほんまち　広島県広島市西区
三滝町　みたきまち　広島県広島市西区
三碓　みつがらす　奈良県奈良市
三碓町　みつがらすちょう　奈良県奈良市
三福
　みふく　静岡県伊豆の国市
　みふく　愛知県海部郡飛島村
三福寺町　さんふくじまち　岐阜県高山市
三豊
　みとよ　北海道虻田郡留寿都村
　みとよ　北海道苫前郡苫前町
　みとよ　北海道虻田郡洞爺湖町
三豊市　みとよし　香川県
14三増　みませ　神奈川県愛甲郡愛川町
三徳　みとく　鳥取県東伯郡三朝町
三旗町　みはたちょう　鳥取県米子市
三樋町　みつひちょう　兵庫県赤穂市
三熊
　さんのくま　富山県富山市
　みくま　兵庫県篠山市
三稲　さんと　愛知県弥富市
三稲町　さんとちょう　愛知県弥富市
三種町　みたねちょう　秋田県
三箇
　さんが　茨城県小美玉市
　さんが　栃木県那須烏山市
　さんが　千葉県袖ケ浦市
　さんが　新潟県中魚沼郡津南町
　さんが　大阪府大東市
三箇山　さんがやま　福岡県朝倉郡筑前町
三箇町　さんがちょう　愛知県豊田市
三箇牧　さんがまき　大阪府高槻市
三関
　さんのせき　岩手県一関市
　みつせき　秋田県（JR奥羽本線）
三領　さんりょう　新潟県十日町市
15三潴　みずま　福岡県（西日本鉄道天神大牟田線）
三潴町玉満　みづままちたまみつ　福岡県久留米市
三潴町生岩　みづままちいきいわ　福岡県久留米市

三潴町田川　みづままちたがわ　福岡県久留米市
三潴町早津崎　みづままちはやつざき　福岡県久留米市
三潴町西牟田　みづままちにしむた　福岡県久留米市
三潴町壱町原　みづままちいっちょうばる　福岡県久留米市
三潴町草場　みづままちくさば　福岡県久留米市
三潴町原田　みづままちはるだ　福岡県久留米市
三潴町高三潴　みづままちたかみずま　福岡県久留米市
三潴町清松　みづままちきよまつ　福岡県久留米市
三潴町福光　みづままちふくみつ　福岡県久留米市
三潴郡　みずまぐん　福岡県
三穂町八幡　みほたまちやはた　福島県郡山市
三穂町下守屋　みほたまちしももりや　福島県郡山市
三穂町大谷　みほたまちおおや　福島県郡山市
三穂町山口　みほたまちやまぐち　福島県郡山市
三穂町川田　みほたまちかわた　福島県郡山市
三穂町野田　みほたまちのだ　福島県郡山市
三穂町富岡　みほたまちとみおか　福島県郡山市
三穂町駒屋　みほたまちこまや　福島県郡山市
三穂町鍋山　みほたまちなべやま　福島県郡山市
三穂町　みほまち　富山県滑川市
三縄　みなわ　徳島県（JR土讃線）
三蔵子町　さんぞうごちょう　愛知県豊川市
三輪
　みわ　栃木県那須郡那珂川町
　みわ　長野県長野市
　みわ　岐阜県岐阜市
　みわ　岐阜県揖斐郡揖斐川町
　みわ　愛知県北設楽郡東栄町
　みわ　兵庫県三田市
　みわ　奈良県（JR桜井線）
　みわ　奈良県桜井市
　みわ　岡山県総社市
　みわ　山口県光市
三輪ぷりんとぴあ　みわぷりんとぴあ　岐阜県岐阜市
三輪田　みのわだ　宮城県石巻市
三輪田町　みわたまち　長野県長野市
三輪町
　みわまち　東京都町田市
　みわまち　奈良県磯城郡田原本町
三輪宮西　みわみやにし　岐阜県岐阜市
三輪宮前　みわみやまえ　岐阜県岐阜市
三輪崎
　みわさき　和歌山県（JR紀勢本線）
　みわさき　和歌山県新宮市
三輪野山　みわのやま　千葉県流山市
三輪野江　みわのえ　埼玉県吉川市
三輪緑山　みわみどりやま　東京都町田市
三養基郡　みやきぐん　佐賀県
16三橋
　みはし　埼玉県さいたま市西区
　みはし　埼玉県さいたま市大宮区
　みつはし　岐阜県本巣市
三橋町
　みつはしちょう　北海道網走郡美幌町
　みつはしちょう　岐阜県岐阜市

3画（上）

三橋町下百町 みつはしまちしもひゃくちょう 福岡県柳川市

三橋町久末 みつはしまちひさすえ 福岡県柳川市

三橋町中山 みつはしまちなかやま 福岡県柳川市

三橋町五拾町 みつはしまちごじっちょう 福岡県柳川市

三橋町今古賀 みつはしまちいまこが 福岡県柳川市

三橋町木元 みつはしまちきのもと 福岡県柳川市

三橋町正行 みつはしまちまさゆき 福岡県柳川市

三橋町白鳥 みつはしまちしらとり 福岡県柳川市

三橋町吉開 みつはしまちよしがい 福岡県柳川市

三橋町江曲 みつはしまちえまがり 福岡県柳川市

三橋町百町 みつはしまちひゃくちょう 福岡県柳川市

三橋町垂見 みつはしまちたるみ 福岡県柳川市

三橋町枝光 みつはしまちえだみつ 福岡県柳川市

三橋町柳河 みつはしまちやながわ 福岡県柳川市

三橋町起田 みつはしまちおきだ 福岡県柳川市

三橋町高畑 みつはしまちたかはたけ 福岡県柳川市

三橋町棚町 みつはしまちたのまち 福岡県柳川市

三橋町新村 みつはしまちみむら 福岡県柳川市

三橋町蒲船津 みつはしまちかまふなつ 福岡県柳川市

三橋町磯鳥 みつはしまちいそどり 福岡県柳川市

三橋町藤吉 みつはしまちふじよし 福岡県柳川市

三橋南 みつはしみなみ 北海道網走郡美幌町

17 三篠北町 みささきたまち 広島県広島市西区

三篠町 みささまち 広島県広島市西区

19 三瀬
さんぜ 山形県（JR羽越本線）
さんぜ 山形県鶴岡市

三瀬ケ谷 さんぜがや 新潟県長岡市

三瀬川
さんせがわ 新潟県佐渡市
みせがわ 三重県度会郡大紀町
みせがわ 和歌山県有田郡有田川町

三瀬村三瀬 みつせむらみつせ 佐賀県佐賀市

三瀬村杠 みつせむらゆずりは 佐賀県佐賀市

三瀬村藤原 みつせむらふじばる 佐賀県佐賀市

三瀬谷 みせだに 三重県（JR紀勢本線）

24 三鷹 みたか 東京都（JR中央本線）

三鷹台 みたかだい 東京都（京王電鉄井の頭線）

三鷹市 みたかし 東京都

【上】
上
かみ 埼玉県上尾市
かみ 埼玉県蓮田市
かみ 千葉県鴨川市
かみ 千葉県君津市
かみ 千葉県富津市
がみ 石川県鳳珠郡能登町
かみ 長野県南佐久郡佐久穂町
かみ 静岡県静岡市清水区
かみ 大阪府堺市西区
かむら 奈良県高市郡明日香村
かみ 奈良県吉野郡野迫川村
かみ 岡山県真庭市
かみ 広島県神石郡神石高原町
かみ 徳島県名東郡佐那河内村
かみ 福岡県嘉麻市

0 上イタヤノ木 かみいたやのき 青森県上北郡横浜町

上オソツベツ かみおそつべつ 北海道川上郡標茶町

上ケ あげ 愛知県知多郡武豊町

上ケ井 あげい 和歌山県海草郡紀美野町

上ケ田 あげた 静岡県裾野市

上ケ屋 あげや 長野県長野市

上ケ原一番町 うえがはらいちばんちょう 兵庫県西宮市

上ケ原七番町 うえがはらななばんちょう 兵庫県西宮市

上ケ原九番町 うえがはらきゅうばんちょう 兵庫県西宮市

上ケ原二番町 うえがはらにばんちょう 兵庫県西宮市

上ケ原八番町 うえがはらはちばんちょう 兵庫県西宮市

上ケ原十番町 うえがはらじゅうばんちょう 兵庫県西宮市

上ケ原三番町 うえがはらさんばんちょう 兵庫県西宮市

上ケ原山手町 うえがはらやまてちょう 兵庫県西宮市

上ケ原山田町 うえがはらやまだちょう 兵庫県西宮市

上ケ原五番町 うえがはらごばんちょう 兵庫県西宮市

上ケ原六番町 うえがはらろくばんちょう 兵庫県西宮市

上ケ原四番町 うえがはらよんばんちょう 兵庫県西宮市

上ゲ あげ 愛知県（名古屋鉄道河和線）

上ザル田 かみざるた 福島県耶麻郡猪苗代町

上チャンベツ かみちゃんべつ 北海道川上郡標茶町

上トマム かみとまむ 北海道勇払郡占冠村

上トヨイ かみとよい 北海道広尾郡広尾町

上ノ丸 うえのまる 兵庫県明石市

上ノ土居 かみのどい 高知県四万十市

上ノ山
うえのやま 青森県上北郡七戸町
うえのやま 秋田県能代市
うえのやま 福島県耶麻郡猪苗代町
うえのやま 新潟県小千谷市
うえのやま 新潟県東蒲原郡阿賀町
うえのやま 山梨県韮崎市

上ノ山台 うえのやまだい 秋田県能代市

上ノ切町 かみのきりちょう 愛知県瀬戸市

上ノ太子 かみのたいし 大阪府（近畿日本鉄道南大阪線）

上ノ加江 かみのかえ 高知県高岡郡中土佐町

上ノ台
かみのだい 宮城県刈田郡七ケ宿町
うえのだい 福島県白河市
うえのだい 福島県南会津郡檜枝岐村
うえのだい 東京都あきる野市

上ノ台乙 かみのだいおつ 福島県河沼郡会津坂下町

上ノ平
かみのたいら 宮城県刈田郡七ケ宿町
うえのたいら 長野県小諸市

上ノ平山 かみのたいらやま 宮城県刈田郡七ケ宿町

上ノ田 かみのた 愛知県犬山市

上ノ庄 かみのしょう 三重県（JR名松線）

3画（上）

上ノ庄町　かみのしょうちょう　三重県松阪市
上ノ町　かみのちょう　愛知県春日井市
上ノ国　かみのくに　北海道檜山郡上ノ国町
上ノ国町　かみのくにちょう　北海道檜山郡
上ノ河内　うえのかわち　福岡県築上郡築上町
上ノ室　うえのむろ　茨城県つくば市
上ノ畑　かみのはた　山形県尾花沢市
上ノ原
　うえのはら　福島県白河市
　かみのはら　福島県南会津郡檜枝岐村
　うえのはら　埼玉県ふじみ野市
上ノ宮町　かみのみやちょう　愛知県名古屋市中村区
上ノ島町　かみのしまちょう　兵庫県尼崎市
上ノ郷　かみのごう　熊本県熊本市南区
上ノ橋町　かみのはしちょう　岩手県盛岡市
上ミノ原　かみのはら　福島県南会津郡南会津町
上ミ野　かみの　岐阜県揖斐郡揖斐川町
上リ江町　あがりえまち　石川県小松市
上ところ　かみところ　北海道北見市
上の丸町　うえのまるちょう　兵庫県三木市
上の山
　かみのやま　北海道檜山郡厚沢部町
　うえのやま　岩手県八幡平市
　うえのやま　岩手県下閉伊郡普代村
　かみのやま　新潟県村上市
　うえのやま　和歌山県田辺市
上の山町山畑　うえのやまちょうやまはた　愛知県尾張旭市
上の山町間口　うえのやまちょうまぐち　愛知県尾張旭市
上の台　うえのだい　山口県山陽小野田市
上の町
　かみのちょう　岡山県（JR瀬戸大橋線）
　うえのまち　長崎県島原市
上の前　かみのまえ　福岡県西白河郡矢吹町
上の原
　うえのはら　東京都東久留米市
　うえのはら　長野県伊那市
　うえのはる　福岡県北九州市八幡西区
　うえのはら　長崎県島原市
上の原町　うえのはらまち　新潟県長岡市
上の宮　かみのみや　神奈川県横浜市鶴見区
上の浜　かみのはま　広島県廿日市市
上の郷　かみのごう　山口県山陽小野田市
上の湯　かみのゆ　北海道二海郡八雲町
上り戸　あがりど　愛知県知多市
上り松　あがりまつ　福岡県築上郡築上町
1上一万　かみいちまん　愛媛県（伊予鉄道環状線ほか）
上一之町　かみいちのまち　岐阜県高山市
上一分　かみいちぶ　新潟県阿賀野市
上一文字町　かみいちもんじちょう　京都府京都市中京区
上一日市　かみひといち　新潟県南魚沼市
上一光町　かみいかりちょう　福井県福井市
上一色　かみいっしき　東京都江戸川区
上乙女　かみおとめ　大分県宇佐市
上乙見　かみおとみ　京都府船井郡京丹波町
2上七見町　かみななみちょう　三重県松阪市
上丁　かみようろ　福井県大野市

上乃木　あげのぎ　島根県松江市
上九沢　かみくざわ　神奈川県相模原市緑区
上二ケ　かみにか　岡山県久米郡久米南町
上二十町　かみにじっちょう　福岡県北九州市門司区
上二口町　かみふたくちまち　石川県白山市
上二之町　かみにのまち　岐阜県高山市
上二之宮町　かみにのみやちょう　京都府京都市下京区
上二井田　かみにいだ　秋田県湯沢市
上二田　かみふただ　秋田県（JR男鹿線）
上二杉　かみふたすぎ　富山県高岡市
上二河町　かみにこうちょう　広島県呉市
上二俣町　かみふたまたちょう　滋賀県東近江市
上人ケ浜町　しょうにんがはまちょう　大分県別府市
上人本町　しょうにんほんまち　大分県別府市
上人仲町　しょうにんなかまち　大分県別府市
上人西　しょうにんにし　大分県別府市
上人町　しょうにんちょう　京都府京都市東山区
上人坦　しょうにんだん　福島県須賀川市
上人南　しょうにんみなみ　大分県別府市
上入野　かみいりの　茨城県東茨城郡城里町
上八　こうじょう　福岡県宗像市
上八ケ新　かみはっしん　富山県高岡市
上八ツ林　かみやつばやし　埼玉県比企郡川島町
上八丁　かみはっちょう　秋田県横手市
上八丁堀　かみはっちょうぼり　広島県広島市中区
上八万町　かみはちまんちょう　徳島県徳島市
上八万町西山　かみはちまんちょうにしやま　徳島県徳島市
上八川丙　かみやかわへい　高知県吾川郡いの町
上八川甲　かみやかわこう　高知県吾川郡いの町
上八文字町　かみはちもんじちょう　京都府京都市中京区
上八日町　かみようかまち　富山県富山市
上八木　かみやぎ　広島県（JR可部線）
上八木沢　かみやぎさわ　山梨県南巨摩郡身延町
上八木町
　うばやぎちょう　愛知県豊田市
　かみやぎちょう　滋賀県長浜市
上八代　かみやしろ　兵庫県朝来市
上八田　うえはった　山梨県南アルプス市
上八田町　かみやたちょう　京都府綾部市
上八合　かみはちごう　宮城県刈田郡七ケ宿町
上八町
　かみはっちょう　長野県須坂市
　かみはっちょう　三重県名張市
上八里町　かみやさとまち　石川県小松市
上八枚　かみはちまい　新潟県新潟市南区
上八院　かみはちいん　福岡県三潴郡大木町
上八雲　かみやくも　北海道二海郡八雲町
上八幡　かみやはた　大分県大分市
上八幡新田　かみはちまんしんでん　新潟県妙高市
上力町　じょうりきちょう　静岡県静岡市清水区
上十川　かみとがわ　青森県黒石市
上十日町　かみとおかまち　新潟県南魚沼市
上十条　かみじゅうじょう　東京都北区
上十町　かみじっちょう　熊本県玉名郡和水町
3上下　じょうげ　広島県（JR福塩線）

89

3画（上）

上下町二森　じょうげちょうふたもり　広島県府中市
上下町上下　じょうげちょうじょうげ　広島県府中市
上下町小堀　じょうげちょうこほり　広島県府中市
上下町小塚　じょうげちょうおづか　広島県府中市
上下町井永　じょうげちょういなが　広島県府中市
上下町水永　じょうげちょうみずなが　広島県府中市
上下町矢多田　じょうげちょうやただ　広島県府中市
上下町矢野　じょうげちょうやの　広島県府中市
上下町有福　じょうげちょうありふく　広島県府中市
上下町佐倉　じょうげちょうさくら　広島県府中市
上下町国留　じょうげちょうくにどめ　広島県府中市
上下町岡屋　じょうげちょうおがや　広島県府中市
上下町松崎　じょうげちょうまつさき　広島県府中市
上下町深江　じょうげちょうふかえ　広島県府中市
上下町階見　じょうげちょうしなみ　広島県府中市
上下長谷　かみしもながたに　高知県幡多郡三原村
上下浜　じょうげはま　新潟県（JR信越本線）
上下堤　じょうげつつみ　宮城県東松島市
上下諏訪木　じょうげすわのき　新潟県新潟市南区
上三ケ尾　かみさんがお　千葉県野田市
上三ツ木町　かみみつぎちょう　愛知県岡崎市
上三川　かみのかわ　栃木県河内郡上三川町
上三川町　かみのかわまち　栃木県河内郡
上三之町　かみさんのまち　岐阜県高山市
上三之宮町　かみさんのみやちょう　京都府京都市下京区
上三日市　かみみっかいち　富山県南砺市
上三毛　かみみけ　和歌山県和歌山市
上三田　かみみた　広島県（JR芸備線）
上三光　かみさんこう　新潟県新発田市
上三条町
　かみさんじょうちょう　兵庫県神戸市兵庫区
　かみさんじょうちょう　奈良県奈良市
上三谷
　かみみたに　三重県名張市
　かみみたに　愛媛県伊予市
上三依　かみみより　栃木県日光市
上三依塩原温泉口　かみみよりしおばらおんせんぐち　栃木県（野岩鉄道会津鬼怒川線）
上三所　かみみところ　島根県仁多郡奥出雲町
上三林町　かみみばやしちょう　群馬県館林市
上三河　かみみかわ　兵庫県佐用郡佐用町
上三俣　かみみつまた　埼玉県加須市
上三草　かみみくさ　兵庫県加東市
上三宮町三谷　かみさんみやまちみたに　福島県喜多方市
上三宮町上三宮　かみさんみやまちかみさんみや　福島県喜多方市
上三宮町吉川　かみさんみやまちよしかわ　福島県喜多方市
上三栖　かみみす　和歌山県田辺市
上三財　かみさんざい　宮崎県西都市
上三條　かみさんじょう　山梨県中央市
上三緒
　かみみお　福岡県（JR後藤寺線）
　かみみお　福岡県飯塚市
上三輪町　かみみわまち　宮崎県延岡市
上三橋町　かみみつはしちょう　奈良県大和郡山市
上三瀬　かみみせ　三重県多気郡大台町

上上津役　かみこうじゃく　福岡県北九州市八幡西区
上万　じょうまん　鳥取県西伯郡大山町
上万呂　かみまろ　和歌山県田辺市
上万能　かみまんのう　静岡県磐田市
上万場　かみまんば　岐阜県（長良川鉄道越美南線）
上万願寺町　かみまんがんじちょう　福岡県加西市
上与那原　うえよなばる　沖縄県島尻郡与那原町
上丸子
　かみまるこ　神奈川県川崎市中原区
　かみまるこ　長野県上田市
上丸子八幡町　かみまるこはちまんちょう　神奈川県川崎市中原区
上丸子山王町　かみまるこさんのうちょう　神奈川県川崎市中原区
上丸子天神町　かみまるこてんじんちょう　神奈川県川崎市中原区
上丸渕　かみまるぶち　愛知県（名古屋鉄道尾西線）
上久米　かみくめ　兵庫県加東市
上久我　かみくが　栃木県鹿沼市
上久具　かみくぐ　三重県度会郡度会町
上久保
　かみくぼ　青森県三沢市
　かみくぼ　青森県上北郡東北町
　かみくぼ　青森県上北郡おいらせ町
　かみくぼ　宮城県白石市
　かみくぼ　長野県諏訪郡下諏訪町
上久保内　かみくぼない　北海道有珠郡壮瞥町
上久屋町　かみくやまち　群馬県沼田市
上久津呂　かみくづろ　富山県氷見市
上久部　かみくべ　大分県佐伯市
上久堅　かみひさかた　長野県飯田市
上久堅戊　かみひさかたぼ　長野県飯田市
上千俵　かみせんびょう　富山県富山市
上千俵町　かみせんびょうまち　富山県富山市
上千原　かみちはら　新潟県上越市
上千歳町　かみちとせまち　長野県長野市
上口
　じょうぐち　福島県河沼郡会津坂下町
　かみぐち　埼玉県三郷市
　かみぐち　福島県会津若松市
　うえくち　岡山県久米郡美咲町
上口羽　かみくちば　島根県邑智郡邑南町
上土　あげつち　静岡県静岡市葵区
上土方　かみひじかた　静岡県掛川市
上土方工業団地　かみひじかたこうぎょうだんち　静岡県掛川市
上土方旦付新田　かみひじかただんづくしんでん　静岡県掛川市
上土方落合　かみひじかたおちあい　静岡県掛川市
上土方嶺向　かみひじかたみねむかい　静岡県掛川市
上土木内町　かみどぎうちちょう　茨城県常陸太田市
上土田
　かみつちだ　茨城県かすみがうら市
　かみつちだ　岡山県岡山市北区
上土地亀　かみどちがめ　新潟県新潟市北区
上土佐　かみとさ　奈良県高市郡高取町
上土沢　かみつちざわ　新潟県岩船郡関川村
上土町　あげつちちょう　静岡県沼津市
上土居　かみつちい　岐阜県岐阜市
上土室　かみはむろ　大阪府高槻市

3画（上）

上土狩　かみとがり　静岡県駿東郡長泉町
上土倉　かみつちくら　新潟県加茂市
上土棚　かみつちだな　神奈川県綾瀬市
上土棚中　かみつちだななか　神奈川県綾瀬市
上土棚北　かみつちだなきた　神奈川県綾瀬市
上土棚南　かみつちだなみなみ　神奈川県綾瀬市
上土新田　あげつちしんでん　静岡県静岡市葵区
上士別町　かみしべつちょう　北海道士別市
上士幌　かみしほろ　北海道河東郡上士幌町
上士幌町　かみしほろちょう　北海道河東郡
上大久保町　かみおおくわちょう　岐阜県岐阜市
上大久保
　かみおおくぼ　栃木県鹿沼市
　かみおおくぼ　埼玉県さいたま市桜区
　かみおおくぼ　富山県富山市
　かみおおくぼ　京都府船井郡京丹波町
上大久保北新町　かみおおくぼきたしんまち　富山県富山市
上大久保東新町　かみおおくぼひがししんまち　富山県富山市
上大久保栄町　かみおおくぼさかえまち　富山県富山市
上大久保泉町　かみおおくぼいずみちょう　富山県富山市
上大川内　かみおおかわうち　鹿児島県出水市
上大川前通　かみおおかわまえどおり　新潟県新潟市中央区
上大之郷　かみおおのごう　静岡県磐田市
上大井
　かみおおい　神奈川県（JR御殿場線）
　かみおおい　神奈川県足柄上郡大井町
上大内　かみおおち　京都府福知山市
上大月
　かみおおづき　新潟県新潟市北区
　かみおおつき　山梨県（富士急行線）
上大市　かみおおいち　兵庫県西宮市
上大平楽　かみたいへいらく　青森県三戸郡五戸町
上大田　かみおおた　石川県河北郡津幡町
上大田和　かみおおだわ　栃木県真岡市
上大立　かみおおたち　鳥取県倉吉市
上大成　かみたいせい　北海道寿都郡黒松内町
上大羽　かみおおば　栃木県芳賀郡益子町
上大利　かみおおり　福岡県大野城市
上大沢町　かみおおざわまち　石川県輪島市
上大町　かみおおまち　青森県三戸郡五戸町
上大谷　かみおおたに　新潟県加茂市
上大谷内　かみおおやち　新潟県北蒲原郡聖籠町
上大阪町　かみおおさかちょう　京都府京都市中京区
上大和田町　かみおおわだちょう　千葉県千葉市緑区
上大坪町　かみおおつぼちょう　福井県越前市
上大岡　かみおおおか　神奈川県（横浜市交通局ブルーラインほか）
上大岡西　かみおおおかにし　神奈川県横浜市港南区
上大岡東　かみおおおかひがし　神奈川県横浜市港南区
上大沼　かみおおぬま　栃木県真岡市
上大門町　かみおおかどちょう　茨城県常陸太田市
上大屋町　かみおおやまち　群馬県前橋市
上大屋敷　かみおおやしき　埼玉県比企郡川島町

上大津町　かみおおづちょう　長崎県五島市
上大島　かみおおしま　茨城県つくば市
上大島町
　かみおおしままち　群馬県前橋市
　かみおおしままち　群馬県高崎市
上大浦
　かみおおうら　新潟県三条市
　かみおおうら　富山県富山市
　かみおおうら　富山県滑川市
上大納　かみおおのう　福井県大野市
上大崎　かみおおさき　東京都品川区
上大曽　かみおおぞ　栃木県真岡市
上大曽町　かみおおぞまち　栃木県宇都宮市
上大貫　かみおおぬき　栃木県那須塩原市
上大野
　かみおおの　秋田県由利本荘市
　かみおおの　茨城県古河市
　かみおおの　岐阜県関市
　かみおおの　兵庫県姫路市
　かみおおの　愛媛県北宇和郡鬼北町
上大野町
　かみおおのちょう　島根県松江市
　かみおおのちょう　徳島県阿南市
　かみおおのまち　長崎県長崎市
上大鳥　かみおおとり　新潟県村上市
上大塚　かみおおづか　群馬県藤岡市
上大塚町　かみおおつかちょう　栃木県宇都宮市
上大塚新田
　かみおおつかしんでん　栃木県那須塩原市
　かみおおつかしんでん　新潟県妙高市
上大堤　かみおおづつみ　茨城県かすみがうら市
上大森町　かみおおもりちょう　滋賀県東近江市
上大渡野町　かみおおわたのまち　長崎県諫早市
上大賀　かみおおが　茨城県常陸大宮市
上大道　うわおおどう　愛媛県南宇和郡愛南町
上大隈
　かみおおくま　福岡県宮若市
　かみおおくま　福岡県糟屋郡粕屋町
上大須賀町　かみおおすがちょう　広島県広島市東区
上大蒲原　かみおおかんばら　新潟県五泉市
上大増新田　かみおおましんでん　埼玉県春日部市
上大徳新町　かみだいとくしんまち　茨城県龍ケ崎市
上大領　かみだいりょう　栃木県下野市
上大槻　かみおおつき　神奈川県秦野市
上大槻街　かみおおつきこうじ　岩手県一関市
上大蔵　かみおおくら　新潟県村上市
上大樹　かみたいき　北海道広尾郡大樹町
上大類町　かみおおるいまち　群馬県高崎市
上大瀬町　かみおおせまち　宮崎県延岡市
上子島　かみこしま　奈良県高市郡高取町
上小口　かみおぐち　愛知県丹羽郡大口町
上小山田　かみおやまだ　福島県須賀川市
上小山田町　かみおやまだまち　東京都町田市
上小川
　かみおがわ　茨城県（JR水郡線）
　かみおがわ　千葉県香取市
上小川西分　かみおがわにしぶん　山口県萩市
上小川町
　かみおがわまち　石川県白山市
　かみおがわちょう　京都府京都市上京区

91

3画（上）

上小川東分　かみおがわひがしぶん　山口県萩市
上小中山　かみこなかやま　新潟県阿賀野市
上小中野　かみこなかの　青森県上北郡野辺地町
上小出町　かみこいでまち　群馬県前橋市
上小田
　　かみおだ　兵庫県神崎郡神河町
　　かみおだ　佐賀県杵島郡江北町
　　かみおだ　熊本県玉名市
上小田中　かみこだなか　神奈川県川崎市中原区
上小田井
　　かみおたい　愛知県（名古屋市交通局鶴舞線ほか）
　　かみおたい　愛知県名古屋市西区
上小田切　かみおたぎり　長野県佐久市
上小田町　かみこだちょう　愛知県豊田市
上小目　かみおめ　茨城県つくばみらい市
上小吉　かみこよし　新潟県新潟市西蒲区
上小池町　かみこいけまち　栃木県宇都宮市
上小舟渡　かみこぶなと　岩手県花巻市
上小坂　かみおさか　群馬県甘楽郡下仁田町
上小杉　かみこすぎ　静岡県焼津市
上小沢　かみこざわ　新潟県妙高市
上小町　かみこちょう　埼玉県さいたま市大宮区
上小見野　かみおみの　埼玉県比企郡川島町
上小谷田　うえごやた　埼玉県入間市
上小阪　かみこさか　大阪府東大阪市
上小松
　　かみこまつ　山形県東置賜郡川西町
　　かみこまつ　新潟県新発田市
上小松町
　　かみこまつまち　石川県小松市
　　かみこまつちょう　福井県越前市
上小林
　　かみこばやし　群馬県富岡市
　　かみこばやし　静岡県御殿場市
上小林町　かみこばやしちょう　群馬県太田市
上小河原町　かみこがわらちょう　山梨県甲府市
上小波田　かみおばた　三重県名張市
上小阿仁村　かみこあにむら　秋田県北秋田郡
上小南川　かみおみながわ　高知県土佐郡大川村
上小泉
　　かみこいずみ　群馬県邑楽郡大泉町
　　かみこいずみ　富山県滑川市
上小倉町　かみこぐらちょう　栃木県宇都宮市
上小原　かみこばら　千葉県鴨川市
上小島　かみこしま　長崎県長崎市
上小堀　かみこぼり　千葉県香取市
上小野　かみおの　静岡県賀茂郡南伊豆町
上小野田　かみおのだ　千葉県長生郡長南町
上小鳥町　かみことりまち　群馬県高崎市
上小塙　かみこばな　福島県双葉郡楢葉町
上小塙町　かみこばなまち　群馬県高崎市
上小橋　かみこばし　茨城県猿島郡境町
上小瀬　かみおせ　茨城県常陸大宮市
上小鯖　かみおさば　山口県山口市
上山
　　かみやま　栃木県芳賀郡益子町
　　かみやま　神奈川県横浜市緑区
　　うわやま　新潟県十日町市
　　かみやま　愛知県知多郡武豊町

　　うえやま　岡山県真庭市
　　うえやま　岡山県美作市
上山ノ田　かみやまのた　愛知県知多郡武豊町
上山口
　　かみやまぐち　北海道恵庭市
　　かみやまぐち　埼玉県所沢市
　　かみやまぐち　神奈川県三浦郡葉山町
　　かみやまぐち　山口県（JR山口線）
上山口新田　かみやまぐちしんでん　埼玉県さいたま市見沼区
上山川　かみやまかわ　茨城県結城市
上山中　かみやまなか　福井県丹生郡越前町
上山手町　かみやまてちょう　大阪府吹田市
上山市　かみのやまし　山形県
上山田
　　かみやまだ　新潟県村上市
　　かみやまだ　新潟県阿賀野市
　　かみやまだ　石川県かほく市
　　かみやまだ　長野県千曲市
　　かみやまだ　京都府与謝郡与謝野町
　　かみやまだ　大阪府吹田市
　　かみやまだ　福岡県嘉麻市
上山田町　かみやまだちょう　広島県呉市
上山田温泉　かみやまだおんせん　長野県千曲市
上山坂　かみやまさか　岡山県玉野市
上山形　かみやまがた　青森県黒石市
上山町
　　かみやまちょう　千葉県船橋市
　　うえやままち　石川県金沢市
　　かみやままち　石川県輪島市
　　かみやまちょう　岐阜県多治見市
　　かみやまちょう　愛知県名古屋市昭和区
　　かみやまちょう　愛知県名古屋市瑞穂区
　　かみやまちょう　滋賀県東近江市
　　うやまちょう　広島県府中市
上山谷
　　かみやまや　山形県鶴岡市
　　かみやまだに　佐賀県西松浦郡有田町
上山門　かみやまと　福岡県福岡市西区
上山屋　かみやまや　新潟県阿賀野市
上山家町　かみやんべまち　山形県山形市
上山梨　かみやまなし　静岡県袋井市
上山添　かみやまぞえ　山形県鶴岡市
上山路町　かみやまじちょう　愛知県瀬戸市
上川
　　かみかわ　北海道（JR石北本線）
　　かみかわ　北海道松前郡松前町
　　かみがわ　長野県諏訪市
　　かみがわ　愛媛県喜多郡内子町
　　かみがわ　愛媛県北宇和郡鬼北町
上川上　かみかわかみ　埼玉県熊谷市
上川口
　　かみかわぐち　新潟県岩船郡関川村
　　かみかわぐち　京都府（JR山陰本線）
　　かみかわぐち　高知県幡多郡黒潮町
上川口町　かみかわぐちちょう　愛知県豊田市
上川中子　かみかわなご　茨城県筑西市
上川井　かみかわい　栃木県那須烏山市
上川井町　かみかわいちょう　神奈川県横浜市旭区
上川井野　かみがわいの　熊本県上益城郡山都町

3画（上）

上川内
　かみかわうち　福島県双葉郡川内村
　かみせんだい　鹿児島県（肥薩おれんじ鉄道線）
上川内町　かみせんだいちょう　鹿児島県薩摩川内市
上川戸　かみかわど　島根県邑智郡美郷町
上川手　かみかわて　岐阜県岐阜市
上川去　かみかわさり　福井県丹生郡越前町
上川田　かみかわた　愛知県海部郡蟹江町
上川田町　かみかわだまち　群馬県沼田市
上川立　かみかわたち　広島県（JR芸備線）
上川立町　かみかわたちまち　広島県三次市
上川辺　かみかわべ　岐阜県加茂郡川辺町
上川向　かみかわむかい　福島県喜多方市
上川名　かみかわな　宮城県柴田郡柴田町
上川町
　かみかわちょう　北海道上川郡
　かみかわちょう　青森県むつ市
　かみかわまち　東京都八王子市
　かみかわちょう　新潟県十日町市
　うえがわちょう　三重県松阪市
上川底　かみかわそこ　福岡県豊前市
上川東　かみかわひがし　宮崎県都城市
上川茂　かみかわも　新潟県佐渡市
上川俣　かみかわまた　埼玉県羽生市
上川原
　かみかわら　青森県上北郡野辺地町
　かみかわら　青森県上北郡七戸町
　かみかわら　青森県上北郡おいらせ町
　かみかわら　青森県三戸郡五戸町
　かみかわら　宮城県刈田郡七ケ宿町
　かみかわら　宮城県柴田郡大河原町
　かみかわら　宮城県加美郡加美町
　かみかわら　福島県伊達市
　かみかわはら　静岡県静岡市駿河区
　かみかわはら　愛知県長久手市
上川原町
　じょうがわらちょう　東京都昭島市
　かみかわはらまち　岐阜県高山市
　かみがわらまち　愛媛県松山市
上川島　かみかわしま　栃木県下野市
上川郡　かみかわぐん　北海道
上川崎
　かみかわさき　福島県二本松市
　かみかわさき　埼玉県羽生市
　かみかわさき　埼玉県久喜市
　かみかわさき　富山県南砺市
上川路　かみかわじ　長野県飯田市
上川端町　かみかわばたまち　福岡県福岡市博多区
上弓削　かみゆげ　岡山県久米郡久米南町
4上中
　かみなか　新潟県妙高市
　かみなか　新潟県阿賀野市
　かみなか　富山県中新川郡立山町
　かみなか　石川県鳳珠郡穴水町
　かみなか　福井県（JR小浜線）
　かみなか　兵庫県加東市
　かみなか　奈良県香芝市
上中山
　かみなかやま　茨城県筑西市
　かみなかやま　新潟県新発田市
　かみなかやま　山梨県南都留郡道志村

上中山町　かみなかやままち　石川県羽咋市
上中之町　かみなかのちょう　京都府京都市下京区
上中井　かみなかい　福井県小浜市
上中田
　かみなかだ　新潟県上越市
　かみなかだ　富山県南砺市
上中江　かみなかえ　新潟県新発田市
上中条
　かみちゅうじょう　埼玉県熊谷市
　かみなかじょう　新潟県三島郡出雲崎町
　かみちゅうじょう　大阪府茨木市
上中村　かみなかむら　岩手県滝沢市
上中村新田　かみなかむらしんでん　新潟県妙高市
上中沢　かみなかざわ　新潟県新発田市
上中町
　かみなかまち　富山県中新川郡上市町
　かみなかまち　石川県金沢市
　かみなかちょう　福井県福井市
　かみなかまち　長野県須坂市
　かみなかちょう　愛知県豊田市
　かみなかちょう　京都府京都市伏見区
　かみなかちょう　徳島県阿南市
上中町一色　かみなかちょういっしき　岐阜県羽島市
上中町中　かみなかちょうなか　岐阜県羽島市
上中町午北　かみなかちょううまきた　岐阜県羽島市
上中町沖　かみなかちょうおき　岐阜県羽島市
上中町長間　かみなかちょうながま　岐阜県羽島市
上中谷　かみなかたに　鳥取県西伯郡南部町
上中里
　かみなかざと　東京都（JR京浜東北線）
　かみなかざと　東京都北区
上中里町　かみなかざとちょう　神奈川県横浜市磯子区
上中居町　かみなかいまち　群馬県高崎市
上中屋町　かみなかやちょう　岐阜県各務原市
上中津井　かみなかつい　岡山県真庭市
上中津良町　かみなかつらちょう　長崎県平戸市
上中島
　かみなかじま　北海道広尾郡大樹町
　かみなかじま　新潟県村上市
　かみなかじま　和歌山県有田郡有田川町
上中島町　かみなかしまちょう　岩手県釜石市
上中野
　かみなかの　栃木県那須塩原市
　かみなかの　富山県砺波市
　かみなかの　和歌山県有田郡広川町
　かみなかの　岡山県岡山市北区
上中野目
　かみなかのめ　山形県鶴岡市
　かみなかのめ　新潟県阿賀野市
上中野地　かみなかやち　宮城県亘理郡亘理町
上中野町　うえなかのまち　滋賀県東近江市
上中森　かみなかもり　群馬県邑楽郡千代田町
上丹生
　かみにゅう　群馬県富岡市
　かみにゅう　滋賀県米原市
上丹生谷　かみにゅうや　和歌山県紀の川市
上之
　かみの　埼玉県熊谷市
　うえの　大阪府堺市中区
上之山町　うえのやまちょう　愛知県瀬戸市

3画（上）

上之手　かみのて　群馬県佐波郡玉村町
上之平　うえのたいら　山梨県南巨摩郡身延町
上之庄
　かみのしょう　三重県伊賀市
　かみのしょう　奈良県桜井市
上之町
　かみのちょう　群馬県沼田市
　かみのちょう　神奈川県横浜市栄区
　かみのまち　愛知県津島市
　かみのちょう　京都府京都市上京区
　かみのちょう　京都府京都市下京区
　うえのちょう　大阪府泉大津市
　かみのちょう　兵庫県西宮市
　かみのちょう　奈良県五條市
　うえのちょう　岡山県津山市
　かみのちょう　香川県高松市
上之保　かみのほ　岐阜県関市
上之屋　うえのや　沖縄県那覇市
上之宮　うえのみや　奈良県桜井市
上之宮町　うえのみやちょう　大阪府大阪市天王寺区
上之島　かみのしま　茨城県稲敷市
上之島町北　かみのしまちょうきた　大阪府八尾市
上之島町南　かみのしまちょうみなみ　大阪府八尾市
上之郷
　かみのごう　千葉県長生郡睦沢町
　かみのごう　岐阜県養老郡養老町
　かみのごう　岐阜県可児郡御嵩町
　かみのごう　三重県（近畿日本鉄道志摩線）
　かみのごう　大阪府泉佐野市
上之割　かみのわり　山梨県山梨市
上之園町　うえのそのちょう　鹿児島県鹿児島市
上之輪新田　かみのわしんでん　三重県桑名市
上井　あげい　鳥取県倉吉市
上井手　かみいで　熊本県荒尾市
上井出　かみいで　静岡県富士宮市
上井沢　かみいさわ　兵庫県三田市
上井町　あげいちょう　鳥取県倉吉市
上井草
　かみいぐさ　東京都（西武鉄道新宿線）
　かみいぐさ　東京都杉並区
上五区　かみごく　北海道富良野市
上五条町　かみごじょうちょう　京都府京都市下京区
上五明　かみごみょう　長野県埴科郡坂城町
上五貫野　かみごかんの　新潟県上越市
上五間町　かみごけんまち　山口県萩市
上五箇　かみごか　群馬県邑楽郡千代田町
上今川町　かみいまがわちょう　神奈川県秦野市
上今井
　かみいまい　山梨県南アルプス市
　かみいまい　長野県（JR飯山線）
　かみいまい　長野県中野市
上今井町　かみいまいちょう　山梨県甲府市
上今市　かみいまいち　栃木県（東武鉄道日光線）
上今町　かみいままち　富山県富山市
上今泉
　かみいまいずみ　神奈川県海老名市
　かみいまいずみ　新潟県新発田市
上今諏訪　かみいますわ　山梨県南アルプス市
上仁手　かみにって　埼玉県本庄市
上仁木町　かみにぎちょう　愛知県豊田市

上仁保　かみにぼ　岡山県赤磐市
上仁頃　かみにころ　北海道北見市
上仁興町　かみにごうちょう　奈良県天理市
上元重　かみもとしげ　大分県宇佐市
上元郷　かみもとごう　東京都西多摩郡檜原村
上六万町　かみろくまんじちょう　大阪府東大阪市
上六川　かみむつがわ　和歌山県有田郡有田川町
上六名　かみむつな　愛知県岡崎市
上六名町　かみむつなちょう　愛知県岡崎市
上六条町　かみろくじょうちょう　福井県福井市
上六栗　かみむつぐり　愛知県額田郡幸田町
上六條　かみろくじょう　徳島県板野郡上板町
上六嘉　かみろっか　熊本県上益城郡嘉島町
上内
　うえうち　埼玉県久喜市
　かみうち　福岡県大牟田市
上内川　かみうちがわ　埼玉県吉川市
上内田　かみうちだ　静岡県掛川市
上内竹　かみないだけ　新潟県新発田市
上内町　かみうちまち　秋田県横手市
上内神　かみうちがみ　兵庫県三田市
上内神町　かみうちがみちょう　広島県呉市
上内野　かみうちの　佐賀県西松浦郡有田町
上内間木　かみうちまぎ　埼玉県朝霞市
上内膳　かみないぜん　兵庫県洲本市
上刈　うえかり　新潟県糸魚川市
上切山町　かみきりやまちょう　愛知県豊田市
上切町
　かみぎりまち　岐阜県高山市
　かみぎりちょう　愛知県豊田市
上分　かみぶん　徳島県名西郡神山町
上分乙　かみぶんおつ　高知県須崎市
上分丙　かみぶんへい　高知県須崎市
上分甲　かみぶんこう　高知県須崎市
上分町　かみぶんちょう　愛媛県四国中央市
上反田　かみそりだ　山形県山形市
上反町　かみたんまち　神奈川県横浜市神奈川区
上友生　かみともの　三重県伊賀市
上友田　かみともだ　三重県伊賀市
上太田
　かみおおた　岩手県盛岡市
　かみおおた　福島県二本松市
　かみおおた　茨城県鉾田市
　かみおおた　栃木県矢板市
　かみおおだ　千葉県茂原市
　かみおおだ　兵庫県揖保郡太子町
上太田町
　かみおおたちょう　茨城県牛久市
　かみおおだちょう　福井県越前市
　かみおおたまち　岐阜県岐阜市
上天下町　かみてがちょう　福井県福井市
上天花町　かみてんげまち　山口県山口市
上天神町
　かみてんじんちょう　京都府京都市上京区
　かみてんじんまち　山口県防府市
　かみてんじんちょう　香川県高松市
上天草市　かみあまくさし　熊本県
上天野　かみあまの　和歌山県伊都郡かつらぎ町
上天満町　かみてんまちょう　広島県広島市西区

上巴町　かみともえちょう　京都府京都市中京区
上戸
　じょうこ　福島県（JR磐越西線）
　うわと　茨城県潮来市
　うわど　埼玉県川越市
　うわど　福井県丹生郡越前町
上戸口町　かみとのくちちょう　福井県鯖江市
上戸手　かみとで　広島県（JR福塩線）
上戸田
　かみとだ　埼玉県戸田市
　かみとだ　兵庫県西脇市
上戸石町　かみといしまち　長崎県長崎市
上戸次　かみへつぎ　大分県大分市
上戸町
　じょうごちょう　岐阜県各務原市
　かみとまち　長崎県長崎市
上戸町北方　うえどまちきたがた　石川県珠洲市
上戸町寺社　うえどまちじしゃ　石川県珠洲市
上戸町南方　うえどまちみなみがた　石川県珠洲市
上戸倉　かみとぐら　新潟県五泉市
上戸原　じょうどはら　福島県大沼郡会津美里町
上戸祭　かみとまつり　栃木県宇都宮市
上戸祭町　かみとまつりちょう　栃木県宇都宮市
上戸塚　かみとづか　群馬県藤岡市
上戸越町　かみとごえまち　熊本県人吉市
上戸新町　うわどしんまち　埼玉県川越市
上手々知名　うえててちな　鹿児島県大島郡和泊町
上手子林　かみてこばやし　埼玉県羽生市
上手沢　かみてざわ　福島県東白川郡棚倉町
上手町　のぼてまち　大分県日田市
上手岡　かみておか　福島県双葉郡富岡町
上手計　かみてばか　埼玉県深谷市
上手野　かみての　兵庫県姫路市
上手綱　かみてつな　茨城県高萩市
上文挾　かみふばさみ　栃木県河内郡上三川町
上斗米　かみとまい　岩手県二戸市
上斗満　かみとまむ　北海道足寄郡陸別町
上方
　かみがた　新潟県柏崎市
　うわがた　岐阜県養老郡養老町
　かみかた　宮崎県日南市
上日出谷　かみひでや　埼玉県桶川市
上日向　かみひなた　栃木県鹿沼市
上日野　かみひの　群馬県藤岡市
上日野沢　かみひのざわ　埼玉県秩父郡皆野町
上日照　かみひでり　岩手県一関市
上日置町　かみひおきまち　熊本県八代市
上月
　こうづき　兵庫県（JR姫新線）
　こうづき　兵庫県佐用郡用町
上木下町　かみきのしたちょう　京都府京都市上京区
上木山　かみきやま　新潟県新潟市南区
上木戸　かみきど　新潟県新潟市東区
上木月　かみきづき　福岡県鞍手郡鞍手町
上木佐木　かみきさき　福岡県三潴郡大木町
上木屋　かみごや　山口県山陽小野田市
上木島
　かみきじま　新潟県新潟市西蒲区
　かみきじま　長野県下高井郡木島平村

上木崎　かみきざき　埼玉県さいたま市浦和区
上木葉　かみこのは　熊本県玉名郡玉東町
上木越　かみきごし　新潟県五泉市
上欠町　かみかけまち　栃木県宇都宮市
上止々呂美　かみとどろみ　大阪府箕面市
上比奈知　かみひなち　三重県名張市
上比延町　かみひえちょう　兵庫県西脇市
上毛町　こうげまち　福岡県築上郡
上毛高原　じょうもうこうげん　群馬県（JR上越新幹線ほか）
上氏家町　かみうずえちょう　福井県鯖江市
上水下　じょうすいした　青森県上北郡おいらせ町
上水内郡　かみみのちぐん　長野県
上水戸　かみみと　茨城県水戸市
上水本町　じょうすいほんちょう　東京都小平市
上水田　かみみずた　岡山県真庭市
上水前寺　かみみずぜんじ　熊本県熊本市中央区
上水南町　じょうすいみなみちょう　東京都小平市
上水流町　かみずるちょう　宮崎県都城市
上水野町　かみみずのちょう　愛知県瀬戸市
上水新町　じょうすいしんまち　東京都小平市
上片田　かみかたた　茨城県古河市
上片町
　かみかたまち　新潟県村上市
　かみかたまち　兵庫県姫路市
　かみかたまち　熊本県八代市
上片貝　かみかたかい　新潟県小千谷市
上片原町　かみかたはらちょう　京都府京都市上京区
上片島　かみかたしま　福岡県京都郡苅田町
上片桐
　かみかたぎり　長野県（JR飯田線）
　かみかたぎり　長野県下伊那郡松川町
上牛尾　かみうしお　兵庫県神崎郡市川町
上王子町　かみおうじちょう　兵庫県西脇市
上王瀬町　かみおうせまち　新潟県新潟市東区
5 上丘町　かみおかちょう　愛知県豊田市
上世屋　かみせや　京都府宮津市
上仙美里　かみせんびり　北海道中川郡本別町
上仙道　かみせんどう　秋田県雄勝郡羽後町
上代
　かみだい　千葉県佐倉市
　かみだい　熊本県熊本市西区
上代町　うえだいちょう　大阪府和泉市
上代野　かみだいの　秋田県大館市
上代継　かみよつぎ　東京都あきる野市
上出　かみで　新潟県糸魚川市
上出江　かみいずえ　三重県多気郡多気町
上出島　かみいずしま　茨城県坂東市
上出浦　かみいずうら　新潟県南魚沼市
上出部町　かみいずえちょう　岡山県井原市
上出部町四季が丘　かみいずえちょうしきがおか　岡山県井原市
上加　かみか　埼玉県さいたま市北区
上加斗　かみかど　福井県小浜市
上加茂
　かみがも　兵庫県洲本市
　かみがも　岡山県加賀郡吉備中央町
上加納山　かみかのうやま　岐阜県岐阜市
上加賀田　かみかがだ　茨城県笠間市

3画（上）

上北　うえきた　熊本県球磨郡あさぎり町
上北万丁目　かみきたまんちょうめ　岩手県花巻市
上北山村　かみきたやまむら　奈良県吉野郡
上北手大山田　かみきたておおやまだ　秋田県秋田市
上北手大戸　かみきたておおど　秋田県秋田市
上北手大杉沢　かみきたておおすぎさわ　秋田県秋田市
上北手小山田　かみきたておやまだ　秋田県秋田市
上北手古野　かみきたてこの　秋田県秋田市
上北手百崎　かみきたてももざき　秋田県秋田市
上北手荒巻　かみきたてあらまき　秋田県秋田市
上北手御所野　かみきたてごしょの　秋田県秋田市
上北手猿田　かみきたてさるた　秋田県秋田市
上北方　かみきたかた　宮崎県宮崎市
上北北　かみきたきた　青森県上北郡東北町
上北台
　かみきただい　東京都（多摩都市モノレール線）
　かみきただい　東京都東大和市
上北目　かみきため　山形県酒田市
上北沢
　かみきたざわ　東京都（京王電気鉄京王線）
　かみきたざわ　東京都世田谷区
上北町
　かみきたちょう　青森県（青い森鉄道線）
　かみきたまち　福島県須賀川市
上北迫　かみきたば　福島県双葉郡広野町
上北南　かみきたみなみ　青森県上北郡東北町
上北島
　かみきたじま　富山県高岡市
　かみきたじま　福岡県筑後市
上北郡　かみきたぐん　青森県
上北野　かみきたの　福井県福井市
上半田川町　かみはだがわちょう　愛知県瀬戸市
上半原　かみはんばら　福井県大野市
上右田　かみみぎた　山口県防府市
上古山　かみこやま　栃木県下野市
上古川　かみふるかわ　鳥取県倉吉市
上古川布　かみふるかわしき　秋田県能代市
上古内　かみふるうち　茨城県東茨城郡城里町
上古寺　かみふるてら　埼玉県比企郡小川町
上古沢
　かみふるさわ　神奈川県厚木市
　かみこさわ　和歌山県（南海電気鉄道高野線）
　かみこさわ　和歌山県伊都郡九度山町
上古城　かみふるしろ　静岡県駿東郡小山町
上古賀　かみこが　福岡県筑紫野市
上司　じょうし　京都府宮津市
上台
　うわだい　山形県最上郡金山町
　うわだい　福島県伊達市
　うわだい　福島県東白川郡棚倉町
　かみだい　栃木県下野市
上台町
　うわだいちょう　北海道茅部郡森町
　かみだいちょう　栃木県佐野市
上四ツ屋　かみよつや　新潟県妙高市
上四十石甲　かみしじゅっこくこう　福島県河沼会
　津坂下町
上四目町　かみしめちょう　福井県越前市
上四条町　かみしじょうちょう　大阪府東大阪市

上四屋　かみよつや　富山県高岡市
上尻毛　かみしっけ　岐阜県岐阜市
上尻毛八幡　かみしっけはちまん　岐阜県岐阜市
上尻毛日吉　かみしつけひよし　岐阜県岐阜市
上尻別　かみしりべつ　北海道虻田郡喜茂別町
上市
　かみいち　富山県（富山地方鉄道本線）
　かみいち　大阪府柏原市
　かみいち　奈良県吉野郡吉野町
　うわいち　鳥取県西伯郡大山町
　かみいち　岡山県新見市
　かみいち　岡山県赤磐市
　かみいち　広島県安芸郡海田町
　かみいち　愛媛県松山市
　かみいち　愛媛県西条市
上市川　かみいちかわ　青森県三戸郡五戸町
上市之瀬　かみいちのせ　山梨県南アルプス市
上市木　かみいちぎ　三重県南牟婁郡御浜町
上市田　かみいちだ　長野県下伊那郡高森町
上市町　かみいちまち　富山県中新川郡
上市原　かみいちばら　茨城県笠間市
上市場
　かみいちば　千葉県長生郡睦沢町
　かみいちば　静岡県（JR飯田線）
上市瀬　かみいちぜ　岡山県真庭市
上布田　かみふだ　千葉県東金市
上布目　かみぬのめ　富山県富山市
上布施
　かみぶせ　千葉県いすみ市
　かみふせ　千葉県夷隅郡御宿町
上平
　うえひら　北海道苫前郡苫前町
　かみたいら　青森県上北郡七戸町
　かみだいら　岩手県岩手郡雫石町
　うわだいら　福島県大沼郡会津美里町
　うわたいら　栃木県塩谷郡塩谷町
　うわだいら　長野県埴科郡坂城町
上平丸　かみひらまる　新潟県妙高市
上平山　かみひらやま　熊本県荒尾市
上平川
　かみひらかわ　静岡県菊川市
　かみひらかわ　鹿児島県大島郡知名町
上平中央　かみひらちゅうおう　埼玉県上尾市
上平井　かみひらい　愛知県新城市
上平井町　かみひらいまち　青森県五所川原市
上平内　かみひらうち　福島県二本松市
上平木町　かみひらぎちょう　滋賀県東近江市
上平田町　かみひらたちょう　大分県別府市
上平寺　じょうへいじ　滋賀県米原市
上平吹　かみひらぶき　福井県南条郡南越前町
上平尾　かみひらお　長野県佐久市
上平沢　かみひらさわ　岩手県紫波郡紫波町
上平町
　うわだいらまち　石川県金沢市
　うえだいらちょう　岐阜県瑞浪市
上平良　かみへら　広島県廿日市市
上平柳
　かみひらやなぎ　山形県東置賜郡高畠町
　かみひらやなぎ　茨城県つくばみらい市
上平原町　かみひらばらちょう　広島県呉市

3画（上）

上平細島　かみたいらほそじま　富山県南砺市
上平野　かみひらの　埼玉県蓮田市
上平野町
　　かみひらのちょう　京都府京都市下京区
　　かみひらのちょう　宮崎県日南市
上平塚
　　かみひらつか　茨城県筑西市
　　かみひらつか　神奈川県平塚市
上平間
　　かみひらま　神奈川県川崎市中原区
　　かみひらま　神奈川県伊勢原市
上広安　かみひろやす　富山県南砺市
上広谷　かみひろや　埼玉県鶴ケ島市
上広岡　かみひろおか　茨城県つくば市
上広瀬　かみひろせ　埼玉県狭山市
上弁天町　かみべんてんちょう　京都府京都市東山区
上弁財町　かみべざいちょう　三重県津市
上弁財町津興　かみべざいまちつおき　三重県津市
上打波　かみうちなみ　福井県大野市
上札内　かみさつない　北海道河西郡中札内村
上本　かみほん　佐賀県西松浦郡有田町
上本山町　かみもとやまちょう　長崎県佐世保市
上本庄　かみほんじょう　兵庫県三田市
上本庄町　かみほんじょうちょう　島根県松江市
上本佐倉　かみもとさくら　千葉県印旛郡酒々井町
上本別　かみほんべつ　北海道中川郡本別町
上本折町　かみもとおりまち　石川県小松市
上本村　かみほんむら　高知県高岡郡檮原町
上本町
　　かみほんちょう　山形県酒田市
　　かみほんまち　富山県（富山地方鉄道市内線）
　　かみほんまち　富山県富山市
　　かみほんまち　岐阜県羽島郡笠松町
　　うえほんまち　愛知県瀬戸市
　　うえほんまち　愛知県蒲郡市
　　うえほんまち　三重県名張市
　　うえほんまち　大阪府大阪市天王寺区
　　かみほんまち　大阪府高槻市
　　かみほんまち　兵庫県小野市
　　かみほんまち　和歌山県新宮市
　　かみほんまち　福岡県北九州市門司区
　　かみほんまち　福岡県北九州市八幡東区
　　かみほんまち　福岡県田川市
　　かみほんまち　鹿児島県鹿児島市
上本町西　うえほんまちにし　大阪府大阪市中央区
上本宮町　かみほんぐうちょう　高知県高知市
上本能寺前町　かみほんのうじまえちょう　京都府京都市中京区
上本郷
　　かみほんごう　千葉県（新京成電鉄線）
　　かみほんごう　千葉県松戸市
　　かみほんごう　静岡県磐田市
　　かみほんごう　兵庫県佐用郡佐用町
上末
　　うわずえ　富山県中新川郡立山町
　　かみすえ　愛知県小牧市
上末吉　かみすえよし　神奈川県横浜市鶴見区
上末松　かみすえまつ　高知県南国市
上正　かみしょう　富山県中新川郡上市町
上正善寺　かみしょうぜんじ　新潟県上越市
上永井　かみながい　千葉県旭市

上永吉　かみながよし　千葉県茂原市
上永良町　かみながらちょう　愛知県西尾市
上永谷
　　かみながや　神奈川県（横浜市交通局ブルーライン）
　　かみながや　神奈川県横浜市港南区
上永谷町　かみながやちょう　神奈川県横浜市港南区
上永野　かみながの　栃木県鹿沼市
上永野町　かみながのまち　熊本県人吉市
上玉里　かみたまり　茨城県小美玉市
上瓦ケ町　かみかわらけちょう　青森県弘前市
上瓦町　かみかわらちょう　京都府京都市中京区
上瓦屋　かみかわらや　大阪府泉佐野市
上生　わぶ　熊本県合志市
上生井　かみなまい　栃木県小山市
上生出塚　かみおいねづか　埼玉県鴻巣市
上生居　かみなまい　山形県上山市
上生洲町　かみいけすちょう　京都府京都市上京区
上用賀　かみようが　東京都世田谷区
上甲子園　かみこうしえん　兵庫県西宮市
上甲東園　かみこうとうえん　兵庫県西宮市
上田
　　うえだ　岩手県盛岡市
　　かみだ　栃木県下都賀郡壬生町
　　かみだ　東京都日野市
　　うわだ　富山県氷見市
　　うえだ　富山県南砺市
　　うわだ　石川県羽咋郡宝達志水町
　　かみた　福井県小浜市
　　うえだ　長野県（JR長野新幹線ほか）
　　うえだ　長野県上田市
　　うえだ　岐阜県揖斐郡池田町
　　うえだ　大阪府松原市
　　うえだ　兵庫県加東市
　　うえだ　和歌山県橋本市
　　うえだ　島根県邑智郡邑南町
　　うえだ　山口県岩国市
　　かみだ　熊本県阿蘇郡小国町
　　うえだ　大分県宇佐市
　　うえた　沖縄県豊見城市
上田の口　かみたのくち　高知県幡多郡黒潮町
上田の湯町　かみたのゆまち　大分県別府市
上田上中野町　かみたなかみなかのちょう　滋賀県大津市
上田上平野町　かみたなかみひらのちょう　滋賀県大津市
上田上芝原町　かみたなかみしばはらちょう　滋賀県大津市
上田上牧町　かみたなかみまきちょう　滋賀県大津市
上田上桐生町　かみたなかみきりゅうちょう　滋賀県大津市
上田上堂町　かみたなかみどうちょう　滋賀県大津市
上田上新免町　かみたなかみしんめちょう　滋賀県大津市
上田万　かみたま　山口県萩市
上田子　かみたこ　富山県氷見市
上田子島　かみたごじま　石川県能美郡川北町
上田中
　　かみたなか　宮城県気仙沼市
　　うえだなか　兵庫県神崎郡市川町
上田中町
　　うえだなかまち　兵庫県西宮市

97

3画（上）

かみたなかまち　山口県下関市
上田井　こうだい　和歌山県紀の川市
上田代町　かみたしろまち　熊本県人吉市
上田出　うわだで　石川県羽咋郡宝達志水町
上田尻
　かみたじり　新潟県柏崎市
　かみたじり　大阪府豊能郡能勢町
上田市　うえだし　長野県
上田布施　かみたぶせ　山口県熊毛郡田布施町
上田辺　かみたぬい　三重県度会郡玉城町
上田辺町　かみたなべちょう　大阪府高槻市
上田名　うわたな　石川県かほく市
上田西　うえだにし　岡山県加賀郡吉備中央町
上田西町　うえだにしまち　兵庫県西宮市
上田沢　かみたざわ　山形県鶴岡市
上田町
　うわだちょう　栃木県宇都宮市
　かみたまち　栃木県鹿沼市
　かみだちょう　群馬県伊勢崎市
　うえだまち　新潟県長岡市
　うえだちょう　静岡県袋井市
　うえだちょう　三重県鈴鹿市
　うえだちょう　滋賀県近江八幡市
　うえだちょう　京都府京都市東山区
　うえだちょう　大阪府河内長野市
　うえだまち　広島県三次市
　うえだまち　長崎県長崎市
　うえだまち　大分県大分市
上田邑　かみたのむら　岡山県津山市
上田所　かみたどころ　島根県邑智郡邑南町
上田東　うえだひがし　岡山県加賀郡吉備中央町
上田東町　うえだひがしまち　兵庫県西宮市
上田原
　かみたんばら　山梨県南巨摩郡身延町
　うえだはら　長野県（上田電鉄別所線）
　うえだはら　長野県上田市
　かみたわら　大阪府四條畷市
　かみたわら　和歌山県日高郡日高川町
　かみたわら　和歌山県東牟婁郡串本町
　うえたばる　沖縄県島尻郡八重瀬町
上田原町　かみたわらちょう　栃木県宇都宮市
上田島町　かみたじまちょう　群馬県太田市
上田浦　かみたのうら　熊本県（肥薩おれんじ鉄道線）
上田堤　うえだつつみ　岩手県盛岡市
上田渡　かみたど　愛媛県喜多郡内子町
上田楽町　かみたらがちょう　愛知県春日井市
上白山町　かみはくさんちょう　京都府京都市中京区
上白川町　かみしらかわまち　福岡県大牟田市
上白井　かみしろい　群馬県渋川市
上白井平　かみしろいたいら　山梨県南都留郡道志村
上白木
　かみしらき　熊本県玉名郡玉東町
　かみしらき　大分県大分市
上白水　かみしろうず　福岡県春日市
上白岩　かみしらいわ　静岡県伊豆市
上白金　かみしろかね　岐阜県関市
上白垣
　かみしらかき　福岡県大川市
　かみしらかき　福岡県三潴郡大木町
上白原町　かみしらはらちょう　大阪府岸和田市

上白根　かみしらね　神奈川県横浜市旭区
上白根町　かみしらねちょう　神奈川県横浜市旭区
上白滝　かみしらたき　北海道紋別郡遠軽町
上白銀町　かみしろがねちょう　青森県弘前市
上白瀬町　かみしろせまち　石川県羽咋市
上目内澤　かみめないさわ　青森県黒石市
上目名　かみめな　北海道磯谷郡蘭越町
上目黒　かみめぐろ　東京都目黒区
上矢切　かみやぎり　千葉県松戸市
上矢田　かみやた　石川県河北郡津幡町
上矢田町
　かみやたちょう　愛知県西尾市
　かみやだちょう　京都府亀岡市
上矢次　かみやつぎ　岩手県紫波郡矢巾町
上矢作町　かみやはぎちょう　岐阜県恵那市
上矢作町下　かみやはぎちょうしも　岐阜県恵那市
上矢作町小田子　かみやはぎちょうこだこ　岐阜県恵那市
上矢作町漆原　かみやはぎちょううるしはら　岐阜県恵那市
上矢部
　かみやべ　神奈川県相模原市中央区
　かみやべ　大分県宇佐市
上矢部町　かみやべちょう　神奈川県横浜市戸塚区
上矢馳　かみやばせ　新潟県佐渡市
上石　かみいし　広島県山県郡北広島町
上石上　かみいしがみ　栃木県大田原市
上石川
　かみいしかわ　栃木県鹿沼市
　かみいしかわ　新潟県新発田市
上石川町　かみいしかわちょう　愛知県名古屋市中村区
上石井
　かみいしい　福島県東白川郡塙町
　かみいしい　兵庫県佐用郡佐用町
上石切町　かみいしきりちょう　大阪府東大阪市
上石田
　かみいしだ　山梨県甲府市
　かみいしだ　福岡県北九州市小倉南区
上石田町　かみいしだちょう　静岡県浜松市東区
上石町　かみごくちょう　静岡県静岡市葵区
上石見
　かみいわみ　鳥取県（JR伯備線）
　かみいわみ　鳥取県日野郡日南町
上石津町一之瀬　かみいしづちょういちのせ　岐阜県大垣市
上石津町乙坂　かみいしづちょうおつさか　岐阜県大垣市
上石津町下山　かみいしづちょうしもやま　岐阜県大垣市
上石津町下多良　かみいしづちょうしもたら　岐阜県大垣市
上石津町三ツ里　かみいしづちょうみつさと　岐阜県大垣市
上石津町上　かみいしづちょうかみ　岐阜県大垣市
上石津町上多良　かみいしづちょうかみたら　岐阜県大垣市
上石津町上原　かみいしづちょううわはら　岐阜県大垣市

3画（上）

上石津町上鍛治屋　かみいしづちょうかみかじや　岐阜県大垣市

上石津町打上　かみいしづちょううちあげ　岐阜県大垣市

上石津町西山　かみいしづちょうにしやま　岐阜県大垣市

上石津町谷畑　かみいしづちょうたにはた　岐阜県大垣市

上石津町牧田　かみいしづちょうまきだ　岐阜県大垣市

上石津町前ケ瀬　かみいしづちょうまえがせ　岐阜県大垣市

上石津町祢宜上　かみいしづちょうねぎがみ　岐阜県大垣市

上石津町宮　かみいしづちょうみや　岐阜県大垣市

上石津町時山　かみいしづちょうときやま　岐阜県大垣市

上石津町堂之上　かみいしづちょうどうのうえ　岐阜県大垣市

上石津町細野　かみいしづちょうほその　岐阜県大垣市

上石津町奥　かみいしづちょうおく　岐阜県大垣市

上石神井
　かみしゃくじい　東京都（西武鉄道新宿線）
　かみしゃくじい　東京都練馬区

上石神井南町　かみしゃくじいみなみちょう　東京都練馬区

上石原　かみいしわら　東京都調布市

上石崎　かみいしざき　茨城県東茨城郡茨城町

上石塚　かみいしづか　栃木県小山市

上石森　かみいしもり　山梨県山梨市

上立売町　かみだちうりちょう　京都府京都市上京区

上立売東町　かみだちうりひがしちょう　京都府京都市上京区

上辺見　かみへみ　茨城県古河市

6 上伊万里　かみいまり　佐賀県（JR筑肥線）

上伊台町　かみだいまち　愛媛県松山市

上伊田　かみいた　福岡県（平成筑豊鉄道田川線）

上伊佐沢　かみいさざわ　山形県長井市

上伊佐野　かみいさの　栃木県矢板市

上伊形町　かみいがたまち　宮崎県延岡市

上伊那郡　かみいなぐん　長野県

上伊草　かみいぐさ　埼玉県比企郡川島町

上伊集院　かみいじゅいん　鹿児島県（JR鹿児島本線）

上伊勢　かみいせ　鳥取県東伯郡湯梨浜町

上伊勢畑　かみいせはた　茨城県常陸大宮市

上仮屋　かみかりや　兵庫県赤穂市

上仮屋北　かみかりやきた　兵庫県赤穂市

上仮屋南　かみかりやみなみ　兵庫県赤穂市

上会下　かみえげ　埼玉県鴻巣市

上仲間　かみなかま　熊本県上益城郡嘉島町

上伝馬　かみてんま　静岡県静岡市葵区

上伝馬町　かみでんまちょう　愛知県豊橋市

上伏古　かみふしこ　北海道河西郡芽室町

上伏町　うえぶせちょう　福井県福井市

上伏間江　かみふすまえ　富山県高岡市

上先出　かみせんでん　石川県能美郡川北町

上印食　かみいんじき　岐阜県羽島郡岐南町

上吉田
　かみよしだ　青森県上北郡六戸町
　かみよしだ　栃木県下野市
　かみよしだ　埼玉県秩父市
　かみよしだ　埼玉県坂戸市
　かみよしだ　福井県三方上中郡若狭町
　かみよしだ　山梨県富士吉田市
　かみよしだ　岐阜県加茂郡八百津町
　かみよしだ　愛知県新城市
　かみよしだ　福岡県北九州市小倉南区
　かみよしだ　熊本県山鹿市

上吉田町
　かみよしだちょう　島根県安来市
　かみよしだちょう　香川県善通寺市

上吉羽　かみよしば　埼玉県幸手市

上吉沢　かみきちさわ　神奈川県平塚市

上吉谷町　かみよしたにまち　石川県白山市

上吉妻　かみきづま　埼玉県春日部市

上吉野　かみよしの　新潟県上越市

上吉野町　かみよしのちょう　徳島県徳島市

上吉影　かみよしかげ　茨城県小美玉市

上向　うわむき　秋田県鹿角郡小坂町

上向山町　かみむこうやまちょう　山梨県甲府市

上向別　かみむこうべつ　北海道浦河郡浦河町

上合　かみあい　茨城県小美玉市

上名
　かんみょう　鹿児島県いちき串木野市
　かんみょう　鹿児島県姶良市

上名久井　かみなくい　青森県三戸郡南部町

上名川　かみながわ　山形県鶴岡市

上名古屋　かみなごや　愛知県名古屋市西区

上名生　かみのみょう　宮城県柴田郡柴田町

上名柄　かみながら　新潟県上越市

上名倉　かみなぐら　福島県福島市

上名栗　かみなぐり　埼玉県飯能市

上名寄　かみなよろ　北海道上川郡下川町

上名野川　かみなのかわ　高知県吾川郡仁淀川町

上地
　じょうち　宮城県伊具郡丸森町
　うえち　愛知県岡崎市
　うえち　沖縄県沖縄市
　うえち　沖縄県中頭郡読谷村

上地町
　うえじちょう　愛知県豊橋市
　うえじちょう　愛知県岡崎市
　うえじちょう　三重県伊勢市

上圷　かみあくつ　茨城県東茨城郡城里町

上多古　こうだこ　奈良県吉野郡川上村

上多田川　かみただがわ　宮城県加美郡加美町

上多良　かみたら　滋賀県米原市

上多和　かみたわ　北海道川上郡標茶町

上多賀　かみたが　静岡県熱海市

上夷町　かみえびすちょう　京都府京都市下京区

上如水　かみじょすい　大分県中津市

上安
　うえやす　京都府舞鶴市
　かみやす　広島県（広島高速交通アストラムライン）
　かみやす　広島県広島市安佐南区

上安久　かみあぐ　京都府舞鶴市

3画（上）

上安田　かみやすだ　山形県酒田市
上安田町　かみやすたまち　石川県白山市
上安町
　　かみやすちょう　山形県酒田市
　　かみやすちょう　広島県広島市安佐南区
上安松　かみやすまつ　埼玉県所沢市
上安東町　うえやすひがしまち　京都府舞鶴市
上安原　かみやすはら　石川県金沢市
上安原町　かみやすはらまち　石川県金沢市
上安原南　かみやすはらみなみ　石川県金沢市
上安曇　かみあずま　鳥取県米子市
上宇和　かみうわ　愛媛県（JR予讃線）
上宇和田　かみうわた　埼玉県幸手市
上宇莫別　かみうばくべつ　北海道上川郡美瑛町
上宇部　かみうべ　山口県宇部市
上宇部尾町　かみうべおちょう　島根県松江市
上宇野令　かみうのれい　山口県山口市
上寺
　　かみでら　福岡県朝倉市
　　じょうてら　熊本県上益城郡山都町
上寺山　かみてらやま　埼玉県川越市
上寺内　かみじない　新潟県新発田市
上寺町
　　かみでらまち　石川県小松市
　　かみでらちょう　滋賀県草津市
上寺島　かみてらしま　栃木県塩谷郡塩谷町
上州一ノ宮　じょうしゅういちのみや　群馬県（上信電鉄線）
上州七日市　じょうしゅうなのかいち　群馬県（上信電鉄線）
上州富岡　じょうしゅうとみおか　群馬県（上信電鉄線）
上州新屋　じょうしゅうにいや　群馬県（上信電鉄線）
上州福島　じょうしゅうふくしま　群馬県（上信電鉄線）
上庄
　　かみしょう　奈良県生駒郡平群町
　　かみしょう　香川県小豆郡土庄町
　　かみのしょう　熊本県合志市
　　かみしょう　大分県宇佐市
上庄町　かみしょうまち　富山県富山市
上庄通　かみしょうどおり　兵庫県神戸市兵庫区
上当別　かみとうべつ　北海道石狩郡当別町
上当間　かみどうま　静岡県藤枝市
上成
　　うえなし　茨城県結城市
　　うわなろ　高知県高岡郡檮原町
上旭　かみあさひ　愛知県名古屋市緑区
上早川　かみそうがわ　熊本県上益城郡甲佐町
上早川田町　かみさがわだちょう　群馬県館林市
上早見　かみはやみ　埼玉県久喜市
上曲通　かみまがりどおり　新潟県新潟市南区
上有木　かみあるき　福岡県宮若市
上有田　かみありた　佐賀県（JR佐世保線）
上有住
　　かみありす　岩手県（JR釜石線）
　　かみありす　岩手県気仙郡住田町
上有芸　かみうげい　岩手県下閉伊郡岩泉町
上江
　　かみえ　福島県喜多方市

うわえ　宮崎県えびの市
うわえ　宮崎県児湯郡高鍋町
上江尻町　かみえじりちょう　福井県福井市
上江別　かみえべつ　北海道江別市
上江別西町　かみえべつにしまち　北海道江別市
上江別東町　かみえべつひがしまち　北海道江別市
上江別南町　かみえべつみなみまち　北海道江別市
上江町　うわえまち　石川県羽咋市
上江洲
　　うえず　沖縄県うるま市
　　うえず　沖縄県島尻郡久米島町
上江連　かみえづら　栃木県真岡市
上江袋　かみえぶくろ　埼玉県熊谷市
上江釣子　かみえづりこ　岩手県北上市
上江黒　かみえぐろ　群馬県邑楽郡明和町
上江端　かみえばた　新潟県阿賀野市
上汐
　　うえしお　大阪府大阪市天王寺区
　　うえしお　大阪府大阪市中央区
上池台　かみいけだい　東京都大田区
上池永　かみいけなが　大分県中津市
上池田
　　うえいけだ　大阪府池田市
　　かみいけだ　兵庫県神戸市長田区
上池田町　かみいけだちょう　京都府京都市東山区
上池守　かみいけもり　埼玉県行田市
上池町　かみいけちょう　愛知県半田市
上池原　かみいけはら　奈良県吉野郡下北山村
上池袋　かみいけぶくろ　東京都豊島区
上池部　かみいけべ　新潟県上越市
上牟田　かみむた　福岡県福岡市博多区
上牟田口　かみむたぐち　福岡県三潴郡大木町
上百々　かみどうどう　新潟県妙高市
上竹
　　じょうたけ　福島県二本松市
　　かみたけ　岡山県加賀郡吉備中央町
上竹町　かみたけちょう　岐阜県岐阜市
上竹屋町　かみたけやちょう　岐阜県岐阜市
上竹原　かみたわら　福井県小浜市
上米内
　　かみよない　岩手県（JR山田線）
　　かみよない　岩手県盛岡市
上米良　かんめら　宮崎県児湯郡西米良村
上米野町　かみこめのちょう　愛知県名古屋市中村区
上米積　かみよなづみ　鳥取県倉吉市
上糸生　かみいとう　福井県丹生郡越前町
上糸田　かみいとだ　福岡県田川郡糸田町
上羽出庭　かみはでにわ　福島県田村郡小野町
上羽生　かみはにゅう　埼玉県羽生市
上羽田町
　　かみはねだちょう　栃木県佐野市
　　かみはねだちょう　滋賀県東近江市
上羽角町　かみはすみちょう　愛知県西尾市
上羽津　かみはねづ　新潟県新発田市
上羽鳥　かみはとり　福島県双葉郡双葉町
上羽幌　かみはぼろ　北海道苫前郡羽幌町
上老袋　かみおいぶくろ　埼玉県川越市
上臼井
　　かみうすい　福岡県福岡市博多区

3画（上）

かみうすい　福岡県嘉麻市
上臼杵　かみうすき　大分県（JR日豊本線）
上舌　かみした　福井県大野市
上色見　かみしきみ　熊本県阿蘇郡高森町
上衣文町　かみそぶみちょう　愛知県岡崎市
上西
　　かみにし　島根県隠岐郡隠岐の島町
　　うえにし　熊本県球磨郡あさぎり町
上西の川　かみにしのかわ　高知県高岡郡檮原町
上西山　かみにしやま　新潟県阿賀野市
上西山町　かみにしやままち　長崎県長崎市
上西川町　かみにしがわちょう　滋賀県彦根市
上西之谷　かみにしのや　静岡県掛川市
上西之門町　かみにしのもんちょう　長野県長野市
上西条　かみにしじょう　長野県塩尻市
上西町　かみにしちょう　静岡県浜松市東区
上西谷　かみにしだに　鳥取県東伯郡三朝町
上西舎　かみにしちゃ　北海道浦河郡浦河町
上西側　かみにしがわ　宮城県気仙沼市
上西郷
　　かみさいごう　岐阜県岐阜市
　　かみさいごう　静岡県掛川市
　　かみさいごう　福岡県福津市
　　かみさいごう　福岡県嘉麻市
上西郷谷　かみにしごや　茨城県筑西市
上西野　かみにしの　新潟県阿賀野市
上西鯵坂　かみにしあじさか　福岡県小郡市
上更別　かみさらべつ　北海道河西郡更別村
上佐々木　かみささき　京都府福知山市
上佐々木町　かみささきちょう　愛知県岡崎市
上佐久間　かみさくま　千葉県安房郡鋸南町
上佐切町　かみさぎりちょう　愛知県豊田市
上佐見　かみさみ　岐阜県加茂郡白川町
上佐谷　かみさや　茨城県かすみがうら市
上佐陀町　かみさだちょう　島根県松江市
上佐曽利　かみさそり　兵庫県宝塚市
上佐野
　　かみさの　山梨県南巨摩郡南部町
　　かみさの　兵庫県豊岡市
上佐野町　かみさのまち　群馬県高崎市
上佐鳥町　かみさどりまち　群馬県前橋市
上佐幌　かみさほろ　北海道上川郡新得町
上作延　かみさくのべ　神奈川県川崎市高津区
上似内　かみにたない　岩手県花巻市
上住吉　うえすみよし　大阪府大阪市住吉区
上但馬　かみたじま　奈良県磯城郡三宅町
上余川　かみよかわ　富山県氷見市
上余戸　かみよど　鳥取県倉吉市
上余田　かみようでん　宮城県名取市
上児木　かみちごのき　新潟県燕市
上初田　かみはつだ　栃木県小山市
上初湯川　かみうぶゆがわ　和歌山県日高郡日高川町
上判田　かみはんだ　大分県大分市
上別府
　　かみべふ　福岡県遠賀郡遠賀町
　　かみべふ　福岡県築上郡築上町
上別所
　　かみべっしょ　千葉県佐倉市
　　かみべっしょ　福井県南条郡南越前町

上別保原野　かみべっぽげんや　北海道釧路郡釧路町
上利別　かみとしべつ　北海道足寄郡足寄町
上利別本町　かみとしべつほんまち　北海道足寄郡足寄町
上利町　あがりまち　岐阜県関市
上利員町　かみとしかずちょう　茨城県常陸太田市
上利根　かみとね　千葉県柏市
上助任町　かみすけとうちょう　徳島県徳島市
上助渕　かみすけぶち　新潟県村上市
上君山　かみきみやま　茨城県稲敷市
上君田　かみきみだ　茨城県高萩市
上呉服町　かみごふくまち　福岡県福岡市博多区
上吾川　かみあがわ　愛媛県伊予市
上吹入　かみふきいれ　千葉県山武郡芝山町
上呂　じょうろ　岐阜県（JR高山本線）
上坂　かみさか　福岡県京都郡みやこ町
上坂下　かみさかした　熊本県玉名郡南関町
上坂本　かみさかもと　静岡県静岡市葵区
上坂田
　　かみさかた　茨城県土浦市
　　かみさかだ　大分県竹田市
上坂田町　かみさかだちょう　島根県安来市
上坂町
　　かみさかまち　新潟県阿賀野市
　　かみさかちょう　愛知県名古屋市瑞穂区
　　かみさかちょう　愛知県犬山市
上坂部　かみさかべ　兵庫県尼崎市
上坊　じょうぼう　岩手県一関市
上壱分方町　かみいちぶかたまち　東京都八王子市
上妙典　かみみょうでん　千葉県市川市
上妙覚寺町　かみみょうかくじちょう　京都府京都市中京区
上対馬町一重　かみつしままちひとえ　長崎県対馬市
上対馬町大浦　かみつしままちおおうら　長崎県対馬市
上対馬町大増　かみつしままちおおます　長崎県対馬市
上対馬町小鹿　かみつしままちおしか　長崎県対馬市
上対馬町五根緒　かみつしままちごねお　長崎県対馬市
上対馬町比田勝　かみつしままちひたかつ　長崎県対馬市
上対馬町古里　かみつしままちふるさと　長崎県対馬市
上対馬町舟志　かみつしままちしゅうし　長崎県対馬市
上対馬町西泊　かみつしままちにしどまり　長崎県対馬市
上対馬町玖須　かみつしままちくす　長崎県対馬市
上対馬町芦見　かみつしままちあしみ　長崎県対馬市
上対馬町河内　かみつしままちかわち　長崎県対馬市
上対馬町泉　かみつしままちいずみ　長崎県対馬市
上対馬町唐舟志　かみつしままちとうじゅうし　長崎県対馬市
上対馬町浜久須　かみつしままちはまぐす　長崎県対馬市
上対馬町冨浦　かみつしままちとみがうら　長崎県対馬市
上対馬町琴　かみつしままちきん　長崎県対馬市
上対馬町豊　かみつしままちとよ　長崎県対馬市

101

3画（上）

上対馬町網代	かみつしままちあじろ	長崎県対馬市
上対馬町鰐浦	かみつしままちわにうら	長崎県対馬市
上尾	あげお	埼玉県（JR高崎線）
上尾下	あげおしも	埼玉県上尾市
上尾市	あげおし	埼玉県
上尾村	あげおむら	埼玉県上尾市
上尾町	かみおちょう	大阪府八尾市
上尾宿	あげおしゅく	埼玉県上尾市

上尾幌
　かみおぼろ　北海道（JR根室本線）
　かみおぼろ　北海道厚岸郡厚岸町

上志文町	かみしぶんちょう	北海道岩見沢市
上志多	かみしだ	青森県上北郡七戸町
上志和田	かみしわだ	福島県伊達市
上志和地町	かみしわちまち	広島県三次市
上志段味	かみしだみ	愛知県名古屋市守山区
上志津	かみしづ	千葉県佐倉市
上志津原	かみしづはら	千葉県佐倉市
上志筑	かみしづく	茨城県かすみがうら市
上折立	かみおりたて	新潟県魚沼市
上折渡	かみおりわたり	高知県高岡郡檮原町
上折橋町	かみおりはしまち	長崎県島原市

上材木町
　かみざいもくちょう　栃木県鹿沼市
　かみざいもくちょう　岐阜県岐阜市

上条
　じょうじょう　茨城県稲敷郡阿見町
　かみじょう　新潟県（JR只見線）
　じょうじょう　新潟県柏崎市
　じょうじょう　新潟県加茂市
　じょうじょう　富山県射水市
　かみじょう　長野県（長野電鉄長野線）
　かみじょう　岐阜県美濃市
　かみじょう　静岡県富士宮市
　じょうじょう　愛知県清須市
　あげじょう　山口県宇部市

上条沖	じょうじょうおき	富山県中新川郡上市町

上条町
　じょうじょうまち　新潟県長岡市
　じょうじょうちょう　愛知県春日井市
　じょうじょうちょう　愛知県安城市
　うえじょうちょう　山口県下関市

上粂新居町	かみじょうあらいまち	山梨県甲府市

上杉
　かみすぎ　宮城県仙台市青葉区
　かみすぎ　秋田県（秋田内陸縦貫鉄道線）
　かみすぎ　秋田県北秋田市
　うえすぎ　大阪府豊能郡能勢町

上杉川	かみすぎかわ	新潟県五泉市
上杉本町	かみすぎもとちょう	福井県越前市
上杉町	うえすぎちょう	京都府綾部市

上村
　わむら　岩手県宮古市
　かみむら　岩手県下閉伊郡普代村
　かみむら　長野県飯田市
　うえむら　三重県伊賀市
　うえむら　三重県多気郡明和町
　かみむら　岡山県津山市
　じょうそん　山口県周南市
　うえむら　愛媛県東温市

　かみむら　熊本県球磨郡湯前町

上村木	かみむらき	富山県魚津市
上村北	かみむらきた	福島県大沼郡会津美里町
上村田	かみむらた	茨城県常陸大宮市
上村西道下	かみむらにしみちした	福島県大沼郡会津美里町
上村西道上	かみむらにしみちかみ	福島県大沼郡会津美里町
上村君	かみむらきみ	埼玉県羽生市

上村東
　かみむらひがし　福島県耶麻郡猪苗代町
　かみむらひがし　福島県大沼郡会津美里町

上村前	かみむらまえ	福島県耶麻郡猪苗代町
上村南	かみむらみなみ	福島県大沼郡会津美里町
上来島	かみきじま	島根県飯石郡飯南町
上沖町	かみおきまち	群馬県前橋市
上沖谷地	かみおきやち	秋田県南秋田郡八郎潟町
上沖洲	かみおきのす	熊本県玉名郡長洲町

上沢
　かみさわ　茨城県つくば市
　かみさわ　茨城県鉾田市
　うわさわ　栃木県塩谷郡塩谷町
　かみさわ　埼玉県富士見市
　かみさわ　新潟県糸魚川市
　かみさわ　静岡県田方郡函南町
　かみさわ　兵庫県（神戸市交通局山手線）

上沢木	かみさわき	北海道紋別郡雄武町
上沢通	かみさわどおり	兵庫県神戸市兵庫区
上沢渡	かみさわたり	群馬県吾妻郡中之条町

上町
　うえまち　北海道松前郡福島町
　かみまち　北海道網走郡美幌町
　かんまち　青森県黒石市
　かみちょう　岩手県花巻市
　かみちょう　岩手県上閉伊郡大槌町
　かんまち　宮城県亘理郡亘理町
　かんまち　秋田県能代市
　うわまち　秋田県大館市
　うわまち　秋田県南秋田郡五城目町
　うわまち　山形県山形市
　かんまち　山形県尾花沢市
　うわまち　福島県福島市
　うわまち　福島県会津若松市
　うわまち　福島県伊達郡桑折町
　かみまち　茨城県龍ケ崎市
　かみちょう　茨城県常陸大宮市
　かみちょう　栃木県矢板市
　かみまち　埼玉県秩父市
　かみまち　埼玉県上尾市
　かみまち　埼玉県久喜市
　かみちょう　千葉県成田市
　かみまち　東京都（東京急行電鉄世田谷線）
　かみちょう　東京都青梅市
　かみちょう　神奈川県横浜市磯子区
　うわまち　神奈川県横須賀市
　かのまち　神奈川県小田原市
　かみまち　新潟県加茂市
　かんまち　新潟県村上市
　かんまち　新潟県妙高市
　かんまち　石川県鳳珠郡能登町
　かみちょう　山梨県甲府市
　かんまち　長野県須坂市
　かみまち　岐阜県多治見市

3画（上）

かみまち　愛知県碧南市
かみまち　愛知県西尾市
うえまち　大阪府大阪市中央区
うえまち　大阪府岸和田市
うえまち　大阪府泉佐野市
かみちょう　大阪府和泉市
かみまち　奈良県生駒市
うわまち　和歌山県和歌山市
うえまち　鳥取県鳥取市
うえまち　山口県宇部市
かみまち　高知県高知市
かみまち　福岡県大牟田市
かみまち　福岡県柳川市
うわまち　長崎県長崎市
うわまち　長崎県佐世保市
かみまち　長崎県諫早市
かんまち　宮崎県都城市
うえまち　宮崎県日向市
かみまち　宮崎県西都市
かんのまち　宮崎県東臼杵郡門川町
かんまち　鹿児島県垂水市

上町一丁目　かみまちいっちょうめ　高知県（とさでん交通伊野線）
上町二丁目　かみまちにちょうめ　高知県（とさでん交通伊野線）
上町川　かみまちがわ　岡山県勝田郡奈義町
上町五丁目　かみまちごちょうめ　高知県（とさでん交通伊野線）
上町北　かみまちきた　岩手県岩手郡雫石町
上町台　かみまちだい　奈良県生駒市
上町四丁目　かみまちよんちょうめ　高知県（とさでん交通伊野線）
上町尻　かみまちじり　宮城県刈田郡七ケ宿町
上町甲　うわまちこう　福島県大沼郡会津美里町
上町西　かみまちにし　岩手県岩手郡雫石町
上町東　かみまちひがし　岩手県岩手郡雫石町
上町南　かみまちみなみ　岩手県岩手郡雫石町
上町屋　かみまちや　神奈川県鎌倉市
上町野　うわまちの　青森県上北郡七戸町
上社
　かみやしろ　愛知県（名古屋市交通局東山線）
　かみやしろ　愛知県名古屋市名東区
上芦別　かみあしべつ　北海道（JR根室本線）
上芦別町　かみあしべつちょう　北海道芦別市
上芦沢　かみあしざわ　山梨県甲斐市
上花山久保町　かみかざんくぼちょう　京都府京都市山科区
上花山旭山町　かみかざんあさひやまちょう　京都府京都市山科区
上花山坂尻　かみかざんさかじり　京都府京都市山科区
上花山花ノ岡町　かみかざんはなのおかちょう　京都府京都市山科区
上花山桜谷　かみかざんさくらだに　京都府京都市山科区
上花山講田町　かみかざんこうだちょう　京都府京都市山科区
上花輪　かみはなわ　千葉県野田市
上花輪新町　かみはなわしんまち　千葉県野田市
上芥田町　かみけたちょう　兵庫県加西市
上芥見　かみあくたみ　岐阜県岐阜市
上芭露　かみばろう　北海道紋別郡湧別町

上芳養　かみはや　和歌山県田辺市
上見　うわみ　富山県南砺市
上谷
　かみや　埼玉県鴻巣市
　かみやつ　埼玉県入間郡越生町
　うわや　千葉県東金市
　かみや　神奈川県伊勢原市
　かみや　山梨県都留市
　こうだに　奈良県吉野郡川上村
　かみだに　和歌山県海南市
上谷ケ貫　かみやがぬき　埼玉県入間市
上谷口町　かみたにぐちちょう　鹿児島県鹿児島市
上谷中　じょうやなか　千葉県匝瑳市
上谷刈　かみやがり　宮城県仙台市泉区
上谷本町　かみやもとちょう　神奈川県横浜市青葉区
上谷地
　かみやち　青森県上北郡おいらせ町
　かみやち　青森県三戸郡五戸町
　かみやち　秋田県能代市
　かみやち　新潟県三条市
上谷町
　かみだにちょう　岡山県高梁市
　うえだにちょう　広島県庄原市
　かみだにちょう　鹿児島県鹿屋市
上谷貝　かみやがい　栃木県真岡市
上谷新田　うわやしんでん　千葉県大網白里市
上貝塚
　かみかいづか　千葉県流山市
　かみかいづか　千葉県大網白里市
上赤工　かみあかだくみ　埼玉県飯能市
上赤生田町　かみあこうだちょう　群馬県館林市
上赤田　かみあかだ　栃木県那須塩原市
上赤名　かみあかな　島根県飯石郡飯南町
上赤江　かみあかえ　富山県富山市
上赤江町　かみあかえまち　富山県富山市
上赤坂　かみあかさか　埼玉県狭山市
上赤沢　かみあかさわ　茨城県東茨城郡城里町
上赤谷　かみあかたに　新潟県新発田市
上赤岩　かみあかいわ　埼玉県北葛飾郡松伏町
上足洗　かみあしあらい　静岡県静岡市葵区
上足寄　かみあしょろ　北海道足寄郡足寄町
上足寄本町　かみあしょろもとまち　北海道足寄郡足寄町
上車持　かみくらもち　福井県大飯郡高浜町
上辰巳町　かみたつみまち　石川県金沢市
上近江　かみおうみ　新潟県新潟市中央区
上近江町　かみおうみちょう　石川県金沢市
上里
　かみさと　北海道檜山郡厚沢部町
　かみさと　北海道磯谷郡蘭越町
　かみさと　北海道網走郡津別町
　かみさと　茨城県つくば市
　かみさと　埼玉県さいたま市岩槻区
　かみさと　長野県諏訪郡原村
　かみさと　愛知県岡崎市
　かみさと　三重県北牟婁郡紀北町
　じょうり　高知県高知市
　かみさと　熊本県球磨郡湯前町
上里町　かみさとまち　埼玉県児玉郡
上里見町　かみさとみまち　群馬県高崎市
上麦口町　かみむぎくちまち　石川県小松市

8上並榎町 かみなみえまち 群馬県高崎市	上宝町見座 かみたからちょうみざ 岐阜県高山市
上京区 かみぎょうく 京都府京都市	上宝町岩井戸 かみたからちょういわいど 岐阜県高山市
上京町 かみきょうまち 長崎県佐世保市	上宝町金木戸 かみたからちょうかなきど 岐阜県高山市
上京塚町 かみきょうづかまち 熊本県熊本市中央区	上宝町長倉 かみたからちょうながくら 岐阜県高山市
上依知 かみえち 神奈川県厚木市	上宝町荒原 かみたからちょうあらはら 岐阜県高山市
上兎内 かみうさぎない 青森県三戸郡五戸町	上宝町宮原 かみたからちょうみやはら 岐阜県高山市
上到米 かみとうまい 秋田県雄勝郡羽後町	上宝町葛山 かみたからちょうくずやま 岐阜県高山市
上到津 かみいとうづ 福岡県北九州市小倉北区	上宝町新田 かみたからちょうあらた 岐阜県高山市
上味野 かみあじの 鳥取県鳥取市	上宝町鼠餅 かみたからちょうねずみ 岐阜県高山市
上和仁 かみわに 熊本県玉名郡和水町	上宝町蔵柱 かみたからちょうくらばしら 岐阜県高山市

上和田
かみわだ　山形県東置賜郡高畠町
かみわだ　茨城県古河市
かみわだ　神奈川県大和市
かみわだ　新潟県新潟市江南区
かみわだ　富山県砺波市

上和田町
かみわだまち　群馬県高崎市
かみわだちょう　愛知県岡崎市

上和白 かみわじろ 福岡県福岡市東区
上郡 かみあざえ 岡山県真庭市
上国井 かみくにい 茨城県那珂市
上国井町 かみくにいちょう 茨城県水戸市
上国府塚 かみこうづか 栃木県小山市
上垂木 かみたるき 静岡県掛川市
上坪山 かみつぼやま 栃木県下野市
上夜久野 かみやくの 京都府(JR山陰本線)
上奈良 かみなら 埼玉県熊谷市
上奈良サグリ前 かみならさぐりまえ 京都府八幡市
上奈良大門 かみならだいもん 京都府八幡市
上奈良小端 かみならおばた 京都府八幡市
上奈良日ノ尾 かみならひのお 京都府八幡市
上奈良北ノ口 かみならきたのくち 京都府八幡市
上奈良池ノ向 かみならいけのむこう 京都府八幡市
上奈良町 かみならちょう 愛知県江南市
上奈良奈良里 かみならならざと 京都府八幡市
上奈良東ノ口 かみならひがしのくち 京都府八幡市
上奈良長池 かみならながいけ 京都府八幡市
上奈良南ノ口 かみならみなみのくち 京都府八幡市
上奈良城垣内 かみならしろがいと 京都府八幡市
上奈良宮ノ西 かみならみやのにし 京都府八幡市
上奈良宮ノ東 かみならみやのひがし 京都府八幡市
上奈良堂島 かみならどうじま 京都府八幡市
上奈良部町 かみならぶまち 栃木県鹿沼市
上奈良御園 かみならみその 京都府八幡市
上官町 じょうかんまち 福岡県大牟田市
上宗方 かみむなかた 大分県大分市
上宗岡 かみむねおか 埼玉県志木市
上定光町 かみじょうこうちょう 愛知県半田市
上宝沢 かみほうざわ 山形県山形市
上宝町下佐谷 かみたからちょうしもさだに 岐阜県高山市
上宝町中山 かみたからちょうなかやま 岐阜県高山市
上宝町双六 かみたからちょうすごろく 岐阜県高山市
上宝町本郷 かみたからちょうほんごう 岐阜県高山市
上宝町吉野 かみたからちょうよしの 岐阜県高山市
上宝町在家 かみたからちょうざいけ 岐阜県高山市
上宝町芋生茂 かみたからちょういも 岐阜県高山市

上居 じょうご 奈良県高市郡明日香村

上岡
うわおか　茨城県久慈郡大子町
かみおか　高知県高岡郡四万十町
かみおか　大分県(JR日豊本線)
かみおか　大分県佐伯市

上岡本町 かみおかもとまち 岐阜県高山市
上岡田 かみおかた 静岡県磐田市
上岡田町 かみおかだちょう 島根県出雲市
上岡島 かみおかじま 岐阜県揖斐郡揖斐川町
上岡部町 かみおかべちょう 滋賀県彦根市
上岸 かみきし 静岡県榛原郡川根本町
上岸本町 かみきしもとちょう 滋賀県東近江市
上岩 あげいわ 兵庫県神崎郡神河町
上岩下 かみいわした 山梨県山梨市
上岩川 かみいわかわ 秋田県山本郡三種町
上岩井 かみいわい 新潟県長岡市
上岩戸 かみいわと 宮崎県西臼杵郡高千穂町
上岩手山 かみいわてさん 岩手県滝沢市
上岩木 かみいわき 岩手県八幡平市
上岩田 かみいわた 福岡県小郡市
上岩崎 かみいわさき 茨城県つくば市
上岩橋 かみいわはし 千葉県印旛郡酒々井町

上岩瀬
かみいわせ　茨城県常陸大宮市
かみいわせ　埼玉県羽生市

上幸平 かみこうひら 佐賀県西松浦郡有田町
上底井野 かみそこいの 福岡県中間市
上府 かみのふ 福岡県糟屋郡新宮町
上府中町 かみふちゅうまち 石川県七尾市
上府北 かみのふきた 福岡県糟屋郡新宮町
上府町 かみこうちょう 島根県浜田市
上延生 かみのぶ 栃木県芳賀郡芳賀町
上延町 うわのぶちょう 京都府綾部市
上所 かみところ 新潟県新潟市中央区
上所上 かみところかみ 新潟県新潟市中央区
上所中 かみところなか 新潟県新潟市中央区
上押垂 かみおしだり 埼玉県東松山市
上押萩 かみおしはぎ 愛知県弥富市
上押萩町 かみおしはぎちょう 愛知県弥富市
上拝田 かみはいた 大分県宇佐市
上明大寺町 かみみょうだいじちょう 愛知県岡崎市
上明堂 かみあけどう 青森県上北郡おいらせ町
上杵臼 かみきねうす 北海道浦河郡浦河町

上枝
ほずえ　岐阜県(JR高山本線)

3画（上）

　　かみえだ　滋賀県犬上郡豊郷町
上松
　あげまつ　長野県（JR中央本線）
　うえまつ　長野県長野市
　あげまつ　長野県木曽郡上松町
　うえまつ　京都府福知山市
上松山町　かみまつやまちょう　愛知県瀬戸市
上松川　かみまつかわ　福島県（福島交通飯坂線）
上松本
　かみまつもと　岩手県紫波郡紫波町
　かみまつもと　福島県岩瀬郡天栄村
上松尾　かみまつお　富山県南砺市
上松町　かみまつおまち　熊本県熊本市西区
上松町
　あげまつまち　長野県木曽郡
　かみまつちょう　大阪府岸和田市
上松屋町　かみまつやちょう　京都府京都市中京区
上松原　かみまつばら　埼玉県川越市
上東
　かみひがし　京都府舞鶴市
　じょうとう　岡山県倉敷市
　かみひがし　高知県長岡市大豊町
　うえひがし　熊本県球磨郡あさぎり町
上東山　かみひがしやま　山形県山形市
上東川町　かみひがしかわちょう　愛知県愛西市
上東川津町　かみひがしかわつちょう　島根県松江市
上東町　かみひがしちょう　宮崎県都城市
上東側　かみひがしがわ　宮城県気仙沼市
上東側根　かみひがしがわね　宮城県気仙沼市
上東郷町　かみとうごうちょう　福井県福井市
上東野　かみひがしの　岐阜県揖斐郡揖斐川町
上東雲町　かみしののめちょう　広島県広島市南区
上板井　かみいたい　兵庫県篠山市
上板町　かみいたちょう　徳島県板野郡
上板並　かみいたなみ　滋賀県米原市
上板楠　かみいたくす　熊本県玉名郡和水町
上板橋
　かみいたばし　東京都（東武鉄道東上本線）
　かみいたばし　東京都板橋区
上板橋町　かみいたばしちょう　京都府京都市伏見区
上板橋家ノ後　かみいたばしいえのうしろ　青森県上北郡東北町
上林
　かみばやし　茨城県石岡市
　かんばやし　千葉県茂原市
　かんばやし　石川県野々市市
　うえばやし　三重県（伊賀鉄道線）
　うえばやし　三重県伊賀市
　かんばやし　岡山県総社市
　かみばやし　愛媛県東温市
上林西　じょうりんにし　宮城県伊具郡丸森町
上林町
　かみばやしちょう　香川県高松市
　かみばやしまち　熊本県熊本市中央区
　かみばやしまち　熊本県人吉市
上林東　じょうりんひがし　宮城県伊具郡丸森町
上林南　じょうりんみなみ　宮城県伊具郡丸森町
上武石　かみたけし　長野県上田市
上武射田　かみむざた　千葉県東金市

上河内
　かみがち　茨城県那珂市
　かみごうち　神奈川県海老名市
　かみかわち　大阪府南河内郡河南町
　かみごうち　岡山県真庭市
上河内町
　かみがちちょう　茨城県水戸市
　かみかわちまち　⇒宇都宮市（栃木県）
　かみこうちちょう　福井県鯖江市
上河戸　かみこうど　栃木県さくら市
上河北町　かみこぎたちょう　福井県福井市
上河合
　かみかわい　石川県河北郡津幡町
　かみがわい　兵庫県淡路市
上河合町　かみかわいちょう　茨城県常陸太田市
上河和　かみこうわ　岐阜県美濃市
上河東　かみがとう　山梨県中巨摩郡昭和町
上河原
　かみがわら　山形県寒河江市
　かみがわら　新潟県燕市
　かみがわら　愛知県清須市
　かみがわら　岡山県津山市
上河原町　かみがわらちょう　愛知県津島市
上河原通　かみかわらどおり　兵庫県神戸市灘区
上河原崎　かみかわらざき　茨城県つくば市
上河崎町　かみかわさきまち　石川県加賀市
上河渡頭　かみかどがしら　青森県上北郡野辺地町
上河端町　かみこうばたちょう　福井県鯖江市
上沓谷町　かみくつのやちょう　静岡県静岡市葵区
上沼　うわぬま　新潟県新潟市中央区
上沼ノ上丙　かみぬまのうえへい　福島県河沼郡会津坂下町
上沼田　かみぬまた　千葉県我孫子市
上沼須町　かみぬますまち　群馬県沼田市
上沼新田　うわぬましんでん　新潟県長岡市
上法音寺　かみほうおんじ　富山県中新川郡上市町
上油掛町　かみあぶらかけちょう　京都府京都市伏見区
上物部　かみものべ　兵庫県洲本市
上牧
　かみもく　群馬県（JR上越線）
　かみもく　群馬県利根郡みなかみ町
　かみまき　長野県伊那市
　かんまき　大阪府（阪急電鉄京都本線）
　かんまき　奈良県北葛城郡上牧町
上牧山手町　かんまきやまてちょう　大阪府高槻市
上牧北駅前町　かんまききたえきまえちょう　大阪府高槻市
上牧町
　かみまきまち　石川県小松市
　かんまきちょう　大阪府高槻市
　かんまきちょう　奈良県北葛城郡
上牧南駅前町　かんまきみなみえきまえちょう　大阪府高槻市
上牧野
　かみまきの　富山県高岡市
　かみまきの　岐阜県加茂郡八百津町
上狛　かみこま　京都府（JR奈良線）
上直竹下分　かみなおたけしもぶん　埼玉県飯能市
上直竹上分　かみなおたけかみぶん　埼玉県飯能市
上知識町　かみちしきちょう　鹿児島県出水市

3画（上）

上祇園町　かみぎおんちょう　兵庫県神戸市兵庫区
上芽室北　かみめむろきた　北海道河西郡芽室町
上芽室東　かみめむろひがし　北海道河西郡芽室町
上芽室南　かみめむろみなみ　北海道河西郡芽室町
上芽室基線　かみめむろせん　北海道河西郡芽室町
上若松町　かみわかまつまち　石川県金沢市
上若宮町　かみわかみやちょう　京都府京都市下京区
上茂木　かみもぎ　群馬県佐波郡玉村町
上茂原　かみもばら　千葉県茂原市
上迫町　かみさこちょう　山口県周南市
上金井町　かみかないまち　栃木県宇都宮市
上金仏町　かみかなぶつちょう　京都府京都市下京区
上金田　かみかなだ　福岡県（平成筑豊鉄道伊田線）
上金沢　かみかねさわ　茨城県久慈郡大子町
上金沢町　かみかねさわまち　山形県新庄市
上金剛寺　かみこんごうじ　富山県中新川郡立山町
上金崎　かみかなさき　埼玉県春日部市
上長　かみなが　茨城県稲敷郡阿見町
上長下　かみながした　青森県三戸郡五戸町
上長山町　かみながやまちょう　愛知県豊川市
上長木　かみながき　新潟県佐渡市
上長田　かみながた　熊本県玉名郡南関町
上長尾
　　かみながお　石川県鳳珠郡能登町
　　かみながお　静岡県榛原郡川根本町
上長折　かみながおり　福島県二本松市
上長沢　かみながさわ　埼玉県飯能市
上長谷　かみながたに　高知県幡多郡三原村
上長和町　かみながわちょう　北海道伊達市
上長沼　かみながぬま　茨城県つくばみらい市
上長迫町　かみながさこちょう　広島県呉市
上長都　かみおさつ　北海道千歳市
上長鳥新田　かみながとりしんでん　新潟県魚沼市
上長飯町　かみながえちょう　宮崎県都城市
上長福寺町　かみちょうふくじちょう　京都府京都市下京区
上長窪　かみながくぼ　静岡県駿東郡長泉町
上長慶平　かみちょうけいだいら　青森県西津軽郡深浦町
上長瀞　かみながとろ　埼玉県（秩父鉄道線）
上長磯町　かみながいそまち　群馬県前橋市
上長瀬　かみながせ　三重県名張市
上門前　かみもんぜん　新潟県上越市
上阿久津
　　かみあくつ　栃木県さくら市
　　かみあくつ　栃木県塩谷郡高根沢町
上阿久原　かみあぐはら　埼玉県児玉郡神川町
上阿井　かみあい　島根県仁多郡奥出雲町
上阿古谷　かみあこたに　兵庫県川辺郡猪名川町
上阿波　かみあわ　三重県伊賀市
上阿知　かみあち　岡山県岡山市東区
上阿原町　かみあはらまち　山梨県甲府市
上阿野沢　かみあのさわ　茨城県東茨城郡城里町
上雨ケ谷　かみあまがい　茨城県東茨城郡城里町
上青山　かみあおやま　茨城県東茨城郡城里町
上青井　かみあおいまち　熊本県人吉市
上青木　かみあおき　埼玉県川口市
上青木西　かみあおきにし　埼玉県川口市

上青江　かみあおえ　大分県津久見市
上青沢　かみあおさわ　山形県酒田市
上青柳　かみあおやぎ　茨城県石岡市
上青島　かみあおじま　静岡県藤枝市
上青梨子町　かみあおなしまち　群馬県前橋市
上青野　かみあおの　兵庫県三田市
上青野町　かみあおのちょう　愛知県岡崎市
9 上保　かみのほ　岐阜県本巣市
上保土沢　かみほとざわ　青森県三戸郡五戸町
上保内　かみほない　新潟県三条市
上保原　かみほばら　福島県（阿武隈急行線）
上前田
　　かみまえだ　青森県上北郡野辺地町
　　かみまえだ　青森県上北郡おいらせ町
上前津
　　かみまえづ　愛知県（名古屋市交通局鶴舞線ほか）
　　かみまえづ　愛知県名古屋市中区
上前島町　かみまえじままち　新潟県長岡市
上南　うえみなみ　熊本県球磨郡あさぎり町
上南方　かみみなみがた　岐阜県揖斐郡揖斐川町
上南田　かみみなみだ　静岡県磐田市
上南町　かみなちょう　滋賀県東近江市
上南畑　かみなんばた　埼玉県富士見市
上南部　かみなべ　熊本県熊本市東区
上南部町　かみなべまち　熊本県熊本市東区
上南摩町　かみなんままち　栃木県鹿沼市
上厚内
　　かみあつない　北海道（JR根室本線）
　　かみあつない　北海道十勝郡浦幌町
上厚真　かみあつま　北海道勇払郡厚真町
上厚崎　かみあつさき　栃木県那須塩原市
上品寺町　じょうぼんじちょう　奈良県橿原市
上品野町　かみしなのちょう　愛知県瀬戸市
上品濃　かみしなの　神奈川県横浜市戸塚区
上城
　　かみしろ　茨城県桜川市
　　かみじょう　大分県佐伯市
　　かみしろ　鹿児島県大島郡知名町
上城内町　かみじょうないまち　大分県日田市
上城田寺中　かみきだいじなか　岐阜県岐阜市
上城田寺西　かみきだいじにし　岐阜県岐阜市
上城田寺東　かみきだいじひがし　岐阜県岐阜市
上城田寺南　かみきだいじみなみ　岐阜県岐阜市
上城塚　かみじょうづか　新潟県胎内市
上室町町　かみむろまちまち　群馬県高崎市
上室賀　かみむろが　長野県上田市
上屋
　　かみや　岐阜県大垣市
　　かみや　滋賀県野洲市
上屋久町　かみやくちょう　⇒屋久島町（鹿児島県熊毛郡）
上屋田　うえやだ　青森県上北郡七戸町
上屋地　かみやち　山形県西置賜郡飯豊町
上屋敷
　　かみやしき　福島県耶麻郡猪苗代町
　　かみやしき　静岡県掛川市
　　かみやしき　和歌山県田辺市
上屋敷町　かみやしきまち　福岡県大牟田市
上昼根　かみひるね　秋田県南秋田郡八郎潟町

3画（上）

上巻　あげまき　福岡県大川市
上彦川戸　かみひこかわど　埼玉県三郷市
上彦名　かみひこな　埼玉県三郷市
上後　うえご　千葉県富津市
上後山　かみうしろやま　石川県鹿島郡中能登町
上後郷　かみうらごう　栃木県芳賀郡茂木町
上後関　かみごかん　群馬県安中市
上後藤　かみごとう　鳥取県米子市
上春日町　かみかすがまち　大分県大分市
上春別　かみしゅんべつ　北海道野付郡別海町
上春別旭町　かみしゅんべつあさひちょう　北海道野付郡別海町
上春別南町　かみしゅんべつなみちょう　北海道野付郡別海町
上春別栄町　かみしゅんべつさかえちょう　北海道野付郡別海町
上春別緑町　かみしゅんべつみどりちょう　北海道野付郡別海町
上昭和町　かみしょうわまち　新潟県上越市
上星川
　かみほしかわ　神奈川県（相模鉄道本線）
　かみほしかわ　神奈川県横浜市保土ケ谷区
上星谷　かみほしや　茨城県筑西市
上栄　かみさかえ　富山県富山市
上栄町　かみさかえまち　滋賀県（京阪電気鉄道京津線）
上柿木畠　かみかきのきばたけ　石川県金沢市
上柴町西　かみしばちょうにし　埼玉県深谷市
上柴町東　かみしばちょうひがし　埼玉県深谷市
上染田　かみそめだ　熊本県球磨郡湯前町
上柏田　かみかしわだ　茨城県牛久市
上柏尾町　かみかしおちょう　神奈川県横浜市戸塚区
上柏町　かみがしわちょう　愛媛県四国中央市
上柏崎　かみかしわざき　栃木県塩谷郡高根沢町
上柏野町　かみかしわのまち　石川県白山市
上柳
　かみやなぎ　秋田県能代市
　かみやなぎ　山形県山形市
　かみやなぎ　埼玉県春日部市
上柳川町　かみやながわちょう　岐阜県羽島郡笠松町
上柳町
　かみやなぎまち　新潟県長岡市
　かみやなぎちょう　京都府京都市東山区
　かみやなぎちょう　京都府京都市下京区
上柳原町　かみやなぎはらちょう　京都府京都市上京区
上柳渡戸　かみやなぎわたりど　山形県尾花沢市
上柚木　かみゆき　東京都八王子市
上柚木町　かみゆのきちょう　長崎県佐世保市
上柚野　かみゆの　静岡県富士宮市
上段　かみだん　鳥取県鳥取市
上毘沙門町　かみびしゃもんちょう　福井県福井市
上海老町　かみえびちょう　三重県四日市市
上浄法寺　かみじょうほうじ　福井県吉田郡永平寺町
上泉
　かみいずみ　北海道虻田郡豊浦町
　かみいずみ　茨城県東茨城郡城里町
　かみいずみ　栃木県小山市
　かみいずみ　群馬県（上毛電気鉄道線）
　かみいずみ　千葉県袖ケ浦市
　かみいずみ　新潟県西蒲原郡弥彦村
　かみいずみ　富山県氷見市
　かみいずみ　静岡県焼津市
上泉町
　かみいずみまち　群馬県前橋市
　かみいずみちょう　群馬県伊勢崎市
　かみいずみちょう　千葉県千葉市若葉区
　かみいずみちょう　大阪府茨木市
　かみいずみちょう　愛媛県新居浜市
上浅田　かみあさだ　静岡県浜松市中区
上浅見川　かみあさみがわ　福島県双葉郡広野町
上浅津　かみあそづ　鳥取県東伯郡湯梨浜町
上津
　かみづ　群馬県利根郡みなかみ町
　じょうづ　富山県南砺市
　かみつ　福岡県久留米市
上津川　こうづかわ　高知県土佐郡土佐町
上津木　かみつぎ　和歌山県有田郡広川町
上津台　こうづだい　兵庫県神戸市北区
上津田　かみづた　広島県世羅郡世羅町
上津江町上野田　かみつえまちかみのだ　大分県日田市
上津江町川原　かみつえまちかわばる　大分県日田市
上津町　かみつまち　福岡県久留米市
上津屋　こうづや　京都府城陽市
上津屋八丁　こうづやはっちょう　京都府八幡市
上津屋八王子　こうづやはちおうじ　京都府八幡市
上津屋中堤　こうづやなかづみ　京都府八幡市
上津屋尼ケ池　こうづやあまがいけ　京都府八幡市
上津屋石ノ塔　こうづやいしのとう　京都府八幡市
上津屋西久保　こうづやにしくぼ　京都府八幡市
上津屋里垣内　こうづやさとがいと　京都府八幡市
上津屋林　こうづやはやし　京都府八幡市
上津屋南村　こうづやみなみむら　京都府八幡市
上津屋浜垣内　こうづやはまがいと　京都府八幡市
上津島　こうづしま　大阪府豊中市
上津深江　こうづふかえ　熊本県天草郡苓北町
上津黒　かみつぐろ　鳥取県八頭郡八頭町
上津熊　かみづくま　福岡県行橋市
上洞　かぼら　和歌山県日高郡印南町
上猪　かみむじな　埼玉県比企郡川島町
上畑
　かみはた　埼玉県飯能市
　うえはた　福岡県朝倉市
　じょうはた　福岡県遠賀郡岡垣町
　かみはた　大分県竹田市
上畑町
　かみはたまち　山形県鶴岡市
　うえはたちょう　滋賀県近江八幡市
　かみはたちょう　広島県呉市
上畑野川　かみはたのかわ　愛媛県上浮穴郡久万高原町
上発知町　かみほっちまち　群馬県沼田市
上県町久原　かみあがたまちくばら　長崎県対馬市
上県町女連　かみあがたまちうなつら　長崎県対馬市
上県町犬ケ浦　かみあがたまちいぬがうら　長崎県対馬市
上県町伊奈　かみあがたまちいな　長崎県対馬市

3画（上）

上県町西津屋　かみあがたまちにしつや　長崎県対馬市
上県町佐須奈　かみあがたまちさすな　長崎県対馬市
上県町佐護　かみあがたまちさご　長崎県対馬市
上県町志多留　かみあがたまちしたる　長崎県対馬市
上県町鹿見　かみあがたまちししみ　長崎県対馬市
上県町御園　かみあがたまちみそ　長崎県対馬市
上県町越高　かみあがたまちこしたか　長崎県対馬市
上県町飼所　かみあがたまちかいどころ　長崎県対馬市
上県町樫滝　かみあがたまちかしたき　長崎県対馬市
上県町瀬田　かみあがたまちせた　長崎県対馬市
上相　かみや　岡山県美作市
上相川　かみあいかわ　新潟県村上市
上相浦　かみあいのうら　長崎県（松浦鉄道西九州線）
上相浦町　かみあいのうらちょう　長崎県佐世保市
上相野　かみあいの　兵庫県三田市
上砂
　　かみずな　埼玉県比企郡吉見町
　　かみいさご　千葉県八街市
上砂川町　かみすながわちょう　北海道空知郡
上砂井　かみいさごい　茨城県古河市
上砂町　かみすなちょう　東京都立川市
上砂見　かみすなみ　鳥取県鳥取市
上神　かずわ　鳥取県倉吉市
上神内川　かみかのがわ　山梨県山梨市
上神戸　かみかんべ　三重県伊賀市
上神主　かみこうぬし　栃木県河内郡上三川町
上神田　かみかみだ　大阪府寝屋川市
上神目　かみこうめ　岡山県久米郡久米南町
上神泉苑町　かみしんせんえんちょう　京都府京都市伏見区
上神梅　かみかんばい　群馬県（わたらせ渓谷鉄道線）
上神増　かみかんぞ　静岡県磐田市
上神輿町　かみみこしちょう　京都府京都市上京区
上祖父江　かみそぶえ　愛知県一宮市
上祖母石　かみうばいし　山梨県韮崎市
上祖師谷　かみそしがや　東京都世田谷区
上秋　かんだけ　岐阜県揖斐郡大野町
上秋丸　かみあきまる　高知県高岡郡四万十町
上秋月　かみあきづき　福岡県朝倉市
上秋里　かみあきさと　兵庫県佐用郡佐用町
上秋津　かみあきづ　和歌山県田辺市
上籾　かみもみ　岡山県久米郡久米南町
上美生　かみびせい　北海道河西郡芽室町
上美唄町　かみびばいちょう　北海道美唄市
上美唄町中央　かみびばいちょうちゅうおう　北海道美唄市
上美唄町東　かみびばいちょうひがし　北海道美唄市
上美唄町沼の端　かみびばいちょうぬまのはた　北海道美唄市
上茨田　かみばらだ　宮城県亘理郡亘理町
上荒又　かみあらまた　富山県中新川郡上市町
上荒子　かみあらこ　福島県福島市
上荒井　かみあらい　福井県大野市
上荒町　うえあらちょう　鹿児島県鹿児島市
上荒沢　かみあらさわ　新潟県新発田市
上荒谷　かみあらたに　福井県今立郡池田町
上荒河　かみあらが　京都府福知山市

上荒屋　かみあらや　石川県金沢市
上荒屋町　かみあらやまち　石川県小松市
上荒浜　かみあらはま　新潟県上越市
上草柳　かみそうやぎ　神奈川県大和市
上荘町小野　かみそうちょうおの　兵庫県加古川市
上荘町井ノ口　かみそうちょういのくち　兵庫県加古川市
上荘町白沢　かみそうちょうしらさわ　兵庫県加古川市
上荘町見土呂　かみそうちょうみどろ　兵庫県加古川市
上荘町国包　かみそうちょうくにかね　兵庫県加古川市
上荘町都台　かみそうちょうみやこだい　兵庫県加古川市
上荘町都染　かみそうちょうつぞめ　兵庫県加古川市
上荘町薬栗　かみそうちょうくすり　兵庫県加古川市
上茶屋町　かみちゃやまち　岐阜県岐阜市
上茶路　かみちゃろ　北海道白糠郡白糠町
上軍川　かみいくさがわ　北海道亀田郡七飯町
上重原　かみしげはら　愛知県知立市
上重原町
　　かみしげはらちょう　愛知県刈谷市
　　かみしげはらちょう　愛知県知立市
上面　じょうめん　岐阜県大垣市
上音羽　かみおとわ　大阪府茨木市
上音更　かみおとふけ　北海道河東郡上士幌町
上音標　かみおとしべ　北海道枝幸郡枝幸町
上風連　かみふうれん　北海道野付郡別海町
上飛騨町　かみひだちょう　奈良県橿原市
上香々地　かみかかぢ　大分県豊後高田市
上香山　かみがやま　岡山県勝田郡勝央町
上香月　かみかつき　福岡県北九州市八幡西区
上香貫　かみかぬき　静岡県沼津市
上香楽　かみこうらく　福岡県築上郡築上町
10 上倉　あげくら　高知県南国市
上倉田町　かみくらたちょう　神奈川県横浜市戸塚区
上原
　　うわばら　山形県西置賜郡飯豊町
　　うわはら　福島県二本松市
　　かみはら　茨城県つくば市
　　かみはら　埼玉県深谷市
　　うえはら　千葉県市原市
　　かんばら　千葉県山武郡横芝光町
　　うえはら　千葉県夷隅郡大多喜町
　　うえはら　東京都渋谷区
　　かみはら　新潟県柏崎市
　　かみはら　新潟県魚沼市
　　かみはら　新潟県南魚沼市
　　かみはら　富山県南砺市
　　うわはら　静岡県静岡市清水区
　　かみはら　愛知県知多郡武豊町
　　うえはら　鳥取県鳥取市
　　かみはら　島根県邑智郡邑南町
　　かんばら　岡山県総社市
　　うわはら　愛媛県新居浜市
　　かんばる　福岡県京都郡みやこ町
　　うわはら　熊本県葦北郡芦北町
　　うえはら　沖縄県宜野湾市
　　うえはら　沖縄県国頭郡大宜味村
　　うえはら　沖縄県中頭郡西原町
　　うえはら　沖縄県八重山郡竹富町
上原田町　かみはらだまち　熊本県人吉市

上原西町　うわはらにしまち　大阪府河内長野市
上原西部田柳原入会　うえばらにしべたやなばらいりあい　千葉県夷隅郡大多喜町
上原町
　かみはらまち　群馬県沼田市
　かんばらまち　石川県金沢市
　うわはらちょう　愛知県豊田市
　かんばらちょう　京都府綾部市
　うわはらちょう　大阪府河内長野市
　かみはらちょう　広島県庄原市
　かみはらまち　愛媛県伊予郡砥部町
　かみはらまち　福岡県北九州市若松区
　うわばるちょう　長崎県佐世保市
　うえはらまち　熊本県人吉市
　かみはるちょう　大分県別府市
上原新田　かみはらしんでん　新潟県南魚沼市
上唐子　かみがらこ　埼玉県東松山市
上唐川
　かみからかわ　石川県鳳珠郡穴水町
　かみからかわ　愛媛県伊予市
上唐原　かみとうばる　福岡県築上郡上毛町
上家地　かみいえじ　愛媛県北宇和郡松野町
上宮
　かみみや　富山県中新川郡立山町
　じょうぐう　高知県高岡郡四万十町
上宮川町　かみみやがわちょう　兵庫県芦屋市
上宮木町　かみみやきちょう　兵庫県加西市
上宮本町　かみみやもとまち　大分県津久見市
上宮永　かみみやなが　大分県中津市
上宮永町　かみみやながまち　福岡県柳川市
上宮田　かみみやだ　千葉県袖ケ浦市
上宮地　かみみやじ　山梨県南アルプス市
上宮地町　かみみやじまち　埼玉県秩父市
上宮町　じょうぐうまち　大分県日田市
上宮河内町　かみみやかわうちちょう　茨城県常陸太田市
上宮崎　かみみやざき　福島県西白河郡矢吹町
上島
　かみじま　茨城県つくばみらい市
　かみじま　新潟県上越市
　かみしま　新潟県東蒲原郡阿賀町
　かみじま　富山県滑川市
　かみじま　長野県上伊那郡辰野町
　かみじま　静岡県（遠州鉄道線）
　かみじま　静岡県浜松市中区
　かみじま　静岡県浜松市浜北区
　うえじま　熊本県上益城郡嘉島町
上島田　かみしまた　山口県光市
上島田町　かみしまだまち　石川県白山市
上島田原　かみしまだはら　宮城県刈田郡七ケ宿町
上島町
　かみじまちょう　大阪府枚方市
　かみしまちょう　大阪府門真市
　かみしまちょう　島根県出雲市
　かみしまちょう　愛媛県越智郡
上島東町　かみじまひがしまち　大阪府枚方市
上峰　うえみね　埼玉県さいたま市中央区
上峰寺　かみみねでら　鳥取県八頭郡八頭町
上峰町　かみみねちょう　佐賀県三養基郡
上差尾　かみざしお　熊本県上益城郡山都町
上帯広町　かみおびひろちょう　北海道帯広市

上帯那町　かみおびなちょう　山梨県甲府市
上座　じょうざ　千葉県佐倉市
上徒士町　かみかじしちょう　青森県八戸市
上恩方町　かみおんがたまち　東京都八王子市
上恩田　かみおんだ　埼玉県熊谷市
上恵土　かみえど　岐阜県可児郡御嵩町
上挙母
　うわごろも　愛知県（名古屋鉄道三河線）
　うわごろも　愛知県豊田市
上時枝　かみときえだ　大分県宇佐市
上桐　かみぎり　新潟県長岡市
上栗山
　かみくりやま　栃木県日光市
　かみくりやま　富山県富山市
上栗原　かみくりばら　山梨県山梨市
上栗須　かみくりす　群馬県藤岡市
上桑名川　かみくわながわ　長野県（JR飯山線）
上桑原　かみくわはら　奈良県吉野郡下北山村
上桑島町　かみくわじままち　栃木県宇都宮市
上桂　かみかつら　京都府（阪急電鉄嵐山線）
上桂三ノ宮町　かみかつらさんのみやちょう　京都府京都市西京区
上桂大野町　かみかつらおおのちょう　京都府京都市西京区
上桂今井町　かみかつらいまいちょう　京都府京都市西京区
上桂北ノ口町　かみかつらきたのくちちょう　京都府京都市西京区
上桂北村町　かみかつらきたむらちょう　京都府京都市西京区
上桂西居町　かみかつらにしいちょう　京都府京都市西京区
上桂東ノ口町　かみかつらひがしのくちちょう　京都府京都市西京区
上桂東居町　かみかつらひがしいちょう　京都府京都市西京区
上桂前川町　かみかつらまえがわちょう　京都府京都市西京区
上桂前田町　かみかつらまえだちょう　京都府京都市西京区
上桂宮ノ後町　かみかつらみやのごちょう　京都府京都市西京区
上桂御正町　かみかつらみしょうちょう　京都府京都市西京区
上桂森下町　かみかつらもりしたちょう　京都府京都市西京区
上桂森上町　かみかつらもりかみちょう　京都府京都市西京区
上桂樋ノ口町　かみかつらひのくちちょう　京都府京都市西京区
上根
　かみね　栃木県芳賀郡市貝町
　かみね　埼玉県熊谷市
　うえね　京都府舞鶴市
上根子　かみねこ　岩手県花巻市
上根本　かみねもと　茨城県稲敷市
上根来　かみねごり　福井県小浜市
上根岸　かみねぎし　千葉県木更津市
上桜　うえざくら　福島県伊達郡川俣町
上桜木　かみさくらぎ　宮城県黒川郡富谷町
上桜田　かみさくらだ　山形県山形市

3画（上）

上梅沢　かみうめさわ　富山県滑川市
上梅屋町　かみうめやちょう　京都府京都市東山区
上桧木内　かみひのきない　秋田県（秋田内陸縦貫鉄道線）
上浦
　　かみうら　新潟県新潟市南区
　　かみうら　福岡県（西日本鉄道甘木線）
　　かみうら　福岡県朝倉市
上浦町井口　かみうらちょういのくち　愛媛県今治市
上浦町甘崎　かみうらちょうあまざき　愛媛県今治市
上浦町盛　かみうらちょうさかり　愛媛県今治市
上浦町瀬戸　かみうらちょうせと　愛媛県今治市
上浦浅海井浦　かみうらあざむいうら　大分県佐伯市
上浦津井浦　かみうらついうら　大分県佐伯市
上浦最勝海浦　かみうらにいなめうら　大分県佐伯市
上浜　かみはま　秋田県（JR羽越本線）
上浜町
　　かみはまちょう　福島県福島市
　　かみはまちょう　愛知県名古屋市南区
　　かみはまちょう　愛知県半田市
　　かみはまちょう　三重県津市
上浜街道　かみはまかいどう　宮城県亘理郡亘理町
上浮穴郡　かみうけなぐん　愛媛県
上涌谷　かみわくや　宮城県（JR石巻線）
上涌波町　かみわくなみまち　石川県金沢市
上流町　かみながれちょう　愛知県名古屋市中川区
上烏川　かみからすがわ　宮城県刈田郡七ケ宿町
上烏田　かみからすだ　千葉県木更津市
上狼塚　かみおいのつか　宮城県加美郡加美町
上珠数屋町　かみじゅずやちょう　京都府京都市下京区
上益城郡　かみましきぐん　熊本県
上真手　かみまて　三重県多気郡大台町
上真柄町　かみまがらちょう　福井県越前市
上真柄宮入会地　かみまからみやだにいりあいち　福井県越前市
上真砂　かみまなご　新潟県上越市
上真倉　かみさなぐら　千葉県館山市
上真桑　かみまくわ　岐阜県本巣市
上砥山　かみとやま　滋賀県栗東市
上祓川町　かみはらいがわちょう　鹿児島県鹿屋市
上竜尾町　かみたつおちょう　鹿児島県鹿児島市
上納　じょうのう　愛知県常滑市
上脇町
　　かみわきちょう　愛知県名古屋市中川区
　　かみわきちょう　愛知県豊田市
上荻　かみおぎ　東京都杉並区
上荻野　かみおぎの　神奈川県厚木市
上荻野戸　かみおぎのと　山形県天童市
上莇生田町　かみあぞうだちょう　福井県福井市
上蚊野　かみがの　滋賀県愛知郡愛荘町
上起　かみおこし　愛知県知多郡武豊町
上通町　かみとおりちょう　熊本県熊本市中央区
上連雀　かみれんじゃく　東京都三鷹市
上郡
　　かみごおり　宮城県遠田郡涌谷町
　　かみごおり　福島県伊達郡桑折町
　　かみごおり　三重県伊賀市

　　かみごおり　大阪府茨木市
　　かみごおり　兵庫県（JR山陽本線ほか）
　　かみごおり　兵庫県赤穂郡上郡町
上郡山　かみこおりやま　福島県双葉郡富岡町
上郡町　かみごおりちょう　兵庫県赤穂郡
上釜　かみがま　茨城県鉾田市
上院内　かみいんない　秋田県湯沢市
上除町　かみのぞきまち　新潟県長岡市
上除町西　かみのぞきまちにし　新潟県長岡市
上陣屋町　かみじんやちょう　愛知県瀬戸市
上馬　かみうま　東京都世田谷区
上馬町　かみうまちょう　京都府京都市東山区
上馬寄　かみまいそう　福岡県北九州市門司区
上馬場
　　かみばば　茨城県小美玉市
　　かみばば　埼玉県八潮市
　　かみばば　新潟県妙高市
　　かみばっぱ　長野県諏訪郡下諏訪町
上馬渡　かみまわたし　茨城県稲敷市
上高　かみたか　大分県宇佐市
上高丸　かみたかまる　兵庫県神戸市垂水区
上高井　かみたかい　茨城県取手市
上高井戸　かみたかいど　東京都杉並区
上高井郡　かみたかいぐん　長野県
上高尻　かみたかじり　島根県鹿足郡吉賀町
上高末　かみこうずえ　岡山県小田郡矢掛町
上高田
　　かみたかだ　青森県三戸郡五戸町
　　かみたかだ　東京都中野区
　　かみたかだ　新潟県阿賀野市
　　かみたかだ　岡山県岡山市北区
上高尾　かみたかお　群馬県富岡市
上高町
　　かみたかまち　新潟県刈羽郡刈羽村
　　かみたかちょう　愛知県豊田市
上高岡　かみたかおか　香川県木田郡三木町
上高屋　かみたかや　岐阜県本巣市
上高柳
　　かみたかやなぎ　埼玉県加須市
　　かみたかやなぎ　新潟県加茂市
　　かみたかやなぎ　愛媛県伊予郡松前町
上高津　かみたかつ　茨城県土浦市
上高津新町　かみたかつしんまち　茨城県土浦市
上高畑　かみたかばた　愛知県名古屋市中川区
上高砂　かみたかすな　山梨県南アルプス市
上高倉　かみたかくら　岡山県津山市
上高倉町　かみたかくらちょう　茨城県常陸太田市
上高家　かみたけい　大分県宇佐市
上高島　かみたかじま　福井県勝山市
上高根　かみたかね　千葉県市原市
上高根沢　かみたかねざわ　栃木県塩谷郡高根沢町
上高野
　　かみたかの　埼玉県幸手市
　　かみこうや　千葉県八千代市
上高野八幡町　かみたかのはちまんちょう　京都府京都市左京区
上高野下東野町　かみたかのしもひがしのちょう　京都府京都市左京区
上高野下荒蒔町　かみたかのしもあらまきちょう　京都府京都市左京区

3画（上）

上高野三反田町　かみたかのさんたんだちょう　京都府京都市左京区

上高野三宅町　かみたかのみやけちょう　京都府京都市左京区

上高野上畑町　かみたかのうえはたちょう　京都府京都市左京区

上高野上荒蒔町　かみたかのかみあらまきちょう　京都府京都市左京区

上高野口小森町　かみたかのぐちこもりちょう　京都府京都市左京区

上高野大明神町　かみたかのだいみょうじんちょう　京都府京都市左京区

上高野大塚町　かみたかのおおつかちょう　京都府京都市左京区

上高野大湯手町　かみたかのおおゆでちょう　京都府京都市左京区

上高野大橋町　かみたかのおおはしちょう　京都府京都市左京区

上高野小野町　かみたかのおのちょう　京都府京都市左京区

上高野山ノ橋町　かみたかのやまのはしちょう　京都府京都市左京区

上高野川原町　かみたかのかわらちょう　京都府京都市左京区

上高野木ノ下町　かみたかのきのしたちょう　京都府京都市左京区

上高野水車町　かみたかのすいしゃちょう　京都府京都市左京区

上高野北川原町　かみたかのきたかわらちょう　京都府京都市左京区

上高野北田町　かみたかのきたたちょう　京都府京都市左京区

上高野古川町　かみたかのふるかわちょう　京都府京都市左京区

上高野市川町　かみたかのいちかわちょう　京都府京都市左京区

上高野石田町　かみたかのいしだちょう　京都府京都市左京区

上高野仲町　かみたかのなかまち　京都府京都市左京区

上高野池ノ内町　かみたかのいけのうちちょう　京都府京都市左京区

上高野西氷室町　かみたかのにしひむろちょう　京都府京都市左京区

上高野西明寺山　かみたかのさいみょうじやま　京都府京都市左京区

上高野尾保地山　かみたかのおほちちょう　京都府京都市左京区

上高野沢渕町　かみたかのさわぶちちょう　京都府京都市左京区

上高野町　かみたかのまち　愛媛県松山市

上高野車地町　かみたかのくるまじちょう　京都府京都市左京区

上高野防山　かみたかのぼうやま　京都府京都市左京区

上高野松田町　かみたかのまつだちょう　京都府京都市左京区

上高野東山　かみたかのひがしやま　京都府京都市左京区

上高野東氷室町　かみたかのひがしひむろちょう　京都府京都市左京区

上高野東田町　かみたかのひがしだちょう　京都府京都市左京区

上高野前田町　かみたかのまえだちょう　京都府京都市左京区

上高野畑ケ田町　かみたかのはたがだちょう　京都府京都市左京区

上高野畑町　かみたかのはたまち　京都府京都市左京区

上高野流田町　かみたかのながれだちょう　京都府京都市左京区

上高野釜土町　かみたかのかまつちちょう　京都府京都市左京区

上高野掃部林町　かみたかのかもんはやしちょう　京都府京都市左京区

上高野深田町　かみたかのふかだちょう　京都府京都市左京区

上高野野上町　かみたかののかみちょう　京都府京都市左京区

上高野鳥脇町　かみたかのとりわきちょう　京都府京都市左京区

上高野奥小森町　かみたかのおくこもりちょう　京都府京都市左京区

上高野奥東野町　かみたかのおくひがしのちょう　京都府京都市左京区

上高野植ノ町　かみたかのうえのちょう　京都府京都市左京区

上高野稲荷町　かみたかのいなりちょう　京都府京都市左京区

上高野諸木町　かみたかのもろきちょう　京都府京都市左京区

上高野隣好町　かみたかのりんこうちょう　京都府京都市左京区

上高野薩田町　かみたかのさつたちょう　京都府京都市左京区

上高野鐘突町　かみたかのかねつきちょう　京都府京都市左京区

上高野鷺町　かみたかのさぎまち　京都府京都市左京区

上高場　かみたかば　福岡県朝倉郡筑前町

上高間木　かみこうまぎ　栃木県真岡市

上高隈町　かみたかくまちょう　鹿児島県鹿屋市

上高関　かみたかせき　新潟県阿賀野市

上高橋
　かみたかはし　福岡県三井郡大刀洗町
　かみたかはし　熊本県熊本市西区

上高瀬　かみだかせ　群馬県富岡市

上鬼柳　かみおにやなぎ　岩手県北上市

11上亀田　かみかめだ　福島県郡山市

上亀谷　かみかめだに　島根県邑智郡邑南町

上富田　かみとみた　茨城県鉾田市

上冨居　かみふご　富山県富山市

上冨居新町　かみふごしんまち　富山県富山市

上問寒　かみといかん　北海道天塩郡幌延町

上堂　かみどう　岩手県盛岡市

上堀
　かみほり　千葉県南房総市
　かみほり　富山県（富山地方鉄道不二越・上滝線）

上堀川町　かみほりかわちょう　京都府京都市上京区

上堀之内　かみほりのうち　新潟県妙高市

上堀田　かみほりだ　新潟県新潟市北区

上堀町　かみほりまち　富山県富山市

111

3画（上）

上堀南町　かみほりみなみちょう　富山県富山市
上堀越町　かみほりこしちょう　愛知県名古屋市西区
上堀詰町　かみほりつめちょう　京都府京都市東山区
上宿　かみじゅく　兵庫県篠山市
上宿町　かみじゅくちょう　静岡県熱海市
上崎　かみさき　埼玉県加須市
上崎山町　かみさきやまちょう　長崎県五島市
上常盤町　かみときわちょう　北海道旭川市
上庶路　かみしょろ　北海道白糠郡白糠町
上強戸町　かみごうどちょう　群馬県太田市
上張　あげはり　静岡県掛川市
上悪土　かみあくど　秋田県能代市
上斜里　かみしゃり　北海道斜里郡清里町
上曽　うわそ　茨城県石岡市
上曽我　かみそが　神奈川県小田原市
上曽根
　かみぞね　茨城県北相馬郡利根町
　かみそね　福岡県北九州市小倉南区
上曽根田　かみそねだ　岩手県岩手郡雫石町
上曽根町　かみそねちょう　山梨県甲府市
上曽根新町　かみそねしんまち　福岡県北九州市小倉南区
上望陀　かみもうだ　千葉県木更津市
上桶屋町　かみおけやちょう　静岡県静岡市葵区
上梶原　かみかじわら　福岡県筑紫郡那珂川町
上梨　かみなし　富山県南砺市
上渋井　かみしぶい　福島県東白川郡塙町
上渋垂町　かみしぶたれちょう　栃木県足利市
上渚滑町　かみしょこつちょう　北海道紋別市
上渚滑町下立牛　かみしょこつちょうしもたてうし　北海道紋別市
上渚滑町下渚滑　かみしょこつちょうしもしょこつ　北海道紋別市
上渚滑町上古丹　かみしょこつちょううえこたん　北海道紋別市
上渚滑町上東　かみしょこつちょうじょうとう　北海道紋別市
上渚滑町中立牛　かみしょこつちょうなかたつうし　北海道紋別市
上渚滑町中渚滑　かみしょこつちょうなかしょこつ　北海道紋別市
上渚滑町更生　かみしょこつちょうこうせい　北海道紋別市
上渚滑町和訓辺　かみしょこつちょうわくんべ　北海道紋別市
上渚滑町奥東　かみしょこつちょうおくとう　北海道紋別市
上深川　かみふかわ　広島県（JR芸備線）
上深川町
　かみふかわちょう　奈良県奈良市
　かみふかわちょう　広島県広島市安佐北区
上深井　かみふかい　秋田県仙北郡美郷町
上深田　かみふかた　兵庫県三田市
上深谷部　かみふかやべ　三重県桑名市
上深荻町　かみふかおぎちょう　茨城県常陸太田市
上深野　かみふかの　福岡県築上郡築上町
上清久　かみきよく　埼玉県久喜市
上清川町　かみきよかわちょう　北海道帯広市
上清川町西　かみきよかわちょうにし　北海道帯広市
上清川町東　かみきよかわちょうひがし　北海道帯広市

上清川町基線　かみきよかわちょうきせん　北海道帯広市
上清戸　かみきよと　東京都清瀬市
上清水　かみしみず　山形県鶴岡市
上清水目　かみしみずめ　青森県上北郡東北町
上清水町
　かみしみずまち　石川県能美市
　かみしみずちょう　静岡県静岡市清水区
上清蔵口町　かみせいぞうぐちちょう　京都府京都市北区
上猪　かみい　熊本県球磨郡湯前町
上盛岡　かみもりおか　岩手県（JR山田線）
上笠
　かみがさ　岐阜県大垣市
　かみがさ　滋賀県草津市
上笹塚　かみささづか　埼玉県吉川市
上笹森　かみささもり　岩手県岩手郡雫石町
上笹橋　かみささばし　青森県上北郡東北町
上粕尾　かみかすお　栃木県鹿沼市
上粕屋　かみかすや　神奈川県伊勢原市
上経田　かみきょうでん　富山県中新川郡上市町
上紺屋　かみこや　京都府福知山市
上紺屋町　かみこうやまち　岡山県津山市
上細井町　かみほそいまち　群馬県前橋市
上細江町　かみほそえちょう　福井県福井市
上細沢町　かみほそざわちょう　兵庫県神戸市須磨区
上細見　かみほそみ　鳥取県西伯郡伯耆町
上細谷　かみほそや　埼玉県比企郡吉見町
上組
　かみぐみ　新潟県十日町市
　かみぐみ　山梨県北都留郡丹波山村
　かみぐみ　高知県高岡郡檮原町
上組町
　かみくみちょう　青森県八戸市
　かみくみちょう　岩手県遠野市
上組郷　かみぐみごう　長崎県東彼杵郡川棚町
上船原　かみふなばら　静岡県伊豆市
上葛川　かみくずがわ　奈良県吉野郡十津川村
上葛原　かみくずはら　福岡県北九州市小倉南区
上菅
　かみすけ　愛知県名古屋市名東区
　かみすが　三重県多気郡大台町
　かみすげ　鳥取県（JR伯備線）
　かみすげ　鳥取県日野郡日野町
上菅又　かみすがまた　栃木県芳賀郡茂木町
上菅口　かみすげくち　山梨県甲斐市
上菅田町　かみすげだちょう　神奈川県横浜市保土ケ谷区
上菅谷　かみすがや　茨城県（JR水郡線）
上菅間　かみすがま　茨城県つくば市
上萠和　かみもいわ　北海道広尾郡大樹町
上蛇町　じょうじゃまち　茨城県常総市
上袋　かみふくろ　富山県富山市
上貫　かみぬき　福岡県北九州市小倉南区
上郷
　かみごう　山形県西村山郡朝日町
　かみごう　茨城県笠間市
　かみごう　茨城県つくば市
　かみごう　茨城県久慈郡大子町
　かみごう　栃木県河内郡上三川町

112

3画（上）

かみごう　神奈川県海老名市
かみごう　山口県（JR山口線）
上郷上田乙　かみごううえだおつ　新潟県中魚沼郡津南町
上郷上田甲　かみごううえだこう　新潟県中魚沼郡津南町
上郷大井平　かみごうおおいだいら　新潟県中魚沼郡津南町
上郷子種新田　かみごうこたねしんでん　新潟県中魚沼郡津南町
上郷寺石　かみごうてらいし　新潟県中魚沼郡津南町
上郷別府　かみさとべっぷ　長野県飯田市
上郷町
　かみごうちょう　神奈川県横浜市栄区
　かみごうちょう　愛知県豊田市
上郷町平倉　かみごうちょうひらくら　岩手県遠野市
上郷町平野原　かみごうちょうひらのはら　岩手県遠野市
上郷町佐比内　かみごうちょうさひない　岩手県遠野市
上郷町来内　かみごうちょうらいない　岩手県遠野市
上郷町板沢　かみごうちょういたざわ　岩手県遠野市
上郷町細越　かみごうちょうほそごえ　岩手県遠野市
上郷屋　かみごうや　栃木県那須塩原市
上郷宮野原　かみごうみやのはら　新潟県中魚沼郡津南町
上郷黒田　かみさとくろだ　長野県飯田市
上郷飯沼　かみさといいぬま　長野県飯田市
上都賀郡　かみつがぐん　⇒消滅（栃木県）
上野
　うえの　北海道勇払郡厚真町
　うわの　青森県青森市
　うわの　青森県八戸市
　うわの　青森県上北郡東北町
　うわの　岩手県岩手郡雫石町
　うわの　宮城県刈田郡七ケ宿町
　うわの　秋田県由利本荘市
　わの　山形県南陽市
　うえの　茨城県つくば市
　かみの　茨城県ひたちなか市
　うえの　茨城県筑西市
　うわの　栃木県さくら市
　うえの　群馬県甘楽郡甘楽町
　うえの　埼玉県さいたま市岩槻区
　うえの　埼玉県上尾市
　うえの　埼玉県入間郡越生町
　うえの　千葉県勝浦市
　うえの　千葉県四街道市
　うえの　千葉県長生郡長柄町
　うえの　東京都（JR東北新幹線ほか）
　うえの　東京都台東区
　うえの　新潟県十日町市
　うえの　新潟県村上市
　うわの　新潟県糸魚川市
　うえの　新潟県五泉市
　うわの　新潟県南魚沼市
　うえの　新潟県岩船郡関川村
　うえの　富山県富山市
　うわの　富山県魚津市
　うわの　富山県南砺市
　うわの　富山県射水市
　うわの　富山県下新川郡入善町
　うわの　石川県河北郡津幡町

うわの　石川県羽咋郡志賀町
うわの　石川県鳳珠郡穴水町
うえの　福井県小浜市
うわの　福井県大野市
うわの　福井県あわら市
うえの　福井県南条郡南越前町
うわの　福井県丹生郡越前町
うわの　福井県三方上中郡若狭町
うえの　山梨県南アルプス市
うえの　山梨県西八代郡市川三郷町
うえの　長野県長野市
うえの　長野県上田市
うえの　岐阜県中津川市
かみの　岐阜県美濃市
うえの　岐阜県揖斐郡揖斐川町
かみの　静岡県浜松市天竜区
うえの　静岡県駿東郡小山町
うえの　愛知県名古屋市千種区
うえの　愛知県豊川市
かみの　愛知県犬山市
うえの　三重県桑名市
うえの　三重県多気郡明和町
うわの　三重県南牟婁郡御浜町
うえの　滋賀県米原市
うえの　京都府福知山市
うえの　京都府船井郡京丹波町
うえの　大阪府枚方市
うえの　兵庫県神戸市灘区
うえの　兵庫県西脇市
うえの　兵庫県養父市
うえの　兵庫県川辺郡猪名川町
うえの　和歌山県和歌山市
うえの　和歌山県田辺市
うえの　和歌山県紀の川市
かみの　鳥取県八頭郡八頭町
うえの　鳥取県西伯郡大山町
うえの　鳥取県西伯郡伯耆町
かみの　島根県邑智郡美郷町
うえの　岡山県加賀郡吉備中央町
うえの　広島県神石郡神石高原町
うえの　愛媛県伊予市
うえの　高知県土佐清水市
あがの　福岡県田川郡福智町
うえの　熊本県上益城郡御船町
うえの　宮崎県西臼杵郡高千穂町
上野々　うえのの　岩手県和賀郡西和賀町
上野ケ丘町　うわのがおかまち　石川県七尾市
上野下幸坂町　うえのしもこうさかまち　三重県伊賀市
上野三之西町　うえのさんのにしまち　三重県伊賀市
上野上野　うえのうえの　沖縄県宮古島市
上野万町　うえのよろずまち　三重県伊賀市
上野丸之内　うえのまるのうち　三重県伊賀市
上野口町
　かみのぐちちょう　大阪府門真市
　かみのぐちちょう　大分県別府市
上野小玉町　うえのこだまちょう　三重県伊賀市
上野山
　かみのやま　宮城県仙台市太白区
　かみのやま　福島県郡山市
　かみのやま　新潟県糸魚川市
　うえのやま　新潟県三島郡出雲崎町
　うえのやま　新潟県岩船郡関川村
　うえのやま　和歌山県東牟婁郡串本町

3画（上）

上野山田　うえのやまだ　京都府京都市山科区
上野川　かみのがわ　福島県双葉郡葛尾村
上野川原　うえのかわら　福島県大沼郡会津美里町
上野中町
　うえのなかまち　三重県伊賀市
　かみのなかちょう　山口県宇部市
上野公園　うえのこうえん　東京都台東区
上野木　かみのぎ　福井県三方上中郡若狭町
上野毛
　かみのげ　東京都（東京急行電鉄大井町線）
　かみのげ　東京都世田谷区
上野片原町　うえのかたはらまち　三重県伊賀市
上野丘　うえのがおか　大分県大分市
上野丘西　うえのがおかにし　大分県大分市
上野丘東　うえのがおかひがし　大分県大分市
上野台
　うわのだい　埼玉県深谷市
　うえのだい　埼玉県ふじみ野市
上野尻
　かみのじり　福島県（JR磐越西線）
　かみのじり　福島県耶麻郡西会津町
　かみのじり　愛媛県上浮穴郡久万高原町
上野市　うえのし　三重県（伊賀鉄道線）
上野広小路　うえのひろこうじ　東京都（東京地下鉄銀座線）
上野本
　かみのもと　埼玉県東松山市
　うわのほん　富山県小矢部市
上野本町
　うえのほんまち　石川県金沢市
　うえのほんまち　福井県福井市
上野本町新　うえのほんまちしん　福井県福井市
上野本郷　うえのほんごう　埼玉県上尾市
上野玄蕃町　うえのげんばまち　三重県伊賀市
上野田
　こうずけた　秋田県大仙市
　かみのだ　群馬県北群馬郡吉岡町
　かみのだ　埼玉県さいたま市緑区
　かみのだ　埼玉県白岡市
　かみのた　新潟県上越市
　こうずけだ　滋賀県蒲生郡日野町
　かみのだ　岡山県津山市
　かみのだ　高知県南国市
上野田町
　かみのだまち　埼玉県川越市
　かみのだまち　福井県鯖江市
上野田端町　うえのたばたちょう　三重県伊賀市
上野目
　かみのめ　宮城県（JR陸羽東線）
　かみのめ　宮城県加美郡加美町
上野予町　うえのいよちょう　三重県伊賀市
上野向島町　うえのむかいじまちょう　三重県伊賀市
上野地　うえのじ　奈良県吉野郡十津川村
上野寺　かみのでら　福島県福島市
上野寺井町　うえのてらいちょう　京都府京都市山科区
上野寺町　うえのてらまち　三重県伊賀市
上野池町　うえのいけまち　三重県伊賀市
上野西　うえのにし　大阪府豊中市
上野西大手町　うえのにしおおてちょう　三重県伊賀市

上野西日南町　うえのにしひなたまち　三重県伊賀市
上野西町　うえのにしまち　三重県伊賀市
上野坂　うえのさか　大阪府豊中市
上野寿町　うわのことぶきちょう　富山県富山市
上野忍町　うえのしのびちょう　三重県伊賀市
上野条　かみのうじょう　京都府福知山市
上野村　うえのむら　群馬県多野郡
上野町
　うえのちょう　北海道函館市
　うえのちょう　北海道檜山郡江差町
　うえのちょう　岩手県北上市
　うえのまち　栃木県宇都宮市
　うわのまち　栃木県鹿沼市
　うえのまち　埼玉県秩父市
　うえのちょう　千葉県銚子市
　うえのまち　東京都八王子市
　うえのちょう　神奈川県横浜市中区
　かみのまち　新潟県長岡市
　うわのまち　石川県加賀市
　かみのまち　石川県白山市
　うえのちょう　福井県福井市
　うわのまち　岐阜県高山市
　うえのちょう　岐阜県多治見市
　うえのまち　岐阜県瑞浪市
　うえのちょう　愛知県豊橋市
　うえのちょう　愛知県春日井市
　うえのちょう　愛知県豊田市
　うえのちょう　愛知県弥富市
　うえのちょう　三重県伊勢市
　うえのちょう　三重県鈴鹿市
　うえのちょう　三重県尾鷲市
　うえのちょう　三重県亀山市
　うわのちょう　滋賀県長浜市
　うえのちょう　滋賀県近江八幡市
　うえのちょう　京都府綾部市
　うえのちょう　大阪府茨木市
　うえのちょう　兵庫県加西市
　こうずけちょう　奈良県五條市
　うえのまち　和歌山県和歌山市
　うえのまち　愛媛県松山市
　うえのまち　長崎県長崎市
　うえのまち　長崎県諫早市
　こうずけまち　熊本県八代市
　うえのまち　大分県大分市
　うえのまち　大分県日田市
　かみのまち　宮崎県宮崎市
　うえのちょう　鹿児島県鹿屋市
上野町西　かみのちょうにし　大阪府岸和田市
上野町東　かみのちょうひがし　大阪府岸和田市
上野芝　うえのしば　大阪府（JR阪和線）
上野芝向ケ丘町　うえのしばむこうがおかちょう　大阪府堺市西区
上野芝町　うえのしばちょう　大阪府堺市西区
上野赤坂町　うえのあかさかちょう　三重県伊賀市
上野車坂町　うえのくるまざかちょう　三重県伊賀市
上野幸坂町　うえのこうさかまち　三重県伊賀市
上野東
　うえのひがし　埼玉県入間郡越生町
　うえのひがし　大阪府豊中市
上野東日南町　うえのひがしひなたまち　三重県伊賀市
上野東町　うえのひがしまち　三重県伊賀市
上野茅町　うえのかやまち　三重県伊賀市

3画（上）

上野南　うえのみなみ　大分県大分市
上野南町　うわのみなみまち　富山県富山市
上野相生町　うえのあいおいちょう　三重県伊賀市
上野原
　　うえのはら　宮城県加美郡加美町
　　うえのはら　福島県白河市
　　うえのはら　群馬県北群馬郡榛東村
　　うえのはら　千葉県館山市
　　うえのはら　新潟県三条市
　　うえのはら　新潟県岩船郡関川村
　　うえのはら　山梨県（JR中央本線）
　　うえのはら　山梨県上野原市
上野原市　うえのはらし　山梨県
上野原地新田　うえのはらちしんでん　茨城県桜川市
上野宮　かみのみや　茨城県久慈郡大子町
上野宮国　うえのみやぐに　沖縄県宮古島市
上野恵美須町　うえのえびすまち　三重県伊賀市
上野桑町　うえのくわまち　三重県伊賀市
上野桜木　うえのさくらぎ　東京都台東区
上野通　うえのどおり　兵庫県神戸市灘区
上野曽根　かみのそね　山形県酒田市
上野添　かみのぞえ　兵庫県加古郡播磨町
上野紺屋町　うえのこんやまち　三重県伊賀市
上野部
　　かみのべ　静岡県（天竜浜名湖鉄道線）
　　かみのべ　静岡県磐田市
上野野原　うえののばる　沖縄県宮古島市
上野魚町　うえのうおまち　三重県伊賀市
上野御所ノ内町　うえのごしょのうちちょう　京都府京都市山科区
上野御徒町　うえのおかちまち　東京都（東京都交通局大江戸線）
上野間
　　かみのま　愛知県（名古屋鉄道知多新線）
　　かみのま　愛知県知多郡美浜町
上野幌　かみのっぽろ　北海道（JR千歳線）
上野幌一条　かみのっぽろいちじょう　北海道札幌市厚別区
上野幌二条　かみのっぽろにじょう　北海道札幌市厚別区
上野幌三条　かみのっぽろさんじょう　北海道札幌市厚別区
上野愛宕町　うえのあたごまち　三重県伊賀市
上野新
　　うえのしん　新潟県岩船郡関川村
　　うわのしん　富山県富山市
上野新町
　　うわのしんまち　富山県富山市
　　かみのしんまち　愛知県犬山市
　　うえのしんまち　三重県伊賀市
上野新里　うえのしんざと　沖縄県宮古島市
上野福居町　うえのふくいちょう　三重県伊賀市
上野農人町　うえののうにんまち　三重県伊賀市
上野鉄砲町　うえのてっぽうまち　三重県伊賀市
上野徳居町　うえのとくいちょう　三重県伊賀市
上野鍛冶町　うえのかじまち　三重県伊賀市
上閉伊郡　かみへいぐん　岩手県
上陰　かみかげ　兵庫県豊岡市
上陳　かみじん　熊本県上益城郡益城町
上陸別　かみりくべつ　北海道足寄郡陸別町

上魚町　かみうおまち　鳥取県鳥取市
上鳥羽八王神町　かみとばはちおうじんちょう　京都府京都市南区
上鳥羽上調子町　かみとばかみちょうしちょう　京都府京都市南区
上鳥羽口　かみとばぐち　京都府（近畿日本鉄道京都線）
上鳥羽大物町　かみとばだいもつちょう　京都府京都市南区
上鳥羽大柳町　かみとばおおやなぎちょう　京都府京都市南区
上鳥羽大溝　かみとばおおみぞ　京都府京都市南区
上鳥羽山ノ本町　かみとばやまのもとちょう　京都府京都市南区
上鳥羽川端町　かみとばかわばたちょう　京都府京都市南区
上鳥羽中河原　かみとばなかがわら　京都府京都市南区
上鳥羽仏現寺町　かみとばぶつげんじちょう　京都府京都市南区
上鳥羽火打形町　かみとばひうちがたちょう　京都府京都市南区
上鳥羽北中ノ坪町　かみとばきたなかのつぼちょう　京都府京都市南区
上鳥羽北戒光町　かみとばきたかいこうちょう　京都府京都市南区
上鳥羽北村山町　かみとばきたむらやまちょう　京都府京都市南区
上鳥羽北花名町　かみとばきたはななちょう　京都府京都市南区
上鳥羽北島田町　かみとばきたしまだちょう　京都府京都市南区
上鳥羽北塔ノ本町　かみとばきたとうのもとちょう　京都府京都市南区
上鳥羽卯ノ花　かみとばうのはな　京都府京都市南区
上鳥羽尻切町　かみとばしりきりちょう　京都府京都市南区
上鳥羽石橋町　かみとばいしばしちょう　京都府京都市南区
上鳥羽西浦町　かみとばにしうらちょう　京都府京都市南区
上鳥羽戒光　かみとばかいこう　京都府京都市南区
上鳥羽戒光町　かみとばかいこうちょう　京都府京都市南区
上鳥羽町田　かみとばちょうだ　京都府京都市南区
上鳥羽花名　かみとばはなな　京都府京都市南区
上鳥羽角田町　かみとばつのだちょう　京都府京都市南区
上鳥羽奈須野町　かみとばなすのちょう　京都府京都市南区
上鳥羽岩ノ本町　かみとばいわのもとちょう　京都府京都市南区
上鳥羽苗代町　かみとばなわしろちょう　京都府京都市南区
上鳥羽金仏　かみとばかなぼとけ　京都府京都市南区
上鳥羽南中ノ坪町　かみとばみなみなかのつぼちょう　京都府京都市南区
上鳥羽南村山町　かみとばみなみむらやまちょう　京都府京都市南区
上鳥羽南花名町　かみとばみなみはななちょう　京都府京都市南区

115

3画（上）

上鳥羽南苗代町　かみとばみなみなわしろちょう　京都府京都市南区

上鳥羽南唐戸町　かみとばみなみからとちょう　京都府京都市南区

上鳥羽南島田町　かみとばみなみしまだちょう　京都府京都市南区

上鳥羽南塔ノ本町　かみとばみなみとうのもとちょう　京都府京都市南区

上鳥羽南鉾立町　かみとばみなみほこたてちょう　京都府京都市南区

上鳥羽城ケ前町　かみとばしろがまえちょう　京都府京都市南区

上鳥羽唐戸町　かみとばからとちょう　京都府京都市南区

上鳥羽馬廻　かみとばうままわし　京都府京都市南区

上鳥羽高畠町　かみとばたかはたちょう　京都府京都市南区

上鳥羽堀子町　かみとばほりこちょう　京都府京都市南区

上鳥羽清井町　かみとばきよいちょう　京都府京都市南区

上鳥羽菅田町　かみとばすがたちょう　京都府京都市南区

上鳥羽麻ノ本　かみとばあさのもと　京都府京都市南区

上鳥羽塔ノ本　かみとばとうのもと　京都府京都市南区

上鳥羽塔ノ森下河原　かみとばとうのもりしもかわら　京都府京都市南区

上鳥羽塔ノ森下開ノ内　かみとばとうのもりしもひらきのうち　京都府京都市南区

上鳥羽塔ノ森上河原　かみとばとうのもりかみかわら　京都府京都市南区

上鳥羽塔ノ森上開ノ内　かみとばとうのもりかみひらきのうち　京都府京都市南区

上鳥羽塔ノ森四ツ谷町　かみとばとうのもりよつやちょう　京都府京都市南区

上鳥羽塔ノ森江川町　かみとばとうのもりえがわちょう　京都府京都市南区

上鳥羽塔ノ森西河原町　かみとばとうのもりにしがわらちょう　京都府京都市南区

上鳥羽塔ノ森東向町　かみとばとうのもりひがしむこうちょう　京都府京都市南区

上鳥羽塔ノ森柴東町　かみとばとうのもりしばひがしちょう　京都府京都市南区

上鳥羽塔ノ森柳原　かみとばとうのもりやなぎはら　京都府京都市南区

上鳥羽塔ノ森洲崎町　かみとばとうのもりすざきちょう　京都府京都市南区

上鳥羽塔ノ森梅ノ木　かみとばとうのもりうめのき　京都府京都市南区

上鳥羽勧進橋町　かみとばかんじんばしちょう　京都府京都市南区

上鳥羽鉾立町　かみとばほこたてちょう　京都府京都市南区

上鳥羽鴨田　かみとばかもんでん　京都府京都市南区

上鳥羽藁田　かみとばわらんでん　京都府京都市南区

上鳥羽鍋ケ渕町　かみとばなべがふちちょう　京都府京都市南区

上鳥渡　かみとりわた　福島県福島市

上鹿山　かみかやま　埼玉県日高市

上鹿折　かみししおり　宮城県（JR大船渡線）

上鹿妻　かみかづま　岩手県盛岡市

上麻生
　かみあさお　神奈川県川崎市麻生区
　かみあそ　富山県高岡市
　かみあそう　岐阜県（JR高山本線）
　かみあそう　岐阜県加茂郡七宗町

上麻生町　かみあそうちょう　滋賀県東近江市

上麻生嶋　かみあそうじま　福井県大野市

上黒川
　かみくろかわ　山形県酒田市
　かみくろわ　愛知県北設楽郡豊根村

上黒川町　かみくろがわまち　石川県輪島市

上黒田
　かみくろだ　富山県高岡市
　かみくろた　福井県三方上中郡若狭町

上黒田新　かみくろだしん　富山県高岡市

上黒谷
　かみくろだに　福井県大野市
　かみくろたに　和歌山県和歌山市

上黒谷町　かみくろだにちょう　島根県益田市

上黒岩
　かみくろいわ　群馬県富岡市
　かみくろいわ　愛媛県上浮穴郡久万高原町

上黒門町　かみくろもんちょう　京都府京都市中京区

上黒崎町　かみくろさきまち　長崎県長崎市

上黒瀬　かみくろせ　新潟県阿賀野市

12上博多町　かみはかたまち　大分県中津市

上厨川　かみくりやがわ　岩手県盛岡市

上善之木　かみぜんのき　山梨県南都留郡道志村

上善地　かみぜんじ　静岡県浜松市浜北区

上善寺町　じょうぜんじちょう　京都府京都市上京区

上善寺門前町　じょうぜんじもんぜんちょう　京都府京都市北区

上堰　かみぜき　宮城県白石市

上堤町　かみつつみちょう　石川県金沢市

上塔之段町　かみとうのだんちょう　京都府京都市上京区

上奥田　かみおくだ　山形県東置賜郡川西町

上奥沢　かみおくさわ　栃木県大田原市

上奥富　かみおくどみ　埼玉県狭山市

上富　かみとめ　埼玉県入間郡三芳町

上富川　かみとみがわ　新潟県上越市

上富井　かみとみい　岡山県倉敷市

上富田　かみとんだ　宮崎県児湯郡新富町

上富田町　かみとんだちょう　和歌山県西牟婁郡

上富良野　かみふらの　北海道（JR富良野線）

上富良野町　かみふらのちょう　北海道空知郡

上富岡　かみとみおか　新潟県長岡市

上富岡町　かみとみおかまち　新潟県長岡市

上富美　かみふみ　北海道紋別郡湧別町

上富野　かみとみの　福岡県北九州市小倉北区

上御手洗瀬　かみみたらせ　青森県上北郡野辺地町

上御田町　かみみたちょう　栃木県宇都宮市

上御料　かみごりょう　北海道富良野市

上御霊上江町　かみごりょうかみえちょう　京都府京都市北区

上御霊中町　かみごりょうなかまち　京都府京都市上京区

上御霊前町　かみごりょうまえちょう　京都府京都市上京区

3画（上）

上御霊馬場町　かみごりょうばばちょう　京都府京都市上京区

上御霊竪町　かみごりょうたてまち　京都府京都市上京区

上揚
　かみあげ　熊本県上益城郡甲佐町
　かみあげ　宮崎県西都市

上曾根　かみぞね　新潟県上越市

上勝田　かみかつた　千葉県佐倉市

上勝町　かみかつちょう　徳島県勝浦郡

上朝比奈　かみあさひな　静岡県御前崎市

上検地　かみけんじ　福岡県行橋市

上植木本町　かみうえきほんまち　群馬県伊勢崎市

上植野　かみうえの　千葉県勝浦市

上植野町　かみうえのちょう　京都府向日市

上森田　かみもりだ　福井県福井市

上森田町　かみもりだちょう　福井県福井市

上森原　かみもりばら　岡山県苫田郡鏡野町

上棚　うわだな　石川県羽咋郡志賀町

上棟梁町　かみとうりょうちょう　京都府京都市東山区

上温谷　かみぬくだに　福井県南条郡南越前町

上温品　かみぬくしな　広島県広島市東区

上渡　かみわたり　富山県高岡市

上渡合町　かみどあいちょう　愛知県豊田市

上湯川
　かみゆかわ　奈良県吉野郡十津川村
　かみゆかわ　和歌山県有田郡有田川町

上湯川町　かみゆのかわちょう　北海道函館市

上湯江　かみゆえ　千葉県君津市

上湯沢　かみゆざわ　秋田県（JR奥羽本線）

上湯谷　かみゆだに　新潟県上越市

上湧別屯田市街地　かみゆうべつとんでんしがいち　北海道紋別郡湧別町

上湧別町　かみゆうべつちょう　⇒湧別町（北海道紋別郡）

上然別
　かみしかりべつ　北海道河東郡音更町
　かみしかりべつ　北海道上川郡清水町

上然別西　かみしかりべつにし　北海道河東郡鹿追町

上番　かみばん　福井県あわら市

上登別町　かみのぼりべつちょう　北海道登別市

上筒井通　かみつついどおり　兵庫県神戸市中央区

上筒香　かみつつが　和歌山県伊都郡高野町

上筒賀　かみつつが　広島県山県郡安芸太田町

上粟野　かみあわの　京都府船井郡京丹波町

上萱丸　かみかやまる　茨城県つくば市

上萱津　かみかやづ　愛知県あま市

上萱場　かみかやば　茨城県取手市

上萩山　かみはぎやま　鳥取県日野郡日南町

上葉木坂　かみはぎざか　福島県二本松市

上落合
　かみおちあい　群馬県藤岡市
　かみおちあい　埼玉県さいたま市中央区
　かみおちあい　東京都新宿区
　かみおちあい　神奈川県厚木市
　かみおちあい　静岡県静岡市葵区

上葭原町　かみよしはらちょう　兵庫県西宮市

上蛭田　かみひるだ　埼玉県春日部市

上覚　じょうかく　新潟県糸魚川市

上賀茂　かみがも　静岡県賀茂郡南伊豆町

上賀茂ケシ山　かみがもけしやま　京都府京都市北区

上賀茂二軒家町　かみがもにけんやちょう　京都府京都市北区

上賀茂十三石山　かみがもじゅうさんごくやま　京都府京都市北区

上賀茂下神原町　かみがもしもじんばらちょう　京都府京都市北区

上賀茂上神原町　かみがもかみじんばらちょう　京都府京都市北区

上賀茂土門町　かみがもつちかどちょう　京都府京都市北区

上賀茂大柳町　かみがもおおやなぎちょう　京都府京都市北区

上賀茂女夫岩町　かみがもめおといわちょう　京都府京都市北区

上賀茂山本町　かみがもやまもとちょう　京都府京都市北区

上賀茂中ノ坂町　かみがもなかのさかちょう　京都府京都市北区

上賀茂中ノ河原町　かみがもなかのかわらちょう　京都府京都市北区

上賀茂中大路町　かみがもなかおおじちょう　京都府京都市北区

上賀茂中山町　かみがもなかやまちょう　京都府京都市北区

上賀茂中嶋河原町　かみがもなかじまがわらちょう　京都府京都市北区

上賀茂今井河原町　かみがもいまいがわらちょう　京都府京都市北区

上賀茂六段田町　かみがもろくだんだちょう　京都府京都市北区

上賀茂毛穴井町　かみがもけあないちょう　京都府京都市北区

上賀茂北ノ原町　かみがもきたのはらちょう　京都府京都市北区

上賀茂北大路町　かみがもきたおおじちょう　京都府京都市北区

上賀茂本山　かみがももとやま　京都府京都市北区

上賀茂石計町　かみがもいしかずちょう　京都府京都市北区

上賀茂向梅町　かみがもむかいうめちょう　京都府京都市北区

上賀茂向縄手町　かみがもむかいなわてちょう　京都府京都市北区

上賀茂池殿町　かみがもいけどのちょう　京都府京都市北区

上賀茂池端町　かみがもいけばたちょう　京都府京都市北区

上賀茂竹ケ鼻町　かみがもたけがはなちょう　京都府京都市北区

上賀茂舟着町　かみがもふなつきちょう　京都府京都市北区

上賀茂西上之段町　かみがもにしうえのだんちょう　京都府京都市北区

上賀茂西河原町　かみがもにしがわらちょう　京都府京都市北区

上賀茂西後藤町　かみがもにしごとうちょう　京都府京都市北区

上賀茂坂口町　かみがもさかぐちちょう　京都府京都市北区

117

3画（上）

上賀茂壱町口町　かみがもいっちょうぐちちょう　京都府京都市北区

上賀茂赤尾町　かみがもあかおちょう　京都府京都市北区

上賀茂岡本口町　かみがもおかもとぐちちょう　京都府京都市北区

上賀茂岡本町　かみがもおかもとちょう　京都府京都市北区

上賀茂岩ケ垣内町　かみがもいわがかきうちちょう　京都府京都市北区

上賀茂松本町　かみがもまつもとちょう　京都府京都市北区

上賀茂東上之段町　かみがもひがしうえのだんちょう　京都府京都市北区

上賀茂東後藤町　かみがもひがしごとうちょう　京都府京都市北区

上賀茂前田町　かみがもまえだちょう　京都府京都市北区

上賀茂南大路町　かみがみなみおおじちょう　京都府京都市北区

上賀茂柊谷町　かみがもひいらぎだにちょう　京都府京都市北区

上賀茂津ノ国町　かみがもつのくにちょう　京都府京都市北区

上賀茂狭間町　かみがもはざまちょう　京都府京都市北区

上賀茂神山　かみがもこうやま　京都府京都市北区

上賀茂荒草町　かみがもあらくさちょう　京都府京都市北区

上賀茂音保瀬町　かみがもおとぼせちょう　京都府京都市北区

上賀茂桜井町　かみがもさくらいちょう　京都府京都市北区

上賀茂梅ケ辻町　かみがもうめがつじちょう　京都府京都市北区

上賀茂烏帽子ケ垣内町　かみがもえぼしがかきうちちょう　京都府京都市北区

上賀茂畔勝町　かみがもあぜかちちょう　京都府京都市北区

上賀茂馬ノ目町　かみがもうまのめちょう　京都府京都市北区

上賀茂高縄手町　かみがもたかなわてちょう　京都府京都市北区

上賀茂深泥池町　かみがもみどろいけちょう　京都府京都市北区

上賀茂菖蒲園町　かみがもしょうぶえんちょう　京都府京都市北区

上賀茂備後田町　かみがもびんごでんちょう　京都府京都市北区

上賀茂御薗口町　かみがもみそのぐちちょう　京都府京都市北区

上賀茂朝露ケ原町　かみがもあさつゆがはらちょう　京都府京都市北区

上賀茂葵之森町　かみがもあおいのもりちょう　京都府京都市北区

上賀茂葵之森町　かみがもあおいでんちょう　京都府京都市北区

上賀茂榊田町　かみがもさかきだちょう　京都府京都市北区

上賀茂豊田町　かみがもとよたちょう　京都府京都市北区

上賀茂蝉ケ垣内町　かみがもせみがかきうちちょう　京都府京都市北区

上賀茂薮田町　かみがもやぶたちょう　京都府京都市北区

上賀茂藤ノ木町　かみがもふじのきちょう　京都府京都市北区

上越方　かみこしかた　和歌山県日高郡日高川町

上越市　じょうえつし　新潟県

上越妙高　じょうえつみょうこう　新潟県（JR北陸新幹線ほか）

上越国際スキー場前　じょうえつこくさいすきーじょうまえ　新潟県（JR上越線）

上軽部　かみかるべ　茨城県かすみがうら市

上運天　かみうんてん　沖縄県国頭郡今帰仁村

上達布　かみたっぷ　北海道石狩郡新篠津村

上道
　あがりみち　鳥取県（JR境線）
　じょうとう　岡山県（JR山陽本線）

上道山町　かみみちやまちょう　兵庫県加西市

上道北方　じょうとうきたがた　岡山県岡山市東区

上道目記町　かみどうめきちょう　愛知県西尾市

上道町　あがりみちちょう　鳥取県境港市

上道潟　かみどうがた　新潟県新潟市南区

上鈎　かみまがり　滋賀県栗東市

上開発　かみかいほつ　富山県高岡市

上開発町　かみかいはつまち　石川県能美市

上間
　うわま　岡山県久米郡美咲町
　うえま　沖縄県那覇市

上間久里　かみまくり　埼玉県越谷市

上間仁田　かみまにた　群馬県安中市

上陽町下横山　じょうようまちしもよこやま　福岡県八女市

上陽町上横山　じょうようまちかみよこやま　福岡県八女市

上陽町久木原　じょうようまちくきはら　福岡県八女市

上陽町北川内　じょうようまちきたかわうち　福岡県八女市

上雄武　かみおうむ　北海道紋別郡雄武町

上雲寺　じょううんじ　新潟県上越市

上須戸　かみすど　埼玉県熊谷市

上須田　かみすだ　茨城県稲敷市

上須戒　かみすがい　愛媛県大洲市

上須頃　かみすごろ　新潟県三条市

上須惠　かみすえ　福岡県糟屋郡須惠町

上飯田
　かみいいだ　宮城県仙台市若林区
　かみいいだ　岐阜県加茂郡八百津町
　かみいいだ　愛知県（名古屋市交通局上飯田線ほか）

上飯田北町　かみいいだきたまち　愛知県名古屋市北区

上飯田西町　かみいいだにしまち　愛知県名古屋市北区

上飯田町　かみいいだちょう　神奈川県横浜市泉区

上飯田東町　かみいいだひがしまち　愛知県名古屋市北区

上飯田南町　かみいいだみなみまち　愛知県名古屋市北区

上飯田通　かみいいだとおり　愛知県名古屋市北区

3画（上）

上飯岡　かみいいおか　岩手県盛岡市
上飯沼　かみいいぬま　茨城県東茨城郡茨城町
上飯島
　　かみいいじま　秋田県（JR奥羽本線）
　　かみいいじま　群馬県佐波郡玉村町
上飯野
　　かみいいの　千葉県富津市
　　かみいいの　富山県富山市
　　かみいいの　富山県下新川郡入善町
上飯野新　かみいいのしん　富山県下新川郡入善町
上飯野新町　かみいいのしんまち　富山県富山市
上飯塚　かみいいづか　新潟県阿賀野市
13 上勢頭　かみせど　沖縄県中頭郡北谷町
上塩　かみしお　新潟県長岡市
上塩尻　かみしおじり　長野県上田市
上塩冶町　かみえんやちょう　島根県出雲市
上塩屋　かみしおや　鹿児島県（鹿児島市交通局1系統）
上塩俵　かみしおだわら　新潟県新潟市南区
上塩原　かみしおばら　栃木県那須塩原市
上幌内
　　かみほろない　北海道紋別郡雄武町
　　かみほろない　北海道河東郡鹿追町
上幌加内　かみほろかない　北海道雨竜郡幌加内町
上幌向　かみほろむい　北海道（JR函館本線）
上幌向北一条　かみほろむいきたいちじょう　北海道岩見沢市
上幌向町　かみほろむいちょう　北海道岩見沢市
上幌向南一条　かみほろむいみなみいちじょう　北海道岩見沢市
上幌向南二条　かみほろむいみなみにじょう　北海道岩見沢市
上幌向南三条　かみほろむいみなみさんじょう　北海道岩見沢市
上幌呂　かみほろろ　北海道阿寒郡鶴居村
上幌延
　　かみほろのべ　北海道（JR宗谷本線）
　　かみほろのべ　北海道天塩郡幌延町
上愛子　かみあやし　宮城県仙台市青葉区
上意江　じょういえ　宮城県遠田郡美里町
上新　かみしん　京都府福知山市
上新シ町　かみあたらしちょう　京都府京都市東山区
上新丁　うわじんちょう　長崎県島原市
上新入　かみしんにゅう　福岡県直方市
上新川町　かみしんかわちょう　北海道函館市
上新井
　　かみあらい　埼玉県所沢市
　　かみあらい　新潟県十日町市
上新井田　かみにいだ　青森県三戸郡五戸町
上新井田前　かみにいだまえ　青森県三戸郡五戸町
上新田
　　かみにいだ　山形県米沢市
　　かみしんでん　福島県二本松市
　　かみしんでん　群馬県佐波郡玉村町
　　かみしんでん　埼玉県熊谷市
　　かみしんでん　埼玉県鶴ケ島市
　　かみにった　千葉県君津市
　　かみしんでん　神奈川県小田原市
　　かみしんでん　新潟県新潟市南区
　　かみしんでん　長野県伊那市
　　かみしんでん　静岡県焼津市

　　かみしんでん　大阪府豊中市
上新田町
　　かみしんでんまち　群馬県前橋市
　　かみしんでんまち　新潟県見附市
　　かみしんでんちょう　愛知県津島市
上新印　かみしい　鳥取県米子市
上新地　かみしんち　兵庫県神戸市西区
上新地町　かみしんちちょう　山口県下関市
上新庄
　　かみしんじょう　大阪府（阪急電鉄京都本線）
　　かみしんじょう　大阪府大阪市東淀川区
上新町
　　かみしんまち　新潟県上越市
　　かみしんまち　岐阜県岐阜市
　　かみしんまち　岐阜県羽島郡笠松町
　　かみしんまち　兵庫県小野市
　　かみしんまち　熊本県人吉市
上新河岸　かみしんがし　埼玉県川越市
上新保
　　かみしんぼ　新潟県新発田市
　　かみしんぼ　新潟県妙高市
　　かみしんぼ　新潟県岩船郡関川村
　　かみしんぼ　富山県富山市
上新城　かみしんじょう　神奈川県川崎市中原区
上新城小又　かみしんじょうおまた　秋田県秋田市
上新城中　かみしんじょうなか　秋田県秋田市
上新城五十丁　かみしんじょうごじっちょう　秋田県秋田市
上新城白山　かみしんじょうしらやま　秋田県秋田市
上新城石名坂　かみしんじょういしなざか　秋田県秋田市
上新城保多野　かみしんじょうほたの　秋田県秋田市
上新城湯ノ里　かみしんじょうゆのさと　秋田県秋田市
上新城道川　かみしんじょうみちかわ　秋田県秋田市
上新屋　かみあらや　静岡県磐田市
上新屋町　かみあらやちょう　静岡県浜松市東区
上新栄町　かみしんえいちょう　新潟県新潟市西区
上新宿　かみしんしゅく　千葉県流山市
上新宿新田　かみしんしゅくしんでん　千葉県流山市
上新郷　かみしんごう　埼玉県羽生市
上新富町　かみしんとみちょう　静岡県静岡市葵区
上新道　かみしんみち　青森県三戸郡五戸町
上新穂　かみにいぼ　新潟県佐渡市
上楠　かみくす　三重県多気郡大台町
上楠川　かみくすがわ　新潟県新発田市
上椹沢　かみくぬぎさわ　山形県山形市
上殿　かみとの　広島県山県郡安芸太田町
上殿町　かみどのまち　栃木県鹿沼市
上殿岡　かみとのおか　長野県飯田市
上源入　かみげんにゅう　新潟県上越市
上溝
　　かみみぞ　神奈川県（JR相模線）
　　かみみぞ　神奈川県相模原市中央区
上滝
　　かみだき　富山県（富山地方鉄道不二越・上滝線）
　　かみだき　富山県富山市
上滝田　かみたきだ　千葉県南房総市
上滝西　かみたきにし　宮城県伊具郡丸森町
上滝町　かみたきまち　群馬県高崎市

119

3画（上）

上滝東　かみたきひがし　宮城県伊具郡丸森町
上滝野　かみたきの　兵庫県加東市
上猿払　かみさるふつ　北海道宗谷郡猿払村
上福井　かみふくい　京都府舞鶴市
上福元町　かみふくもとちょう　鹿児島県鹿児島市
上福田
　かみふくだ　千葉県成田市
　かみふくだ　鳥取県倉吉市
上福来　かみふくらい　富山県中新川郡立山町
上福沢　かみふくざわ　山梨県甲斐市
上福岡
　かみふくおか　埼玉県（東武鉄道東上本線）
　かみふくおか　埼玉県ふじみ野市
　かみふくおか　新潟県阿賀野市
上福岡町　かみふくおかちょう　香川県高松市
上福原
　かみふくばら　鳥取県米子市
　かみふくはら　岡山県美作市
上福島　かみふくしま　群馬県佐波郡玉村町
上竪小路　かみたてこうじ　山口県山口市
上竪杉町　かみたてすぎのちょう　愛知県名古屋市東区
上筱見　かみささみ　兵庫県篠山市
上糀屋町　かみこうじやちょう　京都府京都市下京区
上蒲生　かみかもう　栃木県河内郡上三川町
上蓬田
　かみよもぎた　福島県二本松市
　かみよもぎだ　福島県石川郡平田村
上蓮町　かみはすちょう　群馬県伊勢崎市
上蓮花寺　かみれんげじ　福岡県中間市
上蛸路町　かみたこじちょう　三重県松阪市
上詰　かみつめ　大分県大分市
上豊田　かみとよた　愛知県（名古屋鉄道豊田線）
上豊似　かみとよに　北海道広尾郡広尾町
上豊岡町　かみとよおかまち　群馬県高崎市
上豊松　かみとよまつ　広島県神石郡神石高原町
上豊幌　かみとよほろ　北海道寿都郡黒松内町
上路　あげろ　新潟県糸魚川市
上遠石町　かみといしちょう　山口県周南市
上鉢山　かみはちやま　兵庫県豊岡市
上鉢石町　かみはついしまち　栃木県日光市
上雷　じょうらい　北海道上磯郡知内町
上頓別　かみとんべつ　北海道枝幸郡中頓別町
上頓野　かみとんの　福岡県直方市
14 上嘉川　かみかがわ　山口県（JR宇部線）
上嘉鉄　かみかてつ　鹿児島県大島郡喜界町
上境
　かみざかい　秋田県横手市
　かみざかい　茨城県つくば市
　かみざかい　栃木県那須烏山市
　かみざかい　長野県（JR飯山線）
　かみざかい　福岡県直方市
上増田　かみますだ　埼玉県深谷市
上増田町　かみますだまち　群馬県前橋市
上徳
　かみとく　北海道斜里郡小清水町
　かみとく　愛媛県今治市
上徳間　かみとくま　長野県千曲市
上暮地　かみくれち　山梨県富士吉田市

上榎島　かみえのきじま　愛知県犬山市
上樋口　かみひぐち　秋田県南秋田郡五城目町
上樋遣川　かみひやりかわ　埼玉県加須市
上歌　かみうた　北海道歌志内市
上漆田町　かみうるしだまち　熊本県人吉市
上漆原　かみうるしばら　京都府舞鶴市
上熊本
　かみくまもと　熊本県（JR鹿児島本線ほか）
　かみくまもと　熊本県熊本市西区
上熊本駅前　かみくまもとえきまえ　熊本県（熊本市交通局B系統）
上熊谷
　かみくまがや　埼玉県（秩父鉄道線）
　かみくまたに　岡山県新見市
上熊野　かみくまの　富山県富山市
上稲子　かみいなこ　静岡県富士宮市
上稲木町　かみいなぎちょう　岡山県井原市
上稲毛田　かみいなげた　栃木県芳賀郡芳賀町
上稲田　かみいなだ　新潟県上越市
上稲吉　かみいなよし　茨城県かすみがうら市
上稲志別　かみいなしべつ　北海道中川郡豊別町
上稲葉　かみいなば　栃木県下都賀郡壬生町
上稲葉町　かみいなばちょう　滋賀県彦根市
上種　かみだね　鳥取県東伯郡北栄町
上種川　かみたねがわ　北海道瀬棚郡今金町
上種足　かみたなだれ　埼玉県加須市
上稗田　かみひえだ　福岡県行橋市
上窪道北乙　かみくぼみちきたおつ　福島県河沼郡会津坂下町
上箇　あげ　兵庫県養父市
上箕田　かみみだ　三重県鈴鹿市
上箕田町　かみみだちょう　三重県鈴鹿市
上綱子　かみつなこ　新潟県上越市
上総一ノ宮　かずさいちのみや　千葉県（JR外房線）
上総三又　かずさみつまた　千葉県（小湊鉄道線）
上総久保　かずさくぼ　千葉県（小湊鉄道線）
上総大久保　かずさおおくぼ　千葉県（小湊鉄道線）
上総山田　かずさやまだ　千葉県（小湊鉄道線）
上総川間　かずさかわま　千葉県（小湊鉄道線）
上総中川　かずさなかがわ　千葉県（いすみ鉄道線）
上総中野　かずさなかの　千葉県（いすみ鉄道線ほか）
上総内　かずさうち　千葉県松戸市
上総牛久　かずさうしく　千葉県（小湊鉄道線）
上総村上　かずさむらかみ　千葉県（小湊鉄道線）
上総町
　かんさちょう　奈良県天理市
　かずさまち　愛媛県松山市
上総松丘　かずさまつおか　千葉県（JR久留里線）
上総東　かずさあずま　千葉県（いすみ鉄道線）
上総亀山　かずさかめやま　千葉県（JR久留里線）
上総清川　かずさきよかわ　千葉県（JR久留里線）
上総湊　かずさみなと　千葉県（JR内房線）
上総興津　かずさおきつ　千葉県（JR外房線）
上総鶴舞　かずさつるまい　千葉県（小湊鉄道線）
上網田町　かみおうだちょう　熊本県宇土市
上銀谷　かみぎんや　埼玉県比企郡吉見町
上銭座町　かみぜんざまち　長崎県長崎市
上鉾木　かみほこのき　富山県中新川郡立山町

120

3画（上）

上関
　うわせき　岩手県八幡平市
　かみせき　秋田県能代市
　かみせき　秋田県湯沢市
　かみせき　新潟県岩船郡関川村
　かみぜき　富山県高岡市
上関乙　かみぜきおつ　高知県長岡郡本山町
上関口　かみせきぐち　新潟県阿賀野市
上関甲　かみぜきこう　高知県長岡郡本山町
上関町
　かみぜきまち　富山県高岡市
　かみのせきちょう　山口県熊毛郡
上関河内　かみせきごうど　福島県東白川郡矢祭町
上鞆渕　かみともぶち　和歌山県紀の川市
上餅山　かみもちやま　山形県酒田市
上鳴尾町　あげなるおちょう　兵庫県西宮市
上鼻　かんばな　岩手県宮古市
15 上幡木　かみはたき　茨城県鉾田市
上幟町　かみのぼりちょう　広島県広島市中区
上影森　かみかげもり　埼玉県秩父市
上敷田　かみしきだ　大分県宇佐市
上敷免　じょうしきめん　埼玉県深谷市
上敷面　じょうしきめん　福島県西白河郡矢吹町
上横　うえよこ　新潟県糸魚川市
上横山　かみよこやま　新潟県佐渡市
上横田　かみよこた　埼玉県比企郡小川町
上横田町　かみよこたまち　栃木県宇都宮市
上横地　かみよこじ　千葉県山武市
上横林　かみよこばやし　栃木県那須塩原市
上横倉町　かみよこくらまち　栃木県宇都宮市
上横野　かみよこの　岡山県津山市
上横割　かみよこわり　静岡県富士市
上横場　かみよこば　茨城県つくば市
上横須賀　かみよこすか　愛知県（名古屋鉄道西尾線）
上樫出　かみかしいで　新潟県長岡市
上槻瀬　かみづきせ　兵庫県三田市
上標津　かみしべつ　北海道標津郡中標津町
上穂北　うわぶきた　長野県駒ケ根市
上穂東町　かみほひがしまち　大阪府茨木市
上穂波　かみほなみ　福岡県（JR筑豊本線）
上穂南　うわぶみなみ　長野県駒ケ根市
上穂栄町　うわぶさかえまち　長野県駒ケ根市
上穂積　かみほづみ　大阪府茨木市
上箱井　かみはこい　新潟県上越市
上舞木　かみもうぎ　福島県田村郡三春町
上舞台　かみぶたい　愛知県犬山市
上蔵野　かみくらの　新潟県阿賀野市
上蕨岡　かみわらびおか　山形県飽海郡遊佐町
上諸江　かみもろえ　石川県（北陸鉄道浅野川線）
上諸留町　かみもろどめまち　大分県日田市
上諏訪
　かみすわ　岩手県花巻市
　かみすわ　新潟県燕市
　かみすわ　長野県（JR中央本線）
　かみすわ　長野県諏訪市
上諏訪町
　かみすわちょう　群馬県伊勢崎市
　かみすわんちょう　京都府京都市下京区
　かみすわまち　長崎県大村市
上輪　あげわ　新潟県柏崎市
上輪新田　あげわしんでん　新潟県柏崎市
上駒　かみこま　北海道枝幸郡中頓別町
上駒月　かみこまづき　滋賀県蒲生郡日野町
上駒沢　かみこまざわ　長野県長野市
16 上橋町　かみばしちょう　愛知県名古屋市西区
上橋津　かみはしづ　鳥取県東伯郡湯梨浜町
上樵木町　かみごりきちょう　京都府京都市中京区
上濁川　かみにごりかわ　新潟県妙高市
上甑町小島　かみこしきちょうおしま　鹿児島県薩摩川内市
上甑町中野　かみこしきちょうなかの　鹿児島県薩摩川内市
上甑町中甑　かみこしきちょうなかこしき　鹿児島県薩摩川内市
上甑町平良　かみこしきちょうたいら　鹿児島県薩摩川内市
上甑町江石　かみこしきちょうえいし　鹿児島県薩摩川内市
上甑町桑之浦　かみこしきちょうくわのうら　鹿児島県薩摩川内市
上甑町瀬上　かみこしきちょうせがみ　鹿児島県薩摩川内市
上積翠寺町　かみせきすいじまち　山梨県甲府市
上築　かみちく　北海道苫前郡羽幌町
上繁岡　かみしげおか　福島県双葉郡楢葉町
上興部　かみおこっぺ　北海道紋別郡西興部村
上興野　かみこうや　山形県酒田市
上舘　かみだて　岩手県九戸郡軽米町
上薬師堂　かみやくしどう　新潟県南魚沼市
上錫屋町　かみすずやちょう　京都府京都市下京区
上鞘師町　かみさやしまち　青森県弘前市
上館
　かみだて　岩手県九戸郡洋野町
　かみたて　新潟県新発田市
上館山町　かみたてやまちょう　北海道伊達市
上鴨川　かみかもがわ　兵庫県加東市
17 上櫛梨　かみくしなし　香川県仲多度郡琴平町
上檜沢　かみひざわ　茨城県常陸大宮市
上磯
　かみいそ　北海道（道南いさりび鉄道線）
　かみいそ　岐阜県揖斐郡大野町
上磯分内　かみいそぶんない　北海道川上郡標茶町
上磯郡　かみいそぐん　北海道
上篠尾　かみさそお　京都府福知山市
上篠津　かみしのつ　北海道石狩郡新篠津村
上篠崎　かみしのざき　東京都江戸川区
上薩摩瀬町　かみさつまぜまち　熊本県人吉市
上螺湾　かみらわん　北海道足寄郡足寄町
上鍵山　かみかぎやま　愛媛県宇和島鬼北町
上鍛冶町　かみかじちょう　京都府京都市上京区
上鍛冶屋町　かみかじやまち　熊本県熊本市中央区
上鍛冶屋　かみかじや　新潟県村上市
上鴻之舞　かみこうのまい　北海道紋別市
上齋原　かみさいばら　岡山県苫田郡鏡野町
18 上藤又　かみふじまた　石川県河北郡津幡町
上藤沢　かみふじさわ　埼玉県入間市
上藤松　かみふじまつ　福岡県北九州市門司区

3画（丈，万）

上藤城　かみふじしろ　北海道亀田郡七飯町
上藤島　かみふじしま　山形県鶴岡市
上藪田　かみやぶた　静岡県藤枝市
上難波　かみなんば　愛媛県松山市
上鵜飼　かみうかい　岩手県滝沢市
19 上瀬
　　うわせ　福井県大飯郡高浜町
　　うわせ　福井県三方上中郡若狭町
上瀬戸　かみせと　富山県中新川郡立山町
上瀬加　かみせか　兵庫県神崎郡市川町
上瀬谷町　かみせやちょう　神奈川県横浜市瀬谷区
上瀬野　かみせの　広島県広島市安芸区
上瀬野町　かみせのちょう　広島県広島市安芸区
上瀬野南　かみせのみなみ　広島県広島市安芸区
上藻　かみも　北海道紋別郡西興部村
上藻別　かみもべつ　北海道紋別市
上蟹田　うえかにた　青森県東津軽郡外ケ浜町
上願　じょうがん　岐阜県山県市
上鯖江　かみさばえ　福井県鯖江市
上鯖江町　かみさばえちょう　福井県鯖江市
上鯖渕　かみさばぶち　鹿児島県出水市
20 上露　こうづゆ　和歌山県西牟婁郡白浜町
21 上灘　かみなだ　大分県佐伯市
上灘町　うわなだちょう　鳥取県倉吉市
上鶴間　かみつるま　神奈川県相模原市南区
上鶴間本町　かみつるまほんちょう　神奈川県相模原市南区
上鶯野　かみうぐいすの　秋田県大仙市
22 上籠谷町　かみこもりやまち　栃木県宇都宮市
23 上鷲別町　かみわしべつちょう　北海道登別市
24 上鱗形町　かみうろこがたちょう　京都府京都市下京区
上鷺谷　かみさぎのや　栃木県真岡市
上鷺宮　かみさぎのみや　東京都中野区

【丈】

0 丈ケ谷　じょうがたに　徳島県那賀郡那賀町
丈の端　たけのはし　青森県上北郡おいらせ町
4 丈六
　　じょうろく　福島県田村郡三春町
　　じょうろく　大阪府堺市東区
丈六町　じょうろくちょう　徳島県徳島市
丈六道　じょうろくどう　岐阜県安八郡神戸町

【万】

0 万々　まま　高知県高知市
万ケ塚　まんがつか　宮崎県（JR吉都線）
2 万力　まんりき　山梨県山梨市
万力町　まんりきちょう　岐阜県岐阜市
3 万久里　まくり　兵庫県養父市
万才　まんざい　山梨県甲斐市
万才町　まんざいまち　長崎県長崎市
4 万木　まんぎ　千葉県いすみ市
5 万世　ばんせい　北海道新冠郡新冠町
万世町
　　ばんせいちょう　福島県福島市
　　まんせいちょう　神奈川県横浜市南区
　　まんせいちょう　静岡県静岡市清水区

万世町刈安　ばんせいちょうかりやす　山形県米沢市
万世町片子　ばんせいちょうかたこ　山形県米沢市
万世町牛森　ばんせいちょううしもり　山形県米沢市
万世町立沢　ばんせいちょうたつざわ　山形県米沢市
万世町金谷　ばんせいちょうかなや　山形県米沢市
万世町桑山　ばんせいちょうくわやま　山形県米沢市
万世町堂森　ばんせいちょうどうもり　山形県米沢市
万世町梓山　ばんせいちょうずさやま　山形県米沢市
万代
　　まんだい　北海道岩内郡岩内町
　　ばんだい　山形県天童市
　　ばんだい　新潟県新潟市中央区
　　ばんだい　新潟県新発田市
　　ばんだい　大阪府大阪市阿倍野区
　　ばんだい　大阪府大阪市住吉区
万代寺　まんたいじ　鳥取県八頭郡八頭町
万代町
　　ばんだいちょう　北海道函館市
　　ばんだいちょう　神奈川県横浜市中区
　　ばんだいちょう　福井県越前市
　　ばんだいちょう　岐阜県岐阜市
　　まんだいちょう　愛知県名古屋市西区
　　ばんだいちょう　徳島県徳島市
万代東　ばんだいひがし　大阪府大阪市住吉区
万代島　ばんだいじま　新潟県新潟市中央区
万古町　ばんこちょう　三重県四日市市
万平町　まんべいちょう　埼玉県熊谷市
万正寺
　　まんしょうじ　福島県伊達郡桑折町
　　まんしょうじ　静岡県磐田市
万田
　　まんだ　神奈川県平塚市
　　まんだ　熊本県荒尾市
　　まんだ　大分県中津市
万田町　まんだちょう　島根県出雲市
万田野　まんだの　千葉県市原市
万田渡　まんだわたり　岩手県岩手郡雫石町
万石
　　まんごく　秋田県湯沢市
　　まんごく　千葉県木更津市
　　まんごく　岐阜県大垣市
万石町　まんごくちょう　宮城県石巻市
万石浦　まんごくうら　宮城県（JR石巻線）
6 万光寺　まんこうじ　埼玉県比企郡吉見町
7 万吉　まげち　埼玉県熊谷市
7 万年
　　まんねん　北海道河東郡音更町
　　まんねん　北海道十勝郡浦幌町
　　まんねん　新潟県新潟市南区
　　まんねん　京都府宮津市
　　まんねん　愛媛県伊予郡砥部町
万年寺　まんねんじ　埼玉県本庄市
万年町　まんねんちょう　岐阜県岐阜市
万年新地　まんねんしんち　京都府宮津市
万成西町　まんなりにしまち　岡山県岡山市北区
万成東町　まんなりひがしまち　岡山県岡山市北区
万江　まえ　熊本県球磨郡山江村
万行町　まんぎょうまち　石川県七尾市
7 万坂　まんざか　熊本県上益城郡山都町

3画（与）

万寿寺中之町　まんじゅうじなかのちょう　京都府京都市下京区
万寿寺町　まんじゅうじちょう　京都府京都市下京区
万尾　もお　富山県氷見市
万条新田　まんじょうしんでん　新潟県南魚沼市
万沢　まんざわ　山梨県南巨摩郡南部町
万町
　あらまち　秋田県能代市
　よろずちょう　栃木県栃木市
　よろずちょう　栃木県佐野市
　よろずちょう　栃木県鹿沼市
　よろずちょう　東京都八王子市
　まんちょう　愛知県名古屋市中川区
　よろずまち　京都府宮津市
　まんちょう　大阪府和泉市
　よろずまち　和歌山県和歌山市
　よろずまち　長崎県島原市
　よろずまち　熊本県熊本市中央区
万町町　まんじょうちょう　愛知県豊田市
万町津　よろずまちつ　三重県津市
万里小路町　まりこうじちょう　京都府京都市下京区
9万屋町
　よろずやちょう　京都府京都市下京区
　よろずやまち　長崎県長崎市
万津町　よろづちょう　長崎県佐世保市
10万倍　まんばい　岡山県岡山市南区
万座・鹿沢口　まんざかざわぐち　群馬県（JR吾妻線）
万根町　まんねちょう　愛知県豊田市
万能町　まんのうちょう　鳥取県米子市
万能倉　まなぐら　広島県（JR福塩線）
11万野原新田　まんのはらしんでん　静岡県富士宮市
12万博公園西　ばんぱくこうえんにし　茨城県つくば市
万博記念公園
　ばんぱくきねんこうえん　茨城県（首都圏新都市鉄道つくばエクスプレス線）
　ばんぱくきねんこうえん　大阪府（大阪高速鉄道彩都線ほか）
万善
　まんぜん　兵庫県川辺郡猪名川町
　まんぜん　岡山県美作市
万場
　まんば　群馬県多野郡神流町
　まんば　岐阜県（長良川鉄道越美南線）
　まんば　愛知県名古屋市中川区
万場山　まんばやま　愛知県名古屋市緑区
万場町　ばんばちょう　山形県新庄市
万富　まんとみ　岡山県（JR山陽本線）
万勝寺町　まんしょうじちょう　兵庫県小野市
13万楽寺町　まんらくじまち　熊本県熊本市北区
万歳町　ばんざいちょう　大阪府大阪市北区
万福寺　まんぷくじ　神奈川県川崎市麻生区
14万徳町　まんとくちょう　長崎県佐世保市
18万騎が原　まきがはら　神奈川県横浜市旭区
19万瀬　まんぜ　静岡県磐田市
万願寺
　まんがんじ　秋田県由利本荘市
　まんがんじ　東京都（多摩都市モノレール線）
　まんがんじ　東京都日野市
　まんがんじ　富山県富山市
　まんがんじ　福井県大飯郡おおい町

　まんがんじ　滋賀県米原市
　まんがんじ　京都府舞鶴市

【与】
1与一　よいち　静岡県静岡市葵区
　与一谷　よいちだに　鳥取県西伯郡南部町
2与九郎島　よくろうじま　石川県能美郡川北町
　与力町
　よりきまち　大阪府大阪市北区
　よりきまち　高知県高知市
3与三　よぞう　新潟県柏崎市
4与五郎新田　よごろうしんでん　新潟県魚沼市
　与六分　よろくぶ　群馬県佐波郡玉村町
5与北町　よぎたちょう　香川県善通寺市
　与古道町　よこみちちょう　兵庫県西宮市
　与左衛門　よざえもん　静岡県藤枝市
　与左衛門新田　よさえもんしんでん　静岡県静岡市葵区
　与市明　よいちみょう　高知県宿毛市
　与田山　よだやま　香川県東かがわ市
　与田川尻　よたがわじり　青森県上北郡野辺地町
6与名間　よなま　鹿児島県大島郡天城町
　与次郎　よじろう　鹿児島県鹿児島市
7与兵エ新田　よへえしんでん　埼玉県羽生市
　与呂木　よろき　兵庫県三木市
　与床　よどこ　高知県安芸郡安田町
　与沢　よざわ　茨城県小美玉市
　与良町　よらまち　長野県小諸市
　与那　よな　沖縄県国頭郡国頭村
　与那国　よなぐに　沖縄県八重山郡与那国町
　与那国町　よなぐにちょう　沖縄県八重山郡
　与那城
　よなしろ　沖縄県うるま市
　よなぐすく　沖縄県中頭郡西原町
　与那城上原　よなしろうえはら　沖縄県うるま市
　与那城中央　よなしろちゅうおう　沖縄県うるま市
　与那城平安座　よなしろへんざ　沖縄県うるま市
　与那城平宮　よなしろひらみや　沖縄県うるま市
　与那城伊計　よなしろいけい　沖縄県うるま市
　与那城安勢理　よなしろあせり　沖縄県うるま市
　与那城池味　よなしろいけみ　沖縄県うるま市
　与那城西原　よなしろにしはら　沖縄県うるま市
　与那城屋平　よなしろやひら　沖縄県うるま市
　与那城慶名　よなしろやけな　沖縄県うるま市
　与那城宮城　よなしろみやぎ　沖縄県うるま市
　与那城桃原　よなしろとうばる　沖縄県うるま市
　与那城照間　よなしろてるま　沖縄県うるま市
　与那城饒辺　よなしろのへん　沖縄県うるま市
　与那原　よなばる　沖縄県島尻郡与那原町
　与那原町　よなばるちょう　沖縄県島尻郡
　与那嶺　よなみね　沖縄県国頭郡今帰仁村
　与那覇　よなは　沖縄県島尻郡南風原町
8与侈　よぼこり　愛媛県西宇和郡伊方町
　与板　よいた　新潟県柏崎市
　与板町与板　よいたまちよいた　新潟県長岡市
　与板町山沢　よいたまちやまざわ　新潟県長岡市
　与板町中田　よいたまちなかだ　新潟県長岡市
　与板町広野　よいたまちひろの　新潟県長岡市

123

3画（丸）

与板町本与板 よいたまちもとよいた 新潟県長岡市
与板町吉津 よいたまちよしづ 新潟県長岡市
与板町江西 よいたまちえにし 新潟県長岡市
与板町岩方 よいたまちいわかた 新潟県長岡市
与板町東与板 よいたまちひがしよいた 新潟県長岡市
与板町南中 よいたまちみなみなか 新潟県長岡市
与板町城山 よいたまちしろやま 新潟県長岡市
与板町馬越 よいたまちまごし 新潟県長岡市
与板町槇原 よいたまちまきはら 新潟県長岡市
与板町蔦都 よいたまちつたいち 新潟県長岡市
⁹与保呂 よほろ 京都府舞鶴市
与津地 よつじ 高知県高岡郡四万十町
¹⁰与倉 よくら 千葉県香取市
与原 よばる 福岡県京都郡苅田町
与原町 よはらちょう 三重県松阪市
与島町 よしまちょう 香川県坂出市
与座
　よざ 沖縄県糸満市
　よざ 沖縄県島尻郡八重瀬町
与根 よね 沖縄県豊見城市
与能 よのう 栃木県芳賀郡芳賀町
¹¹与野 よの 埼玉県（JR京浜東北線）
与野本町 よのほんまち 埼玉県（JR埼京線）
¹²与喜屋 よきや 群馬県吾妻郡長野原町
与惣小屋 よそうごや 福島県白河市
与惣小屋山 よそうごややま 福島県白河市
与惣次 よそうじ 静岡県焼津市
与賀町 よかまち 佐賀県佐賀市
¹³与楽 ようらく 奈良県高市郡高取町
与路 よろ 鹿児島県大島郡瀬戸内町
¹⁵与儀
　よぎ 沖縄県那覇市
　よぎ 沖縄県沖縄市
与縄 よなわ 山梨県都留市
与論町 よろんちょう 鹿児島県大島郡
¹⁷与謝 よさ 京都府与謝郡与謝野町
与謝郡 よさぐん 京都府
与謝野 よさの 京都府（京都丹後鉄道宮津線）
与謝野町 よさのちょう 京都府与謝郡
¹⁹与瀬 よせ 神奈川県相模原市緑区
与瀬本町 よせほんちょう 神奈川県相模原市緑区

【丸】
丸 まる 愛知県丹羽郡大口町
⁰丸ケ崎 まるがさき 埼玉県さいたま市見沼区
丸ケ崎町 まるがさきちょう 埼玉県さいたま市見沼区
丸ノ内
　まるのうち 愛知県（名古屋鉄道名古屋本線）
　まるのうち 高知県高知市
丸の内
　まるのうち 山形県米沢市
　まるのうち 福島県西白河郡矢吹町
　まるのうち 東京都千代田区
　まるのうち 富山県（富山地方鉄道市内線）
　まるのうち 富山県富山市
　まるのうち 富山県高岡市
　まるのうち 富山県氷見市

　まるのうち 石川県金沢市
　まるのうち 山梨県甲府市
　まるのうち 長野県松本市
　まるのうち 岐阜県大垣市
　まるのうち 愛知県（名古屋市交通局桜通線ほか）
　まるのうち 愛知県名古屋市中区
　まるのうち 岡山県岡山市北区
　まるのうち 香川県高松市
丸の内公園町 まるのうちこうえんまち 石川県小松市
丸の内町
　まるのうちまち 石川県小松市
　まるのうちちょう 滋賀県大津市
　まるのうちちょう 滋賀県近江八幡市
　まるのうちちょう 兵庫県川西市
　まるのうちまち 大分県日田市
³丸万 まるまん 北海道網走市
丸大 まるだい 北海道紋別郡遠軽町
丸子
　まりこ 福島県福島市
　まりこ 静岡県静岡市駿河区
丸子町 まるこちょう 静岡県沼津市
丸子芹が谷町 まりこせりがやちょう 静岡県静岡市駿河区
丸子通 まるこどおり 神奈川県川崎市中原区
丸子新田 まりこしんでん 静岡県静岡市駿河区
丸小山 まるこやま 福島県白河市
丸山
　まるやま 北海道苫小牧市
　まるやま 北海道上川郡美瑛町
　まるやま 北海道標津郡中標津町
　まるやま 宮城県多賀城市
　まるやま 福島県大沼郡会津美里町
　まるやま 埼玉県（埼玉新都市交通伊奈線）
　まるやま 埼玉県ふじみ野市
　まるやま 千葉県船橋市
　まるやま 千葉県鎌ケ谷市
　まるやま 東京都中野区
　まるやま 神奈川県横浜市磯子区
　まるやま 新潟県新潟市江南区
　まるやま 新潟県阿賀野市
　まるやま 新潟県佐渡市
　まるやま 富山県中新川郡上市町
　まるやま 福井県福井市
　まるやま 福井県小浜市
　まるやま 福井県丹生郡越前町
　まるやま 愛知県長久手市
　まるやま 三重県（伊賀鉄道線）
　まるやま 滋賀県湖南市
　まるやま 兵庫県（神戸電鉄有馬線）
　まるやま 兵庫県篠山市
　まるやま 奈良県奈良市
　まるやま 和歌山県新宮市
　まるやま 鳥取県西伯郡伯耆町
　まるやま 鳥取県日野郡日南町
　まるやま 岡山県和気郡和気町
　まるやま 福岡県北九州市門司区
　まるやま 熊本県葦北郡芦北町
　まるやま 大分県日田市
　まるやま 宮崎県宮崎市
丸山乙 まるやまおつ 福島県大沼郡会津美里町
丸山下 まるやました 群馬県（上毛電気鉄道線）
丸山口町 まるやまぐちちょう 京都府舞鶴市

3画（丸）

丸山中町　まるやまなかまち　京都府舞鶴市
丸山天白町　まるやままてんぱくちょう　愛知県犬山市
丸山北　まるやまきた　福島県大沼郡会津美里町
丸山北甲　まるやまきたこう　福島県大沼郡会津美里町
丸山台
　　まるやまだい　埼玉県和光市
　　まるやまだい　神奈川県横浜市港南区
　　まるやまだい　兵庫県川西市
丸山平塚　まるやまひらつか　千葉県南房総市
丸山吉野町　まるやまよしのまち　福岡県北九州市門司区
丸山団地　まるやまだんち　北海道松前郡福島町
丸山西町　まるやまにしまち　京都府舞鶴市
丸山町
　　まるやまちょう　北海道函館市
　　まるやまちょう　北海道古平郡古平町
　　まるやまちょう　栃木県足利市
　　まるやまちょう　群馬県太田市
　　まるやまちょう　東京都八王子市
　　まるやまちょう　新潟県十日町市
　　まるやままち　石川県小松市
　　まるやまちょう　福井県福井市
　　まるやまちょう　福井県鯖江市
　　まるやまちょう　長野県飯田市
　　まるやまちょう　静岡県静岡市葵区
　　まるやまちょう　愛知県名古屋市千種区
　　まるやまちょう　愛知県岡崎市
　　まるやままち　愛知県碧南市
　　まるやまちょう　愛知県豊田市
　　まるやまちょう　愛知県蒲郡市
　　まるやまちょう　京都府舞鶴市
　　まるやまちょう　兵庫県神戸市長田区
　　まるやまちょう　兵庫県小野市
　　まるやまちょう　鳥取県鳥取市
　　まるやまちょう　鳥取県倉吉市
　　まるやまちょう　山口県下関市
　　まるやまちょう　山口県光市
　　まるやまちょう　山口県周南市
　　まるやままち　福岡県直方市
　　まるやまちょう　福岡県田川市
　　まるやままち　長崎県長崎市
　　まるやまちょう　大分県中津市
丸山通　まるやまどおり　大阪府大阪市阿倍野区
丸山通北　まるやまどおりきた　北海道広尾郡広尾町
丸山通南　まるやまどおりみなみ　北海道広尾郡広尾町
丸山散布　まるやまちりっぷ　北海道厚岸郡浜中町
丸山新田　まるやましんでん　新潟県上越市
4丸之内
　　まるのうち　三重県津市
　　まるのうち　三重県名張市
　　まるのうち　広島県福山市
　　まるのうち　愛媛県松山市
　　まるのうち　愛媛県宇和島市
丸之内養正町　まるのうちようせいちょう　三重県津市
丸井　まるい　千葉県野田市
丸井戸　まるいど　宮城県石巻市
丸内　まるのうち　山形県寒河江市
丸内町　まるのうちまち　石川県小松市
丸太町
　　まるたまち　京都府（京都市交通局烏丸線）

丸太町　まるたちょう　京都府京都市中京区
丸木材木町　まるきざいもくちょう　京都府京都市中京区
5丸本郷　まるほんごう　千葉県南房総市
丸田
　　まるた　新潟県五泉市
　　まるた　京都府舞鶴市
丸田ケ丘　まるたがおか　京都府福知山市
丸田町
　　まるたまち　福島県須賀川市
　　まるたちょう　愛知県刈谷市
丸田郷　まるたごう　長崎県西彼杵郡長与町
丸石　まるいし　広島県廿日市市
6丸池町
　　まるいけちょう　愛知県名古屋市港区
　　まるいちょう　高知県高知市
丸池新田　まるいけしんでん　新潟県南魚沼市
丸米町　まるこめちょう　愛知県名古屋市中川区
7丸尾
　　まるお　鳥取県東伯郡琴浦町
　　まるお　山口県（JR宇部線）
　　まるお　佐賀県西松浦郡有田町
丸尾町
　　まるおちょう　兵庫県姫路市
　　まるおまち　福岡県北九州市八幡西区
　　まるおまち　長崎県長崎市
　　まるおまち　熊本県天草市
　　まるおちょう　鹿児島県阿久根市
丸尾郷　まるおごう　長崎県南松浦郡新上五島町
丸町　まるまち　福岡県北九州市戸畑区
丸谷地　まるやち　岩手県岩手郡雫石町
丸谷町　まるたにちょう　宮崎県都城市
8丸岡
　　まるおか　山形県鶴岡市
　　まるおか　福井県（JR北陸本線）
丸岡町　まるかちょう　福井県越前市
丸岡町一本田　まるおかちょういっぽんでん　福井県坂井市
丸岡町一本田中　まるおかちょういっぽんでんなか　福井県坂井市
丸岡町一本田福所　まるおかちょういっぽんでんふくしょ　福井県坂井市
丸岡町八ケ郷　まるおかちょうはっかごう　福井県坂井市
丸岡町八ツ口　まるおかちょうやつくち　福井県坂井市
丸岡町八丁　まるおかちょうはっちょう　福井県坂井市
丸岡町八幡町　まるおかちょうはちまんちょう　福井県坂井市
丸岡町下久米田　まるおかちょうしもくめだ　福井県坂井市
丸岡町下安田　まるおかちょうしもやすた　福井県坂井市
丸岡町三本木　まるおかちょうさんぼんぎ　福井県坂井市
丸岡町上久米田　まるおかちょうかみくめだ　福井県坂井市
丸岡町上田町　まるおかちょううえだまち　福井県坂井市
丸岡町上安田　まるおかちょうかみやすた　福井県坂井市

125

3画（丸）

丸岡町上竹田　まるおかちょうかみたけだ　福井県坂井市

丸岡町上金屋　まるおかちょうかみかなや　福井県坂井市

丸岡町与河　まるおかちょうよかわ　福井県坂井市

丸岡町千田　まるおかちょうせんだ　福井県坂井市

丸岡町大森　まるおかちょうおおもり　福井県坂井市

丸岡町女形谷　まるおかちょうおながたに　福井県坂井市

丸岡町小黒　まるおかちょうおぐろ　福井県坂井市

丸岡町山久保　まるおかちょうやまくぼ　福井県坂井市

丸岡町山口　まるおかちょうやまぐち　福井県坂井市

丸岡町山竹田　まるおかちょうやまたけだ　福井県坂井市

丸岡町山崎三ケ　まるおかちょうやまさきさんが　福井県坂井市

丸岡町川上　まるおかちょうかわかみ　福井県坂井市

丸岡町今市　まるおかちょういまいち　福井県坂井市

丸岡町今町　まるおかちょういままち　福井県坂井市

丸岡町今福　まるおかちょういまふく　福井県坂井市

丸岡町内田　まるおかちょううちだ　福井県坂井市

丸岡町反保　まるおかちょうたんぼ　福井県坂井市

丸岡町友末　まるおかちょうともすえ　福井県坂井市

丸岡町牛ケ島　まるおかちょううしがしま　福井県坂井市

丸岡町北横地　まるおかちょうきたよこじ　福井県坂井市

丸岡町四ツ屋　まるおかちょうよつや　福井県坂井市

丸岡町四ツ柳　まるおかちょうよつやなぎ　福井県坂井市

丸岡町四郎丸　まるおかちょうしろうまる　福井県坂井市

丸岡町本町　まるおかちょうほんまち　福井県坂井市

丸岡町末政　まるおかちょうすえまさ　福井県坂井市

丸岡町玄女　まるおかちょうげんにょ　福井県坂井市

丸岡町田屋　まるおかちょうたや　福井県坂井市

丸岡町石上　まるおかちょういしがみ　福井県坂井市

丸岡町石城戸町　まるおかちょういしきどちょう　福井県坂井市

丸岡町伏屋　まるおかちょうふせや　福井県坂井市

丸岡町吉政　まるおかちょうよしまさ　福井県坂井市

丸岡町安田新　まるおかちょうやすたしん　福井県坂井市

丸岡町宇田　まるおかちょううだ　福井県坂井市

丸岡町宇随　まるおかちょううずい　福井県坂井市

丸岡町羽崎　まるおかちょうはさき　福井県坂井市

丸岡町舛田　まるおかちょうますた　福井県坂井市

丸岡町舟寄　まるおかちょうふなよせ　福井県坂井市

丸岡町西瓜屋　まるおかちょうにしうりや　福井県坂井市

丸岡町西里丸岡　まるおかちょうにしさとまるおか　福井県坂井市

丸岡町谷町　まるおかちょうたにまち　福井県坂井市

丸岡町赤坂　まるおかちょうあかさか　福井県坂井市

丸岡町里丸岡　まるおかちょうさとまるおか　福井県坂井市

丸岡町里竹田　まるおかちょうさとたけだ　福井県坂井市

丸岡町坪ノ内　まるおかちょうつぼのうち　福井県坂井市

丸岡町坪江　まるおかちょうつぼえ　福井県坂井市

丸岡町松川　まるおかちょうまつかわ　福井県坂井市

丸岡町松川町　まるおかちょうまつかわちょう　福井県坂井市

丸岡町東二ツ屋　まるおかちょうひがしふたつや　福井県坂井市

丸岡町東陽　まるおかちょうとうよう　福井県坂井市

丸岡町板倉　まるおかちょういたくら　福井県坂井市

丸岡町油為頭　まるおかちょうあぶらためとう　福井県坂井市

丸岡町金元　まるおかちょうかねもと　福井県坂井市

丸岡町長畝　まるおかちょうのうね　福井県坂井市

丸岡町長崎　まるおかちょうながさき　福井県坂井市

丸岡町乗兼　まるおかちょうのりかね　福井県坂井市

丸岡町南今市　まるおかちょうみなみいまいち　福井県坂井市

丸岡町南横地　まるおかちょうみなみよこじ　福井県坂井市

丸岡町城北　まるおかちょうじょうほく　福井県坂井市

丸岡町栄　まるおかちょうさかえ　福井県坂井市

丸岡町柳町　まるおかちょうやなぎまち　福井県坂井市

丸岡町為安　まるおかちょうためやす　福井県坂井市

丸岡町畑中　まるおかちょうはたけなか　福井県坂井市

丸岡町荒町　まるおかちょうあらまち　福井県坂井市

丸岡町針ノ木　まるおかちょうはりのき　福井県坂井市

丸岡町高田　まるおかちょうたかだ　福井県坂井市

丸岡町高柳　まるおかちょうたかやなぎ　福井県坂井市

丸岡町高瀬　まるおかちょうたかせ　福井県坂井市

丸岡町乾　まるおかちょういぬい　福井県坂井市

丸岡町乾下田　まるおかちょういぬいしもだ　福井県坂井市

丸岡町堀水　まるおかちょうほりみず　福井県坂井市

丸岡町寄永　まるおかちょうよりなが　福井県坂井市

丸岡町寅国　まるおかちょうとらくに　福井県坂井市

丸岡町曽々木　まるおかちょうそそき　福井県坂井市

丸岡町猪爪　まるおかちょういのつめ　福井県坂井市

丸岡町笹和田　まるおかちょうささわだ　福井県坂井市

丸岡町野中山王　まるおかちょうのなかさんのう　福井県坂井市

丸岡町富田町　まるおかちょうとみたまち　福井県坂井市

丸岡町巽町　まるおかちょうたつみちょう　福井県坂井市

丸岡町御幸　まるおかちょうみゆき　福井県坂井市

丸岡町朝陽　まるおかちょうあさひ　福井県坂井市

丸岡町筑後清水　まるおかちょうちくごしょうず　福井県坂井市

丸岡町愛宕　まるおかちょうあたご　福井県坂井市

丸岡町新九頭竜　まるおかちょうしんくずりゅう　福井県坂井市

丸岡町新間　まるおかちょうしんま　福井県坂井市

丸岡町新鳴鹿　まるおかちょうしんなるか　福井県坂井市

丸岡町楽間　まるおかちょうらくま　福井県坂井市

丸岡町豊原　まるおかちょうとよはら　福井県坂井市

3画（久）

丸岡町豊原高瀬　まるおかちょうとよはらたかせ　福井県坂井市

丸岡町熊堂　まるおかちょうくまんどう　福井県坂井市

丸岡町儀間　まるおかちょうぎま　福井県坂井市

丸岡町磯部島　まるおかちょういそべしま　福井県坂井市

丸岡町磯部新保　まるおかちょういそべしんぼ　福井県坂井市

丸岡町磯部福庄　まるおかちょういそべふくしょ　福井県坂井市

丸岡町篠岡　まるおかちょうしのおか　福井県坂井市

丸岡町霞ケ丘　まるおかちょうかすみがおか　福井県坂井市

丸岡町霞町　まるおかちょうかすみちょう　福井県坂井市

丸松　まるまつ　北海道天塩郡遠別町

丸林　まるばやし　栃木県下都賀郡野木町

丸河内　まるごうち　山口県山陽小野田市

丸沼　まるぬま　山形県酒田市

⁹丸屋町
　まるやちょう　愛知県名古屋市昭和区
　まるやちょう　京都府京都市上京区
　まるやちょう　京都府京都市中京区
　まるやちょう　京都府京都市下京区

丸柱　まるばしら　三重県伊賀市

¹⁰丸島町
　まるしまちょう　兵庫県尼崎市
　まるしまちょう　熊本県水俣市
　まるしまちょう　宮崎県宮崎市

丸根　まるね　愛知県長久手市

丸根町
　まるねちょう　愛知県名古屋市瑞穂区
　まるねちょう　愛知県豊田市

¹¹丸亀
　まるがめ　香川県（JR予讃線）
　まるがめ　大分県大分市

丸亀市　まるがめし　香川県

丸亀町　まるがめまち　香川県高松市

丸渕　まるぶち　愛知県（名古屋鉄道尾西線）

丸貫　まるぬき　埼玉県比企郡吉見町

丸野
　まるの　愛知県名古屋市西区
　まるの　愛媛県西条市

¹²丸塚　まるづか　兵庫県神戸市西区

丸塚町　まるづかちょう　静岡県浜松市東区

丸森　まるもり　宮城県（阿武隈急行線）

丸森町　まるもりまち　宮城県伊具郡

¹³丸新町　まるしんちょう　愛知県名古屋市北区

丸滝　まるたき　山梨県南巨摩郡身延町

¹⁵丸潟
　まるがた　新潟県新潟市江南区
　まるがた　新潟県北蒲原郡聖籠町

丸潟新田
　まるがたしんでん　新潟県新潟市中央区
　まるがたしんでん　新潟県新潟市江南区

丸穂　まるお　愛媛県宇和島市

丸穂町　まるおちょう　愛媛県宇和島市

¹⁶丸橋町　まるはしちょう　兵庫県西宮市

¹⁹丸瀬布　まるせっぷ　北海道（JR石北本線）

丸瀬布上丸　まるせっぷかみまる　北海道紋別郡遠軽町

丸瀬布上武利　まるせっぷかみむりい　北海道紋別郡遠軽町

丸瀬布大平　まるせっぷたいへい　北海道紋別郡遠軽町

丸瀬布中町　まるせっぷなかまち　北海道紋別郡遠軽町

丸瀬布元町　まるせっぷもとまち　北海道紋別郡遠軽町

丸瀬布天神町　まるせっぷてんじんまち　北海道紋別郡遠軽町

丸瀬布水谷町　まるせっぷみずたにまち　北海道紋別郡遠軽町

丸瀬布西町　まるせっぷにしまち　北海道紋別郡遠軽町

丸瀬布東町　まるせっぷひがしまち　北海道紋別郡遠軽町

丸瀬布武利　まるせっぷむりい　北海道紋別郡遠軽町

丸瀬布金山　まるせっぷかなやま　北海道紋別郡遠軽町

丸瀬布南丸　まるせっぷみなみまる　北海道紋別郡遠軽町

丸瀬布新町　まるせっぷしんまち　北海道紋別郡遠軽町

【久】

⁰久々子　くぐし　福井県三方郡美浜町

久々井
　くぐい　岡山県岡山市東区
　くぐい　岡山県備前市

久々宇　くぐう　埼玉県本庄市

久々利　くくり　岐阜県可児市

久々利柿下入会　くくりかきしたにゅうかい　岐阜県可児市

久々知　くくち　兵庫県尼崎市

久々知西町　くくちにしまち　兵庫県尼崎市

久々茂町　くくもちょう　島根県益田市

久々津　くぐつ　千葉県市原市

久々原
　くぐはら　岡山県（JR瀬戸大橋線）
　くくはら　福岡県柳川市

久々野　くぐの　岐阜県（JR高山本線）

久々野町久々野　くぐのちょうくぐの　岐阜県高山市

久々野町久須母　くぐのちょうくすも　岐阜県高山市

久々野町大西　くぐのちょうおおにし　岐阜県高山市

久々野町小坊　くぐのちょうこぼう　岐阜県高山市

久々野町小屋名　くぐのちょうこやな　岐阜県高山市

久々野町山梨　くぐのちょうやまなし　岐阜県高山市

久々野町引下　くぐのちょうひきさげ　岐阜県高山市

久々野町木賊洞　くぐのちょうとくさぼら　岐阜県高山市

久々野町辻　くぐのちょうつじ　岐阜県高山市

久々野町有道　くぐのちょううとう　岐阜県高山市

久々野町長淀　くぐのちょうながとろ　岐阜県高山市

久々野町阿多粕　くぐのちょうあたがす　岐阜県高山市

久々野町柳島　くぐのちょうやなじま　岐阜県高山市

久々野町渚　くぐのちょうなぎさ　岐阜県高山市

久々野町無数河　くぐのちょうむすご　岐阜県高山市

127

3画（久）

久々湊　くぐみなと　富山県射水市
久ノ浜　ひさのはま　福島県（JR常磐線）
久が原
　　くがはら　東京都（東京急行電鉄池上線）
　　くがはら　東京都大田区
²久乃木　くのぎ　石川県鹿島郡中能登町
³久下
　　くげ　埼玉県熊谷市
　　くげ　埼玉県飯能市
　　くげ　埼玉県加須市
久下戸　くげど　埼玉県川越市
久下田
　　くげた　茨城県結城郡八千代町
　　くげた　栃木県（真岡鉄道線）
　　くげた　栃木県真岡市
久下田西　くげたにし　栃木県真岡市
久下村　くげむら　兵庫県（JR加古川線）
久万　くま　愛媛県上浮穴郡久万高原町
久万ノ台　くまのだい　愛媛県松山市
久万高原町　くまこうげんちょう　愛媛県上浮穴郡
久土　くど　大分県大分市
久山台　くやまだい　長崎県諫早市
久山田町　ひさやまだちょう　広島県尾道市
久山町
　　ひさやままち　福岡県糟屋郡
　　くやままち　長崎県諫早市
⁴久之浜町久之浜　ひさのはままちひさのはま　福島県いわき市
久之浜町末続　ひさのはままちすえつぎ　福島県いわき市
久之浜町田之網　ひさのはままちたのあみ　福島県いわき市
久之浜町西　ひさのはままちにし　福島県いわき市
久之浜町金ケ沢　ひさのはままちかねがさわ　福島県いわき市
久井名舘　ぐいなだて　青森県南津軽郡藤崎町
久井町　ひさいちょう　大阪府和泉市
久井町下津　くいちょうしもつ　広島県三原市
久井町土取　くいちょうつちとり　広島県三原市
久井町小林　くいちょうこばやし　広島県三原市
久井町山中野　くいちょうやまなかの　広島県三原市
久井町吉田　くいちょうよしだ　広島県三原市
久井町江木　くいちょうえぎ　広島県三原市
久井町羽倉　くいちょうはぐら　広島県三原市
久井町坂井原　くいちょうさかいばら　広島県三原市
久井町和草　くいちょうわそう　広島県三原市
久井町泉　くいちょういずみ　広島県三原市
久井町莇原　くいちょうあぞうばら　広島県三原市
久井原　ひさいばる　熊本県玉名郡和水町
久井崎　くいざき　千葉県成田市
久太郎町　きゅうたろうまち　大阪府大阪市中央区
久戸　ひさと　富山県南砺市
久手　くて　島根県（JR山陰本線）
久手川町　ふてがわまち　石川県輪島市
久手町刺鹿　くてちょうさつか　島根県大田市
久手町波根西　くてちょうはねにし　島根県大田市
久斗山　くとやま　兵庫県美方郡新温泉町
久方
　　ひさかた　千葉県匝瑳市

ひさかた　愛知県名古屋市緑区
ひさかた　愛知県名古屋市天白区
久方町　ひさかたちょう　富山県富山市
久木
　　ひさぎ　神奈川県逗子市
　　ひさぎ　和歌山県西牟婁郡白浜町
　　ひさぎ　岡山県久米郡美咲町
　　くき　高知県安芸郡北川村
久木小野　くぎおの　大分県臼杵市
久木町
　　ひさきちょう　神奈川県横浜市磯子区
　　ひさぎちょう　愛知県豊田市
久木野　くぎの　熊本県水俣市
久比里　くびり　神奈川県横須賀市
⁵久世
　　くせ　京都府城陽市
　　くせ　岡山県（JR姫新線）
　　くせ　岡山県真庭市
久世上久世町　くぜかみくぜちょう　京都府京都市南区
久世大築町　くぜおおつきちょう　京都府京都市南区
久世大薮町　くぜおおやぶちょう　京都府京都市南区
久世川原町　くぜかわはらちょう　京都府京都市南区
久世中久世町　くぜなかくぜちょう　京都府京都市南区
久世中久町　くぜなかひさちょう　京都府京都市南区
久世戸町　くせどちょう　三重県伊勢市
久世町　くせちょう　高知県安芸市
久世東土川町　くぜひがしつちかわちょう　京都府京都市南区
久世郡　くせぐん　京都府
久世高田町　くぜたかだちょう　京都府京都市南区
久世殿城町　くぜとのしろちょう　京都府京都市南区
久世築山町　くぜつきやまちょう　京都府京都市南区
久代
　　くしろ　兵庫県川西市
　　くしろ　島根県（JR山陰本線）
　　くしろ　岡山県総社市
久代町　くしろちょう　島根県浜田市
久出ケ谷町　くでがやちょう　兵庫県西宮市
久右エ門町　きゅうえもんちょう　愛知県岡崎市
久右衛門丁　きゅうえもんちょう　和歌山県和歌山市
久古　くご　鳥取県西伯郡伯耆町
久左衛門新田　きゅうざえもんしんでん　埼玉県川口市
久本　ひさもと　神奈川県川崎市高津区
久本寺　きゅうほんじ　埼玉県久喜市
久末
　　ひさすえ　神奈川県川崎市高津区
　　ひさすえ　鳥取県鳥取市
　　ひさすえ　福岡県福津市
久玉町　くたままち　熊本県天草市
久生屋町　くしやちょう　三重県熊野市
久田
　　ひさだ　青森県西津軽郡深浦町
　　くんでん　青森県上北郡野辺地町
　　きゅうでん　山形県東田川郡庄内町
　　くった　新潟県三島郡出雲崎町
　　きゅうでん　石川県鳳珠郡能登町
久田下原　くたしものはら　岡山県苫田郡鏡野町
久田上原　くたかみのはら　岡山県苫田郡鏡野町

3画（久）

久田見　くたみ　岐阜県加茂郡八百津町
久田美　くたみ　京都府舞鶴市
久田野
　　くたの　福島県（JR東北本線）
　　くたの　福島県白河市
久白町　くじらちょう　島根県安来市
久目　くめ　富山県氷見市
久石　ひさいし　熊本県阿蘇郡南阿蘇村
久礼　くれ　高知県高岡郡中土佐町
久礼田　くれだ　高知県南国市
久礼野　くれの　高知県高知市
6久光
　　きゅうこう　北海道天塩郡遠別町
　　ひさみつ　福岡県朝倉郡筑前町
久地
　　くじ　神奈川県（JR南武線）
　　くじ　神奈川県川崎市高津区
久地野　くじの　愛知県北名古屋市
久地楽　くじら　茨城県筑西市
久多下の町　くたしものちょう　京都府京都市左京区
久多上の町　くたかみのちょう　京都府京都市左京区
久多川合町　くたかわいちょう　京都府京都市左京区
久多中の町　くたなかのちょう　京都府京都市左京区
久多見町　くたみちょう　島根県出雲市
久多宮の町　くたみやのちょう　京都府京都市左京区
久安　ひさやす　石川県金沢市
久安寺　きゅうあんじ　奈良県生駒郡平群町
久寺家　くじけ　千葉県我孫子市
久成　くなり　山梨県南巨摩郡身延町
久次良町　くじらまち　栃木県日光市
久江　くえ　石川県鹿島郡中能登町
久江ノ上　くえのうえ　高知県安芸郡北川村
久百々　くもも　高知県土佐清水市
久米
　　くめ　埼玉県所沢市
　　くめ　千葉県成田市
　　くんめ　新潟県柏崎市
　　くめ　長野県飯田市
　　くめ　愛知県常滑市
　　くめ　兵庫県加東市
　　くめ　岡山県岡山市北区
　　くめ　岡山県総社市
　　くめ　山口県周南市
　　くめ　愛媛県（伊予鉄道横河原線）
　　くめ　熊本県球磨郡多良木町
　　くめ　沖縄県那覇市
久米川　くめがわ　東京都（西武鉄道新宿線）
久米川町　くめがわちょう　東京都東村山市
久米川南　くめかわみなみ　岡山県津山市
久米田
　　くめだ　埼玉県比企郡吉見町
　　くまいでん　静岡県駿東郡清水町
　　くめだ　大阪府（JR阪和線）
久米町
　　くめちょう　茨城県常陸太田市
　　くめちょう　三重県松阪市
　　くめちょう　三重県伊賀市
　　くめちょう　京都府京都市伏見区
　　くめちょう　奈良県橿原市
　　くめちょう　鳥取県米子市
　　くめちょう　香川県坂出市

久米岡新田　くめおかしんでん　秋田県山本郡三種町
久米南町　くめなんちょう　岡山県久米郡
久米島町　くめじまちょう　沖縄県島尻郡
久米郡　くめぐん　岡山県
久米野
　　くめの　千葉県成田市
　　くべの　熊本県玉名郡和水町
久米窪町　くめくぼたまち　愛媛県松山市
7久佐町　くさちょう　広島県府中市
久住
　　くずみ　千葉県（JR成田線）
　　くすみ　鳥取県日野郡日野町
久住中央　くずみちゅうおう　千葉県成田市
久住町　くじゅうちょう　鹿児島県薩摩川内市
久住町久住　くじゅうまちくじゅう　大分県竹田市
久住町仏原　くじゅうまちぶつばる　大分県竹田市
久住町白丹　くじゅうまちしらに　大分県竹田市
久住町有氏　くじゅうまちありうじ　大分県竹田市
久住町栢木　くじゅうまちかやぎ　大分県竹田市
久住町添ケ津留　くじゅうまちそえがつる　大分県竹田市
久兵衛門右衛門請新田　きゅうべえいちうえもんうけしんでん　静岡県藤枝市
久兵衛新田　きゅうべえしんでん　大分県宇佐市
久利町久利　くりちょうくり　島根県大田市
久利町市原　くりちょういちはら　島根県大田市
久利町行恒　くりちょうゆきつね　島根県大田市
久利町佐摩　くりちょうさま　島根県大田市
久利町松代　くりちょうまつしろ　島根県大田市
久利須　くりす　富山県小矢部市
久寿川　くすがわ　兵庫県（阪神電気鉄道阪神本線）
久寿軒　くすのき　高知県長岡郡大豊町
久尾　くお　徳島県海部郡海陽町
久岐の浜　くきのはま　福岡県北九州市若松区
久志
　　くし　鹿児島県大島郡宇検村
　　くし　沖縄県名護市
久志検　ぐしけん　鹿児島県大島郡知名町
久我山
　　くがやま　東京都（京王電鉄井の頭線）
　　くがやま　東京都杉並区
久我本町　こがほんまち　京都府京都市伏見区
久我石原町　こがいしはらちょう　京都府京都市伏見区
久我西出町　こがにしでちょう　京都府京都市伏見区
久我東町　こがあずまちょう　京都府京都市伏見区
久我原
　　くがはら　千葉県（いすみ鉄道線）
　　くがはら　千葉県夷隅郡大多喜町
久我御旅町　こがおたびちょう　京都府京都市伏見区
久我森の宮町　こがもりのみやちょう　京都府京都市伏見区
久村　くむら　神奈川県横須賀市
久来石　きゅうらいし　福島県岩瀬郡鏡石町
久来石南　きゅうらいしみなみ　福島県岩瀬郡鏡石町
久沢　くざわ　静岡県富士市
久良　ひさよし　愛媛県南宇和郡愛南町
久見
　　ひさみ　鳥取県東伯郡湯梨浜町

129

3画（久）

久 くみ　島根県隠岐郡隠岐の島町
久 ひさみ　岡山県真庭市
久見崎町 ぐみさきちょう　鹿児島県薩摩川内市
久谷
　くたに　兵庫県（JR山陰本線）
　くたに　兵庫県美方郡新温泉町
久谷町 くたにまち　愛媛県松山市
久豆 くず　三重県多気郡大台町
久貝 くがい　京都府長岡京市
久那 くな　埼玉県秩父市
久那土 くなど　山梨県（JR身延線）
久那瀬 くなせ　栃木県那須郡那珂川町
久里 くり　佐賀県唐津市
久里浜
　くりはま　神奈川県（JR横須賀線）
　くりはま　神奈川県横須賀市
久里浜台 くりはまだい　神奈川県横須賀市
8久国 ひさくに　徳島県勝浦郡勝浦町
久宝寺
　きゅうほうじ　大阪府（JR関西本線ほか）
　きゅうほうじ　大阪府八尾市
久宝寺口 きゅうほうじぐち　大阪府（近畿日本鉄道大阪線）
久宝園 きゅうほうえん　大阪府八尾市
久居 ひさい　三重県（近畿日本鉄道名古屋線）
久居一色町 ひさいいっしきちょう　三重県津市
久居二ノ町 ひさいにのまち　三重県津市
久居万町 ひさいよろずまち　三重県津市
久居小戸木町 ひさいこべきちょう　三重県津市
久居小野辺町 ひさいこのんべちょう　三重県津市
久居中町 ひさいなかまち　三重県津市
久居井戸山町 ひさいいどやまちょう　三重県津市
久居元町 ひさいもとまち　三重県津市
久居北口町 ひさいきたぐちちょう　三重県津市
久居本町 ひさいほんまち　三重県津市
久居寺町 ひさいてらまち　三重県津市
久居西鷹跡町 ひさいにしたかとまち　三重県津市
久居幸町 ひさいさやまち　三重県津市
久居明神町 ひさいみょうじんちょう　三重県津市
久居東鷹跡町 ひさいひがしたかとまち　三重県津市
久居持川町 ひさいもちかわちょう　三重県津市
久居相川町 ひさいあいかわちょう　三重県津市
久居射場町 ひさいいばちょう　三重県津市
久居島 ひさいじま　静岡県掛川市
久居旅籠町 ひさいはたごまち　三重県津市
久居桜が丘町 ひさいさくらがおかちょう　三重県津市
久居烏木町 ひさいからすぎちょう　三重県津市
久居野口町 ひさいのぐちちょう　三重県津市
久居野村町 ひさいのむらちょう　三重県津市
久居新町 ひさいしんまち　三重県津市
久居緑が丘町 ひさいみどりがおかちょう　三重県津市
久居藤ケ丘町 ひさいふじがおかちょう　三重県津市
久岡町 ひさおかちょう　愛知県豊田市
久所 ぐぞ　神奈川県足柄上郡中井町
久枝
　くし　千葉県南房総市
　ひさえだ　高知県南国市
久松 ひさまつ　福岡県豊前市
久松台 ひさまつだい　広島県福山市

久松町 ひさまつちょう　栃木県足利市
久沓町 くぐつまち　愛知県碧南市
久知河内 くちかわち　新潟県佐渡市
久茂地 くもじ　沖縄県那覇市
久茂町 くもちょう　兵庫県小野市
久金 ひさがね　富山県中新川郡上市町
久金新 ひさがねしん　富山県中新川郡上市町
9久保
　くぼ　岩手県一関市
　くぼ　岩手県岩手郡岩手町
　くぼ　宮城県気仙沼市
　くぼ　宮城県加美郡加美町
　くぼ　秋田県南秋田郡五城目町
　くぼ　埼玉県上尾市
　くぼ　埼玉県日高市
　くぼ　千葉県市原市
　くぼ　千葉県君津市
　くぼ　千葉県南房総市
　くぼ　千葉県香取市
　くぼ　千葉県夷隅郡大多喜町
　くぼ　千葉県夷隅郡御宿町
　くぼ　新潟県阿賀野市
　くぼ　新潟県岩船郡関川村
　くぼ　富山県砺市
　くぼ　福井県大飯郡おおい町
　くぼ　山梨県南巨摩郡身延町
　くぼ　山梨県南都留郡道志村
　くぼ　長野県小諸市
　くぼ　長野県上高井郡高山村
　くぼ　静岡県掛川市
　くぼ　三重県度会郡玉城町
　くぼ　大阪府貝塚市
　くぼ　大阪府泉南郡熊取町
　くぼ　島根県邑智郡美郷町
　くぼ　岡山県岡山市東区
　くぼ　広島県尾道市
　くぼ　徳島県海部郡海陽町
　くぼ　愛媛県松山市
　くぼ　愛媛県北宇和郡鬼北町
　くぼ　福岡県古賀市
　くぼ　大分県竹田市
久保ケ丘 くぼがおか　茨城県守谷市
久保一色 くぼいしき　愛知県小牧市
久保一色東 くぼいしきひがし　愛知県小牧市
久保一色南 くぼいしきみなみ　愛知県小牧市
久保丁 くぼちょう　和歌山県和歌山市
久保小路 くぼしょうじ　山口県山口市
久保山 くぼやま　愛知県長久手市
久保山町 くぼやまちょう　東京都八王子市
久保川
　くぼかわ　山形県上山市
　くぼかわ　高知県四万十市
　くぼかわ　高知県高岡郡津野町
　くぼかわ　高知県高岡郡四万十町
久保内 くぼない　北海道有珠郡壮瞥町
久保手 くぼて　山形県上山市
久保木町 くぼきちょう　兵庫県小野市
久保台 くぼだい　茨城県龍ケ崎市
久保平賀 くぼひらが　千葉県松戸市
久保本町 くぼほんまち　愛知県小牧市
久保田
　くぼた　秋田県（由利高原鉄道鳥海山ろく線）

130

3画（久）

くぼた　秋田県由利本荘市
くぼた　山形県山形市
くぼた　山形県酒田市
くぼた　福島県河沼郡柳津町
くぼた　茨城県結城市
くぼた　埼玉県比企郡吉見町
くぼた　千葉県袖ケ浦市
くぼた　新潟県新潟市西蒲区
くぼた　愛知県額田郡幸田町
くぼた　三重県四日市市
くぼた　佐賀県（JR長崎本線）
くぼた　熊本県菊池郡菊陽町
くぼた　沖縄県沖縄市
久保田町
　くぼたちょう　栃木県足利市
　くぼたまち　栃木県栃木市
　くぼたまち　三重県松阪市
　くぼたちょう　愛媛県新居浜市
　くぼたまち　福岡県大牟田市
　くぼたちょう　⇒佐賀市（佐賀県）
久保田町久保田　くぼたちょうくぼた　佐賀県佐賀市
久保田町久富　くぼたちょうひさどみ　佐賀県佐賀市
久保田町江戸　くぼたちょうえど　佐賀県佐賀市
久保田町新田　くぼたちょうしんでん　佐賀県佐賀市
久保田町德万　くぼたちょうとくまん　佐賀県佐賀市
久保田新田　くぼたしんでん　埼玉県比企郡吉見町
久保白　くぼしろ　福岡県飯塚市
久保吉　くぼよし　大阪府大阪市浪速区
久保多町　くぼたまち　新潟県村上市
久保沢　くぼさわ　神奈川県相模原市緑区
久保町
　くぼちょう　栃木県佐野市
　くぼちょう　栃木県鹿沼市
　くぼまち　埼玉県川越市
　くぼちょう　神奈川県横浜市西区
　くぼちょう　静岡県磐田市
　くぼちょう　愛知県豊川市
　くぼちょう　愛知県豊田市
　くぼちょう　三重県松阪市
　くぼちょう　兵庫県神戸市長田区
　くぼちょう　兵庫県姫路市
　くぼちょう　兵庫県西宮市
　くぼちょう　広島県尾道市
久保見　くぼみ　秋田県南秋田郡八郎潟町
久保見町　くぼみちょう　岐阜県岐阜市
久保谷　くぼたに　高知県高岡郡梼原町
久保海道　くぼかいどう　長野県諏訪郡下諏訪町
久保泉町下和泉　くぼいずみまちしもいずみ　佐賀県佐賀市
久保泉町上和泉　くぼいずみまちかみいずみ　佐賀県佐賀市
久保泉町川久保　くぼいずみまちかわくぼ　佐賀県佐賀市
久保原町　くぼばるちょう　宮崎県都城市
久保島　くぼじま　埼玉県熊谷市
久保浦　くぼうら　大分県佐伯市
久保新町　くぼしんまち　愛知県小牧市
久保稲荷　くぼいなり　埼玉県入間市
久城町　くしろちょう　島根県益田市
久屋大通　ひさやおおどおり　愛知県（名古屋市交通局桜通線ほか）

久屋町
　ひさやちょう　岐阜県岐阜市
　ひさやちょう　愛知県名古屋市東区
久屋原町　くやはらまち　群馬県沼田市
久度　くど　奈良県北葛城郡王寺町
久後崎町　くごさきちょう　愛知県岡崎市
久泉
　ひさいずみ　富山県砺波市
　ひさいずみ　福岡県八女市広川町
久津川　くつかわ　京都府（近畿日本鉄道京都線）
久津間　くづま　千葉県木更津市
久美ケ丘　くみがおか　奈良県北葛城郡河合町
久美浜　くみはま　京都府（京都丹後鉄道宮津線）
久美浜町　くみはまちょう　京都府京丹後市
久美浜町二俣　くみはまちょうふたまた　京都府京丹後市
久美浜町十楽　くみはまちょうじゅうらく　京都府京丹後市
久美浜町三分　くみはまちょうさんぶ　京都府京丹後市
久美浜町三谷　くみはまちょうみたに　京都府京丹後市
久美浜町三原　くみはまちょうみはら　京都府京丹後市
久美浜町丸山　くみはまちょうまるやま　京都府京丹後市
久美浜町口三谷　くみはまちょうくちみたに　京都府京丹後市
久美浜町口馬地　くみはまちょうくちまじ　京都府京丹後市
久美浜町土居　くみはまちょうどい　京都府京丹後市
久美浜町大井　くみはまちょうおおい　京都府京丹後市
久美浜町大向　くみはまちょうおおむかい　京都府京丹後市
久美浜町女布　くみはまちょうにょう　京都府京丹後市
久美浜町小桑　くみはまちょうこぐわ　京都府京丹後市
久美浜町円頓寺　くみはまちょうえんどんじ　京都府京丹後市
久美浜町友重　くみはまちょうともしげ　京都府京丹後市
久美浜町出角　くみはまちょういずすみ　京都府京丹後市
久美浜町市野々　くみはまちょういちのの　京都府京丹後市
久美浜町市場　くみはまちょういちば　京都府京丹後市
久美浜町布袋野　くみはまちょうほたいの　京都府京丹後市
久美浜町平田　くみはまちょうひらた　京都府京丹後市
久美浜町永留　くみはまちょうながどめ　京都府京丹後市
久美浜町甲山　くみはまちょうこうやま　京都府京丹後市
久美浜町甲坂　くみはまちょうこうさか　京都府京丹後市
久美浜町仲町　くみはまちょうなかまち　京都府京丹後市

131

3画（久）

久美浜町向町　くみはまちょうむこうまち　京都府京丹後市

久美浜町安養寺　くみはまちょうあんようじ　京都府京丹後市

久美浜町旭　くみはまちょうあさひ　京都府京丹後市

久美浜町竹藤　くみはまちょうたけふじ　京都府京丹後市

久美浜町西本町　くみはまちょうにしほんまち　京都府京丹後市

久美浜町西橋爪　くみはまちょうにしはしづめ　京都府京丹後市

久美浜町佐野　くみはまちょうさの　京都府京丹後市

久美浜町坂井　くみはまちょうさかい　京都府京丹後市

久美浜町坂谷　くみはまちょうさかだに　京都府京丹後市

久美浜町壱分　くみはまちょういちぶ　京都府京丹後市

久美浜町芦原　くみはまちょうあしわら　京都府京丹後市

久美浜町谷　くみはまちょうたに　京都府京丹後市

久美浜町東本町　くみはまちょうひがしほんまち　京都府京丹後市

久美浜町河内　くみはまちょうかっち　京都府京丹後市

久美浜町河梨　くみはまちょうこうなし　京都府京丹後市

久美浜町油池　くみはまちょうゆいけ　京都府京丹後市

久美浜町金谷　くみはまちょうかなや　京都府京丹後市

久美浜町長柄　くみはまちょうながら　京都府京丹後市

久美浜町長野　くみはまちょうながの　京都府京丹後市

久美浜町品田　くみはまちょうほんで　京都府京丹後市

久美浜町栄町　くみはまちょうさかえまち　京都府京丹後市

久美浜町栃谷　くみはまちょうとちだに　京都府京丹後市

久美浜町海士　くみはまちょうあま　京都府京丹後市

久美浜町畑　くみはまちょうはた　京都府京丹後市

久美浜町神谷　くみはまちょうかんだに　京都府京丹後市

久美浜町神崎　くみはまちょうかんざき　京都府京丹後市

久美浜町島　くみはまちょうしま　京都府京丹後市

久美浜町浦明　くみはまちょううらけ　京都府京丹後市

久美浜町尉ケ畑　くみはまちょうじょうがはた　京都府京丹後市

久美浜町葛野　くみはまちょうかづらの　京都府京丹後市

久美浜町郷　くみはまちょうごう　京都府京丹後市

久美浜町野中　くみはまちょうのなか　京都府京丹後市

久美浜町鹿野　くみはまちょうかの　京都府京丹後市

久美浜町奥三谷　くみはまちょうおくみたに　京都府京丹後市

久美浜町奥馬地　くみはまちょうおくまじ　京都府京丹後市

久美浜町湊宮　くみはまちょうみなとみや　京都府京丹後市

久美浜町須田　くみはまちょうすだ　京都府京丹後市

久美浜町新庄　くみはまちょうしんじょう　京都府京丹後市

久美浜町新町　くみはまちょうしんまち　京都府京丹後市

久美浜町新谷　くみはまちょうにいだに　京都府京丹後市

久美浜町新橋　くみはまちょうしんばし　京都府京丹後市

久美浜町蒲井　くみはまちょうかまい　京都府京丹後市

久美浜町関　くみはまちょうせき　京都府京丹後市

久美浜町箱石　くみはまちょうはこいし　京都府京丹後市

久美浜町橋爪　くみはまちょうはしづめ　京都府京丹後市

久重
　　くえ　高知県安芸郡芸西村
　　くしげ　熊本県玉名郡南関町

10久兼　ひさかね　山口県防府市

久原
　　くばら　茨城県桜川市
　　くばら　鳥取県東伯郡三朝町
　　くばら　福岡県宗像市
　　くばら　福岡県糟屋郡久山町
　　くばら　佐賀県（松浦鉄道西九州線）
　　くばら　長崎県大村市
　　くばら　熊本県山鹿市
　　くばる　大分県大分市

久原中央　くばるちゅうおう　大分県大分市

久原北　くばるきた　大分県大分市

久原南　くばるみなみ　大分県大分市

久家　ひさげ　愛媛県南宇和郡愛南町

久座仁　くざに　島根県邑智郡川本町

久恵　くえ　福岡県筑後市

久栗坂　くぐりざか　青森県青森市

久根　くね　静岡県裾野市

久根別
　　くねべつ　北海道（道南いさりび鉄道線）
　　くねべつ　北海道北斗市

久根妻　くねつま　福島県伊達市

久根津　くねつ　鹿児島県大島郡瀬戸内町

久留　ひさどめ　鳥取県東伯郡湯梨浜町

久留米
　　くるめ　福島県郡山市
　　くるめ　福岡県（JR九州新幹線ほか）

久留米大学前　くるめだいがくまえ　福岡県（JR久大本線）

久留米市　くるめし　福岡県

久留米高校前　くるめこうこうまえ　福岡県（JR久大本線）

久留里
　　くるり　千葉県（JR久留里線）
　　くるり　千葉県君津市

久留里大谷　くるりおおやつ　千葉県君津市

久留里大和田　くるりおおわだ　千葉県君津市

久留里市場　くるりいちば　千葉県君津市

久留里郷　くるりごう　長崎県西彼杵郡時津町

久留美　くるみ　兵庫県三木市

3画（乞, 兀, 刃, 千）

久留野町　くるのちょう　奈良県五條市
久留麻　くるま　兵庫県淡路市
久留壁　くるべき　和歌山県紀の川市
久能
　　くのう　茨城県古河市
　　くのう　千葉県富里市
　　くの　静岡県袋井市
久能寺　くのうじ　鳥取県八頭郡八頭町
久通　くつう　高知県須崎市
久連　くれ　鳥取県日野郡江府町
11久崎
　　くざき　兵庫県（智頭急行線）
　　くざき　兵庫県佐用郡佐用町
久常　ひさつね　岡山県勝田郡奈義町
久得　くどく　沖縄県中頭郡嘉手納町
久郷　くごう　富山県富山市
久野
　　くの　栃木県鹿沼市
　　くの　神奈川県小田原市
久野々　くのの　兵庫県淡路市
久野又　くのまた　栃木県大田原市
久野川　くのがわ　岐阜県下呂市
久野本　くのもと　山形県天童市
久野町　くのちょう　茨城県牛久市
久野原　くのはら　和歌山県有田郡有田川町
久野脇　くのわき　静岡県榛原郡川根本町
久野部　くのべ　滋賀県野洲市
久野喜台　くのきだい　大阪府富田林市
久野瀬　くのせ　茨城県久慈郡大子町
久隆　くりゅう　茨城県常陸大宮市
12久喜
　　くき　埼玉県（JR東北本線ほか）
　　くき　福井県南条郡南越前町
　　くき　島根県邑智郡邑南町
　　くき　高知県吾川郡仁淀川町
久喜中央　くきちゅうおう　埼玉県久喜市
久喜北　くききた　埼玉県久喜市
久喜市　くきし　埼玉県
久喜本　くきほん　埼玉県久喜市
久喜沢　くきさわ　秋田県能代市
久喜東　くきひがし　埼玉県久喜市
久喜津町　くきづちょう　福井県福井市
久喜原　くばら　島根県邑智郡美郷町
久喜新　くきしん　埼玉県久喜市
久場
　　くば　鹿児島県大島郡龍郷町
　　くば　沖縄県中頭郡中城村
久富　ひさどみ　福岡県筑後市
久富木　くぶき　鹿児島県薩摩郡さつま町
久御山町　くみやまちょう　京都府久世郡
久賀
　　くが　岡山県美作市
　　くか　山口県大島郡周防大島町
久賀町　ひさかちょう　長崎県五島市
久須志　くすし　青森県青森市
久須美　くすみ　埼玉県飯能市
13久慈
　　くじ　岩手県（JR八戸線ほか）
　　くじ　鹿児島県大島郡瀬戸内町

久慈市　くじし　岩手県
久慈町
　　くじまち　青森県三戸郡三戸町
　　くじちょう　茨城県日立市
久慈郡　くじぐん　茨城県
久福木　くぶき　福岡県大牟田市
久路土　きゅうろつち　福岡県豊前市
久遠郡　くどうぐん　北海道
久遠院前町　くえんいんまえちょう　京都府京都市中京区
14久徳　きゅうとく　滋賀県犬上郡多賀町
久徳町　きゅうとくちょう　岐阜県大垣市
久領堤　くりょうづつみ　神奈川県平塚市
15久蔵窪　きゅうぞうくぼ　青森県三戸郡五戸町
久蔵興野
　　きゅうぞうごや　新潟県新潟市中央区
　　きゅうぞうごや　新潟県新潟市江南区
19久瀬川町　くぜがわちょう　岐阜県大垣市

【乞】
5乞田　こった　東京都多摩市

【兀】
3兀山町　はげやまちょう　愛知県半田市

【刃】
8刃物会館前　はものかいかんまえ　岐阜県（長良川鉄道越美南線）
10刃連町　ゆきいまち　大分県日田市

【千】
0千々石町乙　ちぢわちょうおつ　長崎県雲仙市
千々石町丁　ちぢわちょうてい　長崎県雲仙市
千々石町己　ちぢわちょうこ　長崎県雲仙市
千々石町丙　ちぢわちょうへい　長崎県雲仙市
千々石町戊　ちぢわちょうぼ　長崎県雲仙市
千々石町甲　ちぢわちょうこう　長崎県雲仙市
千々石町庚　ちぢわちょうこう　長崎県雲仙市
千々町　ちぢまち　長崎県長崎市
千々賀　ちぢか　佐賀県唐津市
千ケ瀬町　ちがせまち　東京都青梅市
2千丁　せんちょう　熊本県（JR鹿児島本線）
千丁町太牟田　せんちょうまちおおむた　熊本県八代市
千丁町古閑出　せんちょうまちこがで　熊本県八代市
千丁町吉王丸　せんちょうまちよしおうまる　熊本県八代市
千丁町新牟田　せんちょうまちしんむた　熊本県八代市
千人町　せんにんちょう　東京都八王子市
3千丈
　　せんじょう　岩手県下閉伊郡田野畑村
　　せんじょう　愛媛県（JR予讃線）
千万町町　ぜまんぢょうちょう　愛知県岡崎市
千川
　　せんかわ　東京都（東京地下鉄有楽町線ほか）
　　せんかわ　東京都豊島区
4千刈
　　せんがり　青森県青森市

133

3画（千）

せんがり　秋田県湯沢市
せんがり　秋田県由利本荘市
せんがり　山形県山形市
せんがり　新潟県加茂市
千刈田
せんがりだ　青森県上北郡おいらせ町
せんがりだ　岩手県岩手郡雫石町
千刈場　せんがりば　宮城県伊具郡丸森町
千反町　せんだんまち　熊本県八代市
千引町　せんびきちょう　愛知県愛西市
千戸　せんど　三重県伊賀市
千手
せんじゅ　新潟県長岡市
せんじゅ　岡山県岡山市東区
せんず　福岡県嘉麻市
せんず　福岡県朝倉市
千手町　せんじゅまち　栃木県鹿沼市
千手堂
せんじゅどう　山形県山形市
せんじゅどう　埼玉県比企郡嵐山町
せんじゅどう　千葉県長生郡長南町
せんじゅどう　静岡県磐田市
千手堂中町　せんじゅどうなかまち　岐阜県岐阜市
千手堂北町　せんじゅどうきたまち　岐阜県岐阜市
千手堂南町　せんじゅどうみなみまち　岐阜県岐阜市
千日　せんにち　山口県防府市
千日町
せんにちちょう　山形県酒田市
せんにちまち　石川県金沢市
せんにちちょう　奈良県大和郡山市
せんにちちょう　鹿児島県鹿児島市
千日前　せんにちまえ　大阪府大阪市中央区
千日堂　せんにちどう　福島県須賀川市
千木　せぎ　石川県金沢市
千木町　せぎまち　石川県金沢市
千木良　ちぎら　神奈川県相模原市緑区
千木屋町　せんぎやちょう　富山県高岡市
千木野町　せぎのまち　石川県小松市
⁵千代
せんだい　埼玉県熊谷市
せんだい　千葉県南房総市
ちよ　神奈川県小田原市
せんだい　富山県砺波市
ちよ　長野県（JR飯田線）
ちよ　長野県飯田市
せんだい　静岡県静岡市葵区
ちよ　愛知県常滑市
せんだい　愛知県稲沢市
せんだい　三重県多気郡大台町
ちしろ　奈良県磯城郡田原本町
せんだい　広島県安芸郡府中町
ちよ　福岡県北九州市八幡西区
ちよ　福岡県福岡市博多区
ちよ　熊本県葦北郡津奈木町
千代ケ丘
ちよがおか　神奈川県川崎市麻生区
ちよがおか　愛知県常滑市
ちよがおか　奈良県奈良市
千代ケ岡　ちよがおか　北海道（JR富良野線）
千代ケ崎　ちよがさき　福岡県北九州市八幡西区
千代ノ浦　ちよのうら　北海道釧路市

千代が丘
ちよがおか　愛知県名古屋市千種区
ちよがおか　兵庫県神戸市垂水区
千代丸
ちよまる　千葉県長生郡長柄町
ちよまる　福岡県朝倉市
千代川　ちよかわ　京都府（JR山陰本線）
千代川町千原　ちよかわちょうちはら　京都府亀岡市
千代川町小川　ちよかわちょうおがわ　京都府亀岡市
千代川町小林　ちよかわちょうおばやし　京都府亀岡市
千代川町川関　ちよかわちょうかわぜき　京都府亀岡市
千代川町今津　ちよかわちょういまづ　京都府亀岡市
千代川町日吉台　ちよかわちょうひよしだい　京都府亀岡市
千代川町北ノ庄　ちよかわちょうきたのしょう　京都府亀岡市
千代川町拝田　ちよかわちょうはいだ　京都府亀岡市
千代川町高野林　ちよかわちょうたかのはやし　京都府亀岡市
千代川町湯井　ちよかわちょうゆい　京都府亀岡市
千代水　ちよみ　鳥取県鳥取市
千代台　ちよがだい　北海道（函館市交通局2系統ほか）
千代台町　ちよがだいちょう　北海道函館市
千代田
ちよだ　北海道夕張市
ちよだ　北海道北斗市
ちよだ　北海道苫前郡初山別村
ちよだ　北海道紋別郡遠軽町
ちよだ　北海道中川郡池田町
ちよだ　山形県山形市
ちよだ　山形県酒田市
ちよだ　福島県耶麻郡猪苗代町
ちよだ　埼玉県本庄市
ちよだ　埼玉県坂戸市
ちよだ　千葉県柏市
ちよだ　千葉県四街道市
ちよだ　東京都千代田区
ちよだ　神奈川県相模原市中央区
ちよだ　静岡県静岡市葵区
ちよだ　愛知県名古屋市中区
ちよだ　大阪府（南海電気鉄道高野線）
ちよだ　大阪府高石市
千代田区　ちよだく　東京都
千代田台町　ちよだいちょう　大阪府河内長野市
千代田町
ちよだちょう　北海道千歳市
ちよだちょう　青森県三沢市
ちよだちょう　岩手県一関市
ちよだちょう　宮城県仙台市青葉区
ちよだまち　群馬県前橋市
ちよだちょう　群馬県館林市
ちよだまち　群馬県邑楽郡
ちよだちょう　千葉県茂原市
ちよだちょう　新潟県十日町市
ちよだまち　富山県富山市
ちよだまち　岐阜県岐阜市
ちよだちょう　愛知県名古屋市熱田区
ちよだちょう　三重県四日市市
ちよだちょう　三重県桑名市
ちよだちょう　大阪府高槻市

3画（千）

ちよだまち　兵庫県姫路市
ちよだちょう　兵庫県豊岡市
ちよだちょう　広島県福山市
ちよだちょう　山口県周南市
ちよだまち　愛媛県八幡浜市
ちよだまち　佐賀県唐津市
ちよだちょう　鹿児島県枕崎市
千代田町下西　ちよだちょうしもさい　佐賀県神埼市
千代田町下板　ちよだちょうしもいた　佐賀県神埼市
千代田町用作　ちよだちょうようさく　佐賀県神埼市
千代田町迎島　ちよだちょうむかいしま　佐賀県神埼市
千代田町姉　ちよだちょうあね　佐賀県神埼市
千代田町直鳥　ちよだちょうなおとり　佐賀県神埼市
千代田町柳島　ちよだちょうやなぎしま　佐賀県神埼市
千代田町崎村　ちよだちょうさきむら　佐賀県神埼市
千代田町黒井　ちよだちょうくろい　佐賀県神埼市
千代田町渡瀬　ちよだちょうわたぜ　佐賀県神埼市
千代田町詫田　ちよだちょうたくた　佐賀県神埼市
千代田町嘉納　ちよだちょうかのう　佐賀県神埼市
千代田町境原　ちよだちょうさかいばる　佐賀県神埼市
千代田町餘江　ちよだちょうあまりえ　佐賀県神埼市
千代田南町　ちよだみなみちょう　大阪府河内長野市
千代田橋　ちよだばし　愛知県名古屋市千種区
千代西町　せんだいにしまち　愛知県稲沢市
千代町
　せんだいまち　石川県小松市
　ちよまち　石川県羽咋市
　せんだいちょう　愛知県稲沢市
　ちしろちょう　滋賀県守山市
　ちよまち　山口県山陽小野田市
　ちよまち　福岡県大牟田市
　ちよまち　福岡県田川市
　ちよまち　大分県大分市
　ちよまち　大分県別府市
千代谷　ちよだに　福井県今立郡池田町
千代里
　ちよさと　長野県南佐久郡小海町
　ちよさと　長野県南佐久郡佐久穂町
千代栄町　ちよえまち　新潟県長岡市
千代県庁口　ちよけんちょうぐち　福岡県（福岡市交通局箱崎線）
千代崎
　ちよざき　三重県（近畿日本鉄道名古屋線）
　ちよざき　大阪府大阪市西区
千代崎町　ちよざきちょう　神奈川県横浜市中区
千代野西　ちよのにし　石川県白山市
千代野東　ちよのひがし　石川県白山市
千代野南　ちよのみなみ　石川県白山市
千平　せんだいら　群馬県（上信電鉄線）
千旦　せんだ　和歌山県（JR和歌山線）
千旦林　せんだんばやし　岐阜県中津川市
千旦通　せんたんどおり　兵庫県神戸市灘区
千本
　せんぼ　栃木県芳賀郡茂木町
　せんぼん　静岡県沼津市
　せんぼん　兵庫県（JR姫新線）
千本中　せんぼんなか　大阪府大阪市西成区
千本中町　せんぼんなかちょう　静岡県沼津市

千本木　せんぼんぎ　栃木県日光市
千本北　せんぼんきた　大阪府大阪市西成区
千本西町　せんぼんにしちょう　静岡県沼津市
千本杉　せんぼんすぎ　山形県東田川郡庄内町
千本松
　せんぼんまつ　栃木県那須塩原市
　せんぼんまつ　長野県上高井郡高山村
千本東町　せんぼんひがしちょう　静岡県沼津市
千本南　せんぼんみなみ　大阪府大阪市西成区
千本柳　せんぼんやなぎ　長野県千曲市
千本常盤町　せんぼんときわちょう　静岡県沼津市
千本郷林　せんぼんごうりん　静岡県沼津市
千本港町　せんぼんみなとまち　静岡県沼津市
千本緑町　せんぼんみどりちょう　静岡県沼津市
千田
　せんだ　茨城県常陸大宮市
　ちだ　千葉県香取郡多古町
　せんだ　千葉県長生郡長南町
　せんだ　東京都江東区
　せんだ　山梨県甲斐市
　ちだ　和歌山県有田市
千田川原　せんだがわら　熊本県玉名市
千田町
　せんだまち　石川県金沢市
　せんだまち　石川県羽咋市
　せんだちょう　愛知県豊田市
　ちだちょう　島根県江津市
　せんだまち　広島県広島市中区
　せんだちょう　広島県福山市
千田町千田　せんだちょうせんだ　広島県福山市
千田町坂田　せんだちょうさかた　広島県福山市
千田町坂田北　せんだちょうさかたきた　広島県福山市
千田町薮路　せんだちょうやぶろ　広島県福山市
千疋
　せんびき　岐阜県関市
　せんびき　香川県綾歌郡綾川町
千疋北　せんびききた　岐阜県関市
千石
　せんごく　山形県山形市
　せんごく　東京都（東京都交通局三田線）
　せんごく　東京都文京区
　せんごく　東京都江東区
　せんごく　富山県小矢部市
　せんごく　富山県中新川郡上市町
千石台　せんごくだい　滋賀県大津市
千石西町　せんごくにしまち　大阪府門真市
千石町
　せんごくちょう　宮城県石巻市
　せんごくちょう　秋田県湯沢市
　せんごくまち　山形県鶴岡市
　せんごくちょう　山形県酒田市
　せんごくまち　福島県会津若松市
　ちこくちょう　茨城県日立市
　せんごくちょう　富山県富山市
　せんごくまち　富山県高岡市
　せんごくまち　石川県羽咋市
　せんごくちょう　岐阜県岐阜市
　せんごくちょう　愛知県豊田市
千石東町　せんごくひがしまち　大阪府門真市
千石河岸　せんごくかし　神奈川県平塚市

135

3画（千）

⁶千両町　ちぎりちょう　愛知県豊川市
千合町　ちごうちょう　福井県福井市
千合谷町　せんごうだにちょう　福井県越前市
千同　せんどう　広島県広島市佐伯区
千安京田　ちやすきょうでん　山形県鶴岡市
千守町　ちもりちょう　兵庫県神戸市須磨区
千年
　　ちとせ　青森県（弘南鉄道大鰐線）
　　ちとせ　青森県弘前市
　　ちとせ　神奈川県川崎市高津区
　　ちとせ　新潟県十日町市
　　ちとせ　愛知県名古屋市熱田区
　　ちとせ　愛知県名古屋市港区
　　せんねん　鹿児島県鹿児島市
千年町　せんねんちょう　岐阜県関市
千年新町　ちとせしんちょう　神奈川県川崎市高津区
千成　せんなり　千葉県佐倉市
千成町
　　せんなりまち　富山県富山市
　　せんなりちょう　大阪府豊中市
千成通　せんなりとおり　愛知県名古屋市中村区
千早
　　ちはや　東京都豊島区
　　ちはや　大阪府南河内郡千早赤阪村
　　ちはや　福岡県（JR鹿児島本線）
　　ちはや　福岡県福岡市東区
千早口　ちはやぐち　大阪府（南海電気鉄道高野線）
千早赤阪村　ちはやあかさかむら　大阪府南河内郡
千早新田　ちはやしんでん　福岡県糸島市
千曳
　　ちびき　青森県（青い森鉄道線）
　　ちびき　青森県上北郡東北町
千曳下山　ちびきしもやま　青森県上北郡東北町
千曲　ちくま　長野県（しなの鉄道線）
千曲市　ちくまし　長野県
千羽　せんば　静岡県掛川市
千舟　ちぶね　大阪府大阪市西淀川区
千舟町　ちぶねまち　愛媛県松山市
⁷千住
　　せんじゅう　北海道中川郡幕別町
　　せんじゅ　東京都足立区
千住大川町　せんじゅおおかわちょう　東京都足立区
千住大橋　せんじゅおおはし　東京都（京成電鉄京成本線）
千住中居町　せんじゅなかいちょう　東京都足立区
千住元町　せんじゅもとまち　東京都足立区
千住仲町　せんじゅなかちょう　東京都足立区
千住旭町　せんじゅあさひちょう　東京都足立区
千住寿町　せんじゅことぶきちょう　東京都足立区
千住東　せんじゅあずま　東京都足立区
千住河原町　せんじゅかわらちょう　東京都足立区
千住柳町　せんじゅやなぎちょう　東京都足立区
千住宮元町　せんじゅみやもとちょう　東京都足立区
千住桜木　せんじゅさくらぎ　東京都足立区
千住緑町　せんじゅみどりちょう　東京都足立区
千住関屋町　せんじゅせきやちょう　東京都足立区
千住橋戸町　せんじゅはしどちょう　東京都足立区
千住龍田町　せんじゅたつたちょう　東京都足立区
千住曙町　せんじゅあけぼのちょう　東京都足立区
千坊台　せんぼうだい　山口県光市

千寿ケ原　せんじゅがはら　富山県中新川郡立山町
千寿町　せんずちょう　茨城県常陸太田市
千把野新田　せんばのしんでん　新潟県三条市
千杉町　せんのすぎまち　石川県金沢市
千束
　　せんぞく　東京都台東区
　　ちづか　福岡県豊前市
千束町　せんぞくちょう　茨城県土浦市
千村　ちむら　神奈川県秦野市
千沢　せんざわ　千葉県茂原市
千町
　　せんちょう　千葉県茂原市
　　せんちょう　滋賀県大津市
　　せんじょう　愛媛県西条市
　　せんちょう　宮崎県都城市
千苅　せんがり　福島県喜多方市
千苅道上　せんがりみちうえ　福島県喜多方市
千苅新田　せんがりしんでん　新潟県南蒲原郡田上町
千谷
　　ちや　新潟県小千谷市
　　ちだに　兵庫県美方郡新温泉町
千谷川　ちやがわ　新潟県小千谷市
千谷沢　ちやざわ　新潟県長岡市
千貝　せがい　三重県伊賀市
千走　ちわせ　北海道島牧郡島牧村
千足
　　せんぞく　岩手県下閉伊郡田野畑村
　　せんぞく　愛媛県伊予郡砥部町
千足町　せんぞくちょう　愛知県豊田市
千里
　　ちさと　富山県（JR高山本線）
　　ちさと　三重県（近畿日本鉄道名古屋線）
　　せんり　福岡県福岡市西区
千里万博公園　せんりばんぱくこうえん　大阪府吹田市
千里山　せんりやま　大阪府（阪急電鉄千里線）
千里山月が丘　せんりやまつきがおか　大阪府吹田市
千里山竹園　せんりやまたけぞの　大阪府吹田市
千里山西　せんりやまにし　大阪府吹田市
千里山松が丘　せんりやままつがおか　大阪府吹田市
千里山東　せんりやまひがし　大阪府吹田市
千里山星が丘　せんりやまほしがおか　大阪府吹田市
千里山虹が丘　せんりやまにじがおか　大阪府吹田市
千里山高塚　せんりやまたかつか　大阪府吹田市
千里山霧が丘　せんりやまきりがおか　大阪府吹田市
千里中央　せんりちゅうおう　大阪府（大阪高速鉄道大阪モノレール線ほか）
千里丘
　　せんりおか　大阪府（JR東海道本線）
　　せんりおか　大阪府摂津市
千里丘下　せんりおかしも　大阪府吹田市
千里丘上　せんりおかかみ　大阪府吹田市
千里丘中　せんりおかなか　大阪府吹田市
千里丘北　せんりおかきた　大阪府吹田市
千里丘西　せんりおかにし　大阪府吹田市
千里丘東　せんりおかひがし　大阪府摂津市
千里丘新町　せんりおかしんまち　大阪府摂津市
千里浜町　ちりはままち　石川県羽咋市
千里園　せんりえん　大阪府豊中市

3画（千）

千防　せんぼう　福岡県北九州市戸畑区
8千国　ちくに　長野県（JR大糸線）
千国乙　ちくにおつ　長野県北安曇郡小谷村
千枚原　せんまいばら　静岡県三島市
千林
　　せんばやし　大阪府（京阪電気鉄道本線）
　　せんばやし　大阪府大阪市旭区
千林大宮　せんばやしおおみや　大阪府（大阪市交通局谷町線）
千河原　ちがわら　山形県東田川郡庄内町
千波町
　　せんばちょう　茨城県水戸市
　　せんなみまち　栃木県宇都宮市
千股　ちまた　奈良県吉野郡吉野町
千若町　ちわかちょう　神奈川県横浜市神奈川区
千金　ちがね　島根県（JR三江線）
千門町　せんもんちょう　山形県新庄市
9千保　せんぼ　富山県砺波市
千垣
　　ちがき　富山県（富山地方鉄道立山線）
　　ちがき　富山県中新川郡立山町
千城台　ちしろだい　千葉県（千葉都市モノレール2号線）
千城台北
　　ちしろだいきた　千葉県（千葉都市モノレール2号線）
　　ちしろだいきた　千葉県千葉市若葉区
千城台西　ちしろだいにし　千葉県千葉市若葉区
千城台東　ちしろだいひがし　千葉県千葉市若葉区
千城台南　ちしろだいみなみ　千葉県千葉市若葉区
千屋
　　せんや　秋田県仙北郡美郷町
　　ちや　岡山県新見市
千屋井原　ちやいはら　岡山県新見市
千屋花見　ちやはなみ　岡山県新見市
千屋実　ちやさね　岡山県新見市
千怒　ちぬ　大分県津久見市
千栄
　　ちさか　北海道沙流郡日高町
　　ちはえ　長野県飯田市
千洗町　ちあらいちょう　愛知県豊田市
千津川　せんづがわ　和歌山県日高郡日高川町
千津井　せんづい　群馬県邑楽郡明和町
千津島　せんづしま　神奈川県南足柄市
千秋　せんしゅう　新潟県長岡市
千秋久保田町　せんしゅうくぼたまち　秋田県秋田市
千秋中島町　せんしゅうなかじまち　秋田県秋田市
千秋公園　せんしゅうこうえん　秋田県秋田市
千秋北の丸　せんしゅうきたのまる　秋田県秋田市
千秋矢留町　せんしゅうやどめまち　秋田県秋田市
千秋町一色　ちあきちょういしき　愛知県一宮市
千秋町小山　ちあきちょうおやま　愛知県一宮市
千秋町天摩　ちあきちょうてんま　愛知県一宮市
千秋町加茂　ちあきちょうかも　愛知県一宮市
千秋町加納馬場　ちあきちょうかのうまんば　愛知県一宮市
千秋町佐野　ちあきちょうさの　愛知県一宮市
千秋町町屋　ちあきちょうまちや　愛知県一宮市
千秋町芝原　ちあきちょうしばはら　愛知県一宮市

千秋町浅野羽根　ちあきちょうあさのはね　愛知県一宮市
千秋町浮野　ちあきちょううきの　愛知県一宮市
千秋町勝栗　ちあきちょうかちくり　愛知県一宮市
千秋町塩尻　ちあきちょうしおじり　愛知県一宮市
千秋町穂積塚本　ちあきちょうほづみつかもと　愛知県一宮市
千秋明徳町　せんしゅうめいとくまち　秋田県秋田市
千秋城下町　せんしゅうじょうかまち　秋田県秋田市
千草
　　ちくさ　三重県三重郡菰野町
　　ちくさ　兵庫県洲本市
千草台
　　ちぐさだい　千葉県千葉市稲毛区
　　ちぐさだい　神奈川県横浜市青葉区
千草町
　　ちくさちょう　滋賀県長浜市
　　ちぐさちょう　宮崎県宮崎市
10千倉　ちくら　千葉県（JR内房線）
千倉町久保　ちくらちょうくぼ　千葉県南房総市
千倉町千田　ちくらちょうせんだ　千葉県南房総市
千倉町大川　ちくらちょうおおかわ　千葉県南房総市
千倉町大貫　ちくらちょうおおぬき　千葉県南房総市
千倉町川口　ちくらちょうかわぐち　千葉県南房総市
千倉町川戸　ちくらちょうかわと　千葉県南房総市
千倉町川合　ちくらちょうかわい　千葉県南房総市
千倉町北朝夷　ちくらちょうきたあさい　千葉県南房総市
千倉町平舘　ちくらちょうへだて　千葉県南房総市
千倉町平磯　ちくらちょうひらいそ　千葉県南房総市
千倉町白子　ちくらちょうしらこ　千葉県南房総市
千倉町白間津　ちくらちょうしらまづ　千葉県南房総市
千倉町宇田　ちくらちょううだ　千葉県南房総市
千倉町忽戸　ちくらちょうこっと　千葉県南房総市
千倉町牧田　ちくらちょうまきだ　千葉県南房総市
千倉町南朝夷　ちくらちょうみなみあさい　千葉県南房総市
千倉町瀬戸　ちくらちょうせと　千葉県南房総市
千俵町　せんびょうまち　富山県富山市
千原
　　ちはら　群馬県甘楽郡南牧村
　　ちわら　新潟県五泉市
　　ちわら　新潟県阿賀野市
　　ちはら　兵庫県神崎郡川町
　　ちはら　兵庫県美方郡新温泉町
　　ちはら　島根県邑智郡美郷町
　　せんばる　沖縄県中頭郡西原町
千原町
　　ちはらちょう　福井県越前市
　　ちはらちょう　愛知県名古屋市中村区
　　ちはらちょう　大阪府泉大津市
千原崎　ちはらざき　富山県富山市
千唐仁　せんとうじ　新潟県阿賀野市
千島　ちしま　大阪府大阪市大正区
千島町
　　ちしまちょう　北海道根室市
　　ちしままち　岐阜県高山市
千浜　ちはま　静岡県掛川市
千畝町　ちうねちょう　岐阜県美濃市

137

3画（千）

千軒　せんげん　北海道松前郡福島町
11千崎　ちざき　山口県山陽小野田市
千崎西　ちざきにし　山口県山陽小野田市
千崎東　ちざきひがし　山口県山陽小野田市
千現　せんげん　茨城県つくば市
千船　ちぶね　大阪府（阪神電気鉄道阪神本線）
千野　ちの　滋賀県大津市
千野町　ちのまち　石川県七尾市
千鳥
　ちどり　千葉県浦安市
　ちどり　東京都大田区
　ちどり　富山県滑川市
　ちどり　愛知県名古屋市港区
　ちどり　福岡県（JR鹿児島本線）
　ちどり　福岡県古賀市
千鳥ケ丘町
　ちどりがおかまち　茨城県土浦市
　ちどりがおかちょう　山口県下関市
千鳥が丘　ちどりがおか　兵庫県神戸市垂水区
千鳥丘町　ちどりがおかまち　富山県高岡市
千鳥台　ちどりだい　石川県河北郡内灘町
千鳥町
　ちどりちょう　北海道留萌市
　ちどりちょう　岩手県釜石市
　ちどりちょう　千葉県市川市
　ちどりちょう　東京都（東京急行電鉄池上線）
　ちどりちょう　神奈川県横浜市中区
　ちどりちょう　神奈川県川崎市川崎区
　ちどりちょう　岐阜県岐阜市
　ちどりちょう　岐阜県大垣市
　ちどりちょう　愛知県豊田市
　ちどりちょう　兵庫県神戸市兵庫区
　ちどりちょう　島根県松江市
　ちどりちょう　岡山県岡山市南区
千鳥浜町　ちどりはまちょう　山口県下関市
千鳥橋　ちどりばし　大阪府（阪神電気鉄道阪神なんば線）
12千厩　せんまや　岩手県（JR大船渡線）
千厩町千厩　せんまやちょうせんまや　岩手県一関市
千厩町小梨　せんまやちょうこなし　岩手県一関市
千厩町清田　せんまやちょうきよた　岩手県一関市
千厩町奥玉　せんまやちょうおくたま　岩手県一関市
千厩町磐清水　せんまやちょういわしみず　岩手県一関市
千塚
　ちづか　埼玉県幸手市
　ちづか　山梨県甲府市
　ちづか　大阪府八尾市
千塚町
　ちづかまち　栃木県栃木市
　ちづかちょう　群馬県館林市
千塚前　せんつかまえ　宮城県柴田郡大河原町
千富町　せんとみちょう　青森県青森市
千尋町
　ちひろちょう　滋賀県彦根市
　ちひろちょう　兵庫県相生市
千提寺　せんだいじ　大阪府茨木市
千渡　せんど　栃木県鹿沼市
千畳敷
　せんじょうじき　青森県（JR五能線）
　せんじょうじき　岐阜県岐阜市

千葉
　ちば　千葉県（JR総武本線ほか）
　ちば　静岡県島田市
千葉ニュータウン中央　ちばにゅーたうんちゅうおう　千葉県（北総鉄道北総線）
千葉みなと　ちばみなと　千葉県（JR京葉線ほか）
千葉中央　ちばちゅうおう　千葉県（京成電鉄千原線ほか）
千葉公園　ちばこうえん　千葉県（千葉都市モノレール2号線）
千葉市　ちばし　千葉県
千葉寺　ちばでら　千葉県（京成電鉄千原線）
千葉寺町　ちばでらちょう　千葉県千葉市中央区
千葉城町　ちばじょうまち　熊本県熊本市中央区
千葉県　ちばけん
千葉港　ちばみなと　千葉県千葉市中央区
千賀の台　ちがのだい　宮城県塩竈市
千賀町　せんがちょう　三重県鳥羽市
千躰
　せんたい　大阪府大阪市住吉区
　せんだ　岡山県赤磐市
千間　せんげん　埼玉県春日部市
千間台西　せんげんだいにし　埼玉県越谷市
千間台東　せんげんだいひがし　埼玉県越谷市
千間橋　せんげんばし　千葉県柏市
千須谷　せんずや　神奈川県平塚市
千須和　せんずわ　山梨県南巨摩郡早川町
13千僧　せんぞ　兵庫県伊丹市
千僧供町　せんぞくちょう　滋賀県近江八幡市
千歳
　ちとせ　北海道（JR千歳線）
　ちとせ　山形県山形市
　ちとせ　千葉県（JR内房線）
　ちとせ　東京都墨田区
　せんさい　新潟県長岡市
　ちとせ　福井県大野市
　せんざい　三重県伊賀市
　ちとせ　京都府舞鶴市
　せんさい　大分県大分市
千歳台　ちとせだい　東京都世田谷区
千歳市　ちとせし　北海道
千歳町
　ちとせちょう　北海道（函館市交通局2系統ほか）
　ちとせちょう　北海道函館市
　ちとせちょう　北海道釧路市
　ちとせちょう　北海道登別市
　ちとせちょう　北海道十勝郡浦幌町
　ちとせちょう　栃木県足利市
　ちとせちょう　神奈川県横浜市中区
　ちとせちょう　新潟県十日町市
　ちとせちょう　富山県富山市
　ちとせちょう　静岡県静岡市清水区
　ちとせちょう　静岡県浜松市中区
　ちとせちょう　愛知県西尾市
　ちとせちょう　三重県四日市市
　ちとせちょう　兵庫県神戸市須磨区
　ちとせちょう　兵庫県西宮市
　ちとせちょう　高知県安芸市
　ちとせちょう　福岡県春日市
　ちとせまち　長崎県（長崎電気軌道1系統ほか）
　ちとせまち　長崎県長崎市
千歳町下山　ちとせまちしもやま　大分県豊後大野市

138

3画（及，口）

千歳町千歳　ちとせちょうちとせ　京都府亀岡市
千歳町石田　ちとせまちいしだ　大分県豊後大野市
千歳町国分　ちとせちょうこくぶ　京都府亀岡市
千歳町長峰　ちとせまちながみね　大分県豊後大野市
千歳町前田　ちとせまちまえだ　大分県豊後大野市
千歳町柴山　ちとせまちしばやま　大分県豊後大野市
千歳町毘沙門　ちとせちょうびしゃもん　京都府亀岡市
千歳町高畑　ちとせまちたかはた　大分県豊後大野市
千歳町船田　ちとせまちふなだ　大分県豊後大野市
千歳町新殿　ちとせまちにいどの　大分県豊後大野市
千歳烏山　ちとせからすやま　東京都（京王電鉄京王線）
千歳通　ちとせどおり　愛知県豊川市
千歳船橋　ちとせふなばし　東京都（小田急電鉄小田原線）
千滝　せんだき　熊本県上益城郡山都町
千福
　せんぷく　富山県南砺市
　せんぷく　静岡県裾野市
千福が丘　せんぷくがおか　静岡県裾野市
千福町
　せんぷくちょう　福井県越前市
　せんぷくまち　愛知県碧南市
千福新　せんぷくしん　富山県南砺市
千路　ちじ　石川県（JR七尾線）
千路町　ちじまち　石川県羽咋市
14千徳
　せんとく　岩手県（JR山田線）
　せんとく　岩手県宮古市
千徳町　せんとくまち　岩手県宮古市
千種
　ちぐさ　千葉県市原市
　ちぐさ　新潟県佐渡市
　ちぐさ　福井県小浜市
　ちくさ　愛知県（JR中央本線ほか）
　ちぐさ　兵庫県宝塚市
千種区　ちくさく　愛知県名古屋市
千種町　ちぐさちょう　千葉県千葉市花見川区
千種町七野　ちくさちょうひつの　兵庫県宍粟市
千種町下河野　ちくさちょうけごの　兵庫県宍粟市
千種町千草　ちくさちょうちくさ　兵庫県宍粟市
千種町西山　ちくさちょうにしやま　兵庫県宍粟市
千種町西河内　ちくさちょうにしごうち　兵庫県宍粟市
千種町岩野辺　ちくさちょういわのべ　兵庫県宍粟市
千種町河内　ちくさちょうこうち　兵庫県宍粟市
千種町河呂　ちくさちょうこうろ　兵庫県宍粟市
千種町室　ちくさちょうむろ　兵庫県宍粟市
千種町黒土　ちくさちょうくろづち　兵庫県宍粟市
千種町奥西山　ちくさちょうおくにしやま　兵庫県宍粟市
千種町鷹巣　ちくさちょうたかのす　兵庫県宍粟市
千種海岸　ちぐさかいがん　千葉県市原市
千種通　ちくさどおり　愛知県名古屋市千種区
千種新田　ちぐさしんでん　千葉県富津市
千綿　ちわた　長崎県（JR大村線）
千綿宿郷　ちわたしゅくごう　長崎県東彼杵郡東彼杵町

千駄ケ谷
　せんだがや　東京都（JR中央本線）
　せんだがや　東京都渋谷区
千駄木
　せんだぎ　東京都（東京地下鉄千代田線）
　せんだぎ　東京都文京区
千駄堀　せんだぼり　千葉県松戸市
千駄野　せんだの　埼玉県白岡市
千駄塚　せんだづか　栃木県小山市
15穂　ちほ　和歌山県新宮市
千縄　ちなわ　新潟県村上市
16千頭
　せんず　静岡県（大井川鉄道井川線ほか）
　せんず　静岡県榛原郡川根本町
21千竈通　ちかまどおり　愛知県名古屋市南区

【及】
3及川　おいがわ　神奈川県厚木市
7及位
　のぞき　秋田県由利本荘市
　のぞき　山形県（JR奥羽本線）
　のぞき　山形県最上郡真室川町

【口】
0口ケ谷　くちがたに　和歌山県西牟婁郡白浜町
口ケ島　くちがしま　岐阜県養老郡養老町
口の尾町　くちのおちょう　長崎県佐世保市
2口八田　くちはった　京都府船井郡京丹波町
3口大道　くちおおどう　高知県高岡郡四万十町
4口之町　くちのまち　鹿児島県いちき串木野市
口之津町乙　くちのつちょうおつ　長崎県南島原市
口之津町丁　くちのつちょうてい　長崎県南島原市
口之津町丙　くちのつちょうへい　長崎県南島原市
口之津町甲　くちのつちょうこう　長崎県南島原市
口之島　くちのしま　鹿児島県鹿児島郡十島村
口内町　くちないちょう　岩手県北上市
口分田町　くもでちょう　滋賀県長浜市
口戸
　くちど　茨城県筑西市
　くちど　大分県大分市
口木田郷　くちきだごう　長崎県東彼杵郡東彼杵町
5口仙俣　くちせんまた　静岡県静岡市葵区
口広　くちひろ　青森県東津軽郡平内町
口永良部島　くちえらぶじま　鹿児島県熊毛郡屋久島町
口田
　くちだ　愛知県知多郡武豊町
　くちた　広島県広島市安佐北区
口田中　くちたなか　兵庫県尼崎市
口田沢　くちたざわ　山形県米沢市
口田町　くちたちょう　広島県広島市安佐北区
口田南　くちたみなみ　広島県広島市安佐北区
口田南町　くちたみなみまち　広島県広島市安佐北区
口田縄　くちだの　福井県小浜市
口目塚　くちめづか　高知県幡多郡大月町
口石免　くちいしめん　長崎県北松浦郡佐々町
6口吉川町久次　くちよかわちょうひさつぐ　兵庫県三木市

139

3画（土）

口吉川町大島　くちよかわちょうおおしま　兵庫県三木市

口吉川町吉祥寺　くちよかわちょうきつしょうじ　兵庫県三木市

口吉川町西中　くちよかわちょうにしなか　兵庫県三木市

口吉川町里脇　くちよかわちょうさとわき　兵庫県三木市

口吉川町東　くちよかわちょうひがし　兵庫県三木市

口吉川町東中　くちよかわちょうひがしなか　兵庫県三木市

口吉川町保木　くちよかわちょうほき　兵庫県三木市

口吉川町南畑　くちよかわちょうみなみばた　兵庫県三木市

口吉川町桃坂　くちよかわちょうももざか　兵庫県三木市

口吉川町馬場　くちよかわちょうばば　兵庫県三木市

口吉川町裙原　くちよかわちょうくぬぎはら　兵庫県三木市

口吉川町笹原　くちよかわちょうささはら　兵庫県三木市

口吉川町善祥寺　くちよかわちょうぜんしょうじ　兵庫県三木市

口吉川町殿畑　くちよかわちょうとのはた　兵庫県三木市

口吉川町蓮花寺　くちよかわちょうれんげじ　兵庫県三木市

口吉川町横　くちよかわちょうまき　兵庫県三木市

口宇波　くちうなみ　鳥取県八頭郡智頭町

口宇賀町　くちうがちょう　島根県出雲市

口米地　くちめいじ　兵庫県養父市

口羽　くちば　島根県（JR三江線）

口色川　くちいろかわ　和歌山県東牟婁郡那智勝浦町

7口別所　くちべっしょ　鳥取県西伯郡伯耆町

口坂本　くちさかもと　静岡県静岡市葵区

口谷西　くちたににし　兵庫県宝塚市

口谷東　くちたにひがし　兵庫県宝塚市

口坂本　くちさかもと　兵庫県篠山市

8口和町大月　くちわちょうおおつき　広島県庄原市

口和町永田　くちわちょうながた　広島県庄原市

口和町向泉　くちわちょうむこういずみ　広島県庄原市

口和町竹地谷　くちわちょうたけちだに　広島県庄原市

口和町金田　くちわちょうきんで　広島県庄原市

口和町宮内　くちわちょうみやうち　広島県庄原市

口和町常定　くちわちょうつねさだ　広島県庄原市

口和町湯木　くちわちょうゆき　広島県庄原市

口和深　くちわぶか　和歌山県西牟婁郡すさみ町

口波多　くちはた　鳥取県八頭郡智頭町

口金近　くちかねちか　兵庫県佐用郡佐用町

口長谷　くちながたに　兵庫県佐用郡佐用町

9口春　くちのはる　福岡県嘉麻市

口神ノ川　くちごうのかわ　高知県高岡郡四万十町

10口原　くちのはら　福岡県飯塚市

口酒井　くちさかい　兵庫県伊丹市

11口細山　くちほそやま　高知県高知市

口野　くちの　静岡県沼津市

口野々　くちのの　岐阜県美濃市

12口湊川　くちみなとがわ　高知県幡多郡黒潮町

口粟野　くちあわの　栃木県鹿沼市

口須佐　くちずさ　和歌山県和歌山市

14口榎原　くちえばら　京都府福知山市

16口鴨川　くちかもがわ　高知県四万十市

【土】

土
　ど　富山県富山市
　ど　静岡県静岡市清水区
　つち　京都府福知山市

0土々呂　ととろ　宮崎県（JR日豊本線）

土々呂町　ととろまち　宮崎県延岡市

土ケ谷　つちがや　新潟県長岡市

土ケ崎　どがさき　宮城県気仙沼市

土ケ森　つちがもり　宮城県伊具郡丸森町

2土入　どにゅう　和歌山県和歌山市

3土下　はした　鳥取県東伯郡北栄町

土丸　つちまる　大阪府泉佐野市

土口
　どぐち　山形県東田川郡三川町
　どぐち　新潟県上越市
　どぐち　長野県千曲市

土子原町　つちこはらまち　石川県金沢市

土山
　どやま　富山県南砺市
　つちやま　兵庫県（JR山陽本線）
　つちやま　兵庫県姫路市

土山町
　つちやまちょう　福井県越前市
　つちやまちょう　兵庫県神戸市灘区

土山町大河原　つちやまちょうおおかわら　滋賀県甲賀市

土山町大野　つちやまちょうおおの　滋賀県甲賀市

土山町大澤　つちやまちょうおおざわ　滋賀県甲賀市

土山町山女原　つちやまちょうあけびはら　滋賀県甲賀市

土山町山中　つちやまちょうやまなか　滋賀県甲賀市

土山町北土山　つちやまちょうきたつちやま　滋賀県甲賀市

土山町市場　つちやまちょういちば　滋賀県甲賀市

土山町平子　つちやまちょうひらこ　滋賀県甲賀市

土山町青土　つちやまちょうおおづち　滋賀県甲賀市

土山町前野　つちやまちょうまえの　滋賀県甲賀市

土山町南土山　つちやまちょうみなみつちやま　滋賀県甲賀市

土山町猪鼻　つちやまちょういのはな　滋賀県甲賀市

土山町笹路　つちやまちょうそそろ　滋賀県甲賀市

土山町野上野　つちやまちょうのがみの　滋賀県甲賀市

土山町黒川　つちやまちょうくろかわ　滋賀県甲賀市

土山町黒滝　つちやまちょうくろたき　滋賀県甲賀市

土山町頓宮　つちやまちょうとんぐう　滋賀県甲賀市

土山町徳原　つちやまちょうとくはら　滋賀県甲賀市

土山町鮎河　つちやまちょうあゆかわ　滋賀県甲賀市

土山町瀬ノ音　つちやまちょうせのおと　滋賀県甲賀市

土山東の町　つちやまひがしのちょう　兵庫県姫路市

土川
　つちかわ　岩手県岩手郡岩手町
　つちかわ　秋田県大仙市
　つちかわ　新潟県小千谷市

3画（土）

⁴土井
　どい　兵庫県佐用郡佐用町
　どい　和歌山県日高郡みなべ町
　どい　山口県周南市
　どい　福岡県（JR香椎線）
　どい　福岡県福岡市東区
土井山町　どいやまちょう　愛知県半田市
土井町
　どいちょう　愛知県岡崎市
　どいちょう　島根県益田市
　どいまち　佐賀県鳥栖市
土井首町　どいのくびまち　長崎県長崎市
土井頭　どいがしら　青森県三戸郡五戸町
土太夫町　どだゆうちょう　静岡県静岡市葵区
土手　どて　埼玉県加須市
土手ノ内　どてのうち　福岡県中間市
土手内
　どてうち　宮城県仙台市太白区
　どてうち　愛媛県松山市
土手町
　どてまち　青森県弘前市
　どてちょう　埼玉県さいたま市大宮区
　どてまち　山口県柳井市
　どてまち　熊本県人吉市
土手崎　どてざき　宮城県柴田郡大河原町
土手間　どてま　福島県耶麻郡猪苗代町
土支田　どしだ　東京都練馬区
⁵土代　どだい　富山県射水市
土出　つちいで　群馬県利根郡片品村
土古町　どんごちょう　愛知県名古屋市港区
土古路町　ところちょう　三重県松阪市
土市
　どいち　新潟県（JR飯山線）
　どいち　新潟県十日町市
土市町　どいちちょう　愛知県名古屋市瑞穂区
土布子　つちふご　福井県大野市
土打　つちうち　福井県大野市
土本　どもと　静岡県（大井川鉄道井川線）
土生
　はぶ　富山県南砺市
　はぶ　和歌山県有田郡有田川町
　はぶ　和歌山県日高郡日高川町
　はぶ　岡山県苫田郡鏡野町
　はぶ　山口県岩国市
土生田　とちうだ　山形県村山市
土生町
　はぶちょう　大阪府岸和田市
　はぶちょう　広島県府中市
土生新　はぶしん　富山県南砺市
土生滝町　はぶたきちょう　大阪府岸和田市
土田
　つちだ　茨城県つくば市
　どだ　新潟県妙高市
　どた　岐阜県可児市
　つちだ　愛知県清須市
　つちだ　滋賀県犬上郡多賀町
　つちだ　奈良県吉野郡大淀町
　つちだ　岡山県岡山市中区
土田町
　つちだちょう　滋賀県近江八幡市
　つちだちょう　京都府京都市上京区

　つちだちょう　島根県益田市
土矢倉　つちやぐら　青森県南津軽郡田舎館村
土穴
　つちあな　愛知県知多郡武豊町
　つちあな　福岡県宗像市
⁶土合
　どあい　群馬県（JR上越線）
　どあい　新潟県長岡市
　どあい　新潟県柏崎市
　どあい　新潟県上越市
　どあい　富山県射水市
土合中央　どあいちゅうおう　茨城県神栖市
土合北　どあいきた　茨城県神栖市
土合本町　どあいほんちょう　茨城県神栖市
土合皿尾　どあいさらお　福井県今立郡池田町
土合西　どあいにし　茨城県神栖市
土合町　どあいまち　新潟県長岡市
土合東　どあいひがし　茨城県神栖市
土合南　どあいみなみ　茨城県神栖市
土合新田　どあいしんでん　新潟県柏崎市
土宇　つちう　千葉県市原市
土庄町　とのしょうちょう　香川県小豆郡
土成町土成　どなりちょうどなり　徳島県阿波市
土成町水田　どなりちょうみずた　徳島県阿波市
土成町吉田　どなりちょうよしだ　徳島県阿波市
土成町成当　どなりちょうなりとう　徳島県阿波市
土成町秋月　どなりちょうあきづき　徳島県阿波市
土成町宮川内　どなりちょうみやがわうち　徳島県阿波市
土成町浦池　どなりちょううらのいけ　徳島県阿波市
土成町郡　どなりちょうこおり　徳島県阿波市
土成町高尾　どなりちょうたかお　徳島県阿波市
土気　とけ　千葉県（JR外房線）
土気町　とけちょう　千葉県千葉市緑区
土瓜　つちうり　福島県郡山市
土羽　とば　三重県多気郡多気町
⁷土佐　とさ　徳島県那賀郡那賀町
土佐一宮　とさいっく　高知県（JR土讃線）
土佐入野　とさいりの　高知県（土佐くろしお鉄道中村・宿毛線）
土佐上川口　とさかみかわぐち　高知県（土佐くろしお鉄道中村・宿毛線）
土佐久礼　とさくれ　高知県（JR土讃線）
土佐大正　とさたいしょう　高知県（JR予土線）
土佐大津　とさおおつ　高知県（JR土讃線）
土佐山　とさやま　高知県高知市
土佐山中切　とさやまなかぎり　高知県高知市
土佐山弘瀬　とさやまひろせ　高知県高知市
土佐山田　とさやまだ　高知県（JR土讃線）
土佐山田町　とさやまだちょう　高知県香美市
土佐山田町テクノパーク　とさやまだちょうてくのぱーく　高知県香美市
土佐山田町入野　とさやまだちょういりの　高知県香美市
土佐山田町下ノ村　とさやまだちょうしものむら　高知県香美市
土佐山田町上穴内　とさやまだちょうかみあなない　高知県香美市
土佐山田町上改田　とさやまだちょうかみかいだ　高知県香美市

3画（土）

土佐山田町久次　とさやまだちょうひさつぎ　高知県香美市

土佐山田町大平　とさやまだちょうおおひら　高知県香美市

土佐山田町大法寺　とさやまだちょうだいほうじ　高知県香美市

土佐山田町大後入　とさやまだちょうおおごうにゅう　高知県香美市

土佐山田町小田島　とさやまだちょうおだじま　高知県香美市

土佐山田町山田　とさやまだちょうやまだ　高知県香美市

土佐山田町山島　とさやまだちょうやまだじま　高知県香美市

土佐山田町中後入　とさやまだちょうなかごうにゅう　高知県香美市

土佐山田町中野　とさやまだちょうなかの　高知県香美市

土佐山田町戸板島　とさやまだちょうといたじま　高知県香美市

土佐山田町加茂　とさやまだちょうかも　高知県香美市

土佐山田町北滝本　とさやまだちょうきたたきもと　高知県香美市

土佐山田町平山　とさやまだちょうひらやま　高知県香美市

土佐山田町本村　とさやまだちょうほんむら　高知県香美市

土佐山田町旭町　とさやまだちょうあさひまち　高知県香美市

土佐山田町有谷　とさやまだちょうあらたに　高知県香美市

土佐山田町百石町　とさやまだちょうひゃっこくちょう　高知県香美市

土佐山田町西又　とさやまだちょうにしまた　高知県香美市

土佐山田町西本町　とさやまだちょうにしほんまち　高知県香美市

土佐山田町西後入　とさやまだちょうにしごにゅう　高知県香美市

土佐山田町佐古薮　とさやまだちょうさこやぶ　高知県香美市

土佐山田町佐竹　とさやまだちょうさたけ　高知県香美市

土佐山田町佐野　とさやまだちょうさの　高知県香美市

土佐山田町杉田　とさやまだちょうすいた　高知県香美市

土佐山田町町田　とさやまだちょうまちだ　高知県香美市

土佐山田町角茂谷　とさやまだちょうかくもだに　高知県香美市

土佐山田町京田　とさやまだちょうきょうでん　高知県香美市

土佐山田町宝町　とさやまだちょうたからまち　高知県香美市

土佐山田町岩次　とさやまだちょういわつぎ　高知県香美市

土佐山田町岩積　とさやまだちょういわずみ　高知県香美市

土佐山田町松本　とさやまだちょうまつもと　高知県香美市

土佐山田町東川　とさやまだちょうひがしがわ　高知県香美市

土佐山田町東本町　とさやまだちょうひがしほんまち　高知県香美市

土佐山田町林田　とさやまだちょうはやしだ　高知県香美市

土佐山田町栄町　とさやまだちょうさかえまち　高知県香美市

土佐山田町神母ノ木　とさやまだちょういげのき　高知県香美市

土佐山田町神通寺　とさやまだちょうじんつうじ　高知県香美市

土佐山田町逆川　とさやまだちょうさかがわ　高知県香美市

土佐山田町宮ノ口　とさやまだちょうみやのくち　高知県香美市

土佐山田町宮前町　とさやまだちょうみやまえちょう　高知県香美市

土佐山田町秦山町　とさやまだちょうじんざんちょう　高知県香美市

土佐山田町曽我部川　とさやまだちょうそがべがわ　高知県香美市

土佐山田町船谷　とさやまだちょうふなだに　高知県香美市

土佐山田町植　とさやまだちょううえ　高知県香美市

土佐山田町間　とさやまだちょうはざま　高知県香美市

土佐山田町須江　とさやまだちょうすえ　高知県香美市

土佐山田町新改　とさやまだちょうしんがい　高知県香美市

土佐山田町楠目　とさやまだちょうくずめ　高知県香美市

土佐山田町影山　とさやまだちょうかげやま　高知県香美市

土佐山田町樫谷　とさやまだちょうかしのたに　高知県香美市

土佐山田町繁藤　とさやまだちょうしげとう　高知県香美市

土佐山西川　とさやまにしがわ　高知県高知市

土佐山東川　とさやまひがしかわ　高知県高知市

土佐山桑尾　とさやまくわお　高知県高知市

土佐山高川　とさやまたかかわ　高知県高知市

土佐山梶谷　とさやまかじたに　高知県高知市

土佐山菖蒲　とさやましょうぶ　高知県高知市

土佐山都網　とさやまつあみ　高知県高知市

土佐井　つちさい　福岡県築上郡上毛町

土佐加茂　とさかも　高知県（JR土讃線）

土佐北川　とさきたがわ　高知県（JR土讃線）

土佐市　とさし　高知県

土佐白浜　とさしらはま　高知県（土佐くろしお鉄道中村・宿毛線）

土佐穴内　とさああない　高知県（JR土讃線）

土佐佐賀　とささが　高知県（土佐くろしお鉄道中村・宿毛線）

土佐町
　とさまち　和歌山県和歌山市
　とさちょう　高知県土佐郡

土佐岩原　とさいわはら　高知県（JR土讃線）

土佐長岡　とさながおか　高知県（JR土讃線）

土佐屋台　とさやだい　大阪府堺市南区

3画（土）

土佐昭和　とさしょうわ　高知県（JR予土線）
土佐郡　とさぐん　高知県
土佐堀　とさぼり　大阪府大阪市西区
土佐清水市　とさしみずし　高知県
土佐新荘　とさしんじょう　高知県（JR土讃線）
土作　つちづくり　新潟県胎内市
土呂　とろ　埼玉県（JR東北本線）
土呂町　とろちょう　埼玉県さいたま市北区
土呂部　どろぶ　栃木県日光市
土坂　つちざか　山形県山形市
土岐ケ丘　ときがおか　岐阜県土岐市
土岐口中町　ときぐちなかまち　岐阜県土岐市
土岐口北町　ときぐちきたまち　岐阜県土岐市
土岐口南町　ときぐちみなみまち　岐阜県土岐市
土岐市
　ときし　岐阜県（JR中央本線）
　ときし　岐阜県
土岐町　ときちょう　岐阜県瑞浪市
土岐津町土岐口　ときつちょうときぐち　岐阜県土岐市
土岐津町高山　ときつちょうたかやま　岐阜県土岐市
土沢
　つちざわ　岩手県（JR釜石線）
　つちざわ　岩手県八幡平市
　つちざわ　岩手県滝沢市
　どさわ　栃木県日光市
　つちさわ　新潟県南魚沼市
土町　はにまち　福島県耶麻郡猪苗代町
土町西裡　はにまちにしうら　福島県耶麻郡猪苗代町
土町南　はにまちみなみ　福島県耶麻郡猪苗代町
土谷　つちや　秋田県由利本荘市
8 土取
　つちとり　青森県上北郡おいらせ町
　つちとり　愛知県犬山市
土取町　つちとりまち　福岡県北九州市戸畑区
土取場
　つちとりば　青森県三戸郡五戸町
　つちとりば　岩手県下閉伊郡普代村
土居
　どい　大阪府（京阪電気鉄道本線）
　どい　岡山県美作市
　どい　岡山県苫田郡鏡野町
　どい　広島県山県郡安芸太田町
　どい　山口県大島郡周防大島町
　どい　香川県東かがわ市
　どい　高知県安芸市
　どい　高知県土佐郡土佐町
　どい　高知県吾川郡仁淀川町
　どい　高知県高岡郡四万十町
　とい　福岡県嘉穂郡桂川町
土居之内町　どいのうちちょう　京都府京都市東山区
土居田　どいだ　愛媛県（伊予鉄道郡中線）
土居田町　どいだまち　愛媛県松山市
土居町
　どいちょう　大阪府守口市
　どいちょう　香川県丸亀市
　どいまち　愛媛県松山市
　どいまち　高知県高知市
土居町入野　どいちょういりの　愛媛県四国中央市
土居町上野　どいちょううえの　愛媛県四国中央市
土居町土居　どいちょうどい　愛媛県四国中央市

土居町小林　どいちょうこばやし　愛媛県四国中央市
土居町中村　どいちょうなかむら　愛媛県四国中央市
土居町天満　どいちょうてんま　愛媛県四国中央市
土居町北野　どいちょうきたの　愛媛県四国中央市
土居町津根　どいちょうつね　愛媛県四国中央市
土居町畑野　どいちょうはたの　愛媛県四国中央市
土居町浦山　どいちょううらやま　愛媛県四国中央市
土居町野田　どいちょうのだ　愛媛県四国中央市
土居町蕪崎　どいちょうかぶらさき　愛媛県四国中央市
土居町藤原　どいちょうふじわら　愛媛県四国中央市
土居原町
　どいはらまち　富山県富山市
　どいはらまち　石川県小松市
土底浜　どそこはま　新潟県（JR信越本線）
土武塚　どぶづか　福島県白河市
土河原町　とがわらまち　熊本県熊本市南区
土肥
　どい　神奈川県足柄下郡湯河原町
　とい　静岡県伊豆市
9 土室
　つちむろ　千葉県成田市
　つちむろ　石川県能美郡川北町
土室町　はむろちょう　大阪府高槻市
土屋
　つちや　青森県東津軽郡平内町
　つちや　茨城県稲敷郡美浦村
　つちや　栃木県矢板市
　つちや　埼玉県さいたま市西区
　つちや　千葉県成田市
　つちや　神奈川県平塚市
　つちや　三重県多気郡多気町
　つちや　福岡県築上郡吉富町
土屋原　つちやはら　奈良県宇陀郡御杖村
土飛山下　どびやました　秋田県大館市
10 土倉
　つちくら　秋田県由利本荘市
　つちくら　新潟県十日町市
　つちくら　新潟県糸魚川市
　つちくら　富山県氷見市
土原
　つちはら　愛知県名古屋市天白区
　ひわら　山口県萩市
土師
　はじ　茨城県笠間市
　はぜ　京都府福知山市
　はじ　鳥取県（JR因美線）
　はじ　福岡県嘉穂郡桂川町
土師ノ里　はじのさと　大阪府（近畿日本鉄道南大阪線）
土師百井　はじももい　鳥取県八頭郡八頭町
土師町
　はぜちょう　三重県鈴鹿市
　はぜちょう　大阪府堺市中区
土師野尾町　はじのおまち　長崎県諫早市
土庫　どんご　奈良県大和高田市
土浦
　つちうら　茨城県（JR常磐線）
　つちうら　茨城県稲敷郡美浦村
土浦市　つちうらし　茨城県
土浮　つちうき　千葉県佐倉市

143

3画（土，夕）

¹¹土堂
　　つちどう　青森県弘前市
　　つちどう　広島県尾道市
土堀　つちぼり　新潟県五泉市
土崎
　　つちざき　秋田県（JR奥羽本線）
　　つちざき　秋田県仙北郡美郷町
　　つちざき　山形県酒田市
土崎町　つちざきまち　高知県須崎市
土崎港中央　つちざきみなとちゅうおう　秋田県秋田市
土崎港北　つちざきみなときた　秋田県秋田市
土崎港古川町　つちざきみなとふるかわまち　秋田県秋田市
土崎港西　つちざきみなとにし　秋田県秋田市
土崎港東　つちざきみなとひがし　秋田県秋田市
土崎港南　つちざきみなとみなみ　秋田県秋田市
土崎港相染町　つちざきみなとそうぜんまち　秋田県秋田市
土崎港穀保町　つちざきみなとこくぼちょう　秋田県秋田市
土深　どぶけ　新潟県五泉市
土深井　どぶかい　秋田県（JR花輪線）
土清水　つちしみず　石川県金沢市
土淵
　　つちぶち　岩手県盛岡市
　　どふち　新潟県五泉市
土淵町土淵　つちぶちちょうつちぶち　岩手県遠野市
土淵町山口　つちぶちちょうやまぐち　岩手県遠野市
土淵町栃内　つちぶちちょうとちない　岩手県遠野市
土淵町柏崎　つちぶちちょうかしわざき　岩手県遠野市
土淵町飯豊　つちぶちちょういいとよ　岩手県遠野市
土渕
　　つちぶち　山形県酒田市
　　ひじうち　兵庫県豊岡市
土船　つちふね　福島県福島市
土野町　つちのちょう　愛知県名古屋市中川区
¹²土喰　つちばみ　熊本県下益城郡美里町
土場
　　どじょう　埼玉県吉川市
　　どば　新潟県三条市
土塔　どとう　栃木県小山市
土塔町　どとうちょう　大阪府堺市中区
土御門町　つちみかどちょう　京都府京都市上京区
土棚　つちだな　神奈川県藤沢市
土湯沢山　つちゆさわやま　福島県耶麻郡猪苗代町
土湯温泉町　つちゆおんせんまち　福島県福島市
土筒町　どどうちょう　愛知県豊川市
土越　ひじこし　山口県周南市
¹³土塩
　　つちしお　埼玉県比企郡滑川町
　　つちしお　新潟県糸魚川市
土路　どろ　新潟県妙高市
¹⁴土樋
　　つちとい　宮城県仙台市青葉区
　　つちとい　宮城県仙台市若林区
　　つちどい　山形県山形市
¹⁵土器町　どきちょう　滋賀県東近江市
土器町北　どきちょうきた　香川県丸亀市
土器町西　どきちょうにし　香川県丸亀市
土器町東　どきちょうひがし　香川県丸亀市

土器野　どきの　愛知県清須市
¹⁶土橋
　　つちはし　岩手県紫波郡矢巾町
　　つちはし　宮城県黒川郡大郷町
　　つちはし　山形県東村山郡中山町
　　つちはし　神奈川県川崎市宮前区
　　つちはし　新潟県上越市
　　どばし　新潟県阿賀野市
　　つちはし　静岡県袋井市
　　つちはし　静岡県菊川市
　　つちはし　愛知県（名古屋鉄道三河線）
　　つちはし　三重県伊賀市
　　つちはし　岡山県新見市
　　どばし　広島県（広島電鉄本線ほか）
　　つちはし　広島県山県郡北広島町
　　どばし　愛媛県（伊予鉄道郡中線）
　　つちはし　愛媛県新居浜市
土橋町
　　つちはしまち　石川県羽咋市
　　つちはしちょう　福井県福井市
　　つちはしちょう　愛知県豊田市
　　つちはしちょう　京都府京都市中京区
　　つちはしちょう　京都府京都市下京区
　　どばしちょう　京都府京都市伏見区
　　つちはしちょう　大阪府高槻市
　　つちはしちょう　奈良県橿原市
　　どばしちょう　広島県広島市中区
　　どばしまち　愛媛県松山市
　　つちはしちょう　愛媛県今治市
土樽
　　つちたる　新潟県（JR上越線）
　　つちだる　新潟県南魚沼郡湯沢町
土舘　つちだて　岩手県紫波郡紫波町

【士】
³士寸　しすん　北海道樺戸郡新十津川町
⁶士多町　したまち　福島県白河市
士多町東　したまちひがし　福島県白河市
⁷士別　しべつ　北海道（JR宗谷本線）
士別市　しべつし　北海道
¹³士幌　しほろ　北海道河東郡士幌町
士幌町　しほろちょう　北海道河東郡
士農田　しのだ　千葉県東金市

【夕】
⁰夕カヘ　ゆうがえ　山形県寒河江市
⁴夕日　ゆうひ　佐賀県唐津市
夕日ケ丘　ゆうひがおか　鳥取県境港市
夕日ケ浦木津温泉　ゆうひがうらきつおんせん　京都府（京都丹後鉄道宮津線）
夕日丘　ゆうひがおか　大阪府豊中市
夕日寺町　ゆうひでらまち　石川県金沢市
⁵夕田　ゆうだ　岐阜県加茂郡富加町
⁶夕凪　ゆうなぎ　大阪府大阪市港区
夕凪町　ゆうなぎちょう　大阪府泉大津市
⁹夕栄町　ゆうえいちょう　新潟県新潟市中央区
¹⁰夕原町　ゆうばるまち　福岡県北九州市八幡西区
¹¹夕張　ゆうばり　北海道（JR石勝線）
夕張市　ゆうばりし　北海道
夕張郡　ゆうばりぐん　北海道
¹²夕筋　ゆうすじ　福島県双葉郡広野町

144

3画（大）

夕葉町　ゆうばちょう　熊本県八代市
夕陽ケ丘
　ゆうひがおか　神奈川県平塚市
　ゆうひがおか　岐阜県岐阜市
　ゆうひがおか　奈良県生駒郡三郷町
夕陽が丘　ゆうひがおか　京都府福知山市
夕陽が浜　ゆうひがはま　愛知県田原市
夕陽丘町　ゆうひがおかちょう　大阪府大阪市天王寺区
18夕顔町　ゆうがおちょう　京都府京都市下京区
夕顔関　ゆうがぜき　青森県北津軽郡板柳町
夕顔瀬町　ゆうがおせちょう　岩手県盛岡市

【大】

大
　だい　宮城県加美郡色麻町
　だい　福島県白河市
　おお　茨城県つくば市
　おお　静岡県焼津市
　おお　和歌山県西牟婁郡白浜町
　おお　岡山県苫田郡鏡野町
0大ケ口　おがくち　岩手県上閉伊郡大槌町
大ケ生　おおがゆう　岩手県盛岡市
大ケ所　おおがしょ　三重県多気郡大台町
大ケ塚　だいがつか　大阪府南河内郡河南町
大ケ蔵連町　おおがぞれちょう　愛知県豊田市
大ノ瀬　だいのせ　福岡県築上郡上毛町
大さこ町　おおさこまち　長崎県諫早市
大みか町　おおみかちょう　茨城県日立市
大わし　おおわし　茨城県つくば市
2大人見町　おおひとみちょう　静岡県浜松市西区
大入　だいにゅう　福岡県（JR筑肥線）
大八木町　おおやぎまち　群馬県高崎市
大八郷　おおはちごう　福島県大沼郡会津美里町
大八郷乙　おおはちごうおつ　福島県大沼郡会津美里町
大刀洗町　たちあらいまち　福岡県三井郡
大力
　だいりき　福岡県嘉麻市
　だいりき　大分県豊後高田市
大又
　おおまた　奈良県吉野郡東吉野村
　おおまた　和歌山県日高郡日高川町
大又沢口　おおまたさわぐち　岩手県八幡平市
3大下　おおしも　新潟県妙高市
大下り　おおさがり　兵庫県佐用郡佐用町
大下条　おおしもじょう　山梨県甲斐市
大下町　おおじもまち　長崎県島原市
大三　おおみつ　三重県（近畿日本鉄道大阪線）
大三東　おおみさき　長崎県（島原鉄道線）
大三島町口総　おおみしまちょうくちすぼ　愛媛県今治市
大三島町大見　おおみしまちょうおおみ　愛媛県今治市
大三島町台　おおみしまちょううてな　愛媛県今治市
大三島町宗方　おおみしまちょうむながた　愛媛県今治市
大三島町明日　おおみしまちょうあけび　愛媛県今治市

大三島町肥海　おおみしまちょうひがい　愛媛県今治市
大三島町宮浦　おおみしまちょうみやうら　愛媛県今治市
大三島町浦戸　おおみしまちょううらど　愛媛県今治市
大三島町野々江　おおみしまちょうののえ　愛媛県今治市
大上
　おおかみ　福島県河沼郡会津坂下町
　おおがみ　千葉県長生郡睦沢町
　おおがみ　神奈川県綾瀬市
　おおがみ　兵庫県篠山市
大上之町　おおかみのちょう　京都府京都市上京区
大上戸　だいじょうど　愛知県犬山市
大丸
　おおまる　東京都稲城市
　おおまる　神奈川県横浜市都筑区
大丸町
　だいまるちょう　兵庫県神戸市長田区
　おおまるちょう　鹿児島県阿久根市
大久
　おおく　島根県隠岐郡隠岐の島町
　おおく　愛媛県西宇和郡伊方町
大久手　おおくて　愛知県長久手市
大久手町
　おおくてちょう　愛知県名古屋市千種区
　おおくてまち　愛知県碧南市
大久手町一の曾　おおくてちょういちのそう　愛知県尾張旭市
大久手町上切戸　おおくてちょうかみきりど　愛知県尾張旭市
大久手町中松原　おおくてちょうなかまつばら　愛知県尾張旭市
大久田　おおくた　福島県石川郡古殿町
大久伝町　おおくてちょう　愛知県豊明市
大久町大久　おおひさまちおおひさ　福島県いわき市
大久町小久　おおひさまちこひさ　福島県いわき市
大久町小山田　おおひさまちおやまだ　福島県いわき市
大久保
　おおくぼ　青森県弘前市
　おおくぼ　青森県八戸市
　おおくぼ　青森県上北郡東北町
　おおくぼ　青森県三戸郡五戸町
　おおくぼ　岩手県滝沢市
　おおくぼ　秋田県（JR奥羽本線）
　おおくぼ　秋田県雄勝郡羽後町
　おおくぼ　山形県酒田市
　おおくぼ　山形県村山市
　おおくぼ　福島県須賀川市
　おおくぼ　福島県二本松市
　おおくぼ　福島県南会津郡南会津町
　おおくぼ　福島県西白河郡矢吹町
　おおくぼ　福島県田村郡三春町
　おおくぼ　茨城県つくば市
　おおくぼ　栃木県大田原市
　おおくぼ　栃木県塩谷郡塩谷町
　おおくぼ　群馬県北群馬郡吉岡町
　おおくぼ　千葉県木更津市
　おおくぼ　千葉県習志野市
　おおくぼ　千葉県市原市
　おおくぼ　千葉県香取郡東庄町

3画（大）

おおくぼ 東京都（JR中央本線）
おおくぼ 東京都新宿区
おおくぼ 神奈川県横浜市港南区
おおくぼ 新潟県新潟市北区
おおくぼ 新潟県柏崎市
おおくぼ 新潟県糸魚川市
おおくぼ 新潟県佐渡市
おおくぼ 山梨県甲斐市
おおくぼ 山梨県南巨摩郡富士川町
おおくぼ 長野県小諸市
おおくぼ 長野県諏訪郡原村
おおくぼ 静岡県富士宮市
おおくぼ 静岡県磐田市
おおくぼ 三重県度会郡度会町
おおくぼ 滋賀県米原市
おおくぼ 京都府（近畿日本鉄道京都線）
おおくぼ 京都府宮津市
おおくぼ 大阪府泉南郡熊取町
おおくぼ 兵庫県（JR山陽本線）
おおくぼ 兵庫県養父市
おおくぼ 徳島県那賀郡那賀町
おおくぼ 高知県長岡郡大豊町
おおくぼ 福岡県北九州市門司区
おおくぼ 福岡県朝倉郡筑前町
おおくぼ 大分県大分市

大久保中 おおくぼなか 大阪府泉南熊取町
大久保北 おおくぼきた 大阪府泉南郡熊取町
大久保西 おおくぼにし 大阪府泉南郡熊取町
大久保町
おおくぼちょう 茨城県日立市
おおくぼちょう 栃木県足利市
おおくぼまち 栃木県栃木市
おおくぼちょう 群馬県太田市
おおくぼちょう 福井県福井市
おおくぼちょう 長野県飯田市
おおくぼちょう 静岡県浜松市西区
おおくぼちょう 愛知県田原市
おおくぼちょう 三重県鈴鹿市
おおくぼちょう 京都府宇治市
おおくぼちょう 大阪府守口市
おおくぼちょう 奈良県橿原市
おおくぼちょう 広島県庄原市
おおくぼちょう 長崎県平戸市

大久保町ゆりのき通 おおくぼちょうゆりのきどおり 兵庫県明石市
大久保町わかば おおくぼちょうわかば 兵庫県明石市
大久保町八木 おおくぼちょうやぎ 兵庫県明石市
大久保町大久保町 おおくぼちょうおおくぼまち 兵庫県明石市
大久保町大窪 おおくぼちょうおおくぼ 兵庫県明石市
大久保町山手台 おおくぼちょうやまてだい 兵庫県明石市
大久保町江井島 おおくぼちょうえいがしま 兵庫県明石市
大久保町西島 おおくぼちょうにしじま 兵庫県明石市
大久保町西脇 おおくぼちょうにしわき 兵庫県明石市
大久保町谷八木 おおくぼちょうたにやぎ 兵庫県明石市
大久保町松陰 おおくぼちょうまつかげ 兵庫県明石市

大久保町松陰新田 おおくぼちょうまつかげしんでん 兵庫県明石市
大久保町茜 おおくぼちょうあかね 兵庫県明石市
大久保町高丘 おおくぼちょうたかおか 兵庫県明石市
大久保町森田 おおくぼちょうもりた 兵庫県明石市
大久保町福田 おおくぼちょうふくだ 兵庫県明石市
大久保町緑が丘 おおくぼちょうみどりがおか 兵庫県明石市
大久保町駅前 おおくぼちょうえきまえ 兵庫県明石市
大久保東 おおくぼひがし 大阪府泉南郡熊取町
大久保南 おおくぼみなみ 大阪府泉南郡熊取町
大久保新町 おおくぼしんまち 富山県富山市
大久保領家 おおくぼりょうけ 埼玉県さいたま市桜区
大久後 おおくご 岐阜県可児郡御嵩町
大久野 おおぐの 東京都西多摩郡日の出町
大久喜
おおくき 青森県（JR八戸線）
おおぐき 愛媛県喜多郡内子町
大口
おおくち 秋田県山本郡三種町
おおくち 茨城県坂東市
おおぐち 埼玉県さいたま市岩槻区
おおくち 神奈川県（JR横浜線）
おおくち 新潟県長岡市
おおくち 新潟県五泉市
おおくち 新潟県上越市
おおくち 香川県仲多度郡まんのう町

大口下殿 おおくちしもとの 鹿児島県伊佐市
大口上町 おおくちかみまち 鹿児島県伊佐市
大口大田 おおくちおおた 鹿児島県伊佐市
大口大島 おおくちおおしま 鹿児島県伊佐市
大口小川内 おおくちこがわうち 鹿児島県伊佐市
大口小木原 おおくちこぎはら 鹿児島県伊佐市
大口山野 おおくちやまの 鹿児島県伊佐市
大口川岩瀬 おおくちかわいわぜ 鹿児島県伊佐市
大口元町 おおくちもとまち 鹿児島県伊佐市
大口木ノ氏 おおくちきのうじ 鹿児島県伊佐市
大口牛尾 おおくちうしお 鹿児島県伊佐市
大口市 おおくちし ⇒伊佐市（鹿児島県）
大口平出水 おおくちひらいずみ 鹿児島県伊佐市
大口田代 おおくちたしろ 鹿児島県伊佐市
大口白木 おおくちしらき 鹿児島県伊佐市
大口目丸 おおくちめまる 鹿児島県伊佐市
大口仲町 おおぐちなかまち 神奈川県横浜市神奈川区
大口町
おおくちまち 石川県能美市
おおくちちょう 愛知県丹羽郡
おおくちちょう 三重県松阪市
大口里 おおくちさと 鹿児島県伊佐市
大口金波田 おおくちかなはだ 鹿児島県伊佐市
大口青木 おおくちあおき 鹿児島県伊佐市
大口原田 おおくちはらだ 鹿児島県伊佐市
大口宮人 おおくちみやひと 鹿児島県伊佐市
大口通 おおぐちどおり 神奈川県横浜市神奈川区
大口針持 おおくちはりもち 鹿児島県伊佐市
大口堂崎 おおくちどうざき 鹿児島県伊佐市

3画（大）

| 大口曽木 | おおくちそぎ | 鹿児島県伊佐市 |

大口曽木　おおくちそぎ　鹿児島県伊佐市
大口渕辺　おおくちふちべ　鹿児島県伊佐市
大口鳥巣　おおくちとりす　鹿児島県伊佐市
大口新田　おおぐちしんでん　茨城県坂東市
大口篠原　おおくちしのはら　鹿児島県伊佐市
大土平町　おおどがひらちょう　兵庫県神戸市灘区
大土呂　おおどろ　福井県（JR北陸本線）
大土呂町　おおどろちょう　福井県福井市
大土居　おおどい　福岡県春日市
大土肥　おおどい　静岡県田方郡函南町
大子
　だいご　茨城県久慈郡大子町
　だいご　山梨県南巨摩郡身延町
大子内　おおしない　秋田県大館市
大子町　だいごまち　茨城県久慈郡
大小　だいしょう　新潟県佐渡市
大小志崎　だいしょしざき　茨城県鹿嶋市
大小屋
　おおごや　山形県米沢市
　おおごや　長野県塩尻市
大小路
　おおしょうじ　大阪府（阪堺電気軌道阪堺線）
　おおしょうじ　山口県宇部市
大小路町　おおしょうじちょう　鹿児島県薩摩川内市
大山
　おおやま　山形県鶴岡市
　おおやま　福島県安達郡大玉村
　おおやま　福島県岩瀬郡鏡石町
　おおやま　茨城県古河市
　おおやま　茨城県潮来市
　おおやま　茨城県稲敷郡美浦村
　おおやま　栃木県河内郡上三川町
　おおやま　千葉県成田市
　おおやま　東京都（東武鉄道東上本線）
　おおやま　神奈川県伊勢原市
　おおやま　新潟県新潟市東区
　おおやま　新潟県長岡市
　おおやま　山梨県南巨摩郡身延町
　おおやま　岐阜県加茂郡富加町
　おおやま　愛知県小牧市
　おおやま　京都府舞鶴市
　おおやま　兵庫県神崎郡神河町
　だいせん　鳥取県西伯郡大山町
　おおやま　山口県岩国市
　おおやま　鹿児島県（JR指宿枕崎線）
　おおやま　鹿児島県姶良市
　おおやま　沖縄県宜野湾市
大山下　おおやましも　兵庫県篠山市
大山上　おおやまかみ　兵庫県篠山市
大山上野　おおやまうわの　富山県富山市
大山口
　おおやまぐち　千葉県白井市
　だいせんぐち　鳥取県（JR山陰本線）
大山北新町　おおやまきたしんまち　富山県富山市
大山台　おおやまだい　千葉県柏市
大山布目　おおやまぬのめ　富山県富山市
大山平塚　おおやまひらつか　千葉県鴨川市
大山田　おおやまだ　三重県桑名市
大山田下郷　おおやまだしもごう　栃木県那須郡那珂川町

大山田上郷　おおやまだかみごう　栃木県那須郡那珂川町
大山寺　たいさんじ　愛知県（名古屋鉄道犬山線）
大山寺元町　たいさんじもとまち　愛知県岩倉市
大山寺本町　たいさんじほんまち　愛知県岩倉市
大山寺町　たいさんじちょう　愛知県岩倉市
大山西町　おおやまにしちょう　東京都板橋区
大山町
　おおやまちょう　北海道紋別市
　おおやまちょう　東京都渋谷区
　おおやまちょう　東京都板橋区
　おおやまちょう　神奈川県相模原市緑区
　おおやまちょう　静岡県浜松市西区
　おおやまちょう　愛知県名古屋市中川区
　おおやまちょう　愛知県豊橋市
　おおやまちょう　愛知県安城市
　だいせんちょう　鳥取県西伯郡
　おおやまちょう　広島県呉市
　おおやままち　長崎県長崎市
　おおやまちょう　長崎県平戸市
大山町西大山　おおやままちにしおおやま　大分県日田市
大山町東大山　おおやままちひがしおおやま　大分県日田市
大山松木　おおやままつのき　富山県富山市
大山東町　おおやまひがしちょう　東京都板橋区
大山金井町　おおやまかないちょう　東京都板橋区
大山宮　おおやまみや　兵庫県篠山市
大山崎
　おおやまざき　京都府（阪急電鉄京都本線）
　おおやまざき　京都府乙訓郡大山崎町
大山崎町　おおやまざきちょう　京都府乙訓郡
大山野　おおやまの　千葉県君津市
大山新　おおやましん　兵庫県篠山市
大山新田　おおやましんでん　茨城県守谷市
大川
　おおかわ　北海道上磯郡木古内町
　おおかわ　北海道亀田郡七飯町
　おおかわ　青森県弘前市
　おおかわ　岩手県下閉伊郡岩泉町
　おおかわ　神奈川県（JR鶴見線）
　おおかわ　神奈川県横浜市金沢区
　おおかわ　静岡県浜松市天竜区
　おおかわ　静岡県賀茂郡東伊豆町
　おおかわ　京都府舞鶴市
　おおかわ　大阪府貝塚市
　おおかわ　和歌山県和歌山市
　おおかわ　和歌山県東牟婁郡古座川町
　おおかわ　愛媛県上浮穴郡久万高原町
　おおかわ　熊本県水俣市
　おおかわ　鹿児島県阿久根市
　おおかわ　沖縄県石垣市
　おおかわ　沖縄県名護市
大川ダム公園　おおかわだむこうえん　福島県（会津鉄道線）
大川下樋口　おおかわしもとよぐち　秋田県南秋田郡五城目町
大川口　おおかわぐち　宮城県伊具郡丸森町
大川口前　おおかわぐちまえ　宮城県伊具郡丸森町
大川大川　おおかわおおかわ　秋田県南秋田郡五城目町
大川内　おおかわち　熊本県葦北郡芦北町

3画（大）

大川内町乙　おおかわちちょうおつ　佐賀県伊万里市
大川内町丙　おおかわちちょうへい　佐賀県伊万里市
大川内町甲　おおかわちちょうこう　佐賀県伊万里市
大川戸
　　おおかわど　埼玉県北葛飾郡松伏町
　　おおかわど　新潟県長岡市
大川市　おおかわし　福岡県
大川平
　　おおかわだい　青森県（JR津軽線）
　　おおかわだい　青森県東津軽郡今別町
大川田町　おおかわだまち　長崎県大村市
大川目町　おおかわめちょう　岩手県久慈市
大川石崎　おおかわいしざき　秋田県南秋田郡五城目町
大川寺　だいせんじ　富山県（富山地方鉄道不二越・上滝線）
大川西野　おおかわにしの　秋田県南秋田郡五城目町
大川村　おおかわむら　高知県土佐郡
大川町
　　おおかわちょう　北海道函館市
　　おおかわちょう　北海道釧路市
　　おおかわちょう　北海道帯広市
　　おおかわちょう　北海道余市郡余市町
　　おおかわちょう　宮城県白石市
　　おおかわちょう　神奈川県川崎市川崎区
　　おおかわちょう　新潟県胎内市
　　おおかわまち　石川県小松市
　　おおかわまち　石川県羽咋市
　　おおかわちょう　静岡県島田市
大川町大川野　おおかわちょうおおかわの　佐賀県伊万里市
大川町山口　おおかわちょうやまぐち　佐賀県伊万里市
大川町川西　おおかわちょうかわにし　佐賀県伊万里市
大川町川原　おおかわちょうかわばる　佐賀県伊万里市
大川町田面　おおかわまちたづら　香川県さぬき市
大川町立川　おおかわちょうたつがわ　佐賀県伊万里市
大川町東田代　おおかわちょうひがしたしろ　佐賀県伊万里市
大川町南川　おおかわまちみなみがわ　香川県さぬき市
大川町富田中　おおかわまちとみだなか　香川県さぬき市
大川町富田西　おおかわまちとみだにし　香川県さぬき市
大川町富田東　おおかわまちとみだひがし　香川県さぬき市
大川町駒鳴　おおかわちょうこまなき　佐賀県伊万里市
大川谷地中　おおかわやちなか　秋田県南秋田郡五城目町
大川前　おおかわまえ　新潟県五泉市
大川津　おおかわづ　新潟県燕市
大川面　おおかわづら　千葉県鴨川市
大川原
　　おおかわら　青森県黒石市
　　おおがわら　福島県双葉郡大熊町
大川原町
　　おおがわらまち　新潟県長岡市
　　おおかわらちょう　長崎県平戸市
大川島　おおかわしま　栃木県小山市
大川崎　おおがわさき　千葉県富津市
大川野　おおかわの　佐賀県（JR筑肥線）

大川渡
　　おおかわど　山形県鶴岡市
　　おおかわど　山形県酒田市
大川筋　おおかわすじ　高知県高知市
大川端甲　おおかわばたこう　福島県大沼郡会津美里町
大川瀬　おおかわせ　兵庫県三田市
大工
　　だいく　山梨県山梨市
　　だいく　宮崎県宮崎市
大工川　だいくがわ　北海道北斗市
大工中町　だいなかまち　富山県高岡市
大工町
　　だいくまち　青森県八戸市
　　だいくちょう　岩手県遠野市
　　だいくまち　秋田県湯沢市
　　だいくまち　福島県白河市
　　だいくちょう　茨城県水戸市
　　だいくまち　新潟県村上市
　　だいくまち　石川県金沢市
　　だいくまち　岐阜県岐阜市
　　だいくちょう　静岡県静岡市葵区
　　だいくまち　静岡県浜松市中区
　　だいくちょう　滋賀県近江八幡市
　　だいくちょう　京都府京都市下京区
　　だいくまち　大阪府岸和田市
　　だいくちょう　兵庫県加西市
　　だいくまち　鳥取県米子市
　　だいくちょう　岡山県高梁市
　　だいくまち　香川県高松市
　　だいくまち　熊本県人吉市
大工町頭　だいくまちがしら　鳥取県鳥取市
大工屋敷　だいくやしき　新潟県糸魚川市
大工窪　だいくくぼ　青森県三戸郡五戸町
4大不動　おおふどう　青森県十和田市
大中
　　おおなか　栃木県さくら市
　　だいなか　千葉県君津市
　　おおなか　岐阜県（長良川鉄道越美南線）
　　おおなか　兵庫県加古郡播磨町
　　おおなか　奈良県大和高田市
　　おおなか　沖縄県名護市
大中ノ沢　おおなかのさわ　秋田県由利本荘市
大中山
　　おおなかやま　北海道（JR函館本線）
　　おおなかやま　北海道亀田郡七飯町
　　おおなかやま　岡山県和気郡和気町
大中町
　　おおなかちょう　茨城県常陸太田市
　　だいなかちょう　滋賀県近江八幡市
　　だいなかちょう　滋賀県東近江市
大中里　おおなかざと　静岡県富士宮市
大中居　おおなかい　埼玉県川越市
大中東町　おおなかひがしちょう　奈良県大和高田市
大中南町　おおなかみなみちょう　奈良県大和高田市
大中島　おおなかじま　新潟県新発田市
大中瀬　おおなかぜ　静岡県磐田市
大丹生　おおにゅう　京都府舞鶴市
大丹生町　おにゅうちょう　福井県福井市
大丹波　おおたば　東京都西多摩郡奥多摩町
大井
　　おおい　茨城県つくば市

3画（大）

　おおい　埼玉県ふじみ野市
　おおい　千葉県館山市
　おおい　千葉県柏市
　おおい　千葉県君津市
　おおい　千葉県南房総市
　おおい　東京都品川区
　おおい　富山県富山市
　おおい　長野県上水内郡信濃町
　おおい　岐阜県大垣市
　おおい　愛知県知多郡南知多町
　おおい　三重県多気郡大台町
　おおい　大阪府藤井寺市
　おおい　岡山県岡山市北区
　おおい　山口県萩市
　おおい　徳島県海部郡海陽町
　おおい　福岡県福岡市博多区
　おおい　福岡県宗像市

大井が丘　おおいがおか　岡山県美作市
大井の川町　おおいのかわちょう　三重県四日市市
大井乙　おおいおつ　高知県安芸市
大井川
　おおいがわ　高知県高岡郡四万十町
　おおいがわ　高知県幡多郡黒潮町
大井川町　おおいがわちょう　⇒焼津市（静岡県）
大井中央　おおいちゅうおう　埼玉県ふじみ野市
大井分　おおいわけ　北海道夕張郡栗山町
大井戸　おおいど　千葉県君津市
大井戸町
　おおいどちょう　千葉県千葉市若葉区
　おおいどまち　福岡県北九州市若松区
大井手　おおいで　三重県四日市市
大井手町
　おおいでちょう　京都府京都市東山区
　おおいでちょう　兵庫県西宮市
　おおいでまち　長崎県長崎市
大井台　おおいだい　福岡県宗像市
大井甲　おおいこう　高知県安芸市
大井早　おおいそう　熊本県下益城郡美里町
大井沢　おおいさわ　山形県西村山郡西川町
大井町
　おおいまち　東京都（JR京浜東北線ほか）
　おおいまち　神奈川県足柄上郡
　おおいちょう　岐阜県恵那市
　おおいちょう　静岡県島田市
　おおいちょう　愛知県名古屋市中区
　おおいちょう　愛知県豊橋市
　おおいちょう　愛知県豊田市
　おおいちょう　愛知県愛西市
　おおいちょう　滋賀県長浜市
　おおいちょう　島根県松江市
　おおいちょう　徳島県阿南市
大井町かすみケ丘　おおいちょうかすみがおか　京都府亀岡市
大井町土田　おおいちょうつちだ　京都府亀岡市
大井町小金岐　おおいちょうこかなげ　京都府亀岡市
大井町北金岐　おおいちょうきたかなげ　京都府亀岡市
大井町並河　おおいちょうなみかわ　京都府亀岡市
大井町南金岐　おおいちょうみなみかなげ　京都府亀岡市
大井武蔵野　おおいむさしの　埼玉県ふじみ野市

大井南
　おおいみなみ　岡山県笠岡市
　おおいみなみ　福岡県宗像市
大井通　おおいどおり　兵庫県神戸市兵庫区
大井野　おおいの　高知県高岡郡四万十町
大井野町
　おおいのちょう　愛知県岡崎市
　おおいのまち　愛媛県松山市
大井新田　おおいしんでん　千葉県柏市
大井競馬場前　おおいけいばじょうまえ　東京都（東京モノレール線）
大五郎内　だいごろううち　福島県石川郡石川町
大今里　おおいまざと　大阪府大阪市東成区
大今里西　おおいまざとにし　大阪府大阪市東成区
大今里南　おおいまざとみなみ　大阪府大阪市東成区
大仁
　おおひと　静岡県（伊豆箱根鉄道駿豆線）
　おおひと　静岡県伊豆の国市
大仁田　おおにた　群馬県甘楽郡南牧村
大仏町
　だいぶつまち　富山県高岡市
　だいぶつちょう　岐阜県岐阜市
大元
　おおもと　岡山県（JR瀬戸大橋線）
　おおもと　岡山県岡山市北区
　おおもと　広島県山県郡北広島町
大元上町　おおもとかみまち　岡山県岡山市北区
大元駅前　おおもとえきまえ　岡山県岡山市北区
大六　だいろく　千葉県安房郡鋸南町
大円寺町　だいえんじちょう　長崎県五島市
大内
　おおうち　宮城県伊具郡丸森町
　おおうち　福島県伊達郡川俣町
　おおうち　福島県南会津郡下郷町
　おおうち　福島県石川郡石川町
　おおうち　茨城県那珂市
　おおうち　栃木県那須郡那珂川町
　おおうち　静岡県静岡市清水区
　おおうち　三重県伊賀市
　おおち　京都府福知山市
　おおち　京都府舞鶴市
　おおち　鳥取県八頭郡智頭町
　おおうち　鳥取県西伯郡伯耆町
　おおうち　岡山県倉敷市
　おおうち　岡山県備前市
　おおち　香川県東かがわ市
　おおうち　愛媛県（JR予土線）
　おおうち　高知県吾川郡いの町
　おおうち　大分県杵築市
大内三川　おおうちさんかわ　秋田県由利本荘市
大内小京都　おおうちしょうきょうと　山口県山口市
大内山
　おおうちやま　三重県（JR紀勢本線）
　おおうちやま　三重県度会郡大紀町
大内氷上　おおうちひかみ　山口県山口市
大内田
　おおうちだ　秋田県能代市
　おおうちだ　岡山県岡山市北区
大内矢田　おおうちやた　山口県山口市
大内矢田北　おおうちやたきた　山口県山口市
大内矢田南　おおうちやたみなみ　山口県山口市

3画（大）

大内沢　おおうちざわ　埼玉県秩父郡東秩父村
大内町
　　おおうちちょう　愛知県豊田市
　　おおちちょう　兵庫県加西市
　　おおうちちょう　山口県周南市
大内谷　おおうちだに　岡山県美作市
大内長野　おおうちながの　山口県山口市
大内姫山台　おおうちひめやまだい　山口県山口市
大内通　おおうちどおり　兵庫県神戸市灘区
大内間田　おおうちといだ　山口県山口市
大内淵　おうちぶち　新潟県岩船郡関川村
大内野町　おおちのちょう　京都府舞鶴市
大内御堀　おおうちみほり　山口県山口市
大内新田　おおうちしんでん　静岡県静岡市清水区
大分
　　だいぶ　福岡県飯塚市
　　おおいた　大分県（JR日豊本線）
大分大学前　おおいただいがくまえ　大分県（JR豊肥本線）
大分市　おおいたし　大分県
大分県　おおいたけん
大分流通業務団地　おおいたりゅうつうぎょうむだんち　大分県大分市
大双嶺　おおぞうれい　富山県富山市
大友
　　おおとも　千葉県香取郡東庄町
　　おおとも　新潟県新潟市西区
　　おおとも　新潟県新発田市
　　おおとも　石川県金沢市
大友町
　　おおともまち　群馬県前橋市
　　おおともまち　石川県金沢市
　　おおともまち　大分県津久見市
大夫　だいぶ　新潟県北蒲原郡聖籠町
大夫興野　だいぶこうや　新潟県北蒲原郡聖籠町
大引　おおびき　和歌山県日高郡由良町
大心院町　だいしんいんちょう　京都府京都市上京区
大戸
　　おおど　秋田県雄勝郡羽後町
　　おおど　茨城県鉾田市
　　おおど　茨城県東茨城郡茨城町
　　おおど　群馬県吾妻郡東吾妻町
　　おおど　埼玉県さいたま市中央区
　　おおど　埼玉県さいたま市岩槻区
　　おおと　千葉県（JR成田線）
　　おおと　千葉県館山市
　　おおと　千葉県市原市
　　おおと　千葉県香取市
　　おおと　千葉県夷隅郡大多喜町
　　おおど　新潟県西蒲原郡弥彦村
　　おおと　福井県小浜市
　　おおと　徳島県那賀郡那賀町
大戸下　だいとしも　岡山県久米郡美咲町
大戸上　だいとかみ　岡山県久米郡美咲町
大戸川　おおとがわ　千葉県香取市
大戸町下雨屋　おおとまちしもあまや　福島県会津若松市
大戸町上三寄乙　おおとまちかみみよりおつ　福島県会津若松市
大戸町上三寄大豆田　おおとまちかみみよりおおまめた　福島県会津若松市
大戸町上三寄丙　おおとまちかみみよりへい　福島県会津若松市
大戸町上三寄南原　おおとまちかみみよりみなみはら　福島県会津若松市
大戸町上三寄香塩　おおとまちかみみよりかしゅう　福島県会津若松市
大戸町上小塩　おおとまちかみおしゅう　福島県会津若松市
大戸町上雨屋　おおとまちかみあまや　福島県会津若松市
大戸町大川　おおとまちおおかわ　福島県会津若松市
大戸町小谷端　おおとまちおやかわばた　福島県会津若松市
大戸町小谷平沢　おおとまちおやひらさわ　福島県会津若松市
大戸町小谷西村　おおとまちおやにしむら　福島県会津若松市
大戸町小谷坂下　おおとまちおやさかのした　福島県会津若松市
大戸町小谷原　おおとまちおやはら　福島県会津若松市
大戸町小谷湯ノ平　おおとまちおやゆのだいら　福島県会津若松市
大戸町石村　おおとまちいしむら　福島県会津若松市
大戸町芦牧　おおとまちあしのまき　福島県会津若松市
大戸町宮内　おおとまちみやうち　福島県会津若松市
大戸町高川　おおとまちたかがわ　福島県会津若松市
大戸見　おおとみ　千葉県君津市
大戸見旧名殿　おおとみきゅうなどの　千葉県君津市
大戸浜　おおどはま　福島県相馬郡新地町
大戸新田
　　おおどしんでん　茨城県結城郡八千代町
　　おおとしんでん　千葉県香取市
大戸瀬　おおどせ　青森県（JR五能線）
大手
　　おおて　北海道中川郡美深町
　　おおて　福井県福井市
　　おおて　山梨県甲府市
　　おおて　長野県松本市
　　おおて　長野県上田市
　　おおて　長野県諏訪市
　　おおて　長野県小諸市
　　おおて　静岡県静岡市清水区
　　おおて　静岡県藤枝市
　　おおて　兵庫県神戸市須磨区
　　おおて　長崎県長崎市
大手モール　おおてもーる　富山県（富山地方鉄道市内線）
大手田酉町　おおでたとりちょう　愛知県春日井市
大手町
　　おおてまち　北海道函館市
　　おおてまち　岩手県一関市
　　おおてまち　宮城県仙台市青葉区
　　おおてまち　宮城県石巻市
　　おおてまち　宮城県白石市
　　おおてまち　宮城県名取市
　　おおてちょう　宮城県登米市
　　おおてまち　秋田県能代市
　　おおてまち　山形県山形市
　　おおてまち　山形県新庄市
　　おおてまち　福島県白河市

3画（大）

おおてまち　茨城県土浦市
おおてまち　茨城県古河市
おおてまち　群馬県前橋市
おおてまち　群馬県伊勢崎市
おおてまち　群馬県館林市
おおてまち　埼玉県川越市
おおてまち　東京都（東京地下鉄丸ノ内線ほか）
おおてまち　東京都千代田区
おおてまち　新潟県新発田市
おおてまち　新潟県上越市
おおてまち　富山県富山市
おおてまち　富山県高岡市
おおてまち　石川県金沢市
おおてまち　石川県七尾市
おおてちょう　福井県小浜市
おおてちょう　福井県越前市
おおてまち　岐阜県美濃加茂市
おおてまち　静岡県沼津市
おおてまち　愛知県名古屋市港区
おおてまち　愛知県豊橋市
おおてちょう　愛知県春日井市
おおてまち　愛知県刈谷市
おおてちょう　大阪府岸和田市
おおてちょう　大阪府高槻市
おおてちょう　大阪府茨木市
おおてちょう　兵庫県神戸市須磨区
おおてまち　兵庫県豊岡市
おおてまち　岡山県津山市
おおてまち　広島県広島市中区
おおてまち　山口県山口市
おおてまち　山口県下松市
おおてちょう　香川県丸亀市
おおてまち　愛媛県（伊予鉄道環状線ほか）
おおてまち　愛媛県松山市
おおてまち　福岡県北九州市小倉北区
おおてまち　福岡県久留米市
おおてまち　熊本県八代市
おおてまち　大分県大分市
おおてまち　大分県佐伯市
おおてまち　鹿児島県鹿屋市

大手門　おおてもん　福岡県福岡市中央区
大手前　おおてまえ　大阪府大阪市中央区
大手原町　おおてばらまち　長崎県島原市
大手通
　おおてどおり　新潟県長岡市
　おおてどおり　大阪府大阪市中央区
大文字町
　だいもんじちょう　石川県小松市
　だいもんじちょう　京都府京都市上京区
　だいもんじちょう　京都府京都市左京区
　だいもんじちょう　京都府京都市中京区
大方町　おおかたちょう　茨城県常陸太田市
大方橘川　おおがたたちばながわ　高知県幡多郡黒潮町
大方竈　おおかたがま　三重県度会郡南伊勢町
大日
　だいにち　千葉県四街道市
　だいにち　新潟県上越市
　だいにち　新潟県阿賀野市
　だいにち　富山県滑川市
　だいにち　愛知県長久手市
　だいにち　大阪府（大阪高速鉄道大阪モノレール線ほか）
大日山　おおびやま　兵庫県佐用郡佐用町

大日丘町　だいにちがおかちょう　兵庫県神戸市長田区
大日向
　おおひなた　群馬県甘楽郡南牧村
　おおひなた　長野県東御市
　おおひなた　長野県南佐久郡佐久穂町
大日向町
　おおひなたちょう　宮城県塩竈市
　おびなたまち　長野県須坂市
大日寺　だいにちじ　福岡県飯塚市
大日町
　だいにちちょう　千葉県千葉市花見川区
　だいにちちょう　岐阜県多治見市
　だいにちちょう　愛知県名古屋市中村区
　だいにちちょう　京都府京都市中京区
　だいにちちょう　大阪府守口市
　だいにちまち　大分県日田市
大日東町　だいにちひがしまち　大阪府守口市
大日通　だいにちどおり　兵庫県神戸市中央区
大月
　おおつき　茨城県桜川市
　おおづき　新潟県新潟市北区
　おおづき　新潟県村上市
　おおづき　新潟県南魚沼市
　おおつき　福井県大野市
　おおつき　福井県吉田郡永平寺町
　おおつき　山梨県（JR中央本線ほか）
　おおつき　山梨県大月市
　おおつき　岐阜県瑞穂市
大月台　おおつきだい　兵庫県神戸市灘区
大月市　おおつきし　山梨県
大月平　おおつきたい　青森県上北郡野辺地町
大月町
　おおつきちょう　栃木県足利市
　おおつきちょう　高知県幡多郡
大月町大月　おおつきまちおおつき　山梨県大月市
大月町花咲　おおつきまちはなさき　山梨県大月市
大月町真木　おおつきまちまぎ　山梨県大月市
大木
　おおき　茨城県結城市
　おおき　茨城県下妻市
　おおき　茨城県守谷市
　おおぎ　千葉県八街市
　おおぎ　千葉県山武市
　おおぎ　三重県員弁郡東員町
　おおぎ　大阪府泉佐野市
　おおぎ　奈良県磯城郡田原本町
　おおぎ　岡山県加賀郡吉備中央町
　おおぎ　佐賀県（松浦鉄道西九州線）
　おおき　沖縄県中頭郡読谷村
大木六　おおきろく　新潟県南魚沼市
大木六新田　おおきろくしんでん　新潟県南魚沼市
大木戸　おおきど　福島県伊達郡国見町
大木戸町　おおきどちょう　千葉県千葉市緑区
大木町
　おおぎちょう　愛知県豊川市
　だいぎちょう　愛知県津島市
　おおぎちょう　兵庫県西脇市
　おおきまち　福岡県三潴郡
大木谷　おおきだに　兵庫県佐用郡佐用町
大木屋　おおきや　鳥取県西伯郡南部町
大木宿　おおぎしゅく　佐賀県西松浦郡有田町

151

3画（大）

大木須 おおぎす 栃木県那須烏山市
大木新田 おおきしんでん 茨城県下妻市
大欠 おおがき 新潟県村上市
大比田 おおひだ 福井県敦賀市
大毛 おおけ 愛知県一宮市
大水口 おおみなくち 秋田県由利本荘市
大水戸町 おおみどまち 秋田県横手市
大父 おおぶ 鳥取県東伯郡琴浦町
大片平 おおかたひら 大分県杵築市
大王 たいおう 新潟県糸魚川市
大王丸 だいおうまる 福井県丹生郡越前町
大王町
　だいおうちょう 宮崎県宮崎市
　だいおうちょう 宮崎県都城市
　だいおうちょう 宮崎県日向市
　だいおうちょう 鹿児島県薩摩川内市
大王町名田 だいおうちょうなた 三重県志摩市
大王町波切 だいおうちょうなぎり 三重県志摩市
大王町畔名 だいおうちょうあぜな 三重県志摩市
大王町船越 だいおうちょうふなこし 三重県志摩市
大王路 だいおうじ 長野県飯田市
5 大世古 おおぜこ 三重県伊勢市
大仙中町 だいせんなかまち 大阪府堺市堺区
大仙市 だいせんし 秋田県
大仙西町 だいせんにしまち 大阪府堺市堺区
大仙町 だいせんちょう 大阪府堺市堺区
大仙波 おおせんば 埼玉県川越市
大仙波新田 おおせんばしんでん 埼玉県川越市
大代
　おおしろ 宮城県多賀城市
　おおだい 新潟県村上市
　おおじろ 静岡県島田市
大代町 おおじろちょう 愛知県岡崎市
大代町大家 おおしろちょうおおえ 島根県大田市
大代町新屋 おおしろちょうにいや 島根県大田市
大出 おおいで 新潟県胎内市
大北 おおきた 沖縄県名護市
大北小路東町 おおきたこうじひがしちょう 京都府京都市上京区
大北山不動山町 おおきたやまふどうさんちょう 京都府京都市北区
大北山天神岡町 おおきたやまてんじんおかちょう 京都府京都市北区
大北山長谷町 おおきたやまはせちょう 京都府京都市北区
大北山原谷乾町 おおきたやまはらだにいぬいちょう 京都府京都市北区
大北山蓮ケ谷町 おおきたやまはすがだにちょう 京都府京都市北区
大北山鏡石町 おおきたやまかがみいしちょう 京都府京都市北区
大北川 おおきたがわ 高知県土佐郡大川村
大北町 おおきたちょう 大阪府岸和田市
大半田 だいはんだ 山形県鶴岡市
大可賀 おおかが 愛媛県松山市
大古 おおふる 和歌山県西牟婁郡白浜町
大古山 おおごやま 茨城県笠間市
大古屋町 おおごやちょう 栃木県佐野市
大台 おおだい 千葉県山武郡芝山町

大台町 おおだいちょう 三重県多気郡
大只越町 おおただこえちょう 岩手県釜石市
大外羽
　おおとば 岐阜県（養老鉄道線）
　おおとば 岐阜県大垣市
大央町 おおおうちょう 三重県桑名市
大尼田 おおにた 熊本県葦北郡芦北町
大市町 おおいちちょう 山口県山口市
大市場町 だいいちばちょう 愛知県岩倉市
大平
　おおひら 北海道上磯郡木古内町
　おおびら 北海道島牧郡島牧村
　たいへい 北海道十勝郡浦幌町
　おおひら 北海道白糠郡白糠町
　おおだい 青森県（JR津軽線）
　おおだいら 青森県むつ市
　おおだいら 青森県上北郡七戸町
　おおだいら 青森県上北郡東北町
　おおだいら 宮城県亘理郡山元町
　おおだいら 山形県米沢市
　おおだいら 福島県田村郡三春町
　おおだいら 茨城県ひたちなか市
　だいへい 茨城県北相馬郡利根町
　おおだいら 栃木県芳賀郡益子町
　おおだいら 新潟県三条市
　おおだいら 新潟県柏崎市
　おおだいら 新潟県村上市
　おおだいら 新潟県糸魚川市
　だいら 富山県下新川郡朝日町
　おおひら 静岡県静岡市清水区
　おいだいら 静岡県浜松市浜北区
　おおひら 静岡県沼津市
　おいだいら 静岡県磐田市
　おおひら 静岡県伊豆市
　おおひら 滋賀県大津市
　おおひら 愛媛県八幡浜市
　おおひら 愛媛県伊予市
　おおひら 愛媛県伊予郡砥部町
　おおひら 愛媛県喜多郡内子町
　おおだいら 高知県長岡郡大豊町
　おおひら 高知県土佐郡大川村
　おおひら 高知県吾川郡仁淀川町
　おおひら 高知県高岡郡越知町
　おおひら 福岡県北九州市八幡西区
　おおひら 熊本県菊池市
　おおひら 熊本県上益城郡山都町
　おおひら 大分県大分市
　おおひら 大分県豊後高田市
　おおひら 宮崎県串間市
　おおひら 沖縄県浦添市
大平下
　おおだいした 青森県上北郡野辺地町
　おおひらした 栃木県（JR両毛線）
大平山
　おおひらやま 福島県福島市
　おおひらやま 福島県二本松市
大平中井 おおたいらなかい 福島県二本松市
大平中目 おおたいらなかのめ 宮城県白石市
大平台
　おおひらだい 秋田県秋田市
　おおひらだい 神奈川県（箱根登山鉄道線）
　おおひらだい 神奈川県足柄下郡箱根町
　たいへいだい 岐阜県関市
　おおひらだい 静岡県浜松市西区

3画（大）

おおひらだい　福岡県北九州市八幡西区

大平寺
たいへいじ　新潟県糸魚川市
たいへいじ　福岡県福岡市南区

大平坂谷　おおだいらさかや　宮城県白石市

大平尾町
おおびらおちょう　三重県松阪市
おびらおちょう　奈良県奈良市

大平沢町　おおひらそうまち　石川県金沢市

大平町
おおだいらちょう　北海道伊達市
おおだいらちょう　青森県むつ市
おおだいらちょう　岩手県釜石市
おおだいらまち　福島県郡山市
おおだいらちょう　茨城県常陸太田市
おおひらまち　⇒栃木市（栃木県）
おおひらちょう　神奈川県横浜市中区
おおひらちょう　福井県越前市
たいへいちょう　岐阜県関市
おおひらちょう　愛知県岡崎市
おおだいらちょう　愛知県豊田市
おおひらちょう　鳥取県倉吉市
たいへいちょう　山口県下関市
おおひらまち　福岡県北九州市八幡東区
　　　　　　　熊本県荒尾市

大平町下皆川　おおひらまちしもみながわ　栃木県栃木市

大平町下高島　おおひらまちしもたかしま　栃木県栃木市

大平町上高島　おおひらまちかみたかしま　栃木県栃木市

大平町土与　おおひらまちどよ　栃木県栃木市

大平町川連　おおひらまちかわつれ　栃木県栃木市

大平町牛久　おおひらまちうしく　栃木県栃木市

大平町北武井　おおひらまちきたたけい　栃木県栃木市

大平町西山田　おおひらまちにしやまだ　栃木県栃木市

大平町西水代　おおひらまちにしみずしろ　栃木県栃木市

大平町西野田　おおひらまちにしのだ　栃木県栃木市

大平町伯仲　おおひらまちはくちゅう　栃木県栃木市

大平町真弓　おおひらまちまゆみ　栃木県栃木市

大平町富田　おおひらまちとみだ　栃木県栃木市

大平町新　おおひらまちあらい　栃木県栃木市

大平町榎本　おおひらまちえのもと　栃木県栃木市

大平町横堀　おおひらまちよこぼり　栃木県栃木市

大平町蔵井　おおひらまちくらい　栃木県栃木市

大平柿木　おおだいらかきぎ　静岡県伊豆市

大平森合　おおだいらもりあい　宮城県白石市

大平賀　おおひらが　岐阜県加茂郡富加町

大広　おおひろ　山形県鶴岡市

大広戸　おおひろと　埼玉県三郷市

大広田
おおひろた　新潟県柏崎市
おおひろた　富山県（富山ライトレール線）

大広町
おおひろちょう　千葉県千葉市若葉区
おおひろちょう　奈良県御所市

大本
おおもと　栃木県小山市

おおもと　福井県今立郡池田町

大正
たいしょう　北海道北見市
たいしょう　北海道紋別郡滝上町
たいしょう　大阪府（JR大阪環状線）
たいしょう　大阪府柏原市
たいしょう　高知県高岡郡四万十町
たいしょう　長崎県（島原鉄道線）

大正大奈路　たいしょうおおなろ　高知県高岡郡四万十町

大正中津川　たいしょうなかつかわ　高知県高岡郡四万十町

大正区　たいしょうく　大阪府大阪市

大正北ノ川　たいしょうきたのかわ　高知県高岡郡四万十町

大正本町　たいしょうほんちょう　北海道帯広市

大正寺町
だいしょうじちょう　群馬県伊勢崎市
だいしょうじちょう　福井県鯖江市

大正町
たいしょうちょう　北海道帯広市
たいしょうちょう　北海道根室市
たいしょうちょう　栃木県足利市
たいしょうまち　岐阜県岐阜市
たいしょうまち　岐阜県多治見市
たいしょうまち　愛知県名古屋市中村区
たいしょうまち　愛知県刈谷市
たいしょうまち　大阪府茨木市
たいしょうまち　鳥取県倉吉市
たいしょうまち　鳥取県境港市
たいしょうまち　島根県松江市
たいしょうまち　広島県安芸郡海田町
たいしょうちょう　愛媛県今治市
たいしょうちょう　愛媛県八幡浜市
たいしょうまち　福岡県大牟田市
たいしょうまち　佐賀県鳥栖市
たいしょうまち　熊本県荒尾市

大正通　たいしょうどおり　愛知県一宮市

大永山　だいえいやま　愛媛県新居浜市

大永田　おながた　富山県中新川郡上市町

大永寺町　だいえいじちょう　愛知県名古屋市守山区

大玉　いかだま　福井県丹生郡越前町

大玉村　おおたまむら　福島県安達郡

大生
おおう　茨城県潮来市
おおう　千葉県成田市

大生院　おおじょういん　愛媛県新居浜市

大生郷町　おおのごうまち　茨城県常総市

大生郷新田町　おおのごうしんでんまち　茨城県常総市

大生瀬　おおなませ　茨城県久慈郡大子町

大用　おおゆう　高知県四万十市

大甲　おおかぶと　石川県鳳珠郡穴水町

大田
おおだ　岡山県津山市
おおた　沖縄県うるま市
おおた　沖縄県島尻郡久米島町

大田口　おおたぐち　高知県（JR土讃線）

大田小野　おおたおの　大分県杵築市

大田川　おおたかわ　高知県高岡郡佐川町

大田井町　おおたいちょう　徳島県阿南市

大田切　おおたぎり　長野県（JR飯田線）

153

3画（大）

大田区　おおたく　東京都
大田代　おおただい　千葉県夷隅郡大多喜町
大田市
　おおだし　島根県（JR山陰本線）
　おおだし　島根県
大田永松　おおながまつ　大分県杵築市
大田白木原　おおたしらきはら　大分県杵築市
大田石丸　おおたいしまる　大分県杵築市
大田町
　おおたまち　茨城県笠間市
　おおたまち　石川県七尾市
　おおたまち　愛知県東海市
　おおたちょう　兵庫県神戸市須磨区
　おおたまち　福岡県北九州市小倉北区
大田町大田　おおだちょうおおだ　島根県大田市
大田町吉永　おおだちょうよしなが　島根県大田市
大田町野城　おおだちょうのじろ　島根県大田市
大田和
　おおたわ　千葉県富津市
　おおだわ　山梨県中央市
大田幸町　おおだこうまち　広島県三次市
大田沓掛　おおたくつかけ　大分県杵築市
大田波多方　おおたはだかた　大分県杵築市
大田俣水　おおたまたみず　大分県杵築市
大田面　おおたおもて　秋田県大館市
大田原　おおたわら　岡山県和気郡和気町
大田原市　おおたわらし　栃木県
大田郷　おおたごう　茨城県（関東鉄道常総線）
大田黒　おおたぐろ　熊本県玉名郡和水町
大田新町　おおたしんまち　石川県七尾市
大白川
　おおしらかわ　新潟県（JR只見線）
　おおしらかわ　新潟県魚沼市
大白倉　おおじらくら　新潟県十日町市
大白磽　おおじらはざま　茨城県つくば市
大目　おおめ　宮城県伊具郡丸森町
大矢
　おおや　岐阜県（長良川鉄道越美南線）
　おおや　広島県神石郡神石高原町
大矢戸　おおやと　福井県大野市
大矢仙口町　おおやせんぐちちょう　愛知県稲沢市
大矢田　おやだ　岐阜県美濃市
大矢白山町　おおやしろやまちょう　愛知県稲沢市
大矢江西町　おおやえにしちょう　愛知県稲沢市
大矢沢　おおやさわ　青森県青森市
大矢町
　おおやちょう　福井県福井市
　おおやちょう　愛知県稲沢市
大矢取　おおやどり　宮崎県串間市
大矢知　おおやち　三重県（三岐鉄道三岐線）
大矢知町　おおやちちょう　三重県四日市市
大矢知新町　おおやちしんまち　三重県四日市市
大矢青山町　おおやあおやまちょう　愛知県稲沢市
大矢浄土寺町　おおやじょうどじちょう　愛知県稲沢市
大矢真宮町　おおやしんぐうちょう　愛知県稲沢市
大矢高田町　おおやこうだちょう　愛知県稲沢市
大矢船中町　おおやぶねなかまち　大阪府河内長野市
大矢船北町　おおやぶねきたまち　大阪府河内長野市

大矢船西町　おおやぶねにしまち　大阪府河内長野市
大矢船南町　おおやぶねみなみまち　大阪府河内長野市
大矢部　おおやべ　神奈川県横須賀市
大矢野町上　おおやのまちかみ　熊本県上天草市
大矢野町中　おおやのまちなか　熊本県上天草市
大矢野町湯島　おおやのまちゆしま　熊本県上天草市
大矢野町登立　おおやのまちのぼりたて　熊本県上天草市
大矢野町維和　おおやのまちいわ　熊本県上天草市
大石
　おおいし　山形県上山市
　おおいし　福島県大沼郡会津美里町
　おおいし　新潟県十日町市
　おおいし　新潟県魚沼市
　おおいし　新潟県岩船郡関川村
　おおいし　山梨県南都留郡富士河口湖町
　おおいし　岐阜県不破郡垂井町
　おおいし　静岡県菊川市
　おおいし　兵庫県（阪神電気鉄道阪神本線）
　おおいし　高知県長岡郡本山町
　おおいし　福岡県筑紫野市
　おおいし　福岡県福津市
大石ケ作　おおいしがさく　福島県二本松市
大石小田原　おおいしおだわら　滋賀県大津市
大石小田原町　おおいしおだわらちょう　滋賀県大津市
大石川原　おおいしかわら　宮城県刈田郡七ケ宿町
大石中　おおいしなか　滋賀県大津市
大石北町　おおいしきたまち　兵庫県神戸市灘区
大石田
　おおいしだ　山形県（JR奥羽本線）
　おおいしだ　山形県北村山郡大石田町
　おおいしだ　福島県大沼郡三島町
大石田町　おおいしだまち　山形県北村山郡
大石沢　おおいしさわ　山形県西置賜郡小国町
大石町
　おおいしちょう　三重県松阪市
　おおいしちょう　兵庫県相生市
　おおいしまち　福岡県久留米市
　おおいしまち　佐賀県唐津市
　おおいしまち　大分県大分市
大石東　おおいしひがし　滋賀県大津市
大石東町　おおいしひがしまち　兵庫県神戸市灘区
大石南町　おおいしみなみまち　兵庫県神戸市灘区
大石原　おおいしはら　富山県中新川郡立山町
大石原浜　おおいしはらはま　宮城県牡鹿郡女川町
大石脇町　おおいしわきちょう　長崎県平戸市
大石曽束　おおいしそつか　滋賀県大津市
大石曽束町　おおいしそつかちょう　滋賀県大津市
大石淀　おおいしよど　滋賀県大津市
大石淀町　おおいしよどちょう　滋賀県大津市
大石富川　おおいしとみかわ　滋賀県大津市
大石富川町　おおいしとみかわちょう　滋賀県大津市
大石渡　おおいしわたり　岩手県滝沢市
大石龍門　おおいしりゅうもん　滋賀県大津市
大穴　おおあな　群馬県利根郡みなかみ町
大穴北　おおあなきた　千葉県船橋市
大穴町　おおあなちょう　千葉県船橋市
大穴南　おおあなみなみ　千葉県船橋市

3画（大）

大立　おおたち　鳥取県倉吉市
大立町　おおだてまち　広島県安芸郡海田町
大立野　おおだての　静岡県磐田市
大辻　おおつじ　富山県砺波市
大辻町
　　おおつじちょう　島根県浜田市
　　おおつじまち　福岡県中間市
6大休
　　おおやすみ　長野県飯田市
　　たいきゅう　山口県山陽小野田市
大休団地　たいきゅうだんち　山口県山陽小野田市
大全　たいぜん　北海道広尾郡大樹町
大仲新田　おおなかしんでん　三重県桑名市
大伝　だいでん　新潟県新発田市
大伝根町　おおでんねちょう　愛知県半田市
大任町　おおとうまち　福岡県田川郡
大光　たいこう　北海道広尾郡大樹町
大光寺
　　だいこうじ　栃木県下野市
　　だいこうじ　富山県魚津市
　　だいこうじ　岐阜県揖斐郡揖斐川町
大光寺一早稲田　だいこうじいちわせだ　青森県平川市
大光寺一村井　だいこうじいちむらい　青森県平川市
大光寺一滝本　だいこうじいちたきもと　青森県平川市
大光寺二早稲田　だいこうじにわせだ　青森県平川市
大光寺二村井　だいこうじにむらい　青森県平川市
大光寺二滝本　だいこうじにたきもと　青森県平川市
大光寺三早稲田　だいこうじさんわせだ　青森県平川市
大光寺三村井　だいこうじさんむらい　青森県平川市
大光寺三滝本　だいこうじさんたきもと　青森県平川市
大光寺川原田　だいこうじかわらだ　青森県平川市
大光寺四滝本　だいこうじよんたきもと　青森県平川市
大光寺白山　だいこうじしろやま　青森県平川市
大光寺西稲村　だいこうじにしいなむら　青森県平川市
大光寺町
　　だいこうじまち　栃木県栃木市
　　だいこうじちょう　滋賀県長浜市
大光寺釈迦口　だいこうじしゃかぐち　青森県平川市
大光寺稲田　だいこうじいなだ　青森県平川市
大光寺稲村　だいこうじいなむら　青森県平川市
大光寺種元　だいこうじたねもと　青森県平川市
大吉
　　おおよし　埼玉県越谷市
　　おおよし　岡山県津山市
大吉新田　おおよししんでん　岐阜県安八郡輪之内町
大向
　　おおむかい　青森県三戸郡南部町
　　おおむかい　宮城県気仙沼市
　　おおむかい　山口県周南市
　　おおむかい　高知県高岡郡檮原町
　　おおむかい　高知県高岡郡四万十町
大同町
　　だいどうまち　石川県加賀市
　　だいどうちょう　愛知県（名古屋鉄道常滑線）

だいどうちょう　愛知県名古屋市南区
だいどうちょう　大阪府茨木市
だいどうちょう　兵庫県神戸市兵庫区
大名
　　だいみょう　福岡県福岡市中央区
　　おおな　沖縄県島尻郡南風原町
大名小路　だいみょうこうじ　佐賀県唐津市
大名艮　だいなごん　福島県郡山市
大名倉　おおなぐら　愛知県北設楽郡設楽町
大在
　　おおざい　大分県（JR日豊本線）
　　おおざい　大分県大分市
大在中央　おおざいちゅうおう　大分県大分市
大在北　おおざいきた　大分県大分市
大在浜　おおざいはま　大分県大分市
大地
　　だいち　秋田県鹿角郡小坂町
　　だいち　愛知県名古屋市中川区
大地町　だいちちょう　愛知県岩倉市
大地新町　だいちしんまち　愛知県岩倉市
大多郎　おおたろう　静岡県掛川市
大多喜
　　おおたき　千葉県（いすみ鉄道線）
　　おおたき　千葉県夷隅郡大多喜町
大多喜町　おおたきまち　千葉県夷隅郡
大多賀町　おおたがちょう　愛知県豊田市
大多新田　おおたしんでん　山形県酒田市
大多羅　おおだら　岡山県（JR赤穂線）
大多羅町　おおだらちょう　岡山県岡山市東区
大安　だいあん　三重県（三岐鉄道三岐線）
大安在　おおあんざい　北海道檜山郡上ノ国町
大安寺
　　だいあんじ　新潟県新潟市秋葉区
　　だいあんじ　奈良県奈良市
　　だいあんじ　奈良県磯城郡田原本町
　　だいあんじ　岡山県（JR吉備線）
大安寺中町　だいあんじなかまち　岡山県岡山市北区
大安寺西　だいあんじにし　奈良県奈良市
大安寺西町　だいあんじにしまち　岡山県岡山市北区
大安寺東町　だいあんじちょう　奈良県奈良市
大安寺東町　だいあんじひがしまち　岡山県岡山市北区
大安寺南町　だいあんじみなみまち　岡山県岡山市北区
大安町大井田　だいあんちょうおおいだ　三重県いなべ市
大安町大泉　だいあんちょうおおいずみ　三重県いなべ市
大安町中央ケ丘　だいあんちょうちゅうおうがおか　三重県いなべ市
大安町丹生川上　だいあんちょうにゅうがわかみ　三重県いなべ市
大安町丹生川久下　だいあんちょうにゅうがわひさか　三重県いなべ市
大安町丹生川中　だいあんちょうにゅうがわなか　三重県いなべ市
大安町片樋　だいあんちょうかたひ　三重県いなべ市
大安町平塚　だいあんちょうひらつか　三重県いなべ市
大安町石榑下　だいあんちょういしぐれしも　三重県いなべ市

155

3画（大）

大安町石榑北　だいあんちょういしぐれきた　三重県いなべ市

大安町石榑北山　だいあんちょういしぐれきたやま　三重県いなべ市

大安町石榑東　だいあんちょういしぐれひがし　三重県いなべ市

大安町石榑南　だいあんちょういしぐれみなみ　三重県いなべ市

大安町宇賀　だいあんちょううが　三重県いなべ市

大安町宇賀新田　だいあんちょううがしんでん　三重県いなべ市

大安町門前　だいあんちょうもんぜん　三重県いなべ市

大安町南金井　だいあんちょうみなみかない　三重県いなべ市

大安町梅戸　だいあんちょううめど　三重県いなべ市

大安町高柳　だいあんちょうたかやなぎ　三重県いなべ市

大安町鍋坂　だいあんちょうなべさか　三重県いなべ市

大宇陀下中　おおうだしもなか　奈良県宇陀市

大宇陀下片岡　おおうだしもかたおか　奈良県宇陀市

大宇陀下出口　おおうだしもでぐち　奈良県宇陀市

大宇陀下本　おおうだしもほん　奈良県宇陀市

大宇陀下竹　おおうだしもたけ　奈良県宇陀市

大宇陀下品　おおうだしもしな　奈良県宇陀市

大宇陀下茶　おおうだしもちゃ　奈良県宇陀市

大宇陀下宮奥　おおうだしもみやのおく　奈良県宇陀市

大宇陀上　おおうだかみ　奈良県宇陀市

大宇陀上中　おおうだかみなか　奈良県宇陀市

大宇陀上片岡　おおうだかみかたおか　奈良県宇陀市

大宇陀上本　おおうだかみほん　奈良県宇陀市

大宇陀上品　おおうだかみしな　奈良県宇陀市

大宇陀上茶　おおうだかみちゃ　奈良県宇陀市

大宇陀上新　おおうだかみしん　奈良県宇陀市

大宇陀万六　おおうだまんろく　奈良県宇陀市

大宇陀口今井　おおうだくちいまい　奈良県宇陀市

大宇陀大東　おおうだだいとう　奈良県宇陀市

大宇陀大熊　おおうだおおくま　奈良県宇陀市

大宇陀小出口　おおうだこいでぐち　奈良県宇陀市

大宇陀小和田　おおうだこわだ　奈良県宇陀市

大宇陀小附　おおうだこうつけ　奈良県宇陀市

大宇陀山口　おおうだやまぐち　奈良県宇陀市

大宇陀才ケ辻　おおうださいがつじ　奈良県宇陀市

大宇陀中庄　おおうだなかのしょう　奈良県宇陀市

大宇陀中新　おおうだなかしん　奈良県宇陀市

大宇陀五津　おおうだいつつ　奈良県宇陀市

大宇陀内原　おおうだうちはら　奈良県宇陀市

大宇陀出新　おおうだいでしん　奈良県宇陀市

大宇陀半阪　おおうだはんさか　奈良県宇陀市

大宇陀平尾　おおうだひらお　奈良県宇陀市

大宇陀本郷　おおうだほんごう　奈良県宇陀市

大宇陀田原　おおうだたわら　奈良県宇陀市

大宇陀白鳥居　おおうだしらとりい　奈良県宇陀市

大宇陀守道　おおうだもち　奈良県宇陀市

大宇陀西山　おおうだにしやま　奈良県宇陀市

大宇陀芝生　おおうだしぼう　奈良県宇陀市

大宇陀和田　おおうだわだ　奈良県宇陀市

大宇陀岩室　おおうだいわむろ　奈良県宇陀市

大宇陀岩清水　おおうだいわしみず　奈良県宇陀市

大宇陀東平尾　おおうだひがしひらお　奈良県宇陀市

大宇陀牧　おおうだまき　奈良県宇陀市

大宇陀迫間　おおうだはさま　奈良県宇陀市

大宇陀拾生　おおうだひろう　奈良県宇陀市

大宇陀春日　おおうだかすが　奈良県宇陀市

大宇陀宮奥　おおうだみやのおく　奈良県宇陀市

大宇陀栗野　おおうだくりの　奈良県宇陀市

大宇陀馬取柿　おおうだまとりがき　奈良県宇陀市

大宇陀野依　おおうだのより　奈良県宇陀市

大宇陀麻生田　おおうだあそだ　奈良県宇陀市

大宇陀黒木　おおうだくろぎ　奈良県宇陀市

大宇陀塚脇　おおうだつかわき　奈良県宇陀市

大宇陀関戸　おおうだせきど　奈良県宇陀市

大宇陀嬉河原　おおうだうれしがわら　奈良県宇陀市

大宇陀調子　おおうだちょうし　奈良県宇陀市

大宇陀藤井　おおうだふじい　奈良県宇陀市

大宅山田　おおやけやまだ　京都府京都市山科区

大宅中小路町　おおやけなかこうじちょう　京都府京都市山科区

大宅五反畑町　おおやけごたんばたちょう　京都府京都市山科区

大宅古海道町　おおやけふるかいどうちょう　京都府京都市山科区

大宅打明町　おおやけうちあけちょう　京都府京都市山科区

大宅甲ノ辻町　おおやけこうのつじちょう　京都府京都市山科区

大宅石郡町　おおやけいしごおりちょう　京都府京都市山科区

大宅辻脇町　おおやけつじわきちょう　京都府京都市山科区

大宅向山　おおやけむかいやま　京都府京都市山科区

大宅早稲ノ内町　おおやけわせのうちちょう　京都府京都市山科区

大宅坂ノ辻町　おおやけさかのつじちょう　京都府京都市山科区

大宅沢町　おおやけさわちょう　京都府京都市山科区

大宅岩屋殿　おおやけいわやでん　京都府京都市山科区

大宅神納町　おおやけかんのうちょう　京都府京都市山科区

大宅桟敷　おおやけさじき　京都府京都市山科区

大宅烏田町　おおやけからすだちょう　京都府京都市山科区

大宅細田町　おおやけほそだちょう　京都府京都市山科区

大宅鳥井脇町　おおやけとりいわきちょう　京都府京都市山科区

大宅奥山田　おおやけおくやまだ　京都府京都市山科区

大宅御供田町　おおやけごくでんちょう　京都府京都市山科区

大宅御所山　おおやけごしょやま　京都府京都市山科区

大宅御所田町　おおやけごしょでんちょう　京都府京都市山科区

大宅関生町　おおやけせきしょうちょう　京都府京都市山科区

大寺
おおてら　山形県東村山郡山辺町
おおてら　千葉県木更津市

3画（大）

	おおてら	千葉県匝瑳市
	おおてら	新潟県三島郡出雲崎町
	おおてら	島根県（一畑電車北松江線）
	おおてら	徳島県板野郡板野町

大寺町　だいじちょう　滋賀県長浜市
大州　おおず　広島県広島市南区
大州浜　おおすはま　大分県大分市
大年町　おおとしちょう　福井県福井市
大庄　おおしょう　富山県（富山地方鉄道不二越・上滝線）
大庄川田町　おおしょうかわたちょう　兵庫県尼崎市
大庄中通　おおしょうなかどおり　兵庫県尼崎市
大庄北　おおしょうきた　兵庫県尼崎市
大庄西町　おおしょうにしまち　兵庫県尼崎市
大当所　おおとうしょ　静岡県磐田市
大当郎　だいとうろう　愛知県名古屋市中川区
大成

	たいせい	北海道（JR根室本線）
	たいせい	北海道寿都郡黒松内町
	たいせい	北海道上川郡和寒町
	たいせい	北海道天塩郡遠別町
	たいせい	北海道常呂郡佐呂間町
	たいせい	北海道勇払郡むかわ町
	たいせい	北海道野付郡別海町
	おおなる	愛媛県上浮穴郡久万高原町

大成川　おおなるかわ　愛媛県南宇和郡愛南町
大成区上浦　たいせいくかみうら　北海道久遠郡せたな町
大成区久遠　たいせいくくどお　北海道久遠郡せたな町
大成区太田　たいせいくおおた　北海道久遠郡せたな町
大成区平浜　たいせいくひらはま　北海道久遠郡せたな町
大成区本陣　たいせいくほんじん　北海道久遠郡せたな町
大成区花歌　たいせいくはなうた　北海道久遠郡せたな町
大成区貝取澗　たいせいくかいとりま　北海道久遠郡せたな町
大成区長磯　たいせいくながいそ　北海道久遠郡せたな町
大成区宮野　たいせいくみやの　北海道久遠郡せたな町
大成区都　たいせいくみやこ　北海道久遠郡せたな町
大成区富磯　たいせいくとみいそ　北海道久遠郡せたな町
大成沢　おおなりさわ　福島県河沼郡柳津町
大成町

	たいせいちょう	北海道苫小牧市
	たいせいちょう	茨城県ひたちなか市
	おおなりちょう	埼玉県さいたま市北区
	おおなりちょう	埼玉県さいたま市大宮区
	たいせいちょう	埼玉県越谷市
	たいせいまち	石川県能美市
	たいせいちょう	愛知県豊田市
	たいせいちょう	大阪府寝屋川市
	たいせいちょう	兵庫県宝塚市

大戌亥町　おおいぬいちょう　滋賀県長浜市
大曲

	おおまがり	北海道網走市
	おおまがり	北海道北広島市
	おおまがり	北海道磯谷郡蘭越町
	おおまがり	北海道雨竜郡幌加内町
	おおまがり	青森県むつ市
	おおまがり	青森県南津軽郡田舎館村
	おおまがり	宮城県名取市
	おおまがり	宮城県東松島市
	おおまがり	秋田県（JR奥羽本線）
	おおまがり	秋田県能代市
	おおまがり	秋田県大仙市
	おおまがり	福島県相馬市
	おおまがり	茨城県取手市
	おおまがり	群馬県邑楽郡板倉町
	おおまがり	神奈川県高座郡寒川町
	おおまがり	新潟県燕市
	おおまがり	佐賀県神埼郡吉野ケ里町

大曲あけぼの町　おおまがりあけぼのちょう　秋田県大仙市
大曲上大町　おおまがりかみおおまち　秋田県大仙市
大曲上栄町　おおまがりかみさかえちょう　秋田県大仙市
大曲丸の内町　おおまがりまるのうちまち　秋田県大仙市
大曲丸子町　おおまがりまるこちょう　秋田県大仙市
大曲大町　おおまがりおおまち　秋田県大仙市
大曲川原町　おおまがりかわらちょう　秋田県大仙市
大曲工業団地　おおまがりこうぎょうだんち　北海道北広島市
大曲中央　おおまがりちゅうおう　北海道北広島市
大曲中通町　おおまがりなかどおりまち　秋田県大仙市
大曲戸　おおまがと　新潟県長岡市
大曲戸巻町　おおまがりとまきちょう　秋田県大仙市
大曲戸新田　おおまがとしんでん　新潟県長岡市
大曲日の出町　おおまがりひのでちょう　秋田県大仙市
大曲末広　おおまがりすえひろ　北海道北広島市
大曲田町　おおまがりたまち　秋田県大仙市
大曲白金町　おおまがりしろがねちょう　秋田県大仙市
大曲光　おおまがりひかり　北海道北広島市
大曲西根　おおまがりにしね　秋田県大仙市
大曲住吉町　おおまがりすみよしちょう　秋田県大仙市
大曲町　おおまがりちょう　岩手県北上市
大曲花園町　おおまがりはなぞのちょう　秋田県大仙市
大曲並木　おおまがりなみき　北海道北広島市
大曲幸町　おおまがりさいわいちょう　北海道北広島市
大曲若葉町　おおまがりわかばちょう　秋田県大仙市
大曲金谷町　おおまがりかなやちょう　秋田県大仙市
大曲南ケ丘　おおまがりみなみがおか　北海道北広島市
大曲栄町　おおまがりさかえちょう　秋田県大仙市
大曲柏葉　おおまがりはくよう　北海道北広島市
大曲浜町　おおまがりはまちょう　秋田県大仙市
大曲通町　おおまがりとおりまち　秋田県大仙市
大曲船場町　おおまがりふなばちょう　秋田県大仙市
大曲黒瀬町　おおまがりくろせちょう　秋田県大仙市
大曲須和町　おおまがりすわちょう　秋田県大仙市
大曲飯田町　おおまがりいいだちょう　秋田県大仙市
大曲福住町　おおまがりふくずみちょう　秋田県大仙市
大曲福見町　おおまがりふくみちょう　秋田県大仙市
大曲緑ケ丘　おおまがりみどりがおか　北海道北広島市
大曲緑町　おおまがりみどりちょう　秋田県大仙市
大朴　おぼそ　京都府船井郡京丹波町

157

3画（大）

大毎　おおごと　新潟県村上市

大江
　おおえ　北海道余市郡仁木町
　おおごう　富山県射水市
　おおえ　静岡県牧之原市
　おおえ　愛知県（名古屋鉄道常滑線ほか）
　おおえ　愛知県一宮市
　おおえ　三重県伊賀市
　おおえ　三重県度会郡南伊勢町
　おおえ　滋賀県大津市
　おおえ　京都府（京都丹後鉄道宮福線）
　おおえ　鳥取県八頭郡八頭町
　おおえ　鳥取県西伯郡伯耆町
　おおえ　島根県隠岐郡知夫村
　おおえ　愛媛県西宇和郡伊方町
　おおえ　熊本県熊本市中央区

大江山口内宮　おおえやまぐちないく　京都府（京都丹後鉄道宮福線）

大江干　おおえぼし　富山県富山市

大江干新町　おおえぼししんまち　富山県富山市

大江本町　おおえほんまち　熊本県熊本市中央区

大江町
　おおえまち　山形県西村山郡
　おおえちょう　愛知県名古屋市港区
　おおえちょう　京都府京都市下京区
　おおえちょう　奈良県大和郡山市
　おおえちょう　岡山県井原市
　おおえちょう　愛媛県新居浜市

大江町二俣　おおえちょうふたまた　京都府福知山市

大江町二箇　おおえちょうにか　京都府福知山市

大江町三河　おおえちょうそうご　京都府福知山市

大江町上野　おおえちょううえの　京都府福知山市

大江町千原　おおえちょうせんばら　京都府福知山市

大江町小原田　おおえちょうおわらた　京都府福知山市

大江町仏性寺　おおえちょうぶつしょうじ　京都府福知山市

大江町公庄　おおえちょうぐじょう　京都府福知山市

大江町内宮　おおえちょうないく　京都府福知山市

大江町天田内　おおえちょうあまだうち　京都府福知山市

大江町日藤　おおえちょうひとう　京都府福知山市

大江町毛原　おおえちょうけわら　京都府福知山市

大江町北有路　おおえちょうきたありじ　京都府福知山市

大江町北原　おおえちょうきたばら　京都府福知山市

大江町市原谷　おおえちょういちわらだに　京都府福知山市

大江町在田　おおえちょうありた　京都府福知山市

大江町尾藤　おおえちょうびとう　京都府福知山市

大江町河守　おおえちょうこうもり　京都府福知山市

大江町波美　おおえちょうはび　京都府福知山市

大江町金屋　おおえちょうかなや　京都府福知山市

大江町南山　おおえちょうみなみやま　京都府福知山市

大江町南有路　おおえちょうみなみありじ　京都府福知山市

大江町夏間　おおえちょうなつま　京都府福知山市

大江町高津江　おおえちょうたかつえ　京都府福知山市

大江町常津　おおえちょうつねづ　京都府福知山市

大江町蓼原　おおえちょうたでわら　京都府福知山市

大江町関　おおえちょうせき　京都府福知山市

大江町橋谷　おおえちょうはしだに　京都府福知山市

大江高校前　おおえこうこうまえ　京都府（京都丹後鉄道宮福線）

大江橋　おおえばし　大阪府（京阪電気鉄道中之島線）

大池
　おおいけ　青森県上北郡七戸町
　おおいけ　福島県岩瀬郡鏡石町
　おおいけ　福島県西白河郡矢吹町
　おおいけ　新潟県十日町市
　おおいけ　長野県飯山市
　おおいけ　静岡県掛川市
　おおいけ　三重県鈴鹿市
　おおいけ　大阪府茨木市
　おおいけ　兵庫県（神戸電鉄有馬線）
　おおいけ　福岡県福岡市南区
　おおいけ　福岡県大野城市

大池いこいの森　おおいけいこいのもり　新潟県（北越急行ほくほく線）

大池坂町　おおいけさかちょう　京都府福知山市

大池町
　おおいけちょう　神奈川県横浜市旭区
　おおいけちょう　岐阜県岐阜市
　おおいけちょう　岐阜県大垣市
　おおいけちょう　岐阜県羽島郡笠松町
　おおいけちょう　愛知県半田市
　おおいけちょう　愛知県豊田市
　おおいけちょう　三重県四日市市
　おおいけちょう　滋賀県湖南市
　おおいけちょう　大阪府門真市
　おおいけちょう　兵庫県神戸市須磨区
　おおいけちょう　香川県坂出市
　おおいけまち　福岡県北九州市若松区

大池見山台　おおいけみやまだい　兵庫県神戸市北区

大池遊園　おおいけゆうえん　和歌山県（和歌山電鉄貴志川線）

大牟田　おおむた　福岡県（JR鹿児島本線ほか）

大牟田市　おおむたし　福岡県

大牟礼　おおむれ　鹿児島県指宿市

大瓜
　おおうり　宮城県石巻市
　おおうり　宮城県黒川郡大衡村

大竹
　おおたけ　秋田県にかほ市
　おおたけ　茨城県鉾田市
　おおたけ　群馬県安中市
　おおたけ　埼玉県川口市
　おおたけ　埼玉県越谷市
　おおだけ　千葉県成田市
　おおだけ　千葉県袖ケ浦市
　おおだけ　千葉県大網白里市
　おおたけ　静岡県田方郡函南町
　おおたけ　大阪府八尾市
　おおたけ　広島県（JR山陽本線）

大竹市　おおたけし　広島県

大竹町　おおだけまち　石川県白山市

大羽尾　おおばねお　鳥取県岩美郡岩美町

大羽園園　おおばねえん　三重県（近畿日本鉄道湯の山線）

大羽根園呉竹町　おおばねえんくれたけちょう　三重県三重郡菰野町

3画（大）

大羽根園並木通　おおばねえんなみきどおり　三重県三重郡菰野町
大羽根園松ケ枝町　おおばねえんまつがえちょう　三重県三重郡菰野町
大羽根園青葉町　おおばねえんあおばちょう　三重県三重郡菰野町
大羽根園柴垣町　おおばねえんしばがきちょう　三重県三重郡菰野町
大羽根園新林町　おおばねえんしんばやしちょう　三重県三重郡菰野町
大舟　おおぶね　山形県東置賜郡川西町
大舟戸　おおふなと　茨城県つくば市
大芋川　おおいもがわ　新潟県魚沼市
大虫本町　おおむしほんちょう　福井県越前市
大虫町　おおむしちょう　福井県越前市
大行司　だいぎょうじ　福岡県（JR日田彦山線）
大行寺　だいぎょうじ　栃木県小山市
大行事　だいぎょうじ　福岡県田川郡大任町
大衣斐　おおえび　岐阜県揖斐郡大野町
大西
　おおにし　富山県南砺市
　おおにし　石川県羽咋郡志賀町
　おおにし　愛知県名古屋市港区
　おおにし　愛知県岡崎市
　おおにし　大阪府泉佐野市
　おおにし　奈良県桜井市
　おおにし　奈良県山辺郡山添村
　おおにし　和歌山県有田郡有田川町
　おおにし　愛媛県（JR予讃線）
　おおにし　高知県吾川郡仁淀川町
　おおにし　福岡県豊前市
　おおにし　沖縄県名護市
大西ノ川　おおにしのかわ　高知県四万十市
大西町
　おおにしまち　山形県鶴岡市
　だいせいちょう　静岡県藤枝市
　おおにしちょう　愛知県岡崎市
　おおにしちょう　兵庫県尼崎市
大西町九王　おおにしちょうくおう　愛媛県今治市
大西町大井浜　おおにしちょうおおいはま　愛媛県今治市
大西町山之内　おおにしちょうやまのうち　愛媛県今治市
大西町別府　おおにしちょうべふ　愛媛県今治市
大西町南ケ原　おおにしちょうみなみがはら　愛知県岡崎市
大西町星浦　おおにしちょうほしのうら　愛媛県今治市
大西町宮脇　おおにしちょうみやわき　愛媛県今治市
大西町脇　おおにしちょうわき　愛媛県今治市
大西町紺原　おおにしちょうこんばら　愛媛県今治市
大西町新町　おおにしちょうしんちょう　愛媛県今治市
大西谷　おおにしだに　愛媛県松山市
7大更
　おおぶけ　岩手県（JR花輪線）
　おおぶけ　岩手県八幡平市
大串
　おおくし　茨城県下妻市
　おおくし　埼玉県比企郡吉見町
　おおくし　広島県豊田郡大崎上島町
大串町　おおくしちょう　茨城県水戸市
大佐上刑部　おおさかみおさかべ　岡山県新見市

大佐大井野　おおさおおいの　岡山県新見市
大佐小阪部　おおさおさかべ　岡山県新見市
大佐小南　おおさこみなみ　岡山県新見市
大佐布瀬　おおさふせ　岡山県新見市
大佐永富　おおさながどみ　岡山県新見市
大佐田　おおさだ　愛媛県西宇和郡伊方町
大佐田治部　おおさたじべ　岡山県新見市
大佐志町　おおさしちょう　長崎県平戸市
大佐倉
　おおさくら　千葉県（京成電鉄京成本線）
　おおさくら　千葉県佐倉市
大佐貫　おおざぬき　群馬県邑楽郡明和町
大佐野　おおざの　福岡県太宰府市
大佐野町　おおざのちょう　岐阜県各務原市
大作
　だいさく　福島県二本松市
　おおさく　福島県伊達郡川俣町
　おおさく　千葉県佐倉市
　おおさく　千葉県市原市
大作新田　おおさくしんでん　千葉県我孫子市
大住
　おおすみ　秋田県秋田市
　おおずみ　静岡県焼津市
　おおすみ　京都府（JR片町線）
　おおすみ　京都府京田辺市
大住ケ丘　おおすみがおか　京都府京田辺市
大住台　おおすみだい　神奈川県伊勢原市
大住町　おおすみちょう　大阪府茨木市
大宜　おおげ　岡山県笠岡市
大初平　おおはつだいら　宮城県気仙沼市
大別　おおべつ　北海道厚岸郡厚岸町
大別内　おおべつない　青森県青森市
大別當　おおべつとう　新潟県新潟市南区
大利
　おおり　青森県下北郡東通村
　おおり　熊本県阿蘇郡産山村
大利元町　おおとしもとまち　大阪府寝屋川市
大利町　おおとしちょう　大阪府寝屋川市
大利原　おおとしばら　広島県山県郡北広島町
大利根町
　おおとねまち　群馬県前橋市
　おおとねまち　⇒加須市（埼玉県）
大助　おおすけ　青森県弘前市
大君　おおきみ　京都府舞鶴市
大君ケ畑　おじがはた　滋賀県犬上郡多賀町
大吹町　おおぶきちょう　兵庫県宝塚市
大呂
　おおろ　京都府福知山市
　おおろ　鳥取県八頭郡智頭町
　おおろ　島根県仁多郡奥出雲町
大坂
　おおさか　福島県二本松市
　おおさか　千葉県君津市
　おおさか　石川県羽咋郡志賀町
　おおさか　静岡県掛川市
　おおさか　静岡県御殿場市
　おおさか　鳥取県岩美郡岩美町
　おおさか　鳥取県西伯郡伯耆町
　おおさか　徳島県板野郡板野町
大坂上　おおさかうえ　東京都日野市

159

3画（大）

大坂山　おおさかやま　福島県白河市
大坂町
　　おおさかちょう　愛知県瀬戸市
　　おおさかちょう　愛知県豊田市
　　おおさかちょう　京都府京都市下京区
大坊　だいぼう　岩手県岩手郡岩手町
大坊竹内　だいぼうたけうち　青森県平川市
大坊竹原　だいぼうたけはら　青森県平川市
大坊前田　だいぼうまえだ　青森県平川市
大坊福田　だいぼうふくだ　青森県平川市
大寿台　だいじゅだい　兵庫県姫路市
大寿町　だいずちょう　京都府京都市下京区
大尾　おおお　高知県吾川郡仁淀川町
大岐　おおき　高知県土佐清水市
大形
　　おおがた　茨城県つくば市
　　おおがた　茨城県稲敷郡阿見町
　　おおがた　新潟県（JR白新線）
大形山　おおがたやま　愛知県名古屋市緑区
大形本町　おおがたほんちょう　新潟県新潟市東区
大志
　　おおし　福島県大沼郡金山町
　　だいし　愛知県一宮市
大志々伎町　おおしじきちょう　長崎県平戸市
大志戸　おおしと　茨城県土浦市
大我麻町　おおがまちょう　愛知県名古屋市北区
大改野　おおがいの　高知県南国市
大杉
　　おおすぎ　宮城県刈田郡七ヶ宿町
　　おおすぎ　埼玉県越谷市
　　おおすぎ　東京都江戸川区
　　おおすぎ　新潟県佐渡市
　　おおすぎ　岐阜県関市
　　おおすぎ　愛知県名古屋市北区
　　おおすぎ　三重県多気郡大台町
　　おおすぎ　滋賀県犬上郡多賀町
　　おおすぎ　鳥取県東伯郡琴浦町
　　おおすぎ　高知県（JR土讃線）
大杉町
　　おおすぎまち　石川県小松市
　　おおすぎちょう　愛知県名古屋市北区
　　おおすぎちょう　滋賀県近江八幡市
大杉新田　おおすぎしんでん　新潟県南魚沼市
大村
　　おおむら　北海道上川郡美瑛町
　　おおむら　長野県松本市
　　おおむら　岐阜県大垣市
　　おおむら　静岡県焼津市
　　おおむら　兵庫県（神戸電鉄粟生線）
　　おおむら　兵庫県三木市
　　おおむら　福岡県豊前市
　　おおむら　長崎県（JR大村線）
　　おおむら　沖縄県中頭郡北谷町
大村市　おおむらし　長崎県
大村町
　　おおむらちょう　福井県福井市
　　おおむらちょう　愛知県豊橋市
　　おおむらちょう　兵庫県加西市
　　おおむらまち　熊本県八代市
大村新田　おおむらしんでん　静岡県焼津市
大代　おおくい　鳥取県鳥取市

大沖　おおおき　福島県河沼郡会津坂下町
大沢
　　おおさわ　北海道松前郡松前町
　　おおさわ　北海道白糠郡白糠町
　　おおさわ　青森県弘前市
　　おおさわ　青森県上北郡七戸町
　　おおさわ　青森県上北郡東北町
　　おおさわ　岩手県久慈市
　　おおさわ　岩手県八幡平市
　　おおさわ　岩手県下閉伊郡山田町
　　おおさわ　宮城県仙台市泉区
　　おおさわ　秋田県横手市
　　おおさわ　秋田県由利本荘市
　　おおさわ　秋田県山本郡藤里町
　　おおさわ　秋田県雄勝郡羽後町
　　おおさわ　山形県（JR奥羽本線）
　　おおさわ　山形県米沢市
　　おおさわ　山形県最上郡真室川町
　　おおさわ　福島県二本松市
　　おおさわ　福島県南会津郡下郷町
　　おおさわ　福島県石川郡石川町
　　おおさわ　茨城県常総市
　　おおさわ　茨城県久慈郡大子町
　　おおさわ　栃木県那須烏山市
　　おおさわ　栃木県芳賀郡益子町
　　おおさわ　埼玉県越谷市
　　おおさわ　千葉県茂原市
　　おおさわ　千葉県勝浦市
　　おおさわ　東京都三鷹市
　　おおさわ　新潟県（JR上越線）
　　おおさわ　新潟県三条市
　　おおさわ　新潟県柏崎市
　　おおさわ　新潟県村上市
　　おおさわ　新潟県糸魚川市
　　おおさわ　新潟県五泉市
　　おおさわ　新潟県魚沼市
　　おおさわ　新潟県南魚沼市
　　おおさわ　富山県魚津市
　　おおさわ　富山県中新川郡上市町
　　おおさわ　長野県佐久市
　　おおさわ　静岡県静岡市葵区
　　おおさわ　静岡県下田市
　　おおさわ　静岡県伊豆市
　　おおさわ　静岡県牧之原市
　　おおさわ　静岡県賀茂郡松崎町
　　おおさわ　大阪府三島郡島本町
　　おおさわ　兵庫県神戸市西区
　　おおさわ　兵庫県篠山市
　　おおさわ　鳥取県倉吉市
大沢二タ又　おおさわふたまた　岩手県滝沢市
大沢下屋敷　おおさわしもやしき　岩手県滝沢市
大沢上鶴子　おおさわかみつるこ　岩手県滝沢市
大沢小谷地　おおさわこやち　岩手県滝沢市
大沢川原　おおさわかわら　岩手県盛岡市
大沢内
　　おおさわない　青森県（津軽鉄道線）
　　おおさわない　青森県北津軽郡中泊町
大沢水　おおそうず　熊本県下益城郡美里町
大沢四つ家　おおさわよつや　岩手県滝沢市
大沢外山野　おおさわとやまの　岩手県滝沢市
大沢田
　　おおさわだ　青森県十和田市
　　おおさわだ　岩手県八幡平市
大沢米倉　おおさわよねくら　岩手県滝沢市

3画（大）

大沢舛村　おおさわますむら　岩手県滝沢市
大沢町
　　おおさわちょう　北海道室蘭市
　　おおさわまち　栃木県日光市
　　おおさわまち　群馬県高崎市
　　おおさわまち　石川県輪島市
　　おおさわちょう　岐阜県多治見市
　　おおさわちょう　静岡県静岡市清水区
　　おおさわちょう　滋賀県東近江市
　　おおさわちょう　大阪府岸和田市
　　おおさわちょう　奈良県五條市
大沢町上大沢　おおぞうちょうかみおおぞう　兵庫県神戸市北区
大沢町中大沢　おおぞうちょうなかおおぞう　兵庫県神戸市北区
大沢町日西原　おおぞうちょうひさいばら　兵庫県神戸市北区
大沢町市原　おおぞうちょういちはら　兵庫県神戸市北区
大沢町神付　おおぞうちょうかんづけ　兵庫県神戸市北区
大沢町簾　おおぞうちょうすだれ　兵庫県神戸市北区
大沢谷地上　おおさわやちがみ　岩手県滝沢市
大沢谷地中　おおさわやちなか　岩手県滝沢市
大沢里　おおさうり　静岡県賀茂郡西伊豆町
大沢弥作畑　おおさわやさくはた　岩手県滝沢市
大沢長坪　おおさわながつぼ　岩手県滝沢市
大沢郷寺　おおさわごうてら　秋田県大仙市
大沢郷宿　おおさわごうしゅく　秋田県大仙市
大沢割田　おおさわわった　岩手県滝沢市
大沢堰合　おおさわせきあい　岩手県滝沢市
大沢新　おおざわしん　兵庫県篠山市
大沢新田
　　おおさわしんでん　茨城県常総市
　　おおさわしんでん　新潟県妙高市
　　おおさわしんでん　長野県東筑摩郡筑北村
大沢新道　おおさわしんみち　岩手県滝沢市
大沢箸木平　おおさわはしぎだいら　岩手県滝沢市
大沢館　おおさわたて　岩手県滝沢市
大沢鶴子　おおさわつるこ　岩手県滝沢市
大沢籠屋敷　おおさわかごやしき　岩手県滝沢市
大町
　　おおまち　北海道（函館市交通局5系統）
　　おおまち　北海道函館市
　　おおまち　北海道釧路市
　　おおまち　北海道北見市
　　おおまち　北海道留萌市
　　おおまち　北海道苫小牧市
　　おおまち　北海道赤平市
　　おおまち　北海道滝川市
　　おおまち　北海道恵庭市
　　おおまち　北海道伊達市
　　おおまち　北海道山越郡長万部町
　　おおまち　北海道虻田郡喜茂別町
　　おおまち　北海道上川郡美瑛町
　　おおまち　北海道空知郡上富良野町
　　おおまち　北海道常呂郡訓子府町
　　おおまち　北海道白老郡白老町
　　おおまち　青森県弘前市
　　おおまち　青森県黒石市
　　おおまち　青森県五所川原市
　　おおまち　青森県三沢市

　　おおまち　岩手県一関市
　　おおまち　岩手県釜石市
　　おおまち　岩手県上閉伊郡大槌町
　　おおまち　宮城県仙台市青葉区
　　おおまち　秋田県秋田市
　　おおまち　秋田県能代市
　　おおまち　秋田県横手市
　　おおまち　秋田県大館市
　　おおまち　秋田県湯沢市
　　おおまち　秋田県由利本荘市
　　おおまち　秋田県北秋田市
　　おおまち　山形県米沢市
　　おおまち　山形県酒田市
　　おおまち　山形県新庄市
　　おおまち　山形県長井市
　　おおまち　山形県天童市
　　おおまち　福島県福島市
　　おおまち　福島県会津若松市
　　おおまち　福島県郡山市
　　おおまち　福島県須賀川市
　　おおまち　福島県二本松市
　　おおまち　福島県西白河郡矢吹町
　　おおまち　福島県田村郡三春町
　　おおまち　茨城県水戸市
　　おおまち　茨城県土浦市
　　だいちょう　栃木県足利市
　　だいちょう　栃木県栃木市
　　だいちょう　栃木県佐野市
　　おおまち　千葉県（北総鉄道北総線）
　　おおまち　千葉県市川市
　　おおまち　神奈川県鎌倉市
　　おおまち　新潟県長岡市
　　おおまち　新潟県村上市
　　おおまち　新潟県糸魚川市
　　おおまち　新潟県上越市
　　おおまち　富山県（富山地方鉄道市内線）
　　おおまち　富山県富山市
　　おおまち　富山県高岡市
　　おおまち　富山県滑川市
　　おおまち　石川県羽咋市
　　おおまち　石川県鳳珠郡穴水町
　　おおまち　福井県福井市
　　おおまち　長野県長野市
　　おおまち　長野県大町市
　　おおまち　滋賀県犬上郡豊郷町
　　おおまち　大阪府岸和田市
　　おおまち　兵庫県神戸市垂水区
　　おおまち　兵庫県赤穂市
　　おおまち　和歌山県岩出市
　　おおまち　岡山県美作市
　　おおまち　岡山県苫田郡鏡野町
　　おおまち　広島県（JR可部線ほか）
　　おおまち　広島県広島市安佐南区
　　おおまち　香川県（高松琴平電気鉄道志度線）
　　おおまち　愛媛県西条市
　　おおまち　佐賀県（JR佐世保線）
　　おおまち　佐賀県杵島郡大町町
　　おおまち　熊本県上益城郡甲佐町
大町一条　おおまちいちじょう　北海道旭川市
大町二条　おおまちにじょう　北海道旭川市
大町下　おおまちしも　兵庫県淡路市
大町三条　おおまちさんじょう　北海道旭川市
大町上　おおまちかみ　兵庫県淡路市
大町市　おおまちし　長野県
大町団地　おおまちだんち　福岡県福岡市西区

161

3画（大）

大町西
　おおちょうにし　大阪府堺市堺区
　おおまちにし　広島県広島市安佐南区

大町西公園　おおまちにしこうえん　宮城県（仙台市
交通局東西線）

大町町　おおまちちょう　佐賀県杵島郡

大町東
　おおちょうひがし　大阪府堺市堺区
　おおまちひがし　広島県広島市安佐南区

大町南台　おおまちみなみだい　富山県富山市

大町畑　おおまちはた　兵庫県淡路市

大社町
　たいしゃちょう　静岡県三島市
　たいしゃちょう　兵庫県西宮市

大社町入南　たいしゃちょうにゅうなん　島根県出雲市

大社町中荒木　たいしゃちょうなかあらき　島根県出
雲市

大社町日御碕　たいしゃちょうひのみさき　島根県出
雲市

大社町北荒木　たいしゃちょうきたあらき　島根県出
雲市

大社町宇龍　たいしゃちょううりゅう　島根県出雲市

大社町杵築北　たいしゃちょうきづききた　島根県出
雲市

大社町杵築西　たいしゃちょうきづきにし　島根県出
雲市

大社町杵築東　たいしゃちょうきづきひがし　島根県出
雲市

大社町杵築南　たいしゃちょうきづきみなみ　島根県出
雲市

大社町修理免　たいしゃちょうしゅうりめん　島根県出
雲市

大社町菱根　たいしゃちょうひしね　島根県出雲市

大社町遙堪　たいしゃちょうようかん　島根県出雲市

大社町鵜峠　たいしゃちょううど　島根県出雲市

大社町鷺浦　たいしゃちょうさぎうら　島根県出雲市

大社通　たいしゃどおり　長野県諏訪郡下諏訪町

大良
　だいら　福井県南条郡南越前町
　だいら　佐賀県唐津市

大芦
　おおあし　岩手県下閉伊郡田野畑村
　おおあし　福島県大沼郡昭和村
　おおあし　埼玉県鴻巣市

大花　おおはな　高知県高岡郡日高村

大花町　おおはなちょう　秋田県大仙市

大苅田　おおかんだ　岡山県赤磐市

大芝
　おおしば　宮城県柴田郡大河原町
　おおしば　千葉県茂原市
　おおしば　広島県広島市西区

大芝台　おおしばだい　神奈川県横浜市中区

大見口　おおみくち　熊本県上益城郡山都町

大見町　おおみちょう　愛知県豊田市

大見長祖　おおみながそ　京都府福知山市

大角
　おおとがり　千葉県香取市
　おおすみ　和歌山県海草郡紀美野町
　おおずみ　福岡県三潴郡大木町

大角豆　ささぎ　茨城県つくば市

大角間　おおかくま　石川県鳳珠郡穴水町

大角蔵　おおかくら　愛媛県伊予郡砥部町

大谷
　おおたに　北海道磯谷郡蘭越町
　おおたに　北海道常呂郡訓子府町
　おおや　青森県青森市
　おおや　宮城県柴田郡大河原町
　おおや　秋田県由利本荘市
　おおや　山形県西村山郡朝日町
　おおたに　福島県耶麻郡磐梯町
　おおたに　福島県大沼郡三島町
　おおや　福島県双葉郡楢葉町
　おおや　茨城県筑西市
　おおや　茨城県小美玉市
　おおや　茨城県稲敷郡美浦村
　おおや　栃木県塩谷郡高根沢町
　おおや　群馬県安中市
　おおや　埼玉県さいたま市見沼区
　おおや　埼玉県さいたま市岩槻区
　おおや　埼玉県東松山市
　おおや　埼玉県深谷市
　おおや　埼玉県入間郡越生町
　おおや　神奈川県海老名市
　おおたに　新潟県三条市
　おおたに　新潟県妙高市
　おおたに　新潟県五泉市
　おおたに　福井県小浜市
　おおたに　福井県南条郡南越前町
　おおたに　福井県丹生郡越前町
　おおや　静岡県静岡市駿河区
　おおや　静岡県浜松市天竜区
　おおや　静岡県袋井市
　おおたに　愛知県常滑市
　おおたに　愛知県弥富市
　おおたに　三重県伊賀市
　おおたに　滋賀県（京阪電気鉄道京津線）
　おおたに　滋賀県蒲生郡日野町
　おおたに　兵庫県豊岡市
　おおたに　兵庫県篠山市
　おおたに　兵庫県養父市
　おおたに　兵庫県淡路市
　おおたに　奈良県大和高田市
　おおたに　和歌山県（JR和歌山線）
　おおたに　和歌山県和歌山市
　おおたに　和歌山県伊都郡かつらぎ町
　おおたに　和歌山県有田郡有田川町
　おおたに　和歌山県西牟婁郡すさみ町
　おおたに　鳥取県倉吉市
　おおたに　鳥取県岩美郡岩美町
　おおたに　鳥取県東伯郡三朝町
　おおだに　鳥取県東伯郡北栄町
　おおや　島根県仁多郡奥出雲町
　おおたに　岡山県津山市
　おおたに　山口県岩国市
　おおたに　香川県東かがわ市
　おおたに　高知県高知市
　おおたに　高知県須崎市
　おおたに　高知県土佐清水市
　おおたに　福岡県北九州市八幡東区
　おおたに　福岡県行橋市
　おおたに　福岡県春日市
　おおたに　福岡県宗像市

大谷口
　おおやぐち　茨城県坂東市
　おおやぐち　埼玉県さいたま市南区
　おおやぐち　埼玉県さいたま市緑区

3画（大）

おおやぐち　千葉県松戸市
おおやぐち　東京都板橋区
おおたにぐち　愛媛県八幡浜市
大谷口上町　おおやぐちかみちょう　東京都板橋区
大谷口北町　おおやぐちきたちょう　東京都板橋区
大谷口新田　おおやぐちしんでん　千葉県松戸市
大谷川浜　おおやがわはま　宮城県石巻市
大谷公園町　おおたにこうえんちょう　高知県高知市
大谷内　おおやち　新潟県糸魚川市
大谷木
　　おおやぎ　埼玉県入間郡毛呂山町
　　おおやぎ　千葉県長生郡睦沢町
大谷北　おおやきた　神奈川県海老名市
大谷台
　　おおたにだい　三重県四日市市
　　おおたにだい　広島県福山市
大谷台町　おおやだいまち　栃木県真岡市
大谷本町　おおやほんまち　栃木県真岡市
大谷本郷　おおやほんごう　埼玉県上尾市
大谷田　おおやた　東京都足立区
大谷向　だいやむこう　栃木県（東武鉄道鬼怒川線）
大谷地
　　おおやち　北海道（札幌市交通局東西線）
　　おおやち　北海道寿都郡黒松内町
　　おおやち　岩手県花巻市
　　おおやち　宮城県仙台市太白区
　　おおやち　宮城県柴田郡大河原町
　　おおやち　福島県喜多方市
　　おおやち　福島県耶麻郡猪苗代町
　　おおやち　新潟県三条市
大谷地田　おおやちた　福島県喜多方市
大谷地西　おおやちにし　北海道札幌市厚別区
大谷地東　おおやちひがし　北海道札幌市厚別区
大谷寺　おおたんじ　福井県丹生郡越前町
大谷沢
　　おおやざわ　埼玉県日高市
　　おおたにざわ　新潟県村上市
大谷町
　　おおやまち　栃木県宇都宮市
　　おおやちょう　群馬県館林市
　　おおやまち　東京都八王子市
　　おおたまち　石川県珠洲市
　　おおたにちょう　福井県福井市
　　おおたにちょう　福井県越前市
　　おおやまち　長野県須坂市
　　おおたにちょう　愛知県名古屋市守山区
　　おおたにちょう　三重県津市
　　おおたにちょう　滋賀県大津市
　　おおたにちょう　大阪府寝屋川市
　　おおたにちょう　兵庫県神戸市長田区
　　おおたにちょう　兵庫県西宮市
　　おおたにちょう　兵庫県相生市
　　おおたにちょう　奈良県橿原市
　　おおだにちょう　鳥取県米子市
　　おおたにちょう　島根県益田市
　　おおたにちょう　徳島県徳島市
　　おおたまち　福岡県北九州市若松区
　　おおたまち　長崎県長崎市
大谷南　おおやみなみ　神奈川県海老名市
大谷海岸　おおやかいがん　宮城県（JR気仙沼線）
大谷津
　　おおやつ　茨城県石岡市

おおやつ　栃木県芳賀郡市貝町
大谷茶屋　おおたにちゃや　鳥取県倉吉市
大谷流　おおやる　千葉県八街市
大谷場　おおやば　埼玉県さいたま市南区
大谷新町　おおやしんまち　栃木県真岡市
大谷瀬　おおやぜ　茨城県結城市
大豆　だいず　新潟県上越市
大豆山町　まめやままち　奈良県奈良市
大豆山突抜町　まめやまつきぬけちょう　奈良県奈良市
大豆戸　まめど　埼玉県比企郡鳩山町
大豆戸町　まめどちょう　神奈川県横浜市港北区
大豆生　まめお　奈良県吉野郡東吉野村
大豆田
　　まめだ　青森県上北郡横浜町
　　おおまめだ　福島県喜多方市
　　おおまめだ　栃木県大田原市
大豆田本町　まめだほんまち　石川県金沢市
大豆谷　まめざく　千葉県東金市
大豆島　まめじま　長野県長野市
大豆塚町　まめづかちょう　大阪府堺市北区
大豆越　まめごし　奈良県桜井市
大貝　おおがい　新潟県妙高市
大貝須　おおがいす　三重県桑名市
大赤沢　おおあかさわ　新潟県中魚沼郡津南町
大赤見　おおあかみ　愛知県一宮市
大足町
　　おおだらちょう　茨城県水戸市
　　おわせちょう　三重県松阪市
大辰巳町　おおたつみちょう　滋賀県長浜市
大迎
　　おおむかえ　宮城県刈田郡七ケ宿町
　　おおむかえ　新潟県新潟市北区
大那地　おおなち　栃木県那須郡那珂川町
大里
　　おおさと　北海道三笠市
　　おおさと　福島県岩瀬郡天栄村
　　おおさと　茨城県結城郡八千代町
　　おおさと　栃木県那須烏山市
　　おおざと　埼玉県越谷市
　　だいり　千葉県鴨川市
　　おおさと　千葉県山武郡芝山町
　　おおさと　新潟県南魚沼市
　　おおさと　愛知県（名古屋鉄道名古屋本線）
　　おおさと　三重県南牟婁郡紀宝町
　　おおさと　大阪府豊能郡能勢町
　　おおさと　徳島県海部郡海陽町
　　だいり　福岡県北九州市門司区
　　おおさと　鹿児島県いちき串木野市
　　おおさと　沖縄県糸満市
　　おおさと　沖縄県沖縄市
大里大里　おおざとおおさと　沖縄県南城市
大里大城　おおざとおおしろ　沖縄県南城市
大里小野田町　おおざとこのだちょう　三重県津市
大里山室町　おおざとやまむろちょう　三重県津市
大里川北町　おおざとかわきたちょう　三重県津市
大里元町　だいりもとまち　福岡県北九州市門司区
大里戸ノ上　だいりとのうえ　福岡県北九州市門司区
大里古堅　おおさとふるげん　沖縄県南城市
大里平良　おおざとたいら　沖縄県南城市

163

3画（大）

大里本町　だいりほんまち　福岡県北九州市門司区
大里仲間　おおさとなかま　沖縄県南城市
大里町
　おおさとちょう　茨城県常陸太田市
　おおさとちょう　山梨県甲府市
　おおさとちょう　三重県四日市市
　おおさとまち　長崎県大村市
大里東　だいりひがし　福岡県北九州市門司区
大里東口　だいりひがしぐち　福岡県北九州市門司区
大里原町　だいりはらまち　福岡県北九州市門司区
大里桜ケ丘　だいりさくらがおか　福岡県北九州市門司区
大里桃山町　だいりももやまちょう　福岡県北九州市門司区
大里郡　おおさとぐん　埼玉県
大里高平　おおさとたかひら　沖縄県南城市
大里野田町　おおさとのだちょう　三重県津市
大里新町　だいりしんまち　福岡県北九州市門司区
大里睦合町　おおさとむつあいちょう　三重県津市
大里稲嶺　おおさといなみね　沖縄県南城市
大里窪田町　おおさとくぼたちょう　三重県津市
大里嶺井　おおさとみねい　沖縄県南城市
大阪　おおさか　大阪府（JR東海道本線）
大阪ビジネスパーク　おおさかびじねすぱーく　大阪市交通局長堀鶴見緑地線
大阪上本町　おおさかうえほんまち　大阪府（近畿日本鉄道大阪線ほか）
大阪天満宮　おおさかてんまんぐう　大阪府（JR東西線）
大阪市　おおさかし　大阪府
大阪材木町　おおさかざいもくちょう　京都府京都市中京区
大阪町
　おおさかちょう　京都府京都市東山区
　おおさかまち　京都府京都市伏見区
大阪府　おおさかふ
大阪空港　おおさかくうこう　大阪府（大阪高速鉄道大阪モノレール線）
大阪阿部野橋　おおさかあべのばし　大阪府（近畿日本鉄道南大阪線）
大阪城　おおさかじょう　大阪府大阪市中央区
大阪城公園　おおさかじょうこうえん　大阪府（JR大阪環状線）
大阪城北詰　おおさかじょうきたづめ　大阪府（JR東西線）
大阪狭山市　おおさかさやまし
　おおさかさやまし　大阪府（南海電気鉄道高野線）
　おおさかさやまし　大阪府
大阪教育大前　おおさかきょういくだいまえ　大阪府（近畿日本鉄道大阪線）
大阪港　おおさかこう　大阪府（大阪市交通局中央線）
大阪難波　おおさかなんば　大阪府（近畿日本鉄道難波線ほか）
大麦　おおむぎ　秋田県南秋田郡井川町
大京町　だいきょうちょう　東京都新宿区
大依町　おおよりちょう　滋賀県長浜市
大供　だいく　岡山県岡山市北区
大供本町　だいくほんまち　岡山県岡山市北区
大供表町　だいくおもてまち　岡山県岡山市北区

大協町　だいきょうちょう　三重県四日市市
大味町　おおみちょう　福井県福井市
大和
　やまと　北海道北見市
　やまと　北海道千歳市
　やまと　北海道虻田郡倶知安町
　やまと　北海道岩内郡岩内町
　やまと　北海道空知郡奈井江町
　やまと　北海道樺戸郡新十津川町
　やまと　北海道秋田郡豊浦町
　やまと　北海道幌泉郡えりも町
　やまと　北海道広尾郡大樹町
　やまと　宮城県岩沼市
　やまと　茨城県（JR水戸線）
　やまと　栃木県宇都宮市
　やまと　千葉県木更津市
　おおわ　千葉県富里市
　やまと　神奈川県（小田急電鉄江ノ島線）
　やまと　新潟県上越市
　やまと　新潟県阿賀野市
　やまと　新潟県佐渡市
　おおわ　山梨県南巨摩郡南部町
　おわ　長野県諏訪市
　やまと　静岡県静岡市駿河区
　だいわ　大阪府高槻市
大和一条　やまといちじょう　北海道岩見沢市
大和二条　やまとにじょう　北海道岩見沢市
大和二見　やまとふたみ　奈良県（JR和歌山線）
大和八木　やまとやぎ　奈良県（近畿日本鉄道橿原線ほか）
大和三条　やまとさんじょう　北海道岩見沢市
大和上市　やまとかみいち　奈良県（近畿日本鉄道吉野線）
大和大路　やまとおおじ　京都府京都市東山区
大和小泉　やまとこいずみ　奈良県（JR関西本線）
大和川
　やまとがわ　新潟県糸魚川市
　やまとがわ　大阪府（阪堺電気軌道阪堺線）
大和内　やまとうち　福島県西白河郡矢吹町
大和四条　やまとしじょう　北海道岩見沢市
大和市　やまとし　神奈川県
大和田
　おおわだ　北海道（JR留萌本線）
　おおわだ　北海道留萌市
　おおわだ　福島県白河市
　おおわだ　茨城県古河市
　おおわだ　茨城県かすみがうら市
　おおわだ　茨城県鉾田市
　おおわだ　茨城県つくばみらい市
　おおわだ　栃木県真岡市
　おおわだ　埼玉県（東武鉄道野田線）
　おおわだ　埼玉県新座市
　おおわだ　埼玉県比企郡吉見町
　おおわだ　千葉県市川市
　おおわだ　千葉県成田市
　おおわだ　千葉県市原市
　おおわだ　千葉県八千代市
　おおわだ　千葉県君津市
　おおわだ　千葉県いすみ市
　おおわだ　福井県福井市
　おおわだ　静岡県（大井川鉄道大井川本線）
　おおわだ　静岡県静岡市駿河区
　おおわだ　静岡県掛川市

3画（大）

おおわだ　大阪府（京阪電気鉄道本線）
おおわだ　大阪府大阪市西淀川区
大和田町
　おおわだちょう　茨城県日立市
　おおわだまち　栃木県鹿沼市
　おおわだちょう　埼玉県さいたま市見沼区
　おおわだちょう　東京都八王子市
　おおわだちょう　福井県福井市
　おおわだちょう　愛知県西尾市
　おおわだちょう　奈良県奈良市
大和田新田　おおわだしんでん　千葉県八千代市
大和西　だいわにし　兵庫県川西市
大和西大寺　やまとさいだいじ　奈良県（近畿日本鉄道橿原線ほか）
大和村　やまとそん　鹿児島県大島郡
大和沢　おおわさわ　青森県弘前市
大和町
　やまとちょう　北海道岩見沢市
　やまとちょう　北海道登別市
　やまとちょう　北海道瀬棚郡今金町
　やまとちょう　宮城県仙台市若林区
　たいわちょう　宮城県黒川郡
　やまとちょう　茨城県土浦市
　やまとちょう　茨城県高萩市
　やまとちょう　栃木県佐野市
　やまとちょう　東京都中野区
　やまとちょう　東京都板橋区
　やまとちょう　神奈川県横浜市中区
　やまとちょう　新潟県柏崎市
　だいわまち　石川県金沢市
　やまとまち　石川県七尾市
　やまとまち　石川県小松市
　やまとちょう　石川県輪島市
　やまとちょう　福井県大野市
　だいわちょう　山梨県甲府市
　やまとちょう　岐阜県岐阜市
　やまとちょう　愛知県名古屋市昭和区
　だいわちょう　愛知県岡崎市
　やまとちょう　愛知県半田市
　やまとちょう　愛知県津島市
　やまとちょう　愛知県常滑市
　やまとちょう　京都府京都市東山区
　やまとちょう　京都府京都市伏見区
　だいわちょう　大阪府池田市
　やまとちょう　兵庫県神戸市灘区
　やまとまち　岡山県岡山市北区
　やまとちょう　山口県下関市
　やまとまち　徳島県徳島市
　やまとちょう　福岡県春日市
　やまとちょう　長崎県佐世保市
　やまとちょう　宮崎県宮崎市
大和町八反原　やまとちょうはったばる　佐賀県佐賀市
大和町下草井　だいわちょうしもぐさい　広島県三原市
大和町下徳良　だいわちょうしもとくら　広島県三原市
大和町上草井　だいわちょうかみぐさい　広島県三原市
大和町上徳良　だいわちょうかみとくら　広島県三原市
大和町万場　やまとちょうまんば　岐阜県郡上市
大和町久池井　やまとちょうくちい　佐賀県佐賀市
大和町久留間　やまとちょうくるま　佐賀県佐賀市

大和町大具　だいわちょうおおぐ　広島県三原市
大和町大坪　やまとまちおおつぼ　福岡県柳川市
大和町大草　だいわちょうおおぐさ　広島県三原市
大和町大間見　やまとちょうおおまみ　岐阜県郡上市
大和町小間見　やまとちょうこまみ　岐阜県郡上市
大和町川上　やまとちょうかわかみ　佐賀県佐賀市
大和町中島　やまとまちなかしま　福岡県柳川市
大和町六合　やまとまちろくごう　福岡県柳川市
大和町内ケ谷　やまとちょううちがたに　岐阜県郡上市
大和町戸塚　やまとちょうとつか　愛知県一宮市
大和町日影　やまとちょうひかげ　山梨県甲州市
大和町木賊　やまとちょうとくさ　山梨県甲州市
大和町毛受　やまとちょうめんじょ　愛知県一宮市
大和町氏永　やまとちょううじなが　愛知県一宮市
大和町北高井　やまとちょうきたたかい　愛知県一宮市
大和町古道　やまとちょうふるみち　岐阜県郡上市
大和町尼寺　やまとちょうにいじ　佐賀県佐賀市
大和町平坂　だいわちょうひらさか　広島県三原市
大和町永田開　やまとまちながたびらき　福岡県柳川市
大和町田野　やまとちょうたの　山梨県甲州市
大和町皿垣開　やまとまちさらかきびらき　福岡県柳川市
大和町名皿部　やまとちょうなさらべ　岐阜県郡上市
大和町名尾　やまとちょうなお　佐賀県佐賀市
大和町池上　やまとちょういけのうえ　佐賀県佐賀市
大和町初鹿野　やまとちょうはじかの　山梨県甲州市
大和町妙興寺　やまとちょうみょうこうじ　愛知県一宮市
大和町苅安賀　やまとちょうかりやすか　愛知県一宮市
大和町谷垣　やまとまちたにがき　福岡県柳川市
大和町和木　だいわちょうわき　広島県三原市
大和町於保　やまとちょうおほ　愛知県一宮市
大和町明野　やまとまちあけの　福岡県柳川市
大和町松瀬　やまとちょうまつせ　佐賀県佐賀市
大和町東山田　やまとちょうひがしやまだ　佐賀県佐賀市
大和町河辺　やまとちょうかべ　岐阜県郡上市
大和町牧　やまとちょうまき　岐阜県郡上市
大和町南高井　やまとちょうみなみたかい　愛知県一宮市
大和町姥ケ原　だいわちょううばがはら　広島県三原市
大和町栄　やまとまちさかえ　福岡県柳川市
大和町洞口　やまとちょうほらぐち　岐阜県郡上市
大和町神路　やまとちょうかんじ　岐阜県郡上市
大和町剣　やまとちょうつるぎ　岐阜県郡上市
大和町宮地花池　やまとちょうみやじはないけ　愛知県一宮市
大和町島　やまとちょうしま　岐阜県郡上市
大和町栗巣　やまとちょうくりす　岐阜県郡上市
大和町梅野　やまとちょううめの　佐賀県佐賀市
大和町馬引　やまとちょうまびき　愛知県一宮市
大和町野口　やまとちょうのぐち　岐阜県郡上市
大和町場皿　やまとちょうばつさら　岐阜県郡上市
大和町椋梨　だいわちょうむくなし　広島県三原市

165

3画（大）

大和町萩原 だいわちょうはいばら　広島県三原市
大和町落部 やまとちょうおちべ　岐阜県郡上市
大和町塩塚 やまとまちしおつか　福岡県柳川市
大和町福田
　　やまとちょうふくだ　岐阜県郡上市
　　だいわちょうふくだ　広島県三原市
大和町福森 やまとちょうふくもり　愛知県一宮市
大和町豊原 やまとまちとよはら　福岡県柳川市
大和町徳永 やまとちょうとくなが　岐阜県郡上市
大和町徳益 やまとまちとくます　福岡県柳川市
大和町箱川 だいわちょうはこがわ　広島県三原市
大和町蔵宗 だいわちょうくらむね　広島県三原市
大和町篠 だいわちょうしの　広島県三原市
大和町鶴瀬 やまとちょうつるせ　山梨県甲州市
大和町鷹ノ尾 やまとまちたかのお　福岡県柳川市
大和東
　　やまとひがし　神奈川県大和市
　　だいわひがし　兵庫県川西市
大和知 おおわち　長野県下伊那郡喬木村
大和南 やまとみなみ　神奈川県大和市
大和浜 やまとはま　鹿児島県大島郡大和村
大和通 やまとどおり　愛知県春日井市
大和郡山市 やまとこおりやまし　奈良県
大和高田 やまとたかだ　奈良県（近畿日本鉄道大阪線）
大和高田市 やまとたかだし　奈良県
大和朝倉 やまとあさくら　奈良県（近畿日本鉄道大阪線）
大和須 おおわす　栃木県那須郡那須町
大和新庄 やまとしんじょう　奈良県（JR和歌山線）
大国 だいこく　大阪府大阪市浪速区
大国玉 おおくにたま　茨城県桜川市
大国町
　　だいこくちょう　愛知県豊橋市
　　だいこくちょう　大阪府（大阪市交通局御堂筋線ほか）
　　だいこくちょう　高知県吾川郡いの町
大坪
　　おおつぼ　福島県喜多方市
　　おおつぼ　福島県相馬市
　　おおつぼ　千葉県市原市
　　おおつぼ　富山県中新川郡上市町
　　おおつぼ　石川県河北郡津幡町
　　おおつぼ　岐阜県関市
　　おおつぼ　岐阜県養老郡養老町
　　おおつぼ　静岡県静岡市清水区
　　おおつぼ　愛知県名古屋市天白区
　　おおつぼ　兵庫県養父市
　　おおつぼ　鳥取県八頭郡八頭町
大坪台 おおつぼだい　静岡県掛川市
大坪本町 おおつぼほんまち　山口県下関市
大坪西 おおつぼにし　宮崎県宮崎市
大坪町
　　おおつぼまち　富山県高岡市
　　おおつぼちょう　静岡県静岡市駿河区
　　おおつぼちょう　愛知県瀬戸市
　　おおつぼちょう　愛知県半田市
　　おおつぼちょう　愛知県津島市
　　おおつぼまち　愛知県碧南市
　　おおつぼちょう　愛知県豊田市
　　おおつぼちょう　宮崎県宮崎市

大坪町乙 おおつぼちょうおつ　佐賀県伊万里市
大坪町丙 おおつぼちょうへい　佐賀県伊万里市
大坪町甲 おおつぼちょうこう　佐賀県伊万里市
大坪東 おおつぼひがし　宮崎県宮崎市
大垈
　　おおぬた　山梨県甲斐市
　　おおぬた　山梨県南巨摩郡身延町
大学
　　だいがく　石川県河北郡内灘町
　　だいがく　長崎県（松浦鉄道西九州線）
大学口 おおがくち　千葉県南房総市
大学北 だいがくきた　岐阜県岐阜市
大学西 だいがくにし　岐阜県岐阜市
大学沢 だいがくざわ　青森県三戸郡五戸町
大学沢向 だいがくざわむかい　青森県三戸郡五戸町
大学町
　　だいがくちょう　千葉県八千代市
　　だいがくまち　大阪府高槻市
　　だいがくちょう　岡山県岡山市北区
　　だいがくちょう　山口県下関市
大学前
　　だいがくまえ　新潟県上越市
　　だいがくまえ　富山県（富山地方鉄道市内線）
　　だいがくまえ　長野県（上田電鉄別所線）
　　だいがくまえ　滋賀県（近江鉄道本線）
大学南 だいがくみなみ　新潟県新潟市西区
大学病院前 だいがくびょういんまえ　長崎県（長崎電気軌道1系統ほか）
大学通 だいがくどおり　山口県山陽小野田市
大宜味 おおぎみ　沖縄県国頭郡大宜味村
大宜味村 おおぎみそん　沖縄県国頭郡
大宝
　　だいほう　茨城県（関東鉄道常総線）
　　だいほう　茨城県下妻市
　　たいほう　愛知県名古屋市熱田区
　　おおだから　愛知県海部郡飛島村
　　だいほう　大阪府南河内郡河南町
大宝寺 だいほうじ　山形県鶴岡市
大宝寺町 だいほうじまち　山形県鶴岡市
大宝町 だいほうちょう　岐阜県岐阜市
大岡
　　おおおか　神奈川県横浜市南区
　　おおおか　静岡県（JR御殿場線）
　　おおおか　静岡県沼津市
　　おおおか　滋賀県犬上郡多賀町
大岡乙 おおおかおつ　長野県長野市
大岡山
　　おおおかやま　東京都（東京急行電鉄大井町線ほか）
　　おおおかやま　東京都目黒区
大岡中牧 おおおかなかまき　長野県長野市
大岡丙 おおおかへい　長野県長野市
大岡弘崎 おおおかひろさき　長野県長野市
大岡甲 おおおかこう　長野県長野市
大岡町 おおおかちょう　愛知県安城市
大岳 おおたけ　福岡県福岡市東区
大岳台町 おおたけだいまち　長崎県佐世保市
大岸
　　おおきし　北海道（JR室蘭本線）
　　おおきし　北海道虻田郡豊浦町

3画（大）

大岩
おおいわ　北海道茅部郡鹿部町
おおいわ　茨城県常陸大宮市
おおいわ　千葉県君津市
おおいわ　富山県中新川郡上市町
おおいわ　静岡県静岡市葵区
おおいわ　静岡県富士宮市
おおいわ　大阪府茨木市
おおいわ　奈良県吉野郡大淀町
おおいわ　鳥取県（JR山陰本線）
おおいわ　岡山県津山市
おおいわ　熊本県葦北郡芦北町

大岩川　おおいわがわ　山形県鶴岡市
大岩井山　おおいわいやま　宮城県気仙沼市
大岩本町　おおいわほんちょう　静岡県静岡市葵区
大岩田　おおいわた　茨城県土浦市
大岩田町　おおいわだちょう　宮崎県都城市
大岩町
おおいわちょう　栃木県足利市
おおいわちょう　静岡県静岡市葵区
おおいわちょう　愛知県豊橋市
おおいわちょう　愛知県豊田市

大岩屋　おおいわや　大分県豊後高田市
大岩宮下町　おおいわみやしたちょう　静岡県静岡市葵区
大幸　だいこう　愛知県名古屋市東区
大幸南　だいこうみなみ　愛知県名古屋市東区
大府　おおぶ　愛知県（JR東海道本線）
大府市　おおぶし　愛知県
大府町　おおぶまち　愛知県大府市
大性　だいしょう　青森県北津軽郡鶴田町
大所
だいどころ　宮城県遠田郡美里町
おおところ　新潟県糸魚川市
おとところ　大分県別府市
大房
だいぼう　茨城県常総市
だいぼう　茨城県北相馬郡利根町
おおふさ　埼玉県越谷市

大房町　おおぶさちょう　滋賀県近江八幡市
大披　おおびらき　秋田県大館市
大明丘　だいみょうがおか　鹿児島県鹿児島市
大明司　だいみょうじ　宮崎県えびの市
大明石町　おおあかしちょう　兵庫県明石市
大明西町　おおあきにしまち　三重県鳥羽市
大明見　おおあすみ　山梨県富士吉田市
大明東町　おおあきひがしまち　三重県鳥羽市
大明神
だいみょうじん　福島県福島市
だいみょうじん　岐阜県安八郡安八町

大杭　おおくい　長野県小諸市
大枝
おえだ　埼玉県春日部市
おえだ　兵庫県赤穂郡上郡町

大枝中山町　おおえなかやまちょう　京都府京都市西京区
大枝北町　おおえだきたまち　大阪府守口市
大枝北沓掛町　おおえきたくつかけちょう　京都府京都市西京区
大枝北福西町　おおえきたふくにしちょう　京都府京都市西京区

大枝西町　おおえだにしまち　大阪府守口市
大枝西長町　おおえにしながちょう　京都府京都市西京区
大枝西新林町　おおえにししんばやしちょう　京都府京都市西京区
大枝東町　おおえだひがしまち　大阪府守口市
大枝東長町　おおえひがしながちょう　京都府京都市西京区
大枝東新林町　おおえひがししんばやしちょう　京都府京都市西京区
大枝沓掛町　おおえくつかけちょう　京都府京都市西京区
大枝南町　おおえだみなみまち　大阪府守口市
大枝南福西町　おおえみなみふくにしちょう　京都府京都市西京区
大枝塚原町　おおえつかはらちょう　京都府京都市西京区
大枝新　おえだしん　兵庫県赤穂郡上郡町
大松
おおまつ　埼玉県越谷市
だいまつ　千葉県白井市
おおまつ　富山県中新川郡上市町

大松山　おおまつやま　栃木県下野市
大松川　おおまつかわ　福島県南会津郡下郷町
大松沢　おおまつざわ　宮城県黒川郡大郷町
大松町
おおまつちょう　愛知県名古屋市東区
おおまつちょう　愛知県半田市
おおまつちょう　徳島県徳島市

大松新　おおまつしん　富山県中新川郡上市町
大東
だいとう　埼玉県さいたま市浦和区
だいとう　福井県福井市
おおひがし　広島県廿日市市
おおひがし　沖縄県名護市

大東市　だいとうし　大阪府
大東町
だいとうまち　山形県鶴岡市
だいとうちょう　神奈川県横浜市鶴見区
だいとうちょう　静岡県藤枝市
だいとうちょう　愛知県安城市
だいとうちょう　愛知県大府市
だいとうちょう　滋賀県彦根市
おおひがしちょう　滋賀県長浜市
おおひがしちょう　京都府京都市上京区
だいとうちょう　大阪府大阪市都島区
だいとうちょう　大阪府大東市
だいとうちょう　兵庫県芦屋市
おおひがしちょう　奈良県大和高田市

大東町下久野　だいとうちょうしもくの　島根県雲南市
大東町下佐世　だいとうちょうしもさせ　島根県雲南市
大東町下阿用　だいとうちょうしもあよう　島根県雲南市
大東町上久野　だいとうちょうかみくの　島根県雲南市
大東町上佐世　だいとうちょうかみさせ　島根県雲南市
大東町大ケ谷　だいとうちょうおおかだに　島根県雲南市
大東町大東　だいとうちょうだいとう　島根県雲南市

3画（大）

大東町大東下分　だいとうちょうだいとうしもぶん　島根県雲南市

大東町大原　だいとうちょうおおはら　岩手県一関市

大東町小河内　だいとうちょうおがうち　島根県雲南市

大東町山王寺　だいとうちょうさんのうじ　島根県雲南市

大東町山田　だいとうちょうやまだ　島根県雲南市

大東町川井　だいとうちょうかわい　島根県雲南市

大東町中川　だいとうちょうなかがわ　岩手県一関市

大東町中湯石　だいとうちょうなかゆいし　島根県雲南市

大東町仁和寺　だいとうちょうにんなじ　島根県雲南市

大東町刈畑　だいとうちょうかりはた　島根県雲南市

大東町北村　だいとうちょうきたむら　島根県雲南市

大東町田中　だいとうちょうたなか　島根県雲南市

大東町西阿用　だいとうちょうにしあよう　島根県雲南市

大東町沖田　だいとうちょうおきた　岩手県一関市

大東町岡村　だいとうちょうおかむら　島根県雲南市

大東町東阿用　だいとうちょうひがしあよう　島根県雲南市

大東町金成　だいとうちょうかねなり　島根県雲南市

大東町前原　だいとうちょうまえはら　島根県雲南市

大東町南村　だいとうちょうみなみむら　島根県雲南市

大東町畑鵯　だいとうちょうはたひよどり　島根県雲南市

大東町曽慶　だいとうちょうそげい　岩手県一関市

大東町渋民　だいとうちょうしぶたみ　岩手県一関市

大東町清田　だいとうちょうせいだ　島根県雲南市

大東町鳥海　だいとうちょうとりうみ　岩手県一関市

大東町須賀　だいとうちょうすが　島根県雲南市

大東町飯田　だいとうちょういいだ　島根県雲南市

大東町塩田　だいとうちょうしおた　島根県雲南市

大東町新庄　だいとうちょうしんじょう　島根県雲南市

大東町猿沢　だいとうちょうさるざわ　岩手県一関市

大東町遠所　だいとうちょうえんじょ　島根県雲南市

大東町摺沢　だいとうちょうすりさわ　岩手県一関市

大東町幡屋　だいとうちょうはたや　島根県雲南市

大東町養賀　だいとうちょうようか　島根県雲南市

大東町薦澤　だいとうちょうこもざわ　島根県雲南市

大東町篠淵　だいとうちょうしのぶち　島根県雲南市

大板　おおいた　高知県吾川郡仁淀川町

大板井
　おおいたい　福岡県（甘木鉄道線）
　おおいたい　福岡県小郡市

大板町　おおいたまち　青森県黒石市

大林
　おおばやし　青森県上北郡七戸町
　おおばやし　宮城県気仙沼市
　おおばやし　秋田県北秋田郡上小阿仁村
　おおばやし　山形県東根市
　おおばやし　茨城県筑西市
　おおばやし　埼玉県越谷市
　おおばやし　富山県滑川市
　おおばやし　島根県邑智郡邑南町
　おおばやし　広島県広島市安佐北区
　おおばやし　熊本県菊池郡大津町

大林町
　おおばやしちょう　愛知県豊田市
　おおばやしちょう　滋賀県守山市
　おおばやしちょう　滋賀県東近江市
　おおばやしちょう　広島県広島市安佐北区
　おおはやしちょう　徳島県小松島市

大林新田　おおばやししんでん　山形県東根市

大武町　おおだけまち　宮崎県延岡市

大武新田　おおたけしんでん　新潟県燕市

大歩　わご　茨城県猿島郡境町

大歩危　おおぼけ　徳島県（JR土讃線）

大河
　おおかわ　兵庫県神崎郡神河町
　おおこう　岡山県笠岡市

大河内
　おおかわち　和歌山県和歌山市
　おおかち　鳥取県倉吉市
　おおかわち　山口県（JR岩徳線）
　おおかわち　山口県周南市
　おおかわち　福岡県豊前市
　おおかわうち　宮崎県東臼杵郡椎葉村

大河内町　おかわちちょう　三重県松阪市

大河内新田　おおこうちしんでん　新潟県柏崎市

大河平　おおこうびら　宮崎県えびの市

大河原
　おおがわら　宮城県（JR東北本線）
　おおかわら　福島県郡山市
　おおかわら　埼玉県飯能市
　おおかわら　長野県下伊那郡大鹿村
　おおかわら　京都府（JR関西本線）
　おおかわら　鳥取県日野郡江府町

大河原町
　おおがわらまち　宮城県柴田郡
　おおかわらちょう　愛知県豊田市

大河端　おこばた　石川県（北陸鉄道浅野川線）

大河端町　おこばたまち　石川県金沢市

大杳　おおくつ　岩手県和賀郡西和賀町

大治田　おばた　三重県四日市市

大治町　おおはるちょう　愛知県海部郡

大沼
　おおぬま　北海道（JR函館本線）
　おおぬま　山形県西村山郡朝日町
　おおぬま　栃木県真岡市
　おおぬま　群馬県利根郡みなかみ町
　おおぬま　埼玉県春日部市
　おおぬま　埼玉県羽生市
　おおぬま　千葉県成田市
　おおぬま　千葉県東金市
　おおぬま　和歌山県東牟婁郡北山村

大沼公園　おおぬまこうえん　北海道（JR函館本線）

大沼田　おおぬまた　千葉県東金市

大沼田町　おおぬまたちょう　栃木県足利市

大沼町
　おおぬまちょう　北海道亀田郡七飯町
　おおぬまちょう　茨城県日立市
　おおぬまちょう　東京都小平市
　おおぬまちょう　愛知県豊田市

大沼郡　おおぬまぐん　福島県

大沼新田
　おおぬましんでん　山形県酒田市
　おおぬましんでん　新潟県長岡市

大波　おおなみ　福島県福島市

3画（大）

大波下　おおばしも　京都府舞鶴市
大波上　おおばかみ　京都府舞鶴市
大波止　おおはと　長崎県（長崎電気軌道1系統）
大波野　おおはの　山口県熊毛郡田布施町
大泊
　おおどまり　青森県東津軽郡今別町
　おおどまり　埼玉県越谷市
　おおどまり　三重県（JR紀勢本線）
　おおとまり　大分県臼杵市
大泊町
　おおとまりまち　石川県七尾市
　おおどまりちょう　三重県熊野市
大炊　おおい　鳥取県八頭郡若桜町
大炊平　おいだいら　山梨県南巨摩郡身延町
大炊町　おおいちょう　京都府京都市中京区
大物
　だいもつ　滋賀県大津市
　だいもつ　兵庫県（阪神電気鉄道阪神本線ほか）
大物町　だいもつちょう　兵庫県尼崎市
大牧
　おおまき　埼玉県さいたま市緑区
　おおまき　新潟県東蒲原郡阿賀町
　おおまき　岐阜県大野郡白川村
大牧町　おおまきちょう　愛知県名古屋市守山区
大知波　おおちば　静岡県湖西市
大空町　おおぞらちょう　北海道帯広市
大肥本町　おおひほんまち　大分県日田市
大肥町　おおひまち　大分県日田市
大茅　おおがや　岡山県英田郡西粟倉村
大苗　おおなえ　北海道白糠郡白糠町
大茂内　おおしげない　秋田県大館市
大茂免　おおしげめん　長崎県北松浦郡佐々町
大迫
　おおさこ　京都府船井郡京丹波町
　おおさこ　奈良県吉野郡川上村
　おおさこ　熊本県水俣市
大迫町大迫　おおはさままちおおはさま　岩手県花巻市
大迫町内川目　おおはさままちうちかわめ　岩手県花巻市
大迫町外川目　おおはさままちそとかわめ　岩手県花巻市
大迫町亀ケ森　おおはさままちかめがもり　岩手県花巻市
大金
　おおがね　栃木県（JR烏山線）
　おおがね　栃木県那須烏山市
大金久　おおがねく　鹿児島県大島郡大和村
大金平　おおがねだいら　千葉県松戸市
大金沢町　おおかねざわちょう　千葉県千葉市緑区
大金町
　おおかねちょう　愛知県名古屋市西区
　おおがねちょう　島根県浜田市
大長谷　おおながたに　新潟県胎内市
大長野町　おおながのまち　石川県能美市
大門
　だいもん　宮城県加美郡加美町
　だいもん　秋田県由利本荘市
　だいもん　山形県上山市
　だいもん　埼玉県さいたま市緑区
　おおかど　千葉県香取郡多古町
　だいもん　東京都（東京都交通局浅草線ほか）

　だいもん　東京都板橋区
　だいもん　東京都青梅市
　だいもん　新潟県三島郡出雲崎町
　だいもん　富山県滑川市
　おおかど　富山県砺波市
　だいもん　富山県射水市
　だいもん　福井県南条郡南越前町
　だいもん　長野県塩尻市
　だいもん　長野県小県郡長和町
　だいもん　長野県諏訪郡下諏訪町
　だいもん　岐阜県山県市
　だいもん　静岡県袋井市
　だいもん　愛知県（愛知環状鉄道線）
　だいもん　愛知県岡崎市
　だいもん　愛知県犬山市
　だいもん　三重県津市
　だいもん　京都府福知山市
　だいもん　兵庫県加東市
　だいもん　鳥取県八頭郡八頭町
　だいもん　広島県（JR山陽本線）
　だいもん　愛媛県八幡浜市
　だいもん　福岡県北九州市小倉北区
　おおかど　福岡県飯塚市
　だいもん　福岡県糸島市
大門一番町　だいもんいちばんちょう　長野県塩尻市
大門七区　だいもんななく　長野県塩尻市
大門七番町　だいもんななばんちょう　長野県塩尻市
大門二番町　だいもんにばんちょう　長野県塩尻市
大門八番町　だいもんはちばんちょう　長野県塩尻市
大門三番町　だいもんさんばんちょう　長野県塩尻市
大門中　だいもんなか　奈良県磯城郡田原本町
大門五番町　だいもんごばんちょう　長野県塩尻市
大門六番町　だいもんろくばんちょう　長野県塩尻市
大門四番町　だいもんよんばんちょう　長野県塩尻市
大門本江　だいもんほんごう　富山県射水市
大門田　だいもんだ　愛知県知多郡武豊町
大門川町　だいもんたがわちょう　長野県塩尻市
大門寺　だいもんじ　大阪府茨木市
大門西　だいもんにし　奈良県磯城郡田原本町
大門町
　だいもんちょう　宮城県石巻市
　だいもんちょう　埼玉県さいたま市大宮区
　だいもんちょう　埼玉県加須市
　だいもんちょう　東京都東久留米市
　だいもんちょう　長野県長野市
　だいもんちょう　長野県飯田市
　だいもんちょう　岐阜県岐阜市
　だいもんまち　岐阜県高山市
　だいもんちょう　岐阜県関市
　だいもんちょう　静岡県沼津市
　おおかどちょう　愛知県名古屋市中村区
　だいもんちょう　滋賀県長浜市
　だいもんちょう　滋賀県守山市
　だいもんちょう　京都府京都市上京区
　だいもんちょう　大阪府守口市
　だいもんちょう　奈良県生駒市
　だいもんちょう　広島県福山市
　おおかどまち　宮崎県延岡市
大門町大門　だいもんちょうだいもん　広島県福山市
大門町日之出丘　だいもんちょうひのでおか　広島県福山市
大門町旭　だいもんちょうあさひ　広島県福山市
大門町坂里　だいもんちょうさかり　広島県福山市

3画（大）

大門町津之下　だいもんちょうつのした　広島県福山市

大門町野々浜　だいもんちょうののはま　広島県福山市

大門並木町　だいもんなみきちょう　長野県塩尻市

大門幸町　だいもんさいわいちょう　長野県塩尻市

大門東　だいもんひがし　奈良県磯城郡田原本町

大門泉町　だいもんいずみちょう　長野県塩尻市

大門桔梗町　だいもんききょうちょう　長野県塩尻市

大門通
　だいもんどおり　栃木県足利市
　だいもんどおり　滋賀県大津市

大門新　だいもんしん　富山県射水市

大阿太　おおあだ　奈良県（近畿日本鉄道吉野線）

大阿坂町　おおあさかちょう　三重県松阪市

大附
　おおつき　埼玉県比企郡ときがわ町
　おおつき　和歌山県西牟婁郡すさみ町

大青田　おおあおた　千葉県柏市

9 大乗　おおのり　広島県（JR呉線）

大信下小屋　たいしんしもこや　福島県白河市

大信下新城　たいしんしもしんじょう　福島県白河市

大信上新城　たいしんかみしんじょう　福島県白河市

大信中新城　たいしんなかしんじょう　福島県白河市

大信田園町府　たいしんでんえんちょうふ　福島県白河市

大信町屋　たいしんまちや　福島県白河市

大信隈戸　たいしんくまど　福島県白河市

大信豊地　たいしんとよち　福島県白河市

大信増見　たいしんますみ　福島県白河市

大保
　だいぼ　新潟県長岡市
　だいぼ　新潟県燕市
　だいぼ　大阪府堺市美原区
　おおほ　福岡県（西日本鉄道天神大牟田線）
　おおほ　福岡県小郡市
　たいほ　沖縄県国頭郡大宜味村

大保木　おおふき　愛媛県西条市

大保町　おおぼちょう　奈良県奈良市

大俣
　おおまた　長野県中野市
　おおまた　京都府舞鶴市

大冠町　おおかんむりちょう　大阪府高槻市

大前
　おおまえ　群馬県（JR吾妻線）
　おおまえ　群馬県吾妻郡嬬恋村

大前田町　おおまえたまち　群馬県前橋市

大前町　おおまえちょう　栃木県足利市

大南
　おおみなみ　東京都武蔵村山市
　おおみなみ　愛媛県伊予郡砥部町
　おおみなみ　沖縄県名護市

大垣
　おおがき　岐阜県（JR東海道本線ほか）
　おおがき　京都府宮津市

大垣内
　おおがち　兵庫県西脇市
　おおがいち　兵庫県佐用郡佐用町
　おおがいと　和歌山県和歌山市

大垣内町
　おおがいとちょう　三重県松阪市
　おおがいとちょう　大阪府枚方市

大垣市　おおがきし　岐阜県

大垣町
　おおがきちょう　奈良県橿原市
　おおがきちょう　島根県松江市

大城
　おおじろ　山梨県南巨摩郡身延町
　おおき　福岡県（西日本鉄道甘木線）
　おおき　福岡県大野城市
　おおじろ　鹿児島県大島郡和泊町
　おおぐすく　沖縄県中頭郡北中城村

大坩和西　おおはがにし　岡山県久米郡美咲町

大坩和東　おおはがひがし　岡山県久米郡美咲町

大坥　おおぬかり　福島県東白川郡矢祭町

大始良町　おおあいらちょう　鹿児島県鹿屋市

大室
　おおむろ　福島県大沼郡会津美里町
　おおむろ　福島県石川郡石川町
　おおむろ　茨城県稲敷郡阿見町
　おおむろ　栃木県日光市
　おおむろ　埼玉県加須市
　おおむろ　千葉県成田市
　おおむろ　千葉県柏市
　おおむろ　新潟県阿賀野市

大室指　おおむろさす　山梨県南都留郡道志村

大室高原　おおむろこうげん　静岡県伊東市

大屋
　だいや　富山県下新川郡朝日町
　おおや　長野県（しなの鉄道線）
　おおや　長野県上田市
　おおや　奈良県葛城市
　おおや　岡山県赤磐市
　おおや　鳥取県八頭郡智頭町
　おおや　高知県吾川郡仁淀川町
　おおや　熊本県玉名郡和水町

大屋戸　おやど　三重県名張市

大屋寺内　おおやてらうち　秋田県横手市

大屋町
　おおやちょう　福井県越前市
　おおやちょう　兵庫県西宮市

大屋町おうみ　おおやちょうおうみ　兵庫県養父市

大屋町上山　おおやちょうううやま　兵庫県養父市

大屋町大杉　おおやちょうおおすぎ　兵庫県養父市

大屋町大国　おおやちょうおおぐに　島根県大田市

大屋町大屋　おおやちょうおおや　島根県大田市

大屋町大屋市場　おおやちょうおおやいちば　兵庫県養父市

大屋町山路　おおやちょうやまじ　兵庫県養父市

大屋町中　おおやちょうなか　兵庫県養父市

大屋町中間　おおやちょうなかま　兵庫県養父市

大屋町加保　おおやちょうかほ　兵庫県養父市

大屋町由良　おおやちょうゆら　兵庫県養父市

大屋町糸原　おおやちょういとわら　兵庫県養父市

大屋町和田　おおやちょうわだ　兵庫県養父市

大屋町明延　おおやちょうあけのべ　兵庫県養父市

大屋町若杉　おおやちょうわかす　兵庫県養父市

大屋町門野　おおやちょうかどの　兵庫県養父市

大屋町夏梅　おおやちょうなつめ　兵庫県養父市

大屋町宮本　おおやちょうみやもと　兵庫県養父市

3画（大）

大屋町宮垣　おおやちょうみやがき　兵庫県養父市
大屋町栗ノ下　おおやちょうくりのした　兵庫県養父市
大屋町鬼村　おおやちょうおにむら　島根県大田市
大屋町笠谷　おおやちょうかさだに　兵庫県養父市
大屋町筏　おおやちょういかだ　兵庫県養父市
大屋町須西　おおやちょうすさい　兵庫県養父市
大屋町横行　おおやちょうよこいき　兵庫県養父市
大屋町蔵垣　おおやちょうくらがき　兵庫県養父市
大屋町樽見　おおやちょうたるみ　兵庫県養父市
大屋富町　おおやぶちょう　香川県坂出市
大屋新　だいやしん　富山県下新川郡朝日町
大屋新町　おおやしんまち　秋田県横手市
大屋敷
　おおやしき　愛知県名古屋市守山区
　おおやしき　愛知県丹羽郡大口町
　おおやしき　愛知県知多郡武豊町
　おおやしき　高知県四万十市
大峡町　おおかいまち　宮崎県延岡市
大峠山　おおとうげやま　宮城県気仙沼市
大巻
　おおまき　青森県北津軽郡鶴田町
　おおまき　岩手県紫波郡紫波町
　おおまき　宮城県柴田郡大河原町
　おおまき　秋田県大仙市
　おおまき　岐阜県養老郡養老町
大巻北　おおまききた　宮城県伊具郡丸森町
大巻南　おおまきみなみ　宮城県伊具郡丸森町
大度　おおど　沖縄県糸満市
大廻　おおば　千葉県印西市
大指　おおざす　山梨県南都留郡道志村
大持　だいもち　兵庫県赤穂郡上郡町
大政町　たいせいちょう　愛知県津島市
大政所町　おおまんどころちょう　京都府京都市下京区
大昭　たいしょう　北海道網走郡津別町
大昭和　だいしょうわ　宮城県岩沼市
大栄　たいえい　北海道斜里郡斜里町
大栄十余三　たいえいとよみ　千葉県成田市
大栄町
　だいえいちょう　新潟県新発田市
　だいえいちょう　長野県岡谷市
　だいえいちょう　静岡県焼津市
大柿　おおがき　鳥取県東伯郡三朝町
大柿町大君　おおがきちょうおおきみ　広島県江田島市
大柿町大原　おおがきちょうおおはら　広島県江田島市
大柿町小古江　おおがきちょうおぶれ　広島県江田島市
大柿町柿浦　おおがきちょうかきうら　広島県江田島市
大柿町飛渡瀬　おおがきちょうひとのせ　広島県江田島市
大柿町深江　おおがきちょうふかえ　広島県江田島市
大栃山　おおとちやま　新潟県魚沼市
大柏　おおがしわ　茨城県守谷市
大柏木　おおかしわぎ　群馬県吾妻郡東吾妻町
大柳
　おおやなぎ　宮城県遠田郡美里町
　おおりゅう　福島県河沼郡柳津町
　おおやなぎ　静岡県島田市
　おおやなぎ　和歌山県東牟婁郡古座川町

大柳生町　おおやぎゅうちょう　奈良県奈良市
大柳町
　おおやなちょう　東京都青梅市
　おおやなぎちょう　岐阜県岐阜市
　おおやぎちょう　静岡県浜松市南区
　おおやなぎちょう　愛知県岡崎市
　おおやなぎちょう　兵庫県加西市
大柳南　おおやなぎみなみ　静岡県島田市
大海
　おおみ　愛知県（JR飯田線）
　おおみ　愛知県新城市
大海寺野　だいかいじの　富山県魚津市
大海寺新　だいかいじしん　富山県魚津市
大海崎町　おおみさきちょう　島根県松江市
大海道町中里　おおがいどうちょうなかさと　愛知県江南市
大海道町青木　おおがいどうちょうあおき　愛知県江南市
大海道町神明　おおがいどうちょうしんめい　愛知県江南市
大洲
　おおす　茨城県潮来市
　おおす　千葉県市川市
　おおす　静岡県藤枝市
　おおず　愛媛県大洲市
大洲市　おおずし　愛媛県
大泉
　おおいずみ　福島県（阿武隈急行線）
　おおいずみ　茨城県桜川市
　おおいずみ　富山県（富山地方鉄道不二越・上滝線）
　おおいずみ　富山県富山市
　おおいずみ　三重県（三岐鉄道北勢線）
　おいずみ　奈良県桜井市
大泉1区南部　おおいずみいっくなんぶ　富山県富山市
大泉中町　おおいずみなかまち　富山県富山市
大泉中部　おおいずみちゅうぶ　富山県富山市
大泉北町　おおいずみきたまち　富山県富山市
大泉本町　おおいずみほんまち　富山県富山市
大泉寺町　だいせんじちょう　愛知県春日井市
大泉町
　おおいずみまち　群馬県邑楽郡
　おおいずみまち　東京都練馬区
　おおいずみみち　富山県富山市
　おおいずみちょう　静岡県磐田市
大泉町西井出　おおいずみちょうにしいで　山梨県北杜市
大泉町谷戸　おおいずみちょうやと　山梨県北杜市
大泉学園　おおいずみがくえん　東京都（西武鉄道池袋線）
大泉学園町　おおいずみがくえんちょう　東京都練馬区
大泉東町　おおいずみひがしまち　富山県富山市
大泉東部　おおいずみとうぶ　富山県富山市
大洗　おおあらい　茨城県（鹿島臨海鉄道大洗鹿島線）
大洗町　おおあらいまち　茨城県東茨城郡
大津
　おおつ　北海道松前郡松前町
　おおつ　北海道中川郡豊頃町
　おおつ　青森県三沢市
　おおつ　群馬県吾妻郡長野原町
　おおつ　新潟県村上市
　おおつ　石川県羽咋郡志賀町

171

3画（大）

おおつ　滋賀県（JR東海道本線）
おおつ　兵庫県赤穂市
おおつ　高知県土佐清水市
おおつ　熊本県菊池郡大津町
大津ケ丘　おおつがおか　千葉県柏市
大津乙　おおつおつ　高知県高知市
大津川　おおつかわ　鹿児島県大島郡天城町
大津元町　おおつもとまち　北海道中川郡豊頃町
大津区大津町　おおつくおおつちょう　兵庫県姫路市
大津区天神町　おおつくてんじんまち　兵庫県姫路市
大津区天満　おおつくてんま　兵庫県姫路市
大津区北天満町　おおつくきたてんまんちょう　兵庫県姫路市
大津区平松　おおつくひらまつ　兵庫県姫路市
大津区吉美　おおつくきび　兵庫県姫路市
大津区西土井　おおつくにしどい　兵庫県姫路市
大津区長松　おおつくながまつ　兵庫県姫路市
大津区恵美酒町　おおつくえびすまち　兵庫県姫路市
大津区真砂町　おおつくまさごちょう　兵庫県姫路市
大津区勘兵衛町　おおつくかんべえちょう　兵庫県姫路市
大津区新町　おおつくしんまち　兵庫県姫路市
大津市　おおつし　滋賀県
大津甲　おおつこう　高知県高知市
大津寿町　おおつことぶきまち　北海道中川郡豊頃町
大津町
おおつちょう　茨城県北茨城市
おおつちょう　神奈川県横須賀市
おおつまち　石川県七尾市
おおつまち　山梨県甲府市
おおつちょう　三重県松阪市
おおつちょう　京都府京都市中京区
おおつちょう　京都府京都市下京区
おおつちょう　京都府京都市伏見区
おおつちょう　奈良県五條市
おおつまち　島根県（一畑電車北松江線）
おおつちょう　島根県出雲市
おおつまち　熊本県菊池郡
おおつまち　大分県大分市
大津町大代　おおつちょうおおしろ　徳島県鳴門市
大津町大幸　おおつちょうだいこう　徳島県鳴門市
大津町五浦　おおつちょういづら　茨城県北茨城市
大津町木津野　おおつちょうきづの　徳島県鳴門市
大津町北町　おおつちょうきたちょう　茨城県北茨城市
大津町矢倉　おおつちょうやぐら　徳島県鳴門市
大津町吉永　おおつちょうよしなが　徳島県鳴門市
大津町長江　おおつちょうながえ　徳島県鳴門市
大津町段関　おおつちょうだんぜき　徳島県鳴門市
大津町備前島　おおつちょうびぜんじま　徳島県鳴門市
大津町徳長　おおつちょうとくなが　徳島県鳴門市
大津京　おおつきょう　滋賀県（JR湖西線）
大津和　おおつわ　兵庫県神戸市西区
大津幸町　おおつさいわいちょう　北海道中川郡豊頃町
大津屋沢　おおつやざわ　北海道厚岸郡浜中町
大津倉　おおづくら　千葉県長生郡長柄町
大津島　おおづしま　山口県周南市
大津留　おおつる　大分県大分市
大津通　おおつどおり　静岡県島田市

大津勘　おおつかん　鹿児島県大島郡知名町
大津朝倉　おおつあさくら　島根県出雲市
大津港　おおつこう　茨城県（JR常磐線）
大津港町　おおつみなとまち　北海道中川郡豊頃町
大津新崎町　おおつしんざきちょう　島根県出雲市
大洞
おおほら　新潟県糸魚川市
おおほら　岐阜県岐阜市
おおほら　愛知県犬山市
大洞西　おおほらにし　岐阜県岐阜市
大洞町
おおほらまち　岐阜県高山市
おおほらちょう　愛知県豊田市
大洞柏台　おおほらかしわだい　岐阜県岐阜市
大洞紅葉ケ丘　おおほらもみじがおか　岐阜県岐阜市
大洞桐が丘　おおほらきりがおか　岐阜県岐阜市
大洞桜台　おおほらさくらだい　岐阜県岐阜市
大洞緑山　おおほらみどりやま　岐阜県岐阜市
大洋　たいよう　茨城県（鹿島臨海鉄道大洗鹿島線）
大狩部
おおかりべ　北海道（JR日高本線）
おおかりべ　北海道新冠郡新冠町
大畑
おおはた　青森県上北郡横浜町
おおはた　岩手県花巻市
おおはた　宮城県白石市
おおはたけ　宮城県伊具郡丸森町
おおはたけ　茨城県土浦市
おおはた　栃木県芳賀郡茂木町
おおはた　栃木県那須郡那須町
おおはた　埼玉県春日部市
おおはた　福井県丹生郡越前町
おおはた　静岡県裾野市
おおはた　滋賀県野洲市
おおはた　兵庫県三田市
おおはた　兵庫県加東市
おおはた　兵庫県神崎郡神河町
おおはた　兵庫県佐用郡佐用町
おばたけ　奈良県葛城市
おおはた　和歌山県伊都郡かつらぎ町
おおばけ　鳥取県鳥取市
おこば　熊本県（JR肥薩線）
おばたけ　大分県別府市
大畑町
おおはたまち　青森県むつ市
おおはたけまち　埼玉県秩父市
おばたけちょう　福井県福井市
おおはたちょう　岐阜県多治見市
おおはたちょう　愛知県名古屋市中川区
おおはたちょう　愛知県豊田市
おおはたちょう　大阪府高槻市
おおはたちょう　兵庫県西宮市
おおはたちょう　広島県三原市
おおはたまち　福岡県北九州市八幡西区
おこばまち　熊本県人吉市
大畑町大洞　おおはたちょうおおほら　岐阜県多治見市
大畑町正津川　おおはたまちしょうづがわ　青森県むつ市
大畑町西仲根　おおはたちょうにしなかね　岐阜県多治見市
大畑町赤松　おおはたちょうあかまつ　岐阜県多治見市
大畑前　おおはたけまえ　宮城県伊具郡丸森町

3画（大）

大畑麓町　おこばふもとまち　熊本県人吉市
大皆川町　おおみながわまち　栃木県栃木市
大県　おおがた　大阪府柏原市
大砂
　　おおすな　茨城県石岡市
　　おおすな　茨城県つくば市
大砂子　おおすなご　高知県長岡郡大豊町
大祝町　だいしゅくちょう　栃木県佐野市
大神
　　おおがみ　栃木県大田原市
　　おおかみ　神奈川県平塚市
　　だいじん　山口県周南市
　　おおが　大分県（JR日豊本線）
　　おおが　大分県速見郡日出町
大神成　おおかんなり　秋田県大仙市
大神町　おおがみちょう　東京都昭島市
大神保町　おおじんぼうちょう　千葉県船橋市
大神宮　だいじんぐう　千葉県館山市
大神宮下　だいじんぐうした　千葉県（京成電鉄京成本線）
大神堂　だいじんどう　新潟県糸魚川市
大秋
　　たいしゅう　北海道白糠郡白糠町
　　たいあき　青森県中津軽郡西目屋村
　　おおあき　新潟県新潟市秋葉区
大秋町　おおあきちょう　愛知県名古屋市中村区
大紀町　たいきちょう　三重県度会郡
大美　おおみ　北海道常呂郡置戸町
大美野　おおみの　大阪府堺市東区
大胡　おおご　群馬県（上毛電気鉄道線）
大胡田　おおごだ　静岡県駿東郡小山町
大胡町　おおごまち　群馬県前橋市
大背　おおせ　鳥取県八頭郡智頭町
大荒　おおあら　山形県鶴岡市
大荒井　おおあらい　福島県喜多方市
大荒戸町　おおあらとまち　新潟県長岡市
大荒町　おおあれちょう　長崎県五島市
大草
　　おおくさ　福島県石川郡浅川町
　　おおくさ　長野県上伊那郡中川村
　　おおくさ　静岡県島田市
　　おおくさ　愛知県小牧市
　　おおくさ　愛知県知多市
　　おおくさ　愛知県額田郡幸田町
　　おおくさ　長崎県（JR長崎本線）
大草町
　　おおくさちょう　千葉県千葉市若葉区
　　おおくさちょう　愛知県田原市
　　おおくさちょう　島根県松江市
　　おおくさちょう　島根県益田市
大草町下條中割　おおくさまちしもじょうなかわり　山梨県韮崎市
大草町下條西割　おおくさまちしもじょうにしわり　山梨県韮崎市
大草町上條東割　おおくさまちかみじょうひがしわり　山梨県韮崎市
大草町若尾　おおくさまちわかお　山梨県韮崎市
大貞　おおさだ　大分県中津市
大面　おおも　新潟県三条市
大面平　おおつらたいら　岩手県八幡平市
大音琴郷　おおねごとごう　長崎県東彼杵郡東彼杵町

10大倉
　　おおくら　宮城県仙台市青葉区
　　おおくら　福島県南会津郡只見町
　　おおくら　福島県相馬郡飯舘村
　　おおくら　千葉県香取市
　　おおくら　新潟県新潟市南区
　　おおくら　新潟県十日町市
　　おおくら　新潟県佐渡市
　　おおくら　新潟県魚沼市
　　おおくら　新潟県南魚沼市
　　おおくら　山梨県上野原市
　　おおくら　三重県津市
　　おおくら　京都府船井郡京丹波町
　　おおくら　鳥取県西伯郡伯耆町
　　おおくら　熊本県玉名市
大倉乙　だいくらおつ　新潟県東蒲原郡阿賀町
大倉丁子　おおくらようろご　千葉県香取市
大倉山
　　おおくらやま　神奈川県（東京急行電鉄東横線）
　　おおくらやま　神奈川県横浜市港北区
　　おおくらやま　兵庫県（神戸市交通局山手線）
大倉甲　だいくらこう　新潟県東蒲原郡阿賀町
大倉沢
　　おおくらざわ　秋田県由利本荘市
　　おおくらさわ　新潟県魚沼市
大倉町
　　おおくらちょう　神奈川県川崎市中原区
　　おおくらちょう　福井県鯖江市
　　おおくらちょう　岐阜県岐阜市
　　おおくらちょう　三重県伊勢市
　　おおくらちょう　京都府京都市中京区
　　おおくらちょう　大阪府門真市
大倉谷　おおくらたに　新潟県佐渡市
大倉谷地　おおくらやち　秋田県湯沢市
大倉新田　おおくらしんでん　新潟県新潟市南区
大俵　おおたわら　青森県北津軽郡板柳町
大倭町　おおやまとちょう　奈良県奈良市
大兼久　おおがねく　沖縄県国頭郡大宜味村
大原
　　おおはら　北海道虻田郡洞爺湖町
　　おおはら　北海道勇払郡むかわ町
　　おおはら　青森県弘前市
　　おおはら　福島県南会津郡南会津町
　　おおはら　埼玉県さいたま市大宮区
　　おおはら　埼玉県さいたま市浦和区
　　おおはら　埼玉県熊谷市
　　だいばら　埼玉県八潮市
　　おおはら　埼玉県ふじみ野市
　　おおはら　千葉県（JR外房線）
　　おおはら　千葉県いすみ市
　　おおはら　東京都世田谷区
　　おおはら　神奈川県平塚市
　　おおはら　新潟県新潟市西蒲区
　　おおはら　新潟県五泉市
　　おおはら　山梨県都留市
　　おおはら　静岡県静岡市葵区
　　おおはら　静岡県伊東市
　　おおはら　静岡県磐田市
　　おおわら　三重県北牟婁郡紀北町
　　おおはら　京都府与謝郡伊根町
　　おおはら　兵庫県神戸市北区
　　おおはら　兵庫県三田市
　　おはら　鳥取県倉吉市

173

3画（大）

おおはら　鳥取県西伯郡伯耆町
おおはら　岡山県（智頭急行線）
おおはら　岡山県美作市
おおはら　広島県（広島高速交通アストラムライン）
おおはら　沖縄県島尻郡久米島町

大原上野町　おおはらうえのちょう　京都府京都市左京区
大原口町　おおはらぐちちょう　京都府京都市上京区
大原口突抜町　おおはらぐちつきぬけちょう　京都府京都市上京区
大原大見町　おおはらおおみちょう　京都府京都市左京区
大原大長瀬町　おおはらおおながせちょう　京都府京都市左京区
大原小出石町　おおはらこでいしちょう　京都府京都市左京区
大原井出町　おおはらいでちょう　京都府京都市左京区
大原戸寺町　おおはらとでらちょう　京都府京都市左京区
大原古知平町　おおはらこちひらちょう　京都府京都市左京区
大原台　おおはらだい　千葉県いすみ市
大原百井町　おおはらももいちょう　京都府京都市左京区
大原尾越町　おおはらおごせちょう　京都府京都市左京区
大原来迎院町　おおはららいこういんちょう　京都府京都市左京区
大原町
おおはらちょう　群馬県太田市
おおはらちょう　東京都板橋区
おおはらちょう　岐阜県多治見市
おおはらちょう　静岡県浜松市北区
おおはらちょう　兵庫県芦屋市
おおはらちょう　徳島県徳島市
おおはらちょう　高知県高知市
おおはるまち　鹿児島県いちき串木野市
大原草生町　おおはらくさおちょう　京都府京都市左京区
大原浜　おおはらはま　宮城県石巻市
大原野
おおはらの　山梨県南巨摩郡早川町
おおはらの　兵庫県宝塚市
大原野上羽町　おおはらのうえばちょう　京都府京都市西京区
大原野上里北ノ町　おおはらのかみざときたのちょう　京都府京都市西京区
大原野上里男鹿町　おおはらのかみざとおじかちょう　京都府京都市西京区
大原野上里南ノ町　おおはらのかみざとみなみのちょう　京都府京都市西京区
大原野上里紅葉町　おおはらのかみざともみじちょう　京都府京都市西京区
大原野上里鳥見町　おおはらのかみざととりみちょう　京都府京都市西京区
大原野上里勝山町　おおはらのかみざとかつやまちょう　京都府京都市西京区
大原野小塩町　おおはらのおしおちょう　京都府京都市西京区
大原野出灰町　おおはらのいずりはちょう　京都府京都市西京区

大原野北春日町　おおはらのきたかすがちょう　京都府京都市西京区
大原野外畑町　おおはらのとのはたちょう　京都府京都市西京区
大原野石作町　おおはらのいしづくりちょう　京都府京都市西京区
大原野石見町　おおはらのいわみちょう　京都府京都市西京区
大原野灰方町　おおはらのはいがたちょう　京都府京都市西京区
大原野西竹の里町　おおはらのにしたけのさとちょう　京都府京都市西京区
大原野西境谷町　おおはらのにしさかいだにちょう　京都府京都市西京区
大原野村町　おおはらのむらちょう　京都府京都市左京区
大原野東竹の里町　おおはらのひがしたけのさとちょう　京都府京都市西京区
大原野東野町　おおはらのひがしのちょう　京都府京都市西京区
大原野東境谷町　おおはらのひがしさかいだにちょう　京都府京都市西京区
大原野南春日町　おおはらのみなみかすがちょう　京都府京都市西京区
大原勝林院町　おおはらしょうりんいんちょう　京都府京都市左京区
大原間　おおはらま　栃木県那須塩原市
大原間西　おおはらまにし　栃木県那須塩原市
大原新田
おおはらしんでん　新潟県妙高市
おおはらしんでん　新潟県魚沼市
大埇乙　おおそねおつ　高知県南国市
大埇甲　おおそねこう　高知県南国市
大家庄　おおいえのしょう　富山県下新川郡朝日町
大宮
おおみや　山形県酒田市
おおみや　山形県西置賜郡小国町
おおみや　福島県岩瀬郡鏡石町
おおみや　栃木県塩谷郡塩谷町
おおみや　埼玉県（JR東北新幹線ほか）
おおみや　埼玉県秩父市
おおみや　東京都杉並区
おおみや　新潟県阿賀野市
おおみや　福井県福井市
おおみや　愛知県一宮市
おおみや　愛知県新城市
おおみや　京都府（阪急電鉄京都本線）
おおみや　京都府京都市下京区
おおみや　大阪府大阪市旭区
おおみや　大阪府泉南郡熊取町
おおみや　鳥取県倉吉市
おおみや　広島県広島市西区
おおみや　福岡県福岡市中央区
大宮一ノ井町　おおみやいちのいちょう　京都府京都市北区
大宮上ノ岸町　おおみやかみのきしちょう　京都府京都市北区
大宮土居町　おおみやどいちょう　京都府京都市北区
大宮中ノ社町　おおみやなかのやしろちょう　京都府京都市北区
大宮中林町　おおみやなかばやしちょう　京都府京都市北区

3画（大）

大宮中総門口町　おおみやなかそうもんぐちちょう　京都府京都市北区

大宮公園　おおみやこうえん　埼玉県（東武鉄道野田線）

大宮区　おおみやく　埼玉県さいたま市

大宮北ノ岸町　おおみやきたのきしちょう　京都府京都市北区

大宮北山ノ前町　おおみやきたやまのまえちょう　京都府京都市北区

大宮北林町　おおみやきたばやしちょう　京都府京都市北区

大宮北椿原町　おおみやきたつばきはらちょう　京都府京都市北区

大宮北箱ノ井町　おおみやきたはこのいちょう　京都府京都市北区

大宮台　おおみやだい　千葉県千葉市若葉区

大宮玄琢北町　おおみやげんたくきたまち　京都府京都市北区

大宮玄琢北東町　おおみやげんたくきたひがしちょう　京都府京都市北区

大宮玄琢南町　おおみやげんたくみなみまち　京都府京都市北区

大宮田尻町　おおみやたじりちょう　京都府京都市北区

大宮田町　おおみやだちょう　三重県松阪市

大宮西小野堀町　おおみやにしおのぼりちょう　京都府京都市北区

大宮西山ノ前町　おおみやにしやまのまえちょう　京都府京都市北区

大宮西町　おおみやにしまち　三重県四日市市

大宮西脇台町　おおみやにしわきだいちょう　京都府京都市北区

大宮西野山町　おおみやにしのやまちょう　京都府京都市北区

大宮西総門口町　おおみやにしそうもんぐちちょう　京都府京都市北区

大宮町
　　おおみやちょう　宮城県石巻市
　　おおみやちょう　山形県酒田市
　　おおみやまち　栃木県栃木市
　　おおみやちょう　千葉県千葉市若葉区
　　おおみやちょう　神奈川県川崎市幸区
　　おおみやちょう　新潟県長岡市
　　おおみやちょう　富山県富山市
　　おおみやちょう　福井県福井市
　　おおみやちょう　岐阜県岐阜市
　　おおみやちょう　静岡県三島市
　　おおみやちょう　静岡県富士宮市
　　おおみやちょう　愛知県名古屋市中村区
　　おおみやちょう　三重県四日市市
　　おおみやちょう　滋賀県長浜市
　　おおみやちょう　京都府京都市上京区
　　おおみやちょう　京都府京都市下京区
　　おおみやちょう　京都府京都市伏見区
　　おおみやちょう　大阪府泉佐野市
　　おおみやちょう　奈良県奈良市
　　おおみやちょう　奈良県大和郡山市
　　おおみやちょう　愛媛県宇和島市
　　おおみやまち　福岡県北九州市八幡東区
　　おおみやまち　長崎県長崎市
　　おおみやちょう　長崎県佐世保市
　　おおみやまち　大分県日田市

大宮町下常吉　おおみやちょうしもつねよし　京都府京丹後市

大宮町三坂　おおみやちょうみさか　京都府京丹後市

大宮町三重　おおみやちょうみえ　京都府京丹後市

大宮町上常吉　おおみやちょうかみつねよし　京都府京丹後市

大宮町久住　おおみやちょうくすみ　京都府京丹後市

大宮町口大野　おおみやちょうくちおおの　京都府京丹後市

大宮町五十河　おおみやちょういかが　京都府京丹後市

大宮町谷内　おおみやちょうたにうち　京都府京丹後市

大宮町周枳　おおみやちょうすき　京都府京丹後市

大宮町延利　おおみやちょうのぶとし　京都府京丹後市

大宮町明田　おおみやちょうあけだ　京都府京丹後市

大宮町河辺　おおみやちょうこうべ　京都府京丹後市

大宮町善王寺　おおみやちょうぜんのうじ　京都府京丹後市

大宮町奥大野　おおみやちょうおくおおの　京都府京丹後市

大宮町森本　おおみやちょうもりもと　京都府京丹後市

大宮町新宮　おおみやちょうしんぐう　京都府京丹後市

大宮東小野堀町　おおみやひがしおのぼりちょう　京都府京都市北区

大宮東脇台町　おおみやひがしわきだいちょう　京都府京都市北区

大宮東総門口町　おおみやひがしそうもんぐちちょう　京都府京都市北区

大宮南山ノ前町　おおみやみなみやまのまえちょう　京都府京都市北区

大宮南田尻町　おおみやみなみたじりちょう　京都府京都市北区

大宮南林町　おおみやみなみばやしちょう　京都府京都市北区

大宮南椿原町　おおみやみなみつばきはらちょう　京都府京都市北区

大宮南箱ノ井町　おおみやみなみはこのいちょう　京都府京都市北区

大宮通　おおみやどおり　大阪府守口市

大宮釈迦谷　おおみやしゃかだに　京都府京都市北区

大宮野　おおみやの　富山県南砺市

大宮野新　おおみやのしん　富山県南砺市

大宮開町　おおみやひらきちょう　京都府京都市北区

大宮新田　おおみやしんでん　新潟県三条市

大宮薬師山西町　おおみややくしやまにしちょう　京都府京都市北区

大宮薬師山東町　おおみややくしやまひがしちょう　京都府京都市北区

大将ケ根　たいしょうがね　愛知県名古屋市緑区

大将軍　たいしょうぐん　滋賀県大津市

大将軍一条町　たいしょうぐんいちじょうちょう　京都府京都市北区

大将軍川端町　たいしょうぐんかわばたちょう　京都府京都市北区

大将軍西町　たいしょうぐんにしまち　京都府京都市北区

大将軍西鷹司町　たいしょうぐんにしたかつかさちょう　京都府京都市北区

大将軍坂田町　たいしょうぐんさかたちょう　京都府京都市北区

175

3画（大）

大将軍東鷹司町　たいしょうぐんひがしたかつかさちょう　京都府京都市北区
大将軍南一条町　たいしょうぐんみなみいちじょうちょう　京都府京都市北区
大島
　おおしま　秋田県湯沢市
　おおしま　茨城県筑西市
　おおしま　茨城県稲敷市
　おおしま　栃木県那須郡那須町
　おおしま　群馬県富岡市
　おおしま　埼玉県北葛飾郡杉戸町
　おおしま　千葉県香取市
　おおじま　東京都（東京都交通局新宿線）
　おおじま　東京都江東区
　おおしま　神奈川県川崎市川崎区
　おおしま　神奈川県相模原市緑区
　おおじま　神奈川県平塚市
　おおしま　新潟県新潟市中央区
　おおしま　新潟県三条市
　おおしま　新潟県岩船郡関川村
　おおしま　富山県富山市
　おおしま　富山県滑川市
　おおしま　富山県南砺市
　おおしま　富山県中新川郡立山町
　おしま　石川県羽咋郡志賀町
　おおしま　福井県大飯郡おおい町
　おおしま　山梨県南巨摩郡早川町
　おおしま　山梨県南巨摩郡身延町
　おおじま　長野県下伊那郡松川町
　おおしま　長野県下伊那郡喬木村
　おおじま　長野県上高井郡小布施町
　おおじま　岐阜県（長良川鉄道越美南線）
　おおしま　静岡県焼津市
　おおしま　京都府宮津市
　おおしま　兵庫県尼崎市
　おおしま　和歌山県東牟婁郡串本町
　おおしま　鳥取県東伯郡北栄町
　おおしま　岡山県倉敷市
　おおしま　山口県萩市
　おおしま　山口県周南市
　おおしま　愛媛県八幡浜市
　おおしま　愛媛県新居浜市
　おおしま　高知県宿毛市
　おおじま　福岡県八女市
　おおしま　福岡県宗像市
　おおしま　熊本県荒尾市
大島上町　おおしまかみちょう　神奈川県川崎市川崎区
大島山　おおじまさん　長野県下伊那郡高森町
大島中　おおしまなか　岡山県笠岡市
大島区下達　おおしまくしもたて　新潟県上越市
大島区上達　おおしまくかみたて　新潟県上越市
大島区大平　おおしまくおおだいら　新潟県上越市
大島区大島　おおしまくおおしま　新潟県上越市
大島区中野　おおしまくなかの　新潟県上越市
大島区仁上　おおしまくにがみ　新潟県上越市
大島区牛ケ鼻　おおしまくうしがはな　新潟県上越市
大島区田麦　おおしまくたむぎ　新潟県上越市
大島区岡　おおしまくおか　新潟県上越市
大島区板山　おおしまくいたやま　新潟県上越市
大島区菖蒲　おおしまくしょうぶ　新潟県上越市
大島区棚岡　おおしまくたなおか　新潟県上越市
大島区嶺　おおしまくみね　新潟県上越市

大島北野　おおしまきたの　富山県射水市
大島本町　おおじまほんちょう　新潟県長岡市
大島田
　おおしまだ　山形県酒田市
　おおしまた　千葉県柏市
大島村大根坂　おおしまむらおおねざか　長崎県平戸市
大島村西宇戸　おおしまむらにしうど　長崎県平戸市
大島村的山川内　おおしまむらあづちかわち　長崎県平戸市
大島村的山戸田　おおしまむらあづちとだ　長崎県平戸市
大島村前平　おおしまむらまえびら　長崎県平戸市
大島村神浦　おおしまむらこうのうら　長崎県平戸市
大島町
　おおしまちょう　群馬県太田市
　おおしまちょう　群馬県館林市
　おおしままち　東京都
　おおしままち　石川県小松市
　おおしまちょう　福井県福井市
　おおしまちょう　岐阜県大垣市
　おおしままち　岐阜県高山市
　おおしまちょう　静岡県浜松市東区
　おおしまちょう　愛知県名古屋市千種区
　おおしまちょう　愛知県豊田市
　おおしまちょう　滋賀県長浜市
　おおしまちょう　京都府綾部市
　おおしまちょう　大阪府豊中市
　おおしまちょう　兵庫県西宮市
　おおしまちょう　兵庫県相生市
　おおしまちょう　兵庫県小野市
　おおしまちょう　島根県出雲市
　おおしままち　熊本県八代市
　おおしままち　熊本県荒尾市
　おおしまちょう　宮崎県宮崎市
大島町大島　おおしまちょうおおじま　長崎県西海市
大島町中戸　おおしまちょうなかと　長崎県西海市
大島町中央地区　おおしまちょうちゅうおうちく　長崎県西海市
大島町内浦地区　おおしまちょううちうらちく　長崎県西海市
大島町太田尾　おおしまちょうおおだお　長崎県西海市
大島町田浦　おおしまちょうたのうら　長崎県西海市
大島町寺島　おおしまちょうてらしま　長崎県西海市
大島町百合が丘　おおしまちょうゆりがおか　長崎県西海市
大島町真砂　おおしまちょうまさご　長崎県西海市
大島町馬込　おおしまちょううまごめ　長崎県西海市
大島町黒瀬　おおしまちょうくろせ　長崎県西海市
大島町塔尾　おおしまちょうとおのお　長崎県西海市
大島町蛤　おおしまちょうはまぐり　長崎県西海市
大島町間瀬　おおしまちょうませ　長崎県西海市
大島町塩田　おおしまちょうしおだ　長崎県西海市
大島町徳万　おおしまちょうとくまん　長崎県西海市
大島郡
　おおしまぐん　山口県
　おおしまぐん　鹿児島県
大島郷　おおしまごう　長崎県北松浦郡小値賀町
大島新　おおじましん　富山県滑川市
大島新田　おおしましんでん　静岡県焼津市

3画（大）

大島新町　おおじましんまち　新潟県長岡市
大峰
　おおみね　北海道山越郡長万部町
　おおみね　茨城県かすみがうら市
大峰元町　おおみねもとまち　大阪府枚方市
大峰北町　おおみねきたまち　大阪府枚方市
大峰図子町　おおみねずしちょう　京都府京都市上京区
大峰東町　おおみねひがしまち　大阪府枚方市
大峰南町　おおみねみなみまち　大阪府枚方市
大峯　おおみね　奈良県吉野郡下市町
大師　だいし　山梨県南アルプス市
大師公園　だいしこうえん　神奈川県川崎市川崎区
大師本町　だいしほんちょう　神奈川県川崎市川崎区
大師町
　だいしまち　栃木県下都賀郡壬生町
　だいしまち　神奈川県川崎市川崎区
　だいしちょう　大阪府河内長野市
　だいしまち　愛媛県西条市
大師河原　だいしがわら　神奈川県川崎市川崎区
大師前　だいしまえ　東京都（東武鉄道大師線）
大師堂　だいしどう　山形県山形市
大師駅前　だいしえきまえ　神奈川県川崎市川崎区
大庭
　おおにわ　千葉県長生郡長柄町
　おおば　神奈川県藤沢市
　おおにわ　長野県（アルピコ交通上高地線）
　おおば　岡山県真庭市
　おおば　福岡県朝倉市
大庭寺　おおばでら　大阪府堺市南区
大庭町
　おおばちょう　大阪府守口市
　おおばちょう　島根県松江市
大恩寺町　だいおんじちょう　京都府京都市中京区
大悟法　だいごぼう　大分県中津市
大桐
　おおぎり　福井県南条郡南越前町
　だいどう　大阪府大阪市東淀川区
大栗
　おおぐり　福島県須賀川市
　おおぐり　富山県富山市
　おおぐり　山梨県南都留郡道志村
大栗山　おおくりやま　福島県大沼郡金山町
大栗田　おおくりだ　新潟県村上市
大栗安　おおぐりやす　静岡県浜松市天竜区
大栗町　おおぐりちょう　栃木県佐野市
大桑
　おおくわ　栃木県（東武鉄道鬼怒川線）
　おおくわ　埼玉県加須市
　おおくわ　石川県金沢市
　おおくわ　長野県（JR中央本線）
　おおが　岐阜県山県市
　おおぐわ　和歌山県東牟婁郡古座川町
大桑村　おおくわむら　長野県木曽郡
大桑町
　おおくわまち　栃木県日光市
　おおくわまち　石川県金沢市
　おおくわちょう　愛知県豊田市
大桑原
　おおかんばら　福島県須賀川市
　おおくわばら　群馬県甘楽郡下仁田町

　おおくわばら　新潟県南魚沼市
大桑新町　おおくわしんまち　石川県金沢市
大根　おおね　千葉県香取市
大根土　おおねと　福岡県中間市
大根子　おおねこ　青森県南津軽郡田舎館村
大根山　おおねやま　愛知県名古屋市緑区
大根川　おおねがわ　大分県宇佐市
大根布　おおねぶ　石川県河北郡内灘町
大根田
　おおねた　栃木県真岡市
　おおねだ　奈良県高市郡明日香村
大根町　おおねちょう　愛知県名古屋市天白区
大根畑　だいこんはたけ　福島県二本松市
大桃　おおもも　福島県南会津郡南会津町
大梅　おおめ　福島県東白川郡棚倉町
大浦
　おおうら　青森県上北郡東北町
　おおうら　宮城県気仙沼市
　おおら　秋田県由利本荘市
　おおうら　山形県北村山郡大石田町
　おおうら　千葉県匝瑳市
　おおうら　新潟県魚沼市
　おおうら　富山県氷見市
　おおうら　富山県滑川市
　おおうら　愛媛県（JR予讃線）
　おおうら　愛媛県松山市
　おおうら　愛媛県宇和島市
　おおうら　高知県幡多郡大月町
　おおうら　福岡県北九州市八幡西区
　おおうら　福岡県糸島市
　おおうら　沖縄県名護市
大浦乙　おおうらおつ　佐賀県藤津郡太良町
大浦丁　おおうらてい　佐賀県藤津郡太良町
大浦己　おおうらき　佐賀県藤津郡太良町
大浦天主堂下　おおうらてんしゅどうした　長崎県（長崎電気軌道5系統）
大浦丙　おおうらへい　佐賀県藤津郡太良町
大浦戊　おおうらぼ　佐賀県藤津郡太良町
大浦甲　おおうらこう　佐賀県藤津郡太良町
大浦町
　おおうらまち　青森県弘前市
　おおうらまち　石川県金沢市
　おおうらまち　福岡県大牟田市
　おおうらまち　長崎県長崎市
　おおうらちょう　鹿児島県鹿屋市
　おおうらちょう　鹿児島県南さつま市
大浦東町　おおうらひがしまち　長崎県長崎市
大浦海岸通　おおうらかいがんどおり　長崎県（長崎電気軌道5系統）
大浦新田　おおうらしんでん　新潟県魚沼市
大浦新町　おおうらしんまち　富山県氷見市
大酒　おおざけ　兵庫県佐用郡佐用町
大浜
　おおはま　北海道山越郡長万部町
　おおはま　北海道岩内郡岩内町
　おおはま　山形県酒田市
　おおはま　愛知県一宮市
　おおはま　山口県山陽小野田市
　おおはま　愛媛県西条市
　おおはま　愛媛県西宇和郡伊方町
　おおはま　愛媛県南宇和郡愛南町
　おおはま　高知県土佐清水市

177

3画（大）

おおはま　大分県臼杵市
おおはま　沖縄県石垣市
おおはま　沖縄県国頭郡本部町
大浜上町　おおはまかみまち　愛知県碧南市
大浜中町　おおはまなかまち　大阪府堺市堺区
大浜北町　おおはまきたまち　大阪府堺市堺区
大浜西町　おおはまにしまち　大阪府堺市堺区
大浜町
　おおはままち　石川県能美市
　おおはまちょう　三重県四日市市
　おおはまちょう　滋賀県長浜市
　おおはまちょう　兵庫県尼崎市
　おおはまちょう　兵庫県西宮市
　おおはまちょう　愛媛県今治市
　おおはままち　福岡県柳川市
　おおはままち　長崎県長崎市
　おおはままち　熊本県玉名市
　おおはままち　熊本県天草市
大浜南町　おおはまみなみまち　大阪府堺市堺区
大流　おおりゅう　愛知県常滑市
大流天竺口　おおりゅうてんじくくち　愛知県常滑市
大畠
　おおばたけ　石川県河北郡津幡町
　おおばたけ　兵庫県佐用郡佐用町
　おおばたけ　岡山県倉敷市
　おおばたけ　山口県（JR山陽本線）
　おおばたけ　山口県柳井市
　おおばたけ　福岡県北九州市小倉北区
大畠町　おおばたけちょう　京都府綾部市
大畔　おおぐろ　千葉県流山市
大留
　おおどめ　北海道檜山郡上ノ国町
　おおどめ　茨城県取手市
大留町
　おおどめまち　茨城県龍ケ崎市
　おおどめちょう　愛知県春日井市
大真木　おおまぎ　山形県東田川郡庄内町
大秦町　たいしんちょう　神奈川県秦野市
大竜　おおたつ　宮城県柴田郡大河原町
大竜町　だいりゅうちょう　鹿児島県鹿児島市
大納　おおの　宮崎県串間市
大能　おおの　茨城県高萩市
大脇　おおわき　岐阜県岐阜市
大脇台　おおわきだい　兵庫県神戸市北区
大脇町　おおわきちょう　愛知県豊橋市
大荷場　おおにんば　群馬県邑楽郡板倉町
大衾　おおぶすま　埼玉県春日部市
大財　おおたから　佐賀県佐賀市
大財北町　おおたからきたまち　佐賀県佐賀市
大通
　おおどおり　北海道（札幌市交通局東西線ほか）
　おおどおり　北海道枝幸郡浜頓別町
　おおどおり　北海道網走郡津別町
　おおどおり　北海道浦河郡浦河町
　おおどおり　北海道様似郡様似町
　おおどおり　北海道河東郡音更町
　おおどおり　北海道河東郡士幌町
　おおどおり　北海道中川郡池田町
　おおどおり　北海道足寄郡陸別町
　おおどおり　岩手県盛岡市
　おおどおり　岩手県宮古市
　おおどおり　新潟県新潟市南区

　おおどおり　長野県飯田市
　おおどおり　広島県安芸郡府中町
大通り
　おおどおり　北海道天塩郡豊富町
　おおどおり　岩手県花巻市
　おおどおり　岩手県北上市
　おおどおり　栃木県宇都宮市
　おおどおり　香川県仲多度郡多度津町
大通北
　おおどおりきた　北海道帯広市
　おおどおりきた　北海道士別市
　おおどおりきた　北海道名寄市
　おおどおりきた　北海道中川郡美深町
　おおどおりきた　北海道網走郡美幌町
　おおどおりきた　北海道紋別郡遠軽町
　おおどおりきた　北海道河東郡音更町
　おおどおりきた　北海道河西郡中札内村
　おおどおりきた　北海道標津郡中標津町
大通西
　おおどおりにし　北海道札幌市中央区
　おおどおりにし　北海道北見市
　おおどおりにし　北海道士別市
　おおどおりにし　北海道河東郡士幌町
　おおどおりにし　新潟県新潟市南区
大通西一条北　おおどおりにしいちじょうきた　北海道美唄市
大通西一条南　おおどおりにしいちじょうみなみ　北海道美唄市
大通東
　おおどおりひがし　北海道札幌市中央区
　おおどおりひがし　北海道北見市
　おおどおりひがし　北海道士別市
大通東一条北　おおどおりひがしいちじょうきた　北海道美唄市
大通東一条南　おおどおりひがしいちじょうみなみ　北海道美唄市
大通南
　おおどおりみなみ　北海道帯広市
　おおどおりみなみ　北海道名寄市
　おおどおりみなみ　北海道中川郡美深町
　おおどおりみなみ　北海道網走郡美幌町
　おおどおりみなみ　北海道紋別郡遠軽町
　おおどおりみなみ　北海道河西郡中札内村
　おおどおりみなみ　北海道中川郡池田町
　おおどおりみなみ　北海道標津郡中標津町
　おおどおりみなみ　新潟県新潟市南区
大通黄金　おおどおりこがね　新潟県新潟市南区
大釜　おおかま　岩手県（JR田沢湖線）
大釜八幡前　おおがままちまんまえ　岩手県滝沢市
大釜上竹鼻　おおがまかみたけはな　岩手県滝沢市
大釜上釜　おおがまうわがま　岩手県滝沢市
大釜千が窪　おおがませんがくぼ　岩手県滝沢市
大釜土井尻　おおがまどいじり　岩手県滝沢市
大釜大畑　おおがまおおばたけ　岩手県滝沢市
大釜大清水　おおがまおおしみず　岩手県滝沢市
大釜小屋敷　おおがまこやしき　岩手県滝沢市
大釜中道　おおがまなかみち　岩手県滝沢市
大釜中瀬　おおがまなかせ　岩手県滝沢市
大釜仁沢瀬　おおがまにさわせ　岩手県滝沢市
大釜外館　おおがまとだて　岩手県滝沢市
大釜田の尻　おおがまたのしり　岩手県滝沢市
大釜白山　おおがましろやま　岩手県滝沢市

3画（大）

大釜吉水　おおがまよしみず　岩手県滝沢市
大釜吉清水　おおがまよしみず　岩手県滝沢市
大釜竹鼻　おおがまたけはな　岩手県滝沢市
大釜町　おおがままち　群馬県沼田市
大釜谷
　　おおかまや　北海道上磯郡木古内町
　　おおがまや　新潟県三島郡出雲崎町
大釜和田　おおがまわだ　岩手県滝沢市
大釜沼袋　おおがまぬまぶくろ　岩手県滝沢市
大釜荒屋敷　おおがまあらやしき　岩手県滝沢市
大釜風林　おおがまかざばやし　岩手県滝沢市
大釜釜口　おおがまかまくち　岩手県滝沢市
大釜高森　おおがまたかもり　岩手県滝沢市
大釜鬼が滝　おおがまおにがたき　岩手県滝沢市
大釜細屋　おおがまほそや　岩手県滝沢市
大釜塩の森　おおがましおのもり　岩手県滝沢市
大針
　　おおばり　山形県鶴岡市
　　おおばり　埼玉県北足立郡伊奈町
　　おおばり　岐阜県加茂郡坂祝町
　　おおばり　愛知県名古屋市名東区
大針町　おおはりちょう　岐阜県多治見市
大馬木　おおまき　島根県仁多郡奥出雲町
大馬新田　おおましんでん　茨城県坂東市
大高
　　おおたか　千葉県香取郡多古町
　　おだか　岐阜県不破郡関ケ原町
　　おおだか　愛知県（JR東海道本線）
大高台　おおだかだい　愛知県名古屋市緑区
大高町
　　おおたかちょう　千葉県千葉市緑区
　　おおだかちょう　愛知県名古屋市緑区
　　おおだかちょう　愛知県半田市
大高味町　おおたかみちょう　愛知県岡崎市
大高洲町　おおたかすちょう　兵庫県尼崎市
大高森　おおたかもり　宮城県伊具郡丸森町
大高嶋　おおたかしま　群馬県邑楽郡板倉町
11 大亀　おおがめ　宮城県黒川郡富谷町
大冨　おおとみ　兵庫県赤穂郡上郡町
大堂　うふどう　沖縄県国頭郡本部町
大堂津
　　おおどうつ　宮崎県（JR日南線）
　　おおどうつ　宮崎県日南市
大堀
　　おおほり　山形県（JR陸羽東線）
　　おおほり　山形県最上郡最上町
　　おおほり　福島県双葉郡浪江町
　　おおほり　千葉県富里市
　　おおほり　千葉県匝瑳市
　　おおほり　大阪府松原市
大堀川西甲　おおほりかわにしこう　福島県河沼郡
津坂下町
大堀川新田　おおほりかわしんでん　三重県多気郡明
和町
大堀町
　　おおほりちょう　愛知県名古屋市南区
　　おおほりちょう　愛知県豊川市
　　おおほりちょう　滋賀県彦根市
　　おおほりちょう　京都府京都市下京区
大寄　おおより　静岡県牧之原市

大宿　おおじく　愛媛県北宇和郡鬼北町
大崎
　　おおさき　北海道檜山郡上ノ国町
　　おおさき　岩手県滝沢市
　　おおさき　茨城県坂東市
　　おおさき　埼玉県さいたま市緑区
　　おおさき　千葉県香取市
　　おおさき　東京都（JR山手線ほか）
　　おおさき　東京都品川区
　　おおさき　新潟県新発田市
　　おおさき　新潟県南魚沼市
　　おおさき　石川県かほく市
　　おおさき　鳥取県米子市
　　おおざき　岡山県岡山市北区
　　おおさき　山口県防府市
　　おおざき　高知県吾川郡仁淀川町
　　おおざき　福岡県小郡市
大崎上島町　おおさきかみじまちょう　広島県豊田郡
大崎台　おおさきだい　千葉県佐倉市
大崎市　おおさきし　宮城県
大崎広小路　おおさきひろこうじ　東京都（東京急行
電鉄池上線）
大崎町
　　おおさきまち　茨城県常総市
　　おおさきちょう　新潟県妙高市
　　おおさきちょう　愛知県豊橋市
　　おおさきちょう　愛知県豊川市
　　おおさきまち　長崎県長崎市
　　おおさきちょう　鹿児島県曽於郡
大崎野　おおさきの　富山県滑川市
大崩
　　おくずれ　千葉県安房郡鋸南町
　　おおくずれ　山梨県南巨摩郡身延町
大崩島　おおくずしま　富山県南砺市
大帷子　おおかたびら　千葉県安房郡鋸南町
大強原　おおごばら　三重県三重郡菰野町
大張大蔵　おおはりおおくら　宮城県伊具郡丸森町
大張川張　おおはりかわはり　宮城県伊具郡丸森町
大張野　おおはりの　秋田県（JR奥羽本線）
大掛　おおがけ　富山県滑川市
大曽
　　おおぞ　栃木県宇都宮市
　　おおそ　愛知県常滑市
大曽町　おおそちょう　愛知県常滑市
大曽根
　　おおぞね　茨城県つくば市
　　おおぞね　茨城県桜川市
　　おおぞね　埼玉県八潮市
　　おおそね　千葉県袖ケ浦市
　　おおそね　神奈川県横浜市港北区
　　おおぞね　新潟県新潟市西蒲区
　　おおぞね　山梨県上野原市
　　おおぞね　愛知県（JR中央本線ほか）
　　おおぞね　愛知県名古屋市東区
　　おおぞね　愛知県名古屋市北区
大曽根台　おおそねだい　神奈川県横浜市港北区
大曽根浦
　　おおそねうら　三重県（JR紀勢本線）
　　おおそねうら　三重県尾鷲市
大桶
　　おおけ　栃木県那須烏山市
　　おおけ　千葉県市原市

179

3画（大）

大梶　おおかじ　宮城県仙台市宮城野区
大桝町　おおますちょう　兵庫県芦屋市
大楠　だいかく　鳥取県鳥取市
大深山　おおみやま　長野県南佐久郡川上村
大深町
　　おおふかちょう　大阪府大阪市北区
　　おおふかちょう　奈良県五條市
大深浦　おおぶかうら　高知県宿毛市
大清水
　　おおしみず　青森県弘前市
　　おおしみず　宮城県黒川郡富谷町
　　おおしみず　山形県天童市
　　おおしみず　福島県伊達郡川俣町
　　おおしみず　千葉県成田市
　　おおしみず　新潟県柏崎市
　　おおしみず　富山県富山市
　　おおしょうず　富山県中新川郡立山町
　　おおしみず　愛知県（豊橋鉄道渥美線）
　　おおしみず　愛知県名古屋市緑区
　　おおしみず　滋賀県米原市
大清水西　おおしみずにし　愛知県名古屋市緑区
大清水町
　　おおしみずちょう　愛知県豊橋市
　　おおしみずちょう　愛知県豊田市
　　おおしゅうずちょう　滋賀県東近江市
大清水東　おおしみずひがし　愛知県名古屋市緑区
大清台　たいせいだい　石川県河北郡内灘町
大淵
　　おおふち　埼玉県秩父郡皆野町
　　おおぶち　静岡県富士市
大淀
　　おおよど　山形県村山市
　　おおよど　三重県多気郡明和町
　　おおよど　宮崎県宮崎市
大淀川　おおよどかわ　山形県鶴岡市
大淀中　おおよどなか　大阪府大阪市北区
大淀北　おおよどきた　大阪府大阪市北区
大淀町　おおよどちょう　奈良県吉野郡
大淀南　おおよどみなみ　大阪府大阪市北区
大渕
　　おおぶち　茨城県笠間市
　　おおぶち　新潟県新潟市江南区
　　おおぶち　新潟県上越市
　　おおぶち　静岡県掛川市
　　おおぶち　兵庫県篠山市
　　おおぶち　高知県土佐郡土佐町
大渕町　おおぶちちょう　奈良県奈良市
大猪熊町　おおいのくまちょう　京都府京都市上京区
大笹
　　おおざさ　茨城県小美玉市
　　おおざさ　群馬県吾妻郡嬬恋村
　　おおざさ　石川県羽咋郡志賀町
大笹生　おおざそう　福島県福島市
大船
　　おおふな　神奈川県（JR東海道本線ほか）
　　おおふな　神奈川県鎌倉市
大船木　おおふなぎ　山形県西村山郡朝日町
大船町
　　おおふねちょう　北海道函館市
　　おおふねまち　東京都八王子市
大船津　おおふなつ　茨城県鹿嶋市

大船渡
　　おおふなと　岩手県（JR大船渡線）
　　おおふなと　新潟県燕市
大船渡市　おおふなとし　岩手県
大船渡町　おおふなとちょう　岩手県大船渡市
大菊町　おおきくちょう　京都府京都市左京区
大菅
　　おおすげ　福島県双葉郡富岡町
　　おおすげ　千葉県成田市
大菅北　おおすがきた　岐阜県岐阜市
大菅町　おおすげちょう　茨城県常陸太田市
大菅沼　おおすがぬま　富山県魚津市
大菅波町　おおすがなみまち　石川県加賀市
大菅南　おおすがみなみ　岐阜県岐阜市
大菱池町　おびしけまち　石川県金沢市
大蛇　おおじゃ　青森県（JR八戸線）
大蛇町　おおじゃまち　千葉県佐倉市
大袋
　　おおふくろ　青森県南津軽郡田舎館村
　　おおふくろ　埼玉県（東武鉄道伊勢崎線）
　　おおふくろ　埼玉県川越市
　　おおふくろ　千葉県成田市
　　おおふくろ　鳥取県米子市
大袋町　おおふくろまち　福島県須賀川市
大袋新田　おおふくろしんでん　埼玉県川越市
大貫
　　おおぬき　茨城県つくば市
　　おおぬき　千葉県（JR内房線）
　　おおぬき　千葉県香取郡神崎町
　　おおぬき　新潟県上越市
　　おおぬき　兵庫県神崎郡福崎町
大貫平　おおぬきだいら　宮城県刈田郡七ケ宿町
大貫町
　　おおぬきちょう　茨城県東茨城郡大洗町
　　おおぬきまち　宮崎県延岡市
大郷
　　だいごう　新潟県新潟市南区
　　だいごう　石川県鳳珠郡穴水町
大郷戸
　　おおごと　茨城県笠間市
　　おおごうど　栃木県芳賀郡益子町
大郷町
　　おおさとちょう　宮城県黒川郡
　　だいごうちょう　新潟県加茂市
大部　おおべ　香川県小豆郡土庄町
大部町
　　だいぶまち　山形県鶴岡市
　　おおべまち　大分県日田市
大釈迦　だいしゃか　青森県（JR奥羽本線）
大野
　　おおの　青森県青森市
　　おおの　岩手県九戸郡洋野町
　　おおの　山形県東田川郡庄内町
　　おおの　福島県（JR常磐線）
　　おおの　埼玉県熊谷市
　　おおの　埼玉県比企郡ときがわ町
　　おおの　千葉県いすみ市
　　おおの　新潟県新潟市西区
　　おおの　新潟県長岡市
　　おおの　新潟県新発田市
　　おおの　新潟県糸魚川市

3画（大）

おおの	富山県富山市	
おおの	富山県高岡市	
おおの	富山県氷見市	
おおの	富山県南砺市	
おおの	山梨県都留市	
おおの	山梨県山梨市	
おおの	山梨県上野原市	
おおの	山梨県南巨摩郡身延町	
おおの	山梨県南都留郡道志村	
おおの	岐阜県養老郡養老町	
おおの	岐阜県安八郡安八町	
おおの	岐阜県揖斐郡大野町	
おおの	静岡県富士市	
おおの	静岡県掛川市	
おおの	静岡県袋井市	
おおの	静岡県伊豆市	
おおの	愛知県新城市	
おおの	京都府福知山市	
おおの	大阪府大阪市西淀川区	
おおの	大阪府大東市	
おおの	兵庫県洲本市	
おおの	兵庫県伊丹市	
おおの	兵庫県西脇市	
おおの	兵庫県篠山市	
おおの	奈良県北葛城郡広陵町	
おおの	奈良県吉野郡十津川村	
おおの	和歌山県東牟婁郡那智勝浦町	
おおの	鳥取県八頭郡若桜町	
おおの	広島県廿日市市	
おおの	愛媛県西条市	
おおの	高知県吾川郡仁淀川町	
おおの	高知県高岡郡津野町	
おおの	佐賀県西松浦郡有田町	
おおの	熊本県上益城郡山都町	
おおの	熊本県八代郡氷川町	
おおの	熊本県葦北郡芦北町	
おおの	大分県臼杵市	

大野十郎原 おおのじゅうろうばら 広島県廿日市市

大野下
　おおのした 京都府福知山市
　おおのしも 熊本県（JR鹿児島本線）

大野下更地 おおのしもさらじ 広島県廿日市市
大野下灘 おおのしもなだ 広島県廿日市市
大野上 おおのうえ 京都府福知山市
大野上更地 おおのかみさらじ 広島県廿日市市
大野土井 おおのどい 広島県廿日市市
大野小山 おおのこやま 広島県廿日市市
大野小田ノ口 おおのおだのくち 広島県廿日市市
大野山町 おおのやまちょう 愛知県愛西市

大野中
　おおのなか 大阪府大阪狭山市
　おおのなか 和歌山県海南市

大野中山 おおのなかやま 広島県廿日市市
大野中央 おおのちゅうおう 広島県廿日市市
大野中津岡 おおのなかつおか 広島県廿日市市
大野井 おおのい 福岡県行橋市
大野戸石川 おおのといしがわ 広島県廿日市市

大野木
　おおのぎ 愛知県名古屋市西区
　おおのぎ 三重県伊賀市
　おおのぎ 三重県度会郡度会町
　おおのぎ 滋賀県米原市

大野木町 おおのぎまち 石川県七尾市

大野水ノ越 おおのみのこし 広島県廿日市市
大野水口 おおのみずぐち 広島県廿日市市
大野北 おおのきた 山口県熊毛郡平生町

大野台
　おおのだい 秋田県（秋田内陸縦貫鉄道線）
　おおのだい 福島県相馬市
　おおのだい 千葉県千葉市緑区
　おおのだい 千葉県君津市
　おおのだい 神奈川県相模原市中央区
　おおのだい 神奈川県相模原市南区
　おおのだい 大阪府大阪狭山市

大野四十八坂 おおのしじゅうはっさか 広島県廿日市市

大野奴メリ谷 おおのぬめりだに 広島県廿日市市
大野市 おおのし 福井県
大野田 おおのだ 宮城県仙台市太白区
大野田屋 おおのたや 広島県廿日市市
大野目 だいのめ 山形県山形市

大野地
　おおやち 新潟県阿賀野市
　おおのじ 高知県高岡郡檮原町

大野早時 おおのそうとき 広島県廿日市市
大野池田 おおのいけだ 広島県廿日市市
大野西 おおのにし 大阪府大阪狭山市
大野別府 おおのべふ 広島県廿日市市

大野町
　おおのまち 千葉県市川市
　おおのちょう 神奈川県横浜市神奈川区
　おおのまち 新潟県新潟市西区
　おおのまち 石川県金沢市
　おおのまち 石川県小松市
　おおのまち 石川県輪島市
　おおのちょう 福井県鯖江市
　おおのちょう 岐阜県各務原市
　おおのちょう 岐阜県揖斐郡
　おおのまち 愛知県（名古屋鉄道常滑線）
　おおのちょう 愛知県名古屋市北区
　おおのちょう 愛知県常滑市
　おおのちょう 愛知県愛西市
　おおのまち 大阪府和泉市
　おおのちょう 兵庫県姫路市
　おおのちょう 奈良県奈良市
　おおのちょう 奈良県五條市
　おおのちょう 島根県松江市
　おおのちょう 長崎県佐世保市
　おおのちょう 長崎県平戸市
　おおのまち 熊本県人吉市
　おおのまち 宮崎県延岡市

大野町十時 おおのまちととき 大分県豊後大野市
大野町大原 おおのまちおおはる 大分県豊後大野市
大野町小倉木 おおのまちこぐらき 大分県豊後大野市
大野町中土師 おおのまちなかはじ 大分県豊後大野市
大野町中原 おおのまちなかばる 大分県豊後大野市
大野町片島 おおのまちかたしま 大分県豊後大野市
大野町代三五 おおのまちだいさんご 大分県豊後大野市
大野町北園 おおのまちきたぞの 大分県豊後大野市
大野町田中 おおのまちたなか 大分県豊後大野市
大野町田代 おおのまちたしろ 大分県豊後大野市
大野町矢田 おおのまちやだ 大分県豊後大野市

3画(大)

大野町両家　おおのまちりょうけ　大分県豊後大野市
大野町安藤　おおのまちあんどう　大分県豊後大野市
大野町杉園　おおのまちすぎその　大分県豊後大野市
大野町沢田　おおのまちさわた　大分県豊後大野市
大野町長畑　おおのまちながはた　大分県豊後大野市
大野町屋原　おおのまちやばら　大分県豊後大野市
大野町後田　おおのまちうしろだ　大分県豊後大野市
大野町夏足　おおのまちなたせ　大分県豊後大野市
大野町宮迫　おおのまちみやざこ　大分県豊後大野市
大野町桑原　おおのまちくわばる　大分県豊後大野市
大野町酒井寺　おおのまちさかいじ　大分県豊後大野市
大野町郡山　おおのまちこおりやま　大分県豊後大野市
大野町新町　おおのまちしんまち　石川県金沢市
大野町藤北　おおのまちふじきた　大分県豊後大野市
大野芝町　おおのしばちょう　大阪府堺市中区
大野見下ル川　おおのみくだるかわ　高知県高岡郡中土佐町
大野見三ツ又　おおのみみつまた　高知県高岡郡中土佐町
大野見久万秋　おおのみくまあき　高知県高岡郡中土佐町
大野見大股　おおのみおおまた　高知県高岡郡中土佐町
大野見川奥　おおのみかわおく　高知県高岡郡中土佐町
大野見伊勢川　おおのみいせがわ　高知県高岡郡中土佐町
大野見吉野　おおのみよしの　高知県高岡郡中土佐町
大野見寺野　おおのみてらの　高知県高岡郡中土佐町
大野見竹原　おおのみたけはら　高知県高岡郡中土佐町
大野見奈路　おおのみなろ　高知県高岡郡中土佐町
大野見長野　おおのみながの　高知県高岡郡中土佐町
大野見栂ノ川　おおのみつがのかわ　高知県高岡郡中土佐町
大野見神母野　おおのみいげの　高知県高岡郡中土佐町
大野見荒瀬　おおのみあらせ　高知県高岡郡中土佐町
大野見島ノ川　おおのみしまのがわ　高知県高岡郡中土佐町
大野見野老野　おおのみところの　高知県高岡郡中土佐町
大野見萩中　おおのみはぎなか　高知県高岡郡中土佐町
大野見槙野々　おおのみまきのの　高知県高岡郡中土佐町
大野見橋谷　おおのみはしだに　高知県高岡郡中土佐町
大野東　おおのひがし　大阪府大阪狭山市
大野南　おおのみなみ　山口県熊毛郡平生町
大野垣ノ浦　おおのかきのうら　広島県廿日市市
大野城　おおのじょう　福岡県（JR鹿児島本線）
大野城市　おおのじょうし　福岡県
大野畑　おおのはた　新潟県三条市
大野原
　おおのはら　茨城県神栖市
　おおのはら　埼玉県（秩父鉄道線）
　おおのはら　埼玉県秩父市

　おおのはら　広島県廿日市市
大野原中央　おおのはらちゅうおう　茨城県神栖市
大野原町　おおのはらちょう　鹿児島県出水市
大野原町丸井　おおのはらちょうまるい　香川県観音寺市
大野原町大野原　おおのはらちょうおおのはら　香川県観音寺市
大野原町中姫　おおのはらちょうなかひめ　香川県観音寺市
大野原町井関　おおのはらちょういせき　香川県観音寺市
大野原町内野々　おおのはらちょううちのの　香川県観音寺市
大野原町田野々　おおのはらちょうたのの　香川県観音寺市
大野原町有木　おおのはらちょうありき　香川県観音寺市
大野原町花稲　おおのはらちょうはないな　香川県観音寺市
大野原町青岡　おおのはらちょうあおおか　香川県観音寺市
大野原町海老済　おおのはらちょうえびすくい　香川県観音寺市
大野原町萩原　おおのはらちょうはぎわら　香川県観音寺市
大野原町福田原　おおのはらちょうふくだはら　香川県観音寺市
大野島
　おおのじま　埼玉県さいたま市岩槻区
　おおのじま　福井県吉田郡永平寺町
　おおのしま　福岡県大川市
大野浦　おおのうら　広島県（JR山陽本線）
大野郡　おおのぐん　岐阜県
大野陣場　おおのじんば　広島県廿日市市
大野高見　おおのたかみ　広島県廿日市市
大野高畑　おおのたかばたけ　広島県廿日市市
大野猪ノウツ　おおのいのうつ　広島県廿日市市
大野経小屋　おおのきょうごや　広島県廿日市市
大野郷　おおのごう　広島県廿日市市
大野嵐谷　おおのあらしだに　広島県廿日市市
大野棚田　おおのたなだ　広島県廿日市市
大野渡ノ瀬　おおのわたのせ　広島県廿日市市
大野筏津　おおのいかなづ　広島県廿日市市
大野賀撫津　おおのがぶつ　広島県廿日市市
大野新　おおのしん　富山県氷見市
大野新田
　おおのしんでん　山形県酒田市
　おおのしんでん　静岡県富士市
大野新田町　おおのしんでんちょう　奈良県五條市
大野滝ノ下　おおのたきのした　広島県廿日市市
大野鳴川　おおのなるかわ　広島県廿日市市
大野横名　おおのよこなで　広島県廿日市市
大野鴉ケ岡　おおのからすがおか　広島県廿日市市
大野瀬町　おおのせちょう　愛知県豊田市
大野鯛ノ原　おおのたいのはら　広島県廿日市市
大雪通　たいせつどおり　北海道旭川市
大鳥
　おおとり　山形県鶴岡市
　おおとり　佐賀県東松浦郡玄海町

3画（大）

大鳥羽
おおとば　福井県（JR小浜線）
おおとば　福井県三方上中郡若狭町

大鳥町
おおとりまち　秋田県横手市
おおどりちょう　愛知県常滑市
おおどりちょう　三重県津市
おおとりまち　長崎県長崎市

大鳥居
おおどりい　千葉県袖ケ浦市
おおとり　東京都（京浜急行電鉄空港線）
おおとりい　山梨県中央市
おおとりい　静岡県周智郡森町
おおとりい　滋賀県大津市
おおとりい　福岡県北九州市若松区

大鳥居町　おおとりいまち　熊本県熊本市北区

大鹿
おおじか　新潟県新潟市秋葉区
おおしか　新潟県妙高市
おおしか　滋賀県米原市
おおじか　兵庫県伊丹市

大鹿村　おおしかむら　長野県下伊那郡

大鹿野　おおがの　宮城県伊具郡丸森町

大鹿窪　おおしかくぼ　静岡県富士宮市

大麻
おおあさ　北海道（JR函館本線）
おおあさ　北海道江別市

大麻ひかり町　おおあさひかりまち　北海道江別市

大麻中町　おおあさなかまち　北海道江別市

大麻元町　おおあさもとまち　北海道江別市

大麻北町　おおあさきたまち　北海道江別市

大麻生
おおあそう　埼玉県（秩父鉄道線）
おおあそう　埼玉県熊谷市

大麻西町　おおあさにしまち　北海道江別市

大麻沢町　おおあささわまち　北海道江別市

大麻町　おおあさちょう　香川県善通寺市

大麻町三俣　おおあさちょうみつまた　徳島県鳴門市

大麻町大谷　おおあさちょうおおたに　徳島県鳴門市

大麻町川崎　おおあさちょうかわさき　徳島県鳴門市

大麻町中馬詰　おおあさちょうなかうまづめ　徳島県鳴門市

大麻町牛屋島　おおあさちょううしやじま　徳島県鳴門市

大麻町市場　おおあさちょういちば　徳島県鳴門市

大麻町池谷　おおあさちょういけのたに　徳島県鳴門市

大麻町西馬詰　おおあさちょうにしうまづめ　徳島県鳴門市

大麻町松村　おおあさちょうまつむら　徳島県鳴門市

大麻町東馬詰　おおあさちょうひがしうまづめ　徳島県鳴門市

大麻町板東　おおあさちょうばんどう　徳島県鳴門市

大麻町津慈　おおあさちょうつじ　徳島県鳴門市

大麻町姫田　おおあさちょうひめだ　徳島県鳴門市

大麻町高畑　おおあさちょうたかばたけ　徳島県鳴門市

大麻町萩原　おおあさちょうはぎわら　徳島県鳴門市

大麻町檜　おおあさちょうひのき　徳島県鳴門市

大麻東町　おおあさひがしまち　北海道江別市

大麻南樹町　おおあさみなきちょう　北海道江別市

大麻栄町　おおあささかえまち　北海道江別市

大麻泉町　おおあさいずみちょう　北海道江別市

大麻宮町　おおあさみやまち　北海道江別市

大麻扇町　おおあさおうぎまち　北海道江別市

大麻桜木町　おおあささくらぎちょう　北海道江別市

大麻高町　おおあさたかまち　北海道江別市

大麻晴美町　おおあさはるみちょう　北海道江別市

大麻園町　おおあさそのまち　北海道江別市

大麻新町　おおあさしんまち　北海道江別市

大黒
だいこく　北海道稚内市
おぐろ　大阪府羽曳野市

大黒ふ頭　だいこくふとう　神奈川県横浜市鶴見区

大黒田町　おおくろだちょう　三重県松阪市

大黒壱丁目　だいこくいっちょうめ　兵庫県姫路市

大黒沢　おおぐろさわ　新潟県十日町市

大黒町
だいこくちょう　福島県須賀川市
だいこくちょう　栃木県那須塩原市
だいこくちょう　神奈川県横浜市鶴見区
だいこくまち　新潟県長岡市
だいこくちょう　岐阜県岐阜市
だいこくちょう　京都府京都市上京区
だいこくちょう　京都府京都市中京区
だいこくちょう　京都府京都市東山区
だいこくちょう　京都府京都市下京区
だいこくちょう　京都府京都市南区
だいこくちょう　大阪府豊中市
だいこくちょう　兵庫県神戸市須磨区
だいこくまち　広島県福山市
だいこくまち　愛媛県八幡浜市
だいこくまち　福岡県大牟田市
だいこくまち　福岡県田川市
だいこくまち　長崎県長崎市
だいこくちょう　長崎県佐世保市
だいこくちょう　熊本県水俣市
だいこくちょう　鹿児島県鹿児島市

大黒屋町　だいこくやちょう　京都府京都市上京区

大黒島　だいこくじま　北海道厚岸郡厚岸町

大黒部　おおくろべ　埼玉県東松山市

¹²**大博町**　たいはくまち　福岡県福岡市博多区

大厩　おおまや　千葉県市原市

大喜町　だいぎちょう　愛知県名古屋市瑞穂区

大喜新町　だいぎしんちょう　愛知県名古屋市瑞穂区

大善寺　だいぜんじ　福岡県（西日本鉄道天神大牟田線）

大善寺大橋　だいぜんじおおはし　福岡県久留米市

大善寺町中津　だいぜんじまちなかつ　福岡県久留米市

大善寺町夜明　だいぜんじまちよあけ　福岡県久留米市

大善寺町宮本　だいぜんじまちみやもと　福岡県久留米市

大善寺町黒田　だいぜんじまちくろだ　福岡県久留米市

大善寺町藤吉　だいぜんじまちふじよし　福岡県久留米市

大善寺南　だいぜんじみなみ　福岡県久留米市

大善町　だいぜんちょう　兵庫県姫路市

大堰
おおせぎ　静岡県御殿場市
おおぜき　福岡県（西日本鉄道甘木線）

183

3画（大）

大場
おおば	埼玉県春日部市
おおば	新潟県上越市
おおば	富山県富山市
おおば	岐阜県養老郡養老町
だいば	静岡県（伊豆箱根鉄道駿豆線）
だいば	静岡県三島市
おおば	奈良県北葛城郡広陵町

大場沢　おおばざわ　新潟県村上市

大場町
おおばちょう	茨城県水戸市
おおばちょう	神奈川県横浜市青葉区
おおばまち	石川県金沢市
おおばまち	長崎県諫早市

大塚
おおつか	宮城県東松島市
おおつか	秋田県能代市
おおつか	山形県東村山郡山辺町
おおつか	山形県東置賜郡川西町
おおつか	福島県会津若松市
おおつか	茨城県石岡市
おおつか	茨城県筑西市
おおつか	茨城県稲敷郡美浦村
おおつか	群馬県吾妻郡中之条町
おおつか	埼玉県川越市
おおつか	埼玉県熊谷市
おおづか	埼玉県深谷市
おおつか	埼玉県比企郡小川町
おおつか	埼玉県北葛飾郡杉戸町
おおつか	千葉県印西市
おおつか	東京都（JR山手線）
おおつか	東京都文京区
おおつか	東京都八王子市
おおつか	新潟県村上市
おおつか	新潟県胎内市
おおつか	新潟県刈羽郡刈羽村
おおつか	富山県富山市
おおつか	富山県南砺市
おおつか	山梨県西八代郡市川三郷町
おおつか	静岡県沼津市
おおつか	兵庫県三木市
おおつか	兵庫県養父市
おおつか	奈良県北葛城郡広陵町
おおづか	鳥取県鳥取市
おおつか	鳥取県倉吉市
おおつか	鳥取県西伯郡大山町
おおつか	広島県（広島高速交通アストラムライン）
おおつか	広島県山県郡北広島町
おおつか	山口県山陽小野田市
おおつか	福岡県朝倉郡筑前町
おおつか	大分県中津市
おおつか	大分県宇佐市

大塚・帝京大学　おおつかていきょうだいがく　東京都（多摩都市モノレール線）
大塚大岩　おおつかおおいわ　京都府京都市山科区
大塚中町　おおつかなかまち　鹿児島県枕崎市
大塚中溝　おおつかなかみぞ　京都府京都市山科区
大塚丹田　おおつかたんだ　京都府京都市山科区
大塚元屋敷町　おおつかもとやしきちょう　京都府京都市山科区
大塚戸町　おおつかどまち　茨城県常総市
大塚北
おおつかきた	富山県富山市

おおつかきた	愛知県稲沢市

大塚北町　おおつかきたまち　鹿児島県枕崎市
大塚北溝町　おおつかきたみぞちょう　京都府京都市山科区
大塚台西　おおつかだいにし　宮崎県宮崎市
大塚台東　おおつかだいひがし　宮崎県宮崎市
大塚向畑町　おおつかむかいばたちょう　京都府京都市山科区
大塚団地　おおつかだんち　山口県山陽小野田市
大塚西
おおつかにし	富山県富山市
おおづかにし	広島県広島市安佐南区

大塚西町
おおつかにしまち	広島県広島市安佐南区
おおつかにしまち	鹿児島県枕崎市

大塚西浦町　おおつかにしうらちょう　京都府京都市山科区
大塚町
おおつかまち	山形県鶴岡市
おおつかちょう	茨城県水戸市
おおつかまち	茨城県龍ケ崎市
おおつかちょう	栃木県宇都宮市
おおつかちょう	栃木県栃木市
おおつかちょう	千葉県柏市
おおつかちょう	静岡県浜松市南区
おおつかちょう	愛知県豊田市
おおつかちょう	愛知県蒲郡市
おおつかちょう	愛知県常滑市
おおつかちょう	愛知県稲沢市
おおつかちょう	愛知県尾張旭市
おおつかちょう	三重県松阪市
おおつかちょう	滋賀県東近江市
おおつかちょう	大阪府高槻市
おおつかちょう	兵庫県神戸市長田区
おおつかちょう	島根県出雲市
おおつかちょう	島根県安来市
おおつかちょう	宮崎県宮崎市

大塚東
おおつかひがし	富山県富山市
おおづかひがし	広島県広島市安佐南区

大塚東町　おおづかひがしまち　広島県広島市安佐南区
大塚南
おおつかみなみ	富山県富山市
おおつかみなみ	愛知県稲沢市

大塚南町　おおつかみなみまち　鹿児島県枕崎市
大塚南溝町　おおつかみなみみぞちょう　京都府京都市山科区
大塚原　おおつかはら　千葉県旭市
大塚島　おおつかじま　埼玉県深谷市
大塚高岩　おおつかたかいわ　京都府京都市山科区
大塚野　おおつかの　茨城県潮来市
大塚野溝町　おおつかのみぞちょう　京都府京都市山科区
大塚森町　おおつかもりちょう　京都府京都市山科区
大塚新田
おおつかしんでん	埼玉県川越市
おおづかしんでん	新潟県魚沼市

大塚新町　おおつかしんまち　埼玉県川越市
大塚駅前　おおつかえきまえ　東京都（東京都交通局荒川線）

3画(大)

大塚檀ノ浦 おおつかだんのうら 京都府京都市山科区
大堤 おおつつみ 茨城県古河市
大堤下 おおづつみした 秋田県由利本荘市
大堤北 おおつつみきた 岩手県北上市
大堤西 おおつつみにし 岩手県北上市
大堤町 おおづつみまち 愛知県碧南市
大堤東 おおつつみひがし 岩手県北上市
大堤南 おおつつみみなみ 岩手県北上市
大塔 だいとう 長崎県(JR佐世保線)
大塔町 だいとうちょう 長崎県佐世保市
大塔町小代 おおとうちょうこだい 奈良県五條市
大塔町中井傍示 おおとうちょうなかいほうじ 奈良県五條市
大塔町中原 おおとうちょうなかばら 奈良県五條市
大塔町中峯 おおとうちょうなかみね 奈良県五條市
大塔町引土 おおとうちょうひきつち 奈良県五條市
大塔町辻堂 おおとうちょうつじどう 奈良県五條市
大塔町宇井 おおとうちょううい 奈良県五條市
大塔町阪本 おおとうちょうさかもと 奈良県五條市
大塔町飛養曽 おおとうちょうひよそ 奈良県五條市
大塔町堂平 おおとうちょうどうひら 奈良県五條市
大塔町清水 おおとうちょうしみず 奈良県五條市
大塔町閉君 おおとうちょうとじきみ 奈良県五條市
大塔町惣谷 おおとうちょうそうたに 奈良県五條市
大塔町殿野 おおとうちょうとの 奈良県五條市
大塔町猿谷 おおとうちょうさるたに 奈良県五條市
大塔町篠原 おおとうちょうしのはら 奈良県五條市
大塔町簾 おおとうちょうすだれ 奈良県五條市
大富
　おおとみ 北海道虻田郡京極町
　おおとみ 北海道中川郡中川町
　おおとみ 北海道新冠郡新冠町
　おおどみ 岡山県(JR赤穂線)
大富町
　おおとみちょう 青森県弘前市
　おおとみちょう 岐阜県岐阜市
大嵐
　おおあらし 山梨県南アルプス市
　おおあらし 山梨県南都留郡富士河口湖町
　おおぞれ 静岡県(JR飯田線)
大御神 おおみか 静岡県駿東郡小山町
大御堂
　おおみどう 埼玉県児玉郡上里町
　おみど 愛知県丹羽郡大口町
大勝 おおがち 鹿児島県大島郡龍郷町
大朝 おおあさ 広島県山県郡北広島町
大朝戸 おおあさと 鹿児島県大島郡喜界町
大植 おおうえ 高知県吾川郡仁淀川町
大森
　おおもり 北海道中川郡池田町
　おおもり 青森県弘前市
　おおもり 岩手県下閉伊郡田野畑村
　おおもり 宮城県石巻市
　おおもり 宮城県黒川郡大衡村
　おおもり 秋田県能代市
　おおもり 秋田県湯沢市
　おおもり 山形県山形市
　おおもり 山形県東根市
　おおもり 福島県福島市

　おおもり 埼玉県さいたま市岩槻区
　おおもり 千葉県勝浦市
　おおもり 千葉県富津市
　おおもり 千葉県印西市
　おおもり 千葉県印旛郡栄町
　おおもり 東京都(JR京浜東北線)
　おおもり 岐阜県可児市
　おおもり 岐阜県山県市
　おおもり 岐阜県安八郡安八町
　おおもり 静岡県(天竜浜名湖鉄道線)
　おおもり 愛知県名古屋市守山区
　おおもり 大阪府堺市南区
　おおもり 高知県吾川郡いの町
大森・金城学院前 おおもりきんじょうがくいんまえ 愛知県(名古屋鉄道瀬戸線)
大森八龍 おおもりはちりゅう 愛知県名古屋市守山区
大森上植野入会地 おおもりかみうえののいりあいち 千葉県勝浦市
大森山 おおもりやま 秋田県能代市
大森中 おおもりなか 東京都大田区
大森中町 おおもりなかちょう 京都府京都市北区
大森北
　おおもりきた 東京都大田区
　おおもりきた 愛知県名古屋市守山区
大森台
　おおもりだい 千葉県(京成電鉄千原線)
　おおもりだい 岐阜県可児市
大森平 おおもりだいら 岩手県滝沢市
大森本町 おおもりほんちょう 東京都大田区
大森西 おおもりにし 東京都大田区
大森西町
　おおもりにしちょう 京都府京都市北区
　おおもりにしまち 奈良県奈良市
大森沢 おおもりさわ 福島県二本松市
大森町
　おおもりちょう 北海道函館市
　おおもりちょう 茨城県常陸太田市
　おおもりまち 栃木県栃木市
　おおもりまち 千葉県千葉市中央区
　おおもりまち 東京都(京浜急行電鉄本線)
　おおもりちょう 福井県福井市
　おおもりちょう 滋賀県近江八幡市
　おおもりちょう 滋賀県東近江市
　おおもりちょう 兵庫県西宮市
　おおもりちょう 奈良県奈良市
　おおもりちょう 島根県大田市
大森町八沢木 おおもりまちやさわぎ 秋田県横手市
大森町十日町 おおもりまちとおかまち 秋田県横手市
大森町上溝 おおもりまちうわみぞ 秋田県横手市
大森町久保 おおもりまちくぼ 秋田県横手市
大森町大中島 おおもりまちおおなかじま 秋田県横手市
大森町大森 おおもりまちおおもり 秋田県横手市
大森町中田 おおもりまちなかた 秋田県横手市
大森町中嶋 おおもりまちなかじま 秋田県横手市
大森町文天鏡田 おおもりまちもんてんかがみだ 秋田県横手市
大森町牛ケ沢 おおもりまちうしがさわ 秋田県横手市

3画（大）

大森町牛中島　おおもりまちうしなかじま　秋田県横手市

大森町本郷　おおもりまちほんごう　秋田県横手市

大森町西中島　おおもりまちにしなかじま　秋田県横手市

大森町西野　おおもりまちにしの　秋田県横手市

大森町佐渡　おおもりまちさど　秋田県横手市

大森町坂部　おおもりまちさかべ　秋田県横手市

大森町町田　おおもりまちまちだ　秋田県横手市

大森町町回　おおもりまちまちまわり　秋田県横手市

大森町東中島　おおもりまちひがしなかじま　秋田県横手市

大森町板井田　おおもりまちいたいだ　秋田県横手市

大森町長助巻　おおもりまちちょうすけまき　秋田県横手市

大森町峠町頭　おおもりまちとうげまちがしら　秋田県横手市

大森町持向　おおもりまちもちむかい　秋田県横手市

大森町真山　おおもりまちしんざん　秋田県横手市

大森町高口下水戸堤　おおもりまちたかくちしたみとつつみ　秋田県横手市

大森町高野中島　おおもりまちたかのなかじま　秋田県横手市

大森町堂林　おおもりまちどうばやし　秋田県横手市

大森町清水上　おおもりまちしみずのうえ　秋田県横手市

大森町菅生田　おおもりまちすごうた　秋田県横手市

大森町袴形　おおもりまちはかまがた　秋田県横手市

大森町湯ノ沢　おおもりまちゆのさわ　秋田県横手市

大森町湯ノ島　おおもりまちゆのしま　秋田県横手市

大森町猿田　おおもりまちさるた　秋田県横手市

大森町鰕沼　おおもりまちどじょうぬま　秋田県横手市

大森芦堂町　おおもりあしどうちょう　京都府京都市北区

大森東　おおもりひがし　東京都大田区

大森東町　おおもりひがしちょう　京都府京都市北区

大森南　おおもりみなみ　東京都大田区

大森海岸　おおもりかいがん　東京都（京浜急行電鉄本線）

大森稲荷　おおもりいなり　京都府京都市北区

大棚　おおだな　鹿児島県大島郡大和村

大棚西　おおだなにし　神奈川県横浜市都筑区

大棚町　おおだなちょう　神奈川県横浜市都筑区

大椎町　おおじちょう　千葉県千葉市緑区

大椚
　おおくぬぎ　山梨県上野原市
　おおくぬぎ　山梨県南巨摩郡富士川町

大渡
　おおわたり　青森県三戸郡五戸町
　おおわたり　岩手県和賀郡西和賀町
　おおわたり　栃木県日光市
　おおど　高知県吾川郡仁淀川町
　おおわたり　佐賀県杵島郡白石町

大渡戸　おおわだど　茨城県結城郡八千代町

大渡町
　おおわたりちょう　岩手県釜石市
　おおわたりまち　群馬県前橋市

大渡道ノ下　おおわたりみちのしも　青森県三戸郡五戸町

大湯町　おおゆちょう　愛知県半田市

大湯温泉　おおゆおんせん　新潟県魚沼市

大満　だいま　埼玉県入間郡越生町

大湊
　おおみなと　青森県（JR大湊線）
　おおみなと　青森県むつ市
　おおみなと　新潟県柏崎市
　おおみなと　福井県小浜市

大湊上町　おおみなとかみまち　青森県むつ市

大湊町
　おおみなとちょう　青森県むつ市
　おおみなとちょう　三重県伊勢市

大湊浜町　おおみなとはまちょう　青森県むつ市

大湊新町　おおみなとしんちょう　青森県むつ市

大湾　おおわん　沖縄県中頭郡読谷村

大湫町　おおくてちょう　岐阜県瑞浪市

大琳寺　だいりんじ　熊本県菊池市

大登
　おおのぼり　福島県大沼郡三島町
　おおのぼり　千葉県茂原市

大童　おおわらべ　宮城県黒川郡富谷町

大給町　おぎゅうちょう　愛知県西尾市

大萱
　おおがや　宮城県刈田郡七ケ宿町
　おおがや　滋賀県大津市

大萩町　おおはぎちょう　滋賀県東近江市

大街道
　おおかいどう　群馬県館林市
　おおかいどう　愛媛県（伊予鉄道環状線ほか）
　おおかいどう　愛媛県松山市

大街道北　おおかいどうきた　宮城県石巻市

大街道西　おおかいどうにし　宮城県石巻市

大街道東　おおかいどうひがし　宮城県石巻市

大街道南　おおかいどうみなみ　宮城県石巻市

大覚寺
　だいかくじ　静岡県焼津市
　だいかくじ　鳥取県鳥取市

大覚寺町　だいかくじちょう　滋賀県東近江市

大賀
　おおが　茨城県潮来市
　おおか　千葉県館山市

大賀茂　おおがも　静岡県下田市

大賀畑　おおかはた　和歌山県有田郡有田川町

大賀郷　おおかごう　東京都八丈町

大越
　おおごえ　福島県（JR磐越東線）
　おおごえ　埼玉県加須市
　おおごえ　大分県佐伯市

大越町下大越　おおごえまちしもおおごえ　福島県田村市

大越町上大越　おおごえまちかみおおごえ　福島県田村市

大越町早稲川　おおごえまちわせがわ　福島県田村市

大越町牧野　おおごえまちまぎの　福島県田村市

大越町栗出　おおごえまちくりで　福島県田村市

大超寺奥　だいちょうじおく　愛媛県宇和島市

大軽町　おおがるちょう　奈良県橿原市

大道
　おおみち　秋田県南秋田郡八郎潟町
　だいどう　福島県河沼郡会津坂下町
　だいどう　群馬県吾妻郡中之条町

3画（大）

だいどう　埼玉県さいたま市緑区
おおみち　埼玉県越谷市
だいどう　神奈川県横浜市金沢区
だいどう　大阪府大阪市天王寺区
だいどう　山口県（JR山陽本線）
おおみち　徳島県徳島市
だいどう　沖縄県那覇市
大道上　おおみちかみ　福島県大沼郡会津美里町
大道上甲　おおみちかみこう　福島県大沼郡会津美里町
大道田　おおみちた　福島県喜多方市
大道寺　だいどうじ　新潟県糸魚川市
大道西　おおみちにし　福島県耶麻郡猪苗代町
大道町
　だいどうちょう　兵庫県明石市
　おおみちまち　大分県大分市
大道南　だいどうみなみ　大阪府大阪市東淀川区
大道泉　だいどういずみ　栃木県真岡市
大道通　おおみちどおり　兵庫県神戸市長田区
大道理　おおどうり　山口県周南市
大道福田　だいどうふくだ　新潟県上越市
大道端　おおみちばた　山形県山形市
大開
　おおびらき　青森県弘前市
　おおびらき　富山県黒部市
　おおひらき　大阪府大阪市福島区
　だいかい　兵庫県（神戸高速鉄道東西線）
大開町　だいかいちょう　兵庫県小野市
大開通　だいかいどおり　兵庫県神戸市兵庫区
大間
　おおま　青森県下北郡大間町
　おおま　埼玉県鴻巣市
　おおま　静岡県静岡市葵区
　だいま　愛媛県伊予郡松前町
　おおま　高知県（JR土讃線）
大間々　おおまま　群馬県（わたらせ渓谷鉄道線）
大間々町下神梅　おおまままちょうしもかんばい　群馬県みどり市
大間々町上神梅　おおまままちょうかみかんばい　群馬県みどり市
大間々町大間々　おおまままちょうおおまま　群馬県みどり市
大間々町小平　おおまままちょうおだいら　群馬県みどり市
大間々町長尾根　おおまままちょうながおね　群馬県みどり市
大間々町浅原　おおまままちょうあさばら　群馬県みどり市
大間々町桐原　おおまままちょうきりばら　群馬県みどり市
大間々町高津戸　おおまままちょうたかつど　群馬県みどり市
大間々町塩沢　おおまままちょうしおざわ　群馬県みどり市
大間々町塩原　おおまままちょうしおばら　群馬県みどり市
大間手　おおまで　千葉県旭市
大間木
　おおまぎ　茨城県結城郡八千代町
　おおまぎ　埼玉県さいたま市緑区
大間本町　おおまほんまち　高知県須崎市

大間西町　おおまにしまち　高知県須崎市
大間町　おおままち　青森県下北郡
大間町南大間　おおまちょうみなみおおま　愛知県江南市
大間町新町　おおまちょうしんまち　愛知県江南市
大間東町　おおまひがしまち　高知県須崎市
大間野町　おおまのちょう　埼玉県越谷市
大間越
　おおまごし　青森県（JR五能線）
　おおまごし　青森県西津軽郡深浦町
大隅　おおすみ　大阪府大阪市東淀川区
大隅大川原　おおすみおおかわら　鹿児島県（JR日豊本線）
大隅町下窪町　おおすみちょうしもくぼまち　鹿児島県曽於市
大隅町大谷　おおすみちょうおおたに　鹿児島県曽於市
大隅町中之内　おおすみちょうなかのうち　鹿児島県曽於市
大隅町月野　おおすみちょうつきの　鹿児島県曽於市
大隅町坂元　おおすみちょうさかもと　鹿児島県曽於市
大隅町岩川　おおすみちょういわがわ　鹿児島県曽於市
大隅町恒吉　おおすみちょうつねよし　鹿児島県曽於市
大隅町段中町　おおすみちょうだんなかまち　鹿児島県曽於市
大隅町荒谷　おおすみちょうあらたに　鹿児島県曽於市
大隅町須田木　おおすみちょうすだき　鹿児島県曽於市
大隅町境木町　おおすみちょうさかいぎまち　鹿児島県曽於市
大隅町鳴神町　おおすみちょうなるがみまち　鹿児島県曽於市
大隅夏井　おおすみなつい　鹿児島県（JR日南線）
大隅横川　おおすみよこがわ　鹿児島県（JR肥薩線）
大隈
　おおくま　福岡県嘉麻市
　おおくま　福岡県糟屋郡粕屋町
　おおくま　大分県玖珠郡玖珠町
大隈町　おおくままち　福岡県嘉麻市
大雄一ノ関　たいゆういちのせき　秋田県横手市
大雄一ノ関東　たいゆういちのせきひがし　秋田県横手市
大雄一ノ関南　たいゆういちのせきみなみ　秋田県横手市
大雄八柏　たいゆうやがしわ　秋田県横手市
大雄八柏下村　たいゆうやがしわしもむら　秋田県横手市
大雄八柏中村　たいゆうやがしわなかむら　秋田県横手市
大雄八柏中村東　たいゆうやがしわなかむらひがし　秋田県横手市
大雄八柏村西　たいゆうやがしわむらにし　秋田県横手市
大雄八柏村表　たいゆうやがしわむらおもて　秋田県横手市
大雄八柏谷地　たいゆうやがしわやち　秋田県横手市
大雄八柏家間　たいゆうやがしわいえま　秋田県横手市
大雄八柏釜蓋　たいゆうやがしわかまぶた　秋田県横手市
大雄八柏馬道添　たいゆうやがしわうまみちぞい　秋田県横手市

187

3画（大）

大雄八柏街道添　たいゆうやがしわかいどうぞい　秋田県横手市

大雄下田町　たいゆうしもたまち　秋田県横手市

大雄下根田谷地　たいゆうしたこんだやち　秋田県横手市

大雄下新処　たいゆうしもあらところ　秋田県横手市

大雄三村　たいゆうみむら　秋田県横手市

大雄三村北　たいゆうみむらきた　秋田県横手市

大雄三村西　たいゆうみむらにし　秋田県横手市

大雄三村東　たいゆうみむらひがし　秋田県横手市

大雄上田村　たいゆうかみたむら　秋田県横手市

大雄上田村西　たいゆうかみたむらにし　秋田県横手市

大雄上田村東　たいゆうかみたむらひがし　秋田県横手市

大雄上田村南　たいゆうかみたむらみなみ　秋田県横手市

大雄上柏木　たいゆうかみかしわぎ　秋田県横手市

大雄上桜森　たいゆうかみさくらもり　秋田県横手市

大雄上堰東　たいゆうかみわせきひがし　秋田県横手市

大雄万貝　たいゆうまんかい　秋田県横手市

大雄土井尻　たいゆうどいじり　秋田県横手市

大雄大戸川端　たいゆうおおどかわばた　秋田県横手市

大雄大谷地　たいゆうおおやち　秋田県横手市

大雄大谷地西　たいゆうおおやちにし　秋田県横手市

大雄大森道北　たいゆうおおもりみちきた　秋田県横手市

大雄大慈寺谷地　たいゆうだいじじやち　秋田県横手市

大雄大慈寺東　たいゆうだいじじひがし　秋田県横手市

大雄大慈寺前　たいゆうだいじじまえ　秋田県横手市

大雄大関　たいゆうおおぜき　秋田県横手市

大雄小林　たいゆうこばやし　秋田県横手市

大雄小林西　たいゆうこばやしにし　秋田県横手市

大雄山　だいゆうさん　神奈川県（伊豆箱根鉄道大雄山線）

大雄山王　たいゆうさんのう　秋田県横手市

大雄山王西　たいゆうさんのうにし　秋田県横手市

大雄中谷地　たいゆうなかやち　秋田県横手市

大雄中野　たいゆうなかの　秋田県横手市

大雄中野東　たいゆうなかのひがし　秋田県横手市

大雄中館合　たいゆうなかたてあい　秋田県横手市

大雄六町　たいゆうろくちょう　秋田県横手市

大雄六町下　たいゆうろくちょうした　秋田県横手市

大雄六町東　たいゆうろくちょうひがし　秋田県横手市

大雄文蔵開　たいゆうぶんぞうびらき　秋田県横手市

大雄木戸口　たいゆうきどぐち　秋田県横手市

大雄木戸口下　たいゆうきどぐちした　秋田県横手市

大雄木戸口西　たいゆうきどぐちにし　秋田県横手市

大雄牛中島　たいゆうしなかじま　秋田県横手市

大雄北四津屋　たいゆうきたよつや　秋田県横手市

大雄四ツ屋　たいゆうよつや　秋田県横手市

大雄四ツ屋西　たいゆうよつやにし　秋田県横手市

大雄四ツ屋東　たいゆうよつやひがし　秋田県横手市

大雄四津屋下　たいゆうよつやした　秋田県横手市

大雄平柳　たいゆうひらやなぎ　秋田県横手市

大雄本庄道北堰間　たいゆうほんじょうみちきたせきま　秋田県横手市

大雄本庄道南　たいゆうほんじょうみちみなみ　秋田県横手市

大雄田村　たいゆうたむら　秋田県横手市

大雄田町　たいゆうたまち　秋田県横手市

大雄田根森　たいゆうたねもり　秋田県横手市

大雄田根森西　たいゆうたねもりにし　秋田県横手市

大雄田根森東　たいゆうたねもりひがし　秋田県横手市

大雄石持　たいゆういしもち　秋田県横手市

大雄石持下　たいゆういしもちした　秋田県横手市

大雄石持前　たいゆういしもちまえ　秋田県横手市

大雄伝蔵村　たいゆうでんぞうむら　秋田県横手市

大雄向　たいゆうむかい　秋田県横手市

大雄向田　たいゆうむかいだ　秋田県横手市

大雄向田東　たいゆうむかいだひがし　秋田県横手市

大雄向東　たいゆうむかいひがし　秋田県横手市

大雄江原　たいゆうえばら　秋田県横手市

大雄耳取　たいゆうみみどり　秋田県横手市

大雄耳取西　たいゆうみみどりにし　秋田県横手市

大雄西中島　たいゆうにしなかじま　秋田県横手市

大雄西四津屋　たいゆうにしよつや　秋田県横手市

大雄西桜森　たいゆうにしさくらもり　秋田県横手市

大雄西館合　たいゆうにしたてあい　秋田県横手市

大雄佐加里　たいゆうさがり　秋田県横手市

大雄佐加里南　たいゆうさがりみなみ　秋田県横手市

大雄折橋　たいゆうおりはし　秋田県横手市

大雄折橋西　たいゆうおりはしにし　秋田県横手市

大雄折橋南　たいゆうおりはしみなみ　秋田県横手市

大雄町　だいゆうちょう　神奈川県南足柄市

大雄赤沼　たいゆうあかぬま　秋田県横手市

大雄東中島　たいゆうひがしなかじま　秋田県横手市

大雄東四津屋　たいゆうひがしよつや　秋田県横手市

大雄東阿気　たいゆうひがしあげ　秋田県横手市

大雄東桜森　たいゆうひがしさくらもり　秋田県横手市

大雄東高津野　たいゆうひがしたかづの　秋田県横手市

大雄東館合　たいゆうひがしたてあい　秋田県横手市

大雄板橋堰添　たいゆういたばしせきぞい　秋田県横手市

大雄狐塚　たいゆうきつねづか　秋田県横手市

大雄阿久戸　たいゆうあくど　秋田県横手市

大雄阿気　たいゆうあげ　秋田県横手市

大雄乗阿気　たいゆうのりあげ　秋田県横手市

大雄乗阿気下　たいゆうのりあげした　秋田県横手市

大雄南四津屋　たいゆうみなみよつや　秋田県横手市

大雄南阿気　たいゆうみなみあげ　秋田県横手市

大雄柏木　たいゆうかしわぎ　秋田県横手市

大雄柏木下　たいゆうかしわぎした　秋田県横手市

大雄柏木西　たいゆうかしわぎにし　秋田県横手市

大雄柏木南　たいゆうかしわぎみなみ　秋田県横手市

大雄宮小路　たいゆうみやこうじ　秋田県横手市

大雄宮田　たいゆうみやた　秋田県横手市

大雄島田　たいゆうしまだ　秋田県横手市

大雄根田谷地　たいゆうこんだやち　秋田県横手市

大雄根田谷地西　たいゆうこんだやちにし　秋田県横手市

3画（大）

大雄根田谷地東　たいゆうこんだやちひがし　秋田県横手市

大雄根田谷地南　たいゆうこんだやちみなみ　秋田県横手市

大雄桜森　たいゆうさくらもり　秋田県横手市

大雄桜森西　たいゆうさくらもりにし　秋田県横手市

大雄桜森東　たいゆうさくらもりひがし　秋田県横手市

大雄桜森前　たいゆうさくらもりまえ　秋田県横手市

大雄高津野　たいゆうたかづの　秋田県横手市

大雄高津野下　たいゆうたかづのした　秋田県横手市

大雄剰水　たいゆうせせなぎ　秋田県横手市

大雄剰水東　たいゆうせせなぎひがし　秋田県横手市

大雄袋谷地　たいゆうふくろやち　秋田県横手市

大雄野中　たいゆうのなか　秋田県横手市

大雄焼野　たいゆうやけの　秋田県横手市

大雄傾城塚　たいゆうけいせいづか　秋田県横手市

大雄傾城塚南　たいゆうけいせいづかみなみ　秋田県横手市

大雄新処　たいゆうあらところ　秋田県横手市

大雄新町　たいゆうしんまち　秋田県横手市

大雄新町北　たいゆうしんまちきた　秋田県横手市

大雄新町西　たいゆうしんまちにし　秋田県横手市

大雄新町西野添　たいゆうしんまちにしのぞい　秋田県横手市

大雄新町東　たいゆうしんまちひがし　秋田県横手市

大雄新町南　たいゆうしんまちみなみ　秋田県横手市

大雄福島　たいゆうふくじま　秋田県横手市

大雄福島南　たいゆうふくじまみなみ　秋田県横手市

大雄樋脇　たいゆうとよわき　秋田県横手市

大雄精兵西　たいゆうせいべいにし　秋田県横手市

大雄精兵村　たいゆうせいべいむら　秋田県横手市

大雄潤井谷地　たいゆううるいやち　秋田県横手市

大雄鍛治村　たいゆうかじむら　秋田県横手市

大雄藤巻　たいゆうふじまき　秋田県横手市

大雄藤巻中島　たいゆうふじまきなかじま　秋田県横手市

大雄藤巻西　たいゆうふじまきにし　秋田県横手市

大雄鶴巻田　たいゆうつるまきだ　秋田県横手市

大雲寺前　だいうんじまえ　岡山県（岡山電気軌道清輝橋線）

大須
　　おおず　新潟県佐渡市
　　おおす　愛知県名古屋市中区
　　おおす　広島県安芸郡府中町

大須戸　おおすど　新潟県村上市

大須恵　おおずえ　山口県山陽小野田市

大須郷　おおうるいきち　新潟県五泉市

大須賀町　おおすがちょう　広島県広島市南区

大須賀津　おおすかつ　茨城県稲敷郡美浦村

大須観音　おおすかんのん　愛知県（名古屋市交通局鶴舞線）

大飯郡　おおいぐん　福井県

13 大僧　おおそう　愛知県知多市

大園木　おおぞのき　茨城県下妻市

大園団地　おおぞのだんち　大分県大分市

大園町
　　おおぞのちょう　三重県津市
　　おおぞのまち　長崎県長崎市
　　おおぞのちょう　熊本県水俣市

大塩
　　おおしお　宮城県東松島市
　　おおしお　福島県耶麻郡北塩原村
　　おおしお　福島県大沼郡金山町
　　おおしお　山梨県南巨摩郡身延町
　　おおしお　兵庫県（山陽電気鉄道本線）
　　おおしお　奈良県山辺郡山添村

大塩沢　おおしおざわ　群馬県甘楽郡南牧村

大塩町
　　おおしおちょう　福井県越前市
　　おおしおちょう　愛知県名古屋市中川区
　　おおしおちょう　兵庫県姫路市

大塩町汐咲　おおしおちょうしおさき　兵庫県姫路市

大塩町宮前　おおしおちょうみやまえ　兵庫県姫路市

大峙町　おおとやまち　宮城県仙台市太白区

大寛　だいかん　栃木県宇都宮市

大慈仙町　だいじせんちょう　奈良県奈良市

大慈寺町　だいじじちょう　岩手県盛岡市

大新　おおしん　北海道二海郡八雲町

大新田
　　おおにた　福島県南会津郡南会津町
　　おおしんでん　愛媛県西条市
　　おおしんでん　大分県中津市

大新田町
　　おおしんでんちょう　群馬県館林市
　　おおしんでんちょう　愛媛県今治市

大新町
　　だいしんちょう　岩手県盛岡市
　　おおしんまち　岐阜県高山市

大新島　たいしんじま　静岡県藤枝市

大楽毛
　　おたのしけ　北海道（JR根室本線）
　　おたのしけ　北海道釧路市
　　おたのしけ　北海道白糠郡白糠町

大楽毛北　おたのしけきた　北海道釧路市

大楽毛西　おたのしけにし　北海道釧路市

大楽毛南　おたのしけみなみ　北海道釧路市

大楽寺町　だいらくじまち　東京都八王子市

大槌
　　おおつち　岩手県（JR山田線）
　　おおつち　岩手県上閉伊郡大槌町

大槌町　おおつちちょう　岩手県上閉伊郡

大椴　おおとど　北海道留萌郡小平町

大楠
　　おおくす　千葉県勝浦市
　　おおぐす　福岡県福岡市南区

大歳　おおとし　山口県（JR山口線）

大殿
　　おおとの　鳥取県西伯郡伯耆町
　　おおとの　徳島県那賀郡那賀町

大殿大路　おおどのおおじ　山口県山口市

大殿井　おおどのい　千葉県野田市

大殿町　おとどまち　愛知県名古屋市瑞穂区

大源寺　だいげんじ　富山県高岡市

大溝
　　おおみぞ　福井県あわら市
　　おおみぞ　愛媛県伊予郡松前町
　　おおみぞ　福岡県（西日本鉄道天神大牟田線）

大滝
　　おおたき　山形県（JR奥羽本線）
　　おおたき　山形県西村山郡朝日町

3画（大）

おおたき	山形県最上郡真室川町
おおたき	山形県西置賜郡小国町
おおたき	埼玉県秩父市
おおたき	岐阜県不破郡垂井町
おおたき	三重県伊賀市
おおたき	奈良県吉野郡川上村
おおたき	和歌山県伊都郡高野町
おおたき	鳥取県西伯郡伯耆町
おおだき	高知県長岡郡大豊町

大滝区三階滝町 おおたきくさんがいたきちょう　北海道伊達市

大滝区上野町 おおたきくうえのちょう　北海道伊達市

大滝区大成町 おおたきくたいせいちょう　北海道伊達市

大滝区円山町 おおたきくまるやまちょう　北海道伊達市

大滝区北湯沢温泉町 おおたきくきたゆざわおんせんちょう　北海道伊達市

大滝区本町 おおたきくほんちょう　北海道伊達市

大滝区本郷町 おおたきくほんごうちょう　北海道伊達市

大滝区昭園町 おおたきくしょうえんちょう　北海道伊達市

大滝区宮城町 おおたきくみやぎちょう　北海道伊達市

大滝区清原町 おおたきくきよはらちょう　北海道伊達市

大滝区清陵町 おおたきくせいりょうちょう　北海道伊達市

大滝区愛地町 おおたきくあいちちょう　北海道伊達市

大滝区豊里町 おおたきくとよさとちょう　北海道伊達市

大滝区優徳町 おおたきくゆうとくちょう　北海道伊達市

大滝町
おおだきちょう	神奈川県横須賀市
おおたきちょう	福井県越前市
おおたきちょう	三重県尾鷲市

大滝温泉 おおたきおんせん　秋田県（JR花輪線）

大福
だいふく	三重県桑名市
だいふく	奈良県（近畿日本鉄道大阪線）
だいふく	奈良県桜井市
おおぶく	岡山県岡山市南区

大福田 おおふくだ　茨城県猿島郡五霞町

大福寺 だいふくじ　石川県羽咋郡志賀町

大福寺町 だいふくじまち　熊本県八代市

大福町 だいふくちょう　岐阜県岐阜市

大福院 だいふくいん　富山県高岡市

大聖寺
| だいしょうじ | 石川県（JR北陸本線） |
| だいしょうじ | 岡山県美作市 |

大聖寺一本橋町 だいしょうじいっぽんばしまち　石川県加賀市

大聖寺八間道 だいしょうじはちけんみち　石川県加賀市

大聖寺十一町 だいしょうじじゅういちまち　石川県加賀市

大聖寺下屋敷町 だいしょうじしたやしきまち　石川県加賀市

大聖寺下福田町 だいしょうじしもふくだまち　石川県加賀市

大聖寺三ツ町 だいしょうじみつまち　石川県加賀市

大聖寺三ツ屋町 だいしょうじみつやまち　石川県加賀市

大聖寺上木町 だいしょうじうわぎまち　石川県加賀市

大聖寺上福田町 だいしょうじかみふくだまち　石川県加賀市

大聖寺大名竹町 だいしょうじだいみょうだけまち　石川県加賀市

大聖寺大新道 だいしょうじおおしんみち　石川県加賀市

大聖寺山田町 だいしょうじやまだまち　石川県加賀市

大聖寺弓町 だいしょうじゆみちょう　石川県加賀市

大聖寺中町 だいしょうじなかまち　石川県加賀市

大聖寺中新道 だいしょうじなかしんみち　石川県加賀市

大聖寺五軒町 だいしょうじごけんちょう　石川県加賀市

大聖寺今出町 だいしょうじいまでまち　石川県加賀市

大聖寺天神下町 だいしょうじてんじんしたまち　石川県加賀市

大聖寺木呂場町 だいしょうじころばまち　石川県加賀市

大聖寺片原町 だいしょうじかたはらまち　石川県加賀市

大聖寺北片原町 だいしょうじきたかたはらまち　石川県加賀市

大聖寺平床 だいしょうじひらとこ　石川県加賀市

大聖寺本町 だいしょうじほんまち　石川県加賀市

大聖寺永町 だいしょうじながまち　石川県加賀市

大聖寺田原町 だいしょうじたわらまち　石川県加賀市

大聖寺仲町 だいしょうじなかちょう　石川県加賀市

大聖寺地方町 だいしょうじじかたまち　石川県加賀市

大聖寺寺町 だいしょうじてらまち　石川県加賀市

大聖寺耳聞山仲町 だいしょうじみみきやまなかちょう　石川県加賀市

大聖寺耳聞山町 だいしょうじみみきやままち　石川県加賀市

大聖寺西町 だいしょうじにしちょう　石川県加賀市

大聖寺西栄町 だいしょうじにしさかえまち　石川県加賀市

大聖寺京町 だいしょうじきょうまち　石川県加賀市

大聖寺岡町 だいしょうじおかまち　石川県加賀市

大聖寺松ケ根町 だいしょうじまつがねちょう　石川県加賀市

大聖寺松島町 だいしょうじまつしままち　石川県加賀市

大聖寺東町 だいしょうじひがしちょう　石川県加賀市

大聖寺東敷地町 だいしょうじひがししきじまち　石川県加賀市

大聖寺東横町 だいしょうじひがしよこまち　石川県加賀市

大聖寺法華坊町 だいしょうじほっけぼうまち　石川県加賀市

3画（大）

大聖寺金子町　だいしょうじかねこまち　石川県加賀市
大聖寺南町　だいしょうじみなみちょう　石川県加賀市
大聖寺春日町　だいしょうじかすがちょう　石川県加賀市
大聖寺畑山町　だいしょうじはたやままち　石川県加賀市
大聖寺畑町　だいしょうじはたまち　石川県加賀市
大聖寺相生町　だいしょうじあいおいちょう　石川県加賀市
大聖寺神明町　だいしょうじしんめいちょう　石川県加賀市
大聖寺荒町　だいしょうじあらまち　石川県加賀市
大聖寺荻生町　だいしょうじおぎゅうまち　石川県加賀市
大聖寺馬場町　だいしょうじばばまち　石川県加賀市
大聖寺亀町　だいしょうじがめちょう　石川県加賀市
大聖寺菅生　だいしょうじすごう　石川県加賀市
大聖寺菅生町　だいしょうじすごうまち　石川県加賀市
大聖寺魚町　だいしょうじうおまち　石川県加賀市
大聖寺麻畠町　だいしょうじあさばたけまち　石川県加賀市
大聖寺朝日町　だいしょうじあさひまち　石川県加賀市
大聖寺番場町　だいしょうじばんばちょう　石川県加賀市
大聖寺越前三ツ屋町　だいしょうじえちぜんみつやまち　石川県加賀市
大聖寺越前町　だいしょうじえちぜんまち　石川県加賀市
大聖寺新川町　だいしょうじしんかわまち　石川県加賀市
大聖寺新町　だいしょうじしんちょう　石川県加賀市
大聖寺新屋敷町　だいしょうじしんやしきまち　石川県加賀市
大聖寺新栄町　だいしょうじしんさかえまち　石川県加賀市
大聖寺新組町　だいしょうじしんくみちょう　石川県加賀市
大聖寺新旗陽町　だいしょうじしんきようまち　石川県加賀市
大聖寺殿町　だいしょうじとのまち　石川県加賀市
大聖寺福田町　だいしょうじふくだまち　石川県加賀市
大聖寺鉄砲町　だいしょうじてっぽうまち　石川県加賀市
大聖寺緑ケ丘　だいしょうじみどりがおか　石川県加賀市
大聖寺関町　だいしょうじせきまち　石川県加賀市
大聖寺敷地　だいしょうじしきじ　石川県加賀市
大聖寺錦町　だいしょうじにしきちょう　石川県加賀市
大聖寺錦城ケ丘　だいしょうじきんじょうがおか　石川県加賀市
大聖寺曙町　だいしょうじあけぼのちょう　石川県加賀市
大聖寺鍛冶町　だいしょうじかじまち　石川県加賀市
大聖寺藤ノ木町　だいしょうじふじのきまち　石川県加賀市
大聖寺観音町　だいしょうじかんのんまち　石川県加賀市

大聖寺瀬越町　だいしょうじせごえまち　石川県加賀市
大聖寺鷹匠町　だいしょうじたかじょうまち　石川県加賀市
大蒲町　おおかばちょう　静岡県浜松市東区
大蓮北　おおはすきた　大阪府東大阪市
大蓮東　おおはすひがし　大阪府東大阪市
大蓮南　おおはすみなみ　大阪府東大阪市
大誉地　およち　北海道足寄郡足寄町
大誉地本町　およちもとまち　北海道足寄郡足寄町
大豊　おおとよ　北海道中川郡幕別町
大豊田　おおとよだ　山形県酒田市
大豊町　おおとちょう　高知県長岡郡
大跡　おおあと　岐阜県養老郡養老町
大路　おおじ　滋賀県草津市
大路町　おちちょう　滋賀県長浜市
大頓　おおとん　沖縄県島尻郡八重瀬町
¹⁴大嘉陽　おおかよう　沖縄県国頭郡本部町
大境　おおざかい　富山県氷見市
大増　おおます　茨城県石岡市
大嶋　おおしま　愛知県清須市
大徳町　だいとくまち　茨城県龍ケ崎市
大徳鍋子新田　だいとくなべこしんでん　茨城県稲敷郡河内町
大暮　おおぐれ　広島県山県郡北広島町
大暮山　おおぐれやま　山形県西村山郡朝日町
大暮矢見山　おおくれやみやま　福島県白河市
大榎　おおえのき　富山県滑川市
大榎町　おおえのきちょう　鳥取県鳥取市
大樋町　おおひまち　石川県金沢市
大槇　おおまき　山形県村山市
大熊
　おおくま　富山県魚津市
　おんま　石川県河北郡津幡町
　おおくま　兵庫県篠山市
　おおくま　福岡県田川郡糸田町
大熊町
　おおくままち　福島県双葉郡
　おおくまちょう　神奈川県横浜市都筑区
大稲　おおいね　千葉県木更津市
大稲場　おおいなば　福島県二本松市
大窪
　おおくぼ　富山県氷見市
　おおくぼ　富山県滑川市
　おおくぼ　富山県砺波市
　おおくぼ　富山県南砺市
　おおくぼ　富山県中新川郡立山町
　おおくぼ　石川県河北郡津幡町
　おおくぼ　滋賀県蒲生郡日野町
　おおくぼ　大阪府八尾市
　おおくぼ　岡山県岡山市北区
　おおくぼ　熊本県熊本市北区
　おおくぼ　熊本県下益城郡美里町
　おおくぼ　宮崎県日南市
大窪町　おおくぼちょう　福井県福井市
大窪開　おおくぼびらき　富山県中新川郡立山町
大綱木　おおつなぎ　福島県伊達郡川俣町
大網
　おおあみ　山形県鶴岡市
　おおあみ　茨城県東茨城郡城里町

191

3画（大）

おおあみ　千葉県（JR外房線）
おおあみ　千葉県館山市
おおあみ　千葉県大網白里市
おおあみ　奈良県磯城郡田原本町

大網白里市　おおあみしらさとし　千葉県

大網白里町　おおあみしらさとまち　⇒大網白里市
（千葉県）

大網町　おおあみまち　栃木県宇都宮市

大関
おおぜき　福島県二本松市
おおぜき　茨城県筑西市
おおぜき　千葉県八街市
おおぜき　新潟県新潟市秋葉区
おおぜき　新潟県新潟市西蒲区
おおぜき　新潟県村上市
おおぜき　新潟県燕市
おおぜき　福井県（えちぜん鉄道三国芦原線）

大領　だいりょう　大阪府大阪市住吉区

大領中町　だいりょうなかまち　石川県小松市

大領町　だいりょうまち　石川県小松市

15 **大幡**
おおはた　千葉県鴨川市
おおはた　山梨県都留市
おおはた　静岡県榛原郡吉田町

大幡町　おおばたちょう　愛知県岡崎市

大慶寺町　だいけいじちょう　愛知県津島市

大撫沢　おおなでさわ　青森県上北郡東北町

大横町　おおよこちょう　東京都八王子市

大樟　おこのぎ　福井県丹生郡越前町

大槻
おおつき　栃木県矢板市
おおつき　新潟県新発田市
おおづき　石川県鹿島郡中能登町

大槻町　おおつきまち　福島県郡山市

大槻新田　おおつきしんでん　山形県酒田市

大潟
おおがた　秋田県南秋田郡大潟村
おおがた　新潟県新潟市西区
おおがた　新潟県新潟市西蒲区

大潟区九戸浜　おおがたくくどはま　新潟県上越市

大潟区下小船津浜　おおがたくしもこぶなつはま　新潟県上越市

大潟区上小船津浜　おおがたくかみこぶなつはま　新潟県上越市

大潟区土底浜　おおがたくどそこはま　新潟県上越市

大潟区山鵜島新田　おおがたくやまうじましんでん　新潟県上越市

大潟区内雁子　おおがたくうちがんご　新潟県上越市

大潟区内雁子新田　おおがたくうちがんごしんでん　新潟県上越市

大潟区四ツ屋浜　おおがたくよつやはま　新潟県上越市

大潟区吉崎新田　おおがたくよしざきしんでん　新潟県上越市

大潟区米倉新田　おおがたくよねぐらしんでん　新潟県上越市

大潟区里鵜島新田　おおがたくさとうじましんでん　新潟県上越市

大潟区和泉新田　おおがたくいずみしんでん　新潟県上越市

大潟区岩野古新田　おおがたくいわのこしんでん　新潟県上越市

大潟区長崎　おおがたくながさき　新潟県上越市

大潟区高橋新田　おおがたくたかはししんでん　新潟県上越市

大潟区渋柿浜　おおがたくしぶかきはま　新潟県上越市

大潟区犀潟　おおがたくさいがた　新潟県上越市

大潟区雁子浜　おおがたくがんこはま　新潟県上越市

大潟区蜘ケ池　おおがたくくもがいけ　新潟県上越市

大潟区潟田　おおがたくかただ　新潟県上越市

大潟区潟守新田　おおがたくかたもりしんでん　新潟県上越市

大潟区潟町　おおがたくかたまち　新潟県上越市

大潟村　おおがたむら　秋田県南秋田郡

大潟町
おおがたちょう　徳島県阿南市
おおがたちょう　長崎県佐世保市

大澗町
おおまちょう　北海道函館市
おおまちょう　北海道檜山郡江差町

大潮　おおしお　山口県周南市

大穂
おおほ　茨城県つくば市
おおぶ　福岡県宗像市

大窯　おおがま　愛知県常滑市

大箱　おおばこ　石川県鳳珠郡能登町

大縄町
おおなわちょう　北海道函館市
おおなわちょう　愛知県津島市

大縄場　おおなわば　岐阜県岐阜市

大蔵
おおくら　茨城県鉾田市
おおくら　群馬県邑楽郡板倉町
おおくら　埼玉県比企郡嵐山町
おおくら　千葉県市原市
おおくら　東京都世田谷区
おおぞう　神奈川県高座郡寒川町
だいぞう　新潟県新潟市秋葉区
おおくら　新潟県五泉市
おおくら　福井県敦賀市
おおぞう　和歌山県有田郡有田川町
おおくら　福岡県北九州市八幡東区

大蔵八幡町　おおくらはちまんちょう　兵庫県明石市

大蔵中町　おおくらなかまち　兵庫県明石市

大蔵天神町　おおくらてんじんちょう　兵庫県明石市

大蔵司　だいぞうじ　大阪府高槻市

大蔵台　おおくらだい　岐阜県岐阜市

大蔵本町　おおくらほんまち　兵庫県明石市

大蔵村　おおくらむら　山形県最上郡

大蔵町
おおくらちょう　栃木県佐野市
おおくらまち　東京都町田市
おおくらちょう　愛知県名古屋市北区
おおくらちょう　愛知県豊田市
おおくらちょう　兵庫県明石市

大蔵谷
おおくらだに　兵庫県（山陽電気鉄道本線）
おぞうたに　高知県高岡郡檮原町

大蔵谷奥　おおくらだにおく　兵庫県明石市

大蔵海岸通　おおくらかいがんどおり　兵庫県明石市

大蔵連町　おおぞうれんちょう　愛知県豊田市

3画（大）

大蕨
　おおわらび　山形県酒田市
　おおわらび　山形県東村山郡山辺町
　おおわらび　福島県東白川郡塙町
　おおわらび　高知県吾川郡仁淀川町
大蕨岡　おおわらびおか　山形県飽海郡遊佐町
大諏訪　おおずわ　静岡県沼津市
大輪
　おおわ　栃木県大田原市
　おおわ　群馬県邑楽郡明和町
大輪田
　おおわだ　奈良県（近畿日本鉄道田原本線）
　おおわだ　奈良県北葛城郡河合町
大輪町
　おおわまち　茨城県常総市
　だいりんちょう　島根県松江市
16大壇　おおだん　福島県二本松市
大橋
　おおはし　北海道名寄市
　おおはし　宮城県石巻市
　おおはし　山形県南陽市
　おおはし　福島県南会津郡南会津町
　おおはし　福島県石川郡石川町
　おおはし　茨城県笠間市
　おおはし　埼玉県比企郡鳩山町
　おおはし　千葉県松戸市
　おおはし　東京都目黒区
　おおはし　滋賀県栗東市
　おおはし　香川県綾歌郡宇多津町
　おおはし　福岡県（西日本鉄道天神大牟田線）
　おおはし　福岡県福岡市南区
　おおはし　福岡県大川市
　おおはし　福岡県行橋市
　おおはし　長崎県（長崎電気軌道1系統ほか）
　おおはし　宮崎県宮崎市
大橋辺　おおはしべり　京都府久世郡久御山町
大橋団地　おおはしだんち　福岡県福岡市南区
大橋町
　おおはしちょう　茨城県結城市
　おおはしちょう　栃木県足利市
　おおはしちょう　栃木県佐野市
　おおはしまち　群馬県高崎市
　おおはしちょう　千葉県銚子市
　おおはしちょう　神奈川県横浜市南区
　おおはしちょう　愛知県豊川市
　おおはしまち　滋賀県彦根市
　おおはしちょう　京都府京都市東山区
　おおはしちょう　大阪府門真市
　おおはしちょう　兵庫県神戸市長田区
　おおはしちょう　兵庫県赤穂市
　おおはしまち　愛媛県松山市
　おおはしまち　長崎県長崎市
大橋町合楽　おおはしまちあいらく　福岡県久留米市
大橋町常持　おおはしまちつねもち　福岡県久留米市
大橋町蜷川　おおはしまちにながわ　福岡県久留米市
大橋南　おおはしみなみ　長野県長野市
大橋通
　おおはしどおり　愛知県豊橋市
　おおはしどおり　和歌山県新宮市
　おおはしどおり　高知県（とさでん交通伊野線）
　おおはしどおり　熊本県山鹿市
大橋通り　おおはしどおり　奈良県御所市
大樹　たいき　北海道広尾郡大樹町

大樹寺　だいじゅうじ　愛知県岡崎市
大樹町　たいきちょう　北海道広尾郡
大樽　おおだる　佐賀県西松浦郡有田町
大濁　おおにごり　新潟県妙高市
大積　おおつみ　福岡県北九州市門司区
大積三島谷町　おおづみみしまだにまち　新潟県長岡市
大積千本町　おおづみせんぼんまち　新潟県長岡市
大積田代町　おおづみたしろまち　新潟県長岡市
大積灰下町　おおづみはいげまち　新潟県長岡市
大積折渡町　おおづみおりわたりまち　新潟県長岡市
大積町　おおづみまち　新潟県長岡市
大積高鳥町　おおづみたかとりまち　新潟県長岡市
大積善間町　おおづみぜんままち　新潟県長岡市
大積熊上町　おおづみくまがみまち　新潟県長岡市
大膳　だいぜん　福岡県北九州市八幡西区
大膳町　だいぜんちょう　高知県高知市
大膳野町　だいぜんのちょう　千葉県千葉市緑区
大興寺　だいこうじ　愛知県知多市
大館　おおだて　宮城県伊具郡丸森町
大舘町　おおたちちょう　群馬県太田市
大薗
　おおその　和歌山県有田郡有田川町
　おおぞの　佐賀県東松浦郡玄海町
大薮
　おおやぶ　福井県三方郡美浜町
　おおやぶ　兵庫県養父市
　おおやぶ　和歌山県伊都郡かつらぎ町
　おおやぶ　岡山県玉野市
　おおやぶ　高知県土佐郡大川村
大薮町　おおやぶちょう　岐阜県多治見市
大衡　おおひら　宮城県黒川郡大衡村
大衡村　おおひらむら　宮城県黒川郡
大鋸　だいぎり　神奈川県藤沢市
大鋸町　おおがまち　静岡県静岡市葵区
大鋸屋　おがや　富山県南砺市
大鋸屋町　おがやちょう　富山県高岡市
大館
　おおだて　秋田県（JR奥羽本線）
　おおだて　秋田県大館市
大館市　おおだてし　秋田県
大館町　おおだてちょう　岩手県盛岡市
17大嶺　おおみね　沖縄県那覇市
大嶺町北分　おおみねちょうきたぶん　山口県美祢市
大嶺町西分　おおみねちょうにしぶん　山口県美祢市
大嶺町東分　おおみねちょうひがしぶん　山口県美祢市
大嶺町奥分　おおみねちょうおくぶん　山口県美祢市
大濠　おおほり　福岡県福岡市中央区
大濠公園
　おおほりこうえん　福岡県（福岡市交通局空港線）
　おおほりこうえん　福岡県福岡市中央区
大磯
　おおいそ　北海道松前郡松前町
　おおいそ　神奈川県（JR東海道本線）
　おおいそ　神奈川県中郡大磯町
　おおいそ　兵庫県淡路市
大磯小磯　おおいそこいそ　山梨県南巨摩郡身延町
大磯町
　おおいそちょう　北海道寿都郡寿都町
　おおいそちょう　北海道虻田郡洞爺湖町

193

おおいそまち　神奈川県中郡
おおいそちょう　兵庫県豊岡市
大磯通　おおいそどおり　愛知県名古屋市南区
大篠　おおささ　岡山県津山市
大篠岡　おおしのか　兵庫県豊岡市
大篠津町
　おおしのづちょう　鳥取県（JR境線）
　おおしのづちょう　鳥取県米子市
大篠原　おおしのはら　滋賀県野洲市
大篠塚　おおしのづか　千葉県佐倉市
大築　おおやな　秋田県由利本荘市
大謝名　おおじゃな　沖縄県宜野湾市
大鍬町　おおくわまち　秋田県由利本荘市
大鍋　おおなべ　静岡県賀茂郡河津町
18**大甕**　おおみか　茨城県（JR常磐線）
大藤　おおふじ　兵庫県篠山市
大藤谷　おおふじだに　山口県下松市
大藪
　おおやぶ　岐阜県安八郡輪之内町
　おおやぶ　福岡県（平成筑豊鉄道糸田線）
　おおやぶ　福岡県三潴郡大木町
大藪町　おおやぶちょう　滋賀県彦根市
大観山町　だいかんやまちょう　大分県別府市
大観町　たいかんちょう　兵庫県明石市
大鎌　おおがま　和歌山県西牟婁郡すさみ町
大額　おおぬか　石川県金沢市
大額町　おおぬかまち　石川県金沢市
大類　おおるい　埼玉県入間郡毛呂山町
19**大瀬**
　おおせ　山形県西置賜郡白鷹町
　おおせ　栃木県芳賀郡茂木町
　おおぜ　埼玉県八潮市
　おおせ　静岡県賀茂郡南伊豆町
　おおせ　和歌山県西牟婁郡白浜町
　おおぜ　鳥取県東伯郡三朝町
　おおせ　愛媛県喜多郡内子町
　おおせ　熊本県球磨郡球磨村
大瀬子町　おおせこちょう　愛知県名古屋市熱田区
大瀬中央　おおせちゅうおう　愛媛県喜多郡内子町
大瀬戸町多以良内郷　おおせとちょうたいらうちごう　長崎県西海市
大瀬戸町多以良外郷　おおせとちょうたいらそとごう　長崎県西海市
大瀬戸町松島内郷　おおせとちょうまつしまうちごう　長崎県西海市
大瀬戸町松島外郷　おおせとちょうまつしまそとごう　長崎県西海市
大瀬戸町雪浦下釜郷　おおせとちょうゆきのうらしもかまごう　長崎県西海市
大瀬戸町雪浦下郷　おおせとちょうゆきのうらしもごう　長崎県西海市
大瀬戸町雪浦上郷　おおせとちょうゆきのうらかみごう　長崎県西海市
大瀬戸町雪浦久良木郷　おおせとちょうゆきのうらきゅうらぎごう　長崎県西海市
大瀬戸町雪浦小松郷　おおせとちょうゆきのうらこまつごう　長崎県西海市
大瀬戸町雪浦幸物郷　おおせとちょうゆきのうらこうぶつごう　長崎県西海市
大瀬戸町雪浦河通郷　おおせとちょうゆきのうらごうつうごう　長崎県西海市

大瀬戸町雪浦奥浦郷　おおせとちょうゆきのうらおくうらごう　長崎県西海市
大瀬戸下山郷　おおせとちょうせとしたやまごう　長崎県西海市
大瀬戸町瀬戸羽出川郷　おおせとちょうせとはでがわごう　長崎県西海市
大瀬戸町瀬戸西濱郷　おおせとちょうせとにしはまごう　長崎県西海市
大瀬戸町瀬戸東濱郷　おおせとちょうせとひがしはまごう　長崎県西海市
大瀬戸町瀬戸板浦郷　おおせとちょうせといたのうらごう　長崎県西海市
大瀬戸町瀬戸福島郷　おおせとちょうせとふくしまごう　長崎県西海市
大瀬戸町瀬戸樫浦郷　おおせとちょうせとかしのうらごう　長崎県西海市
大瀬木　おおせぎ　長野県飯田市
大瀬北　おおせきた　愛媛県喜多郡内子町
大瀬町
　おおせちょう　福井県福井市
　おおせちょう　静岡県浜松市東区
　おおせまち　宮崎県宮崎市
　おおせまち　宮崎県延岡市
大瀬東　おおせひがし　愛媛県喜多郡内子町
大瀬南　おおせみなみ　愛媛県喜多郡内子町
大瀬柳　おおせやなぎ　新潟県新潟市北区
大瀬儘下　おおせまました　秋田県能代市
大簾　おおみす　京都府船井郡京丹波町
大蟷螂町　だいとうろうちょう　愛知県名古屋市中川区
大願寺　だいがんじ　福井県福井市
大願町　おおねがいちょう　北海道岩見沢市
20**大巌寺町**　だいがんじちょう　千葉県千葉市中央区
大籏屋　おおはたや　青森県上北郡東北町
大鐘町　おおがねちょう　三重県四日市市
大饗　おわい　大阪府堺市美原区
大鰐
　おおわに　青森県（弘南鉄道大鰐線）
　おおわに　青森県南津軽郡大鰐町
大鰐町　おおわにまち　青森県南津軽郡
大鰐温泉　おおわにおんせん　青森県（JR奥羽本線）
21**大鶴**　おおつる　大分県（JR日田彦山線）
大鶴本町　おおつるほんまち　大分県日田市
大鶴町　おおつるまち　大分県日田市
大鶴津　おおつるつ　高知県高岡郡四万十町
22**大籠**　おおごもり　福岡県八女市
大籠町　おおごもりまち　長崎県長崎市
23**大鷲**　おおわし　千葉県君津市
大鷲町　おおわしちょう　群馬県太田市
大鷲新田　おおわししんでん　千葉県君津市
24**大鷹沢三沢**　おおたかさわみさわ　宮城県白石市
大鷹沢大町　おおたかさわおおまち　宮城県白石市
大鷹沢鷹巣　おおたかさわたかのす　宮城県白石市

【女】

0**女の都**　めのと　長崎県長崎市
3**女子大**　じょしだい　千葉県（山万ユーカリが丘線）
女川
　おながわ　宮城県（JR石巻線）
　おながわ　富山県中新川郡上市町

3画（子）

女川町　おながわちょう　宮城県牡鹿郡
女川浜　おながわはま　宮城県牡鹿郡女川町
女川新　おながわしん　富山県中新川郡立山町
⁴女化町　おなばけちょう　茨城県牛久市
女方　おざかた　茨城県筑西市
女木町　めぎちょう　香川県高松市
⁵女布　にょう　京都府舞鶴市
女布北町　にょうきたまち　京都府舞鶴市
女石　おんないし　福島県白河市
⁶女池　めいけ　新潟県新潟市中央区
女池上山　めいけかみやま　新潟県新潟市中央区
女池北　めいけきた　新潟県新潟市中央区
女池西　めいけにし　新潟県新潟市中央区
女池東　めいけひがし　新潟県新潟市中央区
女池南　めいけみなみ　新潟県新潟市中央区
女池神明　めいけしんめい　新潟県新潟市中央区
⁷女良川　めらがわ　石川県鳳珠郡穴水町
女谷　おなだに　新潟県柏崎市
女那川町　めながわちょう　北海道函館市
⁸女学院前　じょがくいんまえ　広島県（広島電鉄白島線）
女沼　おなぬま　茨城県古河市
⁹女屋町　おなやまち　群馬県前橋市
女神　めかみ　静岡県牧之原市
¹⁰女原
　　おなばら　石川県白山市
　　おなばら　岡山県苫田郡鏡野町
　　みょうばる　福岡県福岡市西区
女原北　みょうばるきた　福岡県福岡市西区
女島
　　めしま　熊本県葦北郡芦北町
　　めじま　大分県佐伯市
女島団地　めじまだんち　大分県佐伯市
¹¹女堂　おんどう　新潟県阿賀野市
女鳥羽　めとば　長野県松本市
女鹿
　　めが　岩手県二戸郡一戸町
　　めが　山形県（JR羽越本線）
¹²女満別　めまんべつ　北海道（JR石北本線）
女満別夕陽台　めまんべつゆうひだい　北海道網走郡大空町
女満別大成　めまんべつたいせい　北海道網走郡大空町
女満別大東　めまんべつだいとう　北海道網走郡大空町
女満別中央　めまんべつちゅうおう　北海道網走郡大空町
女満別公園　めまんべつこうえん　北海道網走郡大空町
女満別公園通　めまんべつこうえんどおり　北海道網走郡大空町
女満別巴沢　めまんべつともえざわ　北海道網走郡大空町
女満別日進　めまんべつにっしん　北海道網走郡大空町
女満別本通　めまんべつほんどおり　北海道網走郡大空町
女満別本郷　めまんべつほんごう　北海道網走郡大空町

女満別西一条　めまんべつにしいちじょう　北海道網走郡大空町
女満別西七条　めまんべつにししちじょう　北海道網走郡大空町
女満別西二条　めまんべつにしにじょう　北海道網走郡大空町
女満別西三条　めまんべつにしさんじょう　北海道網走郡大空町
女満別西五条　めまんべつにしごじょう　北海道網走郡大空町
女満別西六条　めまんべつにしろくじょう　北海道網走郡大空町
女満別西四条　めまんべつにししじょう　北海道網走郡大空町
女満別住吉　めまんべつすみよし　北海道網走郡大空町
女満別東一条　めまんべつひがしいちじょう　北海道網走郡大空町
女満別東二条　めまんべつひがしにじょう　北海道網走郡大空町
女満別東陽　めまんべつとうよう　北海道網走郡大空町
女満別昭和　めまんべつしょうわ　北海道網走郡大空町
女満別眺湖台　めまんべつちょうこだい　北海道網走郡大空町
女満別朝日　めまんべつあさひ　北海道網走郡大空町
女満別湖南　めまんべつこなん　北海道網走郡大空町
女満別湖畔　めまんべつこはん　北海道網走郡大空町
女満別開陽　めまんべつかいよう　北海道網走郡大空町
女満別豊里　めまんべつとよさと　北海道網走郡大空町
¹⁵女影　おなかげ　埼玉県日高市
女影新田　おなかげしんでん　埼玉県日高市

【子】

⁰子々川郷　ししがわごう　長崎県西彼杵郡時津町
子ノ鳥平　ねのとりたい　青森県上北郡東北町
子八清水　こはしみず　福島県西白河郡矢吹町
⁴子木地　ねぎち　岩手県下閉伊郡田野畑村
子木屋敷　ねぎやしき　岩手県下閉伊郡田野畑村
⁵子平町　しへいまち　宮城県仙台市青葉区
子母口　しぼくち　神奈川県川崎市高津区
子生
　　こなじ　茨城県鉾田市
　　こび　福井県大飯郡高浜町
子生和八島町　こうわやしまちょう　愛知県稲沢市
子生和子安賀町　こうわこやすがちょう　愛知県稲沢市
子生和小原町　こうわこはらちょう　愛知県稲沢市
子生和山王町　こうわさんのうちょう　愛知県稲沢市
子生和円場町　こうわえんばちょう　愛知県稲沢市
子生和池田町　こうわいけだちょう　愛知県稲沢市
子生和住吉町　こうわすみよしちょう　愛知県稲沢市
子生和坂田町　こうわさかたちょう　愛知県稲沢市
子生和町　こうわちょう　愛知県稲沢市
子生和神明町　こうわしんめいちょう　愛知県稲沢市
子生和溝師町　こうわみぞしちょう　愛知県稲沢市
⁶子吉　こよし　秋田県（由利高原鉄道鳥海山ろく線）

3画（寸,小）

子安
　こやす　宮城県伊具郡丸森町
　こやす　神奈川県（京浜急行電鉄本線）
　こやす　神奈川県横須賀市
　こやす　新潟県上越市
子安台　こやすだい　神奈川県横浜市神奈川区
子安町
　こやすまち　東京都八王子市
　こやすちょう　静岡県浜松市東区
　こやすまち　大分県宇佐市
子安通　こやすどおり　神奈川県横浜市神奈川区
子安新田　こやすしんでん　新潟県上越市
子守唄の里高屋　こもりうたのさとたかや　岡山県
　（井原鉄道線）
子成場　こなしば　新潟県新潟市秋葉区
7子来町　こらいまち　石川県金沢市
8子供の国　こどものくに　宮崎県（JR日南線）
子宝　こだから　愛知県弥富市
子宝町　こだからちょう　愛知県弥富市
子抱　こだき　岩手県岩手郡岩手町
子易　こやす　神奈川県伊勢原市
9子思儀　こしぎ　茨城県筑西市
10子浦
　しお　石川県羽咋郡宝達志水町
　こうら　静岡県賀茂郡南伊豆町
13子飼本町　こかいほんまち　熊本県熊本市中央区
16子隣　ことなり　静岡県掛川市

【寸】
7寸沢嵐　すわらし　神奈川県相模原市緑区
10寸座　すんざ　静岡県（天竜浜名湖鉄道線）

【小】
小　おむら　奈良県吉野郡東吉野村
0小々汐　こごしお　宮城県気仙沼市
小ケ田　おがた　秋田県（秋田内陸縦貫鉄道線）
小ケ谷　おがや　埼玉県川越市
小ケ倉町
　こがくらまち　長崎県長崎市
　こがくらまち　長崎県諫早市
小ケ瀬町　おがせまち　大分県日田市
小セ川　こせがわ　福島県二本松市
小ノ谷　おのたに　岡山県美作市
1小一条町　こいちじょうちょう　滋賀県長浜市
2小二又　こぶたまた　富山県南砺市
小二又町　こふたまたまち　石川県金沢市
小人町
　こびとちょう　青森県弘前市
　こびとまち　秋田県由利本荘市
　こびとまち　和歌山県和歌山市
小人町南ノ丁　こびとまちみなみのちょう　和歌山県
　和歌山市
小入　おいれ　栃木県さくら市
小入野　こいりの　福島県双葉郡大熊町
小八木町
　こやぎまち　群馬県高崎市
　こやぎちょう　滋賀県東近江市
小八林　こやつばやし　埼玉県熊谷市
小八幡　こやわた　神奈川県小田原市

小又
　こまた　青森県上北郡七戸町
　こまた　秋田県北秋田市
　おまた　富山県南砺市
　おまた　富山県中新川郡立山町
　おまた　石川県鳳珠郡穴水町
　こまた　石川県鳳珠郡穴水町
小又井　こまたい　千葉県いすみ市
3小下田　こしもだ　静岡県伊豆市
小下町　こみざちょう　三重県亀山市
小下倉　こしたぐら　宮城県白石市
小上町　こがみまち　石川県白山市
小丸　こまる　福島県双葉郡浪江町
小丸山台　こまるやまだい　石川県七尾市
小丸山新田　こまるやましんでん　新潟県妙高市
小丸町　こまるちょう　愛知県岡崎市
小久田町　おくだちょう　愛知県岡崎市
小久米　おぐめ　富山県氷見市
小久保
　こくぼ　埼玉県飯能市
　こくぼ　千葉県富津市
　こくぼ　兵庫県明石市
小久喜　こぐき　埼玉県白岡市
小久慈町　こくじちょう　岩手県久慈市
小千谷　おぢや　新潟県（JR上越線）
小千谷市　おぢやし　新潟県
小口
　こぐち　栃木県那須郡那珂川町
　こぐち　新潟県新潟市秋葉区
　おぐち　愛知県丹羽郡大口町
　おぐち　滋賀県蒲生郡竜王町
小口川　こくちがわ　新潟県村上市
小土　こひじ　静岡県焼津市
小土呂　おどろ　千葉県夷隅郡大多喜町
小土肥　おどい　静岡県伊豆市
小子内　おこない　岩手県九戸郡洋野町
小山
　おやま　宮城県名取市
　こやま　福島県大沼郡三島町
　こやま　茨城県つくば市
　こやま　茨城県鹿嶋市
　こやま　茨城県守谷市
　おやま　茨城県坂東市
　おやま　栃木県（JR東北新幹線ほか）
　おやま　栃木県小山市
　おやま　栃木県芳賀郡茂木町
　こやま　埼玉県草加市
　こやま　埼玉県坂戸市
　こやま　千葉県松戸市
　おやま　千葉県野田市
　こやま　東京都品川区
　おやま　東京都東久留米市
　おやま　神奈川県相模原市中央区
　こやま　富山県南砺市
　おやま　静岡県袋井市
　おやま　静岡県駿東郡小山町
　こやま　大阪府藤井寺市
　こやま　兵庫県神戸市西区
　こやま　兵庫県佐用郡佐用町
　こやま　奈良県高市郡明日香村
　こやま　岡山県岡山市北区
　こやま　岡山県久米郡美咲町

3画（小）

こやま　愛媛県南宇和郡愛南町
おやま　熊本県熊本市東区

小山ケ丘　おやまがおか　東京都町田市

小山一石畑　こやまいっこくばた　京都府京都市山
科区

小山下　こやました　宮城県遠田郡涌谷町

小山下ノ池　こやましものいけ　京都府京都市山科区

小山下内河原町　こやましもうちかわらちょう　京都
府京都市北区

小山下初音町　こやましもはつねちょう　京都府京都
市北区

小山下花ノ木町　こやましもはなのきちょう　京都府
京都市北区

小山下板倉町　こやましもいたくらちょう　京都府京
都市北区

小山下総町　こやましもふさちょう　京都府京都市
北区

小山上内河原町　こやまかみうちかわらちょう　京都
府京都市北区

小山上初音町　こやまかみはつねちょう　京都府京都
市北区

小山上花ノ木町　こやまかみはなのきちょう　京都府
京都市北区

小山上板倉町　こやまかみいたくらちょう　京都府京
都市北区

小山上総町　こやまかみふさちょう　京都府京都市
北区

小山小川町　こやまおがわちょう　京都府京都市山
科区

小山中ノ川町　こやまなかのかわちょう　京都府京都
市山科区

小山中島町　こやまなかじまちょう　京都府京都市山
科区

小山中溝町　こやまなかみぞちょう　京都府京都市
山科区

小山元町　こやまもとまち　京都府京都市北区

小山戸町　こやまどまち　茨城県常総市

小山手　こやまて　奈良県吉野郡十津川村

小山北上総町　こやまきたかみふさちょう　京都府
京都市北区

小山北大野町　こやまきたおおのちょう　京都府京都
市北区

小山北玄以町　こやまきたげんいちょう　京都府京都
市北区

小山北林町　こやまきたばやしちょう　京都府京都市
山科区

小山北溝町　こやまきたみぞちょう　京都府京都市山
科区

小山台
こやまだい　東京都品川区
こやまだい　神奈川県横浜市栄区

小山市　おやまし　栃木県

小山田
おやまだ　岩手県（JR釜石線）
こやまだ　岩手県宮古市
おやまだ　宮城県柴田郡大河原町
おやまだ　茨城県土浦市
おやまだ　茨城県石岡市
おやまだ　新潟県五泉市
おやまだ　愛媛県松山市
おやまだ　福岡県古賀市
おやまだ　福岡県築上郡築上町

小山田町
こやまだまち　石川県小松市
おやまだちょう　大阪府河内長野市
こやまだちょう　鹿児島県鹿児島市

小山田桜台　おやまださくらだい　東京都町田市

小山西上総町　こやまにしかみふさちょう　京都府京
都市北区

小山西大野町　こやまにしおおのちょう　京都府京都
市北区

小山西元町　こやまにしもとまち　京都府京都市北区

小山西玄以町　こやまにしげんいちょう　京都府京都
市北区

小山西花池町　こやまにしはないけちょう　京都府京
都市北区

小山西御所町　こやまにしごしょちょう　京都府京都
市山科区

小山初音町　こやまはつねちょう　京都府京都市北区

小山町
おやまちょう　千葉県千葉市緑区
おやままち　東京都町田市
こやまちょう　神奈川県横浜市緑区
おやまちょう　静岡県駿東郡
おやまちょう　愛知県刈谷市
おやまちょう　三重県四日市市
こやまちょう　京都府京都市北区
こやまちょう　京都府京都市上京区
こやまちょう　兵庫県神戸市兵庫区
こやまちょう　奈良県五條市
おやまちょう　島根県出雲市
こやまちょう　香川県坂出市
こやままち　長崎県島原市
おやままち　熊本県熊本市東区
おやまちょう　大分県日田市

小山花ノ木町　こやまはなのきちょう　京都府京都市
北区

小山谷田町　こやまたにだちょう　京都府京都市山
科区

小山谷田　おやまだにちょう　福井県福井市

小山松原畑町　こやままつはらばたちょう　京都府京
都市山科区

小山東大野町　こやまひがしおおのちょう　京都府京
都市北区

小山東元町　こやまひがしもとまち　京都府京都市
北区

小山東玄以町　こやまひがしげんいちょう　京都府京
都市北区

小山東花池町　こやまひがしはないけちょう　京都府京
都市北区

小山板倉町　こやまいたくらちょう　京都府京都市
北区

小山南上総町　こやまみなみかみふさちょう　京都府京
都市北区

小山南大野町　こやまみなみおおのちょう　京都府京
都市北区

小山南溝町　こやまみなみみぞちょう　京都府京都市
山科区

小山神無森町　こやまかみなしもりちょう　京都府京
都市山科区

小山姫子町　こやまひめこちょう　京都府京都市山
科区

小山浦　おやまうら　三重県北牟婁郡紀北町

小山堀池町　こやまほりいけちょう　京都府京都市
北区

197

3画（小）

小山崎　こやまざき　茨城県土浦市
小山野　こやまの　千葉県君津市
小山御坊ノ内町　こやまごぼうのうちちょう　京都府京都市山科区
小山新町　こやましんまち　大阪府藤井寺市
小山藤の里町　こやまふじのさとちょう　大阪府藤井寺市
小山藤美町　こやまふじみちょう　大阪府藤井寺市
小山鎮守町　こやまちんじゅちょう　京都府京都市山科区

小川
　こがわ　北海道苫前郡苫前町
　おがわ　宮城県岩沼市
　おがわ　福島県岩瀬郡天栄村
　おがわ　福島県南会津郡只見町
　おがわ　福島県相馬郡新地町
　おがわ　茨城県筑西市
　おがわ　茨城県小美玉市
　おがわ　栃木県那須郡那珂川町
　おがわ　群馬県甘楽郡甘楽町
　おがわ　群馬県利根郡みなかみ町
　おがわ　埼玉県比企郡小川町
　おがわ　千葉県香取市
　おがわ　東京都（西武鉄道国分寺線ほか）
　おがわ　東京都町田市
　おがわ　東京都あきる野市
　おがわ　新潟県新発田市
　おがわ　新潟県村上市
　おがわ　新潟県佐渡市
　おがわ　新潟県南魚沼市
　おがわ　石川県羽咋郡宝達志水町
　おがわ　福井県丹生郡越前町
　おがわ　福井県三方上中郡若狭町
　おがわ　長野県下伊那郡喬木村
　おがわ　長野県木曽郡上松町
　おがわ　岐阜県下呂市
　おがわ　静岡県浜松市天竜区
　こがわ　静岡県焼津市
　おがわ　愛知県名古屋市港区
　おがわ　三重県度会郡度会町
　おがわ　京都府宮津市
　おがわ　大阪府松原市
　おがわ　奈良県吉野郡十津川村
　おがわ　奈良県吉野郡東吉野村
　おがわ　和歌山県有田郡有田川町
　こがわ　和歌山県西牟婁郡白浜町
　こがわ　和歌山県東牟婁郡古座川町
　おがわ　徳島県海部郡海陽町
　おがわ　愛媛県松山市
　おがわ　高知県安芸郡安田町
　おがわ　高知県長岡郡大豊町
　おがわ　熊本県（JR鹿児島本線）
　おがわ　大分県竹田市
　おがわ　宮崎県児湯郡西米良村

小川内町
　おがわちちょう　長崎県佐世保市
　おがわうちまち　長崎県大村市
小川台　おがわだい　千葉県山武郡横芝光町
小川寺　おがわじ　富山県魚津市
小川西町
　おがわにしまち　東京都小平市
　こがわにしまち　三重県尾鷲市
小川西津賀才　こがわにしつがさい　高知県吾川郡いの町

小川村　おがわむら　長野県上水内郡
小川町
　こがわまち　青森県むつ市
　こがわまち　岩手県釜石市
　おがわまち　埼玉県（JR八高線ほか）
　おがわまち　埼玉県比企郡
　おがわまち　東京都（東京都交通局新宿線）
　おがわまち　東京都小平市
　おがわちょう　神奈川県川崎市川崎区
　おがわちょう　神奈川県横須賀市
　おがわまち　石川県白山市
　おがわちょう　岐阜県中津川市
　おがわちょう　静岡県袋井市
　おがわちょう　愛知県豊田市
　おがわちょう　愛知県安城市
　おがわちょう　三重県亀山市
　おがわちょう　滋賀県東近江市
　おがわちょう　京都府京都市上京区
　おがわちょう　大阪府茨木市
　おがわちょう　兵庫県篠山市
　おがわちょう　奈良県奈良市
　おがわまち　福岡県大牟田市
　おがわまち　長崎県諫早市
　こがわまち　宮崎県延岡市
　おがわちょう　鹿児島県鹿児島市

小川町下小川　おがわまちしもおがわ　福島県いわき市
小川町三島　おがわまちみしま　福島県いわき市
小川町上小川　おがわまちかみおがわ　福島県いわき市
小川町上平　おがわまちうわだいら　福島県いわき市
小川町小川　おがわまちおがわ　熊本県宇城市
小川町川尻　おがわまちかわじり　熊本県宇城市
小川町不知火　おがわまちしらぬい　熊本県宇城市
小川町中小野　おがわまちなかおの　熊本県宇城市
小川町北小野　おがわまちきたおの　熊本県宇城市
小川町北海東　おがわまちきたかいとう　熊本県宇城市
小川町北部田　おがわまちきたべた　熊本県宇城市
小川町北新田　おがわまちきたしんでん　熊本県宇城市
小川町江頭　おがわまちえがしら　熊本県宇城市
小川町西小川　おがわまちにしおがわ　福島県いわき市
小川町西北小川　おがわまちにしきたおがわ　熊本県宇城市
小川町西海東　おがわまちにしかいとう　熊本県宇城市
小川町住吉　おがわまちすみよし　熊本県宇城市
小川町東小川　おがわまちひがしおがわ　熊本県宇城市
小川町東海東　おがわまちひがしかいとう　熊本県宇城市
小川町河江　おがわまちごうのえ　熊本県宇城市
小川町南小川　おがわまちみなみおがわ　熊本県宇城市
小川町南小野　おがわまちみなみおの　熊本県宇城市
小川町南海東　おがわまちみなみかいとう　熊本県宇城市
小川町南部田　おがわまちみなみべた　熊本県宇城市
小川町南新田　おがわまちみなみしんでん　熊本県宇城市

3画（小）

小川町柴原　おがわまちしばはら　福島県いわき市
小川町高萩　おがわまちたかはぎ　福島県いわき市
小川町塩田　おがわまちしおだ　福島県いわき市
小川町新田　おがわまちしんでん　熊本県宇城市
小川町新田出　おがわまちしんでんで　熊本県宇城市
小川町福岡　おがわまちふくおか　福島県いわき市
小川町関場　おがわまちせきば　福島県いわき市
小川谷　こがだに　愛媛県松山市
小川東　おがわひがし　東京都あきる野市
小川東町
　おがわひがしちょう　東京都小平市
　こがわひがしまち　三重県尾鷲市
小川東津賀才　こがわひがしつがさい　高知県吾川郡いの町
小川屋町　おがわやちょう　山口県周南市
小川柳野　こがわやなぎの　高知県吾川郡いの町
小川原
　こがわら　青森県(青い森鉄道線)
　おがわはら　福島県河沼郡会津坂下町
　こがわら　滋賀県犬上郡甲良町
小川郷　おがわごう　福島県(JR磐越東線)
小川新別　こがわしんべつ　高知県吾川郡いの町
小川新町　こがわしんまち　静岡県焼津市
小川樅ノ木山　こがわもみのきやま　高知県吾川郡いの町
小才角　こさいつの　高知県幡多郡大月町
4小中
　こなか　福島県須賀川市
　こなか　群馬県(わたらせ渓谷鉄道線)
　こなか　千葉県大網白里市
　こなか　富山県富山市
　こなか　兵庫県篠山市
　おなか　和歌山県日高郡日高町
小中山町　こなかやまちょう　愛知県田原市
小中川　こなかがわ　新潟県燕市
小中台町　こなかだいちょう　千葉県千葉市稲毛区
小中竹　こなかだけ　熊本県上益城郡山都町
小中町
　こなかちょう　茨城県常陸太田市
　こなかちょう　栃木県佐野市
小中居　こなかい　埼玉県川越市
小中津川　こなかつかわ　福島県大沼郡昭和村
小中島
　こなかじま　山形県鶴岡市
　こなかじま　兵庫県尼崎市
　おなかしま　大分県大分市
小中浦　こなかうら　愛媛県西宇和郡伊方町
小中野
　こなかの　青森県(JR八戸線)
　こなかの　青森県八戸市
　こなかの　東京都あきる野市
小中瀬　こなかぜ　静岡県磐田市
小丹生町　こにゅうちょう　福井県福井市
小丹波　こたば　東京都西多摩郡奥多摩町
小井　こい　奈良県吉野郡十津川村
小井口　おいぐち　滋賀県蒲生郡日野町
小井川　こいかわ　山梨県(JR身延線)
小井戸
　こいど　茨城県石岡市
　こいど　栃木県芳賀郡茂木町

小井堀町　こいぼりちょう　愛知県名古屋市名東区
小今町　こいまちょう　滋賀県東近江市
小仁田　こにた　群馬県利根郡みなかみ町
小仁宇　こにう　徳島県那賀郡那賀町
小六町　ころくちょう　愛知県名古屋市守山区
小内　こうち　千葉県夷隅郡大多喜町
小内海　こうちうみ　宮崎県(JR日南線)
小内笛倉入会　こうちふえぐらいりあい　千葉県夷隅郡大多喜町
小切畑　こぎりはた　三重県多気郡大台町
小友
　おとも　青森県弘前市
　おとも　岩手県(JR大船渡線)
　おとも　岩手県二戸郡一戸町
　おども　新潟県新発田市
小友町
　おともちょう　岩手県遠野市
　おともちょう　岩手県陸前高田市
小太郎町　こたろうまち　奈良県奈良市
小天橋　しょうてんきょう　京都府(京都丹後鉄道宮津線)
小夫　おおぶ　奈良県桜井市
小夫嵩方　おおぶだけほう　奈良県桜井市
小尺　しょうしゃく　山形県東田川郡三川町
小引　こびき　和歌山県日高郡由良町
小戸
　おど　千葉県南房総市
　おど　新潟県新発田市
　おおべ　兵庫県川西市
　おど　福岡県福岡市西区
小戸下組　こどしもぐみ　新潟県新潟市秋葉区
小戸上組　こどかみぐみ　新潟県新潟市秋葉区
小戸町　おどちょう　宮崎県宮崎市
小戸神　おとかみ　福島県田村郡小野町
小手沢町　こてのさわちょう　愛知県豊田市
小手茂　おても　新潟県東蒲原郡阿賀町
小手指
　こてさし　茨城県猿島郡五霞町
　こてさし　埼玉県(西武鉄道池袋線)
小手指元町　こてさしもとまち　埼玉県所沢市
小手指台　こてさしだい　埼玉県所沢市
小手指町　こてさしちょう　埼玉県所沢市
小手指南　こてさしみなみ　埼玉県所沢市
小文字　こもんじ　福岡県北九州市小倉北区
小文町　おぶみまち　広島県三次市
小文間　おもんま　茨城県取手市
小方　おがた　広島県大竹市
小方ケ丘　おがたがおか　広島県大竹市
小方町小方　おがたちょうおがた　広島県大竹市
小方町黒川　おがたちょうくろかわ　広島県大竹市
小方竈　おがたがま　三重県度会郡南伊勢町
小日山　こびやま　兵庫県佐用郡佐用町
小日向
　おびなた　群馬県利根郡みなかみ町
　こひなた　東京都文京区
小日谷地　こびやち　岩手県岩手郡雫石町
小月　おづき　山口県(JR山陽本線)
小月小島　おづきこじま　山口県下関市
小月公園町　おづきこうえんちょう　山口県下関市

199

3画（小）

小月市原町　おづきいちはらちょう　山口県下関市
小月本町　おづきほんまち　山口県下関市
小月西の台　おづきにしのだい　山口県下関市
小月杉迫　おづきすぎさこ　山口県下関市
小月町　おづきちょう　山口県下関市
小月京泊　おづききょうどまり　山口県下関市
小月幸町　おづきさいわいまち　山口県下関市
小月南町　おづきみなみまち　山口県下関市
小月茶屋　おづきちゃや　山口県下関市
小月宮の町　おづきみやのまち　山口県下関市
小月高雄町　おづきたかおちょう　山口県下関市
小月駅前　おづきえきまえ　山口県下関市
小木
　　おぎ　新潟県佐渡市
　　おぎ　新潟県三島郡出雲崎町
　　おぎ　石川県鳳珠郡能登町
　　こぎ　愛知県小牧市
　　おぎ　熊本県菊池市
小木ノ城　おぎのじょう　新潟県（JR越後線）
小木大浦　おぎおおうら　新潟県佐渡市
小木六　こぎろく　新潟県南魚沼市
小木木野浦　おぎきのうら　新潟県佐渡市
小木田町　おぎたちょう　愛知県春日井市
小木西　こぎにし　愛知県小牧市
小木町
　　おぎまち　新潟県佐渡市
　　こうぎちょう　三重県伊勢市
小木東　こぎひがし　愛知県小牧市
小木金田新田　おぎかねたしんでん　新潟県佐渡市
小木南　こぎみなみ　愛知県小牧市
小木津　おぎつ　茨城県（JR常磐線）
小木津町　おぎつちょう　茨城県日立市
小木堂釜　おぎどうのかま　新潟県佐渡市
小木強清水　おぎこわしみず　新潟県佐渡市
小木曽　おぎそ　長野県木曽郡木祖村
小木須　こぎす　栃木県那須烏山市
小比内　さんぴない　青森県弘前市
小比企町　こびきまち　東京都八王子市
小比江　こびえ　滋賀県野洲市
小比叡　こびえ　新潟県佐渡市
小爪　こづめ　福島県東白川郡棚倉町
小片野町　おかたのちょう　三重県松阪市
小牛　こうじ　岐阜県掲斐郡池田町
小牛田　こごた　宮城県（JR東北本線）
小犬丸
　　こいぬまる　福岡県豊前市
　　こいぬまる　福岡県築上郡吉富町
⁵小世良　おぜら　広島県世羅郡世羅町
小仙波　こせんば　埼玉県川越市
小仙波町　こせんばまち　埼玉県川越市
小代
　　こしろ　栃木県日光市
　　こだい　大阪府堺市西区
　　こだい　大阪府堺市南区
小代区久須部　おじろくくすべ　兵庫県美方郡香美町
小代区大谷　おじろくおおたに　兵庫県美方郡香美町
小代区水間　おじろくみずま　兵庫県美方郡香美町
小代区平野　おじろくひらの　兵庫県美方郡香美町
小代区広井　おじろくひろい　兵庫県美方郡香美町

小代区石寺　おじろくいしでら　兵庫県美方郡香美町
小代区佐坊　おじろくさぼう　兵庫県美方郡香美町
小代区実山　おじろくさねやま　兵庫県美方郡香美町
小代区忠宮　おじろくただのみや　兵庫県美方郡香美町
小代区東垣　おじろくひがしがき　兵庫県美方郡香美町
小代区茅野　おじろくかやの　兵庫県美方郡香美町
小代区城山　おじろくじょうやま　兵庫県美方郡香美町
小代区神水　おじろくかんずい　兵庫県美方郡香美町
小代区神場　おじろくかんば　兵庫県美方郡香美町
小代区秋岡　おじろくあきおか　兵庫県美方郡香美町
小代区貫田　おじろくぬきだ　兵庫県美方郡香美町
小代区野間谷　おじろくのまたに　兵庫県美方郡香美町
小代区新屋　おじろくにいや　兵庫県美方郡香美町
小代区鍛治屋　おじろくかじや　兵庫県美方郡香美町
小出
　　こいで　山形県長井市
　　こいで　新潟県（JR上越線）
　　こいで　新潟県新発田市
　　こいで　新潟県十日町市
　　こいで　新潟県村上市
　　こいで　新潟県東蒲原郡阿賀町
　　おいで　静岡県菊川市
小出島　こいでじま　新潟県魚沼市
小出雲　おいずも　新潟県妙高市
小出新田　こいでしんでん　山形県東田川郡庄内町
小加倉　こがくら　佐賀県東松浦郡玄海町
小北川　こきたがわ　高知県土佐郡大川村
小右衛門　こえもん　埼玉県久喜市
小古津新　こふるつしん　新潟県燕市
小古曽
　　おごそ　三重県（四日市あすなろう鉄道内部線）
　　おごそ　三重県四日市市
小古曽町　おごそちょう　三重県四日市市
小古曽東　おごそひがし　三重県四日市市
小古瀬　おごせ　新潟県三条市
小台
　　おだい　東京都（東京都交通局荒川線）
　　おだい　東京都足立区
　　こだい　神奈川県川崎市宮前区
　　こだい　神奈川県小田原市
小四郎久保　こしろうくぼ　長野県伊那市
小奴可　おぬか　広島県（JR芸備線）
小市　こいち　神奈川県南足柄市
小市部　こいちぶ　千葉県君津市
小市野　こいちの　熊本県下益城郡美里町
小布杉　こぶすぎ　静岡県静岡市葵区
小布施
　　おぶせ　長野県（長野電鉄長野線）
　　おぶせ　長野県上高井郡小布施町
小布施町　おぶせまち　長野県上高井郡
小平
　　こびら　北海道沙流郡平取町
　　こだいら　青森県上北郡六戸町
　　こだいら　宮城県亘理郡山元町
　　おだいら　福島県石川郡平田村
　　こだいら　群馬県多野郡神流町
　　こだいら　埼玉県春日部市

3画（小）

こだいら　東京都（西武鉄道新宿線ほか）

小平井
こびらい　滋賀県栗東市
おびらい　岡山県笠岡市

小平方　こひらかた　新潟県新潟市西区
小平市　こだいらし　東京都
小平尾
おびろお　新潟県魚沼市
こびらお　大阪府堺市美原区

小平尾町　こびらおちょう　奈良県生駒市
小平町
おびらちょう　北海道留萌郡
おびらちょう　北海道留萌郡小平町
こひらちょう　栃木県栃木市

小本
おもと　岩手県下閉伊郡岩泉町
こもと　愛知県（名古屋臨海高速鉄道西名古屋港線）
こもと　愛知県名古屋市中川区

小本本町　こもとほんまち　愛知県名古屋市中川区
小本町　おもとちょう　愛知県名古屋市中川区
小正　おばさ　福岡県飯塚市
小玉
おだま　茨城県常陸大宮市
こだま　長野県上水内郡飯綱町

小玉川　こたまがわ　山形県西置賜郡小国町
小生田　おぶた　千葉県長生郡長南町
小生田　こもちょう　三重県四日市市
小生瀬　こなませ　茨城県久慈郡大子町
小用　こよう　埼玉県比企郡鳩山町
小用町　およちょう　広島県庄原市
小甲　こかぶと　石川県鳳珠郡穴水町
小田
こだ　青森県八戸市
おだ　宮城県角田市
おだ　福島県福島市
おだ　福島県喜多方市
おだ　茨城県つくば市
おだ　神奈川県川崎市川崎区
こだ　新潟県佐渡市
やないだ　滋賀県米原市
おだ　京都府福知山市
おだ　京都府宇治市
おだ　兵庫県淡路市
こだ　鳥取県倉吉市
おだ　鳥取県岩美郡岩美町
おだ　島根県（JR山陰本線）
おだ　島根県飯石郡飯南町
おだ　岡山県（井原鉄道線）
おだ　岡山県小田郡矢掛町
おだ　香川県さぬき市
おだ　愛媛県喜多郡内子町
こた　福岡県福岡市西区
おた　福岡県朝倉市
おた　大分県玖珠郡玖珠町
おだ　宮崎県えびの市

小田ケ浦　おだがうら　福岡県中間市
小田下　こだした　青森県上北郡七戸町
小田山新田　こだやましんでん　新潟県柏崎市
小田川
こたがわ　福島県白河市
おだがわ　福島県東白川郡矢祭町

こたがわ　群馬県利根郡川場村

小田中
こだなか　石川県鹿島郡中能登町
こだなか　長野県中野市
こだなか　兵庫県篠山市
おだなか　岡山県津山市

小田中町　こだなかちょう　奈良県天理市
小田井
おたい　長野県佐久市
おたい　愛知県（東海交通事業城北線）

小田井町　おだいちょう　兵庫県豊岡市
小田木町　おたぎちょう　愛知県豊田市
小田代　こただい　千葉県夷隅郡大多喜町
小田付道下　おたづきみちした　福島県喜多方市
小田付道上　おたづきみちうえ　福島県喜多方市
小田平　こただい　青森県上北郡七戸町
小田町
おだまち　岐阜県多治見市
おだちょう　岐阜県瑞浪市
こだちょう　愛知県豊田市
おだちょう　三重県鈴鹿市
おたちょう　三重県伊賀市
おだちょう　滋賀県近江八幡市
おだちょう　大阪府和泉市
おだちょう　兵庫県小野市
おだちょう　長崎県平戸市

小田苅町　こたかりちょう　滋賀県東近江市
小田谷　こだや　埼玉県入間郡毛呂山町
小田妻町　おだづまちょう　愛知県瀬戸市
小田幸町　こだこうまち　広島県三次市
小田東　こだひがし　鳥取県倉吉市
小田林
おばやし　茨城県（JR水戸線）
おだばやし　茨城県結城市

小田急永山　おだきゅうながやま　東京都（小田急電鉄多摩線）
小田急多摩センター　おだきゅうたませんたー　東京都（小田急電鉄多摩線）
小田急相模原　おだきゅうさがみはら　神奈川県（小田急電鉄小田原線）
小田屋町　おだやまち　石川県輪島市
小田栄
おださかえ　神奈川県（JR南武線）
おださかえ　神奈川県川崎市川崎区

小田倉　おだくら　福島県西白河郡西郷村
小田原
おだわら　宮城県仙台市青葉区
おだわら　宮城県仙台市宮城野区
おだわら　神奈川県（JR東海道新幹線ほか）
こだわら　大分県豊後高田市

小田原大行院丁　おだわらだいぎょういんちょう　宮城県仙台市宮城野区
小田原山本丁　おだわらやまもとちょう　宮城県仙台市宮城野区
小田原弓ノ町　おだわらゆみのまち　宮城県仙台市宮城野区
小田原牛小屋丁　おだわらうしごやちょう　宮城県仙台市宮城野区
小田原市　おだわらし　神奈川県
小田原広丁　おだわらひろちょう　宮城県仙台市宮城野区

3画（小）

小田原町　おだわらちょう　京都府京都市下京区
小田原金剛院丁　おだわらこんごういんちょう　宮城県仙台市宮城野区
小田原清水沼通　おだわらしみずぬまどおり　宮城県仙台市宮城野区
小田島　おだしま　山形県新庄市
小田島町　おだしままち　山形県新庄市
小田浦　こだのうら　熊本県葦北郡芦北町
小田郡　おだぐん　岡山県
小田宿野　おだしゅくの　京都府宮津市
小田深山　おだみやま　愛知県喜多郡内子町
小田渕　おだぶち　愛知県（名古屋鉄道名古屋本線）
小田渕町　おだぶちちょう　愛知県豊川市
小田船原　おだふなはら　山梨県南巨摩郡身延町
小田部
　　おだつべ　千葉県市原市
　　こたべ　千葉県山武郡横芝光町
　　こたべ　福岡県福岡市早良区
小田野　おたの　茨城県常陸大宮市
小田野沢　おだのさわ　青森県下北郡東通村
小田川
　　こじらかわ　山形県西置賜郡飯豊町
　　こじらかわ　岐阜県大野郡白川村
小白川町　こじらかわまち　山形県山形市
小白井　こじろい　栃木県那須烏山市
小白府　おじらふ　山形県上山市
小白倉　こじらくら　新潟県十日町市
小白磑　こじらはざま　茨城県つくば市
小目町　おめちょう　茨城県常陸太田市
小矢戸　こやと　福井県大野市
小矢田　おやた　岡山県勝田郡勝央町
小矢部
　　こやべ　神奈川県横須賀市
　　おやべ　富山県小矢部市
小矢部市　おやべし　富山県
小矢部町　おやべまち　富山県小矢部市
小石
　　こいし　北海道宗谷郡猿払村
　　こいし　高知県高岡郡四万十町
　　こいし　福岡県北九州市若松区
小石川　こいしかわ　東京都文京区
小石川町　こいしがわちょう　静岡県藤枝市
小石木町　こいしぎちょう　高知県高知市
小石本村町　こいしほんむらまち　福岡県北九州市若松区
小石町　こいしちょう　京都府京都市下京区
小石原
　　こいしはら　福岡県豊前市
　　こいしわら　福岡県朝倉郡東峰村
小石原鼓　こいしわらつづみ　福岡県朝倉郡東峰村
小穴　こあな　山形県上山市
小立
　　おだち　山形県山形市
　　こだち　山梨県南都留郡富士河口湖町
　　おだち　兵庫県篠山市
小立岩　こだていわ　福島県南会津郡南会津町
小立野
　　こだつの　石川県金沢市
　　こだての　静岡県磐田市
　　こだちの　静岡県伊豆市

6 小伊津町　こいづちょう　島根県出雲市
小伊勢町　おいせまち　石川県輪島市
小仲台　こなかだい　千葉県千葉市稲毛区
小伝馬町
　　こでんまちょう　東京都（東京地下鉄日比谷線）
　　こでんまちょう　長野県飯田市
　　こでんまちょう　京都府京都市上京区
小伏　こぶし　福岡県宮若市
小匠　こだくみ　和歌山県東牟婁郡那智勝浦町
小印南町　こいなみちょう　兵庫県加西市
小吉　こきち　新潟県新潟市西蒲区
小吉田　こよしだ　奈良県生駒郡斑鳩町
小向
　　こむかい　北海道紋別市
　　こむかい　青森県三戸郡南部町
　　こむかい　新潟県新潟市秋葉区
　　こむかい　新潟県長岡市
　　おぶけ　三重県三重郡朝日町
　　こむかい　高知県高岡郡四万十町
小向仲野町　こむかいなかのちょう　神奈川県川崎市幸区
小向西町　こむかいにしまち　神奈川県川崎市幸区
小向町
　　こむかいちょう　神奈川県川崎市幸区
　　こむかいちょう　愛知県豊橋市
小向東芝町　こむかいとうしばちょう　神奈川県川崎市幸区
小向野　こむくの　大分県宇佐市
小名　こな　奈良県吉野郡吉野町
小名木　おなぎ　千葉県四街道市
小名田町　おなだちょう　岐阜県多治見市
小名田町小滝　おなだちょうこたき　岐阜県多治見市
小名田町西ケ洞　おなだちょうにしがほら　岐阜県多治見市
小名田町西山　おなだちょうにしやま　岐阜県多治見市
小名田町別山　おなだちょうはなれやま　岐阜県多治見市
小名田町岩ケ根　おなだちょういわがね　岐阜県多治見市
小名田町東谷　おなだちょうひがしだに　岐阜県多治見市
小名浜　おなはま　福島県いわき市
小名浜下神白　おなはましもかじろ　福島県いわき市
小名浜上神白　おなはまかみかじろ　福島県いわき市
小名浜大原　おなはまおおはら　福島県いわき市
小名浜中町境　おなはまなかちょうざかい　福島県いわき市
小名浜玉川町　おなはまたまがわまち　福島県いわき市
小名浜寺廻町　おなはまてらまわりちょう　福島県いわき市
小名浜西君ケ塚町　おなはまにしきみがつかちょう　福島県いわき市
小名浜西町　おなはまにしまち　福島県いわき市
小名浜住吉　おなはますみよし　福島県いわき市
小名浜君ケ塚町　おなはまきみがつかちょう　福島県いわき市
小名浜花畑町　おなはまはなばたけちょう　福島県いわき市
小名浜岡小名　おなはまおかおな　福島県いわき市

202

3画（小）

小名浜岩出　おなはまいわで　福島県いわき市
小名浜林城　おなはまりんじょう　福島県いわき市
小名浜金成　おなはまかなり　福島県いわき市
小名浜南君ケ塚町　おなはまみなみきみがつかちょう　福島県いわき市
小名浜南富岡　おなはまみなみとみおか　福島県いわき市
小名浜相子島　おなはまあいこしま　福島県いわき市
小名浜島　おなはましま　福島県いわき市
小名浜野田　おなはまのだ　福島県いわき市
小名浜港ケ丘　おなはまみなとがおか　福島県いわき市
小名浜愛宕上　おなはまあたごうえ　福島県いわき市
小名浜愛宕町　おなはまあたごちょう　福島県いわき市
小名浜諏訪町　おなはますわちょう　福島県いわき市
小名部　おなべ　山形県鶴岡市
小名瀬　こなせ　鹿児島県大島郡瀬戸内町
小地谷　おじや　新潟県胎内市
小多田　おただ　兵庫県篠山市
小安山町　おやすやまちょう　北海道函館市
小安在　こあんざい　北海道檜山郡上ノ国町
小安町　おやすちょう　北海道函館市
小宇坂町　こうさかちょう　福井県福井市
小宇坂島町　こうさかじまちょう　福井県福井市

小宅
　おやけ　栃木県小山市
　おやけ　栃木県芳賀郡益子町

小寺
　こでら　岐阜県揖斐郡池田町
　こでら　京都府宮津市
　こでら　大阪府堺市美原区
　こでら　岡山県総社市

小寺町
　こでらまち　石川県小松市
　こでらちょう　愛知県稲沢市
　こでらちょう　京都府京都市上京区
　こでらちょう　兵庫県神戸市須磨区

小当見町　おとみちょう　福井県福井市
小成川　こなるかわ　愛媛県南宇和郡愛南町
小成田　こなりた　宮城県柴田郡柴田町
小曲　こまがり　青森県五所川原市
小曲町　おまがりちょう　山梨県甲府市
小机　こづくえ　神奈川県（JR横浜線）
小机町　こづくえちょう　神奈川県横浜市港北区
小杁町一色　おいりちょういっしき　愛知県江南市
小杁町八幡　おいりちょうはちまん　愛知県江南市
小杁町千代見　おいりちょうちよみ　愛知県江南市
小杁町本郷　おいりちょうほんごう　愛知県江南市
小杁町寺ノ内　おいりちょうてらのうち　愛知県江南市
小杁町明土　おいりちょうみょうど　愛知県江南市
小杁町林　おいりちょうはやし　愛知県江南市
小杁町長者毛西　おいりちょうちょうじゃげにし　愛知県江南市
小杁町長者毛東　おいりちょうちょうじゃげひがし　愛知県江南市
小杁町鴨ケ池　おいりちょうかもがいけ　愛知県江南市

小江
　おえ　香川県小豆郡土庄町
　おえ　長崎県（JR長崎本線）
小江川　おえがわ　埼玉県熊谷市
小江尾　こえび　鳥取県日野郡江府町

小江町
　こえちょう　高知県土佐清水市
　こえまち　長崎県長崎市
小江原　こえばる　長崎県長崎市

小池
　こいけ　秋田県南秋田郡五城目町
　こいけ　秋田県南秋田郡八郎潟町
　こいけ　茨城県稲敷郡阿見町
　こいけ　千葉県八千代市
　おいけ　千葉県いすみ市
　こいけ　千葉県山武郡芝山町
　こいけ　新潟県十日町市
　こいけ　新潟県燕市
　おいけ　新潟県上越市
　こいけ　岐阜県不破郡関ケ原町
　こいけ　愛知県（豊橋鉄道渥美線）
　こいけ　愛知県稲沢市
　おいけ　和歌山県日高郡日高町
　こいけ　愛媛県宇和島市
　こうじ　熊本県阿蘇市
　おいけ　熊本県上益城郡益城町

小池川原町　こいけがわらまち　石川県七尾市
小池正明寺北街道　こいけしょうめいじきたかいどう　愛知県稲沢市
小池正明寺町　こいけしょうめいじちょう　愛知県稲沢市

小池町
　おいけまち　石川県金沢市
　おいけまち　石川県輪島市
　こいけちょう　静岡県浜松市東区
　こいけちょう　愛知県名古屋市名東区
　こいけちょう　愛知県豊橋市
　こいけちょう　愛知県高浜市
　こいけちょう　滋賀県東近江市

小池原　こいけばる　大分県大分市
小池新田　おいけしんでん　新潟県上越市
小池新町　こいけしんまち　新潟県燕市
小百　こびゃく　栃木県日光市

小竹
　おだけ　千葉県佐倉市
　おだけ　神奈川県小田原市
　こだけ　新潟県三島郡出雲崎町
　おだけ　富山県高岡市
　おだけ　富山県氷見市
　おだけ　石川県鹿島郡中能登町
　こだけ　鳥取県西伯郡大山町
　こたけ　福岡県（JR筑豊本線）
　おだけ　福岡県北九州市若松区
　おだけ　福岡県古賀市
　おだけ　福岡県福津市

小竹向原　こたけむかいはら　東京都（西武鉄道西武有楽町線ほか）

小竹町
　こたけちょう　東京都練馬区
　こたけまち　福岡県鞍手郡

小竹花　こだけはな　秋田県南秋田郡井川町
小竹浜　こだけはま　宮城県石巻市
小糸　こいと　富山県富山市

3画 (小)

小糸大谷　こいとおおやつ　千葉県君津市
小糸山町　こいとやままち　熊本県熊本市北区
小糸井町　こいといちょう　北海道苫小牧市
小糸町　こいとまち　福岡県北九州市若松区
小羽　こば　富山県富山市
小羽戸　こばど　千葉県勝浦市
小羽尾　こばねお　鳥取県岩美郡岩美町
小羽町　おばちょう　福井県福井市
小羽賀　こはが　茨城県稲敷市
小舟
　　こぶね　茨城県常陸大宮市
　　おぶね　三重県津市
小舟戸　こぶなと　新潟県胎内市
小舟江町　こぶなえちょう　三重県松阪市
小舟町
　　こふねちょう　新潟県新発田市
　　こふねちょう　長崎県佐世保市
小舟渡　こぶなと　福井県 (えちぜん鉄道勝山永平
　　寺線)
小衣斐　こえび　岐阜県揖斐郡大野町
小西
　　こにし　千葉県大網白里市
　　こにし　富山県富山市
　　こにし　和歌山県海草郡紀美野町
小西ノ川　こにしのかわ　高知県四万十市
小西町
　　こにしちょう　京都府綾部市
　　こにしちょう　奈良県奈良市
小西谷　こざい　鳥取県鳥取市
小西郷　こさいごう　岐阜県岐阜市
小西野々　こにしのの　愛媛県北宇和郡鬼北町
7 小串
　　こぐし　岡山県岡山市南区
　　こぐし　山口県 (JR山陰本線)
　　こぐし　山口県宇部市
小串郷
　　おぐしごう　長崎県 (JR大村線)
　　おぐしごう　長崎県東彼杵郡川棚町
　　こぐしごう　長崎県南松浦郡新上五島町
小佐々町小坂　こさざちょうこさか　長崎県佐世保市
小佐々町平原　こさざちょうひらばる　長崎県佐世
　　保市
小佐々町田原　こさざちょうたばる　長崎県佐世保市
小佐々町矢岳　こさざちょうやだけ　長崎県佐世保市
小佐々町臼ノ浦　こさざちょううすのうら　長崎県佐
　　世保市
小佐々町西川内　こさざちょうにしかわうち　長崎県
　　佐世保市
小佐々町岳ノ木場　こさざちょうたけのこば　長崎県
　　佐世保市
小佐々町葛籠　こさざちょうつづら　長崎県佐世保市
小佐々町黒石　こさざちょうくろいし　長崎県佐世
　　保市
小佐々町楠泊　こさざちょうくすどまり　長崎県佐世
　　保市
小佐井　こざい　大分県大分市
小佐世保町　こさせぼちょう　長崎県佐世保市
小佐波　おざなみ　富山県富山市
小佐原　こざわら　長野県飯山市
小佐野　こさの　岩手県 (JR釜石線)

小佐野町
　　こさのちょう　岩手県釜石市
　　こさのちょう　岐阜県各務原市
小佐越
　　こさごえ　栃木県 (東武鉄道鬼怒川線)
　　こさごえ　栃木県日光市
小作
　　こさく　福島県伊達郡川俣町
　　おさく　東京都 (JR青梅線)
小作台　おざくだい　東京都羽村市
小作田
　　こさくだ　福島県須賀川市
　　こさくだ　埼玉県八潮市
小別沢　こべつさわ　北海道札幌市西区
小別府　こべふ　鳥取県八頭郡八頭町
小利木町　こりきまち　兵庫県姫路市
小利別　しょうとしべつ　北海道足寄郡陸別町
小吹　こぶき　大阪府南河内郡千早赤阪村
小吹町　こぶきちょう　茨城県水戸市
小呂町
　　おろちょう　愛知県岡崎市
　　おろちょう　愛知県豊田市
　　おろちょう　京都府綾部市
小呂島　おろのしま　福岡県福岡市西区
小坂
　　おさか　宮城県角田市
　　こさか　秋田県鹿角郡小坂町
　　こさか　福島県伊達郡国見町
　　おさか　茨城県東茨城郡城里町
　　こさか　新潟県新潟市南区
　　こさか　新潟県新発田市
　　こさか　富山県富山市
　　こさか　富山県南砺市
　　おさか　静岡県静岡市駿河区
　　おさか　静岡県伊豆の国市
　　こさか　愛知県名古屋市緑区
　　おさか　兵庫県篠山市
　　こさか　和歌山県日高郡日高町
　　こさか　岡山県和気郡和気町
　　こさか　岡山県邑久郡奈義町
　　こさか　愛媛県松山市
　　こさか　熊本県山鹿市
　　おさか　熊本県上益城郡御船町
　　おさか　大分県別府市
小坂子町　こざかしまち　群馬県前橋市
小坂井　こざかい　愛知県 (JR飯田線)
小坂井町
　　こざかいちょう　愛知県豊川市
　　こざかいちょう　⇒豊川市 (愛知県)
小坂本町　こざかほんまち　愛知県豊田市
小坂町
　　こざかまち　秋田県鹿角郡
　　おさかちょう　茨城県牛久市
　　こさかまち　石川県金沢市
　　こさかまち　石川県加賀市
　　こさかちょう　愛知県名古屋市昭和区
　　こさかちょう　愛知県瀬戸市
　　こさかちょう　愛知県豊田市
　　こさかちょう　京都府京都市下京区
　　こさかちょう　兵庫県西脇市
　　おさかちょう　広島県三原市

3画（小）

小坂町大垣内　おさかちょうおおがいと　岐阜県下呂市

小坂町大洞　おさかちょうおおぼら　岐阜県下呂市

小坂町大島　おさかちょうおおしま　岐阜県下呂市

小坂町小坂町　おさかちょうおさかまち　岐阜県下呂市

小坂町坂下　おさかちょうさこれ　岐阜県下呂市

小坂町赤沼田　おさかちょうあかんた　岐阜県下呂市

小坂町岩崎　おさかちょういわさき　岐阜県下呂市

小坂町長瀬　おさかちょうながせ　岐阜県下呂市

小坂町門坂　おさかちょうかどさか　岐阜県下呂市

小坂町湯屋　おさかちょうゆや　岐阜県下呂市

小坂町無数原　おさかちょうむすばら　岐阜県下呂市

小坂町落合　おさかちょうおちあい　岐阜県下呂市

小坂南　こさかみなみ　福島県伊達郡国見町

小坂鉱山　こさかこうざん　秋田県鹿角郡小坂町

小坊木北　こぼうぎきた　宮城県伊具郡丸森町

小坊木南　こぼうぎみなみ　宮城県伊具郡丸森町

小局　こつぼね　新潟県妙高市

小岐須町　おぎすちょう　三重県鈴鹿市

小形山　おがたやま　山梨県都留市

小志駒　こじこま　千葉県富津市

小折　こおり　千葉県市原市

小折本町小松原　こおりほんまちこまつばら　愛知県江南市

小折本町白山　こおりほんまちはくさん　愛知県江南市

小折本町栄　こおりほんまちさかえ　愛知県江南市

小折本町柳橋　こおりほんまちやなぎばし　愛知県江南市

小折町　こおりちょう　愛知県江南市

小折東町旭　こおりひがしまちあさひ　愛知県江南市

小杉
　こすぎ　埼玉県入間郡越生町
　こすぎ　神奈川県川崎市中原区
　こすぎ　新潟県新潟市北区
　こすぎ　新潟県新潟市江南区
　こすぎ　新潟県柏崎市
　こすぎ　富山県（あいの風とやま鉄道線）
　こすぎ　富山県富山市
　こすぎ　富山県氷見市
　こすぎ　富山県砺波市
　こすぎ　富山県下新川郡入善町
　こすぎ　三重県伊賀市

小杉山　こすぎやま　岩手県盛岡市

小杉川崎　こすぎかわさき　青森県平川市

小杉北野　こすぎきたの　富山県射水市

小杉白石　こすぎしらいし　富山県射水市

小杉竹内　こすぎたけうち　青森県平川市

小杉西田　こすぎにした　青森県平川市

小杉町
　こすぎまち　神奈川県川崎市中原区
　こすぎまち　石川県能美市
　こすぎちょう　福井県越前市
　こすぎちょう　三重県四日市市

小杉原　こすぎはら　静岡県賀茂郡松崎町

小杉扇田　こすぎおうぎだ　青森県平川市

小杉陣屋町　こすぎじんやちょう　神奈川県川崎市中原区

小杉御殿町　こすぎごてんちょう　神奈川県川崎市中原区

小杉新田　こすぎしんでん　新潟県南魚沼市

小杉新町　こすぎしんまち　三重県四日市市

小杉稲村　こすぎいなむら　青森県平川市

小束山　こづかやま　兵庫県神戸市垂水区

小束山手　こづかやまて　兵庫県神戸市垂水区

小束山本町　こづかやまほんまち　兵庫県神戸市垂水区

小束台　こづかだい　兵庫県神戸市垂水区

小村井　おむらい　東京都（東武鉄道亀戸線）

小村町
　おもれちょう　香川県高松市
　こむらまち　愛媛県松山市

小村神社前　おむらじんじゃまえ　高知県（JR土讃線）

小村崎　こむらさき　宮城県刈田郡蔵王町

小来栖　こぐるす　富山県南砺市

小沢
　こざわ　北海道（JR函館本線）
　こざわ　北海道岩内郡共和町
　こざわ　青森県弘前市
　おざわ　青森県上北郡東北町
　こざわ　岩手県宮古市
　おざわ　福島県二本松市
　おざわ　福島県大沼郡会津美里町
　おざわ　茨城県つくば市
　おざわ　群馬県甘楽郡南牧村
　おざわ　千葉県いすみ市
　おざわ　千葉県長生郡長南町
　おざわ　東京都西多摩郡檜原村
　おざわ　長野県伊那市
　こざわ　静岡県菊川市
　こざわ　愛知県稲沢市
　こざわ　兵庫県加東市

小沢又　こざわまた　千葉県夷隅郡大多喜町

小沢平　おざわたい　青森県上北郡野辺地町

小沢田　こさわだ　秋田県北秋田市上小阿仁村

小沢町
　おざわちょう　茨城県常陸太田市
　こざわまち　新潟県長岡市
　こざわちょう　滋賀県長浜市
　こざわまち　熊本県熊本市中央区

小沢見　こぞみ　鳥取県鳥取市

小沢渡町　こざわたりちょう　静岡県浜松市南区

小町
　こまち　神奈川県鎌倉市
　こまち　新潟県村上市
　こちょう　愛知県豊田市
　こまち　鳥取県西伯郡伯耆町
　こまち　広島県広島市中区

小町井　こまちい　宮城県遠田郡美里町

小町屋　こまちや　長野県（JR飯田線）

小町通　こまちどおり　神奈川県相模原市中央区

小社町　こやしろちょう　三重県鈴鹿市

小社曽根　おごそそね　三重県度会郡玉城町

小良ケ浜　おらがはま　福島県双葉郡富岡町

小良浜　おらはま　福島県双葉郡大熊町

小芦　こあし　宮城県気仙沼市

小花　おばな　兵庫県川西市

小花地　こばなち　新潟県東蒲原郡阿賀町

3画（小）

小芝　こしば　福岡県北九州市戸畑区
小芝町　おしばちょう　静岡県静岡市清水区
小見
　おみ　山形県酒田市
　おおみ　山形県西村山郡大江町
　おみ　茨城県石岡市
　おみ　埼玉県行田市
　おみ　千葉県香取市
　おみ　新潟県新発田市
　おみ　新潟県糸魚川市
　おうみ　新潟県岩船郡関川村
　おみ　富山県富山市
小見川
　おみがわ　千葉県（JR成田線）
　おみがわ　千葉県香取市
小見町　おみちょう　栃木県佐野市
小見前新田　おうみまえしんでん　新潟県岩船郡関川村
小見郷屋　おみごうや　新潟県新潟市西区
小見野　おみの　埼玉県比企郡川島町
小角　おがく　宮城県仙台市泉区
小角田町　こずみだちょう　群馬県太田市
小谷
　こや　埼玉県鴻巣市
　こやと　神奈川県高座郡寒川町
　おたに　新潟県村上市
　おたに　富山県富山市
　こたて　岐阜県揖斐郡揖斐川町
　こだに　滋賀県蒲生郡日野町
　おだに　大阪府泉南郡熊取町
　こだに　兵庫県神崎郡市川町
　こだに　和歌山県田辺市
　こたに　島根県邑智郡川本町
　こたに　島根県邑智郡美郷町
　おたに　広島県世羅郡世羅町
　こだに　徳島県海部郡海陽町
　おだに　高知県安芸市
　おやつ　熊本県上益城郡益城町
小谷丁野町　おだにようのちょう　滋賀県長浜市
小谷上山田町　おだにかみやまだちょう　滋賀県長浜市
小谷北　おだにきた　大阪府泉南郡熊取町
小谷田
　こやた　埼玉県入間市
　こやた　千葉県市原市
小谷石　こたにいし　北海道上磯郡知内町
小谷地
　こやち　岩手県下閉伊郡普代村
　こやち　宮城県遠田郡涌谷町
小谷村　おたりむら　長野県北安曇郡
小谷町　こだにちょう　福井県越前市
小谷松
　こやまつ　千葉県（いすみ鉄道線）
　こやまつ　千葉県夷隅郡大多喜町
小谷金　こやがね　茨城県ひたちなか市
小谷南　おだにみなみ　大阪府泉南郡熊取町
小谷美濃山町　おだにみのやまちょう　滋賀県長浜市
小谷流　こやる　千葉県八街市
小谷郷上町　おだにぐじょうちょう　滋賀県長浜市
小谷堀　こやぼり　埼玉県三郷市
小谷場　こやば　埼玉県川口市
小豆田　あづきた　秋田県湯沢市

小豆沢
　あずきさわ　青森県東津軽郡平内町
　あずさわ　東京都板橋区
小豆沢町　あずきざわまち　石川県金沢市
小豆屋町　あずきやちょう　京都府京都市伏見区
小豆島　あずしま　和歌山県和歌山市
小豆島町　しょうどしまちょう　香川県小豆郡
小豆郡　しょうずぐん　香川県
小豆崎町　あずきさきまち　長崎県諫早市
小豆餅　あずきもち　静岡県浜松市中区
小貝町　おがいちょう　京都府綾部市
小貝野　こがいの　千葉県香取郡東庄町
小貝須　こがいす　三重県桑名市
小赤見　こあかみ　愛知県一宮市
小赤松　こあかまつ　兵庫県佐用郡佐用町
小車　おぐるま　北海道中川郡美深町
小車田　こしやた　福井県大飯郡おおい町
小迎　こむかで　愛知県知多郡武豊町
小那覇　おなは　沖縄県中頭郡西原町
小里
　おさた　宮城県遠田郡涌谷町
　おさと　新潟県阿賀野市
　おさと　熊本県阿蘇市
小阪
　こさか　大阪府堺市中区
　こさか　大阪府東大阪市
　こさか　奈良県磯城郡田原本町
　こさか　和歌山県東牟婁郡那智勝浦町
小阪本町　こさかほんまち　大阪府東大阪市
小阪田　おさかでん　兵庫県伊丹市
小阪合町　こざかあいちょう　大阪府八尾市
小阪西町　こさかにしまち　大阪府堺市中区
小防ケ沢　こぼうがさわ　秋田県由利本荘市
小麦畝　こむぎうね　高知県土佐郡大川村
8小京田　こきょうでん　山形県鶴岡市
小其塚　おそのづか　山形県東置賜郡高畠町
小周防　こずおう　山口県光市
小和田
　こわだ　茨城県つくば市
　こわだ　東京都あきる野市
　こわた　神奈川県茅ケ崎市
　こわた　新潟県岩船郡関川村
　こわた　福井県大飯郡高浜町
　こわた　長野県諏訪市
　こわた　静岡県（JR飯田線）
小和田南　こわたみなみ　長野県諏訪市
小和沢　こわさわ　岐阜県可児郡御嵩町
小和町　おわちょう　奈良県五條市
小和泉　こいずみ　三重県桑名郡木曽岬町
小和清水　こわしょうず　福井県（JR越美北線）
小和清水町　こわしょうずちょう　福井県福井市
小和森下平田　こわもりしもひらた　青森県平川市
小和森下田川　こわもりしもたがわ　青森県平川市
小和森下松岡　こわもりしもまつおか　青森県平川市
小和森上平田　こわもりかみひらた　青森県平川市
小和森上田川　こわもりかみたがわ　青森県平川市
小和森上松岡　こわもりかみまつおか　青森県平川市
小和森中松岡　こわもりなかまつおか　青森県平川市
小和森松川　こわもりまつかわ　青森県平川市

3画（小）

小和森松村　こわもりまつむら　青森県平川市
小和森福田　こわもりふくだ　青森県平川市
小和森種取　こわもりたねとり　青森県平川市
小和瀬　こわぜ　埼玉県本庄市
小国
　おぐに　岩手県宮古市
　おぐに　秋田県にかほ市
　おぐに　山形県（JR米坂線）
　おぐに　山形県鶴岡市
　おぐに　広島県世羅郡世羅町
小国小坂町　おぐにこさかまち　山形県西置賜郡小
　国町
小国山下　おぐにやました　青森県平川市
小国川辺　おぐにかわべ　青森県平川市
小国川原田　おぐにかわらだ　青森県平川市
小国町
　おぐにまち　山形県西置賜郡
　おぐにまち　山形県西置賜郡小国町
　おぐにまち　新潟県村上市
　おぐにちょう　広島県府中市
　おぐにまち　熊本県阿蘇郡
小国町七日町　おぐにまちなのかまち　新潟県長岡市
小国町二本柳　おぐにまちにほんやなぎ　新潟県長
　岡市
小国町八王子　おぐにまちはちおうじ　新潟県長岡市
小国町三桶　おぐにまちみおけ　新潟県長岡市
小国町上谷内新田　おぐにまちかみやうちしんでん　新
　潟県長岡市
小国町上岩田　おぐにまちかみいわた　新潟県長岡市
小国町千谷沢　おぐにまちちやざわ　新潟県長岡市
小国町大貝　おぐにまちおおがい　新潟県長岡市
小国町小国沢　おぐにまちおぐにさわ　新潟県長岡市
小国町小栗山　おぐにまちこぐりやま　新潟県長岡市
小国町山野田　おぐにまちやまのた　新潟県長岡市
小国町太郎丸　おぐにまちたろうまる　新潟県長岡市
小国町武石　おぐにまちたけいし　新潟県長岡市
小国町法末　おぐにまちほうすえ　新潟県長岡市
小国町法坂　おぐにまちほうざか　新潟県長岡市
小国町苔野島　おぐにまちこけのしま　新潟県長岡市
小国町相野原　おぐにまちあいのはら　新潟県長岡市
小国町原　おぐにまちはら　新潟県長岡市
小国町桐沢　おぐにまちきりさわ　新潟県長岡市
小国町森光　おぐにまちもりみつ　新潟県長岡市
小国町新町　おぐにまちあらまち　新潟県長岡市
小国町楢沢　おぐにまちならさわ　新潟県長岡市
小国町横沢　おぐにまちよこさわ　新潟県長岡市
小国町諏訪井　おぐにまちすわい　新潟県長岡市
小国谷　おぐにだに　新潟県新発田市
小国浅瀬石山　おぐにあせいしやま　青森県平川市
小国深沢　おぐにふかさわ　青森県平川市
小坪　こつぼ　神奈川県逗子市
小坪井　こつぼい　大阪府茨木市
小坪瀬　こつぼせ　奈良県吉野郡十津川村
小妻町　こづまちょう　茨城県常陸太田市
小姓町
　こしょうまち　山形県山形市
　こしょうまち　兵庫県姫路市
小宝島　こだからじま　鹿児島県鹿児島郡十島村
小岩　こいわ　東京都（JR総武本線）

小岩川
　こいわがわ　山形県（JR羽越本線）
　こいわがわ　山形県鶴岡市
小岩井
　こいわい　岩手県（JR田沢湖線）
　こいわい　岩手県八幡平市
　こいわい　埼玉県飯能市
小岩内　こいわうち　新潟県村上市
小岩戸　こいわど　茨城県小美玉市
小岩田　こいわた　茨城県土浦市
小岩田西　こいわだにし　茨城県土浦市
小岩田東　こいわだひがし　茨城県土浦市
小岩沢　こいわさわ　山形県南陽市
小性町　こしょうまち　岡山県津山市
小房
　おぶさ　和歌山県西牟婁郡白浜町
　おぶさ　岡山県美作市
小房町　おうさちょう　奈良県橿原市
小明町　こうみょうちょう　奈良県生駒市
小明見　こあすみ　山梨県富士吉田市
小松
　こまつ　宮城県東松島市
　こまつ　山形県東置賜郡川西町
　こまつ　山形県飽海郡遊佐町
　こまつ　福島県西白河郡矢吹町
　こまつ　茨城県土浦市
　こまつ　埼玉県羽生市
　こまつ　埼玉県鴻巣市
　こまつ　千葉県山武市
　こまつ　千葉県香取郡神崎町
　こまつ　新潟県阿賀野市
　こまつ　石川県（JR北陸本線）
　こまつ　福井県越前市
　こまつ　静岡県浜松市浜北区
　こまつ　愛知県北設楽郡設楽町
　こまつ　京都府宮津市
　こまつ　大阪府大阪市東淀川区
　こまつ　和歌山県東牟婁郡北山村
　こまつ　山口県大島郡周防大島町
　こまつ　愛媛県北宇和郡鬼北町
　こまつ　高知県土佐郡大川村
　こまつ　宮崎県宮崎市
小松ケ丘
　こまつがおか　青森県上北郡六戸町
　こまつがおか　京都府福知山市
小松ケ丘町　こまつがおかまち　茨城県土浦市
小松ケ原　こまつがはら　静岡県伊豆の国市
小松川
　こまつかわ　秋田県（JR北上線）
　こまつかわ　埼玉県吉川市
　こまつがわ　東京都江戸川区
小松北町　こまつきたまち　兵庫県西宮市
小松台　こまつだい　埼玉県羽生市
小松台北町　こまつだいきたまち　宮崎県宮崎市
小松台西　こまつだいにし　宮崎県宮崎市
小松台東　こまつだいひがし　宮崎県宮崎市
小松台南町　こまつだいみなみまち　宮崎県宮崎市
小松北　こまつじ　石川県
小松地　こまつじ　島根県邑智郡美郷町
小松寺　こまつじ　愛知県小牧市
小松西町　こまつにしまち　兵庫県西宮市

3画（小）

小松尾	こまつお	山口県山陽小野田市
小松沢	こまつざわ	新潟県南魚沼市

小松町
	こまつまち	山梨県甲府市
	こまつちょう	愛知県名古屋市千種区
	こまつちょう	愛知県豊橋市
	こまつちょう	京都府京都市東山区
	こまつちょう	大阪府泉大津市
	こまつちょう	兵庫県西宮市
	こまつちょう	福岡県北九州市門司区

小松町大郷	こまつちょうおおご	愛媛県西条市
小松町大頭	こまつちょうおおと	愛媛県西条市
小松町北川	こまつちょうきたがわ	愛媛県西条市
小松町石鎚	こまつちょういしづち	愛媛県西条市
小松町安井	こまつちょうやすい	愛媛県西条市
小松町妙口	こまつちょうみょうぐち	愛媛県西条市
小松町明穂	こまつちょうあかお	愛媛県西条市
小松町南川	こまつちょうみなみがわ	愛媛県西条市
小松町新屋敷	こまつちょうしんやしき	愛媛県西条市
小松里町	こまつりちょう	大阪府岸和田市
小松東町	こまつひがしまち	兵庫県西宮市
小松南町	こまつみなみまち	兵庫県西宮市

小松原
	こまつばら	福島県石川郡平田村
	こまつばら	神奈川県座間市
	こまつばら	福井県小浜市
	こまつばら	和歌山県和歌山市
	こまつばら	山口県周南市
	こまつばら	鹿児島県鹿児島市

小松原北町	こまつばらきたまち	京都府京都市北区

小松原町
	こまつばらちょう	埼玉県東松山市
	こまつばらちょう	愛知県豊橋市
	こまつばらちょう	大阪府大阪市北区
	こまつばらちょう	山口県宇部市
	こまつばらまち	熊本県天草市
	こまつばらちょう	宮崎県都城市

小松原南町	こまつばらみなみまち	京都府京都市北区
小松原通	こまつばらどおり	和歌山県和歌山市
小松島	こまつしま	宮城県仙台市青葉区
小松島市	こまつしまし	徳島県
小松島町	こまつしまちょう	徳島県小松島市
小松島新堤	こまつしましんつつみ	宮城県仙台市青葉区
小松通	こまつどおり	兵庫県神戸市兵庫区
小松崎	こまつざき	宮城県塩竈市
小松野	こまつの	千葉県勝浦市
小松野町	こまつのちょう	愛知県豊田市
小松開作	こまつかいさく	山口県大島郡周防大島町
小板	こいた	広島県山県郡安芸太田町
小板井	こいたい	福岡県小郡市
小枕	こまくら	兵庫県篠山市

小林
	こばやし	山形県酒田市
	こばやし	山形県東根市
	こばやし	福島県南会津郡只見町
	おばやし	茨城県筑西市
	こばやし	栃木県日光市
	こばやし	栃木県真岡市

	こばやし	群馬県藤岡市
	こばやし	千葉県（JR成田線）
	こばやし	千葉県茂原市
	こばやし	千葉県印西市
	こばやし	富山県滑川市
	こばやし	富山県南砺市
	こばやし	富山県射水市
	こばやし	富山県中新川郡立山町
	こばやし	山梨県南巨摩郡富士川町
	こばやし	静岡県浜松市浜北区
	こばやし	三重県桑名郡木曽岬町
	おばやし	兵庫県（阪急電鉄今津線）
	おばやし	兵庫県宝塚市
	おばやし	奈良県御所市
	こばやし	鳥取県西伯郡伯耆町
	こばやし	島根県邑智郡美郷町
	おばやし	岡山県小田郡矢掛町
	こばやし	宮崎県（JR吉都線）

小林大門下	こばやしだいもんした	千葉県印西市
小林北	こばやしきた	千葉県印西市
小林台	こばやしだい	静岡県沼津市
小林市	こばやし	宮崎県
小林西	こばやしにし	大阪府大阪市大正区
小林西山	おばやしにしやま	兵庫県宝塚市

小林町
	こばやしちょう	茨城県水戸市
	こばやしちょう	愛知県常滑市
	こばやしちょう	三重県四日市市
	こばやしちょう	奈良県大和郡山市

小林町西	こばやしちょうにし	奈良県大和郡山市
小林町歩	こばやしちょうぶ	茨城県稲敷郡河内町
小林東	こばやしひがし	大阪府大阪市大正区
小林浅間	こばやしせんげん	千葉県印西市
歩危	ほけ	徳島県（JR土讃線）
小河	おご	福井県敦賀市
小河口	おごぐち	福井県敦賀市

小河内
	こごうち	静岡県静岡市葵区
	こごうち	静岡県静岡市清水区
	おかうち	和歌山県西牟婁郡すさみ町
	おごち	鳥取県東伯郡三朝町
	おごうじ	鳥取県日野郡日野町

小河内町
	おがわちまち	広島県広島市西区
	おがわちまち	大分県日田市

小河原
	こがわら	栃木県那須烏山市
	こがわら	新潟県阿賀野市

小河原町
	おがわらちょう	長野県須坂市
	おがわらちょう	広島県広島市安佐北区

小河原郷	おがわらごう	長崎県南松浦郡新上五島町
小河通	おがわどおり	兵庫県神戸市兵庫区

小沼
	こぬま	宮城県遠田郡美里町
	こぬま	埼玉県坂戸市
	こぬま	千葉県館山市
	おぬま	山梨県南都留郡西桂町

小沼田	こぬまた	千葉県東金市
小沼町	こぬまちょう	山形県寒河江市
小沼崎	おぬまざき	福島県南会津郡下郷町
小沼添	こぬまぞい	宮城県遠田郡美里町

3画（小）

小沼新田　こぬましんでん　新潟県長岡市
小波津　こはつ　沖縄県中頭郡西原町
小波渡
　　こばと　山形県（JR羽越本線）
　　こばと　山形県鶴岡市
小波蔵　こはぐら　沖縄県糸満市
小波瀬　おばせ　福岡県京都郡苅田町
小波瀬西工大前　おばせにしこうだいまえ　福岡県
　（JR日豊本線）
小泊　こどまり　山口県大島郡周防大島町
小泊下前　こどまりしたまえ　青森県北津軽郡中泊町
小泊大山長根　こどまりおおやまながね　青森県北
　　軽郡中泊町
小泊小泊　こどまりこどまり　青森県北津軽郡中泊町
小泊中間　こどまりなかま　青森県北津軽郡中泊町
小泊水湖　こどまりみずのま　青森県北津軽郡中泊町
小泊白倉　こどまりしろくら　青森県北津軽郡中泊町
小泊坊主沢　こどまりぼうずさわ　青森県北津軽郡中
　　泊町
小泊尾崎道　こどまりおさきみち　青森県北津軽郡中
　　泊町
小泊折戸　こどまりおりと　青森県北津軽郡中泊町
小泊町　おどまりちょう　長崎県五島市
小泊長坂　こどまりながさか　青森県北津軽郡中泊町
小泊砂山　こどまりすなやま　青森県北津軽郡中泊町
小泊浜野　こどまりはまの　青森県北津軽郡中泊町
小泊梨子木平　こどまりなしきたいら　青森県北津軽
　　郡中泊町
小泊渕岩　こどまりふちいわ　青森県北津軽郡中泊町
小泊襲内　こどまりほろない　青森県北津軽郡中泊町
小泊割長根　こどまりわりながね　青森県北津軽郡中
　　泊町
小泊朝間　こどまりあさま　青森県北津軽郡中泊町
小泊嗽沢　こどまりうがいさわ　青森県北津軽郡中
　　泊町
小泊漆流　こどまりうるしながれ　青森県北津軽郡中
　　泊町
小泊稲荷　こどまりいなり　青森県北津軽郡中泊町
小泊鮫貝　こどまりさめがい　青森県北津軽郡中泊町
小牧
　　こまぎ　山形県酒田市
　　こまき　茨城県行方市
　　こまき　新潟県燕市
　　こまき　長野県上田市
　　こまき　愛知県（名古屋鉄道小牧線）
　　こまき　愛知県小牧市
　　こまき　京都府福知山市
　　おまき　福岡県鞍手郡鞍手町
　　こまき　鹿児島県指宿市
小牧口　こまきぐち　愛知県（名古屋鉄道小牧線）
小牧台　こまきだい　新潟県胎内市
小牧市　こまきし　愛知県
小牧町　こまきちょう　三重県四日市市
小牧原
　　こまきはら　愛知県（名古屋鉄道小牧線）
　　こまきはら　愛知県小牧市
小牧原新田　こまきはらしんでん　愛知県小牧市
小牧新田　こまぎしんでん　山形県酒田市
小空町　こそらちょう　愛知県瀬戸市
小股　おまた　山形県西置賜郡小国町

小茎　おぐき　茨城県つくば市
小若江　こわかえ　大阪府東大阪市
小苗　こみょう　千葉県夷隅郡大多喜町
小茂町　こもいちょう　愛知県愛西市
小茂田　こもだ　埼玉県児玉郡美里町
小茂根　こもね　東京都板橋区
小迫町　おざこまち　大分県日田市
小迫間　こばさま　岐阜県関市
小金　こがね　千葉県松戸市
小金きよし ケ丘　こがねきよしがおか　千葉県松戸市
小金上総町　こがねかずさちょう　千葉県松戸市
小金山　こがねやま　福島県福島市
小金井
　　こがねい　栃木県（JR東北本線）
　　こがねい　栃木県下野市
小金井市　こがねいし　東京都
小金台
　　こがねだい　新潟県新潟市東区
　　こがねだい　大阪府富田林市
小金沢　こがねざわ　宮城県（JR気仙沼線）
小金沢町　こがねざわちょう　千葉県千葉市緑区
小金町
　　こがねちょう　新潟県新潟市東区
　　こがねちょう　新潟県柏崎市
　　こがねちょう　石川県金沢市
　　おがねちょう　愛知県瀬戸市
小金城趾　こがねじょうし　千葉県（流鉄流山線）
小金原　こがねはら　千葉県松戸市
小金崎　こがねざき　青森県弘前市
小金清志町　こがねきよしちょう　千葉県松戸市
小金森　こがねもり　石川県鹿島郡中能登町
小金湯　こがねゆ　北海道札幌市南区
小金滝　こがねだき　福島県田村郡三春町
小長井　こながい　長崎県（JR長崎本線）
小長井町大峰　こながいちょうおおみね　長崎県諫
　　早市
小長井町大搦　こながいちょうおおがらみ　長崎県諫
　　早市
小長井町小川原浦　こながいちょうおがわらうら　長
　　崎県諫早市
小長井町川内　こながいちょうこうち　長崎県諫早市
小長井町井崎　こながいちょういざき　長崎県諫早市
小長井町古場　こながいちょうこば　長崎県諫早市
小長井町打越　こながいちょううちこし　長崎県諫
　　早市
小長井町田原　こながいちょうたばる　長崎県諫早市
小長井町牧　こながいちょうまき　長崎県諫早市
小長井町新田原　こながいちょうしんたばる　長崎県
　　諫早市
小長井町遠竹　こながいちょうとおだけ　長崎県諫
　　早市
小長尾　こながお　奈良県宇陀郡曽爾村
小長沢　こながさわ　新潟県三条市
小長町　こながちょう　千葉県銚子市
小長谷　こながたに　新潟県胎内市
小長根　こがのまち　石川県能美市
小門町　おかどまち　東京都八王子市
小阿坂町　こあざかちょう　三重県松阪市
小附　こつき　和歌山県西牟婁郡すさみ町

209

3画（小）

小雨　こさめ　群馬県吾妻郡中之条町
小青田　こあおた　千葉県柏市
9小乗浜　このりはま　宮城県牡鹿郡女川町
小信中島　このぶなかしま　愛知県一宮市
小保　こぼ　福岡県大川市
小保川　おぼかわ　茨城県常総市
小保田
　　こぼた　宮城県伊具郡丸森町
　　こぼた　千葉県安房郡鋸南町
小俣
　　おまた　栃木県（JR両毛線）
　　おまた　群馬県安中市
　　おまた　新潟県村上市
　　おばた　三重県（近畿日本鉄道山田線）
小俣町　おまたちょう　栃木県足利市
小俣町元町　おばたちょうもとまち　三重県伊勢市
小俣町本町　おばたちょうほんまち　三重県伊勢市
小俣町明野　おばたちょうあけの　三重県伊勢市
小俣町相合　おばたちょうそうごう　三重県伊勢市
小俣町宮前　おばたちょうみやまえ　三重県伊勢市
小俣町湯田　おばたちょうゆた　三重県伊勢市
小俣町新村　おばたちょうしむら　三重県伊勢市
小俣南町　おまたみなみちょう　栃木県足利市
小前田
　　おまえだ　埼玉県（秩父鉄道線）
　　おまえだ　埼玉県深谷市
小前谷地　こまえやち　青森県上北郡おいらせ町
小南
　　こみなみ　千葉県香取郡東庄町
　　こみなみ　滋賀県野洲市
小南町　こみなみちょう　奈良県大和郡山市
小垣　おがき　石川県鳳珠郡能登町
小垣内　おがいと　大阪府泉南郡熊取町
小垣江　おがきえ　愛知県（名古屋鉄道三河線）
小垣江町　おがきえちょう　愛知県刈谷市
小城
　　こじょう　兵庫県養父市
　　おぎ　佐賀県（JR唐津線）
　　こぐすく　沖縄県島尻郡八重瀬町
小城市　おぎし　佐賀県
小城町
　　こしろちょう　愛知県名古屋市中川区
　　おぎまち　佐賀県小城市
小城町池上　おぎまちいけのうえ　佐賀県小城市
小城町岩蔵　おぎまちいわくら　佐賀県小城市
小城町松尾　おぎまちまつお　佐賀県小城市
小城町東新町　おぎまちひがししんまち　佐賀県小城市
小城町畑田　おぎまちはたけだ　佐賀県小城市
小城町栗原　おぎまちくりはら　佐賀県小城市
小城町船田　おぎまちふなだ　佐賀県小城市
小城町晴気　おぎまちはるけ　佐賀県小城市
小室
　　こむろ　埼玉県川越市
　　こむろ　埼玉県北足立郡伊奈町
　　こむろ　千葉県（北総鉄道北総線）
　　こもろ　石川県羽咋郡志賀町
　　こむろ　山梨県南巨摩郡富士川町
　　こむろ　兵庫県神崎郡市川町
　　こむろ　奈良県磯城郡田原本町

小室町
　　こむろちょう　千葉県船橋市
　　こむろちょう　滋賀県長浜市
小屋
　　こや　山形県西置賜郡飯豊町
　　こや　茨城県石岡市
　　こや　茨城県結城郡八千代町
　　こや　千葉県流山市
　　おや　福井県小浜市
小屋の畑　こやのはた　岩手県（JR花輪線）
小屋下町　こやしたまち　愛知県碧南市
小屋丸　こやまる　新潟県十日町市
小屋北　こやきた　長野県松本市
小屋平　こやだいら　富山県（黒部峡谷鉄道線）
小屋名　おやな　岐阜県関市
小屋町　こやまち　愛媛県松山市
小屋南　こやみなみ　長野県松本市
小屋畑　こやのはた　岩手県八幡平市
小屋原町　こやはらまち　群馬県前橋市
小屋浦
　　こやうら　広島県（JR呉線）
　　こやうら　広島県安芸郡坂町
小屋場　こやば　新潟県新潟市秋葉区
小屋敷
　　こやしき　青森県黒石市
　　こやしき　岩手県紫波郡紫波町
　　こやしき　静岡県焼津市
小屋敷西　こやしきにし　青森県黒石市
小屋敷町　こやしきまち　青森県西津軽郡鰺ケ沢町
小屋敷南　こやしきみなみ　青森県黒石市
小峠　ことうげ　岩手県八幡平市
小春町　こはるちょう　大阪府守口市
小柿
　　こがき　岐阜県本巣市
　　おがき　滋賀県栗東市
　　こがき　兵庫県三田市
小柴　こしば　茨城県龍ケ崎市
小柴見　こしばみ　長野県長野市
小柱　おばしら　埼玉県秩父市
小柳
　　こやなぎ　青森県（青い森鉄道線）
　　こやなぎ　青森県青森市
　　おやなぎ　石川県（北陸鉄道石川線）
　　こやなぎ　岐阜県本巣郡北方町
　　おやなぎ　奈良県磯城郡三宅町
小柳田　こやなぎだ　岩手県八幡平市
小柳町
　　こやなぎちょう　東京都府中市
　　おやなぎまち　石川県白山市
　　こやなぎちょう　岐阜県岐阜市
　　こやなぎちょう　岐阜県関市
　　こやなぎちょう　京都府京都市下京区
　　こやなぎちょう　大阪府茨木市
小柳津　おやいづ　静岡県焼津市
小海
　　こうみ　長野県（JR小海線）
　　こうみ　長野県南佐久郡小海町
　　おうみ　香川県東かがわ市
　　おみ　香川県小豆郡土庄町
小海町　こうみまち　長野県南佐久郡

210

3画（小）

小泉
こいずみ　北海道北見市
こいずみ　青森県三戸郡南部町
こいずみ　宮城県柴田郡村田町
こいずみ　宮城県加美郡加美町
こいずみ　山形県酒田市
こいずみ　福島県相馬市
こいずみ　茨城県取手市
こいずみ　茨城県つくば市
こいずみ　茨城県潮来市
こいずみ　茨城県坂東市
こいずみ　栃木県芳賀郡益子町
こいずみ　群馬県吾妻郡東吾妻町
こいずみ　群馬県佐波郡玉村町
こいずみ　埼玉県熊谷市
こいずみ　埼玉県上尾市
こいずみ　千葉県成田市
こいずみ　千葉県山武市
こいずみ　千葉県長生郡長生村
こいずみ　新潟県十日町市
こいずみ　新潟県上越市
こいずみ　富山県射水市
こいずみ　長野県上田市
こいずみ　岐阜県（JR太多線）
こいずみ　静岡県富士宮市
こいずみ　三重県桑名市
こいずみ　滋賀県米原市
こいずみ　徳島県那賀郡那賀町
こいずみ　愛媛県今治市

小泉町
こいずみちょう　茨城県水戸市
こいずみまち　群馬県（東武鉄道小泉線）
こいずみちょう　群馬県伊勢崎市
こいずみちょう　富山県（富山地方鉄道市内線）
こいずみちょう　富山県富山市
こいずみちょう　福井県鯖江市
こいずみちょう　岐阜県大垣市
こいずみちょう　岐阜県多治見市
こいずみちょう　滋賀県彦根市
こいずみちょう　京都府京都市下京区
こいずみちょう　奈良県大和郡山市
こいずみちょう　広島県三原市

小泉町東
こいずみちょうひがし　奈良県大和郡山市

小泉南
こいずみみなみ　茨城県潮来市

小泉新
こいずみしん　富山県高岡市

小津
おづ　岐阜県揖斐郡揖斐川町

小津町
おつまち　東京都八王子市
おづちょう　愛知県愛西市
おづちょう　三重県松阪市
こづちょう　島根県出雲市
おづちょう　高知県高知市

小津奈木
こつなぎ　熊本県水俣市
こつなぎ　熊本県葦北郡津奈木町

小津島町
おづしまちょう　大阪府泉大津市

小洞
こぼら　愛知県犬山市

小畑
こばた　青森県南津軽郡藤崎町
おばたけ　福井県今立郡池田町
おばた　愛知県新城市
おばた　京都府船井郡京丹波町
おばた　兵庫県神崎郡市川町
しょうばた　和歌山県海草郡紀美野町

おばた　岡山県美作市
おばた　山口県周南市
こばた　大分県豊後高田市

小畑沢
おばたけざわ　青森県青森市

小畑町
こばたけまち　千葉県銚子市
こばたちょう　愛知県豊田市
おばたちょう　京都府綾部市
こばたちょう　大阪府八尾市

小畑新町
こばたけしんまち　千葉県銚子市

小県郡
ちいさがたぐん　長野県

小相木町
こあいぎまち　群馬県前橋市

小砂
こいさご　栃木県那須郡那珂川町
こざれ　香川県東かがわ市

小砂子
ちいさご　北海道檜山郡上ノ国町

小砂川
こさがわ　秋田県（JR羽越本線）

小砂町
こすなちょう　茨城県ひたちなか市
こすなちょう　滋賀県湖南市

小祝
こいわい　茨城県常陸大宮市
こいわい　福岡県築上郡吉富町
こいわい　大分県中津市

小祝新町
こいわいしんまち　大分県中津市

小神
こがみ　福島県伊達郡川俣町
おこ　富山県小矢部市

小神町
こしんちょう　愛知県半田市

小神明町
こじんめいまち　群馬県前橋市

小美玉市
おみたまし　茨城県

小美町
おいちょう　愛知県岡崎市

小荒川
こあらかわ　秋田県仙北郡美郷町

小荒戸
こあらと　新潟県十日町市

小草畑
こくさばた　千葉県市原市

小計
こばかり　徳島県那賀郡那賀町

小面谷
こつらだに　新潟県五泉市

小音琴郷
こねごとごう　長崎県東彼杵郡東彼杵町
こねごとごう　長崎県東彼杵郡川棚町

小食土町
やさしどちょう　千葉県千葉市緑区

小香
しょうこう　千葉県君津市

小倉
こぐら　岩手県九戸郡九戸村
こぐら　宮城県伊具郡丸森町
おぐら　山形県上山市
こぐら　山形県西置賜郡小国町
おぐら　福島県須賀川市
おぐら　茨城県石岡市
おぐら　茨城県常陸大宮市
こぐら　栃木県日光市
おぐら　栃木県那須烏山市
おぐら　群馬県北群馬郡吉岡町
おぐら　千葉県印西市
おぐら　神奈川県川崎市幸区
おぐら　神奈川県相模原市緑区
おぐら　新潟県佐渡市
おぐら　福井県丹生郡越前町
こぐら　岐阜県美濃市
こぐら　岐阜県山県市
おぐら　岐阜県養老郡養老町
おぐら　京都府（近畿日本鉄道京都線）

211

3画（小）

おぐら　京都府舞鶴市
おぐら　兵庫県篠山市
おぐら　兵庫県淡路市
おぐら　和歌山県和歌山市
おぐわ　愛媛県北宇和郡鬼北町
こくら　福岡県（JR山陽新幹線ほか）
こくら　福岡県春日市
こくら　佐賀県三養基郡基山町
おぐら　熊本県阿蘇市
おぐら　大分県別府市

小倉北区　こくらきたく　福岡県北九州市
小倉台
　おぐらだい　千葉県（千葉都市モノレール2号線）
　おぐらだい　千葉県千葉市若葉区
　おぐらだい　千葉県印西市
　おぐらだい　兵庫県神戸市北区
小倉寺　おぐらじ　福島県福島市
小倉寺町　おぐらじちょう　奈良県生駒市
小倉町
　おぐらちょう　千葉県千葉市若葉区
　おぐらちょう　新潟県柏崎市
　おぐらちょう　愛知県常滑市
　おぐらちょう　滋賀県東近江市
　おぐらちょう　京都府宇治市
　おぐらちょう　大阪府枚方市
　おぐらちょう　奈良県奈良市
　おくらちょう　高知県高知市
　こくらちょう　鹿児島県薩摩川内市
小倉谷　おぐらたに　福井県南条郡南越前町
小倉東　こくらひがし　福岡県春日市
小倉東町　おぐらひがしまち　大阪府枚方市
小倉南区　こくらみなみく　福岡県北九州市
小倉野　おぐらの　静岡県御殿場市
小値賀町　おぢかちょう　長崎県北松浦郡
小原
　おばら　宮城県白石市
　おばら　茨城県笠間市
　こばら　千葉県館山市
　こはら　神奈川県相模原市緑区
　こはら　新潟県十日町市
　おはら　富山県南砺市
　おはら　福井県三方上中郡若狭町
　こばら　長野県小諸市
　おばら　岐阜県可児郡御嵩町
　こはら　滋賀県犬上郡多賀町
　おばら　兵庫県篠山市
　おおはら　奈良県高市郡明日香村
　おはら　奈良県吉野郡十津川村
　おはら　和歌山県有田郡有田川町
　こばら　和歌山県日高郡印南町
　こばら　鳥取県日野郡日野町
　おばら　岡山県（JR津山線）
　おばら　岡山県津山市
　こばら　岡山県赤磐市
　おばら　岡山県久米郡美咲町
　こばら　広島県山県郡北広島町
　おばら　福岡県築上郡築上町
　おばる　熊本県山鹿市
　こばる　熊本県玉名郡南関町
小原大倉町　おばらおおくらちょう　愛知県豊田市
小原子
　おばらく　千葉県山武郡芝山町
　こばらこ　静岡県掛川市

小原北町　おばらきたちょう　愛知県豊田市
小原台　おばらだい　神奈川県横須賀市
小原田
　おはらだ　山形県飽海郡遊佐町
　こはらだ　福島県郡山市
　おはらた　和歌山県橋本市
　おはらだ　岡山県美作市
小原田代町　おばらしろちょう　愛知県豊田市
小原団地　こばるだんち　大分県大分市
小原西　こばらにし　山梨県山梨市
小原沢　こはらざわ　栃木県那須烏山市
小原町
　おばらちょう　茨城県水戸市
　おはらちょう　石川県金沢市
　おはらちょう　愛知県一宮市
　おばらちょう　愛知県豊田市
　おばらちょう　鹿児島県鹿児島市
小原東　こばらひがし　山梨県山梨市
小原屋　おはらや　富山県富山市
小原道ノ下　こはらみちのした　岩手県八幡平市
小原道ノ上　こはらみちのうえ　岩手県八幡平市
小原新田　こばらしんでん　新潟県妙高市
小宮
　こみや　福島県相馬郡飯舘村
　こみや　東京都（JR八高線）
小宮山　こみやま　長野県佐久市
小宮作　こみやさく　茨城県鹿嶋市
小宮町
　こみやまち　東京都八王子市
　こみやちょう　大阪府大阪市天王寺区
小将町　こしょうまち　石川県金沢市
小島
　こじま　北海道厚岸郡厚岸町
　おしま　宮城県柴田郡大河原町
　おじま　福島県伊達郡川俣町
　おじま　茨城県下妻市
　こじま　埼玉県熊谷市
　おじま　埼玉県本庄市
　こじま　東京都台東区
　こじま　新潟県柏崎市
　おじま　新潟県新発田市
　こじま　新潟県燕市
　こじま　新潟県阿賀野市
　おじま　富山県砺波市
　こじま　富山県射水市
　こじま　長野県長野市
　こじま　長野県上田市
　こじま　長野県千曲市
　こじま　岐阜県揖斐郡揖斐川町
　こじま　静岡県静岡市葵区
　こじま　静岡県磐田市
　おじま　三重県三重郡菰野町
　おしま　兵庫県豊岡市
　おしま　和歌山県有田郡有田川町
　おしま　徳島県（JR徳島線）
　おしま　愛媛県西宇和郡伊方町
　こしま　高知県安芸郡北川村
　おしま　熊本県熊本市西区
　おしま　熊本県玉名市
　こしま　鹿児島県熊毛郡屋久島町
　こじま　鹿児島県大島郡伊仙町
小島下町　おしましもまち　熊本県熊本市西区

3画（小）

小島上町　おしまかみまち　熊本県熊本市西区
小島本町　おじまほんちょう　静岡県静岡市清水区
小島田町
　　こじまたまち　群馬県前橋市
　　おしまだまち　長野県長野市
小島地　こしまじ　岡山県玉野市
小島町
　　おじままち　福島県いわき市
　　おじまちょう　茨城県常陸太田市
　　こじまちょう　東京都調布市
　　こじまちょう　神奈川県川崎市川崎区
　　こじまちょう　富山県富山市
　　こじままち　石川県七尾市
　　こじままち　石川県小松市
　　こじままち　長野県須坂市
　　おじまちょう　静岡県静岡市清水区
　　こじまちょう　愛知県豊橋市
　　おじまちょう　愛知県西尾市
　　こじまちょう　愛知県弥富市
　　こじまちょう　滋賀県守山市
　　こじまちょう　京都府京都市上京区
　　こじまちょう　京都府京都市東山区
　　こじまちょう　京都府京都市下京区
　　こじまちょう　奈良県天理市
　　こじまちょう　奈良県五條市
　　こじまちょう　長崎県佐世保市
小島谷
　　おじまや　新潟県（JR越後線）
　　おじまや　新潟県長岡市
小島南　おじまみなみ　埼玉県本庄市
小島新田
　　おじましんでん　茨城県つくばみらい市
　　こじましんでん　神奈川県（京浜急行電鉄大師線）
小峰　おみね　熊本県上益城郡山都町
小峰台
　　こみねだい　東京都あきる野市
　　おみねだい　和歌山県橋本市
小峰町
　　こみねまち　長崎県長崎市
　　こみねまち　宮崎県延岡市
小峯　おみね　熊本県熊本市東区
小峯町　こみねちょう　愛知県豊田市
小座
　　おざ　千葉県香取郡東庄町
　　おざ　岡山県苫田郡鏡野町
小庭名　こてんみょう　新潟県魚沼市
小庭名新田　こてんみょうしんでん　新潟県魚沼市
小栗
　　おぐり　茨城県筑西市
　　おぐり　愛媛県松山市
小栗山
　　こぐりやま　青森県（弘南鉄道大鰐線）
　　こぐりやま　青森県弘前市
　　こぐりやま　宮城県加美郡色麻町
　　こぐりやま　秋田県由利本荘市
　　こぐりやま　福島県岩瀬郡鏡石町
　　こぐりやま　福島県大沼郡金山町
　　こぐりやま　新潟県小千谷市
　　こぐりやま　新潟県五泉市
　　こぐりやま　新潟県阿賀野市
　　こぐりやま　新潟県南魚沼市
小栗山町　こぐりやままち　新潟県見附市

小栗町
　　おぐりまち　石川県七尾市
　　おぐりちょう　愛知県一宮市
　　おぐりちょう　愛知県西尾市
　　おぐりまち　愛媛県松山市
小栗栖　こぐりす　奈良県吉野郡東吉野村
小栗栖丸山　おぐりすまるやま　京都府京都市伏見区
小栗栖小阪町　おぐりすこさかちょう　京都府京都市伏見区
小栗栖山口町　おぐりすやまぐちちょう　京都府京都市伏見区
小栗栖中山田町　おぐりすなかやまだちょう　京都府京都市伏見区
小栗栖牛ケ渕町　おぐりすうしがふちちょう　京都府京都市伏見区
小栗栖北谷町　おぐりすきただにちょう　京都府京都市伏見区
小栗栖北後藤町　おぐりすきたごとうちょう　京都府京都市伏見区
小栗栖石川町　おぐりすいしかわちょう　京都府京都市伏見区
小栗栖西ノ峯　おぐりすにしのみね　京都府京都市伏見区
小栗栖西谷町　おぐりすにしだにちょう　京都府京都市伏見区
小栗栖岩ケ渕町　おぐりすいわがふちちょう　京都府京都市伏見区
小栗栖南後藤町　おぐりすみなみごとうちょう　京都府京都市伏見区
小栗栖宮山　おぐりすみややま　京都府京都市伏見区
小栗栖森ケ渕町　おぐりすもりがふちちょう　京都府京都市伏見区
小栗栖森本町　おぐりすもりもとちょう　京都府京都市伏見区
小栗栖鉢伏　おぐりすはちぶせ　京都府京都市伏見区
小桑原　こくわはら　群馬県富岡市
小桑原町　こくわばらちょう　群馬県館林市
小桁　おげた　岡山県津山市
小根山　おねやま　長野県上水内郡小川村
小根本　こねもと　千葉県松戸市
小根岸　こねぎし　新潟県十日町市
小桜町
　　こざくらちょう　神奈川県茅ケ崎市
　　こざくらちょう　愛知県名古屋市昭和区
　　こざくらちょう　愛知県豊川市
小梅町　こうめちょう　群馬県桐生市
小浦
　　こうら　千葉県南房総市
　　おうら　石川県羽咋郡志賀町
　　おうら　石川県鳳珠郡能登町
　　おうら　三重県北牟婁郡紀北町
　　おうら　和歌山県日高郡日高町
　　こうら　愛媛県南宇和郡愛南町
　　こうら　長崎県（松浦鉄道西九州線）
小浦町
　　こうらちょう　愛媛県今治市
　　こうらまち　長崎県長崎市
小浦免　こうらめん　長崎県北松浦郡佐々町
小浜
　　こはま　北海道松前郡松前町
　　おばま　福島県二本松市
　　こばま　福島県双葉郡富岡町

213

3画（小）

こばま　埼玉県児玉郡神川町
こばま　千葉県木更津市
おばま　福井県（JR小浜線）
おばま　静岡県焼津市
こばま　兵庫県宝塚市
こばま　鳥取県東伯郡湯梨浜町
こばま　徳島県那賀郡那賀町
おばま　愛媛県松山市
こばま　愛媛県宇和島市
こばま　熊本県玉名市
こばま　沖縄県八重山郡竹富町

小浜大原　おばまおおはら　福井県小浜市
小浜大宮　おばまおおみや　福井県小浜市
小浜今宮　おばまいまみや　福井県小浜市
小浜日吉　おばまひよし　福井県小浜市
小浜市　おばまし　福井県
小浜広峰　おばまひろみね　福井県小浜市
小浜玉前　おばまたままえ　福井県小浜市
小浜生玉　おばまいくだま　福井県小浜市
小浜白鳥　おばましらとり　福井県小浜市
小浜白鬚　おばましらひげ　福井県小浜市
小浜多賀　おばまたが　福井県小浜市
小浜住吉　おばますみよし　福井県小浜市
小浜男山　おばまおとこやま　福井県小浜市
小浜町
　　おばままち　福島県いわき市
　　おばまちょう　千葉県銚子市
　　こはまちょう　愛知県豊橋市
　　こはまちょう　三重県四日市市
　　おはまちょう　三重県鳥羽市
　　こばまちょう　滋賀県守山市
　　こはまちょう　島根県益田市
　　こはままち　福岡県大牟田市
小浜町マリーナ　おばまちょうまりーな　長崎県雲
　仙市
小浜町大亀　おばまちょうおおかめ　長崎県雲仙市
小浜町山畑　おばまちょうやまはた　長崎県雲仙市
小浜町木場　おばまちょうこば　長崎県雲仙市
小浜町北木指　おばまちょうきたきさし　長崎県雲
　仙市
小浜町北本町　おばまちょうきたほんまち　長崎県雲
　仙市
小浜町北野　おばまちょうきたの　長崎県雲仙市
小浜町金浜　おばまちょうかなはま　長崎県雲仙市
小浜町南木指　おばまちょうみなみきさし　長崎県雲
　仙市
小浜町南本町　おばまちょうみなみほんまち　長崎県雲
　仙市
小浜町飛子　おばまちょうとびこ　長崎県雲仙市
小浜町富津　おばまちょうとみつ　長崎県雲仙市
小浜町雲仙　おばまちょううんぜん　長崎県雲仙市
小浜海道　おばまかいどう　福島県田村郡三春町
小浜浅間　おばまあさま　福井県小浜市
小浜津島　おばまつしま　福井県小浜市
小浜神田　おばまかんだ　福井県小浜市
小浜飛鳥　おばまあすか　福井県小浜市
小浜香取　おばまかとり　福井県小浜市
小浜酒井　おばまさかい　福井県小浜市
小浜竜田　おばまたつた　福井県小浜市
小浜清滝　おばまきよたき　福井県小浜市
小浜鹿島　おばまかしま　福井県小浜市

小浜貴船　おばまきふね　福井県小浜市
小浜塩竈　おばましおがま　福井県小浜市
小浜鈴鹿　おばますずか　福井県小浜市
小浮
　　こぶけ　千葉県成田市
　　こうけ　新潟県阿賀野市
小浮気　こぶけ　茨城県取手市
小涌谷
　　こわきだに　神奈川県（箱根登山鉄道線）
　　こわくだに　神奈川県足柄下郡箱根町
小流　こながし　新潟県五泉市
小畠
　　こばたけ　広島県神石郡神石高原町
　　おばたけ　徳島県那賀郡那賀町
小真木原町　こまぎはらまち　山形県鶴岡市
小脇　こわき　新潟県十日町市
小脇町
　　こわきちょう　三重県尾鷲市
　　おわきちょう　滋賀県東近江市
小脇町小脇　こわきちょうこわき　愛知県江南市
小荷駄町　こにだまち　山形県山形市
小袖　こそで　山梨県北都留郡丹波山村
小通幸谷町　ことおりこうやまち　茨城県龍ケ崎市
小郡
　　おぐに　山口県熊毛郡平生町
　　おごおり　福岡県（甘木鉄道線）
　　おごおり　福岡県小郡市
小郡みらい町　おごおりみらいまち　山口県山口市
小郡下郷　おごおりしもごう　山口県山口市
小郡三軒屋町　おごおりさんげんやまち　山口県山
　口市
小郡上郷　おごおりかみごう　山口県山口市
小郡上郷流通センター　おごおりかみごうりゅうつう
　せんたー　山口県山口市
小郡大江町　おごおりおおえまち　山口県山口市
小郡山　こごおりやま　山形県東置賜郡高畠町
小郡山手上町　おごおりやまてかみまち　山口県山
　口市
小郡円座西町　おごおりえんざにしちょう　山口県山
　口市
小郡円座東町　おごおりえんざひがしちょう　山口県山
　口市
小郡市　おごおりし　福岡県
小郡平成町　おごおりへいせいまち　山口県山口市
小郡平砂町　おごおりひらさまち　山口県山口市
小郡光が丘　おごおりひかりがおか　山口県山口市
小郡尾崎町　おごおりおざきちょう　山口県山口市
小郡花園町　おごおりはなぞのまち　山口県山口市
小郡若草町　おごおりわかくさまち　山口県山口市
小郡金堀町　おごおりかなほりちょう　山口県山口市
小郡前田町　おごおりまえだまち　山口県山口市
小郡栄町　おごおりさかえまち　山口県山口市
小郡真名　おごおりまな　山口県山口市
小郡高砂町　おごおりたかさごまち　山口県山口市
小郡船倉町　おごおりふなくらまち　山口県山口市
小郡黄金町　おごおりこがねまち　山口県山口市
小郡御幸町　おごおりみゆきまち　山口県山口市
小郡給領町　おごおりきゅうりょうまち　山口県山口市
小郡新町　おごおりしんまち　山口県山口市

3画（小）

小郡維新町　おごおりいしんまち　山口県山口市
小郡緑町　おごおりみどりまち　山口県山口市
小釜本　こかもと　和歌山県日高郡日高川町
小釜谷　こがまや　新潟県三島郡出雲崎町
小針
　こばり　埼玉県行田市
　こばり　新潟県（JR越後線）
　こばり　新潟県新潟市西区
　おばり　愛知県小牧市
小針が丘　こばりがおか　新潟県新潟市西区
小針上山　こばりかみやま　新潟県新潟市西区
小針内宿　こばりうちじゅく　埼玉県北足立郡伊奈町
小針台　こばりだい　新潟県新潟市西区
小針西　こばりにし　新潟県新潟市西区
小針町　こばりちょう　愛知県岡崎市
小針南　こばりみなみ　新潟県新潟市西区
小針南台　こばりみなみだい　新潟県新潟市西区
小針新宿　こばりしんしゅく　埼玉県北足立郡伊奈町
小針領家　こばりりょうけ　埼玉県桶川市
小針藤山　こばりふじやま　新潟県新潟市西区
小院瀬見　こいんぜみ　富山県南砺市
小馬木　こまき　島根県仁多郡奥出雲町
小馬出町
　こんまだしまち　富山県高岡市
　こんまでまち　石川県小松市
小馬越　こうまごえ　香川県小豆郡土庄町
小高
　おだか　福島県（JR常磐線）
　おだか　福島県石川郡玉川村
　おだか　茨城県土浦市
　おだか　茨城県行方市
　おだか　千葉県匝瑳市
　おだか　千葉県いすみ市
　こたか　新潟県燕市
小高下町　ここうげちょう　岡山県高梁市
小高内　こだこうち　福島県二本松市
小高区下浦　おだかくしもうら　福島県南相馬市
小高区上町　おだかくかみまち　福島県南相馬市
小高区上根沢　おだかくうわねざわ　福島県南相馬市
小高区上浦　おだかくかみうら　福島県南相馬市
小高区大井　おだかくおおい　福島県南相馬市
小高区大田和　おだかくおおたわ　福島県南相馬市
小高区大町　おだかくおおまち　福島県南相馬市
小高区大富　おだかくおおとみ　福島県南相馬市
小高区女場　おだかくおなば　福島県南相馬市
小高区小谷　おだかくおや　福島県南相馬市
小高区小屋木　おだかくこやぎ　福島県南相馬市
小高区小高　おだかくおだか　福島県南相馬市
小高区川房　おだかくかわぶさ　福島県南相馬市
小高区井田川　おだかくいだがわ　福島県南相馬市
小高区水谷　おだかくみずがい　福島県南相馬市
小高区片草　おだかくかたくさ　福島県南相馬市
小高区北鳩原　おだかくきたはつばら　福島県南相馬市
小高区本町　おだかくもとまち　福島県南相馬市
小高区田町　おだかくたまち　福島県南相馬市
小高区仲町　おだかくなかまち　福島県南相馬市
小高区吉名　おだかくよしな　福島県南相馬市
小高区羽倉　おだかくはのくら　福島県南相馬市

小高区耳谷　おだかくみみがい　福島県南相馬市
小高区行津　おだかくなめづ　福島県南相馬市
小高区西町　おだかくにしまち　福島県南相馬市
小高区村上　おだかくむらかみ　福島県南相馬市
小高区角部内　おだかくつのべうち　福島県南相馬市
小高区岡田　おだかくおかだ　福島県南相馬市
小高区東町　おだかくひがしまち　福島県南相馬市
小高区金谷　おだかくかなや　福島県南相馬市
小高区南町　おだかくみなみまち　福島県南相馬市
小高区南鳩原　おだかくみなみはつばら　福島県南相馬市
小高区泉沢　おだかくいずみさわ　福島県南相馬市
小高区神山　おだかくかみやま　福島県南相馬市
小高区浦尻　おだかくうらじり　福島県南相馬市
小高区塚原　おだかくつかばら　福島県南相馬市
小高区蛯沢　おだかくえびさわ　福島県南相馬市
小高区飯崎　おだかくはんさき　福島県南相馬市
小高区福岡　おだかくふくおか　福島県南相馬市
小高区関場　おだかくせきば　福島県南相馬市
小高区藤木　おだかくふじき　福島県南相馬市
小高町　おたかちょう　神奈川県横浜市旭区
小高林　こたかばやし　福島県南会津郡南会津町
11 小動　こゆるぎ　神奈川県高座郡寒川町
小堀
　おおほり　茨城県取手市
　こほり　福井県大飯郡おおい町
　こぼり　大分県中津市
小堀町　こぼりちょう　滋賀県長浜市
小尉町　こじょうちょう　福井県福井市
小張　おばり　茨城県つくばみらい市
小張木　こばりのき　新潟県新潟市中央区
小斎　こさい　宮城県伊具郡丸森町
小曽川　おそがわ　埼玉県越谷市
小曽原　おぞわら　福井県丹生郡越前町
小曽根
　おぞね　埼玉県熊谷市
　おぞね　大阪府豊中市
小曽根町
　おぞねちょう　栃木県足利市
　こぞねまち　新潟県長岡市
　こぞねちょう　兵庫県西宮市
　こぞねまち　長崎県長崎市
小曽納　おそのう　茨城県小美玉市
小梨　こなし　岩手県（JR大船渡線）
小梨町　おなしちょう　広島県竹原市
小深
　おぶか　栃木県芳賀郡茂木町
　こぶか　愛知県長久手市
　こぶか　大阪府河内長野市
小深作　こふかさく　埼玉県さいたま市見沼区
小深町　こぶけちょう　千葉県千葉市稲毛区
小深浦　こぶかうら　高知県宿毛市
小清　こせい　山形県西村山郡大江町
小清水　こしみず　北海道斜里郡小清水町
小清水町　こしみずちょう　北海道斜里郡
小淵　おぶち　愛知県丹羽郡扶桑町
小淵沢　こぶちさわ　山梨県（JR中央本線）
小淵沢町　こぶちさわちょう　山梨県北杜市

3画（小）

小淵沢町下笹尾　こぶちさわちょうしもささお　山梨県北杜市

小淵沢町上笹尾　こぶちさわちょうかみささお　山梨県北杜市

小淵沢町松向　こぶちさわちょうしょうこう　山梨県北杜市

小淀川　こよどかわ　山形県鶴岡市

小渕
こぶち　秋田県（秋田内陸縦貫鉄道線）
こぶち　埼玉県春日部市
おぶち　神奈川県相模原市緑区

小渕浜　こぶちはま　宮城県石巻市

小笠木　おかさぎ　福岡県福岡市早良区

小笠原　おがさはら　山梨県南アルプス市

小笠原村　おがさわらむら　東京都

小笹
おざさ　山形県上山市
おざさ　福岡県福岡市中央区
おざさ　熊本県上益城郡山都町

小船
おぶね　神奈川県小田原市
おぶね　鳥取県八頭郡若桜町

小船山　こぶねやま　長野県千曲市

小船木町
こぶなきちょう　千葉県銚子市
こぶなきちょう　滋賀県近江八幡市

小船渡　こぶなと　栃木県大田原市

小船越　こふなこし　宮城県石巻市

小船越町　おぶなこしまち　長崎県諫早市

小菅
こすげ　千葉県成田市
こすげ　東京都（東武鉄道伊勢崎線）
こすげ　東京都葛飾区

小菅ケ谷　こすがや　神奈川県横浜市栄区

小菅ケ谷町　こすがやちょう　神奈川県横浜市栄区

小菅生　こすごう　福島県東白川郡棚倉町

小菅村　こすげむら　山梨県北都留郡

小菅町
こすげちょう　茨城県常陸太田市
こすげまち　長崎県長崎市

小菅沼　こすがぬま　富山県魚津市

小菅波町　こすがなみまち　石川県加賀市

小菅野　こすがの　秋田県由利本荘市

小菅野代　こすがのだい　山形県鶴岡市

小菱池町　こびしけまち　石川県金沢市

小袴　こはかま　秋田県大館市

小袋　こぶくろ　栃木県小山市

小袋谷　こぶくろや　神奈川県鎌倉市

小貫
おぬき　福島県石川郡浅川町
おぬき　茨城県常陸大宮市
おぬき　茨城県行方市
おぬき　栃木県芳賀郡茂木町
こつなぎ　新潟県長岡市
おぬき　静岡県掛川市

小貫山　おぬきやま　茨城県ひたちなか市

小貫高畑　おぬきたかばたけ　秋田県大仙市

小郷町手保ノ木　おごうちょうてほのき　愛知県江南市

小郷町伍大力　おごうちょうごだいりき　愛知県江南市

小郷町西ノ山　おごうちょうにしのやま　愛知県江南市

小郷町粟田木　おごうちょうあわたぎ　愛知県江南市

小郷町楽ノ山　おごうちょうらくのやま　愛知県江南市

小部　こべ　香川県小豆郡土庄町

小釈迦内道下　こしゃかないみちした　秋田県大館市

小釈迦内道上　こしゃかないみちうえ　秋田県大館市

小野
おの　宮城県東松島市
おの　宮城県柴田郡川崎町
おの　宮城県黒川郡大和町
おの　秋田県湯沢市
おの　福島県相馬市
おの　茨城県土浦市
おの　茨城県常陸大宮市
おの　茨城県稲敷市
おの　千葉県成田市
おの　千葉県東金市
おの　神奈川県厚木市
おの　山梨県都留市
おの　長野県（JR中央本線）
おの　長野県上伊那郡辰野町
この　岐阜県岐阜市
この　岐阜県大垣市
おの　岐阜県関市
おの　岐阜県揖斐郡揖斐川町
おの　滋賀県（JR湖西線）
おの　滋賀県大津市
おの　滋賀県栗東市
この　滋賀県蒲生郡日野町
おの　京都府（京都市交通局東西線）
この　京都府船井郡京丹波町
おの　兵庫県（神戸電鉄粟生線）
おの　兵庫県三田市
おの　鳥取県西伯郡伯耆町
おの　岡山県美作市
おの　広島県神石郡神石高原町
おの　山口県下関市
おの　山口県宇部市
おの　香川県綾歌郡綾川町
この　高知県吾川郡いの町
おの　高知県高岡郡四万十町
おの　鹿児島県鹿児島市

小野下ノ町　おのしものちょう　京都府京都市北区

小野上　おのがみ　群馬県（JR吾妻線）

小野上ノ町　おのかみのちょう　京都府京都市北区

小野上温泉　おのがみおんせん　群馬県（JR吾妻線）

小野口町　おのぐちまち　栃木県栃木市

小野子　おのこ　群馬県渋川市

小野子町　おのこちょう　茨城県下妻市

小野山　おのやま　山口県山陽小野田市

小野山神　おのやまかみ　福島県田村郡小野町

小野川
おのがわ　福島県大沼郡昭和村
おのがわ　茨城県つくば市

小野川町　おのがわまち　山形県米沢市

小野弓田町　おのゆみでんちょう　京都府京都市山科区

小野中ノ町　おのなかのちょう　京都府京都市北区

小野尻　おのじり　熊本県玉名市

小野市　おのし　兵庫県

3画（小）

小野本町　おのほんまち　長崎県（島原鉄道線）
小野田
　おのだ　福島県双葉郡浪江町
　おのだ　和歌山県海南市
　おのだ　山口県（JR山陽本線）
　おのだ　山口県山陽小野田市
　おのだ　熊本県阿蘇市
小野田町
　このだちょう　千葉県船橋市
　おのだちょう　大阪府和泉市
小野田港　おのだこう　山口県（JR小野田線）
小野寺町　おのでらちょう　滋賀県長浜市
小野江町　おのえちょう　三重県松阪市
小野西浦　おにしうら　京都府京都市山科区
小野沢　おのざわ　長野県東筑摩郡朝日村
小野町
　おのまち　福島県田村郡
　おのちょう　神奈川県横浜市鶴見区
　このまち　石川県金沢市
　おのまち　石川県小松市
　このちょう　福井県福井市
　このちょう　福井県越前市
　おのちょう　愛知県春日井市
　おおのちょう　三重県松阪市
　おのちょう　三重県亀山市
　おのちょう　滋賀県彦根市
　おのちょう　大阪府和泉市
　おのまち　兵庫県（JR加古川線）
　おのまち　和歌山県和歌山市
　おのちょう　愛媛県松山市
　おのちょう　長崎県佐世保市
　おのまち　長崎県諫早市
　このまち　宮崎県延岡市
　おのちょう　鹿児島県鹿児島市
小野見　おのみ　新潟県佐渡市
小野谷　おのたに　福岡県嘉麻市
小野谷町　おのだにちょう　福井県越前市
小野豆　おのず　兵庫県赤穂郡上郡町
小野赤沼　おのあかぬま　福島県田村郡小野町
小野岩戸　おのいわと　京都府京都市北区
小野河原町　おのかわらちょう　京都府京都市山科区
小野屋　おのや　大分県（JR久大本線）
小野柄通　おのえどおり　兵庫県神戸市中央区
小野津　おのつ　鹿児島県大島郡喜界町
小野荘司町　おのしょうじちょう　京都府京都市山科区
小野原西　おのはらにし　大阪府箕面市
小野原町　おのばるちょう　鹿児島県鹿屋市
小野原東　おのはらひがし　大阪府箕面市
小野宮ノ上町　おのみやのかみちょう　京都府京都市北区
小野島　おのしま　福島県南会津郡南会津町
小野島町　おのじままち　長崎県諫早市
小野浦　おのうら　愛知県知多郡美浜町
小野浜町　おのはまちょう　兵庫県神戸市中央区
小野脇　おのわき　京都府福知山市
小野蚊ケ瀬　おのかがせ　京都府京都市山科区
小野高芝町　おのたかしばちょう　京都府京都市山科区
小野崎
　おのざき　茨城県つくば市

　おのざき　宮崎県西都市
小野崎町　おのざきちょう　宮崎県西都市
小野葛篭尻町　おのつづらじりちょう　京都府京都市山科区
小野袋　おのふくろ　埼玉県加須市
小野奥谷　おのおくだに　兵庫県篠山市
小野御所ノ内町　おのごしょのうちちょう　京都府京都市山科区
小野御霊町　おのごりょうちょう　京都府京都市山科区
小野越　おのごえ　茨城県石岡市
小野新　おのしん　兵庫県篠山市
小野新町
　おのにいまち　福島県（JR磐越東線）
　おのにいまち　福島県田村郡小野町
小野路町　おのじまち　東京都町田市
小野鐘付田町　おのかねつきでんちょう　京都府京都市山科区
小野鶴　おのづる　大分県大分市
小野鶴南　おのつるみなみ　大分県大分市
小野鶴新町　おのつるしんまち　大分県大分市
小雀町　こすずめちょう　神奈川県横浜市戸塚区
小鳥沢　ことりざわ　岩手県盛岡市
小鳥谷
　こずや　岩手県（IGRいわて銀河鉄道線）
　こずや　岩手県二戸郡一戸町
小鳥崎　ことりざき　岩手県北上市
小鹿
　おしか　静岡県静岡市駿河区
　おが　熊本県上益城郡甲佐町
小鹿谷　おしかだに　鳥取県東伯郡湯梨浜町
小鹿野　おがの　埼玉県秩父郡小鹿野町
小鹿野町　おがのまち　埼玉県秩父郡
小黒
　おぐろ　富山県富山市
　おぐろ　静岡県静岡市駿河区
小黒ノ川　こぐろのかわ　高知県幡多郡黒潮町
小黒川　おぐろがわ　福島県耶麻郡猪苗代町
小黒田町　こくろだちょう　三重県松阪市
小黒沢　こぐろさわ　新潟県十日町市
小黒町　こぐろちょう　福井県鯖江市
小黒見　おぐろみ　福井県大野市
小黒部町　おぐろっぺちょう　北海道檜山郡江差町
小黒須　こぐろす　新潟県柏崎市
小黒飯　おぐるい　福井県大飯郡高浜町
¹²小割通　こわりどおり　愛知県名古屋市港区
小善地　こぜんじ　山梨県南都留郡道志村
小場　おば　茨城県常陸大宮市
小塚
　こづか　宮城県伊具郡丸森町
　こづか　宮城県遠田郡涌谷町
　こづか　神奈川県藤沢市
　おづか　大分県竹田市
小塚町
　こづかちょう　愛知県名古屋市中川区
　こづかちょう　鹿児島県枕崎市
小塚原　こづかはら　宮城県名取市
小堤
　こづつみ　茨城県古河市
　おづつみ　茨城県東茨城郡茨城町

217

3画（小）

小堤町 こづつみ 埼玉県川越市
おんづみ 千葉県山武郡横芝光町
こづつみ 滋賀県野洲市
小堤町 こづつみちょう 愛知県安城市
小嵐町 こあらしちょう 静岡県熱海市
小御門 こみかど 滋賀県蒲生郡日野町
小揚 こあげ 新潟県村上市
小曾木 おそき 東京都青梅市
小曾根町 こそねちょう 群馬県桐生市
小勝 おがち 茨城県東茨城郡城里町
小森
　こもり 北海道檜山郡上ノ国町
　こもり 岩手県八幡平市
　こもり 秋田県北秋田市
　こもり 茨城県結城市
　こもり 富山県滑川市
　こもり 愛知県常滑市
　こもり 奈良県吉野郡十津川村
　こもり 岡山県加賀郡吉備中央町
　こもり 福岡県北九州市小倉南区
　こもり 熊本県阿蘇郡西原村
小森川 こもりがわ 和歌山県東牟婁郡古座川町
小森江
　こもりえ 福岡県（JR鹿児島本線）
　こもりえ 福岡県北九州市門司区
小森町 こもりまち 青森県西津軽郡鰺ケ沢町
小森谷 こもりだに 富山県小矢部市
小森野 こもりの 福岡県久留米市
小椎尾 こじお 福岡県八女郡広川町
小港町 こみなとちょう 神奈川県横浜市中区
小渡
　こわたり 青森県三戸郡五戸町
　おど 山形県西置賜郡小国町
小渡町 おどちょう 愛知県豊田市
小渡頭 こわたりがしら 青森県三戸郡五戸町
小湯の上 こゆのうえ 長野県諏訪郡下諏訪町
小湊
　こみなと 青森県（青い森鉄道線）
　こみなと 青森県東津軽郡平内町
　こみなと 千葉県鴨川市
　こみなと 福井県小浜市
小湾 こわん 沖縄県浦添市
小焼野町 こやけのちょう 愛知県西尾市
小禄
　おろく 沖縄県（沖縄都市モノレール線）
　おろく 沖縄県那覇市
小童谷 ひじや 岡山県真庭市
小筑紫町大海 こづくしちょうおおみ 高知県宿毛市
小筑紫町小浦 こづくしちょうこうら 高知県宿毛市
小筑紫町小筑紫 こづくしちょうこづくし 高知県宿毛市
小筑紫町内外ノ浦 こづくしちょうないがいのうら 高知県宿毛市
小筑紫町田ノ浦 こづくしちょうたのうら 高知県宿毛市
小筑紫町石原 こづくしちょういしはら 高知県宿毛市
小筑紫町伊与野 こづくしちょういよの 高知県宿毛市
小筑紫町呼崎 こづくしちょうよびさき 高知県宿毛市

小筑紫町栄喜 こづくしちょうさかき 高知県宿毛市
小筑紫町都賀ノ川 こづくしちょうつがのがわ 高知県宿毛市
小筑紫町湊 こづくしちょうみなと 高知県宿毛市
小筑紫町福良 こづくしちょうふくら 高知県宿毛市
小粟田 こわだ 新潟県小千谷市
小結 こゆい 栃木県那須塩原市
小結棚町 こむすびだなちょう 京都府京都市中京区
小萱場 こかやば 千葉県茂原市
小萩 こはぎ 三重県度会郡度会町
小賀須 こがす 愛知県名古屋市港区
小軽米 こかるまい 岩手県九戸郡軽米町
小道具町 こどうぐまち 福岡県柳川市
小新 こじゅうな 山形県西村山郡大江町
小間子町 おまごちょう 千葉県千葉市若葉区
小間生 おもう 石川県鳳珠郡能登町
小間町 おまちょう 愛知県西尾市
小隈 おぐま 福岡県朝倉市
小須戸
　こすど 新潟県新潟市秋葉区
　こすど 新潟県村上市
小須賀 こすか 埼玉県羽生市
13画 **小園**
　こぞの 埼玉県大里郡寄居町
　こぞの 神奈川県綾瀬市
小園町 こぞのまち 大分県津久見市
小園南 こぞのみなみ 神奈川県綾瀬市
小塩
　こしお 山形県東村山郡中山町
　こしお 福島県南会津郡南会津町
　こしお 茨城県桜川市
小塩辻町 おしおつじまち 石川県加賀市
小塩江 おしおえ 福島県（JR水郡線）
小塩町
　おしおまち 石川県加賀市
　おしおちょう 大阪府河内長野市
小塩津町 こしおづちょう 愛知県田原市
小塙
　こばな 茨城県石岡市
　こばな 茨城県筑西市
　こばなわ 茨城県小美玉市
　こばな 栃木県（JR烏山線）
　こばな 栃木県那須烏山市
小幌 こぼろ 北海道（JR室蘭本線）
小搦 こがらみ 新潟県五泉市
小新 こしん 新潟県新潟市西区
小新大通 こしんおおどおり 新潟県新潟市西区
小新井 こあらい 埼玉県比企郡吉見町
小新西 こしんにし 新潟県新潟市西区
小新南 こしんみなみ 新潟県新潟市西区
小椿 こつばき 福島県河沼郡柳津町
小殿 おどの 奈良県御所市
小溝 こみぞ 埼玉県さいたま市岩槻区
小滝
　こたき 山形県南陽市
　こだき 福島県田村郡三春町
　こだき 栃木県大田原市
　こだき 千葉県長生郡睦沢町
　こだき 新潟県（JR大糸線）
　こだき 新潟県三条市

3画（小）

こたき　新潟県糸魚川市
こたき　新潟県上越市
おたき　富山県氷見市
おたき　三重県多気郡大台町
小滝野町　おたぎのちょう　愛知県豊田市
小猿屋　こざるや　新潟県上越市
小猿屋新田　こざるやしんでん　新潟県上越市
小畷町　こなわてちょう　愛知県豊橋市
小碓　おうす　愛知県名古屋市港区
小碓町　おうすちょう　愛知県名古屋市港区
小碓通　こうすどおり　愛知県名古屋市中川区
小福田　こふくだ　茨城県猿島郡五霞町
小筵　こむしろ　熊本県下益城郡美里町
小絹
　　こきぬ　茨城県（関東鉄道常総線）
　　こきぬ　茨城県つくばみらい市
小群　おむれ　熊本県山鹿市
小蓋谷地　こぶたやち　宮城県遠田郡涌谷町
小蓑　こみの　香川県木田郡三木町
小蓑毛　こみのげ　神奈川県秦野市
小路
　　こうじ　山形県天童市
　　こじ　愛知県犬山市
　　しょうじ　愛知県あま市
　　しょうじ　大阪府（大阪市交通局千日前線）
　　しょうじ　大阪府大阪市生野区
　　しょうじ　奈良県吉野郡下市町
　　こうじ　島根県隠岐郡隠岐の島町
小路口本町　おろぐちほんまち　長崎県大村市
小路口町　おろぐちまち　長崎県大村市
小路北町　しょうじきたまち　大阪府寝屋川市
小路町
　　しょうじちょう　福井県福井市
　　しょうじまち　岐阜県多治見市
　　しょうじちょう　大阪府門真市
　　しょうじちょう　奈良県天理市
小路谷　おろだに　兵庫県洲本市
小路東　しょうじひがし　大阪府大阪市生野区
小路南町　しょうじみなみまち　大阪府寝屋川市
小路頃　おじごろ　兵庫県養父市
小鈴谷　こすがや　愛知県常滑市
小頓別　しょうとんべつ　北海道枝幸郡中頓別町
14 小境
　　こざかい　新潟県阿賀野市
　　こざかい　富山県氷見市
小境町　こざかいちょう　島根県出雲市
小摺戸　こすりど　富山県下新川郡入善町
小榎本　こえもと　千葉県長生郡長柄町
小熊
　　おぐま　新潟県五泉市
　　こんま　石川県河北郡津幡町
　　こぐま　和歌山県日高郡日高川町
小熊町
　　おぐまちょう　岐阜県岐阜市
　　おぐまちょう　岐阜県羽島市
小熊町川口　おぐまちょうかわぐち　岐阜県羽島市
小熊町川口前　おぐまちょうかわくまえ　岐阜県羽島市
小熊町内粟野　おぐまちょううちあわの　岐阜県羽島市

小熊町天王　おぐまちょうてんのう　岐阜県羽島市
小熊町外粟野　おぐまちょうそとあわの　岐阜県羽島市
小熊町江頭　おぐまちょうえがしら　岐阜県羽島市
小熊町西小熊　おぐまちょうにしおぐま　岐阜県羽島市
小熊町東小熊　おぐまちょうひがしおぐま　岐阜県羽島市
小熊町相田　おぐまちょうあいだ　岐阜県羽島市
小熊町島　おぐまちょうしま　岐阜県羽島市
小熊町島前　おぐまちょうしままえ　岐阜県羽島市
小熊町島新道　おぐまちょうしましんどう　岐阜県羽島市
小熊野　こぐまの　福岡県北九州市八幡東区
小稲津町　こいなづちょう　福井県福井市
小稲荷町　こいなりちょう　京都府京都市下京区
小稲葉
　　こいなば　神奈川県伊勢原市
　　こいなば　愛知県長久手市
小窪
　　おくぼ　富山県氷見市
　　おくぼ　石川県羽咋郡志賀町
小綱木　こつなぎ　福島県伊達郡川俣町
小綱町　しょうこちょう　奈良県橿原市
小網町
　　こあみちょう　広島県（広島電鉄本線ほか）
　　こあみちょう　広島県広島市中区
小網倉浜　こあみくらはま　宮城県石巻市
小関
　　こせき　山形県天童市
　　こせき　福島県二本松市
　　こせき　千葉県山武郡九十九里町
　　こせき　新潟県燕市
　　こぜき　岐阜県不破郡関ケ原町
小関町　こぜきちょう　滋賀県大津市
小関谷地　こせきやじ　福島県郡山市
小雑賀　こざいか　和歌山県和歌山市
15 小幡
　　こはた　青森県北津軽郡板柳町
　　おばた　茨城県石岡市
　　おばた　茨城県行方市
　　おばた　茨城県東茨城郡茨城町
　　おばた　栃木県宇都宮市
　　おばた　群馬県甘楽郡甘楽町
　　おばた　愛知県（名古屋鉄道瀬戸線）
　　おばた　愛知県名古屋市守山区
小幡千代田　おばたちよだ　愛知県名古屋市守山区
小幡中　おばたなか　愛知県名古屋市守山区
小幡太田　おばたおおた　愛知県名古屋市守山区
小幡北　おばたきた　愛知県名古屋市守山区
小幡町　こわたちょう　福井県福井市
小幡町上　おばたちょうかみ　滋賀県近江八幡市
小幡町中　おばたちょうなか　滋賀県近江八幡市
小幡南　おばたみなみ　愛知県名古屋市守山区
小幡宮ノ腰　おばたみやのこし　愛知県名古屋市守山区
小幡常燈　おばたじょうとう　愛知県名古屋市守山区
小敷　こしき　福岡県北九州市若松区
小敷ひびきの　こしきひびきの　福岡県北九州市若松区
小敷田　こしきだ　埼玉県行田市

219

3画（山）

小敷谷　こしきや　埼玉県上尾市
小樟　ここのぎ　福井県丹生郡越前町
小槻町　おうづくちょう　奈良県橿原市
小縄　こなわ　山梨県南巨摩郡早川町
小舞子　こまいこ　石川県（JR北陸本線）
小舞木町　こまいきちょう　群馬県太田市
小蔵子　こぞうす　新潟県新潟市南区
小諸　こもろ　長野県（JR小海線ほか）
小諸市　こもろし　長野県
小諏訪　こずわ　静岡県沼津市
小駕籠沢　こかごさわ　宮城県刈田郡七ケ宿町
16小橋
　　こばし　青森県青森市
　　こばし　栃木県真岡市
　　こばし　新潟県加茂市
　　おばせ　京都府舞鶴市
　　こばし　岡山県（岡山電気軌道東山本線）
小橋川　こばしがわ　沖縄県中頭郡西原町
小橋内町　おはしないちょう　北海道室蘭市
小橋方　こばしがた　愛知県あま市
小橋町
　　こばしまち　石川県金沢市
　　おばせちょう　大阪府大阪市天王寺区
　　こばしちょう　岡山県岡山市中区
小樽　おたる　北海道（JR函館本線）
小樽市　おたるし　北海道
小樽郷　こだるごう　長崎県東彼杵郡波佐見町
小樽築港　おたるちっこう　北海道（JR函館本線）
小橡　ことち　奈良県吉野郡上北山村
小濁　こにごり　新潟県妙高市
小積浜　こづみはま　宮城県石巻市
小篭通　こごめどおり　高知県（とさでん交通ごめん線）
小薄町　おすきちょう　鹿児島県鹿屋市
小薬　こぐすり　栃木県小山市
小頭町　こがしらまち　福岡県久留米市
小館
　　こだて　青森県青森市
　　おたて　長野県中野市
小館町　こたてちょう　秋田県大館市
小館花　こだてはな　秋田県大館市
小鴨　おがも　鳥取県倉吉市
小鴨町　こかもちょう　愛知県名古屋市中村区
17小嶺　こみね　福岡県北九州市八幡西区
小嶺台　こみねだい　福岡県北九州市八幡西区
小嶺町　こみねまち　石川県金沢市
小磯
　　こいそ　兵庫県淡路市
　　こいそ　香川県東かがわ市
小磯町　こいそちょう　広島県広島市南区
小篠津町　こしのづちょう　鳥取県境港市
小篠原　こしのはら　滋賀県湖南市
小篠塚　こしのづか　千葉県佐倉市
小繋
　　こつなぎ　岩手県（IGRいわて銀河鉄道線）
　　こつなぎ　岩手県二戸郡一戸町
小繋沢　こつなぎさわ　岩手県和賀郡西和賀町
小鎚　こづち　岩手県上閉伊郡大槌町

小鍋
　　こなべ　長野県長野市
　　こなべ　静岡県賀茂郡河津町
小鍋島　こなべしま　神奈川県平塚市
18小櫃　おびつ　千葉県（JR久留里線）
小櫃台　おびつだい　千葉県君津市
小観音寺町　こかんのんじちょう　滋賀県長浜市
小鎌　おがま　岡山県赤磐市
19小瀬
　　こぜ　宮城県加美郡加美町
　　こぜ　新潟県新潟市西区
　　おぜ　富山県南砺市
　　おぜ　岐阜県関市
　　こせ　大阪府貝塚市
　　こせ　岡山県久米郡美咲町
　　おぜ　山口県岩国市
小瀬川　こせがわ　岩手県花巻市
小瀬戸
　　こせど　埼玉県飯能市
　　こせと　静岡県静岡市葵区
小瀬戸町　こせどまち　長崎県長崎市
小瀬木　おせぎ　岡山県赤磐市
小瀬田
　　こぜた　和歌山県和歌山市
　　こせた　鹿児島県熊毛郡屋久島町
小瀬沢　おせざわ　茨城県常陸大宮市
小瀬町
　　こせまち　山梨県甲府市
　　おぜちょう　奈良県生駒市
　　こぜちょう　鹿児島県いちき串木野市
小瀬長池町　おぜながいけちょう　岐阜県関市
小瀬南　おぜみなみ　岐阜県関市
21小鶴
　　こづる　宮城県仙台市宮城野区
　　こづる　茨城県東茨城郡茨城町
小鶴津　こづるつ　高知県高岡郡四万十町
小鶴新田　こづるしんでん　宮城県（JR仙石線）
22小籠　こごめ　高知県南国市
小轡　こぐつわ　千葉県茂原市
24小鷺田町　こさぎだまち　福岡県北九州市八幡西区
小鷹町　おだかちょう　静岡県掛川市

【山】
山
　　やま　茨城県坂東市
　　やま　埼玉県さいたま市見沼区
　　やま　福井県敦賀市
　　やま　福井県吉田郡永平寺町
　　やま　和歌山県岩出市
　　やま　大分県宇佐市
　　さん　鹿児島県大島郡徳之島町
0山ケ下町　やまがしたちょう　静岡県沼津市
山ケ谷戸　やまがやと　埼玉県比企郡川島町
山ノ下
　　やまのした　青森県上北郡東北町
　　やまのした　埼玉県比企郡吉見町
山ノ上町
　　やまのうえちょう　茨城県ひたちなか市
　　やまのうえまち　石川県輪島市
　　やまのうえちょう　大阪府豊中市
山ノ中立町　やまのなかだちょう　愛知県豊田市

3画（山）

山ノ井　やまのい　福岡県筑後市
山ノ井町　やまのいちょう　大阪府柏原市
山ノ内
　　やまのうち　埼玉県蓮田市
　　やまのうち　神奈川県鎌倉市
　　やまのうち　京都府（京福電気鉄道嵐山本線）
　　やまのうち　広島県（JR芸備線）
　　やまのうち　熊本県熊本市東区
山ノ内大町　やまのうちおおまち　京都府京都市右京区
山ノ内山ノ下町　やまのうちやまのしたちょう　京都府京都市右京区
山ノ内中畑町　やまのうちなかはたちょう　京都府京都市右京区
山ノ内五反田町　やまのうちごたんだちょう　京都府京都市右京区
山ノ内北ノ口町　やまのうちきたのくちちょう　京都府京都市右京区
山ノ内池尻町　やまのうちいけじりちょう　京都府京都市右京区
山ノ内西八反田町　やまのうちにしはったんだちょう　京都府京都市右京区
山ノ内西裏町　やまのうちにしうらちょう　京都府京都市右京区
山ノ内町　やまのうちまち　長野県下高井郡
山ノ内赤山町　やまのうちせきさんちょう　京都府京都市右京区
山ノ内苗町　やまのうちなえまち　京都府京都市右京区
山ノ内荒木町　やまのうちあらきちょう　京都府京都市右京区
山ノ内宮前町　やまのうちみやまえちょう　京都府京都市右京区
山ノ内宮脇町　やまのうちみやわきちょう　京都府京都市右京区
山ノ内御堂殿町　やまのうちみどうでんちょう　京都府京都市右京区
山ノ内養老町　やまのうちようろうちょう　京都府京都市右京区
山ノ内瀬戸畑町　やまのうちせとはたちょう　京都府京都市右京区
山ノ手　やまのて　岐阜県関市
山ノ田　やまのた　愛知県犬山市
山ノ田腰　やまのたごし　愛知県犬山市
山ノ目　やまのめ　岩手県（JR東北本線）
山ノ前町　やまのまえちょう　滋賀県長浜市
山ノ城　やまのじょう　岡山県久米郡久米南町
山ノ神
　　やまのかみ　福島県喜多方市
　　やまのかみ　愛知県知多郡武豊町
　　やまのかみ　熊本県熊本市東区
山ノ神町　やまのかみちょう　愛知県半田市
山ノ堂町　やまのどうまち　福岡県北九州市若松区
山ノ端　やまのはな　高知県高知市
山ノ鼻　やまのはな　愛知県犬山市
山の下町　やまのしたまち　新潟県新潟市東区
山の上町　やまのうえまち　石川県金沢市
山の口　やまのくち　大分県別府市
山の口町　やまのくちちょう　山口県下関市
山の内　やまのうち　山形県村山市

山の手
　　やまのて　北海道札幌市西区
　　やまのて　北海道函館市
　　やまのて　北海道厚岸郡厚岸町
　　やまのて　栃木県大田原市
　　やまのて　愛知県名古屋市名東区
山の手一条　やまのていちじょう　北海道札幌市西区
山の手七条　やまのてしちじょう　北海道札幌市西区
山の手二条　やまのてにじょう　北海道札幌市西区
山の手三条　やまのてさんじょう　北海道札幌市西区
山の手五条　やまのてごじょう　北海道札幌市西区
山の手六条　やまのてろくじょう　北海道札幌市西区
山の手台　やまのてだい　大阪府泉南郡熊取町
山の手四条　やまのてしじょう　北海道札幌市西区
山の手町
　　やまのてちょう　山口県宇部市
　　やまのてまち　熊本県天草市
　　やまのてちょう　大分県別府市
山の田　やまのた　長崎県（松浦鉄道西九州線）
山の田中央町　やまのたちゅうおうちょう　山口県下関市
山の田北町　やまのたきたまち　山口県下関市
山の田本町　やまのたほんまち　山口県下関市
山の田西町　やまのたにしまち　山口県下関市
山の田町　やまのたちょう　愛知県瀬戸市
山の田東町　やまのたひがしまち　山口県下関市
山の田南町　やまのたみなみまち　山口県下関市
山の寺　やまのてら　宮城県仙台市泉区
山の神　やまのかみ　岩手県花巻市
山の根　やまのね　神奈川県逗子市
山の街　やまのまち　兵庫県（神戸電鉄有馬線）
²山二ツ
　　やまふたつ　新潟県新潟市中央区
　　やまふたつ　新潟県新潟市江南区
山入　やまいり　福島県大沼郡金山町
山入端　やまのは　沖縄県名護市
山十町　やまじっちょう　熊本県玉名郡和水町
山十楽　やまじゅうらく　福井県あわら市
³山下
　　やました　宮城県（JR常磐線）
　　やました　福島県東白川郡矢祭町
　　やました　千葉県南房総市
　　やました　東京都（東京急行電鉄世田谷線）
　　やました　神奈川県平塚市
　　さんか　富山県高岡市
　　やました　富山県南砺市
　　やました　兵庫県（能勢電鉄日生線ほか）
　　やました　島根県鹿足郡津和野町
　　さんげ　岡山県津山市
　　やました　大分県中津市
　　やました　大分県宇佐市
　　やました　大分県玖珠郡玖珠町
　　やました　鹿児島県阿久根市
山下町
　　やましたちょう　北海道北見市
　　やましたちょう　北海道伊達市
　　やましたちょう　青森県弘前市
　　やましたちょう　宮城県石巻市
　　やましたちょう　福島県福島市
　　やましたちょう　茨城県常陸太田市
　　やましたちょう　栃木県足利市

3画（山）

やましたちょう	神奈川県横浜市中区	やまぐち	奈良県吉野郡吉野町
やましたちょう	長野県岡谷市	やまぐち	和歌山県日高郡印南町
やましたちょう	岐阜県多治見市	やまぐち	岡山県笠岡市
やましたちょう	静岡県浜松市中区	やまぐち	岡山県赤磐市
やましたまち	愛知県碧南市	やまぐち	岡山県美作市
やましたちょう	愛知県西尾市	やまぐち	山口県（JR山口線）
やましたちょう	三重県松阪市	やまぐち	愛媛県今治市
やましたちょう	三重県亀山市	やまぐち	福岡県飯塚市
やましたちょう	兵庫県神戸市長田区	やまぐち	福岡県筑紫野市
やましたちょう	兵庫県明石市	やまぐち	福岡県宮若市
やましたちょう	兵庫県川西市	やまぐち	福岡県京都郡苅田町
やましたちょう	兵庫県加西市	やまぐち	佐賀県杵島郡江北町
やましたまち	福岡県大牟田市	やまぐち	熊本県玉名郡玉東町
やましたまち	佐賀県唐津市	やまぐち	大分県宇佐市

山口市 やまぐちし　山口県

山口本町 やまぐちほんまち　愛知県稲沢市

山口団地 やまぐちだんち　岩手県（三陸鉄道北リアス線）

山口西 やまぐちにし　和歌山県和歌山市

山口町

やましたちょう	宮崎県日向市	やまぐちちょう	新潟県阿賀野市
やましたちょう	鹿児島県鹿児島市	やまぐちまち	石川県能美市
やましたちょう	沖縄県那覇市	やまぐちちょう	岐阜県岐阜市

山下通 やましたどおり　愛知県名古屋市瑞穂区

山上

やまかみ	福島県相馬市
やまかみ	福島県石川郡古殿町
やまがみ	福井県三方郡美浜町
やまのうえ	鳥取県八頭郡八頭町
やまのうえ	岡山県岡山市北区

山上町

やまがみちょう	滋賀県大津市
やまかみちょう	滋賀県東近江市
やまのうえまち	福島県大牟田市

山久世 やまくせ　岡山県真庭市

山久保

やまくぼ	栃木県日光市
やまくぼ	埼玉県さいたま市桜区

山口

やまぐち	青森県東津軽郡平内町
やまぐち	青森県三戸郡田子町
やまぐち	岩手県宮古市
やまぐち	岩手県八幡平市
やまぐち	山形県天童市
やまぐち	山形県西置賜郡白鷹町
やまぐち	福島県福島市
やまぐち	福島県南会津郡南会津町
やまぐち	茨城県常総市
やまぐち	茨城県つくば市
やまぐち	茨城県桜川市
やまぐち	栃木県日光市
やまぐち	埼玉県所沢市
やまぐち	千葉県成田市
やまぐち	千葉県東金市
やまぐち	千葉県市原市
やまぐち	千葉県大網白里市
やまぐち	新潟県長岡市
やまぐち	新潟県柏崎市
やまぐち	新潟県村上市
やまぐち	新潟県糸魚川市
やまぐち	新潟県阿賀野市
やまぐち	新潟県魚沼市
やまぐち	新潟県南魚沼市
やまぐち	岐阜県中津川市
やまぐち	岐阜県本巣市
やまぐち	静岡県湖西市
やまぐち	愛知県（愛知環状鉄道線）
やまぐち	兵庫県朝来市
やまぐち	兵庫県加東市
やまぐち	奈良県葛城市

やまぐちちょう	愛知県高山市
やまぐちちょう	愛知県名古屋市東区
やまぐちちょう	愛知県瀬戸市
やまぐちちょう	愛知県稲沢市
やまぐちちょう	徳島県阿南市

山口町下山口 やまぐちちょうしもやまぐち　兵庫県西宮市

山口町上山口 やまぐちちょうかみやまぐち　兵庫県西宮市

山口町山口 やまぐちちょうやまぐち　島根県大田市

山口町中野 やまぐちちょうなかの　兵庫県西宮市

山口町名来 やまぐちちょうならい　兵庫県西宮市

山口町佐津目 やまぐちちょうさつめ　島根県大田市

山口町阪神流通センター やまぐちちょうはんしんりゅうつうせんたー　兵庫県西宮市

山口町金仙寺 やまぐちちょうきんせんじ　兵庫県西宮市

山口町香花園 やまぐちちょうこうかえん　兵庫県西宮市

山口町船坂 やまぐちちょうふなさか　兵庫県西宮市

山口南町 やまぐちみなみまち　愛知県稲沢市

山口県 やまぐちけん

山口県流通センター やまぐちけんりゅうつうせんたー　山口県山口市

山口宮前町 やまぐちみやまえちょう　愛知県稲沢市

山口新田 やまくちしんでん　新潟県新潟市西蒲区

山大淀 やまおおよど　三重県多気郡明和町

山女 あけび　富山県魚津市

山子田 やまこだ　群馬県北群馬郡榛東村

山小川 やまこがわ　千葉県市原市

山小屋 やまごや　福島県石川郡玉川村

山川

やまがわ	千葉県香取市
やまかわ	富山県高岡市
やまがわ	鳥取県東伯郡琴浦町
やまかわ	山口県山陽小野田市
やまがわ	鹿児島県（JR指宿枕崎線）
やまかわ	沖縄県国頭郡本部町
やまかわ	沖縄県島尻郡南風原町

3画（山）

山川入船町　やまがわいりふねちょう　鹿児島県指宿市
山川大山　やまがわおおやま　鹿児島県指宿市
山川小川　やまがわおがわ　鹿児島県指宿市
山川山下町　やまがわやましたちょう　鹿児島県指宿市
山川市ノ上町　やまかわいちのうえまち　福岡県久留米市
山川安居野　やまかわあいの　福岡県久留米市
山川成川　やまがわなりかわ　鹿児島県指宿市
山川利永　やまがわとしなが　鹿児島県指宿市
山川町
　やまがわちょう　栃木県足利市
　やまごまち　石川県金沢市
　やまかわちょう　京都府京都市下京区
　やまかわまち　福岡県久留米市
　やまかわまち　⇒みやま市（福岡県）
　やまかわまち　長崎県諫早市
山川町一ツ石　やまかわちょうひとついし　徳島県吉野川市
山川町一里塚　やまかわちょういちりづか　徳島県吉野川市
山川町八ケ久保　やまかわちょうはちがくぼ　徳島県吉野川市
山川町八幡　やまかわちょうはちまん　徳島県吉野川市
山川町三島　やまかわちょうみしま　徳島県吉野川市
山川町丸山　やまかわちょうまるやま　徳島県吉野川市
山川町久宗　やまかわちょうひさむね　徳島県吉野川市
山川町土仏西向　やまかわちょうつちぼとけにしむかい　徳島県吉野川市
山川町土橋　やまかわちょうどばし　徳島県吉野川市
山川町土橋ノ上　やまかわちょうどばしのうえ　徳島県吉野川市
山川町大内　やまかわちょうおおうち　徳島県吉野川市
山川町大室　やまかわちょうおおむろ　徳島県吉野川市
山川町大峰　やまかわちょうおおみね　徳島県吉野川市
山川町大塚　やまかわちょうおおつか　徳島県吉野川市
山川町大須賀　やまかわちょうおおすか　徳島県吉野川市
山川町大藤谷　やまかわちょうおおとだに　徳島県吉野川市
山川町小路　やまかわちょうしょうじ　徳島県吉野川市
山川町山ノ神　やまかわちょうやまのかみ　徳島県吉野川市
山川町山路　やまかわちょうやまじ　徳島県吉野川市
山川町川田　やまかわちょうかわた　徳島県吉野川市
山川町川田八幡　やまかわちょうかわたはちまん　徳島県吉野川市
山川町川田天神　やまかわちょうかわたてんじん　徳島県吉野川市
山川町川田市　やまかわちょうかわたいち　徳島県吉野川市
山川町川東　やまかわちょうかわひがし　徳島県吉野川市
山川町中ノ郷　やまかわちょうなかのごう　徳島県吉野川市
山川町中須賀　やまかわちょうなかすか　徳島県吉野川市
山川町井上　やまかわちょういのうえ　徳島県吉野川市
山川町井傍　やまかわちょういのそば　徳島県吉野川市
山川町天王原　やまかわちょうてんのうばら　徳島県吉野川市
山川町天神　やまかわちょうてんじん　徳島県吉野川市

山川町天神佐古　やまかわちょうてんじんさこ　徳島県吉野川市
山川町引地　やまかわちょうひきち　徳島県吉野川市
山川町日知利子　やまかわちょうひぢりこ　徳島県吉野川市
山川町日鷲谷　やまかわちょうひわしだに　徳島県吉野川市
山川町木戸口　やまかわちょうきどぐち　徳島県吉野川市
山川町木綿麻山　やまかわちょうゆうまやま　徳島県吉野川市
山川町片岸　やまかわちょうかたぎし　徳島県吉野川市
山川町牛ノ子尾　やまかわちょううしのこお　徳島県吉野川市
山川町北島　やまかわちょうきたじま　徳島県吉野川市
山川町北須賀　やまかわちょうきたすが　徳島県吉野川市
山川町北関　やまかわまちきたのせき　福岡県みやま市
山川町古城　やまかわちょうふるしろ　徳島県吉野川市
山川町市久保　やまかわちょういちくぼ　徳島県吉野川市
山川町平山　やまかわちょうひらやま　徳島県吉野川市
山川町甲田　やまかわまちこうだ　福岡県みやま市
山川町田ノ浦　やまかわちょうたのうら　徳島県吉野川市
山川町矢落　やまかわちょうやおち　徳島県吉野川市
山川町石堂　やまかわちょういしどう　徳島県吉野川市
山川町立山　やまかわまちたちやま　福岡県みやま市
山川町伊端穂　やまかわちょういずほ　徳島県吉野川市
山川町向坂　やまかわちょうむこうざか　徳島県吉野川市
山川町安楽寺　やまかわちょうあんらくじ　徳島県吉野川市
山川町舟戸　やまかわちょうふなと　徳島県吉野川市
山川町西ノ原　やまかわちょうにしのはら　徳島県吉野川市
山川町西久保　やまかわちょうにしくぼ　徳島県吉野川市
山川町西野峰　やまかわちょうにしのみね　徳島県吉野川市
山川町西麓　やまかわちょうにしふもと　徳島県吉野川市
山川町住吉　やまかわちょうすみよし　徳島県吉野川市
山川町坂口　やまかわちょうさかぐち　徳島県吉野川市
山川町坂田　やまかわちょうさかた　徳島県吉野川市
山川町尾野　やまかわまちおの　福岡県みやま市
山川町忌部　やまかわちょういむべ　徳島県吉野川市
山川町忌部山　やまかわちょういむべやま　徳島県吉野川市
山川町村雲　やまかわちょうむらくも　徳島県吉野川市
山川町町　やまかわちょうまち　徳島県吉野川市
山川町赤刎　やまかわちょうあかはね　徳島県吉野川市
山川町赤岩　やまかわちょうあかいわ　徳島県吉野川市
山川町迎坂　やまかわちょうむかえざか　徳島県吉野川市
山川町麦原　やまかわちょうむぎはら　徳島県吉野川市
山川町季邦　やまかわちょうすえくに　徳島県吉野川市
山川町岩戸　やまかわちょういわと　徳島県吉野川市
山川町東麦原　やまかわちょうひがしむぎはら　徳島県吉野川市

223

3画（山）

山川町東麓　やまかわちょうひがしふもと　徳島県吉野川市
山川町河原内　やまかわまちかわはらうち　福岡県みやま市
山川町若宮　やまかわちょうわかみや　徳島県吉野川市
山川町茂草　やまかわちょうもそう　徳島県吉野川市
山川町青木　やまかわちょうあおぎ　徳島県吉野川市
山川町前川　やまかわちょうまえがわ　徳島県吉野川市
山川町建石　やまかわちょうたていし　徳島県吉野川市
山川町春日　やまかわちょうかすが　徳島県吉野川市
山川町柿木谷　やまかわちょうかきのきだに　徳島県吉野川市
山川町津由谷　やまかわちょうつゆだに　徳島県吉野川市
山川町皆瀬　やまかわちょうかいぜ　徳島県吉野川市
山川町貞田　やまかわちょうさだた　徳島県吉野川市
山川町重冨　やまかわまちしげとみ　福岡県みやま市
山川町原町　やまかわまちはらまち　福岡県みやま市
山川町宮北　やまかわちょうみやきた　徳島県吉野川市
山川町宮地　やまかわちょうみやじ　徳島県吉野川市
山川町宮谷　やまかわちょうみやだに　徳島県吉野川市
山川町宮島　やまかわちょうみやじま　徳島県吉野川市
山川町恵下　やまかわちょうえげ　徳島県吉野川市
山川町桑ノ峰　やまかわちょうくわのみね　徳島県吉野川市
山川町桑内　やまかわちょうくわうち　徳島県吉野川市
山川町浦山　やまかわちょううらやま　徳島県吉野川市
山川町流　やまかわちょうながれ　徳島県吉野川市
山川町真弓　やまかわまちまゆみ　福岡県みやま市
山川町祇園　やまかわちょうぎおん　徳島県吉野川市
山川町翁喜台　やまかわちょうおきだい　徳島県吉野川市
山川町馬見尾　やまかわちょうまみお　徳島県吉野川市
山川町高頭　やまかわちょうこうず　徳島県吉野川市
山川町清水　やまかわまちしみず　福岡県みやま市
山川町野宮谷　やまかわちょうのみやだに　徳島県吉野川市
山川町麻掛　やまかわちょうおかけ　徳島県吉野川市
山川町黒岩　やまかわちょうくろいわ　徳島県吉野川市
山川町塚穴　やまかわちょうつかあな　徳島県吉野川市
山川町堤内　やまかわちょうていない　徳島県吉野川市
山川町堤外　やまかわちょうていがい　徳島県吉野川市
山川町奥川田　やまかわちょうおくかわた　徳島県吉野川市
山川町奥原　やまかわちょうおくばら　徳島県吉野川市
山川町奥野井　やまかわちょうおくのい　徳島県吉野川市
山川町御旅館　やまかわちょうごりょかん　徳島県吉野川市
山川町御饌免　やまかわちょうごせんめん　徳島県吉野川市
山川町朝日　やまかわちょうあさひ　徳島県吉野川市
山川町湯立　やまかわちょうゆだて　徳島県吉野川市
山川町雲宮　やまかわちょうくもみや　徳島県吉野川市
山川町新田谷　やまかわちょうしんただに　徳島県吉野川市
山川町楠根地　やまかわちょうくすねじ　徳島県吉野川市

山川町楮本　やまかわちょうかしのもと　徳島県吉野川市
山川町鼓山　やまかわちょうつつみやま　徳島県吉野川市
山川町境谷　やまかわちょうさかいだに　徳島県吉野川市
山川町旗見　やまかわちょうはたみ　徳島県吉野川市
山川町榎谷　やまかわちょうえのきだに　徳島県吉野川市
山川町榛木原　やまかわちょうはりのきばら　徳島県吉野川市
山川町横走　やまかわちょうよこはしり　徳島県吉野川市
山川町権現谷　やまかわちょうごんげんだに　徳島県吉野川市
山川町槻原　やまかわちょうかえきばら　徳島県吉野川市
山川町諏訪　やまかわちょうすわ　徳島県吉野川市
山川町鍋倉　やまかわちょうなべくら　徳島県吉野川市
山川町藤生　やまかわちょうふじしょう　徳島県吉野川市
山川町瀬津　やまかわちょうせつ　徳島県吉野川市
山川岡児ケ水　やまがわおかちよがみず　鹿児島県指宿市
山川沓形町　やまかわくつがたまち　福岡県久留米市
山川金生町　やまがわきんせいちょう　鹿児島県指宿市
山川神代　やまかわくましろ　福岡県久留米市
山川追分　やまかわおいわけ　福岡県久留米市
山川原　やまがわら　滋賀県愛知郡愛荘町
山川浜児ケ水　やまがわはまちよがみず　鹿児島県指宿市
山川野口町　やまかわのぐちまち　福岡県久留米市
山川朝日町　やまがわあさひちょう　鹿児島県指宿市
山川新生町　やまがわしんせいちょう　鹿児島県指宿市
山川新栄町　やまがわしんえいちょう　鹿児島県指宿市
山川新宿　やまかわしんじゅく　茨城県結城市
山川福元　やまがわふくもと　鹿児島県指宿市
山川潮見町　やまがわしおみちょう　鹿児島県指宿市

4 山中
　　　さんちゅう　福島県田村郡三春町
　　　やまなか　茨城県つくば市
　　　やまなか　埼玉県北本市
　　　やまなか　千葉県富津市
　　　やまなか　千葉県山武郡芝山町
　　　やまなか　石川県鳳珠郡穴水町
　　　やまなか　石川県鳳珠郡能登町
　　　やまなか　福井県敦賀市
　　　やまなか　福井県大飯郡高浜町
　　　やまなか　山梨県南都留郡山中湖村
　　　やまなか　岐阜県不破郡関ケ原町
　　　やまなか　滋賀県蒲生郡竜王町
　　　やまなか　京都府宮津市
　　　やまなか　山口県宇部市
山中田町　やまちゅうだちょう　大阪府富田林市
山中町
　　　やまなかちょう　神奈川県横須賀市
　　　やまなかちょう　愛知県名古屋市昭和区
　　　やまなかちょう　愛知県豊田市
　　　やまなかちょう　滋賀県大津市
　　　やまなかちょう　京都府京都市中京区
　　　やまなかちょう　長崎県平戸市

3画（山）

山中渓
　やまなかだに　大阪府（JR阪和線）
　やまなかだに　大阪府阪南市
山中温泉こおろぎ町　やまなかおんせんこおろぎまち
　石川県加賀市
山中温泉九谷町　やまなかおんせんくたにまち　石川
　県加賀市
山中温泉二天町　やまなかおんせんにてんまち　石川
　県加賀市
山中温泉下谷町　やまなかおんせんしもたにまち　石川
　県加賀市
山中温泉上原町　やまなかおんせんうわばらまち　石川
　県加賀市
山中温泉上野町　やまなかおんせんうえのまち　石川
　県加賀市
山中温泉大土町　やまなかおんせんおおづちまち　石川
　県加賀市
山中温泉中田町　やまなかおんせんなかたまち　石川
　県加賀市
山中温泉中津原町　やまなかおんせんなかつはらまち
　石川県加賀市
山中温泉今立町　やまなかおんせんいまだちまち　石川
　県加賀市
山中温泉片谷町　やまなかおんせんへきたにまち　石川
　県加賀市
山中温泉加美谷台　やまなかおんせんかみやだい　石
　川県加賀市
山中温泉四十九院町　やまなかおんせんしじゅうくいん
　まち　石川県加賀市
山中温泉本町　やまなかおんせんほんまち　石川県加
　賀市
山中温泉白山町　やまなかおんせんはくさんまち　石川
　県加賀市
山中温泉旭町　やまなかおんせんあさひまち　石川県加
　賀市
山中温泉西桂木町　やまなかおんせんにしかつらぎまち
　石川県加賀市
山中温泉坂下町　やまなかおんせんさかのしもまち　石
　川県加賀市
山中温泉我谷町　やまなかおんせんわがたにまち　石川
　県加賀市
山中温泉杉水町　やまなかおんせんすぎのみずまち　石
　川県加賀市
山中温泉東町　やまなかおんせんひがしまち　石川県加
　賀市
山中温泉東桂木町　やまなかおんせんひがしかつらぎま
　ち　石川県加賀市
山中温泉河鹿町　やまなかおんせんかじかまち　石川
　県加賀市
山中温泉長谷田町　やまなかおんせんはせだまち　石
　川県加賀市
山中温泉南町　やまなかおんせんみなみまち　石川県加
　賀市
山中温泉栄町　やまなかおんせんさかえまち　石川県加
　賀市
山中温泉枯淵町　やまなかおんせんかれぶちまち　石川
　県加賀市
山中温泉泉町　やまなかおんせんいずみまち　石川県加
　賀市
山中温泉荒谷町　やまなかおんせんあらたにまち　石川
　県加賀市

山中温泉風谷町　やまなかおんせんかぜたにまち　石川
　県加賀市
山中温泉宮の杜　やまなかおんせんみやのもり　石川
　県加賀市
山中温泉栢野町　やまなかおんせんかやのまち　石川
　県加賀市
山中温泉真砂町　やまなかおんせんまなごまち　石川
　県加賀市
山中温泉菅生谷町　やまなかおんせんすごうだにまち
　石川県加賀市
山中温泉菅谷町　やまなかおんせんすがたにまち　石川
　県加賀市
山中温泉塚谷町　やまなかおんせんつかたにまち　石川
　県加賀市
山中温泉富士見町　やまなかおんせんふじみまち　石
　川県加賀市
山中温泉湯の出町　やまなかおんせんゆのでまち　石
　川県加賀市
山中温泉湯の本町　やまなかおんせんゆのほんまち　石
　川県加賀市
山中温泉滝町　やまなかおんせんたきまち　石川県加
　賀市
山中温泉薬師町　やまなかおんせんやくしまち　石川
　県加賀市
山中湖村　やまなかこむら　山梨県南都留郡
山中新田
　やまなかしんでん　栃木県那須塩原市
　やまなかしんでん　静岡県三島市
山中福田　やまなかふくだ　広島県世羅郡世羅町
山之一色町　やまのいっしきちょう　三重県四日市市
山之上
　やまのうえ　茨城県鹿嶋市
　やまのうえ　滋賀県蒲生郡竜王町
　やまのうえ　大阪府枚方市
山之上北町　やまのうえきたまち　大阪府枚方市
山之上西町　やまのうえにしまち　大阪府枚方市
山之上町　やまのうえちょう　岐阜県美濃加茂市
山之上東町　やまのうえひがしまち　大阪府枚方市
山之口　やまのくち　宮崎県（JR日豊本線）
山之口町
　やまのくちちょう　鹿児島県鹿児島市
　やまのくちちょう　鹿児島県薩摩川内市
山之口町山之口　やまのくちちょうやまのくち　宮崎
　県都城市
山之口町花木　やまのくちちょうはなのき　宮崎県都
　城市
山之口町富吉　やまのくちちょうとみよし　宮崎県都
　城市
山之内
　やまのうち　大阪府大阪市住吉区
　やまのうち　愛媛県東温市
山之内元町　やまのうちもとまち　大阪府大阪市住
　吉区
山之手　やまて　愛知県豊田市
山之尻　やまのしり　静岡県御殿場市
山之辺　やまのべ　千葉県香取市
山之作　やまのさく　千葉県成田市
山之坊　やまのぼう　新潟県糸魚川市
山之坊町　やまのぼうちょう　奈良県橿原市
山之神　やまのかみ　山梨県中央市
山之神町　やまのかみちょう　群馬県太田市

225

3画（山）

山之脇町 やまのわきちょう 滋賀県彦根市
山之郷 やまのごう 千葉県長生郡長柄町
山之腰 やまのこし 愛知県北名古屋市
山五十川 やまいらがわ 山形県鶴岡市
山元
　やまもと 山形県酒田市
　やまもと 山形県天童市
山元町
　やまもとちょう 宮城県亘理郡
　やまもとちょう 神奈川県横浜市中区
山内
　さんない 岩手県九戸郡軽米町
　さんない 秋田県秋田市
　やまうち 秋田県由利本荘市
　やまうち 茨城県稲敷郡美浦村
　さんない 栃木県日光市
　やまうち 栃木県芳賀郡茂木町
　やまうち 千葉県長生郡長南町
　やまうち 新潟県新発田市
　やまうち 福井県三方上中郡若狭町
　やまうち 大阪府豊能郡能勢町
　やまうち 兵庫県朝来市
　やまうち 和歌山県日高郡みなべ町
　やまうち 福岡県八女市
　やまうち 福岡県豊前市
　やまうち 沖縄県沖縄市
山内三又 さんないみつまた 秋田県横手市
山内土渕 さんないつちぶち 秋田県横手市
山内大沢 さんないおおさわ 秋田県横手市
山内大松川 さんないおおまつかわ 秋田県横手市
山内小松川 さんないこまつかわ 秋田県横手市
山内平野沢 さんないひらのさわ 秋田県横手市
山内町
　やまのうちちょう 神奈川県横浜市神奈川区
　やまうちちょう 福井県福井市
　やまのうちちょう 兵庫県篠山市
　やまのうちちょう 広島県庄原市
山内町三間坂 やまうちちょうみまさか 佐賀県武雄市
山内町大野 やまうちちょうおおの 佐賀県武雄市
山内町犬走 やまうちちょういぬばしり 佐賀県武雄市
山内町宮野 やまうちちょうみやの 佐賀県武雄市
山内町鳥海 やまうちちょうとのみ 佐賀県武雄市
山内南郷 さんないなんごう 秋田県横手市
山内黒沢 さんないくろさわ 秋田県横手市
山内筏 さんないいかだ 秋田県横手市
山切 やまきり 静岡県静岡市清水区
山分町 やまけちょう 三重県四日市市
山天 やまてん 奈良県吉野郡十津川村
山手
　やまて 千葉県船橋市
　やまて 神奈川県（JR根岸線）
　やまて 福井県小浜市
　やまて 岐阜県揖斐郡揖斐川町
　やまて 兵庫県神戸市垂水区
　やまて 兵庫県洲本市
　やまて 兵庫県相生市
　やまて 兵庫県加古川市
　やまて 奈良県吉野郡十津川村
　やまて 和歌山県東牟婁郡古座川町
　やまて 岡山県赤磐市
　やまて 岡山県美作市

　やまて 岡山県久米郡久米南町
　やまて 広島県呉市
　やまて 福岡県北九州市小倉南区
山手中央 やまてちゅうおう 京都府京田辺市
山手台
　やまてだい 秋田県秋田市
　やまてだい 大阪府茨木市
山手台西 やまてだいにし 兵庫県宝塚市
山手台東 やまてだいひがし 兵庫県宝塚市
山手台東町 やまてだいひがしまち 大阪府茨木市
山手台新町 やまてだいしんまち 大阪府茨木市
山手西 やまてにし 京都府京田辺市
山手町
　やまてちょう 北海道室蘭市
　やまてちょう 北海道苫小牧市
　やまてちょう 北海道北広島市
　やまてちょう 北海道沙流郡日高町
　やまてまち 北海道中川郡本別町
　やまてまち 宮城県仙台市青葉区
　やまてちょう 埼玉県飯能市
　やまてちょう 神奈川県横浜市中区
　やまてちょう 長野県岡谷市
　やまてちょう 岐阜県美濃加茂市
　やまてちょう 静岡県浜松市中区
　やまてちょう 静岡県熱海市
　やまてちょう 愛知県瀬戸市
　やまてちょう 三重県四日市市
　やまてちょう 大阪府吹田市
　やまてちょう 大阪府高槻市
　やまてちょう 大阪府富田林市
　やまてちょう 大阪府東大阪市
　やまてちょう 兵庫県芦屋市
　やまてちょう 兵庫県赤穂市
　やまてちょう 広島県広島市西区
　やまてちょう 広島県福山市
　やまてちょう 山口県下関市
　やまてまち 山口県岩国市
　やまてちょう 高知県高知市
　やまてまち 高知県須崎市
　やまてまち 福岡県北九州市若松区
　やまてちょう 長崎県佐世保市
　やまてちょう 熊本県水俣市
　やまてちょう 宮崎県日向市
　やまてちょう 鹿児島県枕崎市
山手谷 やまてだに 奈良県吉野郡十津川村
山手東 やまてひがし 京都府京田辺市
山手南 やまてみなみ 京都府京田辺市
山手通
　やまてどおり 北海道天塩郡天塩町
　やまのてどおり 愛知県名古屋市昭和区
山手裏通 やまてうらどおり 北海道天塩郡天塩町
山方
　やまがた 茨城県常陸大宮市
　やまがた 岡山県津山市
山方町
　やまかたちょう 愛知県常滑市
　やまかたちょう 愛媛県今治市
山方宿 やまがたじゅく 茨城県（JR水郡線）
山月町 やまつきまち 宮崎県延岡市
山木
　やまき 茨城県つくば市
　やまき 千葉県市原市
　やまき 愛知県名古屋市西区

3画（山）

山木戸
  やまきど　新潟県新潟市東区
  やまきど　新潟県新潟市中央区
山木屋　やまきや　福島県伊達郡川俣町
山王
  さんのう　宮城県多賀城市
  さんのう　秋田県秋田市
  さんのう　茨城県結城市
  さんのう　茨城県取手市
  さんのう　茨城県稲敷郡美浦村
  さんのう　茨城県猿島郡五霞町
  さんのう　千葉県佐倉市
  さんのう　東京都大田区
  さんのう　新潟県新潟市南区
  さんのう　新潟県三条市
  さんのう　新潟県胎内市
  さんのう　富山県下新川郡朝日町
  さんのう　福井県（えちぜん鉄道勝山永平寺線）
  さんのう　福井県吉田郡永平寺町
  さんのう　愛知県（名古屋鉄道名古屋本線）
  さんのう　愛知県名古屋市中川区
  さんのう　大阪府大阪市西成区
  さんのう　福岡県北九州市八幡東区
  さんのう　福岡県福岡市博多区
山王下　さんのうした　東京都多摩市
山王山　さんのうやま　茨城県猿島郡五霞町
山王中島町　さんのうなかじままち　秋田県秋田市
山王中園町　さんのうなかぞのまち　秋田県秋田市
山王台　さんのうだい　静岡県沼津市
山王町
  さんのうちょう　青森県弘前市
  さんのうちょう　岩手県盛岡市
  さんのうまち　山形県鶴岡市
  さんのうまち　群馬県前橋市
  さんのうちょう　群馬県伊勢崎市
  さんのうちょう　千葉県千葉市稲毛区
  さんのうちょう　神奈川県横浜市南区
  さんのうまち　富山県富山市
  さんのうまち　富山県滑川市
  さんのうまち　富山県砺波市
  さんのうまち　石川県金沢市
  さんのうまち　石川県七尾市
  さんのうちょう　愛知県江南市
  さんのうちょう　京都府京都市上京区
  さんのうちょう　京都府京都市下京区
  さんのうちょう　兵庫県神戸市兵庫区
  さんのうちょう　兵庫県豊岡市
山王沼田町　さんのうぬまたまち　秋田県秋田市
山王前　さんのうまえ　福井県小浜市
山王島　さんのうじま　長野県上高井郡小布施町
山王通　さんのうどおり　岐阜県関市
山王通西　さんのうどおりにし　岐阜県関市
山王堂
  さんおうどう　茨城県筑西市
  さんのうどう　埼玉県本庄市
山王新田
  さんのうしんでん　茨城県つくばみらい市
  さんのうしんでん　新潟県新潟市南区
山王新町　さんのうしんまち　秋田県秋田市
山王臨海町　さんのうりんかいまち　秋田県秋田市
⁵山代町
  やましろちょう　愛知県半田市
  やましろちょう　島根県松江市

山代町久原　やましろちょうくばら　佐賀県伊万里市
山代町立岩　やましろちょうたちいわ　佐賀県伊万里市
山代町西大久保　やましろちょうにしおおくぼ　佐賀県伊万里市
山代町西分　やましろちょうにしぶん　佐賀県伊万里市
山代町東分　やましろちょうひがしぶん　佐賀県伊万里市
山代町城　やましろちょうじょう　佐賀県伊万里市
山代町峰　やましろちょうみね　佐賀県伊万里市
山代町楠久　やましろちょうくすく　佐賀県伊万里市
山代町楠久津　やましろちょうくすくつ　佐賀県伊万里市
山代町福川内　やましろちょうふくがわち　佐賀県伊万里市
山代温泉　やましろおんせん　石川県加賀市
山代温泉桜町　やましろおんせんさくらまち　石川県加賀市
山出　やまで　三重県伊賀市
山加農場　やまかのうじょう　北海道空知郡上富良野町
山北
  やまきた　神奈川県（JR御殿場線）
  やまきた　神奈川県足柄上郡山北町
  やまきた　石川県河北郡津幡町
  やまきた　岡山県津山市
  やまきた　高知県宿毛市
  やまきた　福岡県糸島市
山北町
  やまきたまち　神奈川県足柄上郡
  さんぼくまち　⇒村上市（新潟県）
  やまきたちょう　愛知県小牧市
  やまのきたちょう　香川県丸亀市
山古志竹沢　やまこしたけざわ　新潟県長岡市
山古志虫亀　やまこしむしがめ　新潟県長岡市
山古志東竹沢　やまこしひがしたけざわ　新潟県長岡市
山古志南平　やまこしなんぺい　新潟県長岡市
山古志種苧原　やまこしたねすはら　新潟県長岡市
山古谷　やまごや　宮城県伊具郡丸森町
山外野　やまとの　岡山県美作市
山尻　やまじり　茨城県下妻市
山尻町大桑　やまじりちょうおおくわ　愛知県江南市
山尻町川端　やまじりちょうかわばた　愛知県江南市
山尻町本丸　やまじりちょうほんまる　愛知県江南市
山尻町本丸西　やまじりちょうほんまるにし　愛知県江南市
山尻町朝日　やまじりちょうあさひ　愛知県江南市
山市場　やまいちば　神奈川県足柄上郡山北町
山本
  やまもと　秋田県由利本荘市
  やまもと　茨城県かすみがうら市
  やまもと　栃木県宇都宮市
  やまもと　栃木県芳賀郡益子町
  やまもと　千葉県館山市
  やまもと　千葉県君津市
  やまもと　新潟県柏崎市
  やまもと　新潟県小千谷市
  やまもと　新潟県糸魚川市
  やまもと　新潟県岩船郡関川村
  やまもと　富山県富山市
  やまもと　富山県南砺市

227

3画（山）

やまもと　長野県飯田市	やまだ　宮城県仙台市太白区
やまもと　静岡県富士宮市	やまだ　秋田県大館市
やまもと　滋賀県蒲生郡日野町	やまだ　秋田県湯沢市
やまもと　兵庫県（阪急電鉄宝塚本線）	やまだ　秋田県由利本荘市
やまもと　兵庫県豊岡市	やまだ　山形県鶴岡市
やまもと　和歌山県有田郡広川町	やまだ　山形県酒田市
やまもと　広島県広島市安佐南区	やまだ　福島県福島市
やまもと　福岡県北九州市小倉南区	やまだ　福島県二本松市
やまもと　福岡県築上郡築上町	やまだ　福島県東白川郡棚倉町
やまもと　佐賀県（JR唐津線）	やまだ　福島県田村郡三春町
やまもと　佐賀県唐津市	やまだ　福島県双葉郡双葉町
やまもと　佐賀県西松浦郡有田町	やまた　茨城県古河市
やまもと　大分県宇佐市	やまだ　茨城県行方市

山本七曲　やまもとななまがり　千葉県木更津市
山本二ツ山団地　やまもとふたつやまだんち　長野県飯田市
山本丸橋　やまもとまるはし　兵庫県宝塚市

山本中
　やまもとなか　大阪府大阪狭山市
　やまもとなか　兵庫県宝塚市

山本北　やまもときた　大阪府大阪狭山市
山本台　やまもとだい　兵庫県宝塚市
山本西　やまもとにし　兵庫県宝塚市

山本町
　やまもとまち　栃木県宇都宮市
　やまもとまち　新潟県十日町市
　やまもとまち　石川県輪島市
　やまもとちょう　三重県鈴鹿市
　やまもとちょう　京都府京都市上京区
　やまもとちょう　京都府京都市中京区
　やまもとちょう　大阪府堺市堺区
　やまもとちょう　大阪府八尾市
　やまもとちょう　奈良県橿原市
　やまもとちょう　広島県広島市安佐南区

山本町大野　やまもとちょうおおの　香川県三豊市
山本町北　やまもとちょうきた　大阪府八尾市
山本町辻　やまもとちょうつじ　香川県三豊市
山本町耳納　やまもとちみのう　福岡県久留米市
山本町河内　やまもとちょうこうち　香川県三豊市
山本町南　やまもとちょうみなみ　大阪府八尾市
山本町神田　やまもとちょうこうだ　香川県三豊市
山本町財田西　やまもとちょうさいたにし　香川県三豊市
山本町豊田　やまもとまちとよだ　福岡県久留米市

山本東
　やまもとひがし　大阪府大阪狭山市
　やまもとひがし　兵庫県宝塚市

山本南
　やまもとみなみ　大阪府大阪狭山市
　やまもとみなみ　兵庫県宝塚市

山本通　やまもとどおり　兵庫県神戸市中央区
山本郡　やまもとぐん　秋田県
山本高安町　やまもとたかやすちょう　大阪府八尾市
山本野里　やまもとのざと　兵庫県宝塚市

山本新
　やまもとしん　新潟県阿賀野市
　やまもとしん　富山県射水市

山本新町　やまもとしんまち　広島県広島市安佐南区
山玉町　やまだままち　福島県いわき市

山田
　やまだ　北海道虻田郡倶知安町
　やまだ　岩手県下閉伊郡山田町

やまだ　栃木県矢板市
やまだ　群馬県吾妻郡中之条町
やまだ　埼玉県川越市
やまだ　埼玉県秩父市
やまた　埼玉県比企郡滑川町
やまだ　千葉県東金市
やまだ　千葉県市原市
やまだ　千葉県印西市
やまだ　千葉県南房総市
やまだ　千葉県いすみ市
やまだ　千葉県山武郡芝山町
やまだ　東京都（京王電鉄高尾線）
やまだ　東京都あきる野市
やまだ　神奈川県足柄上郡大井町
やまだ　新潟県新潟市西区
やまだ　新潟県長岡市
やまだ　新潟県村上市
やまだ　新潟県佐渡市
やまだ　新潟県魚沼市
やまだ　富山県黒部市
やまだ　富山県南砺市
やまだ　石川県鳳珠郡能登町
やまだ　福井県今立郡池田町
やまだ　福井県丹生郡越前町
やまだ　福井県大飯郡おおい町
やまだ　長野県上田市
やまだ　岐阜県（長良川鉄道越美南線）
やまだ　岐阜県関市
やまだ　静岡県袋井市
やまだ　愛知県名古屋市北区
やまだ　三重県員弁郡東員町
やまだ　京都府相楽郡精華町
やまだ　大阪府（阪急電鉄千里線ほか）
やまだ　大阪府堺市西区
やまだ　大阪府豊能郡能勢町
やまだ　大阪府南河内郡太子町
やまだ　兵庫県伊丹市
やまだ　兵庫県三田市
やまだ　兵庫県篠山市
やまだ　兵庫県淡路市
やまだ　兵庫県神崎郡神河町
やまだ　兵庫県揖保郡太子町
やまだ　兵庫県佐用郡佐用町
やまだ　奈良県桜井市
やまだ　奈良県葛城市
やまだ　和歌山県海南市
やまだ　和歌山県橋本市
やまだ　和歌山県岩出市
やまだ　和歌山県有田郡湯浅町
やまだ　鳥取県八頭郡八頭町
やまた　鳥取県東伯郡三朝町
やまた　鳥取県東伯郡琴浦町

3画（山）

やまだ	島根県邑智郡邑南町
やまだ	島根県隠岐郡隠岐の島町
やまだ	岡山県岡山市南区
やまだ	岡山県玉野市
やまだ	岡山県総社市
やまだ	岡山県真庭市
やまだ	広島県安芸郡府中町
やまだ	山口県下関市
やまだ	山口県萩市
やまだ	山口県下松市
やまだ	福岡県大野城市
やまだ	福岡県宗像市
やまだ	福岡県朝倉市
やまだ	福岡県筑紫郡那珂川町
やまだ	福岡県糟屋郡久山町
やまだ	福岡県遠賀郡岡垣町
やまだ	佐賀県唐津市
やまだ	熊本県玉名市
やまだ	熊本県阿蘇市
やまだ	熊本県上益城郡山都町
やまだ	熊本県球磨郡山江村
やまだ	大分県玖珠郡玖珠町
やまだ	宮崎県西都市
やまだ	鹿児島県大島郡喜界町
やまだ	沖縄県国頭郡恩納村

山田一番町 やまだいちばんちょう　愛知県豊橋市
山田二番町 やまだにばんちょう　愛知県豊橋市
山田下
やまだしも	宮城県伊具郡丸森町
やました	新潟県魚沼市
やまだしも	香川県綾歌郡綾川町
山田三番町 やまださんばんちょう　愛知県豊橋市
山田上
| やまだかみ | 宮城県伊具郡丸森町 |
| やまだかみ | 香川県綾歌郡綾川町 |
山田上ノ台町 やまだうえのだいちょう　宮城県仙台市太白区
山田上ノ町 やまだうえのちょう　京都府京都市西京区
山田上口 やまだかみぐち　三重県（JR参宮線）
山田久田町 やまだひさだちょう　京都府京都市西京区
山田大吉見町 やまだおおよしみちょう　京都府京都市西京区
山田小谷 やまだこだに　富山県富山市
山田小島 やまだこじま　富山県富山市
山田川 やまだがわ　京都府（近畿日本鉄道京都線）
山田中 やまだなか　長野県長野市
山田中吉見町 やまだなかよしみちょう　京都府京都市西京区
山田中村 やまだなかむら　富山県富山市
山田中瀬 やまだなかのせ　富山県富山市
山田今山田 やまだいまやまだ　富山県富山市
山田六ノ坪町 やまだろくのつぼちょう　京都府京都市西京区
山田丘 やまだおか　大阪府吹田市
山田出口町 やまだでぐちちょう　京都府京都市西京区
山田北 やまだきた　大阪府吹田市
山田北ノ町 やまだきたのちょう　京都府京都市西京区
山田北山 やまだきたやま　富山県富山市

山田北山田町 やまだきたやまだちょう　京都府京都市西京区
山田北町 やまだきたまち　愛知県名古屋市北区
山田北前町 やまだきたまえちょう　宮城県仙台市太白区
山田台 やまだだい　千葉県八街市
山田四ノ坪町 やまだしのつぼちょう　京都府京都市西京区
山田市場 やまだいちば　大阪府吹田市
山田平尾町 やまだひらおちょう　京都府京都市西京区
山田本町 やまだほんちょう　宮城県仙台市太白区
山田白井谷 やまだしろいだに　富山県富山市
山田先出 やまだせんでん　石川県能美郡川北町
山田庄田町 やまだしょうだちょう　京都府京都市西京区
山田池公園 やまだいけこうえん　大阪府枚方市
山田池北町 やまだいけきたまち　大阪府枚方市
山田池東町 やまだいけひがしまち　大阪府枚方市
山田池南町 やまだいけみなみまち　大阪府枚方市
山田自由ケ丘 やまだじゆうがおか　宮城県仙台市太白区
山田西 やまだにし　大阪府吹田市
山田西町
| やまだにしまち | 愛知県名古屋市北区 |
| やまだにしまち | 高知県（JR土讃線） |
山田町
やまだまち	北海道小樽市
やまだちょう	北海道余市郡余市町
やまだちょう	青森県むつ市
やまだまち	岩手県下閉伊郡
やまだまち	福島県いわき市
やまだまち	群馬県高崎市
やまたちょう	埼玉県坂戸市
やまたまち	東京都八王子市
やまだまち	神奈川県横浜市中区
やまだまち	新潟県新潟市中央区
やまだまち	石川県加賀市
やまだまち	石川県能美市
やまだまち	岐阜県高山市
やまだちょう	岐阜県瑞浪市
やまだちょう	愛知県名古屋市北区
やまだちょう	愛知県名古屋市西区
やまだちょう	愛知県豊橋市
やまだちょう	愛知県田原市
やまだちょう	三重県四日市市
やまだちょう	滋賀県草津市
やまだちょう	京都府京都市中京区
やまだちょう	京都府京都市東山区
やまだちょう	兵庫県神戸市灘区
やまだちょう	兵庫県小野市
やまだちょう	兵庫県加西市
やまだちょう	奈良県大和郡山市
やまだちょう	奈良県天理市
やまだちょう	奈良県五條市
やまだちょう	広島県広島市西区
やまだちょう	愛媛県松山市
やまだちょう	愛媛県新居浜市
やまだまち	福岡県北九州市小倉北区
やまだまち	大分県日田市
やまだちょう	鹿児島県鹿児島市
山田町下谷上 やまだちょうしもたにがみ　兵庫県神戸市北区

229

3画（山）

山田町上谷上　やまだちょうかみたにがみ　兵庫県神戸市北区

山田町与左衛門新田　やまだちょうよざえもんしんでん　兵庫県神戸市北区

山田町大池　やまだちょうおおいけ　兵庫県神戸市北区

山田町小河　やまだちょうおうご　兵庫県神戸市北区

山田町小部　やまだちょうおうぶ　兵庫県神戸市北区

山田町山田　やまだちょうやまだ　宮崎県都城市

山田町中　やまだちょうなか　兵庫県神戸市北区

山田町中霧島　やまだちょうなかぎりしま　宮崎県都城市

山田町北山田　やまだちょうきたやまだ　兵庫県姫路市

山田町多田　やまだちょうただ　兵庫県姫路市

山田町西下　やまだちょうにししも　兵庫県神戸市北区

山田町西山田　やまだちょうにしやまだ　兵庫県姫路市

山田町坂本　やまだちょうさかもと　兵庫県神戸市北区

山田町東下　やまだちょうひがししも　兵庫県神戸市北区

山田町牧野　やまだちょうまきの　兵庫県姫路市

山田町南山田　やまだちょうみなみやまだ　兵庫県姫路市

山田町原野　やまだちょうはらの　兵庫県神戸市北区

山田町福地　やまだちょうふくち　兵庫県神戸市北区

山田町衝原　やまだちょうつくはら　兵庫県神戸市北区

山田町藍那　やまだちょうあいな　兵庫県神戸市北区

山田谷　やまだたに　富山県富山市

山田赤目谷　やまだあかめだに　富山県富山市

山田車塚町　やまだくるまつかちょう　京都府京都市西京区

山田居舟　やまだいぶね　富山県富山市

山田岡　やまだおか　福島県双葉郡楢葉町

山田弦馳町　やまだつるはぜちょう　京都府京都市西京区

山田東　やまだひがし　大阪府吹田市

山田沼又　やまだぬまのまた　富山県富山市

山田牧　やまだまき　富山県富山市

山田牧場　やまだぼくじょう　長野県上高井郡高山村

山田若土　やまだわかづち　富山県富山市

山田南　やまだみなみ　大阪府吹田市

山田南山田町　やまだみなみやまだちょう　京都府京都市西京区

山田南町　やまだみなみちょう　京都府京都市西京区

山田峠　やまだとうげ　福岡県遠賀郡岡垣町

山田畑田町　やまだはたけだちょう　京都府京都市西京区

山田原　やまだはら　和歌山県有田市

山田浜　やまだはま　福島県双葉郡楢葉町

山田宿坊　やまだすくぼう　富山県富山市

山田清水　やまだしょうず　富山県富山市

山田猫塚町　やまだねこつかちょう　京都府京都市西京区

山田御道路町　やまだおどろちょう　京都府京都市西京区

山田温泉　やまだおんせん　長野県上高井郡高山村

山田湯　やまだゆ　富山県富山市

山田葉室町　やまだはむろちょう　京都府京都市西京区

山田開キ町　やまだひらきちょう　京都府京都市西京区

山田新　やまだしん　富山県黒部市

山田新町
　やまだしんまち　宮城県仙台市太白区
　やまだしんまち　広島県広島市西区

山田箱塚町　やまだはこづかちょう　京都府京都市西京区

山田橋　やまだばし　千葉県市原市

山田鍋谷　やまだなべたに　富山県富山市

山田鎌倉　やまだかまくら　富山県富山市

山白石　やましらいし　福島県石川郡浅川町

山目　やまのめ　岩手県一関市

山目町　やまのめまち　岩手県一関市

山立野　やまたての　富山県黒部市

山辺
　やまのべ　山形県東村山郡山辺町
　やまべ　大阪府豊能郡能勢町

山辺町
　やまのべまち　山形県東村山郡
　やまべちょう　三重県鈴鹿市

山辺里　さべり　新潟県村上市

山辺郡　やまべぐん　奈良県

6山伏小路　やまぶしこうじ　青森県八戸市

山伏山町　やまぶしやまちょう　京都府京都市中京区

山伏坂　やまぶしさか　宮城県刈田郡七ケ宿町

山先町　やまさきちょう　岐阜県岐阜市

山吉町　やまよしまち　新潟県見附市

山名
　やまな　群馬県（上信電鉄線）
　やまな　千葉県南房総市

山名町
　やまなまち　群馬県高崎市
　やまなちょう　静岡県袋井市
　やまなちょう　京都府京都市上京区

山地
　やまち　三重県南牟婁郡御浜町
　やまち　和歌山県有田市
　やまじ　岡山県倉敷市

山寺
　やまでら　宮城県亘理郡山元町
　やまでら　山形県（JR仙山線）
　やまでら　山形県山形市
　やまでら　山形県酒田市
　やまでら　新潟県糸魚川市
　やまでら　新潟県阿賀野市
　やまでら　山梨県南アルプス市
　やまでら　長野県伊那市

山寺町
　やまでらちょう　滋賀県草津市
　やまでらまち　福岡県北九州市八幡西区
　やまでらまち　長崎県島原市

山寺道　やまでらみち　福島県須賀川市

山江村　やまえむら　熊本県球磨郡

山池町　やまいけちょう　愛知県刈谷市

山百合の丘　やまゆりのおか　滋賀県大津市

山臼　やまうす　北海道枝幸郡枝幸町

3画（山）

山西
　やまにし　神奈川県小田原市
　やまにし　神奈川県中郡二宮町
　やまにし　奈良県吉野郡天川村
　やまにし　愛媛県（伊予鉄道高浜線）
山西方寺　やまさいほうじ　福井県あわら市
山西町　やまにしちょう　愛媛県松山市
7山吹
　やまぶき　長野県（JR飯田線）
　やまぶき　長野県下伊那郡高森町
　やまぶき　兵庫県姫路市
山吹丁　やまぶきちょう　和歌山県和歌山市
山吹町
　やまぶきちょう　東京都新宿区
　やまぶきちょう　神奈川県横浜市中区
　やまぶきちょう　岐阜県岐阜市
　やまぶきちょう　岐阜県多治見市
山坂　やまさか　大阪府大阪市東住吉区
山坊　やまのぼう　奈良県北葛城郡河合町
山尾田　やまおだ　静岡県御殿場市
山形
　やまがた　北海道夕張郡由仁町
　やまがた　山形県（JR奥羽本線）
　やまがた　福島県東白川郡塙町
　やまがた　福島県石川郡石川町
山形市　やまがたし　山形県
山形村　やまがたむら　長野県東筑摩郡
山形町
　やまがたまち　青森県黒石市
　やまがたちょう　栃木県佐野市
山形町小国　やまがたちょうおぐに　岩手県久慈市
山形町川井　やまがたちょうかわい　岩手県久慈市
山形町戸呂町　やまがたちょうへろまち　岩手県久慈市
山形町日野沢　やまがたちょうひのさわ　岩手県久慈市
山形町来内　やまがたちょうらいない　岩手県久慈市
山形町荷軽部　やまがたちょうにかるべ　岩手県久慈市
山形町繋　やまがたちょうつなぎ　岩手県久慈市
山形町霜畑　やまがたちょうしもはた　岩手県久慈市
山形県　やまがたけん
山志谷　やましたに　鳥取県八頭郡八頭町
山折町　やまおりちょう　島根県益田市
山村町　やまむらちょう　三重県四日市市
山町
　やままち　愛知県知立市
　やまちょう　奈良県奈良市
山芦屋町　やまあしやちょう　兵庫県芦屋市
山花　やまはな　北海道釧路市
山花町　やまはなちょう　愛知県名古屋市昭和区
山見
　やまみ　富山県南砺市
　やまみ　福岡県朝倉市
山見町　やまみまち　福島県会津若松市
山見町並　やまみまちなみ　富山県南砺市
山谷
　やまや　秋田県湯沢市
　やまや　山形県酒田市
　さんや　茨城県つくばみらい市
　さんや　神奈川県横浜市南区

　やまや　新潟県小千谷市
　やまや　新潟県十日町市
　やまや　新潟県五泉市
　やまや　新潟県南魚沼市
　やまや　新潟県三島郡出雲崎町
　やまだに　佐賀県（松浦鉄道西九州線）
山谷切口　やまだにきりぐち　佐賀県西松浦郡有田町
山谷町
　やまやちょう　新潟県新潟市秋葉区
　やまがいちょう　愛知県豊田市
山谷牧　やまだにまき　佐賀県西松浦郡有田町
山谷新田　やまやしんでん　山形県酒田市
山那　やまな　愛知県丹羽郡扶桑町
山里
　やまさと　北海道網走市
　やまさと　沖縄県沖縄市
　やまさと　沖縄県国頭郡本部町
　やまさと　沖縄県島尻郡久米島町
山里町
　やまざとちょう　愛知県名古屋市昭和区
　やまざとちょう　京都府京都市上京区
8山国　やまくに　兵庫県加東市
山国小屋川　やまくにまちこやがわ　大分県中津市
山国中摩　やまくにまちなかま　大分県中津市
山国平小野　やまくにまちひらおの　大分県中津市
山国吉野　やまくにまちよしの　大分県中津市
山国町宇曽　やまくにまちうそ　大分県中津市
山国町守実　やまくにまちもりざね　大分県中津市
山国町長尾野　やまくにまちながおの　大分県中津市
山国町草本　やまくにまちくさもと　大分県中津市
山国町槻木　やまくにまちつきのき　大分県中津市
山国町藤野木　やまくにまちふじのき　大分県中津市
山奈町山田　やまなちょうやまだ　高知県宿毛市
山奈町芳奈　やまなちょうよしな　高知県宿毛市
山居　さんきょ　福島県福島市
山居上　さんきょうえ　福島県福島市
山居町
　さんきょまち　山形県酒田市
　さんきょまち　新潟県村上市
山岡
　やまおか　岐阜県（明知鉄道線）
　やまおか　三重県度会郡玉城町
山岡町下手向　やまおかちょうしもとうげ　岐阜県恵那市
山岡町上手向　やまおかちょうかみとうげ　岐阜県恵那市
山岡町久保原　やまおかちょうくぼはら　岐阜県恵那市
山岡町田代　やまおかちょうたしろ　岐阜県恵那市
山岡町田沢　やまおかちょうたざわ　岐阜県恵那市
山岡町原　やまおかちょうはら　岐阜県恵那市
山岡町釜屋　やまおかちょうかまや　岐阜県恵那市
山岡町馬場山田　やまおかちょうばばやまだ　岐阜県恵那市
山岸
　やまぎし　岩手県（JR山田線）
　やまぎし　岩手県盛岡市
　やまぎし　岩手県八幡平市
　やまぎし　新潟県西蒲原郡弥彦村
　やまぎし　富山県富山市
　やまぎし　長野県飯山市

231

3画（山）

山岸町
　　やまぎしちょう　山形県寒河江市
　　やまぎしまち　石川県輪島市
山枝町　やまえだちょう　兵庫県加西市
山東
　　やまひがし　静岡県浜松市天竜区
　　さんどう　和歌山県（和歌山電鉄貴志川線）
山東中　さんどうなか　和歌山県和歌山市
山東町一品　さんとうちょういっぽう　兵庫県朝来市
山東町三保　さんとうちょうみほ　兵庫県朝来市
山東町与布土　さんとうちょうよふど　兵庫県朝来市
山東町大内　さんとうちょうおおうち　兵庫県朝来市
山東町大月　さんとうちょうおおつき　兵庫県朝来市
山東町大垣　さんとうちょうおおかい　兵庫県朝来市
山東町小谷　さんとうちょうこたに　兵庫県朝来市
山東町末蔵　さんとうちょうまっさい　兵庫県朝来市
山東町矢名瀬町　さんとうちょうやなせまち　兵庫県朝来市
山東町早田　さんとうちょうわさだ　兵庫県朝来市
山東町和賀　さんとうちょうわが　兵庫県朝来市
山東町迫間　さんとうちょうはさま　兵庫県朝来市
山東町金浦　さんとうちょうかなうら　兵庫県朝来市
山東町柿坪　さんとうちょうかきつぼ　兵庫県朝来市
山東町柴　さんとうちょうしば　兵庫県朝来市
山東町柊木　さんとうちょうひいらぎ　兵庫県朝来市
山東町野間　さんとうちょうのま　兵庫県朝来市
山東町喜多垣　さんとうちょうきたがき　兵庫県朝来市
山東町森　さんとうちょうもり　兵庫県朝来市
山東町粟鹿　さんとうちょうあわが　兵庫県朝来市
山東町越田　さんとうちょうおった　兵庫県朝来市
山東町塩田　さんとうちょうしおた　兵庫県朝来市
山東町新堂　さんとうちょうしんどう　兵庫県朝来市
山東町楽音寺　さんとうちょうがくおんじ　兵庫県朝来市
山東町溝黒　さんとうちょうみぞくろ　兵庫県朝来市
山東町滝田　さんとうちょうたきた　兵庫県朝来市
山武市　さんむし　千葉県
山武郡　さんぶぐん　千葉県
山河　やまが　埼玉県深谷市
山河内
　　やまがわち　徳島県（JR牟岐線）
　　やまがわうち　徳島県海部郡美波町
山波町　さんばちょう　広島県尾道市
山直中町　やまだいなかちょう　大阪府岸和田市
山苗代　やまなわしろ　栃木県矢板市
山門　やまかど　山口県宇部市
山門町
　　やまもんちょう　愛知県名古屋市千種区
　　さんもんちょう　福岡県北九州市小倉北区
山門郡　やまとぐん　⇒消滅（福岡県）
山門野　やまどの　鹿児島県出水郡長島町
9山保　やまほ　山梨県西八代郡市川三郷町
山前　やままえ　栃木県（JR両毛線）
山南　やまみなみ　福島県大沼郡会津美里町
山南乙　やまみなみおつ　福島県大沼郡会津美里町
山南町きらら通　さんなんちょうきららどおり　兵庫県丹波市
山南町下滝　さんなんちょうしもたき　兵庫県丹波市

山南町上滝　さんなんちょうかみたき　兵庫県丹波市
山南町大谷　さんなんちょうおおたに　兵庫県丹波市
山南町大河　さんなんちょうおおか　兵庫県丹波市
山南町子茂田　さんなんちょうしもだ　兵庫県丹波市
山南町小畑　さんなんちょうおばたけ　兵庫県丹波市
山南町小野尻　さんなんちょうおのじり　兵庫県丹波市
山南町小新屋　さんなんちょうこにや　兵庫県丹波市
山南町山本　さんなんちょうやまもと　兵庫県丹波市
山南町山崎　さんなんちょうやまさき　兵庫県丹波市
山南町井原　さんなんちょういばら　兵庫県丹波市
山南町五ケ野　さんなんちょうごがの　兵庫県丹波市
山南町太田　さんなんちょうおおだ　兵庫県丹波市
山南町北太田　さんなんちょうきたおおだ　兵庫県丹波市
山南町北和田　さんなんちょうきたわだ　兵庫県丹波市
山南町玉巻　さんなんちょうたまき　兵庫県丹波市
山南町池谷　さんなんちょういけだに　兵庫県丹波市
山南町西谷　さんなんちょうにしたに　兵庫県丹波市
山南町坂尻　さんなんちょうさかじり　兵庫県丹波市
山南町応地　さんなんちょうおうじ　兵庫県丹波市
山南町村森　さんなんちょうむらもり　兵庫県丹波市
山南町谷川　さんなんちょうたにがわ　兵庫県丹波市
山南町和田　さんなんちょうわだ　兵庫県丹波市
山南町岡本　さんなんちょうおかもと　兵庫県丹波市
山南町岩屋　さんなんちょういわや　兵庫県丹波市
山南町若林　さんなんちょうわかばやし　兵庫県丹波市
山南町金屋　さんなんちょうかなや　兵庫県丹波市
山南町金倉　さんなんちょうかなくら　兵庫県丹波市
山南町長野　さんなんちょうながの　兵庫県丹波市
山南町阿草　さんなんちょうあくさ　兵庫県丹波市
山南町青田　さんなんちょうあおだ　兵庫県丹波市
山南町前川　さんなんちょうまえがわ　兵庫県丹波市
山南町南中　さんなんちょうみなみなか　兵庫県丹波市
山南町畑内　さんなんちょうはたうち　兵庫県丹波市
山南町美和　さんなんちょうみわ　兵庫県丹波市
山南町草部　さんなんちょうくさべ　兵庫県丹波市
山南町梶　さんなんちょうかじ　兵庫県丹波市
山南町野坂　さんなんちょうのさか　兵庫県丹波市
山南町奥　さんなんちょうおく　兵庫県丹波市
山南町奥野々　さんなんちょうおくのの　兵庫県丹波市
山南町富田　さんなんちょうとみた　兵庫県丹波市
山南町篠場　さんなんちょうささば　兵庫県丹波市
山城
　　やましろ　埼玉県川越市
　　やまじょう　三重県（三岐鉄道三岐線）
　　やましろ　大阪府南河内郡河南町
　　やましろ　岡山県美作市
　　やましろ　岡山県苫田郡鏡野町
　　やまぐすく　沖縄県糸満市
　　やまぐすく　沖縄県島尻郡久米島町
山城多賀　やましろたが　京都府（JR奈良線）
山城西　やましろにし　徳島県徳島市
山城町
　　やまじょうちょう　三重県四日市市
　　やましろちょう　京都府京都市東山区
　　やましろちょう　⇒木津川市（京都府）

3画（山）

やましろちょう　大阪府八尾市
やましろちょう　鳥取県鳥取市
やましろちょう　広島県広島市南区
やましろちょう　徳島県徳島市
山城町八千坊　やましろちょうはっせんぼう　徳島県三好市
山城町下川　やましろちょうしもかわ　徳島県三好市
山城町下名　やましろちょうしもみょう　徳島県三好市
山城町上名　やましろちょうかみみょう　徳島県三好市
山城町上狛　やましろちょうかみこま　京都府木津川市
山城町大川持　やましろちょうおおかわもち　徳島県三好市
山城町大月　やましろちょうおおつき　徳島県三好市
山城町大谷　やましろちょうおおたに　徳島県三好市
山城町大和川　やましろちょうやまとがわ　徳島県三好市
山城町大野　やましろちょうおおの　徳島県三好市
山城町小川谷　やましろちょうおがわだに　徳島県三好市
山城町川口　やましろちょうかわぐち　徳島県三好市
山城町中ノ瀬　やましろちょうなかのせ　徳島県三好市
山城町中野　やましろちょうなかの　徳島県三好市
山城町仏子　やましろちょうほとけご　徳島県三好市
山城町引地　やましろちょうひきち　徳島県三好市
山城町北河原　やましろちょうきたがわら　京都府木津川市
山城町平尾　やましろちょうひらお　京都府木津川市
山城町平野　やましろちょうひらの　徳島県三好市
山城町末貞　やましろちょうすえさだ　徳島県三好市
山城町白川　やましろちょうしろかわ　徳島県三好市
山城町光兼　やましろちょうみつかね　徳島県三好市
山城町寺野　やましろちょうてらの　徳島県三好市
山城町西宇　やましろちょうにしう　徳島県三好市
山城町佐連　やましろちょうざれ　徳島県三好市
山城町尾又　やましろちょうおまた　徳島県三好市
山城町赤谷　やましろちょうあかだに　徳島県三好市
山城町国政　やましろちょうくにまさ　徳島県三好市
山城町岩戸　やましろちょういわど　徳島県三好市
山城町若山　やましろちょうわかやま　徳島県三好市
山城町茂地　やましろちょうもじ　徳島県三好市
山城町信正　やましろちょうのぶまさ　徳島県三好市
山城町政友　やましろちょうまさとも　徳島県三好市
山城町柴川　やましろちょうしばかわ　徳島県三好市
山城町相川　やましろちょうあいかわ　徳島県三好市
山城町神童子　やましろちょうじんどうじ　京都府木津川市
山城町重実　やましろちょうしげざね　徳島県三好市
山城町脇　やましろちょうわき　徳島県三好市
山城町黒川　やましろちょうくろかわ　徳島県三好市
山城町粟山　やましろちょうあわやま　徳島県三好市
山城町椿井　やましろちょうつばい　京都府木津川市
山城町綺田　やましろちょうかばた　京都府木津川市
山城町頼広　やましろちょうよりひろ　徳島県三好市
山城町瀬貝　やましろちょうせがい　徳島県三好市
山城青谷　やましろあおだに　京都府（JR奈良線）
山室
やまむろ　埼玉県富士見市
やまむろ　新潟県柏崎市

やまむろ　富山県富山市
やまむろ　福井県あわら市
やまむろ　滋賀県米原市
やまむろ　高知県高岡郡越知町
やまむろ　熊本県熊本市北区
山室向陽台　やまむろこうようだい　富山県富山市
山室町
やまむろちょう　福井県福井市
やまむろちょう　福井県越前市
やまむろちょう　三重県松阪市
山室荒屋　やまむろあらや　富山県富山市
山室荒屋新町　やまむろあらやしんまち　富山県富山市
山室新町　やまむろしんまち　富山県富山市
山屋
やまや　青森県上北郡七戸町
やまや　岩手県紫波郡紫波町
やまや　岩手県九戸郡九戸村
やまや　新潟県長岡市
やまや　新潟県村上市
やまや　新潟県胎内市
やまや　富山県射水市
山屋敷　やまやしき　愛知県知多市
山屋敷町
やまやしきまち　新潟県上越市
やまやしきちょう　愛知県知立市
山海　やまみ　愛知県知多郡南知多町
山泉　やましみず　福井県敦賀市
山津町　やまづまち　大分県大分市
山洞　やまほら　岐阜県揖斐郡池田町
山畑
やばた　三重県伊賀市
やまたけ　大阪府八尾市
山畑新田　やまはたしんでん　兵庫県姫路市
山県北野　やまがたきたの　岐阜県岐阜市
山県市　やまがたし　岐阜県
山県町　やまがたちょう　長崎県佐世保市
山県岩　やまがたいわ　岐阜県岐阜市
山県岩中　やまがたいわなか　岐阜県岐阜市
山県岩西　やまがたいわにし　岐阜県岐阜市
山県岩明光　やまがたいわみょうこう　岐阜県岐阜市
山県岩東　やまがたいわひがし　岐阜県岐阜市
山県岩南　やまがたいわみなみ　岐阜県岐阜市
山県郡　やまがたぐん　広島県
山神
やまがみ　愛知県犬山市
やがみ　三重県伊賀市
やまかみ　三重県度会郡玉城町
山神町　やまがみまち　愛知県碧南市
山神原　やまかみはら　福島県耶麻郡猪苗代町
山科
やましな　石川県金沢市
やましな　静岡県袋井市
やましな　京都府（JR東海道本線ほか）
山科区　やましなく　京都府京都市
山科台　やましなだい　神奈川県横須賀市
山科町
やましなまち　石川県金沢市
やましなちょう　岡山県岡山市北区
山荘町　さんそうちょう　大阪府和泉市
山荘通　さんそうどおり　福岡県福岡市中央区

3画（山）

山面　やまづら　滋賀県蒲生郡竜王町
山香町　さんこうちょう　愛知県名古屋市名東区
山香町下　やまがまちしも　大分県杵築市
山香町久木野尾　やまがまちくぎのお　大分県杵築市
山香町小武　やまがまちおだけ　大分県杵築市
山香町山浦　やまがまちやまうら　大分県杵築市
山香町内河野　やまがまちうちがわの　大分県杵築市
山香町日指　やまがまちひさし　大分県杵築市
山香町広瀬　やまがまちひろせ　大分県杵築市
山香町立石　やまがまちたていし　大分県杵築市
山香町吉野渡　やまがまちよしのわたり　大分県杵築市
山香町向野　やまがまちむくの　大分県杵築市
山香町南畑　やまがまちみなみはた　大分県杵築市
山香町倉成　やまがまちくらなり　大分県杵築市
山香町野原　やまがまちのはる　大分県杵築市
10山倉
　やまくら　千葉県市原市
　やまくら　千葉県香取市
　やまくら　新潟県阿賀野市
　やまぐら　新潟県北蒲原郡聖籠町
　やまくら　福岡県飯塚市
山倉新田　やまくらしんでん　新潟県阿賀野市
山原
　やんばら　静岡県静岡市清水区
　やまはら　兵庫県川西市
山家
　やまが　山梨県南巨摩郡身延町
　やまが　京都府（JR山陰本線）
　やまえ　福岡県筑紫野市
　やまが　大分県別府市
山家本町　やんべほんちょう　山形県山形市
山家町
　やんべまち　山形県山形市
　やまがまち　広島県三次市
山宮　やまみや　静岡県富士宮市
山宮町　やまみやちょう　山梨県甲府市
山島　やまじま　新潟県新潟市西蒲区
山島台　やまじまだい　石川県白山市
山島新田　やまじましんでん　新潟県加茂市
山桑　やまくわ　千葉県匝瑳市
山根
　さんね　岩手県九戸郡九戸村
　やまね　埼玉県日高市
　やまんね　千葉県長生郡長柄町
　やまね　山梨県山梨市
　やまね　鳥取県倉吉市
　やまね　鳥取県八頭郡智頭町
　やまね　山口県柳井市
山根町
　やまねちょう　岩手県宮古市
　やまねちょう　岩手県久慈市
　やまねまち　福島県郡山市
　やまねちょう　愛知県名古屋市天白区
　やまねちょう　広島県広島市東区
　やまねちょう　愛媛県新居浜市
山桜　やまざくら　宮城県岩沼市
山浦
　やまうら　長野県小諸市
　やまうら　佐賀県鹿島市
　やまうら　大分県玖珠郡玖珠町

山浦町　やまうらまち　佐賀県鳥栖市
山祇町　やまずみちょう　長崎県佐世保市
山脇
　やまわき　千葉県富津市
　やまわき　兵庫県佐用郡佐用町
　やまわき　香川県仲多度郡まんのう町
山脇町
　やまわきちょう　岐阜県各務原市
　やまわきちょう　愛知県名古屋市昭和区
　やまわきちょう　愛知県瀬戸市
山荻　やもおぎ　千葉県館山市
山起　やまおこし　愛知県知多郡武豊町
山高原　やまたかはら　千葉県君津市
11山崎
　やまさき　北海道（JR函館本線）
　やまざき　北海道二海郡八雲町
　やまさき　青森県弘前市
　やまさき　青森県東津軽郡今別町
　やまざき　青森県上北郡おいらせ町
　やまさき　宮城県伊具郡丸森町
　やまさき　宮城県黒川郡大郷町
　やまざき　山形県最上郡金山町
　やまさき　山形県東置賜郡高畠町
　やまざき　福島県郡山市
　やまざき　福島県伊達郡国見町
　やまざき　福島県田村郡三春町
　やまさき　茨城県石岡市
　やまざき　茨城県ひたちなか市
　やまさき　茨城県筑西市
　やまざき　茨城県猿島郡境町
　やまざき　埼玉県さいたま市緑区
　やまざき　埼玉県深谷市
　やまざき　埼玉県南埼玉郡宮代町
　やまさき　千葉県野田市
　やまさき　千葉県茂原市
　やまのさき　千葉県佐倉市
　やまさき　東京都町田市
　やまさき　神奈川県鎌倉市
　やまざき　新潟県新潟市西区
　やまさき　新潟県新発田市
　やまざき　新潟県十日町市
　やまざき　新潟県五泉市
　やまざき　新潟県阿賀野市
　やまざき　新潟県南魚沼市
　やまざき　新潟県西蒲原郡弥彦村
　やまざき　富山県下新川郡朝日町
　やまざき　石川県羽咋郡宝達志水町
　やまざき　静岡県静岡市葵区
　やまざき　静岡県掛川市
　やまざき　静岡県袋井市
　やまざき　愛知県（名古屋鉄道尾西線）
　やまざき　京都府（JR東海道本線）
　やまさき　京都府福知山市
　やまさき　大阪府三島郡島本町
　やまさき　兵庫県神崎郡福崎町
　やまさき　奈良県吉野郡十津川村
　やまざき　和歌山県岩出市
　やまざき　和歌山県伊都郡かつらぎ町
　やまさき　岡山県岡山市中区
　やまさき　鹿児島県薩摩郡さつま町
山崎西　やまざきにし　愛知県犬山市
山崎町
　やまざきちょう　宮城県柴田郡大河原町
　やまざきちょう　埼玉県東松山市

3画（山）

やまざきまち　東京都町田市
やまざきまち　新潟県見附市
やまざきまち　石川県七尾市
やまざきちょう　岐阜県美濃加茂市
やまざきちょう　愛知県半田市
やまざきちょう　愛知県安城市
やまざきちょう　京都府京都市中京区
やまざきちょう　京都府京都市東山区
やまざきちょう　京都府京都市伏見区
やまざきちょう　大阪府大阪市北区
やまさきちょう　兵庫県相生市
やまざきちょう　奈良県生駒市
やまさきちょう　和歌山県海南市
やまざきまち　熊本県熊本市中央区
やまざきちょう　宮崎県宮崎市
山崎町下比地 やまさきちょうしもひじ　兵庫県宍粟市
山崎町下広瀬 やまさきちょうしもびろせ　兵庫県宍粟市
山崎町下宇原 やまさきちょうしもうわら　兵庫県宍粟市
山崎町下町 やまさきちょうしもまち　兵庫県宍粟市
山崎町下牧谷 やまさきちょうしもまきだに　兵庫県宍粟市
山崎町三谷 やまさきちょうみたに　兵庫県宍粟市
山崎町三津 やまさきちょうみつづ　兵庫県宍粟市
山崎町上ノ やまさきちょうかみの　兵庫県宍粟市
山崎町上比地 やまさきちょうかみひじ　兵庫県宍粟市
山崎町上寺 やまさきちょううえでら　兵庫県宍粟市
山崎町上牧谷 やまさきちょうかみまきだに　兵庫県宍粟市
山崎町与位 やまさきちょうよい　兵庫県宍粟市
山崎町千本屋 やまさきちょうせんぼんや　兵庫県宍粟市
山崎町土万 やまさきちょうひじま　兵庫県宍粟市
山崎町大沢 やまさきちょうおおさわ　兵庫県宍粟市
山崎町大谷 やまさきちょうおおたに　兵庫県宍粟市
山崎町小茅野 やまさきちょうこがいの　兵庫県宍粟市
山崎町山田 やまさきちょうやまだ　兵庫県宍粟市
山崎町山崎 やまさきちょうやまさき　兵庫県宍粟市
山崎町川戸 やまさきちょうかわと　兵庫県宍粟市
山崎町中 やまさきちょうなか　兵庫県宍粟市
山崎町中井 やまさきちょうなかい　兵庫県宍粟市
山崎町中比地 やまさきちょうなかひじ　兵庫県宍粟市
山崎町中広瀬 やまさきちょうなかびろせ　兵庫県宍粟市
山崎町中野 やまさきちょうなかの　兵庫県宍粟市
山崎町五十波 やまさきちょういかば　兵庫県宍粟市
山崎町今宿 やまさきちょういまじゅく　兵庫県宍粟市
山崎町元山崎 やまさきちょうもとやまさき　兵庫県宍粟市
山崎町木ノ谷 やまさきちょうきのたに　兵庫県宍粟市
山崎町木谷 やまさきちょうきだに　兵庫県宍粟市
山崎町片山 やまさきちょうかたやま　兵庫県宍粟市
山崎町加生 やまさきちょうかしょう　兵庫県宍粟市
山崎町市場 やまさきちょういちば　兵庫県宍粟市
山崎町母栖 やまさきちょうもす　兵庫県宍粟市

山崎町生谷 やまさきちょういぎだに　兵庫県宍粟市
山崎町田井 やまさきちょうたい　兵庫県宍粟市
山崎町矢原 やまさきちょうやばら　兵庫県宍粟市
山崎町宇原 やまさきちょううわら　兵庫県宍粟市
山崎町宇野 やまさきちょううの　兵庫県宍粟市
山崎町庄能 やまさきちょうしょうのう　兵庫県宍粟市
山崎町杉ケ瀬 やまさきちょうすぎがせ　兵庫県宍粟市
山崎町岸田 やまさきちょうきしだ　兵庫県宍粟市
山崎町東下野 やまさきちょうひがしもの　兵庫県宍粟市
山崎町金谷 やまさきちょうかなや　兵庫県宍粟市
山崎町門前 やまさきちょうもんぜん　兵庫県宍粟市
山崎町青木 やまさきちょうあおき　兵庫県宍粟市
山崎町春安 やまさきちょうはるやす　兵庫県宍粟市
山崎町段 やまさきちょうだん　兵庫県宍粟市
山崎町神谷 やまさきちょうこうだに　兵庫県宍粟市
山崎町高下 やまさきちょうこうげ　兵庫県宍粟市
山崎町高所 やまさきちょうこうぞ　兵庫県宍粟市
山崎町梯 やまさきちょうかけはし　兵庫県宍粟市
山崎町清野 やまさきちょうせいの　兵庫県宍粟市
山崎町船元 やまさきちょうふなもと　兵庫県宍粟市
山崎町葛根 やまさきちょうかずらね　兵庫県宍粟市
山崎町野 やまさきちょうの　兵庫県宍粟市
山崎町野々上 やまさきちょうののうえ　兵庫県宍粟市
山崎町鹿沢 やまさきちょうしかさわ　兵庫県宍粟市
山崎町御名 やまさきちょうごみょう　兵庫県宍粟市
山崎町須賀沢 やまさきちょうすかざわ　兵庫県宍粟市
山崎町塩山 やまさきちょうしおやま　兵庫県宍粟市
山崎町塩田 やまさきちょうしおた　兵庫県宍粟市
山崎町横須 やまさきちょうよこす　兵庫県宍粟市
山崎町鶴木 やまさきちょうつるぎ　兵庫県宍粟市
山崎貝塚町 やまざきかいづかちょう　千葉県野田市
山崎前 やまざきまえ　宮城県伊具郡丸森町
山崎梅の台 やまざきうめのだい　千葉県野田市
山崎新 やまざきしん　富山県下新川郡朝日町
山崎新田 やまざきしんでん　新潟県南魚沼市
山崎新町
　やまざきしんまち　千葉県野田市
　やまざきしんまち　奈良県生駒市
山崎興谷 やまざきこうや　新潟県新潟市南区
山崎興野町 やまざきごうやまち　新潟県見附市
山桶 やまおけ　愛知県長久手市
山桝 やまます　北海道夕張郡由仁町
山梨
　やまなし　北海道余市郡赤井川村
　やまなし　北海道虻田郡豊浦町
　やまなし　千葉県四街道市
山梨市
　やまなしし　山梨県（JR中央本線）
　やまなしし　山梨県
山梨県 やまなしけん
山添
　やまぞい　青森県上北郡東北町
　やまぞえ　兵庫県南あわじ市
山添村 やまぞえむら　奈良県山辺郡

3画（山）

山添町
　　やまぞえちょう　愛知県名古屋市千種区
　　やまぞえちょう　三重県松阪市
山粕　やまがす　奈良県宇陀郡曽爾村
山菅町　やますげちょう　栃木県佐野市
山袋　やまぶくろ　大分県宇佐市
山郷　やまさと　鳥取県（智頭急行線）
山郷町　さんごうちょう　愛知県名古屋市天白区
山都　やまと　福島県（JR磐越西線）
山都町
　　やまとまち　佐賀県鳥栖市
　　やまとちょう　熊本県上益城郡
山都町一ノ木　やまとまちいちのき　福島県喜多方市
山都町一川　やまとまちいちかわ　福島県喜多方市
山都町七十苅　やまとまちななじゅうがり　福島県喜多方市
山都町入海　やまとまちいりうみ　福島県喜多方市
山都町下石打場　やまとまちしもいしうちば　福島県喜多方市
山都町下殿戸　やまとまちしもとのと　福島県喜多方市
山都町三ツ山　やまとまちみつやま　福島県喜多方市
山都町三ノ宮　やまとまちさんのみや　福島県喜多方市
山都町三津合　やまとまちみつあい　福島県喜多方市
山都町上ノ山平　やまとまちうえのやまたいら　福島県喜多方市
山都町上ノ原道西　やまとまちうえのはらみちにし　福島県喜多方市
山都町上ノ原道東　やまとまちうえのはらみちひがし　福島県喜多方市
山都町上石打場　やまとまちかみいしうちば　福島県喜多方市
山都町上新田　やまとまちかみしんでん　福島県喜多方市
山都町久祢花　やまとまちくやばな　福島県喜多方市
山都町大山中　やまとまちおおやまなか　福島県喜多方市
山都町大林　やまとまちおおばやし　福島県喜多方市
山都町小山　やまとまちこやま　福島県喜多方市
山都町小舟寺　やまとまちこふなじ　福島県喜多方市
山都町小松　やまとまちこまつ　福島県喜多方市
山都町中石打場　やまとまちなかいしうちば　福島県喜多方市
山都町中野　やまとまちなかの　福島県喜多方市
山都町中新田　やまとまちなかしんでん　福島県喜多方市
山都町五十苅　やまとまちごじゅうがり　福島県喜多方市
山都町太田　やまとまちおおた　福島県喜多方市
山都町木曽　やまとまちきそ　福島県喜多方市
山都町木幡　やまとまちこはた　福島県喜多方市
山都町北松ノ前　やまとまちきたまつのまえ　福島県喜多方市
山都町古屋敷　やまとまちふるやしき　福島県喜多方市
山都町広中新田　やまとまちひろなかしんでん　福島県喜多方市
山都町広古屋敷　やまとまちひろこやしき　福島県喜多方市
山都町広野　やまとまちひろの　福島県喜多方市

山都町広葎田　やまとまちひろむくろだ　福島県喜多方市
山都町田向　やまとまちたむかい　福島県喜多方市
山都町石打場下　やまとまちいしうちばした　福島県喜多方市
山都町石堀古　やまとまちいしぼつこ　福島県喜多方市
山都町早稲谷　やまとまちわせたに　福島県喜多方市
山都町江戸塚　やまとまちえどつか　福島県喜多方市
山都町西川　やまとまちにしかわ　福島県喜多方市
山都町西原　やまとまちにしはら　福島県喜多方市
山都町沢尻　やまとまちさわじり　福島県喜多方市
山都町沢田　やまとまちさわた　福島県喜多方市
山都町町尻　やまとまちまちじり　福島県喜多方市
山都町谷地　やまとまちやち　福島県喜多方市
山都町岩渕　やまとまちいわぶち　福島県喜多方市
山都町弥左エ門田　やまとまちやざえもんでん　福島県喜多方市
山都町相川　やまとまちあいかわ　福島県喜多方市
山都町馬放場　やまとまちうまはなしば　福島県喜多方市
山都町清水上　やまとまちしみずうえ　福島県喜多方市
山都町清水尻　やまとまちしみずじり　福島県喜多方市
山都町蛇崩　やまとまちじゃくずれ　福島県喜多方市
山都町朝倉　やまとまちあさくら　福島県喜多方市
山都町葎田　やまとまちむくろだ　福島県喜多方市
山都町墓ノ後　やまとまちはかのあと　福島県喜多方市
山都町殿戸　やまとまちとのと　福島県喜多方市
山都町蓬莱　やまとまちほうらい　福島県喜多方市
山都町蔵ノ後　やまとまちくらのうしろ　福島県喜多方市
山都町舘原　やまとまちたてのはら　福島県喜多方市
山部
　　やまべ　北海道（JR根室本線）
　　やまべ　長野県北佐久郡立科町
　　やまべ　福岡県直方市
山部中町　やまべなかまち　北海道富良野市
山部北町　やまべきたまち　北海道富良野市
山部田　やまべた　熊本県玉名市
山部西12線　やまべにしじゅうにせん　北海道富良野市
山部西13線　やまべにしじゅうさんせん　北海道富良野市
山部西14線　やまべにしじゅうよんせん　北海道富良野市
山部西15線　やまべにしじゅうごせん　北海道富良野市
山部西16線　やまべにしじゅうろくせん　北海道富良野市
山部西17線　やまべにしじゅうしちせん　北海道富良野市
山部西18線　やまべにしじゅうはっせん　北海道富良野市
山部西19線　やまべにしじゅうきゅうせん　北海道富良野市
山部西20線　やまべにしにじっせん　北海道富良野市
山部西21線　やまべにしにじゅういっせん　北海道富良野市

3画（山）

山部西22線 やまべにしにじゅうにせん　北海道富良野市
山部西23線 やまべにしにじゅうさんせん　北海道富良野市
山部西24線 やまべにしにじゅうよんせん　北海道富良野市
山部西25線 やまべにしにじゅうごせん　北海道富良野市
山部西26線 やまべにしにじゅうろくせん　北海道富良野市
山部西27線 やまべにしにじゅうしちせん　北海道富良野市
山部西28線 やまべにしにじゅうはっせん　北海道富良野市
山部西町 やまべにしまち　北海道富良野市
山部東12線 やまべひがしじゅうにせん　北海道富良野市
山部東13線 やまべひがしじゅうさんせん　北海道富良野市
山部東14線 やまべひがしじゅうよんせん　北海道富良野市
山部東15線 やまべひがしじゅうごせん　北海道富良野市
山部東16線 やまべひがしじゅうろくせん　北海道富良野市
山部東17線 やまべひがしじゅうしちせん　北海道富良野市
山部東18線 やまべひがしじゅうはっせん　北海道富良野市
山部東19線 やまべひがしじゅうきゅうせん　北海道富良野市
山部東20線 やまべひがしにじっせん　北海道富良野市
山部東21線 やまべひがしにじゅういっせん　北海道富良野市
山部東22線 やまべひがしにじゅうにせん　北海道富良野市
山部東23線 やまべひがしにじゅうさんせん　北海道富良野市
山部東24線 やまべひがしにじゅうよんせん　北海道富良野市
山部東25線 やまべひがしにじゅうごせん　北海道富良野市
山部東26線 やまべひがしにじゅうろくせん　北海道富良野市
山部東27線 やまべひがしにじゅうしちせん　北海道富良野市
山部東町 やまべひがしまち　北海道富良野市
山部南町 やまべみなみまち　北海道富良野市
山野
　やまの　茨城県小美玉市
　さんや　和歌山県日高郡日高川町
　やまの　福岡県嘉麻市
山野口 やまのくち　京都府福知山市
山野井 やまのい　山口県山陽小野田市
山野井町 やまのいちょう　兵庫県姫路市
山野田
　やまのた　新潟県十日町市
　やまのた　愛知県長久手市
山野町 やまのちょう　千葉県船橋市
山野町山野 やまのちょうやまの　広島県福山市
山野町矢川 やまのちょうやかわ　広島県福山市

山野里 やまのさと　兵庫県赤穂郡上郡町
山陰町 やまかげちょう　奈良県五條市
山陵町 みささぎちょう　奈良県奈良市
山鳥坂 やまとさか　愛媛県喜多郡内子町
山鹿
　やまが　福岡県遠賀郡芦屋町
　やまが　熊本県山鹿市
　やまが　熊本県阿蘇郡産山村
山鹿市 やまがし　熊本県
山鹿町 やまがまち　福島県会津若松市
12山奥町 やまおくちょう　福井県福井市
山斐 やまひ　富山県南砺市
山森 やまもり　石川県河北郡津幡町
山葵谷 わさびだに　新潟県長岡市
山賀町
　やまがちょう　滋賀県守山市
　やまがちょう　大阪府八尾市
山越
　やまこし　北海道（JR函館本線）
　やまこし　北海道二海郡八雲町
　やまごえ　愛知県長久手市
　やまごえ　愛媛県松山市
　やまぐい　愛媛県八幡浜市
山越中町 やまごえなかちょう　京都府京都市右京区
山越西町 やまごえにしちょう　京都府京都市右京区
山越町
　やまこしちょう　栃木県佐野市
　やまごえまち　愛媛県松山市
山越東町 やまごえひがしちょう　京都府京都市右京区
山越郡 やまこしぐん　北海道
山越乾町 やまごえいぬいちょう　京都府京都市右京区
山越巽町 やまごえたつみちょう　京都府京都市右京区
山軽 やまがる　北海道枝幸郡浜頓別町
山道 やまみち　青森県北津軽郡鶴田町
山道下 やまみちした　福島県大沼郡会津美里町
山道下甲 やまみちしたこう　福島県大沼郡会津美里町
山道上 やまみちかみ　福島県大沼郡会津美里町
山道町
　やまみちちょう　青森県弘前市
　やまみちちょう　愛知県豊田市
山階 やましな　香川県仲多度郡多度津町
山階町 やましなちょう　滋賀県長浜市
山隈
　やまぐま　福岡県（甘木鉄道線）
　やまぐま　福岡県小郡市
　やまぐま　福岡県朝倉郡筑前町
　やまぐま　福岡県三井郡大刀洗町
山陽 さんよう　岡山県赤磐市
山陽女子大前 さんようじょしだいまえ　広島県（広島電鉄宮島線）
山陽小野田市 さんようおのだし　山口県
山陽天満 さんようてんま　兵庫県（山陽電気鉄道網干線）
山陽垂水 さんようたるみ　兵庫県（山陽電気鉄道本線）
山陽明石 さんようあかし　兵庫県（山陽電気鉄道本線）

3画（川）

山陽姫路　さんようひめじ　兵庫県（山陽電気鉄道本線）
山陽曽根　さんようそね　兵庫県（山陽電気鉄道本線）
山陽魚住　さんよううおずみ　兵庫県（山陽電気鉄道本線）
山陽須磨　さんようすま　兵庫県（山陽電気鉄道本線）
山陽園　さんようえん　広島県廿日市市
山陽塩屋　さんようしおや　兵庫県（山陽電気鉄道本線）
山陽網干　さんようあぼし　兵庫県（山陽電気鉄道網干線）
山飯野　やまいいの　新潟県新潟市北区
13山新田　やましんでん　福島県石川郡玉川村
山楯　やまだて　山形県酒田市
山滝野　やまたきの　千葉県君津市
山路
　やまじ　鳥取県八頭郡八頭町
　やまじ　愛媛県今治市
　やまち　高知県四万十市
　さんじ　福岡県北九州市八幡東区
山路町
　やまじちょう　愛知県瀬戸市
　やまじちょう　愛知県愛西市
　やまじちょう　滋賀県東近江市
　やまじちょう　愛媛県今治市
山路松尾町　さんじまつおまち　福岡県北九州市八幡東区
14山熊田　やまくまた　新潟県村上市
山端大君町　やまばなおおきみちょう　京都府京都市左京区
山端大城田町　やまばなだいじょうでんちょう　京都府京都市左京区
山端大塚町　やまばなおおつかちょう　京都府京都市左京区
山端川岸町　やまばなかわぎしちょう　京都府京都市左京区
山端川原町　やまばなかわはらちょう　京都府京都市左京区
山端川端町　やまばなかわばたちょう　京都府京都市左京区
山端壱町田町　やまばないっちょうだちょう　京都府京都市左京区
山端柳ケ坪町　やまばなやながつぼちょう　京都府京都市左京区
山端森本町　やまばなもりもとちょう　京都府京都市左京区
山端滝ケ鼻町　やまばなたきがはなちょう　京都府京都市左京区
山端橋ノ本町　やまばなはしのもとちょう　京都府京都市左京区
山綱町　やまつなちょう　愛知県岡崎市
山蔭丁　やまかげちょう　和歌山県和歌山市
山際
　やまぎわ　福島県福島市
　やまぎわ　福島県東白川郡棚倉町
　やまぎわ　神奈川県厚木市
　やまぎわ　愛媛県宇和島市
山鼻9条　やまはなくじょう　北海道（札幌市交通局山鼻線）

山鼻19条　やまはなじゅうくじょう　北海道（札幌市交通局山鼻線）
15山潟　やまがた　福島県耶麻郡猪苗代町
山澗　やまだに　新潟県柏崎市
16山館　やまだて　秋田県大館市
19山瀬
　やませ　秋田県大館市
　やませ　徳島県（JR徳島線）

【川】
川
　かわ　埼玉県上尾市
　かわ　愛知県名古屋市守山区
0川ノ内
　かわのうち　山形県最上郡真室川町
　かわのうち　高知県高岡郡四万十町
川ノ内組　かわのうちぐみ　高知県高岡郡佐川町
川の郷町　かわのごうまち　愛媛県松山市
2川入
　かわいり　岡山県岡山市北区
　かわいり　岡山県倉敷市
川又
　かわまた　岩手県盛岡市
　かわまた　茨城県石岡市
　かわまた　和歌山県日高郡印南町
川又町　かわまたちょう　茨城県水戸市
3川下
　かわしも　北海道札幌市白石区
　かわしも　北海道石狩郡当別町
　かわしも　北海道石狩郡新篠津村
　かわくだり　宮城県東松島市
　かわしも　福島県喜多方市
　かわくだり　島根県邑智郡川本町
　かわした　大分県日田市
川下一条　かわしもいちじょう　北海道札幌市白石区
川下二条　かわしもにじょう　北海道札幌市白石区
川下三条　かわしもさんじょう　北海道札幌市白石区
川下五条　かわしもごじょう　北海道札幌市白石区
川下四条　かわしもしじょう　北海道札幌市白石区
川下町
　かわしもちょう　愛知県豊田市
　かわしもまち　山口県岩国市
　かわしもちょう　長崎県佐世保市
川上
　かわかみ　北海道石狩郡新篠津村
　かわかみ　北海道虻田郡喜茂別町
　かわかみ　北海道留萌郡小平町
　かわかみ　北海道斜里郡斜里町
　かわかみ　北海道足寄郡陸別町
　かわかみ　北海道十勝郡浦幌町
　かわかみ　北海道川上郡標茶町
　かわかみ　宮城県気仙沼市
　かわかみ　福島県東白川郡塙町
　かわかみ　栃木県大田原市
　かわかみ　群馬県利根郡みなかみ町
　かわかみ　千葉県成田市
　かわかみ　千葉県南房総市
　かわかみ　千葉県香取市
　かわかみ　新潟県妙高市
　かわかみ　福井県大飯郡おおい町
　かわかみ　山梨県南アルプス市
　かわかみ　長野県上水内郡飯綱町

3画（川）

かわうえ	岐阜県中津川市	
かわかみ	静岡県菊川市	
かわかみ	三重県伊賀市	
かわかみ	三重県度会郡度会町	
かわかみ	滋賀県蒲生郡竜王町	
かわかみ	兵庫県朝来市	
かわかみ	兵庫県神崎郡神河町	
かわかみ	鳥取県東伯郡湯梨浜町	
かわかみ	岡山県美作市	
かわかみ	山口県宇部市	
かわかみ	山口県萩市	
かわかみ	山口県周南市	
かわかみ	愛媛県北宇和郡鬼北町	
かわかみ	福岡県八女郡広川町	
かわかみ	鹿児島県いちき串木野市	
かわかみ	沖縄県名護市	

川上中 かわかみなか　富山県南砺市

川上村
かわかみむら	長野県南佐久郡	
かわかみむら	奈良県吉野郡	

川上町
かわかみちょう	北海道函館市	
かわかみちょう	北海道釧路市	
かわかみちょう	北海道登別市	
かわかみちょう	神奈川県横浜市戸塚区	
かわかみちょう	愛知県名古屋市守山区	
かわかみちょう	兵庫県神戸市須磨区	
かわかみちょう	奈良県奈良市	
かわかみまち	長崎県長崎市	
かわかみちょう	鹿児島県鹿児島市	

川上町七地 かわかみちょうななち　岡山県高梁市

川上町下大竹 かわかみちょうしもおおたけ　岡山県高梁市

川上町三沢 かわかみちょうみさわ　岡山県高梁市

川上町上大竹 かわかみちょうかみおおたけ　岡山県高梁市

川上町上泊 かわかみちょうかみどまり　愛媛県八幡浜市

川上町大原 かわかみちょうおおばら　岡山県高梁市

川上町川名津 かわかみちょうかわなづ　愛媛県八幡浜市

川上町仁賀 かわかみちょうにか　岡山県高梁市

川上町白石 かわかみちょうしらいし　愛媛県八幡浜市

川上町吉木 かわかみちょうよしぎ　岡山県高梁市

川上町地頭 かわかみちょうじとう　岡山県高梁市

川上町高山 かわかみちょうこうやま　岡山県高梁市

川上町高山市 かわかみちょうこうやまいち　岡山県高梁市

川上町領家 かわかみちょうりょうけ　岡山県高梁市

川上町臘数 かわかみちょうしわす　岡山県高梁市

川上郡 かわかみぐん　北海道

川久保
かわくぼ	静岡県掛川市	
かわくぼ	滋賀県愛知郡愛荘町	
かわくぼ	大阪府高槻市	
かわくぼ	福岡県大野城市	

川久保町 かわくぼちょう　奈良県奈良市

川口
かわぐち	北海道根室市	
かわぐち	北海道天塩郡天塩町	
かわぐち	岩手県岩手郡岩手町	
かわぐち	秋田県大館市	

かわぐち	秋田県由利本荘市	
かわぐち	秋田県南秋田郡八郎潟町	
かわぐち	山形県上山市	
かわぐち	山形県最上郡鮭川村	
かわぐち	福島県大沼郡金山町	
かわぐち	茨城県土浦市	
かわぐち	埼玉県（JR京浜東北線）	
かわぐち	埼玉県川口市	
かわぐち	埼玉県加須市	
かわぐち	千葉県旭市	
かわぐち	新潟県新潟市秋葉区	
かわぐち	新潟県新発田市	
かわぐち	新潟県東蒲原郡阿賀町	
かわぐち	富山県射水市	
かわぐち	岐阜県大垣市	
かわぐち	三重県度会郡度会町	
かわぐち	大阪府大阪市西区	
かわぐち	和歌山県有田郡有田川町	
かわぐち	和歌山県東牟婁郡古座川町	
かわぐち	高知県長岡郡大豊町	
かわぐち	高知県吾川郡仁淀川町	
かわぐち	高知県高岡郡檮原町	
かわぐち	熊本県上益城郡山都町	

川口小西 かわぐちこにし　京都府八幡市

川口中山 かわぐちなかやま　新潟県長岡市

川口元郷 かわぐちもとごう　埼玉県（埼玉高速鉄道線）

川口天神崎 かわぐちてんじんざき　京都府八幡市

川口木沢 かわぐちきざわ　新潟県長岡市

川口牛ケ島 かわぐちうしがしま　新潟県長岡市

川口北浦 かわぐちきたうら　京都府八幡市

川口市 かわぐちし　埼玉県

川口田麦山 かわぐちたむぎやま　新潟県長岡市

川口西扇 かわぐちにしおうぎ　京都府八幡市

川口別所 かわぐちべっしょ　京都府八幡市

川口町
かわぐちちょう	宮城県石巻市	
かわぐちちょう	宮城県気仙沼市	
かわぐちちょう	千葉県銚子市	
かわぐちまち	東京都八王子市	
かわぐちまち	⇒長岡市（新潟県）	
かわぐちちょう	愛知県碧南市	
かわぐちちょう	愛知県西尾市	
かわぐちちょう	三重県桑名市	
かわぐちちょう	広島県福山市	
かわぐちまち	山口県岩国市	
かわぐちまち	長崎県長崎市	
かわぐちまち	熊本県熊本市南区	

川口和南津 かわぐちわなづ　新潟県長岡市

川口東扇 かわぐちひがしおうぎ　京都府八幡市

川口東頭 かわぐちひがしがしら　京都府八幡市

川口武道窪 かわぐちぶどうくぼ　新潟県長岡市

川口南 かわぐちみなみ　高知県長岡郡大豊町

川口峠 かわぐちとうげ　新潟県長岡市

川口相川 かわぐちあいかわ　新潟県長岡市

川口荒谷 かわぐちあらや　新潟県長岡市

川口宮袋 かわぐちみやぶくろ　富山県射水市

川口扇ノ芝 かわぐちおうぎのしば　京都府八幡市

川口浜 かわぐちはま　京都府八幡市

川口馬屋尻 かわぐちうまやじり　京都府八幡市

川口高原 かわぐちたかはら　京都府八幡市

川口堀ノ内 かわぐちほりのうち　京都府八幡市

3画（川）

川口萩原　かわぐちはぎはら　京都府八幡市
川口擬宝珠　かわぐちぎぼしゅ　京都府八幡市
川小田　かわこだ　広島県山県郡北広島町
川山
　　かわやま　青森県五所川原市
　　かわやま　茨城県久慈郡大子町
⁴川中
　　かわなか　大阪府東大阪市
　　かわなか　愛媛県喜多郡内子町
川中子
　　かわなご　茨城県小美玉市
　　かわなご　栃木県下野市
　　かわなご　栃木県河内郡上三川町
川中本町　かわなかほんまち　山口県下関市
川中町　かわなかちょう　愛知県名古屋市北区
川中島
　　かわなかじま　神奈川県川崎市川崎区
　　かわなかじま　長野県（JR信越本線）
川中島町上氷鉋　かわなかじままちかみひがの　長野県長野市
川中島町今井　かわなかじままちいまい　長野県長野市
川中島町今井原　かわなかじままちいまいはら　長野県長野市
川中島町今里　かわなかじままちいまさと　長野県長野市
川中島町四ツ屋　かわなかじままちよつや　長野県長野市
川中島町若葉町　かわなかじまちょうわかばちょう　長野県長野市
川中島町原　かわなかじままちはら　長野県長野市
川中島町御厨　かわなかじままちみくりや　長野県長野市
川中新町　かわなかしんまち　大阪府大東市
川中豊町　かわなかゆたかまち　山口県下関市
川之上町　かわのかみちょう　奈良県奈良市
川之上突抜町　かわのかみつきぬけちょう　奈良県奈良市
川之内　かわのうち　愛媛県八幡浜市
川之江　かわのえ　愛媛県（JR予讃線）
川之江町　かわのえちょう　愛媛県四国中央市
川之江町余木　かわのえちょうよき　愛媛県四国中央市
川之江町長須　かわのえちょうながす　愛媛県四国中央市
川之浜　かわのはま　愛媛県西宇和郡伊方町
川井
　　かわい　岩手県宮古市
　　かわい　秋田県北秋田市
　　かわい　山形県米沢市
　　かわい　福島県大沼郡三島町
　　かわい　群馬県甘楽郡下仁田町
　　かわい　群馬県佐波郡玉村町
　　かわい　東京都（JR青梅線）
　　かわい　東京都西多摩郡奥多摩町
　　かわい　新潟県小千谷市
　　かわい　静岡県袋井市
　　かわい　広島県山県郡北広島町
　　かわい　愛媛県伊予郡砥部町
　　かわい　高知県長岡郡大豊町
　　かわい　高知県高岡郡檮原町
川井小路　かわいこうじ　山形県米沢市

川井本町　かわいほんちょう　神奈川県横浜市旭区
川井村　かわいむら　⇒宮古市（岩手県）
川井町
　　かわいちょう　千葉県千葉市若葉区
　　かわいちょう　愛知県岩倉市
　　かわいまち　三重県松阪市
川井宿町　かわいしゅくちょう　神奈川県横浜市旭区
川井新田　かわいしんでん　新潟県小千谷市
川元むつみ町　かわもとむつみまち　秋田県秋田市
川元小川町　かわもとおがわまち　秋田県秋田市
川元山下町　かわもとやましたまち　秋田県秋田市
川元松丘町　かわもとまつおかまち　秋田県秋田市
川元開和町　かわもとかいわまち　秋田県秋田市
川内
　　かわない　北海道三笠市
　　かわうち　岩手県（JR山田線）
　　かわうち　岩手県宮古市
　　かわうち　宮城県（仙台市交通局東西線）
　　かわうち　宮城県仙台市青葉区
　　かわうち　宮城県柴田郡川崎町
　　かわうち　宮城県黒川郡大郷町
　　かわうち　福島県伊達郡国見町
　　かわち　新潟県五泉市
　　こうち　富山県砺波市
　　かわうち　島根県邑智郡川本町
　　かわうち　広島県広島市安佐南区
　　かわち　愛媛県宇和島市
　　かわち　福岡県豊前市
　　かわち　宮崎県東臼杵郡門川町
　　せんだい　鹿児島県（JR九州新幹線ほか）
川内三十人町　かわうちさんじゅうにんまち　宮城県仙台市青葉区
川内大工町　かわうちだいくまち　宮城県仙台市青葉区
川内山屋敷　かわうちやまやしき　宮城県仙台市青葉区
川内川前丁　かわうちかわまえちょう　宮城県仙台市青葉区
川内中ノ瀬町　かわうちなかのせまち　宮城県仙台市青葉区
川内元支倉　かわうちもとはせくら　宮城県仙台市青葉区
川内戸　かわないど　山形県西置賜郡飯豊町
川内村　かわうちむら　福島県双葉郡
川内町
　　かわうちまち　青森県むつ市
　　かわうちちょう　群馬県桐生市
　　かわうちちょう　徳島県徳島市
　　かわうちまち　長崎県長崎市
　　かわうちまち　長崎県諫早市
　　かわうちちょう　長崎県平戸市
川内町桧川　かわうちまちひのきがわ　青森県むつ市
川内町宿野部　かわうちまちしゅくのへ　青森県むつ市
川内町蛎崎　かわうちまちかきざき　青森県むつ市
川内谷　かわうちだに　高知県吾川郡仁淀川町
川内明神横丁　かわうちみょうじんよこちょう　宮城県仙台市青葉区
川内追廻　かわうちおいまわし　宮城県仙台市青葉区
川内亀岡北裏丁　かわうちかめおかきたうらちょう　宮城県仙台市青葉区

3画（川）

川内亀岡町　かわうちかめおかちょう　宮城県仙台市青葉区

川内郷
　かわちごう　長崎県東彼杵郡東彼杵町
　かわちごう　長崎県東彼杵郡波佐見町

川内澱橋通　かわうちよどみばしどおり　宮城県仙台市青葉区

川匂
　かわわ　神奈川県小田原市
　かわわ　神奈川県中郡二宮町

川反町　かわばたまち　秋田県能代市

川太郎川目　かわたろうかわめ　青森県上北郡横浜町

川戸
　かわど　茨城県小美玉市
　かわど　群馬県吾妻郡東吾妻町
　かわど　島根県（JR三江線）
　かわと　岡山県美作市
　かわと　広島県山県郡北広島町
　かわと　高知県長岡郡大豊町

川戸町　かわどちょう　千葉県千葉市中央区

川手
　かわて　広島県山県郡安芸太田町
　かわて　山口県周南市

川手町
　かわてちょう　愛知県豊田市
　かわてまち　広島県庄原市

川方町　かわかたちょう　三重県津市

川木谷　かわきや　茨城県結城市

川犬　かわいぬ　福岡県八女市

⁵川代
　かわしろ　千葉県鴨川市
　かわしろ　福岡県北九州市戸畑区

川付　かわつき　福岡県糸島市

川北
　かわきた　北海道札幌市白石区
　かわきた　北海道標津郡標津町
　かわきた　福井県敦賀市
　かわきた　三重県四日市市
　かわきた　三重県伊賀市
　かわきた　三重県三重郡菰野町
　かわきた　京都府福知山市
　かわきた　大阪府藤井寺市
　かわきた　兵庫県篠山市
　かわきた　岡山県美作市
　かわきた　宮崎県児湯郡都農町

川北一条　かわきたいちじょう　北海道札幌市白石区
川北乙　かわきたおつ　高知県安芸市
川北二条　かわきたにじょう　北海道札幌市白石区
川北三条　かわきたさんじょう　北海道札幌市白石区
川北五条　かわきたごじょう　北海道札幌市白石区
川北四条　かわきたしじょう　北海道札幌市白石区
川北甲　かわきたこう　高知県安芸市

川北町
　かわきたちょう　北海道釧路市
　かわきたまち　石川県能美郡
　かわきたちょう　愛知県名古屋市守山区
　かわきたちょう　愛知県瀬戸市
　かわきたちょう　愛知県愛西市
　かわきたちょう　三重県四日市市
　かわきたちょう　広島県庄原市

川北新田　かわきたしんでん　兵庫県篠山市

川去　かわさり　青森県上北郡七戸町

川去町　かわさりちょう　福井県鯖江市

川尻
　かわじり　青森県上北郡横浜町
　かわしり　岩手県和賀郡西和賀町
　かわしり　秋田県山本郡三種町
　かわじり　山形県鶴岡市
　かわじり　茨城県結城郡八千代町
　かわじり　千葉県香取市
　かわしり　神奈川県相模原市緑区
　かわしり　新潟県新発田市
　かわじり　富山県氷見市
　かわしり　石川県河北郡津幡町
　かわしり　石川県羽咋郡志賀町
　かわしり　石川県鳳珠郡穴水町
　かわじり　静岡県富士市
　かわじり　静岡県榛原郡吉田町
　かわじり　愛知県知多郡武豊町
　かわしり　三重県多気郡明和町
　かわしり　大阪府豊能郡豊能町
　かわしり　和歌山県岩出市
　かわじり　広島県世羅郡世羅町
　かわしり　熊本県（JR鹿児島本線）
　かわしり　熊本県熊本市南区

川尻みよし町　かわしりみよしまち　秋田県秋田市
川尻上野町　かわしりうえのまち　秋田県秋田市
川尻大川町　かわしりおおかわまち　秋田県秋田市

川尻町
　かわしりまち　秋田県秋田市
　かわじりちょう　茨城県日立市
　かわしりまち　石川県七尾市
　かわじりちょう　福井県福井市
　かわしりちょう　三重県四日市市

川尻町上畑　かわじりちょうかんばた　広島県呉市
川尻町久俊　かわじりちょうくどし　広島県呉市
川尻町久筋　かわじりちょうくすじ　広島県呉市
川尻町大原　かわじりちょうおおばら　広島県呉市
川尻町小仁方　かわじりちょうこにがた　広島県呉市
川尻町小用　かわじりちょうこよう　広島県呉市
川尻町小畑　かわじりちょうこばた　広島県呉市
川尻町才野谷　かわじりちょうさいのたに　広島県呉市
川尻町水落　かわじりちょうみずおち　広島県呉市
川尻町西　かわじりちょうにし　広島県呉市
川尻町沖田　かわじりちょうおきだ　広島県呉市
川尻町岩戸　かわじりちょういわと　広島県呉市
川尻町東　かわじりちょうひがし　広島県呉市
川尻町板休　かわじりちょういたやすみ　広島県呉市
川尻町後懸　かわじりちょううしろがけ　広島県呉市
川尻町柳迫　かわじりちょうやなぎさこ　広島県呉市
川尻町原山　かわじりちょうはらやま　広島県呉市
川尻町真光地　かわじりちょうしんこうち　広島県呉市
川尻町野呂山　かわじりちょうのろさん　広島県呉市
川尻町森　かわじりちょうもり　広島県呉市
川尻東　かわしりひがし　静岡県富士市
川尻若葉町　かわしりわかばまち　秋田県秋田市
川尻御休町　かわしりおやすみまち　秋田県秋田市
川尻新川町　かわしりしんかわまち　秋田県秋田市
川尻総社町　かわしりそうしゃまち　秋田県秋田市

川平
　かわだい　岩手県下閉伊郡田野畑村
　かわだいら　宮城県仙台市青葉区
　かわひら　愛知県弥富市

3画（川）

かわひら　島根県（JR三江線）
かびら　沖縄県石垣市
かわのめ　沖縄県国頭郡伊江村

川平町
　かわひらちょう　愛知県瀬戸市
　かわひらまち　長崎県長崎市

川平町平田　かわひらちょうひらた　島根県江津市
川平町南川上　かわひらちょうみなみかわのぼり　島根県江津市

川本　かわもと　島根県邑智郡川本町
川本町　かわもとまち　島根県邑智郡
川本明戸　かわもとあけど　埼玉県深谷市
川永田　かわながた　愛媛県西宇和郡伊方町
川永野町　かわながのちょう　鹿児島県薩摩川内市

川田
　かわだ　栃木県大田原市
　かわだ　栃木県下都賀郡野木町
　かわた　千葉県南房総市
　かわだ　石川県鹿島郡中能登町
　かわだ　愛知県新城市
　かわだ　大阪府東大阪市
　かわた　徳島県（JR徳島線）
　かわた　沖縄県うるま市
　かわた　沖縄県国頭郡東村

川田土仏　かわたつちぼとけ　京都府京都市山科区
川田山田　かわたやまだ　京都府京都市山科区
川田中畑町　かわたなかばたちょう　京都府京都市山科区
川田欠ノ上　かわたかけのうえ　京都府京都市山科区
川田百々　かわたどど　京都府京都市山科区
川田西浦町　かわたにしうらちょう　京都府京都市山科区

川田町
　かわだまち　栃木県宇都宮市
　かわだまち　山梨県甲府市
　かわだちょう　愛知県一宮市
　かわだちょう　愛知県半田市
　かわだちょう　愛知県豊田市
　かわだちょう　滋賀県守山市
　かわだちょう　鹿児島県鹿児島市

川田町西　かわたまちにし　熊本県八代市
川田町東　かわたまちひがし　熊本県八代市
川田谷　かわたや　埼玉県桶川市
川田岡ノ西　かわたおかのにし　京都府京都市山科区
川田岩ケ谷　かわたいわがたに　京都府京都市山科区
川田前畑町　かわたまえはたちょう　京都府京都市山科区
川田南山　かわたみなみやま　京都府京都市山科区
川田南畑町　かわたみなみばたちょう　京都府京都市山科区
川田島　かわだしま　宮城県伊具郡丸森町
川田島菅　かわだしますげ　宮城県伊具郡丸森町
川田梅ケ谷町　かわたうめがたにちょう　京都府京都市山科区
川田清水焼団地町　かわたきよみずやきだんちちょう　京都府京都市山科区
川田菱尾町　かわたひしおだ　京都府京都市山科区
川田御出町　かわたおいでちょう　京都府京都市山科区
川田御輿塚町　かわたみこしづかちょう　京都府京都市山科区

川目
　かわめ　青森県上北郡野辺地町
　かわめ　岩手県盛岡市
　かわのめ　秋田県大仙市

川目町　かわめちょう　岩手県盛岡市

川辺
　かわべ　秋田県（由利高原鉄道鳥海山ろく線）
　かわべ　福島県石川郡玉川村
　かわべ　千葉県匝瑳市
　かわづら　滋賀県栗東市
　かわべ　和歌山県和歌山市
　かわべ　熊本県球磨郡相良村

川辺沖　かわべおき　福島県（JR水郡線）

川辺町
　かわべちょう　神奈川県横浜市保土ケ谷区
　かわべまち　新潟県長岡市
　かわべまち　石川県小松市
　かわべちょう　岐阜県加茂郡
　かわなべちょう　静岡県静岡市葵区
　かわなべちょう　⇒南九州市（鹿児島県）

川辺町下山田　かわなべちょうしもやまだ　鹿児島県南九州市
川辺町上山田　かわなべちょうかみやまだ　鹿児島県南九州市
川辺町小野　かわなべちょうおの　鹿児島県南九州市
川辺町中山田　かわなべちょうなかやまだ　鹿児島県南九州市
川辺町今田　かわなべちょういまだ　鹿児島県南九州市
川辺町古殿　かわなべちょうふるとの　鹿児島県南九州市
川辺町平山　かわなべちょうひらやま　鹿児島県南九州市
川辺町本別府　かわなべちょうもとべっぷ　鹿児島県南九州市
川辺町永田　かわなべちょうながた　鹿児島県南九州市
川辺町田部田　かわなべちょうたべた　鹿児島県南九州市
川辺町両添　かわなべちょうりょうぞえ　鹿児島県南九州市
川辺町神殿　かわなべちょうこうどの　鹿児島県南九州市
川辺町宮　かわなべちょうみや　鹿児島県南九州市
川辺町高田　かわなべちょうたかた　鹿児島県南九州市
川辺町清水　かわなべちょうきよみず　鹿児島県南九州市
川辺町野崎　かわなべちょうのさき　鹿児島県南九州市
川辺町野間　かわなべちょうのま　鹿児島県南九州市

川辺郡
　かわべぐん　兵庫県
　かわなべぐん　⇒消滅（鹿児島県）

川辺堀之内　かわべほりのうち　東京都日野市
川辺宿　かわべじゅく　岡山県（井原鉄道線）
⁶川会　かわえ　静岡県袋井市
川先　かわさき　青森県弘前市

川向
　かわむかい　北海道斜里郡清里町
　かわむかい　北海道沙流郡平取町
　かわむかい　北海道足寄郡陸別町

3画（川）

かわむかい　福島県郡山市
かわむかい　千葉県印西市
かわむかい　千葉県匝瑳市
かわむき　山梨県南巨摩郡身延町
かわむき　愛知県北設楽郡設楽町
かわむかい　京都府宮津市
かわむかい　大阪府羽曳野市

川向町
かわむかいちょう　岩手県下閉伊郡山田町
かわむこうちょう　栃木県宇都宮市
かわむこうちょう　神奈川県横浜市都筑区
かわむきちょう　愛知県岡崎市
かわむかいちょう　大阪府富田林市

川合
かわい　北海道中川郡池田町
かわい　青森県弘前市
かわい　福井県大野市
かわい　山梨県上野原市
かわい　岐阜県可児市
かわい　静岡県静岡市葵区
かわい　愛知県新城市
かわい　三重県伊賀市
かわい　三重県多気郡大台町
かわい　奈良県桜井市
かわい　奈良県北葛城郡河合町
かわあい　奈良県吉野郡天川村
かわい　和歌山県有田郡有田川町

川合北　かわいきた　岐阜県可児市
川合寺町　かわいでらちょう　滋賀県東近江市
川合町
かわいちょう　岐阜県美濃加茂市
かわいちょう　愛知県瀬戸市
かわいちょう　三重県四日市市
かわいちょう　三重県亀山市
かわいちょう　滋賀県東近江市

川合町川合　かわいちょうかわい　島根県大田市
川合町吉永　かわいちょうよしなが　島根県大田市
川合町忍原　かわいちょうおしはら　島根県大田市
川合高岡　かわいたかおか　三重県（近畿日本鉄道大阪線）
川合野　かわいの　静岡県賀茂郡南伊豆町
川合新田
かわいしんでん　長野県長野市
かわいしんでん　静岡県静岡市葵区

川合鷲塚町　かわいわしづかちょう　福井県福井市
川名
かわな　千葉県館山市
かわな　千葉県富津市
かわな　神奈川県藤沢市
かわな　愛知（名古屋市交通局鶴舞線）

川名山町　かわなやまちょう　愛知県名古屋市昭和区
川名本町　かわなほんまち　愛知県名古屋市昭和区
川名町　かわなちょう　愛知県名古屋市昭和区
川在　かわざい　千葉県市原市
川守　かわもり　滋賀県蒲生郡竜王町
川守田　かわもりた　青森県三戸郡三戸町
川守田町　かわもりたまち　青森県三戸郡三戸町
川守町　かわもりちょう　青森県むつ市
川寺　かわでら　埼玉県飯能市
川成　かわなり　徳島県那賀郡那賀町
川成島　かわなりじま　静岡県富士市
川成新町　かわなりしんまち　静岡県富士市

川曲　かわまがり　山口県周南市
川曲町　かわまがりまち　群馬県前橋市
川汲町　かっくみちょう　北海道函館市
川糸町　かわいとちょう　京都府綾部市
川衣　かわぎぬ　福島県南会津郡南会津町
川西
かわにし　北海道虻田郡京極町
かわにし　北海道上川郡和寒町
かわにし　北海道中川郡美深町
かわにし　北海道常呂郡佐呂間町
かわにし　北海道紋別郡湧別町
かわにし　北海道白糠郡白糠町
かわにし　北海道標津郡中標津町
かわにし　秋田県由利本荘市
かわにし　神奈川県足柄上郡山北町
かわにし　新潟県新潟市北区
かわにし　新潟県三島郡出雲崎町
かわにし　富山県南砺市
かわにし　岐阜県安八郡神戸町
かわにし　愛知県名古屋市守山区
かわにし　愛知県小牧市
かわにし　三重県伊賀市
かわにし　大阪府（近畿日本鉄道長野線）
かわにし　兵庫県姫路市
かわにし　兵庫県篠山市
かわにし　広島県山県郡北広島町
かわにし　山口県（JR岩徳線ほか）
かわにし　山口県岩国市
かわにし　山口県熊毛郡田布施町
かわにし　鹿児島県姶良郡湧水町
かわにし　鹿児島県肝属郡東串良町

川西台　かわにしだい　兵庫県姫路市
川西市　かわにしし　兵庫県
川西池田　かわにしいけだ　兵庫県（JR福知山線）
川西町
かわにしちょう　北海道帯広市
かわにしちょう　北海道士別市
かわにしまち　山形県東置賜郡
かわにしちょう　愛知県瀬戸市
かわにしちょう　大阪府高槻市
かわにしちょう　兵庫県西宮市
かわにしちょう　兵庫県芦屋市
かわにしちょう　奈良県橿原市
かわにしちょう　奈良県磯城郡
かわにしまち　岡山県倉敷市
かわにしちょう　広島県庄原市
かわにしちょう　鹿児島県鹿屋市

川西町北　かわにしちょうきた　香川県丸亀市
川西町南　かわにしちょうみなみ　香川県丸亀市
川西能勢口　かわにしのせぐち　兵庫県（阪急電鉄宝塚本線ほか）
川西通
かわにしどおり　愛知県名古屋市港区
かわにしどおり　兵庫県神戸市長田区

川西路　かわにしじ　高知県高岡郡檮原町
[7]川余郷　かわよごう　茨城県龍ケ崎市
川尾　かわお　茨城県潮来市
川床
かわどこ　大分県竹田市
かわとこ　鹿児島県出水郡長島町

川床町　かわとこまち　長崎県諫早市
川村
かわむら　山梨県南都留郡道志村

243

3画（川）

かわむら　熊本県（くま川鉄道湯前線）
川村町　かわむらちょう　愛知県名古屋市守山区
川町　かわまち　東京都八王子市
川花町　かわはなちょう　愛知県豊川市
川見町　せんみちょう　愛知県豊田市
川角
　かわかど　埼玉県（東武鉄道越生線）
　かわかど　埼玉県入間郡毛呂山町
　かわかど　愛知県北設楽郡東栄町
　かわすみ　広島県安芸郡熊野町
川谷
　かわやつ　千葉県君津市
　かわやつ　千葉県南房総市
　かわたに　長野県上水内郡飯綱町
川谷町　かわたにちょう　長崎県佐世保市
川阪　かわさか　兵庫県篠山市
8**川並**　かわなみ　岐阜県加茂郡七宗町
川並町　かわなみちょう　愛知県名古屋市熱田区
川和　かわわ　群馬県多野郡上野村
川和台　かわだい　神奈川県横浜市都筑区
川和町
　かわわちょう　神奈川県（横浜市交通局グリーンライン）
　かわわちょう　神奈川県横浜市都筑区
川奈
　かわな　静岡県（伊豆急行線）
　かわな　静岡県伊東市
川妻　かわつま　茨城県猿島郡五霞町
川岡　かわおか　新潟県阿賀野市
川岸
　かわぎし　北海道芦別市
　かわぎし　岩手県北上市
　かわぎし　埼玉県戸田市
　かわぎし　長野県（JR中央本線）
川岸上　かわぎしかみ　長野県岡谷市
川岸中　かわぎしなか　長野県岡谷市
川岸西　かわぎしにし　長野県岡谷市
川岸町
　かわぎしちょう　群馬県桐生市
　かわぎしちょう　新潟県新潟市中央区
　かわぎしまち　石川県金沢市
　かわぎしちょう　大阪府吹田市
川岸東　かわぎしひがし　長野県岡谷市
川房　かわぶさ　福島県双葉郡浪江町
川東
　かわひがし　北海道北見市
　かわひがし　北海道虻田郡洞爺湖町
　かわひがし　福島県（JR水郡線）
　かわひがし　三重県伊賀市
　かわひがし　岡山県美作市
　かわひがし　広島県山県郡北広島町
　かわひがし　香川県東かがわ市
　かわひがし　香川県仲多度郡まんのう町
　かわひがし　佐賀県（松浦鉄道西九州線）
　かわひがし　鹿児島県肝属郡東串良町
川東山　かわひがしやま　愛知県名古屋市守山区
川東町
　かわひがしちょう　京都府京都市伏見区
　かわひがしちょう　兵庫県西宮市
　かわひがしちょう　鹿児島県鹿屋市

川沿
　かわぞい　北海道夕張郡長沼町
　かわぞい　北海道白老郡白老町
川沿一条　かわぞえいちじょう　北海道札幌市南区
川沿七条　かわぞえしちじょう　北海道札幌市南区
川沿九条　かわぞえくじょう　北海道札幌市南区
川沿二条　かわぞえにじょう　北海道札幌市南区
川沿八条　かわぞえはちじょう　北海道札幌市南区
川沿十一条　かわぞえじゅういちじょう　北海道札幌市南区
川沿十七条　かわぞえじゅうしちじょう　北海道札幌市南区
川沿十二条　かわぞえじゅうにじょう　北海道札幌市南区
川沿十八条　かわぞえじゅうはちじょう　北海道札幌市南区
川沿十三条　かわぞえじゅうさんじょう　北海道札幌市南区
川沿十五条　かわぞえじゅうごじょう　北海道札幌市南区
川沿十六条　かわぞえじゅうろくじょう　北海道札幌市南区
川沿十四条　かわぞえじゅうしじょう　北海道札幌市南区
川沿十条　かわぞえじゅうじょう　北海道札幌市南区
川沿三条　かわぞえさんじょう　北海道札幌市南区
川沿五条　かわぞえごじょう　北海道札幌市南区
川沿六条　かわぞえろくじょう　北海道札幌市南区
川沿四条　かわぞえしじょう　北海道札幌市南区
川沿町
　かわぞえちょう　北海道北見市
　かわぞえちょう　北海道苫小牧市
川治　かわじ　新潟県十日町市
川治下町　かわじしもちょう　新潟県十日町市
川治温泉　かわじおんせん　栃木県（野岩鉄道会津鬼怒川線）
川治温泉川治　かわじおんせんかわじ　栃木県日光市
川治温泉高原　かわじおんせんたかはら　栃木県日光市
川治温泉滝　かわじおんせんたき　栃木県日光市
川治湯元　かわじゆもと　栃木県（野岩鉄道会津鬼怒川線）
川沼　かわぬま　山形県東置賜郡高畠町
川股　かわまた　香川県東かがわ市
川茂　かわも　山梨県都留市
川長　かわたけ　徳島県海部郡牟岐町
9**川俣**
　かわまた　栃木県日光市
　かわまた　群馬県（東武鉄道伊勢崎線）
　かわまた　群馬県邑楽郡明和町
　かわまた　千葉県君津市
　かわまた　大阪府東大阪市
　かわまた　徳島県那賀郡那賀町
川俣本町　かわまたほんまち　大阪府東大阪市
川俣町
　かわまたまち　福島県伊達郡
　かわまたちょう　栃木県宇都宮市
川前
　かわまえ　宮城県伊具郡丸森町
　かわまえ　山形県北村山郡大石田町
　かわまえ　福島県（JR磐越東線）

3画（川）

かわまえ　新潟県阿賀野市

川前町
　かわまえちょう　愛知県名古屋市中村区
　かわまえちょう　愛知県名古屋市中川区

川前町下桶売　かわまえまちしもおけうり　福島県いわき市

川前町上桶売　かわまえまちかみおけうり　福島県いわき市

川前町小白井　かわまえまちおじろい　福島県いわき市

川前町川前　かわまえまちかわまえ　福島県いわき市

川南
　かわみなみ　北海道常呂郡置戸町
　かわみなみ　宮崎県（JR日豊本線）
　かわみなみ　宮崎県児湯郡川南町

川南町
　かわみなみちょう　滋賀県東近江市
　かわみなみちょう　宮崎県児湯郡

川室　かわむろ　栃木県日光市

川柳　かわやなぎ　静岡県御殿場市

川柳町　かわやなぎちょう　埼玉県越谷市

川津
　かわづ　千葉県勝浦市
　かわづ　奈良県吉野郡十津川村
　かわづ　福岡県飯塚市

川津町　かわつちょう　香川県坂出市

川津筏場　かわづいかだば　静岡県賀茂郡河津町

川畑
　かわばた　宮城県気仙沼市
　かわばた　千葉県夷隅郡大多喜町

川相　かわない　滋賀県犬上郡多賀町

川面
　かわづら　埼玉県鴻巣市
　かわも　兵庫県宝塚市

川面町
　かわおもてちょう　愛知県豊田市
　かわづらちょう　大阪府富田林市
　かわもちょう　岡山県高梁市

10 **川倉**　かわくら　青森県（津軽鉄道線）

川原
　かわら　岩手県八幡平市
　かわら　岩手県岩手郡雫石町
　かわら　福島県西白河郡矢吹町
　かわら　富山県魚津市
　かわら　滋賀県草津市
　かわら　滋賀県蒲生郡日野町
　かわら　滋賀県愛知郡愛荘町
　かわら　兵庫県神戸市垂水区
　かわら　兵庫県三田市
　かわら　兵庫県篠山市
　かわら　奈良県高市郡明日香村
　かわばる　福岡県古賀市
　かわばる　福岡県糸島市
　かわばる　大分県佐伯市
　かわばる　宮崎県児湯郡木城町

川原ケ谷　かわはらがや　静岡県三島市

川原子　かわらご　山形県尾花沢市

川原井　かわはらい　千葉県袖ケ浦市

川原木　かわらぎ　富山県中新川郡立山町

川原欠　かわらがけ　愛知県弥富市

川原欠町　かわらがけちょう　愛知県弥富市

川原代町　かわらしろまち　茨城県龍ケ崎市

川原平　かわらたい　青森県中津軽郡西目屋村

川原本町　かわらほんまち　富山県高岡市

川原田
　かわはらだ　宮城県伊具郡丸森町
　かわらだ　福島県伊達市
　かわはらだ　福島県伊達郡川俣町
　かわはらだ　福島県西白河郡中島村
　かわはらだ　富山県中新川郡上市町

川原田町　かわらだまち　栃木県栃木市

川原石　かわらいし　広島県（JR呉線）

川原沢　かわらざわ　山形県長井市

川原町
　かわはらちょう　北海道函館市
　かわらまち　北海道松前郡福島町
　かわらまち　青森県三戸郡五戸町
　かわらまち　宮城県遠田郡涌谷町
　かわらまち　福島県会津若松市
　かわらまち　福島県伊達市
　かわらちょう　福島県大沼郡会津美里町
　かわらまち　群馬県前橋市
　かわらちょう　新潟県十日町市
　かわらまち　新潟県上越市
　かわらまち　富山県高岡市
　かわらまち　石川県七尾市
　かわらまち　石川県羽咋市
　かわはらまち　岐阜県高山市
　かわらちょう　静岡県静岡市清水区
　かわらまち　三重県（近畿日本鉄道名古屋線）
　かわらまち　三重県四日市市
　かわらまち　滋賀県近江八幡市
　かわらちょう　滋賀県草津市
　かわらちょう　大阪府枚方市
　かわらちょう　兵庫県相生市
　かわはらちょう　島根県松江市
　かわらまち　佐賀県佐賀市
　かわらまち　長崎県長崎市
　かわはらまち　熊本県天草市
　かわらまち　大分県日田市
　かわらまち　宮崎県宮崎市

川原町下裏　かわらまちしもうら　青森県三戸郡五戸町

川原町北　かわらちょうきた　福島県大沼郡会津美里町

川原町北甲　かわらちょうきたこう　福島県大沼郡会津美里町

川原町甲　かわらちょうこう　福島県大沼郡会津美里町

川原町西裏　かわらまちにしうら　青森県三戸郡五戸町

川原町裏　かわらまちうら　青森県三戸郡五戸町

川原明戸　かわはらあけと　埼玉県熊谷市

川原河　かわはらごう　和歌山県日高郡日高川町

川原城町　かわはらじょうちょう　奈良県天理市

川原畑
　かわはた　群馬県吾妻郡長野原町
　かわはた　山梨県南都留郡道志村
　かわはらばた　岐阜県岐阜市

川原通　かわはらとおり　愛知県名古屋市昭和区

川原崎
　かわらざき　宮城県気仙沼市
　かわらさき　富山県南砺市

川原崎町　かわらさきまち　宮崎県延岡市

川原場　かわらば　兵庫県養父市

245

3画（川）

川原湯　かわらゆ　群馬県吾妻郡長野原町
川原湯温泉　かわらゆおんせん　群馬県（JR吾妻線）
川原新町　かわらしんまち　熊本県天草市
川宮　かわみや　福岡県田川市
川宮町　かみやちょう　愛知県名古屋市守山区
川島
　　かわしま　北海道白糠郡白糠町
　　かわしま　福島県南会津郡南会津町
　　かわしま　茨城県（JR水戸線）
　　かわしま　群馬県渋川市
　　かわじま　埼玉県蓮田市
　　かわしま　埼玉県比企郡嵐山町
　　かわしま　千葉県香取郡多古町
　　かわしま　千葉県長生郡睦沢町
　　かわしま　新潟県糸魚川市
　　かわしま　石川県鳳珠郡穴水町
　　かわしま　山口県萩市
　　かわしま　福岡県飯塚市
　　かわしま　熊本県玉名市
川島三重町　かわしまさんじゅうちょう　京都府京都市西京区
川島小網町　かわしまこあみまち　岐阜県各務原市
川島五反長町　かわしまごたんおさちょう　京都府京都市西京区
川島六ノ坪町　かわしまろくのつぼちょう　京都府京都市西京区
川島北山町　かわしまきたやままち　岐阜県各務原市
川島北裏町　かわしまきたうらちょう　京都府京都市西京区
川島尻堀町　かわしましりぼりちょう　京都府京都市西京区
川島本町　かわしまほんまち　香川県高松市
川島玉頭町　かわしまたまがしらちょう　京都府京都市西京区
川島田　かわしまた　静岡県御殿場市
川島寺田町　かわしまてらでんちょう　京都府京都市西京区
川島有栖川町　かわしまありすがわちょう　京都府京都市西京区
川島竹早町　かわしまたけはやまち　岐阜県各務原市
川島竹園町　かわしまたけぞのちょう　京都府京都市西京区
川島町
　　かわじままち　埼玉県比企郡
　　かわしままちょう　神奈川県横浜市保土ケ谷区
　　かわしままちょう　神奈川県横浜市旭区
　　かわしままちょう　福井県鯖江市
　　かわしままちょう　愛知県安城市
　　かわしままちょう　三重県四日市市
　　かわしままちょう　三重県松阪市
　　かわしままち　宮崎県延岡市
川島町三ツ島　かわしまちょうみつじま　徳島県吉野川市
川島町山田　かわしまちょうやまだ　徳島県吉野川市
川島町川島　かわしまちょうかわしま　徳島県吉野川市
川島町児島　かわしまちょうこじま　徳島県吉野川市
川島町学　かわしまちょうがく　徳島県吉野川市
川島町宮島　かわしまちょうみやのしま　徳島県吉野川市
川島町桑村　かわしまちょうくわむら　徳島県吉野川市
川島松ノ木本町　かわしままつのきもとちょう　京都府京都市西京区

川島松倉町　かわしままつくらまち　岐阜県各務原市
川島松原町　かわしままつばらまち　岐阜県各務原市
川島松園町　かわしままつぞのちょう　京都府京都市西京区
川島東代町　かわしまひがしだいちょう　京都府京都市西京区
川島東町　かわしまひがしまち　香川県高松市
川島河田町　かわしまこうだまち　岐阜県各務原市
川島飛地　かわしまとびち　千葉県茂原市
川島桜園町　かわしまさくらぞのちょう　京都府京都市西京区
川島梅園町　かわしまうめぞのちょう　京都府京都市西京区
川島流田町　かわしまながれだちょう　京都府京都市西京区
川島莚田町　かわしまむしろでんちょう　京都府京都市西京区
川島笠田町　かわしまかさだまち　岐阜県各務原市
川島野田町　かわしまのだちょう　京都府京都市西京区
川島渡町　かわしまわたりまち　岐阜県各務原市
川島粟田町　かわしまあわたちょう　京都府京都市西京区
川島新町　かわしましんまち　三重県四日市市
川島滑樋町　かわしまなめらひちょう　京都府京都市西京区
川島緑町　かわしまみどりまち　岐阜県各務原市
川島権田町　かわしまごんでんちょう　京都府京都市西京区
川島調子町　かわしまちょうしちょう　京都府京都市西京区
川栗　かわぐり　千葉県成田市
川桁
　　かわげた　福島県（JR磐越西線）
　　かわげた　福島県耶麻郡猪苗代町
川根　かわね　新潟県新潟市秋葉区
川根小山　かわねこやま　静岡県（大井川鉄道井川線）
川根本町　かわねほんちょう　静岡県榛原郡
川根両国　かわねりょうごく　静岡県（大井川鉄道井川線）
川根町　かわねちょう　⇒島田市（静岡県）
川根町上河内　かわねちょうかみごうち　静岡県島田市
川根町抜里　かわねちょうぬくり　静岡県島田市
川根町身成　かわねちょうみなり　静岡県島田市
川根町家山　かわねちょういえやま　静岡県島田市
川根町笹間下　かわねちょうささましも　静岡県島田市
川根町笹間上　かわねちょうささまかみ　静岡県島田市
川根町笹間渡　かわねちょうささまど　静岡県島田市
川根葛籠　かわねちょうつづら　静岡県島田市
川根温泉笹間渡　かわねおんせんささまど　静岡県（大井川鉄道大井川本線）
川浦町　かわうらまち　石川県珠洲市
川流布　かわりゅうふ　北海道十勝郡浦幌町
川脇　かわわき　愛知県知多郡武豊町
川通中町　かわどおりなかまち　新潟県三条市
川連　かわづれ　茨城県筑西市

3画（川）

川連町　かわつらちょう　秋田県湯沢市
川除
　　かわよけ　群馬県藤岡市
　　かわよけ　兵庫県三田市
川除新　かわよけしん　富山県南砺市
11 川副町　かわそえまち　⇒佐賀市（佐賀県）
川副町大詫間　かわそえまちおおだくま　佐賀市
川副町小々森　かわそえまちこごもり　佐賀県佐賀市
川副町犬井道　かわそえまちいぬいどう　佐賀県佐賀市
川副町早津江　かわそえまちはやつえ　佐賀県佐賀市
川副町早津江津　かわそえまちはやつえつ　佐賀県佐賀市
川副町西古賀　かわそえまちにしこが　佐賀県佐賀市
川副町南里　かわそえまちなんり　佐賀県佐賀市
川副町鹿江　かわそえまちかのえ　佐賀県佐賀市
川副町福富　かわそえまちふくどみ　佐賀県佐賀市
川崎
　　かわさき　北海道虻田郡真狩村
　　かわさき　岩手県盛岡市
　　かわさき　秋田県南秋田郡五城目町
　　かわさき　秋田県南秋田郡八郎潟町
　　かわさき　茨城県つくばみらい市
　　かわさき　埼玉県飯能市
　　かわさき　埼玉県羽生市
　　かわさき　埼玉県ふじみ野市
　　かわさき　千葉県山武市
　　かわさき　東京都羽村市
　　かわさき　神奈川県（JR東海道本線）
　　かわさき　新潟県新潟市西蒲区
　　かわさき　新潟県長岡市
　　かわさき　新潟県阿賀野市
　　かわさき　新潟県西蒲原郡弥彦村
　　かわさき　富山県氷見市
　　かわさき　福井県小浜市
　　かわさき　岡山県津山市
　　かわさき　山口県周南市
　　かわさき　高知県土佐郡大川村
　　かわさき　福岡県田川郡川崎町
　　かわさき　大分県速見郡日出町
　　かわさき　沖縄県うるま市
川崎大師　かわさきだいし　神奈川県（京浜急行電鉄大師線）
川崎区　かわさきく　神奈川県川崎市
川崎反町　かわさきそりまち　栃木県矢板市
川崎尻　かわさきじり　宮城県気仙沼市
川崎市　かわさきし　神奈川県
川崎町
　　かわさきちょう　岩手県久慈市
　　かわさきまち　宮城県柴田郡
　　かわさきまち　福島県岩瀬郡鏡石町
　　かわさきまち　茨城県龍ケ崎市
　　かわさきまち　茨城県常総市
　　かわさきちょう　栃木県足利市
　　かわさきまち　千葉県千葉市中央区
　　かわさきまち　新潟県長岡市
　　かわさきちょう　福井県敦賀市
　　かわさきちょう　岐阜県各務原市
　　かわさきちょう　愛知県名古屋市千種区
　　かわさきちょう　愛知県豊橋市
　　かわさきちょう　愛知県半田市
　　かわさきちょう　三重県桑名市
　　かわさきちょう　三重県亀山市
　　かわさきちょう　滋賀県長浜市
　　かわさきちょう　兵庫県明石市
　　かわさきちょう　香川県坂出市
　　かわさきまち　福岡県田川郡
川崎町門崎　かわさきちょうかんざき　岩手県一関市
川崎町薄衣　かわさきちょううすぎぬ　岩手県一関市
川崎新町　かわさきしんまち　神奈川県（JR南武線）
川張　かわはり　岡山県岡山市南区
川添
　　かわぞえ　福島県大沼郡会津美里町
　　かわぞえ　福島県双葉郡浪江町
　　かわぞえ　三重県（JR紀勢本線）
　　かわぞえ　大阪府高槻市
　　かわぞえ　山口県宇部市
　　かわぞえ　鹿児島県姶良郡湧水町
川添町
　　かわぞえちょう　三重県津市
　　かわぞえちょう　兵庫県西宮市
川淵町　かわぶちまち　福岡県北九州市八幡東区
川船河　かわふねがわ　新潟県南蒲原郡田上町
川袋　かわぶくろ　静岡県磐田市
川袋町　かわぶくろまち　新潟県長岡市
川貫　かわぬき　岩手県久慈市
川部
　　かわべ　青森県（JR奥羽本線）
　　かわべ　青森県南津軽郡田舎館村
　　かわべ　新潟県村上市
　　かわべ　岐阜県岐阜市
　　かわべ　大分県宇佐市
川部田　かわべた　熊本県玉名市
川辺町
　　かわべまち　福島県いわき市
　　かわなべちょう　香川県高松市
川野
　　かわの　埼玉県吉川市
　　かわの　東京都西多摩郡奥多摩町
　　かわの　熊本県上益城郡山都町
川野辺　かわのべ　大阪府南河内郡千早赤阪村
12 川場　かわば　千葉県東金市
川場村　かわばむら　群馬県利根郡
川場湯原　かわばゆばら　群馬県利根郡川場村
川奥　かわおく　高知県幡多郡黒潮町
川富　かわどみ　埼玉県吉川市
川勝町　かわかつちょう　大阪府寝屋川市
川棚
　　かわだな　山梨県都留市
　　かわたな　長崎県（JR大村線）
川棚町　かわたなちょう　長崎県東彼杵郡
川棚温泉　かわたなおんせん　山口県（JR山陰本線）
川渡　かわど　高知県吾川郡仁淀川町
川渡温泉　かわたびおんせん　宮城県（JR陸羽東線）
川湯温泉
　　かわゆおんせん　北海道（JR釧網本線）
　　かわゆおんせん　北海道川上郡弟子屈町
川湯駅前　かわゆえきまえ　北海道川上郡弟子屈町
川登
　　かわのぼり　愛媛県伊予郡砥部町
　　かわのぼり　高知県四万十市
　　かわのぼり　熊本県荒尾市
川登町　かわのぼりちょう　島根県益田市

247

3画（工, 己, 巾）

川越
　かわごえ　埼玉県（JR川越線ほか）
　かわごえ　埼玉県川越市
　かわごし　熊本県下益城郡美里町

川越市
　かわごえし　埼玉県（東武鉄道東上本線）
　かわごえし　埼玉県

川越町
　かわごしちょう　静岡県静岡市葵区
　かわごえちょう　三重県三重郡

川越富洲原　かわごえとみすはら　三重県（近畿日本鉄道名古屋線）

川道町　かわみちちょう　滋賀県長浜市

川開新　かわびらきしん　富山県小矢部市

川間　かわま　千葉県（東武鉄道野田線）

川間町
　かわまちょう　岐阜県関市
　かわまちょう　愛知県名古屋市港区

13 川園　かわその　愛知県名古屋市港区

川園町　かわぞのちょう　大阪府吹田市

川滝町下山　かわたきちょうしもやま　愛媛県四国中央市

川滝町領家　かわたきちょうりょうけ　愛媛県四国中央市

川詰　かわづめ　新潟県糸魚川市

川跡　かわと　島根県（一畑電車大社線）

川路
　かわじ　長野県（JR飯田線）
　かわじ　長野県飯田市
　かわじ　愛知県新城市

14 川嶋　かわしま　福井県大野市

川樋　かわとい　山形県南陽市

川窪　かわくぼ　新潟県南魚沼市

川窪町　かわくぼちょう　山梨県甲府市

川端
　かわばた　北海道（JR石勝線）
　かわばた　北海道夕張郡由仁町
　かわばた　青森県上北郡おいらせ町
　かわばた　宮城県伊具郡丸森町
　かわばた　埼玉県南埼玉郡宮代町
　かわばた　新潟県村上市
　かわばた　新潟県上越市
　かわばた　鳥取県鳥取市
　かわばた　徳島県板野郡板野町

川端下　かわはけ　長野県南佐久郡川上村

川端町
　かわばたちょう　北海道釧路市
　かわばたちょう　北海道上川郡上川町
　かわばたちょう　青森県五所川原市
　かわばたまち　群馬県前橋市
　かわばたちょう　新潟県新潟市中央区
　かわばたちょう　岐阜県岐阜市
　かわばたちょう　愛知県瀬戸市
　かわばたちょう　愛知県碧南市
　かわばたちょう　愛知県豊田市
　かわばたちょう　三重県伊勢市
　かわばたちょう　京都府京都市東山区
　かわばたちょう　京都府京都市下京区
　かわばたちょう　岡山県高梁市
　かわばたちょう　山口県周南市
　かわばたまち　熊本県熊本市中央区
　かわばたまち　熊本県山鹿市

川端町一条　かわばたちょういちじょう　北海道旭川市
川端町七条　かわばたちょうしちじょう　北海道旭川市
川端町二条　かわばたちょうにじょう　北海道旭川市
川端町三条　かわばたちょうさんじょう　北海道旭川市
川端町五条　かわばたちょうごじょう　北海道旭川市
川端町六条　かわばたちょうろくじょう　北海道旭川市
川端町四条　かわばたちょうしじょう　北海道旭川市

川関　かわせき　和歌山県東牟婁郡那智勝浦町

15 川澄　かわすみ　茨城県筑西市

川澄町　かわすみちょう　愛知県名古屋市瑞穂区

川縁　かわべり　富山県魚津市

16 川頭　かわがしら　千葉県香取市

17 川嶺　かわみね　鹿児島県大島郡喜界町

18 川藤　かわふじ　埼玉県吉川市

川額　かわはけ　群馬県利根郡昭和村

19 川瀬
　かわぜ　新潟県五泉市
　かわせ　三重県南牟婁郡御浜町

川瀬町
　かわせちょう　宮城県柴田郡大河原町
　かわせちょう　京都府京都市上京区

川瀬馬場町　かわせばばちょう　滋賀県彦根市

21 川鶴　かわつる　埼玉県川越市

【工】

6 工団町　こうだんちょう　新潟県妙高市

8 工学部前　こうがくぶまえ　鹿児島県（鹿児島市交通局2系統）

9 工栄町　こうえいちょう　北海道江別市

13 工業団地
　こうぎょうだんち　茨城県常陸大宮市
　こうぎょうだんち　石川県小松市
　こうぎょうだんち　高知県（土佐くろしお鉄道中村・宿毛線）

工業団地一条　こうぎょうだんちいちじょう　北海道旭川市

工業団地二条　こうぎょうだんちにじょう　北海道旭川市

工業団地三条　こうぎょうだんちさんじょう　北海道旭川市

工業団地五条　こうぎょうだんちごじょう　北海道旭川市

工業団地四条　こうぎょうだんちしじょう　北海道旭川市

18 工藤　くどう　山形県鶴岡市

【己】

己　き　長野県小諸市

12 己斐上　こいうえ　広島県広島市西区

己斐大迫　こいおおさこ　広島県広島市西区

己斐中　こいなか　広島県広島市西区

己斐本町　こいほんまち　広島県広島市西区

己斐西町　こいにしまち　広島県広島市西区

己斐東　こいひがし　広島県広島市西区

【巾】

巾　はば　岐阜県関市

3 巾上　はばうえ　長野県松本市

9 巾前　はばまえ　愛知県犬山市

3画（干，弓，才） 4画（丑）

巾廻り　はばまわり　愛知県犬山市

【干】

5干布　ほしぬの　山形県天童市
6干尽町　ひづくしまち　長崎県佐世保市
8干供田　ほしくでん　福島県伊達市
干拓の里　かんたくのさと　長崎県（島原鉄道線）
干拓町　かんたくちょう　石川県加賀市
9干俣　ほしまた　群馬県吾妻郡嬬恋村
干草橋　ひくさばし　青森県上北郡野辺地町
12干場　ほしば　新潟県長岡市
干隈
　　ほしくま　福岡県福岡市城南区
　　ほしくま　福岡県福岡市早良区
13干溝
　　ひみぞ　新潟県十日町市
　　ひみぞ　新潟県魚沼市
干蒲　ひかば　宮城県刈田郡七ケ宿町
15干潟
　　ひがた　千葉県（JR総武本線）
　　ひかた　福岡県小郡市

【弓】

0弓ケ浜　ゆみがはま　鳥取県（JR境線）
弓ケ浜町　ゆみがはままちょう　大分県別府市
弓ノ町　ゆみのまち　宮城県仙台市若林区
弓の師　ゆみのし　福岡県築上郡築上町
4弓之町
　　ゆみのちょう　岡山県岡山市北区
　　ゆみのちょう　岡山県高梁市
弓手原　ゆみてはら　奈良県吉野郡野迫川村
弓木
　　ゆみぎ　千葉県夷隅郡大多喜町
　　ゆみき　京都府与謝郡与謝野町
弓木町　ゆみのきちょう　兵庫県神戸市灘区
5弓田　ゆだ　茨城県坂東市
弓矢町　ゆみやちょう　京都府京都市東山区
弓立　ゆだち　愛媛県南宇和郡愛南町
7弓沢町　ゆみざわちょう　静岡県富士宮市
弓町
　　ゆみまち　福島県田村郡三春町
　　ゆみちょう　群馬県高崎市
　　ゆみちょう　新潟県長岡市
　　ゆみちょう　徳島県徳島市
　　ゆみちょう　大分県中津市
8弓取町　ゆみとりまち　石川県金沢市
弓弦　ゆづり　茨城県石岡市
弓波町　ゆみなみまち　石川県加賀市
9弓削
　　ゆげ　三重県鈴鹿市
　　ゆげ　滋賀県蒲生郡竜王町
　　ゆげ　岡山県（JR津山線）
弓削下弓削　ゆげしもゆげ　愛媛県越智郡上島町
弓削上弓削　ゆげかみゆげ　愛媛県越智郡上島町
弓削久司浦　ゆげくじうら　愛媛県越智郡上島町
弓削土生　ゆげはぶ　愛媛県越智郡上島町
弓削大谷　ゆげおおたに　愛媛県越智郡上島町
弓削太田　ゆげおた　愛媛県越智郡上島町
弓削引野　ゆげひきの　愛媛県越智郡上島町

弓削日比　ゆげひび　愛媛県越智郡上島町
弓削田　ゆげた　福岡県田川市
弓削百貫　ゆげひゃっかん　愛媛県越智郡上島町
弓削佐島　ゆげさしま　愛媛県越智郡上島町
弓削沢津　ゆげさわづ　愛媛県越智郡上島町
弓削町
　　ゆげちょう　三重県鈴鹿市
　　ゆうげちょう　滋賀県長浜市
　　ゆうげちょう　大阪府八尾市
　　ゆげまち　熊本県熊本市東区
弓削町南　ゆうげちょうみなみ　大阪府八尾市
弓削明神　ゆげみょうじん　愛媛県越智郡上島町
弓削狩尾　ゆげかりお　愛媛県越智郡上島町
弓削豊島　ゆげとよしま　愛媛県越智郡上島町
弓削藤谷　ゆげふじたに　愛媛県越智郡上島町
弓削鎌田　ゆげかまだ　愛媛県越智郡上島町
10弓原　ゆみはら　鳥取県東伯郡北栄町
12弓場町　ゆばちょう　兵庫県西宮市
弓渡　ゆみわたし　千葉県茂原市
弓越　みこし　新潟県新発田市
24弓鷹町　ゆみたかまち　佐賀県唐津市

【才】

1才乙　さよおと　広島県山県郡北広島町
3才川　さいがわ　山口県下関市
才川七　さいかわしち　富山県南砺市
4才之原　さいのはら　愛媛県松山市
才木山　さいきやま　福島県二本松市
5才代　さいたい　鳥取県八頭郡八頭町
才田町　さいだまち　石川県金沢市
6才羽　さいば　埼玉県北葛飾郡杉戸町
7才尾　さいお　福岡県豊前市
才良　ざいりょう　三重県伊賀市
才見町　さいみちょう　徳島県阿南市
才角　さいつの　高知県幡多郡大月町
才谷
　　さいたに　奈良県吉野郡下市町
　　さいたに　高知県南国市
8才金　さいかね　兵庫県佐用郡佐用町
9才津西町　さいづにしまち　新潟県長岡市
才津東町　さいづひがしまち　新潟県長岡市
才津南町　さいづみなみまち　新潟県長岡市
10才原　さいばら　京都府船井郡京丹波町
才栗町　さいくりちょう　愛知県岡崎市
11才崎　さいざき　岡山県岡山市東区
才野　さいの　和歌山県西牟婁郡白浜町
12才覚地　さいかくち　富山県富山市
才覚寺　さいかくじ　富山県富山市

4画

【丑】

3丑子内　うしこうち　福島県二本松市
丑山　うしやま　岩手県八幡平市
丑山口　うしやまぐち　岩手県八幡平市
9丑首　うしくび　新潟県新発田市
11丑寅　うしとら　大阪府茨木市

249

4画（不，中）

【不】

²不二ガ丘　ふじがおか　愛知県春日井市
不二町　ふじちょう　愛知県春日井市
不二栄町　ふじさかえまち　富山県富山市
不二越　ふじこし　富山県（富山地方鉄道不二越・上滝線）
不二越本町　ふじこしほんまち　富山県富山市
不二越町　ふじこしまち　富山県富山市
不入　ふにゅう　千葉県市原市
不入斗
　　いりやまず　千葉県市原市
　　いりやまず　千葉県富津市
不入斗町　いりやまずちょう　神奈川県横須賀市
不入岡　ふにおか　鳥取県倉吉市
不入道　ふにゅうどう　福岡県筑紫郡那珂川町
³不土野　ふどの　宮崎県東臼杵郡椎葉村
⁶不老町
　　ふろうちょう　神奈川県横浜市中区
　　おいずちょう　福井県越前市
　　ふろうちょう　愛知県名古屋市千種区
　　ふろうちょう　福岡県北九州市門司区
不老岱　ふろうだい　秋田県能代市
⁷不吹町　ふぶきちょう　愛知県岡崎市
不戻沢　ふもどりさわ　秋田県由利本荘市
不来内　こずない　宮城県黒川郡大郷町
不来坂　このさか　兵庫県篠山市
⁸不知火町　しらぬひまち　福岡県大牟田市
不知火町大見　しらぬひまちおおみ　熊本県宇城市
不知火町小曽部　しらぬひまちこそぶ　熊本県宇城市
不知火町永尾　しらぬひまちえいのお　熊本県宇城市
不知火町松合　しらぬひまちまつあい　熊本県宇城市
不知火町長崎　しらぬひまちながさき　熊本県宇城市
不知火町柏原　しらぬひまちかしわはら　熊本県宇城市
不知火町浦上　しらぬひまちうらがみ　熊本県宇城市
不知火町高良　しらぬひまちこうら　熊本県宇城市
不知火町亀松　しらぬひまちかめまつ　熊本県宇城市
不知火町御領　しらぬひまちごりょう　熊本県宇城市
⁹不室町　ふむろまち　石川県金沢市
¹⁰不時沼　ふじぬま　福島県岩瀬郡鏡石町
不破　ふば　高知県四万十市
不破一色　ふわいしき　岐阜県（名古屋鉄道竹鼻線）
不破上町　ふばかみまち　高知県四万十市
不破原　ふばはら　高知県幡多郡黒潮町
不破郡　ふわぐん　岐阜県
¹¹不動
　　ふどう　岩手県花巻市
　　ふどう　宮城県伊具郡丸森町
　　ふどう　福島県二本松市
　　ふどう　福島県耶麻郡猪苗代町
不動ケ丘町　ふどうがおかちょう　大阪府富田林市
不動ケ岡　ふどうがおか　千葉県成田市
不動の沢　ふどうのさわ　宮城県（JR気仙沼線）
不動北町　ふどうきたまち　徳島県徳島市
不動平　ふどうだいら　福島県二本松市
不動本町　ふどうほんちょう　徳島県徳島市
不動寺
　　ふどうじ　石川県鳳珠郡能登町
　　ふどうじ　宮崎県日向市
不動寺町　ふどうじまち　石川県金沢市
不動西町　ふどうにしまち　徳島県徳島市
不動沢　ふどうさわ　新潟県長岡市
不動町
　　ふどうまち　北海道士別市
　　ふどうちょう　岩手県花巻市
　　ふどうちょう　宮城県石巻市
　　ふどうちょう　岐阜県岐阜市
　　ふどうちょう　京都府京都市中京区
不動岡　ふどおか　埼玉県加須市
不動東町　ふどうひがしまち　徳島県徳島市
不動前
　　ふどうまえ　福島県郡山市
　　ふどうまえ　栃木県宇都宮市
　　ふどうまえ　東京都（東京急行電鉄目黒線）
不動前町　ふどうまえちょう　京都府京都市上京区
不動島町　ふどうじままち　石川県小松市
不動院前　ふどういんまえ　広島県（広島高速交通アストラムライン）
不動院野　ふどういんの　埼玉県春日部市
不動堂
　　ふどうどう　千葉県山武郡九十九里町
　　ふどうどう　新潟県五泉市
　　ふどうどう　富山県下新川郡朝日町
　　ふどうどう　福井県大野市
不動堂飛地　ふどうどうとびち　千葉県東金市
不魚住　うおすまず　青森県五所川原市
¹⁵不審ケ辻子町　ふしがつじちょう　奈良県奈良市
不澄ケ池　すまずがいけ　宮城県白石市

【中】

中
　　なか　山形県西置賜郡飯豊町
　　なか　福島県石川郡玉川村
　　なか　茨城県土浦市
　　なか　茨城県結城市
　　なか　茨城県鹿嶋市
　　なか　栃木県真岡市
　　なか　栃木県矢板市
　　なか　群馬県藤岡市
　　なか　埼玉県幸手市
　　なか　埼玉県南埼玉郡宮代町
　　なか　千葉県市原市
　　なか　千葉県流山市
　　なか　千葉県富津市
　　なか　千葉県印西市
　　なか　千葉県白井市
　　なか　千葉県南房総市
　　なか　東京都国立市
　　なか　新潟県長岡市
　　なか　新潟県南魚沼市
　　なか　福井県敦賀市
　　なか　福井県丹生郡越前町
　　なか　長野県千曲市
　　なか　岐阜県岐阜市
　　なか　岐阜県養老郡養老町
　　なか　岐阜県安八郡安八町
　　なか　岐阜県可児郡御嵩町
　　なか　静岡県三島市
　　なか　静岡県掛川市
　　なか　静岡県袋井市
　　なか　静岡県下田市
　　なか　静岡県伊豆の国市

250

4画（中）

なか	静岡県牧之原市	

なか　静岡県牧之原市
なか　静岡県賀茂郡西伊豆町
なか　京都府福知山市
なか　京都府城陽市
なか　京都府相楽郡和束町
なか　京都府船井郡京丹波町
なか　大阪府貝塚市
なか　大阪府南河内郡河南町
なか　兵庫県篠山市
なか　奈良県北葛城郡広陵町
なか　奈良県吉野郡野迫川村
なか　和歌山県和歌山市
なか　和歌山県海草郡紀美野町
なか　和歌山県有田郡有田川町
なか　和歌山県日高郡由良町
なか　和歌山県西牟婁郡白浜町
なか　鳥取県八頭郡八頭町
なか　鳥取県西伯郡南部町
なか　岡山県真庭市
なか　岡山県小田郡矢掛町
なか　岡山県久米郡美咲町
なか　広島県世羅郡世羅町
なか　高知県吾川郡仁淀川町
なか　福岡県飯塚市
なか　福岡県大野城市
なか　福岡県朝倉市
なか　熊本県玉名市
なか　熊本県山鹿市
なか　熊本県下益城郡美里町
なか　熊本県阿蘇郡高森町
なか　大分県竹田市
なか　大分県杵築市
なか　大分県宇佐市

中々山　なかなかやま　新潟県新発田市
中々村新田　なかなかむらしんでん　新潟県上越市
中オソツベツ　なかおそつべつ　北海道川上郡標茶町
中チャンベツ　なかちゃんべつ　北海道川上郡標茶町
中トマム　なかとまむ　北海道勇払郡占冠村
中ノ丁　なかのちょう　京都府宮津市
中ノ川
　なかのかわ　北海道上磯郡知内町
　なかのかわ　北海道寿都郡黒松内町
　なかのかわ　和歌山県東牟婁郡那智勝浦町
　なかのかわ　高知県南国市
　なかのかわ　高知県安芸郡安田町
　なかのかわ　高知県吾川郡いの町
　なかのかわ　高知県幡多郡黒潮町
中ノ川町　なかのかわちょう　奈良県奈良市
中ノ内　なかのうち　宮城県伊具郡丸森町
中ノ目
　なかのめ　山形県南陽市
　なかのめ　福島県郡山市
　なかのめ　福島県二本松市
　なかのめ　埼玉県加須市
中ノ目新田　なかのめしんでん　新潟県新発田市
中ノ合　なかのごう　静岡県藤枝市
中ノ庄　なかのしょう　滋賀県（京阪電気鉄道石山坂本線）
中ノ庄町　なかのしょうちょう　三重県松阪市
中ノ江
　なかのご　富山県南砺市
　なかのえ　岐阜県大垣市
中ノ江町　なかのごうまち　石川県能美市

中ノ池　なかのいけ　愛知県東海市
中ノ沢
　なかのさわ　北海道（JR函館本線）
　なかのさわ　北海道札幌市南区
　なかのさわ　青森県三戸郡五戸町
　なかのさわ　新潟県東蒲原郡阿賀町
中ノ沢西張　なかのさわにしはり　青森県三戸郡五戸町
中ノ沢原道下　なかのさわはらみちした　宮城県刈田郡七ケ宿町
中ノ町
　なかのまち　京都府福知山市
　なかのちょう　京都府綾部市
中ノ店中ノ丁　なかのたななかのちょう　和歌山県和歌山市
中ノ店北ノ丁　なかのたなきたのちょう　和歌山県和歌山市
中ノ店南ノ丁　なかのたなみなみのちょう　和歌山県和歌山市
中ノ俣　なかのまた　新潟県上越市
中ノ峠町　なかのとうげまち　石川県小松市
中ノ洲　なかのす　大分県大分市
中ノ畑　なかのはた　福井県小浜市
中ノ島　なかのしま　埼玉県ふじみ野市
中ノ島町
　なかのしまちょう　北海道北見市
　なかのしまち　大分県日田市
中ノ島東町　なかのしまひがしまち　大分県佐伯市
中ノ浜　なかのはま　福岡県遠賀郡芦屋町
中ノ通　なかのとおり　新潟県阿賀野市
中ノ郷　なかのごう　静岡県静岡市葵区
中ノ郷町
　なかのごうまち　石川県白山市
　なかのごうちょう　福井県福井市
中ノ越　なかのこえ　高知県高岡郡四万十町
中ノ橋通　なかのはしどおり　岩手県盛岡市
中の小路　なかのこうじ　佐賀県佐賀市
中の川　なかのかわ　高知県高岡郡檮原町
中の丘町　なかのおかちょう　北海道芦別市
中の沢
　なかのさわ　北海道北広島市
　なかのさわ　北海道山越郡長万部町
　なかのさわ　北海道空知郡上富良野町
中の倉　なかのくら　宮城県柴田郡大河原町
中の原
　なかのはら　栃木県大田原市
　なかのはら　長野県伊那市
　なかのはら　福岡県北九州市八幡西区
　なかのはら　佐賀県西松浦郡有田町
中の宮　なかのみや　福井県小浜市
中の島
　なかのしま　北海道（札幌市交通局南北線）
　なかのしま　宮城県塩竈市
　なかのしま　千葉県木更津市
　なかのしま　高知県高知市
　なかのしま　大分県佐伯市
中の島一条　なかのしまいちじょう　北海道札幌市豊平区
中の島二条　なかのしまにじょう　北海道札幌市豊平区

4画（中）

中の島町
　なかのしまちょう　千葉県茂原市
　なかのしまちょう　大阪府吹田市
中の橋　なかのはし　岩手県久慈市
中の館町　なかのたてまち　佐賀県佐賀市
中の瀬団地　なかのせだんち　大分県大分市
中の瀬町　なかのせちょう　宮崎県延岡市
中ふ頭　なかふとう　大阪府（大阪市交通局南港ポートタウン線）
中みなと町　なかみなとちょう　宮城県気仙沼市
¹中一の沢町　なかいちのさわまち　栃木県宇都宮市
中一万町　なかいちまんまち　愛媛県松山市
中一色　なかいしき　兵庫県加古郡稲美町
中一色町
　なかいっしきちょう　岐阜県中津川市
　なかいしきちょう　愛知県津島市
　なかいしきちょう　滋賀県東近江市
²中丁
　なかちょう　福島県伊達郡川俣町
　なかよろ　福井県大野市
中二十町　なかにじっちょう　福岡県北九州市門司区
中八木　なかやぎ　兵庫県（山陽電気鉄道本線）
中八院　なかはちいん　福岡県大川市
中十余二　なかとよふた　千葉県柏市
中十条　なかじゅうじょう　東京都北区
中十町　なかじっちょう　熊本県玉名郡和水町
³中下田　なかしもだ　青森県上北郡おいらせ町
中下条　なかしもじょう　山梨県甲斐市
中下道　なかげどう　宮城県遠田郡涌谷町
中三川　なかみかわ　北海道夕張郡由仁町
中三田　なかみた　広島県（JR芸備線）
中三地　なかさんち　秋田県にかほ市
中三谷　なかみたに　和歌山県紀の川市
中三依　なかみより　栃木県日光市
中三依温泉　なかみよりおんせん　栃木県（野岩鉄道会津鬼怒川線）
中三国ケ丘町　なかみくにがおかちょう　大阪府堺市堺区
中三河　なかみかわ　兵庫県佐用郡佐用町
中三倉堂　なかみくらどう　奈良県大和高田市
中三栖　なかみす　和歌山県田辺市
中三輪町　なかみわまち　宮崎県延岡市
中上　なかがみ　三重県員弁郡東員町
中上野　なかうえの　茨城県筑西市
中万々　なかまま　高知県高知市
中万呂　なかまろ　和歌山県田辺市
中万町　ちゅうまちょう　三重県松阪市
中丸
　なかまる　福島県西白河郡矢吹町
　なかまる　埼玉県北本市
　なかまる　埼玉県ふじみ野市
　なかまる　神奈川県横浜市神奈川区
　なかまる　静岡県富士市
　なかまる　静岡県御殿場市
中丸子
　なかまるこ　神奈川県川崎市中原区
　なかまるこ　長野県上田市
中丸町
　なかまるちょう　茨城県水戸市
　なかまるちょう　茨城県日立市

なかまるちょう　東京都板橋区
ちゅうまるちょう　愛知県名古屋市北区
中久万　なかくま　高知県高知市
中久保
　なかくぼ　秋田県南秋田郡八郎潟町
　なかくぼ　栃木県宇都宮市
　なかくぼ　徳島県板野郡板野町
中久著呂
　なかくちょろ　北海道川上郡標茶町
　なかくちょろ　北海道阿寒郡鶴居村
中久著呂市街　なかくちょろしがい　北海道川上郡標茶町
中久喜　なかくき　栃木県小山市
中千代　なかちよ　愛知県常滑市
中土
　なかつち　長野県（JR大糸線）
　なかつち　長野県北安曇郡小谷村
中土佐町　なかとさちょう　高知県高岡郡
中土狩　なかとがり　静岡県駿東郡長泉町
中土別町　なかしべつちょう　北海道士別市
中士幌　なかしほろ　北海道河東郡士幌町
中士幌文化　なかしほろぶんか　北海道河東郡士幌町
中士幌北　なかしほろきた　北海道河東郡士幌町
中士幌北団地　なかしほろきただんち　北海道河東郡士幌町
中士幌共進　なかしほろきょうしん　北海道河東郡士幌町
中士幌西　なかしほろにし　北海道河東郡士幌町
中士幌明生　なかしほろめいせい　北海道河東郡士幌町
中士幌東団地　なかしほろひがしだんち　北海道河東郡士幌町
中士幌南　なかしほろみなみ　北海道河東郡士幌町
中士幌勝和　なかしほろかつわ　北海道河東郡士幌町
中士幌新東団地　なかしほろしんひがしだんち　北海道河東郡士幌町
中士幌新南　なかしほろしんみなみ　北海道河東郡士幌町
中士幌豊進　なかしほろほうしん　北海道河東郡士幌町
中大久保　なかおおくぼ　富山県富山市
中大平　なかおおひら　高知県高岡郡越知町
中大谷　なかおおたに　新潟県加茂市
中大畑町　なかおおはたちょう　新潟県新潟市中央区
中大桑町　なかおおくわちょう　岐阜県岐阜市
中大浦　なかおおうら　富山県富山市
中大流　なかおおりゅう　愛知県常滑市
中大野　なかおおの　茨城県水戸市
中大野町　なかおおのちょう　徳島県阿南市
中大塚　なかおおづか　群馬県藤岡市
中大塩　なかおおしお　長野県茅野市
中大路　なかおおろ　鳥取県鳥取市
中大領　なかだいりょう　栃木県下野市
中大樹　なかたいき　北海道広尾郡大樹町
中大類町　なかおおるいまち　群馬県高崎市
中子　なかこ　新潟県十日町市
中子沢　ちゅうしざわ　新潟県魚沼市
中子新田乙　なかごしんでんおつ　新潟県南魚沼市
中子新田甲　なかごしんでんこう　新潟県南魚沼市
中小口　なかおぐち　愛知県丹羽郡大口町

4画（中）

中小川　なかおがわ　山口県萩市
中小川町　なかおがわちょう　京都府京都市上京区
中小中野　なかこなかの　青森県上北郡野辺地町
中小田井
　　なかおたい　愛知県（名古屋鉄道犬山線）
　　なかおたい　愛知県名古屋市西区
中小田切　なかおたぎり　長野県佐久市
中小坂
　　なかおさか　群馬県甘楽郡下仁田町
　　なかおさか　埼玉県坂戸市
中小来川　なかおころがわ　栃木県日光市
中小見　なかおみ　新潟県新潟市南区
中小谷丙　なかおたりへい　長野県北安曇郡小谷村
中小阪　なかこさか　大阪府東大阪市
中小国　なかおぐに　青森県（JR津軽海峡線）
中小松
　　なかこまつ　山形県東置賜郡川西町
　　なかこまつ　福島県耶麻郡猪苗代町
中小河原　なかこがわら　山梨県甲府市
中小河原町　なかこがわらちょう　山梨県甲府市
中小屋
　　なかごや　北海道（JR札沼線）
　　なかごや　北海道石狩郡当別町
　　なかごや　福井県南条郡南越前町
中小泉　なかこいずみ　富山県中新川郡上市町
中小島　なかこしま　長崎県長崎市
中小針　なかこばり　愛知県犬山市
中小森町　なかこもりちょう　滋賀県近江八幡市
中小路
　　なこうじ　大阪府泉南市
　　なかしょうじ　熊本県下益城郡美里町
中小路町　なこおじちょう　滋賀県東近江市
中山
　　なかやま　北海道北斗市
　　なかやま　北海道雨竜郡秩父別町
　　なかやま　岩手県下閉伊郡普代村
　　なかやま　岩手県二戸郡一戸町
　　なかやま　宮城県仙台市青葉区
　　なかやま　宮城県気仙沼市
　　なかやま　秋田県大館市
　　なかやま　山形県鶴岡市
　　なかやま　山形県上山市
　　なかやま　山形県西置賜郡白鷹町
　　なかやま　福島県白河市
　　なかやま　福島県須賀川市
　　なかやま　福島県南会津郡下郷町
　　なかやま　茨城県つくば市
　　なかやま　茨城県稲敷市
　　なかやま　栃木県那須烏山市
　　なかやま　群馬県吾妻郡高山村
　　なかやま　埼玉県飯能市
　　なかやま　埼玉県比企郡川島町
　　なかやま　千葉県市川市
　　なかやま　東京都八王子市
　　なかやま　神奈川県（JR横浜線ほか）
　　なかやま　新潟県新潟市東区
　　なかやま　新潟県新潟市南区
　　なかやま　新潟県西蒲原郡弥彦村
　　なかやま　新潟県三島郡出雲崎町
　　なかやま　富山県黒部市
　　なかやま　富山県中新川郡立山町
　　なかやま　石川県河北郡津幡町

　　なかやま　石川県羽咋郡志賀町
　　なかやま　福井県大飯郡高浜町
　　なかやま　山梨県西八代郡市川三郷町
　　なかやま　山梨県南巨摩郡身延町
　　なかやま　長野県松本市
　　なかやま　岐阜県不破郡関ケ原町
　　なかやま　静岡県御殿場市
　　なかやま　愛知県知多郡武豊町
　　なかやま　滋賀県蒲生郡日野町
　　なかやま　京都府舞鶴市
　　なかやま　京都府船井郡京丹波町
　　なかやま　兵庫県赤穂市
　　なかやま　和歌山県紀の川市
　　なかやま　島根県鹿足郡津和野町
　　なかやま　岡山県赤磐市
　　なかやま　岡山県美作市
　　なかやま　広島県山県郡北広島町
　　なかやま　山口県宇部市
　　なかやま　山口県防府市
　　なかやま　徳島県那賀郡那賀町
　　なかやま　徳島県海部郡海陽町
　　なかやま　香川県東かがわ市
　　なかやま　香川県小豆郡小豆島町
　　なかやま　高知県（とさでん交通伊野線）
　　なかやま　福岡県鞍手郡鞍手町
　　なかやま　熊本県上益城郡甲佐町
　　なかやま　大分県佐伯市
　　ちゅうざん　鹿児島県鹿児島市
　　なかやま　鹿児島県大島郡伊仙町
　　なかやま　沖縄県名護市
中山下
　　なかやました　福島県白河市
　　なかさんげ　岡山県岡山市北区
中山上　なかやまかみ　広島県広島市東区
中山口　なかやまぐち　鳥取県（JR山陰本線）
中山中町　なかやまなかまち　広島県広島市東区
中山五月台　なかやまさつきだい　兵庫県宝塚市
中山手通　なかやまてどおり　兵庫県神戸市中央区
中山北町　なかやまきたまち　広島県広島市東区
中山台
　　なかやまだい　宮城県仙台市青葉区
　　なかやまだい　長野県松本市
　　なかやまだい　兵庫県宝塚市
　　なかやまだい　奈良県北葛城郡河合町
中山台西　なかやまだいにし　宮城県仙台市青葉区
中山平温泉　なかやまだいらおんせん　宮城県（JR陸羽東線）
中山本　なかやまもと　福島県東白川郡棚倉町
中山田　なかやまだ　福島県二本松市
中山吉成　なかやまよしなり　宮城県仙台市青葉区
中山寺
　　なかやまでら　兵庫県（JR福知山線）
　　なかやまでら　兵庫県宝塚市
中山西　なかやまにし　広島県広島市東区
中山町
　　なかやままち　山形県東村山郡
　　なかやま　茨城県常総市
　　なかやまちょう　神奈川県横浜市緑区
　　なかやま　石川県金沢市
　　なかやまちょう　福井県福井市
　　なかやまちょう　福井県越前市
　　なかやままち　岐阜県高山市
　　なかやまちょう　静岡県浜松市中区

253

4画（中）

なかやまちょう　愛知県名古屋市瑞穂区
なかやまちょう　愛知県瀬戸市
なかやままち　愛知県碧南市
なかやまちょう　愛知県刈谷市
なかやままち　愛知県犬山市
なかやままち　愛知県知立市
なかやまちょう　愛知県田原市
なかやまちょう　愛知県弥富市
なかやまちょう　三重県桑名市
なかやまちょう　滋賀県彦根市
なかやまちょう　滋賀県長浜市
なかやまちょう　京都府綾部市
なかやまちょう　兵庫県加西市
なかやまちょう　奈良県奈良市
なかやまちょう　奈良県天理市
なかやまちょう　香川県高松市
なかやままち　佐賀県唐津市
ちゅうざんちょう　鹿児島県鹿児島市

中山町中山　なかやまちょうなかやま　愛媛県伊予市
中山町出淵　なかやまちょういずぶち　愛媛県伊予市
中山町西　なかやまちょうにし　奈良県奈良市
中山町佐礼谷　なかやまちょうされたに　愛媛県伊予市
中山町栗田　なかやまちょうくりだ　愛媛県伊予市
中山東
　なかやまひがし　福島県白河市
　なかやまひがし　広島県広島市東区
中山南
　なかやまみなみ　福島県白河市
　なかやまみなみ　広島県広島市東区
中山荘園　なかやまそうえん　兵庫県宝塚市
中山香　なかやまが　大分県（JR日豊本線）
中山桜台　なかやまさくらだい　兵庫県宝塚市
中山宿　なかやまじゅく　福島県（JR磐越西線）
中山郷　なかやまごう　長崎県東彼杵郡川棚町
中山新町　なかやましんまち　広島県広島市東区
中山観音　なかやまかんのん　兵庫県（阪急電鉄宝塚本線）
中山鏡が丘　なかやまかがみがおか　広島県広島市東区
中川
　なかがわ　北海道中川郡中川町
　なかがわ　青森県黒石市
　なかがわ　山形県（JR奥羽本線）
　なかがわ　福島県大沼郡金山町
　なかがわ　埼玉県さいたま市見沼区
　なかがわ　千葉県印旛郡酒々井町
　なかがわ　東京都足立区
　なかがわ　神奈川県（横浜市交通局ブルーライン）
　なかがわ　神奈川県横浜市都筑区
　なかがわ　神奈川県足柄上郡山北町
　なかがわ　新潟県新発田市
　なかがわ　新潟県燕市
　なかがわ　新潟県妙高市
　なかがわ　新潟県南魚沼市
　なかがわ　富山県高岡市
　なかがわ　福井県あわら市
　なかがわ　長野県松本市
　なかがわ　岐阜県加茂郡白川町
　なかがわ　静岡県周智郡森町
　なかがわ　三重県尾鷲市
　なかがわ　大阪府大阪市生野区
　なかがわ　島根県鹿足郡津和野町

なかがわ　岡山県美作市
なかがわ　山口県山陽小野田市
なかがわ　愛媛県喜多郡内子町
なかのかわ　愛媛県南宇和郡愛南町
なかがわ　福岡県行橋市
なかがわ　福岡県三井郡大刀洗町
なかがわ　長崎県長崎市

中川上町　なかがわかみまち　富山県高岡市
中川川登　なかがわかわのぼり　京都府京都市北区
中川中山　なかがわなかやま　京都府京都市北区
中川中央　なかがわちゅうおう　神奈川県横浜市都筑区
中川区　なかがわく　愛知県名古屋市
中川北山町　なかがわきたやまちょう　京都府京都市北区
中川台　なかがわだい　埼玉県吉川市
中川本町
　なかがわほんまち　富山県高岡市
　なかがわほんまち　愛知県名古屋市港区
中川辺
　なかかわべ　岐阜県（JR高山本線）
　なかがわべ　岐阜県加茂郡川辺町
中川西　なかがわにし　大阪府大阪市生野区
中川西山　なかがわにしやま　京都府京都市北区
中川村　なかがわむら　長野県上伊那郡
中川町
　なかがわちょう　北海道中川郡
　なかがわちょう　岩手県盛岡市
　なかがわちょう　栃木県足利市
　なかがわまち　富山県高岡市
　なかがわまち　石川県羽咋市
　なかがわちょう　岐阜県大垣市
　なかがわちょう　岐阜県中津川市
　なかがわちょう　岐阜県羽島郡笠松町
　なかがわちょう　静岡県磐田市
　なかがわちょう　愛知県刈谷市
　なかがわちょう　京都府京都市左京区
　なかがわちょう　大阪府高槻市
　なかがわちょう　岡山県岡山市東区
　なかがわまち　福岡県北九州市若松区
中川底　なかがわそこ　福岡県豊前市
中川東　なかがわひがし　大阪府大阪市生野区
中川東山　なかがわひがしやま　京都府京都市北区
中川栄町　なかがわさかえまち　富山県高岡市
中川原
　なかがわはら　宮城県刈田郡七ヶ宿町
　なかがわら　宮城県柴田郡大河原町
　なかがわら　秋田県能代市
　なかがわら　秋田県湯沢市
　なかがわら　福島県喜多方市
　なかがわら　富山県富山市
　なかがわら　富山県滑川市
　なかがわら　岐阜県岐阜市
　なかがわら　愛知県長久手市
　なかがわら　三重県（近畿日本鉄道湯の山線）
　なかがわら　三重県四日市市
　なかがわら　滋賀県犬上郡多賀町
　なかがわら　愛媛県伊予郡松前町
中川原台　なかがわらだい　富山県富山市
中川原団地　なかがわらだんち　新潟県村上市
中川原町
　なかがわらちょう　大阪府池田市

254

4画（中）

なかがわらまち　宮崎県延岡市

中川原町二ツ石　なかがわらちょうふたついし　兵庫県洲本市

中川原町三木田　なかがわらちょうみきだ　兵庫県洲本市

中川原町中川原　なかがわらちょうなかがわら　兵庫県洲本市

中川原町市原　なかがわらちょういちはら　兵庫県洲本市

中川原町安坂　なかがわらちょうやすさか　兵庫県洲本市

中川原町厚浜　なかがわらちょうあつはま　兵庫県洲本市

中川原免　なかがわらめん　長崎県北松浦郡佐々町

中川原新田　なかがわらしんでん　新潟県糸魚川市

中川原新町　なかがわらしんまち　富山県富山市

中川島　なかかわしま　栃木県下野市

中川郡　なかがわぐん　北海道

中川除町　なかかわよけまち　石川県金沢市

中川崎　なかかわさき　埼玉県幸手市

中川園町　なかがわそのまち　富山県高岡市

中川新　なかがわしん　新潟県五泉市

中川新田　なかがわしんでん　新潟県南魚沼市

中之又　なかのまた　宮崎県児湯郡木城町

中之下　なかのしも　鹿児島県熊毛郡南種子町

中之上　なかのかみ　鹿児島県熊毛郡南種子町

中之口　なかのくち　新潟県新潟市西蒲区

中之元　なかのもと　岐阜県揖斐郡大野町

中之名　なかのみょう　神奈川県足柄上郡開成町

中之庄　なかのしょう　奈良県山辺郡山添村

中之庄元屋敷町　なかのしょうもとやしきちょう　愛知県稲沢市

中之庄半田町　なかのしょうはんだちょう　愛知県稲沢市

中之庄町
　なかのしょうちょう　愛知県稲沢市
　なかのしょうちょう　滋賀県近江八幡市
　なかのしょうちょう　奈良県奈良市
　なかのしょうちょう　奈良県天理市
　なかのしょうちょう　愛媛県四国中央市

中之庄長堤町　なかのしょうながつつみちょう　愛知県稲沢市

中之庄海道町　なかのしょうかいどうちょう　愛知県稲沢市

中之庄高畑町　なかのしょうたかばたちょう　愛知県稲沢市

中之庄堤畔町　なかのしょうつつみぐろちょう　愛知県稲沢市

中之作　なかのさく　福島県いわき市

中之条
　なかのじょう　群馬県（JR吾妻線）
　なかのじょう　長野県上田市
　なかのじょう　長野県埴科郡坂城町

中之条町
　なかのじょうまち　群馬県吾妻郡
　なかのじょうまち　群馬県吾妻郡中之条町

中之沢　なかのさわ　宮城県刈田郡七ケ宿町

中之町
　なかのまち　愛知県津島市
　なかのちょう　三重県伊勢市
　なかのちょう　京都府京都市上京区

　なかのちょう　京都府京都市中京区
　なかのちょう　京都府京都市東山区
　なかのちょう　京都府京都市下京区
　なかのちょう　京都府京都市伏見区
　なかのちょう　奈良県五條市
　なかのちょう　岡山県津山市
　なかのちょう　岡山県高梁市
　なかのちょう　広島県三原市
　なかのちょう　山口県下関市

中之町北　なかのちょうきた　広島県三原市

中之町西　なかのちょうにし　大阪府堺市堺区

中之町東　なかのちょうひがし　大阪府堺市堺区

中之町南　なかのちょうみなみ　広島県三原市

中之保　なかのほ　岐阜県関市

中之倉　なかのくら　山梨県南巨摩郡身延町

中之島
　なかのしま　新潟県長岡市
　なかのしま　新潟県魚沼市
　なかのしま　大阪府（京阪電気鉄道中之島線）
　なかのしま　大阪府大阪市北区
　なかのしま　兵庫県神戸市兵庫区
　なかのしま　和歌山県和歌山市
　なかのしま　鹿児島県鹿児島郡十島村

中之島中条　なかのしまちゅうじょう　新潟県長岡市

中之島西野　なかのしまにしの　新潟県長岡市

中之島宮内　なかのしまみやうち　新潟県長岡市

中之島通　なかのじまとおり　愛知県名古屋市港区

中之島高畑　なかのしまたかばたけ　新潟県長岡市

中之浜　なかのはま　愛媛県西宇和郡伊方町

中之浜町　なかのはまちょう　大阪府岸和田市

中之郷
　なかのごう　千葉県長生郡長生村
　なかのごう　東京都八丈町
　なかのごう　静岡県静岡市清水区
　なかのごう　静岡県富士市
　なかのごう　愛知県北名古屋市
　なかのごう　三重県（近畿日本鉄道志摩線）
　なかのごう　三重県度会郡度会町
　なかのごう　滋賀県蒲生郡日野町

中之郷町　なかのごうちょう　愛知県岡崎市

中之郷飛地　なかのごうとびち　千葉県茂原市

中井
　なかい　埼玉県鴻巣市
　なかい　埼玉県吉川市
　なかい　東京都（西武鉄道新宿線ほか）
　なかい　東京都新宿区
　なかい　福井県小浜市
　なかい　愛知県長久手市
　なかい　岡山県岡山市中区
　なかい　福岡県北九州市小倉北区

中井口　なかいぐち　福岡県北九州市小倉北区

中井町
　なかいまち　神奈川県足柄上郡
　なかいまち　三重県尾鷲市
　なかいちょう　大阪府岸和田市
　なかいちょう　岡山県岡山市北区

中井町西方　なかいちょうにしがた　岡山県高梁市

中井町津々　なかいちょうつつ　岡山県高梁市

中井阪　なかいさか　和歌山県紀の川市

中井侍　なかいさむらい　長野県（JR飯田線）

中井原　なかいばら　和歌山県有田郡有田川町

中井浦　なかいうら　三重県尾鷲市

255

4画（中）

中井浜　なかいはま　福岡県北九州市小倉北区
中五区　なかごく　北海道富良野市
中今里町　なかいまざとちょう　奈良県大和高田市
中今泉　なかいまいずみ　栃木県宇都宮市
中元寺　ちゅうがんじ　福岡県田川郡添田町
中公園　なかこうえん　兵庫県（神戸新交通ポートア
　イランド線）
中内
　なかうち　茨城県取手市
　なかうち　茨城県つくば市
　なかうち　栃木県那須塩原市
　なかうち　高知県長岡郡大豊町
中内田　なかうちだ　静岡県菊川市
中内町　なかうちまち　群馬県前橋市
中内神　なかうちがみ　兵庫県三田市
中切
　なかぎり　岐阜県可児郡御嵩町
　なかぎり　愛知県犬山市
　なかぎり　高知県土佐郡大川村
中切町
　なかぎりまち　岐阜県高山市
　なかぎりちょう　愛知県名古屋市北区
　なかぎりちょう　愛知県春日井市
　なかぎりちょう　愛知県豊田市
中分　なかぶん　埼玉県上尾市
中区
　なかく　神奈川県横浜市
　なかく　静岡県浜松市
　なかく　愛知県名古屋市
　なかく　大阪府堺市
　なかく　岡山県岡山市
　なかく　広島県広島市
中区中安田　なかくなかやすだ　兵庫県多可郡多可町
中区中村町　なかくなかむらまち　兵庫県多可郡多
　可町
中区天田　なかくあまだ　兵庫県多可郡多可町
中区田野口　なかくたのくち　兵庫県多可郡多可町
中区安坂　なかくあさか　兵庫県多可郡多可町
中区安楽田　なかくあらた　兵庫県多可郡多可町
中区西安田　なかくにしやすだ　兵庫県多可郡多可町
中区坂本　なかくさかもと　兵庫県多可郡多可町
中区岸上　なかくきしかみ　兵庫県多可郡多可町
中区東山　なかくひがしやま　兵庫県多可郡多可町
中区東安田　なかくひがしやすだ　兵庫県多可郡多
　可町
中区牧野　なかくまきの　兵庫県多可郡多可町
中区茂利　なかくしげり　兵庫県多可郡多可町
中区門前　なかくもんぜん　兵庫県多可郡多可町
中区高岸　なかくたかぎし　兵庫県多可郡多可町
中区曽我井　なかくそがい　兵庫県多可郡多可町
中区奥中　なかくおくなか　兵庫県多可郡多可町
中区森本　なかくもりもと　兵庫県多可郡多可町
中区間子　なかくまこう　兵庫県多可郡多可町
中区糀屋　なかくこうじや　兵庫県多可郡多可町
中区徳畑　なかくとくばた　兵庫県多可郡多可町
中区鍛冶屋　なかくかじや　兵庫県多可郡多可町
中午町　なかうまちょう　愛知県半田市
中友生　なかともの　三重県伊賀市
中友田　なかともだ　三重県伊賀市
中友町　なかともまち　福岡県大牟田市

中太田　なかおおた　岩手県盛岡市
中太閤山　なかたいこうやま　富山県射水市
中天間舘　なかてんまだて　青森県上北郡七戸町
中戸
　なかど　茨城県石岡市
　なかと　千葉県野田市
　なかと　奈良県葛城市
　なかと　奈良県吉野郡黒滝村
中戸口町　なかとのくちちょう　福井県鯖江市
中戸川　なかどがわ　茨城県高萩市
中戸次　なかへつぎ　大分県大分市
中戸町
　なかとまち　石川県金沢市
　なかとちょう　滋賀県東近江市
中戸祭　なかとまつり　栃木県宇都宮市
中戸祭町　なかとまつりちょう　栃木県宇都宮市
中戸蔦　なかとつた　北海道河西郡中札内村
中手子林　なかてこばやし　埼玉県羽生市
中手町
　なかんてちょう　福井県福井市
　なかてちょう　愛知県刈谷市
中斗満　なかとまむ　北海道足寄郡陸別町
中方　なかほう　静岡県掛川市
中日吉町　なかひよしちょう　愛媛県今治市
中日向　なかひなた　静岡県駿東郡小山町
中木　なかぎ　静岡県賀茂郡南伊豆町
中木戸　なかきど　新潟県新潟市東区
中木田町　なかきだちょう　大阪府寝屋川市
中木室　なかきむろ　福岡県大川市
中水野　なかみずの　愛知県（愛知環状鉄道線）
中水野町　なかみずのちょう　愛知県瀬戸市
中水道　なかすいどう　高知県高知市
中爪　なかつめ　埼玉県比企郡小川町
中片町　なかかたまち　熊本県八代市
中片添町　なかかたそえちょう　大阪府河内長野市
中世古町　なかせこちょう　愛知県豊橋市
中仙田　なかせんだ　新潟県十日町市
中仙道
　なかせんどう　秋田県雄勝郡羽後町
　なかせんどう　岡山県岡山市北区
中代町　なかだいまち　石川県加賀市
中出水町　なかでみずちょう　京都府京都市上京区
中出町　なかでちょう　愛知県名古屋市熱田区
中加賀屋　なかかがや　大阪府大阪市住之江区
中加積　なかかづみ　富山県（富山地方鉄道本線）
中北　なかきた　滋賀県野洲市
中北下　なかきたしも　岡山県津山市
中北上　なかきたかみ　岡山県津山市
中北万丁目　なかきたまんちょうめ　岩手県花巻市
中北目　なかきため　山形県酒田市
中北町
　なかきたちょう　大阪府岸和田市
　なかきたまち　熊本県八代市
中古沢　なかこさわ　和歌山県伊都郡九度山町
中古賀　なかこが　福岡県大川市
中古瀬　なかごせ　兵庫県加東市
中台
　なかだい　福島県喜多方市
　なかだい　茨城県那珂市

4画（中）

なかだい	茨城県かすみがうら市	ちゅうおう	埼玉県羽生市
なかだい	茨城県小美玉市	ちゅうおう	埼玉県鴻巣市
なかだい	埼玉県川越市	ちゅうおう	埼玉県草加市
なかだい	千葉県成田市	ちゅうおう	埼玉県蕨市
なかだい	千葉県四街道市	ちゅうおう	埼玉県和光市
なかだい	千葉県匝瑳市	ちゅうおう	埼玉県北本市
なかだい	千葉県山武郡横芝光町	ちゅうおう	埼玉県八潮市
なかだい	東京都板橋区	ちゅうおう	埼玉県三郷市
ちゅうだい	京都府船井郡京丹波町	ちゅうおう	埼玉県入間郡毛呂山町

中台元町 なかだいもとまち 埼玉県川越市   ちゅうおう 埼玉県南埼玉郡宮代町

中台南 なかだいみなみ 埼玉県川越市   ちゅうおう 千葉県千葉市中央区

中央

ちゅうおう	北海道稚内市	ちゅうおう	千葉県木更津市
ちゅうおう	北海道千歳市	ちゅうおう	千葉県柏市
ちゅうおう	北海道恵庭市	ちゅうおう	千葉県鎌ケ谷市
ちゅうおう	北海道北広島市	ちゅうおう	千葉県四街道市
ちゅうおう	北海道北斗市	ちゅうおう	千葉県八街市
ちゅうおう	北海道空知郡南幌町	ちゅうおう	東京都大田区
ちゅうおう	北海道空知郡上砂川町	ちゅうおう	東京都中野区
ちゅうおう	北海道夕張郡由仁町	ちゅうおう	東京都江戸川区
ちゅうおう	北海道夕張郡長沼町	ちゅうおう	東京都東大和市
ちゅうおう	北海道夕張郡栗山町	ちゅうおう	東京都武蔵村山市
ちゅうおう	北海道樺戸郡新十津川町	ちゅうおう	神奈川県横浜市西区
ちゅうおう	北海道上川郡当麻町	ちゅうおう	神奈川県横浜市瀬谷区
ちゅうおう	北海道上川郡愛別町	ちゅうおう	神奈川県相模原市中央区
ちゅうおう	北海道勇払郡占冠村	ちゅうおう	神奈川県大和市
ちゅうおう	北海道苫前郡羽幌町	ちゅうおう	神奈川県海老名市
ちゅうおう	北海道天塩郡遠別町	ちゅうおう	神奈川県足柄下郡湯河原町
ちゅうおう	北海道常呂郡置戸町	ちゅうおう	新潟県糸魚川市
ちゅうおう	北海道河東郡士幌町	ちゅうおう	新潟県上越市
ちゅうおう	北海道釧路郡釧路町	ちゅうおう	福井県福井市
ちゅうおう	北海道川上郡弟子屈町	ちゅうおう	福井県越前市
ちゅうおう	青森県青森市	ちゅうおう	福井県三方上中郡若狭町
ちゅうおう	青森県五所川原市	ちゅうおう	山梨県甲府市
ちゅうおう	青森県むつ市	ちゅうおう	山梨県都留市
ちゅうおう	岩手県久慈市	ちゅうおう	長野県松本市
ちゅうおう	宮城県仙台市青葉区	ちゅうおう	長野県上田市
ちゅうおう	宮城県石巻市	ちゅうおう	長野県伊那市
ちゅうおう	宮城県多賀城市	ちゅうおう	長野県駒ケ根市
ちゅうおう	宮城県岩沼市	ちゅうおう	長野県中野市
ちゅうおう	宮城県宮城郡利府町	ちゅうおう	長野県上伊那郡辰野町
ちゅうおう	秋田県南秋田郡大潟村	ちゅうおう	岐阜県美濃市
ちゅうおう	山形県米沢市	ちゅうおう	静岡県浜松市中区
ちゅうおう	山形県寒河江市	ちゅうおう	静岡県掛川市
ちゅうおう	山形県村山市	ちゅうおう	愛知県小牧市
ちゅうおう	山形県東根市	ちゅうおう	三重県津市
ちゅうおう	福島県会津若松市	ちゅうおう	滋賀県大津市
ちゅうおう	福島県岩瀬郡鏡石町	ちゅうおう	滋賀県湖南市
ちゅうおう	福島県双葉郡富岡町	ちゅうおう	大阪府大阪市城東区
ちゅうおう	茨城県水戸市	ちゅうおう	兵庫県伊丹市
ちゅうおう	茨城県土浦市	ちゅうおう	岡山県倉敷市
ちゅうおう	茨城県笠間市	ちゅうおう	岡山県総社市
ちゅうおう	茨城県牛久市	ちゅうおう	広島県呉市
ちゅうおう	茨城県守谷市	ちゅうおう	広島県竹原市
ちゅうおう	茨城県稲敷郡阿見町	ちゅうおう	山口県山口市
ちゅうおう	栃木県宇都宮市	ちゅうおう	山口県光市
ちゅうおう	栃木県大田原市	ちゅうおう	山口県柳井市
ちゅうおう	栃木県那須烏山市	ちゅうおう	山口県山陽小野田市
ちゅうおう	群馬県邑楽郡大泉町	ちゅうおう	愛媛県松山市
ちゅうおう	埼玉県熊谷市	ちゅうおう	愛媛県八幡浜市
ちゅうおう	埼玉県行田市	ちゅうおう	高知県宿毛市
ちゅうおう	埼玉県加須市	ちゅうおう	福岡県北九州市八幡東区
ちゅうおう	埼玉県本庄市	ちゅうおう	福岡県行橋市
ちゅうおう	埼玉県春日部市	ちゅうおう	福岡県中間市
ちゅうおう	埼玉県狭山市	ちゅうおう	福岡県大野城市
		ちゅうおう	福岡県古賀市
		ちゅうおう	福岡県福津市

257

4画（中）

ちゅうおう　福岡県遠賀郡水巻町
ちゅうおう　大分県日田市
ちゅうおう　沖縄県沖縄市

中央マーケット　ちゅうおうまーけっと　愛媛県八幡浜市

中央一条　ちゅうおういちじょう　北海道札幌市白石区

中央二条　ちゅうおうにじょう　北海道札幌市白石区

中央三条　ちゅうおうさんじょう　北海道札幌市白石区

中央三輪　ちゅうおうみわ　北海道北見市

中央大学・明星大学　ちゅうおうだいがくめいせいだいがく　東京都（多摩都市モノレール線）

中央工業団地
ちゅうおうこうぎょうだんち　山形県寒河江市
ちゅうおうこうぎょうだんち　茨城県東茨城郡茨城町

中央干拓　ちゅうおうかんたく　長崎県諫早市

中央公園　ちゅうおうこうえん　新潟県長岡市

中央区
ちゅうおうく　北海道札幌市
ちゅうおうく　埼玉県さいたま市
ちゅうおうく　千葉県千葉市
ちゅうおうく　東京都
ちゅうおうく　神奈川県相模原市
ちゅうおうく　新潟県新潟市
ちゅうおうく　大阪府大阪市
ちゅうおうく　兵庫県神戸市
ちゅうおうく　福岡県福岡市
ちゅうおうく　熊本県熊本市

中央区役所前　ちゅうおうくやくしょまえ　北海道（札幌市交通局山鼻線）

中央北
ちゅうおうきた　北海道枝幸郡浜頓別町
ちゅうおうきた　千葉県印西市
ちゅうおうきた　長野県上田市

中央台
ちゅうおうだい　福島県双葉郡広野町
ちゅうおうだい　千葉県印旛郡酒々井町
ちゅうおうだい　愛知県春日井市
ちゅうおうだい　福岡県遠賀郡岡垣町

中央台高久　ちゅうおうだいたかく　福島県いわき市

中央台鹿島　ちゅうおうだいかしま　福島県いわき市

中央台飯野　ちゅうおうだいいいの　福島県いわき市

中央市　ちゅうおうし　山梨県

中央市場前　ちゅうおういちばまえ　兵庫県（神戸市交通局海岸線）

中央平　ちゅうおうだいら　宮城県黒川郡大衡村

中央弘前　ちゅうおうひろさき　青森県（弘南鉄道大鰐線）

中央本町
ちゅうおうほんちょう　栃木県宇都宮市
ちゅうおうほんちょう　東京都足立区
ちゅうおうほんまち　愛知県蒲郡市
ちゅうおうほんまち　佐賀県佐賀市

中央西
ちゅうおうにし　山形県東根市
ちゅうおうにし　長野県上田市

中央西町　ちゅうおうにしまち　山形県酒田市

中央図書館前　ちゅうおうとしょかんまえ　北海道（札幌市交通局山鼻線）

中央町
ちゅうおうちょう　北海道室蘭市

ちゅうおうちょう　北海道北見市
ちゅうおうちょう　北海道江別市
ちゅうおうちょう　北海道登別市
ちゅうおうちょう　北海道上川郡上川町
ちゅうおうちょう　北海道新冠郡新冠町
ちゅうおうちょう　北海道河西郡更別村
ちゅうおうちょう　青森県三沢市
ちゅうおうちょう　岩手県一関市
ちゅうおうちょう　岩手県下閉伊郡山田町
ちゅうおうまち　秋田県横手市
ちゅうおうちょう　茨城県古河市
ちゅうおうちょう　茨城県結城市
ちゅうおうちょう　茨城県取手市
ちゅうおうちょう　栃木県日光市
ちゅうおうちょう　栃木県小山市
ちゅうおうちょう　栃木県那須塩原市
ちゅうおうちょう　栃木県下都賀郡壬生町
ちゅうおうちょう　群馬県伊勢崎市
ちゅうおうちょう　千葉県銚子市
ちゅうおうちょう　千葉県柏市
ちゅうおうちょう　東京都目黒区
ちゅうおうちょう　東京都東久留米市
ちゅうおうちょう　新潟県柏崎市
ちゅうおうちょう　新潟県新発田市
ちゅうおうちょう　新潟県妙高市
ちゅうおうちょう　新潟県阿賀野市
ちゅうおうまち　富山県高岡市
ちゅうおうまち　富山県氷見市
ちゅうおうまち　富山県砺波市
ちゅうおうまち　富山県小矢部市
ちゅうおうまち　富山県射水市
ちゅうおうまち　石川県羽咋市
ちゅうおうちょう　福井県敦賀市
ちゅうおうちょう　山梨県韮崎市
ちゅうおうちょう　長野県岡谷市
ちゅうおうちょう　静岡県熱海市
ちゅうおうちょう　静岡県三島市
ちゅうおうちょう　静岡県富士宮市
ちゅうおうちょう　静岡県伊東市
ちゅうおうちょう　静岡県島田市
ちゅうおうちょう　静岡県富士市
ちゅうおうちょう　静岡県磐田市
ちゅうおうまち　愛知県東海市
ちゅうおうちょう　愛知県大府市
ちゅうおうちょう　愛知県岩倉市
ちゅうおうちょう　三重県松阪市
ちゅうおうちょう　三重県桑名市
ちゅうおうちょう　三重県尾鷲市
ちゅうおうまち　滋賀県彦根市
ちゅうおうまち　兵庫県豊岡市
ちゅうおうちょう　兵庫県川西市
ちゅうおうちょう　兵庫県三田市
ちゅうおうちょう　岡山県岡山市北区
ちゅうおうちょう　岡山県笠岡市
ちゅうおうちょう　山口県下関市
ちゅうおうちょう　山口県宇部市
ちゅうおうちょう　山口県防府市
ちゅうおうちょう　山口県下松市
ちゅうおうちょう　山口県周南市
ちゅうおうちょう　香川県高松市
ちゅうおうちょう　香川県坂出市
ちゅうおうちょう　愛媛県宇和島市
ちゅうおうちょう　高知県土佐清水市
ちゅうおうまち　福岡県久留米市
ちゅうおうまち　福岡県田川市
ちゅうおうまち　長崎県五島市

4画（中）

ちゅうおうまち　大分県大分市
ちゅうおうまち　大分県別府市
ちゅうおうまち　大分県中津市
ちゅうおうまち　大分県津久見市
ちゅうおうちょう　宮崎県西都市
ちゅうおうちょう　鹿児島県鹿児島市
ちゅうおうちょう　鹿児島県枕崎市
ちゅうおうちょう　鹿児島県出水市
ちゅうおうちょう　鹿児島県垂水市

中央防波堤　ちゅうおうぼうはてい　東京都江東区
中央東
ちゅうおうひがし　山形県東根市
ちゅうおうひがし　山形県南陽市
ちゅうおうひがし　長野県上田市
中央東町　ちゅうおうひがしまち　山形県酒田市
中央林間
ちゅうおうりんかん　神奈川県（小田急電鉄江ノ島線
ほか）
ちゅうおうりんかん　神奈川県大和市
中央林間西　ちゅうおうりんかんにし　神奈川県大和市
中央若葉町　ちゅうおうわかばまち　北海道中川郡豊
頃町
中央前橋　ちゅうおうまえばし　群馬県（上毛電気鉄
道線）
中央南
ちゅうおうみなみ　北海道枝幸郡浜頓別町
ちゅうおうみなみ　山形県東根市
ちゅうおうみなみ　千葉県印西市
ちゅうおうみなみ　山口県熊毛郡田布施町
中央病院前　ちゅうおうびょういんまえ　北海道（函館
市交通局2系統ほか）
中央通
ちゅうおうどおり　北海道虻田郡ニセコ町
ちゅうおうどおり　岩手県盛岡市
ちゅうおうどおり　新潟県燕市
ちゅうおうどおり　長野県諏訪郡下諏訪町
ちゅうおうどおり　愛知県春日井市
ちゅうおうどおり　愛知県豊川市
ちゅうおうどおり　徳島県徳島市
ちゅうおうどおり　熊本県山鹿市
ちゅうおうどおり　大分県豊後高田市
ちゅうおうどおり　宮崎県宮崎市
ちゅうおうどおり　宮崎県延岡市
ちゅうおうどおり　宮崎県日南市
中央通り
ちゅうおうどおり　岩手県遠野市
ちゅうおうどおり　富山県富山市
ちゅうおうどおり　富山県魚津市
ちゅうおうどおり　長野県飯田市
ちゅうおうどおり　奈良県御所市
中央通町　ちゅうおうどおりまち　石川県金沢市
中央高町　ちゅうおうたかまち　静岡県掛川市
中央港　ちゅうおうこう　千葉県千葉市中央区
中央港新町　ちゅうおうこうしんまち　鹿児島県鹿児
島市
中央街　ちゅうおうがい　熊本県熊本市中央区
中央新町
ちゅうおうしんまち　北海道中川郡豊頃町
ちゅうおうしんまち　熊本県天草市
中央駅前　ちゅうおうえきまえ　福岡県糟屋郡新宮町
中巨摩郡　なかこまぐん　山梨県
中市
なかいち　富山県富山市

なかいち　山口県下松市
中市町　なかいちちょう　山口県山口市
中市原　なかいちばら　茨城県笠間市
中布目　なかぬのめ　富山県富山市
中布礼別　なかふれべつ　北海道富良野市
中平
なかひら　静岡県静岡市葵区
なかひら　愛知県名古屋市天白区
なかたいら　広島県神石郡神石高原町
なかひら　高知県高岡郡檮原町
中平下長根山　なかたいしもながねやま　青森県上北
郡おいらせ町
中平井町　なかひらいまち　青森県五所川原市
中平吹町　なかひらぶきちょう　福岡県越前市
中平町　なかだいらちょう　福井県福井市
中平松
なかひらまつ　静岡県静岡市駿河区
なかひらまつ　静岡県磐田市
中平柳　なかひらやなぎ　茨城県つくばみらい市
中平野　なかひらの　宮崎県日南市
中広　なかひろ　兵庫県赤穂市
中広町　なかひろまち　広島県広島市西区
中札内西　なかさつないにし　北海道河西郡中札内村
中札内村　なかさつないむら　北海道河西郡
中札内基線　なかさつないきせん　北海道河西郡中札
内村
中本　なかもと　大阪府大阪市東成区
中本町
なかほんまち　愛知県岩倉市
なかほんまち　奈良県御所市
なかほんまち　広島県庄原市
なかほんまち　福岡県北九州市戸畑区
なかほんまち　大分県日田市
中正善寺　なかしょうぜんじ　新潟県上越市
中永　ちゅうえい　新潟県長岡市
中永山園　なかながやまえん　大阪府堺市堺区
中玉　なかたま　愛媛県南宇和郡愛南町
中瓦ケ町　なかかわらけちょう　青森県弘前市
中瓦町　なかかわらまち　大阪府堺市堺区
中生見町　なかはえみちょう　愛知県半田市
中生居　なかなまい　山形県上山市
中田
なかた　青森県（JR五能線）
なかた　青森県上北郡野辺地町
なかた　岩手県八幡平市
なかた　宮城県仙台市太白区
なかた　秋田県南秋田郡八郎潟町
なかだ　山形県鶴岡市
なかだ　山形県最上郡金山町
なかだ　福島県白河市
なかだ　福島県石川郡石川町
なかだ　福島県双葉郡双葉町
なかだ　茨城県古河市
なかだ　茨城県取手市
なかだ　神奈川県（横浜市交通局ブルーライン）
なかだ　新潟県柏崎市
なかだ　富山県富山市
なかだ　富山県高岡市
なかだ　富山県氷見市
なかだ　静岡県静岡市駿河区
なかだ　静岡県磐田市
なかだ　京都府舞鶴市

4画（中）

なかた　大阪府八尾市
なかだ　兵庫県淡路市
なかだ　和歌山県海草郡紀美野町
なかだ　鳥取県八頭郡智頭町
ちゅうでん　徳島県（JR牟岐線）
中田山崎　なかだやまざき　山形県西置賜郡小国町
中田井町　なかだいちょう　香川県観音寺市
中田切
　なかたぎり　茨城県北相馬郡利根町
　なかたぎり　千葉県印西市
中田代　なかたしろ　秋田県由利本荘市
中田出井町　なかたでいちょう　大阪府堺市堺区
中田北　なかたきた　神奈川県横浜市泉区
中田平　なかたびら　長崎県（松浦鉄道西九州線）
中田本町　なかだほんちょう　静岡県静岡市駿河区
中田西　なかたにし　神奈川県横浜市泉区
中田町
　なかだまち　宮城県仙台市太白区
　なかだまち　山形県米沢市
　なかたまち　栃木県鹿沼市
　なかたちょう　千葉県千葉市若葉区
　なかたちょう　神奈川県横浜市泉区
　なかたちょう　新潟県新発田市
　なかたちょう　静岡県浜松市東区
　なかたまち　静岡県三島市
　なかたちょう　愛知県名古屋市熱田区
　なかだちょう　愛知県岡崎市
　なかたまち　愛知県碧南市
　なかたちょう　愛知県豊田市
　なかだちょう　京都府舞鶴市
　ちゅうでんちょう　徳島県小松島市
　なかだまち　長崎県諫早市
　なかたまち　大分県津久見市
中田町下枝　なかたまちしたえだ　福島県郡山市
中田町上石　なかたまちあげいし　福島県郡山市
中田町上沼　なかだちょううわぬま　宮城県登米市
中田町小田川　なかだまちこたがわ　山梨県韮崎市
中田町中津川　なかたまちなかつがわ　福島県郡山市
中田町中條　なかだまちなかじょう　山梨県韮崎市
中田町木目沢　なかたまちこのめさわ　福島県郡山市
中田町牛縊本郷　なかたまちうしくびりほんごう　福島県郡山市
中田町石森　なかだちょういしのもり　宮城県登米市
中田町赤沼　なかたまちあかぬま　福島県郡山市
中田町宝江黒沼　なかだちょうたからえくろぬま　宮城県登米市
中田町宝江森　なかだちょうたからえもり　宮城県登米市
中田町宝江新井田　なかだちょうたからえにいだ　宮城県登米市
中田町柳橋　なかたまちやなぎはし　福島県郡山市
中田町海老根　なかたまちえびね　福島県郡山市
中田町浅水　なかだちょうあさみず　宮城県登米市
中田町高倉　なかたまちたかくら　福島県郡山市
中田町黒木　なかたまちくろき　福島県郡山市
中田町駒板　なかたまちこまいた　福島県郡山市
中田東　なかたひがし　神奈川県横浜市泉区
中田南　なかたみなみ　神奈川県横浜市泉区
中田原
　なかだわら　栃木県大田原市
　なかだはら　新潟県上越市

中田島町　なかたじまちょう　静岡県浜松市南区
中田渡　なかたど　愛媛県喜多郡内子町
中田新田
　なかだしんでん　茨城県古河市
　なかだしんでん　新潟県上越市
中白山町　なかはくさんちょう　京都府京都市中京区
中白川町　なかしらかわまち　福岡県大牟田市
中白坂町　なかしらさかちょう　愛知県瀬戸市
中白根　なかしらね　神奈川県横浜市旭区
中目黒
　なかめぐろ　東京都（東京急行電鉄東横線ほか）
　なかめぐろ　東京都目黒区
中矢　なかや　北海道足寄郡足寄町
中矢切　なかやきり　千葉県松戸市
中矢田町　なかやだちょう　京都府亀岡市
中矢部町　なかやべちょう　静岡県静岡市清水区
中石井　なかいしい　福島県東白川郡矢祭町
中石切町　なかいしきりちょう　大阪府東大阪市
中石見　なかいわみ　鳥取県日野郡日南町
中石崎　なかいしざき　茨城県東茨城郡茨城町
中立　なかだち　三重県南牟婁郡御浜町
中立町　なかだちちょう　愛知県豊田市
中込
　なかごみ　長野県（JR小海線）
　なかごみ　長野県佐久市
中辻　なかつじ　兵庫県美方郡新温泉町
中辻町　なかつじちょう　奈良県奈良市
中辺路町大川　なかへちちょうおおかわ　和歌山県田辺市
中辺路町大内川　なかへちちょうおおうちがわ　和歌山県田辺市
中辺路町小松原　なかへちちょうこまつばら　和歌山県田辺市
中辺路町小皆　なかへちちょうこかい　和歌山県田辺市
中辺路町川合　なかへちちょうかわい　和歌山県田辺市
中辺路町内井川　なかへちちょううちいがわ　和歌山県田辺市
中辺路町水上　なかへちちょうみずかみ　和歌山県田辺市
中辺路町北郡　なかへちちょうほくそぎ　和歌山県田辺市
中辺路町石船　なかへちちょういしぶり　和歌山県田辺市
中辺路町西谷　なかへちちょうにしだに　和歌山県田辺市
中辺路町沢　なかへちちょうさわ　和歌山県田辺市
中辺路町近露　なかへちちょうちかつゆ　和歌山県田辺市
中辺路町栗栖川　なかへちちょうくりすがわ　和歌山県田辺市
中辺路町真砂　なかへちちょうまなご　和歌山県田辺市
中辺路町高原　なかへちちょうたかはら　和歌山県田辺市
中辺路町野中　なかへちちょうのなか　和歌山県田辺市
中辺路町温川　なかへちちょうぬるみがわ　和歌山県田辺市

4画（中）

中辺路町福定　なかへちちょうふくさだ　和歌山県田辺市

中辺路町熊野川　なかへちちょうくまのがわ　和歌山県田辺市

6中伊西町　なかいにしちょう　愛知県岡崎市

中伊佐沢　なかいさざわ　山形県長井市

中伊町　なかいちょう　愛知県岡崎市

中伏木　なかふしき　富山県（万葉線）

中伏古　なかふしこ　北海道河西郡芽室町

中伏古東　なかふしこひがし　北海道河西郡芽室町

中印町　なかいんちょう　福井県越前市

中吉田
　　なかよしだ　静岡県静岡市駿河区
　　なかよしだ　福岡県北九州市小倉南区

中吉田町　なかよしだちょう　島根県益田市

中吉野町　なかよしのちょう　徳島県徳島市

中向陽町　なかこうようちょう　大阪府堺市堺区

中名　なかみょう　鹿児島県（JR指宿枕崎線）

中名生　なかのみょう　宮城県柴田郡柴田町

中名沢　ちゅうなざわ　新潟県五泉市

中在寺　なかざいじ　滋賀県蒲生郡日野町

中在家　なかざいけ　新潟県十日町市

中在家町　なかざいけちょう　兵庫県尼崎市

中地
　　なかち　京都府福知山市
　　ちゅうじ　兵庫県姫路市

中地山　なかちやま　富山県富山市

中地町　なかじちょう　愛知県津島市

中地南町　ちゅうじみなみのちょう　兵庫県姫路市

中多久　なかたく　佐賀県（JR唐津線）

中多良　なかたら　滋賀県米原市

中多和　なかたわ　北海道川上郡標茶町

中安井町　なかやすいちょう　大阪府堺市堺区

中安徳町　なかあんとくまち　長崎県島原市

中宇利　なかうり　愛知県新城市

中宇莫別　なかうばくべつ　北海道上川郡美瑛町

中宇部　なかうべ　山口県宇部市

中寺
　　なかでら　福島県喜多方市
　　なかでら　福井県三方郡美浜町
　　なかでら　大阪府大阪市中央区
　　なかでら　愛媛県今治市

中州　なかす　兵庫県宝塚市

中庄
　　なかしょう　滋賀県大津市
　　なかしょう　大阪府泉佐野市
　　なかしょう　岡山県（JR山陽本線）
　　なかしょう　岡山県倉敷市
　　なかしょう　徳島県三好郡東みよし町

中庄団地　なかしょうだんち　岡山県倉敷市

中庄町
　　なかのしょうまち　石川県能美市
　　なかのしょうちょう　三重県亀山市

中当町　なかとうちょう　愛知県豊田市

中成　なかなり　石川県白山市

中成沢町　なかなるさわちょう　茨城県日立市

中旭が丘　なかあさひがおか　三重県鈴鹿市

中江
　　なかえ　宮城県仙台市青葉区
　　なかえ　福島県二本松市
　　なかえ　愛知県名古屋市南区
　　なかえ　鳥取県倉吉市

中江上　なかえがみ　富山県中新川郡上市町

中江町
　　なかえまち　愛知県碧南市
　　なかえまち　熊本県熊本市東区
　　なかえまち　大分県佐伯市

中江島町　なかえじまちょう　三重県鈴鹿市

中江袋　なかえぶくろ　埼玉県行田市

中汐町　なかしおちょう　長野県諏訪郡下諏訪町

中池　なかいけ　愛知県長久手市

中牟田
　　なかむた　福岡県筑後市
　　なかむた　福岡県朝倉郡筑前町

中瓜幕西　なかうりまくにし　北海道河東郡鹿追町

中百舌鳥　なかもず　大阪府（大阪市交通局御堂筋線ほか）

中百舌鳥町　なかもずちょう　大阪府堺市北区

中竹屋町　なかたけやちょう　岐阜県岐阜市

中米地　なかめいじ　兵庫県養父市

中糸田　なかいとだ　福岡県田川郡糸田町

中羽田町　なかはねだちょう　滋賀県東近江市

中老田　なかおいだ　富山県富山市

中老田新　なかおいたしん　富山県射水市

中老袋　なかおいぶくろ　埼玉県川越市

中臼杵　なかうすき　大分県臼杵市

中舟生　なかふにゅう　茨城県（JR水郡線）

中西
　　なかにし　埼玉県熊谷市
　　なかにし　新潟県長岡市
　　なかにし　静岡県牧之原市
　　なかにし　山口県防府市
　　なかにし　愛媛県西条市

中西之谷　なかにしのや　静岡県掛川市

中西内　なかにしうち　愛媛県松山市

中西外　なかにしそと　愛媛県松山市

中西別　なかにしべつ　北海道野付郡別海町

中西別本町　なかにしべつほんちょう　北海道野付郡別海町

中西別光町　なかにしべつひかりちょう　北海道野付郡別海町

中西別朝日町　なかにしべつあさひちょう　北海道野付郡別海町

中西別緑町　なかにしべつみどりちょう　北海道野付郡別海町

中西条　なかにしじょう　長野県塩尻市

中西町
　　なかにしちょう　千葉県千葉市緑区
　　なかにしちょう　兵庫県加西市
　　なかにしちょう　愛媛県新居浜市
　　なかにしちょう　宮崎県宮崎市

中西郷　なかさいごう　岐阜県岐阜市

7中佐々木　なかささき　京都府福知山市

中佐久間　なかさくま　千葉県安房郡鋸南町

中佐井　なかさい　岩手県八幡平市

中佐世保　なかさせほ　長崎県（松浦鉄道西九州線）

中佐谷　なかさや　茨城県かすみがうら市

中佐津間　なかさつま　千葉県鎌ケ谷市

中佐都　なかさと　長野県（JR小海線）

中佐渡石田　なかさどいした　青森県平川市

4画（中）

中佐渡村元　なかさどむらもと　青森県平川市
中佐渡前田　なかさどまえだ　青森県平川市
中佐渡南田　なかさどみなみだ　青森県平川市
中佐渡鎌田　なかさどかまだ　青森県平川市
中佃　なかつくだ　青森県青森市
中判田
　　なかはんだ　大分県（JR豊肥本線）
　　なかはんだ　大分県大分市
中別府　なかべっぷ　茨城県つくば市
中別所　なかべっしょ　青森県弘前市
中利員町　なかとしかずちょう　茨城県常陸太田市
中呉服町　なかごふくまち　福岡県福岡市博多区
中坂町　なかさかちょう　京都府福知山市
中坂門田　なかさかもんた　熊本県玉名市
中尾
　　なかお　埼玉県さいたま市緑区
　　なかお　埼玉県比企郡滑川町
　　なかお　千葉県木更津市
　　なかお　神奈川県横浜市旭区
　　なかお　富山県氷見市
　　なかお　富山県南砺市
　　なかお　鳥取県東伯郡琴浦町
　　なかお　岡山県岡山市東区
　　なかお　岡山県総社市
　　なかお　岡山県美作市
　　なかお　山口県宇部市
　　なかお　山口県山口市
　　なかお　福岡県北九州市八幡東区
　　なかお　福岡県福岡市南区
　　なかお　福岡県中間市
　　なかお　熊本県玉名市
　　なかお　大分県大分市
　　なかお　大分県臼杵市
　　なかお　宮崎県西都市
中尾余町　なかびょうまち　千葉県佐倉市
中尾町
　　なかおまち　群馬県高崎市
　　なかおまち　石川県金沢市
　　なかおちょう　兵庫県神戸市中央区
　　なかおまち　長崎県島原市
　　なかおまち　長崎県諫早市
　　なかおまち　大分県日田市
　　なかおちょう　鹿児島県いちき串木野市
中尾郷
　　なかおごう　長崎県東彼杵郡東彼杵町
　　なかおごう　長崎県東彼杵郡波佐見町
中希望が丘　なかきぼうがおか　神奈川県横浜市旭区
中志和田　なかしわだ　福島県伊達市
中志段味　なかしだみ　愛知県名古屋市守山区
中志津　なかしつ　千葉県佐倉市
中志筑　なかしづく　茨城県かすみがうら市
中折地　なかおりじ　福岡県筑後市
中折町　なかおれまち　佐賀県佐賀市
中条
　　なかじょう　新潟県（JR羽越本線）
　　なかじょう　新潟県胎内市
　　なかじょう　長野県長野市
　　なかじょう　長野県松本市
　　なかじょう　静岡県浜松市浜北区
中条乙　なかじょうおつ　新潟県十日町市
中条丁　なかじょうてい　新潟県十日町市
中条己　なかじょうき　新潟県十日町市

中条中筋　ちゅうじょうちゅうきん　兵庫県南あわじ市
中条日下野　なかじょうくさがの　長野県長野市
中条日高　なかじょうひだか　長野県長野市
中条丙　なかじょうへい　新潟県十日町市
中条広田　ちゅうじょうひろた　兵庫県南あわじ市
中条戊　なかじょうぼ　新潟県十日町市
中条甲　なかじょうこう　新潟県十日町市
中条住良木　なかじょうすめらぎ　長野県長野市
中条村　なかじょうむら　⇒長野市（長野県）
中条町　ちゅうじょうちょう　愛知県豊川市
中条庚　なかじょうかのえ　新潟県十日町市
中条御山里　なかじょうみやまさ　長野県長野市
中条新田　ちゅうじょうしんでん　新潟県長岡市
中条徳原　ちゅうじょうとくはら　兵庫県南あわじ市
中杉町　なかすぎちょう　愛知県名古屋市北区
中束　なかまるけ　新潟県岩船郡関川村
中村
　　なかむら　北海道歌志内市
　　なかむら　青森県上北郡七戸町
　　なかむら　岩手県滝沢市
　　なかむら　岩手県和賀郡西和賀町
　　なかむら　岩手県下閉伊郡普代村
　　なかむら　宮城県黒川郡大郷町
　　なかむら　福島県相馬市
　　なかむら　群馬県渋川市
　　なかむら　東京都練馬区
　　なかむら　新潟県新潟市秋葉区
　　なかむら　新潟県加茂市
　　なかむら　新潟県十日町市
　　なかむら　富山県氷見市
　　なかむら　富山県滑川市
　　なかむら　富山県砺波市
　　なかむら　富山県射水市
　　なかむら　富山県中新川郡上市町
　　なかむら　福井県小浜市
　　なかむら　山梨県山梨市
　　なかむら　長野県飯田市
　　なかむら　三重県伊賀市
　　なかむら　三重県多気郡明和町
　　なかむら　京都府宮津市
　　なかむら　兵庫県伊丹市
　　なかむら　兵庫県淡路市
　　なかむら　兵庫県加古郡稲美町
　　なかむら　兵庫県神崎郡神河町
　　なかむら　鳥取県鳥取市
　　なかむら　鳥取県東伯郡琴浦町
　　なかむら　島根県仁多郡奥出雲町
　　なかむら　島根県隠岐郡隠岐の島町
　　なかむら　岡山県津山市
　　なかむら　山口県宇部市
　　なかむら　山口県周南市
　　なかむら　山口県山陽小野田市
　　なかむら　徳島県海部郡牟岐町
　　なかむら　徳島県板野郡北島町
　　なかむら　愛媛県松山市
　　なかむら　愛媛県新居浜市
　　なかむら　愛媛県大洲市
　　なかむら　愛媛県伊予市
　　なかむら　高知県（土佐くろしお鉄道中村・宿毛線）
　　なかむら　高知県四万十市
　　なかむら　高知県吾川郡仁淀川町
　　なかむら　高知県高岡郡四万十町

4画（中）

なかむら　福岡県豊前市
なかむら　福岡県築上郡上毛町
なかむら　佐賀県鹿島市
中村一条通　なかむらいちじょうどおり　高知県四万十市
中村上小姓町　なかむらかみこしょうまち　高知県四万十市
中村丸の内　なかむらまるのうち　高知県四万十市
中村大王　なかむらだいおう　高知県長岡郡大豊町
中村大橋通　なかむらおおはしどおり　高知県四万十市
中村小姓町　なかむらこしょうまち　高知県四万十市
中村山手通　なかむらやまてどおり　高知県四万十市
中村中町　なかむらなかまち　愛知県名古屋市中村区
中村公園　なかむらこうえん　愛知県（名古屋市交通局東山線）
中村区　なかむらく　愛知県名古屋市
中村区役所　なかむらくやくしょ　愛知県（名古屋市交通局桜通線）
中村天神橋　なかむらてんじんばし　高知県四万十市
中村日赤　なかむらにっせき　愛知県（名古屋市交通局東山線）
中村北　なかむらきた　東京都練馬区
中村北町　なかむらきたまち　大分県佐伯市
中村四万十町　なかむらしまんとちょう　高知県四万十市
中村本町
　なかむらほんまち　愛知県名古屋市中村区
　なかむらほんまち　高知県四万十市
中村百笑町　なかむらどうめきまち　高知県四万十市
中村羽生小路　なかむらはぶしょうじ　高知県四万十市
中村西　なかむらにし　宮崎県宮崎市
中村西町　なかむらにしまち　大分県佐伯市
中村西根　なかむらにしね　茨城県土浦市
中村町
　なかむらまち　青森県西津軽郡鰺ケ沢町
　なかむらまち　埼玉県秩父市
　なかむらちょう　神奈川県横浜市南区
　なかむらまち　石川県金沢市
　なかむらちょう　山梨県甲府市
　なかむらちょう　静岡県静岡市駿河区
　なかむらちょう　愛知県名古屋市中村区
　なかむらちょう　愛知県岡崎市
　なかむらちょう　愛知県半田市
　なかむらちょう　三重県津市
　なかむらちょう　三重県四日市市
　なかむらちょう　三重県伊勢市
　なかむらちょう　三重県尾鷲市
　なかむらちょう　滋賀県近江八幡市
　なかむらちょう　京都府京都市上京区
　なかむらちょう　大阪府堺市北区
　なかむらちょう　大阪府茨木市
　なかむらちょう　山口県光市
　なかむらちょう　香川県善通寺市
　なかむらまち　熊本県天草市
　なかむらちょう　鹿児島県薩摩川内市
中村町中央　なかむらちょうちゅうおう　北海道美唄市
中村町北　なかむらちょうきた　北海道美唄市
中村町南　なかむらちょうみなみ　北海道美唄市
中村京町　なかむらきょうまち　高知県四万十市
中村岩崎町　なかむらいわさきちょう　高知県四万十市
中村弥生町　なかむらやよいちょう　高知県四万十市

中村於東町　なかむらおひがしちょう　高知県四万十市
中村松木　なかむらまつぎ　愛媛県新居浜市
中村東
　なかむらひがし　茨城県土浦市
　なかむらひがし　宮崎県宮崎市
中村東下町　なかむらひがししもまち　高知県四万十市
中村東町
　なかむらひがしまち　高知県四万十市
　なかむらひがしまち　大分県佐伯市
中村南
　なかむらみなみ　茨城県土浦市
　なかむらみなみ　東京都練馬区
中村南町　なかむらみなみまち　大分県佐伯市
中村栄町　なかむらさかえまち　高知県四万十市
中村原　なかむらはら　神奈川県小田原市
中村桜町　なかむらさくらまち　高知県四万十市
中村浜　なかむらはま　新潟県胎内市
中村郷　なかむらごう　長崎県北松浦郡小値賀町
中村道ノ下　なかむらみちのしも　青森県上北郡東北町
中村道ノ上　なかむらみちのかみ　青森県上北郡東北町
中村愛宕町　なかむらあたごまち　高知県四万十市
中村新田
　なかむらしんでん　茨城県筑西市
　なかむらしんでん　千葉県香取郡多古町
中村新町　なかむらしんまち　高知県四万十市
中村橋　なかむらばし　東京都（西武鉄道池袋線）
中沖
　なかおき　福島県西白河郡矢吹町
　なかおき　富山県富山市
中沢
　なかざわ　青森県（JR津軽線）
　なかざわ　青森県東津軽郡蓬田村
　なかざわ　秋田県能代市
　なかざわ　山形県鶴岡市
　なかざわ　山形県西村山郡朝日町
　なかざわ　群馬県富岡市
　なかざわ　埼玉県日高市
　なかざわ　千葉県鎌ケ谷市
　なかざわ　千葉県富里市
　なかざわ　東京都多摩市
　なかざわ　神奈川県横浜市旭区
　なかざわ　神奈川県相模原市緑区
　なかざわ　新潟県長岡市
　なかざわ　富山県下新川郡入善町
　なかざわ　長野県駒ケ根市
　なかざわ　岐阜県安八郡神戸町
　なかざわ　静岡県静岡市葵区
　なかざわ　滋賀県栗東市
中沢田　なかざわだ　静岡県沼津市
中沢町
　なかざわちょう　新潟県新潟市秋葉区
　なかざわまち　新潟県長岡市
　なかざわちょう　静岡県浜松市中区
　なかざわちょう　愛媛県宇和島市
中沢新町　なかざわしんまち　千葉県鎌ケ谷市
中町
　なかまち　北海道空知郡上砂川町
　なかまち　北海道上川郡比布町
　なかまち　北海道上川郡美瑛町
　なかまち　北海道空知郡上富良野町

263

4画（中）

なかまち　青森県黒石市
なかまち　岩手県久慈市
なかまち　岩手県岩手郡雫石町
なかまち　宮城県白石市
なかまち　宮城県亘理郡亘理町
なかまち　秋田県大館市
なかまち　秋田県由利本荘市
なかまち　山形県酒田市
なかまち　山形県尾花沢市
なかまち　福島県福島市
なかまち　福島県会津若松市
なかまち　福島県郡山市
なかまち　福島県白河市
なかまち　福島県須賀川市
なかまち　福島県喜多方市
なかまち　福島県二本松市
なかまち　福島県岩瀬郡鏡石町
なかまち　福島県耶麻郡猪苗代町
なかまち　福島県西白河郡矢吹町
なかまち　福島県田村郡三春町
なかちょう　栃木県佐野市
なかまち　群馬県伊勢崎市
なかまち　群馬県沼田市
なかちょう　埼玉県秩父市
なかまち　埼玉県越谷市
なかちょう　埼玉県戸田市
なかちょう　東京都新宿区
なかちょう　東京都目黒区
なかまち　東京都世田谷区
なかちょう　東京都八王子市
なかちょう　東京都武蔵野市
なかまち　東京都町田市
なかちょう　東京都小金井市
なかまち　東京都西東京市
なかちょう　神奈川県小田原市
なかちょう　神奈川県厚木市
なかまち　新潟県妙高市
なかまち　富山県滑川市
なかまち　石川県小松市
なかまち　石川県白山市
なかまち　石川県能美市
なかまち　福井県福井市
なかちょう　山梨県甲府市
なかまち　長野県須坂市
なかまち　岐阜県大垣市
なかまち　岐阜県多治見市
なかまち　岐阜県不破郡関ケ原町
なかちょう　静岡県静岡市葵区
なかまち　静岡県磐田市
なかまち　静岡県掛川市
なかまち　愛知県岡崎市
なかまち　愛知県一宮市
なかまち　愛知県半田市
なかまち　愛知県春日井市
なかまち　愛知県碧南市
なかまち　愛知県豊田市
なかまち　愛知県西尾市
なかまち　愛知県知立市
なかまち　三重県四日市市
なかまち　三重県松阪市
なかまち　三重県名張市
なかちょう　滋賀県守山市
なかまち　大阪府岸和田市
なかまち　大阪府泉佐野市
なかまち　大阪府門真市
なかちょう　兵庫県小野市

なかまち　兵庫県三田市
なかまち　奈良県奈良市
なかちょう　奈良県天理市
なかちょう　奈良県橿原市
なかちょう　奈良県五條市
なかまち　鳥取県鳥取市
なかまち　鳥取県米子市
なかまち　鳥取県境港市
なかまち　島根県隠岐郡隠岐の島町
なかまち　岡山県美作市
なかまち　広島県広島市中区
なかまち　高知県須崎市
なかまち　福岡県北九州市門司区
なかまち　福岡県大牟田市
なかまち　福岡県柳川市
なかまち　佐賀県唐津市
なかまち　長崎県長崎市
なかまち　長崎県島原市
なかまち　大分県津久見市
なかまち　宮崎県都城市
なかまち　宮崎県延岡市
なかまち　宮崎県日向市
なかまち　鹿児島県鹿児島市
なかまち　鹿児島県枕崎市

中町（西町北）　なかまちにしちょうきた　富山県（富山地方鉄道市内線）
中町北裏　なかまちきたうら　福島県白河市
中町東　なかまちひがし　宮城県亘理郡亘理町
中町通　なかまちどおり　兵庫県神戸市中央区
中社町　なかやしろちょう　京都府京都市上京区
中花町　なかはなちょう　愛知県名古屋市中川区
中芳養　なかはや　和歌山県田辺市
中角
　なかつの　福井県（えちぜん鉄道三国芦原線）
　なかつの　三重県度会郡玉城町
　なかつの　徳島県勝浦郡勝浦町
　なかつの　高知県宿毛市
　なかつの　大分県竹田市
中角町　なかつのちょう　福井県福井市
中谷
　なかや　茨城県北相馬郡利根町
　なかや　栃木県下都賀郡野木町
　なかや　群馬県邑楽郡明和町
　なかや　千葉県勝浦市
　なかや　千葉県印旛郡栄町
　なかのたに　兵庫県豊岡市
　なかたに　奈良県桜井市
　なかたに　奈良県吉野郡天川村
　なかだに　岡山県美作市
　なかだに　岡山県苫田郡鏡野町
　なかだに　高知県南国市
中谷内
　なかやち　新潟県新発田市
　なかやち　新潟県糸魚川市
　なかやち　富山県氷見市
中谷地
　なかやち　青森県上北郡おいらせ町
　なかやち　秋田県南秋田郡八郎潟町
中谷町　なかたにちょう　兵庫県小野市
中谷里　なかやり　千葉県旭市
中足寄　なかあしょろ　北海道足寄郡足寄町
中里
　なかさと　北海道瀬棚郡今金町

4画（中）

なかさと　北海道寿都郡黒松内町
なかさと　北海道虻田郡喜茂別町
なかさと　北海道夕張郡栗山町
なかさと　北海道斜里郡小清水町
なかさと　北海道常呂郡置戸町
なかさと　北海道中川郡幕別町
なかさと　青森県北津軽郡中泊町
なかさと　岩手県一関市
なかさと　岩手県下閉伊郡岩泉町
なかさと　岩手県二戸郡一戸町
なかさと　宮城県石巻市
なかざと　山形県山形市
なかざと　山形県天童市
なかざと　山形県東置賜郡高畠町
なかざと　福島県二本松市
なかざと　福島県石川郡浅川町
なかざと　茨城県龍ケ崎市
なかざと　茨城県那珂市
なかざと　茨城県坂東市
なかざと　茨城県桜川市
なかざと　栃木県小山市
なかざと　埼玉県行田市
なかざと　埼玉県久喜市
なかざと　埼玉県坂戸市
なかざと　埼玉県児玉郡美里町
なかざと　千葉県館山市
なかざと　千葉県木更津市
なかざと　千葉県野田市
なかざと　千葉県成田市
なかざと　千葉県勝浦市
なかざと　千葉県我孫子市
なかざと　千葉県長生郡白子町
なかざと　東京都北区
なかざと　東京都清瀬市
なかざと　神奈川県横浜市南区
なかざと　神奈川県平塚市
なかざと　神奈川県小田原市
なかざと　神奈川県中郡二宮町
なかざと　静岡県富士市
なかざと　静岡県焼津市
なかざと　三重県北牟婁郡紀北町
なかざと　和歌山県東牟婁郡那智勝浦町
なかざと　山口県山陽小野田市
なかざと　高知県安芸郡安田町
なかざと　佐賀県唐津市
なかざと　長崎県（松浦鉄道西九州線）
なかざと　熊本県球磨郡湯前町
なかざと　鹿児島県大島郡喜界町
中里下山　なかさとしもやま　新潟県十日町市
中里団地　なかさとだんち　岩手県宮古市
中里町
　なかざとちょう　栃木県宇都宮市
　なかざとまち　群馬県高崎市
　なかざとちょう　東京都新宿区
　なかざとちょう　神奈川県横浜市南区
　なかざとちょう　静岡県浜松市東区
　なかざとちょう　三重県四日市市
　なかざとちょう　滋賀県東近江市
　なかざとちょう　兵庫県神戸市北区
　なかざとまち　長崎県長崎市
　なかざとまち　長崎県佐世保市
　なかざとまち　長崎県大村市
中里見町　なかさとみまち　群馬県高崎市
中里東町　なかざとひがしちょう　静岡県富士宮市
中里新田　なかざとしんでん　千葉県我孫子市

[8]**中京区**　なかぎょうく　京都府京都市
中京田　なかきょうでん　山形県鶴岡市
中京南通　ちゅうきょうみなみとおり　愛知県名古屋市中川区
中京競馬場前　ちゅうきょうけいばじょうまえ　愛知県（名古屋鉄道名古屋本線）
中依知　なかえち　神奈川県厚木市
中味鋺　なかあじま　愛知県名古屋市北区
中和
　ちゅうわ　北海道上川郡和寒町
　ちゅうわ　秋田県能代市
中和仁　なかわに　熊本県玉名郡和水町
中和天別　なかわてんべつ　北海道白糠郡白糠町
中和泉
　なかいずみ　東京都狛江市
　なかいずみ　三重県桑名郡木曽岬町
中和倉　なかわくら　千葉県松戸市
中国分　なかこくぶん　千葉県市川市
中国勝山　ちゅうごくかつやま　岡山県（JR姫新線）
中坪町　なかつぼちょう　愛知県名古屋市天白区
中奈良　なかなら　埼玉県熊谷市
中奈良町　なかならちょう　愛知県江南市
中妻
　なかづま　福島県南会津郡下郷町
　なかづま　茨城県（関東鉄道常総線）
　なかづま　埼玉県上尾市
　なかづま　埼玉県久喜市
　なかづま　新潟県新発田市
　なかづま　宮崎県西都市
中妻町
　なかづまちょう　岩手県釜石市
　なかづままち　茨城県常総市
中学校　ちゅうがっこう　千葉県（山万ユーカリが丘線）
中宗岡　なかむねおか　埼玉県志木市
中宝永町　なかほうえいちょう　高知県高知市
中居
　なかい　茨城県常陸大宮市
　なかい　茨城県鉾田市
　なかい　埼玉県飯能市
　なかい　石川県鳳珠郡穴水町
中居町
　なかいまち　群馬県高崎市
　なかいちょう　福井県越前市
　なかいちょう　京都府京都市下京区
中居林　なかいばやし　青森県八戸市
中居南　なかいみなみ　石川県鳳珠郡穴水町
中居指　なかいざし　茨城県下妻市
中岡本町　なかおかもとちょう　栃木県宇都宮市
中岡甲　なかおかこう　福島県河沼郡会津坂下町
中岡町　なかおかまち　福島県いわき市
中岡崎　なかおかざき　愛知県（愛知環状鉄道線）
中岡崎町　なかおかざきちょう　愛知県岡崎市
中岳町　なかだけまち　長崎県大村市
中岳郷　なかたけごう　長崎県東彼杵郡東彼杵町
中岸本町　なかぎしもとちょう　滋賀県東近江市
中岩田
　なかいわた　福島県河沼郡会津坂下町
　なかいわた　愛知県豊橋市
中岩瀬　なかいわせ　埼玉県羽生市

265

4画（中）

中岫　なかぐき　青森県上北郡七戸町
中岫太田嶋　なかぐきおおたしま　青森県上北郡七戸町
中岫村ノ上　なかぐきむらのかみ　青森県上北郡七戸町
中岫東道添　なかぐきひがしみちぞえ　青森県上北郡七戸町
中岫長沢下　なかぐきながさわしも　青森県上北郡七戸町
中岫番屋　なかぐきばんや　青森県上北郡七戸町
中幸町　なかさいわいちょう　神奈川県川崎市幸区
中底井野　なかそこいの　福岡県中間市
中店　なかみせ　広島県安芸郡熊田町
中府町　なかぶちょう　香川県丸亀市
中延
　なかのべ　茨城県小美玉市
　なかのぶ　東京都（東京急行電鉄大井町線ほか）
　なかのぶ　東京都品川区
中斉　なかさい　石川県鳳珠郡能登町
中松
　なかまつ　長野県上高井郡小布施町
　なかまつ　熊本県（南阿蘇鉄道線）
　なかまつ　熊本県阿蘇郡南阿蘇村
中松山町　なかまつやまちょう　愛知県豊橋市
中松江　なかまつえ　和歌山県（南海電気鉄道加太線）
中松尾町　なかまつおまち　熊本県熊本市西区
中松町　なかまつまち　愛知県碧南市
中東原新田　なかひがしはらしんでん　茨城県つくば市
中板橋
　なかいたばし　東京都（東武鉄道東上本線）
　なかいたばし　東京都板橋区
中林
　なかばやし　新潟県糸魚川市
　なかばやし　富山県中新川郡立山町
　なかばやし　石川県野々市市
　なかばやし　熊本県玉名郡和水町
中林町
　なかばやしちょう　三重県松阪市
　なかばやしちょう　徳島県阿南市
　なかばやしまち　熊本県人吉市
中河　なかがわ　静岡県島田市
中河内
　なかごうち　神奈川県海老名市
　なかごうち　静岡県静岡市清水区
　なかごうち　岡山県真庭市
　なかごうち　岡山県美作市
中河内町
　なかがちちょう　茨城県水戸市
　なかこうちちょう　福井県福井市
中河町　なかがわちょう　静岡県島田市
中河原
　なかがわら　山形県寒河江市
　なかがわら　栃木県小山市
　なかがわら　東京都（京王電鉄京王線）
　なかがわはら　静岡県富士市
　なかがわら　愛知県清須市
　なかがわら　三重県津市
　なかがわら　鳥取県倉吉市
　なかがわら　山口県山口市
中河原町
　なかがわらまち　栃木県宇都宮市

　なかかはらちょう　大阪府茨木市
　なかがわらちょう　山口県山口市
中沼
　なかぬま　岩手県岩手郡雫石町
　なかぬま　山形県山形市
　なかぬま　茨城県常総市
　なかぬま　神奈川県南足柄市
　なかぬま　石川県かほく市
中沼一条　なかぬまいちじょう　北海道札幌市東区
中沼二条　なかぬまにじょう　北海道札幌市東区
中沼三条　なかぬまさんじょう　北海道札幌市東区
中沼五条　なかぬまごじょう　北海道札幌市東区
中沼六条　なかぬまろくじょう　北海道札幌市東区
中沼四条　なかぬましじょう　北海道札幌市東区
中沼田　なかぬまた　千葉県我孫子市
中沼西一条　なかぬまにしいちじょう　北海道札幌市東区
中沼西二条　なかぬまにしにじょう　北海道札幌市東区
中沼西三条　なかぬまにしさんじょう　北海道札幌市東区
中沼西五条　なかぬまにしごじょう　北海道札幌市東区
中沼西四条　なかぬまにししじょう　北海道札幌市東区
中沼町
　なかぬままちょう　北海道札幌市東区
　なかぬまちょう　愛知県名古屋市西区
中波　なかなみ　富山県氷見市
中波見　なかはみ　京都府宮津市
中泊　なかどまり　愛媛県南宇和郡愛南町
中泊町　なかどまりまち　青森県北津軽郡
中油掛町　なかあぶらかけちょう　京都府京都市伏見区
中牧　なかまき　岡山県岡山市北区
中牧田　なかまきた　山形県酒田市
中知山　なかちやま　三重県名張市
中迫　なかぶさ　和歌山県岩出市
中金仏町　なかかなぶつちょう　京都府京都市下京区
中金杉　なかかなすぎ　千葉県松戸市
中金町
　なかがねちょう　愛知県岡崎市
　なかがねちょう　愛知県豊田市
中金剛山　なかこんごうざん　山口県周南市
中長尾町　なかながおちょう　大阪府堺市北区
中門前　なかもんぜん　新潟県上越市
中阿久津　なかあくつ　栃木県塩谷郡高根沢町
中青井町　なかあおいまち　熊本県人吉市
中青木　なかあおき　埼玉県川口市
中青出　なかあおいで　富山県中新川郡上市町
中保
　なかほ　富山県高岡市
　なかほ　福井県大野市
中俣
　なかのまた　秋田県由利本荘市
　なかまた　鹿児島県垂水市
中前川町　なかまえがわちょう　徳島県徳島市
中前田町　なかまえだちょう　兵庫県西宮市
中品野町　なかしなのちょう　愛知県瀬戸市
中垣内　なかがいと　大阪府大東市

中垣内町
なかがいとちょう　愛知県豊田市
なかがうちちょう　島根県益田市
中城　なかじょう　秋田県大館市
中城村　なかぐすくそん　沖縄県中頭郡
中城町
なかじょうちょう　茨城県常陸太田市
なかじょうちょう　奈良県大和郡山市
なかじょうまち　大分県日田市
中拼和　なかはが　岡山県久米郡美咲町
中室田町　なかむろだまち　群馬県高崎市
中屋
なかや　富山県富山市
なかや　石川県金沢市
なかや　愛知県長久手市
なかや　高知県長岡郡大豊町
ちゅうや　福岡県嘉穂郡桂川町
中屋西　なかやにし　岐阜県岐阜市
中屋町
なかやまち　石川県金沢市
なかやちょう　兵庫県西宮市
中屋東　なかやひがし　岐阜県岐阜市
中屋南　なかやみなみ　石川県金沢市
中屋敷
なかやしき　青森県上北郡野辺地町
なかやしき　宮城県石巻市
なかやしき　秋田県北秋田市
なかやしき　神奈川県横浜市瀬谷区
なかやしき　新潟県十日町市
なかやしき　新潟県上越市
中屋敷町
なかやしきちょう　岩手県盛岡市
なかやしきちょう　三重県亀山市
なかやしきまち　和歌山県田辺市
中峠　なかびょう　千葉県我孫子市
中峠台　なかびょうだい　千葉県我孫子市
中峠村下　なかびょうむらした　千葉県我孫子市
中後町　なかごまち　愛知県碧南市
中後閑　なかごかん　群馬県安中市
中持　なかもち　兵庫県淡路市
中春日町　なかかすまち　大分県大分市
中春別　なかしゅんべつ　北海道野付郡別海町
中春別西町　なかしゅんべつにしちょう　北海道野付郡別海町
中春別東町　なかしゅんべつひがしちょう　北海道野付郡別海町
中春別南町　なかしゅんべつみなみちょう　北海道野付郡別海町
中昭和町　なかしょうわちょう　徳島県徳島市
中柴町　なかしばちょう　愛知県豊橋市
中染町　なかぞめちょう　茨城県常陸太田市
中柘植　なかつげ　三重県伊賀市
中柏原新田　なかかしわばらしんでん　静岡県富士市
中柏崎　なかかしわざき　栃木県塩谷郡高根沢町
中柏野町　なかかしわのまち　石川県白山市
中柳　なかやなぎ　秋田県能代市
中段町　ちゅうだまち　石川県輪島市
中毘沙門町　なかびしゃもんちょう　福井県福井市
中海　なこみ　三重県多気郡明和町
中海干拓地　なかうみかんたくち　鳥取県境港市

中海町
なかうみまち　石川県小松市
なかうみちょう　島根県安来市
中海岸　なかかいがん　神奈川県茅ケ崎市
中洲
なかず　千葉県香取市
なかす　長野県諏訪市
なかす　福岡県福岡市博多区
中洲川端　なかすかわばた　福岡県(福岡市交通局空港線ほか)
中洲中島町　なかすなかしままち　福岡県福岡市博多区
中洲町
なかすちょう　岐阜県岐阜市
なかずちょう　徳島県徳島市
中洲通　なかすどおり　鹿児島県(鹿児島市交通局2系統)
中泉
なかいずみ　青森県五所川原市
なかいずみ　福島県河沼郡会津坂下町
なかいずみ　茨城県桜川市
なかいずみ　栃木県下都賀郡壬生町
なかいずみ　石川県羽咋郡志賀町
なかいずみ　静岡県磐田市
なかいずみ　福岡県(平成筑豊鉄道伊田線)
なかいずみ　福岡県直方市
中泉町
なかいずみまち　群馬県高崎市
なかいずみちょう　山口県防府市
中津
なかつ　神奈川県愛甲郡愛川町
なかつ　京都府宮津市
なかつ　大阪府(阪急電鉄神戸本線ほか)
なかつ　大阪府大阪市北区
なかつ　鳥取県東伯郡三朝町
なかつ　愛媛県上浮穴郡久万高原町
なかつ　大分県(JR日豊本線)
中津口　なかつぐち　福岡県北九州市小倉北区
中津山町　なかつやまちょう　福井県越前市
中津川
なかつがわ　茨城県石岡市
なかつがわ　埼玉県秩父市
なかつがわ　福井県大野市
なかつがわ　岐阜県(JR中央本線)
なかつがわ　岐阜県中津川市
なかつがわ　奈良県吉野郡野迫川村
なかつかわ　和歌山県紀の川市
なかつかわ　和歌山県日高郡日高川町
なかつがわ　愛媛県八幡浜市
なかつがわ　鹿児島県薩摩郡さつま町
なかつがわ　鹿児島県姶良郡湧水町
中津川市　なかつがわし　岐阜県
中津川組　なかつがわぐみ　兵庫県洲本市
中津市　なかつし　大分県
中津田　なかつた　千葉県山武市
中津江村合瀬　なかつえむらごうせ　大分県日田市
中津江村栃野　なかつえむらとちの　大分県日田市
中津町
なかつちょう　大阪府茨木市
なかつちょう　島根県安来市
なかづまち　山口県岩国市
なかつちょう　香川県丸亀市

4画（中）

中津海　なかつみ　福井県大飯郡高浜町
中津原
　　なかつはら　新潟県村上市
　　なかつはら　大阪府南河内郡千早赤阪村
　　なかつはら　鳥取県東伯郡琴浦町
　　なかつばる　福岡県田川郡香春町
中津原町　なかつはらちょう　福井県越前市
中津浦　なかつうら　大分県臼杵市
中津浜浦　なかつはまうら　三重県度会郡南伊勢町
中津留　なかづる　大分県大分市
中津野　なかつの　鹿児島県姶良市
中津森　なかつもり　山梨県都留市
中津軽郡　なかつがるぐん　青森県
中津隈　なかつくま　佐賀県三養基郡みやき町
中津熊　なかつくま　福岡県行橋市
中津幡　なかつばた　石川県（JR七尾線）
中津瀬町　なかつせちょう　宮崎県宮崎市
中洞　なかほら　岐阜県山県市
中狭　なかばさみ　愛知県知多郡武豊町
中畑
　　なかはた　青森県弘前市
　　なかはた　青森県上北郡横浜町
　　なかはた　宮城県加美郡加美町
　　なかはた　福島県伊達市
　　なかはた　福島県西白河郡矢吹町
　　なかばたけ　富山県南砺市
　　なかはた　静岡県御殿場市
　　なかはた　愛知県西尾市
　　なかはた　大阪府高槻市
　　なかはた　和歌山県紀の川市
　　なかはた　岡山県赤磐市
　　なかはた　広島県（JR福塩線）
　　なかはた　福岡県北九州市八幡東区
中畑町
　　なかばたけちょう　山梨県甲府市
　　なかはたちょう　愛知県瀬戸市
　　なかはたちょう　愛知県西尾市
　　なかはたちょう　兵庫県西脇市
　　なかはたちょう　奈良県奈良市
　　なかはたまち　福岡県北九州市若松区
中畑南　なかはたみなみ　福島県西白河郡矢吹町
中畑新田　なかはたしんでん　福島県西白河郡矢吹町
中発知町　なかほっちまち　群馬県沼田市
中砂町　なかすなちょう　愛知県名古屋市天白区
中砂見　なかすなみ　鳥取県鳥取市
中神
　　なかがみ　埼玉県入間市
　　なかがみ　東京都（JR青梅線）
　　なかがみ　富山県砺波市
中神ノ川　なかごうのかわ　高知県高岡郡四万十町
中神田町　なかみだちょう　大阪府寝屋川市
中神立町　なかかんだつまち　茨城県土浦市
中神地　なかかんじ　山梨県南都留郡道志村
中神町
　　なかがみちょう　東京都昭島市
　　なかがみちょう　熊本県人吉市
中神明町　なかしんめいちょう　秋田県大館市
中祖
　　なかぞ　鳥取県西伯郡伯耆町
　　なかぞ　広島県山県郡北広島町
中秋間　なかあきま　群馬県安中市

中籾　なかもみ　岡山県久米郡久米南町
中美生　ちゅうびせい　北海道河西郡芽室町
中荒子　なかあらこ　福島県福島市
中荒川沖町　なかあらかわおきまち　茨城県土浦市
中荒井
　　なかあらい　福島県（会津鉄道線）
　　なかあらい　福島県南会津郡南会津町
　　なかあらい　福井県大野市
中荒井町
　　なかあらいまち　福井県福井市
　　なかあらいちょう　福井県大野市
中草野　なかくさの　富山県下新川郡朝日町
中茶屋
　　なかのちゃや　大阪府大阪市鶴見区
　　なかのちゃや　大阪府堺市東区
中茶路　なかちゃろ　北海道白糠郡白糠町
中追　なかおい　高知県吾川郡いの町
中音更
　　なかおとふけ　北海道河東郡音更町
　　なかおとふけ　北海道河東郡士幌町

10中倉
　　なかくら　宮城県仙台市若林区
　　なかぐら　福島県石川郡平田村
　　なかくら　千葉県勝浦市
　　なかくら　新潟県新発田市
　　なかくら　新潟県村上市
　　なかくら　新潟県胎内市
中俵　なかたわら　新潟県新発田市
中原
　　なかはら　北海道石狩郡新篠津村
　　なかはら　宮城県加美郡加美町
　　なかはら　茨城県つくばみらい市
　　なかはら　千葉県柏市
　　なかはら　千葉県長生郡長南町
　　なかはら　東京都三鷹市
　　なかはら　東京都武蔵村山市
　　なかはら　神奈川県横浜市磯子区
　　なかはら　神奈川県平塚市
　　なかはら　新潟県村上市
　　なかはら　新潟県佐渡市
　　なかはら　新潟県魚沼市
　　なかはら　長野県上高井郡高山村
　　なかはら　静岡県静岡市駿河区
　　なかはら　愛知県知多市
　　なかはら　愛知県弥富市
　　なかはら　和歌山県有田郡有田川町
　　なかはら　鳥取県八頭郡若桜町
　　なかはら　鳥取県八頭郡智頭町
　　なかばら　岡山県岡山市北区
　　なかばら　岡山県津山市
　　なかばら　岡山県総社市
　　なかばら　岡山県真庭市
　　なかばら　広島県山県郡北広島町
　　なかばら　広島県世羅郡世羅町
　　なかばる　福岡県北九州市戸畑区
　　なかばる　福岡県朝倉市
　　なかばる　福岡県筑紫郡那珂川町
　　なかばる　佐賀県（JR長崎本線）
　　なかばる　佐賀県唐津市
　　なかばる　熊本県阿蘇郡南小国町
　　なかばる　大分県中津市
　　なかばる　大分県宇佐市
　　なかばる　宮崎県北諸県郡三股町

4画（中）

中原下宿　なかはらしもじゅく　神奈川県平塚市
中原上宿　なかはらかみじゅく　神奈川県平塚市
中原山　なかはらやま　兵庫県篠山市
中原区　なかはらく　神奈川県川崎市
中原戸　なかはらと　静岡県伊豆市
中原西　なかばるにし　福岡県北九州市戸畑区
中原町
　　なかはらちょう　茨城県水戸市
　　なかはらちょう　茨城県取手市
　　なかはらまち　埼玉県川越市
　　なかはらちょう　静岡県沼津市
　　なかはらちょう　静岡県富士宮市
　　なかはらちょう　愛知県豊橋市
　　なかはらちょう　愛知県西尾市
　　なかはらちょう　愛知県弥富市
　　なかはらちょう　島根県松江市
　　なかはらちょう　岡山県高梁市
　　なかはらちょう　長崎県佐世保市
　　なかはらまち　長崎県島原市
　　なかはらまち　熊本県熊本市西区
　　なかはらちょう　宮崎県都城市
中原東
　　なかばるひがし　福岡県北九州市戸畑区
　　なかばるひがし　福岡県筑紫郡那珂川町
中原通　なかはらどおり　兵庫県神戸市灘区
中原新田　なかばらしんでん　新潟県妙高市
中原新町　なかばるしんまち　福岡県北九州市戸畑区
中原観晴が丘　なかばるみはるがおか　福岡県筑紫郡
　　那珂川町
中唐人町　なかとうじんまち　熊本県熊本市中央区
中唐曽　なかがらそ　愛知県犬山市
中家　ちゅうか　新潟県魚沼市
中家新田　ちゅうかしんでん　新潟県魚沼市
中宮
　　ちゅうぐう　石川県白山市
　　なかみや　岐阜県瑞穂市
　　なかみや　大阪府大阪市旭区
中宮大池　なかみやおおいけ　大阪府枚方市
中宮山戸町　なかみややまとちょう　大阪府枚方市
中宮北町　なかみやきたまち　大阪府枚方市
中宮本町　なかみやほんまち　大阪府枚方市
中宮地町　なかみやじまち　埼玉県秩父市
中宮西之町　なかみやにしのちょう　大阪府枚方市
中宮町　なかみやちょう　京都府京都市上京区
中宮東之町　なかみやひがしのちょう　大阪府枚方市
中宮祠　ちゅうぐうし　栃木県日光市
中島
　　なかじま　北海道江別市
　　なかじま　北海道亀田郡七飯町
　　なかじま　北海道広尾郡大樹町
　　なかじま　青森県南津軽郡藤崎町
　　なかじま　岩手県紫波郡紫波町
　　なかじま　岩手県下閉伊郡岩泉町
　　なかじま　宮城県石巻市
　　なかじま　宮城県伊具郡丸森町
　　なかじま　宮城県遠田郡涌谷町
　　なかじま　山形県尾花沢市
　　なかじま　山形県東置賜郡高畠町
　　なかじま　山形県西置賜郡小国町
　　なかじま　福島県白河市
　　なかじま　福島県喜多方市
　　なかじま　福島県伊達郡川俣町

　　なかじま　福島県西白河郡中島村
　　なかじま　茨城県稲敷市
　　なかじま　茨城県つくばみらい市
　　なかじま　栃木県小山市
　　なかじま　群馬県藤岡市
　　なかじま　埼玉県さいたま市桜区
　　なかじま　埼玉県越谷市
　　なかじま　埼玉県幸手市
　　なかじま　埼玉県吉川市
　　なかじま　埼玉県南埼玉郡宮代町
　　なかじま　千葉県木更津市
　　なかじま　千葉県勝浦市
　　なかじま　千葉県君津市
　　なかじま　神奈川県川崎市川崎区
　　なかじま　神奈川県茅ケ崎市
　　なかじま　新潟県新潟市東区
　　なかじま　新潟県新潟市西蒲区
　　なかじま　新潟県長岡市
　　なかじま　新潟県三条市
　　なかじま　新潟県新発田市
　　なかじま　新潟県燕市
　　なかじま　新潟県五泉市
　　なかじま　新潟県阿賀野市
　　なかじま　新潟県魚沼市
　　なかじま　富山県富山市
　　なかじま　富山県氷見市
　　なかじま　石川県能美郡川北町
　　なかじま　福井県吉田郡永平寺町
　　なかじま　山梨県韮崎市
　　なかじま　静岡県静岡市駿河区
　　なかじま　静岡県浜松市中区
　　なかじま　静岡県三島市
　　なかじま　静岡県富士市
　　なかじま　静岡県焼津市
　　なかじま　静岡県伊豆の国市
　　なかじま　静岡県駿東郡小山町
　　なかじま　愛知県（名古屋臨海高速鉄道西名古屋港
　　　線）
　　なかじま　愛知県新城市
　　なかじま　愛知県海部郡大治町
　　なかじま　三重県伊勢市
　　なかじま　京都府久世郡久御山町
　　なかじま　大阪府大阪市西淀川区
　　なかじま　兵庫県高砂市
　　なかじま　兵庫県佐用郡佐用町
　　なかじま　和歌山県和歌山市
　　なかじま　和歌山県岩出市
　　なかじま　鳥取県米子市
　　なかしま　岡山県岡山市中区
　　なかしま　岡山県倉敷市
　　なかしま　岡山県津山市
　　なかしま　岡山県赤磐市
　　なかしま　岡山県真庭市
　　なかしま　広島県（JR可部線）
　　なかしま　高知県土佐市
　　なかしま　福岡県北九州市小倉北区
　　なかしま　熊本県菊池郡大津町
　　なかしま　熊本県八代郡氷川町
中島乙　なかじまおつ　宮城県遠田郡涌谷町
中島大浦　なかじまおおうら　愛媛県松山市
中島川前　なかじまかわまえ　宮城県遠田郡涌谷町
中島中央　なかしまちゅうおう　大分県大分市
中島中町　なかじまなかまち　愛知県岡崎市
中島中道町　なかじまなかみちちょう　京都府京都市
　　伏見区

4画（中）

中島公園
なかじまこうえん　北海道（札幌市交通局南北線）
なかじまこうえん　北海道札幌市中央区

中島公園通　なかじまこうえんどおり　北海道（札幌市交通局山鼻線）

中島北ノ口町　なかじまきたのくちちょう　京都府京都市伏見区

中島外山町　なかじまそとやまちょう　京都府京都市伏見区

中島本町　なかじまほんちょう　北海道室蘭市

中島甲　なかじまこう　宮城県遠田郡涌谷町

中島田
なかしまた　山口県光市
なかしまだ　福岡県朝倉市

中島田町
なかしまだちょう　岡山県岡山市北区
なかしまだちょう　徳島県徳島市

中島地先海ほたる　なかじまちさきうみほたる　千葉県木更津市

中島西
なかしまにし　岡山県勝田郡奈義町
なかしまにし　大分県大分市

中島西町　なかじまにしまち　愛知県岡崎市

中島村　なかじまむら　福島県西白河郡

中島町
なかじまちょう　北海道函館市
なかじまちょう　北海道室蘭市
なかじまちょう　北海道釧路市
なかじまちょう　北海道帯広市
なかじまちょう　北海道滝川市
なかじまちょう　北海道恵庭市
なかじまちょう　宮城県石巻市
なかじまちょう　宮城県柴田郡大河原町
なかじままち　福島県会津若松市
なかじまちょう　栃木県宇都宮市
なかじまちょう　群馬県高崎市
なかじまちょう　千葉県銚子市
なかじまちょう　東京都小平市
なかじまちょう　神奈川県横浜市南区
なかじままち　新潟県阿賀野市
なかじままち　富山県高岡市
なかじままち　石川県加賀市
なかじままち　石川県白山市
なかじままち　長野県須坂市
なかじまちょう　静岡県浜松市中区
なかじまちょう　静岡県富士宮市
なかじまちょう　愛知県名古屋市中村区
なかじまちょう　愛知県岡崎市
なかじまちょう　愛知県半田市
なかじまちょう　愛知県刈谷市
なかじまちょう　愛知県豊田市
なかじまちょう　京都府京都市中京区
なかじまちょう　兵庫県神戸市須磨区
なかじまちょう　兵庫県西宮市
なかじまちょう　兵庫県小野市
なかのしまちょう　島根県益田市
なかしまちょう　広島県広島市中区
なかしままち　福岡県大牟田市
なかしまちょう　熊本県熊本市西区
なかしまちょう　大分県別府市
なかしまちょう　宮崎県延岡市

中島町上町　なかじままちかんまち　石川県七尾市

中島町上畠　なかじままちうわばたけ　石川県七尾市

中島町土川　なかじままちつちかわ　石川県七尾市

中島町大平　なかじままちおおだいら　石川県七尾市

中島町小牧　なかじままちおまき　石川県七尾市

中島町山戸田　なかじままちやまとだ　石川県七尾市

中島町中島　なかじままちなかじま　石川県七尾市

中島町北免田　なかじままちきためんでん　石川県七尾市

中島町古江　なかじままちふるえ　石川県七尾市

中島町外　なかじままちそで　石川県七尾市

中島町外原　なかじままちそどはら　石川県七尾市

中島町田岸　なかじままちたぎし　石川県七尾市

中島町西谷内　なかじままちにしやち　石川県七尾市

中島町別所　なかじままちべっしょ　石川県七尾市

中島町町屋　なかじままちまちや　石川県七尾市

中島町谷内　なかじままちやち　石川県七尾市

中島町河内　なかじままちかわうち　石川県七尾市

中島町河崎　なかじままちかわざき　石川県七尾市

中島町長浦　なかじままちながうら　石川県七尾市

中島町宮前　なかじままちみやのまえ　石川県七尾市

中島町浜田　なかじままちはまだ　石川県七尾市

中島町崎山　なかじままちさきやま　石川県七尾市

中島町深浦　なかじままちふかうら　石川県七尾市

中島町笠師　なかじままちかさし　石川県七尾市

中島町鳥越　なかじままちとりごえ　石川県七尾市

中島町鹿島台　なかじままちかしまだい　石川県七尾市

中島町奥吉田　なかじままちおくよした　石川県七尾市

中島町筆染　なかじままちふでそめ　石川県七尾市

中島町塩津　なかじままちしおつ　石川県七尾市

中島町豊田　なかじままちとよた　石川県七尾市

中島町豊田町　なかじままちとよたまち　石川県七尾市

中島町横田　なかじままちよこた　石川県七尾市

中島町横見　なかじままちよこみ　石川県七尾市

中島町藤瀬　なかじままちふじのせ　石川県七尾市

中島町瀬嵐　なかじままちせあらし　石川県七尾市

中島松　なかしままつ　北海道恵庭市

中島東
なかしまひがし　岡山県勝田郡奈義町
なかしまひがし　大分県大分市

中島東町　なかじまひがしまち　愛知県岡崎市

中島東通り　なかしまひがしどおり　山形県東根市

中島河原田町　なかじまかわらでんちょう　京都府京都市伏見区

中島前山町　なかじままえやまちょう　京都府京都市伏見区

中島秋ノ山町　なかじまあきのやまちょう　京都府京都市伏見区

中島宮ノ前町　なかじまみやのまえちょう　京都府京都市伏見区

中島流作町　なかじまりゅうさくちょう　京都府京都市伏見区

中島通
なかしまどおり　愛知県一宮市
なかじまどおり　兵庫県神戸市中央区

中島通り　なかしまどおり　山形県東根市

中島堀端町　なかじまほりばたちょう　京都府京都市伏見区

4画（中）

中島鳥羽離宮町　なかじまとばりきゅうちょう　京都府京都市伏見区
中島御所ノ内町　なかじまごしょのうちちょう　京都府京都市伏見区
中島粟井　なかじまあわい　愛媛県松山市
中島新田
　　なかじましんでん　山形県東根市
　　なかじましんでん　新潟県妙高市
　　なかじましんでん　新潟県魚沼市
中島新町　なかじましんちょう　愛知県名古屋市中川区
中島樋ノ上町　なかじまひのかみちょう　京都府京都市伏見区
中峰山　ちゅうむさん　奈良県山辺郡山添村
中峯　なかみね　和歌山県有田郡有田川町
中帯江　なかおびえ　岡山県倉敷市
中座　なかざ　島根県鹿足郡津和野町
中恩田　なかおんだ　埼玉県熊谷市
中恵土　なかえど　岐阜県可児市
中挟　なかばさみ　福井県大野市
中挟町　なかばさみまち　石川県七尾市
中書町　ちゅうしょちょう　京都府京都市上京区
中書島　ちゅうしょじま　京都府（京阪電気鉄道宇治線ほか）
中栗須　なかくりす　群馬県藤岡市
中桑取　なかくわどり　新潟県上越市
中根
　　なかね　茨城県（ひたちなか海浜鉄道湊線）
　　なかね　茨城県つくば市
　　なかね　茨城県ひたちなか市
　　なかね　茨城県筑西市
　　なかね　茨城県行方市
　　なかね　埼玉県草加市
　　なかね　千葉県松戸市
　　なかね　千葉県野田市
　　なかね　千葉県印西市
　　なかね　東京都目黒区
　　なかね　静岡県焼津市
　　なかね　愛知県知多郡武豊町
中根子　なかねこ　岩手県花巻市
中根台　なかねだい　茨城県龍ケ崎市
中根町
　　なかねちょう　茨城県牛久市
　　なかねちょう　群馬県太田市
　　なかねちょう　愛知県名古屋市瑞穂区
　　なかねちょう　愛知県豊田市
　　なかねちょう　愛知県西尾市
中根長津町　なかねながつちょう　千葉県松戸市
中根新田　なかねしんでん　静岡県焼津市
中桜田　なかさくらだ　山形県山形市
中桜塚　なかさくらづか　大阪府豊中市
中浦
　　なかうら　宮城県石巻市
　　なかうら　新潟県（JR羽越本線）
　　なかうら　新潟県三条市
　　なかうら　愛媛県西宇和郡伊方町
　　なかうら　愛媛県南宇和郡愛南町
中浦和　なかうらわ　埼玉県（JR埼京線）
中浜
　　なかはま　福島県双葉郡双葉町
　　なかはま　福島県双葉郡浪江町
　　なかはま　新潟県柏崎市

　　なかはま　新潟県村上市
　　なかはま　新潟県糸魚川市
　　なかはま　石川県羽咋郡志賀町
　　なかのはま　福井県あわら市
　　なかはま　滋賀県長浜市
　　なかはま　大阪府大阪市城東区
　　なかはま　鳥取県（JR境線）
　　なかのはま　高知県土佐清水市
中浜田町　なかはまだちょう　三重県四日市市
中浜町
　　なかはまちょう　北海道函館市
　　なかはまちょう　神奈川県横浜市磯子区
　　なかはまちょう　愛知県豊橋市
　　なかはまちょう　兵庫県尼崎市
　　なかはまちょう　兵庫県西宮市
　　なかはまちょう　兵庫県赤穂市
　　なかはまちょう　愛媛県今治市
中烏田　なかからすだ　千葉県木更津市
中畝　なかせ　岡山県倉敷市
中畠　なかばた　石川県羽咋郡志賀町
中益　なかます　福岡県嘉麻市
中真玉　なかまたま　大分県豊後高田市
中真砂　なかまなご　新潟県上越市
中秦泉寺　なかじんぜんじ　高知県高知市
中納言　ちゅうなごん　岡山県（岡山電気軌道東山本線）
中納言町　ちゅうなごんちょう　岡山県岡山市中区
中納屋町　なかなやちょう　三重県四日市市
中能登町　なかのとまち　石川県鹿島郡
中般若町川端　なかはんにゃちょうかわばた　愛知県江南市
中般若町北浦　なかはんにゃちょうきたうら　愛知県江南市
中般若町西　なかはんにゃちょうにし　愛知県江南市
中般若町東　なかはんにゃちょうひがし　愛知県江南市
中荻野　なかおぎの　神奈川県厚木市
中袖　なかそで　千葉県袖ケ浦市
中通
　　なかどおり　秋田県秋田市
　　なかどおり　広島県呉市
　　なかと　香川県仲多度郡まんのう町
　　なかどおり　愛媛県松山市
　　なかどおり　佐賀県東松浦郡玄海町
中通町
　　なかどおりまち　新潟県上越市
　　なかとおりまち　徳島県徳島市
　　なかどおりちょう　長崎県佐世保市
　　なかどおりまち　長崎県諫早市
中郡
　　ちゅうぐん　山形県（JR米坂線）
　　なかぐん　神奈川県
　　なかごおり　熊本県下益城郡美里町
　　なかごおり　鹿児島県（鹿児島市交通局2系統）
中郡町　なかごおりちょう　静岡県浜松市東区
中釘　なかくぎ　埼玉県さいたま市西区
中院町　ちゅういんちょう　奈良県奈良市
中陣　なかじん　富山県黒部市
中馬込　なかまごめ　東京都大田区
中馬野　なかばの　三重県伊賀市
中馬場　なかばんば　埼玉県八潮市
中高　なかだか　鳥取県西伯郡大山町

271

4画（中）

中高田	なかたかだ　青森県三戸郡五戸町
中高城	なかたかぎ　宮城県遠田郡美里町
中高津	なかたかつ　茨城県土浦市
中高根	なかたかね　千葉県市原市
中高瀬	なかだかせ　群馬県富岡市

11 **中冨田町**　なかとみだちょう　三重県鈴鹿市

中冨居　なかふご　富山県富山市

中冨居新町　なかふごしんまち　富山県富山市

中務町　なかつかさちょう　京都府京都市上京区

中問寒　なかといかん　北海道天塩郡幌延町

中堂　なかどう　神奈川県平塚市

中堂寺壬生川町　ちゅうどうじみぶがわちょう　京都府京都市下京区

中堂寺北町　ちゅうどうじきたまち　京都府京都市下京区

中堂寺庄ノ内町　ちゅうどうじしょうのうちちょう　京都府京都市下京区

中堂寺西寺町　ちゅうどうじにしでらちょう　京都府京都市下京区

中堂寺坊城町　ちゅうどうじぼうじょうちょう　京都府京都市下京区

中堂寺命婦町　ちゅうどうじみょうぶちょう　京都府京都市下京区

中堂寺前田町　ちゅうどうじまえだちょう　京都府京都市下京区

中堂寺前町　ちゅうどうじまえちょう　京都府京都市下京区

中堂寺南町　ちゅうどうじみなみまち　京都府京都市下京区

中堂寺粟田町　ちゅうどうじあわたちょう　京都府京都市下京区

中堂寺薮ノ内町　ちゅうどうじやぶのうちちょう　京都府京都市下京区

中堂寺櫛笥町　ちゅうどうじくしげちょう　京都府京都市下京区

中堂寺鍵田町　ちゅうどうじかぎたちょう　京都府京都市下京区

中埠頭　なかふとう　兵庫県（神戸新交通ポートアイランド線）

中堀　なかほり　愛媛県今治市

中堀町
なかほりまち　長崎県島原市
なかほりちょう　宮崎県日向市

中埣　なかぞね　宮城県遠田郡美里町

中寄　なかより　青森県三戸郡五戸町

中宿
なかじゅく　福島県須賀川市
なかじゅく　群馬県安中市
なかしゅく　新潟県糸魚川市
なかじく　新潟県妙高市
なかじゅく　静岡県掛川市
なかじゅく　滋賀県愛知郡愛荘町

中崎
なかざき　青森県弘前市
なかざき　青森県三戸郡五戸町
なかざき　大阪府大阪市北区
なかざき　兵庫県明石市
なかざき　和歌山県東牟婁郡古座川町

中崎西　なかざきにし　大阪府大阪市北区

中崎町　なかざきちょう　大阪府（大阪市交通局谷町線）

中常三島町　なかじょうさんじまちょう　徳島県徳島市

中常盤町　なかときわちょう　北海道旭川市

中帳　なかちょう　秋田県由利本荘市

中庶路　なかしょろ　北海道白糠郡白糠町

中悪戸　なかあくど　秋田県能代市

中据　なかしがらみ　福井県大野市

中斜里
なかしゃり　北海道（JR釧網本線）
なかしゃり　北海道斜里郡斜里町

中曽司町　なかぞしちょう　奈良県橿原市

中曽根
なかそね　福島県須賀川市
なかぞね　埼玉県熊谷市
なかそね　埼玉県吉川市
なかぞね　埼玉県比企郡吉見町
なかぞね　神奈川県小田原市
なかぞね　富山県高岡市
なかぞね　山梨県富士吉田市
なかぞね　長野県長野市
なかぞね　長野県飯山市
なかぞね　長野県上伊那郡箕輪町
なかそね　福岡県北九州市小倉南区

中曽根町
なかそねちょう　新潟県新発田市
なかそねちょう　岐阜県大垣市
なかぞねちょう　愛媛県四国中央市

中曽根東　なかそねひがし　福岡県北九州市小倉南区

中曽根新田　なかぞねしんでん　新潟県三条市

中曽根新町　なかぞねしんまち　福岡県北九州市小倉南区

中曽野　なかその　島根県鹿足郡津和野町

中條　ちゅうじょう　静岡県伊豆の国市

中梵天　なかぼんてん　秋田県由利本荘市

中深川　なかふかわ　広島県（JR芸備線）

中深見　なかふかみ　新潟県中魚沼郡津南町

中深荻町　なかふかおぎちょう　茨城県日立市

中清戸　なかきよと　東京都清瀬市

中清水
なかしみず　山形県鶴岡市
なかしみず　福島県喜多方市
なかしみず　静岡県御殿場市

中猪　なかい　熊本県球磨郡湯前町

中猪熊町　なかいのくまちょう　京都府京都市上京区

中畦　なかうね　岡山県岡山市南区

中笹間　なかささま　岩手県花巻市

中粕尾　なかかすお　栃木県鹿沼市

中紺屋町　なかこんやまち　群馬県高崎市

中組
なかぐみ　山梨県北都留郡丹波山村
なかぐみ　愛媛県上浮穴郡久万高原町
なかぐみ　高知県高岡郡佐川町

中組町　なかぐみまち　長崎県島原市

中組郷　なかぐみごう　長崎県東彼杵郡川棚町

中葛西　なかかさい　東京都江戸川区

中菰野　なかこもの　三重県（近畿日本鉄道湯の山線）

中菜畑　なかなばた　奈良県生駒市

中菅　なかすげ　鳥取県日野郡日野町

中菅谷　なかすがや　茨城県（JR水郡線）

中菅間　なかすがま　茨城県つくば市

4画（中）

中設楽　なかしたら　愛知県北設楽郡東栄町
中貫
　なかぬき　茨城県土浦市
　なかぬき　福岡県北九州市小倉南区
中貫本町　なかぬきほんまち　福岡県北九州市小倉
　南区
中貫町
　なかぬきまち　新潟県長岡市
　なかづらちょう　奈良県奈良市
中郷
　なかごう　山形県寒河江市
　なかごう　茨城県下妻市
　なかごう　茨城県久慈郡大子町
　なかごう　茨城県稲敷郡阿見町
　なかごう　栃木県真岡市
　なかごう　群馬県渋川市
　なかごう　岐阜県安八郡輪之内町
　ちゅうごう　愛知県名古屋市中川区
　なかのごう　兵庫県豊岡市
　ちゅうごう　鹿児島県薩摩川内市
中郷二本木　なかごうにほんぎ　新潟県上越市
中郷八斗蒔　なかごうはつとうまき　新潟県上
　越市
中郷区片貝　なかごうくかたかい　新潟県上越市
中郷区四ツ屋　なかごうくよつや　新潟県上越市
中郷区市屋　なかごうくいちや　新潟県上越市
中郷区江口　なかごうくえぐち　新潟県上越市
中郷区坂本　なかごうくさかもと　新潟県上越市
中郷区岡川　なかごうくおかがわ　新潟県上越市
中郷区岡沢　なかごうくおかざわ　新潟県上越市
中郷区松崎　なかごうくまつざき　新潟県上越市
中郷区板橋　なかごうくいたばし　新潟県上越市
中郷区宮野原　なかごうくみやのはら　新潟県上越市
中郷区福田　なかごうくふくだ　新潟県上越市
中郷区福崎　なかごうくふくざき　新潟県上越市
中郷区稲荷山　なかごうくいなりやま　新潟県上越市
中郷区藤沢　なかごうくふじさわ　新潟県上越市
中郷町
　なかごうちょう　愛知県豊橋市
　なかごうちょう　兵庫県神戸市灘区
　なかのごうちょう　徳島県小松島市
　ちゅうごうちょう　鹿児島県薩摩川内市
中郷町下桜井　なかごうちょうしもさくらい　茨城県北
　茨城市
中郷町上桜井　なかごうちょうかみさくらい　茨城県北
　茨城市
中郷町小野矢指　なかごうちょうおのやさし　茨城県
　北茨城市
中郷町日棚　なかごうちょうひたな　茨城県北茨城市
中郷町石岡　なかごうちょういしおか　茨城県北茨城市
中郷町汐見ケ丘　なかごうちょうしおみがおか　茨城
　県北茨城市
中郷町足洗　なかごうちょうあしあらい　茨城県北茨
　城市
中郷町松井　なかごうちょうまつい　茨城県北茨城市
中郷町粟野　なかごうちょうあわの　茨城県北茨城市
中郷屋　なかごうや　新潟県新潟市西蒲区
中郷新田　なかごうしんでん　岐阜県安八郡輪之内町
中都町　なかつまち　茨城県土浦市
中部
　ちゅうぶ　千葉県茂原市

　ちゅうぶ　三重県四日市市
中部工業団地　ちゅうぶこうぎょうだんち　福島県い
　わき市
中部天竜　ちゅうぶてんりゅう　静岡県（JR飯田線）
中部台　ちゅうぶだい　岐阜県美濃加茂市
中部町　ちゅうぶちょう　愛知県豊川市
中部国際空港　ちゅうぶこくさいくうこう　愛知県（名
　古屋鉄道空港線）
中野
　なかの　北海道北斗市
　なかの　北海道上磯郡木古内町
　なかの　北海道亀田郡七飯町
　なかの　青森県弘前市
　なかの　青森県東津軽郡平内町
　なかの　青森県北津軽郡鶴田町
　なかの　青森県上北郡七戸町
　なかの　岩手県盛岡市
　なかの　岩手県九戸郡洋野町
　なかの　宮城県仙台市宮城野区
　なかの　宮城県石巻市
　なかの　宮城県多賀城市
　なかの　秋田県湯沢市
　なかの　秋田県南秋田郡大潟村
　なかの　秋田県仙北郡仙南町
　なかの　山形県山形市
　なかの　山形県東田川郡庄内町
　なかの　福島県郡山市
　なかの　福島県相馬市
　なかの　福島県石川郡石川町
　なかの　福島県双葉郡双葉町
　なかの　茨城県つくば市
　なかの　茨城県結城郡八千代町
　なかの　群馬県（わたらせ渓谷鐵道線）
　なかの　群馬県利根郡川場村
　なかの　群馬県邑楽郡邑楽町
　なかの　埼玉県新座市
　なかの　埼玉県幸手市
　なかの　埼玉県吉川市
　なかの　千葉県木更津市
　なかの　千葉県成田市
　なかの　千葉県東金市
　なかの　千葉県市原市
　なかの　千葉県君津市
　なかの　千葉県四街道市
　なかの　千葉県夷隅郡大多喜町
　なかの　東京都（JR中央本線ほか）
　なかの　東京都中野区
　なかの　神奈川県相模原市緑区
　なかの　神奈川県海老名市
　なかの　新潟県新潟市秋葉区
　なかの　新潟県新発田市
　なかの　新潟県村上市
　なかの　新潟県糸魚川市
　なかの　新潟県南魚沼市
　なかの　富山県滑川市
　なかの　富山県黒部市
　なかの　富山県砺波市
　なかの　富山県射水市
　なかの　石川県羽咋郡宝達志水町
　なかの　福井県福井市
　なかの　福井県大野市
　なかの　福井県丹生郡越前町
　なかの　山梨県南アルプス市
　なかの　山梨県南巨摩郡南部町
　なかの　長野県（上田電鉄別所線）

273

4画（中）

なかの　長野県上田市
なかの　長野県中野市
なかの　岐阜県羽島郡笠松町
なかの　岐阜県加茂郡川辺町
なかの　静岡県富士市
なかの　静岡県磐田市
なかの　愛知県新城市
なかの　滋賀県大津市
なかの　京都府宮津市
なかの　大阪府大阪市東住吉区
なかの　大阪府富田林市
なかの　大阪府東大阪市
なかの　大阪府四條畷市
なかの　兵庫県神戸市西区
なかの　兵庫県篠山市
なかの　兵庫県赤穂市上郡町
なかの　和歌山県和歌山市
なかの　和歌山県有田郡有田川町
なかの　鳥取県倉吉市
なかの　島根県邑智郡邑南町
なかの　広島県広島市安芸区
なかの　広島県豊田郡大崎上島町
なかの　山口県周南市
なかの　高知県高岡郡佐川町
なかの　沖縄県島尻郡北大東村
中野々目　なかのめ　秋田県湯沢市
中野乙　なかのおつ　愛媛県西条市
中野上　なかのがみ　埼玉県秩父郡長瀞町
中野上町　なかのかみちょう　東京都八王子市
中野久木　なかのくき　千葉県流山市
中野口　なかのくち　新潟県糸魚川市
中野大久保町　なかのおおくぼちょう　長崎県平戸市
中野小屋　なかのこや　新潟県新潟市西区
中野山
なかのやま　福島県白河市
なかのやま　新潟県新潟市東区
なかのやま　新潟県新潟市江南区
中野山王　なかのさんのう　東京都八王子市
中野川
なかのかわ　愛媛県伊予郡砥部町
なかのかわ　愛媛県北宇和郡鬼北町
中野川町　なかのがわちょう　愛知県豊川市
中野川端町　なかのかわばたちょう　愛知県稲沢市
中野中　なかのなか　新潟県長岡市
中野之町　なかののちょう　京都府京都市下京区
中野元町　なかのもとまち　愛知県稲沢市
中野内
なかのうち　茨城県稲敷郡美浦村
なかのうち　栃木県大田原市
中野区　なかのく　東京都
中野方町　なかのほうちょう　岐阜県恵那市
中野木
なかのき　千葉県船橋市
なかのぎ　福井県三方上中郡若狭町
中野丙　なかのへい　愛媛県西条市
中野北　なかのきた　兵庫県伊丹市
中野台
なかのだい　千葉県野田市
なかのだい　千葉県長生郡長柄町
なかのだい　静岡県富士市
中野台鹿島町　なかのだいかしまちょう　千葉県野田市

中野市　なかのし　長野県
中野平　なかのたい　青森県上北郡おいらせ町
中野本町
なかのほんまち　愛知県名古屋市中川区
なかのほんまち　大阪府四條畷市
中野甲　なかのこう　愛媛県西条市
中野田　なかのだ　埼玉県さいたま市緑区
中野目
なかのめ　青森県南津軽郡藤崎町
なかのめ　山形県山形市
なかのめ　山形県酒田市
中野目西　なかのめにし　福島県西白河郡矢吹町
中野目東　なかのめひがし　福島県西白河郡矢吹町
中野西
なかのにし　新潟県長岡市
なかのにし　兵庫県伊丹市
中野坂上　なかのさかうえ　東京都（東京地下鉄丸ノ内線ほか）
中野沢　なかのさわ　青森県むつ市
中野町
なかのちょう　北海道函館市
なかのちょう　岩手県北上市
なかのちょう　茨城県常陸太田市
なかのちょう　千葉県千葉市若葉区
なかのまち　東京都八王子市
なかのちょう　神奈川県横浜市栄区
なかのちょう　福井県福井市
なかのちょう　福井県大野市
なかのちょう　福井県鯖江市
なかのちょう　福井県越前市
なかのまち　岐阜県大垣市
なかのまち　静岡県浜松市東区
なかのちょう　愛知県豊橋市
なかのちょう　愛知県春日井市
なかのちょう　愛知県津島市
なかのちょう　愛知県岩倉市
なかのちょう　三重県四日市市
なかのちょう　滋賀県長浜市
なかのちょう　滋賀県東近江市
なかのちょう　大阪府大阪市都島区
なかのちょう　大阪府富田林市
なかのちょう　兵庫県宝塚市
なかのちょう　兵庫県加西市
なかのちょう　鳥取県境港市
なかのちょう　島根県出雲市
なかのちょう　広島県広島市安芸区
なかのちょう　香川県高松市
なかのまち　愛媛県松山市
なかのまち　長崎県島原市
中野町西　なかのちょうにし　大阪府富田林市
中野町東　なかのちょうひがし　大阪府富田林市
中野谷
なかのや　茨城県小美玉市
なかのや　群馬県安中市
中野京田　なかのきょうでん　山形県鶴岡市
中野松川　なかのまつかわ　長野県（長野電鉄長野線）
中野松成　なかのまつなり　福井県鯖江市
中野東
なかのひがし　新潟県長岡市
なかのひがし　兵庫県伊丹市
なかのひがし　広島県（JR山陽本線）
なかのひがし　広島県広島市安芸区

4画（中）

中野東町　なかのひがしまち　広島県広島市安芸区
中野林　なかのばやし　埼玉県さいたま市西区
中野俣　なかのまた　山形県酒田市
中野南　なかのみなみ　大阪府東大阪市
中野栄　なかのさかえ　宮城県（JR仙石線）
中野美保北　なかのみほきた　島根県出雲市
中野美保南　なかのみほみなみ　島根県出雲市
中野原　なかのはら　新潟県三条市
中野宮町　なかのみやまち　愛知県稲沢市
中野島
　なかのしま　神奈川県（JR南武線）
　なかのしま　神奈川県川崎市多摩区
　なかのしま　富山県滑川市
中野通　なかのどおり　北海道北斗市
中野曽根　なかのそね　山形県酒田市
中野富士見町　なかのふじみちょう　東京都（東京地下鉄丸ノ内線）
中野道　なかのみち　富山県黒部市
中野開作　なかのがいさく　山口県宇部市
中野新　なかのしん　富山県富山市
中野新田
　なかのしんでん　山形県鶴岡市
　なかのしんでん　山形県酒田市
　なかのしんでん　静岡県静岡市駿河区
中野新町
　なかのしんまち　富山県富山市
　なかのしんちょう　愛知県名古屋市熱田区
　なかのしんちょう　愛知県名古屋市中川区
　なかのしんまち　大阪府四條畷市
中野新橋　なかのしんばし　東京都（東京地下鉄丸ノ内線）
中野橋　なかのはし　新潟県五泉市
中釣町　なかづるまち　大分県日田市
中陰　なかかげ　兵庫県豊岡市
中陸別　なかりくべつ　北海道足寄郡陸別町
中雪裡　なかせつり　北海道阿寒郡鶴居村
中魚沼郡　なかうおぬまぐん　新潟県
中魚屋町　なかうおやちょう　京都府京都市中京区
中鳥谷　なかとりや　青森県上北郡七戸町
中鹿山　なかかやま　埼玉県日高市
中麻生　なかあそう　岐阜県加茂郡七宗町
中黒
　なかぐろ　奈良県吉野郡東吉野村
　なかくろ　和歌山県岩出市
中黒沢川　なかくろさわがわ　岩手県岩手郡雫石町
中黒岩　なかくろいわ　愛媛県上浮穴郡久万高原町
12 中割町　なかわりちょう　愛知県名古屋市南区
中喜来　なかぎらい　徳島県板野郡松茂町
中善寺　ちゅうぜんじ　千葉県茂原市
中塚
　なかつか　福島県東白川郡塙町
　なかつか　富山県滑川市
中堤町　なかつつみちょう　岩手県盛岡市
中奥
　なかおく　奈良県吉野郡川上村
　なかおく　愛媛県西条市
中奥町　なかおくまち　石川県白山市
中寒水　なかそうず　福岡県朝倉市
中富
　なかとみ　埼玉県所沢市

なかとみ　千葉県君津市
中富町
　なかとみちょう　茨城県常陸大宮市
　なかとみちょう　埼玉県坂戸市
　なかとみちょう　岐阜県美濃加茂市
　なかとみちょう　兵庫県加西市
中富良野　なかふらの　北海道（JR富良野線）
中富良野町　なかふらのちょう　北海道空知郡
中富南　なかとみみなみ　埼玉県所沢市
中御所　なかごしょ　長野県長野市
中御所町　なかごしょまち　長野県長野市
中御門町　なかみかどちょう　奈良県奈良市
中御門横町　なかみかどよこちょう　京都府京都市上京区
中御料　なかごりょう　北海道富良野市
中御霊図子町　なかごりょうずしちょう　京都府京都市上京区
中御霊町　なかごりょうちょう　京都府京都市上京区
中勝　なかがち　鹿児島県大島郡龍郷町
中朝霧丘　なかあさぎりおか　兵庫県明石市
中森
　なかもり　青森県三戸郡五戸町
　なかもり　福島県二本松市
中椎田　なかしいだ　愛知県常滑市
中港　なかみなと　静岡県焼津市
中渡
　なかわたり　青森県上北郡野辺地町
　なかわたり　山形県最上郡鮭川村
　なかわた　埼玉県加須市
中湊　なかみなと　和歌山県東牟婁郡串本町
中湧別中町　なかゆうべつなかまち　北海道紋別郡湧別町
中湧別北町　なかゆうべつきたまち　北海道紋別郡湧別町
中湧別東町　なかゆうべつひがしまち　北海道紋別郡湧別町
中湧別南町　なかゆうべつみなみまち　北海道紋別郡湧別町
中無田町　なかむたまち　熊本県熊本市南区
中番
　なかのばん　富山県富山市
　なかばん　福井県あわら市
中番町　なかばんちょう　兵庫県小野市
中登別町　なかのぼりべつちょう　北海道登別市
中登美ケ丘　なかとみがおか　奈良県奈良市
中稀府町　なかまれふちょう　北海道伊達市
中筋
　なかすじ　兵庫県宝塚市
　なかすじ　兵庫県高砂市
　なかすじ　広島県（広島高速交通アストラムライン）
　なかすじ　広島県広島市安佐南区
　なかすじ　香川県東かがわ市
中筋山手　なかすじやまて　兵庫県宝塚市
中筋日延　なかすじひのべ　和歌山県和歌山市
中筋出作　なかすじしゅつさく　奈良県北葛城郡上牧町
中筋町
　なかすじちょう　京都府京都市中京区
　なかすじちょう　京都府綾部市
　なかすじちょう　奈良県奈良市

275

4画（中）

　　なかすじちょう　愛媛県新居浜市
中筒香　なかつつが　和歌山県伊都郡高野町
中筒賀　なかつつが　広島県山県郡安芸太田町
中粟野　なかあわの　栃木県鹿沼市
中萱　なかがや　長野県（JR大糸線）
中萱津　なかかやづ　愛知県あま市
中萩　なかはぎ　愛媛県（JR予讃線）
中萩町　なかはぎちょう　愛媛県新居浜市
中落合
　　なかおちあい　山形県南陽市
　　なかおちあい　東京都新宿区
　　なかおちあい　兵庫県神戸市須磨区
中葭原町　なかよしはらちょう　兵庫県西宮市
中越
　　なかこし　北海道上川郡上川町
　　なかごえ　長野県長野市
　　なかごし　奈良県吉野郡天川村
中軽井沢
　　なかかるいざわ　長野県（しなの鉄道線）
　　なかかるいざわ　長野県北佐久郡軽井沢町
中道
　　なかみち　北海道函館市
　　なかみち　青森県上北郡野辺地町
　　なかみち　青森県三戸郡五戸町
　　なかみち　宮城県伊具郡丸森町
　　なかみち　秋田県大館市
　　なかみち　山形県長井市
　　なかみち　福島県伊達市
　　なかみち　愛知県犬山市
　　なかみち　滋賀県蒲生郡日野町
　　なかみち　大阪府大阪市東成区
　　なかどう　兵庫県神戸市垂水区
　　なかみち　和歌山県橋本市
　　なかみち　広島県廿日市市
中道十文字　なかみちじゅうもんじ　青森県三戸郡五戸町
中道下　なかみちした　福島県大沼郡会津美里町
中道下甲　なかみちしたこう　福島県大沼郡会津美里町
中道北　なかみちきた　岐阜県岐阜市
中道西　なかみちにし　福島県耶麻郡猪苗代町
中道町
　　なかみちまち　山形県新庄市
　　なかみちちょう　三重県松阪市
中道通　なかみちどおり　兵庫県神戸市兵庫区
中開　なかびらき　大阪府大阪市西成区
中開発　なかかいほつ　富山県中新川郡上市町
中間
　　なかま　福岡県（JR筑豊本線）
　　なかま　福岡県中間市
　　なかま　鹿児島県熊毛郡屋久島町
　　なかま　鹿児島県大島郡喜界町
中間市　なかまし　福岡県
中間町
　　ちゅうげんまち　岡山県高梁市
　　なかつまちょう　香川県高松市
中間島　ちゅうげんじま　富山県富山市
中雄武　なかおうむ　北海道紋別郡雄武町
中須
　　なかず　岐阜県安八郡安八町
　　なかす　広島県広島市安佐南区

　　なかす　福岡県北九州市八幡西区
　　なかす　宮崎県東臼杵郡門川町
中須加　なかすか　石川県河北郡津幡町
中須北　なかずきた　山口県周南市
中須田　なかすだ　北海道檜山郡上ノ国町
中須佐町　なかすさちょう　兵庫県西宮市
中須町
　　なかすちょう　愛知県名古屋市中川区
　　なかずちょう　三重県伊勢市
　　なかずちょう　島根県益田市
　　なかずちょう　広島県府中市
中須南
　　なかすみなみ　山口県下松市
　　なかずみなみ　山口県周南市
中須賀　なかすが　愛媛県松山市
中須賀元町　なかすかもとまち　大分県別府市
中須賀本町　なかすかほんまち　大分県別府市
中須賀町
　　なかすかちょう　愛媛県新居浜市
　　なかすかちょう　高知県高知市
中須賀東町　なかすかひがしまち　大分県別府市
中飯降
　　なかいぶり　和歌山県（JR和歌山線）
　　なかいぶり　和歌山県伊都郡かつらぎ町
[13]**中勢実**　なかせいじつ　岡山県赤磐市
中園
　　なかぞの　北海道網走市
　　なかぞの　北海道常呂郡佐呂間町
中園町
　　なかぞのちょう　北海道釧路市
　　なかぞのちょう　愛知県岡崎市
　　なかぞのちょう　山口県山口市
　　なかぞのまち　長崎県長崎市
中塩田　なかしおだ　長野県（上田電鉄別所線）
中塩俵　なかしおだわら　新潟県新潟市南区
中塩原　なかしおばら　栃木県那須塩原市
中幌内　なかほろない　北海道紋別郡雄武町
中幌向町　なかほろむいちょう　北海道岩見沢市
中幌呂　なかほろろ　北海道阿寒郡鶴居村
中幌町　なかほろちょう　北海道留萌市
中愛別　なかあいべつ　北海道（JR石北本線）
中新
　　ちゅうしん　新潟県三条市
　　なかしん　富山県滑川市
　　なかしん　富山県黒部市
　　なかしん　愛知県名古屋市守山区
中新川郡　なかにいかわぐん　富山県
中新井
　　なかあらい　埼玉県所沢市
　　なかあらい　埼玉県上尾市
　　なかあらい　埼玉県比企郡吉見町
中新田
　　なかしんでん　埼玉県狭山市
　　なかしんでん　埼玉県鶴ケ島市
　　なかしんでん　神奈川県小田原市
　　なかしんでん　神奈川県海老名市
　　なかしんでん　新潟県新潟市秋葉区
　　なかしんでん　長野県諏訪郡原村
　　なかしんでん　静岡県焼津市
　　なかしんでん　静岡県袋井市
中新田町　なかしんでんちょう　福井県福井市

4画（中）

中新庄町　なかしんじょうちょう　福井県越前市
中新町
　　なかしんまち　岐阜県岐阜市
　　なかしんまち　岐阜県羽島郡笠松町
　　なかしんちょう　愛知県春日井市
　　なかじんちょう　香川県高松市
　　なかしんまち　長崎県長崎市
中新里　なかにいさと　埼玉県児玉郡神川町
中新保　なかしんぼ　新潟県村上市
中新保町　なかしんぼまち　石川県白山市
中新屋町　なかのしんやちょう　奈良県奈良市
中新宿　なかしんじゅく　千葉県柏市
中新湊
　　なかしんみなと　富山県（万葉線）
　　なかしんみなと　富山県射水市
中新開　なかしんかい　大阪府東大阪市
中楽　ちゅうらく　三重県度会郡玉城町
中楯
　　なかだて　山形県鶴岡市
　　なかだて　山梨県中央市
中楠の里町　なかくすのさとちょう　大阪府大東市
中殿　なかどの　大分県中津市
中殿町
　　なかどのちょう　兵庫県西宮市
　　なかどのまち　大分県中津市
中滑川　なかなめりかわ　富山県（富山地方鉄道本線）
中溝
　　なかみぞ　静岡県島田市
　　なかみぞ　広島県安芸郡熊野町
中溝町　なかみぞちょう　静岡県島田市
中滝　なかだき　富山県富山市
中畷町　なかなわてちょう　山口県周南市
中福　なかふく　埼玉県川越市
中福良　なかふくら　鹿児島県（JR肥薩線）
中福良町　なかふくらちょう　鹿児島県薩摩川内市
中福岡　なかふくおか　埼玉県ふじみ野市
中福東　なかふくひがし　埼玉県川越市
中福野町　なかふくのちょう　岐阜県関市
中竪町　なかだてまち　秋田県由利本荘市
中継　なかつぎ　新潟県村上市
中蓮　ちゅうれん　愛知県知多郡武豊町
中豊　なかとよ　福島県（JR水郡線）
中豊岡町　なかとよおかまち　群馬県高崎市
中鉢石町　なかはついしまち　栃木県日光市
中鈴蘭元町　なかすずらんもとまち　北海道河東郡音更町
中鈴蘭北　なかすずらんきた　北海道河東郡音更町
中鈴蘭南　なかすずらんみなみ　北海道河東郡音更町
中電前　ちゅうでんまえ　広島県（広島電鉄宇品線ほか）
中頓別　なかとんべつ　北海道枝幸郡中頓別町
中頓別町　なかとんべつちょう　北海道枝幸郡
14中増　なかまし　奈良県吉野郡大淀町
中嶋
　　なかじま　宮城県加美郡加美町
　　なかじま　秋田県能代市
　　なかじま　秋田県南秋田郡八郎潟町
　　なかじま　和歌山県西牟婁郡白浜町
中徳倉　なかとくら　静岡県駿東郡清水町
中徳島町　なかとくしまちょう　徳島県徳島市

中樋　なかとい　福島県大沼郡会津美里町
中樋遣川　なかひやりかわ　埼玉県加須市
中歌　なかうた　北海道増毛郡増毛町
中歌町　なかうたちょう　北海道檜山郡江差町
中熊　なかぐま　鹿児島県大島郡喜界町
中稲志別　なかいなしべつ　北海道中川郡幕別町
中種子町　なかたねちょう　鹿児島県熊毛郡
中種足　なかたなだれ　埼玉県加須市
中箕田　なかみだ　三重県鈴鹿市
中箕田町　なかみだちょう　三重県鈴鹿市
中箕輪　なかみのわ　長野県上伊那郡箕輪町
中総持寺町　なかそうじじちょう　大阪府茨木市
中網町　なかあみちょう　北海道檜山郡江差町
中関　なかせき　秋田県能代市
中靹渕　なかともぶち　和歌山県紀の川市
15中億田町　なかおくだちょう　愛知県半田市
中撫川　なかなつかわ　岡山県岡山市北区
中敷田　なかしきだ　大分県宇佐市
中横山　なかよこやま　新潟県妙高市
中横田　なかよこた　熊本県上益城郡甲佐町
中横町　なかよこまち　秋田県由利本荘市
中権寺　ちゅうごんじ　新潟県新潟市西区
中標津町　なかしべつちょう　北海道標津郡
中潟　なかがた　新潟県阿賀野市
中潟町　なかがたまち　新潟県長岡市
中穂積　なかほづみ　大阪府茨木市
中箱井　なかはこい　新潟県上越市
中諏訪　なかすわ　新潟県燕市
16中橋
　　なかはし　山形県鶴岡市
　　なかばし　石川県河北郡津幡町
　　なかはし　愛知県あま市
中橋町　なかばしまち　石川県金沢市
中橋良町　なかはしらちょう　愛知県豊橋市
中橋詰町　なかしづめちょう　京都府京都市上京区
中樽　なかだる　佐賀県西松浦郡有田町
中興　なかおき　新潟県佐渡市
中興寺　ちゅうこうじ　鳥取県東伯郡湯梨浜町
中興部　なかおこっべ　北海道紋別郡西興部村
中興野
　　なかごうや　新潟県新潟市東区
　　なかごうや　新潟県長岡市
中舘　なかだて　茨城県筑西市
中頭郡　なかがみぐん　沖縄県
中館
　　なかたて　北海道檜山郡厚沢部町
　　なかだて　秋田県由利本荘市
17中篠津　なかしのつ　北海道石狩郡新篠津村
中鍛冶町　なかかじまち　奈良県大和郡山市
中鴻池町　なかこうのいけちょう　大阪府東大阪市
18中藤　なかとう　東京都武蔵村山市
中藤下郷　なかとうしもごう　埼玉県飯能市
中藤上郷　なかとうかみごう　埼玉県飯能市
中藤中郷　なかとうなかごう　埼玉県飯能市
中藤新保町　なかふじしんぼちょう　福井県福井市
中藪　なかやぶ　滋賀県彦根市
中藪田　なかやぶた　静岡県藤枝市
中藪町　なかやぶちょう　滋賀県彦根市

277

4画（丹）

中鵜　なかう　長野県北安曇郡池田町
中鵜飼　なかうかい　岩手県滝沢市
¹⁹中瀬
　　なかぜ　宮城県石巻市
　　なかぜ　埼玉県深谷市
　　なかせ　千葉県千葉市美浜区
　　なかぜ　神奈川県川崎市川崎区
　　なかぜ　神奈川県高座郡寒川町
　　なかぜ　新潟県長岡市
　　なかぜ　静岡県浜松市浜北区
　　なかぜ　兵庫県養父市
中瀬古　なかせこ　三重県（伊勢鉄道線）
中瀬古町　なかぜこちょう　三重県鈴鹿市
中瀬町
　　なかせちょう　静岡県沼津市
　　なかせちょう　愛知県名古屋市熱田区
中瀬通　なかのせどおり　佐賀県唐津市
中藻　なかも　北海道紋別郡西興部村
中鶉　なかうづら　岐阜県岐阜市
²¹中鶴
　　なかづる　福岡県中間市
　　なかづる　熊本県水俣市
中鶴崎　なかつるさき　大分県大分市
中鶴野　なかつるの　北海道釧路市

【丹】

³丹三郎　たんざぶろう　東京都西多摩郡奥多摩町
丹上　たんじょう　大阪府堺市美原区
丹土　たんど　兵庫県美方郡新温泉町
丹川　あかがわ　大分県大分市
⁴丹戸　たんど　兵庫県養父市
丹木町　たんぎまち　東京都八王子市
丹比　たんぴ　鳥取県（若桜鉄道線）
⁵丹生
　　にゅう　山形県尾花沢市
　　にゅう　福井県三方郡美浜町
　　にう　三重県多気郡多気町
　　にう　奈良県吉野郡下市町
　　にう　和歌山県有田郡有田川町
　　にゅう　和歌山県日高郡印南町
　　にぶ　香川県（JR高徳線）
　　にゅう　大分県大分市
丹生川
　　にゅうがわ　三重県（三岐鉄道三岐線）
　　にゅうかわ　和歌山県伊都郡九度山町
丹生川町下保　にゅうかわちょうしもほ　岐阜県高山市
丹生川町三之瀬　にゅうかわちょうさんのせ　岐阜県高山市
丹生川町久手　にゅうかわちょうくて　岐阜県高山市
丹生川町大谷　にゅうかわちょうおおたに　岐阜県高山市
丹生川町大沼　にゅうかわちょうおおぬま　岐阜県高山市
丹生川町大萱　にゅうかわちょうおおがや　岐阜県高山市
丹生川町小野　にゅうかわちょうこの　岐阜県高山市
丹生川町山口　にゅうかわちょうやまくち　岐阜県高山市
丹生川町日面　にゅうかわちょうひよも　岐阜県高山市

丹生川町日影　にゅうかわちょうひかげ　岐阜県高山市
丹生川町北方　にゅうかわちょうきたかた　岐阜県高山市
丹生川町白井　にゅうかわちょうしろい　岐阜県高山市
丹生川町池之俣　にゅうかわちょういけのまた　岐阜県高山市
丹生川町瓜田　にゅうかわちょううりだ　岐阜県高山市
丹生川町坊方　にゅうかわちょうぼうかた　岐阜県高山市
丹生川町折敷地　にゅうかわちょうおしきじ　岐阜県高山市
丹生川町町方　にゅうかわちょうまちかた　岐阜県高山市
丹生川町芦谷　にゅうかわちょうあしたに　岐阜県高山市
丹生川町岩井谷　にゅうかわちょういわいたに　岐阜県高山市
丹生川町板殿　にゅうかわちょういたんど　岐阜県高山市
丹生川町法力　にゅうかわちょうほうりき　岐阜県高山市
丹生川町柏原　にゅうかわちょうかしはら　岐阜県高山市
丹生川町桐山　にゅうかわちょうきりやま　岐阜県高山市
丹生川町根方　にゅうかわちょうごんぼう　岐阜県高山市
丹生川町曽手　にゅうかわちょうそで　岐阜県高山市
丹生川町細越　にゅうかわちょうほそごえ　岐阜県高山市
丹生川町森部　にゅうかわちょうもりぶ　岐阜県高山市
丹生川町塩屋　にゅうかわちょうしおや　岐阜県高山市
丹生川町新張　にゅうかわちょうにいばり　岐阜県高山市
丹生川町旗鉾　にゅうかわちょうはたほこ　岐阜県高山市
丹生川町駄吉　にゅうかわちょうだよし　岐阜県高山市
丹生寺町　にゅうでらちょう　三重県松阪市
丹生町　にゅうちょう　奈良県奈良市
丹生谷　にうだに　奈良県高市郡高取町
丹生郡　にゅうぐん　福井県
丹生郷町　にゅうのごうちょう　福井県越前市
⁶丹羽　にわ　愛知県一宮市
丹羽郡　にわぐん　愛知県
⁷丹坂町　たんざかちょう　愛知県岡崎市
丹尾　たんのお　千葉県東金市
丹那　たんな　静岡県田方郡函南町
丹那町　たんなちょう　広島県広島市南区
丹那新町　たんなしんまち　広島県広島市南区
⁸丹治　たんじ　奈良県吉野郡吉野町
丹治部　たじべ　岡山県（JR姫新線）
丹波
　　たんば　愛知県あま市
　　たんば　京都府舞鶴市
丹波口　たんばぐち　京都府（JR山陰本線）

4画（予）

丹波大山　たんばおおやま　兵庫県（JR福知山線）
丹波山村　たばやまむら　山梨県北都留郡
丹波市　たんばし　兵庫県
丹波市町　たんばいちちょう　奈良県天理市
丹波竹田　たんばたけだ　兵庫県（JR福知山線）
丹波屋町　たんばやちょう　京都府京都市上京区
丹波島　たんばじま　長野県長野市
丹波街道町　たんばかいどうちょう　京都府京都市下京区
丹波橋　たんばばし　京都府（京阪電気鉄道本線）
丹波橋町　たんばばしちょう　京都府京都市伏見区

9丹南
　たんなん　大阪府堺市美原区
　たんなん　大阪府松原市

丹後　たんご　埼玉県三郷市
丹後由良　たんごゆら　京都府（京都丹後鉄道宮津線）
丹後庄町　たんごのしょうちょう　奈良県大和郡山市
丹後町
　たんごちょう　愛知県名古屋市中川区
　たんごちょう　京都府京都市伏見区
丹後町三山　たんごちょうみやま　京都府京丹後市
丹後町三宅　たんごちょうみやけ　京都府京丹後市
丹後町上山　たんごちょううえやま　京都府京丹後市
丹後町上野　たんごちょううえの　京都府京丹後市
丹後町久僧　たんごちょうきゅうそ　京都府京丹後市
丹後町大山　たんごちょうおおやま　京都府京丹後市
丹後町中浜　たんごちょうなかはま　京都府京丹後市
丹後町中野　たんごちょうなかの　京都府京丹後市
丹後町井上　たんごちょういのうえ　京都府京丹後市
丹後町井谷　たんごちょういだに　京都府京丹後市
丹後町平　たんごちょうへい　京都府京丹後市
丹後町此代　たんごちょうこのしろ　京都府京丹後市
丹後町矢畑　たんごちょうやばた　京都府京丹後市
丹後町吉永　たんごちょうよしなが　京都府京丹後市
丹後町成願寺　たんごちょうじょうがんじ　京都府京丹後市
丹後町竹野　たんごちょうたかの　京都府京丹後市
丹後町尾和　たんごちょうおわ　京都府京丹後市
丹後町谷内　たんごちょうたにうち　京都府京丹後市
丹後町岩木　たんごちょういわき　京都府京丹後市
丹後町牧ノ谷　たんごちょうまきのたに　京都府京丹後市
丹後町乗原　たんごちょうのんばら　京都府京丹後市
丹後町是安　たんごちょうこれやす　京都府京丹後市
丹後町畑　たんごちょうはた　京都府京丹後市
丹後町砂方　たんごちょうすながた　京都府京丹後市
丹後町家ノ谷　たんごちょういえのたに　京都府京丹後市
丹後町宮　たんごちょうみや　京都府京丹後市
丹後町袖志　たんごちょうそでし　京都府京丹後市
丹後町筆石　たんごちょうふでいし　京都府京丹後市
丹後町間人　たんごちょうたいざ　京都府京丹後市
丹後町碇　たんごちょういかり　京都府京丹後市
丹後町遠下　たんごちょうおんげ　京都府京丹後市
丹後町徳光　たんごちょうとくみつ　京都府京丹後市
丹後町鞍内　たんごちょうくらうち　京都府京丹後市
丹後町願興寺　たんごちょうがんこうじ　京都府京丹後市

丹後神崎　たんごかんざき　京都府（京都丹後鉄道宮津線）
丹後通　たんごとおり　愛知県名古屋市南区
丹荘　たんしょう　埼玉県（JR八高線）
10丹原　たんばら　新潟県上越市
丹原町　たんばらちょう　奈良県五條市
丹原町久妙寺　たんばらちょうくみょうじ　愛媛県西条市
丹原町千原　たんばらちょうちはら　愛媛県西条市
丹原町川根　たんばらちょうかわね　愛媛県西条市
丹原町丹原　たんばらちょうたんばら　愛媛県西条市
丹原町今井　たんばらちょういまい　愛媛県西条市
丹原町北田野　たんばらちょうきたたの　愛媛県西条市
丹原町古田　たんばらちょうこた　愛媛県西条市
丹原町田野上方　たんばらちょうたのうわがた　愛媛県西条市
丹原町田滝　たんばらちょうたたき　愛媛県西条市
丹原町石経　たんばらちょういしきょう　愛媛県西条市
丹原町寺尾　たんばらちょうてらお　愛媛県西条市
丹原町池田　たんばらちょういけだ　愛媛県西条市
丹原町臼坂　たんばらちょううすざか　愛媛県西条市
丹原町志川　たんばらちょうしかわ　愛媛県西条市
丹原町来見　たんばらちょうくるみ　愛媛県西条市
丹原町明河　たんばらちょうみょうが　愛媛県西条市
丹原町明穂　たんばらちょうあかお　愛媛県西条市
丹原町長野　たんばらちょうながの　愛媛県西条市
丹原町高松　たんばらちょうたかまつ　愛媛県西条市
丹原町高知　たんばらちょうこうち　愛媛県西条市
丹原町湯谷口　たんばらちょうゆやぐち　愛媛県西条市
丹原町楠窪　たんばらちょうくすくぼ　愛媛県西条市
丹原町徳能　たんばらちょうとくのう　愛媛県西条市
丹原町徳能出作　たんばらちょうとくのでさく　愛媛県西条市
丹原町関屋　たんばらちょうせきや　愛媛県西条市
丹原町鞍瀬　たんばらちょうくらせ　愛媛県西条市
丹原町願連寺　たんばらちょうがんれんじ　愛媛県西条市
11丹野　たんの　静岡県菊川市
12丹間　たんま　静岡県掛川市
丹陽町九日市場　たんようちょうここのかいちば　愛知県一宮市
丹陽町三ツ井　たんようちょうみつい　愛知県一宮市
丹陽町五日市場　たんようちょういつかいちば　愛知県一宮市
丹陽町外崎　たんようちょうどさき　愛知県一宮市
丹陽町伝法寺　たんようちょうでんぼうじ　愛知県一宮市
丹陽町多加木　たんようちょうたかき　愛知県一宮市
丹陽町重吉　たんようちょうしげよし　愛知県一宮市
丹陽町森本　たんようちょうもりもと　愛知県一宮市
丹陽町猿海道　たんようちょうさるがいどう　愛知県一宮市
13丹勢　たんぜ　栃木県日光市
18丹藤　たんどう　福島県南会津郡南会津町

【予】

11予野　よの　三重県伊賀市

279

4画（井）

【井】

⁰井ケ谷町　いがやちょう　愛知県刈谷市
井ノ上　いのうえ　兵庫県篠山市
井ノ口
　　いのくち　神奈川県足柄上郡中井町
　　いのくち　福井県大野市
　　いのくち　福井県三方上中郡若狭町
　　いのぐち　兵庫県姫路市
　　いのぐち　和歌山県和歌山市
井ノ口乙　いのくちおつ　高知県安芸市
井ノ口甲　いのくちこう　高知県安芸市
井ノ口町
　　いのくちちょう　愛知県岡崎市
　　いのくちちょう　愛知県豊田市
　　いのくちちょう　大阪府和泉市
　　いのくちまち　熊本県人吉市
井ノ口新町　いのくちしんまち　愛知県岡崎市
井ノ元　いのもと　愛知県犬山市
井ノ内　いのうち　京都府長岡京市
井ノ谷　いのたに　徳島県那賀郡那賀町
井ノ岡町　いのおかちょう　茨城県牛久市
井ノ草　いのくさ　兵庫県三田市
井の元町　いのもとちょう　愛知県名古屋市瑞穂区
井の沢　いのさわ　和歌山県新宮市
井の谷　いのたに　高知県高岡郡檮原町
井の森町　いのもりちょう　愛知県名古屋市天白区
井の頭　いのかしら　東京都三鷹市
井の頭公園　いのかしらこうえん　東京都（京王電鉄井の頭線）

³井上
　　いのうえ　茨城県筑西市
　　いのうえ　茨城県行方市
　　いのうえ　埼玉県飯能市
　　いのうえ　長野県須坂市
　　いのうえ　滋賀県栗東市
　　いのかみ　兵庫県赤穂郡上郡町
　　いのうえ　鳥取県西伯郡南部町
　　いのうえ　香川県木田郡三木町
　　いのうえ　福岡県小郡市
井上の荘　いのうえのしょう　石川県河北郡津幡町
井上町
　　いのうえちょう　愛知県名古屋市千種区
　　いのうえちょう　愛知県豊田市
　　いのうえちょう　愛知県岩倉市
　　いのうえちょう　奈良県奈良市
　　いのうえまち　熊本県八代市
井上藤井　いのうえふじい　茨城県行方市
井口
　　いぐち　栃木県那須塩原市
　　いぐち　東京都三鷹市
　　いのくち　富山県南砺市
　　いのくち　石川県（北陸鉄道石川線）
　　いぐち　静岡県島田市
　　いぐち　愛知県名古屋市天白区
　　いのくち　滋賀県野洲市
　　いのくち　和歌山県有田郡有田川町
　　いのくち　岡山県津山市
　　いぐち　岡山県美作市
　　いのくち　広島県（広島電鉄宮島線）
　　いのくち　広島県広島市西区
井口中町　いぐちなかちょう　三重県松阪市

井口台
　　いぐちだい　大阪府茨木市
　　いのくちだい　広島県広島市西区
井口本江　いぐちほんごう　富山県高岡市
井口町
　　いのくちまち　石川県小松市
　　いのくちまち　石川県白山市
　　いのくちちょう　愛知県碧南市
　　いのくちちょう　広島県広島市西区
　　いぐちまち　香川県高松市
　　いぐちちょう　高知県高知市
井口明神　いのくちみょうじん　広島県広島市西区
井口堂　いぐちどう　大阪府池田市
井口新田　いのくちしんでん　新潟県魚沼市
井口鈴が台　いのくちすずがだい　広島県広島市西区
井土
　　いど　宮城県仙台市若林区
　　いど　兵庫県美方郡新温泉町
井土ケ谷　いどがや　神奈川県（京浜急行電鉄本線）
井土ケ谷下町　いどがやしもまち　神奈川県横浜市南区
井土ケ谷上町　いどがやかみまち　神奈川県横浜市南区
井土ケ谷中町　いどがやなかまち　神奈川県横浜市南区
井土上町　いどのうえまち　群馬県沼田市
井土巻　いどまき　新潟県燕市
井子　いこ　長野県小諸市
井山町　いやまちょう　愛知県瀬戸市
井川
　　いがわ　福井県敦賀市
　　いかわ　静岡県（大井川鉄道井川線）
　　いかわ　静岡県静岡市葵区
井川さくら　いかわさくら　秋田県（JR奥羽本線）
井川町　いかわまち　秋田県南秋田郡
井川町タクミ田　いかわちょうたくみだ　徳島県三好市
井川町八幡　いかわちょうはちまん　徳島県三好市
井川町大佐古　いかわちょうおおさこ　徳島県三好市
井川町才長谷　いかわちょうさいはぜ　徳島県三好市
井川町中村西　いかわちょうなかむらにし　徳島県三好市
井川町中村東　いかわちょうなかむらひがし　徳島県三好市
井川町中村南　いかわちょうなかむらみなみ　徳島県三好市
井川町中岡　いかわちょうなかおか　徳島県三好市
井川町井内西　いかわちょういうちにし　徳島県三好市
井川町井内東　いかわちょういうちひがし　徳島県三好市
井川町井関　いかわちょういぜき　徳島県三好市
井川町片山　いかわちょうかたやま　徳島県三好市
井川町本町　いかわちょうほんまち　徳島県三好市
井川町田中　いかわちょうたなか　徳島県三好市
井川町辻　いかわちょうつじ　徳島県三好市
井川町仲ノ町　いかわちょうなかのまち　徳島県三好市
井川町吉岡　いかわちょうよしおか　徳島県三好市
井川町向坂　いかわちょうむこうざか　徳島県三好市
井川町旭町　いかわちょうあさひまち　徳島県三好市

280

4画（井）

井川町西井川　いかわちょうにしいかわ　徳島県三好市
井川町里川　いかわちょうさとがわ　徳島県三好市
井川町岡野前　いかわちょうおかのまえ　徳島県三好市
井川町島　いかわちょうしま　徳島県三好市
井川町浜西　いかわちょうはまにし　徳島県三好市
井川町浜東　いかわちょうはまひがし　徳島県三好市
井川町流堂　いかわちょうながれどう　徳島県三好市
井川町野津後　いかわちょうのつご　徳島県三好市
井川町野津後流　いかわちょうのつごながれ　徳島県三好市
井川町御領田　いかわちょうごりょうでん　徳島県三好市
井川町新町　いかわちょうしんまち　徳島県三好市
井川城　いがわじょう　長野県松本市
井川淵町　いがわぶちまち　熊本県熊本市中央区

⁴井之口
　　いのくち　山梨県中央市
　　いのくち　滋賀県米原市
井之口大坪町　いのくちおおつぼちょう　愛知県稲沢市
井之口大宮町　いのくちおおみやちょう　愛知県稲沢市
井之口小番戸町　いのくちこばんどちょう　愛知県稲沢市
井之口北畑町　いのくちきたばたちょう　愛知県稲沢市
井之口四家町　いのくちよつやちょう　愛知県稲沢市
井之口本町　いのくちほんまち　愛知県稲沢市
井之口白山町　いのくちはくさんちょう　愛知県稲沢市
井之口石塚町　いのくちいしづかちょう　愛知県稲沢市
井之口沖ノ田町　いのくちおきのたちょう　愛知県稲沢市
井之口町　いのくちちょう　愛知県稲沢市
井之口柿ノ木町　いのくちかきのきちょう　愛知県稲沢市
井之口親畑町　いのくちおやばたちょう　愛知県稲沢市
井之口鶴田町　いのくちつるでんちょう　愛知県稲沢市
井之川　いのかわ　鹿児島県大島郡徳之島町
井之内　いのうち　千葉県山武市

井内
　　いない　宮城県石巻市
　　いない　秋田県南秋田郡井川町
　　いない　三重県南牟婁郡紀宝町
　　いうち　愛媛県東温市
井内町　いないちょう　愛知県岡崎市
井内林　いのうちばやし　三重県多気郡多気町

井戸
　　いど　埼玉県秩父郡長瀞町
　　いど　奈良県御所市
　　いど　奈良県吉野郡川上村
　　いど　和歌山県和歌山市
　　いど　香川県（高松琴平電気鉄道長尾線）
　　いど　香川県木田郡三木町
井戸山　いどやま　千葉県香取郡多古町
井戸木　いどぎ　埼玉県上尾市

井戸尻
　　いどじり　秋田県由利本荘市
　　いどじり　福島県喜多方市
　　いどじり　福島県西白河郡矢吹町
井戸田町
　　いどたちょう　愛知県名古屋市瑞穂区
　　いどたちょう　愛知県常滑市
井戸町　いどちょう　三重県熊野市
井戸谷　いどだに　島根県飯石郡飯南町
井戸金町　いどがねちょう　愛知県瀬戸市
井戸神　いどがみ　福島県二本松市
井戸野　いどの　千葉県旭市
井戸野町　いどのちょう　奈良県大和郡山市
井戸場　いどば　新潟県三条市

井手
　　いで　福島県双葉郡浪江町
　　いで　三重県名張市
　　いで　京都府綴喜郡井手町
　　いで　兵庫県淡路市
　　いで　岡山県総社市
　　いで　佐賀県鹿島市
井手町
　　いでちょう　京都府京都市東山区
　　いでちょう　京都府綴喜郡
井手畑　いでばた　鳥取県倉吉市
井手浦　いでうら　福岡県北九州市小倉南区

⁵井代　いしろ　愛知県新城市

井出
　　いで　福島県双葉郡楢葉町
　　いで　山梨県（JR身延線）
　　いで　山梨県南巨摩郡南部町
　　いで　静岡県沼津市
井出町　いでまち　群馬県高崎市
井出蛯沢　いてえびさわ　茨城県筑西市
井古　いご　鳥取県八頭郡八頭町

井尻
　　いじり　千葉県木更津市
　　いじり　岐阜県可児郡御嵩町
　　いじり　京都府船井郡京丹波町
　　いじり　大阪府高槻市
　　いじり　高知県土佐郡土佐町
　　いじり　福岡県（西日本鉄道天神大牟田線）
　　いじり　福岡県福岡市南区
井尻町　いじりちょう　三重県亀山市
井尻野　いじりの　岡山県総社市

井田
　　いだ　神奈川県川崎市中原区
　　いだ　新潟県西蒲原郡弥彦村
　　いだ　石川県鹿島郡中能登町
　　いた　静岡県沼津市
　　いだ　三重県南牟婁郡紀宝町
　　いだ　和歌山県海南市
　　いだ　和歌山県紀の川市
　　いだ　山口県下関市
　　せいでん　福岡県筑後市
　　いた　福岡県糸島市
　　いだ　大分県別府市
井田三舞町　いださんまいちょう　神奈川県川崎市中原区
井田川　いだがわ　三重県（JR関西本線）
井田川町　いだがわちょう　三重県亀山市

4画（井）

井田中ノ町　いだなかのちょう　神奈川県川崎市中原区
井田西町　いだにしまち　愛知県岡崎市
井田杉山町　いだすぎやまちょう　神奈川県川崎市中原区
井田町
　いだちょう　愛知県岡崎市
　いだちょう　愛知県尾張旭市
　いだちょう　京都府京都市上京区
井田町茨坪　いだちょうばらつぼ　愛知県岡崎市
井田南町　いだみなみまち　愛知県岡崎市
井田新町　いだしんまち　愛知県岡崎市
井石郷　いせきごう　長崎県東彼杵郡波佐見町
井辺　いんべ　和歌山県和歌山市
6井光　いかり　奈良県吉野郡川上村
井寺　いてら　熊本県上益城郡嘉島町
井江葭　いえよし　福井県あわら市
井牟田　いむた　熊本県葦北郡芦北町
7井串　いくし　兵庫県篠山市
井吹台北町　いぶきだいきたまち　兵庫県神戸市西区
井吹台西町　いぶきだいにしまち　兵庫県神戸市西区
井吹台東町　いぶきだいひがしまち　兵庫県神戸市西区
井坂　いざか　岡山県苫田郡鏡野町
井折　いおり　広島県世羅郡世羅町
井村　いむら　大分県臼杵市
井村町　いむらちょう　三重県松阪市
井沢　いさわ　高知県四万十市
井沢町
　いざわちょう　愛知県岡崎市
　いそうちょう　島根県江津市
井谷　いだに　和歌山県有田郡有田川町
井貝　いがい　茨城県行方市
8井坪　いつぼ　新潟県佐渡市
井岡
　いのおか　山形県鶴岡市
　いおか　栃木県小山市
　いのおか　新潟県刈羽郡刈羽村
井延　いのぶ　福岡県八女市
井杭山町　いぐいやまちょう　愛知県安城市
井沼　いぬま　埼玉県蓮田市
井沼方　いぬまかた　埼玉県さいたま市緑区
井波　いなみ　富山県南砺市
井波末広町　いなみすえひろまち　富山県南砺市
井波東町　いなみひがしまち　富山県南砺市
井波栄町　いなみさかえまち　富山県南砺市
井波軸屋　いなみじくや　富山県南砺市
井門町　いどまち　愛媛県松山市
9井俣　いまた　鹿児島県曽於郡大崎町
井室　いむろ　京都府与謝郡伊根町
井相田　いそうだ　福岡県福岡市博多区
井草　いぐさ　東京都杉並区
井草町　いぐさちょう　栃木県足利市
10井倉
　いぐら　山梨県都留市
　いぐら　三重県度会郡玉城町
　いくら　岡山県（JR伯備線）
　いくら　岡山県新見市
井倉町　いのくらちょう　京都府綾部市

井倉新町　いのくらしんまち　京都府綾部市
井原
　いはら　愛知県（豊橋鉄道東田本線）
　いばら　島根県邑智郡邑南町
　いばら　岡山県（井原鉄道線）
　いはら　岡山県加賀郡吉備中央町
　いわら　福岡県糸島市
井原市
　いばらし　岡山県
　いばらいち　広島県（JR芸備線）
井原町
　いはらちょう　愛知県豊橋市
　いばらちょう　岡山県井原市
井原里　いはらのさと　大阪府（南海電気鉄道南海本線）
井宮町　いのみやちょう　静岡県静岡市葵区
井栗　いぐり　新潟県三条市
井栗谷　いぐりだに　富山県砺波市
井桁　いげた　福島県南会津郡南会津町
井根町　いねちょう　京都府綾部市
井脇　いわき　京都府船井郡京丹波町
井荻　いおぎ　東京都（西武鉄道新宿線）
井高　いこう　高知県高岡郡檮原町
井高野
　いたかの　大阪府（大阪市交通局今里筋線）
　いたかの　大阪府大阪市東淀川区
11井堀
　いぼり　愛知県長久手市
　いぼり　福岡県北九州市小倉北区
井堀下郷町　いぼりしもごうちょう　愛知県稲沢市
井堀大縄町　いぼりおおなわちょう　愛知県稲沢市
井堀川東町　いぼりかわひがしちょう　愛知県稲沢市
井堀中郷町　いぼりなかごうちょう　愛知県稲沢市
井堀犬城町　いぼりいぬしろちょう　愛知県稲沢市
井堀北出町　いぼりきたでちょう　愛知県稲沢市
井堀江西町　いぼりえにしちょう　愛知県稲沢市
井堀高見町　いぼりたかみちょう　愛知県稲沢市
井堀宿塚町　いぼりしゅくづかちょう　愛知県稲沢市
井堀野口町　いぼりのぐちちょう　愛知県稲沢市
井堀蒲六町　いぼりがまろくちょう　愛知県稲沢市
井堀橋下町　いぼりはししもちょう　愛知県稲沢市
井崎
　いざき　福井県三方上中郡若狭町
　いさき　高知県高岡郡四万十町
井深町　いぶかちょう　愛知県名古屋市中村区
井細田
　いさいだ　神奈川県（伊豆箱根鉄道大雄山線）
　いさいだ　神奈川県小田原市
井野
　いの　茨城県取手市
　いの　群馬県（JR上越線）
　いの　千葉県（山万ユーカリが丘線）
　いの　千葉県佐倉市
　いの　千葉県南房総市
　いの　福岡県糟屋郡宇美町
井野川　いのかわ　高知県土佐郡大川村
井野台　いのだい　茨城県取手市
井野団地　いのだんち　茨城県取手市
井野町
　いのまち　群馬県高崎市

4画（五）

　　　いのまち　　千葉県佐倉市
　　　いのちょう　島根県浜田市
井野河内　いのかわち　石川県河北郡津幡町
井野浦　いのうら　愛媛県西宇和郡伊方町
井鹿　いじし　和歌山県東牟婁郡那智勝浦町
12井堰　いせき　和歌山県海草郡紀美野町
井寒台　いかんたい　北海道浦河郡浦河町
井揚町　いあげまち　熊本県八代市
井無田　いむた　熊本県上益城郡山都町
井無田町　いむたまち　大分県津久見市
井筒町　いづつちょう　京都府京都市下京区
井筒屋町　いづつやちょう　京都府京都市中京区
井道　いみち　愛知県新城市
井随　いずい　新潟県新潟市西蒲区
14井窪　いのくぼ　高知県長岡郡本山町
井関
　　　いせき　茨城県石岡市
　　　いせぎ　三重県（JR名松線）
　　　いせき　和歌山県有田郡広川町
　　　いせき　和歌山県東牟婁郡那智勝浦町
　　　いせき　広島県神石郡神石高原町
井関町　いせきまち　石川県白山市
井鼻　いのはな　新潟県三島郡出雲崎町
19井瀬木　いせき　愛知県北名古屋市

【五】

0五ケ山　ごかやま　福岡県筑紫郡那珂川町
五ケ丘　いつつがおか　愛知県豊田市
五ケ庄　ごかしょう　京都府宇治市
五ケ別府町　ごかべっぷちょう　鹿児島県鹿児島市
五ケ町　ごかのちょう　三重県度会郡度会町
五ケ所
　　　ごかしょ　奈良県香芝市
　　　ごかしょ　宮崎県西臼杵郡高千穂町
五ケ所浦　ごかしょうら　三重県度会郡南伊勢町
五ケ所新田　ごかしょしんでん　新潟県上越市
五ケ浜　ごかはま　新潟県新潟市西蒲区
五ケ堀之内　ごかほりのうち　静岡県焼津市
五ケ瀬町　ごかせちょう　宮崎県西臼杵郡
五ノ三　ごのさん　愛知県（名古屋鉄道尾西線）
五ノ併　ごのへい　福島県河沼郡会津坂下町
五ノ神
　　　ごのかみ　福島県喜多方市
　　　ごのかみ　東京都羽村市
2五丁台　ごちょうだい　埼玉県桶川市
五丁目
　　　ごちょうめ　静岡県下田市
　　　ごちょうめ　京都府京都市中京区
五人受　ごにんうけ　茨城県つくば市
五八　ごはち　山梨県西八代郡市川三郷町
五力田　ごりきだ　神奈川県川崎市麻生区
五十人町
　　　ごじゅうにんまち　岩手県一関市
　　　ごじゅうにんまち　宮城県仙台市若林区
五十土
　　　いかづち　秋田県由利本荘市
　　　いかづち　新潟県柏崎市
五十土町　いかづちちょう　千葉県千葉市若葉区

五十子
　　　いかっこ　埼玉県本庄市
　　　いかご　静岡県磐田市
五十川
　　　いらがわ　山形県（JR羽越本線）
　　　いらがわ　山形県鶴岡市
　　　いかがわ　山形県長井市
　　　ごじっかわ　福岡県福岡市南区
五十公野　いじみの　新潟県新発田市
五十市　いそいち　宮崎県（JR日豊本線）
五十目山町　ごじゅうめやまちょう　山口県宇部市
五十石
　　　ごじっこく　北海道（JR釧網本線）
　　　ごじゅうこく　北海道川上郡標茶町
五十石町　ごじっこくまち　青森県弘前市
五十辺　いからべ　富山県高岡市
五十沢
　　　いさざわ　山形県村山市
　　　いさざわ　山形県尾花沢市
　　　いかざわ　新潟県東蒲原郡阿賀町
五十町　ごじっちょう　宮崎県都城市
五十谷
　　　いかだに　富山県氷見市
　　　いさだに　福井県三方郡美浜町
五十谷町　ごじゅうだにまち　石川県白山市
五十里
　　　いかり　栃木県日光市
　　　いかり　富山県高岡市
　　　いかり　富山県下新川郡入善町
　　　いかり　石川県鳳珠郡能登町
五十里西町　いかりにしまち　富山県高岡市
五十里東町　いかりひがしまち　富山県高岡市
五十海　いかるみ　静岡県藤枝市
五十原　いかはら　新潟県糸魚川市
五十島
　　　いがしま　新潟県（JR磐越西線）
　　　いがしま　新潟県東蒲原郡阿賀町
五十浦　いかうら　新潟県佐渡市
五十崎
　　　いかざき　愛媛県（JR内子線）
　　　いかざき　愛媛県喜多郡内子町
五十猛　いそたけ　島根県（JR山陰本線）
五十猛町　いそたけちょう　島根県大田市
五十部町　よべちょう　栃木県足利市
五十嵐
　　　いがらし　北海道寿都郡黒松内町
　　　いがらし　青森県上北郡東北町
　　　いかなし　愛媛県今治市
五十嵐一の町　いからしいちのちょう　新潟県新潟市西区
五十嵐二の町　いからしにのちょう　新潟県新潟市西区
五十嵐下崎山　いからししもさきやま　新潟県新潟市西区
五十嵐三の町　いからしさんのちょう　新潟県新潟市西区
五十嵐三の町中　いからしさんのちょうなか　新潟県新潟市西区
五十嵐三の町北　いからしさんのちょうきた　新潟県新潟市西区

4画（五）

五十嵐三の町西　いからしさんのちょうにし　新潟県
新潟市西区
五十嵐三の町東　いからしさんのちょうひがし　新潟
県新潟市西区
五十嵐三の町南　いからしさんのちょうみなみ　新潟
県新潟市西区
五十嵐上崎山　いからしかみさきやま　新潟県新潟市
西区
五十嵐中島　いからしなかじま　新潟県新潟市西区
五十嵐西　いからしにし　新潟県新潟市西区
五十嵐町　いがらしちょう　北海道留萌市
五十嵐東　いからしひがし　新潟県新潟市西区
五十嵐新田　いがらししんでん　新潟県五泉市
五十鈴　いすず　山形県山形市
五十鈴ケ丘　いすずがおか　三重県（JR参宮線）
五十鈴川　いすずがわ　三重県（近畿日本鉄道鳥羽
線）
五十鈴町
　いすずちょう　三重県松阪市
　いすずちょう　大阪府茨木市
³五万石町　ごまんごくちょう　鹿児島県出水市
五千石　ごせんごく　新潟県燕市
五千石荒川　ごせんごくあらかわ　新潟県燕市
五女子　ごにょうし　愛知県名古屋市中川区
五女子町　ごにょしちょう　愛知県名古屋市中川区
五川目　いつかわめ　青森県三沢市
五才美町　ごさいびちょう　愛知県名古屋市西区
⁴五之三川平　ごのさんかわひら　愛知県弥富市
五之三町　ごのさんちょう　愛知県弥富市
五之上　ごのかみ　新潟県新潟市西蒲区
五之里
　ごのり　岐阜県揖斐郡大野町
　ごのり　滋賀県野洲市
五井
　ごい　千葉県（JR内房線ほか）
　ごい　千葉県市原市
　ごい　千葉県長生郡白子町
五井中央西　ごいちゅうおうにし　千葉県市原市
五井中央東　ごいちゅうおうひがし　千葉県市原市
五井西　ごいにし　千葉県市原市
五井町
　ごいちょう　愛知県蒲郡市
　ごいちょう　奈良県橿原市
五井東　ごいひがし　千葉県市原市
五井金杉　ごいかなすぎ　千葉県市原市
五井南海岸　ごいみなみかいがん　千葉県市原市
五井海岸　ごいかいがん　千葉県市原市
五分一　ごぶいち　栃木県河内郡上三川町
五分市町　ごぶいちちょう　福井県越前市
五反　ごたん　岡山県真庭市
五反田
　ごたんだ　宮城県遠田郡涌谷町
　ごたんだ　福島県河沼郡会津坂下町
　ごたんだ　茨城県かすみがうら市
　ごたんだ　茨城県東茨城郡大洗町
　ごたんだ　群馬県吾妻郡中之条町
　ごたんだ　千葉県香取郡多古町
　ごたんだ　東京都（JR山手線ほか）
　ごたんだ　新潟県加茂市
　ごたんだ　石川県河北郡津幡町

　ごたんだ　愛知県犬山市
　ごたんだ　三重県桑名市
　ごたんだ　愛媛県八幡浜市
五反田町
　ごたんだまち　新潟県長岡市
　ごたんだちょう　岐阜県岐阜市
　ごたんだちょう　愛知県名古屋市北区
　ごたんだちょう　愛知県豊田市
　ごたんだちょう　三重県松阪市
　ごたんだちょう　鳥取県鳥取市
五反田郷　ごたんだごう　長崎県東彼杵郡川棚町
五反沢　ごたんざわ　秋田県北秋田郡上小阿仁村
五反城町　ごたんじょうちょう　愛知県名古屋市中
村区
五反野　ごたんの　東京都（東武鉄道伊勢崎線）
五太子町　ごたいしちょう　福井県福井市
五戸町　ごのへまち　青森県三戸郡
五斗山　ことやま　愛知県弥富市
五斗蒔町　ごとまきまち　福島県岩瀬郡鏡石町
五日市
　いつかいち　岩手県八幡平市
　いつかいち　岩手県岩手郡岩手町
　いつかいち　東京都あきる野市
　いつかいち　新潟県妙高市
　いつかいち　岐阜県養老郡養老町
　いつかいち　大阪府茨木市
　いつかいち　岡山県倉敷市
　いつかいち　岡山県赤磐市
　いつかいち　広島県（JR山陽本線）
　いつかいち　広島県広島市佐伯区
五日市中央　いつかいちちゅうおう　広島県広島市佐
伯区
五日市町下小深川　いつかいちちょうしもこぶかわ　広
島県広島市佐伯区
五日市町下河内　いつかいちちょうしもごうち　広島
県広島市佐伯区
五日市町上小深川　いつかいちちょうかみこぶかわ　広
島県広島市佐伯区
五日市町上河内　いつかいちちょうかみごうち　広島
県広島市佐伯区
五日市町中地　いつかいちちょうなかじ　広島県広島
市佐伯区
五日市町石内　いつかいちちょういしうち　広島県広
島市佐伯区
五日市町寺田　いつかいちちょうてらだ　広島県広島
市佐伯区
五日市町昭和台　いつかいちちょうしょうわだい　広島
県広島市佐伯区
五日市町皆賀　いつかいちちょうみなが　広島県広島
市佐伯区
五日市町美鈴園　いつかいちちょうみすずえん　広島
県広島市佐伯区
五日市港　いつかいちこう　広島県広島市佐伯区
五日市緑町　いつかいちみどりまち　大阪府茨木市
五日市駅前　いつかいちえきまえ　広島県広島市佐
伯区
五日町
　いつかまち　宮城県亘理郡亘理町
　いつかまち　山形県山形市
　いつかまち　山形県新庄市
　いつかまち　山形県天童市
　いつかまち　新潟県（JR上越線）

284

4画（五）

いつかまち　新潟県南魚沼市
いつかまち　熊本県人吉市

五月ケ丘
さつきがおか　大阪府泉南郡熊取町
さつきがおか　兵庫県西宮市
五月が丘　さつきがおか　広島県広島市佐伯区
五月が丘北　さつきがおかきた　大阪府吹田市
五月が丘西　さつきがおかにし　大阪府吹田市
五月が丘東　さつきがおかひがし　大阪府吹田市
五月が丘南　さつきがおかみなみ　大阪府吹田市
五月丘　さつきがおか　大阪府池田市
五月台　さつきだい　神奈川県（小田急電鉄多摩線）
五月田町　さつきだちょう　大阪府門真市
五月町
さつきちょう　岩手県宮古市
さつきちょう　福島県福島市
さつきまち　福島県会津若松市
さつきちょう　福島県二本松市
さつきちょう　新潟県新潟市江南区
さつきちょう　静岡県沼津市
さつきちょう　三重県松阪市
さつきちょう　大阪府堺市堺区
さつきちょう　山口県周南市
五月雨　さみだれ　福島県須賀川市
五月南通　さつきみなみとおり　愛知県名古屋市中川区
五月通　さつきとおり　愛知県名古屋市中川区
五木　ごき　千葉県野田市
五木田　ごきた　千葉県山武市
五木村　いつきむら　熊本県球磨郡
五木新田　ごきしんでん　千葉県野田市
五木新町　ごきしんまち　千葉県野田市
五毛　ごもう　兵庫県神戸市灘区
五毛通　ごもうどおり　兵庫県神戸市灘区
⁵**五主町**　ごぬしちょう　三重県松阪市
五代
ごだい　青森県弘前市
ごだい　栃木県宇都宮市
五代町
ごだいちょう　岩手県一関市
ごだいまち　群馬県前橋市
ごだいちょう　鹿児島県薩摩川内市
五加
ごか　長野県上田市
ごか　岐阜県加茂郡東白川村
五号地　ごごうち　愛知県知多郡武豊町
五台山　ごだいさん　高知県高知市
五平
ごへい　茨城県笠間市
ごへい　静岡県藤枝市
五平町　ごへいちょう　茨城県水戸市
五本木　ごほんぎ　東京都目黒区
五本松
ごほんまつ　宮城県伊具郡丸森町
ごほんまつ　福島県西白河郡矢吹町
ごほんまつ　愛媛県伊予郡砥部町
ごほんまつ　宮崎県北諸県郡三股町
五本松町　ごほんまつちょう　愛知県名古屋市熱田区
五本榎　ごほんえのき　富山県富山市
五目牛町　ごめうしちょう　群馬県伊勢崎市
五辻町　いつつじちょう　京都府京都市上京区

⁶**五合池**　ごごういけ　愛知県長久手市
五名
ごみょう　岡山県真庭市
ごみょう　岡山県美作市
ごみょう　香川県東かがわ市
五百川　ごひゃくがわ　福島県（JR東北本線）
五百井　いおい　奈良県生駒郡斑鳩町
五百刈
ごひゃくがり　宮城県加美郡加美町
ごひゃっかり　新潟県長岡市
五百木　いよき　愛媛県喜多郡内子町
五百田　ごひゃくだ　福島県伊達郡川俣町
五百石
ごひゃっこく　富山県（富山地方鉄道立山線）
ごひゃくこく　富山県中新川郡立山町
五百苅　ごひゃくがり　福島県耶麻郡猪苗代町
五百家　いうか　奈良県御所市
五百渕山　ごひゃくぶちやま　福島県郡山市
五百渕西　ごひゃくぶちにし　福島県郡山市
五百窪　いおくぼ　青森県三戸郡五戸町
五百瀬　いもぜ　奈良県吉野郡十津川村
五百羅漢　ごひゃくらかん　神奈川県（伊豆箱根鉄道大雄山線）
五老内町　ごろううちまち　福島県福島市
五色　ごしき　奈良県吉野郡天川村
五色山　ごしきやま　兵庫県神戸市垂水区
五色町下堺　ごしきちょうしもさかい　兵庫県洲本市
五色町上堺　ごしきちょうかみさかい　兵庫県洲本市
五色町広石下　ごしきちょうひろいししも　兵庫県洲本市
五色町広石上　ごしきちょうひろいしかみ　兵庫県洲本市
五色町広石中　ごしきちょうひろいしなか　兵庫県洲本市
五色町広石北　ごしきちょうひろいしきた　兵庫県洲本市
五色町都志　ごしきちょうつし　兵庫県洲本市
五色町都志万歳　ごしきちょうつしまんざい　兵庫県洲本市
五色町都志大日　ごしきちょうつしだいにち　兵庫県洲本市
五色町都志大宮　ごしきちょうつしおおみや　兵庫県洲本市
五色町都志米山　ごしきちょうつしこめやま　兵庫県洲本市
五色町都志角川　ごしきちょうつしつのかわ　兵庫県洲本市
五色町鳥飼上　ごしきちょうとりかいかみ　兵庫県洲本市
五色町鳥飼中　ごしきちょうとりかいなか　兵庫県洲本市
五色町鳥飼浦　ごしきちょうとりかいうら　兵庫県洲本市
五色町鮎原下　ごしきちょうあいはらしも　兵庫県洲本市
五色町鮎原三野畑　ごしきちょうあいはらみのはた　兵庫県洲本市
五色町鮎原上　ごしきちょうあいはらかみ　兵庫県洲本市
五色町鮎原小山田　ごしきちょうあいはらこやまだ　兵庫県洲本市

285

4画（五）

五色町鮎原中邑　ごしきちょうあいはらなかむら　兵庫県洲本市

五色町鮎原田処　ごしきちょうあいはらたどころ　兵庫県洲本市

五色町鮎原吉田　ごしきちょうあいはらよしだ　兵庫県洲本市

五色町鮎原宇谷　ごしきちょうあいはらうだに　兵庫県洲本市

五色町鮎原西　ごしきちょうあいはらにし　兵庫県洲本市

五色町鮎原南谷　ごしきちょうあいはらみなみだに　兵庫県洲本市

五色町鮎原神陽　ごしきちょうあいはらしんよう　兵庫県洲本市

五色町鮎原栢野　ごしきちょうあいはらかやの　兵庫県洲本市

五色町鮎原葛尾　ごしきちょうあいらつづらお　兵庫県洲本市

五色町鮎原塔下　ごしきちょうあいはらとうげ　兵庫県洲本市

五色町鮎原鮎の郷　ごしきちょうあいはらあゆのさと　兵庫県洲本市

五色園　ごしきえん　愛知県日進市

⁷五位　ごい　北海道中川郡幕別町

五位ノ池町　ごいのいけちょう　兵庫県神戸市長田区

五位尾　ごいお　富山県中新川郡上市町

五位堂
　ごいどう　奈良県（近畿日本鉄道大阪線）
　ごいどう　奈良県香芝市

五位野　ごいの　鹿児島県（JR指宿枕崎線）

五位塚町　ごいづかちょう　愛知県瀬戸市

五佐奈　ごさな　三重県多気郡多気町

五助　ごすけ　茨城県結城市

五坊大宮町　ごぼうおおみやちょう　京都府京都市下京区

五条
　ごじょう　北海道江別市
　ごじょう　北海道深川市
　ごじょう　北海道雨竜郡秩父別町
　ごじょう　滋賀県野洲市
　ごじょう　京都府（京都市交通局烏丸線）
　ごじょう　奈良県（JR和歌山線）
　ごじょう　奈良県奈良市
　ごじょう　福岡県太宰府市

五条北　ごじょうきた　北海道天塩郡幌延町

五条西
　ごじょうにし　北海道旭川市
　ごじょうにし　北海道岩見沢市
　ごじょうにし　北海道上川郡当麻町
　ごじょうにし　奈良県奈良市

五条町
　ごじょうちょう　愛知県名古屋市南区
　ごじょうちょう　愛知県岩倉市
　ごじょうちょう　大阪府東大阪市
　ごじょうちょう　奈良県奈良市

五条東
　ごじょうひがし　北海道岩見沢市
　ごじょうひがし　北海道上川郡当麻町

五条南
　ごじょうみなみ　北海道天塩郡幌延町
　ごじょうみなみ　北海道上川郡新得町

五条畑　ごじょうばた　奈良県奈良市

五条烏丸町　ごじょうからすまちょう　京都府京都市下京区

五条通
　ごじょうどおり　北海道旭川市
　ごじょうどおり　大阪府堺市堺区

五条野町　ごじょうのちょう　奈良県橿原市

五条橋東　ごじょうはしひがし　京都府京都市東山区

五村　ごむら　滋賀県長浜市

五町田
　ごちょうだ　茨城県行方市
　ごちょうだ　群馬県吾妻郡東吾妻町

五町目　ごちょうめ　京都府京都市上京区

五町目町　ごちょうめちょう　京都府京都市上京区

五社
　ごしゃ　富山県小矢部市
　ごしゃ　兵庫県（神戸電鉄三田線）

五谷　ごたに　富山県砺波市

五里合中石　いりあいちゅういし　秋田県男鹿市

五里合神谷　いりあいかみや　秋田県男鹿市

五里合琴川　いりあいことがわ　秋田県男鹿市

五里合箱井　いりあいはこい　秋田県男鹿市

五里合鮪川　いりあいしびかわ　秋田県男鹿市

五里峠　ごりとうげ　石川県羽咋郡志賀町

⁸五味
　ごみ　和歌山県田辺市
　ごみ　高知県高岡郡越知町

五味ケ谷　ごみがや　埼玉県鶴ケ島市

五味沢　ごみさわ　山形県西置賜郡小国町

五味島
　ごみじま　石川県白山市
　ごみじま　静岡県富士市

五味堀　ごみほり　秋田県北秋田市

五和　ごか　静岡県（大井川鉄道大井川本線）

五和町二江　いつわまちふたえ　熊本県天草市

五和町手野　いつわまちての　熊本県天草市

五和町城河原　いつわまちじょうがわら　熊本県天草市

五和町鬼池　いつわまちおにいけ　熊本県天草市

五和町御領　いつわまちごりょう　熊本県天草市

五国寺町　ごこうじまち　石川県小松市

五坪　ごつぼ　岐阜県岐阜市

五坪町　ごつぼちょう　岐阜県岐阜市

五官　ごかん　長野県諏訪郡下諏訪町

五所
　ごしょ　青森県弘前市
　ごしょ　千葉県市原市

五所川原　ごしょがわら　青森県（JR五能線）

五所川原市　ごしょがわらし　青森県

五所宮　ごしょみや　茨城県筑西市

五所塚　ごしょづか　神奈川県川崎市宮前区

五明
　ごみょう　埼玉県比企郡ときがわ町
　ごみょう　埼玉県児玉郡上里町
　ごみょう　新潟県三条市
　ごみょう　静岡県掛川市
　ごみょう　愛知県弥富市

五明町　ごみょうちょう　愛知県弥富市

五明町大膳　ごみょうちょうだいぜん　愛知県江南市

五明町太子堂　ごみょうちょうたいしどう　愛知県江南市

4画（五）

五明町天王　ごみょうちょうてんのう　愛知県江南市
五明町石橋　ごみょうちょういしばし　愛知県江南市
五明町当光地　ごみょうちょうとうこうち　愛知県江南市
五明町青木　ごみょうちょうあおき　愛知県江南市
五明町根場　ごみょうちょうねば　愛知県江南市
五明町高砂　ごみょうちょうたかす　愛知県江南市
五明町福森　ごみょうちょうふくもり　愛知県江南市
五林　ごりん　青森県南津軽郡藤崎町
五林平　ごりんたい　青森県北津軽郡板柳町
五歩市町　ごぼいちまち　石川県白山市
五知　ごち　三重県（近畿日本鉄道志摩線）
五門　ごもん　大阪府泉南郡熊取町
五門西　ごもんにし　大阪府泉南郡熊取町
五門東　ごもんひがし　大阪府泉南郡熊取町
9五厘沢町　ごりんざわちょう　北海道檜山郡江差町
五城目町　ごじょうめまち　秋田県南秋田郡
五泉
　ごせん　新潟県（JR磐越西線）
　ごせん　新潟県五泉市
五泉市　ごせんし　新潟県
五泉町　いいずみちょう　京都府綾部市
五津合町　いつあいちょう　京都府綾部市
五祝町　いわいちょう　三重県鈴鹿市
五郎
　ごろう　愛媛県（JR予讃線）
　ごろう　愛媛県大洲市
五郎八　ごろうはち　富山県下新川郡入善町
五郎丸
　ごろうまる　新潟県南魚沼市
　ごろまる　富山県砺波市
　ごろうまる　富山県小矢部市
　ごろうまる　富山県中新川郡立山町
　ごろうまる　愛知県犬山市
　ごろうまる　福岡県（西日本鉄道甘木線）
　ごろうまる　福岡県筑紫郡那珂川町
五郎丸二タ俣　ごろうまるふたまた　愛知県犬山市
五郎丸町　ごろうまるちょう　福井県鯖江市
五郎丸東　ごろうまるひがし　愛知県犬山市
五郎右衛門邸　ごろうえもんてい　兵庫県姫路市
五郎左エ門分　ごろうざえもんぶん　石川県鳳珠郡能登町
五郎兵衛新田町　ごろべえしんでんまち　茨城県常総市
五郎巻　ごろうまき　新潟県阿賀野市
五郎島町　ごろじままち　石川県金沢市
五郎窪　ごろうくぼ　福島県白河市
五香
　ごか　福島県河沼郡会津坂下町
　ごこう　千葉県（新京成電鉄線）
　ごこう　千葉県松戸市
五香六実　ごこうむつみ　千葉県松戸市
五香西　ごこうにし　千葉県松戸市
五香南　ごこうみなみ　千葉県松戸市
10五個荘七里町　ごかしょうしちりちょう　滋賀県東近江市
五個荘三俣町　ごかしょうみつまたちょう　滋賀県東近江市
五個荘小幡町　ごかしょうおばたちょう　滋賀県東近江市

五個荘山本町　ごかしょうやまもとちょう　滋賀県東近江市
五個荘川並町　ごかしょうかわなみちょう　滋賀県東近江市
五個荘中町　ごかしょうなかちょう　滋賀県東近江市
五個荘五位田町　ごかしょうごいでちょう　滋賀県東近江市
五個荘日吉町　ごかしょうひよしちょう　滋賀県東近江市
五個荘木流町　ごかしょうきながせちょう　滋賀県東近江市
五個荘北町屋町　ごかしょうきたまちやちょう　滋賀県東近江市
五個荘平阪町　ごかしょうひらさかちょう　滋賀県東近江市
五個荘石川町　ごかしょういしかわちょう　滋賀県東近江市
五個荘石馬寺町　ごかしょういしばじちょう　滋賀県東近江市
五個荘石塚町　ごかしょういしづかちょう　滋賀県東近江市
五個荘伊野部町　ごかしょういのべちょう　滋賀県東近江市
五個荘和田町　ごかしょうわだちょう　滋賀県東近江市
五個荘河曲町　ごかしょうかまがりちょう　滋賀県東近江市
五個荘金堂町　ごかしょうこんどうちょう　滋賀県東近江市
五個荘竜田町　ごかしょうたつたちょう　滋賀県東近江市
五個荘清水鼻町　ごかしょうしみずはなちょう　滋賀県東近江市
五個荘塚本町　ごかしょうつかもとちょう　滋賀県東近江市
五個荘奥町　ごかしょうおくちょう　滋賀県東近江市
五個荘新堂町　ごかしょうしんどうちょう　滋賀県東近江市
五個荘簗瀬町　ごかしょうやなぜちょう　滋賀県東近江市
五宮町　ごのみやちょう　兵庫県神戸市兵庫区
五島市　ごとうし　長崎県
五島市
　ごとうまち　長崎県（長崎電気軌道1系統）
　ごとうまち　長崎県長崎市
五料　ごりょう　群馬県佐波郡玉村町
五桂　ごかつら　三重県多気郡多気町
五耕地山　ごこうちやま　北海道樺戸郡月形町
五軒町
　ごけんちょう　茨城県水戸市
　ごけんちょう　栃木県那須塩原市
　ごけんちょう　京都府京都市東山区
　ごけんちょう　京都府京都市下京区
五軒邸　ごけんやしき　兵庫県姫路市
五軒屋町　ごけんやまち　大阪府岸和田市
五軒家　ごけんや　大阪府富田林市
五軒家町　ごけんやちょう　愛知県名古屋市昭和区
五軒新田　ごけんしんでん　新潟県十日町市
11五常　ごじょう　長野県松本市
五庵ノ下　ごあんのした　青森県上北郡七戸町

287

4画（互, 化, 介, 今）

五條
　ごじょう　奈良県五條市
　ごじょう　香川県仲多度郡琴平町
　ごじょう　香川県仲多度郡まんのう町
五條方　ごじょうほう　福井県大野市
五條市　ごじょうし　奈良県
五條谷　ごじょうや　千葉県柏市
五貫目町　ごかんめちょう　神奈川県横浜市瀬谷区
五貫島　ごかんじま　静岡県富士市
五郷内　ごごうち　千葉県香取市
五郷町大井谷　いさとちょうおおいだに　三重県熊野市
五郷町寺谷　いさとちょうてらだに　三重県熊野市
五郷町和田　いさとちょうわだ　三重県熊野市
五郷町桃崎　いさとちょうももざき　三重県熊野市
五郷町湯谷　いさとちょうゆのたに　三重県熊野市
五部　ごへい　茨城県古河市
五野井　ごのい　新潟県上越市
12五幾形　ごきがた　青森県北津軽郡板柳町
五智　ごち　新潟県上越市
五智町　ごちちょう　滋賀県東近江市
五智国分　ごちこくぶ　新潟県上越市
五智新町　ごちしんまち　新潟県上越市
五畳敷　ごじょうじき　福島県河沼郡柳津町
五番丁　ごばんちょう　和歌山県和歌山市
五番町
　ごばんちょう　埼玉県上尾市
　ごばんちょう　東京都千代田区
　ごばんちょう　新潟県加茂市
　ごばんまち　富山県富山市
　ごばんちょう　静岡県静岡市葵区
　ごばんちょう　愛知県名古屋市熱田区
　ごばんちょう　京都府京都市上京区
　ごばんちょう　兵庫県神戸市長田区
　ごばんちょう　岡山県笠岡市
五番町川原　ごばんちょうがわら　福島県白河市
五筋目　いつすじめ　和歌山県和歌山市
五間堂町　ごけんどうまち　石川県能美市
五閑町　ごかんまち　長野県須坂市
五雲岱　ごうんだい　秋田県能代市
13五僧　ごそう　滋賀県犬上郡多賀町
五新　ごしん　和歌山県新宮市
五福　ごふく　富山県富山市
五福末広町　ごふくすえひろちょう　富山県富山市
五福町　ごふくまち　富山県高岡市
五福谷　ごふくや　宮城県伊具郡丸森町
五福新町　ごふくしんまち　富山県富山市
五稜　ごりょう　北海道上川郡美瑛町
五稜郭　ごりょうかく　北海道（JR函館本線）
五稜郭公園前　ごりょうかくこうえんまえ　北海道（函館市交通局2系統ほか）
五稜郭町　ごりょうかくちょう　北海道函館市
五農校前　ごのうこうまえ　青森県（津軽鉄道線）
14五箇
　ごか　茨城県下妻市
　ごか　新潟県南魚沼市
五箇荘　ごかしょう　滋賀県（近江鉄道本線）
五関　ごせき　埼玉県さいたま市桜区
五領　ごりょう　富山県南砺市

五領町
　ごりょうちょう　埼玉県東松山市
　ごりょうちょう　大阪府高槻市
五領島　ごりょうじま　富山県南砺市
15五幡　いつはた　福井県敦賀市
五輪　ごりん　宮城県仙台市宮城野区
五輪原　ごりんばら　福島県耶麻郡猪苗代町
16五橋
　いつつばし　宮城県（仙台市交通局南北線）
　いつつばし　宮城県仙台市青葉区
　いつつばし　宮城県仙台市若林区
五艘　ごそう　富山県富山市
17五霞町　ごかまち　茨城県猿島郡

【互】
20互譲　ごじょう　北海道河東郡士幌町

【化】
5化石浜　かせきはま　北海道目梨郡羅臼町
12化粧坂
　けしょうざか　宮城県気仙沼市
　けしょうざか　宮城県遠田郡美里町
　けはいざか　福島県田村郡三春町

【介】
7介良　けら　高知県高知市
介良乙　けらおつ　高知県高知市
介良丙　けらへい　高知県高知市
介良甲　けらこう　高知県高知市
介良通　けらどおり　高知県（とさでん交通ごめん線）

【今】
今
　いま　千葉県香取郡神崎町
　いま　岐阜県可児市
　いま　愛知県海部郡蟹江町
　いま　岡山県岡山市北区
　いま　福岡県三井郡大刀洗町
　いま　熊本県菊池市
　いま　熊本県下益城郡美里町
　いま　熊本県玉名郡南関町
　いま　熊本県上益城郡山都町
　いま　熊本県八代郡氷川町
　いま　大分県竹田市
0今の庄　いまのしょう　福岡県古賀市
3今上　いまがみ　千葉県野田市
今大黒町　いまだいこくちょう　京都府京都市下京区
今小町　いまこまち　岐阜県岐阜市
今小路町
　いまこうじちょう　京都府京都市東山区
　いまこうじちょう　奈良県奈良市
今山
　いまやま　福岡県大牟田市
　いまやま　大分県（JR日田彦山線）
今川
　いまがわ　千葉県浦安市
　いまがわ　東京都杉並区
　いまがわ　新潟県（JR羽越本線）
　いまがわ　新潟県村上市
　いまがわ　岐阜県岐阜市

4画（今）

いまがわ　大阪府（近畿日本鉄道南大阪線）
いまがわ　大阪府大阪市東住吉区
いまがわ　福岡県福岡市中央区
今川町
　いまがわちょう　神奈川県横浜市旭区
　いまがわちょう　神奈川県秦野市
　いまがわちょう　岐阜県岐阜市
　いまがわちょう　愛知県刈谷市
　いまがわちょう　愛知県西尾市
　いまがわちょう　滋賀県長浜市
　いまがわまち　長崎県島原市
今川河童　いまがわかっぱ　福岡県（平成筑豊鉄道田
川線）
4今中　いまなか　和歌山県岩出市
今中町　いまなかまち　三重県桑名市
今之浦　いまのうら　静岡県磐田市
今井
　いまい　群馬県吾妻郡嬬恋村
　いまい　埼玉県熊谷市
　いまい　埼玉県本庄市
　いまい　千葉県千葉市中央区
　いまい　千葉県袖ケ浦市
　いまい　千葉県白井市
　いまい　東京都青梅市
　いまい　新潟県新潟市西蒲区
　いまい　新潟県長岡市
　いまい　新潟県三条市
　いまい　富山県射水市
　いまい　福井県大野市
　いまい　長野県（JR信越本線）
　いまい　長野県松本市
　いまい　長野県岡谷市
　いまい　長野県佐久市
　いまい　静岡県富士市
　いまい　愛知県犬山市
　いまい　大阪府堺市美原区
　いまい　奈良県五條市
　いまい　奈良県宇陀郡曽爾村
　いまい　奈良県吉野郡野迫川村
　いまい　島根県邑智郡邑南町
　いまい　岡山県赤磐市
　いまい　福岡県行橋市
今井上町　いまいかみちょう　神奈川県川崎市中原区
今井仲町　いまいなかまち　神奈川県川崎市中原区
今井西町　いまいにしまち　神奈川県川崎市中原区
今井町
　いまいまち　群馬県前橋市
　いまいちょう　群馬県伊勢崎市
　いまいまち　群馬県沼田市
　いまいちょう　千葉県千葉市中央区
　いまいちょう　神奈川県横浜市保土ケ谷区
　いまいまち　奈良県大和郡山市
　いまいちょう　奈良県橿原市
　いまいちょう　奈良県五條市
　いまいちょう　山口県山口市
今井谷　いまいだに　奈良県桜井市
今井南町　いまいみなみちょう　神奈川県川崎市中
原区
今井浜海岸　いまいはまかいがん　静岡県（伊豆急行
線）
今井野新田　いまいのしんでん　新潟県三条市
今仁　いまに　大分県宇佐市

今戸
　いまど　秋田県南秋田郡井川町
　いまど　東京都台東区
今木　いまき　奈良県吉野郡大淀町
今木町
　いまぎまち　富山県富山市
　いまきちょう　大阪府岸和田市
今片町　いまかたまち　三重県桑名市
5今代町　いまだいちょう　滋賀県東近江市
今出　いまで　奈良県御所市
今出川　いまでがわ　京都府（京都市交通局烏丸線）
今出川町　いまでがわちょう　京都府京都市上京区
今出在家町　いまでざいけちょう　兵庫県神戸市兵
庫区
今北町　いまきたまち　三重県桑名市
今古萩町　いまふるはぎまち　山口県萩市
今古賀　いまこが　福岡県遠賀郡遠賀町
今尻町　いまじりちょう　愛知県名古屋市守山区
今左衛門沖名　こんざえもんおきな　宮城県遠田郡涌
谷町
今市
　いまいち　山形県西置賜郡小国町
　いまいち　栃木県（JR日光線）
　いまいち　栃木県日光市
　いまいち　埼玉県大里郡寄居町
　いまいち　富山県富山市
　いまいち　富山県高岡市
　いまいち　大阪府大阪市旭区
　いまいち　兵庫県高砂市
　いまいち　福岡県豊前市
　いまいち　大分県大分市
　いまいち　宮崎県北諸県郡三股町
今市本町　いまいちほんちょう　栃木県日光市
今市町
　いまいちちょう　福井県福井市
　いまいちちょう　滋賀県守山市
　いまいちちょう　奈良県奈良市
　いまいちちょう　島根県出雲市
　いまいちちょう　山口県防府市
今市町北本町　いまいちちょうきたほんまち　島根県出
雲市
今市町南本町　いまいちちょうみなみほんまち　島根県
出雲市
今市場町　いまいちばちょう　愛知県津島市
今市場町秋津　いまいちばちょうあきつ　愛知県江
南市
今市場町美和　いまいちばちょうみわ　愛知県江南市
今市場町宮前　いまいちばちょうみやまえ　愛知県江
南市
今市場町高根　いまいちばちょうたかね　愛知県江
南市
今平　こんべい　山形県西村山郡朝日町
今平町　いまひらまち　石川県白山市
今本町　いまほんまち　愛知県安城市
今生津　いもづ　富山県富山市
今田
　いまだ　福島県相馬市
　いまだ　神奈川県藤沢市
　いまだ　石川県羽咋郡志賀町
　いまだ　京都府舞鶴市
　いまだ　広島県山県郡北広島町

289

4画（今）

今田町　いまだちょう　京都府綾部市
今田町下小野原　こんだちょうしもおのばら　兵庫県篠山市
今田町下立杭　こんだちょうしもたちくい　兵庫県篠山市
今田町上小野原　こんだちょうかみおのばら　兵庫県篠山市
今田町上立杭　こんだちょうかみたちくい　兵庫県篠山市
今田町今田　こんだちょうこんだ　兵庫県篠山市
今田町今田新田　こんだちょうこんだしんでん　兵庫県篠山市
今田町木津　こんだちょうこつ　兵庫県篠山市
今田町四斗谷　こんだちょうしとだに　兵庫県篠山市
今田町市原　こんだちょういちはら　兵庫県篠山市
今田町本荘　こんだちょうほんじょう　兵庫県篠山市
今田町休場　こんだちょうやすんば　兵庫県篠山市
今田町佐曽良新田　こんだちょうさそらしんでん　兵庫県篠山市
今田町芦原新田　こんだちょうあしはらしんでん　兵庫県篠山市
今田町辰巳　こんだちょうたつみ　兵庫県篠山市
今田町東庄　こんだちょうひがししょう　兵庫県篠山市
今田町荻野分　こんだちょうおぎのぶん　兵庫県篠山市
今田町釜屋　こんだちょうかまや　兵庫県篠山市
今田町黒石　こんだちょうくろいし　兵庫県篠山市
今田町間新田　こんだちょうあいしんでん　兵庫県篠山市
今石動町　いまいするぎまち　富山県小矢部市
今立　いまだて　岡山県笠岡市
今立郡　いまだてぐん　福井県
今辻子町　いまづしちょう　奈良県奈良市
6今伊勢　いまいせ　愛知県（名古屋鉄道名古屋本線）
今伊勢町本神戸　いまいせちょうほんかんべ　愛知県一宮市
今伊勢町宮後　いまいせちょうみやうしろ　愛知県一宮市
今伊勢町馬寄　いまいせちょううまよせ　愛知県一宮市
今伊勢町新神戸　いまいせちょうしんかんべ　愛知県一宮市
今任原　いまとうばる　福岡県田川郡大任町
今光
　いまみつ　福岡県北九州市若松区
　いまみつ　福岡県筑紫郡那珂川町
今吉
　いまよし　鳥取県西伯郡日吉津村
　いまよし　福岡県築上郡吉富町
今吉田　いまよしだ　広島県山県郡北広島町
今在家
　いまざいけ　奈良県葛城市
　いまざいけ　鳥取県米子市
　いまざいけ　鳥取県倉吉市
　いまざいけ　鳥取県西伯郡大山町
　いまざいけ　岡山県岡山市中区
　いまざいけ　愛媛県松山市
　いまざいけ　愛媛県西条市
　いまざいけ　福岡県古賀市
今在家町
　いまざいけちょう　滋賀県東近江市

　いまざいけちょう　大阪府豊中市
　いまざいけちょう　兵庫県西宮市
　いまざいけちょう　奈良県奈良市
　いまざいけまち　愛媛県松山市
今安　いまやす　京都府福知山市
今寺
　いまでら　東京都青梅市
　いまでら　福井県大飯郡高浜町
　いまでら　兵庫県神戸市西区
今庄
　いまじょう　福井県（JR北陸本線）
　いまじょう　福井県南条郡南越前町
今成
　いまなり　埼玉県川越市
　いまなり　高知県高岡郡越知町
　いまなり　大分県宇佐市
今江　いまえ　富山県下新川郡入善町
今江町　いまえまち　石川県小松市
今池
　いまいけ　新潟県上越市
　いまいけ　愛知県（名古屋市交通局東山線）
　いまいけ　愛知県名古屋市千種区
　いまいけ　大阪府（阪堺電気軌道阪堺線）
　いまいけ　福岡県（筑豊電気鉄道線）
今池町
　いまいけちょう　愛知県瀬戸市
　いまいけちょう　愛知県安城市
　いまいけちょう　大阪府堺市堺区
今池南　いまいけみなみ　愛知県名古屋市千種区
今米　いまごめ　大阪府東大阪市
今羽　こんば　埼玉県（埼玉新都市交通伊奈線）
今羽坂　いまはざか　石川県鹿島郡中能登町
今羽町　こんばちょう　埼玉県さいたま市北区
今西
　いまにし　埼玉県坂戸市
　いまにし　愛知県海部郡蟹江町
　いまにし　大阪府能勢郡能勢町
　いまにし　奈良県吉野郡十津川村
　いまにし　和歌山県海草郡紀美野町
　いまにし　宮崎県えびの市
7今住　いまずみ　奈良県御所市
今住町　いまずみちょう　山口県周南市
今別
　いまべつ　青森県（JR津軽線）
　いまべつ　青森県東津軽郡今別町
今別町　いまべつまち　青森県東津軽郡
今図子町　いまずしちょう　京都府京都市上京区
今坂町　いまさかちょう　鹿児島県鹿屋市
今村
　いまむら　岡山県岡山市北区
　いまむら　佐賀県東松浦郡玄海町
今村北　いまむらきた　山口県宇部市
今村町
　いまむらちょう　愛知県稲沢市
　いまむらまち　長崎県大村市
今村南　いまむらみなみ　山口県宇部市
今村新田　いまむらしんでん　新潟県糸魚川市
今沢　いまざわ　静岡県沼津市
今沢町　いまざわちょう　岐阜県岐阜市
今町　いままち　山形県天童市

4画（今）

いままち	新潟県見附市
いままち	新潟県南魚沼市
いままち	富山県滑川市
いままち	富山県南砺市
いままち	石川県金沢市
いままち	石川県七尾市
いままち	岐阜県岐阜市
いままち	岐阜県大垣市
いまちょう	愛知県豊田市
いまちょう	滋賀県長浜市
いまちょう	滋賀県東近江市
いままち	京都府京都市伏見区
いままち	大阪府柏原市
いままち	鳥取県鳥取市
いままち	広島県福山市
いままち	福岡県北九州市小倉北区
いままち	佐賀県鳥栖市
いままち	熊本県熊本市南区
いままち	熊本県阿蘇市
いままち	大分県豊後高田市
いままち	宮崎県都城市
いままち	宮崎県日南市

今町新田 いままちしんでん　新潟県南魚沼市

今谷

いまだに	兵庫県篠山市
いまだに	岡山県岡山市中区

今谷上町 いまやかみちょう　千葉県柏市
今谷南町 いまやみなみちょう　千葉県柏市

今里

いまざと	茨城県結城郡八千代町
いまざと	栃木県小山市
いまざと	神奈川県海老名市
いまざと	富山県南砺市
いまざと	静岡県裾野市
いまざと	京都府長岡京市
いまざと	大阪府（近畿日本鉄道大阪線ほか）
いまざと	奈良県大和高田市
いまざと	奈良県磯城郡田原本町
いまざと	福岡県京都郡みやこ町
いまざと	鹿児島県大島郡大和村

今里川合方 いまざとかわいほう　奈良県大和高田市
今里町

いまざとちょう	栃木県宇都宮市
いまざとちょう	兵庫県宝塚市
いまざとちょう	奈良県大和高田市
いまざとちょう	香川県高松市

今里郷 いまざとごう　長崎県南松浦郡新上五島町
8今国府町 いまこうちょう　奈良県大和郡山市
今岡

いまおか	兵庫県美方郡新温泉町
いまおか	岡山県岡山市北区
いまおか	岡山県美作市

今岡町

いまおかちょう	岐阜県大垣市
いまおかちょう	愛知県刈谷市

今府 いまぶ　新潟県妙高市
今板 いまいた　新潟県阿賀野市
今林 いまばやし　大阪府大阪市東住吉区
今林町 いまばやしちょう　愛知県瀬戸市
今治 いまばり　愛媛県（JR予讃線）
今治市 いまばりし　愛媛県
今治村 いまばりむら　愛媛県今治市
今泊 いまどまり　沖縄県国頭郡今帰仁村

今金 いまかね　北海道瀬棚郡今金町
今金町 いまかねちょう　北海道瀬棚郡
9今保 いまぼう　岡山県岡山市北区
今城 いまんじょう　奈良県御所市
今城町 いましろちょう　大阪府高槻市
今昭町 いましょうまち　石川県金沢市
今泉

いまいずみ	青森県北津軽郡中泊町
いまいずみ	宮城県仙台市若林区
いまいずみ	宮城県黒川郡富谷町
いまいずみ	秋田県北秋田市
いまいずみ	山形県（JR米坂線ほか）
いまいずみ	山形県鶴岡市
いまいずみ	山形県長井市
いまいずみ	福島県須賀川市
いまいずみ	福島県耶麻郡猪苗代町
いまいずみ	福島県相馬郡新地町
いまいずみ	茨城県土浦市
いまいずみ	茨城県下妻市
いまいずみ	茨城県つくば市
いまいずみ	茨城県桜川市
いまいずみ	栃木県宇都宮市
いまいずみ	栃木県大田原市
いまいずみ	埼玉県川越市
いまいずみ	埼玉県東松山市
いまいずみ	埼玉県羽生市
いまいずみ	埼玉県深谷市
いまいずみ	埼玉県上尾市
いまいずみ	埼玉県比企郡吉見町
いまいずみ	千葉県匝瑳市
いまいずみ	千葉県長生郡長南町
いまいずみ	神奈川県鎌倉市
いまいずみ	神奈川県秦野市
いまいずみ	新潟県五泉市
いまいずみ	新潟県上越市
いまいずみ	新潟県魚沼市
いまいずみ	富山県富山市
いまいずみ	富山県高岡市
いまいずみ	福井県南条郡南越前町
いまいずみ	静岡県静岡市清水区
いまいずみ	静岡県富士市
いまいずみ	奈良県香芝市
いまいずみ	鳥取県東伯郡三朝町
いまいずみ	福岡県福岡市中央区
いまいずみ	佐賀県杵島郡白石町

今泉北部町 いまいずみほくぶまち　富山県富山市
今泉台

いまいずみだい	神奈川県鎌倉市
いまいずみだい	神奈川県秦野市

今泉西部町 いまいずみせいぶまち　富山県富山市
今泉町

いまいずみちょう	栃木県宇都宮市
いまいずみまち	栃木県栃木市
いまいずみちょう	群馬県伊勢崎市
いまいずみまち	石川県金沢市
いまいずみちょう	福井県福井市
いまいずみまち	佐賀県鳥栖市

今泉新 いまいずみしん　富山県高岡市
今泉新町 いまいずみしんまち　栃木県宇都宮市
今津

いまづ	兵庫県（阪急電鉄今津線ほか）
いまづ	島根県隠岐郡隠岐の島町
いまづ	福岡県北九州市門司区

4画（今）

いまづ　福岡県福岡市西区
いまづ　大分県（JR日豊本線）
いまづ　大分県中津市

今津二葉町　いまづふたばちょう　兵庫県西宮市
今津上野町　いまづうえのちょう　兵庫県西宮市
今津久寿川町　いまづくすがわちょう　兵庫県西宮市
今津大東町　いまづおおひがしちょう　兵庫県西宮市
今津山中町　いまづやまなかちょう　兵庫県西宮市
今津中　いまづなか　大阪府大阪市鶴見区
今津水波町　いまづみずなみちょう　兵庫県西宮市
今津出在家町　いまづでざいけちょう　兵庫県西宮市
今津北　いまづきた　大阪府大阪市鶴見区
今津西浜町　いまづにしはまちょう　兵庫県西宮市
今津町
いまづちょう　島根県安来市
いまづちょう　広島県福山市
いまづまち　山口県岩国市
いまづちょう　香川県丸亀市
いまづまち　長崎県大村市
今津町下弘部　いまづちょうしもひろべ　滋賀県高島市
今津町上弘部　いまづちょうかみひろべ　滋賀県高島市
今津町大供　いまづちょうおおとも　滋賀県高島市
今津町大供大門　いまづちょうおおともだいもん　滋賀県高島市
今津町中沼　いまづちょうなかぬま　滋賀県高島市
今津町今津　いまづちょういまづ　滋賀県高島市
今津町天増川　いまづちょうあますがわ　滋賀県高島市
今津町日置前　いまづちょうひおきまえ　滋賀県高島市
今津町北生見　いまづちょうきたうみ　滋賀県高島市
今津町北仰　いまづちょうきとげ　滋賀県高島市
今津町弘川　いまづちょうひろかわ　滋賀県高島市
今津町名小路　いまづちょうなこじ　滋賀県高島市
今津町舟橋　いまづちょうふなばし　滋賀県高島市
今津町住吉　いまづちょうすみよし　滋賀県高島市
今津町杉山　いまづちょうすぎやま　滋賀県高島市
今津町角川　いまづちょうつのがわ　滋賀県高島市
今津町岸脇　いまづちょうきしわき　滋賀県高島市
今津町松陽台　いまづちょうしょうようだい　滋賀県高島市
今津町保坂　いまづちょうほうさか　滋賀県高島市
今津町南生見　いまづちょうみなみうみ　滋賀県高島市
今津町南新保　いまづちょうみなみしんぼ　滋賀県高島市
今津町桂　いまづちょうかつら　滋賀県高島市
今津町桜町　いまづちょうさくらまち　滋賀県高島市
今津町梅原　いまづちょううめはら　滋賀県高島市
今津町酒波　いまづちょうさなみ　滋賀県高島市
今津町浜分　いまづちょうはまぶん　滋賀県高島市
今津町途中谷　いまづちょうとちゅうだに　滋賀県高島市
今津町深清水　いまづちょうふかしみず　滋賀県高島市
今津町椋川　いまづちょうむくがわ　滋賀県高島市
今津町福岡　いまづちょうふくおか　滋賀県高島市
今津町藺生　いまづちょうゆう　滋賀県高島市

今津社前町　いまづしゃぜんちょう　兵庫県西宮市
今津南　いまづみなみ　大阪府大阪市鶴見区
今津留　いまづる　大分県大分市
今津真砂町　いまづまさごちょう　兵庫県西宮市
今津野田町　いまづのだちょう　兵庫県西宮市
今津巽町　いまづたつみちょう　兵庫県西宮市
今津朝山　いまづあさやま　千葉県市原市
今津港町　いまづみなとちょう　兵庫県西宮市
今津曙町　いまづあけぼのちょう　兵庫県西宮市
今畑　いまはた　和歌山県岩出市
今荘町　いまじょうちょう　滋賀県長浜市
10 **今倉新田**　いまくらしんでん　千葉県印旛郡酒々井町
今宮
いまみや　栃木県宇都宮市
いまみや　静岡県富士市
いまみや　大阪府（JR関西本線）
いまみや　大阪府箕面市
今宮戎　いまみやえびす　大阪府（南海電気鉄道高野線）
今宮町
いまみやちょう　宮城県塩竈市
いまみやちょう　栃木県鹿沼市
いまみやちょう　千葉県銚子市
いまみやちょう　長野県飯田市
今島　いまじま　三重県桑名市
今帰仁村　なきじんそん　沖縄県国頭郡
今浦町　いまうらちょう　山口県下関市
今浜　いまはま　石川県羽咋郡宝達志水町
今浜町　いまはまちょう　滋賀県守山市
今浜新　いまはまし ん　石川県羽咋郡宝達志水町
今郡　いまごおり　千葉県香取郡東庄町
今釜町
いまがままち　熊本県天草市
いまがまちょう　鹿児島県出水市
今釜新町　いまがましんまち　熊本県天草市
11 **今堀町**　いまほりちょう　滋賀県東近江市
今宿
いましゅく　宮城県柴田郡川崎町
いましゅく　山形県北村山郡大石田町
いまじゅく　茨城県結城市
いまじゅく　埼玉県比企郡鳩山町
いまじゅく　神奈川県横浜市旭区
いまじゅく　神奈川県茅ケ崎市
いまじゅく　新潟県村上市
いまじゅく　岐阜県大垣市
いまじゅく　滋賀県守山市
いまじゅく　兵庫県姫路市
いまじゅく　福岡県（JR筑肥線）
いまじゅく　福岡県福岡市西区
今宿上ノ原　いまじゅくかみのはる　福岡県福岡市西区
今宿西　いまじゅくにし　福岡県福岡市西区
今宿西町　いまじゅくにしちょう　神奈川県横浜市旭区
今宿町
いまじゅくちょう　神奈川県横浜市旭区
いまじゅくちょう　福井県越前市
いまじゅくちょう　滋賀県守山市
いまじゅくちょう　山口県周南市
いまじゅくまち　福岡県福岡市西区
いましゅくまち　佐賀県佐賀市

4画 (仁)

今宿東　いまじゅくひがし　福岡県福岡市西区
今宿東町　いまじゅくひがしちょう　神奈川県横浜市旭区
今宿青木　いまじゅくあおき　福岡県福岡市西区
今宿南町　いまじゅくみなみちょう　神奈川県横浜市旭区
今宿駅前　いまじゅくえきまえ　福岡県福岡市西区
今崎町　いまさきちょう　滋賀県東近江市
今船　いまふね　大阪府（阪堺電気軌道阪堺線）
今野谷地　こんのやち　秋田県由利本荘市
今魚店町　いまうおのたなまち　山口県萩市
今鹿島　いまかしま　茨城県つくば市
12今博多町　いまはかたまち　長崎県長崎市
今堅田　いまかたた　滋賀県大津市
今塚　いまづか　山形県山形市
今富
　　いまどみ　千葉県市原市
　　いまどみ　山口県宇部市
今富町　いまとみまち　長崎県大村市
今御門町　いまみかどちょう　奈良県奈良市
今朝白　けさじろ　新潟県長岡市
今森　いまもり　兵庫県豊岡市
今渡　いまわたり　岐阜県可児市
今道町　いまみちちょう　京都府京都市東山区
今開発　いまかいほつ　富山県射水市
今宿　いまぐま　福岡県（甘木鉄道線）
今須　います　岐阜県不破郡関ケ原町
13今新在家西町　いましんざいけにしちょう　京都府京都市中京区
今新在家町　いましんざいけちょう　京都府京都市上京区
今新在家東町　いましんざいけひがしちょう　京都府京都市中京区
今新町　いまじんまち　香川県高松市
今滝　いまたき　静岡県掛川市
今福
　　いまふく　埼玉県川越市
　　いまふく　山梨県中央市
　　いまふく　京都府宮津市
　　いまふく　兵庫県尼崎市
　　いまふく　兵庫県篠山市
　　いまぶく　和歌山県和歌山市
　　いまぶく　福岡県八女市
　　いまふく　長崎県（松浦鉄道西九州線）
今福西　いまふくにし　大阪府大阪市城東区
今福町
　　いまふくちょう　栃木県足利市
　　いまふくちょう　岐阜県大垣市
　　いまふくちょう　大阪府和泉市
　　いまふくまち　和歌山県田辺市
　　いまふくちょう　長崎県佐世保市
今福町仏坂免　いまふくちょうほとけざかめん　長崎県松浦市
今福町木場免　いまふくちょうこばめん　長崎県松浦市
今福町北免　いまふくちょうきためん　長崎県松浦市
今福町寺上免　いまふくちょうてらがみめん　長崎県松浦市
今福町坂野免　いまふくちょうさかのめん　長崎県松浦市
今福町東免　いまふくちょうひがしめん　長崎県松浦市

今福町飛島免　いまふくちょうとびしまめん　長崎県松浦市
今福町浦免　いまふくちょううらめん　長崎県松浦市
今福町滑栄免　いまふくちょうなべるばえめん　長崎県松浦市
今福東　いまふくひがし　大阪府大阪市城東区
今福南　いまふくみなみ　大阪府大阪市城東区
今福新田　いまふくしんでん　山梨県中央市
今福鶴見　いまふくつるみ　大阪府（大阪市交通局長堀鶴見緑地線）
14今熊　いまくま　大阪府大阪狭山市
今熊野小松山町　いまぐまのこまつやまちょう　京都府京都市東山区
今熊野日吉町　いまぐまのひよしちょう　京都府京都市東山区
今熊野北日吉町　いまぐまのきたひよしちょう　京都府京都市東山区
今熊野本多山町　いまぐまのほんだやまちょう　京都府京都市東山区
今熊野池田町　いまぐまのいけだちょう　京都府京都市東山区
今熊野宝蔵町　いまぐまのほうぞうちょう　京都府京都市東山区
今熊野阿弥陀ケ峰町　いまぐまのあみだがみねちょう　京都府京都市東山区
今熊野南日吉町　いまぐまのみなみひよしちょう　京都府京都市東山区
今熊野南谷町　いまぐまのみなみだにちょう　京都府京都市東山区
今熊野泉山町　いまぐまのせんざんちょう　京都府京都市東山区
今熊野剣宮町　いまぐまのつるぎのみやちょう　京都府京都市東山区
今熊野梅ケ谷町　いまぐまのうめがたにちょう　京都府京都市東山区
今熊野椥ノ森町　いまぐまのなぎのもりちょう　京都府京都市東山区
今熊野総山町　いまぐまのそうざんちょう　京都府京都市東山区
今鉾　いまぼこ　埼玉県加須市
今関　いまぜき　千葉県いすみ市
16今橋
　　いまばし　大阪府大阪市中央区
　　いまばし　香川県（高松琴平電気鉄道志度線）
今橋町　いまはしちょう　愛知県豊橋市
今薬屋町　いまくすりやちょう　京都府京都市上京区
17今嶺　いまみね　岐阜県岐阜市

【仁】

3仁万　にま　島根県（JR山陰本線）
仁山
　　にやま　北海道（JR函館本線）
　　にやま　北海道亀田郡七飯町
仁川　にがわ　兵庫県（阪急電鉄今津線）
仁川うぐいす台　にがわうぐいすだい　兵庫県宝塚市
仁川五ケ山町　にがわごかやまちょう　兵庫県西宮市
仁川月見ガ丘　にがわつきみがおか　兵庫県宝塚市
仁川北　にがわきた　兵庫県宝塚市
仁川台　にがわだい　兵庫県宝塚市
仁川団地　にがわだんち　兵庫県宝塚市
仁川旭ガ丘　にがわあさひがおか　兵庫県宝塚市

4画〔仁〕

仁川百合野町 にがわゆりのちょう 兵庫県西宮市
仁川町 にがわちょう 兵庫県西宮市
仁川宮西町 にがわみやにしちょう 兵庫県宝塚市
仁川高丸 にがわたかまる 兵庫県宝塚市
仁川高台 にがわたかだい 兵庫県宝塚市
4仁井 にい 兵庫県淡路市
仁井令 にいりょう 山口県防府市
仁井令町 にいりょうちょう 山口県防府市
仁井田
　にいだ 秋田県秋田市
　にいだ 福島県福島市
　にいだ 福島県須賀川市
　にいた 福島県本宮市
　にいだ 福島県岩瀬郡鏡石町
　にいだ 栃木県 (JR烏山線)
　にいだ 高知県 (JR土讃線)
　にいだ 高知県高知市
　にいだ 高知県高岡郡四万十町
仁井田二ツ屋 にいだふたつや 秋田県秋田市
仁井田小中島 にいだこなかじま 秋田県秋田市
仁井田本町 にいだほんちょう 秋田県秋田市
仁井田白山 にいだしろやま 秋田県能代市
仁井田目長田 にいだめながた 秋田県秋田市
仁井田町 にいだまち 福島県いわき市
仁井田栄町 にいださかえちょう 秋田県秋田市
仁井田新田 にいだしんでん 秋田県秋田市
仁井田福島 にいだふくしま 秋田県秋田市
仁井田緑町 にいだみどりちょう 秋田県秋田市
仁井田潟中町 にいだかたなかちょう 秋田県秋田市
仁井田蕗見町 にいだふきみちょう 秋田県秋田市
仁井辺 にいべ 和歌山県和歌山市
仁井町
　にいまち 福島県白河市
　にいまち 福島県伊達郡川俣町
　にいまち 福島県田村郡三春町
仁公儀 にこうぎ 福島県東白川郡棚倉町
仁夫 にぶ 島根県隠岐郡知夫村
仁戸名町 にとなちょう 千葉県千葉市中央区
仁手 にって 埼玉県本庄市
仁方
　にがた 兵庫県佐用郡佐用町
　にがた 広島県 (JR呉線)
仁方大歳町 にがたおおとしちょう 広島県呉市
仁方中筋町 にがたなかすじちょう 広島県呉市
仁方本町 にがたほんまち 広島県呉市
仁方西神町 にがたにしがみちょう 広島県呉市
仁方町 にがたちょう 広島県呉市
仁方皆実町 にがたみなみちょう 広島県呉市
仁方宮上町 にがたみやがみちょう 広島県呉市
仁方桟橋通 にがたさんばしどおり 広島県呉市
仁方錦町 にがたにしきまち 広島県呉市
仁木 にき 北海道 (JR函館本線)
仁木町
　にきちょう 北海道余市郡
　にっきちょう 愛知県岡崎市
仁王門町 におうもんちょう 京都府京都市中京区
仁王門突抜町 におうもんつきぬけちょう 京都府京都市中京区
5仁世宇 にせう 北海道沙流郡平取町

仁古田
　にこだ 茨城県笠間市
　にこだ 長野県上田市
仁左平 にさたい 岩手県二戸市
仁左衛門新田 にざえもんしんでん 茨城県つくばみらい市
仁本木 にほんぎ 滋賀県蒲生郡日野町
仁玉 にったま 千葉県旭市
仁田
　にた 新潟県十日町市
　にた 静岡県牧之原市
　にった 静岡県田方郡函南町
　にた 三重県多気郡多気町
仁田子 にたご 熊本県上益城郡甲佐町
仁田之浜 にたのはま 愛媛県西宇和郡伊方町
仁田町 にたまち 長崎県島原市
仁田浦町 にたうらちょう 鹿児島県枕崎市
仁礼町 にれいまち 長野県須坂市
6仁多 にた 北海道川上郡弟子屈町
仁多郡 にたぐん 島根県
仁宇 にう 徳島県那賀郡那賀町
仁宇布 にうぶ 北海道中川郡美深町
仁江戸 にえど 茨城県結城郡八千代町
仁江町 にえまち 石川県珠洲市
7仁位 にい 兵庫県佐用郡佐用町
仁位町 にいちょう 福井県福井市
仁佐瀬 にさせ 岩手県岩手郡雫石町
仁別
　にべつ 北海道北広島市
　にべつ 秋田県秋田市
仁助谷地 にすけやち 山形県酒田市
仁尾町仁尾乙 におちょうにおおつ 香川県三豊市
仁尾町仁尾丁 におちょうにおてい 香川県三豊市
仁尾町仁尾己 におちょうにおき 香川県三豊市
仁尾町仁尾丙 におちょうにおへい 香川県三豊市
仁尾町仁尾戊 におちょうにおぼ 香川県三豊市
仁尾町仁尾甲 におちょうにおこう 香川県三豊市
仁尾町仁尾辛 におちょうにおしん 香川県三豊市
仁尾町仁尾庚 におちょうにおこう 香川県三豊市
仁尾町家の浦 におちょういえのうら 香川県三豊市
仁志 にし 鹿児島県大島郡和泊町
仁杉 ひとすぎ 静岡県御殿場市
仁良 にら 千葉県香取市
仁良川 にらがわ 栃木県下野市
仁谷野 にいだの 新潟県胎内市
8仁和寺本町 にわじほんまち 大阪府寝屋川市
仁和寺町 にわじちょう 大阪府寝屋川市
仁和町 にわちょう 京都府綾部市
仁所町 にしょちょう 愛知県名古屋市瑞穂区
9仁保
　にほ 広島県広島市南区
　にほ 山口県 (JR山口線)
　にほ 福岡県飯塚市
仁保の上 にほのうえ 山口県山陽小野田市
仁保下郷 ほしもごう 山口県山口市
仁保上郷 ほかみごう 山口県山口市
仁保中郷 ほなかごう 山口県山口市
仁保沖町 にほおきまち 広島県広島市南区
仁保南 にほみなみ 広島県広島市南区

4画（仏，元）

仁保津　にほづ　山口県（JR山口線）
仁保新町　にほしんまち　広島県広島市南区
仁神堂町　にがみどうまち　栃木県鹿沼市
仁科　にしな　静岡県賀茂郡西伊豆町
10仁倉　にくら　北海道常呂郡佐呂間町
仁座町　にざちょう　愛知県名古屋市千種区
仁連　にれい　茨城県古河市
仁連木町　にれんぎちょう　愛知県豊橋市
11仁堀中　にぼりなか　岡山県赤磐市
仁堀西　にぼりにし　岡山県赤磐市
仁堀東　にぼりひがし　岡山県赤磐市
仁崎町　にさきちょう　愛知県田原市
仁淀川町　によどがわちょう　高知県吾川郡
仁頃町　にころちょう　北海道北見市
仁頂寺　にじょうじ　兵庫県川辺郡猪名川町
12仁賀町　にかちょう　広島県竹原市
仁賀保　にかほ　秋田県（JR羽越本線）
仁達内　にたちない　北海道枝幸郡浜頓別町
仁間　にけん　山形県新庄市
13仁愛女子高校　じんあいじょしこうこう　福井県（福井鉄道福武線）
仁豊野
　にぶの　兵庫県（JR播但線）
　にぶの　兵庫県姫路市
14仁嘉町　にかまち　新潟県見附市
仁箇　にか　新潟県新潟市西蒲区
15仁摩町大国　にまちょうおおぐに　島根県大田市
仁摩町仁万　にまちょうにま　島根県大田市
仁摩町天河内　にまちょうあまごうち　島根県大田市
仁摩町宅野　にまちょうたくの　島根県大田市
仁摩町馬路　にまちょうまじ　島根県大田市
仁蔵　にぞう　埼玉県三郷市
18仁藤　にとう　静岡県掛川市
仁藤町　にとうまち　静岡県掛川市

【仏】
0仏ケ後　ほとけら　滋賀県犬上郡多賀町
仏ノ原　ほとけのはら　佐賀県西松浦郡有田町
仏が根　ほとけがね　愛知県長久手市
2仏又　ぶつまた　富山県魚津市
3仏大寺町　ぶつたいじまち　石川県能美市
仏子
　ぶし　埼玉県（西武鉄道池袋線）
　ぶし　埼玉県入間市
4仏木　ほとぎり　石川県羽咋郡志賀町
5仏主　ほどす　京都府船井郡京丹波町
仏生山　ぶっしょうざん　香川県（高松琴平電気鉄道琴平線）
仏生山町乙　ぶっしょうざんちょうおつ　香川県高松市
仏生山町甲　ぶっしょうざんちょうこう　香川県高松市
仏生寺
　ぶっしょうじ　茨城県石岡市
　ぶっしょうじ　富山県氷見市
　ぶっしょうじ　富山県中新川郡舟橋村
　ぶっしょうじ　岐阜県本巣市
仏生寺町　ぶつしょうじちょう　滋賀県彦根市
仏田　ぶつでん　富山県魚津市
6仏伝　ぶつでん　新潟県新潟市北区

仏光寺西町　ぶっこうじにしまち　京都府京都市下京区
仏光寺東町　ぶっこうじひがしまち　京都府京都市下京区
仏向西　ぶっこうにし　神奈川県横浜市保土ケ谷区
仏向町　ぶっこうちょう　神奈川県横浜市保土ケ谷区
7仏社　ぶっしゃ　秋田県北秋田郡上小阿仁村
仏谷　ほとけだに　福井県小浜市
仏谷町　ほとけだにちょう　福井県越前市
8仏並　ぶなみちょう　大阪府和泉市
仏具屋町　ぶつぐやちょう　京都府京都市下京区
10仏原
　ほとけばら　福井県大野市
　ほとけばる　熊本県上益城郡山都町
仏島　ほとけしま　千葉県大網白里市
仏師ケ野町　ぶしがのまち　石川県白山市
仏浜　ほとけはま　福島県双葉郡富岡町
11仏教寺　ぶつきょうじ　岡山県久米郡久米南町

【元】
1元乙　もとおつ　高知県室戸市
2元八王子町　もとはちおうじまち　東京都八王子市
元八事　もとやごと　愛知県名古屋市天白区
3元下島町　もとしもしままち　新潟県新潟市中央区
元三町　もとみまち　熊本県熊本市南区
元久保町　もとくぼちょう　神奈川県横浜市西区
元土御門町　もとつちみかどちょう　京都府京都市上京区
元大工町
　もとだいくまち　青森県弘前市
　もとだいくまち　鳥取県鳥取市
元大正　もとたいしょう　北海道河西郡中札内村
元大島　もとおおじま　長野県下伊那郡松川町
元大橋　もとおおはし　神奈川県横浜市栄区
元女　がんにょ　石川県かほく市
元山
　もとやま　千葉県（新京成電鉄線）
　もとやま　香川県（高松琴平電気鉄道長尾線）
元山上口　もとさんじょうぐち　奈良県（近畿日本鉄道生駒線）
元山町
　もとやまちょう　茨城県水戸市
　もとやまちょう　香川県高松市
元川町　もとかわちょう　北海道留萌市
4元中山　もとなかやま　山形県南陽市
元中之町　もとなかのちょう　京都府京都市上京区
元中村町　もとなかむらちょう　愛知県名古屋市中村区
元中野町
　もとなかのちょう　北海道苫小牧市
　もとなかのちょう　愛知県名古屋市中川区
元今泉　もといまいずみ　栃木県宇都宮市
元天神町　もとてんじんちょう　静岡県磐田市
元日町　がんじつちょう　京都府京都市下京区
元木
　もとき　山形県山形市
　もとぎ　神奈川県川崎市川崎区
元欠町　もとかけまち　愛知県岡崎市
元比田　もとひだ　福井県敦賀市

295

4画（元）

元水茎町　もとすいけいちょう　滋賀県近江八幡市

5元代々木町　もとよよぎちょう　東京都渋谷区

元加治　もとかじ　埼玉県（西武鉄道池袋線）

元北小路町　もときたこうじちょう　京都府京都市上京区

元台町　もとだいまち　茨城県水戸市

元四丁目　もとよんちょうめ　京都府京都市上京区

元札内　もとさつない　北海道河西郡中札内村

元本能寺町　もとほんのうじちょう　京都府京都市中京区

元本能寺南町　もとほんのうじみなみちょう　京都府京都市中京区

元本郷町　もとほんごうちょう　東京都八王子市

元本満寺町　もとほんまんじちょう　京都府京都市上京区

元永　もとなが　福岡県行橋市

元玉屋町　もとたまやちょう　滋賀県近江八幡市

元甲　もとこう　高知県室戸市

元田中　もとたなか　京都府（叡山電鉄叡山本線）

元目町　げんもくちょう　静岡県浜松市中区

元石川町
　もといしかわちょう　茨城県水戸市
　もといしかわちょう　神奈川県横浜市青葉区

元石町　もといしまち　佐賀県唐津市

6元両替町　もとりょうがえちょう　京都府京都市下京区

元伊佐町　もといさちょう　京都府京都市上京区

元吉田町　もとよしだちょう　茨城県水戸市

元吉町　もとよしちょう　京都府京都市東山区

元名　もとな　千葉県安房郡鋸南町

元宇品口　もとうじなぐち　広島県（広島電鉄宇品線ほか）

元宇品町　もとうじなまち　広島県広島市南区

元寺小路　もとてらこうじ　宮城県仙台市宮城野区

元寺町
　もとてらまち　青森県弘前市
　もとでらちょう　愛知県津島市
　もとでらまち　和歌山県和歌山市

元寺町小路　もとてらまちこうじ　青森県弘前市

元寺町北ノ丁　もとでらまちきたのちょう　和歌山県和歌山市

元寺町西ノ丁　もとでらまちにしのちょう　和歌山県和歌山市

元寺町東ノ丁　もとでらまちひがしのちょう　和歌山県和歌山市

元寺町南ノ丁　もとでらまちみなみのちょう　和歌山県和歌山市

元江別　もとえべつ　北海道江別市

元江別本町　もとえべつほんちょう　北海道江別市

元百万遍町　もとひゃくまんべんちょう　京都府京都市上京区

元竹田町　もとたけだちょう　京都府京都市中京区

7元更別　もとさらべつ　北海道河西郡中札内村

元住吉　もとすみよし　神奈川県（東京急行電鉄東横線ほか）

元住町　もとずみちょう　岐阜県岐阜市

元図子町　もとずしちょう　京都府京都市上京区

元妙蓮寺町　もとみょうれんじちょう　京都府京都市上京区

元志賀町　もとしがちょう　愛知県名古屋市北区

元村町　もとむらちょう　北海道函館市

元村郷　もとむらごう　長崎県西彼杵郡時津町

元沖町　もとおきちょう　兵庫県赤穂市

元町
　もとまち　北海道（札幌市交通局東豊線）
　もとまち　北海道函館市
　もとまち　北海道留萌市
　もとまち　北海道苫小牧市
　もとまち　北海道江別市
　もとまち　北海道伊達市
　もとまち　北海道石狩郡当別町
　もとまち　北海道上磯郡知内町
　もとまち　北海道二海郡八雲町
　もとまち　北海道山越郡長万部町
　もとまち　北海道爾志郡乙部町
　もとまち　北海道島牧郡島牧村
　もとまち　北海道虻田郡ニセコ町
　もとまち　北海道空知郡南幌町
　もとまち　北海道上川郡剣淵町
　もとまち　北海道天塩郡幌延町
　もとまち　北海道網走郡美幌町
　もとまち　北海道常呂郡訓子府町
　もとまち　北海道紋別郡滝上町
　もとまち　北海道河東郡音更町
　もとまち　北海道河東郡鹿追町
　もとまち　北海道上川郡新得町
　もとまち　北海道足寄郡陸別町
　もとまち　青森県黒石市
　もとまち　青森県五所川原市
　もとまち　秋田県能代市
　もとまち　秋田県北秋田市
　もとまち　山形県寒河江市
　もとまち　茨城県ひたちなか市
　もとまち　栃木県大田原市
　もとまち　栃木県下都賀郡壬生町
　もとちょう　埼玉県さいたま市浦和区
　もとまち　埼玉県川越市
　もとまち　埼玉県所沢市
　もとまち　埼玉県加須市
　もとちょう　埼玉県坂戸市
　もとまち　東京都清瀬市
　もとまち　東京都大島町
　もとまち　神奈川県横浜市中区
　もとまち　神奈川県茅ヶ崎市
　もとまち　神奈川県秦野市
　もとちょう　神奈川県厚木市
　もとちょう　新潟県新潟市江南区
　もとまち　新潟県三条市
　もとまち　新潟県小千谷市
　もとまち　新潟県見附市
　もとまち　富山県富山市
　もとまち　石川県金沢市
　もとまち　福井県敦賀市
　もとまち　福井県大野市
　もとまち　福井県勝山市
　もとまち　福井県越前市
　もとまち　長野県松本市
　もとまち　長野県飯田市
　もとまち　長野県諏訪市
　もとまち　岐阜県岐阜市
　もとまち　岐阜県多治見市
　もとちょう　静岡県富士市
　もとまち　愛知県瀬戸市
　もとまち　愛知県刈谷市
　もとまち　愛知県豊田市

4画（元）

もとまち　愛知県蒲郡市
もとまち　愛知県小牧市
もとまち　三重県四日市市
もとまち　三重県名張市
もとまち　滋賀県彦根市
もとまち　京都府京都市東山区
もとまち　大阪府大阪市浪速区
もとまち　大阪府吹田市
もとまち　大阪府茨木市
もとまち　大阪府泉佐野市
もとまち　大阪府門真市
もとまち　大阪府東大阪市
もとまち　兵庫県（JR東海道本線ほか）
もとまち　兵庫県姫路市
もとまち　兵庫県豊岡市
もとまち　兵庫県赤穂市
もとまち　奈良県御所市
もとまち　奈良県生駒市
もとまち　奈良県北葛城郡王寺町
もとまち　和歌山県田辺市
もとまち　鳥取県鳥取市
もとまち　鳥取県境港市
もとまち　島根県益田市
もとまち　広島県福山市
もとまち　広島県府中市
もとまち　広島県大竹市
もとまち　山口県下関市
もとまち　山口県山口市
もとまち　山口県岩国市
もとまち　徳島県徳島市
もとまち　香川県坂出市
もとまち　香川県仲多度郡多度津町
もとまち　愛媛県松山市
もとまち　高知県高知市
もとまち　高知県南国市
もとまち　高知県土佐清水市
もとまち　高知県吾川郡いの町
もとまち　福岡県福岡市博多区
もとまち　福岡県柳川市
もとまち　佐賀県鳥栖市
もとまち　長崎県長崎市
もとまち　長崎県佐世保市
もとまち　大分県大分市
もとまち　大分県別府市
もとまち　大分県日田市
もとまち　大分県津久見市
もとまち　鹿児島県いちき串木野市

元町・中華街　もとまちちゅうかがい　神奈川県（横浜高速鉄道みなとみらい線）
元町一条西　もとまちいちじょうにし　北海道岩見沢市
元町一条東　もとまちいちじょうひがし　北海道岩見沢市
元町二条西　もとまちにじょうにし　北海道岩見沢市
元町二条東　もとまちにじょうひがし　北海道岩見沢市
元町三条東　もとまちさんじょうひがし　北海道岩見沢市
元町西　もとまちにし　青森県十和田市
元町奉行丁　もとまちぶぎょうちょう　和歌山県和歌山市
元町東　もとまちひがし　青森県十和田市
元町通　もとまちどおり　兵庫県神戸市中央区
元町高架通　もとまちこうかどおり　兵庫県神戸市中央区
元赤目町　もとあかめちょう　愛知県愛西市

元赤坂　もとあかさか　東京都港区
元赤須賀　もとあかすか　三重県桑名市
8**元和**　げんな　北海道爾志郡乙部町
元和田　もとわだ　山形県東置賜郡高畠町
元和泉　もといずみ　東京都狛江市
元学町　もとがくちょう　栃木県足利市
元岡　もとおか　福岡県福岡市西区
元岡町　もとおかまち　滋賀県彦根市
元林院町　がんりいんちょう　奈良県奈良市
元法然寺町　もとほうねんじちょう　京都府京都市中京区
元長町　もとながまち　青森県弘前市
元長窪　もとながくぼ　静岡県駿東郡長泉町
元阿保　もとあぼ　埼玉県児玉郡神川町
9**元城内**　もとじょうない　山形県上山市
元城団地　もとじょうだんち　愛媛県八幡浜市
元城町
　　もとしろちょう　新潟県柏崎市
　　もとしろちょう　静岡県静岡市清水区
　　もとしろちょう　静岡県浜松市中区
　　もとしろちょう　静岡県富士宮市
　　もとしろちょう　愛知県豊田市
　　もとしろまち　福岡県北九州市八幡西区
元屋　がんや　島根県隠岐郡隠岐の島町
元屋敷
　　もとやしき　福島県伊達郡川俣町
　　もとやしき　新潟県上越市
　　もとやしき　富山県下新川郡朝日町
元怒和　もとぬわ　愛媛県松山市
元持　もともち　滋賀県愛知郡愛荘町
元柴田西町　もとしばたにしまち　愛知県名古屋市南区
元柴田東町　もとしばたひがしまち　愛知県名古屋市南区
元柳田町　もとやなぎだちょう　埼玉県越谷市
元浄花院町　もとじょうかいんちょう　京都府京都市上京区
元浅草　もとあさくさ　東京都台東区
元祝町　もといわいまち　新潟県新潟市中央区
元茶畑　もとちゃばたけ　宮城県仙台市若林区
元重町　もとしげちょう　岐阜県関市
10**元倉**　もとくら　宮城県石巻市
元倉町　もとくらちょう　静岡県磐田市
元原　もとはら　埼玉県児玉郡神川町
元宮　もとみや　神奈川県横浜市鶴見区
元宮町
　　もとみやちょう　岐阜県岐阜市
　　もとみやちょう　静岡県磐田市
　　もとみやちょう　愛知県名古屋市昭和区
　　もとみやちょう　愛知県豊田市
　　もとみやまち　福岡県北九州市戸畑区
　　もとみやちょう　宮崎県宮崎市
元島田　もとしまだ　静岡県島田市
元島田東町　もとしまだひがしちょう　静岡県島田市
元島名町　もとしまなまち　群馬県高崎市
元栗橋　もとくりはし　茨城県猿島郡五霞町
元桜田町　もとさくらだちょう　愛知県名古屋市南区
元浜　もとはま　福岡県福岡市西区
元浜町
　　もとはまちょう　神奈川県横浜市中区

297

4画（公）

もとはまちょう　岐阜県岐阜市
もとはまちょう　静岡県浜松市中区
もとはままち　愛知県東海市
もとはまちょう　滋賀県長浜市
もとはまちょう　兵庫県尼崎市
もとはまちょう　島根県浜田市

元真如堂町　もとしんにょどうちょう　京都府京都市上京区

元紋別　もともんべつ　北海道紋別市

元能見町　もとのみちょう　愛知県岡崎市

元起　もとき　愛知県海部郡飛島村

11 **元宿**　もとじゅく　埼玉県東松山市

元宿町　もとじゅくちょう　群馬県桐生市

元悪王子町　もとあくおうじちょう　京都府京都市下京区

元清水　もとしみず　秋田県湯沢市

元清滝　もときよたき　福岡県北九州市門司区

元紺屋町
もとこんやまち　群馬県高崎市
もとこんやまち　山梨県甲府市

元船町　もとふなまち　長崎県長崎市

元船津町　もとふなつまち　長崎県島原市

元菊町　もとぎくちょう　石川県金沢市

元郷
もとごう　埼玉県川口市
もとごう　新潟県新発田市
もとごう　愛知県名古屋市守山区

元野幌　もとのっぽろ　北海道江別市

元頂妙寺町　もとちょうみょうじちょう　京都府京都市上京区

元魚町
もとうおちょう　静岡県浜松市中区
もとうおまち　鳥取県鳥取市
もとうおまち　岡山県津山市

元麻布　もとあざぶ　東京都港区

12 **元博労町**　もとばくろうまち　和歌山県和歌山市

元善光寺　もとぜんこうじ　長野県（JR飯田線）

元善町　もとよしちょう　長野県長野市

元散前　もとさんまえ　愛知県犬山市

元植田　もとうえだ　愛知県名古屋市天白区

元禄橋町　げんろくばしちょう　兵庫県赤穂市

元結掛　もとゆいぎ　愛媛県宇和島市

13 **元塩町**
もとしおちょう　愛知県名古屋市南区
もとしおまち　兵庫県姫路市
もとしおまち　兵庫県赤穂市

元新在家町　もとしんざいけちょう　京都府京都市上京区

元新町　もとしんまち　三重県四日市市

元新屋敷　もとしんやしき　山形県酒田市

元福大明神町　もとふくだいみょうじんちょう　京都府京都市上京区

元福岡　もとふくおか　埼玉県ふじみ野市

14 **元旗町**　もとはたまち　佐賀県唐津市

元総社町　もとそうじゃまち　群馬県前橋市

元鳴尾町　もとなるおちょう　愛知県名古屋市南区

15 **元横山町**　もとよこやまちょう　東京都八王子市

元箱根　もとはこね　神奈川県足柄下郡箱根町

16 **元橋本町**　もとはしもとちょう　神奈川県相模原市緑区

元興寺町　がんごうじちょう　奈良県奈良市

元薬師堂　もとやくしどう　青森県弘前市

17 **元鍛冶町**　もとかじちょう　和歌山県新宮市

18 **元藤川**　もとふじかわ　静岡県榛原郡川根本町

元観音町　もとかんのんちょう　京都府京都市上京区

【公】

4 **公文**
くもん　福井県あわら市
くもん　鳥取県東伯郡琴浦町
くもん　香川県仲多度郡まんのう町

公文名
くもんみょう　富山県富山市
くもんみょう　福井県敦賀市
くもんみょう　静岡県裾野市
くもんな　京都府舞鶴市

公文明　くもんみょう　香川県（高松琴平電気鉄道長尾線）

5 **公田町**
くでんまち　群馬県前橋市
くでんちょう　神奈川県横浜市栄区

公立病院前　こうりつびょういんまえ　熊本県（くま川鉄道湯前線）

6 **公会堂前**　こうかいどうまえ　長崎県（長崎電気軌道3系統ほか）

公光町　きんみつちょう　兵庫県芦屋市

公庄　ぐじょう　京都府（京都丹後鉄道宮福線）

8 **公事田**　こうじだ　福島県福島市

公官洲　こうかんず　千葉県香取市

公所　ぐぞ　神奈川県平塚市

公門　くもん　岐阜県不破郡関ケ原町

9 **公保田**　くほうでん　岡山県苫田郡鏡野町

公津の杜
こうづのもり　千葉県（京成電鉄京成本線）
こうづのもり　千葉県成田市

10 **公納堂町**　くのうどうちょう　奈良県奈良市

11 **公崎**　こうざき　千葉県匝瑳市

公郷　くごう　岐阜県揖斐郡大野町

公郷町　くごうちょう　神奈川県横須賀市

13 **公園**　こうえん　千葉県（山万ユーカリが丘線）

公園区　こうえんく　山口県周南市

公園西　こうえんにし　愛知県（愛知高速交通東部丘陵線）

公園町
こうえんちょう　北海道北見市
こうえんちょう　滋賀県長浜市
こうえんちょう　高知県吾川郡いの町

公園東口　こうえんひがしぐち　大阪府（大阪高速鉄道彩都線）

公園東町　こうえんひがしまち　北海道帯広市

公園南矢田　こうえんみなみやた　大阪府大阪市東住吉区

公園通
こうえんどおり　北海道北斗市
こうえんどおり　愛知県一宮市

公園通り
こうえんどおり　富山県滑川市
こうえんどおり　福岡県宗像市
こうえんどおり　福岡県遠賀郡岡垣町
こうえんどおり　大分県大分市

公園通り西　こうえんどおりにし　大分県大分市

4画（六）

公園通北　こうえんどおりきた　北海道広尾郡広尾町
公園通南　こうえんどおりみなみ　北海道広尾郡広尾町

【六】

⁰六ケ所村　ろっかしょむら　青森県上北郡
六ツ川　むつかわ　神奈川県横浜市南区
六ツ木町　むつぎまち　長崎県島原市
六ツ門町　むつもんまち　福岡県久留米市
六ツ師　むつし　愛知県北名古屋市
六ツ野　むつの　千葉県茂原市
六ツ野飛地　むつのとびち　千葉県長生郡長生村
六が池町　ろくがいけちょう　愛知県名古屋市北区
²六丁　ろくちょう　高知県高岡郡檮原町
六丁の目　ろくちょうのめ　宮城県（仙台市交通局東西線）
六丁の目中町　ろくちょうのめなかまち　宮城県仙台市若林区
六丁の目元町　ろくちょうのめもとまち　宮城県仙台市若林区
六丁の目北町　ろくちょうのめきたまち　宮城県仙台市若林区
六丁の目西町　ろくちょうのめにしまち　宮城県仙台市若林区
六丁の目東町　ろくちょうのめひがしまち　宮城県仙台市若林区
六丁の目南町　ろくちょうのめみなみまち　宮城県仙台市若林区
六丁目
　ろくちょうのめ　宮城県仙台市若林区
　ろくちょうめ　静岡県下田市
　ろくちょうめ　京都府京都市中京区
六十人町　ろくじゅうにんまち　宮城県仙台市若林区
六十内　むそち　京都府福知山市
六十谷
　むそた　和歌山県（JR阪和線）
　むそた　和歌山県和歌山市
³六万寺　ろくまんじ　香川県（高松琴平電気鉄道志度線）
六万寺町　ろくまんじちょう　大阪府東大阪市
六万体町　ろくまんたいちょう　大阪府大阪市天王寺区
六万部
　ろくまんぶ　埼玉県久喜市
　ろくまんぶ　京都府与謝郡伊根町
六千石町　ろくせんごくちょう　群馬県太田市
六川目　むかわめ　青森県三沢市
⁴六之井　ろくのい　岐阜県揖斐郡池田町
六分　ろくぶ　新潟県新潟市西蒲区
六分一　ろくぶいち　兵庫県加古郡稲美町
六升蒔　ろくしょうまき　福島県田村郡三春町
六反山　ろくたんやま　福島県白河市
六反田　ろくたんだ　鳥取県鳥取市
六反田町　ろくたんだちょう　茨城県水戸市
六反地
　ろくたんじ　高知県（JR土讃線）
　ろくたんじ　高知県高岡郡四万十町
六反町　ろくたんちょう　埼玉県東松山市
六天　ろくてん　富山県黒部市
六戸町　ろくのへちょう　青森県上北郡

六手　むて　千葉県君津市
六斗　ろくと　茨城県つくば市
六斗蒔　ろくとまき　福島県田村郡三春町
六方町　ろっぽうちょう　千葉県千葉市稲毛区
六日市
　むいかいち　富山県高岡市
　むいかいち　島根県鹿足郡吉賀町
六日市町
　むいかいちまち　新潟県長岡市
　むいかいちちょう　福井県福井市
六日市場　むいかいちば　静岡県御殿場市
六日町
　むいかまち　青森県八戸市
　むいかまち　青森県三戸郡三戸町
　むいかまち　岩手県遠野市
　むいかまち　山形県山形市
　むいかまち　新潟県（JR上越線ほか）
　むいかまち　新潟県新発田市
　むいかまち　新潟県南魚沼市
　むいかまち　富山県南砺市
六日町甲　むいかまちこう　福島県大沼郡会津美里町
六日野　むいかの　新潟県阿賀野市
六月　ろくがつ　東京都足立区
六月田町　ろくがつだまち　鹿児島県出水市
六木　むつき　東京都足立区
⁵六本木
　ろっぽんぎ　東京都（東京地下鉄日比谷線ほか）
　ろっぽんぎ　東京都港区
六本木一丁目　ろっぽんぎいっちょうめ　東京都（東京地下鉄南北線）
六本杉　ろっぽんすぎ　宮城県刈田郡七ケ宿町
六本松
　ろっぽんまつ　広島県廿日市市
　ろっぽんまつ　福岡県（福岡市交通局七隈線）
　ろっぽんまつ　福岡県福岡市中央区
六甲　ろっこう　兵庫県（阪急電鉄神戸本線）
六甲山町　ろっこうさんちょう　兵庫県神戸市灘区
六甲台町　ろっこうだいちょう　兵庫県神戸市灘区
六甲町　ろっこうちょう　兵庫県神戸市灘区
六甲道　ろっこうみち　兵庫県（JR東海道本線）
六田
　ろくた　山形県東根市
　ろくでん　愛知県名古屋市緑区
　むだ　奈良県（近畿日本鉄道吉野線）
　むだ　奈良県吉野郡吉野町
　ろくた　福岡県八女郡広川町
　ろくた　熊本県玉名市
六田台　ろくただい　千葉県茂原市
⁶六会日大前　むつあいにちだいまえ　神奈川県（小田急電鉄江ノ島線）
六合　ろくごう　静岡県（JR東海道本線）
六合村　くにむら　⇒中之条町（群馬県吾妻郡）
六名
　むつな　愛知県（愛知環状鉄道線）
　むつな　愛知県岡崎市
六名本町　むつなほんまち　愛知県岡崎市
六名町
　むつなちょう　愛知県岡崎市
　ろくみょうちょう　三重県四日市市
六名東町　むつなひがしまち　愛知県岡崎市
六名南　むつなみなみ　愛知県岡崎市

299

4画（六）

六名新町　むつなしんまち　愛知県岡崎市
六地蔵
　　ろくじぞう　福島県大沼郡会津美里町
　　ろくじぞう　千葉県長生郡長柄町
　　ろくじぞう　滋賀県栗東市
　　ろくじぞう　京都府（JR奈良線ほか）
　　ろくじぞう　京都府宇治市
　　ろくじぞう　兵庫県豊岡市
六地蔵町　ろくじぞうちょう　愛知県岡崎市
六百刈　ろっぴゃくがり　福島県喜多方市
六百目町　ろっぴゃくめちょう　兵庫県赤穂市
7六呂木町　ろくろぎちょう　三重県松阪市
六呂見　ろくろみ　三重県四日市市
六呂師
　　ろくろし　福井県丹生郡越前町
　　ろくろし　山口県岩国市
六坊北町　ろくぼうきたまち　大分県大分市
六坊南町　ろくぼうみなみまち　大分県大分市
六尾　むつお　鳥取県東伯郡北栄町
六把野新田　ろっぱのしんでん　三重県員弁郡東員町
六条
　　ろくじょう　北海道江別市
　　ろくじょう　北海道深川市
　　ろくじょう　北海道雨竜郡秩父別町
　　ろくじょう　福井県（JR越美北線）
　　ろくじょう　岐阜県岐阜市
　　ろくじょう　滋賀県野洲市
　　ろくじょう　奈良県奈良市
六条大溝　ろくじょうおおみぞ　岐阜県岐阜市
六条片田　ろくじょうかただ　岐阜県岐阜市
六条北
　　ろくじょうきた　北海道天塩郡幌延町
　　ろくじょうきた　岐阜県岐阜市
六条江東　ろくじょうえひがし　岐阜県岐阜市
六条西
　　ろくじょうにし　北海道旭川市
　　ろくじょうにし　北海道岩見沢市
　　ろくじょうにし　北海道上川郡当麻町
　　ろくじょうにし　奈良県奈良市
六条町
　　ろくじょうちょう　北海道寿都郡寿都町
　　ろくじょうちょう　愛知県名古屋市南区
　　ろくじょうちょう　奈良県奈良市
　　ろくじょうちょう　香川県高松市
六条東
　　ろくじょうひがし　北海道岩見沢市
　　ろくじょうひがし　北海道上川郡当麻町
　　ろくじょうひがし　岐阜県岐阜市
六条南
　　ろくじょうみなみ　北海道天塩郡幌延町
　　ろくじょうみなみ　岐阜県岐阜市
六条通
　　ろくじょうどおり　北海道旭川市
　　ろくじょうどおり　大阪府堺市堺区
六条福寿町　ろくじょうふくじゅちょう　岐阜県岐阜市
六条緑町　ろくじょうみどりまち　奈良県奈良市
六沢　ろくさわ　山形県尾花沢市
六町
　　ろくちょう　東京都（首都圏新都市鉄道つくばエクスプレス線）
　　ろくちょう　東京都足立区

六町目　ろくちょうめ　京都府京都市上京区
六角
　　ろっかく　青森県三戸郡五戸町
　　ろっかく　福島県伊達市
　　ろっかく　福島県耶麻郡猪苗代町
　　ろっかく　茨城県稲敷市
　　ろっかく　兵庫県姫路市
六角大宮町　ろっかくおおみやちょう　京都府京都市中京区
六角町
　　ろっかくちょう　愛知県豊川市
　　ろっかくちょう　京都府京都市中京区
六角油小路町　ろっかくあぶらのこうじちょう　京都府京都市中京区
六角堂西町　ろっかくどうにしまち　愛知県稲沢市
六角堂東町　ろっかくどうひがしまち　愛知県稲沢市
六角猪熊町　ろっかくいのくまちょう　京都府京都市中京区
六角橋　ろくかくばし　神奈川県横浜市神奈川区
六車　むくるま　群馬県甘楽郡南牧村
六里　ろくり　岐阜県揖斐郡大野町
8六供　ろっく　長野県小諸市
六供本町　ろっくほんまち　愛知県岡崎市
六供町
　　ろっくまち　山形県寒河江市
　　ろっくまち　群馬県前橋市
　　ろっくちょう　愛知県岡崎市
六実
　　むつみ　千葉県（東武鉄道野田線）
　　むつみ　千葉県松戸市
　　むつみ　石川県羽咋郡志賀町
六所　ろくしょ　新潟県長岡市
六枚町　ろくまいまち　石川県金沢市
六枚長　ろくまいおさ　福島県喜多方市
六枚橋　ろくまえばし　青森県青森市
9六泉寺町　ろくせんじちょう　高知県高知市
六科　むじな　山梨県南アルプス市
六郎　ろくろう　福岡県県前市
六郎丸　ろくろうまる　富山県魚津市
六郎兵衛　ろくろうべえ　福島県須賀川市
六郎谷　ろくろうだに　富山県中新川郡立山町
10六倉町　むつくらちょう　奈良県五條市
六原
　　ろくはら　岩手県（JR東北本線）
　　ろくはら　岩手県胆沢郡金ケ崎町
六家　ろっけ　富山県高岡市
六島　むしま　岡山県笠岡市
六島郷　むしまごう　長崎県北松浦郡小値賀町
六座町　ろくざまち　佐賀県佐賀市
六栗　むつぐり　愛知県額田郡幸田町
六根町　ろっこんちょう　三重県松阪市
六浦
　　むつうら　神奈川県（京浜急行電鉄逗子線）
　　むつうら　神奈川県横浜市金沢区
六浦町　むつうらちょう　神奈川県横浜市金沢区
六浦東　むつうらひがし　神奈川県横浜市金沢区
六浦南　むつうらみなみ　神奈川県横浜市金沢区
六軒
　　ろっけん　福島県須賀川市
　　ろっけん　岐阜県（名古屋鉄道各務原線）

4画（円）

ろっけん　三重県（JR紀勢本線）
六軒町
　ろっけんちょう　北海道石狩郡当別町
　ろっけんちょう　宮城県遠田郡涌谷町
　ろっけんまち　埼玉県川越市
　ろっけんちょう　埼玉県東松山市
　ろっけんちょう　埼玉県春日部市
　ろっけんまち　千葉県夷隅郡御宿町
　ろっけんまち　愛知県碧南市
　ろっけんちょう　三重県松阪市
　ろっけんちょう　京都府京都市東山区
　ろっけんちょう　兵庫県西宮市
　ろっけんまち　奈良県御所市
六軒町裏　ろっけんちょううら　宮城県遠田郡涌谷町
六軒屋町　ろっけんやちょう　愛知県春日井市
六軒屋町西　ろっけんやちょうにし　愛知県春日井市
六軒家　ろっけんや　愛知県名古屋市港区
六軒家町　ろっけんやちょう　愛媛県松山市
六連町　むつれちょう　愛知県田原市
六連島　むつれじま　山口県下関市
六高台　ろっこうだい　千葉県松戸市
六高台西　ろっこうだいにし　千葉県松戸市
11**六崎**　むつざき　千葉県佐倉市
六條町　ろくじょうちょう　愛知県弥富市
六貫山　ろっかんやま　愛知県知多郡武豊町
六郷
　ろくごう　北海道中川郡美深町
　ろくごう　宮城県仙台市若林区
　ろくごう　秋田県仙北郡美郷町
　ろくごう　新潟県新潟市秋葉区
六郷土手　ろくごうどて　東京都（京浜急行電鉄本線）
六郷西根　ろくごうにしね　秋田県大仙市
六郷町一漆　ろくごうまちひとつうるし　山形県米沢市
六郷町西江股　ろくごうまちにしえまた　山形県米沢市
六郷町西藤泉　ろくごうまちにしふじいずみ　山形県米沢市
六郷町長橋　ろくごうまちながはし　山形県米沢市
六郷町桐原　ろくごうまちきりばら　山形県米沢市
六郷町轟　ろくごうまちとどろき　山形県米沢市
六郷東根　ろくごうひがしね　秋田県仙北郡美郷町
六野
　むつの　千葉県富津市
　むつの　愛知県名古屋市熱田区
六野瀬　ろくのせ　新潟県阿賀野市
12**六湛寺町**　ろくたんじちょう　兵庫県西宮市
六渡寺　ろくどうじ　富山県（万葉線）
六番　ろくばん　愛知県名古屋市熱田区
六番丁
　ろくばんちょう　和歌山県和歌山市
　ろくばんちょう　香川県丸亀市
六番沢　ろくばんさわ　北海道厚岸郡浜中町
六番町
　ろくばんちょう　東京都千代田区
　ろくばんちょう　静岡県静岡市葵区
　ろくばんちょう　愛知県（名古屋市交通局名港線）
　ろくばんちょう　京都府京都市上京区
　ろくばんちょう　兵庫県神戸市長田区
　ろくばんちょう　岡山県笠岡市
六筋目　むすじめ　和歌山県和歌山市

六道町　ろくどうまち　栃木県宇都宮市
13**六路谷**　ろくろだに　福井県大飯郡高浜町
14**六箇山谷**　ろっかやまや　新潟県十日町市
15**六輪**　ろくわ　愛知県（名古屋鉄道尾西線）
六輪町　ろくわちょう　愛知県愛西市
16**六興**　ろっこう　北海道紋別郡西興部村
19**六麓荘町**　ろくろくそうちょう　兵庫県芦屋市

【円】
円　えん　鹿児島県大島郡龍郷町
1**円一町**　えんいちちょう　広島県三原市
3**円上町**　えんじょうちょう　愛知県名古屋市昭和区
円万寺　えんまんじ　岩手県花巻市
円子　まるこ　岩手県九戸郡軽米町
円山
　まるやま　北海道檜山郡江差町
　まるやま　北海道夕張郡栗山町
　まるやま　北海道天塩郡天塩町
　まるやま　北海道十勝郡浦幌町
　えんざん　福井県福井市
　まるやま　鳥取県西伯郡南部町
　まるやま　岡山県岡山市中区
円山公園　まるやまこうえん　北海道（札幌市交通局東西線）
円山西町　まるやまにしまち　北海道札幌市中央区
円山町
　まるやまちょう　東京都渋谷区
　まるやまちょう　滋賀県近江八幡市
　まるやまちょう　京都府京都市東山区
　まるやまちょう　大阪府吹田市
円山東山　まるやまひがしやま　北海道夕張郡栗山町
4**円井町**　つむらいまち　石川県白山市
5**円正寺**　えんしょうじ　埼玉県さいたま市南区
円正脇　えんしょうわき　秋田県由利本荘市
円田
　えんだ　宮城県刈田郡蔵王町
　えんでん　静岡県（天竜浜名湖鉄道線）
　えんでん　静岡県周智郡森町
6**円光**　えんこう　埼玉県熊谷市
円光寺
　えんこうじ　石川県金沢市
　えんこうじ　兵庫県佐用郡佐用町
　えんこうじ　岡山県赤磐市
円光寺本町　えんこうじほんまち　石川県金沢市
円成寺町　えんじょうじちょう　福井県福井市
円朱別西　えんしゅべつにし　北海道厚岸郡浜中町
円池　つぶらいけ　富山県射水市
円行　えんぎょう　神奈川県藤沢市
円行寺
　えんぎょうじ　秋田県大仙市
　えんぎょうじ　高知県高知市
円行寺口　えんぎょうじぐち　高知県（JR土讃線）
7**円応寺**　えんのうじ　兵庫県佐用郡佐用町
円応寺町　えんのうじまち　山形県山形市
円町　えんまち　京都府（JR山陰本線）
円良田　つぶらた　埼玉県児玉郡美里町
円谷町　えんだにちょう　鳥取県倉吉市
8**円宗寺**　えんじゅうじ　岡山県苫田郡鏡野町
円明寺
　えんみょうじ　福島県白河市

301

4画（内）

えんみょうじ　京都府乙訓郡大山崎町
えんみょうじ　和歌山県海草郡紀美野町
円明町
えんめいちょう　愛知県名古屋市西区
えんみょうちょう　大阪府柏原市
円阿弥　えんなみ　埼玉県さいたま市中央区
9**円保通**　えんぼどおり　岐阜県関市
円城　えんじょう　岡山県加賀郡吉備中央町
円城寺
えんじょうじ　岐阜県羽島郡笠松町
えんじょうじ　滋賀県愛知郡愛荘町
円政寺　えんせいじ　山口県山口市
円政寺町　えんせいじちょう　山口県山口市
円海寺　えんかいじ　愛媛県西条市
10**円原**　えんばら　岐阜県山県市
円座　えんざ　香川県（高松琴平電気鉄道琴平線）
円座町
えんざちょう　三重県伊勢市
えんざちょう　香川県高松市
円能寺　えんのうじ　山形県酒田市
円通寺
えんつうじ　神奈川県足柄上郡開成町
えんつうじ　鳥取県鳥取市
11**円野町入戸野**　まるのまちにっとの　山梨県韮崎市
円野町下円井　まるのまちしもつぶらい　山梨県韮崎市
円野町上円井　まるのまちかみつぶらい　山梨県韮崎市
12**円満**　えんま　福井県丹生郡越前町
円満寺　えんまんじ　京都府舞鶴市
13**円福寺町**　えんぷくじちょう　京都府京都市中京区
円福寺前町　えんぷくじまえちょう　京都府京都市中京区
14**円徳院**　えんとくいん　三重県伊賀市
15**円蔵**　えんぞう　神奈川県茅ケ崎市
18**円藤内**　えんどううち　埼玉県幸手市
20**円護寺**　えんごじ　鳥取県鳥取市

【内】

0**内ケ巻**　うちがまき　新潟県（JR飯山線）
内ケ原　うちがはら　岡山県岡山市東区
内ケ島　うちがしま　埼玉県深谷市
内ケ島町　うちがしまちょう　群馬県太田市
内ノ川　うちのかわ　和歌山県西牟婁郡白浜町
内ノ脇　ないのわき　宮城県気仙沼市
内ノ袋　うちのふくろ　山形県寒河江市
2**内入**　うちのにゅう　山口県大島郡周防大島町
3**内丸**
うちまる　青森県八戸市
うちまる　岩手県盛岡市
内丸町　うちまるちょう　京都府亀岡市
内久井町　うちぐいちょう　京都府綾部市
内久宝寺町　うちきゅうほうじちょう　大阪府大阪市中央区
内久保　うちくぼ　愛知県犬山市
内大野　うちおおの　茨城県久慈郡大子町
内子
うちこ　愛媛県（JR内子線）
うちこ　愛媛県喜多郡内子町

内子町　うちこちょう　愛媛県喜多郡
内小友　うちおとも　秋田県大仙市
内山
うちやま　千葉県匝瑳市
うちやま　神奈川県南足柄市
うちやま　富山県（富山地方鉄道本線）
うちやま　富山県小矢部市
うちやま　長野県岡谷市
うちやま　長野県佐久市
うちやま　愛知県名古屋市千種区
うちやま　兵庫県美方郡新温泉町
うちやま　徳島県那賀郡那賀町
うちやま　福岡県太宰府市
内山下
うちさんげ　岡山県岡山市北区
うちさんげ　岡山県高梁市
内山田　うちやまだ　福岡県嘉穂郡桂川町
内山町
うちやまちょう　千葉県千葉市花見川区
うちやまちょう　三重県四日市市
内山梨子町　うちやまなしちょう　福井県福井市
内川
うちかわ　福島県南会津郡南会津町
うちかわ　福島県東白川郡矢祭町
うちかわ　神奈川県横須賀市
うちかわ　長野県千曲市
内川小倉　うちかわおぐら　秋田県南秋田郡五城目町
内川浅見内　うちかわあさみない　秋田県南秋田郡五城目町
内川原　うちかわら　福島県大沼郡会津美里町
内川黒土　うちかわくろつち　秋田県南秋田郡五城目町
内川湯ノ又　うちかわゆのまた　秋田県南秋田郡五城目町
内川新田　うちかわしんでん　神奈川県横須賀市
4**内中**　うちなか　静岡県伊豆の国市
内中原町　うちなかばらちょう　島根県松江市
内之田　うちのだ　宮崎県（JR日南線）
内井道　うちいみち　愛知県新城市
内五軒町　うちごがりちょう　三重県松阪市
内方町　うちかたちょう　愛知県名古屋市瑞穂区
内方新保町　うちかたしんぼまち　石川県白山市
内日下　うついしも　山口県下関市
内日上　うついかみ　山口県下関市
内日角　うちひすみ　石川県かほく市
5**内代町**　うちんだいちょう　大阪府大阪市都島区
内平野町　うちひらのまち　大阪府大阪市中央区
内本町
うちほんまち　大阪府大阪市中央区
うちほんまち　大阪府吹田市
うちほんまち　奈良県大和高田市
内生谷　うちゅうだに　富山県黒部市
内田
うちだ　埼玉県北葛飾郡杉戸町
うちだ　千葉県佐倉市
うちだ　長野県松本市
うちだ　島根県邑智郡美郷町
うちだ　岡山県小田郡矢掛町
うちだ　福岡県（平成筑豊鉄道田川線）
うちだ　福岡県田川郡赤村
うちだ　熊本県玉名郡和水町

4画（内）

うちだ　熊本県天草郡苓北町
内田ケ谷　うちたがや　埼玉県加須市
内田町
　うちだちょう　茨城県常陸太田市
　うちだちょう　神奈川県横浜市中区
　うちだちょう　愛知県名古屋市熱田区
　うちだちょう　愛知県瀬戸市
　うちだちょう　京都府福知山市
　うちだちょう　大阪府和泉市
　うちだちょう　島根県浜田市
　うちだちょう　島根県益田市
　うちだまち　熊本県熊本市北区
内田東町　うちだひがしまち　愛知県犬山市
内田橋　うちだばし　愛知県名古屋市南区
⁶**内匠**
　たくみ　群馬県富岡市
　たくみ　静岡県静岡市葵区
内名　うちな　広島県（JR芸備線）
内守谷町　うちもりやまち　茨城県常総市
内守谷町きぬの里　うちもりやまちきぬのさと　茨城県常総市
内成　うちなり　大分県別府市
内池　うちいけ　滋賀県蒲生郡日野町
⁷**内佐屋町**　うちさやちょう　愛知県愛西市
内住
　ないじゅう　福岡県飯塚市
　ないじゅう　福岡県糟屋郡篠栗町
内尾　うちお　岡山県岡山市南区
内役田　うちやくでん　宮城県遠田郡美里町
内村町　ないむらちょう　島根県浜田市
内町
　うちまち　青森県黒石市
　うちまち　秋田県湯沢市
　うちまち　山形県酒田市
　うちまち　山形県最上郡真室川町
　うちまち　新潟県見附市
　うちまち　兵庫県豊岡市
　うちまち　鳥取県米子市
　うちまち　香川県高松市
　うちまち　大分県佐伯市
内花　うちはな　沖縄県島尻郡伊是名村
内谷
　うちや　福島県伊達郡国見町
　うちや　埼玉県さいたま市南区
　うちたに　奈良県御所市
内谷地　うちやじ　宮城県加美郡加美町
内里大谷　うちざとおおたに　京都府八幡市
内里女谷　うちざとおんなだに　京都府八幡市
内里中島　うちざとなかじま　京都府八幡市
内里内　うちざとうち　京都府八幡市
内里日向堂　うちざとひゅうがどう　京都府八幡市
内里北ノ口　うちざときたのくち　京都府八幡市
内里北ノ山　うちざときたのやま　京都府八幡市
内里古溜池　うちざとふるためいけ　京都府八幡市
内里平尾　うちざとひらお　京都府八幡市
内里穴谷　うちざとあながだに　京都府八幡市
内里安居芝　うちざとあんごしば　京都府八幡市
内里西山川　うちざとにしやまかわ　京都府八幡市
内里別所　うちざとべっしょ　京都府八幡市
内里松ケ外　うちざとまつがそと　京都府八幡市
内里東ノ口　うちざとひがしのくち　京都府八幡市

内里東山川　うちざとひがしやまかわ　京都府八幡市
内里河原　うちざとかわら　京都府八幡市
内里南ノ口　うちざとみなみのくち　京都府八幡市
内里柿谷　うちざとかきだに　京都府八幡市
内里砂田　うちざとすなだ　京都府八幡市
内里砂畠　うちざとすなはた　京都府八幡市
内里荒場　うちざとあれば　京都府八幡市
内里宮ノ前　うちざとみやのまえ　京都府八幡市
内里菅井　うちざとすがい　京都府八幡市
内里巽ノ口　うちざとたつみのくち　京都府八幡市
内里極楽橋　うちざとごくらくばし　京都府八幡市
内里蜻蛉尻　うちざととんぼじり　京都府八幡市
⁸**内京坊**　ないきょうぼう　高知県安芸郡安田町
内侍原町　なしはらちょう　奈良県奈良市
内免　ないめん　富山県高岡市
内国府間　うちごうま　埼玉県幸手市
内坪井町　うちつぼいまち　熊本県熊本市中央区
内妻　うちづま　徳島県海部郡牟岐町
内幸町
　うちさいわいちょう　東京都（東京都交通局三田線）
　うちさいわいちょう　東京都千代田区
　うちさいわいちょう　富山県富山市
　うちさいわいちょう　愛知県知立市
内房　うつぶさ　静岡県富士宮市
内松川　うちまつかわ　宮城県気仙沼市
内河町　うちかわまち　大分県日田市
内沼　うちぬま　新潟県新潟市北区
内沼沖　うちぬまおき　新潟県新潟市北区
内泊　うちどまり　愛媛県南宇和郡愛南町
内牧
　うちまき　埼玉県春日部市
　うちまき　静岡県静岡市葵区
　うちのまき　熊本県（JR豊肥本線）
　うちのまき　熊本県阿蘇市
内表　うちおもて　山形県山形市
内表東　うちおもてひがし　山形県山形市
内長谷　うちながや　千葉県茂原市
内門　うちかど　茨城県猿島郡境町
⁹**内保**　うちほ　三重県伊賀市
内保町　うちぼちょう　滋賀県長浜市
内城　うちじろ　鹿児島県大島郡和泊町
内屋敷　うちやしき　愛知県犬山市
内海
　うつみ　愛知県（名古屋鉄道知多新線）
　うつみ　愛知県知多郡南知多町
　うちうみ　宮崎県（JR日南線）
　うちうみ　宮崎県宮崎市
内海中　うつみなか　鳥取県鳥取市
内海町　うつみちょう　広島県福山市
内津町　うつつちょう　愛知県春日井市
内畑町　うちはたちょう　大阪府岸和田市
内神田　うちかんだ　東京都千代田区
内神明　うちがみみょう　広島県呉市
内美　ないみ　島根県鹿足郡津和野町
¹⁰**内原**
　うちはら　茨城県（JR常磐線）
　うちはら　茨城県水戸市
　うちわら　岐阜県大垣市
　ないばら　奈良県吉野郡十津川村

303

4画（内）

うちはら　和歌山県和歌山市
内原町
　うちはらちょう　茨城県水戸市
　うちわらちょう　徳島県阿南市
内宮町　うちみやちょう　愛媛県松山市
内島　うちじま　富山県高岡市
内島見　うちしまみ　新潟県新潟市北区
内座　ないざ　三重県多気郡明和町
内浦
　うちうら　千葉県鴨川市
　うちうら　石川県鳳珠郡穴水町
　うちうら　静岡県湖西市
　うちうら　福岡県遠賀郡岡垣町
内浦三津　うちうらみと　静岡県沼津市
内浦小海　うちうらこうみ　静岡県沼津市
内浦町　うちうらちょう　北海道二海郡八雲町
内浦長尾　うちうらなご　石川県鳳珠郡能登町
内浦長浜　うちうらながはま　静岡県沼津市
内浦重寺　うちうらしげでら　静岡県沼津市
内浦重須　うちうらおもす　静岡県沼津市
内浜　うちはま　福岡県福岡市西区
内浜町
　うちはまちょう　千葉県銚子市
　うちはまちょう　愛知県名古屋市瑞穂区
　うちはまちょう　愛媛県松山市
内真部　うちまんべ　青森県青森市
内記　ないき　京都府福知山市
内郡　うちごおり　福井県丹生郡越前町
内馬場　うちばば　兵庫県川辺郡猪名川町
内馬場町　うちばばちょう　奈良県天理市
内高松　うちたかまつ　石川県かほく市
11内堀
　うちぼり　三重県桑名市
　うちぼり　愛媛県今治市
内堀町
　うちぼりちょう　茨城県常陸太田市
　うつぼりちょう　三重県四日市市
内宿
　うちじゅく　茨城県行方市
　うちじゅく　埼玉県（埼玉新都市交通伊奈線）
内宿台　うちじゅくだい　埼玉県北足立郡伊奈町
内張町　うちばりちょう　愛知県豊橋市
内深田　うちふかた　愛媛県北宇和郡鬼北町
内淡路町　うちあわじまち　大阪府大阪市中央区
内殿　ないぢの　北海道名寄市
内淀　うちよど　茨城県筑西市
内船
　うつぶな　山梨県（JR身延線）
　うつぶな　山梨県南巨摩郡南部町
内郷
　うちごう　北海道檜山郡上ノ国町
　うちごう　福島県（JR常磐線）
内郷小島町　うちごうおじままち　福島県いわき市
内郷内町　うちごううちまち　福島県いわき市
内郷白水町　うちごうしらみずまち　福島県いわき市
内郷宮町　うちごうみやまち　福島県いわき市
内郷高坂町　うちごうたかさかまち　福島県いわき市
内郷高野町　うちごうこうやまち　福島県いわき市
内郷御台境町　うちごうみだいさかいまち　福島県い
　わき市

内郷御厩町　うちごうみまやまち　福島県いわき市
内郷綴町　うちごうつづらまち　福島県いわき市
内部　うつべ　三重県（四日市あすなろう鉄道内部
　線）
内野
　うちの　千葉県印西市
　うちの　千葉県香取市
　うちの　新潟県（JR越後線）
　うちの　山梨県南都留郡忍野村
　うちの　静岡県浜松市浜北区
　うつの　静岡県富士宮市
　うちの　奈良県吉野郡十津川村
　うちの　福岡県福岡市早良区
　うちの　福岡県飯塚市
内野上新町　うちのかみしんまち　新潟県新潟市西区
内野山　うちのやま　茨城県坂東市
内野山手　うちのやまて　新潟県新潟市西区
内野中浜　うちのなかはま　新潟県新潟市西区
内野戸中才　うちのどなかさい　新潟県新潟市西区
内野北町　うつのきたまち　高知県吾川郡いの町
内野台　うちのだい　静岡県浜松市浜北区
内野本郷　うちのほんごう　埼玉県さいたま市西区
内野早角　うちのはやつの　新潟県新潟市西区
内野西　うちのにし　新潟県新潟市西区
内野西が丘　うちのにしがおか　新潟県（JR越後線）
内野町　うちのまち　新潟県新潟市西区
内野東町　うつのひがしまち　高知県吾川郡いの町
内野南町　うつのみなみまち　高知県吾川郡いの町
内野崎山　うちのさきやま　新潟県新潟市西区
内野関場　うちのせきば　新潟県新潟市西区
内野潟向　うちのかたむかい　新潟県新潟市西区
内野潟端　うちのかたばた　新潟県新潟市西区
内黒田　うちくろだ　千葉県四街道市
内黒瀬　うちくろせ　秋田県由利本荘市
12内御堂　うちおんどう　富山県小矢部市
内童子　うちどうじ　青森県東津軽郡平内町
内蛯沢向　うちえびさわむかい　青森県上北郡東北町
内蛯沢道ノ上　うちえびさわみちのかみ　青森県上北
　郡東北町
内越　うてつ　秋田県由利本荘市
内間
　うちま　沖縄県浦添市
　うちま　沖縄県中頭郡西原町
内須川　うちすがわ　新潟県岩船郡関川村
13内殿　うちどの　福岡県福津市
内竪　うちたて　宮崎県えびの市
内蓑輪　うちみのわ　千葉県君津市
内鈉　うちかんな　愛知県知多郡武豊町
14内構町　うちがまえちょう　京都府京都市上京区
内箕輪　うちみのわ　千葉県君津市
15内蔵新田　うちくらしんでん　群馬県邑楽郡板倉町
16内橋　うちはし　福岡県糟屋郡粕屋町
内膳町　ないぜんちょう　奈良県橿原市
内舘町　うちだてまち　秋田県湯沢市
18内藤　ないとう　東京都国分寺市
内藤町
　ないとうまち　東京都新宿区
　ないとうちょう　京都府京都市上京区
19内瀬　ないぜ　三重県度会郡南伊勢町

4画（刈, 切, 分）

内瀬戸　うちせと　静岡県藤枝市
21内灘　うちなだ　石川県（北陸鉄道浅野川線）
　内灘町　うちなだまち　石川県河北郡
　内竈　うちかまど　大分県別府市

【刈】

3刈小野　かりおの　大分県竹田市
5刈生田　かりうた　栃木県芳賀郡市貝町
　刈田子町　かりたごちょう　千葉県千葉市緑区
　刈田郡　かったぐん　宮城県
6刈安　かりやす　石川県河北郡津幡町
　刈羽
　　かりわ　新潟県（JR越後線）
　　かりわ　新潟県五泉市
　　かりわ　新潟県刈羽郡刈羽村
　刈羽村　かりわむら　新潟県刈羽郡
　刈羽郡　かりわぐん　新潟県
7刈谷　かりや　愛知県（JR東海道本線ほか）
　刈谷市
　　かりやし　愛知県（名古屋鉄道三河線）
　　かりやし　愛知県
　刈谷町　かりやちょう　茨城県牛久市
　刈谷原町　かりやはらまち　長野県松本市
8刈和野
　　かりわの　秋田県（JR奥羽本線）
　　かりわの　秋田県大仙市
　刈沼町　かりぬままち　栃木県宇都宮市
9刈屋
　　かりや　岩手県宮古市
　　かりや　山形県酒田市
　刈屋上条　かりやかみじょう　山口県山陽小野田市
　刈屋中村　かりやなかむら　山口県山陽小野田市
　刈屋西条　かりやにしじょう　山口県山陽小野田市
　刈草　かりくさ　熊本県熊本市南区
11刈宿町　かりやどちょう　愛知県西尾市
12刈萱町　かるかやちょう　宮城県遠田郡涌谷町
15刈穂　かりほ　山形県酒田市

【切】

3切山
　　きりやま　静岡県島田市
　　きりやま　静岡県牧之原市
　　きりやま　京都府相楽郡笠置町
　　きりやま　山口県下松市
　切山町　きりやままち　愛知県岡崎市
　切川町　きれかわちょう　島根県安来市
4切井　きりい　岐阜県加茂郡白川町
　切戸町
　　きれとちょう　愛知県名古屋市熱田区
　　きれとちょう　兵庫県神戸市兵庫区
　切欠　きっかけ　東京都あきる野市
　切牛　きりうし　岩手県下閉伊郡田野畑村
5切左坂道ノ下　きりさざかみちのしも　青森県上北郡東北町
　切左坂道ノ上　きりさざかみちのかみ　青森県上北郡東北町
　切田
　　きりだ　青森県十和田市
　　きった　新潟県村上市
　　きった　新潟県胎内市

切目　きりめ　和歌山県（JR紀勢本線）
切石
　　きりいし　山梨県南巨摩郡身延町
　　きりいし　長野県（JR飯田線）
切石町　きりいしちょう　岐阜県大垣市
切立　きりたて　宮城県伊具郡丸森町
7切谷内　きりやない　青森県三戸郡五戸町
8切房木　きりふさぎ　山梨県南巨摩郡身延町
切明　きりあけ　青森県上北郡野辺地町
切明上井戸　きりあけかみいど　青森県平川市
切明山下　きりあけやました　青森県平川市
切明坂本　きりあけさかもと　青森県平川市
切明浅瀬石山　きりあけあせいしやま　青森県平川市
切明津根川森　きりあけつねかわもり　青森県平川市
切明温川沢　きりあけぬるかわさわ　青森県平川市
切明温川森　きりあけぬるかわもり　青森県平川市
切明滝の森　きりあけたきのもり　青森県平川市
切明滝候沢　きりあけたっこうさわ　青森県平川市
切明誉田邸　きりあけこんたやしき　青森県平川市
切明螢沢　きりあけほたるさわ　青森県平川市
9切畑
　　きりはた　山形県山形市
　　きりはた　新潟県五泉市
　　きりはた　三重県三重郡菰野町
　　きりはた　大阪府豊能郡豊能町
　　きりはた　兵庫県宝塚市
　　きりはた　兵庫県美方郡新温泉町
　　きりはた　和歌山県紀の川市
　　きりはた　山口県防府市
10切原　きりはら　三重県度会郡南伊勢町
切差　きっさつ　山梨県山梨市
切梅　きりうめ　新潟県新発田市
切梅新田　きりうめしんでん　新潟県阿賀野市
切留　きりどめ　石川県羽咋郡志賀町
切通
　　きりとおし　岩手県八幡平市
　　きりどおし　宮城県気仙沼市
　　きりとおし　宮城県刈田郡七ケ宿町
　　きりどおし　秋田県由利本荘市
　　きりどおし　岐阜県（名古屋鉄道各務原線）
　　きりどおし　岐阜県岐阜市
11切添町　きりぞえまち　山形県鶴岡市
12切越町　きりこしちょう　愛知県岡崎市
15切幡　きりはた　奈良県山辺郡山添村

【分】

4分木町
　　ぶんぎちょう　滋賀県長浜市
　　ぶんぎちょう　京都府京都市東山区
分水　ぶんすい　新潟県（JR越後線）
分水あけぼの　ぶんすいあけぼの　新潟県燕市
分水大武　ぶんすいおおたけ　新潟県燕市
分水文京町　ぶんすいぶんきょうちょう　新潟県燕市
分水向山　ぶんすいむこうやま　新潟県燕市
分水向陽　ぶんすいこうよう　新潟県燕市
分水旭町　ぶんすいあさひまち　新潟県燕市
分水学校町　ぶんすいがっこうちょう　新潟県燕市
分水弥生町　ぶんすいやよいちょう　新潟県燕市
分水東学校町　ぶんすいひがしがっこうちょう　新潟県燕市

4画（勾,匂,勿,区,匹,午,升,厄,双）

分水栄町　ぶんすいさかえちょう　新潟県燕市
分水桜町　ぶんすいさくらまち　新潟県燕市
分水新町　ぶんすいしんまち　新潟県燕市
5分田　ぶんだ　新潟県阿賀野市
分目　わんめ　千葉県市原市
9分城　わけじょう　宮崎県西臼杵郡日之影町
10分倍河原　ぶばいがわら　東京都（JR南武線ほか）
分校町　ぶんぎょうまち　石川県加賀市
分梅町　ぶばいちょう　東京都府中市
11分郷　わかれごう　千葉県香取市
分部　わけべ　三重県津市
13分福町　ぶんぶくちょう　群馬県館林市
14分銅町
　　ぶんどうちょう　京都府京都市上京区
　　ぶんどうちょう　兵庫県西宮市
15分線　ぶんせん　北海道足寄郡陸別町

【勾】
5勾田町　まがたちょう　奈良県天理市
6勾当台公園　こうとうだいこうえん　宮城県（仙台市交通局南北線）
勾当原町　こうとうがはらちょう　福井県越前市
8勾金　まがりかね　福岡県（平成筑豊鉄道田川線）

【匂】
4匂天神町　においてんじんちょう　京都府京都市下京区
7匂坂上　さぎさかかみ　静岡県磐田市
匂坂中　さぎさかなか　静岡県磐田市
匂坂新　さぎさかしん　静岡県磐田市

【勿】
7勿来　なこそ　福島県（JR常磐線）
勿来町　なこそまち　福島県いわき市

【区】
9区界
　　くざかい　岩手県（JR山田線）
　　くざかい　岩手県宮古市

【匹】
7匹見町匹見　ひきみちょうひきみ　島根県益田市
匹見町広瀬　ひきみちょうひろせ　島根県益田市
匹見町石谷　ひきみちょういしたに　島根県益田市
匹見町紙祖　ひきみちょうしそ　島根県益田市
匹見町落合　ひきみちょうおちあい　島根県益田市
匹見町道川　ひきみちょうみちかわ　島根県益田市
匹見町澄川　ひきみちょうすみかわ　島根県益田市

【午】
8午房ケ平　ごぼうがだいら　福井県丹生郡越前町
10午起　うまおこし　三重県四日市市

【升】
5升田
　　ますだ　山形県酒田市
　　ますだ　岡山県岡山市東区

7升形
　　ますかた　山形県（JR陸羽西線）
　　ますかた　山形県新庄市
　　ますかた　高知県高知市
升沢　ますざわ　岩手県紫波郡紫波町
升谷　ますたに　京都府船井郡京丹波町
8升岡　ますおか　新潟県新潟市西蒲区
9升屋町　ますやちょう　京都府京都市下京区
15升潟　ますがた　新潟県新潟市西蒲区

【厄】
9厄神　やくじん　兵庫県（JR加古川線）

【双】
3双子山　ふたごやま　北海道札幌市中央区
4双六原　ふたろくばら　鳥取県鳥取市
双月町　そうつきまち　山形県山形市
双月新町　そうつきしんちょう　山形県山形市
双水　そうずい　佐賀県唐津市
5双代町　そうたいまち　富山県富山市
双石　くらべいし　福島県白河市
7双沖　ふたおき　北海道根室市
双見町　ふたみちょう　北海道函館市
双里　そうり　福島県石川郡石川町
8双岩　ふたいわ　愛媛県（JR予讃線）
9双柳　なみやなぎ　埼玉県飯能市
双海　ふたみ　高知県四万十市
双海町上灘　ふたみちょうかみなだ　愛媛県伊予市
双海町大久保　ふたみちょうおおくぼ　愛媛県伊予市
双海町串　ふたみちょうくし　愛媛県伊予市
双海町高岸　ふたみちょうたかぎし　愛媛県伊予市
双海町高野川　ふたみちょうこうのかわ　愛媛県伊予市
双美町　ふたみちょう　愛知県豊田市
10双珠別　そうしゅべつ　北海道勇払郡占冠村
12双葉
　　ふたば　北海道山越郡長万部町
　　ふたば　北海道虻田郡喜茂別町
　　ふたば　北海道網走郡津別町
　　ふたば　北海道河東郡士幌町
　　ふたば　福島県（JR常磐線）
　　ふたば　茨城県取手市
　　ふたば　栃木県宇都宮市
　　ふたば　神奈川県相模原市南区
　　ふたば　長野県松本市
　　ふたば　兵庫県相生市
双葉ケ丘　ふたばがおか　宮城県仙台市青葉区
双葉台
　　ふたばだい　茨城県水戸市
　　ふたばだい　高知県南国市
双葉町
　　ふたばちょう　北海道釧路市
　　ふたばちょう　北海道北見市
　　ふたばちょう　北海道岩見沢市
　　ふたばちょう　北海道苫小牧市
　　ふたばちょう　北海道広尾郡大樹町
　　ふたばちょう　岩手県花巻市
　　ふたばちょう　宮城県石巻市
　　ふたばちょう　山形県山形市
　　ふたばちょう　山形県鶴岡市

4画（反, 友, 壬）

ふたばまち　福島県双葉郡
ふたばちょう　群馬県高崎市
ふたばちょう　千葉県銚子市
ふたばちょう　東京都板橋区
ふたばちょう　東京都羽村市
ふたばちょう　新潟県見附市
ふたばちょう　富山県魚津市
ふたばちょう　静岡県静岡市葵区
ふたばちょう　静岡県沼津市
ふたばちょう　大阪府茨木市
ふたばちょう　兵庫県姫路市
双葉郡　ふたばぐん　福島県

【反】

5 **反田**　そりた　福島県二本松市
反田町　そりだまち　新潟県見附市
7 **反町**
　たんまち　岩手県一関市
　そりまち　山形県山形市
　そりまち　栃木県真岡市
　たんまち　神奈川県（東京急行電鉄東横線）
　たんまち　神奈川県横浜市神奈川区
　そりまち　長野県松本市
反返　そりかえり　福島県二本松市
8 **反松**　そりまつ　宮城県気仙沼市

【友】

0 **友が丘**
　ともがおか　兵庫県神戸市須磨区
　ともがおか　兵庫県三田市
　ともがおか　奈良県北葛城郡上牧町
4 **友之町**　とものまち　長野県諏訪郡下諏訪町
友井　ともい　大阪府東大阪市
友月山　ゆうげつざん　福島県白河市
5 **友丘**　ともおか　福岡県福岡市城南区
友永　ともなが　静岡県袋井市
友田
　ともだ　静岡県菊川市
　ともだ　広島県廿日市市
　ともだ　福岡県北九州市八幡西区
友田町
　ともだまち　東京都青梅市
　ともだちょう　兵庫県神戸市灘区
　ともだちょう　和歌山県和歌山市
6 **友江**
　ともえ　山形県鶴岡市
　ともえ　福井県大野市
　ともえ　岐阜県（養老鉄道線）
　ともえ　岐阜県大垣市
友江町　ともえまち　山形県鶴岡市
7 **友住郷**　ともすみごう　長崎県南松浦郡新上五島町
友杉　ともすぎ　富山県富山市
友村　ともむら　三重県桑名市
8 **友定町**　ともさだちょう　滋賀県近江八幡市
友岡　ともおか　京都府長岡京市
友延　とものぶ　岡山県備前市
友沼　ともぬま　栃木県下都賀郡野木町
友知　ともしり　北海道根室市
9 **友泉亭**　ゆうせんてい　福岡県福岡市城南区
友重　ともしげ　新潟県十日町市
10 **友兼**　ともかね　福井県大野市

11 **友寄**　ともよせ　沖縄県島尻郡八重瀬町
友渕町　ともぶちちょう　大阪府大阪市都島区
友部
　ともべ　茨城県（JR常磐線）
　ともべ　茨城県桜川市
友部駅前　ともべえきまえ　茨城県笠間市
友野　ともの　岡山県美作市
12 **友道**　ともみち　富山県魚津市
13 **友愛**　ゆうあい　北海道河東郡士幌町
友愛町　ゆうあいちょう　宮城県仙台市泉区
友楽町　ゆうらくちょう　岐阜県羽島郡笠松町

【壬】

5 **壬生**
　みぶ　栃木県（東武鉄道宇都宮線）
　みぶ　岡山県美作市
　みぶ　広島県山県郡北広島町
壬生乙　みぶおつ　栃木県下都賀郡壬生町
壬生丁　みぶてい　栃木県下都賀郡壬生町
壬生下溝町　みぶしもみぞちょう　京都府京都市中京区
壬生上大竹町　みぶかみおおたけちょう　京都府京都市中京区
壬生土居ノ内町　みぶどいのうちちょう　京都府京都市中京区
壬生川
　にゅうがわ　愛媛県（JR予讃線）
　にゅうがわ　愛媛県西条市
壬生中川町　みぶなかがわちょう　京都府京都市中京区
壬生天池町　みぶあまがいけちょう　京都府京都市中京区
壬生仙念町　みぶせんねんちょう　京都府京都市中京区
壬生甲　みぶこう　栃木県下都賀郡壬生町
壬生辻町　みぶつじまち　京都府京都市中京区
壬生朱雀町　みぶしゅじゃくちょう　京都府京都市中京区
壬生西土居ノ内町　みぶにしどいのうちちょう　京都府京都市中京区
壬生西大竹町　みぶにしおおたけちょう　京都府京都市中京区
壬生西桧町　みぶにしひのきちょう　京都府京都市中京区
壬生坊城町　みぶぼうじょうちょう　京都府京都市中京区
壬生町　みぶまち　栃木県下都賀郡
壬生花井町　みぶはないちょう　京都府京都市中京区
壬生松原町　みぶまつばらちょう　京都府京都市中京区
壬生東土居ノ内町　みぶひがしどいのうちちょう　京都府京都市中京区
壬生東大竹町　みぶひがしおおたけちょう　京都府京都市中京区
壬生東桧町　みぶひがしひのきちょう　京都府京都市中京区
壬生東高田町　みぶひがしたかだちょう　京都府京都市中京区
壬生東淵田町　みぶひがしふちだちょう　京都府京都市中京区

307

4画（太）

壬生相合町　みぶあいあいちょう　京都府京都市中京区
壬生神明町　みぶしんめいちょう　京都府京都市中京区
壬生桧町　みぶひのきちょう　京都府京都市中京区
壬生馬場町　みぶばんばちょう　京都府京都市中京区
壬生高樋町　みぶたかひちょう　京都府京都市中京区
壬生梛ノ宮町　みぶなぎのみやちょう　京都府京都市中京区
壬生淵田町　みぶふちだちょう　京都府京都市中京区
壬生御所ノ内町　みぶごしょのうちちょう　京都府京都市中京区
壬生森町　みぶもりまち　京都府京都市中京区
壬生森前町　みぶもりまえちょう　京都府京都市中京区
壬生賀陽御所町　みぶかようごしょちょう　京都府京都市中京区

【太】

⁰太ノ浦郷　たのうらごう　長崎県東彼杵郡東彼杵町
¹太一丸　たいちまる　三重県桑名市
　太一垣　たいちがき　鳥取県東伯郡琴浦町
²太刀打　たちうち　青森県五所川原市
　太刀洗　たちあらい　福岡県（甘木鉄道線）
　太刀浦海岸　たちのうらかいがん　福岡県北九州市門司区
³太子
　　おおし　群馬県吾妻郡中之条町
　　たいし　愛知県名古屋市緑区
　　たいし　滋賀県大津市
　　たいし　大阪府大阪市西成区
　　たいし　大阪府南河内郡太子町
　　たいし　奈良県北葛城郡王寺町
　太子山町　たいしやまちょう　京都府京都市下京区
　太子田　たしでん　大阪府大東市
　太子町
　　たいしまち　北海道深川市
　　たいしちょう　群馬県太田市
　　たいしまち　長野県須坂市
　　たいしちょう　愛知県瀬戸市
　　たいしちょう　大阪府南河内郡
　　たいしちょう　兵庫県掛保郡
　太子堂
　　たいしどう　宮城県（JR東北本線）
　　たいしどう　宮城県仙台市太白区
　　たいしどう　宮城県黒川郡富谷町
　　たいしどう　福島県喜多方市
　　たいしどう　福島県二本松市
　　たいしどう　東京都世田谷区
　　たいしどう　新潟県新潟市北区
　　たいしどう　大阪府八尾市
　太子橋　たいしばし　大阪府大阪市旭区
　太子橋今市　たいしばしいまいち　大阪府（大阪市交通局今里筋線ほか）
　太山寺町　たいさんじちょう　愛媛県松山市
⁴太井
　　おおい　埼玉県熊谷市
　　おおい　神奈川県相模原市緑区
　　たい　大阪府堺市美原区
　　おおい　大阪府河内長野市
　太夫　たゆう　三重県桑名市

太夫浜　たゆうはま　新潟県新潟市北区
太夫浜新町　たゆうはましんまち　新潟県新潟市北区
太夫塚　たゆうづか　栃木県那須塩原市
⁵太右エ門新田
　　たうえもんしんでん　新潟県新潟市中央区
　　たうえもんしんでん　新潟県新潟市江南区
太市　おおいち　兵庫県（JR姫新線）
太市中　おおいちなか　兵庫県姫路市
太平
　　たいへい　北海道（JR札沼線）
　　たいへい　東京都墨田区
　　たいへい　新潟県新潟市東区
　　たいへい　新潟県十日町市
太平一条　たいへいいちじょう　北海道札幌市北区
太平七条　たいへいしちじょう　北海道札幌市北区
太平九条　たいへいくじょう　北海道札幌市北区
太平二条　たいへいにじょう　北海道札幌市北区
太平八田　たいへいはった　秋田県秋田市
太平八条　たいへいはちじょう　北海道札幌市北区
太平十一条　たいへいじゅういちじょう　北海道札幌市北区
太平十二条　たいへいじゅうにじょう　北海道札幌市北区
太平十条　たいへいじゅうじょう　北海道札幌市北区
太平三条　たいへいさんじょう　北海道札幌市北区
太平山谷　たいへいやまや　秋田県秋田市
太平中関　たいへいなかぜき　秋田県秋田市
太平五条　たいへいごじょう　北海道札幌市北区
太平六条　たいへいろくじょう　北海道札幌市北区
太平台　たいへいだい　岡山県勝田郡勝央町
太平四条　たいへいしじょう　北海道札幌市北区
太平目長崎　たいへいめながさき　秋田県秋田市
太平寺
　　たいへいじ　福島県福島市
　　たへいじ　石川県野々市市
　　たいへいじ　大阪府堺市西区
　　たいへいじ　大阪府堺市南区
　　たいへいじ　大阪府柏原市
　　たいへいじ　大阪府東大阪市
太平寺庭　たいへいてらにわ　秋田県秋田市
太平町
　　たいへいちょう　北海道帯広市
　　たいへいちょう　岐阜県岐阜市
　　たいへいちょう　岐阜県多治見市
　　たいへいちょう　愛知県豊田市
　　たいへいちょう　三重県桑名市
　　たいへいまち　大分県大分市
太平町西　たいへいちょうにし　北海道帯広市
太平通　たいへいとおり　愛知県名古屋市中川区
太平黒沢　たいへいくろさわ　秋田県秋田市
太田
　　おおた　北海道厚岸郡厚岸町
　　おおた　青森県五所川原市
　　おおた　青森県北津軽郡板柳町
　　おおた　青森県上北郡七戸町
　　おおた　岩手県宮古市
　　おおた　岩手県花巻市
　　おおた　岩手県紫波郡矢巾町
　　おおた　宮城県気仙沼市
　　おおた　宮城県遠田郡涌谷町
　　おおた　福島県二本松市

308

4画（太）

おおた	福島県耶麻郡猪苗代町
おおた	茨城県石岡市
おおた	茨城県稲敷市
おおた	茨城県神栖市
おおた	茨城県稲敷郡美浦村
おおた	茨城県結城郡八千代町
おおた	栃木県塩谷郡高根沢町
おおた	群馬県（東武鉄道伊勢崎線ほか）
おおた	埼玉県さいたま市岩槻区
おおた	埼玉県秩父市
おおた	千葉県木更津市
おおた	千葉県佐倉市
おおた	新潟県新潟市北区
おおた	新潟県燕市
おおた	新潟県五泉市
おおた	富山県富山市
おおた	富山県高岡市
おおた	富山県砺波市
おおた	石川県河北郡津幡町
おおた	福井県大野市
おおた	福井県三方郡美浜町
おおた	静岡県袋井市
おおた	静岡県湖西市
おおた	大阪府茨木市
おおた	大阪府八尾市
おおた	兵庫県揖保郡太子町
おおた	奈良県桜井市
おおた	奈良県葛城市
おおた	和歌山県和歌山市
おおた	鳥取県岩美郡岩美町
おおた	岡山県美作市
おおた	香川県（高松琴平電気鉄道琴平線）
おおた	福岡県八女郡広川町
おおた	大分県大分市
おおた	大分県竹田市
おおた	大分県玖珠郡玖珠町
おおた	宮崎県宮崎市

太田1の通り おおたいちのとおり 北海道厚岸郡厚岸町
太田2の通り おおたにのとおり 北海道厚岸郡厚岸町
太田3の通り おおたさんのとおり 北海道厚岸郡厚岸町
太田4の通り おおたよんのとおり 北海道厚岸郡厚岸町
太田5の通り おおたごのとおり 北海道厚岸郡厚岸町
太田6の通り おおたろくのとおり 北海道厚岸郡厚岸町
太田7の通り おおたななのとおり 北海道厚岸郡厚岸町
太田8の通り おおたはちのとおり 北海道厚岸郡厚岸町
太田9の通り おおたきゅうのとおり 北海道厚岸郡厚岸町
太田ケ谷 おおたがや 埼玉県鶴ケ島市
太田下町 おおたしもまち 香川県高松市
太田上町 おおたかみまち 香川県高松市
太田口通り おおたぐちどおり 富山県富山市
太田山岸 おおたやまぎし 富山県高岡市
太田川
 おおたがわ 福島県西白河郡泉崎村
 おおたがわ 群馬県利根郡川場村
 おおたがわ 愛知県（名古屋鉄道河和線）

太田中区 おおたなかく 富山県富山市
太田井 おおたい 愛知県名古屋市守山区
太田戸 おおたど 高知県高岡郡檮原町
太田北 おおたきた 北海道厚岸郡厚岸町
太田北区 おおたきたく 富山県富山市
太田市 群馬県
太田市町 おだいちょう 奈良県橿原市
太田本町 おおたほんまち 岐阜県美濃加茂市
太田伊勢領 おおたいせりょう 富山県高岡市
太田向陽台 おおたこうようだい 富山県富山市
太田名部 おおたなべ 岩手県下閉伊郡普代村
太田西
 おおたにし 北海道厚岸郡厚岸町
 おおたにし 福島県耶麻郡猪苗代町
太田宏陽 おおたこうよう 北海道厚岸郡厚岸町
太田尾町 おおたおまち 長崎県長崎市
太田町
 おおたまち 山形県米沢市
 おおたまち 福島県福島市
 おおたまち 群馬県伊勢崎市
 おおたちょう 千葉県千葉市若葉区
 おおたまち 神奈川県横浜市中区
 おおだまち 新潟県見附市
 おおたまち 石川県羽咋市
 おおたちょう 福井県福井市
 おおたまち 山梨県甲府市
 おおたまち 岐阜県中津川市
 おおたちょう 岐阜県美濃加茂市
 おおたちょう 静岡県静岡市葵区
 おおたちょう 愛知県名古屋市瑞穂区
 おおだちょう 愛知県豊田市
 おおたちょう 滋賀県長浜市
 おおたちょう 熊本県天草市
太田町三本扇 おおたちょうさんぼんおうぎ 秋田県大仙市
太田町小神成 おおたちょうこがなり 秋田県大仙市
太田町川口 おおたちょうかわぐち 秋田県大仙市
太田町中里 おおたちょうなかさと 秋田県大仙市
太田町太田 おおたちょうおおた 秋田県大仙市
太田町永代 おおたちょうえいだい 秋田県大仙市
太田町国見 おおたちょうくにみ 秋田県大仙市
太田町斉内 おおたちょうさいない 秋田県大仙市
太田町東今泉 おおたちょうひがしいまいずみ 秋田県大仙市
太田町横沢 おおたちょうよこさわ 秋田県大仙市
太田町駒場 おおたちょうこまば 秋田県大仙市
太田谷内 おおたやち 富山県高岡市
太田和 おおたわ 神奈川県横須賀市
太田学 おだがく 千葉県鴨川市
太田東 おおたひがし 北海道厚岸郡厚岸町
太田東芝町 おおだとうしばちょう 大阪府茨木市
太田南 おおたみなみ 北海道厚岸郡厚岸町
太田南町 おおたみなみちょう 富山県富山市
太田原 おおだわら 石川県鳳珠郡能登町
太田島 おおたじま 新潟県十日町市
太田袋 おおたぶくろ 埼玉県久喜市
太田郷 おおたごう 長崎県南松浦郡新上五島町
太田部
 おおたべ 長野県（JR小海線）
 おおたべ 長野県佐久市

4画（太）

太田野　おおたの　青森県上北郡七戸町
太田新井　おおたあらい　埼玉県白岡市
太田新田
　おおたしんでん　山形県東根市
　おおたしんでん　新潟県新発田市
太田新町
　おおたしんまち　茨城県神栖市
　おおたしんまち　大阪府八尾市
太田窪
　だいたくぼ　埼玉県さいたま市南区
　だいたくぼ　埼玉県さいたま市緑区
太田輪　おおたわ　福島県石川郡浅川町
太田薄波　おおたうすなみ　富山県富山市
太白　たいはく　宮城県仙台市太白区
太白区　たいはくく　宮城県仙台市
6太吉屋敷　たきちやしき　愛知県犬山市
太地
　たいじ　和歌山県（JR紀勢本線）
　たいじ　和歌山県東牟婁郡太地町
太地町　たいじちょう　和歌山県東牟婁郡
太寺　たいでら　兵庫県明石市
太寺大野町　たいでらおおのちょう　兵庫県明石市
太寺天王町　たいでらてんのうちょう　兵庫県明石市
7太尾　ふとお　千葉県鴨川市
太町　たいちょう　大阪府和泉市
太良　だいら　秋田県山本郡藤里町
太良庄　たらのしょう　福井県小浜市
太良町　たらちょう　佐賀県藤津郡
太良路　たろじ　奈良県宇陀郡曽爾村
8太岡寺町　たいこうじちょう　三重県亀山市
太東　たいとう　千葉県（JR外房線）
9太海
　ふとみ　千葉県（JR内房線）
　ふとみ　千葉県鴨川市
太海西　ふとみにし　千葉県鴨川市
太海浜　ふとみはま　千葉県鴨川市
太美　ふとみ　富山県南砺市
太美スターライト　ふとみすたーらいと　北海道石狩郡当別町
太美町　ふとみちょう　北海道石狩郡当別町
太美南　ふとみみなみ　北海道石狩郡当別町
太郎
　たろう　山形県南陽市
　たろう　山形県西村山郡朝日町
太郎八須　たろうはちず　徳島県板野郡北島町
太郎丸
　たろうまる　埼玉県比企郡嵐山町
　たろうまる　富山県富山市
　たろうまる　富山県砺波市
　たろうまる　福井県（えちぜん鉄道三国芦原線）
　たろうまる　岐阜県岐阜市
　たろうまる　高知県土佐市
　たろうまる　福岡県福岡市西区
　たろうまる　福岡県飯塚市
太郎丸中島　たろうまるなかじま　岐阜県岐阜市
太郎丸北浦　たろうまるきたうら　岐阜県岐阜市
太郎丸北郷　たろうまるきたごう　岐阜県岐阜市
太郎丸本町　たろうまるほんまち　富山県富山市
太郎丸向良　たろうまるむがいら　岐阜県岐阜市
太郎丸西町　たろうまるにしまち　富山県富山市

太郎丸知之道　たろうまるちのみち　岐阜県岐阜市
太郎丸野田　たろうまるのだ　岐阜県岐阜市
太郎丸新屋敷　たろうまるしんやしき　岐阜県岐阜市
太郎丸樫木　たろうまるかしき　岐阜県岐阜市
太郎丸諏訪　たろうまるすわ　岐阜県岐阜市
太郎川　たろうがわ　高知県高岡郡檮原町
太郎代　たろうだい　新潟県新潟市北区
太郎布　たらぶ　福島県大沼郡金山町
太郎助　たろすけ　静岡県袋井市
太郎坊町　たろぼうちょう　宮崎県都城市
太郎坊宮前　たろうぼうぐうまえ　滋賀県（近江鉄道八日線）
太郎迫町　たろうざこまち　熊本県熊本市北区
太郎原町　だいろばるまち　福岡県久留米市
太郎馬新田　たろましんでん　静岡県磐田市
太郎須田　たろうすた　青森県上北郡横浜町
10太宰府　だざいふ　福岡県（西日本鉄道太宰府線）
太宰府市　だざいふし　福岡県
太秦　うずまさ　京都府（JR山陰本線）
太秦一ノ井町　うずまさいちのいちょう　京都府京都市右京区
太秦一町芝町　うずまさいっちょうしばちょう　京都府京都市右京区
太秦八反田町　うずまさはったんだちょう　京都府京都市右京区
太秦下刑部町　うずまさしもけいぶちょう　京都府京都市右京区
太秦下角田町　うずまさしもかくだちょう　京都府京都市右京区
太秦三尾町　うずまささんびちょう　京都府京都市右京区
太秦上ノ段町　うずまさかみのだんちょう　京都府京都市右京区
太秦上刑部町　うずまさかみけいぶちょう　京都府京都市右京区
太秦土本町　うずまさつちもとちょう　京都府京都市右京区
太秦小手角町　うずまさこてすみちょう　京都府京都市右京区
太秦川所町　うずまさかわどころちょう　京都府京都市右京区
太秦中山町　うずまさなかやまちょう　京都府京都市右京区
太秦中町　うずまさなかまち　大阪府寝屋川市
太秦中堤町　うずまさなかつつみちょう　京都府京都市右京区
太秦中筋町　うずまさなかすじちょう　京都府京都市右京区
太秦井戸ケ尻町　うずまさいどがじりちょう　京都府京都市右京区
太秦元町　うずまさもとまち　大阪府寝屋川市
太秦天神川　うずまさてんじんがわ　京都府（京都市交通局東西線）
太秦木ノ下町　うずまさきのしたちょう　京都府京都市右京区
太秦北路町　うずまさきたろちょう　京都府京都市右京区
太秦広隆寺　うずまさこうりゅうじ　京都府（京福電気鉄道嵐山本線）
太秦石垣町　うずまさいしがきちょう　京都府京都市右京区

4画（太）

太秦辻ケ本町　うずまさつじがもとちょう　京都府京都市右京区

太秦多藪町　うずまさたやぶちょう　京都府京都市右京区

太秦安井一町田町　うずまさやすいいっちょうでんちょう　京都府京都市右京区

太秦安井二条裏町　うずまさやすいにじょううらちょう　京都府京都市右京区

太秦安井小山町　うずまさやすいこやまちょう　京都府京都市右京区

太秦安井水戸田町　うずまさやすいみとでんちょう　京都府京都市右京区

太秦安井北御所町　うずまさやすいきたごしょちょう　京都府京都市右京区

太秦安井辻ノ内町　うずまさやすいつじのうちちょう　京都府京都市右京区

太秦安井池田町　うずまさやすいいけだちょう　京都府京都市右京区

太秦安井西沢町　うずまさやすいにしざわちょう　京都府京都市右京区

太秦安井西裏町　うずまさやすいにしうらちょう　京都府京都市右京区

太秦安井車道町　うずまさやすいくるまみちちょう　京都府京都市右京区

太秦安井辰巳町　うずまさやすいたつみちょう　京都府京都市右京区

太秦安井松本町　うずまさやすいまつもとちょう　京都府京都市右京区

太秦安井東裏町　うずまさやすいひがしうらちょう　京都府京都市右京区

太秦安井春日町　うずまさやすいかすがちょう　京都府京都市右京区

太秦安井柳通町　うずまさやすいやなぎどおりちょう　京都府京都市右京区

太秦安井馬塚町　うずまさやすいうまづかちょう　京都府京都市右京区

太秦安井奥畑町　うずまさやすいおくはたちょう　京都府京都市右京区

太秦安井藤ノ木町　うずまさやすいふじのきちょう　京都府京都市右京区

太秦朱雀町　うずまさすじゃくちょう　京都府京都市右京区

太秦百合ケ本町　うずまさゆりがもとちょう　京都府京都市右京区

太秦西野町　うずまさにしのちょう　京都府京都市右京区

太秦西蜂岡町　うずまさにしはちおかちょう　京都府京都市右京区

太秦京ノ道町　うずまさきょうのみちちょう　京都府京都市右京区

太秦和泉式部町　うずまさいずみしきぶちょう　京都府京都市右京区

太秦垂箕山町　うずまさたるみやまちょう　京都府京都市右京区

太秦松本町　うずまさまつもとちょう　京都府京都市右京区

太秦東が丘　うずまさひがしがおか　大阪府寝屋川市

太秦東唐渡町　うずまさひがしからとちょう　京都府京都市右京区

太秦東蜂岡町　うずまさひがしはちおかちょう　京都府京都市右京区

太秦門田町　うずまさもんだちょう　京都府京都市右京区

太秦青木ケ原町　うずまさあおきがはらちょう　京都府京都市右京区

太秦青木元町　うずまさあおきもとちょう　京都府京都市右京区

太秦前ノ田町　うずまさまえのだちょう　京都府京都市右京区

太秦垣内町　うずまさかきうちちょう　京都府京都市右京区

太秦海正寺町　うずまさかいしょうじちょう　京都府京都市右京区

太秦皆正寺町　うずまさみなせいじちょう　京都府京都市右京区

太秦荒木町　うずまさあらきちょう　京都府京都市右京区

太秦面影町　うずまさおもかげちょう　京都府京都市右京区

太秦唐渡町　うずまさからとちょう　京都府京都市右京区

太秦宮ノ前町　うずまさみやのまえちょう　京都府京都市右京区

太秦桂ケ原町　うずまさかつらがはらちょう　京都府京都市右京区

太秦桂木町　うずまさかつらぎちょう　京都府京都市右京区

太秦桜が丘　うずまさくらがおか　大阪府寝屋川市

太秦馬塚町　うずまさうまづかちょう　京都府京都市右京区

太秦高塚町　うずまさたかつかちょう　大阪府寝屋川市

太秦乾町　うずまさいぬいちょう　京都府京都市右京区

太秦堀ケ内町　うずまさほりがうちちょう　京都府京都市右京区

太秦堀池町　うずまさほりいけちょう　京都府京都市右京区

太秦帷子ケ辻町　うずまさかたびらのつじちょう　京都府京都市右京区

太秦組石町　うずまさくみいしちょう　京都府京都市右京区

太秦袴田町　うずまさはかまだちょう　京都府京都市右京区

太秦野元町　うずまさのもとちょう　京都府京都市右京区

太秦奥殿町　うずまさおくどのちょう　京都府京都市右京区

太秦巽町　うずまさたつみちょう　京都府京都市右京区

太秦御所ノ内町　うずまさごしょのうちちょう　京都府京都市右京区

太秦御領田町　うずまさごりょうでんちょう　京都府京都市右京区

太秦森ケ西町　うずまさもりがにしちょう　京都府京都市右京区

太秦森ケ東町　うずまさもりがひがしちょう　京都府京都市右京区

太秦森ケ前町　うずまさもりがまえちょう　京都府京都市右京区

太秦椙ケ本町　うずまさすぎがもとちょう　京都府京都市右京区

太秦棚森町　うずまさたなもりちょう　京都府京都市右京区

311

4画（天）

太秦開日町　うずまさかいにちちょう　京都府京都市右京区
太秦滝ケ花町　うずまさたきがはなちょう　京都府京都市右京区
太秦蜂岡町　うずまさはちおかちょう　京都府京都市右京区
太秦樋ノ内町　うずまさひのうちちょう　京都府京都市右京区
太秦緑ケ丘　うずまさみどりがおか　大阪府寝屋川市
太秦藤ノ森町　うずまさふじがもりちょう　京都府京都市右京区
11太堂町　たいどうちょう　滋賀県彦根市
太斎　だい　新潟県新発田市
12太森町　ふともりちょう　三重県亀山市
太賀　たが　福岡県中間市
太間川　たいまがわ　和歌山県西牟婁郡すさみ町
太間町　たいまちょう　大阪府寝屋川市
太間東町　たいまひがしまち　大阪府寝屋川市
太陽　たいよう　北海道新冠郡新冠町
太陽が丘　たいようがおか　石川県金沢市
13太鼓沢　たいこざわ　山形県西置賜郡小国町
14太閤　たいこう　愛知県名古屋市中村区
太閤山　たいこうやま　富山県射水市
太閤町　たいこうまち　富山県射水市
太閤通　たいこうとおり　愛知県名古屋市中村区
16太興寺　たいこうじ　福井県小浜市
太融寺町　たいゆうじちょう　大阪府大阪市北区

【天】

0天カ須賀　あまがすか　三重県四日市市
天カ須賀新町　あまがすかしんまち　三重県四日市市
天ケ沢　あまがさわ　新潟県新潟市秋葉区
天ケ森　あまがもり　青森県三沢市
天ケ瀬
　あまがせ　三重県多気郡大台町
　あまがせ　大分県（JR久大本線）
天ケ瀬町　あまがせちょう　東京都青梅市
天ノ下町　てんのしたちょう　兵庫県神戸市垂水区
天が岡　あまがおか　兵庫県神戸市西区
天の川　そらのかわ　高知県高岡郡四万十町
2天人峡　てんにんきょう　北海道上川郡美瑛町
3天下田　てんかだ　岩手県花巻市
天下町　あもりまち　宮崎県延岡市
天下茶屋
　てんがちゃや　大阪府（大阪市交通局堺筋線ほか）
　てんがちゃや　大阪府大阪市西成区
天下茶屋北　てんがちゃやきた　大阪府大阪市西成区
天下茶屋東　てんがちゃやひがし　大阪府大阪市西成区
天下島　あまがしま　新潟県長岡市
天下野町　けがのちょう　茨城県常陸太田市
天万　てんまん　鳥取県西伯郡南部町
天久　あめく　沖縄県那覇市
天久保　あまくぼ　茨城県つくば市
天子　あまこ　栃木県芳賀郡茂木町
天子田　あまこだ　愛知県名古屋市守山区
天山
　あまやま　愛媛県松山市
　あまやま　福岡県筑紫野市

天山町　あまやままち　愛媛県松山市
天川　あまかわ　茨城県土浦市
天川大島町　あまがわおおしままち　群馬県前橋市
天川村　てんかわむら　奈良県吉野郡
天川町
　あまがわまち　群馬県前橋市
　あまがわちょう　大阪府高槻市
天川原町　あまがわばらまち　群馬県前橋市
天川新町　あまがわしんまち　大阪府高槻市
4天之川町　あまのがわちょう　大阪府枚方市
天井町　てんじょうちょう　奈良県大和郡山市
天仁屋　てにや　沖縄県名護市
天内　あまない　秋田県能代市
天引　あまびき　群馬県甘楽郡甘楽町
天戸町　あまどちょう　千葉県千葉市花見川区
天文町　てんもんちょう　兵庫県明石市
天文館通　てんもんかんどおり　鹿児島県（鹿児島市交通局1系統ほか）
天日町　てんにちまち　石川県加賀市
天月　あまつき　熊本県葦北郡芦北町
天水町小天　てんすいまちおあま　熊本県玉名市
天水町立花　てんすいまちたちばな　熊本県玉名市
天水町竹崎　てんすいまちたけざき　熊本県玉名市
天水町尾田　てんすいまちおた　熊本県玉名市
天水町部田見　てんすいまちへたみ　熊本県玉名市
天水町野部田　てんすいまちのべた　熊本県玉名市
天王
　てんのう　青森県上北郡七戸町
　てんのう　宮城県伊具郡丸森町
　てんのう　宮城県加美郡加美町
　てんのう　秋田県（JR男鹿線）
　てんのう　秋田県潟上市
　てんのう　新潟県新発田市
　てんのう　富山県魚津市
　てんのう　福井県丹生郡越前町
　てんのう　愛知県一宮市
　てんのう　京都府京田辺市
　てんのう　大阪府茨木市
　てんのう　大阪府豊能郡能勢町
天王下　てんのうした　福島県田村郡三春町
天王大崎　てんのうおおさき　秋田県潟上市
天王山　てんのうざん　兵庫県神戸市西区
天王内　てんのうち　福島県東白川郡棚倉町
天王北　てんのうきた　高知県吾川郡いの町
天王台
　てんのうだい　茨城県つくば市
　てんのうだい　千葉県（JR常磐線）
　てんのうだい　千葉県銚子市
　てんのうだい　千葉県我孫子市
　てんのうだい　愛知県みよし市
天王田　てんのうでん　大阪府大阪市城東区
天王寺　てんのうじ　大阪府（JR関西本線ほか）
天王寺区　てんのうじく　大阪府大阪市
天王寺町北　てんのうじちょうきた　大阪府大阪市阿倍野区
天王寺町南　てんのうじちょうみなみ　大阪府大阪市阿倍野区
天王寺屋　てんのうじや　大阪府八尾市
天王寺駅前　てんのうじえきまえ　大阪府（阪堺電気軌道上町線）

4画（天）

天王西　てんのうにし　静岡県静岡市清水区
天王町
　　てんのうちょう　茨城県水戸市
　　てんのうちょう　神奈川県（相模鉄道本線）
　　てんのうちょう　神奈川県横浜市保土ケ谷区
　　てんのうちょう　福井県福井市
　　てんのうちょう　福井県越前市
　　てんのうちょう　岐阜県岐阜市
　　てんのうちょう　岐阜県羽島郡笠松町
　　てんのうちょう　静岡県静岡市葵区
　　てんのうちょう　静岡県静岡市清水区
　　てんのうちょう　静岡県浜松市東区
　　てんのうちょう　静岡県磐田市
　　てんのうちょう　静岡県掛川市
　　てんのうちょう　静岡県藤枝市
　　てんのうちょう　愛知県半田市
　　てんのうまち　愛知県碧南市
　　てんのうちょう　愛知県刈谷市
　　てんのうちょう　愛知県豊田市
　　てんのうまち　愛知県西尾市
　　てんのうちょう　京都府京都市下京区
　　てんのうちょう　大阪府高槻市
　　てんのうちょう　兵庫県神戸市兵庫区
天王町五反林　てんのうちょうごたんばやし　愛知県江南市
天王町駒野　てんのうちょうこまの　愛知県江南市
天王東　てんのうひがし　静岡県静岡市清水区
天王前
　　てんのうまえ　福島県田村郡三春町
　　てんおうまえ　愛知県犬山市
天王南
　　てんのうみなみ　静岡県静岡市清水区
　　てんのうみなみ　高知県吾川郡いの町
天王洲アイル　てんのうずあいる　東京都（東京臨海高速鉄道りんかい線ほか）
天王通　てんのうどおり　愛知県津島市
天王宿　てんのうじゅく　群馬県（上毛電気鉄道線）
5天台
　　てんだい　千葉県（千葉都市モノレール2号線）
　　てんだい　千葉県千葉市稲毛区
　　てんだい　京都府舞鶴市
天台町　てんだいちょう　千葉県千葉市稲毛区
天台新町　てんだいしんまち　京都府舞鶴市
天平台　てんびょうだい　福岡県宗像市
天正寺　てんしょうじ　富山県富山市
天生田　あもうだ　福岡県行橋市
天白区　てんぱくく　愛知県名古屋市
天白町
　　てんぱくちょう　愛知県名古屋市南区
　　てんぱくちょう　愛知県岡崎市
天白町八事　てんぱくちょうやごと　愛知県名古屋市天白区
天白町平針　てんぱくちょうひらばり　愛知県名古屋市天白区
天白町島田　てんぱくちょうしまだ　愛知県名古屋市天白区
天白町野並　てんぱくちょうのなみ　愛知県名古屋市天白区
天白町植田
　　てんぱくちょううえだ　愛知県名古屋市千種区
　　てんぱくちょううえだ　愛知県名古屋市天白区
天目町　てんもくちょう　愛知県名古屋市港区

天矢場　てんやば　栃木県（真岡鉄道線）
天辺　あまべ　千葉県佐倉市
6天守町　てんしゅちょう　京都府京都市中京区
天池
　　あまいけ　新潟県十日町市
　　あまいけ　富山県黒部市
　　あまいけ　富山県南砺市
　　あまいけ　長野県小諸市
　　あまいけ　岐阜県岐阜市
天池五反田町　あまいけごたんだちょう　愛知県稲沢市
天池伝代町　あまいけでんだいちょう　愛知県稲沢市
天池光田町　あまいけこうだちょう　愛知県稲沢市
天池西町　あまいけにしまち　愛知県稲沢市
天池町
　　あまいけまち　石川県金沢市
　　あまいけちょう　福井県福井市
　　あまいけちょう　愛知県稲沢市
天池東町　あまいけひがしまち　愛知県稲沢市
天池牧作町　あまいけまきつくりちょう　愛知県稲沢市
天池金山町　あまいけかなやまちょう　愛知県稲沢市
天池浪寄町　あまいけなみよせちょう　愛知県稲沢市
天池遠松町　あまいけとおまつちょう　愛知県稲沢市
天竹町　てんじくちょう　愛知県西尾市
天羽田　あもうだ　千葉県市原市
天行寺　てんぎょうじ　高知県南国市
7天伯町　てんぱくちょう　愛知県豊橋市
天坂　てんざか　石川県鳳珠郡能登町
天売　てうり　北海道苫前郡羽幌町
天尾　てんのお　山口県岩国市
天応　てんのう　広島県（JR呉線）
天応大浜　てんのうおおはま　広島県呉市
天応伝十原町　てんのうでんじゅうばらちょう　広島県呉市
天応西条　てんのうにしじょう　広島県呉市
天応東久保　てんのうひがしくぼ　広島県呉市
天応南町　てんのうみなみまち　広島県呉市
天応宮町　てんのうみやまち　広島県呉市
天応塩谷町　てんのうしおやちょう　広島県呉市
天応福浦町　てんのうふくうらちょう　広島県呉市
天良町　てんらちょう　群馬県太田市
天花　てんげ　山口県山口市
天見
　　あまみ　大阪府（南海電気鉄道高野線）
　　あまみ　大阪府河内長野市
天谷　あまだに　福井県丹生郡越前町
天辰町　あまたつちょう　鹿児島県薩摩川内市
8天使突抜　てんしつきぬけ　京都府京都市下京区
天和
　　てんわ　兵庫県（JR赤穂線）
　　てんわ　福岡県豊前市
天宝　てんぽう　福井県丹生郡越前町
天宝喜　あまぼうき　茨城県つくば市
天底　あめそこ　沖縄県国頭郡今帰仁村
天性寺町　てんしょうじまち　岐阜県高山市
天性寺前町　てんしょうじまえちょう　京都府京都市中京区
天拝山　てんぱいざん　福岡県（JR鹿児島本線）

313

4画（天）

天拝坂
　てんぱいざか　岩手県下閉伊郡普代村
　てんぱいざか　福岡県筑紫野市
天昌寺町　てんしょうじちょう　岩手県盛岡市
天明町
　てんみょうちょう　栃木県佐野市
　てんめいちょう　新潟県新潟市中央区
天林　てんばやし　富山県中新川郡立山町
天沼
　あまぬま　東京都杉並区
　あまぬま　神奈川県平塚市
天沼町　あまぬまちょう　埼玉県さいたま市大宮区
天沼新田　あまぬましんでん　埼玉県川越市
天炉　あまほど　宮城県伊具郡丸森町
天狗山　てんぐやま　北海道小樽市
天狗平　てんぐだいら　富山県中新川郡立山町
天狗沢　てんぐさわ　山梨県甲斐市
天狗堂　てんぐどう　岐阜県本巣郡北方町
天空橋　てんくうばし　東京都(京浜急行電鉄空港線ほか)
天竺　てんじく　愛知県常滑市
天竺堂　てんじくどう　新潟県新潟市西蒲区
⁹**天保山町**
　てんぼうざんちょう　愛媛県今治市
　てんぽざんちょう　鹿児島県鹿児島市
天城　あまぎ　鹿児島県大島郡天城町
天城台　あまきだい　岡山県倉敷市
天城町　あまぎちょう　鹿児島県大島郡
天城通　あまぎどおり　兵庫県神戸市灘区
天建寺　てんけんじ　佐賀県三養基郡みやき町
天栄村　てんえいむら　福島県岩瀬郡
天津
　あまつ　千葉県鴨川市
　あまつ　大分県(JR日豊本線)
天神
　てんじん　北海道小樽市
　てんじん　栃木県宇都宮市
　てんじん　群馬県利根郡川場村
　てんじん　埼玉県鴻巣市
　てんじん　埼玉県三郷市
　てんじん　新潟県新潟市中央区
　てんじん　富山県南砺市
　てんじん　長野県上田市
　てんじん　静岡県静岡市清水区
　てんじん　三重県亀山市
　てんじん　京都府長岡京市
　てんじん　大阪府池田市
　てんじん　兵庫県三田市
　てんじん　兵庫県加東市
　てんじん　鳥取県東伯郡三朝町
　てんじん　広島県廿日市市
　てんじん　山口県防府市
　てんじん　山口県柳井市
　てんじん　愛媛県西条市
　てんじん　福岡県(福岡市交通局空港線)
　てんじん　福岡県北九州市戸畑区
　てんじん　福岡県福岡市中央区
　てんじん　福岡県古賀市
　てんじん　佐賀県佐賀市
　てんじん　長崎県佐世保市
天神ノ森
　てんじんのもり　大阪府(阪堺電気軌道阪堺線)

　てんじんのもり　大阪府大阪市西成区
天神入　てんじんいり　福島県伊達郡川俣町
天神下　てんじんした　愛知県名古屋市名東区
天神小路　てんじんこうじ　宮崎県延岡市
天神山
　てんじんやま　福岡県春日市
　てんじんやま　大分県(JR久大本線)
天神山町
　てんじんやまちょう　愛知県名古屋市西区
　てんじんやまちょう　京都府京都市中京区
　てんじんやまちょう　大阪府岸和田市
天神川　てんじんがわ　広島県(JR山陽本線)
天神川原町　てんじんかわらまち　石川県七尾市
天神中條　てんじんなかじょう　山梨県南巨摩郡富士川町
天神元町　てんじんもとまち　長崎県島原市
天神北町　てんじんきたまち　京都府京都市上京区
天神台
　てんじんだい　山形県山形市
　てんじんだい　京都府宇治市
天神西町　てんじんにしまち　大阪府大阪市北区
天神尾　てんじんお　新潟県新潟市中央区
天神沢　てんじんざわ　宮城県仙台市泉区
天神町
　てんじんちょう　北海道室蘭市
　てんじんちょう　岩手県盛岡市
　てんじんちょう　岩手県釜石市
　てんじんちょう　山形県山形市
　てんじんちょう　福島県福島市
　てんじんまち　福島県会津若松市
　てんじんまち　福島県白河市
　てんじんちょう　栃木県佐野市
　てんじんちょう　栃木県鹿沼市
　てんじんちょう　栃木県小山市
　てんじんちょう　栃木県河内郡上三川町
　てんじんちょう　群馬県高崎市
　てんじんちょう　群馬県桐生市
　てんじんちょう　埼玉県深谷市
　てんじんちょう　東京都新宿区
　てんじんちょう　東京都八王子市
　てんじんちょう　東京都府中市
　てんじんちょう　東京都小平市
　てんじんちょう　神奈川県藤沢市
　てんじんちょう　神奈川県三浦市
　てんじんまち　新潟県長岡市
　てんじんまち　富山県中新川郡上市町
　てんじんまち　石川県金沢市
　てんじんまち　石川県小松市
　てんじんちょう　福井県大野市
　てんじんちょう　山梨県甲府市
　てんじんまち　岐阜県岐阜市
　てんじんまち　静岡県浜松市中区
　てんじんちょう　静岡県袋井市
　てんじんちょう　愛知県名古屋市昭和区
　てんじんちょう　愛知県半田市
　てんじんちょう　愛知県春日井市
　てんじんちょう　愛知県豊川市
　てんじんちょう　愛知県碧南市
　てんじんちょう　愛知県西尾市
　てんじんちょう　愛知県犬山市
　てんじんちょう　京都府京都市下京区
　てんじんちょう　京都府綾部市
　てんじんまち　大阪府高槻市

4画（天）

てんじんちょう　兵庫県神戸市須磨区
てんじんまち　兵庫県姫路市
てんじんちょう　兵庫県小野市
てんじんちょう　鳥取県鳥取市
てんじんまち　鳥取県米子市
てんじんちょう　鳥取県倉吉市
てんじんちょう　島根県松江市
てんじんちょう　島根県出雲市
てんじんちょう　岡山県岡山市北区
てんじんちょう　香川県観音寺市
てんじんちょう　愛媛県宇和島市
てんじんちょう　高知県高知市
てんじんまち　高知県土佐清水市
てんじんまち　福岡県北九州市八幡東区
てんじんまち　福岡県大牟田市
てんじんまち　福岡県久留米市
てんじんまち　長崎県長崎市
てんじんちょう　長崎県佐世保市
てんじんまち　長崎県諫早市
てんじんちょう　熊本県水俣市
てんじんまち　大分県中津市
てんじんどう　大分県日田市
てんじんちょう　宮崎県都城市
てんじんちょう　鹿児島県鹿屋市
てんじんちょう　鹿児島県西之表市
天神谷　てんじんだに　石川県鳳珠郡穴水町
天神岡　てんじんおか　新潟県村上市
天神林
　てんじんばやし　青森県上北郡七戸町
　てんじんばやし　新潟県加茂市
天神林町　てんじんばやしちょう　茨城県常陸太田市
天神前
　てんじんまえ　静岡県静岡市葵区
　てんじんまえ　愛知県知多郡武豊町
　てんじんまえ　香川県高松市
天神前町　てんじんまえちょう　京都府京都市下京区
天神南　てんじんみなみ　福岡県（福岡市交通局七隈線）
天神原
　てんじんばら　長野県上高井郡高山村
　てんじんばら　静岡県賀茂郡南伊豆町
天神島　てんじんしま　埼玉県幸手市
天神峰　てんじんみね　千葉県成田市
天神通　てんじんどおり　愛媛県八幡浜市
天神堂
　てんじんどう　岩手県久慈市
　てんじんどう　秋田県仙北郡美郷町
　てんじんどう　山形県酒田市
　てんじんどう　新潟県阿賀野市
　てんじんどう　長野県飯山市
天神崎　てんじんざき　和歌山県田辺市
天神野新　てんじんのしん　富山県魚津市
天神新　てんじんしん　富山県黒部市
天神橋　てんじんばし　大阪府大阪市北区
天神橋筋六丁目　てんじんばしすじろくちょうめ　大阪府（阪急電鉄千里線ほか）
天祐　てんゆう　佐賀県佐賀市
天祐団地　てんゆうだんち　佐賀県佐賀市
天美北　あまみきた　大阪府松原市
天美西　あまみにし　大阪府松原市
天美我堂　あまみがどう　大阪府松原市
天美東　あまみひがし　大阪府松原市

天美南　あまみみなみ　大阪府松原市
天草市　あまくさし　熊本県
天草町下田北　あまくさまちしもだきた　熊本県天草市
天草町下田南　あまくさまちしもだみなみ　熊本県天草市
天草町大江　あまくさまちおおえ　熊本県天草市
天草町大江向　あまくさまちおおえむこう　熊本県天草市
天草町大江軍浦　あまくさまちおおえいくさがうら　熊本県天草市
天草町高浜北　あまくさまちたかはまきた　熊本県天草市
天草町高浜南　あまくさまちたかはまみなみ　熊本県天草市
天草町福連木　あまくさまちふくれぎ　熊本県天草市
天草郡　あまくさぐん　熊本県
天面　あまつら　千葉県鴨川市
10**天宮**　あめのみや　静岡県周智郡森町
天座　あまざ　京都府福知山市
天浪　てんなみ　千葉県成田市
天秤丸町　てんびんまるちょう　京都府京都市上京区
天秤町　てんびんちょう　京都府京都市上京区
天竜二俣　てんりゅうふたまた　静岡県（天竜浜名湖鉄道線）
天竜川　てんりゅうがわ　静岡県（JR東海道本線）
天竜区　てんりゅうく　静岡県浜松市
天竜町　てんりゅうちょう　長野県岡谷市
天竜峡　てんりゅうきょう　長野県（JR飯田線）
11**天掛**　あまがけ　茨城県行方市
天望町　てんぼうちょう　富山県滑川市
天理　てんり　奈良県（JR桜井線ほか）
天理市　てんりし　奈良県
天理町　てんりちょう　奈良県大和郡山市
天菅生町　あますごうちょう　福井県福井市
天赦公園　てんしゃこうえん　愛媛県宇和島市
天都山　てんとざん　北海道網走市
天野
　あまの　新潟県新潟市江南区
　あまの　新潟県新潟市南区
　あまの　静岡県伊豆の国市
天野が原町　あまのがはらちょう　大阪府交野市
天野沢　あまのさわ　新潟県南魚沼市
天野町　あまのちょう　大阪府河内長野市
天野原新田　あまのはらしんでん　新潟県上越市
12**天塚町**　あまづかちょう　愛知県名古屋市西区
天満
　てんまん　青森県三戸郡五戸町
　てんま　埼玉県行田市
　てんまん　新潟県東蒲原郡阿賀町
　てんま　滋賀県米原市
　てんま　大阪府（JR大阪環状線）
　てんま　大阪府大阪市北区
　てんま　和歌山県有田郡有田川町
　てんま　和歌山県東牟婁郡那智勝浦町
　てんまん　宮崎県宮崎市
天満下川原　てんまんしもかわら　青森県三戸郡五戸町
天満山　てんまやま　兵庫県揖保郡太子町

315

4画（夫, 少, 尺）

天満町
てんまんまち　岐阜県高山市
てんまちょう　京都府京都市下京区
てんまちょう　島根県浜田市
てんまちょう　広島県（広島電鉄本線ほか）
てんまちょう　広島県広島市西区
てんまちょう　広島県尾道市
てんまちょう　香川県丸亀市
てんまんまち　長崎県佐世保市
てんまんまち　長崎県諫早市
てんまんちょう　大分県別府市
てんまんちょう　宮崎県宮崎市

天満前　てんまんまえ　福島県喜多方市
天満屋　てんまやちょう　京都府京都市上京区
天満後　てんまんうしろ　青森県三戸郡五戸町
天満浦　てんまうら　三重県尾鷲市
天満通　てんまどおり　愛知県名古屋市千種区
天満橋
てんまばし　大阪府（京阪電気鉄道本線ほか）
てんまばし　大阪府大阪市北区
天満橋京町　てんまばしきょうまち　大阪府大阪市中央区
天童　てんどう　山形県（JR奥羽本線）
天童中　てんどうなか　山形県天童市
天童市　てんどうし　山形県
天童南　てんどうみなみ　山形県（JR奥羽本線）
天筒町　てづつちょう　福井県敦賀市
天道
てんとう　福岡県（JR筑豊本線）
てんとう　福岡県飯塚市
天道町
てんどうちょう　愛知県名古屋市北区
てんどうちょう　大阪府吹田市
てんどうちょう　兵庫県西宮市
てんどうまち　福岡県大牟田市
天開　てんかい　福島県西白河郡矢吹町
天間
てんま　静岡県富士市
あまま　大分県別府市
天間舘大沢　てんまだておおさわ　青森県上北郡七戸町
天間舘前川原　てんまだてまえかわら　青森県上北郡七戸町
天間舘荒谷　てんまだてあらや　青森県上北郡七戸町
天間舘倉越　てんまだてくらこし　青森県上北郡七戸町
天間舘寒水　てんまだてかんすい　青森県上北郡七戸町
¹³**天塩**　てしお　北海道天塩郡天塩町
天塩川温泉　てしおがわおんせん　北海道（JR宗谷本線）
天塩中川　てしおなかがわ　北海道（JR宗谷本線）
天塩町　てしおちょう　北海道天塩郡
天塩郡　てしおぐん　北海道
天幕　てんまく　北海道上川郡上川町
天福　てんぷく　宮崎県日南市
¹⁴**天寧寺町**　てんねいじまち　福島県会津若松市
天寧寺門前町　てんねいじもんぜんちょう　京都府京都市北区
天徳寺　てんとくじ　福井県三方上中郡若狭町
天徳町　てんとくちょう　岐阜県関市

天領ハイツ　てんりょうはいつ　大分県大分市
天領町　てんりょうまち　福岡県大牟田市
¹⁶**天橋立**　あまのはしだて　京都府（京都丹後鉄道宮津線）
天龍　てんりゅう　静岡県磐田市
天龍川町　てんりゅうがわちょう　静岡県浜松市東区
天龍村　てんりゅうむら　長野県下伊那郡
¹⁹**天瀬**　あませ　岡山県岡山市北区
天瀬川　あませがわ　秋田県山本郡三種町
天瀬町女子畑　あまがせまちおなごばた　大分県日田市
天瀬町五馬市　あまがせまちいつまいち　大分県日田市
天瀬町出口　あまがせまちいでぐち　大分県日田市
天瀬町本城　あまがせまちほんじょう　大分県日田市
天瀬町合田　あまがせまちごうた　大分県日田市
天瀬町赤岩　あまがせまちあかいわ　大分県日田市
天瀬町桜竹　あまがせまちさくらだけ　大分県日田市
天瀬町馬原　あまがせまちまばる　大分県日田市
天瀬町塚田　あまがせまちつかだ　大分県日田市
天瀬町湯山　あまがせまちゆやま　大分県日田市
天瀬南町　あませみなみまち　岡山県岡山市北区
天願　てんがん　沖縄県うるま市
²²**天籟寺**　てんらいじ　福岡県北九州市戸畑区

【夫】

⁷**夫沢**　おっとざわ　福島県双葉郡大熊町
⁹**夫神**　おかみ　長野県小県郡青木村
¹⁰**夫馬**　ぶま　滋賀県米原市
¹¹**夫婦町**　ふうふがまち　長崎県長崎市
夫婦石　めおといし　佐賀県（松浦鉄道西九州線）
¹⁴**夫雑原**　ぶぞうはら　青森県上北郡東北町
夫雑原下山　ぶぞうはらしもやま　青森県上北郡東北町

【少】

⁰**少ケ野**　しょうがの　岐阜県下呂市
⁴**少分谷**　しょうぶだに　兵庫県加東市
⁸**少林寺町西**　しょうりんじちょうにし　大阪府堺市堺区
少林寺町東　しょうりんじちょうひがし　大阪府堺市堺区
¹⁰**少将井町**　しょうしょういちょう　京都府京都市中京区
少将井御旅町　しょうしょういおたびちょう　京都府京都市中京区
少連寺　しょうれんじ　山形県鶴岡市
¹³**少路**
しょうじ　大阪府（大阪高速鉄道大阪モノレール線）
しょうじ　大阪府豊中市

【尺】

³**尺土**
しゃくど　奈良県（近畿日本鉄道御所線ほか）
しゃくど　奈良県葛城市
⁵**尺代**　しゃくだい　大阪府三島郡島本町
⁷**尺別**　しゃくべつ　北海道（JR根室本線）
尺谷　しゃくたに　大阪府吹田市
⁸**尺所**　しゃくそ　岡山県和気郡和気町

4画（屯, 巴, 廿, 引）

⁹尺度　しゃくど　大阪府羽曳野市

【屯】

⁵屯田一条　とんでんいちじょう　北海道札幌市北区
屯田七条　とんでんしちじょう　北海道札幌市北区
屯田九条　とんでんくじょう　北海道札幌市北区
屯田二条　とんでんにじょう　北海道札幌市北区
屯田八条　とんでんはちじょう　北海道札幌市北区
屯田十一条　とんでんじゅういちじょう　北海道札幌市北区
屯田十条　とんでんじゅうじょう　北海道札幌市北区
屯田三条　とんでんさんじょう　北海道札幌市北区
屯田五条　とんでんごじょう　北海道札幌市北区
屯田六条　とんでんろくじょう　北海道札幌市北区
屯田四条　とんでんしじょう　北海道札幌市北区
屯田町
　　とんでんちょう　北海道札幌市北区
　　とんでんまち　北海道上川郡剣淵町
屯田町西　とんでんちょうにし　北海道滝川市

【巴】

⁷巴町
　　ともえちょう　栃木県足利市
　　ともえちょう　群馬県桐生市
　　ともえまち　石川県七尾市
　　ともえちょう　静岡県静岡市葵区
　　ともえちょう　静岡県静岡市清水区
　　ともえちょう　愛知県豊田市
　　ともえちょう　京都府京都市中京区

【廿】

¹廿一軒町　にじゅういっけんちょう　京都府京都市東山区
²廿九日　ひづめ　石川県鹿島郡中能登町
廿人講町　にじゅうにんこうちょう　京都府京都市下京区
³廿三日町　にじゅうさんにちまち　青森県八戸市
廿山　つづやま　大阪府富田林市
⁴廿五里　ついへいじ　千葉県市原市
廿六日町　にじゅうろくにちまち　青森県八戸市
廿六木　とどろき　山形県東田川郡庄内町
廿日市
　　はつかいち　広島県（JR山陽本線）
　　はつかいち　広島県廿日市市
廿日市市　はつかいちし　広島県
廿日市市役所前　はつかいちしやくしょまえ　広島県（広島電鉄宮島線）
廿木　はたき　山口県岩国市
⁵廿代町　にじゅうだいまち　高知県高知市
⁷廿里町　とどりまち　東京都八王子市
⁸廿枝　はたえだ　高知県南国市
廿治　はたち　佐賀県杵島郡白石町
¹⁰廿原町　つづはらちょう　岐阜県多治見市
廿軒家　にじっけんや　愛知県名古屋市守山区

【引】

³引土　ひきつち　京都府舞鶴市
引土新　ひきつちしん　京都府舞鶴市
引山　ひきやま　愛知県名古屋市名東区

⁴引水　ひきのみず　熊本県菊池郡大津町
⁵引本浦　ひきもとうら　三重県北牟婁郡紀北町
引田
　　ひきだ　栃木県鹿沼市
　　ひきだ　千葉県市原市
　　ひきだ　千葉県いすみ市
　　ひきだ　東京都あきる野市
　　ひけた　香川県（JR高徳線）
　　ひけた　香川県東かがわ市
引目町　ひきめちょう　福井県福井市
⁶引地
　　ひきじ　山形県酒田市
　　ひきじ　鳥取県東伯郡湯梨浜町
　　ひきぢ　高知県吾川郡仁淀川町
⁷引佐町三岳　いなさちょうみたけ　静岡県浜松市北区
引佐町川名　いなさちょうかわな　静岡県浜松市北区
引佐町井伊谷　いなさちょういいのや　静岡県浜松市北区
引佐町四方浄　いなさちょうしほうじょう　静岡県浜松市北区
引佐町田沢　いなさちょうたざわ　静岡県浜松市北区
引佐町田畑　いなさちょうたばたけ　静岡県浜松市北区
引佐町白岩　いなさちょうしらいわ　静岡県浜松市北区
引佐町伊平　いなさちょういだいら　静岡県浜松市北区
引佐町西久留女木　いなさちょうにしくるめき　静岡県浜松市北区
引佐町西黒田　いなさちょうにしくろだ　静岡県浜松市北区
引佐町別所　いなさちょうべっしょ　静岡県浜松市北区
引佐町花平　いなさちょうはなだいら　静岡県浜松市北区
引佐町谷沢　いなさちょうやざわ　静岡県浜松市北区
引佐町兎荷　いなさちょうとっか　静岡県浜松市北区
引佐町東久留女木　いなさちょうひがしくるめき　静岡県浜松市北区
引佐町東黒田　いなさちょうひがしくろだ　静岡県浜松市北区
引佐町的場　いなさちょうまとば　静岡県浜松市北区
引佐町金指　いなさちょうかなさし　静岡県浜松市北区
引佐町栃窪　いなさちょうとちくぼ　静岡県浜松市北区
引佐町狩宿　いなさちょうかりしゅく　静岡県浜松市北区
引佐町渋川　いなさちょうしぶかわ　静岡県浜松市北区
引佐町黒渕　いなさちょうくろぶち　静岡県浜松市北区
引佐町奥山　いなさちょうおくやま　静岡県浜松市北区
引佐町横尾　いなさちょうよこお　静岡県浜松市北区
引作　ひきつくり　三重県南牟婁郡御浜町
⁸引治
　　ひきじ　大分県（JR久大本線）
　　ひきじ　大分県玖珠郡九重町
¹¹引野
　　ひきの　兵庫県豊岡市
　　ひきの　徳島県板野郡上板町

4画（心, 戸）

ひきの　福岡県北九州市八幡西区
引野町
　ひきのちょう　大阪府堺市東区
　ひきのちょう　広島県福山市
引野町北　ひきのちょうきた　広島県福山市
引野町東　ひきのちょうひがし　広島県福山市
引野町南　ひきのちょうみなみ　広島県福山市
12**引越**　ひっこし　新潟県新潟市南区
引間町　ひきままち　群馬県高崎市

【心】

8**心和園**　しんわえん　山口県山陽小野田市
11**心斎橋**　しんさいばし　大阪府（大阪市交通局御堂筋線ほか）
心斎橋筋　しんさいばしすじ　大阪府大阪市中央区
心経寺町　しんぎょうじちょう　山梨県甲府市
心野町　ここんのちょう　長崎県佐世保市
19**心臓血管センター**　しんぞうけっかんせんたー　群馬県（上毛電気鉄道線）

【戸】

戸　と　茨城県那珂市
0**戸ケ里**　とがり　佐賀県杵島郡白石町
戸ケ倉町　とがくらちょう　長崎県佐世保市
戸ケ崎
　とがさき　埼玉県三郷市
　とがさき　愛知県西尾市
戸ケ崎町　とがさきちょう　愛知県西尾市
戸ノ内町　とのうちちょう　兵庫県尼崎市
2**戸入**　とにゅう　岐阜県揖斐郡揖斐川町
3**戸上**　とうえ　大分県竹田市
戸久　とひさ　富山県小矢部市
戸口
　とぐち　埼玉県坂戸市
　とぐち　新潟県三条市
　とぐち　鹿児島県大島郡龍郷町
戸口町
　とのくちちょう　福井県鯖江市
　とぐちまち　熊本県宇土市
戸山
　とやま　青森県青森市
　とやま　東京都新宿区
戸川
　とがわ　埼玉県加須市
　とかわ　神奈川県秦野市
　とがわ　高知県高岡郡四万十町
戸川向　とがわむかい　秋田県能代市
戸川町　とがわまち　岡山県津山市
4**戸中**
　とちゅう　福島県南会津郡南会津町
　とちゅう　福島県東白川郡棚倉町
　とちゅう　新潟県佐渡市
　とちゅう　高知県吾川郡いの町
戸中町　とちゅうちょう　愛知県豊田市
戸円　とえん　鹿児島県大島郡大和村
戸切
　とぎれ　福岡県福岡市西区
　とぎり　福岡県遠賀郡岡垣町
戸手
　とて　神奈川県川崎市幸区

　とで　広島県（JR福塩線）
戸手本町　とでほんまち　神奈川県川崎市幸区
戸手野　とでの　高知県長岡郡大豊町
戸木町　へきまち　三重県津市
戸毛　とうげ　奈良県御所市
戸水　とみず　石川県金沢市
戸水町　とみずまち　石川県金沢市
5**戸代新田町**　とだいしんでんまち　新潟県見附市
戸出
　といで　北海道枝幸郡浜頓別町
　とで　埼玉県熊谷市
　といで　富山県（JR城端線）
戸出大清水　といでおおしみず　富山県高岡市
戸出六十歩　といでろくじゅうぶ　富山県高岡市
戸出古戸出　といでふるといで　富山県高岡市
戸出市野瀬　といでいちのせ　富山県高岡市
戸出石代　といでこくだい　富山県高岡市
戸出伊勢領　といでいせりょう　富山県高岡市
戸出光明寺　といでこうみょうじ　富山県高岡市
戸出吉住　といでよしずみ　富山県高岡市
戸出吉住新　といでよしずみしん　富山県高岡市
戸出池田町　といでいけだまち　富山県高岡市
戸出竹　といでたけ　富山県高岡市
戸出竹北　といでたけきた　富山県高岡市
戸出行兼　といでゆきかね　富山県高岡市
戸出西部金屋　といでにしぶかなや　富山県高岡市
戸出町　といでまち　富山県高岡市
戸出岡御所　といでおかごしょ　富山県高岡市
戸出延島　といでのべじま　富山県高岡市
戸出放寺　といでほうじ　富山県高岡市
戸出放寺新　といでほうじしん　富山県高岡市
戸出青園町　といであおぞのちょう　富山県高岡市
戸出春日　といでかすが　富山県高岡市
戸出栄町　といでさかえまち　富山県高岡市
戸出狼　といでおおかみ　富山県高岡市
戸出葵町　といであおいちょう　富山県高岡市
戸出徳市　といでとくいち　富山県高岡市
戸出曙町　といであけぼのちょう　富山県高岡市
戸田
　とだ　岩手県九戸郡九戸村
　とだ　栃木県那須塩原市
　とだ　埼玉県（JR埼京線）
　とだ　千葉県山武市
　とだ　神奈川県厚木市
　とだ　山梨県南アルプス市
　とだ　岐阜県関市
　へだ　静岡県沼津市
　とだ　静岡県駿東郡清水町
　とだ　愛知県（近畿日本鉄道名古屋線）
　とだ　愛知県名古屋市中川区
　とだ　京都府福知山市
　へだ　兵庫県美方郡新温泉町
　へた　山口県（JR山陽本線）
　へた　山口県周南市
　へた　山口県大島郡周防大島町
戸田ノ沢　とだのさわ　青森県上北郡野辺地町
戸田ゆたか　とだゆたか　愛知県名古屋市中川区
戸田小浜　とだこはま　島根県（JR山陰本線）
戸田井町　とたいちょう　兵庫県加西市

4画（戸）

戸田公園
　とだこうえん　埼玉県（JR埼京線）
　とだこうえん　埼玉県戸田市
戸田市　とだし　埼玉県
戸田西　とだにし　愛知県名古屋市中川区
戸田町
　とだちょう　愛知県名古屋市昭和区
　とだちょう　兵庫県西宮市
　とだちょう　島根県益田市
戸田谷　とだがい　愛知県長久手市
戸田明正　とだめいせい　愛知県名古屋市中川区
戸矢　とや　佐賀県西松浦郡有田町
戸石　といし　新潟県新潟市南区
戸石川町　といしがわちょう　長崎県平戸市
戸石町　といしまち　長崎県長崎市
戸穴　ひあな　大分県佐伯市
6戸伏町　とぶしちょう　大阪府茨木市
戸地　とじ　新潟県佐渡市
戸地谷　とちや　秋田県大仙市
戸守　ともり　埼玉県比企郡川島町
戸次　とつぎ　熊本県菊池郡菊陽町
7戸吹町　とぶきまち　東京都八王子市
戸坂　へさか　広島県（JR芸備線）
戸坂くるめ木　へさかくるめき　広島県広島市東区
戸坂千足　へさかせんぞく　広島県広島市東区
戸坂大上　へさかおおあげ　広島県広島市東区
戸坂山根　へさかやまね　広島県広島市東区
戸坂山崎町　へさかやまさきちょう　広島県広島市東区
戸坂中町　へさかなかまち　広島県広島市東区
戸坂出江　へさかいづえ　広島県広島市東区
戸坂町
　へさかちょう　広島県広島市東区
　とさかまち　熊本県熊本市西区
戸坂長尾台　へさかながおだい　広島県広島市東区
戸坂南　へさかみなみ　広島県広島市東区
戸坂城山町　へさかしろやまちょう　広島県広島市東区
戸坂桜上町　へさかさくらうえまち　広島県広島市東区
戸坂桜西町　へさかさくらにしまち　広島県広島市東区
戸坂桜東町　へさかさくらひがしまち　広島県広島市東区
戸坂惣田　へさかそうだ　広島県広島市東区
戸坂数甲　へさかかずこう　広島県広島市東区
戸坂新町　へさかしんまち　広島県広島市東区
戸尾町　とのおちょう　長崎県佐世保市
戸岐町　ときちょう　長崎県五島市
戸杓　としゃく　佐賀県西松浦郡有田町
戸来　へらい　青森県三戸郡新郷村
戸沢
　とざわ　青森県五所川原市
　とざわ　岩手県八幡平市
　とざわ　秋田県（秋田内陸縦貫鉄道線）
　とざわ　山形県鶴岡市
　とざわ　福島県二本松市
　とざわ　山梨県都留市
　とざわ　静岡県伊豆の国市
戸沢村　とざわむら　山形県最上郡

戸町　とまち　長崎県長崎市
戸谷　とだに　広島県山県郡北広島町
戸谷町　とたにちょう　福井県越前市
戸谷塚町　とやつかまち　群馬県伊勢崎市
戸赤　とあか　福島県南会津郡下郷町
8戸国　とくに　千葉県木更津市
戸奈良町　とならちょう　栃木県佐野市
戸奈瀬町　となせちょう　京都府綾部市
戸板
　といた　富山県南砺市
　といた　石川県金沢市
戸板西　といたにし　石川県金沢市
戸板沢　といたざわ　新潟県新発田市
戸河内
　とがうち　島根県邑智郡邑南町
　とごうち　広島県山県郡安芸太田町
戸牧　とべら　兵庫県豊岡市
戸茂　とも　茨城県つくばみらい市
戸門　とかど　青森県青森市
9戸室
　とむろ　埼玉県加須市
　とむろ　神奈川県厚木市
　とむろ　大分県臼杵市
戸室別所　とむろべっしょ　石川県金沢市
戸室町　とむろちょう　栃木県佐野市
戸室新保　とむろしんぼ　石川県金沢市
戸政町　とまさちょう　兵庫県神戸市須磨区
戸津小中代　とうづこなかだい　京都府八幡市
戸津川　とつかわ　京都府船井郡京丹波町
戸津中代　とうづなかだい　京都府八幡市
戸津中垣内　とうづなかがいと　京都府八幡市
戸津井　とつい　和歌山県日高郡由良町
戸津水城　とうづみとしろ　京都府八幡市
戸津北小路　とうづきたしょうじ　京都府八幡市
戸津正ノ竹　とうづしょうのたけ　京都府八幡市
戸津町　とづまち　石川県小松市
戸津谷ノ口　とうづたにのくち　京都府八幡市
戸津東ノ口　とうづひがしのくち　京都府八幡市
戸津東代　とうづひがしだい　京都府八幡市
戸津南小路　とうづみなみしょうじ　京都府八幡市
戸津南代　とうづみなみだい　京都府八幡市
戸津荒堀　とうづあらほり　京都府八幡市
戸津宮　とつみや　富山県氷見市
戸津堂田　とうづどうでん　京都府八幡市
戸津野　とつの　岡山県赤磐市
戸津奥谷　とうづおくたに　京都府八幡市
戸津蜻蛉尻　とうづとんぼじり　京都府八幡市
戸狩　とがり　長野県下高井郡山ノ内町
戸狩野沢温泉　とがりのざわおんせん　長野県（JR飯山線）
戸畑
　とばた　福岡県（JR鹿児島本線）
　とばた　福岡県北九州市戸畑区
　とばた　大分県玖珠郡玖珠町
戸畑区　とばたく　福岡県北九州市
戸神　とかみ　千葉県印西市
戸神台　とかみだい　千葉県印西市
戸神町　とかみまち　群馬県沼田市
戸草沢　とくさざわ　秋田県能代市

戸面　とづら　千葉県市原市
10戸倉
　とくら　宮城県本吉郡南三陸町
　とくら　群馬県利根郡片品村
　とくら　東京都国分寺市
　とくら　東京都あきる野市
　とぐら　長野県（しなの鉄道線）
　とぐら　長野県千曲市
戸倉町
　とくらちょう　北海道函館市
　とくらちょう　愛知県愛西市
戸倉野　とくらの　静岡県伊豆市
戸倉温泉　とぐらおんせん　長野県千曲市
戸原　とばら　福岡県糟屋郡粕屋町
戸原東　とばらひがし　福岡県糟屋郡粕屋町
戸宮　とみや　埼玉県坂戸市
戸島
　としま　埼玉県幸手市
　としま　岡山県津山市
　とじま　愛媛県宇和島市
　としま　熊本県熊本市東区
戸島本町　としまほんまち　熊本県熊本市東区
戸島西　としまにし　熊本県熊本市東区
戸島町　としままち　熊本県熊本市東区
戸破　ひばり　富山県射水市
戸脇　とわき　岡山県津山市
戸高　とだか　宮崎県日南市
11戸崎
　とざき　青森県青森市
　とざき　茨城県那珂市
　とざき　茨城県かすみがうら市
　とざき　茨城県つくばみらい市
　とざき　埼玉県加須市
　とざき　埼玉県上尾市
　とざき　千葉県君津市
戸崎元町　とさきもとまち　愛知県岡崎市
戸崎町
　とさきちょう　愛知県岡崎市
　とさきちょう　兵庫県西宮市
戸崎町藤狭　とさきちょうふじはさみ　愛知県岡崎市
戸崎通　とさきどおり　兵庫県神戸市長田区
戸崎新町　とさきしんまち　愛知県岡崎市
戸張
　とばり　千葉県柏市
　とばり　広島県世羅郡世羅町
戸張町　とはりちょう　栃木県鹿沼市
戸張新田　とばりしんでん　千葉県柏市
戸祭　とまつり　栃木県宇都宮市
戸祭元町　とまつりもとちょう　栃木県宇都宮市
戸祭台　とまつりだい　栃木県宇都宮市
戸祭町　とまつりちょう　栃木県宇都宮市
戸郷町　とごうちょう　広島県庄原市
戸部　とべ　神奈川県（京浜急行電鉄本線）
戸部下　とべした　愛知県名古屋市南区
戸部本町　とべほんちょう　神奈川県横浜市西区
戸部町
　とべちょう　神奈川県横浜市西区
　とべちょう　愛知県名古屋市南区
戸野内　とのうち　栃木県大田原市
戸野目　とのめ　新潟県上越市

戸野目古新田　とのめこしんでん　新潟県上越市
戸野港　とのみなと　新潟県新発田市
戸鹿野町　とがのまち　群馬県沼田市
12戸塚
　とつか　福島県東白川郡矢祭町
　とつか　埼玉県川口市
　とつか　神奈川県（JR東海道本線ほか）
戸塚区　とつかく　神奈川県横浜市
戸塚安行　とつかあんぎょう　埼玉県（埼玉高速鉄道線）
戸塚町
　とつかまち　東京都新宿区
　とつかちょう　神奈川県横浜市戸塚区
戸塚東　とつかひがし　埼玉県川口市
戸塚南　とづかみなみ　埼玉県川口市
戸塚境町　とづかさかいちょう　埼玉県川口市
戸塚鋏町　とづかはさみちょう　埼玉県川口市
戸森　ともり　埼玉県深谷市
戸賀戸賀　とがとが　秋田県男鹿市
戸賀加茂青砂　とがかもあおさ　秋田県男鹿市
戸町　とがちょう　滋賀県彦根市
戸賀浜塩谷　とがはましおや　秋田県男鹿市
戸賀塩浜　とがしおはま　秋田県男鹿市
戸越
　とごし　東京都（東京都交通局浅草線）
　とごし　東京都品川区
戸越公園　とごしこうえん　東京都（東京急行電鉄大井町線）
戸越銀座　とごしぎんざ　東京都（東京急行電鉄池上線）
13戸蒔　とまき　秋田県大仙市
14戸綿　とわた　静岡県（天竜浜名湖鉄道線）
戸隠　とがくし　長野県長野市
戸隠栃原　とがくしとちわら　長野県長野市
戸隠祖山　とがくしそやま　長野県長野市
戸隠豊岡　とがくしとよおか　長野県長野市
16戸頭
　とがしら　茨城県（関東鉄道常総線）
　とがしら　茨城県取手市
　とがしら　新潟県新潟市南区
17戸磯　といそ　北海道恵庭市
18戸鎖　とくさり　岩手県八幡平市

【手】
手　て　福井県敦賀市
0手々　てて　鹿児島県大島郡徳之島町
手々知名　てでちな　鹿児島県大島郡和泊町
手ノ子
　てのこ　山形県（JR米坂線）
　てのこ　山形県西置賜郡飯豊町
2手力　てちから　岐阜県（名古屋鉄道各務原線）
手力町　てぢからちょう　岐阜県岐阜市
3手久津久　てくづく　鹿児島県大島郡喜界町
手子生　てごまる　茨城県つくば市
5手代山　てしろやま　新潟県新潟市江南区
手代木　てしろぎ　茨城県つくば市
手代町
　てだいまち　福島県白河市
　てしろちょう　埼玉県草加市

4画（支, 文）

手代森
　　てしろもり　青森県上北郡七戸町
　　てしろもり　岩手県盛岡市
手平　てびら　和歌山県和歌山市
手平出島　てびらでじま　和歌山県和歌山市
手広　てびろ　神奈川県鎌倉市
手打沢　てうちざわ　山梨県南巨摩郡身延町
手石　ていし　静岡県賀茂郡南伊豆町
⁶手光　てびか　福岡県福津市
手光南　てびかみなみ　福岡県福津市
手安　てあん　鹿児島県大島郡瀬戸内町
手成　てなる　愛媛県大洲市
⁷手呂町　てろちょう　愛知県豊田市
手呂町樋田　てろちょうといた　愛知県豊田市
手形　てがた　秋田県秋田市
手形からみでん　てがたからみでん　秋田県秋田市
手形山中町　てがたやまなかまち　秋田県秋田市
手形山北町　てがたやまきたまち　秋田県秋田市
手形山西町　てがたやまにしまち　秋田県秋田市
手形山東町　てがたやまひがしまち　秋田県秋田市
手形山南町　てがたやまみなみまち　秋田県秋田市
手形山崎町　てがたやまざきちょう　秋田県秋田市
手形田中　てがたたなか　秋田県秋田市
手形休下町　てがたきゅうかまち　秋田県秋田市
手形住吉町　てがたすみよしちょう　秋田県秋田市
手形学園町　てがたがくえんまち　秋田県秋田市
手形新栄町　てがたしんさかえまち　秋田県秋田市
手良中坪　てらなかつぼ　長野県伊那市
手良沢岡　てらさわおか　長野県伊那市
手良野口　てらのぐち　長野県伊那市
手角町　たすみちょう　島根県松江市
手貝町　てがいちょう　奈良県奈良市
⁸手取本町　てとりほんちょう　熊本県熊本市中央区
手取町　てどりまち　石川県白山市
手岡　ちょうか　栃木県日光市
⁹手城町　てしろちょう　広島県福山市
手屋
　　たや　富山県富山市
　　たや　富山県中新川郡立山町
手柄
　　てがら　兵庫県（山陽電気鉄道本線）
　　てがら　兵庫県姫路市
手洗川　たらいがわ　高知県四万十市
手洗水町　てあらいみずちょう　京都府京都市中京区
手洗野　たらいの　富山県高岡市
¹⁰手倉田　てくらだ　宮城県名取市
手倉橋　てぐらばし　青森県三戸郡五戸町
手原
　　てはら　滋賀県（JR草津線）
　　てはら　滋賀県栗東市
手宮　てみや　北海道小樽市
手島　てしま　埼玉県熊谷市
手島町　てしまちょう　香川県丸亀市
手栗　てぐり　茨城県稲敷郡河内町
¹¹手寄　てよせ　福井県福井市
手崎　てさき　富山県射水市
手崎町　てさきちょう　広島県尾道市
手掛橋中　てかけばしなか　宮城県伊具郡丸森町

手掛橋西　てかけばしにし　宮城県伊具郡丸森町
手掛橋東　てかけばしひがし　宮城県伊具郡丸森町
手野　ての　福岡県遠賀郡岡垣町
手野町　てのまち　茨城県土浦市
¹²手塚　てづか　長野県上田市
手塚町　てづかまち　石川県加賀市
手堤　てつづみ　茨城県小美玉市
手賀
　　てが　茨城県行方市
　　てが　千葉県柏市
手賀の杜　てがのもり　千葉県柏市
手賀組新田　てがくみしんでん　茨城県稲敷市
手賀野　てがの　岐阜県中津川市
手賀新田　てがしんでん　千葉県柏市
手越
　　てごし　茨城県笠間市
　　てこし　静岡県静岡市駿河区
手越原　てごしはら　静岡県静岡市駿河区
¹⁴手熊町　てぐままち　長崎県長崎市
手稲　ていね　北海道（JR函館本線）
手稲山口　ていねやまぐち　北海道札幌市手稲区
手稲区　ていねく　北海道札幌市
手稲本町　ていねほんちょう　北海道札幌市手稲区
手稲本町一条　ていねほんちょういちじょう　北海道札幌市手稲区
手稲本町二条　ていねほんちょうにじょう　北海道札幌市手稲区
手稲本町三条　ていねほんちょうさんじょう　北海道札幌市手稲区
手稲本町五条　ていねほんちょうごじょう　北海道札幌市手稲区
手稲本町六条　ていねほんちょうろくじょう　北海道札幌市手稲区
手稲本町四条　ていねほんちょうしじょう　北海道札幌市手稲区
手稲金山　ていねかなやま　北海道札幌市手稲区
手稲前田　ていねまえだ　北海道札幌市手稲区
手稲星置　ていねほしおき　北海道札幌市手稲区
手稲富丘　ていねとみおか　北海道札幌市手稲区
手稲稲穂　ていねいなほ　北海道札幌市手稲区
¹⁵手蔵田　てぐらだ　山形県酒田市
¹⁶手樽
　　てたる　宮城県（JR仙石線）
　　てたる　宮城県宮城郡松島町
¹⁸手鎌　てがま　福岡県大牟田市

【支】
¹⁰支倉　はせくら　宮城県柴田郡川崎町
支倉台　はせくらだい　宮城県柴田郡川崎町
支倉町　はせくらまち　宮城県仙台市青葉区
支笏湖温泉　しこつこおんせん　北海道千歳市
¹¹支雪裡　しせつり　北海道阿寒郡鶴居村
¹²支寒内　ししゃもない　北海道千歳市
¹³支幌呂　しほろろ　北海道阿寒郡鶴居村

【文】
⁰文の里
　　ふみのさと　大阪府（大阪市交通局谷町線）
　　ふみのさと　大阪府大阪市阿倍野区

321

4画（斗, 方）

³文下　ほうだし　山形県鶴岡市
　文丸　ぶんまる　高知県高岡郡檮原町
　文久　ぶんきゅう　福岡県行橋市
　文久山　ぶんきゅうやま　愛知県名古屋市緑区
⁴文化　ぶんか　北海道網走市
　文化の森　ぶんかのもり　徳島県（JR牟岐線）
　文化町
　　　ぶんかまち　宮城県仙台市若林区
　　　ぶんかまち　富山県魚津市
　　　ぶんかちょう　鹿児島県出水市
　文化橋町　ぶんかばしちょう　栃木県鹿沼市
　文月　ふみづき　北海道北斗市
⁵文丘町　ふみおかちょう　静岡県浜松市中区
⁶文光町
　　　ぶんこうちょう　北海道深川市
　　　ぶんこうちょう　北海道斜里郡斜里町
⁷文沢　ぶんざわ　静岡県榛原郡川根本町
　文花　ぶんか　東京都墨田区
　文谷　ふみや　栃木県芳賀郡市貝町
　文里　もり　和歌山県田辺市
⁸文京
　　　ぶんきょう　北海道千歳市
　　　ぶんきょう　北海道勇払郡むかわ町
　　　ぶんきょう　茨城県水戸市
　　　ぶんきょう　千葉県木更津市
　　　ぶんきょう　神奈川県相模原市南区
　　　ぶんきょう　福井県福井市
　　　ぶんきょう　福井県越前市
　　　ぶんきょう　愛知県一宮市
　文京区　ぶんきょうく　東京都
　文京台
　　　ぶんきょうだい　北海道江別市
　　　ぶんきょうだい　山口県宇部市
　文京台東町　ぶんきょうだいひがしまち　北海道江別市
　文京台南町　ぶんきょうだいみなみまち　北海道江別市
　文京台緑町　ぶんきょうだいみどりまち　北海道江別市
　文京町
　　　ぶんきょうちょう　北海道北見市
　　　ぶんきょうちょう　北海道滝川市
　　　ぶんきょうちょう　北海道恵庭市
　　　ぶんきょうちょう　青森県弘前市
　　　ぶんきょうちょう　青森県むつ市
　　　ぶんきょうちょう　福島県西白河郡矢吹町
　　　ぶんきょうちょう　茨城県土浦市
　　　ぶんきょうちょう　群馬県前橋市
　　　ぶんきょうちょう　神奈川県秦野市
　　　ぶんきょうちょう　新潟県新潟市中央区
　　　ぶんきょうまち　富山県富山市
　　　ぶんきょうちょう　山口県宇部市
　　　ぶんきょうちょう　香川県坂出市
　　　ぶんきょうちょう　香川県善通寺市
　　　ぶんきょうちょう　愛媛県松山市
　　　ぶんきょうちょう　愛媛県宇和島市
　　　ぶんきょうまち　大分県津久見市
　文苑　ふみぞの　北海道釧路市
⁹文室町　ふむろちょう　福井県越前市
　文津　ふみつ　愛知県小牧市
¹⁰文挟
　　　ふばさみ　栃木県（JR日光線）
　　　ふばさみ　栃木県塩谷郡高根沢町
　文挟町　ふばさみまち　栃木県日光市

　文殊　もんじゅ　岐阜県本巣市
　文珠
　　　もんじゅ　北海道歌志内市
　　　もんじゅ　京都府宮津市
　文珠山　もんじゅやま　福島県白河市
　文珠寺　もんじゅじ　富山県富山市
　文珠西　もんじゅにし　福島県大沼郡会津美里町
　文珠東　もんじゅひがし　福島県大沼郡会津美里町
　文珠通　もんじゅどおり　高知県（とさでん交通ごめん線）
　文珠橋通　もんじゅばしどおり　大阪府堺市堺区
　文納　ぶんのう　新潟県長岡市
¹¹文教　ぶんきょう　栃木県下野市
　文教台　ぶんきょうだい　愛知県名古屋市名東区
　文教町
　　　ぶんきょうちょう　静岡県三島市
　　　ぶんきょうまち　長崎県長崎市
¹²文覚町　もんがくちょう　京都府京都市下京区
¹³文園町
　　　ふみぞのまち　山形県鶴岡市
　　　ふみぞのちょう　大阪府守口市
　文違　ひじかい　千葉県八街市
¹⁵文蔵　ぶぞう　埼玉県さいたま市南区

【斗】
⁰斗ノ内　とのうち　兵庫県淡路市
⁴斗内　とない　青森県三戸郡三戸町
　斗升町　とますちょう　広島県府中市
⁶斗合田　とごうた　群馬県邑楽郡明和町
　斗有　とあり　岡山県赤磐市
　斗米　とまい　岩手県（IGRいわて銀河鉄道線）
¹²斗賀　とが　青森県三戸郡南部町
　斗賀野　とがの　高知県（JR土讃線）

【方】
⁰方ケ野　ほうがの　熊本県上益城郡山都町
　方ノ上　かたのかみ　静岡県焼津市
²方八町　ほうはっちょう　福島県郡山市
³方上　かたがみ　秋田県南秋田郡大潟村
　方上町　かたのかみちょう　徳島県徳島市
　方丈　ほうじょう　静岡県袋井市
　方口　かたぐち　秋田県南秋田郡大潟村
⁴方木田　ほうきだ　福島県福島市
⁵方田　ほうだ　千葉県香取郡多古町
⁶方地　ほうじ　鳥取県東伯郡湯梨浜町
⁷方谷　ほうこく　岡山県（JR伯備線）
⁸方京　ほうきょう　栃木県那須塩原市
　方杭　かたくい　和歌山県日高郡日高町
⁹方保田　かとうだ　熊本県山鹿市
　方南　ほうなん　東京都杉並区
　方南町　ほうなんちょう　東京都（東京地下鉄丸ノ内線）
　方面　かたも　鳥取県東伯郡湯梨浜町
¹⁰方座浦　ほうざうら　三重県度会郡南伊勢町
　方財町　ほうざいまち　宮崎県延岡市
¹⁴方領　ほうりょう　愛知県あま市

4画（日）

【日】

日 ひ 長野県東筑摩郡麻績村
⁰日々入 ひびいり 高知県安芸郡安田町
日ケ谷 ひがたに 京都府宮津市
日ノ口 ひのくち 宮城県気仙沼市
日ノ出
　ひので 北海道余市郡赤井川村
　ひので 北海道上川郡和寒町
　ひので 神奈川県川崎市川崎区
日ノ出町
　ひのでちょう 栃木県栃木市
　ひのでちょう 東京都足立区
　ひのでちょう 神奈川県（京浜急行電鉄本線）
　ひのでちょう 神奈川県横浜市中区
　ひのでまち 岐阜県岐阜市
　ひのでまち 岐阜県多治見市
　ひのでまち 岐阜県関市
　ひのでちょう 愛知県半田市
　ひのでちょう 鳥取県米子市
　ひのでちょう 鳥取県境港市
　ひのでちょう 岡山県倉敷市
　ひのでちょう 高知県安芸市
　ひのでまち 福岡県久留米市
　ひのでまち 大分県中津市
　ひのでまち 大分県日田市
　ひのでちょう 宮崎県宮崎市
日ノ本町 ひのもとちょう 岐阜県岐阜市
日ノ岡ホッパラ町 ひのおかほっぱらちょう 京都府京都市山科区
日ノ岡一切経谷町 ひのおかいっさいきょうだにちょう 京都府京都市山科区
日ノ岡石塚町 ひのおかいしづかちょう 京都府京都市山科区
日ノ岡夷谷町 ひのおかえびすだにちょう 京都府京都市山科区
日ノ岡坂脇町 ひのおかさかわきちょう 京都府京都市山科区
日ノ岡堤谷町 ひのおかつつみだにちょう 京都府京都市山科区
日ノ岡朝田町 ひのおかあさだちょう 京都府京都市山科区
日ノ岡鴨土町 ひのおかかもどちょう 京都府京都市山科区
日ノ宮町 ひのみやちょう 愛知県名古屋市中村区
日ノ浜町 ひのはまちょう 北海道函館市
日ノ隈町 ひのくままち 大分県日田市
日の出
　ひので 北海道千歳市
　ひので 北海道松前郡福島町
　ひので 北海道枝幸郡浜頓別町
　ひので 北海道網走郡美幌町
　ひので 北海道斜里郡斜里町
　ひので 青森県三沢市
　ひので 茨城県潮来市
　ひので 栃木県宇都宮市
　ひので 群馬県邑楽郡大泉町
　ひので 埼玉県本庄市
　ひので 埼玉県上尾市
　ひので 千葉県船橋市
　ひので 千葉県我孫子市
　ひので 千葉県浦安市
　ひので 東京都（ゆりかもめ臨海線）
　ひので 新潟県新潟市中央区

　ひので 山口県山陽小野田市
　ひので 福岡県北九州市八幡東区
　ひので 佐賀県佐賀市
日の出一条南 ひのでいちじょうみなみ 北海道砂川市
日の出丘 ひのでおか 北海道千歳市
日の出北 ひのできた 北海道岩見沢市
日の出台 ひのでだい 北海道岩見沢市
日の出町
　ひのでちょう 北海道室蘭市
　ひのでちょう 北海道岩見沢市
　ひのでちょう 北海道苫小牧市
　ひのでちょう 北海道富良野市
　ひのでちょう 北海道瀬棚郡今金町
　ひのでちょう 北海道白老郡白老町
　ひのでちょう 岩手県宮古市
　ひのでちょう 宮城県仙台市宮城野区
　ひのでちょう 山形県酒田市
　ひのでちょう 山形県長井市
　ひのでちょう 埼玉県さいたま市岩槻区
　ひのでちょう 埼玉県坂戸市
　ひのでちょう 千葉県木更津市
　ひのでちょう 千葉県野田市
　ひのでちょう 東京都西多摩郡
　ひのでちょう 神奈川県横須賀市
　ひのでちょう 新潟県阿賀野市
　ひのでまち 石川県小松市
　ひのでちょう 福井県鯖江市
　ひのでちょう 岐阜県大垣市
　ひのでまち 岐阜県高山市
　ひのでちょう 岐阜県中津川市
　ひのでちょう 静岡県静岡市清水区
　ひのでちょう 静岡県沼津市
　ひのでちょう 静岡県三島市
　ひのでちょう 愛知県瀬戸市
　ひのでちょう 愛知県安城市
　ひのでちょう 大阪府吹田市
　ひのでまち 広島県安芸郡海田町
　ひのでちょう 山口県岩国市
　ひのでちょう 香川県仲多度郡多度津町
　ひのでまち 愛媛県松山市
　ひのでまち 高知県高知市
　ひのでまち 福岡県北九州市小倉南区
　ひのでまち 福岡県田川市
　ひのでまち 福岡県春日市
　ひのでまち 長崎県長崎市
　ひのでまち 長崎県諫早市
　ひのでまち 熊本県荒尾市
　ひのでまち 大分県佐伯市
　ひのでまち 宮崎県延岡市
日の出南 ひのでみなみ 北海道岩見沢市
日の本町 ひのもとまち 大分県日田市
日の里 ひのさと 福岡県宗像市
日の後 ひのご 愛知県名古屋市守山区
日の峰 ひのみね 兵庫県神戸市北区
²日乃出町
　ひのでちょう 北海道函館市
　ひのでちょう 群馬県伊勢崎市
　ひのでちょう 静岡県富士市
³日下
　くさか 新潟県村上市
　くさか 鳥取県米子市
　くさか 高知県（JR土讃線）
日下田 ひげた 石川県羽咋郡志賀町

323

4画（日）

日下石　にっけし　福島県相馬市
日下町
　くさかちょう　大阪府東大阪市
　くさかちょう　島根県出雲市
　ひげまち　広島県三次市
日下部　くさかべ　鳥取県八頭郡八頭町
日下部中町　くさかべなかまち　愛知県稲沢市
日下部北町　くさかべきたまち　愛知県稲沢市
日下部西町　くさかべにしまち　愛知県稲沢市
日下部町
　くさかべちょう　愛知県豊田市
　くさかべちょう　愛知県稲沢市
日下部花ノ木町　くさかべはなのきちょう　愛知県稲沢市
日下部松野町　くさかべまつのちょう　愛知県稲沢市
日下部東町　くさかべひがしまち　愛知県稲沢市
日下部南町　くさかべみなみまち　愛知県稲沢市
日上　ひかみ　岡山県津山市
日土町　ひづちちょう　愛媛県八幡浜市
日川
　にっかわ　茨城県神栖市
　にっかわ　茨城県つくばみらい市
日工前　にっこうまえ　茨城県（ひたちなか海浜鉄道湊線）

4日中　にっちゅう　富山県中新川郡立山町
日中上野　にっちゅううわの　富山県中新川郡立山町
日之出
　ひので　千葉県市川市
　ひので　福井県福井市
日之出西本町　ひのでにしほんまち　奈良県大和高田市
日之出町
　ひのでちょう　新潟県燕市
　ひのでちょう　新潟県上越市
　ひのでまち　富山県富山市
　ひのでちょう　静岡県島田市
　ひのでちょう　愛知県豊田市
　ひのでちょう　大阪府寝屋川市
　ひのでちょう　奈良県大和高田市
　ひのでちょう　鹿児島県鹿児島市
　ひのでちょう　鹿児島県枕崎市
日之出東本町　ひのでひがしほんまち　奈良県大和高田市
日之影町　ひのかげちょう　宮崎県西臼杵郡
日切　ひぎり　静岡県（大井川鉄道大井川本線）
日引　ひびき　福井県大飯郡高浜町
日戸　ひのと　岩手県盛岡市
日方
　ひかた　北海道広尾郡大樹町
　ひかた　和歌山県海南市
日方江　ひかたえ　富山県富山市
日比　ひび　岡山県玉野市
日比田　ひびた　埼玉県所沢市
日比谷　ひびや　東京都（東京地下鉄千代田線ほか）
日比谷公園　ひびやこうえん　東京都千代田区
日比津町　ひびつちょう　愛知県名古屋市中村区
日比原　ひびはら　徳島県海部郡海陽町
日比崎町　ひびざきちょう　広島県尾道市
日比野　ひびの　愛知県（名古屋市交通局名港線ほか）
日水　ひみず　新潟県新潟市江南区

5日丘町　ひおかちょう　三重県松阪市
日代　ひしろ　大分県（JR日豊本線）
日出
　ひので　北海道磯谷郡蘭越町
　ひので　北海道夕張郡栗山町
　ひので　北海道常呂郡訓子府町
　ひので　山形県鶴岡市
　ひで　京都府与謝郡伊根町
　ひじ　大分県（JR日豊本線）
日出生　ひじう　大分県玖珠郡玖珠町
日出安　ひでやす　埼玉県加須市
日出町
　ひのでちょう　静岡県静岡市葵区
　ひいちょう　愛知県田原市
　ひのでちょう　大阪府豊中市
　ひのでちょう　兵庫県姫路市
　ひのでまち　福岡県大牟田市
　ひじまち　大分県速見郡
　ひのでちょう　鹿児島いちき串木野市
日出谷
　ひでや　新潟県（JR磐越西線）
　ひでや　新潟県東蒲原郡阿賀町
日出塩　ひでしお　長野県（JR中央本線）
日古木　ひこぎ　岡山県赤磐市
日司町　ひづかちょう　北海道積丹郡積丹町
日平　ひびら　熊本県玉名郡和水町
日本ライン今渡　にほらいんいまわたり　岐阜県（名古屋鉄道広見線）
日本へそ公園　にほんへそこうえん　兵庫県（JR加古川線）
日本大通　にほんおおどおり　神奈川県横浜市中区
日本大通り　にほんおおどおり　神奈川県（横浜高速鉄道みなとみらい線）
日本平　にほんだいら　宮城県仙台市太白区
日本原　にほんばら　岡山県津山市
日本堤　にほんづつみ　東京都台東区
日本橋
　にほんばし　東京都（東京地下鉄銀座線ほか）
　にほんばし　東京都中央区
　にっぽんばし　大阪府（大阪市交通局堺筋線ほか）
　にっぽんばし　大阪府大阪市浪速区
　にっぽんばし　大阪府大阪市中央区
日本橋人形町　にほんばしにんぎょうちょう　東京都中央区
日本橋久松町　にほんばしひさまつちょう　東京都中央区
日本橋大伝馬町　にほんばしおおでんまちょう　東京都中央区
日本橋小伝馬町　にほんばしこでんまちょう　東京都中央区
日本橋小舟町　にほんばしこぶなちょう　東京都中央区
日本橋小網町　にほんばしこあみちょう　東京都中央区
日本橋中洲　にほんばしなかす　東京都中央区
日本橋本石町　にほんばしほんごくちょう　東京都中央区
日本橋本町　にほんばしほんちょう　東京都中央区
日本橋西　にっぽんばしにし　大阪府大阪市浪速区
日本橋東　にっぽんばしひがし　大阪府大阪市浪速区
日本橋茅場町　にほんばしかやばちょう　東京都中央区

4画（日）

日本橋室町	にほんばしむろまち	東京都中央区
日本橋浜町	にほんばしはまちょう	東京都中央区
日本橋馬喰町	にほんばしばくろちょう	東京都中央区
日本橋兜町	にほんばしかぶとちょう	東京都中央区
日本橋堀留町	にほんばしほりどめちょう	東京都中央区
日本橋蛎殻町	にほんばしかきがらちょう	東京都中央区
日本橋富沢町	にほんばしとみざわちょう	東京都中央区
日本橋横山町	にほんばしよこやまちょう	東京都中央区
日本橋箱崎町	にほんばしはこざきちょう	東京都中央区

日末町　ひずえまち　石川県小松市

日永
　ひなが　岐阜県山県市
　ひなが　三重県（四日市あすなろう鉄道内部線ほか）
　ひなが　三重県四日市市

日永西　ひながにし　三重県四日市市
日永東　ひながひがし　三重県四日市市
日生　ひなせ　岡山県（JR赤穂線）
日生中央　にっせいちゅうおう　兵庫県（能勢電鉄日生線）
日生町大多府　ひなせちょうおおたぶ　岡山県備前市
日生町日生　ひなせちょうひなせ　岡山県備前市
日生町寺山　ひなせちょうてらやま　岡山県備前市
日生町寒河　ひなせちょうそうご　岡山県備前市
日用　ひよう　石川県羽咋郡志賀町
日用町　ひようまち　石川県小松市

日田
　にった　山形県寒河江市
　ひだ　滋賀県蒲生郡日野町
　ひだ　鳥取県八頭郡八頭町
　ひた　大分県（JR久大本線）

日田市　ひたし　大分県
日白町　ひじらちょう　島根県安来市
日石町　にっせきちょう　新潟県柏崎市
日立　ひたち　茨城県（JR常磐線）
日立木　にったき　福島県（JR常磐線）
日立台　ひたちだい　千葉県柏市
日立市　ひたちし　茨城県
日立町　ひたちちょう　静岡県静岡市清水区
日立浜町　ひたちはまちょう　岩手県宮古市
日辺　にっぺ　宮城県仙台市若林区

⁶日光
　にっこう　栃木県（JR日光線）
　にっこう　栃木県日光市
　にっこう　福井県福井市
　にっこう　愛知県津島市

日光市　にっこうし　栃木県
日光寺
　にっこうじ　新潟県糸魚川市
　にっこうじ　滋賀県米原市

日光町
　にっこうちょう　群馬県高崎市
　にっこうちょう　岐阜県岐阜市
　にっこうちょう　愛知県一宮市
　にっこうちょう　大阪府守口市

日光奈良部町　にっこうならぶまち　栃木県鹿沼市

日吉
　ひよし　北海道夕張市
　ひよし　神奈川県（東京急行電鉄東横線ほか）
　ひよし　神奈川県横浜市港北区
　ひよし　新潟県小千谷市
　ひよし　富山県下新川郡入善町
　ひよし　愛知県新城市
　ひよし　京都府（JR山陰本線）
　ひよし　福岡県古賀市
　ひよし　福岡県八女郡広川町
　ひよし　熊本県熊本市南区

日吉ケ丘　ひよしがおか　京都府福知山市

日吉台
　ひよしだい　宮城県黒川郡富谷町
　ひよしだい　千葉県東金市
　ひよしだい　千葉県富里市
　ひよしだい　滋賀県大津市
　ひよしだい　大阪府高槻市
　ひよしだい　広島県福山市
　ひよしだい　福岡県北九州市八幡西区

日吉本町
　ひよしほんちょう　神奈川県（横浜市交通局グリーンライン）
　ひよしほんちょう　神奈川県横浜市港北区

日吉町
　ひよしちょう　北海道函館市
　ひよしちょう　北海道苫小牧市
　ひよしちょう　秋田県能代市
　ひよしまち　山形県鶴岡市
　ひよしちょう　山形県酒田市
　ひよしちょう　福島県会津若松市
　ひよしちょう　栃木県鹿沼市
　ひよしちょう　群馬県前橋市
　ひよしちょう　埼玉県所沢市
　ひよしちょう　埼玉県東松山市
　ひよしちょう　東京都八王子市
　ひよしちょう　東京都府中市
　ひよしちょう　東京都国分寺市
　ひよしまち　新潟県柏崎市
　ひよしまち　石川県金沢市
　ひよしまち　石川県小松市
　ひよしちょう　福井県大野市
　ひよしちょう　岐阜県瑞浪市
　ひよしちょう　静岡県（静岡鉄道静岡清水線）
　ひよしちょう　愛知県名古屋市中村区
　ひよしちょう　京都府京都市東山区
　ひよしちょう　大阪府守口市
　ひよしちょう　兵庫県神戸市長田区
　ひよしちょう　兵庫県小野市
　ひよしちょう　岡山県岡山市北区
　ひよせちょう　岡山県倉敷市
　ひよしちょう　高知県南国市
　ひよしまち　福岡県久留米市
　ひよしまち　福岡県直方市
　ひよしまち　大分県大分市

日吉町上胡麻　ひよしちょうかみごま　京都府南丹市
日吉町山田　ひよしちょうやまだ　鹿児島県日置市
日吉町中　ひよしちょうなか　京都府南丹市
日吉町中世木　ひよしちょうなかせき　京都府南丹市
日吉町天若　ひよしちょうあまわか　京都府南丹市
日吉町日置　ひよしちょうひおき　鹿児島県日置市
日吉町木住　ひよしちょうこずみ　京都府南丹市
日吉町四ツ谷　ひよしちょうよつや　京都府南丹市

325

4画（日）

日吉町生畑　ひよしちょうきはた　京都府南丹市
日吉町田原　ひよしちょうたわら　京都府南丹市
日吉町吉利　ひよしちょうよしとし　鹿児島県日置市
日吉町佐々江　ひよしちょうささえ　京都府南丹市
日吉町保野田　ひよしちょうほのだ　京都府南丹市
日吉町畑郷　ひよしちょうはたごう　京都府南丹市
日吉町神之川　ひよしちょうかみのかわ　鹿児島県日置市
日吉町胡麻　ひよしちょうごま　京都府南丹市
日吉町殿田　ひよしちょうとのだ　京都府南丹市
日吉津　ひえづ　鳥取県西伯郡日吉津村
日吉津村　ひえづそん　鳥取県西伯郡
日吉倉　ひよしくら　千葉県富里市
日吉原　ひよしばる　大分県大分市
日吉野町　ひよのちょう　滋賀県近江八幡市
日向
　　ひゅうが　北海道松前郡福島町
　　ひなた　宮城県伊具郡丸森町
　　ひなた　福島県白河市
　　ひなた　栃木県日光市
　　ひなた　埼玉県熊谷市
　　ひゅうが　千葉県（JR総武本線）
　　ひなた　神奈川県伊勢原市
　　ひるが　福井県三方郡美浜町
　　ひなた　静岡県静岡市葵区
　　ひなた　静岡県伊豆市
　　ひゅうが　三重県度会郡玉城町
　　ひなた　三重県度会郡度会町
　　ひゅうが　兵庫県神戸市垂水区
日向上　ひなたかみ　宮城県伊具郡丸森町
日向大束　ひゅうがおおつか　宮崎県（JR日南線）
日向北方　ひゅうがきたかた　宮崎県（JR日南線）
日向台　ひゅうがだい　千葉県山武市
日向市
　　ひゅうがし　宮崎県（JR日豊本線）
　　ひゅうがし　宮崎県
日向石　ひゅうがいし　福岡県朝倉市
日向庄内　ひゅうがしょうない　宮崎県（JR吉都線）
日向住吉　ひゅうがすみよし　宮崎県（JR日豊本線）
日向町
　　ひなたまち　福島県須賀川市
　　ひなたまち　福島県田村郡三春町
　　ひなたちょう　群馬県館林市
　　ひゅうがまち　石川県白山市
　　ひなたまち　愛知県名古屋市瑞穂区
　　ひゅうがちょう　大阪府高槻市
　　ひゅうがちょう　大阪府守口市
日向谷　ひゅうがい　愛媛県北宇和郡鬼北町
日向和田
　　ひなたわだ　東京都（JR青梅線）
　　ひなたわだ　東京都青梅市
日向岡　ひなたおか　神奈川県平塚市
日向沓掛　ひゅうがくつかけ　宮崎県（JR日豊本線）
日向泊浦　ひゅうがどまりうら　大分県佐伯市
日向長井　ひゅうがながい　宮崎県（JR日豊本線）
日向前田　ひゅうがまえだ　宮崎県（JR吉都線）
日向南沢　ひなたみなみざわ　山梨県南巨摩郡身延町
日向新富　ひゅうがしんとみ　宮崎県（JR日豊本線）
日名　ひな　岡山県真庭市

日名中町　ひななかまち　愛知県岡崎市
日名北町　ひなきたまち　愛知県岡崎市
日名本町　ひなほんまち　愛知県岡崎市
日名田　ひなた　富山県氷見市
日名西町　ひなにしまち　愛知県岡崎市
日名南町　ひなみなみまち　愛知県岡崎市
日在　ひあり　千葉県いすみ市
日地町　ひじちょう　山口県周南市
日宇　ひう　長崎県（JR佐世保線）
日宇町　ひうちょう　長崎県佐世保市
日宇那町　ひうなちょう　広島県広島市南区
日守　ひもり　静岡県田方郡函南町
日当
　　ひなた　岐阜県（樽見鉄道線）
　　ひなた　岐阜県本巣市
日当山　ひなたやま　鹿児島県（JR肥薩線）
日羽
　　ひわ　岡山県（JR伯備線）
　　ひわ　岡山県総社市
日色野町　ひしきのちょう　愛知県豊橋市
7日坂
　　ひさか　岐阜県揖斐郡揖斐川町
　　にっさか　静岡県掛川市
日尾
　　ひお　埼玉県秩父郡小鹿野町
　　ひお　富山県富山市
　　ひお　富山県魚津市
　　ひのお　京都府福知山市
日尾町　ひおちょう　兵庫県神戸市灘区
日役町　ひきじまち　秋田県由利本荘市
日応寺　にちおうじ　岡山県岡山市北区
日杉町　ひすぎちょう　滋賀県近江八幡市
日沢　ひざわ　茨城県笠間市
日秀　ひびり　千葉県我孫子市
日秀新田　ひびりしんでん　千葉県我孫子市
日見
　　ひみ　山口県大島郡周防大島町
　　ひみ　大分県津久見市
日谷町　ひのやまち　石川県加賀市
日赤町　にっせきちょう　新潟県長岡市
日赤病院前　にっせきびょういんまえ　広島県（広島電鉄宇品線ほか）
日足　ひあし　大分県宇佐市
日近　ひじかい　岡山県岡山市北区
8日並　ひなみ　北海道網走郡美幌町
日並郷　ひなみごう　長崎県西彼杵郡時津町
日和　ひわ　島根県邑智郡邑南町
日和が丘　ひよりがおか　宮城県石巻市
日和山下　ひよりやました　秋田県能代市
日和山町　ひよりやまちょう　北海道函館市
日和田
　　ひわだ　山形県寒河江市
　　ひわだ　福島県（JR東北本線）
　　ひわだ　福島県伊達郡川俣町
日和田町
　　ひよりだまち　山形県鶴岡市
　　ひわだまち　福島県郡山市
日和田町八丁目　ひわだまちはっちょうめ　福島県郡山市
日和田町梅沢　ひわだまちうめざわ　福島県郡山市

4画（日）

日和田町高倉　ひわだまちたかくら　福島県郡山市
日和佐　ひわさ　徳島県（JR牟岐線）
日和佐浦　ひわさうら　徳島県海部郡美波町
日和町　ひよりちょう　愛知県名古屋市千種区
日奈久下西町　ひなぐしもにしまち　熊本県八代市
日奈久上西町　ひなぐかみにしまち　熊本県八代市
日奈久大坪町　ひなぐおおつぼまち　熊本県八代市
日奈久山下町　ひなぐやましたまち　熊本県八代市
日奈久中西町　ひなぐなかにしまち　熊本県八代市
日奈久中町　ひなぐなかまち　熊本県八代市
日奈久平成町　ひなぐへいせいまち　熊本県八代市
日奈久竹之内町　ひなぐたけのうちまち　熊本県八代市
日奈久東町　ひなぐひがしまち　熊本県八代市
日奈久栄町　ひなぐさかえまち　熊本県八代市
日奈久浜町　ひなぐはままち　熊本県八代市
日奈久馬越町　ひなぐまごしまち　熊本県八代市
日奈久温泉　ひなぐおんせん　熊本県（肥薩おれんじ鉄道線）
日奈久塩北町　ひなぐしおきたまち　熊本県八代市
日奈久塩南町　ひなぐしおみなみまち　熊本県八代市
日奈久新田町　ひなぐしんでんまち　熊本県八代市
日奈久新開町　ひなぐしんかいまち　熊本県八代市
日奈古　ひなご　福岡県築上郡築上町
日宗　にっしゅう　北海道足寄郡陸別町
日宝町　にっぽうちょう　新潟県新潟市秋葉区
日岡
　ひおか　兵庫県（JR加古川線）
　ひおか　大分県大分市
日岡町　ひのおかちょう　愛知県名古屋市千種区
日明
　ひあり　静岡県浜松市天竜区
　ひあがり　福岡県北九州市小倉北区
日枝　ひえ　山形県鶴岡市
日枝町
　ひえちょう　神奈川県横浜市南区
　ひえちょう　滋賀県湖南市
日東　にっとう　北海道上川郡上川町
日東町
　にっとうちょう　埼玉県川越市
　にっとうちょう　愛知県半田市
　にっとうちょう　大阪府河内長野市
日東町本町　にっとうちょうほんちょう　北海道美唄市
日東町住吉　にっとうちょうすみよし　北海道美唄市
日東町栄町　にっとうちょうさかえまち　北海道美唄市
日東町富の郷　にっとうちょうとみのごう　北海道美唄市
日沼一本柳　ひぬまいっぽんやなぎ　青森県平川市
日沼下川原　ひぬましもかわら　青森県平川市
日沼下袋　ひぬましもふくろ　青森県平川市
日沼李田　ひぬますももだ　青森県平川市
日沼河原田　ひぬまかわらだ　青森県平川市
日沼高田　ひぬまたかだ　青森県平川市
日沼塚越　ひぬまつかごし　青森県平川市
日沼富田　ひぬまとみた　青森県平川市
日沼富岳　ひぬまとみたけ　青森県平川市
日沼樋田　ひぬまといだ　青森県平川市
日泥道ノ下　ひどろみちのした　岩手県八幡平市
日泥道ノ上　ひどろみちのうえ　岩手県八幡平市

日泊町　ひどまるまち　長崎県大村市
日物川　ひものがわ　和歌山県有田郡有田川町
日知屋　ひちや　宮崎県日向市
日知屋古田町　ひちやふるたちょう　宮崎県日向市
日金町　ひがねちょう　静岡県熱海市
日長
　ひなが　愛知県（名古屋鉄道常滑線）
　ひなが　愛知県知多市
日長台　ひながだい　愛知県知多市

9日俣
　ひまた　富山県富山市
　ひまた　富山県中新川郡立山町
日前　ひくま　山口県大島郡周防大島町
日前宮　にちぜんぐう　和歌山県（和歌山電鐵貴志川線）
日南　にちなん　宮崎県（JR日南線）
日南市　にちなんし　宮崎県
日南町
　にちなんちょう　愛知県豊田市
　にちなんちょう　鳥取県日野郡
日室　ひむろ　岡山県和気郡和気町
日指　ひさし　岡山県美作市
日栄　ひえ　滋賀県犬上郡豊郷町
日畑　ひばた　岡山県倉敷市
日草場　ひくさば　茨城県笠間市
日計　ひばかり　青森県八戸市
日限山　ひぎりやま　神奈川県横浜市港南区
日面町　ひおもちょう　愛知県豊田市

10日原
　にっぱら　東京都西多摩郡奥多摩町
　ひばら　鳥取県米子市
　にちはら　島根県（JR山口線）
　にちはら　島根県鹿足郡津和野町
日夏町　ひなつちょう　滋賀県彦根市
日宮　ひのみや　富山県射水市
日島郷　ひのしまごう　長崎県南松浦郡新上五島町
日振島　ひぶりしま　愛媛県宇和島市
日根野
　ひねの　大阪府（JR阪和線）
　ひねの　大阪府泉佐野市
日浦
　ひうら　徳島県那賀郡那賀町
　ひうら　高知県長岡郡大豊町
　ひうら　高知県吾川郡仁淀川町
日浦町　ひうらちょう　北海道函館市
日真　ひま　徳島県那賀郡那賀町
日華化学前　にっかかがくまえ　福井県（えちぜん鉄道三国芦原線）
日連　ひづれ　神奈川県相模原市緑区
日高
　ひだか　北海道沙流郡日高町
　ひだか　和歌山県伊都郡かつらぎ町
日高三石　ひだかみついし　北海道（JR日高本線）
日高川町　ひだかがわちょう　和歌山県日高郡
日高市　ひだかし　埼玉県
日高村　ひだかむら　高知県高岡郡
日高町
　ひだかちょう　北海道沙流郡
　ひだかちょう　茨城県日立市
　ひだかまち　群馬県高崎市

327

4画（日）

日高町 ひだかちょう　愛知県刈谷市
日高町 ひだかちょう　兵庫県川西市
日高町 ひだかちょう　和歌山県日高郡
日田町 ひだまち　大分県日田市
日高町八代 ひだかちょうやしろ　兵庫県豊岡市
日高町十戸 ひだかちょうじゅうご　兵庫県豊岡市
日高町上石 ひだかちょうあげし　兵庫県豊岡市
日高町上郷 ひだかちょうかみのごう　兵庫県豊岡市
日高町万劫 ひだかちょうまんごう　兵庫県豊岡市
日高町万場 ひだかちょうまんば　兵庫県豊岡市
日高町久斗 ひだかちょうくと　兵庫県豊岡市
日高町久田谷 ひだかちょうくただに　兵庫県豊岡市
日高町土居 ひだかちょうどい　兵庫県豊岡市
日高町大岡 ひだかちょうおおおか　兵庫県豊岡市
日高町小河江 ひだかちょうこがわえ　兵庫県豊岡市
日高町山本 ひだかちょうやまもと　兵庫県豊岡市
日高町山田 ひだかちょうやまた　兵庫県豊岡市
日高町山宮 ひだかちょうやまみや　兵庫県豊岡市
日高町中 ひだかちょうなか　兵庫県豊岡市
日高町太田 ひだかちょうただ　兵庫県豊岡市
日高町日高 ひだかちょうひだか　兵庫県豊岡市
日高町日置 ひだかちょうひおき　兵庫県豊岡市
日高町水上 ひだかちょうみのかみ　兵庫県豊岡市
日高町水口 ひだかちょうみのくち　兵庫県豊岡市
日高町広井 ひだかちょうひろい　兵庫県豊岡市
日高町田ノ口 ひだかちょうたのくち　兵庫県豊岡市
日高町石井 ひだかちょういしい　兵庫県豊岡市
日高町伊府 ひだかちょういぶ　兵庫県豊岡市
日高町名色 ひだかちょうなしき　兵庫県豊岡市
日高町庄境 ひだかちょうしょうざかえ　兵庫県豊岡市
日高町江原 ひだかちょうえばら　兵庫県豊岡市
日高町池上 ひだかちょういけがみ　兵庫県豊岡市
日高町竹貫 ひだかちょうたかぬき　兵庫県豊岡市
日高町羽尻 ひだかちょうはじり　兵庫県豊岡市
日高町西芝 ひだかちょうにししば　兵庫県豊岡市
日高町佐田 ひだかちょうさた　兵庫県豊岡市
日高町芝 ひだかちょうしば　兵庫県豊岡市
日高町谷 ひだかちょうたに　兵庫県豊岡市
日高町赤崎 ひだかちょうあかさき　兵庫県豊岡市
日高町国分寺 ひだかちょうこくぶんじ　兵庫県豊岡市
日高町奈佐路 ひだかちょうなさじ　兵庫県豊岡市
日高町岩中 ひだかちょういわなか　兵庫県豊岡市
日高町府中新 ひだかちょうふちゅうしん　兵庫県豊岡市
日高町府市場 ひだかちょうふいちば　兵庫県豊岡市
日高町松岡 ひだかちょうまつおか　兵庫県豊岡市
日高町東芝 ひだかちょうひがししば　兵庫県豊岡市
日高町東河内 ひだかちょうひがしごうち　兵庫県豊岡市
日高町東構 ひだかちょうひがしがまえ　兵庫県豊岡市
日高町河江 ひだかちょうかわえ　兵庫県豊岡市
日高町知見 ひだかちょうちみ　兵庫県豊岡市
日高町栃本 ひだかちょうとちもと　兵庫県豊岡市
日高町浅倉 ひだかちょうあさくら　兵庫県豊岡市
日高町祢布 ひだかちょうにょう　兵庫県豊岡市
日高町荒川 ひだかちょうあらかわ　兵庫県豊岡市
日高町夏栗 ひだかちょうなつくり　兵庫県豊岡市

日高町宵田 ひだかちょうよいだ　兵庫県豊岡市
日高町栗山 ひだかちょうくりやま　兵庫県豊岡市
日高町栗栖野 ひだかちょうくりすの　兵庫県豊岡市
日高町堀 ひだかちょうほり　兵庫県豊岡市
日高町猪子垣 ひだかちょういのこがき　兵庫県豊岡市
日高町猪爪 ひだかちょういのつめ　兵庫県豊岡市
日高町野 ひだかちょうの　兵庫県豊岡市
日高町野々庄 ひだかちょうののしょう　兵庫県豊岡市
日高町頃垣 ひだかちょうころがき　兵庫県豊岡市
日高町森山 ひだかちょうもりやま　兵庫県豊岡市
日高町道場 ひだかちょうどうじょう　兵庫県豊岡市
日高町殿 ひだかちょうとの　兵庫県豊岡市
日高町稲葉 ひだかちょういなんば　兵庫県豊岡市
日高町篠垣 ひだかちょうしのがき　兵庫県豊岡市
日高町藤井 ひだかちょうふじい　兵庫県豊岡市
日高町観音寺 ひだかちょうかんのんじ　兵庫県豊岡市
日高町鶴岡 ひだかちょうつるおか　兵庫県豊岡市
日高東別 ひだかとうべつ　北海道（JR日高本線）
日高門別 ひだかもんべつ　北海道（JR日高本線）
日高郡 ひだかぐん　和歌山県
日高幌別 ひだかほろべつ　北海道（JR日高本線）
11日曽利 ひっそり　長野県上伊那郡飯島町
日産 にっさん　山口県山陽小野田市
日笠 ひかさ　福井県三方上中郡若狭町
日笠下 ひかさしも　岡山県和気郡和気町
日笠上 ひかさかみ　岡山県和気郡和気町
日笠町 ひがさちょう　奈良県奈良市
日脚町 ひなしちょう　島根県浜田市
日貫 ひぬい　島根県邑智郡邑南町
日進
　　にっしん　北海道（JR宗谷本線）
　　にっしん　北海道名寄市
　　にっしん　北海道瀬棚郡今金町
　　にっしん　北海道空知郡中富良野町
　　にっしん　北海道常呂郡置戸町
　　にっしん　埼玉県（JR川越線）
　　にっしん　愛知県（名古屋鉄道豊田線）
日進市 にっしんし　愛知県
日進町
　　にっしんちょう　埼玉県さいたま市北区
　　にっしんちょう　神奈川県川崎市川崎区
　　にっしんまち　愛知県碧南市
日進通 にっしんとおり　愛知県名古屋市千種区
日野
　　ひの　東京都（JR中央本線）
　　ひの　東京都日野市
　　ひの　神奈川県横浜市港南区
　　ひの　福井県南条郡南越前町
　　ひの　長野県（長野電鉄長野線）
　　ひの　滋賀県（近江鉄道本線）
　　ひの　大阪府河内長野市
　　ひの　和歌山県和歌山市
　　ひの　大分県杵築市
日野上 ひのうえ　岡山県真庭市
日野川 ひのかわ　愛媛県喜多郡内子町
日野川乙 ひのかわおつ　新潟県東蒲原郡阿賀町
日野川丙 ひのかわへい　新潟県東蒲原郡阿賀町

328

4画（日）

日野川甲　ひのかわこう　新潟県東蒲原郡阿賀町
日野不動講町　ひのふどうこうちょう　京都府京都市伏見区
日野中央　ひのちゅうおう　神奈川県横浜市港南区
日野手新田　ひのてしんでん　埼玉県羽生市
日野北　ひのきた　岐阜県岐阜市
日野北山　ひのきたやま　京都府京都市伏見区
日野北川頬　ひのきたかわづら　京都府京都市伏見区
日野台　ひのだい　東京都日野市
日野市　ひのし　東京都
日野本町　ひのほんまち　東京都日野市
日野田中町　ひのたなかちょう　京都府京都市伏見区
日野田町　ひのだまち　埼玉県秩父市
日野田頬町　ひのたづらちょう　京都府京都市伏見区
日野地　ひのじ　高知県高岡郡四万十町
日野西　ひのにし　岐阜県岐阜市
日野西大道町　ひのにしだいどうちょう　京都府京都市伏見区
日野西川頬　ひのにしかわづら　京都府京都市伏見区
日野西風呂町　ひのにしふろちょう　京都府京都市伏見区
日野町
　ひのまち　三重県松阪市
　ひのちょう　滋賀県蒲生郡
　ひのちょう　兵庫県西宮市
　ひのちょう　兵庫県西脇市
　ひのまち　鳥取県米子市
　ひのちょう　鳥取県日野郡
　ひのちょう　長崎県佐世保市
日野谷田町　ひのたにだちょう　京都府京都市伏見区
日野谷寺町　ひのたにでらちょう　京都府京都市伏見区
日野岡西町　ひのおかにしちょう　京都府京都市伏見区
日野東　ひのひがし　岐阜県岐阜市
日野林　ひのはやし　京都府京都市伏見区
日野南
　ひのみなみ　神奈川県横浜市港南区
　ひのみなみ　岐阜県岐阜市
日野南山　ひのみなみやま　京都府京都市伏見区
日野春　ひのはる　山梨県（JR中央本線）
日野畑出町　ひのはたでちょう　京都府京都市伏見区
日野美　ひのみ　福井県越前市
日野浦
　ひのうら　新潟県長岡市
　ひのうら　愛媛県上浮穴郡久万高原町
日野郡　ひのぐん　鳥取県
日野馬場出町　ひのばんばてちょう　京都府京都市伏見区
日野船尾　ひのふなお　京都府京都市伏見区
日野野色町　ひののいろちょう　京都府京都市伏見区
日野奥出　ひのおくで　京都府京都市伏見区
日野慈悲町　ひのじひちょう　京都府京都市伏見区
日頃市町　ひころいちまち　岩手県大船渡市
12 日富美町　ひふみちょう　兵庫県明石市
日御子　ひのみこ　石川県（北陸鉄道石川線）
日御子町　ひのみこまち　石川県白山市
日渡　ひわたし　新潟県新発田市
日渡根　にっとね　千葉県君津市
日渡新田　ひわたししんでん　新潟県魚沼市

日登　ひのぼり　島根県（JR木次線）
日越　ひごし　新潟県長岡市
日開野町
　ひがいのちょう　徳島県小松島市
　ひがいのちょう　徳島県阿南市
日間賀島　ひまかじま　愛知県知多郡南知多町
13 日新　にっしん　北海道中川郡幕別町
日新町
　にっしんちょう　北海道苫小牧市
　にっしんまち　福島県会津若松市
　にっしんちょう　東京都府中市
　にっしんちょう　大阪府寝屋川市
日照　ひでり　福島県伊達市
日照田
　ひでりだ　宮城県伊具郡丸森町
　ひでりだ　福島県須賀川市
日照田町　ひでりたまち　青森県西津軽郡鰺ケ沢町
日置
　ひき　福井県大飯郡高浜町
　ひおき　京都府宮津市
　ひおき　兵庫県篠山市
　ひき　和歌山県西牟婁郡白浜町
　ひおき　宮崎県児湯郡新富町
日置下　へきしも　山口県長門市
日置上　へきかみ　山口県長門市
日置中　へきなか　山口県長門市
日置市　ひおきし　鹿児島県
日置江　ひきえ　岐阜県岐阜市
日置町
　へきちょう　愛知県愛西市
　ひおきまち　熊本県八代市
日置荘北町　ひきしょうきたまち　大阪府堺市東区
日置荘田中町　ひきしょうたなかまち　大阪府堺市東区
日置荘西町　ひきしょうにしまち　大阪府堺市東区
日置荘原寺町　ひきしょうはらでらまち　大阪府堺市東区
日置野田　へきのだ　山口県長門市
日置蔵小田　へきくらおだ　山口県長門市
日義　ひよし　長野県木曽郡木曽町
日蒔野　ひまきの　福岡県福津市
日裏　ひうら　奈良県吉野郡東吉野村
日詰
　ひづめ　岩手県（JR東北本線）
　ひづめ　岩手県紫波郡紫波町
　ひづめ　富山県氷見市
日詰西　ひづめにし　岩手県紫波郡紫波町
日詰駅前　ひづめえきまえ　岩手県紫波郡紫波町
14 日彰　にっしょう　北海道名寄市
日暮　ひぐらし　千葉県松戸市
日暮里　にっぽり　東京都（JR山手線）
日暮通　ひぐれどおり　兵庫県神戸市中央区
日蔭
　ひかげ　岩手県下閉伊郡田野畑村
　ひかげ　栃木県日光市
15 日影
　ひかげ　岩手県八幡平市
　ひかげ　福島県白河市
　ひかげ　福島県南会津郡下郷町
　ひかげ　群馬県吾妻郡中之条町
　ひかげ　埼玉県比企郡ときがわ町

329

4画（日，月）

ひかげ　長野県伊那市
日影町
　ひかげちょう　岩手県宮古市
　ひかげちょう　愛知県岡崎市
日影林ノ上山　ひかげはやしのかみやま　青森県上北
郡東北町
日撫　ひなど　兵庫県豊岡市
日輪寺町　にちりんじまち　群馬県前橋市
16日積　ひづみ　山口県柳井市
日鋼町　にっこうちょう　東京都府中市

【日】
7日佐　おさ　福岡県福岡市南区

【月】
月
　つき　静岡県浜松市天竜区
　つき　愛知県北設楽郡東栄町
0月ケ丘
　つきがおか　愛知県名古屋市千種区
　つきがおか　高知県幡多郡大月町
月ケ杜　つきがもり　北海道樺戸郡月形町
月ケ岡
　つきがおか　北海道（JR札沼線）
　つきがおか　北海道樺戸郡月形町
月ケ瀬
　つきがせ　福井県今立郡池田町
　つきがせ　静岡県伊豆市
月ケ瀬口　つきがせぐち　京都府（JR関西本線）
月ケ瀬月瀬　つきがせつきせ　奈良県奈良市
月ケ瀬石打　つきがせいしうち　奈良県奈良市
月ケ瀬尾山　つきがせおやま　奈良県奈良市
月ケ瀬町　つきがせちょう　滋賀県長浜市
月ケ瀬長引　つきがせながひき　奈良県奈良市
月ケ瀬桃香野　つきがせももがの　奈良県奈良市
月ケ瀬嵩　つきがせだけ　奈良県奈良市
月ノ会町　つきのえちょう　岐阜県岐阜市
月が丘
　つきがおか　岩手県盛岡市
　つきがおか　兵庫県神戸市西区
月の浦　つきのうら　福岡県大野城市
月の輪　つきのわ　埼玉県比企郡滑川町
3月山　つきやま　富山県下新川郡朝日町
月山沢　つきやまざわ　山形県西村山郡西川町
月山新　つきやましん　富山県下新川郡朝日町
4月之木　つきのき　滋賀県犬上郡多賀町
5月丘町
　つきおかちょう　岐阜県岐阜市
　つきおかちょう　山口県周南市
月出
　つきで　千葉県市原市
　つきで　熊本県熊本市東区
月出町
　つきでちょう　大阪府門真市
　つきでまち　大分県日田市
月出里　すだち　茨城県稲敷市
月布　つきぬの　山形県西村山郡大江町
月布施　つきふせ　新潟県佐渡市

月田
　つきだ　岡山県（JR姫新線）
　つきだ　岡山県真庭市
　つきだ　熊本県玉名市
月田本　つきだほん　岡山県真庭市
6月吉町　つきよしまち　埼玉県川越市
月次　つきなみ　栃木県那須烏山市
月江寺　げっこうじ　山梨県（富士急行線）
7月坂　つきさか　静岡県島田市
月坂町　つきさかちょう　島根県安来市
月形　つきがた　大分県大分市
月形町　つきがたちょう　北海道樺戸郡
月町　つきちょう　新潟県新潟市中央区
月見　つきみ　福井県福井市
月見ケ丘
　つきみがおか　宮城県塩竈市
　つきみがおか　宮崎県宮崎市
月見が丘　つきみがおか　富山県富山市
月見山
　つきやま　兵庫県（山陽電気鉄道本線）
　つきみやま　兵庫県宝塚市
月見山本町　つきみやまほんまち　兵庫県神戸市須
磨区
月見山町　つきみやまちょう　兵庫県神戸市須磨区
月見台
　つきみだい　神奈川県横浜市保土ケ谷区
　つきみだい　新潟県見附市
月見坂町　つきみざかちょう　愛知県名古屋市千種区
月見町
　つきみちょう　北海道根室市
　つきみちょう　埼玉県熊谷市
　つきみちょう　新潟県新潟市東区
　つきみちょう　富山県富山市
　つきみちょう　福井県越前市
　つきみちょう　岐阜県多治見市
　つきみちょう　岐阜県関市
　つきみちょう　静岡県静岡市清水区
　つきみちょう　静岡県袋井市
　つきみちょう　愛知県春日井市
　つきみちょう　愛知県豊田市
　つきみちょう　愛知県大府市
　つきみちょう　京都府京都市東山区
　つきみちょう　京都府京都市下京区
　つきみちょう　京都府綾部市
　つきみちょう　大阪府高槻市
　つきみちょう　広島県広島市南区
　つきみまち　広島県安芸郡海田町
月見野　つきみの　青森県青森市
月谷町　つきやちょう　栃木県足利市
8月京　がっきょう　神奈川県中郡大磯町
月夜野
　つきよの　群馬県利根郡みなかみ町
　つきよの　山梨県南都留郡道志村
月岡
　つきおか　山形県西村山郡西川町
　つきおか　茨城県石岡市
　つきおか　新潟県（JR羽越本線）
　つきおか　新潟県三条市
　つきおか　新潟県新発田市
　つきおか　新潟県妙高市
　つきおか　富山県（富山地方鉄道不二越・上滝線）
　つきおか　静岡県菊川市

330

4画（木）

月岡西緑町　つきおかにしみどりちょう　富山県富山市
月岡町
　　つきおかちょう　北海道根室市
　　つきおかまち　富山県富山市
月岡東緑町　つきおかひがしみどりちょう　富山県富山市
月岡温泉　つきおかおんせん　新潟県新発田市
月岡新　つきおかしん　富山県富山市
月若町　つきわかちょう　兵庫県芦屋市
9月屋　つきや　青森県西津軽郡深浦町
月津町　つきづまち　石川県小松市
月美丘　つきみがおか　石川県小松市
月美町
　　つきみちょう　福井県大野市
　　つきみちょう　岐阜県羽島郡笠松町
10月原町　わちばらちょう　愛知県豊田市
月島
　　つきしま　北海道松前郡松前町
　　つきしま　東京都（東京地下鉄有楽町線ほか）
　　つきしま　東京都中央区
月島町　つきしまちょう　愛知県名古屋市中川区
月浦
　　つきうら　北海道虻田郡洞爺湖町
　　つきのうら　宮城県石巻市
　　つきのうら　熊本県水俣市
月浦町　つきうらまち　石川県金沢市
月浜　つきはま　北海道樺戸郡月形町
11月崎
　　つきさき　北海道松前郡福島町
　　つきさき　宮城県加美郡加美町
　　つきさき　千葉県（小湊鉄道線）
　　つきさき　千葉県市原市
　　つきさき　新潟県阿賀野市
月野谷　つきのや　富山県高岡市
月野瀬　つきのせ　和歌山県東牟婁郡古座川町
12月寒　つきさっぷ　北海道浦河郡浦河町
月寒中央　つきさむちゅうおう　北海道（札幌市交通局東豊線）
月寒中央通　つきさむちゅうおうどおり　北海道札幌市豊平区
月寒西一条　つきさむにしいちじょう　北海道札幌市豊平区
月寒西二条　つきさむにしにじょう　北海道札幌市豊平区
月寒西三条　つきさむにしさんじょう　北海道札幌市豊平区
月寒西五条　つきさむにしごじょう　北海道札幌市豊平区
月寒西四条　つきさむにししじょう　北海道札幌市豊平区
月寒東一条　つきさむひがしいちじょう　北海道札幌市豊平区
月寒東二条　つきさむひがしにじょう　北海道札幌市豊平区
月寒東三条　つきさむひがしさんじょう　北海道札幌市豊平区
月寒東五条　つきさむひがしごじょう　北海道札幌市豊平区
月寒東四条　つきさむひがししじょう　北海道札幌市豊平区
月隈　つきぐま　福岡県福岡市博多区

13月楯　つきだて　山形県最上郡最上町
14月鉾町　つきほこちょう　京都府京都市下京区
15月影町　つきかげまち　石川県金沢市
月潟　つきがた　新潟県新潟市南区
月輪
　　つきのわ　埼玉県比企郡滑川町
　　つきのわ　滋賀県大津市
月輪町　つきのわちょう　京都府京都市東山区
16月橋町　つきはしまち　石川県白山市
月舘　つきだて　岩手県二戸郡一戸町
月舘町下手渡　つきだてまちしもてど　福島県伊達市
月舘町上手渡　つきだてまちかみてど　福島県伊達市
月舘町月舘　つきだてまちつきだて　福島県伊達市
月舘町布川　つきだてまちぬのかわ　福島県伊達市
月舘町御代田　つきだてまちみよだ　福島県伊達市
月舘町糠田　つきだてまちぬかだ　福島県伊達市

【木】

木
　　き　茨城県稲敷郡美浦村
　　き　千葉県流山市
　　き　千葉県白井市
0木ケ津町　きがつちょう　長崎県平戸市
木ノ下
　　きのした　宮城県仙台市若林区
　　きのした　山形県最上郡真室川町
　　きのした　長野県（JR飯田線）
　　きのした　京都府舞鶴市
木ノ下西　きのしたにし　青森県上北郡おいらせ町
木ノ下町　きのしたちょう　岐阜県岐阜市
木ノ下東　きのしたひがし　青森県上北郡おいらせ町
木ノ下南　きのしたみなみ　青森県上北郡おいらせ町
木ノ子　きのこ　北海道檜山郡上ノ国町
木ノ川　きのかわ　和歌山県新宮市
木ノ本
　　きのもと　滋賀県（JR北陸本線）
　　きのもと　和歌山県和歌山市
木ノ本町　きのもとちょう　岐阜県岐阜市
木ノ目田　きのめだ　山形県山形市
木ノ庄町木門田　きのしょうちょうきもんでん　広島県尾道市
木ノ庄町木梨　きのしょうちょうきなし　広島県尾道市
木ノ庄町木梨山方　きのしょうちょうきなしやまがた　広島県尾道市
木ノ庄町市原　きのしょうちょういちばら　広島県尾道市
木ノ庄町畑　きのしょうちょうはた　広島県尾道市
木ノ芽町　きのめちょう　福井県敦賀市
木ノ原町　きのはらちょう　奈良県五條市
木ノ根坂　きのねさか　福島県二本松市
木ノ崎　きのさき　福島県二本松市
木ノ部　きのべ　京都府宮津市
木ノ新保町　きのしんぼまち　石川県金沢市
木ノ窪　きのくぼ　石川県河北郡津幡町
木の下　きのした　長野県諏訪郡下諏訪町
木の下町　きのしたちょう　静岡県静岡市清水区
木の本　きのもと　大阪府八尾市
木の実町　きのみちょう　山形県山形市

331

4画（木）

木の岡町　このおかちょう　滋賀県大津市
木の根　きのね　千葉県成田市
木の郷町　きのさとちょう　三重県松阪市
³木下
　　きおろし　千葉県（JR成田線）
　　きおろし　千葉県印西市
　　きのした　富山県砺波市
　　きのした　福岡県北九州市小倉南区
木下町
　　きのしたちょう　福井県福井市
　　きくだしちょう　愛知県岡崎市
　　このしたちょう　三重県亀山市
　　きのしたちょう　滋賀県大津市
木下東　きのしたひがし　千葉県印西市
木下突抜町　きのしたつきぬけちょう　京都府京都市
　　上京区
木下南　きおろしみなみ　千葉県印西市
木下新　きのしたしん　富山県魚津市
木上
　　きのえ　熊本県（くま川鉄道湯前線）
　　きのうえ　熊本県球磨郡錦町
　　きのうえ　大分県大分市
木与
　　きよ　山口県（JR山陰本線）
　　きよ　山口県阿武郡阿武町
木子　きご　京都府宮津市
木山
　　きやま　新潟県新潟市西区
　　きやま　岡山県真庭市
　　きやま　熊本県上益城郡益城町
　　きやま　宮崎県日南市
木山沢　きやまざわ　新潟県長岡市
木川　きがわ　山形県酒田市
木川西　きかわにし　大阪府大阪市淀川区
木川町　きのかわちょう　滋賀県草津市
木川東　きかわひがし　大阪府大阪市淀川区
木工新町　もっこうしんまち　新潟県新潟市東区
⁴木之下町　きのしたちょう　京都府京都市中京区
木之子町　きのこちょう　岡山県井原市
木之本町
　　きのもとちょう　⇒長浜市（滋賀県）
　　きのもとちょう　奈良県橿原市
木之本町アットリ　きのもとちょうあっとり　滋賀県
　　長浜市
木之本町千田　きのもとちょうせんだ　滋賀県長浜市
木之本町大見　きのもとちょうおおみ　滋賀県長浜市
木之本町大音　きのもとちょうおおと　滋賀県長浜市
木之本町小山　きのもとちょうこやま　滋賀県長浜市
木之本町山梨子　きのもとちょうやまなし　滋賀県長
　　浜市
木之本町川合　きのもとちょうかわい　滋賀県長浜市
木之本町木之本　きのもとちょうきのもと　滋賀県長
　　浜市
木之本町北布施　きのもとちょうきたぶせ　滋賀県長
　　浜市
木之本町古橋　きのもとちょうふるはし　滋賀県長
　　浜市
木之本町田居　きのもとちょうたい　滋賀県長浜市
木之本町田部　きのもとちょうたべ　滋賀県長浜市
木之本町石道　きのもとちょういしみち　滋賀県長
　　浜市

木之本町西山　きのもとちょうにしやま　滋賀県長
　　浜市
木之本町杉本　きのもとちょうすぎもと　滋賀県長
　　浜市
木之本町杉野　きのもとちょうすぎの　滋賀県長浜市
木之本町赤尾　きのもとちょうあかお　滋賀県長浜市
木之本町金居原　きのもとちょうかねいはら　滋賀県
　　長浜市
木之本町音羽　きのもとちょうおとわ　滋賀県長浜市
木之本町黒田　きのもとちょうくろだ　滋賀県長浜市
木之本町飯浦　きのもとちょうはんのうら　滋賀県長
　　浜市
木之本町廣瀬　きのもとちょうひろせ　滋賀県長浜市
木之庄町　きのしょうちょう　広島県福山市
木之免町　きのめちょう　愛知県名古屋市熱田区
木之香　きのこ　鹿児島県大島郡伊仙町
木之崎　きのさき　福島県須賀川市
木之郷町　きのごうちょう　香川県観音寺市
木内
　　きのうち　千葉県香取市
　　きなし　兵庫県豊岡市
　　きのうち　大分県宇佐市
木内虫幡上小堀入会地大平　きのうちむしはたかみこ
　　ぼりいりあいちおおだいら　千葉県香取市
木刈　きかり　千葉県印西市
木太町
　　きたちょう　香川県（JR高徳線）
　　きたちょう　香川県高松市
木太東口　きたひがしぐち　香川県（高松琴平電気鉄
　　道長尾線）
木引田町　きひきだちょう　長崎県平戸市
木引町　こひきちょう　長崎県平戸市
木戸
　　きど　福島県（JR常磐線）
　　きど　茨城県筑西市
　　きど　千葉県山武市
　　きど　千葉県山武郡横芝光町
　　きど　滋賀県大津市
　　きど　大阪府河内長野市
　　きど　兵庫県洲本市
　　きど　奈良県葛城市
木戸大鼻　きどおおばな　山口県山陽小野田市
木戸山町　きどやまちょう　大阪府富田林市
木戸中ノ町　きどなかのちょう　山口県山陽小野田市
木戸台　きどだい　千葉県山武郡横芝光町
木戸石　きどいし　秋田県北秋田市
木戸西町　きどにしまち　大阪府河内長野市
木戸町
　　きどちょう　群馬県館林市
　　きどちょう　岐阜県大垣市
　　きどちょう　静岡県浜松市中区
　　きどちょう　愛知県安城市
　　きどちょう　大阪府河内長野市
　　きどちょう　広島県庄原市
木戸東町　きどひがしまち　大阪府河内長野市
木戸新町　きどしんまち　山口県山陽小野田市
木月
　　きづき　神奈川県川崎市中原区
　　きづき　福岡県鞍手郡鞍手町
木月大町　きづきおおまち　神奈川県川崎市中原区

4画（木）

木月伊勢町　きづきいせちょう　神奈川県川崎市中原区
木月住吉町　きづきすみよしちょう　神奈川県川崎市中原区
木月祇園町　きづきぎおんちょう　神奈川県川崎市中原区
⁵木代　きしろ　大阪府豊能郡豊能町
木古内
　きこない　北海道（JR北海道新幹線ほか）
　きこない　北海道上磯郡木古内町
木古内町　きこないちょう　北海道上磯郡
木古庭　きこば　神奈川県三浦郡葉山町
木広町　きひろちょう　和歌山県和歌山市
木札内　ぼくさつない　北海道中川郡本別町
木本　このもと　福井県大野市
木本町　きのもとちょう　三重県熊野市
木生谷　きゅうのたに　兵庫県赤穂市
木田
　きだ　新潟県上越市
　きだ　福井県福井市
　きだ　岐阜県岐阜市
　きだ　愛知県（名古屋鉄道津島線）
　きだ　愛知県あま市
　きだ　山口県宇部市
　きだ　大分県大分市
木田元宮　きだもとみや　大阪府寝屋川市
木田余　きだまり　茨城県土浦市
木田余西台　きだまりにしだい　茨城県土浦市
木田余東台　きだまりひがしだい　茨城県土浦市
木田町
　きだちょう　福井県福井市
　きだちょう　三重県鈴鹿市
　きだちょう　大阪府寝屋川市
木田郡　きたぐん　香川県
木田新田　きだしんでん　新潟県上越市
木目　もくめ　岡山県玉野市
木立
　きだち　埼玉県幸手市
　きたち　大分県佐伯市
⁶木全　きまた　愛知県稲沢市
木全町　きまたちょう　愛知県稲沢市
木伏
　きっぷし　宮城県加美郡加美町
　きぶし　福島県南会津郡南会津町
木地山　きじやま　鳥取県東伯郡三朝町
木地屋町　きじやまち　熊本県人吉市
木多町　きたまち　愛媛県八幡浜市
木守
　こもり　和歌山県田辺市
　きもり　福岡県遠賀郡遠賀町
木庄　きのしょう　香川県小豆郡小豆島町
木成　こなり　新潟県妙高市
木早川内　きそがわち　熊本県下益城郡美里町
木曳野　きびきの　石川県金沢市
木次
　きすき　島根県（JR木次線）
　きつぎ　広島県山県郡北広島町
木次町下熊谷　きすきちょうしもくまたに　島根県雲南市

木次町上熊谷　きすきちょうかみくまたに　島根県雲南市
木次町山方　きすきちょうやまがた　島根県雲南市
木次町木次　きすきちょうきすき　島根県雲南市
木次町北原　きすきちょうきたはら　島根県雲南市
木次町平田　きすきちょうひらた　島根県雲南市
木次町宇谷　きすきちょううだに　島根県雲南市
木次町寺領　きすきちょうじりょう　島根県雲南市
木次町西日登　きすきちょうにしひのぼり　島根県雲南市
木次町里方　きすきちょうさとがた　島根県雲南市
木次町東日登　きすきちょうひがしひのぼり　島根県雲南市
木次町湯村　きすきちょうゆむら　島根県雲南市
木次町新市　きすきちょうしんいち　島根県雲南市
木江　きのえ　広島県豊田郡大崎上島町
木瓜原町　ぼけはらちょう　京都府京都市上京区
木米町　きよねちょう　福井県福井市
木舟　きぶね　宮城県加美郡加美町
木舟町　きふねまち　富山県高岡市
⁷木更津
　きさらづ　千葉県（JR内房線）
　きさらづ　千葉県木更津市
木更津市　きさらづし　千葉県
木佐上　きさがみ　大分県大分市
木佐美　きざみ　栃木県大田原市
木住　きずみ　石川県鳳珠郡能登町
木呂子　きろこ　埼玉県比企郡小川町
木呂町　きろちょう　岐阜県大垣市
木呂場　ころば　石川県能美郡川北町
木呂場新　ころばしん　石川県能美郡川北町
木売　きうり　埼玉県吉川市
木売新田　きうりしんでん　埼玉県吉川市
木尾　こんの　岐阜県（長良川鉄道越美南線）
木尾町　きおちょう　滋賀県長浜市
木岐
　きき　徳島県（JR牟岐線）
　きき　徳島県海部郡美波町
木折　きおり　愛知県あま市
木折町　きおりちょう　新潟県三島郡出雲崎町
木材町　もくざいちょう　大阪府岸和田市
木材通　もくざいどおり　大阪府堺市美原区
木材港　もくざいみなと　千葉県木更津市
木材港北　もくざいこうきた　広島県廿日市市
木材港南　もくざいこうみなみ　広島県廿日市市
木村町　きむらちょう　滋賀県東近江市
木沢　きざわ　新潟県柏崎市
木町
　きまち　宮城県仙台市青葉区
　きまち　富山県高岡市
　きまち　石川県七尾市
　きまち　山口県山口市
　きまち　福岡県北九州市小倉北区
木町通　きまちどおり　宮城県仙台市青葉区
木花　きばな　宮崎県（JR日南線）
木見
　きみ　岡山県（JR瀬戸大橋線）
　きみ　岡山県倉敷市

4画（木）

木谷
　きだに　岐阜県大野郡白川村
　きだに　三重県度会郡南伊勢町
　きだに　岡山県備前市
[8]木和田　きわだ　山形県米沢市
木和田原　きわだはら　新潟県十日町市
木和田島　きわだしま　栃木県日光市
木明　きみょう　青森県上北郡野辺地町
木枕　こまくら　和歌山県和歌山市
木沼　きぬま　宮城県伊具郡丸森町
木直町　きなおしちょう　北海道函館市
木知原
　こちぼろ　岐阜県（樽見鉄道線）
　こちぼろ　岐阜県本巣市
木附町　きづきちょう　愛知県春日井市
[9]木乗町　きのりまち　広島県三次市
木俣　このまた　茨城県つくば市
木前町　きまえちょう　愛知県名古屋市西区
木城町　きじょうちょう　宮崎県児湯郡
木屋　こや　京都府相楽郡和束町
木屋ケ内　こやがうち　高知県高岡郡四万十町
木屋川本町　こやがわほんまち　山口県下関市
木屋川南町　こやがわみなみまち　山口県下関市
木屋之町　きやのちょう　京都府京都市上京区
木屋元町　こやもとまち　大阪府寝屋川市
木屋平　こやだいら　徳島県美馬市
木屋町
　きやまち　三重県名張市
　きやちょう　京都府京都市中京区
　こやちょう　大阪府寝屋川市
　きやちょう　愛媛県（伊予鉄道環状線）
　きやちょう　愛媛県松山市
木屋瀬
　こやのせ　福岡県（筑豊電気鉄道線）
　こやのせ　福岡県北九州市八幡西区
木柑子　きこうじ　熊本県菊池市
木津
　きつ　新潟県新潟市江南区
　きづ　富山県高岡市
　きづ　石川県かほく市
　こっつ　愛知県犬山市
　きづ　滋賀県蒲生郡日野町
　きづ　京都府（JR関西本線）
　きづ　京都府木津川市
　きづ　兵庫県（神戸電鉄粟生線）
　きづ　兵庫県赤穂市
　きづ　兵庫県川辺郡猪名川町
　こつ　奈良県吉野郡東吉野村
　きづ　和歌山県海南市
木津山町　きずやまちょう　兵庫県西宮市
木津川
　きづがわ　大阪府（南海電気鉄道汐見橋線）
　きづがわ　大阪府大阪市浪速区
　こつがわ　奈良県吉野郡東吉野村
木津川台
　きづがわだい　京都府（近畿日本鉄道京都線）
　きづがわだい　京都府木津川市
木津川市　きづがわし　京都府
木津工業団地　きつこうぎょうだんち　新潟県新潟市
　江南区
木津内　きづうち　埼玉県北葛飾郡杉戸町

木津用水　こつようすい　愛知県（名古屋鉄道犬山線）
木津志　きづし　鹿児島県姶良市
木津
　こうづまち　石川県白山市
　きづちょう　⇒木津川市（京都府）
　きづまち　京都府木津川市
木津　きつわ　広島県神石郡神石高原町
木津屋町　きづやちょう　京都府京都市下京区
木津根町　きづねちょう　愛知県名古屋市北区
木津駅前　きづえきまえ　京都府木津川市
木祖村　きそむら　長野県木曽郡
木風町　きかぜちょう　長崎県佐世保市
[10]木倉
　きのくら　岡山県和気郡和気町
　きのくら　熊本県上益城郡御船町
木倉町　きぐらまち　石川県金沢市
木原
　きばら　茨城県稲敷郡美浦村
　きばら　千葉県八街市
　きばら　千葉県山武市
　きばら　石川県鳳珠郡穴水町
　きはら　山梨県中央市
　きわら　静岡県袋井市
　きはら　鳥取県八頭郡智頭町
　きはら　広島県三原市
　きはら　佐賀県佐賀市
木原田　きはらだ　秋田県大仙市
木原町
　きはらちょう　奈良県橿原市
　きはらちょう　広島県三原市
　きはらちょう　長崎県佐世保市
　きはらちょう　鹿児島県枕崎市
木原谷　きはらだに　熊本県上益城郡山都町
木宮町　きのみやちょう　長崎県佐世保市
木島
　きじま　新潟県上越市
　きじま　長野県飯山市
　きじま　静岡県富士市
木島平村　きじまだいらむら　長野県下高井郡
木庭　こば　熊本県菊池市
木根　きのね　富山県下新川郡入善町
木浦　このうら　新潟県糸魚川市
木浜町　このはまちょう　滋賀県守山市
木流　こながせ　新潟県佐渡市
木能津　きのうづ　高知県長岡郡本山町
木脇　きわき　宮崎県東諸県郡国富町
木造　きづくり　青森県（JR五能線）
木造下福原　きづくりしもふくはら　青森県つがる市
木造下遠山里　きづくりしもとおやまさと　青森県つ
　がる市
木造三ツ館　きづくりみつたて　青森県つがる市
木造丸山　きづくりまるやま　青森県つがる市
木造千代田　きづくりちよだ　青森県つがる市
木造千代町　きづくりちよまち　青森県つがる市
木造千年　きづくりちとせ　青森県つがる市
木造土滝　きづくりつちたき　青森県つがる市
木造大畑　きづくりおおはた　青森県つがる市
木造大湯町　きづくりおおゆまち　青森県つがる市
木造川除　きづくりかわよけ　青森県つがる市

4画（木）

木造中館	きづくりなかだて	青森県つがる市	
木造日向	きづくりひなた	青森県つがる市	
木造出来島	きづくりできしま	青森県つがる市	
木造出野里	きづくりいでのさと	青森県つがる市	
木造平滝	きづくりひらたき	青森県つがる市	
木造広岡	きづくりひろおか	青森県つがる市	
木造末広	きづくりすえひろ	青森県つがる市	
木造永田	きづくりながた	青森県つがる市	
木造成田	きづくりなりた	青森県つがる市	
木造早田	きづくりはやた	青森県つがる市	
木造有楽町	きづくりうらくまち	青森県つがる市	
木造吹原	きづくりふきはら	青森県つがる市	

木造町
　　きづくりちょう　岐阜県岐阜市
　　こつくりちょう　三重県津市

木造芦沼	きづくりあしぬま	青森県つがる市	
木造赤根	きづくりあかね	青森県つがる市	
木造房松	きづくりふさまつ	青森県つがる市	
木造林	きづくりはやし	青森県つがる市	
木造若竹	きづくりわかたけ	青森県つがる市	
木造若宮	きづくりわかみや	青森県つがる市	
木造若緑	きづくりわかみどり	青森県つがる市	
木造柴田	きづくりしばた	青森県つがる市	
木造追広	きづくりおいひろ	青森県つがる市	
木造兼館	きづくりかねだて	青森県つがる市	
木造宮井	きづくりみやい	青森県つがる市	
木造宮崎	きづくりみやざき	青森県つがる市	
木造桜川	きづくりさくらがわ	青森県つがる市	
木造桜木	きづくりさくらぎ	青森県つがる市	
木造浦船	きづくりうらふね	青森県つがる市	
木造浮巣	きづくりうきす	青森県つがる市	
木造亀ケ岡	きづくりかめがおか	青森県つがる市	
木造清水	きづくりしみず	青森県つがる市	
木造菊川	きづくりきくかわ	青森県つがる市	
木造菰槌	きづくりこもつち	青森県つがる市	
木造野宮	きづくりのみや	青森県つがる市	
木造善積	きづくりよしづみ	青森県つがる市	
木造朝日	きづくりあさひ	青森県つがる市	
木造森山	きづくりもりやま	青森県つがる市	
木造森内	きづくりもりうち	青森県つがる市	
木造森本	きづくりもりもと	青森県つがる市	
木造筒木坂	きづくりどうきざか	青森県つがる市	
木造萩流	きづくりはぎながれ	青森県つがる市	
木造萩野	きづくりはぎの	青森県つがる市	
木造越水	きづくりこしみず	青森県つがる市	
木造照日	きづくりてるひ	青森県つがる市	
木造福原	きづくりふくはら	青森県つがる市	
木造蓮川	きづくりはすかわ	青森県つがる市	
木造蓮花田	きづくりれんげた	青森県つがる市	
木造豊田	きづくりとよだ	青森県つがる市	
木造増田	きづくりますた	青森県つがる市	
木造種取	きづくりたねとり	青森県つがる市	
木造駒田	きづくりこまた	青森県つがる市	
木造濁川	きづくりにごりがわ	青森県つがる市	
木造館岡	きづくりたておか	青森県つがる市	
木造曙	きづくりあけぼの	青森県つがる市	
木造藤田	きづくりふじた	青森県つがる市	
木造藤岡	きづくりふじおか	青森県つがる市	

木造鶴泊　きづくりつるどまり　青森県つがる市

11 木崎
　　きざき　青森県上北郡おいらせ町
　　きざき　茨城県神栖市
　　きざき　群馬県（東武鉄道伊勢崎線）
　　きざき　群馬県邑楽郡千代田町
　　きざき　埼玉県さいたま市浦和区
　　きざき　埼玉県春日部市
　　きざき　千葉県茂原市
　　きざき　千葉県大網白里市
　　きざき　新潟県新潟市北区
　　きざき　福井県敦賀市
　　きざき　福井県小浜市

木崎一町	きざきいちちょう	茨城県常陸太田市
木崎二町	きざきにちょう	茨城県常陸太田市
木崎野	きざきの	富山県南砺市
木挽丁	こびきちょう	和歌山県和歌山市
木挽町	こびきちょう	岐阜県岐阜市
木曽	きそ	滋賀県犬上郡多賀町
木曽下	きそしも	兵庫県淡路市
木曽上	きそかみ	兵庫県淡路市
木曽上畑	きそかみはた	兵庫県淡路市
木曽川	きそがわ	愛知県（JR東海道本線）

木曽川町三ツ法寺　きそがわちょうみつほうじ　愛知
　県一宮市
木曽川町内割田　きそがわちょううちわりでん　愛知
　県一宮市
木曽川町外割田　きそがわちょうそとわりでん　愛知
　県一宮市
木曽川町玉ノ井　きそがわちょうたまのい　愛知県一
　宮市
木曽川町里小牧　きそがわちょうさとこまき　愛知県
　一宮市
木曽川町門間　きそがわちょうかどま　愛知県一宮市
木曽川町黒田　きそがわちょうくろだ　愛知県一宮市
木曽川堤　きそがわづつみ　愛知県（名古屋鉄道名古
　屋本線）
木曽平沢
　　きそひらさわ　長野県（JR中央本線）
　　きそひらさわ　長野県塩尻市

木曽西	きそにし	東京都町田市
木曽呂	きぞろ	埼玉県川口市

木曽町
　　きそまち　東京都町田市
　　きそまち　石川県小松市
　　きそまち　長野県木曽郡

木曽岬町	きそさきちょう	三重県桑名郡
木曽東	きそひがし	東京都町田市
木曽根	きぞね	埼玉県八潮市
木曽郡	きそぐん	長野県
木曽福島	きそふくしま	長野県（JR中央本線）
木梨	きなし	兵庫県加東市

木部
　　きべ　茨城県東茨城郡茨城町
　　きべ　埼玉県比企郡小川町
　　きべ　埼玉県児玉郡美里町
　　きべ　滋賀県野洲市
　　きべ　大分県宇佐市

木部町
　　きべまち　群馬県高崎市
　　きべちょう　大阪府池田市

4画（木）

きべちょう　島根県益田市

木野
きの　福井県三方郡美浜町
きの　京都府（叡山電鉄鞍馬線）
この　広島県大竹市
きの　熊本県菊池市

木野下　きのした　東京都青梅市

木野大通西　きのおおどおりにし　北海道河東郡音
更町

木野大通東　きのおおどおりひがし　北海道河東郡音
更町

木野子　きのこ　千葉県佐倉市

木野山　きのやま　岡山県（JR伯備線）

木野山町　きのやままちょう　広島県府中市

木野川　きのかわ　埼玉県北葛飾郡杉戸町

木野公園下町　きのこうえんしたまち　北海道河東郡
音更町

木野反　きのそり　福島県東白川郡塙町

木野目　きのめ　埼玉県川越市

木野地町　きのじまち　栃木県栃木市

木野西通　きのにしどおり　北海道河東郡音更町

木野東通　きのひがしどおり　北海道河東郡音更町

木野俣　きのまた　山形県鶴岡市

木野崎　きのさき　千葉県野田市

木野新町　きのしんまち　北海道河東郡音更町

¹²**木場**
きば　北海道釧路郡釧路町
きば　東京都（東京地下鉄東西線）
きば　東京都江東区
きば　新潟県新潟市西区
きば　愛知県海部郡飛島村
きば　兵庫県姫路市
こば　長崎県大村市
こば　鹿児島県姶良郡湧水町

木場十八反町　きばじゅうはったんちょう　兵庫県姫
路市

木場台　きばだい　石川県小松市

木場田町　こばたちょう　長崎県佐世保市

木場町
きばちょう　北海道苫小牧市
きばまち　山形県米沢市
きばまち　富山県富山市
きばまち　石川県小松市
きばちょう　愛知県名古屋市港区
こばちょう　長崎県長崎市
こばちょう　長崎県平戸市
こばちょう　長崎県五島市
こばちょう　鹿児島県枕崎市

木場免　こばめん　長崎県北松浦郡佐々町

木場前七反町　きばまえななたんちょう　兵庫県姫
路市

木場前中町　きばまえなかちょう　兵庫県姫路市

木場茶屋　こばんちゃや　鹿児島県（JR鹿児島本線）

木場茶屋町　こばんちゃやちょう　鹿児島県薩摩川
内市

木場郷
こばごう　長崎県東彼杵郡東彼杵町
こばごう　長崎県東彼杵郡川棚町

木曾畑中　きそはたなか　栃木県那須塩原市

木植　きうえ　茨城県桜川市

木筒　きづつ　青森県北津軽郡鶴田町

木葉
このは　熊本県（JR鹿児島本線）
このは　熊本県玉名郡玉東町

木葉下町　あぼっけちょう　茨城県水戸市

木落
きおとし　宮城県伊具郡丸森町
きおとし　新潟県十日町市
きおとし　福井県大野市

木賀　きが　神奈川県足柄下郡箱根町

木賀本郷町西　きがほんごうちょうにし　愛知県江
南市

木賀本郷町東　きがほんごうちょうひがし　愛知県江
南市

木賀本郷町南　きがほんごうちょうみなみ　愛知県江
南市

木賀本郷町緑　きがほんごうちょうみどり　愛知県江
南市

木賀町大門　きがちょうだいもん　愛知県江南市

木賀町杉　きがちょうすぎ　愛知県江南市

木賀町定和　きがちょうじょうわ　愛知県江南市

木賀町新開　きがちょうしんがい　愛知県江南市

木賀東町新宮　きがひがしちょうしんぐう　愛知県江
南市

木賀東町新塚　きがひがしちょうしんづか　愛知県江
南市

木越
きごし　新潟県五泉市
きごし　石川県金沢市

木越町　きごしまち　石川県金沢市

木越荒屋　きごしあらや　新潟県五泉市

木間ケ瀬
きまがせ　茨城県坂東市
きまがせ　千葉県野田市

木間内　きまない　北海道檜山郡厚沢部町

木間生　こもお　兵庫県川辺郡猪名川町

木間塚　きまつか　宮城県遠田郡美里町

木須　きずた　島根県邑智郡邑南町

木須町　きすちょう　佐賀県伊万里市

¹³**木園**　きぞの　山口県光市

木慈　きじ　鹿児島県大島郡瀬戸内町

木滑
きなめり　新潟県新潟市南区
きなめり　石川県白山市

木滑新　きなめりしん　石川県白山市

木滝　きたき　茨城県鹿嶋市

木滝佐田谷原入会　きたきさだやわらいりあい　茨城
県鹿嶋市

木蓮寺　もくれんじ　埼玉県入間市

木詰　きづまり　北海道夕張郡長沼町

木賊　とくさ　福島県南会津郡南会津町

木賊山町　とくさやまちょう　京都府京都市下京区

木賊川　とくさがわ　岩手県滝沢市

木路原　きろはら　島根県（JR三江線）

木鉢町　きばちまち　長崎県長崎市

¹⁴**木徳町**　きとくちょう　香川県善通寺市

木樋　きとい　北海道網走郡津別町

木綿町　きわたまち　佐賀県唐津市

木綿畑　きわたはた　栃木県那須塩原市

¹⁵**木器**　こうづき　兵庫県三田市

4画（欠, 止, 比）

木幡
　　こはた　福島県二本松市
　　きばた　栃木県矢板市
　　きばた　栃木県芳賀郡茂木町
　　こはた　京都府（JR奈良線）
　　こわた　京都府（京阪電気鉄道宇治線）
　　こはた　京都府宇治市
　　こばた　兵庫県（神戸電鉄粟生線）
16木積
　　きずみ　千葉県匝瑳市
　　こつみ　大阪府貝塚市
　　こつも　高知県安芸郡北川村
木興町　きこちょう　三重県伊賀市
木頭　きとう　徳島県那賀郡那賀町
木頭出原　きとういずはら　徳島県那賀郡那賀町
木頭北川　きとうきたがわ　徳島県那賀郡那賀町
木頭名　きとうみょう　徳島県那賀郡那賀町
木頭西宇　きとうにしう　徳島県那賀郡那賀町
木頭助　きとうすけ　徳島県那賀郡那賀町
木頭折宇　きとうおりう　徳島県那賀郡那賀町
木頭和無田　きとうわむだ　徳島県那賀郡那賀町
木頭南宇　きとうみなみう　徳島県那賀郡那賀町
18木藤次郎内　きとうじろううち　福島県二本松市
19木瀬町　きせちょう　愛知県豊田市

【欠】
0欠ケ下町　かけがしたちょう　愛知県半田市
　欠ノ上　かけのうえ　埼玉県坂戸市
2欠入下　かけいりしも　宮城県伊具郡丸森町
　欠入上　かけいりかみ　宮城県伊具郡丸森町
　欠入前山　かけいりまえやま　宮城県伊具郡丸森町
　欠入菅　かけいりすげ　宮城県伊具郡丸森町
3欠上り　かけあがり　福島県耶麻郡猪苗代町
4欠之上　かけのうえ　新潟県南魚沼市
5欠田　かけた　岩手県八幡平市
7欠町　かけまち　愛知県岡崎市
10欠真間　かけまま　千葉県市川市

【止】
7止別
　　やむべつ　北海道（JR釧網本線）
　　やんべつ　北海道斜里郡小清水町
8止若内　やむわっかない　北海道足寄郡陸別町

【比】
0比々野町　ひびのちょう　愛知県名古屋市熱田区
2比八田　ひはた　秋田県能代市
3比久見　ひくみ　岐阜県加茂郡川辺町
　比土
　　ひど　三重県（伊賀鉄道線）
　　ひど　三重県伊賀市
　比子　ひこ　山形県飽海郡遊佐町
4比井　ひい　和歌山県日高郡日高町
　比内町八木橋　ひないまちやぎはし　秋田県大館市
　比内町大葛　ひないまちおおそく　秋田県大館市
　比内町小坪沢　ひないまちおつぼざわ　秋田県大館市
　比内町中野　ひないまちなかの　秋田県大館市
　比内町片貝　ひないまちかたがい　秋田県大館市

比内町白沢水沢　ひないまちしらさわみずさわ　秋田
　県大館市
比内町谷地中　ひないまちやちなか　秋田県大館市
比内町味噌内　ひないまちみそない　秋田県大館市
比内町独鈷　ひないまちとっこ　秋田県大館市
比内町扇田　ひないまちおうぎた　秋田県大館市
比内町笹館　ひないまちささだて　秋田県大館市
比内町達子　ひないまちたっこ　秋田県大館市
比内町新館　ひないまちにいだて　秋田県大館市
比内前田　ひないまえだ　秋田県大館市
比木　ひき　静岡県御前崎市
比毛　ひけ　茨城県下妻市
5比布　ぴっぷ　北海道（JR宗谷本線）
比布町　ぴっぷちょう　北海道上川郡
比礼　ひれい　新潟県長岡市
比立内　ひたちない　秋田県（秋田内陸縦貫鉄道線）
6比企郡　ひきぐん　埼玉県
比地　ひじ　沖縄県国頭郡国頭村
比地大　ひじだい　香川県（JR予讃線）
比江
　　ひえ　滋賀県野洲市
　　ひえ　高知県南国市
比自岐　ひじき　三重県伊賀市
比衣　ひえ　岐阜県可児郡御嵩町
7比作　ひっつくり　広島県大竹市
比良
　　ぴら　石川県鳳珠郡穴水町
　　ひら　愛知県（東海交通事業城北線）
　　ひら　愛知県名古屋市西区
　　ひら　滋賀県（JR湖西線）
比良町
　　ひらまち　長崎県佐世保市
　　ひらちょう　宮崎県日向市
比良松　ひらまつ　福岡県朝倉市
比角　ひすみ　新潟県柏崎市
8比和町三河内　ひわちょうみつがいち　広島県庄原市
比和町木屋原　ひわちょうこやばら　広島県庄原市
比和町比和　ひわちょうひわ　広島県庄原市
比和町古頃　ひわちょうこごろ　広島県庄原市
比和町森脇　ひわちょうもりわき　広島県庄原市
比奈
　　ひな　静岡県（岳南電車線）
　　ひな　静岡県富士市
比奈窪　ひなくぼ　神奈川県足柄上郡中井町
比延
　　ひえ　兵庫県（JR加古川線）
　　ひえ　兵庫県神崎郡神河町
比延町　ひえちょう　兵庫県西脇市
比治山下　ひじやました　広島県（広島電鉄皆実線）
比治山公園　ひじやまこうえん　広島県広島市南区
比治山本町　ひじやまほんまち　広島県広島市南区
比治山町　ひじやまちょう　広島県広島市南区
比治山橋　ひじやまばし　広島県（広島電鉄皆実線）
9比屋定　ひやじょう　沖縄県島尻郡久米島町
比屋根　ひやごん　沖縄県沖縄市
比津　ひつ　三重県（JR名松線）
比津が丘　ひつがおか　島根県松江市
比津町　ひつちょう　島根県松江市
比美町　ひみまち　富山県氷見市

337

4画（毛, 氏, 水）

10比島　ひしま　福井県（えちぜん鉄道勝山永平寺線）
比島町　ひじまちょう　高知県高知市
比恵町　ひえまち　福岡県福岡市博多区
比留田　ひるた　滋賀県野洲市
11比婆山　ひばやま　広島県（JR芸備線）
比曽
　　ひそ　福島県相馬郡飯舘村
　　ひそ　奈良県吉野郡大淀町
13比路平　ひろびら　岩手県八幡平市
14比嘉
　　ひが　沖縄県中頭郡北中城村
　　ひが　沖縄県島尻郡久米島町
15比敷　ひじき　島根県邑智郡美郷町
16比叡山坂本　ひえいざんさかもと　滋賀県（JR湖西線）
比叡平　ひえいだいら　滋賀県大津市
比叡辻　ひえいつじ　滋賀県大津市
17比謝　ひじゃ　沖縄県中頭郡読谷村
比謝矼　ひじゃばし　沖縄県中頭郡読谷村
19比羅夫
　　ひらふ　北海道（JR函館本線）
　　ひらふ　北海道虻田郡倶知安町
比羅岡　ひらおか　北海道虻田郡喜茂別町

【毛】
2毛人谷　えびたに　大阪府富田林市
4毛井　けい　大分県大分市
毛井首町　けいくびまち　長崎県長崎市
5毛田　けた　徳島県三好郡東みよし町
毛矢　けや　福井県福井市
毛穴町　けなちょう　大阪府堺市中区
6毛吉田　けよしだ　宮崎県日南市
毛成　けなり　千葉県香取郡神崎町
毛有　けあり　茨城県取手市
7毛利　もうり　東京都江東区
毛利台　もうりだい　神奈川県厚木市
毛利町
　　もうりちょう　京都府京都市伏見区
　　もうりちょう　山口県周南市
毛呂　もろ　埼玉県（JR八高線）
毛呂山町　もろやままち　埼玉県入間郡
毛呂本郷　もろほんごう　埼玉県入間郡毛呂山町
毛呂町　けろちょう　愛知県岡崎市
毛見　けみ　和歌山県和歌山市
毛谷　けだに　鳥取県八頭郡智頭町
9毛屋　けや　福井県勝山市
毛屋町　けやちょう　福井県勝山市
毛祝坂　けわいざか　新潟県妙高市
毛革屋丁　けがわやちょう　和歌山県和歌山市
10毛倉野　けぐらの　静岡県賀茂郡南伊豆町
毛原　けはら　奈良県山辺郡山添村
毛原下　けばらしも　和歌山県海草郡紀美野町
毛原上　けばらかみ　和歌山県海草郡紀美野町
毛原中　けばらなか　和歌山県海草郡紀美野町
毛原宮　けばらみや　和歌山県海草郡紀美野町
毛根　けね　北海道河西郡芽室町
毛馬町　けまちょう　大阪府大阪市都島区
11毛野新町　けのしんまち　栃木県足利市

12毛塚　けつか　埼玉県東松山市
毛無森　けなしもり　青森県三戸郡五戸町
毛萱
　　けがや　宮城県角田市
　　けがや　福島県双葉郡富岡町
毛賀
　　けが　長野県（JR飯田線）
　　けが　長野県飯田市
毛陽町　もうようちょう　北海道岩見沢市

【氏】
9氏乗　うじのり　長野県下伊那郡喬木村
氏神前　うじがみまえ　愛知県長久手市
10氏家
　　うじいえ　栃木県（JR東北本線）
　　うじいえ　栃木県さくら市
氏家新田　うじいえしんでん　栃木県さくら市

【水】
0水ケ江　みずがえ　佐賀県佐賀市
水ケ曽根　みずがそね　新潟県阿賀野市
水ノ輪町　みずのわちょう　岐阜県関市
水の上　みずのかみ　千葉県成田市
水の上町　みずのうえちょう　山口県山口市
水の手町　みずのてちょう　長野県飯田市
水の浦町　みずのうらまち　長崎県長崎市
水の森　みずのもり　宮城県仙台市青葉区
3水下　みずおち　鳥取県東伯郡湯梨浜町
水下道上　みずしたみちうえ　宮城県刈田郡七ケ宿町
水上
　　みずかみ　北海道磯谷郡蘭越町
　　みずかみ　北海道斜里郡小清水町
　　みずかみ　福島県喜多方市
　　みずかみ　福島県二本松市
　　みなかみ　群馬県（JR上越線）
　　みずかみ　新潟県柏崎市
　　みずかみ　富山県中新川郡上市町
　　みずかみ　静岡県静岡市駿河区
　　みずかみ　静岡県藤枝市
水上口　みずみなみぐち　宮城県刈田郡七ケ宿町
水上村　みずかみむら　熊本県球磨郡
水上町三久須　みなかみちょうみくす　島根県大田市
水上町白坏　みなかみちょうしろつき　島根県大田市
水上町荻原　みなかみちょうおぎはら　島根県大田市
水上町福原　みなかみちょうふくはら　島根県大田市
水口
　　みのくち　茨城県結城郡八千代町
　　みよぐち　千葉県長生郡長生村
　　みずくち　山梨県山梨市
　　みなくち　滋賀県（近江鉄道本線）
　　みなくち　鳥取県八頭郡八頭町
水口石橋　みなくちいしばし　滋賀県（近江鉄道本線）
水口沢　みなくちざわ　新潟県十日町市
水口町
　　みなぐちちょう　静岡県熱海市
　　みなくちまち　愛媛県松山市
水口町さつきが丘　みなくちちょうさつきがおか　滋賀県甲賀市
水口町ひのきが丘　みなくちちょうひのきがおか　滋賀県甲賀市

338

4画（水）

水口町八田 みなくちちょうはった 滋賀県甲賀市
水口町八光 みなくちちょうはっこう 滋賀県甲賀市
水口町八坂 みなくちちょうやさか 滋賀県甲賀市
水口町下山 みなくちちょうしもやま 滋賀県甲賀市
水口町三大寺 みなくちちょうさんだいじ 滋賀県甲賀市
水口町山 みなくちちょうやま 滋賀県甲賀市
水口町山上 みなくちちょうやまがみ 滋賀県甲賀市
水口町中邸 みなくちちょうなかやしき 滋賀県甲賀市
水口町中畑 みなくちちょうなかはた 滋賀県甲賀市
水口町今郷 みなくちちょういまごう 滋賀県甲賀市
水口町元町 みなくちちょうもとまち 滋賀県甲賀市
水口町日電 みなくちちょうにちでん 滋賀県甲賀市
水口町水口 みなくちちょうみなくち 滋賀県甲賀市
水口町牛飼 みなくちちょううしかい 滋賀県甲賀市
水口町北内貴 みなくちちょうきたないき 滋賀県甲賀市
水口町北泉 みなくちちょうきたいずみ 滋賀県甲賀市
水口町北脇 みなくちちょうきたわき 滋賀県甲賀市
水口町古城が丘 みなくちちょうこじょうがおか 滋賀県甲賀市
水口町本丸 みなくちちょうほんまる 滋賀県甲賀市
水口町本町 みなくちちょうほんまち 滋賀県甲賀市
水口町本綾野 みなくちちょうもとあやの 滋賀県甲賀市
水口町名坂 みなくちちょうなさか 滋賀県甲賀市
水口町宇川 みなくちちょううかわ 滋賀県甲賀市
水口町宇田 みなくちちょううつた 滋賀県甲賀市
水口町虫生野 みなくちちょうむしょうの 滋賀県甲賀市
水口町虫生野中央 みなくちちょうむしょうのちゅうおう 滋賀県甲賀市
水口町虫生野虹の町 みなくちちょうむしょうのにじのまち 滋賀県甲賀市
水口町西林口 みなくちちょうにしはやしぐち 滋賀県甲賀市
水口町伴中山 みなくちちょうばんなかやま 滋賀県甲賀市
水口町杣中 みなくちちょうそまなか 滋賀県甲賀市
水口町京町 みなくちちょうきょうまち 滋賀県甲賀市
水口町和野 みなくちちょうわの 滋賀県甲賀市
水口町岩坂 みなくちちょういわさか 滋賀県甲賀市
水口町松尾 みなくちちょうまつお 滋賀県甲賀市
水口町松栄 みなくちちょうしょうえい 滋賀県甲賀市
水口町東名坂 みなくちちょうひがしなさか 滋賀県甲賀市
水口町東林口 みなくちちょうひがしはやしぐち 滋賀県甲賀市
水口町的場 みなくちちょうまとば 滋賀県甲賀市
水口町南林口 みなくちちょうみなみはやしぐち 滋賀県甲賀市
水口町城内 みなくちちょうじょうない 滋賀県甲賀市
水口町城東 みなくちちょうじょうとう 滋賀県甲賀市
水口町春日 みなくちちょうかすが 滋賀県甲賀市
水口町泉 みなくちちょういずみ 滋賀県甲賀市
水口町神明 みなくちちょうしんめい 滋賀県甲賀市
水口町秋葉 みなくちちょうあきば 滋賀県甲賀市
水口町宮の前 みなくちちょうみやのまえ 滋賀県甲賀市

水口町梅が丘 みなくちちょううめがおか 滋賀県甲賀市
水口町酒人 みなくちちょうさこうど 滋賀県甲賀市
水口町高山 みなくちちょうたかやま 滋賀県甲賀市
水口町高塚 みなくちちょうたかつか 滋賀県甲賀市
水口町笹が丘 みなくちちょうささがおか 滋賀県甲賀市
水口町鹿深 みなくちちょうろくしん 滋賀県甲賀市
水口町暁 みなくちちょうあかつき 滋賀県甲賀市
水口町朝日が丘 みなくちちょうあさひがおか 滋賀県甲賀市
水口町植 みなくちちょううえ 滋賀県甲賀市
水口町貴生川 みなくちちょうきぶかわ 滋賀県甲賀市
水口町新町 みなくちちょうしんまち 滋賀県甲賀市
水口町新城 みなくちちょうしんじょう 滋賀県甲賀市
水口町綾野 みなくちちょうあやの 滋賀県甲賀市
水口町嶬峨 みなくちちょうぎか 滋賀県甲賀市
水口松尾 みなくちまつお 滋賀県（近江鉄道本線）
水口城南 みなくちじょうなん 滋賀県（近江鉄道本線）
水土野 みどの 静岡県御殿場市
水子 みずこ 埼玉県富士見市
水川 みずかわ 静岡県榛原郡川根本町
4水中 みずなか 長野県上高井郡高山村
水之尾 みずのお 神奈川県小田原市
水井町 すいいちょう 徳島県阿南市
水元 みずもと 東京都葛飾区
水元公園 みずもとこうえん 東京都葛飾区
水元町
みずもとちょう 北海道室蘭市
みずもとまち 北海道斜里郡斜里町
水内 みずうち 京都府福知山市
水切町
みずきりちょう 福井県福井市
みずきりちょう 愛知県名古屋市北区
水分 すいぶん 大阪府南河内郡千早赤阪村
水分町 みずわけちょう 島根県益田市
水天宮前 すいてんぐうまえ 東京都（東京地下鉄半蔵門線）
水引
みずひき 福島県南会津郡南会津町
みずひき 神奈川県厚木市
水引町 みずひきちょう 鹿児島県薩摩川内市
水戸
みと 福島県大沼郡会津美里町
みと 茨城県（JR常磐線ほか）
みと 茨城県桜川市
みと 千葉県香取郡多古町
みと 京都府船井郡京丹波町
水戸市 みとし 茨城県
水戸田 みとだ 富山県射水市
水戸町 みとちょう 滋賀県湖南市
水戸島 みとじま 静岡県富士市
水戸島元町 みとじまもとちょう 静岡県富士市
水戸島本町 みとじまほんちょう 静岡県富士市
水戸部 みとべ 栃木県真岡市
水戸野
みとの 新潟県五泉市
みとの 岐阜県加茂郡白川町

4画（水）

水木　みずき　青森県南津軽郡藤崎町
水木在家　みずきざいけ　青森県弘前市
水木町
　　みずきちょう　茨城県日立市
　　みずきちょう　栃木県佐野市
水木通　みずきどおり　兵庫県神戸市兵庫区
⁵水主
　　みずし　京都府城陽市
　　みずし　香川県東かがわ市
水主町
　　かこまち　岐阜県岐阜市
　　かこまち　佐賀県唐津市
　　かこまち　長崎県大村市
　　かこまち　大分県中津市
水北町　すいほくちょう　愛知県瀬戸市
水尻
　　みずしり　和歌山県有田郡有田川町
　　みずしり　広島県（JR呉線）
水尻町　みずしりまち　宮崎県延岡市
水広　みずひろ　愛知県名古屋市緑区
水本　みずもと　山形県西村山郡朝日町
水玉　みずたま　千葉県館山市
水田
　　すいた　新潟県新潟市秋葉区
　　みずた　香川県（高松琴平電気鉄道長尾線）
　　みずた　福岡県筑後市
水田丸町　みずたまるまち　石川県加賀市
水田町　みずたまち　長崎県大村市
水白　みじろ　石川県鹿島郡中能登町
水目町　みずめまち　大分県日田市
水石　すいし　福島県南会津郡南会津町
水穴町　みずあなまち　新潟県長岡市
⁶水守
　　みもり　茨城県つくば市
　　みずもり　静岡県藤枝市
水守町　みともりまち　石川県輪島市
水成川　みずなりかわ　鹿児島県（JR指宿枕崎線）
水汲　みずくま　長野県松本市
水江　みずえ　岡山県倉敷市
水江町　みずえちょう　神奈川県川崎市川崎区
水竹町　みずたけちょう　愛知県蒲郡市
水芋　みずいも　宮城県加美郡加美町
⁷水判土　みずはた　埼玉県さいたま市西区
水呑　みずのみ　京都府船井郡京丹波町
水呑向丘　みのみむかいがおか　広島県福山市
水呑町　みのみちょう　広島県福山市
水尾
　　みずお　新潟県南魚沼市
　　みずお　大阪府茨木市
水尾町　みずおちょう　兵庫県西脇市
水尾新田　みずおしんでん　新潟県南魚沼市
水抜　みずぬき　福島県伊達市
水沢
　　みずさわ　北海道上川郡美瑛町
　　みずさわ　岩手県（JR東北本線）
　　みずさわ　岩手県九戸郡洋野町
　　みずさわ　宮城県伊具郡丸森町
　　みずさわ　秋田県にかほ市
　　みずさわ　秋田県雄勝郡羽後町
　　みずさわ　山形県鶴岡市

　　みずさわ　山形県西村山郡西川町
　　みずさわ　福島県双葉郡双葉町
　　みずさわ　千葉県市原市
　　みずさわ　神奈川県川崎市宮前区
　　みずさわ　新潟県長岡市
　　みずさわ　新潟県十日町市
　　みずさわ　新潟県魚沼市
水沢区一本柳　みずさわくいっぽんやなぎ　岩手県奥州市
水沢区二反田　みずさわくにたんだ　岩手県奥州市
水沢区八反田　みずさわくはったんだ　岩手県奥州市
水沢区八反町　みずさわくはったんまち　岩手県奥州市
水沢区三本木　みずさわくさんぼんき　岩手県奥州市
水沢区上町　みずさわくうわまち　岩手県奥州市
水沢区上姉体　みずさわくかみあねたい　岩手県奥州市
水沢区久田　みずさわくきゅうでん　岩手県奥州市
水沢区土器田　みずさわくどきた　岩手県奥州市
水沢区大上　みずさわくおおがみ　岩手県奥州市
水沢区大手町　みずさわくおおてまち　岩手県奥州市
水沢区大町　みずさわくおおまち　岩手県奥州市
水沢区大明神　みずさわくだいみょうじん　岩手県奥州市
水沢区大畑小路　みずさわくおおばたけこうじ　岩手県奥州市
水沢区大橋　みずさわくおおはし　岩手県奥州市
水沢区大鐘町　みずさわくおおがねちょう　岩手県奥州市
水沢区小中　みずさわくこなか　岩手県奥州市
水沢区小石田　みずさわくこいしだ　岩手県奥州市
水沢区山崎町　みずさわくやまざきちょう　岩手県奥州市
水沢区川口町　みずさわくかわぐちまち　岩手県奥州市
水沢区川原小路　みずさわくかわらこうじ　岩手県奥州市
水沢区川端　みずさわくかわばた　岩手県奥州市
水沢区不断町　みずさわくふだんちょう　岩手県奥州市
水沢区中上野町　みずさわくなかうわのちょう　岩手県奥州市
水沢区中田町　みずさわくなかだちょう　岩手県奥州市
水沢区中町　みずさわくなかまち　岩手県奥州市
水沢区中城　みずさわくなかしろ　岩手県奥州市
水沢区五千刈　みずさわくごせんがり　岩手県奥州市
水沢区五輪　みずさわくごりん　岩手県奥州市
水沢区内匠田　みずさわくたくみだ　岩手県奥州市
水沢区太日通り　みずさわくたいにちどおり　岩手県奥州市
水沢区天文台通り　みずさわくてんもんだいどおり　岩手県奥州市
水沢区日高小路　みずさわくひたかこうじ　岩手県奥州市
水沢区日高西　みずさわくひたかにし　岩手県奥州市
水沢区欠ノ下　みずさわくかけのした　岩手県奥州市
水沢区水ノ口　みずさわくみのくち　岩手県奥州市
水沢区水山　みずさわくみずやま　岩手県奥州市
水沢区水沢工業団地　みずさわくみずさわこうぎょうだんち　岩手県奥州市

4画（水）

水沢区水神　みずさわくみずがみ　岩手県奥州市
水沢区北丑沢　みずさわくきたうしざわ　岩手県奥州市
水沢区北半郷　みずさわくきたはんごう　岩手県奥州市
水沢区北田　みずさわくきただ　岩手県奥州市
水沢区北栗林　みずさわくきたくりばやし　岩手県奥州市
水沢区台町　みずさわくだいまち　岩手県奥州市
水沢区外谷地　みずさわくそとやち　岩手県奥州市
水沢区平沢　みずさわくひらさわ　岩手県奥州市
水沢区田小路　みずさわくたこうじ　岩手県奥州市
水沢区矢中　みずさわくやなか　岩手県奥州市
水沢区立町　みずさわくたちまち　岩手県奥州市
水沢区吉小路　みずさわくきちこうじ　岩手県奥州市
水沢区向田　みずさわくむかいだ　岩手県奥州市
水沢区名残　みずさわくなごり　岩手県奥州市
水沢区地蔵田　みずさわくじぞうでん　岩手県奥州市
水沢区多賀　みずさわくたが　岩手県奥州市
水沢区寺小路　みずさわくてらこうじ　岩手県奥州市
水沢区寺脇　みずさわくてらわき　岩手県奥州市
水沢区寺領　みずさわくじりょう　岩手県奥州市
水沢区羽田町　みずさわくはだちょう　岩手県奥州市
水沢区羽田町久保　みずさわくはだちょうくぼ　岩手県奥州市
水沢区羽田町向畑　みずさわくはだちょうむかいはた　岩手県奥州市
水沢区羽田町宝生　みずさわくはだちょうほうしょう　岩手県奥州市
水沢区羽田町宝柳木　みずさわくはだちょうほうりゅうぎ　岩手県奥州市
水沢区羽田町駅東　みずさわくはだちょうえきひがし　岩手県奥州市
水沢区羽田町駅前　みずさわくはだちょうえきまえ　岩手県奥州市
水沢区羽田町駅南　みずさわくはだちょうえきみなみ　岩手県奥州市
水沢区西上野町　みずさわくにしうわのちょう　岩手県奥州市
水沢区西田　みずさわくにしだ　岩手県奥州市
水沢区西光田　みずさわくにしこうでん　岩手県奥州市
水沢区西町　みずさわくにしまち　岩手県奥州市
水沢区佐倉河　みずさわくさくらかわ　岩手県奥州市
水沢区町裏　みずさわくまちうら　岩手県奥州市
水沢区花園町　みずさわくはなぞのちょう　岩手県奥州市
水沢区見分森　みずさわくみわけもり　岩手県奥州市
水沢区谷地中　みずさわくやちなか　岩手県奥州市
水沢区谷地明円　みずさわくやちみょうえん　岩手県奥州市
水沢区赤土田　みずさわくあかつちだ　岩手県奥州市
水沢区足袋針　みずさわくたびはり　岩手県奥州市
水沢区里鑓　みずさわくさとやり　岩手県奥州市
水沢区姉体町　みずさわくあねたいちょう　岩手県奥州市
水沢区斉の神　みずさわくさいのかみ　岩手県奥州市
水沢区斉勝田　みずさわくさいかつた　岩手県奥州市
水沢区東上野町　みずさわくひがしうわのちょう　岩手県奥州市
水沢区東大通り　みずさわくひがしおおどおり　岩手県奥州市
水沢区東中通り　みずさわくひがしなかどおり　岩手県奥州市
水沢区東半郷　みずさわくひがしはんごう　岩手県奥州市
水沢区東町　みずさわくあずまちょう　岩手県奥州市
水沢区長町　みずさわくながまち　岩手県奥州市
水沢区前田袋　みずさわくまえたぶくろ　岩手県奥州市
水沢区前谷地　みずさわくまえやち　岩手県奥州市
水沢区前郷　みずさわくぜんごう　岩手県奥州市
水沢区南大鐘　みずさわくみなみおおがね　岩手県奥州市
水沢区南丑沢　みずさわくみなみうしざわ　岩手県奥州市
水沢区南矢中　みずさわくみなみやなか　岩手県奥州市
水沢区南町　みずさわくみなみまち　岩手県奥州市
水沢区卸町　みずさわくおろしまち　岩手県奥州市
水沢区後田　みずさわくうしろだ　岩手県奥州市
水沢区星ガ丘町　みずさわくほしがおかちょう　岩手県奥州市
水沢区柳町　みずさわくやなぎまち　岩手県奥州市
水沢区泉町　みずさわくいずみちょう　岩手県奥州市
水沢区神明町　みずさわくしんめいちょう　岩手県奥州市
水沢区秋葉町　みずさわくあきばちょう　岩手県奥州市
水沢区宮下町　みずさわくみやしたちょう　岩手県奥州市
水沢区桑畑　みずさわくくわばた　岩手県奥州市
水沢区桜川　みずさわくさくらかわ　岩手県奥州市
水沢区桜屋敷　みずさわくさくらやしき　岩手県奥州市
水沢区桜屋敷西　みずさわくさくらやしきにし　岩手県奥州市
水沢区真城　みずさわくしんじょう　岩手県奥州市
水沢区真城が丘　みずさわくしんじょうがおか　岩手県奥州市
水沢区袖谷地　みずさわくそでやち　岩手県奥州市
水沢区造道　みずさわくつくりみち　岩手県奥州市
水沢区釜田　みずさわくかまた　岩手県奥州市
水沢区高山　みずさわくたかやま　岩手県奥州市
水沢区高谷宿　みずさわくこうやしゅく　岩手県奥州市
水沢区高屋敷　みずさわくたかやしき　岩手県奥州市
水沢区高網　みずさわくこうあみ　岩手県奥州市
水沢区堀ノ内　みずさわくほりのうち　岩手県奥州市
水沢区渋田　みずさわくしぶた　岩手県奥州市
水沢区笹森谷地　みずさわくささもりやち　岩手県奥州市
水沢区虚空蔵小路　みずさわくこくぞうこうじ　岩手県奥州市
水沢区袋町　みずさわくふくろまち　岩手県奥州市
水沢区雀田　みずさわくすずめだ　岩手県奥州市
水沢区黒子　みずさわくくろこ　岩手県奥州市
水沢区黒石町　みずさわくくろいしちょう　岩手県奥州市
水沢区堰合　みずさわくせきあい　岩手県奥州市

4画（水）

水沢区幅下　みずさわくはばした　岩手県奥州市
水沢区勝手町　みずさわくかってちょう　岩手県奥
　州市
水沢区朝日町　みずさわくあさひちょう　岩手県奥
　州市
水沢区森下　みずさわくもりした　岩手県奥州市
水沢区道合　みずさわくみちあい　岩手県奥州市
水沢区搦手丁　みずさわくからめてちょう　岩手県奥
　州市
水沢区新小路　みずさわくしんこうじ　岩手県奥州市
水沢区極楽　みずさわくごくらく　岩手県奥州市
水沢区福吉町　みずさわくふくよしちょう　岩手県奥
　州市
水沢区福原　みずさわくふくわら　岩手県奥州市
水沢区聖天　みずさわくしょうてん　岩手県奥州市
水沢区蓬田　みずさわくよもぎだ　岩手県奥州市
水沢区樋渡　みずさわくひわたし　岩手県奥州市
水沢区稲荷田　みずさわくいなりだ　岩手県奥州市
水沢区踊子　みずさわくおどりこ　岩手県奥州市
水沢区横町　みずさわくよこまち　岩手県奥州市
水沢区橇町　みずさわくそりまち　岩手県奥州市
水沢区築舘　みずさわくつきだて　岩手県奥州市
水沢区龍ケ馬場　みずさわくりゅうがばば　岩手県奥
　州市
水沢区鶴淵　みずさわくつるぶち　岩手県奥州市
水沢市之沢　みずさわいちのさわ　新潟県十日町市
水沢江刺　みずさわえさし　岩手県（JR東北新幹線
　ほか）
水沢町
　みずさわちょう　新潟県胎内市
　すいざわちょう　三重県四日市市
水沢野田町　すいざわのだちょう　三重県四日市市
水町　みずまち　熊本県宇土市
水見色　みずみいろ　静岡県静岡市葵区
水角　すいかく　埼玉県春日部市
水谷
　みずたに　埼玉県富士見市
　すいだに　滋賀県犬上郡多賀町
　みたに　兵庫県神戸市西区
　みずたに　福岡県福岡市東区
水谷町　みずたにちょう　福井県福井市
水谷東　みずたにひがし　埼玉県富士見市
水走　みずはい　大阪府東大阪市
水車町　すいしゃちょう　北海道札幌市豊平区
水車新田　すいしゃしんでん　兵庫県神戸市灘区
水里　みずさと　愛知県名古屋市中川区
⁸水取
　みずとり　福井県小浜市
　みずとり　京都府京田辺市
　みずとり　大分県豊後高田市
水垂　みずたり　静岡県掛川市
水垂町　みずたりちょう　長崎県平戸市
水居　みずい　福井県（えちぜん鉄道三国芦原線）
水岡　みずおか　千葉県館山市
水府町　すいふちょう　茨城県水戸市
水房　みずふさ　埼玉県比企郡滑川町
水押　みずおし　宮城県石巻市
水明
　すいめい　福井県大飯郡高浜町
　すいめい　滋賀県大津市

水明北　すいめいきた　宮城県石巻市
水明台　すいめいだい　兵庫県川西市
水明町　すいめいちょう　兵庫県尼崎市
水明南　すいめいみなみ　宮城県石巻市
水明郷　すいめいきょう　北海道千歳市
水林　みずばやし　秋田県由利本荘市
水沼
　みずぬま　青森県南津軽郡藤崎町
　みずぬま　宮城県石巻市
　みずぬま　福島県大沼郡金山町
　みずぬま　群馬県（わたらせ渓谷鐵道線）
　みずぬま　千葉県長生郡長南町
水泥町　みどろまち　愛媛県松山市
水牧　みずまき　富山県小矢部市
水茎町　すいけいちょう　滋賀県近江八幡市
水門　みずもん　茨城県龍ケ崎市
水門町
　すいもんちょう　秋田県大館市
　すいもんまち　福島県郡山市
　すいもんちょう　奈良県奈良市
　すいもんちょう　岡山県岡山市東区
水門前　すいもんまえ　秋田県大館市
水附町　みずつきちょう　愛知県一宮市
⁹水保　みずほ　新潟県糸魚川市
水保町　みずほちょう　滋賀県守山市
水俣　みなまた　熊本県（肥薩おれんじ鉄道線）
水俣市　みなまたし　熊本県
水前寺
　すいぜんじ　熊本県（JR豊肥本線）
　すいぜんじ　熊本県熊本市中央区
水前寺公園
　すいぜんじこうえん　熊本県（熊本市交通局A系統ほ
　か）
　すいぜんじこうえん　熊本県熊本市中央区
水南町　すいなんちょう　愛知県瀬戸市
水城
　みずき　福岡県（JR鹿児島本線）
　みずき　福岡県太宰府市
水城公園　すいじょうこうえん　埼玉県行田市
水屋町　みずやまち　佐賀県鳥栖市
水巻　みずまき　福岡県（JR鹿児島本線）
水巻町　みずまきまち　福岡県遠賀郡
水海
　みずうみ　茨城県古河市
　みずうみ　福井県今立郡池田町
水海道
　みつかいどう　茨城県（関東鉄道常総線）
　みつかいどう　茨城県結城市
　みずかいどう　岐阜県岐阜市
水海道山田町　みつかいどうやまだまち　茨城県常
　総市
水海道川又町　みつかいどうかわまたちょう　茨城県常
　総市
水海道元町　みつかいどうもとまち　茨城県常総市
水海道天満町　みつかいどうてんまんちょう　茨城県常
　総市
水海道本町　みつかいどうほんちょう　茨城県常総市
水海道宝町　みつかいどうたからまち　茨城県常総市
水海道栄町　みつかいどうさかえちょう　茨城県常総市

4画（水）

水海道高野町　みつかいどうこうやまち　茨城県常総市

水海道亀岡町　みつかいどうかめおかちょう　茨城県常総市

水海道淵頭町　みつかいどうふちがしらまち　茨城県常総市

水海道森下町　みつかいどうもりしたまち　茨城県常総市

水海道諏訪町　みつかいどうすわまち　茨城県常総市

水海道橋本町　みつかいどうはしもとちょう　茨城県常総市

水津　すいづ　新潟県佐渡市

水神
　すいじん　福島県二本松市
　すいじん　山梨県韮崎市

水神町　すいじんちょう　神奈川県秦野市

水草町　みずくさちょう　愛知県名古屋市北区

水計町　みずはかりまち　長崎県大村市

10水原
　みずはら　茨城県潮来市
　すいばら　新潟県（JR羽越本線）
　すいばら　新潟県阿賀野市
　みずはら　京都府船井郡京丹波町
　みずはら　福岡県宮若市
　みずはら　福岡県八女郡広川町
　みずはら　福岡県築上郡築上町

水宮　すいぐう　埼玉県ふじみ野市

水島
　みずしま　富山県小矢部市
　みずしま　岡山県（水島臨海鉄道線）

水島川崎通　みずしまかわさきどおり　岡山県倉敷市

水島中通　みずしまなかどおり　岡山県倉敷市

水島北幸町　みずしまきたさいわいちょう　岡山県倉敷市

水島北春町　みずしまきたかすがちょう　岡山県倉敷市

水島北亀島町　みずしまきたかめじまちょう　岡山県倉敷市

水島北瑞穂町　みずしまきたみずほちょう　岡山県倉敷市

水島北緑町　みずしまきたみどりまち　岡山県倉敷市

水島西千鳥町　みずしまにしちどりちょう　岡山県倉敷市

水島西寿町　みずしまにしことぶきちょう　岡山県倉敷市

水島西弥生町　みずしまにしやよいちょう　岡山県倉敷市

水島西栄町　みずしまにしさかえまち　岡山県倉敷市

水島西通　みずしまにしどおり　岡山県倉敷市

水島西常盤町　みずしまにしときわちょう　岡山県倉敷市

水島町
　みずしまちょう　新潟県新潟市中央区
　みずしまちょう　新潟県五泉市
　みずしままち　石川県白山市
　みずしままち　熊本県八代市

水島明神町　みずしまみょうじんちょう　岡山県倉敷市

水島東千鳥町　みずしまひがしちどりちょう　岡山県倉敷市

水島東川町　みずしまひがしがわちょう　岡山県倉敷市

水島東寿町　みずしまひがしことぶきちょう　岡山県倉敷市

水島東弥生町　みずしまひがしやよいちょう　岡山県倉敷市

水島東栄町　みずしまひがしさかえまち　岡山県倉敷市

水島東常盤町　みずしまひがしときわちょう　岡山県倉敷市

水島青葉町　みずしまあおばちょう　岡山県倉敷市

水島南幸町　みずしまみなみさいわいちょう　岡山県倉敷市

水島南春日町　みずしまみなみかすがちょう　岡山県倉敷市

水島南亀島町　みずしまみなみかめじまちょう　岡山県倉敷市

水島南瑞穂町　みずしまみなみみずほちょう　岡山県倉敷市

水島南緑町　みずしまみなみみどりまち　岡山県倉敷市

水島海岸通　みずしまかいがんどおり　岡山県倉敷市

水島相生町　みずしまあいおいちょう　岡山県倉敷市

水島高砂町　みずしまたかさごちょう　岡山県倉敷市

水島福崎町　みずしまふくさきちょう　岡山県倉敷市

水根　みずね　兵庫県佐用郡佐用町

水根沢　みずねさわ　福島県南会津郡南会津町

水栖　みず　和歌山県岩出市

水浜　みずはま　鳥取県米子市

水流
　みずながれ　青森県上北郡東北町
　つる　宮崎県えびの市

水流迫　つるざこ　宮崎県小林市

水流崎町　つるさきちょう　宮崎県西都市

水納　みんな　沖縄県宮古郡多良間村

水通町　すいどうちょう　高知県高知市

水釜　みずがま　沖縄県中頭郡嘉手納町

11水堂町　みずどうちょう　兵庫県尼崎市

水堀
　みずほり　茨城県つくば市
　みずほり　静岡県磐田市

水堀町　みずほりちょう　北海道檜山郡江差町

水崎
　みさき　徳島県那賀郡那賀町
　みずさき　大分県豊後高田市

水掛　みずかけ　千葉県成田市

水族館口　すいぞくかんぐち　鹿児島県（鹿児島市交通局1系統ほか）

水梨町　みずなしまち　新潟県長岡市

水深　みずぶか　埼玉県加須市

水淵町　みずぶちまち　石川県金沢市

水笠通　みずかさどおり　兵庫県神戸市長田区

水船　みずふね　山梨県南巨摩郡身延町

水郷　すいごう　千葉県（JR成田線）

水郷田名　すいごうたな　神奈川県相模原市中央区

水野
　みずの　埼玉県狭山市
　みずの　愛知県（名古屋鉄道瀬戸線）
　みずの　熊本県荒尾市

水野尾　みずのお　青森県五所川原市

水野町
　みずのちょう　新潟県十日町市
　みずのちょう　兵庫県神戸市須磨区

水鳥　みどり　岐阜県（樽見鉄道線）

12水喰　みずはみ　青森県上北郡東北町

水喰向　みずはみむかい　青森県上北郡東北町

4画（水）

水渡田　みとだ　新潟県佐渡市
水無
　　みずなし　北海道北斗市
　　みずなし　福島県南会津郡南会津町
　　みずなし　栃木県日光市
水無瀬
　　みなせ　大阪府（阪急電鉄京都本線）
　　みなせ　大阪府三島郡島本町
水無瀬町　みなせちょう　愛知県瀬戸市
水落
　　みずおち　富山県富山市
　　みずおち　富山県小矢部市
　　みずおち　福井県（福井鉄道福武線）
　　みずおとし　福井県大野市
水落町
　　みずおとしちょう　福井県大野市
　　みずおちちょう　福井県鯖江市
　　みずおちちょう　静岡県静岡市葵区
　　みずおちちょう　愛知県一宮市
　　みずおちちょう　京都府京都市上京区
水越
　　みずこし　福井県福井市
　　みずこし　大阪府八尾市
　　みずこし　熊本県上益城郡御船町
水越町　みずこしちょう　広島県庄原市
水道　すいどう　東京都文京区
水道町
　　すいどうちょう　東京都新宿区
　　すいどうちょう　新潟県新潟市中央区
　　すいどうちょう　新潟県長岡市
　　すいどうちょう　新潟県燕市
　　すいどうちょう　静岡県静岡市葵区
　　すいどうちょう　熊本県（熊本市交通局A系統ほか）
　　すいどうちょう　熊本県熊本市中央区
水道筋　すいどうすじ　兵庫県神戸市灘区
水道橋
　　すいどうばし　千葉県柏市
　　すいどうばし　東京都（JR中央本線ほか）
水間
　　みずま　京都府舞鶴市
　　みずま　大阪府貝塚市
水間町
　　みずまちょう　福井県越前市
　　みずまちょう　愛知県豊田市
　　みまちょう　奈良県奈良市
水間観音　みずまかんのん　大阪府（水間鉄道線）
水須　みずす　富山県富山市
¹³水源　すいげん　熊本県熊本市東区
水源町
　　すいげんちょう　愛知県豊田市
　　すいげんちょう　高知県高知市
水溜町　みずためまち　石川県金沢市
¹⁴水窪
　　みさくぼ　静岡県（JR飯田線）
　　みずくぼ　静岡県裾野市
水窪町山住　みさくぼちょうやまずみ　静岡県浜松市天竜区
水窪町地頭方　みさくぼちょうじとうがた　静岡県浜松市天竜区
水窪町奥領家　みさくぼちょうおくりょうけ　静岡県浜松市天竜区
水銀屋町　すいぎんやちょう　京都府京都市下京区

¹⁵水澄町　みすみまち　石川県白山市
¹⁶水橋　みずはし　富山県（あいの風とやま鉄道線）
水橋二ツ屋　みずはしふたつや　富山県富山市
水橋二杉　みずはしふたすぎ　富山県富山市
水橋入江　みずはしいりえ　富山県富山市
水橋入部町　みずはしにゅうぶまち　富山県富山市
水橋下段　みずはししただん　富山県富山市
水橋下砂子坂　みずはししもすなござか　富山県富山市
水橋下砂子坂新　みずはししもすなござかしん　富山県富山市
水橋上条新町　みずはしじょうじょうしんまち　富山県富山市
水橋上的場　みずはしかみまとば　富山県富山市
水橋上砂子坂　みずはしかみすなござか　富山県富山市
水橋上桜木　みずはしかみさくらぎ　富山県富山市
水橋大正　みずはしたいしょう　富山県富山市
水橋大正北部　みずはしたいしょうほくぶ　富山県富山市
水橋大正町　みずはしたいしょうまち　富山県富山市
水橋大正南部　みずはしたいしょうなんぶ　富山県富山市
水橋大町　みずはしおおまち　富山県富山市
水橋小出　みずはしこいで　富山県富山市
水橋小池　みずはしこいけ　富山県富山市
水橋小路　みずはししょうじ　富山県富山市
水橋山王町　みずはしさんのうまち　富山県富山市
水橋川原町　みずはしかわらまち　富山県富山市
水橋中大町　みずはしなかおおまち　富山県富山市
水橋中出　みずはしなかでまち　富山県富山市
水橋中村　みずはしなかむら　富山県富山市
水橋中村町　みずはしなかむらまち　富山県富山市
水橋中村栄町　みずはしなかむらさかえまち　富山県富山市
水橋中村新町　みずはしなかむらしんまち　富山県富山市
水橋中町　みずはしなかまち　富山県富山市
水橋中馬場　みずはしなかばんば　富山県富山市
水橋中新町　みずはしなかしんまち　富山県富山市
水橋五郎丸　みずはしごろうまる　富山県富山市
水橋今町　みずはしいままち　富山県富山市
水橋北馬場　みずはしきたばんば　富山県富山市
水橋市田袋　みずはしいちだぶくろ　富山県富山市
水橋市江　みずはしいちえ　富山県富山市
水橋市江新町　みずはしいちえしんまち　富山県富山市
水橋平塚　みずはしひらつか　富山県富山市
水橋平榎　みずはしひらえのき　富山県富山市
水橋田伏　みずはしたぶせ　富山県富山市
水橋田町　みずはしたまち　富山県富山市
水橋石政　みずはしいしまさ　富山県富山市
水橋石割　みずはしいしわり　富山県富山市
水橋立山町　みずはしたてやままちょう　富山県富山市
水橋辻ケ堂　みずはしつじがどう　富山県富山市
水橋伊勢屋　みずはしいせや　富山県富山市
水橋伊勢領　みずはしいせりょう　富山県富山市
水橋印田町　みずはしいんでんまち　富山県富山市
水橋地蔵町　みずはしぢぞうまち　富山県富山市

4画（火, 爪, 父, 片）

水橋曲淵　みずはしまがりぶち　富山県富山市
水橋池田町　みずはしいけだまち　富山県富山市
水橋池田舘　みずはしいけだたち　富山県富山市
水橋西大町　みずはしにしおおまち　富山県富山市
水橋西天神町　みずはしにしてんじんまち　富山県富山市
水橋西出町　みずはしにしでまち　富山県富山市
水橋西浜町　みずはしにしはままち　富山県富山市
水橋佐竹　みずはしさのたけ　富山県富山市
水橋沖　みずはしおき　富山県富山市
水橋町　みずはしまち　富山県富山市
水橋町袋　みずはしまちぶくろ　富山県富山市
水橋肘崎　みずはしかいなざき　富山県富山市
水橋花の井町　みずはしはなのいちょう　富山県富山市
水橋明治町　みずはしめいじまち　富山県富山市
水橋東天神町　みずはしひがしてんじんまち　富山県富山市
水橋東出町　みずはしひがしでまち　富山県富山市
水橋東浜町　みずはしひがしはままち　富山県富山市
水橋東舘町　みずはしひがしたちまち　富山県富山市
水橋狐塚　みずはしきつねづか　富山県富山市
水橋的場　みずはしまとば　富山県富山市
水橋金広　みずはしかねひろ　富山県富山市
水橋金尾　みずはしかなお　富山県富山市
水橋金尾新　みずはしかなおしん　富山県富山市
水橋専光寺　みずはしせんこうじ　富山県富山市
水橋昭和町　みずはししょうわまち　富山県富山市
水橋柴草　みずはししばくさ　富山県富山市
水橋柳寺　みずはしやなぎでら　富山県富山市
水橋荒町　みずはしあらまち　富山県富山市
水橋恋塚　みずはしこいづか　富山県富山市
水橋桜木　みずはしさくらぎ　富山県富山市
水橋浜町　みずはしはままち　富山県富山市
水橋畠等　みずはしはたけら　富山県富山市
水橋高月　みずはしたかつき　富山県富山市
水橋高寺　みずはしたかでら　富山県富山市
水橋高志園町　みずはしこしぞのちょう　富山県富山市
水橋高堂　みずはしたかどう　富山県富山市
水橋常願寺　みずはしじょうがんじ　富山県富山市
水橋清水堂　みずはししみずどう　富山県富山市
水橋堅田　みずはしかただ　富山県富山市
水橋朝日町　みずはしあさひまち　富山県富山市
水橋番頭名　みずはしばんどうみょう　富山県富山市
水橋開発　みずはしかいほつ　富山県富山市
水橋開発町　みずはしかいほつまち　富山県富山市
水橋新大町　みずはししんおおまち　富山県富山市
水橋新町　みずはししんまち　富山県富山市
水橋新保　みずはししんぼ　富山県富山市
水橋新保新町　みずはししんぼしんまち　富山県富山市
水橋新堂町　みずはししんどうまち　富山県富山市
水橋新堀　みずはししんぼり　富山県富山市
水橋新舘町　みずはししんたちまち　富山県富山市
水橋稲荷町　みずはしいなりまち　富山県富山市
水橋駅前　みずはしえきまえ　富山県富山市

水橋舘町　みずはしたちまち　富山県富山市
水橋鏡田　みずはしかがみだ　富山県富山市

【火】
0火の宮町　ひのみやまち　富山県魚津市
4火之神北町　ひのかみきたまち　鹿児島県枕崎市
　火之神町　ひのかみちょう　鹿児島県枕崎市
　火之神岬町　ひのかみみさきちょう　鹿児島県枕崎市
5火打
　　ひうち　岐阜県下呂市
　　ひうち　兵庫県川西市
　火打石
　　ひうちいし　宮城県伊具郡丸森町
　　ひうちいし　三重県度会郡度会町
　火打町　ひうちちょう　奈良県五條市
　火打谷　ひうちだに　石川県羽咋郡志賀町
　火打岩　ひうちわん　兵庫県篠山市
7火売　ほのめ　大分県別府市
10火釜町　ひがままち　石川県能美市
12火散布　ひちりっぷ　北海道厚岸郡浜中町

【爪】
　爪　つめ　岐阜県岐阜市
4爪木　つまぎ　茨城県鹿嶋市
5爪田ケ谷　つめたがや　埼玉県白岡市
　爪白　つまじろ　高知県土佐清水市

【父】
3父子　ちちし　福井県大飯郡おおい町
4父井原　ちちいばら　岡山県和気郡和気町
　父木野　ちちきの　広島県神石郡神石高原町
5父石町　ちいしちょう　広島県府中市
10父原　ちちばら　鳥取県西伯郡伯耆町
　父島　ちちじま　東京都小笠原村
　父鬼町　ちちおにちょう　大阪府和泉市
11父野川　ちちのかわ　愛媛県上浮穴郡久万高原町
　父野川下　ちちのかわしも　愛媛県北宇和郡鬼北町
　父野川上　ちちのかわかみ　愛媛県北宇和郡鬼北町
　父野川中　ちちのかわなか　愛媛県北宇和郡鬼北町

【片】
0片ケ瀬　かたかせ　大分県竹田市
2片又木　かたまたぎ　千葉県市原市
3片上町　かたがみまち　福岡県北九州市門司区
　片上海岸　かたがみかいがん　福岡県北九州市門司区
　片口
　　かたくち　新潟県三条市
　　かたぐち　富山県射水市
　片口久々江　かたぐちくぐえ　富山県射水市
　片口高場　かたぐちたかば　富山県射水市
　片子　かたこ　千葉県匝瑳市
　片山
　　かたやま　秋田県大館市
　　かたやま　埼玉県新座市
　　かたやま　千葉県柏市
　　かたやま　岐阜県揖斐郡池田町
　　かたやま　静岡県静岡市駿河区
　　かたやま　愛知県新城市
　　かたやま　大阪府豊能郡能勢町

4画（片）

かたやま　島根県邑智郡美郷町
かたやま　山口県山陽小野田市
かたやま　愛媛県松山市
かたやま　愛媛県今治市
かたやま　高知県南国市
かたやま　福岡県北九州市若松区

片山町
　かたやまちょう　秋田県大館市
　かたやまちょう　福井県福井市
　かたやまちょう　福井県鯖江市
　かたやまちょう　大阪府吹田市
　かたやまちょう　大阪府柏原市
　かたやまちょう　兵庫県神戸市長田区
　かたやまちょう　兵庫県小野市
　かたやまちょう　愛媛県八幡浜市

片山津町　かたやまづまち　石川県加賀市
片山津温泉　かたやまづおんせん　石川県加賀市
片山新田　かたやましんでん　千葉県柏市
片川　かたかわ　三重県南牟婁郡御浜町
4片内　かたうち　宮崎県西都市
5片丘　かたおか　長野県塩尻市
片平
　かたひら　宮城県仙台市青葉区
　かたひら　栃木県那須郡那珂川町
　かたひら　神奈川県川崎市麻生区
　かたひら　愛知県長久手市
　かたひら　奈良県山辺郡山添村

片平町
　かたひらまち　福島県郡山市
　かたひらまち　福岡県大牟田市

片田
　かただ　茨城県つくば市
　かたた　栃木県大田原市
　かたた　新潟県南魚沼市

片田久保町　かただくぼちょう　三重県津市
片田井戸町　かただいどちょう　三重県津市
片田田中町　かただたなかちょう　三重県津市
片田志袋町　かただしぶくろちょう　三重県津市
片田町
　かただまち　山形県長井市
　かただまち　新潟県長岡市
　かただちょう　三重県津市
　かただまち　兵庫県姫路市
　かただまち　宮崎県延岡市

片田長谷町　かただはせちょう　三重県津市
片田長谷場町　かただはせばちょう　三重県津市
片田新町　かただしんまち　三重県津市
片田薬王寺町　かただやくおうじちょう　三重県津市
6片名　かたな　愛知県知多郡南知多町
片地　かたじ　富山県中新川郡上市町
片江　かたえ　福岡県福岡市城南区
片羽町　かたはちょう　静岡県静岡市葵区
片西　かたにし　愛知県田原市
7片吹　かたぶき　神奈川県横浜市金沢区
片坂町　かたさかちょう　愛知県名古屋市瑞穂区
片町
　かたまち　秋田県大館市
　かたまち　秋田県由利本荘市
　かたまち　山形県酒田市
　かたまち　福島県伊達市
　かたまち　茨城県取手市
　かたまち　東京都新宿区

かたまち　東京都府中市
かたまち　新潟県村上市
かたまち　石川県金沢市
かたまち　愛知県津島市
かたまち　三重県桑名市
かたまち　大阪府大阪市都島区
かたまち　和歌山県田辺市
かたまち　長崎県島原市
かたまち　長崎県大村市

片角
　かたかく　茨城県結城郡八千代町
　かたかく　熊本県菊池市

片谷地　かたやち　山形県山形市
片貝
　かたかい　山形県西置賜郡小国町
　かたかい　福島県南会津郡南会津町
　かたかい　福島県東白川郡塙町
　かたかい　群馬県（上毛電気鉄道線）
　かたかい　千葉県山武郡九十九里町
　かたかい　新潟県岩船郡関川村

片貝山屋町　かたかいやまやちょう　新潟県小千谷市
片貝町　かたかいまち　新潟県小千谷市
8片岡
　かたおか　茨城県石岡市
　かたおか　栃木県（JR東北本線）
　かたおか　栃木県矢板市
　かたおか　神奈川県平塚市
　かたおか　静岡県榛原郡吉田町
　かたおか　岡山県岡山市南区
　かたおか　高知県高岡郡越知町

片岡台　かたおかだい　奈良県北葛城郡上牧町
片岡町
　かたおかまち　群馬県高崎市
　かたおかちょう　愛知県津島市
　かたおかちょう　滋賀県草津市
　かたおかちょう　和歌山県和歌山市

片岸
　かたぎし　青森県三戸郡南部町
　かたぎし　宮城県伊具郡丸森町
　かたぎし　福島県二本松市

片岸町　かたぎしちょう　岩手県釜石市
片岩町　かたいわまち　石川県珠洲市
片府田　かたふた　栃木県大田原市
片延　かたのぶ　福岡県朝倉市
片知　かたじ　岐阜県美濃市
片門　かたかど　福島県河沼郡会津坂下町
9片俣
　かたまた　栃木県矢板市
　かたまた　山口県萩市
　かたまた　熊本県阿蘇郡産山村

片品村　かたしなむら　群馬県利根郡
片城　かたじょう　香川県小豆郡小豆島町
片屋町　かたやちょう　福井県越前市
片巻　かたまき　茨城県稲敷郡河内町
片柴　かたしば　鳥取県東伯郡三朝町
片柳
　かたやなぎ　埼玉県さいたま市見沼区
　かたやなぎ　埼玉県坂戸市

片柳町　かたやなぎちょう　栃木県栃木市
片柳東　かたやなぎひがし　埼玉県さいたま市見沼区
片柳新田　かたやなぎしんでん　埼玉県坂戸市
片神浦　かたがみうら　大分県佐伯市

4画（牛）

片草町　かたくさちょう　愛知県瀬戸市
10片倉
　　かたくら　東京都（JR横浜線）
　　かたくら　神奈川県横浜市神奈川区
片倉町
　　かたくらちょう　北海道登別市
　　かたくらまち　東京都八王子市
　　かたくらちょう　神奈川県（横浜市交通局ブルーライン）
　　かたくらちょう　岐阜県関市
片原
　　かたはら　岐阜県山県市
　　かたはら　鳥取県鳥取市
片原一色町　かたはらいしきちょう　愛知県稲沢市
片原中島町　かたはらなかじままち　富山県高岡市
片原町
　　かたはらまち　富山県（万葉線）
　　かたはらまち　富山県高岡市
　　かたはらまち　岐阜県高山市
　　かたはらちょう　京都府京都市上京区
　　かたはらちょう　京都府京都市伏見区
　　かたはらちょう　島根県松江市
　　かたはらちょう　岡山県高梁市
　　かたはらまち　香川県（高松琴平電気鉄道琴平線ほか）
　　かたはらちょう　香川県高松市
　　かたはらちょう　愛媛県今治市
　　かたはらまち　福岡県柳川市
片原横町　かたはらよこまち　富山県高岡市
片島
　　かたしま　高知県宿毛市
　　かたしま　福岡県飯塚市
　　かたしま　大分県大分市
片島町　かたしまちょう　岡山県倉敷市
片峰　かたみね　福岡県糟屋郡志免町
片峰中央　かたみねちゅうおう　福岡県糟屋郡志免町
片庭　かたにわ　茨城県笠間市
片庭町　かたにわちょう　島根県浜田市
片桐
　　かたぎり　新潟県新発田市
　　かたぎり　長野県上伊那郡中川村
片桐山　かたぎりやま　新潟県十日町市
片桐町
　　かたぎりまち　新潟県見附市
　　かたぎりちょう　京都府京都市伏見区
　　かたぎりちょう　大阪府茨木市
片浜
　　かたはま　静岡県（JR東海道本線）
　　かたはま　静岡県牧之原市
片浜町
　　かたはまちょう　愛知県田原市
　　かたはまちょう　兵庫県赤穂市
11片寄　かたよせ　岩手県紫波郡紫波町
片寄町　かたよせちょう　愛知県岡崎市
片巣　かたす　岩手県宮古市
片掛　かたかけ　富山県富山市
片添　かたぞえ　山口県大島郡周防大島町
片淵　かたふち　長崎県長崎市
片粕　かたかす　高知県土佐清水市
片粕町　かたかすちょう　福井県福井市

片野
　　かたの　茨城県石岡市
　　かたの　千葉県香取市
　　かたの　三重県多気郡多気町
　　かたの　福岡県（北九州高速鉄道小倉線）
　　かたの　福岡県北九州市小倉北区
　　かたの　大分県杵築市
片野西　かたのにし　山口県柳井市
片野尾　かたのお　新潟県佐渡市
片野町
　　かたのまち　石川県加賀市
　　かたのまち　岐阜県高山市
片野新町　かたのしんまち　福岡県北九州市小倉北区
片魚　かたうお　高知県四万十市
12片場　かたば　愛知県北名古屋市
片無去　かたむさり　北海道厚岸郡厚岸町
13片塩　かたしお　長野県中野市
片塩町　かたしおちょう　奈良県大和高田市
14片端町　かたはまち　大分県中津市
片鉾本町　かたほこほんまち　大阪府枚方市
片鉾東町　かたほこひがしまち　大阪府枚方市
15片縄　かたなわ　福岡県筑紫郡那珂川町
片縄北　かたなわきた　福岡県筑紫郡那珂川町
片縄西　かたなわにし　福岡県筑紫郡那珂川町
片縄東　かたなわひがし　福岡県筑紫郡那珂川町
片蔵　かたくら　大阪府堺市南区
片諏訪　かたすわ　熊本県玉名市
19片瀬
　　かたせ　神奈川県藤沢市
　　かたせ　福井県勝山市
　　かたせ　静岡県賀茂郡東伊豆町
片瀬山
　　かたせやま　神奈川県（湘南モノレール線）
　　かたせやま　神奈川県藤沢市
片瀬白田　かたせしらた　静岡県（伊豆急行線）
片瀬目白山　かたせめじろやま　神奈川県藤沢市
片瀬江ノ島　かたせえのしま　神奈川県（小田急電鉄江ノ島線）
片瀬町　かたせちょう　福井県勝山市
片瀬海岸　かたせかいがん　神奈川県藤沢市

【牛】

0牛ケ谷戸　うしがやと　埼玉県比企郡川島町
牛ケ首
　　うしがくび　新潟県三条市
　　うしがくび　石川県羽咋郡志賀町
牛ケ原
　　うしがはら　福井県（JR越美北線）
　　うしがはら　福井県大野市
牛ケ島　うしがしま　新潟県三条市
牛ケ増　うしがます　富山県富山市
牛ケ嶺町　うしがみねまち　新潟県見附市
牛ケ瀬　うしがせ　兵庫県篠山市
牛ケ瀬山柿町　うしがせやまがきちょう　京都府京都市西京区
牛ケ瀬川原口町　うしがせかはらぐちちょう　京都府京都市西京区
牛ケ瀬西柿町　うしがせにしがきちょう　京都府京都市西京区

347

4画（牛）

牛ケ瀬弥生町　うしがせやよいちょう　京都府京都市
西京区
牛ケ瀬林ノ本町　うしがせはやしのもとちょう　京都
府京都市西京区
牛ケ瀬青柳町　うしがせあおやぎちょう　京都府京都
市西京区
牛ケ瀬南ノ口町　うしがせみなみのくちちょう　京都
府京都市西京区
牛ケ瀬堂田町　うしがせどうでんちょう　京都府京都
市西京区
牛ケ瀬奥ノ防町　うしがせおくのぼうちょう　京都府
京都市西京区
牛ケ瀬新田泓町　うしがせしんでんぶけちょう　京都
府京都市西京区
牛ノ谷
　うしのや　福井県（JR北陸本線）
　うしのや　福井県あわら市
牛ノ浜　うしのはま　鹿児島県（肥薩おれんじ鉄道
線）
³牛久
　うしく　茨城県（JR常磐線）
　うしく　千葉県市原市
牛久市　うしくし　茨城県
牛久町　うしくちょう　茨城県牛久市
牛久保
　うしくぼ　茨城県ひたちなか市
　うしくぼ　神奈川県横浜市都筑区
　うしくぼ　愛知県（JR飯田線）
牛久保西　うしくぼにし　神奈川県横浜市都筑区
牛久保町
　うしくぼちょう　神奈川県横浜市都筑区
　うしくぼちょう　愛知県豊川市
牛久保東　うしくぼひがし　神奈川県横浜市都筑区
牛久保駅通　うしくぼえきどおり　愛知県豊川市
牛子
　うしこ　宮城県伊具郡丸森町
　うしこ　埼玉県川越市
牛山
　うしやま　福井県あわら市
　うしやま　愛知県（名古屋鉄道小牧線）
牛山町　うしやまちょう　愛知県春日井市
牛川
　うしかわ　福島県河沼郡会津坂下町
　うしかわ　香川県綾歌郡綾川町
牛川町　うしかわちょう　愛知県豊橋市
牛川通　うしかわどおり　愛知県豊橋市
牛川薬師町　うしかわやくしちょう　愛知県豊橋市
⁴牛木　うしぎ　福岡県朝倉市
牛水　うしのみず　熊本県荒尾市
⁵牛出　うしいで　長野県中野市
牛句　うしく　山梨県甲斐市
牛市町　うしいちちょう　島根県浜田市
牛生町　ぎゅうちょう　宮城県塩竈市
牛田
　うした　群馬県藤岡市
　うしだ　東京都（東武鉄道伊勢崎線）
　うしだ　静岡県静岡市葵区
　うしだ　愛知県（名古屋鉄道名古屋本線）
　うしだ　愛知県知立市
　うした　広島県（広島高速交通アストラムライン）
牛田山　うしたやま　広島県広島市東区

牛田中　うしたなか　広島県広島市東区
牛田本町　うしたほんまち　広島県広島市東区
牛田旭　うしたあさひ　広島県広島市東区
牛田早稲田　うしたわせだ　広島県広島市東区
牛田町
　うしだちょう　愛知県津島市
　うしたちょう　愛知県知立市
牛田東　うしたひがし　広島県広島市東区
牛田南　うしたみなみ　広島県広島市東区
牛田通　うしだとおり　愛知県名古屋市中村区
牛田新町　うしたしんまち　広島県広島市東区
牛立町　うしだてちょう　愛知県名古屋市中川区
牛込
　うしごめ　茨城県稲敷郡美浦村
　うしごめ　千葉県木更津市
　うしごめ　千葉県長生郡白子町
牛込平　うしごめたい　青森県上北郡おいらせ町
牛込柳町　うしごめやなぎちょう　東京都（東京都交
通局大江戸線）
牛込神楽坂　うしごめかぐらざか　東京都（東京都交
通局大江戸線）
⁶牛伏町　うしぶしちょう　茨城県水戸市
牛地町　うしじちょう　愛知県豊田市
牛寺　うしでら　秋田県由利本荘市
⁷牛尾
　うしのお　千葉県香取郡多古町
　うしお　静岡県島田市
牛沢町
　うしざわちょう　群馬県太田市
　うしざわちょう　埼玉県入間市
牛谷　うしだに　愛媛県松山市
⁸牛妻　うしづま　静岡県静岡市葵区
牛居町　うしいちょう　兵庫県加西市
牛岩　うしいわ　愛知県犬山市
牛房野　ごぼうの　山形県尾花沢市
牛沼
　うしぬま　埼玉県所沢市
　うしぬま　東京都あきる野市
牛牧
　うしまき　長野県下伊那郡高森町
　うしき　岐阜県瑞穂市
　うしまき　愛知県名古屋市守山区
⁹牛屋
　うしや　新潟県村上市
　うしや　佐賀県杵島郡白石町
牛巻町　うしまきちょう　愛知県名古屋市瑞穂区
牛津　うしづ　佐賀県（JR長崎本線）
牛津町乙柳　うしづちょうおとやなぎ　佐賀県小城市
牛津町下砥川　うしづちょうしもとがわ　佐賀県小
城市
牛津町上砥川　うしづちょうかみとがわ　佐賀県小
城市
牛津町牛津　うしづちょううしづ　佐賀県小城市
牛津町柿樋瀬　うしづちょうかきひせ　佐賀県小城市
牛津町勝　うしづちょうかつ　佐賀県小城市
牛洞　うしぼら　岐阜県揖斐郡大野町
牛神　うしがみ　大分県中津市
牛神町　うしがみまち　大分県中津市
牛草町　うしくさちょう　三重県松阪市
牛重　うしがさね　埼玉県加須市

4画（犬）

牛首　うしくび　石川県河北郡津幡町
牛首別　うししゅべつ　北海道中川郡豊頃町
10牛倉　うしぐら　愛知県新城市
牛原町　うしわらまち　佐賀県鳥栖市
牛島
　うしじま　秋田県秋田市
　うしじま　埼玉県春日部市
　うしじま　神奈川県足柄上郡開成町
　うしま　山口県光市
　うしのしま　徳島県（JR徳島線）
　うしじま　香川県丸亀市
　うしじま　福岡県筑紫野市
牛島本町　うしじまほんまち　富山県富山市
牛島西　うしじまにし　秋田県秋田市
牛島町
　うしじまちょう　富山県富山市
　うしじままち　石川県能美市
　うしじままち　愛知県名古屋市西区
牛島東　うしじまひがし　秋田県秋田市
牛島南　うしじまみなみ　秋田県秋田市
牛島新町　うしじましんまち　富山県富山市
牛根境　うしねさかい　鹿児島県垂水市
牛根麓　うしねふもと　鹿児島県垂水市
牛浜
　うしはま　東京都（JR青梅線）
　うしはま　東京都福生市
11牛堀　うしぼり　茨城県潮来市
牛崎　うしざき　新潟県新潟市南区
牛深町　うしぶかまち　熊本県天草市
牛渕
　うしぶち　静岡県菊川市
　うしぶち　愛媛県（伊予鉄道横河原線）
　うしぶち　愛媛県東温市
牛渕団地前　うしぶちだんちまえ　愛媛県（伊予鉄道横河原線）
牛窓町千手　うしまどちょうせんず　岡山県瀬戸内市
牛窓町牛窓　うしまどちょううしまど　岡山県瀬戸内市
牛窓町長浜　うしまどちょうながはま　岡山県瀬戸内市
牛窓町鹿忍　うしまどちょうかしの　岡山県瀬戸内市
牛袋　うしぶくろ　千葉県木更津市
牛袋町　うしぶくろまち　福島県須賀川市
牛袋野　うしぶくろの　千葉県木更津市
牛野　うしの　宮城県名取市
牛野尾　うしのお　新潟県三条市
牛野谷町　うしのやまち　山口県岩国市
牛野通　うしのどおり　愛知県一宮市
牛鹿　うしろく　長野県北佐久郡立科町
12牛渡
　うしわた　福島県双葉郡浪江町
　うしわた　茨城県かすみがうら市
牛越　うしごえ　福井県丹生郡越前町
牛隈　うしくま　福岡県嘉麻市
13牛飼
　うしかい　宮城県遠田郡美里町
　うしかい　静岡県周智郡森町
14牛熊　うしくま　千葉県山武郡横芝光町
牛網　うしあみ　宮城県東松島市
15牛潟町　うしがたちょう　青森県つがる市
牛踏町　うしぶみちょう　愛知県稲沢市
牛輪　うしわ　徳島県那賀郡那賀町

16牛頸　うしくび　福岡県大野城市
牛館　うしたて　青森県青森市
21牛鶴　うしづる　福岡県朝倉市

【犬】
0犬ケ渕町　いぬがぶちちょう　岐阜県大垣市
3犬上郡　いぬかみぐん　滋賀県
犬丸　いぬまる　大分県中津市
犬丸町　いぬまるまち　石川県小松市
犬山
　いぬやま　富山県黒部市
　いぬやま　福井県大野市
　いぬやま　愛知県（名古屋鉄道犬山線ほか）
　いぬやま　愛知県犬山市
犬山口　いぬやまぐち　愛知県（名古屋鉄道犬山線）
犬山市　いぬやまし　愛知県
犬山町　いのやままち　神奈川県横浜市栄区
犬山遊園　いぬやまゆうえん　愛知県（名古屋鉄道モノレール線ほか）
犬川　いぬかわ　山形県（JR米坂線）
4犬内　いんない　富山県射水市
犬方町　いぬかたちょう　滋賀県彦根市
犬毛谷地　いぬけやち　青森県上北郡おいらせ町
5犬田　いぬた　茨城県桜川市
犬田布　いぬたぶ　鹿児島県大島郡伊仙町
犬目　いぬめ　山梨県上野原市
犬目町　いぬめまち　東京都八王子市
犬石　いぬいし　千葉県館山市
6犬伏
　いぬぶし　新潟県十日町市
　いぬぶし　徳島県板野郡板野町
犬伏下町　いぬぶししもちょう　栃木県佐野市
犬伏上町　いぬぶしかみちょう　栃木県佐野市
犬伏中町　いぬぶしなかちょう　栃木県佐野市
犬伏新町　いぬぶししんまち　栃木県佐野市
犬成
　いんなり　千葉県木更津市
　いんなり　千葉県市原市
7犬吠　いぬぼう　千葉県（銚子電気鉄道線）
犬吠埼　いぬぼうざき　千葉県銚子市
犬吠森　いぬほもり　岩手県紫波郡紫波町
犬来　いぬぐ　島根県隠岐郡隠岐の島町
犬見　いぬみ　福井県大飯郡おおい町
8犬若　いぬわか　千葉県銚子市
犬迫町　いぬさこちょう　鹿児島県鹿児島市
9犬神平　いぬかみだいら　新潟県佐渡市
10犬島
　いぬじま　富山県富山市
　いぬじま　岡山県岡山市東区
犬島新町
　いぬじましんまち　富山県（富山ライトレール線）
　いぬじましんまち　富山県富山市
犬帰新田　いぬかえりしんでん　新潟県新潟市南区
11犬掛　いぬかけ　千葉県南房総市
犬渕
　いぬぶち　岩手県紫波郡紫波町
　いぬぶち　熊本県上益城郡嘉島町
12犬塚
　いぬづか　茨城県筑西市

349

4画（王）5画（且）

いぬづか　茨城県稲敷市
いぬづか　栃木県小山市
いぬずか　埼玉県行田市
いぬづか　福岡県（西日本鉄道天神大牟田線）
犬落瀬　いぬおとせ　青森県上北郡六戸町
犬間　いぬま　静岡県榛原郡川根本町
13犬飼　いぬかい　兵庫県篠山市
いぬかい　熊本県上益城郡山都町
いぬかい　大分県（JR豊肥本線）
犬飼町　いぬかいちょう　奈良県五條市
犬飼町下津尾　いぬかいまちしもつお　大分県豊後大野市
犬飼町久原　いぬかいまちくばる　大分県豊後大野市
犬飼町大寒　いぬかいまちおおそう　大分県豊後大野市
犬飼町山内　いぬかいまちやまうち　大分県豊後大野市
犬飼町犬飼　いぬかいまちいぬかい　大分県豊後大野市
犬飼町田原　いぬかいまちたはら　大分県豊後大野市
犬飼町西寒田　いぬかいまちささむた　大分県豊後大野市
犬飼町長畑　いぬかいまちながはた　大分県豊後大野市
犬飼町柴北　いぬかいまちしばきた　大分県豊後大野市
犬飼町柚野木　いぬかいまちゆのき　大分県豊後大野市
犬飼町栗ケ畑　いぬかいまちくりがはた　大分県豊後大野市
犬飼町高津原　いぬかいまちこうづはる　大分県豊後大野市
犬飼町黒松　いぬかいまちくろまつ　大分県豊後大野市
14犬熊　いのくま　福井県小浜市
犬鳴　いぬなき　福岡県宮若市
15犬蔵　いぬくら　神奈川県川崎市宮前区

【王】

0王ケ崎町　おがさきちょう　愛知県豊橋市
王ノ瀬　おうのせ　大分県大分市
3王丸
おうまる　福岡県宗像市
おうまる　福岡県糸島市
王子
おうじ　北海道江別市
おうじ　東京都（JR東北本線ほか）
おうじ　東京都北区
おうじ　神奈川県厚木市
おうじ　大阪府貝塚市
おうじ　兵庫県明石市
おうじ　兵庫県淡路市
おうじ　兵庫県揖保郡太子町
おうじ　和歌山県紀の川市
おおじ　岡山県久米郡美咲町
おうじ　福岡県糟屋郡志免町
王子丸　おうじまる　大分県佐伯市
王子山の手町　おうじやまのてまち　大分県大分市
王子中町　おうじなかまち　大分県大分市
王子公園　おうじこうえん　兵庫県（阪急電鉄神戸本線）

王子北町　おうじきたまち　大分県大分市
王子台　おうじだい　千葉県佐倉市
王子平　おうじだいら　福島県石川郡石川町
王子本町　おうじほんちょう　東京都北区
王子西町　おうじにしまち　大分県大分市
王子沢町　おうじのさわちょう　愛知県瀬戸市
王子町
おうじまち　北海道苫小牧市
おうじちょう　愛知県春日井市
おうじちょう　大阪府大阪市阿倍野区
おうじちょう　大阪府和泉市
おうじちょう　兵庫県神戸市灘区
おうじちょう　兵庫県小野市
おうじちょう　兵庫県加西市
おうじちょう　和歌山県新宮市
おうじちょう　広島県福山市
おうじちょう　愛媛県新居浜市
おうじちょう　大分県大分市
おうじちょう　鹿児島県鹿屋市
王子保　おうしお　福井県（JR北陸本線）
王子南町　おうじみなみまち　大分県大分市
王子神谷　おうじかみや　東京都（東京地下鉄南北線）
王子港町　おうじみなとまち　大分県大分市
王子新町　おうじしんまち　大分県大分市
王子駅前　おうじえきまえ　東京都（東京都交通局荒川線）
4王仁公園　わにこうえん　大阪府枚方市
5王司上町　おうじかみまち　山口県下関市
王司川端　おうじかわばた　山口県下関市
王司本町　おうじほんまち　山口県下関市
王司南町　おうじみなみまち　山口県下関市
王司神田　おうじかんだ　山口県下関市
6王寺
おうじ　奈良県（JR関西本線ほか）
おうじ　奈良県北葛城郡王寺町
王寺町　おうじちょう　奈良県北葛城郡
8王居殿　おういでん　兵庫県神戸市垂水区
9王城寺　おうじょうじ　宮城県加美郡色麻町
12王喜本町　おうきほんまち　山口県下関市
王喜宇津井　おうきうづい　山口県下関市
王塚台
おうつかだい　兵庫県神戸市西区
おうつかだい　福岡県筑紫郡那珂川町
王番田町　おうばでんまち　新潟県長岡市
王越町乃生　おうごしちょうのう　香川県坂出市
王越町木沢　おうごしちょうきさわ　香川県坂出市
13王滝村　おうたきむら　長野県木曽郡
王滝　おうたきちょう　愛知県豊田市
王禅寺　おうぜんじ　神奈川県川崎市麻生区
王禅寺西　おうぜんじにし　神奈川県川崎市麻生区
王禅寺東　おうぜんじひがし　神奈川県川崎市麻生区
19王瀬新町　おうせしんまち　新潟県新潟市東区

5画

【且】

7且来　あっそ　和歌山県海南市

5画（丘, 世, 丙, 主, 以, 仕, 仙）

【丘】

³丘上町　おかうえちょう　愛知県名古屋市千種区
丘山　おかやま　群馬県邑楽郡大泉町
丘山台　おかやまだい　千葉県東金市
⁷丘町
　おかまち　北海道空知郡上富良野町
　おかまち　北海道空知郡中富良野町
丘里　おかざと　茨城県古河市
¹⁰丘珠町　おかだまちょう　北海道札幌市東区

【世】

³世久見　せくみ　福井県三方上中郡若狭町
⁵世古　せこ　三重県度会郡玉城町
世田米　せたまい　岩手県気仙郡住田町
世田谷
　せたがや　東京都（東京急行電鉄世田谷線）
　せたがや　東京都世田谷区
世田谷区　せたがやく　東京都
世田谷代田　せたがやだいた　東京都（小田急電鉄小田原線）
⁶世名城　よなぐすく　沖縄県島尻郡八重瀬町
世安町
　よやすちょう　岐阜県大垣市
　よやすまち　熊本県熊本市中央区
⁷世良田　せらだ　群馬県（東武鉄道伊勢崎線）
世良田町　せらだちょう　群馬県太田市
⁸世知原町上野原　せちばるちょううえのはら　長崎県佐世保市
世知原町中通　せちばるちょうなかどおり　長崎県佐世保市
世知原町太田　せちばるちょうおおた　長崎県佐世保市
世知原町木浦原　せちばるちょうきうらばる　長崎県佐世保市
世知原町北川内　せちばるちょうきたがわち　長崎県佐世保市
世知原町矢櫃　せちばるちょうやびつ　長崎県佐世保市
世知原町西ノ岳　せちばるちょうにしのたけ　長崎県佐世保市
世知原町赤木場　せちばるちょうあかこば　長崎県佐世保市
世知原町岩谷口　せちばるちょういわやぐち　長崎県佐世保市
世知原町長田代　せちばるちょうながたしろ　長崎県佐世保市
世知原町栗迎　せちばるちょうくりむかえ　長崎県佐世保市
世知原町笥瀬　せちばるちょうやなぜ　長崎県佐世保市
世知原町開作　せちばるちょうかいさく　長崎県佐世保市
世知原町槍巻　せちばるちょうやりまき　長崎県佐世保市
世附　よづく　神奈川県足柄上郡山北町
⁹世保　よやす　岐阜県岐阜市
世保北　よやすきた　岐阜県岐阜市
世保西　よやすにし　岐阜県岐阜市
世保東　よやすひがし　岐阜県岐阜市
世保南　よやすみなみ　岐阜県岐阜市

世持　よもち　熊本県上益城郡甲佐町
¹¹世冨慶　よふけ　沖縄県名護市
¹³世楽　せらく　茨城県小美玉市
世継　よつぎ　滋賀県米原市
¹⁹世羅町　せらちょう　広島県世羅郡
世羅郡　せらぐん　広島県

【丙】

丙
　へい　茨城県筑西市
　へい　長野県小諸市
　へい　高知県安芸郡奈半利町
　へい　高知県高岡郡佐川町
　へい　熊本県球磨郡五木村

【主】

⁴主水新田　もんとしんでん　千葉県松戸市
⁹主計中町　かずえなかちょう　福井県福井市
主計町
　かずえまち　石川県金沢市
　しゅけいちょう　京都府京都市上京区
¹⁰主原町　あるじはらちょう　大阪府茨木市
主師町　しゅうしちょう　長崎県平戸市
¹¹主基西　すきにし　千葉県鴨川市
¹²主税町
　ちからまち　長野県飯田市
　ちからまち　愛知県名古屋市東区
　しゅぜいちょう　京都府京都市上京区
¹³主殿新田　とのもしんでん　山形県東田川郡庄内町

【以】

³以下宿町　いがやどまち　長崎県長崎市
以久科北　いくしなきた　北海道斜里郡斜里町
以久科南　いくしなみなみ　北海道斜里郡斜里町
⁵以布利　いぶり　高知県土佐清水市
以平町　いたいらちょう　北海道帯広市

【仕】

²仕丁町　していちょう　京都府京都市上京区
⁴仕切目　しきりめ　宮城県刈田郡七ケ宿町
⁵仕出　しで　愛媛県上浮穴郡久万高原町
仕出原　しではら　高知県高岡郡四万十町

【仙】

³仙川　せんがわ　東京都（京王電鉄京王線）
仙川町　せんがわちょう　東京都調布市
⁴仙水町　せんすいちょう　福岡県北九州市戸畑区
⁵仙北　せんぼく　岩手県盛岡市
仙北市　せんぼくし　秋田県
仙北町
　せんぼくちょう　岩手県（JR東北本線）
　せんぼくちょう　岩手県盛岡市
仙北郡　せんぼくぐん　秋田県
仙台　せんだい　宮城県（JR東北新幹線ほか）
仙台市　せんだいし　宮城県
仙台空港　せんだいくうこう　宮城県（仙台空港鉄道線）
仙台港北　せんだいこうきた　宮城県仙台市宮城野区

5画（代, 付, 兄, 凧, 出）

仙石
せんごく　宮城県仙台市宮城野区
せんごく　山形県上山市
せんごく　福島県石川郡古殿町
せんごく　群馬県邑楽郡大泉町
せんごく　新潟県南魚沼市
仙石原　せんごくはら　神奈川県足柄下郡箱根町
7**仙町**　せんちょう　福井県福井市
仙見谷　せんみだに　新潟県五泉市
8**仙波**　せんば　愛媛県伊予郡砥部町
仙波町
　せんばちょう　栃木県佐野市
　せんばまち　埼玉県川越市
仙法志　せんぽうし　北海道利尻郡利尻町
9**仙美**　せんみ　長野県伊那市
仙美里　せんびり　北海道中川郡本別町
仙美里元町　せんびりもとまち　北海道中川郡本別町
10**仙納**
　せんのう　新潟県十日町市
　せんのう　新潟県糸魚川市
11**仙崎**
　せんざき　山口県（JR山陰本線）
　せんざき　山口県長門市
12**仙遊町**　せんゆうちょう　香川県善通寺市
仙遊長根　せんゆうながね　秋田県能代市
14**仙鳳趾**　せんぽうじ　北海道厚岸郡浜中町
仙鳳趾村　せんぽうしむら　北海道釧路郡釧路町

【代】
代
　だい　埼玉県熊谷市
　だい　千葉県鴨川市
　しろ　島根県隠岐郡隠岐の島町
0**代々木**
　よよぎ　東京都（JR中央本線ほか）
　よよぎ　東京都渋谷区
　よよぎ　佐賀県西松浦郡有田町
代々木八幡　よよぎはちまん　東京都（小田急電鉄小田原線）
代々木上原　よよぎうえはら　東京都（小田急電鉄小田原線ほか）
代々木公園　よよぎこうえん　東京都（東京地下鉄千代田線）
代々木神園町　よよぎかみぞのちょう　東京都渋谷区
代々木通り　よよぎどおり　山口県周南市
代ケ崎浜　よがさきはま　宮城県宮城郡七ケ浜町
3**代万町**　だいまんちょう　愛知県名古屋市名東区
代山　だいやま　埼玉県さいたま市緑区
5**代田**
　だいた　東京都世田谷区
　しなんた　石川県羽咋郡志賀町
代田町　だいだちょう　愛知県豊川市
代田橋　だいたばし　東京都（京王電鉄京王線）
7**代沢**　だいざわ　東京都世田谷区
8**代官**　だいかん　神奈川県大和市
代官山　だいかんやま　東京都（東京急行電鉄東横線）
代官山町　だいかんやまちょう　東京都渋谷区
代官町
　だいかんちょう　青森県弘前市

だいかんちょう　群馬県館林市
だいかんちょう　神奈川県平塚市
だいかんちょう　神奈川県茅ケ崎市
だいかんちょう　岐阜県大垣市
だいかんちょう　静岡県（大井川鉄道大井川本線）
だいかんちょう　愛知県名古屋市東区
だいかんちょう　奈良県大和高田市
だいかんまち　奈良県御所市
代官島　だいかんじま　新潟県三条市
11**代宿**　だいじゅく　千葉県袖ケ浦市
代野　だいの　秋田県大館市

【付】
8**付知町**　つけちちょう　岐阜県中津川市
11**付寄**　つきより　岐阜県安八郡神戸町

【兄】
3**兄川**　あにかわ　岩手県八幡平市
4**兄井**　あにい　和歌山県伊都郡かつらぎ町
8**兄国**　えくに　三重県多気郡多気町
9**兄畑**　あにはた　岩手県（JR花輪線）
兄畑中川原　あにはたなかかわら　岩手県八幡平市

【凧】
3**凧山町**　たこやまちょう　愛知県瀬戸市

【出】
出
　いで　富山県魚津市
　いで　奈良県大和高田市
　いで　和歌山県有田郡有田川町
0**出ル町**　いずるまち　岩手県二戸郡一戸町
出し山町　だしやままち　茨城県龍ケ崎市
出の川町　いでのかわまち　長崎県島原市
3**出上**　いでかみ　鳥取県東伯郡琴浦町
出丸下郷　でまるしもごう　埼玉県比企郡川島町
出丸中郷　でまるなかごう　埼玉県比企郡川島町
出丸本　でまるほん　埼玉県比企郡川島町
出丸町　でまるちょう　大阪府高槻市
出口
　でぐち　大阪府枚方市
　いでぐち　高知県幡多郡黒潮町
出口中ノ丁　でぐちなかのちょう　和歌山県和歌山市
出口甲賀丁　でぐちこうがちょう　和歌山県和歌山市
出口町
　でぐちちょう　神奈川県茅ケ崎市
　でぐちまち　石川県能美市
　でぐちちょう　静岡県沼津市
　でぐちちょう　愛知県名古屋市昭和区
　でぐちちょう　愛知県半田市
　でぐちちょう　大阪府吹田市
　でぐちちょう　広島県府中市
　いでぐちまち　宮崎県延岡市
出口新端ノ丁　でぐちしんばしのちょう　和歌山県和歌山市
出口端ノ丁　でぐちはしのちょう　和歌山県和歌山市
出川
　いでがわ　秋田県大館市
　いでがわ　長野県松本市

5画（出）

出川町
　　いでがわまち　長野県松本市
　　てがわちょう　愛知県春日井市
4出井
　　いでい　栃木県小山市
　　いずい　山口県大島郡周防大島町
出戸
　　でと　青森県上北郡六ケ所村
　　でと　新潟県新潟市秋葉区
　　でと　岐阜県山県市
　　でと　大阪府（大阪市交通局谷町線）
出戸上野　でとうえの　秋田県由利本荘市
出戸本町　でとほんまち　秋田県能代市
出戸町　でとまち　秋田県由利本荘市
出戸後　でとうしろ　秋田県能代市
出戸浜　でとはま　秋田県（JR男鹿線）
出水
　　いでみず　千葉県勝浦市
　　いずみ　兵庫県加東市
　　でみず　和歌山県和歌山市
　　いずみ　熊本県熊本市中央区
　　いずみ　熊本県熊本市東区
　　いずみ　鹿児島県（JR九州新幹線ほか）
出水市　いずみし　鹿児島県
出水町　でみずちょう　京都府京都市上京区
出水郡　いずみぐん　鹿児島県
5出北　いできた　宮崎県延岡市
出平　だしたいら　富山県（黒部峡谷鉄道線）
出平町　いでひらまち　長崎県島原市
出田　いでた　熊本県菊池市
出田町　いずたちょう　神奈川県横浜市神奈川区
出目
　　いずめ　愛媛県（JR予土線）
　　いずめ　愛媛県北宇和郡鬼北町
出石町　いずしちょう　岡山県岡山市北区
出石町入佐　いずしちょういるさ　兵庫県豊岡市
出石町八木　いずしちょうやぎ　兵庫県豊岡市
出石町下谷　いずしちょうしもたに　兵庫県豊岡市
出石町三木　いずしちょうみつき　兵庫県豊岡市
出石町上村　いずしちょうかみむら　兵庫県豊岡市
出石町上野　いずしちょううえの　兵庫県豊岡市
出石町丸中　いずしちょうまるなか　兵庫県豊岡市
出石町口小野　いずしちょうくちおの　兵庫県豊岡市
出石町大谷　いずしちょうおおたに　兵庫県豊岡市
出石町小人　いずしちょうこびと　兵庫県豊岡市
出石町川原　いずしちょうかわら　兵庫県豊岡市
出石町中村　いずしちょうなかむら　兵庫県豊岡市
出石町中野　いずしちょうなかの　兵庫県豊岡市
出石町内町　いずしちょううちまち　兵庫県豊岡市
出石町日野辺　いずしちょうひので　兵庫県豊岡市
出石町水上　いずしちょうむながい　兵庫県豊岡市
出石町片間　いずしちょうかたま　兵庫県豊岡市
出石町平田　いずしちょうひらた　兵庫県豊岡市
出石町弘原　いずしちょうひろはら　兵庫県豊岡市
出石町本町　いずしちょうほんまち　兵庫県豊岡市
出石町田多地　いずしちょうただち　兵庫県豊岡市
出石町田結庄　いずしちょうたいのしょう　兵庫県豊岡市
出石町伊木　いずしちょういぎ　兵庫県豊岡市

出石町伊豆　いずしちょういず　兵庫県豊岡市
出石町安良　いずしちょうやすら　兵庫県豊岡市
出石町寺坂　いずしちょうてらさか　兵庫県豊岡市
出石町寺町　いずしちょうてらまち　兵庫県豊岡市
出石町百合　いずしちょうゆり　兵庫県豊岡市
出石町材木　いずしちょうざいもく　兵庫県豊岡市
出石町町分　いずしちょうまちぶん　兵庫県豊岡市
出石町谷山　いずしちょうたにやま　兵庫県豊岡市
出石町和屋　いずしちょうわや　兵庫県豊岡市
出石町坪口　いずしちょうつぼぐち　兵庫県豊岡市
出石町坪井　いずしちょうつぼい　兵庫県豊岡市
出石町松枝　いずしちょうまつがえ　兵庫県豊岡市
出石町東條　いずしちょうとうじょう　兵庫県豊岡市
出石町長砂　いずしちょうながすな　兵庫県豊岡市
出石町柳　いずしちょうやなぎ　兵庫県豊岡市
出石町荒木　いずしちょうあらき　兵庫県豊岡市
出石町宮内　いずしちょうみやうち　兵庫県豊岡市
出石町宵田　いずしちょうよいだ　兵庫県豊岡市
出石町桐野　いずしちょうきりの　兵庫県豊岡市
出石町馬場　いずしちょうばば　兵庫県豊岡市
出石町細見　いずしちょうほそみ　兵庫県豊岡市
出石町袴狭　いずしちょうはかざ　兵庫県豊岡市
出石町魚屋　いずしちょううおや　兵庫県豊岡市
出石町鳥居　いずしちょうとりい　兵庫県豊岡市
出石町奥小野　いずしちょうおくおの　兵庫県豊岡市
出石町奥山　いずしちょうおくやま　兵庫県豊岡市
出石町森井　いずしちょうもりい　兵庫県豊岡市
出石町福住　いずしちょうふくすみ　兵庫県豊岡市
出石町福見　いずしちょうふくみ　兵庫県豊岡市
出石町福居　いずしちょうふくい　兵庫県豊岡市
出石町鉄砲　いずしちょうてっぽう　兵庫県豊岡市
出石町嶋　いずしちょうしま　兵庫県豊岡市
出石町暮坂　いずしちょうくれさか　兵庫県豊岡市
出石町榎見　いずしちょうよのみ　兵庫県豊岡市
出石町鍛冶屋　いずしちょうかじや　兵庫県豊岡市
6出会町　であいちょう　兵庫県西脇市
出仲間　いでなかま　熊本県熊本市南区
出光　いでみつ　大分県宇佐市
出光美術館　いでみつびじゅつかん　福岡県（平成筑豊鉄道門司港レトロ観光線）
出合
　　であい　兵庫県養父市
　　であい　愛媛県松山市
出合町
　　であいまち　石川県白山市
　　であいちょう　奈良県橿原市
出合島町　であいじままち　石川県白山市
出在家町
　　でざいけちょう　兵庫県神戸市兵庫区
　　でざいけちょう　兵庫県川西市
出汐　でしお　広島県広島市南区
出灰　いずりは　大阪府高槻市
出羽
　　いずは　島根県邑智郡邑南町
　　いずりは　徳島県那賀郡那賀町
出羽町　でわまち　石川県金沢市
7出作　しゅつさく　愛媛県伊予郡松前町
出作町
　　しゅつさくちょう　香川県高松市

353

5画（加）

しゅつさくちょう　香川県観音寺市
出村　でむら　富山県南砺市
出来大工町　できだいくまち　長崎県長崎市
出来田　できでん　富山県高岡市
出来田新町　できでんしんまち　富山県高岡市
出来町
　　できまち　岐阜県関市
　　できまち　愛知県名古屋市東区
　　できまち　徳島県阿南市
　　できまち　福岡県柳川市
出来島
　　できじま　埼玉県熊谷市
　　できじま　新潟県新潟市中央区
　　できじま　大阪府（阪神電気鉄道阪神なんば線）
　　できじま　大阪府大阪市西淀川区
出来島本町　できじまほんちょう　徳島県徳島市
出来島町　できじまちょう　宮崎県宮崎市
出来庭　できにわ　広島県安芸郡熊野町
出来野　できの　神奈川県川崎市川崎区
出沢　すざわ　愛知県新城市
出町
　　でまち　滋賀県彦根市
　　でまち　滋賀県近江八幡市
　　でまち　熊本県熊本市西区
　　でまち　熊本県八代市
出町中央　でまちちゅうおう　富山県砺波市
出町柳　でまちやなぎ　京都府（叡山電鉄叡山本線ほか）
出花
　　いでか　宮城県仙台市宮城野区
　　でぎ　鹿児島県大島郡和泊町
出谷　でたに　奈良県吉野郡十津川村
出走　ではしり　奈良県御所市
8**出沼**　いでぬま　千葉県香取郡多古町
9**出垣内町**　でがいとちょう　奈良県橿原市
出城　でしろ　大阪府大阪市西成区
出屋敷
　　でやしき　岐阜県岐阜市
　　でやしき　兵庫県（阪神電気鉄道阪神本線）
　　でやしき　奈良県御所市
出屋敷元町　でやしきもとまち　大阪府枚方市
出屋敷西町　でやしきにしまち　大阪府枚方市
出屋敷町
　　でやしきちょう　奈良県奈良市
　　でやしきちょう　奈良県五條市
出後　いずご　三重県伊賀市
出洲港　でずみなと　千葉県千葉市中央区
出津　でづ　千葉県市原市
出津西　でつにし　千葉県市原市
10**出原**　いずはら　長野県下伊那郡高森町
出島
　　いずしま　宮城県牡鹿郡女川町
　　でじま　富山県黒部市
　　でじま　和歌山県和歌山市
　　でじま　広島県広島市南区
　　でじま　長崎県（長崎電気軌道1系統）
出島西町　でじまにしまち　大阪府堺市堺区
出島町
　　でじまちょう　大阪府堺市堺区
　　でじままち　長崎県長崎市
出島海岸通　でじまかいがんどおり　大阪府堺市堺区

出島浜通　でじまはまどおり　大阪府堺市堺区
出庭　でば　滋賀県栗東市
出浜　ではま　石川県羽咋市宝達志水町
出流町　いずるまち　栃木県栃木市
出流原町　いずるはらちょう　栃木県佐野市
出馬　いずんま　静岡県（JR飯田線）
11**出野**　いでの　京都府船井郡京丹波町
出野尾　いでのお　千葉県館山市
12**出塚町**　いでづかちょう　群馬県太田市
出塔　でとう　和歌山県橋本市
出湯　でゆ　新潟県阿賀野市
出間　いずま　高知県土佐市
出間町　いずまちょう　三重県松阪市
出雲
　　いずも　北海道虻田郡倶知安町
　　いずも　石川県羽咋郡志賀町
　　いずも　奈良県桜井市
　　いつも　和歌山県東牟婁郡串本町
　　いずも　長崎県長崎市
出雲八代　いずもやしろ　島根県（JR木次線）
出雲三成　いずもみなり　島根県（JR木次線）
出雲大社前　いずもたいしゃまえ　島根県（一畑電車大社線）
出雲大東　いずもだいとう　島根県（JR木次線）
出雲井本町　いずもいほんまち　大阪府東大阪市
出雲井町　いずもいちょう　大阪府東大阪市
出雲市
　　いずもし　島根県（JR山陰本線）
　　いずもし　島根県
出雲坂根　いずもさかね　島根県（JR木次線）
出雲町
　　いずもちょう　北海道二海郡八雲町
　　いずもまち　石川県金沢市
　　いずもちょう　大阪府寝屋川市
　　いずもまち　福岡県大牟田市
出雲神西　いずもじんざい　島根県（JR山陰本線）
出雲科学館パークタウン前　いずもかがくかんぱーくたうんまえ　島根県（一畑電車北松江線）
出雲崎　いずもざき　新潟県（JR越後線）
出雲崎町　いずもざきまち　新潟県三島郡
出雲路立テ本町　いずもじたてもとちょう　京都府京都市北区
出雲路松ノ下町　いずもじまつのしたちょう　京都府京都市北区
出雲路神楽町　いずもじかぐらちょう　京都府京都市北区
出雲路俵町　いずもじたわらちょう　京都府京都市北区
出雲横田　いずもよこた　島根県（JR木次線）
出雲壇　いずもだん　福島県耶麻郡猪苗代町
13**出路町**　でっちちょう　滋賀県彦根市
15**出縄**　いでなわ　神奈川県平塚市

【加】

加　か　千葉県流山市
0**加々須**　かかす　長野県下伊那郡喬木村
3**加三方**　かみがた　岡山県和気郡和気町
加久見　かぐみ　高知県土佐清水市
加久見入沢町　かぐみいりさわちょう　高知県土佐清水市

5画（加）

加久見新町　かぐみしんまち　高知県土佐清水市
加子母　かしも　岐阜県中津川市
⁴加太
　　かぶと　三重県（JR関西本線）
　　かだ　大阪府富田林市
　　かだ　和歌山県（南海電気鉄道加太線）
　　かだ　和歌山県和歌山市
加太中在家　かぶとなかざいけ　三重県亀山市
加太北在家　かぶときたざいけ　三重県亀山市
加太市場　かぶといちば　三重県亀山市
加太向井　かぶとむかい　三重県亀山市
加太板屋　かぶといたや　三重県亀山市
加太神武　かぶとじんむ　三重県亀山市
加太梶ケ坂　かぶとかじがさか　三重県亀山市
加斗
　　かと　福井県（JR小浜線）
　　かど　福井県小浜市
加木屋町　かぎやまち　愛知県東海市
⁵加世田ハーモニー　かせだはーもにー　鹿児島県南さつま市
加世田小湊　かせこみなと　鹿児島県南さつま市
加世田川畑　かせだかわばた　鹿児島県南さつま市
加世田内山田　かせだうちやまだ　鹿児島県南さつま市
加世田本町　かせだほんちょう　鹿児島県南さつま市
加世田白亀　かせだしらかめ　鹿児島県南さつま市
加世田地頭所　かせだじとうしょ　鹿児島県南さつま市
加世田村原　かせだむらはら　鹿児島県南さつま市
加世田東本町　かせだひがしほんちょう　鹿児島県南さつま市
加世田武田　かせだたけだ　鹿児島県南さつま市
加世田津貫　かせだつぬき　鹿児島県南さつま市
加世田唐仁原　かせだとうじんばら　鹿児島県南さつま市
加世田宮原　かせだみやばら　鹿児島県南さつま市
加世田益山　かせだますやま　鹿児島県南さつま市
加世田高橋　かせだたかはし　鹿児島県南さつま市
加世田麓町　かせだふもとちょう　鹿児島県南さつま市
加古　かこ　兵庫県加古郡稲美町
加古川　かこがわ　兵庫県（JR山陽本線）
加古川市　かこがわし　兵庫県
加古川町大野　かこがわちょうおおの　兵庫県加古川市
加古川町中津　かこがわちょうなかつ　兵庫県加古川市
加古川町友沢　かこがわちょうともさわ　兵庫県加古川市
加古川町木村　かこがわちょうきむら　兵庫県加古川市
加古川町北在家　かこがわちょうきたざいけ　兵庫県加古川市
加古川町平野　かこがわちょうひらの　兵庫県加古川市
加古川町本町　かこがわちょうほんまち　兵庫県加古川市
加古川町寺家町　かこがわちょうじけまち　兵庫県加古川市
加古川町西河原　かこがわちょうにしがわら　兵庫県加古川市

加古川町河原　かこがわちょうかわら　兵庫県加古川市
加古川町南備後　かこがわちょうみなみびんご　兵庫県加古川市
加古川町美乃利　かこがわちょうみのり　兵庫県加古川市
加古川町備後　かこがわちょうびんご　兵庫県加古川市
加古川町粟津　かこがわちょうあわづ　兵庫県加古川市
加古川町溝之口　かこがわちょうみぞのくち　兵庫県加古川市
加古川町稲屋　かこがわちょういなや　兵庫県加古川市
加古川町篠原町　かこがわちょうしのはらちょう　兵庫県加古川市
加古町
　　かこまち　富山県富山市
　　かこまち　広島県広島市中区
加古郡　かこぐん　兵庫県
加布里
　　かふり　福岡県（JR筑肥線）
　　かふり　福岡県糸島市
加平　かへい　東京都足立区
加広町　かひろちょう　兵庫県豊岡市
加生野　かようの　茨城県石岡市
加田　かた　高知県吾川郡いの町
加田今町　かだいまちょう　滋賀県長浜市
加田町　かだちょう　滋賀県長浜市
加田屋　かたや　埼玉県さいたま市見沼区
加田屋新田　かたやしんでん　埼玉県さいたま市見沼区
加礼川　かれがわ　大分県豊後高田市
⁶加名盛　かなもり　千葉県君津市
加守　かもり　奈良県葛城市
加守町　かもりちょう　大阪府岸和田市
加江田　かえだ　宮崎県宮崎市
加羽ケ崎　かばがさき　埼玉県羽生市
加西市　かさいし　兵庫県
⁷加佐　かさ　兵庫県三木市
加佐志　かざし　埼玉県狭山市
加佐草荷野　かさそうかの　兵庫県三木市
加佐登
　　かさど　三重県（JR関西本線）
　　かさど　三重県鈴鹿市
加佐登町　かさどちょう　三重県鈴鹿市
加住町　かすみまち　東京都八王子市
加尾　かお　福井県小浜市
加来　かく　大分県中津市
加沢　かざわ　長野県東御市
加良部　からべ　千葉県成田市
加谷　かだに　鳥取県東伯郡三朝町
加里屋　かりや　兵庫県赤穂市
加里屋中洲　かりやなかす　兵庫県赤穂市
加里屋南　かりやみなみ　兵庫県赤穂市
⁸加坪川町　かつぼがわまち　新潟県胎内市
加枝　かえ　高知県吾川郡仁淀川町
加東市　かとうし　兵庫県
加治
　　かじ　新潟県（JR羽越本線）

355

5画（加）

かじ　大阪府貝塚市
加治万代　かじばんだい　新潟県新発田市
加治木　かじき　鹿児島県（JR日豊本線）
加治木町　かじきちょう　⇒姶良市（鹿児島県）
加治木町小山田　かじきちょうこやまだ　鹿児島県姶良市
加治木町反土　かじきちょうたんど　鹿児島県姶良市
加治木町日木山　かじきちょうひきやま　鹿児島県姶良市
加治木町木田　かじきちょうきだ　鹿児島県姶良市
加治木町本町　かじきちょうもとまち　鹿児島県姶良市
加治木町辺川　かじきちょうへがわ　鹿児島県姶良市
加治木町仮屋町　かじきちょうかりやまち　鹿児島県姶良市
加治木町西別府　かじきちょうにしべっぷ　鹿児島県姶良市
加治木町朝日町　かじきちょうあさひまち　鹿児島県姶良市
加治木町港町　かじきちょうみなとまち　鹿児島県姶良市
加治木町新生町　かじきちょうしんせいまち　鹿児島県姶良市
加治木町新富町　かじきちょうしんとみまち　鹿児島県姶良市
加治木町諏訪町　かじきちょうすわまち　鹿児島県姶良市
加治木町錦江町　かじきちょうきんこうまち　鹿児島県姶良市
加治田　かじた　岐阜県加茂郡富加町
加治町
　かじまち　福島県須賀川市
　かじちょう　愛知県田原市
加治屋　かじや　栃木県大田原市
加治屋町
　かじやちょう　岐阜県美濃市
　かじやまち　鹿児島県（鹿児島市交通局2系統）
　かじやまち　鹿児島県鹿児島市
加法師町　かぼうしちょう　群馬県館林市
加茂
　かも　宮城県仙台市泉区
　かも　山形県鶴岡市
　かも　茨城県かすみがうら市
　かも　千葉県市原市
　かも　千葉県南房総市
　かも　新潟県（JR信越本線）
　かも　石川県河北郡津幡町
　かも　福井県小浜市
　かも　岐阜県本巣郡北方町
　かも　静岡県三島市
　かも　静岡県磐田市
　かも　静岡県菊川市
　かも　三重県（近畿日本鉄道志摩線）
　かも　京都府（JR関西本線）
　かも　大阪府高石市
　かも　兵庫県川西市
　かも　兵庫県三田市
　かも　鳥取県西伯郡大山町
　かも　島根県隠岐郡隠岐の島町
　かも　岡山県岡山市北区
　かも　徳島県三好郡東みよし町
　かも　高知県安芸郡北川村
　かも　高知県高岡郡佐川町

加茂山　かもやま　岐阜県加茂郡坂祝町
加茂川町
　かもがわちょう　岐阜県美濃加茂市
　かもがわちょう　静岡県三島市
　かもがわちょう　愛知県豊田市
加茂川通　かもがわどおり　静岡県磐田市
加茂中　かもなか　島根県（JR木次線）
加茂中部　かもちゅうぶ　富山県射水市
加茂内町　かもうちちょう　福井県福井市
加茂市　かもし　新潟県
加茂市場　かもいちば　岡山県加賀郡吉備中央町
加茂名町　かもなちょう　徳島県徳島市
加茂西部　かもせいぶ　富山県射水市
加茂町
　かもまち　石川県加賀市
　かもちょう　福井県福井市
　かもちょう　長野県岡谷市
　かもちょう　滋賀県近江八幡市
　かもちょう　⇒木津川市（京都府）
　かもちょう　鳥取県米子市
　かもちょう　徳島県阿南市
　かもちょう　香川県坂出市
　かもちょう　高知県吾川郡いの町
加茂町八軒屋　かもちょうはちけんや　広島県福山市
加茂町下加茂　かもちょうしもがも　広島県福山市
加茂町下津川　かもちょうしもつがわ　岡山県津山市
加茂町三代　かもちょうみじろ　島根県雲南市
加茂町上加茂　かもちょうかみがも　広島県福山市
加茂町大竹　かもちょうおおたけ　島根県雲南市
加茂町大西　かもちょうだいさい　島根県雲南市
加茂町大畑　かもちょうおおはた　京都府木津川市
加茂町大崎　かもちょうおおさき　島根県雲南市
加茂町大野　かもちょうおおの　京都府木津川市
加茂町小中原　かもちょうこなかばら　岡山県津山市
加茂町小渕　かもちょうおぶち　岡山県津山市
加茂町山下　かもちょうさんげ　岡山県津山市
加茂町山田　かもちょうやまだ　京都府木津川市
加茂町中原　かもちょうなかばら　岡山県津山市
加茂町中野　かもちょうなかの　広島県福山市
加茂町井平尾　かもちょういびらお　京都府木津川市
加茂町公郷　かもちょうくごう　岡山県津山市
加茂町戸賀　かもちょうとか　岡山県津山市
加茂町加茂中　かもちょうかもなか　島根県雲南市
加茂町北　かもちょうきた　京都府木津川市
加茂町北下手　かもちょうきたしもで　京都府木津川市
加茂町北大門　かもちょうきただいもん　京都府木津川市
加茂町北山　かもちょうきたやま　広島県福山市
加茂町尻枝　かもちょうしりえだ　京都府木津川市
加茂町甲　かもちょうこう　香川県坂出市
加茂町立原　かもちょうたちばら　島根県雲南市
加茂町辻　かもちょうつじ　京都府木津川市
加茂町宇治　かもちょううじ　島根県雲南市
加茂町宇野　かもちょううの　岡山県津山市
加茂町成安　かもちょうなりやす　岡山県津山市
加茂町百々　かもちょうどうどう　岡山県津山市
加茂町百谷　かもちょうももだに　広島県福山市
加茂町行重　かもちょうゆきしげ　岡山県津山市

5画（加）

加茂町西　かもちょうにし　京都府木津川市
加茂町西小　かもちょうにしお　京都府木津川市
加茂町芦原　かもちょうあしわら　広島県福山市
加茂町近松　かもちょうちかまつ　島根県雲南市
加茂町里　かもちょうさと　京都府木津川市
加茂町例幣　かもちょうれいへい　京都府木津川市
加茂町兎並　かもちょううなみ　京都府木津川市
加茂町岡崎　かもちょうおかざき　京都府木津川市
加茂町岩倉　かもちょういわくら　島根県雲南市
加茂町岩船　かもちょういわふね　京都府木津川市
加茂町延野　かもちょうのぶの　島根県雲南市
加茂町斉野谷　かもちょうさいのたに　岡山県津山市
加茂町東小下　かもちょうひがしおした　京都府木津川市
加茂町東小上　かもちょうひがしおかみ　京都府木津川市
加茂町東谷　かもちょうひがしだに　島根県雲南市
加茂町河井　かもちょうかわい　岡山県津山市
加茂町河原　かもちょうかわら　京都府木津川市
加茂町法花寺野　かもちょうほっけじの　京都府木津川市
加茂町物見　かもちょうものみ　岡山県津山市
加茂町知和　かもちょうちわ　岡山県津山市
加茂町青柳　かもちょうあおやぎ　岡山県津山市
加茂町南下手　かもちょうみなみしもて　京都府木津川市
加茂町南大門　かもちょうみなみだいもん　京都府木津川市
加茂町南加茂　かもちょうみなみがも　島根県雲南市
加茂町砂子原　かもちょうすなごはら　島根県雲南市
加茂町神原　かもちょうかんばら　島根県雲南市
加茂町美浪　かもちょうみなみ　島根県雲南市
加茂町倉見　かもちょうくらみ　岡山県津山市
加茂町原口　かもちょうはらぐち　岡山県津山市
加茂町桑原　かもちょうくわばら　岡山県津山市
加茂町高去　かもちょうたかさり　京都府木津川市
加茂町高田　かもちょうたかた　京都府木津川市
加茂町猪尾　かもちょういのお　島根県雲南市
加茂町黒木　かもちょうくろぎ　岡山県津山市
加茂町塔中　かもちょうたつちゅう　岡山県津山市
加茂町奥畑　かもちょうおくはた　京都府木津川市
加茂町勝風　かもちょうしょうぶ　京都府木津川市
加茂町森　かもちょうもり　京都府木津川市
加茂町安根　かもちょうあわね　広島県福山市
加茂町新宮　かもちょうしんぐう　島根県雲南市
加茂町楢井　かもちょうならい　岡山県津山市
加茂町銭司　かもちょうぜず　京都府木津川市
加茂町駅西　かもちょうえきにし　京都府木津川市
加茂町駅東　かもちょうえきひがし　京都府木津川市
加茂町観音寺　かもちょうかんおんじ　京都府木津川市
加茂東部　かもとうぶ　富山県射水市
加茂河原　かもがわら　福井県福井市
加茂河原町　かもがわらちょう　福井県福井市
加茂宮　かものみや　埼玉県（埼玉新都市交通伊奈線）
加茂郡　かもぐん　岐阜県
加茂郷　かもごう　和歌山県（JR紀勢本線）
加茂部　かもべ　茨城県桜川市

加茂野　かもの　岐阜県（長良川鉄道越美南線）
加茂野町今泉　かものちょういまいずみ　岐阜県美濃加茂市
加茂野町木野　かものちょうこの　岐阜県美濃加茂市
加茂野町加茂野　かものちょうかもの　岐阜県美濃加茂市
加茂野町市橋　かものちょういちはし　岐阜県美濃加茂市
加茂野町稲辺　かものちょういなべ　岐阜県美濃加茂市
加茂野町鷹之巣　かものちょうたかのす　岐阜県美濃加茂市
加茂新田　かもしんでん　新潟県加茂市
加茂歌代　かもうたしろ　新潟県佐渡市
加茂緑苑町　かもりょくえんちょう　福井県福井市
⁹加屋町　かやまち　静岡県三島市
加持　かもち　高知県幡多郡黒潮町
加持川　かもちがわ　高知県幡多郡黒潮町
加津佐町乙　かづさちょうおつ　長崎県南島原市
加津佐町丁　かづさちょうてい　長崎県南島原市
加津佐町己　かづさちょうき　長崎県南島原市
加津佐町丙　かづさちょうへい　長崎県南島原市
加津佐町戊　かづさちょうぼ　長崎県南島原市
加津佐町甲　かづさちょうこう　長崎県南島原市
加津保町　かつぼまち　新潟県長岡市
加畑　かはた　山梨県都留市
加神　かしん　大阪府貝塚市
加美
　かみ　埼玉県鴻巣市
　かみ　大阪府（JR関西本線）
加美区三谷　かみくみだに　兵庫県多可郡多可町
加美区大袋　かみくおおぶくろ　兵庫県多可郡多可町
加美区山口　かみくやまぐち　兵庫県多可郡多可町
加美区山寄上　かみくやまよりかみ　兵庫県多可郡多可町
加美区山野部　かみくやまのべ　兵庫県多可郡多可町
加美区丹治　かみくたんじ　兵庫県多可郡多可町
加美区市原　かみくいちはら　兵庫県多可郡多可町
加美区多田　かみくただ　兵庫県多可郡多可町
加美区寺内　かみくてらうち　兵庫県多可郡多可町
加美区西山　かみくにしやま　兵庫県多可郡多可町
加美区西脇　かみくにしわき　兵庫県多可郡多可町
加美区杉原　かみくすぎはら　兵庫県多可郡多可町
加美区岩座神　かみくいさりがみ　兵庫県多可郡多可町
加美区的場　かみくまとば　兵庫県多可郡多可町
加美区門村　かみくかどむら　兵庫県多可郡多可町
加美区清水　かみくきよみず　兵庫県多可郡多可町
加美区鳥羽　かみくとりま　兵庫県多可郡多可町
加美区奥荒田　かみくおくあらた　兵庫県多可郡多可町
加美区奥豊部　かみくおくとよべ　兵庫県多可郡多可町
加美区棚釜　かみくたなかま　兵庫県多可郡多可町
加美区豊部　かみくとよべ　兵庫県多可郡多可町
加美区熊野部　かみくくまのべ　兵庫県多可郡多可町
加美区箸荷　かみくはせがい　兵庫県多可郡多可町
加美区観音寺　かみくかんのんじ　兵庫県多可郡多可町

357

5画（加）

加美区轟　かみくとどろき　兵庫県多可郡多可町
加美北　かみきた　大阪府大阪市平野区
加美平　かみだいら　東京都福生市
加美正覚寺　かみしょうがくじ　大阪府大阪市平野区
加美西　かみにし　大阪府大阪市平野区
加美町
　かみまち　宮城県加美郡
　かみちょう　埼玉県東松山市
　かみまち　長崎県島原市
加美東　かみひがし　大阪府大阪市平野区
加美南　かみみなみ　大阪府大阪市平野区
加美郡　かみぐん　宮城県
加美鞍作　かみくらつくり　大阪府大阪市平野区
加胡　かご　埼玉県比企郡川島町
加草　かくさ　宮崎県東臼杵郡門川町
加計　かけ　広島県山県郡安芸太田町
10加倉
　かくら　福島県双葉郡浪江町
　かくら　栃木県真岡市
　かくら　埼玉県さいたま市岩槻区
加倉井町　かくらいちょう　茨城県水戸市
加島
　かしま　大阪府（JR東西線）
　かしま　大阪府大阪市淀川区
加島町
　かしまちょう　富山県滑川市
　かじまちょう　静岡県富士市
加島新田　かしましんでん　愛知県北名古屋市
加悦　かや　京都府与謝郡与謝野町
加悦奥　かやおく　京都府与謝郡与謝野町
加納
　かのう　埼玉県桶川市
　かのう　新潟県柏崎市
　かのう　富山県富山市
　かのう　富山県氷見市
　かのう　岐阜県（名古屋鉄道名古屋本線）
　かのう　岐阜県安八郡神戸町
　かのう　岐阜県揖斐郡大野町
　かのう　静岡県賀茂郡南伊豆町
　かのう　大阪府東大阪市
　かのう　大阪府南河内郡河南町
　かのう　兵庫県神崎郡神河町
　かのう　和歌山県和歌山市
　かのう　大分県大分市
　かのう　宮崎県（JR日豊本線）
加納二之丸　かのうにのまる　岐阜県岐阜市
加納八幡町　かのうはちまんちょう　岐阜県岐阜市
加納三笠町　かのうみかさちょう　岐阜県岐阜市
加納上本町　かのうかみほんまち　岐阜県岐阜市
加納丸之内　かのうまるのうち　岐阜県岐阜市
加納大手町　かのうおおてまち　岐阜県岐阜市
加納大石町　かのうおおいしちょう　岐阜県岐阜市
加納大黒町　かのうだいこくちょう　岐阜県岐阜市
加納中広江町　かのうなかひろえちょう　岐阜県岐阜市
加納天神町　かのうてんじんまち　岐阜県岐阜市
加納水野町　かのうみずのまち　岐阜県岐阜市
加納北広江町　かのうきたひろえちょう　岐阜県岐阜市
加納本石町　かのうほんごくちょう　岐阜県岐阜市
加納本町　かのうほんまち　岐阜県岐阜市

加納永井町　かのうながいちょう　岐阜県岐阜市
加納矢場町　かのうやばちょう　岐阜県岐阜市
加納立花町　かのうたちばなちょう　岐阜県岐阜市
加納伏見町　かのうふしみちょう　岐阜県岐阜市
加納安良町　かのうあらまち　岐阜県岐阜市
加納舟田町　かのうふなだちょう　岐阜県岐阜市
加納西丸町　かのうにしまるちょう　岐阜県岐阜市
加納西山町　かのうにしやまちょう　岐阜県岐阜市
加納西広江町　かのうにしひろえちょう　岐阜県岐阜市
加納坂井町　かのうさかいまち　岐阜県岐阜市
加納寿町　かのうことぶきちょう　岐阜県岐阜市
加納村松町　かのうむらまつちょう　岐阜県岐阜市
加納町
　かのうちょう　愛知県豊田市
　かのうちょう　滋賀県長浜市
　かのうちょう　兵庫県神戸市中央区
　かのうまち　和歌山県和歌山市
　かのうまち　福岡県大牟田市
加納花ノ木町　かのうはなのきちょう　岐阜県岐阜市
加納東丸町　かのうひがしまるちょう　岐阜県岐阜市
加納東広江町　かのうひがしひろえちょう　岐阜県岐阜市
加納東陽町　かのうとうようちょう　岐阜県岐阜市
加納沓井町　かのうくついちょう　岐阜県岐阜市
加納長刀堀　かのうなぎなたぼり　岐阜県岐阜市
加納青藤町　かのうあおふじちょう　岐阜県岐阜市
加納前田町　かのうまえだまち　岐阜県岐阜市
加納南広江町　かのうみなみひろえちょう　岐阜県岐阜市
加納南陽町　かのうなんようちょう　岐阜県岐阜市
加納城南通　かのうじょうなんどおり　岐阜県岐阜市
加納栄町通　かのうさかえまちどおり　岐阜県岐阜市
加納柳町　かのうやなぎまち　岐阜県岐阜市
加納神明町　かのうしんめいちょう　岐阜県岐阜市
加納桜田町　かのうさくらだちょう　岐阜県岐阜市
加納桜道　かのうさくらみち　岐阜県岐阜市
加納梅田町　かのううめだちょう　岐阜県岐阜市
加納竜興町　かのうりゅうこうちょう　岐阜県岐阜市
加納高柳町　かのうたかやなぎちょう　岐阜県岐阜市
加納堀田町　かのうほったちょう　岐阜県岐阜市
加納清水町　かのうしみずちょう　岐阜県岐阜市
加納清田　かのうよだまち　岐阜県岐阜市
加納清野町　かのうきよのまち　岐阜県岐阜市
加納菱野町　かのうひしのまち　岐阜県岐阜市
加納黒木町　かのうくろきちょう　岐阜県岐阜市
加納奥平町　かのうおくだいらちょう　岐阜県岐阜市
加納富士町　かのうふじまち　岐阜県岐阜市
加納御車町　かのうみくるまちょう　岐阜県岐阜市
加納朝日町　かのうあさひまち　岐阜県岐阜市
加納愛宕町　かのうあたごちょう　岐阜県岐阜市
加納新本町　かのうしんほんまち　岐阜県岐阜市
加納新田　かのうしんでん　茨城県北相馬郡利根町
加納新町　かのうしんまち　岐阜県岐阜市
加納新柳町　かのうしんやなぎまち　岐阜県岐阜市
加納鉄砲町　かのうてっぽうちょう　岐阜県岐阜市
加納徳川町　かのうとくがわちょう　岐阜県岐阜市
加納鷹匠町　かのうたかしょうまち　岐阜県岐阜市
11加曽利町　かそりちょう　千葉県千葉市若葉区

5画（包, 北）

加野
　かの　北海道虻田郡真狩村
　かの　岐阜県岐阜市
12加登　かと　福島県喜多方市
加賀
　かが　千葉県柏市
　かが　東京都板橋区
　かが　東京都足立区
加賀内　かがない　岩手県滝沢市
加賀爪　かがつめ　石川県河北郡津幡町
加賀市　かがし　石川県
加賀田　かがた　大阪府河内長野市
加賀名　かがな　千葉県館山市
加賀団体　かがだんたい　北海道夕張郡長沼町
加賀糸屋町　かがいとやちょう　新潟県十日町市
加賀沢
　かがさわ　秋田県由利本荘市
　かがさわ　富山県富山市
加賀町
　かがまち　新潟県村上市
　かがちょう　新潟県上越市
加賀屋町
　かがやちょう　京都府京都市上京区
　かがやちょう　京都府京都市伏見区
加賀美　かがみ　山梨県南アルプス市
加賀原　かがはら　神奈川県横浜市都筑区
加賀郡　かがぐん　岡山県
加賀笠間　かがかさま　石川県（JR北陸本線）
加賀野
　かがの　岩手県盛岡市
　かがの　岐阜県大垣市
加賀野井　かがのい　高知県高知市
加賀朝日町　かがあさひまち　石川県金沢市
加賀温泉　かがおんせん　石川県（JR北陸本線）
加陽　かや　兵庫県豊岡市
加須　かぞ　埼玉県（東武鉄道伊勢崎線）
加須山　かすやま　岡山県倉敷市
加須市　かぞし　埼玉県
13加勢
　かせ　熊本県（南阿蘇鉄道線）
　かぜ　宮崎県西都市
加勢野　かせの　滋賀県米原市
加園　かぞの　栃木県鹿沼市
加塩町　かしおちょう　愛知県豊田市
加殿　かどの　静岡県伊豆市
加福本通　かふくほんとおり　愛知県名古屋市南区
加福町　かふくちょう　愛知県名古屋市南区
加路戸　かろと　三重県桑名郡木曽岬町
14加増　かます　長野県小諸市
加増野　かぞうの　静岡県下田市
加稲　かいな　愛知県弥富市
15加養　かよう　茨城県下妻市
18加藤
　かとう　山形県東田川郡三川町
　かとう　茨城県つくばみらい市
　かとう　埼玉県吉川市
　かとう　千葉県富津市
加藤田町　かとうだまち　佐賀県鳥栖市
加藤洲　かどうず　千葉県香取市
加藤島　かとうじま　静岡県静岡市葵区

加藤新田　かとうしんでん　千葉県市川市
19加瀬　かせ　宮城県宮城郡利府町

【包】
5包末　かのすえ　高知県南国市
7包近町　かねちかちょう　大阪府岸和田市

【北】
北
　きた　北海道常呂郡佐呂間町
　きた　北海道中川郡本別町
　きた　秋田県南秋田郡大潟村
　きた　山形県西置賜郡小国町
　きた　埼玉県羽生市
　きた　埼玉県桶川市
　きた　埼玉県幸手市
　きた　千葉県流山市
　きた　千葉県香取市
　きた　千葉県印旛郡栄町
　きた　東京都国立市
　きた　新潟県新潟市秋葉区
　きた　福井県あわら市
　きた　山梨県山梨市
　きた　静岡県静岡市葵区
　きた　滋賀県野洲市
　きた　兵庫県篠山市
　きた　和歌山県和歌山市
　きた　岡山県美作市
　きた　岡山県久米郡美咲町
　きた　岡山県加賀郡吉備中央町
　きた　香川県綾歌郡綾川町
　きた　高知県吾川郡仁淀川町
　きた　沖縄県島尻郡南大東村
0北1条　きたいちじょう　北海道枝幸郡浜頓別町
北1線　きたいっせん　北海道上川郡比布町
北2条　きたにじょう　北海道枝幸郡浜頓別町
北2線　きたにせん　北海道上川郡比布町
北2線東　きたにせんひがし　北海道上川郡東川町
北3条　きたさんじょう　北海道枝幸郡浜頓別町
北3線　きたさんせん　北海道上川郡比布町
北3線東　きたさんせんひがし　北海道上川郡東川町
北4条　きたしじょう　北海道枝幸郡浜頓別町
北4線　きたよんせん　北海道上川郡比布町
北5線
　きたごせん　北海道上川郡比布町
　きたごせん　北海道上川郡東川町
北6線　きたろくせん　北海道上川郡比布町
北7線
　きたななせん　北海道上川郡比布町
　きたななせん　北海道上川郡東川町
北7線東　きたななせんひがし　北海道上川郡東川町
北8線　きたはっせん　北海道上川郡比布町
北9線　きたきゅうせん　北海道上川郡比布町
北10線　きたじっせん　北海道上川郡比布町
北11線　きたじゅういっせん　北海道上川郡比布町
北12条　きたじゅうにじょう　北海道（札幌市交通局南北線）
北12線　きたじゅうにせん　北海道上川郡比布町
北13条東　きたじゅうさんじょうひがし　北海道（札幌市交通局東豊線）
北13線　きたじゅうさんせん　北海道上川郡比布町

5画（北）

北14線　きたじゅうよんせん　北海道上川郡比布町
北15線　きたじゅうごせん　北海道上川郡比布町
北18条　きたじゅうはちじょう　北海道（札幌市交通局南北線）
北24条　きたにじゅうよじょう　北海道（札幌市交通局南北線）
北34条　きたさんじゅうよじょう　北海道（札幌市交通局南北線）
北インター工業団地　きたいんたーこうぎょうだんち　青森県八戸市
北トロミ　きたとろみ　福島県二本松市
北ノ口　きたのくち　宮城県加美郡加美町
北ノ川内　きたのかわち　佐賀県西松浦郡有田町
北ノ沢　きたのさわ　北海道札幌市南区
北ノ林　きたのはやし　福島県耶麻郡猪苗代町
北ノ股
　きたのまた　岩手県下閉伊郡普代村
　きたのまた　秋田県由利本荘市
北ノ前　きたのまえ　福島県福島市
北ノ郷町　きたのごうちょう　滋賀県長浜市
北ノ新地　きたのしんち　和歌山県和歌山市
北ノ新地下六軒丁　きたのしんちしもろっけんちょう　和歌山県和歌山市
北ノ新地上六軒丁　きたのしんちかみろっけんちょう　和歌山県和歌山市
北ノ新地中六軒丁　きたのしんちなかろっけんちょう　和歌山県和歌山市
北ノ新地分銅丁　きたのしんちふんどうちょう　和歌山県和歌山市
北ノ新地田町　きたのしんちたまち　和歌山県和歌山市
北ノ新地東ノ丁　きたのしんちひがしのちょう　和歌山県和歌山市
北ノ新地裏田町　きたのしんちうらたまち　和歌山県和歌山市
北ノ新地榎丁　きたのしんちえのきちょう　和歌山県和歌山市
北ノ窪　きたのくぼ　神奈川県小田原市
北の丸公園　きたのまるこうえん　東京都千代田区
北の丸町　きたのまるまち　熊本県八代市
北の里　きたのさと　北海道北広島市
北の峰町　きたのみねちょう　北海道富良野市
北みずの坂　きたみずのさか　愛知県瀬戸市
¹北一　きたいち　富山県小矢部市
北一ケ岡　きたひとつがおか　宮崎県延岡市
北一の沢町　きたいちのさわまち　栃木県宇都宮市
北一巳　きたいちやん　北海道（JR留萌本線）
北一色
　きたいっしき　岐阜県岐阜市
　きたいしき　岐阜県安八郡神戸町
北一色町
　きたいしきちょう　愛知県豊田市
　きたいしきちょう　愛知県愛西市
北一条
　きたいちじょう　北海道雨竜郡沼田町
　きたいちじょう　北海道上川郡鷹栖町
　きたいちじょう　北海道苫前郡羽幌町
　きたいちじょう　北海道上川郡清水町
　きたいちじょう　北海道足寄郡足寄町
　きたいちじょう　北海道標津郡標津町

北一条西
　きたいちじょうにし　北海道札幌市中央区
　きたいちじょうにし　北海道北見市
　きたいちじょうにし　北海道岩見沢市
　きたいちじょうにし　北海道網走市
　きたいちじょうにし　北海道芦別市
　きたいちじょうにし　北海道虻田郡倶知安町
　きたいちじょうにし　北海道上川郡東神楽町
　きたいちじょうにし　北海道上川郡清水町
北一条東
　きたいちじょうひがし　北海道札幌市中央区
　きたいちじょうひがし　北海道北見市
　きたいちじょうひがし　北海道網走市
　きたいちじょうひがし　北海道芦別市
　きたいちじょうひがし　北海道虻田郡倶知安町
　きたいちじょうひがし　北海道上川郡東神楽町
²北七区　きたななく　岡山県岡山市南区
北七条　きたしちじょう　北海道標津郡標津町
北七条西
　きたしちじょうにし　北海道札幌市中央区
　きたしちじょうにし　北海道札幌市北区
　きたしちじょうにし　北海道北見市
　きたしちじょうにし　北海道網走市
　きたしちじょうにし　北海道芦別市
　きたしちじょうにし　北海道虻田郡倶知安町
北七条東
　きたしちじょうひがし　北海道札幌市東区
　きたしちじょうひがし　北海道北見市
　きたしちじょうひがし　北海道網走市
　きたしちじょうひがし　北海道虻田郡倶知安町
北七海　きたしつみ　石川県鳳珠郡穴水町
北九州市　きたきゅうしゅうし　福岡県
北九条　きたくじょう　北海道標津郡標津町
北九条西
　きたくじょうにし　北海道札幌市中央区
　きたくじょうにし　北海道札幌市北区
　きたくじょうにし　北海道網走市
北九条東
　きたくじょうひがし　北海道札幌市東区
　きたくじょうひがし　北海道北見市
　きたくじょうひがし　北海道網走市
北二ツ坂町　きたふたつさかちょう　愛知県半田市
北二ツ屋　きたふたつや　富山県富山市
北二つ室　きたふたつむろ　栃木県那須塩原市
北二十一条西
　きたにじゅういちじょうにし　北海道札幌市中央区
　きたにじゅういちじょうにし　北海道札幌市北区
北二十一条東　きたにじゅういちじょうひがし　北海道札幌市東区
北二十七条西　きたにじゅうしちじょうにし　北海道札幌市北区
北二十七条東　きたにじゅうしちじょうひがし　北海道札幌市東区
北二十九条西　きたにじゅうくじょうにし　北海道札幌市北区
北二十二条西
　きたにじゅうにじょうにし　北海道札幌市中央区
　きたにじゅうにじょうにし　北海道札幌市北区
北二十二条東　きたにじゅうにじょうひがし　北海道札幌市東区
北二十八条西　きたにじゅうはちじょうにし　北海道札幌市北区

360

5画（北）

北二十八条東 きたにじゅうはちじょうひがし　北海道札幌市東区

北二十三条西 きたにじゅうさんじょうにし　北海道札幌市北区

北二十三条東 きたにじゅうさんじょうひがし　北海道札幌市東区

北二十五条西 きたにじゅうごじょうにし　北海道札幌市北区

北二十五条東 きたにじゅうごじょうひがし　北海道札幌市東区

北二十六条西 きたにじゅうろくじょうにし　北海道札幌市北区

北二十六条東 きたにじゅうろくじょうひがし　北海道札幌市東区

北二十四条西 きたにじゅうしじょうにし　北海道札幌市北区

北二十四条東 きたにじゅうしじょうひがし　北海道札幌市東区

北二十条西
きたにじゅうじょうにし　北海道札幌市中央区
きたにじゅうじょうにし　北海道札幌市北区

北二十条東 きたにじゅうじょうひがし　北海道札幌市東区

北二条
きたにじょう　北海道苫前郡羽幌町
きたにじょう　北海道上川郡清水町
きたにじょう　北海道足寄郡足寄町
きたにじょう　北海道標津郡標津町

北二条西
きたにじょうにし　北海道札幌市中央区
きたにじょうにし　北海道北見市
きたにじょうにし　北海道岩見沢市
きたにじょうにし　北海道網走市
きたにじょうにし　北海道芦別市
きたにじょうにし　北海道虻田郡倶知安町
きたにじょうにし　北海道上川郡東神楽町
きたにじょうにし　北海道上川郡清水町

北二条東
きたにじょうひがし　北海道札幌市中央区
きたにじょうひがし　北海道北見市
きたにじょうひがし　北海道網走市
きたにじょうひがし　北海道芦別市
きたにじょうひがし　北海道虻田郡倶知安町
きたにじょうひがし　北海道上川郡東神楽町

北入曽 きたいりそ　埼玉県狭山市

北入蔵 きたにゅうぐら　新潟県三条市

北八ツ寺町 きたやつでらまち　岐阜県岐阜市

北八反町 きたはったんちょう　高知県高知市

北八木 きたやぎ　滋賀県愛知郡愛荘町

北八木町 きたやぎちょう　奈良県橿原市

北八王子 きたはちおうじ　東京都（JR八高線）

北八代
きたやしろ　富山県氷見市
きたやしろ　兵庫県姫路市

北八条 きたはちじょう　北海道標津郡標津町

北八条西
きたはちじょうにし　北海道札幌市中央区
きたはちじょうにし　北海道札幌市北区
きたはちじょうにし　北海道北見市
きたはちじょうにし　北海道網走市

北八条東
きたはちじょうひがし　北海道札幌市東区

きたはちじょうひがし　北海道北見市
きたはちじょうひがし　北海道網走市

北八朔町 きたはっさくちょう　神奈川県横浜市緑区

北十一条西
きたじゅういちじょうにし　北海道札幌市中央区
きたじゅういちじょうにし　北海道札幌市北区
きたじゅういちじょうにし　北海道網走市

北十一条東
きたじゅういちじょうひがし　北海道札幌市東区
きたじゅういちじょうひがし　北海道北見市
きたじゅういちじょうひがし　北海道網走市

北十七条西
きたじゅうしちじょうにし　北海道札幌市中央区
きたじゅうしちじょうにし　北海道札幌市北区

北十七条東 きたじゅうしちじょうひがし　北海道札幌市東区

北十九条西 きたじゅうくじょうにし　北海道札幌市北区

北十九条東 きたじゅうくじょうひがし　北海道札幌市東区

北十二条西
きたじゅうにじょうにし　北海道札幌市中央区
きたじゅうにじょうにし　北海道札幌市北区
きたじゅうにじょうにし　北海道網走市

北十二条東
きたじゅうにじょうひがし　北海道札幌市東区
きたじゅうにじょうひがし　北海道網走市

北十八条西
きたじゅうはちじょうにし　北海道札幌市中央区
きたじゅうはちじょうにし　北海道札幌市北区

北十八条東 きたじゅうはちじょうひがし　北海道札幌市東区

北十三 きたじゅうそ　奈良県御所市

北十三条西
きたじゅうさんじょうにし　北海道札幌市中央区
きたじゅうさんじょうにし　北海道札幌市北区

北十三条東 きたじゅうさんじょうひがし　北海道札幌市東区

北十五条西
きたじゅうごじょうにし　北海道札幌市中央区
きたじゅうごじょうにし　北海道札幌市北区

北十五条東 きたじゅうごじょうひがし　北海道札幌市東区

北十六条西
きたじゅうろくじょうにし　北海道札幌市中央区
きたじゅうろくじょうにし　北海道札幌市北区

北十六条東 きたじゅうろくじょうひがし　北海道札幌市東区

北十四条西
きたじゅうしじょうにし　北海道札幌市中央区
きたじゅうしじょうにし　北海道札幌市北区

北十四条東 きたじゅうしじょうひがし　北海道札幌市東区

北十条
きたじゅうじょう　北海道標津郡標津町
きたじゅうじょう　埼玉県児玉郡美里町

北十条西
きたじゅうじょうにし　北海道札幌市中央区
きたじゅうじょうにし　北海道札幌市北区
きたじゅうじょうにし　北海道網走市

北十条東
きたじゅうじょうひがし　北海道札幌市東区

5画（北）

きたじゅうじょうひがし　北海道北見市
きたじゅうじょうひがし　北海道網走市
北十軒街　きたじゅっけんこうじ　岩手県一関市
北又　きたまた　和歌山県伊都郡九度山町
³**北下**　きたしも　群馬県北群馬郡吉岡町
北下田　きたしもだ　青森県上北郡おいらせ町
北下砂　きたしもずな　埼玉県比企郡吉見町
北下原　きたしもはら　宮城県加美郡加美町
北下郡　きたしもごおり　大分県大分市
北下新井　きたしもあらい　埼玉県加須市
北三十一条西　きたさんじゅういちじょうにし　北海道
札幌市北区
北三十一条東　きたさんじゅういちじょうひがし　北海
道札幌市北区
北三十七条西　きたさんじゅうしちじょうにし　北海道
札幌市北区
北三十七条東　きたさんじゅうしちじょうひがし　北海
道札幌市北区
北三十九条西　きたさんじゅうくじょうにし　北海道札
幌市北区
北三十九条東　きたさんじゅうくじょうひがし　北海道
札幌市東区
北三十二条西　きたさんじゅうにじょうにし　北海道札
幌市北区
北三十二条東　きたさんじゅうにじょうひがし　北海道
札幌市東区
北三十八条西　きたさんじゅうはちじょうにし　北海道
札幌市北区
北三十八条東　きたさんじゅうはちじょうひがし　北海
道札幌市東区
北三十三条西　きたさんじゅうさんじょうにし　北海道
札幌市北区
北三十三条東　きたさんじゅうさんじょうひがし　北海
道札幌市東区
北三十五条西　きたさんじゅうごじょうにし　北海道札
幌市北区
北三十五条東　きたさんじゅうごじょうひがし　北海道
札幌市東区
北三十六条西　きたさんじゅうろくじょうにし　北海道
札幌市北区
北三十六条東　きたさんじゅうろくじょうひがし　北海
道札幌市東区
北三十四条西　きたさんじゅうしじょうにし　北海道札
幌市北区
北三十四条東　きたさんじゅうしじょうひがし　北海道
札幌市東区
北三十条西　きたさんじゅうじょうにし　北海道札幌
市北区
北三十条東　きたさんじゅうじょうひがし　北海道札幌
市東区
北三条
きたさんじょう　北海道苫前郡羽幌町
きたさんじょう　北海道上川郡清水町
きたさんじょう　北海道足寄郡足寄町
きたさんじょう　北海道標津郡標津町
きたさんじょう　新潟県（JR弥彦線）
北三条西
きたさんじょうにし　北海道札幌市中央区
きたさんじょうにし　北海道北見市
きたさんじょうにし　北海道岩見沢市
きたさんじょうにし　北海道網走市
きたさんじょうにし　北海道芦別市

きたさんじょうにし　北海道虻田郡倶知安町
きたさんじょうにし　北海道上川郡清水町
北三条東
きたさんじょうひがし　北海道札幌市中央区
きたさんじょうひがし　北海道北見市
きたさんじょうひがし　北海道網走市
きたさんじょうひがし　北海道芦別市
きたさんじょうひがし　北海道虻田郡倶知安町
きたさんじょうひがし　北海道上川郡東神楽町
北三国ケ丘町　きたみくにがおかちょう　大阪府堺市
堺区
北上
きたがみ　北海道北見市
きたかみ　岩手県（JR東北新幹線ほか）
きたかみ　新潟県新潟市秋葉区
北上木場町　きたかみこばまち　長崎県島原市
北上市　きたかみし　岩手県
北上尾　きたあげお　埼玉県（JR高崎線）
北上町　きたうわまち　福島県須賀川市
北上町十三浜　きたかみちょうじゅうさんはま　宮城県
石巻市
北上町女川　きたかみちょうおながわ　宮城県石巻市
北上町長尾　きたかみちょうながお　宮城県石巻市
北上町橋浦　きたかみちょうはしうら　宮城県石巻市
北上居辺　きたかみおりべ　北海道河東郡士幌町
北上原　きたうえばる　沖縄県中頭郡中城村
北上野　きたうえの　東京都台東区
北上新田　きたかみしんでん　新潟県新潟市秋葉区
北与野　きたよの　埼玉県（JR埼京線）
北丸子　きたまりこ　静岡県静岡市駿河区
北丸之内　きたまるのうち　三重県津市
北丸保園　きたまるほえん　大阪府堺市堺区
北丸森　きたまるもり　宮城県（阿武隈急行線）
北手町　きたくてちょう　愛知県名古屋市北区
北久米　きたくめ　愛媛県（伊予鉄道横河原線）
北久米町　きたくめまち　愛媛県松山市
北久里浜　きたくりはま　神奈川県（京浜急行電鉄久
里浜線）
北久宝寺　きたきゅうほうじ　大阪府八尾市
北久宝寺町　きたきゅうほうじまち　大阪府大阪市中
央区
北久保
きたくぼ　千葉県君津市
きたくぼ　高知県高知市
北久保町　きたくぼまち　群馬県高崎市
北久原　ほっくばら　静岡県御殿場市
北久野本　きたくのもと　山形県天童市
北千反畑町　きたせんだんばたまち　熊本県熊本市中
央区
北千日町　きたせんにちちょう　山形県酒田市
北千日堂前　きたせんにちどうまえ　山形県酒田市
北千木町　きたせんぎちょう　群馬県伊勢崎市
北千本木町　きたせんぼんぎまち　長崎県島原市
北千石町　きたせんごくまち　石川県金沢市
北千住　きたせんじゅ　東京都（JR常磐線ほか）
北千束
きたせんぞく　東京都（東京急行電鉄大井町線）
きたせんぞく　東京都大田区
北千里　きたせんり　大阪府（阪急電鉄千里線）
北千福町　きたせんぷくちょう　福井県越前市

362

5画（北）

北千種　きたちくさ　愛知県名古屋市千種区
北及　きたおよび　岐阜県羽島郡笠松町
北口　きたぐち　山梨県甲府市
北口町　きたぐちちょう　兵庫県西宮市
北土佐丁　きたとさちょう　和歌山県和歌山市
北土居　きたどい　愛媛県松山市
北夕顔瀬町　きたゆうがおせちょう　岩手県盛岡市
北大工町
　　きただいくまち　奈良県大和郡山市
　　きただいくまち　和歌山県和歌山市
北大井　きたおおい　和歌山県紀の川市
北大平　きたおおだいら　新潟県村上市
北大矢知町　きたおおやちちょう　愛知県半田市
北大石田　きたおおいしだ　山形県（JR奥羽本線）
北大曲　きたおおまがり　秋田県（JR田沢湖線）
北大池　きたおおいけ　和歌山県岩出市
北大伴町　きたおおともちょう　大阪府富田林市
北大利町　きたおおとしちょう　大阪府寝屋川市
北大町
　　きたおおまち　富山県氷見市
　　きたおおまち　長野県（JR大糸線）
北大社　きたおおやしろ　三重県員弁郡東員町
北大和　きたやまと　奈良県生駒市
北大和久　きたおおわぐ　栃木県大田原市
北大宝　きただいほう　茨城県下妻市
北大東村　きただいとうそん　沖縄県島尻郡
北大河町　きたおおこうちょう　広島県広島市南区
北大河原　きたおおがわら　京都府相楽郡南山城村
北大沼　きたおおぬま　北海道富良野市
北大物町　きただいもつちょう　兵庫県尼崎市
北大門　きただいもん　愛知県犬山市
北大垣　きたおおがき　岐阜県（養老鉄道線）
北大畑町　きたおおはたちょう　新潟県新潟市中央区
北大宮　きたおおみや　埼玉県（東武鉄道野田線）
北大宮台　きたおおみやだい　千葉県千葉市若葉区
北大桑　きたおおくわ　埼玉県加須市
北大通
　　きたおおどおり　北海道釧路市
　　きたおおどおり　北海道苫前郡羽幌町
北大野　きたおおの　福井県（JR越美北線）
北大野町　きたおおのちょう　愛知県豊田市
北大黒町　きただいこくまち　愛媛県八幡浜市
北大塚
　　きたおおつか　埼玉県坂戸市
　　きたおおつか　東京都豊島区
北大萱町　きたおおがやちょう　滋賀県草津市
北大路
　　きたおおじ　滋賀県大津市
　　きたおおじ　京都府（京都市交通局烏丸線）
北大樋町　きたおおひちょう　大阪府高槻市
北大橋　きたおおはし　愛知県犬山市
北子安　きたこやす　千葉県君津市
北小大門町　きたこだいもんちょう　京都府京都市上京区
北小山町　きたおやまちょう　福井県越前市
北小川町　きたおがわちょう　千葉県銚子市
北小川原乙　きたおがわはらおつ　福島県河沼郡会津坂下町
北小木町　きたおぎちょう　岐阜県多治見市

北小田町
　　きたおだちょう　岐阜県瑞浪市
　　きたこだちょう　愛知県豊田市
北小羽山町　きたおばやまちょう　山口県宇部市
北小町　きたこまち　千葉県鴨川市
北小谷
　　きたおたり　長野県（JR大糸線）
　　きたおたり　長野県北安曇郡小谷村
北小谷ケ丘　きたこたにがおか　京都府福知山市
北小岩　きたこいわ　東京都江戸川区
北小松
　　きたこまつ　滋賀県（JR湖西線）
　　きたこまつ　滋賀県大津市
北小松町　きたこまつちょう　三重県四日市市
北小松谷　きたこまつだに　愛知県知多郡武豊町
北小林　きたこばやし　栃木県下都賀郡壬生町
北小金　きたこがね　千葉県（JR常磐線）
北小泉
　　きたこいずみ　宮城県宮城郡松島町
　　きたこいずみ　福島県相馬市
　　きたこいずみ　群馬県邑楽郡大泉町
北小原　きたこばら　奈良県吉野郡天川村
北小浦　きたこうら　新潟県佐渡市
北小浜　きたこばま　埼玉県加須市
北小渕　きたおぶち　愛知県一宮市
北小野　きたおの　長野県塩尻市
北小路　きたこうじ　宮崎県延岡市
北小路中之町　きたこうじなかのちょう　京都府京都市上京区
北小路町
　　きたこうじちょう　京都府京都市中京区
　　きたこうじちょう　京都府京都市下京区
　　きたこうじちょう　奈良県奈良市
北小路室町　きたこうじむろまち　京都府京都市上京区
北山
　　きたやま　岩手県盛岡市
　　きたやま　岩手県下閉伊郡田野畑村
　　きたやま　宮城県（JR仙山線）
　　きたやま　宮城県仙台市青葉区
　　きたやま　山形県東村山郡山辺町
　　きたやま　福島県耶麻郡北塩原村
　　きたやま　福島県石川郡石川町
　　きたやま　茨城県つくばみらい市
　　きたやま　栃木県（真岡鉄道線）
　　きたやま　新潟県新潟市東区
　　きたやま　新潟県新潟市江南区
　　きたやま　新潟県長岡市
　　きたやま　新潟県糸魚川市
　　きたやま　富山県魚津市
　　きたやま　長野県茅野市
　　きたやま　岐阜県岐阜市
　　きたやま　静岡県富士宮市
　　きたやま　三重県伊賀市
　　きたやま　京都府（京都市交通局烏丸線）
　　きたやま　京都府福知山市
　　きたやま　大阪府枚方市
　　きたやま　兵庫県淡路市
　　きたやま　兵庫県加古郡稲美町
　　きたやま　奈良県桜井市
　　きたやま　鳥取県八頭郡八頭町
　　きたやま　岡山県美作市

363

5画（北）

きたやま　山口県周南市
きたやま　高知県（とさでん交通伊野線）
きたやま　鹿児島県姶良市
北山乙　きたやまおつ　高知県長岡郡本山町
北山方　きたやまがた　岡山県和気郡和気町
北山丙　きたやまへい　高知県長岡郡本山町
北山台
　　きたやまだい　愛知県愛知郡東郷町
　　きたやまだい　滋賀県湖南市
　　きたやまだい　兵庫県神戸市西区
北山本　きたやまもと　福島県東白川郡棚倉町
北山本町　きたやまほんまち　愛知県名古屋市昭和区
北山甲　きたやまこう　高知県長岡郡本山町
北山田
　　きたやまた　茨城県古河市
　　きたやまだ　千葉県長生郡睦沢町
　　きたやまた　神奈川県（横浜市交通局グリーンライン）
　　きたやまた　神奈川県横浜市都筑区
　　きたやまだ　三重県員弁郡東員町
　　きたやまだ　大分県（JR久大本線）
北山田寺崎新田　きたやまだてらさきしんでん　千葉県長生郡睦沢町
北山田町
　　きたやまだまち　石川県加賀市
　　きたやまだちょう　滋賀県草津市
北山伏町　きたやまぶしちょう　東京都新宿区
北山形
　　きたやまがた　山形県（JR奥羽本線）
　　きたやまがた　山形県山形市
　　きたやまがた　福島県石川郡石川町
北山村　きたやまむら　和歌山県東牟婁郡
北山町
　　きたやまちょう　東京都府中市
　　きたやまちょう　福井県福井市
　　きたやまちょう　福井県越前市
　　きたやまちょう　愛知県名古屋市昭和区
　　きたやまちょう　愛知県豊橋市
　　きたやまちょう　愛知県瀬戸市
　　きたやまちょう　愛知県大府市
　　きたやまちょう　三重県四日市市
　　きたやまちょう　三重県亀山市
　　きたやまちょう　大阪府大阪市天王寺区
　　きたやまちょう　兵庫県神戸市兵庫区
　　きたやまちょう　兵庫県西宮市
　　きたやまちょう　奈良県五條市
　　きたやまちょう　岡山県井原市
　　きたやまちょう　徳島県徳島市
北山町六反田　きたやまちょうろくたんだ　愛知県尾張旭市
北山町北山　きたやまちょうきたやま　愛知県尾張旭市
北山町北新田　きたやまちょうきたしんでん　愛知県尾張旭市
北山町西　きたやまちょうにし　愛知県江南市
北山町東　きたやまちょうひがし　愛知県江南市
北山崎町　きたやまざきちょう　愛知県安城市
北山新保町　きたやましんぼちょう　福井県福井市
北川
　　きたがわ　埼玉県飯能市
　　きたがわ　富山県南砺市
　　きたがわ　福井県小浜市
　　きたがわ　山梨県南巨摩郡身延町

きたがわ　長野県佐久市
ほつかわ　静岡県賀茂郡東伊豆町
きたがわ　愛媛県北宇和郡鬼北町
きたがわ　高知県長岡郡大豊町
きたがわ　高知県吾川郡仁淀川町
きたがわ　高知県高岡郡津野町
きたがわ　宮崎県（JR日豊本線）
北川内
　　きたかわうち　宮城県加美郡加美町
　　きたかわち　新潟県佐渡市
北川内町　きたかわうちちょう　宮崎県宮崎市
北川毛　きたかわげ　愛媛県伊予郡砥部町
北川尻
　　きたかわしり　秋田県南秋田郡井川町
　　きたかわしり　石川県羽咋郡宝達志水町
北川辺町　きたかわべまち　⇒加須市（埼玉県）
北川村　きたがわむら　高知県安芸郡
北川町
　　きたがわまち　福岡県北九州市門司区
　　きたがわちょう　⇒延岡市（宮崎県）
北川町川内名　きたがわまちかわちみょう　宮崎県延岡市
北川町長井　きたがわまちながい　宮崎県延岡市
北川原
　　きたがわら　宮城県白石市
　　きたがわら　福島県大沼郡会津美里町
　　きたがわら　愛媛県伊予郡松前町
北川原台　きたがわらだい　三重県桑名市
北川原甲　きたがわらこう　福島県大沼郡会津美里町
北川副町光法　きたかわそえまちみつのり　佐賀県佐賀市
北川副町江上　きたかわそえまちえがみ　佐賀県佐賀市
北川副町新郷　きたかわそえまちしんごう　佐賀県佐賀市
北川崎　きたかわさき　埼玉県越谷市
北川添　きたかわぞえ　高知県高知市
北川端町
　　きたかわばたちょう　青森県弘前市
　　きたかわばたちょう　奈良県奈良市
北川顔　きたかわづら　京都府久世郡久御山町
北工業団地　きたこうぎょうだんち　岩手県北上市
⁴北不動堂町　きたふどんどうちょう　京都府京都市下京区
北中
　　きたなか　北海道標津郡中標津町
　　きたなか　栃木県芳賀郡益子町
　　きたなか　埼玉県所沢市
　　きたなか　千葉県香取郡多古町
　　きたなか　新潟県三条市
　　きたなか　新潟県村上市
　　きたなか　富山県魚津市
　　きたなか　和歌山県紀の川市
　　きたじゅう　大分県別府市
北中丸　きたなかまる　埼玉県北本市
北中小路　きたなかこうじ　滋賀県栗東市
北中山
　　きたなかやま　宮城県仙台市泉区
　　きたなかやま　高知県高知市
北中川原
　　きたなかかわはら　福島県福島市
　　きたなかがわら　福島県白河市

5画（北）

北中央　きたちゅうおう　福島県福島市
北中込　きたなかごみ　長野県（JR小海線）
北中江　きたなかえ　新潟県新発田市
北中条　きたちゅうじょう　石川県河北郡津幡町
北中沢　きたなかざわ　千葉県鎌ケ谷市
北中町　きたなかちょう　福井県鯖江市
北中妻　きたなかづま　茨城県つくば市
北中城村　きたなかぐすくそん　沖縄県中頭郡
北中島
　きたなかじま　茨城県つくば市
　きたなかじま　和歌山県和歌山市
　きたなかしま　熊本県上益城郡山都町
北中振　きたなかぶり　大阪府枚方市
北中根　きたなかね　愛知県知多郡武豊町
北中曽根　きたなかそね　埼玉県久喜市
北中野　きたなかの　埼玉県鴻巣市
北中間町　きたちゅうげんまち　和歌山県和歌山市
北丹町　ほくたんちょう　愛知県一宮市
北之辺町　きたのべちょう　京都府京都市上京区
北之庄西町　きたのしょうにしまち　奈良県奈良市
北之庄町
　きたのしょうちょう　滋賀県近江八幡市
　きたのしょうちょう　奈良県奈良市
北之幸谷　きたのこうや　千葉県東金市
北之門　きたのもん　愛知県犬山市
北之御門町　きたのごもんちょう　京都府京都市上京区
北井門　きたいど　愛媛県松山市
北五十一条東　きたごじゅういちじょうひがし　北海道札幌市東区
北五十条東　きたごじゅうじょうひがし　北海道札幌市東区
北五十里　きたいかり　新潟県佐渡市
北五反田　きたごたんだ　宮城県遠田郡涌谷町
北五百川　きたいもがわ　新潟県三条市
北五老内町　きたごろううちまち　福島県福島市
北五条
　きたごじょう　北海道苫前郡羽幌町
　きたごじょう　北海道上川郡清水町
　きたごじょう　北海道足寄郡足寄町
　きたごじょう　北海道標津郡標津町
北五条西
　きたごじょうにし　北海道札幌市中央区
　きたごじょうにし　北海道北見市
　きたごじょうにし　北海道岩見沢市
　きたごじょうにし　北海道網走市
　きたごじょうにし　北海道芦別市
　きたごじょうにし　北海道虻田郡倶知安町
北五条東
　きたごじょうひがし　北海道札幌市中央区
　きたごじょうひがし　北海道札幌市東区
　きたごじょうひがし　北海道北見市
　きたごじょうひがし　北海道網走市
　きたごじょうひがし　北海道芦別市
　きたごじょうひがし　北海道虻田郡倶知安町
北五泉　きたごせん　新潟県（JR磐越西線）
北五泉駅前　きたごせんえきまえ　新潟県五泉市
北五葉　きたごよう　兵庫県神戸市北区
北今　きたいま　愛知県一宮市
北今ケ渕　きたいまがふち　岐阜県安八郡安八町

北今市　きたいまいち　奈良県香芝市
北今西　きたいまにし　奈良県吉野郡野迫川村
北今沢　きたいまざわ　静岡県沼津市
北今町　きたいままち　山形県酒田市
北今泉　きたいまいずみ　千葉県大網白里市
北今泉町　きたいまいずみちょう　福井県福井市
北今宿　きたいまじゅく　兵庫県姫路市
北仁田　きたじんでん　山形県酒田市
北元町　きたもとちょう　滋賀県近江八幡市
北六甲台　きたろっこうだい　兵庫県西宮市
北六田　きたむだ　奈良県吉野郡大淀町
北六条
　きたろくじょう　北海道苫前郡羽幌町
　きたろくじょう　北海道足寄郡足寄町
　きたろくじょう　北海道標津郡標津町
北六条西
　きたろくじょうにし　北海道札幌市中央区
　きたろくじょうにし　北海道札幌市北区
　きたろくじょうにし　北海道北見市
　きたろくじょうにし　北海道岩見沢市
　きたろくじょうにし　北海道網走市
　きたろくじょうにし　北海道芦別市
　きたろくじょうにし　北海道虻田郡倶知安町
北六条東
　きたろくじょうひがし　北海道札幌市東区
　きたろくじょうひがし　北海道北見市
　きたろくじょうひがし　北海道網走市
　きたろくじょうひがし　北海道芦別市
　きたろくじょうひがし　北海道虻田郡倶知安町
北内　きたうち　高知県（とさでん交通伊野線）
北内町
　きたうちちょう　愛知県名古屋市南区
　きたうちちょう　愛媛県新居浜市
北切石町　きたきりいしちょう　岐阜県大垣市
北区
　きたく　北海道札幌市
　きたく　埼玉県さいたま市
　きたく　東京都
　きたく　新潟県新潟市
　きたく　静岡県浜松市
　きたく　愛知県名古屋市
　きたく　京都府京都市
　きたく　大阪府大阪市
　きたく　大阪府堺市
　きたく　兵庫県神戸市
　きたく　岡山県岡山市
　きたく　福岡県田川郡糸田町
　きたく　熊本県熊本市
北双葉町　きたふたばちょう　群馬県高崎市
北友田　きたともだ　大分県日田市
北太田　きたおおた　茨城県つくば市
北天下茶屋　きたてんがちゃや　大阪府（阪堺電気軌道阪堺線）
北天昌寺町　きたてんしょうじちょう　岩手県盛岡市
北天神　きたてんじん　岐阜県関市
北天間舘　きたてんまだて　青森県上北郡七戸町
北戸田　きたとだ　埼玉県（JR埼京線）
北文京町　きたぶんきょうちょう　北海道赤平市
北斗
　ほくと　北海道釧路市
　ほくと　北海道千歳市

365

5画（北）

ほくと　北海道斜里郡小清水町
北斗市　ほくとし　北海道
北斗町
　ほくとちょう　北海道北見市
　ほくとちょう　北海道根室市
　ほくとちょう　北海道富良野市
　ほくとちょう　新潟県柏崎市
　ほくとちょう　京都府京都市東山区
　ほくとちょう　大阪府守口市
　ほくとちょう　山口県下松市
北斗満　きたとまむ　北海道足寄郡陸別町
北方
　きたかた　福島県石川郡平田村
　きたかた　茨城県東茨城郡城里町
　きたかた　千葉県市川市
　きたがた　新潟県上越市
　きたがた　長野県飯田市
　きたがた　岐阜県揖斐郡揖斐川町
　きたがた　岐阜県本巣郡北方町
　きたがた　静岡県藤枝市
　きたがた　愛知県知多郡美浜町
　きたがた　滋賀県米原市
　きたがた　鳥取県西伯郡南部町
　きたがた　島根県隠岐郡隠岐の島町
　きたがた　岡山県岡山市北区
　きたがた　岡山県玉野市
　きたがた　愛媛県東温市
　きたがた　福岡県（北九州高速鉄道小倉線）
　きたがた　福岡県北九州市小倉南区
　きたがた　佐賀県（JR佐世保線）
　きたかた　宮崎県串間市
　きたかた　鹿児島県姶良郡湧水町
　きたかた　鹿児島県肝属郡肝付町
北方町
　きたかたまち　茨城県龍ケ崎市
　ぼっけまち　千葉県市川市
　きたがたちょう　神奈川県横浜市中区
　きたかたまち　石川県金沢市
　きたがたちょう　岐阜県大垣市
　きたがたちょう　岐阜県本巣郡
北方町うそ越　きたかたまちうそごえ　宮崎県延岡市
北方町二股　きたかたまちふたまた　宮崎県延岡市
北方町八峡　きたかたまちやかい　宮崎県延岡市
北方町下鹿川　きたかたまちしもししがわ　宮崎県延岡市
北方町三ケ村　きたかたまちさんがむら　宮崎県延岡市
北方町上崎　きたかたまちかみさき　宮崎県延岡市
北方町上鹿川　きたかたまちかみししがわ　宮崎県延岡市
北方町大崎　きたがたちょうおおさき　佐賀県武雄市
北方町大渡　きたがたちょうおおわたり　佐賀県武雄市
北方町川水流　きたかたまちかわずる　宮崎県延岡市
北方町中島　きたがたちょうなかじま　愛知県一宮市
北方町日平　きたかたまちひびら　宮崎県延岡市
北方町北久保山　きたかたまちきたくぼやま　宮崎県延岡市
北方町北方　きたがたちょうきたがた　愛知県一宮市
北方町早上　きたかたまちはやかみ　宮崎県延岡市
北方町早日　きたかたまちはやひと　宮崎県延岡市
北方町早日渡　きたかたまちはやひと　宮崎県延岡市
北方町志久　きたがたちょうしく　佐賀県武雄市

北方町芦原　きたがたちょうあしはら　佐賀県武雄市
北方町角田　きたかたまちつのだ　宮崎県延岡市
北方町板下　きたかたまちいたしも　宮崎県延岡市
北方町板上　きたかたまちいたかみ　宮崎県延岡市
北方町南久保山　きたかたまちみなみくぼやま　宮崎県延岡市
北方町美々地　きたかたまちみみち　宮崎県延岡市
北方町曽木　きたかたまちそき　宮崎県延岡市
北方町曽根　きたがたちょうそね　愛知県一宮市
北方町笠生　きたかたまちかさい　宮崎県延岡市
北方町菅原　きたかたまちすげばる　宮崎県延岡市
北方町椎畑　きたかたまちしいばた　宮崎県延岡市
北方町滝下　きたかたまちたきした　宮崎県延岡市
北方町槙峰　きたかたまちまきみね　宮崎県延岡市
北方町蔵田　きたかたまちくらた　宮崎県延岡市
北方町藤の木　きたかたまちふじのき　宮崎県延岡市
北方真桑　きたがたまくわ　岐阜県（樽見鉄道線）
北日ノ出　きたひので　北海道（JR石北本線）
北日吉町　きたひよしちょう　愛媛県今治市
北日当　きたひなた　千葉県長生郡白子町
北日詰　きたひづめ　岩手県紫波郡紫波町
北木の本　きたきのもと　大阪府八尾市
北木之元町　きたきのもとちょう　京都府京都市東山区
北木島町　きたぎしまちょう　岡山県笠岡市
北比布　きたぴっぷ　北海道（JR宗谷本線）
北比江　きたひえ　滋賀県野洲市
北比良　きたひら　滋賀県大津市
北水口　きたみよぐち　千葉県長生郡長生村
北水海道　きたみつかいどう　茨城県（関東鉄道常総線）
北片辺　きたかたべ　新潟県佐渡市
北片河町　きたかわまち　山口県萩市
北片無去　きたかたむさり　北海道川上郡標茶町
北片塩町　きたかたしおちょう　奈良県大和高田市
北片鉾町　きたかたほこちょう　大阪府枚方市
北牛町　きたうしまち　和歌山県和歌山市
北王子町　きたおうじちょう　兵庫県明石市
5北丘町
　きたおかちょう　岐阜県多治見市
　きたおかちょう　愛知県豊橋市
　きたおかちょう　愛知県瀬戸市
　きたおかちょう　兵庫県小野市
北丘珠一条　きたおかだまいちじょう　北海道札幌市東区
北丘珠二条　きたおかだまにじょう　北海道札幌市東区
北丘珠三条　きたおかだまさんじょう　北海道札幌市東区
北丘珠五条　きたおかだまごじょう　北海道札幌市東区
北丘珠六条　きたおかだまろくじょう　北海道札幌市東区
北丘珠四条　きたおかだましじょう　北海道札幌市東区
北仙台　きたせんだい　宮城県（JR仙山線ほか）
北仙房　ほくせんぼう　岐阜県関市
北代　きただい　富山県富山市
北代中部　きただいちゅうぶ　富山県富山市

5画（北）

北代北部　きただいほくぶ　富山県富山市
北代田町　きたしろたまち　群馬県前橋市
北代東部　きただいとうぶ　富山県富山市
北代新　きただいしん　富山県富山市
北代藤ケ丘　きただいふじがおか　富山県富山市
北出　きたいで　大阪府泉北郡忠岡町
北出来島町　きたできじまちょう　徳島県徳島市
北出町　きたでちょう　大阪府四條畷市
北出島　きたでじま　和歌山県和歌山市
北加平町　きたかへいちょう　東京都足立区
北加賀屋
　　きたかがや　大阪府（大阪市交通局四つ橋線）
　　きたかがや　大阪府大阪市住之江区
北加瀬　きたかせ　神奈川県川崎市幸区
北半田
　　きたはんだ　福島県伊達郡桑折町
　　きたはんだ　栃木県鹿沼巾
　　きたはんだ　新潟県柏崎市
北半田中町　きたはんだなかまち　奈良県奈良市
北半田西町　きたはんだにしまち　奈良県奈良市
北半田東町　きたはんだひがしまち　奈良県奈良市
北半坂　きたはんざか　福島県耶麻郡猪苗代町
北半町西　きたはんちょうにし　大阪府堺市堺区
北半町東　きたはんちょうひがし　大阪府堺市堺区
北古千代　きたごちよ　愛知県常滑市
北古世町　きたこせちょう　京都府亀岡市
北古田　きたふるた　兵庫県加古郡播磨町
北古券　きたこけん　愛知県犬山市
北古萩町　きたふるはぎまち　山口県萩市
北古賀
　　きたこが　福岡県飯塚市
　　きたこが　福岡県大川市
北只　きたただ　愛媛県大洲市
北四ツ居　きたよつい　福井県福井市
北四ツ居町　きたよついちょう　福井県福井市
北四十一条東　きたよんじゅういちじょうひがし　北海道札幌市東区
北四十七条東　きたよんじゅうしちじょうひがし　北海道札幌市東区
北四十九条東　きたよんじゅうくじょうひがし　北海道札幌市東区
北四十二条東　きたよんじゅうにじょうひがし　北海道札幌市東区
北四十八条東　きたよんじゅうはちじょうひがし　北海道札幌市東区
北四十三条東　きたよんじゅうさんじょうひがし　北海道札幌市東区
北四十五条東　きたよんじゅうごじょうひがし　北海道札幌市東区
北四十六条東　きたよんじゅうろくじょうひがし　北海道札幌市東区
北四十四条東　きたよんじゅうしじょうひがし　北海道札幌市東区
北四十条西　きたよんじゅうじょうにし　北海道札幌市北区
北四十条東　きたよんじゅうじょうひがし　北海道札幌市東区
北四日町　きたよっかまち　新潟県三条市
北四王　きたしおう　長野県諏訪郡下諏訪町

北四条
　　きたしじょう　北海道苫前郡羽幌町
　　きたしじょう　北海道上川郡清水町
　　きたしじょう　北海道足寄郡足寄町
　　きたしじょう　北海道標津郡標津町
北四条西
　　きたしじょうにし　北海道札幌市中央区
　　きたしじょうにし　北海道北見市
　　きたしじょうにし　北海道岩見沢市
　　きたしじょうにし　北海道網走市
　　きたしじょうにし　北海道芦別市
　　きたしじょうにし　北海道虻田郡倶知安町
　　きたしじょうにし　北海道上川郡清水町
北四条東
　　きたしじょうひがし　北海道札幌市中央区
　　きたしじょうひがし　北海道札幌市東区
　　きたしじょうひがし　北海道北見市
　　きたしじょうひがし　北海道網走市
　　きたしじょうひがし　北海道芦別市
　　きたしじょうひがし　北海道虻田郡倶知安町
北四番丁　きたよばんちょう　宮城県（仙台市交通局南北線）
北外山　きたとやま　愛知県小牧市
北外山入鹿新田　きたとやまいるかしんでん　愛知県小牧市
北央町　ほくおうちょう　北海道北見市
北尼崎町　きたあまがさきちょう　京都府京都市伏見区
北市
　　きたいち　富山県南砺市
　　きたいち　福井県勝山市
北市区　きたいちく　北海道夕張郡長沼町
北市町
　　きたいちまち　石川県能美市
　　きたいちちょう　奈良県奈良市
北市場本町
　　きたいちばほんまち　愛知県稲沢市
　　きたいちばほんまち　愛知県清須市
北市場西町　きたいちばにしまち　愛知県稲沢市
北市場町　きたいちばちょう　愛知県稲沢市
北市場南町　きたいちばみなみまち　愛知県稲沢市
北布礼別　きたふれべつ　北海道富良野市
北平山　きたひらやま　福島県西白河郡泉崎村
北平山町　きたひらやまちょう　香川県丸亀市
北平沢
　　きたへいざわ　山形県酒田市
　　きたひらさわ　埼玉県日高市
北平和町　きたへいわまち　熊本県八代市
北平野
　　きたひらの　埼玉県加須市
　　きたひらの　兵庫県姫路市
北平野台町　きたひらのだいちょう　兵庫県姫路市
北平野町　きたひらのちょう　京都府福知山市
北平野南の町　きたひらのみなみのちょう　兵庫県姫路市
北平野奥垣内　きたひらのおくがいち　兵庫県姫路市
北平塚　きたひらつか　愛知県犬山市
北広島
　　きたひろしま　北海道（JR千歳線）
　　きたひろしま　埼玉県久喜市
北広島市　きたひろしまし　北海道

367

5画（北）

北広島町　きたひろしまちょう　広島県山県郡
北本
　　きたもと　埼玉県（JR高崎線）
　　きたもと　埼玉県北本市
北本市　きたもとし　埼玉県
北本地ケ原町　きたほんじがはらちょう　愛知県尾張旭市
北本庄　きたほんじょう　広島県福山市
北本町
　　きたほんちょう　千葉県船橋市
　　きたほんちょう　新潟県上越市
　　きたほんちょう　新潟県阿賀野市
　　きたほんちょう　新潟県胎内市
　　きたほんまち　大阪府八尾市
　　きたほんまち　兵庫県伊丹市
　　きたほんまち　奈良県大和高田市
　　きたほんまち　高知県高知市
北本町一区　きたほんまちいっく　京都府福知山市
北本町二区　きたほんまちにく　京都府福知山市
北本町西　きたほんちょうにし　北海道岩見沢市
北本町東　きたほんちょうひがし　北海道岩見沢市
北本町通　きたほんまちどおり　兵庫県神戸市中央区
北本荘　きたほんじょう　兵庫県加古郡播磨町
北本堂　きたほんどう　福井県あわら市
北本宿　きたもとじゅく　埼玉県北本市
北本郷町　きたほんごうちょう　愛知県岡崎市
北末広町　きたすえひろちょう　愛知県半田市
北末町　きたすえちょう　滋賀県近江八幡市
北永山　きたながやま　北海道（JR宗谷本線）
北永井　きたながい　埼玉県入間郡三芳町
北永井町　きたながいちょう　奈良県奈良市
北永野田　きたながのだ　鹿児島県（JR日豊本線）
北汀丁　きたみぎわちょう　和歌山県和歌山市
北玄蕃町　きたげんばちょう　京都府京都市上京区
北玉垣町　きたたまがきちょう　三重県鈴鹿市
北瓦ケ町　きたかわらけちょう　青森県弘前市
北瓦町　きたかわらまち　大阪府堺市堺区
北甘木　きたあまぎ　熊本県上益城郡嘉島町
北生振　きたおやふる　北海道石狩市
北田
　　きただ　岩手県紫波郡紫波町
　　きただ　宮城県加美郡加美町
　　きただ　宮城県遠田郡涌谷町
　　きただ　山形県山形市
　　きただ　福島県双葉郡楢葉町
　　きただ　神奈川県足柄上郡中井町
　　きただ　福井県三方郡美浜町
北田中
　　きたたなか　青森県黒石市
　　きたたなか　新潟県新潟市南区
　　きたたなか　新潟県村上市
　　きたたなか　新潟県上越市
　　きたたなか　新潟県南魚沼市
　　きたたなか　兵庫県神崎郡市川町
北田中町　きただなかちょう　大阪府和泉市
北田出井町　きたたでいちょう　大阪府堺市堺区
北田辺
　　きたたなべ　京都府舞鶴市
　　きたたなべ　大阪府（近畿日本鉄道南大阪線）
　　きたたなべ　大阪府大阪市東住吉区
北田辺丁　きたたなべちょう　和歌山県和歌山市

北田気　きたたげ　茨城県久慈郡大子町
北田形　きたたがた　福岡県八女市
北田町
　　きたたまち　静岡県浜松市中区
　　きたたまち　静岡県三島市
　　きたたまち　島根県松江市
　　きただちょう　鹿児島県鹿屋市
北田屋新田
　　きたたやしんでん　新潟県妙高市
　　きたたやしんでん　新潟県上越市
北田原　きたたはら　兵庫県川辺郡猪名川町
北田原町　きたたはらちょう　奈良県生駒市
北田宮　きたたみや　徳島県徳島市
北田島　きたたじま　埼玉県川越市
北田野浦　きたたのうら　新潟県佐渡市
北田園　きたでんえん　東京都福生市
北疋田　きたひきだ　福井県あわら市
北白山台　きたはくさんだい　青森県八戸市
北白川　きたしらかわ　宮城県（JR東北本線）
北白川下池田町　きたしらかわしもいけだちょう　京都府京都市左京区
北白川下別当町　きたしらかわしもべっとうちょう　京都府京都市左京区
北白川上池田町　きたしらかわかみいけだちょう　京都府京都市左京区
北白川上別当町　きたしらかわかみべっとうちょう　京都府京都市左京区
北白川上終町　きたしらかわかみはてちょう　京都府京都市左京区
北白川丸山町　きたしらかわまるやまちょう　京都府京都市左京区
北白川久保田町　きたしらかわくぼたちょう　京都府京都市左京区
北白川大堂町　きたしらかわだいどうちょう　京都府京都市左京区
北白川小倉町　きたしらかわおぐらちょう　京都府京都市左京区
北白川小亀谷町　きたしらかわこがめだにちょう　京都府京都市左京区
北白川山ノ元町　きたしらかわやまのもとちょう　京都府京都市左京区
北白川山田町　きたしらかわやまだちょう　京都府京都市左京区
北白川中山町　きたしらかわなかやまちょう　京都府京都市左京区
北白川仕伏町　きたしらかわしぶせちょう　京都府京都市左京区
北白川外山町　きたしらかわとやまちょう　京都府京都市左京区
北白川平井町　きたしらかわひらいちょう　京都府京都市左京区
北白川伊織町　きたしらかわいおりちょう　京都府京都市左京区
北白川向ケ谷町　きたしらかわむこうがだにちょう　京都府京都市左京区
北白川地蔵谷町　きたしらかわじぞうだにちょう　京都府京都市左京区
北白川瓜生山町　きたしらかわうりゅうざんちょう　京都府京都市左京区
北白川西平井町　きたしらかわにしひらいちょう　京都府京都市左京区

368

5画（北）

北白川西伊織町　きたしらかわにしいおりちょう　京都府京都市左京区

北白川西町　きたしらかわにしまち　京都府京都市左京区

北白川西蔦町　きたしらかわにしつたちょう　京都府京都市左京区

北白川西瀬ノ内町　きたしらかわにしせのうちちょう　京都府京都市左京区

北白川別当町　きたしらかわべっとうちょう　京都府京都市左京区

北白川岩坂町　きたしらかわいわさかちょう　京都府京都市左京区

北白川東久保田町　きたしらかわひがしくぼたちょう　京都府京都市左京区

北白川東小倉町　きたしらかわひがしおぐらちょう　京都府京都市左京区

北白川東平井町　きたしらかわひがしひらいちょう　京都府京都市左京区

北白川東伊織町　きたしらかわひがしいおりちょう　京都府京都市左京区

北白川東蔦町　きたしらかわひがしつたちょう　京都府京都市左京区

北白川東瀬ノ内町　きたしらかわひがしせのうちちょう　京都府京都市左京区

北白川南ケ原町　きたしらかわみなみがはらちょう　京都府京都市左京区

北白川追分町　きたしらかわおいわけちょう　京都府京都市左京区

北白川重石町　きたしらかわかさねいしちょう　京都府京都市左京区

北白川堂ノ前町　きたしらかわどうのまえちょう　京都府京都市左京区

北白川清沢口町　きたしらかわきよざわぐちちょう　京都府京都市左京区

北白川琵琶町　きたしらかわびわちょう　京都府京都市左京区

北白川蔦町　きたしらかわつたちょう　京都府京都市左京区

北白川瀬ノ内町　きたしらかわせのうちちょう　京都府京都市左京区

北白坂町　きたしらさかちょう　愛知県瀬戸市

北目
　きため　山形県天童市
　きため　山形県飽海郡遊佐町

北目町　きためまち　宮城県仙台市青葉区

北矢三町　きたやそちょう　徳島県徳島市

北矢名　きたやな　神奈川県秦野市

北矢部　きたやべ　静岡県静岡市清水区

北矢部町　きたやべちょう　静岡県静岡市清水区

北矢野目　きたやのめ　福島県福島市

北矢幅　きたやはば　岩手県紫波郡矢巾町

北石切町　きたいしきりちょう　大阪府東大阪市

北石堂町　きたいしどうちょう　長野県長野市

北立花町　きたたちばなまち　愛媛県松山市

北立島　きたたつしま　新潟県佐渡市

北辻　きたつじ　埼玉県加須市

北辺田　きたべた　千葉県印旛郡栄町

6 北伊丹
　きたいたみ　兵庫県（JR福知山線）
　きたいたみ　兵庫県伊丹市

北伊予　きたいよ　愛媛県（JR予讃線）

北伊勢屋町　きたいせやちょう　京都府京都市上京区

北伊勢殿構町　きたいせどのかまえちょう　京都府京都市上京区

北会津町ほたるの森　きたあいづまちほたるのもり　福島県会津若松市

北会津町二日町　きたあいづまちふつかまち　福島県会津若松市

北会津町十二所　きたあいづまちじゅうにしょ　福島県会津若松市

北会津町下米塚　きたあいづまちしもよねづか　福島県会津若松市

北会津町下荒井　きたあいづまちしもあらい　福島県会津若松市

北会津町下野　きたあいづまちしもの　福島県会津若松市

北会津町三本松　きたあいづまちさんぼんまつ　福島県会津若松市

北会津町上米塚　きたあいづまちかみよねづか　福島県会津若松市

北会津町大島　きたあいづまちおおしま　福島県会津若松市

北会津町小松　きたあいづまちこまつ　福島県会津若松市

北会津町中里　きたあいづまちなかざと　福島県会津若松市

北会津町中荒井　きたあいづまちなかあらい　福島県会津若松市

北会津町今和泉　きたあいづまちいまいずみ　福島県会津若松市

北会津町天満　きたあいづまちてんまん　福島県会津若松市

北会津町水季の里　きたあいづまちみずきのさと　福島県会津若松市

北会津町出尻　きたあいづまちいでじり　福島県会津若松市

北会津町北後庵　きたあいづまちきたごあん　福島県会津若松市

北会津町古麻生　きたあいづまちふるあそう　福島県会津若松市

北会津町古館　きたあいづまちふるだて　福島県会津若松市

北会津町本田　きたあいづまちほんだ　福島県会津若松市

北会津町田村山　きたあいづまちたむらやま　福島県会津若松市

北会津町白山　きたあいづまちはくさん　福島県会津若松市

北会津町石原　きたあいづまちいしはら　福島県会津若松市

北会津町両堂　きたあいづまちりょうどう　福島県会津若松市

北会津町安良田　きたあいづまちあらた　福島県会津若松市

北会津町寺堀　きたあいづまちてらぼり　福島県会津若松市

北会津町西後庵　きたあいづまちにしごあん　福島県会津若松市

北会津町西麻生　きたあいづまちにしあそう　福島県会津若松市

北会津町和泉　きたあいづまちいずみ　福島県会津若松市

5画（北）

北会津町松野　きたあいづまちまつの　福島県会津若松市

北会津町東小松　きたあいづまちひがしこまつ　福島県会津若松市

北会津町東麻生　きたあいづまちひがしあそう　福島県会津若松市

北会津町金屋　きたあいづまちかなや　福島県会津若松市

北会津町柏原　きたあいづまちかしわばら　福島県会津若松市

北会津町宮ノ下　きたあいづまちみやのした　福島県会津若松市

北会津町宮袋　きたあいづまちみやぶくろ　福島県会津若松市

北会津町宮袋新田　きたあいづまちみやぶくろしんでん　福島県会津若松市

北会津町真宮　きたあいづまちまみや　福島県会津若松市

北会津町麻生新田　きたあいづまちあそうしんでん　福島県会津若松市

北会津町新在家　きたあいづまちしんざいけ　福島県会津若松市

北会津町舘　きたあいづまちたて　福島県会津若松市

北会津町蟹川　きたあいづまちかにかわ　福島県会津若松市

北会津町鷺林　きたあいづまちさぎばやし　福島県会津若松市

北休賀町　きたきゅうかまち　和歌山県和歌山市

北仲之町　きたなかのちょう　京都府京都市上京区

北仲通　きたなかどおり　神奈川県横浜市中区

北伝法寺　きたでんぽうじ　岩手県紫波郡矢巾町

北伏古東　きたふしこひがし　北海道河西郡芽室町

北伏古南　きたふしこみなみ　北海道河西郡芽室町

北光
　ほっこう　北海道北見市
　ほっこう　北海道千歳市
　ほっこう　北海道砂川市
　ほっこう　北海道常呂郡置戸町

北光町
　ほっこうちょう　北海道苫小牧市
　ほっこうちょう　北海道深川市

北吉田
　きたよしだ　千葉県大網白里市
　きたよしだ　新潟県（JR越後線）
　きたよしだ　石川県羽咋郡志賀町

北吉田町　きたよしだまち　愛媛県松山市

北吉沢　きたよしざわ　茨城県久慈郡大子町

北吉見　きたよしみ　埼玉県比企郡吉見町

北吉津町　きたよしづちょう　広島県福山市

北吉原
　きたよしはら　北海道（JR室蘭本線）
　きたよしはら　北海道白老郡白老町
　きたよしわら　茨城県笠間市

北吉野町　きたよしのちょう　北海道砂川市

北吸　きたすい　京都府舞鶴市

北向田　きたむかだ　栃木県那須郡那珂川町

北向町
　きたむきまち　福島県田村郡三春町
　きたむきちょう　奈良県奈良市

北向陽町　きたこうようちょう　大阪府堺市堺区

北名古屋市　きたなごやし　愛知県

北名次町　きたなつぎちょう　兵庫県西宮市

北地　きたじ　高知県土佐市

北多久町　きたたくまち　佐賀県多久市

北多久町メイプルタウン　きたたくまちめいぷるたうん　佐賀県多久市

北多久町小侍　きたたくまちこさむらい　佐賀県多久市

北多久町中多久　きたたくまちなかたく　佐賀県多久市

北多久町多久原　きたたくまちたくばる　佐賀県多久市

北多久町砂原　きたたくまちすなはら　佐賀県多久市

北多久町莇原　きたたくまちあざみばる　佐賀県多久市

北多門町　きたたもんちょう　新潟県新潟市中央区

北安井町　きたやすいちょう　大阪府堺市堺区

北安田西　きたやすたにし　石川県白山市

北安田町　きたやすたまち　石川県白山市

北安江　きたやすえ　石川県金沢市

北安江町　きたやすえまち　石川県金沢市

北安東　きたあんどう　静岡県静岡市葵区

北安城　きたあんじょう　愛知県（名古屋鉄道西尾線）

北安徳町　きたあんとくまち　長崎県島原市

北安曇郡　きたあずみぐん　長野県

北宇佐　きたうさ　大分県宇佐市

北宇和島　きたうわじま　愛媛県（JR予讃線）

北宇和郡　きたうわぐん　愛媛県

北宇智　きたうち　奈良県（JR和歌山線）

北寺尾　きたてらお　神奈川県横浜市鶴見区

北寺町
　きたでらまち　石川県金沢市
　きたてらまち　三重県桑名市

北寺島町　きたてらじまちょう　静岡県浜松市中区

北寺宿　きたてらしゅく　宮城県加美郡加美町

北庄　きたしょう　岡山県久米郡久米南町

北庄町　きたしょうちょう　大阪府堺市堺区

北成田
　きたなりた　福島県田村郡三春町
　きたなりた　新潟県胎内市

北成町　きたなりまち　石川県白山市

北成島町　きたなるしまちょう　群馬県館林市

北旭ケ丘町　きたあさひがおかちょう　長野県須坂市

北旭町　きたあさひまち　愛知県西尾市

北曲輪　きたぐるわ　愛知県知多郡武豊町

北有珠町　きたうすちょう　北海道伊達市

北有馬町乙　きたありまちょうおつ　長崎県南島原市

北有馬町丁　きたありまちょうてい　長崎県南島原市

北有馬町己　きたありまちょうき　長崎県南島原市

北有馬町丙　きたありまちょうへい　長崎県南島原市

北有馬町戊　きたありまちょうぼ　長崎県南島原市

北有馬町甲　きたありまちょうこう　長崎県南島原市

北有楽町　きたゆうらくちょう　埼玉県所沢市

北江口　きたえぐち　大阪府大阪市東淀川区

北江町　きたえちょう　愛知県名古屋市中川区

北江俣　きたえまた　山形県山形市

北江島町　きたえじまちょう　三重県鈴鹿市

北江間　きたえま　静岡県伊豆の国市

北汐見坂　きたしおみざか　愛知県常滑市

北池町　きたいけちょう　滋賀県長浜市

5画（北）

北池袋　きたいけぶくろ　東京都（東武鉄道東上本線）
北池野　きたいけの　岐阜県（養老鉄道線）
北池新田　きたいけしんでん　静岡県掛川市
北牟田　きたむた　熊本県玉名市
北牟婁郡　きたむろぐん　三重県
北瓜幕　きたうりまく　北海道河東郡鹿追町
北竹谷町　きたたけやちょう　兵庫県尼崎市
北竹島町　きたたけしまちょう　高知県高知市
北羽合　きたはごう　京都府福知山市
北羽鳥　きたはどり　千葉県成田市
北舟岡　きたふなおか　北海道（JR室蘭本線）
北舟橋町　きたふなはしちょう　京都府京都市上京区
北西方　きたにしかた　宮崎県小林市
北西町　きたにしちょう　奈良県大和郡山市
7北更別区　きたさらべつく　北海道河西郡更別村
北佐久郡　きたさくぐん　長野県
北佐木　きたさき　島根県邑智郡川本町
北佐世保　きたさせぼ　長崎県（松浦鉄道西九州線）
北佐古一番町　きたさこいちばんちょう　徳島県徳島市
北佐古二番町　きたさこにばんちょう　徳島県徳島市
北佐古田　きたさこだ　岡山県赤磐市
北作　きたさく　山形県東村山郡山辺町
北作開　きたさっかい　北海道寿都郡黒松内町
北余目　きたあまるめ　山形県（JR羽越本線）
北余部　きたあまべ　大阪府堺市美原区
北余部西　きたあまべにし　大阪府堺市美原区
北兵村一区　きたへいそんいっく　北海道紋別郡湧別町
北兵村二区　きたへいそんにく　北海道紋別郡湧別町
北兵村三区　きたへいそんさんく　北海道紋別郡湧別町
北初島町　きたはつしまちょう　兵庫県尼崎市
北初富
　　きたはつとみ　千葉県（新京成電鉄線）
　　きたはつとみ　千葉県鎌ケ谷市
北別府　きたべっぷ　兵庫県神戸市西区
北別府町　きたべふちょう　大阪府摂津市
北別所
　　きたべっしょ　三重県桑名市
　　きたべっしょ　和歌山県和歌山市
北利根　きたとね　茨城県古河市
北助松　きたすけまつ　大阪府（南海電気鉄道南海本線）
北坂　きたさか　岡山県美作市
北坂ノ上丁　きたさかのうえちょう　和歌山県和歌山市
北坂下町　きたさかしたちょう　福井県越前市
北坂戸　きたさかど　埼玉県（東武鉄道東上本線）
北坂町　きたさかちょう　滋賀県東近江市
北坂門田　きたさかもんた　熊本県玉名市
北妙法寺町　きたみょうほうじちょう　奈良県橿原市
北尾　きたお　鳥取県東伯郡北栄町
北尾張部　きたおわりべ　長野県長野市
北志野　きたしの　和歌山県紀の川市
北条
　　ほうじょう　茨城県つくば市
　　ほうじょう　千葉県館山市
　　きたじょう　新潟県（JR信越本線）

　　きたじょう　新潟県柏崎市
　　きたじょう　新潟県妙高市
　　きたじょう　愛知県常滑市
　　ほうじょう　大阪府大東市
　　ほうじょう　兵庫県姫路市
　　きたじょう　山口県宇部市
　　ほうじょう　愛媛県松山市
　　ほうじょう　愛媛県西条市
北条口　ほうじょうぐち　兵庫県姫路市
北条正木　ほうじょうまさき　千葉県館山市
北条永良町　ほうじょうながらちょう　兵庫県姫路市
北条辻　ほうじょうつじ　愛媛県松山市
北条町
　　きたじょうまち　長野県長野市
　　きたじょうまち　三重県四日市市
　　ほうじょうちょう　大阪府堺市西区
　　ほうじょうちょう　大阪府豊中市
　　ほうじょうまち　兵庫県（北条鉄道線）
北条町小谷　ほうじょうちょうこだに　兵庫県加西市
北条町北条　ほうじょうちょうほうじょう　兵庫県加西市
北条町古坂　ほうじょうちょうふるさか　兵庫県加西市
北条町西南　ほうじょうちょうにしなん　兵庫県加西市
北条町西高室　ほうじょうちょうにしたかむろ　兵庫県加西市
北条町東南　ほうじょうちょうひがしなん　兵庫県加西市
北条町東高室　ほうじょうちょうひがしたかむろ　兵庫県加西市
北条町栗田　ほうじょうちょうくりだ　兵庫県加西市
北条町黒駒　ほうじょうちょうくろこま　兵庫県加西市
北条町横尾　ほうじょうちょうよこお　兵庫県加西市
北条宮の町　ほうじょうみやのまち　兵庫県姫路市
北条島　ほうじょうしま　鳥取県東伯郡北条町
北条梅原町　ほうじょううめはらちょう　兵庫県姫路市
北村
　　きたむら　北海道檜山郡上ノ国町
　　きたむら　宮城県石巻市
　　きたむら　大阪府大阪市大正区
　　きたむら　鳥取県鳥取市
　　きたむら　徳島県板野郡北島町
北村大願　きたむらおおねがい　北海道岩見沢市
北村山郡　きたむらやまぐん　山形県
北村中小屋　きたむらなかごや　北海道岩見沢市
北村中央　きたむらちゅうおう　北海道岩見沢市
北村北都　きたむらほくと　北海道岩見沢市
北村町　きたむらちょう　奈良県奈良市
北村赤川　きたむらあかがわ　北海道岩見沢市
北村栄町　きたむらさかえまち　北海道岩見沢市
北村砂浜　きたむらすなはま　北海道岩見沢市
北村美唄達布　きたむらびばいたっぷ　北海道岩見沢市
北村幌達布　きたむらほろたっぷ　北海道岩見沢市
北村豊正　きたむらほうせい　北海道岩見沢市
北村豊里　きたむらとよさと　北海道岩見沢市
北杜市　ほくとし　山梨県
北沖洲　きたおきのす　徳島県徳島市
北沢
　　きたざわ　岩手県紫波郡紫波町
　　きたざわ　宮城県伊具郡丸森町
　　きたざわ　山形県酒田市

5画（北）

きたざわ　東京都世田谷区
きたざわ　静岡県三島市
北沢又　きたさわまた　福島県福島市
北沢田　きたさわだ　兵庫県養父市
北狄　きたえびす　新潟県佐渡市
北町
　きたまち　北海道士別市
　きたまち　北海道余市郡仁木町
　きたまち　北海道空知郡南幌町
　きたまち　北海道空知郡奈井江町
　きたまち　北海道夕張郡長沼町
　きたまち　北海道上川郡比布町
　きたまち　北海道上川郡愛別町
　きたまち　北海道上川郡上川町
　きたまち　北海道上川郡東川町
　きたまち　北海道上川郡美瑛町
　きたまち　北海道空知郡上富良野町
　きたまち　北海道空知郡中富良野町
　きたまち　北海道上川郡和寒町
　きたまち　北海道上川郡下川町
　きたまち　北海道中川郡美深町
　きたまち　北海道苫前郡羽幌町
　きたまち　北海道河東郡鹿追町
　きたまち　北海道十勝郡浦幌町
　きたまち　北海道標津郡中標津町
　きたまち　宮城県加美郡加美町
　きたまち　山形県山形市
　きたまち　山形県酒田市
　きたまち　山形県新庄市
　きたまち　山形県上山市
　きたまち　山形県尾花沢市
　きたまち　福島県福島市
　きたまち　福島県須賀川市
　きたまち　福島県喜多方市
　きたまち　福島県伊達郡桑折町
　きたまち　福島県岩瀬郡鏡石町
　きたまち　福島県西白河郡矢吹町
　きたまち　福島県石川郡石川町
　きたまち　福島県田村郡三春町
　きたまち　茨城県古河市
　きたちょう　茨城県常陸大宮市
　きたまち　埼玉県蕨市
　きたまち　東京都新宿区
　きたまち　東京都練馬区
　きたまち　東京都国分寺市
　きたまち　東京都西東京市
　きたまち　神奈川県横浜市瀬谷区
　きたまち　富山県滑川市
　きたまち　石川県金沢市
　きたちょう　福井県越前市
　きたまち　長野県駒ケ根市
　きたまち　静岡県富士宮市
　きたまち　愛知県津島市
　きたまち　愛知県碧南市
　きたまち　三重県四日市市
　きたまち　三重県亀山市
　きたまち　京都府京都市上京区
　きたまち　京都府京都市下京区
　きたまち　京都府亀岡市
　きたまち　大阪府岸和田市
　きたちょう　大阪府貝塚市
　きたまち　兵庫県神戸市長田区
　きたまち　兵庫県神戸市須磨区
　きたちょう　兵庫県加西市
　きたまち　和歌山県和歌山市

　きたまち　岡山県津山市
　きたまち　宮崎県延岡市
　きたまち　宮崎県日向市
北町上　きたまちかみ　福島県喜多方市
北町本丁　きたまちほんちょう　山形県上山市
北町津　きたまちつ　三重県津市
北花山上稚児ケ池　きたかざんかみちごがいけ　京都
　府京都市山科区
北花山大林町　きたかざんおおはやしちょう　京都府京
　都市山科区
北花山大峰町　きたかざんおおみねちょう　京都府京
　都市山科区
北花山山田町　きたかざんやまだちょう　京都府京都
　市山科区
北花山中道町　きたかざんなかみちちょう　京都府京
　都市山科区
北花山六反田町　きたかざんろくたんだちょう　京都
　府京都市山科区
北花山市田町　きたかざんいちだちょう　京都府京都
　市山科区
北花山寺内町　きたかざんてらうちちょう　京都府京
　都市山科区
北花山西ノ野町　きたかざんにしののちょう　京都府
　京都市山科区
北花山河原町　きたかざんかわらちょう　京都府京都
　市山科区
北花山横田町　きたかざんよこたちょう　京都府京都
　市山科区
北花内　きたはなうち　奈良県葛城市
北花田　きたはなだ　大阪府（大阪市交通局御堂筋
　線）
北花田口町　きたはなだぐちちょう　大阪府堺市堺区
北花田町　きたはなだちょう　大阪府堺市北区
北花沢町　きたはなざわちょう　滋賀県東近江市
北苅　きたがり　愛知県あま市
北見　きたみ　北海道（JR石北本線）
北見方　きたみかた　神奈川県川崎市高津区
北見市　きたみし　北海道
北見団地　きたみだんち　北海道釧路郡釧路町
北見町
　きたみちょう　茨城県水戸市
　きたみちょう　静岡県磐田市
北角　きとずみ　奈良県吉野郡天川村
北谷
　きたや　埼玉県草加市
　きただに　新潟県上越市
　きただに　和歌山県西牟婁郡白浜町
　きただに　福岡県太宰府市
　ちゃたん　沖縄県中頭郡北谷町
北谷町
　きたやちょう　埼玉県草加市
　きたやちょう　神奈川県川崎市中原区
　きただにまち　石川県輪島市
　ちゃたんちょう　沖縄県中頭郡
北谷町小原　きただにちょうおはら　福井県勝山市
北谷町中尾　きただにちょうなかお　福井県勝山市
北谷町木根橋　きただにちょうきねはし　福井県勝
　山市
北谷町北六呂師　きただにちょうきたろくろし　福井
　県勝山市
北谷町杉山　きただにちょうすぎやま　福井県勝山市

5画（北）

北谷町谷　きただにちょうたに　福井県勝山市
北谷町河合　きただにちょうこうご　福井県勝山市
北谷津町　きたやつちょう　千葉県千葉市若葉区
北赤田　きたあかだ　栃木県那須塩原市
北赤羽　きたあかばね　東京都（JR埼京線）
北赤坂　きたあかさか　和歌山県海南市
北赤谷　きたあかたに　新潟県村上市
北赤塚町　きたあかづかまち　栃木県鹿沼市
北足立郡　きたあだちぐん　埼玉県
北車屋町　きたくるまやちょう　京都府京都市中京区
北里
　きたさと　北海道天塩郡遠別町
　きたさと　神奈川県相模原市南区
　きたさと　熊本県阿蘇郡小国町
　きたさと　沖縄県国頭郡本部町
北里町　きたさとちょう　山形県酒田市
北阪町　きたさかちょう　大阪府岸和田市
8北京田　きたきょうでん　山形県鶴岡市
北京終町　きたきょうばてちょう　奈良県奈良市
北参道　きたさんどう　東京都（東京地下鉄副都心線）
北和田
　きたわだ　栃木県那須塩原市
　きたわだ　奈良県吉野郡川上村
北国分
　きたこくぶん　千葉県（北総鉄道北総線）
　きたこくぶん　千葉県市川市
北国分寺台　きたこくぶんじだい　千葉県市原市
北学田　きたがくでん　北海道夕張郡栗山町
北定塚　きたじょうづか　富山県高岡市
北宝来町　きたほうらいちょう　愛媛県今治市
北岡
　きたおか　北海道虻田郡京極町
　きたおか　長野県上高井郡小布施町
　きたおか　大阪府藤井寺市
北岡町　きたおかちょう　京都府福知山市
北岡崎　きたおかざき　愛知県（愛知環状鉄道線）
北岸和田　きたきしわだ　大阪府門真市
北岩田　きたいわた　愛知県豊橋市
北岩岡　きたいわおか　埼玉県所沢市
北幸　きたさいわい　神奈川県横浜市西区
北幸田　きたこうだ　岡山県岡山市東区
北幸町　ほっこうちょう　北海道枝幸郡枝幸町
北幸谷　きたごうや　千葉県東金市
北府
　きたご　福井県（福井鉄道福武線）
　きたご　福井県越前市
北府中
　きたふちゅう　茨城県石岡市
　きたふちゅう　東京都（JR武蔵野線）
北府本町　きたごほんまち　福井県越前市
北延岡　きたのべおか　宮崎県（JR日豊本線）
北弥六　きたやろく　栃木県那須塩原市
北所沢町　きたところざわちょう　埼玉県所沢市
北押川　きたおしかわ　富山県富山市
北明　ほくめい　北海道西枝幸郡芽室町
北明台　ほくめいだい　北海道河東郡音更町
北松ケ崎　きたまつがさき　新潟県佐渡市
北松山町　きたまつやまちょう　愛知県瀬戸市

北松戸
　きたまつど　千葉県（JR常磐線）
　きたまつど　千葉県松戸市
北松本　きたまつもと　長野県（JR大糸線）
北松浦郡　きたまつうらぐん　長崎県
北松野　きたまつの　静岡県富士市
北松園　きたまつぞの　岩手県盛岡市
北河内
　きたかわち　石川県鳳珠郡能登町
　きたごうち　山口県（錦川鉄道錦川清流線）
　きたがわち　徳島県（JR牟岐線）
　きたがわうち　徳島県海部郡美波町
北河田町　きたごうたちょう　愛知県愛西市
北河原
　きたがわら　埼玉県行田市
　きたがわら　兵庫県伊丹市
北河原町　きたかわらまち　京都府亀岡市
北河堀町　きたかわほりちょう　大阪府大阪市天王寺区
北河路町　きたこうじちょう　三重県津市
北沼上　きたぬまがみ　静岡県静岡市葵区
北波止町　きたはとちょう　大阪府堺市堺区
北波平　きたなみひら　沖縄県糸満市
北波多下平野　きたはたしもひらの　佐賀県唐津市
北波多上平野　きたはたかみひらの　佐賀県唐津市
北波多大杉　きたはたおおすぎ　佐賀県唐津市
北波多山彦　きたはたやまひこ　佐賀県唐津市
北波多田中　きたはたたなか　佐賀県唐津市
北波多成渕　きたはたなるふち　佐賀県唐津市
北波多竹有　きたはたたけあり　佐賀県唐津市
北波多行合野　きたはたゆきあいの　佐賀県唐津市
北波多志気　きたはたしげ　佐賀県唐津市
北波多岸山　きたはたきしやま　佐賀県唐津市
北波多徳須恵　きたはたとくすえ　佐賀県唐津市
北波多稗田　きたはたひえだ　佐賀県唐津市
北牧　きもく　群馬県渋川市
北的ケ浜町　きたまとがはまちょう　大分県別府市
北股　きたまた　奈良県吉野郡野迫川村
北芽室　きためむろ　北海道河西郡芽室町
北茅ケ崎　きたちがさき　神奈川県（JR相模線）
北若山　きたわかやま　山口県山陽小野田市
北若松町　きたわかまつちょう　三重県鈴鹿市
北若松原　きたわかまつはら　栃木県宇都宮市
北茂呂町　きたもろちょう　栃木県佐野市
北表　きたおもて　愛媛県喜多郡内子町
北迫町　きたざこまち　熊本県熊本市北区
北迫新町　きたさこしんまち　山口県宇部市
北金ケ沢
　きたかねがさわ　青森県（JR五能線）
　きたかねがさわ　青森県西津軽郡深浦町
北金丸　きたかねまる　栃木県大田原市
北金井町　きたかないちょう　群馬県太田市
北金田　きたかなだ　高知県高知市
北金目　きたかなめ　神奈川県平塚市
北金沢　きたかなざわ　青森県青森市
北金岡　きたかなおか　秋田県（JR奥羽本線）
北金津　きたかなづ　福井県あわら市
北長太町　きたなごちょう　三重県鈴鹿市

5画（北）

北長田
　きたながた　和歌山県紀の川市
　きたながた　福岡県筑後市
北長池　きたながいけ　長野県長野市
北長尾町　きたながおちょう　大阪府堺市北区
北長町　きたながまち　福井県小浜市
北長谷　きたはせ　宮城県岩沼市
北長宗　きたながむね　愛知県知多郡武豊町
北長岡　きたながおか　新潟県（JR信越本線）
北長柄町　きたながえまち　福岡県柳川市
北長狭通　きたながさどおり　兵庫県神戸市中央区
北長島　きたながしま　栃木県芳賀郡芳賀町
北長野
　きたながの　秋田県大仙市
　きたながの　長野県（JR信越本線）
北長瀬
　きたながせ　岡山県（JR山陽本線）
　きたながせ　岡山県岡山市北区
北長瀬本町　きたながせほんまち　岡山県岡山市北区
北長瀬表町　きたながせおもてまち　岡山県岡山市北区
北門　きたもん　静岡県掛川市
北門町
　ほくもんちょう　北海道旭川市
　きたもんまち　長崎県島原市
北門前町
　きたもんぜんちょう　京都府京都市左京区
　きたもんぜんちょう　京都府京都市下京区
北門通　きたもんどおり　大分県中津市
北阿万伊賀野　きたあまいがの　兵庫県南あわじ市
北阿万筒井　きたあまつつい　兵庫県南あわじ市
北阿万新田　きたあましんでん　兵庫県南あわじ市
北阿万稲田南　きたあまいなだみなみ　兵庫県南あわじ市
北阿賀野　きたあがの　埼玉県深谷市
北青山　きたあおやま　東京都港区
北青木
　きたあおき　福島県会津若松市
　きたおうぎ　兵庫県神戸市東灘区
北青沢　きたあおさわ　山形県酒田市
北青柳　きたあおやぎ　埼玉県久喜市
北青葉台　きたあおばだい　大阪府河内長野市
⁹北信　ほくしん　長野県下水内郡栄村
北信太　きたしのだ　大阪府（JR阪和線）
北信貴ケ丘　きたしぎがおか　奈良県生駒郡平群町
北信濃　きたしなの　北海道千歳市
北俣
　きたまた　山形県酒田市
　きたまた　宮崎県東諸県郡綾町
　きたまた　鹿児島県（JR日豊本線）
北前
　きたまえ　宮城県伊具郡丸森町
　きたまえ　沖縄県中頭郡北谷町
北前川　きたまえがわ　福井県三方上中郡若狭町
北前田町　きたまえだちょう　徳島県徳島市
北南茂呂　ほくなんもろ　茨城県結城市
北品川
　きたしながわ　東京都（京浜急行電鉄本線）
　きたしながわ　東京都品川区
北垣　きたがき　山形県東村山郡山辺町

北城　ほくじょう　長野県北安曇郡白馬村
北城内
　きたじょうない　兵庫県尼崎市
　きたじょうない　佐賀県唐津市
北城町
　きたしろちょう　新潟県上越市
　きたしろちょう　愛知県春日井市
北室町　きたむろちょう　奈良県奈良市
北屋敷　きたやしき　富山県小矢部市
北後　きたうしろ　福島県伊達市
北後谷　きたうしろや　埼玉県越谷市
北持田町　きたもちだまち　愛媛県松山市
北春日丘　きたかすがおか　大阪府茨木市
北春日部　きたかすかべ　埼玉県（東武鉄道伊勢崎線）
北昭和台町　きたしょうわだいちょう　大阪府高槻市
北昭和町　きたしょうわちょう　兵庫県西宮市
北星
　ほくせい　北海道（JR宗谷本線）
　ほくせい　北海道上川郡当麻町
　ほくせい　北海道雨竜郡幌加内町
北星町　ほくせいちょう　北海道新冠郡新冠町
北栄
　ほくえい　北海道千歳市
　ほくえい　北海道夕張郡由仁町
　ほくえい　北海道常呂郡訓子府町
　ほくえい　北海道中川郡豊頃町
　ほくえい　北海道十勝郡浦幌町
　きたさかえ　千葉県浦安市
　きたさかえ　広島県大竹市
北栄町
　ほくえいちょう　北海道苫小牧市
　ほくえいちょう　北海道石狩郡当別町
　ほくえいちょう　北海道枝幸郡枝幸町
　きたさかえまち　栃木県那須塩原市
　きたさかえまち　京都府福知山市
　ほくえいちょう　鳥取県東伯郡
　きたさかえまち　山口県山陽小野田市
　ほくえいまち　長崎県長崎市
北柿ケ瀬　きたかきがせ　岐阜県岐阜市
北柏
　きたかしわ　千葉県（JR常磐線）
　きたかしわ　千葉県柏市
北柏木町　きたかしわぎちょう　北海道恵庭市
北柏台　きたかしわだい　千葉県柏市
北柳川町　きたやながわちょう　大阪府高槻市
北柳町　きたやなぎちょう　青森県弘前市
北段原町　きただんばらまち　熊本県宇土市
北毘沙門町　きたびしゃもんちょう　新潟県新潟市中央区
北海道　ほっかいどう
北海道医療大学　ほっかいどういりょうだいがく　北海道（JR札沼線）
北泉　きたいずみ　福岡県行橋市
北泉田町　きたいずみだまち　熊本県人吉市
北浅井町　きたあさいまち　石川県小松市
北浅羽　きたあさば　埼玉県坂戸市
北津田町　きたつだちょう　滋賀県近江八幡市
北津守　きたつもり　大阪府大阪市西成区
北津軽郡　きたつがるぐん　青森県
北洞　きたぼら　愛知県犬山市

5画（北）

北甚五兵衛丁　きたじんごべえちょう　和歌山県和歌山市
北畑
　　きたばたけ　福島県郡山市
　　きたばた　福島県伊達市
　　きたばた　愛知県新城市
　　きたばた　滋賀県蒲生郡日野町
北畑町　きたはたちょう　愛知県名古屋市中村区
北相之島町　きたあいのしまちょう　長野県須坂市
北相木村　きたあいきむら　長野県南佐久郡
北相生丁　きたあいおいちょう　和歌山県和歌山市
北相馬郡　きたそうまぐん　茨城県
北砂　きたすな　東京都江東区
北神戸　きたごうど　岐阜県（養老鉄道線）
北神立町　きたかんだつまち　茨城県土浦市
北神明町
　　きたしんめいちょう　秋田県大館市
　　きたしんめいちょう　愛知県一宮市
北神敷台　きたかみしきだい　茨城県ひたちなか市
北秋田市　きたあきたし　秋田県
北秋田郡　きたあきたぐん　秋田県
北秋津　きたあきつ　埼玉県所沢市
北美台　きたみだい　広島県福山市
北美町　きたみちょう　青森県黒石市
北美原　きたみはら　北海道函館市
北美唄町　きたびばいちょう　北海道美唄市
北美瑛　きたびえい　北海道（JR富良野線）
北茨城市　きたいばらきし　茨城県
北荒川沖町　きたあらかわおきまち　茨城県土浦市
北荒町　きたあらまち　秋田県湯沢市
北草川　きたくさがわ　栃木県さくら市
北逆水甲　きたさかみずこう　福島県河沼郡会津坂下町
北逆瀬川町　きたさかせがわちょう　兵庫県神戸市兵庫区
北面　きたも　鳥取県倉吉市
北音羽　きたおとわ　奈良県桜井市
北風呂町　きたふろちょう　奈良県奈良市
北風原　ならいはら　千葉県鴨川市
10北俵町　きたたわらちょう　京都府京都市上京区
北兼康町　きたかねやすちょう　京都府京都市上京区
北剣淵　きたけんぶち　北海道（JR宗谷本線）
北原
　　きたはら　北海道上川郡和寒町
　　きたはら　宮城県加美郡加美町
　　きたはら　宮城県遠田郡美里町
　　きたはら　福島県福島市
　　きたはら　福島県喜多方市
　　きたはら　福島県大沼郡会津美里町
　　きたはら　茨城県つくば市
　　きたはら　群馬県（上毛電気鉄道線）
　　きたはら　埼玉県さいたま市緑区
　　きたはら　埼玉県朝霞市
　　きたはら　兵庫県姫路市
　　きたはら　岡山県美作市
　　きたばる　福岡県福岡市西区
　　きたばる　大分県中津市
　　きたはら　沖縄県島尻郡久米島町
北原乙　きたはらおつ　福島県大沼郡会津美里町
北原山町大久保見　きたはらやまちょうおおくぼみ　愛知県尾張旭市

北原山町六田池　きたはらやまちょうむたいけ　愛知県尾張旭市
北原山町平池浦　きたはらやまちょうひらいけうら　愛知県尾張旭市
北原山町陀摩屋敷　きたはらやまちょうだまやしき　愛知県尾張旭市
北原山町鳴湫　きたはらやまちょうなるくて　愛知県尾張旭市
北原台　きたはらだい　埼玉県川口市
北原甲　きたはらこう　福島県大沼郡会津美里町
北原地新田　きたはらちしんでん　千葉県香取市
北原町
　　きたはらまち　群馬県高崎市
　　きたはらちょう　埼玉県所沢市
　　きたはらちょう　東京都西東京市
　　きたはらちょう　長野県須坂市
　　きたはらちょう　愛知県名古屋市瑞穂区
　　きたはらまち　長崎県島原市
　　きたはらまち　熊本県八代市
　　きたはらまち　熊本県天草市
　　きたはらちょう　宮崎県都城市
北原東　きたはらひがし　宮城県伊具郡丸森町
北原南　きたはらみなみ　宮城県伊具郡丸森町
北宮　きたみや　熊本県菊池市
北島
　　きたじま　北海道恵庭市
　　きたじま　富山県高岡市
　　きたじま　富山県中新川郡上市町
　　きたじま　福井県吉田郡永平寺町
　　きたじま　岐阜県岐阜市
　　きたじま　静岡県磐田市
　　きたじま　愛知県稲沢市
　　きたじま　大阪府大阪市住之江区
　　きたじま　大阪府門真市
　　きたじま　兵庫県篠山市
　　きたじま　和歌山県和歌山市
北島田町　きたしまだちょう　徳島県徳島市
北島町
　　きたじままち　石川県白山市
　　きたじまちょう　静岡県浜松市東区
　　きたじまちょう　愛知県豊橋市
　　きたじまちょう　愛知県稲沢市
　　きたじまちょう　愛知県岩倉市
　　きたじまちょう　大阪府門真市
　　きたじまちょう　徳島県板野郡
北峰　きたみね　埼玉県坂戸市
北恩加島　きたおかじま　大阪府大阪市大正区
北扇山　きたおうぎやま　北海道富良野市
北旅籠町西　きたはたごちょうにし　大阪府堺市堺区
北旅籠町東　きたはたごちょうひがし　大阪府堺市堺区
北根
　　きたね　宮城県仙台市青葉区
　　きたね　埼玉県鴻巣市
　　きたね　埼玉県深谷市
北根本　きたねもと　茨城県石岡市
北根黒松　きたねくろまつ　宮城県仙台市青葉区
北桜　きたざくら　滋賀県野洲市
北桜塚　きたさくらづか　大阪府豊中市
北梅本町　きたうめもとまち　愛媛県松山市
北桧杖　きたひづえ　三重県南牟婁郡紀宝町
北浦
　　きたうら　宮城県（JR陸羽東線）

375

5画（北）

きたうら　宮城県遠田郡美里町
きたうら　福島県大沼郡会津美里町
きたうら　福島県西白河郡矢吹町
きたうら　愛知県犬山市
きたうら　愛知県長久手市
きたうら　兵庫県三田市
きたうら　岡山県岡山市南区
きたうら　高知県（とさでん交通ごめん線）

北浦入道崎 きたうらにゅうどうざき　秋田県男鹿市
北浦北浦 きたうらきたうら　秋田県男鹿市
北浦甲 きたうらこう　福島県大沼郡会津美里町
北浦安全寺 きたうらあんぜんじ　秋田県男鹿市
北浦西水口 きたうらにしみずぐち　秋田県男鹿市
北浦西町 きたうらにしまち　三重県尾鷲市
北浦西黒沢 きたうらにしくろさわ　秋田県男鹿市
北浦町
きたうらちょう　愛知県名古屋市中村区
きたうらちょう　愛知県一宮市
きたうらちょう　愛知県瀬戸市
きたうらちょう　愛知県豊川市
きたうらまち　愛知県碧南市
きたうらまち　三重県尾鷲市
きたうらまち　長崎県長崎市
きたうらまち　大分県中津市
北浦町三川内 きたうらまちみかわうち　宮崎県延岡市
北浦町古江 きたうらまちふるえ　宮崎県延岡市
北浦町市振 きたうらまちいちぶり　宮崎県延岡市
北浦町宮野浦 きたうらまちみやのうら　宮崎県延岡市
北浦和
きたうらわ　埼玉県（JR京浜東北線）
きたうらわ　埼玉県さいたま市浦和区
北浦東町 きたうらひがしまち　三重県尾鷲市
北浦表町 きたうらおもてまち　秋田県男鹿市
北浦相川 きたうらあいかわ　秋田県男鹿市
北浦真山 きたうらしんざん　秋田県男鹿市
北浦野村 きたうらのむら　秋田県男鹿市
北浦湖畔 きたうらこはん　茨城県（鹿島臨海鉄道大洗鹿島線）
北浦湯本 きたうらゆもと　秋田県男鹿市
北酒出 きたさかいで　茨城県那珂市
北浜
きたはま　北海道（JR釧網本線）
きたはま　北海道網走市
きたはま　北海道天塩郡遠別町
きたはま　北海道斜里郡羅臼町
きたはま　宮城県塩竈市
きたはま　茨城県神栖市
きたはま　大阪府（京阪電気鉄道本線ほか）
きたはま　大阪府大阪市中央区
きたはま　和歌山県東牟婁郡那智勝浦町
きたはま　山口県柳井市
きたはま　愛媛県八幡浜市
きたはま　福岡県北九州市若松区
きたはま　大分県別府市
きたはま　沖縄県中頭郡中城村
北浜田町
きたはまだちょう　愛知県半田市
きたはまだちょう　三重県四日市市

北浜町
きたはまちょう　北海道函館市
きたはまちょう　北海道紋別市
きたはまちょう　北海道根室市
きたはまちょう　北海道枝幸郡枝幸町
きたはまちょう　岩手県下閉伊郡山田町
きたはまちょう　山形県酒田市
きたはまちょう　千葉県木更津市
きたはままち　愛知県知多市
きたはまちょう　三重県四日市市
きたはまちょう　京都府京都市伏見区
きたはまちょう　京都府舞鶴市
きたはまちょう　岡山県倉敷市
きたはまちょう　香川県高松市
きたはまちょう　愛媛県今治市
きたはままち　熊本県天草市
きたはまちょう　鹿児島県いちき串木野市
北浜町牛谷 きたはまちょううしたに　兵庫県高砂市
北浜町北脇 きたはまちょうきたわき　兵庫県高砂市
北浜町西浜 きたはまちょうにしはま　兵庫県高砂市
北浜東 きたはまひがし　大阪府大阪市中央区
北浜通
きたはまどおり　新潟県新潟市中央区
きたはまどおり　静岡県焼津市
北浮田町 きたうきたまち　青森県西津軽郡鰺ケ沢町
北涌 きたわき　和歌山県紀の川市
北烏山 きたからすやま　東京都世田谷区
北畝 きたせ　岡山県倉敷市
北畠
きたばたけ　大阪府（阪堺電気軌道上町線）
きたばたけ　大阪府大阪市阿倍野区
北真土郷 きたまつちごう　山口県山陽小野田市
北真舟 きたまふね　福島県白河市
北真岡 きたもおか　栃木県（真岡鉄道線）
北秦泉寺 きたじんぜんじ　高知県高知市
北秩父別 きたちっぷべつ　北海道（JR留萌本線）
北竜 ほくりゅう　北海道雨竜郡沼田町
北竜王町 きたりゅうおうちょう　山口県山陽小野田市
北竜町 ほくりゅうちょう　北海道雨竜郡
北納屋町 きたなやちょう　三重県四日市市
北能代 きたのしろ　秋田県（JR五能線）
北脇
きたわき　静岡県静岡市清水区
きたわき　滋賀県蒲生郡日野町
北脇町 きたわきちょう　愛知県瀬戸市
北脇新田 きたわきしんでん　静岡県静岡市清水区
北荻島 きたおぎしま　埼玉県羽生市
北荷頃 きたにごろ　新潟県長岡市
北袖 きたそで　千葉県袖ケ浦市
北通 きたどおり　北海道広尾郡大樹町
北通町 きたとおりまち　群馬県高崎市
北郡山 きたこおりやま　岩手県紫波郡矢巾町
北郡山町 きたこおりやまちょう　奈良県大和郡山市
北釘貫丁 きたくぎぬきちょう　和歌山県和歌山市
北馬込 きたまごめ　東京都大田区
北馬場 きたばば　和歌山県橋本市
北高下町 きたこうげちょう　愛媛県今治市
北高木 きたたかき　富山県射水市
北高見町 きたたかみちょう　高知県高知市

5画（北）

北高岡
　きたたかおか　茨城県行方市
　きたたかおか　栃木県芳賀郡茂木町
北高岩　きたたかいわ　青森県（青い森鉄道線）
北高松町　きたたかまつちょう　宮崎県宮崎市
北高島町　きたたかしまちょう　静岡県沼津市
北高根
　きただかね　千葉県長生郡白子町
　きたたかね　愛知県犬山市
北高根飛地　きたたかねとびち　千葉県茂原市
北高崎　きたたかさき　群馬県（JR信越本線）
北高森　きたたかもり　宮城県仙台市泉区
北高鍋　きたたかなべ　宮崎県児湯郡高鍋町
北鬼江　きたおにえ　富山県魚津市
北鬼柳　きたおにやなぎ　岩手県北上市
11北亀井町　きたかめいちょう　大阪府八尾市
北側町　きたがわちょう　愛知県豊橋市
北埼玉郡　きたさいたまぐん　⇒消滅（埼玉県）
北埠頭　きたふとう　兵庫県（神戸新交通ポートアイランド線）
北堀
　きたほり　埼玉県本庄市
　きたほり　長野県長野市
北堀川町　きたほりかわまち　大分県中津市
北堀川端　きたほりかわばた　福島県白河市
北堀之内　きたほりのうち　新潟県（JR上越線）
北堀切　きたほりきり　福島県白河市
北堀江
　きたほりえ　三重県鈴鹿市
　きたほりえ　大阪府大阪市西区
北堀江町　きたほりえちょう　三重県鈴鹿市
北堀町
　きたほりちょう　福井県福井市
　きたほりちょう　島根県松江市
北宿　きたやどり　和歌山県橋本市
北崎町
　きたさきちょう　愛知県大府市
　きたさきまち　愛知県大府市
北巣本町　きたすもとちょう　大阪府門真市
北常三島町　きたじょうさんじまちょう　徳島県徳島市
北常盤　きたときわ　青森県（JR奥羽本線）
北斎院町　きたさやちょう　愛媛県松山市
北曽木町　ほくそぎちょう　愛知県豊田市
北桶屋町　きたおけやまち　和歌山県和歌山市
北條　きたじょう　長野県下伊那郡阿南町
北條町　ほうじょうちょう　大阪府藤井寺市
北深志　きたふかし　長野県松本市
北清水　きたしみず　千葉県山武郡横芝光町
北清水町
　きたしゅうずちょう　滋賀県東近江市
　きたしみずちょう　大阪府堺市堺区
北猪熊町　きたいのくまちょう　京都府京都市上京区
北笹間　きたささま　岩手県花巻市
北細工町　きたさいくまち　和歌山県和歌山市
北細野　きたほその　長野県（JR大糸線）
北習志野　きたならしの　千葉県（新京成電鉄線ほか）
北船町　きたふなちょう　滋賀県長浜市
北船岡　きたふなおか　宮城県柴田郡柴田町

北船橋町　きたふなはしちょう　大阪府枚方市
北葛西　きたかさい　東京都江戸川区
北葛城郡　きたかつらぎぐん　奈良県
北葛飾郡　きたかつしかぐん　埼玉県
北菅生町　きたすごうちょう　福井県福井市
北菩提寺町　きたぼだいじちょう　滋賀県東近江市
北袋
　きたぶくろ　茨城県つくばみらい市
　きたぶくろ　埼玉県羽生市
北袋町
　きたぶくろちょう　埼玉県さいたま市大宮区
　きたぶくろまち　石川県金沢市
　きたふくろちょう　奈良県奈良市
北設楽郡　きたしたらぐん　愛知県
北進　ほくしん　北海道天塩郡幌延町
北進町
　ほくしんちょう　北海道北見市
　ほくしんちょう　北海道北広島市
北郷
　きたごう　北海道札幌市白石区
　きたごう　北海道樺戸郡月形町
　きたごう　山形県尾花沢市
　きたさと　茨城県つくば市
　きたごう　長野県長野市
　きたごう　宮崎県（JR日南線）
北郷一条　きたごういちじょう　北海道札幌市白石区
北郷七条　きたごうしちじょう　北海道札幌市白石区
北郷九条　きたごうくじょう　北海道札幌市白石区
北郷二条　きたごうにじょう　北海道札幌市白石区
北郷入下　きたごうにゅうした　宮崎県東臼杵郡美郷町
北郷八条　きたごうはちじょう　北海道札幌市白石区
北郷十条　きたごうじゅうじょう　北海道札幌市白石区
北郷三条　きたごうさんじょう　北海道札幌市白石区
北郷五条　きたごうごじょう　北海道札幌市白石区
北郷六条　きたごうろくじょう　北海道札幌市白石区
北郷四条　きたごうしじょう　北海道札幌市白石区
北郷宇納間　きたごううなま　宮崎県東臼杵郡美郷町
北郷町　きたごうちょう　⇒日南市（宮崎県）
北郷町下森川　きたごうちょうしももりかわ　福井県勝山市
北郷町上野　きたごうちょううわの　福井県勝山市
北郷町上森川　きたごうちょうかみもりかわ　福井県勝山市
北郷町大藤　きたごうちょうおおふじ　宮崎県日南市
北郷町北河内　きたごうちょうきたがわち　宮崎県日南市
北郷町伊知地　きたごうちょういじち　福井県勝山市
北郷町西妙金島　きたごうちょうにしみょうきんじま　福井県勝山市
北郷町坂東島　きたごうちょうばんどうじま　福井県勝山市
北郷町志比原　きたごうちょうしいわら　福井県勝山市
北郷町岩屋　きたごうちょういわや　福井県勝山市
北郷町東野　きたごうちょうひがしの　福井県勝山市
北郷町郷之原　きたごうちょうごうのはら　宮崎県日南市
北郷町森川　きたごうちょうもりかわ　福井県勝山市

5画（北）

北郷町新町　きたごうちょうあらまち　福井県勝山市
北郷町檜曽谷　きたごうちょうひそだに　福井県勝山市
北郷黒木　きたごうくろぎ　宮崎県東臼杵郡美郷町
北都　ほくと　北海道釧路郡釧路町
北都留郡　きたつるぐん　山梨県
北部　ほくぶ　千葉県成田市
北野
　きたの　埼玉県所沢市
　きたの　埼玉県新座市
　きたの　埼玉県ふじみ野市
　きたの　東京都（京王電鉄京王線ほか）
　きたの　東京都三鷹市
　きたの　新潟県新潟市西蒲区
　きたの　富山県滑川市
　きたの　富山県黒部市
　きたの　富山県南砺市
　きたの　富山県射水市
　きたの　福井県あわら市
　きたの　岐阜県本巣市
　きたの　愛知県北名古屋市
　きたの　滋賀県野洲市
　きたの　大阪府泉南市
　きたの　兵庫県伊丹市
　きたの　兵庫県篠山市
　きたの　兵庫県加東市
　きたの　兵庫県川辺郡猪名川町
　きたの　奈良県山辺郡山添村
　きたの　奈良県吉野郡大淀町
　きたの　和歌山県和歌山市
　きたの　和歌山県海草郡紀美野町
　きたの　鳥取県倉吉市
　きたの　福岡県（西日本鉄道甘木線）
北野一条　きたのいちじょう　北海道札幌市清田区
北野七条　きたのしちじょう　北海道札幌市清田区
北野二条　きたのにじょう　北海道札幌市清田区
北野下白梅町　きたのしもはくばいちょう　京都府京都市北区
北野下町　きたのしもちょう　福井県福井市
北野三条　きたのさんじょう　北海道札幌市清田区
北野上　きたのがみ　栃木県大田原市
北野上白梅町　きたのかみはくばいちょう　京都府京都市北区
北野上町　きたのかみちょう　福井県福井市
北野山町　きたのやまちょう　奈良県奈良市
北野川　きたのかわ　和歌山県有田郡有田川町
北野中　きたのなか　兵庫県赤穂市
北野五条　きたのごじょう　北海道札幌市清田区
北野六条　きたのろくじょう　北海道札幌市清田区
北野北　きたのきた　岐阜県岐阜市
北野台　きたのだい　東京都八王子市
北野四条　きたのしじょう　北海道札幌市清田区
北野田
　きたのだ　大阪府（南海電気鉄道高野線）
　きたのだ　大阪府堺市東区
　きたのだ　愛媛県東温市
北野白梅町　きたのはくばいちょう　京都府（京福電気鉄道北野線）
北野目　きたのめ　秋田県大仙市
北野辺地　きたのへじ　青森県（JR大湊線）
北野西　きたのにし　岐阜県岐阜市

北野西一条　きたのにしいちじょう　北海道上川郡鷹栖町
北野西二条　きたのにしにじょう　北海道上川郡鷹栖町
北野西三条　きたのにしさんじょう　北海道上川郡鷹栖町
北野西山　きたのにしやま　岐阜県岐阜市
北野西五条　きたのにしごじょう　北海道上川郡鷹栖町
北野西四条　きたのにししじょう　北海道上川郡鷹栖町
北野西白梅町　きたのにしはくばいちょう　京都府京都市北区
北野町
　きたのまち　東京都八王子市
　きたのまち　新潟県見附市
　きたのちょう　福井県鯖江市
　きたのまち　岐阜県岐阜市
　きたのちょう　岐阜県中津川市
　きたのちょう　愛知県岡崎市
　きたのちょう　三重県四日市市
　きたのちょう　三重県亀山市
　きたのちょう　滋賀県長浜市
　きたのちょう　兵庫県神戸市中央区
北野町乙丸　きたのまちおとまる　福岡県久留米市
北野町乙吉　きたのまちおとよし　福岡県久留米市
北野町八重亀　きたのまちやえがめ　福岡県久留米市
北野町十郎丸　きたのまちじゅうろうまる　福岡県久留米市
北野町上弓削　きたのまちかみゆげ　福岡県久留米市
北野町千代島　きたのまちちよじま　福岡県久留米市
北野町大城　きたのまちおおき　福岡県久留米市
北野町小松　きたのちょうこまつ　愛知県江南市
北野町川石　きたのちょうかわいし　愛知県江南市
北野町中　きたのまちなか　福岡県久留米市
北野町中川　きたのまちなかがわ　福岡県久留米市
北野町中島　きたのまちなかしま　福岡県久留米市
北野町今山　きたのまちいまやま　福岡県久留米市
北野町仁王丸　きたのまちにおうまる　福岡県久留米市
北野町天神　きたのちょうてんじん　愛知県江南市
北野町石崎　きたのまちいしざき　福岡県久留米市
北野町旭　きたのちょうあさひ　愛知県江南市
北野町赤司　きたのまちあかし　福岡県久留米市
北野町金島　きたのまちかねしま　福岡県久留米市
北野町陣屋　きたのまちじんや　福岡県久留米市
北野町高良　きたのまちこうら　福岡県久留米市
北野町冨多　きたのまちとみた　福岡県久留米市
北野町郷浦　きたのちょうごうら　愛知県江南市
北野町鳥巣　きたのまちとりす　福岡県久留米市
北野町塚島　きたのまちつかじま　福岡県久留米市
北野町稲数　きたのまちいなかず　福岡県久留米市
北野東　きたのひがし　岐阜県岐阜市
北野東一条　きたのひがしいちじょう　北海道上川郡鷹栖町
北野東二条　きたのひがしにじょう　北海道上川郡鷹栖町
北野東三条　きたのひがしさんじょう　北海道上川郡鷹栖町
北野東五条　きたのひがしごじょう　北海道上川郡鷹栖町

5画（北）

北野東四条　きたのひがししじょう　北海道上川郡鷹栖町
北野東紅梅町　きたのひがしこうばいちょう　京都府京都市北区
北野阿原　きたのあわら　岐阜県岐阜市
北野南
　きたのみなみ　埼玉県所沢市
　きたのみなみ　岐阜県岐阜市
北野紅梅町　きたのこうばいちょう　京都府京都市北区
北野桝塚　きたのますづか　愛知県（愛知環状鉄道線）
北野添　きたのぞえ　兵庫県加古郡播磨町
北野新田
　きたのしんでん　新潟県三条市
　きたのしんでん　兵庫県篠山市
北野新町　きたのしんまち　埼玉県所沢市
北陸郷　きたりくごう　長野県東筑摩郡生坂村
北陵町　ほくりょうちょう　島根県松江市
北魚町　きたうおまち　三重県桑名市
北魚沼郡　きたうおぬまぐん　⇒消滅（新潟県）
北魚屋西町　きたうおやにしまち　奈良県奈良市
北魚屋東町　きたうおやひがしまち　奈良県奈良市
北鳥生町　きたとりうちょう　愛媛県今治市
北鳥旗町　きたとりはたまち　福岡県北九州市戸畑区
北鹿沼　きたかぬま　栃木県（東武鉄道日光線）
北鹿追北　きたしかおいきた　北海道河東郡鹿追町
北鹿島町　きたかしまちょう　三重県亀山市
北麻町　きたあさまち　北海道富良野市
北麻績町　きたおうみちょう　愛知県稲沢市
北黄金町　きたこがねちょう　北海道伊達市
北黒川　きたくろかわ　新潟県村上市
北黒田　きたくろだ　愛媛県伊予郡松前町
¹²北場　きたば　新潟県新潟市西区
北塚　きたづか　千葉県茂原市
北塚町　きたづかまち　石川県金沢市
北富田
　きたとみだ　茨城県常陸大宮市
　きたとみだ　茨城県久慈郡大子町
北巽　きたたつみ　大阪府（大阪市交通局千日前線）
北幾世橋　きたよはし　福島県双葉郡浪江町
北御門　きたみかど　福井県大野市
北御門町
　きたごもんちょう　京都府京都市東山区
　きたみかどちょう　奈良県奈良市
北御座　きたござ　高知県高知市
北朝霞　きたあさか　埼玉県（JR武蔵野線）
北朝霧丘　きたあさぎりおか　兵庫県明石市
北森　きたもり　岩手県（JR北輪線）
北森本町　きたもりもとまち　石川県金沢市
北棟梁町　きたとうりょうちょう　京都府京都市東山区
北港　ほくこう　大阪府大阪市此花区
北港白津　ほくこうしらつ　大阪府大阪市此花区
北港緑地　ほくこうりょくち　大阪府大阪市此花区
北湯ケ野　きたゆがの　静岡県下田市
北湯口　きたゆぐち　岩手県花巻市
北湊町　きたみなとまち　福岡県北九州市若松区
北無双作　きたむそうさく　宮城県白石市

北瑛　ほくえい　北海道上川郡美瑛町
北琴平町　きたことひらまち　高知県高岡郡四万十町
北琴芝　きたことしば　山口県宇部市
北番町　きたばんちょう　静岡県静岡市葵区
北登り町　きたのぼりまち　福島県白河市
北登美ケ丘　きたとみがおか　奈良県奈良市
北稀府町　きたまれふちょう　北海道伊達市
北筑　きちく　福岡県北九州市八幡西区
北葉町　きたばちょう　新潟県新潟市東区
北落　きたおち　滋賀県犬上郡甲良町
北落合
　きたおちあい　北海道空知郡南富良野町
　きたおちあい　兵庫県神戸市須磨区
北貴望ケ丘　きたきぼうがおか　大阪府河内長野市
北越谷
　きたこしがや　埼玉県（東武鉄道伊勢崎線）
　きたこしがや　埼玉県越谷市
北越智町　きたおちちょう　奈良県橿原市
北軽井沢
　きたかるいざわ　群馬県吾妻郡長野原町
　きたかるいざわ　神奈川県横浜市西区
北道　きたどう　和歌山県日高郡みなべ町
北道穂　きみつぼ　奈良県葛城市
北開
　ほっかい　北海道河東郡士幌町
　きたびらき　大阪府大阪市西成区
北間　きたま　石川県（北陸鉄道浅野川線）
北間中橋　きたまなかばし　茨城県古河市
北間町　きたままち　石川県金沢市
北間島　きたまじま　愛知県海部郡大治町
北陽
　ほくよう　北海道北見市
　ほくよう　北海道千歳市
　ほくよう　新潟県新潟市北区
　ほくよう　新潟県長岡市
北陽台
　ほくようだい　北海道河東郡音更町
　ほくようだい　石川県金沢市
北陽町　ほくようまち　長崎県長崎市
北雄武　きたおうむ　北海道紋別郡雄武町
北須田町　きたすだちょう　滋賀県東近江市
北須坂　きたすざか　長野県（長野電鉄長野線）
北須釜　きたすがま　福島県石川郡玉川村
北須賀　きたすか　千葉県成田市
北飯山　きたいいやま　長野県（JR飯山線）
北飯田　きたいいだ　栃木県小山市
北飯岡　きたいいおか　岩手県盛岡市
北飯渕　きたいいぶち　福島県相馬市
北飯塚　きたいいづか　千葉県大網白里市
¹³北勢中央公園口　ほくせいちゅうおうこうえんぐち　三重県（三岐鉄道三岐線）
北勢田　きたせいだ　和歌山県紀の川市
北勢町二之瀬　ほくせいちょうにのせ　三重県いなべ市
北勢町下平　ほくせいちょうしもひら　三重県いなべ市
北勢町千司久連新田　ほくせいちょうせんじぐれしんでん　三重県いなべ市
北勢町大辻新田　ほくせいちょうおおつじしんでん　三重県いなべ市

379

5画（北）

北勢町小原一色　ほくせいちょうこはらいっしき　三重県いなべ市
北勢町川原　ほくせいちょうかわら　三重県いなべ市
北勢町中山　ほくせいちょうなかやま　三重県いなべ市
北勢町北中津原　ほくせいちょうきたなかつはら　三重県いなべ市
北勢町平野新田　ほくせいちょうひらのしんでん　三重県いなべ市
北勢町田辺　ほくせいちょうたなべ　三重県いなべ市
北勢町向平　ほくせいちょうむこひら　三重県いなべ市
北勢町西貝野　ほくせいちょうにしかいの　三重県いなべ市
北勢町別名　ほくせいちょうべつみょう　三重県いなべ市
北勢町京ケ野新田　ほくせいちょうきょうがのしんでん　三重県いなべ市
北勢町其原　ほくせいちょうそのはら　三重県いなべ市
北勢町東村　ほくせいちょうひがしむら　三重県いなべ市
北勢町東貝野　ほくせいちょうひがしかいの　三重県いなべ市
北勢町治田外面　ほくせいちょうはったども　三重県いなべ市
北勢町阿下喜　ほくせいちょうあげき　三重県いなべ市
北勢町南中津原　ほくせいちょうみなみなかつはら　三重県いなべ市
北勢町垣内　ほくせいちょうかいと　三重県いなべ市
北勢町畑毛　ほくせいちょうはたけ　三重県いなべ市
北勢町麻生田　ほくせいちょうおうだ　三重県いなべ市
北勢町奥村　ほくせいちょうおくむら　三重県いなべ市
北勢町飯倉　ほくせいちょういいぐら　三重県いなべ市
北勢町塩崎　ほくせいちょうしおさき　三重県いなべ市
北勢町新町　ほくせいちょうしんまち　三重県いなべ市
北勢町皷　ほくせいちょうつづみ　三重県いなべ市
北勢町瀬木　ほくせいちょうせぎ　三重県いなべ市
北勢町麓村　ほくせいちょうふもとむら　三重県いなべ市
北園
　きたぞの　北海道釧路市
　きたぞの　青森県弘前市
　きたぞの　兵庫県伊丹市
　きたぞの　鳥取県鳥取市
北園町
　きたぞのちょう　埼玉県川口市
　きたぞのまち　新潟県長岡市
　きたぞのちょう　新潟県柏崎市
　きたぞのちょう　新潟県阿賀野市
　きたぞのちょう　静岡県沼津市
　きたぞのちょう　大阪府高槻市
　きたぞのちょう　岡山県津山市
北園通　きたぞのどおり　愛知県一宮市
北園部　きたそのべ　埼玉県比企郡川島町
北塩子　きたしおご　茨城県常陸大宮市
北塩谷　きたしおだに　奈良県吉野郡川上村
北塩屋　きたしおや　福井県小浜市
北塩屋町　きたしおやちょう　広島県呉市
北塩原村　きたしおばらむら　福島県耶麻郡
北夢前台　きたゆめさきだい　兵庫県姫路市
北寝小屋町　きたねこやちょう　京都府京都市伏見区

北嵯峨八丈町　きたさがはちじょうちょう　京都府京都市右京区
北嵯峨山王町　きたさがさんおうちょう　京都府京都市右京区
北嵯峨六代芝町　きたさがろくだいしばちょう　京都府京都市右京区
北嵯峨北ノ段町　きたさがきたのだんちょう　京都府京都市右京区
北嵯峨名古曽町　きたさがなこそちょう　京都府京都市右京区
北嵯峨気比社町　きたさがきびしゃちょう　京都府京都市右京区
北嵯峨赤坂町　きたさがあかさかちょう　京都府京都市右京区
北嵯峨長刀坂町　きたさがなぎなたざかちょう　京都府京都市右京区
北嵯峨洞ノ内町　きたさがほらのうちちょう　京都府京都市右京区
北幌内　きたほろない　北海道紋別郡雄武町
北新
　ほくしん　北海道石狩郡新篠津村
　きたしん　神奈川県横浜市瀬谷区
　きたしん　富山県黒部市
　きたしん　山梨県甲府市
　きたしん　和歌山県和歌山市
北新・松本大学前　きたにいまつもとだいがくまえ　長野県（アルピコ交通上高地線）
北新七軒丁　きたしんしちけんちょう　和歌山県和歌山市
北新小路　きたしんこうじ　宮崎県延岡市
北新川　きたしんかわ　愛知県（名古屋鉄道三河線）
北新中ノ丁　きたしんなかのちょう　和歌山県和歌山市
北新井　きたあらい　新潟県（えちごトキめき鉄道妙高はねうまライン）
北新元金屋丁　きたしんもとかなやちょう　和歌山県和歌山市
北新田
　きたしんでん　宮城県亘理郡亘理町
　きたしんでん　千葉県我孫子市
　きたしんでん　新潟県十日町市
　きたしんでん　静岡県焼津市
　きたしんでん　愛知県海部郡蟹江町
　きたしんでん　愛知県知多郡武豊町
北新田町　きたしんたちょう　高知県高知市
北新在家　きたしんざいけ　兵庫県姫路市
北新在家町　きたしんざいけちょう　京都府京都市上京区
北新地
　きたしんち　大阪府（JR東西線）
　きたしんち　広島県安芸郡坂町
　きたしんち　大分県中津市
北新寺町　きたしんてらまち　青森県弘前市
北新戎ノ丁　きたしんえびすのちょう　和歌山県和歌山市
北新町
　きたしんまち　宮城県亘理郡亘理町
　きたしんまち　山形県酒田市
　きたしんまち　富山県富山市
　きたしんまち　富山県南砺市
　きたしんちょう　愛知県日進市
　きたしんまち　大阪府大阪市中央区

5画（北）

きたしんまち　大阪府松原市
きたしんまち　大阪府大東市
きたしんまち　兵庫県篠山市
きたしんまち　奈良県奈良市
きたしんまち　奈良県生駒市
きたしんまち　和歌山県田辺市
きたしんまち　愛媛県宇和島市
きたしんまち　愛媛県新居浜市
北新波町　きたあらなみまち　群馬県高崎市
北新金屋丁　きたしんかなやちょう　和歌山県和歌
山市
北新保
きたしんぼ　新潟県三条市
きたしんぼ　新潟県村上市
きたしんぼ　新潟県上越市
北新宿
きたしんじゅく　埼玉県鴻巣市
きたしんじゅく　東京都新宿区
北新桶屋町　きたしんおけやまち　和歌山県和歌山市
北新博労町　きたしんばくろうまち　和歌山県和歌
山市
北新横浜
きたしんよこはま　神奈川県（横浜市交通局ブルー
ライン）
きたしんよこはま　神奈川県横浜市港北区
北新橋　きたしんばし　山形県酒田市
北椿尾町　きたつばおちょう　奈良県奈良市
北楢岡　きたならおか　秋田県大仙市
北楢原町　きたならはらちょう　福井県福井市
北楠　きたくす　三重県（近畿日本鉄道名古屋線）
北楠の里町　きたくすのさとちょう　大阪府大東市
北楠葉町　きたくずはちょう　大阪府枚方市
北殿　きたとの　長野県（JR飯田線）
北滑草町　きたなめそうちょう　愛知県半田市
北溝手　きたみぞて　岡山県総社市
北滝　きたたき　栃木県大田原市
北滝の川　きたたきのかわ　北海道滝川市
北滝沢　きたたきざわ　福島県会津若松市
北猿田　きたさるた　宮城県亘理郡亘理町
北福　きたふく　鳥取県東伯郡湯梨浜町
北福田　きたふくだ　秋田県由利本荘市
北福崎　きたふくさき　三重県三重郡川越町
北福野町　きたふくのちょう　岐阜県関市
北糀谷　きたこうじや　東京都大田区
北群馬郡　きたぐんまぐん　群馬県
北蒲原郡　きたかんばらぐん　新潟県
北蓑口　きたみのぐち　新潟県新発田市
北蓮沼　きたはすぬま　埼玉県北葛飾郡杉戸町
北裏
きたうら　福島県白河市
きたうら　愛媛県大洲市
北裏地　きたうらじ　秋田県由利本荘市
北豊中町　きたとよなかちょう　大阪府泉大津市
北豊田　きたとよだ　神奈川県平塚市
北豊津　きたとよつ　北海道（JR函館本線）
北農　きたのう　北海道常呂郡置戸町
北農場　きたのうじょう　北海道樺戸郡月形町
北鉄金沢　ほくてつかなざわ　石川県（北陸鉄道浅野
川線）
北鉄輪　きたかんなわ　大分県別府市

北鈴蘭北　きたすずらんきた　北海道河東郡音更町
北鈴蘭台　きたすずらんだい　兵庫県（神戸電鉄有馬
線）
北鈴蘭南　きたすずらんみなみ　北海道河東郡音更町
14北境　きたざかい　宮城県石巻市
北熊　きたぐま　愛知県長久手市
北熊本　きたくまもと　熊本県（熊本電気鉄道上熊本
線ほか）
北稲八間　きたいなやづま　京都府相楽郡精華町
北稲堀　きたいなぼり　大分県中津市
北窪
きたくぼ　神奈川県南足柄市
きたくぼ　奈良県御所市
北端町
きたはたちょう　京都府京都市伏見区
きたはたちょう　高知県高知市
北綾瀬　きたあやせ　東京都（東京地下鉄千代田線）
北緑丘　きたみどりおか　大阪府豊中市
15北横川　きたよこかわ　千葉県大網白里市
北横田　きたよこた　福島県須賀川市
北横町
きたよこちょう　青森県弘前市
きたよこまち　長野県須坂市
きたよこちょう　京都府京都市上京区
北横根　きたよこね　石川県河北郡津幡町
北権現町　きたごんげんちょう　宮崎県宮崎市
北標茶　きたしべちゃ　北海道川上郡標茶町
北潟
きたがた　新潟県新潟市秋葉区
きたがた　新潟県三条市
きたがた　新潟県加茂市
きたがた　福井県あわら市
北舞子　きたまいこ　兵庫県神戸市垂水区
北蔵新　きたくらしん　富山県高岡市
北諸県郡　きたもろかたぐん　宮崎県
16北橘町八崎　ほっきつまちはっさき　群馬県渋川市
北橘町下南室　ほっきつまちしもなむろ　群馬県渋
川市
北橘町下箱田　ほっきつまちしもはこだ　群馬県渋
川市
北橘町上南室　ほっきつまちかみなむろ　群馬県渋
川市
北橘町上箱田　ほっきつまちかみはこだ　群馬県渋
川市
北橘町小室　ほっきつまちこむろ　群馬県渋川市
北橘町分郷八崎　ほっきつまちぶんごうはっさき　群馬
県渋川市
北橘町赤城山　ほっきつまちあかぎさん　群馬県渋
川市
北橘町真壁　ほっきつまちまかべ　群馬県渋川市
北橘町箱田　ほっきつまちはこだ　群馬県渋川市
北濃　ほくのう　岐阜県（長良川鉄道越美南線）
北膳前　きたぜんまえ　青森県上北郡東北町
北興　ほっこう　北海道紋別郡興部町
北頭町　きたがしらちょう　愛知県名古屋市南区
北鴨　きたがも　香川県仲多度郡多度津町
17北嶺町　きたみねちょう　東京都大田区
北檜山区二俣　きたひやまくふたまた　北海道久遠郡
せたな町

381

5画（匝，半）

北檜山区小川　きたひやまくこがわ　北海道久遠郡せたな町
北檜山区小倉山　きたやまくおぐらやま　北海道久遠郡せたな町
北檜山区丹羽　きたひやまくにわ　北海道久遠郡せたな町
北檜山区太櫓　きたひやまくふとろ　北海道久遠郡せたな町
北檜山区北檜山　きたひやまくきたひやま　北海道久遠郡せたな町
北檜山区共和　きたひやまくきょうわ　北海道久遠郡せたな町
北檜山区西丹羽　きたひやまくにしにわ　北海道久遠郡せたな町
北檜山区松岡　きたひやまくまつおか　北海道久遠郡せたな町
北檜山区東丹羽　きたひやまくひがしにわ　北海道久遠郡せたな町
北檜山区若松　きたひやまくわかまつ　北海道久遠郡せたな町
北檜山区栄　きたひやまくさかえ　北海道久遠郡せたな町
北檜山区兜野　きたひやまくかぶとの　北海道久遠郡せたな町
北檜山区富里　きたひやまくとみさと　北海道久遠郡せたな町
北檜山区愛知　きたひやまくあいち　北海道久遠郡せたな町
北檜山区新成　きたひやまくしんせい　北海道久遠郡せたな町
北檜山区豊岡　きたひやまくとよおか　北海道久遠郡せたな町
北檜山区徳島　きたひやまくとくしま　北海道久遠郡せたな町
北磯町　きたいそまち　福岡県大牟田市
北篠平町　きたささだいらちょう　愛知県豊田市
北篠崎
　　きたしのざき　埼玉県加須市
　　きたしのざき　東京都江戸川区
北鍛冶町　きたかじまち　奈良県大和郡山市
北鍋屋町　きたなべやまち　三重県桑名市
北鴻池町　きたこうのいけちょう　大阪府東大阪市
北鴻巣　きたこうのす　埼玉県（JR高崎線）
18北藤岡　きたふじおか　群馬県（JR八高線）
北藤原　きたふじわら　三重県多気郡明和町
北藤原町　きたふじわらまち　愛媛県松山市
北藤橋町　きたふじはしまち　石川県七尾市
北鎌倉　きたかまくら　神奈川県（JR横須賀線）
北鵜島　きたうしま　新潟県佐渡市
19北蟹屋町　きたかにやちょう　京都府京都市上京区
北願成寺町　きたがんじょうじまち　熊本県人吉市
北鯖江　きたさばえ　福井県（JR北陸本線）
北鶉　きたうずら　岐阜県岐阜市
北麓郷　きたろくごう　北海道富良野市
20北鐙坂　きたあぶさか　新潟県十日町市
21北灘町大浦　きたなだちょうおおうら　徳島県鳴門市
北灘町大須　きたなだちょうおおず　徳島県鳴門市
北灘町折野　きたなだちょうおりの　徳島県鳴門市
北灘町宿毛谷　きたなだちょうしゅくもだに　徳島県鳴門市

北灘町鳥ケ丸　きたなだちょうとりがまる　徳島県鳴門市
北灘町粟田　きたなだちょうあわた　徳島県鳴門市
北灘町碁浦　きたなだちょうごのうら　徳島県鳴門市
北灘町櫛木　きたなだちょうくしき　徳島県鳴門市
北霻霼　きたほうりょう　岩手県一関市
北鶴田新田　きたつるだしんでん　大分県宇佐市
北鶴崎　きたつるさき　大分県大分市
24北鷹見町　きたたかみまち　福岡県北九州市八幡西区

【匝】

14匝瑳市　そうさし　千葉県

【半】

0半ノ木
　　はんのき　茨城県石岡市
　　はんのき　新潟県三条市
　　はんのき　長野県岡谷市
3半山　はんやま　新潟県胎内市
4半分形　はぶがた　神奈川県足柄上郡中井町
半戸沢　はんとざわ　秋田県能代市
半月町　はんつきちょう　愛知県大府市
5半左衛門新田　はんざえもんしんでん　静岡県静岡市清水区
半田
　　はんだ　茨城県石岡市
　　はんだ　群馬県渋川市
　　はんた　埼玉県三郷市
　　はんだ　新潟県柏崎市
　　はんだ　愛知県（JR武豊線）
　　はんだ　三重県津市
　　はんだ　京都府福知山市
　　はんだ　大阪府貝塚市
　　はんだ　大阪府大阪狭山市
　　はんだ　徳島県美馬郡つるぎ町
　　はだ　佐賀県唐津市
半田口　はんだぐち　愛知県（名古屋鉄道河和線）
半田山　はんだやま　静岡県浜松市東区
半田市　はんだし　愛知県
半田町
　　はんだまち　茨城県龍ケ崎市
　　はんだちょう　福井県福井市
　　はんだちょう　静岡県浜松市東区
　　はんだちょう　岡山県岡山市北区
半田突抜町　はんだつきぬけちょう　奈良県奈良市
半田開町　はんだびらきちょう　奈良県奈良市
半田横町　はんだよこまち　奈良県奈良市
6半地　はんじ　沖縄県国頭郡国頭村
7半坂
　　はんざか　福島県耶麻郡猪苗代町
　　はんざか　鳥取県倉吉市
半沢屋敷西　はんざわやしきにし　宮城県白石市
半沢屋敷前　はんざわやしきまえ　宮城県白石市
半町　はんじょ　大阪府箕面市
半谷
　　はんや　茨城県下妻市
　　はんや　茨城県坂東市
9半城土中町　はじょうどなかまち　愛知県刈谷市
半城土北町　はじょうどきたまち　愛知県刈谷市
半城土西町　はじょうどにしまち　愛知県刈谷市

382

5画（占, 卯, 去, 収, 右, 可, 叶, 古）

半城土町　はじょうどちょう　愛知県刈谷市
半屋　なかりや　富山県中新川郡立山町
10半原
　　　はばら　茨城県鉾田市
　　　はんばら　神奈川県愛甲郡愛川町
半家　はげ　高知県（JR予土線）
11半崎町　はんざきまち　愛知県碧南市
半済　はんせい　静岡県菊川市
半野　はんの　静岡県富士宮市
12半割　はんわり　埼玉県吉川市
半道橋　はんみちばし　福岡県福岡市博多区
15半蔵金　はんぞうがね　新潟県長岡市
半蔵門　はんぞうもん　東京都（東京地下鉄半蔵門
　　　線）
16半頭町　はんがしらちょう　愛知県津島市

【占】
5占出山町　うらでやまちょう　京都府京都市中京区
9占冠
　　　しむかっぷ　北海道（JR石勝線）
　　　しむかっぷ　北海道勇払郡占冠村
占冠村　しむかっぷむら　北海道勇払郡

【卯】
0卯の里　うのさと　栃木県さくら市
2卯八郎受　うはちろううけ　新潟県新潟市西蒲区
3卯子酉　うねどり　岩手県下閉伊郡普代村
4卯之町　うのまち　愛媛県（JR予讃線）
7卯坂　うさか　愛知県知多郡阿久比町
卯坂南　うさかみなみ　愛知県知多郡阿久比町
卯辰町　うたつまち　石川県金沢市
9卯垣　ぼうがき　鳥取県鳥取市
10卯原内　うばらない　北海道網走市
12卯塚　うづか　愛知県長久手市
13卯遠坂　うとうざか　岩手県滝沢市
15卯敷　うずき　島根県隠岐郡隠岐の島町

【去】
12去場　さるば　北海道沙流郡平取町

【収】
10収納谷　すのうや　茨城県常総市

【右】
3右山　うやま　高知県四万十市
右山五月町　うやまさつきちょう　高知県四万十市
右山元町　うやまもとまち　高知県四万十市
右山天神町　うやまてんじんちょう　高知県四万十市
4右手　うて　岡山県美作市
5右左口町　うばぐちちょう　山梨県甲府市
右田　みぎた　大分県玖珠郡九重町
7右近山　うこんやま　福島県耶麻郡猪苗代町
右近次郎　うこんじろう　福井県大野市
8右京　うきょう　奈良県奈良市
右京区　うきょうく　京都府京都市
右京町　うきょうまち　福岡県大牟田市
右京塚　うきょうづか　千葉県鎌ケ谷市
右松　みぎまつ　宮崎県西都市

右股　みぎまた　北海道白糠郡白糠町
9右城　うしろ　福島県伊達市
右籾　みぎもみ　茨城県土浦市

【可】
7可児　かに　岐阜県（JR太多線）
可児川　かにがわ　岐阜県（名古屋鉄道広見線）
可児市　かにし　岐阜県
可児郡　かにぐん　岐阜県
8可知　かち　岡山県岡山市東区
10可真下　かましも　岡山県赤磐市
可真上　かまかみ　岡山県赤磐市
11可部
　　　かべ　広島県（JR可部線）
　　　かべ　広島県広島市安佐北区
可部町下町屋　かべちょうしもまちや　広島県広島市
　　　安佐北区
可部町上町屋　かべちょうかみまちや　広島県広島市
　　　安佐北区
可部町上原　かべちょううえばら　広島県広島市安佐
　　　北区
可部町中島　かべちょうなかしま　広島県広島市安佐
　　　北区
可部町今井田　かべちょういまいだ　広島県広島市安
　　　佐北区
可部町南原　かべちょうなばら　広島県広島市安佐
　　　北区
可部町桐原　かべちょうとげ　広島県広島市安佐北区
可部町勝木　かべちょうかつぎ　広島県広島市安佐
　　　北区
可部町綾ケ谷　かべちょうあやがたに　広島県広島市
　　　安佐北区
可部東　かべひがし　広島県広島市安佐北区
可部南　かべみなみ　広島県広島市安佐北区
13可愛　かあい　広島県廿日市市
可睡の杜　かすいのもり　静岡県袋井市

【叶】
叶
　　　かのう　鳥取県鳥取市
　　　かのう　鹿児島県大島郡与論町
4叶木　かのうぎ　山口県岩国市
叶水　かのみず　山形県西置賜郡小国町
7叶谷町
　　　かのうやちょう　栃木県宇都宮市
　　　かのうやまち　東京都八王子市
8叶松　かのうまつ　山口県山陽小野田市
9叶津　かのうづ　福島県南会津郡只見町

【古】
0古ケ崎　こがさき　千葉県松戸市
古ケ場　こかば　埼玉県さいたま市岩槻区
古ケ鶴　こがづる　大分県大分市
2古丁　ふるちょう　長崎県島原市
古二階町　こにかいまち　兵庫県姫路市
古人見町　こひとみちょう　静岡県浜松市西区
3古三津　ふるみつ　愛媛県松山市
古三津町　ふるみつまち　愛媛県松山市
古上条町　ふるかみじょうまち　山梨県甲府市

383

5画（古）

古久喜　こぐき　埼玉県久喜市
古千代　こちよ　愛知県常滑市
古千谷　こぢや　東京都足立区
古千谷本町　こぢやほんちょう　東京都足立区
古口
　　ふるくち　山形県（JR陸羽西線）
　　ふるくち　山形県最上郡戸沢村
古大工町　ふるだいくまち　熊本県熊本市中央区
古小鳥町　ふるこがらすまち　福岡県福岡市中央区
古山
　　ふるさん　北海道（JR室蘭本線）
　　ふるさん　北海道夕張郡由仁町
　　こやま　栃木県真岡市
古山界外　ふるやまかいげ　三重県伊賀市
古川
　　ふるかわ　北海道夕張郡由仁町
　　ふるかわ　青森県青森市
　　ふるかわ　宮城県（JR東北新幹線ほか）
　　ふるかわ　宮城県大崎市
　　ふるかわ　福島県福島市
　　ふるかわ　福島県郡山市
　　ふるかわ　茨城県つくばみらい市
　　ふるかわ　埼玉県加須市
　　ふるかわ　千葉県南房総市
　　こかわ　千葉県山武郡横芝光町
　　ふるかわ　新潟県新発田市
　　ふるかわ　富山県富山市
　　ふるかわ　富山県中新川郡立山町
　　ふるかわ　岐阜県揖斐郡大野町
　　ふるかわ　愛知県津島市
　　ふるかわ　岡山県苫田郡鏡野町
　　ふるかわ　広島県神石郡神石高原町
古川乙　ふるかわおつ　愛媛県西条市
古川七日町　ふるかわなのかまち　宮城県大崎市
古川二ノ構　ふるかわにのかまえ　宮城県大崎市
古川十日町　ふるかわとおかまち　宮城県大崎市
古川下中目　ふるかわしもなかのめ　宮城県大崎市
古川下谷地　ふるかわしもやち　宮城県大崎市
古川三日町　ふるかわみっかまち　宮城県大崎市
古川上中目　ふるかわかみなかのめ　宮城県大崎市
古川上埣　ふるかわかみぞね　宮城県大崎市
古川千手寺町　ふるかわせんじゅうじちょう　宮城県大崎市
古川大宮　ふるかわおおみや　宮城県大崎市
古川大崎　ふるかわおおさき　宮城県大崎市
古川大幡　ふるかわおおはた　宮城県大崎市
古川小林　ふるかわおばやし　宮城県大崎市
古川小泉　ふるかわこいずみ　宮城県大崎市
古川小野　ふるかわこの　宮城県大崎市
古川小稲葉町　ふるかわこいなばちょう　宮城県大崎市
古川川熊　ふるかわかわくま　宮城県大崎市
古川川端　ふるかわかわはた　宮城県大崎市
古川中沢　ふるかわなかざわ　宮城県大崎市
古川中里　ふるかわなかざと　宮城県大崎市
古川中島町　ふるかわなかじまちょう　宮城県大崎市
古川引田　ふるかわひきた　宮城県大崎市
古川北　ふるかわきた　愛媛県松山市
古川北町　ふるかわきたまち　宮城県大崎市
古川北宮沢　ふるかわきたみやざわ　宮城県大崎市

古川北稲葉　ふるかわきたいなば　宮城県大崎市
古川台町　ふるかわだいまち　宮城県大崎市
古川甲　ふるかわこう　愛媛県西条市
古川矢目　ふるかわやのめ　宮城県大崎市
古川石森　ふるかわいしもり　宮城県大崎市
古川休塚　ふるかわやすみづか　宮城県大崎市
古川旭　ふるかわあさひ　宮城県大崎市
古川江合本町　ふるかわえあいほんちょう　宮城県大崎市
古川江合寿町　ふるかわえあいことぶきちょう　宮城県大崎市
古川江合錦町　ふるかわえあいにしきちょう　宮城県大崎市
古川米倉　ふるかわよねくら　宮城県大崎市
古川米袋　ふるかわよねぶくろ　宮城県大崎市
古川耳取　ふるかわみみとり　宮城県大崎市
古川西　ふるかわにし　愛媛県松山市
古川西荒井　ふるかわにしあらい　宮城県大崎市
古川西館　ふるかわにしだて　宮城県大崎市
古川李埣　ふるかわすもぞね　宮城県大崎市
古川沢　ふるかわさわ　鳥取県倉吉市
古川沢田　ふるかわさわだ　宮城県大崎市
古川町
　　ふるかわちょう　北海道函館市
　　ふるかわちょう　北海道釧路市
　　ふるかわまち　秋田県大館市
　　ふるかわまち　福島県会津若松市
　　ふるかわまち　神奈川県川崎市幸区
　　ふるかわまち　新潟県新潟市東区
　　ふるかわちょう　静岡県浜松市南区
　　ふるかわちょう　愛知県名古屋市天白区
　　ふるかわちょう　愛知県津島市
　　ふるかわまち　愛知県碧南市
　　ふるかわちょう　滋賀県近江八幡市
　　ふるかわちょう　京都府京都市東山区
　　ふるかわちょう　大阪府門真市
　　ふるかわちょう　兵庫県神戸市須磨区
　　ふるかわちょう　兵庫県西宮市
　　ふるかわちょう　兵庫県小野市
　　ふるかわちょう　奈良県橿原市
　　ふるかわちょう　島根県安来市
　　ふるかわちょう　山口県下松市
　　ふるかわちょう　山口県周南市
　　ふるかわちょう　香川県観音寺市
　　ふるかわまち　愛媛県松山市
　　ふるかわまち　長崎県長崎市
　　ふるかわまち　熊本県熊本市中央区
　　ふるかわまち　熊本県天草市
　　ふるかわまち　宮崎県延岡市
古川町下気多　ふるかわちょうしもきた　岐阜県飛騨市
古川町下野　ふるかわちょうしもの　岐阜県飛騨市
古川町三之町　ふるかわちょうさんのまち　岐阜県飛騨市
古川町上気多　ふるかわちょうかみきた　岐阜県飛騨市
古川町上町　ふるかわちょうかんまち　岐阜県飛騨市
古川町上野　ふるかわちょうかみの　岐阜県飛騨市
古川町大野町　ふるかわちょうおおのちょう　岐阜県飛騨市
古川町中野　ふるかわちょうなかの　岐阜県飛騨市
古川町太江　ふるかわちょうたいえ　岐阜県飛騨市

5画（古）

古川町戸市	ふるかわちょうといち	岐阜県飛騨市
古川町片原町	ふるかわちょうかたはらちょう	岐阜県飛騨市
古川町平岩	ふるかわちょうひらいわ	岐阜県飛騨市
古川町本町	ふるかわちょうほんまち	岐阜県飛騨市
古川町末広町	ふるかわちょうすえひろちょう	岐阜県飛騨市
古川町末真	ふるかわちょうすえざね	岐阜県飛騨市
古川町向町	ふるかわちょうむかいまち	岐阜県飛騨市
古川町寺地	ふるかわちょうてらじ	岐阜県飛騨市
古川町弐之町	ふるかわちょうにのまち	岐阜県飛騨市
古川町壱之町	ふるかわちょういちのまち	岐阜県飛騨市
古川町杉崎	ふるかわちょうすぎさき	岐阜県飛騨市
古川町谷	ふるかわちょうたに	岐阜県飛騨市
古川町幸栄町	ふるかわちょうこうえいちょう	岐阜県飛騨市
古川町東町	ふるかわちょうひがしまち	岐阜県飛騨市
古川町沼町	ふるかわちょうぬままち	岐阜県飛騨市
古川町若宮	ふるかわちょうわかみや	岐阜県飛騨市
古川町金森町	ふるかわちょうかなもりちょう	岐阜県飛騨市
古川町信包	ふるかわちょうのぶか	岐阜県飛騨市
古川町南成町	ふるかわちょうなんせいちょう	岐阜県飛騨市
古川町是重	ふるかわちょうこれしげ	岐阜県飛騨市
古川町栄	ふるかわちょうさかえ	岐阜県飛騨市
古川町宮城町	ふるかわちょうみやぎちょう	岐阜県飛騨市
古川町高野	ふるかわちょうたかの	岐阜県飛騨市
古川町畦畑	ふるかわちょううねはた	岐阜県飛騨市
古川町笹ケ洞	ふるかわちょうささがほら	岐阜県飛騨市
古川町袈裟丸	ふるかわちょうけさまる	岐阜県飛騨市
古川町野口	ふるかわちょうのぐち	岐阜県飛騨市
古川町黒内	ふるかわちょうくろうち	岐阜県飛騨市
古川町朝開町	ふるかわちょうあさびらきまち	岐阜県飛騨市
古川町貴船町	ふるかわちょうきふねちょう	岐阜県飛騨市
古川町数河	ふるかわちょうすごう	岐阜県飛騨市
古川町新栄町	ふるかわちょうしんさかえまち	岐阜県飛騨市
古川町殿町	ふるかわちょうとのまち	岐阜県飛騨市
古川町増島町	ふるかわちょうますしまちょう	岐阜県飛騨市
古川免	ふるかわめん	長崎県北松浦郡佐々町
古川幸町	ふるかわさいわいちょう	宮城県大崎市
古川東町	ふるかわひがしまち	宮城県大崎市
古川狐塚	ふるかわきつねづか	宮城県大崎市
古川若葉町	ふるかわわかばちょう	宮城県大崎市
古川金五輪	ふるかわかなごりん	宮城県大崎市
古川長岡	ふるかわながおか	宮城県大崎市
古川長岡針	ふるかわながおかはり	宮城県大崎市
古川雨生沢	ふるかわあめおざわ	宮城県大崎市
古川保柳	ふるかわほやなぎ	宮城県大崎市
古川前田町	ふるかわまえだちょう	宮城県大崎市
古川南	ふるかわみなみ	愛媛県松山市

古川南沢	ふるかわみなみさわ	宮城県大崎市
古川南町	ふるかわみなみまち	宮城県大崎市
古川南新町	ふるかわみなみしんまち	宮城県大崎市
古川城西	ふるかわしろにし	宮城県大崎市
古川栄町	ふるかわさかえちょう	宮城県大崎市
古川柏崎	ふるかわかしわざき	宮城県大崎市
古川荒川小金町	ふるかわあらかわこがねちょう	宮城県大崎市
古川荒田目	ふるかわあらたのめ	宮城県大崎市
古川荒谷	ふるかわあらや	宮城県大崎市
古川宮内	ふるかわみやうち	宮城県大崎市
古川宮沢	ふるかわみやざわ	宮城県大崎市
古川師山	ふるかわもろやま	宮城県大崎市
古川桑針	ふるかわくわばり	宮城県大崎市
古川桜ノ目	ふるかわさくらのめ	宮城県大崎市
古川浦町	ふるかわうらまち	宮城県大崎市
古川馬放	ふるかわまはなし	宮城県大崎市
古川馬寄	ふるかわまよせ	宮城県大崎市
古川馬櫛	ふるかわまぐし	宮城県大崎市
古川斎下	ふるかわさいげ	宮城県大崎市
古川渋井	ふるかわしぶい	宮城県大崎市
古川深沼	ふるかわふかぬま	宮城県大崎市
古川清水	ふるかわしみず	宮城県大崎市
古川清水沢	ふるかわしみずさわ	宮城県大崎市
古川清滝	ふるかわきよたき	宮城県大崎市
古川渕尻	ふるかわふちじり	宮城県大崎市
古川塚目	ふるかわつかのめ	宮城県大崎市
古川堤根	ふるかわつつみね	宮城県大崎市
古川富長	ふるかわとみなが	宮城県大崎市
古川渡	ふるかわど	山梨県都留市
古川飯川	ふるかわいいがわ	宮城県大崎市
古川新田	ふるかわにいだ	宮城県大崎市
	ふるかわしんでん	新潟県新潟市南区
古川新沼	ふるかわにいぬま	宮城県大崎市
古川新堀	ふるかわにいぼり	宮城県大崎市
古川楡木	ふるかわたものき	宮城県大崎市
古川福沼	ふるかわふくぬま	宮城県大崎市
古川福浦	ふるかわふくうら	宮城県大崎市
古川蓑口沼	ふるかわみのくちぬま	宮城県大崎市
古川境野宮	ふるかわさかいのみや	宮城県大崎市
古川稲葉	ふるかわいなば	宮城県大崎市
古川端	ふるかわばた	秋田県由利本荘市
古川駅東	ふるかわえきひがし	宮城県大崎市
古川駅前大通	ふるかわえきまえおおどおり	宮城県大崎市
古川駅南	ふるかわえきみなみ	宮城県大崎市
古川穂波	ふるかわほなみ	宮城県大崎市
古川諏訪	ふるかわすわ	宮城県大崎市
古川橋	ふるかわばし	大阪府（京阪電気鉄道本線）
古川鶴ケ埣	ふるかわつるがそね	宮城県大崎市
⁴古丹	こたん	北海道川上郡弟子屈町
古丹別	こたんべつ	北海道苫前郡苫前町
古井	こび	岐阜県（JR高山本線）
	ふるい	和歌山県日高郡印南町
	こい	高知県安芸市

5画（古）

古井町
　ふるいちょう　愛知県安城市
　こいちょう　三重県松阪市
古井町下古井　こびちょうしもこび　岐阜県美濃加茂市
古仁屋　こにや　鹿児島県大島郡瀬戸内町
古仁屋瀬久井西　こにやせくいにし　鹿児島県大島郡瀬戸内町
古仁屋瀬久井東　こにやせくいひがし　鹿児島県大島郡瀬戸内町
古仏頂町　こぶつちょうまち　熊本県人吉市
古内
　ふるうち　宮城県仙台市泉区
　ふるうち　茨城県筑西市
　ふるうち　千葉県香取市
古戸　ふるど　千葉県我孫子市
古戸町
　ふるとちょう　群馬県太田市
　こどちょう　三重県尾鷲市
古戸野町　こどのちょう　三重県尾鷲市
古月　ふるつき　愛媛県宇和郡愛南町
古木　ふるき　福井県南条郡南越前町
古木町　ふるきちょう　京都府京都市上京区
古木場　ふるこば　佐賀県西松浦郡有田町
古毛　こも　福岡県朝倉市
⁵**古世町**　こせちょう　京都府亀岡市
古出来
　こでき　愛知県名古屋市千種区
　こでき　愛知県名古屋市東区
古市
　ふるいち　福井県福井市
　ふるいち　大阪府（近畿日本鉄道長野線ほか）
　ふるいち　大阪府大阪市城東区
　ふるいち　大阪府羽曳野市
　ふるいち　兵庫県（JR福知山線）
　ふるいち　兵庫県篠山市
　ふるいち　兵庫県美方郡新温泉町
　ふるいち　鳥取県鳥取市
　ふるいち　鳥取県米子市
　ふるいち　鳥取県西伯郡伯耆町
　ふるいち　広島県（広島高速交通アストラムライン）
　ふるいち　広島県広島市安佐南区
　ふるいち　山口県周南市
　ふるいち　大分県佐伯市
古市乙　ふるいちおつ　福島県河沼郡会津坂下町
古市町
　ふるいちまち　群馬県前橋市
　ふるいちちょう　福井県福井市
　ふるいちちょう　三重県伊勢市
　ふるいちちょう　奈良県奈良市
　ふるいちまち　高知県高岡郡四万十町
　ふるいちまち　大分県別府市
古市場
　ふるいちば　埼玉県川越市
　ふるいちば　埼玉県北本市
　ふるいちば　千葉県市原市
　ふるいちば　神奈川県川崎市幸区
　ふるいちば　山梨県南アルプス市
　ふるいちば　岐阜県岐阜市
古市場中原　ふるいちばなかはら　岐阜県岐阜市
古市場老ノ上　ふるいちばおいのかみ　岐阜県岐阜市

古市場町　ふるいちばちょう　千葉県千葉市緑区
古市場東町田　ふるいちばひがしまちだ　岐阜県岐阜市
古市場神田　ふるいちばじんでん　岐阜県岐阜市
古市場高田　ふるいちばたかだ　岐阜県岐阜市
古市場高宮　ふるいちばたかみや　岐阜県岐阜市
古市橋　ふるいちばし　広島県（JR可部線）
古布　こう　愛知県知多郡美浜町
古布内
　こぶうち　茨城県坂東市
　こぶうち　千葉県野田市
古平町　ふるびらちょう　北海道古平町
古平郡　ふるびらぐん　北海道
古正寺　こしょうじ　新潟県長岡市
古正寺町　こしょうじまち　新潟県長岡市
古氷　ふるこおり　群馬県邑楽郡大泉町
古田
　ふった　岩手県宮古市
　ふるた　山形県西置賜郡小国町
　こだ　新潟県新潟市秋葉区
　こだ　新潟県新発田市
　ふるた　兵庫県加古郡播磨町
　ふるた　和歌山県東牟婁郡串本町
　ふるた　高知県長岡郡本山町
　ふるた　鹿児島県西之表市
古田ノ内大野開　こだのうちおおのびらき　新潟県新潟市秋葉区
古田刈　こたかり　福井県敦賀市
古田台　ふるただい　広島県広島市西区
古田町
　ふるたちょう　栃木県宇都宮市
　こだちょう　愛知県田原市
古石　ふるいし　熊本県葦北郡芦北町
古石場　ふるいしば　東京都江東区
古込　ふるごめ　千葉県成田市
⁶**古名**　こみょう　埼玉県比企郡吉見町
古名新田　こみょうしんでん　埼玉県比企郡吉見町
古多糠　こたぬか　北海道標津郡標津町
古安曽　こあそ　長野県上田市
古宇利　こうり　沖縄県国頭郡今帰仁村
古宇郡　ふるうぐん　北海道
古寺
　ふるでら　福島県喜多方市
　ふるてら　新潟県新発田市
　ふるてら　富山県富山市
　こでら　奈良県北葛城郡広陵町
古寺新町　ふるでらしんまち　富山県富山市
古庄
　ふるしょう　静岡県（静岡鉄道静岡清水線）
　ふるしょう　静岡県静岡市葵区
古江
　ふるえ　三重県多気郡多気町
　ふるえ　広島県（広島電鉄宮島線）
　ふるえ　香川県小豆郡小豆島町
古江上　ふるえうえ　広島県広島市西区
古江台　ふるえだい　大阪府吹田市
古江西町　ふるえにしまち　広島県広島市西区
古江町
　ふるえちょう　三重県尾鷲市
　ふるえちょう　大阪府池田市

5画（古）

ふるえちょう　長崎県平戸市
ふるえちょう　鹿児島県鹿屋市
古江見　こえみ　和歌山県有田市
古江東町　ふるえひがしまち　広島県広島市西区
古江新町　ふるえしんまち　広島県広島市西区
古池
　ふるいけ　福島県白河市
　ふるいけ　埼玉県入間郡越生町
　ふるいけ　兵庫県相生市
古池本町　ふるいけほんまち　兵庫県相生市
古西町
　ふるにしちょう　京都府京都市中京区
　ふるにしちょう　京都府京都市東山区
⁷**古佐田**　こさだ　和歌山県橋本市
古作　こさく　千葉県船橋市
古作町　こさくちょう　千葉県船橋市
古君　ふるきみ　石川県鳳珠郡穴水町
古呂々尾中　ころろびなか　岡山県真庭市
古尾
　ふるお　和歌山県田辺市
　こび　高知県四万十市
古岐　ふるまた　新潟県東蒲原郡阿賀町
古志　こし　鹿児島県大島郡瀬戸内町
古志田町　ふるしだまち　山形県米沢市
古志町
　こしまち　富山県富山市
　こしちょう　島根県松江市
　こしちょう　島根県出雲市
古志原　こしばら　島根県松江市
古志原町　こしばらちょう　島根県松江市
古我知　こがち　沖縄県名護市
古来　ふるく　茨城県つくば市
古沢
　ふるさわ　茨城県下妻市
　ふるさわ　神奈川県川崎市麻生区
　ふるさわ　富山県富山市
　ふるさわ　静岡県御殿場市
古沢町　ふるさわちょう　滋賀県彦根市
古町
　ふるまち　宮城県気仙沼市
　ふるまち　福島県南会津郡南会津町
　ふるまち　新潟県柏崎市
　ふるまち　長野県小県郡長和町
　ふるまち　長野県上水内郡飯綱町
　ふるまち　大阪府柏原市
　ふるまち　岡山県美作市
　こまち　愛媛県（伊予鉄道環状線ほか）
　ふるまち　愛媛県八幡浜市
　ふるまち　福岡県大牟田市
　ふるまち　福岡県直方市
　ふるまち　長崎県長崎市
　ふるまち　長崎県大村市
古町川尻　ふるまちかわじり　福島県河沼郡会津坂下町
古町通　ふるまちどおり　新潟県新潟市中央区
古社　ふるやしろ　愛知県常滑市
古見
　こみ　長野県東筑摩郡朝日村
　こみ　静岡県湖西市
　こみ　愛知県（名古屋鉄道常滑線）
　こみ　岡山県（JR姫新線）

こみ　岡山県真庭市
こみ　沖縄県八重山郡竹富町
古見町　こけんちょう　愛知県一宮市
古谷
　ふるや　静岡県菊川市
　こや　愛媛県今治市
古谷上　ふるやかみ　埼玉県川越市
古谷本郷　ふるやほんごう　埼玉県川越市
古里
　ふるさと　埼玉県比企郡嵐山町
　こり　東京都（JR青梅線）
　こさと　長野県上田市
　ふるさと　三重県北牟婁郡紀北町
　ふるさと　熊本県水俣市
　ふるさと　鹿児島県大島郡伊仙町
　ふるさと　鹿児島県大島郡和泊町
　ふるさと　鹿児島県大島郡与論町
古里町
　ふるさとちょう　鹿児島県鹿児島市
　ふるさとちょう　鹿児島県鹿屋市
⁸**京町**
　ふるぎょうちょう　岡山県岡山市中区
　ふるきょうまち　熊本県熊本市中央区
古味　こみ　高知県土佐郡土佐町
古和田　ふるわだ　和歌山県紀の川市
古和浦　こわうら　三重県度会郡南伊勢町
古和釜町　こわがまちょう　千葉県船橋市
古和備　こわそなえ　青森県上北郡七戸町
古国分　ふるこくぶ　愛媛県今治市
古国府
　ふるごう　大分県（JR久大本線）
　ふるごう　大分県大分市
古国府東　ふるごうひがし　大分県大分市
古奈　こな　静岡県伊豆の国市
古定塚　ふるじょうづか　富山県高岡市
古岸　ふるぎし　北海道新冠郡新冠町
古府　こぶ　石川県金沢市
古府中町　こぶちゅうまち　山梨県甲府市
古府町
　こぶまち　石川県金沢市
　ふるこまち　石川県七尾市
　こぶまち　石川県小松市
古所　ふるところ　千葉県長生郡白子町
古明前　ふるみょうまえ　青森県上北郡野辺地町
古枝　ふるえだ　佐賀県鹿島市
古林　ふるばやし　富山県下新川郡入善町
古武井町　こぶいちょう　北海道函館市
古河
　ふるかわ　福島県須賀川市
　こが　茨城県（JR東北本線）
　こが　茨城県古河市
古河市　こがし　茨城県
古河町
　ふるかわまち　石川県小松市
　ふるこまち　長崎県長崎市
古河林　こがばやし　茨城県稲敷郡河内町
古波蔵　こはぐら　沖縄県那覇市
古丸　こちまる　岐阜県大垣市
古知野町久保見　こちのちょうくぼみ　愛知県江南市
古知野町千丸　こちのちょうせんまる　愛知県江南市

5画（古）

古知野町大塔　こちのちょうだいとう　愛知県江南市
古知野町小金　こちのちょうこがね　愛知県江南市
古知野町日の出　こちのちょうひので　愛知県江南市
古知野町北屋敷　こちのちょうきたやしき　愛知県江南市
古知野町古渡　こちのちょうふるわたり　愛知県江南市
古知野町広見　こちのちょうひろみ　愛知県江南市
古知野町本郷　こちのちょうほんごう　愛知県江南市
古知野町杉山　こちのちょうすぎやま　愛知県江南市
古知野町花霞　こちのちょうはながすみ　愛知県江南市
古知野町牧森　こちのちょうまきもり　愛知県江南市
古知野町宮前　こちのちょうみやまえ　愛知県江南市
古知野町宮裏　こちのちょうみやうら　愛知県江南市
古知野町桃源　こちのちょうとうげん　愛知県江南市
古知野町高瀬　こちのちょうたかせ　愛知県江南市
古知野町塚塚　こちのちょうとうづか　愛知県江南市
古知野町朝日　こちのちょうあさひ　愛知県江南市
古知野町瑞穂　こちのちょうみずほ　愛知県江南市
古知野町福寿　こちのちょうふくじゅ　愛知県江南市
古知野町熱田　こちのちょうあつた　愛知県江南市
古茂口　こもぐち　千葉県館山市
古虎渓　ここけい　岐阜県（JR中央本線）
古金町
　こがねまち　愛知県一宮市
　こがねまち　大分県日田市
古金谷　ふるかなや　大分県中津市
古長　ふるなが　鳥取県東伯郡琴浦町
古長谷　ふるはせ　山梨県南巨摩郡身延町
古門　ふるもん　福岡県鞍手郡鞍手町
古門戸町　こもんどまち　福岡県福岡市博多区
古青渡　ふるあおど　山形県酒田市
9**古保利**　こほり　広島県山県郡北広島町
古保里町　こおざとまち　熊本県宇土市
古前　ふるまえ　福岡県北九州市若松区
古前城町　こせんじょうちょう　鹿児島県鹿屋市
古城
　ふるじろ　宮城県仙台市若林区
　こじょう　茨城県龍ケ崎市
　こじょう　富山県高岡市
　こじょう　長野県小諸市
　ふるしろ　徳島県板野郡板野町
　こじょう　高知県高岡郡四万十町
　こじょう　熊本県水俣市
　ふるじょう　熊本県菊池郡大津町
　ふるじょう　熊本県球磨郡湯前町
　こじょう　大分県中津市
古城町
　こじょうまち　福島県耶麻郡猪苗代町
　ふるしろまち　石川県七尾市
　こじょうまち　石川県小松市
　ふるしろまち　石川県白山市
　ふるしろちょう　京都府京都市中京区
　こじょうまち　熊本県熊本市中央区
　ふるしろまち　熊本県八代市
　こじょうまち　熊本県宇土市
　ふるじょうちょう　宮崎県宮崎市
　ふるしろまち　宮崎県延岡市
古城跡　こじょうあと　福島県耶麻郡猪苗代町
古室　こむろ　大阪府藤井寺市

古屋
　ふるや　群馬県安中市
　ふるや　福井県丹生郡越前町
　こや　和歌山県和歌山市
　ふるや　和歌山県日高郡印南町
　ふるや　徳島県那賀郡那賀町
古屋布　ふるやしき　秋田県能代市
古屋石塚　ふるやいしづか　福井県あわら市
古屋町　ふるやちょう　山口県下関市
古屋谷町　ふるやだにまち　石川県金沢市
古屋敷
　ふるやしき　青森県上北郡七戸町
　ふるやしき　青森県上北郡東北町
　ふるやしき　岩手県八幡平市
　ふるやしき　福島県郡山市
　ふるやしき　福島県須賀川市
　ふるやしき　岐阜県可児郡御嵩町
古屋敷甲　ふるやしきこう　福島県河沼郡会津坂下町
古屋敷町
　ふるやしきまち　石川県七尾市
　ふるやしきちょう　岐阜県関市
古後　ここ　大分県玖珠郡玖珠町
古怒田　こぬた　神奈川県足柄上郡中井町
古政成　こまさなり　愛知県海部郡飛島村
古海
　こかい　群馬県邑楽郡大泉町
　ふるみ　長野県上水内郡信濃町
　ふるみ　鳥取県鳥取市
　うるみ　島根県隠岐郡知夫村
古海老江　ふるえびえ　富山県中新川郡舟橋村
古泉
　こいずみ　山口県周南市
　こいずみ　愛媛県（伊予鉄道郡中線）
古泉町　こいずみちょう　千葉県千葉市若葉区
古津
　ふるつ　新潟県（JR信越本線）
　ふるつ　新潟県新潟市秋葉区
古津賀
　こつか　高知県（土佐くろしお鉄道中村・宿毛線）
　こつか　高知県四万十市
古畑　こばた　千葉県鴨川市
古畑耕　ふるはたこう　高知県高岡郡佐川町
古祖原　こそばら　山口県防府市
古美濃部町　ふるみのべちょう　京都府京都市上京区
古荒新田　こあらしんでん　山形県酒田市
10**古凍**　ふるこおり　埼玉県東松山市
古原　こはら　千葉県香取郡神崎町
古家　こや　福島県二本松市
古宮　こみや　兵庫県加古郡播磨町
古宮町　ふるみやちょう　岐阜県大垣市
古島
　こじま　福岡県筑後市
　ふるじま　沖縄県（沖縄都市モノレール線）
　ふるじま　沖縄県那覇市
　ふるじま　沖縄県国頭郡本部町
古座
　こざ　和歌山県（JR紀勢本線）
　こざ　和歌山県東牟婁郡串本町
古座川町　こざがわちょう　和歌山県東牟婁郡
古梅　ふるうめ　北海道網走郡美幌町
古浜　こはま　広島県三原市

5画（古）

古浜町
　こはまちょう　愛知県半田市
　こはまちょう　兵庫県赤穂市
　こはまちょう　広島県尾道市
古真立　こまだて　愛知県北設楽郡豊根村
古郡
　ふるこおり　山形県鶴岡市
　ふるごおり　茨城県筑西市
　ふるこおり　埼玉県児玉郡美里町
　ふるこおり　三重県伊賀市
古郡家　ここおげ　鳥取県鳥取市
古馬場町　ふるばばちょう　香川県高松市
古高　ふったか　茨城県潮来市
古高山　ふるたかやま　福島県白河市
古高町　ふるたかちょう　滋賀県守山市
古高松　ふるたかまつ　香川県（高松琴平電気鉄道志
度線）
古高松南　ふるたかまつみなみ　香川県（JR高徳線）
11古堂　ふるどう　青森県三戸郡五戸町
古堂後　ふるどううしろ　青森県三戸郡五戸町
古宿　ふるやど　静岡県静岡市駿河区
古宿町　ふるじゅくちょう　愛知県豊川市
古宿新田　ふるじゅくしんでん　茨城県結城市
古曽志町　こそしちょう　島根県松江市
古曽部町　こそべちょう　大阪府高槻市
古桶屋町　ふるおけやまち　熊本県熊本市中央区
古淵
　こぶち　神奈川県（JR横浜線）
　こぶち　神奈川県相模原市南区
古船場町　ふるせんばまち　福岡県北九州市小倉北区
古郷町　こきょうまち　石川県金沢市
古都辺　こつべ　千葉県市原市
古都南方　こずみなみがた　岡山県岡山市東区
古都宿　こずしゅく　岡山県岡山市東区
古部　こべ　長崎県（島原鉄道線）
古部町
　ふるべちょう　北海道函館市
　こぶちょう　愛知県岡崎市
古野上町　ふるのがみちょう　広島県福山市
古野町
　ふるのちょう　大阪府河内長野市
　ふるのまち　佐賀県鳥栖市
古雪町　ふるゆきまち　秋田県由利本荘市
古魚町　ふるうおまち　大分県中津市
古魚店町　ふるうおのたなまち　山口県萩市
古黒部　ふるくろべ　富山県下新川郡入善町
12古博多町　ふるはかたまち　大分県中津市
古堅　ふるげん　沖縄県中頭郡読谷村
古場　こば　愛知県常滑市
古場町　こばちょう　愛知県常滑市
古御旅町
　ふるおたびちょう　京都府京都市下京区
　ふるおたびちょう　京都府京都市南区
古御堂
　ふるみどう　富山県黒部市
　こみどう　鳥取県西伯郡大山町
古森
　ふるもり　群馬県吾妻郡長野原町
　こうもり　兵庫県篠山市
古渡　ふっと　茨城県稲敷市

古渡町　ふるわたりちょう　愛知県名古屋市中区
古渡路　ふるとろ　新潟県村上市
古満目　こまめ　高知県幡多郡大月町
古湊町
　こみなとちょう　山形県酒田市
　ふるみなとまち　新潟県新潟市東区
古湊通　こみなとどおり　兵庫県神戸市中央区
古萩町　ふるはぎまち　山口県萩市
古街道長根　ふるかいどうながね　青森県三戸郡五
戸町
古賀
　こが　福岡県（JR鹿児島本線）
　こが　福岡県柳川市
　こが　福岡県筑紫野市
　こが　福岡県古賀市
　こが　福岡県朝倉市
　こが　福岡県遠賀郡水巻町
古賀市　こがし　福岡県
古賀志
　こがしまち　栃木県宇都宮市
　こがしまち　栃木県鹿沼市
古賀町
　こがまち　佐賀県鳥栖市
　こがまち　長崎県長崎市
　こがまち　熊本県水俣市
古賀茶屋　こがんちゃや　福岡県（西日本鉄道甘木
線）
古賀原　こがのはる　大分県別府市
古賀島町　こがしままち　長崎県大村市
古道
　ふるみち　愛知県常滑市
　ふるみち　愛知県あま市
古道下二本杉　ふるみちしたにほんすぎ　宮城県遠田
郡涌谷町
古道町　ふるみちまち　長崎県長崎市
古道東割　ふるみちひがしわり　愛知県常滑市
古開作
　こがいさく　山口県柳井市
　ふるがいさく　山口県山陽小野田市
古開作団地　ふるがいさくだんち　山口県山陽小野
田市
古間
　ふるま　長野県（JR信越本線）
　ふるま　長野県上水内郡信濃町
古間木
　ふるまき　青森県三沢市
　ふるまぎ　茨城県常総市
　ふるまぎ　千葉県流山市
古間木山
　ふるまぎやま　青森県三沢市
　ふるまぎやま　青森県上北郡おいらせ町
古間木沼新田　ふるまぎぬましんでん　茨城県常総市
古間木新田　ふるまぎしんでん　茨城県常総市
古閑
　こが　熊本県山鹿市
　こが　熊本県下益城郡美里町
　こが　熊本県上益城郡益城町
古閑下町　こがしもまち　熊本県八代市
古閑上町　こがかみまち　熊本県八代市
古閑中町　こがなかまち　熊本県八代市
古閑浜町　こがはままち　熊本県八代市

389

5画（司, 台）

古飯　ふるえ　福岡県小郡市
13古園　ふるぞの　大分県竹田市
　古新田
　　こしんでん　埼玉県八潮市
　　こしんでん　新潟県魚沼市
　　こしんでん　岡山県岡山市南区
　古新町
　　こしんちょう　愛知県名古屋市熱田区
　　ふるじんまち　香川県高松市
　古楯　ふるたて　新潟県新発田市
　古殿町　ふるどのまち　福島県石川郡
　古豊千　こほうち　鳥取県米子市
　古雅　こが　愛知県小牧市
14古徳　ことく　茨城県那珂市
　古槇　ふるまき　山形県西村山郡朝日町
　古熊　ふるくま　山口県山口市
　古箕輪　こみのわ　大阪府東大阪市
　古関
　　ふるせき　山形県東田川郡庄内町
　　ふるせき　山梨県南巨摩郡身延町
　古関町　ふるせきまち　山梨県甲府市
　古鳴海　こなるみ　愛知県名古屋市緑区
15古敷谷　こしきや　千葉県市原市
　古舞　ふるまい　北海道中川郡幕別町
16古橋　ふるはし　岐阜県瑞穂市
　古舘
　　ふるだて　福島県須賀川市
　　こだて　福島県石川郡石川町
　古館
　　ふるだて　青森県青森市
　　ふるだて　青森県三戸郡五戸町
　　ふるだて　岩手県（JR東北本線）
　　ふるだて　山形県山形市
　　ふるだて　茨城県つくば市
　古館下川原　ふるだてしもかわら　青森県三戸郡五戸町
　古館向　ふるだてむかい　青森県三戸郡五戸町
　古館向川原　ふるだてむかいかわら　青森県三戸郡五戸町
　古館町　ふるだてまち　秋田県湯沢市
　古館脇　ふるだてわき　青森県三戸郡五戸町
17古謝　こじゃ　沖縄県沖縄市
　古鍛冶町　ふるかじまち　富山県富山市
19古瀬
　　ふるせ　北海道（JR根室本線）
　　こせ　奈良県御所市
　古瀬戸町　こせとちょう　愛知県瀬戸市
　古瀬町　こせちょう　愛知県愛西市
　古瀬間町　こせまちょう　愛知県豊田市
　古麓町　ふるふもとまち　熊本県八代市

【司】

7司町
　　つかさまち　岐阜県岐阜市
　　つかさまち　岐阜県羽島郡笠松町
　　つかさちょう　愛知県刈谷市
　　つかさちょう　愛知県豊田市

【台】

台
　　だい　岩手県花巻市
　　だい　宮城県気仙沼市
　　だい　福島県須賀川市
　　だい　福島県喜多方市
　　だい　茨城県つくばみらい市
　　だい　埼玉県朝霞市
　　だい　埼玉県日高市
　　だい　千葉県君津市
　　だい　千葉県山武郡横芝光町
　　だい　神奈川県鎌倉市
0台ケ窪　だいがくぼ　長野県長野市
　台ノ下
　　だいのした　福島県河沼郡会津坂下町
　　だいのした　福島県大沼郡会津美里町
3台上　たいうえ　新潟県南魚沼市
4台之郷町　だいのごうちょう　群馬県太田市
　台六町　だいろくちょう　愛知県瀬戸市
　台方
　　だいかた　千葉県成田市
　　だいかた　千葉県東金市
5台田
　　だいだ　宮城県亘理郡亘理町
　　だいだ　千葉県茂原市
　　だいだ　千葉県我孫子市
7台村町　だいむらちょう　神奈川県横浜市緑区
　台町
　　だいまち　北海道網走市
　　だいまち　岩手県一関市
　　だいまち　山形県長井市
　　だいまち　茨城県つくば市
　　だいまち　栃木県真岡市
　　だいまち　群馬県高崎市
　　だいまち　埼玉県本庄市
　　だいまち　千葉県銚子市
　　だいまち　東京都八王子市
　　だいまち　神奈川県横浜市神奈川区
　　だいまち　神奈川県川崎市川崎区
　　だいまち　新潟県長岡市
　　だいまち　愛知県名古屋市昭和区
8台所町　だいどころまち　秋田県横手市
　台所橋道下　だいどころばしみちした　宮城県遠田郡涌谷町
　台東
　　だいひがし　福島県郡山市
　　たいとう　東京都台東区
　台東区　たいとうく　東京都
　台金屋　だいかなや　岡山県真庭市
10台原
　　だいのはら　宮城県（仙台市交通局南北線）
　　だいのはら　宮城県仙台市青葉区
　　だいばら　千葉県富津市
　台原町　だいはらちょう　茨城県日立市
　台原森林公園　だいのはらしんりんこうえん　宮城県仙台市青葉区
11台宿
　　だいじゅく　福島県東白川郡塙町
　　だいしゅく　茨城県取手市
　　だいじゅく　千葉県勝浦市
　台宿町　だいじゅくちょう　群馬県館林市

5画（只，叺，四）

12台場
　だいば　東京都（ゆりかもめ臨海線）
　だいば　東京都港区
台場一条　だいばいちじょう　北海道旭川市
台場二条　だいばにじょう　北海道旭川市
台場三条　だいばさんじょう　北海道旭川市
台場四条　だいばしじょう　北海道旭川市
台場東　だいばひがし　北海道旭川市
台道　だいどう　山口県防府市
13台新　だいしん　福島県郡山市
台新田　だいしんでん　栃木県宇都宮市
台新田町
　だいしんでんまち　栃木県宇都宮市
　だいしんでんまち　群馬県高崎市
16台濁沢　だいにごりさわ　茨城県鉾田市

【只】
3只上町　ただかりちょう　群馬県太田市
7只来　ただらい　静岡県浜松市天竜区
只見
　ただみ　福島県（JR只見線）
　ただみ　福島県南会津郡只見町
只見町　ただみまち　福島県南会津郡
9只持　ただもち　愛知県新城市
只海　ただのうみ　愛媛県喜多郡内子町
11只野　ただの　和歌山県橋本市
12只越　ただこし　岐阜県瑞穂市
只越町　ただこえちょう　岩手県釜石市

【叺】
5叺田　かますだ　岩手県八幡平市

【四】
0四ケ　しか　福岡県大牟田市
四ケ所
　しかしょ　新潟県上越市
　しかしょ　福岡県筑後市
四ツ子　よっこ　新潟県小千谷市
四ツ小屋
　よつごや　秋田県（JR奥羽本線）
　よつごや　秋田県秋田市
四ツ小屋小阿地　よつごやこあじ　秋田県秋田市
四ツ小屋末戸松本　よつごやすえどまつもと　秋田県秋田市
四ツ山町　よつやまち　熊本県荒尾市
四ツ井　よつい　福井県福井市
四ツ木　よつぎ　東京都（京成電鉄押上線）
四ツ白　よつじろ　高知県高岡郡佐川町
四ツ石　よついし　青森県青森市
四ツ辻　よつつじ　兵庫県三田市
四ツ杉　よつすぎ　福井県丹生郡越前町
四ツ谷
　よつや　山形県上山市
　よつや　山形県長井市
　よつや　福島県白河市
　よつや　茨城県稲敷市
　よつや　千葉県印旛郡栄町
　よつや　東京都（JR中央本線ほか）
　よつや　神奈川県座間市
　よつや　長野県小諸市
四ツ谷町
　よつやちょう　群馬県館林市
　よつやちょう　愛知県豊川市
四ツ松町　よつまつちょう　愛知県豊田市
四ツ屋
　よつや　秋田県大仙市
　よつや　新潟県燕市
　よつや　新潟県糸魚川市
　よつや　富山県滑川市
四ツ屋町
　よつやまち　群馬県高崎市
　よつやちょう　新潟県新潟市中央区
　よつやまち　新潟県長岡市
　よつやまち　石川県白山市
四ツ屋亀田　よつやかめた　青森県平川市
四ツ屋新　よつやしん　新潟県五泉市
四ツ倉　よつくら　福島県（JR常磐線）
四ツ原　よつはら　熊本県玉名郡南関町
四ツ家　よつや　山形県東根市
四ツ家町　よつやちょう　愛知県春日井市
四ツ郷屋　よつごうや　新潟県新潟市西区
四ツ塚町
　よつづかちょう　滋賀県長浜市
　よつづかちょう　京都府京都市南区
四ツ葉町　よつばちょう　富山県富山市
四ツ橋　よつばし　大阪府（大阪市交通局四つ橋線）
四ツ興野　よつごや　山形県酒田市
四ノ沢　しのさわ　山形県西村山郡朝日町
四ノ宮大将軍町　しのみやたいしょうぐんちょう　京都府京都市山科区
四ノ宮小金塚　しのみやこがねづか　京都府京都市山科区
四ツ山田町　しのみややまだちょう　京都府京都市山科区
四ノ宮川原町　しのみやかわらちょう　京都府京都市山科区
四ノ宮中在寺町　しのみやちゅうざいじちょう　京都府京都市山科区
四ノ宮行者谷　しのみやぎょうじゃだに　京都府京都市山科区
四ノ宮芝畑町　しのみやしばはたちょう　京都府京都市山科区
四ノ宮奈良野町　しのみやならのちょう　京都府京都市山科区
四ノ宮岩久保町　しのみやいわくぼちょう　京都府京都市山科区
四ノ宮泓　しのみやふけ　京都府京都市山科区
四ノ宮南河原町　しのみやみなみがわらちょう　京都府京都市山科区
四ノ宮垣ノ内町　しのみやかきのうちちょう　京都府京都市山科区
四ノ宮柳山町　しのみややなぎやまちょう　京都府京都市山科区
四ノ宮泉水町　しのみやせんすいちょう　京都府京都市山科区
四ノ宮神田町　しのみやかんだちょう　京都府京都市山科区
四ノ宮堂ノ後町　しのみやどうのごちょう　京都府京都市山科区

5画（四）

四ノ宮新開畑　しのみやしんかいばた　京都府京都市山科区
四ノ宮熊ケ谷　しのみやくまがだに　京都府京都市山科区
四ノ宮鎌手町　しのみやかまてちょう　京都府京都市山科区
四つ木　よつぎ　東京都葛飾区
四つ谷　よつや　福島県河沼郡柳津町
²四丁目
　　よんちょうめ　静岡県下田市
　　よんちょうめ　京都府京都市中京区
四丁町　しちょうまち　石川県小松市
四十九町　しじゅくちょう　三重県伊賀市
四十九院　しじゅういん　滋賀県犬上郡豊郷町
四十万
　　しじま　石川県（北陸鉄道石川線）
　　しじま　石川県金沢市
四十万町　しじままち　石川県金沢市
四十日　しとか　新潟県南魚沼市
四十石　しじゅっこく　福島県河沼郡会津坂下町
四十谷町　しじゅうたにちょう　福井県福井市
四十発句　しじゅうほっく　茨城県ひたちなか市
四十瀬　しじゅうせ　岡山県倉敷市
³四三嶋　しそじま　福岡県朝倉郡筑前町
四万　しま　群馬県吾妻郡中之条町
四万十市　しまんとし　高知県
四万十町　しまんとちょう　高知県高岡郡
四大地　よんだいち　静岡県浜松市浜北区
四女子町　しにょしちょう　愛知県名古屋市中川区
四山町　よつやままち　福岡県大牟田市
四川目　よかわめ　青森県三沢市
⁴四之宮　しのみや　神奈川県平塚市
四元町　よつもとちょう　鹿児島県鹿児島市
四分一　しぶいち　福井県小浜市
四分町　しぶちょう　奈良県橿原市
四区一条　よんくいちじょう　北海道旭川市
四区二条　よんくにじょう　北海道旭川市
四区三条　よんくさんじょう　北海道旭川市
四区町　よんくちょう　栃木県那須塩原市
四反田
　　したんだ　宮城県気仙沼市
　　したんだ　宮城県伊具郡丸森町
　　したんだ　福島県田村郡三春町
四天木　してんぎ　千葉県大網白里市
四天王寺　してんのうじ　大阪府大阪市天王寺区
四天王寺前夕陽ケ丘　してんのうじまえゆうひがおか　大阪府（大阪市交通局谷町線）
四戸橋　しとばし　青森県青森市
四手　しで　滋賀県犬上郡多賀町
四方　よかた　富山県富山市
四方一番町　よかたいちばんまち　富山県富山市
四方二番町　よかたにばんまち　富山県富山市
四方山　よもやま　石川県鳳珠郡能登町
四方木　よもぎ　千葉県鴨川市
四方木町　ももぎちょう　愛知県半田市
四方北窪　よかたきたくぼ　富山県富山市
四方田　しほうでん　埼玉県本庄市
四方田町　よかたたまち　富山県富山市
四方寺　しほうじ　埼玉県熊谷市

四方江代町　よかたえだいまち　富山県富山市
四方西岩瀬　よかたにしいわせ　富山県富山市
四方西野割町　よかたにしのわりまち　富山県富山市
四方谷町　しほうだにちょう　福井県鯖江市
四方東野割町　よかたひがしのわりまち　富山県富山市
四方南町　よかたみなみまち　富山県富山市
四方津
　　しおつ　山梨県（JR中央本線）
　　しおつ　山梨県上野原市
四方神明町　よかたしんめいまち　富山県富山市
四方荒屋　よかたあらや　富山県富山市
四方茶園町　よかたちゃえんまち　富山県富山市
四方原　しほうはら　徳島県海部郡海陽町
四方恵比須町　よかたえびすまち　富山県富山市
四方寄町　よもぎまち　熊本県熊本市北区
四方野割町　よかたのわりまち　富山県富山市
四方港町　よかたみなとまち　富山県富山市
四方新　よかたしん　富山県富山市
四方新出町　よかたしんでまち　富山県富山市
四日市
　　よっかいち　新潟県村上市
　　よっかいち　富山県高岡市
　　よっかいち　三重県（JR関西本線）
　　よっかいち　大分県宇佐市
　　よっかいち　大分県玖珠郡玖珠町
四日市市　よっかいちし　三重県
四日市町
　　よっかいちまち　石川県白山市
　　よっかいちまち　鳥取県米子市
四日市場
　　よっかいちば　宮城県柴田郡柴田町
　　よっかいちば　宮城県加美郡加美町
　　よっかいちば　埼玉県坂戸市
　　よっかいちば　山梨県都留市
四日市場台　よっかいちばだい　千葉県銚子市
四日市場町　よっかいちばまち　千葉県銚子市
四日町
　　よっかまち　岩手県花巻市
　　よっかまち　秋田県横手市
　　よっかまち　山形県北村山郡大石田町
　　よっかまち　新潟県三条市
　　よっかまち　新潟県十日町市
　　よっかまち　新潟県佐渡市
　　よっかまち　新潟県魚沼市
　　よっかまち　静岡県伊豆の国市
四日町新田　よっかまちしんでん　新潟県十日町市
四木　しもく　千葉県八街市
四王寺　しおうじ　福岡県糟屋郡宇美町
四王寺坂　しおうじざか　福岡県糟屋郡宇美町
四王寺町　しおうじまち　石川県金沢市
⁵四本木
　　しほぎ　埼玉県日高市
　　しほんぎ　愛知県名古屋市緑区
四本松町
　　しほんまつちょう　静岡県浜松市南区
　　しほんまつちょう　京都府京都市下京区
四疋田　しひきだ　三重県多気郡多気町
四辻
　　よつつじ　京都府与謝郡与謝野町
　　よつつじ　山口県（JR山陽本線）

5画（四）

四辻町　よつじまち　新潟県上越市
四辻新田　よっつじしんでん　福島県石川郡玉川村
6四会町　よつえちょう　愛知県愛西市
四百苅　よんひゃくがり　福島県喜多方市
7四坊大宮町　しぼうおおみやちょう　京都府京都市中京区
四坊町　しぼうまち　石川県金沢市
四坊高坂町　しぼうたかさかまち　石川県金沢市
四坊堀川町　しぼうほりかわちょう　京都府京都市中京区
四条
　しじょう　北海道江別市
　しじょう　北海道深川市
　しじょう　北海道雨竜郡秩父別町
　しじょう　京都府（京都市交通局烏丸線）
四条大宮　しじょうおおみや　京都府（京福電気鉄道嵐山本線）
四条大宮町　しじょうおおみやちょう　京都府京都市下京区
四条大路　しじょうおおじ　奈良県奈良市
四条大路南町　しじょうおおじみなみまち　奈良県奈良市
四条北　しじょうきた　北海道天塩郡幌延町
四条西
　しじょうにし　北海道旭川市
　しじょうにし　北海道岩見沢市
　しじょうにし　北海道上川郡当麻町
四条町
　しじょうちょう　京都府京都市下京区
　しじょうちょう　大阪府東大阪市
　しじょうちょう　奈良県橿原市
四条東
　しじょうひがし　北海道岩見沢市
　しじょうひがし　北海道上川郡当麻町
四条南
　しじょうみなみ　北海道上川郡当麻町
　しじょうみなみ　北海道天塩郡幌延町
　しじょうみなみ　北海道上川郡新得町
四条通
　しじょうどおり　北海道旭川市
　しじょうどおり　大阪府堺市堺区
四条堀川町　しじょうほりかわちょう　京都府京都市下京区
四条畷　しじょうなわて　大阪府（JR片町線）
四杖町　よつえまち　長崎県長崎市
四村　よむら　愛媛県今治市
四町　しまち　石川県羽咋市
四町分　しちょうぶん　熊本県菊池市
四町目　よんちょうめ　京都府京都市上京区
四谷
　よつや　埼玉県さいたま市南区
　よつや　千葉県成田市
　よつや　東京都新宿区
　よつや　東京都府中市
　よつや　新潟県柏崎市
　よつや　愛知県新城市
四谷下町　よつやしもちょう　神奈川県川崎市川崎区
四谷三丁目　よつやさんちょうめ　東京都（東京地下鉄丸ノ内線）
四谷上町　よつやかみちょう　神奈川県川崎市川崎区
四谷坂町　よつやさかまち　東京都新宿区

四谷尾　しだにお　富山県中新川郡立山町
四谷町
　よつやまち　東京都八王子市
　よつやちょう　福井県小浜市
四谷通　よつやとおり　愛知県名古屋市千種区
8四国中央市　しこくちゅうおうし　愛媛県
四季ノ台　しきのだい　岐阜県関市
四季が丘　しきがおか　広島県廿日市市
四季が丘上　しきがおかかみ　広島県廿日市市
四季の丘
　しきのおか　茨城県北相馬郡利根町
　しきのおか　千葉県香取郡神崎町
　しきのおか　愛知県犬山市
　しきのおか　高知県宿毛市
四季の里　しきのさと　埼玉県本庄市
四季の郷　しきのさと　山形県（山形鉄道フラワー長井線）
四季美台　しきみだい　神奈川県横浜市旭区
四所　ししょ　京都府（京都丹後鉄道宮津線）
9四屋　よつや　富山県高岡市
四屋町　よつやちょう　岐阜県岐阜市
四屋新　よつやしん　富山県滑川市
四拾貫町　しじつかんまち　広島県三次市
四柳町　よつやなぎまち　石川県羽咋市
四神田　しこうだ　三重県多気郡多気町
四郎ケ原　しろうがはら　山口県（JR美祢線）
四郎丸
　しろうまる　宮城県仙台市若林区
　しろうまる　宮城県仙台市太白区
　しろうまる　新潟県長岡市
　しろうまる　福岡県豊前市
　しろうまる　福岡県宮若市
四郎丸町
　しろうまるまち　新潟県長岡市
　しろうまるちょう　福井県越前市
四郎兵衛　しろべえ　愛知県弥富市
四郎兵衛町　しろべえちょう　愛知県弥富市
四重麦一　よえむぎいち　宮城県伊具郡丸森町
四重麦七　よえむぎなな　宮城県伊具郡丸森町
四重麦二　よえむぎに　宮城県伊具郡丸森町
四重麦三　よえむぎさん　宮城県伊具郡丸森町
四重麦五　よえむぎご　宮城県伊具郡丸森町
四重麦六　よえむぎろく　宮城県伊具郡丸森町
四重麦四　よえむぎよん　宮城県伊具郡丸森町
10四倉町　よつくらまち　福島県いわき市
四倉町八茎　よつくらまちやぐき　福島県いわき市
四倉町下仁井田　よつくらまちしもにいだ　福島県いわき市
四倉町下柳生　よつくらまちしもやぎゅう　福島県いわき市
四倉町上仁井田　よつくらまちかみにいだ　福島県いわき市
四倉町上岡　よつくらまちかみおか　福島県いわき市
四倉町上柳生　よつくらまちかみやぎゅう　福島県いわき市
四倉町大森　よつくらまちおおもり　福島県いわき市
四倉町山田小湊　よつくらまちやまだこみなと　福島県いわき市
四倉町中島　よつくらまちなかじま　福島県いわき市
四倉町戸田　よつくらまちとだ　福島県いわき市

393

5画（冬，外）

四倉町玉山　よつくらまちたまやま　福島県いわき市
四倉町白岩　よつくらまちしらいわ　福島県いわき市
四倉町名木　よつくらまちなぎ　福島県いわき市
四倉町狐塚　よつくらまちきつねづか　福島県いわき市
四倉町長友　よつくらまちながとも　福島県いわき市
四倉町細谷　よつくらまちほそや　福島県いわき市
四倉町塩木　よつくらまちしおき　福島県いわき市
四倉町駒込　よつくらまちこまごめ　福島県いわき市
四倉町薬王寺　よつくらまちやくおうじ　福島県いわき市
四宮
　しのみや　京都府（京阪電気鉄道京津線）
　しのみや　大阪府門真市
四浦
　ようら　熊本県球磨郡相良村
　ようら　大分県津久見市
四畝　よせ　愛知県知多郡武豊町
四軒丁　しけんちょう　福島県田村郡三春町
四軒在家　しけんざいけ　埼玉県児玉郡神川町
四軒家　しけんや　愛知県名古屋市守山区
11四條　しじょう　香川県仲多度郡まんのう町
四條畷市　しじょうなわてし　大阪府
四貫島　しかんじま　大阪府大阪市此花区
四郷
　よごう　岐阜県安八郡輪之内町
　しごう　愛知県（愛知環状鉄道線）
　よごう　和歌山県海草郡紀美野町
四郷町　しごうちょう　愛知県豊田市
四郷町上鈴　しごうちょうかみすず　兵庫県姫路市
四郷町山脇　しごうちょうやまわき　兵庫県姫路市
四郷町中鈴　しごうちょうなかすず　兵庫県姫路市
四郷町本郷　しごうちょうほんごう　兵庫県姫路市
四郷町坂元　しごうちょうさかもと　兵庫県姫路市
四郷町見野　しごうちょうみの　兵庫県姫路市
四郷町明田　しごうちょうあけだ　兵庫県姫路市
四郷町東阿保　しごうちょうひがしあぼ　兵庫県姫路市
四都野台　よつやだい　埼玉県川越市
四鹿　しろく　茨城県行方市
12四御神　しのごぜ　岡山県岡山市中区
四番　よんばん　愛知県名古屋市熱田区
四番丁　よんばんちょう　和歌山県和歌山市
四番沢　よばんさわ　北海道厚岸郡浜中町
四番町
　よんばんちょう　東京都千代田区
　よんばんちょう　静岡県静岡市葵区
　よんばんちょう　京都府京都市上京区
　よんばんちょう　兵庫県神戸市長田区
　よんばんちょう　岡山県笠岡市
四筋目　よすじめ　和歌山県和歌山市
四葉　よつば　東京都板橋区
四葉台　よつはだい　富山県中新川郡上市町
四街道
　よつかいどう　千葉県（JR総武本線）
　よつかいどう　千葉県四街道市
四街道市　よつかいどうし　千葉県
四賀　しが　長野県諏訪市
四間町　しけんちょう　富山県滑川市
14四徳　しとく　長野県上伊那郡中川村

四熊　しくま　山口県周南市
四箇
　しか　茨城県稲敷市
　しか　千葉県印旛郡栄町
　しか　福岡県福岡市早良区
四箇田団地　しかただんち　福岡県福岡市早良区
四箇新町　しかしんまち　福岡県大牟田市
21四竈　しかま　宮城県加美郡色麻町

【冬】
4冬木
　ふゆぎ　茨城県猿島郡五霞町
　ふゆき　東京都江東区
冬父　とぶ　千葉県成田市
9冬室町　ふゆむろちょう　栃木県宇都宮市
10冬島　ふゆしま　北海道様似郡様似町
冬島町　ふじまちょう　福井県鯖江市
冬師　とうし　秋田県にかほ市
11冬野
　ふゆの　石川県羽咋郡宝達志水町
　ふゆの　奈良県高市郡明日香村
　ふゆの　和歌山県和歌山市
冬野町　ふゆのちょう　福井県福井市
16冬頭町　ふゆとうまち　岐阜県高山市

【外】
0外ケ浜町　そとがはままち　青森県東津軽郡
外ノ浦町　とのうらちょう　島根県浜田市
2外入　とのにゅう　山口県大島郡周防大島町
3外丸　とまる　新潟県中魚沼郡津南町
外土居町　そとどいちょう　愛知県名古屋市熱田区
外大野　そとおおの　茨城県久慈郡大子町
外山
　そとやま　岩手県滝沢市
　とやま　新潟県佐渡市
　そでやま　新潟県魚沼市
　とやま　岐阜県岐阜市
　とやま　岐阜県本巣市
　そとやま　愛知県名古屋市南区
　とやま　三重県伊賀市
　とび　奈良県桜井市
　とやま　愛媛県伊予郡砥部町
　とやま　高知県南国市
外山町
　そとやまちょう　愛知県岡崎市
　とやまちょう　愛媛県新居浜市
外川
　そとかわ　埼玉県加須市
　とかわ　千葉県（銚子電気鉄道線）
外川台町　とかわだいまち　千葉県銚子市
外川町
　とかわまち　千葉県銚子市
　とがわちょう　奈良県大和郡山市
外川原
　そとがわら　宮城県白石市
　そとかわら　秋田県大館市
　そとかわら　福島県大沼郡会津美里町
外川原甲　そとかわらこう　福島県大沼郡会津美里町
4外中原町　そとなかばらちょう　島根県松江市
外之内　とのうち　茨城県小美玉市

5画（奴, 孕, 尻, 尼）

外之原町　とのはらちょう　愛知県春日井市
外五曲町　そとごまがりちょう　三重県松阪市
外内島　とのじま　山形県鶴岡市
外日角　そとひすみ　石川県かほく市
外木　とのき　静岡県富士市
⁵外平喜　そとびらき　三重県桑名郡木曽岬町
外田ケ谷　そたたがや　埼玉県加須市
外目　そとのめ　秋田県横手市
⁶外旭川　そとあさひかわ　秋田県秋田市
外旭川八柳　そとあさひかわやつやなぎ　秋田県秋田市
外旭川八幡田　そとあさひかわはちまんでん　秋田県秋田市
外江町　とのえちょう　鳥取県境港市
⁷外尾山　ほかおやま　佐賀県西松浦郡有田町
外尾町　ほかおまち　佐賀県西松浦郡有田町
外町
　とまち　滋賀県彦根市
　とのちょう　滋賀県東近江市
外花　とばな　岐阜県大垣市
外邑　とのむら　鳥取県岩美郡岩美町
⁸外国見　そとくにみ　福島県石川郡石川町
外国府間　そとごうま　埼玉県幸手市
外坪　とつぼ　愛知県丹羽郡大口町
外岡　そとおか　秋田県山本郡三種町
外林町　そとばやしまち　石川県七尾市
外河原　そとがわら　福島県郡山市
外波　となみ　新潟県糸魚川市
外泊　そとどまり　愛媛県南宇和郡愛南町
外牧　ほかまき　熊本県菊池郡大津町
外苑前　がいえんまえ　東京都（東京地下鉄銀座線）
⁹外垣　とのがき　京都府宮津市
外城　とじょう　栃木県小山市
外城田　ときだ　三重県（JR参宮線）
外城町　とじょうちょう　新潟県阿賀野市
外屋敷　とやしき　愛知県犬山市
外津　ほかわづ　佐賀県東松浦郡玄海町
外津汲　とつくみ　岐阜県揖斐郡揖斐川町
外畑　そとばたけ　宮城県気仙沼市
外神　とがみ　静岡県富士宮市
外神田　そとかんだ　東京都千代田区
外神東町　とがみひがしまち　静岡県富士宮市
外荒巻　そとあらまき　秋田県能代市
¹⁰外原町　とのはらちょう　滋賀県東近江市
外島町　そとじまちょう　大阪府守口市
外浜　そとはま　宮城県気仙沼市
外浜町　そとはまちょう　兵庫県神戸市須磨区
外記新田　げきしんでん　埼玉県加須市
外院　げいん　大阪府箕面市
外馬場　そとばば　大分県中津市
¹¹外側　そとがわ　京都府宮津市
外堀
　そとぼり　愛知県小牧市
　そとぼり　三重県桑名市
外崎　とのさき　青森県弘前市
外渕　そぶつ　岐阜県大垣市
外部田　とのべた　千葉県市原市
外野
　そとの　茨城県ひたちなか市

そとの　埼玉県加須市
そとの　埼玉県久喜市
そとの　岐阜県大垣市
との　兵庫県養父市
外野町　そとのちょう　岐阜県大垣市
¹²外割田　とわりだ　秋田県能代市
外善光　そとぜんこう　岐阜県安八郡安八町
外塚　とのづか　茨城県筑西市
外堤　そとつつみ　秋田県能代市
外童子　そとどうじ　青森県東津軽郡平内町
外蛯沢北久保　そとえびさわきたくぼ　青森県上北郡東北町
外蛯沢西平　そとえびさわにしたい　青森県上北郡東北町
外蛯沢前平　そとえびさわまえたい　青森県上北郡東北町
外蛯沢後久保　そとえびさわうしろくぼ　青森県上北郡東北町
外間　ほかま　沖縄県島尻郡八重瀬町
¹³外園町　そとぞのちょう　島根県出雲市
外新町　そとしんちょう　愛知県名古屋市中川区
¹⁴外箕輪　そとみのわ　千葉県君津市
¹⁶外薄葉　そうすば　福島県白河市
¹⁹外瀬　とのせ　青森県弘前市

【奴】
³奴久見　ぬくみ　宮崎県串間市
奴山　ぬやま　福岡県福津市

【孕】
⁵孕石　はらみいし　静岡県掛川市
⁶孕西町　はらみにしまち　高知県高知市
⁸孕東町　はらみひがしまち　高知県高知市

【尻】
³尻上　しりあがり　新潟県五泉市
⁴尻内町
　しりうちまち　青森県八戸市
　しりうちまち　栃木県栃木市
尻手
　しって　茨城県下妻市
　しって　神奈川県（JR南武線）
　しって　神奈川県横浜市鶴見区
尻毛　しっけ　岐阜県岐阜市
⁵尻平川　しりたいらがわ　岩手県花巻市
⁷尻別　しりべつ　北海道虻田郡喜茂別町
尻労　しつかり　青森県下北郡東通村
⁹尻屋　しりや　青森県下北郡東通村
¹⁰尻高
　しったか　群馬県吾妻郡高山村
　しだか　福岡県築上郡上毛町
¹²尻無沢　しりなしざわ　山形県西置賜郡小国町
尻無町　しなしちょう　滋賀県東近江市

【尼】
⁰尼ケ辻
　あまがつじ　奈良県（近畿日本鉄道橿原線）
　あまがつじ　和歌山県岩出市
尼ケ坂　あまがさか　愛知県（名古屋鉄道瀬戸線）

5画 (巨, 左, 市)

尼ケ谷 　あまがや　福島県田村郡三春町
尼ケ谷町 　あまがたにちょう　福井県福井市
尼ケ崎町 　あまがさきちょう　岐阜県岐阜市
尼ケ崎横町 　あまがさきよこちょう　京都府京都市上京区
尼ケ瀬 　あまがせ　大分県大分市
3尼子
　　あまご　滋賀県 (近江鉄道本線)
　　あまご　滋賀県犬上郡甲良町
5尼辻中町 　あまがつじなかまち　奈良県奈良市
尼辻北町 　あまがつじきたまち　奈良県奈良市
尼辻西町 　あまがつじにしまち　奈良県奈良市
尼辻町 　あまがつじちょう　奈良県奈良市
尼辻南町 　あまがつじみなみまち　奈良県奈良市
6尼寺
　　にんじ　兵庫県三田市
　　にんじ　奈良県香芝市
11尼崎
　　あまがさき　大阪府 (阪神電気鉄道阪神本線)
　　あまがさき　兵庫県 (JR東海道本線ほか)
尼崎センタープール前 　あまがさきせんたーぷーるまえ　兵庫県 (阪神電気鉄道阪神本線)
尼崎市 　あまがさきし　兵庫県
18尼額 　あまひたい　岩手県下閉伊郡岩泉町
19尼瀬 　あまぜ　新潟県三島郡出雲崎町

【巨】

9巨海町 　こみちょう　愛知県西尾市
13巨勢 　こせ　岡山県美作市
巨勢町牛島 　こせまちうしじま　佐賀県佐賀市
巨勢町東西 　こせまちとうざい　佐賀県佐賀市
巨勢町修理田 　こせまちしゅりた　佐賀県佐賀市
巨勢町高尾 　こせまちたかお　佐賀県佐賀市
19巨瀬町 　こせちょう　岡山県高梁市

【左】

0左ケ山町 　ひだりがやまちょう　島根県益田市
2左入町 　さにゅうまち　東京都八王子市
4左内町 　さないちょう　福井県福井市
5左右 　そう　福井県丹生郡越前町
左右山 　そやま　高知県南国市
左古町 　さこまち　福岡県大牟田市
左平太新田
　　さへいたしんでん　茨城県常総市
　　さへいたしんでん　茨城県坂東市
左石 　ひだりいし　長崎県 (松浦鉄道西九州線)
7左沢
　　あてらざわ　山形県 (JR左沢線)
　　あてらざわ　山形県西村山郡大江町
左近 　さこん　新潟県長岡市
左近山
　　さこんやま　神奈川県横浜市旭区
　　さこやま　兵庫県養父市
左近町 　さこんまち　新潟県長岡市
8左京 　さきょう　奈良県奈良市
左京山
　　さきょうやま　愛知県 (名古屋鉄道名古屋本線)
　　さきょうやま　愛知県名古屋市緑区
左京区 　さきょうく　京都府京都市

左京町
　　さきょうまち　岐阜県高山市
　　さきょうちょう　京都府京都市中京区
左妻 　さづま　岩手県八幡平市
左底郷 　さそごう　長崎県西彼杵郡時津町
左股 　ひだりまた　北海道白糠郡白糠町
左門町 　さもんちょう　東京都新宿区
9左津留 　さづる　大分県臼杵市
10左通 　さどおり　秋田県 (秋田内陸縦貫鉄道線)
左馬松町 　さままつちょう　京都府京都市上京区
11左曽 　さそ　奈良県吉野郡吉野町
左組 　さぐみ　青森県上北郡七戸町
左貫 　さぬき　茨城県久慈郡大子町
12左堰
　　ひだりせき　青森県 (JR津軽線)
　　ひだりぜき　青森県青森市
20左礫町 　ひだりつぶてまち　石川県白山市
左鐙 　さぶみ　島根県鹿足郡津和野町

【市】

市
　　いち　福井県今立郡池田町
　　いち　福井県丹生郡越前町
　　いち　長野県小諸市
　　いち　滋賀県愛知郡愛荘町
　　いち　大分県大分市
0市ケ坂町 　いちがさかちょう　三重県亀山市
市ケ尾町 　いちがおちょう　神奈川県横浜市青葉区
市ケ谷 　いちがや　東京都 (JR中央本線ほか)
市ケ原町 　いちがはらちょう　滋賀県東近江市
市ノ又 　いちのまた　高知県高岡郡四万十町
市ノ川
　　いちのかわ　埼玉県東松山市
　　いちのかわ　熊本県 (JR豊肥本線)
市ノ坂 　いちのさか　石川県鳳珠郡穴水町
市ノ町 　いちのまち　青森県黒石市
市ノ坪
　　いちのつぼ　埼玉県熊谷市
　　いちのつぼ　神奈川県川崎市中原区
市ノ坪町 　いちのつぼちょう　岐阜県岐阜市
市ノ渡 　いちのわたり　青森県上北郡七戸町
市ノ縄 　いちのなわ　埼玉県鴻巣市
市ノ瀬
　　いちのせ　山梨県 (JR身延線)
　　いちのせ　和歌山県西牟婁郡上富田町
　　いちのせ　福岡県筑紫郡那珂川町
市ノ瀬町
　　いちのせまち　石川県輪島市
　　いちのせちょう　福井県福井市
　　いちのせまち　大分県日田市
市が尾 　いちがお　神奈川県 (東京急行電鉄田園都市線)
市が洞 　いちがほら　愛知県長久手市
市の谷 　いちのたに　京都府福知山市
2市十一ケ所 　いちじゅういっかしょ　兵庫県南あわじ市
3市三宅 　いちみやけ　滋賀県野洲市
市三條 　いちさんじょう　兵庫県南あわじ市

5画（市）

市丸
　　いちまる　福岡県北九州市小倉南区
　　いちまる　福岡県豊前市
市大医学部　しだいいがくぶ　神奈川県（横浜シーサ
　　イドライン）
市子川原町　いちこかわらちょう　滋賀県東近江市
市子沖町　いちこおきちょう　滋賀県東近江市
市子町　いちごちょう　愛知県西尾市
市子松井町　いちこまついちょう　滋賀県東近江市
市子殿町　いちことのちょう　滋賀県東近江市
市小井　いちおい　兵庫県南あわじ市
市小路　いちしょうじ　和歌山県和歌山市
市山
　　いちやま　静岡県伊豆市
　　いちやま　兵庫県篠山市
　　いちやま　鳥取県西伯郡南部町
巾山新田　いちのやましんでん　静岡県三島市
市川
　　いちかわ　宮城県多賀城市
　　いちかわ　茨城県かすみがうら市
　　いちかわ　千葉県（JR総武本線）
　　いちかわ　千葉県市川市
　　いちかわ　千葉県夷隅郡大多喜町
　　いちかわ　山梨県山梨市
　　いちかわ　愛知県新城市
市川三郷町　いちかわみさとちょう　山梨県西八代郡
市川大門
　　いちかわだいもん　山梨県（JR身延線）
　　いちかわだいもん　山梨県西八代郡市川三郷町
市川大野　いちかわおおの　千葉県（JR武蔵野線）
市川台　いちかわだい　兵庫県姫路市
市川市　いちかわし　千葉県
市川本町　いちかわほんまち　山梨県（JR身延線）
市川町
　　いちかわまち　青森県八戸市
　　いちかわちょう　兵庫県神崎郡
市川南　いちかわみなみ　千葉県市川市
市川真間　いちかわまま　千葉県（京成電鉄京成本
　　線）
市川道十文字　いちかわみちじゅうもんじ　青森県三
　　戸郡五戸町
市川塩浜　いちかわしおはま　千葉県（JR京葉線）
市川橋通　いちかわばしどおり　兵庫県姫路市
4**市中一番甲**　いちなかいちばんこう　福島県河沼郡会
　　津坂下町
市中二番甲　いちなかにばんこう　福島県河沼郡会津
　　坂下町
市中三番甲　いちなかさんばんこう　福島県河沼郡会
　　津坂下町
市中四番甲　いちなかよんばんこう　福島県河沼郡会
　　津坂下町
市中新町甲　いちなかしんちょうこう　福島県河沼郡
　　会津坂下町
市之久田　いちのくた　愛知県小牧市
市之川　いちのかわ　愛媛県西条市
市之代　いちのだい　茨城県取手市
市之台　いちのだい　茨城県つくば市
市之尾　いちのお　岐阜県不破郡垂井町
市之町
　　いちのちょう　京都府京都市中京区
　　いちのちょう　京都府京都市下京区

市之町西　いちのちょうにし　大阪府堺市堺区
市之町東　いちのちょうひがし　大阪府堺市堺区
市之倉町　いちのくらちょう　岐阜県多治見市
市之郷町　いちのごうちょう　兵庫県姫路市
市之越　いちのこし　新潟県十日町市
市之関町　いちのせきまち　群馬県前橋市
市之瀬
　　いちのせ　新潟県新潟市秋葉区
　　いちのせ　石川県鳳珠郡能登町
　　いちのせ　山梨県南巨摩郡身延町
　　いちのせ　静岡県賀茂郡南伊豆町
　　いちのせ　兵庫県三田市
市井　いちのい　富山県射水市
市井川　いちいがわ　和歌山県日高郡みなべ町
市井町　いちいちょう　滋賀県近江八幡市
市井原　いちいばら　千葉県安房郡鋸南町
巾円行寺　いちえんぎょうじ　兵庫県南あわじ市
市木
　　いちぎ　島根県邑智郡邑南町
　　いちぎ　愛媛県大洲市
　　いちぎ　宮崎県串間市
　　いちき　鹿児島県垂水市
市木町　いちぎちょう　愛知県豊田市
市毛　いちげ　茨城県ひたちなか市
5**市丘町**　いちおかちょう　愛知県名古屋市瑞穂区
市北　しほく　北海道樺戸郡月形町
市右エ門島　いちうえもんじま　福井県吉田郡永平
　　寺町
市市　いちいち　兵庫県南あわじ市
市布　いちぬの　長崎県（JR長崎本線）
市平　いちたいら　和歌山県伊都郡九度山町
市平町　いちだいらちょう　愛知県豊田市
市平賀　いちひらが　岐阜県関市
市民公園前　しみんこうえんまえ　岐阜県（名古屋鉄
　　道各務原線）
市民広場　しみんひろば　兵庫県（神戸新交通ポート
　　アイランド線）
市民病院前
　　しみんびょういんまえ　富山県（万葉線）
　　しみんびょういんまえ　長崎県（長崎電気軌道5系統）
市生原　いちうばら　高知県高岡郡四万十町
市用　いちもち　大分県竹田市
市田
　　いちだ　長野県（JR飯田線）
　　いちだ　京都府久世郡久御山町
市田町　いちだちょう　愛知県豊川市
市立体育館前　しりつたいいくかんまえ　熊本県（熊
　　本市交通局A系統ほか）
市立病院　しりつびょういん　山口県山陽小野田市
市立病院前
　　しりつびょういんまえ　鹿児島県（鹿児島市交通局2
　　系統）
　　しりつびょういんまえ　沖縄県（沖縄都市モノレール
　　線）
市辺
　　いちのべ　滋賀県（近江鉄道八日市線）
　　いちのべ　京都府城陽市
市辺町　いちのべちょう　滋賀県東近江市
6**市名坂**　いちなざか　宮城県仙台市泉区
市寺　いちでら　京都府福知山市

397

5画（市）

⁷市助　いちすけ　埼玉県三郷市
市坂　いちさか　京都府木津川市
市尾
　　いちお　奈良県（近畿日本鉄道吉野線）
　　いちお　奈良県高市郡高取町
　　いちのお　大分県大分市
市役所　しやくしょ　愛知県（名古屋市交通局名城線）
市役所前
　　しやくしょまえ　北海道（函館市交通局5系統）
　　しやくしょまえ　千葉県（千葉都市モノレール1号線）
　　しやくしょまえ　福井県（福井鉄道福武線）
　　しやくしょまえ　長野県（長野電鉄長野線）
　　しやくしょまえ　愛知県（豊橋鉄道東田本線）
　　しやくしょまえ　和歌山県（紀州鉄道線）
　　しやくしょまえ　広島県（広島電鉄宇品線ほか）
　　しやくしょまえ　愛媛県（伊予鉄道環状線ほか）
　　しやくしょまえ　鹿児島県（鹿児島市交通局1系統ほか）
市条　いちじょう　山形県酒田市
市村町　いちむらちょう　兵庫県加西市
市来　いちき　鹿児島県（JR鹿児島本線）
市沢　いちさわ　埼玉県ふじみ野市
市沢町　いちざわちょう　神奈川県横浜市旭区
市町
　　いちまち　長野県小諸市
　　いちちょう　大阪府河内長野市
　　いちまち　奈良県磯城郡田原本町
　　いちまち　広島県庄原市
市谷
　　いちのたに　富山県砺波市
　　いちのたに　石川県河北郡津幡町
　　いちのたに　鳥取県八頭郡八頭町
市谷八幡町　いちがやはちまんちょう　東京都新宿区
市谷山伏町　いちがややまぶしちょう　東京都新宿区
市谷加賀町　いちがやかがちょう　東京都新宿区
市谷台町　いちがやだいまち　東京都新宿区
市谷左内町　いちがやさないちょう　東京都新宿区
市谷本村町　いちがやほんむらちょう　東京都新宿区
市谷甲良町　いちがやこうらちょう　東京都新宿区
市谷田町　いちがやたまち　東京都新宿区
市谷仲之町　いちがやなかのちょう　東京都新宿区
市谷長延寺町　いちがやちょうえんじまち　東京都新宿区
市谷柳町　いちがややなぎちょう　東京都新宿区
市谷砂土原町　いちがやさどはらちょう　東京都新宿区
市谷船河原町　いちがやふながわらまち　東京都新宿区
市谷薬王寺町　いちがややくおうじまち　東京都新宿区
市谷鷹匠町　いちがやたかじょうまち　東京都新宿区
市貝町　いちかいまち　栃木県芳賀郡
⁸市和田　いちわだ　千葉県香取市
市坪　いちつぼ　愛媛県（JR予讃線）
市坪北　いちつぼきた　愛媛県松山市
市坪西町　いちつぼにしまち　愛媛県松山市
市坪南　いちつぼみなみ　愛媛県松山市
市岡
　　いちおか　大阪府大阪市港区

　　いちおか　岡山県（JR芸備線）
市岡元町　いちおかもとまち　大阪府大阪市港区
市武　いちたけ　佐賀県三養基郡みやき町
市波　いちなみ　福井県（JR越美北線）
市波町　いちなみちょう　福井県福井市
市青木　いちあおき　兵庫県南あわじ市
⁹市南　しなん　北海道樺戸郡月形町
市城
　　いちしろ　群馬県（JR吾妻線）
　　いちしろ　群馬県吾妻郡中之条町
市屋　いちや　和歌山県東牟婁郡那智勝浦町
市海道　いちかいどう　福島県二本松市
市荒川　いちあらかわ　福井県吉田郡永平寺町
¹⁰市原
　　いちはら　千葉県市原市
　　いちはら　石川県白山市
　　いちはら　京都府（叡山電鉄鞍馬線）
　　いちばる　熊本県上益城郡山都町
市原市　いちはらし　千葉県
市原町
　　いちはらちょう　兵庫県西脇市
　　いちはらちょう　島根県益田市
市原野町　いちはらのちょう　滋賀県東近江市
市姫　いちひめ　福井県あわら市
市島　いちじま　兵庫県（JR福知山線）
市島町乙河内　いちじまちょうおとがわち　兵庫県丹波市
市島町下竹田　いちじまちょうしもたけだ　兵庫県丹波市
市島町下鴨阪　いちじまちょうしもかもさか　兵庫県丹波市
市島町上田　いちじまちょうかみだ　兵庫県丹波市
市島町上竹田　いちじまちょうかみたけだ　兵庫県丹波市
市島町上牧　いちじまちょううえまき　兵庫県丹波市
市島町上垣　いちじまちょううえがい　兵庫県丹波市
市島町上鴨阪　いちじまちょうかみかもさか　兵庫県丹波市
市島町与戸　いちじまちょうよと　兵庫県丹波市
市島町中竹田　いちじまちょうなかたけだ　兵庫県丹波市
市島町戸平　いちじまちょうとべら　兵庫県丹波市
市島町戸坂　いちじまちょうとさか　兵庫県丹波市
市島町北岡本　いちじまちょうきたおかもと　兵庫県丹波市
市島町北奥　いちじまちょうきたおく　兵庫県丹波市
市島町市島　いちじまちょういちじま　兵庫県丹波市
市島町白毫寺　いちじまちょうびゃくごうじ　兵庫県丹波市
市島町矢代　いちじまちょうやしろ　兵庫県丹波市
市島町多利　いちじまちょうたり　兵庫県丹波市
市島町岩戸　いちじまちょういわと　兵庫県丹波市
市島町東勅使　いちじまちょうひがしちょくし　兵庫県丹波市
市島町勅使　いちじまちょうちょくし　兵庫県丹波市
市島町南　いちじまちょうみなみ　兵庫県丹波市
市島町酒梨　いちじまちょうさなせ　兵庫県丹波市
市島町梶原　いちじまちょうかじわら　兵庫県丹波市
市島町喜多　いちじまちょうきた　兵庫県丹波市
市島町徳尾　いちじまちょうとくお　兵庫県丹波市

5画（市）

市庭町　いちにわちょう　兵庫県西宮市
市振
　　いちぶり　新潟県（えちごトキめき鉄道日本海ひす
　　　いラインほか）
　　いちぶり　新潟県糸魚川市
市浜　いちはま　大分県臼杵市
市脇　いちわき　和歌山県橋本市
11市宿　いちじゅく　千葉県君津市
市崎
　　いちざき　茨城県稲敷市
　　いちざき　福岡県福岡市南区
市部
　　いちぶ　千葉県南房総市
　　いちべ　三重県（伊賀鉄道線）
　　いちべ　三重県伊賀市
市野々
　　いちのの　山形県尾花沢市
　　いちのの　山形県西置賜郡小国町
　　いちのの　千葉県長生郡長南町
　　いちのの　新潟県糸魚川市
　　いちのの　福井県敦賀市
　　いちのの　福井県吉田郡永平寺町
　　いちのの　兵庫県篠山市
　　いちのの　和歌山県東牟婁郡那智勝浦町
　　いちのの　高知県土佐市
市野々川　いちののがわ　高知県幡多郡黒潮町
市野々町
　　いちののちょう　福井県敦賀市
　　いちののちょう　福井県越前市
市野山　いちのやま　新潟県阿賀野市
市野川　いちのかわ　千葉県勝浦市
市野辺　いちのべ　茨城県筑西市
市野江　いちのえ　新潟県上越市
市野江乙　いちのえおつ　新潟県南魚沼市
市野江丙　いちのえへい　新潟県南魚沼市
市野江甲　いちのえこう　新潟県南魚沼市
市野沢
　　いちのさわ　山形県西置賜郡小国町
　　いちのさわ　栃木県大田原市
　　いちのさわ　新潟県佐渡市
市野町　いちのちょう　静岡県浜松市東区
市野谷
　　いちのや　茨城県笠間市
　　いちのや　千葉県流山市
市野坪　いちのつぼ　新潟県三島郡出雲崎町
市野坪町　いちのつぼまち　新潟県見附市
市野原
　　いちのはら　千葉県山武郡横芝光町
　　いちのはる　熊本県上益城郡山都町
市野深　いちのふか　茨城県つくばみらい市
市野郷　いちのごう　千葉県勝浦市
市野新田　いちのしんでん　新潟県柏崎市
市野関　いちのせき　福島県須賀川市
市野瀬
　　いちのせ　高知県幡多郡黒潮町
　　いちのせ　熊本県菊池市
　　いちのせ　熊本県葦北郡芦北町
市鹿野　いちかの　和歌山県西牟婁郡白浜町
12市善光寺　いちぜんこうじ　兵庫県南あわじ市
市場
　　いちば　埼玉県入間郡毛呂山町

　　いちば　千葉県船橋市
　　いちば　千葉県市原市
　　いちば　千葉県山武市
　　いちば　富山県富山市
　　いちば　福井県小浜市
　　いちば　福井県三方上中郡若狭町
　　いちば　長野県長野市
　　いちば　長野県松本市
　　いちば　岐阜県揖斐郡揖斐川町
　　いちば　愛知県名古屋市守山区
　　いちば　愛知県豊橋市
　　いちば　三重県度会郡度会町
　　いちば　滋賀県米原市
　　いちば　京都府舞鶴市
　　いちば　京都府船井郡京丹波町
　　いちば　兵庫県（JR加古川線）
　　いちば　兵庫県豊岡市
　　いちば　奈良県大和高田市
　　いちば　和歌山県有田郡有田川町
　　いちば　鳥取県八頭郡八頭町
　　しじょう　岡山県岡山市南区
　　いちば　岡山県津山市
　　いちば　岡山県苫田郡鏡野町
　　いちば　愛媛県伊予市
　　いちば　福岡県（平成筑豊鉄道伊田線）
　　いちば　福岡県田川郡福智町
　　いちば　大分県中津市
市場下町　いちばしもちょう　神奈川県横浜市鶴見区
市場上町　いちばかみちょう　神奈川県横浜市鶴見区
市場大和町　いちばやまとちょう　神奈川県横浜市鶴見区
市場木町　いちばぎちょう　愛知県名古屋市西区
市場台　いちばだい　愛知県新城市
市場庄町　いちばしょうちょう　三重県松阪市
市場西　いちばにし　大阪府泉佐野市
市場西中町　いちばにしなかちょう　神奈川県横浜市鶴見区
市場町
　　いちばちょう　群馬県伊勢崎市
　　いちばちょう　群馬県太田市
　　いちばちょう　千葉県千葉市中央区
　　いちばちょう　静岡県沼津市
　　いちばちょう　愛知県岡崎市
　　いちばちょう　愛知県瀬戸市
　　いちばちょう　愛知県豊田市
　　いちばちょう　愛知県常滑市
　　いちばちょう　三重県四日市市
　　いちばちょう　兵庫県小野市
　　いちばちょう　高知県土佐清水市
市場町八幡　いちばちょうやわた　徳島県阿波市
市場町上喜来　いちばちょうかみぎらい　徳島県阿波市
市場町大俣　いちばちょうおおまた　徳島県阿波市
市場町大野島　いちばちょうおおのじま　徳島県阿波市
市場町大影　いちばちょうおおかげ　徳島県阿波市
市場町山野上　いちばちょうやまのうえ　徳島県阿波市
市場町切幡　いちばちょうきりはた　徳島県阿波市
市場町日開谷　いちばちょうひがいだに　徳島県阿波市
市場町犬墓　いちばちょういぬのはか　徳島県阿波市
市場町市場　いちばちょういちば　徳島県阿波市

399

5画（布）

市場町伊月　いちばちょういつき　徳島県阿波市
市場町尾開　いちばちょうおばり　徳島県阿波市
市場町香美　いちばちょうかがみ　徳島県阿波市
市場町興崎　いちばちょうこうざき　徳島県阿波市
市場免　いちばめん　長崎県北松浦郡佐々町
市場東　いちばひがし　大阪府泉佐野市
市場東中町　いちばひがしなかちょう　神奈川県横浜市鶴見区
市場前　しじょうまえ　東京都（ゆりかもめ臨海線）
市場南　いちばみなみ　大阪府泉佐野市
市場通り　いちばどおり　富山県高岡市
市場富士見町　いちばふじみちょう　神奈川県横浜市鶴見区
市森　いちもり　京都府船井郡京丹波町
市棚　いちたな　宮崎県（JR日豊本線）
市渡　いちのわたり　北海道北斗市
市渡瀬　いちわたせ　熊本県水俣市
市街地
　　しがいち　北海道夕張郡長沼町
　　しがいち　北海道上川郡比布町
市道
　　いちみち　宮城県遠田郡涌谷町
　　いちみち　福島県喜多方市
　　いちみち　静岡県沼津市
13市塙
　　いちはな　栃木県（真岡鉄道線）
　　いちはな　栃木県芳賀郡市貝町
市新
　　いちしん　新潟県新潟市秋葉区
　　いちしん　兵庫県南あわじ市
市福永　いちふくなが　兵庫県南あわじ市
14市徳長　いちとくなが　兵庫県南あわじ市
16市橋
　　いちはし　福井県敦賀市
　　いちはし　岐阜県岐阜市
　　いちはし　岐阜県揖斐郡池田町
19市瀬
　　いちのせ　鳥取県八頭郡智頭町
　　いちのせ　福岡県北九州市八幡西区
市瀬町　いちのせまち　石川県金沢市
市瀬免　いちのせめん　長崎県北松浦郡佐々町

【布】
布　ぬの　高知県土佐清水市
3布下　ぬのした　長野県東御市
布土　ふっと　愛知県知多郡美浜町
布川
　　ぬのかわ　北海道網走郡津別町
　　ぬのがわ　茨城県筑西市
　　ふかわ　茨城県北相馬郡利根町
布才地　ふさいち　福島県大沼郡会津美里町
4布太　ふだ　千葉県印旛郡栄町
布引　ぬのひき　和歌山県和歌山市
布引台　ぬのびきだい　滋賀県東近江市
布引町　ぬのびきちょう　兵庫県神戸市中央区
布引原　ぬのひきはら　静岡県牧之原市
布木　ふき　兵庫県三田市
5布尻　ぬのしり　富山県富山市
布市
　　ぬのいち　富山県（富山地方鉄道不二越・上滝線）

　　ぬのいち　富山県富山市
　　ぬのいち　石川県白山市
布市町　ぬのいちちょう　大阪府東大阪市
布市新町　ぬのいちしんまち　富山県富山市
布生　ふのう　三重県名張市
布田
　　ふだ　東京都（京王電鉄京王線）
　　ふだ　東京都調布市
　　ふだ　神奈川県川崎市多摩区
　　ふた　熊本県阿蘇郡西原村
布田町　ぬのだちょう　福井県敦賀市
布目
　　ぬのめ　山形県鶴岡市
　　ぬのめ　山形県酒田市
　　ぬのめ　新潟県新潟市西蒲区
　　ぬのめ　新潟県阿賀野市
　　ぬのめ　富山県富山市
　　ぬのめ　富山県射水市
　　ぬのめ　福井県あわら市
布目北　ぬのめきた　富山県富山市
布目旭　ぬのめあさひ　富山県富山市
布目西　ぬのめにし　富山県富山市
布目沢　ぬのめざわ　富山県射水市
布目東町　ぬのめひがしまち　富山県富山市
布目南町　ぬのめみなみまち　富山県富山市
布目新町　ぬのめしんまち　富山県富山市
布目緑町　ぬのめみどりまち　富山県富山市
布礼別市街地　ふれべつしがいち　北海道富良野市
6布気町　ふけちょう　三重県亀山市
7布佐
　　ふさ　茨城県稲敷郡美浦村
　　ふさ　千葉県（JR成田線）
　　ふさ　千葉県我孫子市
布佐下新田　ふさしたしんでん　千葉県我孫子市
布佐平和台　ふさへいわだい　千葉県我孫子市
布佐酉町　ふさとりまち　千葉県我孫子市
布忍　ぬのせ　大阪府（近畿日本鉄道南大阪線）
布沢
　　ふざわ　福島県南会津郡只見町
　　ぬのざわ　静岡県静岡市清水区
布良　めら　千葉県館山市
布里　ふり　愛知県新城市
8布沼　ぬめま　千葉県館山市
9布屋町
　　ぬのやちょう　青森県五所川原市
　　ぬのやちょう　岐阜県岐阜市
　　ぬのやちょう　京都府京都市下京区
布巻町　ぬのまきまち　長崎県長崎市
布施
　　ふせ　群馬県利根郡みなかみ町
　　ふせ　千葉県柏市
　　ふせ　千葉県我孫子市
　　ふせ　富山県氷見市
　　ふせ　山梨県中央市
　　ふせ　長野県佐久市
　　ふせ　大阪府（近畿日本鉄道大阪線ほか）
　　ふせ　島根県邑智郡邑南町
　　ふせ　島根県隠岐郡隠岐の島町
布施下
　　ふせした　千葉県柏市
　　ふせした　千葉県我孫子市

5画（平）

布施爪　ふせづめ　富山県魚津市
布施田町　ふせだちょう　福井県福井市
布施町　ふせちょう　滋賀県東近江市
布施屋
　　ほしや　和歌山県（JR和歌山線）
　　ほしや　和歌山県和歌山市
布施新田　ふせしんでん　千葉県柏市
布施新町　ふせしんまち　千葉県柏市
布津町乙　ふつちょうおつ　長崎県南島原市
布津町丙　ふつちょうへい　長崎県南島原市
布津町甲　ふつちょうこう　長崎県南島原市
布津原町　ふつはらまち　佐賀県鳥栖市
10布原
　　ぬのはら　岡山県（JR伯備線）
　　ぬのはら　岡山県苫田郡鏡野町
布師田
　　ぬのしだ　高知県（JR土讃線）
　　ぬのしだ　高知県高知市
布浦　ぬのうら　石川県鳳珠郡能登町
布留町　ふるちょう　奈良県天理市
11布崎　ぬのざき　島根県（一畑電車北松江線）
布袋
　　ほてい　富山県南砺市
　　ほてい　愛知県（名古屋鉄道犬山線）
布袋下山町北　ほていしもやまちょうきた　愛知県江南市
布袋下山町西　ほていしもやまちょうにし　愛知県江南市
布袋下山町東　ほていしもやまちょうひがし　愛知県江南市
布袋下山町南　ほていしもやまちょうみなみ　愛知県江南市
布袋町中　ほていちょうなか　愛知県江南市
布袋町北　ほていちょうきた　愛知県江南市
布袋町西　ほていちょうにし　愛知県江南市
布袋町西布　ほていちょうにしほ　愛知県江南市
布袋町東　ほていちょうひがし　愛知県江南市
布袋町南　ほていちょうみなみ　愛知県江南市
布袋屋町　ほていやちょう　京都府京都市中京区
布部
　　ぬのべ　北海道（JR根室本線）
　　ぬのべ　新潟県村上市
布部一　ぬのべいち　北海道富良野市
布部市街地　ぬのべしがいち　北海道富良野市
布部石綿　ぬのべいしわた　北海道富良野市
布野　ふの　千葉県香取市
布野町下布野　ふのちょうしもふの　広島県三次市
布野町上布野　ふのちょうかみふの　広島県三次市
布野町戸河内　ふのちょうとごうち　広島県三次市
布野町横谷　ふのちょうよこたに　広島県三次市
12布喜川　ふきのかわ　愛媛県八幡浜市
13布勢　ふせ　鳥取県鳥取市
　　布勢町　ふせちょう　滋賀県長浜市
15布敷　ぬのしき　京都府舞鶴市
16布橋　ぬのはし　静岡県浜松市中区
　　布橋町　ぬのはしまち　石川県小松市
18布鎌　ふかま　茨城県稲敷郡河内町
　　布鎌酒直　ふかまさかなお　千葉県印旛郡栄町
19布瀬　ふぜ　千葉県柏市

布瀬本町　ぬのせほんまち　富山県富山市
布瀬町　ぬのせちみなみ　富山県富山市
布瀬町南　ぬのせまちみなみ　富山県富山市
布瀬新田　ふぜしんでん　千葉県柏市

【平】
平
　　たいら　北海道苫前郡羽幌町
　　たいら　青森県三戸郡南部町
　　たいら　宮城県伊具郡丸森町
　　たいら　福島県いわき市
　　たいら　茨城県つくば市
　　たいら　群馬県吾妻郡中之条町
　　たいら　神奈川県川崎市宮前区
　　たいら　新潟県長岡市
　　たいら　新潟県糸魚川市
　　だいら　富山県氷見市
　　たいら　長野県大町市
　　たいら　京都府舞鶴市
　　たいら　奈良県吉野郡野迫川村
　　たいら　和歌山県伊都郡かつらぎ町
　　たいら　和歌山県西牟婁郡白浜町
　　ひら　鳥取県西伯郡大山町
　　へい　島根県隠岐郡隠岐の島町
　　たいら　岡山県勝田郡勝央町
　　たいら　福岡県八女市
　　たいら　福岡県宮若市
　　ひら　福岡県嘉麻市
　　ひら　大分県佐伯市
0平ケ崎　ひらがさき　栃木県日光市
2平七町　へいしちまち　愛知県碧南市
平又　ひらまた　岩手県八幡平市
3平下大越　たいらしもおおごえ　福島県いわき市
平下山口　たいらしもやまぐち　福島県いわき市
平下片寄　たいらしもかたよせ　福島県いわき市
平下平窪　たいらしもひらくぼ　福島県いわき市
平下平窪山土内町　たいらしもひらくぼやまどうちまち　福島県いわき市
平下平窪中島町　たいらしもひらくぼなかじまちょう　福島県いわき市
平下平窪古川町　たいらしもひらくぼふるかわちょう　福島県いわき市
平下神谷　たいらしもかべや　福島県いわき市
平下荒川　たいらしもあらかわ　福島県いわき市
平下高久　たいらしもたかく　福島県いわき市
平三郎　へいさぶろう　茨城県稲敷郡河内町
平上大越　たいらかみおおごえ　福島県いわき市
平上山口　たいらかみやまぐち　福島県いわき市
平上片寄　たいらかみかたよせ　福島県いわき市
平上平窪　たいらかみひらくぼ　福島県いわき市
平上神谷　たいらかみかべや　福島県いわき市
平上荒川　たいらかみあらかわ　福島県いわき市
平上高久　たいらかみたかく　福島県いわき市
平久里下　へぐりしも　千葉県南房総市
平久里中　へぐりなか　千葉県南房総市
平久保
　　ひらくぼ　山形県山形市
　　ひらくぼ　沖縄県石垣市
平口　ひらくち　静岡県浜松市浜北区
平口町　ひらくちちょう　愛知県西尾市

401

5画（平）

平土野　へとの　鹿児島県大島郡天城町
平大室　たいらおおむろ　福島県いわき市
平子
　　ひらこ　愛知県名古屋市南区
　　ひらこ　滋賀県蒲生郡日野町
　　ひらこ　広島県（JR芸備線）
平子ケ丘町　ひらこがおかちょう　愛知県尾張旭市
平子が丘　ひらこがおか　愛知県名古屋市緑区
平子町中通　ひらこちょうなかどおり　愛知県尾張旭市
平子町北　ひらこちょうきた　愛知県尾張旭市
平子町西　ひらこちょうにし　愛知県尾張旭市
平子町東　ひらこちょうひがし　愛知県尾張旭市
平子町長池上　ひらこちょうながいけかみ　愛知県尾張旭市
平小泉　たいらこいずみ　福島県いわき市
平山
　　ひらやま　青森県弘前市
　　ひらやま　山形県長井市
　　ひらやま　埼玉県入間郡毛呂山町
　　ひらやま　千葉県（JR久留里線）
　　ひらやま　千葉県君津市
　　ひらやま　千葉県香取郡東庄町
　　ひらやま　東京都日野市
　　ひらやま　神奈川県足柄上郡山北町
　　ひらやま　新潟県新潟市江南区
　　ひらやま　新潟県新発田市
　　ひらやま　静岡県静岡市葵区
　　ひらやま　愛知県北設楽郡設楽町
　　ひらやま　岡山県岡山市北区
　　ひらやま　岡山県赤磐市
　　ひらやま　香川県綾歌郡宇多津町
　　ひらやま　高知県幡多郡大月町
　　ひらやま　福岡県嘉麻市
　　ひらやま　熊本県荒尾市
　　ひらやま　熊本県山鹿市
　　ひらやま　宮崎県日南市
　　ひらやま　鹿児島県熊毛郡南種子町
平山台　ひらやまだい　長崎県長崎市
平山町
　　ひらやまちょう　千葉県千葉市緑区
　　ひらやままち　愛知県碧南市
　　ひらやまちょう　愛知県豊田市
　　ひらやままち　長崎県長崎市
　　ひらやままち　長崎県諫早市
　　ひらやままち　熊本県熊本市東区
平山城址公園　ひらやまじょうしこうえん　東京都（京王電鉄京王線）
平山崎　たいらやまざき　福島県いわき市
平山新町　ひらやましんまち　熊本県八代市
平川
　　ひらかわ　茨城県稲敷郡河内町
　　ひらかわ　京都府城陽市
　　ひらかわ　奈良県吉野郡野迫川村
　　ひゅうがわ　和歌山県日高郡日高川町
　　ひらかわ　熊本県菊池郡大津町
　　ひらかわ　鹿児島県（JR指宿枕崎線）
　　ひらかわ　鹿児島県薩摩郡さつま町
平川戸　ひらかわど　茨城県下妻市
平川市　ひらかわし　青森県
平川本町　ひらかわほんまち　愛知県豊橋市
平川地　ひらかわじ　静岡県静岡市清水区

平川町
　　ひらかわちょう　千葉県千葉市緑区
　　ひらかわちょう　神奈川県横浜市神奈川区
　　ひらかわちょう　愛知県豊橋市
　　ひらかわちょう　鹿児島県鹿児島市
平川南町　ひらかわみなみまち　愛知県豊橋市
平中山　たいらなかやま　福島県いわき市
平中平窪　たいらなかひらくぼ　福島県いわき市
平中平窪細田町　たいらなかひらくぼほそだまち　福島県いわき市
平中平窪新町　たいらなかひらくぼしんまち　福島県いわき市
平中町　ひらなかちょう　愛知県名古屋市西区
平中神谷　たいらなかかべや　福島県いわき市
平中野俣　ひらなかのまた　新潟県長岡市
平中塩　たいらなかしお　福島県いわき市
平之町　ひらのちょう　鹿児島県鹿児島市
平井
　　ひらい　茨城県鹿嶋市
　　ひらい　千葉県野田市
　　ひらい　東京都（JR総武本線）
　　ひらい　東京都江戸川区
　　ひらい　東京都西多摩郡日の出町
　　ひらい　新潟県柏崎市
　　ひらい　長野県上田市
　　ひらい　岐阜県山県市
　　ひらい　静岡県田方郡函南町
　　ひらい　愛知県新城市
　　ひらい　愛知県知多郡武豊町
　　ひらい　滋賀県草津市
　　ひらい　大阪府堺市中区
　　ひらい　兵庫県宝塚市
　　ひらい　兵庫県三木市
　　ひらい　和歌山県和歌山市
　　ひらい　和歌山県東牟婁郡古座川町
　　ひらい　岡山県岡山市中区
　　ひらい　山口県山口市
　　ひらい　徳島県海部郡海陽町
　　ひらい　愛媛県（伊予鉄道横河原線）
　　ひらい　福岡県宗像市
平井山荘　ひらいさんそう　兵庫県宝塚市
平井田　ひらいだ　愛知県知多郡武豊町
平井町
　　ひらいちょう　栃木県栃木市
　　ひらいちょう　群馬県桐生市
　　ひらいちょう　群馬県伊勢崎市
　　ひらいちょう　福井県鯖江市
　　ひらいちょう　岐阜県多治見市
　　ひらいちょう　愛知県半田市
　　ひらいちょう　愛知県豊川市
　　ひらいちょう　愛知県豊田市
　　ひらいちょう　滋賀県草津市
　　ひらいちょう　大阪府和泉市
　　ひらいまち　愛媛県松山市
平井畑　ひらいばた　愛知県知多郡武豊町
平六町目　たいらろくちょうめ　福島県いわき市
平内
　　ひらない　青森県三戸郡階上町
　　ひらない　岩手県（JR八戸線）
　　へいない　茨城県常総市
　　ひらうち　鹿児島県熊毛郡屋久島町
平内町
　　へいないちょう　北海道根室市

402

5画（平）

ひらないまち　青森県東津軽郡
平内新　へいないしん　新潟県岩船郡関川村
平太夫新田　へいだゆうしんでん　神奈川県茅ケ崎市
平戸
　ひらと　埼玉県熊谷市
　ひらっと　埼玉県飯能市
　ひらと　千葉県八千代市
　ひらど　神奈川県横浜市戸塚区
　ひらど　静岡県賀茂郡南伊豆町
平戸小屋町　ひらどごやまち　長崎県長崎市
平戸市　ひらどし　長崎県
平戸町
　ひらどちょう　茨城県水戸市
　ひらどちょう　神奈川県横浜市戸塚区
　ひらどちょう　愛知県名古屋市中川区
　ひらどちょう　京都府京都市伏見区
平戸橋　ひらとばし　愛知県（名古屋鉄道三河線）
平戸橋町　ひらとばしちょう　愛知県豊田市
平手北　ひらてきた　愛知県名古屋市緑区
平手町　ひらてちょう　愛知県名古屋市北区
平手南　ひらてみなみ　愛知県名古屋市緑区
平方
　ひらかた　茨城県下妻市
　ひらかた　埼玉県上尾市
　ひらかた　埼玉県越谷市
　ひらかた　千葉県流山市
　ひらかた　福岡県小郡市
平方村新田　ひらかたむらしんでん　千葉県流山市
平方町　ひらかたちょう　滋賀県長浜市
平方南町
　ひらかたみなみちょう　埼玉県越谷市
　ひらかたみなみちょう　滋賀県長浜市
平方新田　ひらかたしんでん　埼玉県吉川市
平方領々家
　ひらかたりょうりょうけ　埼玉県さいたま市西区
　ひらかたりょうりょうけ　埼玉県上尾市
平木
　ひらぎ　千葉県匝瑳市
　ひらぎ　兵庫県加東市
　ひらぎ　鳥取県西伯郡大山町
　ひらぎ　香川県（高松琴平電気鉄道長尾線）
　ひらぎ　香川県木田郡三木町
平木田
　ひらきだ　新潟県（JR羽越本線）
　ひらきだ　新潟県胎内市
平木田駅前　ひらきだえきまえ　新潟県胎内市
平木町
　ひらぎまち　石川県白山市
　ひらきちょう　兵庫県西宮市
平木場郷　ひらこばごう　長崎県西彼杵郡長与町
平水品　たいらみずしな　福島県いわき市
平牛　ひらうし　新潟県糸魚川市
⁵**平丘町**　ひらおかまち　福岡県福岡市中央区
平代町　ひらだいちょう　大阪府守口市
平出
　ひらいで　福井県越前市
　ひらいで　長野県上伊那郡辰野町
　ひらいで　長野県上水内郡飯綱町
平出工業団地　ひらいでこうぎょうだんち　栃木県宇都宮市

平出町
　ひらいでまち　栃木県宇都宮市
　ひらでちょう　愛知県名古屋市西区
平加町　ひらかまち　石川県白山市
平北白土　たいらきたしらど　福島県いわき市
平北神谷　たいらきたかべや　福島県いわき市
平台
　ひらだい　茨城県龍ケ崎市
　ひらだい　神奈川県横浜市都筑区
平四ツ波　たいらよつなみ　福島県いわき市
平左衛門町　へいざえもんちょう　兵庫県尼崎市
平正月町　たいらしょうがつまち　福島県いわき市
平永　ひらなが　埼玉県加須市
平生　ひろお　三重県度会郡度会町
平生村　ひらおむら　山口県熊毛郡平生町
平生町
　ひらおまち　三重県松阪市
　ひらおちょう　山口県山陽小野田市
　ひらおちょう　山口県熊毛郡
　ひらおまち　山口県熊毛郡平生町
平田
　へいた　岩手県（三陸鉄道南リアス線）
　へいた　岩手県釜石市
　へいだ　山形県山形市
　ひらた　山形県鶴岡市
　ひらた　栃木県塩谷郡高根沢町
　ひらた　千葉県市川市
　ひらた　千葉県勝浦市
　ひらた　千葉県市原市
　ひらった　千葉県君津市
　ひらた　富山県小矢部市
　ひらた　長野県（JR篠ノ井線）
　ひらた　静岡県三島市
　ひらた　三重県鈴鹿市
　ひらた　三重県伊賀市
　ひらた　滋賀県（近江鉄道八日市線）
　ひらた　京都府与謝郡伊根町
　ひらた　大阪府茨木市
　ひらた　兵庫県三木市
　ひらた　奈良県磯城郡田原本町
　ひらた　奈良県高市郡明日香村
　ひらだ　鳥取県西伯郡大山町
　ひらた　岡山県岡山市北区
　ひらた　岡山県倉敷市
　ひらた　岡山県美作市
　ひらた　山口県下松市
　ひらた　山口県岩国市
　ひらた　高知県（土佐くろしお鉄道中村・宿毛線）
　ひらた　福岡県八女市
　ひらた　熊本県熊本市南区
　ひらた　熊本県上益城郡益城町
　ひらた　大分県竹田市
　へいだ　宮崎県児湯郡川南町
　へだ　鹿児島県大島郡宇検村
平田中町　ひらたなかまち　三重県鈴鹿市
平田北町　ひらたきたちょう　兵庫県芦屋市
平田台
　ひらただい　大阪府茨木市
　ひらただい　福岡県春日市
平田本町　ひらたほんまち　三重県鈴鹿市
平田西　ひらたにし　長野県松本市
平田村　ひらたむら　福島県石川郡

403

5画（平）

平田町
　なめだちょう　静岡県浜松市中区
　ひらたちょう　愛知県蒲郡市
　ひらたちょう　三重県（近畿日本鉄道鈴鹿線）
　ひらたちょう　三重県鈴鹿市
　ひらたちょう　滋賀県彦根市
　ひらたちょう　滋賀県東近江市
　ひらたちょう　兵庫県神戸市須磨区
　ひらたちょう　兵庫県芦屋市
　ひらたちょう　島根県出雲市
　ひらたまち　愛媛県松山市
　ひらたまち　佐賀県鳥栖市
　ひらたまち　大分県別府市
　ひらたまち　宮崎県延岡市
　ひらたちょう　鹿児島県鹿児島市
　ひらたまち　鹿児島県枕崎市
平田町三郷　ひらたちょうさんごう　岐阜県海津市
平田町土倉　ひらたちょうつちくら　岐阜県海津市
平田町中山　ひらたちょうなかやま　高知県宿毛市
平田町今尾　ひらたちょういまお　岐阜県海津市
平田町仏師川　ひらたちょうぶしがわ　高知県宿毛市
平田町戸内　ひらたちょうへない　高知県宿毛市
平田町西島　ひらたちょうにしじま　岐阜県海津市
平田町岡　ひらたちょうおか　岐阜県海津市
平田町東平　ひらたちょうひがしだいら　高知県宿毛市
平田町者結　ひらたちょうじゃけつ　岐阜県海津市
平田町脇野　ひらたちょうわきの　岐阜県海津市
平田町高田　ひらたちょうたかだ　岐阜県海津市
平田町蛇池　ひらたちょうじゃいけ　岐阜県海津市
平田町野寺　ひらたちょうのでら　岐阜県海津市
平田町黒川　ひらたちょうくろかわ　高知県宿毛市
平田町勝賀　ひらたちょうかつが　岐阜県海津市
平田町須賀　ひらたちょうすか　岐阜県海津市
平田町幡長　ひらたちょうはたおさ　岐阜県海津市
平田東　ひらたひがし　長野県松本市
平田東町　ひらたひがしまち　三重県鈴鹿市
平田森下宮本　ひらたもりしもみやもと　青森県平川市
平田森上宮本　ひらたもりかみみやもと　青森県平川市
平田森若松　ひらたもりわかまつ　青森県平川市
平田森前田　ひらたもりまえだ　青森県平川市
平田森稲村　ひらたもりいなむら　青森県平川市
平田新町　ひらたしんまち　三重県鈴鹿市
平石
　ひらいし　秋田県（JR北上線）
　ひらいし　秋田県由利本荘市
　ひらいし　福島県福島市
　ひらいし　大阪府南河内郡河南町
平石三丁目　ひらいしさんちょうめ　福島県二本松市
平石町　ひらいしちょう　福島県二本松市
平石高田　ひらいしたかだ　福島県二本松市
⁶平伝寺　へいでんじ　富山県魚津市
平吉野谷　たいらよしのや　福島県いわき市
平地　ひらち　愛知県長久手市
平地町　ひらちちょう　愛知県半田市
平地馬場町　ひらちばんばちょう　愛知県半田市
平安
　へいあん　北海道石狩郡新篠津村
　へいあん　愛知県名古屋市北区

　へいあん　愛知県一宮市
　へいあん　愛知県海部郡蟹江町
平安古町　ひやこまち　山口県萩市
平安町
　へいあんまち　福島県会津若松市
　へいあんちょう　神奈川県横浜市鶴見区
　へいあんちょう　岐阜県岐阜市
平安通
　へいあんどおり　愛知県（名古屋市交通局上飯田線
　　ほか）
　へいあんとおり　愛知県名古屋市北区
平宇　ひらう　北海道様似郡様似町
平成
　へいせい　宮城県仙台市宮城野区
　へいせい　福島県いわき市
　へいせい　新潟県小千谷市
　へいせい　岐阜県羽島郡岐南町
　へいせい　岐阜県本巣郡北方町
　へいせい　熊本県（JR豊肥本線）
　へいせい　熊本県熊本市中央区
　へいせい　熊本県熊本市南区
平成ケ浜　へいせいがはま　広島県安芸郡坂町
平成台
　へいせいだい　静岡県三島市
　へいせいだい　広島県福山市
平成町
　へいせいまち　山形県鶴岡市
　へいせいちょう　神奈川県横須賀市
　へいせいちょう　新潟県新潟市南区
　へいせいちょう　新潟県上越市
　へいせいちょう　富山県高岡市
　へいせいちょう　富山県砺波市
　へいせいまち　石川県輪島市
　へいせいちょう　三重県松阪市
　へいせいちょう　兵庫県赤穂市
　へいせいちょう　島根県松江市
　へいせいちょう　島根県出雲市
　へいせいちょう　岡山県笠岡市
　へいせいちょう　山口県山陽小野田市
　へいせいまち　長崎県島原市
平成通　へいせいどおり　岐阜県関市
平江　ひらえ　鹿児島県いちき串木野市
平江向町　たいらえむかえちょう　愛知県稲沢市
平江町　ひらえちょう　宮崎県都城市
平池
　ひらいけ　愛知県常滑市
　ひらいけ　愛知県長久手市
平池町
　ひらいけちょう　愛知県名古屋市中村区
　ひらいけちょう　大阪府寝屋川市
平池東　ひらいけひがし　愛知県名古屋市守山区
平米町　ひらまいちょう　富山県高岡市
⁷平串　ひらぐし　高知県高岡郡四万十町
平佐　ひらさ　鹿児島県薩摩川内市
平佐町　ひらさちょう　鹿児島県薩摩川内市
平佐窪　へいさくぼ　青森県三戸郡五戸町
平作　へいさく　神奈川県横須賀市
平似田郷　ひらにたごう　長崎県東彼杵郡東彼杵町
平佛供田町　たいらぶくでんちょう　愛知県稲沢市
平吹町　ひらきまち　富山県富山市
平坂吉山　へいさかよしやま　愛知県西尾市
平坂町　へいさかちょう　愛知県西尾市

404

5画（平）

平尾
　ひらお　　東京都稲城市
　ひらお　　岐阜県不破郡垂井町
　ひらお　　静岡県菊川市
　ひらお　　三重県名張市
　ひらお　　三重県多気郡明和町
　ひらお　　大阪府大阪市大正区
　ひらお　　大阪府堺市美原区
　ひらお　　奈良県北葛城郡広陵町
　ひらお　　奈良県吉野郡吉野町
　ひらお　　和歌山県和歌山市
　ひらお　　福岡県福岡市中央区
　ひらお　　佐賀県東松浦郡玄海町
　ひらお　　鹿児島県出水郡長島町
平尾井　ひらおい　　三重県南牟婁郡紀宝町
平尾台
　ひらおだい　　京都府宇治市
　ひらおだい　　福岡県北九州市小倉南区
平尾町
　ひらおちょう　　福井県福井市
　ひらおちょう　　愛知県豊川市
　ひらおちょう　　三重県四日市市
　ひらおちょう　　滋賀県東近江市
　ひらおちょう　　福岡県北九州市八幡西区
平尾苅町　たいらおがりちょう　　愛知県稲沢市
平尾浄水町　ひらおじょうすいまち　　福岡県福岡市中央区
平床　ひらとこ　　石川県羽咋郡宝達志水町
平形　ひらかた　　山形県鶴岡市
平形町　ひらかたちょう　　愛媛県新居浜市
平折町　ひろりちょう　　愛知県豊田市
平沢
　たいらざわ　　北海道富良野市
　ひらさわ　　岩手県北上市
　ひらさわ　　岩手県紫波郡紫波町
　ひらさわ　　宮城県刈田郡蔵王町
　ひらさわ　　宮城県加美郡色麻町
　ひらさわ　　秋田県にかほ市
　ひらさわ　　福島県伊達郡桑折町
　ひらさわ　　福島県田村郡三春町
　ひらさわ　　茨城県つくば市
　ひらさわ　　栃木県大田原市
　ひらさわ　　埼玉県比企郡嵐山町
　ひらさわ　　千葉県夷隅郡大多喜町
　ひらさわ　　東京都あきる野市
　ひらさわ　　神奈川県秦野市
　ひらさわ　　新潟県新潟市西蒲区
　ひらさわ　　新潟県小千谷市
　ひらさわ　　富山県魚津市
　ひらさわ　　富山県氷見市
　ひらさわ　　福井県大野市
　ひらさわ　　長野県伊那市
　ひらさわ　　長野県南佐久郡南牧村
　ひらさわ　　静岡県静岡市駿河区
平沢西　ひらさわにし　　東京都あきる野市
平沢町
　ひらさわちょう　　長野県諏訪郡下諏訪町
　ひらさわちょう　　愛知県豊田市
平沢東　ひらさわひがし　　東京都あきる野市
平沢新田　ひらさわしんでん　　新潟県小千谷市
平町
　へいまち　　茨城県常総市
　たいらまち　　茨城県笠間市
　たいらまち　　東京都目黒区
　たいらまち　　東京都八王子市
　たいらまち　　石川県金沢市
　ひらまち　　岐阜県大垣市
　ひらまち　　静岡県沼津市
　ひらまち　　愛知県瀬戸市
　たいらまち　　三重県四日市市
　ひらちょう　　大阪府富田林市
　ひらまち　　長崎県大村市
　ひらまち　　熊本県水俣市
平良
　へら　　広島県廿日市市
　たいら　　沖縄県豊見城市
　たいら　　沖縄県国頭郡東村
平良下里　ひららしもざと　　沖縄県宮古島市
平良久貝　ひららくがい　　沖縄県宮古島市
平良大神　ひららおおがみ　　沖縄県宮古島市
平良大浦　ひららおおうら　　沖縄県宮古島市
平良山手　へらやまて　　広島県廿日市市
平良川　たいらがわ　　沖縄県うるま市
平良池間　ひららいけま　　沖縄県宮古島市
平良西仲宗根　ひららにしなかそね　　沖縄県宮古島市
平良西里　ひららにしざと　　沖縄県宮古島市
平良西原　ひららにしはら　　沖縄県宮古島市
平良松原　ひららまつばら　　沖縄県宮古島市
平良東仲宗根　ひららひがしなかそね　　沖縄県宮古島市
平良東仲宗根添　ひららひがしなかそねぞえ　　沖縄県宮古島市
平良前里　ひららまえざと　　沖縄県宮古島市
平良狩俣　ひららかりまた　　沖縄県宮古島市
平良島尻　ひららしまじり　　沖縄県宮古島市
平良荷川取　ひららにかどり　　沖縄県宮古島市
平苅田町　たいらがりたちょう　　愛知県稲沢市
平芝町　ひらしばちょう　　愛知県豊田市
平見谷　ひらみだに　　広島県山県郡安芸太田町
平谷
　ひらだに　　三重県多気郡多気町
　ひらたに　　奈良県吉野郡十津川村
　ひらだに　　広島県安芸郡熊野町
　ひらだに　　徳島県那賀郡那賀町
平谷川瀬　たいらやがわせ　　福島県いわき市
平谷村　ひらやむら　　長野県下伊那郡
平貝戸　ひらがいと　　岐阜県可児市
平赤井　たいらあかい　　福島県いわき市
平赤井比良　たいらあかいひら　　福島県いわき市
平足　へいそく　　山形県鶴岡市
平里　ひらさと　　北海道山越郡長万部町
⁸平京田　へいきょうでん　　山形県鶴岡市
平取町　びらとりちょう　　北海道沙流郡
平和
　へいわ　　北海道（JR千歳線）
　へいわ　　北海道札幌市西区
　へいわ　　北海道夕張市
　へいわ　　北海道網走市
　へいわ　　北海道千歳市
　へいわ　　北海道雨竜郡幌加内町
　へいわ　　北海道留萌郡小平町
　へいわ　　北海道河東郡士幌町
　へいわ　　北海道河西郡芽室町
　へいわ　　北海道足寄郡足寄町

5画（平）

へいわ　北海道十勝郡浦幌町
へいわ　北海道川上郡標茶町
へいわ　北海道川上郡弟子屈町
ひらわ　栃木県小山市
へいわ　静岡県静岡市葵区
へいわ　愛知県名古屋市中区
へいわ　愛知県一宮市
へいわ　福岡県福岡市中央区
へいわ　福岡県福岡市南区
へいわ　福岡県糟屋郡宇美町

平和が丘
へいわがおか　愛知県名古屋市千種区
へいわがおか　愛知県名古屋市名東区

平和が丘北町　へいわがおかきたまち　宮崎県宮崎市
平和が丘西町　へいわがおかにしまち　宮崎県宮崎市
平和が丘東町　へいわがおかひがしまち　宮崎県宮崎市

平和の森公園　へいわのもりこうえん　東京都大田区
平和一条　へいわいちじょう　北海道札幌市西区
平和二条　へいわにじょう　北海道札幌市西区
平和三条　へいわさんじょう　北海道札幌市西区
平和公園　へいわこうえん　愛知県名古屋市千種区
平和区　へいわく　北海道河西郡更別村

平和台
へいわだい　北海道留萌市
へいわだい　千葉県（流鉄流山線）
へいわだい　千葉県流山市
へいわだい　東京都（東京地下鉄有楽町線ほか）
へいわだい　東京都練馬区
へいわだい　神奈川県横須賀市

平和台町　へいわだいちょう　兵庫県神戸市長田区

平和町
へいわちょう　秋田県横手市
へいわちょう　茨城県日立市
へいわまち　茨城県古河市
へいわまち　群馬県前橋市
へいわちょう　群馬県伊勢崎市
へいわちょう　神奈川県茅ケ崎市
へいわまち　新潟県新潟市東区
へいわまち　富山県砺波市
へいわまち　石川県金沢市
へいわちょう　福井県敦賀市
へいわまち　福井県越前市
へいわちょう　岐阜県多治見市
へいわちょう　愛知県半田市
へいわまち　愛知県碧南市
へいわちょう　愛知県豊田市
へいわちょう　愛知県稲沢市
へいわちょう　愛知県愛西市
へいわまち　岡山県岡山市北区
へいわちょう　広島県庄原市
へいわまち　山口県防府市
へいわちょう　山口県山陽小野田市
へいわちょう　高知県高知市
へいわまち　長崎県長崎市
へいわちょう　鹿児島県出水市

平和町下三宅　へいわちょうしもみやけ　愛知県稲沢市
平和町上三宅　へいわちょうかみみやけ　愛知県稲沢市
平和町中三宅　へいわちょうなかみやけ　愛知県稲沢市
平和町平池　へいわちょうひらいけ　愛知県稲沢市

平和町西光坊　へいわちょうさいこうぼう　愛知県稲沢市
平和町東城　へいわちょうとうじょう　愛知県稲沢市
平和町法立　へいわちょうほうりゅう　愛知県稲沢市
平和町須ケ谷　へいわちょうすかたに　愛知県稲沢市
平和町横池　へいわちょうよこいけ　愛知県稲沢市
平和町観音堂　へいわちょうかんのんどう　愛知県稲沢市

平和島
へいわじま　東京都（京浜急行電鉄本線）
へいわじま　東京都大田区

平和通
へいわどおり　北海道札幌市白石区
へいわどおり　岐阜県岐阜市
へいわどおり　岐阜県関市
へいわどおり　愛媛県松山市
へいわどおり　福岡県（北九州高速鉄道小倉線）

平和通り　へいわどおり　山口県周南市
平和通一丁目　へいわどおりいっちょうめ　愛媛県（伊予鉄道環状線）

平居　ひらい　滋賀県愛知郡愛荘町
平居町　ひらいちょう　京都府京都市下京区

平岡
ひらおか　北海道札幌市清田区
ひらおか　山形県最上郡真室川町
ひらおか　山形県東田川郡庄内町
ひらおか　千葉県印西市
ひらおか　新潟県上越市
ひらおか　富山県富山市
ひらおか　山梨県南アルプス市
ひらおか　長野県（JR飯田線）
ひらおか　長野県下伊那郡天龍村
ひらおか　長野県上水内郡信濃町
ひらおか　奈良県葛城市
ひらおか　和歌山県和歌山市
ひらおか　岡山県加賀郡吉備中央町
ひらおか　愛媛県伊予市
ひらおか　愛媛県喜多郡内子町

平岡一条　ひらおかいちじょう　北海道札幌市清田区
平岡七条　ひらおかしちじょう　北海道札幌市清田区
平岡九条　ひらおかくじょう　北海道札幌市清田区
平岡二条　ひらおかにじょう　北海道札幌市清田区
平岡八条　ひらおかはちじょう　北海道札幌市清田区
平岡十条　ひらおかじゅうじょう　北海道札幌市清田区
平岡三条　ひらおかさんじょう　北海道札幌市清田区
平岡五条　ひらおかごじょう　北海道札幌市清田区
平岡公園　ひらおかこうえん　北海道札幌市清田区
平岡公園東　ひらおかこうえんひがし　北海道札幌市清田区
平岡六条　ひらおかろくじょう　北海道札幌市清田区
平岡四条　ひらおかしじょう　北海道札幌市清田区

平岡町
ひらおかまち　青森県弘前市
ひらおかちょう　東京都八王子市
ひらおかちょう　京都府京都市下京区
ひらおかちょう　大阪府堺市西区

平岡町つつじ野　ひらおかちょうつつじの　兵庫県加古川市
平岡町一色　ひらおかちょういしき　兵庫県加古川市
平岡町一色西　ひらおかちょういしきにし　兵庫県加古川市

5画（平）

平岡町一色東　ひらおかちょういしきひがし　兵庫県加
古川市
平岡町二俣　ひらおかちょうふたまた　兵庫県加古川市
平岡町八反田　ひらおかちょうはったんだ　兵庫県加
古川市
平岡町土山　ひらおかちょうつちやま　兵庫県加古川市
平岡町山之上　ひらおかちょうやまのうえ　兵庫県加
古川市
平岡町中野　ひらおかちょうなかの　兵庫県加古川市
平岡町西谷　ひらおかちょうにしたに　兵庫県加古川市
平岡町高畑　ひらおかちょうたかはた　兵庫県加古川市
平岡町新在家　ひらおかちょうしんざいけ　兵庫県加
古川市
平岸　ひらぎし　北海道（JR根室本線ほか）
平岸一条　ひらぎしいちじょう　北海道札幌市豊平区
平岸七条　ひらぎししちじょう　北海道札幌市豊平区
平岸二条　ひらぎしにじょう　北海道札幌市豊平区
平岸八条　ひらぎしはちじょう　北海道札幌市豊平区
平岸三条　ひらぎしさんじょう　北海道札幌市豊平区
平岸五条　ひらぎしごじょう　北海道札幌市豊平区
平岸六条　ひらぎしろくじょう　北海道札幌市豊平区
平岸四条　ひらぎししじょう　北海道札幌市豊平区
平岸仲町　ひらぎしなかまち　北海道赤平市
平岸西町　ひらぎしにしまち　北海道赤平市
平岸東町　ひらぎしひがしまち　北海道赤平市
平岸南町　ひらぎしみなみまち　北海道赤平市
平岸桂町　ひらぎしかつらちょう　北海道赤平市
平岸新光町　ひらぎししんこうちょう　北海道赤平市
平岸曙町　ひらぎしあけぼのちょう　北海道赤平市
平岩
　ひらいわ　新潟県（JR大糸線）
　ひらいわ　宮崎県日向市
平岩町　ひらいわちょう　愛知県豊田市
平岫　ひらぐき　秋田県由利本荘市
平松
　ひらまつ　埼玉県飯能市
　ひらまつ　千葉県旭市
　ひらまつ　新潟県佐渡市
　ひらまつ　静岡県磐田市
　ひらまつ　静岡県裾野市
　ひらまつ　滋賀県湖南市
　ひらまつ　兵庫県（山陽電気鉄道網干線）
　ひらまつ　兵庫県伊丹市
　ひらまつ　兵庫県佐用郡佐用町
　ひらまつ　奈良県奈良市
　ひらまつ　岡山県真庭市
　ひらまつ　鹿児島県姶良市
平松北　ひらまつきた　滋賀県湖南市
平松本町　ひらまつほんちょう　栃木県宇都宮市
平松町
　ひらまつちょう　栃木県宇都宮市
　ひらまつまち　石川県白山市
　ひらまつちょう　静岡県浜松市西区
　ひらまつちょう　滋賀県東近江市
　ひらまつちょう　大阪府吹田市
　ひらまつちょう　兵庫県西宮市
　ひらまつまち　福岡県北九州市小倉北区
　ひらまつまち　福岡県田川市
　ひらまつちょう　長崎県佐世保市
平松掛下入作　ひらまつかけしたいりさく　静岡県磐
田市

平林
　ひらばやし　新潟県（JR羽越本線）
　ひらばやし　新潟県新潟市北区
　ひらばやし　新潟県村上市
　ひらばやし　山梨県南巨摩郡富士川町
　ひらばやし　長野県長野市
　ひらばやし　長野県佐久市
　ひらばやし　長野県南佐久郡佐久穂町
　ひらばやし　長野県下高井郡野沢温泉村
　ひらばやし　大阪府（大阪市交通局南港ポートタウ
ン線）
　ひらばやし　愛媛県松山市
平林北　ひらばやしきた　大阪府大阪市住之江区
平林寺　へいりんじ　埼玉県さいたま市岩槻区
平林町
　ひらばやしちょう　福井県越前市
　ひらばやしちょう　滋賀県東近江市
平林南　ひらばやしみなみ　大阪府大阪市住之江区
平河町
　ひらかわちょう　東京都千代田区
　ひらかわちょう　岐阜県岐阜市
平沼
　ひらぬま　青森県上北郡六ケ所村
　ひらぬま　茨城県下妻市
　ひらぬま　茨城県つくばみらい市
　ひらぬま　埼玉県吉川市
　ひらぬま　埼玉県比企郡川島町
　ひらぬま　神奈川県横浜市西区
　ひらぬま　静岡県沼津市
平沼ノ内　たいらぬまのうち　福島県いわき市
平沼ノ内諏訪原　たいらぬまのうちすわはら　福島県
いわき市
平沼田　ひらんた　和歌山県伊都郡かつらぎ町
平沼橋　ひらぬまばし　神奈川県（相模鉄道本線）
平金森町　たいらかなもりちょう　愛知県稲沢市
9平南白土　たいらみなみしらど　福島県いわき市
平垣　へいがき　静岡県富士市
平垣本町　へいがきほんちょう　静岡県富士市
平垣町　へいがきちょう　静岡県富士市
平城　へいじょう　奈良県（近畿日本鉄道京都線）
平城山　ならやま　奈良県（JR関西本線）
平城西　ひらじょうにし　宮崎県東臼杵郡門川町
平城町　ひらじょうまち　秋田県横手市
平城東　ひらじょうひがし　宮崎県東臼杵郡門川町
平屋町　ひらやちょう　京都府京都市下京区
平恒　ひらつね　福岡県飯塚市
平柴　ひらしば　長野県長野市
平柴台　ひらしばだい　長野県長野市
平柳
　ひらやなぎ　宮城県加美郡加美町
　ひらやなぎ　富山県下新川郡朝日町
　ひらやなぎ　静岡県静岡市葵区
平柳町
　ひらやなぎまち　栃木県栃木市
　ひらやなぎちょう　滋賀県東近江市
平海道　へいかいどう　愛知県知多郡武豊町
平泉
　ひらいずみ　岩手県（JR東北本線）
　ひらいずみ　岩手県西磐井郡平泉町
　ひらいずみ　茨城県神栖市

407

5画（平）

平泉外12入会　ひらいずみそとじゅうにいりあい　茨城県神栖市
平泉寺町上野　へいせんじちょううえの　福井県勝山市
平泉寺町大矢谷　へいせんじちょうおおやだに　福井県勝山市
平泉寺町大渡　へいせんじちょうおおわたり　福井県勝山市
平泉寺町小矢谷　へいせんじちょうこやだに　福井県勝山市
平泉寺町平泉寺　へいせんじちょうへいせんじ　福井県勝山市
平泉寺町池ケ原　へいせんじちょういけがはら　福井県勝山市
平泉寺町赤尾　へいせんじちょうあかお　福井県勝山市
平泉寺町岡横江　へいせんじちょうおかよこえ　福井県勝山市
平泉寺町岩ケ野　へいせんじちょういわがの　福井県勝山市
平泉寺町神野　へいせんじちょうしんの　福井県勝山市
平泉寺町笹尾　へいせんじちょうささお　福井県勝山市
平泉寺町経塚　へいせんじちょうきょうづか　福井県勝山市
平泉寺町壁倉　へいせんじちょうかべくら　福井県勝山市
平泉町　ひらいずみちょう　岩手県西磐井郡
平泉東　ひらいずみひがし　茨城県神栖市
平泉崎　たいらいずみさき　福島県いわき市
平津
　へいづ　三重県（三岐鉄道三岐線）
　ひらつ　滋賀県大津市
平津戸
　ひらつと　岩手県（JR山田線）
　ひらつと　岩手県宮古市
平津町　へいづちょう　三重県四日市市
平津新町　へいしんまち　三重県四日市市
平畑
　ひらはた　青森県三沢市
　ひらはた　茨城県龍ケ崎市
平畑町　ひらはたちょう　愛知県豊田市
平神谷作　たいらかみやさく　福島県いわき市
平袮宜里　たいらねぎまち　福島県いわき市
平荒田目　たいらあっため　福島県いわき市
平荘町一本松　へいそうちょういっぽんまつ　兵庫県加古川市
平荘町上原　へいそうちょうかみはら　兵庫県加古川市
平荘町小畑　へいそうちょうこばた　兵庫県加古川市
平荘町山角　へいそうちょうやまかど　兵庫県加古川市
平荘町中山　へいそうちょうなかやま　兵庫県加古川市
平荘町池尻　へいそうちょういけじり　兵庫県加古川市
平荘町西山　へいそうちょうにしやま　兵庫県加古川市
平荘町里　へいそうちょうさと　兵庫県加古川市
平荘町神木　へいそうちょうこうぎ　兵庫県加古川市
平荘町新中山　へいそうちょうしんなかやま　兵庫県加古川市
平荘町磐　へいそうちょういわお　兵庫県加古川市
平荘町養老　へいそうちょうようろう　兵庫県加古川市
平面町　ひらおもてまち　石川県小松市

10平倉　ひらくら　岩手県（JR釜石線）
平原
　へいげん　北海道河東郡士幌町
　へばら　群馬県多野郡神流町
　へばら　群馬県甘楽郡下仁田町
　ひらはら　長野県（しなの鉄道線）
　ひらはら　長野県小諸市
　へばら　奈良県吉野郡下市町
　ひらはら　和歌山県伊都郡高野町
　ひらはら　広島県尾道市
　ひらばら　山口県山陽小野田市
平原町
　ひらはらちょう　愛知県西尾市
　ひらばらちょう　広島県呉市
　ひらばらちょう　山口県周南市
　ひらばるまち　福岡県大牟田市
　ひらばるまち　宮崎県延岡市
平原高野　たいらはらごや　福島県いわき市
平原第一　へいげんだいいち　北海道河東郡士幌町
平島
　へいじま　新潟県新潟市西区
　へいじま　新潟県長岡市
　へいじま　岐阜県羽島郡岐南町
　ひらしま　静岡県掛川市
　ひらしま　静岡県藤枝市
　ひらしま　愛知県一宮市
　たいらじま　鹿児島県鹿児島郡十島村
平島中　へいじまなか　愛知県弥富市
平島西　へいじまにし　愛知県弥富市
平島町
　へいじままち　新潟県長岡市
　へいじまちょう　愛知県弥富市
平島東　へいじまひがし　愛知県弥富市
平栗
　ひらぐり　石川県金沢市
　ひらぐり　山梨県都留市
平根台　ひらねだい　新潟県胎内市
平桜　ひらざくら　富山県小矢部市
平浦　ひらうら　愛媛県宇和島市
平通　ひらどおり　大阪府豊能郡能勢町
平郡
　へいぐん　山口県柳井市
　へごおり　宮崎県西都市
平針
　ひらばり　宮城県遠田郡美里町
　ひらばり　愛知県（名古屋市交通局鶴舞線）
　ひらばり　愛知県名古屋市天白区
平針台　ひらばりだい　愛知県名古屋市天白区
平針南　ひらばりみなみ　愛知県名古屋市天白区
平馬目　たいらまのめ　福島県いわき市
平高道町　たいらたかみちちょう　愛知県稲沢市
11平堀　ひらぼり　新潟県東蒲原郡阿賀町
平得　ひらえ　沖縄県石垣市
平清水
　ひらみず　山形県山形市
　ひらしみず　新潟県佐渡市
平清水町　ひらしみづちょう　奈良県奈良市
平笠　ひらかさ　岩手県八幡平市
平細工蔵町　たいらさいくぞうちょう　愛知県稲沢市
平菅波　たいらすがなみ　福島県いわき市
平貫　ひらぬき　宮城県角田市

5画（平）

平郷町　へいごうちょう　愛知県名古屋市瑞穂区

平野
- ひらの　福島県（福島交通飯坂線）
- ひらの　茨城県取手市
- ひらの　茨城県那珂市
- ひらの　栃木県矢板市
- ひらの　埼玉県幸手市
- ひらの　千葉県市原市
- ひらの　東京都江東区
- ひらの　東京都足立区
- ひらの　新潟県新潟市西蒲区
- ひらの　新潟県西蒲原郡弥彦村
- ひらの　富山県射水市
- ひらの　石川県河北郡津幡町
- ひらの　石川県鳳珠郡穴水町
- ひらの　福井県小浜市
- ひらの　山梨県南都留郡山中湖村
- ひらの　静岡県静岡市葵区
- ひらの　静岡県掛川市
- ひらの　愛知県稲沢市
- ひらの　愛知県知多市
- ひらの　滋賀県大津市
- ひらの　大阪府（JR関西本線ほか）
- ひらの　大阪府柏原市
- ひらの　大阪府豊能郡能勢町
- ひらの　兵庫県（能勢電鉄妙見線）
- ひらの　兵庫県川西市
- ひらの　奈良県香芝市
- ひらの　奈良県磯城郡田原本町
- ひらの　奈良県吉野郡東吉野村
- ひらの　和歌山県紀の川市
- ひらの　岡山県岡山市北区
- ひらの　山口県山口市
- ひらの　山口県周南市
- ひらの　山口県大島郡周防大島町
- ひらの　徳島県那賀郡那賀町
- ひらの　高知県四万十市
- ひらの　高知県高岡郡佐川町
- ひらの　高知県高岡郡四万十町
- ひらの　福岡県北九州市八幡東区
- ひらの　熊本県玉名郡和水町
- ひらの　宮崎県日南市

平野八丁柳町　ひらのはっちょうやなぎちょう　京都府京都市北区

平野又　ひらのまた　新潟県魚沼市

平野上八丁柳町　ひらのかみはっちょうやなぎちょう　京都府京都市北区

平野上川原　ひらのかみがわら　三重県伊賀市

平野上町　ひらのうえまち　大阪府大阪市平野区

平野上柳町　ひらのかみやなぎちょう　京都府京都市北区

平野山之下　ひらのやまのした　三重県伊賀市

平野中川原　ひらのなかがわら　三重県伊賀市

平野元町　ひらのもとまち　大阪府大阪市平野区

平野六反田　ひらのろくたんだ　三重県伊賀市

平野区　ひらのく　大阪府大阪市

平野北　ひらのきた　大阪府大阪市平野区

平野北谷　ひらのきただに　三重県伊賀市

平野台　ひらのだい　福岡県大野城市

平野市町　ひらのいちまち　大阪府大阪市平野区

平野本町　ひらのほんまち　大阪府大阪市平野区

平野西　ひらのにし　大阪府大阪市平野区

平野西町　ひらのにしまち　三重県伊賀市

平野町
- ひらのちょう　岐阜県多治見市
- ひらのちょう　愛知県稲沢市
- ひらのちょう　三重県鈴鹿市
- ひらのちょう　京都府京都市下京区
- ひらのちょう　京都府京都市伏見区
- ひらのまち　大阪府大阪市中央区
- ひらのまち　兵庫県神戸市兵庫区
- ひらのまち　兵庫県姫路市
- ひらのちょう　兵庫県西脇市
- ひらのちょう　島根県出雲市
- ひらのまち　広島県広島市中区
- ひらのまち　佐賀県唐津市
- ひらのまち　長崎県長崎市
- ひらのちょう　大分県佐伯市
- ひらのちょう　宮崎県日向市

平野町下村　ひらのちょうしもむら　兵庫県神戸市西区

平野町大畑　ひらのちょうおおはた　兵庫県神戸市西区

平野町大野　ひらのちょうおおの　兵庫県神戸市西区

平野町中津　ひらのちょうなかつ　兵庫県神戸市西区

平野町平地　ひらのちょうひらじ　愛媛県大洲市

平野町印路　ひらのちょういんじ　兵庫県神戸市西区

平野町向井　ひらのちょうむかい　兵庫県神戸市西区

平野町西戸田　ひらのちょうにしとだ　兵庫県神戸市西区

平野町芝崎　ひらのちょうしばさき　兵庫県神戸市西区

平野町宮前　ひらのちょうみやまえ　兵庫県神戸市西区

平野町常本　ひらのちょうつねもと　兵庫県神戸市西区

平野町野田　ひらのちょうのだ　愛媛県大洲市

平野町黒田　ひらのちょうくろだ　兵庫県神戸市西区

平野町堅田　ひらのちょうかただ　兵庫県神戸市西区

平野町福中　ひらのちょうふくなか　兵庫県神戸市西区

平野町慶明　ひらのちょうけいめい　兵庫県神戸市西区

平野町繁田　ひらのちょうしげた　兵庫県神戸市西区

平野見能　ひらのみのう　三重県伊賀市

平野免　ひらのめん　長崎県北松浦郡佐々町

平野東　ひらのひがし　大阪府大阪市平野区

平野東町　ひらのひがしまち　三重県伊賀市

平野東柳町　ひらのひがしやなぎちょう　京都府京都市北区

平野南　ひらのみなみ　大阪府大阪市平野区

平野城北町　ひらのじょうほくちょう　三重県伊賀市

平野屋
- ひらのや　京都府舞鶴市
- ひらのや　大阪府大東市

平野屋新町　ひらのやしんまち　大阪府大東市

平野宮北町　ひらのみやきたちょう　京都府京都市北区

平野宮本町　ひらのみやもとちょう　京都府京都市北区

平野宮西町　ひらのみやにしちょう　京都府京都市北区

平野宮町　ひらのみやまち　大阪府大阪市平野区

平野宮敷町　ひらのみやじきちょう　京都府京都市北区

5画（平）

平野桜木町　ひらのさくらぎちょう　京都府京都市
北区
平野馬場　ひらのばば　大阪府大阪市平野区
平野清水　ひらのしょうず　三重県伊賀市
平野郷　ひらのごう　長崎県東彼杵郡波佐見町
平野鳥居前町　ひらのとりいまえちょう　京都府京都
市北区
平野樋之口　ひらのひのくち　三重県伊賀市
平野蔵垣内　ひらのくらがいと　三重県伊賀市
平鹿町下吉田　ひらかまちしもよしだ　秋田県横手市
平鹿町下鍋倉　ひらかまちしもなべくら　秋田県横
手市
平鹿町上吉田　ひらかまちかみよしだ　秋田県横手市
平鹿町中吉田　ひらかまちなかよしだ　秋田県横手市
平鹿町浅舞　ひらかまちあさまい　秋田県横手市
平鹿町樽見内　ひらかまちたるみない　秋田県横手市
平鹿町醍醐　ひらかまちだいご　秋田県横手市
12平塚
ひらつか　茨城県結城郡八千代町
ひらつか　埼玉県川越市
ひらつか　埼玉県上尾市
ひらつか　千葉県鴨川市
ひらつか　千葉県白井市
ひらつか　千葉県南房総市
ひらつか　東京都品川区
ひらつか　神奈川県（JR東海道本線）
ひらつか　神奈川県平塚市
ひらつか　長野県佐久市
ひらつか　愛知県犬山市
ひらつか　福岡県飯塚市
ひらづか　福岡県朝倉市
平塚市　ひらつかし　神奈川県
平塚町
ひらつかまち　栃木県宇都宮市
ひらつかちょう　滋賀県長浜市
ひらつかちょう　宮崎県都城市
平塚新田
ひらつかしんでん　埼玉県川越市
ひらつかしんでん　埼玉県熊谷市
平等
びょうどう　宮城県岩沼市
たいら　福井県丹生郡越前町
平等本町　だいらほんまち　石川県金沢市
平等寺
びょうどうじ　奈良県生駒郡平群町
びょうどうじ　福岡県筑紫野市
びょうどうじ　福岡県宗像市
平等坊町　びょうどうぼうちょう　奈良県天理市
平賀
ひらが　北海道沙流郡日高町
ひらか　青森県（弘南鉄道弘南線）
ひらが　千葉県松戸市
ひらが　千葉県印西市
ひらが　新潟県新潟市江南区
ひらが　長野県佐久市
平賀町　ひらがちょう　岐阜県関市
平賀学園台　ひらかがくえんだい　千葉県印西市
平賀新田　ひらしんでん　岩手県盛岡市
平道　ひらみち　大分県速見郡日出町
平間
ひらま　神奈川県（JR南武線）

ひらま　静岡県磐田市
平間町　ひらままち　長崎県長崎市
平須　ひらす　山梨県南巨摩郡身延町
平須町　ひらすちょう　茨城県水戸市
平須賀　ひらすか　埼玉県幸手市
13平塩
ひらしお　山形県寒河江市
たいらしお　福島県いわき市
平幕ノ内　たいらまくのうち　福島県いわき市
平新田　たいらしんでん　青森県青森市
平楽　へいらく　神奈川県横浜市南区
平滝　ひらたき　長野県（JR飯山線）
平磤　ひらばえ　愛媛県南宇和郡愛南町
平福
ひらふく　兵庫県（智頭急行線）
ひらふく　兵庫県佐用郡佐用町
ひらふく　岡山県岡山市南区
ひらふく　岡山県津山市
ひらふく　岡山県美作市
平絹谷　たいらきぬや　福島県いわき市
平群　へぐり　奈良県（近畿日本鉄道生駒線）
平群町　へぐりちょう　奈良県生駒郡
平蜂ノ坪町　たいらはちのつぼちょう　愛知県稲沢市
平豊間　たいらとよま　福島県いわき市
平鉢　へいばち　福島県西白河郡矢吹町
14平榎　ひらえのき　富山県富山市
平端　ひらはた　奈良県（近畿日本鉄道橿原線ほか）
15平敷　へしき　沖縄県国頭郡今帰仁村
平横瀬　ひらよこせ　大分県大分市
平潟　ひらかた　新潟県新潟市南区
平潟町
ひらかたちょう　茨城県北茨城市
ひらかたちょう　神奈川県横浜市金沢区
平潟新田　ひらかたしんでん　新潟県新潟市南区
平蔵　へいぞう　千葉県市原市
平蔵沢　へいぞうさわ　岩手県滝沢市
平蔵町　ひらぞうちょう　長崎県五島市
16平澤　ひらさわ　茨城県桜川市
平穏　ひらお　長野県下高井郡山ノ内町
平舘
たいらだて　青森県東津軽郡外ケ浜町
たいらだて　岩手県八幡平市
平舘今津　たいらだていまづ　青森県東津軽郡外ケ
浜町
平舘元宇田　たいらだてもとうだ　青森県東津軽郡外
ケ浜町
平舘石崎沢　たいらだていしざきさわ　青森県東津軽
郡外ケ浜町
平舘舟岡　たいらだてふなおか　青森県東津軽郡外ケ
浜町
平舘弥蔵釜　たいらだてやぞうかま　青森県東津軽郡
外ケ浜町
平舘根岸　たいらだてねぎし　青森県東津軽郡外ケ
浜町
平舘野田　たいらだてのだ　青森県東津軽郡外ケ浜町
平舘磯山　たいらだていそやま　青森県東津軽郡外ケ
浜町
平薄磯　たいらうすいそ　福島県いわき市
平館　たいらだて　岩手県（JR花輪線）

5画（広）

17 平磯
　ひらいそ　茨城県（ひたちなか海浜鉄道湊線）
　ひらいそ　兵庫県神戸市垂水区
平磯町　ひらいそちょう　茨城県ひたちなか市
平磯遠原町　ひらいそとおはらちょう　茨城県ひたちなか市
平糠　ひらぬか　岩手県二戸郡一戸町
平鍋　ひらなべ　高知県安芸郡北川村
18 平磯　ひらいそ　愛媛県西宇和郡伊方町
平藤間　たいらふじま　福島県いわき市
平鎌田　たいらかまた　福島県いわき市
平鎌田町　たいらかまたまち　福島県いわき市
19 平瀬
　ひらせ　岐阜県大野郡白川村
　ひらせ　和歌山県田辺市
平瀬町
　ひらせまち　山梨県甲府市
　ひらせちょう　愛知県豊田市
　ひらせまち　長崎県長崎市
　ひらせちょう　長崎県佐世保市
平鯨岡　たいらくじらおか　福島県いわき市
21 平鶴ケ井　たいらつるがい　福島県いわき市

【広】

広
　ひろ　和歌山県有田郡広川町
　ひろ　広島県（JR呉線）
0 広ケ谷戸　ひろがやと　埼玉県さいたま市南区
3 広三芦　ひろみあし　広島県呉市
広上　ひろかみ　富山県射水市
広上町　ひろかみちょう　富山県砺波市
広久手町
　ひろくてちょう　愛知県瀬戸市
　ひろくてちょう　愛知県豊田市
広口　ひろくち　和歌山県伊都郡かつらぎ町
広大広　ひろおおひろ　広島県呉市
広大附属学校前　ひろだいふぞくがっこうまえ　広島県（広島電鉄宇品線ほか）
広大新開　ひろおおしんかい　広島県呉市
広小坪　ひろこつぼ　広島県呉市
広小路
　ひろこうじ　富山県（万葉線）
　ひろこうじ　富山県高岡市
　ひろこうじ　岐阜県多治見市
　ひろこうじ　愛知県豊橋市
　ひろこうじ　愛知県刈谷市
　ひろこうじ　三重県（伊賀鉄道線）
　ひろこうじ　京都府綾部市
　ひろこうじ　愛媛県宇和島市
広小路町
　ひろこうじちょう　静岡県三島市
　ひろこうじちょう　愛知県半田市
広川
　ひろかわ　神奈川県平塚市
　ひろかわ　福岡県八女郡広川町
広川ビーチ　ひろかわびーち　和歌山県（JR紀勢本線）
広川町
　ひろかわちょう　愛知県名古屋市中川区
　ひろかわちょう　愛知県豊田市
　ひろがわちょう　和歌山県有田郡

　ひろかわまち　福岡県八女郡
4 広中町　ひろなかちょう　広島県呉市
広中迫町　ひろなかさこちょう　広島県呉市
広中新開　ひろなかしんかい　広島県呉市
広之田町　ひろのたちょう　愛知県瀬戸市
広内
　ひろうち　愛知県常滑市
　ひろうち　大分県大分市
広内町　ひろうちちょう　群馬県館林市
広戸
　ひろと　青森県（JR五能線）
　ひろと　青森県西津軽郡深浦町
　ひろと　長野県北佐久郡御代田町
　ひろど　岡山県赤磐市
広戸沼　ひろとぬま　埼玉県北葛飾郡杉戸町
広手　ひろて　新潟県三条市
広文化町　ひろぶんかちょう　広島県呉市
広木
　ひろき　埼玉県児玉郡美里町
　ひろき　鹿児島県（JR鹿児島本線）
　ひろき　鹿児島県鹿児島市
広木町　ひろぎまち　熊本県熊本市東区
5 広丘　ひろおか　長野県（JR篠ノ井線）
広丘吉田　ひろおかよしだ　長野県塩尻市
広丘原新田　ひろおかはらしんでん　長野県塩尻市
広丘高出　ひろおかたかいで　長野県塩尻市
広丘郷原　ひろおかごうばら　長野県塩尻市
広丘野村　ひろおかのむら　長野県塩尻市
広丘堅石　ひろおかかたいし　長野県塩尻市
広代　ひろだい　奈良県山辺郡山添村
広古新開　ひろこしんかい　広島県呉市
広台太田町　ひろだいおおたまち　神奈川県横浜市神奈川区
広市新　ひろいちしん　富山県中新川郡上市町
広弁天橋町　ひろべんてんばしちょう　広島県呉市
広本町　ひろほんまち　広島県呉市
広末　ひろすえ　福岡県築上郡築上町
広末広　ひろすえひろ　広島県呉市
広永町　ひろながちょう　三重県四日市市
広田
　ひろた　青森県五所川原市
　ひろた　福島県（JR磐越西線）
　ひろだ　埼玉県鴻巣市
　ひろた　神奈川県相模原市緑区
　ひろた　長野県長野市
　ひろた　愛知県長久手市
　ひろた　長崎県佐世保市
広田中筋　ひろたなかすじ　兵庫県南あわじ市
広田広田　ひろたひろた　兵庫県南あわじ市
広田町
　ひろたちょう　岩手県陸前高田市
　ひろたちょう　新潟県妙高市
　ひろたちょう　愛知県名古屋市中川区
　ひろたちょう　愛知県豊田市
　ひろたちょう　大阪府豊中市
　ひろたちょう　兵庫県西宮市
　ひろだちょう　長崎県佐世保市
広白石　ひろしらいし　広島県呉市
広白岳　ひろしらたけ　広島県呉市
広目　ひろめ　愛知県常滑市

5画（広）

広石
　　ひろいし　島根県鹿足郡吉賀町
　　ひろいし　福岡県北九州市門司区
6広石内　ひろいしうち　広島県呉市
6広両谷　ひろりょうたに　広島県呉市
広吉松　ひろよしまつ　広島県呉市
広名田　ひろなだ　広島県呉市
広地　ひろち　石川県羽咋郡志賀町
広地町　ひろちちょう　神奈川県横浜市磯子区
広多賀谷　ひろたがや　広島県呉市
広安　ひろやす　富山県南砺市
広江
　　ひろえ　岡山県倉敷市
　　ひろえ　愛媛県西条市
広池町　ひろいけちょう　愛知県名古屋市昭和区
7広住町　ひろすみちょう　愛知県名古屋市中川区
広坂
　　ひろさか　石川県金沢市
　　ひろさか　兵庫県揖保郡太子町
広尾
　　ひろお　千葉県市川市
　　ひろお　東京都（東京地下鉄日比谷線）
　　ひろお　東京都渋谷区
広尾町　ひろおちょう　北海道広尾郡
広尾郡　ひろおぐん　北海道
広沢
　　ひろさわ　埼玉県和光市
　　ひろさわ　新潟県東蒲原郡阿賀町
　　ひろさわ　静岡県浜松市中区
　　ひろさわ　兵庫県三田市
広沢山　ひろさわやま　秋田県湯沢市
広沢町　ひろさわちょう　群馬県桐生市
広沢町間ノ島　ひろさわちょうあいのしま　群馬県桐生市
広町
　　ひろまち　宮城県伊具郡丸森町
　　ひろまち　東京都品川区
　　ひろまち　神奈川県南足柄市
　　ひろまち　広島県呉市
広町田　ひろまちだ　広島県呉市
広芝町　ひろしばちょう　大阪府吹田市
広見
　　ひろみ　岐阜県関市
　　ひろみ　岐阜県可児市
　　ひろみ　愛知県知立市
　　ひろみ　愛媛県北宇和郡鬼北町
　　ひろみ　愛媛県南宇和郡愛南町
広見ケ丘　ひろみがおか　三重県桑名市
広見北町　ひろみきたまち　岐阜県関市
広見本町　ひろみほんちょう　静岡県富士市
広見西本町　ひろみにしほんちょう　静岡県富士市
広見町
　　ひろみちょう　愛知県名古屋市昭和区
　　ひろみまち　愛知県碧南市
　　ひろみちょう　愛知県刈谷市
広見東本町　ひろみひがしほんちょう　静岡県富士市
広見東町　ひろみひがしまち　岐阜県関市
広谷
　　ひろたに　富山県南砺市
　　ひろたに　兵庫県養父市
　　ひろたに　岡山県岡山市東区

広谷乙　ひろたにおつ　新潟県東蒲原郡阿賀町
広谷丙　ひろたにへい　新潟県東蒲原郡阿賀町
広谷甲　ひろたにこう　新潟県東蒲原郡阿賀町
広谷町　ひろたにちょう　広島県府中市
広谷新町　ひろやしんまち　埼玉県川越市
広里　ひろさと　北海道釧路市
広里町　ひろさとちょう　北海道深川市
8広岡
　　ひろおか　千葉県君津市
　　ひろおか　石川県金沢市
　　ひろおか　福井県大飯郡おおい町
　　ひろおか　静岡県袋井市
　　ひろおか　鳥取県鳥取市
　　ひろおか　岡山県玉野市
　　ひろおか　岡山県勝田郡奈義町
　　ひろおか　徳島県海部郡海陽町
　　ひろおか　愛媛県西条市
広岡町
　　ひろおかまち　石川県金沢市
　　ひろおかちょう　岐阜県美濃市
　　ひろおかちょう　奈良県奈良市
広岡新田　ひろおかしんでん　山形県酒田市
広明町
　　こうめいちょう　北海道北見市
　　こうめいちょう　三重県津市
広杭本町　ひろくいもとちょう　広島県呉市
広河原
　　ひろかわら　山形県西置賜郡飯豊町
　　ひろがわら　京都府京都市左京区
広表
　　ひろおもて　宮城県柴田郡大河原町
　　ひろおもて　福島県須賀川市
広長浜　ひろながはま　広島県呉市
9広前　ひろまえ　福島県伊達市
広栄町
　　こうえいちょう　山形県酒田市
　　こうえいちょう　埼玉県川越市
　　こうえいちょう　鳥取県倉吉市
広津
　　ひろつ　長野県北安曇郡池田町
　　ひろつ　福岡県築上郡吉富町
広津久茂町　ひろつくもちょう　広島県呉市
広洋台　こうようだい　福島県双葉郡広野町
広畑
　　ひろはた　福島県伊達郡川俣町
　　ひろはた　兵庫県（山陽電気鉄道網干線）
　　ひろはた　兵庫県伊丹市
広畑区大町　ひろはたくおおまち　兵庫県姫路市
広畑区小坂　ひろはたくこさか　兵庫県姫路市
広畑区小松町　ひろはたくこまつちょう　兵庫県姫路市
広畑区才　ひろはたくさい　兵庫県姫路市
広畑区北河原町　ひろはたくきたかわらちょう　兵庫県姫路市
広畑区北野町　ひろはたくきたのちょう　兵庫県姫路市
広畑区本町　ひろはたくほんまち　兵庫県姫路市
広畑区末広町　ひろはたくすえひろちょう　兵庫県姫路市
広畑区正門通　ひろはたくせいもんどおり　兵庫県姫路市

5画（広）

広畑区早瀬町　ひろはたくはやせちょう　兵庫県姫路市

広畑区西夢前台　ひろはたくにしゆめさきだい　兵庫県姫路市

広畑区西蒲田　ひろはたくにしかまだ　兵庫県姫路市

広畑区吾妻町　ひろはたくあづまちょう　兵庫県姫路市

広畑区京見町　ひろはたくきょうみちょう　兵庫県姫路市

広畑区東夢前台　ひろはたくひがしゆめさきだい　兵庫県姫路市

広畑区東新町　ひろはたくひがししんまち　兵庫県姫路市

広畑区長町　ひろはたくながまち　兵庫県姫路市

広畑区則直　ひろはたくのりなお　兵庫県姫路市

広畑区城山町　ひろはたくしろやまちょう　兵庫県姫路市

広畑区高浜町　ひろはたくたかはまちょう　兵庫県姫路市

広畑区清水町　ひろはたくしみずちょう　兵庫県姫路市

広畑区富士町　ひろはたくふじちょう　兵庫県姫路市

広畑区夢前町　ひろはたくゆめさきちょう　兵庫県姫路市

広畑区蒲田　ひろはたくかまだ　兵庫県姫路市

広畑区鶴町　ひろはたくつるまち　兵庫県姫路市

広神戸　ひろごうど　岐阜県（養老鉄道線）

広美町　ひろみちょう　愛知県豊田市

広面
　　ひろおもて　秋田県秋田市
　　ひろおもて　福島県喜多方市
　　ひろづら　埼玉県大沼郡会津美里町
　　ひろも　岡山県加賀郡吉備中央町

10広原
　　ひろはら　和歌山県和歌山市
　　ひろわら　宮崎県（JR吉都線）
　　ひろはら　宮崎県宮崎市
　　ひろわら　宮崎県西諸県郡高原町

広原町
　　ひろわらちょう　兵庫県加西市
　　ひろはらちょう　宮崎県都城市

広宮沢　ひろみやさわ　岩手県紫波郡矢巾町

広島
　　ひろしま　北海道北広島市
　　ひろしま　新潟県妙高市
　　ひろしま　広島県（JR山陽新幹線ほか）
　　ひろしま　徳島県板野郡松茂町
　　ひろしま　宮崎県宮崎市

広島市　ひろしまし　広島県

広島町小手島　ひろしまちょうおてしま　香川県丸亀市

広島町市井　ひろしまちょういちい　香川県丸亀市

広島町甲路　ひろしまちょうこうろ　香川県丸亀市

広島町立石　ひろしまちょうたていし　香川県丸亀市

広島町江の浦　ひろしまちょうえのうら　香川県丸亀市

広島町茂浦　ひろしまちょうもうら　香川県丸亀市

広島町青木　ひろしまちょうあおき　香川県丸亀市

広島町釜の越　ひろしまちょうかまのこし　香川県丸亀市

広島県　ひろしまけん

広島港（宇品）　ひろしまこううじな　広島県（広島電鉄宇品線ほか）

広島駅　ひろしまえき　広島県（広島電鉄本線ほか）

広峰　ひろみね　兵庫県姫路市

広峯町　ひろみねちょう　京都府福知山市

広根　ひろね　兵庫県川辺郡猪名川町

広浦　ひろうら　和歌山県伊都郡かつらぎ町

広浜　ひろはま　岡山県笠岡市

広馬場　ひろばば　群馬県北群馬郡榛東村

広馬場町　ひろばばまち　長崎県島原市

広高野町　ひろこうやまち　長崎県島原市

11広域公園前　こういきこうえんまえ　広島県（広島高速交通アストラムライン）

広崎　ひろさき　熊本県上益城郡益城町

広渕　ひろぶち　宮城県石巻市

広眺ケ丘　ひろみがおか　岐阜県可児市

広紹寺町　こうじょうじちょう　愛媛県今治市

広船山下　ひろふねやました　青森県平川市

広船広沢　ひろふねひろさわ　青森県平川市

広船福田　ひろふねふくだ　青森県平川市

広袴　ひろはかま　東京都町田市

広袴町　ひろはかままち　東京都町田市

広貫堂前　こうかんどうまえ　富山県（富山地方鉄道市内線）

広郷　ひろさと　北海道北見市

広野
　　ひろの　青森県弘前市
　　ひろの　山形県酒田市
　　ひろの　山形県西置賜郡白鷹町
　　ひろの　福島県（JR常磐線）
　　ひろの　埼玉県比企郡嵐山町
　　ひろの　富山県中新川郡上市町
　　ひろの　福井県南条郡南越前町
　　ひろの　福井県丹生郡越前町
　　ひろの　岐阜県加茂郡白川町
　　ひろの　静岡県静岡市駿河区
　　ひろの　静岡県伊東市
　　ひろの　京都府船井郡京丹波町
　　ひろの　兵庫県（JR福知山線）
　　ひろの　兵庫県三田市
　　ひろの　和歌山県紀の川市
　　ひろの　和歌山県日高郡みなべ町
　　ひろの　高知県高岡郡檮原町
　　ひろの　高知県幡多郡三原村

広野ゴルフ場前　ひろのごるふじょうまえ　兵庫県（神戸電鉄粟生線）

広野台　ひろのだい　神奈川県座間市

広野町
　　ひろのちょう　北海道函館市
　　ひろのちょう　北海道帯広市
　　ひろのまち　福島県双葉郡
　　こうのちょう　滋賀県彦根市
　　ひろのちょう　京都府宇治市

広野新　ひろのしん　富山県中新川郡上市町

広野新田　ひろのしんでん　山形県酒田市

広陵台　こうりょうだい　福岡県宗像市

広陵町
　　こうりょうちょう　兵庫県神戸市北区
　　こうりょうちょう　奈良県北葛城郡

広黄幡町　ひろおうばんちょう　広島県呉市

12広場　ひろば　千葉県鴨川市

5画（弁）

広富　ひろとみ　北海道沙流郡日高町
広渡　ひろわたり　福岡県遠賀郡遠賀町
広渡町　こうどちょう　兵庫県小野市
広葉町　こうようちょう　北海道北広島市
広街　ひろこうじ　岩手県一関市
広道　ひろみち　和歌山県和歌山市
広陽町　こうようちょう　三重県松阪市
¹³広塩焼　ひろしやけ　広島県呉市
広路本町　ひろじほんまち　愛知県名古屋市昭和区
広路町
　　ひろじちょう　愛知県名古屋市昭和区
　　ひろじちょう　愛知県豊田市
広路通　ひろじどおり　愛知県名古屋市昭和区
広電五日市　ひろでんいつかいち　広島県（広島電鉄宮島線）
広電廿日市　ひろでんはつかいち　広島県（広島電鉄宮島線）
広電本社前　ひろでんほんしゃまえ　広島県（広島電鉄宮品線ほか）
広電西広島（己斐）　ひろでんにしひろしまこい　広島県（広島電鉄本線ほか）
広電阿品　ひろでんあじな　広島県（広島電鉄宮島線）
広電宮島口　ひろでんみやじまぐち　広島県（広島電鉄宮島線）
¹⁴広徳丸町　ひろとくまるちょう　広島県呉市
広駅前　ひろえきまえ　広島県呉市
¹⁵広幡町
　　ひろはたちょう　愛知県岡崎市
　　ひろはたちょう　愛知県豊田市
広幡町上小菅　ひろはたまちかみこすげ　山形県米沢市
広幡町大沢　ひろはたまちおおさわ　山形県米沢市
広幡町小山田　ひろはたまちおやまだ　山形県米沢市
広幡町成島　ひろはたまちなるしま　山形県米沢市
広幡町沖仲　ひろはたまちおきなか　山形県米沢市
広幡町京塚　ひろはたまちきょうづか　山形県米沢市
広横路　ひろよころ　広島県呉市
¹⁶広橋　ひろはし　奈良県吉野郡下市町
広橋殿町　ひろはしどのちょう　京都府京都市上京区
¹⁷広嶺山　ひろみねやま　兵庫県姫路市
¹⁹広瀬
　　ひろせ　青森県東津軽郡蓬田村
　　ひろせ　埼玉県熊谷市
　　ひろせ　埼玉県狭山市
　　ひろせ　千葉県館山市
　　ひろせ　千葉県東金市
　　ひろせ　福井県今立郡池田町
　　ひろせ　長野県長野市
　　ひろせ　長野県南佐久郡南牧村
　　ひろせ　静岡県静岡市清水区
　　ひろせ　三重県伊賀市
　　ひろせ　京都府船井郡京丹波町
　　ひろせ　大阪府羽曳野市
　　ひろせ　大阪府三島郡島本町
　　ひろせ　奈良県山辺郡山添村
　　ひろせ　奈良県北葛城郡広陵町
　　ひろせ　奈良県吉野郡天川村
　　ひろせ　鳥取県倉吉市
　　ひろせ　山口県宇部市
　　ひろせ　愛媛県八幡浜市

　　ひろせ　高知県高岡郡四万十町
　　ひろせ　福岡県豊前市
　　ひろせ　佐賀県西松浦郡有田町
　　ひろせ　熊本県菊池市
　　ひろせ　大分県速見郡日出町
　　ひろせ　鹿児島県薩摩郡さつま町
広瀬山　ひろせやま　佐賀県西松浦郡有田町
広瀬中ノ丁　ひろせなかのちょう　和歌山県和歌山市
広瀬北町　ひろせきたまち　広島県広島市中区
広瀬台
　　ひろせだい　埼玉県狭山市
　　ひろせだい　奈良県北葛城郡河合町
広瀬町
　　ひろせまち　宮城県仙台市青葉区
　　ひろせちょう　宮城県柴田郡大河原町
　　ひろせちょう　群馬県前橋市
　　ひろせまち　石川県白山市
　　ひろせちょう　福井県越前市
　　ひろせちょう　長野県諏訪郡下諏訪町
　　ひろせちょう　愛知県名古屋市昭和区
　　ひろせちょう　三重県松阪市
　　ひろせちょう　三重県鈴鹿市
　　ひろせちょう　京都府綾部市
　　ひろせまち　鳥取県倉吉市
　　ひろせまち　岡山県岡山市北区
　　ひろせまち　広島県広島市中区
　　ひろせまち　大分県大分市
広瀬町下山佐　ひろせちょうしもやまさ　島根県安来市
広瀬町上山佐　ひろせちょうかみやまさ　島根県安来市
広瀬町布部　ひろせちょうふべ　島根県安来市
広瀬町広瀬　ひろせちょうひろせ　島根県安来市
広瀬町石原　ひろせちょういしはら　島根県安来市
広瀬町宇波　ひろせちょううなみ　島根県安来市
広瀬町西比田　ひろせちょうにしひだ　島根県安来市
広瀬町西谷　ひろせちょうにしだに　島根県安来市
広瀬町町帳　ひろせちょうまちちょう　島根県安来市
広瀬町東比田　ひろせちょうひがしひだ　島根県安来市
広瀬町祖父谷　ひろせちょうおじだに　島根県安来市
広瀬町梶福留　ひろせちょうかじふくどめ　島根県安来市
広瀬町菅原　ひろせちょうすがはら　島根県安来市
広瀬町奥田原　ひろせちょうおくたわら　島根県安来市
広瀬町富田　ひろせちょうとだ　島根県安来市
広瀬東　ひろせひがし　埼玉県狭山市
広瀬通　ひろせどおり　宮城県（仙台市交通局南北線）
広瀬通丁　ひろせとおりちょう　和歌山県和歌山市

【弁】

³弁才天西　べんざいてんにし　福島県耶麻郡猪苗代町
弁才町　べんざいちょう　北海道函館市
⁴弁之庄　べんのしょう　奈良県葛城市
弁分　べんぶん　福岡県飯塚市
弁天
　　べんてん　北海道苫小牧市
　　べんてん　北海道松前郡松前町
　　べんてん　山形県上山市

5画（弘，打）

　べんてん　埼玉県草加市
　べんてん　千葉県千葉市中央区
　べんてん　千葉県浦安市
　べんてん　新潟県新潟市中央区
　べんてん　大阪府大阪市港区
　べんてん　大分県大分市
弁天ケ浜　べんてんがはま　北海道釧路市
弁天が丘　べんてんがおか　愛知県名古屋市守山区
弁天下
　べんてんした　千葉県柏市
　べんてんした　千葉県我孫子市
弁天町
　べんてんちょう　北海道函館市
　べんてんちょう　北海道紋別市
　べんてんちょう　北海道根室市
　べんてんちょう　北海道石狩市
　べんてんちょう　北海道増毛郡増毛町
　べんてんちょう　宮城県気仙沼市
　べんてんちょう　茨城県日立市
　べんてんちょう　東京都新宿区
　べんてんちょう　神奈川県横浜市鶴見区
　べんてんちょう　岐阜県岐阜市
　べんてんちょう　岐阜県多治見市
　べんてんちょう　愛知県瀬戸市
　べんてんちょう　愛知県安城市
　べんてんちょう　京都府京都市上京区
　べんてんちょう　大阪府（JR大阪環状線ほか）
　べんてんちょう　兵庫県神戸市中央区
　べんてんちょう　愛媛県宇和島市
　べんてんまち　福岡県北九州市小倉北区
　べんてんまち　長崎県長崎市
　べんてんまち　長崎県島原市
弁天島　べんてんじま　静岡県（JR東海道本線）
弁天通　べんてんどおり　神奈川県横浜市中区
弁天橋　べんてんばし　神奈川県（JR鶴見線）
弁天橋通　べんてんばしどおり　新潟県新潟市中央区
⁹弁城　べんじょう　福岡県田川郡福智町
¹⁰弁華別　べんべつ　北海道石狩郡当別町
弁財
　べんざい　埼玉県熊谷市
　べんざい　埼玉県上尾市
弁財天　べざいてん　奈良県北葛城郡広陵町
弁財天丁　べざいてんちょう　和歌山県和歌山市
弁財天町
　べんざいてんちょう　京都府京都市上京区
　べんざいてんちょう　京都府京都市中京区
　べんざいてんちょう　京都府京都市東山区
　べんざいてんちょう　京都府京都市下京区
¹²弁景　べんけい　北海道有珠郡壮瞥町
¹⁵弁慶石町　べんけいいしちょう　京都府京都市中京区

【弘】
弘　ひろ　福岡県福岡市東区
³弘川　ひろかわ　大阪府南河内郡河南町
⁴弘化台　こうかだい　高知県高知市
⁵弘田町　ひろたちょう　香川県善通寺市
⁶弘西　ひろにし　和歌山県和歌山市
弘西寺　こうさいじ　神奈川県南足柄市
⁷弘見
　ひろみ　高知県高岡郡四万十町
　ひろみ　高知県幡多郡大月町

⁸弘和
　こうわ　北海道河西郡更別村
　こうわ　北海道中川郡幕別町
弘明寺　ぐみょうじ　神奈川県（横浜市交通局ブルーラインほか）
弘明寺町　ぐみょうじちょう　神奈川県横浜市南区
弘法　こうぼう　愛知県知立市
弘法町　こうぼうちょう　愛知県知立市
弘法坦　こうぼうだん　福島県須賀川市
⁹弘前　ひろさき　青森県（JR奥羽本線ほか）
弘前市　ひろさきし　青森県
弘前学院大前　ひろさきがくいんだいまえ　青森県（弘南鉄道大鰐線）
弘前東高前　ひろさきひがしこうまえ　青森県（弘南鉄道弘南線）
弘栄　こうえい　愛知県知立市
¹⁰弘高下　ひろこうした　青森県（弘南鉄道大鰐線）
¹²弘道
　こうどう　北海道紋別市
　こうどう　東京都足立区
¹⁹弘瀬
　ひろせ　高知県安芸郡北川村
　ひろせ　高知県高岡郡四万十町

【打】
³打上　うちあげ　新潟県岩船郡関川村
打上中町　うちあげなかまち　大阪府寝屋川市
打上元町　うちあげもとまち　大阪府寝屋川市
打上南町　うちあげみなみまち　大阪府寝屋川市
打上宮前町　うちあげみやまえちょう　大阪府寝屋川市
打上高塚町　うちあげたかつかちょう　大阪府寝屋川市
打上新町　うちあげしんまち　大阪府寝屋川市
⁴打中　うちなか　愛知県名古屋市中川区
打井川
　うついがわ　高知県（JR予土線）
　うついがわ　高知県高岡郡四万十町
打内　うつない　北海道十勝郡浦幌町
打木町
　うつぎまち　石川県金沢市
　うつぎまち　石川県小松市
⁵打出
　うちいで　富山県富山市
　うちで　愛知県名古屋市中川区
　うちで　兵庫県（阪神電気鉄道阪神本線）
打出小槌町　うちでこづちちょう　兵庫県芦屋市
打出本町　うちでほんまち　愛知県名古屋市中川区
打出町
　うちでちょう　愛知県名古屋市中川区
　うちでちょう　兵庫県芦屋市
　うちでちょう　島根県松江市
打出浜　うちではま　滋賀県大津市
打出新　うちいでしん　富山県富山市
打田
　うた　京都府京田辺市
　うちた　和歌山県（JR和歌山線）
　うちた　和歌山県紀の川市
打田内　うつたない　岩手県八幡平市
打穴下　うたのしも　岡山県久米郡美咲町
打穴上　うたのかみ　岡山県久米郡美咲町
打穴中　うたのなか　岡山県久米郡美咲町

415

5画（払, 旧, 旦, 札）

打穴北　うたのきた　岡山県久米郡美咲町
打穴西　うたのにし　岡山県久米郡美咲町
打穴里　うたのさと　岡山県久米郡美咲町
7打坂　うちさか　兵庫県篠山市
打尾　うちお　富山県南砺市
打尾町　うちおまち　石川県金沢市
打戻　うちもどり　神奈川県藤沢市
打沢　うっさわ　長野県千曲市
打見　うちみ　三重県度会郡大紀町
打返　うちがえし　山梨県甲斐市
9打保　うつぼ　岐阜県（JR高山本線）
10打馬　うちま　鹿児島県鹿屋市
11打梨　うつなし　広島県山県郡安芸太田町
12打越
　うちこし　千葉県袖ケ浦市
　うちこし　神奈川県横浜市中区
　うちこし　新潟県新潟市西蒲区
　うちこし　福井県丹生郡越前町
　うちこし　岐阜県岐阜市
　うちこし　愛知県長久手市
　うちこし　大阪府門真市
　うちこし　兵庫県姫路市
　うちこし　福岡県田川郡糸田町
　うちこし　熊本県（熊本電気鉄道上熊本線）
打越町
　うちこしまち　東京都八王子市
　うちこしまち　石川県小松市
　うちこしまち　石川県輪島市
　うちこしまち　石川県加賀市
　うちこしちょう　愛知県みよし市
　うちこしちょう　京都府京都市下京区
　うちこしちょう　大阪府門真市
　うちこしちょう　和歌山県和歌山市
　うちこしちょう　広島県広島市西区
　うちこしまち　熊本県熊本市北区
打越新田　うちごしんでん　栃木県芳賀郡芳賀町
14打墨　うつつみ　千葉県鴨川市
19打瀬　うたせ　千葉県千葉市美浜区

【払】
3払川
　はらいがわ　岩手県岩手郡雫石町
　はらいがわ　新潟県東蒲原郡阿賀町
　はらいがわ　福岡県北九州市若松区
　はらいがわ　熊本県下益城郡美里町
4払戸　ふっと　秋田県男鹿市
払方町　はらいかたまち　東京都新宿区
5払田
　ほった　秋田県大仙市
　はらいだ　山形県東田川郡庄内町
　はらいだ　大分県豊後高田市
7払体　ほったい　秋田県雄勝郡羽後町
払沢　はらいざわ　長野県諏訪郡原村

【旧】
5旧広田　きゅうひろた　新潟県柏崎市
旧白滝　きゅうしらたき　北海道紋別郡遠軽町
7旧役場前通　きゅうやくばまえどおり　愛媛県八幡浜市
8旧居留地・大丸前　きゅうきょりゅうちだいまるまえ
　兵庫県（神戸市交通局海岸線）
旧岡方村　きゅうおかがたむら　静岡県下田市

旧東　きゅうとう　沖縄県島尻郡南大東村
旧門司　きゅうもじ　福岡県北九州市門司区
11旧停　きゅうてい　福岡県遠賀郡遠賀町
12旧港　きゅうみなと　愛媛県八幡浜市
13旧塩尻　きゅうしおじり　長野県塩尻市
16旧舘　きゅうかん　宮城県亘理郡亘理町
旧舘1番　きゅうかんいちばん　宮城県加美郡加美町
旧舘2番　きゅうかんにばん　宮城県加美郡加美町

【旦】
旦　だん　愛媛県今治市
3旦土　だんど　岡山県真庭市
4旦之上　だんのうえ　愛媛県西条市
6旦西　だんにし　山口県山陽小野田市
7旦谷町　だんやちょう　千葉県千葉市若葉区
8旦東　だんひがし　山口県山陽小野田市
10旦島　だんのしま　岐阜県岐阜市
旦島中　だんのしまなか　岐阜県岐阜市
旦島中町　だんのしまなかまち　岐阜県岐阜市
旦島西町　だんのしまにしまち　岐阜県岐阜市
旦島宮町　だんのしまみやまち　岐阜県岐阜市
11旦野原　だんのはる　大分県大分市
12旦過　たんが　福岡県（北九州高速鉄道小倉線）

【札】
札　ふだ　茨城県鉾田市
0札の元町　ふだのもとまち　長崎県島原市
札の辻
　ふだのつじ　滋賀県大津市
　ふだのつじ　滋賀県東近江市
3札久留　さっくる　北海道紋別郡滝上町
4札元　ふだもと　鹿児島県鹿屋市
札内　さつない　北海道（JR根室本線）
札内あかしや町　さつないあかしやまち　北海道中川郡幕別町
札内みずほ町　さつないみずほまち　北海道中川郡幕別町
札内中央町　さつないちゅうおうまち　北海道中川郡幕別町
札内文京町　さつないぶんきょうまち　北海道中川郡幕別町
札内北町　さつないきたまち　北海道中川郡幕別町
札内北栄町　さつないほくえいまち　北海道中川郡幕別町
札内共栄町　さつないきょうえいまち　北海道中川郡幕別町
札内西町　さつないにしまち　北海道中川郡幕別町
札内町　さつないちょう　北海道登別市
札内東町　さつないひがしまち　北海道中川郡幕別町
札内若草町　さつないわかくさまち　北海道中川郡幕別町
札内青葉町　さつないあおばまち　北海道中川郡幕別町
札内春日町　さつないかすがまち　北海道中川郡幕別町
札内泉町　さつないいずみまち　北海道中川郡幕別町
札内桂町　さつないかつらまち　北海道中川郡幕別町
札内桜町　さつないさくらまち　北海道中川郡幕別町
札内堤町　さつないつつみまち　北海道中川郡幕別町

5画（本）

札内暁町　さつないあかつきまち　北海道中川郡幕別町

札内新北町　さつないしんきたまち　北海道中川郡幕別町

札内稔町　さつないみのりまち　北海道中川郡幕別町

札内豊町　さつないゆたかまち　北海道中川郡幕別町

札友内　さつともない　北海道川上郡弟子屈町

札友内原野　さつともないげんや　北海道川上郡弟子屈町

札木
　　ふだぎ　愛知県（豊橋鉄道東田本線）
　　ふだぎ　愛知県新城市

札木町
　　ふだぎちょう　愛知県豊橋市
　　ふだきまち　愛知県碧南市

札比内
　　さっぴない　北海道（JR札沼線）
　　さっぴない　北海道樺戸郡月形町

7札苅
　　さつかり　北海道（道南いさりび鉄道線）
　　さつかり　北海道上磯郡木古内町

8札弦　さっつる　北海道（JR釧網本線）

札弦町　さっつるまち　北海道斜里郡清里町

札的　さってき　北海道（JR札沼線）

9札前　さつまえ　北海道松前郡松前町

12札場　ふだば　高知県高知市

札場町
　　ふだばちょう　神奈川県平塚市
　　さつばちょう　三重県四日市市

札富美　さつふみ　北海道紋別郡湧別町

札森　さつもり　千葉県いすみ市

13札幌　さっぽろ　北海道（JR函館本線）

札幌市　さっぽろし　北海道

札滑　さっこつ　北海道紋別郡西興部村

【本】
本
　　ほん　静岡県沼津市
　　ほん　京都府舞鶴市
　　ほん　岡山県和気郡和気町
　　ほん　福岡県八女市
　　ほん　福岡県糸島市

0本も谷　おもだに　高知県高岡郡檮原町

1本一色　ほんいっしき　東京都江戸川区

2本丁筋　ほんちょうすじ　高知県高知市

本九島　ほんくしま　愛媛県宇和島市

本八戸　ほんはちのへ　青森県（JR八戸線）

本八幡　もとやわた　千葉県（JR総武本線ほか）

3本三川　もとみかわ　北海道夕張郡由仁町

本三里塚　ほんさんりづか　千葉県成田市

本三倉　もとみくら　千葉県香取郡多古町

本上町　ほんかんまち　長野県須坂市

本上神明町　もとかみしんめいちょう　京都府京都市下京区

本丸
　　ほんまる　栃木県下都賀郡壬生町
　　ほんまる　埼玉県さいたま市岩槻区
　　ほんまる　埼玉県行田市
　　ほんまる　富山県富山市
　　ほんまる　愛知県名古屋市中区
　　ほんまる　熊本県熊本市中央区

本丸北　ほんまるきた　山形県東根市

本丸西　ほんまるにし　山形県東根市

本丸町
　　ほんまるちょう　栃木県宇都宮市
　　ほんまるまち　富山県高岡市
　　ほんまるちょう　三重県亀山市
　　ほんまるちょう　滋賀県大津市

本丸東　ほんまるひがし　山形県東根市

本丸南　ほんまるみなみ　山形県東根市

本千葉　ほんちば　千葉県（JR外房線）

本千葉町　ほんちばちょう　千葉県千葉市中央区

本大久保　もとおおくぼ　千葉県習志野市

本大工町　ほんだいくちょう　石川県小松市

本大町　もとだいちょう　香川県観音寺市

本子守町　ほんこもりちょう　奈良県奈良市

本小林　もとこばやし　富山県砺波市

本小野方　もとおのかた　山形県東田川郡庄内町

本小路　ほんこうじ　宮崎県延岡市

本小樽　ほんこぐつわ　千葉県茂原市

本山
　　もとやま　愛知県（名古屋市交通局東山線ほか）
　　もとやま　香川県（JR予讃線）
　　もとやま　高知県長岡郡本山町
　　もとやま　福岡県久留米市
　　もとやま　長崎県（松浦鉄道西九州線）
　　もとやま　熊本県熊本市中央区

本山中町　もとやまなかまち　兵庫県神戸市東灘区

本山北町　もとやまきたまち　兵庫県神戸市東灘区

本山団地　もとやまだんち　山口県山陽小野田市

本山町
　　ほんやまちょう　愛知県名古屋市千種区
　　もとやまちょう　広島県府中市
　　もとやまちょう　山口県山陽小野田市
　　もとやまちょう　高知県長岡郡
　　もとやままち　熊本県熊本市中央区

本山町北畑　もとやまちょうきたはた　兵庫県神戸市東灘区

本山町田中　もとやまちょうたなか　兵庫県神戸市東灘区

本山町田辺　もとやまちょうたなべ　兵庫県神戸市東灘区

本山町岡本　もとやまちょうおかもと　兵庫県神戸市東灘区

本山町森　もとやまちょうもり　兵庫県神戸市東灘区

本山南町　もとやまみなみまち　兵庫県神戸市東灘区

本川
　　ほんがわ　山形県酒田市
　　ほんがわ　愛媛県喜多郡内子町

本川内　ほんかわち　長崎県（JR長崎本線）

本川内郷　ほんがわちごう　長崎県西彼杵郡長与町

本川町
　　ほんかわちょう　広島県（広島電鉄本線ほか）
　　ほんかわちょう　広島県広島市中区

本川俣　ほんかわまた　埼玉県羽生市

本川越　ほんかわごえ　埼玉県（西武鉄道新宿線）

4本中小屋　もとなかごや　北海道（JR札沼線）

本中山　もとなかやま　千葉県船橋市

本中根　ほんなかね　静岡県焼津市

本中野　ほんなかの　群馬県（東武鉄道小泉線）

417

5画（本）

本井手　ほんいで　熊本県荒尾市
本今　もといま　岐阜県大垣市
本今町　もといまちょう　岐阜県大垣市
本内
　　ほんない　岩手県和賀郡西和賀町
　　ほんない　秋田県男鹿市
　　もとうち　福島県福島市
本太　もとぶと　埼玉県さいたま市浦和区
本天沼　ほんあまぬま　東京都杉並区
本戸
　　もとど　茨城県笠間市
　　ほんど　岐阜県安八郡輪之内町
本木
　　もとぎ　茨城県桜川市
　　もとき　東京都足立区
　　ほんき　石川県鳳珠郡能登町
　　もとぎ　福岡県福津市
本木北町　もときたまち　東京都足立区
本木西町　もときにしまち　東京都足立区
本木東町　もときひがしまち　東京都足立区
本木南町　もときみなみまち　東京都足立区
本木室　ほんぎむろ　福岡県大川市
本水尾町　ほんみおちょう　兵庫県赤穂市
⁵本北方　もときたかた　千葉県市川市
本台　もとだい　千葉県長生郡長南町
本市場
　　もといちば　静岡県富士市
　　もといちば　滋賀県米原市
本市場町　もといちばちょう　静岡県富士市
本市場新田　もといちばしんでん　静岡県富士市
本母町　ほのぶまち　岐阜県高山市
本瓦町　ほんかわらちょう　京都府京都市東山区
本田
　　ほんでん　山形県鶴岡市
　　ほんだ　埼玉県深谷市
　　ほんでん　埼玉県南埼玉郡宮代町
　　ほんだ　新潟県新発田市
　　ほんでん　富山県射水市
　　ほんでん　岐阜県瑞穂市
　　ほんでん　大阪府大阪市西区
本田ケ谷　ほんだがや　埼玉県深谷市
本田木屋　ほんだごや　三重県多気郡大台町
本田仲町　ほんたなかまち　秋田県由利本荘市
本田町
　　ほんだちょう　宮城県仙台市泉区
　　ほんでんちょう　埼玉県春日部市
　　ほんたまち　静岡県沼津市
　　ほんだちょう　愛知県豊田市
本田屋　もとだい　新潟県五泉市
本田原免　ほんたばるめん　長崎県北松浦郡佐々町
本由良　ほんゆら　山口県（JR山陽本線）
本目　ほんめ　北海道島牧郡島牧村
本矢作　もとやはぎ　千葉県香取市
本石　ほんごく　埼玉県熊谷市
本石下　もといしげ　茨城県常総市
本石灰町　もとしっくいまち　長崎県長崎市
本石町　ほんごくちょう　岩手県北上市
本石倉　ほんいしくら　北海道（JR函館本線）
本立野　ほんだちの　静岡県伊豆市
⁶本光寺町　ほんこうじまち　長崎県島原市

本匠三股　ほんじょうみまた　大分県佐伯市
本匠上津川　ほんじょうこうづがわ　大分県佐伯市
本匠小川　ほんじょうおがわ　大分県佐伯市
本匠小半　ほんじょうおながら　大分県佐伯市
本匠山部　ほんじょうやまぶ　大分県佐伯市
本匠井ノ上　ほんじょういのうえ　大分県佐伯市
本匠因尾　ほんじょういんび　大分県佐伯市
本匠宇津々　ほんじょううつつ　大分県佐伯市
本匠波寄　ほんじょうはき　大分県佐伯市
本匠風戸　ほんじょうかざと　大分県佐伯市
本匠堂ノ間　ほんじょうどうのま　大分県佐伯市
本匠笠掛　ほんじょうかさかけ　大分県佐伯市
本吉　もとよし　宮城県（JR気仙沼線）
本吉田　もとよしだ　栃木県下野市
本吉町　もとよしちょう　⇒気仙沼市（宮城県）
本吉町九多丸　もとよしちょうくだまる　宮城県気仙沼市
本吉町二十一浜　もとよしちょうにじゅういちはま　宮城県気仙沼市
本吉町下川内　もとよしちょうしもかわうち　宮城県気仙沼市
本吉町下要害　もとよしちょうしもようがい　宮城県気仙沼市
本吉町下宿　もとよしちょうしもじゅく　宮城県気仙沼市
本吉町三島　もとよしちょうみしま　宮城県気仙沼市
本吉町上川内　もとよしちょうかみかわうち　宮城県気仙沼市
本吉町上野　もとよしちょうわの　宮城県気仙沼市
本吉町土樋下　もとよしちょうつちどいした　宮城県気仙沼市
本吉町大朴木　もとよしちょうおおぼうき　宮城県気仙沼市
本吉町大沢　もとよしちょうおおさわ　宮城県気仙沼市
本吉町大谷　もとよしちょうおおや　宮城県気仙沼市
本吉町大東　もとよしちょうおおひがし　宮城県気仙沼市
本吉町大柴　もとよしちょうおおしば　宮城県気仙沼市
本吉町大森　もとよしちょうおおもり　宮城県気仙沼市
本吉町大椚　もとよしちょうおおくぬぎ　宮城県気仙沼市
本吉町小金山　もとよしちょうこがねやま　宮城県気仙沼市
本吉町小金沢　もとよしちょうこがねさわ　宮城県気仙沼市
本吉町小峰崎　もとよしちょうこみねざき　宮城県気仙沼市
本吉町小浜　もとよしちょうこばま　宮城県気仙沼市
本吉町山谷　もとよしちょうやまや　宮城県気仙沼市
本吉町中川内　もとよしちょうなかかわうち　宮城県気仙沼市
本吉町中平　もとよしちょうなかだいら　宮城県気仙沼市
本吉町中沢　もとよしちょうなかざわ　宮城県気仙沼市
本吉町中島　もとよしちょうなかじま　宮城県気仙沼市
本吉町今朝磯　もとよしちょうけさいそ　宮城県気仙沼市
本吉町午王野沢　もとよしちょうごおうのさわ　宮城県気仙沼市

5画（本）

本吉町天ケ沢　もとよしちょうあまがさわ　宮城県気仙沼市

本吉町日門　もとよしちょうひかど　宮城県気仙沼市

本吉町北明戸　もとよしちょうきたあけど　宮城県気仙沼市

本吉町卯名沢　もとよしちょううなざわ　宮城県気仙沼市

本吉町外尾　もとよしちょうそでお　宮城県気仙沼市

本吉町平貝　もとよしちょうひらがい　宮城県気仙沼市

本吉町平椚　もとよしちょうたいらくぬぎ　宮城県気仙沼市

本吉町田の沢　もとよしちょうたのさわ　宮城県気仙沼市

本吉町石川原　もとよしちょういしかわら　宮城県気仙沼市

本吉町向畑　もとよしちょうむかいばた　宮城県気仙沼市

本吉町寺沢　もとよしちょうてらさわ　宮城県気仙沼市

本吉町寺谷　もとよしちょうてらがい　宮城県気仙沼市

本吉町寺要害　もとよしちょうてらようがい　宮城県気仙沼市

本吉町西川内　もとよしちょうにしかわうち　宮城県気仙沼市

本吉町坊の倉　もとよしちょうぼうのくら　宮城県気仙沼市

本吉町尾田　もとよしちょうおでん　宮城県気仙沼市

本吉町沖の田　もとよしちょうおきのだ　宮城県気仙沼市

本吉町角柄　もとよしちょうつのがら　宮城県気仙沼市

本吉町谷地　もとよしちょうやち　宮城県気仙沼市

本吉町赤牛　もとよしちょうあかうし　宮城県気仙沼市

本吉町岳の下　もとよしちょうたけのした　宮城県気仙沼市

本吉町幸土　もとよしちょうこうど　宮城県気仙沼市

本吉町府中　もとよしちょうふちゅう　宮城県気仙沼市

本吉町松ケ沢　もとよしちょうまつがさわ　宮城県気仙沼市

本吉町東川内　もとよしちょうひがしかわうち　宮城県気仙沼市

本吉町林の沢　もとよしちょうはやしのさわ　宮城県気仙沼市

本吉町直伝　もとよしちょうじきでん　宮城県気仙沼市

本吉町長畑　もとよしちょうながはたけ　宮城県気仙沼市

本吉町長根　もとよしちょうながね　宮城県気仙沼市

本吉町長窪　もとよしちょうながくぼ　宮城県気仙沼市

本吉町信夫　もとよしちょうしのぶ　宮城県気仙沼市

本吉町前浜　もとよしちょうまえはま　宮城県気仙沼市

本吉町南明戸　もとよしちょうみなみあけど　宮城県気仙沼市

本吉町後田　もとよしちょううしろだ　宮城県気仙沼市

本吉町柳沢　もとよしちょうやなぎさわ　宮城県気仙沼市

本吉町泉　もとよしちょういずみ　宮城県気仙沼市

本吉町泉沢　もとよしちょういずみさわ　宮城県気仙沼市

本吉町津谷明戸　もとよしちょうつやあけど　宮城県気仙沼市

本吉町津谷松尾　もとよしちょうつやまつお　宮城県気仙沼市

本吉町津谷松岡　もとよしちょうつやまつおか　宮城県気仙沼市

本吉町津谷長根　もとよしちょうつやながね　宮城県気仙沼市

本吉町津谷桜子　もとよしちょうつやさくらご　宮城県気仙沼市

本吉町津谷新明戸　もとよしちょうつやしんあけど　宮城県気仙沼市

本吉町津谷舘岡　もとよしちょうつやたておか　宮城県気仙沼市

本吉町洞沢　もとよしちょうほらさわ　宮城県気仙沼市

本吉町狩猟　もとよしちょうかりょう　宮城県気仙沼市

本吉町風越　もとよしちょうかざこし　宮城県気仙沼市

本吉町圃の沢　もとよしちょうはたのさわ　宮城県気仙沼市

本吉町宮内　もとよしちょうみやうち　宮城県気仙沼市

本吉町狼の巣　もとよしちょうおいのす　宮城県気仙沼市

本吉町馬籠町　もとよしちょうまごめまち　宮城県気仙沼市

本吉町馬籠町頭　もとよしちょうまごめまちがしら　宮城県気仙沼市

本吉町高　もとよしちょうたか　宮城県気仙沼市

本吉町高岡　もとよしちょうたかおか　宮城県気仙沼市

本吉町高瀬ケ森　もとよしちょうたかせがもり　宮城県気仙沼市

本吉町深萩　もとよしちょうふかはぎ　宮城県気仙沼市

本吉町猪の鼻　もとよしちょういのはな　宮城県気仙沼市

本吉町菖蒲沢　もとよしちょうしょうぶさわ　宮城県気仙沼市

本吉町菅の沢　もとよしちょうすげのさわ　宮城県気仙沼市

本吉町野々下　もとよしちょうののした　宮城県気仙沼市

本吉町鹿の子　もとよしちょうかのこ　宮城県気仙沼市

本吉町登米沢　もとよしちょうとよまざわ　宮城県気仙沼市

本吉町道外　もとよしちょうみちそと　宮城県気仙沼市

本吉町道貫　もとよしちょうどうめき　宮城県気仙沼市

本吉町新北明戸　もとよしちょうしんきたあけど　宮城県気仙沼市

本吉町新南明戸　もとよしちょうしんみなみあけど　宮城県気仙沼市

本吉町新圃の沢　もとよしちょうしんはたのさわ　宮城県気仙沼市

本吉町滝沢　もとよしちょうたきさわ　宮城県気仙沼市

本吉町滝根　もとよしちょうたきね　宮城県気仙沼市

本吉町猿内　もとよしちょうさるうち　宮城県気仙沼市

本吉町歌生　もとよしちょううとう　宮城県気仙沼市

本吉町漆原　もとよしちょううるしばら　宮城県気仙沼市

本吉町窪　もとよしちょうくぼ　宮城県気仙沼市

本吉町幣掛　もとよしちょうぬさかけ　宮城県気仙沼市

本吉町蔵内　もとよしちょうくらうち　宮城県気仙沼市

本吉町蕨野　もとよしちょうわらびの　宮城県気仙沼市

本吉町舘下　もとよしちょうたてした　宮城県気仙沼市

本吉原　ほんよしわら　静岡県（岳南電車線）

本吉郡　もとよしぐん　宮城県

本合海　もとあいかい　山形県新庄市

419

5画（本）

本名
ほんな　福島県（JR只見線）
ほんな　福島県大沼郡金山町
本名町　ほんみょうちょう　鹿児島県鹿児島市
本地　ほんじ　広島県山県郡北広島町
本地が丘　ほんじがおか　愛知県名古屋市守山区
本地町　ほんじちょう　愛知県豊田市
本地通　ほんじどおり　愛知県名古屋市南区
本多
ほんだ　埼玉県新座市
ほんだ　東京都国分寺市
ほんだ　福井県越前市
本多町
ほんだまち　石川県金沢市
ほんだちょう　大阪府河内長野市
本多聞　ほんたもん　兵庫県神戸市垂水区
本庄
ほんじょう　埼玉県（JR高崎線）
ほんじょう　埼玉県本庄市
ほんじょう　長野県松本市
ほんじょう　岐阜県揖斐郡大野町
ほんしょう　愛知県小牧市
ほんじょう　京都府福知山市
ほんじょう　京都府船井郡京丹波町
ほんじょう　大阪府東大阪市
ほんじょう　鳥取県岩美郡岩美町
ほんじょう　岡山県真庭市
ほんじょう　福岡県築上郡築上町
ほんじょう　大分県杵築市
ほんじょう　宮崎県東諸県郡国富町
本庄上　ほんじょうあげ　京都府与謝郡伊根町
本庄中　ほんじょうなか　大阪府東大阪市
本庄市　ほんじょうし　埼玉県
本庄宇治　ほんじょううじ　京都府与謝郡伊根町
本庄早稲田　ほんじょうわせだ　埼玉県（JR上越新幹線ほか）
本庄西
ほんじょうにし　大阪府大阪市北区
ほんじょうにし　大阪府東大阪市
本庄町
ほんじょうちょう　滋賀県彦根市
ほんじょうちょう　滋賀県長浜市
ほんじょうちょう　兵庫県神戸市東灘区
ほんじょうちょう　兵庫県神戸市長田区
ほんじょうちょう　奈良県大和郡山市
ほんじょうちょう　島根県松江市
ほんじょうちょう　島根県出雲市
ほんじょうまち　大分県日田市
本庄町中　ほんじょうちょうなか　広島県福山市
本庄町本庄　ほんじょうまちほんじょう　佐賀県佐賀市
本庄町末次　ほんじょうまちすえつぐ　佐賀県佐賀市
本庄町正里　ほんじょうまちしょうり　佐賀県佐賀市
本庄町袋　ほんじょうまちふくろ　佐賀県佐賀市
本庄町鹿子　ほんじょうまちかのこ　佐賀県佐賀市
本庄東
ほんじょうひがし　大阪府大阪市北区
ほんじょうひがし　大阪府東大阪市
本庄浜　ほんじょうはま　京都府与謝郡伊根町
本江
ほんごう　富山県魚津市
ほんごう　富山県滑川市
ほんごう　富山県南砺市

本郷　富山県射水市
本江三箇　ほんごうさんか　富山県射水市
本江中　ほんごうなか　富山県射水市
本江中新　ほんごうなかしん　富山県射水市
本江北　ほんごうきた　富山県射水市
本江西　ほんごうにし　富山県射水市
本江利波　ほんごうとなみ　富山県射水市
本江町
もとえちょう　石川県金沢市
ほんごうまち　石川県小松市
ほんごうまち　石川県羽咋市
本江東　ほんごうひがし　富山県射水市
本江南　ほんごうみなみ　富山県射水市
本江後新　ほんごうのちしん　富山県射水市
本江針山　ほんごうはりやま　富山県射水市
本江針山開　ほんごうはりやまびらき　富山県射水市
本江針山新　ほんごうはりやましん　富山県射水市
本江新町　ほんごうしんまち　富山県魚津市
本池田町　ほんいけだちょう　京都府京都市東山区
本牟田部　ほんむたべ　佐賀県（JR唐津線）
本米崎　もとこめざき　茨城県那珂市
本羽田　ほんはねだ　東京都大田区
本行徳　ほんぎょうとく　千葉県市川市
7**本位田**　ほんいでん　兵庫県佐用郡佐用町
本佐倉　もとさくら　千葉県印旛郡酒々井町
本住町
もとすみちょう　埼玉県深谷市
もとずみちょう　岐阜県美濃市
本別
ほんべつ　北海道茅部郡鹿部町
ほんべつ　北海道野付郡別海町
本別町　ほんべつちょう　北海道中川郡
本別海　ほんべっかい　北海道野付郡別海町
本坂　ほんさか　京都府与謝郡伊根町
本妙寺入口　ほんみょうじいりぐち　熊本県（熊本市交通局B系統）
本尾町　もとおまち　長崎県長崎市
本岐　ほんき　北海道網走郡津別町
本折町
もとおりまち　石川県小松市
もとおりちょう　福井県福井市
本材木町　もとざいもくちょう　京都府京都市伏見区
本条　ほんじょう　新潟県柏崎市
本村
ほんそん　東京都新島村
ほんそん　神奈川県茅ケ崎市
ほんむら　富山県下新川郡入善町
ほんむら　高知県土佐市
ほんむら　高知県吾川郡仁淀川町
ほんむら　高知県高岡郡日高村
もとむら　福岡県八女市
本村町
ほんむらちょう　神奈川県横浜市旭区
ほんむらちょう　広島県庄原市
本沢
ほんざわ　北海道北見市
ほんざわ　北海道夕張郡栗山町
ほんざわ　茨城県つくば市
ほんざわ　埼玉県比企郡吉見町
本沢合　ほんざわい　静岡県浜松市浜北区

420

本町

ほんちょう　北海道函館市
もとまち　北海道旭川市
ほんちょう　北海道室蘭市
もとまち　北海道北見市
ほんちょう　北海道夕張市
ほんちょう　北海道留萌市
ほんちょう　北海道苫小牧市
ほんちょう　北海道芦別市
ほんちょう　北海道赤平市
ほんちょう　北海道紋別市
ほんちょう　北海道三笠市
ほんちょう　北海道根室市
ほんちょう　北海道千歳市
ほんまち　北海道滝川市
ほんちょう　北海道歌志内市
もとまち　北海道富良野市
もとまち　北海道恵庭市
ほんちょう　北海道石狩市
ほんちょう　北海道北斗市
ほんちょう　北海道松前郡福島町
ほんちょう　北海道上磯郡木古内町
ほんちょう　北海道亀田郡七飯町
ほんちょう　北海道茅部郡森町
ほんちょう　北海道二海郡八雲町
ほんちょう　北海道山越郡長万部町
ほんちょう　北海道檜山郡江差町
ほんちょう　北海道檜山郡厚沢部町
ほんちょう　北海道瀬棚郡今金町
ほんちょう　北海道虻田郡喜茂別町
ほんちょう　北海道古平郡古平町
ほんまち　北海道空知郡奈井江町
ほんまち　北海道空知郡上砂川町
ほんまち　北海道夕張郡由仁町
ほんちょう　北海道夕張郡長沼町
ほんちょう　北海道上川郡愛別町
ほんちょう　北海道上川郡上川町
もとまち　北海道上川郡美瑛町
もとまち　北海道空知郡上富良野町
もとまち　北海道空知郡中富良野町
ほんちょう　北海道天塩郡遠別町
ほんちょう　北海道枝幸郡枝幸町
ほんちょう　北海道網走郡津別町
ほんまち　北海道斜里郡斜里町
ほんちょう　北海道白老郡白老町
ほんちょう　北海道勇払郡厚真町
ほんちょう　北海道虻田郡洞爺湖町
ほんちょう　北海道沙流郡平取町
ほんちょう　北海道新冠郡新冠町
ほんちょう　北海道様似郡様似町
ほんちょう　北海道幌泉郡えりも町
ほんちょう　北海道河西郡更別村
もとまち　北海道中川郡幕別町
ほんちょう　北海道十勝郡浦幌町
ほんちょう　北海道目梨郡羅臼町
ほんちょう　青森県青森市
ほんちょう　青森県弘前市
ほんちょう　青森県五所川原市
ほんちょう　青森県三沢市
ほんまち　青森県むつ市
ほんちょう　青森県西津軽郡鯵ケ沢町
もとまち　岩手県宮古市
ほんちょう　岩手県久慈市
ほんちょう　岩手県上閉伊郡大槌町
ほんちょう　宮城県仙台市青葉区

もとまち　宮城県塩竈市
もとまち　宮城県気仙沼市
ほんちょう　宮城県白石市
ほんちょう　宮城県岩沼市
もとまち　宮城県遠田郡涌谷町
もとまち　秋田県横手市
ほんちょう　山形県山形市
ほんちょう　山形県米沢市
ほんちょう　山形県鶴岡市
ほんちょう　山形県酒田市
ほんまち　山形県新庄市
ほんちょう　山形県寒河江市
もとまち　山形県長井市
ほんちょう　山形県天童市
ほんちょう　山形県東根市
もとまち　福島県福島市
ほんまち　福島県会津若松市
ほんちょう　福島県郡山市
もとまち　福島県白河市
もとまち　福島県須賀川市
もとまち　福島県二本松市
もとまち　福島県伊達市
もとまち　福島県伊達郡桑折町
もとまち　福島県伊達郡川俣町
もとまち　福島県岩瀬郡鏡石町
もとまち　福島県耶麻郡猪苗代町
もとまち　福島県西白河郡矢吹町
もとまち　福島県双葉郡富岡町
ほんちょう　茨城県水戸市
ほんちょう　茨城県古河市
ほんちょう　茨城県高萩市
ほんちょう　茨城県守谷市
ほんちょう　栃木県宇都宮市
ほんちょう　栃木県栃木市
ほんちょう　栃木県佐野市
ほんちょう　栃木県日光市
ほんちょう　栃木県大田原市
ほんちょう　栃木県矢板市
ほんちょう　栃木県那須塩原市
ほんまち　群馬県前橋市
もとまち　群馬県高崎市
ほんちょう　群馬県桐生市
ほんまち　群馬県伊勢崎市
ほんちょう　群馬県太田市
ほんちょう　群馬県館林市
ほんちょう　埼玉県さいたま市岩槻区
ほんちょう　埼玉県熊谷市
ほんちょう　埼玉県川口市
もとまち　埼玉県秩父市
ほんちょう　埼玉県飯能市
ほんちょう　埼玉県加須市
もとまち　埼玉県本庄市
ほんちょう　埼玉県東松山市
ほんちょう　埼玉県鴻巣市
ほんちょう　埼玉県上尾市
ほんちょう　埼玉県戸田市
ほんちょう　埼玉県朝霞市
ほんちょう　埼玉県志木市
ほんちょう　埼玉県和光市
ほんちょう　埼玉県久喜市
ほんちょう　埼玉県北本市
ほんちょう　埼玉県蓮田市
ほんちょう　埼玉県坂戸市
ほんちょう　埼玉県北足立郡伊奈町
ほんちょう　千葉県千葉市中央区

5画（本）

ほんちょう　千葉県銚子市	ほんまち　静岡県静岡市清水区
ほんちょう　千葉県船橋市	ほんちょう　静岡県沼津市
ほんちょう　千葉県松戸市	ほんちょう　静岡県三島市
ほんちょう　千葉県成田市	ほんちょう　静岡県富士市
もとまち　千葉県佐倉市	ほんまち　静岡県磐田市
ほんちょう　千葉県我孫子市	ほんまち　静岡県焼津市
ほんまち　東京都渋谷区	ほんまち　静岡県藤枝市
ほんちょう　東京都中野区	ほんまち　愛知県一宮市
ほんちょう　東京都板橋区	ほんまち　愛知県半田市
ほんちょう　東京都八王子市	ほんまち　愛知県津島市
ほんちょう　東京都青梅市	ほんまち　愛知県豊田市
ほんまち　東京都府中市	ほんまち　愛知県西尾市
ほんちょう　東京都小金井市	ほんまち　愛知県蒲郡市
ほんちょう　東京都東村山市	ほんまち　愛知県常滑市
ほんちょう　東京都国分寺市	ほんまち　愛知県知立市
ほんちょう　東京都福生市	ほんまち　愛知県岩倉市
ほんちょう　東京都東久留米市	ほんまち　愛知県海部郡蟹江町
ほんまち　東京都武蔵村山市	ほんまち　三重県津市
ほんちょう　神奈川県横浜市中区	ほんまち　三重県四日市市
ほんまち　神奈川県川崎市川崎区	ほんまち　三重県伊勢市
ほんちょう　神奈川県横須賀市	ほんまち　三重県松阪市
ほんちょう　神奈川県藤沢市	ほんまち　三重県桑名市
ほんちょう　神奈川県小田原市	ほんまち　三重県名張市
ほんちょう　神奈川県秦野市	ほんまち　三重県亀山市
ほんちょう　新潟県長岡市	ほんまち　滋賀県彦根市
ほんちょう　新潟県三条市	ほんちょう　滋賀県長浜市
ほんちょう　新潟県新発田市	ほんまち　滋賀県近江八幡市
ほんちょう　新潟県小千谷市	ほんまち　京都府京都市東山区
ほんちょう　新潟県加茂市	ほんまち　京都府綾部市
ほんちょう　新潟県十日町市	ほんまち　京都府宮津市
ほんちょう　新潟県見附市	ほんまち　京都府亀岡市
もとまち　新潟県村上市	ほんまち　大阪府（大阪市交通局御堂筋線ほか）
ほんちょう　新潟県燕市	ほんまち　大阪府大阪市中央区
ほんちょう　新潟県糸魚川市	ほんまち　大阪府岸和田市
ほんちょう　新潟県五泉市	ほんまち　大阪府豊中市
ほんちょう　新潟県上越市	ほんまち　大阪府泉大津市
ほんちょう　新潟県魚沼市	ほんまち　大阪府高槻市
ほんちょう　新潟県胎内市	ほんまち　大阪府守口市
ほんまち　富山県富山市	ほんまち　大阪府茨木市
ほんまち　富山県高岡市	ほんまち　大阪府八尾市
ほんまち　富山県魚津市	ほんまち　大阪府泉佐野市
ほんまち　富山県氷見市	ほんまち　大阪府富田林市
ほんまち　富山県砺波市	ほんまち　大阪府寝屋川市
ほんまち　富山県小矢部市	ほんまち　大阪府河内長野市
ほんまち　富山県南砺市	ほんまち　大阪府門真市
ほんまち　富山県射水市	ほんまち　大阪府東大阪市
ほんまち　石川県金沢市	ほんまち　兵庫県神戸市兵庫区
ほんまち　石川県小松市	ほんまち　兵庫県姫路市
ほんまち　石川県羽咋市	ほんまち　兵庫県明石市
ほんまち　石川県野々市市	ほんまち　兵庫県西宮市
ほんまち　福井県敦賀市	ほんまち　兵庫県洲本市
ほんまち　福井県大野市	ほんまち　兵庫県三木市
ほんまち　福井県勝山市	ほんまち　兵庫県小野市
ほんまち　福井県鯖江市	ほんまち　奈良県大和郡山市
ほんまち　福井県越前市	ほんまち　奈良県五條市
ほんちょう　山梨県韮崎市	ほんまち　奈良県御所市
ほんちょう　長野県岡谷市	ほんまち　奈良県生駒市
ほんまち　長野県飯田市	ほんまち　奈良県香芝市
ほんまち　長野県小諸市	ほんまち　奈良県磯城郡田原本町
ほんまち　長野県茅野市	ほんまち　奈良県北葛城郡王寺町
ほんまち　岐阜県岐阜市	ほんまち　和歌山県和歌山市
ほんまち　岐阜県大垣市	ほんまち　和歌山県田辺市
ほんまち　岐阜県高山市	ほんまち　鳥取県鳥取市
ほんまち　岐阜県多治見市	ほんまち　鳥取県境港市
ほんまち　岐阜県関市	ほんまち　島根県益田市
ほんまち　岐阜県中津川市	ほんまち　岡山県岡山市北区

5画（本）

ほんまち	岡山県倉敷市	
ほんまち	岡山県津山市	
ほんまち	岡山県高梁市	
ほんまち	広島県呉市	
ほんまち	広島県竹原市	
ほんまち	広島県三原市	
ほんまち	広島県福山市	
ほんまち	広島県庄原市	
ほんまち	広島県大竹市	
ほんまち	広島県廿日市市	
ほんまち	広島県安芸郡府中町	
ほんまち	山口県下関市	
ほんまち	山口県山口市	
ほんまち	山口県周南市	
ほんまち	香川県高松市	
ほんまち	香川県丸亀市	
ほんまち	香川県坂出市	
ほんまち	愛媛県松山市	
ほんまち	愛媛県今治市	
ほんまち	愛媛県八幡浜市	
ほんまち	愛媛県西条市	
ほんまち	高知県高知市	
ほんまち	高知県安芸市	
ほんまち	高知県土佐清水市	
ほんまち	高知県高岡郡四万十町	
ほんまち	福岡県北九州市門司区	
ほんまち	福岡県北九州市若松区	
ほんまち	福岡県大牟田市	
ほんまち	福岡県久留米市	
ほんまち	福岡県飯塚市	
ほんまち	福岡県田川市	
ほんまち	福岡県柳川市	
もとまち	福岡県八女市	
ほんまち	佐賀県唐津市	
ほんまち	佐賀県鳥栖市	
ほんまち	佐賀県西松浦郡有田町	
ほんまち	長崎県島原市	
ほんまち	長崎県諫早市	
ほんまち	長崎県大村市	
ほんまち	熊本県八代市	
ほんまち	熊本県宇土市	
ほんまち	大分県日田市	
ほんまち	大分県豊後高田市	
ほんまち	宮崎県延岡市	
ほんまち	宮崎県日南市	
ほんまち	宮崎県小林市	
ほんまち	宮崎県日向市	
ほんまち	宮崎県東臼杵郡門川町	
ほんまち	鹿児島県鹿屋市	
ほんまち	鹿児島県阿久根市	
ほんまち	鹿児島県出水市	
ほんまち	鹿児島県垂水市	

本町一条　ほんちょういちじょう　北海道札幌市東区
本町二条　ほんちょうにじょう　北海道札幌市東区
本町下河内　ほんまちしもがわち　熊本県天草市
本町三丁目　ほんまちさんちょうめ　愛媛県（伊予鉄道本町線）
本町五丁目　ほんまちごちょうめ　愛媛県（伊予鉄道本町線）
本町六丁目　ほんまちろくちょうめ　愛媛県（伊予鉄道環状線ほか）
本町北柳田　もとまちきたやなぎだ　青森県平川市
本町北裏　もとまちきたうら　福島県白河市

本町四丁目　ほんまちよんちょうめ　愛媛県（伊予鉄道本町線）
本町平野　もとまちひらの　青森県平川市
本町本　ほんまちほん　熊本県天草市
本町田　ほんまちだ　東京都町田市
本町西
　ほんちょうにし　北海道沙流郡日高町
　ほんちょうにし　埼玉県さいたま市中央区
　ほんちょうにし　新潟県十日町市
本町西宮　もとまちにしのみや　青森県平川市
本町村元　もとまちむらもと　青森県平川市
本町東
　ほんちょうひがし　北海道沙流郡日高町
　ほんちょうひがし　埼玉県さいたま市中央区
　ほんちょうひがし　新潟県十日町市
本町南柳田　もとまちみなみやなぎだ　青森県平川市
本町追手　ほんまちおうて　愛媛県宇和島市
本町通
　ほんちょうどおり　岩手県盛岡市
　ほんちょうどおり　神奈川県横浜市鶴見区
　ほんちょうどおり　新潟県新潟市中央区
　ほんまちどおり　愛知県岡崎市
　ほんまちどおり　愛知県一宮市
本町通り　ほんまちどおり　長野県木曽郡上松町
本町富岡　もとまちとみおか　青森県平川市
本町新　ほんまちしん　京都府京都市東山区
本町新休　ほんまちしんきゅう　熊本県天草市
本町橋　ほんまちばし　大阪府大阪市中央区
本谷　ほんだに　愛媛県松山市
[8] **本宗道**　ほんそうどう　茨城県下妻市
本岡　もとおか　福島県双葉郡富岡町
本幸町　ほんこうちょう　北海道苫小牧市
本府中町　もとふちゅうまち　石川県七尾市
本所
　ほんじょ　東京都墨田区
　ほんじょ　新潟県新潟市東区
　ほんじょ　新潟県長岡市
　ほんじょ　新潟県見附市
　ほんじょ　静岡県掛川市
　ほんじょ　静岡県菊川市
本所吾妻橋　ほんじょあづまばし　東京都（東京都交通局浅草線）
本明　ほんみょう　新潟県阿賀野市
本明町
　ほんみょうまち　新潟県見附市
　ほんみょうまち　長崎県諫早市
本明谷　ほんみょうだに　兵庫県篠山市
本河内　ほんごうち　長崎県長崎市
本沼
　もとぬま　福島県白河市
　もとぬま　栃木県芳賀郡益子町
本法寺前町　ほんぽうじまえちょう　京都府京都市上京区
本牧ふ頭　ほんもくふとう　神奈川県横浜市中区
本牧十二天　ほんもくじゅうにてん　神奈川県横浜市中区
本牧三之谷　ほんもくさんのたに　神奈川県横浜市中区
本牧大里町　ほんもくおおさとちょう　神奈川県横浜市中区
本牧元町　ほんもくもとまち　神奈川県横浜市中区

423

5画（本）

本牧町	ほんもくちょう	神奈川県横浜市中区
本牧和田	ほんもくわだ	神奈川県横浜市中区
本牧荒井	ほんもくあらい	神奈川県横浜市中区
本牧原	ほんもくはら	神奈川県横浜市中区
本牧宮原	ほんもくみやばら	神奈川県横浜市中区
本牧満坂	ほんもくまんざか	神奈川県横浜市中区
本牧間門	ほんもくまかど	神奈川県横浜市中区
本牧緑ケ丘	ほんもくみどりがおか	神奈川県横浜市中区
本茅部町	ほんかやべちょう	北海道茅部郡森町
本長者原	もとちょうじゃはら	新潟県上越市
本長篠	ほんながしの	愛知県（JR飯田線）

⁹本保
- ほんぼ　富山県高岡市
- ほんぼ　福井県小浜市

本保町	ほんぼちょう	福井県越前市
本俣賀	ほんまたが	島根県（JR山口線）
本俣賀町	ほんまたがちょう	島根県益田市
本前川	ほんまえかわ	埼玉県川口市
本前田町	ほんまえだちょう	愛知県名古屋市中川区
本厚木	ほんあつぎ	神奈川県（小田急電鉄小田原線）

本城
- ほんじょう　秋田県北秋田市
- ほんじょう　山形県最上郡最上町
- ほんじょう　栃木県足利市
- ほんじょう　千葉県成田市
- ほんじょう　福岡県（JR筑豊本線）
- ほんじょう　福岡県北九州市八幡西区
- ほんじょう　福岡県宮若市
- ほんじょう　宮崎県串間市
- ほんじょう　鹿児島県垂水市

本城町
- もとしろちょう　茨城県下妻市
- ほんじょうまち　千葉県銚子市
- もとしろちょう　新潟県上越市
- ほんじょうちょう　愛知県名古屋市南区
- ほんじょうまち　福岡県柳川市
- ほんじょうちょう　鹿児島県鹿児島市

本城学研台	ほんじょうがっけんだい	福岡県北九州市八幡西区
本城東	ほんじょうひがし	福岡県北九州市八幡西区
本城舘	ほんじょうだて	福島県西白河郡矢吹町

本屋敷
- もとやしき　岩手県和賀郡西和賀町
- もとやしき　福島県大沼郡会津美里町
- もとやしき　新潟県十日町市

本星崎	もとほしざき	愛知県（名古屋鉄道名古屋本線）

本星崎町
- もとほしざきちょう　愛知県名古屋市港区
- もとほしざきちょう　愛知県名古屋市南区

本柿木	ほんかきぎ	静岡県伊豆市
本柳水町	ほんりゅうすいちょう	京都府京都市下京区

本海野
- もとうんの　長野県上田市
- もとうんの　長野県東御市

本泉
- もといずみ　青森県青森市
- もといずみ　鳥取県東伯郡三朝町

本津川	ほんつがわ	新潟県長岡市
本津幡	ほんつばた	石川県（JR七尾線）
本砂金	もといさご	宮城県柴田郡川崎町
本神明町	もとしんめいちょう	京都府京都市下京区
本神崎	ほんこうざき	大分県大分市
本耶馬渓町下屋形	ほんやばけいまちしもやかた	大分県中津市
本耶馬渓町今行	ほんやばけいまちいまゆく	大分県中津市
本耶馬渓町多志田	ほんやばけいまちたしだ	大分県中津市
本耶馬渓町西谷	ほんやばけいまちにしたに	大分県中津市
本耶馬渓町西屋形	ほんやばけいまちにしやかた	大分県中津市
本耶馬渓町折元	ほんやばけいまちおりもと	大分県中津市
本耶馬渓町東谷	ほんやばけいまちひがしたに	大分県中津市
本耶馬渓町東屋形	ほんやばけいまちひがしやかた	大分県中津市
本耶馬渓町冠石野	ほんやばけいまちかぶしの	大分県中津市
本耶馬渓町曽木	ほんやばけいまちそぎ	大分県中津市
本耶馬渓町落合	ほんやばけいまちおちあい	大分県中津市
本耶馬渓町跡田	ほんやばけいまちあとだ	大分県中津市
本耶馬渓町樋田	ほんやばけいまちひだ	大分県中津市

本荘
- ほんじょう　秋田県由利本荘市
- ほんじょう　福井県（えちぜん鉄道三国芦原線）
- ほんじょう　岐阜県岐阜市
- ほんじょう　兵庫県加古郡播磨町
- ほんじょう　熊本県熊本市中央区

本荘中ノ町	ほんじょうなかのまち	岐阜県岐阜市
本荘西	ほんじょうにし	岐阜県岐阜市

本荘町
- ほんじょうちょう　岐阜県岐阜市
- ほんじょうまち　熊本県熊本市中央区

¹⁰本原町	もとはらまち	長崎県長崎市

本宮
- もとみや　岩手県盛岡市
- もとみや　秋田県大館市
- もとみや　福島県（JR東北本線）
- ほんぐう　富山県（富山地方鉄道立山線）
- ほんぐう　富山県富山市
- もとみや　滋賀県大津市

本宮一ツ屋	もとみやひとつや	福島県本宮市
本宮九縄	もとみやくなわ	福島県本宮市
本宮下台	もとみやしもだい	福島県本宮市
本宮下町	もとみやしもまち	福島県本宮市
本宮上千束	もとみやかみせんぞく	福島県本宮市
本宮上町	もとみやかみまち	福島県本宮市
本宮万世	もとみやばんせい	福島県本宮市
本宮千代田	もとみやちよだ	福島県本宮市
本宮千束	もとみやせんぞく	福島県本宮市
本宮土樋	もとみやつちどい	福島県本宮市
本宮大町	もとみやだいまち	福島県本宮市

5画（本）

本宮大森　もとみやおおもり　福島県本宮市
本宮大榎　もとみやおおえのき　福島県本宮市
本宮小原田　もとみやこはらだ　福島県本宮市
本宮小幡　もとみやおばた　福島県本宮市
本宮小簏北　もとみやおばたきた　福島県本宮市
本宮山田　もとみやまだ　福島県本宮市
本宮中台　もとみやなかだい　福島県本宮市
本宮中條　もとみやなかじょう　福島県本宮市
本宮中野　もとみやなかの　福島県本宮市
本宮中野後　もとみやなかのうしろ　福島県本宮市
本宮反町　もとみやそりまち　福島県本宮市
本宮太郎丸　もとみやたろうまる　福島県本宮市
本宮天ケ　もとみやあまが　福島県本宮市
本宮戸崎　もとみやとさき　福島県本宮市
本宮欠下　もとみやがけした　福島県本宮市
本宮北ノ内　もとみやきたのうち　福島県本宮市
本宮北山神　もとみやきたやまのかみ　福島県本宮市
本宮北川原田　もとみやきたかわはらだ　福島県本宮市
本宮市　もとみやし　福島県
本宮平井　もとみやひらい　福島県本宮市
本宮広町　もとみやひろまち　福島県本宮市
本宮弁天　もとみやべんてん　福島県本宮市
本宮田中　もとみやたなか　福島県本宮市
本宮白川　もとみやしらかわ　福島県本宮市
本宮矢来　もとみややらい　福島県本宮市
本宮石塚　もとみやいしづか　福島県本宮市
本宮立石　もとみやたていし　福島県本宮市
本宮仲町　もとみやなかまち　福島県本宮市
本宮名郷　もとみやなごう　福島県本宮市
本宮名郷脇　もとみやなごうわき　福島県本宮市
本宮地蔵堂　もとみやじぞうどう　福島県本宮市
本宮竹花　もとみやたけのはな　福島県本宮市
本宮作田　もとみやさくた　福島県本宮市
本宮作田台　もとみやさくだい　福島県本宮市
本宮坊屋敷　もとみやぼうやしき　福島県本宮市
本宮町
　　もとみやまち　⇒本宮市（福島県）
　　もとみやちょう　茨城県日立市
　　ほんやまち　埼玉県鴻巣市
　　ほんぐうちょう　愛知県名古屋市港区
　　ほんぐうちょう　京都府綾部市
　　ほんぐうちょう　高知県高知市
本宮町一本松　ほんぐうちょういっぽんまつ　和歌山県田辺市
本宮町下湯川　ほんぐうちょうしもゆかわ　和歌山県田辺市
本宮町三越　ほんぐうちょうみこし　和歌山県田辺市
本宮町上大野　ほんぐうちょうかみおおの　和歌山県田辺市
本宮町上切原　ほんぐうちょうかみきりばら　和歌山県田辺市
本宮町久保野　ほんぐうちょうくぼの　和歌山県田辺市
本宮町土河屋　ほんぐうちょうつちごや　和歌山県田辺市
本宮町大居　ほんぐうちょうおおい　和歌山県田辺市
本宮町大津荷　ほんぐうちょうおおつが　和歌山県田辺市

本宮町大瀬　ほんぐうちょうおおぜ　和歌山県田辺市
本宮町小々森　ほんぐうちょうこごもり　和歌山県田辺市
本宮町小津荷　ほんぐうちょうこつが　和歌山県田辺市
本宮町川湯　ほんぐうちょうかわゆ　和歌山県田辺市
本宮町切畑　ほんぐうちょうきりはた　和歌山県田辺市
本宮町本宮　ほんぐうちょうほんぐう　和歌山県田辺市
本宮町田代　ほんぐうちょうたしろ　和歌山県田辺市
本宮町伏拝　ほんぐうちょうふしおがみ　和歌山県田辺市
本宮町曲川　ほんぐうちょうまがりかわ　和歌山県田辺市
本宮町耳打　ほんぐうちょうみみうち　和歌山県田辺市
本宮町東和田　ほんぐうちょうひがしわだ　和歌山県田辺市
本宮町武住　ほんぐうちょうぶじゅう　和歌山県田辺市
本宮町皆地　ほんぐうちょうみなち　和歌山県田辺市
本宮町皆瀬川　ほんぐうちょうみなせがわ　和歌山県田辺市
本宮町高山　ほんぐうちょうたかやま　和歌山県田辺市
本宮町野竹　ほんぐうちょうのだけ　和歌山県田辺市
本宮町渡瀬　ほんぐうちょうわたぜ　和歌山県田辺市
本宮町湯峰　ほんぐうちょうゆのみね　和歌山県田辺市
本宮町静川　ほんぐうちょうしずかわ　和歌山県田辺市
本宮町請川　ほんぐうちょううけがわ　和歌山県田辺市
本宮町簸尾谷　ほんぐうちょうみのおだに　和歌山県田辺市
本宮町檜葉　ほんぐうちょうひば　和歌山県田辺市
本宮花町　もとみやはなまち　福島県本宮市
本宮赤坂　もとみやあかさか　福島県本宮市
本宮近江内　もとみやおおみうち　福島県本宮市
本宮東町　もとみやひがしまち　福島県本宮市
本宮東町裏　もとみやひがしまちうら　福島県本宮市
本宮南ノ内　もとみやみなみのうち　福島県本宮市
本宮南山神　もとみやみなみやまかみ　福島県本宮市
本宮南町裡　もとみやみなみまちうら　福島県本宮市
本宮南河原田　もとみやみなみかわはらだ　福島県本宮市
本宮栄田　もとみやさかえだ　福島県本宮市
本宮柳ノ内　もとみややなぎのうち　福島県本宮市
本宮荒町　もとみやあらまち　福島県本宮市
本宮兼谷　もとみやかなや　福島県本宮市
本宮兼谷平　もとみやかなやだいら　福島県本宮市
本宮馬場　もとみやばば　福島県本宮市
本宮堀切　もとみやほっきり　福島県本宮市
本宮蛇ノ鼻　もとみやじゃのはな　福島県本宮市
本宮鹿ノ子田　もとみやかのこだ　福島県本宮市
本宮富ケ峰　もとみやとみがみね　福島県本宮市
本宮葭ケ入　もとみやよしがいり　福島県本宮市
本宮蛭田　もとみやひるた　福島県本宮市
本宮道屋敷　もとみやどうやしき　福島県本宮市
本宮雲雀田　もとみやひばりた　福島県本宮市
本宮塩田　もとみやしおだ　福島県本宮市
本宮塩田入　もとみやしおだいり　福島県本宮市
本宮新町　ほんぐうしんまち　愛知県名古屋市港区
本宮鉄砲町　もとみやてっぽうまち　福島県本宮市
本宮樋ノ口　もとみやといのくち　福島県本宮市
本宮関根　もとみやせきね　福島県本宮市

425

5画（本）

本宮鳴瀬　もとみやなるせ　福島県本宮市
本宮舞台　もとみやぶたい　福島県本宮市
本宮諏訪　もとみやすわ　福島県本宮市
本宮舘ノ越　もとみやたてのこし　福島県本宮市
本宮舘町　もとみやたてまち　福島県本宮市
本宮鍛冶免　もとみやかじめん　福島県本宮市
本宮鍋田　もとみやなべた　福島県本宮市
本宮瀬樋内　もとみやせびうち　福島県本宮市
本宮懸鉄　もとみやかんかね　福島県本宮市
本島　もとじま　埼玉県北葛飾郡杉戸町
本島町　もとしまちょう　長崎県佐世保市
本島町大浦　ほんじまちょうおおうら　香川県丸亀市
本島町小阪　ほんじまちょうこさか　香川県丸亀市
本島町尻浜　ほんじまちょうしりはま　香川県丸亀市
本島町生の浜　ほんじまちょういけのはま　香川県丸亀市
本島町甲生　ほんじまちょうこうしょう　香川県丸亀市
本島町泊　ほんじまちょうとまり　香川県丸亀市
本島町笠島　ほんじまちょうかさしま　香川県丸亀市
本島町福田　ほんじまちょうふくだ　香川県丸亀市
本徒士町　もとかじしちょう　青森県八戸市
本桐　ほんきり　北海道（JR日高本線）
本栖　もとす　山梨県南都留郡富士河口湖町
本梅町中野　ほんめちょうなかの　京都府亀岡市
本梅町井手　ほんめちょういで　京都府亀岡市
本梅町平松　ほんめちょうひらまつ　京都府亀岡市
本梅町西加舎　ほんめちょうにしかや　京都府亀岡市
本梅町東加舎　ほんめちょうひがしかや　京都府亀岡市
本浦町　ほんうらちょう　広島県広島市南区
本浜町
　　もとはまちょう　宮城県気仙沼市
　　もとはまちょう　鹿児島県いちき串木野市
本流　ほんりゅう　北海道天塩郡豊富町
本竜野　ほんたつの　兵庫県（JR姫新線）
本笑　もとわろう　福島県相馬市
本納
　　ほんのう　千葉県（JR外房線）
　　ほんのう　千葉県茂原市
本能寺町　ほんのうじちょう　京都府京都市中京区
本脇　もとわき　和歌山県和歌山市
本通
　　ほんどおり　北海道札幌市白石区
　　ほんどおり　北海道函館市
　　ほんどおり　北海道虻田郡ニセコ町
　　ほんどおり　北海道雨竜郡沼田町
　　ほんどおり　北海道河東郡士幌町
　　ほんどおり　北海道上川郡清水町
　　ほんどおり　北海道河西郡芽室町
　　ほんどおり　北海道広尾郡広尾町
　　ほんどおり　静岡県静岡市葵区
　　ほんとおり　静岡県島田市
　　ほんどおり　広島県（広島高速交通アストラムラインほか）
　　ほんどおり　広島県広島市中区
　　ほんどおり　広島県呉市
　　ほんどおり　香川県仲多度郡多度津町
本通り　ほんどおり　岩手県北上市
本通北　ほんどおりきた　北海道上川郡清水町
本通西　ほんどおりにし　北海道上川郡清水町

本通西町　ほんとおりにしまち　静岡県静岡市葵区
本通町　ほんどおりまち　佐賀県鳥栖市
本通南
　　ほんどおりみなみ　北海道上川郡新得町
　　ほんどおりみなみ　北海道河西郡芽室町
本郡　ほんぐ　愛媛県伊予市
本陣　ほんじん　愛知県（名古屋市交通局東山線）
本陣町　ほんじんちょう　山口県周南市
本陣通　ほんじんとおり　愛知県名古屋市中村区
本馬　ほんま　奈良県御所市
本馬越　ほんまごし　新潟県新潟市中央区
本高　もとだか　鳥取県鳥取市
11本動堂　もとゆるぎどう　群馬県藤岡市
本堂
　　ほんどう　大阪府柏原市
　　ほんどう　和歌山県有田郡有田川町
　　ほんどう　高知県高岡郡四万十町
本堂町　ほんどうちょう　福井県福井市
本堂城回　ほんどうしろまわり　秋田県仙北郡美郷町
本埜小林　もとのこばやし　千葉県印西市
本埜村　もとのむら　⇒印西市（千葉県）
本堀
　　ほんぼり　京都府福知山市
　　もとほり　岡山県小田郡矢掛町
本宿
　　もとじゅく　群馬県（わたらせ渓谷鉄道線）
　　もとじゅく　群馬県甘楽郡下仁田町
　　もとじゅく　群馬県吾妻郡東吾妻町
　　ほんじゅく　埼玉県さいたま市岩槻区
　　もとじゅく　埼玉県北本市
　　もとしゅく　東京都西多摩郡檜原村
　　ほんじゅく　静岡県駿東郡長泉町
　　もとじゅく　愛知県（名古屋鉄道名古屋本線）
本宿台　もとじゅくだい　愛知県岡崎市
本宿西　もとじゅくにし　愛知県岡崎市
本宿町
　　ほんじゅくちょう　茨城県下妻市
　　ほんじゅくちょう　東京都府中市
　　ほんじゅくちょう　神奈川県横浜市旭区
　　ほんじゅくちょう　神奈川県茅ケ崎市
　　もとじゅくちょう　愛知県岡崎市
本宿茜　もとじゅくあかね　愛知県岡崎市
本巣　もとす　岐阜県（樽見鉄道線）
本巣市　もとすし　岐阜県
本巣郡　もとすぐん　岐阜県
本笠寺　もとかさでら　愛知県（名古屋鉄道名古屋本線）
本組　ほんぐみ　愛媛県上浮穴郡久万高原町
本船迫　ほんふなばさま　宮城県柴田郡柴田町
本船津町　もとふなつまち　福岡県柳川市
本郷
　　ほんごう　北海道北斗市
　　ほんごう　北海道留萌郡小平町
　　ほんごう　北海道勇払郡厚真町
　　ほんごう　北海道白糠郡白糠町
　　ほんごう　宮城県気仙沼市
　　ほんごう　宮城県名取市
　　ほんごう　山形県鶴岡市
　　ほんごう　福島県大沼郡会津美里町
　　ほんごう　茨城県土浦市
　　ほんごう　茨城県取手市

5画（本）

ほんごう　茨城県桜川市
ほんごう　茨城県稲敷郡阿見町
ほんごう　茨城県結城郡八千代町
ほんごう　群馬県藤岡市
ほんごう　埼玉県所沢市
ほんごう　埼玉県加須市
ほんごう　埼玉県深谷市
ほんごう　埼玉県比企郡ときがわ町
ほんごう　埼玉県北葛飾郡杉戸町
ほんごう　千葉県木更津市
ほんごう　千葉県市原市
ほんごう　千葉県富津市
ほんごう　千葉県香取市
ほんごう　千葉県長生郡長生村
ほんごう　東京都文京区
ほんごう　神奈川県横浜市瀬谷区
ほんごう　神奈川県海老名市
ほんごう　新潟県胎内市
ほんごう　富山県富山市
ほんごう　富山県高岡市
ほんごう　福井県大飯郡おおい町
ほんごう　山梨県南巨摩郡南部町
ほんごう　長野県（長野電鉄長野線）
ほんごう　長野県上田市
ほんごう　長野県諏訪郡下諏訪町
ほんごう　長野県上伊那郡飯島町
ほんごう　岐阜県揖斐郡池田町
ほんごう　静岡県掛川市
ほんごう　静岡県藤枝市
ほんごう　静岡県下田市
ほんごう　愛知県（名古屋市交通局東山線）
ほんごう　愛知県名古屋市名東区
ほんごう　愛知県あま市
ほんごう　愛知県北設楽郡東栄町
ほんごう　滋賀県米原市
ほんごう　大阪府柏原市
ほんごう　兵庫県篠山市
ほんごう　兵庫県佐用郡佐用町
ほんごう　鳥取県日野郡日野町
ほんごう　岡山県真庭市
ほんごう　広島県（JR山陽本線）
ほんごう　広島県世羅郡世羅町
ほんごう　愛媛県新居浜市
ほんごう　高知県高岡郡日高村
ほんごう　福岡県（西日本鉄道甘木線）
ほんごう　福岡県三井郡大刀洗町
ほんごう　宮崎県宮崎市

本郷乙　ほんごうおつ　山形県西村山郡大江町
本郷丁　ほんごうてい　山形県西村山郡大江町
本郷入口中道上甲　ほんごういりぐちなかみちうえこう
　福島県大沼郡会津美里町
本郷入口道上　ほんごういりくちみちかみ　福島県大沼郡会津美里町
本郷入口道上甲　ほんごういりぐちみちうえこう　福島県大沼郡会津美里町
本郷三丁目　ほんごうさんちょうめ　東京都（東京地下鉄丸ノ内線ほか）
本郷上　ほんごうかみ　福島県大沼郡会津美里町
本郷上甲　ほんごうかみこう　福島県大沼郡会津美里町
本郷千苅　ほんごうせんがり　福島県大沼郡会津美里町
本郷千苅乙　ほんごうせんがりおつ　福島県大沼郡会津美里町

本郷己　ほんごうき　山形県西村山郡大江町
本郷中部　ほんごうちゅうぶ　富山県富山市
本郷丙　ほんごうへい　山形県西村山郡大江町
本郷北　ほんごうきた　広島県三原市
本郷北方　ほんごうきたかた　宮崎県宮崎市
本郷北部　ほんごうほくぶ　富山県富山市
本郷台
　ほんごうだい　神奈川県（JR根岸線）
　ほんごうだい　神奈川県横浜市栄区
本郷戊　ほんごうぼ　山形県西村山郡大江町
本郷甲
　ほんごうこう　山形県西村山郡大江町
　ほんごうこう　福島県大沼郡会津美里町
本郷西部　ほんごうせいぶ　富山県富山市
本郷村西　ほんごうむらにし　福島県大沼郡会津美里町
本郷村西乙　ほうんごうむらにしおつ　福島県大沼郡会津美里町
本郷村西甲　ほんごうむらにしこう　福島県大沼郡会津美里町
本郷村東乙　ほんごうむらひがしおつ　福島県大沼郡会津美里町
本郷町
　ほんごうちょう　北海道三笠市
　ほんごうちょう　秋田県横手市
　ほんごうちょう　福島県西白河郡矢吹町
　ほんごうちょう　栃木県小山市
　ほんごうちょう　栃木県那須塩原市
　ほんごうまち　群馬県高崎市
　ほんごうちょう　埼玉県さいたま市北区
　ほんごうちょう　千葉県船橋市
　ほんごうちょう　東京都八王子市
　ほんごうちょう　神奈川県横浜市中区
　ほんごうちょう　新潟県胎内市
　ほんごうちょう　富山県富山市
　ほんごうまち　長野県須坂市
　ほんごうちょう　岐阜県岐阜市
　ほんごうちょう　岐阜県関市
　ほんごうちょう　岐阜県美濃加茂市
　ほんごうちょう　静岡県静岡市清水区
　ほんごうちょう　静岡県浜松市南区
　ほんごうちょう　静岡県沼津市
　ほんごうちょう　愛知県瀬戸市
　ほんごうまち　愛知県碧南市
　ほんごうちょう　愛知県常滑市
　ほんごうちょう　愛知県高浜市
　ほんごうちょう　愛知県日進市
　ほんごうちょう　三重県四日市市
　ほんごうちょう　兵庫県相生市
　ほんごうちょう　奈良県大和高田市
　ほんごうちょう　島根県松江市
　ほんごうちょう　広島県福山市
　ほんごうちょう　広島県庄原市
本郷町下北方　ほんごうちょうしもきたがた　広島県三原市
本郷町上北方　ほんごうちょうかみきたがた　広島県三原市
本郷町本谷　ほんごうまちほんだに　山口県岩国市
本郷町本郷
　ほんごうちょうほんごう　広島県三原市
　ほんごうまちほんごう　山口県岩国市
本郷町宇塚　ほんごうまちうづか　山口県岩国市

427

5画（末）

本郷町西黒沢　ほんごうまちにしくろざわ　山口県岩国市

本郷町波野　ほんごうまちはの　山口県岩国市

本郷町南方　ほんごうちょうみなみがた　広島県三原市

本郷町船木　ほんごうちょうふなき　広島県三原市

本郷町善入寺　ほんごうちょうぜんにゅうじ　広島県三原市

本郷東部　ほんごうとうぶ　富山県富山市

本郷前川原　ほんごうまえかわはら　福島県大沼郡会津美里町

本郷前川原甲　ほんごうまえかわはらこう　福島県大沼郡会津美里町

本郷南　ほんごうみなみ　広島県三原市

本郷南方　ほんごうみなみかた　宮崎県宮崎市

本郷島
　　ほんごうじま　富山県富山市
　　ほんごうじま　富山県中新川郡立山町

本郷耕　ほんごうこう　高知県高岡郡佐川町

本郷通　ほんごうどおり　北海道札幌市白石区

本郷高田町　ほんごうたかだまち　福島県大沼郡会津美里町

本郷高田町甲　ほんごうたかだまちこう　福島県大沼郡会津美里町

本郷道上　ほんごうみちかみ　福島県大沼郡会津美里町

本郷道西　ほんごうみちにし　福島県大沼郡会津美里町

本郷道西甲　ほんごうみちにしこう　福島県大沼郡会津美里町

本郷道東　ほんごうみちひがし　福島県大沼郡会津美里町

本郷道東甲　ほんごうみちひがしこう　福島県大沼郡会津美里町

本郷新　ほんごうしん　富山県富山市

本部　もとぶ　沖縄県島尻郡南風原町

本部田町　ほんぶたちょう　愛知県愛西市

本部町　もとぶちょう　沖縄県国頭郡

本野　もとの　富山県黒部市

本野ケ原　ほんのがはら　愛知県豊川市

本野上　ほんのがみ　埼玉県秩父郡長瀞町

本野町
　　ほんのちょう　愛知県豊川市
　　もとのまち　長崎県諫早市
　　ほんのまち　熊本県八代市

本鳥栖町　ほんどすまち　佐賀県鳥栖市

本黒田　ほんくろだ　兵庫県（JR加古川線）

12本堅田　ほんかたた　滋賀県大津市

本港新町　ほんこうしんまち　鹿児島県鹿児島市

本渡　もとわたり　和歌山県和歌山市

本渡町広瀬　ほんどまちひろせ　熊本県天草市

本渡町本戸馬場　ほんどまちほんとばば　熊本県天草市

本渡町本泉　ほんどまちもといずみ　熊本県天草市

本渡町本渡　ほんどまちほんど　熊本県天草市

本満寺前町　ほんまんじまえちょう　京都府京都市上京区

本給　ほんきゅう　千葉県長生郡一宮町

本覚寺前町　ほんがくじまえちょう　京都府京都市下京区

本道　ほんどう　新潟県上越市

本道寺
　　ほんどうじ　山形県西村山郡西川町
　　ほんどうじ　福岡県筑紫野市

本開発　ほんかいほつ　富山県射水市

本間町　ほんまちょう　新潟県新潟市中央区

本間新田　ほんましんでん　新潟県新発田市

本須賀　もとすか　千葉県山武市

本飯田　もといいだ　山形県村山市

13本塩　ほんしお　千葉県市川市

本塩町　ほんしおちょう　東京都新宿区

本塩釜　ほんしおがま　宮城県（JR仙石線）

本塩竈町　もとしおがまちょう　京都府京都市下京区

本新
　　もとしん　茨城県稲敷市
　　もとしん　富山県魚津市

本新田　もとしんでん　埼玉県ふじみ野市

本新町
　　もとしんまち　富山県魚津市
　　もとしんまち　長野県佐久市
　　ほんしんちょう　愛知県豊田市

本新保　ほんしんぼ　新潟県上越市

本楯
　　もとたて　山形県（JR羽越本線）
　　もとたて　山形県酒田市
　　もとたて　山形県寒河江市

本蓮　ほんばす　埼玉県川口市

本蓮沼　もとはすぬま　東京都（東京都交通局三田線）

本豊田　もととよだ　茨城県常総市

14本徳町　ほんとくちょう　愛知県豊田市

本蓼川　ほんたてかわ　神奈川県綾瀬市

本銚子　もとちょうし　千葉県（銚子電気鉄道線）

本関町　ほんせきちょう　群馬県伊勢崎市

15本窯町　もとがまちょう　長崎県五島市

本輪西　もとわにし　北海道（JR室蘭本線）

本輪西町　もとわにしちょう　北海道室蘭市

本駒込
　　ほんこまごめ　東京都（東京地下鉄南北線）
　　ほんこまごめ　東京都文京区

16本橋　もとはし　茨城県稲敷郡美浦村

本橋町　もとばしちょう　山口県防府市

本燈籠町　ほんとうろうちょう　京都府京都市下京区

本諫早　ほんいさはや　長崎県（島原鉄道線）

本館　もとだて　岩手県花巻市

17本鍛冶小路　もとかじこうじ　宮城県白石市

本鍛冶町
　　もとかじちょう　青森県八戸市
　　ほんかじまち　石川県小松市

18本織　もとおり　千葉県南房総市

本藤沢　ほんふじさわ　神奈川県藤沢市

本鵠沼
　　ほんくげぬま　神奈川県（小田急電鉄江ノ島線）
　　ほんくげぬま　神奈川県藤沢市

19本願寺　ほんがんじ　三重県桑名市

本願寺町　ほんがんじちょう　愛知県名古屋市瑞穂区

【末】
末
　　すえ　兵庫県三田市

5画（末）

すえ 香川県さぬき市	すえひろまち 北海道常呂郡訓子府町
すえ 大分県宇佐市	すえひろちょう 北海道白老郡白老町
³末三賀 すえさんが 富山県中新川郡立山町	すえひろちょう 北海道十勝郡浦幌町
末上野 すえうわの 富山県中新川郡立山町	すえひろちょう 青森県五所川原市
末丸町 すえまるちょう 京都府京都市中京区	すえひろちょう 岩手県宮古市
⁴末之口町 すえのくちちょう 京都府京都市上京区	すえひろちょう 岩手県花巻市
末友 すえとも 富山県小矢部市	すえひろちょう 岩手県上閉伊郡大槌町
⁵末包 すえかね 兵庫県佐用郡佐用町	すえひろちょう 宮城県石巻市
末広	すえひろまち 秋田県能代市
すえひろ 北海道夕張市	すえひろちょう 山形県山形市
すえひろ 北海道稚内市	すえひろちょう 山形県鶴岡市
すえひろ 北海道千歳市	すえひろちょう 山形県酒田市
すえひろ 北海道石狩郡当別町	すえひろまち 山形県新庄市
すえひろ 北海道虻田郡倶知安町	すえひろちょう 山形県寒河江市
すえひろ 北海道勇払郡むかわ町	すえひろちょう 福島県二本松市
まびろ 北海道厚岸郡厚岸町	すえひろちょう 茨城県水戸市
すえひろ 青森県弘前市	すえひろちょう 茨城県日立市
すえひろ 青森県黒石市	すえひろちょう 栃木県足利市
すえひろ 岩手県一関市	すえひろちょう 栃木県鹿沼市
すえひろ 宮城県岩沼市	すえひろちょう 栃木県矢板市
すえひろ 秋田県（JR花輪線）	すえひろちょう 栃木県那須塩原市
すえひろ 栃木県宇都宮市	すえひろちょう 群馬県高崎市
すえひろ 栃木県大田原市	すえひろちょう 群馬県桐生市
すえひろ 埼玉県熊谷市	すえひろちょう 群馬県伊勢崎市
すえひろ 埼玉県川口市	すえひろちょう 群馬県太田市
すえひろ 埼玉県桶川市	すえひろちょう 埼玉県川越市
すえひろ 埼玉県蓮田市	すえひろちょう 埼玉県坂戸市
すえひろ 千葉県千葉市中央区	すえひろちょう 千葉県銚子市
すえひろ 千葉県市川市	すえひろちょう 千葉県柏市
すえひろ 新潟県長岡市	すえひろちょう 東京都（東京地下鉄銀座線）
すえひろ 石川県白山市	すえひろちょう 東京都青梅市
すえひろ 長野県諏訪市	すえひろちょう 神奈川県横浜市鶴見区
すえひろ 静岡県藤枝市	すえひろちょう 神奈川県横浜市中区
すえひろ 愛知県一宮市	すえひろちょう 神奈川県秦野市
すえひろ 兵庫県三木市	すえひろちょう 新潟県新潟市東区
すえひろ 徳島県徳島市	すえひろちょう 新潟県妙高市
すえひろ 福岡県北九州市小倉北区	すえひろちょう 富山県（万葉線）
すえひろ 佐賀県佐賀市	すえひろまち 富山県高岡市
すえひろ 大分県臼杵市	すえひろちょう 富山県魚津市
すえひろ 宮崎県宮崎市	すえひろまち 石川県金沢市
末広一条 すえひろいちじょう 北海道旭川市	すえひろちょう 石川県小松市
末広七条 すえひろしちじょう 北海道旭川市	すえひろまち 福井県福井市
末広二条 すえひろにじょう 北海道旭川市	すえひろちょう 長野県長野市
末広八条 すえひろはちじょう 北海道旭川市	すえひろちょう 岐阜県岐阜市
末広三条 すえひろさんじょう 北海道旭川市	すえひろまち 岐阜県高山市
末広五条 すえひろごじょう 北海道旭川市	すえひろちょう 岐阜県多治見市
末広六条 すえひろろくじょう 北海道旭川市	すえひろちょう 岐阜県関市
末広北 すえひろきた 三重県鈴鹿市	すえひろちょう 静岡県静岡市葵区
末広四条 すえひろしじょう 北海道旭川市	すえひろちょう 静岡県沼津市
末広西 すえひろにし 三重県鈴鹿市	すえひろちょう 静岡県三島市
末広町	すえひろちょう 静岡県伊東市
すえひろちょう 北海道（函館市交通局5系統）	すえひろちょう 愛知県岡崎市
すえひろちょう 北海道函館市	すえひろちょう 愛知県瀬戸市
すえひろちょう 北海道小樽市	すえひろまち 愛知県碧南市
すえひろちょう 北海道釧路市	すえひろちょう 愛知県刈谷市
すえひろちょう 北海道北見市	すえひろちょう 愛知県安城市
すえひろちょう 北海道留萌市	すえひろちょう 愛知県西尾市
すえひろちょう 北海道苫小牧市	すえひろちょう 愛知県常滑市
すえひろちょう 北海道富良野市	すえひろちょう 三重県津市
すえひろまち 北海道恵庭市	すえひろちょう 三重県四日市市
すえひろちょう 北海道二海郡八雲町	すえひろちょう 三重県松阪市
すえひろちょう 北海道瀬棚郡今金町	すえひろちょう 三重県桑名市
すえひろちょう 北海道虻田郡喜茂別町	すえひろちょう 三重県鈴鹿市
	すえひろちょう 三重県尾鷲市
	すえひろちょう 滋賀県大津市
	すえひろちょう 滋賀県長浜市

429

すえひろちょう　滋賀県近江八幡市
　すえひろちょう　京都府京都市上京区
　すえひろちょう　京都府福知山市
　すえひろちょう　大阪府大阪市北区
　すえひろちょう　大阪府豊中市
　すえひろちょう　大阪府吹田市
　すえひろちょう　大阪府泉大津市
　すえひろちょう　大阪府茨木市
　すえひろちょう　大阪府八尾市
　すえひろちょう　大阪府寝屋川市
　すえひろちょう　大阪府河内長野市
　すえひろちょう　大阪府大東市
　すえひろちょう　大阪府門真市
　すえひろちょう　大阪府東大阪市
　すえひろちょう　兵庫県尼崎市
　すえひろちょう　兵庫県西宮市
　すえひろちょう　兵庫県宝塚市
　すえひろちょう　兵庫県高砂市
　すえひろちょう　奈良県御所市
　すえひろちょう　和歌山県田辺市
　すえひろちょう　鳥取県米子市
　すえひろちょう　鳥取県境港市
　すえひろちょう　山口県宇部市
　すえひろちょう　香川県高松市
　すえひろまち　愛媛県松山市
　すえひろまち　愛媛県今治市
　すえひろまち　福岡県北九州市八幡東区
　すえひろまち　福岡県大牟田市
　すえひろまち　長崎県五島市
　すえひろまち　熊本県八代市
　すえひろまち　大分県大分市
　すえひろちょう　大分県別府市
末広東　すえひろひがし　三重県鈴鹿市
末広東一条　すえひろひがしいちじょう　北海道旭川市
末広東二条　すえひろひがしにじょう　北海道旭川市
末広東三条　すえひろひがしさんじょう　北海道旭川市
末広南　すえひろみなみ　三重県鈴鹿市
末広通　すえひろどおり　愛知県豊川市
末広温泉町　すえひろおんせんちょう　鳥取県鳥取市
末正町　すえまさまち　石川県白山市
末永
　すえなが　三重県四日市市
　すえなが　福岡県糸島市
　すえなが　宮崎県えびの市
末永町
　すえながちょう　北海道伊達市
　すえながちょう　三重県四日市市
末田　すえだ　埼玉県さいたま市岩槻区
末石町　すえいしまち　長崎県長崎市
6末吉
　すえよし　千葉県君津市
　すえよし　東京都八丈町
　すえよし　石川県羽咋郡志賀町
　すえよし　兵庫県三田市
　すえよし　鳥取県西伯郡大山町
末吉町
　すえよしちょう　神奈川県横浜市中区
　すえよしちょう　京都府京都市東山区
末吉町二之方　すえよしちょうにのかた　鹿児島県曽於市
末吉町上町　すえよしちょうかみまち　鹿児島県曽於市
末吉町本町　すえよしちょうほんまち　鹿児島県曽於市
末吉町岩崎　すえよしちょういわさき　鹿児島県曽於市

末吉町南之郷　すえよしちょうみなみのごう　鹿児島県曽於市
末吉町栄町　すえよしちょうさかえまち　鹿児島県曽於市
末吉町深川　すえよしちょうふかがわ　鹿児島県曽於市
末吉町新町　すえよしちょうしんまち　鹿児島県曽於市
末吉町諏訪　すえよしちょうすわた　鹿児島県曽於市
末守　すえもり　岐阜県安八郡神戸町
末寺町　まつじまち　石川県能美市
末成町　すえなりちょう　兵庫県宝塚市
末次本町　すえつぐほんまち　島根県松江市
末次町　すえつぐちょう　島根県松江市
7末坂　すえざか　石川県鹿島郡中能登町
末沢新　すえざわしん　富山県小矢部市
末町
　すえまち　石川県金沢市
　すえまち　福井県福井市
　すえまち　愛媛県松山市
末谷口　すえたにぐち　富山県中新川郡立山町
8末宝　まっぽう　新潟県長岡市
末松　すえまつ　石川県野々市市
末武下　すえたけしも　山口県下松市
末武上　すえたけかみ　山口県下松市
末武中　すえたけなか　山口県下松市
末長
　すえなが　神奈川県川崎市高津区
　すえなが　鳥取県西伯郡大山町
9末信　すえのぶ　山口県宇部市
末信町　すえのぶまち　石川県能美市
末恒　すえつね　鳥取県（JR山陰本線）
11末崎町　まっさきちょう　岩手県大船渡市
末盛通　すえもりとおり　愛知県名古屋市千種区
末野
　すえの　埼玉県大里郡寄居町
　すえの　福井県三方上中郡若狭町
末野原　すえのはら　愛知県（愛知環状鉄道線）
12末森　すえのもり　福島県双葉郡浪江町
13末続　すえつぎ　福島県（JR常磐線）
15末廣　すえひろ　兵庫県佐用郡佐用町

【此】
4此木　くのぎ　石川県鳳珠郡穴水町
7此花区　このはなく　大阪府大阪市
此花町
　このはなまち　石川県金沢市
　このはなちょう　岐阜県岐阜市
　このはなまち　愛媛県松山市
19此瀬町　このせちょう　奈良県奈良市

【正】
3正上内　しょうじょううち　茨城県石岡市
正丸　しょうまる　埼玉県（西武鉄道西武秩父線）
正久寺町　しょうきゅうじまち　長崎県諫早市
正山町　しょうざんまち　福岡県大牟田市
4正円寺　しょうえんじ　愛媛県松山市
正友　まさとも　石川県羽咋郡宝達志水町
正手沢　しょうてざわ　秋田県大仙市

5画（正）

正木
　まさき　千葉県館山市
　まさき　千葉県君津市
　まさき　岐阜県岐阜市
　まさき　愛知県名古屋市中区
　まさき　徳島県勝浦郡上勝町
　まさき　愛媛県南宇和郡愛南町
正木中　まさきなか　岐阜県岐阜市
正木北町　まさききたまち　岐阜県岐阜市
正木西町　まさきにしまち　岐阜県岐阜市
正木町三ツ柳　まさきちょうみつやなぎ　岐阜県羽島市
正木町上大浦　まさきちょうかみおおうら　岐阜県羽島市
正木町大浦　まさきちょうおおうら　岐阜県羽島市
正木町大浦新田　まさきちょうおおうらしんでん　岐阜県羽島市
正木町不破一色　まさきちょうふわいしき　岐阜県羽島市
正木町光法寺　まさきちょうみつほうじ　岐阜県羽島市
正木町曲利　まさきちょうまがり　岐阜県羽島市
正木町坂丸　まさきちょうさかまる　岐阜県羽島市
正木町南及　まさきちょうみなみおよび　岐阜県羽島市
正木町森　まさきちょうもり　岐阜県羽島市
正木町森新田　まさきちょうもりしんでん　岐阜県羽島市
正木町須賀　まさきちょうすか　岐阜県羽島市
正木町須賀小松　まさきちょうすかこまつ　岐阜県羽島市
正木町須賀本村　まさきちょうすかほんむら　岐阜県羽島市
正木町須賀池端　まさきちょうすかいけはた　岐阜県羽島市
正木町須賀赤松　まさきちょうすかあかまつ　岐阜県羽島市
正木町新井　まさきちょうあらい　岐阜県羽島市
正木南　まさきみなみ　岐阜県岐阜市
5正代　しょうだい　埼玉県東松山市
正弘　まさひろ　高知県安芸郡安田町
正永町　しょうえいちょう　長野県飯田市
正田　しょうでん　岡山県新見市
正立寺　しょうりゅうじ　千葉県いすみ市
6正光寺新　しょうこうじしん　富山県黒部市
正印　しょいん　富山県中新川郡上市町
正印新　しょいんしん　富山県中新川郡上市町
正吉　まさよし　岡山県真庭市
正名　まさな　鹿児島県大島郡知名町
正名町　しょうなちょう　愛知県岡崎市
正行寺町　しょうぎょうじちょう　京都府京都市中京区
7正坂　しょうさか　京都府福知山市
正谷　まさたに　富山県南砺市
8正和　しょうわ　北海道沙流郡日高町
正宗町　まさむねちょう　岡山県高梁市
正岡町　まさおかちょう　愛知県豊川市
正岡神田　まさおかんだ　愛媛県松山市
正往寺町　しょうおうじちょう　京都府京都市左京区
正明寺
　しょうみょうじ　新潟県刈羽郡刈羽村

　しょうめいじ　愛知県稲沢市
　しょうみょうじ　京都府福知山市
正明寺町　しょうみょうじちょう　千葉県銚子市
正法寺　しょうぼうじ　兵庫県豊岡市
正法寺町
　しょうぼうじまち　福島県二本松市
　しょうぼうじちょう　岐阜県岐阜市
　しょうぼうじちょう　滋賀県彦根市
正法庵　しょうぼうあん　兵庫県美方郡新温泉町
正直　しょうじき　埼玉県比企郡川島町
正直町　しょうじきちょう　茨城県牛久市
正門町　せいもんまち　福岡県遠賀郡芦屋町
9正保町　しょうほうちょう　愛知県名古屋市港区
正保橋町　しょうほばしちょう　兵庫県赤穂市
正後寺　しょうごじ　京都府福知山市
正津町　しょうづまち　福岡県北九州市戸畑区
正神町　しょうがみちょう　滋賀県近江八幡市
正面町　しょうめんちょう　京都府京都市東山区
10正島町　しょうじままち　長野県木曽郡上松町
正能　しょうのう　埼玉県加須市
正連寺　しょうれんじ　千葉県柏市
正院町小路　しょういんまちこうじ　石川県珠洲市
正院町川尻　しょういんまちかわしり　石川県珠洲市
正院町平床　しょういんまちひらとこ　石川県珠洲市
正院町正院　しょういんまちしょういん　石川県珠洲市
正院町岡田　しょういんまちおかた　石川県珠洲市
正院町飯塚　しょういんまちいいづか　石川県珠洲市
11正崎　しょうざき　岡山県赤磐市
正部町　しょうぶまち　石川県金沢市
正野　しょうの　愛媛県西宇和郡伊方町
正雀
　しょうじゃく　大阪府（阪急電鉄京都本線）
　しょうじゃく　大阪府摂津市
正雀本町　しょうじゃくほんまち　大阪府摂津市
12正場沢　しょうばさわ　青森県三戸郡五戸町
正場沢長根　しょうばさわながね　青森県三戸郡五戸町
正覚寺　しょうがくじ　大分県宇佐市
正覚寺下　しょうかくじした　長崎県（長崎電気軌道1系統ほか）
正道尻　しょうどうじり　青森県西津軽郡深浦町
13正楽寺　しょうらくじ　滋賀県犬上郡甲良町
正福寺
　しょうふくじ　滋賀県湖南市
　しょうふくじ　兵庫県赤穂郡上郡町
正蓮寺　しょうれんじ　鳥取県鳥取市
正蓮寺町　しょうれんじまち　石川県小松市
14正徳寺　しょうとくじ　山梨県山梨市
正徳町
　しょうとくちょう　愛知県名古屋市中川区
　しょうとくちょう　愛知県名古屋市港区
　しょうとくちょう　広島県尾道市
15正儀　まさき　岡山県岡山市東区
正権寺　しょうごんじ　富山県砺波市
16正親町　おおぎちょう　京都府京都市上京区
17正厳　しょうごん　山形県尾花沢市
18正観寺町　しょうかんじまち　群馬県高崎市

431

5画（母, 民, 永）

【母】

0母ケ浦町　ほうがうらちょう　長崎県佐世保市
3母子
　ははこ　千葉県山武郡横芝光町
　もうし　兵庫県三田市
母子沢町　ははこざわちょう　宮城県塩竈市
母子里　もしり　北海道雨竜郡幌加内町
6母衣町　ほろまち　島根県松江市
7母体　もたい　秋田県能代市
9母畑　ぼばた　福島県石川郡石川町
10母原　もはら　福岡県北九州市小倉南区
母島　ははじま　東京都小笠原村
母恋　ぼこい　北海道（JR室蘭本線）
母恋北町　ぼこいきたまち　北海道室蘭市
母恋南町　ぼこいみなみまち　北海道室蘭市
11母袋　もたい　山形県尾花沢市
母野　はんの　岐阜県（長良川鉄道越美南線）
12母間　ぼま　鹿児島県大島郡徳之島町

【民】

5民田
　みんでん　山形県鶴岡市
　たみだ　兵庫県川辺郡猪名川町

【永】

3永久
　えいきゅう　福島県喜多方市
　ながひさ　福岡県豊前市
永久寺町　えいきゅうじちょう　滋賀県長浜市
永久町　とわまち　富山県富山市
永大町　えいだいちょう　福井県敦賀市
永小原町　ながおばるちょう　鹿児島県鹿屋市
永山
　ながやま　北海道（JR宗谷本線）
　ながやま　茨城県潮来市
　ながやま　東京都多摩市
　ながやま　和歌山県和歌山市
　ながやま　宮崎県えびの市
永山一条　ながやまいちじょう　北海道旭川市
永山七条　ながやましちじょう　北海道旭川市
永山九条　ながやまくじょう　北海道旭川市
永山二条　ながやまにじょう　北海道旭川市
永山八条　ながやまはちじょう　北海道旭川市
永山十一条　ながやまじゅういちじょう　北海道旭川市
永山十二条　ながやまじゅうにじょう　北海道旭川市
永山十三条　ながやまじゅうさんじょう　北海道旭川市
永山十四条　ながやまじゅうしじょう　北海道旭川市
永山十条　ながやまじゅうじょう　北海道旭川市
永山三条　ながやまさんじょう　北海道旭川市
永山五条　ながやまごじょう　北海道旭川市
永山六条　ながやまろくじょう　北海道旭川市
永山北一条　ながやまきたいちじょう　北海道旭川市
永山北二条　ながやまきたにじょう　北海道旭川市
永山北三条　ながやまきたさんじょう　北海道旭川市
永山北四条　ながやまきたしじょう　北海道旭川市
永山四条　ながやましじょう　北海道旭川市
永山町　ながやまちょう　北海道旭川市

4永井
　ながい　岩手県盛岡市
　ながい　茨城県土浦市
　ながい　群馬県利根郡みなかみ町
　ながい　三重県三重郡菰野町
　ながい　奈良県吉野郡十津川村
　ながい　岡山県玉野市
永井川　ながいかわ　福島県福島市
永井太田　ながいおおた　埼玉県熊谷市
永井作　ながいさく　千葉県木更津市
永井町　ながいまち　石川県加賀市
永井野　ながいの　福島県大沼郡会津美里町
永太郎町　えいたろうちょう　兵庫県豊田市
永手町　ながてちょう　兵庫県神戸市灘区
永木町　ながきまち　愛媛県松山市
永犬丸
　えいのまる　福岡県（筑豊電気鉄道線）
　えいのまる　福岡県北九州市八幡西区
永犬丸西町　えいのまるにしまち　福岡県北九州市八幡西区
永犬丸東町　えいのまるひがしまち　福岡県北九州市八幡西区
永犬丸南町　えいのまるみなみまち　福岡県北九州市八幡西区

5永代
　えいたい　東京都江東区
　えいたい　富山県中新川郡上市町
永代町
　えいだいちょう　北海道常呂郡佐呂間町
　えいだいちょう　大阪府堺市堺区
　えいだいちょう　大阪府茨木市
　えいだいまち　愛媛県松山市
永平寺口　えいへいじぐち　福井県（えちぜん鉄道勝山永平寺線）
永平寺町　えいへいじちょう　福井県吉田郡
永末町　ながすえちょう　広島県庄原市
永田
　ながた　福島県二本松市
　ながた　福島県南会津郡南会津町
　ながた　福島県石川郡平田村
　ながた　埼玉県（秩父鉄道線）
　ながた　埼玉県飯能市
　ながた　埼玉県深谷市
　ながた　千葉県（JR外房線）
　ながた　千葉県大網白里市
　ながた　新潟県長岡市
　ながた　静岡県富士市
　ながた　滋賀県高島市
　ながた　大阪府大阪市城東区
　ながた　愛媛県伊予郡松前町
　ながた　鹿児島県熊毛郡屋久島町
永田みなみ台　ながたみなみだい　神奈川県横浜市南区
永田山王台　ながたさんのうだい　神奈川県横浜市南区
永田才木　ながたさいき　福島県二本松市
永田北　ながたきた　神奈川県横浜市南区
永田北町　ながたきたちょう　静岡県富士市
永田台
　ながただい　埼玉県飯能市
　ながただい　神奈川県横浜市南区
永田本町　ながたほんまち　山口県下関市

5画（永）

永田町
　　ながたちょう　栃木県那須塩原市
　　ながたまち　埼玉県秩父市
　　ながたちょう　東京都（東京地下鉄南北線ほか）
　　ながたちょう　東京都千代田区
　　ながたまち　新潟県長岡市
　　ながたまち　岐阜県岐阜市
　　ながたまち　静岡県富士市
　　ながたまち　長崎県長崎市
永田東　ながたひがし　神奈川県横浜市南区
永田南　ながたみなみ　神奈川県横浜市南区
永田馬保内　ながたばほうち　福島県二本松市
永田郷　ながたごう　山口県下関市
永田御堂内　ながたみどううち　福島県二本松市
永田橋積　ながたばしつみ　福島県二本松市
永田積内　ながたつみうち　福島県二本松市
永田鍛治内　ながたかじうち　福島県二本松市
6**永会**　えいかい　三重県度会郡大紀町
永吉
　　ながよし　千葉県市原市
　　ながよし　千葉県袖ケ浦市
　　ながよし　愛知県西尾市
　　ながよし　大阪府貝塚市
　　ながよし　鹿児島県鹿児島市
　　ながよし　鹿児島県曽於郡大崎町
永吉町
　　ながよしちょう　愛知県西尾市
　　ながよしまち　佐賀県鳥栖市
永地　えいち　千葉県袖ケ浦市
永安町　えいあんちょう　石川県金沢市
永江
　　ながえ　長野県中野市
　　ながえ　鳥取県米子市
永江町　ながえちょう　宮崎県日向市
永池町
　　ながいけまち　宮崎県延岡市
　　ながいけまち　鹿児島県姶良市
7**永作**　ながさく　福島県田村郡三春町
永利町　ながとしちょう　鹿児島県薩摩川内市
永寿町　えいじゅちょう　北海道増毛郡増毛町
永尾　ながお　佐賀県（JR佐世保線）
永尾郷　ながおごう　長崎県東彼杵郡波佐見町
永沢　ながさわ　岩手県胆沢郡金ケ崎町
永沢寺　えいたくじ　兵庫県三田市
永沢町　えいざわちょう　兵庫県神戸市兵庫区
永谷
　　ながたに　和歌山県海草郡紀美野町
　　ながたに　福岡県鞍手郡鞍手町
8**永和**
　　えいわ　愛知県（JR関西本線）
　　えいわ　大阪府東大阪市
永和台　えいわだい　宮城県仙台市泉区
永和町　えいわちょう　奈良県大和高田市
永国　ながくに　茨城県土浦市
永国台　ながくにだい　茨城県土浦市
永国寺町　えいこくじちょう　高知県高知市
永国東町　ながくにひがしまち　茨城県土浦市
永岡　ながおか　福岡県筑紫野市
永昌町　えいしょうまち　長崎県諫早市
永昌東町　えいしょうひがしまち　長崎県諫早市

永松　ながまつ　新潟県南魚沼市
永沼　ながぬま　埼玉県春日部市
永金町　えいきんちょう　愛知県名古屋市昭和区
9**永栄**　ながさかえ　岩手県胆沢郡金ケ崎町
永畑町　ながはたちょう　大阪府八尾市
永草　ながくさ　熊本県阿蘇市
永重町　ながしげちょう　岐阜県美濃市
10**永倉町**　ながくらちょう　京都府京都市下京区
永原
　　ながはら　滋賀県（JR湖西線）
　　ながはら　滋賀県野洲市
　　ながはら　広島県廿日市市
永原町
　　ながはらちょう　京都府京都市下京区
　　ながはらちょう　奈良県天理市
永原町上　ながはらちょうかみ　滋賀県近江八幡市
永原町中　ながはらちょうなか　滋賀県近江八幡市
永原町元　ながはらちょうもと　滋賀県近江八幡市
永島　ながしま　静岡県浜松市浜北区
11**永崎**　ながさき　福島県いわき市
永添　ながそえ　大分県中津市
永淵　ながふち　高知県長岡郡大豊町
永野
　　ながの　山形県上山市
　　ながの　愛知県額田郡幸田町
　　ながの　広島県神石郡神石高原町
　　ながの　高知県土佐市
　　ながの　高知県高岡郡佐川町
　　ながの　高知県高岡郡檮原町
　　ながの　高知県高岡郡津野町
　　ながの　鹿児島県薩摩郡さつま町
永野市　ながのいち　愛媛県北宇和郡鬼北町
永野田町　ながのだちょう　鹿児島県鹿屋市
永野町　ながのちょう　愛知県豊田市
永野原　ながのはる　熊本県阿蘇郡高森町
永黒　ながぐろ　福岡県北九州市門司区
12**永塚**
　　ながつか　神奈川県小田原市
　　ながつか　静岡県御殿場市
永富　ながとみ　熊本県下益城郡美里町
永森町　ながもりちょう　愛知県名古屋市守山区
永満寺　えいまんじ　福岡県直方市
永覚　えかく　愛知県（愛知環状鉄道線）
永覚町　えかくちょう　愛知県豊田市
永覚新町　えかくしんまち　愛知県豊田市
13**永塩**　ながしお　熊本県玉名郡長洲町
永楽台　えいらくだい　千葉県柏市
永楽町
　　えいらくちょう　栃木県足利市
　　えいらくちょう　群馬県桐生市
　　えいらくちょう　神奈川県横浜市南区
　　えいらくちょう　富山県富山市
　　えいらくまち　富山県高岡市
　　えいらくちょう　岐阜県岐阜市
　　えいらくちょう　静岡県静岡市清水区
　　えいらくちょう　静岡県袋井市
　　えいらくちょう　愛知県津島市
　　えいらくちょう　愛知県西尾市
　　えいらくちょう　京都府京都市中京区
　　えいらくちょう　大阪府高槻市
　　えいらくちょう　兵庫県神戸市須磨区

5画（汁，汀，氷）

　　　　えいらくちょう　宮崎県宮崎市
永楽荘　えいらくそう　大阪府豊中市
永楽温泉町　えいらくおんせんちょう　鳥取県鳥取市
永源寺相谷町　えいげんじあいだにちょう　滋賀県東
　近江市
永源寺高野町　えいげんじたかのちょう　滋賀県東近
　江市
永碇町　ながいかりまち　熊本県八代市
永福
　　えいふく　東京都杉並区
　　えいふく　兵庫県加東市
永福町
　　えいふくちょう　北海道苫小牧市
　　えいふくちょう　東京都（京王電鉄井の頭線）
　　えいふくちょう　富山県砺波市
永豊町　ながとよまち　北海道島牧郡島牧村
14 **永徳寺**　えいとくじ　熊本県玉名市
15 **永慶寺町**　えいけいじちょう　奈良県大和郡山市
永穂　なんご　和歌山県和歌山市
永養寺町　えいようじちょう　京都府京都市下京区
16 **永興**　りょうご　大分県大分市
17 **永嶺**　ながみね　鹿児島県大島郡和泊町
18 **永観堂西町**　えいかんどうにしまち　京都府京都市左
　京区
永観堂町　えいかんどうちょう　京都府京都市左京区
19 **永瀬**　ながせ　鹿児島県始良市

【汁】
7 **汁谷**　しるたに　石川県鳳珠郡穴水町
汁谷町　しるたにちょう　愛知県名古屋市千種区

【汀】
12 **汀間**　ていま　沖縄県名護市

【氷】
3 **氷上**　ひかみ　香川県木田郡三木町
氷上町下新庄　ひかみちょうしもしんじょう　兵庫県丹
　波市
氷上町三方　ひかみちょうみかた　兵庫県丹波市
氷上町三原　ひかみちょうみはら　兵庫県丹波市
氷上町上成松　ひかみちょうあげなりまつ　兵庫県丹
　波市
氷上町上新庄　ひかみちょうかみしんじょう　兵庫県丹
　波市
氷上町大谷　ひかみちょうおおたに　兵庫県丹波市
氷上町大崎　ひかみちょうおおさき　兵庫県丹波市
氷上町小谷　ひかみちょうこたに　兵庫県丹波市
氷上町小野　ひかみちょうおの　兵庫県丹波市
氷上町中　ひかみちょうなか　兵庫県丹波市
氷上町中野　ひかみちょうなかの　兵庫県丹波市
氷上町井中　ひかみちょういなか　兵庫県丹波市
氷上町日比宇　ひかみちょうひびう　兵庫県丹波市
氷上町犬岡　ひかみちょういぬおか　兵庫県丹波市
氷上町北油良　ひかみちょうきたゆら　兵庫県丹波市
氷上町北野　ひかみちょうきたの　兵庫県丹波市
氷上町市辺　ひかみちょういちべ　兵庫県丹波市
氷上町本郷　ひかみちょうほんごう　兵庫県丹波市
氷上町氷上　ひかみちょうひかみ　兵庫県丹波市
氷上町石生　ひかみちょういそう　兵庫県丹波市

氷上町伊佐口　ひかみちょういさくち　兵庫県丹波市
氷上町成松　ひかみちょうなりまつ　兵庫県丹波市
氷上町西中　ひかみちょうにしなか　兵庫県丹波市
氷上町佐野　ひかみちょうさの　兵庫県丹波市
氷上町谷村　ひかみちょうたにむら　兵庫県丹波市
氷上町沼　ひかみちょうぬま　兵庫県丹波市
氷上町油利　ひかみちょうゆり　兵庫県丹波市
氷上町長野　ひかみちょうおさの　兵庫県丹波市
氷上町南油良　ひかみちょうみなみゆら　兵庫県丹
　波市
氷上町柿柴　ひかみちょうかきしば　兵庫県丹波市
氷上町香良　ひかみちょうこうら　兵庫県丹波市
氷上町桟敷　ひかみちょうさじき　兵庫県丹波市
氷上町常楽　ひかみちょうじょうらく　兵庫県丹波市
氷上町清住　ひかみちょうきよずみ　兵庫県丹波市
氷上町黒田　ひかみちょうくろだ　兵庫県丹波市
氷上町御油　ひかみちょうごゆ　兵庫県丹波市
氷上町朝阪　ひかみちょうあさか　兵庫県丹波市
氷上町賀茂　ひかみちょうかも　兵庫県丹波市
氷上町新郷　ひかみちょうしんごう　兵庫県丹波市
氷上町福田　ひかみちょうふくた　兵庫県丹波市
氷上町絹山　ひかみちょうきぬやま　兵庫県丹波市
氷上町稲畑　ひかみちょういなはた　兵庫県丹波市
氷上町稲継　ひかみちょういなつぎ　兵庫県丹波市
氷上町横田　ひかみちょうよこた　兵庫県丹波市
氷上町鴨内　ひかみちょうかもうち　兵庫県丹波市
氷川　ひかわ　東京都西多摩郡奥多摩町
氷川台
　　ひかわだい　東京都（東京地下鉄有楽町線ほか）
　　ひかわだい　東京都練馬区
　　ひかわだい　東京都東久留米市
氷川町
　　ひかわちょう　埼玉県川越市
　　ひかわちょう　埼玉県鴻巣市
　　ひかわちょう　埼玉県草加市
　　ひかわちょう　埼玉県戸田市
　　ひかわちょう　東京都板橋区
　　ひかわちょう　神奈川県相模原市中央区
　　ひかわちょう　熊本県八代郡
4 **氷之沢**　ひのさわ　茨城県常陸大宮市
5 **氷玉**　ひだま　福島県大沼郡会津美里町
7 **氷坂町**　ひさかちょう　福井県越前市
氷見　ひみ　富山県（JR氷見線）
氷見乙　ひみおつ　愛媛県西条市
氷見丁　ひみてい　愛媛県西条市
氷見丙　ひみへい　愛媛県西条市
氷見市　ひみし　富山県
氷見戊　ひみぼ　愛媛県西条市
氷見甲　ひみこう　愛媛県西条市
8 **氷取**　こおりとり　岐阜県安八郡安八町
氷取沢町　ひとりざわちょう　神奈川県横浜市磯子区
9 **氷室台**　ひむろだい　大阪府枚方市
氷室町
　　ひむろまち　栃木県宇都宮市
　　ひむろちょう　愛知県名古屋市南区
　　ひむろちょう　愛知県稲沢市
　　ひむろちょう　大阪府高槻市
　　ひむろちょう　兵庫県神戸市兵庫区
11 **氷野**　ひの　大阪府大東市

434

5画（玄，玉）

【玄】

³玄子　げんご　和歌山県日高郡日高川町
⁵玄正島町　げんしょうじまちょう　福井県福井市
⁶玄好町　げんこうちょう　鳥取県鳥取市
⁸玄武町　げんぶちょう　京都府京都市上京区
　玄武洞　げんぶどう　兵庫県（JR山陰本線）
⁹玄海町　げんかいちょう　佐賀県東松浦郡
　玄界島　げんかいしま　福岡県福岡市西区
¹⁰玄倉　くろくら　神奈川県足柄上郡山北町
　玄馬町　げんばちょう　愛知県名古屋市北区
¹²玄番北之町　げんばんきたのちょう　兵庫県尼崎市
　玄番南之町　げんばんみなみのちょう　兵庫県尼崎市
¹⁵玄蕃町　げんばちょう　京都府京都市上京区
　玄蕃新田　げんばしんでん　埼玉県さいたま市緑区

【玉】

玉
　たま　岐阜県不破郡関ケ原町
　たま　岡山県玉野市
⁰玉ノ井
　たまのい　山形県西村山郡朝日町
　たまのい　愛知県（名古屋鉄道尾西線）
　玉ノ池　たまのいけ　秋田県由利本荘市
　玉の井町　たまのいちょう　愛知県名古屋市熱田区
³玉上　たまがみ　沖縄県中頭郡北谷町
　玉山　たまやま　岩手県盛岡市
　玉山永井　たまやまながい　岩手県盛岡市
　玉山馬場　たまやままばば　岩手県盛岡市
　玉川
　　たまかわ　北海道中川郡美深町
　　たまがわ　岩手県（JR八戸線）
　　たまがわ　岩手県九戸郡野田村
　　たまがわ　宮城県塩竈市
　　たまがわ　山形県西置賜郡小国町
　　たまがわ　埼玉県比企郡ときがわ町
　　たまがわ　東京都世田谷区
　　たまがわ　東京都羽村市
　　たまがわ　福井県丹生郡越前町
　　たまがわ　山梨県都留市
　　たまがわ　山梨県甲斐市
　　たまがわ　長野県茅野市
　　たまがわ　静岡県三島市
　　たまがわ　静岡県駿東郡清水町
　　たまがわ　三重県度会郡玉城町
　　たまがわ　大阪府（大阪市交通局千日前線）
　　たまがわ　大阪府大阪市福島区
　　たまがわ　大阪府高槻市
　玉川上水　たまがわじょうすい　東京都（西武鉄道拝
　島線ほか）
　玉川中里　たまがわなかざと　山形県西置賜郡小国町
　玉川台　たまがわだい　東京都世田谷区
　玉川田園調布　たまがわでんえんちょうふ　東京都世
　田谷区
　玉川村
　　たまかわむら　福島県石川郡
　　たまがわむら　茨城県（JR水郡線）
　玉川町
　　たまがわちょう　東京都昭島市
　　たまがわちょう　石川県金沢市
　　たまがわちょう　愛知県名古屋市中川区
　　たまがわまち　福岡県福岡市南区

　　たまがわまち　大分県日田市
　玉川町八幡　たまがわちょうやわた　愛媛県今治市
　玉川町下切　たまがわちょうしたぎり　岡山県高梁市
　玉川町三反地　たまがわちょうさんだんじ　愛媛県今
　治市
　玉川町大野　たまがわちょうおおの　愛媛県今治市
　玉川町小鴨部　たまがわちょうこかんべ　愛媛県今
　治市
　玉川町中村　たまがわちょうなかむら　愛媛県今治市
　玉川町木地　たまがわちょうきじ　愛媛県今治市
　玉川町玉　たまがわちょうたま　岡山県高梁市
　玉川町別所　たまがわちょうべっしょ　愛媛県今治市
　玉川町法界寺　たまがわちょうほうかいじ　愛媛県今
　治市
　玉川町長谷　たまがわちょうながたに　愛媛県今治市
　玉川町畑寺　たまがわちょうはたでら　愛媛県今治市
　玉川町桂　たまがわちょうかつら　愛媛県今治市
　玉川町高野　たまがわちょうこうや　愛媛県今治市
　玉川町鬼原　たまがわちょうおにばら　愛媛県今治市
　玉川町葛谷　たまがわちょうかずらたに　愛媛県今治市
　玉川町御厩　たまがわちょうみまや　愛媛県今治市
　玉川町鈍川　たまがわちょうにぶかわ　愛媛県今治市
　玉川町増原　たまがわちょうましはら　岡山県高梁市
　玉川町摺木　たまがわちょうするぎ　愛媛県今治市
　玉川町與和木　たまがわちょうよわぎ　愛媛県今治市
　玉川町龍岡下　たまがわちょうりゅうおかしも　愛媛県
　今治市
　玉川町龍岡上　たまがわちょうりゅうおかかみ　愛媛県
　今治市
　玉川町鍋地　たまがわちょうなべじ　愛媛県今治市
　玉川学園　たまがわがくえん　東京都町田市
　玉川学園前　たまがわがくえんまえ　東京都（小田急
　電鉄小田原線）
　玉川新町　たまがわしんまち　大阪府高槻市
⁴玉之江
　　たまのえ　愛媛県（JR予讃線）
　　たまのえ　愛媛県西条市
　玉之浦町上の平　たまのうらまちかみのひら　長崎県
　五島市
　玉之浦町大宝　たまのうらまちだいほう　長崎県五
　島市
　玉之浦町小川　たまのうらまちおがわ　長崎県五島市
　玉之浦町中須　たまのうらまちなかす　長崎県五島市
　玉之浦町丹奈　たまのうらまちたんな　長崎県五島市
　玉之浦町布浦　たまのうらまちぬのうら　長崎県五
　島市
　玉之浦町玉之浦　たまのうらまちたまのうら　長崎県
　五島市
　玉之浦町立谷　たまのうらまちたちや　長崎県五島市
　玉之浦町荒川　たまのうらまちあらかわ　長崎県五
　島市
　玉之浦町幾久山　たまのうらまちいつくやま　長崎県
　五島市
　玉之浦町頓泊　たまのうらまちとんとまり　長崎県五
　島市
　玉井
　　たまのい　福島県安達郡大玉村
　　たまい　埼玉県熊谷市
　玉井町
　　たまいちょう　岐阜県岐阜市

435

5画（玉）

たまいちょう　大阪府豊中市
玉井南　たまいみなみ　埼玉県熊谷市
玉戸
　　たまど　茨城県（JR水戸線）
　　たまど　茨城県筑西市
玉手
　　たまて　兵庫県姫路市
　　たまて　奈良県（JR和歌山線）
　　たまて　奈良県御所市
玉手町　たまてちょう　大阪府柏原市
玉木　たまき　福井県あわら市
玉木町　たまきちょう　滋賀県近江八幡市
玉水　たまみず　京都府（JR奈良線）
玉水町
　　たまみずちょう　愛知県名古屋市瑞穂区
　　たまみずちょう　京都府京都市東山区
　　たまみずちょう　大阪府茨木市
　　たまみずちょう　高知県高知市
5玉丘町　たまおかちょう　兵庫県加西市
玉出　たまで　大阪府（大阪市交通局四つ橋線）
玉出中　たまでなか　大阪府大阪市西成区
玉出西　たまでにし　大阪府大阪市西成区
玉出東　たまでひがし　大阪府大阪市西成区
玉本町　たまもとちょう　京都府京都市下京区
玉生　たまにゅう　栃木県塩谷郡塩谷町
玉田
　　たまだ　茨城県鉾田市
　　たまだ　栃木県矢板市
玉田町　たまだまち　栃木県鹿沼市
玉目　たまめ　熊本県上益城郡山都町
6玉伝　たまで　和歌山県西牟婁郡白浜町
玉名
　　たまな　熊本県（JR鹿児島本線）
　　たまな　熊本県玉名市
玉名市　たまなし　熊本県
玉名郡　たまなぐん　熊本県
玉江　たまえ　山口県（JR山陰本線）
玉江町　たまえちょう　静岡県沼津市
玉池町　たまいけちょう　愛知県名古屋市西区
7玉串元町　たまくしもとまち　大阪府東大阪市
玉串町西　たまくしちょうにし　大阪府東大阪市
玉串町東　たまくしちょうひがし　大阪府東大阪市
玉作　たまつくり　埼玉県熊谷市
玉村　たまむら　茨城県（関東鉄道常総線）
玉村町　たまむらまち　群馬県佐波郡
玉来
　　たまらい　大分県（JR豊肥本線）
　　たまらい　大分県竹田市
玉沢
　　たまざわ　静岡県三島市
　　たまざわ　大分県大分市
玉見　たまみ　兵庫県養父市
玉谷　たまたに　愛媛県伊予郡砥部町
玉谷町　たまたにまち　愛媛県松山市
玉里　たまざと　鹿児島県大島郡龍郷町
玉里団地　たまざとだんち　鹿児島県鹿児島市
玉里町　たまざとちょう　鹿児島県鹿児島市
8玉取　たまとり　茨城県つくば市
玉姓町　ぎょくせいちょう　岐阜県岐阜市

9玉前　たまさき　千葉県市原市
玉前西　たまさきにし　千葉県市原市
玉垣　たまがき　三重県（伊勢鉄道線）
玉垣内　たまがいと　奈良県吉野郡十津川村
玉城
　　たましろ　鹿児島県大島郡和泊町
　　たましろ　沖縄県国頭郡今帰仁村
玉城中山　たまぐすくなかやま　沖縄県南城市
玉城玉城　たまぐすくたまぐすく　沖縄県南城市
玉城仲村渠　たまぐすくなかんだかり　沖縄県南城市
玉城百名　たまぐすくひゃくな　沖縄県南城市
玉城糸数　たまぐすくいとかず　沖縄県南城市
玉城志堅原　たまぐすくしけんばる　沖縄県南城市
玉城町　たまきちょう　三重県度会郡
玉城前川　たまぐすくまえかわ　沖縄県南城市
玉城垣花　たまぐすくかきのはな　沖縄県南城市
玉城屋嘉部　たまぐすくやかぶ　沖縄県南城市
玉城堀川　たまぐすくほりかわ　沖縄県南城市
玉城船越　たまぐすくふなこし　沖縄県南城市
玉城喜良原　たまぐすくきらばる　沖縄県南城市
玉城奥武　たまぐすくおう　沖縄県南城市
玉城富里　たまぐすくふさと　沖縄県南城市
玉城愛地　たまぐすくあいち　沖縄県南城市
玉城當山　たまぐすくとうやま　沖縄県南城市
玉城親慶原　たまぐすくおやけばる　沖縄県南城市
玉屋町
　　たまやちょう　滋賀県近江八幡市
　　たまやちょう　京都府京都市上京区
　　たまやちょう　京都府京都市下京区
玉柏
　　たまがし　岡山県（JR津山線）
　　たまがし　岡山県岡山市北区
玉津
　　たまつ　大阪府大阪市東成区
　　たまつ　鳥取県鳥取市
　　たまつ　愛媛県西条市
　　たまつ　大分県豊後高田市
玉津町二ツ屋　たまつちょうふたつや　兵庫県神戸市西区
玉津町上池　たまつちょうかみいけ　兵庫県神戸市西区
玉津町丸塚　たまつちょうまるづか　兵庫県神戸市西区
玉津町小山　たまつちょうこやま　兵庫県神戸市西区
玉津町今津　たまつちょういまづ　兵庫県神戸市西区
玉津町水谷　たまつちょうみたに　兵庫県神戸市西区
玉津町出合　たまつちょうであい　兵庫県神戸市西区
玉津町田中　たまつちょうたなか　兵庫県神戸市西区
玉津町吉田　たまつちょうよしだ　兵庫県神戸市西区
玉津町西河原　たまつちょうにしがわら　兵庫県神戸市西区
玉津町居住　たまつちょういすみ　兵庫県神戸市西区
玉津町高津橋　たまつちょうこうづばし　兵庫県神戸市西区
玉津町新方　たまつちょうしんぼう　兵庫県神戸市西区
玉津島町　たまつしまちょう　京都府京都市下京区
玉津浦町　たまつうらまち　愛知県碧南市
10玉原　たまはら　岡山県玉野市

436

5画（瓦）

玉宮町　たまみやちょう　岐阜県岐阜市
玉島
　たましま　大阪府茨木市
　たましま　岡山県倉敷市
玉島乙島　たましまおとしま　岡山県倉敷市
玉島八島　たましまやしま　岡山県倉敷市
玉島上成　たましまうわなり　岡山県倉敷市
玉島中央町　たましまちゅうおうちょう　岡山県倉敷市
玉島爪崎　たましまつまさき　岡山県倉敷市
玉島台　たましまだい　大阪府茨木市
玉島服部　たましまはっとり　岡山県倉敷市
玉島長尾　たましまながお　岡山県倉敷市
玉島阿賀崎　たましまあがさき　岡山県倉敷市
玉島勇崎　たましまゆうざき　岡山県倉敷市
玉島柏台　たましまかしわだい　岡山県倉敷市
玉島柏島　たましまかしわじま　岡山県倉敷市
玉島陶　たましますえ　岡山県倉敷市
玉島黒崎　たましまくろさき　岡山県倉敷市
玉島黒崎新町　たましまくろさきしんまち　岡山県倉敷市
玉島富　たましまとみ　岡山県倉敷市
玉島道口　たましまみちぐち　岡山県倉敷市
玉島道越　たましまみちごえ　岡山県倉敷市
玉庭　たまにわ　山形県東置賜郡川西町
玉桂寺前　ぎょくけいじまえ　滋賀県（信楽高原鉄道線）
玉浦西　たまうらにし　宮城県岩沼市
玉祥寺　ぎょくしょうじ　熊本県菊池市
玉造
　たまつくり　千葉県成田市
　たまつくり　千葉県香取市
　たまつくり　大阪府（JR大阪環状線ほか）
　たまつくり　大阪府大阪市中央区
玉造乙　たまつくりおつ　茨城県行方市
玉造元町　たまつくりもとまち　大阪府大阪市天王寺区
玉造本町　たまつくりほんまち　大阪府大阪市天王寺区
玉造甲　たまつくりこう　茨城県行方市
玉造町　たまつくりちょう　茨城県常陸太田市
玉造温泉　たまつくりおんせん　島根県（JR山陰本線）
11玉崎　たまさき　新潟県佐渡市
玉掛　たまかけ　青森県三戸郡南部町
玉梨　たまなし　福島県大沼郡金山町
玉淀　たまよど　埼玉県（東武鉄道東上本線）
玉船町　たまふねちょう　愛知県名古屋市中川区
玉貫　たまぬき　宮城県伊具郡丸森町
玉野
　たまの　福島県相馬市
　たまの　福島県東白川郡棚倉町
　たまの　千葉県袖ケ浦市
　たまの　愛知県（名古屋鉄道尾西線）
　たまの　愛知県一宮市
玉野台　たまのだい　愛知県春日井市
玉野市　たまのし　岡山県
玉野町
　たまのちょう　愛知県春日井市
　たまのちょう　愛知県豊田市
　たまのちょう　兵庫県加西市
玉野浦　たまのうら　滋賀県大津市

12玉堤　たまづつみ　東京都世田谷区
玉植町　たまうえちょう　京都府京都市中京区
玉森町　たまもりちょう　岐阜県岐阜市
玉湯町大谷　たまゆちょうおおだに　島根県松江市
玉湯町布志名　たまゆちょうふじな　島根県松江市
玉湯町玉造　たまゆちょうたまつくり　島根県松江市
玉湯町林　たまゆちょうはやし　島根県松江市
玉湯町湯町　たまゆちょうゆまち　島根県松江市
玉越　たまこし　静岡県磐田市
13玉園町　たまぞのまち　長崎県長崎市
玉滝　たまたき　三重県伊賀市
玉置　たまき　福井県三方上中郡若狭町
玉置川　たまいがわ　奈良県吉野郡十津川村
14玉鉾　たまぼこ　石川県金沢市
玉鉾町　たまぼこまち　石川県金沢市
15玉縄　たまなわ　神奈川県鎌倉市
玉蔵町　たまくらちょう　京都府京都市中京区
17玉櫛　たまくし　大阪府茨木市
19玉瀬　たませ　兵庫県宝塚市
玉瀬町　たませちょう　大阪府茨木市
玉藻町　たまもちょう　香川県高松市

【瓦】

0瓦ケ浜　かわらがはま　滋賀県（京阪電気鉄道石山坂本線）
3瓦口　かわらぐち　奈良県香芝市
4瓦之町　かわらのちょう　京都府京都市中京区
5瓦田　かわらだ　福岡県大野城市
7瓦役町　かわらやくちょう　京都府京都市東山区
瓦町
　かわらまち　福島県伊達郡川俣町
　かわらまち　愛知県豊橋市
　かわらまち　愛知県西尾市
　かわらちょう　京都府京都市中京区
　かわらまち　大阪府大阪市中央区
　かわらまち　鳥取県鳥取市
　かわらまち　山口県萩市
　かわらまち　香川県（高松琴平電気鉄道琴平線ほか）
　かわらまち　香川県高松市
　かわらまち　香川県丸亀市
　かわらまち　福岡県大牟田市
瓦町通　かわらまちどおり　愛知県豊橋市
瓦谷
　かわらや　茨城県水戸市
　かわらや　茨城県石岡市
　かわらだに　山口県岩国市
瓦谷地　かわらやち　秋田県由利本荘市
瓦谷町　かわらやちょう　栃木県宇都宮市
8瓦林町　かわらばやしちょう　兵庫県西宮市
9瓦屋町
　かわらやまち　大阪府大阪市中央区
　かわらやまち　熊本県人吉市
10瓦宮　かわらのみや　兵庫県尼崎市
瓦師町　かわらしちょう　京都府京都市中京区
11瓦堂町　かわらどうちょう　奈良県奈良市
瓦曽根　かわらぞね　埼玉県越谷市
12瓦場町　かわらばちょう　静岡県静岡市葵区
瓦葺　かわらぶき　埼玉県上尾市

5画（甘，生）

【甘】

⁴甘木
　あまぎ　福岡県（甘木鉄道線ほか）
　あまぎ　福岡県大牟田市
　あまぎ　福岡県朝倉市
甘水　あもうず　福岡県朝倉市
⁵甘田
　あまだ　茨城県稲敷市
　あまだ　石川県羽咋郡志賀町
甘田町　かんだちょう　奈良県大和高田市
⁶甘地
　あまじ　兵庫県（JR播但線）
　あまじ　兵庫県神崎郡市川町
⁷甘呂町　かんろちょう　滋賀県彦根市
甘村井町　かむらいちょう　愛知県愛西市
⁸甘沼　あまぬま　神奈川県茅ケ崎市
⁹甘南備　かんなび　大阪府富田林市
甘南備台　かんなびだい　京都府京田辺市
¹⁰甘栗　あまぐり　京都府福知山市
¹¹甘粕　あまがす　埼玉県児玉郡美里町
¹³甘楽町　かんらまち　群馬県甘楽郡
甘楽郡　かんらぐん　群馬県
²⁰甘露寺前　かんろじまえ　和歌山県（和歌山電鉄貴志川線）
甘露町　かんろちょう　京都府京都市中京区

【生】

⁰生ノ川　おいのかわ　高知県四万十市
生の松原　いきのまつばら　福岡県福岡市西区
³生三　いくさん　山形県東田川郡庄内町
生土　いきど　静岡県駿東郡小山町
生子　おいご　茨城県坂東市
生子町　おぶすちょう　奈良県五條市
生子新田　おいごしんでん　茨城県坂東市
生山
　しょうやま　鳥取県（JR伯備線）
　しょうざん　鳥取県鳥取市
　しょうやま　鳥取県日野郡日南町
⁴生井　なまい　栃木県芳賀郡茂木町
生井沢　なまいざわ　茨城県東茨城郡茨城町
生月町山田免　いきつきちょうやまだめん　長崎県平戸市
生月町壱部　いきつきちょういちぶ　長崎県平戸市
生月町壱部浦　いきつきちょういちぶうら　長崎県平戸市
生月町里免　いきつきちょうさとめん　長崎県平戸市
生月町南免　いきつきちょうみなみめん　長崎県平戸市
生月町御崎　いきつきちょうみさき　長崎県平戸市
生月町舘浦　いきつきちょうたちうら　長崎県平戸市
⁵生出　おいで　埼玉県加須市
生出上山町　はいでかみやまちょう　愛知県稲沢市
生出山田町　はいでやまだちょう　愛知県稲沢市
生出本町　はいでほんまち　愛知県稲沢市
生出西道根町　はいでにしどうねちょう　愛知県稲沢市
生出東道根町　はいでひがしどうねちょう　愛知県稲沢市
生出河戸町　はいでこえどちょう　愛知県稲沢市
生出郷前町　はいでごうまえちょう　愛知県稲沢市

生出塚　おいねづか　埼玉県鴻巣市
生出横西町　はいでよこにしちょう　愛知県稲沢市
生平町　おいだいらちょう　愛知県岡崎市
生玉寺町　いくたまてらまち　大阪府大阪市天王寺区
生玉町　いくたまちょう　大阪府大阪市天王寺区
生玉前町　いくたままえまち　大阪府大阪市天王寺区
生田
　いくた　北海道勇払郡むかわ町
　しょうでん　秋田県（JR田沢湖線）
　いくた　神奈川県（小田急電鉄小田原線）
　いくた　神奈川県川崎市多摩区
　いくた　長野県上田市
　いくた　長野県下伊那郡松川町
　おいだ　奈良県桜井市
　いくた　鳥取県倉吉市
　いくた　愛媛県北宇和郡鬼北町
生田大坪　いくたおおつぼ　兵庫県淡路市
生田田尻　いくたたじり　兵庫県淡路市
生田目　なばため　栃木県芳賀郡益子町
生田町
　いくたまち　茨城県土浦市
　いくたまち　岐阜県岐阜市
　いくたちょう　岐阜県多治見市
　いくたちょう　兵庫県神戸市中央区
生田畑　いくたはた　兵庫県淡路市
生田原
　いくたはら　北海道（JR石北本線）
　いくたはら　北海道紋別郡遠軽町
生田原八重　いくたはらやえ　北海道紋別郡遠軽町
生田原水穂　いくたはらみずほ　北海道紋別郡遠軽町
生田原伊吹　いくたはらいぶき　北海道紋別郡遠軽町
生田原安国　いくたはらやすくに　北海道紋別郡遠軽町
生田原旭野　いくたはらあさひの　北海道紋別郡遠軽町
生田原岩戸　いくたはらいわと　北海道紋別郡遠軽町
生田原清里　いくたはらきよさと　北海道紋別郡遠軽町
生田原豊原　いくたはらとよはら　北海道紋別郡遠軽町
生目　いきめ　宮崎県宮崎市
生目台西　いきめだいにし　宮崎県宮崎市
生目台東　いきめだいひがし　宮崎県宮崎市
生石
　おいし　山形県酒田市
　おいし　和歌山県有田郡有田川町
　いくし　大分県大分市
生石町　いくしまち　愛媛県松山市
生石港町　いくしみなとまち　大分県大分市
⁶生名
　いくな　徳島県勝浦郡勝浦町
　いきな　愛媛県越智郡上島町
生地
　いくじ　富山県（あいの風とやま鉄道線）
　いくじ　富山県黒部市
生地山新　いくじやましん　富山県黒部市
生地中区　いくじなかく　富山県黒部市
生地四ツ屋新　いくじよつやしん　富山県黒部市
生地吉田　いくじよしだ　富山県黒部市
生地吉田新　いくじよしだしん　富山県黒部市
生地芦区　いくじあしく　富山県黒部市

生地芦崎　いくじあしざき　富山県黒部市
生地神区　いくじしんく　富山県黒部市
生地経新　いくじきょうしん　富山県黒部市
生守　いごもり　福井県小浜市
生守団地　いごもりだんち　福井県小浜市
生江　いくえ　大阪府大阪市旭区
生江浜　おえはま　岡山県笠岡市
7生利　しょうり　群馬県多野郡神流町
生坂　いくさか　岡山県倉敷市
生坂村　いくさかむら　長野県東筑摩郡
生尾　おいお　千葉県匝瑳市
生沢　いくさわ　神奈川県中郡大磯町
生良　きら　栃木県小山市
生花　せいか　北海道広尾郡大樹町
生見
　　いくみ　高知県安芸郡東洋町
　　ぬくみ　鹿児島県（JR指宿枕崎線）
生谷　おぶかい　千葉県佐倉市
生麦
　　なまむぎ　神奈川県（京浜急行電鉄本線）
　　なまむぎ　神奈川県横浜市鶴見区
8生実　いくみ　徳島県勝浦郡上勝町
生実町　おゆみちょう　千葉県千葉市中央区
生松台　いきまつだい　福岡県福岡市西区
生板　まないた　茨城県稲敷郡河内町
生板鍋子新田
　　まないたなべこしんでん　茨城県稲敷郡河内町
　　まないたなべこしんでん　千葉県印旛郡栄町
9生保　しょうぼ　大阪府茨木市
生品　なましな　群馬県利根郡川場村
生津　なまづ　岐阜県瑞穂市
生津内宮町　なまづないぐうまち　岐阜県瑞穂市
生津天王町　なまづてんのうまち　岐阜県瑞穂市
生津天王東町　なまづてんのうひがしまち　岐阜県瑞穂市
生津外宮東町　なまづぐうひがしまち　岐阜県瑞穂市
生津外宮前町　なまづぐうげんまち　岐阜県瑞穂市
生津滝坪町　なまづたきつぼまち　岐阜県瑞穂市
10生倉　いくら　福井県三方上中郡若狭町
生剛　せいごう　北海道十勝郡浦幌町
生家　ゆくえ　福岡県福津市
生島町　いくしまちょう　香川県高松市
生振　おやふる　北海道石狩市
生桑町　いくわちょう　三重県四日市市
生琉里　ふるさと　三重県伊賀市
生琉里町　ふるさとちょう　奈良県奈良市
生馬　いくま　和歌山県西牟婁郡上富田町
11生部町　いけぶちょう　福井県福井市
生野
　　いくの　北海道（JR石北本線）
　　いくの　京都府福知山市
　　いくの　兵庫県（JR播但線）
生野区　いくのく　大阪府大阪市
生野本町　いかのほんまち　香川県善通寺市
生野西　いくのにし　大阪府大阪市生野区
生野町
　　しょうのちょう　福井県福井市
　　いくのまち　兵庫県姫路市

　　いくのちょう　山口県下関市
　　いかのちょう　香川県善通寺市
生野町口銀谷　いくのちょうくちがなや　兵庫県朝来市
生野町小野　いくのちょうこの　兵庫県朝来市
生野町川尻　いくのちょうかわしり　兵庫県朝来市
生野町円山　いくのちょうまるやま　兵庫県朝来市
生野町白口　いくのちょうしらくち　兵庫県朝来市
生野町竹原野　いくのちょうたけはらの　兵庫県朝来市
生野町栃原　いくのちょうとちはら　兵庫県朝来市
生野町真弓　いくのちょうまゆみ　兵庫県朝来市
生野町猪野々　いくのちょういのの　兵庫県朝来市
生野町黒川　いくのちょうくろかわ　兵庫県朝来市
生野町奥銀谷　いくのちょうおくがなや　兵庫県朝来市
生野町新町　いくのちょうしんまち　兵庫県朝来市
生野東　いくのひがし　大阪府大阪市生野区
生野屋
　　いくのや　山口県（JR岩徳線）
　　いくのや　山口県下松市
生野屋西　いくのやにし　山口県下松市
生野屋南　いくのやみなみ　山口県下松市
12生勝　いけがち　鹿児島県大島郡宇検村
生湯町　うぶゆちょう　島根県浜田市
生萱　いきがや　長野県千曲市
生越　おごせ　群馬県利根郡昭和村
生間
　　いかま　香川県仲多度郡まんのう町
　　いけんま　鹿児島県大島郡瀬戸内町
生須　なます　群馬県吾妻郡中之条町
生須町　いけすちょう　滋賀県近江八幡市
13生源寺　しょうげんじ　富山県射水市
生源寺新　しょうげんじしん　富山県射水市
生福　せいふく　鹿児島県いちき串木野市
生路　いくじ　愛知県知多郡東浦町
15生穂　いくほ　兵庫県淡路市
生穂新島　いくほにいじま　兵庫県淡路市
生駒
　　いこま　栃木県小山市
　　いこま　神奈川県南足柄市
　　いこま　奈良県（近畿日本鉄道けいはんな線ほか）
生駒台北　いこまだいきた　奈良県生駒市
生駒台南　いこまだいみなみ　奈良県生駒市
生駒市　いこまし　奈良県
生駒町
　　いこまちょう　石川県七尾市
　　いこまちょう　愛知県名古屋市北区
　　いこまちょう　愛知県豊田市
生駒郡　いこまぐん　奈良県
17生櫛　いくし　岐阜県美濃市
19生瀬　なまぜ　兵庫県（JR福知山線）
生瀬町　なまぜちょう　兵庫県西宮市
生瀬東町　なまぜひがしまち　兵庫県西宮市
生瀬武庫川町　なませむこがわちょう　兵庫県西宮市
生瀬高台　なまぜたかだい　兵庫県西宮市

【用】
3用久町　ようきゅうまち　愛知県碧南市

5画（甲）

用勺町　ようじゃくまち　福岡県北九州市若松区
用土
　　ようど　埼玉県（JR八高線）
　　ようど　埼玉県大里郡寄居町
　　ようど　兵庫県美方郡新温泉町
用土町　ようどちょう　広島県府中市
用山　もちやま　福岡県宗像市
4用之江　もちのえ　岡山県笠岡市
5用木　もてぎ　熊本県玉名郡和水町
5用田　ようだ　神奈川県藤沢市
用石　もちいし　高知県土佐市
6用吉　もちよし　岡山県玉野市
7用呂　ようろ　鳥取県八頭郡八頭町
用沢　ようさわ　静岡県駿東郡小山町
8用宗
　　もちむね　静岡県（JR東海道本線）
　　もちむね　静岡県静岡市駿河区
用宗小石町　もちむねこいしちょう　静岡県静岡市駿河区
用宗巴町　もちむねともえちょう　静岡県静岡市駿河区
用宗城山町　もちむねしろやまちょう　静岡県静岡市駿河区
用居乙　もちいおつ　高知県吾川郡仁淀川町
用居甲　もちいこう　高知県吾川郡仁淀川町
9用海町　ようがいちょう　兵庫県西宮市
用草　もちくさ　千葉県八街市
12用賀
　　ようが　東京都（東京急行電鉄田園都市線）
　　ようが　東京都世田谷区
19用瀬　もちがせ　鳥取県（JR因美線）
用瀬町川中　もちがせちょうかわなか　鳥取県鳥取市
用瀬町古用瀬　もちがせちょうふるもちがせ　鳥取県鳥取市
用瀬町用瀬　もちがせちょうもちがせ　鳥取県鳥取市
用瀬町安蔵　もちがせちょうあぞう　鳥取県鳥取市
用瀬町旭ケ丘　もちがせちょうあさひがおか　鳥取県鳥取市
用瀬町江波　もちがせちょうえなみ　鳥取県鳥取市
用瀬町別府　もちがせちょうべふ　鳥取県鳥取市
用瀬町赤波　もちがせちょうあかなみ　鳥取県鳥取市
用瀬町金屋　もちがせちょうかなや　鳥取県鳥取市
用瀬町屋住　もちがせちょうやずみ　鳥取県鳥取市
用瀬町美成　もちがせちょうみなり　鳥取県鳥取市
用瀬町家奥　もちがせちょういえおく　鳥取県鳥取市
用瀬町宮原　もちがせちょうみやばら　鳥取県鳥取市
用瀬町樟原　もちがせちょうくぬぎわら　鳥取県鳥取市
用瀬町鷹狩　もちがせちょうたかがり　鳥取県鳥取市

【甲】
甲
　　こう　茨城県筑西市
　　かぶと　石川県鳳珠郡穴水町
　　こう　長野県小諸市
　　こう　長野県佐久市
　　こう　香川県小豆郡土庄町
　　こう　高知県安芸郡奈半利町
　　こう　高知県高岡郡佐川町
　　こう　熊本県球磨郡五木村
0甲ケ崎　こがさき　福井県小浜市

3甲大工町　こうだいくまち　青森県黒石市
甲子　かっち　岩手県和賀郡西和賀町
甲子町
　　かっしちょう　岩手県釜石市
　　きのいねちょう　宮城県柴田郡大河原町
甲子園　こうしえん　兵庫県（阪神電気鉄道阪神本線）
甲子園一番町　こうしえんいちばんちょう　兵庫県西宮市
甲子園七番町　こうしえんななばんちょう　兵庫県西宮市
甲子園九番町　こうしえんきゅうばんちょう　兵庫県西宮市
甲子園二番町　こうしえんにばんちょう　兵庫県西宮市
甲子園八番町　こうしえんはちばんちょう　兵庫県西宮市
甲子園三保町　こうしえんみほちょう　兵庫県西宮市
甲子園三番町　こうしえんさんばんちょう　兵庫県西宮市
甲子園口
　　こうしえんぐち　兵庫県（JR東海道本線）
　　こうしえんぐち　兵庫県西宮市
甲子園口北町　こうしえんぐちきたまち　兵庫県西宮市
甲子園五番町　こうしえんごばんちょう　兵庫県西宮市
甲子園六石町　こうしえんろっこくちょう　兵庫県西宮市
甲子園六番町　こうしえんろくばんちょう　兵庫県西宮市
甲子園四番町　こうしえんよんばんちょう　兵庫県西宮市
甲子園町　こうしえんちょう　兵庫県西宮市
甲子園春風町　こうしえんはるかぜちょう　兵庫県西宮市
甲子園洲鳥町　こうしえんすどりちょう　兵庫県西宮市
甲子園砂田町　こうしえんすなだちょう　兵庫県西宮市
甲子園浦風町　こうしえんうらかぜちょう　兵庫県西宮市
甲子園浜　こうしえんはま　兵庫県西宮市
甲子園浜田町　こうしえんはまだちょう　兵庫県西宮市
甲子園高潮町　こうしえんたかしおちょう　兵庫県西宮市
甲子園網引町　こうしえんあびきちょう　兵庫県西宮市
甲山　こうざん　広島県世羅郡世羅町
甲山町
　　かぶとやまちょう　愛知県名古屋市瑞穂区
　　かぶとやまちょう　兵庫県西宮市
5甲奴　こうぬ　広島県（JR福塩線）
甲奴町小童　こうぬちょうひち　広島県三次市
甲奴町太郎丸　こうぬちょうたろうまる　広島県三次市
甲奴町本郷　こうぬちょうほんごう　広島県三次市
甲奴町宇賀　こうぬちょううが　広島県三次市
甲奴町有田　こうぬちょうありだ　広島県三次市
甲奴町西野　こうぬちょうにしの　広島県三次市

5画（甲）

甲奴町抜湯　こうぬちょうぬくゆ　広島県三次市
甲奴町梶田　こうぬちょうかじた　広島県三次市
甲奴町福田　こうぬちょうふくだ　広島県三次市
甲田　こうだ　大阪府富田林市
甲田町　こうたちょう　滋賀県彦根市
甲田町下小原　こうだちょうしもおばら　広島県安芸高田市
甲田町下甲立　こうだちょうしもこうたち　広島県安芸高田市
甲田町上小原　こうだちょうかみおばら　広島県安芸高田市
甲田町上甲立　こうだちょうかみこうたち　広島県安芸高田市
甲田町浅塚　こうだちょうあさつか　広島県安芸高田市
甲田町高田原　こうだちょうたかたばら　広島県安芸高田市
甲田町深瀬　こうだちょうふかせ　広島県安芸高田市
甲田町糘地　こうだちょうすくもじ　広島県安芸高田市
甲立　こうたち　広島県（JR芸備線）
6 甲仲原　こうなかばる　福岡県糟屋郡粕屋町
甲州市　こうしゅうし　山梨県
甲州街道　こうしゅうかいどう　東京都（多摩都市モノレール線）
甲西　こうせい　滋賀県（JR草津線）
7 甲佐平　こうさびら　熊本県下益城郡美里町
甲佐町　こうさまち　熊本県上益城郡
甲条　こうちょう　福岡県三井郡大刀洗町
甲良町　こうらちょう　滋賀県犬上郡
8 甲府　こうふ　山梨県（JR中央本線）
甲府市　こうふし　山梨県
甲弩　こうの　岡山県笠岡市
甲東中学校前　こうとうちゅうがっこうまえ　鹿児島県（鹿児島市交通局1系統）
甲東園　こうとうえん　兵庫県（阪急電鉄今津線）
　こうとうえん　兵庫県西宮市
甲突町　こうつきちょう　鹿児島県鹿児島市
9 甲南　こうなん　滋賀県（JR草津線）
甲南山手　こうなんやまて　兵庫県（JR東海道本線）
甲南台　こうなんだい　兵庫県神戸市東灘区
甲南町　こうなんちょう　兵庫県神戸市東灘区
甲南町下馬杉　こうなんちょうしもますぎ　滋賀県甲賀市
甲南町上馬杉　こうなんちょうかみますぎ　滋賀県甲賀市
甲南町市原　こうなんちょういちはら　滋賀県甲賀市
甲南町寺庄　こうなんちょうてらしょう　滋賀県甲賀市
甲南町池田　こうなんちょういけだ　滋賀県甲賀市
甲南町希望ケ丘　こうなんちょうきぼうがおか　滋賀県甲賀市
甲南町希望ケ丘本町　こうなんちょうきぼうがおかほんまち　滋賀県甲賀市
甲南町杉谷　こうなんちょうすぎたに　滋賀県甲賀市
甲南町宝木　こうなんちょうほうのき　滋賀県甲賀市
甲南町柑子　こうなんちょうこおじ　滋賀県甲賀市
甲南町竜法師　こうなんちょうりゅうぼうし　滋賀県甲賀市
甲南町耕心　こうなんちょうこうしん　滋賀県甲賀市

甲南町深川　こうなんちょうふかわ　滋賀県甲賀市
甲南町深川市場　こうなんちょうふかわいちば　滋賀県甲賀市
甲南町葛木　こうなんちょうかづらき　滋賀県甲賀市
甲南町野川　こうなんちょうのがわ　滋賀県甲賀市
甲南町野尻　こうなんちょうのじり　滋賀県甲賀市
甲南町野田　こうなんちょうのだ　滋賀県甲賀市
甲南町森尻　こうなんちょうもりしり　滋賀県甲賀市
甲南町塩野　こうなんちょうしおの　滋賀県甲賀市
甲南町新治　こうなんちょうしんじ　滋賀県甲賀市
甲南町稗谷　こうなんちょうひえだに　滋賀県甲賀市
甲南町磯尾　こうなんちょういそを　滋賀県甲賀市
甲屋町　かぶとやちょう　京都府京都市中京区
甲栄台　こうえいだい　兵庫県神戸市北区
甲津畑町　こうづはたちょう　滋賀県東近江市
甲津原　こうづはら　滋賀県米原市
甲風園　こうふうえん　兵庫県西宮市
10 甲原　かんばら　高知県土佐市
甲浦
　かんのうら　高知県（阿佐海岸鉄道阿佐東線）
　かんのうら　高知県安芸郡東洋町
11 甲崎町　こうざきちょう　滋賀県彦根市
甲野　こうの　三重県伊賀市
12 甲斐上野　かいうえの　山梨県（JR身延線）
甲斐大和　かいやまと　山梨県（JR中央本線）
甲斐大泉　かいおおいずみ　山梨県（JR小海線）
甲斐大島　かいおおしま　山梨県（JR身延線）
甲斐小泉　かいこいずみ　山梨県（JR小海線）
甲斐元町　かいもとちょう　宮崎県都城市
甲斐市　かいし　山梨県
甲斐田町　かいだちょう　大阪府枚方市
甲斐田東町　かいだひがしまち　大阪府枚方市
甲斐田新町　かいだしんまち　大阪府枚方市
甲斐守町　かいのかみちょう　京都府京都市上京区
甲斐住吉　かいすみよし　山梨県（JR身延線）
甲斐町　かいちょう　三重県鈴鹿市
甲斐町西　かいのちょうにし　大阪府堺市堺区
甲斐町東　かいのちょうひがし　大阪府堺市堺区
甲斐岩間　かいいわま　山梨県（JR身延線）
甲斐常葉　かいときわ　山梨県（JR身延線）
甲賀
　こうか　滋賀県（JR草津線）
　こうが　滋賀県米原市
甲賀市　こうかし　滋賀県
甲賀町　こうぎちょう　岡山県高梁市
甲賀町上野　こうかちょううえの　滋賀県甲賀市
甲賀町大久保　こうかちょうおおくぼ　滋賀県甲賀市
甲賀町大原上田　こうかちょうおおはらうえだ　滋賀県甲賀市
甲賀町大原中　こうかちょうおおはらなか　滋賀県甲賀市
甲賀町大原市場　こうかちょうおおはらいちば　滋賀県甲賀市
甲賀町小佐治　こうかちょうこさじ　滋賀県甲賀市
甲賀町五反田　こうかちょうごたんだ　滋賀県甲賀市
甲賀町毛枚　こうかちょうもびら　滋賀県甲賀市
甲賀町田堵野　こうかちょうたどの　滋賀県甲賀市
甲賀町和田　こうかちょうわた　滋賀県甲賀市
甲賀町岩室　こうかちょういわむろ　滋賀県甲賀市

5画（申, 田）

甲賀町拝坂　こうかちょうはいさか　滋賀県甲賀市
甲賀町油日　こうかちょうあぶらひ　滋賀県甲賀市
甲賀町相模　こうかちょうさがみ　滋賀県甲賀市
甲賀町神　こうかちょうかみ　滋賀県甲賀市
甲賀町神保　こうかちょうじんぼ　滋賀県甲賀市
甲賀町高野　こうかちょうたかの　滋賀県甲賀市
甲賀町高嶺　こうかちょうたかみね　滋賀県甲賀市
甲賀町鳥居野　こうかちょうとりいの　滋賀県甲賀市
甲賀町鹿深台　こうかちょうかふかだい　滋賀県甲賀市
甲賀町滝　こうかちょうたき　滋賀県甲賀市
甲賀町隠岐　こうかちょうおき　滋賀県甲賀市
甲賀町櫟野　こうかちょういちの　滋賀県甲賀市
甲陽園　こうようえん　兵庫県（阪急電鉄甲陽線）
甲陽園山王町　こうようえんさんのうちょう　兵庫県西宮市
甲陽園日之出町　こうようえんひのでちょう　兵庫県西宮市
甲陽園本庄町　こうようえんほんじょうちょう　兵庫県西宮市
甲陽園目神山町　こうようえんめがみやまちょう　兵庫県西宮市
甲陽園西山町　こうようえんにしやまちょう　兵庫県西宮市
甲陽園東山町　こうようえんひがしやまちょう　兵庫県西宮市
甲陽園若江町　こうようえんわかえちょう　兵庫県西宮市
13甲楽城　かぶらき　福井県南条郡南越前町
14甲徳兵衛町　こうとくべえまち　青森県黒石市
16甲頭倉　こうずくら　滋賀県犬上郡多賀町

【申】
5申平　さるひら　愛知県長久手市
12申塚町　さるづかちょう　愛知県津島市

【田】
田
た　岐阜県養老郡養老町
た　岐阜県安八郡神戸町
た　和歌山県海草郡紀美野町
た　和歌山県有田郡湯浅町
た　福岡県福岡市西区
た　福岡県福岡市早良区
0田ノ入　たのいり　宮城県伊具郡丸森町
田ノ上　たのうえ　岡山県倉敷市
田ノ上新町　たのうえしんまち　岡山県倉敷市
田ノ沢　たのさわ　青森県上北郡東北町
田ノ谷町　たのたにちょう　福井県福井市
田ノ垣内　たのかいと　和歌山県日高郡印南町
田ノ浦
たのうら　福井県大飯郡高浜町
たのうら　広島県竹原市
たのうら　愛媛県伊予郡砥部町
たのうら　大分県大分市
田ノ浦町　たのうらちょう　長崎県五島市
田ノ頭町　たのかしらちょう　福井県福井市
田ノ頭郷　たのかしらごう　長崎県東彼杵郡波佐見町
田の又　たのまた　富山県下新川郡入善町
田の上　たのうえ　愛媛県新居浜市

田の口　たのくち　大分県別府市
田の尻　たのしり　山口県山陽小野田市
田の沢　たのさわ　岩手県八幡平市
田の神　たのかみ　岩手県宮古市
田の神町　たのかみまち　長野県須坂市
田の浦町
たのうらちょう　長崎県佐世保市
たのうらまち　大分県佐伯市
田の湯町　たのゆまち　大分県別府市
田んぼアート　たんぼあーと　青森県（弘南鉄道弘南線）
2田丁　たまち　千葉県夷隅郡大多喜町
田二穂　たにほ　島根県鹿足郡津和野町
田人町石住　たびとまちいしずみ　福島県いわき市
田人町貝泊　たびとまちかいどまり　福島県いわき市
田人町南大平　たびとまちみなみおおだいら　福島県いわき市
田人町旅人　たびとまちたびうと　福島県いわき市
田人町荷路夫　たびとまちにちぶ　福島県いわき市
田人町黒田　たびとまちくろだ　福島県いわき市
田力　たちから　岩手県花巻市
3田下
たしも　北海道磯谷郡蘭越町
たげ　茨城県下妻市
たのした　富山県南砺市
田下町
たげまち　栃木県宇都宮市
たじもまち　長崎県大村市
田上
たがみ　新潟県（JR信越本線）
たがみ　新潟県南蒲原郡田上町
たがみ　石川県金沢市
たがみ　福井県三方上中郡若狭町
たがみ　長野県中野市
たがみ　長崎県長崎市
たのえ　熊本県球磨郡湯前町
たがみ　鹿児島県鹿児島市
田上さくら　たがみさくら　石川県金沢市
田上の里　たがみのさと　石川県金沢市
田上台　たがみだい　鹿児島県鹿児島市
田上本町　たがみほんまち　石川県金沢市
田上町
たがみまち　新潟県南蒲原郡
たがみまち　石川県金沢市
たがみちょう　鹿児島県鹿児島市
田上新町　たがみしんまち　石川県金沢市
田万里町　たまりちょう　広島県竹原市
田丸
たまる　三重県（JR参宮線）
たまる　三重県度会郡玉城町
田丸町　たまるちょう　京都府京都市上京区
田久　たく　福岡県宗像市
田久保　たくぼ　千葉県匝瑳市
田口
たぐち　福島県石川郡古殿町
たぐち　新潟県妙高市
たぐち　長野県佐久市
たぐち　岐阜県下呂市
たぐち　愛知県犬山市
たぐち　愛知県北設楽郡設楽町
たぐち　三重県三重郡菰野町

5画（田）

たぐち　三重県度会郡度会町
たぐち　大阪府枚方市
たぐち　兵庫県神崎郡福崎町
たぐち　和歌山県有田郡有田川町
たぐち　岡山県真庭市
たのくち　愛媛県大洲市
たぐち　熊本県上益城郡甲佐町

田口山　たぐちやま　大阪府枚方市
田口町
　たぐちまち　群馬県前橋市
　たぐちちょう　岐阜県大垣市
　たぐちちょう　愛知県岡崎市
田口研究団地　たぐちけんきゅうだんち　広島県東広島市
田口新田　たぐちしんでん　三重県三重郡菰野町
田土
　たど　岡山県和気郡和気町
　たど　岡山県加賀郡吉備中央町
田土部　たどべ　茨城県土浦市
田子
　たっこ　青森県三戸郡田子町
　たこ　宮城県仙台市宮城野区
　たこ　長野県長野市
　たご　静岡県富士市
　たご　静岡県賀茂郡西伊豆町
　たこ　和歌山県（JR紀勢本線）
　たこ　和歌山県東牟婁郡串本町
田子内　たごない　秋田県雄勝郡東成瀬村
田子内町　たごうちちょう　茨城県常陸大宮市
田子向　たこむかい　秋田県能代市
田子西　たごにし　宮城県仙台市宮城野区
田子町　たっこまち　青森県三戸郡
田子倉　たこくら　福島県南会津郡只見町
田子島　だごじま　石川県能美郡川北町
田小屋　たごや　新潟県魚沼市
田小野　たおの　熊本県上益城郡山都町
田山
　たやま　岩手県（JR花輪線）
　たやま　岩手県八幡平市
　たやま　新潟県阿賀野市
　たやま　京都府相楽郡南山城村
田川
　たがわ　青森県五所川原市
　たがわ　山形県鶴岡市
　たがわ　福島県河沼郡湯川村
　たがわ　茨城県稲敷郡河内町
　たがわ　栃木県小山市
　たがわ　千葉県木更津市
　たがわ　新潟県魚沼市
　たがわ　富山県小矢部市
　たがわ　大阪府大阪市淀川区
　たがわ　和歌山県東牟婁郡古座川町
　たがわ　熊本県葦北郡芦北町
田川北　たがわきた　大阪府大阪市淀川区
田川市　たがわし　福岡県
田川市立病院　たがわしりつびょういん　福岡県（平成筑豊鉄道伊田線）
田川伊田　たがわいた　福岡県（JR日田彦山線ほか）
田川町
　たがわちょう　新潟県十日町市
　たがわちょう　滋賀県長浜市

田川後藤寺　たがわごとうじ　福岡県（JR日田彦山線ほか）
田川郡　たがわぐん　福岡県
⁴**田中**
　たなか　北海道網走郡美幌町
　たなか　青森県黒石市
　たなか　宮城県気仙沼市
　たなか　宮城県加美郡加美町
　たなか　福島県須賀川市
　たなか　茨城県土浦市
　たなか　茨城県つくば市
　たなか　栃木県下野市
　たなか　埼玉県本庄市
　たなか　埼玉県深谷市
　たなか　埼玉県比企郡ときがわ町
　たなか　埼玉県北葛飾郡松伏町
　たなか　千葉県東金市
　たなか　神奈川県横浜市磯子区
　たなか　神奈川県伊勢原市
　たなか　神奈川県足柄上郡中井町
　たなか　新潟県新潟市南区
　たなか　新潟県柏崎市
　たなか　新潟県十日町市
　たなか　新潟県糸魚川市
　たなか　新潟県阿賀野市
　たなか　新潟県魚沼市
　たなか　新潟県三島郡出雲崎町
　たなか　富山県南砺市
　たなか　富山県下新川郡入善町
　たなか　石川県羽咋郡志賀町
　たなか　福井県丹生郡越前町
　たなか　長野県（しなの鉄道線）
　たなか　長野県長野市
　たなか　長野県東御市
　たなか　岐阜県揖斐郡池田町
　たなか　静岡県藤枝市
　たなか　静岡県賀茂郡河津町
　たなか　三重県伊賀市
　たなか　三重県多気郡多気町
　たなか　滋賀県蒲生郡竜王町
　たなか　京都府舞鶴市
　たなか　大阪府大阪市港区
　たなか　兵庫県三田市
　たなか　兵庫県加東市
　たなか　兵庫県神崎郡市川町
　たなか　奈良県吉野郡下市町
　たなか　鳥取県西伯郡大山町
　たなか　岡山県岡山市北区
　たなか　香川県木田郡三木町
　たなか　福岡県朝倉市
　たなか　福岡県糟屋郡篠栗町
　たなか　福岡県京都郡みやこ町
田中々　たなかなか　福井県あわら市
田中下タ　たなかした　岩手県八幡平市
田中下柳町　たなかしもやなぎちょう　京都府京都市左京区
田中上大久保町　たなかかみおおくぼちょう　京都府京都市左京区
田中上古川町　たなかかみふるかわちょう　京都府京都市左京区
田中上玄京町　たなかかみげんきょうちょう　京都府京都市左京区
田中上柳町　たなかかみやなぎちょう　京都府京都市左京区

5画（田）

田中口　たなかぐち　和歌山県（和歌山電鉄貴志川線）

田中大久保町　たなかおおくぼちょう　京都府京都市左京区

田中大堰町　たなかおおいちょう　京都府京都市左京区

田中山
　たなかやま　福島県白河市
　たなやま　静岡県伊豆の国市

田中北町　たなかきたまち　熊本県八代市

田中北春菜町　たなかきたはるなちょう　京都府京都市左京区

田中古川町　たなかふるかわちょう　京都府京都市左京区

田中玄京町　たなかげんきょうちょう　京都府京都市左京区

田中江町　たなかえちょう　滋賀県近江八幡市

田中西大久保町　たなかにしおおくぼちょう　京都府京都市左京区

田中西町　たなかにしまち　熊本県八代市

田中西春菜町　たなかにしはるなちょう　京都府京都市左京区

田中西浦町　たなかにしうらちょう　京都府京都市左京区

田中西高原町　たなかにしたかはらちょう　京都府京都市左京区

田中西樋ノ口町　たなかにしひのくちちょう　京都府京都市左京区

田中村新田　たなかむらしんでん　新潟県妙高市

田中沖　たなかおき　宮城県気仙沼市

田中町
　たなかまち　青森県西津軽郡鰺ケ沢町
　たなかまち　秋田県横手市
　たなかまち　茨城県土浦市
　たなかちょう　栃木県足利市
　たなかまち　群馬県伊勢崎市
　たなかまち　千葉県銚子市
　たなかちょう　東京都昭島市
　たなかまち　新潟県新潟市中央区
　たなかまち　富山県富山市
　たなかまち　富山県滑川市
　たなかまち　石川県金沢市
　たなかまち　石川県白山市
　たなかちょう　福井県福井市
　たなかちょう　長野県岡谷市
　たなかまち　長野県諏訪郡下諏訪町
　たなかちょう　静岡県富士宮市
　たなかちょう　愛知県名古屋市熱田区
　たなかちょう　愛知県瀬戸市
　たなかちょう　愛知県豊田市
　たなかちょう　京都府京都市上京区
　たなかちょう　京都府京都市中京区
　たなかちょう　京都府京都市東山区
　たなかちょう　京都府舞鶴市
　たなかちょう　大阪府泉大津市
　たなかちょう　大阪府茨木市
　たなかちょう　兵庫県神戸市東灘区
　たなかちょう　兵庫県西宮市
　たなかちょう　奈良県奈良市
　たなかちょう　奈良県大和郡山市
　たなかちょう　奈良県橿原市
　たなかまち　和歌山県和歌山市
　たなかまち　広島県広島市中区
　たなかまち　山口県下関市
　たなかまち　長崎県長崎市
　たなかまち　熊本県八代市
　たなかまち　大分県大分市

田中町本通り　たなかちょうほんどおり　新潟県十日町市

田中町西　たなかちょうにし　新潟県十日町市

田中町東　たなかちょうひがし　新潟県十日町市

田中谷地　たなかやち　秋田県能代市

田中里ノ内町　たなかさとのうちちょう　京都府京都市左京区

田中里ノ前町　たなかさとのまえちょう　京都府京都市左京区

田中東町　たなかひがしまち　熊本県八代市

田中東春菜町　たなかひがしはるなちょう　京都府京都市左京区

田中東高原町　たなかひがしたかはらちょう　京都府京都市左京区

田中東樋ノ口町　たなかひがしひのくちちょう　京都府京都市左京区

田中門前町　たなかもんぜんちょう　京都府京都市左京区

田中前　たなかまえ　宮城県気仙沼市

田中南大久保町　たなかみなみおおくぼちょう　京都府京都市左京区

田中南西浦町　たなかみなみにしうらちょう　京都府京都市左京区

田中後　たなかうしろ　茨城県ひたちなか市

田中春菜町　たなかはるなちょう　京都府京都市左京区

田中荒生　たなかあらおい　千葉県山武郡九十九里町

田中飛鳥井町　たなかあすかいちょう　京都府京都市左京区

田中島　たなかじま　福島県福島市

田中島町　たなかじままち　群馬県伊勢崎市

田中馬場　たなかばば　和歌山県紀の川市

田中馬場町　たなかばばちょう　京都府京都市左京区

田中高原町　たなかたかはらちょう　京都府京都市左京区

田中野神町　たなかのがみちょう　京都府京都市左京区

田中道下　たなかみちした　宮城県刈田郡七ケ宿町

田中道上　たなかみちうえ　宮城県刈田郡七ケ宿町

田中新　たなかしん　新潟県燕市

田中新田
　たなかしんでん　埼玉県三郷市
　たなかしんでん　千葉県松戸市
　たなかしんでん　新潟県加茂市
　たなかしんでん　新潟県西蒲原郡弥彦村
　たなかしんでん　静岡県富士市

田中新町　たなかしんまち　富山県滑川市

田中農場　たなかのうじょう　北海道空知郡中富良野町

田中樋ノ口町　たなかひのくちちょう　京都府京都市左京区

田中関田町　たなかせきでんちょう　京都府京都市左京区

田之入町　たのいりちょう　栃木県佐野市

田之上　たのかみ　岐阜県瑞穂市

田之口　たのくち　新潟県長岡市

田之尻町　たのしりまち　新潟県見附市

田井
　だい　山形県西村山郡河北町
　たい　福井県三方上中郡若狭町
　たい　京都府舞鶴市
　たい　京都府宮津市
　たい　京都府久世郡久御山町
　たい　兵庫県美方郡新温泉町
　たい　奈良県大和高田市
　たい　和歌山県日高郡美浜町
　たい　鳥取県東伯郡北栄町
　たい　岡山県玉野市
　たい　岡山県美作市
　たい　岡山県勝田郡勝央町
　たい　徳島県海部郡美波町
　たい　高知県土佐郡土佐町
　たい　大分県臼杵市
　たい　大分県竹田市
田井ノ浜　たいのはま　徳島県（JR牟岐線・臨）
田井ノ瀬　たいのせ　和歌山県（JR和歌山線）
田井中　たいなか　大阪府八尾市
田井台　たいだい　兵庫県姫路市
田井庄　たいのしょう　奈良県高市郡高取町
田井庄町　たいのしょうちょう　奈良県天理市
田井西町　たいにしまち　大阪府寝屋川市
田井町
　たいまち　新潟県見附市
　たいまち　石川県金沢市
　たいちょう　滋賀県東近江市
　たいちょう　大阪府寝屋川市
田井城　たいじょう　大阪府松原市
田井島　たいのしま　熊本県熊本市南区
田井等　たいら　沖縄県名護市
田井新町　たいしんまち　奈良県大和高田市
田内
　たうち　福島県西白河郡矢吹町
　たない　愛知県北設楽郡設楽町
田刈屋　たかりや　富山県富山市
田刈屋新町　たかりやしんまち　富山県富山市
田切
　たぎり　新潟県妙高市
　たぎり　長野県（JR飯田線）
　たぎり　長野県上伊那郡飯島町
田切須　たぎりす　新潟県佐渡市
田戸
　たど　新潟県十日町市
　たど　新潟県魚沼市
田戸台　たどだい　神奈川県横須賀市
田戸町　たどちょう　愛知県高浜市
田手　たで　佐賀県神埼郡吉野ケ里町
田手原町　たでわらまち　長崎県長崎市
田方　たかた　広島県広島市西区
田方郡　たがたぐん　静岡県
田木
　たぎ　埼玉県東松山市
　たぎ　埼玉県日高市
田木谷　たぎや　茨城県小美玉市
田水山　たみやま　茨城県つくば市
田牛　とうじ　静岡県下田市
⁵田主丸　たぬしまる　福岡県（JR久大本線）
田主丸町八幡　たぬしまるまちやはた　福岡県久留米市

田主丸町上原　たぬしまるまちかみはる　福岡県久留米市
田主丸町中尾　たぬしまるまちなかお　福岡県久留米市
田主丸町以真恵　たぬしまるまちいまえ　福岡県久留米市
田主丸町田主丸　たぬしまるまちたぬしまる　福岡県久留米市
田主丸町石垣　たぬしまるまちいしかき　福岡県久留米市
田主丸町吉本　たぬしまるまちよしもと　福岡県久留米市
田主丸町地徳　たぬしまるまちちとく　福岡県久留米市
田主丸町竹野　たぬしまるまちたけの　福岡県久留米市
田主丸町志塚島　たぬしまるまちしつかしま　福岡県久留米市
田主丸町牧　たぬしまるまちまき　福岡県久留米市
田主丸町長栖　たぬしまるまちながす　福岡県久留米市
田主丸町秋成　たぬしまるまちあきなり　福岡県久留米市
田主丸町恵利　たぬしまるまちえり　福岡県久留米市
田主丸町益生田　たぬしまるまちますおだ　福岡県久留米市
田主丸町常盤　たぬしまるまちときわ　福岡県久留米市
田主丸町船越　たぬしまるまちふなごし　福岡県久留米市
田主丸町菅原　たぬしまるまちすがはら　福岡県久留米市
田主丸町野田　たぬしまるまちのだ　福岡県久留米市
田主丸町朝森　たぬしまるまちあさもり　福岡県久留米市
田主丸町森部　たぬしまるまちもりべ　福岡県久留米市
田主丸町殖木　たぬしまるまちふえき　福岡県久留米市
田主丸町豊城　たぬしまるまちとよき　福岡県久留米市
田主丸町鷹取　たぬしまるまちたかとり　福岡県久留米市
田代
　たしろ　北海道瀬棚郡今金町
　たしろ　北海道様似郡様似町
　たしろ　青森県中津軽郡西目屋村
　たしろ　青森県三戸郡階上町
　たしろ　岩手県宮古市
　たしろ　岩手県下閉伊郡田野畑村
　たしろ　秋田県雄勝郡羽後町
　たしろ　山形県鶴岡市
　たしろ　山形県寒河江市
　たしろ　福島県東白川郡塙町
　たしろ　群馬県吾妻郡嬬恋村
　たしろ　千葉県長生郡長柄町
　たしろ　千葉県夷隅郡大多喜町
　たしろ　神奈川県愛甲郡愛川町
　たしろ　新潟県十日町市
　たしろ　石川県鳳珠郡能登町
　でんだい　岐阜県羽島郡笠松町
　たしろ　静岡県静岡市葵区
　たしろ　静岡県伊豆市

5画（田）

たしろ　静岡県田方郡函南町
たしろ　静岡県榛原郡川根本町
たしろ　愛知県稲沢市
たしろ　三重県桑名郡木曽岬町
たしろ　鳥取県東伯郡三朝町
たしろ　福岡県北九州市小倉南区
たしろ　福岡県北九州市八幡東区
たしろ　福岡県朝倉市
たしろ　佐賀県（JR鹿児島本線）
たしろ　佐賀県佐賀市
たしろ　佐賀県東松浦郡玄海町
たしろ　熊本県上益城郡御船町

田代上町　たしろかんまち　佐賀県鳥栖市
田代大官町　たしろだいかんまち　佐賀県鳥栖市
田代川原　たしろかわはら　鹿児島県肝属郡錦江町
田代外町　たしろほかまち　佐賀県鳥栖市
田代本町　たしろほんまち　佐賀県鳥栖市
田代本通　たしろほんとおり　愛知県名古屋市千種区
田代町
たしろちょう　青森県弘前市
たしろちょう　岐阜県多治見市
たしろちょう　愛知県名古屋市千種区
たしろちょう　愛知県半田市
たしろちょう　愛知県豊田市
たしろちょう　兵庫県西宮市
たしろちょう　長崎県佐世保市
たしろちょう　長崎県平戸市
たしろちょう　宮崎県宮崎市
田代町西ノ丸　たしろちょうにしのまる　愛知県江南市
田代町南出　たしろちょうみなみで　愛知県江南市
田代町郷中　たしろちょうごうなか　愛知県江南市
田代昌町　たしろしょうまち　佐賀県鳥栖市
田代浜　たしろはま　宮城県石巻市
田代新町　たしろしんまち　佐賀県鳥栖市
田代麓　たしろふもと　鹿児島県肝属郡錦江町
田処　たどころ　愛媛県大洲市
田出ノ川　たでのかわ　高知県四万十市
田出井町　たでいちょう　大阪府堺市堺区
田尻
たじり　宮城県（JR東北本線）
たじり　宮城県気仙沼市
たじり　宮城県大崎市
たじり　福島県双葉郡浪江町
たじり　千葉県市川市
たじり　新潟県魚沼市
たのしり　富山県富山市
たじり　富山県南砺市
たじり　福井県敦賀市
たじり　静岡県焼津市
たじり　奈良県香芝市
たじり　和歌山県和歌山市
たじり　和歌山県日高郡日高川町
たじり　福岡県福岡市西区
たじり　熊本県阿蘇郡産山村
たじり　大分県大分市
たじり　大分県中津市
たじり　大分県臼杵市
たじり　宮崎県東諸県郡国富町
田尻グリーンハイツ　たじりぐりーんはいつ　大分県大分市
田尻八幡　たじりやわた　宮城県大崎市
田尻大沢　たじりおおさわ　宮城県大崎市

田尻大貫　たじりおおぬき　宮城県大崎市
田尻大嶺　たじりおおみね　宮城県大崎市
田尻小松　たじりこまつ　宮城県大崎市
田尻小塩　たじりおしお　宮城県大崎市
田尻中目　たじりなかのめ　宮城県大崎市
田尻北　たじりきた　静岡県焼津市
田尻北小牛田　たじりきたこごた　宮城県大崎市
田尻北牧目　たじりきたまきのめ　宮城県大崎市
田尻北高城　たじりきたたかぎ　宮城県大崎市
田尻西　たのしりにし　富山県富山市
田尻沢　たじりざわ　宮城県気仙沼市
田尻町
たじりちょう　茨城県日立市
たじりちょう　神奈川県川崎市中原区
たじりまち　石川県加賀市
たのしりまち　石川県野々市市
たじりちょう　福井県福井市
たじりちょう　静岡県浜松市南区
たじりまち　愛知県碧南市
たじりちょう　三重県伊勢市
たじりちょう　大阪府泉南郡
たじりちょう　広島県福山市
田尻東　たのしりひがし　富山県富山市
田尻沼木　たじりぬまぎ　宮城県大崎市
田尻沼部　たじりぬまべ　宮城県大崎市
田尻南
たのしりみなみ　富山県富山市
たじりみなみ　大分県大分市
田尻栃谷町　たじりとちたにちょう　福井県福井市
田尻桜田高野　たじりさくらだこうや　宮城県大崎市
田尻通木　たじりとおりき　宮城県大崎市
田尻崎　たじりざき　大分県中津市
田尻蕪栗　たじりかぶくり　宮城県大崎市
田尻諏訪峠　たじりすわとうげ　宮城県大崎市
田布川町　たぶがわちょう　鹿児島県枕崎市
田布施　たぶせ　山口県（JR山陽本線）
田布施町　たぶせちょう　山口県熊毛郡
田平沢町　たひらざわちょう　愛知県豊田市
田平町一関免　たびらちょういっせきめん　長崎県平戸市
田平町下寺免　たびらちょうしもでらめん　長崎県平戸市
田平町下亀免　たびらちょうしもがめめん　長崎県平戸市
田平町上亀免　たびらちょうかみがめめん　長崎県平戸市
田平町大久保免　たびらちょうおおくぼめん　長崎県平戸市
田平町小手田免　たびらちょうこてだめん　長崎県平戸市
田平町小崎免　たびらちょうこざきめん　長崎県平戸市
田平町山内免　たびらちょうやまうちめん　長崎県平戸市
田平町以善免　たびらちょういよしめん　長崎県平戸市
田平町古梶免　たびらちょうふるかじめん　長崎県平戸市
田平町本山免　たびらちょうもとやまめん　長崎県平戸市

5画（田）

田平町田代免　たびらちょうたしろめん　長崎県平戸市
田平町里免　たびらちょうさとめん　長崎県平戸市
田平町岳崎免　たびらちょうたけざきめん　長崎県平戸市
田平町荻田免　たびらちょうおぎためん　長崎県平戸市
田平町深月免　たびらちょうふかつきめん　長崎県平戸市
田平町野田免　たびらちょうのだめん　長崎県平戸市
田平町福崎免　たびらちょうふくざきめん　長崎県平戸市
田平町横島免　たびらちょうよこしまめん　長崎県平戸市
田打　とうち　広島県世羅郡世羅町
田本　たもと　長野県（JR飯田線）
田生越町　たしょうごえちょう　岐阜県岐阜市
田甲　たこう　埼玉県比企郡吉見町
田立
　ただだ　長野県（JR中央本線）
　ただち　長野県木曽郡南木曽町
田辺
　たなべ　京都府京田辺市
　たなべ　大阪府（大阪市交通局谷町線）
　たなべ　大阪府大阪市東住吉区
　たなべ　大阪府柏原市
田辺中央　たなべちゅうおう　京都府京田辺市
田辺市　たなべし　和歌山県
田辺町　たなべちょう　滋賀県大津市
田辺島通　たべしまどおり　高知県（とさでん交通ごめん線）
田辺通　たなべとおり　愛知県名古屋市瑞穂区
田辺新田　たなべしんでん　神奈川県川崎市川崎区
⁶田伏
　たぶせ　茨城県かすみがうら市
　たぶせ　新潟県糸魚川市
田光　たびか　三重県三重郡菰野町
田光町　たこうちょう　愛知県名古屋市瑞穂区
田吉
　たよし　熊本県上益城郡山都町
　たよし　宮崎県（JR日南線）
　たよし　宮崎県宮崎市
田向
　たむかい　青森県八戸市
　たむかい　富山県南砺市
田名
　たな　神奈川県相模原市緑区
　たな　神奈川県相模原市中央区
　たな　福井県三方上中郡若狭町
　だな　沖縄県島尻郡伊平屋村
田名部　たなぶ　青森県むつ市
田名部町　たなぶちょう　青森県むつ市
田名部道　たなぶみち　青森県上北郡野辺地町
田名塩田　たなしおだ　神奈川県相模原市中央区
田地町　たちまち　石川県白山市
田寺　たでら　兵庫県姫路市
田寺山手町　たでらやまてちょう　兵庫県姫路市
田寺東　たでらひがし　兵庫県姫路市
田江　たえ　富山県氷見市
田羽根　たばね　岡山県真庭市

田老
　たろう　岩手県（三陸鉄道北リアス線）
　たろう　岩手県宮古市
田老ケラス　たろうけらす　岩手県宮古市
田老乙部　たろうおとべ　岩手県宮古市
田老乙部野　たろうおとべの　岩手県宮古市
田老七滝　たろうななたき　岩手県宮古市
田老八幡水神　たろうやはたすいじん　岩手県宮古市
田老下摂待　たろうしもせったい　岩手県宮古市
田老三王　たろうさんのう　岩手県宮古市
田老上小田代　たろうかみこだしろ　岩手県宮古市
田老上沖　たろうかみおき　岩手県宮古市
田老上摂待　たろうかみせったい　岩手県宮古市
田老小田代　たろうこだしろ　岩手県宮古市
田老小林　たろうこばやし　岩手県宮古市
田老小堀内　たろうこぼりない　岩手県宮古市
田老小堀内南　たろうこぼりないみなみ　岩手県宮古市
田老川向　たろうかわむかい　岩手県宮古市
田老水沢　たろうみずさわ　岩手県宮古市
田老水沢南　たろうみずさわみなみ　岩手県宮古市
田老片巻　たろうかたまき　岩手県宮古市
田老古田　たろうふるた　岩手県宮古市
田老末前　たろうすえまえ　岩手県宮古市
田老田の沢　たろうたのさわ　岩手県宮古市
田老田中　たろうたなか　岩手県宮古市
田老立腰　たろうたてこし　岩手県宮古市
田老向山　たろうむかいやま　岩手県宮古市
田老向桑畑　たろうむかいくわはた　岩手県宮古市
田老向新田　たろうむかいしんでん　岩手県宮古市
田老西向山　たろうにしむかいやま　岩手県宮古市
田老辰の口　たろうたつのくち　岩手県宮古市
田老和山　たろうわやま　岩手県宮古市
田老和野　たろうわの　岩手県宮古市
田老和蒔　たろうわまき　岩手県宮古市
田老長畑　たろうながばたけ　岩手県宮古市
田老青砂里　たろうあおざり　岩手県宮古市
田老青倉　たろうあおくら　岩手県宮古市
田老青野滝　たろうあおのたき　岩手県宮古市
田老青野滝北　たろうあおのたききた　岩手県宮古市
田老青野滝南　たろうあおのたきみなみ　岩手県宮古市
田老星山　たろうほしやま　岩手県宮古市
田老畑　たろうはた　岩手県宮古市
田老胡桃畑　たろうくるみはた　岩手県宮古市
田老荒谷　たろうありや　岩手県宮古市
田老重津部　たろうおもつべ　岩手県宮古市
田老重津部北　たろうおもつべきた　岩手県宮古市
田老笹見平　たろうささみたいら　岩手県宮古市
田老野原　たろうのはら　岩手県宮古市
田老森崎　たろうもりさき　岩手県宮古市
田老越田　たろうこしだ　岩手県宮古市
田老摂待　たろうせったい　岩手県宮古市
田老新田　たろうしんでん　岩手県宮古市
田老新田平　たろうにったいら　岩手県宮古市
田老滝の沢　たろうたきのさわ　岩手県宮古市
田老鈴子沢　たろうすずこさわ　岩手県宮古市
田老樫内　たろうかしない　岩手県宮古市

447

5画（田）

田老養呂地　たろうようろち　岩手県宮古市
田老館が森　たろうたてがもり　岩手県宮古市
田老篠倉　たろうしのくら　岩手県宮古市
田老駿達　たろうしゅんだつ　岩手県宮古市
⁷田住　たすみ　鳥取県西伯郡南部町
田助町　たすけちょう　長崎県平戸市
田吹　たぶき　広島県山県郡安芸太田町
田尾
　　たび　千葉県市原市
　　だお　新潟県新潟市南区
田尾寺　たおじ　兵庫県（神戸電鉄三田線）
田尾原　たおばる　鹿児島県姶良郡湧水町
田床内　たどこない　秋田県能代市
田折町　たおりちょう　愛知県豊田市
田抓　たづかみ　秋田県にかほ市
田村
　　たむら　茨城県つくばみらい市
　　たむら　埼玉県秩父市
　　たむら　神奈川県平塚市
　　たむら　滋賀県（JR北陸本線）
　　たむら　高知県南国市
　　たむら　高知県吾川郡仁淀川町
　　たむら　福岡県福岡市早良区
田村市　たむらし　福島県
田村町
　　たむらちょう　岩手県一関市
　　たむらまち　茨城県土浦市
　　たむらまち　栃木県栃木市
　　たむらちょう　神奈川県厚木市
　　たむらちょう　福井県鯖江市
　　たむらちょう　三重県松阪市
　　たむらちょう　三重県亀山市
　　たむらちょう　滋賀県長浜市
　　たむらちょう　香川県高松市
　　たむらちょう　香川県丸亀市
田村町下行合　たむらまちしもゆきあい　福島県郡山市
田村町下道渡　たむらまちしもみちわたし　福島県郡山市
田村町上行合　たむらまちかみゆきあい　福島県郡山市
田村町上道渡　たむらまちかみみちわたし　福島県郡山市
田村町大供　たむらまちおおとも　福島県郡山市
田村町大善寺　たむらまちだいぜんじ　福島県郡山市
田村町小川　たむらまちこがわ　福島県郡山市
田村町山中　たむらまちさんちゅう　福島県郡山市
田村町川曲　たむらまちかわまがり　福島県郡山市
田村町手代木　たむらまちてしろぎ　福島県郡山市
田村町正直　たむらまちしょうじき　福島県郡山市
田村町田母神　たむらまちたもがみ　福島県郡山市
田村町守山　たむらまちもりやま　福島県郡山市
田村町谷田川　たむらまちやたがわ　福島県郡山市
田村町岩作　たむらまちがんざく　福島県郡山市
田村町東山　たむらまちひがしやま　福島県郡山市
田村町金沢　たむらまちかねざわ　福島県郡山市
田村町金屋　たむらまちかなや　福島県郡山市
田村町栃山神　たむらまちとちやまかみ　福島県郡山市
田村町栃本　たむらまちとちもと　福島県郡山市

田村町桜ケ丘　たむらまちさくらがおか　福島県郡山市
田村町細田　たむらまちほそだ　福島県郡山市
田村町御代田　たむらまちみよだ　福島県郡山市
田村町徳定　たむらまちとくさだ　福島県郡山市
田村町糠塚　たむらまちぬかづか　福島県郡山市
田村郡　たむらぐん　福島県
田村備前町　たむらびぜんちょう　京都府京都市上京区
田村新田　たむらしんでん　京都府綴喜郡井手町
田沢
　　たざわ　岩手県八幡平市
　　たざわ　秋田県雄勝郡羽後町
　　たざわ　山形県酒田市
　　たざわ　山形県村山市
　　たざわ　山形県北村山郡大石田町
　　たざわ　福島県福島市
　　たざわ　福島県二本松市
　　たざわ　福島県大沼郡金山町
　　たざわ　新潟県東蒲原郡阿賀町
　　たざわ　長野県（JR篠ノ井線）
　　たざわ　長野県小県郡青木村
　　たざわ　静岡県伊豆市
田沢本村　たざわほんそん　新潟県十日町市
田沢町　たざわちょう　北海道檜山郡江差町
田沢湖　たざわこ　秋田県（JR田沢湖線）
田沢湖小松　たざわここまつ　秋田県仙北市
田沢湖玉川　たざわこたまがわ　秋田県仙北市
田沢湖生保内　たざわこおぼない　秋田県仙北市
田沢湖田沢　たざわこたざわ　秋田県仙北市
田沢湖角館東前郷　たざわこかくのだてひがしまえごう　秋田県仙北市
田沢湖刺巻　たざわこさしまき　秋田県仙北市
田沢湖卒田　たざわこそつだ　秋田県仙北市
田沢湖岡崎　たざわこおかざき　秋田県仙北市
田沢湖神代　たざわこじんだい　秋田県仙北市
田沢湖梅沢　たざわこうめざわ　秋田県仙北市
田沢潟　たざわこかた　秋田県仙北市
田沢新田　たざわしんでん　新潟県上越市
田沢頭　たざわがしら　山形県西置賜郡小国町
田町
　　たまち　青森県弘前市
　　たまち　青森県五所川原市
　　たまち　宮城県白石市
　　たまち　秋田県湯沢市
　　たまち　秋田県由利本荘市
　　たまち　福島県白河市
　　たまち　福島県二本松市
　　たまち　福島県伊達市
　　たまち　福島県西白河郡矢吹町
　　たまち　茨城県龍ケ崎市
　　たまち　茨城県下妻市
　　たまち　栃木県真岡市
　　たまち　群馬県高崎市
　　たまち　埼玉県川越市
　　たまち　千葉県成田市
　　たまち　千葉県佐倉市
　　たまち　千葉県長生郡一宮町
　　たまち　東京都（JR山手線）
　　たまち　東京都八王子市
　　たまち　神奈川県川崎市川崎区
　　たまち　新潟県新潟市中央区

448

5画（田）

たまち　新潟県妙高市
たまち　長野県長野市
たまち　長野県小諸市
たまち　岐阜県大垣市
たまち　静岡県静岡市葵区
たまち　静岡県静岡市清水区
たまち　静岡県浜松市中区
たまち　静岡県磐田市
たまち　静岡県袋井市
たまち　愛知県岡崎市
たまち　愛知県刈谷市
たまち　愛知県豊田市
たまち　三重県桑名市
たちょう　滋賀県長浜市
たまち　京都府綾部市
たまち　兵庫県明石市
たちょう　奈良県天理市
たまち　島根県浜田市
たまち　岡山県（岡山電気軌道清輝橋線）
たまち　岡山県岡山市北区
たまち　岡山県津山市
たまち　香川県高松市
たまち　福岡県北九州市小倉北区
たまち　福岡県北九州市八幡西区
たまち　長崎県島原市
たまち　熊本県人吉市

田町北　たまちきた　宮城県伊具郡丸森町
田町南　たまちみなみ　宮城県伊具郡丸森町
田町裏　たまちうら　宮城県遠田郡涌谷町
田良尾　たらお　福島県岩瀬郡天栄村
田角　たずみ　和歌山県有田郡有田川町
田谷
　たや　宮城県気仙沼市
　たや　山形県東田川郡庄内町
　たや　茨城県鹿嶋市
　たや　埼玉県深谷市
田谷町
　たやちょう　茨城県水戸市
　たやちょう　群馬県館林市
　たやちょう　神奈川県横浜市栄区
　たやちょう　兵庫県加西市
田谷沼　たやぬま　茨城県鹿嶋市
田谷前　たやまえ　宮城県気仙沼市
田貝　たがい　新潟県新発田市
田近野町　たじかのちょう　兵庫県西宮市
田迎　たむかえ　熊本県熊本市南区
田迎町田井島　たむかえまちたいのしま　熊本県熊本
　市南区
田迎町良町　たむかえまちややまち　熊本県熊本市
　南区
田麦
　たむぎ　新潟県十日町市
　たむぎ　長野県中野市
田麦千刈　たむぎちがり　新潟県岩船郡関川村
田麦平　たむぎだいら　新潟県糸魚川市
田麦俣　たむぎまた　山形県鶴岡市
田麦野　たむぎの　山形県天童市
8田並
　たなみ　和歌山県（JR紀勢本線）
　たなみ　和歌山県東牟婁郡串本町
田並上　たなみかみ　和歌山県東牟婁郡串本町

田京
　たきょう　静岡県（伊豆箱根鉄道駿豆線）
　たきょう　静岡県伊豆の国市
田和　たわ　京都府福知山市
田和山町　たわやまちょう　島根県松江市
田奈　たな　神奈川県（東京急行電鉄田園都市線）
田奈町　たなちょう　神奈川県横浜市青葉区
田所
　たどころ　栃木県塩谷郡塩谷町
　たどころ　愛知県一宮市
　たどころ　熊本県上益城郡山都町
田所町
　たどころちょう　栃木県足利市
　たどころちょう　埼玉県深谷市
　たどころちょう　福井県鯖江市
　たどころちょう　愛媛県新居浜市
田林　たばやし　富山県滑川市
田河内　たのこうじ　鳥取県岩美郡岩美町
田治米町　たじめちょう　大阪府岸和田市
田治島町　たじしまちょう　福井県福井市
田沼
　たぬま　栃木県（東武鉄道佐野線）
　たぬま　静岡県藤枝市
田沼町
　たぬまちょう　宮城県遠田郡涌谷町
　たぬまちょう　栃木県佐野市
田波目　たばめ　埼玉県日高市
田牧町　たいろちょう　三重県松阪市
田舎舘　いなかだて　青森県南津軽郡田舎館村
田舎館　いなかだて　青森県（弘南鉄道弘南線）
田舎館村　いなかだてむら　青森県南津軽郡
田茂木
　たもぎ　青森県東津軽郡平内町
　たもぎ　青森県北津軽郡中泊町
田茂木町　たもぎまち　青森県弘前市
田茂木野　たもぎの　青森県青森市
田茂平町　たもだいらちょう　愛知県豊田市
田茂町　たもちょう　三重県亀山市
田茂谷　たもたに　福井県小浜市
田附町　たづけちょう　滋賀県彦根市
9田垣内　たがいと　和歌山県東牟婁郡那智勝浦町
田室町　たむろまち　大分県大分市
田屋
　たや　青森県下北郡東通村
　たや　秋田県能代市
　たや　新潟県三条市
　たや　新潟県柏崎市
　たや　新潟県糸魚川市
　たや　新潟県五泉市
　たや　富山県南砺市
　たや　石川県河北郡津幡町
　たや　三重県多気郡明和町
　たや　和歌山県和歌山市
田屋町　たやちょう　岩手県久慈市
田屋敷　たやしき　青森県青森市
田彦　たびこ　茨城県ひたちなか市
田後
　たじり　鳥取県岩美郡岩美町
　たじり　鳥取県東伯郡湯梨浜町
田染上野　たしぶうえの　大分県豊後高田市

449

5画（田）

田染小崎　たしぶおさき　大分県豊後高田市
田染平野　たしぶひらの　大分県豊後高田市
田染池部　たしぶいけべ　大分県豊後高田市
田染相原　たしぶあいわら　大分県豊後高田市
田染真中　たしぶまなか　大分県豊後高田市
田染真木　たしぶまき　大分県豊後高田市
田染横嶺　たしぶよこみね　大分県豊後高田市
田染蕗　たしぶふき　大分県豊後高田市
田柄　たがら　東京都練馬区
田海　とうみ　新潟県糸魚川市
田海町　たうみちょう　鹿児島県薩摩川内市
田津　たづ　島根県（JR三江線）
田津原町　たつはらちょう　愛知県豊田市
田狭沢　たばさみざわ　青森県上北郡野辺地町
田畑
　たばた　茨城県神栖市
　たばた　富山県富山市
　たばた　長野県（JR飯田線）
　たばた　岐阜県揖斐郡池田町
　たばたけ　鳥取県東伯郡湯梨浜町
田畑北部　たばたほくぶ　富山県富山市
田畑町　たばたちょう　京都府京都市上京区
田畑新町　たばたしんまち　富山県富山市
田皆　たみな　鹿児島県大島郡知名町
田県町　たがたちょう　愛知県小牧市
田県神社前　たがたじんじゃまえ　愛知県（名古屋鉄道小牧線）
田神
　たがみ　岐阜県（名古屋鉄道各務原線）
　たがみ　岐阜県岐阜市
　たがみ　鹿児島県垂水市
田神町　たがみちょう　岐阜県岐阜市
田籾　たもみ　富山県黒部市
田籾町　たもみちょう　愛知県豊田市
田面木
　たものき　青森県八戸市
　たもぎ　青森県上北郡東北町
田面町　たおもちょう　愛知県名古屋市昭和区
10 田倉
　たくら　茨城県つくば市
　たぐら　千葉県富津市
　たくら　山口県下関市
田倉御殿町　たくらごてんまち　山口県下関市
田原
　たばら　千葉県富津市
　たわら　石川県羽咋郡志賀町
　たわら　福井県福井市
　たはら　山梨県都留市
　たわら　京都府宮津市
　たはら　兵庫県（北条鉄道線）
　たわら　和歌山県東牟婁郡串本町
　たばら　岡山県岡山市北区
　たはら　岡山県真庭市
　たわら　岡山県美作市
　たわら　広島県山県郡北広島町
　たわら　山口県岩国市
　たはら　福岡県北九州市小倉南区
　たばら　福岡県田川郡川崎町
　たばる　熊本県上益城郡益城町
　たばる　大分県大分市
　たばる　宮崎県西臼杵郡高千穂町
　たばる　鹿児島県薩摩郡さつま町
　たばる　沖縄県那覇市
田原下　たわらしも　岡山県和気郡和気町
田原上　たわらかみ　岡山県和気郡和気町
田原山上　たはらさんじょう　岡山県真庭市
田原台　たわらだい　大阪府四條畷市
田原市　たはらし　愛知県
田原本　たわらもと　奈良県（近畿日本鉄道橿原線）
田原本町
　たはらほんちょう　静岡県熱海市
　たわらもとちょう　奈良県磯城郡
田原西　たばらにし　千葉県鴨川市
田原坂　たばるざか　熊本県（JR鹿児島本線）
田原町
　たわらまち　東京都（東京地下鉄銀座線）
　たわらまち　福井県（えちぜん鉄道三国芦原線ほか）
　たはらちょう　愛知県田原市
　たわらちょう　三重県松阪市
　たわらちょう　滋賀県彦根市
　たはらちょう　兵庫県加西市
　たわらちょう　広島県庄原市
　たわらちょう　長崎県佐世保市
田原春日野町　たわらかすがのちょう　奈良県奈良市
田原野　たわらの　静岡県伊豆の国市
田原新町　たはらしんまち　福岡県北九州市小倉南区
田家　たい　新潟県新潟市秋葉区
田家町　たやちょう　北海道函館市
田家角内　たいがぐち　富山県黒部市
田家野　たいえの　富山県黒部市
田家新　たいえしん　富山県黒部市
田宮
　たみや　茨城県土浦市
　たぐう　茨城県牛久市
田宮本町　たみやほんまち　大阪府枚方市
田宮寺　たみやじ　三重県度会郡玉城町
田宮町　たぐうちょう　茨城県牛久市
田宮原　たみやはら　茨城県ひたちなか市
田島
　たじま　福島県白河市
　たじま　福島県南会津郡南会津町
　たじま　茨城県石岡市
　たじま　栃木県（東武鉄道佐野線）
　たじま　栃木県真岡市
　たじま　群馬県富岡市
　たじま　群馬県邑楽郡明和町
　たじま　埼玉県さいたま市桜区
　たじま　埼玉県熊谷市
　たじま　埼玉県朝霞市
　たじま　埼玉県北葛飾郡松伏町
　たじま　神奈川県小田原市
　たじま　新潟県新潟市秋葉区
　たじま　新潟県新潟市西区
　たじま　新潟県三条市
　たじま　山梨県南アルプス市
　たじま　静岡県富士市
　たじま　大阪府大阪市生野区
　たじま　鳥取県鳥取市
　たじま　山口県防府市
　たしま　福岡県福岡市城南区
　たしま　福岡県宗像市
　たしま　福岡県朝倉市
　たしま　大分県日田市

450

5画（田）

	たしま　鹿児島県熊毛郡中種子町
田島本町	たしまほんまち　大分県日田市

田島町
たじまちょう　茨城県水戸市
たじまちょう　栃木県足利市
たじまちょう　栃木県佐野市
たじまちょう　神奈川県川崎市川崎区
たのしままち　石川県金沢市
たじまちょう　岐阜県美濃加茂市
たじまちょう　愛知県一宮市

田島東　たじまひがし　埼玉県北葛飾郡松伏町

田島高校前　たじまこうこうまえ　福島県（会津鉄道線）

田島野　たじまの　富山県中新川郡上市町

田島新田　たじましんでん　静岡県富士市

田峯　だみね　愛知県北設楽郡設楽町

田振町　たぶりちょう　愛知県豊田市

田栗　たぐり　岐阜県山県市

田浦
たうら　北海道勇払郡むかわ町
たうら　神奈川県（JR横須賀線）
たのうら　香川県小豆郡小豆島町
たのうら　熊本県葦北郡芦北町

田浦大作町　たうらおおさくちょう　神奈川県横須賀市

田浦町
たうらちょう　神奈川県横須賀市
たうらちょう　徳島県小松島市
たのうらまち　熊本県葦北郡芦北町

田浦泉町　たうらいずみちょう　神奈川県横須賀市
田浦港町　たうらみなとちょう　神奈川県横須賀市

田烏　たがらす　福井県小浜市

田畠　たばたけ　富山県富山市

田益　たます　岡山県岡山市北区

田能
たのう　大阪府高槻市
たのう　兵庫県尼崎市

田脇　たわき　福岡県柳川市

田高
たこう　岩手県久慈市
たこう　宮城県名取市

11 **田宿**　たじゅく　茨城県筑西市

田崎
たさき　茨城県那珂市
たさき　茨城県鉾田市
たざき　新潟県南魚沼市
たさき　愛知県知多郡武豊町
たさき　熊本県熊本市西区
たさき　熊本県玉名市

田崎本町　たさきほんまち　熊本県熊本市西区

田崎町
たさきまち　熊本県熊本市西区
たさきちょう　鹿児島県鹿屋市
たさきちょう　鹿児島県薩摩川内市

田崎橋　たさきばし　熊本県（熊本市交通局A系統）

田曽浦　たそうら　三重県度会郡南伊勢町

田添
たぞえ　富山県（富山地方鉄道立山線）
たぞえ　富山県中新川郡立山町

田淵　たぶち　千葉県市原市

田淵旧日竹　たぶちきゅうひたけ　千葉県市原市

田淵町　たぶちちょう　鹿児島県鹿屋市

田渕　たぶち　岡山県美作市

田貫　たぬき　愛知県西尾市

田貫町　たぬきちょう　愛知県西尾市

田部
たべ　岩手県岩手郡葛巻町
たべ　福島県南会津郡南会津町
たべ　千葉県香取市
たぶ　愛媛県西宇和郡伊方町

田部井町　たべいちょう　群馬県伊勢崎市

田部町　たべちょう　奈良県天理市

田野
たの　福井県大野市
たの　京都府福知山市
たの　和歌山県和歌山市
たの　高知県（土佐くろしお鉄道ごめん・なはり線）
たの　福岡県宗像市
たの　大分県玖珠郡九重町
たの　宮崎県（JR日豊本線）

田野々　たのの　高知県高岡郡檮原町

田野上　たのうえ　佐賀県杵島郡白石町

田野口
たのくち　静岡県（大井川鉄道大井川本線）
たのくち　静岡県榛原郡川根本町

田野川　たのかわ　高知県四万十市

田野井　たのい　和歌山県西牟婁郡白浜町

田野辺
たのべ　茨城県鹿嶋市
たのべ　栃木県芳賀郡市貝町

田野作　たのさく　福島県東白川郡塙町

田野沢
たのさわ　青森県西津軽郡深浦町
たのさわ　茨城県久慈郡大子町

田野町
たのちょう　茨城県水戸市
たのまち　栃木県宇都宮市
たのちょう　京都府綾部市
たのちょう　徳島県小松島市
たのちょう　高知県安芸郡
たのまち　熊本県人吉市

田野町あけぼの　たのちょうあけぼの　宮崎県宮崎市

田野町乙　たのちょうおつ　宮崎県宮崎市

田野町甲　たのちょうこう　宮崎県宮崎市

田野畑
たのはた　岩手県（三陸鉄道北リアス線）
たのはた　岩手県下閉伊郡田野畑村

田野畑村　たのはたむら　岩手県下閉伊郡

田野倉
たのくら　栃木県那須烏山市
たのくら　新潟県十日町市
たのくら　山梨県（富士急行線）
たのくら　山梨県都留市

田野原
たのはら　栃木県矢板市
たのはら　島根県鹿足郡吉賀町

田野浦
たのうら　新潟県佐渡市
たのうら　広島県三原市
たのうら　高知県幡多郡黒潮町
たのうら　福岡県北九州市門司区

451

5画（由）

田野浦海岸　たのうらかいがん　福岡県北九州市門司区
田黒　たぐろ　埼玉県比企郡ときがわ町
12田喜野井　たきのい　千葉県船橋市
田場　たば　沖縄県うるま市
田塚　たつか　新潟県柏崎市
田富　ただみ　福岡県糟屋郡志免町
田検　たけん　鹿児島県大島郡宇検村
田植　たうえ　福島県伊達郡桑折町
田港　たみなと　沖縄県国頭郡大宜味村
田渡町　たわたりちょう　茨城県常陸太田市
田無　たなし　東京都（西武鉄道新宿線）
田無町　たなしちょう　東京都西東京市
田結
　たい　福井県敦賀市
　たい　兵庫県豊岡市
田賀　たが　岡山県和気郡和気町
田越　たこえ　鳥取県東伯郡琴浦町
田道町　たみちちょう　宮城県石巻市
田間
　たま　茨城県結城市
　たま　栃木県小山市
　たま　千葉県東金市
　たま　三重県度会郡度会町
田隈
　たぐま　福岡県福岡市早良区
　たくま　福岡県大牟田市
13田園
　でんえん　青森県弘前市
　でんえん　新潟県上越市
　たぞの　大阪府堺市中区
　でんえん　奈良県五條市
　でんえん　福岡県遠賀郡遠賀町
田園町
　でんえんちょう　京都府舞鶴市
　でんえんちょう　兵庫県小野市
　でんえんちょう　鳥取県鳥取市
田園調布
　でんえんちょうふ　東京都（東京急行電鉄東横線ほか）
　でんえんちょうふ　東京都大田区
田園調布本町　でんえんちょうふほんちょう　東京都大田区
田園調布南　でんえんちょうふみなみ　東京都大田区
田楽町　たらがちょう　愛知県春日井市
田殿　たどの　岡山県美作市
田殿町　たどのちょう　奈良県五條市
田路　とうじ　兵庫県朝来市
14田嘉里　たかざと　沖縄県国頭郡大宜味村
田熊
　たのくま　岡山県津山市
　たぐま　福岡県宗像市
田窪
　たくぼ　島根県邑智郡川本町
　たのくぼ　愛媛県（伊予鉄道横河原線）
　たのくぼ　愛媛県東温市
田端
　たばた　青森県上北郡野辺地町
　たばた　東京都（JR京浜東北線）
　たばた　東京都北区
　たばた　神奈川県高座郡寒川町

田端町
　たばたちょう　北海道北見市
　たばたまち　新潟県村上市
　たばたちょう　岐阜県岐阜市
　たばたちょう　愛知県瀬戸市
　たばたまち　福岡県大牟田市
田端新町　たばたしんまち　東京都北区
15田儀　たぎ　島根県（JR山陰本線）
田幡　たばた　愛知県名古屋市北区
田幡町　たばたちょう　愛知県名古屋市西区
田潟　たがた　新潟県新潟市西区
16田橋町　たばせちょう　島根県浜田市
田頭
　でんどう　岩手県八幡平市
　たんどう　広島県神石郡神石高原町
　たがみ　沖縄県豊見城市
田頼町　たよりちょう　島根県安来市
17田篠　たじの　群馬県富岡市
18田鎖　たくさり　岩手県宮古市
19田瀬　たせ　岐阜県中津川市
21田鶴町　たづるちょう　山形県天童市
田鶴原町　たずはらちょう　和歌山県新宮市
田鶴浜　たつるはま　石川県（のと鉄道七尾線）
田鶴浜町　たつるはままち　石川県七尾市

【由】

4由仁　ゆに　北海道（JR室蘭本線）
由仁町　ゆにちょう　北海道夕張郡
由比
　ゆい　静岡県（JR東海道本線）
　ゆい　静岡県静岡市清水区
由比ガ浜　ゆいがはま　神奈川県鎌倉市
由比ケ丘　ゆいがおか　石川県鳳珠郡穴水町
由比ケ浜　ゆいがはま　神奈川県（江ノ島電鉄線）
由比入山　ゆいいりやま　静岡県静岡市清水区
由比今宿　ゆいいまじゅく　静岡県静岡市清水区
由比北田　ゆいきただ　静岡県静岡市清水区
由比寺尾　ゆいてらお　静岡県静岡市清水区
由比西山寺　ゆいにしやまでら　静岡県静岡市清水区
由比西倉澤　ゆいにしくらさわ　静岡県静岡市清水区
由比町　ゆいちょう　⇒静岡市清水区（静岡県）
由比町原　ゆいまちやはら　静岡県静岡市清水区
由比東山寺　ゆいひがしやまでら　静岡県静岡市清水区
由比東倉澤　ゆいひがしくらさわ　静岡県静岡市清水区
由比阿僧　ゆいあそう　静岡県静岡市清水区
5由加町　ゆかちょう　山口県周南市
由布市　ゆふし　大分県
由布院　ゆふいん　大分県（JR久大本線）
6由宇　ゆう　山口県（JR山陽本線）
由宇町　ゆうまち　山口県岩国市
由宇町千鳥ケ丘　ゆうまちせんどりがおか　山口県岩国市
由宇町中央　ゆうまちちゅうおう　山口県岩国市
由宇町由宇崎　ゆうまちゆうさき　山口県岩国市
由宇町西　ゆうまちにし　山口県岩国市
由宇町南　ゆうまちみなみ　山口県岩国市

5画（疋，白）

由宇町南沖　ゆうまちみなみおき　山口県岩国市
由宇町神東　ゆうまちしんとう　山口県岩国市
由宇町港　ゆうまちみなと　山口県岩国市
7由利　ゆり　新潟県三条市
由利本荘市　ゆりほんじょうし　秋田県
由岐　ゆき　徳島県（JR牟岐線）
由良
　　ゆら　山形県鶴岡市
　　ゆら　京都府宮津市
　　ゆら　兵庫県洲本市
　　ゆら　鳥取県（JR山陰本線）
由良町
　　ゆらちょう　群馬県太田市
　　ゆらちょう　和歌山県日高郡
　　ゆらちょう　香川県高松市
　　ゆらまち　愛媛県松山市
由良町内田　ゆらちょううちだ　兵庫県洲本市
由良町由良　ゆらちょうゆら　兵庫県洲本市
由良宿　ゆらじゅく　鳥取県東伯郡北栄町
9由津里　ゆづり　岡山県赤磐市
由美浜　ゆみはま　滋賀県大津市
11由野台　よしのだい　神奈川県相模原市中央区
15由縄坂　よなざか　宮城県伊具郡丸森町

【疋】

5疋田
　　ひきだ　石川県金沢市
　　ひきだ　福井県敦賀市
　　ひきだ　奈良県葛城市
疋田町
　　ひきだまち　石川県金沢市
　　ひきだちょう　奈良県奈良市
9疋相　ひきそ　奈良県北葛城郡広陵町

【白】

3白上町　しらかみちょう　島根県益田市
白丸
　　しろまる　東京都（JR青梅線）
　　しろまる　東京都西多摩郡奥多摩町
　　しろまる　石川県鳳珠郡能登町
白久
　　しらく　栃木県那須烏山市
　　しらく　栃木県那須郡那珂川町
　　しらく　埼玉県（秩父鉄道線）
白土　しろつち　愛知県名古屋市緑区
白土町
　　しらつちちょう　奈良県大和郡山市
　　しらちまち　長崎県島原市
白土桃山　しらどももやま　長崎県島原市
白子
　　しろこ　福島県岩瀬郡天栄村
　　しらこ　埼玉県飯能市
　　しらこ　埼玉県和光市
　　しらこ　千葉県南房総市
　　しらこ　三重県（近畿日本鉄道名古屋線）
　　しろこ　三重県鈴鹿市
白子本町　しろこほんまち　三重県鈴鹿市
白子沢　しらこざわ　山形県西置賜郡小国町
白子町
　　しらこまち　千葉県長生郡
　　しらこちょう　愛知県名古屋市中村区

　　しろこちょう　三重県鈴鹿市
白子駅前　しろこえきまえ　三重県鈴鹿市
白小野　しらおの　熊本県上益城郡山都町
白山
　　はくさん　北海道空知郡奈井江町
　　はくさん　青森県三戸郡五戸町
　　はくさん　山形県山形市
　　しらやま　山形県鶴岡市
　　はくさん　福島県西白河郡矢吹町
　　はくさん　茨城県取手市
　　はくさん　群馬県甘楽郡下仁田町
　　はくさん　千葉県我孫子市
　　はくさん　千葉県長生郡一宮町
　　はくさん　東京都（東京都交通局三田線）
　　はくさん　東京都文京区
　　はくさん　神奈川県横浜市緑区
　　はくさん　神奈川県川崎市麻生区
　　はくさん　新潟県（JR越後線）
　　はくさん　新潟県五泉市
　　しらやま　岐阜県加茂郡白川町
　　はくさん　愛知県名古屋市守山区
　　はくさん　愛知県知多郡武豊町
　　しらやま　兵庫県淡路市
　　しらやま　香川県（高松琴平電気鉄道長尾線）
　　はくさん　福岡県北九州市若松区
　　しらやま　佐賀県佐賀市
　　はくさん　熊本県熊本市中央区
白山台
　　はくさんだい　埼玉県東松山市
　　はくさんだい　石川県加賀市
　　はくさんだい　三重県津市
白山市　はくさんし　石川県
白山田町　しらやまだまち　石川県小松市
白山町
　　はくさんちょう　新潟県燕市
　　はくさんちょう　新潟県妙高市
　　はくさんまち　石川県小松市
　　しらやままち　石川県白山市
　　はくさんまち　石川県野々市市
　　はくさんちょう　長野県飯田市
　　はくさんちょう　岐阜県岐阜市
　　はくさんちょう　岐阜県多治見市
　　はくさんちょう　愛知県瀬戸市
　　はくさんちょう　愛知県半田市
　　しらやまちょう　愛知県春日井市
　　はくさんちょう　愛知県豊田市
　　はくさんちょう　愛知県常滑市
　　しらやままち　福岡県久留米市
　　はくさんまち　長崎県島原市
白山町二本木　はくさんちょうにほんぎ　三重県津市
白山町二俣　はくさんちょうふたまた　三重県津市
白山町八対野　はくさんちょうやったいの　三重県津市
白山町三ケ野　はくさんちょうみつがの　三重県津市
白山町上ノ村　はくさんちょうかみのむら　三重県津市
白山町大原　はくさんちょうおおばら　三重県津市
白山町小杉　はくさんちょうこすぎ　三重県津市
白山町山田野　はくさんちょうやまだの　三重県津市
白山町川口　はくさんちょうかわぐち　三重県津市
白山町中ノ村　はくさんちょうなかのむら　三重県津市
白山町北家城　はくさんちょうきたいえき　三重県津市
白山町古市　はくさんちょうふるいち　三重県津市
白山町伊勢見　はくさんちょういせみ　三重県津市

5画（白）

白山町佐田 はくさんちょうさだ 三重県津市
白山町岡 はくさんちょうおか 三重県津市
白山町南出 はくさんちょうみなみで 三重県津市
白山町南家城 はくさんちょうみなみいえき 三重県津市
白山町垣内 はくさんちょうかいと 三重県津市
白山町城立 はくさんちょうじょうりゅう 三重県津市
白山町真見 はくさんちょうまみ 三重県津市
白山町福田山 はくさんちょうふくたやま 三重県津市
白山町稲垣 はくさんちょういながき 三重県津市
白山町藤 はくさんちょうふじ 三重県津市
白山長滝 はくさんながたき 岐阜県（長良川鉄道越美南線）
白山前 はくさんまえ 青森県三戸郡五戸町
白山洞 はくさんぼら 愛知県犬山市
白山浦 はくさんうら 新潟県新潟市中央区
白山浦新町通 はくさんうらしんまちどおり 新潟県新潟市中央区
白山通り はくさんどおり 長野県飯山市
白山堂 しらやまどう 静岡県伊豆の国市
白山新田 しらやましんでん 新潟県三条市
白川
　しらかわ 北海道札幌市南区
　しらかわ 北海道北斗市
　しらかわ 北海道茅部郡森町
　しらかわ 北海道上川郡上川町
　しらかわ 山形県山形市
　しらかわ 山形県西置賜郡飯豊町
　しらがわ 富山県氷見市
　しらかわ 京都府宇治市
　しらかわ 大阪府茨木市
　しらかわ 兵庫県神戸市須磨区
　しらかわ 奈良県吉野郡上北山村
　しらかわ 福岡県大牟田市
　しらかわ 福岡県太宰府市
　しらかわ 佐賀県西松浦郡有田町
　しらかわ 熊本県阿蘇郡南阿蘇村
　しらかわ 沖縄県沖縄市
白川口 しらかわぐち 岐阜県（JR高山本線）
白川小奥 しらかわこおく 宮城県白石市
白川内親 しらかわうちおや 宮城県白石市
白川戸 しらかわど 埼玉県行田市
白川犬卒都婆 しらかわいぬそとば 宮城県白石市
白川台 しらかわだい 兵庫県神戸市須磨区
白川村 しらかわむら 岐阜県大野郡
白川町
　しらかわちょう 岐阜県関市
　しらかわちょう 岐阜県加茂郡
　しらかわちょう 愛知県豊田市
　しらかわまち 福岡県北九州市八幡東区
白川津田 しらかわつだ 宮城県白石市
白川渡 しらかわど 奈良県吉野郡川上村
白井
　しらい 岩手県下閉伊郡普代村
　しろい 群馬県渋川市
　しろい 千葉県（北総鉄道北総線）
　しろい 千葉県白井市
　しらい 千葉県香取市
　しらい 静岡県牧之原市
　しらい 鹿児島県大島郡徳之島町
白井久保 しらいくぼ 千葉県勝浦市

白井川 しろいかわ 北海道寿都郡黒松内町
白井市 しろいし 千葉県
白井町 しらいちょう 山梨県甲府市
白井沼 しろいぬま 埼玉県比企郡川島町
白井海岸 しらいかいがん 岩手県（三陸鉄道北リアス線）
白井掛 しらいがけ 福島県白河市
白井掛下 しらいがけした 福島県白河市
白井新田 しらいしんでん 山形県飽海郡遊佐町
白仁田町 しらにたちょう 長崎県佐世保市
白方
　しらかた 茨城県那珂郡東海村
　しらかた 大分県佐伯市
白方中央 しらかたちゅうおう 茨城県那珂郡東海村
白方町 しらかたちょう 福井県福井市
白木
　しらき 千葉県勝浦市
　しらき 福井県敦賀市
　しらき 三重県（近畿日本鉄道志摩線）
　しらき 大阪府南河内郡河南町
　しらき 奈良県桜井市
　しらき 熊本県玉名郡玉東町
　しらき 熊本県葦北郡芦北町
　しらき 大分県大分市
白木山 しらきやま 広島県（JR芸備線）
白木尾 しらきお 熊本県天草郡苓北町
白木町
　しらきちょう 岐阜県岐阜市
　しらきちょう 三重県亀山市
　しらきちょう 三重県鳥羽市
　しろきまち 長崎県長崎市
　しろきまち 長崎県佐世保市
白木町三田 しらきちょうみた 広島県広島市安佐北区
白木町小越 しらきちょうおこえ 広島県広島市安佐北区
白木町井原 しらきちょういばら 広島県広島市安佐北区
白木町古屋 しらきちょうこや 広島県広島市安佐北区
白木町市川 しらきちょういちかわ 広島県広島市安佐北区
白木町有留 しらきちょうありどめ 広島県広島市安佐北区
白木町志路 しらきちょうしじ 広島県広島市安佐北区
白木町秋山 しらきちょうあきやま 広島県広島市安佐北区
白木谷 しらきだに 高知県南国市
白木原
　しらきばる 福岡県（西日本鉄道天神大牟田線）
　しらきばる 福岡県大野城市
白木峰町 しらきみねまち 長崎県諫早市
白木野 しろきの 岩手県和賀郡西和賀町
白水
　しろみず 山形県東根市
　しろみず 兵庫県神戸市西区
　しらみ 鳥取県西伯郡伯耆町
　しらみ 岡山県美作市
　しらみず 鹿児島県大島郡喜界町
白水ケ丘 しろうずがおか 福岡県春日市

5画（白）

白水台　はくすいだい　愛媛県松山市
白水池　しろうずいけ　福岡県春日市
白水町
　　はくすいちょう　愛知県名古屋市南区
　　しろみずちょう　鹿児島県鹿屋市
白王町　しらおうちょう　滋賀県近江八幡市
⁵白市　しらいち　広島県（JR山陽本線）
白布ケ丘　はくふがおか　栃木県真岡市
白田　しらた　静岡県賀茂郡東伊豆町
白石
　　しろいし　北海道（JR函館本線ほか）
　　しろいし　北海道瀬棚郡今金町
　　しろいし　青森県上北郡七戸町
　　しろいし　宮城県（JR東北本線）
　　しろいし　宮城県気仙沼市
　　しろいし　福島県石川郡石川町
　　しろいし　群馬県藤岡市
　　しろいし　埼玉県秩父郡東秩父村
　　しろいし　埼玉県児玉郡美里町
　　しらいし　富山県射水市
　　しらいし　鳥取県東伯郡湯梨浜町
　　しらいし　岡山県岡山市北区
　　しらいし　広島県大竹市
　　しらいし　山口県山口市
　　しらいし　徳島県那賀郡那賀町
　　しらいし　熊本県（JR肥薩線）
　　しらいし　熊本県上益城郡山都町
　　しらいし　熊本県葦北郡芦北町
白石乙　しらいしおつ　高知県高岡郡津野町
白石区　しろいしく　北海道札幌市
白石丙　しらいしへい　高知県高岡郡津野町
白石市　しろいしし　宮城県
白石甲　しらいしこう　高知県高岡郡津野町
白石西新町　しらいしにししんまち　岡山県岡山市北区
白石沖　しろいしおき　宮城県白石市
白石町
　　しろいしちょう　北海道函館市
　　しらいしちょう　千葉県銚子市
　　しらいしちょう　神奈川県川崎市川崎区
　　しらいしちょう　神奈川県三浦市
　　しろいしまち　石川県羽咋市
　　しろいしちょう　佐賀県杵島郡
　　しらいしちょう　熊本県熊本市南区
　　しろいしまち　宮崎県延岡市
白石東新町　しらいしひがししんまち　岡山県岡山市北区
白石畑　しらいしばた　奈良県生駒郡平群町
白石島　しらいしじま　岡山県笠岡市
白石郷　しろいしごう　長崎県東彼杵郡川棚町
白石野　しらいしの　熊本県下益城郡美里町
白石蔵王　しろいしざおう　宮城県（JR東北新幹線ほか）
⁶白地　しらじ　鳥取県岩美郡岩美町
白州町下教来石　はくしゅうちょうしもきょうらいし　山梨県北杜市
白州町上教来石　はくしゅうちょうかみきょうらいし　山梨県北杜市
白州町大坊　はくしゅうちょうだいぼう　山梨県北杜市
白州町大武川　はくしゅうちょうおおむかわ　山梨県北杜市

白州町台ケ原　はくしゅうちょうだいがはら　山梨県北杜市
白州町白須　はくしゅうちょうしらす　山梨県北杜市
白州町花水　はくしゅうちょうはなみず　山梨県北杜市
白州町鳥原　はくしゅうちょうとりはら　山梨県北杜市
白州町横手　はくしゅうちょうよこて　山梨県北杜市
白帆　しらほ　神奈川県横浜市金沢区
白帆台　しらほだい　石川県河北郡内灘町
白江町　しらえまち　石川県小松市
白百合　しらゆり　神奈川県横浜市泉区
白竹町　しらたけちょう　京都府京都市上京区
白米町　しろよねまち　石川県輪島市
白糸
　　しらいと　北海道足寄郡足寄町
　　しらいと　福岡県糸島市
白糸台
　　しらいとだい　東京都（西武鉄道多摩川線）
　　しらいとだい　東京都府中市
白糸町　しらいとちょう　京都府京都市東山区
白羽
　　しらはね　茨城県龍ケ崎市
　　しろわ　静岡県磐田市
　　しろわ　静岡県御前崎市
白羽毛　しらはけ　新潟県十日町市
白羽町
　　しらわちょう　茨城県常陸太田市
　　しろわちょう　静岡県浜松市南区
白羽根町　しらはねちょう　愛知県名古屋市瑞穂区
白老　しらおい　北海道（JR室蘭本線）
白老町　しらおいちょう　北海道白老郡
白老郡　しらおいぐん　北海道
⁷白坂
　　しらさか　北海道松前郡松前町
　　しらさか　福島県（JR東北本線）
　　しらさか　福島県白河市
白坂町　しらさかちょう　愛知県瀬戸市
白妙町　しろたえちょう　神奈川県横浜市南区
白尾　しろお　石川県かほく市
白杉　しらすぎ　京都府舞鶴市
白沢
　　しらさわ　青森県中津軽郡西目屋村
　　しらさわ　岩手県紫波郡矢巾町
　　しらさわ　秋田県（JR奥羽本線）
　　しらさわ　秋田県大館市
　　しらさわ　福島県南会津郡南会津町
　　しらさわ　愛知県（名古屋鉄道河和線）
　　しらさわ　愛知県知多郡阿久比町
　　しらさわ　鹿児島県（JR指宿枕崎線）
白沢口　しらさわぐち　岩手県八幡平市
白沢北町　しらさわきたまち　鹿児島県枕崎市
白沢西町　しらさわにしまち　鹿児島県枕崎市
白沢村　しらさわむら　⇒本宮市（福島県）
白沢町
　　しらさわちょう　栃木県宇都宮市
　　しらさわちょう　愛知県名古屋市守山区
　　しろさわまち　愛知県碧南市
白沢町下古語父　しらさわまちしもここぶ　群馬県沼田市
白沢町上古語父　しらさわまちかみここぶ　群馬県沼田市
白沢町平出　しらさわまちひらいで　群馬県沼田市

5画（白）

白沢町生枝　しらさわまちなまえ　群馬県沼田市
白沢町尾合　しらさわまちおあい　群馬県沼田市
白沢町岩室　しらさわまちいわむろ　群馬県沼田市
白沢町高平　しらさわまちたかひら　群馬県沼田市
白沢東町　しらさわひがしまち　鹿児島県枕崎市
白男川　しらおがわ　鹿児島県薩摩郡さつま町
白見町　しろみまち　石川県金沢市
白谷町
　　しろやちょう　愛知県田原市
　　しらたにまち　長崎県島原市
8白兎
　　しろうさぎ　山形県（山形鉄道フラワー長井線）
　　しろうさぎ　山形県長井市
　　はくと　鳥取県鳥取市
白和町　しらわちょう　鹿児島県薩摩川内市
白国　しらくに　兵庫県姫路市
白岡
　　しらおか　埼玉県（JR東北本線）
　　しらおか　埼玉県白岡市
白岡市　しらおかし　埼玉県
白岡町　しらおかまち　⇒白岡市（埼玉県）
白岡東　しらおかひがし　埼玉県白岡市
白岳町　しらたけちょう　長崎県佐世保市
白岩
　　しらいわ　青森県上北郡野辺地町
　　しらいわ　山形県寒河江市
　　しらいわ　福島県本宮市
　　しらいわ　福島県南会津郡下郷町
　　しらいわ　群馬県富岡市
　　しらいわ　富山県中新川郡立山町
　　しらいわ　熊本県葦北郡芦北町
白岩向　しらいわむかい　青森県上北郡野辺地町
白岩町
　　しろいわちょう　北海道余市郡余市町
　　しらいわまち　福島県郡山市
　　しらいわちょう　栃木県佐野市
　　しらいわまち　群馬県高崎市
　　しらいわまち　群馬県沼田市
　　しらいわちょう　愛知県瀬戸市
　　しらいわちょう　島根県益田市
　　しらいわまち　福岡県北九州市八幡西区
　　しらいわまち　長崎県諫早市
白拍子　しらびょうし　静岡県磐田市
白枝町　しろえだちょう　島根県出雲市
白松町　しらまつまち　石川県小松市
白板　しらいた　長野県松本市
白河
　　しらかわ　福島県（JR東北本線）
　　しらかわ　東京都江東区
　　しらが　奈良県桜井市
白河市　しらかわし　福島県
白河町　しらかわちょう　愛知県豊橋市
白狐　びゃっこ　福島県河沼郡会津坂下町
白虎町　びゃっこまち　福島県会津若松市
白金
　　しろがね　北海道上川郡美瑛町
　　しろがね　東京都港区
　　しろがね　愛知県名古屋市昭和区
　　しろがね　兵庫県川辺郡猪名川町
　　しろがね　福岡県福岡市中央区

白金台
　　しろかねだい　東京都（東京地下鉄南北線ほか）
　　しろかねだい　東京都港区
白金町
　　しろがねちょう　北海道釧路市
　　しろがねちょう　北海道苫小牧市
　　しろがねちょう　千葉県市原市
　　しろがねちょう　神奈川県横浜市南区
　　しろがねちょう　富山県高岡市
　　しろがねちょう　香川県坂出市
　　しらがねまち　福岡県大牟田市
白金高輪　しろかねたかなわ　東京都（東京地下鉄南北線ほか）
9白保　しらほ　沖縄県石垣市
白南風町　しらはえちょう　長崎県佐世保市
白屋
　　しろや　福井県三方上中郡若狭町
　　しろや　京都府舞鶴市
　　しらや　奈良県吉野郡川上村
白屋町　しろやちょう　京都府舞鶴市
白柏　しらかせ　京都府宮津市
白洲町　しらすちょう　静岡県浜松市西区
白泉　しろいずみ　北海道浦河郡浦河町
白炭　しろずみ　北海道寿都郡黒松内町
白砂　しらす　青森県東津軽郡平内町
白砂町
　　しらすなちょう　愛知県名古屋市瑞穂区
　　しろすなちょう　愛知県碧南市
白神　しらかみ　北海道松前郡松前町
白神岳登山口　しらかみだけとざんぐち　青森県（JR五能線）
白草台　しらくさだい　埼玉県深谷市
10白倉
　　しらくら　山形県西村山郡朝日町
　　しらくら　群馬県甘楽郡甘楽町
白倉町　しらくらちょう　愛知県豊田市
白原町　しらはらまち　長崎県諫早市
白島
　　はくしま　大阪府箕面市
　　はくしま　広島県（広島高速交通アストラムラインほか）
白島九軒町　はくしまくけんちょう　広島県広島市中区
白島中町　はくしまなかまち　広島県広島市中区
白島北町　はくしまきたまち　広島県広島市中区
白峰　しらみね　石川県白山市
白庭台
　　しらにわだい　奈良県（近畿日本鉄道けいはんな線）
　　しらにわだい　奈良県生駒市
白桑田　しらくわだ　栃木県鹿沼市
白根
　　しらね　神奈川県横浜市旭区
　　しらね　神奈川県伊勢原市
　　しろね　新潟県新潟市南区
白根ノ内七軒　しろねのうちしちけん　新潟県新潟市南区
白根日の出町　しろねひのでちょう　新潟県新潟市南区
白根水道町　しろねすいどうちょう　新潟県新潟市南区
白根古川　しろねふるかわ　新潟県新潟市南区

456

5画（白）

白根四ツ興野　しろねよつごうや　新潟県新潟市南区
白根町　しらねちょう　神奈川県横浜市旭区
白根東町　しろねあずまちょう　新潟県新潟市南区
白根魚町　しろねさかなまち　新潟県新潟市南区
白栖　しらす　京都府相楽郡和束町
白梅　しらうめ　茨城県水戸市
白梅の丘西　しらうめのおかにし　三重県三重郡朝日町
白梅の丘東　しらうめのおかひがし　三重県三重郡朝日町
白梅町　はくばいちょう　大阪府高槻市
白浦　しろうら　三重県北牟婁郡紀北町
白浜
　しらはま　北海道厚岸郡厚岸町
　しらはま　岩手県宮古市
　しらはま　茨城県行方市
　しらはま　福井県丹生郡越前町
　しらはま　静岡県下田市
　しらはま　愛知県田原市
　しらはま　和歌山県（JR紀勢本線）
　しらはま　愛媛県宇和島市
　しらはま　高知県安芸郡東洋町
　しらはま　高知県幡多郡黒潮町
　しらはま　沖縄県国頭郡大宜味村
白浜の宮　しらはまのみや　兵庫県（山陽電気鉄道本線）
白浜台　しらはまだい　京都府舞鶴市
白浜町
　しらはまちょう　神奈川県茅ケ崎市
　しらはままち　石川県七尾市
　しらはまちょう　福井県福井市
　しらはまちょう　愛知県津島市
　しらはまちょう　愛知県豊田市
　しらはまちょう　兵庫県姫路市
　しらはまちょう　和歌山県西牟婁郡
　しらはままち　福岡県遠賀郡芦屋町
　しらはままち　長崎県諫早市
　しらはまちょう　熊本県水俣市
　しらはまちょう　鹿児島県薩摩川内市
白浜町乙浜　しらはまちょうおとはま　千葉県南房総市
白浜町白浜　しらはまちょうしらはま　千葉県南房総市
白浜町宇佐崎中　しらはまちょううさざきなか　兵庫県姫路市
白浜町宇佐崎北　しらはまちょううさざきにた　兵庫県姫路市
白浜町宇佐崎南　しらはまちょううさざきみなみ　兵庫県姫路市
白浜町寺家　しらはまちょうじけ　兵庫県姫路市
白浜町神田　しらはまちょうかんだ　兵庫県姫路市
白浜町根本　しらはまちょうねもと　千葉県南房総市
白浜町滝口　しらはまちょうたきぐち　千葉県南房総市
白浜町灘浜　しらはまちょうなだはま　兵庫県姫路市
白浜通　しろはまどおり　愛媛県八幡浜市
白粉町　おしろいまち　三重県松阪市
白馬　はくば　長野県（JR大糸線）
白馬大池　はくばおおいけ　長野県（JR大糸線）
白馬村　はくばむら　長野県北安曇郡
白馬町
　しろうままち　石川県七尾市
　しらうまちょう　宮崎県西都市

11白崎
　しろさき　新潟県東蒲原郡阿賀町
　しらさき　山口県下関市
白崎町
　しろさきちょう　福井県越前市
　しらさきちょう　鹿児島県鹿屋市
白望台町　はくぼうだいまち　石川県加賀市
白毫寺町　びゃくごうじちょう　奈良県奈良市
白符　しらふ　北海道松前郡福島町
白菊町
　しらぎくちょう　宮城県塩竈市
　しらぎくちょう　石川県金沢市
　しらぎくちょう　岐阜県岐阜市
白野江　しらのえ　福岡県北九州市門司区
白鳥
　しらとり　北海道紋別郡滝上町
　しらとり　岩手県二戸市
　しらとり　宮城県仙台市宮城野区
　しらとり　宮城県白石市
　しらとり　山形県村山市
　しろとり　栃木県小山市
　しらとり　東京都葛飾区
　しらとり　神奈川県川崎市麻生区
　しろとり　新潟県新潟市西蒲区
　しろとり　岐阜県揖斐郡池田町
　しろとり　愛知県名古屋市熱田区
　しろとり　愛知県豊川市
　しらとり　愛知県愛知郡東郷町
　はくちょう　大阪府羽曳野市
　しらとり　香川県東かがわ市
　しらとり　福岡県朝倉市
白鳥台
　はくちょうだい　北海道室蘭市
　はくちょうだい　兵庫県姫路市
白鳥町
　しらとりちょう　北海道函館市
　しらとりまち　茨城県土浦市
　しろとりまち　新潟県長岡市
　しらとりまち　石川県加賀市
　しろとりちょう　静岡県浜松市東区
　しろとりちょう　愛知県名古屋市熱田区
　しらとりちょう　愛知県豊川市
　しらとりまち　滋賀県近江八幡市
　しらとりまち　福岡県田川市
　しらとりまち　長崎県長崎市
白鳥町二日町　しろとりちょうふつかまち　岐阜県郡上市
白鳥町大島　しろとりちょうおおしま　岐阜県郡上市
白鳥町干田野　しろとりちょうひたの　岐阜県郡上市
白鳥町中西　しろとりちょうなかにし　岐阜県郡上市
白鳥町中津屋　しろとりちょうなかつや　岐阜県郡上市
白鳥町六ノ里　しろとりちょうろくのり　岐阜県郡上市
白鳥町白鳥　しろとりちょうしろとり　岐阜県郡上市
白鳥町石徹白　しろとりちょういとしろ　岐阜県郡上市
白鳥町向小駄良　しろとりちょうむかいこだら　岐阜県郡上市
白鳥町那留　しろとりちょうなる　岐阜県郡上市
白鳥町歩岐島　しろとりちょうほきじま　岐阜県郡上市

5画（白）

白鳥町長滝　しろとりちょうながたき　岐阜県郡上市
白鳥町阿多岐　しろとりちょうあたき　岐阜県郡上市
白鳥町前谷　しろとりちょうまえだに　岐阜県郡上市
白鳥町為真　しろとりちょうためざに　岐阜県郡上市
白鳥町恩地　しろとりちょうおんじ　岐阜県郡上市
白鳥町野添　しろとりちょうのぞえ　岐阜県郡上市
白鳥町越佐　しろとりちょうこっさ　岐阜県郡上市
白鳥高原　しろとりこうげん　岐阜県（長良川鉄道越
　美南線）

12白塚
　　しらつか　茨城県鉾田市
　　しらつか　千葉県市原市
　　しらつか　三重県（近畿日本鉄道名古屋線）
白塚町　しらつかちょう　三重県津市
白粟　しらわ　福井県今立郡池田町
白萩町
　　しらはぎまち　宮城県仙台市若林区
　　しらはぎちょう　宮城県塩竈市
　　しらはぎまち　福岡県北九州市小倉北区
白道路町　はそうじちょう　京都府綾部市
白雲町
　　はくうんちょう　愛知県名古屋市南区
　　しらくもちょう　愛知県豊川市
白須賀
　　しらすか　静岡県湖西市
　　しらすか　三重県四日市市
13白勢町　しろせちょう　新潟県新潟市北区
白新町　はくしんちょう　新潟県新潟市北区
白楽
　　はくらく　神奈川県（東京急行電鉄東横線）
　　はくらく　神奈川県横浜市神奈川区
白楽天町　はくらくてんちょう　京都府京都市下京区
白楽町　ばくろうちょう　岡山県倉敷市
白滝
　　しらたき　北海道（JR石北本線）
　　しらたき　北海道紋別郡遠軽町
　　しらたき　京都府舞鶴市
白滝上支湧別　しらたきかみしゅうべつ　北海道紋別
　郡遠軽町
白滝天狗平　しらたきてんぐだいら　北海道紋別郡遠
　軽町
白滝支湧別　しらたきしゅうべつ　北海道紋別郡遠
　軽町
白滝北支湧別　しらたききたしゅうべつ　北海道紋別
　郡遠軽町
白滝甲　しらたきこう　愛媛県大洲市
白滝町　しらたきちょう　福井県福井市
14白旗
　　しらはた　千葉県千葉市中央区
　　しらはた　神奈川県藤沢市
　　しらはた　熊本県上益城郡甲佐町
白旗通　しろはたどおり　愛知県一宮市
白銀
　　しろがね　青森県（JR八戸線）
　　しろがね　青森県八戸市
　　しろがね　福島県伊達郡桑折町
　　しろがね　千葉県佐倉市
　　しろがね　新潟県新潟市東区
　　しらがね　福岡県北九州市小倉北区
　　しらがね　福岡県大牟田市
白銀台　しろがねだい　青森県八戸市

白銀町
　　しろがねまち　青森県八戸市
　　しろがねちょう　茨城県日立市
　　しろがねちょう　群馬県高崎市
　　しろがねちょう　東京都新宿区
　　しろがねちょう　富山県富山市
　　しろがねちょう　富山県高岡市
　　しろがねちょう　石川県七尾市
　　しろがねちょう　福井県敦賀市
　　しろがねちょう　静岡県沼津市
　　しろがねちょう　京都府京都市上京区
　　しろがねちょう　京都府京都市伏見区
　　しろがねまち　兵庫県姫路市
白鳳台　はくほうだい　奈良県香芝市
白鳳町　はくほうちょう　愛知県尾張旭市
15白幡
　　しらはた　埼玉県さいたま市南区
　　しらはた　千葉県印西市
　　しらはた　千葉県山武市
白幡上町　しらはたかみちょう　神奈川県横浜市神奈
　川区
白幡台　しらはただい　神奈川県川崎市宮前区
白幡仲町　しらはたなかちょう　神奈川県横浜市神奈
　川区
白幡向町　しらはたむかいちょう　神奈川県横浜市神
　奈川区
白幡西町　しらはたにしちょう　神奈川県横浜市神奈
　川区
白幡町　しらはたちょう　神奈川県横浜市神奈川区
白幡東町　しらはたひがしちょう　神奈川県横浜市神
　奈川区
白幡南町　しらはたみなみちょう　神奈川県横浜市神
　奈川区
白樫
　　しらかし　岐阜県揖斐郡揖斐川町
　　しらかし　三重県伊賀市
白樺　しらかば　北海道千歳市
白樺十六条西　しらかばじゅうろくじょうにし　北海道
　帯広市
白樺十六条東　しらかばじゅうろくじょうひがし　北海
　道帯広市
白樺台　しらかばだい　北海道釧路市
白樺町
　　しらかばちょう　北海道恵庭市
　　しらかばちょう　北海道北広島市
　　しらかばちょう　北海道石狩郡当別町
白樺通北　しらかばどおりきた　北海道広尾郡広尾町
白樺通南　しらかばどおりみなみ　北海道広尾郡広
　尾町
白潟本町　しらかたほんまち　島根県松江市
白駒　しろこま　千葉県君津市
16白壁
　　しらかべ　愛知県名古屋市東区
　　しらかべ　佐賀県三養基郡みやき町
白壁町　しらかべちょう　京都府京都市中京区
白龍町　はくりゅうちょう　愛知県名古屋市瑞穂区
17白嶺町　しらみねまち　石川県小松市
白橿町　しらかしちょう　奈良県橿原市
白糠
　　しらぬか　北海道（JR根室本線）
　　しらぬか　青森県下北郡東通村
白糠町　しらぬかちょう　北海道白糠郡

5画(皮,皿,目,矢)

白糠郡　しらぬかぐん　北海道
白鍬　しらくわ　埼玉県さいたま市桜区
18白藤
　　しらふじ　熊本県熊本市南区
　　しらふじ　熊本県上益城郡山都町
19白瀬　しろせ　新潟県佐渡市
白瀬町　しろせまち　石川県羽咋市
24白鷺
　　しらさぎ　東京都中野区
　　はくろ　三重県桑名郡木曽岬町
　　しらさぎ　大阪府(南海電気鉄道高野線)
白鷺町　しらさぎちょう　大阪府堺市東区
白鷹町　しらたかまち　山形県西置賜郡

【皮】
22皮籠石　かわごいし　福島県田村郡小野町

【皿】
皿　さら　岡山県津山市
3皿山　さらやま　福岡県福岡市南区
皿山町
　　さらやまちょう　山口県周南市
　　さらやままち　福岡県北九州市小倉北区
皿山郷　さらやまごう　長崎県東彼杵郡波佐見町
4皿引　さらひき　千葉県君津市
皿木　さらぎ　千葉県長生郡長柄町
7皿尾　さらお　埼玉県行田市
皿谷町　さらだにちょう　福井県福井市
皿貝　さらがい　宮城県石巻市
8皿沼
　　さらぬま　埼玉県吉川市
　　さらぬま　東京都足立区

【目】
3目丸　めまる　熊本県上益城郡山都町
目久美町　めぐみちょう　鳥取県米子市
目川
　　めがわ　富山県下新川郡入善町
　　めがわ　滋賀県栗東市
4目手久　めてぐ　鹿児島県大島郡伊仙町
目木
　　もっき　静岡県菊川市
　　めき　岡山県真庭市
目比町　むくいちょう　愛知県稲沢市
5目代町　めしろまち　長崎県諫早市
目出
　　めで　山口県(JR小野田線)
　　めで　山口県山陽小野田市
目出文化町　めでぶんかちょう　山口県山陽小野田市
目出幸町　めでさいわいまち　山口県山陽小野田市
目出湖畔町　めでこはんちょう　山口県山陽小野田市
目出新町　めでしんまち　山口県山陽小野田市
目出緑町　めでみどりまち　山口県山陽小野田市
目加田　めかだ　滋賀県愛知郡愛荘町
目田町　めだちょう　三重県松阪市
目白
　　めじろ　東京都(JR山手線)
　　めじろ　東京都豊島区

目白山下　めじろやました　神奈川県(湘南モノレール線)
目白台
　　めじろだい　埼玉県入間郡毛呂山町
　　めじろだい　東京都文京区
6目名
　　めな　北海道(JR函館本線)
　　めな　北海道寿都郡黒松内町
　　めな　青森県下北郡東通村
　　めな　岩手県下閉伊郡田野畑村
目名市　めないち　岩手県八幡平市
目名町　めなまち　北海道磯谷郡蘭越町
目安　めやす　奈良県生駒郡斑鳩町
目安北　めやすきた　奈良県生駒郡斑鳩町
7目吹　めふき　千葉県野田市
目坂
　　めさか　兵庫県豊岡市
　　めさか　兵庫県赤穂市
目尾　しゃかのお　福岡県飯塚市
目来田　もくらいでん　新潟県南魚沼市
目良　めら　和歌山県田辺市
8目沼　めぬま　埼玉県北葛飾郡杉戸町
目迫　めさく　福島県双葉郡双葉町
9目垣　めがき　大阪府茨木市
10目俵町　めだわらちょう　大阪府吹田市
目時
　　めとき　青森県(IGRいわて銀河鉄道線ほか)
　　めとき　青森県三戸郡三戸町
目桑　めっか　富山県中新川郡立山町
目高　めたか　兵庫県佐用郡佐用町
11目堀　めぼり　愛知県知多郡武豊町
目崎町　めさきちょう　広島県府中市
目梨別　めなしべつ　北海道天塩郡豊富町
目梨泊　めなしどまり　北海道枝幸郡枝幸町
目梨郡　めなしぐん　北海道
目黒
　　めぐろ　北海道幌泉郡えりも町
　　めぐろ　東京都(JR山手線ほか)
　　めぐろ　東京都目黒区
　　めぐろ　愛媛県北宇和郡松野町
目黒区　めぐろく　東京都
目黒本町　めぐろほんちょう　東京都目黒区
目黒町
　　めぐろちょう　神奈川県横浜市瀬谷区
　　めぐろ　新潟県佐渡市
　　めぐろちょう　岡山県岡山市東区
12目覚町　めざめまち　長崎県長崎市
17目篠　めじの　千葉県山武郡横芝光町

【矢】
矢　や　福井県大野市
0矢ノ丸　やまる　高知県安芸市
矢ノ戸　やのと　福島県二本松市
矢ノ目田　やめだ　福島県石川郡石川町
矢の平　やのひら　長崎県長崎市
矢の先町　やのさきちょう　宮崎県宮崎市
2矢又　やまた　栃木県那須郡那珂川町
3矢下　やじた　鳥取県東伯郡琴浦町
矢上
　　やがみ　神奈川県川崎市幸区

5画（矢）

やかみ　島根県邑智郡邑南町
やかみ　徳島県板野郡藍住町
矢上町　やがみまち　長崎県長崎市
矢口
　やこう　千葉県印旛郡栄町
　やぐち　東京都大田区
矢口台　やぐちだい　神奈川県横浜市中区
矢口神明　やこうしんめい　千葉県印旛郡栄町
矢口浦　やぐちうら　三重県北牟婁郡紀北町
矢口渡　やぐちのわたし　東京都（東京急行電鉄東急
　多摩川線）
矢山　ややま　福岡県行橋市
矢川
　やがわ　東京都（JR南武線）
　やがわ　東京都国立市
　やがわ　三重県名張市
矢巾町　やはばちょう　岩手県紫波郡
4**矢不来**　やふらい　北海道北斗市
矢中町　やなかまち　群馬県高崎市
矢之助町　やのすけちょう　京都府舞鶴市
矢井　やい　岡山県岡山市東区
矢井賀乙　やいかおつ　高知県高岡郡中土佐町
矢井賀甲　やいかこう　高知県高岡郡中土佐町
矢切　やぎり　千葉県（北総鉄道北総線）
矢引　やびき　山形県鶴岡市
矢戸
　やと　岐阜県可児市
　やと　鳥取県日野郡日南町
矢方
　やのほう　富山県氷見市
　やかた　福岡県築上郡上毛町
矢木
　やぎ　富山県砺波市
　やぎ　石川県金沢市
矢木西　やぎにし　長野県諏訪郡下諏訪町
矢木町　やぎまち　長野県諏訪郡下諏訪町
矢木東　やぎひがし　長野県諏訪郡下諏訪町
矢水町　やすいちょう　富山県小矢部市
5**矢代**
　やしろ　福井県小浜市
　やしろ　兵庫県篠山市
矢代田
　やしろだ　新潟県（JR信越本線）
　やしろだ　新潟県新潟市秋葉区
矢代町　やしろちょう　北海道苫小牧市
矢代新　やしろしん　兵庫県篠山市
矢加部
　やかべ　福岡県（西日本鉄道天神大牟田線）
　やかべ　福岡県柳川市
矢本
　やもと　宮城県（JR仙石線）
　やもと　宮城県東松島市
矢田
　やだ　青森県青森市
　やだ　茨城県久慈郡大子町
　やた　千葉県市原市
　やだ　新潟県三条市
　やた　新潟県柏崎市
　やた　石川県羽咋郡志賀町
　やだ　愛知県（名古屋鉄道瀬戸線）
　やだ　愛知県名古屋市東区

やた　愛知県常滑市
やた　三重県桑名市
やた　三重県多気郡多気町
やた　大阪府（近畿日本鉄道南大阪線）
やた　大阪府大阪市東住吉区
やた　和歌山県和歌山市
やた　和歌山県西牟婁郡白浜町
やた　岡山県美作市
やた　岡山県和気郡和気町
やた　愛媛県今治市
矢田山町　やたやまちょう　奈良県大和郡山市
矢田町
　やたまち　石川県七尾市
　やたまち　石川県小松市
　やだちょう　愛知県名古屋市北区
　やだちょう　京都府京都市下京区
　やたまち　京都府亀岡市
　やたちょう　奈良県大和郡山市
　やだちょう　島根県松江市
　やたちょう　島根県安来市
矢田町通　やたまちどおり　奈良県大和郡山市
矢田東　やだひがし　愛知県名古屋市東区
矢田前
　やだまえ　青森県（青い森鉄道線）
　やだまえ　青森県青森市
矢田南　やだみなみ　愛知県名古屋市東区
矢田原町　やたわらちょう　奈良県奈良市
矢田堀町　やたぼりちょう　群馬県太田市
矢田部
　やたべ　茨城県神栖市
　やたべ　富山県氷見市
　やたべ　兵庫県揖保郡太子町
　やたべ　岡山県和気郡和気町
矢田野　やたの　福島県須賀川市
矢田野町　やたのまち　石川県小松市
矢田新町
　やたしんまち　石川県七尾市
　やたしんまち　石川県小松市
矢田磧　やだかわら　三重県桑名市
矢立
　やたて　宮城県刈田郡七ケ宿町
　やたて　新潟県加茂市
矢立平　やたてだいら　宮城県刈田郡七ケ宿町
矢立町　やたてちょう　静岡県富士宮市
6**矢向**
　やこう　神奈川県（JR南武線）
　やこう　神奈川県横浜市鶴見区
矢合町　やわせちょう　愛知県稲沢市
矢地　やち　福井県あわら市
矢守　やもり　滋賀県愛知郡愛荘町
矢臼別　やうすべつ　北海道野付郡別海町
7**矢作**
　やさく　青森県青森市
　やはぎ　茨城県土浦市
　やはぎ　茨城県坂東市
　やはぎ　神奈川県小田原市
　やはぎ　新潟県（JR弥彦線）
　やはぎ　新潟県西蒲原郡弥彦村
　やはぎ　石川県野々市市
矢作町
　やはぎちょう　岩手県陸前高田市
　やはぎちょう　千葉県千葉市中央区

460

5画（矢）

やはぎちょう　愛知県岡崎市
矢作橋　やはぎばし　愛知県（名古屋鉄道名古屋本線）
矢吹
　やぶき　福島県（JR東北本線）
　やぶき　福島県西白河郡矢吹町
矢吹町　やぶきまち　福島県西白河郡
矢坂　やさか　秋田県山本郡藤里町
矢坂本町　やさかほんまち　岡山県岡山市北区
矢坂西町　やさかにしまち　岡山県岡山市北区
矢坂東町　やさかひがしまち　岡山県岡山市北区
矢尾　やお　岡山県都窪郡早島町
矢尾町　やびちょう　島根県出雲市
矢形町　やかたちょう　愛知県瀬戸市
矢来
　やらい　山形県米沢市
　やらい　山形県上山市
矢来町　やらいちょう　東京都新宿区
矢沢
　やざわ　青森県南津軽郡藤崎町
　やざわ　岩手県花巻市
　やざわ　福島県須賀川市
矢沢町　やざわまち　石川県小松市
矢走　やばせ　奈良県吉野郡大淀町
矢那　やな　千葉県木更津市
矢那瀬　やなせ　埼玉県秩父郡長瀞町
8**矢並町**　やなみちょう　愛知県豊田市
矢坪　やつぼ　山梨県山梨市
矢岳　やたけ　熊本県（JR肥薩線）
矢岳町
　やたけちょう　長崎県佐世保市
　やたけまち　熊本県人吉市
矢放町　やはなしちょう　福井県越前市
矢板
　やいた　栃木県（JR東北本線）
　やいた　栃木県矢板市
矢板市　やいたし　栃木県
矢武　やたけ　徳島県板野郡板野町
矢治　やじ　奈良県吉野郡吉野町
矢波
　やなみ　富山県小矢部市
　やなみ　石川県鳳珠郡能登町
矢附　やづき　宮城県刈田郡蔵王町
9**矢指町**　やさしちょう　神奈川県横浜市旭区
矢持町　やもちちょう　三重県伊勢市
矢柄　やがら　新潟県佐渡市
矢洗　やあらい　宮城県伊具郡丸森町
矢津
　やつ　新潟県五泉市
　やづ　岡山県岡山市東区
矢津田　やつだ　熊本県阿蘇郡高森町
矢津町　やづちょう　三重県松阪市
矢畑
　やばた　茨城県結城市
　やばた　神奈川県茅ケ崎市
矢神
　やがみ　岩手県八幡平市
　やがみ　岡山県（JR芸備線）
矢美津　やびつ　秋田県（JR北上線）
矢追町　やおいちょう　北海道寿都郡寿都町

10**矢倉**
　やぐら　青森県上北郡七戸町
　やぐら　栃木県大田原市
　やぐら　群馬県（JR吾妻線）
　やぐら　群馬県吾妻郡東吾妻町
　やぐら　滋賀県草津市
矢倉下　やぐらした　福島県福島市
矢倉沢　やぐらざわ　神奈川県南足柄市
矢倉町
　やぐらちょう　岐阜県岐阜市
　やぐらちょう　静岡県静岡市清水区
　やぐらちょう　鹿児島県薩摩川内市
矢倉脇　やぐらわき　和歌山県橋本市
矢剣町　やつるぎちょう　福島県福島市
矢原
　やわら　京都府宮津市
　やばら　山口県（JR山口線）
　やばら　山口県山口市
　やばら　福岡県八女市
矢原町　やばらちょう　山口県山口市
矢島
　やしま　秋田県（由利高原鉄道鳥海山ろく線）
　やじま　群馬県邑楽郡明和町
　やじま　埼玉県深谷市
　やじま　新潟県新潟市西蒲区
矢島町
　やじままち　群馬県高崎市
　やじまちょう　岐阜県岐阜市
　やじまちょう　滋賀県守山市
矢島町七日町　やしままちなのかまち　秋田県由利本荘市
矢島町川辺　やしままちかわべ　秋田県由利本荘市
矢島町元町　やしままちもとまち　秋田県由利本荘市
矢島町木在　やしままちきさら　秋田県由利本荘市
矢島町田中町　やしままちたなかまち　秋田県由利本荘市
矢島町矢島町　やしままちやしままち　秋田県由利本荘市
矢島町立石　やしままちたていし　秋田県由利本荘市
矢島町坂之下　やしままちさかのした　秋田県由利本荘市
矢島町城内　やしままちじょうない　秋田県由利本荘市
矢島町荒沢　やしままちあらさわ　秋田県由利本荘市
矢島町新荘　やしままちしんじょう　秋田県由利本荘市
矢島町舘町　やしままちたてまち　秋田県由利本荘市
矢峰町　やみねちょう　長崎県佐世保市
矢浜　やのはま　三重県尾鷲市
矢浜大道　やのはまおおみち　三重県尾鷲市
矢浜岡崎町　やのはまおかざきちょう　三重県尾鷲市
矢浜真砂　やのはままさご　三重県尾鷲市
矢留　やどみ　福岡県行橋市
矢留本町　やどみほんまち　福岡県柳川市
矢留町　やどみまち　福岡県柳川市
矢納　やのう　埼玉県児玉郡神川町
矢高　やたか　愛知県知多郡阿久比町
11**矢問**　やとう　兵庫県川西市
矢問東町　やとうひがしまち　兵庫県川西市
矢崎町
　やざきちょう　東京都府中市

461

5画（石）

やざきまち　石川県小松市
やさきちょう　静岡県掛川市
矢掛
　やかげ　岡山県（井原鉄道線）
　やかげ　岡山県小田郡矢掛町
矢掛町　やかげちょう　岡山県小田郡
矢曽根町　やぞねちょう　愛知県西尾市
矢祭山　やまつりやま　福島県（JR水郡線）
矢祭町　やまつりまち　福島県東白川郡
矢細工　やさいく　山梨県南巨摩郡身延町
矢船町　やふねちょう　福井県越前市
矢部
　やべ　千葉県山武市
　やべ　神奈川県（JR横浜線）
　やべ　神奈川県相模原市中央区
　やべ　愛知県新城市
　やべ　奈良県磯城郡田原本町
　やべ　岡山県倉敷市
矢部村　やべむら　⇒八女市（福岡県）
矢部村北矢部　やべむらきたやべ　福島県八女市
矢部村矢部　やべむらやべ　福岡県八女市
矢部町
　やべまち　東京都町田市
　やべちょう　神奈川県横浜市戸塚区
　やべちょう　兵庫県神戸市兵庫区
矢部新田　やべしんでん　神奈川県相模原市中央区
矢部新町　やべしんちょう　神奈川県相模原市中央区
矢野
　やの　三重県度会郡玉城町
　やの　広島県（JR呉線）
矢野下　やのした　茨城県笠間市
矢野口
　やのくち　栃木県日光市
　やのくち　東京都（JR南武線）
　やのくち　東京都稲城市
　やのくち　和歌山県西牟婁郡すさみ町
矢野目　やのめ　山形県天童市
矢野竹　やのたけ　福岡県朝倉市
矢野西　やのにし　広島県広島市安芸区
矢野町
　やのちょう　島根県出雲市
　やのちょう　広島県広島市安芸区
　やのまち　愛媛県八幡浜市
矢野町二木　やのちょうふたつぎ　兵庫県相生市
矢野町下田　やのちょうしもだ　兵庫県相生市
矢野町上　やのちょうかみ　兵庫県相生市
矢野町上土井　やのちょうかみどい　兵庫県相生市
矢野町小河　やのちょうおうご　兵庫県相生市
矢野町中野　やのちょうなかの　兵庫県相生市
矢野町瓜生　やのちょううりゅう　兵庫県相生市
矢野町金坂　やのちょうかねさか　兵庫県相生市
矢野町真広　やのちょうまひろ　兵庫県相生市
矢野町能下　やのちょうのうげ　兵庫県相生市
矢野町釜出　やのちょうかまで　兵庫県相生市
矢野町菅谷　やのちょうすがたに　兵庫県相生市
矢野町森　やのちょうもり　兵庫県相生市
矢野町榊　やのちょうさかき　兵庫県相生市
矢野東　やのひがし　広島県広島市安芸区
矢野南　やのみなみ　広島県広島市安芸区
矢野新町　やのしんまち　広島県広島市安芸区

矢頃島町　やごろじままち　石川県白山市
矢黒町　やぐろまち　熊本県人吉市
12**矢場**
　やば　群馬県藤岡市
　やば　埼玉県行田市
　やば　大分県中津市
矢場町
　やばちょう　群馬県太田市
　やばちょう　愛知県（名古屋市交通局名城線）
　やばちょう　愛知県刈谷市
　やばちょう　愛知県西尾市
矢場新町　やばしんまち　群馬県太田市
矢幅　やはば　岩手県（JR東北本線）
矢筈町　やはずまち　福岡県北九州市門司区
矢賀
　やが　広島県（JR芸備線）
　やが　広島県広島市東区
矢賀町　やがまち　広島県広島市東区
矢賀新町　やがしんまち　広島県広島市東区
矢越
　やごし　岩手県（JR大船渡線）
　やごし　宮城県加美郡加美町
矢道町　やみちちょう　岐阜県大垣市
矢颪　やおろし　埼玉県飯能市
13**矢馳**　やばせ　山形県鶴岡市
14**矢嶋**　やしま　長野県佐久市
矢熊　やぐま　静岡県伊豆市
矢駄　やだ　石川県羽咋郡志賀町
15**矢幡**　やばた　茨城県行方市
矢幡町　やわたちょう　京都府京都市中京区
矢縄町　やなわまち　愛知県碧南市
矢蔵谷　やぐらだに　石川県羽咋郡志賀町
16**矢橋**　やばせ　三重県鈴鹿市
矢橋町
　やばせちょう　三重県鈴鹿市
　やばせちょう　滋賀県草津市
17**矢矯**
　やはぎ　鳥取県鳥取市
　やはぎ　山口県宇部市
20**矢護川**　やごがわ　熊本県菊池郡大津町

【石】

石
　いし　岡山県赤磐市
　いし　熊本県山鹿市
0**石ケ辻町**　いしがつじちょう　大阪府大阪市天王寺区
石ケ町　いしがちょう　福井県敦賀市
石ノ上　いしのうえ　栃木県小山市
石ノ花　いしのはな　福島県二本松市
石が口　いしがぐち　山口県防府市
石が根町　いしがねちょう　愛知県名古屋市名東区
石の宮　いしのみや　茨城県下妻市
2**石刀**　いわと　愛知県（名古屋鉄道名古屋本線）
3**石下**
　いしげ　茨城県（関東鉄道常総線）
　いしおろし　栃木県芳賀郡市貝町
石上
　いしがみ　福島県相馬市
　いしがみ　神奈川県（江ノ島電鉄線）
　いしがみ　新潟県三条市

5画（石）

いしがみ　福井県吉田郡永平寺町
いしかみ　岡山県赤磐市

石上町　いそのかみちょう　奈良県天理市

石丸
いしまる　富山県高岡市
いしまる　富山県砺波市
いしまる　大阪府箕面市
いしまる　福岡県福岡市西区
いしまる　福岡県宗像市

石子町　いしこまち　石川県能美市

石小路町　いしこうじまち　熊本県宇土市

石山
いしやま　北海道札幌市南区
いしやま　北海道白老郡白老町
いしやま　新潟県新潟市東区
いしやま　福井県大飯郡おおい町
いしやま　滋賀県（JR東海道本線）

石山一条　いしやまいちじょう　北海道札幌市南区
石山二条　いしやまにじょう　北海道札幌市南区
石山三条　いしやまさんじょう　北海道札幌市南区
石山千町　いしやませんちょう　滋賀県大津市
石山内畑町　いしやまうちはたちょう　滋賀県大津市
石山四条　いしやましじょう　北海道札幌市南区
石山外畑町　いしやまそとはたちょう　滋賀県大津市
石山団地　いしやまだんち　新潟県新潟市東区

石山寺
いしやまでら　滋賀県（京阪電気鉄道石山坂本線）
いしやまでら　滋賀県大津市

石山寺辺町　いしやまてらべちょう　滋賀県大津市

石山町
いしやまちょう　北海道小樽市
いしやまちょう　愛知県一宮市

石山東　いしやまひがし　北海道札幌市南区
石山通　いしやまどおり　北海道（札幌市交通局山鼻線）

石川
いしかわ　青森県（JR奥羽本線ほか）
いしかわ　青森県弘前市
いしかわ　福島県伊達郡川俣町
いしかわ　茨城県水戸市
いしかわ　茨城県石岡市
いしかわ　茨城県稲敷郡阿見町
いしかわ　千葉県佐倉市
いしかわ　千葉県市原市
いしかわ　神奈川県藤沢市
いしかわ　新潟県加茂市
いしかわ　新潟県上越市
いしかわ　静岡県静岡市清水区
いしかわ　静岡県沼津市
いしかわ　愛知県知多郡武豊町
いしかわ　三重県伊賀市
いしかわ　京都府与謝郡与謝野町
いしかわ　沖縄県うるま市
いしかわ　沖縄県国頭郡本部町

石川プール前　いしかわぷーるまえ　青森県（弘南鉄道大鰐線）
石川山城　いしかわやましろ　沖縄県うるま市
石川台　いしかわだい　東京都（東京急行電鉄池上線）
石川本町　いしかわほんちょう　静岡県静岡市清水区
石川白浜　いしかわしらはま　沖縄県うるま市
石川石崎　いしかわいしざき　沖縄県うるま市

石川伊波　いしかわいは　沖縄県うるま市

石川町
いしかわちょう　北海道函館市
いしかわちょう　北海道室蘭市
いしかわまち　山形県新庄市
いしかわまち　福島県石川郡
いしかわちょう　茨城県水戸市
いしかわちょう　茨城県ひたちなか市
いしかわちょう　東京都大田区
いしかわまち　東京都八王子市
いしかわちょう　神奈川県（JR根岸線）
いしかわちょう　神奈川県横浜市中区
いしかわちょう　愛知県名古屋市瑞穂区
いしかわちょう　大阪府柏原市
いしかわちょう　奈良県大和郡山市
いしかわちょう　奈良県橿原市

石川赤崎　いしかわあかさき　沖縄県うるま市
石川東山　いしかわあがりやま　沖縄県うるま市
石川東山本町　いしかわあがりやまもとまち　沖縄県うるま市
石川東恩納　いしかわひがしおんな　沖縄県うるま市
石川東恩納崎　いしかわひがしおんなざき　沖縄県うるま市
石川県　いしかわけん

石川郡
いしかわぐん　福島県
いしかわぐん　⇒消滅（石川県）

石川新町　いしかわしんまち　静岡県静岡市清水区
石川楚南　いしかわそなん　沖縄県うるま市
石川嘉手苅　いしかわかでかる　沖縄県うるま市
石川曙　いしかわあけぼの　沖縄県うるま市

石才
いしざい　大阪府（水間鉄道線）
いしざい　大阪府貝塚市

[4]**石不動之町**　いしふどうのちょう　京都府京都市下京区

石井
いしい　福島県南会津郡下郷町
いしい　茨城県笠間市
いしい　埼玉県坂戸市
いしい　石川県鳳珠郡能登町
いしい　岐阜県可児市
いしい　静岡県富士市
いしい　静岡県賀茂郡南伊豆町
いしい　兵庫県（智頭急行線）
いしい　鳥取県米子市
いしい　徳島県（JR徳島線）
いしい　徳島県名西郡石井町
いしい　大分県日田市

石井手　いしいで　山口県山陽小野田市

石井町
いしいまち　栃木県宇都宮市
いしいちょう　新潟県三島郡出雲崎町
いしいちょう　愛知県安城市
いしいちょう　兵庫県神戸市兵庫区
いしいちょう　徳島県名西郡
いしいちょう　愛媛県今治市

石井谷　いしいだに　広島県山県郡北広島町
石井垣　いわいがき　鳥取県西伯郡大山町
石井城　いしいじょう　広島県安芸郡府中町
石井草　いしいくさ　福島県東白川郡鮫川村
石井筒町　いしいづつちょう　京都府京都市下京区

5画（石）

石仏
　　いしぼとけ　青森県三戸郡五戸町
　　いしぼとけ　富山県中新川郡上市町
　　いしぼとけ　愛知県（名古屋鉄道犬山線）
　　いしぼとけ　大阪府河内長野市
石仏下川原　いしぼとけしもかわら　青森県三戸郡五
　　戸町
石仏上川原　いしぼとけかみかわら　青森県三戸郡五
　　戸町
石仏町
　　いしぼとけちょう　愛知県名古屋市昭和区
　　いしぼとけちょう　愛知県岩倉市
石仏前　いしぼとけまえ　青森県三戸郡五戸町
石元町　いしもとちょう　愛知県名古屋市南区
石内　いしうち　新潟県長岡市
石内上　いしうちかみ　広島県広島市佐伯区
石内北　いしうちきた　広島県広島市佐伯区
石内東　いしうちひがし　広島県広島市佐伯区
石内南　いしうちみなみ　広島県広島市佐伯区
石切　いしきり　大阪府（近畿日本鉄道奈良線）
石切町　いしきりちょう　岐阜県岐阜市
石切所　いしきりどころ　岩手県二戸市
石切畑　いしきりばたけ　福島県大沼郡会津美里町
石切畑甲　いしきりはたこう　福島県大沼郡会津美
　　里町
石切場　いしきりば　福島県白河市
石引　いしびき　石川県金沢市
石戸
　　いしと　埼玉県北本市
　　いしと　新潟県東蒲原郡阿賀町
石戸宿　いしとじゅく　埼玉県北本市
石手　いして　愛媛県松山市
石手川公園　いしてがわこうえん　愛媛県（伊予鉄道
　　横河原線）
石手白石　いしてしらいし　愛媛県松山市
石手洗　いしてあらい　青森県八戸市
石木町　いしきちょう　奈良県奈良市
石木郷　いしきごう　長崎県東彼杵郡川棚町
石木場免　いしこばめん　長崎県北松浦郡佐々町
石火矢町　いしびやちょう　岡山県高梁市
石王丸　いしおうまる　富山県小矢部市
5石出　いしで　千葉県香取郡東庄町
石打
　　いしうち　群馬県邑楽郡邑楽町
　　いしうち　新潟県（JR上越線）
　　いしうち　新潟県南魚沼市
石打ダム　いしうちだむ　熊本県（JR三角線）
石本　いしもと　京都府福知山市
石末　いしずえ　栃木県塩谷郡高根沢町
石母田　いしもだ　福島県伊達郡国見町
石生
　　いそう　兵庫県（JR福知山線）
　　いしゅう　岡山県勝田郡勝央町
石生谷町　いしょうだにちょう　福井県鯖江市
石田
　　いしだ　宮城県塩竈市
　　いしだ　福島県福島市
　　いしだ　福島県喜多方市
　　いしだ　福島県河沼郡会津坂下町
　　いしだ　福島県石川郡石川町

　　いした　栃木県河内郡上三川町
　　いした　埼玉県川越市
　　いした　東京都日野市
　　いした　東京都国立市
　　いした　神奈川県伊勢原市
　　いした　新潟県佐渡市
　　いした　富山県富山市
　　いした　富山県黒部市
　　いした　富山県南砺市
　　いした　静岡県静岡市駿河区
　　いした　愛知県新城市
　　いした　愛知県知多郡武豊町
　　いした　京都府（京都市交通局東西線）
　　いした　大阪府大阪市港区
　　いした　大阪府阪南市
　　いした　兵庫県朝来市
　　いした　兵庫県淡路市
　　いした　愛媛県西条市
　　いした　福岡県（JR日田彦山線）
　　いした　佐賀県東松浦郡玄海町
　　いした　大分県宇佐市
石田下町　いしだしもちょう　福井県鯖江市
石田上町　いしだかみちょう　福井県鯖江市
石田大山町　いしだおおやまちょう　京都府京都市伏
　　見区
石田大受町　いしだおおうけちょう　京都府京都市伏
　　見区
石田川向　いしだかわむかい　京都府京都市伏見区
石田中町　いしだなかちょう　福井県鯖江市
石田六ケ村堰添　いしだろっかそんせきぞい　秋田県
　　南秋田郡五城目町
石田内里町　いしだうちさとちょう　京都府京都市伏
　　見区
石田本郷　いしだほんごう　埼玉県川越市
石田甲　いしだこう　福島県大沼郡会津美里町
石田百井　いしだももい　鳥取県八頭郡八頭町
石田西ノ坪　いしだにしのつぼ　京都府京都市伏見区
石田町
　　いしだちょう　愛知県名古屋市瑞穂区
　　いしだちょう　愛知県瀬戸市
　　いしだちょう　愛知県愛西市
　　いしだちょう　滋賀県長浜市
　　いしだちょう　滋賀県守山市
　　いしだまち　福岡県北九州市小倉南区
　　いしだまち　宮崎県延岡市
石田町久喜触　いしだちょうくきふれ　長崎県壱岐市
石田町山崎触　いしだちょうやまさきふれ　長崎県壱
　　岐市
石田町本村触　いしだちょうほんむらふれ　長崎県壱
　　岐市
石田町石田西触　いしだちょういしだにしふれ　長崎
　　県壱岐市
石田町石田東触　いしだちょういしだひがしふれ　長崎
　　県壱岐市
石田町印通寺浦　いしだちょういんどおじうら　長崎
　　県壱岐市
石田町池田仲触　いしだちょういけだなかふれ　長崎
　　県壱岐市
石田町池田西触　いしだちょういけだにしふれ　長崎
　　県壱岐市
石田町池田東触　いしだちょういけだひがしふれ　長崎
　　県壱岐市
石田町南触　いしだちょうみなみふれ　長崎県壱岐市

5画（石）

石田町湯岳射手吉触　いしだちょうゆたけいてよしふれ
　長崎県壱岐市
石田町湯岳興触　いしだちょうゆたけこうふれ　長崎
　県壱岐市
石田町筒城仲触　いしだちょうつつきなかふれ　長崎
　県壱岐市
石田町筒城西触　いしだちょうつつきにしふれ　長崎
　県壱岐市
石田町筒城東触　いしだちょうつつきひがしふれ　長崎
　県壱岐市
石田南　いしだみなみ　福岡県北九州市小倉南区
石田桜木　いしださくらぎ　京都府京都市伏見区
石田野　いしだの　富山県黒部市
石田森西　いしだもりにし　京都府京都市伏見区
石田森東町　いしだもりひがしちょう　京都府京都市
　伏見区
石田森南町　いしだもりみなみちょう　京都府京都市
　伏見区
石田新　いしだしん　富山県黒部市
石田新田　いしだしんでん　新潟県南蒲原郡田上町
石立町
　いしたてまち　石川県白山市
　いしたてちょう　高知県高知市
⁶石休場町　いしやすみばまち　石川県輪島市
石伏　いしぶし　福島県南会津郡只見町
石刎町　いしばねちょう　兵庫県西宮市
石同町　いしどうまち　石川県白山市
石同新町　いしどうしんまち　石川県白山市
石名　いしな　新潟県佐渡市
石名号　いしなごう　愛知県新城市
石名田　いしなだ　富山県小矢部市
石名坂
　いしなざか　青森県黒石市
　いしなざか　岩手県八幡平市
　いしなざか　宮城県仙台市若林区
　いしなざか　山形県酒田市
　いしなざか　山形県最上郡鮭川村
石名坂下夕　いしなざかした　岩手県八幡平市
石名坂町　いしなざかちょう　茨城県日立市
石在町　いしざいちょう　兵庫県西宮市
石地　いしじ　新潟県（JR越後線）
石地町　いしじまち　新潟県見附市
石寺
　いしでら　茨城県笠間市
　いしてら　京都府相楽郡和東町
石寺町　いしでらちょう　滋賀県彦根市
石州府　せきしゅうふ　鳥取県米子市
石成　いしなり　福岡県朝倉市
石江　いしえ　青森県青森市
石羽　いしば　宮城県伊具郡丸森町
⁷石作　いしつくり　愛知県あま市
石住
　いしずみ　新潟県村上市
　いしずみ　兵庫県篠山市
石坂
　いしさか　北海道広尾郡大樹町
　いしさか　青森県上北郡東北町
　いしさか　埼玉県比企郡鳩山町
　いしさか　富山県富山市
　いしさか　富山県小矢部市

　いしさか　富山県中新川郡立山町
　いしさか　石川県羽咋郡宝達志水町
　いしさか　静岡県富士市
　いしさか　福岡県北九州市八幡西区
　いしさか　福岡県太宰府市
石坂川　いしざかがわ　熊本県水俣市
石坂町　いしさかちょう　長崎県佐世保市
石坂東町　いしさかひがしまち　富山県富山市
石坂新　いしさかしん　富山県富山市
石尾台　いしおだい　愛知県春日井市
石応　こくぼ　愛媛県宇和島市
石志　いしし　佐賀県唐津市
石沢
　いしざわ　茨城県常陸大宮市
　いしざわ　新潟県上越市
石沢境　いしざわさかい　青森県三戸郡五戸町
石町　こくまち　大阪府大阪市中央区
石良　いしら　鹿児島県大島郡宇検村
石花　いしげ　新潟県佐渡市
石芝　いししば　長野県松本市
石見
　いわみ　奈良県（近畿日本鉄道橿原線）
　いわみ　奈良県磯城郡三宅町
石見川　いしみがわ　大阪府河内長野市
石見川本　いわみかわもと　島根県（JR三江線）
石見川越　いわみかわごえ　島根県（JR三江線）
石見町　いわみちょう　岡山県倉敷市
石見松原　いわみまつばら　島根県（JR三江線）
石見津田　いわみつだ　島根県（JR山陰本線）
石見都賀　いわみつが　島根県（JR三江線）
石見福光　いわみふくみつ　島根県（JR山陰本線）
石見横田　いわみよこた　島根県（JR山口線）
石見簗瀬　いわみやなぜ　島根県（JR三江線）
石谷
　いしや　北海道（JR函館本線）
　いしたに　富山県下新川郡朝日町
　いしたに　福井県大野市
　いしがい　岐阜県岐阜市
石谷町
　いしたにちょう　滋賀県東近江市
　いしだにちょう　鹿児島県鹿児島市
石那田町　いしなだまち　栃木県宇都宮市
⁸石和町八田　いさわちょうはつた　山梨県笛吹市
石和町下平井　いさわちょうしもひらい　山梨県笛
　吹市
石和町上平井　いさわちょうかみひらい　山梨県笛
　吹市
石和町小石和　いさわちょうこいさわ　山梨県笛吹市
石和町山崎　いさわちょうやまさき　山梨県笛吹市
石和町川中島　いさわちょうかわなかじま　山梨県笛
　吹市
石和町中川　いさわちょうなかがわ　山梨県笛吹市
石和町井戸　いさわちょういど　山梨県笛吹市
石和町今井　いさわちょういまい　山梨県笛吹市
石和町四日市場　いさわちょうよっかいちば　山梨県
　笛吹市
石和町市部　いさわちょういちべ　山梨県笛吹市
石和町広瀬　いさわちょうひろせ　山梨県笛吹市
石和町松本　いさわちょうまつもと　山梨県笛吹市

465

5画（石）

石和町東油川　いさわちょうひがしあぶらかわ　山梨県笛吹市

石和町東高橋　いさわちょうひがしたかはし　山梨県笛吹市

石和町河内　いさわちょうこうち　山梨県笛吹市

石和町砂原　いさわちょうすなはら　山梨県笛吹市

石和町唐柏　いさわちょうからかしわ　山梨県笛吹市

石和町窪中島　いさわちょうくぼなかじま　山梨県笛吹市

石和町駅前　いさわちょうえきまえ　山梨県笛吹市

石和温泉　いさわおんせん　山梨県（JR中央本線）

石坪町　いしつぼまち　福岡県北九州市八幡東区

石妻　いしづま　岡山県岡山市北区

石居　いしずえ　滋賀県大津市

石岡
　　いしおか　青森県五所川原市
　　いしおか　山形県東置賜郡高畠町
　　いしおか　茨城県（JR常磐線）
　　いしおか　茨城県石岡市

石岡市　いしおかし　茨城県

石延　いしのべ　愛媛県西条市

石松町　いしまつまち　大分県日田市

石枕町白山　いしまくらちょうはくさん　愛知県江南市

石枕町神明　いしまくらちょうしんめい　愛知県江南市

石林　いしばやし　栃木県那須塩原市

石河内　いしかわうち　宮崎県児湯郡木城町

石金　いしがね　富山県富山市

石長町　いしながちょう　岐阜県岐阜市

9石垣
　　いしがき　富山県魚津市
　　いしがき　三重県鈴鹿市
　　いしがき　鹿児島県（JR指宿枕崎線）
　　いしがき　沖縄県石垣市

石垣市　いしがきし　沖縄県

石垣西　いしがきにし　大分県別府市

石垣町　いしがきまち　宮城県仙台市若林区

石垣町西側　いしがきまちにしがわ　京都府京都市東山区

石垣町東側　いしがきまちひがしがわ　京都府京都市東山区

石垣東　いしがきひがし　大分県別府市

石垣新　いしがきしん　富山県魚津市

石城町　せきじょうまち　福岡県福岡市博多区

石屋　いしや　富山県富山市

石屋川　いしやがわ　兵庫県（阪神電気鉄道阪神本線）

石屋町
　　いしやまち　栃木県日光市
　　いしやちょう　京都府京都市中京区
　　いしやちょう　京都府京都市伏見区

石峠
　　いしとうげ　岩手県下閉伊郡山田町
　　いしとうげ　長野県小諸市

石巻　いしのまき　宮城県（JR石巻線）

石巻あゆみ野　いしのまきあゆみの　宮城県（JR仙石線）

石巻小野田町　いしまきおのだちょう　愛知県豊橋市

石巻中山町　いしまきなかやまちょう　愛知県豊橋市

石巻木　いしのまきし　宮城県

石巻平野町　いしまきひらのちょう　愛知県豊橋市

石巻本町　いしまきほんまち　愛知県豊橋市

石巻西川町　いしまきにしがわちょう　愛知県豊橋市

石巻町　いしまきちょう　愛知県豊橋市

石巻萩平町　いしまきはぎひらちょう　愛知県豊橋市

石持町　いしもちまち　山形県寒河江市

石泉院町　せきせんいんちょう　京都府京都市東山区

石津
　　いしづ　岐阜県（養老鉄道線）
　　いしづ　静岡県焼津市
　　いしづ　大阪府（阪堺電気軌道阪堺線）

石津川　いしづがわ　大阪府（南海電気鉄道南海本線）

石津中町
　　いしづなかちょう　静岡県焼津市
　　いしづなかまち　大阪府寝屋川市

石津元町　いしづもとまち　大阪府寝屋川市

石津北　いしづきた　大阪府（阪堺電気軌道阪堺線）

石津北町　いしづきたまち　大阪府堺市堺区

石津向町　いしづむかいちょう　静岡県焼津市

石津西町　いしづにしまち　大阪府堺市西区

石津町
　　いしづちょう　三重県松阪市
　　いしづちょう　大阪府堺市堺区

石津東町　いしづひがしまち　大阪府寝屋川市

石津南町　いしづみなみまち　大阪府寝屋川市

石津港町　いしづみなとちょう　静岡県焼津市

石狩太美　いしかりふとみ　北海道（JR札沼線）

石狩月形　いしかりつきがた　北海道（JR札沼線）

石狩市　いしかりし　北海道

石狩当別　いしかりとうべつ　北海道（JR札沼線）

石狩沼田　いしかりぬまた　北海道（JR留萌本線）

石狩金沢　いしかりかなざわ　北海道（JR札沼線）

石狩郡　いしかりぐん　北海道

石畑
　　いしばたけ　岩手県一関市
　　いしばた　福島県二本松市
　　いしばた　東京都西多摩郡瑞穂町
　　いしばた　岐阜県養老郡養老町
　　いしばた　愛知県犬山市
　　いしばたけ　滋賀県犬上郡豊郷町

石畑岡元　いしはたけおかもと　青森県平川市

石神
　　いしがみ　岩手県八幡平市
　　いしがみ　茨城県神栖市
　　いしがみ　茨城県行方市
　　いしがみ　埼玉県川口市
　　いしがみ　埼玉県新座市
　　いしがみ　千葉県茂原市
　　いしがみ　千葉県市原市
　　いしがみ　千葉県南房総市
　　いしがみ　千葉県夷隅郡大多喜町
　　いしがみ　岐阜県本巣市
　　いしがみ　岐阜県加茂郡川辺町
　　いしがみ　静岡県浜松市天竜区
　　いしがみ　広島県安芸郡熊野町

石神井公園　しゃくじいこうえん　東京都（西武鉄道池袋線）

石神井台　しゃくじいだい　東京都練馬区

石神井町　しゃくじいまち　東京都練馬区

石神内宿　いしがみうちじゅく　茨城県那珂郡東海村

石神台　いしがみだい　神奈川県中郡大磯町

5画（石）

石神外宿　いしがみとじゅく　茨城県那珂郡東海村
石神町
　　いしがみちょう　岩手県花巻市
　　いしがみまち　石川県珠洲市
　　いしがみちょう　愛知県岡崎市
　　いしがみちょう　愛知県田原市
　　いしがみちょう　山口県下関市
　　いしがみまち　長崎県長崎市
石神前　いしがみまえ　東京都（JR青梅線）
石神裏　いしがみうら　青森県上北郡野辺地町
石風呂町　いしふろまち　愛媛県松山市
石飛町　いしとびちょう　愛知県豊田市
10石倉
　　いしくら　北海道（JR函館本線）
　　いしくら　宮城県伊具郡丸森町
　　いしくら　群馬県利根郡みなかみ町
　　いしくら　新潟県五泉市
　　いしくら　兵庫県姫路市
石倉町
　　いしくらちょう　北海道函館市
　　いしくらちょう　北海道茅部郡森町
　　いしくらまち　群馬県前橋市
　　いしくらまち　富山県富山市
石倉前　いしくらまえ　宮城県伊具郡丸森町
石原
　　いしばら　宮城県黒川郡大郷町
　　いしばら　宮城県加美郡加美町
　　いしはら　群馬県渋川市
　　いしはら　埼玉県（秩父鉄道線）
　　いしわら　埼玉県熊谷市
　　いしわら　東京都墨田区
　　いしはら　新潟県村上市
　　いしはら　岐阜県岐阜市
　　いしはら　岐阜県本巣市
　　いしはら　滋賀県蒲生郡日野町
　　いさ　京都府（JR山陰本線）
　　いさ　京都府福知山市
　　いしはら　大阪府堺市美原区
　　いしはら　島根県邑智郡美郷町
　　いしはら　広島県安芸郡海田町
　　いしはら　山口県下関市
　　いしわら　熊本県熊本市東区
石原田　いしはらだ　茨城県筑西市
石原田町　いしはらだちょう　奈良県橿原市
石原町
　　いしはらまち　群馬県高崎市
　　いしはらちょう　群馬県太田市
　　いしわらまち　埼玉県川越市
　　いしはらちょう　静岡県浜松市南区
　　いしはらちょう　静岡県磐田市
　　いしはらちょう　愛知県岡崎市
　　いしはらちょう　三重県四日市市
　　いしわらちょう　京都府京都市左京区
　　いしはらちょう　京都府綾部市
　　いしはらちょう　大阪府堺市東区
　　いしはらちょう　大阪府門真市
　　いしはらまち　広島県三次市
　　いしはらまち　福岡県（JR日田彦山線）
　　いしはらまち　福岡県北九州市小倉南区
　　いしわらまち　熊本県熊本市東区
石原瀬　いしはらせ　岐阜県羽島郡岐南町
石島
　　いしじま　栃木県真岡市

　　いしじま　東京都江東区
　　いしま　岡山県玉野市
石浦　いしうら　京都府宮津市
石浦町
　　いしうらちょう　富山県中新川郡上市町
　　いしうらまち　岐阜県高山市
石浜
　　いしはま　宮城県牡鹿郡女川町
　　いしはま　愛知県（JR武豊線）
　　いしはま　愛知県知多郡東浦町
石畠町　いしばたけちょう　福井県福井市
石納
　　こくのう　茨城県稲敷市
　　こくのう　千葉県香取市
石脇
　　いしわき　秋田県由利本荘市
　　いしわき　静岡県裾野市
　　いしわき　鳥取県東伯郡湯梨浜町
石脇下　いしわきしも　静岡県焼津市
石脇上　いしわきかみ　静岡県焼津市
石釜
　　いしがま　宮城県伊具郡丸森町
　　いしがま　福岡県福岡市早良区
11石亀　いしがめ　青森県三戸郡田子町
石動
　　いするぎ　新潟県新潟市北区
　　いするぎ　新潟県新潟市東区
　　いするぎ　富山県（あいの風とやま鉄道線）
　　いしなり　佐賀県神埼郡吉野ケ里町
石動山　せきどうさん　石川県鹿島郡中能登町
石動町
　　いするぎまち　新潟県長岡市
　　いするぎまち　富山県小矢部市
石動南町　いするぎみなみまち　新潟県長岡市
石堂
　　いしどう　青森県八戸市
　　いしどう　宮城県塩竈市
　　いしどう　山形県上山市
　　いしどう　千葉県南房総市
　　いしどう　福島県築上郡築上町
石堂町　いしどうまち　福島県会津若松市
石堂原　いしどうはら　千葉県南房総市
石崎
　　いしざき　北海道檜山郡上ノ国町
　　いしざき　山形県上山市
　　いしざき　福岡県筑紫野市
石崎町
　　いしざきちょう　北海道函館市
　　いしざきまち　石川県七尾市
石曽根
　　いしぞね　山形県上山市
　　いしぞね　新潟県柏崎市
　　いしぞね　新潟県五泉市
石渕
　　いしぶち　宮城県伊具郡丸森町
　　いしぶち　富山県富山市
石渕町　いしぶちまち　福島県郡山市
石盛町　いしもりちょう　福井県福井市
石貫　いしぬき　熊本県玉名市
石郷村元　いしごうむらもと　青森県平川市
石郷沖中　いしごうおきなか　青森県平川市

5画（石）

石郷柳田　いしごうやなぎだ　青森県平川市
石部
　　せきべ　静岡県静岡市駿河区
　　いしぶ　静岡県賀茂郡松崎町
　　いしべ　滋賀県（JR草津線）
　　いしべ　滋賀県湖南市
石部が丘　いしべがおか　滋賀県湖南市
石部口　いしべぐち　滋賀県湖南市
石部中央　いしべちゅうおう　滋賀県湖南市
石部北　いしべきた　滋賀県湖南市
石部西　いしべにし　滋賀県湖南市
石部東　いしべひがし　滋賀県湖南市
石部南　いしべみなみ　滋賀県湖南市
石部緑台　いしべみどりだい　滋賀県湖南市
石野
　　いしの　青森県北津軽郡板柳町
　　いしの　熊本県下益城郡美里町
石野町
　　いしのまち　石川県羽咋市
　　いしのちょう　愛知県豊田市
石鳥谷　いしどりや　岩手県（JR東北本線）
石鳥谷町八重畑　いしどりやちょうやえはた　岩手県
　　花巻市
石鳥谷町八幡　いしどりやちょうはちまん　岩手県花
　　巻市
石鳥谷町上口　いしどりやちょうかみぐち　岩手県花
　　巻市
石鳥谷町大興寺　いしどりやちょうだいこうじ　岩手
　　県花巻市
石鳥谷町大瀬川　いしどりやちょうおおせがわ　岩手
　　県花巻市
石鳥谷町小森林　いしどりやちょうこもりばやし　岩手
　　県花巻市
石鳥谷町中寺林　いしどりやちょうなかてらばやし　岩
　　手県花巻市
石鳥谷町五大堂　いしどりやちょうごだいどう　岩手
　　県花巻市
石鳥谷町戸塚　いしどりやちょうとづか　岩手県花
　　巻市
石鳥谷町北寺林　いしどりやちょうきたてらばやし　岩
　　手県花巻市
石鳥谷町好地　いしどりやちょうこうち　岩手県花
　　巻市
石鳥谷町江曽　いしどりやちょうえそ　岩手県花巻市
石鳥谷町西中島　いしどりやちょうにしなかじま　岩手
　　県花巻市
石鳥谷町松林寺　いしどりやちょうしょうりんじ　岩手
　　県花巻市
石鳥谷町東中島　いしどりやちょうひがしなかしま　岩
　　手県花巻市
石鳥谷町長谷堂　いしどりやちょうはせどう　岩手県
　　花巻市
石鳥谷町南寺林　いしどりやちょうみなみてらばやし
　　岩手県花巻市
石鳥谷町猪鼻　いしどりやちょういのはな　岩手県花
　　巻市
石鳥谷町黒沼　いしどりやちょうくろぬま　岩手県花
　　巻市
石鳥谷町富沢　いしどりやちょうとみさわ　岩手県花
　　巻市
石鳥谷町新堀　いしどりやちょうにいぼり　岩手県花
　　巻市

石鳥谷町滝田　いしどりやちょうたきた　岩手県花
　　巻市
石鳥谷町関口　いしどりやちょうせきぐち　岩手県花
　　巻市
石鳥居　いしどりい　山形県天童市
石黒町　いしぐろまち　石川県金沢市
12石喜　いしき　新潟県新発田市
石場
　　いしば　愛知県長久手市
　　いしば　滋賀県（京阪電気鉄道石山坂本線）
　　いしば　滋賀県大津市
　　いしば　京都府福知山市
石場町　いしばちょう　愛知県名古屋市中川区
石塚
　　いしづか　秋田県湯沢市
　　いしづか　福島県郡山市
　　いしづか　福島県石川郡石川町
　　いしづか　茨城県東茨城郡城里町
　　いしづか　埼玉県深谷市
　　いしづか　千葉県市原市
　　いしづか　富山県高岡市
　　いしづか　愛知県犬山市
　　いしづか　鳥取県倉吉市
石塚北　いしづかきた　福島県西白河郡西郷村
石塚町
　　いしづかまち　福島県いわき市
　　いしづかちょう　栃木県佐野市
　　いしづかちょう　新潟県妙高市
　　いしづかちょう　愛知県半田市
　　いしづかちょう　三重県四日市市
石塚南　いしづかみなみ　福島県西白河郡西郷村
石堤　いしつつみ　富山県高岡市
石塔　いしとう　茨城県筑西市
石塔町　いしどうちょう　滋賀県東近江市
石廊崎　いろうざき　静岡県賀茂郡南伊豆町
石森
　　いしもり　岩手県八幡平市
　　いしもり　福島県いわき市
　　いしもり　岐阜県可児市
石渡
　　いしわたり　青森県弘前市
　　いしわた　長野県長野市
石畳　いしだたみ　愛媛県喜多郡内子町
石畳町　いしだたみちょう　愛知県豊田市
石越　いしこし　宮城県（JR東北本線）
石越町北郷　いしこしまちきたごう　宮城県登米市
石越町東郷　いしこしまちひがしごう　宮城県登米市
石越町南郷　いしこしまちみなみごう　宮城県登米市
石道　いしみち　兵庫県川西市
石間　いしま　新潟県東蒲原郡阿賀町
石間浦　いしまうら　大分県佐伯市
石須部　こくすべ　山形県西村山郡朝日町
13石園町　いそのちょう　愛知県名古屋市北区
石新保町　いししんぼちょう　福井県福井市
石楠町　せきなんちょう　愛知県豊田市
石滝
　　いしだき　山形県西置賜郡小国町
　　いしたき　茨城県高萩市
石蓮寺　しゃくれんじ　岡山県赤磐市
14石熊　いしくま　福島県双葉郡双葉町

468

5画（示, 礼, 禾, 穴）

石関
　　いしぜき　山形県山形市
　　いしぜき　栃木県矢板市
石関町
　　いしぜきまち　群馬県前橋市
　　いしぜきちょう　岡山県岡山市北区
石墨町　いしずみまち　群馬県沼田市
15石窯　いしがま　愛知県常滑市
16石橋
　　いしばし　山形県酒田市
　　いしばし　栃木県（JR東北本線）
　　いしばし　栃木県下野市
　　いしばし　埼玉県東松山市
　　いしばし　神奈川県小田原市
　　いしばし　新潟県上越市
　　いしばし　愛知県稲沢市
　　いしばし　愛知県北名古屋市
　　いしばし　滋賀県愛知郡愛荘町
　　いしばし　大阪府（阪急電鉄宝塚本線ほか）
　　いしばし　大阪府池田市
　　いしばし　兵庫県美方郡新温泉町
　　いしばし　長崎県（長崎電気軌道5系統）
石橋丁　いしばしちょう　和歌山県和歌山市
石橋台　いしばしだい　福岡県糟屋郡志免町
石橋町
　　いしばしちょう　栃木県鹿沼市
　　いしばしちょう　群馬県太田市
　　いしばしちょう　福井県福井市
　　いしばしまち　愛知県碧南市
　　いしばしちょう　京都府京都市中京区
　　いしばしちょう　京都府京都市東山区
　　いしばしちょう　島根県松江市
　　いしばしちょう　愛媛県今治市
　　いしばしまち　熊本県宇土市
石橋麻田町　いしばしあさだちょう　大阪府豊中市
石橋新田　いしばししんでん　新潟県上越市
石積　いしづもり　宮城県黒川郡大和町
石薬師町
　　いしやくしちょう　三重県鈴鹿市
　　いしやくしちょう　京都府京都市上京区
17石鎚山　いしづちやま　愛媛県（JR予讃線）
18石櫃　いしびつ　福岡県朝倉郡筑前町
石観音町　いしがんのんちょう　山口県山口市
19石瀬
　　いしぜ　新潟県新潟市西蒲区
　　いしぜ　富山県高岡市
石蟹
　　いしが　岡山県（JR伯備線）
　　いしが　岡山県新見市
石鏡町　いじかちょう　三重県鳥羽市

【示】
11示野　しめの　富山県南砺市
示野中町　しめのなかまち　石川県金沢市
示野町　しめのまち　石川県金沢市

【礼】
0礼ケ口町　れいがぐちちょう　岩手県釜石市
4礼文　れぶん　北海道（JR室蘭本線）
　礼文内　れぶんない　北海道中川郡豊頃町

礼文町
　　れぶんちょう　北海道礼文郡
　　れぶんちょう　北海道目梨郡羅臼町
礼文華　れぶんげ　北海道虻田郡豊浦町
礼文郡　れぶんぐん　北海道
6礼羽　らいは　埼玉県加須市
7礼作別　れいさくべつ　北海道中川郡豊頃町
8礼受　れうけ　北海道（JR留萌本線）
　礼受町　れうけちょう　北海道留萌市
礼拝　らいはい　新潟県（JR越後線）

【禾】
5禾生　かせい　山梨県（富士急行線）
9禾津　いなつ　岡山県真庭市
12禾森　のぎのもり　岐阜県大垣市
　禾森町　のぎのもりちょう　岐阜県大垣市

【穴】
穴　あな　広島県山県郡安芸太田町
3穴口
　　あなぐち　岩手県滝沢市
　　あなぐち　石川県羽咋郡志賀町
穴山　あなやま　山梨県（JR中央本線）
穴山町　あなやままち　山梨県韮崎市
穴川
　　あながわ　千葉県（千葉都市モノレール2号線）
　　あながわ　千葉県千葉市稲毛区
　　あながわ　三重県（近畿日本鉄道志摩線）
穴川町　あながわちょう　千葉県千葉市稲毛区
4穴井　あない　愛媛県八幡浜市
穴井迫　あいいざこ　大分県竹田市
穴内
　　あなない　高知県（土佐くろしお鉄道ごめん・なは
　　り線）
　　あなない　高知県長岡郡大豊町
穴内乙　あなないおつ　高知県安芸市
穴内甲　あなないこう　高知県安芸市
穴太
　　あのう　三重県（三岐鉄道北勢線）
　　あのう　三重県員弁郡東員町
　　あのお　滋賀県（京阪電気鉄道石山坂本線）
　　あのう　滋賀県大津市
穴水　あなみず　石川県（のと鉄道七尾線）
穴水町　あなみずまち　石川県鳳珠郡
5穴生
　　あのお　福岡県（筑豊電気鉄道線）
　　あのお　福岡県北九州市八幡西区
穴田
　　あなだ　福島県大沼郡会津美里町
　　あなだ　長野県中野市
　　あなだ　大阪府泉大津市
穴田乙　あなだおつ　福島県大沼郡会津美里町
穴田町　あなだちょう　愛知県瀬戸市
6穴伏　あなぶし　和歌山県紀の川市
穴地　あなじ　新潟県南魚沼市
穴地新田　あなじしんでん　新潟県南魚沼市
穴守稲荷　あなもりいなり　東京都（京浜急行電鉄空
　港線）
穴虫　あなむし　奈良県香芝市
7穴吹　あなぶき　徳島県（JR徳島線）

469

5画（立）

穴吹町三島　あなぶきちょうみしま　徳島県美馬市
穴吹町口山　あなぶきちょうくちやま　徳島県美馬市
穴吹町古宮　あなぶきちょうふるみや　徳島県美馬市
穴吹町穴吹　あなぶきちょうあなぶき　徳島県美馬市
穴村町　あなむらちょう　滋賀県草津市
穴沢
　　あなざわ　岩手県下閉伊郡岩泉町
　　あなざわ　新潟県魚沼市
　　あなざわ　長野県松本市
　　あなざわ　鳥取県倉吉市
8穴明　あなあけ　岩手県和賀郡西和賀町
9穴畑　あなはた　宮城県加美郡加美町
10穴原　あなばら　福島県南会津郡南会津町
穴師　あなし　奈良県桜井市
11穴笠町　あながさまち　広島県三次市
穴部
　　あなべ　神奈川県（伊豆箱根鉄道大雄山線）
　　あなべ　神奈川県小田原市
穴部新田　あなべしんでん　神奈川県小田原市
14穴窪　あなくぼ　鳥取県倉吉市
16穴橋町　あなはしちょう　愛知県春日井市
穴鴨　あながも　鳥取県東伯郡三朝町
17穴闇　なぐら　奈良県北葛城郡河合町
18穴藤　けっとう　新潟県中魚沼郡津南町

【立】
0立ケ花
　　たてがはな　長野県（JR飯山線）
　　たてがはな　長野県中野市
立ケ岡　たてがおか　福島県石川郡石川町
2立入町　たていりちょう　滋賀県守山市
3立子山　たつごやま　福島県福島市
立小路　たちこうじ　山形県（JR陸羽東線）
立山
　　たてやま　富山県（富山地方鉄道立山線）
　　たてやま　愛媛県喜多郡内子町
　　たてやま　長崎県長崎市
立山町
　　たてやままち　富山県中新川郡
　　たてやままち　愛知県碧南市
立山頂上　たてやまちょうじょう　富山県中新川郡立山町
立川
　　たちかわ　北海道磯谷郡蘭越町
　　たちかわ　福島県河沼郡会津坂下町
　　たちかわ　東京都（JR中央本線）
　　たてかわ　東京都墨田区
　　たちかわ　京都府綴喜郡宇治田原町
　　たつかわ　岡山県赤磐市
　　たちかわ　熊本県葦北郡芦北町
立川下名　たじかわしもみょう　高知県長岡郡大豊町
立川上名　たじかわかみみょう　高知県長岡郡大豊町
立川北　たちかわきた　東京都（多摩都市モノレール線）
立川市　たちかわし　東京都
立川目　たてかわめ　岩手県（JR北上線）
立川町
　　たてかわちょう　福井県勝山市
　　たちかわちょう　鳥取県鳥取市
　　たちかわちょう　岡山県岡山市南区

　　たつかわちょう　愛媛県新居浜市
立川南　たちかわみなみ　東京都（多摩都市モノレール線）
4立中町　たつなかちょう　京都府京都市下京区
立仏　たちぼとけ　新潟県新潟市西区
立戸
　　たちど　島根県鹿足郡吉賀町
　　たちど　広島県大竹市
立木
　　たてき　山形県西村山郡朝日町
　　たつぎ　茨城県北相馬郡利根町
　　たつぎ　栃木県小山市
　　たちき　千葉県茂原市
　　たちき　京都府（JR山陰本線）
5立本寺前町　りゅうほんじまえちょう　京都府京都市上京区
立田
　　たつた　岡山県岡山市北区
　　たてだ　高知県（土佐くろしお鉄道ごめん・なはり線）
　　たてだ　高知県南国市
立田町
　　たつたまち　茨城県土浦市
　　たつたちょう　愛知県愛西市
　　たつたちょう　三重県松阪市
　　たつたちょう　三重県桑名市
　　たつたちょう　滋賀県守山市
　　たったちょう　大分県別府市
立石
　　たていし　山形県米沢市
　　たていし　福島県福島市
　　たていし　福島県白河市
　　たていし　福島県二本松市
　　たついし　群馬県藤岡市
　　たていし　東京都葛飾区
　　たていし　神奈川県藤沢市
　　たていし　新潟県三島郡出雲崎町
　　たていし　富山県魚津市
　　たていし　福井県敦賀市
　　たていし　福井県大飯郡高浜町
　　たていし　長野県飯田市
　　たていし　静岡県静岡市葵区
　　たていし　兵庫県明石市
　　たていし　兵庫県豊岡市
　　たていし　奈良県吉野郡下市町
　　たていし　和歌山県有田郡有田川町
　　たていし　和歌山県日高郡印南町
　　たていし　岡山県美作市
　　たていし　愛媛県喜多郡内子町
　　たていし　高知県土佐清水市
　　たていし　福岡県柳川市
　　たていし　大分県（JR日豊本線）
　　たていし　大分県宇佐市
立石山　たていしやま　福島県白河市
立石田　たちいしだ　福島県大沼郡会津美里町
立石町
　　たていしちょう　愛知県愛西市
　　たていしまち　山口県岩国市
　　たていしまち　佐賀県鳥栖市
　　たていしまち　長崎県諫早市
立石新田　たていししんでん　群馬県藤岡市
立込町　たてこみちょう　愛知県津島市
6立会川　たちあいがわ　東京都（京浜急行電鉄本線）

5画（立）

立伏町	りゅうぶくちょう	栃木県宇都宮市
立合	たちあい	和歌山県東牟婁郡古座川町
立合川	たちあいがわ	和歌山県東牟婁郡古座川町
立江	たつえ	徳島県（JR牟岐線）
立江町	たつえちょう	徳島県小松島市

7 立串郷　たてくしごう　長崎県南松浦郡新上五島町
立売中之町　たちうりなかのちょう　京都府京都市下京区
立売西町　たちうりにしまち　京都府京都市下京区
立売東町　たちうりひがしちょう　京都府京都市下京区
立売堀　いたちぼり　大阪府大阪市西区

立沢
　たつざわ　茨城県守谷市
　たつざわ　千葉県富里市
　たつざわ　長野県諏訪郡富士見町
立沢北　たつざわきた　宮城県伊具郡丸森町
立沢南　たつざわみなみ　宮城県伊具郡丸森町
立沢新田　たつざわしんでん　千葉県富里市

立町
　たちまち　宮城県仙台市青葉区
　たちまち　宮城県石巻市
　たつちょう　宮城県遠田郡涌谷町
　たつまち　山形県米沢市
　たてまち　神奈川県横浜市神奈川区
　たてまち　富山県射水市
　たつまち　長野県長野市
　たつまち　長野県須坂市
　たつまち　長野県諏訪郡下諏訪町
　たてまち　兵庫県姫路市
　たつまち　兵庫県篠山市
　たてまち　鳥取県米子市
　たてまち　広島県（広島電鉄本線ほか）
　たてまち　広島県広島市中区

立花
　たちばな　岩手県北上市
　たてばな　秋田県大館市
　たちばな　東京都墨田区
　たちばな　岐阜県美濃市
　たちばな　静岡県静岡市清水区
　たちばな　静岡県藤枝市
　たちばな　静岡県伊豆の国市
　りっか　愛知県長久手市
　たちばな　兵庫県（JR東海道本線）
　たちばな　愛媛県松山市
立花口　たちばなぐち　福岡県糟屋郡新宮町
立花台　たちばなだい　静岡県伊豆の国市
立花寺　りゅうげじ　福岡県福岡市博多区
立花町
　たちばなちょう　愛知県豊橋市
　たちばなちょう　三重県桑名市
　たちばなちょう　滋賀県彦根市
　たちばなちょう　大阪府豊中市
　たちばなちょう　大阪府東大阪市
　たちばなちょう　兵庫県尼崎市
　たちばなちょう　愛媛県今治市
　たちばなまち　⇒八女市（福岡県）
　たちばなちょう　佐賀県伊万里市
　たちばなまち　大分県津久見市
立花町下辺春　たちばなまちしもへばる　福岡県八女市
立花町上辺春　たちばなまちかみへばる　福岡県八女市

立花町山崎　たちばなまちやまさき　福岡県八女市
立花町北山　たちばなまちきたやま　福岡県八女市
立花町田形　たちばなまちたがた　福岡県八女市
立花町白木　たちばなまちしらき　福岡県八女市
立花町谷川　たちばなまちたにがわ　福岡県八女市
立花町兼松　たちばなまちかねまつ　福岡県八女市
立花町原島　たちばなまちはるじま　福岡県八女市
立花町遠久谷　たちばなまちとおくだに　福岡県八女市

立見	たてみ	鳥取県倉吉市
立谷	たちや	福島県相馬市
立谷川	たちやがわ	山形県山形市
立谷沢	たちやざわ	山形県東田川郡庄内町
立足	たつあし	栃木県矢板市
立里	たてり	奈良県吉野郡野迫川村

8 立岡
　たちおか　三重県度会郡度会町
　たつおか　兵庫県揖保郡太子町
立岡町　たちおかまち　熊本県宇土市

立岩
　たていわ　北海道二海郡八雲町
　たついわ　群馬県利根郡川場村
　たていわ　静岡県賀茂郡南伊豆町
　たていわ　鳥取県西伯郡伯耆町
　たていわ　福岡県飯塚市
立岩中村　たていわなかむら　愛媛県松山市
立岩米之野　たていわこめのの　愛媛県松山市
立岩町
　たていわちょう　愛知県豊田市
　たていわまち　長崎県長崎市
立明寺　りゅうみょうじ　福岡県筑紫野市
立明寺町　りゅうみょうじまち　石川県小松市
立河内　たちごうち　島根県鹿足郡吉賀町
立金　たつがね　兵庫県篠山市
立長　りっちょう　鹿児島県大島郡与論町

9 立屋敷　たてやしき　福岡県遠賀郡水巻町
立神　たてがみ　熊本県八代郡氷川町
立神北町　たてがみきたまち　鹿児島県枕崎市
立神本町　たてがみほんまち　鹿児島県枕崎市
立神町　たてがみちょう　長崎県佐世保市
立科町　たてしなまち　長野県北佐久郡
立飛　たちひ　東京都（多摩都市モノレール線）
立香　たつか　北海道有珠郡壮瞥町

10 立原
　たちはら　茨城県つくば市
　たてはら　埼玉県大里郡寄居町
　たつわら　京都府福知山市
立島　たてしま　新潟県村上市
立根町　たっこんちょう　岩手県大船渡市
立脇　たちわき　兵庫県朝来市
立脇町　たてわきちょう　愛知県名古屋市南区

11 立崎
　たちざき　青森県十和田市
　たつざき　茨城県古河市
　たつざき　茨城県北相馬郡利根町
立蛇　たちじゃ　青森県上北郡おいらせ町
立部
　たつべ　大阪府松原市
　たちべ　奈良県高市郡明日香村
　たちべ　佐賀県西松浦郡有田町

471

5画（込，辻，辺）

立野
	たつの	福島県双葉郡浪江町
	たての	埼玉県春日部市
	たての	千葉県市原市
	たちの	千葉県香取郡神崎町
	たての	東京都東大和市
	たての	神奈川県横浜市中区
	たての	新潟県佐渡市
	たての	富山県高岡市
	たての	富山県黒部市
	たての	静岡県磐田市
	たちの	静岡県下田市
	たての	兵庫県朝来市
	たつの	奈良県生駒郡三郷町
	たちの	奈良県吉野郡吉野町
	たての	山口県光市
	たちの	高知県長岡郡本山町
	たつの	高知県長岡郡大豊町
	たての	福岡県八女市
	たての	佐賀県（甘木鉄道線）
	たての	佐賀県神埼郡吉野ケ里町
	たての	熊本県（JR豊肥本線ほか）
	たての	熊本県阿蘇郡南阿蘇村

立野北 たつのきた 奈良県生駒郡三郷町

立野台
	たてのだい	神奈川県秦野市
	たつのだい	神奈川県座間市

立野町
	たてのちょう	東京都練馬区
	たつのちょう	神奈川県平塚市
	たてのちょう	静岡県浜松市南区
	たちのちょう	三重県松阪市
	たちのちょう	兵庫県豊岡市
	たてのまち	長崎県島原市
	たちのまち	宮崎県都城市

立野南 たつのみなみ 奈良県生駒郡三郷町

立野美鳥町 たてのみどりちょう 富山県高岡市

立野原西 たてのがはらにし 富山県南砺市

立野原東 たてのはらひがし 富山県南砺市

立野脇 たてのわき 富山県南砺市

立野頭 たてのがしら 青森県上北郡七戸町

立鳥 たつとり 千葉県長生郡長柄町

12立場 たてば 神奈川県（横浜市交通局ブルーライン）

立葉 たてば 大阪府大阪市浪速区

立道 たつみち 徳島県（JR鳴門線）

立開町 りゅうがいまち 石川県羽咋市

立間
	たつま	新潟県佐渡市
	たちま	愛媛県（JR予讃線）

¹³**立福寺町**
りふくじまち 長崎県大村市
りゅうふくじまち 熊本県熊本市北区

¹⁶**立壁** たてかべ 石川県鳳珠郡能登町

¹⁹**立願寺** りゅうがんじ 熊本県玉名市

【込】

⁴**込之上** こみのうえ 奈良県吉野郡十津川村

込木 くぐりき 福島県田村郡三春町

¹¹**込野町** こみのちょう 愛知県稲沢市

【辻】
辻
	つじ	青森県北津軽郡板柳町
	つじ	茨城県石岡市
	つじ	茨城県潮来市
	つじ	茨城県筑西市
	つじ	埼玉県さいたま市南区
	つじ	埼玉県川口市
	つじ	富山県高岡市
	つじ	富山県中新川郡立山町
	つじ	静岡県静岡市清水区
	つじ	滋賀県栗東市
	つじ	京都府福知山市
	つじ	兵庫県豊岡市
	つじ	兵庫県篠山市
	つじ	奈良県桜井市
	つじ	徳島県（JR徳島線）
	つじ	大分県大分市
	つじ	沖縄県那覇市

⁰**辻の城** つじのしろ 熊本県上益城郡益城町

³**辻三** つじみつ 福岡県北九州市小倉南区

辻久留 つじくる 三重県伊勢市

辻久留町 つじくるちょう 三重県伊勢市

辻子 ずし 大阪府高槻市

⁴**辻之** つじの 大阪府堺市中区

辻井 つじい 兵庫県姫路市

辻戸町 つじいどちょう 岐阜県関市

⁵**辻本通** つじほんどおり 愛知県名古屋市北区

⁷**辻町**
	つじちょう	愛知県名古屋市北区
	つじまち	滋賀県野洲市
	つじまち	奈良県生駒市
	つじまち	山口県周南市
	つじまち	愛媛県松山市
	つじまち	福岡県柳川市
	つじまち	長崎県長崎市
	つじちょう	長崎県平戸市

⁹**辻垣** つじかき 福岡県行橋市

辻畑町 つじばたちょう 愛知県名古屋市中川区

¹⁰**辻原** つじはる 大分県大分市

辻原町 つじわらちょう 三重県松阪市

¹¹**辻堂**
	つじどう	神奈川県（JR東海道本線）
	つじどう	神奈川県藤沢市
	つじどう	和歌山県有田市
	つじどう	愛媛県今治市

辻堂元町 つじどうもとまち 神奈川県藤沢市

辻堂太平台 つじどうたいへいだい 神奈川県藤沢市

辻堂西海岸 つじどうにしかいがん 神奈川県藤沢市

辻堂町 つじどうちょう 滋賀県彦根市

辻堂東海岸 つじどうひがしかいがん 神奈川県藤沢市

辻堂神台 つじどうかんだい 神奈川県藤沢市

辻堂新町 つじどうしんまち 神奈川県藤沢市

¹²**辻森** つじもり 千葉県君津市

¹⁶**辻興屋** つじこうや 山形県鶴岡市

【辺】

³**辺土名** へんとな 沖縄県国頭郡国頭村

辺川
	へがわ	徳島県（JR牟岐線）
	へがわ	徳島県海部郡牟岐町

6画（両,亘,亥,交,亦,伊）

4辺戸　へど　沖縄県国頭郡国頭村
5辺田
　　へた　茨城県坂東市
　　へた　佐賀県杵島郡白石町
　辺田町　へたちょう　千葉県千葉市緑区
　辺田見　へたみ　熊本県上益城郡御船町
6辺名地　へなじ　沖縄県国頭郡本部町
　辺地　へっち　兵庫県美方郡新温泉町
7辺沢　へんざわ　福島県耶麻郡猪苗代町
8辺法寺町　へんぼうじちょう　三重県亀山市
11辺渓　べんけ　北海道中川郡美深町
　辺野古　へのこ　沖縄県名護市
　辺野喜　べのき　沖縄県国頭郡国頭村

【　6画　】

【両】
3両三柳　りょうみつやなぎ　鳥取県米子市
　両山寺　りょうさんじ　岡山県久米郡美咲町
　両川　りょうかわ　新潟県新潟市江南区
4両月町　わちちょう　兵庫県加西市
5両田尻　りょうたじり　新潟県柏崎市
　両石　りょういし　岩手県（JR山田線）
　両石町　りょういしちょう　岩手県釜石市
6両竹
　　もろたけ　福島県双葉郡双葉町
　　もろたけ　福島県双葉郡浪江町
　両羽町　りょううちょう　山形県酒田市
7両尾　もろお　新潟県佐渡市
　両尾町　ふたおちょう　三重県亀山市
　両戒　りょうかい　大分県宇佐市
　両沢　りょうざわ　愛媛県伊予市
　両町　りょうまち　愛知県岡崎市
8両併　りょうへい　熊本県阿蘇郡南阿蘇村
　両国
　　りょうごく　東京都（JR総武本線ほか）
　　りょうごく　東京都墨田区
　両国本町　りょうごくほんちょう　徳島県徳島市
　両国新田　りょうごくしんでん　千葉県山武郡横芝
　光町
　両国橋　りょうごくばし　徳島県徳島市
　両迫間　りょうはざま　熊本県玉名市
9両前寺　りょうぜんじ　秋田県にかほ市
　両城　りょうじょう　広島県呉市
　両度町　りょうどちょう　兵庫県西宮市
　両津大川　りょうつおおがわ　新潟県佐渡市
　両津夷　りょうつえびす　新潟県佐渡市
　両津夷新　りょうつえびすしん　新潟県佐渡市
　両津湊　りょうつみなと　新潟県佐渡市
　両津福浦　りょうつふくうら　新潟県佐渡市
　両神
　　りょうじん　秋田県湯沢市
　　りょうじん　長野県小諸市
　両神小森　りょうかみこもり　埼玉県秩父郡小鹿野町
　両神薄　りょうかみすすき　埼玉県秩父郡小鹿野町
10両原　りょうはら　福島県大沼郡昭和村

両島
　　りょうしま　長野県松本市
　　りょうしま　静岡県浜松市天竜区
　両郡橋　りょうぐんばし　大分県別府市
　両高　りょうたか　新潟県長岡市
11両宿　りょうしゅく　茨城県行方市
　両郷　りょうごう　栃木県大田原市
　両郷乙　りょうごうおつ　新潟県東蒲原郡阿賀町
　両郷甲　りょうごうこう　新潟県東蒲原郡阿賀町
　両郷町　りょうごうちょう　愛知県一宮市
12両善寺　りょうぜんじ　新潟県妙高市
　両御霊町　りょうごりょうちょう　京都府京都市上
　京区
　両替町
　　りょうがえちょう　静岡県静岡市葵区
　　りょうがえまち　京都府京都市伏見区
13両新田　りょうしんでん　新潟県小千谷市
　両新田西町　りょうしんでんにしちょう　埼玉県草加市
　両新田東町　りょうしんでんひがしちょう　埼玉県草
　加市
16両橋屋町　りょうはしやちょう　福井県福井市

【亘】
　亘　わたる　熊本県菊池市
11亘理　わたり　宮城県（JR常磐線）
　亘理町
　　わたりまち　宮城県白石市
　　わたりちょう　宮城県亘理郡
　亘理郡　わたりぐん　宮城県

【亥】
14亥鼻　いのはな　千葉県千葉市中央区

【交】
0交り江　まじりえ　山形県天童市
2交人　ましと　岐阜県岐阜市
5交北　こうほく　大阪府枚方市
10交通センター前　こうつうせんたーまえ　和歌山県
　（和歌山電鐵貴志川線）
　交通局前　こうつうきょくまえ　熊本県（熊本市交通
　局A系統ほか）
11交野市
　　かたのし　大阪府（京阪電気鉄道交野線）
　　かたのし　大阪府

【亦】
4亦戸川原　またとかわら　岩手県八幡平市

【伊】
0伊ケ谷　いがや　東京都三宅村
3伊上　いがみ　山口県（JR山陰本線）
　伊万里　いまり　佐賀県（JR筑肥線ほか）
　伊万里市　いまりし　佐賀県
　伊万里町乙　いまりちょうおつ　佐賀県伊万里市
　伊万里町甲　いまりちょうこう　佐賀県伊万里市
　伊与戸
　　いよと　福島県南会津郡南会津町
　　いよど　奈良県磯城郡田原本町

6画（伊）

伊与喜
　いよき　高知県（土佐くろしお鉄道中村・宿毛線）
　いよき　高知県幡多郡黒潮町
伊久美　いくみ　静岡県島田市
伊久留　いくろ　石川県鳳珠郡穴水町
伊久留町　いくろまち　石川県七尾市
伊久間　いくま　長野県下伊那郡喬木村
伊子茂　いこも　鹿児島県大島郡瀬戸内町
伊子志　いそし　兵庫県宝塚市
伊川
　いかわ　福岡県北九州市門司区
　いかわ　福岡県飯塚市
伊川谷　いかわだに　兵庫県（神戸市交通局西神線）
伊川谷町上脇　いかわだにちょうかみわき　兵庫県神戸市西区
伊川谷町小寺　いかわだにちょうこでら　兵庫県神戸市西区
伊川谷町井吹　いかわだにちょういぶき　兵庫県神戸市西区
伊川谷町布施畑　いかわだにちょうふせはた　兵庫県神戸市西区
伊川谷町有瀬　いかわだにちょうありせ　兵庫県神戸市西区
伊川谷町別府　いかわだにちょうべふ　兵庫県神戸市西区
伊川谷町長坂　いかわだにちょうながさか　兵庫県神戸市西区
伊川谷町前開　いかわだにちょうぜんかい　兵庫県神戸市西区
伊川谷町潤和　いかわだにちょうじゅんな　兵庫県神戸市西区
伊川津町　いかわづちょう　愛知県田原市
伊才原　いさいばら　高知県四万十市
4伊丹
　いたみ　茨城県つくばみらい市
　いたみ　兵庫県（JR福知山線ほか）
　いたみ　兵庫県伊丹市
伊丹市　いたみし　兵庫県
伊丹沢　いたみざわ　福島県相馬郡飯舘村
伊予三芳　いよみよし　愛媛県（JR予讃線）
伊予三島　いよみしま　愛媛県（JR予讃線）
伊予上灘　いよかみなだ　愛媛県（JR予讃線）
伊予土居　いよどい　愛媛県（JR予讃線）
伊予大平　いよおおひら　愛媛県（JR予讃線）
伊予大洲　いよおおず　愛媛県（JR予讃線）
伊予小松　いよこまつ　愛媛県（JR予讃線）
伊予中山　いよなかやま　愛媛県（JR予讃線）
伊予出石　いよいずし　愛媛県（JR予讃線）
伊予北条　いよほうじょう　愛媛県（JR予讃線）
伊予市
　いよし　愛媛県（JR予讃線）
　いよし　愛媛県
伊予平野　いよひらの　愛媛県（JR予讃線）
伊予氷見　いよひみ　愛媛県（JR予讃線）
伊予白滝　いよしらたき　愛媛県（JR予讃線）
伊予石城　いよいわき　愛媛県（JR予讃線）
伊予立川　いよたちかわ　愛媛県（JR予讃線）
伊予吉田　いよよしだ　愛媛県（JR予讃線）
伊予西条　いよさいじょう　愛媛県（JR予讃線）
伊予和気　いよわけ　愛媛県（JR予讃線）

伊予長浜　いよながはま　愛媛県（JR予讃線）
伊予宮野下　いよみやのした　愛媛県（JR予土線）
伊予桜井　いよさくらい　愛媛県（JR予讃線）
伊予郡　いよぐん　愛媛県
伊予亀岡　いよかめおか　愛媛県（JR予讃線）
伊予寒川　いよさんがわ　愛媛県（JR予讃線）
伊予富田　いよとみた　愛媛県（JR予讃線）
伊予横田　いよよこた　愛媛県（JR予讃線）
伊井　いい　福井県あわら市
伊刈　いかり　埼玉県川口市
伊切町　いきりまち　石川県加賀市
伊太　いた　静岡県島田市
伊太祁曽　いだきそ　和歌山県（和歌山電鉄貴志川線）
伊太祈曽　いだきそ　和歌山県和歌山市
伊戸　いと　千葉県館山市
伊文町　いぶんちょう　愛知県西尾市
伊方　いかた　福岡県田川郡福智町
伊方町　いかたちょう　愛媛県西宇和郡
伊方越　いかたごし　愛媛県西宇和郡伊方町
伊月町　いつきちょう　徳島県徳島市
伊木　いぎ　鳥取県倉吉市
伊比井
　いびい　宮崎県（JR日南線）
　いびい　宮崎県日南市
伊王島町　いおうじままち　長崎県長崎市
伊王野　いおうの　栃木県那須郡那須町
5伊仙　いせん　鹿児島県大島郡伊仙町
伊仙町　いせんちょう　鹿児島県大島郡
伊加利
　いかり　兵庫県南あわじ市
　いかり　福岡県田川市
伊加賀北町　いかがきたまち　大阪府枚方市
伊加賀本町　いかがほんまち　大阪府枚方市
伊加賀西町　いかがにしまち　大阪府枚方市
伊加賀寿町　いかがことぶきちょう　大阪府枚方市
伊加賀東町　いかがひがしまち　大阪府枚方市
伊加賀南町　いかがみなみまち　大阪府枚方市
伊加賀栄町　いかがさかえまち　大阪府枚方市
伊加賀緑町　いかがみどりまち　大阪府枚方市
伊古　いこ　埼玉県比企郡滑川町
伊古田　いこた　埼玉県秩父市
伊古立　いごだつ　茨城県下妻市
伊古部町　いこべちょう　愛知県豊橋市
伊左生　いざお　宮崎県東諸県郡国富町
伊左地町　いさじちょう　静岡県浜松市西区
伊左座　いさざ　福岡県遠賀郡水巻町
伊左衛門新田町　いざえもんしんでんまち　茨城県常総市
伊平　いへい　沖縄県中頭郡北谷町
伊平屋村　いへやそん　沖縄県島尻郡
伊田
　いだ　高知県幡多郡黒潮町
　いた　福岡県田川市
伊田町　いたまち　福岡県田川市
伊由市場　いゆういちば　兵庫県朝来市
6伊伝居　いでい　兵庫県姫路市
伊在　いざい　宮城県仙台市若林区

6画（伊）

伊地　いじ　沖縄県国頭郡国頭村
伊地山　いちやま　千葉県香取市
伊江村　いえそん　沖縄県国頭郡
⁷伊串　いくし　和歌山県東牟婁郡串本町
伊佐　いさ　沖縄県宜野湾市
伊佐山　いさやま　茨城県筑西市
伊佐市　いさし　鹿児島県
伊佐布　いさぶ　静岡県静岡市清水区
伊佐田町　いさだちょう　和歌山県新宮市
伊佐江　いさえ　山口県防府市
伊佐江町　いさえちょう　山口県防府市
伊佐町　いさちょう　京都府京都市上京区
伊佐町伊佐　いさちょういさ　山口県美祢市
伊佐町河原　いさちょうかわら　山口県美祢市
伊佐町堀越　いさちょうほりこし　山口県美祢市
伊佐町奥万倉　いさちょうおくまぐら　山口県美祢市
伊佐沼　いさぬま　埼玉県川越市
伊佐沼町　いさぬままち　福島県二本松市
伊佐津
　　いさつ　茨城県稲敷市
　　いさづ　京都府舞鶴市
伊佐美　いさみ　岐阜県山県市
伊佐郡　いさぐん　⇒消滅（鹿児島県）
伊佐部　いさぶ　茨城県稲敷市
伊佐領
　　いさりょう　山形県（JR米坂線）
　　いさりょう　山形県西置賜郡小国町
伊呉野　いぐれの　新潟県村上市
伊吹
　　いぶき　岐阜県不破郡垂井町
　　いぶき　滋賀県米原市
伊吹町
　　いぶきちょう　岐阜県岐阜市
　　いぶきちょう　香川県観音寺市
　　いぶきちょう　愛媛県宇和島市
伊呂波町　いろはちょう　静岡県静岡市葵区
伊坂　いさか　埼玉県久喜市
伊坂台　いさかだい　三重県四日市市
伊坂町　いさかちょう　三重県四日市市
伊尾　いお　広島県世羅郡世羅町
伊尾木
　　いおき　高知県（土佐くろしお鉄道ごめん・なはり線）
　　いおき　高知県安芸市
伊岐津志　いぎつし　岐阜県加茂郡八百津町
伊岐須　いぎす　福岡県飯塚市
伊形町　いがたまち　宮崎県延岡市
伊折　いおり　富山県中新川郡上市町
伊良林　いらばやし　長崎県長崎市
伊良波　いらは　沖縄県豊見城市
伊良皆　いらみな　沖縄県中頭郡読谷村
伊良部伊良部　いらぶいらぶ　沖縄県宮古島市
伊良部仲地　いらぶなかち　沖縄県宮古島市
伊良部池間添　いらぶいけまぞえ　沖縄県宮古島市
伊良部佐和田　いらぶさわだ　沖縄県宮古島市
伊良部国仲　いらぶくになか　沖縄県宮古島市
伊良部長浜　いらぶながはま　沖縄県宮古島市
伊良部前里添　いらぶまえさとそえ　沖縄県宮古島市
伊良湖町　いらごちょう　愛知県田原市

伊芸　いげい　沖縄県国頭郡金武町
伊角　いすみ　兵庫県美方郡新温泉町
伊豆
　　いず　東京都三宅村
　　いず　兵庫県養父市
伊豆の山町　いずのやまちょう　埼玉県坂戸市
伊豆の国市　いずのくにし　静岡県
伊豆七条町　いずしちじょうちょう　奈良県大和郡山市
伊豆大川　いずおおかわ　静岡県（伊豆急行線）
伊豆山　いずさん　静岡県熱海市
伊豆仁田　いずにった　静岡県（伊豆箱根鉄道駿豆線）
伊豆木　いずき　長野県飯田市
伊豆北川　いずほっかわ　静岡県（伊豆急行線）
伊豆市　いず　静岡県
伊豆多賀　いずたが　静岡県（JR伊東線）
伊豆尾　いずお　奈良県吉野郡東吉野村
伊豆沢　いずさわ　埼玉県秩父郡小鹿野町
伊豆味　いずみ　沖縄県国頭郡本部町
伊豆林　いずばやし　富山県中新川郡立山町
伊豆長岡　いずながおか　静岡県（伊豆箱根鉄道駿豆線）
伊豆急下田　いずきゅうしもだ　静岡県（伊豆急行線）
伊豆島　いずしま　千葉県木更津市
伊豆島田　いずしまた　静岡県裾野市
伊豆高原　いずこうげん　静岡県（伊豆急行線）
伊豆稲取　いずいなとり　静岡県（伊豆急行線）
伊豆熱川　いずあたがわ　静岡県（伊豆急行線）
伊那　いな　長野県伊那市
伊那八幡　いなやわた　長野県（JR飯田線）
伊那上郷　いなかみさと　長野県（JR飯田線）
伊那大島　いなおおしま　長野県（JR飯田線）
伊那小沢　いなこざわ　長野県（JR飯田線）
伊那北　いなきた　長野県（JR飯田線）
伊那市
　　いなし　長野県（JR飯田線）
　　いなし　長野県
伊那本郷　いなほんごう　長野県（JR飯田線）
伊那田島　いなたじま　長野県（JR飯田線）
伊那松島　いなまつしま　長野県（JR飯田線）
伊那部　いなべ　長野県伊那市
伊那富　いなとみ　長野県上伊那郡辰野町
伊那新町　いなしんまち　長野県（JR飯田線）
伊那福岡　いなふくおか　長野県（JR飯田線）
伊里　いり　岡山県（JR赤穂線）
伊里中　いりなか　岡山県備前市
⁸伊具郡　いぐぐん　宮城県
伊奈
　　いな　東京都あきる野市
　　いな　愛知県（名古屋鉄道名古屋本線）
伊奈中央　いなちゅうおう　埼玉県（埼玉新都市交通伊奈線）
伊奈平　いなだいら　東京都武蔵村山市
伊奈町
　　いなまち　埼玉県北足立郡
　　いなちょう　愛知県豊川市
伊奈東　いなひがし　茨城県つくばみらい市
伊奈武瀬　いなんせ　沖縄県浦添市

475

6画 (伊)

伊奈波通　いなばどおり　岐阜県岐阜市
伊実久　いさねく　鹿児島県大島郡喜界町
伊延　いのべ　鹿児島県大島郡和泊町
伊房　いふさ　山口県岩国市
伊東　いとう　静岡県 (JR伊東線ほか)
伊東市　いとうし　静岡県
伊沼　いぬま　山梨県南巨摩郡身延町
伊舎堂　いしゃどう　沖縄県中頭郡中城村
9伊保
　　いほ　兵庫県 (山陽電気鉄道本線)
　　いほ　兵庫県高砂市
伊保内　いぼない　岩手県九戸郡九戸村
伊保内町　いぼうちちょう　栃木県佐野市
伊保田
　　いほた　千葉県夷隅郡大多喜町
　　いほた　山口県大島郡周防大島町
伊保石　いぼいし　宮城県塩竈市
伊保庄　いほのしょう　山口県柳井市
伊保町　いぼちょう　愛知県豊田市
伊保町中筋　いほちょうなかすじ　兵庫県高砂市
伊保東　いほひがし　兵庫県高砂市
伊保崎　いほざき　兵庫県高砂市
伊保崎南　いほざきみなみ　兵庫県高砂市
伊保港町　いほみなとまち　兵庫県高砂市
伊後　いご　島根県隠岐郡隠岐の島町
伊是名　いぜな　沖縄県島尻郡伊是名村
伊是名村　いぜなそん　沖縄県島尻郡
伊砂
　　いすか　静岡県浜松市天竜区
　　いさご　鹿児島県大島郡喜界町
伊祖　いそ　沖縄県浦添市
伊草
　　いぐさ　埼玉県八潮市
　　いぐさ　埼玉県比企郡川島町
伊茶仁　いちゃに　北海道標津郡標津町
伊香　いこう　福島県東白川郡塙町
伊香牛
　　いかうし　北海道 (JR石北本線)
　　いかうし　北海道上川郡当麻町
伊香立下在地町　いかだちしもざいじちょう　滋賀県大津市
伊香立下龍華町　いかだちしもりゅうげちょう　滋賀県大津市
伊香立上在地町　いかだちかみざいじちょう　滋賀県大津市
伊香立上龍華町　いかだちかみりゅうげちょう　滋賀県大津市
伊香立北在地町　いかだちきたざいじちょう　滋賀県大津市
伊香立生津町　いかだちなまづちょう　滋賀県大津市
伊香立向在地町　いかだちむかいざいじちょう　滋賀県大津市
伊香立南庄町　いかだちみなみしょうちょう　滋賀県大津市
伊香立途中町　いかだちとちゅうちょう　滋賀県大津市
伊香保町水沢　いかほまちみずさわ　群馬県渋川市
伊香保町伊香保　いかほまちいかほ　群馬県渋川市
伊香保町湯中子　いかほまちゆなかご　群馬県渋川市
伊香郡　いかぐん　⇒消滅 (滋賀県)

10伊倉
　　いぐら　三重県四日市市
　　いくら　山口県下関市
　　いくら　宮崎県児湯郡新富町
伊倉北方　いくらきたかた　熊本県玉名市
伊倉本町　いくらほんまち　山口県下関市
伊倉町　いくらちょう　山口県下関市
伊倉東町　いくらひがしまち　山口県下関市
伊倉南方　いくらみなみかた　熊本県玉名市
伊倉新町　いくらしんまち　山口県下関市
伊原
　　いはら　埼玉県越谷市
　　いはら　沖縄県糸満市
伊原津　いばらつ　宮城県石巻市
伊原間　いばるま　沖縄県石垣市
伊島北町　いしまきたまち　岡山県岡山市北区
伊島町
　　いしまちょう　岡山県岡山市北区
　　いしまちょう　徳島県阿南市
伊差川　いさがわ　沖縄県名護市
伊座　いざ　香川県東かがわ市
伊座利　いざり　徳島県海部郡美波町
伊庭町　いばちょう　滋賀県東近江市
伊根町　いねちょう　京都府与謝郡
伊浜　いはま　静岡県賀茂郡南伊豆町
伊納　いのう　北海道 (JR函館本線)
伊能　いのう　千葉県成田市
11伊崎
　　いさき　茨城県稲敷市
　　いざき　福岡県福岡市中央区
伊崎町　いさきちょう　山口県下関市
伊深町　いぶかちょう　岐阜県美濃加茂市
伊船町　いふなちょう　三重県鈴鹿市
伊都郡　いとぐん　和歌山県
伊部
　　いんべ　岡山県 (JR赤穂線)
　　いんべ　岡山県備前市
伊野　いの　高知県 (JR土讃線ほか)
伊野波　いのは　沖縄県国頭郡本部町
伊野商業前　いのしょうぎょうまえ　高知県 (とさでん交通伊野線)
伊野駅前　いのえきまえ　高知県 (とさでん交通伊野線)
伊野灘　いのなだ　島根県 (一畑電車北松江線)
伊陸　いかち　山口県柳井市
12伊喜末　いぎすえ　香川県小豆郡土庄町
伊勝町　いかつちょう　愛知県名古屋市昭和区
伊無田町　いむたまち　熊本県宇土市
伊賀
　　いが　大阪府羽曳野市
　　いが　福岡県 (JR香椎線)
伊賀上津　いがこうづ　三重県 (近畿日本鉄道大阪線)
伊賀上野　いがうえの　三重県 (JR関西本線ほか)
伊賀市　いがし　三重県
伊賀坂　いがさか　愛知県知多市
伊賀町
　　いがちょう　栃木県佐野市
　　いがちょう　愛知県岡崎市
　　いがまち　三重県桑名市

6画（伊）

いがまち　岡山県高梁市
いがちょう　徳島県徳島市
伊賀見　いがみ　奈良県宇陀郡曽爾村
伊賀谷　いがだに　兵庫県豊岡市
伊賀和志　いかわし　広島県（JR三江線）
伊賀屋　いがや　佐賀県（JR長崎本線）
伊賀神戸　いがかんべ　三重県（伊賀鉄道線ほか）
伊賀袋　いがふくろ　埼玉県加須市
伊賀新町　いがしんまち　愛知県岡崎市
伊達
　　だて　福島県（JR東北本線）
　　だて　新潟県十日町市
伊達方　だてがた　静岡県掛川市
伊達市
　　だてし　北海道
　　だてし　福島県
伊達町　だてまち　宮崎県延岡市
伊達城　だてじょう　山形県山形市
伊達紋別　だてもんべつ　北海道（JR室蘭本線）
伊達郡　だてぐん　福島県
伊達崎　だんざき　福島県伊達郡桑折町
伊達野　いたちの　高知県南国市
伊集　いじゅ　沖縄県中頭郡中城村
伊集院　いじゅういん　鹿児島県（JR鹿児島本線）
伊集院町下谷口　いじゅういんちょうしもたにぐち　鹿児島県日置市
伊集院町下神殿　いじゅういんちょうしもこうどの　鹿児島県日置市
伊集院町上神殿　いじゅういんちょうかみこうどの　鹿児島県日置市
伊集院町土橋　いじゅういんちょうつちばし　鹿児島県日置市
伊集院町大田　いじゅういんちょうおおた　鹿児島県日置市
伊集院町中川　いじゅういんちょうなかがわ　鹿児島県日置市
伊集院町古城　いじゅういんちょうふるじょう　鹿児島県日置市
伊集院町寺脇　いじゅういんちょうてらわき　鹿児島県日置市
伊集院町竹之山　いじゅういんちょうたけのやま　鹿児島県日置市
伊集院町妙円寺　いじゅういんちょうみょうえんじ　鹿児島県日置市
伊集院町麦生田　いじゅういんちょうむぎうだ　鹿児島県日置市
伊集院町恋之原　いじゅういんちょうこいのはら　鹿児島県日置市
伊集院町桑畑　いじゅういんちょうくわばた　鹿児島県日置市
伊集院町郡　いじゅういんちょうこおり　鹿児島県日置市
伊集院町清藤　いじゅういんちょうきよふじ　鹿児島県日置市
伊集院町猪鹿倉　いじゅういんちょういいがくら　鹿児島県日置市
伊集院町野田　いじゅういんちょうのだ　鹿児島県日置市
伊集院町飯牟礼　いじゅういんちょういいむれ　鹿児島県日置市

伊集院町徳重　いじゅういんちょうとくしげ　鹿児島県日置市
伊須　いす　鹿児島県大島郡瀬戸内町
13**伊勢**
　　いせ　山梨県甲府市
　　いせ　熊本県上益城郡山都町
伊勢ケ浜　いせがはま　宮崎県日向市
伊勢の川　いせのかわ　新潟県五泉市
伊勢八太　いせはた　三重県（JR名松線）
伊勢八知　いせやち　三重県（JR名松線）
伊勢上野　いせうえの　三重県（伊勢鉄道線）
伊勢大井　いせおおい　三重県（JR名松線）
伊勢大町　いせおおまち　富山県氷見市
伊勢山　いせやま　愛知県名古屋市中区
伊勢山町　いせやまちょう　栃木県佐野市
伊勢川口　いせかわぐち　三重県（JR名松線）
伊勢川島　いせかわしま　三重県（近畿日本鉄道湯の山線）
伊勢中川　いせなかがわ　三重県（近畿日本鉄道山田線ほか）
伊勢中原　いせなかはら　三重県（近畿日本鉄道山田線）
伊勢方　いせがた　埼玉県深谷市
伊勢丘　いせおか　広島県福山市
伊勢市
　　いせし　三重県（JR参宮線ほか）
　　いせし　三重県
伊勢平治　いせへいじ　新潟県十日町市
伊勢田　いせだ　京都府（近畿日本鉄道京都線）
伊勢田町　いせだちょう　京都府宇治市
伊勢田町名木　いせだちょうなぎ　京都府宇治市
伊勢石橋　いせいしばし　三重県（近畿日本鉄道大阪線）
伊勢寺町　いせでらちょう　三重県松阪市
伊勢竹原　いせたけはら　三重県（JR名松線）
伊勢佐木町　いせざきちょう　神奈川県横浜市中区
伊勢佐木長者町　いせざきちょうじゃまち　神奈川県（横浜市交通局ブルーライン）
伊勢町
　　いせちょう　宮城県石巻市
　　いせちょう　秋田県北秋田市
　　いせちょう　栃木県足利市
　　いせまち　群馬県吾妻郡中之条町
　　いせちょう　埼玉県熊谷市
　　いせちょう　神奈川県横浜市西区
　　いせちょう　神奈川県川崎市川崎区
　　いせまち　長野県長野市
　　いせまち　岐阜県関市
　　いせまち　愛知県碧南市
　　いせちょう　滋賀県守山市
　　いせちょう　兵庫県芦屋市
　　いせまち　佐賀県佐賀市
　　いせまち　長崎県長崎市
伊勢居地　いせいじ　秋田県にかほ市
伊勢松本　いせまつもと　三重県（近畿日本鉄道湯の山線）
伊勢松町　いせまつちょう　京都府京都市下京区
伊勢治田　いせはった　三重県（三岐鉄道三岐線）
伊勢若松　いせわかまつ　三重県（近畿日本鉄道名古屋線ほか）
伊勢南町　いせみなみちょう　栃木県足利市

6画（仮,会）

伊勢屋　いせや　富山県中新川郡立山町
伊勢屋町
　　いせやちょう　京都府京都市上京区
　　いせやちょう　京都府京都市中京区
伊勢柏崎　いせかしわざき　三重県（JR紀勢本線）
伊勢原
　　いせはら　千葉県柏市
　　いせはら　神奈川県（小田急電鉄小田原線）
　　いせはら　神奈川県伊勢原市
伊勢原市　いせはらし　神奈川県
伊勢原町
　　いせはらまち　山形県鶴岡市
　　いせはらちょう　埼玉県川越市
伊勢宮　いせみや　長野県長野市
伊勢宮町　いせみやちょう　島根県松江市
伊勢島　いせじま　新潟県魚沼市
伊勢根　いせね　埼玉県比企郡小川町
伊勢宿　いせじゅく　千葉県市川市
伊勢崎
　　いせさき　栃木県真岡市
　　いせさき　群馬県（JR両毛線ほか）
伊勢崎市　いせさきし　群馬県
伊勢崎町　いせさきちょう　高知県高知市
伊勢野　いせの　埼玉県八潮市
伊勢場町　いせばちょう　三重県松阪市
伊勢奥津　いせおきつ　三重県（JR名松線）
伊勢朝日　いせあさひ　三重県（近畿日本鉄道名古屋線）
伊勢落　いせおち　滋賀県栗東市
伊勢殿構町　いせどのかまえちょう　京都府京都市上京区
伊勢路
　　いせじ　三重県伊賀市
　　いせじ　三重県度会郡南伊勢町
伊勢横内　いせよこうち　山形県鶴岡市
伊勢鎌倉　いせかまくら　三重県（JR名松線）
伊福甲　いふくこう　佐賀県藤津郡太良町
伊福町　いふくちょう　岡山県岡山市北区
伊福貴町　いぶきちょう　長崎県五島市
14伊熊町　いくまちょう　愛知県豊田市
伊関　いせき　鹿児島県西之表市
15伊敷
　　いしき　鹿児島県鹿児島市
　　いしき　沖縄県糸満市
伊敷台　いしきだい　鹿児島県鹿児島市
伊敷町　いしきちょう　鹿児島県鹿児島市
16伊興　いこう　東京都足立区
伊興本町　いこうほんちょう　東京都足立区
17伊篠　いじの　千葉県印旛郡酒々井町
伊篠新田　いじのしんでん　千葉県印旛郡酒々井町
18伊藤　いとう　愛知県西尾市
伊藤川　いとご　和歌山県日高郡日高川町
伊藤田　いどうだ　大分県中津市
伊藤町
　　いとうちょう　愛知県西尾市
　　いとうまち　兵庫県神戸市中央区
伊藤農場　いとうのうじょう　北海道空知郡中富良野町
19伊覇　いは　沖縄県島尻郡八重瀬町
22伊讃美　いさみ　茨城県筑西市

【仮】

5仮生　けしょう　石川県河北郡津幡町
仮立　かりだち　佐賀県東松浦郡玄海町
9仮屋
　　かりや　福島県伊達郡桑折町
　　かりや　福井県三方上中郡若狭町
　　かりや　兵庫県淡路市
　　かりや　佐賀県東松浦郡玄海町
　　かりや　熊本県上益城郡山都町
11仮宿　かりやど　静岡県藤枝市

【会】

0会々　あいあい　大分県竹田市
3会下　えげ　愛知県知多郡武豊町
会下山町　えげやまちょう　兵庫県神戸市兵庫区
会下谷　えげたに　福島県田村郡三春町
5会生町　かいせいちょう　愛知県西尾市
会田　あいだ　長野県松本市
7会沢　あいさわ　新潟県十日町市
会沢町　あいさわちょう　栃木県佐野市
8会所　かいしょ　千葉県夷隅郡大多喜町
会所町
　　かいしょまち　北海道様似郡様似町
　　かいしょちょう　愛知県名古屋市北区
会所前　かいしょまえ　北海道広尾郡広尾町
会所通　かいしょどおり　北海道広尾郡広尾町
9会染　あいそめ　長野県北安曇郡池田町
会津下郷　あいづしもごう　福島県（会津鉄道線）
会津大塩　あいづおおしお　福島県（JR只見線）
会津山村道場　あいづさんそんどうじょう　福島県（会津鉄道線）
会津川口　あいづかわぐち　福島県（JR只見線）
会津中川　あいづなかがわ　福島県（JR只見線）
会津水沼　あいづみずぬま　福島県（JR只見線）
会津本郷　あいづほんごう　福島県（JR只見線）
会津田島　あいづたじま　福島県（会津鉄道線）
会津西方　あいづにしかた　福島県（JR只見線）
会津坂下　あいづばんげ　福島県（JR只見線）
会津坂下町　あいづばんげまち　福島県河沼郡
会津坂本　あいづさかもと　福島県（JR只見線）
会津町
　　あいづまち　福島県白河市
　　あいづまち　愛媛県松山市
会津若松　あいづわかまつ　福島県（JR磐越西線）
会津若松市　あいづわかまつし　福島県
会津長野　あいづながの　福島県（会津鉄道線）
会津柳津　あいづやないづ　福島県（JR只見線）
会津美里町　あいづみさとまち　福島県大沼郡
会津荒海　あいづあらかい　福島県（会津鉄道線）
会津宮下　あいづみやした　福島県（JR只見線）
会津桧原　あいづひのはら　福島県（JR只見線）
会津高田　あいづたかだ　福島県（JR只見線）
会津高原尾瀬口　あいづこうげんおぜぐち　福島県（会津鉄道線）
会津越川　あいづこすがわ　福島県（JR只見線）
会津塩沢　あいづしおざわ　福島県（JR只見線）
会津蒲生　あいづがもう　福島県（JR只見線）
会津豊川　あいづとよかわ　福島県（JR磐越西線）

6画（企，休，仰，伍，全，仲）

会津横田　あいづよこた　福島県（JR只見線）
11会野谷　あいのや　埼玉県吉川市
12会富町　あいどみまち　熊本県熊本市南区
19会瀬町　おうせちょう　茨城県日立市

【企】
11企救丘
　　きくがおか　福岡県（北九州高速鉄道小倉線）
　　きくがおか　福岡県北九州市小倉南区

【休】
5休石
　　やすみいし　福島県二本松市
　　やすみいし　岡山県久米郡美咲町
休石原　やすみいしはら　福島県二本松市
8休治　きゅうじ　兵庫県赤穂郡上郡町

【仰】
4仰木　おおぎ　滋賀県大津市
仰木の里　おおぎのさと　滋賀県大津市
仰木の里東　おおぎのさとひがし　滋賀県大津市
仰木町　おおぎちょう　滋賀県大津市

【伍】
8伍和　ごか　長野県下伊那郡阿智村

【全】
12全間　またま　岡山県久米郡久米南町
全隈町　またぐまちょう　茨城県水戸市
14全徳　ぜんとく　大分県中津市

【仲】
仲
　　なか　埼玉県ふじみ野市
　　なか　千葉県鴨川市
　　ちゅう　福岡県筑紫郡那珂川町
0仲ノ内　なかのうち　福島県伊達郡川俣村
仲ノ町
　　なかのちょう　千葉県（銚子電気鉄道線）
　　なかのちょう　長野県飯田市
　　なかのまち　愛知県豊橋市
　　なかのちょう　鳥取県倉吉市
　　なかのちょう　香川県仲多度郡多度津町
仲の町　なかのまち　福島県須賀川市
仲の浜　なかのはま　北海道厚岸郡浜中町
3仲丸　ちゅうまる　福岡県筑紫郡那珂川町
仲久保　なかくぼ　高知県高岡郡檮原町
仲子町　なかごちょう　新潟県長岡市
仲山　なかやま　福井県越前市
4仲之町
　　なかのちょう　新潟県三条市
　　なかのちょう　京都府京都市上京区
　　なかのちょう　奈良県生駒市
　　なかのちょう　和歌山県新宮市
　　なかのちょう　徳島県徳島市
　　なかのまち　愛媛県八幡浜市
仲井　なかい　愛知県常滑市
仲井町　なかいちょう　千葉県松戸市
仲井真　なかいま　沖縄県那覇市

仲六郷　なかろくごう　東京都大田区
仲切町　なかぎりちょう　愛知県瀬戸市
仲手原　なかてはら　神奈川県横浜市港北区
仲方町　なかがたまち　栃木県栃木市
仲木戸　なかきど　神奈川県（京浜急行電鉄本線）
5仲仕上町　なかしあげまち　栃木県栃木市
仲田
　　なかた　愛知県名古屋市千種区
　　なかた　愛知県長久手市
　　なかた　兵庫県神戸市垂水区
　　なかだ　沖縄県島尻郡伊是名村
仲田町
　　なかたちょう　愛知県半田市
　　なかたちょう　高知県高知市
6仲地　なかち　沖縄県島尻郡久米島町
仲多度郡　なかたどぐん　香川県
仲池上　なかいけがみ　東京都大田区
仲西　なかにし　沖縄県浦添市
仲西町　なかにしまち　大分県大分市
7仲尾　なかお　沖縄県名護市
仲尾台　なかおだい　神奈川県横浜市中区
仲尾次
　　なかおし　沖縄県名護市
　　なかおし　沖縄県国頭郡今帰仁村
仲村渠　なかんだかり　沖縄県島尻郡久米島町
仲沖　なかおき　愛知県丹羽郡大口町
仲沖町　なかおきまち　長崎県諫早市
仲町
　　なかまち　北海道室蘭市
　　なかまち　北海道石狩市
　　なかまち　北海道上川郡剣淵町
　　なかまち　北海道網走郡美幌町
　　なかまち　北海道常呂郡訓子府町
　　なかまち　北海道河東郡鹿追町
　　なかまち　青森県むつ市
　　なかまち　岩手県花巻市
　　なかまち　宮城県気仙沼市
　　なかまち　山形県酒田市
　　なかまち　山形県天童市
　　なかまち　栃木県宇都宮市
　　なかまち　栃木県鹿沼市
　　なかまち　群馬県桐生市
　　なかまち　群馬県館林市
　　なかちょう　埼玉県さいたま市大宮区
　　なかちょう　埼玉県さいたま市浦和区
　　なかちょう　埼玉県さいたま市岩槻区
　　なかちょう　埼玉県川越市
　　なかちょう　埼玉県熊谷市
　　なかちょう　埼玉県川口市
　　なかちょう　埼玉県飯能市
　　なかちょう　埼玉県深谷市
　　なかちょう　埼玉県上尾市
　　なかちょう　埼玉県朝霞市
　　なかちょう　埼玉県坂戸市
　　なかちょう　千葉県銚子市
　　なかちょう　千葉県成田市
　　なかちょう　千葉県鴨川市
　　なかちょう　東京都板橋区
　　なかちょう　東京都青梅市
　　なかちょう　東京都小平市
　　なかまち　新潟県加茂市
　　なかまち　新潟県燕市
　　なかまち　新潟県上越市

479

6画（伝, 任, 伐, 伏）

　　なかまち　長野県茅野市
　　なかまち　長野県諏訪郡下諏訪町
　　なかまち　岐阜県関市
　　なかちょう　静岡県沼津市
仲町台
　　なかまちだい　神奈川県（横浜市交通局ブルーライン）
　　なかまちだい　神奈川県横浜市都筑区
仲谷地　なかやち　山形県寒河江市
⁸**仲宗根**　なかそね　沖縄県国頭郡今帰仁村
仲宗根町　なかそねちょう　沖縄県沖縄市
仲泊
　　なかどまり　沖縄県国頭郡恩納村
　　なかどまり　沖縄県島尻郡久米島町
⁹**仲保利町**　なかほりちょう　京都府京都市中京区
仲屋町上　すわいちょうかみ　滋賀県近江八幡市
仲屋町中　すわいちょうなか　滋賀県近江八幡市
仲屋町元　すわいちょうもと　滋賀県近江八幡市
仲屋敷　なかやしき　愛知県犬山市
仲洞　なかとう　高知県高岡郡檮原町
仲洞町　なかぼらちょう　愛知県瀬戸市
仲洞爺　なかとうや　北海道有珠郡壮瞥町
仲畑
　　なかはた　愛知県犬山市
　　なかはた　福岡県大野城市
¹⁰**仲原**
　　なかはら　東京都東大和市
　　なかばる　福岡県糟屋郡粕屋町
仲島　なかじま　静岡県菊川市
仲座　なかざ　沖縄県島尻郡八重瀬町
仲浜町　なかはまちょう　北海道釧路市
仲通
　　なかどおり　北海道河東郡士幌町
　　なかどおり　北海道広尾郡大樹町
　　なかどおり　神奈川県横浜市鶴見区
仲通り　なかどおり　北海道天塩郡豊富町
¹¹**仲宿**　なかじゅく　東京都板橋区
仲郷町　なかごうちょう　愛知県瀬戸市
¹²**仲塚**　なかつか　福島県大沼郡会津美里町
仲塚甲　なかづかこう　福島県大沼郡会津美里町
仲御徒町　なかおかちまち　東京都（東京地下鉄日比谷線）
仲御霊町　なかごりょうちょう　京都府京都市上京区
仲筋　なかすじ　沖縄県宮古郡多良間村
仲間
　　なかま　岡山県真庭市
　　なかいだ　高知県高岡郡檮原町
　　なかま　沖縄県浦添市
仲間町
　　ちゅうげんちょう　福島県福島市
　　ちゅうげんまち　新潟県村上市
　　ちゅうげんまち　大分県中津市
仲順　ちゅんじゅん　沖縄県中頭郡北中城村
¹⁷**仲嶺**　なかみね　沖縄県うるま市

【伝】
³**伝上山**　でんじょうやま　宮城県多賀城市
⁵**伝右**　でんね　愛知県丹羽郡大口町
⁸**伝法**
　　でんぼう　静岡県富士市

　　でんぼう　大阪府（阪神電気鉄道阪神なんば線）
　　でんぼう　大阪府大阪市此花区
伝法寺
　　でんぼうじ　青森県十和田市
　　でんぼうじ　福岡県築上郡築上町
伝法橋南ノ丁　でんぼうばしみなみのちょう　和歌山県和歌山市
¹⁰**伝馬**　てんま　愛知県名古屋市熱田区
伝馬町
　　てんまちょう　栃木県宇都宮市
　　てんまちょう　長野県飯田市
　　てんまちょう　岐阜県大垣市
　　てんまちょう　静岡県静岡市葵区
　　てんまちょう　静岡県浜松市中区
　　てんまちょう　愛知県（名古屋市交通局名城線）
　　てんまちょう　愛知県豊橋市
　　てんまちょう　三重県桑名市
伝馬通　てんまどおり　愛知県岡崎市
¹⁶**伝燈寺町**　でんどうじまち　石川県金沢市

【任】
⁹**任海**　とうみ　富山県富山市

【伐】
¹⁰**伐株**　きりくい　鳥取県西伯郡南部町

【伏】
伏　ふし　兵庫県豊岡市
³**伏久**　ふすく　栃木県塩谷郡高根沢町
伏山　ふしやま　大阪府富田林市
⁴**伏木**
　　ふせぎ　茨城県猿島郡境町
　　ふしき　富山県（JR氷見線）
　　ふしき　富山県富山市
　　ふしき　富山県高岡市
伏木一宮　ふしきいちのみや　富山県高岡市
伏木中央町　ふしきちゅうおうまち　富山県高岡市
伏木戸町　ふしきどちょう　北海道檜山郡江差町
伏木氏　ふしき　熊本県葦北郡芦北町
伏木古国府　ふしきふるこくふ　富山県高岡市
伏木古府　ふしきこふ　富山県高岡市
伏木古府元町　ふしきこふもとまち　富山県高岡市
伏木本町　ふしきほんまち　富山県高岡市
伏木矢田　ふしきやた　富山県高岡市
伏木矢田上町　ふしきやたかみまち　富山県高岡市
伏木矢田新町　ふしきやたしんまち　富山県高岡市
伏木町　ふしきまち　大分県日田市
伏木谷　ふしきだに　富山県砺波市
伏木国分　ふしきこくぶ　富山県高岡市
伏木東一宮　ふしきひがしいちのみや　富山県高岡市
伏木湊町　ふしきみなとまち　富山県高岡市
伏木錦町　ふしきにしきまち　富山県高岡市
伏木磯町　ふしきいそまち　富山県高岡市
⁵**伏古**　ふしこ　北海道上川郡幸別町
伏古一条　ふしこいちじょう　北海道札幌市東区
伏古七条　ふしこしちじょう　北海道札幌市東区
伏古九条　ふしこくじょう　北海道札幌市東区
伏古二条　ふしこにじょう　北海道札幌市東区
伏古八条　ふしこはちじょう　北海道札幌市東区

6画（仔，光）

伏古十一条　ふしこじゅういちじょう　北海道札幌市東区
伏古十二条　ふしこじゅうにじょう　北海道札幌市東区
伏古十三条　ふしこじゅうさんじょう　北海道札幌市東区
伏古十四条　ふしこじゅうしじょう　北海道札幌市東区
伏古十条　ふしこじゅうじょう　北海道札幌市東区
伏古三条　ふしこさんじょう　北海道札幌市東区
伏古五条　ふしこごじょう　北海道札幌市東区
伏古六条　ふしころくじょう　北海道札幌市東区
伏古四条　ふしこしじょう　北海道札幌市東区
伏石　ぶくいし　福井県大野市
伏石町　ふせいしちょう　香川県高松市
6伏羊　ぶよう　和歌山県有田郡有田川町
7伏尾　ふせお　大阪府堺市中区
伏尾台　ふしおだい　大阪府池田市
伏尾町　ふしおちょう　大阪府池田市
伏見
　ふしみ　北海道札幌市中央区
　ふしみ　北海道虻田郡喜茂別町
　ふしみ　北海道夕張郡由仁町
　ふしみ　北海道虻田郡洞爺湖町
　ふしみ　岐阜県可児郡御嵩町
　ふしみ　静岡県駿東郡清水町
　ふしみ　愛知県（名古屋市交通局鶴舞線ほか）
　ふしみ　京都府（近畿日本鉄道京都線）
　ふしみ　奈良県御所市
伏見区　ふしみく　京都府京都市
伏見台
　ふしみだい　石川県金沢市
　ふしみだい　兵庫県川辺郡猪名川町
伏見町
　ふしみちょう　神奈川県横浜市南区
　ふしみまち　愛知県碧南市
　ふしみまち　大阪府大阪市中央区
　ふしみちょう　岡山県津山市
　ふしみちょう　広島県福山市
伏見桃山　ふしみももやま　京都府（京阪電気鉄道本線）
伏見堂　ふしみどう　大阪府富田林市
伏見新町　ふしみしんまち　石川県金沢市
伏見稲荷　ふしみいなり　京都府（京阪電気鉄道本線）
伏谷　ふしたに　島根県邑智郡邑南町
8伏拝
　ふしおがみ　福島県福島市
　ふしおがみ　奈良県山辺郡山添村
9伏屋
　ふせや　岐阜県羽島郡岐南町
　ふしや　愛知県（近畿日本鉄道名古屋線）
　ふしや　愛知県名古屋市中川区
伏屋町　ふせやちょう　大阪府和泉市
伏美　ふしみ　北海道河西郡芽室町
10伏倉　しくら　静岡県賀茂郡松崎町
伏原
　ふしわら　福井県小浜市
　ふしはら　広島県呉市
伏原町　ふしはらちょう　兵庫県西宮市
11伏部　ふすべ　新潟県新潟市西蒲区

伏野　ふしの　鳥取県鳥取市
伏黒　ふしぐろ　福島県伊達市
12伏菟野　ふどの　和歌山県田辺市

【仔】
7仔邑　よむら　奈良県吉野郡下市町

【光】
光
　ひかり　北海道虻田郡真狩村
　ひかり　茨城県鹿嶋市
　ひかり　茨城県神栖市
　みつ　鳥取県東伯郡琴浦町
　ひかり　山口県（JR山陽本線）
　ひかり　福岡県八女市
　ひかり　佐賀県佐賀市
0光ガ丘　ひかりがおか　兵庫県宝塚市
光ケ丘
　ひかりがおか　山形県酒田市
　ひかりがおか　千葉県柏市
　ひかりがおか　岐阜県多治見市
　ひかりがおか　静岡県三島市
　ひかりがおか　愛知県小牧市
　ひかりがおか　三重県尾鷲市
　ひかりがおか　奈良県生駒郡平群町
　ひかりがおか　山口県光市
光ケ丘ニュータウン　ひかりがおかにゅーたうん　長野県須坂市
光ケ丘団地　ひかりがおかだんち　千葉県柏市
光リ堂町　ひかりどうちょう　京都府京都市中京区
光が丘
　ひかりがおか　福島県福島市
　ひかりがおか　東京都（東京都交通局大江戸線）
　ひかりがおか　東京都練馬区
　ひかりがおか　神奈川県相模原市中央区
　ひかりがおか　石川県金沢市
　ひかりがおか　愛知県名古屋市千種区
　ひかりがおか　広島県広島市東区
　ひかりがおか　福岡県筑紫野市
光が丘町
　ひかりがおかまち　群馬県前橋市
　ひかりがおかちょう　滋賀県大津市
光の丘　ひかりのおか　神奈川県横須賀市
光の森
　ひかりのもり　熊本県（JR豊肥本線）
　ひかりのもり　熊本県菊池郡菊陽町
3光子沢　みつござわ　山梨県南巨摩郡身延町
光山　ひかりやま　鹿児島県鹿児島市
4光井　みつい　山口県光市
光月町　こうげつちょう　長崎県佐世保市
光木　こうき　岡山県赤磐市
5光丘町　ひかりがおかまち　福岡県福岡市博多区
光代　こうだい　福岡県嘉麻市
光台
　ひかりだい　北海道瀬棚郡今金町
　ひかりだい　京都府相楽郡精華町
光市　ひかりし　山口県
光末　みつすえ　広島県神石郡神石高原町
光正寺　こうしょうじ　福岡県糟屋郡宇美町
光正寺町　こうしょうじちょう　愛知県津島市

481

6画（光）

6光吉
みつよし　鳥取県東伯郡湯梨浜町
みつよし　大分県大分市
光吉台　みつよしだい　大分県大分市
光吉新町　みつよししんまち　大分県大分市
光地園　こうちえん　北海道広尾郡大樹町
光好　みつよし　鳥取県東伯郡琴浦町
光行　みつゆき　福岡県小郡市
光西町　こうせいちょう　北海道北見市
7光町
ひかりまち　北海道空知郡上富良野町
ひかりちょう　東京都国分寺市
ひかりまち　石川県小松市
ひかりまち　岐阜県岐阜市
ひかりちょう　静岡県富士宮市
ひかりちょう　三重県松阪市
ひかりちょう　大阪府八尾市
ひかりちょう　広島県広島市東区
ひかりまち　広島県呉市
ひかりまち　福岡県北九州市門司区
ひかりまち　福岡県春日市
ひかりまち　長崎県長崎市
ひかりまち　長崎県佐世保市
ひかりまち　大分県別府市
8光和　こうわ　北海道釧路郡釧路町
光和町　こうわちょう　北海道根室市
光国　みつくに　福岡県京都郡苅田町
光岡
みつおか　福岡県宗像市
てるおか　大分県（JR久大本線）
光岸地　こうがんじ　岩手県宮古市
光明　こうみょう　福岡県北九州市八幡西区
光明台　こうみょうだい　大阪府和泉市
光明寺
こうみょうじ　福島県伊達郡国見町
こうみょうじ　福井県（えちぜん鉄道勝山永平寺線）
こうみょうじ　福井県吉田郡永平寺町
こうみょうじ　愛知県一宮市
こうみょうじ　兵庫県加東市
こうみょうじ　愛媛県新居浜市
光明寺東甲　こうみょうじひがしこう　福島県河沼郡
会津坂下町
光明池　こうみょういけ　大阪府（泉北高速鉄道線）
光明町
こうめいちょう　岐阜県岐阜市
こうめいちょう　愛知県豊川市
こうみょうちょう　兵庫県宝塚市
光明院町　こうみょういんちょう　奈良県奈良市
9光信　みつのぶ　広島県神石郡神石高原町
光南
こうなん　北海道十勝郡浦幌町
こうなん　広島県広島市中区
光南町
こうなんちょう　大阪府八尾市
こうなんちょう　広島県福山市
光城　こうじょう　青森県平川市
光栄
こうえい　北海道夕張郡由仁町
こうえい　北海道厚岸郡厚岸町
光栄町　こうえいちょう　岐阜県岐阜市
光津　こうつ　岡山県岡山市東区

光洋台
こうようだい　静岡県藤枝市
こうようだい　愛媛県（JR予讃線）
こうようだい　愛媛県松山市
光洋町
こうようちょう　北海道苫小牧市
こうようちょう　北海道根室市
光貞台　みつさだい　福岡県北九州市八幡西区
光音寺町　こうおんじちょう　愛知県名古屋市北区
光風台
こうふうだい　茨城県取手市
こうふうだい　千葉県（小湊鉄道線）
こうふうだい　千葉県市原市
こうふうだい　神奈川県横須賀市
こうふうだい　京都府長岡京市
こうふうだい　大阪府（能勢電鉄妙見線）
こうふうだい　大阪府豊能郡豊能町
10光浦町　ひかりうらまち　石川県輪島市
光珠内　こうしゅない　北海道（JR函館本線）
光珠内下中の沢　こうしうないしもなかのさわ　北海
道美唄市
光珠内上中の沢　こうしうないかみなかのさわ　北海
道美唄市
光珠内中央　こうしゅないちゅうおう　北海道美唄市
光珠内北　こうしゅないきた　北海道美唄市
光珠内町南　こうしゅないちょうみなみ　北海道美唄市
光珠内拓北　こうしゅないたくほく　北海道美唄市
光珠内東山　こうしゅないひがしやま　北海道美唄市
11光冨　みつどみ　福岡県京都郡みやこ町
光崎　こうさき　愛知県田原市
光都
こうと　兵庫県赤穂郡上郡町
こうと　兵庫県佐用郡佐用町
光野町　みつのちょう　京都府綾部市
12光善寺
こうぜんじ　群馬県邑楽郡邑楽町
こうぜんじ　大阪府（京阪電気鉄道本線）
光満　みつま　愛媛県宇和島市
光葉　みつば　茨城県稲敷市
光葉町
こうようちょう　北海道北見市
こうようちょう　千葉県野田市
光陽
こうよう　福島県相馬市
こうよう　福井県福井市
こうよう　静岡県掛川市
光陽台
こうようだい　栃木県塩谷郡高根沢町
こうようだい　石川県七尾市
こうようだい　岐阜県可児市
こうようだい　大阪府阪南市
こうようだい　奈良県生駒市
こうようだい　和歌山県橋本市
こうようだい　福岡県福津市
光陽台南　こうようだいみなみ　福岡県福津市
光陽町
こうようちょう　北海道釧路市
こうようちょう　北海道斜里郡斜里町
こうようまち　石川県小松市
こうようちょう　静岡県静岡市駿河区
こうようちょう　愛知県豊川市
こうようちょう　奈良県橿原市

6画 (先, 共, 再, 刑, 列, 刎, 匠, 印)

光順田　こうじゅんた　茨城県龍ケ崎市
15 光輝町　こうきちょう　愛知県豊川市
16 光樹町　こうきちょう　岐阜県岐阜市

【先】
3 先山　さきやま　鹿児島県大島郡喜界町
9 先後　まつのち　茨城県小美玉市
11 先崎　まっさき　千葉県佐倉市
12 先達　せんだつ　愛知県長久手市
　先達前　せんだつまえ　宮城県亘理郡亘理町
14 先魁町　さきがけまち　長崎県島原市

【共】
5 共立
　きょうりつ　北海道山越郡長万部町
　きょうりつ　北海道常呂郡佐呂間町
　きょうりつ　北海道河東郡音更町
　きょうりつ　北海道標津郡中標津町
　共立通　きょうりつどおり　大阪府大阪市阿倍野区
6 共成
　きょうせい　北海道雨竜郡沼田町
　きょうせい　北海道苫前郡初山別村
　きょうせい　北海道河東郡士幌町
　共西町　きょうせいちょう　愛知県大府市
8 共和
　きょうわ　北海道名寄市
　きょうわ　北海道檜山郡厚沢部町
　きょうわ　北海道夕張郡栗山町
　きょうわ　北海道樺戸郡月形町
　きょうわ　北海道中川郡中川町
　きょうわ　北海道枝幸郡浜頓別町
　きょうわ　北海道網走郡津別町
　きょうわ　北海道斜里郡小清水町
　きょうわ　北海道勇払郡厚真町
　きょうわ　北海道足寄郡陸別町
　きょうわ　北海道釧路郡釧路町
　きょうわ　神奈川県相模原市中央区
　きょうわ　愛知県 (JR東海道本線)
　共和台　きょうわだい　山口県山陽小野田市
　共和町
　きょうわちょう　北海道赤平市
　きょうわちょう　北海道岩内郡
　きょうわちょう　愛知県大府市
　きょうわまち　愛知県大府市
　きょうわちょう　山口県山陽小野田市
　共明　きょうめい　北海道虻田郡真狩村
9 共保　きょうほ　埼玉県吉川市
　共栄
　きょうえい　北海道北広島市
　きょうえい　北海道磯谷郡蘭越町
　きょうさかえ　北海道虻田郡喜茂別町
　きょうえい　北海道雨竜郡幌加内町
　きょうえい　北海道天塩郡遠別町
　きょうえい　北海道勇払郡厚真町
　きょうえい　北海道新冠郡新冠町
　きょうえい　北海道河西郡中札内村
　きょうえい　北海道中川郡本別町
　きょうえい　北海道十勝郡浦幌町
　きょうえい　埼玉県本庄市
　共栄大通　きょうえいおおどおり　北海道釧路市
　共栄台西　きょうえいだいにし　北海道河東郡音更町

　共栄台東　きょうえいだいひがし　北海道河東郡音更町
　共栄町
　きょうえいちょう　北海道北広島市
　きょうえいまち　北海道上川郡下川町
　きょうえいまち　北海道足寄郡足寄町
　きょうえいちょう　北海道目梨郡羅臼町
　きょうえいちょう　茨城県ひたちなか市
　きょうえいちょう　埼玉県鶴ケ島市
　きょうえいちょう　静岡県沼津市
　きょうえいちょう　愛知県大府市
　きょうえいちょう　愛媛県今治市
　きょうえいまち　宮崎県延岡市
　きょうえいちょう　鹿児島県鹿屋市
　共栄通　きょうえいどおり　愛知県瀬戸市
　共栄第一　きょうえいだいいち　北海道足寄郡陸別町
　共栄第二　きょうえいだいに　北海道足寄郡陸別町
10 共恵　ともえ　神奈川県茅ケ崎市
　共益　きょうえき　北海道河東郡士幌町
11 共進　きょうしん　北海道上川郡上川町
　共進町　きょうしんちょう　神奈川県横浜市南区
13 共豊　きょうほう　北海道河東郡士幌町
14 共練町西　きょうれんちょうにし　北海道美唄市
　共練町東　きょうれんちょうひがし　北海道美唄市
16 共墾社　きょうこんしゃ　栃木県那須塩原市

【再】
9 再度筋町　ふたたびすじちょう　兵庫県神戸市中央区
　再春荘前　さいしゅんそうまえ　熊本県 (熊本電気鉄道藤崎線)

【刑】
11 刑部
　おさかべ　千葉県長生郡長柄町
　おさかべ　大阪府八尾市
　おさかべ　岡山県 (JR姫新線)
　おしかべ　岡山県総社市
　刑部島　ぎょうぶじま　静岡県磐田市

【列】
7 列見町　れつけちょう　滋賀県長浜市

【刎】
5 刎田町　はねだちょう　愛知県瀬戸市

【匠】
0 匠ケ丘町　たくみがおかまち　岐阜県高山市
5 匠台　たくみだい　兵庫県小野市
7 匠町
　たくみちょう　栃木県日光市
　たくみちょう　大阪府堺市堺区
　たくみまち　和歌山県和歌山市
9 匠南　しょうなん　大分県佐伯市

【印】
4 印内
　いんない　千葉県船橋市
　いんない　石川県羽咋郡志賀町
　いんない　長野県佐久市
　いんない　静岡県掛川市

483

6画（各, 吉）

いんない　京都府福知山市
印内町　いんないちょう　千葉県船橋市
⁵**印代**　いじろ　三重県伊賀市
印田　いんでん　富山県魚津市
印田町
　いんでんちょう　福井県福井市
　いんだちょう　大阪府枚方市
印田通　いんでんどおり　愛知県一宮市
⁶**印西市**　いんざいし　千葉県
印西牧の原　いんざいまきのはら　千葉県（北総鉄道北総線）
⁷**印役町**　いんやくまち　山形県山形市
印沢　いんざわ　山梨県西八代郡市川三郷町
⁹**印南**
　いんなん　千葉県佐倉市
　いんなみ　兵庫県加古郡稲美町
　いなみ　和歌山県（JR紀勢本線）
　いなみ　和歌山県日高郡印南町
印南町　いなみちょう　和歌山県日高郡
印南原　いなんばら　和歌山県日高郡印南町
¹¹**印野**　いんの　静岡県御殿場市
¹²**印場**　いんば　愛知県（名古屋鉄道瀬戸線）
印場元町　いんばもとちょう　愛知県尾張旭市
印場元町北山　いんばもとちょうきたやま　愛知県尾張旭市
印場元町細田　いんばもとちょうほそだ　愛知県尾張旭市
印賀　いんが　鳥取県日野郡日南町
¹⁸**印旛日本医大**　いんばにほんいだい　千葉県（北総鉄道北総線ほか）
印旛村　いんばむら　⇒印西市（千葉県）
印旛郡　いんばぐん　千葉県

【各】
⁸**各和**　かくわ　静岡県掛川市
¹¹**各務ケ原**　かがみがはら　岐阜県（JR高山本線）
各務おがせ町　かかみおがせちょう　岐阜県各務原市
各務山の前町　かかみやまのまえちょう　岐阜県各務原市
各務西町　かかみにしまち　岐阜県各務原市
各務車洞　かかみくるまほら　岐阜県各務原市
各務東町　かかみひがしまち　岐阜県各務原市
各務原市　かかみがはらし　岐阜県
各務原市役所前　かかみがはらしやくしょまえ　岐阜県（名古屋鉄道各務原線）
各務船山町　かかみふなやまちょう　岐阜県各務原市

【吉】
吉
　よし　福島県石川郡玉川村
　よし　福井県大野市
　よし　長野県長野市
　よし　長野県飯山市
　よし　岡山県岡山市北区
　よし　岡山県真庭市
　よし　岡山県美作市
⁰**吉ケ成**　よしがなる　高知県吾川郡仁淀川町
吉ケ原　きちがはら　岡山県久米郡美咲町
²**吉乃町**　よしのちょう　青森県黒石市
³**吉丸**　よしまる　茨城県常陸大宮市

吉久
　よしひさ　富山県（万葉線）
　よしひさ　富山県高岡市
　しひさ　愛媛県東温市
吉久木町　よしくぎちょう　長崎県五島市
吉久保　よしくぼ　静岡県駿東郡小山町
吉小野　よしおの　大分県臼杵市
吉山町　よしやまちょう　福井県福井市
吉山新田　よしやましんでん　新潟県南魚沼市
吉川
　よしかわ　青森県弘前市
　よしかわ　山形県西村山郡西川町
　よしかわ　茨城県行方市
　よしかわ　埼玉県（JR武蔵野線）
　よしかわ　埼玉県吉川市
　よしかわ　新潟県三島郡出雲崎町
　きっかわ　静岡県静岡市清水区
　よしかわ　愛知県新城市
　よしかわ　滋賀県野洲市
　よしかわ　大阪府豊能郡豊能町
　よしかわ　和歌山県有田郡湯浅町
　よしかわ　鳥取県八頭郡若桜町
　よしかわ　岡山県加賀郡吉備中央町
吉川工業団地　よしかわこうぎょうだんち　広島県東広島市
吉川区入河沢　よしかわくいりこうぞう　新潟県上越市
吉川区十町歩　よしかわくじっちょうぶ　新潟県上越市
吉川区下八幡　よしかわくしもはたん　新潟県上越市
吉川区下小沢　よしかわくしもおざわ　新潟県上越市
吉川区下中条　よしかわくしもちゅうじょう　新潟県上越市
吉川区下町　よしかわくしたまち　新潟県上越市
吉川区下深沢　よしかわくしもふかさわ　新潟県上越市
吉川区上名木　よしかわくかみなぎ　新潟県上越市
吉川区土尻　よしかわくどじり　新潟県上越市
吉川区大乗寺　よしかわくだいじょうじ　新潟県上越市
吉川区大賀　よしかわくおおが　新潟県上越市
吉川区小苗代　よしかわくおなわしろ　新潟県上越市
吉川区山口　よしかわくやまぐち　新潟県上越市
吉川区山中　よしかわくやまなか　新潟県上越市
吉川区山方　よしかわくやまがた　新潟県上越市
吉川区山直海　よしかわくやまのうみ　新潟県上越市
吉川区川谷　よしかわくかわだに　新潟県上越市
吉川区川崎　よしかわくかわさき　新潟県上越市
吉川区中谷内　よしかわくなかやち　新潟県上越市
吉川区六万部　よしかわくろくまんぶ　新潟県上越市
吉川区天林寺　よしかわくてんりんじ　新潟県上越市
吉川区片田　よしかわくかたた　新潟県上越市
吉川区代石　よしかわくたいし　新潟県上越市
吉川区平等寺　よしかわくびょうどうじ　新潟県上越市
吉川区田尻　よしかわくたじり　新潟県上越市
吉川区石谷　よしかわくいしだに　新潟県上越市
吉川区吉井　よしかわくよしい　新潟県上越市
吉川区名木山　よしかわくなぎやま　新潟県上越市
吉川区竹直　よしかわくたけなお　新潟県上越市

6画（吉）

吉川区米山	よしかわくこめやま	新潟県上越市
吉川区西野島	よしかわくにしのしま	新潟県上越市
吉川区伯母ケ沢	よしかわくおばがさわ	新潟県上越市
吉川区尾神	よしかわくおかみ	新潟県上越市
吉川区杜氏の郷	よしかわくとうじのさと	新潟県上越市
吉川区町田	よしかわくまちだ	新潟県上越市
吉川区赤沢	よしかわくあかさわ	新潟県上越市
吉川区国田	よしかわくこくた	新潟県上越市
吉川区坪野	よしかわくつぼの	新潟県上越市
吉川区坪野内	よしかわくつぼのうち	新潟県上越市
吉川区岩沢	よしかわくいわさわ	新潟県上越市
吉川区東田中	よしかわくひがしたなか	新潟県上越市
吉川区東寺	よしかわくとうじ	新潟県上越市
吉川区東鳥越	よしかわくひがしとりごえ	新潟県上越市
吉川区河沢	よしかわくこうぞう	新潟県上越市
吉川区長坂	よしかわくながさか	新潟県上越市
吉川区長沢	よしかわくながさわ	新潟県上越市
吉川区長峰	よしかわくながみね	新潟県上越市
吉川区後生寺	よしかわくごしょうじ	新潟県上越市
吉川区泉	よしかわくいずみ	新潟県上越市
吉川区泉谷	よしかわくいずみだに	新潟県上越市
吉川区神田町	よしかわくかんだまち	新潟県上越市
吉川区原之町	よしかわくはらのまち	新潟県上越市
吉川区高沢入	よしかわくたかさわいり	新潟県上越市
吉川区梶	よしかわくかじ	新潟県上越市
吉川区道之下	よしかわくどうのした	新潟県上越市
吉川区福平	よしかわくふくだいら	新潟県上越市
吉川区顕法寺	よしかわくけんぼうじ	新潟県上越市
吉川市	よしかわし	埼玉県
吉川団地	よしかわだんち	埼玉県吉川市

吉川町
	よしかわちょう	北海道函館市
	よしかわちょう	岐阜県美濃市
	よしかわちょう	愛知県豊橋市
	よしかわちょう	愛知県大府市

吉川町みなぎ台	よかわちょうみなぎだい	兵庫県三木市
吉川町上中	よかわちょうかみなか	兵庫県三木市
吉川町上松	よかわちょううえまつ	兵庫県三木市
吉川町上荒川	よかわちょうかみあらかわ	兵庫県三木市
吉川町大沢	よかわちょうおおさ	兵庫県三木市
吉川町大畑	よかわちょうおおはた	兵庫県三木市
吉川町山上	よかわちょうやまのうえ	兵庫県三木市
吉川町水上	よかわちょうみずかみ	兵庫県三木市

吉川町古川
	よかわちょうふるかわ	兵庫県三木市
	よしかわちょうふるかわ	高知県香南市

吉川町古市	よかわちょうふるいち	兵庫県三木市
吉川町市野瀬	よかわちょういちのせ	兵庫県三木市
吉川町田谷	よかわちょうたや	兵庫県三木市
吉川町穴川	よしかわちょうあながわ	京都府亀岡市
吉川町吉田	よしかわちょうよしだ	京都府亀岡市
吉川町吉安	よかわちょうきちやす	兵庫県三木市

吉川町吉原	よしかわちょうよしはら	高知県香南市
吉川町有安	よかわちょうありやす	兵庫県三木市
吉川町米田	よかわちょうよねだ	兵庫県三木市
吉川町西奥	よかわちょうにしおく	兵庫県三木市
吉川町実楽	よかわちょうじつらく	兵庫県三木市
吉川町東田	よかわちょうひがしだ	兵庫県三木市
吉川町法光寺	よかわちょうほうこうじ	兵庫県三木市
吉川町金会	よかわちょうきんかい	兵庫県三木市
吉川町長谷	よかわちょうながたに	兵庫県三木市
吉川町前田	よかわちょうまえだ	兵庫県三木市
吉川町毘沙門	よかわちょうびしゃもん	兵庫県三木市
吉川町畑枝	よかわちょうはたえだ	兵庫県三木市
吉川町冨岡	よかわちょうとみおか	兵庫県三木市
吉川町奥谷	よかわちょうおくだに	兵庫県三木市
吉川町渡瀬	よかわちょうわたせ	兵庫県三木市
吉川町湯谷	よかわちょうゆだに	兵庫県三木市
吉川町貸潮	よかわちょうかしお	兵庫県三木市
吉川町新田	よかわちょうにった	兵庫県三木市
吉川町楠原	よかわちょうくすはら	兵庫県三木市
吉川町福井	よかわちょうふくい	兵庫県三木市
吉川町福吉	よかわちょうふくよし	兵庫県三木市
吉川町豊岡	よかわちょうとよおか	兵庫県三木市
吉川町稲田	よかわちょういなだ	兵庫県三木市
吉川町鍛治屋	よかわちょうかじや	兵庫県三木市
吉川美南	よしかわみなみ	埼玉県（JR武蔵野線）
4吉之丸	よしのまる	三重県桑名市
吉之元町	よしのもとちょう	宮崎県都城市

吉井
	よしい	群馬県（上信電鉄線）
	よしい	神奈川県横須賀市
	よしい	新潟県柏崎市
	よしい	新潟県佐渡市
	よしい	兵庫県豊岡市
	よしい	兵庫県養父市
	よしい	兵庫県加東市
	よしい	奈良県大和高田市
	よしい	岡山県岡山市東区
	よしい	長崎県（松浦鉄道西九州線）

吉井下	よしいしも	千葉県茂原市
吉井上	よしいかみ	千葉県茂原市
吉井本郷	よしいほんごう	新潟県佐渡市

吉井町
	よしいまち	⇒高崎市（群馬県）
	よしいちょう	千葉県松戸市
	よしいちょう	大阪府岸和田市
	よしいちょう	徳島県阿南市
	よしいちょう	福岡県うきは市

吉井町乙石尾	よしいちょうおついしお	長崎県佐世保市
吉井町八和田	よしいまちやわた	福岡県うきは市
吉井町下長根	よしいまちしもながね	群馬県高崎市
吉井町下原	よしいちょうしもばる	長崎県佐世保市
吉井町下奥平	よしいまちしもおくだいら	群馬県高崎市
吉井町上吉田	よしいちょうかみよした	長崎県佐世保市
吉井町上奥平	よしいまちかみおくだいら	群馬県高崎市

6画（吉）

吉井町千年　よしいまちちとせ　福岡県うきは市
吉井町大沢　よしいまちおおさわ　群馬県高崎市
吉井町大渡　よしいちょうおおわたり　長崎県佐世保市
吉井町小串　よしいまちおぐし　群馬県高崎市
吉井町小棚　よしいまちこたな　群馬県高崎市
吉井町小暮　よしいまちこぐれ　群馬県高崎市
吉井町中島　よしいまちなかじま　群馬県高崎市
吉井町片山　よしいまちかたやま　群馬県高崎市
吉井町本郷　よしいまちほんごう　群馬県高崎市
吉井町生葉　よしいまちいくは　福岡県うきは市
吉井町田原　よしいちょうたばる　長崎県佐世保市
吉井町矢田　よしいまちやた　群馬県高崎市
吉井町石神　よしいまちいしがみ　群馬県高崎市
吉井町立石　よしいちょうたていし　長崎県佐世保市
吉井町吉井　よしいまちよしい　群馬県高崎市
吉井町吉井川　よしいまちよしいかわ　群馬県高崎市
吉井町吉元　よしいちょうよしもと　長崎県佐世保市
吉井町多比良　よしいまちたいら　群馬県高崎市
吉井町多胡　よしいまちたご　群馬県高崎市
吉井町江南　よしいまちえなみ　福岡県うきは市
吉井町池　よしいまちいけ　群馬県高崎市
吉井町坂口　よしいまちさかぐち　群馬県高崎市
吉井町岩井　よしいまちいわい　群馬県高崎市
吉井町岩崎　よしいまちいわさき　群馬県高崎市
吉井町東谷　よしいまちひがしや　群馬県高崎市
吉井町板樋　よしいちょういたび　長崎県佐世保市
吉井町直谷　よしいちょうなおや　長崎県佐世保市
吉井町若宮　よしいまちわかみや　福岡県うきは市
吉井町長根　よしいまちながね　群馬県高崎市
吉井町長栖　よしいまちながす　群馬県高崎市
吉井町前岳　よしいちょうまえだけ　長崎県佐世保市
吉井町南陽台　よしいまちなんようだい　群馬県高崎市
吉井町屋部　よしいまちやべ　福岡県うきは市
吉井町春明　よしいちょうはるあけ　長崎県佐世保市
吉井町神保　よしいまちじんぼ　群馬県高崎市
吉井町草ノ尾　よしいちょうそうのお　長崎県佐世保市
吉井町宮田　よしいまちみやだ　福岡県うきは市
吉井町桜井　よしいまちさくらい　群馬県高崎市
吉井町馬庭　よしいまちまにわ　群馬県高崎市
吉井町高　よしいまちたか　群馬県高崎市
吉井町高峰　よしいちょうたかみね　長崎県佐世保市
吉井町梶木場　よしいちょうかじこば　長崎県佐世保市
吉井町深沢　よしいまちふかさわ　群馬県高崎市
吉井町清瀬　よしいまちきよせ　福岡県うきは市
吉井町黒熊　よしいまちくろくま　群馬県高崎市
吉井町富永　よしいまちとみなが　福岡県うきは市
吉井町塩　よしいまちしお　群馬県高崎市
吉井町塩川　よしいまちしおがわ　群馬県高崎市
吉井町新治　よしいまちにいはる　群馬県高崎市
吉井町福井　よしいちょうふくい　長崎県佐世保市
吉井町福永　よしいまちふくなが　福岡県うきは市
吉井町福益　よしいまちふくます　福岡県うきは市
吉井町徳丸　よしいまちとくまる　福岡県うきは市
吉井町踊瀬　よしいちょうおどりぜ　長崎県佐世保市
吉井町橘田　よしいまちたちばなだ　福岡県うきは市

吉井町橋口　よしいちょうはしぐち　長崎県佐世保市
吉井町橋川内　よしいちょうはしかわち　長崎県佐世保市
吉井町鷹取　よしいまちたかとり　福岡県うきは市
吉井黒川　よしいくろかわ　新潟県柏崎市
吉井農場　よしいのうじょう　北海道空知郡中富良野町
吉文字町　きちもんじちょう　京都府京都市下京区
吉方
　よしかた　山形県東田川郡庄内町
　よしかた　鳥取県鳥取市
吉方町　よしかたちょう　鳥取県鳥取市
吉方温泉　よしかたおんせん　鳥取県鳥取市
吉木
　よしき　新潟県妙高市
　よしき　広島県山県郡北広島町
　よしき　愛媛県松山市
　よしき　福岡県豊前市
　よしき　福岡県筑紫野市
　よしき　福岡県遠賀郡岡垣町
吉木西　よしきにし　福岡県遠賀郡岡垣町
吉木東　よしきひがし　福岡県遠賀郡岡垣町
吉木新田　よしきしんでん　新潟県妙高市
吉水
　よしみず　岩手県紫波郡紫波町
　よしみず　栃木県（東武鉄道佐野線）
　よしみず　新潟県長岡市
　よしみず　新潟県魚沼市
　よしみず　新潟県三島郡出雲崎町
吉水町
　よしみずちょう　栃木県佐野市
　よしみずちょう　京都府京都市下京区
吉水駅前　よしみずえきまえ　栃木県佐野市
⁵吉出　よしで　山形県飽海郡遊佐町
吉北　よしきた　福岡県飯塚市
吉平　よしだいら　新潟県魚沼市
吉本
　よしもと　群馬県利根郡みなかみ町
　よしもと　熊本県八代郡氷川町
吉本町　よしもとちょう　岐阜県関市
吉母　よしも　山口県下関市
吉永
　よしなが　静岡県焼津市
　よしなが　滋賀県湖南市
　よしなが　岡山県（JR山陽本線）
吉永町　よしながちょう　京都府京都市左京区
吉永町三股　よしながちょうみつまた　岡山県備前市
吉永町今崎　よしながちょういまさき　岡山県備前市
吉永町加賀美　よしながちょうかがみ　岡山県備前市
吉永町吉永中　よしながちょうよしながなか　岡山県備前市
吉永町多麻　よしながちょうたま　岡山県備前市
吉永町和意谷　よしながちょうわいだに　岡山県備前市
吉永町岩崎　よしながちょういわさき　岡山県備前市
吉永町金谷　よしながちょうかなだに　岡山県備前市
吉永町南方　よしながちょうみなみがた　岡山県備前市
吉永町神根本　よしながちょうこうねほん　岡山県備前市
吉永町高田　よしながちょうたかた　岡山県備前市
吉永町笹目　よしながちょうささめ　岡山県備前市

6画（吉）

吉永町都留岐　よしながちょうつるぎ　岡山県備前市
吉永町福満　よしながちょうふくみつ　岡山県備前市
吉生　よしう　茨城県石岡市
吉田
　よしだ　宮城県伊具郡丸森町
　よしだ　宮城県亘理郡亘理町
　よしだ　宮城県黒川郡大和町
　よしだ　宮城県加美郡色麻町
　よしだ　山形県酒田市
　よしだ　山形県西村山郡河北町
　よしだ　山形県東置賜郡川西町
　よしだ　福島県大沼郡会津美里町
　よしだ　茨城県水戸市
　よしだ　茨城県取手市
　よしだ　茨城県筑西市
　よしだ　栃木県那須郡那珂川町
　よしだ　群馬県邑楽郡大泉町
　よしだ　埼玉県川越市
　よしだ　埼玉県比企郡嵐山町
　よしだ　千葉県印西市
　よしだ　千葉県匝瑳市
　よしだ　新潟県（JR越後線）
　よしだ　新潟県三条市
　よしだ　新潟県新発田市
　よしだ　新潟県燕市
　よしだ　新潟県魚沼市
　よしだ　富山県黒部市
　よしだ　山梨県南アルプス市
　よしだ　長野県長野市
　よしだ　長野県上田市
　よしだ　長野県中野市
　よしだ　長野県下伊那郡高森町
　よしだ　静岡県伊東市
　よしだ　静岡県伊豆の国市
　よしだ　静岡県賀茂郡南伊豆町
　よしだ　静岡県賀茂郡松崎町
　よしだ　滋賀県犬上郡豊郷町
　よしだ　京都府舞鶴市
　よしだ　大阪府（近畿日本鉄道けいはんな線）
　よしだ　大阪府東大阪市
　よしだ　奈良県山辺郡山添村
　よしだ　和歌山県和歌山市
　よしだ　和歌山県岩出市
　よしだ　鳥取県東伯郡三朝町
　よしだ　岡山県笠岡市
　よしだ　岡山県和気郡和気町
　よしだ　山口県下関市
　よしだ　山口県山口市
　よしだ　徳島県海部郡海陽町
　よしだ　香川県東かがわ市
　よしだ　香川県小豆郡小豆島町
　よしだ　香川県綾歌郡宇多津町
　よしだ　愛媛県西条市
　よしだ　福岡県北九州市小倉南区
　よしだ　福岡県八女市
　よしだ　福岡県宗像市
　よしだ　福岡県遠賀郡水巻町
　よしだ　佐賀県神埼郡吉野ケ里町
　よしだ　熊本県阿蘇郡南阿蘇村
　よしだ　熊本県上益城郡甲佐町
　よしだ　大分県竹田市
　よしだ　鹿児島県熊毛郡屋久島町
吉田にれの木坂　よしだにれのきざか　福岡県北九州
　市小倉南区

吉田二本松町　よしだにほんまつちょう　京都府京都
　市左京区
吉田下大路町　よしだしもおおじちょう　京都府京都
　市左京区
吉田下中野　よしだしもなかの　新潟県燕市
吉田下町　よしだしもまち　新潟県燕市
吉田下阿達町　よしだしもあだちちょう　京都府京都
　市左京区
吉田下島　よしだしもじま　大阪府東大阪市
吉田上大路町　よしだかみおおじちょう　京都府京都
　市左京区
吉田上町　よしだかみまち　新潟県燕市
吉田上阿達町　よしだかみあだちちょう　京都府京都
　市左京区
吉田久長　よしだひさなが　埼玉県秩父市
吉田口　よしだぐち　広島県（JR芸備線）
吉田大保町　よしだだいぼちょう　新潟県燕市
吉田中大路町　よしだなかおおじちょう　京都府京都
　市左京区
吉田中町　よしだなかまち　新潟県燕市
吉田中阿達町　よしだなかあだちちょう　京都府京都
　市左京区
吉田太田部　よしだおおたぶ　埼玉県秩父市
吉田文京町　よしだぶんきょうちょう　新潟県燕市
吉田日之出町　よしだひのでちょう　新潟県燕市
吉田水道町　よしだすいどうちょう　新潟県燕市
吉田牛ノ宮町　よしだうしのみやちょう　京都府京都
　市左京区
吉田本町
　よしだもとまち　新潟県燕市
　よしだほんまち　京都府京都市左京区
　よしだほんまち　大阪府東大阪市
吉田本所　よしだほんじょ　新潟県燕市
吉田矢作　よしだやはぎ　新潟県燕市
吉田石間　よしだいさま　埼玉県秩父市
吉田吉栄　よしだよしえい　新潟県燕市
吉田団地　よしだだんち　福岡県遠賀郡水巻町
吉田地方　よしだじかた　山口県下関市
吉田旭町　よしだあさひちょう　新潟県燕市
吉田西　よしだにし　福岡県遠賀郡水巻町
吉田西太田　よしだにしおおた　新潟県燕市
吉田寿町　よしだことぶきちょう　新潟県燕市
吉田町
　よしだまち　北海道松前郡福島町
　よしだまち　神奈川県横浜市中区
　よしだちょう　神奈川県横浜市戸塚区
　よしだまち　石川県七尾市
　よしだまち　石川県白山市
　よしだちょう　福井県鯖江市
　きったまち　岐阜県関市
　よしだちょう　静岡県沼津市
　よしだちょう　静岡県榛原郡
　きったちょう　愛知県半田市
　よしだちょう　愛知県大府市
　よしだまち　愛知県大府市
　よしだちょう　大阪府池田市
　よしだちょう　兵庫県神戸市兵庫区
　よしだまち　兵庫県姫路市
　よしだちょう　奈良県天理市
　よしだちょう　奈良県橿原市
　よしだちょう　山口県萩市

487

6画（吉）

よしだちょう　高知県高知市
よしだちょう　長崎県五島市
吉田町下入江　よしだちょうしもいりえ　広島県安芸高田市
吉田町上入江　よしだちょうかみいりえ　広島県安芸高田市
吉田町上山　よしだちょううえやま　島根県雲南市
吉田町小山　よしだちょうおやま　広島県安芸高田市
吉田町山手　よしだちょうやまて　広島県安芸高田市
吉田町山部　よしだちょうやんべ　広島県安芸高田市
吉田町川手　よしだちょうかわて　島根県雲南市
吉田町川本　よしだちょうかわもと　広島県安芸高田市
吉田町中馬　よしだちょうちゅうま　広島県安芸高田市
吉田町北小路　よしだちょうきたこうじ　愛媛県宇和島市
吉田町本町　よしだちょうほんまち　愛媛県宇和島市
吉田町民谷　よしだちょうみんだに　島根県雲南市
吉田町白浦　よしだちょうしろうら　愛媛県宇和島市
吉田町立間　よしだちょうたちま　愛媛県宇和島市
吉田町立間尻　よしだちょうたちまじり　愛媛県宇和島市
吉田町吉田
　よしだちょうよしだ　島根県雲南市
　よしだちょうよしだ　広島県安芸高田市
吉田町多治比　よしだちょうたじひ　広島県安芸高田市
吉田町竹原　よしだちょうたけはら　広島県安芸高田市
吉田町西小路　よしだちょうにしこうじ　愛媛県宇和島市
吉田町西浦　よしだちょうにしうら　広島県安芸高田市
吉田町沖村　よしだちょうおきむら　愛媛県宇和島市
吉田町国司　よしだちょうくにし　広島県安芸高田市
吉田町東小路　よしだちょうひがしこうじ　愛媛県宇和島市
吉田町河内　よしだちょうかわち　愛媛県宇和島市
吉田町法花津　よしだちょうほけづ　愛媛県宇和島市
吉田町知永　よしだちょうちなが　愛媛県宇和島市
吉田町長屋　よしだちょうながや　広島県安芸高田市
吉田町南君　よしだちょうなぎみ　愛媛県宇和島市
吉田町浅川　よしだちょうあさかわ　愛媛県宇和島市
吉田町相合　よしだちょうあいおう　広島県安芸高田市
吉田町桂　よしだちょうかつら　広島県安芸高田市
吉田町高野　よしだちょうこうや　広島県安芸高田市
吉田町常友　よしだちょうつねとも　広島県安芸高田市
吉田町常楽寺　よしだちょうじょうらくじ　広島県安芸高田市
吉田町曽木　よしだちょうそぎ　島根県雲南市
吉田町深浦　よしだちょうふかうら　愛媛県宇和島市
吉田町深野　よしだちょうふかの　島根県雲南市
吉田町魚棚　よしだちょううおたな　愛媛県宇和島市
吉田町奥浦　よしだちょうおくうら　愛媛県宇和島市
吉田町裡町　よしだちょううらまち　愛媛県宇和島市
吉田町福原　よしだちょうふくばら　広島県安芸高田市

吉田町鶴間　よしだちょうつるま　愛媛県宇和島市
吉田近衛町　よしだこのえちょう　京都府京都市左京区
吉田学校町　よしだがっこうちょう　新潟県燕市
吉田幸町　よしださいわいちょう　新潟県燕市
吉田弥生町　よしだやよいちょう　新潟県燕市
吉田松岡町　よしだまつおかちょう　新潟県燕市
吉田松岡新田　よしだまつおかしんでん　新潟県燕市
吉田東　よしだひがし　福岡県遠賀郡水巻町
吉田東町　よしだあづまちょう　新潟県燕市
吉田東栄町　よしだひがしさかえちょう　新潟県燕市
吉田河原町　よしだかわらちょう　京都府京都市左京区
吉田法花堂　よしだほっけどう　新潟県燕市
吉田若生町　よしだわこうちょう　新潟県燕市
吉田阿熊　よしだあぐま　埼玉県秩父市
吉田南　よしだみなみ　福岡県遠賀郡水巻町
吉田春日町　よしだかすがちょう　新潟県燕市
吉田栄町　よしださかえちょう　新潟県燕市
吉田泉殿町　よしだいずみどのちょう　京都府京都市左京区
吉田神田町　よしだかんだちょう　新潟県燕市
吉田神明町　よしだしんめいちょう　新潟県燕市
吉田神楽岡町　よしだかぐらおかちょう　京都府京都市左京区
吉田宮小路　よしだみやこうじ　新潟県燕市
吉田島　よしだじま　神奈川県足柄上郡開成町
吉田浜　よしだはま　宮城県宮城郡七ケ浜町
吉田浜首　よしだはまくび　新潟県燕市
吉田浜首町　よしだはまくびちょう　新潟県燕市
吉田郡　よしだぐん　福井県
吉田堤町　よしだつつみちょう　新潟県燕市
吉田新田
　よしだしんでん　山形県酒田市
　よしだしんでん　新潟県新潟市南区
　よしだしんでん　新潟県南蒲原郡田上町
吉田新田町　よしだしんでんまち　新潟県燕市
吉田新町
　よしだしんまち　埼玉県川越市
　よしだしんまち　新潟県燕市
吉田橘町　よしだたちばなちょう　京都府京都市左京区
吉田曙町　よしだあけぼのちょう　新潟県燕市
吉田鴻巣　よしだこうのす　新潟県燕市
吉礼
　きれ　和歌山県(和歌山電鉄貴志川線)
　きれ　和歌山県和歌山市
6吉光町　よしみつまち　石川県能美市
吉向　よしむかい　青森県南津軽郡藤崎町
吉名　よしな　広島県(JR呉線)
吉名町　よしなちょう　広島県竹原市
吉地　よしじ　滋賀県野洲市
吉地町　よしじちょう　島根県浜田市
吉年　よどし　大阪府南河内郡千早赤阪村
吉成
　よしなり　宮城県仙台市青葉区
　よしなり　鳥取県鳥取市
　よしなり　徳島県(JR高徳線)
吉成台　よしなりだい　宮城県仙台市青葉区

6画（吉）

吉成南町　よしなりみなみまち　鳥取県鳥取市
吉江　よしえ　新潟県新潟市南区
吉江中　よしえなか　富山県南砺市
吉江町　よしえちょう　福井県鯖江市
吉江野　よしえの　富山県南砺市
吉竹町　よしたけまち　石川県小松市
吉羽　よしは　埼玉県久喜市
⁷吉佐町　きさちょう　島根県安来市
吉佐美　きさみ　静岡県下田市
吉作　よしづくり　富山県富山市
吉作新町　よしづくりしんまち　富山県富山市
吉住　よしずみ　宮城県遠田郡涌谷町
吉坂　きちさか　京都府舞鶴市
吉尾
　　よしお　千葉県勝浦市
　　よしお　鳥取県東伯郡三朝町
　　よしお　熊本県（JR肥薩線）
　　よしお　熊本県葦北郡芦北町
吉尾平塚　よしおひらつか　千葉県鴨川市
吉尾西　よしおにし　千葉県鴨川市
吉尾町　よしおちょう　宮崎県都城市
吉志　きし　福岡県北九州市門司区
吉志新町　きししんまち　福岡県北九州市門司区
吉村町　よしむらちょう　宮崎県宮崎市
吉沢
　　よしざわ　秋田県（由利高原鉄道鳥海山ろく線）
　　よしざわ　秋田県由利本荘市
　　きちざわ　栃木県日光市
　　きちざわ　千葉県市原市
　　よしざわ　千葉県南房総市
　　よしざわ　新潟県五泉市
　　きっさわ　山梨県甲斐市
　　よしざわ　静岡県菊川市
　　よしざわ　三重県三重郡菰野町
吉沢町
　　よしざわちょう　茨城県水戸市
　　よしざわちょう　群馬県太田市
吉町　よしちょう　埼玉県草加市
吉良川町乙　きらがわちょうおつ　高知県室戸市
吉良川町丙　きらがわちょうへい　高知県室戸市
吉良川町甲　きらがわちょうこう　高知県室戸市
吉良吉田　きらよしだ　愛知県（名古屋鉄道蒲郡線ほか）
吉良町
　　きらちょう　愛知県名古屋市中川区
　　きらちょう　⇒西尾市（愛知県）
吉良町乙川　きらちょうおっかわ　愛知県西尾市
吉良町八幡川田　きらちょうはちまんかわだ　愛知県西尾市
吉良町下横須賀　きらちょうしもよこすか　愛知県西尾市
吉良町上横須賀　きらちょうかみよこすか　愛知県西尾市
吉良町大島　きらちょうおおじま　愛知県西尾市
吉良町小山田　きらちょうおやまだ　愛知県西尾市
吉良町小牧　きらちょうこまき　愛知県西尾市
吉良町中野　きらちょうなかの　愛知県西尾市
吉良町友国　きらちょうともくに　愛知県西尾市
吉良町木田　きらちょうきだ　愛知県西尾市

吉良町白浜新田　きらちょうしらはましんでん　愛知県西尾市
吉良町吉田　きらちょうよしだ　愛知県西尾市
吉良町寺嶋　きらちょうてらじま　愛知県西尾市
吉良町岡山　きらちょうおかやま　愛知県西尾市
吉良町津平　きらちょうつひら　愛知県西尾市
吉良町宮迫　きらちょうみやば　愛知県西尾市
吉良町宮崎　きらちょうみやざき　愛知県西尾市
吉良町酒井　きらちょうさかい　愛知県西尾市
吉良町荻原　きらちょうおぎわら　愛知県西尾市
吉良町富田　きらちょうとみだ　愛知県西尾市
吉良町富好新田　きらちょうとみよししんでん　愛知県西尾市
吉良町駮馬　きらちょうまだらめ　愛知県西尾市
吉良町瀬戸　きらちょうせと　愛知県西尾市
吉良町饗庭　きらちょうあいば　愛知県西尾市
吉見
　　よしみ　千葉県佐倉市
　　よしみ　富山県南砺市
　　よしみ　大阪府泉南郡田尻町
　　よしみ　和歌山県有田郡有田川町
　　よしみ　岡山県津山市
　　よしみ　山口県（JR山陰本線）
　　よしみ　山口県宇部市
吉見ノ里　よしみのさと　大阪府（南海電気鉄道南海本線）
吉見下　よしみしも　山口県下関市
吉見上　よしみかみ　山口県下関市
吉見古宿町　よしみこじゅくちょう　山口県下関市
吉見本町　よしみほんまち　山口県下関市
吉見坂　よしみざか　広島県山県郡北広島町
吉見町　よしみまち　埼玉県比企郡
吉見里町　よしみさとまち　山口県下関市
吉見竜王町　よしみりゅうおうちょう　山口県下関市
吉見園　よしみえん　広島県広島市佐伯区
吉見新町　よしみしんまち　山口県下関市
吉谷　よしたに　鳥取県米子市
吉谷町　よしたにちょう　福井県鯖江市
吉身　よしみ　滋賀県守山市
吉身町　よしみちょう　滋賀県守山市
吉里
　　よしさと　新潟県南魚沼市
　　よしさと　和歌山県和歌山市
吉里吉里
　　きりきり　岩手県（JR山田線）
　　きりきり　岩手県上閉伊郡大槌町
⁸吉和　よしわ　広島県廿日市市
吉和台　よしわだい　富山県小矢部市
吉和西元町　よしわにしもとまち　広島県尾道市
吉和町　よしわちょう　広島県尾道市
吉和郷　よしわごう　広島県山県郡安芸太田町
吉国
　　よしくに　北海道磯谷郡蘭越町
　　よしくに　福岡県行橋市
吉奈　よしな　静岡県伊豆市
吉宗　よしむね　岡山県岡山市北区
吉定　よしさだ　鳥取県西伯郡伯耆町
吉岡
　　よしおか　北海道松前郡福島町
　　よしおか　宮城県黒川郡大和町

489

6画（吉）

よしおか　山形県東田川郡庄内町
よしおか　福島県西白河郡中島村
よしおか　茨城県笠間市
きちおか　千葉県成田市
よしおか　千葉県四街道市
よしおか　神奈川県綾瀬市
よしおか　新潟県上越市
よしおか　新潟県佐渡市
よしおか　富山県富山市
よしおか　富山県氷見市
よしおか　静岡県掛川市
よしおか　鳥取県米子市
よしおか　岡山県倉敷市
よしおか　福岡県京都郡みやこ町
よしおか　福岡県築上郡上毛町

吉岡町
よしおかまち　群馬県北群馬郡
よしおかちょう　新潟県新潟市秋葉区
よしおかちょう　愛知県尾張旭市
よしおかちょう　島根県安来市
よしおかちょう　香川県観音寺市
よしおかちょう　愛媛県新居浜市
よしおかちょう　長崎県佐世保市

吉岡東
よしおかひがし　宮城県黒川郡大和町
よしおかひがし　神奈川県綾瀬市

吉岡南　よしおかみなみ　宮城県黒川郡大和町
吉岡温泉町　よしおかおんせんちょう　鳥取県鳥取市
吉延　よしのぶ　高知県長岡郡本山町
吉所敷　きしょしき　埼玉県熊谷市
吉松
よしまつ　大阪府東大阪市
よしまつ　福岡県太宰府市
よしまつ　大分県宇佐市
よしまつ　鹿児島県（JR肥薩線）

吉武　よしたけ　福岡県福岡市西区
吉河　よしこ　福井県敦賀市
吉沼　よしぬま　茨城県つくば市
吉沼町　よしぬまちょう　茨城県水戸市
吉波
よしなみ　福井県吉田郡永平寺町
よしなみ　愛媛県北宇和郡鬼北町

吉舎　きさ　広島県（JR福塩線）
吉舎町三玉　きさちょうみたま　広島県三次市
吉舎町上安田　きさちょうかみやすだ　広島県三次市
吉舎町丸田　きさちょうまるだ　広島県三次市
吉舎町矢井　きさちょうやい　広島県三次市
吉舎町矢野地　きさちょうやのち　広島県三次市
吉舎町辻　きさちょうつじ　広島県三次市
吉舎町吉舎　きさちょうきさ　広島県三次市
吉舎町吉舎川之内　きさちょうきさがわのうち　広島県三次市
吉舎町安田　きさちょうやすだ　広島県三次市
吉舎町知和　きさちょうちわ　広島県三次市
吉舎町海田原　きさちょうかいだはら　広島県三次市
吉舎町清綱　きさちょうきよつな　広島県三次市
吉舎町雲通　きさちょううづい　広島県三次市
吉舎町徳市　きさちょうとくいち　広島県三次市
吉舎町敷地　きさちょうしきじ　広島県三次市
吉舎町檜　きさちょうひのき　広島県三次市
吉長　よしなが　鳥取県西伯郡伯耆町

9 **吉前町**　よしざきちょう　愛知県豊橋市
吉城寺　きちじょうじ　富山県黒部市
吉屋　よしや　埼玉県吉川市
吉春　よしはる　千葉県野田市
吉海町八幡　よしうみちょうやわた　愛媛県今治市
吉海町仁江　よしうみちょうにえ　愛媛県今治市
吉海町本庄　よしうみちょうほんじょう　愛媛県今治市
吉海町正味　よしうみちょうしょうみ　愛媛県今治市
吉海町田浦　よしうみちょうたのうら　愛媛県今治市
吉海町名　よしうみちょうみょう　愛媛県今治市
吉海町名駒　よしうみちょうなごま　愛媛県今治市
吉海町幸新田　よしうみちょうさいわいしんでん　愛媛県今治市
吉海町泊　よしうみちょうとまり　愛媛県今治市
吉海町臥間　よしうみちょうふすま　愛媛県今治市
吉海町南浦　よしうみちょうみなみうら　愛媛県今治市
吉海町津島　よしうみちょうつしま　愛媛県今治市
吉海町椋名　よしうみちょうむくな　愛媛県今治市
吉海町福田　よしうみちょうふくだ　愛媛県今治市

吉津
よしづ　新潟県東蒲原郡阿賀町
よしづ　静岡県静岡市葵区
よしづ　静岡県焼津市
よしづ　愛知県名古屋市中川区

吉津町
よしづまち　岐阜県岐阜市
よしづちょう　広島県福山市

吉津屋町　よつやちょう　三重県桑名市
吉畑町　きちはたちょう　北海道函館市
吉美　よび　静岡県湖西市
吉美根　よしみね　福島県須賀川市
吉胡台　よしごだい　愛知県田原市
吉胡町　よしごちょう　愛知県田原市

10 **吉倉**
よしくら　福島県福島市
よしくら　福島県二本松市
よしくら　千葉県成田市
よしくら　千葉県八街市
よしくら　富山県富山市
よしくら　石川県河北郡津幡町

吉倉町　よしくらちょう　神奈川県横須賀市
吉原
よしはら　山形県山形市
よしはら　茨城県稲敷郡阿見町
よしわら　埼玉県比企郡川島町
よしわら　千葉県香取市
よしわら　新潟県魚沼市
よしわら　富山県下新川郡入善町
よしわら　静岡県（JR東海道本線ほか）
よしわら　静岡県静岡市清水区
よしわら　静岡県富士市
よしはら　京都府京津市
よしはら　大阪府東大阪市
よしはら　和歌山県和歌山市
よしはら　和歌山県橋本市
よしはら　和歌山県有田郡有田川町
よしはら　和歌山県日高郡美浜町
よしはら　鳥取県日野郡江府町
よしはら　岡山県岡山市東区
よしはら　岡山県赤磐市
よしはら　岡山県苫田郡鏡野町

6画（吉）

よしわら　広島県世羅郡世羅町
よしはら　福岡県柳川市
よしはら　福岡県糟屋郡志免町
よしはら　沖縄県中頭郡北谷町
吉原本町　よしわらほんちょう　静岡県（岳南電車線）
吉原町
よしわらまち　石川県金沢市
よしはらまち　石川県能美市
よしわらちょう　愛知県豊田市
よしわらちょう　香川県善通寺市
よしはらまち　福岡県飯塚市
よしわらまち　熊本県熊本市東区
吉原宝町　よしわらたからちょう　静岡県富士市
吉原東　よしわらひがし　富山県下新川郡入善町
吉原南　よしはらみなみ　山形県山形市
吉原釜屋町　よしはらがまやまち　石川県能美市
吉島
きちじま　富山県魚津市
よしじま　長野県上高井郡小布施町
吉島西　よしじまにし　広島県広島市中区
吉島町　よしじままちょう　広島県広島市中区
吉島東　よしじまひがし　広島県広島市中区
吉島新町　よしじましんまち　広島県広島市中区
吉峰　よしみね　福井県吉田郡永平寺町
吉峰野開　よしみねのびらき　富山県中新川郡立山町
吉根　きっこ　愛知県名古屋市守山区
吉根南　きっこみなみ　愛知県名古屋市守山区
吉浦
よしうら　新潟県新発田市
よしうら　新潟県村上市
よしうら　新潟県上越市
よしうら　富山県滑川市
よしうら　広島県（JR呉線）
吉浦上城町　よしうらかみじょうちょう　広島県呉市
吉浦中町　よしうらなかまち　広島県呉市
吉浦本町　よしうらほんまち　広島県呉市
吉浦池ノ浦町　よしうらいけのうらちょう　広島県呉市
吉浦西城町　よしうらにしじょうちょう　広島県呉市
吉浦町
よしうらちょう　広島県呉市
よしうらちょう　広島県尾道市
吉浦岩神町　よしうらいわがみちょう　広島県呉市
吉浦松葉町　よしうらまつばちょう　広島県呉市
吉浦東本町　よしうらひがしほんまち　広島県呉市
吉浦東町　よしうらひがしまち　広島県呉市
吉浦神賀町　よしうらじんがちょう　広島県呉市
吉浦宮花町　よしうらみやはなちょう　広島県呉市
吉浦新出町　よしうらしんでちょう　広島県呉市
吉浦新町　よしうらしんまち　広島県呉市
吉浦潭鼓町　よしうらたんこちょう　広島県呉市
吉浜
よしはま　岩手県（三陸鉄道南リアス線）
よしはま　千葉県安房郡鋸南町
よしはま　神奈川県足柄下郡湯河原町
よしはま　愛知県（名古屋鉄道三河線）
よしはま　岡山県笠岡市
吉浜町　よしはまちょう　神奈川県横浜市中区
吉浜福浦　よしはまふくうら　神奈川県足柄下郡湯河原町

吉留
よしどめ　岡山県久米郡美咲町
よしどめ　福岡県宗像市
吉祥寺　きちじょうじ　東京都（JR中央本線ほか）
吉祥寺北町　きちじょうじきたまち　東京都武蔵野市
吉祥寺本町　きちじょうじほんちょう　東京都武蔵野市
吉祥寺町　きっしょうじまち　福岡県北九州市八幡西区
吉祥寺東町　きちじょうじひがしちょう　東京都武蔵野市
吉祥寺南町　きちじょうじみなみちょう　東京都武蔵野市
吉祥院九条町　きっしょういんくじょうちょう　京都府京都市南区
吉祥院八反田町　きっしょういんはつたんだちょう　京都府京都市南区
吉祥院三ノ宮西町　きっしょういんさんのみやにしまち　京都府京都市南区
吉祥院三ノ宮町　きっしょういんさんのみやちょう　京都府京都市南区
吉祥院大河原町　きっしょういんおおがわらちょう　京都府京都市南区
吉祥院中河原西屋敷町　きっしょういんなかがわらにしやしきちょう　京都府京都市南区
吉祥院中河原里北町　きっしょういんなかがわらさときたちょう　京都府京都市南区
吉祥院中河原里西町　きっしょういんなかがわらさとにしちょう　京都府京都市南区
吉祥院中河原里南町　きっしょういんなかがわらさとみなみちょう　京都府京都市南区
吉祥院中島町　きっしょういんなかじまちょう　京都府京都市南区
吉祥院井ノ口町　きっしょういんいのくちちょう　京都府京都市南区
吉祥院仁木ノ森町　きっしょういんにきのもりちょう　京都府京都市南区
吉祥院内河原町　きっしょういんうちがわらちょう　京都府京都市南区
吉祥院石原上川原町　きっしょういんいしはらかみかわらちょう　京都府京都市南区
吉祥院石原西ノ開町　きっしょういんいしはらにしのひらきちょう　京都府京都市南区
吉祥院石原西町　きっしょういんいしはらにしまち　京都府京都市南区
吉祥院石原町　きっしょういんいしはらちょう　京都府京都市南区
吉祥院石原京道町　きっしょういんいしはらきょうみちちょう　京都府京都市南区
吉祥院石原東之口　きっしょういんいしはらひがしのくち　京都府京都市南区
吉祥院石原長田町　きっしょういんいしはらながたちょう　京都府京都市南区
吉祥院石原南町　きっしょういんいしはらみなみちょう　京都府京都市南区
吉祥院石原堂ノ後西町　きっしょういんいしはらどうのうしろにしまち　京都府京都市南区
吉祥院石原堂ノ後町　きっしょういんいしはらどうのうしろちょう　京都府京都市南区
吉祥院石原野上町　きっしょういんいしはらのがみちょう　京都府京都市南区
吉祥院石原割畑　きっしょういんいしはらわりはた　京都府京都市南区

6画（吉）

吉祥院石原葭縁 きっしょういんいしはらよしべり 京都府京都市南区

吉祥院石原開町 きっしょういんいしはらひらきまち 京都府京都市南区

吉祥院石原橋上 きっしょういんいしはらはしかみ 京都府京都市南区

吉祥院石原橋裏 きっしょういんいしはらはしうら 京都府京都市南区

吉祥院向田西町 きっしょういんむかいだにしちょう 京都府京都市南区

吉祥院向田東町 きっしょういんむかいだひがしちょう 京都府京都市南区

吉祥院池ノ内町 きっしょういんいけのうちちょう 京都府京都市南区

吉祥院池田町 きっしょういんいけだちょう 京都府京都市南区

吉祥院池田南町 きっしょういんいけだみなみちょう 京都府京都市南区

吉祥院西ノ内町 きっしょういんにしのうちちょう 京都府京都市南区

吉祥院西ノ庄向田町 きっしょういんにしのしょうむかいだちょう 京都府京都市南区

吉祥院西ノ庄西中町 きっしょういんにしのしょうにしなかちょう 京都府京都市南区

吉祥院西ノ庄西浦町 きっしょういんにしのしょうにしうらちょう 京都府京都市南区

吉祥院西ノ庄東屋敷町 きっしょういんにしのしょうひがしやしきちょう 京都府京都市南区

吉祥院西ノ庄門口町 きっしょういんにしのしょうもんぐちちょう 京都府京都市南区

吉祥院西ノ庄渕ノ西町 きっしょういんにしのしょうふちのにしちょう 京都府京都市南区

吉祥院西ノ庄猪之馬場町 きっしょういんにしのしょういのばばちょう 京都府京都市南区

吉祥院西ノ茶屋町 きっしょういんにしのちゃやちょう 京都府京都市南区

吉祥院西定成町 きっしょういんにしさだなりちょう 京都府京都市南区

吉祥院西浦町 きっしょういんにしうらちょう 京都府京都市南区

吉祥院車道町 きっしょういんくるまみちちょう 京都府京都市南区

吉祥院里ノ内町 きっしょういんさとのうちちょう 京都府京都市南区

吉祥院定成町 きっしょういんさだなりちょう 京都府京都市南区

吉祥院東前田町 きっしょういんひがしまえだちょう 京都府京都市南区

吉祥院東砂ノ町 きっしょういんひがしすなのちょう 京都府京都市南区

吉祥院東浦町 きっしょういんひがしうらちょう 京都府京都市南区

吉祥院長田町 きっしょういんながたちょう 京都府京都市南区

吉祥院前田町 きっしょういんまえだちょう 京都府京都市南区

吉祥院前河原町 きっしょういんまえがわらちょう 京都府京都市南区

吉祥院南落合町 きっしょういんみなみおちあいちょう 京都府京都市南区

吉祥院政所町 きっしょういんまんどころちょう 京都府京都市南区

吉祥院春日町 きっしょういんかすがちょう 京都府京都市南区

吉祥院砂ノ町 きっしょういんすなのちょう 京都府京都市南区

吉祥院宮ノ西町 きっしょういんみやのにしちょう 京都府京都市南区

吉祥院宮ノ東町 きっしょういんみやのひがしちょう 京都府京都市南区

吉祥院流作町 きっしょういんりゅうさくちょう 京都府京都市南区

吉祥院這登中町 きっしょういんはいのぼりなかまち 京都府京都市南区

吉祥院這登西町 きっしょういんはいのぼりにしまち 京都府京都市南区

吉祥院這登東町 きっしょういんはいのぼりひがしまち 京都府京都市南区

吉祥院高畑町 きっしょういんたかはたちょう 京都府京都市南区

吉祥院清水町 きっしょういんしみずちょう 京都府京都市南区

吉祥院船戸町 きっしょういんふなとちょう 京都府京都市南区

吉祥院菅原町 きっしょういんすがはらちょう 京都府京都市南区

吉祥院堤外町 きっしょういんつつみそとちょう 京都府京都市南区

吉祥院御池町 きっしょういんおいけちょう 京都府京都市南区

吉祥院落合町 きっしょういんおちあいちょう 京都府京都市南区

吉祥院新田下ノ向町 きっしょういんしんでんしものむかいちょう 京都府京都市南区

吉祥院新田弐ノ段町 きっしょういんしんでんにのだんちょう 京都府京都市南区

吉祥院新田壱ノ段町 きっしょういんしんでんいちのだんちょう 京都府京都市南区

吉祥院新田参ノ段町 きっしょういんしんでんさんのだんちょう 京都府京都市南区

吉祥院蒔絵町 きっしょういんまきえちょう 京都府京都市南区

吉祥院蒔絵南町 きっしょういんまきええみなみちょう 京都府京都市南区

吉祥院嶋川原田町 きっしょういんしまかわらだちょう 京都府京都市南区

吉祥院嶋中ノ島 きっしょういんしまなかのしま 京都府京都市南区

吉祥院嶋出在家町 きっしょういんしまでざいけちょう 京都府京都市南区

吉祥院嶋西浦 きっしょういんしまにしうら 京都府京都市南区

吉祥院嶋高町 きっしょういんしまたかまち 京都府京都市南区

吉祥院嶋堂ノ裏 きっしょういんしまどうのうら 京都府京都市南区

吉祥院嶋笠井町 きっしょういんしまかさいちょう 京都府京都市南区

吉祥院嶋野間詰町 きっしょういんしまのまづめちょう 京都府京都市南区

吉祥院嶋堤外 きっしょういんしまつつみそと 京都府京都市南区

吉祥院嶋樫山町 きっしょういんしまかたぎやまちょう 京都府京都市南区

6画（吉）

吉祥院稲葉町　きっしょういんいなばちょう　京都府京都市南区

吉祥院観音堂町　きっしょういんかんのんどうちょう　京都府京都市南区

吉祥院観音堂南町　きっしょういんかんのんどうみなみちょう　京都府京都市南区

吉馬　よしま　兵庫県加東市

吉高
　よしたか　福島県南会津郡南会津町
　よしたか　千葉県印西市

11吉冨　よしとみ　兵庫県神崎郡神河町

吉崎
　よしざき　群馬県甘楽郡下仁田町
　よしざき　千葉県匝瑳市
　よしざき　新潟県長岡市
　よしざき　福井県あわら市

吉崎町
　よしざきまち　石川県加賀市
　よしさきまち　石川県羽咋市

吉常　よしつね　福岡県八女郡広川町

吉部下　きべしも　山口県萩市

吉部上　きべかみ　山口県萩市

吉野
　よしの　北海道松前郡福島町
　よしの　北海道樺戸郡新十津川町
　よしの　北海道中川郡美深町
　よしの　北海道勇払郡厚真町
　よしの　北海道河東郡士幌町
　よしの　北海道十勝郡浦幌町
　よしの　栃木県宇都宮市
　よしの　埼玉県幸手市
　よしの　千葉県君津市
　よしの　神奈川県相模原市緑区
　よしの　富山県富山市
　よしの　富山県魚津市
　よしの　石川県白山市
　よしの　京都府舞鶴市
　よしの　大阪府大阪市福島区
　よしの　大阪府豊能郡能勢町
　よしの　奈良県（近畿日本鉄道吉野線）
　よしの　和歌山県海草郡紀美野町
　よしの　徳島県那賀郡那賀町
　よしの　徳島県海部郡海陽町
　よしの　香川県小豆郡小豆島町
　よしの　香川県仲多度郡まんのう町
　よしの　愛媛県北宇和郡松野町
　よしの　高知県長岡郡本山町
　よしの　福岡県（JR鹿児島本線）
　よしの　福岡県大牟田市
　よしの　宮崎県宮崎市
　よしの　鹿児島県鹿児島市

吉野ケ里公園　よしのがりこうえん　佐賀県（JR長崎本線）

吉野ケ里町　よしのがりちょう　佐賀県神埼郡

吉野一条北　よしのいちじょうきた　北海道砂川市

吉野一条南　よしのいちじょうみなみ　北海道砂川市

吉野二条北　よしのにじょうきた　北海道砂川市

吉野二条南　よしのにじょうみなみ　北海道砂川市

吉野下　よしのしも　香川県仲多度郡まんのう町

吉野三条南　よしのさんじょうみなみ　北海道砂川市

吉野口　よしのぐち　奈良県（JR和歌山線ほか）

吉野山　よしのやま　奈良県吉野郡吉野町

吉野川　よしのかわ　愛媛県喜多郡内子町

吉野川市　よしのがわし　徳島県

吉野方　よしのかた　宮崎県日南市

吉野四条南　よしのしじょうみなみ　北海道砂川市

吉野本町　よしのほんちょう　徳島県徳島市

吉野生　よしのぶ　愛媛県（JR予土線）

吉野田
　よしのだ　青森県南津軽郡藤崎町
　よしのだ　千葉県袖ケ浦市

吉野辺　よしのべ　福島県田村郡小野町

吉野沢　よしのざわ　千葉県柏市

吉野町
　よしのちょう　青森県弘前市
　よしのちょう　宮城県石巻市
　よしのちょう　埼玉県さいたま市北区
　よしのちょう　神奈川県（横浜市交通局ブルーライン）
　よしのちょう　神奈川県横浜市南区
　よしのちょう　福井県大野市
　よしのまち　岐阜県岐阜市
　よしのまち　岐阜県関市
　よしのちょう　静岡県静岡市葵区
　よしのちょう　愛知県瀬戸市
　よしのちょう　京都府京都市上京区
　よしのちょう　京都府京都市中京区
　よしのちょう　兵庫県加西市
　よしのちょう　奈良県吉野郡
　よしのちょう　愛媛県松山市
　よしのまち　福岡県北九州市小倉北区
　よしのまち　宮崎県延岡市
　よしのちょう　鹿児島県鹿児島市

吉野町五条　よしのちょうごじょう　徳島県阿波市

吉野町西条　よしのちょうさいじょう　徳島県阿波市

吉野町柿原　よしのちょうかきはら　徳島県阿波市

吉野屋
　よしのや　新潟県三条市
　よしのや　石川県羽咋郡宝達志水町

吉野神宮　よしのじんぐう　奈良県（近畿日本鉄道吉野線）

吉野原
　よしのはら　埼玉県（埼玉新都市交通伊奈線）
　よしのはる　大分県大分市

吉野郡　よしのぐん　奈良県

吉野宿　よしのじゅく　山形県山形市

12吉備
　きび　奈良県桜井市
　きび　奈良県高市郡高取町

吉備中央町　きびちゅうおうちょう　岡山県加賀郡

吉備津
　きびつ　岡山県（JR吉備線）
　きびつ　岡山県岡山市北区

吉備真備　きびのまきび　岡山県（井原鉄道線）

吉塚
　よしづか　福岡県（JR鹿児島本線）
　よしづか　福岡県福岡市博多区

吉塚本町　よしづかほんまち　福岡県福岡市博多区

吉富
　よしとみ　京都府（JR山陰本線）
　よしとみ　福岡県（JR日豊本線）

吉富町
　よしとみまち　福岡県柳川市
　よしとみまち　福岡県築上郡

6画（吸, 向）

吉無田郷　よしむたごう　長崎県西彼杵郡長与町
吉賀町　よしかちょう　島根県鹿足郡
13 吉新　よししん　奈良県生駒郡平群町
吉滝　よしたき　富山県氷見市
吉福　よしふく　兵庫県掛保郡太子町
吉福町　よしふくちょう　長崎県佐世保市
14 吉隠　よなばり　奈良県桜井市
吉際　よしぎわ　神奈川県平塚市
15 吉敷　よしき　山口県山口市
吉敷下東　よしきしもひがし　山口県山口市
吉敷上東　よしきかみひがし　山口県山口市
吉敷中東　よしきなかひがし　山口県山口市
吉敷佐畑　よしきさばた　山口県山口市
吉敷町　きしきちょう　埼玉県さいたま市大宮区
吉敷赤田　よしきあかだ　山口県山口市
吉槻　よしつき　滋賀県米原市
16 吉橋　よしはし　千葉県八千代市
18 吉藤　よしふじ　愛媛県松山市
19 吉瀬　きせ　茨城県つくば市
20 吉懸　よしがけ　富山県氷見市

【吸】

3 吸川街　すいかわこうじ　岩手県一関市
6 吸江　ぎゅうこう　高知県高知市
7 吸坂町　すいさかまち　石川県加賀市
吸谷町　すいだにちょう　兵庫県加西市

【向】

向　むかい　和歌山県和歌山市
0 向ケ丘
　　むこうがおか　北海道江別市
　　むこうがおか　北海道空知郡奈井江町
　　むかいがおか　宮城県塩竈市
　　むこうがおか　神奈川県川崎市高津区
　　むこうがおか　愛知県（豊橋鉄道渥美線）
　　むかいがおか　福岡県糟屋郡志免町
向ケ丘遊園　むこうがおかゆうえん　神奈川県（小田急電鉄小田原線）
向ケ崎町　むこうがさきちょう　神奈川県三浦市
向が丘　むかいがおか　愛知県名古屋市天白区
向が丘西　むこうがおかにし　北海道浦河郡浦河町
向が丘東　むかいがおかちょう　福井県越前市
向が丘東　むこうがおかひがし　北海道浦河郡浦河町
3 向上野　むこううえの　茨城県筑西市
向小金　むかいこがね　千葉県流山市
向山
　　むかいやま　青森県（青い森鉄道線）
　　むかいやま　青森県上北郡おいらせ町
　　むかいやま　宮城県仙台市太白区
　　むこうやま　茨城県那珂市
　　むこうやま　群馬県利根郡みなかみ町
　　むこうやま　埼玉県上尾市
　　こうやま　東京都練馬区
　　むこやま　愛知県犬山市
　　むかいやま　和歌山県田辺市
　　むこうやま　岡山県倉敷市
　　むかうやま　香川県綾歌郡宇多津町
　　むこうやま　宮崎県西臼杵郡高千穂町
向山大池町　むかいやまおおいけちょう　愛知県豊橋市

向山台町　むかいやまだいまち　愛知県豊橋市
向山田　むこうやまだ　大分県竹田市
向山西町　むかいやまにしまち　愛知県豊橋市
向山町
　　むこうやまちょう　岐阜県関市
　　むこうやまちょう　愛知県名古屋市昭和区
　　むかいやまちょう　愛知県豊橋市
　　むかいやまちょう　愛知県岡崎市
　　むかいやまちょう　愛知県一宮市
　　むかいやまちょう　愛知県半田市
　　むかいやまちょう　愛知県高浜市
　　むかいやまちょう　愛知県田原市
　　むかいやまちょう　山口県下関市
向山東　むかいやまひがし　青森県上北郡おいらせ町
向山東町　むかいやまひがしまち　愛知県豊橋市
向山南
　　むかいやまみなみ　青森県上北郡おいらせ町
　　むかいやまみなみ　愛知県一宮市
向川　むかいがわ　高知県高岡郡四万十町
向川岸町　むこうがしちょう　埼玉県加須市
向川原
　　むかいかわら　青森県上北郡七戸町
　　むかいかわら　青森県上北郡おいらせ町
　　むかいがわら　福島県大沼郡会津美里町
向川原甲　むかいかわはらこう　福島県大沼郡会津美里町
向川原町　むこうがわらまち　富山県富山市
向川澄　むこうかわすみ　茨城県筑西市
4 向中ノ通　むかいなかのとおり　新潟県阿賀野市
向中条　むかいなかじょう　新潟県新発田市
向中町　むこうなかまち　石川県金沢市
向中野　むかいなかの　岩手県盛岡市
向中野川向　むかいなかのかわむかい　青森県上北郡七戸町
向之倉　むかいのくら　滋賀県犬上郡多賀町
向之原　むかいのはる　大分県（JR久大本線）
向井
　　むかい　三重県尾鷲市
　　むかい　兵庫県篠山市
向井田　むかいだ　大阪府交野市
向井町　むかいちょう　神奈川県横浜市鶴見区
向井原　むかいばら　愛媛県（JR予讃線）
向天方　むかいあまがた　静岡県周智郡森町
向日比　むかいひび　岡山県玉野市
向日市　むこうし　京都府
向日町
　　むこうまち　京都府（JR東海道本線）
　　むこうちょう　京都府向日市
向月町　こうげつちょう　兵庫県宝塚市
向木場町　むかいこばまち　長崎県大村市
5 向丘
　　むかいおか　北海道虻田郡留寿都村
　　むこうがおか　東京都文京区
　　むかいがおか　大阪府豊中市
向加野　むかいかの　岐阜県岐阜市
向古河　むかいこが　埼玉県加須市
向台　むかえだい　愛知県名古屋市守山区
向台町　むこうだいちょう　東京都西東京市
向外瀬　むかいとのせ　青森県弘前市
向市場　むかいちば　静岡県（JR飯田線）

6画（向）

向平
　むかいたい　青森県上北郡七戸町
　むかいたいら　青森県上北郡横浜町
　むかいたい　青森県上北郡東北町
　むかいたい　青森県上北郡おいらせ町
　むかいだいら　和歌山県西牟婁郡白浜町
向本折町　むかいもとおりまち　石川県小松市
向田
　むかいだ　青森県上北野辺地町
　むかいだ　宮城県仙台市青葉区
　むかだ　栃木県那須烏山市
　むかいだ　神奈川県南足柄市
　むこだ　愛知県犬山市
　むかいだ　愛知県知多郡武豊町
向田本町　むこうだほんまち　鹿児島県薩摩川内市
向田町
　むかいだちょう　静岡県静岡市清水区
　むこうだちょう　京都府綾部市
　むこうだちょう　鹿児島県薩摩川内市
向田表　むかいたおもて　秋田県能代市
向石下　むこういしげ　茨城県常総市
6向寺　むかいでら　福島県白河市
向州　むこうす　岡山県岡山市東区
向有珠町　むかいうすちょう　北海道伊達市
向江　むかえ　宮崎県えびの市
向江田町　むこうえたまち　広島県三次市
向江町
　むかえちょう　宮崎県日向市
　むかえちょう　鹿児島県鹿屋市
　むかえまち　鹿児島県出水市
向西仙房　むかいさいせんぼう　岐阜県関市
7向佐野　むかいざの　福岡県太宰府市
向作田　むかいさくた　福島県二本松市
向別　むこうべつ　北海道浦河郡浦河町
向坂　むかいさか　青森県上北郡おいらせ町
向町
　むかいまち　北海道空知郡上富良野町
　むかいまち　岩手県宮古市
　むかいまち　秋田県大館市
　むかいまち　山形県最上郡最上町
　むこうまち　埼玉県行田市
　むこうまち　山梨県甲府市
　むかえちょう　愛知県尾張旭市
　むこうちょう　岡山県高梁市
　むかえまち　長崎県長崎市
　むかえちょう　長崎県五島市
向谷
　むこうや　埼玉県熊谷市
　むくや　静岡県島田市
向谷元町　むくやもとまち　静岡県島田市
8向国安　むこうぐにやす　鳥取県鳥取市
向居　むかい　山形県最上郡鮭川村
向東町　むかいひがしちょう　広島県尾道市
向河原
　むこうがわら　栃木県さくら市
　むかいがわら　神奈川県（JR南武線）
向河原町
　むかいがわらまち　福島県郡山市
　むこうがわらちょう　愛知県豊川市
9向屋敷　むかいやしき　青森県上北郡東北町
向津矢　むかつや　岡山県真庭市

向津留　むこうづる　熊本県玉名市
向洋　むかいなだ　広島県（JR山陽本線）
向洋大原町　むかいなだおおはらちょう　広島県広島
　市南区
向洋中町　むかいなだなかまち　広島県広島市南区
向洋本町　むかいなだほんまち　広島県広島市南区
向洋沖町　むかいなだおきまち　広島県広島市南区
向洋町
　こうようちょう　山口県下関市
　こうようまち　福岡県北九州市若松区
向洋町中　こうようちょうなか　兵庫県神戸市東灘区
向洋町西　こうようちょうにし　兵庫県神戸市東灘区
向洋町東　こうようちょうひがし　兵庫県神戸市東
　灘区
向洋新町　むかいなだしんまち　広島県広島市南区
向畑　むこうばたけ　埼玉県越谷市
向草間町　むこうくさまちょう　愛知県豊橋市
10向原
　むかえばら　宮城県伊具郡丸森町
　むかいはら　福島県二本松市
　むこうはら　東京都（東京都交通局荒川線）
　むかいはら　東京都板橋区
　むこうはら　東京都東大和市
　むかいはら　神奈川県川崎市麻生区
　むかいはら　神奈川県相模原市緑区
　むこうはら　神奈川県足柄上郡山北町
　むかいはら　広島県（JR芸備線）
向原西　むかいばるにし　大分県大分市
向原沖　むかいばるおき　大分県大分市
向原町
　むかいはらちょう　千葉県柏市
　むかいはらちょう　徳島県阿南市
向原町戸島　むかいはらちょうとしま　広島県安芸高
　田市
向原町有留　むかいはらちょうありどめ　広島県安芸
　高田市
向原町坂　むかいはらちょうさか　広島県安芸高田市
向原町長田　むかいはらちょうながた　広島県安芸高
　田市
向原町保垣　むかいはらちょうほがき　広島県安芸高
　田市
向原東　むかいばるひがし　大分県大分市
向原新田　むかいはらしんでん　栃木県小山市
向島
　むこうじま　東京都墨田区
　むかいじま　京都府（近畿日本鉄道京都線）
　むこうしま　山口県防府市
　むかいじま　福岡県大川市
　ほうじま　大分県佐伯市
向島二ノ丸町　むかいじまにのまるちょう　京都府京
　都市伏見区
向島二本柳　むかいじまにほんやなぎ　京都府京都市
　伏見区
向島又兵衛　むかいじままたべえ　京都府京都市伏
　見区
向島下之町　むかいじましものちょう　京都府京都市
　伏見区
向島下五反田　むかいじましもごたんだ　京都府京都
　市伏見区
向島上五反田　むかいじまかみごたんだ　京都府京都
　市伏見区

495

6画（向）

向島上林町　むかいじまかんばやしちょう　京都府京都市伏見区

向島丸町　むかいじままるまち　京都府京都市伏見区

向島大黒　むかいじまだいこく　京都府京都市伏見区

向島中之町　むかいじまなかのちょう　京都府京都市伏見区

向島中島町　むかいじまなかじまちょう　京都府京都市伏見区

向島四ツ谷池　むかいじまよつやいけ　京都府京都市伏見区

向島本丸町　むかいじまほんまるちょう　京都府京都市伏見区

向島立河原町　むかいじまたてがわらちょう　京都府京都市伏見区

向島西定請　むかいじまにしじょううけ　京都府京都市伏見区

向島西堤町　むかいじまにしつつみちょう　京都府京都市伏見区

向島吹田河原町　むかいじますいたがわらちょう　京都府京都市伏見区

向島町
　むかいじままち　石川県白山市
　むかいじまちょう　静岡県島田市
　むこうじまちょう　愛知県名古屋市中村区
　むこうじまちょう　大阪府門真市
　むこうじまちょう　島根県松江市
　むかいしまちょう　広島県尾道市

向島町立花　むかいしまちょうたちばな　広島県尾道市

向島町岩子島　むかいしまちょういわしじま　広島県尾道市

向島庚申町　むかいじまこうしんちょう　京都府京都市伏見区

向島東定請　むかいじまひがしじょううけ　京都府京都市伏見区

向島東泉寺町　むかいじまとうせんじちょう　京都府京都市伏見区

向島津田町　むかいじまつだちょう　京都府京都市伏見区

向島清水町　むかいじましみずちょう　京都府京都市伏見区

向島善阿弥町　むかいじまぜんあみちょう　京都府京都市伏見区

向島渡シ場町　むかいじまわたしばちょう　京都府京都市伏見区

向島新上林　むかいじましんかんばやし　京都府京都市伏見区

向島橋詰町　むかいじまはしづめちょう　京都府京都市伏見区

向島藤ノ木町　むかいじまふじのきちょう　京都府京都市伏見区

向島鷹場町　むかいじまたかばちょう　京都府京都市伏見区

向浜
　むかいはま　北海道檜山郡上ノ国町
　むかいはま　秋田県秋田市

向能代
　むかいのしろ　秋田県（JR五能線）
　むかいのしろ　秋田県能代市

向高　むこうたか　宮崎県東諸県郡国富町

11 向副　むかそい　和歌山県橋本市

向宿　むこうじゅく　静岡県浜松市中区

向笠　むかさ　福井県三方上中郡若狭町

向笠竹之内　むかさたけのうち　静岡県磐田市

向笠西　むかさにし　静岡県磐田市

向笠新屋　むかさあらや　静岡県磐田市

向郷　むかいごう　千葉県君津市

向野
　むかいの　北海道北斗市
　むかいの　栃木県小山市
　むかいの　愛知県新城市
　むかいの　京都府福知山市
　むかいの　大阪府羽曳野市
　むかいの　福岡県福岡市南区

向野本町　むかいのほんまち　富山県高岡市

向野町
　むかいのまち　富山県高岡市
　むかいのちょう　大阪府河内長野市

向陵中町　こうりょうなかまち　大阪府堺市堺区

向陵西町　こうりょうにしまち　大阪府堺市堺区

向陵東町　こうりょうひがしまち　大阪府堺市堺区

向鹿瀬　むかいかのせ　新潟県東蒲原郡阿賀町

12 向粟崎　むかいあわがさき　石川県河北郡内灘町

向陽
　こうよう　北海道斜里郡斜里町
　こうよう　新潟県新潟市東区
　こうよう　愛知県名古屋市千種区
　こうよう　愛知県知多郡武豊町
　こうよう　兵庫県神戸市垂水区
　こうよう　鹿児島県鹿児島市

向陽ケ丘　こうようがおか　北海道網走市

向陽台
　こうようだい　宮城県仙台市泉区
　こうようだい　福島県二本松市
　こうようだい　茨城県龍ケ崎市
　こうようだい　埼玉県入間市
　こうようだい　東京都稲城市
　こうようだい　石川県河北郡内灘町
　こうようだい　岐阜県関市
　こうようだい　三重県三重郡朝日町
　こうようだい　大阪府富田林市
　こうようだい　兵庫県相生市
　こうようだい　兵庫県川西市
　こうようだい　熊本県菊池郡菊陽町

向陽町
　こうようちょう　北海道中川郡本別町
　こうようちょう　宮城県石巻市
　こうようちょう　福島県須賀川市
　こうようちょう　埼玉県所沢市
　こうようちょう　神奈川県相模原市中央区
　こうようちょう　新潟県柏崎市
　こうようちょう　福井県越前市
　こうようちょう　岐阜県岐阜市
　こうようちょう　愛知県名古屋市千種区
　こうようまち　愛知県碧南市
　こうようちょう　滋賀県大津市
　こうようちょう　広島県福山市

13 向新田
　むかいしんでん　山形県山形市
　むこうしんでん　山形県東村山郡中山町

向新庄
　むかいしんじょう　富山県富山市
　むかいしんじょう　富山県中新川郡立山町

向新庄町　むかいしんじょうまち　富山県富山市

向新町　むかいしんまち　福岡県福岡市南区

6画（合, 吐, 同, 名）

向新保町　むかいしんぼちょう　福井県越前市
向新蔵　むかいしんくら　福島県白河市
向遠軽　むかいえんがる　北海道紋別郡遠軽町
15 向敷地　むこうしきじ　静岡県静岡市駿河区
向横田町　むかいよこたちょう　島根県益田市
16 向橋　むかばし　新潟県上越市
19 向瀬　むこせ　石川県羽咋郡宝達志水町
向瀬上　むかいせのうえ　福島県（阿武隈急行線）
20 向籏屋　むかいはたや　青森県上北郡東北町
21 向灘　むかいなだ　愛媛県八幡浜市

【合】

0 合ノ元町　ごうのもとまち　大分県津久見市
合ノ原町　ごうのはるまち　熊本県人吉市
3 合子沢　ごうしざわ　青森県青森市
合山町　あやまちょう　兵庫県西脇市
合川
　　あいかわ　秋田県（秋田内陸縦貫鉄道線）
　　あいかわ　福島県南会津郡下郷町
　　あいかわ　福島県河沼郡会津坂下町
　　ごうがわ　和歌山県田辺市
合川町　あいかわまち　福岡県久留米市
4 合戸
　　ごうど　千葉県南房総市
　　ごうど　静岡県御前崎市
合戸町　ごうどちょう　滋賀県東近江市
5 合代島　ごうだいじま　静岡県磐田市
合生　あいおい　熊本県合志市
合田
　　ごうだ　富山県富山市
　　あいだ　岡山県赤磐市
　　ごうだ　愛媛県八幡浜市
6 合成町　ごうせいまち　福岡県大牟田市
7 合志　ごうし　熊本県熊本市南区
合志市　こうしし　熊本県
合谷町　ごうだにちょう　福井県福井市
8 合河町　あいかわまち　石川県加賀市
合波　あいば　福井県南条郡南越前町
9 合海　あいかい　山形県最上郡大蔵村
10 合島町　ごうしまちょう　福井県福井市
合浦　がっぽ　青森県青森市
合流　ごうりゅう　北海道十勝郡浦幌町
合馬
　　おうま　福岡県北九州市小倉南区
　　おうま　大分県中津市
11 合鹿　ごうろく　石川県鳳珠郡能登町
12 合場町　あいばちょう　奈良県天理市
13 合戦場　こうせんざか　福島県白河市
合戦場
　　かっせんば　栃木県（東武鉄道日光線）
　　かっせんば　長野県長野市
15 合歓木町　ねむのきちょう　愛知県岡崎市

【吐】

4 吐月町　とげつちょう　岐阜県関市
5 吐生　はぶ　和歌山県東牟婁郡串本町
吐田　はんだ　奈良県磯城郡川西町
9 吐前　はんざき　和歌山県和歌山市
10 吐師　はぜ　京都府木津川市

【同】

4 同心　どうしん　大阪府大阪市北区
同心町
　　どうしんちょう　青森県三戸郡三戸町
　　どうしんまち　兵庫県姫路市
6 同地　どうち　茨城県守谷市
7 同志社山手　どうししゃやまて　京都府京田辺市
同志社前　どうししゃまえ　京都府（JR片町線）

【名】

名　みょう　埼玉県羽生市
0 名ケ滝　みょうがだき　富山県小矢部市
2 名入　ないり　福島県大沼郡三島町
3 名下　みょうげ　新潟県三条市
名子
　　なご　岩手県岩手郡雫石町
　　なご　福井県敦賀市
　　なご　福岡県福岡市東区
名山町　めいざんちょう　鹿児島県鹿児島市
4 名内　なうち　千葉県白井市
名切町　なきりちょう　長崎県佐世保市
名戸ケ谷　などがや　千葉県柏市
名手　なて　和歌山県（JR和歌山線）
名手下　なてしも　和歌山県紀の川市
名手上　なてかみ　和歌山県紀の川市
名手市場　なていちば　和歌山県紀の川市
名手西野　なてにしの　和歌山県紀の川市
名木
　　なぎ　千葉県成田市
　　なぎ　千葉県勝浦市
名木沢
　　なぎさわ　宮城県気仙沼市
　　なきさわ　山形県尾花沢市
　　なぎさわ　新潟県南魚沼市
名木野町　なぎのまち　新潟県見附市
5 名古山町　なごやまちょう　兵庫県姫路市
名古木　ながぬき　神奈川県秦野市
名古屋
　　なごや　千葉県成田市
　　なごや　新潟県佐渡市
　　なごや　愛知県（JR東海道新幹線ほか）
名古屋大学　なごやだいがく　愛知県（名古屋市交通
　　局名城線）
名古屋市　なごやし　愛知県
名古屋港　なごやこう　愛知県（名古屋市交通局名
　　港線）
名古屋競馬場前　なごやけいばじょうまえ　愛知県
　　（名古屋臨海高速鉄道西名古屋港線）
名号　みょうごう　愛知県新城市
名四町　めいしちょう　愛知県名古屋市港区
名平　なびろう　新潟県十日町市
名田庄下　なたしょうしも　福井県大飯郡おおい町
名田庄三重　なたしょうみえ　福井県大飯郡おおい町
名田庄久坂　なたしょうひささか　福井県大飯郡おお
　　い町
名田庄口坂本　なたしょうくちさかもと　福井県大飯
　　郡おおい町
名田庄小倉　なたしょうおぐら　福井県大飯郡おお
　　い町

497

6画（名）

名田庄小倉畑 なたしょうおぐらはた 福井県大飯郡おおい町

名田庄中 なたしょうなか 福井県大飯郡おおい町

名田庄井上 なたしょういがみ 福井県大飯郡おおい町

名田庄木谷 なたしょうきだに 福井県大飯郡おおい町

名田庄出合 なたしょうであい 福井県大飯郡おおい町

名田庄永谷 なたしょうながたに 福井県大飯郡おおい町

名田庄虫谷 なたしょうむしだに 福井県大飯郡おおい町

名田庄虫鹿野 なたしょうむしがの 福井県大飯郡おおい町

名田庄西谷 なたしょうにしだに 福井県大飯郡おおい町

名田庄染ケ谷 なたしょうそめがたに 福井県大飯郡おおい町

名田庄挙原 なたしょうあげはら 福井県大飯郡おおい町

名田庄挙野 なたしょうあげの 福井県大飯郡おおい町

名田庄納田終 なたしょうのたおい 福井県大飯郡おおい町

名田庄堂本 なたしょうどうもと 福井県大飯郡おおい町

名田庄奥坂本 なたしょうおくさかもと 福井県大飯郡おおい町

名田庄槇谷 なたしょうまきだに 福井県大飯郡おおい町

名田町 なだまち 岐阜県高山市

名田町上野 なだちょううえの 和歌山県御坊市

名田町野島 なだちょうのしま 和歌山県御坊市

名田町楠井 なだちょうくすい 和歌山県御坊市

名田島 なたじま 山口県山口市

名目所 なめところ 新潟県新潟市北区

名石浜 めいしはま 熊本県玉名郡長洲町

名立 なたち 新潟県（えちごトキめき鉄道日本海ひすいライン）

名立区丸田 なだちくまるだ 新潟県上越市

名立区大菅 なだちくおおすが 新潟県上越市

名立区小田島 なだちくおだじま 新潟県上越市

名立区平谷 なだちくひらたに 新潟県上越市

名立区田野上 なだちくたのうえ 新潟県上越市

名立区名立大町 なだちくなだちおおまち 新潟県上越市

名立区名立小泊 なだちくなだちこどまり 新潟県上越市

名立区池田 なだちくいけだ 新潟県上越市

名立区西蒲生田 なだちくにしかもうだ 新潟県上越市

名立区折戸 なだちくおりと 新潟県上越市

名立区折居 なだちくおりい 新潟県上越市

名立区杉野瀬 なだちくすぎのせ 新潟県上越市

名立区谷口 なだちくたにぐち 新潟県上越市

名立区赤神俣 なだちくあかのまた 新潟県上越市

名立区車路 なだちくくるまじ 新潟県上越市

名立区坪山 なだちくつぼやま 新潟県上越市

名立区東飛山 なだちくひがしひやま 新潟県上越市

名立区東蒲生田 なだちくひがしかもうだ 新潟県上越市

名立区峠 なだちくとうげ 新潟県上越市

名立区桂谷 なだちくかつらだに 新潟県上越市

名立区森 なだちくもり 新潟県上越市

名立区躰畑 なだちくたいばたけ 新潟県上越市

名立区濁沢 なだちくにごりさわ 新潟県上越市

名立区瀬戸 なだちくせと 新潟県上越市

6 名次町 なつぎちょう 兵庫県西宮市

名池町 めいちちょう 山口県下関市

名舟町 なふねまち 石川県輪島市

名西 めいせい 愛知県名古屋市西区

名西通 めいせいどおり 愛知県名古屋市中村区

名西郡 みょうざいぐん 徳島県

7 名谷 みょうだに 兵庫県（神戸市交通局西神線）

名谷町 みょうだにちょう 兵庫県神戸市垂水区

8 名取
　なとり 宮城県（JR東北本線ほか）
　なとり 山形県村山市
　なとり 山梨県甲斐市
　なとり 愛媛県西宇和郡伊方町

名取が丘 なとりがおか 宮城県名取市

名取市 なとりし 宮城県

名和
　なわ 愛知県（名古屋鉄道常滑線）
　なわ 鳥取県（JR山陰本線）
　なわ 鳥取県西伯郡大山町

名和町 なわまち 愛知県東海市

名東区 めいとうく 愛知県名古屋市

名東本町 めいとうほんまち 愛知県名古屋市名東区

名東本通 めいとうほんどおり 愛知県名古屋市名東区

名東町 みょうどうちょう 徳島県徳島市

名東郡 みょうどうぐん 徳島県

9 名城
　めいじょう 愛知県名古屋市北区
　なしろ 沖縄県糸満市

名城公園 めいじょうこうえん 愛知県（名古屋市交通局名城線）

名屋 なや 和歌山県御坊市

名屋町 なやちょう 和歌山県御坊市

名柄
　ながら 奈良県御所市
　ながら 鹿児島県大島郡宇検村

名柄町 ながらちょう 三重県尾鷲市

名洗町 なあらいまち 千葉県銚子市

名畑 なばた 富山県小矢部市

名神口 めいしんぐち 大阪府豊中市

名神町
　めいしんちょう 大阪府高槻市
　めいしんちょう 兵庫県尼崎市

名草 なぐさ 山口県（JR山口線）

名草下町 なぐさしもちょう 栃木県足利市

名草上町 なぐさかみちょう 栃木県足利市

名草中町 なぐさなかちょう 栃木県足利市

名音 なおん 鹿児島県大島郡大和村

10 名倉
　なぐら 福島県郡山市
　なぐら 神奈川県相模原市緑区

名倉町 なぐらちょう 兵庫県神戸市長田区

6画（名）

名島
　なしま　和歌山県有田郡広川町
　なじま　福岡県（西日本鉄道西鉄貝塚線）
　なじま　福岡県福岡市東区
名残　なごり　福岡県宗像市
名高
　なだか　山形県最上郡戸沢村
　なたか　和歌山県海南市
11名寄　なよろ　北海道（JR宗谷本線）
名寄市　なよろし　北海道
名崎　なさき　茨城県古河市
名張　なばり　三重県（近畿日本鉄道大阪線）
名張市　なばりし　三重県
名掛丁　なかけちょう　宮城県仙台市宮城野区
名貫町　なぬきちょう　鹿児島県鹿屋市
名郷田　なごうだ　福島県郡山市
名都借　なずかり　千葉県流山市
名野川　なのかわ　高知県吾川郡仁淀川町
名野川大平　なのかわおおひら　高知県吾川郡仁淀川町
名鹿　なしし　高知県四万十市
12名割　なわり　新潟県村上市
名塚　なづか　熊本県山鹿市
名塚町
　なづかちょう　静岡県浜松市中区
　なづかちょう　愛知県名古屋市西区
名港　めいこう　愛知県名古屋市港区
名賀　なよし　島根県鹿足郡津和野町
名越
　なこえ　愛知県新城市
　なごせ　大阪府（水間鉄道線）
　なごせ　大阪府貝塚市
名越町　なごしちょう　滋賀県長浜市
名越谷　なごしだに　熊本県下益城郡美里町
名越屋　なごや　高知県高岡郡日高村
名須川町　なすかわちょう　岩手県盛岡市
13名塩　なじお　兵庫県西宮市
名塩ガーデン　なじおがーでん　兵庫県西宮市
名塩さくら台　なじおさくらだい　兵庫県西宮市
名塩山荘　なじおさんそう　兵庫県西宮市
名塩木之元　なじおこのもと　兵庫県西宮市
名塩平成台　なじおへいせいだい　兵庫県西宮市
名塩赤坂　なじおあかさか　兵庫県西宮市
名塩東久保　なじおとうくぼ　兵庫県西宮市
名塩南台　なじおみなみだい　兵庫県西宮市
名塩美山　なじおみやま　兵庫県西宮市
名塩茶園町　なじおちゃえんちょう　兵庫県西宮市
名塩新町　なじおしんまち　兵庫県西宮市
名楽町　めいらくちょう　愛知県名古屋市中村区
名鉄一宮　めいてついちのみや　愛知県（名古屋鉄道尾西線ほか）
名鉄名古屋　めいてつなごや　愛知県（名古屋鉄道犬山線ほか）
名鉄岐阜　めいてつぎふ　岐阜県（名古屋鉄道各務原線ほか）
名電山中　めいでんやまなか　愛知県（名古屋鉄道名古屋本線）
名電各務原　めいでんかかみがはら　岐阜県（名古屋鉄道各務原線）

名電赤坂　めいでんあかさか　愛知県（名古屋鉄道名古屋本線）
名電長沢　めいでんながさわ　愛知県（名古屋鉄道名古屋本線）
14名嘉地　なかち　沖縄県豊見城市
名嘉真　なかま　沖縄県国頭郡恩納村
名駅
　めいえき　愛知県名古屋市西区
　めいえき　愛知県名古屋市中村区
名駅南　めいえきみなみ　愛知県名古屋市中村区
15名蔵　なぐら　沖縄県石垣市
名駒町　なこままち　北海道磯谷郡蘭越町
19名瀬入舟町　なぜいりふねちょう　鹿児島県奄美市
名瀬久里町　なぜくさとちょう　鹿児島県奄美市
名瀬大熊　なぜだいくま　鹿児島県奄美市
名瀬大熊町　なぜだいくまちょう　鹿児島県奄美市
名瀬小俣町　なぜこまたちょう　鹿児島県奄美市
名瀬小浜町　なぜこはまちょう　鹿児島県奄美市
名瀬小宿　なぜこしゅく　鹿児島県奄美市
名瀬小湊　なぜこみなと　鹿児島県奄美市
名瀬井根町　なぜいねちょう　鹿児島県奄美市
名瀬古田町　なぜふるたちょう　鹿児島県奄美市
名瀬平田町　なぜひらたちょう　鹿児島県奄美市
名瀬平松町　なぜひらまつちょう　鹿児島県奄美市
名瀬末広町　なぜすえひろちょう　鹿児島県奄美市
名瀬永田町　なぜながたちょう　鹿児島県奄美市
名瀬矢之脇町　なぜやのわきちょう　鹿児島県奄美市
名瀬石橋町　なぜいしばしちょう　鹿児島県奄美市
名瀬伊津部町　なぜいつぶちょう　鹿児島県奄美市
名瀬伊津部勝　なぜいつぶがち　鹿児島県奄美市
名瀬仲勝　なぜなかがち　鹿児島県奄美市
名瀬仲勝町　なぜなかがちちょう　鹿児島県奄美市
名瀬名瀬勝　なぜなぜがち　鹿児島県奄美市
名瀬安勝町　なぜあんがちちょう　鹿児島県奄美市
名瀬有良　なぜありら　鹿児島県奄美市
名瀬有屋　なぜありや　鹿児島県奄美市
名瀬有屋町　なぜありやちょう　鹿児島県奄美市
名瀬西仲勝　なぜにしなかがち　鹿児島県奄美市
名瀬佐大熊町　なぜさだいくまちょう　鹿児島県奄美市
名瀬町　なせちょう　神奈川県横浜市戸塚区
名瀬芦花部　なぜあしけぶ　鹿児島県奄美市
名瀬和光町　なぜわこうちょう　鹿児島県奄美市
名瀬幸町　なぜさいわいちょう　鹿児島県奄美市
名瀬知名瀬　なぜちなせ　鹿児島県奄美市
名瀬金久町　なぜかねくちょう　鹿児島県奄美市
名瀬長浜町　なぜながはまちょう　鹿児島県奄美市
名瀬春日町　なぜかすがちょう　鹿児島県奄美市
名瀬柳町　なぜやなぎまち　鹿児島県奄美市
名瀬根瀬部　なぜねせぶ　鹿児島県奄美市
名瀬浦上　なぜうらがみ　鹿児島県奄美市
名瀬浦上町　なぜうらがみちょう　鹿児島県奄美市
名瀬浜里町　なぜはまさとちょう　鹿児島県奄美市
名瀬真名津町　なぜまなづちょう　鹿児島県奄美市
名瀬崎原　なぜさきばる　鹿児島県奄美市
名瀬朝仁　なぜあさに　鹿児島県奄美市
名瀬朝仁町　なぜあさにちょう　鹿児島県奄美市
名瀬朝仁新町　なぜあさにしんまち　鹿児島県奄美市

6画（因, 回, 団, 在, 地）

名瀬朝戸　なぜあさと　鹿児島県奄美市
名瀬朝日町　なぜあさひちょう　鹿児島県奄美市
名瀬港町　なぜみなとまち　鹿児島県奄美市
名瀬塩浜町　なぜしおはまちょう　鹿児島県奄美市
名瀬鳩浜町　なぜはとはまちょう　鹿児島県奄美市
20名護　なご　沖縄県名護市
名護市　なごし　沖縄県
21名鰺　なびれ　宮城県遠田郡涌谷町

【因】
10因原
　　いんばら　島根県（JR三江線）
　　いんばら　島根県邑智郡川本町
因島三庄町　いんのしまみつのしょうちょう　広島県尾道市
因島土生町　いんのしまはぶちょう　広島県尾道市
因島大浜町　いんのしまおおはまちょう　広島県尾道市
因島中庄町　いんのしまなかのしょうちょう　広島県尾道市
因島外浦町　いんのしまとのうらちょう　広島県尾道市
因島田熊町　いんのしまたくまちょう　広島県尾道市
因島洲江町　いんのしますのえちょう　広島県尾道市
因島重井町　いんのしましげいちょう　広島県尾道市
因島原町　いんのしまはらちょう　広島県尾道市
因島椋浦町　いんのしまむくのうらちょう　広島県尾道市
因島鏡浦町　いんのしまかがみうらちょう　広島県尾道市
15因幡町　いなばちょう　京都府京都市中京区
因幡社　いなばやしろ　鳥取県（JR因美線）
因幡堂町　いなばどうちょう　京都府京都市下京区
因幡船岡　いなばふなおか　鳥取県（若桜鉄道線）

【回】
5回田町　めぐりたちょう　東京都小平市

【団】
3団子新居　だんごあらい　山梨県甲斐市

【在】
3在士　さいじ　滋賀県犬上郡甲良町
5在田町　あいだちょう　福井県福井市
6在江　あるえ　石川県鹿島郡中能登町
在自　あらじ　福岡県福津市
7在良　ありよし　三重県（三岐鉄道北勢線）
8在府小路町　さいふこうじまち　青森県三戸郡三戸町
在府町　ざいふちょう　青森県弘前市
在所　さいしょ　沖縄県島尻郡南大東村
在房　ありふさ　富山県南砺市
10在家　さいけ　埼玉県さいたま市桜区
在家町
　　ざいけちょう　埼玉県川口市
　　さいけちょう　愛知県岡崎市
在家塚　ざいけつか　山梨県南アルプス市
在師　さいし　福島県二本松市
在庭坂　ざいにわさか　福島県福島市

【地】
0地ノ窪　じのくぼ　奈良県高市郡明日香村
3地下鉄成増　ちかてつなります　東京都（東京地下鉄有楽町線ほか）
地下鉄赤塚　ちかてつあかつか　東京都（東京地下鉄有楽町線ほか）
地子木町　じしきまち　富山県高岡市
地子町
　　じしまち　石川県小松市
　　じしまち　三重県鈴鹿市
4地不足道　じぶそくみち　宮城県遠田郡涌谷町
地内町　じないまち　兵庫県姫路市
地区センター　ちくせんたー　千葉県（山万ユーカリが丘線）
地引　じひき　千葉県長生郡長南町
5地主町　じしゅまち　岩手県一関市
地代町　じだいまち　石川県金沢市
地尻　ちじり　福島県大沼郡会津美里町
地本　じもと　新潟県胎内市
6地吉　じよし　高知県高岡郡四万十町
地名　ちごうちょう　島根県出雲市
地名
　　じな　静岡県（大井川鉄道大井川本線）
　　じな　静岡県榛原郡川根本町
地行　じぎょう　福岡県福岡市中央区
地行浜　じぎょうはま　福岡県福岡市中央区
7地吹町　じぶきちょう　広島県福山市
地見興屋　じみこうや　山形県酒田市
9地保　じほ　石川県羽咋郡志賀町
10地家室　じかむろ　山口県大島郡周防大島町
地島　じのしま　福岡県宗像市
地脇町　じわきちょう　静岡県磐田市
11地堀　じぼり　愛媛県今治市
地崎　じさき　富山県小矢部市
地黄　じおう　大阪府豊能郡能勢町
地黄町　じおうちょう　奈良県橿原市
12地御前
　　じごぜん　広島県（広島電鉄宮島線）
　　じごぜん　広島県廿日市市
地御前北　じごぜんきた　広島県廿日市市
13地福　じふく　山口県（JR山口線）
地福寺町　じふくじちょう　滋賀県長浜市
地続山　じつづきやま　青森県上北郡野辺地町
地鉄ビル前　ちてつびるまえ　富山県（富山地方鉄道市内線）
15地蔵
　　じぞう　新潟県長岡市
　　じぞう　三重県桑名市
地蔵久保　じぞうくぼ　長野県上水内郡飯綱町
地蔵寺　じぞうじ　高知県土佐郡土佐町
地蔵坊　じぞうぼう　石川県鳳珠郡穴水町
地蔵町
　　じぞうまち　富山県氷見市
　　じぞうちょう　滋賀県彦根市
　　じぞうまち　愛媛県（伊予鉄道郡中線）
　　じぞうまち　大分県津久見市
地蔵岱　じぞうたい　青森県三戸郡五戸町
地蔵原新田　じぞうはらしんでん　千葉県成田市
地蔵浜町　じぞうはまちょう　大阪府岸和田市

6画（圷, 壮, 夙, 多）

地蔵堂
　じぞうどう　青森県上北郡七戸町
　じぞうどう　新潟県燕市
　じぞうどう　静岡県伊豆市
　じぞうどう　大阪府貝塚市
地蔵堂本町　じぞうどうほんちょう　新潟県燕市
地蔵堂町　じぞうどうちょう　福井県福井市
地蔵橋　じぞうばし　徳島県（JR牟岐線）
16地頭　じとう　京都府舞鶴市
地頭方
　じとうがた　埼玉県上尾市
　じとうほう　埼玉県比企郡吉見町
　じとうがた　新潟県上越市
　じとうがた　静岡県牧之原市
地頭片山　じとうかたやま　岡山県総社市
地頭所　じとうしょ　島根県邑智郡美郷町

【圷】
³圷大野　あくつおおの　茨城県水戸市

【壮】
17壮瞥町　そうべつちょう　北海道有珠郡
壮瞥温泉　そうべつおんせん　北海道有珠郡壮瞥町

【夙】
³夙川　しゅくがわ　兵庫県（阪急電鉄甲陽線ほか）

【多】
多　おお　奈良県磯城郡田原本町
⁰多々石　ただいし　福島県南会津郡南会津町
多々良
　たたら　群馬県（東武鉄道伊勢崎線）
　たたら　山口県防府市
　たたら　福岡県福岡市東区
多々良木　たたらぎ　兵庫県朝来市
多々良町　たたらちょう　熊本県水俣市
多々連　ただれ　福岡県朝倉市
多々羅　たたら　京都府京田辺市
多々羅田　たたらだ　千葉県印西市
多ノ郷　おおのごう　高知県（JR土讃線）
多ノ郷乙　おおのごうおつ　高知県須崎市
多ノ郷甲　おおのごうこう　高知県須崎市
多の津　たのつ　福岡県福岡市東区
³多久
　たく　福岡県糸島市
　たく　佐賀県（JR唐津線）
多久市　たくし　佐賀県
多久町
　たくちょう　島根県出雲市
　たくまち　佐賀県多久市
多久谷町　たくだにちょう　島根県出雲市
多子　おいご　兵庫県美方郡新温泉町
⁴多井田　おいだ　兵庫県加東市
多井畑　たいのはた　兵庫県神戸市須磨区
多井畑東町　たいのはたひがしまち　兵庫県神戸市須磨区
多井畑南町　たいのはたみなみまち　兵庫県神戸市須磨区
多比　たび　静岡県沼津市

多比良町　たいらまち　長崎県（島原鉄道線）
⁵多以良町　たいらまち　長崎県長崎市
多加木　たかき　愛知県一宮市
多加良浦町　たからうらちょう　愛知県名古屋市港区
多功　たこう　栃木県河内郡上三川町
多可町　たかちょう　兵庫県多可郡
多可郡　たかぐん　兵庫県
多古
　たこ　千葉県香取郡多古町
　たこ　神奈川県小田原市
多古町　たこまち　千葉県香取郡
多布施　たふせ　佐賀県佐賀市
多田
　ただ　栃木県（東武鉄道佐野線）
　ただ　千葉県香取市
　おおた　新潟県佐渡市
　ただ　石川県かほく市
　ただ　福井県小浜市
　ただ　兵庫県（能勢電鉄妙見線）
　おいだ　奈良県御所市
　おおた　和歌山県海南市
　たた　島根県邑智郡川本町
　ただ　岡山県真庭市
　ただ　山口県岩国市
　ただ　愛媛県大洲市
　ただ　福岡県飯塚市
　ただ　鹿児島県阿久根市
多田木町　ただきちょう　栃木県足利市
多田町
　ただちょう　栃木県佐野市
　ただちょう　京都府綾部市
　ただちょう　島根県益田市
多田桜木　たださくらぎ　兵庫県川西市
多田院　ただいん　兵庫県川西市
多田院多田所町　ただいんただどころちょう　兵庫県川西市
多田院西　ただいんにし　兵庫県川西市
多田羅
　たたら　栃木県（真岡鉄道線）
　たたら　栃木県芳賀郡市貝町
⁶多伎町久村　たきちょうくむら　島根県出雲市
多伎町口田儀　たきちょうくちたぎ　島根県出雲市
多伎町小田　たきちょうおだ　島根県出雲市
多伎町多岐　たきちょうたき　島根県出雲市
多伎町神原　たきちょうかんばら　島根県出雲市
多伎町奥田儀　たきちょうおくたぎ　島根県出雲市
多気
　たき　三重県（JR紀勢本線）
　たき　三重県多気郡多気町
多気中町　たきなかまち　愛知県小牧市
多気北町　たききたまち　愛知県小牧市
多気西町　たきにしまち　愛知県小牧市
多気町　たきちょう　三重県多気郡
多気東町　たきひがしまち　愛知県小牧市
多気南町　たきみなみまち　愛知県小牧市
多気郡　たきぐん　三重県
多米中町　ためなかまち　愛知県豊橋市
多米西町　ためにしまち　愛知県豊橋市
多米町　ためちょう　愛知県豊橋市
多米東町　ためひがしまち　愛知県豊橋市

501

6画（多）

7 多呂　たろ　静岡県三島市
多沢　たたく　島根県隠岐郡知夫村
多良
　　たら　徳島県海部郡海陽町
　　たら　佐賀県（JR長崎本線）
　　たら　佐賀県藤津郡太良町
多良木
　　たらぎ　熊本県（くま川鉄道湯前線）
　　たらぎ　熊本県球磨郡多良木町
多良木町　たらぎまち　熊本県球磨郡
多良見町シーサイド　たらみちょうしーさいど　長崎県諫早市
多良見町山川内　たらみちょうやまがわうち　長崎県諫早市
多良見町中里　たらみちょうなかざと　長崎県諫早市
多良見町化屋　たらみちょうけや　長崎県諫早市
多良見町元釜　たらみちょうもとがま　長崎県諫早市
多良見町木床　たらみちょうきどこ　長崎県諫早市
多良見町市布　たらみちょういちぬの　長崎県諫早市
多良見町舟津　たらみちょうふなつ　長崎県諫早市
多良見町西川内　たらみちょうにしかわうち　長崎県諫早市
多良見町西園　たらみちょうにしぞの　長崎県諫早市
多良見町佐瀬　たらみちょうさせ　長崎県諫早市
多良見町囲　たらみちょうかこい　長崎県諫早市
多良見町東園　たらみちょうひがしぞの　長崎県諫早市
多良見町野川内　たらみちょうのがわうち　長崎県諫早市
多良見町野副　たらみちょうのぞえ　長崎県諫早市
多良貝　たらがい　千葉県成田市
多良間村　たらまそん　沖縄県宮古郡
多芸島　たぎしま　岐阜県大垣市
多里　たり　鳥取県日野郡日南町

8 多和
　　たわ　北海道川上郡標茶町
　　たわ　香川県さぬき市
多和田　たわだ　滋賀県米原市
多和目　たわめ　埼玉県坂戸市
多奈川　たながわ　大阪府（南海電気鉄道多奈川線）
多奈川小島　たながわこしま　大阪府泉南郡岬町
多奈川西畑　たながわにしはた　大阪府泉南郡岬町
多奈川谷川　たながわたにがわ　大阪府泉南郡岬町
多奈川東畑　たながわひがしはた　大阪府泉南郡岬町
多居谷　おおいだに　愛媛県伊予郡砥部町
多武峰　とうのみね　奈良県桜井市
多治井　たじい　大阪府堺市美原区
多治米町　たじめちょう　広島県福山市
多治見　たじみ　岐阜県（JR中央本線）
多治見市　たじみし　岐阜県
多肥下町　たひしもまち　香川県高松市
多肥上町　たひかみまち　香川県高松市
多門寺　たもんじ　埼玉県加須市
多門町
　　たもんまち　山形県新庄市
　　たもんちょう　京都府京都市上京区
　　たもんちょう　京都府京都市東山区
　　たもんちょう　奈良県奈良市
多門院　たもんいん　京都府舞鶴市
9 多保市　とおのいち　京都府福知山市

多屋
　　たや　愛知県（名古屋鉄道常滑線）
　　たや　愛知県常滑市
多屋町　たやちょう　愛知県常滑市
多度　たど　三重県（養老鉄道）
多度志　たどし　北海道深川市
多度志南　たどしみなみ　北海道深川市
多度町力尾　たどちょうちからお　三重県桑名市
多度町下野代　たどちょうしものしろ　三重県桑名市
多度町上之郷　たどちょうかみのごう　三重県桑名市
多度町大鳥居　たどちょうおおとりい　三重県桑名市
多度町小山　たどちょうおやま　三重県桑名市
多度町中須　たどちょうなかず　三重県桑名市
多度町戸津　たどちょうとづ　三重県桑名市
多度町北猪飼　たどちょうきたいかい　三重県桑名市
多度町古野　たどちょうこの　三重県桑名市
多度町平古　たどちょうひらこ　三重県桑名市
多度町多度　たどちょうたど　三重県桑名市
多度町肱江　たどちょうひじえ　三重県桑名市
多度町南之郷　たどちょうみなみのごう　三重県桑名市
多度町柚井　たどちょうゆい　三重県桑名市
多度町美鹿　たどちょうびろく　三重県桑名市
多度町香取　たどちょうかとり　三重県桑名市
多度町猪飼　たどちょういかい　三重県桑名市
多度町御衣野　たどちょうみぞの　三重県桑名市
多度町福永　たどちょうふくなが　三重県桑名市
多度津　たどつ　香川県（JR予讃線）
多度津町　たどつちょう　香川県仲多度郡
多祢寺　たねじ　京都府舞鶴市
10 多家良町　たからちょう　徳島県徳島市
多根町　たねまち　石川県七尾市
11 多寄　たよろ　北海道（JR宗谷本線）
多寄町　たよろちょう　北海道士別市
多部田町　たべたちょう　千葉県千葉市若葉区
多野郡　たのぐん　群馬県
12 多喜浜
　　たきはま　愛媛県（JR予讃線）
　　たきはま　愛媛県新居浜市
多賀
　　たが　愛知県知多郡武豊町
　　たが　滋賀県犬上郡多賀町
　　たが　京都府綴喜郡井手町
　　たが　兵庫県淡路市
　　たが　兵庫県佐用郡佐用町
　　たが　岡山県赤磐市
　　たが　福岡県福岡市南区
多賀大社前　たがたいしゃまえ　滋賀県（近江鉄道多賀線）
多賀台　たがだい　青森県八戸市
多賀町
　　たがちょう　北海道三笠市
　　たがちょう　茨城県日立市
　　たがまち　岐阜県岐阜市
　　たがちょう　滋賀県近江八幡市
　　たがちょう　滋賀県犬上郡
　　たがちょう　香川県高松市
多賀城　たがじょう　宮城県（JR仙石線）
多賀城市　たがじょうし　宮城県
14 多聞台　たもんだい　兵庫県神戸市垂水区

6画（夷, 好, 如, 安）

多聞町　たもんちょう　兵庫県神戸市垂水区
多聞通　たもんどおり　兵庫県神戸市中央区
15多摩センター　たませんたー　東京都（多摩都市モノレール線）
多摩川
　　たまがわ　東京都（東京急行電鉄東横線ほか）
　　たまがわ　東京都大田区
　　たまがわ　東京都調布市
多摩区　たまく　神奈川県川崎市
多摩市　たまし　東京都
多摩平　たまだいら　東京都日野市
多摩美　たまみ　神奈川県川崎市麻生区
多摩動物公園　たまどうぶつこうえん　東京都（京王電鉄動物園線ほか）
多摩湖　たまこ　東京都東大和市
多摩湖町　たまこちょう　東京都東村山市
多摩境　たまさかい　東京都（京王電鉄相模原線）
16多磨　たま　東京都（西武鉄道多摩川線）
多磨町　たまちょう　東京都府中市
多磨霊園　たまれいえん　東京都（京王電鉄京王線）
18多禮　たれ　福岡県宗像市

【夷】
夷
　　えびす　京都府福知山市
　　えびす　大分県豊後高田市
0夷ケ沢平　えぞがさわたいら　青森県上北郡横浜町
3夷子町　えびすまち　富山県滑川市
夷川町　えびすがわちょう　京都府京都市上京区
4夷之町　えびすのちょう　京都府京都市下京区
7夷町
　　えびすちょう　京都府京都市中京区
　　えびすちょう　京都府京都市東山区
10夷浜　えびすはま　新潟県上越市
夷馬場町　えびすのばんばちょう　京都府京都市下京区
11夷堂　えびすどう　青森県上北郡七戸町
12夷隅郡　いすみぐん　千葉県

【好】
5好本町　よしもとちょう　愛知県名古屋市中川区
12好間工業団地　よしまこうぎょうだんち　福島県いわき市
好間町下好間　よしままちしもよしま　福島県いわき市
好間町上好間　よしままちかみよしま　福島県いわき市
好間町大利　よしままちおおり　福島県いわき市
好間町小谷作　よしままちおやさく　福島県いわき市
好間町川中子　よしままちかわなご　福島県いわき市
好間町中好間　よしままちなかよしま　福島県いわき市
好間町今新田　よしままちいまにいだ　福島県いわき市
好間町北好間　よしままちきたよしま　福島県いわき市
好間町愛谷　よしままちあいや　福島県いわき市
好間町榊小屋　よしままちさかきごや　福島県いわき市

15好摩
　　こうま　岩手県（JR花輪線ほか）
　　こうま　岩手県盛岡市

【如】
4如月町
　　きさらぎちょう　岐阜県岐阜市
　　きさらぎちょう　岐阜県羽島郡笠松町
如水町　にょすいちょう　京都府京都市上京区
7如来寺　にょらいじ　新潟県十日町市
如来町
　　にょらいちょう　愛知県名古屋市北区
　　にょらいちょう　滋賀県東近江市
如来瀬　にょらいせ　青森県弘前市
8如法町　にょほうじ　新潟県三条市
9如是町　にょぜちょう　大阪府高槻市
13如意
　　ねおい　埼玉県入間郡越生町
　　によい　愛知県名古屋市北区
如意申町　にょいさるちょう　愛知県春日井市
如意寺　にょいじ　山口県宇部市
如意谷　にょいだに　大阪府箕面市

【安】
0安ケ仙　やすがたわ　岡山県久米郡久米南町
2安八町　あんぱちちょう　岐阜県安八郡
安八郡　あんぱちぐん　岐阜県
3安上　あんじょう　和歌山県岩出市
安久
　　やすひさ　岐阜県養老郡養老町
　　やすひさ　静岡県三島市
安久山　あぐやま　千葉県匝瑳市
安久町　やすひさちょう　宮崎県都城市
安久谷　あくや　千葉県市原市
安久津　あくつ　山形県東置賜郡高畠町
安久路　あくろ　静岡県磐田市
安口　はだかす　兵庫県篠山市
安土
　　あづち　福井県大飯郡高浜町
　　あづち　滋賀県（JR東海道本線）
安土町
　　あづちちょう　⇒近江八幡市（滋賀県）
　　あづちちょう　京都府京都市下京区
　　あづちまち　大阪府大阪市中央区
安土町下豊浦　あづちちょうしもといら　滋賀県近江八幡市
安土町上出　あづちちょうかみで　滋賀県近江八幡市
安土町上豊浦　あづちちょうかみとようら　滋賀県近江八幡市
安土町大中　あづちちょうだいなか　滋賀県近江八幡市
安土町小中　あづちちょうこなか　滋賀県近江八幡市
安土町中屋　あづちちょうなかや　滋賀県近江八幡市
安土町内野　あづちちょううちの　滋賀県近江八幡市
安土町石寺　あづちちょういしでら　滋賀県近江八幡市
安土町西老蘇　あづちちょうにしおいそ　滋賀県近江八幡市
安土町東老蘇　あづちちょうひがしおいそ　滋賀県近江八幡市

503

6画（安）

安土町香庄　あづちちょうこのしょう　滋賀県近江八幡市

安土町宮津　あづちちょうみやづ　滋賀県近江八幡市

安土町桑実寺　あづちちょうくわのみじ　滋賀県近江八幡市

安土町常楽寺　あづちちょうじょうらくじ　滋賀県近江八幡市

安土町慈恩寺　あづちちょうじおんじ　滋賀県近江八幡市

安子ケ島　あこがしま　福島県（JR磐越西線）

安川
　　やすかわ　北海道中川郡中川町
　　やすかわ　富山県砺波市
　　やすかわ　福井県大飯郡おおい町
　　やすかわ　兵庫県佐用郡佐用町

安川町　やすかわちょう　栃木県日光市

4 安中
　　あんなか　群馬県（JR信越本線）
　　あんなか　群馬県安中市

安中市　あんなかし　群馬県

安中町　やすなかちょう　大阪府八尾市

安中榛名　あんなかはるな　群馬県（JR長野新幹線ほか）

安丹　あんたん　山形県鶴岡市

安井
　　やすい　愛知県名古屋市北区
　　やすい　京都府福知山市
　　やすい　京都府船井郡京丹波町
　　やすい　兵庫県養父市
　　やすい　和歌山県海草郡紀美野町
　　やすい　岡山県津山市
　　やすい　岡山県久米郡美咲町

安井町
　　やすいちょう　岐阜県大垣市
　　やすいちょう　兵庫県西宮市
　　やすいちょう　宮崎県延岡市

安井宿　やすいしゅく　鳥取県八頭郡八頭町

安元　やすもと　大阪府茨木市

安心院町下内河野　あじむまちしもうちがわの　大分県宇佐市

安心院町下毛　あじむまちしもげ　大分県宇佐市

安心院町上内河野　あじむまちかみうちがわの　大分県宇佐市

安心院町上市　あじむまちかみいち　大分県宇佐市

安心院町久井田　あじむまちくいだ　大分県宇佐市

安心院町口ノ坪　あじむまちくちのつぼ　大分県宇佐市

安心院町大　あじむまちだい　大分県宇佐市

安心院町大佛　あじむまちだいぶつ　大分県宇佐市

安心院町大見尾　あじむまちおおみお　大分県宇佐市

安心院町山ノ口　あじむまちやまのくち　大分県宇佐市

安心院町山蔵　あじむまちやまぞう　大分県宇佐市

安心院町川底　あじむまちかわそこ　大分県宇佐市

安心院町川崎　あじむまちかわさき　大分県宇佐市

安心院町中山　あじむまちなかやま　大分県宇佐市

安心院町五郎丸　あじむまちごろうまる　大分県宇佐市

安心院町今井　あじむまちいまい　大分県宇佐市

安心院町元　あじむまちもと　大分県宇佐市

安心院町六郎丸　あじむまちろくろうまる　大分県宇佐市

安心院町内川野　あじむまちうちがわの　大分県宇佐市

安心院町戸方　あじむまちとかた　大分県宇佐市

安心院町木裳　あじむまちきのも　大分県宇佐市

安心院町水車　あじむまちみずくるま　大分県宇佐市

安心院町且尾　あじむまちかつお　大分県宇佐市

安心院町古川　あじむまちふるかわ　大分県宇佐市

安心院町古市　あじむまちふるいち　大分県宇佐市

安心院町平ケ倉　あじむまちひらがくら　大分県宇佐市

安心院町平山　あじむまちひらやま　大分県宇佐市

安心院町広谷　あじむまちひろたに　大分県宇佐市

安心院町広連　あじむまちひろつれ　大分県宇佐市

安心院町正覚寺　あじむまちしょうがくじ　大分県宇佐市

安心院町田ノ口　あじむまちたのくち　大分県宇佐市

安心院町矢津　あじむまちやづ　大分県宇佐市

安心院町矢畑　あじむまちやはた　大分県宇佐市

安心院町矢崎　あじむまちやざき　大分県宇佐市

安心院町辻　あじむまちつじ　大分県宇佐市

安心院町有徳原　あじむまちうっとくばる　大分県宇佐市

安心院町舟板　あじむまちふないた　大分県宇佐市

安心院町西衲　あじむまちにしのむ　大分県宇佐市

安心院町佐田　あじむまちさだ　大分県宇佐市

安心院町佛木　あじむまちほとぎ　大分県宇佐市

安心院町尾立　あじむまちおだて　大分県宇佐市

安心院町折敷田　あじむまちおしきだ　大分県宇佐市

安心院町村部　あじむまちそべ　大分県宇佐市

安心院町妻垣　あじむまちつまがけ　大分県宇佐市

安心院町房ケ畑　あじむまちぼうがはた　大分県宇佐市

安心院町松本　あじむまちまつもと　大分県宇佐市

安心院町東恵良　あじむまちひがしえら　大分県宇佐市

安心院町東椎屋　あじむまちひがししいや　大分県宇佐市

安心院町板場　あじむまちいたば　大分県宇佐市

安心院町若林　あじむまちわかばやし　大分県宇佐市

安心院町南畑　あじむまちみなみはた　大分県宇佐市

安心院町恒松　あじむまちつねまつ　大分県宇佐市

安心院町荘　あじむまちしょう　大分県宇佐市

安心院町原　あじむまちはる　大分県宇佐市

安心院町笹ケ平　あじむまちささがひら　大分県宇佐市

安心院町野山　あじむまちのやま　大分県宇佐市

安心院町鳥越　あじむまちとりごえ　大分県宇佐市

安心院町塔尾　あじむまちとうのお　大分県宇佐市

安心院町寒水　あじむまちそうず　大分県宇佐市

安心院町森　あじむまちもり　大分県宇佐市

安心院町畳石　あじむまちたたみいし　大分県宇佐市

安心院町番木　あじむまちばんぎ　大分県宇佐市

安心院町筌ノ口　あじむまちうけのくち　大分県宇佐市

安心院町萱籠　あじむまちかやごもり　大分県宇佐市

安心院町飯田　あじむまちはんだ　大分県宇佐市

安心院町新貝　あじむまちしんがい　大分県宇佐市

6画（安）

安心院町新原　あじむまちにいばる　大分県宇佐市
安心院町楢本　あじむまちならもと　大分県宇佐市
安心院町福貴野　あじむまちふきの　大分県宇佐市
安心院町境ノ坪　あじむまちさかいのつぼ　大分県宇佐市
安心院町熊　あじむまちくま　大分県宇佐市
安心院町龍王　あじむまちりゅうおう　大分県宇佐市
安戸　やすど　埼玉県秩父郡東秩父村
安戸町
　　やすどちょう　福井県越前市
　　やすどちょう　愛知県岡崎市
　　やすどちょう　愛知県瀬戸市
安方
　　やすかた　青森県青森市
　　やすかた　熊本県上益城郡山都町
安木屋場　あんきやば　鹿児島県大島郡龍郷町
安比　あっぴ　岩手県二戸市
安比奈新田　あいなしんでん　埼玉県川越市
安比高原
　　あっぴこうげん　岩手県（JR花輪線）
　　あっぴこうげん　岩手県八幡平市
安毛　あたげ　岐阜県美濃市
安牛　やすうし　北海道（JR宗谷本線）
5安平町山田原　あいがちょうやまだはら　兵庫県洲本市
安平町中田　あいがちょうなかた　兵庫県洲本市
安平町北谷　あいがちょうきただに　兵庫県洲本市
安平町古宮　あいがちょうふるみや　兵庫県洲本市
安平町平安浦　あいがちょうへいあんうら　兵庫県洲本市
安平町宮野原　あいがちょうみやのはら　兵庫県洲本市
安代　やすしろ　新潟県三条市
安代寺田　あしろてらだ　岩手県八幡平市
安代寄木　あしろよりき　岩手県八幡平市
安出　やすいで　新潟県五泉市
安尻　あじり　新潟県新潟市西蒲区
安布里　あぶり　千葉県館山市
安平
　　あびら　北海道（JR室蘭本線）
　　あびら　北海道勇払郡安平町
　　やすひら　熊本県上益城郡甲佐町
安平町　あびらちょう　北海道勇払郡
安本　やすもと　秋田県横手市
安永
　　やすなが　三重県桑名市
　　やすなが　熊本県上益城郡益城町
安用　やすもち　愛媛県西条市
安用出作　やすもちでさく　愛媛県西条市
安田
　　やすた　青森県青森市
　　やすだ　秋田県横手市
　　やすだ　山形県酒田市
　　やすだ　福島県大沼郡会津美里町
　　やすだ　新潟県（JR信越本線）
　　やすだ　新潟県柏崎市
　　やすだ　富山県滑川市
　　やすだ　長野県飯山市
　　やすだ　大阪府大阪市鶴見区
　　やすだ　兵庫県姫路市
　　やすだ　兵庫県篠山市

やすだ　広島県世羅郡世羅町
やすだ　広島県神石郡神石高原町
やすだ　山口県周南市
やすだ　香川県小豆郡小豆島町
やすだ　高知県（土佐くろしお鉄道ごめん・なはり線）
やすだ　高知県安芸郡安田町
あだ　沖縄県国頭郡国頭村
安田乙　やすだおつ　福島県大沼郡会津美里町
安田町
　　やすだまち　富山県富山市
　　やすだまち　石川県白山市
　　やすだちょう　福井県福井市
　　やすだちょう　愛知県小牧市
　　やすだちょう　京都府宇治市
　　やすだちょう　高知県安芸郡
安田原町　やすだはらまち　秋田県横手市
安田通　やすだとおり　愛知県名古屋市昭和区
安立　あんりゅう　大阪府大阪市住之江区
安立町　あんりゅうまち　大阪府（阪堺電気軌道阪堺線）
6安吉　やすよし　富山県射水市
安吉町　やすよしまち　石川県白山市
安宅
　　あたぎ　和歌山県西牟婁郡白浜町
　　あたけ　徳島県徳島市
安宅町
　　あたかまち　石川県小松市
　　あたかまち　岐阜県岐阜市
安宅新町　あたかしんまち　石川県小松市
安寺　あてら　山梨県甲斐市
安朱山川町　あんしゅやまかわちょう　京都府京都市山科区
安朱山田　あんしゅやまだ　京都府京都市山科区
安朱川向町　あんしゅかわむかいちょう　京都府京都市山科区
安朱中小路町　あんしゅなかこうじちょう　京都府京都市山科区
安朱中溝町　あんしゅなかみぞちょう　京都府京都市山科区
安朱北屋敷町　あんしゅきたやしきちょう　京都府京都市山科区
安朱東谷　あんしゅひがしだに　京都府京都市山科区
安朱東海道町　あんしゅひがしかいどうちょう　京都府京都市山科区
安朱南屋敷町　あんしゅみなみやしきちょう　京都府京都市山科区
安朱屋敷町　あんしゅやしきちょう　京都府京都市山科区
安朱毘沙門堂町　あんしゅびしゃもんどうちょう　京都府京都市山科区
安朱桟敷町　あんしゅさじきちょう　京都府京都市山科区
安朱馬場ノ西町　あんしゅばばのにしちょう　京都府京都市山科区
安朱馬場ノ東町　あんしゅばばのひがしちょう　京都府京都市山科区
安朱堂ノ後町　あんしゅどうのうしろちょう　京都府京都市山科区
安朱奥ノ田　あんしゅおくのだ　京都府京都市山科区
安朱稲荷山町　あんしゅいなりやまちょう　京都府京都市山科区

505

6画（安）

安次　やすつぐ　岐阜県安八郡神戸町
安次嶺　あしみね　沖縄県那覇市
安江
　　やすえ　新潟県上越市
　　やすえ　福井県三方郡美浜町
　　やすえ　岡山県倉敷市
安江町　やすえちょう　石川県金沢市
安竹町　やすたけちょう　福井県福井市
安行　あんぎょう　埼玉県川口市
安行小山　あんぎょうこやま　埼玉県川口市
安行出羽　あんぎょうでわ　埼玉県川口市
安行北谷　あんぎょうきたや　埼玉県川口市
安行吉岡　あんぎょうよしおか　埼玉県川口市
安行吉蔵　あんぎょうきちぞう　埼玉県川口市
安行西立野　あんぎょうにしたての　埼玉県川口市
安行原　あんぎょうはら　埼玉県川口市
安行慈林　あんぎょうじりん　埼玉県川口市
安行領在家　あんぎょうりょうざいけ　埼玉県川口市
安行領家　あんぎょうりょうけ　埼玉県川口市
安行領根岸　あんぎょうりょうねぎし　埼玉県川口市
安行藤八　あんぎょうとうはち　埼玉県川口市
安西
　　あんさい　千葉県成田市
　　あんさい　静岡県静岡市葵区
７安佐北区　あさきたく　広島県広島市
安佐町くすの木台　あさちょうくすのきだい　広島県広島市安佐北区
安佐町久地　あさちょうくち　広島県広島市安佐北区
安佐町小河内　あさちょうおがうち　広島県広島市安佐北区
安佐町毛木　あさちょうけぎ　広島県広島市安佐北区
安佐町後山　あさちょううしろやま　広島県広島市安佐北区
安佐町宮野　あさちょうみやの　広島県広島市安佐北区
安佐町動物園　あさちょうどうぶつえん　広島県広島市安佐北区
安佐町筒瀬　あさちょうつつせ　広島県広島市安佐北区
安佐町飯室　あさちょういむろ　広島県広島市安佐北区
安佐町鈴張　あさちょうすずはり　広島県広島市安佐北区
安佐南区　あさみなみく　広島県広島市
安住　あずみ　北海道常呂郡置戸町
安住町　あずみちょう　富山県富山市
安別　やすべつ　北海道枝幸郡浜頓別町
安坂山町　あさかやまちょう　三重県亀山市
安岐町下山口　あきまちしもやまぐち　大分県国東市
安岐町下原　あきまちしもばる　大分県国東市
安岐町大添　あきまちおおそえ　大分県国東市
安岐町山口　あきまちやまぐち　大分県国東市
安岐町山浦　あきまちやまうら　大分県国東市
安岐町中園　あきまちなかその　大分県国東市
安岐町矢川　あきまちやがわ　大分県国東市
安岐町両子　あきまちふたご　大分県国東市
安岐町吉松　あきまちよしまつ　大分県国東市
安岐町向陽台　あきまちこうようだい　大分県国東市
安岐町成久　あきまちなりひさ　大分県国東市

安岐町糸永　あきまちいとなが　大分県国東市
安岐町西本　あきまちにしもと　大分県国東市
安岐町明治　あきまちめいじ　大分県国東市
安岐町油留木　あきまちゆるぎ　大分県国東市
安岐町馬場　あきまちばば　大分県国東市
安岐町掛樋　あきまちかけひ　大分県国東市
安岐町富清　あきまちとみきよ　大分県国東市
安岐町朝来　あきまちあさく　大分県国東市
安岐町塩屋　あきまちしおや　大分県国東市
安岐町瀬戸田　あきまちせどた　大分県国東市
安条　あんじょう　広島県大竹市
安来　やすぎ　島根県（JR山陰本線）
安来市　やすぎし　島根県
安来町　やすぎちょう　島根県安来市
安沢
　　やすざわ　山形県最上郡金山町
　　あんざわ　栃木県矢板市
安町　やすまち　京都府亀岡市
安良川　あらかわ　茨城県高萩市
安良田町　あらたまち　岐阜県岐阜市
安良町　あらまち　新潟県村上市
安良町八王子　やすらちょうはちおうじ　愛知県江南市
安良町上郷　やすらちょうかみごう　愛知県江南市
安良町地蔵　やすらちょうじぞう　愛知県江南市
安良町池尻　やすらちょういけじり　愛知県江南市
安良町宮前　やすらちょうみやまえ　愛知県江南市
安良町郷中　やすらちょうごうなか　愛知県江南市
安良里　あらり　静岡県賀茂郡西伊豆町
安良岡町　やすらおかちょう　群馬県太田市
安芸　あき　高知県（土佐くろしお鉄道ごめん・なはり線）
安芸ノ川乙　あきのかわおつ　高知県安芸市
安芸ノ川甲　あきのかわこう　高知県安芸市
安芸川尻　あきかわじり　広島県（JR呉線）
安芸中野　あきなかの　広島県（JR山陽本線）
安芸区　あきく　広島県広島市
安芸太田町　あきおおたちょう　広島県山県郡
安芸市　あきし　高知県
安芸矢口　あきやぐち　広島県（JR芸備線）
安芸幸崎　あきさいざき　広島県（JR呉線）
安芸長束　あきながつか　広島県（JR可部線）
安芸長浜　あきながはま　広島県（JR呉線）
安芸阿賀　あきあが　広島県（JR呉線）
安芸津　あきつ　広島県（JR呉線）
安芸津町三津　あきつちょうみつ　広島県東広島市
安芸津町大田　あきつちょうおおだ　広島県東広島市
安芸津町小松原　あきつちょうこまつばら　広島県東広島市
安芸津町木谷　あきつちょうきだに　広島県東広島市
安芸津町風早　あきつちょうかざはや　広島県東広島市
安芸郡
　　あきぐん　広島県
　　あきぐん　高知県
安芸高田市　あきたかたし　広島県
安角　あずみ　新潟県岩船郡関川村
安谷屋　あだにや　沖縄県中頭郡北中城村
安足間　あんたろま　北海道（JR石北本線）

506

6画（安）

安里
　あさと　沖縄県（沖縄都市モノレール線）
　あさと　沖縄県那覇市
　あさと　沖縄県中頭郡中城村
　あさと　沖縄県島尻郡八重瀬町
8安並　やすなみ　高知県四万十市
安和
　あわ　高知県（JR土讃線）
　あわ　高知県須崎市
　あわ　沖縄県名護市
安国　やすくに　北海道（JR石北本線）
安国寺町　あんこくじちょう　京都府綾部市
安実京町　あじきょうちょう　愛知県豊田市
安居
　あご　茨城県笠間市
　やすい　富山県南砺市
　あご　静岡県静岡市駿河区
　あご　和歌山県西牟婁郡白浜町
安居山　あごやま　静岡県富士宮市
安居島　あいじま　愛媛県松山市
安岡
　やすおか　京都府舞鶴市
　やすおか　山口県（JR山陰本線）
　やすおか　愛媛県松山市
安岡本町　やすおかほんまち　山口県下関市
安岡寺町　あんこうじちょう　大阪府高槻市
安岡町
　やすおかちょう　京都府舞鶴市
　やすおかまち　岡山県津山市
　やすおかちょう　山口県下関市
安岡駅前　やすおかえきまえ　山口県下関市
安房
　あんぼう　茨城県鉾田市
　あんぼう　鹿児島県熊毛郡屋久島町
安房小湊　あわこみなと　千葉県（JR外房線）
安房天津　あわあまつ　千葉県（JR外房線）
安房郡　あわぐん　千葉県
安房勝山　あわかつやま　千葉県（JR内房線）
安房鴨川　あわかもがわ　千葉県（JR内房線）
安松町　やすまつちょう　静岡県浜松市南区
安東
　あんどう　千葉県館山市
　あんどう　静岡県静岡市葵区
　やすひがし　広島県（広島高速交通アストラムライン）
　やすひがし　広島県広島市安佐南区
安東町　あんとうちょう　三重県津市
安東柳町　あんどうやなぎちょう　静岡県静岡市葵区
安武
　やすたけ　福岡県（西日本鉄道天神大牟田線）
　やすたけ　福岡県築上郡築上町
安武町安武本　やすたけまちやすたけほん　福岡県久留米市
安武町住吉　やすたけまちすみよし　福岡県久留米市
安武町武島　やすたけまちたけしま　福岡県久留米市
安治川　あわじ　滋賀県野洲市
安治川　あじがわ　大阪府大阪市西区
安治川口　あじかわぐち　大阪府（JR桜島線）
安波　あは　沖縄県国頭郡国頭村
安波茶　あはちゃ　沖縄県浦添市
安波賀中島町　あばかなかじまちょう　福井県福井市

安波賀町　あばがちょう　福井県福井市
安知本町　あちもとちょう　三重県亀山市
安知生　あんじゅう　愛媛県西条市
安茂里
　あもり　長野県（JR信越本線）
　あもり　長野県長野市
安茂里大門　あもりだいもん　長野県長野市
安茂里小市　あもりこいち　長野県長野市
安茂里小路　あもりこうじ　長野県長野市
安茂里米村　あもりこめむら　長野県長野市
安茂里西河原　あもりにしがわら　長野県長野市
安茂里杏花台　あもりきょうがだい　長野県長野市
安茂里差出　あもりさしで　長野県長野市
安茂里犀北　あもりさいほく　長野県長野市
安茂里犀北団地　あもりさいほくだんち　長野県長野市
安長　やすなが　鳥取県鳥取市
9安保町　あぼちょう　福井県福井市
安城
　あんじょう　愛知県（JR東海道本線）
　あんじょう　鹿児島県西之表市
安城市　あんじょうし　愛知県
安城寺　あんじょうじ　秋田県仙北郡美郷町
安城寺町　あんじょうじまち　愛媛県松山市
安城町　あんじょうちょう　愛知県安城市
安威　あい　大阪府茨木市
安威川南町　あいがわみなみまち　大阪府摂津市
安室
　あじつ　富山県南砺市
　あむろ　沖縄県中頭郡西原町
安屋　あんや　福岡県北九州市若松区
安恒　やすつね　福岡県飯塚市
安政町
　あんせいちょう　新潟県柏崎市
　あんせいまち　熊本県熊本市中央区
安津見　あづみ　石川県羽咋郡志賀町
安食
　あじき　茨城県つくば市
　あんじき　茨城県かすみがうら市
　あじき　千葉県（JR成田線）
　あじき　千葉県印旛郡栄町
　あじき　岐阜県岐阜市
安食卜杭　あじきぼっくい　千葉県印西市
安食卜杭新田　あじきぼっくいしんでん　千葉県印旛郡栄町
安食中町　あんじきなかまち　滋賀県彦根市
安食台　あじきだい　千葉県印旛郡栄町
安食西　あんじきにし　滋賀県犬上郡豊郷町
安食志良古　あじきしらこ　岐阜県岐阜市
安食南　あんじきみなみ　滋賀県犬上郡豊郷町
10安倉　あぐら　高知県安芸郡北川村
安倉中　あくらなか　兵庫県宝塚市
安倉北　あくらきた　兵庫県宝塚市
安倉西　あくらにし　兵庫県宝塚市
安倉南　あくらみなみ　兵庫県宝塚市
安倍　あべ　鳥取県米子市
安倍口団地　あべぐちだんち　静岡県静岡市葵区
安倍口新田　あべぐちしんでん　静岡県静岡市葵区
安倍川　あべかわ　静岡県（JR東海道本線）

6画（安）

安倍木材団地　あべもくざいだんち　奈良県桜井市
安倍町　あべちょう　静岡県静岡市葵区
安倍館町　あべたてちょう　岩手県盛岡市
安原
　やすはら　青森県弘前市
　やすはら　長野県佐久市
　やすはら　鳥取県西伯郡大山町
　やすはら　鳥取県日野郡日野町
安原町
　やすはらまち　福島県郡山市
　やすはらちょう　福井県福井市
安孫子　あびこ　滋賀県愛知郡愛荘町
安家　あっか　岩手県下閉伊郡岩泉町
安島　やすじま　三重県四日市市
安桜山　あさくらやま　岐阜県関市
安桜台　あさくらだい　岐阜県関市
安栖里
　あせり　京都府（JR山陰本線）
　あせり　京都府船井郡京丹波町
安浦　やすうら　広島県（JR呉線）
安浦町
　やすうらちょう　北海道函館市
　やすうらちょう　神奈川県横須賀市
安浦町下垣内　やすうらちょうしもがうち　広島県呉市
安浦町三津口　やすうらちょうみつぐち　広島県呉市
安浦町女子畑　やすうらちょうおなごばた　広島県呉市
安浦町中切　やすうらちょうなかぎり　広島県呉市
安浦町中央　やすうらちょうちゅうおう　広島県呉市
安浦町中央ハイツ　やすうらちょうちゅうおうはいつ　広島県呉市
安浦町中央北　やすうらちょうちゅうおうきた　広島県呉市
安浦町中畑　やすうらちょうなかはた　広島県呉市
安浦町内平　やすうらちょううちひら　広島県呉市
安浦町内海　やすうらちょううちのうみ　広島県呉市
安浦町内海北　やすうらちょううちのうみきた　広島県呉市
安浦町内海南　やすうらちょううちのうみみなみ　広島県呉市
安浦町水尻　やすうらちょうみずしり　広島県呉市
安浦町安登　やすうらちょうあと　広島県呉市
安浦町安登西　やすうらちょうあとにし　広島県呉市
安浦町安登東　やすうらちょうあとひがし　広島県呉市
安浦町赤向坂　やすうらちょうあこうざか　広島県呉市
安浦町原畑　やすうらちょうはらはた　広島県呉市
安浦町野呂山　やすうらちょうのろさん　広島県呉市
安眞木　あまぎ　福岡県田川郡川崎町
安納　あんのう　鹿児島県西之表市
安針台　あんじんだい　神奈川県横須賀市
安針塚　あんじんづか　神奈川県（京浜急行電鉄本線）
安馬谷　あんばや　千葉県南房総市
安骨　あんこつ　北海道中川郡豊頃町
¹¹安堵町　あんどちょう　奈良県生駒郡
安堂　あんどう　大阪府（近畿日本鉄道大阪線）
安堂寺町
　あんどうじまち　大阪府大阪市中央区
　あんどうじちょう　兵庫県伊丹市
安堂町　あんどうちょう　大阪府柏原市
安堀町　あんぼりまち　群馬県伊勢崎市

安張　やすはり　福島県南会津郡下郷町
安清　やすきよ　富山県南砺市
安清町　やすきよちょう　滋賀県彦根市
安清東町　やすきよひがしまち　滋賀県彦根市
安部
　あべ　奈良県北葛城郡広陵町
　あべ　鳥取県（若桜鉄道線）
　あべ　熊本県下益城郡美里町
　あぶ　沖縄県名護市
安部山　あべやま　福岡県北九州市小倉南区
安部山公園　あべやまこうえん　福岡県（JR日豊本線）
安部田　あべた　三重県名張市
安部居　あべい　滋賀県蒲生郡日野町
安部屋　あぶや　石川県羽咋郡志賀町
安野　やすの　福岡県朝倉郡筑前町
安野々　やすのの　高知県長岡郡大豊町
安野町　あんのちょう　新潟県阿賀野市
安野屋　やすのや　富山県（富山地方鉄道市内線）
安野屋町　やすのちょう　富山県富山市
¹²安善　あんぜん　神奈川県（JR鶴見線）
安善寺　あんぜんじ　福井県今立郡池田町
安善町　あんぜんちょう　神奈川県横浜市鶴見区
安場　やすば　三重県伊賀市
安場町　やすばちょう　京都府綾部市
安塚
　やすづか　茨城県鉾田市
　やすづか　栃木県（東武鉄道宇都宮線）
　やすづか　栃木県下都賀郡壬生町
　やすづか　埼玉県比企郡川島町
安塚区二本木　やすづかくにほんぎ　新潟県上越市
安塚区下船倉　やすづかくしもふなくら　新潟県上越市
安塚区上方　やすづかくかみがた　新潟県上越市
安塚区上船倉　やすづかくかみふなくら　新潟県上越市
安塚区大原　やすづかくおおはら　新潟県上越市
安塚区小黒　やすづかくこぐろ　新潟県上越市
安塚区円平坊　やすづかくえんたいらぼう　新潟県上越市
安塚区切越　やすづかくきりこし　新潟県上越市
安塚区戸沢　やすづかくとざわ　新潟県上越市
安塚区本郷　やすづかくほんごう　新潟県上越市
安塚区石橋　やすづかくいしばし　新潟県上越市
安塚区安塚　やすづかくやすづか　新潟県上越市
安塚区朴ノ木　やすづかくほおのき　新潟県上越市
安塚区行野　やすづかくゆきの　新潟県上越市
安塚区坊金　やすづかくぼうがね　新潟県上越市
安塚区芹田　やすづかくせりだ　新潟県上越市
安塚区和田　やすづかくわだ　新潟県上越市
安塚区松崎　やすづかくまつざき　新潟県上越市
安塚区板尾　やすづかくいたお　新潟県上越市
安塚区牧野　やすづかくまきの　新潟県上越市
安塚区信濃坂　やすづかくしなのざか　新潟県上越市
安塚区真荻平　やすづかくもおぎたいら　新潟県上越市
安塚区袖山　やすづかくそでやま　新潟県上越市
安塚区高沢　やすづかくたかさわ　新潟県上越市
安塚区細野　やすづかくほその　新潟県上越市

6画（安）

安塚区菅沼　やすづかくすがぬま　新潟県上越市
安塚区須川　やすづかくすがわ　新潟県上越市
安塚区樽田　やすづかくたるだ　新潟県上越市
安塚町　やすづかちょう　三重県鈴鹿市
安富町　やすどみちょう　島根県益田市
安富町三坂　やすとみちょうみさか　兵庫県姫路市
安富町三森　やすとみちょうみつもり　兵庫県姫路市
安富町末広　やすとみちょうすえひろ　兵庫県姫路市
安富町名坂　やすとみちょうなさか　兵庫県姫路市
安富町安志　やすとみちょうあんじ　兵庫県姫路市
安富町杤原　やすとみちょうとちはら　兵庫県姫路市
安富町長野　やすとみちょうながの　兵庫県姫路市
安富町狭戸　やすとみちょうせばと　兵庫県姫路市
安富町皆河　やすとみちょうみなご　兵庫県姫路市
安富町植木野　やすとみちょううえきの　兵庫県姫路市
安富町塩野　やすとみちょうしおの　兵庫県姫路市
安富町関　やすとみちょうせき　兵庫県姫路市
安富町瀬川　やすとみちょうせがわ　兵庫県姫路市
安富祖　あふそ　沖縄県国頭郡恩納村
安智　あんち　京都府宮津市
安渡　あんど　岩手県上閉伊郡大槌町
安満中の町　あまなかのちょう　大阪府高槻市
安満北の町　あまきたのちょう　大阪府高槻市
安満地　あまじ　高知県幡多郡大月町
安満西の町　あまにしのちょう　大阪府高槻市
安満東の町　あまひがしのちょう　大阪府高槻市
安満御所の町　あまごしょのちょう　大阪府高槻市
安満新町　あましんまち　大阪府高槻市
安満磐手町　あまいわてちょう　大阪府高槻市
安登　あと　広島県（JR呉線）
安賀多町　あがたまち　宮崎県延岡市
安賀里　あがり　福井県三方上中郡若狭町
安達　あだち　福島県（JR東北本線）
安達ケ原　あだちがはら　福島県二本松市
安達郡　あだちぐん　福島県
安間町　あんまちょう　静岡県浜松市東区
安雲　あくも　福岡県築上郡上毛町
安須　あず　千葉県市原市
13安新町　あんしんちょう　静岡県浜松市東区
安楽小路町　あんらくこうじちょう　京都府京都市上京区
安楽寺
　　あんらくじ　富山県小矢部市
　　あんらくじ　熊本県玉名市
安楽寺町　あんらくじまち　佐賀県鳥栖市
安楽町　あんらくちょう　三重県松阪市
安楽島町　あらしまちょう　三重県鳥羽市
安源寺　あんげんじ　長野県中野市
14安徳　あんとく　福岡県筑紫郡那珂川町
15安慶田　あげだ　沖縄県沖縄市
安慶名　あげな　沖縄県うるま市
安養寺
　　あんようじ　宮城県仙台市宮城野区
　　あんようじ　埼玉県鴻巣市
　　あんようじ　新潟県十日町市
　　あんようじ　新潟県佐渡市
　　あんようじ　富山県富山市
　　あんようじ　富山県小矢部市

　　あんようじ　静岡県掛川市
　　あんようじ　滋賀県栗東市
安養寺町
　　あんようじちょう　群馬県太田市
　　あんようじまち　石川県白山市
　　あんようじちょう　福井県越前市
　　あんようじちょう　滋賀県長浜市
　　あんようじちょう　滋賀県近江八幡市
安養寺新　あんようじしん　富山県小矢部市
安養坊　あんようぼう　富山県富山市
16安曇　あづみ　長野県松本市
安曇川　あどがわ　滋賀県（JR湖西線）
安曇川町下小川　あどがわちょうしもおがわ　滋賀県高島市
安曇川町下古賀　あどがわちょうしもこが　滋賀県高島市
安曇川町三尾里　あどがわちょうみおざと　滋賀県高島市
安曇川町上小川　あどがわちょうかみおがわ　滋賀県高島市
安曇川町上古賀　あどがわちょうかみこが　滋賀県高島市
安曇川町川島　あどがわちょうかわしま　滋賀県高島市
安曇川町中央　あどがわちょうちゅうおう　滋賀県高島市
安曇川町中野　あどがわちょうなかの　滋賀県高島市
安曇川町五番領　あどがわちょうごばんりょう　滋賀県高島市
安曇川町北船木　あどがわちょうきたふなき　滋賀県高島市
安曇川町四津川　あどがわちょうよつがわ　滋賀県高島市
安曇川町末広　あどがわちょうすえひろ　滋賀県高島市
安曇川町田中　あどがわちょうたなか　滋賀県高島市
安曇川町西万木　あどがわちょうにしゆるぎ　滋賀県高島市
安曇川町長尾　あどがわちょうながお　滋賀県高島市
安曇川町青柳　あどがわちょうあおやぎ　滋賀県高島市
安曇川町南古賀　あどがわちょうみなみこが　滋賀県高島市
安曇川町南船木　あどがわちょうみなみふなき　滋賀県高島市
安曇川町常磐木　あどがわちょうときわぎ　滋賀県高島市
安曇川町横江　あどがわちょうよこえ　滋賀県高島市
安曇川町横江浜　あどがわちょうよこえはま　滋賀県高島市
安曇沓掛　あずみくつかけ　長野県（JR大糸線）
安曇追分　あずみおいわけ　長野県（JR大糸線）
安曇野市　あづみのし　長野県
安濃町大塚　あのうちょうおおつか　三重県津市
安濃町川西　あのうちょうかわにし　三重県津市
安濃町中川　あのうちょうなかがわ　三重県津市
安濃町今徳　あのうちょうこんどく　三重県津市
安濃町内多　あのうちょううちだ　三重県津市
安濃町太田　あのうちょうおおた　三重県津市
安濃町戸島　あのうちょうとしま　三重県津市

6画（宇）

安濃町田端上野　あのうちょうたばたうえの　三重県津市

安濃町光明寺　あのうちょうこうみょうじ　三重県津市

安濃町安部　あのうちょうあべ　三重県津市

安濃町安濃　あのうちょうあのう　三重県津市

安濃町妙法寺　あのうちょうみょうほうじ　三重県津市

安濃町東観音寺　あのうちょうとうかんおんじ　三重県津市

安濃町前野　あのうちょうまえの　三重県津市

安濃町南神山　あのうちょうみなみこやま　三重県津市

安濃町浄土寺　あのうちょうじょうどうじ　三重県津市

安濃町神田　あのうちょうこうだ　三重県津市

安濃町荒木　あのうちょうあらき　三重県津市

安濃町草生　あのうちょうくさわ　三重県津市

安濃町連部　あのうちょうつらべ　三重県津市

安濃町曽根　あのうちょうそね　三重県津市

安濃町清水　あのうちょうしみず　三重県津市

安濃町野口　あのうちょうのぐち　三重県津市

安濃町粟加　あのうちょうおうか　三重県津市

安積　あさか　福島県郡山市

安積永盛　あさかながもり　福島県（JR東北本線）

安積町　あさかまち　福島県郡山市

安積町大森町　あさかまちおおもりちょう　福島県郡山市

安積町日出山　あさかまちひでのやま　福島県郡山市

安積町牛庭　あさかまちうしにわ　福島県郡山市

安積町吉田　あさかまちよした　福島県郡山市

安積町成田　あさかまちなりた　福島県郡山市

安積町長久保　あさかまちながくぼ　福島県郡山市

安積町南長久保　あさかまちみなみながくぼ　福島県郡山市

安積町荒井　あさかまちあらい　福島県郡山市

安積町笹川　あさかまちささがわ　福島県郡山市

¹⁷安謝　あじゃ　沖縄県那覇市

¹⁸安藤　あんどう　大分県大分市

安藤町
　　あんどうちょう　栃木県那須塩原市
　　あんどうちょう　愛知県岡崎市

¹⁹安瀬　あんせ　福岡県北九州市若松区

安蘇　あそ　岡山県美作市

【宇】

³宇久　うぐ　福井県小浜市

宇久井
　　うくい　和歌山県（JR紀勢本線）
　　うぐい　和歌山県東牟婁郡那智勝浦町

宇久町大久保　うくまちおおくぼ　長崎県佐世保市

宇久町小浜　うくまちおばま　長崎県佐世保市

宇久町太田江　うくまちおおだえ　長崎県佐世保市

宇久町木場　うくまちこば　長崎県佐世保市

宇久町平　うくまちたいら　長崎県佐世保市

宇久町本飯良　うくまちもといいら　長崎県佐世保市

宇久町寺島　うくまちてらしま　長崎県佐世保市

宇久町神浦　うくまちこうのうら　長崎県佐世保市

宇久町野方　うくまちのがた　長崎県佐世保市

宇久町飯良　うくまちいいら　長崎県佐世保市

宇久須　うぐす　静岡県賀茂郡西伊豆町

宇土
　　うど　兵庫県篠山市
　　うと　熊本県（JR鹿児島本線）

宇土市　うとし　熊本県

宇土町　うとまち　長崎県島原市

宇土金　うどがね　静岡県下田市

宇土野町　うどのまち　石川県羽咋市

宇山
　　うやま　長野県北佐久郡立科町
　　うやま　兵庫県洲本市
　　うやま　岡山県総社市

宇山町　うやまちょう　大阪府枚方市

宇山東町　うやまひがしまち　大阪府枚方市

⁴宇井　うい　栃木県那須烏山市

宇井苔　ういごけ　和歌山県有田郡有田川町

宇内
　　うない　福島県河沼郡会津坂下町
　　うない　岡山県小田郡矢掛町

宇刈　うがり　静岡県袋井市

宇木　うき　佐賀県唐津市

⁵宇代　うだい　鳥取県西伯郡伯耆町

宇出津　うしつ　石川県鳳珠郡能登町

宇出津山分　うしつやまぶん　石川県鳳珠郡能登町

宇出津新　うしつしん　石川県鳳珠郡能登町

宇出津新港　うしつしんこう　石川県鳳珠郡能登町

宇加川　うかがわ　石川県鳳珠郡穴水町

宇加塚　うかづか　石川県鳳珠郡能登町

宇生　うぶ　岡山県和気郡和気町

宇生賀　うぶか　山口県阿武郡阿武町

宇田
　　うだ　群馬県富岡市
　　うだ　福井県丹生郡越前町
　　うた　岐阜県養老郡養老町
　　うた　山口県阿武郡阿武町

宇田川　うだがわ　栃木県大田原市

宇田川町
　　うだがわちょう　宮城県石巻市
　　うだがわちょう　東京都渋谷区

宇田川原　うだがわら　福岡県福岡市西区

宇田町　うだちょう　青森県むつ市

宇田郷　うたごう　山口県（JR山陰本線）

宇田森　うだもり　和歌山県和歌山市

宇目千束　うめせんぞく　大分県佐伯市

宇目大平　うめおおひら　大分県佐伯市

宇目小野市　うめおのいち　大分県佐伯市

宇目木浦内　うめきうらうち　大分県佐伯市

宇目木浦鉱山　うめきうらこうざん　大分県佐伯市

宇目河内　うめかわち　大分県佐伯市

宇目南田原　うめみなみたばる　大分県佐伯市

宇目重岡　うめしげおか　大分県佐伯市

宇目塩見園　うめしおみその　大分県佐伯市

⁶宇地泊　うちどまり　沖縄県宜野湾市

宇多　うだ　大阪府泉大津市

宇多津　うたづ　香川県（JR予讃線）

宇多津町　うたづちょう　香川県綾歌郡

宇多野　うたの　京都府（京福電気鉄道北野線）

宇多野上ノ谷町　うたのかみのたにちょう　京都府京都市右京区

宇多野北ノ院町　うたのきたのいんちょう　京都府京都市右京区

宇多野芝町　うたのしばまち　京都府京都市右京区

6画（宇）

宇多野法安寺町　うたのほうあんじちょう　京都府京都市右京区
宇多野長尾町　うたのながおちょう　京都府京都市右京区
宇多野柴橋町　うたのしばはしちょう　京都府京都市右京区
宇多野馬場町　うたのばばちょう　京都府京都市右京区
宇多野御池町　うたのおいけちょう　京都府京都市右京区
宇多野御屋敷町　うたのおやしきちょう　京都府京都市右京区
宇多野福王子町　うたのふくおうじちょう　京都府京都市右京区
宇気　うけ　石川県かほく市
宇江城
　うえぐすく　沖縄県糸満市
　うえぐすく　沖縄県島尻郡久米島町
7宇佐
　うさ　岐阜県岐阜市
　うさ　大分県（JR日豊本線）
宇佐木　うさなぎ　山口県熊毛郡平生町
宇佐市　うさし　大分県
宇佐町　うさまち　福岡県北九州市小倉北区
宇佐町井尻　うさちょういじり　高知県土佐市
宇佐町宇佐　うさちょううさ　高知県土佐市
宇佐町竜　うさちょうりゅう　高知県土佐市
宇佐町渭浜　うさちょういはま　高知県土佐市
宇佐町福島　うさちょうふくしま　高知県土佐市
宇佐東町　うさひがしまち　岐阜県岐阜市
宇佐南　うさみなみ　岐阜県岐阜市
宇佐美
　うさみ　静岡県（JR伊東線）
　うさみ　静岡県伊東市
宇兵衛新田　うへえしんでん　静岡県磐田市
宇別　うべつ　岩手県二戸郡一戸町
宇坂大谷町　うさかおおたにちょう　福井県福井市
宇坂別所町　うさかべっしょちょう　福井県福井市
宇尾町　うおちょう　滋賀県彦根市
宇良　うら　沖縄県国頭郡国頭村
宇角　うずみ　岡山県小田郡矢掛町
宇谷　うたに　鳥取県東伯郡湯梨浜町
宇谷町
　うだにまち　石川県加賀市
　うたにちょう　大阪府寝屋川市
宇那手町　うなてちょう　島根県出雲市
宇那谷町　うなやちょう　千葉県千葉市花見川区
8宇受賀　うずか　島根県隠岐郡海士町
宇和川　うわがわ　愛媛県大洲市
宇和田町　うわだまち　宮崎県延岡市
宇和町さくら　うわちょうさくら　愛媛県西予市
宇和町ひまわり　うわちょうひまわり　愛媛県西予市
宇和町れんげ　うわちょうれんげ　愛媛県西予市
宇和町下川　うわちょうひとうがわ　愛媛県西予市
宇和町下松葉　うわちょうしもまつば　愛媛県西予市
宇和町上松葉　うわちょうかみまつば　愛媛県西予市
宇和町久枝　うわちょうひさえだ　愛媛県西予市
宇和町久保　うわちょうくぼ　愛媛県西予市
宇和町大江　うわちょうおおえ　愛媛県西予市

宇和町小原　うわちょうおばら　愛媛県西予市
宇和町小野田　うわちょうおのだ　愛媛県西予市
宇和町山田　うわちょうやまだ　愛媛県西予市
宇和町加茂　うわちょうかも　愛媛県西予市
宇和町卯之町　うわちょうのまち　愛媛県西予市
宇和町平野　うわちょうひらの　愛媛県西予市
宇和町永長　うわちょうながおさ　愛媛県西予市
宇和町田苗真土　うわちょうたなえまつち　愛媛県西予市
宇和町田野中　うわちょうたのなか　愛媛県西予市
宇和町伊延　うわちょういのべ　愛媛県西予市
宇和町伊崎　うわちょういさき　愛媛県西予市
宇和町伊賀上　うわちょういがじょう　愛媛県西予市
宇和町西山田　うわちょうにしやまだ　愛媛県西予市
宇和町坂戸　うわちょうさかど　愛媛県西予市
宇和町杢所　うわちょうもくしょ　愛媛県西予市
宇和町岡山　うわちょうおかやま　愛媛県西予市
宇和町岩木　うわちょういわき　愛媛県西予市
宇和町明石　うわちょうあげいし　愛媛県西予市
宇和町明間　うわちょうあかんま　愛媛県西予市
宇和町東多田　うわちょうひがしただ　愛媛県西予市
宇和町河内　うわちょうかわち　愛媛県西予市
宇和町信里　うわちょうのぶさと　愛媛県西予市
宇和町皆田　うわちょうかいだ　愛媛県西予市
宇和町神領　うわちょうじんりょう　愛媛県西予市
宇和町常定寺　うわちょうじょうじょうじ　愛媛県西予市
宇和町清沢　うわちょうきよさわ　愛媛県西予市
宇和町郷内　うわちょうごうない　愛媛県西予市
宇和町野田　うわちょうのだ　愛媛県西予市
宇和町新城　うわちょうしんじょう　愛媛県西予市
宇和町稲生　うわちょういのう　愛媛県西予市
宇和町窪　うわちょうくぼ　愛媛県西予市
宇和町瀬戸　うわちょうせと　愛媛県西予市
宇和津町　うわつちょう　愛媛県宇和島市
宇和島　うわじま　愛媛県（JR予讃線）
宇和島市　うわじまし　愛媛県
宇和間　うわま　愛媛県松山市
宇奈月　うなづき　富山県（黒部峡谷鉄道線）
宇奈月町下立　うなづきまちおりたて　富山県黒部市
宇奈月町土山　うなづきまちどやま　富山県黒部市
宇奈月町中ノ口　うなづきまちなかのくち　富山県黒部市
宇奈月町中谷　うなづきまちなかだん　富山県黒部市
宇奈月町内山　うなづきまちうちやま　富山県黒部市
宇奈月町舟見　うなづきまちふなみ　富山県黒部市
宇奈月町明日　うなづきまちあけび　富山県黒部市
宇奈月町栃屋　うなづきまちとちや　富山県黒部市
宇奈月町音澤　うなづきまちおとざわ　富山県黒部市
宇奈月町栗虫　うなづきまちくりむし　富山県黒部市
宇奈月町浦山　うなづきまちうらやま　富山県黒部市
宇奈月町愛本新　うなづきまちあいもとしん　富山県黒部市
宇奈月町愛本橋爪東官林地内　うなづきまちあいもとはしづめひがしかんりんちない　富山県黒部市
宇奈月町熊野　うなづきまちくまの　富山県黒部市
宇奈月温泉
　うなづきおんせん　富山県（富山地方鉄道本線）
　うなづきおんせん　富山県黒部市

511

6画（宇）

宇奈根
　うなね　東京都世田谷区
　うなね　神奈川県川崎市高津区
宇東川西町　うとがわにしちょう　静岡県富士市
宇東川東町　うとがわひがしちょう　静岡県富士市
宇治
　うじ　京都府（JR奈良線ほか）
　うじ　京都府宇治市
　うじ　鳥取県岩美郡岩美町
宇治山　うじやま　兵庫県赤穂郡上郡町
宇治山田　うじやまだ　三重県（近畿日本鉄道山田
　線ほか）
宇治中之切町　うじなかのきりちょう　三重県伊勢市
宇治今在家町　うじいまざいけちょう　三重県伊勢市
宇治木　うじき　秋田県南秋田郡井川町
宇治市　うじし　京都府
宇治田原町　うじたわらちょう　京都府綴喜郡
宇治会　うじえ　茨城県石岡市
宇治団地前　うじだんちまえ　高知県（とさでん交通
　伊野線）
宇治町　うじちょう　愛知県津島市
宇治町本郷　うじちょうほんごう　岡山県高梁市
宇治町穴田　うじちょうあなだ　岡山県高梁市
宇治町宇治　うじちょううじ　岡山県高梁市
宇治町遠原　うじちょうとおはら　岡山県高梁市
宇治家裏　うじやうら　和歌山県和歌山市
宇治浦田　うじうらた　三重県伊勢市
宇治袋町　うじふくろまち　和歌山県和歌山市
宇治新　うじしん　富山県小矢部市
宇治鉄砲場　うじてっぽうば　和歌山県和歌山市
宇治薮下　うじやぶした　和歌山県和歌山市
宇治館町　うじたちちょう　三重県伊勢市
宇波
　うなみ　富山県氷見市
　うなみ　鳥取県八頭郡智頭町
宇茂佐　うむさ　沖縄県名護市
宇茂佐の森　うむさのもり　沖縄県名護市
宇陀市　うだし　奈良県
宇陀郡　うだぐん　奈良県
9宇保町　うほちょう　大阪府池田市
宇南　うなん　岩手県一関市
宇品二丁目　うじなにちょうめ　広島県（広島電鉄宇
　品線ほか）
宇品三丁目　うじなさんちょうめ　広島県（広島電鉄
　宇品線ほか）
宇品五丁目　うじなごちょうめ　広島県（広島電鉄宇
　品線ほか）
宇品四丁目　うじなよんちょうめ　広島県（広島電鉄
　宇品線ほか）
宇品西　うじなにし　広島県広島市南区
宇品町　うじなちょう　広島県広島市南区
宇品東　うじなひがし　広島県広島市南区
宇品海岸　うじなかいがん　広島県広島市南区
宇品神田　うじなかんだ　広島県広島市南区
宇品御幸　うじなみゆき　広島県広島市南区
宇城市　うきし　熊本県
宇栄原　うえばる　沖縄県那覇市
宇津　うつ　北海道紋別郡興部町
宇津ノ谷　うつのや　静岡県静岡市駿河区

宇津井　うづい　山口県下関市
宇津井町　うついちょう　島根県浜田市
宇津内　うつない　北海道枝幸郡浜頓別町
宇津戸　うづと　広島県世羅郡世羅町
宇津木
　うつぎ　和歌山県西牟婁郡白浜町
　うつぎ　和歌山県東牟婁郡古座川町
宇津木町　うつきまち　東京都八王子市
宇津江町　うづえちょう　愛知県田原市
宇津呂町　うつろちょう　滋賀県近江八幡市
宇津尾
　うつお　新潟県上越市
　うつお　福井県南条郡南越前町
宇津沢　うつさわ　山形県西置賜郡飯豊町
宇津谷　うつや　山梨県甲斐市
宇津根町　うつねちょう　京都府亀岡市
宇津貫町　うつぬきまち　東京都八王子市
宇津野
　うつの　新潟県魚沼市
　うつの　高知県高知市
宇津野新田　うつのしんでん　新潟県南魚沼市
宇美
　うみ　福岡県（JR香椎線）
　うみ　福岡県糟屋郡宇美町
宇美中央　うみちゅうおう　福岡県糟屋郡宇美町
宇美町　うみまち　福岡県糟屋郡
宇美東　うみひがし　福岡県糟屋郡宇美町
10宇原　うはら　兵庫県洲本市
宇宮原　うぐはら　奈良県吉野郡十津川村
宇島
　うのしま　福岡県（JR日豊本線）
　うのしま　福岡県豊前市
宇座　うざ　沖縄県中頭郡読谷村
宇根
　うね　兵庫県佐用郡佐用町
　うね　鹿児島県島尻郡久米島町
宇留地　うるち　石川県鳳珠郡穴水町
宇留津　うるづ　福岡県築上郡築上町
宇留院内　うるいんない　秋田県湯沢市
宇留部　うるべ　岩手県下閉伊郡普代村
宇留野　うるの　茨城県常陸大宮市
宇連野町　うれのまち　愛知県豊田市
宇高町　うだかちょう　愛媛県新居浜市
11宇宿
　うすき　鹿児島県（JR指宿枕崎線）
　うすき　鹿児島県鹿児島市
宇宿一丁目　うすきいっちょうめ　鹿児島県（鹿児島
　市交通局1系統）
宇宿町　うすきちょう　鹿児島県鹿児島市
宇崎　うざき　茨城県行方市
宇曽丹　うそたん　北海道枝幸郡浜頓別町
宇貫　うぬき　群馬県佐波郡玉村町
宇都井
　うづい　島根県（JR三江線）
　うづい　島根県邑智郡邑南町
宇都井　うづみ　長崎県諫早市
宇都宮　うつのみや　栃木県（JR東北新幹線ほか）
宇都宮市　うつのみやし　栃木県
宇都野　うつの　栃木県那須塩原市

6画（守,宅,寺）

宇部
　　うべ　山口県（JR山陽本線）
　　うべ　山口県下関市
宇部市　うべし　山口県
宇部町　うべちょう　岩手県久慈市
宇部岬　うべみさき　山口県（JR宇部線）
宇部新川　うべしんかわ　山口県（JR宇部線）
宇野
　　うの　鳥取県東伯郡湯梨浜町
　　うの　岡山県（JR宇野線）
　　うの　岡山県玉野市
　　うの　福岡県築上郡上毛町
宇野山　うのやま　兵庫県赤穂郡上郡町
宇野辺
　　うのべ　大阪府（大阪高速鉄道大阪モノレール線）
　　うのべ　大阪府茨木市
宇野気
　　うのけ　石川県（JR七尾線）
　　うのけ　石川県かほく市
宇野町
　　うのちょう　奈良県五條市
　　うのちょう　島根県浜田市
宇隆　うりゅう　北海道勇払郡厚真町
¹²宇喜田町　うきたちょう　東京都江戸川区
宇堅　うけん　沖縄県うるま市
宇検　うけん　鹿児島県大島郡宇検村
宇検村　うけんそん　鹿児島県大島郡
宇筒井　うづつい　和歌山県東牟婁郡古座川町
宇筒原　うとうばら　千葉県夷隅郡大多喜町
宇賀　うか　島根県隠岐郡西ノ島町
宇賀本郷　うかほんごう　山口県（JR山陰本線）
宇賀荘町　うかしょうちょう　島根県安来市
宇賀浦町　うがうらちょう　北海道函館市
宇賀野　うかの　滋賀県米原市
宇道坂
　　うどうざか　青森県上北郡七戸町
　　うどうさか　青森県上北郡東北町
宇須　うず　和歌山県和歌山市
宇須々木　うすすき　高知県宿毛市
宇須尾　うすお　福井県丹生郡越前町
¹³宇園別　うえんべつ　北海道上川郡当麻町
宇楚井町　うそいまち　群馬県沼田市
宇福寺　うぶくじ　愛知県北名古屋市
宇遠内　うえんない　北海道枝幸郡枝幸町
¹⁴宇嘉　うか　沖縄県国頭郡国頭村
¹⁵宇摩　うま　北海道深川市
¹⁶宇頭　うとう　愛知県（名古屋鉄道名古屋本線）
宇頭北町　うとうきたまち　愛知県岡崎市
宇頭町　うとうちょう　愛知県岡崎市
宇頭東町　うとうひがしまち　愛知県岡崎市
宇頭南町　うとうみなみまち　愛知県岡崎市
宇頭茶屋町　うとうちゃやちょう　愛知県安城市
¹⁸宇藤木　うとうぎ　岡山県玉野市
宇藤原　うとうばら　千葉県富津市

【守】
³守口　もりぐち　大阪府（大阪市交通局谷町線）
守口市
　　もりぐちし　大阪府（京阪電気鉄道本線）

　　もりぐちし　大阪府
守口町　もりぐちちょう　岐阜県岐阜市
守山
　　もりやま　富山県高岡市
　　もりやま　愛知県名古屋市守山区
　　もりやま　滋賀県（JR東海道本線）
　　もりやま　滋賀県守山市
守山区　もりやまく　愛知県名古屋市
守山市　もりやまし　滋賀県
守山自衛隊前　もりやまじえいたいまえ　愛知県（名古屋鉄道瀬戸線）
守山町
　　もりやままち　富山県高岡市
　　もりやまちょう　滋賀県守山市
　　もりやまちょう　京都府京都市中京区
⁴守内　しゅうち　山口県岩国市
守内かさ神　しゅうちかさがみ　山口県（錦川鉄道錦川清流線）
守木　もりき　静岡県伊豆の国市
⁵守田町　もりたちょう　三重県伊賀市
守目堂町　もりめどうちょう　奈良県天理市
⁶守江　もりえ　大分県杵築市
⁷守谷
　　もりや　茨城県（関東鉄道常総線ほか）
　　もりや　千葉県勝浦市
守谷市　もりやし　茨城県
守谷舘　もりやたて　福島県須賀川市
⁸守牧町　もりまきちょう　愛知県名古屋市守山区
⁹守屋　もりや　福島県須賀川市
守屋町　もりやちょう　神奈川県横浜市神奈川区
守後浦　もりごうら　大分県佐伯市
守恒
　　もりつね　福岡県（北九州高速鉄道小倉線）
　　もりつね　福岡県北九州市小倉南区
守恒本町　もりつねほんまち　福岡県北九州市小倉南区
¹¹守部　もるべ　福岡県三井郡大刀洗町
²⁰守護町　しゅごまち　富山県高岡市
守護町新　しゅごまちしん　富山県高岡市

【宅】
⁵宅田町　たくだまち　石川県輪島市
¹¹宅野島町　たくのしまちょう　愛知県西尾市
¹²宅間　たくま　愛媛県今治市
宅間田　たくまだ　福岡県八女市

【寺】
寺
　　てら　新潟県上越市
　　てら　福井県丹生郡越前町
　　てら　京都府福知山市
　　てら　大阪府交野市
⁰寺ケ崎　てらがさき　新潟県十日町市
寺ノ沢　てらのさわ　青森県上北郡野辺地町
寺ノ前　てらのまえ　福島県大沼郡会津美里町
寺ノ前甲　てらのまえこう　福島県大沼郡会津美里町
寺の下　てらのした　岩手県岩手郡雫石町
寺の前　てらのまえ　福島県西白河郡矢吹町
寺の前町　てらのまえちょう　山口県宇部市

513

6画（寺）

³寺下
　　てらした　青森県上北郡七戸町
　　てらした　青森県上北郡横浜町
　　てらした　長野県（上田電鉄別所線）
寺下町　てらしたちょう　愛知県豊田市
寺上野　てらうえの　茨城県筑西市
寺久　てらく　茨城県坂東市
寺久保
　　てらくぼ　福島県伊達郡川俣町
　　てらくぼ　栃木県真岡市
　　てらくぼ　神奈川県横浜市中区
寺口　てらぐち　奈良県葛城市
寺口町　てらぐちちょう　兵庫県神戸市灘区
寺子
　　てらご　栃木県那須塩原市
　　てらこ　栃木県那須郡那須町
寺子乙　てらこおつ　栃木県那須郡那須町
寺子丙　てらこへい　栃木県那須郡那須町
寺小路
　　てらこうじ　青森県黒石市
　　てらこうじ　福島県白河市
寺山
　　てらやま　福島県東白川郡棚倉町
　　てらやま　埼玉県さいたま市緑区
　　てらやま　埼玉県川越市
　　てらやま　神奈川県秦野市
　　てらやま　新潟県新潟市東区
　　てらやま　新潟県糸魚川市
　　てらやま　和歌山県西牟婁郡白浜町
　　てらやま　岡山県岡山市東区
　　てらやま　山口県岩国市
寺山台　てらやまだい　京都府宇治市
寺山町
　　てらやまちょう　神奈川県横浜市緑区
　　てらやまちょう　新潟県新潟市中央区
寺川
　　てらがわ　大阪府大東市
　　てらがわ　高知県吾川郡いの町
⁴寺中　じちゅう　熊本県上益城郡益城町
寺中町
　　じちゅうちょう　栃木県佐野市
　　じちゅうまち　石川県金沢市
　　じちゅうちょう　福井県鯖江市
　　じちゅうまち　長崎県島原市
寺之内竪町　てらのうちたてちょう　京都府京都市上
　　京区
寺井　てらい　埼玉県川越市
寺井町
　　てらいちょう　群馬県太田市
　　てらいまち　石川県能美市
　　てらいちょう　香川県高松市
寺今町　てらいまちょう　京都府京都市上京区
寺元
　　てらもと　大阪府河内長野市
　　てらもと　岡山県苫田郡鏡野町
寺内
　　てらうち　宮城県伊具郡丸森町
　　てらうち　秋田県秋田市
　　てらうち　山形県尾花沢市
　　てらうち　福島県西白河郡矢吹町
　　てらうち　茨城県稲敷市

　　てらうち　栃木県（真岡鉄道線）
　　てらうち　栃木県真岡市
　　てらうち　千葉県香取市
　　じない　岐阜県揖斐郡大野町
　　じない　京都府舞鶴市
　　てらうち　大阪府豊中市
　　てらうち　兵庫県西脇市
　　てらうち　兵庫県篠山市
　　てらうち　和歌山県和歌山市
　　てらうち　鳥取県西伯郡南部町
　　てらうち　徳島県那賀郡那賀町
　　てらうち　高知県長岡郡大豊町
　　じない　福岡県北九州市門司区
寺内大小路　てらうちおおこうじ　秋田県秋田市
寺内大畑　てらうちおおはた　秋田県秋田市
寺内西　てらうちにし　福島県西白河郡矢吹町
寺内児桜　てらうちこざくら　秋田県秋田市
寺内町
　　じないちょう　岐阜県大垣市
　　じないちょう　岐阜県関市
　　じないちょう　大阪府守口市
　　じないちょう　奈良県御所市
寺内東　てらうちひがし　福島県西白河郡矢吹町
寺内油田　てらうちあぶらでん　秋田県秋田市
寺内前　てらうちまえ　宮城県伊具郡丸森町
寺内南　てらうちみなみ　福島県西白河郡矢吹町
寺内後城　てらうちうしろじょう　秋田県秋田市
寺内神屋敷　てらうちかみやしき　秋田県秋田市
寺内高野　てらうちこうや　秋田県秋田市
寺内堂ノ沢　てらうちどうのさわ　秋田県秋田市
寺内焼山　てらうちやけやま　秋田県秋田市
寺内蛭根　てらうちひるね　秋田県秋田市
寺内鵜ノ木　てらうちうのき　秋田県秋田市
寺分
　　てらぶん　栃木県真岡市
　　てらぶん　神奈川県鎌倉市
　　てらぶん　石川県鳳珠郡能登町
寺戸
　　てらど　奈良県北葛城郡広陵町
　　てらど　奈良県吉野郡黒滝村
寺戸町　てらどちょう　京都府向日市
寺方　てらかた　千葉県山武郡横芝光町
寺方元町　てらかたもとまち　大阪府守口市
寺方本通　てらかたほんどおり　大阪府守口市
寺方町　てらがたちょう　三重県四日市市
寺方錦通　てらかたにしきどおり　大阪府守口市
⁵寺台　てらだい　千葉県成田市
寺尻　てらじり　滋賀県蒲生郡日野町
寺平町　てらだいらちょう　愛知県豊田市
寺本
　　てらもと　福井県吉田郡永平寺町
　　てらもと　愛知県（名古屋鉄道常滑線）
　　てらもと　兵庫県伊丹市
寺本台　てらもとだい　愛知県知多市
寺本町
　　てらもとちょう　愛知県瀬戸市
　　てらもとちょう　広島県呉市
寺本東　てらもとひがし　兵庫県伊丹市
寺本新町　てらもとしんまち　愛知県知多市
寺田
　　てらだ　秋田県にかほ市

6画（寺）

てらだ　山形県鶴岡市
てらだ　山形県酒田市
てらだ　福島県須賀川市
てらだ　福島県喜多方市
てらだ　茨城県取手市
てらだ　新潟県十日町市
てらだ　新潟県五泉市
てらだ　新潟県佐渡市
てらだ　富山県（富山地方鉄道本線）
てらだ　富山県中新川郡立山町
てらだ　岐阜県岐阜市
てらだ　岐阜県関市
てらだ　静岡県静岡市駿河区
てらだ　三重県伊賀市
てらだ　京都府（近畿日本鉄道京都線）
てらだ　京都府舞鶴市
てらだ　京都府城陽市
てらだ　大阪府豊能郡豊能町
てらだ　大阪府南河内郡河南町
てらだ　島根県鹿足郡津和野町
てらだ　熊本県玉名市
てらだ　大分県佐伯市
寺田ことぶき町　てらだことぶきちょう　富山県中新川郡立山町
寺田町
　てらだまち　東京都八王子市
　てらだちょう　滋賀県長浜市
　てらだちょう　大阪府（JR大阪環状線）
　てらだちょう　大阪府大阪市天王寺区
　てらだちょう　大阪府茨木市
　てらだちょう　大阪府和泉市
　てらだちょう　兵庫県神戸市須磨区
　てらだちょう　奈良県橿原市
寺田新　てらだしん　富山県中新川郡立山町
寺田縄　てらだなわ　神奈川県平塚市
6**寺向**　てらむかい　秋田県能代市
寺地
　てらじ　新潟県新潟市西区
　てらじ　新潟県糸魚川市
　てらじ　石川県金沢市
寺地町
　てらじちょう　福井県越前市
　てらぢちょう　大阪府（阪堺電気軌道阪堺線）
寺地町西　てらじちょうにし　大阪府堺市堺区
寺地町東　てらじちょうひがし　大阪府堺市堺区
寺庄　てらしょう　滋賀県（JR草津線）
寺池台　てらいけだい　大阪府富田林市
寺池町　てらいけちょう　兵庫県神戸市長田区
寺竹　てらだけ　埼玉県入間市
寺西
　てらにし　山形県山形市
　てらにし　福島県喜多方市
　てらにし　愛知県犬山市
　てらにし　愛知県小牧市
7**寺作**　てらさく　千葉県香取郡多古町
寺坂
　てらさか　福島県伊達郡桑折町
　てらさか　神奈川県中郡大磯町
寺尾
　てらお　埼玉県川越市
　てらお　埼玉県秩父市
　てらお　千葉県富津市
　てらお　新潟県（JR越後線）

てらお　新潟県新潟市西区
てらお　新潟県新発田市
てらお　新潟県村上市
てらお　新潟県妙高市
てらお　新潟県南魚沼市
てらお　新潟県刈羽郡刈羽村
てらお　富山県氷見市
てらお　富山県砺波市
てらお　奈良県吉野郡川上村
てらお　和歌山県伊都郡かつらぎ町
寺尾上　てらおかみ　新潟県新潟市西区
寺尾中　てらおなか　神奈川県綾瀬市
寺尾中央公園　てらおちゅうおうこうえん　新潟県新潟市西区
寺尾北
　てらおきた　神奈川県綾瀬市
　てらおきた　新潟県新潟市西区
寺尾台
　てらおだい　神奈川県川崎市多摩区
　てらおだい　神奈川県綾瀬市
　てらおだい　新潟県新潟市西区
寺尾本町　てらおほんちょう　神奈川県綾瀬市
寺尾西
　てらおにし　神奈川県綾瀬市
　てらおにし　新潟県新潟市西区
寺尾町　てらおまち　群馬県高崎市
寺尾東　てらおひがし　新潟県新潟市西区
寺尾前通　てらおまえどおり　新潟県新潟市西区
寺尾南　てらおみなみ　神奈川県綾瀬市
寺尾釜田　てらおかまた　神奈川県綾瀬市
寺尾朝日通　てらおあさひどおり　新潟県新潟市西区
寺志田　てらしだ　岩手県八幡平市
寺村
　てらむら　愛媛県喜多郡内子町
　てらむら　高知県吾川郡仁淀川町
寺村町　てらむらちょう　兵庫県三田市
寺沢
　てらさわ　秋田県湯沢市
　てらさわ　秋田県南秋田郡井川町
　てらさわ　福島県双葉郡双葉町
　てらさわ　千葉県君津市
　てらさわ　新潟県五泉市
　てらさわ　山梨県南巨摩郡身延町
寺沢町　てらさわちょう　愛知県豊橋市
寺沢前　てらさわまえ　青森県上北郡七戸町
寺町
　てらまち　青森県五所川原市
　てらまち　福島県喜多方市
　てらまち　栃木県鹿沼市
　てらまち　東京都八王子市
　てらまち　新潟県村上市
　てらまち　新潟県糸魚川市
　てらまち　新潟県上越市
　てらまち　富山県富山市
　てらまち　富山県高岡市
　てらまち　富山県滑川市
　てらまち　石川県金沢市
　てらまち　石川県小松市
　てらまち　岐阜県岐阜市
　てらまち　愛知県半田市
　てらちょう　滋賀県東近江市
　てらまち　京都府綾部市
　てらまち　兵庫県尼崎市

515

6画（寺）

	てらまち	奈良県奈良市
	てらまち	鳥取県鳥取市
	てらまち	鳥取県米子市
	てらまち	島根県松江市
	てらまち	岡山県高梁市
	てらまち	広島県（広島電鉄横川線ほか）
	てらまち	広島県広島市中区
	てらまち	広島県福山市
	てらまち	広島県世羅郡世羅町
	てらまち	徳島県徳島市
	てらまち	福岡県久留米市
	てらまち	長崎県長崎市
	てらまち	長崎県島原市
	てらまち	熊本県人吉市
	てらまち	大分県中津市

寺町けや木台　てらまちけやきだい　富山県富山市
寺町南　てらまちみなみ　福島県喜多方市
寺社　じしゃ　新潟県阿賀野市
寺社新　じしゃしん　新潟県阿賀野市
寺谷
　　てらや　埼玉県鴻巣市
　　てらやつ　千葉県市原市
　　てらや　神奈川県横浜市鶴見区
　　てらだに　福井県今立郡池田町
　　てらだに　静岡県磐田市
　　てらだに　鳥取県倉吉市
寺谷町　てらたにちょう　大阪府高槻市
寺谷新田　てらだにしんでん　静岡県磐田市
寺里
　　てらさと　岩手県久慈市
　　てらざと　宮崎県串間市
8寺具　てらぐ　茨城県つくば市
寺和田　てらわだ　岡山県苫田郡鏡野町
寺坪　てらつぼ　富山県中新川郡立山町
寺宝町　じほうまち　新潟県長岡市
寺岡　てらおか　宮城県仙台市泉区
寺岡町　てらおかちょう　栃木県足利市
寺所　てらどこ　山梨県西八代郡市川三郷町
寺東　てらひがし　福島県耶麻郡猪苗代町
寺林
　　てらばやし　岩手県盛岡市
　　てらばやし　滋賀県米原市
寺河戸町　てらかわどちょう　岐阜県瑞浪市
寺泊
　　てらどまり　新潟県（JR越後線）
　　てらどまり　新潟県長岡市
寺泊入軽井　てらどまりいりかるい　新潟県長岡市
寺泊下中条　てらどまりしもなかじょう　新潟県長岡市
寺泊下桐　てらどまりしもぎり　新潟県長岡市
寺泊下曽根　てらどまりしもそね　新潟県長岡市
寺泊万善寺　てらどまりばんぜんじ　新潟県長岡市
寺泊大地　てらどまりおおじ　新潟県長岡市
寺泊大和田　てらどまりおおわだ　新潟県長岡市
寺泊小豆曽根　てらどまりあずきそね　新潟県長岡市
寺泊山田　てらどまりやまだ　新潟県長岡市
寺泊川崎　てらどまりかわさき　新潟県長岡市
寺泊中曽根　てらどまりなかぞね　新潟県長岡市
寺泊五分一　てらどまりごぶいち　新潟県長岡市
寺泊円上寺　てらどまりえんじょうじ　新潟県長岡市
寺泊引岡　てらどまりひきおか　新潟県長岡市
寺泊戸崎　てらどまりとざき　新潟県長岡市

寺泊木島　てらどまりきじま　新潟県長岡市
寺泊北野根　てらどまりきたぞね　新潟県長岡市
寺泊平野新村新田　てらどまりひらののしんむらしんでん　新潟県長岡市
寺泊弁才天　てらどまりべんざいてん　新潟県長岡市
寺泊本山　てらどまりもとやま　新潟県長岡市
寺泊本弁　てらどまりもとべん　新潟県長岡市
寺泊田尻　てらどまりたじり　新潟県長岡市
寺泊田頭　てらどまりたがしら　新潟県長岡市
寺泊矢田　てらどまりやだ　新潟県長岡市
寺泊吉　てらどまりよし　新潟県長岡市
寺泊年友　てらどまりとしとも　新潟県長岡市
寺泊当新田　てらどまりとうしんでん　新潟県長岡市
寺泊有信　てらどまりありのぶ　新潟県長岡市
寺泊竹森　てらどまりたけもり　新潟県長岡市
寺泊志戸橋　てらどまりしとばし　新潟県長岡市
寺泊求草　てらどまりもとめぐさ　新潟県長岡市
寺泊町軽井　てらどまりまちかるい　新潟県長岡市
寺泊京ケ入　てらどまりきょうがいり　新潟県長岡市
寺泊岩方　てらどまりいわかた　新潟県長岡市
寺泊明ケ谷　てらどまりみょうがだに　新潟県長岡市
寺泊松田　てらどまりまつだ　新潟県長岡市
寺泊夏戸　てらどまりなつど　新潟県長岡市
寺泊高内　てらどまりたかうち　新潟県長岡市
寺泊蛇塚　てらどまりへびつか　新潟県長岡市
寺泊郷本　てらどまりごうもと　新潟県長岡市
寺泊野積　てらどまりのづみ　新潟県長岡市
寺泊敦ケ曽根　てらどまりつるがそね　新潟県長岡市
寺泊磇田　てらどまりはざまだ　新潟県長岡市
寺泊新長　てらどまりしんちょう　新潟県長岡市
寺泊鰐口　てらどまりわにくち　新潟県長岡市
寺迫
　　てらさこ　広島県安芸郡海田町
　　てらさこ　熊本県上益城郡益城町
寺門　てらかど　千葉県鴨川市
寺門町　てらかどちょう　大阪府和泉市
9寺前
　　てらまえ　宮城県刈田郡七ケ宿町
　　てらまえ　福島県伊達市
　　てらまえ　福島県伊達郡川俣町
　　てらまえ　神奈川県横浜市金沢区
　　てらまえ　兵庫県（JR播但線）
　　てらまえ　兵庫県神崎郡神河町
寺前町
　　てらまえちょう　福井県福井市
　　てらまえちょう　愛知県名古屋市港区
　　てらまえちょう　愛知県一宮市
　　てらまえちょう　愛知県津島市
　　てらまえちょう　大阪府東大阪市
寺南　てらみなみ　福島県喜多方市
寺南野　てらみなみの　大阪府交野市
寺垣内　てらがいと　奈良県吉野郡下北山村
寺屋敷前　てらやしきまえ　宮城県白石市
寺後
　　てらうしろ　秋田県由利本荘市
　　てらご　福島県耶麻郡猪苗代町
　　てらご　茨城県龍ケ崎市
寺泉　てらいずみ　山形県長井市
寺津
　　てらづ　山形県天童市

516

6画（州, 巡, 帆, 年, 庄）

　　てらづ　富山県富山市
　　てらづ　愛知県西尾市
寺津町
　　てらづちょう　石川県金沢市
　　てらづちょう　愛知県西尾市
寺洞　てらぼら　愛知県犬山市
寺畑
　　てらはた　茨城県つくばみらい市
　　てらはた　兵庫県川西市
10寺倉　てらくら　滋賀県米原市
寺原
　　てらはら　茨城県（関東鉄道常総線）
　　てらばら　広島県山県郡北広島町
寺家
　　じけ　富山県富山市
　　じけ　富山県南砺市
　　じけ　静岡県伊豆の国市
　　じけ　三重県鈴鹿市
　　じけ　高知県長岡郡本山町
寺家町
　　じけちょう　神奈川県横浜市青葉区
　　じけいまち　富山県滑川市
　　じけまち　石川県羽咋市
　　じけちょう　三重県鈴鹿市
寺家新屋敷　じけあらやしき　富山県南砺市
寺島
　　てらしま　宮城県岩沼市
　　てらしま　新潟県糸魚川市
　　てらしま　富山県富山市
　　てらしま　福井県今立郡池田町
　　てらしま　静岡県静岡市葵区
　　てらしま　静岡県浜松市浜北区
　　てらしま　静岡県掛川市
　　てらしま　静岡県藤枝市
　　てらしま　熊本県山鹿市
寺島本町西　てらしまほんちょうにし　徳島県徳島市
寺島本町東　てらしまほんちょうひがし　徳島県徳島市
寺島町
　　てらじままち　新潟県長岡市
　　てらじまちょう　岐阜県岐阜市
　　てらじまちょう　静岡県浜松市中区
　　てらしまちょう　愛知県一宮市
寺師　てらし　鹿児島県姶良市
寺師町　てらしちょう　滋賀県長浜市
寺畠町　てらばたけまち　石川県能美市
寺畔　てらなわて　福岡県行橋市
寺脇　てらわき　三重県伊賀市
寺脇町　てらわきちょう　静岡県浜松市南区
11寺宿　てらじゅく　栃木県大田原市
寺崎
　　てらさき　福島県大沼郡会津美里町
　　てらさき　茨城県笠間市
　　てらさき　茨城県小美玉市
　　てらさき　千葉県佐倉市
　　てらさき　千葉県山武市
　　てらさき　千葉県長生郡睦沢町
　　てらさき　奈良県高市郡高取町
寺崎北　てらざききた　千葉県佐倉市
寺崎町
　　てらさきちょう　愛知県名古屋市南区
　　てらさきまち　大分県大分市
寺部　てらべ　山梨県南アルプス市

寺部町
　　てらべちょう　愛知県豊田市
　　てらべちょう　愛知県西尾市
寺部通　てらべどおり　愛知県名古屋市南区
寺野
　　てらの　愛知県清須市
　　てらの　兵庫県神崎郡神河町
　　てらの　高知県高岡郡四万十町
寺野町　てらのちょう　愛知県津島市
12寺塚
　　てらつか　埼玉県白岡市
　　てらつか　福岡県福岡市南区
寺塚原　てらつかはら　富山県射水市
寺渡戸　てらわたど　栃木県塩谷郡高根沢町
寺間　てらま　群馬県利根郡みなかみ町
13寺福童　てらふくどう　福岡県小郡市
寺裏　てらうら　青森県上北郡七戸町
寺裏通　てらうらどおり　新潟県新潟市中央区
寺跡　てらあと　宮城県刈田郡七ケ宿町
14寺領　じりょう　広島県山県郡安芸太田町
寺領町　じりょうちょう　愛知県安城市
15寺横町
　　てらよこちょう　青森県八戸市
　　てらよこちょう　愛知県刈谷市
16寺館　てらだて　秋田県大仙市

【州】

0州の崎町　すのさきちょう　愛知県半田市
7州見台　くにみだい　京都府木津川市
11州崎　すざき　沖縄県うるま市

【巡】

0巡り矢　めぐりや　福島県白河市
12巡間町　はざまちょう　愛知県瀬戸市

【帆】

3帆山　ほのやま　香川県仲多度郡まんのう町
帆山町　ほやまちょう　福井県越前市
7帆谷町　ほだにちょう　福井県福井市
帆足　ほあし　大分県玖珠郡玖珠町
9帆柱　ほばしら　福岡県北九州市八幡東区

【年】

3年川　としがわ　静岡県伊豆市
5年代　ねんだい　富山県南砺市
7年呂部　としろべ　岩手県下閉伊郡田野畑村
年見町　としみちょう　宮崎県都城市
9年柄　としから　熊本県天草郡苓北町
10年貢町　ねんぐまち　福島県白河市

【庄】

庄
　　しょう　石川県河北郡津幡町
　　しょう　滋賀県蒲生郡竜王町
　　しょう　大阪府茨木市
　　しょう　兵庫県豊岡市
　　しょう　和歌山県有田郡有田川町
　　しょう　和歌山県東牟婁郡那智勝浦町
　　しょう　香川県仲多度郡多度津町

517

6画（庄）

しょう　愛媛県松山市
しょう　福岡県古賀市
しょう　福岡県田川郡添田町
⁰庄ケ宮　しょうがみや　新潟県阿賀野市
庄の原　しょうのはる　大分県大分市
³庄山町　しょうやまちょう　兵庫県神戸市長田区
庄川　しゃがわ　和歌山県西牟婁郡白浜町
庄川口　しょうがわぐち　富山県（万葉線）
庄川平町　しょうがわだいらまち　新潟県見附市
庄川本町　しょうがわほんまち　富山県射水市
庄川町　しょうがわまち　新潟県見附市
庄川町三谷　しょうがわまちみたに　富山県砺波市
庄川町小牧　しょうがわまちこまき　富山県砺波市
庄川町五ケ　しょうがわまちごか　富山県砺波市
庄川町天正　しょうがわまちてんしょう　富山県砺波市
庄川町古上野　しょうがわまちふるうえの　富山県砺波市
庄川町示野　しょうがわまちしめの　富山県砺波市
庄川町名ケ原　しょうがわまちみょうがはら　富山県砺波市
庄川町庄　しょうがわまちしょう　富山県砺波市
庄川町金屋　しょうがわまちかなや　富山県砺波市
庄川町青島　しょうがわまちあおしま　富山県砺波市
庄川町前山　しょうがわまちまえやま　富山県砺波市
庄川町高儀新　しょうがわまちたかぎしん　富山県砺波市
庄川町湯山　しょうがわまちゆやま　富山県砺波市
庄川町湯谷　しょうがわまちゆだに　富山県砺波市
庄川町筏　しょうがわまちいかだ　富山県砺波市
庄川町落シ　しょうがわまちおとし　富山県砺波市
庄川町隠尾　しょうがわまちかくりょう　富山県砺波市
庄川町横住　しょうがわまちよこずみ　富山県砺波市
⁴庄中町　しょうなかちょう　愛知県尾張旭市
庄中町南島　しょうなかちょうみなみじま　愛知県尾張旭市
庄中町渋川　しょうなかちょうしぶかわ　愛知県尾張旭市
庄之芝町　しょうのしばちょう　高知県安芸市
庄内
　　しょうない　長野県松本市
　　しょうない　大阪府（阪急電鉄宝塚本線）
　　しょうない　大分県（JR久大本線）
庄内元吉　しょうないもとよし　福岡県飯塚市
庄内西町　しょうないにしまち　大阪府豊中市
庄内町
　　しょうないまち　山形県東田川郡
　　しょうないまち　新潟県村上市
　　しょうないちょう　静岡県浜松市西区
　　しょうないちょう　愛媛県新居浜市
　　しょうないちょう　宮崎県都城市
庄内町大龍　しょうないちょうおおたつ　大分県由布市
庄内町小挾間　しょうないちょうおばさま　大分県由布市
庄内町中　しょうないちょうなか　大分県由布市
庄内町五ケ瀬　しょうないちょうごかせ　大分県由布市
庄内町北大津留　しょうないちょうきたおおつる　大分県由布市
庄内町平石　しょうないちょうひらいし　大分県由布市

庄内町庄内原　しょうないちょうしょうないばる　大分県由布市
庄内町西　しょうないちょうにし　大分県由布市
庄内町西大津留　しょうないちょうにしおおつる　大分県由布市
庄内町西長宝　しょうないちょうにしちょうほう　大分県由布市
庄内町東大津留　しょうないちょうひがしおおつる　大分県由布市
庄内町東長宝　しょうないちょうひがしちょうほう　大分県由布市
庄内町直野内山　しょうないちょうなおのうちやま　大分県由布市
庄内町長野　しょうないちょうながの　大分県由布市
庄内町阿蘇野　しょうないちょうあその　大分県由布市
庄内町南大津留　しょうないちょうみなみおおつる　大分県由布市
庄内町柿原　しょうないちょうかきはる　大分県由布市
庄内町畑田　しょうないちょうはたけだ　大分県由布市
庄内町高岡　しょうないちょうたかおか　大分県由布市
庄内町渕　しょうないちょうふち　大分県由布市
庄内町野畑　しょうないちょうのばたけ　大分県由布市
庄内町龍原　しょうないちょうたつはる　大分県由布市
庄内町櫟木　しょうないちょういちぎ　大分県由布市
庄内宝町　しょうないたからまち　大阪府豊中市
庄内幸町　しょうないさいわいまち　大阪府豊中市
庄内東町　しょうないひがしまち　大阪府豊中市
庄内栄町　しょうないさかえまち　大阪府豊中市
庄内通
　　しょうないどおり　愛知県（名古屋市交通局鶴舞線）
　　しょうないとおり　愛知県名古屋市西区
庄内緑地公園　しょうないりょくちこうえん　愛知県（名古屋市交通局鶴舞線）
庄戸　しょうど　神奈川県横浜市栄区
⁵庄右衛門新田　しょうえもんしんでん　茨城県坂東市
庄司
　　しょうじ　福島県田村郡三春町
　　しょうじ　千葉県夷隅郡大多喜町
　　しょうし　福岡県飯塚市
庄司田　しょうじだ　愛知県岡崎市
庄司町　しょうじまち　福岡県北九州市門司区
庄布川　しょうぶかわ　茨城県稲敷郡河内町
庄本町　しょうもとちょう　大阪府豊中市
庄田
　　しょうだ　兵庫県姫路市
　　しょうだ　岡山県岡山市北区
　　しょうだ　高知県高岡郡佐川町
庄田町
　　しょうでんちょう　福井県越前市
　　しょうだちょう　三重県津市
　　しょうだちょう　兵庫県神戸市長田区
⁶庄吉　しょうよし　千葉県茂原市
庄名町　しょうなちょう　愛知県春日井市
庄西町　しょうせいまち　富山県射水市
⁷庄兵衛新田　しょうべえしんでん　愛知県常滑市
庄兵衛新田町
　　しょうべえしんでんまち　茨城県龍ケ崎市
　　しょうべえしんでんちょう　茨城県牛久市

6画（式,弐,当,戎,成）

庄町
　　しょうまち　石川県加賀市
　　しょうちょう　福井県越前市
　　しょうちょう　三重県松阪市
　　しょうまち　徳島県徳島市
8庄和町　しょうわちょう　静岡県浜松市西区
庄府　しょうぶ　愛媛県松山市
庄所町　しょうどころちょう　大阪府高槻市
庄林　しょうばやし　福井県大野市
9庄南町　しょうなんちょう　愛知県尾張旭市
庄屋　しょうや　大阪府摂津市
庄屋町　しょうやまち　群馬県太田市
庄栄町　しょうえいちょう　静岡県沼津市
庄泉　しょういずみ　山形県飽海郡遊佐町
10庄原市　しょうばらし　広島県
庄島　しょうじま　福岡県筑後市
庄高田　しょうたかた　富山県富山市
11庄野　しょうの　福島県福島市
庄野共進　しょうのきょうしん　三重県鈴鹿市
庄野羽山　しょうのはやま　三重県鈴鹿市
庄野町　しょうのちょう　三重県鈴鹿市
庄野東　しょうのひがし　三重県鈴鹿市
13庄新町　しょうしんまち　岡山県倉敷市
庄福町　しょうふくちょう　静岡県静岡市清水区
14庄境
　　しょうざかい　兵庫県豊岡市
　　しょうざかい　大分県大分市
19庄瀬　しょうぜ　新潟県新潟市南区

【式】
4式内町　しきないちょう　大阪府泉大津市
7式見町　しきみまち　長崎県長崎市
8式岩　しきのいわ　高知県長岡郡大豊町
式阿弥町　しきあみちょう　京都府京都市中京区
10式根島　しきねじま　東京都新島村
11式部内　しきぶうち　福島県二本松市
式部町　しきぶちょう　京都府京都市中京区
15式敷　しきじき　広島県（JR三江線）

【弐】
4弐分方町　にぶかたまち　東京都八王子市

【当】
3当山
　　とうやま　山形県飽海郡遊佐町
　　とうやま　徳島県那賀郡那賀町
　　とうやま　沖縄県浦添市
5当代島　とうだいじま　千葉県浦安市
当古町　とうごちょう　愛知県豊川市
当田町　とうでちょう　福井県鯖江市
当目　とうめ　石川県鳳珠郡能登町
当目町　とうめちょう　滋賀県長浜市
7当別　とうべつ　北海道北斗市
当別太　とうべつぶと　北海道石狩郡当別町
当別町　とうべつちょう　北海道石狩郡
当町　とうまち　愛知県石川郡石川町
8当所　とうしょ　福岡県朝倉郡筑前町
当知　とうち　愛知県名古屋市港区

当知町　とうちちょう　愛知県名古屋市港区
9当津　とうづ　三重県度会郡度会町
10当浜　あてはま　香川県小豆郡小豆島町
11当郷　とうごう　長野県小県郡青木村
当郷町　とうごうちょう　群馬県館林市
当部　とうべ　鹿児島県大島郡天城町
当野　とうの　兵庫県篠山市
当麻
　　とうま　北海道（JR石北本線）
　　たいま　神奈川県相模原市中央区
当麻寺　たいまでら　奈良県（近畿日本鉄道南大阪
　　線）
当麻町　とうまちょう　北海道上川郡
12当間
　　とうま　茨城県鉾田市
　　あてま　新潟県十日町市
　　とうま　沖縄県那覇市
　　とうま　沖縄県中頭郡中城村
13当幌　とうほろ　北海道標津郡中標津町
当幌本通　とうほろほんどおり　北海道標津郡中標
　　津町
当新田
　　とうしんでん　三重県三重郡川越町
　　とうしんでん　岡山県岡山市南区
当路　とうろ　北海道檜山郡厚沢部町
14当熊　とうのくま　石川県羽咋郡宝達志水町
当銘　とうめ　沖縄県島尻郡八重瀬町

【戎】
4戎之町西　えびすのちょうにし　大阪府堺市堺区
戎之町東　えびすのちょうひがし　大阪府堺市堺区
5戎本町　えびすほんまち　大阪府大阪市浪速区
7戎町
　　えびすちょう　岐阜県岐阜市
　　えびすちょう　大阪府岸和田市
　　えびすちょう　大阪府泉大津市
　　えびすちょう　兵庫県神戸市須磨区
　　えびすまち　鳥取県鳥取市
　　えびすまち　山口県防府市
　　えびすまち　山口県周南市
　　えびすまち　愛媛県八幡浜市
　　えびすちょう　高知県土佐清水市
10戎島町　えびすじまちょう　大阪府堺市堺区
戎通　えびすどおり　奈良県磯城郡田原本町

【成】
3成上　なりかみ　福島県二本松市
成子町　なるこちょう　静岡県浜松市中区
成山
　　なりやま　千葉県四街道市
　　なるやま　高知県吾川郡いの町
　　なるやま　高知県幡多郡三原村
成山町　なりやままち　福島県郡山市
成川
　　なりかわ　福島県福島市
　　なりがわ　千葉県鴨川市
　　なるかわ　三重県南牟婁郡紀宝町
　　なるかわ　和歌山県東牟婁郡古座川町
　　なるがわ　高知県吾川郡仁淀川町
4成井
　　なるい　茨城県筑西市

519

6画（成）

　　なるい　千葉県成田市
成木　なりき　東京都青梅市
成毛　なるげ　千葉県成田市
⁵**成出**
　　なるで　富山県南砺市
　　なるで　福井県三方上中郡若狭町
成本　なりもと　広島県安芸郡海田町
成生
　　なりう　山形県天童市
　　なりう　京都府舞鶴市
成田
　　なりた　岩手県花巻市
　　なりた　岩手県北上市
　　なりた　宮城県石巻市
　　なりた　宮城県柴田郡柴田町
　　なりた　宮城県黒川郡富谷町
　　なりた　宮城県遠田郡美里町
　　なりた　山形県長井市
　　なりた　福島県相馬市
　　なりた　福島県二本松市
　　なりた　福島県伊達郡桑折町
　　なりた　福島県岩瀬郡鏡石町
　　なりた　茨城県筑西市
　　なりた　茨城県行方市
　　なりた　茨城県結城郡八千代町
　　なりた　栃木県矢板市
　　なりた　栃木県下野市
　　なりた　千葉県（JR成田線）
　　なりた　千葉県成田市
　　なるだ　神奈川県小田原市
成田山　なりたさん　愛知県（名古屋鉄道モノレール線）
成田日向　なりたひなた　福島県二本松市
成田市　なりたし　千葉県
成田西　なりたにし　東京都杉並区
成田西町　なりたにしまち　大阪府寝屋川市
成田町
　　なりたまち　宮城県仙台市若林区
　　なりたまち　福島県二本松市
　　なりたちょう　茨城県東茨城郡大洗町
　　なりたちょう　群馬県高崎市
　　なるたちょう　長野県岡谷市
　　なりたちょう　大阪府寝屋川市
成田東
　　なりたひがし　福島県岩瀬郡鏡石町
　　なりたひがし　東京都杉並区
成田東が丘　なりたひがしがおか　大阪府寝屋川市
成田東町　なりたひがしまち　大阪府寝屋川市
成田空港　なりたくうこう　千葉県（JR成田線ほか）
成田南町　なりたみなみまち　大阪府寝屋川市
成田原町　なりたはらまち　福島県岩瀬郡鏡石町
成田湯川　なりたゆかわ　千葉県（京成電鉄成田空港線）
成田新田　なりたしんでん　山形県東田川郡三川町
⁶**成合**
　　なりあい　大阪府高槻市
　　なれあい　高知県南国市
成合中の町　なりあいなかのちょう　大阪府高槻市
成合北　なりあいきた　大阪府泉南郡熊取町
成合北の町　なりあいきたのちょう　大阪府高槻市
成合西　なりあいにし　大阪府泉南郡熊取町
成合西の町　なりあいにしのちょう　大阪府高槻市

成合町
　　なりあいちょう　神奈川県横浜市青葉区
　　ならいちょう　愛知県豊田市
　　なりあいちょう　香川県高松市
成合東　なりあいひがし　大阪府泉南郡熊取町
成合東の町　なりあいひがしのちょう　大阪府高槻市
成合南　なりあいみなみ　大阪府泉南郡熊取町
成合南の町　なりあいみなみのちょう　大阪府高槻市
成安　なりやす　山形県山形市
成竹　なるたけ　福岡県筑紫郡那珂川町
成羽町下日名　なりわちょうしもひな　岡山県高梁市
成羽町下原　なりわちょうしもはら　岡山県高梁市
成羽町上日名　なりわちょうかみひな　岡山県高梁市
成羽町小泉　なりわちょうこいずみ　岡山県高梁市
成羽町中野　なりわちょうなかの　岡山県高梁市
成羽町布寄　なりわちょうふより　岡山県高梁市
成羽町成羽　なりわちょうなりわ　岡山県高梁市
成羽町羽山　なりわちょうはやま　岡山県高梁市
成羽町羽根　なりわちょうはね　岡山県高梁市
成羽町佐々木　なりわちょうささき　岡山県高梁市
成羽町吹屋　なりわちょうふきや　岡山県高梁市
成羽町坂本　なりわちょうさかもと　岡山県高梁市
成羽町長地　なりわちょうおさじ　岡山県高梁市
成羽町星原　なりわちょうほしばら　岡山県高梁市
成羽町相坂　なりわちょうあいさか　岡山県高梁市
⁷**成君**　なりぎみ　熊本県上益城郡山都町
成沢
　　なりさわ　宮城県遠田郡涌谷町
　　なりさわ　秋田県湯沢市
　　なりさわ　埼玉県熊谷市
　　なりさわ　新潟県柏崎市
　　なりさわ　新潟県糸魚川市
成沢西　なりさわにし　山形県山形市
成沢町
　　なるさわちょう　茨城県水戸市
　　なるさわちょう　茨城県日立市
　　なりさわまち　新潟県長岡市
成町
　　なりまち　石川県白山市
　　なるまち　京都府京都市伏見区
成谷　なるたに　兵庫県三田市
⁸**成和**
　　せいわ　福井県福井市
　　せいわ　福井県大飯郡おおい町
成岩　ならわ　愛知県（名古屋鉄道河和線）
成岩本町　ならわほんまち　愛知県半田市
成岩東町　ならわひがしまち　愛知県半田市
成松　なりまつ　岡山県勝田郡奈義町
成東
　　なるとう　千葉県（JR総武本線）
　　なるとう　千葉県山武市
成育　せいいく　大阪府大阪市城東区
⁹**成城**　せいじょう　東京都世田谷区
成城学園前　せいじょうがくえんまえ　東京都（小田急電鉄小田原線）
成恒　なりつね　福岡県築上郡上毛町
成海　なるみ　福井県大飯郡おおい町
成相寺　なりあいじ　京都府宮津市
成美町　せいびちょう　大阪府寝屋川市
成香　なるか　北海道虻田郡洞爺湖町

6画（戌,扱,旭）

10成島
なるしま　山形県（JR米坂線）
なるしま　群馬県（東武鉄道小泉線）
なるしま　山梨県中央市
なるしま　山梨県南巨摩郡南部町

成島町
なるしままち　山形県米沢市
なるしまちょう　群馬県館林市

成能　なるのう　愛媛県大洲市

11成亀　なりがめ　福島県石川郡石川町
成清町　なるきよちょう　岐阜県各務原市
成章町　せいしょうまち　佐賀県佐賀市

12成塚　なりづか　埼玉県深谷市
成塚町　なりづかちょう　群馬県太田市

13成滝　なるたき　静岡県掛川市

14成増
なります　東京都（東武鉄道東上本線）
なります　東京都板橋区

16成興野　なりこうや　山形県酒田市
18成藤　なりふじ　愛媛県北宇和郡鬼北町
19成瀬
なるせ　茨城県つくばみらい市
なるせ　埼玉県入間郡越生町
なるせ　東京都（JR横浜線）
なるせ　東京都町田市
なるせ　徳島県那賀郡那賀町

成瀬が丘　なるせがおか　東京都町田市
成瀬台　なるせだい　東京都町田市

成願寺
じょうがんじ　埼玉県坂戸市
じょうがんじ　福井県三方上中郡若狭町
じょうがんじ　愛知県名古屋市北区

成願寺町
じょうがんじまち　新潟県長岡市
じょうがんじちょう　福井県福井市
じょうがんじちょう　奈良県天理市

【戌】
6戌亥乙　いぬいおつ　福島県河沼郡会津坂下町
戌亥町　いぬいちょう　京都府京都市上京区
12戌渡　いぬわたり　茨城県稲敷市

【扱】
7扱沢　ぐみざわ　和歌山県海南市

【旭】
旭
あさひ　北海道虻田郡倶知安町
あさひ　北海道上川郡美瑛町
あさひ　北海道苫前郡苫前町
あさひ　北海道天塩郡遠別町
あさひ　北海道斜里郡小清水町
あさひ　北海道紋別郡湧別町
あさひ　北海道沙流郡平取町
あさひ　北海道様似郡様似町
あさひ　北海道川上郡標茶町
あさひ　宮城県亘理郡亘理町
あさひ　茨城県つくば市
あさひ　栃木県宇都宮市
あさひ　栃木県那須烏山市
あさひ　埼玉県吉川市
あさひ　埼玉県ふじみ野市
あさひ　千葉県（JR総武本線）
あさひ　新潟県新潟市江南区
あさひ　新潟県佐渡市
あさひ　山梨県富士吉田市
あさひ　長野県松本市
あさひ　長野県飯山市
あさひ　静岡県島田市
あさひ　愛知県知多市
あさひ　愛知県海部郡蟹江町
あさひ　愛知県知多郡武豊町
あさひ　大阪府大阪市西成区
あさひ　兵庫県相生市
あさひ　奈良県吉野郡十津川村
あさひ　鳥取県東伯郡湯梨浜町
あさひ　広島県広島市南区
あさひ　徳島県勝浦郡上勝町
あさひ　高知県（JR土讃線）
あさひ　宮崎県宮崎市
あさひ　宮崎県西都市

0旭ケ丘
あさひがおか　北海道札幌市中央区
あさひがおか　北海道千歳市
あさひがおか　北海道枝幸郡浜頓別町
あさひがおか　北海道標津郡中標津町
あさひがおか　青森県弘前市
あさひがおか　青森県八戸市
あさひがおか　宮城県（仙台市交通局南北線）
あさひがおか　宮城県仙台市青葉区
あさひがおか　茨城県鹿嶋市
あさひがおか　茨城県筑西市
あさひがおか　埼玉県日高市
あさひがおか　千葉県四街道市
あさひがおか　神奈川県横浜市神奈川区
あさひがおか　富山県（万葉線）
あさひがおか　富山県高岡市
あさひがおか　石川県河北郡内灘町
あさひがおか　石川県鳳珠郡穴水町
あさひがおか　福井県大飯郡高浜町
あさひがおか　長野県須坂市
あさひがおか　岐阜県多治見市
あさひがおか　岐阜県関市
あさひがおか　静岡県三島市
あさひがおか　静岡県磐田市
あさひがおか　静岡県掛川市
あさひがおか　愛知県知多郡武豊町
あさひがおか　大阪府八尾市
あさひがおか　大阪府河内長野市
あさひがおか　大阪府柏原市
あさひがおか　兵庫県川辺郡猪名川町
あさひがおか　奈良県香芝市
あさひがおか　山口県柳井市
あさひがおか　福岡県大野城市
あさひがおか　福岡県田川郡糸田町
あさひがおか　宮崎県（JR日豊本線）
あさひがおか　宮崎県延岡市
あさひがおか　鹿児島県大島郡徳之島町

旭ケ丘中町　あさひがおかなかまち　大阪府堺市堺区
旭ケ丘北町　あさひがおかきたまち　大阪府堺市堺区
旭ケ丘町
あさひがおかまち　岐阜県高山市
あさひがおかちょう　岐阜県土岐市
あさひがおかちょう　大阪府富田林市

旭ケ丘町山の手　あさひがおかちょうやまのて　愛知県尾張旭市

6画（旭）

旭ケ丘町旭ケ丘　あさひがおかちょうあさひがおか　愛知県尾張旭市

旭ケ丘町長洞　あさひがおかちょうながぼら　愛知県尾張旭市

旭ケ丘町森　あさひがおかちょうもり　愛知県尾張旭市

旭ケ丘町濁池　あさひがおかちょうにごりいけ　愛知県尾張旭市

旭ケ丘南町　あさひがおかみなみまち　大阪府堺市堺区

旭が丘
　あさひがおか　宮城県牡鹿郡女川町
　あさひがおか　山形県山形市
　あさひがおか　栃木県鹿沼市
　あさひがおか　東京都日野市
　あさひがおか　東京都清瀬市
　あさひがおか　神奈川県茅ケ崎市
　あさひがおか　静岡県藤枝市
　あさひがおか　京都府福知山市
　あさひがおか　兵庫県神戸市垂水区
　あさひがおか　兵庫県明石市
　あさひがおか　岡山県笠岡市
　あさひがおか　佐賀県唐津市

²旭八幡町　あさひやわたちょう　愛知県豊田市

³旭三寄　あさひみよせ　福島県大沼郡会津美里町

旭上町　あさひかみまち　高知県高知市

旭山
　あさひやま　北海道上川郡清水町
　あさひやま　宮城県亘理郡亘理町
　あさひやま　石川県河北郡津幡町

旭川
　あさひかわ　北海道（JR函館本線）
　あさひかわ　秋田県横手市
　あさひかわ　沖縄県名護市

旭川四条　あさひかわよじょう　北海道（JR宗谷本線）

旭川市　あさひかわし　北海道

旭川南町　あさひかわみなみまち　秋田県秋田市

旭川清澄町　あさひかわきよすみまち　秋田県秋田市

旭川新藤田西町　あさひかわしんとうだにしまち　秋田県秋田市

旭川新藤田東町　あさひかわしんとうだひがしまち　秋田県秋田市

⁴旭中央通　あさひちゅうおうどおり　熊本県八代市

旭五所　あさひごしょ　千葉県市原市

旭区
　あさひく　北海道河西郡更別村
　あさひく　神奈川県横浜市
　あさひく　大阪府大阪市

旭天神町　あさひてんじんちょう　高知県高知市

旭日　あさひ　兵庫県赤穂郡上郡町

旭毛屋町　あさひけやちょう　福井県勝山市

⁵旭丘
　あさひおか　北海道二海郡八雲町
　あさひおか　北海道檜山郡厚沢部町
　あさひがおか　北海道余市郡赤井川村
　あさひがおか　東京都練馬区
　あさひがおか　石川県白山市
　あさひがおか　大阪府豊中市
　あさひがおか　大阪府池田市

旭丘堤　あさひがおかつつみ　宮城県仙台市泉区

旭出　あさひで　愛知県名古屋市緑区

旭北　あさひきた　青森県上北郡東北町

旭北寺町　きょくほくてらまち　秋田県秋田市

旭北町　あさひきたちょう　奈良県大和高田市

旭北栄町　きょくほくさかえまち　秋田県秋田市

旭北錦町　きょくほくにしきまち　秋田県秋田市

旭台
　あさひだい　北海道余市郡仁木町
　あさひだい　北海道夕張郡栗山町
　あさひだい　北海道枝幸郡中頓別町
　あさひだい　茨城県石岡市
　あさひだい　埼玉県入間郡毛呂山町
　あさひだい　石川県能美市
　あさひだい　静岡県掛川市
　あさひだい　愛知県尾張旭市
　あさひだい　福島県遠賀郡岡垣町

旭市　あさひし　千葉県

旭市川　あさひいちかわ　福島県大沼郡会津美里町

旭本町
　あさひほんまち　愛知県豊橋市
　あさひほんまち　岡山県岡山市北区

旭田町　あさひだちょう　鳥取県倉吉市

⁶旭寺入　あさひてらいり　福島県大沼郡会津美里町

⁷旭志小原　きょくしおばる　熊本県菊池市

旭志川辺　きょくしかわべ　熊本県菊池市

旭志弁利　きょくしべんり　熊本県菊池市

旭志伊坂　きょくしいさか　熊本県菊池市

旭志伊萩　きょくしいはぎ　熊本県菊池市

旭志尾足　きょくしおたる　熊本県菊池市

旭志新明　きょくししんめい　熊本県菊池市

旭志麓　きょくしふもと　熊本県菊池市

旭杉原　あさひすぎはら　福島県大沼郡会津美里町

旭町
　あさひまち　北海道札幌市豊平区
　あさひちょう　北海道函館市
　あさひまち　北海道小樽市
　あさひまち　北海道釧路市
　あさひまち　北海道夕張市
　あさひまち　北海道留萌市
　あさひまち　北海道苫小牧市
　あさひちょう　北海道芦別市
　あさひちょう　北海道伊達市
　あさひちょう　北海道瀬棚郡今金町
　あさひまち　北海道虻田郡喜茂別町
　あさひまち　北海道夕張郡長沼町
　あさひまち　北海道雨竜郡沼田町
　あさひまち　北海道上川郡上川町
　あさひまち　北海道上川郡美瑛町
　あさひまち　北海道空知郡上富良野町
　あさひまち　北海道空知郡中富良野町
　あさひまち　北海道上川郡剣淵町
　あさひまち　北海道上川郡下川町
　あさひまち　北海道網走郡津別町
　あさひまち　北海道常呂郡訓子府町
　あさひまち　北海道紋別郡滝上町
　あさひちょう　北海道虻田郡豊浦町
　あさひちょう　北海道虻田郡洞爺湖町
　あさひまち　北海道沙流郡日高町
　あさひまち　北海道浦河郡浦河町
　あさひまち　北海道中川郡幕別町
　あさひまち　北海道中川郡池田町
　あさひまち　北海道足寄郡足寄町
　あさひまち　北海道足寄郡陸別町
　あさひちょう　青森県青森市
　あさひちょう　青森県黒石市
　あさひちょう　青森県五所川原市
　あさひちょう　青森県むつ市

6画（旭）

あさひちょう　岩手県久慈市	あさひちょう　京都府綾部市
あさひちょう　岩手県一関市	あさひちょう　京都府亀岡市
あさひちょう　宮城県石巻市	あさひまち　大阪府大阪市阿倍野区
あさひちょう　宮城県塩竈市	あさひちょう　大阪府泉大津市
あさひちょう　宮城県白石市	あさひちょう　大阪府泉佐野市
あさひちょう　宮城県柴田郡大河原町	あさひまち　大阪府東大阪市
あさひちょう　秋田県北秋田市	あさひまち　兵庫県宝塚市
あさひまち　山形県上山市	あさひまち　兵庫県小野市
あさひちょう　福島県福島市	あさひまち　奈良県御所市
あさひまち　福島県会津若松市	あさひまち　奈良県磯城郡田原本町
あさひちょう　福島県白河市	あさひまち　岡山県岡山市北区
あさひまち　福島県須賀川市	あさひまち　岡山県高梁市
あさひまち　福島県岩瀬郡鏡石町	あさひまち　広島県三原市
あさひちょう　茨城県日立市	あさひまち　広島県福山市
あさひちょう　茨城県古河市	あさひまち　山口県岩国市
あさひまち　茨城県笠間市	あさひまち　山口県山陽小野田市
あさひちょう　栃木県足利市	あさひちょう　香川県坂出市
あさひちょう　栃木県栃木市	あさひちょう　愛媛県松山市
あさひちょう　群馬県高崎市	あさひまち　愛媛県今治市
あさひちょう　群馬県桐生市	あさひまち　愛媛県八幡浜市
あさひちょう　埼玉県川越市	あさひまち　高知県高知市
あさひちょう　埼玉県行田市	あさひまち　高知県土佐清水市
あさひちょう　埼玉県所沢市	あさひまち　高知県吾川郡いの町
あさひちょう　埼玉県草加市	あさひまち　福岡県北九州市戸畑区
あさひちょう　千葉県千葉市中央区	あさひまち　福岡県大牟田市
あさひちょう　千葉県船橋市	あさひまち　福岡県久留米市
あさひちょう　千葉県松戸市	あさひまち　福岡県柳川市
あさひちょう　千葉県柏市	あさひまち　長崎県長崎市
あさひちょう　東京都練馬区	あさひまち　長崎県諫早市
あさひちょう　東京都八王子市	あさひまち　熊本県水俣市
あさひまち　東京都町田市	あさひまち　熊本県宇土市
あさひちょう　神奈川県川崎市川崎区	あさひまち　熊本県天草市
あさひちょう　神奈川県相模原市南区	あさひまち　大分県大分市
あさひちょう　神奈川県厚木市	あさひまち　宮崎県延岡市
あさひまち　新潟県長岡市	あさひまち　鹿児島県枕崎市
あさひちょう　新潟県三条市	あさひまち　鹿児島県垂水市
あさひちょう　新潟県小千谷市	あさひまち　鹿児島県いちき串木野市
あさひちょう　新潟県加茂市	あさひまち　鹿児島県薩摩郡さつま町
あさひちょう　新潟県十日町市	あさひまち　沖縄県那覇市
あさひちょう　新潟県五泉市	

あさひちょう　富山県富山市

あさひまち　富山県中新川郡上市町

あさひまち　石川県金沢市

あさひまち　石川県七尾市

あさひまち　石川県小松市

あさひまち　石川県羽咋市

あさひまち　石川県白山市

あさひまち　福井県勝山市

あさひまち　福井県鯖江市

あさひまち　長野県長野市

あさひまち　長野県飯田市

あさひまち　長野県木曽郡上松町

あさひまち　岐阜県大垣市

あさひちょう　静岡県静岡市清水区

あさひちょう　静岡県浜松市中区

あさひちょう　静岡県沼津市

あさひちょう　静岡県袋井市

あさひまち　愛知県豊橋市

あさひまち　愛知県半田市

あさひまち　愛知県春日井市

あさひまち　愛知県豊川市

あさひまち　愛知県碧南市

あさひまち　愛知県蒲郡市

あさひまち　愛知県岩倉市

あさひちょう　三重県伊勢市

あさひまち　滋賀県彦根市

旭町一丁目　あさひまちいっちょうめ　高知県（とさでん交通伊野線）

旭町一条　あさひまちいちじょう　北海道旭川市

旭町二条　あさひまちにじょう　北海道旭川市

旭町三丁目　あさひまちさんちょうめ　高知県（とさでん交通伊野線）

旭町上條中割　あさひまちかみじょうなかわり　山梨県韮崎市

旭町上條北割　あさひまちかみじょうきたわり　山梨県韮崎市

旭町上條南割　あさひまちかみじょうみなみわり　山梨県韮崎市

旭町丸原　あさひちょうまるばら　島根県浜田市

旭町山ノ内　あさひちょうやまのうち　島根県浜田市

旭町今市　あさひちょういまいち　島根県浜田市

旭町木田　あさひちょうきた　島根県浜田市

旭町市木　あさひちょういちき　島根県浜田市

旭町本郷　あさひちょうほんごう　島根県浜田市

旭町坂本　あさひちょうさかもと　島根県浜田市

旭町来尾　あさひちょうきたお　島根県浜田市

旭町和田　あさひちょうわだ　島根県浜田市

旭町油谷　あさひまちゆや　北海道芦別市

旭町重富　あさひまちしげとみ　島根県浜田市

旭町通　あさひまちどおり　新潟県新潟市中央区

6画（早）

旭町都川　あさひちょうつかわ　島根県浜田市
旭見ケ池町　ひみがいけちょう　岐阜県岐阜市
8旭岡
　　あさひがおか　北海道旭川市
　　あさひおか　北海道勇払郡むかわ町
旭岡町　あさひおかちょう　北海道函館市
旭岱　あさひたい　北海道爾志郡乙部町
旭東　きょくとう　北海道名寄市
旭東町　きょくとうちょう　岡山県岡山市中区
9旭前　あさひまえ　愛知県（名古屋鉄道瀬戸線）
旭前町　あさひまえちょう　愛知県尾張旭市
旭前町西新田　あさひまえちょうにししんでん　愛知県
　　尾張旭市
旭前町新田洞　あさひまえちょうしんでんぼら　愛知県
　　尾張旭市
旭南
　　あさひみなみ　青森県上北郡東北町
　　きょくなん　秋田県秋田市
　　きょくなん　愛知県知多市
　　あさひみなみ　福岡県遠賀郡岡垣町
旭南町　あさひみなみちょう　奈良県大和高田市
旭神一条　きょくしんいちじょう　北海道旭川市
旭神二条　きょくしんにじょう　北海道旭川市
旭神三条　きょくしんさんじょう　北海道旭川市
旭神町　きょくしんちょう　北海道旭川市
10旭原町　あさひばるちょう　鹿児島県鹿屋市
旭桃台　きょくとうだい　愛知県知多市
旭浦　あさひうら　北海道虻田郡洞爺湖町
旭浜
　　あさひはま　北海道山越郡長万部町
　　あさひはま　北海道広尾郡大樹町
旭通
　　あさひどおり　大阪府堺市堺区
　　あさひどおり　兵庫県神戸市中央区
旭通り　あさひどおり　山口県山口市
11旭野
　　あさひの　北海道寿都郡黒松内町
　　あさひの　北海道虻田郡留寿都村
12旭無量　あさひむりょう　福島県大沼郡会津美里町
13旭園　あさひえん　広島県広島市佐伯区
旭新町　あさひしんまち　山形県酒田市
14旭駅前町　あさひえきまえちょう　高知県高知市
旭駅前通　あさひえきまえどおり　高知県（とさでん
　　交通伊野線）
16旭橋　あさひばし　沖縄県（沖縄都市モノレール線）
旭館端　あさひたてはた　福島県大沼郡会津美里町

【早】

1早乙女
　　さおとめ　山形県山形市
　　そうとめ　栃木県さくら市
3早口
　　はやぐち　秋田県（JR奥羽本線）
　　はやぐち　秋田県大館市
早子町　はやこちょう　大阪府寝屋川市
早川
　　はやかわ　北海道檜山郡上ノ国町
　　はやかわ　神奈川県（JR東海道本線）
　　はやかわ　神奈川県小田原市

　　はやかわ　神奈川県綾瀬市
　　はやかわ　新潟県村上市
　　はやかわ　新潟県南魚沼市
　　はやかわ　富山県高岡市
　　はやかわ　山梨県南巨摩郡早川町
　　はいがわ　愛媛県西条市
　　そうかわ　熊本県上益城郡甲佐町
早川町
　　はやかわちょう　栃木県矢板市
　　はやかわちょう　新潟県新潟市中央区
　　はやかわちょう　山梨県南巨摩郡
早川城山　はやかわしろやま　神奈川県綾瀬市
4早戸
　　はやと　福島県（JR只見線）
　　はやと　福島県大沼郡三島町
早月　はやつき　北海道虻田郡洞爺湖町
早月加積　はやつきかづみ　富山県（富山地方鉄道本
　　線）
早水　はやみず　新潟県三条市
早水町　はやみずちょう　宮崎県都城市
5早出町　そうでちょう　静岡県浜松市中区
早田
　　わさだ　山形県鶴岡市
　　そうでん　岐阜県岐阜市
早田大通　そうでんおおどおり　岐阜県岐阜市
早田本町　そうでんほんまち　岐阜県岐阜市
早田町
　　そうでんちょう　岐阜県岐阜市
　　はいだちょう　三重県鳥羽市
　　そうだちょう　島根県安来市
早田東町　そうでんひがしまち　岐阜県岐阜市
早田栄町　そうでんさかえまち　岐阜県岐阜市
6早米来町　ぞうめきまち　福岡県大牟田市
7早坂
　　はやさか　宮城県伊具郡丸森町
　　はやさか　福島県伊達郡川俣町
早坂町　はやさかまち　長崎県長崎市
早尾
　　はやお　茨城県北相馬郡利根町
　　はやお　熊本県八代郡氷川町
早尾町
　　はやおちょう　愛知県愛西市
　　はやおちょう　京都府京都市下京区
早岐
　　はいき　長崎県（JR佐世保線）
　　はいき　長崎県佐世保市
早来　はやきた　北海道（JR室蘭本線）
早来大町　はやきたおおまち　北海道勇払郡安平町
早来北町　はやきたきたまち　北海道勇払郡安平町
早来北進　はやきたほくしん　北海道勇払郡安平町
早来守田　はやきたもりた　北海道勇払郡安平町
早来栄町　はやきたさかえまち　北海道勇払郡安平町
早来富岡　はやきたとみおか　北海道勇払郡安平町
早来新栄　はやきたしんえい　北海道勇払郡安平町
早来源武　はやきたげんぶ　北海道勇払郡安平町
早来瑞穂　はやきたみずほ　北海道勇払郡安平町
早来緑丘　はやきたみどりおか　北海道勇払郡安平町
早町　そうまち　鹿児島県大島郡喜界町
早良　さわら　福岡県福岡市早良区
早良区　さわらく　福岡県福岡市

6画（曳, 曲）

早見町　はやみまち　長崎県諫早市
8早物　はやぶつ　千葉県館山市
早股　はやまた　宮城県岩沼市
早苗　さなえ　新潟県新潟市江南区
早苗町
　　さなえちょう　長野県長野市
　　さなえちょう　岐阜県岐阜市
　　さなえちょう　岐阜県大垣市
　　さなえちょう　大阪府守口市
　　さなえちょう　長崎県佐世保市
9早俣　はやまた　埼玉県東松山市
10早借　はやかし　富山県氷見市
早宮　はやみや　東京都練馬区
早島
　　はやしま　岡山県（JR瀬戸大橋線）
　　はやしま　岡山県都窪郡早島町
早島町　はやしまちょう　岡山県都窪郡
早通
　　はやどおり　新潟県（JR白新線）
　　はやどおり　新潟県新潟市北区
　　はやどおり　新潟県新潟市江南区
早通北　はやどおりきた　新潟県新潟市北区
早通南　はやどおりみなみ　新潟県新潟市北区
早馬町　はやうまちょう　静岡県浜松市中区
早馬瀬町　はやまぜちょう　三重県松阪市
早高　はやたか　岡山県倉敷市
11早崎町　はやざきちょう　滋賀県長浜市
早渕　はやぶち　神奈川県横浜市都筑区
早船　はやふね　千葉県山武市
早野
　　はやの　千葉県茂原市
　　はやの　神奈川県川崎市麻生区
　　はやの　岐阜県本巣市
早野新田　はやのしんでん　千葉県茂原市
12早馬場　はやみば　新潟県新発田市
早雲の里荏原　そううんのさとえばら　岡山県（井原
　　鉄道線）
13早楠　はやくす　熊本県下益城郡美里町
早福町　はいふくちょう　長崎県平戸市
早鈴町　はやすずちょう　宮城県都城市
14早稲田
　　わせだ　青森県弘前市
　　わせだ　埼玉県三郷市
　　わせだ　東京都（東京地下鉄東西線ほか）
　　わせだ　新潟県村上市
　　わせだ　愛知県犬山市
　　わせだ　愛知県長久手市
早稲田の杜　わせだのもり　埼玉県本庄市
早稲田町　わせだまち　東京都新宿区
早稲田南町　わせだみなみちょう　東京都新宿区
早稲田鶴巻町　わせだつるまきちょう　東京都新宿区
早稲町　わせちょう　福島県福島市
早稲谷　わせや　宮城県気仙沼市
15早潟　はやがた　新潟県新潟市西区
18早藤　はいくず　和歌山県日高郡日高川町
19早瀬
　　はやせ　北海道檜山郡上ノ国町
　　はやせ　埼玉県戸田市
　　はやせ　福井県三方郡美浜町
　　はやせ　静岡県（JR飯田線）

はやせ　兵庫県佐用郡佐用町
はやせ　鳥取県八頭郡智頭町
早瀬町　はやせちょう　岩手県遠野市
早瀬野　はやせの　青森県南津軽郡大鰐町
20早鐘町　はやがねまち　福岡県大牟田市

【曳】

6曳舟　ひきふね　東京都（東武鉄道伊勢崎線ほか）
10曳馬
　　ひくま　静岡県（遠州鉄道線）
　　ひくま　静岡県浜松市中区
曳馬町　ひくまちょう　静岡県浜松市中区
11曳船　ひきふね　東京都（東武鉄道亀戸線ほか）

【曲】

曲
　　まがり　鳥取県東伯郡北栄町
　　まがり　福岡県宗像市
　　まがり　大分県大分市
0曲ノ内　まがりのうち　福島県石川郡石川町
曲り　まがり　岡山県真庭市
3曲子原町　まげしはらまち　石川県金沢市
曲川
　　まがりかわ　北海道余市郡赤井川村
　　まがりがわ　山形県最上郡鮭川村
曲川町　まがりかわちょう　奈良県橿原市
4曲尺手町　かねんてちょう　愛知県豊橋市
曲手　まがて　熊本県菊池郡菊陽町
曲木
　　まがき　宮城県伊具郡丸森町
　　まがき　福島県石川郡石川町
5曲本　まがもと　埼玉県さいたま市南区
曲田
　　まがた　岩手県八幡平市
　　まがた　秋田県大館市
　　まがりだ　福島県河沼郡会津坂下町
　　まがつた　茨城県常総市
　　まがつた　栃木県那須烏山市
　　まがつた　埼玉県深谷市
6曲竹　まがたけ　宮城県刈田郡蔵王町
7曲沢
　　まがりさわ　秋田県（由利高原鉄道鳥海山ろく線）
　　まがりさわ　秋田県由利本荘市
曲沢町　まがりさわちょう　群馬県伊勢崎市
曲町　まがりちょう　三重県松阪市
曲谷
　　まがりたに　新潟県三条市
　　まがたに　滋賀県米原市
8曲松
　　まがりまつ　茨城県潮来市
　　まがりまつ　神奈川県秦野市
曲松南　まがりまつみなみ　茨城県潮来市
曲金　まがりかね　静岡県静岡市駿河区
9曲畑　そりはた　栃木県那須烏山市
10曲師　まげし　埼玉県比企郡川島町
曲師町　まげしちょう　栃木県宇都宮市
11曲渕
　　まがぶち　茨城県稲敷市
　　まがりふち　新潟県三条市
　　まがりぶち　富山県滑川市

525

6画（有）

　　　まがりぶち　福岡県福岡市早良区
13曲新町　まがりあらまち　新潟県長岡市
曲路　すじかい　岐阜県本巣郡北方町
曲路東　すじかいひがし　岐阜県本巣郡北方町
15曲輪田　くるわだ　山梨県南アルプス市
曲輪田新田　くるわだしんでん　山梨県南アルプス市
曲輪町　くるわちょう　群馬県伊勢崎市

【有】

3有久　ありひさ　福岡県京都郡みやこ町
有山　ありやま　富山県魚津市
有川郷　ありかわごう　長崎県南松浦郡新上五島町
4有井
　　ありい　三重県（JR紀勢本線）
　　ありい　奈良県大和高田市
　　ありい　福岡県飯塚市
有井川
　　ありいがわ　高知県（土佐くろしお鉄道中村・宿毛線）
　　ありいがわ　高知県幡多郡黒潮町
有戸
　　ありと　青森県（JR大湊線）
　　ありと　青森県上北郡野辺地町
有戸鳥井平　ありととりいたい　青森県上北郡野辺地町
有木
　　あらき　島根県隠岐郡隠岐の島町
　　あるぎ　広島県神石郡神石高原町
有毛　ありげ　福岡県北九州市若松区
5有市　ありいち　京都府相楽郡笠置町
有本　ありもと　和歌山県和歌山市
有永
　　ありなが　静岡県静岡市葵区
　　ありなが　高知県土佐清水市
有玉北町　ありたまきたまち　静岡県浜松市東区
有玉台　ありたまだい　静岡県浜松市東区
有玉西町　ありたまにしまち　静岡県浜松市東区
有玉南町　ありたまみなみまち　静岡県浜松市東区
有田
　　ありた　茨城県筑西市
　　ありだ　福井県三方上中郡若狭町
　　ありだ　和歌山県東牟婁郡串本町
　　ありだ　岡山県笠岡市
　　ありた　広島県山県郡北広島町
　　ありた　福岡県福岡市早良区
　　ありた　福岡県糸島市
　　ありた　佐賀県（JR佐世保線ほか）
　　ありた　宮崎県宮崎市
有田上　ありだかみ　和歌山県東牟婁郡串本町
有田川町　ありだがわちょう　和歌山県有田郡
有田中央　ありたちゅうおう　福岡県糸島市
有田市　ありだし　和歌山県
有田団地　ありただんち　福岡県福岡市早良区
有田沢　ありたさわ　青森県上北郡七戸町
有田町
　　ありたちょう　岩手県北上市
　　ありたちょう　島根県益田市
　　ありたちょう　佐賀県西松浦郡
　　ありたまち　大分県日田市
有田屋町　ありだやまち　和歌山県和歌山市

有田屋町西ノ丁　ありだやまちにしのちょう　和歌山県和歌山市
有田屋町南ノ丁　ありだやまちみなみのちょう　和歌山県和歌山市
有田郡　ありだぐん　和歌山県
6有吉　ありよし　千葉県木更津市
有吉町　ありよしちょう　宮崎県西都市
有安
　　ありやす　福岡県飯塚市
　　ありやす　福岡県築上郡築上町
　　ありやす　熊本県上益城郡甲佐町
有帆　ありほ　山口県山陽小野田市
有帆上町　ありほうえまち　山口県山陽小野田市
有帆新町　ありほしんまち　山口県山陽小野田市
有年　うね　兵庫県（JR山陽本線）
有年牟礼　うねむれ　兵庫県赤穂市
有年原　うねはら　兵庫県赤穂市
有年楢原　うねならばら　兵庫県赤穂市
有年横尾　うねよこお　兵庫県赤穂市
7有佐
　　ありさ　熊本県（JR鹿児島本線）
　　ありさ　熊本県八代郡氷川町
有尾　ありお　岐阜県養老郡養老町
有村町　ありむらちょう　鹿児島県鹿児島市
有沢　ありさわ　富山県富山市
有沢新町　ありさわしんまち　富山県富山市
有里　ありさと　岐阜県本巣市
有里町　ありさとちょう　奈良県生駒市
8有定町　ありさだちょう　福井県鯖江市
有居　ありい　兵庫県篠山市
有岡
　　ありおか　高知県（土佐くろしお鉄道中村・宿毛線）
　　ありおか　高知県四万十市
有岡町　ありおかちょう　京都府綾部市
有弥の里　ゆみのさと　福岡県福津市
有明
　　ありあけ　北海道札幌市清田区
　　ありあけ　北海道苫前郡初山別村
　　ありあけ　北海道天塩郡豊富町
　　ありあけ　北海道勇払郡むかわ町
　　ありあけ　北海道厚岸郡厚岸町
　　ありあけ　東京都（ゆりかもめ臨海線）
　　ありあけ　東京都江東区
　　ありあけ　新潟県村上市
　　ありあけ　長野県（JR大糸線）
　　ありあけ　熊本県玉名郡長洲町
有明テニスの森　ありあけてにすのもり　東京都（ゆりかもめ臨海線）
有明大橋町　ありあけおおはしちょう　新潟県新潟市中央区
有明台　ありあけだい　新潟県新潟市中央区
有明町
　　ありあけちょう　北海道苫小牧市
　　ありあけちょう　北海道三笠市
　　ありあけちょう　北海道滝川市
　　ありあけちょう　北海道恵庭市
　　ありあけちょう　茨城県土浦市
　　ありあけちょう　茨城県高萩市
　　ありあけちょう　新潟県新潟市西区
　　ありあけちょう　富山県富山市

6画（有）

ありあけまち　石川県小松市
ありあけちょう　福井県大野市
ありあけちょう　静岡県静岡市駿河区
ありあけちょう　島根県益田市
ありあけちょう　香川県観音寺市
ゆうめいまち　福岡県大牟田市
ありあけまち　福岡県柳川市

有明町下津浦　ありあけまちしもつうら　熊本県天草市

有明町上津浦　ありあけまちこうつうら　熊本県天草市

有明町大三東乙　ありあけちょうおおみさきおつ　長崎県島原市

有明町大三東丁　ありあけちょうおおみさきてい　長崎県島原市

有明町大三東丙　ありあけちょうおおみさきへい　長崎県島原市

有明町大三東戊　ありあけちょうおおみさきぼ　長崎県島原市

有明町大三東甲　ありあけちょうおおみさきこう　長崎県島原市

有明町大島子　ありあけまちおおしまご　熊本県天草市

有明町大浦　ありあけまちおおうら　熊本県天草市

有明町小島子　ありあけまちこしまご　熊本県天草市

有明町山重　ありあけちょうやましげ　鹿児島県志布志市

有明町中央　ありあけちょうちゅうおう　北海道岩見沢市

有明町伊崎田　ありあけちょういさきだ　鹿児島県志布志市

有明町赤崎　ありあけまちあかさき　熊本県天草市

有明町南　ありあけちょうみなみ　北海道岩見沢市

有明町原田　ありあけちょうはらだ　鹿児島県志布志市

有明町野井倉　ありあけちょうのいくら　鹿児島県志布志市

有明町野神　ありあけちょうのがみ　鹿児島県志布志市

有明町湯江乙　ありあけちょうゆえおつ　長崎県島原市

有明町湯江丁　ありあけちょうゆえてい　長崎県島原市

有明町湯江丙　ありあけちょうゆえへい　長崎県島原市

有明町湯江甲　ありあけちょうゆえこう　長崎県島原市

有明町須子　ありあけまちすじ　熊本県天草市

有明町楠甫　ありあけまちくすぼ　熊本県天草市

有明町蓬原　ありあけちょうふつはら　鹿児島県志布志市

有枝　ありえだ　愛媛県上浮穴郡久万高原町

有松
ありまつ　石川県金沢市
ありまつ　愛知県（名古屋鉄道名古屋本線）
ありまつ　愛知県名古屋市緑区

有松三丁山　ありまつさんちょうやま　愛知県名古屋市緑区

有松町有松　ありまつちょうありまつ　愛知県名古屋市緑区

有松町桶狭間　ありまつちょうおけはざま　愛知県名古屋市緑区

有松南　ありまつみなみ　愛知県名古屋市緑区
有松愛宕　ありまつあたご　愛知県名古屋市緑区
有東　うとう　静岡県静岡市駿河区
有東木　うとうぎ　静岡県静岡市葵区
有東坂　うとうざか　静岡県静岡市清水区
有武町　ありたけちょう　鹿児島県鹿屋市
有河　あるが　茨城県かすみがうら市
有金　ありかね　富山県滑川市
9有城　あるき　岡山県倉敷市
有屋　ありや　山形県最上郡金山町
有屋田町　ありやだちょう　鹿児島県鹿児島市
有度本町　うどほんまち　静岡県静岡市清水区
有春町　ありはるちょう　京都府京都市上京区
有海　あるみ　愛知県新城市
有洞町　うとうちょう　愛知県豊田市
有畑
ありはた　青森県（JR大湊線）
ありはた　青森県上北郡横浜町

有秋台西　ゆうしゅうだいにし　千葉県市原市
有秋台東　ゆうしゅうだいひがし　千葉県市原市
10有原　ありはら　和歌山県有田郡有田川町
有原町　ありはらまち　広島県三次市
有家
うげ　岩手県（JR八戸線）
うげ　岩手県九戸郡洋野町
ありえ　和歌山県和歌山市

有家ケ原　うけがはら　岐阜県大野郡白川村
有家町久保　ありえちょうくぼ　長崎県南島原市
有家町大苑　ありえちょうおおぞの　長崎県南島原市
有家町小川　ありえちょうこがわ　長崎県南島原市
有家町山川　ありえちょうやまがわ　長崎県南島原市
有家町中須川　ありえちょうなかすがわ　長崎県南島原市

有家町石田　ありえちょういしだ　長崎県南島原市
有家町尾上　ありえちょうおのうえ　長崎県南島原市
有家町原尾　ありえちょうはらお　長崎県南島原市
有家町蒲河　ありえちょうかまが　長崎県南島原市
有島　ありしま　北海道虻田郡ニセコ町
有峰　ありみね　富山県富山市
有峰口　ありみねぐち　富山県（富山地方鉄道立山線）

有栖川　ありすがわ　京都府（京福電気鉄道嵐山本線）

有浦　ありうら　秋田県大館市
有浦下　ありうらしも　佐賀県東松浦郡玄海町
有浦上　ありうらかみ　佐賀県東松浦郡玄海町
有珠　うす　北海道（JR室蘭本線）
有珠の沢町　うすのさわちょう　北海道苫小牧市
有珠町　うすちょう　北海道伊達市
有珠郡　うすぐん　北海道
有脇町　ありわきちょう　愛知県半田市
有馬
ありま　群馬県渋川市
ありま　神奈川県川崎市宮前区
ありまぐち　兵庫県（神戸電鉄三田線ほか）

有馬町
ありまちょう　三重県熊野市
ありまちょう　京都府京都市上京区
ありまちょう　兵庫県神戸市北区

527

6画（机，朽，朱，朴）

有馬船津町　ありまふなつまち　長崎県島原市
有馬温泉　ありまおんせん　兵庫県（神戸電鉄有馬線）
[11]有冨　ありどみ　山口県下関市
有野　ありの　山梨県南アルプス市
有野中町　ありのなかまち　兵庫県神戸市北区
有野台　ありのだい　兵庫県神戸市北区
有野町二郎　ありのちょうにろう　兵庫県神戸市北区
有野町有野　ありのちょうありの　兵庫県神戸市北区
有野町唐櫃　ありのちょうからと　兵庫県神戸市北区
[12]有備館　ゆうびかん　宮城県（JR陸羽東線）
有喜町　うきまち　長崎県諫早市
有富　ありどめ　鳥取県鳥取市
有賀町　ありがちょう　茨城県水戸市
有間
　ありま　広島県山県郡北広島町
　ありま　高知県土佐郡土佐町
有間川
　ありまがわ　新潟県（えちごトキめき鉄道日本海ひすいライン）
　ありまがわ　新潟県上越市
有間町　あんまちょう　愛知県豊田市
有飯　ありい　島根県鹿足郡吉賀町
[13]有幌町　ありほろちょう　北海道小樽市
有楽　ゆうらく　新潟県新潟市東区
有楽町
　ゆうらくちょう　栃木県足利市
　ゆうらくちょう　埼玉県所沢市
　ゆうらくちょう　東京都（JR山手線ほか）
　ゆうらくちょう　東京都千代田区
　ゆうらくちょう　福井県福井市
　うらまち　岐阜県高山市
　ゆうらくちょう　愛知県豊橋市
　ゆうらくちょう　愛知県半田市
　ゆうらくちょう　三重県桑名市
　ゆうらくちょう　山口県周南市
有漢町上有漢　うかんちょうかみうかん　岡山県高梁市
有漢町有漢　うかんちょううかん　岡山県高梁市
有滝町　ありたきちょう　三重県伊勢市
有福町　ありふくちょう　長崎県佐世保市
有福郷　ありふくごう　長崎県南松浦郡新上五島町
有福温泉町　ありふくおんせんちょう　島根県江津市
有福温泉町本明　ありふくおんせんちょうほんみょう　島根県江津市
[14]有爾中　うになか　三重県多気郡明和町
有銘　あるめ　沖縄県国頭郡東村
[16]有壁　ありかべ　宮城県（JR東北本線）
[17]有磯町　ありそ　富山県射水市
有磯　ありいそちょう　北海道根室市

【机】
机　つくえ　岩手県下閉伊郡田野畑村
[11]机張原　きちょうばる　大分県大分市

【朽】
[4]朽木　くつぎ　岡山県美作市
朽木上野　くつきうえの　滋賀県高島市
朽木大野　くつきおおの　滋賀県高島市
朽木小入谷　くつきおにゅうだに　滋賀県高島市

朽木小川　くつきこがわ　滋賀県高島市
朽木中牧　くつきなかまき　滋賀県高島市
朽木木地山　くつききじやま　滋賀県高島市
朽木古川　くつきふるかわ　滋賀県高島市
朽木古屋　くつきふるや　滋賀県高島市
朽木市場　くつきいちば　滋賀県高島市
朽木平良　くつきへら　滋賀県高島市
朽木生杉　くつきおいすぎ　滋賀県高島市
朽木地子原　くつきじしはら　滋賀県高島市
朽木村井　くつきむらい　滋賀県高島市
朽木岩瀬　くつきいわせ　滋賀県高島市
朽木栃生　くつきとちゅう　滋賀県高島市
朽木柏　くつきかせ　滋賀県高島市
朽木荒川　くつきあらかわ　滋賀県高島市
朽木宮前坊　くつきみやまえぼう　滋賀県高島市
朽木桑原　くつきくわばら　滋賀県高島市
朽木能家　くつきのうげ　滋賀県高島市
朽木野尻　くつきのじり　滋賀県高島市
朽木麻生　くつきあそう　滋賀県高島市
朽木雲洞谷　くつきうとうだに　滋賀県高島市
[12]朽飯町　くだしちょう　福井県越前市
[14]朽網
　くさみ　福岡県（JR日豊本線）
　くさみ　福岡県北九州市小倉南区
朽網西　くさみにし　福岡県北九州市小倉南区
朽網東　くさみひがし　福岡県北九州市小倉南区

【朱】
[4]朱円　しゅえん　北海道斜里郡斜里町
朱円西　しゅえんにし　北海道斜里郡斜里町
朱円東　しゅえんひがし　北海道斜里郡斜里町
朱文別　しゅもんべつ　北海道（JR留萌本線）
[11]朱雀
　すざく　奈良県奈良市
　すざく　福岡県太宰府市
朱雀内畑町　すじゃくうちはたちょう　京都府京都市下京区
朱雀分木町　すじゃくぶんきちょう　京都府京都市下京区
朱雀北ノ口町　すじゃくきたのくちちょう　京都府京都市下京区
朱雀正会町　すじゃくしょうかいちょう　京都府京都市下京区
朱雀町　すじゃくちょう　京都府京都市東山区
朱雀宝蔵町　すじゃくほうぞうちょう　京都府京都市下京区
朱雀堂ノ口町　すじゃくどうのくちちょう　京都府京都市下京区
朱雀裏畑町　すじゃくうらはたちょう　京都府京都市下京区
[17]朱鞠内　しゅまりない　北海道雨竜郡幌加内町

【朴】
[3]朴山　ほおやま　山形県最上郡金山町
[4]朴木　ほおのき　富山県射水市
朴木沢　ほきざわ　新潟県十日町市
[5]朴平　ほうだいら　新潟県村上市
[7]朴坂　ほうさか　新潟県岩船郡関川村

6画 (朶, 杁, 次, 気, 汗, 汲, 江)

朴沢
　ほうざわ　宮城県仙台市泉区
　ほおのさわ　山形県東置賜郡川西町
朴谷　ほおのきだに　富山県黒部市
11朴野　ほおの　徳島県那賀郡那賀町
19朴瀬　ほのきせ　秋田県能代市

【朶】
0朶の原町　へごのはらちょう　長崎県平戸市

【杁】
杁　えぶり　福岡県遠賀郡水巻町
0杁ケ池　いりがいけ　愛知県長久手市
杁ケ池公園　いりがいけこうえん　愛知県 (愛知高速交通東部丘陵線)
杁ケ島町　いりがしまちょう　愛知県春日井市
杁ケ根　いりがね　愛知県長久手市
杁ノ洞　いりのほら　愛知県長久手市
3杁下　いりした　愛知県犬山市
9杁前町　いりまえちょう　愛知県津島市

【次】
0次ケ谷　つげだに　和歌山県海南市
4次月　しづき　岐阜県可児郡御嵩町
次木
　なみき　茨城県行方市
　なみき　千葉県野田市
　なめき　岐阜県岐阜市
6次吉　つぎよし　福井県小浜市
次年子　じねんご　山形県北村山郡大石田町
9次屋
　つぎや　新潟県五泉市
　つぎや　兵庫県尼崎市
次郎八新田　じろうはちしんでん　静岡県浜松市天竜区
次郎丸
　じろうまる　新潟県阿賀野市
　じろうまる　福井県あわら市
　じろうまる　和歌山県和歌山市
　じろうまる　福岡県 (福岡市交通局七隈線)
　じろうまる　福岡県福岡市早良区
次郎丸町　じろうまるちょう　福井県福井市
次郎右エ門興野　じろううえもんこうや　新潟県新潟市南区
10次倉　つぎくら　大分県竹田市
次浦　つぎうら　千葉県香取郡多古町
11次第浜　しだいはま　新潟県北蒲原郡聖籠町
12次場町　すばまち　石川県羽咋市
13次新　つぎしん　新潟県燕市

【気】
3気子島　けごじま　静岡県磐田市
気山
　きやま　福井県 (JR小浜線)
　きやま　福井県三方郡美浜町
　きやま　福井県三方上中郡若狭町
4気比　けひ　兵庫県豊岡市
気比庄　きひしょう　福井県丹生郡越前町
気比宮　きいのみや　新潟県長岡市

5気仙町　けせんちょう　岩手県陸前高田市
気仙沼　けせんぬま　宮城県 (JR大船渡線)
気仙沼市　けせんぬまし　宮城県
気仙郡　けせんぐん　岩手県
6気多宮　けたのみや　福島県河沼郡会津坂下町
7気佐藤　きさと　和歌山県日高郡みなべ町
9気屋　きや　石川県かほく市
10気高町二本木　けたかちょうにほんぎ　鳥取県鳥取市
気高町八束水　けたかちょうやつかみ　鳥取県鳥取市
気高町八幡　けたかちょうやわた　鳥取県鳥取市
気高町下石　けたかちょうおろじ　鳥取県鳥取市
気高町下光元　けたかちょうしもみつもと　鳥取県鳥取市
気高町下坂本　けたかちょうしもさかもと　鳥取県鳥取市
気高町下原　けたかちょうしもばら　鳥取県鳥取市
気高町上光　けたかちょうかみみつ　鳥取県鳥取巾
気高町上原　けたかちょうかんばら　鳥取県鳥取市
気高町土居　けたかちょうどい　鳥取県鳥取市
気高町山宮　けたかちょうやまみや　鳥取県鳥取市
気高町日光　けたかちょうにっこう　鳥取県鳥取市
気高町北浜　けたかちょうきたはま　鳥取県鳥取市
気高町会下　けたかちょうえげ　鳥取県鳥取市
気高町宝木　けたかちょうほうぎ　鳥取県鳥取市
気高町重高　けたかちょうしげたか　鳥取県鳥取市
気高町酒津　けたかちょうさけのつ　鳥取県鳥取市
気高町浜村　けたかちょうはまむら　鳥取県鳥取市
気高町家家　けたかちょうこうげ　鳥取県鳥取市
気高町高江　けたかちょうたかえ　鳥取県鳥取市
気高町冨吉　けたかちょうとみよし　鳥取県鳥取市
気高町宿　けたかちょうしゅく　鳥取県鳥取市
気高町常松　けたかちょうつねまつ　鳥取県鳥取市
気高町奥沢見　けたかちょうおくぞうみ　鳥取県鳥取市
気高町勝見　けたかちょうかちみ　鳥取県鳥取市
気高町飯里　けたかちょういいざと　鳥取県鳥取市
気高町新町　けたかちょうしんまち　鳥取県鳥取市
気高町殿　けたかちょうとの　鳥取県鳥取市
気高町睦逢　けたかちょうむつおう　鳥取県鳥取市
12気勝平町　けかちだいらまち　石川県輪島市
気賀　きが　静岡県 (天竜浜名湖鉄道線)
15気噴町　きぶきちょう　愛知県春日井市
気噴町北　きぶきちょうきた　愛知県春日井市

【汗】
3汗干町　あせびちょう　愛知県瀬戸市

【汲】
3汲上　くみあげ　茨城県鉾田市
汲川原町　くみがわらちょう　三重県鈴鹿市
7汲沢　ぐみざわ　神奈川県横浜市戸塚区
汲沢町　ぐみざわちょう　神奈川県横浜市戸塚区

【江】
江
　え　茨城県下妻市
　え　茨城県筑西市
0江ケ室　えがむろ　三重県亀山市

529

6画（江）

江ケ崎
　えがさき　埼玉県蓮田市
　えがさき　千葉県旭市
江ケ崎町　えがさきちょう　神奈川県横浜市鶴見区
江ノ村　えのむら　高知県四万十市
江ノ原　えのはら　岡山県美作市
江ノ島　えのしま　神奈川県（江ノ島電鉄線）
江ノ浜郷　えのはまごう　長崎県南松浦郡新上五島町
江ノ駒　えのこま　和歌山県日高郡由良町
江の木町　えのきちょう　大阪府吹田市
江の宮町　えのみやちょう　山口県周南市
江の島
　えのしま　北海道島牧郡島牧村
　えのしま　神奈川県藤沢市
江の浦　えのうら　福岡県（西日本鉄道天神大牟田線）
江の浦町　えのうらまち　長崎県長崎市
²江又　えまた　富山県中新川郡上市町
³江下　えした　宮城県亘理郡亘理町
江三竹町　えみたけまち　大分県中津市
江上
　えがみ　新潟県胎内市
　えがみ　富山県中新川郡上市町
江上町
　えがみちょう　福井県福井市
　えがみちょう　兵庫県西宮市
　えがみちょう　長崎県佐世保市
江与味　えよみ　岡山県久米郡美咲町
江口
　えぐち　福島県二本松市
　えぐち　茨城県古河市
　えぐち　群馬県邑楽郡明和町
　えぐち　新潟県新潟市東区
　えぐち　新潟県新潟市江南区
　えぐち　新潟県三条市
　えぐち　新潟県新発田市
　えぐち　新潟県魚沼市
　えぐち　富山県魚津市
　えぐち　岐阜県岐阜市
　えぐち　愛知県岡崎市
　えぐち　山口県周南市
　えぐち　徳島県（JR徳島線）
　えぐち　福岡県筑後市
　えぐち　福岡県宗像市
　えぐち　佐賀県三養基郡みやき町
江口町
　えぐちまち　愛知県碧南市
　えぐちちょう　愛媛県新居浜市
江口新田　えぐちしんでん　新潟県魚沼市
江子田　えごだ　千葉県市原市
江川
　えがわ　茨城県鉾田市
　えがわ　茨城県猿島郡五霞町
　えがわ　千葉県木更津市
　えがわ　神奈川県川崎市川崎区
　えがわ　岐阜県羽島郡笠松町
　えがわ　大阪府三島郡島本町
　えがわ　和歌山県田辺市
　えがわ　和歌山県日高郡日高川町
　えがわ　岡山県真庭市
　えがわ　福岡県朝倉市
江川大町　えがわおおまち　茨城県結城市

江川中　えかわなか　和歌山県紀の川市
江川台　えがわだい　福岡県遠賀郡芦屋町
江川町
　えがわちょう　栃木県足利市
　えがわちょう　岐阜県岐阜市
　えがわちょう　愛知県津島市
　えがわまち　佐賀県唐津市
　えがわまち　長崎県長崎市
　えがわまち　長崎県五島市
江川崎　えかわさき　高知県（JR予土線）
江川新宿　えがわしんじゅく　茨城県結城市
⁴江中子　えなかこ　福島県喜多方市
江丹別町中央　えたんべつちょうちゅうおう　北海道旭川市
江丹別町中園　えたんべつちょうなかぞの　北海道旭川市
江丹別町共和　えたんべつちょうきょうわ　北海道旭川市
江丹別町西里　えたんべつちょうにしさと　北海道旭川市
江丹別町芳野　えたんべつちょうよしの　北海道旭川市
江丹別町拓北　えたんべつちょうたくほく　北海道旭川市
江丹別町春日　えたんべつちょうかすが　北海道旭川市
江丹別町清水　えたんべつちょうしみず　北海道旭川市
江丹別町富原　えたんべつちょうとみはら　北海道旭川市
江丹別町嵐山　えたんべつちょうあらしやま　北海道旭川市
江之子島　えのこじま　大阪府大阪市西区
江之島町　えのしまちょう　静岡県浜松市南区
江之浦　えのうら　神奈川県小田原市
江井　えい　兵庫県淡路市
江井ケ島　えいがしま　兵庫県（山陽電気鉄道本線）
江刈　えかり　岩手県岩手郡葛巻町
江刈内　えかりない　岩手県岩手郡岩手町
江戸
　えど　茨城県小美玉市
　えど　埼玉県川口市
江戸丁　えどちょう　長崎県島原市
江戸川
　えどがわ　東京都（京成電鉄京成本線）
　えどがわ　東京都江戸川区
江戸川区　えどがわく　東京都
江戸川台　えどがわだい　千葉県（東武鉄道野田線）
江戸川台西　えどがわだいにし　千葉県流山市
江戸川台東　えどがわだいひがし　千葉県流山市
江戸川橋　えどがわばし　東京都（東京地下鉄有楽町線）
江戸町
　えどまち　長野県飯田市
　えどまち　三重県桑名市
　えどまち　兵庫県神戸市中央区
　えどまち　長崎県長崎市
江戸岡　えどおか　愛媛県八幡浜市
江戸屋敷　えどやしき　福岡県久留米市
江戸浜町　えどはまちょう　長野県飯田市
江戸堀　えどぼり　大阪府大阪市西区

6画（江）

江戸崎みらい　えどさきみらい　茨城県稲敷市
江戸崎乙　えどさきおつ　茨城県稲敷市
江戸崎甲　えどさきこう　茨城県稲敷市
江戸袋　えどぶくろ　埼玉県川口市
江戸橋
　　えどばし　三重県（近畿日本鉄道名古屋線）
　　えどばし　三重県津市
江月
　　えづき　千葉県安房郡鋸南町
　　えつき　岐阜県養老郡養老町
江木　えぎ　群馬県（上毛電気鉄道線）
江木町
　　えぎまち　群馬県前橋市
　　えぎまち　群馬県高崎市
江比間町　えひまちょう　愛知県田原市
5江代　えしろ　熊本県球磨郡水上村
江包　えつつみ　奈良県桜井市
江北
　　こうほく　東京都（東京都交通局日暮里・舎人ライ
　　ナー）
　　こうほく　東京都足立区
　　えきた　鳥取県東伯郡北栄町
江北町　こうほくまち　佐賀県杵島郡
江古川　えごがわ　福井県小浜市
江古田
　　えこだ　東京都（西武鉄道池袋線）
　　えごた　東京都中野区
江尻
　　えじり　宮城県角田市
　　えじり　新潟県胎内市
　　えじり　富山県（万葉線）
　　えじり　富山県高岡市
　　えじり　富山県滑川市
　　えじり　京都府宮津市
　　えじり　徳島県板野郡北島町
江尻ケ丘町　えじりがおかちょう　福井県福井市
江尻台町　えじりだいまち　静岡県静岡市清水区
江尻白山町　えじりしらやまちょう　富山県高岡市
江尻町
　　えじりちょう　静岡県静岡市清水区
　　えじりちょう　香川県坂出市
江尻東　えじりひがし　静岡県静岡市清水区
江尻窪　えじりくぼ　山梨県南巨摩郡身延町
江平
　　こうびら　島根県（JR三江線）
　　えびら　長崎県長崎市
江平中町　えひらなかまち　宮崎県宮崎市
江平西　えひらにし　宮崎県宮崎市
江平町　えひらちょう　宮崎県宮崎市
江平東　えひらひがし　宮崎県宮崎市
江平東町　えひらひがしまち　宮崎県宮崎市
江弁須　えべす　千葉県成田市
江本
　　えのもと　富山県富山市
　　えもと　兵庫県豊岡市
江永町　えながちょう　長崎県佐世保市
江田
　　えだ　福島県（JR磐越東線）
　　えだ　千葉県館山市
　　えだ　神奈川県（東京急行電鉄田園都市線）
　　えだ　富山県南砺市

　　えだ　和歌山県東牟婁郡串本町
　　えた　熊本県玉名郡和水町
江田川之内町　えたかわのうちまち　広島県三次市
江田町
　　えだまち　群馬県前橋市
　　えたちょう　島根県出雲市
　　えだちょう　徳島県小松島市
江田島市　えたじまし　広島県
江田島町大原特借宿舎　えたじまちょうおおはらとっ
　かりしゅくしゃ　広島県江田島市
江田島町大須　えたじまちょうおおず　広島県江田
　島市
江田島町小用　えたじまちょうこよう　広島県江田
　島市
江田島町中央　えたじまちょうちゅうおう　広島県江
　田島市
江田島町切串　えたじまちょうきりくし　広島県江田
　島市
江田島町江南　えたじまちょうこうなん　広島県江田
　島市
江田島町国有無番地　えたじまちょうこくゆうむばんち
　広島県江田島市
江田島町幸ノ浦　えたじまちょうこうのうら　広島県
　江田島市
江田島町津久茂　えたじまちょうつくも　広島県江田
　島市
江田島町秋月　えたじまちょうあきづき　広島県江田
　島市
江田島町宮ノ原　えたじまちょうみやのはら　広島県
　江田島市
江田島町鷲部　えたじまちょうわしべ　広島県江田
　島市
江辻　えつじ　福岡県糟屋郡粕屋町
6江吉良　えぎら　岐阜県（名古屋鉄道羽島線ほか）
江吉良町　えぎらちょう　岐阜県羽島市
江吉良町江中　えぎらちょうえなか　岐阜県羽島市
江吉良町江西　えぎらちょうえにし　岐阜県羽島市
江向
　　えむかい　福島県伊達市
　　えむかい　山口県萩市
江向町　えむかえちょう　愛知県名古屋市西区
江名　えな　福島県いわき市
江名子町　えなこまち　岐阜県高山市
江地　えじ　山形県飽海郡遊佐町
江守の里　えもりのさと　福井県福井市
江守中　えもりなか　福井県福井市
江守中町　えもりなかちょう　福井県福井市
江西町
　　えにしちょう　愛知県津島市
　　えにしちょう　愛知県愛西市
7江住
　　えすみ　和歌山県（JR紀勢本線）
　　えすみ　和歌山県西牟婁郡すさみ町
江別　えべつ　北海道（JR函館本線）
江別太　えべつぶと　北海道江別市
江別市　えべつし　北海道
江坂　えさか　大阪府（大阪市交通局御堂筋線ほか）
江坂町　えさかちょう　大阪府吹田市
江尾
　　えのお　静岡県富士市
　　えび　鳥取県（JR伯備線）

531

6画（江）

えび　鳥取県日野郡江府町
江尾南　えのおみなみ　静岡県富士市
江村町　えむらちょう　三重県四日市市
江良
　えら　北海道松前郡松前町
　えら　福井県敦賀市
　えら　岡山県小田郡矢掛町
　えら　山口県山口市
江良町　えらちょう　宮崎県日向市
江花　えばな　福島県須賀川市
江見
　えみ　千葉県（JR内房線）
　えみ　岡山県美作市
江見内遠野　えみうどの　千葉県鴨川市
江見太夫崎　えみたゆうざき　千葉県鴨川市
江見外堀　えみそとぼり　千葉県鴨川市
江見吉田　えみよしだ　岡山県美作市
江見吉浦　えみよしうら　千葉県鴨川市
江見西真門　えみにしまかど　千葉県鴨川市
江見東真門　えみひがしまかど　千葉県鴨川市
江見青木　えみあおき　千葉県鴨川市
江迎　えむかい　佐賀県三養基郡上峰町
江迎町　えむかえちょう　⇒佐世保市（長崎県）
江迎町七腕　えむかえちょうななかい　長崎県佐世保市
江迎町三浦　えむかえちょうみうら　長崎県佐世保市
江迎町上川内　えむかえちょうかみがわち　長崎県佐世保市
江迎町小川内　えむかえちょうこがわち　長崎県佐世保市
江迎町中尾　えむかえちょうなかお　長崎県佐世保市
江迎町北平　えむかえちょうきたひら　長崎県佐世保市
江迎町北田　えむかえちょうきただ　長崎県佐世保市
江迎町末橋　えむかえちょうすえたちばな　長崎県佐世保市
江迎町田ノ元　えむかえちょうたのもと　長崎県佐世保市
江迎町乱橋　えむかえちょうみだればし　長崎県佐世保市
江迎町志戸氏　えむかえちょうしとのうじ　長崎県佐世保市
江迎町赤坂　えむかえちょうあかさか　長崎県佐世保市
江迎町長坂　えむかえちょうながさか　長崎県佐世保市
江迎町埋立　えむかえちょううめたて　長崎県佐世保市
江迎町栗越　えむかえちょうくりこし　長崎県佐世保市
江迎町根引　えむかえちょうねびき　長崎県佐世保市
江迎町梶ノ村　えむかえちょうかじのむら　長崎県佐世保市
江迎町猪調　えむかえちょういのつき　長崎県佐世保市
江迎町奥川内　えむかえちょうおくがわち　長崎県佐世保市
江迎町飯良坂　えむかえちょういいらざか　長崎県佐世保市
江迎町篭尾　えむかえちょうえびらお　長崎県佐世保市
江迎鹿町　えむかえしかまち　長崎県（松浦鉄道西九州線）
江里町
　えりまち　長崎県長崎市
　えりまち　長崎県島原市
江里免　えりめん　長崎県北松浦郡佐々町
⁸**江並**　えなみ　岡山県岡山市中区

江刺区八日町　えさしくようかまち　岩手県奥州市
江刺区大通り　えさしくおおどおり　岩手県奥州市
江刺区川原町　えさしくかわらまち　岩手県奥州市
江刺区中町　えさしくなかまち　岩手県奥州市
江刺区六日町　えさしくむいかまち　岩手県奥州市
江刺区広瀬　えさしくひろせ　岩手県奥州市
江刺区本町　えさしくほんちょう　岩手県奥州市
江刺区玉里　えさしくたまさと　岩手県奥州市
江刺区田原　えさしくたわら　岩手県奥州市
江刺区伊手　えさしくいで　岩手県奥州市
江刺区米里　えさしくよねさと　岩手県奥州市
江刺区西大通り　えさしくにしおおどおり　岩手県奥州市
江刺区杉ノ町　えさしくすぎのまち　岩手県奥州市
江刺区男石　えさしくおとこいし　岩手県奥州市
江刺区岩谷堂　えさしくいわやどう　岩手県奥州市
江刺区前田町　えさしくまえだちょう　岩手県奥州市
江刺区南大通り　えさしくみなみおおどおり　岩手県奥州市
江刺区南町　えさしくみなみまち　岩手県奥州市
江刺区栄町　えさしくさかえちょう　岩手県奥州市
江刺区重染寺　えさしくちょうぜんじ　岩手県奥州市
江刺区梁川　えさしくやながわ　岩手県奥州市
江刺区愛宕　えさしくおだき　岩手県奥州市
江刺区豊田町　えさしくとよたちょう　岩手県奥州市
江刺区稲瀬　えさしくいなせ　岩手県奥州市
江刺区銭町　えさしくぜにまち　岩手県奥州市
江刺区舘山　えさしくたてやま　岩手県奥州市
江刺区藤里　えさしくふじさと　岩手県奥州市
江刺家　えさしか　岩手県九戸郡九戸村
江和井　えわい　埼玉県比企郡吉見町
江奈　えな　静岡県賀茂郡松崎町
江府町　こうふちょう　鳥取県日野郡
江松　えまつ　愛知県名古屋市中川区
江松西町　えまつにしまち　愛知県名古屋市中川区
江東区　こうとうく　東京都
江東町　えとうちょう　愛知県津島市
江東橋　こうとうばし　東京都墨田区
江波
　えなみ　埼玉県熊谷市
　えなみ　福井県丹生郡越前町
　えば　広島県（広島電鉄江波線ほか）
江波二本松　えばにほんまつ　広島県広島市中区
江波本町　えばほんまち　広島県広島市中区
江波西　えばにし　広島県広島市中区
江波沖町　えばおきまち　広島県広島市中区
江波東　えばひがし　広島県広島市中区
江波南　えばみなみ　広島県広島市中区
江波栄町　えばさかえまち　広島県広島市中区
江泊　えどまり　山口県防府市
江泊町　えのとまりまち　石川県七尾市
⁹**江俣**　えまた　山形県山形市
江南
　こうなん　北海道斜里郡清里町
　こうなん　山形県山形市
　こうなん　新潟県新潟市東区
　こうなん　愛知県（名古屋鉄道犬山線）
　えな　和歌山県和歌山市
　こうなん　島根県（JR山陰本線）

532

6画（汐）

　こうなん　宮崎県宮崎市
江南中央　こうなんちゅうおう　埼玉県熊谷市
江南区　こうなんく　新潟県新潟市
江南市　こうなんし　愛知県
江南町
　こうなんまち　⇒熊谷市（埼玉県）
　えなみちょう　滋賀県近江八幡市
　えなみちょう　福岡県北九州市小倉北区
　えなんちょう　熊本県水俣市
江指町　えさしまち　石川県小松市
江持　えもち　福島県須賀川市
江柄　えがら　岩手県紫波郡紫波町
江洲
　えす　沖縄県うるま市
　えす　沖縄県国頭郡大宜味村
江津
　えづ　鳥取県鳥取市
　ごうつ　島根県（JR山陰本線）
　えづ　熊本県熊本市中央区
　えづ　熊本県熊本市東区
江津市　ごうつし　島根県
江津本町　ごうつほんまち　島根県（JR三江線）
江津町　ごうつちょう　島根県江津市
江畑町　えばたまち　福島県いわき市
江面　えづら　埼玉県久喜市
10**江原**
　えばら　埼玉県深谷市
　えばら　千葉県佐倉市
　えばら　山梨県南アルプス市
　えばら　兵庫県（JR山陰本線）
江原台　えばらだい　千葉県佐倉市
江原町
　えばらちょう　東京都中野区
　えばらちょう　静岡県沼津市
　えわらちょう　愛知県西尾市
　えばらちょう　広島県呉市
江原新田　えばらしんでん　千葉県佐倉市
江島
　えのしま　宮城県牡鹿郡女川町
　えじま　愛知県（JR飯田線）
江島台　えじまだい　三重県鈴鹿市
江島本町　えじまほんまち　三重県鈴鹿市
江島町
　えじまちょう　愛知県豊橋市
　えじまちょう　愛知県豊川市
　えじまちょう　三重県鈴鹿市
　えじままち　佐賀県鳥栖市
江差町　えさしちょう　北海道檜山郡
江差港北埠頭　えさしこうきたふとう　北海道檜山郡
　江差町
江師　えし　高知県高岡郡四万十町
江栗　えぐり　熊本県玉名郡和水町
江浦　えのうら　静岡県沼津市
江馬　えま　三重県多気郡大台町
11**江堀田**　えほりだ　福島県石川郡石川町
江崎
　えさき　富山県中新川郡立山町
　えさき　岐阜県岐阜市
　えさき　岡山県岡山市中区
　えさき　山口県（JR山陰本線）
　えさき　山口県山口市

　えさき　山口県萩市
江崎北　えさききた　岐阜県岐阜市
江崎町
　えさきちょう　岐阜県大垣市
　えさきちょう　鳥取県鳥取市
江崎南　えさきみなみ　岐阜県岐阜市
江曽町　えそまち　石川県七尾市
江曽原　えぞはら　山梨県山梨市
江曽島
　えそじま　栃木県（東武鉄道宇都宮線）
　えそじま　栃木県宇都宮市
江曽島本町　えそじまほんちょう　栃木県宇都宮市
江曽島町　えそじままち　栃木県宇都宮市
江添
　えぞえ　石川県羽咋郡志賀町
　えぞえ　岐阜県岐阜市
　えぞえ　熊本県水俣市
江部　えべ　長野県中野市
江部乙　えべおつ　北海道（JR函館本線）
江部乙町　えべおつちょう　北海道滝川市
江部乙町西　えべおつちょうにし　北海道滝川市
江部乙町東　えべおつちょうひがし　北海道滝川市
江野　ごうの　兵庫県豊岡市
江野町　えのまち　栃木県宇都宮市
江釣子　えづりこ　岩手県（JR北上線）
12**江場**　えば　三重県桑名市
江森町上　えもりちょうかみ　愛知県江南市
江森町中　えもりちょうなか　愛知県江南市
江森町西　えもりちょうにし　愛知県江南市
江森町東　えもりちょうひがし　愛知県江南市
江森町南　えもりちょうみなみ　愛知県江南市
江無田　えむた　大分県臼杵市
江越　えごえ　熊本県熊本市南区
江道
　えどう　新潟県十日町市
　えんどう　富山県高岡市
江陽
　こうよう　青森県八戸市
　こうよう　新潟県長岡市
江陽町　こうようちょう　高知県高知市
江須賀　えすか　大分県宇佐市
14**江熊**　えぐま　大分県宇佐市
江端　えばた　福井県（福井鉄道福武線）
江端町
　えばたちょう　福井県福井市
　えばたちょう　愛知県大府市
　えばたちょう　大阪府門真市
江綱　えつな　埼玉県比企郡吉見町
15**江蔵地**　えぞうち　千葉県我孫子市
16**江積**　えっつみ　新潟県佐渡市
江頭町　えがしらちょう　滋賀県近江八幡市
17**江繋**　えつなぎ　岩手県宮古市
19**江瀬美町**　えせびちょう　大阪府四條畷市

【汐】

0**汐ノ宮**　しおのみや　大阪府（近畿日本鉄道長野線）
汐の宮町　しおのみやちょう　大阪府河内長野市
2**汐入**　しおいり　神奈川県（京浜急行電鉄本線）

6画（池）

汐入町
　　しおいりちょう　神奈川県横浜市鶴見区
　　しおいりちょう　神奈川県横須賀市
　　しおいりちょう　山口県下関市
4汐井町　しおいまち　福岡県北九州市戸畑区
汐手が丘　しおでがおか　島根県安来市
汐止町　しおとめちょう　愛知県名古屋市港区
5汐田町
　　しおだちょう　愛知県名古屋市南区
　　しおたまち　愛知県碧南市
7汐吹　しおふき　北海道檜山郡上ノ国町
汐町　しおまち　兵庫県尼崎市
汐見
　　しおみ　北海道（JR日高本線）
　　しおみ　北海道苫前郡羽幌町
　　しおみ　北海道勇払郡むかわ町
　　しおみ　大分県大分市
汐見丘町　しおみがおかちょう　千葉県千葉市中央区
汐見台
　　しおみだい　宮城県宮城郡七ケ浜町
　　しおみだい　神奈川県横浜市磯子区
　　しおみだい　神奈川県横須賀市
　　しおみだい　神奈川県茅ケ崎市
　　しおみだい　新潟県新潟市中央区
　　しおみだい　静岡県牧之原市
　　しおみだい　兵庫県相生市
汐見台南　しおみだいみなみ　宮城県宮城郡七ケ浜町
汐見坂　しおみざか　愛知県長久手市
汐見町
　　しおみちょう　北海道苫小牧市
　　しおみちょう　北海道根室市
　　しおみちょう　愛知県名古屋市昭和区
　　しおみちょう　愛知県豊田市
　　しおみちょう　三重県桑名市
　　しおみちょう　大阪府泉大津市
　　しおみちょう　和歌山県和歌山市
　　しおみちょう　広島県呉市
　　しおみちょう　高知県土佐清水市
　　しおみちょう　熊本県水俣市
　　しおみちょう　大分県別府市
　　しおみちょう　鹿児島県枕崎市
　　しおみちょう　鹿児島県出水市
　　しおみちょう　鹿児島県いちき串木野市
汐見橋　しおみばし　大阪府（南海電気鉄道汐見橋線）
9汐屋町　しおやまち　福岡県大牟田市
汐首町　しおくびちょう　北海道函館市
10汐留　しおどめ　東京都（ゆりかもめ臨海線ほか）
13汐路町　しおじちょう　愛知県名古屋市瑞穂区

【池】
池
　　いけ　新潟県上越市
　　いけ　静岡県伊東市
　　いけ　高知県高知市
0池ケ谷　いけがや　静岡県静岡市葵区
池ケ谷東　いけがやひがし　静岡県静岡市葵区
池ケ原
　　いけがはら　新潟県小千谷市
　　いけがはら　石川県河北郡津幡町
　　いけがはら　岡山県津山市
池ノ入　いけのいり　福島県伊達郡川俣町

池ノ下町　いけのしたちょう　福島県須賀川市
池ノ上　いけのうえ　東京都（京王電鉄井の頭線）
池ノ上町
　　いけのかみちょう　福井県越前市
　　いけのうえちょう　岐阜県岐阜市
池ノ内
　　いけのうち　兵庫県淡路市
　　いけのうち　高知県須崎市
池ノ内下　いけのうちしも　京都府舞鶴市
池ノ台　いけのだい　福島県郡山市
池ノ谷　いけのたに　京都府宮津市
池ノ前　いけのまえ　長野県小諸市
池ノ原　いけのはら　福島県岩瀬郡鏡石町
池ノ森　いけのもり　栃木県鹿沼市
池ノ端　いけのはた　新潟県新発田市
池の上　いけのかみ　千葉県白井市
池の内　いけのうち　高知県吾川郡いの町
池の台
　　いけのだい　福島県岩瀬郡鏡石町
　　いけのだい　茨城県石岡市
　　いけのだい　茨城県つくば市
池の平　いけのたいら　長野県北佐久郡立科町
池の谷　いけのたに　神奈川県横浜市泉区
池の里　いけのさと　滋賀県大津市
池の浦　いけのうら　三重県（近畿日本鉄道鳥羽線）
池の浦シーサイド　いけのうらしーさいど　三重県
　　（JR参宮線・臨）
池の湯　いけのゆ　北海道川上郡弟子屈町
池の瀬町　いけのせちょう　大阪府寝屋川市
3池下
　　いけした　福島県白河市
　　いけした　福島県須賀川市
　　いけした　愛知県（名古屋市交通局東山線）
　　いけした　愛知県名古屋市千種区
　　いけした　滋賀県米原市
池下向山　いけしたむかいやま　福島県白河市
池下町
　　いけしたちょう　愛知県名古屋市千種区
　　いけしたまち　愛知県碧南市
池下裏　いけしたうら　福島県白河市
池上
　　いけがみ　埼玉県熊谷市
　　いけがみ　埼玉県ふじみ野市
　　いけがみ　東京都（東京急行電鉄池上線）
　　いけがみ　東京都大田区
　　いけがみ　神奈川県横須賀市
　　いけがみ　神奈川県小田原市
　　いけがみ　兵庫県神戸市西区
　　いけがみ　兵庫県篠山市
池上台　いけがみだい　愛知県名古屋市緑区
池上町
　　いけがみちょう　福島県須賀川市
　　いけがみちょう　栃木県宇都宮市
　　いけがみちょう　神奈川県川崎市川崎区
　　いけがみちょう　愛知県名古屋市千種区
　　いけがみちょう　三重県鳥羽市
　　いけがみちょう　大阪府和泉市
　　いけがみちょう　兵庫県加西市
　　いけうえまち　熊本県熊本市西区
池上新町　いけがみしんちょう　神奈川県川崎市川崎区

534

6画（池）

池口　いけぐち　福井県あわら市
池子　いけご　神奈川県逗子市
池川大渡　いけがわおおど　高知県吾川郡仁淀川町
4池中新田　いけなかしんでん　新潟県小千谷市
池之上町　いけのうえちょう　鹿児島県鹿児島市
池之内
　いけのうち　千葉県南房総市
　いけのうち　愛知県小牧市
　いけのうち　兵庫県相生市
　いけのうち　兵庫県加東市
　いけのうち　奈良県桜井市
　いけのうち　奈良県御所市
池之内町
　いけのうちまち　新潟県見附市
　いけのうちちょう　奈良県大和郡山市
池之尻　いけのしり　新潟県十日町市
池之尻町
　いけのしりちょう　滋賀県東近江市
　いけのしりちょう　香川県観音寺市
池之沢　いけのさわ　沖縄県島尻郡南大東村
池之町　いけのちょう　奈良県奈良市
池之畑　いけのはた　新潟県十日町市
池之原
　いけのはら　大阪府大阪狭山市
　いけのはら　鹿児島県肝属郡東串良町
池之宮　いけのみや　大阪府枚方市
池之島　いけのしま　新潟県長岡市
池之島町　いけのしままち　新潟県見附市
池之脇町　いけのわきちょう　滋賀県東近江市
池之端　いけのはた　東京都台東区
池之端町　いけのはたちょう　大阪府東大阪市
池元町　いけもとちょう　京都府京都市中京区
池内
　いけない　秋田県大館市
　いけのうち　兵庫県洲本市
池内町
　いけうちちょう　愛知県名古屋市熱田区
　いけうちちょう　宮崎県宮崎市
池内道下　いけないみちした　秋田県大館市
池内道上　いけないみちうえ　秋田県大館市
池戸
　いけのべ　香川県（高松琴平電気鉄道長尾線）
　いけのべ　香川県木田郡三木町
池月　いけづき　宮城県（JR陸羽東線）
5池代　いけしろ　静岡県賀茂郡松崎町
池尻
　いけじり　東京都世田谷区
　いけじり　新潟県十日町市
　いけじり　富山県黒部市
　いけのしり　富山県南砺市
　いけじり　岐阜県関市
　いけじり　兵庫県伊丹市
　いけじり　兵庫県三田市
　いけじり　奈良県大和高田市
　いけじり　福岡県（JR日田彦山線）
　いけじり　福岡県田川郡川崎町
池尻大橋　いけじりおおはし　東京都（東京急行電鉄田園都市線）
池尻中　いけじりなか　大阪府大阪狭山市
池尻北　いけじりきた　大阪府大阪狭山市

池尻自由丘　いけじりじゆうがおか　大阪府大阪狭山市
池尻町
　いけのしりちょう　福井県福井市
　いけじりちょう　岐阜県大垣市
　いけしりちょう　愛知県田原市
　いけじりちょう　大阪府岸和田市
　いけじりちょう　兵庫県小野市
池平　いけだいら　新潟県魚沼市
池平新田　いけだいらしんでん　新潟県魚沼市
池田
　いけだ　北海道（JR根室本線）
　いけだ　北海道余市郡赤井川村
　いけだ　茨城県つくば市
　いけだ　茨城県久慈郡大子町
　いけだ　埼玉県新座市
　いけだ　埼玉県児玉郡神川町
　いけだ　千葉県鴨川市
　いけだ　千葉県大網白里市
　いけだ　神奈川県川崎市川崎区
　いけだ　富山県高岡市
　いけだ　富山県南砺市
　いけだ　富山県中新川郡立山町
　いけだ　福井県小浜市
　いけだ　福井県今立郡池田町
　いけだ　山梨県甲府市
　いけだ　長野県北安曇郡池田町
　いけだ　静岡県静岡市駿河区
　いけだ　静岡県磐田市
　いけだ　愛知県犬山市
　いけだ　愛知県長久手市
　いけだ　愛知県知多郡武豊町
　いけだ　京都府福知山市
　いけだ　大阪府（阪急電鉄宝塚本線）
　いけだ　大阪府寝屋川市
　いけだ　兵庫県洲本市
　いけだ　奈良県大和高田市
　いけだ　和歌山県新宮市
　いけだ　和歌山県日高郡日高町
　いけだ　鳥取県八頭郡八頭町
　いけだ　島根県隠岐郡隠岐の島町
　いけだ　香川県小豆郡小豆島町
　いけだ　福岡県北九州市八幡西区
　いけだ　福岡県中間市
　いけだ　福岡県宗像市
　いけだ　福岡県糸島市
　いけだ　長崎県大村市
　いけだ　熊本県（熊本電気鉄道上熊本線）
　いけだ　熊本県熊本市西区
　いけだ　熊本県熊本市北区
　いけだ　大分県佐伯市
　いけだ　鹿児島県指宿市
　いけだ　鹿児島県西之表市
　いけだ　沖縄県中頭郡西原町
池田下町　いけだしもちょう　大阪府和泉市
池田上町　いけだうえまち　兵庫県神戸市長田区
池田口　いけだぐち　愛知県常滑市
池田川　いけだがわ　愛知県常滑市
池田中町　いけだなかまち　大阪府寝屋川市
池田北町　いけだきたまち　大阪府寝屋川市
池田市　いけだし　大阪府
池田広町　いけだひろまち　兵庫県神戸市長田区
池田本町
　いけだほんまち　滋賀県近江八幡市

535

6画（池）

　　いけだほんまち　大阪府寝屋川市
池田寺町　いけでてらまち　兵庫県神戸市長田区
池田旭町　いけだあさひまち　大阪府寝屋川市
池田西町　いけだにしまち　大阪府寝屋川市
池田町
　　いけだちょう　北海道中川郡
　　いけだちょう　神奈川県横須賀市
　　いけだちょう　福井県今立郡
　　いけだまち　長野県北安曇郡
　　いけだまち　岐阜県岐阜市
　　いけだちょう　岐阜県多治見市
　　いけだちょう　岐阜県関市
　　いけだちょう　岐阜県揖斐郡
　　いけだちょう　愛知県瀬戸市
　　いけだちょう　愛知県半田市
　　いけだちょう　愛知県刈谷市
　　いけだちょう　愛知県豊田市
　　いけだちょう　三重県鈴鹿市
　　いけだまち　滋賀県近江八幡市
　　いけだちょう　滋賀県東近江市
　　いけだちょう　大阪府大阪市北区
　　いけだちょう　兵庫県西宮市
　　いけだちょう　兵庫県小野市
　　いけだちょう　奈良県奈良市
　　いけだちょう　香川県高松市
　　いけだまち　長崎県五島市
池田町イケミナミ　いけだちょういけみなみ　徳島県三好市
池田町イタノ　いけだちょういたの　徳島県三好市
池田町ウエノ　いけだちょううえの　徳島県三好市
池田町ウエマツ　いけだちょううえまつ　徳島県三好市
池田町クヤウジ　いけだちょうくやうじ　徳島県三好市
池田町サラダ　いけだちょうさらだ　徳島県三好市
池田町シマ　いけだちょうしま　徳島県三好市
池田町シンマチ　いけだちょうしんまち　徳島県三好市
池田町シンヤマ　いけだちょうしんやま　徳島県三好市
池田町トウゲ　いけだちょうとうげ　徳島県三好市
池田町ハヤシ　いけだちょうはやし　徳島県三好市
池田町マチ　いけだちょうまち　徳島県三好市
池田町ヤサン　いけだちょうやさん　徳島県三好市
池田町ヤマダ　いけだちょうやまだ　徳島県三好市
池田町一番丁　いけだまちいちばんちょう　石川県金沢市
池田町二番丁　いけだまちにばんちょう　石川県金沢市
池田町三番丁　いけだまちさんばんちょう　石川県金沢市
池田町大利　いけだちょうおおり　徳島県三好市
池田町川崎　いけだちょうかわさき　徳島県三好市
池田町中西　いけだちょうなかにし　徳島県三好市
池田町中津川　いけだちょうなかつがわ　徳島県三好市
池田町四番丁　いけだまちよんばんちょう　石川県金沢市
池田町白地　いけだちょうはくち　徳島県三好市
池田町立丁　いけだまちたてちょう　石川県金沢市
池田町州津　いけだちょうしゅうづ　徳島県三好市
池田町西山　いけだちょうにしやま　徳島県三好市

池田町佐野　いけだちょうさの　徳島県三好市
池田町松尾　いけだちょうまつお　徳島県三好市
池田町馬路　いけだちょううまじ　徳島県三好市
池田町漆川　いけだちょうしつかわ　徳島県三好市
池田谷町　いけだたにまち　兵庫県神戸市長田区
池田東町　いけだひがしまち　大阪府寝屋川市
池田南町　いけだみなみまち　大阪府寝屋川市
池田宮町　いけだみやまち　兵庫県神戸市長田区
池田経町　いけだきょうまち　兵庫県神戸市長田区
池田惣町　いけだそうまち　兵庫県神戸市長田区
池田園　いけだえん　北海道（JR函館本線）
池田塩町　いけだしおまち　兵庫県神戸市長田区
池田新　いけだしん　和歌山県紀の川市
池田新町
　　いけだしんまち　大阪府寝屋川市
　　いけだしんまち　兵庫県神戸市長田区
　　いけだしんまち　長崎県大村市
池穴　いけあな　奈良県吉野郡十津川村
池辺　いけのべ　埼玉県川越市
池辺町
　　いこのべちょう　神奈川県横浜市都筑区
　　いけべまち　大分県日田市
6 **池向**　いけむかい　茨城県つくば市
池地　いけじ　鹿児島県大島郡瀬戸内町
池多
　　いけだ　富山県富山市
　　いけだ　富山県射水市
池寺　いけでら　滋賀県犬上郡甲良町
池州町　いけすちょう　滋賀県彦根市
池庄町　いけしょうちょう　滋賀県東近江市
7 **池尾**　いけのお　京都府宇治市
池村
　　いけむら　三重県多気郡明和町
　　いけむら　島根県鹿足郡津和野町
池沢　いけざわ　新潟県十日町市
池沢町　いけざわちょう　奈良県大和郡山市
池町　いけまち　静岡県浜松市中区
池花　いけはな　千葉県四街道市
池花町　いけはなちょう　愛知県名古屋市北区
池見　いけみ　愛知県名古屋市天白区
池見町　いけみちょう　愛知県豊橋市
池谷
　　いけだに　富山県魚津市
　　いけだに　鳥取県岩美郡岩美町
　　いけのたに　徳島県（JR高徳線）
8 **池和田**　いけわだ　千葉県市原市
池底　いけぞこ　三重県三重郡菰野町
池河内
　　いけのこうち　福井県敦賀市
　　いけのこうち　福井県小浜市
池治　いけじ　鹿児島県大島郡喜界町
池金町　いけがねちょう　愛知県岡崎市
9 **池城町**　いけのじょうまち　石川県小松市
池泉町　いけいずみちょう　福井県越前市
池津川　いけつかわ　奈良県吉野郡野迫川村
10 **池原**
　　いけのはら　富山県砺波市
　　いけはら　沖縄県沖縄市

6画（灰, 灯, 牟, 瓜）

池島
　　いけじま　大阪府大阪市港区
　　いけしま　高知県宿毛市
　　いけじま　宮崎県えびの市
池島町
　　いけじまちょう　愛知県豊田市
　　いけしまちょう　大阪府東大阪市
　　いけしままち　長崎県長崎市
　　いけじままち　鹿児島県姶良市
池峰　いけみね　奈良県吉野郡下北山村
池浦
　　いけうら　大阪府泉大津市
　　いけうら　福岡県宗像市
池浦町
　　いけうらちょう　愛知県安城市
　　いけうらちょう　大阪府泉大津市
11池亀　いけがめ　茨城県桜川市
池亀町　いけがめまち　熊本県熊本市西区
池崎町　いけざきまち　石川県七尾市
池船町　いけふねまち　大分県佐伯市
池袋
　　いけぶくろ　東京都（JR山手線ほか）
　　いけぶくろ　東京都豊島区
　　いけぶくろ　神奈川県横浜市中区
池袋本町　いけぶくろほんちょう　東京都豊島区
池部
　　いけべ　京都府福知山市
　　いけべ　奈良県（近畿日本鉄道田原本線）
　　いけべ　奈良県北葛城郡河合町
池部町　いけべちょう　愛知県稲沢市
池野
　　いけの　岐阜県（養老鉄道線）
　　いけの　岐阜県揖斐郡池田町
　　いけの　鳥取県西伯郡南部町
池野山　いけのやま　和歌山県東牟婁郡古座川町
池野辺　いけのべ　茨城県笠間市
池野安楽寺　いけのあずくし　愛知県犬山市
池黒　いけぐろ　山形県南陽市
12池場
　　いけば　愛知県（JR飯田線）
　　いけば　愛知県名古屋市天白区
　　いけば　愛知県新城市
池奥町　いけおくちょう　滋賀県長浜市
池開町　いけびらきちょう　兵庫県西宮市
池須町
　　いけすちょう　愛知県津島市
　　いけすちょう　京都府京都市中京区
13池園町
　　いけそのちょう　愛知県名古屋市千種区
　　いけぞのちょう　大阪府泉大津市
　　いけぞのちょう　石川県坂出市
　　いけぞのちょう　鹿児島県鹿屋市
池新田　いけしんでん　静岡県御前崎市
池殿町　いけどのちょう　京都府京都市東山区
14池端
　　いけばた　神奈川県伊勢原市
　　いけはた　愛知県大口市
池端町
　　いけはたまち　群馬県前橋市
　　いけばたちょう　愛知県名古屋市昭和区
15池麩町　いけふちょう　愛知県津島市

【灰】
3灰久保町　はいくぼまち　熊本県人吉市
4灰方　はいがた　新潟県燕市
　灰木　はいのき　静岡県浜松市浜北区
8灰沼　はいぬま　青森県北津軽郡板柳町
10灰島新田　はいじましんでん　新潟県長岡市
12灰塚
　　はいづか　山形県山形市
　　はいつか　茨城県筑西市
　　はいずか　新潟県新潟市北区
　　はいつか　新潟県上越市
　　はいつか　大阪府大東市
　　はいつか　熊本県菊池郡大津町
　　はいつか　宮崎県えびの市

【灯】
　灯　とぼし　石川県羽咋郡志賀町
5灯台笹町　とだしのまち　石川県能美市
8灯明寺　とうみょうじ　福井県福井市
　灯明寺町　とうみょうじちょう　福井県福井市

【牟】
5牟田　むた　福岡県遠賀郡水巻町
　牟田尻　むたじり　福岡県宗像市
　牟田町　むたちょう　宮崎県都城市
　牟礼
　　むれい　埼玉県大里郡寄居町
　　むれ　東京都三鷹市
　　むれ　長野県（JR信越本線）
　　むれ　長野県上水内郡飯綱町
　　むれ　山口県防府市
　牟礼今宿　むれいまじゅく　山口県防府市
　牟礼町大町　むれちょうおおまち　香川県高松市
　牟礼町牟礼　むれちょうむれ　香川県高松市
　牟礼町原　むれちょうはら　香川県高松市
　牟礼岡　むれがおか　鹿児島県鹿児島市
　牟礼柳　むれやなぎ　山口県防府市
7牟佐　むさ　岡山県岡山市北区
　牟呂大西町　むろおおにしちょう　愛知県豊橋市
　牟呂中村町　むろなかむらちょう　愛知県豊橋市
　牟呂公文町　むろくもんちょう　愛知県豊橋市
　牟呂水神町　むろすいじんちょう　愛知県豊橋市
　牟呂外神町　むろとがみちょう　愛知県豊橋市
　牟呂市場町　むろいちばちょう　愛知県豊橋市
　牟呂町　むろちょう　愛知県豊橋市
　牟岐　むぎ　徳島県（JR牟岐線）
　牟岐町　むぎちょう　徳島県海部郡
　牟岐浦　むぎうら　徳島県海部郡牟岐町
　牟形　むかた　佐賀県東松浦郡玄海町

【瓜】
4瓜内町
　　うりうちちょう　静岡県浜松市中区
　　うりうちちょう　静岡県浜松市南区
5瓜生
　　うりゅう　新潟県長岡市
　　うりゅう　石川県河北郡津幡町
　　うりゅう　福井県あわら市
　　うりゅう　福井県三方上中郡若狭町

537

6画（百）

瓜生町
  うりゅうちょう　福井県越前市
  うりゅうちょう　滋賀県長浜市
瓜生津町　うりうづちょう　滋賀県東近江市
瓜生原　うりゅうばら　岡山県津山市
瓜生堂　うりゅうどう　大阪府東大阪市
瓜生野
  うりゅうの　静岡県伊豆市
  うりゅうの　山口県宇部市
  うりゅうの　高知県長岡郡本山町
  うりゅうの　宮崎県宮崎市
瓜生野町　うりゅうのちょう　福井県越前市
⁷瓜谷　うりや　北海道上磯郡木古内町
⁸瓜坪新田　うりつぼしんでん　千葉県佐倉市
¹⁰瓜倉　うりくら　千葉県木更津市
瓜島　うりじま　静岡県富士市
瓜島町　うりじままちょう　静岡県富士市
瓜破　うりわり　大阪府大阪市平野区
瓜破西　うりわりにし　大阪府大阪市平野区
瓜破東　うりわりひがし　大阪府大阪市平野区
瓜破南　うりわりみなみ　大阪府大阪市平野区
瓜連
  うりづら　茨城県（JR水郡線）
  うりづら　茨城県那珂市
¹¹瓜郷町　うりごうちょう　愛知県豊橋市
¹³瓜幕西　うりまくにし　北海道河東郡鹿追町
瓜幕東　うりまくひがし　北海道河東郡鹿追町
瓜幕南　うりまくみなみ　北海道河東郡鹿追町

【百】

⁰百々
  どうどう　山梨県南アルプス市
  どうどう　岡山県久米郡美咲町
百々西町　どうどにしまち　愛知県岡崎市
百々町
  どどまち　石川県加賀市
  どうどちょう　愛知県岡崎市
  どうどちょう　愛知県豊田市
  どどちょう　京都府京都市上京区
²百人町
  ひゃくにんちょう　東京都新宿区
  ひゃくにんちょう　愛知県名古屋市東区
³百万刈　ひゃくまんがり　秋田県横手市
百万遍町　ひゃくまんべんちょう　京都府京都市上京区
百子沢　ひゃっこざわ　山形県西置賜郡小国町
百山　ひゃくやま　大阪府三島郡島本町
百川　ももがわ　新潟県糸魚川市
百川内　ももがわうち　高知県吾川郡仁淀川町
⁴百之浦　ひゃくのうら　愛媛県宇和島市
百戸
  ひゃっこ　北海道河東郡士幌町
  もど　茨城県猿島郡境町
百戸町北　ひゃっこちょうきた　北海道赤平市
百戸町西　ひゃっこちょうにし　北海道赤平市
百戸町東　ひゃっこちょうひがし　北海道赤平市
百月町　どうづきちょう　愛知県豊田市
⁵百市　もものいち　奈良県桜井市
百田　ももた　青森県弘前市

百目木
  どめき　青森県上北郡横浜町
  どうめき　宮城県気仙沼市
  どうめき　福島県二本松市
  どうめき　千葉県袖ケ浦市
百目木1番　どうめきいちばん　宮城県加美郡加美町
百目木2番　どうめきにばん　宮城県加美郡加美町
百目木3番　どうめきさんばん　宮城県加美郡加美町
百目鬼　どめき　山形県山形市
百石町
  ひゃっこくまち　青森県弘前市
  ひゃっこくちょう　愛知県安城市
  ひゃっこくちょう　高知県高知市
百石町小路　ひゃっこくまちこうじ　青森県弘前市
⁶百合　もまえ　徳島県那賀郡那賀町
百合ケ丘
  ゆりがおか　茨城県守谷市
  ゆりがおか　神奈川県（小田急電鉄小田原線）
  ゆりがおか　福岡県遠賀郡岡垣町
百合が丘
  ゆりがおか　神奈川県中郡二宮町
  ゆりがおか　愛知県名古屋市守山区
百合が丘西1番町　ゆりがおかにしいちばんちょう　三重県名張市
百合が丘西2番町　ゆりがおかにしにばんちょう　三重県名張市
百合が丘西3番町　ゆりがおかにしさんばんちょう　三重県名張市
百合が丘西4番町　ゆりがおかにしよんばんちょう　三重県名張市
百合が丘西5番町　ゆりがおかにしごばんちょう　三重県名張市
百合が丘西6番町　ゆりがおかにしろくばんちょう　三重県名張市
百合が丘町　ゆりがおかちょう　茨城県水戸市
百合が丘東1番町　ゆりがおかひがしいちばんちょう　三重県名張市
百合が丘東2番町　ゆりがおかひがしにばんちょう　三重県名張市
百合が丘東3番町　ゆりがおかひがしさんばんちょう　三重県名張市
百合が丘東4番町　ゆりがおかひがしよんばんちょう　三重県名張市
百合が丘東5番町　ゆりがおかひがしごばんちょう　三重県名張市
百合が丘東6番町　ゆりがおかひがしろくばんちょう　三重県名張市
百合が丘東7番町　ゆりがおかひがしななばんちょう　三重県名張市
百合が丘東8番町　ゆりがおかひがしはちばんちょう　三重県名張市
百合が丘東9番町　ゆりがおかひがしきゅうばんちょう　三重県名張市
百合が原
  ゆりがはら　北海道（JR札沼線）
  ゆりがはら　北海道札幌市北区
百合が原公園　ゆりがはらこうえん　北海道札幌市北区
百合丘
  ゆりがおか　神奈川県川崎市麻生区
  ゆりがおか　兵庫県高砂市
百合地　ゆるじ　兵庫県豊岡市

6画（竹）

百合沢　ゆりさわ　宮城県伊具郡丸森町
百合谷　もまえだに　徳島県那賀郡那賀町
百合野町　ゆりのまち　福岡県北九州市若松区
百年公園　ひゃくねんこうえん　福岡県久留米市
百次町　ももつぎちょう　鹿児島県薩摩川内市
百舌鳥　もず　大阪府（JR阪和線）
百舌鳥八幡　もずはちまん　大阪府（南海電気鉄道高野線）
百舌鳥夕雲町　もずせきうんちょう　大阪府堺市堺区
百舌鳥本町　もずほんまち　大阪府堺市北区
百舌鳥西之町　もずにしのちょう　大阪府堺市北区
百舌鳥赤畑町　もずあかはたちょう　大阪府堺市北区
百舌鳥梅北町　もずうめきたちょう　大阪府堺市北区
百舌鳥梅町　もずうめまち　大阪府堺市北区
百舌鳥陵南町　もずりょうなんちょう　大阪府堺市北区

7百坂町　ももさかまち　石川県金沢市
百束町　ひゃくそくまち　新潟県長岡市
百村
　　もむら　栃木県那須塩原市
　　もむら　東京都稲城市
百沢　ひゃくざわ　青森県弘前市
百町
　　ひゃくちょう　富山県南砺市
　　ひゃくちょう　愛知県津島市
百苅田　ひゃくがりだ　福島県喜多方市
百谷
　　ももだに　鳥取県鳥取市
　　ももだに　岡山県苫田郡鏡野町
　　ももだに　大分県佐伯市
百足屋町　むかでやちょう　京都府京都市中京区
百里　ひゃくり　茨城県小美玉市
8百枝月　ももえづき　岡山県岡山市東区
9百津　ももづ　新潟県阿賀野市
百津町　ももづちょう　新潟県阿賀野市
百津郷　ももづごう　長崎県東彼杵郡川棚町
百草
　　もぐさ　東京都日野市
　　もぐさ　東京都多摩市
百草園　もぐさえん　東京都（京王電鉄京王線）
10百家　はっけ　茨城県つくば市
百島　ひゃくしま　大阪府大阪市西淀川区
百島町
　　ももじまちょう　愛知県津島市
　　ももしまちょう　広島県尾道市
百浦　もももうら　石川県羽咋郡志賀町
百済　ひゃくどみ　福岡県築上郡上毛町
11百済　くだら　奈良県北葛城郡広陵町
百済寺本町　ひゃくさいじほんまち　滋賀県東近江市
百済寺甲町　ひゃくさいじこうちょう　滋賀県東近江市
百済寺町　ひゃくさいじちょう　滋賀県東近江市
百船町　ももふねちょう　愛知県名古屋市中川区
12百塚　ひゃくづか　富山県富山市
百道　ももち　福岡県福岡市早良区
百道浜　ももちはま　福岡県福岡市早良区
百間　もんま　埼玉県南埼玉郡宮代町
百間町
　　ひゃっけんまち　香川県高松市
　　ひゃくけんちょう　熊本県水俣市

13百楽荘　ひゃくらくそう　大阪府箕面市
百楽園　ひゃくらくえん　奈良県奈良市
14百鉾　もふく　千葉県夷隅郡大多喜町
15百槻　どうづき　福島県相馬市
16百頭町　ももがしらちょう　栃木県足利市

【竹】

竹　たけ　島根県（JR三江線）
0竹ケ丘　たけがおか　滋賀県野洲市
竹ケ花
　　たけがはな　千葉県松戸市
　　たけがはな　新潟県新発田市
　　たけがはな　新潟県糸魚川市
竹ケ花西町　たけがはなにしまち　千葉県松戸市
竹ケ谷　たけがたに　徳島県那賀郡那賀町
竹ケ鼻町
　　たけがはなちょう　三重県伊勢市
　　たけがはなちょう　滋賀県彦根市
竹ノ内
　　たけのうち　福島県二本松市
　　たけのうち　福島県伊達郡川俣町
　　たけのうち　茨城県那珂市
竹ノ平　たけのたいら　和歌山県田辺市
竹ノ谷　たけのたに　高知県吾川郡仁淀川町
竹ノ塚　たけのつか　東京都（東武鉄道伊勢崎線）
竹ノ輪　たけのわ　愛知県新城市
竹の上　たけのうえ　大分県大分市
竹の久保町　たけのくぼまち　長崎県長崎市
竹の山　たけのやま　愛知県日進市
竹の内
　　たけのうち　静岡県伊東市
　　たけのうち　大分県別府市
竹の内町　たけのうちちょう　大阪府高槻市
竹の台
　　たけのだい　静岡県伊東市
　　たけのだい　京都府長岡京市
　　たけのだい　兵庫県神戸市西区
竹の里　たけのさと　宮城県岩沼市
竹の塚　たけのつか　東京都足立区
竹の薮　たけのやぶ　高知県高岡郡檮原町
2竹又町　たけまたまち　石川県金沢市
3竹下
　　たけした　静岡県島田市
　　たけした　福岡県（JR鹿児島本線）
　　たけした　福岡県福岡市博多区
　　たけした　大分県大分市
竹下町
　　たけしたまち　栃木県宇都宮市
　　たけしたまち　福岡県北九州市八幡東区
竹万　ちくま　兵庫県赤穂郡上郡町
竹山　たけやま　神奈川県横浜市緑区
竹山町
　　たけやまちょう　岩手県一関市
　　たけやまちょう　愛知県西尾市
竹川　たけがわ　三重県多気郡明和町
4竹中
　　たけなか　大分県（JR豊肥本線）
　　たけなか　大分県大分市
竹中町　たけなかちょう　京都府京都市伏見区
竹之下　たけのした　静岡県駿東郡小山町

6画（竹）

竹之丸　たけのまる　神奈川県横浜市中区
竹之内
　たけのうち　福島県東白川郡塙町
　たけのうち　埼玉県坂戸市
　たけのうち　千葉県香取市
竹之内町　たけのうちちょう　奈良県天理市
竹之本　たけのもと　山梨県南巨摩郡道志村
竹之高地町　たけのこうちまち　新潟県長岡市
竹之郷　たけのごう　愛知県海部郡飛島村
竹井　たけい　山形県米沢市
竹元町　たけもとちょう　愛知県豊田市
竹内
　たけうち　栃木県芳賀郡市貝町
　たけのうち　千葉県南房総市
　たけうち　富山県南砺市
　たけうち　富山県中新川郡舟橋村
　たけうち　奈良県葛城市
　たけうち　鳥取県東伯郡琴浦町
竹内団地　たけのうちだんち　鳥取県境港市
竹内町　たけのうちちょう　鳥取県境港市
竹太　たけだ　石川県鳳珠郡穴水町
竹日向町　たけひなたまち　山梨県甲府市
竹木場　たけこば　佐賀県唐津市
5竹丘　たけおか　東京都清瀬市
竹丘町　たけおかまち　福岡県福岡市博多区
竹平　たけひら　千葉県鴨川市
竹広
　たけひろ　愛知県新城市
　たけひろ　兵庫県揖保郡太子町
竹本　たけもと　埼玉県比企郡鳩山町
竹末　たけすえ　福岡県北九州市八幡西区
竹瓦　たけがわら　茨城県那珂郡東海村
竹生
　たこう　秋田県能代市
　たけじょう　滋賀県野洲市
　たけなり　鳥取県鳥取市
竹生町
　たこおちょう　福井県福井市
　たきゅうちょう　愛知県豊田市
竹生野　たこの　石川県羽咋郡宝達志水町
竹田
　たけだ　山形県酒田市
　たけだ　福島県二本松市
　たけだ　新潟県佐渡市
　たけだ　愛知県弥富市
　たけだ　愛知県丹羽郡大口町
　たけだ　京都府（京都市交通局烏丸線ほか）
　たけだ　兵庫県（JR播但線）
　たけだ　兵庫県美方郡新温泉町
　たけだ　奈良県御所市
　たけだ　岡山県岡山市中区
　たけだ　岡山県美作市
　たけだ　岡山県苫田郡鏡野町
　たけた　大分県竹田市
　たけだ　宮崎県東諸県郡国富町
竹田七瀬川町　たけだななせがわちょう　京都府京都市伏見区
竹田三ツ杭町　たけだみつぐいちょう　京都府京都市伏見区
竹田久保町　たけだくぼちょう　京都府京都市伏見区

竹田中川原町　たけだなかがわらちょう　京都府京都市伏見区
竹田中内畑町　たけだなかうちはたちょう　京都府京都市伏見区
竹田中島町　たけだなかじまちょう　京都府京都市伏見区
竹田内畑町　たけだうちはたちょう　京都府京都市伏見区
竹田北三ツ杭町　たけだきたみつぐいちょう　京都府京都市伏見区
竹田市　たけたし　大分県
竹田田中宮町　たけだたなかみやちょう　京都府京都市伏見区
竹田田中殿町　たけだたなかでんちょう　京都府京都市伏見区
竹田向代町　たけだむかいだいちょう　京都府京都市伏見区
竹田向代町川町　たけだむかいだいまちかわちょう　京都府京都市伏見区
竹田西小屋ノ内町　たけだにしこやのうちちょう　京都府京都市伏見区
竹田西内畑町　たけだにしうちはたちょう　京都府京都市伏見区
竹田西段川原町　たけだにしだんがわらちょう　京都府京都市伏見区
竹田西桶ノ井町　たけだにしおけのいちょう　京都府京都市伏見区
竹田町
　たけだちょう　青森県黒石市
　たけだちょう　愛知県名古屋市瑞穂区
　たけだまち　兵庫県姫路市
　たけだまち　大分県竹田市
竹田松林町　たけだまつばやしちょう　京都府京都市伏見区
竹田東小屋ノ内町　たけだひがしこやのうちちょう　京都府京都市伏見区
竹田泓ノ川町　たけだふけのがわちょう　京都府京都市伏見区
竹田青池町　たけだあおいけちょう　京都府京都市伏見区
竹田段川原町　たけだだんがわらちょう　京都府京都市伏見区
竹田浄菩提院町　たけだじょうぼだいいんちょう　京都府京都市伏見区
竹田狩賀町　たけだかるがちょう　京都府京都市伏見区
竹田流池町　たけだりゅうちちょう　京都府京都市伏見区
竹田真幡木町　たけだまはたぎちょう　京都府京都市伏見区
竹田桶ノ井町　たけだおけのいちょう　京都府京都市伏見区
竹田鳥羽殿町　たけだとばどのちょう　京都府京都市伏見区
竹田新町　たけだしんまち　大分県日田市
竹田醍醐田町　たけだだいごでんちょう　京都府京都市伏見区
竹田藁屋町　たけだわらやちょう　京都府京都市伏見区
竹矢　たけや　大分県大分市
竹矢町　ちくやちょう　島根県松江市
竹辺町　たけべちょう　長崎県佐世保市

6画（竹）

⁶竹合町　たけあいちょう　茨城県常陸太田市
竹安　たけやす　山口県岩国市
竹成　たけなり　三重県三重郡菰野町
⁷竹佐　たけさ　長野県飯田市
竹尾　たけお　新潟県新潟市東区
竹尾卸新町　たけおおろししんまち　新潟県新潟市東区
竹村　たけむら　愛知県（名古屋鉄道三河線）
竹村町
　　たけむらちょう　神奈川県横浜市瀬谷区
　　たけむらちょう　京都府京都市東山区
竹来　たかく　茨城県稲敷郡阿見町
竹沢　たけざわ　埼玉県（JR八高線）
竹町
　　たけちょう　千葉県銚子市
　　たけまち　新潟県長岡市
　　たけまち　石川県七尾市
　　たけちょう　愛知県豊田市
　　たけちょう　滋賀県近江八幡市
　　たけまち　大阪府守口市
竹芝　たけしば　東京都（ゆりかもめ臨海線）
竹見台　たけみだい　大阪府吹田市
竹谷
　　たけや　宮城県伊具郡丸森町
　　たけや　宮城県宮城郡松島町
　　たけだに　兵庫県淡路市
竹谷町
　　たけのやちょう　愛知県蒲郡市
　　たけたにちょう　大阪府吹田市
　　たけやちょう　兵庫県尼崎市
⁸竹並　たけなみ　福岡県北九州市若松区
竹岡
　　たけおか　千葉県（JR内房線）
　　たけおか　千葉県富津市
竹所　たけところ　新潟県十日町市
竹房　たけぶさ　和歌山県紀の川市
竹松
　　たけまつ　神奈川県南足柄市
　　たけまつ　長崎県（JR大村線）
竹松本町　たけまつほんまち　長崎県大村市
竹松町
　　たけまつまち　石川県白山市
　　たけまつまち　長崎県大村市
竹林
　　たけばやし　千葉県長生郡長南町
　　たけばやし　富山県南砺市
　　たけばやし　富山県中新川郡立山町
竹林町　たけばやしまち　栃木県宇都宮市
竹波　たけなみ　福井県三方郡美浜町
竹迫　たかば　熊本県合志市
竹迫町　たけざこちょう　島根県浜田市
竹長　たけなが　福井県小浜市
⁹竹俣　たけまた　新潟県南魚沼市
竹俣万代　たけまたばんだい　新潟県新発田市
竹俣新田　たけまたしんでん　新潟県南魚沼市
竹垣　たけがき　茨城県筑西市
竹垣内　たけがいと　和歌山県西牟婁郡白浜町
竹城台　たけしろだい　大阪府堺市南区
竹屋　たけや　京都府舞鶴市
竹屋之町　たけやのちょう　京都府京都市下京区

竹屋町
　　たけやちょう　京都府京都市上京区
　　たけやちょう　京都府京都市中京区
　　たけやちょう　京都府京都市下京区
　　たけやちょう　広島県広島市中区
竹屋敷
　　たけやしき　高知県四万十市
　　たけやしき　高知県安芸郡北川村
　　たけやしき　高知県吾川郡仁淀川町
竹柄　たけがら　福島県二本松市
竹荘　たけしょう　岡山県加賀郡吉備中央町
¹⁰竹倉　たけくら　静岡県三島市
竹原
　　たけはら　青森県三戸郡五戸町
　　たけはら　山形県南陽市
　　たけはら　福島県大沼郡会津美里町
　　たけはら　茨城県小美玉市
　　たけわら　栃木県芳賀郡茂木町
　　たけわら　千葉県館山市
　　たわら　福井県小浜市
　　たけはら　福井県吉田郡永平寺町
　　たけはら　長野県中野市
　　たけはら　静岡県駿東郡長泉町
　　たけはら　滋賀県愛知郡愛荘町
　　たけはら　和歌山県東牟婁郡北山村
　　たけわら　岡山県岡山市東区
　　たけばら　岡山県真庭市
　　たけはら　広島県（JR呉線）
　　たけはら　愛媛県松山市
　　たけはら　福岡県宮若市
　　たかわら　熊本県阿蘇市
　　たけわら　宮崎県児湯郡西米良村
竹原下郷　たけはらしもごう　茨城県小美玉市
竹原中郷　たけはらなかごう　茨城県小美玉市
竹原市　たけはらし　広島県
竹原田　たけはらだ　山形県東田川郡三川町
竹原町
　　たけはらちょう　北海道伊達市
　　たけはらまち　愛知県碧南市
　　たけはらちょう　広島県竹原市
　　たけわらまち　愛媛県松山市
　　たけはらまち　熊本県八代市
竹島
　　たけしま　新潟県胎内市
　　たけしま　大阪府大阪市西淀川区
　　たけしま　高知県四万十市
　　たけしま　鹿児島県鹿児島郡三島村
竹島町
　　たけじまちょう　岐阜県大垣市
　　たけしまちょう　愛知県蒲郡市
　　たけしまちょう　山口県周南市
　　たけしまちょう　高知県高知市
　　たけしまちょう　宮崎県日向市
竹浦
　　たけうら　北海道（JR室蘭本線）
　　たけうら　北海道白老郡白老町
　　たけのうら　宮城県牡鹿郡女川町
竹浜　たけのはま　宮城県石巻市
¹¹竹崎　たけざき　島根県仁多郡奥出雲町
竹崎町　たけざきちょう　山口県下関市
竹渕　たけふち　大阪府八尾市
竹渕西　たけふちにし　大阪府八尾市

541

6画（米）

竹渕東　たけふちひがし　大阪府八尾市
竹袋　たけふくろ　千葉県印西市
竹貫　たかぬき　福島県石川郡古殿町
竹部　たけべ　岡山県加賀郡吉備中央町
竹野
　たけの　埼玉県川越市
　たけの　三重県鈴鹿市
　たけの　兵庫県（JR山陰本線）
竹野町
　たけのまち　新潟県新潟市西蒲区
　たけのちょう　三重県鈴鹿市
竹野町二連原　たけのちょうにれんばら　兵庫県豊岡市
竹野町下塚　たけのちょうしもづか　兵庫県豊岡市
竹野町三原　たけのちょうみはら　兵庫県豊岡市
竹野町大森　たけのちょうおおもり　兵庫県豊岡市
竹野町小丸　たけのちょうこまる　兵庫県豊岡市
竹野町小城　たけのちょうこじょう　兵庫県豊岡市
竹野町川南谷　たけのちょうかなんだに　兵庫県豊岡市
竹野町切浜　たけのちょうきりはま　兵庫県豊岡市
竹野町田久日　たけのちょうたくひ　兵庫県豊岡市
竹野町宇日　たけのちょううひ　兵庫県豊岡市
竹野町竹野　たけのちょうたけの　兵庫県豊岡市
竹野町羽入　たけのちょうはにゅう　兵庫県豊岡市
竹野町坊岡　たけのちょうぼうおか　兵庫県豊岡市
竹野町芦谷　たけのちょうあしたに　兵庫県豊岡市
竹野町和田　たけのちょうわだ　兵庫県豊岡市
竹野町松本　たけのちょうまつもと　兵庫県豊岡市
竹野町東大谷　たけのちょうひがしおおたに　兵庫県豊岡市
竹野町林　たけのちょうはやし　兵庫県豊岡市
竹野町河内　たけのちょうかわち　兵庫県豊岡市
竹野町金原　たけのちょうきんばら　兵庫県豊岡市
竹野町門谷　たけのちょうもんだに　兵庫県豊岡市
竹野町阿金谷　たけのちょうあこんだに　兵庫県豊岡市
竹野町段　たけのちょうだん　兵庫県豊岡市
竹野町草飼　たけのちょうくさかい　兵庫県豊岡市
竹野町桑野本　たけのちょうくわのもと　兵庫県豊岡市
竹野町浜須井　たけのちょうはますい　兵庫県豊岡市
竹野町鬼神谷　たけのちょうおじんだに　兵庫県豊岡市
竹野町奥須井　たけのちょうおくすい　兵庫県豊岡市
竹野町御又　たけのちょうおんまた　兵庫県豊岡市
竹野町森本　たけのちょうもりもと　兵庫県豊岡市
竹野町椒　たけのちょうはじかみ　兵庫県豊岡市
竹野町須谷　たけのちょうすだに　兵庫県豊岡市
竹野町須野谷　たけのちょうすのたに　兵庫県豊岡市
竹野町轟　たけのちょうとどろき　兵庫県豊岡市
12竹富　たけとみ　沖縄県八重山郡竹富町
竹富町　たけとみちょう　沖縄県八重山郡
竹森　たけのもり　山形県東置賜郡高畠町
竹筒　たけとう　奈良県吉野郡十津川村
竹越　たけこし　愛知県名古屋市千種区
竹間沢　ちくまざわ　埼玉県入間郡三芳町
竹間沢東　ちくまざわひがし　埼玉県入間郡三芳町
13竹園　たけぞの　茨城県つくば市

竹園町
　たけぞのちょう　京都府京都市上京区
　たけぞのちょう　兵庫県芦屋市
竹腰中町　たけのこしなかまち　愛知県稲沢市
竹腰北町　たけのこしきたまち　愛知県稲沢市
竹腰本町　たけのこしほんまち　愛知県稲沢市
竹腰西町　たけのこしにしまち　愛知県稲沢市
竹腰東町　たけのこしひがしまち　愛知県稲沢市
14竹鼻
　たけはな　青森県黒石市
　たけはな　富山県射水市
　たけはな　富山県中新川郡舟橋村
　たけはな　富山県中新川郡上市町
　たけはな　岐阜県（名古屋鉄道竹鼻線）
竹鼻サイカシ町　たけはなさいかしちょう　京都府京都市山科区
竹鼻木ノ本町　たけはなきのもとちょう　京都府京都市山科区
竹鼻四丁町　たけはなしちょうのちょう　京都府京都市山科区
竹鼻外田町　たけはなそとだちょう　京都府京都市山科区
竹鼻立原町　たけはなたてはらちょう　京都府京都市山科区
竹鼻地蔵寺南町　たけはなじぞうじみなみちょう　京都府京都市山科区
竹鼻竹ノ街道町　たけはなたけのかいどうちょう　京都府京都市山科区
竹鼻西ノ口町　たけはなにしのぐちちょう　京都府京都市山科区
竹鼻町　たけはなちょう　岐阜県羽島市
竹鼻町丸の内　たけはなちょうまるのうち　岐阜県羽島市
竹鼻町西野町　たけはなちょうにしのまち　岐阜県羽島市
竹鼻町狐穴　たけはなちょうきつねあな　岐阜県羽島市
竹鼻町神楽　たけはなちょうかぐら　岐阜県羽島市
竹鼻町飯柄　たけはなちょういいがら　岐阜県羽島市
竹鼻町蜂尻　たけはなちょうはちじり　岐阜県羽島市
竹鼻町駒塚　たけはなちょうこまづか　岐阜県羽島市
竹鼻町錦町　たけはなちょうにしきまち　岐阜県羽島市
竹鼻扇町　たけはなおうぎちょう　京都府京都市山科区
竹鼻堂ノ前町　たけはなどうのまえちょう　京都府京都市山科区
竹鼻新　たけはなしん　富山県中新川郡立山町
15竹駒　たけこま　岩手県（JR大船渡線）
竹駒町　たけこままちょう　岩手県陸前高田市
16竹橋
　たけばし　東京都（東京地下鉄東西線）
　たけのはし　石川県河北郡津幡町
竹橋町
　たけばしちょう　愛知県名古屋市中村区
　たけばしちょう　愛知県一宮市
　たけばしちょう　大阪府茨木市

【米】
米　よね　福島県西白河郡西郷村
0米ケ崎町　こめがさきちょう　千葉県船橋市
米ケ袋
　よねがふくろ　青森県弘前市

6画（米）

こめがふくろ　宮城県仙台市青葉区
米ノ　こめの　福井県丹生郡越前町
米ノ井　こめのい　茨城県取手市
米ノ津　こめのつ　鹿児島県（肥薩おれんじ鉄道線）
米ノ津町　こめのつまち　鹿児島県出水市
米が浜通　よねがはまどおり　神奈川県横須賀市
米が瀬町　こめがせちょう　愛知県名古屋市北区
3米丸町　よねまるまち　石川県金沢市
米口町　こめぐちちょう　福井県越前市
米子
　よねこ　新潟県新発田市
　よなご　鳥取県（JR山陰本線）
米子市　よなごし　鳥取県
米子町
　よなこまち　長野県須坂市
　よなごまち　島根県松江市
米子空港　よなごくうこう　鳥取県（JR境線）
米山
　よねやま　新潟県（JR信越本線）
　よねやま　新潟県新潟市中央区
米山台
　よねやまだい　新潟県柏崎市
　よねやまだい　奈良県北葛城郡上牧町
米山台西　よねやまだいにし　新潟県柏崎市
米山台東　よねやまだいひがし　新潟県柏崎市
米山町
　よねやまちょう　新潟県柏崎市
　よねやまちょう　静岡県沼津市
　こめのやままち　長崎県長崎市
米山町八反　よねやまちょうはったん　宮城県登米市
米山町土佐ケ渕　よねやまちょうとさがふち　宮城県登米市
米山町小待井　よねやまちょうこまちい　宮城県登米市
米山町小待井下　よねやまちょうこまちいした　宮城県登米市
米山町川前　よねやまちょうかわまえ　宮城県登米市
米山町中津山　よねやまちょうなかつやま　宮城県登米市
米山町中道東　よねやまちょうなかみちひがし　宮城県登米市
米山町中道前　よねやまちょうなかみちまえ　宮城県登米市
米山町内　よねやまちょううち　宮城県登米市
米山町水門　よねやまちょうすいもん　宮城県登米市
米山町犬子松　よねやまちょういぬこまつ　宮城県登米市
米山町田畑西　よねやまちょうたばたにし　宮城県登米市
米山町田畑前　よねやまちょうたばたまえ　宮城県登米市
米山町地蔵川　よねやまちょうじぞうがわ　宮城県登米市
米山町西野　よねやまちょうにしの　宮城県登米市
米山町沼田　よねやまちょうぬまた　宮城県登米市
米山町待井下　よねやまちょうまちいした　宮城県登米市
米山町桜岡　よねやまちょうさくらおか　宮城県登米市
米山町善王寺　よねやまちょうぜんのうじ　宮城県登米市

米山町愛宕下　よねやまちょうあたごした　宮城県登米市
米山町愛宕前　よねやまちょうあたごまえ　宮城県登米市
米山町猿ケ崎　よねやまちょうさるがさき　宮城県登米市
米山町舘下　よねやまちょうだてした　宮城県登米市
米山町舘前　よねやまちょうだてまえ　宮城県登米市
米山町櫓場　よねやまちょうやぐらば　宮城県登米市
米山町櫓場下　よねやまちょうやぐらばした　宮城県登米市
米山南町　よねやまみなみちょう　栃木県佐野市
米山越　よねやまごえ　福島県白河市
米川
　よねかわ　山口県（JR岩徳線）
　よねがわ　山口県下松市
米川町　よねがわちょう　鳥取県境港市
4米之宮町　よねのみやちょう　静岡県富士市
米之座町　こめのざちょう　愛知県津島市
米五町　よなごちょう　福島県二本松市
米内沢
　よないさわ　青森県上北郡野辺地町
　よないさわ　秋田県（秋田内陸縦貫鉄道線）
　よないざわ　秋田県北秋田市
米戸　こめど　千葉県佐倉市
米水津小浦　よのうづこうら　大分県佐伯市
米水津竹野浦　よのうづたけのうら　大分県佐伯市
米水津色利浦　よのうづいろりうら　大分県佐伯市
米水津宮野浦　よのうづみやのうら　大分県佐伯市
米水津浦代浦　よのうづうらしろうら　大分県佐伯市
5米代　よねだい　福島県会津若松市
米代町　よねしろちょう　秋田県北秋田市
米出　こめだし　石川県羽咋郡宝達志水町
米本　よなもと　千葉県八千代市
米永　よねなが　鹿児島県姶良郡湧水町
米永町　よねながまち　石川県白山市
米生　よねお　熊本県上益城郡山都町
米生町　よねおまち　福岡県大牟田市
米田
　よねた　青森県五所川原市
　まいた　青森県十和田市
　よねた　福島県大沼郡会津美里町
　よねだ　茨城県取手市
　こめだ　新潟県三島郡出雲崎町
　よねだ　富山県富山市
　よねだ　兵庫県揖保郡太子町
　よねだ　兵庫県佐用郡佐用町
　よねだ　岡山県岡山市中区
　よねだ　熊本県葦北郡芦北町
米田すずかけ台　よねだすずかけだい　富山県富山市
米田団地　よねだだんち　兵庫県高砂市
米田町
　よねだまち　富山県富山市
　こめだちょう　愛知県大府市
　よねだまち　兵庫県姫路市
　よねだちょう　鳥取県倉吉市
米田町古新　よねだちょうこしん　兵庫県高砂市
米田町平津　よねだちょうひらつ　兵庫県加古川市
米田町米田　よねだちょうよねだ　兵庫県高砂市

6画（米）

米田町米田新　よねだちょうよねだしん　兵庫県高砂市

米田町島　よねだちょうしま　兵庫県高砂市

米田町船頭　よねだちょうせんどう　兵庫県加古川市

米田町塩井　よねだちょうしおいち　兵庫県高砂市

米込　よねごめ　千葉県旭市

⁶米光　よねみつ　山口県周南市

米光町　よねみつまち　石川県白山市

米多比　ねたび　福岡県古賀市

⁷米坂　よねさか　秋田県由利本荘市

米村道北　よねむらみちきた　福島県白河市

米沢
　　まいさわ　岩手県二戸市
　　よねざわ　山形県（JR奥羽本線）
　　よなざ　山形県寒河江市
　　よなざわ　福島県二本松市
　　よねざわ　千葉県市原市
　　よねざわ　新潟県魚沼市
　　よねざわ　富山県中新川郡立山町
　　よねざわ　長野県茅野市
　　みなざわ　静岡県浜松市天竜区
　　よねざわ　広島県山県郡北広島町

米沢市　よねざわし　山形県

米沢町
　　よねざわちょう　茨城県水戸市
　　よねざわちょう　群馬県太田市

米町
　　よねまち　北海道釧路市
　　こめまち　青森県西津軽郡鯵ケ沢町
　　こめまち　茨城県龍ケ崎市
　　よねまち　新潟県上越市
　　こめまち　石川県七尾市
　　こんまち　石川県羽咋郡志賀町
　　こめまち　愛知県津島市
　　こめまち　福岡県北九州市小倉北区
　　こめまち　大分県中津市

米良　めら　大分県大分市

米谷　まいたに　兵庫県宝塚市

米谷町　まいたにちょう　奈良県奈良市

米谷清　まいたにきよし　兵庫県宝塚市

米里　よねさと　鳥取県東伯郡北栄町

米里一条　よねさといちじょう　北海道札幌市白石区

米里二条　よねさとにじょう　北海道札幌市白石区

米里三条　よねさとさんじょう　北海道札幌市白石区

米里五条　よねさとごじょう　北海道札幌市白石区

米里四条　よねさとしじょう　北海道札幌市白石区

⁸米岡
　　よねおか　北海道奥尻郡奥尻町
　　よねおか　新潟県上越市
　　よねおか　鳥取県八頭郡八頭町

米岡町　よねおかちょう　福井県鯖江市

米松　よねまつ　福井県福井市

米河内町　よなごうちまち　愛知県岡崎市

米迫　よねさこ　熊本県上益城郡山都町

⁹米屋町
　　こめやちょう　岐阜県岐阜市
　　こめやちょう　岐阜県美濃市
　　こめやちょう　京都府京都市上京区
　　こめやちょう　京都府京都市中京区
　　こめやちょう　京都府京都市下京区
　　こめやまち　兵庫県姫路市

こめやまち　和歌山県和歌山市

こめやちょう　山口県山口市

こめやちょう　山口県萩市

こめやちょう　香川県丸亀市

こめやまち　愛媛県今治市

こめやまち　佐賀県唐津市

こめやまち　熊本県熊本市中央区

米持　よねもち　千葉県匝瑳市

米持町　よなもちまち　長野県須坂市

米泉　こめいずみ　宮城県加美郡加美町

米泉町　よないずみまち　石川県金沢市

米津
　　よねづ　愛知県（名古屋鉄道西尾線）
　　よなづ　愛媛県大洲市

米津町
　　よねづちょう　静岡県浜松市南区
　　よねづちょう　愛知県西尾市

米神　こめかみ　神奈川県小田原市

¹⁰米倉
　　よねくら　新潟県新発田市
　　よねぐら　岡山県岡山市南区

米原
　　よねはら　北海道勇払郡むかわ町
　　よねわら　千葉県市原市
　　まいばら　新潟県中魚沼郡津南町
　　まいばら　滋賀県（JR東海道新幹線ほか）
　　まいはら　滋賀県米原市
　　よねはら　鳥取県米子市

米原市　まいばらし　滋賀県

米原西　まいばらにし　滋賀県米原市

米原町　まいばらちょう　北海道函館市

米島
　　よねしま　山形県酒田市
　　よねじま　茨城県潮来市
　　こめじま　埼玉県春日部市
　　よねじま　富山県高岡市
　　よねじま　富山県滑川市

米島口　よねじまぐち　富山県（万葉線）

米島新田　よねじましんでん　新潟県妙高市

米浜　よねはま　石川県羽咋郡志賀町

米納　よない　大分県竹田市

米納津　よのうづ　新潟県燕市

¹¹米崎　こめさき　埼玉県春日部市

米崎町
　　よねさきちょう　岩手県陸前高田市
　　こめざきちょう　大阪府四條畷市

米郷　よなごう　新潟県佐渡市

米野
　　よねの　千葉県成田市
　　こめの　岐阜県羽島郡笠松町
　　こめの　愛知県（近畿日本鉄道名古屋線）

米野井　こめのい　千葉県香取市

米野木　こめのき　愛知県（名古屋鉄道豊田線）

米野木町　こめのきちょう　愛知県日進市

米野町
　　こめのちょう　岐阜県大垣市
　　こめのちょう　愛知県西尾市
　　こめのまち　愛媛県松山市

¹²米奥　よねおく　高知県高岡郡四万十町

米渡尾　めどお　熊本県玉名郡和水町

米満　よねみち　千葉県長生郡長南町

米湊　こみなと　愛媛県伊予市
米道　よねみち　富山県中新川郡立山町
米須　こめす　沖縄県糸満市
16米澤　よねざわ　岡山県和気郡和気町

【糸】

0糸ケ浦　いとがうら　福岡県古賀市
3糸久　いとひさ　千葉県市原市
糸川
　いとがわ　千葉県君津市
　いとがわ　和歌山県有田郡有田川町
4糸井
　いとい　北海道（JR室蘭本線）
　いとい　北海道苫小牧市
　いとい　群馬県利根郡昭和村
　いとい　兵庫県揖保郡太子町
糸井町　いといまち　広島県三次市
糸木名　いときな　鹿児島県大島郡伊仙町
5糸田
　いとだ　石川県金沢市
　いとだ　福岡県（平成筑豊鉄道糸田線）
　いとだ　熊本県上益城郡甲佐町
糸田町　いとだまち　福岡県田川郡
糸田新町　いとだしんまち　石川県金沢市
糸白見　いとしろみ　鳥取県八頭郡若桜町
6糸米　いとよね　山口県山口市
7糸岐　いとき　佐賀県藤津郡太良町
糸我町中番　いとがちょうなかばん　和歌山県有田市
糸我町西　いとがちょうにし　和歌山県有田市
糸沢　いとざわ　福島県南会津郡南会津町
糸町　いとまち　石川県小松市
糸谷新　いとだにしん　富山県南砺市
9糸屋町
　いとやちょう　京都府京都市上京区
　いとやちょう　京都府京都市下京区
　いとやまち　大阪府大阪市中央区
糸洲　いとす　沖縄県糸満市
10糸原　いとばる　宮崎県宮崎市
糸島市　いとしまし　福岡県
糸島郡　いとしまぐん　⇒消滅（福岡県）
11糸崎
　いとさき　広島県（JR山陽本線）
　いとさき　広島県三原市
糸崎町　いとさきちょう　福井県福井市
糸崎南　いとさきみなみ　広島県三原市
糸貫　いとぬき　岐阜県（樽見鉄道線）
糸野　いとの　和歌山県有田郡有田川町
糸魚川　いといがわ　新潟県（JR北陸新幹線ほか）
糸魚川市　いといがわし　新潟県
糸魚沢
　いといさわ　北海道（JR根室本線）
　いといさわ　北海道厚岸郡厚岸町
糸魚町　いとよちょう　福井県大野市
12糸満　いとまん　沖縄県糸満市
糸満市　いとまんし　沖縄県

【羊】

0羊ケ丘　ひつじがおか　北海道札幌市豊平区
16羊蹄　ようてい　北海道虻田郡ニセコ町

【羽】

羽　はね　東京都羽村市
0羽ケ榎　はがえ　新潟県村上市
羽ノ浦　はのうら　徳島県（JR牟岐線）
羽ノ浦町中庄　はのうらちょうなかのしょう　徳島県阿南市
羽ノ浦町古毛　はのうらちょうこもう　徳島県阿南市
羽ノ浦町古庄　はのうらちょうふるしょう　徳島県阿南市
羽ノ浦町西春日野　はのうらちょうにしかすがの　徳島県阿南市
羽ノ浦町岩脇　はのうらちょういわき　徳島県阿南市
羽ノ浦町明見　はのうらちょうみょうけん　徳島県阿南市
羽ノ浦町春日野　はのうらちょうかすがの　徳島県阿南市
羽ノ浦町宮倉　はのうらちょうみやぐら　徳島県阿南市
2羽二生　はにう　新潟県佐渡市
羽入
　はにゅう　宮城県伊具郡丸森町
　はにゅう　山形県東根市
羽入東　はにゅうひがし　山形県東根市
羽入前　はにゅうまえ　宮城県伊具郡丸森町
3羽下　はが　新潟県五泉市
羽下ケ渕　はげがふち　新潟県村上市
羽子　はねご　茨城県下妻市
羽子騎　はねき　茨城県稲敷郡河内町
羽山
　はやま　宮城県伊具郡丸森町
　はやま　福岡県北九州市門司区
羽山町　はやまちょう　山口県下関市
羽川　はねかわ　栃木県小山市
4羽中
　はなか　茨城県北相馬郡利根町
　はねなか　東京都羽村市
羽仁　はに　岡山県久米郡美咲町
羽仏　はぶつ　栃木県芳賀郡市貝町
羽六　はろく　和歌山県日高郡印南町
羽内　ほうち　奈良県高市郡高取村
羽刈　はかり　茨城県小美玉市
羽刈町　はかりちょう　栃木県足利市
羽太　はぶと　福島県西白河郡西郷村
羽戸山　はどやま　京都府宇治市
羽方　はぶ　茨城県筑西市
羽毛山　はけやま　長野県東御市
羽水　うすい　福井県福井市
羽牛田町　はぎゅうだちょう　栃木県宇都宮市
羽犬塚
　はいぬづか　福岡県（JR鹿児島本線）
　はいぬづか　福岡県筑後市
5羽付　はねつき　山形県南陽市
羽出　はで　岡山県苫田郡鏡野町
羽出木　はでき　岡山県久米郡久米南町
羽出西谷　はでにしだに　岡山県苫田郡鏡野町
羽庭　はでにわ　宮城県伊具郡丸森町
羽加美　はねかみ　東京都羽村市
羽布町　はぶちょう　愛知県豊田市

6画 (羽)

羽広
はびろ　秋田県由利本荘市
はびろ　富山県高岡市

羽生
はにゅう　宮城県黒川郡大郷町
はにゅう　茨城県稲敷市
はにゅう　茨城県行方市
はにゅう　埼玉県 (秩父鉄道線ほか)
はにゅう　埼玉県羽生市
はにゅう　新潟県糸魚川市
はにゅう　石川県鳳珠郡能登町
はにゅう　岐阜県加茂郡富加町

羽生ケ丘
はにゅうがおか　岐阜県可児市

羽生市
はにゅうし　埼玉県

羽生田
はにゅうだ　栃木県下都賀郡壬生町
はにゅうだ　新潟県 (JR信越本線)
はにゅうだ　新潟県南蒲原郡田上町

羽生町
はにゅうまち　茨城県常総市

羽田
はねた　福島県伊達郡川俣町
はねた　茨城県桜川市
はんだ　栃木県大田原市
はねだ　東京都大田区
はねだ　新潟県新潟市西蒲区
はだ　大分県大分市

羽田井
はたい　鳥取県西伯郡大山町

羽田旭町
はねだあさひちょう　東京都大田区

羽田町
はだちょう　愛知県豊橋市
はたまち　大分県日田市

羽田空港
はねだくうこう　東京都大田区

羽田空港国内線ターミナル
はねだくうこうこくないせんたーみなる　東京都 (京浜急行電鉄空港線)

羽田空港国際線ターミナル
はねだくうこうこくさいせんたーみなる　東京都 (京浜急行電鉄空港線)

羽田空港国際線ビル
はねだくうこうこくさいせんびる　東京都 (東京モノレール線)

羽田空港第1ビル
はねだくうこうだいいちびる　東京都 (東京モノレール線)

羽田空港第2ビル
はねだくうこうだいにびる　東京都 (東京モノレール線)

羽白
はじろ　青森県青森市

羽石
はねいし　福島県二本松市

羽立
はだち　秋田県 (JR男鹿線)

6羽吉
はよし　新潟県佐渡市

羽多屋
はたや　新潟県阿賀野市

羽安町
はやすちょう　兵庫県西脇市

羽成
はなれ　茨城県つくば市

羽曳が丘
はびきがおか　大阪府羽曳野市

羽曳が丘西
はびきがおかにし　大阪府羽曳野市

羽曳野市
はびきのし　大阪府

羽衣
はごろも　愛知県一宮市
はごろも　大阪府 (南海電気鉄道高師浜線ほか)
はごろも　大阪府高石市

羽衣公園丁
はごろもこうえんちょう　大阪府高石市

羽衣石
うえし　鳥取県東伯郡湯梨浜町

羽衣町
はごろもまち　北海道斜里郡清里町
はごろもちょう　東京都立川市

はごろもちょう　神奈川県横浜市中区
はごろもちょう　岐阜県岐阜市
はごろもちょう　岐阜県大垣市
はごろもちょう　岐阜県羽島郡笠松町
はごろもちょう　愛知県名古屋市中村区
はごろもちょう　兵庫県西宮市
はごろもちょう　広島県広島市中区
はごろまち　福岡県北九州市八幡東区

羽西
はねにし　東京都羽村市

7羽坂
はさか　石川県鹿島郡中能登町

羽坂町
はさかちょう　福井県福井市

羽坂通
はさかどおり　兵庫県神戸市兵庫区

羽尾
はねお　埼玉県比企郡滑川町
はねお　長野県千曲市

羽床
はゆか　香川県 (高松琴平電気鉄道琴平線)

羽床下
はゆかしも　香川県綾歌郡綾川町

羽床上
はゆかかみ　香川県綾歌郡綾川町

羽折町
はねおりちょう　埼玉県鶴ケ島市

羽束師古川町
はづかしふるかわちょう　京都府京都市伏見区

羽束師志水町
はづかししみずちょう　京都府京都市伏見区

羽束師菱川町
はづかしひしかわちょう　京都府京都市伏見区

羽束師鴨川町
はづかしかもがわちょう　京都府京都市伏見区

羽村
はむら　東京都 (JR青梅線)

羽村市
はむらし　東京都

羽沢
はざわ　群馬県甘楽郡南牧村
はねさわ　埼玉県富士見市
はざわ　東京都練馬区

羽沢町
はざわちょう　神奈川県横浜市神奈川区

羽沢南
はざわみなみ　神奈川県横浜市神奈川区

羽里
はさと　鹿児島県大島郡喜界町

8羽咋
はくい　石川県 (JR七尾線)

羽咋市
はくいし　石川県

羽咋町
はくいまち　石川県羽咋市

羽咋郡
はくいぐん　石川県

羽所町
はどころちょう　三重県津市

羽拍子町
はびょうしちょう　京都府宇治市

羽東
はねひがし　東京都羽村市

羽林
はばやし　福島県河沼郡会津坂下町

羽若町
はわかちょう　三重県亀山市

羽茂三瀬
はもちさんせ　新潟県佐渡市

羽茂上山田
はもちかみやまだ　新潟県佐渡市

羽茂大石
はもちおおいし　新潟県佐渡市

羽茂大崎
はもちおおさき　新潟県佐渡市

羽茂大橋
はもちおおはし　新潟県佐渡市

羽茂小泊
はもちこどまり　新潟県佐渡市

羽茂本郷
はもちほんごう　新潟県佐渡市

羽茂村山
はもちむらやま　新潟県佐渡市

羽茂亀脇
はもちかめわき　新潟県佐渡市

羽茂飯岡
はもちいいおか　新潟県佐渡市

羽茂滝平
はもちたきだいら　新潟県佐渡市

羽附
はつけ　福島県双葉郡浪江町

羽附旭町
はねつくあさひちょう　群馬県館林市

羽附町
はねつくちょう　群馬県館林市

9羽前千歳
うぜんちとせ　山形県 (JR奥羽本線)

6画（羽）

羽前大山　うぜんおおやま　山形県（JR羽越本線）
羽前小松　うぜんこまつ　山形県（JR米坂線）
羽前山辺　うぜんやまべ　山形県（JR左沢線）
羽前中山　うぜんなかやま　山形県（JR奥羽本線）
羽前水沢　うぜんみずさわ　山形県（JR羽越本線）
羽前成田　うぜんなりた　山形県（山形鉄道フラワー長井線）
羽前松岡　うぜんまつおか　山形県（JR米坂線）
羽前沼沢　うぜんぬまざわ　山形県（JR米坂線）
羽前金沢　うぜんかねざわ　山形県（JR左沢線）
羽前長崎　うぜんながさき　山形県（JR左沢線）
羽前前波　うぜんぜんなみ　山形県（JR陸羽西線）
羽前高松　うぜんたかまつ　山形県（JR左沢線）
羽前椿　うぜんつばき　山形県（JR米坂線）
羽前豊里　うぜんとよさと　山形県（JR奥羽本線）
羽屋　はや　大分県大分市
羽屋新町　はやしんまち　大分県大分市
羽後中里　うごなかざと　秋田県（秋田内陸縦貫鉄道線）
羽後太田　うごおおた　秋田県（秋田内陸縦貫鉄道線）
羽後牛島　うごうしじま　秋田県（JR羽越本線）
羽後四ツ屋　うごよつや　秋田県（JR田沢湖線）
羽後本荘　うごほんじょう　秋田県（JR羽越本線ほか）
羽後町　うごまち　秋田県雄勝郡
羽後岩谷　うごいわや　秋田県（JR羽越本線）
羽後長戸呂　うごながとろ　秋田県（秋田内陸縦貫鉄道線）
羽後長野　うごながの　秋田県（JR田沢湖線）
羽後亀田　うごかめだ　秋田県（JR羽越本線）
羽後飯塚　うごいいづか　秋田県（JR奥羽本線）
羽後境　うごさかい　秋田県（JR奥羽本線）
羽津　はづ　三重県四日市市
羽津山町　はづやまちょう　三重県四日市市
羽津中　はづなか　三重県四日市市
羽津地　はづちょう　三重県四日市市
羽計　はばかり　千葉県香取郡東庄町

10 羽倉崎
　はぐらざき　大阪府（南海電気鉄道南海本線）
　はぐらざき　大阪府泉佐野市
羽倉崎上町　はぐらざきうえまち　大阪府泉佐野市
羽原町　はばらまち　茨城県龍ケ崎市
羽島
　はしま　岡山県倉敷市
　はじま　山口県周南市
　はしま　鹿児島県いちき串木野市
羽島市　はしまし　岐阜県
羽島市役所前　はしましやくしょまえ　岐阜県（名古屋鉄道竹鼻線）
羽島郡　はしまぐん　岐阜県
羽帯
　はおび　北海道（JR根室本線）
　はおび　北海道上川郡清水町
羽栗　はぐり　滋賀県大津市
羽栗町　はぐりちょう　愛知県岡崎市
羽根
　はね　神奈川県秦野市
　はね　富山県富山市
　はね　石川県鳳珠郡能登町

　はね　三重県伊賀市
　はね　大分県豊後高田市
羽根山　はねやま　秋田県北秋田市
羽根川　はねがわ　千葉県香取市
羽根井本町　はねいほんまち　愛知県豊橋市
羽根井西町　はねいにしまち　愛知県豊橋市
羽根井町　はねいちょう　愛知県豊橋市
羽根戸　はねど　福岡県福岡市西区
羽根木　はねぎ　東京都世田谷区
羽根北町　はねきたまち　愛知県岡崎市
羽根西　はねにし　愛知県岡崎市
羽根西新町　はねにししんまち　愛知県岡崎市
羽根尾
　はねお　群馬県（JR吾妻線）
　はねお　群馬県吾妻郡長野原町
　はねお　神奈川県小田原市
羽根町
　はねまち　岐阜県岐阜市
　はねちょう　愛知県岡崎市
　はねちょう　愛知県瀬戸市
　はねまち　愛知県碧南市
　はねまち　高知県吾川郡いの町
羽根町乙　はねちょうおつ　高知県室戸市
羽根町大池　はねちょうおおいけ　愛知県岡崎市
羽根町小豆坂　はねちょうあずきさか　愛知県岡崎市
羽根町甲　はねちょうこう　高知県室戸市
羽根町陣場　はねちょうじんば　愛知県岡崎市
羽根東町　はねひがしまち　愛知県岡崎市
羽根崎町　はねざきちょう　岡山県玉野市
羽根野　はねの　茨城県北相馬郡利根町
羽高　はたか　静岡県静岡市葵区
11 羽崎　はざき　岐阜県可児市
羽渕　はぶち　兵庫県朝来市
羽貫
　はぬき　埼玉県（埼玉新都市交通伊奈線）
　はぬき　埼玉県北足立郡伊奈町
羽貫谷地　はぬきやち　秋田県仙北郡美郷町
羽野木沢　はのきざわ　青森県五所川原市
羽鳥
　はとり　福島県岩瀬郡鏡石町
　はとり　福島県岩瀬郡天栄村
　はとり　茨城県（JR常磐線）
　はとり　茨城県小美玉市
　はとり　千葉県佐倉市
　はとり　神奈川県藤沢市
　はとり　静岡県静岡市葵区
羽鳥大門町　はとりだいもんちょう　静岡県静岡市葵区
羽鳥本町　はとりほんちょう　静岡県静岡市葵区
羽鳥野　はとりの　千葉県木更津市
羽黒
　はぐろ　茨城県（JR水戸線）
　はぐろ　新潟県新潟市西蒲区
　はぐろ　新潟県阿賀野市
　はぐろ　新潟県胎内市
　はぐろ　愛知県（名古屋鉄道小牧線）
　はぐろ　愛知県犬山市
羽黒下　はぐろした　長野県（JR小海線）
羽黒口　はぐろぐち　新潟県村上市
羽黒台　はぐろだい　宮城県仙台市太白区

6画（老）

羽黒安戸西　はぐろやすどにし　愛知県犬山市
羽黒安戸南　はぐろやすどみなみ　愛知県犬山市
羽黒成海西　はぐろなるみにし　愛知県犬山市
羽黒成海南　はぐろなるみみなみ　愛知県犬山市
羽黒余町　はぐろよまち　愛知県犬山市
羽黒町
　　はぐろちょう　宮城県石巻市
　　はぐろちょう　秋田県横手市
　　はぐろまち　茨城県龍ケ崎市
　　はぐろちょう　群馬県伊勢崎市
　　はぐろまち　新潟県村上市
　　はぐろちょう　新潟県三島郡出雲崎町
　　はぐろちょう　山梨県甲府市
羽黒町十文字　はぐろまちじゅうもんじ　山形県鶴
　　岡市
羽黒町三ツ橋　はぐろまちみつはし　山形県鶴岡市
羽黒町上野新田　はぐろまちうわのしんでん　山形県
　　鶴岡市
羽黒町大口　はぐろまちおおぐち　山形県鶴岡市
羽黒町小増川　はぐろまちこますがわ　山形県鶴岡市
羽黒町川代　はぐろまちかわだい　山形県鶴岡市
羽黒町川行　はぐろまちかわつら　山形県鶴岡市
羽黒町中里　はぐろまちなかざと　山形県鶴岡市
羽黒町戸野　はぐろまちとの　山形県鶴岡市
羽黒町手向　はぐろまちとうげ　山形県鶴岡市
羽黒町仙道　はぐろまちせんどう　山形県鶴岡市
羽黒町市野山　はぐろまちいちのやま　山形県鶴岡市
羽黒町玉川　はぐろまちたまがわ　山形県鶴岡市
羽黒町石野新田　はぐろまちいしのしんでん　山形
　　県鶴岡市
羽黒町坂ノ下　はぐろまちさかのした　山形県鶴岡市
羽黒町町屋　はぐろまちまちや　山形県鶴岡市
羽黒町赤川　はぐろまちあかがわ　山形県鶴岡市
羽黒町押口　はぐろまちおしぐち　山形県鶴岡市
羽黒町松ケ岡　はぐろまちまつがおか　山形県鶴岡市
羽黒町松尾　はぐろまちまつお　山形県鶴岡市
羽黒町金森目　はぐろまちかなもりめ　山形県鶴岡市
羽黒町昼田　はぐろまちひるだ　山形県鶴岡市
羽黒町後田　はぐろまちうしろだ　山形県鶴岡市
羽黒町染興屋　はぐろまちそめこうや　山形県鶴岡市
羽黒町狩谷野目　はぐろまちかりやのめ　山形県鶴
　　岡市
羽黒町荒川　はぐろまちあらかわ　山形県鶴岡市
羽黒町馬渡ノ内下　はぐろまちまわたりのうちしも　山
　　形県鶴岡市
羽黒町高寺　はぐろまちたかでら　山形県鶴岡市
羽黒町猪俣新田　はぐろまちいのまたしんでん　山形
　　県鶴岡市
羽黒町細谷　はぐろまちほそや　山形県鶴岡市
羽黒町野田　はぐろまちのだ　山形県鶴岡市
羽黒町野荒町　はぐろまちのあらまち　山形県鶴岡市
羽黒町黒瀬　はぐろまちくろせ　山形県鶴岡市
羽黒町富沢　はぐろまちとみざわ　山形県鶴岡市
羽黒町増川新田　はぐろまちますかわしんでん　山形
　　県鶴岡市
羽黒前　はぐろまえ　秋田県南秋田郡五城目町
羽黒栄　はぐろさかえ　愛知県犬山市
羽黒恩田島　はぐろおんだしま　愛知県犬山市
羽黒桜海道　はぐろさくらかいどう　愛知県犬山市

羽黒起　はぐろおこし　愛知県犬山市
羽黒高橋　はぐろたかはし　愛知県犬山市
羽黒堂　はぐろどう　山形県山形市
羽黒堂前　はぐろどうまえ　愛知県犬山市
羽黒菊川　はぐろきくかわ　愛知県犬山市
羽黒惣境　はぐろそうさかい　愛知県犬山市
羽黒朝日　はぐろあさひ　愛知県犬山市
羽黒新外山　はぐろしんとやま　愛知県犬山市
羽黒新田　はぐろしんでん　愛知県犬山市
羽黒新赤坂　はぐろしんあかさか　愛知県犬山市
羽黒摺墨　はぐろするすみ　愛知県犬山市
羽黒稲葉西　はぐろいなばにし　愛知県犬山市
羽黒稲葉東　はぐろいなばひがし　愛知県犬山市
羽黒鉾添　はぐろほこぞえ　愛知県犬山市
¹²羽場
　　はば　岩手県盛岡市
　　はば　宮城県加美郡加美町
　　はば　群馬県利根郡みなかみ町
　　はば　長野県（JR飯田線）
　　はば　岐阜県（名古屋鉄道各務原線）
羽場上河原　はばかみがわら　長野県飯田市
羽場仲畑　はばなかはた　長野県飯田市
羽場坂町　はばさかちょう　長野県飯田市
羽場町
　　はばまち　石川県金沢市
　　はばちょう　長野県飯田市
羽場赤坂　はばあかさか　長野県飯田市
羽場権現　はばごんげん　長野県飯田市
羽塚町　はつかちょう　愛知県西尾市
羽賀
　　はが　茨城県稲敷市
　　はが　福井県小浜市
羽賀浦　はがうら　茨城県稲敷市
羽間
　　はざま　香川県（高松琴平電気鉄道琴平線）
　　はざま　香川県仲多度郡まんのう町
羽須和免　はすわめん　長崎県北松浦郡佐々町
¹³羽幌町　はぼろちょう　北海道苫前郡
¹⁶羽鮒　はぶな　静岡県富士宮市
¹⁸羽織町　はおりちょう　福井県敦賀市

【老】
³老久保　おいくぼ　福島県白河市
老久保山　おいくぼやま　福島県白河市
老川　おいかわ　三重県伊賀市
⁴老木　ろうき　岩手県宮古市
⁵老古美　おいこみ　北海道岩内郡共和町
老司　ろうじ　福岡県福岡市南区
⁷老良　おいら　福岡県遠賀郡遠賀町
老谷　おいだに　富山県氷見市
⁸老松
　　おいまつ　福岡県北九州市若松区
　　おいまつ　宮崎県宮崎市
老松町
　　おいまつちょう　神奈川県横浜市西区
　　おいまつちょう　神奈川県平塚市
　　おいまつちょう　岐阜県岐阜市
　　おいまつちょう　愛知県豊橋市
　　おいまつちょう　愛知県津島市
　　おいまつちょう　京都府京都市上京区

6画（耳, 自, 至, 臼, 舌, 舛, 舟）

おいまつちょう　大阪府堺市堺区
おいまつちょう　兵庫県西宮市
おいまつちょう　岡山県倉敷市
おいまつちょう　福岡県北九州市門司区
9老星　おいぼし　和歌山県日高郡日高川町
老津　おいつ　愛知県（豊橋鉄道渥美線）
老津町　おいつちょう　愛知県豊橋市
老神町　おいかみまち　熊本県人吉市
10老原
　　　おいはら　大阪府八尾市
　　　おいばら　兵庫県揖保郡太子町
11老野森　おいのもり　山形県天童市
12老富町　おいとみちょう　京都府綾部市
老間町　おいまちょう　静岡県浜松市南区
13老節布　ろうせっぷ　北海道富良野市

【耳】
耳　みみ　鳥取県倉吉市
3耳川　みみがわ　静岡県菊川市
4耳切　みみきり　愛知県常滑市
6耳成　みみなし　奈良県（近畿日本鉄道大阪線）
8耳取
　　　みみどり　岩手県和賀郡西和賀町
　　　みみとり　長野県小諸市
耳取山　みみとりやま　岩手県滝沢市
耳取町　みみとりまち　新潟県見附市
10耳原　みのはら　大阪府茨木市

【自】
2自力町　じりきちょう　山口県防府市
5自由ケ丘
　　　じゆうがおか　北海道千歳市
　　　じゆうがおか　青森県青森市
　　　じゆうがおか　青森県弘前市
　　　じゆうがおか　宮城県仙台市宮城野区
　　　じゆうがおか　福島県いわき市
　　　じゆうがおか　茨城県つくば市
　　　じゆうがおか　福井県あわら市
　　　じゆうがおか　愛知県（名古屋市交通局名城線）
　　　じゆうがおか　愛知県名古屋市千種区
　　　じゆうがおか　三重県鈴鹿市
　　　じゆうがおか　大阪府河内長野市
　　　じゆうがおか　山口県防府市
　　　じゆうがおか　山口県周南市
　　　じゆうがおか　山口県山陽小野田市
　　　じゆうがおか　高知県宿毛市
　　　じゆうがおか　福岡県北九州市八幡西区
　　　じゆうがおか　福岡県宗像市
　　　じゆうがおか　福岡県田川郡糸田町
　　　じゆうがおか　鹿児島県鹿児島市
自由ケ丘西町　じゆうがおかにしまち　福岡県宗像市
自由ケ丘南　じゆうがおかみなみ　福岡県宗像市
自由が丘
　　　じゆうがおか　北海道帯広市
　　　じゆうがおか　茨城県水戸市
　　　じゆうがおか　東京都（東京急行電鉄大井町線ほか）
　　　じゆうがおか　東京都目黒区
　　　じゆうがおか　大阪府泉南郡熊取町
自由が丘本町　じゆうがおかほんまち　兵庫県三木市
8自治医大　じちいだい　栃木県（JR東北本線）

11自動車学校前　じどうしゃがっこうまえ　静岡県（遠州鉄道線）
12自然田　じねんだ　大阪府阪南市
自然園前　しぜんえんまえ　岐阜県（長良川鉄道越美南線）
16自衛隊前　じえいたいまえ　北海道（札幌市交通局南北線）
自衛隊富士学校　じえいたいふじがっこう　静岡県駿東郡小山町

【至】
7至孝農　しこうの　岡山県苫田郡鏡野町
8至宝　しほう　栃木県下都賀郡壬生町
13至誠　しせい　石川県鳳珠郡穴水町

【臼】
0臼ケ沢　うすがさわ　山形県酒田市
臼ケ谷　うすがたに　徳島県那賀郡那賀町
4臼井
　　　うすい　茨城県つくば市
　　　うすい　千葉県佐倉市
　　　うすい　新潟県新潟市南区
臼井台　うすいだい　千葉県佐倉市
臼井田　うすいた　千葉県佐倉市
臼井町　うすいまち　福岡県大牟田市
臼井阿原　うすいあわら　山梨県中央市
臼井新町　うすいしんまち　福岡県大牟田市
5臼尻町　うすじりちょう　北海道函館市
臼田
　　　うすだ　長野県（JR小海線）
　　　うすだ　長野県佐久市
　　　うすだ　福岡県築上郡築上町
臼石　うすいし　福島県相馬郡飯舘村
7臼作　うすくり　千葉県成田市
臼谷
　　　うすや　北海道留萌郡小平町
　　　うすたに　富山県小矢部市
8臼坪　うすつぼ　大分県佐伯市
臼杵
　　　うすき　愛媛県喜多郡内子町
　　　うすき　大分県（JR日豊本線）
　　　うすき　大分県臼杵市
臼杵市　うすきし　大分県
11臼野　うすの　大分県豊後高田市

【舌】
3舌山　したやま　富山県（富山地方鉄道本線）
12舌間　したま　愛媛県八幡浜市

【舛】
4舛方　ますかた　富山県魚津市
5舛田　ますだ　富山県魚津市

【舟】
2舟丁　ふなちょう　宮城県仙台市若林区
舟入
　　　ふないり　宮城県塩竈市
　　　ふないり　新潟県新発田市
　　　ふないり　愛知県海部郡蟹江町

549

6画（艮，色）

舟入川口町
　ふないりかわぐちちょう　広島県（広島電鉄江波線ほか）
　ふないりかわぐちちょう　広島県広島市中区
舟入中町　ふないりなかまち　広島県広島市中区
舟入本町
　ふないりほんまち　広島県（広島電鉄江波線ほか）
　ふないりほんまち　広島県広島市中区
舟入町
　ふねいりちょう　新潟県新発田市
　ふないりまち　広島県（広島電鉄江波線ほか）
　ふないりまち　広島県広島市中区
舟入幸町
　ふないりさいわいちょう　広島県（広島電鉄江波線ほか）
　ふないりさいわいちょう　広島県広島市中区
舟入南　ふないりみなみ　広島県広島市中区
舟入南町　ふないりみなみまち　広島県（広島電鉄江波線ほか）
3**舟久保町**　ふなくぼちょう　静岡県富士宮市
舟大工町　ふなだいくまち　和歌山県和歌山市
舟子
　ふなご　茨城県稲敷郡美浦村
　ふなご　岐阜県揖斐郡池田町
舟川新　ふながわしん　富山県下新川郡朝日町
4**舟戸**
　ふなど　千葉県旭市
　ふなど　千葉県香取郡東庄町
　ふなと　新潟県新潟市秋葉区
　ふなと　新潟県新潟市西蒲区
　ふなと　奈良県北葛城郡王寺町
　ふなと　高知県（とさでん交通ごめん線）
舟戸町
　ふなとちょう　埼玉県川口市
　ふなとちょう　愛知県名古屋市中川区
　ふなどちょう　愛知県津島市
舟木
　ふなき　茨城県鉾田市
　ふなき　兵庫県淡路市
舟木町　ふなきちょう　大阪府茨木市
5**舟生**
　ふにゅう　茨城県常陸大宮市
　ふにゅう　茨城県筑西市
舟田
　ふなだ　福島県白河市
　ふなだ　愛知県犬山市
舟田町　ふなだちょう　大阪府門真市
舟石　ふないし　福島県二本松市
舟石川　ふないしかわ　茨城県那珂郡東海村
舟石川駅西　ふないしかわえきにし　茨城県那珂郡東海村
舟石川駅東　ふないしかわえきひがし　茨城県那珂郡東海村
6**舟江町**　ふなえまち　愛知県碧南市
7**舟尾**　ふなお　石川県河北郡津幡町
舟尾町　ふのおまち　石川県七尾市
舟形
　ふながた　山形県（JR奥羽本線）
　ふながた　山形県最上郡舟形町
舟形石　ふなかたいし　福島県二本松市
舟形石山　ふなかたいしやま　福島県二本松市

舟形町　ふながたまち　山形県最上郡
舟町
　ふなまち　東京都新宿区
　ふなまち　福岡県北九州市八幡西区
舟見　ふなみ　富山県下新川郡入善町
舟見町　ふなみちょう　北海道室蘭市
8**舟岡町**　ふなおかちょう　北海道伊達市
舟枝町　ふなえだちょう　福井県鯖江市
9**舟屋町**
　ふなやちょう　京都府京都市中京区
　ふなやちょう　京都府京都市下京区
舟津
　ふなつ　福井県あわら市
　ふなつ　愛知県小牧市
舟津町
　ふなつちょう　福井県鯖江市
　ふなづちょう　和歌山県和歌山市
10**舟倉**
　ふなぐら　神奈川県横須賀市
　ふなくら　富山県富山市
舟原町　ふなはらちょう　愛知県豊橋市
11**舟崎**　ふなさき　滋賀県米原市
12**舟場**
　ふなば　山形県長井市
　ふなば　福井県丹生郡越前町
　ふなば　鳥取県日野郡日野町
舟場向川久保　ふなばむかいがわくぼ　青森県上北郡七戸町
舟場町　ふなばちょう　福島県福島市
舟場島　ふなばじま　石川県能美郡川北町
舟渡
　ふなと　山形県西置賜郡小国町
　ふなど　東京都板橋区
　ふなど　富山県富山市
16**舟橋**
　ふなはし　富山県中新川郡舟橋村
　ふなはし　石川県河北郡津幡町
　ふなはし　福井県福井市
舟橋今町　ふなはしいままち　富山県富山市
舟橋北町　ふなはしきたまち　富山県富山市
舟橋村　ふなはしむら　富山県中新川郡
舟橋町
　ふなばしちょう　福井県福井市
　ふなばしちょう　岐阜県羽島市
　ふなはしちょう　大阪府大阪市天王寺区
　ふなはしちょう　岡山県岡山市北区
舟橋町出須賀　ふなばしちょうですか　岐阜県羽島市
舟橋町本町　ふなばしちょうほんまち　岐阜県羽島市
舟橋町宮北　ふなばしちょうみやきた　岐阜県羽島市
舟橋南町　ふなはしみなみちょう　富山県富山市
舟橋黒竜　ふなばしくろたつ　福井県福井市
舟橋新　ふなばししん　福井県福井市
舟橋新町　ふなばししんまち　福井県福井市

【艮】
7**艮町**　うしとらちょう　京都府京都市下京区

【色】
4**色内**　いろない　北海道小樽市
色太　しきふと　三重県多気郡多気町

6画（芋,芒,虫,血,行）

⁵色生　いろう　奈良県吉野郡吉野町
色目　いろめ　岐阜県養老郡養老町
⁷色見　しきみ　熊本県阿蘇郡高森町
¹⁰色浜　いろはま　福井県敦賀市
¹¹色麻町　しかまちょう　宮城県加美郡

【芋】

³芋小屋　いもごや　福島県河沼郡柳津町
芋川
　　いもがわ　新潟県柏崎市
　　いもがわ　新潟県十日町市
　　いもがわ　長野県上水内郡飯綱町
芋川新田　いもがわしんでん　新潟県十日町市
⁵芋生　いもお　兵庫県川西市
芋田　いもだ　岩手県盛岡市
⁷芋沢
　　いもざわ　宮城県仙台市青葉区
　　いもざわ　宮城県加美郡加美町
　　いもざわ　新潟県十日町市
芋赤　いもあか　新潟県南魚沼市
⁸芋茎　いもぐき　埼玉県加須市
¹⁰芋島　いもじま　岐阜県岐阜市
¹⁴芋窪
　　いもくぼ　千葉県君津市
　　いもくぼ　東京都東大和市
¹⁶芋鞘　いもさや　新潟県魚沼市

【芒】

¹²芒塚町　すすきづかまち　長崎県長崎市

【虫】

³虫川　むしかわ　新潟県上越市
虫川大杉　むしがわおおすぎ　新潟県（北越急行ほくほく線）
⁵虫生
　　むしょう　千葉県山武郡横芝光町
　　むしう　長野県下高井郡野沢温泉村
　　むしゅう　静岡県磐田市
　　むしゅう　滋賀県野洲市
　　むしゅう　兵庫県川西市
虫生岩戸　むしゅういわと　新潟県上越市
虫生津　むしょうづ　福岡県遠賀郡遠賀町
虫生津南　むしょうづみなみ　福岡県遠賀郡遠賀町
⁷虫谷　むしたに　富山県中新川郡立山町
⁸虫取　むしとり　大阪府泉大津市
虫取町　むしとりちょう　大阪府泉大津市
虫所山　むしところやま　広島県廿日市市
⁹虫追町　むそうむら　島根県益田市
虫追塚前　むしおいづかまえ　青森県三戸郡五戸町
¹¹虫崎　むしざき　新潟県佐渡市
虫掛　むしかけ　茨城県土浦市
虫野　むしの　新潟県魚沼市
¹²虫塚　むしづか　埼玉県比企郡川島町
¹⁴虫窪　むしくぼ　神奈川県中郡大磯町
¹⁵虫幡　むしはた　千葉県香取市

【血】

⁰血ケ平　ちがだいら　福井県丹生郡越前町
⁹血洗島　ちあいじま　埼玉県深谷市

【行】

²行人町　ぎょうにんちょう　愛知県半田市
行人原道上　ぎょうにんはらみちうえ　宮城県刈田郡七ケ宿町
行人壇　ぎょうにんだん　福島県耶麻郡猪苗代町
行力町　ぎょうりきまち　群馬県高崎市
³行川
　　なめがわ　千葉県いすみ市
　　なめがわ　高知県高知市
行川アイランド　なめがわあいらんど　千葉県（JR外房線）
行才　ぎょうさい　山形県山形市
⁴行仁町　ぎょうにんまち　福島県会津若松市
行内　ぎょうじ　千葉県旭市
行戸　ゆくど　茨城県行方市
行方
　　なめかた　茨城県行方市
　　ぎょうほう　岡山県勝田郡奈義町
行方市　なめがたし　茨城県
⁵行平町　ゆきひらちょう　兵庫県神戸市須磨区
行正　ゆきまさ　山口県岩国市
行永　ゆきなが　京都府舞鶴市
行永東町　ゆきながひがしまち　京都府舞鶴市
行永桜通り　ゆきながさくらどおり　京都府舞鶴市
行用町　ぎょうようちょう　愛知県西尾市
行田
　　ぎょうだ　埼玉県（JR高崎線）
　　ぎょうだ　埼玉県行田市
　　ぎょうだ　千葉県船橋市
行田市
　　ぎょうだし　埼玉県（秩父鉄道線）
　　ぎょうだし　埼玉県
行田町　ぎょうだちょう　千葉県船橋市
⁶行地　ゆくじ　新潟県東蒲原郡阿賀町
⁷行作　ぎょうさく　福島県喜多方市
行沢
　　なめざわ　山形県鶴岡市
　　なめさわ　山形県尾花沢市
行町　あるきまち　石川県白山市
行谷　なめがや　神奈川県茅ケ崎市
行里川　なめりかわ　茨城県石岡市
⁸行者　ぎょうじ　福島県行橋市
行幸田　みゆきだ　群馬県渋川市
行幸町　みゆきちょう　兵庫県神戸市須磨区
行延　ゆきのべ　石川県鳳珠郡能登町
行明町　ぎょうめいちょう　愛知県豊川市
行松町　ゆきまつちょう　福井県越前市
行波
　　ゆかば　山口県（錦川鉄道錦川清流線）
　　ゆかば　山口県岩国市
⁹行信　ゆきのぶ　岡山県久米郡美咲町
行畑　ゆきはた　滋賀県野洲市
¹⁰行馬　ゆきま　千葉県君津市
¹¹行啓通　ぎょうけいどおり　北海道（札幌市交通局山鼻線）
行基町　ぎょうぎちょう　兵庫県伊丹市
行部　ゆくべ　三重県多気郡明和町
行野浦　ゆくのうら　三重県尾鷲市
¹²行遇町　ゆきあいちょう　大阪府岸和田市

551

6画（衣）

14行徳
　　ぎょうとく　千葉県（東京地下鉄東西線）
　　ぎょうとく　千葉県印西市
　　ぎょうとく　鳥取県鳥取市
　　行徳駅前　ぎょうとくえきまえ　千葉県市川市
16行橋　ゆくはし　福岡県（JR日豊本線ほか）
　　行橋市　ゆくはしし　福岡県
　　行積　いつもり　京都府福知山市
　　行縢町
　　　むかばきちょう　広島県府中市
　　　むかばきまち　宮崎県延岡市
　　行衛　ぎょえ　埼玉県川口市
　　行衛町　ゆくえちょう　京都府京都市上京区
　　行頭　ゆくとう　兵庫県赤穂郡上郡町
19行願寺門前町　ぎょうがんじもんぜんちょう　京都府京都市中京区

【衣】
0衣ケ原　ころもがはら　愛知県豊田市
3衣山
　　きぬやま　愛媛県（伊予鉄道高浜線）
　　きぬやま　愛媛県松山市
　　衣川　きぬがわ　滋賀県大津市
　　衣川区七日市場　ころもがわくなのかいちば　岩手県奥州市
　　衣川区九輪堂　ころもがわくくりんどう　岩手県奥州市
　　衣川区八千　ころもがわくはっせん　岩手県奥州市
　　衣川区下大森　ころもがわくしもおおもり　岩手県奥州市
　　衣川区下立沢　ころもがわくしもたちさわ　岩手県奥州市
　　衣川区下寺田　ころもがわくしもてらだ　岩手県奥州市
　　衣川区下河内　ころもがわくしもかわうち　岩手県奥州市
　　衣川区上大森　ころもがわくかみおおもり　岩手県奥州市
　　衣川区上小路　ころもがわくかみこうじ　岩手県奥州市
　　衣川区上立沢　ころもがわくかみたちさわ　岩手県奥州市
　　衣川区上寺田　ころもがわくかみてらだ　岩手県奥州市
　　衣川区上河内　ころもがわくかみかわうち　岩手県奥州市
　　衣川区上野　ころもがわくうわの　岩手県奥州市
　　衣川区土屋　ころもがわくつちや　岩手県奥州市
　　衣川区大平　ころもがわくおおだいら　岩手県奥州市
　　衣川区大石ケ沢　ころもがわくおおいしがさわ　岩手県奥州市
　　衣川区大西　ころもがわくおおにし　岩手県奥州市
　　衣川区大坂　ころもがわくおおざか　岩手県奥州市
　　衣川区大面　ころもがわくおおつら　岩手県奥州市
　　衣川区大原　ころもがわくおおはら　岩手県奥州市
　　衣川区大原山　ころもがわくおおはらやま　岩手県奥州市
　　衣川区女石　ころもがわくおんないし　岩手県奥州市
　　衣川区小正板　ころもがわくこまさいた　岩手県奥州市
　　衣川区小田　ころもがわくこだ　岩手県奥州市

衣川区小安代　ころもがわくこあんしろ　岩手県奥州市
衣川区小林　ころもがわくこばやし　岩手県奥州市
衣川区小林山　ころもがわくこばやしやま　岩手県奥州市
衣川区山口　ころもがわくやまぐち　岩手県奥州市
衣川区山田　ころもがわくやまだ　岩手県奥州市
衣川区山岸　ころもがわくやまぎし　岩手県奥州市
衣川区川端　ころもがわくかわはた　岩手県奥州市
衣川区中山　ころもがわくなかやま　岩手県奥州市
衣川区中河内　ころもがわくなかかわうち　岩手県奥州市
衣川区中屋敷　ころもがわくなかやしき　岩手県奥州市
衣川区六日市場　ころもがわくむいかいちば　岩手県奥州市
衣川区六道　ころもがわくろくどう　岩手県奥州市
衣川区天土　ころもがわくあまつち　岩手県奥州市
衣川区天田　ころもがわくあまだ　岩手県奥州市
衣川区日向　ころもがわくひなた　岩手県奥州市
衣川区月山　ころもがわくがっさん　岩手県奥州市
衣川区古戸　ころもがわくふると　岩手県奥州市
衣川区古館　ころもがわくふるだて　岩手県奥州市
衣川区外の沢　ころもがわくそとのさわ　岩手県奥州市
衣川区平　ころもがわくひら　岩手県奥州市
衣川区旧殿　ころもがわくきゅうでん　岩手県奥州市
衣川区本田原　ころもがわくほんだわら　岩手県奥州市
衣川区本巻　ころもがわくもとまき　岩手県奥州市
衣川区正板　ころもがわくまさいた　岩手県奥州市
衣川区田中　ころもがわくたなか　岩手県奥州市
衣川区田中西　ころもがわくたなかにし　岩手県奥州市
衣川区石ケ沢　ころもがわくいしがさわ　岩手県奥州市
衣川区石生　ころもがわくいしゅう　岩手県奥州市
衣川区石神　ころもがわくいしがみ　岩手県奥州市
衣川区向　ころもがわくむかい　岩手県奥州市
衣川区向館　ころもがわくむかいだて　岩手県奥州市
衣川区向館谷起　ころもがわくむかいだてやき　岩手県奥州市
衣川区寺袋　ころもがわくてらぶくろ　岩手県奥州市
衣川区有浦　ころもがわくありうら　岩手県奥州市
衣川区池田　ころもがわくいけだ　岩手県奥州市
衣川区池田西　ころもがわくいけだにし　岩手県奥州市
衣川区百ケ袋　ころもがわくもがふくろ　岩手県奥州市
衣川区衣原　ころもがわくきぬはら　岩手県奥州市
衣川区西風山　ころもがわくなれやま　岩手県奥州市
衣川区西裏　ころもがわくにしうら　岩手県奥州市
衣川区西窪　ころもがわくにしくぼ　岩手県奥州市
衣川区杉林　ころもがわくすぎばやし　岩手県奥州市
衣川区杉野　ころもがわくすぎの　岩手県奥州市
衣川区沖の野　ころもがわくおきのの　岩手県奥州市
衣川区沢田　ころもがわくさわだ　岩手県奥州市
衣川区並木前　ころもがわくなみきまえ　岩手県奥州市

552

6画（衣）

衣川区宝塔谷地　ころもがわくほうとうやち　岩手県奥州市

衣川区岩の上　ころもがわくいわのうえ　岩手県奥州市

衣川区押切　ころもがわくおしきり　岩手県奥州市

衣川区松林　ころもがわくまつばやし　岩手県奥州市

衣川区東裏　ころもがわくひがしうら　岩手県奥州市

衣川区板倉　ころもがわくいたくら　岩手県奥州市

衣川区沼野　ころもがわくぬまの　岩手県奥州市

衣川区苗代沢　ころもがわくなわしろさわ　岩手県奥州市

衣川区表　ころもがわくおもて　岩手県奥州市

衣川区采女沢　ころもがわくうねめざわ　岩手県奥州市

衣川区金成　ころもがわくかんなり　岩手県奥州市

衣川区長板沢　ころもがわくながいたさわ　岩手県奥州市

衣川区長袋　ころもがわくながふくろ　岩手県奥州市

衣川区長嚢　ころもがわくながふくろ　岩手県奥州市

衣川区前滝の沢　ころもがわくまえたきのさわ　岩手県奥州市

衣川区室の木　ころもがわくむろのき　岩手県奥州市

衣川区後山　ころもがわくうしろやま　岩手県奥州市

衣川区後滝の沢　ころもがわくうしろたきのさわ　岩手県奥州市

衣川区星屋　ころもがわくほしや　岩手県奥州市

衣川区唐金　ころもがわくからかね　岩手県奥州市

衣川区夏秋　ころもがわくなつあき　岩手県奥州市

衣川区夏梨　ころもがわくなつなし　岩手県奥州市

衣川区桑木谷地　ころもがわくくわのきやち　岩手県奥州市

衣川区桑畑　ころもがわくくわはた　岩手県奥州市

衣川区桧山沢　ころもがわくひやまさわ　岩手県奥州市

衣川区桧山沢山　ころもがわくひやまさわやま　岩手県奥州市

衣川区真打　ころもがわくまうち　岩手県奥州市

衣川区能登屋敷　ころもがわくのとやしき　岩手県奥州市

衣川区除　ころもがわくのぞき　岩手県奥州市

衣川区陣場下　ころもがわくじんばした　岩手県奥州市

衣川区馬懸　ころもがわくうまがけ　岩手県奥州市

衣川区高保呂　ころもがわくたかほろ　岩手県奥州市

衣川区張山　ころもがわくはりやま　岩手県奥州市

衣川区深沢　ころもがわくふかさわ　岩手県奥州市

衣川区清水の上　ころもがわくしみずのうえ　岩手県奥州市

衣川区畦畑　ころもがわくうねはた　岩手県奥州市

衣川区畦畑山　ころもがわくうねはたやま　岩手県奥州市

衣川区菖蒲平　ころもがわくしょうぶだいら　岩手県奥州市

衣川区野田　ころもがわくのだ　岩手県奥州市

衣川区野崎　ころもがわくのざき　岩手県奥州市

衣川区堰下　ころもがわくせきした　岩手県奥州市

衣川区富田　ころもがわくとみた　岩手県奥州市

衣川区富田前　ころもがわくとみたまえ　岩手県奥州市

衣川区富沢　ころもがわくとみさわ　岩手県奥州市

衣川区葭ケ沢　ころもがわくよしがさわ　岩手県奥州市

衣川区雲南田　ころもがわくうんなんだ　岩手県奥州市

衣川区愛宕下　ころもがわくあたごした　岩手県奥州市

衣川区楢原　ころもがわくならはら　岩手県奥州市

衣川区楢原山　ころもがわくならはらやま　岩手県奥州市

衣川区豊巻　ころもがわくとよまき　岩手県奥州市

衣川区噌味　ころもがわくそうみ　岩手県奥州市

衣川区関袋　ころもがわくせきぶくろ　岩手県奥州市

衣川区餅転　ころもがわくもちころばし　岩手県奥州市

衣川区横道下　ころもがわくよこみちした　岩手県奥州市

衣川区鞍掛　ころもがわくくらかけ　岩手県奥州市

衣川区駒場　ころもがわくこまば　岩手県奥州市

衣川区館城　ころもがわくたてしろ　岩手県奥州市

衣川区瀬原　ころもがわくせわら　岩手県奥州市

衣川区瀬原西浦　ころもがわくせわらにしうら　岩手県奥州市

衣川区懸田　ころもがわくかけだ　岩手県奥州市

衣川区鷹の巣　ころもがわくたかのす　岩手県奥州市

衣干町　きぬぼしちょう　愛媛県今治市

8衣奈　えな　和歌山県日高郡由良町

11衣崎町　ころもざきちょう　愛知県刈谷市

衣掛町　きぬかけちょう　福井県敦賀市

　　　きぬかけちょう　兵庫県神戸市須磨区

衣笠　きぬがさ　神奈川県（JR横須賀線）

　　　きぬがさ　岡山県和気郡和気町

衣笠大祓町　きぬがさおおはらいちょう　京都府京都市北区

衣笠天神森町　きぬがさてんじんもりちょう　京都府京都市北区

衣笠北天神森町　きぬがさきたてんじんもりちょう　京都府京都市北区

衣笠北荒見町　きぬがさきたあらみちょう　京都府京都市北区

衣笠北高橋町　きぬがさきたたかはしちょう　京都府京都市北区

衣笠氷室町　きぬがさひむろちょう　京都府京都市北区

衣笠衣山町　きぬがさきぬがさやまちょう　京都府京都市北区

衣笠西馬場町　きぬがさにしばばちょう　京都府京都市北区

衣笠西尊上院町　きぬがさにしそんじょういんちょう　京都府京都市北区

衣笠西御所ノ内町　きぬがさにしごしょのうちちょう　京都府京都市北区

衣笠西開キ町　きぬがさにしひらきちょう　京都府京都市北区

衣笠町　きぬかさちょう　神奈川県横須賀市

衣笠赤阪町　きぬがさあかさかちょう　京都府京都市北区

衣笠東尊上院町　きぬがさひがしそんじょういんちょう　京都府京都市北区

衣笠東御所ノ内町　きぬがさひがしごしょのうちちょう　京都府京都市北区

6画（西）

衣笠東開キ町 きぬがさひがしひらきちょう　京都府京都市北区

衣笠栄町 きぬかささかえちょう　神奈川県横須賀市

衣笠荒見町 きぬがさあらみちょう　京都府京都市北区

衣笠馬場町 きぬがさばばちょう　京都府京都市北区

衣笠高橋町 きぬがさたかはしちょう　京都府京都市北区

衣笠御所ノ内町 きぬがさごしょのうちちょう　京都府京都市北区

衣笠街道町 きぬがさがいどうちょう　京都府京都市北区

衣笠開キ町 きぬがさひらきちょう　京都府京都市北区

衣笠総門町 きぬがさそうもんちょう　京都府京都市北区

衣笠鏡石町 きぬがさかがみいしちょう　京都府京都市北区

12**衣棚町** ころものたなちょう　京都府京都市中京区

14**衣摺** きずり　大阪府東大阪市

【西】

西

にし　宮城県柴田郡大河原町
にし　秋田県南秋田郡大潟村
にし　山形県西置賜郡小国町
にし　茨城県取手市
にし　栃木県宇都宮市
にし　埼玉県羽生市
にし　埼玉県桶川市
にし　埼玉県久喜市
にし　埼玉県幸手市
にし　埼玉県ふじみ野市
にし　埼玉県白岡市
にし　千葉県鴨川市
にし　千葉県印旛郡栄町
にし　東京都国立市
にし　新潟県東蒲原郡阿賀町
にし　石川県鹿島郡中能登町
にし　山梨県山梨市
にし　長野県中野市
にし　愛知県知立市
にし　京都府舞鶴市
にし　和歌山県和歌山市
にし　鳥取県西伯郡南部町
にし　岡山県久米郡美咲町
にし　岡山県加賀郡吉備中央町
にし　福岡県福岡市早良区
にし　熊本県球磨郡錦町
にし　沖縄県那覇市
にし　沖縄県島尻郡粟国村

0**西1線北**
にしいっせんきた　北海道夕張郡長沼町
にしいっせんきた　北海道空知郡上富良野町
にしいっせんきた　北海道空知郡中富良野町

西1線南 にしいっせんみなみ　北海道夕張郡長沼町

西2号北 にしにごうきた　北海道上川郡東川町

西2号南 にしにごうみなみ　北海道上川郡東川町

西2線北
にしにせんきた　北海道夕張郡長沼町
にしにせんきた　北海道空知郡上富良野町
にしにせんきた　北海道空知郡中富良野町

西2線南 にしにせんみなみ　北海道夕張郡長沼町

西3号北 にしさんごうきた　北海道上川郡東川町

西3線北
にしさんせんきた　北海道夕張郡長沼町
にしさんせんきた　北海道空知郡上富良野町
にしさんせんきた　北海道空知郡中富良野町

西3線南 にしさんせんみなみ　北海道夕張郡長沼町

西4丁目 にしよんちょうめ　北海道（札幌市交通局山鼻線）

西4号北 にしよんごうきた　北海道上川郡東川町

西4線北
にしよんせんきた　北海道夕張郡長沼町
にしよんせんきた　北海道空知郡上富良野町

西4線南 にしよんせんみなみ　北海道夕張郡長沼町

西5号北 にしごごうきた　北海道上川郡東川町

西5線北
にしごせんきた　北海道夕張郡長沼町
にしごせんきた　北海道空知郡上富良野町

西5線南 にしごせんみなみ　北海道夕張郡長沼町

西6号北 にしろくごうきた　北海道上川郡東川町

西6線北
にしろくせんきた　北海道夕張郡長沼町
にしろくせんきた　北海道空知郡上富良野町

西6線南 にしろくせんみなみ　北海道夕張郡長沼町

西7号北 にしななごうきた　北海道上川郡東川町

西7線北
にしななせんきた　北海道夕張郡長沼町
にしななせんきた　北海道空知郡上富良野町

西7線南 にしななせんみなみ　北海道夕張郡長沼町

西8丁目 にしはっちょうめ　北海道（札幌市交通局山鼻線）

西8号北 にしはちごうきた　北海道上川郡東川町

西8線北
にしはっせんきた　北海道夕張郡長沼町
にしはっせんきた　北海道空知郡上富良野町

西8線南 にしはっせんみなみ　北海道夕張郡長沼町

西9号北 にしきゅうごうきた　北海道上川郡東川町

西9線北 にしきゅうせんきた　北海道空知郡上富良野町

西9線南 にしきゅうせんみなみ　北海道夕張郡長沼町

西10号北 にしじゅうごうきた　北海道上川郡東川町

西10線北 にしじっせんきた　北海道空知郡上富良野町

西10線南 にしじっせんみなみ　北海道夕張郡長沼町

西11丁目 にしじゅういっちょうめ　北海道（札幌市交通局東西線）

西11号北 にしじゅういちごうきた　北海道上川郡東川町

西11線北 にしじゅういっせんきた　北海道空知郡上富良野町

西11線南 にしじゅういっせんみなみ　北海道夕張郡長沼町

西12号北 にしじゅうにごうきた　北海道上川郡東川町

西12線北 にしじゅうにせんきた　北海道空知郡上富良野町

西12線南 にしじゅうにせんみなみ　北海道夕張郡長沼町

西13線北 にしじゅうさんせんきた　北海道空知郡上富良野町

西13線南 にしじゅうさんせんみなみ　北海道夕張郡長沼町

6画（西）

西14線北　にしじゅうよんせんきた　北海道空知郡上富良野町

西14線南　にしじゅうよんせんみなみ　北海道夕張郡長沼町

西15丁目　にしじゅうごちょうめ　北海道（札幌市交通局山鼻線）

西15線北　にしじゅうごせんきた　北海道空知郡上富良野町

西16線北　にしじゅうろくせんきた　北海道空知郡上富良野町

西18丁目　にしじゅうはっちょうめ　北海道（札幌市交通局東西線）

西28丁目　にしにじゅうはっちょうめ　北海道（札幌市交通局東西線）

西ケ方　にしがほう　高知県（JR予土線）

西ケ丘
　　にしがおか　青森県黒石市
　　にしがおか　岩手県宮古市
　　にしがおか　宮城県柴田郡村田町
　　にしがおか　福井県丹生郡越前町

西ケ丘町　にしがおかちょう　青森県弘前市

西ケ谷　にしがや　静岡県静岡市葵区

西ケ原
　　にしがはら　東京都（東京地下鉄南北線）
　　にしがはら　東京都北区

西ケ原四丁目　にしがはらよんちょうめ　東京都（東京都交通局荒川線）

西ケ峰　にしがみね　和歌山県伊都郡高野町

西ケ峯　にしがみね　和歌山県有田郡有田川町

西ケ崎　にしがさき　静岡県袋井市

西ケ崎町　にしがさきちょう　静岡県浜松市東区

西ケ窪浜　にしがくぼはま　新潟県上越市

西ノ入　にしのいり　埼玉県大里郡寄居町

西ノ口　にしのくち　愛知県（名古屋鉄道常滑線）

西ノ川
　　にしのかわ　高知県安芸郡安田町
　　にしのかわ　高知県高岡郡四万十町

西ノ内　にしのうち　福島県郡山市

西ノ台　にしのだい　茨城県つくばみらい市

西ノ台南　にしのだいみなみ　茨城県つくばみらい市

西ノ地　にしのじ　和歌山県日高郡印南町

西ノ庄　にしのしょう　和歌山県（南海電気鉄道加太線）

西ノ沢　にしのさわ　青森県三戸郡五戸町

西ノ谷　にしのや　埼玉県加須市

西ノ京　にしのきょう　奈良県（近畿日本鉄道橿原線）

西ノ京下合町　にしのきょうしもあいちょう　京都府京都市中京区

西ノ京三条坊町　にしのきょうさんじょうぼうちょう　京都府京都市中京区

西ノ京上平町　にしのきょうかみひらちょう　京都府京都市中京区

西ノ京上合町　にしのきょうかみあいちょう　京都府京都市中京区

西ノ京大炊御門町　にしのきょうおおいごもんちょう　京都府京都市中京区

西ノ京小倉町　にしのきょうおぐらちょう　京都府京都市中京区

西ノ京小堀池町　にしのきょうこぼりいけちょう　京都府京都市中京区

西ノ京小堀町　にしのきょうこぼりちょう　京都府京都市中京区

西ノ京中保町　にしのきょうなかほちょう　京都府京都市中京区

西ノ京中御門西町　にしのきょうなかみかどにしまち　京都府京都市中京区

西ノ京中御門東町　にしのきょうなかみかどひがしまち　京都府京都市中京区

西ノ京円町　にしのきょうえんまち　京都府京都市中京区

西ノ京内畑町　にしのきょううちはたちょう　京都府京都市中京区

西ノ京日扇町　にしのきょうひおうぎちょう　京都府京都市中京区

西ノ京月輪町　にしのきょうつきのわちょう　京都府京都市中京区

西ノ京北小路町　にしのきょうきたこうじちょう　京都府京都市中京区

西ノ京北円町　にしのきょうきたえんまち　京都府京都市中京区

西ノ京北壺井町　にしのきょうきたつぼいちょう　京都府京都市中京区

西ノ京北聖町　にしのきょうほくせいちょう　京都府京都市中京区

西ノ京右馬寮町　にしのきょううまりょうちょう　京都府京都市中京区

西ノ京左馬寮町　にしのきょうさまりょうちょう　京都府京都市中京区

西ノ京平町　にしのきょうひらまち　京都府京都市中京区

西ノ京永本町　にしのきょうながもとちょう　京都府京都市中京区

西ノ京両町　にしのきょうりょうまち　京都府京都市中京区

西ノ京式部町　にしのきょうしきぶちょう　京都府京都市中京区

西ノ京池ノ内町　にしのきょういけのうちちょう　京都府京都市中京区

西ノ京中合町　にしのきょうにしなかあいちょう　京都府京都市中京区

西ノ京西円町　にしのきょうにしえんまち　京都府京都市中京区

西ノ京西月光町　にしのきょうにしげつこうちょう　京都府京都市中京区

西ノ京西鹿垣町　にしのきょうにししかがきちょう　京都府京都市中京区

西ノ京伯楽町　にしのきょうはくらくちょう　京都府京都市中京区

西ノ京冷泉町　にしのきょうれいせんちょう　京都府京都市中京区

西ノ京町　にしのきょうちょう　奈良県奈良市

西ノ京車坂町　にしのきょうくるまざかちょう　京都府京都市中京区

西ノ京東中合町　にしのきょうひがしなかあいちょう　京都府京都市中京区

西ノ京東月光町　にしのきょうひがしげつこうちょう　京都府京都市中京区

西ノ京東栂尾町　にしのきょうひがしとがのおちょう　京都府京都市中京区

西ノ京南上合町　にしのきょうみなみかみあいちょう　京都府京都市中京区

555

6画（西）

西ノ京南大炊御門町　にしのきょうみなみおおいごもん
ちょう　京都府京都市中京区
西ノ京南円町　にしのきょうみなみえんまち　京都府京
都市中京区
西ノ京南両町　にしのきょうみなみりょうまち　京都府
京都市中京区
西ノ京南原町　にしのきょうみなみはらまち　京都府京
都市中京区
西ノ京南壺井町　にしのきょうみなみつぼいちょう　京
都府京都市中京区
西ノ京南聖町　にしのきょうなんせいちょう　京都府京
都市中京区
西ノ京春日町　にしのきょうかすがちょう　京都府
京都市中京区
西ノ京星池町　にしのきょうほしがいけちょう　京都府
京都市中京区
西ノ京栂尾町　にしのきょうとがのおちょう　京都府
京都市中京区
西ノ京原町　にしのきょうはらまち　京都府京都市中
京区
西ノ京島ノ内町　にしのきょうしまのうちちょう　京都
府京都市中京区
西ノ京桑原町　にしのきょうくわばらちょう　京都府京
都市中京区
西ノ京馬代町　にしのきょうばだいちょう　京都府京
都市中京区
西ノ京笠殿町　にしのきょうかさどのちょう　京都府京
都市中京区
西ノ京船塚町　にしのきょうふなづかちょう　京都府京
都市中京区
西ノ京鹿垣町　にしのきょうしかがきちょう　京都府京
都市中京区
西ノ京塚本町　にしのきょうつかもとちょう　京都府京
都市中京区
西ノ京壺ノ内町　にしのきょうつぼのうちちょう　京都
府京都市中京区
西ノ京御輿岡町　にしのきょうみこしがおかちょう　京
都府京都市中京区
西ノ京勧学院町　にしのきょうかんがくいんちょう　京
都府京都市中京区
西ノ京新建町　にしのきょうしんだてちょう　京都府京
都市中京区
西ノ京徳大寺町　にしのきょうとくだいじちょう　京都
府京都市中京区
西ノ京樋ノ口町　にしのきょうひのくちちょう　京都
府京都市中京区
西ノ京銅駝町　にしのきょうどうだちょう　京都府京
都市中京区
西ノ京職司町　にしのきょうしょくしちょう　京都府京
都市中京区
西ノ京藤ノ木町　にしのきょうふじのきちょう　京都
府京都市中京区
西ノ店　にしのたな　和歌山県和歌山市
西ノ洲　にしのす　大分県大分市
西ノ原　にしのはら　北海道虻田郡留寿都村
西ノ宮乙　にしのみやおつ　福島県河沼郡会津坂下町
西ノ島町　にしのしまちょう　島根県隠岐郡
西ノ割町　にしのわりちょう　愛知県名古屋市瑞穂区
西ハゼ町　にしはぜまち　香川県高松市
西ユーカリが丘　にしゆーかりがおか　千葉県佐倉市
西が丘　にしがおか　東京都北区
西が岡　にしがおか　神奈川県横浜市泉区

西が迫　にしがさこ　山口県山陽小野田市
西つつじケ丘　にしつつじがおか　東京都調布市
西つつじケ丘大山台　にしつつじがおかだいせんだい
京都府亀岡市
西つつじケ丘五月台　にしつつじがおかさつきだい
京都府亀岡市
西つつじケ丘美山台　にしつつじがおかみやまだい
京都府亀岡市
西つつじケ丘雲仙台　にしつつじがおかうんぜんだい
京都府亀岡市
西つつじケ丘霧島台　にしつつじがおかきりしまだい
京都府亀岡市
西の丸町　にしのまるちょう　香川県高松市
西の土居町　にしのどいちょう　愛媛県新居浜市
西の内町　にしのうちまち　福島県須賀川市
西の丘　にしのおか　福岡県福岡市西区
西の平　にしのだいら　宮城県仙台市太白区
西の地　にしのじ　徳島県海部郡美波町
西の庄　にしのしょう　滋賀県大津市
西の庄町　にしのしょうちょう　大阪府吹田市
西の沢
　にしのさわ　岩手県久慈市
　にしのさわ　茨城県つくば市
西の里
　にしのさと　北海道北広島市
　にしのさと　北海道石狩郡新篠津村
西の里北　にしのさときた　北海道北広島市
西の里東　にしのさとひがし　北海道北広島市
西の里南　にしのさとみなみ　北海道北広島市
西の京　にしのきょう　京都府長岡京市
西の原　にしのはら　千葉県印西市
西の宮　にしのみや　栃木県宇都宮市
西の郷　にしのごう　山口県山陽小野田市
西の野町　にしののちょう　愛知県尾張旭市
西の野町豆塚　にしののちょうまめづか　愛知県尾張
旭市
西みずほ台　にしみずほだい　埼玉県富士見市
西みなと町　にしみなとちょう　宮城県気仙沼市
¹西一の沢町　にしいちのさわまち　栃木県宇都宮市
西一万町　にしいちまんちょう　愛媛県松山市
西一口　にしいもあらい　京都府久世郡久御山町
西一之江　にしいちのえ　東京都江戸川区
西一色町　にしいしきちょう　愛知県みよし市
西一条
　にしいちじょう　北海道士別市
　にしいちじょう　北海道天塩郡豊富町
　にしいちじょう　北海道河西郡芽室町
　にしいちじょう　北海道広尾郡広尾町
　にしいちじょう　北海道中川郡池田町
西一条北
　にしいちじょうきた　北海道帯広市
　にしいちじょうきた　北海道美唄市
　にしいちじょうきた　北海道士別市
　にしいちじょうきた　北海道名寄市
　にしいちじょうきた　北海道砂川市
　にしいちじょうきた　北海道中川郡美深町
　にしいちじょうきた　北海道網走郡美幌町
　にしいちじょうきた　北海道上川郡新得町
　にしいちじょうきた　北海道河西郡中札内村
　にしいちじょうきた　北海道白糠郡白糠町
　にしいちじょうきた　北海道標津郡中標津町

6画（西）

西一条南
　にしいちじょうみなみ　北海道帯広市
　にしいちじょうみなみ　北海道美唄市
　にしいちじょうみなみ　北海道名寄市
　にしいちじょうみなみ　北海道砂川市
　にしいちじょうみなみ　北海道中川郡美深町
　にしいちじょうみなみ　北海道網走郡美幌町
　にしいちじょうみなみ　北海道上川郡新得町
　にしいちじょうみなみ　北海道河西郡芽室町
　にしいちじょうみなみ　北海道河西郡中札内村
　にしいちじょうみなみ　北海道白糠郡白糠町
　にしいちじょうみなみ　北海道標津郡中標津町
西一町　にしいちちょう　茨城県常陸太田市
西一津屋　にしひとつや　大阪府摂津市
西一宮　にしいちのみや　愛知県（名古屋鉄道尾西線）
西一番町　にしいちばんちょう　青森県十和田市
²西七区　にしななく　岡山県岡山市南区
西七日町　にしなのかまち　福島県会津若松市
西七条　にししちじょう　北海道河西郡芽室町
西七条八幡町　にししちじょうやわたちょう　京都府京都市下京区
西七条中野町　にししちじょうなかのちょう　京都府京都市下京区
西七条比輪田町　にししちじょうひわたちょう　京都府京都市下京区
西七条北
　にししちじょうきた　北海道帯広市
　にししちじょうきた　北海道名寄市
　にししちじょうきた　北海道砂川市
　にししちじょうきた　北海道標津郡中標津町
西七条北月読町　にししちじょうきたつきよみちょう　京都府京都市下京区
西七条北衣田町　にししちじょうきたきぬたちょう　京都府京都市下京区
西七条北西野町　にししちじょうきたにしのちょう　京都府京都市下京区
西七条北東野町　にししちじょうきたひがしのちょう　京都府京都市下京区
西七条市部町　にししちじょういちべちょう　京都府京都市下京区
西七条石井町　にししちじょういしいちょう　京都府京都市下京区
西七条名倉町　にししちじょうなくらちょう　京都府京都市下京区
西七条西八反田町　にししちじょうにしはったんだちょう　京都府京都市下京区
西七条西久保町　にししちじょうにしくぼちょう　京都府京都市下京区
西七条西石ケ坪町　にししちじょうにしいしがつぼちょう　京都府京都市下京区
西七条赤社町　にししちじょうあかやしろちょう　京都府京都市下京区
西七条東八反田町　にししちじょうひがしはったんだちょう　京都府京都市下京区
西七条東久保町　にししちじょうひがしくぼちょう　京都府京都市下京区
西七条東石ケ坪町　にししちじょうひがしいしがつぼちょう　京都府京都市下京区
西七条東御前田町　にししちじょうひがしおんまえだちょう　京都府京都市下京区
西七条南
　にししちじょうみなみ　北海道帯広市

　にししちじょうみなみ　北海道名寄市
　にししちじょうみなみ　北海道砂川市
　にししちじょうみなみ　北海道標津郡中標津町
西七条南中野町　にししちじょうみなみなかのちょう　京都府京都市下京区
西七条南月読町　にししちじょうみなみつきよみちょう　京都府京都市下京区
西七条南衣田町　にししちじょうみなみきぬたちょう　京都府京都市下京区
西七条南西野町　にししちじょうみなみにしのちょう　京都府京都市下京区
西七条南東野町　にししちじょうみなみひがしのちょう　京都府京都市下京区
西七条掛越町　にししちじょうかけごしちょう　京都府京都市下京区
西七条御前田町　にししちじょうおんまえだちょう　京都府京都市下京区
西七条御領町　にししちじょうごりょうちょう　京都府京都市下京区
西七根町　にしななねちょう　愛知県豊橋市
西九条
　にしくじょう　北海道河西郡芽室町
　にしくじょう　大阪府（JR大阪環状線ほか）
　にしくじょう　大阪府大阪市此花区
西九条大国町　にしくじょうおおくにちょう　京都府京都市南区
西九条小寺町　にしくじょうこでらちょう　京都府京都市南区
西九条川原城町　にしくじょうかわらじょうちょう　京都府京都市南区
西九条仏現寺町　にしくじょうぶつげんじちょう　京都府京都市南区
西九条比永城町　にしくじょうひえいじょうちょう　京都府京都市南区
西九条北
　にしくじょうきた　北海道帯広市
　にしくじょうきた　北海道名寄市
　にしくじょうきた　北海道標津郡中標津町
西九条北ノ内町　にしくじょうきたのうちちょう　京都府京都市南区
西九条寺ノ前町　にしくじょうてらのまえちょう　京都府京都市南区
西九条池ノ内町　にしくじょういけのうちちょう　京都府京都市南区
西九条西柳ノ内町　にしくじょうにしやなぎのうちちょう　京都府京都市南区
西九条西蔵王町　にしくじょうにしざおうちょう　京都府京都市南区
西九条戒光寺町　にしくじょうかいこうじちょう　京都府京都市南区
西九条町　さいくじょうちょう　奈良県奈良市
西九条東比永城町　にしくじょうひがしひえいじょうちょう　京都府京都市南区
西九条東柳ノ内町　にしくじょうひがしやなぎのうちちょう　京都府京都市南区
西九条東島町　にしくじょうひがししままち　京都府京都市南区
西九条東御幸町　にしくじょうひがしごこうでんちょう　京都府京都市南区
西九条南
　にしくじょうみなみ　北海道帯広市
　にしくじょうみなみ　北海道名寄市

557

6画（西）

にしくじょうみなみ　北海道標津郡中標津町

西九条南小路町　にしくじょうみなみこうじちょう　京都府京都市南区

西九条南田町　にしくじょうなんでんちょう　京都府京都市南区

西九条春日町　にしくじょうかすがちょう　京都府京都市南区

西九条柳ノ内町　にしくじょうやなぎのうちちょう　京都府京都市南区

西九条唐戸町　にしくじょうからとちょう　京都府京都市南区

西九条唐橋町　にしくじょうからはしちょう　京都府京都市南区

西九条島町　にしくじょうしままち　京都府京都市南区

西九条針小路町　にしくじょうはりこうじちょう　京都府京都市南区

西九条院町　にしくじょういんまち　京都府京都市南区

西九条高畠町　にしくじょうたかはたちょう　京都府京都市南区

西九条猪熊町　にしくじょういのくまちょう　京都府京都市南区

西九条菅田町　にしくじょうすがたちょう　京都府京都市南区

西九条鳥居口町　にしくじょうとりいぐちちょう　京都府京都市南区

西九条御幸田町　にしくじょうごこうでんちょう　京都府京都市南区

西九条森本町　にしくじょうもりもとちょう　京都府京都市南区

西九条開ケ町　にしくじょうかいがちょう　京都府京都市南区

西九条豊田町　にしくじょうとよだちょう　京都府京都市南区

西九条横町　にしくじょうよこまち　京都府京都市南区

西九条蔵王町　にしくじょうざおうちょう　京都府京都市南区

西九条藤ノ木町　にしくじょうふじのきちょう　京都府京都市南区

西九軒町　にしきゅうけんちょう　京都府京都市中京区

西二ツ屋町　にしふたつやちょう　福井県福井市

西二十一条北　にしにじゅういちじょうきた　北海道帯広市

西二十一条南　にしにじゅういちじょうみなみ　北海道帯広市

西二十一番町　にしにじゅういちばんちょう　青森県十和田市

西二十二条北　にしにじゅうにじょうきた　北海道帯広市

西二十二条南　にしにじゅうにじょうみなみ　北海道帯広市

西二十二番町　にしにじゅうにばんちょう　青森県十和田市

西二十三条北　にしにじゅうさんじょうきた　北海道帯広市

西二十三条南　にしにじゅうさんじょうみなみ　北海道帯広市

西二十三番町　にしにじゅうさんばんちょう　青森県十和田市

西二十五条北　にしにじゅうごじょうきた　北海道帯広市

西二十五条南　にしにじゅうごじょうみなみ　北海道帯広市

西二十四条北　にしにじゅうしじょうきた　北海道帯広市

西二十四条南　にしにじゅうしじょうみなみ　北海道帯広市

西二十条北　にしにじゅうじょうきた　北海道帯広市

西二十条南　にしにじゅうじょうみなみ　北海道帯広市

西二又町　にしふたまたまち　石川県輪島市

西二口町　にしふたくちまち　石川県能美市

西二条
　にしにじょう　北海道士別市
　にしにじょう　北海道天塩郡豊富町
　にしにじょう　北海道網走郡津別町
　にしにじょう　北海道河西郡芽室町
　にしにじょう　北海道広尾郡広尾町
　にしにじょう　北海道中川郡池田町

西二条北
　にしにじょうきた　北海道帯広市
　にしにじょうきた　北海道美唄市
　にしにじょうきた　北海道士別市
　にしにじょうきた　北海道名寄市
　にしにじょうきた　北海道砂川市
　にしにじょうきた　北海道網走郡美幌町
　にしにじょうきた　北海道上川郡新得町
　にしにじょうきた　北海道河西郡中札内村
　にしにじょうきた　北海道白糠郡白糠町
　にしにじょうきた　北海道標津郡中標津町

西二条南
　にしにじょうみなみ　北海道帯広市
　にしにじょうみなみ　北海道美唄市
　にしにじょうみなみ　北海道名寄市
　にしにじょうみなみ　北海道砂川市
　にしにじょうみなみ　北海道中川郡美深町
　にしにじょうみなみ　北海道網走郡美幌町
　にしにじょうみなみ　北海道上川郡新得町
　にしにじょうみなみ　北海道河西郡芽室町
　にしにじょうみなみ　北海道河西郡中札内村
　にしにじょうみなみ　北海道白糠郡白糠町
　にしにじょうみなみ　北海道標津郡中標津町

西二町　にしにちょう　茨城県常陸太田市

西二見　にしふたみ　兵庫県（山陽電気鉄道本線）

西二俣　にしふたまた　富山県富山市

西二軒屋町　にしにけんやちょう　徳島県徳島市

西二番町　にしにばんちょう　青森県十和田市

西二階町　にしにかいまち　兵庫県姫路市

西人吉　にしひとよし　熊本県（JR肥薩線）

西入江町　にしいりえちょう　山口県下関市

西入町　にしいりちょう　愛知県名古屋市天白区

西入船　にしいりふね　愛知県新城市

西入部
　にしいりべ　福岡県福岡市西区
　にしいるべ　福岡県福岡市早良区

西入善　にしにゅうぜん　富山県（あいの風とやま鉄道線）

西八上　にしやかみ　兵庫県篠山市

西八木崎　にしやぎさき　埼玉県春日部市

西八王子　にしはちおうじ　東京都（JR中央本線）

西八代町　にしやしろちょう　兵庫県姫路市

西八代郡　にしやつしろぐん　山梨県

西八田　にしはった　福岡県築上郡築上町
西八百屋町　にしやおやちょう　京都府京都市下京区
西八条　にしはちじょう　北海道河西郡芽室町
西八条北
　にしはちじょうきた　北海道帯広市
　にしはちじょうきた　北海道名寄市
　にしはちじょうきた　北海道砂川市
　にしはちじょうきた　北海道標津郡中標津町
西八条南
　にしはちじょうみなみ　北海道帯広市
　にしはちじょうみなみ　北海道名寄市
　にしはちじょうみなみ　北海道標津郡中標津町
西八朔町　にしはっさくちょう　神奈川県横浜市緑区
西八幡
　にしやわた　神奈川県平塚市
　にしやはた　山梨県甲斐市
西八幡町
　にしはちまんちょう　宮城県気仙沼市
　にしやはたまち　長崎県島原市
西八幡前　にしはちまんまえ　宮城県気仙沼市
西八幡原　にしやわたはら　広島県山県郡北広島町
西十一条　にしじゅういちじょう　北海道河西郡芽室町
西十一条北
　にしじゅういちじょうきた　北海道帯広市
　にしじゅういちじょうきた　北海道名寄市
　にしじゅういちじょうきた　北海道標津郡中標津町
西十一条南
　にしじゅういちじょうみなみ　北海道帯広市
　にしじゅういちじょうみなみ　北海道名寄市
　にしじゅういちじょうみなみ　北海道標津郡中標津町
西十一番町　にしじゅういちばんちょう　青森県十和田市
西十七条北　にしじゅうしちじょうきた　北海道帯広市
西十七条南　にしじゅうしちじょうみなみ　北海道帯広市
西十九条北　にしじゅうくじょうきた　北海道帯広市
西十九条南　にしじゅうくじょうみなみ　北海道帯広市
西十二条北
　にしじゅうにじょうきた　北海道帯広市
　にしじゅうにじょうきた　北海道名寄市
　にしじゅうにじょうきた　北海道標津郡中標津町
西十二条南
　にしじゅうにじょうみなみ　北海道帯広市
　にしじゅうにじょうみなみ　北海道名寄市
　にしじゅうにじょうみなみ　北海道標津郡中標津町
西十二番町　にしじゅうにばんちょう　青森県十和田市
西十八条北　にしじゅうはちじょうきた　北海道帯広市
西十八条南　にしじゅうはちじょうみなみ　北海道帯広市
西十三条北
　にしじゅうさんじょうきた　北海道帯広市
　にしじゅうさんじょうきた　北海道名寄市
　にしじゅうさんじょうきた　北海道標津郡中標津町
西十三条南
　にしじゅうさんじょうみなみ　北海道帯広市
　にしじゅうさんじょうみなみ　北海道名寄市
西十三奉行　にしじゅうさんぶぎょう　茨城県ひたちなか市
西十三塚町　にしとみづかちょう　愛知県瀬戸市

西十三番町　にしじゅうさんばんちょう　青森県十和田市
西十五条北　にしじゅうごじょうきた　北海道帯広市
西十五条南
　にしじゅうごじょうみなみ　北海道帯広市
　にしじゅうごじょうみなみ　北海道名寄市
西十五番町　にしじゅうごばんちょう　青森県十和田市
西十六条北　にしじゅうろくじょうきた　北海道帯広市
西十六条南　にしじゅうろくじょうみなみ　北海道帯広市
西十六番町　にしじゅうろくばんちょう　青森県十和田市
西十日市町　にしとうかいちまち　広島県広島市中区
西十四条北
　にしじゅうしじょうきた　北海道帯広市
　にしじゅうしじょうきた　北海道標津郡中標津町
西十四条南
　にしじゅうしじょうみなみ　北海道帯広市
　にしじゅうしじょうみなみ　北海道名寄市
西十四番町　にしじゅうよんばんちょう　青森県十和田市
西十条　にしじゅうじょう　北海道河西郡芽室町
西十条北
　にしじゅうじょうきた　北海道帯広市
　にしじゅうじょうきた　北海道名寄市
　にしじゅうじょうきた　北海道標津郡中標津町
西十条南
　にしじゅうじょうみなみ　北海道帯広市
　にしじゅうじょうみなみ　北海道名寄市
　にしじゅうじょうみなみ　北海道標津郡中標津町
西又　にしまた　静岡県静岡市葵区
西又兵ヱ町　にしまたべえちょう　愛知県名古屋市南区
³西下　にししも　岡山県津山市
西下川原　にししもかわら　青森県上北郡おいらせ町
西下台町　にししただいちょう　岩手県盛岡市
西下条町　にししもじょうまち　山梨県甲府市
西下町　にししもまち　石川県七尾市
西下谷地　にししもやち　青森県上北郡おいらせ町
西下野　にししもの　兵庫県佐用郡佐用町
西下野町　にししものちょう　福井県福井市
西三ケ尾　にしさんがお　千葉県野田市
西三ツ木　にしみつぎ　埼玉県入間市
西三川
　にしみかわ　北海道夕張郡由仁町
　にしみかわ　新潟県佐渡市
西三才　にしさんさい　長野県長野市
西三次　にしみよし　広島県（JR芸備線）
西三坂　にしみさか　福島県白河市
西三坂山　にしみさかやま　福島県白河市
西三坊堀川町　にしさんぼうほりかわちょう　京都府京都市中京区
西三条
　にしさんじょう　北海道士別市
　にしさんじょう　北海道天塩郡豊富町
　にしさんじょう　北海道網走郡津別町
　にしさんじょう　北海道河西郡芽室町
　にしさんじょう　北海道広尾郡広尾町
　にしさんじょう　北海道中川郡池田町
西三条北
　にしさんじょうきた　北海道帯広市

6画（西）

にしさんじょうきた　北海道美唄市
にしさんじょうきた　北海道士別市
にしさんじょうきた　北海道名寄市
にしさんじょうきた　北海道砂川市
にしさんじょうきた　北海道中川郡美深町
にしさんじょうきた　北海道上川郡新得町
にしさんじょうきた　北海道標津郡中標津町

西三条南
にしさんじょうみなみ　北海道帯広市
にしさんじょうみなみ　北海道美唄市
にしさんじょうみなみ　北海道名寄市
にしさんじょうみなみ　北海道砂川市
にしさんじょうみなみ　北海道中川郡美深町
にしさんじょうみなみ　北海道上川郡新得町
にしさんじょうみなみ　北海道河西郡芽室町
にしさんじょうみなみ　北海道標津郡中標津町

西三町　にしさんちょう　茨城県常陸太田市
西三谷　にしみたに　和歌山県紀の川市
西三里塚　にしさんりづか　千葉県成田市
西三国　にしみくに　大阪府大阪市淀川区
西三松　にしみつまつ　福井県大飯郡高浜町
西三城町　にしさんじょうちょう　長崎県大村市
西三津田町　にしみつたちょう　広島県呉市
西三荘　にしさんそう　大阪府（京阪電気鉄道本線）
西三倉堂　にしみくらどう　奈良県大和高田市
西三島　にしみしま　栃木県那須塩原市
西三番町　にしさんばんちょう　青森県十和田市
西三階町　にしみかいまち　石川県七尾市
西三蒲　にしみがま　山口県大島郡周防大島町
西三輪　にしみわ　北海道北見市
西上
にしかみ　北海道河東郡士幌町
にしかみ　岡山県津山市
西上小阪　にしかみこさか　大阪府東大阪市
西上川原　にしかみかわら　青森県上北郡七戸町
西上之町　にしかみのちょう　京都府京都市上京区
西上之宮町　にしかみのみやまち　群馬県伊勢崎市
西上田　にしうえだ　長野県（しなの鉄道線）
西上坂町　にしこうざかちょう　滋賀県長浜市
西上秋間　にしかみあきま　群馬県安中市
西上原　にしうえはら　広島県世羅郡世羅町
西上野町　にしうえのちょう　兵庫県加西市
西上善寺町　にしじょうぜんじちょう　京都府京都市上京区
西上橘通　にしかみたちばなどおり　兵庫県神戸市兵庫区
西上磯部　にしかみいそべ　群馬県安中市
西万倉　にしまぐら　山口県宇部市
西与賀町今津　にしよかまちいまつ　佐賀県佐賀市
西与賀町厘外　にしよかまちりんげ　佐賀県佐賀市
西与賀町相応津　にしよかまちそうおうつ　佐賀県佐賀市
西与賀町高太郎　にしよかまちたかたろう　佐賀県佐賀市
西丸山　にしまるやま　茨城県つくばみらい市
西丸山町
にしまるやまちょう　兵庫県神戸市長田区
にしまるやままち　福岡県北九州市八幡東区
西丸之内　にしまるのうち　三重県津市
西丸太町　にしまるたちょう　京都府京都市上京区

西丸町　にしまるちょう　三重県亀山市
西久万　にしくま　高知県高知市
西久方町　にしひさかたちょう　群馬県桐生市
西久宝寺　にしきゅうほうじ　大阪府八尾市
西久保
にしくぼ　東京都武蔵野市
にしくぼ　神奈川県茅ケ崎市
にしくぼ　神奈川県中郡大磯町
にしくぼ　静岡県静岡市清水区
にしくぼ　高知県長岡郡大豊町
西久保本町　にしくぼほんまち　奈良県御所市
西久保町
にしくぼちょう　群馬県伊勢崎市
にしくぼちょう　神奈川県横浜市保土ケ谷区
にしくぼちょう　広島県尾道市
西久留野町　にしくるのちょう　奈良県五條市
西千手　にしせんじゅ　新潟県長岡市
西千代ケ丘　にしちよがおか　奈良県奈良市
西千代田町
にしちよだちょう　静岡県静岡市葵区
にしちよだちょう　山口県周南市
西千本町　にしせんぼんちょう　京都府京都市上京区
西千石町　にしせんごくちょう　鹿児島県鹿児島市
西千葉　にしちば　千葉県（JR総武本線）
西口　にしぐち　奈良県桜井市
西口町
にしぐちちょう　愛知県豊橋市
にしぐちちょう　愛知県豊川市
西土佐下家地　にしとさしもいえじ　高知県四万十市
西土佐口屋内　にしとさくちやない　高知県四万十市
西土佐大宮　にしとさおおみや　高知県四万十市
西土佐中半　にしとさなかば　高知県四万十市
西土佐中家地　にしとさなかいえじ　高知県四万十市
西土佐半家　にしとさはげ　高知県四万十市
西土佐用井　にしとさもちい　高知県四万十市
西土佐江川　にしとさえかわ　高知県四万十市
西土佐江川崎　にしとさえかわさき　高知県四万十市
西土佐西ケ方　にしとさにしがほう　高知県四万十市
西土佐玖木　にしとさくき　高知県四万十市
西土佐岩間　にしとさいわま　高知県四万十市
西土佐茅生　にしとさかよう　高知県四万十市
西土佐長生　にしとさながおい　高知県四万十市
西土佐津野川　にしとさつのがわ　高知県四万十市
西土佐津賀　にしとさつが　高知県四万十市
西土佐奥屋内　にしとさおくやない　高知県四万十市
西土佐須崎　にしとさすさき　高知県四万十市
西土佐橘　にしとさたちばな　高知県四万十市
西土佐薮ケ市　にしとさやぶがいち　高知県四万十市
西土佐藤ノ川　にしとさふじのかわ　高知県四万十市
西土居　にしどい　高知県長岡郡大豊町
西土堂町　にしつちどうちょう　広島県尾道市
西士別町　にししべつちょう　北海道士別市
西士狩　にししかり　北海道河西郡芽室町
西士幌　にししほろ　北海道河東郡士幌町
西大久保　にしおおくぼ　埼玉県入間郡毛呂山町
西大久保町　にしおおくぼちょう　長崎県佐世保市
西大口　にしおおぐち　神奈川県横浜市神奈川区
西大山
にしおおやま　茨城県結城郡八千代町

6画（西）

にしおおやま　鹿児島県（JR指宿枕崎線）

西大工町
　にしだいくまち　青森県弘前市
　にしだいくまち　和歌山県和歌山市
　にしだいくまち　徳島県徳島市

西大井
　にしおおい　茨城県つくば市
　にしおおい　東京都（JR横須賀線）
　にしおおい　東京都品川区
　にしおおい　神奈川県足柄上郡大井町
　にしおおい　大阪府藤井寺市
　にしおおい　和歌山県紀の川市

西大井町
　にしおおいちょう　福井県鯖江市
　にしおおいちょう　滋賀県長浜市

西大円　にしだいえん　愛知県犬山市
西大分　にしおおいた　大分県（JR日豊本線）
西大友　にしおおども　神奈川県小田原市
西大友町　にしおおどもちょう　愛知県岡崎市
西大戸　にしおおど　岡山県笠岡市
西大手　にしおおて　三重県（伊賀鉄道線）

西大手町
　にしおおてちょう　京都府京都市伏見区
　にしおおてまち　鹿児島県鹿屋市

西大文字町
　にしだいもんじちょう　京都府京都市中京区
　にしだいもんじちょう　京都府京都市伏見区

西大方　にしおおがた　高知県（土佐くろしお鉄道中
　　村・宿毛線）

西大月　にしおおつき　福井県大野市
西大外羽　にしおおとば　岐阜県大垣市
西大矢知町　にしおおやちちょう　愛知県半田市

西大寺
　さいだいじ　岡山県（JR赤穂線）
　さいだいじ　岡山県岡山市東区

西大寺一宮　さいだいじいちのみや　岡山県岡山市
　　東区
西大寺上　さいだいじかみ　岡山県岡山市東区
西大寺小坊町　さいだいじこぼうちょう　奈良県奈
　　良市
西大寺川口　さいだいじかわぐち　岡山県岡山市東区
西大寺中　さいだいじなか　岡山県岡山市東区
西大寺中野　さいだいじなかの　岡山県岡山市東区
西大寺中野本町　さいだいじなかのほんまち　岡山県
　　岡山市東区
西大寺五明　さいだいじごみょう　岡山県岡山市東区
西大寺北　さいだいじきた　岡山県岡山市東区
西大寺北町　さいだいじきたまち　奈良県奈良市
西大寺本町　さいだいじほんまち　奈良県奈良市

西大寺町
　さいだいじちょう　奈良県奈良市
　さいだいじちょう　岡山県（岡山電気軌道東山本線）

西大寺芝町　さいだいじしばまち　奈良県奈良市
西大寺赤田町　さいだいじあこだちょう　奈良県奈
　　良市
西大寺国見町　さいだいじくにみちょう　奈良県奈
　　良市
西大寺宝ケ丘　さいだいじたからがおか　奈良県奈
　　良市
西大寺松崎　さいだいじまつざき　岡山県岡山市東区
西大寺東　さいだいじひがし　岡山県岡山市東区

西大寺東町　さいだいじひがしまち　奈良県奈良市
西大寺金岡　さいだいじかなおか　岡山県岡山市東区
西大寺門前　さいだいじもんぜん　岡山県岡山市東区
西大寺南　さいだいじみなみ　岡山県岡山市東区
西大寺南町　さいだいじみなみまち　奈良県奈良市
西大寺栄町　さいだいじさかえまち　奈良県奈良市
西大寺射越　さいだいじいこし　岡山県岡山市東区
西大寺浜　さいだいじはま　岡山県岡山市東区
西大寺竜王町　さいだいじりゅうおうちょう　奈良県奈
　　良市
西大寺高塚町　さいだいじたかつかちょう　奈良県奈
　　良市
西大寺野神町　さいだいじのがみちょう　奈良県奈
　　良市
西大寺新　さいだいじしん　岡山県岡山市東区
西大寺新田町　さいだいじしんでんちょう　奈良県奈
　　良市
西大寺新地　さいだいじしんち　岡山県岡山市東区
西大寺新池町　さいだいじしんいけちょう　奈良県奈
　　良市
西大寺新町　さいだいじしんまち　奈良県奈良市
西大曲町　にしおおまがりちょう　静岡県静岡市清
　　水区
西大池　にしおおいけ　兵庫県神戸市北区
西大竹　にしおおだけ　神奈川県秦野市
西大寿台　にしだいじゅだい　兵庫県姫路市
西大村本町　にしおおむらほんまち　長崎県大村市

西大沢
　にしおおさわ　富山県富山市
　にしおおさわ　広島県東広島市

西大谷
　にしおおや　静岡県静岡市駿河区
　にしおおたに　福岡県北九州市戸畑区

西大味町　にしおおみちょう　福井県福井市
西大和　にしやまと　栃木県那須塩原市
西大和田　にしおおわだ　千葉県富津市
西大和団地　にしやまとだんち　埼玉県和光市
西大坪町　にしおおつぼちょう　山口県下関市
西大枝　にしおおえだ　福島県伊達郡国見町

西大沼
　にしおおぬま　北海道亀田郡七飯町
　にしおおぬま　福島県白河市
　にしおおぬま　茨城県つくば市
　にしおおぬま　埼玉県深谷市
　にしおおぬま　神奈川県相模原市南区

西大物町　にしだいもつちょう　兵庫県尼崎市
西大垣　にしおおがき　岐阜県（養老鉄道線）
西大室町　にしおおむろちょう　群馬県前橋市
西大海道　にしおおがいどう　愛知県一宮市

西大洲
　にしおおず　愛媛県（JR予讃線）
　にしおおず　愛媛県大洲市

西大泉
　にしおおいずみ　東京都練馬区
　にしおおいずみ　富山県富山市

西大泉町　にしおおいずみまち　東京都練馬区
西大畑町　にしおおはたちょう　新潟県新潟市中央区
西大原　にしおおはら　千葉県（いすみ鉄道線）
西大家　にしおおや　埼玉県（東武鉄道越生線）
西大宮　にしおおみや　埼玉県（JR川越線）

561

6画（西）

西大島
にしおおしま　茨城県ひたちなか市
にしおおしま　茨城県筑西市
にしおおじま　栃木県真岡市
にしおおじま　東京都（東京都交通局新宿線）
にしおおしま　岡山県笠岡市

西大島町　にしおおしままち　佐賀県唐津市

西大島新田　にしおおしましんでん　岡山県笠岡市

西大桑町　にしおおくわまち　石川県金沢市

西大浜北　にしおおはまきた　香川県坂出市

西大浜南　にしおおはまみなみ　香川県坂出市

西大畠　にしおおばたけ　兵庫県佐用郡佐用町

西大通　にしおおどおり　山形県米沢市

西大通り　にしおおどおり　岩手県花巻市

西大堀　にしおおぼり　大分県宇佐市

西大崎
にしおおさき　宮城県（JR陸羽東線）
にしおおさき　新潟県三条市

西大渕　にしおおぶち　静岡県掛川市

西大野
にしおおの　青森県青森市
にしおおの　茨城県水戸市

西大黒町
にしだいこくちょう　京都府京都市中京区
にしだいこくちょう　京都府京都市伏見区

西大塚
にしおおつか　山形県（山形鉄道フラワー長井線）
にしおおつか　山形県東置賜郡川西町
にしおおつか　大阪府松原市

西大塚町　にしおおつかまち　熊本県人吉市

西大森　にしおおもり　富山県中新川郡立山町

西大道
にしだいどう　福井県南条郡南越前町
にしおおみち　大分県大分市

西大道町八瀬の木前　にしだいどうちょうやせのきまえ　愛知県尾張旭市

西大道町下大道　にしだいどうちょうしもだいどう　愛知県尾張旭市

西大道町五輪塚　にしだいどうちょうごりんづか　愛知県尾張旭市

西大道町六兵衛前　にしだいどうちょうろくべえまえ　愛知県尾張旭市

西大道町前田　にしだいどうちょうまえだ　愛知県尾張旭市

西大隅　にしおおすみ　福島県伊達郡桑折町

西大須賀　にしおおすか　千葉県成田市

西大寛　にしだいかん　栃木県宇都宮市

西大滝　にしおおたき　長野県（JR飯山線）

西大路
にしおおじ　滋賀県蒲生郡日野町
にしおおじ　京都府（JR東海道本線）
にしおおろ　鳥取県鳥取市

西大路三条　にしおおじさんじょう　京都府（京福電気鉄道嵐山本線）

西大路町
にしおおじちょう　滋賀県草津市
にしおおじちょう　京都府京都市上京区
にしおおじちょう　大阪府岸和田市

西大路御池　にしおおじおいけ　京都府（京都市交通局東西線）

西大樋町　にしおおひちょう　大阪府高槻市

西大輪　にしおおわ　埼玉県久喜市

西大橋
にしおおはし　茨城県つくば市
にしおおはし　大阪府（大阪市交通局長堀鶴見緑地線）

西大鍬町　にしおおくわまち　秋田県由利本荘市

西大瀬　にしおおせ　秋田県能代市

西大鐘町　にしおおがねちょう　三重県四日市市

西女満別　にしめまんべつ　北海道（JR石北本線）

西子飼町　にしこかいまち　熊本県熊本市中央区

西小二里　にしこにり　和歌山県和歌山市

西小人町　にしこびとまち　秋田県由利本荘市

西小丸山　にしこまるやま　福島県白河市

西小山　にしこやま　東京都（東京急行電鉄目黒線）

西小川
にしおがわ　福井県小浜市
にしこがわ　静岡県焼津市

西小川町　にしおがわちょう　千葉県銚子市

西小中台　にしこなかだい　千葉県千葉市花見川区

西小仙波町　にしこせんばまち　埼玉県川越市

西小田　にしおだ　福岡県筑紫野市

西小田町　にしおだぢょう　岐阜県瑞浪市

西小田原町　にしおだわらちょう　愛知県豊橋市

西小石町　にしこいしまち　福岡県北九州市若松区

西小池町　にしこいけちょう　愛知県豊橋市

西小串　にしこぐし　山口県宇部市

西小坂井　にしこざかい　愛知県（JR東海道本線）

西小来川　にしおころがわ　栃木県日光市

西小谷ケ丘　にしこたにがおか　京都府福知山市

西小岩　にしこいわ　東京都江戸川区

西小松川町　にしこまつがわまち　東京都江戸川区

西小林　にしこばやし　宮崎県（JR吉都線）

西小物座町　にしこものざちょう　京都府京都市東山区

西小保方町　にしおぼかたちょう　群馬県伊勢崎市

西小俣　にしおまた　富山県富山市

西小泉
にしこいずみ　群馬県（東武鉄道小泉線）
にしこいずみ　群馬県邑楽郡大泉町

西小泉町　にしこいずみちょう　静岡県富士宮市

西小倉
にしおぐら　岐阜県養老郡養老町
にしこくら　福岡県（JR日豊本線）

西小原町　にしおはらちょう　愛知県一宮市

西小島　にしこしま　長崎県長崎市

西小針　にしこばり　埼玉県北足立郡伊奈町

西小針台　にしこばりだい　新潟県新潟市西区

西小梛町　にしこなぎちょう　愛知県西尾市

西小笹　にしこざさ　千葉県匝瑳市

西小野方　にしおのかた　山形県東田川郡庄内町

西小鹿　にしおしか　鳥取県東伯郡三朝町

西小園　にしこぞの　熊本県阿蘇市

西小塙　にしこばなわ　茨城県桜川市

西小路
にししょうじ　大阪府箕面市
さいこうじ　宮崎県延岡市

西小路町
にしこうじちょう　北海道室蘭市
にしこうじまち　長崎県諫早市

6画（西）

西小磯　にしこいそ　神奈川県中郡大磯町
西小鷹野　にしおだかの　愛知県豊橋市
西山
　　にしやま　福島県相馬市
　　にしやま　福島県東白川郡鮫川村
　　にしやま　福島県石川郡平田村
　　にしやま　千葉県柏市
　　にしやま　千葉県鴨川市
　　にしやま　新潟県（JR越後線）
　　にしやま　新潟県新潟市江南区
　　にしやま　新潟県加茂市
　　にしやま　新潟県糸魚川市
　　にしやま　石川県羽咋郡志賀町
　　にしやま　福井県大野市
　　にしやま　静岡県富士宮市
　　にしやま　静岡県掛川市
　　にしやま　三重県伊賀市
　　にしやま　三重県多気郡多気町
　　にしやま　滋賀県米原市
　　にしやま　兵庫県神戸市北区
　　にしやま　兵庫県三田市
　　にしやま　奈良県吉野郡下市町
　　にしやま　香川県東かがわ市
　　にしやま　高知県南国市
　　にしやま　福岡県（筑豊電気鉄道線）
　　にしやま　長崎県長崎市
西山丸尾　にしやままるお　京都府八幡市
西山口　にしやまぐち　和歌山県（和歌山電鉄貴志川線）
西山元町　にしやまもとまち　愛知県名古屋市千種区
西山公園　にしやまこうえん　福井県（福井鉄道福武線）
西山内　にしやまのうち　岡山県岡山市北区
西山天王山　にしやまてんのうざん　京都府（阪急電鉄京都本線）
西山手町　にしやまてちょう　徳島県徳島市
西山王町　にしさんのうまち　富山県富山市
西山台
　　にしやまだい　石川県羽咋郡志賀町
　　にしやまだい　愛知県名古屋市名東区
　　にしやまだい　大阪府大阪狭山市
　　にしやまだい　奈良県北葛城郡河合町
　　にしやまだい　長崎県長崎市
西山本町
　　にしやまもとちょう　大阪府八尾市
　　にしやまほんまち　長崎県長崎市
西山本通　にしやまほんとおり　愛知県名古屋市名東区
西山田
　　にしやまだ　茨城県筑西市
　　にしやまだ　和歌山県紀の川市
西山田町　にしやまだまち　石川県加賀市
西山名　にしやまな　群馬県（上信電鉄線）
西山寺
　　にしやまでら　新潟県上越市
　　さいさんじ　静岡県牧之原市
　　にしやまじ　岡山県久米郡久米南町
西山村新田　にしやまむらしんでん　埼玉県さいたま市見沼区
西山町
　　にしやまちょう　宮城県石巻市
　　にしやままち　石川県輪島市
　　にしやまちょう　福井県鯖江市

　　にしやまちょう　岐阜県多治見市
　　にしやまちょう　静岡県浜松市西区
　　にしやまちょう　静岡県熱海市
　　にしやまちょう　愛知県豊橋市
　　にしやまちょう　愛知県瀬戸市
　　にしやまちょう　愛知県春日井市
　　にしやまち　愛知県碧南市
　　にしやまちょう　愛知県豊田市
　　にしやまちょう　愛知県尾張旭市
　　にしやまちょう　愛知県田原市
　　にしやまちょう　三重県四日市市
　　にしやまちょう　兵庫県神戸市長田区
　　にしやまちょう　兵庫県芦屋市
　　にしやまちょう　兵庫県小野市
西山町二田　にしやまちょうふただ　新潟県柏崎市
西山町下山田　にしやまちょうしもやまだ　新潟県柏崎市
西山町上山田　にしやまちょうかみやまだ　新潟県柏崎市
西山町大坪　にしやまちょうおおつぼ　新潟県柏崎市
西山町大津　にしやまちょうおおづ　新潟県柏崎市
西山町大崎　にしやまちょうおおさき　新潟県柏崎市
西山町中央台　にしやまちょうちゅうおうだい　新潟県柏崎市
西山町五日市　にしやまちょういつかいち　新潟県柏崎市
西山町内方　にしやまちょううちかた　新潟県柏崎市
西山町北野　にしやまちょうきたの　新潟県柏崎市
西山町甲田　にしやまちょうこうだ　新潟県柏崎市
西山町田沢　にしやまちょうたざわ　新潟県柏崎市
西山町石地　にしやまちょういしじ　新潟県柏崎市
西山町礼拝　にしやまちょうらいはい　新潟県柏崎市
西山町伊毛　にしやまちょういも　新潟県柏崎市
西山町池浦　にしやまちょういけうら　新潟県柏崎市
西山町灰爪　にしやまちょうはいづめ　新潟県柏崎市
西山町西山　にしやまちょうにしやま　新潟県柏崎市
西山町別山　にしやまちょうべつやま　新潟県柏崎市
西山町坂田　にしやまちょうさかた　新潟県柏崎市
西山町妙法寺　にしやまちょうみょうほうじ　新潟県柏崎市
西山町尾町　にしやまちょうおまち　新潟県柏崎市
西山町尾野内　にしやまちょうおのうち　新潟県柏崎市
西山町和田　にしやまちょうわだ　新潟県柏崎市
西山町長嶺　にしやまちょうながみね　新潟県柏崎市
西山町後谷　にしやまちょううしろだに　新潟県柏崎市
西山町浜忠　にしやまちょうはまつだ　新潟県柏崎市
西山町鬼王　にしやまちょうおにおう　新潟県柏崎市
西山町黒部　にしやまちょうくろべ　新潟県柏崎市
西山町新保　にしやまちょうしんぼ　新潟県柏崎市
西山町緑が丘　にしやまちょうみどりがおか　新潟県柏崎市
西山町藤掛　にしやまちょうふじかけ　新潟県柏崎市
西山町鎌田　にしやまちょうかまた　新潟県柏崎市
西山足立　にしやまあだち　京都府八幡市
西山和気　にしやまわき　京都府八幡市
西山耕　にしやまこう　高知県高岡郡佐川町
西山崎町
　　にしやまざきちょう　京都府京都市上京区
　　にしやまざきちょう　香川県高松市
西山組　にしやまぐみ　高知県高岡郡佐川町

563

6画（西）

西山新田 にしやましんでん　埼玉県さいたま市見沼区

西山路町 にしやまじちょう　愛知県瀬戸市

西川
にしかわ　北海道雨竜郡北竜町
にしかわ　福島県須賀川市
にしかわ　栃木県日光市
にしかわ　千葉県富津市
にしがわ　滋賀県蒲生郡竜王町
にしかわ　兵庫県尼崎市
にしかわ　和歌山県東牟婁郡古座川町
にしかわ　岡山県久米郡美咲町
にしかわ　高知県長岡郡大豊町

西川上 にしがわかみ　岡山県久米郡美咲町

西川口
にしかわぐち　埼玉県（JR京浜東北線）
にしかわぐち　埼玉県川口市
にしかわぐち　新潟県長岡市

西川口町 にしかわぐちちょう　広島県広島市中区

西川内 にしかわうち　新潟県胎内市

西川手 にしかわて　岐阜県岐阜市

西川北 にしかわきた　宮崎県えびの市

西川田
にしかわだ　栃木県（東武鉄道宇都宮線）
にしかわた　栃木県宇都宮市

西川田本町 にしかわたほんちょう　栃木県宇都宮市

西川田町 にしかわたまち　栃木県宇都宮市

西川田東町 にしかわたひがしまち　栃木県宇都宮市

西川田南 にしかわたみなみ　栃木県宇都宮市

西川辺 にしかわなべ　兵庫県神崎郡市川町

西川名 にしかわな　千葉県館山市

西川町
にしかわちょう　北海道岩見沢市
にしかわまち　山形県西村山郡
にしかわまち　福島県須賀川市
にしかわちょう　愛知県名古屋市港区
にしがわちょう　愛知県豊明市
にしかわちょう　沖縄県糸満市

西川角 にしかわづの　高知県高岡郡四万十町

西川岸町 にしかわぎしちょう　青森県弘前市

西川津町 にしかわつちょう　島根県松江市

西川面 にしかわも　岡山県小田郡矢掛町

西川原
にしがわら　新潟県糸魚川市
にしがわら　富山県小矢部市
にしかわはら　和歌山県紀の川市
にしがわら　岡山県（JR山陽本線）
にしがわら　岡山県岡山市中区

西川原石町 にしかわらいしちょう　広島県呉市

西川原町
にしがわらちょう　愛知県名古屋市守山区
にしがわらちょう　京都府京都市東山区

西川島町 にしかわしまちょう　神奈川県横浜市旭区

西川登町小田志 にしかわのぼりちょうこたじ　佐賀県武雄市

西川登町神六 にしかわのぼりちょうじんろく　佐賀県武雄市

西川越 にしかわごえ　埼玉県（JR川越線）

西川端町
にしかわばたちょう　愛知県愛西市
にしかわばたちょう　京都府京都市上京区

西川緑道公園 にしがわりょくどうこうえん　岡山県（岡山電気軌道東山本線ほか）

西川頭町 にしかわがしらまち　福岡県北九州市八幡西区

西工業団地 にしこうぎょうだんち　鳥取県境港市

西弓削 にしゆうげ　大阪府八尾市

4**西中**
にしなか　北海道（JR富良野線）
にしなか　千葉県東金市
にしなか　新潟県新潟市西蒲区
にしなか　新潟県三条市
にしなか　新潟県小千谷市
にしなか　新潟県糸魚川市
にしなか　富山県砺波市
にしなか　富山県小矢部市
にしなか　富山県下新川郡入善町
にしなか　静岡県下田市
にしなか　奈良県吉野郡十津川村
にしなか　岡山県津山市
にしなか　岡山県赤磐市

西中ノ町 にしなかのまち　京都府福知山市

西中山町
にしなかやまちょう　愛知県豊田市
にしなかやまちょう　長崎県平戸市

西中川原 にしなかがわら　秋田県湯沢市

西中才 にしなかさい　宮城県気仙沼市

西中之条 にしなかのじょう　群馬県吾妻郡中之条町

西中央
にしちゅうおう　福島県福島市
にしちゅうおう　広島県呉市

西中田 にしなかだ　宮城県仙台市太白区

西中地町 にしなかじちょう　愛知県弥富市

西中条町 にしちゅうじょうちょう　大阪府茨木市

西中町
にしなかちょう　神奈川県横浜市南区
にしなかまち　新潟県新潟市中央区
にしなかまち　富山県中新川郡上市町
にしなかちょう　福井県福井市
にしなかちょう　愛知県岡崎市
にしなかちょう　愛知県知立市
にしなかちょう　山口県宇部市

西中延 にしなかのぶ　東京都品川区

西中洲 にしなかす　福岡県福岡市中央区

西中音更 にしなかおとふけ　北海道河東郡音更町

西中原 にしなかはら　静岡県静岡市駿河区

西中島
にしなかじま　岐阜県岐阜市
にしなかじま　愛知県名古屋市中川区
にしなかじま　大阪府大阪市淀川区
にしなかじま　兵庫県姫路市

西中島町 にしなかじまちょう　岡山県岡山市中区

西中島南方 にしなかじまみなみがた　大阪府（大阪市交通局御堂筋線）

西中通 にしなかどおり　新潟県（JR越後線）

西中曽根 にしなかぞね　埼玉県鴻巣市

西中野
にしなかの　山形県山形市
にしなかの　富山県（富山地方鉄道市内線）
にしなかの　富山県小矢部市
にしなかの　愛知県一宮市

西中野川 にしなかのかわ　和歌山県東牟婁郡那智勝浦町

564

6画（西）

西中野本町　にしなかのほんまち　富山県富山市
西中野目　にしなかのめ　青森県南津軽郡藤崎町
西中野町
　　にしなかのまち　富山県富山市
　　にしなかのちょう　福井県福井市
　　にしなかのちょう　滋賀県東近江市
西中野俣　にしなかのまた　新潟県長岡市
西中富　にしなかとみ　徳島県板野郡板野町
西中筋町　にしなかすじちょう　京都府京都市上京区
西中新田　にしなかしんでん　岡山県倉敷市
西丹生図　にしにゅうのず　和歌山県有田郡有田川町
西丹波町　にしたんばちょう　愛知県豊田市
西之　にしの　鹿児島県熊毛郡南種子町
西之一色町　にしのいっしきまち　岐阜県高山市
西之口　にしのくち　愛知県常滑市
西之口町　にしのくちちょう　京都府京都市上京区
西之山町　にしのやまちょう　大阪府河内長野市
西之川　にしのかわ　愛媛県西条市
西之川町　にしのかわちょう　岐阜県大垣市
西之川原　にしのかわら　大阪府高槻市
西之内町　にしのうちちょう　大阪府岸和田市
西之庄町　にしのしょうちょう　三重県松阪市
西之町
　　にしのちょう　京都府京都市東山区
　　にしのちょう　京都府京都市下京区
　　にしのちょう　岡山県岡山市北区
西之谷　にしのや　静岡県掛川市
西之谷町　にしのやちょう　神奈川県横浜市中区
西之阪町　にしのさかちょう　奈良県奈良市
西之表　にしのおもて　鹿児島県西之表市
西之表市　にしのおもてし　鹿児島県
西之門町
　　にしのもんちょう　長野県長野市
　　にしのもんちょう　京都府京都市東山区
西之保　にしのほう　愛知県北名古屋市
西之宮
　　にしのみや　山梨県南巨摩郡早川町
　　にしのみや　奈良県桜井市
西之島
　　にしのしま　静岡県磐田市
　　にしのしま　愛知県小牧市
西之森　にしのもり　愛知県海部郡蟹江町
西之澤　にしのさわ　三重県伊賀市
西予市　せいよし　愛媛県
西井上　にしいね　奈良県磯城郡田原本町
西井戸尻　にしいどじり　福島県喜多方市
西井戸堂町　にしいどうどうちょう　奈良県天理市
西井阪　にしいさか　和歌山県紀の川市
西五十子　にしいかつこ　埼玉県本庄市
西五反田　にしごたんだ　東京都品川区
西五辻北町　にしいつつじきたちょう　京都府京都市
　　上京区
西五辻東町　にしいつつじひがしまち　京都府京都市
　　上京区
西五百住町　にしよすみちょう　大阪府高槻市
西五条
　　にしごじょう　北海道士別市
　　にしごじょう　北海道天塩郡豊富町
　　にしごじょう　北海道河西郡芽室町

西五条北
　　にしごじょうきた　北海道帯広市
　　にしごじょうきた　北海道美唄市
　　にしごじょうきた　北海道士別市
　　にしごじょうきた　北海道名寄市
　　にしごじょうきた　北海道砂川市
　　にしごじょうきた　北海道白糠郡白糠町
　　にしごじょうきた　北海道標津郡中標津町
西五条南
　　にしごじょうみなみ　北海道帯広市
　　にしごじょうみなみ　北海道美唄市
　　にしごじょうみなみ　北海道名寄市
　　にしごじょうみなみ　北海道砂川市
　　にしごじょうみなみ　北海道標津郡中標津町
西五所　にしごしょ　千葉県市原市
西五城　にしいつしろ　愛知県一宮市
西五軒町　にしごけんちょう　東京都新宿区
西五番町　にしごばんちょう　青森県十和田市
西今小路町　にしいまこうじちょう　京都府京都市上
　　京区
西今川　にしいまがわ　大阪府大阪市東住吉区
西今出川町　にしいまでがわちょう　京都府京都市上
　　京区
西今在家　にしいまざいけ　鳥取県鳥取市
西今町
　　にしいままち　新潟県見附市
　　にしいまちょう　滋賀県彦根市
　　にしいまちょう　京都府京都市上京区
　　にしいままち　岡山県津山市
西今宿
　　にしいまじゅく　愛知県あま市
　　にしいまじゅく　兵庫県姫路市
西仁井令　にしにいりょう　山口県防府市
西元寺　さいげんじ　新潟県刈羽郡刈羽村
西元町
　　にしもとまち　東京都国分寺市
　　にしもとちょう　滋賀県近江八幡市
　　にしもとまち　兵庫県（神戸高速鉄道東西線）
西公文名　にしくもんみょう　富山県富山市
西公文名町　にしくもんみょうまち　富山県富山市
西公園　にしこうえん　福岡県福岡市中央区
西六条　にしろくじょう　北海道河西郡芽室町
西六条北
　　にしろくじょうきた　北海道帯広市
　　にしろくじょうきた　北海道名寄市
　　にしろくじょうきた　北海道砂川市
　　にしろくじょうきた　北海道標津郡中標津町
西六条南
　　にしろくじょうみなみ　北海道帯広市
　　にしろくじょうみなみ　北海道名寄市
　　にしろくじょうみなみ　北海道砂川市
　　にしろくじょうみなみ　北海道標津郡中標津町
西六角　にしろっかく　宮城県岩沼市
西六角町　にしろっかくちょう　京都府京都市中京区
西六郷　にしろくごう　東京都大田区
西六番町　にしろくばんちょう　青森県十和田市
西円寺　さいえんじ　滋賀県米原市
西円朱別西　にしえんしゅべつにし　北海道厚岸郡浜
　　中町
西円通寺　にしえんつうじ　鳥取県鳥取市
西内　にしうち　長野県上田市

565

6画（西）

西内町　にしうちまち　香川県高松市
西分
　　にしぶん　徳島県板野郡上板町
　　にしぶん　香川県綾歌郡綾川町
　　にしぶん　高知県（土佐くろしお鉄道ごめん・なはり線）
西分乙　にしぶんおつ　高知県安芸郡芸西村
西分甲　にしぶんこう　高知県安芸郡芸西村
西分町　にしわけちょう　東京都青梅市
西区
　　にしく　北海道札幌市
　　にしく　埼玉県さいたま市
　　にしく　神奈川県横浜市
　　にしく　新潟県新潟市
　　にしく　静岡県浜松市
　　にしく　愛知県名古屋市
　　にしく　大阪府大阪市
　　にしく　大阪府堺市
　　にしく　兵庫県神戸市
　　にしく　広島県広島市
　　にしく　福岡県福岡市
　　にしく　熊本県熊本市
　　にしく　鹿児島県大島郡与論町
西友枝　にしともえだ　福岡県築上郡上毛町
西太刀洗　にしたちあらい　福岡県（甘木鉄道線）
西太子堂　にしたいしどう　東京都（東急行電気鉄道世田谷線）
西太田町　にしおおだちょう　大阪府茨木市
西天下茶屋　にしてんがちゃや　大阪府（南海電気鉄道汐見橋線）
西天田町　にしあまだちょう　福井県福井市
西天神町　にしてんじんまち　福岡県北九州市若松区
西天秤町　にしてんびんちょう　京都府京都市上京区
西天満　にしてんま　大阪府大阪市北区
西心斎橋　にししんさいばし　大阪府大阪市中央区
西戸　さいど　埼玉県入間郡毛呂山町
西戸ノ内　にしとのうち　福岡県伊達郡川俣町
西戸崎
　　さいとざき　福岡県（JR香椎線）
　　さいとざき　福岡県福岡市東区
西戸部町　にしとべちょう　神奈川県横浜市西区
西戸野　にしとの　新潟県上越市
西戸蔦　にしとつた　北海道河西郡中札内村
西文京町　にしぶんきょうちょう　北海道赤平市
西斗満　にしとまむ　北海道足寄郡陸別町
西方
　　にしかた　福島県大沼郡三島町
　　にしかた　福島県田村郡三春町
　　にしほう　茨城県筑西市
　　にしかた　埼玉県越谷市
　　さいほう　新潟県十日町市
　　にしかた　福井県福井市
　　にしがた　岐阜県揖斐郡大野町
　　にしかた　静岡県藤枝市
　　にしかた　静岡県菊川市
　　にしかた　三重県桑名市
　　にしがた　岡山県新見市
　　にしかた　山口県大島郡周防大島町
　　にしかた　宮崎県串間市
　　にしかた　鹿児島県（肥薩おれんじ鉄道線）
　　にしかた　鹿児島県指宿市
西方寺　さいほうじ　京都府舞鶴市

西方寺町　さいほうじちょう　京都府京都市中京区
西方町
　　にしかたまち　⇒栃木市（栃木県）
　　にしがたちょう　京都府綾部市
　　にしたちょう　岡山県井原市
　　にしかたちょう　鹿児島県薩摩川内市
西方町元　にしかたまちもと　栃木県栃木市
西方町本城　にしかたまちほんじょう　栃木県栃木市
西方町本郷　にしかたまちほんごう　栃木県栃木市
西方町金井　にしかたまちかない　栃木県栃木市
西方町金崎　にしかたまちかなさき　栃木県栃木市
西方町真名子　にしかたまちまなご　栃木県栃木市
西日吉町　にしひよしちょう　岐阜県関市
西日笠　にしひかさ　千葉県君津市
西日野　にしひの　三重県（四日市あすなろう鉄道八王子線）
西日野町　にしひのちょう　三重県四日市市
西日野殿町　にしひのどのちょう　京都府京都市上京区
西日置
　　にしひおき　愛知県名古屋市中村区
　　にしひおき　愛知県名古屋市中川区
西日置町　にしひおきちょう　愛知県名古屋市中川区
西日暮里
　　にしにっぽり　東京都（JR山手線ほか）
　　にしにっぽり　東京都荒川区
西月隈　にしつきぐま　福岡県福岡市博多区
西木　さいぎ　大分県宇佐市
西木の本　にしきのもと　大阪府八尾市
西木之部　にしきのべ　兵庫県篠山市
西木戸町　にしきどちょう　岐阜県関市
西木代　にしきのしろ　栃木県河内郡上三川町
西木田　にしきだ　福井県福井市
西木辻町　にしきつじちょう　奈良県奈良市
西木町上荒井　にしきちょうかみあらい　秋田県仙北市
西木町上桧木内　にしきちょうかみひのきない　秋田県仙北市
西木町小山田　にしきちょうこやまだ　秋田県仙北市
西木町小渕野　にしきちょうこぶちの　秋田県仙北市
西木町西明寺　にしきちょうさいみょうじ　秋田県仙北市
西木町西荒井　にしきちょうにしあらい　秋田県仙北市
西木町門屋　にしきちょうかどや　秋田県仙北市
西木町桧木内　にしきちょうひのきない　秋田県仙北市
西木津　にしきづ　京都府（JR片町線）
西木倉　にしきのくら　茨城県那珂市
西木場　にしこば　長崎県（松浦鉄道西九州線）
西欠ノ下　にしかけのした　岐阜県関市
西水元　にしみずもと　東京都葛飾区
西水町　にしみずまち　福岡県北九州市小倉南区
西水沼　にしみずぬま　栃木県芳賀郡芳賀町
西片　にしかた　東京都文京区
西片上
　　にしかたかみ　岡山県（JR赤穂線）
　　にしかたかみ　岡山県備前市
西片山町　にしかたやまちょう　広島県呉市
西片江　にしかたえ　福岡県福岡市城南区

566

西片町　にしかたまち　熊本県八代市
西片貝町
　にしかたかいまち　群馬県前橋市
　にしかたかいまち　新潟県長岡市
西片岡　にしかたおか　岡山県岡山市東区
西片屋　にしかたや　山形県鶴岡市
西片草　にしかたくさ　愛知県犬山市
西片倉　にしかたくら　東京都八王子市
西片島　にしかたしま　高知県宿毛市
西片添町　にしかたそえちょう　大阪府河内長野市
西牛谷　にしうしがや　茨城県古河市
西王子町　にしおうじまち　福岡県北九州市八幡西区
⁵西丘町
　にしおかちょう　静岡県浜松市中区
　にしおかちょう　愛知県知立市
西主計町　にしかずえちょう　滋賀県長浜市
西仙北　にしせんぼく　岩手県盛岡市
西仙房　さいせんぼう　岐阜県関市
西仙美里　にしせんびり　北海道中川郡本別町
西代
　にししろ　茨城県稲敷市
　にしだい　兵庫県(山陽電気鉄道本線ほか)
　にしんだい　奈良県磯城郡田原本町
西代町
　にしだいちょう　大阪府河内長野市
　にしだいちょう　島根県出雲市
西代通　にしだいどおり　兵庫県神戸市長田区
西出　にしで　滋賀県愛知郡愛荘町
西出水　にしいずみ　鹿児島県(肥薩おれんじ鉄道線)
西出水町
　にしでみずちょう　京都府京都市上京区
　にしいずみちょう　鹿児島県出水市
西出町
　にしでちょう　愛知県一宮市
　にしでまち　兵庫県神戸市兵庫区
西出津町　にししつまち　長崎県長崎市
西出雲　にしいずも　島根県(JR山陰本線)
西加平　にしかへい　東京都足立区
西加茂郡　にしかもぐん　⇒消滅(愛知県)
西加賀屋　にしかがや　大阪府大阪市住之江区
西加積　にしかづみ　富山県(富山地方鉄道本線)
西加瀬　にしかせ　神奈川県川崎市中原区
西包永町　にしかねながちょう　奈良県奈良市
西北小路町　にしきたこうじちょう　京都府京都市上京区
西北町　にしきたまち　長崎県長崎市
西北見　にしきたみ　北海道(JR石北本線)
西北野　にしきたの　愛知県犬山市
西北窪　にしきたくぼ　奈良県御所市
西可児　にしかに　岐阜県(名古屋鉄道広見線)
西古川　にしふるかわ　宮城県(JR陸羽東線)
西古内　にしふるうち　千葉県香取郡多古町
西古市町　にしふるいちまち　高知県須崎市
西古佐　にしこさ　兵庫県篠山市
西古見　にしこみ　鹿児島県大島郡瀬戸内町
西古里
　にしふるさと　埼玉県比企郡小川町
　にしふるさと　埼玉県大里郡寄居町

西古券　にしこけん　愛知県犬山市
西古松　にしふるまつ　岡山県岡山市北区
西古松西町　にしふるまつにしまち　岡山県岡山市北区
西古河町　にしふるかわちょう　三重県津市
西古室　にしこむろ　大阪府藤井寺市
西古泉　にしこいずみ　愛媛県伊予郡松前町
西古津　にしふるつ　新潟県新潟市秋葉区
西古瀬　にしこせ　兵庫県加東市
西古瀬戸町　にしこせとちょう　愛知県瀬戸市
西台
　にしだい　福島県双葉郡浪江町
　にしだい　東京都(東京都交通局三田線)
　にしだい　東京都板橋区
　にしだい　兵庫県伊丹市
西台良町　にしだいらまち　福岡県北九州市八幡東区
西四ツ谷　にしよつや　福島県喜多方市
西四ツ屋　にしよつや　新潟県五泉市
西四十物町　にしあいもんちょう　富山県富山市
西四日町　にしよっかまち　新潟県三条市
西四王　にししおう　長野県諏訪郡下諏訪町
西四条
　にししじょう　北海道士別市
　にししじょう　北海道天塩郡豊富町
　にししじょう　北海道網走郡津別町
　にししじょう　北海道河西郡芽室町
　にししじょう　北海道広尾郡広尾町
西四条北
　にししじょうきた　北海道帯広市
　にししじょうきた　北海道美唄市
　にししじょうきた　北海道士別市
　にししじょうきた　北海道名寄市
　にししじょうきた　北海道砂川市
　にししじょうきた　北海道白糠郡白糠町
　にししじょうきた　北海道標津郡中標津町
西四条南
　にししじょうみなみ　北海道帯広市
　にししじょうみなみ　北海道美唄市
　にししじょうみなみ　北海道名寄市
　にししじょうみなみ　北海道砂川市
　にししじょうみなみ　北海道上川郡新得町
　にししじょうみなみ　北海道河西郡芽室町
　にししじょうみなみ　北海道標津郡中標津町
西四番町　にしよんばんちょう　青森県十和田市
西外側町　にしとがわちょう　岐阜県大垣市
西尻池町　にししりいけちょう　兵庫県神戸市長田区
西尼崎町　にしあまがさきちょう　京都府京都市伏見区
西市
　にしいち　福井県大野市
　にしいち　岡山県岡山市北区
　にしいち　岡山県岡山市南区
西市布町　にしいちぬのちょう　福井県福井市
西市町　さいちちょう　愛知県岩倉市
西市野々町　にしいちののちょう　愛知県豊田市
西市野口　にしいちのくち　新潟県上越市
西市場　にしいちば　愛知県清須市
西市場町　にしいちばちょう　岐阜県美濃市
西市瀬町　にしいちのせまち　石川県金沢市
西布礼別　にしふれべつ　北海道富良野市
西布経丁　にしぬのえちょう　和歌山県和歌山市

6画（西）

西平 にしだいら 埼玉県比企郡ときがわ町
西平山 にしひらやま 東京都日野市
西平山町 にしひらやまちょう 香川県丸亀市
西平井
　にしひらい 群馬県藤岡市
　にしひらい 千葉県流山市
西平内 にしひらない 青森県（青い森鉄道線）
西平田町 にしひらたちょう 島根県出雲市
西平町 にしひらちょう 兵庫県西宮市
西平松
　にしひらまつ 静岡県静岡市駿河区
　にしひらまつ 静岡県磐田市
西平沼町 にしひらぬまちょう 神奈川県横浜市西区
西平原 にしひらばら 山口県宇部市
西平原町 にしひらばらちょう 島根県益田市
西平島 にしひらじま 岡山県岡山市東区
西平野町 にしひらのちょう 京都府福知山市
西平塚 にしひらつか 茨城県つくば市
西平塚町 にしひらつかちょう 広島県広島市中区
西広
　さいひろ 千葉県市原市
　にしひろ 和歌山県有田郡広川町
西広上
　にしひろかみ 富山県高岡市
　にしひろかみ 富山県射水市
西広谷 にしひろたに 富山県高岡市
西広島 にしひろしま 広島県（JR山陽本線）
西広瀬町 にしひろせちょう 愛知県豊田市
西弁分 にしべんぶん 宮崎県日南市
西弁財 にしべんざい 埼玉県朝霞市
西札内 にしさつない 北海道河西郡中札内村
西本 にしもと 福島県大沼郡会津美里町
西本地町 にしほんじちょう 愛知県瀬戸市
西本庄 にしほんじょう 和歌山県日高郡みなべ町
西本成寺 にしほんじょうじ 新潟県三条市
西本折町 にしもとおりまち 石川県小松市
西本町
　にしほんちょう 群馬県太田市
　にしほんちょう 群馬県館林市
　にしほんちょう 新潟県柏崎市
　にしほんちょう 新潟県十日町市
　にしほんちょう 新潟県上越市
　にしほんちょう 新潟県胎内市
　にしほんちょう 静岡県三島市
　にしほんまち 愛知県瀬戸市
　にしほんまち 愛知県春日井市
　にしほんまち 愛知県豊川市
　にしほんまち 京都府福知山市
　にしほんまち 大阪府大阪市西区
　にしほんまち 大阪府池田市
　にしほんまち 大阪府泉佐野市
　にしほんまち 兵庫県尼崎市
　にしほんまち 兵庫県小野市
　にしほんまち 広島県庄原市
　にしほんまち 山口県宇部市
　にしほんまち 香川県丸亀市
　にしほんまち 香川県観音寺市
　にしほんまち 福岡県北九州市八幡東区
　にしほんまち 福岡県田川市
　にしほんまち 長崎県大村市
　にしほんまち 鹿児島県枕崎市

西本町北通 にしほんまちきたどおり 兵庫県尼崎市
西本荘 にしほんじょう 兵庫県篠山市
西本浦町 にしほんうらちょう 広島県広島市南区
西本通 にしほんどおり 北海道広尾郡大樹町
西本宿 にしもとじゅく 埼玉県東松山市
西本郷 にしほんごう 静岡県下田市
西本郷町
　にしほんごうちょう 愛知県岡崎市
　にしほんごうちょう 滋賀県近江八幡市
西本郷町西 にしほんごうちょうにし 滋賀県近江八幡市
西本郷町和志山 にしほんごうちょうわしやま 愛知県岡崎市
西本郷町東 にしほんごうちょうひがし 滋賀県近江八幡市
西本郷通 にしほんごうどおり 岐阜県関市
西末広 にしすえひろ 愛知県弥富市
西末広町 にしすえひろちょう 三重県四日市市
西末町 にしすえちょう 滋賀県近江八幡市
西正和台 にしせいわだい 三重県桑名市
西永山園 にしながやまえん 大阪府堺市堺区
西永添 にしながそい 大分県中津市
西永福 にしえいふく 東京都（京王電鉄井の頭線）
西汀丁 にしみぎわちょう 和歌山県和歌山市
西玉川町 にしたまがわちょう 宮城県塩竈市
西玉水町 にしたまみずちょう 京都府京都市下京区
西玉垣町 にしたまがきちょう 三重県鈴鹿市
西玉宮町 にしたまみやちょう 岐阜県岐阜市
西生田 にしいくた 神奈川県川崎市多摩区
西生来町 にしょうらいちょう 滋賀県近江八幡市
西生見町 にしはみちょう 愛知県半田市
西生洲町 にしいけすちょう 京都府京都市中京区
西生馬町 にしいくまちょう 島根県松江市
西田
　にした 宮城県加美郡加美町
　にした 山形県山形市
　にした 山形県酒田市
　にした 埼玉県深谷市
　さいだ 富山県高岡市
　にした 静岡県袋井市
　にした 島根県隠岐郡隠岐の島町
　にした 岡山県倉敷市
　にした 鹿児島県鹿児島市
西田中
　にしたなか 宮城県仙台市泉区
　にしたなか 新潟県上越市
　にしたなか 福井県丹生郡越前町
　にしたなか 静岡県御殿場市
　にしたなか 愛知県清須市
　にしたなか 兵庫県神崎郡市川町
西田中町
　にしたなかちょう 大阪府茨木市
　にしたなかちょう 奈良県大和郡山市
西田井
　にしだい 栃木県（真岡鉄道線）
　にしだい 栃木県真岡市
　にしだい 和歌山県和歌山市
西田井地 にしたいじ 岡山県玉野市
西田代 にしたしろ 佐賀県佐賀市
西田尻 にしたじり 新潟県十日町市

6画（西）

西田平　にしたびら　長崎県（松浦鉄道西九州線）
西田甲　にしだこう　愛媛県西条市
西田辺
　　にしたなべ　大阪府（大阪市交通局御堂筋線）
　　にしたなべ　岡山県津山市
西田辺町　にしたなべちょう　大阪府大阪市阿倍野区
西田地方　にしでんじがた　富山県富山市
西田地方町　にしでんじがたまち　富山県富山市
西田沢　にしたざわ　青森県青森市
西田町
　　にしだまち　福島県須賀川市
　　にしだまち　群馬県伊勢崎市
　　にしだちょう　山梨県甲府市
　　にしだちょう　愛知県名古屋市南区
　　にしだちょう　愛知県豊田市
　　にしだちょう　京都府京都市下京区
　　にしだちょう　兵庫県西宮市
　　にしだちょう　兵庫県西脇市
　　にしだまち　山口県萩市
　　にしだまち　佐賀県鳥栖市
西田町三丁目　にしたまちさんちょうめ　福島県郡山市
西田町土棚　にしたまちつちだな　福島県郡山市
西田町大田　にしたまちおおた　福島県郡山市
西田町大網　にしたまちおおあみ　福島県郡山市
西田町丹伊田　にしたまちにいた　福島県郡山市
西田町木村　にしたまちきむら　福島県郡山市
西田町芹沢　にしたまちせりさわ　福島県郡山市
西田町板橋　にしたまちいたはし　福島県郡山市
西田町阿広木　にしたまちあこうぎ　福島県郡山市
西田町根木屋　にしたまちねぎや　福島県郡山市
西田町高柴　にしたまちたかしば　福島県郡山市
西田町鬼生田　にしたまちおにうだ　福島県郡山市
西田町黒田　にしたまちくろだ　福島県郡山市
西田屋新田　にしたやしんでん　新潟県妙高市
西田原
　　にしたわら　神奈川県秦野市
　　にしたわら　岐阜県関市
　　にしたわら　三重県名張市
　　にしたわら　兵庫県神崎郡福崎町
西田原本　にしたわらもと　奈良県（近畿日本鉄道田原本線）
西田宮町　にしたみやちょう　大阪府枚方市
西田崎　にしたざき　愛知県知多郡武豊町
西田部　にしたべ　千葉県香取市
西由岐　にしゆき　徳島県海部郡美波町
西白山台　にしはくさんだい　青森県八戸市
西白井
　　にししろい　千葉県（北総鉄道北総線）
　　にししろい　千葉県白井市
西白方　にししらかた　香川県仲多度郡多度津町
西白坂町　にししらさかちょう　愛知県瀬戸市
西白河郡　にししらかわぐん　福島県
西白島町　にしはくしまちょう　広島県広島市中区
西白庭台　にししらにわだい　奈良県生駒市
西白根　にししろね　新潟県新潟市南区
西目
　　にしめ　秋田県（JR羽越本線）
　　にしめ　山形県鶴岡市
　　にしめ　鹿児島県阿久根市

にしめ　鹿児島県大島郡喜界町
西目町出戸　にしめまちでと　秋田県由利本荘市
西目町西目　にしめまちにしめ　秋田県由利本荘市
西目町沼田　にしめまちぬまた　秋田県由利本荘市
西目町海士剥　にしめまちあまはぎ　秋田県由利本荘市
西目屋村　にしめやむら　青森県中津軽郡
西矢田町　にしやだまち　三重県桑名市
西矢倉　にしやぐら　滋賀県草津市
西矢島町　にしやじまちょう　群馬県太田市
西石井　にしいしい　愛媛県松山市
西石切町　にしいしきりちょう　大阪府東大阪市
西石田　にしいしだ　茨城県筑西市
西石屋町　にしいしやちょう　京都府京都市上京区
西石原　にしいしはら　高知県土佐郡土佐町
西穴闇　にしなぐら　奈良県北葛城郡河合町
西立川　にしたちかわ　東京都（JR青梅線）
西立花町　にしたちばなちょう　兵庫県尼崎市
西立神町　にしたてがみまち　長崎県長崎市
西立野　にしたての　埼玉県川口市
西辻　にしつじ　奈良県葛城市
西伊豆町　にしいずちょう　静岡県賀茂郡
西伊倉町　にしいぐらちょう　三重県四日市市
西伊場町　にしいばちょう　静岡県浜松市中区
西伊敷　にしいしき　鹿児島県鹿児島市
西伊興　にしいこう　東京都足立区
西伊興町　にしいこうちょう　東京都足立区
西会津町　にしあいづまち　福島県耶麻郡
西仲　にしなか　愛媛県北宇和郡鬼北町
西仲町
　　にしなかまち　兵庫県神戸市兵庫区
　　にしなかまち　鳥取県倉吉市
西仲間町　にしちゅうげんまち　和歌山県和歌山市
西伝寺町　せいでんじちょう　静岡県浜松市南区
西任田町　にしとうだまち　石川県能美市
西伏屋　にしふしや　愛知県名古屋市中川区
西光内　さいこううち　福島県二本松市
西光地　さいこうち　茨城県ひたちなか市
西刑部町　にしおさかべまち　栃木県宇都宮市
西印所町　にしいんぞうちょう　愛知県瀬戸市
西吉井　にしよしい　群馬県（上信電鉄線）
西吉田　にしよしだ　岡山県津山市
西吉田町　にしよしだちょう　愛知県瀬戸市
西吉地　にしよしじ　熊本県玉名郡和水町
西吉尾　にしよしお　新潟県上越市
西吉見　にしよしみ　埼玉県比企郡吉見町
西吉谷　にしよしだに　新潟県小千谷市
西吉原　にしよしはら　京都府舞鶴市
西吉部　にしきべ　山口県宇部市
西吉野　にしよしの　北海道河東郡士幌町
西吉野町八ツ川　にしよしのちょうやつかわ　奈良県五條市
西吉野町十日市　にしよしのちょうとおかいち　奈良県五條市
西吉野町大日川　にしよしのちょうおびかわ　奈良県五條市
西吉野町大峯　にしよしのちょうおおみね　奈良県五條市

569

6画（西）

西吉野町小古田　にしよしのちょうおぶるた　奈良県五條市

西吉野町川岸　にしよしのちょうかわぎし　奈良県五條市

西吉野町川股　にしよしのちょうかわまた　奈良県五條市

西吉野町北曽木　にしよしのちょうほくそぎ　奈良県五條市

西吉野町尼ケ生　にしよしのちょうあまがしょう　奈良県五條市

西吉野町平沼田　にしよしのちょうひらぬまだ　奈良県五條市

西吉野町平雄　にしよしのちょうひらお　奈良県五條市

西吉野町本谷　にしよしのちょうもとだに　奈良県五條市

西吉野町永谷　にしよしのちょうえいたに　奈良県五條市

西吉野町立川渡　にしよしのちょうたてかわど　奈良県五條市

西吉野町向加名生　にしよしのちょうむかいあのう　奈良県五條市

西吉野町江出　にしよしのちょうえずる　奈良県五條市

西吉野町百谷　にしよしのちょうももだに　奈良県五條市

西吉野町老野　にしよしのちょうおいの　奈良県五條市

西吉野町西日裏　にしよしのちょうにしひうら　奈良県五條市

西吉野町西野　にしよしのちょうにしの　奈良県五條市

西吉野町西新子　にしよしのちょうにしあたらし　奈良県五條市

西吉野町赤松　にしよしのちょうあかまつ　奈良県五條市

西吉野町阪巻　にしよしのちょうさかまき　奈良県五條市

西吉野町和田　にしよしのちょうわだ　奈良県五條市

西吉野町夜中　にしよしのちょうよなか　奈良県五條市

西吉野町宗川野　にしよしのちょうむねがわの　奈良県五條市

西吉野町茄子原　にしよしのちょうなすはら　奈良県五條市

西吉野町南山　にしよしのちょうみなみやま　奈良県五條市

西吉野町城戸　にしよしのちょうじょうど　奈良県五條市

西吉野町屋那瀬　にしよしのちょうやなせ　奈良県五條市

西吉野町津越　にしよしのちょうつごし　奈良県五條市

西吉野町神野　にしよしのちょうこうの　奈良県五條市

西吉野町唐戸　にしよしのちょうからと　奈良県五條市

西吉野町桧川迫　にしよしのちょうひかわせ　奈良県五條市

西吉野町陰地　にしよしのちょうおんじ　奈良県五條市

西吉野町鹿場　にしよしのちょうししば　奈良県五條市

西吉野町黒淵　にしよしのちょうくろぶち　奈良県五條市

西吉野町奥谷　にしよしのちょうおくだに　奈良県五條市

西吉野町湯川　にしよしのちょうゆかわ　奈良県五條市

西吉野町湯塩　にしよしのちょうゆしお　奈良県五條市

西吉野町賀名生　にしよしのちょうあのう　奈良県五條市

西吉野町勢井　にしよしのちょうせい　奈良県五條市

西吉野町滝　にしよしのちょうたき　奈良県五條市

西向
　にしむかい　奈良県生駒郡平群町
　にしむかい　和歌山県東牟婁郡串本町

西向日　にしむこう　京都府（阪急電鉄京都本線）

西向田町　にしむこうだちょう　鹿児島県薩摩川内市

西向島町　にしむこうじまちょう　兵庫県尼崎市

西同笠　にしどうり　静岡県袋井市

西名　にしみょう　新潟県魚沼市

西名目所　にしなめところ　新潟県新潟市北区

西名柄　にしながら　新潟県新発田市

西名新田　にしみょうしんでん　新潟県魚沼市

西多久町　にしたくまち　佐賀県多久市

西多田　にしただ　兵庫県川西市

西多賀　にしたが　宮城県仙台市太白区

西多聞通　にしたもんどおり　兵庫県神戸市兵庫区

西多摩郡　にしたまぐん　東京都

西夷川町　にしえびすがわちょう　京都府京都市中京区

西安下庄　にしあげのしょう　山口県大島郡周防大島町

西安上　にしあんじょう　和歌山県岩出市

西安寺　さいあんじ　熊本県玉名郡玉東町

西安威　にしあい　大阪府茨木市

西安庭　にしあにわ　岩手県岩手郡雫石町

西安堵　にしあんど　奈良県生駒郡安堵町

西宇和郡　にしうわぐん　愛媛県

西宇部北　にしうべきた　山口県宇部市

西宇部南　にしうべみなみ　山口県宇部市

西宇塚　にしうづか　鳥取県八頭郡智頭町

西寺
　にしてら　滋賀県湖南市
　にしてら　熊本県菊池市

西寺山町　にしてらやまちょう　愛知県瀬戸市

西寺方町　にしてらかたまち　東京都八王子市

西寺田　にしてらだ　奈良県御所市

西寺尾　にしてらお　神奈川県横浜市神奈川区

西寺町
　にしでらちょう　新潟県十日町市
　にしでらまち　岡山県津山市
　にしでらまち　佐賀県唐津市

西寺林町　にしてらばやしちょう　奈良県奈良市

西年貢　にしねんぐ　福島県会津若松市

西庄
　さいしょう　兵庫県姫路市
　にしのしょう　和歌山県和歌山市
　にししょう　岡山県岡山市東区

6画（西）

にししょう　徳島県三好郡東みよし町

西庄内町　にししょうないちょう　三重県鈴鹿市

西庄町
　にしのしょうちょう　滋賀県近江八幡市
　にしのしょうちょう　香川県坂出市

西庄境町　にししょうざかいちょう　福井県越前市

西成井　にしなるい　茨城県かすみがうら市

西成区　にしなりく　大阪府大阪市

西成田　にしなりた　宮城県黒川郡富谷町

西成沢町　にしなるさわちょう　茨城県日立市

西成瀬　にしなるせ　東京都町田市

西旭ケ丘
　にしあさひがおか　岐阜県関市
　にしあさひがおか　奈良県生駒市

西旭ケ丘町　にしあさひがおかちょう　静岡県三島市

西旭町　にしあさひまち　広島県広島市南区

西旭岡町　にしあさひおかちょう　北海道函館市

西早稲田
　にしわせだ　東京都（東京地下鉄副都心線）
　にしわせだ　東京都新宿区

西曲里町　にしまがりまち　福岡県北九州市八幡西区

西有田　にしありた　佐賀県（松浦鉄道西九州線）

西有年　にしうね　兵庫県赤穂市

西有明町　にしありあけちょう　新潟県新潟市西区

西有家町見岳　にしありえちょうみだけ　長崎県南島原市

西有家町里坊　にしありえちょうさとぼう　長崎県南島原市

西有家町長野　にしありえちょうながの　長崎県南島原市

西有家町須川　にしありえちょうすかわ　長崎県南島原市

西有家町慈恩寺　にしありえちょうじおんじ　長崎県南島原市

西有家町龍石　にしありえちょうたついし　長崎県南島原市

西朱雀町　にししゅじゃくちょう　京都府京都市伏見区

西朴木　にしほおのき　富山県氷見市

西気賀　にしがが　静岡県（天竜浜名湖鉄道線）

西汗　にしふざかし　栃木県河内郡上三川町

西江上　にしえうえ　沖縄県国頭郡伊江村

西江井ケ島　にしえいがしま　兵庫県（山陽電気鉄道本線）

西江見　にしえみ　千葉県鴨川市

西江俣　にしえまた　山形県山形市

西江前　にしえまえ　沖縄県国頭郡伊江村

西江原町　にしえばらちょう　岡山県井原市

西池　にしいけ　福島県二本松市

西池上　にしいけべ　三重県多気郡多気町

西池尻町　にしいけじりちょう　奈良県橿原市

西池町　にしいけちょう　宮崎県宮崎市

西池袋　にしいけぶくろ　東京都豊島区

西牟田
　にしむた　福岡県（JR鹿児島本線）
　にしむた　福岡県筑後市

西牟妻郡　にしむろぐん　和歌山県

西竹　にしたけ　北海道標津郡中標津町

西竹の塚　にしたけのつか　東京都足立区

西竹之丸　にしたけのまる　神奈川県横浜市中区

西竹田　にしたけだ　奈良県磯城郡田原本町

西竹屋町　にしたけやちょう　京都府京都市中京区

西米光町　にしよねみつまち　石川県白山市

西米沢　にしよねざわ　山形県（JR米坂線）

西米良村　にしめらそん　宮崎県児湯郡

西米泉町　にしこめいずみちょう　愛知県瀬戸市

西米野町　にしこめのちょう　愛知県名古屋市中村区

西羽生　にしはにゅう　埼玉県（秩父鉄道線）

西羽田町　にしはだちょう　愛知県豊田市

西羽合　にしはごう　京都府福知山市

西臼杵郡　にしうすきぐん　宮崎県

西衣山　にしきぬやま　愛媛県（伊予鉄道高浜線）

西佐川　にしさかわ　高知県（JR土讃線）

西佐多町　にしさたちょう　鹿児島県鹿児島市

西佐良町　にしさらまち　石川県白山市

西佐味　にしさび　奈良県御所市

西佐津間　にしさつま　千葉県鎌ケ谷市

西住之江　にしすみのえ　大阪府大阪市住之江区

西住吉　にしすみよし　埼玉県所沢市

西住吉町　にしすみよしちょう　山口県山陽小野田市

西伯郡　さいはくぐん　鳥取県

西初石　にしはついし　千葉県流山市

西別府　にしべっぷ　埼玉県熊谷市

西別府町　にしべっぷちょう　鹿児島県鹿児島市

西別所
　にしべっしょ　三重県（三岐鉄道北勢線）
　にしべっしょ　三重県桑名市

西別所町
　にしべっしょちょう　福井県福井市
　にしべっしょちょう　愛知県安城市

西別院　にしべついん　福井県（えちぜん鉄道三国芦原線）

西別院町万願寺　にしべついんちょうまんがんじ　京都府亀岡市

西別院町大槻並　にしべついんちょうおおつくなみ　京都府亀岡市

西別院町犬甘野　にしべついんちょういぬかんの　京都府亀岡市

西別院町寺田　にしべついんちょうてらだ　京都府亀岡市

西別院町柚原　にしべついんちょうゆのはら　京都府亀岡市

西別院町神地　にしべついんちょうこうじ　京都府亀岡市

西別院町笑路　にしべついんちょうわろうじ　京都府亀岡市

西吾野　にしあがの　埼玉県（西武鉄道西武秩父線）

西吹　にしぶき　兵庫県篠山市

西坂
　にしさか　千葉県香取市
　にしさか　滋賀県米原市
　にしさか　岡山県倉敷市

西坂ノ上丁　にしさかのうえちょう　和歌山県和歌山市

西坂元町　にしさかもとちょう　鹿児島県鹿児島市

西坂戸　にしさかど　埼玉県坂戸市

西坂台　にしさかだい　岡山県総社市

西坂本　にしさかもと　山形県酒田市

西坂田　にしさかだ　千葉県君津市

571

6画（西）

西坂町
　　にしさかちょう　　岐阜県多治見市
　　にしざかちょう　　静岡県磐田市
　　にしざかちょう　　京都府綾部市
　　にしざかまち　　長崎県長崎市
西坂部町　にしさかべちょう　　三重県四日市市
西坊城　にしぼうじょう　　奈良県大和高田市
西対海地　にしたいがんじ　　三重県桑名郡木曽岬町
西尾
　　にしお　　福島県大沼郡会津美里町
　　にしお　　愛知県（名古屋鉄道西尾線）
　　にしお　　鳥取県東伯郡三朝町
　　にしお　　岡山県倉敷市
西尾久　にしおく　　東京都荒川区
西尾口　にしおぐち　　愛知県（名古屋鉄道西尾線）
西尾市　にしおし　　愛知県
西尾町
　　にしおちょう　　福井県越前市
　　さいおちょう　　愛知県春日井市
　　にしおちょう　　島根県松江市
西尾崎　にしおさき　　富山県魚津市
西尾張部　にしおわりべ　　長野県長野市
西岐波　にしぎわ　　山口県宇部市
西岐阜　にしぎふ　　岐阜県（JR東海道本線）
西忌部町　にしいんべちょう　　島根県松江市
西志津　にししづ　　千葉県佐倉市
西志賀町
　　にししがちょう　　愛知県名古屋市北区
　　にししがちょう　　愛知県名古屋市西区
西折尾町　にしおりおまち　　福岡県北九州市八幡西区
西改田　にしかいでん　　岐阜県岐阜市
西改田七石　にしかいでんひちこく　　岐阜県岐阜市
西改田上の町　にしかいでんうえのまち　　岐阜県岐阜市
西改田川向　にしかいでんかわむかい　　岐阜県岐阜市
西改田先道　にしかいでんせんどう　　岐阜県岐阜市
西改田米野　にしかいでんこめの　　岐阜県岐阜市
西改田村前　にしかいでんむらまえ　　岐阜県岐阜市
西改田松の木　にしかいでんまつのき　　岐阜県岐阜市
西改田東改田入会地　にしかいでんひがしかいでんいり
　　あいち　　岐阜県岐阜市
西改田若宮　にしかいでんわかみや　　岐阜県岐阜市
西改田夏梅　にしかいでんなつめ　　岐阜県岐阜市
西改田宮西　にしかいでんみやにし　　岐阜県岐阜市
西材木町　にしざいもくちょう　　岐阜県岐阜市
西条
　　にしじょう　　新潟県妙高市
　　にしじょう　　新潟県胎内市
　　さいじょう　　山梨県中巨摩郡昭和町
　　にしじょう　　長野県（JR篠ノ井線）
　　にしじょう　　長野県中野市
　　にしじょう　　長野県東筑摩郡筑北村
　　にしじょう　　三重県鈴鹿市
　　にしじょう　　三重県伊賀市
　　さいじょう　　広島県（JR山陽本線）
西条下見　さいじょうしたみ　　広島県東広島市
西条上市町　さいじょうかみいちちょう　　広島県東広
　　島市
西条土与丸　さいじょうどよまる　　広島県東広島市
西条大坪町　さいじょうおおつぼちょう　　広島県東広
　　島市

西条山手　さいじょうやまて　　兵庫県加古川市
西条中央　さいじょうちゅうおう　　広島県東広島市
西条市　さいじょうし　　愛媛県
西条本町　さいじょうほんまち　　広島県東広島市
西条末広町　さいじょうすえひろちょう　　広島県東広
　　島市
西条吉行東　さいじょうよしゆきひがし　　広島県東広
　　島市
西条西本町　さいじょうにしほんまち　　広島県東広島市
西条町
　　にしじょうちょう　　新潟県燕市
　　さいじょうちょう　　静岡県沼津市
　　さいじょうちょう　　大阪府富田林市
西条町下三永　さいじょうちょうしもみなが　　広島県東
　　広島市
西条町下見　さいじょうちょうしたみ　　広島県東広島市
西条町上三永　さいじょうちょうかみみなが　　広島県東
　　広島市
西条町土与丸　さいじょうちょうどよまる　　広島県東
　　広島市
西条町大沢　さいじょうちょうおおさわ　　広島県東広
　　島市
西条町田口　さいじょうちょうたぐち　　広島県東広島市
西条町吉行　さいじょうちょうよしゆき　　広島県東広
　　島市
西条町寺家　さいじょうちょうじけ　　広島県東広島市
西条町西条　さいじょうちょうさいじょう　　広島県東広
　　島市
西条町西条東　さいじょうちょうさいじょうひがし　　広
　　島県東広島市
西条町助実　さいじょうちょうすけざね　　広島県東広
　　島市
西条町馬木　さいじょうちょううまき　　広島県東広島市
西条町郷曽　さいじょうちょうごうそ　　広島県東広島市
西条町御薗宇　さいじょうちょうみそのう　　広島県東
　　広島市
西条町森近　さいじょうちょうもりちか　　広島県東広
　　島市
西条町福本　さいじょうちょうふくもと　　広島県東広
　　島市
西条岡町　さいじょうおかまち　　広島県東広島市
西条東北町　さいじょうひがしきたまち　　広島県東広
　　島市
西条昭和町　さいじょうしょうわまち　　広島県東広島市
西条栄町　さいじょうさかえまち　　広島県東広島市
西条御条町　さいじょうごじょうちょう　　広島県東広
　　島市
西条朝日町　さいじょうあさひまち　　広島県東広島市
西条新田　さいじょうしんでん　　山梨県中巨摩郡昭
　　和町
西村
　　にしむら　　島根県隠岐郡隠岐の島町
　　にしむら　　香川県東かがわ市
　　にしむら　　香川県小豆郡小豆島町
西村山郡　にしむらやまぐん　　山形県
西村町
　　にしむらちょう　　三重県四日市市
　　にしむらちょう　　滋賀県長浜市
　　にしむらちょう　　島根県浜田市
西沖
　　にしおき　　福島県大沼郡会津美里町

6画（西）

にしおき　山口県山陽小野田市
西沖の山　にしおきのやま　山口県宇部市
西汰上
　にしよりあげ　新潟県新潟市西蒲区
　にしゆりあげ　三重県桑名市
西沢
　にしのさわ　北海道寿都郡黒松内町
　にしざわ　岩手県一関市
　にしざわ　秋田県由利本荘市
　にしざわ　茨城県つくば市
西沢田　にしさわだ　静岡県沼津市
西沢町　にしざわまち　栃木県鹿沼市
西町
　にしまち　北海道滝川市
　にしまち　北海道深川市
　にしまち　北海道富良野市
　にしまち　北海道石狩郡当別町
　にしまち　北海道余市郡仁木町
　にしまち　北海道空知郡南幌町
　にしまち　北海道夕張郡長沼町
　にしまち　北海道雨竜郡沼田町
　にしまち　北海道上川郡比布町
　にしまち　北海道上川郡上川町
　にしまち　北海道上川郡東川町
　にしまち　北海道上川郡美瑛町
　にしまち　北海道空知郡上富良野町
　にしまち　北海道空知郡中富良野町
　にしまち　北海道上川郡和寒町
　にしまち　北海道上川郡剣淵町
　にしまち　北海道上川郡下川町
　にしまち　北海道中川郡美深町
　にしまち　北海道斜里郡斜里町
　にしまち　北海道紋別郡遠軽町
　にしまち　北海道様似郡様似町
　にしまち　北海道河東郡鹿追町
　にしまち　北海道足寄郡足寄町
　にしまち　北海道十勝郡浦幌町
　にしまち　北海道標津郡中標津町
　にしまち　岩手県宮古市
　にしまち　宮城県塩竈市
　にしまち　宮城県柴田郡大河原町
　にしまち　宮城県加美郡加美町
　にしまち　福島県喜多方市
　にしまち　福島県二本松市
　にしまち　福島県伊達郡桑折町
　にしまち　茨城県古河市
　にしまち　埼玉県さいたま市岩槻区
　にしちょう　埼玉県草加市
　にしちょう　千葉県柏市
　にしちょう　千葉県鴨川市
　にしちょう　東京都調布市
　にしまち　東京都国分寺市
　にしちょう　神奈川県横浜市磯子区
　にしまち　新潟県新潟市江南区
　にしちょう　富山県（富山地方鉄道市内線）
　にしちょう　富山県富山市
　にしまち　富山県高岡市
　にしちょう　富山県小矢部市
　にしちょう　富山県中新川郡上市町
　にしまち　富山県下新川郡朝日町
　にしちょう　石川県小松市
　にしまち　長野県長野市
　にしまち　長野県須坂市
　にしまち　長野県伊那市
　にしまち　岐阜県高山市

にしまち　岐阜県関市
にしまち　岐阜県美濃加茂市
にしまち　岐阜県羽島郡笠松町
にしまち　岐阜県不破郡関ケ原町
にしまち　静岡県浜松市南区
にしまち　静岡県富士宮市
にしまち　静岡県磐田市
にしまち　愛知県豊田市
にしまち　愛知県稲沢市
にしまち　愛知県知立市
にしまち　三重県四日市市
にしまち　三重県松阪市
にしまち　三重県亀山市
にしまち　京都府京都市上京区
にしまち　京都府京都市東山区
にしまち　京都府京都市伏見区
にしまち　京都府福知山市
にしまち　京都府綾部市
にしまち　京都府亀岡市
にしまち　大阪府高槻市
にしちょう　大阪府貝塚市
にしまち　兵庫県神戸市中央区
にしまち　兵庫県篠山市
にしまち　奈良県大和高田市
にしまち　奈良県大和郡山市
にしまち　奈良県御所市
にしまち　鳥取県鳥取市
にしちょう　鳥取県米子市
にしまち　鳥取県倉吉市
にしまち　鳥取県西伯郡南部町
にしまち　島根県隠岐郡隠岐の島町
にしまち　岡山県美作市
にしまち　広島県三原市
にしまち　広島県福山市
にしまち　香川県高松市
にしまち　愛媛県新居浜市
にしまち　高知県高知市
にしまち　高知県須崎市
にしまち　高知県宿毛市
にしまち　高知県土佐清水市
にしまち　高知県吾川郡いの町
にしまち　福岡県久留米市
にしまち　福岡県飯塚市
にしまち　長崎県長崎市
にしまち　長崎県島原市
にしまち　熊本県阿蘇市
にしまち　宮崎県都城市
にしまち　宮崎県日南市
にしまち　鹿児島県西之表市

西町三番丁　にしちょうさんばんちょう　石川県金沢市
西町北　にしまちきた　北海道札幌市西区
西町四番丁　にしちょうよんばんちょう　石川県金沢市
西町南　にしまちみなみ　北海道札幌市西区
西町裏　にしまちうら　宮城県刈田郡七ケ宿町
西町藪ノ内通　にしちょうやぶのうちどおり　石川県金沢市
西社町　にしやしろちょう　京都府京都市上京区
西糺町　にしただすまち　高知県須崎市
西芦山寺町　にしろざんじちょう　京都府京都市上京区
西芦別町　にしあしべつちょう　北海道芦別市
西芦屋町　にしあしやちょう　兵庫県芦屋市
西芦原　にしあしはら　富山県中新川郡立山町
西花尻　にしはなじり　岡山県岡山市北区

573

6画（西）

西花苑　せいかえん　宮城県仙台市青葉区
西花輪　にしはなわ　山梨県中央市
西芝町　にししばちょう　千葉県銚子市
西芭露　にしばろう　北海道紋別郡湧別町
西見田　にしみだ　山形県山形市
西見前　にしみるまえ　岩手県盛岡市
西角間　にしかくま　福井県今立郡池田町
西谷
　にしたに　福島県大沼郡金山町
　にしや　埼玉県比企郡川島町
　にしや　神奈川県（相模鉄道本線）
　にしだに　新潟県長岡市
　にしだに　新潟県刈羽郡刈羽村
　にしたに　福井県福井市
　にしたに　兵庫県篠山市
　にしたに　奈良県吉野郡吉野町
　にしだに　鳥取県八頭郡智頭町
　にしだに　鳥取県八頭郡八頭町
　にしだに　愛媛県松山市
　にしだに　愛媛県上浮穴郡久万高原町
　にしだに　高知県安芸郡北川村
　にしだに　福岡県行橋市
西谷乙　にしだにおつ　高知県高岡郡津野町
西谷山　にしたにやま　鹿児島県鹿児島市
西谷内
　にしやち　新潟県糸魚川市
　にしやち　新潟県上越市
西谷甲　にしだにこう　高知県高岡郡津野町
西谷地
　にしやち　宮城県遠田郡涌谷町
　にしやち　福島県大沼郡会津美里町
西谷地甲　にしやちこう　福島県大沼郡会津美里町
西谷町
　にしやまち　神奈川県横浜市保土ケ谷区
　にしたにちょう　福井県福井市
　にしたにちょう　福井県越前市
　にしだにちょう　愛知県瀬戸市
　にしたにちょう　兵庫県相生市
　にしたにちょう　兵庫県加西市
　にしだにちょう　島根県松江市
　にしたにちょう　島根県出雲市
　にしたにちょう　広島県呉市
　にしだにまち　大分県佐伯市
西谷貝　にしやがい　茨城県筑西市
西谷牧場　にしたにぼくじょう　北海道空知郡上富良野町
西貝塚
　にしかいづか　埼玉県上尾市
　にしかいづか　静岡県磐田市
西赤木　にしあかぎ　和歌山県東牟婁郡古座川町
西赤田　にしあかだ　栃木県那須塩原市
西赤江町　にしあかえちょう　島根県安来市
西赤坂　にしあかさか　茨城県ひたちなか市
西赤尾町　にしあかおまち　富山県南砺市
西赤沢町　にしあかさわちょう　愛知県豊橋市
西赤沼　にしあかぬま　秋田県能代市
西赤砂　にしあかすな　長野県諏訪郡下諏訪町
西足洗　にしあしあらい　千葉県旭市
西辛川　にしからかわ　岡山県岡山市北区
西辛島町　にしからしままち　熊本県（熊本市交通局B系統）

西辰川　にしたつかわ　広島県呉市
西辰巳町　にしたつみちょう　京都府京都市上京区
西近江屋町　にしおおみやちょう　愛媛県八幡浜市
西近江屋町浜通　にしおおみやちょうはまどおり　愛媛県八幡浜市
西那須野　にしなすの　栃木県（JR東北本線）
西里
　にしさと　北海道中川郡美深町
　にしさと　山形県西村山郡河北町
　にしさと　福井県大野市
　にしさと　静岡県静岡市清水区
　にしさと　熊本県（JR鹿児島本線）
　にしさと　熊本県阿蘇郡小国町
西里町
　にしさとちょう　愛知県名古屋市名東区
　にしさとまち　長崎県諫早市
西阪本　にしさかもと　兵庫県篠山市
8西並木町　にしなみきまち　茨城県土浦市
西京区　にしきょうく　京都府京都市
西京田　にしきょうでん　山形県鶴岡市
西京極　にしきょうごく　京都府（阪急電鉄京都本線）
西京極下沢町　にしきょうごくしもざわちょう　京都府京都市右京区
西京極三反田町　にしきょうごくさんたんだちょう　京都府京都市右京区
西京極大門町　にしきょうごくだいもんちょう　京都府京都市右京区
西京極中沢町　にしきょうごくなかざわちょう　京都府京都市右京区
西京極中町　にしきょうごくなかまち　京都府京都市右京区
西京極中溝町　にしきょうごくなかみぞちょう　京都府京都市右京区
西京極午塚町　にしきょうごくうまづかちょう　京都府京都市右京区
西京極火打畑町　にしきょうごくひうちばたちょう　京都府京都市右京区
西京極北大入町　にしきょうごくきたおおいりちょう　京都府京都市右京区
西京極北庄境町　にしきょうごくきたしょうざかいちょう　京都府京都市右京区
西京極北衣手町　にしきょうごくきたころもでちょう　京都府京都市右京区
西京極北裏町　にしきょうごくきたうらちょう　京都府京都市右京区
西京極古浜町　にしきょうごくふるはまちょう　京都府京都市右京区
西京極末広町　にしきょうごくすえひろちょう　京都府京都市右京区
西京極西大丸町　にしきょうごくにしおおまるちょう　京都府京都市右京区
西京極西川町　にしきょうごくにしかわちょう　京都府京都市右京区
西京極西向河原町　にしきょうごくにしむこうがわらちょう　京都府京都市右京区
西京極西団子田町　にしきょうごくにしだんごでんちょう　京都府京都市右京区
西京極西池田町　にしきょうごくにしいけだちょう　京都府京都市右京区
西京極西衣手町　にしきょうごくにしころもでちょう　京都府京都市右京区

6画（西）

西京極佃田町　にしきょうごくつくだちょう　京都府京都市右京区

西京極町ノ坪町　にしきょうごくちょうのつぼちょう　京都府京都市右京区

西京極芝ノ下町　にしきょうごくしばのしたちょう　京都府京都市右京区

西京極豆田町　にしきょうごくまめだちょう　京都府京都市右京区

西京極走上リ町　にしきょうごくはしあがりちょう　京都府京都市右京区

西京極東大丸町　にしきょうごくひがしおおまるちょう　京都府京都市右京区

西京極東向河原町　にしきょうごくひがしむこうがわらちょう　京都府京都市右京区

西京極東池田町　にしきょうごくひがしいけだちょう　京都府京都市右京区

西京極東衣手町　にしきょうごくひがしころもでちょう　京都府京都市右京区

西京極東町　にしきょうごくひがしちょう　京都府京都市右京区

西京極東側町　にしきょうごくひがしがわちょう　京都府京都市右京区

西京極河原町　にしきょうごくかわらちょう　京都府京都市右京区

西京極河原町裏町　にしきょうごくかわらちょううらまち　京都府京都市右京区

西京極長町　にしきょうごくながまち　京都府京都市右京区

西京極前田町　にしきょうごくまえだちょう　京都府京都市右京区

西京極南大入町　にしきょうごくみなみおおいりちょう　京都府京都市右京区

西京極南方町　にしきょうごくなんぼうちょう　京都府京都市右京区

西京極南庄境町　にしきょうごくみなみしょうざかいちょう　京都府京都市右京区

西京極南衣手町　にしきょうごくみなみころもでちょう　京都府京都市右京区

西京極畑田町　にしきょうごくはただちょう　京都府京都市右京区

西京極宮ノ東町　にしきょうごくみやのひがしちょう　京都府京都市右京区

西京極浜ノ本町　にしきょうごくはまのもとちょう　京都府京都市右京区

西京極畔勝町　にしきょうごくあぜかつちょう　京都府京都市右京区

西京極郡沢町　にしきょうごくごおりさわちょう　京都府京都市右京区

西京極郡町　にしきょうごくごおりちょう　京都府京都市右京区

西京極郡附洲町　にしきょうごくごおりふずちょう　京都府京都市右京区

西京極郡猪馬場町　にしきょうごくごおりいのばばちょう　京都府京都市右京区

西京極郡醍醐田町　にしきょうごくごおりだいごでんちょう　京都府京都市右京区

西京極葛野町　にしきょうごくかどのちょう　京都府京都市右京区

西京極野田町　にしきょうごくのだちょう　京都府京都市右京区

西京極堤下町　にしきょうごくつつみしたちょう　京都府京都市右京区

西京極堤外町　にしきょうごくつつみそとちょう　京都府京都市右京区

西京極堤町　にしきょうごくつつみちょう　京都府京都市右京区

西京極新田町　にしきょうごくしんでんちょう　京都府京都市右京区

西京極新明町　にしきょうごくしんめいちょう　京都府京都市右京区

西京極殿田町　にしきょうごくとのだちょう　京都府京都市右京区

西京極徳大寺団子田町　にしきょうごくとくだいじだんごでんちょう　京都府京都市右京区

西京極徳大寺西団子田町　にしきょうごくとくだいじにしだんごでんちょう　京都府京都市右京区

西京極橋詰町　にしきょうごくはしづめちょう　京都府京都市右京区

西京極薮ノ下町　にしきょうごくやぶのしたちょう　京都府京都市右京区

西京極薮開町　にしきょうごくやぶびらきちょう　京都府京都市右京区

西佳屋野町　にしかやのちょう　京都府福知山市

西取手　にしとりで　茨城県（関東鉄道常総線）

西取石　にしとりいし　大阪府高石市

西受地町　にしうけちまち　新潟県新潟市中央区

西味鋺　にしあじま　愛知県名古屋市北区

西和
　せいわ　北海道上川郡和寒町
　せいわ　北海道中川郡幕別町
　せいわ　北海道川上郡標茶町

西和出村　にしわでむら　山梨県南都留郡道志村

西和田
　にしわだ　北海道（JR根室本線）
　にしわだ　北海道根室市
　にしわだ　埼玉県入間郡越生町
　にしわだ　千葉県香取市
　にしわだ　長野県長野市

西和泉
　にしいずみ　千葉県成田市
　にしいいずみ　東京都狛江市

西和賀町　にしわがまち　岩手県和賀郡

西国分　にしこくぶ　和歌山県岩出市

西国分寺　にしこくぶんじ　東京都（JR中央本線）

西国分台　にしこくぶんじだい　千葉県市原市

西国分町　にしこくぶまち　群馬県高崎市

西国立　にしくにたち　東京都（JR南武線）

西国吉　にしくによし　千葉県市原市

西垂水　にしたるみ　兵庫県加東市

西坪　にしつぼ　鳥取県西伯郡大山町

西奈良口町　にしならぐちちょう　奈良県大和郡山市

西奉行町　にしぶぎょうちょう　京都府京都市伏見区

西学田二区　にしがくでんにく　北海道富良野市

西学園　にしがくえん　福井県福井市

西宗　にしむね　広島県山県郡北広島町

西宝町　さいほうちょう　香川県高松市

西宝珠花　にしほうしゅばな　埼玉県春日部市

西居辺　にしおりべ　北海道河東郡士幌町

西居辺北　にしおりべきた　北海道河東郡士幌町

西居敷　にしいしき　岐阜県関市

西岡
　にしおか　北海道札幌市豊平区

575

6画（西）

にしおか　茨城県つくば市
にしおか　群馬県邑楽郡板倉町
にしおか　新潟県阿賀野市
にしおか　岡山県倉敷市
にしおか　愛媛県東温市
西岡一条　にしおかいちじょう　北海道札幌市豊平区
西岡二条　にしおかにじょう　北海道札幌市豊平区
西岡三条　にしおかさんじょう　北海道札幌市豊平区
西岡五条　にしおかごじょう　北海道札幌市豊平区
西岡四条　にしおかしじょう　北海道札幌市豊平区
西岡本　にしおかもと　兵庫県神戸市東灘区
西岡町
　にしおかまち　北海道上川郡剣淵町
　にしおかちょう　愛知県豊田市
　にしおかちょう　奈良県大和郡山市
西岡町星ケ丘　にしおかちょうほしがおか　愛知県豊田市
西岡屋　にしおかや　兵庫県篠山市
西岡崎　にしおかざき　愛知県（JR東海道本線）
西岡新田　にしおかしんでん　群馬県邑楽郡板倉町
西岸　にしぎし　石川県（のと鉄道七尾線）
西岩代　にしいわしろ　和歌山県日高郡みなべ町
西岩田
　にしいわた　愛知県豊橋市
　にしいわた　大阪府東大阪市
西岩国　にしいわくに　山口県（JR岩徳線）
西岩倉町　にしいわくらまち　鳥取県倉吉市
西岩根　にしいわね　千葉県木更津市
西岩崎　にしいわざき　栃木県那須塩原市
西岩道　にしいわみち　岐阜県養老郡養老町
西幸　さいこう　岡山県久米郡美咲町
西幸西　にしこうざい　岡山県岡山市東区
西幸町
　にしさいわいまち　北海道常呂郡訓子府町
　にしさいわいちょう　栃木県那須塩原市
　にしみゆきちょう　愛知県豊橋市
西府　にしふ　東京都（JR南武線）
西府町　にしふちょう　東京都府中市
西延末　にしのぶすえ　兵庫県姫路市
西弥生町　にしやよいちょう　長野県諏訪郡下諏訪町
西彼町八木原郷　せいひちょうやきはらごう　長崎県西海市
西彼町下岳郷　せいひちょうしもたけごう　長崎県西海市
西彼町上岳郷　せいひちょうかみだけごう　長崎県西海市
西彼町大串郷　せいひちょうおおくしごう　長崎県西海市
西彼町小迎郷　せいひちょうこむかえごう　長崎県西海市
西彼町中山郷　せいひちょうなかやまごう　長崎県西海市
西彼町平山郷　せいひちょうひらやまごう　長崎県西海市
西彼町平原郷　せいひちょうひらばるごう　長崎県西海市
西彼町白似田郷　せいひちょうしらにたごう　長崎県西海市
西彼町白崎郷　せいひちょうしろさきごう　長崎県西海市

西彼町伊ノ浦郷　せいひちょういのうらごう　長崎県西海市
西彼町風早郷　せいひちょうかざはやごう　長崎県西海市
西彼町宮浦郷　せいひちょうみやうらごう　長崎県西海市
西彼町亀浦郷　せいひちょうかめうらごう　長崎県西海市
西彼町鳥加郷　せいひちょうとりかごう　長崎県西海市
西彼町喰場郷　せいひちょうじきばごう　長崎県西海市
西彼杵郡　にしそのぎぐん　長崎県
西念　さいねん　石川県金沢市
西念町　さいねんまち　石川県金沢市
西所沢
　にしところざわ　埼玉県（西武鉄道狭山線ほか）
　にしところざわ　埼玉県所沢市
西押小路町　にしおしこうじちょう　京都府京都市中京区
西押川　にしおしかわ　富山県富山市
西招提町　にししょうだいちょう　大阪府枚方市
西拝戸町　にしはいとちょう　愛知県瀬戸市
西昆陽　にしこや　兵庫県尼崎市
西明　さいみょう　富山県南砺市
西明石　にしあかし　兵庫県（JR山陽新幹線ほか）
西明石北町　にしあかしきたまち　兵庫県明石市
西明石西町　にしあかしにしまち　兵庫県明石市
西明石町　にしあかしちょう　兵庫県明石市
西明石東町　にしあかしひがしまち　兵庫県明石市
西明石南町　にしあかしみなみちょう　兵庫県明石市
西明寺
　さいみょうじ　秋田県（秋田内陸縦貫鉄道線）
　さいみょうじ　三重県伊賀市
　さいみょうじ　滋賀県蒲生郡日野町
西明見町　にしあけみちょう　岐阜県岐阜市
西明神　にしみょうじん　愛媛県上浮穴郡久万高原町
西明神町　にしみょうじんまち　広島県安芸郡海田町
西松ケ丘
　にしまつがおか　千葉県流山市
　にしまつがおか　奈良県生駒市
西松下　にしまつした　静岡県沼津市
西松山町
　にしまつやまちょう　愛知県豊橋市
　にしまつやまちょう　愛知県瀬戸市
西松井田　にしまついだ　群馬県（JR信越本線）
西松井町　にしまついちょう　島根県安来市
西松本　にしまつもと　長野県（アルピコ交通上高地線）
西松本町　にしまつもとちょう　三重県四日市市
西松江城町　にしまつえじょうまち　熊本県八代市
西松尾町　にしまつおまち　熊本県熊本市西区
西松沢　にしまつざわ　秋田県湯沢市
西松屋町　にしまつやちょう　京都府京都市下京区
西松原　にしまつばら　山口県周南市
西松島町　にしまつしまちょう　兵庫県尼崎市
西松浦郡　にしまつうらぐん　佐賀県
西松野木　にしまつのき　新潟県上越市
西松園　にしまつぞの　岩手県盛岡市
西東町　さいとうちょう　京都府京都市上京区

6画（西）

西東京市　にしとうきょうし　東京都

西板垣町　にしいたがきちょう　福井県福井市

西板持町　にしいたもちちょう　大阪府富田林市

西枇杷島　にしびわじま　愛知県（名古屋鉄道名古屋本線）

西枇杷島町一反五畝割　にしびわじまちょういったんごせわり　愛知県清須市

西枇杷島町七畝割　にしびわじまちょうななせわり　愛知県清須市

西枇杷島町二見　にしびわじまちょうふたみ　愛知県清須市

西枇杷島町十軒裏　にしびわじまちょうじゅっけんうら　愛知県清須市

西枇杷島町下砂入　にしびわじまちょうしもすいり　愛知県清須市

西枇杷島町下新　にしびわじまちょうしもしん　愛知県清須市

西枇杷島町上新　にしびわじまちょうかみしん　愛知県清須市

西枇杷島町大野　にしびわじまちょうおおの　愛知県清須市

西枇杷島町大黒　にしびわじまちょうだいこく　愛知県清須市

西枇杷島町子新田　にしびわじまちょうねしんでん　愛知県清須市

西枇杷島町小田井　にしびわじまちょうおたい　愛知県清須市

西枇杷島町小野田　にしびわじまちょうおのだ　愛知県清須市

西枇杷島町小場塚　にしびわじまちょうこばづか　愛知県清須市

西枇杷島町川口　にしびわじまちょうかわぐち　愛知県清須市

西枇杷島町五畝割　にしびわじまちょうごせわり　愛知県清須市

西枇杷島町日の出　にしびわじまちょうひので　愛知県清須市

西枇杷島町日之出　にしびわじまちょうひので　愛知県清須市

西枇杷島町片町　にしびわじまちょうかたまち　愛知県清須市

西枇杷島町北二ツ杁　にしびわじまちょうきたふたついり　愛知県清須市

西枇杷島町北大和　にしびわじまちょうきたやまと　愛知県清須市

西枇杷島町古城　にしびわじまちょうこじょう　愛知県清須市

西枇杷島町弁天　にしびわじまちょうべんてん　愛知県清須市

西枇杷島町末広　にしびわじまちょうすえひろ　愛知県清須市

西枇杷島町地領　にしびわじまちょうちりょう　愛知県清須市

西枇杷島町旭　にしびわじまちょうあさひ　愛知県清須市

西枇杷島町西八丁　にしびわじまちょうにしはっちょう　愛知県清須市

西枇杷島町西六軒　にしびわじまちょうにしろっけん　愛知県清須市

西枇杷島町西笹子原　にしびわじまちょうにしささこはら　愛知県清須市

西枇杷島町住吉　にしびわじまちょうすみよし　愛知県清須市

西枇杷島町花咲　にしびわじまちょうはなさき　愛知県清須市

西枇杷島町芝野新田　にしびわじまちょうしばのしんでん　愛知県清須市

西枇杷島町芳野　にしびわじまちょうよしの　愛知県清須市

西枇杷島町辰新田　にしびわじまちょうたつしんでん　愛知県清須市

西枇杷島町押花　にしびわじまちょうおしばな　愛知県清須市

西枇杷島町東六軒　にしびわじまちょうひがしろっけん　愛知県清須市

西枇杷島町東笹子原　にしびわじまちょうひがしささこはら　愛知県清須市

西枇杷島町南二ツ杁　にしびわじまちょうみなみふたいり　愛知県清須市

西枇杷島町南大和　にしびわじまちょうみなみやまと　愛知県清須市

西枇杷島町南六軒　にしびわじまちょうみなみろっけん　愛知県清須市

西枇杷島町南松原　にしびわじまちょうみなみまつばら　愛知県清須市

西枇杷島町南問屋　にしびわじまちょうみなみとんや　愛知県清須市

西枇杷島町城並　にしびわじまちょうじょうなみ　愛知県清須市

西枇杷島町泉　にしびわじまちょういずみ　愛知県清須市

西枇杷島町砂入　にしびわじまちょうすいり　愛知県清須市

西枇杷島町宮前　にしびわじまちょうみやまえ　愛知県清須市

西枇杷島町恵比須　にしびわじまちょうえびす　愛知県清須市

西枇杷島町問屋　にしびわじまちょうとんや　愛知県清須市

西枇杷島町替地　にしびわじまちょうかえち　愛知県清須市

西枇杷島町稲株　にしびわじまちょういなかぶ　愛知県清須市

西枇杷島町養和　にしびわじまちょうようわ　愛知県清須市

西枇杷島町橋詰　にしびわじまちょうはしづめ　愛知県清須市

西林　にしばやし　長野県岡谷市

西林木町　にしはやしきちょう　島根県出雲市

西武立川　せいぶたちかわ　東京都（西武鉄道拝島線）

西武柳沢　せいぶやぎさわ　東京都（西武鉄道新宿線）

西武秩父　せいぶちちぶ　埼玉県（西武鉄道西武秩父線）

西武球場前　せいぶきゅうじょうまえ　埼玉県（西武鉄道狭山線ほか）

西武遊園地　せいぶゆうえんち　東京都（西武鉄道山口線ほか）

西武園　せいぶえん　東京都（西武鉄道西武園線）

西武新宿　せいぶしんじゅく　東京都（西武鉄道新宿線）

西河　にしがわ　奈良県吉野郡川上村

577

6画（西）

西河内
にしごうど　福島県東白川郡塙町
にしかわうち　京都府船井郡京丹波町
にしがいち　兵庫県佐用郡佐用町
にしごうち　岡山県真庭市
にしがわうち　徳島県海部郡美波町

西河内下町　にしごうとしもちょう　茨城県常陸太田市

西河内上町　にしごうとかみちょう　茨城県常陸太田市

西河内中町　にしごうとなかちょう　茨城県常陸太田市

西河内町
にしこうちちょう　福井県越前市
にしかわちちょう　奈良県五條市
にしこうちまち　広島県三次市

西河町　にしかわちょう　北海道積丹郡積丹町

西河岸町　にしかわぎしちょう　和歌山県和歌山市

西河原
にしがわら　滋賀県野洲市
にしかわら　大阪府茨木市

西河原北町　にしがわらきたまち　大阪府茨木市

西河原町　にしこうばらちょう　福井県福井市

西河渡　にしごうど　岐阜県岐阜市

西治　さいじ　兵庫県神崎郡福崎町

西沼
にしぬま　山形県鶴岡市
にしぬま　栃木県真岡市

西沼波町　にしのなみちょう　滋賀県彦根市

西波止町　にしはとちょう　兵庫県西宮市

西波多　にしはた　奈良県山辺郡山添村

西泊　にしどまり　高知県幡多郡大月町

西泊町　にしどまりまち　長崎県長崎市

西泊津　にしはくつ　北海道新冠郡新冠町

西法吉町　にしほっきちょう　島根県松江市

西法寺　さいほうじ　岩手県二戸郡一戸町

西油小路町　にしあぶらのこうじちょう　京都府京都市下京区

西油山　にしあぶらやま　福岡県福岡市早良区

西油川町　にしあぶらかわちょう　山梨県甲府市

西牧　にしまき　熊本県山鹿市

西牧野　にしまきの　大阪府枚方市

西肥留町　にしひるちょう　三重県松阪市

西舎　にしちゃ　北海道浦河郡浦河町

西若町　にしわかちょう　静岡県三島市

西若松　にしわかまつ　福島県（JR只見線）

西若松町　にしわかまつちょう　京都府京都市下京区

西若宮北半町　にしわかみやきたはんちょう　京都府京都市上京区

西若宮南半町　にしわかみやみなみはんちょう　京都府京都市上京区

西茂平　にしもびら　岡山県笠岡市

西茂呂　にしもろ　栃木県鹿沼市

西茂森　にししげもり　青森県弘前市

西表　いりおもて　沖縄県八重山郡竹富町

西迫町　にしはさまちょう　愛知県蒲郡市

西迫間　にしはさま　熊本県菊池市

西金
さいがね　茨城県（JR水郡線）
さいがね　茨城県久慈郡大子町

西金井　にしかない　三重県桑名市

西金池町　にしかないけちょう　岐阜県羽島郡笠松町

西金沢
にしかなざわ　新潟県新潟市秋葉区
にしかなざわ　石川県（JR北陸本線）
にしかなざわ　石川県金沢市

西金沢新町　にしかなざわしんまち　石川県金沢市

西金屋　にしかなや　富山県富山市

西金剛山　にしこんごうざん　山口県周南市

西金堀沢山　にしかなほりざわやま　秋田県湯沢市

西金野井　にしかなのい　埼玉県春日部市

西長戸町　にしながとちょう　愛媛県松山市

西長田
にしながた　千葉県館山市
にしながた　福井県（えちぜん鉄道三国芦原線）

西長江　にしながえ　富山県富山市

西長江本町　にしながえほんまち　富山県富山市

西長江町　にしながえちょう　島根県松江市

西長江浦　にしながえうら　宮崎県えびの市

西長住　にしながずみ　福岡県福岡市南区

西長町
にしながまち　福井県小浜市
にしながちょう　岐阜県大垣市
にしながちょう　京都府福知山市
にしおさちょう　兵庫県加西市
にしながまち　和歌山県和歌山市

西長岡　にしながおか　岩手県紫波郡紫波町

西長岡町　にしながおかちょう　群馬県太田市

西長柄町　にしながらちょう　奈良県天理市

西長洲町　にしながすちょう　兵庫県尼崎市

西長島　にしながしま　新潟県新潟市西蒲区

西長峰　にしながみね　福島県西白河郡矢吹町

西長根町　にしながねちょう　愛知県瀬戸市

西長堀　にしながほり　大阪府（大阪市交通局千日前線ほか）

西長野町　にしながのちょう　長野県長野市

西長島　にしながとり　新潟県柏崎市

西長瀬　にしながせ　岡山県岡山市北区

西門　にしもん　愛知県知多郡武豊町

西門町　にしもんちょう　静岡県静岡市葵区

西門前　にしもんぜん　埼玉県上尾市

西門前町
にしもんぜんちょう　岐阜県関市
にしもんぜんちょう　京都府京都市下京区

西阿木名　にしあきな　鹿児島県大島郡天城町

西阿田町　にしあだちょう　奈良県五條市

西阿弥陀寺町　にしあみだじまち　熊本県熊本市中央区

西阿知　にしあち　岡山県（JR山陽本線）

西阿知町　にしあちちょう　岡山県倉敷市

西阿知町西原　にしあちちょうにしばら　岡山県倉敷市

西阿知町新田　にしあちちょうしんでん　岡山県倉敷市

西阿知和町　にしあちわちょう　愛知県岡崎市

西阿室　にしあむろ　鹿児島県大島郡瀬戸内町

西阿倉川　にしあくらがわ　三重県四日市市

西阿曽　にしあそ　岡山県総社市

西阿野　にしあの　愛知県常滑市

6画（西）

西阿漕町岩田　にしあこぎちょういわた　三重県津市
西青山
　　にしあおやま　岩手県盛岡市
　　にしあおやま　三重県（近畿日本鉄道大阪線）
西青木　にしあおき　埼玉県川口市
⁹西保　にしのほ　岐阜県安八郡神戸町
西保木間　にしほきま　東京都足立区
西保末　にしほずえ　茨城県筑西市
西保町　にしほちょう　愛知県安城市
西俣　にしまた　静岡県周智郡森町
西俣町
　　にしまたまち　石川県小松市
　　にしまたちょう　鹿児島県鹿児島市
西俣野　にしまたの　神奈川県藤沢市
西冠　にしかんむり　大阪府高槻市
西前川原　にしまえかわら　青森県上北郡おいらせ町
西前田　にしまえだ　香川県（高松琴平電気鉄道長尾線）
西前町
　　にしまえちょう　神奈川県横浜市西区
　　にしまえちょう　京都府京都市下京区
西則末町　にしのりすえちょう　広島県尾道市
西南町裏甲　せいなんまちうらこう　福島県河沼郡会津坂下町
西南湖　にしなんご　山梨県南アルプス市
西厚床　にしあっとこ　北海道根室市
西厚保町本郷　にしあつちょうほんごう　山口県美祢市
西厚保町原　にしあつちょうはら　山口県美祢市
西品川　にししながわ　東京都品川区
西品治　にしほんじ　鳥取県鳥取市
西垣生町　にしはぶまち　愛媛県松山市
西城
　　にしじょう　埼玉県熊谷市
　　にしじょう　埼玉県蓮田市
　　にししろ　愛知県名古屋市守山区
西城内　にしじょうない　佐賀県唐津市
西城戸町　にしじょうどちょう　奈良県奈良市
西城北　にしじょうほく　青森県弘前市
西城町　にししろちょう　新潟県上越市
西城町入江　さいじょうちょういりえ　広島県庄原市
西城町八鳥　さいじょうちょうはっとり　広島県庄原市
西城町三坂　さいじょうちょうみさか　広島県庄原市
西城町大佐　さいじょうちょうおおさ　広島県庄原市
西城町大屋　さいじょうちょうおおや　広島県庄原市
西城町小鳥原　さいじょうちょうひととばら　広島県庄原市
西城町中迫　さいじょうちょうなかざこ　広島県庄原市
西城町中野　さいじょうちょうなかの　広島県庄原市
西城町平子　さいじょうちょうひらこ　広島県庄原市
西城町西城　さいじょうちょうさいじょう　広島県庄原市
西城町油木　さいじょうちょうゆき　広島県庄原市
西城町栗　さいじょうちょうくり　広島県庄原市
西城町高尾　さいじょうちょうこうお　広島県庄原市
西城町福山　さいじょうちょうふくやま　広島県庄原市
西城町熊野　さいじょうちょうくまの　広島県庄原市
西城南　にしじょうなん　栃木県小山市
西垪和　にしはが　岡山県久米郡美咲町

西始良　にしあいら　鹿児島県姶良市
西室　にしむろ　奈良県葛城市
西屋
　　にしや　京都府舞鶴市
　　にしや　岡山県苫田郡鏡野町
西屋代　にしやしろ　山口県大島郡周防大島町
西屋町　にしやちょう　愛知県春日井市
西屋敷
　　にしやしき　大分県（JR日豊本線）
　　にしやしき　大分県宇佐市
西後町
　　にしごちょう　長野県長野市
　　さいごちょう　岐阜県岐阜市
西後谷地　にしうしろやち　青森県上北郡おいらせ町
西持田　にしもった　奈良県御所市
西持田町　にしもちだちょう　島根県松江市
西春　にしはる　愛知県（名古屋鉄道犬山線）
西春日井郡　にしかすがいぐん　愛知県
西春日町
　　にしはるがちょう　香川県高松市
　　にしかすがまち　大分県大分市
西春江　にしはるえ　福井県（えちぜん鉄道三国芦原線）
西春別　にししゅんべつ　北海道野付郡別海町
西春別本久町　にししゅんべつほんきゅうちょう　北海道野付郡別海町
西春別幸町　にししゅんべつさいわいちょう　北海道野付郡別海町
西春別昭栄町　にししゅんべつしょうえいちょう　北海道野付郡別海町
西春別宮園町　にししゅんべつみやぞのちょう　北海道野付郡別海町
西春別清川町　にししゅんべつきよかわちょう　北海道野付郡別海町
西春別駅前西町　にししゅんべつえきまえにしちょう　北海道野付郡別海町
西春別駅前寿町　にししゅんべつえきまえことぶきちょう　北海道野付郡別海町
西春別駅前栄町　にししゅんべつえきまえさかえちょう　北海道野付郡別海町
西春別駅前柏町　にししゅんべつえきまえかしわちょう　北海道野付郡別海町
西春別駅前錦町　にししゅんべつえきまえにしきちょう　北海道野付郡別海町
西春別駅前曙町　にししゅんべつえきまえあけぼのちょう　北海道野付郡別海町
西春町　にしはるまち　福岡県福岡市博多区
西春近　にしはるちか　長野県伊那市
西栄　にしさかえ　広島県大竹市
西栄町　にしえいだまち　長崎県諫早市
西栄町
　　にしさかえまち　福島県会津若松市
　　にしさかえちょう　栃木県那須塩原市
　　にしさかえちょう　新潟県胎内市
　　にしさかえちょう　愛知県名古屋市中村区
　　にしさかえちょう　宮崎県東臼杵郡門川町
西柴　にししば　神奈川県横浜市金沢区
西染町　にしぞめちょう　茨城県常陸太田市
西栃井　にしとちい　岐阜県加茂郡川辺町
西柏　にしかしわ　石川県白山市
西柏台　にしかしわだい　千葉県柏市

579

6画（西）

西柏町
　にしかしわまち　石川県白山市
　さいかしちょう　奈良県御所市
西柏原新田　にしかしわばらしんでん　静岡県富士市
西柳　にしやなぎ　山口県下松市
西柳町
　にしやなぎちょう　京都府京都市上京区
　にしやなぎちょう　京都府京都市伏見区
西柳原町
　にしやなぎはらちょう　愛知県津島市
　にしやなぎわらちょう　兵庫県神戸市兵庫区
西段　にしだん　福島県伊達郡桑折町
西海久喜　さいかいひさき　石川県羽咋郡志賀町
西海千ノ浦　さいかいちのうら　石川県羽咋郡志賀町
西海子町　さいかいしちょう　京都府京都市東山区
西海石　さいかいし　長崎県
西海老坂　にしえびさか　富山県高岡市
西海町　にしうみまち　長崎県長崎市
西海町七釜郷　さいかいちょうななつがまごう　長崎県西海市
西海町川内郷　さいかいちょうかわちごう　長崎県西海市
西海町中浦北郷　さいかいちょうなかうらきたごう　長崎県西海市
西海町中浦南郷　さいかいちょうなかうらみなみごう　長崎県西海市
西海町丹納郷　さいかいちょうたんのうごう　長崎県西海市
西海町太田和郷　さいかいちょうおおたわごう　長崎県西海市
西海町太田原郷　さいかいちょうおおたはらごう　長崎県西海市
西海町天久保郷　さいかいちょうあまくぼごう　長崎県西海市
西海町木場郷　さいかいちょうこばごう　長崎県西海市
西海町水浦郷　さいかいちょうみずのうらごう　長崎県西海市
西海町面高郷　さいかいちょうおもだかごう　長崎県西海市
西海町黒口郷　さいかいちょうくろくちごう　長崎県西海市
西海町横瀬郷　さいかいちょうよこせごう　長崎県西海市
西海岸　にしかいがん　福岡県北九州市門司区
西海岸町　にしかいがんちょう　兵庫県尼崎市
西海風戸　さいかいふと　石川県羽咋郡志賀町
西海風無　さいかいかざなし　石川県羽咋郡志賀町
西海鹿島　にしあしかじま　千葉県（銚子電気鉄道線）
西洲　いりじま　沖縄県浦添市
西泉
　にしいずみ　石川県（北陸鉄道石川線）
　にしいずみ　石川県金沢市
　にしいずみ　福岡県行橋市
西泉乙　にしいずみおつ　愛媛県西条市
西泉丘　にしみがおか　大阪府豊中市
西泉甲　にしいずみこう　愛媛県西条市
西泉田
　にしいずみだ　茨城県猿島郡境町
　にしいずみだ　新潟県南魚沼市

西泉町　にしいずみちょう　愛媛県新居浜市
西浅川町　にしあさかわまち　東京都八王子市
西浅井町
　にしあざいちょう　愛知県西尾市
　にしあざいちょう　⇒長浜市（滋賀県）
西浅井町八田部　にしあざいちょうはたべ　滋賀県長浜市
西浅井町大浦　にしあざいちょうおおうら　滋賀県長浜市
西浅井町小山　にしあざいちょうおやま　滋賀県長浜市
西浅井町山田　にしあざいちょうやまだ　滋賀県長浜市
西浅井町山門　にしあざいちょうやまかど　滋賀県長浜市
西浅井町中　にしあざいちょうなか　滋賀県長浜市
西浅井町月出　にしあざいちょうつきで　滋賀県長浜市
西浅井町庄　にしあざいちょうしょう　滋賀県長浜市
西浅井町余　にしあざいちょうよ　滋賀県長浜市
西浅井町岩熊　にしあざいちょうやのくま　滋賀県長浜市
西浅井町沓掛　にしあざいちょうくつかけ　滋賀県長浜市
西浅井町祝山　にしあざいちょうほりやま　滋賀県長浜市
西浅井町菅浦　にしあざいちょうすがうら　滋賀県長浜市
西浅井町野坂　にしあざいちょうのざか　滋賀県長浜市
西浅井町黒山　にしあざいちょうくろやま　滋賀県長浜市
西浅井町集福寺　にしあざいちょうしゅうふくじ　滋賀県長浜市
西浅井町塩津中　にしあざいちょうしおつなか　滋賀県長浜市
西浅井町塩津浜　にしあざいちょうしおつはま　滋賀県長浜市
西浅井町横波　にしあざいちょうよこなみ　滋賀県長浜市
西浅田　にしあさだ　静岡県浜松市中区
西浅草　にしあさくさ　東京都台東区
西洗馬　にしせば　長野県東筑摩郡朝日村
西津　にしづ　福井県小浜市
西津田　にしつだ　島根県松江市
西津汲　にしつくみ　岐阜県揖斐郡揖斐川町
西津町　にしづまち　新潟県長岡市
西津軽郡　にしつがるぐん　青森県
西洞
　さいと　岐阜県可児郡御嵩町
　にしぼら　愛知県犬山市
西洞町
　にしぼらまち　岐阜県高山市
　にしぼらちょう　愛知県瀬戸市
西洞院町　にしのとういんちょう　京都府京都市下京区
西狭山ケ丘　にしさやまがおか　埼玉県所沢市
西狭川町　にしさがわちょう　奈良県奈良市
西畑
　にしはた　千葉県（いすみ鉄道線）
　にしはた　兵庫県高砂市

6画（西）

にしはた　兵庫県川辺郡猪名川町
にしはた　和歌山県橋本市
にしはた　福岡県筑紫郡那珂川町
西畑町
にしはたちょう　福井県福井市
にしはたちょう　愛知県名古屋市昭和区
にしはたちょう　奈良県生駒市
にしはたちょう　広島県呉市
にしはたまち　福岡県北九州市若松区
西相内　にしあいのない　北海道北見市
西相生
にしあいおい　福井県小浜市
にしあいおい　兵庫県（JR赤穂線）
西相知　にしおうち　佐賀県（JR筑肥線）
西相野　にしあいの　兵庫県三田市
西砂町　にしすなちょう　東京都立川市
西砂原後町　にしさわらごちょう　栃木県足利市
西神ノ川　にしこうのがわ　和歌山県日高郡印南町
西神ノ浦郷　にしこうのうらごう　長崎県南松浦郡新上五島町
西神の倉　にしかみのくら　愛知県名古屋市緑区
西神中央　せいしんちゅうおう　兵庫県（神戸市交通局西神線）
西神戸町　にしかんべちょう　愛知県田原市
西神田　にしかんだ　東京都千代田区
西神田町
にしかんだまち　新潟県長岡市
にしかんだちょう　山口県下関市
西神立　にしかんだつ　茨城県土浦市
西神吉町大国　にしかんきちょうおおぐに　兵庫県加古川市
西神吉町中西　にしかんきちょうなかにし　兵庫県加古川市
西神吉町辻　にしかんきちょうつじ　兵庫県加古川市
西神吉町西村　にしかんきちょうにしむら　兵庫県加古川市
西神吉町岸　にしかんきちょうきし　兵庫県加古川市
西神吉町宮前　にしかんきちょうみやまえ　兵庫県加古川市
西神吉町鼎　にしかんきちょうかなえ　兵庫県加古川市
西神西町　にしじんざいちょう　島根県出雲市
西神奈川　にしかながわ　神奈川県横浜市神奈川区
西神明町　にししんめいちょう　京都府京都市上京区
西神南　せいしんみなみ　兵庫県（神戸市交通局西神線）
西神原町　にしかんばらまち　福岡県北九州市八幡西区
西神崎
にしかんざき　京都府舞鶴市
にしかんざき　広島県世羅郡世羅町
西神野　にしかみの　岐阜県関市
西神楽　にしかぐら　北海道（JR富良野線）
西神楽一線　にしかぐらいっせん　北海道旭川市
西神楽二線　にしかぐらにせん　北海道旭川市
西神楽三線　にしかぐらさんせん　北海道旭川市
西神楽五線　にしかぐらごせん　北海道旭川市
西神楽北一条　にしかぐらきたいちじょう　北海道旭川市
西神楽北二条　にしかぐらきたにじょう　北海道旭川市
西神楽四線　にしかぐらよんせん　北海道旭川市

西神楽南　にしかぐらみなみ　北海道旭川市
西神楽南一条　にしかぐらみなみいちじょう　北海道旭川市
西神楽南二条　にしかぐらみなみにじょう　北海道旭川市
西祖　せいそ　岡山県岡山市東区
西祖谷山村一宇　にしいややまむらいちう　徳島県三好市
西祖谷山村下名　にしいややまむらしもみょう　徳島県三好市
西祖谷山村下吾橋　にしいややまむらしもあはし　徳島県三好市
西祖谷山村上吾橋　にしいややまむらかみあはし　徳島県三好市
西祖谷山村土日浦　にしいややまむらつちひうら　徳島県三好市
西祖谷山村小祖谷　にしいややまむらおいや　徳島県三好市
西祖谷山村中尾　にしいややまむらなかお　徳島県三好市
西祖谷山村今久保　にしいややまむらいまくぼ　徳島県三好市
西祖谷山村戸ノ谷　にしいややまむらとのたに　徳島県三好市
西祖谷山村田ノ内　にしいややまむらたのうち　徳島県三好市
西祖谷山村有瀬　にしいややまむらあるせ　徳島県三好市
西祖谷山村西岡　にしいややまむらにしおか　徳島県三好市
西祖谷山村吾橋　にしいややまむらあはし　徳島県三好市
西祖谷山村坂瀬　にしいややまむらさかせ　徳島県三好市
西祖谷山村尾井ノ内　にしいややまむらおいのうち　徳島県三好市
西祖谷山村東山　にしいややまむらひがしやま　徳島県三好市
西祖谷山村東西岡　にしいややまむらひがしにしおか　徳島県三好市
西祖谷山村南山　にしいややまむらみなみやま　徳島県三好市
西祖谷山村後山　にしいややまむらうしろやま　徳島県三好市
西祖谷山村後山向　にしいややまむらうしろやまむかい　徳島県三好市
西祖谷山村後山西　にしいややまむらうしろやまにし　徳島県三好市
西祖谷山村重末　にしいややまむらしげすえ　徳島県三好市
西祖谷山村冥地　にしいややまむらみょうじ　徳島県三好市
西祖谷山村眠谷　にしいややまむらねむりだに　徳島県三好市
西祖谷山村善徳　にしいややまむらぜんとく　徳島県三好市
西祖谷山村閑定　にしいややまむらかんじょう　徳島県三好市
西祖谷山村徳善　にしいややまむらとくぜん　徳島県三好市
西祖谷山村徳善北　にしいややまむらとくぜんきた　徳島県三好市

6画（西）

西祖谷山村徳善西　にしいややまむらとくぜんにし　徳島県三好市

西祖谷山村榎　にしいややまむらえのき　徳島県三好市

西秋沢　にしあきさわ　岐阜県岐阜市

西粂原　にしくめはら　埼玉県南埼玉郡宮代町

西紀寺町　にしきでらちょう　奈良県奈良市

西紅陽台　にしこうようだい　岡山県岡山市南区

西美沢野　にしみさわの　石川県白山市

西美沢野町　にしみさわのまち　石川県白山市

西美里別　にしびりべつ　北海道中川郡本別町

西美唄町大曲　にしびばいちょうおおまがり　北海道美唄市

西美唄町山形　にしびばいちょうやまがた　北海道美唄市

西美唄町元村　にしびばいちょうもとむら　北海道美唄市

西美唄町元村美富　にしびばいちょうもとむらみとみ　北海道美唄市

西美唄町富樫　にしびばいちょうとがし　北海道美唄市

西美園町　にしみそのちょう　群馬県館林市

西美薗　にしみその　静岡県浜松市浜北区

西茨戸　にしばらと　北海道札幌市北区

西茨戸一条　にしばらといちじょう　北海道札幌市北区

西茨戸七条　にしばらとしちじょう　北海道札幌市北区

西茨戸二条　にしばらとにじょう　北海道札幌市北区

西茨戸三条　にしばらとさんじょう　北海道札幌市北区

西茨戸五条　にしばらとごじょう　北海道札幌市北区

西茨戸六条　にしばらとろくじょう　北海道札幌市北区

西茨戸四条　にしばらとしじょう　北海道札幌市北区

西茨町　にしいばらちょう　愛知県瀬戸市

西荒井町　にしあらいちょう　福井県福井市

西荒谷町　にしあらたにまち　石川県小松市

西荒屋
　にしあらや　山形県鶴岡市
　にしあらや　富山県富山市
　にしあらや　石川県河北郡内灘町

西荒神町　にしこうじんまち　広島県広島市南区

西荒島町　にしあらしまちょう　島根県安来市

西草津　にしくさつ　滋賀県草津市

西草深町　にしくさぶかちょう　静岡県静岡市葵区

西荘
　にしのしょう　岐阜県岐阜市
　にしじょう　兵庫県篠山市

西茶町　にしちゃまち　島根県松江市

西茶屋　にしちゃや　愛知県名古屋市港区

西茶路　にしちゃろ　北海道白糠郡白糠町

西追分町　にしおいわけちょう　愛知県瀬戸市

西郊通　さいこうとおり　愛知県名古屋市熱田区

西面　さいめなか　大阪府高槻市

西面北　さいめきた　大阪府高槻市

西面南　さいめみなみ　大阪府高槻市

西革堂町　にしこうどうちょう　京都府京都市中京区

西飛山　にしひやま　新潟県糸魚川市

西香ノ木町　にしこうのぎちょう　愛知県豊川市

10西倉内町　にしくらうちまち　群馬県沼田市

西倉吉町
　にしくらよしまち　鳥取県米子市
　にしくらよしちょう　鳥取県倉吉市

西倉町　にしくらちょう　愛知県名古屋市港区

西剣坂町　にしけんざかちょう　兵庫県加西市

西原
　にしはら　北海道石狩郡新篠津村
　にしはら　山形県山形市
　にしはら　茨城県水戸市
　にしはら　茨城県つくば市
　にしはら　栃木県宇都宮市
　にしはら　埼玉県さいたま市岩槻区
　にしはら　埼玉県朝霞市
　にしはら　埼玉県ふじみ野市
　にしはら　埼玉県南埼玉郡宮代町
　にしはら　千葉県柏市
　にしはら　千葉県君津市
　にしはら　千葉県南房総市
　にしはら　東京都渋谷区
　にしはら　富山県南砺市
　さいはら　山梨県上野原市
　にしはら　長野県小諸市
　にしはら　愛知県長久手市
　にしのはら　三重県南牟婁郡御浜町
　にしはら　奈良県吉野郡上北山村
　にしはら　和歌山県日高郡日高川町
　にしはら　鳥取県西伯郡南部町
　にしはら　岡山県真庭市
　にしはら　岡山県勝田郡奈義町
　にしはら　広島県（広島高速交通アストラムライン）
　にしはら　広島県広島市安佐南区
　にしばら　徳島県（JR牟岐線）
　さいはら　高知県高岡郡四万十町
　にしばる　福岡県三井郡大刀洗町
　にしばる　熊本県熊本市東区
　にしはる　熊本県上益城郡甲佐町
　にしばる　鹿児島県鹿屋市
　にしばる　鹿児島県大島郡和泊町
　にしはら　沖縄県浦添市
　いりばる　沖縄県うるま市

西原山　にしはらやま　愛知県長久手市

西原台　にしはらだい　埼玉県さいたま市岩槻区

西原村　にしはらむら　熊本県阿蘇郡

西原町
　にしはらまち　北海道上川郡剣淵町
　にしはらちょう　栃木県宇都宮市
　にしはらちょう　栃木県那須塩原市
　にしはらちょう　東京都府中市
　にしはらちょう　東京都西東京市
　にしはらちょう　石川県小松市
　にしはらちょう　愛知県名古屋市西区
　にしはらちょう　愛知県瀬戸市
　にしはらちょう　愛知県豊川市
　にしわらちょう　三重県名張市
　にしはらちょう　京都府綾部市
　にしばらちょう　愛媛県新居浜市
　にしばるまち　熊本県尾尻市
　にしはらちょう　沖縄県中頭郡

西原新町　にしはらしんまち　群馬県沼田市

西唐人町　にしとうじんまち　熊本県熊本市中央区

西唐津
　にしからつ　佐賀県（JR唐津線）

6画（西）

にしからつ　佐賀県唐津市
西唐曽　にしがらそ　愛知県犬山市
西姫田　にしひめだ　新潟県新発田市
西宮
　にしみや　富山県富山市
　にしのみや　兵庫県（阪神電気鉄道阪神本線）
　にしのみや　兵庫県（JR東海道本線）
　にしのみや　奈良県生駒郡平群町
　にしみや　鳥取県東伯郡琴浦町
　にしみや　広島県三原市
西宮の沢　にしみやのさわ　北海道札幌市手稲区
西宮の沢一条　にしみやのさわいちじょう　北海道札幌市手稲区
西宮の沢二条　にしみやのさわにじょう　北海道札幌市手稲区
西宮の沢三条　にしみやのさわさんじょう　北海道札幌市手稲区
西宮の沢五条　にしみやのさわごじょう　北海道札幌市手稲区
西宮の沢六条　にしみやのさわろくじょう　北海道札幌市手稲区
西宮の沢四条　にしみやのさわしじょう　北海道札幌市手稲区
西宮下　にしみやした　埼玉県上尾市
西宮内
　にしみやうち　新潟県長岡市
　にしみやうち　新潟県新発田市
西宮内町　にしみやうちちょう　兵庫県神戸市兵庫区
西宮北口　にしのみやきたぐち　兵庫県（阪急電鉄今津線ほか）
西宮市
　にしのみやし　兵庫県
　にしみやいち　福岡県行橋市
西宮町
　にしみやちょう　茨城県常陸太田市
　にしのみやちょう　栃木県足利市
　にしのみやまち　富山県富山市
　にしみやまち　岐阜県中津川市
　にしみやちょう　岐阜県羽島郡笠松町
　にしみやまち　熊本県八代市
西宮城野　にしみやぎの　宮城県仙台市宮城野区
西宮原　にしみやはら　大阪府大阪市淀川区
西宮島町　にしみやじままち　鹿児島県姶良市
西宮浦町　にしみやうらまち　福岡県大牟田市
西宮浜　にしのみやはま　兵庫県西宮市
西宮野目　にしみやのめ　岩手県花巻市
西島
　にしじま　新潟県新潟市秋葉区
　にしのしま　富山県小矢部市
　にしじま　静岡県静岡市駿河区
　にしじま　静岡県磐田市
　にしじま　静岡県焼津市
　にしじま　愛知県稲沢市
　にししま　大阪府大阪市西淀川区
　にしじま　高知県安芸郡安田町
　にしじま　佐賀県三養基郡みやき町
西島中町　にしじまなかまち　愛知県稲沢市
西島出町　にしじまでまち　愛知県稲沢市
西島北町　にしじまきたまち　愛知県稲沢市
西島平町　にししまびらちょう　鹿児島県いちき串木野市

西島本町　にしじまほんまち　愛知県稲沢市
西島田町　にししまだちょう　岡山県岡山市北区
西島田原　にししまだはら　宮城県刈田郡七ケ宿町
西島町
　にしじままち　群馬県高崎市
　にしじままち　埼玉県深谷市
　にしじままち　石川県加賀市
　にしじまちょう　岐阜県岐阜市
　にしじまちょう　静岡県浜松市南区
　にしじまちょう　静岡県沼津市
　にしじまちょう　愛知県名古屋市守山区
　にしじまちょう　愛知県一宮市
　にしじまちょう　愛知県豊川市
　にしじまちょう　愛知県小牧市
　にしじまちょう　愛知県稲沢市
西島松　にししままつ　北海道恵庭市
西島東町　にしじまひがしまち　愛知県稲沢市
西島新町　にしじましんまち　愛知県稲沢市
西峰
　にしみね　福島県耶麻郡猪苗代町
　にしみね　高知県長岡郡大豊町
西峰町　にしみねちょう　滋賀県湖南市
西峰須川　にしみねすかわ　群馬県利根郡みなかみ町
西帯広　にしおびひろ　北海道（JR根室本線）
西座倉　にしざくら　岐阜県安八郡神戸町
西恵乃島町　にしえのしまちょう　島根県安来市
西恋ケ窪　にしこいがくぼ　東京都国分寺市
西扇山　にしおうぎやま　北海道富良野市
西旅籠町　にしはたごまち　和歌山県和歌山市
西時津郷　にしときつごう　長崎県西彼杵郡時津町
西桔梗町　にしききょうちょう　北海道函館市
西桐生　にしきりゅう　群馬県（上毛電気鉄道線）
西栗山　にしくりやま　茨城県つくば市
西栗原　にしくりはら　神奈川県座間市
西栗栖　にしくりす　兵庫県（JR姫新線）
西桑名　にしくわな　三重県（三岐鉄道北勢線）
西桑津　にしくわづ　兵庫県伊丹市
西桑原　にしくわばら　愛知県犬山市
西桂沢　にしかつらざわ　北海道三笠市
西桂町　にしかつらちょう　山梨県南都留郡
西根
　にしね　岩手県岩手郡雫石町
　にしね　岩手県胆沢郡金ケ崎町
　にしね　山形県寒河江市
西根北町　にしねきたまち　山形県寒河江市
西根寺田　にしねてらだ　岩手県八幡平市
西根西　にしねにし　茨城県土浦市
西根南　にしねみなみ　茨城県土浦市
西桜川　にしさくらがわ　茨城県桜川市
西桜木町
　にしさくらぎちょう　愛知県豊川市
　にしさくらぎちょう　兵庫県尼崎市
西桜町
　にしさくらちょう　宮城県柴田郡大河原町
　にしさくらちょう　愛知県名古屋市南区
　にしさくらまち　広島県福山市
西梅田　にしうめだ　大阪府（大阪市交通局四つ橋線）
西浦
　にしうら　宮城県柴田郡大河原町

583

6画（西）

にしうら　千葉県船橋市
にしうら　新潟県新発田市
にしうら　長野県小諸市
にしうら　愛知県（名古屋鉄道蒲郡線）
にしうら　愛知県長久手市
にしうら　三重県四日市市
にしうら　大阪府羽曳野市
にしのうら　山口県防府市
にしのうら　福岡県福岡市西区

西浦上　にしうらかみ　長崎県（JR長崎本線）
西浦久料　にしうらくりょう　静岡県沼津市
西浦久連　にしうらくづら　静岡県沼津市
西浦大瀬　にしうらおおせ　静岡県沼津市
西浦木負　にしうらきしょう　静岡県沼津市
西浦古宇　にしうらこう　静岡県沼津市
西浦平沢　にしうらひらわさ　静岡県沼津市
西浦立保　にしうらたちぼ　静岡県沼津市
西浦江梨　にしうらえなし　静岡県沼津市
西浦町
　にしうらちょう　栃木県佐野市
　にしうらちょう　愛知県蒲郡市
西浦町西　にしうらちょうにし　新潟県十日町市
西浦町東　にしうらちょうひがし　新潟県十日町市
西浦足保　にしうらあしほ　静岡県沼津市
西浦和　にしうらわ　埼玉県（JR武蔵野線）
西浦河内　にしうらこうち　静岡県沼津市
西浦賀　にしうらが　神奈川県横須賀市
西酒匂　にしさかわ　神奈川県小田原市
西酒屋　にしさかや　新潟県新潟市南区
西酒屋町　にしさけやまち　広島県三次市
西浜
　にしはま　北海道稚内市
　にしはま　長野県諏訪郡下諏訪町
　にしはま　愛知県海部郡飛島村
　にしはま　和歌山県和歌山市
　にしはま　広島県安芸郡海田町
　にしはま　香川県仲多度郡多度津町
　にしはま　高知県安芸市
　にしはま　大分県大分市
　にしはま　大分県佐伯市
　にしはま　宮崎県串間市
西浜北　にしはまきたまち　兵庫県赤穂市
西浜田　にしはまだ　島根県（JR山陰本線）
西浜田町
　にしはまだちょう　三重県四日市市
　にしはまだまち　福岡県大牟田市
西浜佐陀町　にしはまさだちょう　島根県松江市
西浜町
　にしはまちょう　北海道根室市
　にしはまちょう　北海道伊達市
　にしはまちょう　宮城県石巻市
　にしはまちょう　愛知県豊橋市
　にしはままち　愛知県碧南市
　にしはまちょう　京都府京都市伏見区
　にしはまちょう　兵庫県赤穂市
　にしはままち　福岡県遠賀郡芦屋町
　にしのはままち　佐賀県唐津市
　にしはまのまち　長崎県（長崎電気軌道1系統ほか）
　にしはまちょう　鹿児島県いちき串木野市
西浜谷　にしはまだに　兵庫県篠山市
西浜武　にしはまたけ　福岡県柳川市

西留辺蘂　にしるべしべ　北海道（JR石北本線）
西益岡町　にしますおかちょう　宮城県白石市
西真上　にしまかみ　大阪府高槻市
西真土　にししんど　神奈川県平塚市
西真玉　にしまたま　大分県豊後高田市
西真美　にしまみ　奈良県香芝市
西真鍋町　にしまなべちょう　茨城県土浦市
西祓川町　にしはらいがわちょう　鹿児島県鹿屋市
西秦泉寺　にしじんぜんじ　高知県高知市
西納　にしの　徳島県那賀郡那賀町
西納庫　にしなぐら　愛知県北設楽郡設楽町
西脇
　にしわき　静岡県静岡市駿河区
　にしわき　大阪府大阪市平野区
　にしわき　兵庫県神戸市垂水区
　にしわき　兵庫県姫路市
　にしわき　兵庫県西脇市
　にしわき　和歌山県紀の川市
西脇市
　にしわきし　兵庫県（JR加古川線）
　にしわきし　兵庫県
西脇町
　にしわきまち　石川県輪島市
　にしわきちょう　愛知県瀬戸市
　にしわきちょう　兵庫県小野市
西荻北　にしおぎきた　東京都杉並区
西荻南　にしおぎみなみ　東京都杉並区
西荻窪　にしおぎくぼ　東京都（JR中央本線）
西通町　にしどおりまち　秋田県能代市
西連寺町　さいれんじちょう　愛媛県新居浜市
西郡　にしごおり　岡山県総社市
西釜屋町　にしかまやまち　石川県羽咋市
西釘貫丁　にしくぎぬきちょう　和歌山県和歌山市
西院
　さい　京都府（京福電気鉄道嵐山本線）
　さいいん　京都府（阪急電鉄京都本線）
西院下花田町　さいいんしもはなだちょう　京都府京都市右京区
西院三蔵町　さいいんさんぞうちょう　京都府京都市右京区
西院上今田町　さいいんかみいまだちょう　京都府京都市右京区
西院上花田町　さいいんかみはなだちょう　京都府京都市右京区
西院久田町　さいいんくでんちょう　京都府京都市右京区
西院久保田町　さいいんくぼたちょう　京都府京都市右京区
西院小米町　さいいんこごめちょう　京都府京都市右京区
西院中水町　さいいんなかみずちょう　京都府京都市右京区
西院六反田町　さいいんろくたんだちょう　京都府京都市右京区
西院内町　さいいんないまち　石川県輪島市
西院太田町　さいいんおおたちょう　京都府京都市右京区
西院日照町　さいいんひでりちょう　京都府京都市右京区
西院月双町　さいいんつきそうちょう　京都府京都市右京区

西院北井御料町　さいいんきたいごりょうちょう　京都府京都市右京区

西院北矢掛町　さいいんきたやかけちょう　京都府京都市右京区

西院四条畑町　さいいんしじょうばたちょう　京都府京都市右京区

西院平町　さいいんひらまち　京都府京都市右京区

西院矢掛町　さいいんやかけちょう　京都府京都市右京区

西院安塚町　さいいんやすづかちょう　京都府京都市右京区

西院西三蔵町　さいいんにしさんぞうちょう　京都府京都市右京区

西院西中水町　さいいんにしなかみずちょう　京都府京都市右京区

西院西今田町　さいいんにしいまだちょう　京都府京都市右京区

西院西平町　さいいんにしひらまち　京都府京都市右京区

西院西田町　さいいんにしだちょう　京都府京都市右京区

西院西矢掛町　さいいんにしやかけちょう　京都府京都市右京区

西院西寿町　さいいんにしことぶきちょう　京都府京都市右京区

西院西貝川町　さいいんにしかいがわちょう　京都府京都市右京区

西院西高田町　さいいんにしたかだちょう　京都府京都市右京区

西院西淳和院町　さいいんにしじゅんないんちょう　京都府京都市右京区

西院西溝崎町　さいいんにしみぞさきちょう　京都府京都市右京区

西院寿町　さいいんことぶきちょう　京都府京都市右京区

西院町　さいいんちょう　京都府京都市上京区

西院坤町　さいいんひつじさるちょう　京都府京都市右京区

西院松井町　さいいんまついちょう　京都府京都市右京区

西院東中水町　さいいんひがしなかみずちょう　京都府京都市右京区

西院東今田町　さいいんひがしいまだちょう　京都府京都市右京区

西院東貝川町　さいいんひがしかいがわちょう　京都府京都市右京区

西院東淳和院町　さいいんひがしじゅんないんちょう　京都府京都市右京区

西院金槌町　さいいんかなづちちょう　京都府京都市右京区

西院南井御料町　さいいんみなみいごりょうちょう　京都府京都市右京区

西院南寿町　さいいんみなみことぶきちょう　京都府京都市右京区

西院南高田町　さいいんみなみたかだちょう　京都府京都市右京区

西院春日町　さいいんかすがちょう　京都府京都市右京区

西院春栄町　さいいんしゅんえいちょう　京都府京都市右京区

西院追分町　さいいんおいわけちょう　京都府京都市右京区

西院高山寺町　さいいんこうざんじちょう　京都府京都市右京区

西院高田町　さいいんたかだちょう　京都府京都市右京区

西院乾町　さいいんいぬいちょう　京都府京都市右京区

西院清水町　さいいんしみずちょう　京都府京都市右京区

西院笠目町　さいいんかさめちょう　京都府京都市右京区

西院巽町　さいいんたつみちょう　京都府京都市右京区

西院溝崎町　さいいんみぞさきちょう　京都府京都市右京区

西陣取山　にしじんとりやま　愛知県みよし市

西馬込
　にしまごめ　東京都（東京都交通局浅草線）
　にしまごめ　東京都大田区

西馬音内　にしもない　秋田県雄勝郡羽後町

西馬音内堀回　にしもないほりまわり　秋田県雄勝郡羽後町

西馬場　にしばば　石川県鹿島郡中能登町

西馬場尻　にしばばしり　青森県黒石市

西馬越　にしうまこし　新潟県新潟市中央区

西馬橋　にしまばし　千葉県松戸市

西馬橋広手町　にしまばしひろてちょう　千葉県松戸市

西馬橋幸町　にしまばしさいわいちょう　千葉県松戸市

西馬橋相川町　にしまばしあいかわちょう　千葉県松戸市

西馬橋蔵元町　にしまばしくらもとちょう　千葉県松戸市

西高山町　にしたかやまちょう　愛知県春日井市

西高山新田　にしたかやましんでん　新潟県長岡市

西高木　にしたかき　富山県射水市

西高辻町　にしたかつじちょう　京都府京都市下京区

西高安町　にしたかやすちょう　大阪府八尾市

西高尾
　にしたかお　埼玉県北本市
　にしたかお　鳥取県東伯郡北栄町

西高町
　にしたかちょう　富山県高岡市
　にしたかちょう　静岡県静岡市清水区

西高谷　にしごうや　栃木県塩谷郡高根沢町

西高岡　にしたかおか　富山県（あいの風とやま鉄道線）

西高松　にしたかまつ　和歌山県和歌山市

西高松町　にしたかまつちょう　宮崎県宮崎市

西高泊　にしたかどまり　山口県山陽小野田市

西高屋　にしたかや　広島県（JR山陽本線）

西高柳　にしたかやなぎ　愛媛県伊予郡松前町

西高洲町　にしたかすちょう　兵庫県尼崎市

西高倉
　にしたかくら　北海道石狩郡新篠津村
　にしたかくら　三重県伊賀市

西高家　にしたけい　大分県宇佐市

西高島　にしたかじま　福井県勝山市

西高島平　にしたかしまだいら　東京都（東京都交通局三田線）

西高師町　にしたかしちょう　愛知県豊橋市

6画（西）

西高根町　にしたかねちょう　群馬県館林市
西高崎　にしたかさき　岡山県岡山市南区
西高野
　　にしごうや　茨城県つくば市
　　にしごうや　千葉県野田市
西高間木　にしこうまぎ　栃木県真岡市
西高須　にしたかす　高知県（とさでん交通ごめん線）
西高蔵　にしたかくら　愛知県（名古屋市交通局名城線）
西高橋　にしたかはし　栃木県芳賀郡芳賀町
西高橋町　にしたかはしちょう　山梨県甲府市
西高篠　にしたかしの　香川県仲多度郡まんのう町
11西乾馬場町　にしいぬいばばまち　長崎県大村市
西亀有　にしかめあり　東京都葛飾区
西亀屋町　にしかめやちょう　京都府京都市上京区
西側町　にしがわちょう　京都府京都市下京区
西冨田町　にしとみだちょう　三重県鈴鹿市
西問屋町　にしといやまち　岐阜県岐阜市
西堂　にしのどう　福岡県糸島市
西堂町　せいどうちょう　京都府京都市中京区
西堀
　　にしぼり　埼玉県さいたま市桜区
　　にしぼり　埼玉県新座市
西堀江　にしほりえ　愛知県清須市
西堀町　にしほりちょう　福井県福井市
西堀前通　にしほりまえどおり　新潟県新潟市中央区
西堀通　にしほりどおり　新潟県新潟市中央区
西堀端
　　にしほりばた　愛媛県（伊予鉄道環状線ほか）
　　にしほりばた　大分県中津市
西宿　にしじゅく　大阪府箕面市
西宿町　にしじゅくちょう　滋賀県近江八幡市
西崎
　　にしさき　山形県山形市
　　にしざき　岡山県岡山市北区
　　にしざき　沖縄県糸満市
西崎本町　にしざきほんまち　岡山県岡山市北区
西崎町
　　にしざきちょう　岐阜県大垣市
　　にしざきちょう　愛知県名古屋市千種区
　　にしざきまち　高知県須崎市
　　にしざきちょう　沖縄県糸満市
西巣鴨
　　にしすがも　東京都（東京都交通局三田線）
　　にしすがも　東京都豊島区
西帷子　にしかたびら　岐阜県可児市
西庶路　にししょろ　北海道（JR根室本線）
西庶路西一条北　にししょろにしいちじょうきた　北海道白糠郡白糠町
西庶路西一条南　にししょろにしいちじょうみなみ　北海道白糠郡白糠町
西庶路西二条北　にししょろにしにじょうきた　北海道白糠郡白糠町
西庶路西二条南　にししょろにしにじょうみなみ　北海道白糠郡白糠町
西庶路西三条北　にししょろにしさんじょうきた　北海道白糠郡白糠町
西庶路西三条南　にししょろにしさんじょうみなみ　北海道白糠郡白糠町

西庶路西五条南　にししょろにしごじょうみなみ　北海道白糠郡白糠町
西庶路西四条南　にししょろにししじょうみなみ　北海道白糠郡白糠町
西庶路東一条北　にししょろひがしいちじょうきた　北海道白糠郡白糠町
西庶路東一条南　にししょろひがしいちじょうみなみ　北海道白糠郡白糠町
西庶路東二条北　にししょろひがしにじょうきた　北海道白糠郡白糠町
西庶路東二条南　にししょろひがしにじょうみなみ　北海道白糠郡白糠町
西庶路東三条北　にししょろひがしさんじょうきた　北海道白糠郡白糠町
西庶路東三条南　にししょろひがしさんじょうみなみ　北海道白糠郡白糠町
西掛川　にしかけがわ　静岡県（天竜浜名湖鉄道線）
西据　にししがらみ　福井県大野市
西梶尾町　にしかじおまち　熊本県熊本市北区
西梶返　にしかじがえし　山口県宇部市
西桝町　にしますちょう　山口県周南市
西桝屋町　にしますやちょう　京都府京都市伏見区
西梨木　にしなしき　愛知県常滑市
西條
　　にしじょう　長野県下伊那郡阿南町
　　にしじょう　愛知県海部郡大治町
西條町
　　にしじょうちょう　愛知県愛西市
　　にしじょうちょう　三重県鈴鹿市
西梵天　にしぼんてん　秋田県由利本荘市
西渋川　にししぶかわ　滋賀県草津市
西渋田　にししぶた　和歌山県伊都郡かつらぎ町
西深川　にしふかわ　山口県長門市
西深井　にしふかい　千葉県流山市
西深津町　にしふかつちょう　広島県福山市
西深瀬　にしふかせ　岐阜県山県市
西淡路　にしあわじ　大阪府大阪市東淀川区
西添田　にしそえだ　福岡県（JR日田彦山線）
西添町　にしぞえちょう　静岡県沼津市
西淀川区　にしよどがわく　大阪府大阪市
西猪原　にしいのはら　千葉県君津市
西畦　にしうね　岡山県岡山市南区
西畦野　にしうねの　兵庫県川西市
西笠田　にしかせだ　和歌山県（JR和歌山線）
西笠取　にしかさとり　京都府宇治市
西笠松　にしかさまつ　岐阜県（名古屋鉄道竹鼻線）
西笠巻　にしかさまき　新潟県新潟市南区
西笠巻新田　にしかさまきしんでん　新潟県新潟市南区
西笠原町　にしかさはらちょう　兵庫県加西市
西笹川　にしささがわ　北海道河東郡鹿追町
西笹津　にしささづ　富山県富山市
西笹鉾町　にしささぼこちょう　奈良県奈良市
西紺屋町　にしこんやまち　和歌山県和歌山市
西細田町　にしほそだちょう　愛知県豊田市
西紫原町　にしむらさきばるちょう　鹿児島県鹿児島市
西組　にしぐみ　高知県高岡郡佐川町
西習志野　にしならしの　千葉県船橋市
西船　にしふな　千葉県船橋市

586

6画（西）

西船見町　にしふなみちょう　新潟県新潟市中央区
西船迫　にしふなばさま　宮城県柴田郡柴田町
西船津　にしふなつ　静岡県富士市
西船場町　にしせんばちょう　徳島県徳島市
西船越　にしふなこし　新潟県新潟市西蒲区
西船橋
　にしふなばし　千葉県（JR総武本線ほか）
　にしふなはし　大阪府枚方市
西船橋町　にしふなはしちょう　京都府京都市上京区
西葛西
　にしかさい　東京都（東京地下鉄東西線）
　にしかさい　東京都江戸川区
西葛籠町　にしつづらまち　滋賀県彦根市
西菜畑町　にしなばたちょう　奈良県生駒市
西菅沼新田　にしすがぬましんでん　新潟県妙高市
西菩提寺町　にしぼだいじちょう　滋賀県東近江市
西袋
　にしぶくろ　山形県（JR羽越本線）
　にしぶくろ　山形県東田川郡庄内町
　にしぶくろ　埼玉県八潮市
西袋町
　にしぶくろちょう　福井県福井市
　にしぶくろちょう　福井県鯖江市
西貫　にしぬき　福岡県北九州市小倉南区
西逸見町　にしへみちょう　神奈川県横須賀市
西郷
　にしごう　宮城県亘理郡亘理町
　にしごう　山形県村山市
　さいごう　茨城県つくば市
　にしごう　茨城県稲敷郡阿見町
　にしごう　栃木県真岡市
　にしごう　和歌山県伊都郡高野町
　にしのごう　福岡県嘉麻市
　さいごう　長崎県（島原鉄道線）
　さいごう　宮崎県えびの市
西郷小原　さいごうおばる　宮崎県東臼杵郡美郷町
西郷山三ケ　さいごうやまさんが　宮崎県東臼杵郡美郷町
西郷田代　さいごうたしろ　宮崎県東臼杵郡美郷町
西郷立木　さいごうたてき　宮崎県東臼杵郡美郷町
西郷地　さいごうち　茨城県小美玉市
西郷村　にしごうむら　福島県西白河郡
西郷町
　さいごうちょう　愛知県豊橋市
　にしごうちょう　愛知県瀬戸市
　さいごうちょう　島根県出雲市
　にしごうまち　長崎県諫早市
西郷通　さいごうどおり　大阪府守口市
西都
　せいと　石川県金沢市
　さいと　福岡県福岡市西区
西都台町　せいとだいちょう　静岡県浜松市西区
西都市　さいとし　宮崎県
西都城　にしみやこのじょう　宮崎県（JR日豊本線）
西都賀　にしつが　千葉県千葉市若葉区
西部　さいぶ　福岡県田川郡糸田町
西部田
　にしべた　千葉県香取市
　にしべた　千葉県夷隅郡大多喜町
西部町　せいぶまち　長崎県大村市

西野
　にしの　北海道札幌市西区
　せいの　青森県上北郡七戸町
　にしの　秋田県南秋田郡大潟村
　にしの　山形県東田川郡庄内町
　にしの　埼玉県熊谷市
　にしの　千葉県茂原市
　にしの　千葉県市原市
　にしの　千葉県山武郡九十九里町
　にしの　新潟県新潟市東区
　にしの　新潟県新潟市江南区
　にしの　新潟県長岡市
　にしの　山梨県南アルプス市
　にしの　静岡県沼津市
　にしの　愛知県犬山市
　にしの　大阪府堺市東区
　にしの　兵庫県伊丹市
　にしの　和歌山県岩出市
　にしの　和歌山県海草郡紀美野町
　にしの　鳥取県八頭郡智頭町
　にしの　広島県三原市
西野々
　にしのの　大阪府松原市
　にしのの　兵庫県篠山市
　にしのの　愛媛県北宇和郡鬼北町
西野々町
　にしののちょう　三重県松阪市
　にしののちょう　兵庫県加西市
西野一条　にしのいちじょう　北海道札幌市西区
西野七条　にしのしちじょう　北海道札幌市西区
西野九条　にしのくじょう　北海道札幌市西区
西野二条　にしのにじょう　北海道札幌市西区
西野八条　にしのはちじょう　北海道札幌市西区
西野八幡田町　にしのはちまんでんちょう　京都府京都市山科区
西野十一条　にしのじゅういちじょう　北海道札幌市西区
西野十二条　にしのじゅうにじょう　北海道札幌市西区
西野十三条　にしのじゅうさんじょう　北海道札幌市西区
西野十四条　にしのじゅうしじょう　北海道札幌市西区
西野十条　にしのじゅうじょう　北海道札幌市西区
西野三条　にしのさんじょう　北海道札幌市西区
西野上　にしのがみ　兵庫県三田市
西野口町　にしのぐちまち　大分県別府市
西野大手先町　にしのおおてさきちょう　京都府京都市山科区
西野大鳥井町　にしのおおとりいちょう　京都府京都市山科区
西野小柳町　にしのこやなぎちょう　京都府京都市山科区
西野山
　にしのやま　兵庫県赤穂郡上郡町
　にしのやま　和歌山県紀の川市
西野山山田　にしのやまやまだ　京都府京都市山科区
西野山中臣町　にしのやまなかとみちょう　京都府京都市山科区
西野山中畑町　にしのやまなかはたちょう　京都府京都市山科区

587

6画（西）

西野山中鳥井町　にしのやまなかとりいちょう　京都
府京都市山科区
西野山欠ノ上町　にしのやまかけのうえちょう　京都
府京都市山科区
西野山百々町　にしのやまどどちょう　京都府京都市
山科区
西野山町　にしのやまちょう　岡山県岡山市北区
西野山岩ケ谷町　にしのやまいわがたにちょう　京都
府京都市山科区
西野山南畑町　にしのやまなみはたちょう　京都府京
都市山科区
西野山射庭ノ上町　にしのやまいばのうえちょう　京
都府京都市山科区
西野山桜ノ馬場町　にしのやまさくらのばばちょう　京
都府京都市山科区
西野山階町　にしのさんかいちょう　京都府京都市山
科区
西野川　にしのがわ　東京都狛江市
西野五条　にしのごじょう　北海道札幌市西区
西野今屋敷町　にしのいまやしきちょう　京都府京都
市山科区
西野六条　にしのろくじょう　北海道札幌市西区
西野内　にしのうち　茨城県常陸大宮市
西野四条　にしのしじょう　北海道札幌市西区
西野尻　にしのじり　三重県（三岐鉄道三岐線）
西野左義長町　にしのさぎちょうちょう　京都府京都
市山科区
西野広見町　にしのひろみちょう　京都府京都市山
科区
西野田町　にしのだちょう　高知県南国市
西野寺　にしのでら　茨城県かすみがうら市
西野町
　にしのまち　山形県酒田市
　にしのちょう　群馬県伊勢崎市
　にしのまち　岐阜県岐阜市
　にしのちょう　愛知県名古屋市熱田区
　にしのちょう　三重県松阪市
　にしのちょう　滋賀県長浜市
　にしのちょう　広島県竹原市
　にしのまち　愛媛県松山市
西野町七丁目北町　にしのまちななちょうめきたまち
岐阜県岐阜市
西野町六丁目北町　にしのまちろくちょうめきたまち
岐阜県岐阜市
西野谷
　にしのや　千葉県市原市
　にしのや　新潟県妙高市
西野谷町　にしのやちょう　群馬県太田市
西野谷新田　にしのやしんでん　新潟県妙高市
西野岸ノ下町　にしのきしのしたちょう　京都府京都
市山科区
西野牧　にしのまき　群馬県甘楽郡下仁田町
西野阿芸沢町　にしのあげざわちょう　京都府京都市
山科区
西野俣　にしのまた　新潟県長岡市
西野垣内町　にしのがいとうちょう　奈良県大和郡山市
西野後藤　にしのごとう　京都府京都市山科区
西野飛地　にしのとびち　千葉県東金市
西野曽江川崎　にしのぞえかわさき　青森県平川市
西野曽江広田　にしのぞえひろた　青森県平川市
西野曽江橋元　にしのぞえはしもと　青森県平川市

西野添　にしのぞえ　兵庫県加古郡播磨町
西野野色町　にしののいろちょう　京都府京都市山
科区
西野幌　にしのっぽろ　北海道江別市
西野新　にしのしん　富山県富山市
西野新田　にしのしんでん　新潟県長岡市
西野楳本町　にしのむめもとちょう　京都府京都市山
科区
西野様子見町　にしのようすみちょう　京都府京都市
山科区
西野櫃川町　にしのひつがわちょう　京都府京都市山
科区
西野離宮町　にしのりきゅうちょう　京都府京都市山
科区
西隆寺　さいりゅうじ　岡山県岡山市東区
西陵　せいりょう　鹿児島県鹿児島市
西陵町　せいりょうまち　新潟県長岡市
西魚町
　にしうおまち　愛知県岡崎市
　にしうおまち　佐賀県佐賀市
西魚屋町
　にしうおやちょう　京都府京都市中京区
　にしうおやちょう　京都府京都市下京区
　にしうおやまち　福岡県柳川市
西魚津　にしうおづ　富山県（富山地方鉄道本線）
西鳥沼　にしとりぬま　北海道富良野市
西鳥越　にしとりごえ　新潟県上越市
西鹿田　にししかた　広島県呉市
西鹿沼町　にしかぬままち　栃木県鹿沼市
西鹿島　にしかじま　静岡県（遠州鉄道線ほか）
西鹿篭　にしかご　鹿児島県枕崎市
西麻布　にしあざぶ　東京都港区
西麻町　にしあさまち　北海道富良野市
西麻植　にしおえ　徳島県（JR徳島線）
西黒田　にしくろだ　栃木県小山市
西黒崎　にしくろさき　福岡県（筑豊電気鉄道線）
西黒部町　にしくろべちょう　三重県松阪市
12西厩島町　にしうまやじまちょう　新潟県新潟市中
央区
西喜光地町　にしきこうじちょう　愛媛県新居浜市
西善町　にしぜんまち　群馬県前橋市
西堺町　にしさかいまち　京都府京都市伏見区
西場町　にしばちょう　栃木県足利市
西塚　にしつか　新潟県糸魚川市
西塚ノ原　にしつかのはら　高知県高知市
西塚町
　にしづかちょう　静岡県浜松市東区
　にしづかちょう　愛知県豊川市
西堤　にしづつみ　大阪府東大阪市
西堤本通西　にしづつみほんどおりにし　大阪府東大
阪市
西堤本通東　にしづつみほんどおりひがし　大阪府東大
阪市
西堤西　にしつつみにし　大阪府東大阪市
西堤学園町　にしづつみがくえんちょう　大阪府東大
阪市
西堤楠町　にしづつみくすのきちょう　大阪府東大阪市
西奥田町　にしおくだちょう　愛知県西尾市
西寒河江　にしさがえ　山形県（JR左沢線）
西寒野　にしさまの　熊本県上益城郡甲佐町

6画（西）

西富
　にしとみ　北海道虻田郡ニセコ町
　にしとみ　北海道常呂郡訓子府町
　にしとみ　北海道常呂郡佐呂間町
　にしとみ　神奈川県藤沢市
西富士宮　にしふじのみや　静岡県（JR身延線）
西富山
　にしとみやま　栃木県那須塩原市
　にしとやま　富山県（JR高山本線）
西富井
　にしとみい　岡山県（水島臨海鉄道線）
　にしとみい　岡山県倉敷市
西富丘　にしとみおか　北海道富良野市
西富田
　にしとみだ　埼玉県本庄市
　にしとみだ　三重県四日市市
西富田町
　にしとみだちょう　三重県四日市市
　にしとみだちょう　徳島県徳島市
西富仲町　にしとみなかちょう　京都府京都市上京区
西富町　にしとみちょう　北海道北見市
西富岡
　にしとみおか　群馬県（上信電鉄線）
　にしとみおか　神奈川県伊勢原市
西富貴　にしふき　和歌山県伊都郡高野町
西巽が丘　にしたつみがおか　愛知県知多市
西御坊　にしごぼう　和歌山県（紀州鉄道線）
西御所町　にしごしょちょう　広島県尾道市
西御門
　にしみかど　千葉県佐倉市
　にしみかど　神奈川県鎌倉市
　にしみかど　鳥取県八頭郡八頭町
西御門町
　にしごもんちょう　京都府京都市東山区
　にしみかどちょう　奈良県奈良市
西御料　にしごりょう　北海道（JR富良野線）
西御料一条　にしごりょういちじょう　北海道旭川市
西御料二条　にしごりょうにじょう　北海道旭川市
西御料三条　にしごりょうさんじょう　北海道旭川市
西御料五条　にしごりょうごじょう　北海道旭川市
西御料四条　にしごりょうしじょう　北海道旭川市
西御旅町　にしおたびちょう　大阪府吹田市
西御堂町　にしみどうちょう　愛知県津島市
西御園町　にしみそのちょう　兵庫県尼崎市
西惣付町　にしそうづけちょう　広島県呉市
西敦賀　にしつるが　福井県（JR小浜線）
西晴山　にしはれやま　岩手県花巻市
西勝山　にしかつやま　宮城県仙台市青葉区
西勝田　さいかちた　福島県二本松市
西勝原　にしかどはら　福井県大野市
西勝間田　にしかつまだ　岡山県（JR姫新線）
西朝日町　にしあさひちょう　栃木県那須塩原市
西朝霧丘　にしあさぎりおか　兵庫県明石市
西植田町　にしうえたちょう　香川県高松市
西森下　にしもりした　宮城県刈田郡七ヶ宿町
西椎谷　にししいじ　静岡県沼津市
西棟梁町　にしとうりょうちょう　京都府京都市東山区
西温泉　にしおんせん　福井県あわら市
西湖　さいこ　山梨県南都留郡富士河口湖町

西湖西　さいこにし　山梨県南都留郡富士河口湖町
西湖南　さいこみなみ　山梨県南都留郡富士河口湖町
西港　にしこう　北海道釧路市
西港町
　にしみなとちょう　新潟県柏崎市
　にしみなとちょう　大阪府泉大津市
　にしみなとまち　香川県仲多度郡多度津町
　にしみなとまち　福岡県北九州市小倉北区
　にしみなとまち　福岡県大牟田市
西湯舟　にしゆぶね　三重県伊賀市
西湯浦　にしゆのうら　熊本県阿蘇市
西湊町　にしみなとちょう　大阪府堺市堺区
西湊町通　にしみなとまちどおり　新潟県新潟市中央区
西焼津
　にしやいづ　静岡県（JR東海道本線）
　にしやいづ　静岡県焼津市
西無車小路町　にしむしゃこうじちょう　京都府京都市上京区
西琴平町　にしことひらまち　長崎県長崎市
西琴芝　にしことしば　山口県宇部市
西畳屋町　にしたたみやちょう　滋賀県近江八幡市
西番　にしのばん　富山県富山市
西番町　にしばんちょう　福井県鯖江市
西登戸　にしのぶと　千葉県（京成電鉄千葉線）
西登美ケ丘　にしとみがおか　奈良県奈良市
西粟倉
　にしあわぐら　千葉県君津市
　にしあわくら　岡山県（智頭急行線）
西粟倉村　にしあわくらそん　岡山県英田郡
西結　にしむすぶ　岐阜県安八郡安八町
西萱場　にしかやば　新潟県新潟市南区
西萩平町　にしはぎのひらちょう　愛知県豊田市
西萩原　にしはぎわら　愛知県一宮市
西萩間　にしはぎま　静岡県牧之原市
西葉山　にしはやま　福島県耶麻郡猪苗代町
西落合
　にしおちあい　山形県南陽市
　にしおちあい　東京都新宿区
　にしおちあい　兵庫県神戸市須磨区
西賀茂下庄田町　にしがもしもしょうだちょう　京都府京都市北区
西賀茂上庄田町　にしがもかみしょうだちょう　京都府京都市北区
西賀茂丸川町　にしがもまるかわちょう　京都府京都市北区
西賀茂大栗町　にしがもおおくりちょう　京都府京都市北区
西賀茂大深町　にしがもおおぶけちょう　京都府京都市北区
西賀茂大道口町　にしがもおおどぐちちょう　京都府京都市北区
西賀茂山ノ森町　にしがもやまのもりちょう　京都府京都市北区
西賀茂川上町　にしがもかわかみちょう　京都府京都市北区
西賀茂中川上町　にしがもなかかわかみちょう　京都府京都市北区
西賀茂井ノ口町　にしがもいのくちちょう　京都府京都市北区

589

6画（西）

西賀茂今原町　にしがもいまはらちょう　京都府京都市北区

西賀茂円峰　にしがもまるみね　京都府京都市北区

西賀茂水垣町　にしがもみずがきちょう　京都府京都市北区

西賀茂北山ノ森町　にしがもきたやまのもりちょう　京都府京都市北区

西賀茂北川上町　にしがもきたかわかみちょう　京都府京都市北区

西賀茂北今原町　にしがもきたいまはらちょう　京都府京都市北区

西賀茂北鎮守菴町　にしがもきたちんじゅあんちょう　京都府京都市北区

西賀茂氷室町　にしがもひむろちょう　京都府京都市北区

西賀茂西氷室町　にしがもにしひむろちょう　京都府京都市北区

西賀茂坊ノ後町　にしがもぼうのうしろちょう　京都府京都市北区

西賀茂角社町　にしがもすみやしろちょう　京都府京都市北区

西賀茂南大栗町　にしがもみなみおおくりちょう　京都府京都市北区

西賀茂南川上町　にしがもみなみかわかみちょう　京都府京都市北区

西賀茂南今原町　にしがもみなみいまはらちょう　京都府京都市北区

西賀茂城山　にしがもしろやま　京都府京都市北区

西賀茂柿ノ木町　にしがもかきのきちょう　京都府京都市北区

西賀茂神光院町　にしがもじんこういんちょう　京都府京都市北区

西賀茂笠松　にしがもかさまつ　京都府京都市北区

西賀茂船山　にしがもふねやま　京都府京都市北区

西賀茂鹿ノ下町　にしがもかのしたちょう　京都府京都市北区

西賀茂蛙ケ谷　にしがもかえるがたに　京都府京都市北区

西賀茂蓬来谷　にしがもほうらいだに　京都府京都市北区

西賀茂樋ノ口町　にしがもひのくちちょう　京都府京都市北区

西賀茂榿ノ木町　にしがもはりのきちょう　京都府京都市北区

西賀茂鎮守菴町　にしがもちんじゅあんちょう　京都府京都市北区

西賀茂蟹ケ坂町　にしがもかにがさかちょう　京都府京都市北区

西賀茂鑓磨岩　にしがもやりとぎいわ　京都府京都市北区

西貸上　にしかしあげ　岐阜県関市

西越
　さいごし　青森県三戸郡新郷村
　にしごし　山形県山形市

西軽海町　にしかるみまち　石川県小松市

西軽部　にしかるべ　岡山県赤磐市

西達布　にしたっぷ　北海道富良野市

西道野沢　にしおぞわ　栃木県那須塩原市

西道野辺　にしみちのべ　千葉県鎌ケ谷市

西遊馬　にしあすま　埼玉県さいたま市西区

西酢屋町　にしすやちょう　京都府京都市下京区

西開発　にしかいほつ　福井県福井市

西開聞町　にしかいもんちょう　鹿児島県薩摩川内市

西間下町　にしあいだしもまち　熊本県人吉市

西間上町　にしあいだかみまち　熊本県人吉市

西間中橋　にしまなかばし　茨城県古河市

西間門　にしまかど　静岡県沼津市

西階町　にししなまち　宮崎県延岡市

西隈　にしぐま　福岡県筑紫郡那珂川町

西雄信内　にしおのぶない　北海道天塩郡天塩町

西雲名　にしうんな　静岡県浜松市天竜区

西須ケ口　にしすがぐち　愛知県清須市

西須賀町　にしずかちょう　徳島県徳島市

西須磨　にしすま　兵庫県神戸市須磨区

西飯岡　にしいいおか　茨城県桜川市

西飯降　にしいぶり　和歌山県伊都郡かつらぎ町

[13]西勢　にしせい　福井県小浜市

西勢実　にしせいじつ　岡山県赤磐市

西園　にしその　鳥取県東伯郡北栄町

西園町
　にしぞのちょう　新潟県新発田市
　にしぞのちょう　富山県高岡市
　にしぞのちょう　岐阜県岐阜市
　にしぞのちょう　島根県出雲市
　にしぞのまち　福岡県北九州市若松区

西塩子　にししおご　茨城県常陸大宮市

西塩田町　にしえんでんちょう　鹿児島県いちき串木野市

西塩屋町　にししおやちょう　広島県呉市

西塩釜　にししおがま　宮城県（JR仙石線）

西塩野　にししおの　富山県富山市

西夢前台　にしゆめさきだい　兵庫県姫路市

西嫁島　にしよめしま　島根県松江市

西幌別　にしほろべつ　北海道浦河郡浦河町

西愛宕町
　にしあたごちょう　秋田県湯沢市
　にしあたごちょう　愛知県津島市
　にしあたごちょう　広島県呉市

西新
　にっしん　愛知県名古屋市守山区
　にじん　福岡県（福岡市交通局空港線）
　にしじん　福岡県福岡市早良区

西新丁　にししんちょう　宮城県仙台市若林区

西新三田　にししんみた　滋賀県長浜市

西新小岩　にししんこいわ　東京都葛飾区

西新井
　にしあらい　埼玉県さいたま市西区
　にしあらい　埼玉県越谷市
　にしあらい　東京都（東武鉄道伊勢崎線ほか）
　にしあらい　東京都足立区

西新井大師西　にしあらいだいしにし　東京都（東京都交通局日暮里・舎人ライナー）

西新井本町　にしあらいほんちょう　東京都足立区

西新井町
　にしあらいちょう　栃木県足利市
　にしあらいちょう　埼玉県所沢市

西新井栄町　にしあらいさかえちょう　東京都足立区

西新宿　にしあらいじゅく　埼玉県川口市

西新在家　にししんざいけ　兵庫県姫路市

西新在家号所町　にししんざいけごうしょちょう　奈良県奈良市

590

6画（西）

西新在家町　にししんざいけちょう　奈良県奈良市
西新地
　　にししんち　三重県四日市市
　　にししんち　大分県大分市
西新庄　にししんじょう　富山県富山市
西新町
　　にししんまち　秋田県湯沢市
　　にししんまち　栃木県那須塩原市
　　にししんまち　群馬県太田市
　　にししんまち　埼玉県行田市
　　にしあらまち　新潟県長岡市
　　にししんまち　石川県白山市
　　にししんまち　福井県福井市
　　にししんまち　静岡県磐田市
　　にししんちょう　愛知県名古屋市東区
　　にししんまち　愛知県豊橋市
　　にししんまち　愛知県半田市
　　にししんちょう　愛知県豊田市
　　にししんまち　愛知県新城市
　　にししんまち　京都府綾部市
　　にししんまち　兵庫県（山陽電気鉄道本線）
　　にししんまち　兵庫県姫路市
　　にししんまち　兵庫県明石市
　　にししんまち　兵庫県篠山市
　　にししんまち　島根県出雲市
　　にししんまち　岡山県津山市
　　にししんまち　徳島県徳島市
　　にししんまち　福岡県北九州市門司区
　　にししんまち　福岡県大牟田市
　　にししんまち　佐賀県鳥栖市
　　にししんまち　鹿児島県薩摩郡さつま町
西新居　にしあらい　山梨県中央市
西新屋町　にしのしんやちょう　奈良県奈良市
西新屋敷下之町　にししんやしきしものちょう　京都府京都市下京区
西新屋敷上之町　にししんやしきかみのちょう　京都府京都市下京区
西新屋敷中之町　にししんやしきなかのちょう　京都府京都市下京区
西新屋敷中堂寺町　にししんやしきちゅうどうじちょう　京都府京都市下京区
西新屋敷太夫町　にししんやしきたゆうちょう　京都府京都市下京区
西新屋敷揚屋町　にししんやしきあげやちょう　京都府京都市下京区
西新発田　にししばた　新潟県（JR白新線）
西新浜町　にししんはまちょう　徳島県徳島市
西新堂町　にししんどうちょう　奈良県橿原市
西新宿
　　にししんしゅく　埼玉県蓮田市
　　にししんじゅく　東京都（東京地下鉄丸ノ内線）
　　にししんじゅく　東京都新宿区
　　にししんじゅく　兵庫県佐用郡佐用町
西新宿五丁目　にししんじゅくごちょうめ　東京都（東京都交通局大江戸線）
西新斎町　にししんさいまち　山形県鶴岡市
西新涯町　にししんがいちょう　広島県福山市
西新湊　にししんみなと　富山県射水市
西新殿　にしにいどの　福島県二本松市
西新橋　にししんばし　東京都港区
西楢戸　にしならど　茨城県つくばみらい市
西楠の里町　にしくすのさとちょう　大阪府大東市

西滑川　にしなめりかわ　富山県（富山地方鉄道本線）
西溝口町　にしみぞぐちちょう　愛知県稲沢市
西滝
　　にしたき　青森県青森市
　　にしだき　山形県西置賜郡小国町
西滝川　にしたきかわ　北海道滝川市
西滝沢　にしたきさわ　秋田県（由利高原鉄道鳥海山ろく線）
西猿別　にしさるべつ　北海道中川郡幕別町
西瑞江　にしみずえ　東京都江戸川区
西瑞穂　にしみずほ　北海道（JR富良野線）
西禁野　にしきんや　大阪府枚方市
西福井　にしふくい　大阪府茨木市
西福田
　　にしふくだ　宮城県東松島市
　　にしふくた　愛知県名古屋市港区
西福守町　にしふくもりちょう　鳥取県倉吉市
西福沢　にしふくざわ　福島県伊達郡川俣町
西福町
　　にしふくまち　富山県小矢部市
　　さいふくちょう　兵庫県西宮市
西福俵　にしふくたわら　千葉県東金市
西福原　にしふくばら　鳥取県米子市
西福野町　にしふくのちょう　岐阜県関市
西福間　にしふくま　福岡県福津市
西竪町　にしたつちょう　京都府亀岡市
西糀谷　にしこうじや　東京都大田区
西置賜郡　にしおきたまぐん　山形県
西聖和　にしせいわ　北海道（JR富良野線）
西蒲区　にしかんく　新潟県新潟市
西蒲田　にしかまた　東京都大田区
西蒲池　にしかまち　福岡県柳川市
西蒲原郡　にしかんばらぐん　新潟県
西蓑口　にしみのぐち　新潟県新発田市
西蓮寺　さいれんじ　茨城県行方市
西蜆　にししじみ　愛知県弥富市
西裏　にしうら　福島県大沼郡会津美里町
西裏辻町　にしうらつじちょう　京都府京都市上京区
西裏屋敷添　にしうらやしきぞえ　福島県大沼郡会津美里町
西裏館　にしうらだて　新潟県三条市
西豊　にしゆたか　長野県諏訪郡下諏訪町
西豊川町　にしとよかわちょう　大阪府茨木市
西豊井　にしとよい　山口県下松市
西豊田　にしとよだ　青森県南津軽郡藤崎町
西豊町　にしゆたかまち　愛知県豊川市
西豊里町　にしとよさとちょう　北海道赤平市
西豊沼　にしとよぬま　北海道砂川市
西豊浜町　にしとよはまちょう　三重県伊勢市
西豊富　にしとよとみ　北海道天塩郡豊富町
西路見町　さいろみちょう　徳島県阿南市
西鉄二日市　にしてつふつかいち　福岡県（西日本鉄道太宰府線ほか）
西鉄久留米　にしてつくるめ　福岡県（西日本鉄道天神大牟田線）
西鉄千早　にしてつちはや　福岡県（西日本鉄道西鉄貝塚線）
西鉄小郡　にしてつおごおり　福岡県（西日本鉄道天神大牟田線）

591

6画（西）

西鉄中島　にしてつなかしま　福岡県（西日本鉄道天神大牟田線）

西鉄五条　にしてつごじょう　福岡県（西日本鉄道太宰府線）

西鉄平尾　にしてつひらお　福岡県（西日本鉄道天神大牟田線）

西鉄柳川　にしてつやながわ　福岡県（西日本鉄道天神大牟田線）

西鉄香椎　にしてつかしい　福岡県（西日本鉄道西鉄貝塚線）

西鉄渡瀬　にしてつわたぜ　福岡県（西日本鉄道天神大牟田線）

西鉄新宮　にしてつしんぐう　福岡県（西日本鉄道西鉄貝塚線）

西鉄福岡（天神）　にしてつふくおかてんじん　福岡県（西日本鉄道天神大牟田線）

西鉄銀水　にしてつぎんすい　福岡県（西日本鉄道天神大牟田線）

西鈴蘭台　にしすずらんだい　兵庫県（神戸電鉄粟生線）

西飾磨　にししかま　兵庫県（山陽電気鉄道網干線）

14西境町
　にしざかいちょう　愛知県刈谷市
　にしざかいちょう　京都府京都市下京区

西境松町　にしさかいまつちょう　岐阜県関市

西増　にしまし　奈良県吉野郡大淀町

西嶋
　にしじま　山梨県南巨摩郡身延町
　にしじま　兵庫県西脇市

西徳久　にしとくさ　兵庫県佐用郡佐用町

西徳田　にしとくた　岩手県紫波郡矢巾町

西徳前　にしとくぜん　福岡県飯塚市

西旗町　にしはたまち　佐賀県唐津市

西榎生　にしよのう　茨城県筑西市

西様似
　にしさまに　北海道（JR日高本線）
　にしさまに　北海道様似郡様似町

西槇　にしまぎ　新潟県燕市

西熊本　にしくまもと　熊本県（JR鹿児島本線）

西熊町　にしくまちょう　京都府京都市上京区

西熊堂　にしくまんどう　静岡県沼津市

西種　にしたね　富山県中新川郡上市町

西窪　さいくぼ　群馬県吾妻郡嬬恋村

西窪田　にしくぼた　岡山県赤磐市

西端町　にしばたちょう　愛知県半田市

西箕輪　にしみのわ　長野県伊那市

西綾小路西半町　にしあやのこうじにしはんちょう　京都府京都市下京区

西綾小路東半町　にしあやのこうじひがしはんちょう　京都府京都市下京区

西綾瀬　にしあやせ　東京都足立区

西緑丘　にしみどりおか　大阪府豊中市

西翠町　にしみどりまち　広島県広島市南区

西蓼沼　にしたでぬま　栃木県河内郡上三川町

西銘　にしめ　沖縄県島尻郡久米島町

西関内町　にしせきないちょう　北海道伊達市

西関宿　にしせきやど　埼玉県幸手市

西駅前町
　にしえきまえちょう　大阪府茨木市
　にしえきまえちょう　兵庫県姫路市

西鳴水　にしなるみず　福岡県北九州市八幡西区

15西億田町　にしおくだちょう　愛知県半田市

西幡豆　にしはず　愛知県（名古屋鉄道蒲郡線）

西幡豆町　にしはずちょう　愛知県西尾市

西横山
　にしよこやま　新潟県上越市
　にしよこやま　岐阜県揖斐郡揖斐川町

西横手町　にしよこてまち　群馬県高崎市

西横地町　にしよこたちょう　兵庫県加西市

西横地　にしよこじ　静岡県菊川市

西横町　にしよこちょう　京都府京都市中京区

西横浜　にしよこはま　神奈川県（相模鉄道本線）

西横関　にしよこぜき　滋賀県蒲生郡竜王町

西樫尾町
　にしかしおちょう　福井県越前市
　にしがしおちょう　愛知県豊田市

西権現町　にしごんげんちょう　愛知県瀬戸市

西槻木　にしつきのき　青森県上北郡七戸町

西潟　にしかた　新潟県三条市

西熱海町　にしあたみちょう　静岡県熱海市

西熱郛原野　にしねっぷげんや　北海道寿都郡黒松内町

西磐井郡　にしいわいぐん　岩手県

西穂波　にしほなみ　鳥取県東伯郡北栄町

西穂積町　にしほづみちょう　大阪府茨木市

西窯町　にしがまちょう　愛知県瀬戸市

西線6条　にっせんろくじょう　北海道（札幌市交通局山鼻線）

西線9条旭山公園通　にっせんくじょうあさひやまこうえんどおり　北海道（札幌市交通局山鼻線）

西線11条　にっせんじゅういちじょう　北海道（札幌市交通局山鼻線）

西線14条　にっせんじゅうよじょう　北海道（札幌市交通局山鼻線）

西線16条　にっせんじゅうろくじょう　北海道（札幌市交通局山鼻線）

西舞子
　にしまいこ　兵庫県（山陽電気鉄道本線）
　にしまいこ　兵庫県神戸市垂水区

西舞鶴　にしまいづる　京都府（JR舞鶴線ほか）

西蔵王　にしざおう　新潟県長岡市

西蔵町　にしくらちょう　兵庫県芦屋市

西蔵所町　にしくらしょちょう　愛知県瀬戸市

西蔵前丁　にしくらまえちょう　和歌山県和歌山市

西蔵前町　にしくらまえちょう　愛知県岡崎市

西諸県郡　にしもろかたぐん　宮崎県

西調布　にしちょうふ　東京都（京王電鉄京王線）

西鋳屋町　にしかさりやちょう　京都府京都市下京区

西駒爪町　にしこまづめちょう　岐阜県岐阜市

16西橘町　にしたちばなちょう　京都府京都市東山区

西橘通　にしたちばなどおり　兵庫県神戸市兵庫区

西橋本　にしはしもと　神奈川県相模原市緑区

西橋良町　にしはしらちょう　愛知県豊橋市

西橋詰町
　にしはしづめちょう　京都府京都市上京区
　にしはしづめちょう　京都府京都市下京区

西燕　にしつばめ　新潟県（JR弥彦線）

西頴娃　にしえい　鹿児島県（JR指宿枕崎線）

西興屋　にしこうや　新潟県村上市

592

西興部　にしおこっぺ　北海道紋別郡西興部村
西興部村　にしおこっぺむら　北海道紋別郡
西舘
　　にしだて　宮城県遠田郡美里町
　　にしだて　福島県耶麻郡猪苗代町
西薗目　にしそのめ　愛知県北設楽郡東栄町
西親野井　にしおやのい　埼玉県春日部市
西諫早　にしいさはや　長崎県（JR長崎本線）
西錦小路町　にしにしきこうじちょう　京都府京都市中京区
西鞘ケ谷町　にしさやがたにまち　福岡県北九州市戸畑区
西館　にしだて　北海道松前郡松前町
西鴨地　にしかもじ　高知県土佐市
西鴨江町　にしかもえちょう　静岡県浜松市西区
¹⁷西嶺町　にしみねまち　東京都大田区
西磯ノ目　にしいそのめ　秋田県南秋田郡五城目町
西篠津　にししのつ　北海道石狩郡新篠津村
西篠崎　にししのざき　東京都江戸川区
西薩町　せいさつちょう　鹿児島県いちき串木野市
西鍵屋町　にしかぎやちょう　京都府京都市伏見区
西鍛冶屋町　にしかじやまち　和歌山県和歌山市
西鍋屋町　にしなべやまち　三重県桑名市
西霞町　にしかすみちょう　広島県広島市南区
西餅田　にしもちだ　鹿児島県姶良市
西鴻池町　にしこうのいけちょう　大阪府東大阪市
¹⁸西藤平　にしふじだいら　静岡県浜松市天竜区
西藤平蔵　にしとうへいぞう　富山県高岡市
西藤町　にしふじちょう　広島県尾道市
西藤原　にしふじわら　三重県（三岐鉄道三岐線）
西藤橋町　にしふじはしまち　石川県七尾市
西観音寺町　にしかんのんじちょう　奈良県大和郡山市
西観音町
　　にしかんおんまち　広島県（広島電鉄本線ほか）
　　にしかんおんまち　広島県広島市西区
　　にしかんのんちょう　山口県下関市
西鎌倉
　　にしかまくら　神奈川県（湘南モノレール線）
　　にしかまくら　神奈川県鎌倉市
西難波町　にしなにわちょう　兵庫県尼崎市
¹⁹西瀬名町　にしせなちょう　静岡県静岡市葵区
西蟹田　にしかにた　愛知県名古屋市港区
西蟹屋　にしかにや　広島県広島市南区
西鯖江　にしさばえ　福井県（福井鉄道福武線）
西鶉　にしうずら　岐阜県岐阜市
西麓　にしふもと　宮崎県西諸県郡高原町
西麓郷　にしろくごう　北海道富良野市
²¹西灘　にしなだ　兵庫県（阪神電気鉄道阪神本線）
西鶴ケ岡　にしつるがおか　埼玉県ふじみ野市
西鶴崎　にしつるさき　大分県大分市
西鶴賀町　にしつるがまち　長野県長野市
西鶴間　にしつるま　神奈川県大和市
²²西籠地　にしかごた　福島県喜多方市
西鱈田　にしたらだ　新潟県三条市
²⁴西鷹司町　にしたかつかさちょう　京都府京都市上京区
西鷹巣　にしたかのす　秋田県（秋田内陸縦貫鉄道線）

西鷹野町　にしたかのまち　長野県諏訪郡下諏訪町

7画

【更】

⁴更木　さらき　岩手県北上市
更毛町　さらげちょう　福井県福井市
⁵更生　こうせい　北海道広尾郡大樹町
更生区　こうせいく　北海道河西郡更別村
更生町　こうせいちょう　愛知県半田市
⁷更別　さらべつ　北海道河西郡更別村
更別村　さらべつむら　北海道河西郡
⁸更和　さらわ　千葉県富津市
更岸　さらきし　北海道天塩郡天塩町
⁹更南　こうなん　北海道河西郡更別村
更屋敷
　　さらやしき　岐阜県安八郡神戸町
　　さらやしき　愛知県名古屋市守山区
　　さらやしき　愛知県一宮市
更科
　　さらしな　福島県耶麻郡磐梯町
　　さらしな　長野県中野市
更科町　さらしなちょう　千葉県千葉市若葉区
更級　さらしな　千葉県市原市
¹¹更盛　こうせい　北海道常呂郡置戸町
更進　こうしん　北海道虻田郡京極町
¹³更新　こうしん　北海道雨竜郡沼田町

【串】

串
　　くし　和歌山県田辺市
　　くし　愛媛県（JR予讃線）
　　くし　愛媛県西宇和郡伊方町
³串川町　くしかわまち　大分県日田市
⁴串戸　くしど　広島県廿日市市
串木野　くしきの　鹿児島県（JR鹿児島本線）
⁵串本
　　くしもと　和歌山県（JR紀勢本線）
　　くしもと　和歌山県日高郡日高川町
　　くしもと　和歌山県東牟婁郡串本町
串本町　くしもとちょう　和歌山県東牟婁郡
串田
　　くした　富山県射水市
　　くしだ　岡山県倉敷市
串田新　くしたしん　富山県射水市
⁷串作　くしつくり　埼玉県加須市
串町　くしまち　石川県小松市
串良町下小原　くしらちょうしもおばる　鹿児島県鹿屋市
串良町上小原　くしらちょうかみおばる　鹿児島県鹿屋市
串良町有里　くしらちょうありさと　鹿児島県鹿屋市
串良町岡崎　くしらちょうおかさき　鹿児島県鹿屋市
串良町細山田　くしらちょうほそやまだ　鹿児島県鹿屋市
⁹串茶屋町　くしちゃやまち　石川県小松市
¹⁰串原　くしはら　岐阜県恵那市
串浜　くしはま　千葉県勝浦市

7画（乱，位，伽，佐）

¹¹串崎南町　くしざきみなみちょう　千葉県松戸市
串崎新田
　　くしざきしんでん　千葉県松戸市
　　くしざきしんでん　千葉県鎌ケ谷市
串挽　くしひき　茨城県鉾田市
串野町　くしのちょう　福井県福井市
¹²串間
　　くしま　宮崎県（JR日南線）
　　くしま　宮崎県串間市
串間市　くしまし　宮崎県
¹⁶串橋　くしはし　神奈川県伊勢原市

【乱】
³乱川
　　みだれがわ　山形県（JR奥羽本線）
　　みだれがわ　山形県天童市
¹⁶乱橋　みだれはし　長野県東筑摩郡筑北村

【位】
³位川　くらいがわ　石川県野々市市
⁵位天　いでん　岡山県美作市
位田町　いでんちょう　京都府綾部市
⁶位守町　いもりちょう　新潟県北蒲原郡聖籠町
¹²位登　いとう　福岡県田川市

【伽】
¹⁹伽羅橋　きゃらばし　大阪府（南海電気鉄道高師浜線）

【佐】
佐　さ　茨城県つくば市
⁰佐々　さざ　長崎県（松浦鉄道西九州線）
佐々木
　　ささき　新潟県（JR白新線）
　　ささき　新潟県新発田市
　　ささき　新潟県村上市
佐々木町
　　ささきまち　石川県小松市
　　ささきちょう　高知県高知市
佐々生　さそう　福井県丹生郡越前町
佐々礼　さざれ　大分県宇佐市
佐々町　ささちょう　長崎県北松浦郡
佐々並　ささなみ　山口県萩市
佐々波町　さざなみまち　石川県七尾市
佐々羅　ささら　奈良県吉野郡吉野町
佐ケ瀬　さがせ　愛知県犬山市
²佐八町　そうちちょう　三重県伊勢市
³佐下部　さげぶ　栃木県日光市
佐久
　　さく　北海道（JR宗谷本線）
　　さく　北海道中川郡中川町
　　さく　茨城県石岡市
　　さく　静岡県浜松市天竜区
佐久山　さくやま　栃木県大田原市
佐久市　さくし　長野県
佐久平　さくだいら　長野県（JR長野新幹線ほか）
佐久平駅北　さくだいらえききた　長野県佐久市
佐久平駅東　さくだいらえきひがし　長野県佐久市
佐久平駅南　さくだいらえきみなみ　長野県佐久市

佐久広瀬　さくひろせ　長野県（JR小海線）
佐久米町　さくめちょう　三重県松阪市
佐久良　さくら　滋賀県蒲生郡日野町
佐久保町　さくぼちょう　島根県安来市
佐久海ノ口　さくうみのくち　長野県（JR小海線）
佐久間　さくま　静岡県（JR飯田線）
佐久間町
　　さくまちょう　岐阜県岐阜市
　　さくまちょう　滋賀県近江八幡市
佐久間町上平山　さくまちょうかみひらやま　静岡県浜松市天竜区
佐久間町大井　さくまちょうおおい　静岡県浜松市天竜区
佐久間町川合　さくまちょうかわい　静岡県浜松市天竜区
佐久間町中部　さくまちょうなかべ　静岡県浜松市天竜区
佐久間町戸口　さくまちょうとぐち　静岡県浜松市天竜区
佐久間町半場　さくまちょうはんば　静岡県浜松市天竜区
佐久間町佐久間　さくまちょうさくま　静岡県浜松市天竜区
佐久間町相月　さくまちょうあいづき　静岡県浜松市天竜区
佐久間町浦川　さくまちょううらかわ　静岡県浜松市天竜区
佐久間町奥領家　さくまちょうおくりょうけ　静岡県浜松市天竜区
佐久穂町　さくほまち　長野県南佐久郡
佐千原　さちはら　愛知県一宮市
佐土町　さどちょう　愛知県豊川市
佐土原
　　さどわら　熊本県熊本市東区
　　さどわら　宮崎県（JR日豊本線）
佐土原町下田島　さどわらちょうしもたじま　宮崎県宮崎市
佐土原町下那珂　さどわらちょうしもなか　宮崎県宮崎市
佐土原町下富田　さどわらちょうしもとんだ　宮崎県宮崎市
佐土原町上田島　さどわらちょうかみたじま　宮崎県宮崎市
佐土原町石崎　さどわらちょういしざき　宮崎県宮崎市
佐土原町西上那珂　さどわらちょうにしかみなか　宮崎県宮崎市
佐土原町松小路　さどわらちょうまつこうじ　宮崎県宮崎市
佐土原町東上那珂　さどわらちょうひがしかみなか　宮崎県宮崎市
佐女牛井町　さめがいちょう　京都府京都市下京区
佐山
　　さやま　千葉県八千代市
　　さやま　京都府久世郡久御山町
　　さやま　岡山県岡山市北区
　　さやま　岡山県備前市
　　さやま　山口県山口市
佐山木　さやまぎ　宮城県遠田郡涌谷町
佐山町　さやままち　群馬県沼田市

7画（佐）

佐川
　さがわ　鳥取県日野郡江府町
　さかわ　高知県（JR土讃線）
佐川町　さかわちょう　高知県高岡郡
佐川野　さがわの　栃木県下都賀郡野木町
佐才　さざい　茨城県小美玉市
4佐之国　さのくに　高知県高岡郡越知町
佐井
　さい　青森県下北郡佐井村
　さい　和歌山県日高郡日高川町
佐井寺　さいでら　大阪府吹田市
佐井寺南が丘　さいでらみなみがおか　大阪府吹田市
佐井村　さいむら　青森県下北郡
佐内　さない　新潟県上越市
佐内町　さないちょう　新潟県上越市
佐太中町　さたなかまち　大阪府守口市
佐太西町　さたにしまち　大阪府守口市
佐太東町　さたひがしまち　大阪府守口市
佐引　さびき　岡山県真庭市
佐手　さて　沖縄県国頭郡国頭村
佐手久　さでく　鹿児島県大島郡喜界町
佐文　さぶみ　香川県仲多度郡まんのう町
佐方
　さがた　兵庫県相生市
　さがた　広島県廿日市市
佐方本町　さがたほんまち　広島県廿日市市
佐木谷　さぎだに　鳥取県日野郡日南町
佐比内
　さひない　岩手県八幡平市
　さひない　岩手県紫波郡紫波町
佐比江町　さびえちょう　兵庫県神戸市兵庫区
佐水　さみず　新潟県柏崎市
5佐世保　させぼ　長崎県（JR佐世保線ほか）
佐世保中央　させぼちゅうおう　長崎県（松浦鉄道西九州線）
佐世保市　させぼし　長崎県
佐加野　さがの　富山県高岡市
佐加野東　さがのひがし　富山県高岡市
佐古
　さこ　福井県三方上中郡若狭町
　さこ　京都府久世郡久御山町
　さこ　岡山県赤磐市
　さこ　徳島県（JR高徳線）
　さこ　愛媛県松山市
佐古一番町　さこいちばんちょう　徳島県徳島市
佐古七番町　さこななばんちょう　徳島県徳島市
佐古二番町　さこにばんちょう　徳島県徳島市
佐古八番町　さこはちばんちょう　徳島県徳島市
佐古三番町　さこさんばんちょう　徳島県徳島市
佐古山町　さこやまちょう　徳島県徳島市
佐古五番町　さこごばんちょう　徳島県徳島市
佐古六番町　さころくばんちょう　徳島県徳島市
佐古木
　さこぎ　愛知県（近畿日本鉄道名古屋線）
　さこぎ　愛知県弥富市
佐古四番町　さこよんばんちょう　徳島県徳島市
佐古前町　さこまえちょう　愛知県名古屋市中村区
佐左エ門　さざえもん　埼玉県北葛飾郡杉戸町
佐布川　さぶかわ　福島県大沼郡会津美里町

佐布里　そうり　愛知県知多市
佐布里台　そうりだい　愛知県知多市
佐弁　さべん　鹿児島県大島郡伊仙町
佐本中　さもとなか　和歌山県西牟婁郡すさみ町
佐本中野　さもとなかの　和歌山県西牟婁郡すさみ町
佐本平野　さもとひらの　和歌山県西牟婁郡すさみ町
佐本西栗垣内　さもとにしくりがいち　和歌山県西牟婁郡すさみ町
佐本西野川　さもとにしのかわ　和歌山県西牟婁郡すさみ町
佐本東栗垣内　さもとひがしくりがいと　和歌山県西牟婁郡すさみ町
佐本追川　さもとおいがわ　和歌山県西牟婁郡すさみ町
佐本根倉　さもとねくら　和歌山県西牟婁郡すさみ町
佐本深谷　さもとふかたに　和歌山県西牟婁郡すさみ町
佐生町　さそちょう　滋賀県東近江市
佐用
　さよ　兵庫県（JR姫新線ほか）
　さよう　兵庫県佐用郡佐用町
佐用町　さようちょう　兵庫県佐用郡
佐用谷　さよだに　兵庫県赤穂郡上郡町
佐用岡　さよおか　兵庫県揖保郡太子町
佐用郡　さようぐん　兵庫県
佐田
　さだ　茨城県鹿嶋市
　さた　福井県三方郡美浜町
　さた　三重県多気郡明和町
　さた　三重県度会郡玉城町
　さだ　奈良県御所市
　さだ　奈良県高市郡高取町
　さだ　奈良県吉野郡下北山村
　さだ　和歌山県東牟婁郡古座川町
　さだ　愛媛県西宇和郡伊方町
　さだ　高知県四万十市
　さだ　福岡県朝倉市
佐田町一窪田　さだちょうひとくぼた　島根県出雲市
佐田町八幡原　さだちょうやわたばら　島根県出雲市
佐田町下橋波　さだちょうしもはしなみ　島根県出雲市
佐田町上橋波　さだちょうかみはしなみ　島根県出雲市
佐田町大呂　さだちょうおおろ　島根県出雲市
佐田町反辺　さだちょうたんべ　島根県出雲市
佐田町毛津　さだちょうけづ　島根県出雲市
佐田町吉野　さだちょうよしの　島根県出雲市
佐田町佐津目　さだちょうさつめ　島根県出雲市
佐田町東村　さだちょうひがしむら　島根県出雲市
佐田町原田　さだちょうはらだ　島根県出雲市
佐田町高津屋　さだちょうたかつや　島根県出雲市
佐田町朝原　さだちょうあざはら　島根県出雲市
佐田町須佐　さだちょうすさ　島根県出雲市
佐白　さじろ　島根県仁多郡奥出雲町
佐目　さめ　滋賀県犬上郡多賀町
佐目町
　さめまち　栃木県鹿沼市
　さめちょう　滋賀県東近江市
6佐伊津町　さいつまち　熊本県天草市
佐合島　さごうじま　山口県熊毛郡平生町

7画（佐）

佐名伝　さなて　奈良県吉野郡大淀町
佐多辺塚　さたへつか　鹿児島県肝属郡南大隅町
佐多伊座敷　さたいざしき　鹿児島県肝属郡南大隅町
佐多郡　さたこおり　鹿児島県肝属郡南大隅町
佐多馬籠　さたまごめ　鹿児島県肝属郡南大隅町
佐江戸町　さえどちょう　神奈川県横浜市都筑区
佐竹台　さたけだい　大阪府吹田市
佐竹町
　　さたけちょう　秋田県湯沢市
　　さたけちょう　京都府京都市上京区
　　さたけちょう　京都府京都市下京区
佐羽根　さばね　岩手県（三陸鉄道北リアス線）
7佐伯
　　さえき　富山県魚津市
　　さえき　岡山県和気郡和気町
　　さいき　大分県（JR日豊本線）
佐伯中　さえきなか　三重県多気郡多気町
佐伯区　さえきく　広島県広島市
佐伯区役所前　さえきくやくしょまえ　広島県（広島電鉄宮島線）
佐伯市　さいきし　大分県
佐伯町　さいきまち　愛媛県宇和島市
佐助　さすけ　神奈川県鎌倉市
佐呂間町　さろまちょう　北海道常呂郡
佐志　さし　佐賀県唐津市
佐志中里　さしなかさと　佐賀県唐津市
佐志中通　さしなかどおり　佐賀県唐津市
佐志生
　　さしう　大分県（JR日豊本線）
　　さしう　大分県臼杵市
佐志南　さしみなみ　佐賀県唐津市
佐志浜町　さしはままち　佐賀県唐津市
佐折　さおり　静岡県富士宮市
佐折町　さおりちょう　愛知県愛西市
佐沢　さざわ　山形県東置賜郡高畠町
佐良　さら　石川県白山市
佐良土　さらど　栃木県大田原市
佐良山　さらやま　岡山県（JR津山線）
佐見　さみ　島根県飯石郡飯南町
佐谷　さたに　福岡県糟屋郡須惠町
佐谷田　さやだ　埼玉県熊谷市
佐谷町　さたにちょう　兵庫県西脇市
佐那具　さなぐ　三重県（JR関西本線）
佐那具町　さなぐちょう　三重県伊賀市
佐那河内村　さなごうちそん　徳島県名東郡
佐里　さり　佐賀県（JR筑肥線）
8佐取　さどり　新潟県五泉市
佐味　さみ　奈良県磯城郡田原本町
佐味田　さみた　奈良県北葛城郡河合町
佐味田川　さみたがわ　奈良県（近畿日本鉄道田原本線）
佐味町　さみまち　石川県七尾市
佐和
　　さわ　茨城県（JR常磐線）
　　さわ　茨城県ひたちなか市
佐和山町　さわやまちょう　滋賀県彦根市
佐和町
　　さわちょう　千葉県千葉市若葉区
　　さわちょう　滋賀県彦根市

佐坪　さつぼ　千葉県長生郡長南町
佐夜鹿
　　さよしか　静岡県島田市
　　さよしか　静岡県掛川市
佐奇森町　さきもりまち　石川県金沢市
佐奈　さな　三重県（JR紀勢本線）
佐奈川町　さながわちょう　愛知県豊川市
佐岡　さおか　高知県四万十市
佐念　さねん　鹿児島県大島郡宇検村
佐治町大井　さじちょうおおい　鳥取県鳥取市
佐治町小原　さじちょうこばら　鳥取県鳥取市
佐治町中　さじちょうなか　鳥取県鳥取市
佐治町刈地　さじちょうかるち　鳥取県鳥取市
佐治町加茂　さじちょうかも　鳥取県鳥取市
佐治町加瀬木　さじちょうかせぎ　鳥取県鳥取市
佐治町古市　さじちょうふるいち　鳥取県鳥取市
佐治町余戸　さじちょうよど　鳥取県鳥取市
佐治町尾際　さじちょうおわい　鳥取県鳥取市
佐治町河本　さじちょうかわもと　鳥取県鳥取市
佐治町栃原　さじちょうとちわら　鳥取県鳥取市
佐治町津野　さじちょうつの　鳥取県鳥取市
佐治町津無　さじちょうつなし　鳥取県鳥取市
佐治町畑　さじちょうはた　鳥取県鳥取市
佐治町高山　さじちょうたかやま　鳥取県鳥取市
佐治町楢谷　さじちょうつくだに　鳥取県鳥取市
佐治町葛谷　さじちょうかずらたに　鳥取県鳥取市
佐治町森坪　さじちょうもりつぼ　鳥取県鳥取市
佐治町福園　さじちょうふくぞの　鳥取県鳥取市
佐沼町　さぬままち　茨城県龍ケ崎市
佐波
　　さわ　埼玉県加須市
　　さば　山口県防府市
佐波江町　さばえちょう　滋賀県近江八幡市
佐波町　さばちょう　広島県福山市
佐波郡　さわぐん　群馬県
佐波賀　さばか　京都府舞鶴市
佐知川　さじかわ　埼玉県さいたま市西区
9佐保
　　さほ　大阪府茨木市
　　さほ　兵庫県加東市
佐保山　さほやま　宮城県仙台市太白区
佐保台　さほだい　奈良県奈良市
佐保台西町　さほだいにしまち　奈良県奈良市
佐保庄町　さほのしょうちょう　奈良県天理市
佐俣　さまた　熊本県下益城郡美里町
佐室　さむろ　千葉県いすみ市
佐屋　さや　愛知県（名古屋鉄道尾西線）
佐屋町　さやちょう　愛知県愛西市
佐是　さぜ　千葉県市原市
佐柿　さがき　福井県三方郡美浜町
佐柳　さなぎ　香川県仲多度郡多度津町
佐津　さつ　兵庫県（JR山陰本線）
佐津間　さつま　千葉県鎌ケ谷市
佐畑　さばた　福井県大飯郡おおい町
佐紀町　さきちょう　奈良県奈良市
佐美　さび　鳥取県東伯郡湯梨浜町
佐美町　さみまち　石川県小松市
佐草町　さくさちょう　島根県松江市

7画（佐）

¹⁰佐倉
- さくら　北海道河東郡士幌町
- さくら　宮城県角田市
- さくら　福島県大沼郡昭和村
- さくら　茨城県稲敷市
- さくら　千葉県（JR総武本線）
- さくら　静岡県御前崎市
- さくら　兵庫県篠山市

佐倉下　さくらしも　福島県福島市
佐倉市　さくらし　千葉県
佐原
- さばら　岩手県宮古市
- さばら　福島県福島市
- さわら　千葉県（JR成田線）
- さわら　千葉県香取市
- さはら　神奈川県横須賀市
- さわら　岐阜県本巣市
- さわら　三重県多気郡大台町

佐原下手　さわらしたて　茨城県稲敷市
佐原組新田　さわらぐみしんでん　茨城県稲敷市
佐島　さじま　神奈川県横須賀市
佐島の丘　さじまのおか　神奈川県横須賀市
佐浦町　さうらちょう　宮城県塩竈市
佐浜町　さはまちょう　静岡県浜松市西区
佐留志　さるし　佐賀県杵島郡江北町
佐真下　さました　沖縄県宜野湾市
¹¹佐堂町　さどうちょう　大阪府八尾市
佐崎
- ささき　鳥取県八頭郡八頭町
- ささき　鳥取県東伯郡琴浦町

佐梨　さなし　新潟県魚沼市
佐貫
- さぬき　茨城県（JR常磐線ほか）
- さぬき　茨城県龍ケ崎市
- さぬき　栃木県塩谷郡塩谷町
- さぬき　千葉県富津市
- さぬき　千葉県長生郡睦沢町

佐貫町
- さぬきまち　茨城県龍ケ崎市
- さぬきまち　千葉県（JR内房線）

佐貫谷　さぬきだに　兵庫県篠山市
佐部　さべ　和歌山県東牟婁郡串本町
佐野
- さの　秋田県仙北郡美郷町
- さの　茨城県結城郡八千代町
- さの　栃木県（JR両毛線ほか）
- さの　栃木県那須塩原市
- さの　千葉県館山市
- さの　千葉県木更津市
- さの　千葉県成田市
- さの　千葉県勝浦市
- さの　千葉県鴨川市
- さの　東京都足立区
- さの　富山県高岡市
- さの　福井県三方郡美浜町
- さの　長野県下高井郡山ノ内町
- さの　岐阜県岐阜市
- さの　岐阜県山県市
- さの　静岡県三島市
- さの　静岡県裾野市
- さの　静岡県伊豆市
- さの　兵庫県豊岡市
- さの　兵庫県淡路市

- さの　和歌山県新宮市
- さや　和歌山県伊都郡かつらぎ町
- さの　山口県防府市
- さの　大分県大分市
- さの　大分県豊後高田市
- さの　大分県宇佐市

佐野のわたし　さののわたし　群馬県（上信電鉄線）
佐野上谷地　さのかみやち　青森県三戸郡五戸町
佐野子　さのこ　茨城県土浦市
佐野川　さのがわ　神奈川県相模原市緑区
佐野台　さのだい　大阪府泉佐野市
佐野市
- さのし　栃木県（東武鉄道佐野線）
- さのし　栃木県

佐野目　さのめ　福島県河沼郡湯川村
佐野町
- さのちょう　秋田県大仙市
- さのちょう　神奈川県横須賀市
- さのまち　石川県七尾市
- さのまち　石川県能美市
- さのちょう　福井県福井市
- さのまち　愛知県名古屋市港区
- さのちょう　滋賀県長浜市
- さのちょう　滋賀県東近江市
- さのちょう　島根県浜田市
- さのまち　宮崎県延岡市

佐野良　さのら　福島県郡山市
佐野見晴台　さのみはらしだい　静岡県三島市
佐野屋　さのや　千葉県印西市
佐野原　さのはら　山形県西置賜郡白鷹町
佐野新島　さのにいじま　兵庫県淡路市
佐野窪町　さのくぼまち　群馬県高崎市
佐野緑町　さのみどりちょう　富山県高岡市
¹²佐備　さび　大阪府富田林市
佐喜浜町　さきはまちょう　高知県室戸市
佐善　さぜん　新潟県燕市
佐斐神町　さいのかみちょう　鳥取県境港市
佐渡
- さど　山形県最上郡鮭川村
- さわたり　新潟県燕市
- さわたり　高知県高岡郡檮原町

佐渡山　さどやま　新潟県燕市
佐渡市　さどし　新潟県
佐渡町　さわたりちょう　愛知県名古屋市瑞穂区
佐賀
- さが　東京都江東区
- さが　岐阜県山県市
- さが　山口県熊毛郡平生町
- さが　高知県幡多郡黒潮町
- さが　佐賀県（JR長崎本線）

佐賀山　さがやま　高知県長岡郡大豊町
佐賀公園　さがこうえん　高知県（土佐くろしお鉄道中村・宿毛線）
佐賀市　さがし　佐賀県
佐賀県　さがけん
佐賀郡　さがぐん　⇒消滅（佐賀県）
佐賀関　さがのせき　大分県大分市
佐賀橘川　さがたちばながわ　高知県幡多郡黒潮町
佐賀瀬川　さかせがわ　福島県大沼郡会津美里町
佐開　さびらき　福井県大野市

597

7画（作, 伺, 似）

佐間
　　さま　埼玉県行田市
　　さま　埼玉県久喜市
佐須　さす　福島県相馬郡飯舘村
佐須町　さずまち　東京都調布市
14佐與　さよ　福岡県飯塚市
佐鳴台　さなるだい　静岡県浜松市中区
15佐摩　さま　鳥取県西伯郡大山町
佐敷
　　さしき　熊本県（肥薩おれんじ鉄道線）
　　さしき　熊本県葦北郡芦北町
佐敷小谷　さしきおこく　沖縄県南城市
佐敷手登根　さしきてどこん　沖縄県南城市
佐敷伊原　さしきいばら　沖縄県南城市
佐敷仲伊保　さしきなかいほ　沖縄県南城市
佐敷佐敷　さしきさしき　沖縄県南城市
佐敷屋比久　さしきやびく　沖縄県南城市
佐敷津波古　さしきつはこ　沖縄県南城市
佐敷兼久　さしきかねく　沖縄県南城市
佐敷冨祖崎　さしきふそざき　沖縄県南城市
佐敷新里　さしきしんざと　沖縄県南城市
佐敷新開　さしきしんかい　沖縄県南城市
17佐糠町　さぬかまち　福島県いわき市
18佐嚢　さのう　兵庫県朝来市
佐藤
　　さとう　静岡県浜松市中区
　　さとう　愛知県豊橋市
佐藤池新田　さとうがいけしんでん　新潟県柏崎市
佐藤町　さとうちょう　愛知県豊橋市
佐藤塚　さとうづか　徳島県板野郡上板町

【作】
作　さく　福島県二本松市
0作の山町　さくのやまちょう　愛知県名古屋市緑区
3作才町　ざくざいちょう　大阪府岸和田市
4作手大和田　つくでおおわだ　愛知県新城市
作手中河内　つくでなかごうち　愛知県新城市
作手木和田　つくできわだ　愛知県新城市
作手田代　つくでたしろ　愛知県新城市
作手田原　つくでたばら　愛知県新城市
作手白鳥　つくでしらとり　愛知県新城市
作手守義　つくでもりよし　愛知県新城市
作手杉平　つくですぎだいら　愛知県新城市
作手岩波　つくでいわなみ　愛知県新城市
作手保永　つくでやすなが　愛知県新城市
作手荒原　つくであわら　愛知県新城市
作手高里　つくでたかさと　愛知県新城市
作手高松　つくでたかまつ　愛知県新城市
作手清岳　つくできよおか　愛知県新城市
作手菅沼　つくですがぬま　愛知県新城市
作手黒瀬　つくでくろせ　愛知県新城市
作手善夫　つくでぜんぶ　愛知県新城市
作手鴨ケ谷　つくでかもがや　愛知県新城市
作木　つくりき　千葉県君津市
作木口　さくぎぐち　島根県（JR三江線）
作木町下作木　さくぎちょうしもさくぎ　広島県三次市

作木町上作木　さくぎちょうかみさくぎ　広島県三次市
作木町大山　さくぎちょうおおやま　広島県三次市
作木町大津　さくぎちょうおおつ　広島県三次市
作木町大畠　さくぎちょうおおばたけ　広島県三次市
作木町伊賀和志　さくぎちょういかわし　広島県三次市
作木町光守　さくぎちょうみつもり　広島県三次市
作木町西野　さくぎちょうにしの　広島県三次市
作木町岡三渕　さくぎちょうおかみぶち　広島県三次市
作木町門田　さくぎちょうもんで　広島県三次市
作木町香淀　さくぎちょうこうよど　広島県三次市
作木町森山中　さくぎちょうもりやまなか　広島県三次市
作木町森山西　さくぎちょうもりやまにし　広島県三次市
作木町森山東　さくぎちょうもりやまひがし　広島県三次市
5作平　さくひら　岩手県八幡平市
作田
　　さくた　青森県上北郡七戸町
　　さくだ　宮城県伊具郡丸森町
　　さくだ　福島県二本松市
　　さくだ　千葉県いすみ市
　　さくだ　千葉県山武郡九十九里町
　　さくだ　愛知県長久手市
作田道　さくたみち　青森県上北郡七戸町
6作名　さくな　千葉県館山市
7作見町　さくみまち　石川県加賀市
作谷　つくりや　茨城県つくば市
作返　さくかえし　北海道天塩郡天塩町
8作並
　　さくなみ　宮城県（JR仙山線）
　　さくなみ　宮城県仙台市青葉区
作事丁　さくじちょう　和歌山県和歌山市
作事町　さくじまち　石川県七尾市
9作屋　さくや　高知県高岡郡四万十町
作畑　さくはた　兵庫県神崎郡神河町
作草部
　　さくさべ　千葉県（千葉都市モノレール2号線）
　　さくさべ　千葉県千葉市稲毛区
作草部町　さくさべちょう　千葉県千葉市稲毛区
10作倉町　さくらちょう　愛知県名古屋市港区
作原町　さくはらちょう　栃木県佐野市
11作庵町　さくあんちょう　京都府京都市上京区
12作場町　さくばちょう　青森県黒石市
作塚町　さくづかまち　愛知県碧南市
作道　つくりみち　富山県射水市
作集　さくしゅう　北海道足寄郡陸別町
13作新台　さくしんだい　千葉県千葉市花見川区

【伺】
5伺去　しゃり　長野県長野市

【似】
4似内　にたない　岩手県（JR釜石線）
9似首郷　にたくびごう　長崎県南松浦郡新上五島町
10似島町　にのしまちょう　広島県広島市南区

598

7画（住）

¹¹似鳥　にたどり　岩手県二戸市

【住】

⁰住ノ江
　　すみのえ　北海道小樽市
　　すみのえ　大阪府（南海電気鉄道南海本線）
住ノ江町　すみのえちょう　岐阜県岐阜市
住の江　すみのえ　北海道厚岸郡厚岸町
³住山　すみやま　兵庫県篠山市
住山町　すみやまちょう　三重県亀山市
住川町　すがわちょう　奈良県五條市
⁴住之江　すみのえ　大阪府大阪市住之江区
住之江公園　すみのえこうえん　大阪府（大阪市交通
　局四つ橋線ほか）
住之江区　すみのえく　大阪府大阪市
住之江町
　　すみのえちょう　北海道釧路市
　　すみのえちょう　北海道留萌市
住友町　すみともちょう　富山県富山市
⁵住永町　すみながちょう　兵庫県小野市
住用町山間　すみようちょうやんま　鹿児島県奄美市
住用町川内　すみようちょうかわうち　鹿児島県奄美市
住用町市　すみようちょういち　鹿児島県奄美市
住用町石原　すみようちょういしはら　鹿児島県奄美市
住用町西仲間　すみようちょうにしなかま　鹿児島県
　奄美市
住用町役勝　すみようちょうやくがち　鹿児島県奄美市
住用町見里　すみようちょうみざと　鹿児島県奄美市
住用町和瀬　すみようちょうわせ　鹿児島県奄美市
住用町東仲間　すみようちょうひがしなかま　鹿児島県
　奄美市
住用町城　すみようちょうぐすく　鹿児島県奄美市
住用町神屋　すみようちょうかみや　鹿児島県奄美市
住用町摺勝　すみようちょうすりがち　鹿児島県奄美市
住田　すみだ　新潟県新発田市
住田町
　　すみたちょう　岩手県気仙郡
　　すみだまち　岐阜県岐阜市
⁶住吉
　　すみよし　北海道釧路市
　　すみよし　北海道北見市
　　すみよし　北海道千歳市
　　すみよし　北海道瀬棚郡今金町
　　すみよし　北海道留萌郡小平町
　　すみよし　北海道紋別郡興部町
　　すみよし　北海道広尾郡大樹町
　　すみよし　青森県上北郡おいらせ町
　　すみよし　福島県二本松市
　　すみよし　福島県西白河郡矢吹町
　　すみよし　茨城県笠間市
　　すみよし　茨城県稲敷郡阿見町
　　すみよし　群馬県邑楽郡大泉町
　　すみよし　埼玉県草加市
　　すみよし　東京都（東京地下鉄半蔵門線ほか）
　　すみよし　東京都江東区
　　すみよし　新潟県長岡市
　　すみよし　新潟県新発田市
　　すみよし　新潟県妙高市
　　すみよし　新潟県佐渡市
　　すみよし　富山県富山市
　　すみよし　富山県魚津市

すみよし　山梨県甲府市
すみよし　長野県上田市
すみよし　静岡県浜松市中区
すみよし　静岡県榛原郡吉田町
すみよし　愛知県一宮市
すみよし　三重県鈴鹿市
すみよし　京都府宮津市
すみよし　大阪府（阪堺電気軌道阪堺線ほか）
すみよし　大阪府大阪市住吉区
すみよし　大阪府池田市
すみよし　兵庫県（JR東海道本線ほか）
すみよし　鳥取県西伯郡大山町
すみよし　広島県廿日市市
すみよし　徳島県徳島市
すみよし　徳島県板野郡松茂町
すみよし　徳島県板野郡藍住町
すみよし　愛媛県松山市
すみよし　福岡県福岡市博多区
すみよし　長崎県（長崎電気軌道1系統ほか）
すみよし　熊本県（JR三角線）
すみよし　鹿児島県西之表市
すみよし　鹿児島県姶良市
すみよし　鹿児島県大島郡知名町
すみよし　沖縄県沖縄市
住吉七条　すみよししちじょう　北海道旭川市
住吉大社　すみよしたいしゃ　大阪府（南海電気鉄道
　南海本線）
住吉山手　すみよしやまて　兵庫県神戸市東灘区
住吉五条　すみよしごじょう　北海道旭川市
住吉六条　すみよしろくじょう　北海道旭川市
住吉区　すみよしく　大阪府大阪市
住吉台
　　すみよしだい　北海道河東郡音更町
　　すみよしだい　兵庫県神戸市東灘区
　　すみよしだい　兵庫県篠山市
住吉台西　すみよしだいにし　宮城県仙台市泉区
住吉台町　すみよしだいまち　長崎県長崎市
住吉台東　すみよしだいひがし　宮城県仙台市泉区
住吉四条　すみよししじょう　北海道旭川市
住吉本町
　　すみよしほんちょう　山梨県甲府市
　　すみよしほんちょう　兵庫県神戸市東灘区
　　すみよしほんまち　山口県山陽小野田市
住吉町
　　すみよしちょう　北海道函館市
　　すみよしちょう　北海道小樽市
　　すみよしちょう　北海道苫小牧市
　　すみよしちょう　北海道赤平市
　　すみよしちょう　北海道富良野市
　　すみよしちょう　北海道恵庭市
　　すみよしちょう　北海道山越郡長万部町
　　すみよしちょう　北海道十勝郡浦幌町
　　すみよしちょう　青森県弘前市
　　すみよしちょう　青森県黒石市
　　すみよしちょう　岩手県盛岡市
　　すみよしちょう　岩手県釜石市
　　すみよしちょう　宮城県石巻市
　　すみよしちょう　宮城県柴田郡大河原町
　　すみよしまち　秋田県能代市
　　すみよしちょう　秋田県大館市
　　すみよしちょう　秋田県北秋田市
　　すみよしちょう　山形県酒田市
　　すみよしまち　山形県新庄市
　　すみよしまち　福島県会津若松市

7画（但）

すみよしちょう　茨城県水戸市
すみよしちょう　栃木県宇都宮市
すみよしちょう　栃木県大田原市
すみよしちょう　栃木県那須塩原市
すみよしちょう　群馬県前橋市
すみよしちょう　群馬県高崎市
すみよしちょう　東京都新宿区
すみよしちょう　東京都府中市
すみよしちょう　東京都西東京市
すみよしちょう　神奈川県横浜市中区
すみよしちょう　新潟県新潟市中央区
すみよしちょう　新潟県新発田市
すみよしちょう　新潟県十日町市
すみよしちょう　新潟県上越市
すみよしちょう　新潟県胎内市
すみよしちょう　新潟県三島郡出雲崎町
すみよしちょう　富山県富山市
すみよしまち　石川県金沢市
すみよしまち　石川県野々市市
すみよしちょう　福井県鯖江市
すみよしちょう　福井県越前市
すみよしちょう　岐阜県岐阜市
すみよしちょう　岐阜県大垣市
すみよしちょう　岐阜県多治見市
すみよしちょう　岐阜県関市
すみよしちょう　静岡県静岡市葵区
すみよしちょう　静岡県沼津市
すみよしちょう　静岡県磐田市
すみよしちょう　愛知県（名古屋鉄道河和線）
すみよしちょう　愛知県豊橋市
すみよしちょう　愛知県半田市
すみよしちょう　愛知県豊川市
すみよしまち　愛知県碧南市
すみよしちょう　愛知県刈谷市
すみよしちょう　愛知県豊田市
すみよしちょう　愛知県安城市
すみよしちょう　愛知県西尾市
すみよしちょう　愛知県常滑市
すみよしちょう　三重県津市
すみよしちょう　三重県四日市市
すみよしちょう　三重県桑名市
すみよしちょう　三重県鈴鹿市
すみよしちょう　京都府京都市下京区
すみよしちょう　京都府京都市伏見区
すみよしちょう　大阪府泉佐野市
すみよしちょう　兵庫県西脇市
すみよしちょう　兵庫県小野市
すみよしまち　和歌山県和歌山市
すみよしちょう　鳥取県倉吉市
すみよしちょう　岡山県岡山市中区
すみよしちょう　広島県広島市中区
すみよしちょう　広島県福山市
すみよしちょう　山口県周南市
すみよしちょう　徳島県阿南市
すみよしちょう　愛媛県宇和島市
すみよしまち　福岡県大牟田市
すみよしまち　長崎県長崎市
すみよしまち　熊本県荒尾市
すみよしまち　熊本県宇土市
すみよしまち　大分県大分市
すみよしまち　大分県宇佐市
すみよしちょう　鹿児島県鹿児島市
すみよしちょう　鹿児島県枕崎市
すみよしちょう　鹿児島県出水市
すみよしちょう　鹿児島県いちき串木野市
すみよしちょう　沖縄県那覇市

住吉東　すみよしひがし　大阪府（南海電気鉄道高野線）
住吉東町　すみよしひがしまち　兵庫県神戸市東灘区
住吉南町　すみよしみなみまち　兵庫県神戸市東灘区
住吉宮町　すみよしみやまち　兵庫県神戸市東灘区
住吉浜町　すみよしはままち　兵庫県神戸市東灘区
住吉通　すみよしどおり　高知県（とさでん交通ごめん線）
住吉鳥居前　すみよしとりいまえ　大阪府（阪堺電気軌道阪堺線）
住吉橋町　すみよしばしちょう　大阪府堺市堺区
住次郎　じゅうじろう　高知県四万十市
住江　すみえ　大分県宇佐市
住江町　すみえちょう　東京都青梅市
7住初　すみぞめ　北海道夕張市
住初町　すみぞめちょう　北海道二海郡八雲町
8住所大山　すみんじょおおやま　京都府福知山市
11住崎　すみさき　愛知県西尾市
住崎町
　　すみさきちょう　愛知県西尾市
　　すみざきちょう　山口県周南市
12住道
　　すみのどう　大阪府（JR片町線）
　　すみのどう　大阪府大東市
住道矢田　すんじやた　大阪府大阪市東住吉区

【但】

8但東町三原　たんとうちょうみはら　兵庫県豊岡市
但東町久畑　たんとうちょうくばた　兵庫県豊岡市
但東町口藤　たんとうちょうくちふじ　兵庫県豊岡市
但東町大河内　たんとうちょうおおごうち　兵庫県豊岡市
但東町小坂　たんとうちょうこざこ　兵庫県豊岡市
但東町小谷　たんとうちょうおだに　兵庫県豊岡市
但東町中山　たんとうちょうなかやま　兵庫県豊岡市
但東町中藤　たんとうちょうなかふじ　兵庫県豊岡市
但東町太田　たんとうちょうおおた　兵庫県豊岡市
但東町天谷　たんとうちょうあまだに　兵庫県豊岡市
但東町日向　たんとうちょうひなた　兵庫県豊岡市
但東町日殿　たんとうちょうひどの　兵庫県豊岡市
但東町木村　たんとうちょうきむら　兵庫県豊岡市
但東町水石　たんとうちょうみずし　兵庫県豊岡市
但東町出合　たんとうちょうであい　兵庫県豊岡市
但東町出合市場　たんとうちょうであいいちば　兵庫県豊岡市
但東町平田　たんとうちょうひらた　兵庫県豊岡市
但東町正法寺　たんとうちょうしょうぼうじ　兵庫県豊岡市
但東町矢根　たんとうちょうやね　兵庫県豊岡市
但東町虫生　たんとうちょうむしゅう　兵庫県豊岡市
但東町西谷　たんとうちょうにしだに　兵庫県豊岡市
但東町西野々　たんとうちょうにしのの　兵庫県豊岡市
但東町佐々木　たんとうちょうささき　兵庫県豊岡市
但東町佐田　たんとうちょうさだ　兵庫県豊岡市
但東町坂津　たんとうちょうさかづ　兵庫県豊岡市
但東町坂野　たんとうちょうさかの　兵庫県豊岡市
但東町赤花　たんとうちょうあかばな　兵庫県豊岡市
但東町東中　たんとうちょうひがしなか　兵庫県豊岡市

7画（佃, 伯, 伴, 余）

但東町東里　たんとうちょうとうり　兵庫県豊岡市
但東町河本　たんとうちょうこうもと　兵庫県豊岡市
但東町南尾　たんとうちょうみのお　兵庫県豊岡市
但東町後　たんとうちょううしろ　兵庫県豊岡市
但東町畑　たんとうちょうはた　兵庫県豊岡市
但東町畑山　たんとうちょうはたやま　兵庫県豊岡市
但東町相田　たんとうちょうあいだ　兵庫県豊岡市
但東町唐川　たんとうちょうからかわ　兵庫県豊岡市
但東町栗尾　たんとうちょうくりお　兵庫県豊岡市
但東町高龍寺　たんとうちょうこうりゅうじ　兵庫県豊岡市
但東町奥矢根　たんとうちょうおくやね　兵庫県豊岡市
但東町奥赤　たんとうちょうおくあか　兵庫県豊岡市
但東町奥藤　たんとうちょうおくふじ　兵庫県豊岡市
但東町薬王寺　たんとうちょうやくおうじ　兵庫県豊岡市
但沼町　ただぬまちょう　静岡県静岡市清水区
¹⁰但馬
　たじま　奈良県（近畿日本鉄道田原本線）
　たじま　奈良県磯城郡三宅町

【佃】
佃
　つくだ　青森県青森市
　つくだ　東京都中央区
　つくだ　大阪府大阪市西淀川区
　つくだ　徳島県（JR土讃線）
⁷佃町
　つくだちょう　愛知県名古屋市瑞穂区
　つくだちょう　京都府綾部市
　つくだちょう　兵庫県姫路市
　つくだまち　福岡県柳川市
¹¹佃野町　つくのちょう　神奈川県横浜市鶴見区

【伯】
⁴伯太町　はかたちょう　大阪府和泉市
伯太町下十年畑　はくたちょうしもじゅうねんばた　島根県安来市
伯太町下小竹　はくたちょうしもおだけ　島根県安来市
伯太町上十年畑　はくたちょうかみじゅうねんばた　島根県安来市
伯太町上小竹　はくたちょうかみおだけ　島根県安来市
伯太町井尻　はくたちょういじり　島根県安来市
伯太町日次　はくたちょうひなみ　島根県安来市
伯太町未明　はくたちょうほのか　島根県安来市
伯太町母里　はくたちょうもり　島根県安来市
伯太町安田　はくたちょうやすだ　島根県安来市
伯太町安田山形　はくたちょうやすだやまがた　島根県安来市
伯太町安田中　はくたちょうやすだなか　島根県安来市
伯太町安田宮内　はくたちょうやすだみやうち　島根県安来市
伯太町安田関　はくたちょうやすだせき　島根県安来市
伯太町西母里　はくたちょうにしもり　島根県安来市
伯太町赤屋　はくたちょうあかや　島根県安来市

伯太町東母里　はくたちょうひがしもり　島根県安来市
伯太町峠之内　はくたちょうたわのうち　島根県安来市
伯太町草野　はくたちょうくさの　島根県安来市
伯太町高江寸次　はくたちょうたかえすんじ　島根県安来市
伯太町須山福冨　はくたちょうすやまふくどめ　島根県安来市
伯太町横屋　はくたちょうよこや　島根県安来市
伯方町木浦　はかたちょうきのうら　愛媛県今治市
伯方町北浦　はかたちょうきたうら　愛媛県今治市
伯方町叶浦　はかたちょうかのうら　愛媛県今治市
伯方町伊方　はかたちょういかた　愛媛県今治市
伯方町有津　はかたちょうあろうづ　愛媛県今治市
⁵伯母沢町　おばざわちょう　愛知県豊田市
伯母谷　おばたに　奈良県吉野郡川上村
伯玄町　はくげんちょう　福岡県春日市
⁸伯治　はくじ　宮城県加美郡加美町
¹⁰伯耆大山　ほうきだいせん　鳥取県（JR山陰本線）
伯耆町
　ほうきちょう　京都府京都市伏見区
　ほうきちょう　鳥取県西伯郡
伯耆溝口　ほうきみぞぐち　鳥取県（JR伯備線）

【伴】
伴　とも　広島県（広島高速交通アストラムライン）
⁴伴中央
　ともちゅうおう　広島県（広島高速交通アストラムライン）
　ともちゅうおう　広島県広島市安佐南区
⁵伴北　ともきた　広島県広島市安佐南区
伴北町　ともきたまち　広島県広島市安佐南区
⁶伴西　ともにし　広島県広島市安佐南区
伴西町　ともにしまち　広島県広島市安佐南区
⁸伴東　ともひがし　広島県広島市安佐南区
伴東町　ともひがしまち　広島県広島市安佐南区
⁹伴南　ともみなみ　広島県広島市安佐南区
¹¹伴堂　ともんどう　奈良県磯城郡三宅町
伴野　ともの　長野県佐久市

【余】
²余丁町　よちょうまち　東京都新宿区
³余子　あまりこ　鳥取県（JR境線）
余山町　よやままち　千葉県銚子市
余川
　よかわ　新潟県南魚沼市
　よかわ　富山県氷見市
余川町　よかわちょう　福井県越前市
⁴余戸
　よど　鳥取県東伯郡三朝町
　ようご　愛媛県（伊予鉄道郡中線）
余戸中　ようごなか　愛媛県松山市
余戸西　ようごにし　愛媛県松山市
余戸谷町　よどやちょう　鳥取県倉吉市
余戸東　ようごひがし　愛媛県松山市
余戸南　ようごみなみ　愛媛県松山市
⁵余市　よいち　北海道（JR函館本線）
余市町　よいちちょう　北海道余市郡

601

余市郡　よいちぐん　北海道
余平町　よだいらちょう　愛知県豊田市
余田　よた　山口県柳井市
余田町　はぐりちょう　福井県越前市
余目
　あまるめ　山形県（JR羽越本線）
　あまるめ　山形県東田川郡庄内町
余目新田　あまるめしんでん　山形県東田川郡庄内町
6余地
　よち　石川県かほく市
　よじ　長野県南佐久郡佐久穂町
余多　あまた　鹿児島県大島郡知名町
7余別町　よべつちょう　北海道積丹郡積丹町
余呉　よご　滋賀県（JR北陸本線）
余呉町　よごちょう　⇒長浜市（滋賀県）
余呉町八戸　よごちょうやと　滋賀県長浜市
余呉町下丹生　よごちょうしもにゅう　滋賀県長浜市
余呉町下余呉　よごちょうしもよご　滋賀県長浜市
余呉町上丹生　よごちょうかみにゅう　滋賀県長浜市
余呉町小谷　よごちょうおおたに　滋賀県長浜市
余呉町小原　よごちょうおはら　滋賀県長浜市
余呉町川並　よごちょうかわなみ　滋賀県長浜市
余呉町中之郷　よごちょうなかのごう　滋賀県長浜市
余呉町中河内　よごちょうなかのかわち　滋賀県長浜市
余呉町今市　よごちょういまいち　滋賀県長浜市
余呉町文室　よごちょうふむろ　滋賀県長浜市
余呉町田戸　よごちょうたど　滋賀県長浜市
余呉町池原　よごちょういけはら　滋賀県長浜市
余呉町坂口　よごちょうさかぐち　滋賀県長浜市
余呉町尾羽梨　よごちょうおばなし　滋賀県長浜市
余呉町国安　よごちょうくにやす　滋賀県長浜市
余呉町東野　よごちょうひがしの　滋賀県長浜市
余呉町柳ケ瀬　よごちょうやながせ　滋賀県長浜市
余呉町針川　よごちょうはりかわ　滋賀県長浜市
余呉町菅並　よごちょうすがなみ　滋賀県長浜市
余呉町奥川並　よごちょうおくかわなみ　滋賀県長浜市
余呉町新堂　よごちょうしんどう　滋賀県長浜市
余呉町椿坂　よごちょうつばきざか　滋賀県長浜市
余呉町摺墨　よごちょうするすみ　滋賀県長浜市
余呉町鷲見　よごちょうわしみ　滋賀県長浜市
余床町　よどこちょう　愛知県瀬戸市
8余所　よしょ　新潟県糸魚川市
9余津谷　よつや　茨城県稲敷市
10余座　よざ　福井県敦賀市
余能　よのう　高知県吾川郡仁淀川町
11余部　よべ　兵庫県（JR姫新線）
余部下　あまるべしも　京都府舞鶴市
余部上　あまるべかみ　京都府舞鶴市
余部区下余部　よべくしもよべ　兵庫県姫路市
余部区上川原　よべくかみがわら　兵庫県姫路市
余部区上余部　よべくかみよべ　兵庫県姫路市
余部町　あまるべちょう　京都府亀岡市
余野
　よの　愛知県丹羽郡大口町
　よの　大阪府豊能郡能勢町
　よの　岡山県美作市
余野下　よのしも　岡山県真庭市

余野上　よのかみ　岡山県真庭市
15余慶町　よけいまち　山形県鶴岡市
19余瀬　よぜ　栃木県大田原市

【伶】
2伶人町　れいにんちょう　大阪府大阪市天王寺区

【児】
5児玉
　こだま　埼玉県（JR八高線）
　こだま　愛知県名古屋市西区
児玉町　こだまちょう　山口県周南市
児玉町入浅見　こだまちょういりあざみ　埼玉県本庄市
児玉町八幡山　こだまちょうはちまんやま　埼玉県本庄市
児玉町下浅見　こだまちょうしもあざみ　埼玉県本庄市
児玉町下真下　こだまちょうしもましも　埼玉県本庄市
児玉町上真下　こだまちょうかみましも　埼玉県本庄市
児玉町小平　こだまちょうこだいら　埼玉県本庄市
児玉町元田　こだまちょうげんだ　埼玉県本庄市
児玉町太駄　こだまちょうおおだ　埼玉県本庄市
児玉町田端　こだまちょうたばた　埼玉県本庄市
児玉町共栄　こだまちょうきょうえい　埼玉県本庄市
児玉町吉田林　こだまちょうきたばやし　埼玉県本庄市
児玉町児玉　こだまちょうこだま　埼玉県本庄市
児玉町児玉南　こだまちょうこだまみなみ　埼玉県本庄市
児玉町河内　こだまちょうこうち　埼玉県本庄市
児玉町金屋　こだまちょうかなや　埼玉県本庄市
児玉町長沖　こだまちょうながおき　埼玉県本庄市
児玉町保木野　こだまちょうほきの　埼玉県本庄市
児玉町秋山　こだまちょうあきやま　埼玉県本庄市
児玉町宮内　こだまちょうみやうち　埼玉県本庄市
児玉町高柳　こだまちょうたかやなぎ　埼玉県本庄市
児玉町高関　こだまちょうたかぜき　埼玉県本庄市
児玉町蛭川　こだまちょうひるがわ　埼玉県本庄市
児玉町飯倉　こだまちょういいぐら　埼玉県本庄市
児玉町塩谷　こだまちょうしおや　埼玉県本庄市
児玉町稲沢　こだまちょういなざわ　埼玉県本庄市
児玉郡　こだまぐん　埼玉県
児石　こいし　福島県福島市
6児池　ちごいけ　新潟県新潟市東区
10児島　こじま　岡山県（JR瀬戸大橋線）
児島下の町　こじましものちょう　岡山県倉敷市
児島上の町　こじまかみのちょう　岡山県倉敷市
児島小川　こじまおがわ　岡山県倉敷市
児島小川町　こじまおがわちょう　岡山県倉敷市
児島元浜町　こじまもとはまちょう　岡山県倉敷市
児島田の口　こじまたのくち　岡山県倉敷市
児島由加　こじまゆが　岡山県倉敷市
児島白尾　こじましろお　岡山県倉敷市
児島宇野津　こじまうのつ　岡山県倉敷市
児島赤崎　こじまあかさき　岡山県倉敷市
児島味野　こじまあじの　岡山県倉敷市

7画（兵, 冷, 初）

児島味野上　こじまあじのかみ　岡山県倉敷市
児島味野山田町　こじまあじのやまだちょう　岡山県倉敷市
児島味野城　こじまあじのじょう　岡山県倉敷市
児島味野城山　こじまあじのしろやま　岡山県倉敷市
児島阿津　こじまあつ　岡山県倉敷市
児島柳田町　こじまやないだちょう　岡山県倉敷市
児島唐琴　こじまからこと　岡山県倉敷市
児島唐琴町　こじまからことちょう　岡山県倉敷市
児島通生　こじまかよう　岡山県倉敷市
児島塩生　こじましおなす　岡山県倉敷市
児島稗田町　こじまひえだちょう　岡山県倉敷市
児島駅前　こじまえきまえ　岡山県倉敷市
12児湯郡　こゆぐん　宮崎県

【兵】

4兵太夫　ひょうだゆう　静岡県藤枝市
5兵右衛門新田　ひょううえもんしんでん　新潟県新潟市西蒲区
6兵団　へいだん　岡山県岡山市北区
　兵安　へいあん　北海道枝幸郡中頓別町
7兵町　ひょうまち　茨城県常総市
10兵家　ひょうげ　奈良県葛城市
　兵庫
　　ひょうご　茨城県結城郡八千代町
　　ひょうご　愛知県名古屋市緑区
　　ひょうご　愛知県愛知郡東郷町
　　ひょうご　兵庫県（JR山陽本線）
　　ひょうご　奈良県高市郡高取町
　兵庫区　ひょうごく　兵庫県神戸市
　兵庫北　ひょうごきた　佐賀県佐賀市
　兵庫町
　　ひょうごまち　石川県羽咋市
　　ひょうごちょう　兵庫県神戸市兵庫区
　　ひょうごちょう　奈良県天理市
　　ひょうごまち　香川県高松市
　兵庫町瓦町　ひょうごまちかわらまち　佐賀県佐賀市
　兵庫町西渕　ひょうごまちにしぶち　佐賀県佐賀市
　兵庫町若宮　ひょうごまちわかみや　佐賀県佐賀市
　兵庫町渕　ひょうごまちふち　佐賀県佐賀市
　兵庫町藤木　ひょうごまちふじのき　佐賀県佐賀市
　兵庫南　ひょうごみなみ　佐賀県佐賀市
　兵庫県　ひょうごけん
　兵庫塚　ひょうごつか　栃木県宇都宮市
　兵庫塚町　ひょうごつかまち　栃木県宇都宮市
　兵庫舘　ひょうごだて　山形県西置賜郡小国町
11兵部町　ひょうぶちょう　奈良県橿原市
16兵衛　ひょうえ　東京都八王子市

【冷】

3冷川　ひえかわ　静岡県伊豆市
4冷水
　　ひやみず　北海道磯谷郡蘭越町
　　ひやみず　茨城県鉾田市
　　しみず　和歌山県海南市
　冷水町
　　ひやみずまち　群馬県高崎市
　　ひやみずちょう　鹿児島県鹿児島市
　　ひやみずちょう　鹿児島県薩摩川内市

冷水浦　しみずうら　和歌山県（JR紀勢本線）
5冷田町　ひえだちょう　愛知県豊田市
9冷泉町
　　れいせんちょう　京都府京都市中京区
　　れいせんまち　福岡県福岡市博多区
11冷清水　ひやしみず　秋田県能代市

【初】

3初山　はつやま　神奈川県川崎市宮前区
　初山別　しょさんべつ　北海道苫前郡初山別村
　初山別村　しょさんべつむら　北海道苫前郡
4初日町　はつひまち　岐阜県岐阜市
　　はつひちょう　愛知県名古屋市瑞穂区
5初台
　　はつだい　東京都（京王電鉄京王新線）
　　はつだい　東京都渋谷区
　初生町　はつおいちょう　静岡県浜松市北区
　初生谷　ういたに　和歌山県海草郡紀美野町
　初田
　　はつた　北海道磯谷郡蘭越町
　　はつだ　兵庫県篠山市
　初田牛
　　はったうし　北海道（JR根室本線）
　　はったうし　北海道根室市
　初田町　はつだまち　岐阜県高山市
　初石　はついし　千葉県（東武鉄道野田線）
7初声町入江　はっせまちいりえ　神奈川県三浦市
　初声町下宮田　はっせまちしもみやだ　神奈川県三浦市
　初声町三戸　はっせまちみと　神奈川県三浦市
　初声町和田　はっせまちわだ　神奈川県三浦市
　初声町高円坊　はっせまちこうえんぼう　神奈川県三浦市
　初沢町　はつざわまち　東京都八王子市
　初町　はつちょう　大阪府寝屋川市
　初芝　はつしば　大阪府（南海電気鉄道高野線）
8初若の郷　はつわかのさと　三重県三重郡菰野町
9初狩　はつかり　山梨県（JR中央本線）
　初狩町下初狩　はつかりまちしもはつかり　山梨県大月市
　初狩町中初狩　はつかりまちなかはつかり　山梨県大月市
　初神　はつかみ　広島県安芸郡熊野町
　初音　はつね　栃木県那須烏山市
　初音ケ丘　はつねがおか　神奈川県横浜市保土ケ谷区
　初音台　はつねだい　静岡県三島市
　初音町
　　はつねちょう　神奈川県横浜市中区
　　はつねちょう　岐阜県岐阜市
　　はつねちょう　山口県周南市
　　はつねちょう　福岡県北九州市戸畑区
　初香台　はつかだい　奈良県生駒郡平群町
10初原
　　はつばら　宮城県宮城郡松島町
　　はつばら　茨城県久慈郡大子町
　初島
　　はつしま　静岡県熱海市
　　はつしま　和歌山県（JR紀勢本線）
　初島町里　はつしまちょうさと　和歌山県有田市

603

7画（判、別）

初島町浜　はつしまちょうはま　和歌山県有田市
初馬　はつま　静岡県掛川市
11初崎　はつざき　高知県四万十市
初野
　　はつの　北海道（JR宗谷本線）
　　はつの　福島県相馬市
　　はつの　熊本県水俣市
初鹿島　はじかじま　山梨県南巨摩郡早川町
12初富
　　はつとみ　千葉県（新京成電鉄線）
　　はつとみ　千葉県鎌ケ谷市
初富本町　はつとみほんちょう　千葉県鎌ケ谷市
初富飛地　はつとみとびち　千葉県松戸市
初森　はつもり　福島県二本松市
初湯川　うぶゆがわ　和歌山県日高郡日高川町
初越　はづこし　静岡県袋井市
19初瀬
　　はつせ　山形県酒田市
　　はせ　奈良県桜井市
初瀬本村　はつせほんむら　高知県高岡郡檮原町

【判】

0判の木　はんのき　長野県諏訪郡原村
5判田台　はんだだい　大分県大分市
判田台北　はんだだいきた　大分県大分市
判田台東　はんだだいひがし　大分県大分市
判田台南　はんだだいみなみ　大分県大分市

【別】

0別ケ谷　べつがたに　新潟県三島郡出雲崎町
3別子山　べっしやま　愛媛県新居浜市
別山　べつやま　三重県四日市市
4別井　べつい　大阪府富田林市
5別司町　べっしちょう　福井県鯖江市
6別印町　べついんちょう　福井県越前市
別名
　　べつみょう　富山県富山市
　　べつめい　三重県四日市市
　　べつみょう　兵庫県赤穂郡上郡町
　　べつみょう　愛媛県今治市
別当　べっとう　愛媛県宇和島市
別当町　べっとうまち　福岡県北九州市八幡西区
別当河原　べっとうがわら　栃木県下野市
別当屋敷町　べっとうやしきちょう　和歌山県新宮市
別当賀
　　べっとが　北海道（JR根室本線）
　　べっとうが　北海道根室市
7別役　べっちゃく　高知県安芸市
別苅　べつかり　北海道増毛郡増毛町
8別府
　　べっぷ　茨城県下妻市
　　べっぷ　埼玉県熊谷市
　　べっぷ　岐阜県瑞穂市
　　べふ　三重県伊賀市
　　べふ　大阪府摂津市
　　べふ　兵庫県（山陽電気鉄道本線）
　　べっぷ　鳥取県八頭郡八頭町
　　べっぷ　島根県邑智郡美郷町
　　べふ　島根県隠岐郡西ノ島町
　　べふ　山口県熊毛郡田布施町

　　べふ　福岡県（福岡市交通局七隈線）
　　べふ　福岡県福岡市城南区
　　べふ　福岡県糟屋郡志免町
　　べふ　福岡県遠賀郡遠賀町
　　びょう　福岡県築上郡吉富町
　　べっぷ　大分県（JR日豊本線）
　　びゅう　大分県宇佐市
　　べっぷ　鹿児島県枕崎市
　　べっぷ　鹿児島県いちき串木野市
別府大学　べっぷだいがく　大分県（JR日豊本線）
別府北　べふきた　福岡県糟屋郡志免町
別府市　べっぷし　大分県
別府団地　べふだんち　福岡県福岡市城南区
別府西　べふにし　福岡県糟屋郡志免町
別府西町　べっぷにしまち　鹿児島県枕崎市
別府町
　　べっぷちょう　北海道帯広市
　　べふちょう　兵庫県加古市
　　べふちょう　愛媛県松山市
　　べっぷちょう　宮崎県宮崎市
　　びゅうちょう　宮崎県延岡市
別府町中島町　べふちょうなかしままち　兵庫県加古川市
別府町元町　べふちょうもとまち　兵庫県加古川市
別府町本町　べふちょうほんまち　兵庫県加古川市
別府町石町　べふちょういしまち　兵庫県加古川市
別府町西町　べふちょうにしまち　兵庫県加古川市
別府町西脇　べふちょうにしわき　兵庫県加古川市
別府町別府　べふちょうべふ　兵庫県加古川市
別府町東町　べふちょうひがしまち　兵庫県加古川市
別府町宮田町　べふちょうみやでんまち　兵庫県加古川市
別府町朝日町　べふちょうあさひまち　兵庫県加古川市
別府町港町　べふちょうみなとまち　兵庫県加古川市
別府町新野辺　べふちょうしのべ　兵庫県加古川市
別府町新野辺北町　べふちょうしのべきたまち　兵庫県加古川市
別府町緑町　べふちょうみどりまち　兵庫県加古川市
別府東　べふひがし　福岡県糟屋郡志免町
別府東町　べっぷひがしまち　鹿児島県枕崎市
別所
　　べっしょ　埼玉県さいたま市南区
　　べっしょ　埼玉県秩父市
　　べっしょ　埼玉県比企郡ときがわ町
　　べっしょ　千葉県印西市
　　べっしょ　東京都八王子市
　　べっしょ　神奈川県横浜市南区
　　べっしょ　新潟県糸魚川市
　　べっしょ　新潟県五泉市
　　べっしょ　富山県黒部市
　　べっしょ　石川県河北郡津幡町
　　べっしょ　滋賀県（京阪電気鉄道石山坂本線）
　　べっしょ　滋賀県蒲生郡日野町
　　べっしょ　京都府舞鶴市
　　べっしょ　京都府相楽郡和束町
　　べっしょ　大阪府堺市南区
　　べっしょ　大阪府松原市
　　べっしょ　大阪府泉南市
　　べっしょ　奈良県香芝市
　　べっしょ　和歌山県海南市
　　べっしょ　和歌山県紀の川市

7画（利）

べっしょ　和歌山県有田郡湯浅町
べっしょ　鳥取県米子市
べっしょ　鳥取県倉吉市
べっしょ　鳥取県東伯郡湯梨浜町
べっしょ　鳥取県東伯郡琴浦町
べっしょ　鳥取県日野郡日野町
べっしょ　岡山県真庭市
べっしょ　岡山県久米郡久米南町
べっしょ　高知県安芸郡安田町
べっしょ　福岡県筑紫郡那珂川町

別所山　べっしょやま　愛知県名古屋市緑区
別所中の町　べっしょなかのちょう　大阪府高槻市
別所中里台　べっしょなかざとだい　神奈川県横浜市南区
別所本町　べっしょほんまち　大阪府高槻市
別所町
　べっしょまち　茨城県龍ケ崎市
　べっしょちょう　群馬県太田市
　べっしょちょう　埼玉県さいたま市北区
　べっしょまち　石川県金沢市
　べっしょまち　石川県加賀市
　べっしょちょう　福井県福井市
　べっしょちょう　福井県鯖江市
　べっしょちょう　京都府綾部市
　べっしょちょう　大阪府岸和田市
　べっしょちょう　兵庫県明石市
　べっしょちょう　兵庫県加西市
　べっしょちょう　奈良県奈良市
　べっしょちょう　奈良県天理市
　べっしょちょう　奈良県橿原市
　べっしょちょう　島根県出雲市
　べっしょまち　福岡県北九州市八幡西区
別所町下石野　べっしょちょうしもいしの　兵庫県三木市
別所町小林
　べっしょちょうこばやし　兵庫県姫路市
　べっしょちょうこばやし　兵庫県三木市
別所町巴　べっしょちょうともえ　兵庫県三木市
別所町北宿　べっしょちょうきたじゅく　兵庫県姫路市
別所町正法寺　べっしょちょうしょうぼうじ　兵庫県三木市
別所町石野　べっしょちょういしの　兵庫県三木市
別所町西這田　べっしょちょうにしほうだ　兵庫県三木市
別所町佐土　べっしょちょうさづち　兵庫県姫路市
別所町佐土新　べっしょちょうさづちしん　兵庫県姫路市
別所町別所　べっしょちょうべっしょ　兵庫県姫路市
別所町花尻　べっしょちょうはなじり　兵庫県三木市
別所町近藤　べっしょちょうこんどう　兵庫県三木市
別所町和田　べっしょちょうわだ　兵庫県三木市
別所町東這田　べっしょちょうひがしほうだ　兵庫県三木市
別所町家具町　べっしょちょうかぐまち　兵庫県姫路市
別所町高木　べっしょちょうたかぎ　兵庫県三木市
別所町朝日ケ丘　べっしょちょうあさひがおか　兵庫県三木市
別所町興治　べっしょちょうおきはる　兵庫県三木市
別所谷町　べっしょだにまち　石川県輪島市
別所温泉
　べっしょおんせん　長野県（上田電鉄別所線）

べっしょおんせん　長野県上田市
別所新町　べっしょしんまち　大阪府高槻市
別所滝　べっしょだき　富山県小矢部市
別明町　べつめいちょう　愛知県一宮市
別枝　べっし　高知県吾川郡仁淀川町
別迫　べっさこ　広島県世羅郡世羅町
⁹別保
　べっぽ　北海道（JR根室本線）
　べつほ　北海道釧路郡釧路町
　べっぽ　群馬県富岡市
　べっぽ　滋賀県大津市
別保東　べっぽひがし　北海道釧路郡釧路町
別保南　べっぽみなみ　北海道釧路郡釧路町
別保原野　べっぽげんや　北海道釧路郡釧路町
別海　べっかい　北海道野付郡別海町
別海川上町　べつかいかわかみちょう　北海道野付郡別海町
別海旭町　べつかいあさひちょう　北海道野付郡別海町
別海西本町　べつかいにしほんちょう　北海道野付郡別海町
別海寿町　べつかいことぶきちょう　北海道野付郡別海町
別海町　べつかいちょう　北海道野付郡
別海宮舞町　べつかいみやまいちょう　北海道野付郡別海町
別海常盤町　べつかいときわちょう　北海道野付郡別海町
別海新栄町　べつかいしんえいちょう　北海道野付郡別海町
別海緑町　べつかいみどりちょう　北海道野付郡別海町
別海鶴舞町　べつかいつるまいちょう　北海道野付郡別海町
別畑町　べつばたちょう　福井県福井市
¹⁰別宮
　べっくう　兵庫県養父市
　べつみや　鳥取県東伯郡琴浦町
別宮出町　べつくでまち　石川県白山市
別宮町
　べつくまち　石川県白山市
　べっくちょう　愛媛県今治市
別院
　べついん　和歌山県海南市
　べついん　福岡県北九州市門司区
別院町　べついんちょう　大阪府茨木市
別院前　べついんまえ　広島県（広島電鉄横川線ほか）
¹¹別堀　べっぽり　神奈川県小田原市
別曽　べっそう　青森県上北郡七戸町
別條　べつじょう　新潟県北蒲原郡聖籠町
別郷町　べつごうちょう　愛知県安城市
¹²別寒辺牛　べかんべうし　北海道厚岸郡厚岸町

【利】
³利上　としかみ　北海道足寄郡陸別町
⁴利木　りき　静岡県湖西市
⁵利右衛門　りえもん　静岡県焼津市
利尻町　りしりちょう　北海道利尻郡
利尻郡　りしりぐん　北海道

605

7画（助，医）

利尻富士町　りしりふじちょう　北海道利尻郡
利弘町　としひろちょう　島根県安来市
利生町　りせいちょう　京都府京都市上京区
利田
　　かがだ　埼玉県行田市
　　りた　富山県中新川郡立山町
7利別　としべつ　北海道（JR根室本線）
利別本町　としべつもとまち　北海道中川郡池田町
利別西町　としべつにしまち　北海道中川郡池田町
利別東町　としべつひがしまち　北海道中川郡池田町
利別南町　としべつみなみまち　北海道中川郡池田町
利町　とぎまち　静岡県浜松市中区
8利岡　としおか　高知県四万十市
利府
　　りぶ　宮城県（JR東北本線）
　　りふ　宮城県宮城郡利府町
利府町　りふちょう　宮城県宮城郡
利松　としまつ　広島県広島市佐伯区
利波　となみ　富山県富山市
利波河　とのご　富山県南砺市
9利保町　かかぼちょう　栃木県足利市
利屋　とぎや　富山県南砺市
利屋町
　　とぎやまち　富山県高岡市
　　とぎやまち　石川県金沢市
利津保　りつほ　宮城県刈田郡七ケ宿町
10利倉　とくら　大阪府豊中市
利倉西　とくらにし　大阪府豊中市
利倉東　とくらひがし　大阪府豊中市
利島村　としまむら　東京都
利根　とね　千葉県君津市
利根町　とねまち　茨城県北相馬郡
利根町二本松　とねまちにほんまつ　群馬県沼田市
利根町千鳥　とねまちちどり　群馬県沼田市
利根町大原　とねまちおおはら　群馬県沼田市
利根町大楊　とねまちおおよう　群馬県沼田市
利根町小松　とねまちこまつ　群馬県沼田市
利根町日向南郷　とねまちひなたなんごう　群馬県沼田市
利根町日影南郷　とねまちひかげなんごう　群馬県沼田市
利根町平川　とねまちひらがわ　群馬県沼田市
利根町石戸新田　とねまちいしどしんでん　群馬県沼田市
利根町穴原　とねまちあなばら　群馬県沼田市
利根町多那　とねまちたな　群馬県沼田市
利根町老神　とねまちおいがみ　群馬県沼田市
利根町青木　とねまちあおき　群馬県沼田市
利根町柿平　とねまちかきだいら　群馬県沼田市
利根町砂川　とねまちすながわ　群馬県沼田市
利根町追貝　とねまちおっかい　群馬県沼田市
利根町根利　とねまちねり　群馬県沼田市
利根町高戸谷　とねまちたかとや　群馬県沼田市
利根町園場　とねまちそのは　群馬県沼田市
利根町輪組　とねまちわくみ　群馬県沼田市
利根郡　とねぐん　群馬県
12利賀村　とがむら　富山県南砺市
利賀村下原　とがむらしもはら　富山県南砺市
利賀村上百瀬　とがむらかみももせ　富山県南砺市

利賀村上畠　とがむらうえばたけ　富山県南砺市
利賀村大豆谷　とがむらおおまめだに　富山県南砺市
利賀村大牧　とがむらおおまき　富山県南砺市
利賀村大勘場　とがむらたいかんば　富山県南砺市
利賀村中村　とがむらなかむら　富山県南砺市
利賀村水無　とがむらみずなし　富山県南砺市
利賀村北豆谷　とがむらきたまめだに　富山県南砺市
利賀村北原　とがむらきたはら　富山県南砺市
利賀村北島　とがむらきたじま　富山県南砺市
利賀村百瀬川　とがむらももせがわ　富山県南砺市
利賀村坂上　とがむらさかうえ　富山県南砺市
利賀村岩渕　とがむらいわぶち　富山県南砺市
利賀村押場　とがむらおしば　富山県南砺市
利賀村長崎　とがむらながさき　富山県南砺市
利賀村阿別当　とがむらあべっとう　富山県南砺市
利賀村栃原　とがむらとちはら　富山県南砺市
利賀村草嶺　とがむらそうれい　富山県南砺市
利賀村栗当　とがむらくりとう　富山県南砺市
利賀村高沼　とがむらたかぬま　富山県南砺市
利賀村細島　とがむらほそじま　富山県南砺市

【助】

2助七　すけしち　愛知県清須市
3助川　すけがわ　山形県東田川郡三川町
　助川町　すけがわちょう　茨城県日立市
4助六　すけろく　愛知県長久手市
　助戸　すけど　栃木県足利市
　助戸大橋町　すけどおおはしちょう　栃木県足利市
　助戸仲町　すけどなかちょう　栃木県足利市
　助戸東山町　すけどひがしやまちょう　栃木県足利市
　助戸新山町　すけどしんやまちょう　栃木県足利市
　助木生　すけぎゅう　福島県南会津郡南会津町
5助田町　すけだちょう　山口県宇部市
6助任本町　すけとうほんちょう　徳島県徳島市
　助任橋　すけとうばし　徳島県徳島市
　助光　すけみつ　愛知県名古屋市中川区
　助次右エ門組　すけじうえもんぐみ　新潟県新潟市南区
7助佐小路　すけさこうじ　青森県上北郡野辺地町
　助沢
　　　すけざわ　千葉県香取市
　　　すけさわ　鳥取県日野郡江府町
　助谷
　　　すけがい　栃木県下都賀郡壬生町
　　　すけだに　鳥取県東伯郡三朝町
8助命　ぜみょう　奈良県山辺郡山添村
　助宗　すけむね　静岡県藤枝市
　助松団地　すけまつだんち　大阪府泉大津市
　助松町　すけまつちょう　大阪府泉大津市
9助信　すけのぶ　静岡県（遠州鉄道線）
　助信町　すけのぶちょう　静岡県浜松市中区
18助藤　すけとう　高知県長岡郡本山町

【医】

3医大前　いだいまえ　栃木県下野市
　医大南町　いだいみなみまち　島根県出雲市
4医王寺前　いおうじまえ　福島県（福島交通飯坂線）
5医生ケ丘　いせいがおか　福岡県北九州市八幡西区

7画（君, 呉, 吾）

8医学町通　いがくちょうどおり　新潟県新潟市中央区
17医療センター　いりょうせんたー　兵庫県（神戸新交通ポートアイランド線）

【君】

0君ケ畑町　きみがはたちょう　滋賀県東近江市
君ケ浜
　　きみがはま　千葉県（銚子電気鉄道線）
　　きみがはま　千葉県銚子市
君ケ袋　きみがふくろ　宮城県加美郡加美町
君ケ園　きみがその　大分県竹田市
君ケ橋町　きみがはしちょう　愛知県半田市
君が峰町　きみがみねちょう　兵庫県三木市
3君川　きみかわ　群馬県富岡市
5君田町　きみたちょう　栃木県佐野市
君田町石原　きみたちょういしはら　広島県三次市
君田町西入君　きみたちょうにしいりぎみ　広島県三次市
君田町東入君　きみたちょうひがしいりぎみ　広島県三次市
君田町茂田　きみたちょうもだ　広島県三次市
君田町泉吉田　きみたちょういずみよしだ　広島県三次市
君田町櫃田　きみたちょうひつた　広島県三次市
君田町藤兼　きみたちょうふじかね　広島県三次市
7君沢　きみざわ　新潟県南魚沼市
8君迫町　きみざこまち　大分県日田市
9君津
　　きみつ　千葉県（JR内房線）
　　きみつ　千葉県君津市
　　きみつ　岡山県岡山市東区
君津台　きみつだい　千葉県君津市
君津市　きみつし　千葉県
10君島
　　きみじま　茨城県つくば市
　　きみじま　茨城県稲敷郡阿見町
　　きみじま　栃木県真岡市
　　きみじま　富山県下新川郡入善町
君帰　きみがえり　新潟県南魚沼市
12君塚　きみつか　千葉県市原市
君萱　きみがや　宮城県角田市
15君影町　きみかげちょう　兵庫県神戸市北区

【呉】

呉　くれ　広島県（JR呉線）
0呉ポートピア　くれぽーとぴあ　広島県（JR呉線）
3呉川町　くれかわちょう　兵庫県芦屋市
5呉市　くれし　広島県
6呉地　くれじ　広島県安芸郡熊野町
呉竹　くれたけ　滋賀県犬上郡甲良町
呉竹町
　　くれたけちょう　福井県敦賀市
　　くれたけちょう　愛知県高浜市
呉羽　くれは　富山県（あいの風とやま鉄道線）
呉羽つつじが丘　くれはつつじがおか　富山県富山市
呉羽三ツ塚　くれはみつづか　富山県富山市
呉羽丸富町　くれはまるとみちょう　富山県富山市
呉羽川西　くれはかわにし　富山県富山市
呉羽中の町　くれはなかのちょう　富山県富山市

呉羽水上町　くれはみずかみちょう　富山県富山市
呉羽本町　くれはほんまち　富山県富山市
呉羽町
　　くれはまち　富山県富山市
　　くれはちょう　福井県敦賀市
呉羽町北　くれはまちきた　富山県富山市
呉羽町西　くれはまちにし　富山県富山市
呉羽東町　くれはひがしまち　富山県富山市
呉羽苑　くれはえん　富山県富山市
呉羽昭和町　くれはしょうわまち　富山県富山市
呉羽姫本　くれはひめもと　富山県富山市
呉羽野田　くれはのだ　富山県富山市
呉羽富田町　くれはとみたまち　富山県富山市
呉羽貴船巻　くれはきふねまき　富山県富山市
呉羽新富田町　くれはしんとみたまち　富山県富山市
7呉我　ごが　沖縄県名護市
呉我山　ごがやま　沖縄県国頭郡今帰仁村
8呉服　ごふく　京都府福知山市
呉服元町　ごふくもとまち　佐賀県佐賀市
呉服町
　　ごふくまち　新潟県長岡市
　　ごふくちょう　静岡県静岡市葵区
　　ごふくまち　愛知県豊橋市
　　ごふくまち　京都府亀岡市
　　くれはちょう　大阪府池田市
　　ごふくまち　兵庫県姫路市
　　ごふくまち　兵庫県篠山市
　　ごふくまち　山口県萩市
　　ごふくまち　福岡県（福岡市交通局箱崎線）
　　ごふくまち　佐賀県唐津市
　　ごふくまち　熊本県（熊本市交通局A系統）
　　ごふくまち　熊本県熊本市中央区
　　ごふくまち　鹿児島県鹿児島市
呉松町　くれまつちょう　静岡県浜松市西区
9呉屋　ごや　沖縄県中頭郡西原町
11呉崎　くれさき　大分県豊後高田市

【吾】

3吾川郡　あがわぐん　高知県
4吾井郷乙　あいのごうおつ　高知県須崎市
吾井郷甲　あいのごうこう　高知県須崎市
5吾平町下名　あいらちょうしもみょう　鹿児島県鹿屋市
吾平町上名　あいらちょうかみみょう　鹿児島県鹿屋市
吾平町麓　あいらちょうふもと　鹿児島県鹿屋市
吾田西　あがたにし　宮崎県日南市
吾田東　あがたひがし　宮崎県日南市
8吾妻
　　あづま　茨城県つくば市
　　あづま　千葉県木更津市
　　あづま　千葉県成田市
　　あづま　長野県木曽郡南木曽町
　　あづま　広島県呉市
　　あづま　長崎県（島原鉄道線）
吾妻町
　　あづまちょう　山形県米沢市
　　あづまちょう　神奈川県厚木市
　　あづまちょう　富山県滑川市
　　あづまちょう　福井県越前市
　　あづまちょう　長野県飯田市
　　あづまちょう　岐阜県岐阜市
　　あづまちょう　岐阜県関市

7画 (告, 吹, 呂, 囲)

あづまちょう　愛知県豊橋市
あづまちょう　愛知県西尾市
あづまちょう　宮崎県宮崎市
吾妻町大木場名　あづまちょうおおこばみょう　長崎県雲仙市
吾妻町川床名　あづまちょうかわとこみょう　長崎県雲仙市
吾妻町木場名　あづまちょうこばみょう　長崎県雲仙市
吾妻町牛口名　あづまちょううしぐちみょう　長崎県雲仙市
吾妻町古城名　あづまちょうふるしろみょう　長崎県雲仙市
吾妻町布江名　あづまちょうぬのえみょう　長崎県雲仙市
吾妻町平江名　あづまちょうひらえみょう　長崎県雲仙市
吾妻町本村名　あづまちょうもとむらみょう　長崎県雲仙市
吾妻町永中名　あづまちょうえいちゅうみょう　長崎県雲仙市
吾妻町田之平名　あづまちょうたのひらみょう　長崎県雲仙市
吾妻町阿母名　あづまちょうあぼみょう　長崎県雲仙市
吾妻町栗林名　あづまちょうくりばやしみょう　長崎県雲仙市
吾妻町馬場名　あづまちょうばばみょう　長崎県雲仙市
吾妻通　あづまどおり　兵庫県神戸市中央区
吾妻郡　あがつまぐん　群馬県
吾妻橋　あづまばし　東京都墨田区
10**吾桑**　あそう　高知県 (JR土讃線)
11**吾郷**　あごう　島根県邑智郡美郷町
吾野
あがの　埼玉県 (西武鉄道西武秩父線)
あがの　埼玉県飯能市
15**吾潟**　あがた　新潟県佐渡市

【告】

告　つげ　熊本県葦北郡芦北町

【吹】

3**吹上**
ふきあげ　北海道空知郡上富良野町
ふきあげ　青森県八戸市
ふきあげ　宮城県岩沼市
ふきあげ　埼玉県 (JR高崎線)
ふきあげ　埼玉県鴻巣市
ふきあげ　東京都青梅市
ふきあげ　愛知県 (名古屋市交通局桜通線)
ふきあげ　愛知県名古屋市千種区
ふきあげ　三重県伊勢市
ふきがみ　兵庫県篠山市
ふきあげ　和歌山県和歌山市
ふきあげ　福岡県小郡市
吹上平岡　ふきあげひらおか　青森県平川市
吹上本町　ふきあげほんちょう　埼玉県鴻巣市
吹上安田　ふきあげやすた　青森県平川市
吹上西　ふきあげにし　宮城県岩沼市

吹上町
ふきあげまち　栃木県栃木市
ふきあげちょう　岐阜県岐阜市
ふきあげまち　愛知県名古屋市昭和区
ふきあげまち　愛知県碧南市
ふきあげまち　大分県日田市
吹上町入来　ふきあげちょういりき　鹿児島県日置市
吹上町与倉　ふきあげちょうよくら　鹿児島県日置市
吹上町小野　ふきあげちょうおの　鹿児島県日置市
吹上町中之里　ふきあげちょうなかのさと　鹿児島県日置市
吹上町中原　ふきあげちょうなかはら　鹿児島県日置市
吹上町今田　ふきあげちょういまだ　鹿児島県日置市
吹上町永吉　ふきあげちょうながよし　鹿児島県日置市
吹上町田尻　ふきあげちょうたじり　鹿児島県日置市
吹上町花熟里　ふきあげちょうけじゅくり　鹿児島県日置市
吹上町和田　ふきあげちょうわだ　鹿児島県日置市
吹上町湯之浦　ふきあげちょうゆのうら　鹿児島県日置市
吹上高田　ふきあげたかだ　青森県平川市
吹上富士見　ふきあげふじみ　埼玉県鴻巣市
4**吹井**　ふけい　和歌山県日高郡由良町
5**吹田**
すいた　大阪府 (JR東海道本線ほか)
ふきた　徳島県板野郡板野町
ふきだ　福岡県朝倉郡筑前町
ふけだ　熊本県菊池郡大津町
吹田市　すいたし　大阪府
吹矢町　ふきやちょう　愛知県岡崎市
吹込　ふきこみ　愛知県知多市
7**吹谷**　ふきだに　新潟県長岡市
8**吹東町**　すいとうちょう　大阪府吹田市
9**吹屋**　ふきや　群馬県渋川市
吹屋町
ふきやまち　岐阜県高山市
ふきやちょう　和歌山県和歌山市
ふきやまち　岡山県津山市
吹屋敷町　ぶきやしきまち　山形県米沢市
吹畑　ふきはた　青森県五所川原市
10**吹原**　ふきはら　新潟県糸魚川市
吹浦
ふくら　山形県 (JR羽越本線)
ふくら　山形県飽海郡遊佐町
11**吹張**　ふっぱり　秋田県湯沢市
吹張町　ふつぱりちょう　岩手県花巻市
吹野　ふきの　島根県鹿足郡津和野町
12**吹塚**　ふきづか　埼玉県比企郡川島町
吹越
ふっこし　青森県 (JR大湊線)
ふっこし　青森県上北郡横浜町
ふっこし　秋田県能代市
13**吹新**　ふきしん　兵庫県篠山市
吹路　ふくろ　群馬県利根郡みなかみ町

【呂】

3**呂久**　ろく　岐阜県瑞穂市

【囲】

20**囲護台**　いごだい　千葉県成田市

7画（図,坂）

【図】

¹⁰図師町　ずしまち　東京都町田市
¹²図景　ずけい　福島県郡山市

【坂】

坂
　さか　茨城県かすみがうら市
　さか　千葉県香取郡多古町
　さか　広島県（JR呉線）
⁰坂ノ下
　さかのした　青森県上北郡東北町
　さかのした　宮城県刈田郡七ケ宿町
　さかのした　福島県伊達市
　さかのした　神奈川県鎌倉市
　さかのした　富山県南砺市
　さかのした　高知県宿毛市
坂ノ下道下　さかのしたみちした　福島県大沼郡会津美里町
坂ノ下道下甲　さかのしたみちしたこう　福島県大沼郡会津美里町
坂ノ下道上　さかのしたみちうえ　福島県大沼郡会津美里町
坂ノ上
　さかのうえ　宮城県刈田郡七ケ宿町
　さかのうえ　福島県伊達市
　さかのうえ　長野県小諸市
　さかのかみ　静岡県静岡市葵区
坂ノ外　さかのそと　青森県上北郡七戸町
坂ノ市
　さかのいち　大分県（JR日豊本線）
　さかのいち　大分県大分市
坂ノ市中央　さかのいちちゅうおう　大分県大分市
坂ノ市西　さかのいちにし　大分県大分市
坂ノ市南　さかのいちみなみ　大分県大分市
坂ノ東　さかのひがし　岐阜県加茂郡白川町
坂の上
　さかのうえ　北海道河西郡芽室町
　さかのうえ　長崎県五島市
坂の上町　さかのうえまち　福島県須賀川市
坂の丘　さかのおか　北海道白糠郡白糠町
坂の浦　さかのうら　大分県佐伯市
²坂又　さかまた　富山県小矢部市
³坂下
　さかした　宮城県伊具郡丸森町
　さかした　福島県耶麻郡猪苗代町
　さかした　東京都板橋区
　さかした　福井県敦賀市
　さかした　長野県伊那市
　さかした　岐阜県（JR中央本線）
　さかした　岐阜県中津川市
　さかげ　三重県伊賀市
　さかした　香川県綾歌郡宇多津町
坂下町
　さかしたまち　北海道中川郡本別町
　さかしたちょう　群馬県館林市
　さかしたちょう　埼玉県川口市
　さかしたちょう　神奈川県横浜市磯子区
　さかしたまち　富山県（万葉線）
　さかしたまち　富山県高岡市
　さかしたちょう　福井県福井市
　さかしたちょう　岐阜県大垣市
　さかしたちょう　岐阜県関市

　さかしたちょう　愛知県春日井市
　さかしたまち　長崎県島原市
坂下津　さかしつ　愛媛県宇和島市
坂下新　さかしたしん　富山県富山市
坂下新田　さかしたしんでん　新潟県妙高市
坂上
　ばんじょう　宮城県伊具郡丸森町
　さかうえ　栃木県河内郡上三川町
　さかうえ　岐阜県（JR高山本線）
　さかがみ　兵庫県神戸市垂水区
　さかうえ　岡山県津山市
坂上町
　さかうえちょう　岐阜県多治見市
　さかうえちょう　静岡県磐田市
　さかうえちょう　愛知県瀬戸市
　さかうえちょう　愛知県豊田市
　さかうえまち　長崎県島原市
坂口
　さかぐち　福井県あわら市
　さかぐち　長野県上水内郡飯綱町
　さかぐち　静岡県牧之原市
　さかぐち　滋賀県米原市
　さかぐち　佐賀県三養基郡みやき町
坂口町
　さかぐちまち　愛知県碧南市
　さかぐちまち　長崎県大村市
坂口通　さかぐちどおり　兵庫県神戸市中央区
坂口新田　さかぐちしんでん　新潟県妙高市
坂山　さかやま　大分県佐伯市
⁴坂中　さかなか　長野県長野市
坂中地　さかなかじ　愛知県弥富市
坂中地町　さかなかじちょう　愛知県弥富市
坂之下
　さかのした　埼玉県所沢市
　さかのした　三重県伊賀市
坂之上
　さかのうえ　鹿児島県（JR指宿枕崎線）
　さかのうえ　鹿児島県鹿児島市
坂之上町　さかのうえまち　新潟県長岡市
坂井
　さかい　山形県南陽市
　さかい　茨城県下妻市
　さかのい　栃木県芳賀郡茂木町
　さかい　千葉県館山市
　さかい　新潟県新潟市西区
　さかい　新潟県胎内市
　さかい　長野県飯山市
　さかい　長野県東筑摩郡筑北村
　さかい　愛知県常滑市
　さかい　三重県桑名市
　さかい　三重県度会郡度会町
　さかい　京都府船井郡京丹波町
　さかい　福岡県大川市
　さかい　鹿児島県熊毛郡中種子町
坂井戸町　さかいどちょう　愛知県名古屋市西区
坂井市　さかいし　福井県
坂井沢　さかいざわ　富山県中新川郡立山町
坂井町
　さかいまち　新潟県見附市
　さかいまち　岐阜県岐阜市
　さかいちょう　京都府京都市中京区
　さかいちょう　愛媛県新居浜市

609

7画（坂）

さかいまち　大分県日田市

坂井町下兵庫　さかいちょうしもひょうご　福井県坂井市

坂井町下新庄　さかいちょうしもしんじょう　福井県坂井市

坂井町下関　さかいちょうしもぜき　福井県坂井市

坂井町上兵庫　さかいちょうかみひょうご　福井県坂井市

坂井町上新庄　さかいちょうかみしんじょう　福井県坂井市

坂井町上関　さかいちょうかみぜき　福井県坂井市

坂井町大味　さかいちょうおおみ　福井県坂井市

坂井町五本　さかいちょうごほん　福井県坂井市

坂井町今井　さかいちょういまい　福井県坂井市

坂井町木部東　さかいちょうきべひがし　福井県坂井市

坂井町木部新保　さかいちょうきべしんぼ　福井県坂井市

坂井町田島　さかいちょうたじま　福井県坂井市

坂井町田島窪　さかいちょうたじまくぼ　福井県坂井市

坂井町西　さかいちょうにし　福井県坂井市

坂井町折戸　さかいちょうおりと　福井県坂井市

坂井町定旨　さかいちょうさだむね　福井県坂井市

坂井町東　さかいちょうひがし　福井県坂井市

坂井町東中野　さかいちょうひがしなかの　福井県坂井市

坂井町東長田　さかいちょうひがしながた　福井県坂井市

坂井町東荒井　さかいちょうひがしあらい　福井県坂井市

坂井町河和田　さかいちょうかわだ　福井県坂井市

坂井町若宮　さかいちょうわかみや　福井県坂井市

坂井町長屋　さかいちょうながや　福井県坂井市

坂井町長畑　さかいちょうながばたけ　福井県坂井市

坂井町宮領　さかいちょうみやりょう　福井県坂井市

坂井町島　さかいちょうしま　福井県坂井市

坂井町高柳　さかいちょうたかやなぎ　福井県坂井市

坂井町清永　さかいちょうきよなが　福井県坂井市

坂井町御油田　さかいちょうごゆうでん　福井県坂井市

坂井町朝日　さかいちょうあさひ　福井県坂井市

坂井町新庄　さかいちょうしんじょう　福井県坂井市

坂井町蛸　さかいちょうたこ　福井県坂井市

坂井町徳分田　さかいちょうとくぶんでん　福井県坂井市

坂井町蔵垣内　さかいちょうくらがいち　福井県坂井市

坂井東　さかいひがし　新潟県新潟市西区

坂井砂山　さかいすなやま　新潟県新潟市西区

坂井道上　さかいみちうえ　福島県喜多方市

坂井新田　さかいしんでん　新潟県妙高市

坂元
　　さかもと　青森県弘前市
　　さかもと　宮城県（JR常磐線）
　　さかもと　宮城県亘理郡山元町
　　さかもと　埼玉県飯能市
　　さかもと　香川県東かがわ市
　　さかもと　宮崎県えびの市

坂元甲　さかもとこう　愛媛県西条市

坂元町
　　さかもとまち　兵庫県姫路市
　　さかもとちょう　兵庫県加西市
　　さかもとちょう　鹿児島県鹿児島市

坂内川上　さかうちかわかみ　岐阜県揖斐郡揖斐川町

坂内広瀬　さかうちひろせ　岐阜県揖斐郡揖斐川町

坂内坂本　さかうちさかもと　岐阜県揖斐郡揖斐川町

坂戸
　　さかど　埼玉県（東武鉄道越生線）
　　さかど　埼玉県坂戸市
　　さかど　千葉県佐倉市
　　さかど　神奈川県川崎市高津区
　　さかど　新潟県南魚沼市
　　さかど　石川県河北郡津幡町
　　さかど　岐阜県可児市
　　さかど　兵庫県神崎郡市川町

坂戸市　さかどし　埼玉県

坂戸市場
　　さかどいちば　千葉県木更津市
　　さかどいちば　千葉県袖ケ浦市

坂手　さかて　香川県小豆郡小豆島町

坂手町
　　さかてまち　茨城県常総市
　　さかてちょう　三重県鳥羽市

坂月町　さかづきちょう　千葉県千葉市若葉区

坂牛　さかうし　青森県八戸市

5**坂出**　さかいで　香川県（JR予讃線）

坂出市　さかいでし　香川県

坂出町　さかいでちょう　香川県坂出市

坂北
　　さかきた　長野県（JR篠ノ井線）
　　さかきた　長野県東筑摩郡筑北村

坂尻　さかじり　福井県三方郡美浜町

坂尻町　さかじりまち　石川県白山市

坂左右町　さかそうちょう　愛知県岡崎市

坂　さかいち　青森県弘前市

坂本
　　さかもと　秋田県南秋田郡井川町
　　さかもと　福島県河沼郡会津坂下町
　　さかもと　茨城県桜川市
　　さかもと　埼玉県秩父郡東秩父村
　　さかもと　千葉県長生郡長南町
　　さかもと　富山県富山市
　　さかもと　富山県南砺市
　　さかもと　静岡県静岡市葵区
　　さかもと　静岡県焼津市
　　さかもと　三重県多気郡明和町
　　さかもと　三重県度会郡玉城町
　　さかもと　滋賀県（京阪電気鉄道石山坂本線）
　　さかもと　滋賀県大津市
　　さかもと　兵庫県西脇市
　　さかもと　兵庫県篠山市
　　さかもと　和歌山県海草郡紀美野町
　　さかもと　鳥取県東伯郡三朝町
　　さかもと　岡山県新見市
　　さかもと　徳島県勝浦郡勝浦町
　　さかもと　高知県四万十市
　　さかもと　高知県長岡郡本山町
　　さかもと　高知県吾川郡仁淀川町
　　さかもと　福岡県太宰府市
　　さかもと　福岡県築上郡築上町

610

7画（坂）

さかもと　長崎県長崎市
さかもと　熊本県（JR肥薩線）
さかもと　熊本県下益城郡美里町
坂本川　さかもとがわ　高知県高岡郡檮原町
坂本本町　さかもとほんまち　滋賀県大津市
坂本町
　さかもとちょう　青森県弘前市
　さかもとちょう　岩手県花巻市
　さかもとちょう　神奈川県横浜市保土ケ谷区
　さかもとちょう　神奈川県横須賀市
　さかもとちょう　愛知県蒲郡市
　さかもとちょう　京都府京都市中京区
　さかもとちょう　兵庫県加西市
　さかもとちょう　島根県松江市
　さかもとちょう　香川県観音寺市
　さかもとまち　福岡県柳川市
坂本町川嶽　さかもとまちかわたけ　熊本県八代市
坂本町中谷　さかもとまちなかたに　熊本県八代市
坂本町中津道　さかもとまちなかつみち　熊本県八代市
坂本町市ノ俣　さかもとまちいちのまた　熊本県八代市
坂本町田上　さかもとまちたがみ　熊本県八代市
坂本町百済来下　さかもとまちくだらぎしも　熊本県八代市
坂本町百済来上　さかもとまちくだらぎかみ　熊本県八代市
坂本町西部　さかもとまちさいぶ　熊本県八代市
坂本町坂本　さかもとまちさかもと　熊本県八代市
坂本町荒瀬　さかもとまちあらせ　熊本県八代市
坂本町深水　さかもとまちふかみ　熊本県八代市
坂本町葉木　さかもとまちはぎ　熊本県八代市
坂本町鮎帰　さかもとまちあゆがえり　熊本県八代市
坂本町鎌瀬　さかもとまちかませ　熊本県八代市
坂本町鶴喰　さかもとまちつるばみ　熊本県八代市
坂本郷　さかもとごう　長崎県東彼杵郡東彼杵町
坂本新田　さかもとしんでん　茨城県下妻市
坂田
　さかた　福島県南会津郡只見町
　さかだ　群馬県邑楽郡大泉町
　さかた　埼玉県桶川市
　ばんだ　千葉県館山市
　さかた　千葉県君津市
　さかた　千葉県山武郡横芝光町
　さかた　新潟県新潟市西区
　さかた　新潟県南蒲原郡田上町
　さかた　福井県大飯郡高浜町
　さかた　滋賀県（JR北陸本線）
　さかた　和歌山県和歌山市
　さかた　鳥取県八頭郡八頭町
　さかた　佐賀県杵島郡白石町
　さかた　熊本県山鹿市
坂田山　さかたやま　栃木県鹿沼市
坂田池　さかたいけ　千葉県山武郡横芝光町
坂田町
　さかだまち　長野県須坂市
　さかたちょう　愛知県稲沢市
　さかたまち　兵庫県姫路市
坂田東　さかたひがし　埼玉県桶川市
坂石　さかいし　埼玉県飯能市
坂石町分　さかいしまちぶん　埼玉県飯能市
坂辺　さかなべ　岡山県赤磐市

6坂宇場　さかうば　愛知県北設楽郡豊根村
坂州　さかしゅう　徳島県那賀郡那賀町
坂西　さかにし　広島県安芸郡坂町
7坂形　さかがた　秋田県能代市
坂町
　さかまち　新潟県（JR羽越本線）
　さかまち　新潟県村上市
　さかちょう　広島県安芸郡
坂谷　さかだに　熊本県上益城郡甲佐町
坂足
　さかだる　千葉県館山市
　さかあし　和歌山県東牟婁郡那智勝浦町
坂里　さかさと　静岡県掛川市
8坂東
　ばんどう　千葉県鴨川市
　ばんどう　富山県射水市
　さかひがし　広島県安芸郡坂町
坂東山　ばんどうやま　埼玉県東松山市
坂東　ばんどうし　茨城県
坂東屋町　ばんとうやちょう　京都府京都市下京区
坂牧　さかまき　愛知県あま市
坂長　さかちょう　鳥取県西伯郡伯耆町
9坂城
　さかき　長野県（しなの鉄道線）
　さかき　長野県埴科郡坂城町
坂城町　さかきまち　長野県埴科郡
坂室　さかむろ　京都府福知山市
坂津　さかつ　富山県氷見市
坂津田　さかつた　宮城県角田市
坂畑　さかはた　千葉県君津市
坂祝　さかほぎ　岐阜県（JR高山本線）
坂祝町　さかほぎちょう　岐阜県加茂郡
10坂原
　さかはら　群馬県藤岡市
　さかばら　京都府船井郡京丹波町
　さかわら　鳥取県八頭郡智頭町
坂根
　さかね　岡山県（JR芸備線）
　さかね　岡山県備前市
　さかね　岡山県英田郡西粟倉村
坂根町　さかねちょう　山口県周南市
坂浦町　さかうらちょう　島根県出雲市
坂浜　さかはま　東京都稲城市
11坂崎　さかざき　愛知県額田郡幸田町
坂貫　さかぬき　熊本県下益城郡美里町
坂部
　さかべ　秋田県由利本荘市
　さかべ　静岡県牧之原市
　さかべ　愛知県（名古屋鉄道河和線）
坂部が丘　さかべがおか　三重県四日市市
坂部台　さかべだい　三重県四日市市
坂野下　さかのした　山形県鶴岡市
坂野川　さかのがわ　和歌山県日高郡日高川町
坂野辺新田　さかのべしんでん　山形県酒田市
坂野町　さかのちょう　徳島県小松島市
坂野新田　さかのしんでん　茨城県つくばみらい市
12坂場西町　さかばにしまち　三重県尾鷲市
坂場町　さかばちょう　三重県尾鷲市
坂登　さかのぼり　福島県福島市

7画(坊,壱,声,売,妙)

坂越
　　さこし　兵庫県(JR赤穂線)
　　さこし　兵庫県赤穂市
坂間　さかま　茨城県古河市
13坂路　さかじ　福島県石川郡石川町
17坂嶺　さかみね　鹿児島県大島郡喜界町
19坂瀬　さかせ　福岡県糟屋郡志免町
坂瀬川
　　さかせがわ　広島県神石郡神石高原町
　　さかせがわ　熊本県天草郡苓北町

【坊】
坊　ぼう　岩手県岩手郡岩手町
0坊ケ浦　ぼうがうら　新潟県佐渡市
坊ケ崎　ぼうがさき　秋田県能代市
坊ノ塚　ぼうのつか　青森県上北郡野辺地町
坊の後　ぼうのうしろ　愛知県長久手市
3坊丸町
　　ぼうまるまち　石川県小松市
　　ぼうまるまち　石川県白山市
坊口町　ぼうぐちちょう　京都府綾部市
4坊之池　ぼうのいけ　京都府久世郡久御山町
坊方町　ぼうがたちょう　長崎県平戸市
5坊主丁　ぼうずちょう　和歌山県和歌山市
坊主町
　　ぼうずまち　兵庫県姫路市
　　ぼうずまち　佐賀県唐津市
坊主滝　ぼうずたき　福島県二本松市
7坊沢　ぼうざわ　秋田県北秋田市
8坊所　ぼうじょ　佐賀県三養基郡上峰町
坊金町　ぼうがねちょう　愛知県瀬戸市
坊門中之町　ぼうもんなかのちょう　京都府京都市下京区
坊門町　ぼうもんちょう　京都府京都市下京区
9坊城　ぼうじょう　奈良県(近畿日本鉄道南大阪線)
坊屋敷町　ぼうやしきちょう　奈良県奈良市
坊津町久志　ぼうのつちょうくし　鹿児島県南さつま市
坊津町坊　ぼうのつちょうぼう　鹿児島県南さつま市
坊津町泊　ぼうのつちょうとまり　鹿児島県南さつま市
坊津町秋目　ぼうのつちょうあきめ　鹿児島県南さつま市
10坊島　ぼうしま　大阪府箕面市
11坊袋　ぼうぶくろ　滋賀県栗東市
13坊新田町　ぼうしんでんまち　群馬県沼田市
14坊領　ぼうりょう　鳥取県西伯郡大山町
19坊瀬　ぼうぜ　静岡県湖西市

【壱】
0壱ツ屋　ひとつや　石川県能美郡川北町
2壱丁目　いっちょうめ　埼玉県上尾市
4壱分町　いちぶちょう　奈良県生駒市
7壱岐市　いきし　長崎県
壱岐団地　いきだんち　福岡県福岡市西区
壱町田
　　いっちょうだ　静岡県三島市
　　いっちょうだ　愛知県知多郡武豊町
壱町河内　いっちょうごうち　静岡県榛原郡川根本町

壱里山町　いちりやまちょう　埼玉県行田市
10壱畝町　ひとせまち　愛知県知多郡武豊町
11壱貫地　いっかんじ　静岡県磐田市

【声】
11声問　こえとい　北海道稚内市
声問村　こえといむら　北海道稚内市

【売】
4売木村　うるぎむら　長野県下伊那郡
5売市　うるいち　青森県八戸市
売布　めふ　兵庫県宝塚市
売布ガ丘　めふがおか　兵庫県宝塚市
売布きよしガ丘　めふきよしがおか　兵庫県宝塚市
売布山手町　めふやまてちょう　兵庫県宝塚市
売布自由ガ丘　めふじゆうがおか　兵庫県宝塚市
売布東の町　めふひがしのちょう　兵庫県宝塚市
売布神社　めふじんじゃ　兵庫県(阪急電鉄宝塚本線)
9売津　うるづ　千葉県富津市

【妙】
妙　みょう　青森県八戸市
4妙心寺　みょうしんじ　京都府(京福電気鉄道北野線)
6妙伝寺町　みょうでんじちょう　京都府京都市下京区
妙光寺　みょうこうじ　滋賀県野洲市
妙寺
　　みょうじ　和歌山県(JR和歌山線)
　　みょうじ　和歌山県伊都郡かつらぎ町
7妙体寺町　みょうたいじまち　熊本県熊本市中央区
妙町　みょうまち　宮崎県延岡市
妙見
　　みょうけん　青森県青森市
　　みょうけん　福島県須賀川市
妙見口　みょうけんぐち　大阪府(能勢電鉄妙見線)
妙見寺　みょうけんじ　山形県山形市
妙見坂　みょうけんざか　大阪府交野市
妙見町
　　みょうけんちょう　千葉県銚子市
　　みょうけんまち　新潟県長岡市
　　みょうけんちょう　愛知県名古屋市昭和区
　　みょうけんちょう　愛知県半田市
　　みょうけんまち　高知県須崎市
　　みょうけんちょう　福岡県北九州市小倉北区
　　みょうけんまち　佐賀県唐津市
　　みょうけんまち　熊本県八代市
　　みょうけんまち　宮崎県延岡市
　　みょうけんまち　鹿児島県枕崎市
妙見東　みょうけんひがし　大阪府交野市
8妙典
　　みょうでん　千葉県(東京地下鉄東西線)
　　みょうでん　千葉県市川市
妙典寺前　みょうでんじまえ　愛媛県宇和島市
妙国寺前　みょうこくじまえ　大阪府(阪堺電気軌道阪堺線)
妙法寺
　　みょうほうじ　新潟県(JR越後線)
　　みょうほうじ　三重県度会郡玉城町
　　みょうほうじ　兵庫県(神戸市交通局西神線)

612

みょうほうじ　兵庫県神戸市須磨区

妙法寺町
　みょうほうじちょう　福井県越前市
　みょうほうじちょう　滋賀県東近江市

妙法院前側町　みょうほういんまえかわちょう　京都府
　京都市東山区

妙油　みょうゆ　新潟県上越市

9妙音寺　みょうおんじ　新潟県南魚沼市

妙音通
　みょうおんどおり　愛知県（名古屋市交通局名城線）
　みょうおんとおり　愛知県名古屋市瑞穂区

妙香　みょうこう　千葉県市原市

妙香寺台　みょうこうじだい　神奈川県横浜市中区

10妙原　みょうばら　岡山県津山市

妙高市　みょうこうし　新潟県

妙高高原　みょうこうこうげん　新潟県（えちごトキ
　めき鉄道妙高はねうまラインほか）

11妙堂崎　みょうどうざき　青森県北津軽郡鶴田町

12妙満寺町　みょうまんじちょう　京都府京都市下京区

妙満寺前町　みょうまんじまえちょう　京都府京都市
　中京区

13妙楽地　みょうらくじ　三重県伊賀市

妙楽寺
　みょうらくじ　千葉県長生郡睦沢町
　みょうらくじ　京都府船井郡京丹波町
　みょうらくじ　兵庫県豊岡市

妙義町八木連　みょうぎまちやぎつれ　群馬県富岡市

妙義町下高田　みょうぎまちしもたかた　群馬県富
　岡市

妙義町上高田　みょうぎまちかみたかた　群馬県富
　岡市

妙義町大牛　みょうぎまちおおうし　群馬県富岡市

妙義町中里　みょうぎまちなかざと　群馬県富岡市

妙義町北山　みょうぎまちきたやま　群馬県富岡市

妙義町古立　みょうぎまちふるたち　群馬県富岡市

妙義町行沢　みょうぎまちなめざわ　群馬県富岡市

妙義町妙義　みょうぎまちみょうぎ　群馬県富岡市

妙義町岳　みょうぎまちたけ　群馬県富岡市

妙義町菅原　みょうぎまちすがはら　群馬県富岡市

妙義町諸戸　みょうぎまちもろと　群馬県富岡市

妙蓮寺　みょうれんじ　神奈川県（東京急行電鉄東横
　線）

妙蓮寺前町　みょうれんじまえちょう　京都府京都市
　上京区

14妙徳寺　みょうとくじ　鳥取県鳥取市

15妙慶町　みょうけいちょう　愛知県春日井市

16妙興寺
　みょうこうじ　愛知県（名古屋鉄道名古屋本線）
　みょうこうじ　愛知県一宮市

18妙顕寺前町　みょうけんじまえちょう　京都府京都市
　上京区

【孝】

3孝子
　きょうし　大阪府（南海電気鉄道南海本線）
　きょうし　大阪府泉南郡岬町

5孝田町　こうだちょう　山口県周南市

【宍】

4宍戸　ししど　茨城県（JR水戸線）

5宍甘　ししかい　岡山県岡山市東区

10宍倉　ししくら　茨城県かすみがうら市

宍原　ししはら　静岡県静岡市清水区

11宍崎　ししざき　高知県南国市

12宍喰　ししくい　徳島県（阿佐海岸鉄道阿佐東線）

宍喰浦　ししくいうら　徳島県海部郡海陽町

宍塚　ししつか　茨城県土浦市

宍粟
　しそう　北海道石狩郡新篠津村
　しさわ　岡山県総社市

宍粟市　しそうし　兵庫県

宍道　しんじ　島根県（JR山陰本線）

宍道町上来待　しんじちょうかみきまち　島根県松
　江市

宍道町白石　しんじちょうはくいし　島根県松江市

宍道町伊志見　しんじちょういじみ　島根県松江市

宍道町西来待　しんじちょうにしきまち　島根県松
　江市

宍道町佐々布　しんじちょうさそう　島根県松江市

宍道町宍道　しんじちょうしんじ　島根県松江市

宍道町東来待　しんじちょうひがしきまち　島根県松
　江市

宍道町昭和　しんじちょうしょうわ　島根県松江市

【寿】

寿
　ことぶき　北海道釧路市
　ことぶき　北海道千歳市
　ことぶき　北海道枝幸郡中頓別町
　ことぶき　山形県鶴岡市
　ことぶき　埼玉県本庄市
　ことぶき　埼玉県桶川市
　ことぶき　埼玉県北足立郡伊奈町
　ことぶき　千葉県我孫子市
　ことぶき　東京都台東区
　ことぶき　新潟県長岡市
　ことぶき　山梨県（富士急行線）
　ことぶき　長野県飯山市
　ことぶき　鹿児島県鹿屋市

3寿小赤　ことぶきこあか　長野県松本市

寿山　ことぶきやま　宮城県白石市

寿山町　じゅざんちょう　福岡県北九州市小倉北区

寿川　すがわ　富山県南砺市

4寿中　ことぶきなか　長野県松本市

5寿北　ことぶききた　長野県松本市

寿古町　すこまち　長崎県大村市

寿台　ことぶきだい　長野県松本市

寿白瀬渕　ことぶきしらせぶち　長野県松本市

7寿町
　ことぶきちょう　北海道室蘭市
　ことぶきちょう　北海道北見市
　ことぶきちょう　北海道留萌市
　ことぶきちょう　北海道苫小牧市
　ことぶきちょう　北海道上川郡比布町
　ことぶきちょう　北海道上川郡美瑛町
　ことぶきちょう　北海道苫前郡羽幌町
　ことぶきちょう　北海道紋別郡遠軽町
　ことぶきまち　北海道中川郡幕別町
　ことぶきちょう　北海道十勝郡浦幌町
　ことぶきちょう　青森県黒石市
　ことぶきちょう　岩手県一関市

7画（対, 局, 尾）

ことぶきちょう　宮城県牡鹿郡女川町
ことぶきちょう　秋田県横手市
ことぶきちょう　山形県山形市
ことぶきちょう　山形県酒田市
ことぶきちょう　茨城県常陸太田市
ことぶきちょう　栃木県足利市
ことぶきちょう　栃木県下都賀郡壬生町
ことぶきちょう　群馬県伊勢崎市
ことぶきちょう　埼玉県川越市
ことぶきちょう　埼玉県所沢市
ことぶきちょう　埼玉県深谷市
ことぶきちょう　東京都中央
ことぶきちょう　神奈川県横浜市中区
ことぶきちょう　神奈川県小田原市
ことぶきちょう　神奈川県秦野市
ことぶきちょう　神奈川県厚木市
ことぶきちょう　新潟県新潟市中央区
ことぶきちょう　新潟県柏崎市
ことぶきちょう　新潟県加茂市
ことぶきちょう　新潟県十日町市
ことぶきちょう　新潟県燕市
ことぶきまち　富山県魚津市
ことぶきちょう　富山県砺波市
ことぶきちょう　石川県七尾市
ことぶきちょう　山梨県甲府市
ことぶきちょう　岐阜県岐阜市
ことぶきちょう　岐阜県大垣市
ことぶきちょう　岐阜県関市
ことぶきちょう　静岡県静岡市駿河区
ことぶきちょう　静岡県沼津市
ことぶきちょう　静岡県三島市
ことぶきちょう　静岡県伊東市
ことぶきちょう　愛知県名古屋市中村区
ことぶきちょう　愛知県岡崎市
ことぶきちょう　愛知県津島市
ことぶきちょう　愛知県刈谷市
ことぶきちょう　愛知県豊田市
ことぶきちょう　三重県津市
ことぶきちょう　三重県四日市市
ことぶきちょう　三重県桑名市
ことぶきちょう　大阪府吹田市
ことぶきちょう　大阪府泉大津市
ことぶきちょう　大阪府高槻市
ことぶきちょう　大阪府守口市
ことぶきちょう　大阪府富田林市
ことぶきちょう　大阪府寝屋川市
ことぶきちょう　大阪府河内長野市
ことぶきちょう　大阪府門真市
ことぶきちょう　大阪府東大阪市
ことぶきちょう　兵庫県西宮市
ことぶきちょう　兵庫県豊岡市
ことぶきちょう　兵庫県赤穂市
ことぶきちょう　兵庫県宝塚市
ことぶきちょう　鳥取県鳥取市
ことぶきちょう　岡山県岡山市北区
ことぶきちょう　岡山県倉敷市
ことぶきまち　広島県安芸郡海田町
ことぶきちょう　山口県宇部市
ことぶきちょう　山口県防府市
ことぶきちょう　香川県高松市
ことぶきちょう　香川県坂出市
ことぶきちょう　香川県仲多度郡多度津町
ことぶきちょう　愛媛県宇和島市
ことぶきちょう　愛媛県新居浜市
ことぶきちょう　高知県高知市
ことぶきちょう　高知県安芸市

ことぶきちょう　高知県土佐清水市
ことぶきちょう　福岡県福岡市博多区
ことぶきまち　福岡県田川市
ことぶきちょう　大分県大分市
ことぶきちょう　鹿児島県枕崎市
8 寿命　じゅめい　福岡県嘉穂郡桂川町
9 寿南　ことぶきみなみ　長野県松本市
10 寿能町　じゅのうちょう　埼玉県さいたま市大宮区
寿通
　　ことぶきどおり　北海道広尾郡大樹町
　　ことぶきどおり　愛知県豊川市
11 寿域長根　じゅいきながね　秋田県能代市
寿都町　すっつちょう　北海道寿都郡
寿都郡　すっつぐん　北海道
13 寿楽荘　じゅらくそう　兵庫県宝塚市
寿豊丘　ことぶきとよおか　長野県松本市

【対】

4 対中町　たいなかちょう　兵庫県三田市
5 対田　たいた　兵庫県美方郡新温泉町
10 対馬小路　つましょうじ　福岡県福岡市博多区
対馬市　つしまし　長崎県
対馬江西町　つしまえにしまち　大阪府寝屋川市
対馬江東町　つしまえひがしまち　大阪府寝屋川市
対馬館町　つしまだてまち　福島県会津若松市
12 対雁
　　ついしかり　北海道江別市
　　ついしかり　北海道石狩郡当別町
17 対厳山　たいげんざん　広島県廿日市市

【局】

局　つぼね　山形県酒田市

【尾】

0 尾ケ崎　おがさき　埼玉県さいたま市岩槻区
尾ケ崎新田　おがさきしんでん　埼玉県さいたま市岩槻区
尾ノ上　おのうえ　熊本県熊本市東区
尾ノ崎　おのさき　宮城県石巻市
2 尾八重　おはえ　宮崎県西都市
3 尾下　おくだり　熊本県阿蘇郡高森町
尾上
　　おがみ　千葉県印旛郡酒々井町
　　おのうえ　和歌山県有田郡有田川町
　　おのうえ　岡山県岡山市北区
尾上の松　おのえのまつ　兵庫県（山陽電気鉄道本線）
尾上町
　　おのえちょう　神奈川県横浜市中区
　　おがみちょう　神奈川県三浦市
　　おのえちょう　愛知県名古屋市北区
　　おのえちょう　三重県四日市市
　　おのえちょう　三重県伊勢市
　　おのうえまち　長崎県長崎市
尾上町口里　おのえちょうくちり　兵庫県加古川市
尾上町今福　おのえちょういまふく　兵庫県加古川市
尾上町安田　おのえちょうやすた　兵庫県加古川市
尾上町旭　おのえちょうあさひ　兵庫県加古川市
尾上町池田　おのえちょういけだ　兵庫県加古川市
尾上町長田　おのえちょうながた　兵庫県加古川市

614

7画〔尾〕

尾上町養田　おのえちょうようた　兵庫県加古川市
尾上栄松　おのえさかえまつ　青森県平川市
尾上高校前　おのえこうこうまえ　青森県（弘南鉄道弘南線）
尾久　おく　東京都（JR東北本線）
尾小屋町　おごやまち　石川県小松市
尾山
　おやま　宮城県角田市
　おやま　富山県黒部市
尾山台
　おやまだい　東京都（東京急行電鉄大井町線）
　おやまだい　東京都世田谷区
尾山町
　おやまちょう　北海道檜山郡江差町
　おやままち　石川県金沢市
尾山頭　おやまがしら　青森県上北郡七戸町
尾川　おがわ　静岡県島田市
尾川乙　おがわおつ　高知県安芸市
尾川甲　おがわこう　高知県安芸市
4尾中　おなか　和歌山県有田郡有田川町
尾中町　おちゅうまち　石川県加賀市
尾之間　おのあいだ　鹿児島県熊毛郡屋久島町
尾井千原町　おいちはらちょう　大阪府泉大津市
尾井町　おのいちょう　大阪府和泉市
尾内　おない　福井県大飯郡おおい町
尾切　おぎれ　宮城県遠田郡涌谷町
尾太町　おぶとちょう　岐阜県関市
尾引町　おびきちょう　広島県庄原市
尾月　おづき　神奈川県横浜市栄区
5尾去沢　おさりざわ　秋田県鹿角市
尾尻　おじり　神奈川県秦野市
尾平町　おびらちょう　三重県四日市市
尾札部町　おさつべちょう　北海道函館市
尾末町　おすえちょう　滋賀県彦根市
尾母　おも　鹿児島県大島郡徳之島町
尾永井　おながい　大分県宇佐市
尾生　おう　高知県長岡郡大豊町
尾生町　おぶちょう　大阪府岸和田市
尾田
　おだ　北海道広尾郡大樹町
　おだ　鳥取県倉吉市
尾白　おじろ　新潟県五泉市
尾白内　おしろない　北海道（JR函館本線）
尾白内町　おしろないちょう　北海道茅部郡森町
尾白江町　おじろえちょう　鹿児島県薩摩川内市
尾立　ひじ　高知県高知市
6尾仲　おなか　福岡県糟屋郡篠栗町
尾当町　おとうまち　大分県日田市
尾曳町　おびきちょう　群馬県館林市
尾羽　おばね　静岡県静岡市清水区
7尾別　おっぺつ　青森県北津軽郡中泊町
尾坂　おさか　岡山県笠岡市
尾岐窪　おまたくぼ　福島県大沼郡会津美里町
尾肝要　おかんよう　岩手県下閉伊郡田野畑村
尾花川　おばながわ　滋賀県大津市
尾花沢　おばなざわ　山形県尾花沢市
尾花沢市　おばなざわし　山形県
尾花町
　おばなちょう　福井県鯖江市

　おばなちょう　愛知県西尾市
尾見　おみ　鳥取県八頭郡智頭町
尾谷
　おたに　岡山県赤磐市
　おたに　岡山県美作市
尾車　びしゃ　千葉県君津市
8尾国　おくに　山口県熊毛郡平生町
尾垂　おだれ　千葉県山武郡芝山町
尾奈　おな　静岡県（天竜浜名湖鉄道線）
尾岱沼　おだいとう　北海道野付郡別海町
尾岱沼岬町　おだいとうみさきちょう　北海道野付郡別海町
尾岱沼港町　おだいとうみなとちょう　北海道野付郡別海町
尾岱沼潮見町　おだいとうしおみちょう　北海道野付郡別海町
尾長西　おながにし　広島県広島市東区
尾長町
　おながまち　石川県羽咋市
　おながまち　広島県広島市東区
尾長谷　おながだに　兵庫県赤穂郡上郡町
尾長東　おながひがし　広島県広島市東区
尾長島　おながしま　山形県東置賜郡川西町
尾附　おづく　群馬県多野郡神流町
9尾俣町　おまたまち　石川県加賀市
尾城町　おじろまち　愛知県碧南市
尾津町　おづまち　山口県岩国市
10尾倉
　おぐら　福岡県北九州市八幡東区
　おぐら　福岡県京都郡苅田町
尾原
　おはら　青森県北津軽郡鶴田町
　おわら　鳥取県倉吉市
　おばら　岡山県倉敷市
　おばら　岡山県加賀郡吉備中央町
尾島　おしま　福岡県筑後市
尾島町
　おじまちょう　宮城県塩竈市
　おじまちょう　群馬県太田市
尾根内　おねない　北海道余市郡仁木町
尾浦　おうら　宮城県牡鹿郡女川町
尾浜　おばま　福島県相馬市
尾浜町　おはまちょう　兵庫県尼崎市
尾高　おだか　鳥取県米子市
尾高町　おだかまち　鳥取県米子市
11尾崎
　おざき　秋田県由利本荘市
　おざき　茨城県古河市
　おざき　茨城県結城郡八千代町
　おざき　埼玉県羽生市
　おざき　千葉県野田市
　おざき　千葉県八千代市
　おざき　新潟県三条市
　おざき　新潟県十日町市
　おざき　石川県鹿島郡中能登町
　おざき　福井県小浜市
　おざき　大阪府（南海電気鉄道南海本線）
　おざき　兵庫県赤穂市
　おざき　兵庫県養父市
　おざき　兵庫県淡路市
　おざき　和歌山県紀の川市

7画（岐，希）

おさき　鳥取県鳥取市
おさき　徳島県海部郡海陽町
おさき　愛媛県伊予市
おさき　福岡県遠賀郡遠賀町
尾崎丁　おさきちょう　和歌山県和歌山市
尾崎山　おさきやま　愛知県名古屋市緑区
尾崎川合　おさきかわい　青森県平川市
尾崎木戸口　おさききどぐち　青森県平川市
尾崎北町　おざききたまち　岐阜県各務原市
尾崎台　おさきだい　千葉県野田市
尾崎平山　おさきひらやま　青森県平川市
尾崎本町　おさきほんまち　広島県尾道市
尾崎安田　おさきやすた　青森県平川市
尾崎西町　おさきにしまち　岐阜県各務原市
尾崎沢部　おさきさわべ　青森県平川市
尾崎町
　おさきまち　東京都八王子市
　おざきちょう　愛知県安城市
　おざきちょう　大阪府阪南市
　おざきちょう　兵庫県加西市
　おざきちょう　広島県尾道市
　おさきまち　宮崎県延岡市
尾崎町上田　おさきちょうかみだ　愛知県江南市
尾崎町白山　おさきちょうはくさん　愛知県江南市
尾崎町河原　おさきちょうかわはら　愛知県江南市
尾崎町若竹　おさきちょうわかたけ　愛知県江南市
尾崎町屋敷　おさきちょうやしき　愛知県江南市
尾崎町桐野　おさきちょうきりの　愛知県江南市
尾崎里見　おさきさとみ　青森県平川市
尾崎岡田　おさきおかだ　青森県平川市
尾崎南町　おざきみなみまち　岐阜県各務原市
尾崎浅井　おさきあさい　青森県平川市
尾崎稲元　おさきいなもと　青森県平川市
尾張　おわり　鳥取県東伯郡琴浦町
尾張一宮　おわりいちのみや　愛知県（JR東海道本線）
尾張旭　おわりあさひ　愛知県（名古屋鉄道瀬戸線）
尾張旭市　おわりあさひし　愛知県
尾張町
　おわりちょう　石川県金沢市
　おわりちょう　静岡県浜松市中区
　おわりちょう　京都府京都市中京区
尾張星の宮　おわりほしのみや　愛知県（東海交通事業城北線）
尾張森岡　おわりもりおか　愛知県（JR武豊線）
尾張横須賀　おわりよこすか　愛知県（名古屋鉄道常滑線）
尾張瀬戸　おわりせと　愛知県（名古屋鉄道瀬戸線）
尾曽　おおそ　奈良県高市郡明日香村
尾添　おぞう　石川県白山市
尾盛　おもり　静岡県（大井川鉄道井川線）
尾野　おの　静岡県浜松市浜北区
尾野山　おのやま　三重県桑名市
尾野尻　おのじり　熊本県上益城郡山都町
尾野本　おのもと　福島県耶麻郡西会津町
尾登　おのぼり　福島県（JR磐越西線）
尾道　おのみち　広島県（JR山陽本線）
尾道市　おのみちし　広島県
尾幌
　おぼろ　北海道（JR根室本線）

おぼろ　北海道厚岸郡厚岸町
14尾関山　おぜきやま　広島県（JR三江線）
15尾儀原　おぎはら　愛媛県松山市
尾緩　おだるみ　福井県今立郡池田町
16尾頭町　おとうちょう　愛知県名古屋市熱田区
尾頭橋
　おとうばし　愛知県（JR東海道本線）
　おとうばし　愛知県名古屋市中川区
尾駮　おぶち　青森県上北郡六ケ所村
19尾瀬沼　おぜぬま　福島県南会津郡檜枝岐村
23尾鷲　おわせ　三重県（JR紀勢本線）
尾鷲市　おわせし　三重県

【岐】
3岐山通り　きさんどおり　山口県周南市
8岐波　きわ　山口県（JR宇部線）
岐阜　ぎふ　岐阜県（JR東海道本線）
岐阜市　ぎふし　岐阜県
岐阜羽島　ぎふはしま　岐阜県（JR東海道新幹線ほか）
岐阜町　ぎふまち　岐阜県大垣市
岐阜県　ぎふけん
9岐南　ぎなん　岐阜県（名古屋鉄道名古屋本線）
岐南町
　ぎなんちょう　岐阜県羽島郡
　きなんちょう　山口県周南市
11岐宿町二本楠　きしくまちにほんぐす　長崎県五島市
岐宿町川原　きしくまちかわら　長崎県五島市
岐宿町中嶽　きしくまちなかだけ　長崎県五島市
岐宿町戸岐ノ首　きしくまちとぎのくび　長崎県五島市
岐宿町岐宿　きしくまちきしく　長崎県五島市
岐宿町松山　きしくまちまつやま　長崎県五島市
岐宿町河務　きしくまちこうむ　長崎県五島市
岐宿町唐船ノ浦　きしくまちとうせんのうら　長崎県五島市
岐宿町楠原　きしくまちくすはら　長崎県五島市
12岐富　きふ　北海道留萌郡小平町

【希】
0希ノ川　きのかわ　高知県高岡郡四万十町
希みが丘　のぞみがおか　福岡県小郡市
5希央台1番町　きおうだいいちばんちょう　三重県名張市
希央台2番町　きおうだいにばんちょう　三重県名張市
希央台3番町　きおうだいさんばんちょう　三重県名張市
希央台4番町　きおうだいよんばんちょう　三重県名張市
希央台5番町　きおうだいごばんちょう　三重県名張市
11希望ケ丘
　きぼうがおか　北海道北広島市
　きぼうがおか　福島県郡山市
　きぼうがおか　千葉県八街市
　きぼうがおか　神奈川県（相模鉄道本線）
　きぼうがおか　新潟県加茂市
　きぼうがおか　岐阜県多治見市
　きぼうがおか　岐阜県関市
　きぼうがおか　愛知県名古屋市千種区
　きぼうがおか　三重県桑名市

7画（床，庇，弄，弟，形，役，応，忌，志）

きぼうがおか　大阪府豊能郡豊能町
きぼうがおか　宮崎県宮崎市
希望ケ丘西　きぼうがおかにし　三重県伊賀市
希望ケ丘町　きぼうがおかちょう　鹿児島県鹿児島市
希望ケ丘東　きぼうがおかひがし　三重県伊賀市
希望が丘
　きぼうがおか　北海道河東郡音更町
　きぼうがおか　新潟県長岡市
　きぼうがおか　新潟県柏崎市
　きぼうがおか　石川県加賀市
　きぼうがおか　大阪府泉南郡熊取町
　きぼうがおか　大分県大分市
希望が丘南　きぼうがおかみなみ　新潟県長岡市
希望が丘高校前　きぼうがおかこうこうまえ　福岡県
　（筑豊電気鉄道線）
希望丘　きぼうがおか　石川県小松市

【床】
⁴**床丹**
　とこたん　北海道釧路郡釧路町
　とこたん　北海道野付郡別海町
⁸**床波**
　とこなみ　山口県（JR宇部線）
　とこなみ　山口県宇部市
¹⁵**床潭**　とこたん　北海道厚岸郡厚岸町
床舞　とこまい　秋田県雄勝郡羽後町
¹⁷**床鍋**
　とこなべ　富山県氷見市
　とこなべ　高知県高岡郡四万十町

【庇】
⁷**庇町**　ひさしちょう　京都府京都市上京区

【弄】
⁴**弄月町**　ろうげつちょう　北海道伊達市

【弟】
³**弟子屈町**　てしかがちょう　北海道川上郡
弟子屈原野　てしかがげんや　北海道川上郡弟子屈町
⁸**弟国**　おうぐに　三重県多気郡多気町

【形】
³**形山**　かたちやま　山口県下関市
形山みどり町　かたちやまみどりまち　山口県下関市
形山町　かたちやまちょう　山口県下関市
⁷**形見**　かたみ　福島県石川郡石川町
¹⁰**形原**　かたはら　愛知県（名古屋鉄道蒲郡線）
形原町　かたはらちょう　愛知県蒲郡市
形原町北浜　かたはらちょうきたはま　愛知県蒲郡市
形原町春日浦　かたはらちょうかすがうら　愛知県蒲郡市

【役】
²**役人町**　やくにんちょう　京都府京都市上京区
⁴**役犬原**　やくいんばる　熊本県阿蘇市
⁵**役田**　やくでん　宮城県遠田郡美里町
⁶**役行者町**　えんのぎょうじゃちょう　京都府京都市中京区
⁸**役知町**　やくちちょう　高知県高知市

【応】
⁴**応仁町**　おうじんちょう　愛知県名古屋市中川区
⁸**応法**　おうぼう　佐賀県西松浦郡有田町
⁹**応神町中原**　おうじんちょうなかはら　徳島県徳島市
応神町古川　おうじんちょうふるかわ　徳島県徳島市
応神町吉成　おうじんちょうよしなり　徳島県徳島市
応神町西貞方　おうじんちょうにしさだかた　徳島県徳島市
応神町応神産業団地　おうじんちょうおうじんさんぎょうだんち　徳島県徳島市
応神町東貞方　おうじんちょうひがしさだかた　徳島県徳島市
¹⁰**応時**　おうじ　愛知県小牧市
応桑　おおくわ　群馬県吾妻郡長野原町

【忌】
¹¹**忌部町**　いんべちょう　奈良県橿原市

【志】
志
　し　新潟県妙高市
　しむら　福岡県筑後市
⁰**志々伎町**　しじきちょう　長崎県平戸市
志々岐　しじき　熊本県山鹿市
志々見町　しじみまち　石川県羽咋市
志ケ浦　しがうら　石川県鳳珠郡穴水町
³**志下**　しげ　静岡県沼津市
志久　しく　埼玉県（埼玉新都市交通伊奈線）
志口永　しぐちなが　熊本県玉名郡和水町
志土知　しとち　大分県竹田市
志子部　しこべ　鳥取県八頭郡八頭町
⁴**志井**
　しい　福岡県（JR日田彦山線ほか）
　しい　福岡県北九州市小倉南区
志井公園
　しいこうえん　福岡県（JR日田彦山線）
　しいこうえん　福岡県北九州市小倉南区
志井鷹羽台　しいたかはだい　福岡県北九州市小倉南区
志太　しだ　静岡県藤枝市
志太郡　しだぐん　⇒消滅（静岡県）
志戸子　しとご　鹿児島県熊毛郡屋久島町
志戸田
　しとだ　宮城県黒川郡富谷町
　しとだ　山形県山形市
志戸呂　しとろ　静岡県島田市
志戸勘　しどかん　鹿児島県大島郡大和村
志戸崎　しとざき　茨城県かすみがうら市
志戸桶　しとおけ　鹿児島県大島郡喜界町
志戸部　しとべ　岡山県津山市
志戸橋　しとばし　秋田県山本郡三種町
志手　して　大分県大分市
志手町　してまち　大分県津久見市
志手原　しではら　兵庫県三田市
志文
　しぶん　北海道（JR室蘭本線）
　しぶん　北海道紋別市
　しぶみ　兵庫県佐用郡佐用町

617

7画（志）

志文本町一条　しぶんほんちょういちじょう　北海道岩見沢市

志文本町二条　しぶんほんちょうにじょう　北海道岩見沢市

志文本町三条　しぶんほんちょうさんじょう　北海道岩見沢市

志文本町五条　しぶんほんちょうごじょう　北海道岩見沢市

志文本町四条　しぶんほんちょうしじょう　北海道岩見沢市

志文町　しぶんちょう　北海道岩見沢市

志方町上冨木　しかたちょうかみとみき　兵庫県加古川市

志方町大宗　しかたちょうおおむね　兵庫県加古川市

志方町大澤　しかたちょうおおざわ　兵庫県加古川市

志方町山中　しかたちょうやまなか　兵庫県加古川市

志方町広尾　しかたちょうひろお　兵庫県加古川市

志方町永室　しかたちょうながむろ　兵庫県加古川市

志方町成井　しかたちょうなるい　兵庫県加古川市

志方町行常　しかたちょうゆきつね　兵庫県加古川市

志方町西山　しかたちょうにしやま　兵庫県加古川市

志方町西中　しかたちょうにしなか　兵庫県加古川市

志方町西牧　しかたちょうにしまき　兵庫県加古川市

志方町西飯坂　しかたちょうにしいいざか　兵庫県加古川市

志方町志方町　しかたちょうしかたまち　兵庫県加古川市

志方町投松　しかたちょうねじまつ　兵庫県加古川市

志方町岡　しかたちょうおか　兵庫県加古川市

志方町東中　しかたちょうひがしなか　兵庫県加古川市

志方町東飯坂　しかたちょうひがしいいざか　兵庫県加古川市

志方町畑　しかたちょうはた　兵庫県加古川市

志方町原　しかたちょうはら　兵庫県加古川市

志方町高畑　しかたちょうたかはた　兵庫県加古川市

志方町細工所　しかたちょうさいくじょ　兵庫県加古川市

志方町野尻　しかたちょうのじり　兵庫県加古川市

志方町雑郷　しかたちょうぞうごう　兵庫県加古川市

志方町横大路　しかたちょうよこおおじ　兵庫県加古川市

志方免　しかためん　長崎県北松浦郡佐々町

志木　しき　埼玉県（東武鉄道東上本線）

志木市　しきし　埼玉県

志比　しひ　福井県吉田郡永平寺町

志比口　しひぐち　福井県福井市

志比内　しびない　北海道上川郡東神楽町

志比田町　しびたちょう　宮崎県都城市

志比堺　しいざかい　福井県（えちぜん鉄道勝山永平寺線）

志水町　しみずちょう　京都府京都市下京区

5志布志　しぶし　鹿児島県（JR日南線）

志布志市　しぶしし　鹿児島県

志布志町内之倉　しぶしちょううちのくら　鹿児島県志布志市

志布志町田之浦　しぶしちょうたのうら　鹿児島県志布志市

志布志町安楽　しぶしちょうあんらく　鹿児島県志布志市

志布志町志布志　しぶしちょうしぶし　鹿児島県志布志市

志布志町帖　しぶしちょうちょう　鹿児島県志布志市

志布志町夏井　しぶしちょうなつい　鹿児島県志布志市

志生木　しゅうき　大分県大分市

志田　しだ　山梨県甲斐市

志田平　しだのひら　新潟県村上市

6志多伯　したはく　沖縄県島尻郡八重瀬町

志多町　したまち　埼玉県川越市

志多見　しだみ　埼玉県加須市

7志佐　しさ　山口県大島郡周防大島町

志佐町田ノ平免　しさちょうたのひらめん　長崎県松浦市

志佐町白浜免　しさちょうしらはまめん　長崎県松浦市

志佐町庄野免　しさちょうしょうのめん　長崎県松浦市

志佐町池成免　しさちょういけなりめん　長崎県松浦市

志佐町西山免　しさちょうにしやまめん　長崎県松浦市

志佐町赤木免　しさちょうあかぎめん　長崎県松浦市

志佐町里免　しさちょうさとめん　長崎県松浦市

志佐町長野免　しさちょうながのめん　長崎県松浦市

志佐町柚木川内免　しさちょうゆのきがわちめん　長崎県松浦市

志佐町栢木免　しさちょうかやのきめん　長崎県松浦市

志佐町浦免　しさちょううらめん　長崎県松浦市

志佐町高野免　しさちょうたかのめん　長崎県松浦市

志佐町笛吹免　しさちょうふえふきめん　長崎県松浦市

志佐町稗木場免　しさちょうひえこばめん　長崎県松浦市

志佐町横辺田免　しさちょうよこべためん　長崎県松浦市

志君　しぎみ　島根県邑智郡美郷町

志岐　しき　熊本県天草郡苓北町

志折郷　しおりごう　長崎県東彼杵郡波佐見町

志村
　　しむら　東京都板橋区
　　しむら　大分県大分市

志村三丁目　しむらさんちょうめ　東京都（東京都交通局三田線）

志村坂上　しむらさかうえ　東京都（東京都交通局三田線）

志谷　したに　鳥取県八頭郡八頭町

志那中町　しななかちょう　滋賀県草津市

志那町　しなちょう　滋賀県草津市

8志免　しめ　福岡県糟屋郡志免町

志免中央　しめちゅうおう　福岡県糟屋郡志免町

志免町　しめまち　福岡県糟屋郡

志免東　しめひがし　福岡県糟屋郡志免町

志和　しわ　高知県高岡郡四万十町

志和口　しわぐち　広島県（JR芸備線）

志和前　しわだまえ　福島県伊達市

志和地　しわち　広島県（JR芸備線）

志和岐　しわぎ　徳島県海部郡美波町

7画（志）

志和町七条椛坂　しわちょうしちじょうかぶさか　広島県東広島市

志和町内　しわちょううち　広島県東広島市

志和町別府　しわちょうべふ　広島県東広島市

志和町志和西　しわちょうしわにし　広島県東広島市

志和町志和東　しわちょうしわひがし　広島県東広島市

志和町志和堀　しわちょうしわほり　広島県東広島市

志和町冠　しわちょうかんむり　広島県東広島市

志和町奥屋　しわちょうおくや　広島県東広島市

志和峰　しわみね　高知県高岡郡四万十町

志和流通　しわりゅうつう　広島県東広島市

志幸町　しこうまち　広島県三次市

志波町　しわまち　宮城県仙台市若林区

志波姫八樟　しわひめやつくぬき　宮城県栗原市

志波姫下里　しわめしもさと　宮城県栗原市

志波姫大門南　しわひめだいもんみなみ　宮城県栗原市

志波姫中沖　しわひめなかおき　宮城県栗原市

志波姫刈敷　しわひめかりしき　宮城県栗原市

志波姫北堀口　しわひめきたほりぐち　宮城県栗原市

志波姫北郷　しわひめきたごう　宮城県栗原市

志波姫伊豆野　しわひめいずの　宮城県栗原市

志波姫花崎西　しわひめはなさきにし　宮城県栗原市

志波姫沼崎　しわひめぬまざき　宮城県栗原市

志波姫南八樟　しわひめみなみやつくぬき　宮城県栗原市

志波姫南堀口　しわひめみなみほりぐち　宮城県栗原市

志波姫南郷　しわひめみなみごう　宮城県栗原市

志波姫城内南　しわひめじょうないみなみ　宮城県栗原市

志波姫荒町北　しわひめあらまちきた　宮城県栗原市

志波姫荒町南　しわひめあらまちみなみ　宮城県栗原市

志波姫堀口　しわひめほりぐち　宮城県栗原市

志波姫新八樟　しわひめしんやつくぬき　宮城県栗原市

志波姫新上戸　しわひめしんあがと　宮城県栗原市

志波姫新沼崎　しわひめしんぬまざき　宮城県栗原市

志波姫新原　しわめしんはら　宮城県栗原市

志波姫新熊谷　しわひめしんくまや　宮城県栗原市

志波姫新橋本　しわひめしんはしもと　宮城県栗原市

志波姫横峰浦　しわひめよこみねうら　宮城県栗原市

志波姫蔵場南　しわひめくらばみなみ　宮城県栗原市

志知
　しち　三重県桑名市
　しち　兵庫県南あわじ市

志知口　しちくち　兵庫県南あわじ市

志知中島　しちなかしま　兵庫県南あわじ市

志知北　しちきた　兵庫県南あわじ市

志知佐礼尾　しちされお　兵庫県南あわじ市

志知松本　しちまつもと　兵庫県南あわじ市

志知南　しちみなみ　兵庫県南あわじ市

志知奥　しちおく　兵庫県南あわじ市

志知鈩　しちたたら　兵庫県南あわじ市

志知飯山寺　しちはんざんじ　兵庫県南あわじ市

志知難波　しちなんば　兵庫県南あわじ市

志茂
　しも　山形県最上郡最上町
　しも　福島県須賀川市
　しも　東京都（東京地下鉄南北線）
　しも　東京都北区
　しも　東京都福生市

志茂川原　しもかわら　青森県上北郡七戸町

志門気町　しもんけちょう　北海道伊達市

9志度
　しど　香川県（JR高徳線）
　しど　香川県さぬき市

志柿町　しかきまち　熊本県天草市

志染　しじみ　兵庫県（神戸電鉄粟生線）

志染町三津田　しじみちょうみつだ　兵庫県三木市

志染町大谷　しじみちょうおおたに　兵庫県三木市

志染町中自由が丘　しじみちょうなかじゆうがおか　兵庫県三木市

志染町井上　しじみちょういのうえ　兵庫県三木市

志染町戸田　しじみちょうとだ　兵庫県三木市

志染町四合谷　しじみちょうしごうだに　兵庫県三木市

志染町広野　しじみちょうひろの　兵庫県三木市

志染町吉田　しじみちょうよしだ　兵庫県三木市

志染町安福田　しじみちょうあぶた　兵庫県三木市

志染町西自由が丘　しじみちょうにししじゆうがおか　兵庫県三木市

志染町志染中　しじみちょうしじみなか　兵庫県三木市

志染町東自由が丘　しじみちょうひがししじゆうがおか　兵庫県三木市

志染町青山　しじみちょうあおやま　兵庫県三木市

志染町高男寺　しじみちょうこうなんじ　兵庫県三木市

志染町細目　しじみちょうほそめ　兵庫県三木市

志染町御坂　しじみちょうみさか　兵庫県三木市

志染町窟屋　しじみちょういわや　兵庫県三木市

志海苔町　しのりちょう　北海道函館市

志津
　しづ　宮城県加美郡色麻町
　しづ　山形県西村山郡西川町
　しづ　千葉県（京成電鉄京成本線）
　しづ　鳥取県倉吉市
　しつ　愛媛県西宇和郡伊方町

志津が丘　しづがおか　福井県福井市

志津山　しづやま　岐阜県揖斐郡揖斐川町

志津川
　しづがわ　宮城県（JR気仙沼線）
　しつかわ　京都府宇治市
　しつかわ　愛媛県東温市

志津川十日町　しづがわとおかまち　宮城県本吉郡南三陸町

志津川下保呂毛　しづがわしもほろけ　宮城県本吉郡南三陸町

志津川上の山　しづがわかみのやま　宮城県本吉郡南三陸町

志津川上保呂毛　しづがわかみほろけ　宮城県本吉郡南三陸町

志津川大上坊　しづがわだいじょうぼう　宮城県本吉郡南三陸町

619

7画（志）

志津川大久保　しづがわおおくぼ　宮城県本吉郡南三陸町

志津川大沢　しづがわおおさわ　宮城県本吉郡南三陸町

志津川大畑　しづがわおおばたけ　宮城県本吉郡南三陸町

志津川大森　しづがわおおもり　宮城県本吉郡南三陸町

志津川大森町　しづがわおおもりちょう　宮城県本吉郡南三陸町

志津川小森　しづがわこもり　宮城県本吉郡南三陸町

志津川中瀬町　しづがわなかせまち　宮城県本吉郡南三陸町

志津川五日町　しづがわいつかまち　宮城県本吉郡南三陸町

志津川内井田　しづがわうちいだ　宮城県本吉郡南三陸町

志津川天王山　しづがわてんのうさん　宮城県本吉郡南三陸町

志津川天王前　しづがわてんのうまえ　宮城県本吉郡南三陸町

志津川北の又　しづがわきたのまた　宮城県本吉郡南三陸町

志津川平井田　しづがわひらいだ　宮城県本吉郡南三陸町

志津川平貝　しづがわひらがい　宮城県本吉郡南三陸町

志津川平磯　しづがわひらいそ　宮城県本吉郡南三陸町

志津川本浜町　しづがわもとはまちょう　宮城県本吉郡南三陸町

志津川田尻畑　しづがわたじりばたけ　宮城県本吉郡南三陸町

志津川立沢　しづがわたつさわ　宮城県本吉郡南三陸町

志津川旭ケ浦　しづがわあさひがうら　宮城県本吉郡南三陸町

志津川汐見町　しづがわしおみちょう　宮城県本吉郡南三陸町

志津川竹川原　しづがわたけがわら　宮城県本吉郡南三陸町

志津川米広　しづがわこめひろ　宮城県本吉郡南三陸町

志津川西田　しづがわにしだ　宮城県本吉郡南三陸町

志津川助作　しづがわすけづくり　宮城県本吉郡南三陸町

志津川町　しつかわまち　愛媛県松山市

志津川松井田　しづがわまついだ　宮城県本吉郡南三陸町

志津川林　しづがわはやし　宮城県本吉郡南三陸町

志津川沼田　しづがわぬまだ　宮城県本吉郡南三陸町

志津川阿曽　しづがわあそ　宮城県本吉郡南三陸町

志津川南町　しづがわみなみまち　宮城県本吉郡南三陸町

志津川城場　しづがわじょうば　宮城県本吉郡南三陸町

志津川廻館　しづがわまわりたて　宮城県本吉郡南三陸町

志津川廻館前　しづがわまわりたてまえ　宮城県本吉郡南三陸町

志津川秋目川　しづがわあきめがわ　宮城県本吉郡南三陸町

志津川荒坂　しづがわあらさか　宮城県本吉郡南三陸町

志津川袖浜　しづがそではま　宮城県本吉郡南三陸町

志津川深田　しづがわふかだ　宮城県本吉郡南三陸町

志津川清水浜　しづがわしずはま　宮城県本吉郡南三陸町

志津川細浦　しづがわほそうら　宮城県本吉郡南三陸町

志津川蛇王　しづがわじゃおう　宮城県本吉郡南三陸町

志津川黒崎　しづがわくろさき　宮城県本吉郡南三陸町

志津川御前下　しづがわごぜんした　宮城県本吉郡南三陸町

志津川森山　しづがわもりやま　宮城県本吉郡南三陸町

志津川塩入　しづがわしおいり　宮城県本吉郡南三陸町

志津川新井田　しづがわにいだ　宮城県本吉郡南三陸町

志津川蒲の沢　しづがわかばのさわ　宮城県本吉郡南三陸町

志津川熊田　しづがわくまだ　宮城県本吉郡南三陸町

志津川権現　しづがわごんげん　宮城県本吉郡南三陸町

志津川磯の沢　しづがわいそのさわ　宮城県本吉郡南三陸町

志津見　しつみ　島根県飯石郡飯南町

志津原　しづはら　福井県今立郡池田町

志津留　しつる　大分県大分市

志津野　しつの　岐阜県関市

志紀　しき　大阪府（JR関西本線）

志紀町　しきちょう　大阪府八尾市

志紀町西　しきちょうにし　大阪府八尾市

志紀町南　しきちょうみなみ　大阪府八尾市

志美　しび　北海道石狩市

10 志原　しわら　三重県南牟婁郡御浜町

志家町　しけちょう　岩手県盛岡市

志真志　しまし　沖縄県宜野湾市

志高
　　しだか　千葉県香取市
　　しだか　京都府舞鶴市

11 志崎　しざき　茨城県鹿嶋市

志都呂　しとろ　静岡県浜松市西区

志都呂町　しとろちょう　静岡県浜松市西区

志都美　しずみ　奈良県（JR和歌山線）

志鳥
　　しとり　茨城県猿島郡境町
　　しとり　栃木県那須烏山市

志鳥町　しとりまち　栃木県栃木市

12 志登　しと　福岡県糸島市

志筑　しづき　兵庫県淡路市

志筑新島　しづきにいじま　兵庫県淡路市

志賀
　　しが　宮城県岩沼市
　　しが　埼玉県比企郡嵐山町
　　しが　長野県佐久市
　　しが　滋賀県（JR湖西線）
　　しが　奈良県吉野郡吉野町
　　しが　和歌山県伊都郡かつらぎ町

7画 (戒, 折, 抜, 扶, 改, 旱, 杏)

我路町公園通り がろちょうこうえんどおり　北海道美唄市
我路町四条 がろちょうしじょう　北海道美唄市
我路町菊水 がろちょうきくすい　北海道美唄市
我路町新町 がろちょうしんまち　北海道美唄市
17**我謝** がじゃ　沖縄県中頭郡西原町

【戒】
3**戒川甲** かいかわこう　愛媛県大洲市
5**戒外町** かいげちょう　奈良県橿原市
6**戒光寺町**
　かいこうじちょう　京都府京都市上京区
　かいこうじちょう　京都府京都市南区
9**戒重** かいじゅう　奈良県桜井市

【折】
3**折口**
　おりぐち　鹿児島県 (肥薩おれんじ鉄道線)
　おりぐち　鹿児島県阿久根市
折口町 おりぐちちょう　鹿児島県枕崎市
4**折之口** おりのくち　埼玉県深谷市
折戸
　おりと　山形県西置賜郡小国町
　おりと　福島県いわき市
　おりど　栃木県那須塩原市
　おりと　富山県中新川郡上市町
　おりど　静岡県静岡市清水区
　おりど　愛知県常滑市
折戸町
　おりとまち　石川県珠洲市
　おりどちょう　愛知県名古屋市昭和区
　おりどちょう　愛知県日進市
折方 おりかた　兵庫県赤穂市
折木 おりき　福島県双葉郡広野町
折木沢 おりきさわ　千葉県君津市
5**折平町** おりだいらちょう　愛知県豊田市
折本
　おりもと　茨城県 (真岡鉄道線)
　おりもと　茨城県筑西市
　おりもと　山口県山口市
折本町 おりもとちょう　神奈川県横浜市都筑区
折生迫
　おりゅうざこ　宮崎県 (JR日南線)
　おりうざこ　宮崎県宮崎市
折田 おりだ　群馬県吾妻郡中之条町
折立
　おりたて　宮城県仙台市青葉区
　おりたて　千葉県白井市
　おりたて　岐阜県岐阜市
　おりたち　奈良県吉野郡十津川村
折立又新田 おりたてまたしんでん　新潟県魚沼市
折立町
　おりたてちょう　福井県福井市
　おりたちちょう　愛知県田原市
　おりたてまち　福岡県福岡市南区
7**折合** おれあい　高知県高岡郡四万十町
折地 おりじ　福岡県筑後市
7**折坂町** おりさかちょう　島根県安来市
折尾
　おりお　福岡県 (JR鹿児島本線)

　おりお　福岡県北九州市八幡西区
折谷 おりたに　富山県富山市
折谷町 おりたにまち　石川県金沢市
8**折居**
　おりい　新潟県柏崎市
　おりい　新潟県阿賀野市
　おりい　島根県 (JR山陰本線)
折居台 おりいだい　京都府宇治市
折居町 おりいちょう　島根県浜田市
折茂 おりも　青森県上北郡六戸町
折門 おりかど　山梨県南巨摩郡身延町
9**折津** おりづ　千葉県市原市
10**折原**
　おりはら　埼玉県 (JR八高線)
　おりはら　埼玉県大里郡寄居町
折浜 おりのはま　宮城県石巻市
11**折崎** おりさき　熊本県玉名郡長洲町
折笠 おりかさ　青森県弘前市
折笠町 おりかさちょう　茨城県日立市
12**折渡**
　おりわたり　秋田県 (JR羽越本線)
　おりわたり　鳥取県日野郡日南町
13**折違町** すじかいまち　石川県金沢市
15**折敷瀬郷** おりしきせごう　長崎県東彼杵郡波佐見町
16**折壁**
　おりかべ　岩手県 (JR大船渡線)
　おりかべ　岩手県八幡平市
折橋町
　おりはしちょう　茨城県常陸太田市
　おりはしちょう　長崎県佐世保市

【抜】
4**抜月** ぬくつき　島根県鹿足郡吉賀町
7**抜里** ぬくり　静岡県 (大井川鉄道大井川本線)
9**抜海** ばっかい　北海道 (JR宗谷本線)
抜海村 ばっかいむら　北海道稚内市

【扶】
10**扶桑**
　ふそう　北海道虻田郡倶知安町
　ふそう　栃木県小山市
　ふそう　愛知県 (名古屋鉄道犬山線)
扶桑町
　ふそうちょう　愛知県豊田市
　ふそうちょう　愛知県丹羽郡
　ふそうちょう　兵庫県尼崎市

【改】
5**改代町** かいたいちょう　東京都新宿区
11**改寄町** あらきまち　熊本県熊本市北区
15**改養寺** かいようじ　富山県滑川市

【旱】
8**旱泥** ひどろ　福島県大沼郡会津美里町
旱泥甲 ひどろこう　福島県大沼郡会津美里町

【杏】
7**杏町** からももちょう　奈良県奈良市

7画（忍, 忰, 我）

しが　和歌山県日高郡日高町

志賀本通
　しがほんどおり　愛知県（名古屋市交通局名城線）
　しがほんとおり　愛知県名古屋市北区

志賀町
　しがちょう　宮城県遠田郡美里町
　しかまち　石川県羽咋郡
　しがちょう　愛知県名古屋市北区
　しがちょう　愛知県豊田市

志賀谷　しがや　滋賀県米原市

志賀南通　しがみなみとおり　愛知県名古屋市北区

志賀島　しかしま　福岡県福岡市東区

志賀郷町　しがさとちょう　京都府綾部市

志賀殿　しがでん　宮城県遠田郡美里町

志貴　しき　三重県多気郡明和町

志貴町　しきまち　愛知県碧南市

志貴崎町　しきさきまち　愛知県碧南市

志貴野中学校前　しきのちゅうがっこうまえ　富山県（万葉線）

志貴野町　しきのちょう　愛知県西尾市

13**志源行**　しげんぎょう　福島県南会津郡下郷町

志路原　しじはら　広島県山県郡北広島町

14**志徳**　しとく　福岡県北九州市小倉南区

15**志撫子**　しぶし　北海道紋別郡湧別町

志摩　しま　岐阜県美濃市

志摩久家　しまくが　福岡県糸島市

志摩小金丸　しまこがねまる　福岡県糸島市

志摩小富士　しまこふじ　福岡県糸島市

志摩井田原　しまいだはら　福岡県糸島市

志摩市　しまし　三重県

志摩吉田　しまよしだ　福岡県糸島市

志摩西貝塚　しまにしかいづか　福岡県糸島市

志摩初　しまはつ　福岡県糸島市

志摩岐志　しまきし　福岡県糸島市

志摩町　しままち　⇒糸島市（福岡県）

志摩町片田　しまちょうかただ　三重県志摩市

志摩町布施田　しまちょうふせだ　三重県志摩市

志摩町和具　しまちょうわぐ　三重県志摩市

志摩町御座　しまちょうござ　三重県志摩市

志摩町越賀　しまちょうこしか　三重県志摩市

志摩芥屋　しまけや　福岡県糸島市

志摩赤崎　しまあかさき　三重県（近畿日本鉄道志摩線）

志摩松隈　しままつぐま　福岡県糸島市

志摩東貝塚　しまひがしかいづか　福岡県糸島市

志摩津和崎　しまつわさき　福岡県糸島市

志摩神明　しましんめい　三重県（近畿日本鉄道志摩線）

志摩姫島　しまひめしま　福岡県糸島市

志摩師吉　しまもろよし　福岡県糸島市

志摩桜井　しまさくらい　福岡県糸島市

志摩馬場　しまばば　福岡県糸島市

志摩船越　しまふなこし　福岡県糸島市

志摩野北　しまのぎた　福岡県糸島市

志摩御床　しまみとこ　福岡県糸島市

志摩新町　しましんまち　福岡県糸島市

志摩稲留　しまいなどめ　福岡県糸島市

志摩稲葉　しまいなば　福岡県糸島市

志摩横山　しまよこやま　三重県（近畿日本鉄道志摩線）

志摩磯部　しまいそべ　三重県（近畿日本鉄道志摩線）

志駒　しこま　千葉県富津市

16**志積**　しつみ　福井県小浜市

18**志観寺**　しかんじ　富山県南砺市

志鎌　しかま　山形県山形市

22**志籠谷町**　しこやちょう　愛知県西尾市

【忍】

忍　おし　埼玉県行田市

0**忍ケ丘**　しのぶがおか　大阪府（JR片町線）

7**忍町**
　しのびちょう　千葉県銚子市
　しのぶまち　石川県輪島市
　しのぶまち　兵庫県姫路市

忍阪　おっさか　奈良県桜井市

9**忍保**　おしぼ　埼玉県児玉郡上里町

忍海
　おしみ　奈良県（近畿日本鉄道御所線）
　おしみ　奈良県葛城市

忍草　しぼくさ　山梨県南都留郡忍野村

10**忍辱山町**　にんにくせんちょう　奈良県奈良市

11**忍野村**　おしのむら　山梨県南都留郡

忍頂寺　にんちょうじ　大阪府茨木市

13**忍路**　おしょろ　北海道小樽市

忍路子　おしょろっこ　北海道紋別郡西興部村

【忰】

7**忰谷**　かせだに　鳥取県倉吉市

【我】

2**我入道**　がにゅうどう　静岡県沼津市

6**我如古**　がねこ　沖縄県宜野湾市

我老林　がろうばやし　山形県鶴岡市

7**我那覇**　がなは　沖縄県豊見城市

10**我孫子**
　あびこ　千葉県（JR常磐線）
　あびこ　千葉県我孫子市
　あびこ　大阪府大阪市住吉区
　あびこ　大阪府泉大津市

我孫子市　あびこし　千葉県

我孫子西　あびこにし　大阪府大阪市住吉区

我孫子町　あびこちょう　大阪府（JR阪和線）

我孫子東　あびこひがし　大阪府大阪市住吉区

我孫子前　あびこまえ　大阪府（南海電気鉄道高野線）

我孫子道　あびこみち　大阪府（阪堺電気軌道阪堺線）

我孫子新田　あびこしんでん　千葉県我孫子市

我峰町　わがみねまち　群馬県高崎市

11**我部**　がぶ　沖縄県名護市

我部祖河　がぶそか　沖縄県名護市

12**我喜屋**　がきや　沖縄県島尻郡伊平屋村

13**我路町一条**　がろちょういちじょう　北海道美唄市

我路町二条　がろちょうにじょう　北海道美唄市

我路町三条　がろちょうさんじょう　北海道美唄市

7画(材,杓,条,杖,杉)

【材】
⁴材木
さいもく　山形県西村山郡大江町
さいもく　石川県河北郡津幡町
さいもく　佐賀県佐賀市

材木丁　さいもくちょう　和歌山県和歌山市
材木町
ざいもくちょう　北海道釧路市
ざいもくちょう　北海道十勝郡浦幌町
ざいもくちょう　岩手県盛岡市
ざいもくちょう　岩手県花巻市
ざいもくちょう　岩手県遠野市
ざいもくちょう　秋田県湯沢市
ざいもくちょう　秋田県北秋田市
ざいもくまち　福島県会津若松市
ざいもくちょう　栃木県宇都宮市
ざいもくちょう　栃木県那須塩原市
ざいもくちょう　群馬県沼田市
ざいもくちょう　埼玉県東松山市
ざいもくちょう　新潟県新潟市東区
ざいもくちょう　富山県高岡市
ざいもくちょう　石川県金沢市
ざいもくちょう　石川県小松市
ざいもくちょう　長野県上田市
ざいもくちょう　静岡県静岡市葵区
ざいもくちょう　静岡県浜松市東区
ざいもくちょう　愛知県岡崎市
ざいもくちょう　京都府京都市中京区
ざいもくちょう　京都府京都市下京区
ざいもくちょう　大阪府大阪市中央区
ざいもくちょう　兵庫県神戸市兵庫区
ざいもくまち　兵庫県姫路市
ざいもくまち　兵庫県明石市
ざいもくちょう　奈良県大和高田市
ざいもくまち　奈良県大和郡山市
ざいもくまち　奈良県磯城郡田原本町
ざいもくちょう　鳥取県鳥取市
ざいもくまち　岡山県津山市
ざいもくまち　福岡県柳川市
ざいもくちょう　佐賀県唐津市
ざいもくちょう　宮崎県日南市

材木町西　さいもくちょうにし　大阪府堺市堺区
材木町東　さいもくちょうひがし　大阪府堺市堺区
材木座　さいもくざ　神奈川県鎌倉市

【杓】
³杓子木　しゃくしぎ　埼玉県加須市

【条】
⁷条里　じょうり　秋田県横手市
⁹条南町
じょうなんまち　新潟県三条市
じょうなんちょう　大阪府泉大津市

【杖】
⁰杖ケ薮　つえがやぶ　和歌山県伊都郡高野町
⁵杖立　つえたて　福井県丹生郡越前町

【杉】
杉
すぎ　福島県大沼郡会津美里町
すぎ　茨城県那珂市

すぎ　滋賀県蒲生郡日野町
すぎ　滋賀県犬上郡豊郷町
すぎ　滋賀県犬上郡多賀町
すぎ　大阪府枚方市
すぎ　兵庫県篠山市
すぎ　兵庫県神崎郡神河町
すぎ　岡山県苫田郡鏡野町
すぎ　高知県長岡郡大豊町
すぎ　熊本県山鹿市

⁰杉ケ沢　すぎがさわ　青森県中津軽郡西目屋村
杉ケ町　するがまち　奈良県奈良市
杉ケ崎　すぎがさき　秋田県南秋田郡五城目町
杉ケ袋　すぎがふくろ　宮城県名取市
杉ノ川乙　すぎのかわおつ　高知県高岡郡津野町
杉ノ川丙　すぎのかわへい　高知県高岡郡津野町
杉ノ川甲　すぎのかわこう　高知県高岡郡津野町
杉ノ前　すぎのまえ　福島県伊達郡桑折町
杉ノ馬場　すぎのばば　和歌山県和歌山市
杉の入　すぎのいり　宮城県塩竈市
杉の入裏　すぎのいりうら　宮城県塩竈市
杉の井　すぎのい　茨城県石岡市
杉の目町　すぎのめまち　山形県米沢市
³杉下
すぎした　山形県東村山郡山辺町
すぎした　茨城県つくばみらい市
すぎした　鳥取県東伯郡琴浦町

杉久保　すぎくぼ　神奈川県海老名市
杉久保北　すぎくぼきた　神奈川県海老名市
杉久保南　すぎくぼみなみ　神奈川県海老名市
杉山
すぎやま　山形県西村山郡朝日町
すぎやま　茨城県常総市
すぎやま　栃木県芳賀郡市貝町
すぎやま　埼玉県本庄市
すぎやま　埼玉県比企郡嵐山町
すぎやま　福井県三方上中郡若狭町
すぎやま　山梨県南巨摩郡身延町
すぎやま　静岡県静岡市清水区
すぎやま　愛知県(豊橋鉄道渥美線)
すぎやま　愛知県一宮市
すぎやま　愛知県新城市
すぎやま　京都府舞鶴市
すぎやま　岡山県真庭市

杉山手　すぎやまて　大阪府枚方市
杉山田　すぎやまだ　秋田県大仙市
杉山町
すぎやまちょう　岐阜県岐阜市
すぎやまちょう　愛知県豊橋市
すぎやままち　長崎県島原市

⁴杉之当　すぎのとう　新潟県糸魚川市
杉之森　すぎのもり　新潟県長岡市
杉井流　すぎいる　高知県高知市
杉戸
すぎと　埼玉県北葛飾郡杉戸町
すぎど　千葉県勝浦市

杉戸町
すぎとまち　埼玉県北葛飾郡
すぎどちょう　島根県浜田市

杉戸高野台　すぎとたかのだい　埼玉県(東武鉄道日光線)

623

7画（杉）

杉木
　　すぎのき　茨城県つくば市
　　すぎのき　富山県砺波市
　　すぎき　熊本県上益城郡山都町
杉水　すぎみず　熊本県菊池郡大津町
杉水流　すぎずる　宮崎県えびの市
5杉北町　すぎきたまち　大阪府枚方市
杉平
　　すぎだいら　茨城県行方市
　　すぎたいら　新潟県村上市
杉平町　すぎひらまち　石川県輪島市
杉本
　　すぎもと　富山県滑川市
　　すぎもと　大阪府大阪市住吉区
杉本町
　　すぎもとちょう　福井県鯖江市
　　すぎもとちょう　愛知県豊田市
　　すぎもとちょう　京都府京都市上京区
　　すぎもとちょう　京都府京都市左京区
　　すぎもとちょう　京都府京都市伏見区
　　すぎもとちょう　大阪府（JR阪和線）
　　すぎもとちょう　奈良県天理市
杉末　すぎのすえ　京都府宮津市
杉生
　　すぎお　大阪府高槻市
　　すぎお　兵庫県川辺郡猪名川町
杉甲　すぎこう　福島県大沼郡会津美里町
杉田
　　すぎた　福島県（JR東北本線）
　　すぎた　神奈川県（京浜急行電鉄本線）
　　すぎた　神奈川県横浜市磯子区
　　すぎた　静岡県富士宮市
杉田仲之内　すぎたなかのうち　福島県二本松市
杉田町　すぎたまち　福島県二本松市
杉田坪呑　すぎたつぼのみ　神奈川県横浜市磯子区
杉田駄子内　すぎただごうち　福島県二本松市
杉目
　　すぎめ　秋田県横手市
　　すぎのめ　福島県相馬郡新地町
杉立町　すぎたてまち　愛媛県松山市
6杉名　すぎな　新潟県燕市
杉名沢　すぎなざわ　静岡県御殿場市
杉名畑　すぎなはた　岩手県和賀郡西和賀町
杉地　すぎじ　鳥取県東伯郡琴浦町
杉江町　すぎえちょう　滋賀県守山市
7杉尾
　　すぎお　富山県南砺市
　　すぎお　静岡県静岡市葵区
　　すぎお　和歌山県橋本市
杉尾台　すぎおだい　兵庫県神戸市北区
杉尾町　すぎおちょう　福井県越前市
杉村　すぎむら　愛知県名古屋市北区
杉沢
　　すぎさわ　青森県三戸郡南部町
　　すぎさわ　岩手県八幡平市
　　すぎさわ　秋田県横手市
　　すぎさわ　秋田県大館市
　　すぎさわ　秋田県湯沢市
　　すぎさわ　山形県西置賜郡小国町
　　すぎさわ　山形県飽海郡遊佐町
　　すぎさわ　福島県二本松市

　　すぎさわ　滋賀県米原市
杉沢新所　すぎさわあらところ　秋田県湯沢市
杉町　すぎちょう　奈良県大和郡山市
杉花　すぎはな　秋田県北秋田郡上小阿仁村
杉谷
　　すぎやつ　千葉県君津市
　　すぎたに　富山県富山市
　　すぎたに　福井県南条郡南越前町
　　すぎや　静岡県掛川市
　　すぎたに　三重県三重郡菰野町
　　すぎたに　奈良県吉野郡東吉野村
　　すぎたに　鳥取県日野郡江府町
　　すぎたに　岡山県岡山市北区
　　すぎたに　岡山県加賀郡吉備中央町
杉谷内　すんないち　富山県小矢部市
杉谷町　すぎたにちょう　福井県福井市
杉谷南　すぎやみなみ　静岡県掛川市
杉阪北尾　すぎさかきたお　京都府京都市北区
杉阪都町　すぎさかみやこちょう　京都府京都市北区
杉阪道風町　すぎさかとうふうちょう　京都府京都市北区
8杉並　すぎなみ　茨城県石岡市
杉並区　すぎなみく　東京都
杉並台
　　すぎなみだい　広島県広島市佐伯区
　　すぎなみだい　熊本県菊池郡菊陽町
杉並町
　　すぎなみちょう　北海道（函館市交通局2系統ほか）
　　すぎなみちょう　北海道函館市
杉奈久保　すぎなくぼ　山梨県北都留郡丹波山村
杉妻町　すぎつまちょう　福島県福島市
杉河内　すぎかわち　大分県（JR久大本線）
杉若町　すぎわかちょう　京都府京都市上京区
9杉屋　すぎや　福島県大沼郡会津美里町
杉屋町
　　すぎやちょう　京都府京都市中京区
　　すぎやちょう　京都府京都市下京区
杉栄町　すぎさかえちょう　愛知県名古屋市北区
杉柳　すぎやなぎ　新潟県燕市
杉津　すいづ　福井県敦賀市
10杉原
　　すぎわら　新潟県村上市
　　すぎはら　岐阜県（JR高山本線）
　　すぎはら　大阪府豊能郡能勢町
　　すいばら　和歌山県紀の川市
　　すぎはら　岡山県美作市
　　すぎばる　大分県大分市
杉宮
　　すぎのみや　秋田県雄勝郡羽後町
　　すぎのみや　岡山県津山市
杉島　すぎしま　山形県村山市
杉浦　すぎうら　山形県東田川郡庄内町
杉浦町
　　すぎうらまち　石川県金沢市
　　すぎうらちょう　滋賀県大津市
11杉堂　すぎどう　熊本県上益城郡益城町
杉崎
　　すぎさき　岐阜県（JR高山本線）
　　すぎさき　鳥取県鳥取市
杉崎町
　　すぎさきちょう　茨城県水戸市

7画（束, 村）

　　すぎさきちょう　福井県越前市
　　すぎさきちょう　静岡県沼津市
杉清　すぎせ　奈良県吉野郡十津川村
杉菜　すぎな　新潟県新潟市南区
杉菜池　すぎないけ　長野県諏訪市
杉責谷　すぎせめだに　大阪府枚方市
杉野
　　すぎの　岐阜県揖斐郡池田町
　　すぎの　鳥取県倉吉市
杉野沢　すぎのさわ　新潟県妙高市
杉野屋　すぎのや　石川県羽咋郡宝達志水町
杉野原　すぎのはら　和歌山県有田郡有田川町
杉野浦　すぎのうら　新潟県佐渡市
杉野袋　すぎのふくろ　新潟県上越市
12杉塚　すぎづか　福岡県筑紫野市
杉塚町　すぎつかちょう　愛知県瀬戸市
杉森町
　　すぎもりまち　石川県七尾市
　　すぎもりまち　石川県白山市
　　すぎのもりちょう　滋賀県近江八幡市
杉蛭子町　すぎえびすちょう　京都府京都市下京区
13杉塘　すぎども　熊本県（熊本市交通局B系統）
14杉箸　すぎはし　福井県敦賀市
16杉澤町　すぎさわまち　新潟県見附市
杉館松橋　すぎだてまつはし　青森県平川市
杉館宮元　すぎだてみやもと　青森県平川市
杉館滝元　すぎだてたきもと　青森県平川市
19杉瀬
　　すぎせ　富山県富山市
　　すぎのせ　石川県河北郡津幡町

【束】

5束本　つかもと　愛媛県松山市
7束里　つかざと　沖縄県糸満市
8束松
　　たばねまつ　福島県耶麻郡西会津町
　　たばねまつ　福島県河沼郡会津坂下町
9束前町　そくぜんまち　福島県白河市
10束原　つかはら　福島県河沼郡会津坂下町
束荷　つかり　山口県光市
16束積　つかづみ　鳥取県西伯郡大山町

【村】

3村上
　　むらかみ　福島県大沼郡会津美里町
　　むらかみ　茨城県石岡市
　　むらかみ　群馬県渋川市
　　むらかみ　千葉県（東葉高速鉄道東葉高速線）
　　むらかみ　千葉県市原市
　　むらかみ　千葉県八千代市
　　むらかみ　新潟県（JR羽越本線）
　　むらかみ　新潟県村上市
村上乙　むらかみおつ　福島県大沼郡会津美里町
村上市　むらかみし　新潟県
村上町
　　むらかみちょう　栃木県佐野市
　　むらかみちょう　愛知県名古屋市瑞穂区
　　むらかみちょう　京都府京都市伏見区
村上南　むらかみみなみ　千葉県八千代市
村久野町九郷　むらくのちょうくごう　愛知県江南市

村久野町上原　むらくのちょううえはら　愛知県江南市
村久野町大門　むらくのちょうだいもん　愛知県江南市
村久野町中郷　むらくのちょうなかごう　愛知県江南市
村久野町平松　むらくのちょうひらまつ　愛知県江南市
村久野町平河　むらくのちょうひらかわ　愛知県江南市
村久野町平野　むらくのちょうひらの　愛知県江南市
村久野町仲原　むらくのちょうなかはら　愛知県江南市
村久野町寺町　むらくのちょうてらまち　愛知県江南市
村久野町寺東　むらくのちょうてらひがし　愛知県江南市
村久野町河戸　むらくのちょうかわど　愛知県江南市
村久野町金森　むらくのちょうかなもり　愛知県江南市
村久野町門弟山　むらくのちょうもんていやま　愛知県江南市
村久野町南大門　むらくのちょうみなみだいもん　愛知県江南市
村久野町宮出　むらくのちょうみやで　愛知県江南市
村久野町冨士塚　むらくのちょうふじづか　愛知県江南市
村久野町鳥附　むらくのちょうとりつき　愛知県江南市
村久野町鈴道　むらくのちょうすずみち　愛知県江南市
村久野町藤里　むらくのちょうふじさと　愛知県江南市
村久野町瀬頭　むらくのちょうせがしら　愛知県江南市
村山
　　むらやま　北海道北斗市
　　むらやま　山形県（JR奥羽本線）
　　むらやま　新潟県西蒲原郡弥彦村
　　むらやま　長野県（長野電鉄長野線）
　　むらやま　長野県長野市
　　むらやま　岐阜県岐阜市
　　むらやま　静岡県富士宮市
　　むらやま　三重県度会郡南伊勢町
村山市　むらやまし　山形県
村山田　むらやまだ　福岡県宗像市
村山町　むらやままち　長野県須坂市
4村中
　　むらなか　福島県耶麻郡猪苗代町
　　むらなか　愛知県小牧市
村中新町　むらなかしんまち　愛知県小牧市
村之郷　むらのごう　島根県邑智郡美郷町
村井
　　むらい　長野県（JR篠ノ井線）
　　むらい　滋賀県蒲生郡日野町
村井町
　　むらいまち　栃木県鹿沼市
　　むらいまち　石川県白山市
村井町北　むらいまちきた　長野県松本市
村井町西　むらいまちにし　長野県松本市
村井町南　むらいまちみなみ　長野県松本市
村井東　むらいひがし　石川県白山市

7画（村）

村井新町　むらいしんまち　石川県白山市
村元　むらもと　青森県東津軽郡今別町
村内　むらうち　北海道北斗市
村木　むらぎ　滋賀県米原市
村木沢　むらきざわ　山形県山形市
村木町　むらきまち　富山県魚津市
村木郷　むらぎごう　長崎県東彼杵郡波佐見町
5村北　むらきた　福島県耶麻郡猪苗代町
村市　むらいち　青森県中津軽郡西目屋村
村田
　むらた　宮城県柴田郡村田町
　むらた　茨城県筑西市
　むらた　茨城県稲敷市
　むらた　千葉県成田市
　むらた　新潟県長岡市
　むらだ　熊本県菊池市
村田町
　むらたまち　宮城県柴田郡
　むらたちょう　千葉県千葉市中央区
　むらたまち　佐賀県鳥栖市
村石町　むらいしまち　長野県須坂市
6村合町　むらあいちょう　愛知県名古屋市守山区
村西　むらにし　福島県喜多方市
7村杉　むらすぎ　新潟県阿賀野市
村角町　むらすみちょう　宮崎県宮崎市
村里町　むらさとちょう　岐阜県岐阜市
8村国
　むらくに　埼玉県さいたま市岩槻区
　むらくに　福井県越前市
村居田　むらいだ　滋賀県米原市
村岡
　むらおか　茨城県下妻市
　むらおか　埼玉県熊谷市
　むらおか　新潟県阿賀野市
村岡区入江　むらおかくいりえ　兵庫県美方郡香美町
村岡区八井谷　むらおかくやいだに　兵庫県美方郡香美町
村岡区丸味　むらおかくまるみ　兵庫県美方郡香美町
村岡区口大谷　むらおかくくちおおたに　兵庫県美方郡香美町
村岡区大笹　むらおかくおおささ　兵庫県美方郡香美町
村岡区大野　むらおかくおおの　兵庫県美方郡香美町
村岡区大糠　むらおかくおおぬか　兵庫県美方郡香美町
村岡区小城　むらおかくこじょう　兵庫県美方郡香美町
村岡区山田　むらおかくやまだ　兵庫県美方郡香美町
村岡区川会　むらおかくかわい　兵庫県美方郡香美町
村岡区中大谷　むらおかくなかおおたに　兵庫県美方郡香美町
村岡区日影　むらおかくひかげ　兵庫県美方郡香美町
村岡区市原　むらおかくいちばら　兵庫県美方郡香美町
村岡区用野　むらおかくようの　兵庫県美方郡香美町
村岡区光陽　むらおかくこうよう　兵庫県美方郡香美町
村岡区寺河内　むらおかくてらがわうち　兵庫県美方郡香美町
村岡区池ケ平　むらおかくいけがなる　兵庫県美方郡香美町

村岡区作山　むらおかくつくりやま　兵庫県美方郡香美町
村岡区村岡　むらおかくむらおか　兵庫県美方郡香美町
村岡区味取　むらおかくみどり　兵庫県美方郡香美町
村岡区和田　むらおかくわだ　兵庫県美方郡香美町
村岡区和池　むらおかくわち　兵庫県美方郡香美町
村岡区和佐父　むらおかくわさぶ　兵庫県美方郡香美町
村岡区板仕野　むらおかくいたしの　兵庫県美方郡香美町
村岡区長板　むらおかくながいた　兵庫県美方郡香美町
村岡区長須　むらおかくながす　兵庫県美方郡香美町
村岡区長瀬　むらおかくながせ　兵庫県美方郡香美町
村岡区粗岡　むらおかくけびおか　兵庫県美方郡香美町
村岡区相田　むらおかくあいだ　兵庫県美方郡香美町
村岡区神坂　むらおかくかんざか　兵庫県美方郡香美町
村岡区原　むらおかくはら　兵庫県美方郡香美町
村岡区高井　むらおかくたかい　兵庫県美方郡香美町
村岡区高坂　むらおかくたかさか　兵庫県美方郡香美町
村岡区高津　むらおかくたかづ　兵庫県美方郡香美町
村岡区宿　むらおかくやど　兵庫県美方郡香美町
村岡区鹿田　むらおかくしかだ　兵庫県美方郡香美町
村岡区黒田　むらおかくくろだ　兵庫県美方郡香美町
村岡区森脇　むらおかくもりわき　兵庫県美方郡香美町
村岡区萩山　むらおかくはぎやま　兵庫県美方郡香美町
村岡区福岡　むらおかくふくおか　兵庫県美方郡香美町
村岡区境　むらおかくさかい　兵庫県美方郡香美町
村岡区熊波　むらおかくくまなみ　兵庫県美方郡香美町
村岡区耀山　むらおかくかかやま　兵庫県美方郡香美町
村岡町五本寺　むろこちょうごほんじ　福井県勝山市
村岡町寺尾　むろこちょうてらお　福井県勝山市
村岡町栃神谷　むろこちょうとちがみや　福井県勝山市
村岡町浄土寺　むろこちょうじょうどじ　福井県勝山市
村岡町黒原　むろこちょうくろはら　福井県勝山市
村岡町暮見　むろこちょうくれみ　福井県勝山市
村岡東　むらおかひがし　神奈川県藤沢市
村所　むらしょ　宮崎県児湯郡西米良村
村松
　むらまつ　茨城県那珂郡東海村
　むらまつ　新潟県五泉市
　むらまつ　長野県小県郡青木村
　むらまつ　静岡県静岡市清水区
　むらまつ　静岡県袋井市
村松乙　むらまつおつ　新潟県五泉市
村松工業団地　むらまつこうぎょうだんち　新潟県五泉市
村松丙　むらまつへい　新潟県五泉市
村松北　むらまつきた　茨城県那珂郡東海村
村松甲　むらまつこう　新潟県五泉市

7画（杜, 杢, 来, 李, 杠, 杣）

村松町
　　むらまつまち　新潟県長岡市
　　むらまつまち　石川県小松市
　　むらまつちょう　愛知県田原市
　　むらまつちょう　三重県伊勢市
　　むらまつちょう　愛媛県四国中央市
村松原　むらまつはら　静岡県静岡市清水区
村松浜　むらまつはま　新潟県胎内市
村東　むらひがし　福島県耶麻郡猪苗代町
村東下　むらひがしした　福島県耶麻郡猪苗代町
村雨町
　　むらさめちょう　岐阜県岐阜市
　　むらさめちょう　兵庫県神戸市須磨区
9村前
　　むらまえ　福島県大沼郡会津美里町
　　むらさき　愛媛県喜多郡内子町
村前町　むらまえちょう　愛知県名古屋市守山区
村南　むらみなみ　福島県耶麻郡猪苗代町
10村高町　むらだかちょう　愛知県安城市
11村崎野
　　むらさきの　岩手県（JR東北本線）
　　むらさきの　岩手県北上市
村貫　むらぬき　茨城県結城郡八千代町
村野　むらの　大阪府（京阪電気鉄道交野線）
村野本町　むらのほんまち　大阪府枚方市
村野西町　むらのにしまち　大阪府枚方市
村野東町　むらのひがしまち　大阪府枚方市
村野南町　むらのみなみまち　大阪府枚方市
村野高見台　むらのたかみだい　大阪府枚方市
村黒町　むらぐろちょう　香川県観音寺市
12村雲町
　　むらくもちょう　愛知県名古屋市昭和区
　　むらくもちょう　京都府京都市上京区
13村新田　むらしんでん　新潟県新潟市北区
17村櫛町　むらくしちょう　静岡県浜松市西区

【杜】
0杜せきのした
　　もりせきのした　宮城県（仙台空港鉄道線）
　　もりせきのした　宮城県名取市
杜の丘　もりのおか　宮城県黒川郡大和町
杜の宮　もりのみや　福岡県糟屋郡新宮町
2杜乃橋　もりのはし　宮城県黒川郡富谷町

【杢】
10杢師　もくし　千葉県君津市

【来】
3来丸町　らいまるまち　石川県能美市
6来伝　らいでん　新潟県長岡市
7来住町
　　きしちょう　兵庫県小野市
　　きしまち　愛媛県松山市
来別　らいべつ　北海道厚岸郡厚岸町
来秀　らいしゅう　千葉県鴨川市
来見野　くるみの　鳥取県八頭郡若桜町
来迎寺
　　らいこうじ　新潟県（JR信越本線）
　　らいこうじ　新潟県長岡市

来迎寺町
　　らいこうじちょう　愛知県知立市
　　らいこうじちょう　奈良県奈良市
来迎町　らいこうちょう　大阪府守口市
来迎堂町　らいこうどうちょう　京都府京都市下京区
8来居　くりい　島根県隠岐郡知夫村
来岸町　らいきしちょう　北海道積丹郡積丹町
9来巻　くるまき　山口県下松市
来待　きまち　島根県（JR山陰本線）
来春　らいは　福岡県朝倉市
来海沢　くるみざわ　新潟県糸魚川市
10来宮　きのみや　静岡県（JR伊東線）
来島　くるしま　愛媛県今治市
来島町　くるしままち　大分県佐伯市
来栖
　　くるす　茨城県笠間市
　　くるす　富山県南砺市
来栖野　くるすの　高知県幡多郡三原村
来馬町　らいばちょう　北海道登別市
12来運　らいうん　北海道斜里郡斜里町
15来縄　くなわ　大分県豊後高田市

【李】
李　すもも　広島県神石郡神石高原町
3李山　すももやま　山形県米沢市
李川原　すももかわら　青森県上北郡七戸町
5李平　すももだいら　福島県福島市
李平下安原　すももだいしもやすはら　青森県平川市
李平上山崎　すももだいかみやまざき　青森県平川市
李平上安原　すももだいかみやすはら　青森県平川市
李平北豊田　すももだいきたとよだ　青森県平川市
李平西山崎　すももだいにしやまざき　青森県平川市
李平西和田　すももだいにしわだ　青森県平川市
李平西豊田　すももだいにしとよだ　青森県平川市
李平東和田　すももだいひがしわだ　青森県平川市
李平東豊田　すももだいひがしとよだ　青森県平川市
李平南豊田　すももだいみなみとよだ　青森県平川市
7李沢家ノ前　すももざわいえのまえ　青森県上北郡七戸町
李沢家ノ後　すももざわいえのうしろ　青森県上北郡七戸町
李沢道ノ下　すももざわみちのしも　青森県上北郡七戸町
李町　すももちょう　愛知県豊田市
8李岱　すももだい　秋田県北秋田市
11李崎町　すもんざきまち　新潟県長岡市

【杠】
12杠葉尾町　ゆずりおちょう　滋賀県東近江市

【杣】
杣　そま　滋賀県蒲生郡日野町
0杣ノ川町　そまのかわちょう　奈良県奈良市
3杣山　そまやま　福井県南条郡南越前町
4杣之内町　そまのうちちょう　奈良県天理市
杣木　そまぎ　新潟県燕市
杣木俣　そまきまた　福井県南条郡南越前町

627

7画（杣,沖）

⁵杣田
　　そまだ　　京都府相楽郡和束町
　　そまだ　　愛媛県今治市

【杤】
¹⁰杤原　　とちはら　　兵庫県川辺郡猪名川町

【沖】
沖
　　おき　　青森県北津軽郡鶴田町
　　おき　　福島県二本松市
　　おき　　栃木県真岡市
　　おき　　千葉県八街市
　　おき　　新潟県阿賀野市
　　おき　　富山県南砺市
　　おき　　富山県射水市
　　おき　　三重県伊賀市
　　おき　　滋賀県愛知郡愛荘町
　　おき　　岡山県倉敷市
　　おき　　岡山県苫田郡鏡野町
⁰沖ノ内　　おきのうち　　福島県相馬市
沖ノ平　　おきのたいら　　岩手県八幡平市
沖ノ旦　　おきのだん　　山口県宇部市
沖ノ橋町　　おきのはしちょう　　岐阜県岐阜市
沖ノ館　　おきのたて　　新潟県阿賀野市
沖ノ平　　おきのたいら　　宮城県黒川郡大衡村
沖の町　　おきのまち　　山形県新庄市
沖の島町　　おきのしまちょう　　三重県四日市市
沖の島町弘瀬　　おきのしまちょうひろせ　　高知県宿
　毛市
沖の島町母島　　おきのしまちょうもしま　　高知県宿
　毛市
沖の島町鵜来島　　おきのしまちょううぐるしま　　高知
　県宿毛市
沖の浜　　おきのはま　　香川県坂出市
³沖万別　　おきまんべつ　　北海道厚岸郡厚岸町
沖山梨　　おきやまなし　　静岡県袋井市
⁴沖之郷町　　おきのごうちょう　　群馬県太田市
沖之須　　おきのす　　静岡県掛川市
沖今宿　　おきいまじゅく　　山口県防府市
沖元　　おきもと　　岡山県岡山市中区
沖内
　　おきない　　北海道留萌郡小平町
　　おきうち　　福島県岩瀬郡天栄村
⁵沖代　　おきだい　　兵庫県揖保郡太子町
沖代町　　おきだいまち　　大分県中津市
沖台　　おきだい　　福岡県北九州市戸畑区
沖田
　　おきた　　秋田県湯沢市
　　おきた　　山形県南陽市
　　おきた　　福島県大沼郡会津美里町
　　おきた　　新潟県長岡市
　　おきた　　福岡県北九州市八幡西区
沖田町
　　おきたまち　　長野県諏訪市
　　おきたちょう　　愛知県名古屋市中村区
　　おきたまち　　福岡県大牟田市
　　おきたまち　　長崎県大村市
　　おきたまち　　宮崎県延岡市
沖田免　　おきためん　　長崎県北松浦郡佐々町
沖田表　　おきたおもて　　岩手県八幡平市

沖田面
　　おきたおもて　　青森県三戸郡南部町
　　おきたおもて　　秋田県北秋田郡上小阿仁村
沖田新　　おきたしん　　富山県滑川市
沖立　　おきだて　　新潟県十日町市
⁶沖名　　おきな　　高知県高岡郡日高村
沖宇部　　おきうべ　　山口県宇部市
⁷沖村　　おきむら　　愛知県北名古屋市
沖町
　　おきちょう　　北海道古平郡古平町
　　おきまち　　山形県山形市
　　おきまち　　群馬県高崎市
　　おきまち　　石川県金沢市
　　おきまち　　石川県小松市
　　おきまち　　大阪府門真市
　　おきまち　　熊本県八代市
沖見町
　　おきみちょう　　北海道留萌市
　　おきみちょう　　山口県周南市
⁸沖松島　　おきまつしま　　香川県（高松琴平電気鉄道志
　　度線）
沖波　　おきなみ　　石川県鳳珠郡穴水町
沖金　　おきがね　　奈良県吉野郡天川村
⁹沖洲　　おきす　　茨城県行方市
沖美町三吉　　おきみちょうみよし　　広島県江田島市
沖美町岡大王　　おきみちょうおかだいおう　　広島県江
　田島市
沖美町是長　　おきみちょうこれなが　　広島県江田島市
沖美町畑　　おきみちょうはた　　広島県江田島市
沖美町美能　　おきみちょうみのう　　広島県江田島市
沖美町高祖　　おきみちょうこうそ　　広島県江田島市
¹⁰沖家室島　　おきかむろじま　　山口県大島郡周防大島町
沖島町　　おきしまちょう　　滋賀県近江八幡市
沖浦
　　おきうら　　青森県黒石市
　　おきうら　　広島県豊田郡大崎上島町
沖浦町　　おきうらちょう　　広島県三原市
沖浜　　おきのはま　　徳島県徳島市
沖浜町
　　おきのはまちょう　　徳島県徳島市
　　おきはままち　　福岡県福岡市博多区
沖浜東　　おきのはまひがし　　徳島県徳島市
沖通　　おきどおり　　新潟県阿賀野市
沖高　　おきだか　　福島県福島市
¹¹沖側町　　おきがわちょう　　広島県尾道市
沖宿町　　おきじゅくまち　　茨城県土浦市
沖野
　　おきの　　宮城県仙台市若林区
　　おきの　　愛知県新城市
　　おきの　　滋賀県東近江市
　　おきの　　熊本県菊池郡菊陽町
沖野々　　おきのの　　和歌山県海南市
沖野上町　　おきのがみちょう　　広島県福山市
沖野町
　　おきのちょう　　群馬県太田市
　　おきのちょう　　愛知県刈谷市
¹²沖塚原　　おきつかはら　　富山県射水市
沖渡
　　おきわたし　　千葉県八街市
　　おきわたし　　千葉県山武市

628

沖須町　おきすまち　大分県宇佐市
沖飯詰　おきいいづめ　青森県五所川原市
13沖塩屋　おきしおや　広島県廿日市市
沖新田
　　おきしんでん　宮城県遠田郡涌谷町
　　おきしんでん　茨城県土浦市
　　おきしんでん　愛媛県八幡浜市
沖新田町　おきしんでんまち　茨城県常総市
沖新町
　　おきしんまち　岡山県倉敷市
　　おきしんまち　長崎県佐世保市
　　おきしんまち　熊本県熊本市西区
沖新保　おきしんぼ　新潟県新潟市南区
14沖端町　おきのはたまち　福岡県柳川市
15沖縄市　おきなわし　沖縄県
沖縄県　おきなわけん
16沖館　おきだて　青森県青森市
沖館比山館　おきだてひやまだて　青森県平川市
沖館永田　おきだてながた　青森県平川市
沖館向野　おきだてむかいの　青森県平川市
沖館西田　おきだてにした　青森県平川市
沖館沢田　おきだてさわた　青森県平川市
沖館和田　おきだてわだ　青森県平川市
沖館長田　おきだておさだ　青森県平川市
沖館宮崎　おきだてみやざき　青森県平川市
沖館高田　おきだてたかだ　青森県平川市
21沖鶴　おきつる　秋田県湯沢市

【求】
6求名
　　ぐみょう　千葉県（JR東金線）
　　ぐみょう　千葉県東金市
　　ぐみょう　鹿児島県薩摩川内さつま町
7求町　もとめまち　大分県日田市
11求菩提　くぼて　福岡県豊前市

【沙】
8沙弥島　しゃみじま　香川県坂出市
10沙流郡　さるぐん　北海道
沙留　さるる　北海道紋別郡興部町

【沢】
沢
　　さわ　青森県三戸郡五戸町
　　さわ　岩手県一関市
　　さわ　福島県伊達郡桑折町
　　さわ　栃木県矢板市
　　さわ　埼玉県狭山市
　　さわ　千葉県香取市
　　さわ　新潟県岩船郡関川村
　　さわ　福井県敦賀市
　　さわ　福井県あわら市
　　さわ　長野県（JR飯田線）
　　さわ　滋賀県犬上郡豊郷町
　　さわ　兵庫県朝来市
　　さわ　兵庫県神崎郡市川町
　　さわ　奈良県北葛城郡広陵町
0沢ケ内　そうがうち　高知県長岡郡本山町
沢ノ目
　　さわのめ　福島県喜多方市

　　さわのめ　福島県河沼郡会津坂下町
沢ノ町　さわのちょう　大阪府（南海電気鉄道高野線）
沢ノ免　さわのめん　福島県喜多方市
沢ノ堂町　さわのどうちょう　愛知県豊田市
沢メキ　さわめき　茨城県ひたちなか市
1沢乙　さわおと　宮城県宮城郡利府町
沢乙東　さわおとひがし　宮城県宮城郡利府町
2沢丁　さわちょう　山形県上山市
沢入　そうり　群馬県（わたらせ渓谷鉄道線）
沢又　さわまた　栃木県日光市
3沢下条　さわげいじょう　新潟県長岡市
沢下町　さわしたちょう　愛知県名古屋市熱田区
沢上　さわかみ　愛知県名古屋市熱田区
沢上山　さわがみやま　宮城県刈田郡七ケ宿町
沢口
　　さわぐち　岩手県八幡平市
　　さわぐち　山形県西村山郡大江町
　　さわぐち　福島県南会津郡下郷町
　　さわぐち　新潟県阿賀野市
沢口町　さわぐちちょう　埼玉県東松山市
沢山　さわやま　青森県青森市
沢川　そうごう　石川県羽咋郡宝達志水町
4沢中　さわなか　岩手県和賀郡西和賀町
沢中山
　　さわなかやま　富山県（富山地方鉄道立山線）
　　さわなかやま　富山県中新川郡立山町
沢之町　さわのちょう　大阪府大阪市住吉区
沢井
　　さわい　福島県石川郡石川町
　　さわい　東京都（JR青梅線）
　　さわい　東京都青梅市
沢内大野　さわうちおおの　岩手県和賀郡西和賀町
沢内川舟　さわうちかわふね　岩手県和賀郡西和賀町
沢内太田　さわうちおおた　岩手県和賀郡西和賀町
沢内弁天　さわうちべんてん　岩手県和賀郡西和賀町
沢内両沢　さわうちりょうざわ　岩手県和賀郡西和賀町
沢内貝沢　さわうちかいざわ　岩手県和賀郡西和賀町
沢内若畑　さわうちわかはた　岩手県和賀郡西和賀町
沢内長瀬野　さわうちながせの　岩手県和賀郡西和賀町
沢内前郷　さわうちまえごう　岩手県和賀郡西和賀町
沢内泉沢　さわうちいずみざわ　岩手県和賀郡西和賀町
沢内新町　さわうちしんまち　岩手県和賀郡西和賀町
沢内猿橋　さわうちさるはし　岩手県和賀郡西和賀町
沢内鍵飯　さわうちけんばん　岩手県和賀郡西和賀町
沢木
　　さわき　北海道紋別郡雄武町
　　さわき　埼玉県坂戸市
沢水加　さばか　静岡県菊川市
5沢尻
　　さわじり　秋田県（JR花輪線）
　　さわじり　福島県西白河郡矢吹町
　　さわじり　茨城県鉾田市
沢田
　　さわだ　青森県弘前市
　　さわだ　青森県十和田市
　　さわだ　岩手県宮古市

7画（牡, 狄, 狨, 玖）

さわだ　宮城県（JR石巻線）
さわだ　宮城県石巻市
さわだ　宮城県気仙沼市
さわだ　福島県伊達市
さわだ　福島県南会津郡下郷町
さわだ　新潟県長岡市
さわだ　新潟県阿賀野市
さわだ　新潟県三島郡出雲崎町
さわだ　岐阜県養老郡養老町
さわだ　静岡県掛川市
さわだ　静岡県賀茂郡河津町
さわだ　大阪府藤井寺市
さわだ　島根県鹿足郡吉賀町
さわだ　岡山県岡山市中区
さわだ　岡山県美作市
さわだ　岡山県苫田郡鏡野町
さわだ　大分県大分市

沢田町
　さわだちょう　静岡県沼津市
　さわだちょう　愛知県豊田市

沢田新田　さわだしんでん　愛知県知多郡武豊町

沢目
　さわめ　宮城県白石市
　さわめ　秋田県（JR五能線）

沢目町　さわめちょう　茨城県常陸太田市

沢辺
　さわべ　青森県西津軽郡深浦町
　さわべ　茨城県土浦市

6**沢向**
　さわむかい　青森県三戸郡五戸町
　さわむかい　岩手県下閉伊郡普代村

沢地　さわじ　静岡県三島市
沢江町　さわえちょう　北海道古平郡古平町
7**沢村**　さわむら　長野県松本市

沢町
　さわちょう　北海道室蘭市
　さわまち　北海道余市郡余市町
　さわまち　石川県小松市
　さわまち　福井県勝山市
　さわちょう　福井県鯖江市
　さわちょう　福井県越前市
　さわちょう　島根県安来市

沢良木町　さわらぎちょう　大阪府高槻市
沢良宜　さわらぎ　大阪府（大阪高速鉄道大阪モノレール線）
沢良宜西　さわらぎにし　大阪府茨木市
沢良宜東町　さわらぎひがしまち　大阪府茨木市
沢良宜浜　さわらぎはま　大阪府茨木市
沢見　さわみ　福岡県北九州市戸畑区

沢谷
　さわだに　兵庫県三田市
　さわだに　奈良県吉野郡天川村
　さわだに　鳥取県倉吉市
　さわだに　島根県（JR三江線）
　さわだに　徳島県那賀郡那賀町

沢里
　さわさと　青森県八戸市
　さわさと　岩手県久慈市

8**沢岻**　たくし　沖縄県浦添市
沢底　さわそこ　長野県上伊那郡辰野町
沢松　さわまつ　愛媛県北宇和郡鬼北町
沢松倉　さわまつくら　福島県二本松市

9**沢海**　そうみ　新潟県新潟市江南区
沢津町　さわづちょう　愛媛県新居浜市
10**沢倉**　さわくら　千葉県勝浦市

沢原
　さわばら　奈良県吉野郡天川村
　さわはら　岡山県赤磐市

沢根　さわね　新潟県佐渡市
沢根五十里　さわねいかり　新潟県佐渡市
沢根町　さわねまち　新潟県佐渡市
沢根炭屋町　さわねすみやまち　新潟県佐渡市
沢根篭町　さわねかごまち　新潟県佐渡市
11**沢崎**　さわさき　新潟県佐渡市

沢部
　さわべ　千葉県いすみ市
　さわべ　兵庫県加東市

沢野　さわの　兵庫県明石市
沢野町　さわのまち　石川県七尾市

12**沢渡**
　さわたり　神奈川県横浜市神奈川区
　さわんど　長野県（JR飯田線）
　さわたり　愛媛県上浮穴郡久万高原町

沢渡町
　さわたりまち　愛知県碧南市
　さわたりちょう　愛知県高浜市

沢登　さわのぼり　山梨県南アルプス市
沢間　さわま　静岡県（大井川鉄道井川線）
13**沢新**　さわしん　富山県中新川郡立山町
沢新田　さわしんでん　山形県東田川郡庄内町

14**沢端**
　さわばた　宮城県白石市
　さわはた　富山県中新川郡立山町

沢端町　さわばたちょう　宮城県白石市

【牡】
4**牡丹**　ぼたん　東京都江東区
牡丹山　ぼたんやま　新潟県新潟市東区

牡丹平
　ぼたんだいら　青森県黒石市
　ぼたんだいら　福島県西白河郡矢吹町

牡丹森　ぼたんもり　青森県北津軽郡板柳町
牡丹園　ぼたんえん　福島県須賀川市
牡丹鉾町　ぼたんぼこちょう　京都府京都市上京区
11**牡鹿郡**　おしかぐん　宮城県

【狄】
12**狄塚**　えづか　岩手県九戸郡軽米町

【狨】
7**狨花**　えぞばな　青森県上北郡七戸町

【玖】
6**玖老勢**　くろぜ　愛知県新城市
7**玖村**　くむら　広島県（JR芸備線）

8**玖波**
　くば　広島県（JR山陽本線）
　くば　広島県大竹市

玖波町　くばちょう　広島県大竹市
9**玖珂**　くが　山口県（JR岩徳線）
玖珂町　くがまち　山口県岩国市

7画（甫，男，町）

玖珂郡　くがぐん　山口県
¹⁰玖島
　　くじま　広島県廿日市市
　　くしま　長崎県大村市
　玖珠町　くすまち　大分県玖珠郡
　玖珠郡　くすぐん　大分県
¹²玖須美元和田　くすみもとわだ　静岡県伊東市

【甫】
⁵甫母町　ほぼちょう　三重県熊野市
¹⁷甫嶺　ほれい　岩手県（三陸鉄道南リアス線）

【男】
³男山　おとこやま　京都府与謝郡与謝野町
　男山八望　おとこやまはちぼう　京都府八幡市
　男山弓岡　おとこやまゆみおか　京都府八幡市
　男山石城　おとこやまいししろ　京都府八幡市
　男山吉井　おとこやまよしい　京都府八幡市
　男山竹園　おとこやまたけぞの　京都府八幡市
　男山松里　おとこやままつさと　京都府八幡市
　男山金振　おとこやまかなぶり　京都府八幡市
　男山長沢　おとこやまながさわ　京都府八幡市
　男山指月　おとこやましげつ　京都府八幡市
　男山泉　おとこやまいずみ　京都府八幡市
　男山美桜　おとこやまみさくら　京都府八幡市
　男山香呂　おとこやまこうろ　京都府八幡市
　男山笹谷　おとこやまささたに　京都府八幡市
　男山雄徳　おとこやまゆうとく　京都府八幡市
　男川　おがわ　愛知県（名古屋鉄道名古屋本線）
⁴男木町　おぎちょう　香川県高松市
⁶男成　おとこなり　熊本県上益城郡山都町
⁷男里　おのさと　大阪府泉南市
⁸男沼　おぬま　埼玉県熊谷市
⁹男神
　　おがみ　茨城県かすみがうら市
　　おかみ　静岡県牧之原市
¹⁰男能富　だんのっぷ　北海道天塩郡天塩町
　男衾　おぶすま　埼玉県（東武鉄道東上本線）
　男鬼町　おおりちょう　滋賀県彦根市
¹¹男野芝丁　おのしばちょう　和歌山県和歌山市
　男鹿　おが　秋田県（JR男鹿線）
　男鹿中山町　おがなかやままち　秋田県男鹿市
　男鹿中中間口　おがなかなかまぐち　秋田県男鹿市
　男鹿中国有地内　おがなかこくゆうちない　秋田県男鹿市
　男鹿中浜間口　おがなかはままぐち　秋田県男鹿市
　男鹿中滝川　おがなかたきがわ　秋田県男鹿市
　男鹿市　おがし　秋田県
　男鹿高原　おじかこうげん　栃木県（野岩鉄道会津鬼怒川線）

【町】
　町
　　まち　青森県上北郡七戸町
　　まち　宮城県柴田郡大河原町
　　まち　石川県羽咋郡志賀町
　　まち　熊本県菊池郡大津町
⁰町ノ田　ちょうのた　兵庫県篠山市

³町下　まちした　宮城県刈田郡七ケ宿町
　町上津役西　まちこうじゃくにし　福岡県北九州市八幡西区
　町上津役東　まちこうじゃくひがし　福岡県北九州市八幡西区
⁴町之田　まちのた　山梨県中央市
　町分　まちぶん　岩手県北上市
　町方　まちかた　愛知県（名古屋鉄道尾西線）
　町方町
　　まちかたまち　静岡県沼津市
　　まちかたちょう　愛知県愛西市
⁵町付　まちつき　茨城県久慈郡大子町
　町北
　　まちきた　福島県喜多方市
　　まちきた　愛知県名古屋市守山区
　町北町上荒久田　まちきたまちかみあらくだ　福島県会津若松市
　町北町中沢　まちきたまちなかさわ　福島県会津若松市
　町北町中沢西　まちきたまちなかさわにし　福島県会津若松市
　町北町石堂　まちきたまちいしどう　福島県会津若松市
　町北町谷地　まちきたまちやち　福島県会津若松市
　町北町始　まちきたまちはじめ　福島県会津若松市
　町北町藤室　まちきたまちふじむろ　福島県会津若松市
　町尻
　　まちじり　宮城県刈田郡七ケ宿町
　　まちじり　福島県耶麻郡猪苗代町
　町尻西　まちじりにし　福島県喜多方市
　町尻東　まちじりひがし　福島県喜多方市
　町平尾町　まちひらおちょう　三重県松阪市
　町田
　　まちだ　青森県弘前市
　　まちだ　福島県白河市
　　まちだ　福島県喜多方市
　　まちだ　茨城県稲敷市
　　まちだ　栃木県下野市
　　まちだ　栃木県芳賀郡茂木町
　　まちだ　埼玉県深谷市
　　まちだ　千葉県市原市
　　まちだ　東京都（JR横浜線ほか）
　　ちょうだ　兵庫県姫路市
　　まちだ　島根県鹿足郡津和野町
　　まちだ　香川県東かがわ市
　　ちょうだ　佐賀県唐津市
　　まちだ　大分県玖珠郡九重町
　町田下　まちだした　福島県喜多方市
　町田市　まちだし　東京都
　町田町
　　まちだちょう　茨城県常陸太田市
　　まちだまち　群馬県沼田市
　　まちだまち　新潟県長岡市
　　ちょうだちょう　愛知県春日井市
⁶町西
　　まちにし　宮城県伊具郡丸森町
　　まちにし　宮城県加美郡加美町
　　まちにし　福島県喜多方市
　　まちにし　福島県耶麻郡猪苗代町
⁷町村
　　まちむら　秋田県由利本荘市

7画（皀, 祁, 社）

　　まちむら　富山県富山市
町苅田　まちかんだ　岡山県赤磐市
町谷
　　まちや　栃木県日光市
　　まちや　埼玉県さいたま市桜区
　　まちや　愛媛県今治市
町谷町　まちやちょう　栃木県佐野市
8町並　まちなみ　愛知県新城市
町坪　ちょうのつぼ　兵庫県姫路市
町坪南町　ちょうのつぼみなみまち　兵庫県姫路市
町居　まちい　石川県羽咋郡志賀町
町居山下　まちいやました　青森県平川市
町居山元　まちいやまもと　青森県平川市
町居西田　まちいにした　青森県平川市
町居南田　まちいみなみた　青森県平川市
町居稲元　まちいいなもと　青森県平川市
町居稲村　まちいいなむら　青森県平川市
町居横山　まちいよこやま　青森県平川市
町東
　　まちひがし　宮城県伊具郡丸森町
　　まちひがし　福島県郡山市
　　まちひがし　福島県耶麻郡猪苗代町
町長　まちなが　富山県富山市
9町保　まちぼ　千葉県茂原市
町前　まちまえ　宮城県多賀城市
町南　まちみなみ　愛知県名古屋市守山区
町屋
　　まちや　埼玉県羽生市
　　まちや　埼玉県鶴ケ島市
　　まちや　東京都（京成電鉄京成本線ほか）
　　まちや　東京都荒川区
　　まちや　神奈川県相模原市緑区
　　まちや　新潟県五泉市
　　まちや　福井県福井市
町屋二丁目　まちやにちょうめ　東京都（東京都交通局荒川線）
町屋町
　　まちやちょう　茨城県常陸太田市
　　まちやまち　群馬県高崎市
　　まちやちょう　神奈川県横浜市金沢区
　　まちやまち　石川県七尾市
　　まちやちょう　愛知県春日井市
町屋新田　まちやしんでん　埼玉県加須市
町屋駅前　まちやえきまえ　東京都（東京都交通局荒川線）
町屋敷
　　まちやしき　宮城県加美郡加美町
　　まちやしき　長野県諏訪郡下諏訪町
町後　まちうしろ　秋田県能代市
町畑町　まちはたちょう　愛知県豊橋市
10町原　まちばら　山形県西置賜郡小国町
町島　まちじま　栃木県大田原市
町島田　まちしまだ　福島県耶麻郡猪苗代町
町庭坂　まちにわさか　福島県福島市
町浦　まちうら　岩手県一関市
11町組町　まちくみちょう　青森県八戸市
町袋　まちぶくろ　富山県富山市
町野町大川　まちのまちおおかわ　石川県輪島市
町野町川西　まちのまちかわにし　石川県輪島市
町野町井面　まちのまちいのもて　石川県輪島市

町野町牛尾　まちのまちうしお　石川県輪島市
町野町北円山　まちのまちきたまるやま　石川県輪島市
町野町広江　まちのまちひろえ　石川県輪島市
町野町伏戸　まちのまちふせど　石川県輪島市
町野町寺山　まちのまちてらやま　石川県輪島市
町野町寺地　まちのまちてらじ　石川県輪島市
町野町西時国　まちのまちにしときくに　石川県輪島市
町野町佐野　まちのまちさの　石川県輪島市
町野町麦生野　まちのまちむぎゅうの　石川県輪島市
町野町東　まちのまちひがし　石川県輪島市
町野町東大野　まちのまちひがしおおの　石川県輪島市
町野町金蔵　まちのまちかなくら　石川県輪島市
町野町南時国　まちのまちみなみときくに　石川県輪島市
町野町真久　まちのまちさんきざ　石川県輪島市
町野町真喜野　まちのまちまきの　石川県輪島市
町野町曽々木　まちのまちそそぎ　石川県輪島市
町野町桶戸　まちのまちおけど　石川県輪島市
町野町粟蔵　まちのまちあわぐら　石川県輪島市
町野町鈴屋　まちのまちすずや　石川県輪島市
町野町徳成　まちのまちとくなり　石川県輪島市
町野町徳成谷内　まちのまちとくなりやち　石川県輪島市
町野町敷戸　まちのまちしきど　石川県輪島市
町野町舞谷　まちのまちまいだに　石川県輪島市
13町新　まちしん　富山県富山市
町楠葉　まちくずは　大阪府枚方市
町裏
　　まちうら　岩手県岩手郡雫石町
　　まちうら　宮城県刈田郡七ケ宿町
　　まちうら　宮城県加美郡加美町
　　まちうら　福島県伊達郡桑折町
16町頭町　まちがしらちょう　京都府京都市中京区

【皀】
10皀莢町　さいかちちょう　京都府京都市上京区

【祁】
12祁答院町下手　けどういんちょうしもで　鹿児島県薩摩川内市
祁答院町上手　けどういんちょうかみで　鹿児島県薩摩川内市
祁答院町黒木　けどういんちょうくろき　鹿児島県薩摩川内市
祁答院町藺牟田　けどういんちょういむた　鹿児島県薩摩川内市

【社】
社
　　やしろ　北海道虻田郡真狩村
　　やしろ　長野県大町市
　　やしろ　兵庫県加東市
　　やしろ　岡山県真庭市
0社ノ木　しゃのき　福岡県北九州市門司区
社が丘　やしろがおか　愛知県名古屋市名東区
社の山　しゃのやま　北海道檜山郡厚沢部町
3社口　やしろぐち　愛知県名古屋市名東区

632

7画（私, 秀, 糺, 肝, 肘, 良, 芦）

社山　やしろやま　静岡県磐田市
5社台
　　しゃだい　北海道（JR室蘭本線）
　　しゃだい　北海道白老郡白老町
　　やしろだい　愛知県名古屋市名東区
社辺　こそべ　愛知県常滑市
6社光　しゃこう　北海道夕張市
社名淵　しゃなぶち　北海道紋別郡遠軽町
社地町　しゃちちょう　山口県周南市
7社町
　　やしろちょう　愛知県豊田市
　　やしろちょう　兵庫県（JR加古川線）
　　やしろちょう　兵庫県宝塚市
社谷　やしろだに　福井県南条郡南越前町
8社東町　やしろひがしまち　長野県諏訪郡下諏訪町
社突抜町　やしろつきぬけちょう　京都府京都市上
　　京区
9社前　やしろまえ　福島県二本松市
10社家
　　しゃけ　神奈川県（JR相模線）
　　しゃけ　神奈川県海老名市
社家町　しゃけちょう　兵庫県西宮市
社家長屋町　しゃけながやちょう　京都府京都市上
　　京区
14社領　しゃりょう　福岡県福岡市東区
15社横町　やしろよこちょう　京都府京都市上京区

【私】
5私市
　　きさいち　京都府福知山市
　　きさいち　大阪府（京阪電気鉄道交野線）
　　きさいち　大阪府交野市
私市山手　きさいちやまて　大阪府交野市
私市町　きさいちちょう　京都府綾部市
11私部　きさべ　大阪府交野市
私部西　きさべにし　大阪府交野市
私部南　きさべみなみ　大阪府交野市

【秀】
6秀安　ひでやす　埼玉県羽生市

【糺】
7糺町　ただすちょう　福井県鯖江市

【肝】
3肝川　きもかわ　兵庫県川辺郡猪名川町
5肝付町　きもつきちょう　鹿児島県肝属郡
12肝属郡　きもつきぐん　鹿児島県
13肝煎　きもいり　山形県東田川郡庄内町

【肘】
4肘内　ひじうち　栃木県塩谷郡塩谷町
7肘谷　ひじや　茨城県下妻市
12肘塚町　かいのづかちょう　奈良県奈良市

【良】
3良川
　　よしかわ　石川県（JR七尾線）
　　よしかわ　石川県鹿島郡中能登町

4良王町　りょうおうちょう　愛知県津島市
5良田　よしだ　鳥取県鳥取市
7良町　ややまち　熊本県熊本市南区
13良福寺　りょうふくじ　奈良県香芝市

【芦】
0芦ケ久保
　　あしがくぼ　埼玉県（西武鉄道西武秩父線）
　　あしがくぼ　埼玉県秩父郡横瀬町
芦ケ沢　よしがさわ　岩手県和賀郡西和賀町
芦ケ谷　あしがや　茨城県結城郡八千代町
芦ケ谷新田　あしがやしんでん　茨城県結城郡八千
　　代町
芦ケ崎　あしがさき　新潟県中魚沼郡津南町
芦ノ沢　あしのさわ　長野県岡谷市
芦ノ牧温泉　あしのまきおんせん　福島県（会津鉄道
　　線）
芦ノ牧温泉南　あしのまきおんせんみなみ　福島県（会
　　津鉄道線）
芦の口　あしのくち　宮城県仙台市太白区
3芦山町　あしやまちょう　埼玉県坂戸市
芦川
　　あしかわ　北海道天塩郡豊富町
　　あしかわ　秋田県由利本荘市
　　あしかわ　山梨県（JR身延線）
芦川町上芦川　あしがわちょうかみあしがわ　山梨県笛
　　吹市
芦川町中芦川　あしがわちょうなかあしがわ　山梨県笛
　　吹市
芦川町新井原　あしがわちょうあらいばら　山梨県笛
　　吹市
芦川町鶯宿　あしがわちょうおうしゅく　山梨県笛吹市
4芦之湯　あしのゆ　神奈川県足柄下郡箱根町
芦刈山町　あしかりやまちょう　京都府京都市下京区
芦刈町下古賀　あしかりちょうしもこが　佐賀県小
　　城市
芦刈町三王崎　あしかりちょうみおうざき　佐賀県小
　　城市
芦刈町永田　あしかりちょうながた　佐賀県小城市
芦刈町芦溝　あしかりちょうあしみぞ　佐賀県小城市
芦刈町浜枝川　あしかりちょうはまえだがわ　佐賀県小
　　城市
芦刈町道免　あしかりちょうどうめ　佐賀県小城市
5芦北　あしきた　熊本県葦北郡芦北町
芦北町　あしきたまち　熊本県葦北郡
芦生
　　あしおい　岩手県下閉伊郡普代村
　　あしゅう　富山県富山市
芦生田　あしうだ　群馬県吾妻郡嬬恋村
芦田
　　あしだ　千葉県成田市
　　あしだ　長野県北佐久郡立科町
芦田八ケ野　あしだはつかの　長野県北佐久郡立科町
芦田子　あしだこ　秋田県大館市
芦田町　あしだまち　石川県小松市
芦田町下有地　あしだちょうしもあるじ　広島県福
　　山市
芦田町上有地　あしだちょうかみあるじ　広島県福
　　山市

633

芦田町向陽台 あしだちょうこうようだい 広島県福山市
芦田町柞磨 あしだちょうたるま 広島県福山市
芦田町福田 あしだちょうふくだ 広島県福山市
芦田塚 あしだつか 福島県須賀川市
芦辺丁 あしべちょう 和歌山県和歌山市
芦辺町 あしべちょう 愛知県名古屋市北区
芦辺町中野郷本村触 あしべちょうなかのごうほんむらふれ 長崎県壱岐市
芦辺町中野郷仲触 あしべちょうなかのごうなかふれ 長崎県壱岐市
芦辺町中野郷西触 あしべちょうなかのごうにしふれ 長崎県壱岐市
芦辺町中野郷東触 あしべちょうなかのごうひがしふれ 長崎県壱岐市
芦辺町住吉山信触 あしべちょうすみよしやまのぶふれ 長崎県壱岐市
芦辺町住吉東触 あしべちょうすみよしひがしふれ 長崎県壱岐市
芦辺町住吉前触 あしべちょうすみよしまえふれ 長崎県壱岐市
芦辺町住吉後触 あしべちょうすみよしうしろふれ 長崎県壱岐市
芦辺町芦辺浦 あしべちょうあしべうら 長崎県壱岐市
芦辺町国分川迎触 あしべちょうこくぶかわむかえふれ 長崎県壱岐市
芦辺町国分本村触 あしべちょうこくぶほんむらふれ 長崎県壱岐市
芦辺町国分当田触 あしべちょうこくぶとうだふれ 長崎県壱岐市
芦辺町国分東触 あしべちょうこくぶひがしふれ 長崎県壱岐市
芦辺町深江平触 あしべちょうふかえひらふれ 長崎県壱岐市
芦辺町深江本村触 あしべちょうふかえほんむらふれ 長崎県壱岐市
芦辺町深江東触 あしべちょうふかえひがしふれ 長崎県壱岐市
芦辺町深江南触 あしべちょうふかえみなみふれ 長崎県壱岐市
芦辺町深江栄触 あしべちょうふかえさかえふれ 長崎県壱岐市
芦辺町深江鶴亀触 あしべちょうふかえつるきふれ 長崎県壱岐市
芦辺町湯岳今坂触 あしべちょうゆたけこんざかふれ 長崎県壱岐市
芦辺町湯岳本村触 あしべちょうゆたけほんむらふれ 長崎県壱岐市
芦辺町湯岳興触 あしべちょうゆたけこうふれ 長崎県壱岐市
芦辺町箱崎大左右触 あしべちょうはこざきたいそうふれ 長崎県壱岐市
芦辺町箱崎中山触 あしべちょうはこざきなかやまふれ 長崎県壱岐市
芦辺町箱崎本村触 あしべちょうはこざきほんむらふれ 長崎県壱岐市
芦辺町箱崎江角触 あしべちょうはこざきえすみふれ 長崎県壱岐市
芦辺町箱崎谷江触 あしべちょうはこざきたにえふれ 長崎県壱岐市

芦辺町箱崎釘ノ尾触 あしべちょうはこざきくぎのおふれ 長崎県壱岐市
芦辺町箱崎諸津触 あしべちょうはこざきもろつふれ 長崎県壱岐市
芦辺町諸吉二亦触 あしべちょうもろよしふたまたふれ 長崎県壱岐市
芦辺町諸吉大石触 あしべちょうもろよしおおいしふれ 長崎県壱岐市
芦辺町諸吉本村触 あしべちょうもろよしほんむらふれ 長崎県壱岐市
芦辺町諸吉仲触 あしべちょうもろよしなかふれ 長崎県壱岐市
芦辺町諸吉東触 あしべちょうもろよしひがしふれ 長崎県壱岐市
芦辺町諸吉南触 あしべちょうもろよしみなみふれ 長崎県壱岐市
芦辺町瀬戸浦 あしべちょうせとうら 長崎県壱岐市
6芦名 あしな 神奈川県横須賀市
芦安安通 あしやすあんつう 山梨県南アルプス市
芦安芦倉 あしやすあしくら 山梨県南アルプス市
7芦別 あしべつ 北海道(JR根室本線)
芦別市 あしべつし 北海道
芦沢
　あしさわ 山形県(JR奥羽本線)
　あしざわ 山形県長井市
　あしざわ 山形県尾花沢市
芦町 あしちょう 愛知県田原市
芦花公園 ろかこうえん 東京都(京王電鉄京王線)
芦苅場 あしかりば 埼玉県飯能市
芦見 あしみ 富山県中新川郡立山町
芦谷
　あしだに 新潟県村上市
　あしのや 愛知県額田郡幸田町
8芦峅寺 あしくらじ 富山県中新川郡立山町
芦河内
　あしごうち 岡山県美作市
　あしがわち 山口県宇部市
芦沼 あしぬま 栃木県芳賀郡益子町
芦沼町 あしぬまちょう 栃木県宇都宮市
9芦垣 あしがき 山梨県上野原市
芦屋
　あしや 兵庫県(JR東海道本線ほか)
　あしや 兵庫県美方郡新温泉町
　あしや 福岡県遠賀郡芦屋町
芦屋川 あしやがわ 兵庫県(阪急電鉄神戸本線)
芦屋市 あしやし 兵庫県
芦屋田 あしやだ 熊本県上益城郡山都町
芦屋町 あしやまち 福岡県遠賀郡
芦津 あしづ 鳥取県八頭郡智頭町
10芦倉 あしくら 岐阜県大野郡白川村
芦原
　あしはら 福島県耶麻郡猪苗代町
　あしはら 福島県相馬郡飯舘村
　あしはら 愛知県(豊橋鉄道渥美線)
　あしはら 大阪府大阪市浪速区
　あしはら 奈良県吉野郡大淀町
芦原町
　あしはらちょう 愛知県豊橋市
　あしはらちょう 大阪府(南海電気鉄道汐見橋線)
　あしはらちょう 兵庫県西宮市
芦原通 あしはらどおり 兵庫県神戸市兵庫区

7画（花）

芦原温泉　あわらおんせん　福井県（JR北陸本線）
芦原橋　あしはらばし　大阪府（JR大阪環状線）
芦浦町　あしうらちょう　滋賀県草津市
芦畔町　あしぐろちょう　宮城県塩竈市
11芦崎
　　あしざき　秋田県山本郡三種町
　　あしざき　富山県下新川郡入善町
　　あしざき　大分県大分市
芦崎町　あしさきちょう　千葉県銚子市
芦清良　あしきよら　鹿児島県大島郡知名町
芦菀町　あしやちまち　青森県西津軽郡鰺ケ沢町
芦部町　あしべちょう　大阪府和泉市
芦野
　　あしの　北海道釧路市
　　あしの　北海道宗谷郡猿払村
　　あしの　青森県北津軽郡中泊町
　　あしの　栃木県那須郡那須町
芦野公園　あしのこうえん　青森県（津軽鉄道線）
芦野倉　あしのくら　茨城県久慈郡大子町
12芦場新田　よしばしんでん　栃木県塩谷郡塩谷町
芦検　あしけん　鹿児島県大島郡宇検村
芦渡　あしわたり　岩手県下閉伊郡普代村
芦渡町　あしわたちょう　島根県出雲市
芦間町　あしまちょう　茨城県常陸太田市
14芦徳　あしとく　鹿児島県大島郡龍郷町
芦窪　あしくぼ　静岡県浜松市天竜区
芦網　あしあみ　千葉県茂原市
16芦橋　よしはし　埼玉県春日部市
21芦鶴　あしづる　福井県あわら市

【花】
花　はな　鳥取県八頭郡八頭町
0花ケ島町　はながしまちょう　宮崎県宮崎市
花ケ浦　はながうら　福岡県糟屋郡粕屋町
花ノ木
　　はなのき　埼玉県入間市
　　はなのき　埼玉県ふじみ野市
花ノ木町
　　はなのきちょう　岐阜県岐阜市
　　はなのきちょう　愛知県安城市
　　はなのきちょう　愛知県西尾市
花ノ牧　はなのまき　新潟県新潟市江南区
花ノ宮町　はなのみやちょう　香川県高松市
花の木
　　はなのき　栃木県下野市
　　はなのき　神奈川県藤沢市
　　はなのき　愛知県名古屋市西区
　　はなのき　佐賀県東松浦郡玄海町
花の木坂　はなのきさか　大分県大分市
花の里
　　はなのさと　福島県須賀川市
　　はなのさと　福島県西白河郡矢吹町
花の峯　はなのみね　兵庫県西宮市
2花乃杜　はなのもり　福井県あわら市
3花上　はながみ　熊本県上益城郡山都町
花口　はなぐち　鳥取県日野郡日南町
花小金井
　　はなこがねい　東京都（西武鉄道新宿線）
　　はなこがねい　東京都小平市

花小金井南町　はなこがねいみなみちょう　東京都小平市
花小路　はなこうじ　愛媛県八幡浜市
花山
　　はなやま　京都府長岡京市
　　はなやま　兵庫県（神戸電鉄有馬線）
花山中尾台　はなやまなかおだい　兵庫県神戸市北区
花山手西　はなやまてにし　宮崎県宮崎市
花山手東　はなやまてひがし　宮崎県宮崎市
花山台　はなやまだい　兵庫県神戸市北区
花山本沢　はなやまほんさわ　宮城県栗原市
花山町
　　はなやまちょう　群馬県館林市
　　はなやまちょう　兵庫県神戸市長田区
花山東町　はなやまひがしまち　兵庫県神戸市北区
花山草木沢　はなやまくさきさわ　宮城県栗原市
花山草木沢上原　はなやまくさきさわうわはら　宮城県栗原市
花川
　　はなかわ　北海道石狩市
　　はなかわ　大阪府大阪市西淀川区
花川戸　はなかわど　東京都台東区
花川北一条　はなかわきたいちじょう　北海道石狩市
花川北七条　はなかわきたしちじょう　北海道石狩市
花川北二条　はなかわきたにじょう　北海道石狩市
花川北三条　はなかわきたさんじょう　北海道石狩市
花川北五条　はなかわきたごじょう　北海道石狩市
花川北六条　はなかわきたろくじょう　北海道石狩市
花川北四条　はなかわきたしじょう　北海道石狩市
花川町
　　はなかわまち　岐阜県高山市
　　はながわちょう　静岡県浜松市中区
　　はながわちょう　三重県鈴鹿市
花川東　はなかわひがし　北海道石狩市
花川東一条　はなかわひがしいちじょう　北海道石狩市
花川東二条　はなかわひがしにじょう　北海道石狩市
花川南一条　はなかわみなみいちじょう　北海道石狩市
花川南七条　はなかわみなみしちじょう　北海道石狩市
花川南九条　はなかわみなみくじょう　北海道石狩市
花川南二条　はなかわみなみにじょう　北海道石狩市
花川南八条　はなかわみなみはちじょう　北海道石狩市
花川南十条　はなかわみなみじゅうじょう　北海道石狩市
花川南三条　はなかわみなみさんじょう　北海道石狩市
花川南五条　はなかわみなみごじょう　北海道石狩市
花川南六条　はなかわみなみろくじょう　北海道石狩市
花川南四条　はなかわみなみしじょう　北海道石狩市
4花中町　はななかちょう　愛知県豊橋市
花之木町　はなのきちょう　神奈川県横浜市南区
花井　はない　千葉県野田市
花井町
　　はないまち　新潟県長岡市
　　はないちょう　愛知県豊川市
花天　けてん　鹿児島県大島郡瀬戸内町
花戸町　はなどちょう　岐阜県中津川市
花月
　　かげつ　北海道樺戸郡新十津川町
　　かげつ　福井県福井市

635

7画（花）

花月町
　かげつちょう　北海道北見市
　かげつちょう　北海道滝川市
　かげつちょう　岐阜県岐阜市
花月園　かげつえん　福岡県北九州市門司区
花月園前　かげつえんまえ　神奈川県（京浜急行電鉄本線）
花木　はなのき　富山県富山市
花木町　はなきちょう　鹿児島県薩摩川内市
花水木
　はなみずき　静岡県菊川市
　はなみずき　愛知県清須市
花水台　はなみずだい　神奈川県平塚市
花水坂　はなみずざか　福島県（福島交通飯坂線）
5花丘　はなおか　北海道虻田郡喜茂別町
花丘町
　はなおかちょう　愛知県豊田市
　はなおかまち　長崎県長崎市
花尻　はなじり　岡山県岡山市北区
花尻あかね町　はなじりあかねまち　岡山県岡山市北区
花尻ききょう町　はなじりききょうまち　岡山県岡山市北区
花尻みどり町　はなじりみどりまち　岡山県岡山市北区
花本町　はなもとちょう　愛知県豊田市
花正　はなまさ　愛知県あま市
花田
　はなだ　宮城県伊具郡丸森町
　はなだ　茨城県筑西市
　はなだ　栃木県下野市
　はなた　埼玉県越谷市
　はなだ　新潟県柏崎市
花田一番町　はなだいちばんちょう　愛知県豊橋市
花田二番町　はなだにばんちょう　愛知県豊橋市
花田三番町　はなださんばんちょう　愛知県豊橋市
花田口　はなたぐち　大阪府（阪堺電気軌道阪堺線）
花田町
　はなだちょう　愛知県名古屋市千種区
　はなだちょう　愛知県豊橋市
　はなだちょう　愛知県半田市
花田町一本松　はなだちょういっぽんまつ　兵庫県姫路市
花田町上原田　はなだちょうかみはらだ　兵庫県姫路市
花田町小川　はなだちょうおがわ　兵庫県姫路市
花田町加納原田　はなだちょうかのうはらだ　兵庫県姫路市
花田町西宿　はなだちょうにしじゅく　愛知県豊橋市
花田町官有地　はなだちょうかんゆうち　愛知県豊橋市
花田町勅旨　はなだちょうちょくし　兵庫県姫路市
花田町高木　はなだちょうたかぎ　兵庫県姫路市
花白温泉　はなしろおんせん　岐阜県（明知鉄道線）
花目町　はなめちょう　愛知県名古屋市瑞穂区
花石　はないし　北海道瀬棚郡今金町
花石町　はないしちょう　栃木県日光市
花立
　はなたて　新潟県村上市
　はなたて　新潟県上越市
　はなたて　新潟県東蒲原郡阿賀町

　はなたて　熊本県熊本市東区
　はなたて　熊本県菊池郡菊陽町
花立町
　はなたてちょう　宮城県塩竈市
　はなたてまち　石川県小松市
　はなたてちょう　京都府京都市上京区
　はなたてちょう　京都府京都市中京区
花立花　はなたちばな　福岡県糟屋郡新宮町
6花守町　はなもりちょう　福井県福井市
花江川　はなえがわ　大分県大分市
花池　はないけ　愛知県一宮市
花池町　はないけちょう　愛知県名古屋市中川区
7花作町　はなづくりまち　山形県長井市
花住坂　かすみざか　京都府京田辺市
花坂
　はなさか　静岡県伊豆の国市
　はなさか　和歌山県伊都郡高野町
花坂町　はなさかまち　石川県小松市
花尾町
　はなおまち　福岡県北九州市八幡東区
　はなおまち　鹿児島県鹿児島市
花沢
　はなざわ　山形県米沢市
　はなざわ　静岡県焼津市
花沢町
　はなざわちょう　山形県米沢市
　はなざわちょう　岐阜県岐阜市
　はなざわちょう　愛知県豊田市
花町
　はなちょう　新潟県新潟市中央区
　はなちょう　愛知県名古屋市熱田区
　はなまち　鳥取県境港市
　はなまち　香川県坂出市
花良治　けらじ　鹿児島県大島郡喜界町
花芝町　はなしばちょう　奈良県奈良市
花見　はなみ　新潟県燕市
花見ケ丘　はなみがおか　福島県会津若松市
花見が丘　はなみがおか　福岡県福津市
花見が浜　はなみがはま　福岡県福津市
花見の里　はなみのさと　福岡県福津市
花見川　はなみがわ　千葉県千葉市花見川区
花見川区　はなみがわく　千葉県千葉市
花見月　はなみつき　石川県鹿島郡中能登町
花見台
　はなみだい　埼玉県比企郡嵐山町
　はなみだい　神奈川県横浜市保土ケ谷区
花見坂　はなみざか　福島県白河市
花見東　はなみひがし　福岡県古賀市
花見南　はなみみなみ　福岡県古賀市
花見原　はなみばる　宮崎県北諸県郡三股町
花見通　はなみとおり　愛知県名古屋市昭和区
花見塚　はなみづか　茨城県稲敷郡美浦村
花谷　はなだに　福井県吉田郡永平寺町
花車町　はなくるまちょう　京都府京都市上京区
花里　はなざと　千葉県勝浦市
花里町
　はなざとまち　石川県金沢市
　はなざとまち　岐阜県高山市
　はなさとちょう　鹿児島県鹿屋市
8花京院　かきょういん　宮城県仙台市青葉区

7画（花）

花京院通　かきょういんどおり　宮城県仙台市宮城野区
花和　はなわ　北海道虻田郡洞爺湖町
花和田　はなわだ　埼玉県三郷市
花岡
　はなおか　北海道山越郡長万部町
　はなおか　北海道留萌郡小平町
　はなおか　北海道勇払郡むかわ町
　はなおか　山形県山形市
　はなおか　福島県須賀川市
　はなおか　栃木県塩谷郡高根沢町
　はなおか　熊本県葦北郡芦北町
花岡町
　はなおかまち　秋田県大館市
　はなおかまち　栃木県鹿沼市
　はなおかまち　岐阜県高山市
　はなおかちょう　鹿児島県鹿屋市
花房
　はなぶさ　栃木県宇都宮市
　はなぶさ　千葉県鴨川市
　はなぶさ　新潟県妙高市
　はなぶさ　福井県大野市
花房本町　はなぶさほんちょう　栃木県宇都宮市
花房町　はなぶさちょう　茨城県常陸太田市
花松林ノ根　はなまつはやしのね　青森県上北郡七戸町
花林苑　かりんえん　大阪府高槻市
花表町　はなおもてちょう　愛知県名古屋市熱田区
花長　はなおさ　愛知県あま市
花長町　はなおさちょう　愛知県春日井市
9花咲
　はなさき　福島県西白河郡矢吹町
　はなさく　群馬県利根郡片品村
　はなさき　千葉県習志野市
花咲台　はなさきだい　愛知県名古屋市守山区
花咲町
　はなさきちょう　北海道旭川市
　はなさきちょう　北海道根室市
　はなさきちょう　神奈川県横浜市西区
　はなさきちょう　神奈川県横浜市中区
　はなさきちょう　長野県長野市
　はなさきちょう　長野県諏訪郡下諏訪町
花咲港　はなさきみなと　北海道根室市
花垣町　はながきちょう　栃木県小山市
花城町　かじょうまち　岩手県花巻市
花室　はなむろ　茨城県つくば市
花屋町　はなやちょう　京都府京都市下京区
花屋敷　はなやしき　兵庫県川西市
花屋敷つつじガ丘　はなやしきつつじがおか　兵庫県宝塚市
花屋敷山手町　はなやしきやまてちょう　兵庫県川西市
花屋敷松ガ丘　はなやしきまつがおか　兵庫県宝塚市
花屋敷荘園　はなやしきそうえん　兵庫県宝塚市
花屋敷緑ガ丘　はなやしきみどりがおか　兵庫県宝塚市
花巻
　はなまき　青森県黒石市
　はなまき　岩手県 (JR東北本線)
花巻市　はなまきし　岩手県
花巻空港　はなまきくうこう　岩手県 (JR東北本線)

花春町　はなはるまち　福島県会津若松市
花泉　はないずみ　岩手県 (JR東北本線)
花泉町日形　はないずみちょうひかた　岩手県一関市
花泉町永井　はないずみちょうながい　岩手県一関市
花泉町老松　はないずみちょうおいまつ　岩手県一関市
花泉町花泉　はないずみちょうはないずみ　岩手県一関市
花泉町油島　はないずみちょうゆしま　岩手県一関市
花泉町金沢　はないずみちょうかざわ　岩手県一関市
花泉町涌津　はないずみちょうわくつ　岩手県一関市
花津留　はなづる　大分県大分市
花狭間　はなばさま　愛知県常滑市
花畑
　はなばたけ　茨城県つくば市
　はなはた　東京都足立区
　はなはた　福岡県 (西日本鉄道天神大牟田線)
　はなはた　福岡県福岡市南区
　はなばたけ　福岡県久留米市
花畑町
　はなばたまち　秋田県由利本荘市
　はなばたけちょう　京都府京都市下京区
　はなばたちょう　熊本県 (熊本市交通局A系統ほか)
　はなばたちょう　熊本県熊本市中央区
花畑東　はなばたけひがし　福島県会津若松市
花美坂　はなみざか　福岡県遠賀郡芦屋町
花香谷　はながやつ　千葉県富津市
10花倉　はなぐら　静岡県藤枝市
花原　はなばら　鳥取県八頭郡八頭町
花原市
　けばらいち　岩手県 (JR山田線)
　けばらいち　岩手県宮古市
花原町　はなはらちょう　愛知県名古屋市西区
花島
　はなしま　宮城県角田市
　はなじま　埼玉県幸手市
　はなじま　富山県砺波市
花島町
　はなしままち　茨城県常総市
　はなしまちょう　千葉県千葉市花見川区
花島新田　はなしましんでん　茨城県つくば市
花栗
　はなぐり　埼玉県草加市
　はなぐり　島根県飯石郡飯南町
花浦　はなうら　北海道二海郡八雲町
花畠町　はなばたけちょう　山口県周南市
花畔　ばんなぐろ　北海道石狩市
花畔一条　ばんなぐろいちじょう　北海道石狩市
花畔二条　ばんなぐろにじょう　北海道石狩市
花畔三条　ばんなぐろさんじょう　北海道石狩市
花畔四条　ばんなぐろしじょう　北海道石狩市
花脊八桝町　はなせやますちょう　京都府京都市左京区
花脊大布施町　はなせおおふせちょう　京都府京都市左京区
花脊別所町　はなせべっしょちょう　京都府京都市左京区
花脊原地町　はなせはらちちょう　京都府京都市左京区
花高　はなたか　長崎県佐世保市
花高松　はなたかまつ　大分県大分市

7画（花）

花堂　はなんどう　福井県（福井鉄道福武線）
花堂中　はなんどうなか　福井県福井市
花堂北　はなんどうきた　福井県福井市
花堂東　はなんどうひがし　福井県福井市
花堂南　はなんどうみなみ　福井県福井市
花崎
　　はなさき　埼玉県（東武鉄道伊勢崎線）
　　はなさき　埼玉県加須市
　　はなさき　富山県富山市
花崎北　はなさききた　埼玉県加須市
花崎町　はなさきちょう　千葉県成田市
花崗町　みかげちょう　愛知県岡崎市
花常　はなつね　愛知県海部郡大治町
花済　はなずみ　広島県神石郡神石高原町
花渕　はなぶち　新潟県三条市
花渕浜　はなぶちはま　宮城県宮城郡七ケ浜町
花野　けや　和歌山県紀の川市
花野井
　　はなのい　茨城県小美玉市
　　はなのい　千葉県柏市
花野光ケ丘　けのひかりがおか　鹿児島県鹿児島市
花野谷町　はなのたにちょう　福井県福井市
花野原　はなのはら　和歌山県海草郡紀美野町
花野路　はなのじ　福岡県北九州市若松区
¹²花塚町　はなづかちょう　愛知県名古屋市中川区
花富　けどみ　鹿児島県大島郡瀬戸内町
花勝山　けかつやま　宮城県遠田郡涌谷町
花道川原　はなみちかわら　青森県三戸郡五戸町
花開院町　けいかいちょう　京都府京都市上京区
花隈　はなくま　兵庫県（神戸高速鉄道東西線）
花隈町　はなくまちょう　兵庫県神戸市中央区
花陽　かよう　山口県周南市
¹³花園
　　はなぞの　北海道小樽市
　　はなぞの　北海道千歳市
　　はなぞの　北海道虻田郡倶知安町
　　はなぞの　北海道上川郡美瑛町
　　はなぞの　北海道勇払郡むかわ町
　　はなぞの　青森県青森市
　　はなぞの　宮城県宮城郡利府町
　　はなぞの　福島県喜多方市
　　はなぞの　福島県東白川郡棚倉町
　　はなぞの　茨城県つくば市
　　はなぞの　栃木県大田原市
　　はなぞの　埼玉県所沢市
　　はなぞの　千葉県千葉市花見川区
　　はなぞの　新潟県新潟市中央区
　　はなぞの　新潟県長岡市
　　はなぞの　石川県鳳珠郡穴水町
　　はなぞの　京都府（JR山陰本線）
　　はなぞの　大阪府茨木市
　　はなぞの　山口県光市
　　はなぞの　香川県（高松琴平電気鉄道長尾線）
　　はなぞの　熊本県熊本市西区
　　はなぞの　大分県大分市
花園一条田町　はなぞのいちじょうでんちょう　京都府京都市右京区
花園八ツ口町　はなぞのやつくちちょう　京都府京都市右京区
花園八幡町　はなぞのやわたまち　石川県金沢市
花園久木　はなぞのくき　和歌山県伊都郡かつらぎ町

花園土堂町　はなぞのつちどうちょう　京都府京都市右京区
花園大薮町　はなぞのおおやぶちょう　京都府京都市右京区
花園中南　はなぞのなかみなみ　和歌山県伊都郡かつらぎ町
花園中御門町　はなぞのなかみかどちょう　京都府京都市右京区
花園円成寺町　はなぞのえんじょうじちょう　京都府京都市右京区
花園内畑町　はなぞのうちはたちょう　京都府京都市右京区
花園天授ケ岡町　はなぞのてんじゅがおかちょう　京都府京都市右京区
花園木辻北町　はなぞのきつじきたまち　京都府京都市右京区
花園木辻南町　はなぞのきつじみなみちょう　京都府京都市右京区
花園北　はなぞのきた　大阪府大阪市西成区
花園北寺　はなぞのきたでら　和歌山県伊都郡かつらぎ町
花園台町　はなぞのだいまち　熊本県宇土市
花園本町　はなぞのほんまち　大阪府東大阪市
花園伊町　はなぞのいまち　京都府京都市右京区
花園寺ノ中町　はなぞのてらのなかちょう　京都府京都市右京区
花園寺ノ内町　はなぞのてらのうちちょう　京都府京都市右京区
花園寺ノ前町　はなぞのてらのまえちょう　京都府京都市右京区
花園池ノ窪　はなぞのいけのくぼ　和歌山県伊都郡かつらぎ町
花園艮北町　はなぞのこんぼくちょう　京都府京都市右京区
花園西町　はなぞのにしまち　大阪府東大阪市
花園妙心寺町　はなぞのみょうしんじちょう　京都府京都市右京区
花園町
　　はなぞのちょう　北海道函館市
　　はなぞのちょう　北海道釧路市
　　はなぞのちょう　北海道北見市
　　はなぞのちょう　北海道留萌市
　　はなぞのちょう　北海道苫小牧市
　　はなぞのちょう　北海道紋別市
　　はなぞのちょう　北海道根室市
　　はなぞのちょう　北海道富良野市
　　はなぞのちょう　北海道上川郡上川町
　　はなぞのちょう　北海道河西郡更別村
　　はなぞのちょう　青森県黒石市
　　はなぞのちょう　青森県三沢市
　　はなぞのちょう　岩手県北上市
　　はなぞのまち　秋田県能代市
　　はなぞのちょう　秋田県北秋田市
　　はなぞのちょう　福島県福島市
　　はなぞのちょう　栃木県宇都宮市
　　はなぞのちょう　栃木県足利市
　　はなぞのちょう　千葉県千葉市花見川区
　　はなぞのちょう　新潟県燕市
　　はなぞのちょう　富山県富山市
　　はなぞのまち　富山県砺波市
　　はなぞのまち　石川県七尾市
　　はなぞのちょう　岐阜県岐阜市
　　はなぞのちょう　岐阜県大垣市

638

7画(芥, 苅)

はなぞのちょう　岐阜県関市
はなぞのちょう　静岡県沼津市
はなぞのちょう　愛知県豊橋市
はなぞのちょう　愛知県半田市
はなぞのちょう　愛知県豊田市
はなぞのちょう　滋賀県大津市
はなぞのちょう　京都府京都市下京区
はなぞのちょう　大阪府(大阪市交通局四つ橋線)
はなぞのちょう　兵庫県明石市
はなぞのちょう　兵庫県西宮市
はなぞのちょう　奈良県奈良市
はなぞのちょう　鳥取県米子市
はなぞのちょう　広島県福山市
はなぞのちょう　山口県周南市
はなぞのちょう　香川県高松市
はなぞのまち　愛媛県松山市
はなぞのちょう　高知県安芸市
はなぞのちょう　福岡県大牟田市
はなぞのまち　長崎県長崎市
はなぞのちょう　長崎県佐世保市
はなぞのちょう　熊本県八代市
はなぞのまち　熊本県宇土市

花園車道町　はなぞのくるまみちちょう　京都府京都市右京区
花園坤神町　はなぞのこんなんちょう　京都府京都市右京区
花園岡ノ本町　はなぞのおかのもとちょう　京都府京都市右京区
花園東　はなぞのひがし　新潟県長岡市
花園東町　はなぞのひがしまち　大阪府東大阪市
花園南　はなぞのみなみ　大阪府大阪市西成区
花園春日町　はなぞのかすがちょう　京都府京都市右京区
花園段ノ岡町　はなぞのだんのおかちょう　京都府京都市右京区
花園宮ノ上町　はなぞのみやのかみちょう　京都府京都市右京区
花園扇野町　はなぞのおうぎのちょう　京都府京都市右京区
花園馬代町　はなぞのばだいちょう　京都府京都市右京区
花園梁瀬　はなぞのやなせ　和歌山県伊都郡かつらぎ町
花園猪ノ毛町　はなぞのいのけちょう　京都府京都市右京区
花園巽南町　はなぞのそんなんちょう　京都府京都市右京区
花園新子　はなぞのあたらし　和歌山県伊都郡かつらぎ町
花園薮ノ下町　はなぞのやぶのしたちょう　京都府京都市右京区
花園鷹司町　はなぞのたかつかさちょう　京都府京都市右京区
花楯　はなたて　山形県山形市
花殿町　はなどのちょう　宮崎県宮崎市
14花徳　けどく　鹿児島県大島郡徳之島町
15花影町
　　はなかげちょう　埼玉県坂戸市
　　はなかげちょう　兵庫県姫路市
花蔵寺町　けぞうじちょう　愛知県西尾市
花輪
　　はなわ　岩手県宮古市
　　はなわ　秋田県鹿角市

はなわ　群馬県(わたらせ渓谷鉄道線)
はなわ　千葉県富津市
花輪町　はなわちょう　千葉県千葉市中央区
16花壇　かだん　宮城県仙台市青葉区
花橋　はなばし　茨城県筑西市
花積　はなづみ　埼玉県春日部市
花館　はなだて　秋田県大仙市
花館上町　はなだてかみちょう　秋田県大仙市
花館中町　はなだてなかまち　秋田県大仙市
花館柳町　はなだてやなぎまち　秋田県大仙市
17花磯　はないそ　北海道爾志郡乙部町
19花瀬
　　はなぜ　徳島県那賀郡那賀町
　　はなせ　福岡県飯塚市
花繰町　はなぐりちょう　宮崎県都城市
21花鶴丘　かづるがおか　福岡県古賀市

【芥】

3芥川　あくたがわ　高知県土佐郡土佐町
芥川町　あくたがわちょう　大阪府高槻市
5芥田　あくただ　福岡県嘉麻市
7芥見　あくたみ　岐阜県岐阜市
芥見大退　あくたみおおのぎ　岐阜県岐阜市
芥見大般若　あくたみだいはんにゃ　岐阜県岐阜市
芥見大船　あくたみおおぶね　岐阜県岐阜市
芥見中野畑　あくたみなかのばた　岐阜県岐阜市
芥見町屋　あくたみまちや　岐阜県岐阜市
芥見東山　あくたみひがしやま　岐阜県岐阜市
芥見長山　あくたみながやま　岐阜県岐阜市
芥見南山　あくたみみなみやま　岐阜県岐阜市
芥見海戸山　あくたみかいとやま　岐阜県岐阜市
芥見堀田　あくたみほりた　岐阜県岐阜市
芥見清水　あくたみきよみず　岐阜県岐阜市
芥見野畑　あくたみのばた　岐阜県岐阜市
芥見嵯峨　あくたみさが　岐阜県岐阜市
芥見影山　あくたみかげやま　岐阜県岐阜市
8芥附　くづつけ　徳島県海部郡海陽町

【苅】

4苅毛　かりけ　千葉県香取市
5苅生　かろう　埼玉県飯能市
苅田
　　かりた　大阪府大阪市住吉区
　　かんだ　福岡県(JR日豊本線)
　　かんだ　福岡県京都郡苅田町
苅田町　かんだまち　福岡県京都郡
6苅安賀
　　かりやすか　愛知県(名古屋鉄道尾西線)
　　かりやすか　愛知県一宮市
苅宇田　かりうだ　大分県宇佐市
7苅谷　かりや　千葉県いすみ市
9苅屋　かりや　愛知県常滑市
苅屋形　かりやがた　広島県山県郡北広島町
苅屋町　かりやちょう　愛知県常滑市
10苅原　かりはら　滋賀県栗東市
11苅宿
　　かりやど　福島県双葉郡浪江町
　　かりやど　神奈川県川崎市中原区
苅野　かりの　神奈川県南足柄市

639

7画 (芹, 芸, 芝)

¹²苅萱町 かるかやちょう 愛知県豊田市
苅間
　　かりま 茨城県つくば市
　　かりま 滋賀県愛知郡愛荘町
¹⁶苅橋 かりはし 茨城県結城郡八千代町
¹⁹苅藻 かるも 兵庫県 (神戸市交通局海岸線)
苅藻島町 かるもじまちょう 兵庫県神戸市長田区
苅藻通 かるもどおり 兵庫県神戸市長田区

【芹】

⁰芹ケ沢 せりがさわ 福島県田村郡三春町
芹ケ野 せりがの 鹿児島県いちき串木野市
芹が谷 せりがや 神奈川県横浜市港南区
³芹口 せりぐち 熊本県阿蘇郡高森町
芹山 せりやま 新潟県三条市
芹川
　　せりかわ 富山県小矢部市
　　せりかわ 石川県鹿島郡中能登町
芹川町
　　せりかわまち 新潟県長岡市
　　せりかわちょう 滋賀県彦根市
⁴芹中町 せりなかまち 滋賀県彦根市
芹井 せりい 奈良県桜井市
⁵芹出 せりで 山形県西置賜郡小国町
芹田
　　せりだ 秋田県にかほ市
　　せつだ 山形県酒田市
　　せりだ 新潟県南魚沼市
　　せりだ 福岡県宮若市
⁷芹沢
　　せりさわ 秋田県北秋田市
　　せりさわ 福島県二本松市
　　せりさわ 福島県耶麻郡猪苗代町
　　せりさわ 茨城県行方市
　　せりさわ 栃木県日光市
　　せりざわ 神奈川県茅ケ崎市
芹沢町 せりざわまち 福島県須賀川市
芹町 せりまち 滋賀県彦根市
芹谷 せりだに 富山県砺波市
⁸芹沼 せりぬま 栃木県日光市
¹⁶芹橋 せりばし 滋賀県彦根市

【芸】

³芸大通 げいだいどおり 愛知県 (愛知高速交通東部
　　丘陵線)
⁶芸西村 げいせいむら 高知県安芸郡
¹¹芸術の森 げいじゅつのもり 北海道札幌市南区
¹⁶芸濃町小野平 げいのうちょうおのひら 三重県津市
芸濃町中縄 げいのうちょうなかなわ 三重県津市
芸濃町北神山 げいのうちょうきたこやま 三重県津市
芸濃町多門 げいのうちょうたもん 三重県津市
芸濃町忍田 げいのうちょうおしだ 三重県津市
芸濃町岡本 げいのうちょうおかもと 三重県津市
芸濃町林 げいのうちょうはやし 三重県津市
芸濃町河内 げいのうちょうこうち 三重県津市
芸濃町椋本 げいのうちょうむくもと 三重県津市
芸濃町萩野 げいのうちょうはぎの 三重県津市
芸濃町雲林院 げいのうちょううんじい 三重県津市
芸濃町楠原 げいのうちょうくすわら 三重県津市

【芝】

芝
　　しば 埼玉県川口市
　　しば 千葉県成田市
　　しば 東京都港区
　　しば 奈良県桜井市
　　しば 和歌山県日高郡みなべ町
　　しば 徳島県海部郡海陽町
　　しば 愛媛県北宇和郡鬼北町
　　しば 鹿児島県大島郡瀬戸内町
⁰芝ノ丁 しばのちょう 和歌山県和歌山市
³芝下 しばしも 埼玉県川口市
芝久保町 しばくぼちょう 東京都西東京市
芝大門 しばだいもん 東京都港区
芝大宮町 しばおおみやちょう 京都府京都市上京区
芝山
　　しばやま 千葉県船橋市
　　しばやま 千葉県山武郡芝山町
芝山千代田 しばやまちよだ 千葉県 (芝山鉄道線)
芝山町 しばやままち 千葉県山武郡
芝川 しばかわ 静岡県 (JR身延線)
芝川町 しばかわちょう ⇒富士宮市 (静岡県)
⁴芝中田 しばなかだ 埼玉県川口市
芝中町 しばなかちょう 山口県宇部市
芝之町 しばのちょう 京都府京都市上京区
芝井 しばい 愛知県弥富市
芝井町 しばいちょう 愛知県弥富市
芝公園
　　しばこうえん 東京都 (東京都交通局三田線)
　　しばこうえん 東京都港区
⁵芝本町 しばほんちょう 静岡県三島市
芝生田 しぼうた 長野県小諸市
芝生町
　　しぼちょう 大阪府高槻市
　　しぼうちょう 徳島県小松島市
芝田
　　しばた 三重県四日市市
　　しばた 大阪府大阪市北区
芝田町 しばたちょう 大阪府吹田市
芝辻町 しばつじちょう 奈良県奈良市
芝辻新田 しばつじしんでん 兵庫県宝塚市
⁶芝西
　　しばにし 宮城県亘理郡亘理町
　　しばにし 埼玉県川口市
⁷芝町
　　しばちょう 静岡県伊東市
　　しばちょう 愛知県名古屋市南区
　　しばまち 兵庫県三木市
　　しばちょう 鳥取県境港市
芝谷町 しばたにちょう 大阪府高槻市
⁸芝東町 しばひがしちょう 埼玉県川口市
芝沼 しばぬま 埼玉県比企郡川島町
芝突抜町 しばつきぬけちょう 奈良県奈良市
⁹芝草 しばくさ 山梨県南巨摩郡身延町
¹⁰芝原
　　しばはら 埼玉県さいたま市緑区
　　しばはら 千葉県長生郡長南町
　　しばはら 福井県越前市
　　しばはら 岐阜県安八郡安八町
　　しばはら 静岡県静岡市葵区

640

7画（芭, 芙, 芳）

しばはら　滋賀県大津市
しばわら　熊本県上益城郡甲佐町
しばわら　大分県宇佐市
芝原中町　しばはらなかまち　岐阜県本巣郡北方町
芝原西町　しばはらにしまち　岐阜県本巣郡北方町
芝原町
　　しばはらまち　石川県金沢市
　　しばはらちょう　滋賀県東近江市
芝原東町　しばはらひがしまち　岐阜県本巣郡北方町
芝宮根町　しばみやねちょう　埼玉県川口市
芝浦　しばうら　東京都港区
芝浦ふ頭　しばうらふとう　東京都（ゆりかもめ臨海線）
芝高木　しばたかぎ　埼玉県川口市
11芝崎
　　しばさき　茨城県神栖市
　　しばさき　千葉県流山市
　　しばさき　千葉県山武郡横芝光町
　　しばさき　福井県大飯郡おおい町
芝崎町　しばさきちょう　山口県山口市
芝崎南　しばさきみなみ　千葉県山武郡横芝光町
芝野　しばの　新潟県加茂市
芝野町　しばのまち　新潟県見附市
12芝塚町　しばづかまち　群馬県高崎市
芝塚原　しばつかばら　埼玉県川口市
芝堤　しばつつみ　福島県伊達郡桑折町
芝富士　しばふじ　埼玉県川口市
芝童森　しどうもり　秋田県能代市
13芝園　しばぞの　千葉県習志野市
芝園町
　　しばぞのちょう　埼玉県川口市
　　しばぞのちょう　富山県富山市
芝新町　しばしんまち　埼玉県川口市
芝新屋町　しばのしんやちょう　奈良県奈良市
14芝樋ノ爪　しばひのつめ　埼玉県川口市
16芝薬師町　しばやくしちょう　京都府京都市上京区

【芭】
15芭蕉　ばしょう　青森県五所川原市
20芭露　ばろう　北海道紋別郡湧別町

【芙】
13芙蓉　ふよう　福岡県遠賀郡遠賀町
芙蓉台　ふようだい　静岡県三島市

【芳】
0芳ケ崎　はがさき　三重県桑名市
芳ノ口　よしのくち　宮城県気仙沼市
芳ノ沢　よしのさわ　高知県幡多郡大月町
3芳士　ほうじ　宮崎県宮崎市
芳川　よしかわ　高知県高岡四万十町
芳川町
　　ほうがわちょう　静岡県浜松市南区
　　よしかわちょう　愛知県高浜市
4芳井
　　よしい　栃木県那須郡那珂川町
　　よしい　高知県幡多郡三原村
芳井町下鴫　よしいちょうしもしぎ　岡山県井原市
芳井町上鴫　よしいちょうかみしぎ　岡山県井原市

芳井町与井　よしいちょうよい　岡山県井原市
芳井町山村　よしいちょうやまむら　岡山県井原市
芳井町川相　よしいちょうかわい　岡山県井原市
芳井町井山　よしいちょういやま　岡山県井原市
芳井町天神山　よしいちょうてんじんやま　岡山県井原市
芳井町片塚　よしいちょうかたづか　岡山県井原市
芳井町吉井　よしいちょうよしい　岡山県井原市
芳井町宇戸川　よしいちょううとがわ　岡山県井原市
芳井町池谷　よしいちょういけだに　岡山県井原市
芳井町西三原　よしいちょうにしみはら　岡山県井原市
芳井町佐屋　よしいちょうさや　岡山県井原市
芳井町花滝　よしいちょうはなだき　岡山県井原市
芳井町東三原　よしいちょうひがしみはら　岡山県井原市
芳井町梶江　よしいちょうかじえ　岡山県井原市
芳井町種　よしいちょうたね　岡山県井原市
芳井町簗瀬　よしいちょうやなせ　岡山県井原市
芳友町　ほうゆうちょう　愛知県豊田市
5芳生野乙　よしゅうのおつ　高知県高岡郡津野町
芳生野丙　よしうのへい　高知県高岡郡津野町
芳生野甲　よしうのこう　高知県高岡郡津野町
芳田　よしだ　長野県上田市
7芳志戸　ほうしと　栃木県芳賀郡芳賀町
芳沢　よしざわ　山形県山形市
芳町
　　よしちょう　岩手県北上市
　　よしちょう　栃木県足利市
　　よしちょう　新潟県新潟市中央区
8芳斉　ほうさい　石川県金沢市
芳河原台　ほうがわらだい　大分県大分市
9芳泉　ほうせん　岡山県岡山市南区
芳泉町　ほうせんまち　山形県米沢市
11芳野
　　よしの　山形県山形市
　　よしの　富山県高岡市
　　よしの　長野県松本市
　　よしの　愛知県名古屋市東区
　　よしの　愛知県名古屋市北区
芳野ケ原　よしのがはら　福井県勝山市
芳野台　よしのだい　埼玉県川越市
芳野町
　　よしのちょう　福井県勝山市
　　よしのちょう　京都府京都市東山区
　　よしのちょう　大阪府吹田市
12芳賀
　　はが　山形県天童市
　　はが　福島県郡山市
　　はが　千葉県匝瑳市
　　はが　岡山県岡山市北区
芳賀台　はがだい　栃木県芳賀郡芳賀町
芳賀町　はがまち　栃木県芳賀郡
芳賀郡　はがぐん　栃木県
芳賀崎　はがさき　茨城県結城市
芳雄町　よしおまち　福岡県飯塚市
15芳養　はや　和歌山県（JR紀勢本線）
芳養町　はやちょう　和歌山県田辺市
芳養松原　はやまつばら　和歌山県田辺市

641

7画（見，角）

【見】

⁰見々久町　みみくちょう　島根県出雲市
　見ノ越　みのこし　高知県吾川郡仁淀川町
²見入　けんにゅう　三重県桑名郡木曽岬町
　見入流作　けんにゅうりゅうさく　三重県桑名郡木曽岬町
³見上　みあげ　栃木県芳賀郡市貝町
　見山　みやま　埼玉県さいたま市見沼区
　見山町　みやまちょう　北海道苫小牧市
　見川　みがわ　茨城県水戸市
　見川町　みがわちょう　茨城県水戸市
⁴見内
　　みうち　富山県氷見市
　　みうち　兵庫県篠山市
　見方町　みかたちょう　新潟県新潟市中央区
　見日町　みるかちょう　鳥取県倉吉市
⁵見世　みせ　滋賀県大津市
　見付
　　みつけ　静岡県磐田市
　　みつけ　高知県高岡郡四万十町
　見付山　みつけやま　大阪府茨木市
　見付町　みつけちょう　愛知県瀬戸市
　見広　みひろ　千葉県旭市
　見田　みた　茨城県下妻市
　見田内　みだうち　宮城県亘理郡亘理町
　見目
　　みめ　香川県小豆郡土庄町
　　みめ　大分県豊後高田市
　見立
　　みたて　新潟県佐渡市
　　みたて　香川県仲多度郡多度津町
　　みたて　宮崎県西臼杵郡日之影町
⁶見合町　みあいまち　愛知県碧南市
　見老津
　　みろづ　和歌山県（JR紀勢本線）
　　みろづ　和歌山県西牟婁郡すさみ町
⁷見尾　みお　岡山県真庭市
　見町　みるまち　青森県上北郡七戸町
　見花山　みはなやま　神奈川県横浜市都筑区
⁸見取　みどり　静岡県袋井市
　見取町　みどりちょう　岐阜県大垣市
　見和　みわ　茨城県水戸市
　見奈良
　　みなら　愛媛県（伊予鉄道横河原線）
　　みなら　愛媛県東温市
　見延
　　みのべ　岐阜県本巣市
　　みのべ　岡山県総社市
　見明　みみょう　福島県河沼郡会津坂下町
　見明戸　みあけど　岡山県真庭市
　見沼
　　みぬま　埼玉県さいたま市北区
　　みぬま　埼玉県さいたま市緑区
　見沼区　みぬまく　埼玉県さいたま市
　見沼代親水公園　みぬまだいしんすいこうえん　東京都（東京都交通局日暮里・舎人ライナー）
　見沼町　みぬまちょう　埼玉県蓮田市
　見物　けんぶつ　千葉県館山市
　見附　みつけ　新潟県（JR信越本線）

見附市　みつけし　新潟県
見附町
　　みつけちょう　神奈川県平塚市
　　みつけちょう　愛知県名古屋市千種区
　見附島　みつけじま　神奈川県伊勢原市
⁹見津が丘　みつがおか　兵庫県神戸市西区
　見砂　みさご　石川県羽咋郡宝達志水町
¹⁰見借　みるかし　佐賀県唐津市
　見島　みしま　山口県萩市
　見座　みざ　富山県南砺市
　見能林　みのばやし　徳島県（JR牟岐線）
　見能林町　みのばやしちょう　徳島県阿南市
　見通　みづうり　福島県南会津郡檜枝岐村
　見高　みだか　静岡県賀茂郡河津町
¹¹見寄町　みよりちょう　愛知県名古屋市西区
　見崎　みさき　山形県山形市
　見崎川原　みさきがわら　山形県山形市
　見崎町　みさきまち　長崎県長崎市
　見野
　　みの　栃木県鹿沼市
　　みの　兵庫県川西市
　見野山　みのやま　大阪府堺市中区
　見頃道上　みごろみちうえ　福島県喜多方市
¹²見晴
　　みはらし　北海道虻田郡真狩村
　　みはらし　北海道紋別郡遠軽町
　　みはる　茨城県稲敷郡美浦村
　　みはらし　広島県呉市
　見晴台
　　みはらしだい　北海道江別市
　　みはらしだい　熊本県（南阿蘇鉄道線）
　見晴町
　　みはらしちょう　北海道函館市
　　みはらしちょう　北海道小樽市
　　みはらしちょう　北海道留萌市
　　みはらしちょう　北海道増毛郡増毛町
　　みはらしちょう　埼玉県熊谷市
　　みはらしちょう　埼玉県深谷市
　　みはらしちょう　愛知県名古屋市南区
　見越町　みこしちょう　愛知県愛西市
¹³見滝　みたき　新潟県糸魚川市
　見福　けんぷく　埼玉県本庄市
¹⁵見槻　みづき　鳥取県八頭郡八頭町
　見槻中　みづきなか　鳥取県八頭郡八頭町
¹⁸見禰　みね　福島県耶麻郡猪苗代町
　見禰山　みねやま　福島県耶麻郡猪苗代町
¹⁹見瀬　みせ　静岡県静岡市駿河区
　見瀬町　みせちょう　奈良県橿原市

【角】

角
　　つの　富山県高岡市
　　かど　京都府船井郡京丹波町
　　すみ　和歌山県有田郡有田川町
　　すみ　山口県岩国市
⁰角の浜　かどのはま　岩手県（JR八戸線）
²角十　かくじゅう　北海道寿都郡黒松内町
³角三島　つのみしま　富山県高岡市
　角子南　つのごみなみ　大分県大分市
　角子原　つのこばる　大分県大分市

642

7画（角）

角山
　　かくやま　北海道江別市
　　かくやま　埼玉県比企郡小川町
角山免　つのやまめん　長崎県北松浦郡佐々町
角川
　　つのかわ　山形県最上郡戸沢村
　　つのがわ　岐阜県（JR高山本線）
4角井　つのい　島根県飯石郡飯南町
角五郎　つのごろう　宮城県仙台市青葉区
角切　つのきり　宮城県伊具郡丸森町
角木　つのぎ　大分県中津市
角木町　つのぎまち　大分県中津市
角木新町　つのぎしんまち　大分県中津市
5角打　つのうち　山梨県南巨摩郡身延町
角生　つのう　福島県南会津郡南会津町
角田
　　かくた　北海道夕張郡栗山町
　　かくた　青森県黒石市
　　かくだ　宮城県（阿武隈急行線）
　　かくだ　宮城県角田市
　　つのだ　千葉県印西市
　　すみだ　神奈川県愛甲郡愛川町
　　すみだ　大阪府東大阪市
角田二口　かくたふたくち　山形県東田川郡三川町
角田市　かくだし　宮城県
角田町　かくだちょう　大阪府大阪市北区
角田浜　かくだはま　新潟県新潟市西蒲区
角石　かどいし　山口県山陽小野田市
角石町　すみいしちょう　兵庫県西宮市
角石祖母　ついしそぼ　岡山県久米郡美咲町
6角地　かくじ　宮城県気仙沼市
角池　かくいけ　愛知県犬山市
7角坂　かくさか　徳島県海部郡海陽町
角折　つのおれ　茨城県鹿嶋市
角折町　つのおりちょう　福井県福井市
角来　かくらい　千葉県佐倉市
角沢　つのざわ　山形県新庄市
8角茂谷
　　かくもだに　高知県（JR土讃線）
　　かくもだに　高知県長岡郡大豊町
9角南　すなみ　岡山県美作市
角屋　すみや　福井県あわら市
角柄折　つのがらおり　青森県三戸郡階上町
角海浜　かくみはま　新潟県新潟市西蒲区
角泉　かくせん　埼玉県比企郡川島町
10角倉町　すみくらちょう　京都府京都市中京区
角原町　つのはらちょう　福井県福井市
角島　つのしま　新潟県東蒲原郡阿賀町
角振町　つのふりちょう　奈良県奈良市
角振新屋町　つのふりしんやちょう　奈良県奈良市
11角崎
　　すみざき　茨城県稲敷市
　　つのさき　高知県四万十市
角崎町　つのさきちょう　愛知県春日井市
角崎歩　すみざきちょうぶ　茨城県稲敷郡河内町
角渕　つのぶち　群馬県佐波郡玉村町
角野
　　かくの　福井県大野市
　　すみの　愛媛県新居浜市

角野前坂　かくのまえさか　福井県大野市
角野新田町　すみのしんでんちょう　愛媛県新居浜市
角鹿町　つのがちょう　福井県敦賀市
12角割町　かくわりちょう　愛知県名古屋市中村区
角間
　　かくま　秋田県湯沢市
　　かくま　新潟県十日町市
　　かくま　新潟県糸魚川市
　　かくま　富山県氷見市
角間川町　かくまがわまち　秋田県大仙市
角間沢　かくまざわ　秋田県湯沢市
角間町　かくままち　石川県金沢市
角間崎　かくまざき　秋田県男鹿市
角間新町　かくましんまち　石川県金沢市
15角盤町　かくばんちょう　鳥取県米子市
16角館　かくのだて　秋田県（JR田沢湖線ほか）
角館町七日町　かくのだてまちなのかまち　秋田県仙北市
角館町八割　かくのだてまちはちわり　秋田県仙北市
角館町下川原　かくのだてまちしたがわら　秋田県仙北市
角館町下中町　かくのだてまちしもなかまち　秋田県仙北市
角館町下岩瀬町　かくのだてまちしもいわせまち　秋田県仙北市
角館町下延　かくのだてまちしものぶ　秋田県仙北市
角館町下菅沢　かくのだてまちしもすがさわ　秋田県仙北市
角館町下新町　かくのだてまちしもしんまち　秋田県仙北市
角館町上菅沢　かくのだてまちかみすがさわ　秋田県仙北市
角館町上野　かくのだてまちうわの　秋田県仙北市
角館町上新町　かくのだてまちかみしんまち　秋田県仙北市
角館町大中嶋　かくのだてまちおおなかじま　秋田県仙北市
角館町大風呂　かくのだてまちおおふろ　秋田県仙北市
角館町小人町　かくのだてまちこびとまち　秋田県仙北市
角館町小勝田　かくのだてまちおがた　秋田県仙北市
角館町小館　かくのだてまちこだて　秋田県仙北市
角館町山谷川崎　かくのだてまちやまやかわさき　秋田県仙北市
角館町山根町　かくのだてまちやまねまち　秋田県仙北市
角館町川原　かくのだてまちかわら　秋田県仙北市
角館町川原町　かくのだてまちかわらまち　秋田県仙北市
角館町川原町後　かくのだてまちかわらまちうしろ　秋田県仙北市
角館町中町　かくのだてまちなかまち　秋田県仙北市
角館町中菅沢　かくのだてまちなかすがさわ　秋田県仙北市
角館町水ノ目沢　かくのだてまちみずのめさわ　秋田県仙北市
角館町北野　かくのだてまちきたの　秋田県仙北市
角館町古城　かくのだてまちふるしろ　秋田県仙北市
角館町古城山　かくのだてまちふるしろやま　秋田県仙北市

643

7画（谷）

角館町外ノ山　かくのだてまちとのやま　秋田県仙北市

角館町外ノ山官有地　かくのだてまちとのやまかんゆうち　秋田県仙北市

角館町広久内　かくのだてまちひろくない　秋田県仙北市

角館町田町下丁　かくのだてまちたまちしもちょう　秋田県仙北市

角館町田町上丁　かくのだてまちたまちかみちょう　秋田県仙北市

角館町白岩　かくのだてまちしらいわ　秋田県仙北市

角館町竹原町　かくのだてまちたけわらまち　秋田県仙北市

角館町西下夕野　かくのだてまちにししたの　秋田県仙北市

角館町西北野　かくのだてまちにしきたの　秋田県仙北市

角館町西田　かくのだてまちにした　秋田県仙北市

角館町西長野　かくのだてまちにしながの　秋田県仙北市

角館町西菅沢　かくのだてまちにしすがさわ　秋田県仙北市

角館町西野川原　かくのだてまちにしのかわら　秋田県仙北市

角館町西勝楽町　かくのだてまちにしかつらくまち　秋田県仙北市

角館町花場　かくのだてまちはなば　秋田県仙北市

角館町花場下　かくのだてまちはなばした　秋田県仙北市

角館町岩瀬　かくのだてまちいわせ　秋田県仙北市

角館町岩瀬下夕野　かくのだてまちいわせしたの　秋田県仙北市

角館町岩瀬町　かくのだてまちいわせまち　秋田県仙北市

角館町東勝楽丁　かくのだてまちひがしかつらくちょう　秋田県仙北市

角館町歩行町　かくのだてまちおかちまち　秋田県仙北市

角館町表町下丁　かくのだてまちおもてまちしもちょう　秋田県仙北市

角館町表町上丁　かくのだてまちおもてまちかみちょう　秋田県仙北市

角館町金山下　かくのだてまちかなやました　秋田県仙北市

角館町細越町　かくのだてまちほそごえまち　秋田県仙北市

角館町菅沢　かくのだてまちすがさわ　秋田県仙北市

角館町鳥木沢　かくのだてまちとりきざわ　秋田県仙北市

角館町勝楽　かくのだてまちかつらく　秋田県仙北市

角館町雲然　かくのだてまちくもしかり　秋田県仙北市

角館町裏町　かくのだてまちうらまち　秋田県仙北市

角館町横町　かくのだてまちよこまち　秋田県仙北市

角館町薗田　かくのだてまちそのだ　秋田県仙北市

【谷】

谷
たに　千葉県流山市
たに　富山県南砺市
たに　富山県中新川郡立山町
たに　石川県かほく市
たに　福井県敦賀市
たに　兵庫県淡路市
たに　兵庫県神崎郡市川町
たに　奈良県桜井市
たに　奈良県吉野郡下市町
たに　和歌山県和歌山市
たに　和歌山県海草郡紀美野町
たに　和歌山県有田郡有田川町
たに　鳥取県倉吉市
たに　愛媛県八幡浜市
たに　高知県長岡郡大豊町
たに　福岡県福岡市中央区
たに　福岡県京都郡苅田町

0谷ケ　やが　神奈川県足柄上郡山北町

谷ケ原　たにがはら　神奈川県相模原市緑区

谷の口町　やのくちちょう　静岡県掛川市

3谷下　やじた　埼玉県さいたま市岩槻区

谷三倉　さくみくら　千葉県香取郡多古町

谷上　たにがみ　兵庫県（神戸電鉄有馬線ほか）

谷上西町　たにがみにしまち　兵庫県神戸市北区

谷上東町　たにがみひがしまち　兵庫県神戸市北区

谷上南町　たにがみみなみまち　兵庫県神戸市北区

谷万成　たにまんなり　岡山県岡山市北区

谷口
やぐち　茨城県つくばみらい市
やぐち　埼玉県三郷市
やぐち　埼玉県比企郡吉見町
たにぐち　富山県中新川郡立山町
たにぐち　福井県敦賀市
たにぐち　福井県吉田郡永平寺町
たにぐち　福井県今立郡池田町
たにぐち　愛知県知多郡武豊町
たにぐち　和歌山県日高郡みなべ町

谷口円成寺町　たにぐちえんじょうじちょう　京都府京都市右京区

谷口町
たにぐちちょう　愛知県名古屋市千種区
たにぐちちょう　滋賀県長浜市
たにぐちちょう　兵庫県宝塚市
たにぐちちょう　兵庫県加西市

谷口垣ノ内町　たにぐちかきのうちちょう　京都府京都市右京区

谷口唐田ノ内町　たにぐちからたのうちちょう　京都府京都市右京区

谷口梅津間町　たにぐちうめづまちょう　京都府京都市右京区

谷口園町　たにぐちそのまち　京都府京都市右京区

谷口銀山　たにぐちぎんざん　山形県最上郡金山町

谷山
ややま　静岡県浜松市天竜区
たにやま　兵庫県篠山市
たにやま　福岡県古賀市
たにやま　鹿児島県（JR指宿枕崎線ほか）
たにやま　鹿児島県大島郡和泊町

谷山小路　たにやまこうじ　秋田県由利本荘市

谷山中央　たにやまちゅうおう　鹿児島県鹿児島市

谷山港　たにやまこう　鹿児島県鹿児島市

谷川
やかわ　栃木県那須郡那珂川町
たにがわ　群馬県利根郡みなかみ町
たにがわ　大阪府大東市
たにかわ　兵庫県（JR福知山線）

644

7画（谷）

たにがわ　鳥取県西伯郡伯耆町
たにがわ　宮崎県宮崎市
谷川町
　　やがわちょう　愛知県豊川市
　　たにがわちょう　京都府京都市東山区
　　たにがわちょう　大阪府富田林市
　　たにがわちょう　宮崎県宮崎市
谷川浜　やがわはま　宮城県石巻市
4谷中
　　やなか　福島県西白河郡矢吹町
　　やなか　茨城県取手市
　　やなか　茨城県筑西市
　　やなか　茨城県稲敷郡美浦村
　　やなか　埼玉県川越市
　　やなか　埼玉県三郷市
　　やなか　埼玉県比企郡川島町
　　やなか　千葉県袖ケ浦市
　　やなか　千葉県香取市
　　やなか　千葉県山武郡横芝光町
　　やなか　東京都台東区
　　やなか　東京都足立区
　　やなか　静岡県周智郡森町
谷中町　やなかちょう　埼玉県越谷市
谷之　やの　埼玉県深谷市
谷之口　たにのくち　宮崎県（JR日南線）
谷井田　やいた　茨城県つくばみらい市
谷内
　　やち　新潟県新潟市西区
　　やち　新潟県長岡市
　　やち　新潟県小千谷市
　　やち　新潟県中魚沼郡津南町
　　やち　富山県高岡市
　　やち　石川県河北郡津幡町
　　たにうち　徳島県那賀郡那賀町
谷内丑　やちうし　新潟県十日町市
谷内林新田　やちばやししんでん　新潟県妙高市
谷戸　たんど　島根県邑智郡川本町
谷戸町　やとちょう　東京都西東京市
谷王子町　たにおうじちょう　和歌山県新宮市
5谷台　やつだい　千葉県山武郡横芝光町
谷尻
　　たにじり　奈良県吉野郡東吉野村
　　たにしり　岡山県岡山市東区
谷本　やもと　千葉県茂原市
谷永島　やながしま　茨城県筑西市
谷田
　　やだ　栃木県那須郡那珂川町
　　やた　埼玉県ふじみ野市
　　やた　千葉県白井市
　　やだ　静岡県静岡市駿河区
　　やだ　静岡県静岡市清水区
　　やた　静岡県三島市
　　やた　奈良県高市郡高取町
谷田川　やたがわ　福島県（JR水郡線）
谷田町
　　やだちょう　茨城県水戸市
　　やたちょう　愛知県知立市
　　たにだちょう　奈良県生駒市
谷田町本林　やたちょうほんばやし　愛知県知立市
谷田町西　やたちょうにし　愛知県知立市
谷田部
　　やたべ　茨城県下妻市

やたべ　茨城県つくば市
やたべ　茨城県東茨城郡茨城町
やたべ　福井県小浜市
6谷向　やむかい　千葉県南房総市
谷向町　やむかいちょう　茨城県石岡市
谷合　たにあい　岐阜県山県市
谷在家
　　やざいけ　東京都（東京都交通局日暮里・舎人ライ
　　　ナー）
　　やざいけ　東京都足立区
谷地
　　やち　岩手県岩手郡雫石町
　　やち　山形県西村山郡河北町
　　やじ　福島県郡山市
　　やじ　福島県伊達郡桑折町
　　やち　福島県大沼郡会津美里町
　　やじ　福島県石川郡石川町
　　やち　群馬県利根郡川場村
　　やつじ　高知県土佐市
谷地ひな市　やちひないち　山形県西村山郡河北町
谷地上　やちうえ　秋田県能代市
谷地小屋　やちごや　福島県相馬郡新地町
谷地中　やちなか　岩手県八幡平市
谷地中央　やちちゅうおう　山形県西村山郡河北町
谷地本町　やちほんちょう　福島県郡山市
谷地田
　　やちた　岩手県八幡平市
　　やちた　福島県喜多方市
谷地田上　やちだかみ　福島県喜多方市
谷地町
　　やちまち　秋田県大館市
　　やちまち　秋田県由利本荘市
谷地町後　やちまちうしろ　秋田県大館市
谷地所岡　やちところおか　山形県西村山郡河北町
谷地前
　　やちまえ　山形県山形市
　　やちまえ　福島県大沼郡会津美里町
谷地荒町東　やちあらまちひがし　山形県西村山郡河
　　北町
谷地原　やちはら　長野県小諸市
谷地森　やちもり　宮城県加美郡加美町
谷地賀　やじつか　栃木県下野市
谷地興屋　やちこうや　山形県鶴岡市
谷地頭
　　やちがしら　北海道（函館市交通局2系統）
　　やちがしら　青森県三沢市
　　やじがしら　青森県上北郡東北町
谷地頭町　やちがしらちょう　北海道函館市
谷好　たによし　北海道北斗市
谷当町　やとうちょう　千葉県千葉市若葉区
谷汲口　たにぐみぐち　岐阜県（樽見鉄道線）
谷汲大洞　たにぐみおおぼら　岐阜県揖斐郡揖斐川町
谷汲木曽藪　たにぐみきそや　岐阜県揖斐郡揖斐川町
谷汲名礼　たにぐみなれ　岐阜県揖斐郡揖斐川町
谷汲有鳥　たにぐみあっとり　岐阜県揖斐郡揖斐川町
谷汲岐礼　たにぐみきれ　岐阜県揖斐郡揖斐川町
谷汲長瀬　たにぐみながせ　岐阜県揖斐郡揖斐川町
谷汲神原　たにぐみかんばら　岐阜県揖斐郡揖斐川町
谷汲高科　たにぐみたかしな　岐阜県揖斐郡揖斐川町
谷汲深坂　たにぐみふかさか　岐阜県揖斐郡揖斐川町

7画（豆, 貝）

谷汲徳積　たにぐみとくづみ　岐阜県掛斐郡掛斐川町
7谷尾崎町　たにおざきまち　熊本県熊本市西区
谷村町　やむらまち　山梨県（富士急行線）
谷沢
　やさわ　山形県寒河江市
　やさわ　福島県石川郡石川町
　やさわ　新潟県東蒲原郡阿賀町
谷町
　たにまち　大阪府大阪市中央区
　たにちょう　兵庫県西脇市
　たにちょう　兵庫県加西市
　たにまち　和歌山県和歌山市
　たにまち　香川県坂出市
　たにまち　愛媛県松山市
　たにまち　福岡県北九州市門司区
　たにまち　福岡県大牟田市
谷町九丁目　たにまちきゅうちょうめ　大阪府（大阪市交通局千日前線ほか）
谷町六丁目　たにまちろくちょうめ　大阪府（大阪市交通局谷町線ほか）
谷町四丁目　たにまちよんちょうめ　大阪府（大阪市交通局谷町線ほか）
谷貝　やがい　茨城県古河市
谷貝新田　やがいしんでん　栃木県真岡市
8谷和子　やわこ　福島県二本松市
谷坪野　たにつぼの　富山県小矢部市
谷定　たにさだ　山形県鶴岡市
谷河内　やごうち　東京都江戸川区
谷河原　やがわら　茨城県（JR水郡線）
谷河原町　やがわらちょう　茨城県常陸太田市
谷迫間　やばさま　岐阜県可児市
9谷保
　やほ　東京都（JR南武線）
　やほ　東京都国立市
谷垣内　たにがいと　奈良県吉野郡十津川村
谷屋
　たにや　富山県氷見市
　たにや　石川県羽咋郡志賀町
谷柏　やがしわ　山形県山形市
谷浅見　やあざみ　栃木県那須烏山市
谷津
　やつ　埼玉県上尾市
　やつ　千葉県（京成電鉄京成本線）
　やつ　千葉県野田市
　やつ　千葉県習志野市
　やつ　千葉県香取郡東庄町
　やつ　神奈川県小田原市
　やつ　静岡県静岡市葵区
　やつ　静岡県賀茂郡河津町
谷津田　やつだ　福島県双葉郡浪江町
谷津作　やつざく　福島県田村郡小野町
谷津町
　やつちょう　茨城県水戸市
　やつまち　千葉県習志野市
　やつちょう　神奈川県横浜市金沢区
　やつちょう　静岡県静岡市清水区
谷相　やそう　山梨県南都留郡道志村
谷神　やちかみ　石川県羽咋郡志賀町
谷茶
　たんちゃ　沖縄県国頭郡本部町
　たんちゃ　沖縄県国頭郡恩納村

10谷原
　やわら　茨城県鹿嶋市
　やわら　茨城県筑西市
　やはら　埼玉県春日部市
　やはら　東京都練馬区
谷原新田　やはらしんでん　埼玉県春日部市
谷峨　やが　神奈川県（JR御殿場線）
谷島　やじま　茨城県行方市
谷島町　やしままち　福島県郡山市
谷根
　たんね　新潟県柏崎市
　たんね　新潟県糸魚川市
谷浜　たにはま　新潟県（えちごトキめき鉄道日本海ひすいライン）
谷畠　たんばく　福井県あわら市
11谷郷　やごう　埼玉県行田市
谷郷町　たにごうちょう　長崎県佐世保市
谷部　やべ　茨城県筑西市
谷野　やの　東京都青梅市
谷野口　たにのくち　和歌山県田辺市
谷野町　やのまち　東京都八王子市
12谷塚
　やつか　埼玉県（東武鉄道伊勢崎線）
　やつか　埼玉県草加市
谷塚上町　やつかかみちょう　埼玉県草加市
谷塚仲町　やつかなかちょう　埼玉県草加市
谷塚町　やつかちょう　埼玉県草加市
谷奥深　たにおぶか　和歌山県橋本市
14谷熊町　やぐまちょう　愛知県田原市
谷稲葉　やいなば　静岡県藤枝市
16谷頭　たにがしら　宮崎県（JR吉都線）
19谷瀬　たにぜ　奈良県吉野郡十津川村

【豆】

0豆ケ平　まめがひら　福島県石川郡石川町
3豆口台　まめぐちだい　神奈川県横浜市中区
5豆田
　まめだ　岡山県美作市
　まめだ　福岡県嘉穂郡桂川町
　まめだ　佐賀県神埼郡吉野ケ里町
豆田町
　まめだちょう　愛知県名古屋市瑞穂区
　まめだまち　大分県日田市
14豆腐町
　とうふまち　兵庫県姫路市
　とうふまち　奈良県大和郡山市

【貝】

0貝ケ森　かいがもり　宮城県仙台市青葉区
貝ノ口　かいのくち　青森県上北郡七戸町
貝ノ川
　かいのかわ　高知県土佐清水市
　かいのかわ　高知県高岡郡津野町
貝ノ川床鍋　かいのかわとこなべ　高知県高岡郡津野町
貝の畑町　かいのはたまち　宮崎県延岡市
3貝山　かいやま　福島県田村郡三春町
貝川　かいかわ　北海道磯谷郡蘭越町
4貝少　かいしょう　山形県西置賜郡小国町

7画（赤）

⁵貝田
    かいだ　福島県（JR東北本線）
    かいだ　福島県伊達郡国見町
    かいだ　石川県羽咋郡志賀町
    かいた　兵庫県篠山市
    かいだ　鳥取県日野郡江府町
貝田町　かいだちょう　愛知県名古屋市西区
貝田新　かいだしん　富山県魚津市
貝皿　かいざら　福井県大野市
⁶貝地　かいじ　茨城県石岡市
貝守　かいもり　青森県三戸郡三戸町
⁷貝吹町　かいふくちょう　愛知県西尾市
貝沢
    かいざわ　青森県弘前市
    かいざわ　秋田県雄勝郡羽後町
貝沢町　かいざわまち　群馬県高崎市
貝谷　かいや　茨城県結城郡八千代町
⁸貝取　かいどり　東京都多摩市
貝附　かいつけ　新潟県村上市
⁹貝屋　かいや　新潟県新発田市
貝屋町　かいやちょう　京都府京都市中京区
貝柄　かいがら　新潟県新潟市西蒲区
貝柄新田　かいがらしんでん　新潟県新潟市西蒲区
貝津　かいづ　愛知県（愛知環状鉄道線）
貝津ケ丘　かいづがおか　長崎県諫早市
貝津町
    かいづちょう　愛知県豊田市
    かいづまち　長崎県諫早市
¹⁰貝原
    かいはら　福島県南会津郡南会津町
    かいばら　兵庫県加東市
    かいはら　奈良県吉野郡下市町
    かいはら　鳥取県日野郡日野町
貝原塚町　かいはらつかまち　茨城県龍ケ崎市
貝家町　かいげちょう　三重県四日市市
貝島町　かいじままち　栃木県鹿沼市
¹¹貝掛
    かいがけ　千葉県勝浦市
    かいかけ　大阪府阪南市
貝曽根町　かいぞねちょう　岐阜県大垣市
貝殻　かいがら　北海道寿都郡黒松内町
貝渚　かいすか　千葉県鴨川市
貝渕
    かいふち　千葉県木更津市
    かいぶち　新潟県柏崎市
貝野　かいの　兵庫県神崎郡神河町
貝野町　かいのちょう　広島県三原市
貝野瀬　かいのせ　群馬県利根郡昭和村
¹²貝喰　かいばみ　新潟県阿賀野市
貝喰新田　かいばみしんでん　新潟県三条市
貝塚
    かいづか　北海道釧路市
    かいづか　茨城県取手市
    かいづか　埼玉県富士見市
    かいづか　埼玉県蓮田市
    かいづか　千葉県千葉市若葉区
    かいづか　千葉県匝瑳市
    かいづか　千葉県香取市
    かいづか　神奈川県川崎市川崎区
    かいづか　新潟県新発田市
    かいづか　新潟県佐渡市

    かいづか　大阪府（水間鉄道線ほか）
    かいづか　高知県宿毛市
    かいづか　福岡県（西日本鉄道西鉄貝塚線ほか）
貝塚市　かいづかし　大阪府
貝塚市役所前　かいづかしやくしょまえ　大阪府（水間鉄道線）
貝塚団地　かいづかだんち　福岡県福岡市東区
貝塚町
    かいづかちょう　千葉県千葉市若葉区
    かいづかちょう　愛知県名古屋市南区
    かいづかちょう　三重県四日市市
貝塚家ノ前　かいづかいえのまえ　青森県上北郡七戸町

【赤】
赤
    あか　福岡県（平成筑豊鉄道田川線）
    あか　福岡県田川郡赤村
²赤十字前　せきじゅうじまえ　福井県（福井鉄道福武線）
赤十字病院前　せきじゅうじびょういんまえ　愛媛県（伊予鉄道環状線）
³赤下　あかした　栃木県日光市
赤土
    あかつち　秋田県湯沢市
    あかつち　新潟県魚沼市
    あかつち　静岡県菊川市
赤土小学校前　あかどしょうがっこうまえ　東京都（東京都交通局日暮里・舎人ライナー）
赤土町
    あかつちちょう　茨城県常陸太田市
    あかつちちょう　群馬県館林市
    あかつちまち　石川県金沢市
赤大路町　あかおおじちょう　大阪府高槻市
赤子平　あかこたい　岩手県八幡平市
赤子田　あこだ　鳥取県鳥取市
赤山　あかやま　埼玉県川口市
赤山本町　あかやまほんちょう　埼玉県越谷市
赤山町　あかやまちょう　埼玉県越谷市
赤川
    あかがわ　北海道函館市
    あかがわ　北海道樺戸郡月形町
    あかがわ　青森県（JR大湊線）
    あかがわ　青森県三戸郡五戸町
    あかがわ　秋田県横手市
    あかがわ　新潟県胎内市
    あかがわ　富山県下新川郡朝日町
    あかがわ　大阪府大阪市旭区
    あかがわ　福岡県小郡市
赤川町
    あかがわちょう　北海道函館市
    あかがわちょう　青森県むつ市
赤川前　あかがわまえ　青森県三戸郡五戸町
赤川南　あかがわみち　青森県上北郡東北町
⁴赤井
    あかい　宮城県東松島市
    あかい　福島県（JR磐越東線）
    あかい　埼玉県川口市
    あかい　富山県射水市
    あかい　大阪府大東市
    あかい　熊本県上益城郡益城町

647

7画（赤）

赤井川
　あかいがわ　北海道（JR函館本線）
　あかいがわ　北海道茅部郡森町
　あかいがわ　北海道寿都郡黒松内町
　あかいがわ　北海道余市郡赤井川村
赤井川村　あかいがわむら　北海道余市郡
赤井手　あかいで　鳥取県米子市
赤井沢　あかいさわ　福島県二本松市
赤井町
　あかいちょう　千葉県千葉市中央区
　あかいまち　石川県能美市
赤井谷　あかいだに　福井県丹生郡越前町
赤木
　あかぎ　福島県相馬市
　あかぎ　長野県（JR飯田線）
　あかぎ　和歌山県海草郡紀美野町
　あかぎ　高知県高岡郡津野町
赤木町
　あかぎまち　福島県郡山市
　あかぎちょう　長崎県佐世保市
赤毛　あかげ　富山県氷見市
赤水
　あかみず　新潟県阿賀野市
　あかみず　愛媛県南宇和郡愛南町
　あかみず　熊本県（JR豊肥本線）
　あかみず　熊本県阿蘇市
赤水町
　あこずちょう　三重県四日市市
　あかみずまち　宮崎県延岡市
5赤代町　あかしろちょう　愛知県豊川市
赤平
　あかびら　北海道（JR根室本線）
　あかびら　北海道赤平市
赤平市　あかびらし　北海道
赤玉　あかだま　新潟県佐渡市
赤生田本町　あこうだほんちょう　群馬県館林市
赤生田町　あこうだちょう　群馬県館林市
赤田
　あかだ　青森県北津軽郡板柳町
　あかた　秋田県由利本荘市
　あかだ　神奈川県足柄上郡大井町
　あかだ　富山県富山市
　あこだ　岡山県岡山市中区
　あかだ　岡山県美作市
赤田北方　あかだきたがた　新潟県刈羽郡刈羽村
赤田町方　あかだまちがた　新潟県刈羽郡刈羽村
赤田前　あかだまえ　青森県上北郡おいらせ町
赤田新町　あかだしんまち　富山県富山市
赤目口　あかめぐち　三重県（近畿日本鉄道大阪線）
赤目町　あかめちょう　愛知県愛西市
赤目町すみれが丘　あかめちょうすみれがおか　三重県名張市
赤目町一ノ井　あかめちょういちのい　三重県名張市
赤目町丈六　あかめちょうじょうろく　三重県名張市
赤目町長坂　あかめちょうながさか　三重県名張市
赤目町星川　あかめちょうほしかわ　三重県名張市
赤目町柏原　あかめちょうかしわら　三重県名張市
赤目町相楽　あかめちょうさがら　三重県名張市
赤目町新川　あかめちょうしんかわ　三重県名張市
赤目町檀　あかめちょうだん　三重県名張市

赤石
　あかいし　北海道奥尻郡奥尻町
　あかいし　青森県三戸郡南部町
　あかいし　秋田県大館市
　あかいし　愛知県田原市
　あかいし　兵庫県豊岡市
赤石村　あかいしむら　北海道古宇郡神恵内村
赤石町
　あかいしまち　青森県西津軽郡鰺ケ沢町
　あかいしちょう　徳島県小松島市
　あかいしちょう　高知県高知市
6赤名　あかな　島根県飯石郡飯南町
赤地
　あかち　宮城県刈田郡七ケ宿町
　あかじ　福岡県直方市
　あかじ　福岡県鞍手郡小竹町
赤宇木　あこうぎ　福島県双葉郡浪江町
赤江　あかえ　宮崎県宮崎市
赤江町
　あかえまち　富山県富山市
　あかえちょう　富山県高岡市
　あかえちょう　島根県安来市
赤池
　あかいけ　岐阜県（長良川鉄道越美南線）
　あかいけ　静岡県磐田市
　あかいけ　愛知県（名古屋市交通局鶴舞線ほか）
　あかいけ　愛知県日進市
　あかいけ　鳥取県東伯郡湯梨浜町
　あかいけ　福岡県（平成筑豊鉄道伊田線）
　あかいけ　福岡県田川市福智町
赤池山中町　あかいけやまなかちょう　愛知県稲沢市
赤池中町　あかいけなかまち　愛知県稲沢市
赤池天王町　あかいけてんのうちょう　愛知県稲沢市
赤池水無町　あかいけみずなしまち　熊本県人吉市
赤池北池田町　あかいけきたいけだちょう　愛知県稲沢市
赤池北町　あかいけきたまち　愛知県稲沢市
赤池広畑町　あかいけひろはたちょう　愛知県稲沢市
赤池寺東町　あかいけてらひがしちょう　愛知県稲沢市
赤池池田町　あかいけいけだちょう　愛知県稲沢市
赤池西出町　あかいけにしでちょう　愛知県稲沢市
赤池坂畑町　あかいけさかはたちょう　愛知県稲沢市
赤池町
　あかいけちょう　愛知県稲沢市
　あかいけちょう　愛知県日進市
　あかいけちょう　山口県下関市
赤池居道町　あかいけいみちちょう　愛知県稲沢市
赤池東山町　あかいけひがしやまちょう　愛知県稲沢市
赤池前山町　あかいけまえやまちょう　愛知県稲沢市
赤池南　あかいけみなみ　愛知県日進市
赤池南町　あかいけみなみまち　愛知県稲沢市
赤池原町　あかいけはらまち　熊本県人吉市
赤池宮西町　あかいけみやにしちょう　愛知県稲沢市
赤池真崎町　あかいけまつさきちょう　愛知県稲沢市
赤池陣出町　あかいけじんでちょう　愛知県稲沢市
赤池裏田町　あかいけうらだちょう　愛知県稲沢市
赤池旗屋町　あかいけはたやちょう　愛知県稲沢市
赤羽
　あかばね　福島県石川郡石川町
　あかばね　栃木県真岡市
　あかばね　栃木県芳賀郡市貝町

7画（赤）

	あかばね	東京都（JR東北本線）
	あかばね	東京都北区
	あかばね	新潟県五泉市
	あかばね	長野県岡谷市
	あかばね	長野県上伊那郡辰野町

赤羽北 あかばねきた　東京都北区
赤羽台 あかばねだい　東京都北区
赤羽西 あかばねにし　東京都北区
赤羽岩淵 あかばねいわぶち　東京都（埼玉高速鉄道線ほか）
赤羽南 あかばねみなみ　東京都北区
赤羽根
あかばね　千葉県勝浦市
あかばね　神奈川県茅ケ崎市
あかばね　長野県諏訪市
赤羽根町 あかばねちょう　愛知県田原市
赤羽橋 あかばねばし　東京都（東京都交通局大江戸線）
7**赤佐古町** あかさこまち　長崎県大村市
赤住 あかすみ　石川県羽咋郡志賀町
赤坂
あかさか　青森県青森市
あかさか　青森県黒石市
あかさか　青森県上北郡野辺地町
あかさか　青森県三戸郡五戸町
あかさか　宮城県仙台市青葉区
あかさか　宮城県塩竈市
あかさか　宮城県気仙沼市
あかさか　秋田県横手市
あかさか　福島県伊達郡桑折町
あかさか　福島県伊達郡川俣町
あかさか　福島県田村郡三春町
あかさか　茨城県笠間市
あかさか　茨城県ひたちなか市
あかさか　群馬県（上毛電気鉄道線）
あかさか　群馬県吾妻郡中之条町
あかさか　千葉県成田市
あかさか　東京都（東京地下鉄千代田線）
あかさか　東京都港区
あかさか　富山県南砺市
あかさか　山梨県（富士急行線）
あかさか　長野県小諸市
あかさか　兵庫県相生市
あかざか　鳥取県西伯郡大山町
あかさか　福岡県（福岡市交通局空港線）
あかさか　福岡県北九州市小倉北区
あかさか　福岡県福岡市中央区
あかさか　福岡県飯塚市
あかさか　福岡県朝倉郡筑前町
あかさか　佐賀県西松浦郡有田町
赤坂上 あかさかうえ　長野県（上田電鉄別所線）
赤坂大門 あかさかだいもん　岐阜県大垣市
赤坂中野 あかさかなかの　福島県東白川郡鮫川村
赤坂台
あかさかだい　愛知県豊川市
あかさかだい　大阪府堺市南区
あかさかだい　岡山県岡山市中区
赤坂本町 あかさかほんまち　岡山県岡山市中区
赤坂田
あかさかた　岩手県（JR花輪線）
あかさかた　岩手県八幡平市
赤坂西野 あかさかにしの　福島県東白川郡鮫川村

赤坂町
あかさかちょう　北海道函館市
あかさかちょう　栃木県佐野市
あかさかまち　群馬県高崎市
あかさかちょう　新潟県新潟市中央区
あかさかちょう　新潟県柏崎市
あかさかちょう　福井県福井市
あかさかちょう　福井県越前市
あかさかちょう　岐阜県大垣市
あかさかちょう　岐阜県多治見市
あかさかちょう　愛知県名古屋市千種区
あかさかちょう　愛知県豊川市
赤坂町早戸 あかさかちょうはやと　広島県福山市
赤坂町赤坂 あかさかちょうあかさか　広島県福山市
赤坂見附 あかさかみつけ　東京都（東京地下鉄丸ノ内線ほか）
赤坂東町 あかさかひがしまち　岐阜県大垣市
赤坂東野 あかさかひがしの　福島県東白川郡鮫川村
赤坂南新町 あかさかみなみしんまち　岡山県岡山市中区
赤坂海岸 あかさかかいがん　福岡県北九州市小倉北区
赤坂通 あかさかどおり　兵庫県神戸市灘区
赤坂新田 あかさかしんでん　岐阜県大垣市
赤坂新町 あかさかしんまち　岐阜県大垣市
赤尾
あかお　埼玉県坂戸市
あかお　福井県あわら市
あかお　岐阜県山県市
あこお　三重県桑名市
あかお　奈良県桜井市
あかお　和歌山県紀の川市
あかお　大分県宇佐市
赤尾木 あかおぎ　鹿児島県大島郡龍郷町
赤尾台 あこおだい　三重県桑名市
赤尾町
あかおちょう　滋賀県大津市
あこうちょう　滋賀県近江八幡市
赤尾郷 あかおごう　長崎県南松浦郡新上五島町
赤尾関町 あかおせきちょう　茨城県水戸市
赤村 あかむら　福岡県田川郡
赤沢
あかざわ　岩手県紫波郡紫波町
あかさわ　秋田県秋田郡井川町
あかさわ　福島県西白河郡矢吹町
あかさわ　埼玉県飯能市
あかさわ　新潟県村上市
あかさわ　新潟県南魚沼郡津南町
あかさわ　山梨県南巨摩郡早川町
あかざわ　静岡県静岡市葵区
あかざわ　静岡県伊東市
赤花町 あかばなちょう　岐阜県大垣市
赤芝町 あかしばまち　山形県米沢市
赤芝新田 あかしばしんでん　埼玉県川口市
赤見 あかみ　愛知県一宮市
赤見台 あかみだい　埼玉県鴻巣市
赤見町 あかみちょう　栃木県佐野市
赤谷
あかたに　新潟県長岡市
あかたに　新潟県加茂市
あかたに　新潟県十日町市

649

7画（赤）

赤谷町
　　あかだにちょう　福井県福井市
　　あかたにちょう　福井県越前市
赤阪　あかさか　大阪府豊中市
⁸赤和　あかわ　長野県上高井郡高山村
赤坪町　あかつぼちょう　愛知県名古屋市南区
赤妻町　あかづまちょう　山口県山口市
赤岡町　あかおかちょう　高知県香南市
赤岩
　　あかいわ　北海道小樽市
　　あかいわ　福島県（JR奥羽本線）
　　あかいわ　群馬県吾妻郡中之条町
　　あかいわ　群馬県邑楽郡千代田町
　　あかいわ　新潟県東蒲原郡阿賀町
　　あかいわ　長野県中野市
赤岩上羽田　あかいわかみはだ　宮城県気仙沼市
赤岩口　あかいわぐち　愛知県（豊橋鉄道東田本線）
赤岩大石倉　あかいわおおいしくら　宮城県気仙沼市
赤岩大滝　あかいわおおたき　宮城県気仙沼市
赤岩小田　あかいわおだ　宮城県気仙沼市
赤岩五駄鱈　あかいわごだんたら　宮城県気仙沼市
赤岩水梨子　あかいわみずなし　宮城県気仙沼市
赤岩四十二　あかいわしじゅうに　宮城県気仙沼市
赤岩平貝　あかいわひらがい　宮城県気仙沼市
赤岩石兜　あかいわいしかぶと　宮城県気仙沼市
赤岩羽田　あかいわはだ　宮城県気仙沼市
赤岩老松　あかいわおいのまつ　宮城県気仙沼市
赤岩杉ノ沢　あかいわすぎのさわ　宮城県気仙沼市
赤岩町　あかいわまち　福岡県北九州市若松区
赤岩迎前田　あかいわむかえまえだ　宮城県気仙沼市
赤岩泥ノ木　あかいわどろのき　宮城県気仙沼市
赤岩物見　あかいわものみ　宮城県気仙沼市
赤岩牧沢　あかいわまきざわ　宮城県気仙沼市
赤岩長柴　あかいわながしば　宮城県気仙沼市
赤岩前田　あかいわまえだ　宮城県気仙沼市
赤岩高前田　あかいわたかまえだ　宮城県気仙沼市
赤岩港　あかいわみなと　宮城県気仙沼市
赤岩舘下　あかいわたてした　宮城県気仙沼市
赤岩舘森　あかいわたてもり　宮城県気仙沼市
赤枝　あかえだ　福島県耶麻郡磐梯町
赤松
　　あかまつ　山形県最上郡大蔵村
　　あかまつ　静岡県静岡市葵区
　　あかまつ　愛知県名古屋市緑区
　　あかまつ　兵庫県川西市
　　あかまつ　兵庫県赤穂郡上郡町
　　あかまつ　鳥取県八頭郡若桜町
　　あかまつ　鳥取県東伯郡三朝町
　　あかまつ　鳥取県西伯郡大山町
　　あかまつ　徳島県海部郡美波町
　　あかまつ　大分県別府市
赤松台
　　あかまつだい　栃木県足利市
　　あかまつだい　愛知県名古屋市名東区
　　あかまつだい　兵庫県神戸市北区
赤松町
　　あかまつちょう　神奈川県茅ケ崎市
　　あかまつちょう　愛知県安城市
　　あかまつちょう　兵庫県神戸市灘区
　　あかまつちょう　高知県四万十市

　　あかまつまち　佐賀県佐賀市
　　あかまつちょう　長崎県平戸市
赤林　あかばやし　岩手県紫波郡矢巾町
赤河　あこう　岐阜県加茂郡白川町
赤沼
　　あかぬま　青森県十和田市
　　あかぬま　宮城県宮城郡利府町
　　あかぬま　秋田県能代市
　　あかぬま　埼玉県春日部市
　　あかぬま　埼玉県比企郡鳩山町
　　あかぬま　新潟県長岡市
　　あかぬま　長野県長野市
　　あかぬま　和歌山県海南市
赤沼下　あかぬました　秋田県由利本荘市
赤沼下道　あかぬましたみち　秋田県由利本荘市
赤沼田　あかんた　和歌山県紀の川市
赤沼町
　　あかぬままち　北海道檜山郡厚沢部町
　　あかぬままち　秋田県由利本荘市
赤泊
　　あかどまり　北海道厚岸郡浜中町
　　あかどまり　新潟県佐渡市
　　あかどまり　高知県幡多郡大月町
赤法花　あかぼっけ　茨城県守谷市
赤迫
　　あかさこ　長崎県（長崎電気軌道1系統ほか）
　　あかさこ　長崎県長崎市
　　あかさこ　大分県中津市
赤門町
　　あかもんちょう　神奈川県横浜市西区
　　あかもんちょう　神奈川県横浜市中区
⁹赤保内　あかほない　青森県三戸郡階上町
赤保木町　あかほきまち　岐阜県高山市
赤前　あかまえ　岩手県宮古市
赤垣内　あかがいと　和歌山県岩出市
赤城
　　あかぎ　群馬県（上毛電気鉄道線ほか）
　　あかぎ　埼玉県鴻巣市
赤城下町　あかぎしたまち　東京都新宿区
赤城元町　あかぎもとまち　東京都新宿区
赤城台　あかぎだい　埼玉県鴻巣市
赤城町
　　あかぎちょう　埼玉県熊谷市
　　あかしろちょう　愛知県名古屋市西区
　　あかぎちょう　島根県益田市
赤城町三原田　あかぎまちみはらだ　群馬県渋川市
赤城町上三原田　あかぎまちかみみはらだ　群馬県渋川市
赤城町北上野　あかぎまちきたうえの　群馬県渋川市
赤城町北赤城山　あかぎまちきたあかぎさん　群馬県渋川市
赤城町見立　あかぎまちみたち　群馬県渋川市
赤城町長井小川田　あかぎまちながいおがわだ　群馬県渋川市
赤城町南赤城山　あかぎまちみなみあかぎさん　群馬県渋川市
赤城町持柏木　あかぎまちもちかしわぎ　群馬県渋川市
赤城町栄　あかぎまちさかえ　群馬県渋川市
赤城町津久田　あかぎまちつくだ　群馬県渋川市
赤城町宮田　あかぎまちみやだ　群馬県渋川市

650

7画（赤）

赤城町深山　あかぎまちみやま　群馬県渋川市
赤城町勝保沢　あかぎまちかつほざわ　群馬県渋川市
赤城町棚下　あかぎまちたなした　群馬県渋川市
赤城町溝呂木　あかぎまちみぞろき　群馬県渋川市
赤城町滝沢　あかぎまちたきざわ　群馬県渋川市
赤城町敷島　あかぎまちしきしま　群馬県渋川市
赤城町樽　あかぎまちたる　群馬県渋川市
赤城原　あかぎはら　群馬県利根郡昭和村
赤屋　あかや　広島県世羅郡世羅町
赤怒田　あかぬた　長野県松本市
赤星
　　あかぼし　愛媛県（JR予讃線）
　　あかほし　熊本県菊池市
赤海　あこうみ　新潟県五泉市
赤津町　あかづちょう　愛知県瀬戸市
赤神　あかがみ　北海道松前郡松前町
赤祖父　あかそふ　富山県高岡市
赤重町　あかしげちょう　愛知県瀬戸市
赤首町　あかくびまち　長崎県長崎市
10赤倉
　　あかくら　新潟県妙高市
　　あかくら　富山県小矢部市
赤倉温泉　あかくらおんせん　山形県（JR陸羽東線）
赤剥　あかはげ　山形県酒田市
赤島町
　　あかしままち　福岡県北九州市若松区
　　あかしまちょう　長崎県五島市
赤浦町　あかうらまち　石川県七尾市
赤浜
　　あかはま　岩手県上閉伊郡大槌町
　　あかはま　茨城県高萩市
　　あかはま　茨城県筑西市
　　あかはま　埼玉県大里郡寄居町
　　あかはま　富山県滑川市
　　あかはま　岡山県総社市
赤浜栄町　あかはまさかえまち　富山県滑川市
赤留　あかる　福島県大沼郡会津美里町
赤荻
　　あこおぎ　岩手県一関市
　　あかおぎ　千葉県成田市
赤連　あかれん　鹿児島県大島郡喜界町
赤馬場　あかばば　熊本県阿蘇郡南小国町
11赤堀
　　あかほり　宮城県伊具郡丸森町
　　あかほり　群馬県邑楽郡邑楽町
　　あかほり　埼玉県桶川市
　　あかほり　三重県（四日市あすなろう鉄道内部線ほか）
　　あかほり　三重県四日市市
赤堀今井町　あかほりいまいちょう　群馬県伊勢崎市
赤堀南町　あかほりみなみまち　三重県四日市市
赤堀鹿島町　あかほりかしまちょう　群馬県伊勢崎市
赤堀新町　あかほりしんまち　三重県四日市市
赤崎
　　あかさき　埼玉県春日部市
　　あかさき　石川県羽咋郡志賀町
　　あかさき　福井県敦賀市
　　あかさき　兵庫県美方郡新温泉町
　　あかさき　山口県山陽小野田市

赤崎町
　　あかさきちょう　岩手県大船渡市
　　あかさきまち　石川県輪島市
　　あかさきちょう　島根県安来市
　　あかさきまち　高知県須崎市
　　あかさきまち　福岡県北九州市若松区
　　あかさきちょう　長崎県佐世保市
　　あかさきまち　長崎県諫早市
赤崩　あかくずれ　山形県米沢市
赤渋　あかしぶ　新潟県新潟市南区
赤渋町　あかしぶちょう　愛知県岡崎市
赤渕
　　あかぶち　岩手県（JR田沢湖線）
　　あかふち　岐阜県関市
赤渕新田　あかぶちしんでん　山形県東田川郡庄内町
赤袴　あかばかま　秋田県雄勝郡羽後町
赤野
　　あかの　京都府舞鶴市
　　あかの　岡山県真庭市
　　あかの　高知県（土佐くろしお鉄道ごめん・なはり線）
　　あかの　沖縄県うるま市
赤野乙　あかのおつ　高知県安芸市
赤野市町　あかのいちょう　滋賀県守山市
赤野甲　あかのこう　高知県安芸市
12赤塚
　　あかつか　宮城県加美郡加美町
　　あかつか　茨城県（JR常磐線）
　　あかつか　茨城県水戸市
　　あかつか　茨城県つくば市
　　あかつか　東京都板橋区
　　あかつか　新潟県新潟市西区
　　あかつか　和歌山県橋本市
赤塚町
　　あかつかまち　千葉県銚子市
　　あかつかちょう　愛知県名古屋市東区
赤塚新田　あかつかしんまち　東京都板橋区
赤堤　あかつつみ　東京都世田谷区
赤湯
　　あかゆ　山形県（JR奥羽本線ほか）
　　あかゆ　山形県南陽市
赤童子町大堀　あかどうじちょうおおぼり　愛知県江南市
赤童子町大間　あかどうじちょうおおま　愛知県江南市
赤童子町白山　あかどうじちょうはくさん　愛知県江南市
赤童子町良原　あかどうじちょうよしはら　愛知県江南市
赤童子町南山　あかどうじちょうみなみやま　愛知県江南市
赤童子町南野　あかどうじちょうみなみの　愛知県江南市
赤童子町栄　あかどうじちょうさかえ　愛知県江南市
赤童子町桜道　あかどうじちょうさくらみち　愛知県江南市
赤童子町御宿　あかどうじちょうおやど　愛知県江南市
赤童子町福住　あかどうじちょうふくずみ　愛知県江南市
赤童子町藤宮　あかどうじちょうふじみや　愛知県江南市

651

7画（走, 足）

赤絵町 あかえまち 佐賀県西松浦郡有田町
赤萩 あかはぎ 福井県南条郡南越前町
赤道
　あかみち 沖縄県宜野湾市
　あかみち 沖縄県うるま市
赤間
　あかま 福岡県（JR鹿児島本線）
　あかま 福岡県宗像市
赤間ケ丘 あかまがおか 福岡県宗像市
赤間文教町 あかまぶんきょうまち 福岡県宗像市
赤間町 あかまちょう 山口県下関市
赤間屋敷 あかまやしき 宮城県遠田郡涌谷町
赤間駅前 あかまえきまえ 福岡県宗像市
赤雁町 あかがりちょう 島根県益田市
赤須 あかす 茨城県下妻市
赤須町 あかずまち 長野県駒ケ根市
赤須東 あかずひがし 長野県駒ケ根市
赤須賀 あかすか 三重県桑名市
13赤塩 あかしお 長野県上水内郡飯綱町
赤滝 あかたき 奈良県吉野郡黒滝村
赤碕
　あかさき 鳥取県（JR山陰本線）
　あかさき 鳥取県東伯郡琴浦町
14赤熊 あぐま 福岡県豊前市
15赤幡 あかはた 福岡県築上郡築上町
赤磐市 あかいわし 岡山県
赤磐郡 あかいわぐん ⇒消滅（岡山県）
赤穂 あかほ 長野県駒ケ根市
赤穂市 あこうし 兵庫県
赤穂郡 あこうぐん 兵庫県
赤膚町 あかはだちょう 奈良県奈良市
16赤橋 あかいばし 新潟県新発田市
赤館 あかだて 秋田県大館市
赤館町 あかだてちょう 秋田県大館市
17赤嶺
　あかみね 鹿児島県大島郡知名町
　あかみね 沖縄県（沖縄都市モノレール線）
　あかみね 沖縄県那覇市
19赤瀬
　あかぜ 栃木県大田原市
　あかぜ 熊本県（JR三角線）
赤瀬川 あかせがわ 鹿児島県阿久根市
赤瀬町
　あかぜまち 石川県小松市
　あかせまち 熊本県宇土市
赤錆 あかさび 新潟県新潟市西蒲区

【走】
2走入 はしり 石川県羽咋郡宝達志水町
4走井 はしりい 大阪府豊中市
走水 はしりみず 神奈川県横須賀市
5走出
　はしりで 新潟県西蒲原郡弥彦村
　はしりで 岡山県笠岡市
走古丹 はしりこたん 北海道野付郡別海町
走古潭 はしりこたん 北海道厚岸郡浜中町
7走谷 はしりだに 大阪府枚方市
10走島町 はしりじまちょう 広島県福山市
15走潟町 はしりがたまち 熊本県宇土市

【足】
0足ケ瀬 あしがせ 岩手県（JR釜石線）
3足久保口組 あしくぼくちぐみ 静岡県静岡市葵区
足久保奥組 あしくぼおくぐみ 静岡県静岡市葵区
足山 たりやま 鳥取県鳥取市
足山田町 あしやまだちょう 愛知県豊川市
足川 あしかわ 千葉県旭市
4足水中里 あしみずなかさと 山形県西置賜郡小国町
5足代
　あじろ 大阪府東大阪市
　あしろ 徳島県三好郡東みよし町
足代北 あじろきた 大阪府東大阪市
足代南 あじろみなみ 大阪府東大阪市
足代新町 あじろしんまち 大阪府東大阪市
足田 たらだ 秋田県雄勝郡羽後町
足立
　あしたて 宮城県柴田郡村田町
　あだち 東京都足立区
　あしだち 岡山県（JR伯備線）
　あしだち 岡山県新見市
　あしだち 福岡県北九州市小倉北区
足立小台 あだちおだい 東京都（東京都交通局日暮里・舎人ライナー）
足立区 あだちく 東京都
足込 あしこめ 愛知県北設楽郡東栄町
6足守
　あしもり 岡山県（JR吉備線）
　あしもり 岡山県岡山市北区
足成 あしなる 愛媛県西宇和郡伊方町
足次町 あしつぎちょう 群馬県館林市
足羽
　あすわ 福井県（JR越美北線）
　あすわ 福井県福井市
足羽上町 あすわかみちょう 福井県福井市
足羽山公園口 あすわやまこうえんぐち 福井県（福井鉄道福武線）
7足利 あしかが 栃木県（JR両毛線）
足利市
　あしかがし 栃木県（東武鉄道伊勢崎線）
　あしかがし 栃木県
足助白山町 あすけしらやまちょう 愛知県豊田市
足助町 あすけちょう 愛知県豊田市
足尾 あしお 栃木県（わたらせ渓谷鉄道線）
足尾町 あしおまち 栃木県日光市
足尾町下間藤 あしおまちしもまとう 栃木県日光市
足尾町上の平 あしおまちうえのたいら 栃木県日光市
足尾町上間藤 あしおまちかみまとう 栃木県日光市
足尾町中才 あしおまちなかさい 栃木県日光市
足尾町本山 あしおまちほんざん 栃木県日光市
足尾町向原 あしおまちむかいはら 栃木県日光市
足尾町赤沢 あしおまちあかさわ 栃木県日光市
足尾町赤倉 あしおまちあかくら 栃木県日光市
足尾町松原 あしおまちまつばら 栃木県日光市
足尾町南橋 あしおまちなんきょう 栃木県日光市
足尾町砂畑 あしおまちすなはた 栃木県日光市
足尾町通洞 あしおまちつうどう 栃木県日光市
足尾町掛水 あしおまちかけみず 栃木県日光市
足尾町深沢 あしおまちふかさわ 栃木県日光市

7画（身，車，辛，辰）

足尾町愛宕下　あしおまちあたごした　栃木県日光市
足尾町遠下　あしおまちとおしも　栃木県日光市
足沢　たるさわ　岩手県二戸市
足見　たるみ　岡山県新見市
足谷　あしだに　高知県吾川郡いの町
足谷町　あしたにちょう　福井県福井市
足近町　あじかちょう　岐阜県羽島市
足近町小荒井　あじかちょうこあらい　岐阜県羽島市
足近町北宿　あじかちょうきたじゅく　岐阜県羽島市
足近町市場　あじかちょういちば　岐阜県羽島市
足近町坂井　あじかちょうさかい　岐阜県羽島市
足近町直道　あじかちょうすぐみち　岐阜県羽島市
足近町南之川　あじかちょうみなみのかわ　岐阜県羽島市
足近町南宿　あじかちょうみなみじゅく　岐阜県羽島市
8足門町　あしかどまち　群馬県高崎市
9足柄
　　あしがら　神奈川県（小田急電鉄小田原線）
　　あしがら　静岡県（JR御殿場線）
足柄下郡　あしがらしもぐん　神奈川県
足柄上郡　あしがらかみぐん　神奈川県
足洗新町　あしあらいしんまち　茨城県射水市
10足原　あしはら　福岡県北九州市小倉北区
足高
　　あだか　茨城県つくばみらい市
　　あしたか　静岡県沼津市
11足寄町　あしょろちょう　北海道足寄郡
足寄郡　あしょろぐん　北海道
足崎　たらざき　茨城県ひたちなか市
足深　あしぶか　岩手県八幡平市
足袋屋町　たびやちょう　京都府京都市下京区
足野水　あしのみず　山形県西置賜郡小国町
13足滝　あしだき　新潟県（JR飯山線）
14足摺岬　あしずりみさき　高知県土佐清水市

【身】
6身成　みなり　静岡県島田市
8身延
　　みのぶ　山梨県（JR身延線）
　　みのぶ　山梨県南巨摩郡身延町
身延町　みのぶちょう　山梨県南巨摩郡

【車】
車　くるま　兵庫県神戸市須磨区
2車力町　しゃりきちょう　青森県つがる市
3車川　くるまがわ　三重県多気郡多気町
車川原　くるまがわら　福島県大沼郡会津美里町
車川原甲　くるまがわらこう　福島県大沼郡会津美里町
4車之町西　くるまのちょうにし　大阪府堺市堺区
車之町東　くるまのちょうひがし　大阪府堺市堺区
車方町　くるまがたちょう　千葉県船橋市
車木　くるまき　奈良県高市郡高取町
5車田　くるまだ　山梨県南巨摩郡身延町
車田町　くるまだちょう　愛知県名古屋市昭和区
6車地　くるまぢ　山口県宇部市
7車作　くるまつくり　大阪府茨木市
車尾　くずも　鳥取県米子市

車尾南　くずみみなみ　鳥取県米子市
車折神社　くるまざきじんじゃ　京都府（京福電気鉄道嵐山本線）
車町
　　くるままち　宮城県仙台市宮城野区
　　くるままち　石川県金沢市
　　くるまちょう　静岡県静岡市葵区
　　くるままち　京都府京都市伏見区
　　くるままち　奈良県大和郡山市
　　くるままち　山口県岩国市
車谷町　くるまだにちょう　奈良県五條市
9車屋町　くるまやちょう　京都府京都市中京区
10車返　くるまがえり　熊本県阿蘇市
11車崎　くるまざき　兵庫県姫路市
12車場　くるまば　新潟県新潟市秋葉区
車塚
　　くるまづか　大阪府枚方市
　　くるまづか　兵庫県伊丹市
車塚町　くるまづかちょう　山口県防府市
車道　くるまみち　愛知県（名古屋市交通局桜通線）
車道町　くるまみちちょう　愛知県名古屋市東区

【辛】
3辛川　からかわ　熊本県菊池郡菊陽町
辛川市場　からかわいちば　岡山県岡山市北区
5辛皮　からかわ　京都府（京都丹後鉄道宮福線）
10辛島　からしま　大分県宇佐市
辛島町
　　からしまちょう　熊本県（熊本市交通局A系統ほか）
　　からしまちょう　熊本県熊本市中央区

【辰】
0辰ノ口　たつのくち　茨城県常陸大宮市
3辰口町　たつのくちまち　石川県能美市
辰巳
　　たつみ　東京都（東京地下鉄有楽町線）
　　たつみ　東京都江東区
　　たつみ　岡山県岡山市北区
辰巳台西　たつみだいにし　千葉県市原市
辰巳台東　たつみだいひがし　千葉県市原市
辰巳
　　たつみちょう　富山県富山市
　　たつみまち　石川県金沢市
　　たつみちょう　石川県白山市
　　たつみちょう　愛知県名古屋市港区
　　たつみちょう　京都府京都市東山区
　　たつみちょう　京都府京都市下京区
　　たつみちょう　徳島県阿南市
　　たつみちょう　愛媛県松山市
5辰田新　たつたしん　新潟県岩船郡関川村
7辰尾　たつお　富山県富山市
辰尾新田　たつおしんでん　新潟県上越市
辰尾新町　たつおしんまち　富山県富山市
9辰沼　たつぬま　東京都足立区
10辰起町　たつきちょう　静岡県静岡市葵区
11辰野
　　たつの　富山県滑川市
　　たつの　長野県（JR中央本線）
　　たつの　長野県上伊那郡辰野町
辰野町　たつのまち　長野県上伊那郡

7画 (近, 迎, 返, 那)

辰野新町　たつのしんまち　富山県滑川市

【近】

³近川　ちかがわ　青森県 (JR大湊線)
⁴近内　ちかない　岩手県宮古市
近内町　ちかうちちょう　奈良県五條市
近戸町　ちかとまち　埼玉県秩父市
近文　ちぶみ　北海道 (JR函館本線)
近文町　ちかぶみちょう　北海道旭川市
近木　こぎ　大阪府貝塚市
近木町　こぎちょう　大阪府貝塚市
近牛　ちかうし　北海道中川郡池田町
⁵近右エ門田　こんうえもんでん　福島県大沼郡会津美里町
近平　ちから　兵庫県神崎郡市川町
近永
　ちかなが　愛媛県 (JR予土線)
　ちかなが　愛媛県北宇和郡鬼北町
近田
　ちかだ　山形県山形市
　ちかた　広島県 (JR福塩線)
　ちかだ　広島県神石郡神石高原町
⁶近江
　おうみ　山形県東村山郡山辺町
　おうみ　新潟県新潟市中央区
近江八幡　おうみはちまん　滋賀県 (JR東海道本線)
近江八幡市　おうみはちまんし　滋賀県
近江中庄　おうみなかしょう　滋賀県 (JR湖西線)
近江今津　おうみいまづ　滋賀県 (JR湖西線)
近江台　おうみだい　滋賀県湖南市
近江長岡　おうみながおか　滋賀県 (JR東海道本線)
近江神宮前　おうみじんぐうまえ　滋賀県 (京阪電気鉄道石山坂本線)
近江島　おうみじま　三重県桑名郡木曽岬町
近江高島　おうみたかしま　滋賀県 (JR湖西線)
近江堂　おうみどう　大阪府東大阪市
近江富士　おうみふじ　滋賀県野洲市
近江塩津　おうみしおつ　滋賀県 (JR北陸本線)
近江新　おうみしん　新潟県胎内市
近江新田　おおみしんでん　山形県東田川郡庄内町
近江舞子　おうみまいこ　滋賀県 (JR湖西線)
⁷近見　ちかみ　熊本県熊本市南区
近見町　ちかみちょう　愛媛県今治市
⁸近岡町
　ちかおかまち　石川県金沢市
　ちかおかちょう　愛知県豊田市
近延　ちかのぶ　山口県岩国市
近長　ちかなが　岡山県津山市
⁹近津　ちかつ　福島県 (JR水郡線)
¹⁰近島　ごんのしま　岐阜県岐阜市
近浦　ちかうら　北海道幌泉郡えりも町
¹³近義の里　こぎのさと　大阪府 (水間鉄道線)
近鉄八田　きんてつはった　愛知県 (近畿日本鉄道名古屋線)
近鉄八尾　きんてつやお　大阪府 (近畿日本鉄道大阪線)
近鉄下田　きんてつしもだ　奈良県 (近畿日本鉄道大阪線)

近鉄丹波橋　きんてつたんばばし　京都府 (近畿日本鉄道京都線)
近鉄日本橋　きんてつにっぽんばし　大阪府 (近畿日本鉄道難波線)
近鉄四日市　きんてつよっかいち　三重県 (近畿日本鉄道湯の山線ほか)
近鉄名古屋　きんてつなごや　愛知県 (近畿日本鉄道名古屋線)
近鉄奈良　きんてつなら　奈良県 (近畿日本鉄道京都線ほか)
近鉄弥富　きんてつやとみ　愛知県 (近畿日本鉄道名古屋線)
近鉄長島　きんてつながしま　三重県 (近畿日本鉄道名古屋線)
近鉄宮津　きんてつみやづ　京都府 (近畿日本鉄道京都線)
近鉄郡山　きんてつこおりやま　奈良県 (近畿日本鉄道橿原線)
近鉄富田　きんてつとみだ　三重県 (三岐鉄道三岐線ほか)
近鉄御所　きんてつごせ　奈良県 (近畿日本鉄道御所線)
近鉄新庄　きんてつしんじょう　奈良県 (近畿日本鉄道御所線)
近鉄蟹江　きんてつかにえ　愛知県 (近畿日本鉄道名古屋線)
¹⁶近衛ケ丘　このえがおか　福岡県京都郡苅田町
近衛町　このえちょう　京都府京都市上京区
近衛殿北口町　このえでんきたぐちちょう　京都府京都市上京区
近衛殿表町　このえでんおもてちょう　京都府京都市上京区
¹⁸近藤
　こんどう　北海道虻田郡ニセコ町
　こんどう　茨城県東茨城郡茨城町
　こんどう　千葉県富津市
近藤町　こんどうちょう　群馬県館林市

【迎】

³迎山町　むかえやまちょう　静岡県静岡市清水区
⁴迎戸　むかえど　愛知県知多郡武豊町
迎木場免　むかえこばめん　長崎県北松浦郡佐々町
⁵迎田　むかえだ　千葉県市原市
⁷迎町
　むかえまち　熊本県熊本市中央区
　むかえまち　熊本県八代市
⁹迎洋園　げいようえん　宮崎県日向市
¹⁰迎紐差町　むかえひもさしちょう　長崎県平戸市

【返】

⁵返田　かやだ　千葉県香取市
⁶返吉　そりよし　山形県東田川郡庄内町

【那】

⁰那の川
　なのかわ　福岡県福岡市中央区
　なのかわ　福岡県福岡市南区
那の津　なのつ　福岡県福岡市中央区
³那久　なぐ　島根県隠岐郡隠岐の島町
那久路　なぐち　島根県隠岐郡隠岐の島町

7画（那）

⁵那加　なか　岐阜県（JR高山本線）
那加土山町　なかどやまちょう　岐阜県各務原市
那加大谷町　なかおおたにちょう　岐阜県各務原市
那加大東町　なかだいとうちょう　岐阜県各務原市
那加大門町　なかだいもんちょう　岐阜県各務原市
那加大洞　なかおおぼら　岐阜県各務原市
那加山下町　なかやましたちょう　岐阜県各務原市
那加山後町　なかやまうしろちょう　岐阜県各務原市
那加山崎町　なかやまざきちょう　岐阜県各務原市
那加巾下町　なかはばしたちょう　岐阜県各務原市
那加不動丘　なかふどうがおか　岐阜県各務原市
那加五反田町　なかごたんだちょう　岐阜県各務原市
那加元町　なかもとまち　岐阜県各務原市
那加太平町　なかたいへいちょう　岐阜県各務原市
那加手力町　なかてぢからちょう　岐阜県各務原市
那加日之出町　なかひのでちょう　岐阜県各務原市
那加日吉町　なかひよしちょう　岐阜県各務原市
那加日新町　なかにっしんちょう　岐阜県各務原市
那加北栄町　なかきたさかえまち　岐阜県各務原市
那加北洞町　なかきたぼらちょう　岐阜県各務原市
那加本町　なかほんまち　岐阜県各務原市
那加石山町　なかいしやまちょう　岐阜県各務原市
那加西市場町　なかにしいちばちょう　岐阜県各務原市
那加西那加町　なかにしなかちょう　岐阜県各務原市
那加西浦町　なかにしうらちょう　岐阜県各務原市
那加西野町　なかにしのまち　岐阜県各務原市
那加住吉町　なかすみよしちょう　岐阜県各務原市
那加吾妻町　なかあづまちょう　岐阜県各務原市
那加芦原町　なかあわらちょう　岐阜県各務原市
那加岩地町　なかいわちちょう　岐阜県各務原市
那加幸町　なかさいわいちょう　岐阜県各務原市
那加東亜町　なかとうあちょう　岐阜県各務原市
那加東那加町　なかひがしなかちょう　岐阜県各務原市
那加東野町　なかひがしのちょう　岐阜県各務原市
那加東新町　なかとうしんちょう　岐阜県各務原市
那加長塚町　なかながつかちょう　岐阜県各務原市
那加門前町　なかもんぜんちょう　岐阜県各務原市
那加信長町　なかのぶながちょう　岐阜県各務原市
那加前洞新町　なかまえぼらしんまち　岐阜県各務原市
那加前野町　なかまえのちょう　岐阜県各務原市
那加南栄町　なかみなみさかえまち　岐阜県各務原市
那加昭南町　なかしょうなんちょう　岐阜県各務原市
那加栄町　なかさかえまち　岐阜県各務原市
那加柄山町　なかからやまちょう　岐阜県各務原市
那加神田町　なかじんでんちょう　岐阜県各務原市
那加荒田町　なかあらたちょう　岐阜県各務原市
那加兼橋町　なかかねはしちょう　岐阜県各務原市
那加宮浦町　なかみやうらちょう　岐阜県各務原市
那加扇平　なかおぎひら　岐阜県各務原市
那加桐野外二ケ所大字入会地　なかきりのほかにかしょおおあざにゅうかいち　岐阜県各務原市
那加桐野町　なかきりのちょう　岐阜県各務原市
那加桜町　なかさくらまち　岐阜県各務原市
那加浜見町　なかはまみちょう　岐阜県各務原市
那加野畑町　なかのばたちょう　岐阜県各務原市

那加御屋敷町　なかおやしきちょう　岐阜県各務原市
那加琴が丘町　なかことがおかちょう　岐阜県各務原市
那加甥田町　なかおいだちょう　岐阜県各務原市
那加萱場町　なかかやばちょう　岐阜県各務原市
那加雄飛ケ丘町　なかゆうひがおかちょう　岐阜県各務原市
那加雲雀町　なかひばりちょう　岐阜県各務原市
那加新加納町　なかしんかのうちょう　岐阜県各務原市
那加新田町　なかしんでんちょう　岐阜県各務原市
那加新那加町　なかしんなかちょう　岐阜県各務原市
那加楽天地町　なからくてんちちょう　岐阜県各務原市
那加楠町　なかくすのきちょう　岐阜県各務原市
那加緑町　なかみどりまち　岐阜県各務原市
那加織田町　なかおだちょう　岐阜県各務原市
那古　なご　千葉県館山市
那古船形　なごふなかた　千葉県（JR内房線）
那古野
　なごの　愛知県名古屋市西区
　なごの　愛知県名古屋市中村区
⁷那岐　なぎ　鳥取県（JR因美線）
那良口　ならぐち　熊本県（JR肥薩線）
那谷町　なたまち　石川県小松市
⁸那東　なとう　徳島県板野郡板野町
那波　なば　兵庫県相生市
那波大浜町　なばおおはまちょう　兵庫県相生市
那波本町　なばほんまち　兵庫県相生市
那波西本町　なばにしほんまち　兵庫県相生市
那波東本町　なばひがしほんまち　兵庫県相生市
那波南本町　なばみなみほんまち　兵庫県相生市
那波野　なばの　兵庫県相生市
那知合　なちあい　奈良県吉野郡十津川村
⁹那珂　なか　福岡県福岡市博多区
那珂川町
　なかがわまち　栃木県那須郡
　なかがわまち　福岡県筑紫郡
那珂市　なかし　茨城県
那珂西　なかさい　茨城県東茨城郡城里町
那珂郡　なかぐん　茨城県
那珂湊　なかみなと　茨城県（ひたちなか海浜鉄道湊線）
¹⁰那倉　なぐら　福島県東白川郡塙町
¹²那智　なち　和歌山県（JR紀勢本線）
那智が丘　なちがおか　宮城県名取市
那智山　なちさん　和歌山県東牟婁郡那智勝浦町
那智町
　なちまち　富山県富山市
　なちちょう　山口県周南市
那智勝浦町　なちかつうらちょう　和歌山県東牟婁郡
那賀
　なか　茨城県常陸大宮市
　なか　静岡県賀茂郡松崎町
那賀川町みどり台　なかがわちょうみどりだい　徳島県阿南市
那賀川町八幡　なかがわちょうやわた　徳島県阿南市
那賀川町三栗　なかがわちょうみぐりゅう　徳島県阿南市

655

7画（邑, 酉, 釆, 里）

那賀川町上福井 なかがわちょうかみふくい 徳島県阿南市
那賀川町大京原 なかがわちょうだいきょうばら 徳島県阿南市
那賀川町小延 なかがわちょうこのぶ 徳島県阿南市
那賀川町工地 なかがわちょうたくむじ 徳島県阿南市
那賀川町中島 なかがわちょうなかしま 徳島県阿南市
那賀川町今津浦 なかがわちょういまづうら 徳島県阿南市
那賀川町手島 なかがわちょうてしま 徳島県阿南市
那賀川町日向 なかがわちょうひなた 徳島県阿南市
那賀川町北中島 なかがわちょうきたなかしま 徳島県阿南市
那賀川町古津 なかがわちょうふるつ 徳島県阿南市
那賀川町江野島 なかがわちょうえのしま 徳島県阿南市
那賀川町色ケ島 なかがわちょういろがしま 徳島県阿南市
那賀川町西原 なかがわちょうにしはら 徳島県阿南市
那賀川町苅屋 なかがわちょうかりや 徳島県阿南市
那賀川町芳崎 なかがわちょうほうざき 徳島県阿南市
那賀川町赤池 なかがわちょうあかいけ 徳島県阿南市
那賀川町原 なかがわちょうはら 徳島県阿南市
那賀川町島尻 なかがわちょうしまじり 徳島県阿南市
那賀川町黒地 なかがわちょうくろじ 徳島県阿南市
那賀川町豊香野 なかがわちょうゆたかの 徳島県阿南市
那賀川町敷地 なかがわちょうしきじ 徳島県阿南市
那賀町 なかちょう 徳島県那賀郡
那賀郡 なかぐん 徳島県
那間 なま 鹿児島県大島郡与論町
那須 なす 広島県山県郡安芸太田町
那須町 なすまち 栃木県那須郡
那須烏山市 なすからすやまし 栃木県
那須郡 なすぐん 栃木県
那須塩原 なすしおばら 栃木県（JR東北新幹線ほか）
那須塩原市 なすしおばらし 栃木県
19那覇市 なはし 沖縄県
那覇空港 なはくうこう 沖縄県（沖縄都市モノレール線）

【邑】
3邑久 おく 岡山県（JR赤穂線）
邑久町下山田 おくちょうしもやまだ 岡山県瀬戸内市
邑久町下笠加 おくちょうしもがさか 岡山県瀬戸内市
邑久町上山田 おくちょうかみやまだ 岡山県瀬戸内市
邑久町上笠加 おくちょうかみがさか 岡山県瀬戸内市
邑久町大富 おくちょうおおどみ 岡山県瀬戸内市
邑久町大窪 おくちょうおおくぼ 岡山県瀬戸内市

邑久町山手 おくちょうやまて 岡山県瀬戸内市
邑久町山田庄 おくちょうやまだのしょう 岡山県瀬戸内市
邑久町北池 おくちょうきたいけ 岡山県瀬戸内市
邑久町北島 おくちょうきたしま 岡山県瀬戸内市
邑久町尻海 おくちょうしりみ 岡山県瀬戸内市
邑久町本庄 おくちょうほんじょう 岡山県瀬戸内市
邑久町向山 おくちょうむこうやま 岡山県瀬戸内市
邑久町庄田 おくちょうしょうだ 岡山県瀬戸内市
邑久町百田 おくちょうももだ 岡山県瀬戸内市
邑久町虫明 おくちょうむしあけ 岡山県瀬戸内市
邑久町尾張 おくちょうおわり 岡山県瀬戸内市
邑久町豆田 おくちょうまめだ 岡山県瀬戸内市
邑久町宗三 おくちょうそうさん 岡山県瀬戸内市
邑久町東谷 おくちょうひがしだに 岡山県瀬戸内市
邑久町福山 おくちょうふくやま 岡山県瀬戸内市
邑久町福中 おくちょうふくなか 岡山県瀬戸内市
邑久町福元 おくちょうふくもと 岡山県瀬戸内市
邑久町福谷 おくちょうふくたに 岡山県瀬戸内市
邑久町豊安 おくちょうとよやす 岡山県瀬戸内市
邑久町豊原 おくちょうとよはら 岡山県瀬戸内市
邑久町箕輪 おくちょうみのわ 岡山県瀬戸内市
邑久郷 おくのごう 岡山県岡山市東区
5邑生町 おうちょう 島根県松江市
6邑地町 おおじちょう 奈良県奈良市
9邑南町 おおなんちょう 島根県邑智郡
12邑智郡 おおちぐん 島根県
13邑楽町 おうらまち 群馬県邑楽郡
邑楽郡 おうらぐん 群馬県
15邑輝 むらき 島根県鹿足郡津和野町

【酉】
10酉島 とりしま 大阪府大阪市此花区
13酉新田 とりしんでん 愛知県常滑市

【釆】
3釆女が丘 うねめがおか 三重県四日市市
釆女町 うねめちょう 三重県四日市市

【里】
里
さと 埼玉県川口市
さと 新潟県阿賀野市
さと 岐阜県安八郡輪之内町
さと 滋賀県大津市
さと 兵庫県淡路市
さと 和歌山県和歌山市
さと 和歌山県日高郡由良町
さと 岡山県久米郡美咲町
さと 佐賀県（松浦鉄道西九州線）
さと 大分県大分市
0里の杜 さとのもり 宮城県岩沼市
3里口 さとぐち 滋賀県蒲生郡日野町
里山田 さとやまだ 岡山県小田郡矢掛町
里山辺 さとやまべ 長野県松本市
里山町 さとやまちょう 兵庫県神戸市兵庫区
里川
さとがわ 和歌山県東牟婁郡串本町
さとかわ 高知県高岡郡四万十町

里川口町　さとかわぐちまち　岩手県花巻市
里川町
　　さとがわちょう　茨城県常陸太田市
　　さとかわまち　石川県小松市
⁴里中
　　さとなか　愛知県知多郡武豊町
　　さとなか　福岡県北九州市八幡西区
里中町　さとなかちょう　兵庫県西宮市
里仁　さとに　鳥取県鳥取市
里公文　さとくもん　岡山県津山市
里公文上　さとくもんかみ　岡山県津山市
里分　さとぶん　岩手県北上市
里方　さとがた　岡山県久米郡久米南町
里方町　さとかたちょう　島根県出雲市
⁵里平　りびら　北海道新冠郡新冠町
里本庄　さとほんじょう　新潟県村上市
里本江　さとほんご　石川県羽咋郡志賀町
里白石
　　さとしらいし　福島県（JR水郡線）
　　さとしらいし　福島県石川郡浅川町
里矢場町　さとやばちょう　栃木県足利市
⁶里吉　さとよし　山梨県甲府市
里吉町　さとよしちょう　山梨県甲府市
里庄　さとしょう　岡山県（JR山陽本線）
里庄町　さとしょうちょう　岡山県浅口市
⁷里別所　さとべっしょちょう　福井県福井市
里別所新町　さとべっしょしんまち　福井県福井市
里改田　さとかいだ　高知県南国市
里町
　　さとまち　石川県輪島市
　　さとちょう　愛知県安城市
　　さとまち　三重県桑名市
　　さとちょう　京都府綾部市
　　さとまち　鹿児島県枕崎市
里町里　さとちょうさと　鹿児島県薩摩川内市
里見
　　さとみ　北海道虻田郡ニセコ町
　　さとみ　青森県青森市
　　さとみ　千葉県（小湊鉄道線）
　　さとみ　岡山県浅口郡里庄町
里見が丘　さとみがおか　北海道足寄郡足寄町
里見町
　　さとみちょう　北海道北広島市
　　さとみちょう　石川県金沢市
里谷　さとだに　和歌山県西牟婁郡白浜町
⁸里波見　さとはみ　京都府宮津市
⁹里美　さとみ　北海道千歳市
里美町　さとよしちょう　長崎県佐世保市
¹⁰里島　さとじま　長野県長野市
里根町　さとねちょう　滋賀県彦根市
里浦町里浦　さとうらちょうさとうら　徳島県鳴門市
里浦町粟津　さとうらちょうあわづ　徳島県鳴門市
¹¹里郷　さとごう　長崎県東彼杵郡東彼杵町
里野　さとの　和歌山県西牟婁郡すさみ町
里野宮町　さとのみやちょう　茨城県常陸太田市
¹²里塚　さとづか　北海道札幌市清田区
里塚一条　さとづかいちじょう　北海道札幌市清田区
里塚二条　さとづかにじょう　北海道札幌市清田区
里塚三条　さとづかさんじょう　北海道札幌市清田区

里塚四条　さとづかしじょう　北海道札幌市清田区
里塚緑ケ丘　さとづかみどりがおか　北海道札幌市清田区
里飯野　さといいの　新潟県新潟市北区

【阪】
³阪大病院前　はんだいびょういんまえ　大阪府（大阪高速鉄道彩都線）
⁴阪井　さかい　和歌山県海南市
阪内町　さかないちょう　三重県松阪市
阪手　さかて　奈良県磯城郡田原本町
⁵阪本
　　さかもと　静岡県島田市
　　さかもと　三重県南牟婁郡御浜町
阪本町　さかもとちょう　大阪府和泉市
阪田　さかだ　奈良県高市郡明日香村
⁶阪合部新田町　さかあいべしんでんちょう　奈良県五條市
⁸阪松原　さかまつばら　三重県南牟婁郡紀宝町
阪東屋町　ばんとうやちょう　京都府京都市中京区
阪東橋　ばんどうばし　神奈川県（横浜市交通局ブルーライン）
⁹阪急正雀　はんきゅうしょうじゃく　大阪府摂津市
阪南市　はんなんし　大阪府
阪南町　はんなんちょう　大阪府大阪市阿倍野区
阪神国道　はんしんこくどう　兵庫県（阪急電鉄今津線）
¹⁰阪原町　さかはらちょう　奈良県奈良市
¹³阪新屋町　さかのしんやちょう　奈良県奈良市

【防】
³防己　つづら　和歌山県西牟婁郡すさみ町
⁶防地町　ぼうじちょう　広島県尾道市
⁸防府　ほうふ　山口県（JR山陽本線）
防府市　ほうふし　山口県
⁹防城成川　ぼうじょうなるかわ　愛媛県南宇和郡愛南町
¹⁰防原町　ぼうばらまち　山形県山形市
¹¹防鹿　ぼうろく　広島県大竹市

【麦】
⁰麦ケ浦
　　むぎがうら　石川県鳳珠郡穴水町
　　むぎがうら　愛媛県南宇和郡愛南町
麦ノ内　むぎのうち　福島県石川郡石川町
³麦丸　むぎまる　千葉県八千代市
麦口町　むぎくちまち　石川県小松市
⁵麦生
　　むぎう　石川県羽咋郡宝達志水町
　　むぎお　鹿児島県熊毛郡屋久島町
麦田町　むぎたちょう　神奈川県横浜市中区
⁷麦沢　むぎさわ　青森県三戸郡南部町
麦谷　むぎたに　奈良県吉野郡東吉野村
⁹麦垣町　むぎかきちょう　鳥取県境港市
¹⁰麦倉　むぎくら　埼玉県加須市
麦原　むぎはら　埼玉県入間郡越生町
麦島西町　むぎしまにしまち　熊本県八代市
麦島東町　むぎしまひがしまち　熊本県八代市
¹¹麦野　むぎの　福岡県福岡市博多区

8画（並，乳，事，京）

¹²麦塚　むぎつか　静岡県裾野市

8画

【並】

³並川町　なみかわちょう　青森県むつ市
⁴並木
　なみき　福島県郡山市
　なみき　茨城県土浦市
　なみき　茨城県石岡市
　なみき　茨城県つくば市
　なみき　埼玉県さいたま市岩槻区
　なみき　埼玉県川越市
　なみき　埼玉県川口市
　なみき　埼玉県所沢市
　なみき　千葉県我孫子市
　なみき　千葉県香取郡神崎町
　なみき　神奈川県横浜市金沢区
　なみき　神奈川県相模原市中央区
　なみき　愛知県名古屋市中村区
並木中央　なみきちゅうおう　神奈川県（横浜シーサイドライン）
並木元町　なみきもとまち　埼玉県川口市
並木北　なみききた　神奈川県（横浜シーサイドライン）
並木西町　なみきにしまち　埼玉県川越市
並木町
　なみきちょう　北海道北見市
　なみきちょう　北海道岩見沢市
　なみきちょう　福島県須賀川市
　なみきちょう　栃木県佐野市
　なみきちょう　栃木県日光市
　なみきちょう　栃木県真岡市
　なみきちょう　栃木県那須塩原市
　なみきちょう　千葉県成田市
　なみきまち　千葉県佐倉市
　なみきちょう　東京都八王子市
　なみきちょう　東京都国分寺市
　なみきちょう　神奈川県秦野市
　なみきちょう　新潟県新潟市中央区
　なみきちょう　富山県魚津市
　なみきまち　石川県金沢市
　なみきちょう　大阪府茨木市
　なみきちょう　岡山県岡山市南区
並木通西　なみきどおりにし　北海道広尾郡広尾町
並木通東　なみきどおりひがし　北海道広尾郡広尾町
並木新田　なみきしんでん　新潟県長岡市
並木新町　なみきしんまち　埼玉県川越市
⁷並杉西　なみすぎにし　福島県耶麻郡猪苗代町
並里　なみざと　沖縄県国頭郡本部町
⁸並岡　なみおか　新潟県新潟市西蒲区
並松　なみまつ　愛媛県宇和島市
並松町
　なんまつちょう　京都府綾部市
　なんまつちょう　大阪府堺市堺区
　なんまつちょう　大阪府岸和田市
並河　なみかわ　京都府（JR山陰本線）
⁹並建町　なみたてまち　熊本県熊本市南区
並柳
　なみやなぎ　山形県山形市
　なみやなぎ　新潟県魚沼市
　なみやなぎ　長野県松本市
並美ケ丘　なみびがおか　北海道標津郡中標津町
¹²並塚　ならびづか　埼玉県北葛飾郡杉戸町
¹⁴並榎町　なみえまち　群馬県高崎市
¹⁵並槻　なみつき　新潟県胎内市

【乳】

⁴乳井　にゅうい　青森県弘前市
⁵乳母子　うばこ　愛知県常滑市
乳母沢　うばざわ　福島県二本松市
⁷乳呑　ちのみ　北海道白糠郡白糠町

【事】

⁵事代　ことしろ　福井県大飯郡高浜町

【京】

京　きょう　京都府福知山市
⁰京ケ島
　きょうがしま　新潟県阿賀野市
　きょうがしま　山梨県南巨摩郡早川町
京ケ峰
　きょうがみね　新潟県糸魚川市
　きょうがみね　愛知県豊田市
京ケ脇　きょうがわき　岐阜県養老郡養老町
京ケ瀬　きょうがせ　新潟県（JR羽越本線）
京ケ瀬工業団地　きょうがせこうぎょうだんち　新潟県阿賀野市
京コンピュータ前　けいこんぴゅーたまえ　兵庫県（神戸新交通ポートアイランド線）
京セラ前　きょうせらまえ　滋賀県（近江鉄道本線）
京ノ瀬　きょうのせ　新潟県東蒲原郡阿賀町
京が丘南　きょうがおかみなみ　大分県大分市
京の森　きょうのもり　岩手県久慈市
³京丸　きょうまる　広島県世羅郡世羅町
京口
　きょうぐち　京都府舞鶴市
　きょうぐち　京都府宮津市
　きょうぐち　兵庫県（JR播但線）
京口町
　きょうぐちまち　京都府宮津市
　きょうぐちまち　大阪府高槻市
　きょうぐちまち　兵庫県姫路市
京山　きょうやま　岡山県岡山市北区
⁴京丹波町　きょうたんばちょう　京都府船井郡
京丹後大宮　きょうたんごおおみや　京都府（京都丹後鉄道宮津線）
京丹後市　きょうたんごし　京都府
京太郎町　きょうたろうまち　長崎県長崎市
京月町　きょうげつちょう　京都府舞鶴市
京月東町　きょうげつひがしまち　京都府舞鶴市
京王　けいおう　新潟県新潟市中央区
京王よみうりランド　けいおうよみうりらんど　東京都（京王電鉄相模原線）
京王八王子　けいおうはちおうじ　東京都（京王電鉄京王線）
京王片倉　けいおうかたくら　東京都（京王電鉄高尾線）
京王永山　けいおうながやま　東京都（京王電鉄相模原線）

8画（京）

京王多摩センター　けいおうたませんたー　東京都
（京王電鉄相模原線）

京王多摩川　けいおうたまがわ　東京都（京王電鉄相模原線）

京王堀之内　けいおうほりのうち　東京都（京王電鉄相模原線）

京王稲田堤　けいおういなだづつみ　神奈川県（京王電鉄相模原線）

5京北下弓削町　けいほくしもゆげちょう　京都府京都市右京区

京北下中町　けいほくしもなかちょう　京都府京都市右京区

京北下宇津町　けいほくしもうつちょう　京都府京都市右京区

京北下町　けいほくしもちょう　京都府京都市右京区

京北下黒田町　けいほくしもくろだちょう　京都府京都市右京区

京北下熊田町　けいほくしもくまたちょう　京都府京都市右京区

京北上弓削町　けいほくかみゆげちょう　京都府京都市右京区

京北上中町　けいほくかみなかちょう　京都府京都市右京区

京北上黒田町　けいほくかみくろだちょう　京都府京都市右京区

京北大野町　けいほくおおのちょう　京都府京都市右京区

京北小塩町　けいほくおしおちょう　京都府京都市右京区

京北弓槻町　けいほくゆづきちょう　京都府京都市右京区

京北中地町　けいほくちゅうじちょう　京都府京都市右京区

京北中江町　けいほくなかえちょう　京都府京都市右京区

京北井戸町　けいほくいどちょう　京都府京都市右京区

京北井崎町　けいほくいざきちょう　京都府京都市右京区

京北五本松町　けいほくごほんまつちょう　京都府京都市右京区

京北比賀江町　けいほくひがえちょう　京都府京都市右京区

京北片波町　けいほくかたなみちょう　京都府京都市右京区

京北田貫町　けいほくたぬきちょう　京都府京都市右京区

京北矢代中町　けいほくやしろなかちょう　京都府京都市右京区

京北辻町　けいほくつじちょう　京都府京都市右京区

京北宇野町　けいほくうのちょう　京都府京都市右京区

京北灰屋町　けいほくはいやちょう　京都府京都市右京区

京北西町　けいほくにしちょう　京都府京都市右京区

京北初川町　けいほくはつかわちょう　京都府京都市右京区

京北芹生町　けいほくせりょうちょう　京都府京都市右京区

京北赤石町　けいほくあかいしちょう　京都府京都市右京区

京北周山町　けいほくしゅうざんちょう　京都府京都市右京区

京北明石町　けいほくあけしちょう　京都府京都市右京区

京北室谷町　けいほくしつたんちょう　京都府京都市右京区

京北栃本町　けいほくとちもともちょう　京都府京都市右京区

京北柏原町　けいほくかしわらちょう　京都府京都市右京区

京北浅江町　けいほくあさえちょう　京都府京都市右京区

京北宮町　けいほくみやちょう　京都府京都市右京区

京北細野町　けいほくほそのちょう　京都府京都市右京区

京北鳥居町　けいほくとりいちょう　京都府京都市右京区

京北塔町　けいほくとうちょう　京都府京都市右京区

京北塩田町　けいほくしおたちょう　京都府京都市右京区

京北漆谷町　けいほくうるしたにちょう　京都府京都市右京区

京北熊田町　けいほくくまたちょう　京都府京都市右京区

京田
　きょうでん　山形県酒田市
　きょうでん　千葉県鴨川市
　きょうでん　新潟県上越市
　きょうでん　富山県高岡市
　きょうだ　京都府舞鶴市

京田辺　きょうたなべ　京都府（JR片町線）

京田辺市　きょうたなべし　京都府

京田町　きょうでんちょう　愛知県名古屋市中村区

京田新町　きょうだしんまち　京都府舞鶴市

京目町　きょうめまち　群馬県高崎市

6京地　きょうじ　兵庫県神戸市北区

京成八幡　けいせいやわた　千葉県（京成電鉄京成本線）

京成上野　けいせいうえの　東京都（京成電鉄京成本線）

京成千葉　けいせいちば　千葉県（京成電鉄千葉線）

京成大久保　けいせいおおくぼ　千葉県（京成電鉄京成本線）

京成大和田　けいせいおおわだ　千葉県（京成電鉄京成本線）

京成小岩　けいせいこいわ　東京都（京成電鉄京成本線）

京成中山　けいせいなかやま　千葉県（京成電鉄京成本線）

京成立石　けいせいたていし　東京都（京成電鉄押上線）

京成成田　けいせいなりた　千葉県（京成電鉄京成本線）

京成曳舟　けいせいひきふね　東京都（京成電鉄押上線）

京成臼井　けいせいうすい　千葉県（京成電鉄京成本線）

京成西船　けいせいにしふな　千葉県（京成電鉄京成本線）

京成佐倉　けいせいさくら　千葉県（京成電鉄京成本線）

659

8画（京）

京成金町 けいせいかなまち　東京都（京成電鉄金町線）

京成津田沼 けいせいつだぬま　千葉県（京成電鉄京成本線ほか）

京成酒々井 けいせいしすい　千葉県（京成電鉄京成本線）

京成高砂 けいせいたかさご　東京都（京成電鉄押上線ほか）

京成船橋 けいせいふなばし　千葉県（京成電鉄京成本線）

京成幕張 けいせいまくはり　千葉県（京成電鉄千葉線）

京成幕張本郷 けいせいまくはりほんごう　千葉県（京成電鉄千葉線）

京成稲毛 けいせいいなげ　千葉県（京成電鉄千葉線）

京成関屋 けいせいせきや　東京都（京成電鉄京成本線）

7京尾 きょうのお　岡山県久米郡久米南町

京町
きょうまち　北海道恵庭市
きょうまち　北海道勇払郡厚真町
きょうまち　青森県黒石市
きょうまち　栃木県宇都宮市
きょうまち　神奈川県川崎市川崎区
きょうまち　富山県高岡市
きょうまち　石川県金沢市
きょうまち　石川県小松市
きょうまち　福井県越前市
きょうまち　岐阜県岐阜市
きょうまち　岐阜県多治見市
きょうまち　愛知県瀬戸市
きょうまち　愛知県豊田市
きょうまち　三重県四日市市
きょうまち　三重県松阪市
きょうまち　三重県桑名市
きょうまち　滋賀県大津市
きょうまち　滋賀県彦根市
きょうまち　京都府京都市伏見区
きょうまち　京都府亀岡市
きょうまち　兵庫県神戸市中央区
きょうまち　兵庫県姫路市
きょうまち　兵庫県豊岡市
きょうまち　兵庫県篠山市
きょうまち　鳥取県境港市
きょうまち　島根県浜田市
きょうまち　岡山県岡山市北区
きょうまち　岡山県津山市
きょうまち　香川県坂出市
きょうまち　香川県仲多度郡多度津町
きょうまち　愛媛県宇和島市
きょうまち　福岡県北九州市小倉北区
きょうまち　福岡県久留米市
きょうまち　福岡県柳川市
きょうまち　福岡県京都郡苅田町
きょうまち　佐賀県唐津市
きょうまち　佐賀県鳥栖市
きょうまち　熊本県熊本市中央区
きょうまち　大分県別府市
きょうまち　大分県中津市
きょうまち　大分県日田市
きょうまち　鹿児島県いちき串木野市

京町8丁目横町 きょうまちはっちょうめよこまち　京都府京都市伏見区

京町一区 きょうまちいっく　三重県松阪市

京町大黒町 きょうまちだいこくちょう　京都府京都市伏見区

京町北 きょうまちきた　京都府京都市伏見区

京町本丁
きょうまちほんちょう　熊本県熊本市中央区
きょうまちほんちょう　熊本県熊本市西区

京町南 きょうまちみなみ　京都府京都市伏見区

京町通 きょうまちどおり　大阪府堺市堺区

京町堀 きょうまちぼり　大阪府大阪市西区

京町温泉 きょうまちおんせん　宮崎県（JR吉都線）

京良城町 きょうらぎまち　福岡県北九州市八幡西区

京阪山科 けいはんやましな　京都府（京阪電気鉄道京津線）

京阪北本通 けいはんきたほんどおり　大阪府守口市

京阪本通 けいはんほんどおり　大阪府守口市

京阪石山 けいはんいしやま　滋賀県（京阪電気鉄道石山坂本線）

京阪膳所 けいはんぜぜ　滋賀県（京阪電気鉄道石山坂本線）

8京命 きょうめい　愛知県名古屋市千種区

京坪町 きょうのつぼちょう　長崎県佐世保市

京岡 きょうおか　新潟県南魚沼市

京岡新田 きょうおかしんでん　新潟県南魚沼市

京泊 きょうどまり　長崎県長崎市

9京急久里浜 けいきゅうくりはま　神奈川県（京浜急行電鉄久里浜線）

京急大津 けいきゅうおおつ　神奈川県（京浜急行電鉄本線）

京急川崎 けいきゅうかわさき　神奈川県（京浜急行電鉄大師線ほか）

京急田浦 けいきゅうたうら　神奈川県（京浜急行電鉄本線）

京急長沢 けいきゅうながさわ　神奈川県（京浜急行電鉄久里浜線）

京急富岡 けいきゅうとみおか　神奈川県（京浜急行電鉄本線）

京急新子安 けいきゅうしんこやす　神奈川県（京浜急行電鉄本線）

京急蒲田 けいきゅうかまた　東京都（京浜急行電鉄空港線ほか）

京急鶴見 けいきゅうつるみ　神奈川県（京浜急行電鉄本線）

京泉 きょうせん　栃木県真岡市

10京島
きょうじま　山形県東田川郡庄内町
きょうじま　東京都墨田区

京浜島 けいひんじま　東京都大田区

11京終 きょうばて　奈良県（JR桜井線）

京終地方西側町 きょうばてじかたにしがわちょう　奈良県奈良市

京終地方東側町 きょうばてじかたひがしがわちょう　奈良県奈良市

京都 きょうと　京都府（JR東海道新幹線ほか）

京都大学桂 きょうとだいがくかつら　京都府京都市西京区

京都市 きょうとし　京都府

京都市役所前 きょうとしやくしょまえ　京都府（京都市交通局東西線）

京都府 きょうとふ

京都郡 みやこぐん　福岡県

8画（依, 佳, 供, 侍, 侭, 兎, 免, 具, 其, 函）

京都御苑　きょうとぎょえん　京都府京都市上京区
京都精華大前　きょうとせいかだいまえ　京都府（叡
山電鉄鞍馬線）
12京善　きょうぜん　福井県吉田郡永平寺町
京塚
　　きょうづか　山形県最上郡鮭川村
　　きょうづか　富山県南砺市
　　きょうづか　宮崎県宮崎市
京塚本町　きょうづかほんまち　熊本県熊本市東区
京塚町　きょうづかちょう　宮崎県宮崎市
京街道　きょうかいどう　京都府宮津市
13京極　きょうごく　北海道虻田郡京極町
京極町
　　きょうごくちょう　北海道虻田郡
　　きょうごくちょう　京都府京都市下京区
16京橋
　　きょうばし　東京都（東京地下鉄銀座線）
　　きょうばし　東京都中央区
　　きょうばし　大阪府（JR大阪環状線ほか）
京橋町
　　きょうばしちょう　三重県桑名市
　　きょうばしちょう　京都府京都市伏見区
　　きょうばしちょう　岡山県岡山市北区
　　きょうばしちょう　広島県広島市南区
京橋南町　きょうばしみなみまち　岡山県岡山市北区
17京覧原　きょうらんばら　島根県邑智郡美郷町
19京願町　きょうがんまち　富山県南砺市

【依】
4依井　よりい　福岡県朝倉郡筑前町
5依古島　よこじま　千葉県東金市
依田　よだ　北海道中川郡幕別町
依田町　よだちょう　北海道帯広市
依田原　よだはら　静岡県富士市
依田原町　よだはらちょう　静岡県富士市
依田原新田　よだはらしんでん　静岡県富士市
依田橋　よだばし　静岡県富士市
依田橋町　よだばしちょう　静岡県富士市
7依那古　いなこ　三重県（伊賀鉄道線）
依那具　いなぐ　三重県伊賀市

【佳】
12佳景山　かけやま　宮城県（JR石巻線）

【供】
6供米田　くまいでん　愛知県名古屋市中川区

【侍】
10侍島　さむらいじま　福岡県三潴郡大木町
侍浜
　　さむらいはま　岩手県（JR八戸線）
　　さむらいはま　宮城県石巻市
侍浜町　さむらいはまちょう　岩手県久慈市

【侭】
0侭ノ上　ままのうえ　宮城県刈田郡七ケ宿町
侭ノ上地蔵前　ままのうえじぞうまえ　宮城県刈田郡
七ケ宿町

【兎】
4兎之山　とのやま　愛媛県西条市
兎内　うさぎない　青森県三戸郡五戸町
兎内下川原　うさぎないしもかわら　青森県三戸郡五
戸町
兎内下谷地　うさぎないしもやち　青森県三戸郡五
戸町
兎内下保土沢　うさぎないしもほとざわ　青森県三戸
郡五戸町
兎内上保土沢　うさぎないかみほとざわ　青森県三戸
郡五戸町
5兎田　うさいた　大阪府泉南市
7兎作　うさぎさく　宮城県白石市
兎我野町　とがのちょう　大阪府大阪市北区
兎谷　うさぎだに　熊本県熊本市北区
兎品沢　とひんざわ　秋田県南秋田郡五城目町
13兎新田　うさぎしんでん　新潟県新潟市南区

【免】
0免ノ内町　めんのうちちょう　栃木県宇都宮市
5免田
　　めんでん　石川県（JR七尾線）
　　めんでん　石川県羽咋郡宝達志水町
免田西　めんだにし　熊本県球磨郡あさぎり町
免田東　めんだひがし　熊本県球磨郡あさぎり町
11免鳥町
　　めんどりちょう　栃木県佐野市
　　めんどりちょう　福井県福井市

【具】
6具同
　　ぐどう　高知県（土佐くろしお鉄道中村・宿毛線）
　　ぐどう　高知県四万十市
具同田黒　ぐどうたぐろ　高知県四万十市
7具志　ぐし　沖縄県那覇市
具志川
　　ぐしかわ　沖縄県うるま市
　　ぐしかわ　沖縄県島尻郡久米島町
具志堅　ぐしけん　沖縄県国頭郡本部町
具志頭　ぐしちゃん　沖縄県島尻郡八重瀬町
具谷　ぐだに　福井県南条郡南越前町
8具定町　ぐじょうちょう　愛媛県四国中央市

【其】
14其綿　そのわた　長野県飯山市

【函】
7函谷鉾町　かんこぼこちょう　京都府京都市下京区
9函南　かんなみ　静岡県（JR東海道本線）
函南町　かんなみちょう　静岡県田方郡
16函館　はこだて　北海道（JR函館本線）
函館アリーナ前　はこだてありーなまえ　北海道（函
館市交通局2系統ほか）
函館どつく前　はこだてどっくまえ　北海道（函館市
交通局5系統）
函館市　はこだてし　北海道
函館駅前　はこだてえきまえ　北海道（函館市交通局
2系統ほか）

8画(刺,協,卒,卓,参,取,受,叔,呼,周)

【刺】
⁴刺牛　さしうし　北海道白糠郡白糠町
⁹刺巻　さしまき　秋田県(JR田沢湖線)

【協】
⁵協生　きょうせい　北海道常呂郡置戸町
⁶協成　きょうせい　北海道常呂郡訓子府町
⁸協和
　きょうわ　北海道千歳市
　きょうわ　北海道上川郡愛別町
　きょうわ　北海道常呂郡置戸町
　きょうわ　北海道河西郡中札内村
　きょうわ　北海道標津郡中標津町
　きょうわ　長野県佐久市
　きょうわ　愛知県名古屋市港区
協和下淀川　きょうわしもよどかわ　秋田県大仙市
協和上淀川　きょうわかみよどかわ　秋田県大仙市
協和小種　きょうわこたね　秋田県大仙市
協和中淀川　きょうわなかよどかわ　秋田県大仙市
協和区　きょうわく　北海道河西郡更別村
協和町
　きょうわちょう　新潟県胎内市
　きょうわちょう　静岡県浜松市西区
　きょうわちょう　愛知県半田市
　きょうわちょう　大阪府堺市堺区
　きょうわちょう　山口県防府市
　きょうわちょう　山口県光市
　きょうわまち　長崎県大村市
協和荒川　きょうわあらかわ　秋田県大仙市
協和峰吉川　きょうわみねよしかわ　秋田県大仙市
協和船沢　きょうわふねさわ　秋田県大仙市
協和船岡　きょうわふなおか　秋田県大仙市
協和境　きょうわさかい　秋田県大仙市
協和稲沢　きょうわいなざわ　秋田県大仙市

【卒】
⁵卒古沢　そつこざわ　青森県上北郡七戸町
卒古沢南平　そつこざわみなみたい　青森県上北郡七戸町
¹⁰卒島　そしま　栃木県小山市

【卓】
⁹卓屋町　しょくやちょう　京都府京都市下京区

【参】
¹⁰参宮通　さんぐうどおり　三重県桑名市
参宮橋　さんぐうばし　東京都(小田急電鉄小田原線)
¹¹参野町　さんじのちょう　静岡県浜松市南区

【取】
³取上
　とりあげ　青森県弘前市
　とりあげ　新潟県東蒲原郡阿賀町
⁴取手
　とりで　茨城県(JR常磐線ほか)
　とりで　茨城県取手市
取手市　とりでし　茨城県
⁵取出　とりいで　長野県松本市

取出町　とりでまち　長野県佐久市
取石　とりいし　大阪府高石市
取立　とりたて　千葉県山武郡横芝光町
⁹取香　とっこう　千葉県成田市
¹¹取組　とりくみ　岐阜県加茂郡坂祝町

【受】
¹⁴受領　うけりょう　茨城県稲敷郡美浦村

【叔】
⁹叔﨟前　しゅくのまえ　宮城県遠田郡美里町

【呼】
²呼人
　よびと　北海道(JR石北本線)
　よびと　北海道網走市
³呼子　よびこ　静岡県裾野市
呼子町大友　よぶこちょうおおとも　佐賀県唐津市
呼子町小川島　よぶこちょうおがわしま　佐賀県唐津市
呼子町小友　よぶこちょうこども　佐賀県唐津市
呼子町加部島　よぶこちょうかべしま　佐賀県唐津市
呼子町呼子　よぶこちょうよぶこ　佐賀県唐津市
呼子町殿ノ浦　よぶこちょうとののうら　佐賀県唐津市
⁷呼坂　よびさか　山口県周南市
呼坂本町　よびさかほんまち　山口県周南市
⁸呼松　よびまつ　岡山県倉敷市
呼松町　よびまつちょう　岡山県倉敷市
¹¹呼野
　よぶの　福岡県(JR日田彦山線)
　よぶの　福岡県北九州市小倉南区
¹²呼塚　よばつか　千葉県柏市
呼塚新田
　よばつかしんでん　千葉県柏市
　よばつかしんでん　千葉県我孫子市
¹³呼続
　よびつぎ　愛知県(名古屋鉄道名古屋本線)
　よびつぎ　愛知県名古屋市南区
呼続元町　よびつぎもとまち　愛知県名古屋市南区

【周】
⁵周世　すせ　兵庫県赤穂市
周匝　すさい　岡山県赤磐市
周布
　すふ　島根県(JR山陰本線)
　しゅう　愛媛県西条市
周布町
　すふちょう　島根県浜田市
　すふちょう　山口県山口市
⁷周佐　すさ　岡山県久米郡美咲町
周防下郷　すおうしもごう　山口県(JR山口線)
周防久保　すおうくぼ　山口県(JR岩徳線)
周防大島町　すおうおおしまちょう　山口県大島郡
周防佐山　すおうさやま　山口県(JR宇部線)
周防形　そおうがた　高知県幡多郡大月町
周防町　すおうちょう　京都府京都市伏見区
周防花岡　すおうはなおか　山口県(JR岩徳線)
周防高森　すおうたかもり　山口県(JR岩徳線)

8画（味, 和）

8周参見
　　すさみ　和歌山県（JR紀勢本線）
　　すさみ　和歌山県西牟婁郡すさみ町
周東町下久原　しゅうとうまちしもくばら　山口県岩国市
周東町下須通　しゅうとうまちしもすどおり　山口県岩国市
周東町三瀬川　しゅうとうまちさんぜがわ　山口県岩国市
周東町上久原　しゅうとうまちかみくばら　山口県岩国市
周東町上須通　しゅうとうまちかみすどおり　山口県岩国市
周東町川上　しゅうとうまちかわかみ　山口県岩国市
周東町中山　しゅうとうまちなかやま　山口県岩国市
周東町用田　しゅうとうまちようだ　山口県岩国市
周東町田尻　しゅうとうまちたじり　山口県岩国市
周東町西長野　しゅうとうまちにしながの　山口県岩国市
周東町明見谷　しゅうとうまちあけみだに　山口県岩国市
周東町祖生　しゅうとうまちそお　山口県岩国市
周東町差川　しゅうとうまちさすがわ　山口県岩国市
周東町樋余地　しゅうとうまちひよじ　山口県岩国市
周東町獺越　しゅうとうまちおそごえ　山口県岩国市
9**周南市**　しゅうなんし　山口県
11**周船寺**
　　すせんじ　福岡県（JR筑肥線）
　　すせんじ　福岡県福岡市西区
12**周智郡**　しゅうちぐん　静岡県
　　周陽　しゅうよう　山口県周南市

【味】
0**味ケ袋**　あじがふくろ　宮城県加美郡加美町
3**味川**　あじかわ　富山県氷見市
4**味方**
　　あじかた　新潟県新潟市南区
　　あじかた　新潟県新潟市西蒲区
　　味方町　みかたちょう　京都府綾部市
5**味加田**　あじかた　愛知県犬山市
6**味庄**　みしょう　千葉県長生郡長柄町
7**味坂**　あじさか　福岡県（西日本鉄道天神大牟田線）
　　味見河内町　あじみこうちちょう　福井県福井市
8**味岡**　あじおか　愛知県（名古屋鉄道小牧線）
　　味明　みあけ　宮城県黒川郡大郷町
　　味泥町　みどろちょう　兵庫県神戸市灘区
9**味美**　あじよし　愛知県（東海交通事業城北線ほか）
　　味美上ノ町　あじよしかみのちょう　愛知県春日井市
　　味美白山町　あじよしはくさんちょう　愛知県春日井市
　　味美西本町　あじよしにしほんまち　愛知県春日井市
　　味美町　あじよしちょう　愛知県春日井市
10**味原本町**　あじはらほんまち　大阪府大阪市天王寺区
　　味原町　あじはらちょう　大阪府大阪市天王寺区
　　味酒町　みさけまち　愛媛県松山市
　　味真野町　あじまのちょう　福井県越前市
12**味間**　あじま　奈良県磯城郡田原本町
　　味間北　あじまきた　兵庫県篠山市
　　味間町　あじままち　奈良県磯城郡田原本町
　　味間南　あじまみなみ　兵庫県篠山市

味間奥　あじまおく　兵庫県篠山市
味間新　あじましん　兵庫県篠山市
14**味噌天神前**　みそてんじんまえ　熊本県（熊本市交通局A系統ほか）
16**味鋺**　あじま　愛知県（名古屋鉄道小牧線）

【和】
和
　　やわら　北海道雨竜郡北竜町
　　かず　茨城県鹿嶋市
　　かのう　長野県東御市
　　わ　鹿児島県大島郡和泊町
0**和ケ原**　わがはら　埼玉県所沢市
3**和上町**　わじょうちょう　兵庫県西宮市
　　和久　わぐ　福島県石川郡石川町
　　和久市町　わくいちちょう　京都府福知山市
　　和久寺　わくでら　京都府福知山市
　　和久町　わぐちょう　茨城県常陸太田市
　　和久里　わくり　福井県小浜市
　　和久屋町　わくやちょう　京都府京都市中京区
　　和久野　わくの　福井県敦賀市
　　和口　わぐち　静岡県磐田市
　　和山平　わやまたいら　青森県上北郡東北町
4**和井元**　わいもと　岡山県岡山市北区
　　和井内　わいない　岩手県宮古市
　　和井取　わいどり　兵庫県神戸市西区
　　和井野　わいの　三重県度会郡度会町
　　和仁　わに　熊本県玉名郡和水町
　　和仁屋　わにや　沖縄県中頭郡北中城村
　　和天別　わてんべつ　北海道白糠郡白糠町
　　和戸
　　　わど　埼玉県（東武鉄道伊勢崎線）
　　　わど　埼玉県南埼玉郡宮代町
　　和戸町　わどまち　山梨県甲府市
　　和木
　　　わき　新潟県佐渡市
　　　わき　山口県（JR山陽本線）
　　　わき　山口県玖珂郡和木町
　　和木町
　　　わぎちょう　京都府綾部市
　　　わきちょう　島根県江津市
　　　わきちょう　山口県玖珂郡
　　和水町
　　　わすいちょう　京都府京都市上京区
　　　なごみまち　熊本県玉名郡
5**和台**　わだい　茨城県つくば市
　　和市　わいち　愛知県北設楽郡設楽町
　　和布町
　　　めらちょう　福井県福井市
　　　わぶちょう　兵庫県西脇市
　　和田
　　　わだ　青森県上北郡七戸町
　　　わだ　秋田県（JR奥羽本線）
　　　わだ　山形県南陽市
　　　わだ　福島県会津若松市
　　　わだ　福島県須賀川市
　　　わだ　福島県相馬市
　　　わだ　福島県本宮市
　　　わだ　茨城県取手市
　　　わだ　埼玉県行田市

8画 (和)

わだ　千葉県成田市
わだ　千葉県四街道市
わだ　千葉県山武市
わだ　千葉県印旛郡栄町
わだ　東京都杉並区
わだ　東京都多摩市
わだ　神奈川県横浜市保土ケ谷区
わだ　新潟県新潟市江南区
わだ　新潟県魚沼市
わだ　富山県富山市
わだ　富山県高岡市
わだ　石川県羽咋郡志賀町
わだ　福井県福井市
わだ　福井県三方郡美浜町
わだ　福井県大飯郡高浜町
わだ　山梨県南巨摩郡身延町
わだ　長野県松本市
わだ　長野県小諸市
わだ　長野県小県郡長和町
わだ　岐阜県揖斐郡揖斐川町
わだ　静岡県伊東市
わだ　静岡県掛川市
わだ　静岡県菊川市
わだ　静岡県牧之原市
わだ　京都府舞鶴市
わだ　京都府船井郡京丹波町
わだ　大阪府堺市南区
わだ　大阪府泉南郡熊取町
わだ　兵庫県篠山市
わだ　兵庫県加古郡稲美町
わだ　兵庫県美方郡新温泉町
わだ　奈良県桜井市
わだ　奈良県吉野郡天川村
わだ　和歌山県和歌山市
わだ　和歌山県田辺市
わだ　和歌山県有田郡広川町
わだ　和歌山県日高郡美浜町
わだ　鳥取県倉吉市
わだ　島根県邑智郡邑南町
わだ　岡山県玉野市
わだ　岡山県赤磐市
わだ　岡山県美作市
わだ　岡山県苫田郡鏡野町
わだ　岡山県加賀郡吉備中央町
わだ　広島県三原市
わだ　山口県大島郡周防大島町
わだ　愛媛県松山市
わだ　高知県宿毛市
わだ　高知県安芸郡北川村
わだ　高知県長岡郡大豊町
わだ　高知県土佐郡土佐町
わだ　福岡県福岡市南区
わだ　福岡県糟屋郡篠栗町
わだ　鹿児島県鹿児島市

和田下　わだしも　青森県上北郡七戸町
和田上町　わだかみちょう　富山県高岡市
和田山
　わだやま　神奈川県横浜市中区
　わだやま　兵庫県（JR山陰本線）
和田山町三波　わだやまちょうさんなみ　兵庫県朝来市
和田山町万葉台　わだやまちょうまんようだい　兵庫県朝来市
和田山町久世田　わだやまちょうくせだ　兵庫県朝来市

和田山町久田和　わだやまちょうくだわ　兵庫県朝来市
和田山町久留引　わだやまちょうくるぶき　兵庫県朝来市
和田山町土田　わだやまちょうはんだ　兵庫県朝来市
和田山町中　わだやまちょうなか　兵庫県朝来市
和田山町内海　わだやまちょううつのみ　兵庫県朝来市
和田山町比治　わだやまちょうひじ　兵庫県朝来市
和田山町加都　わだやまちょうかつ　兵庫県朝来市
和田山町市場　わだやまちょういちば　兵庫県朝来市
和田山町市御堂　わだやまちょういちみどう　兵庫県朝来市
和田山町平野　わだやまちょうひらの　兵庫県朝来市
和田山町玉置　わだやまちょうたまき　兵庫県朝来市
和田山町白井　わだやまちょうしらい　兵庫県朝来市
和田山町立ノ原　わだやまちょうたつのはら　兵庫県朝来市
和田山町安井　わだやまちょうやすい　兵庫県朝来市
和田山町寺内　わだやまちょうてらうち　兵庫県朝来市
和田山町寺谷　わだやまちょうてらだに　兵庫県朝来市
和田山町竹ノ内　わだやまちょうたけのうち　兵庫県朝来市
和田山町竹田　わだやまちょうたけだ　兵庫県朝来市
和田山町和田　わだやまちょうわだ　兵庫県朝来市
和田山町和田山　わだやまちょうわだやま　兵庫県朝来市
和田山町岡　わだやまちょうおか　兵庫県朝来市
和田山町岡田　わだやまちょうおかだ　兵庫県朝来市
和田山町弥生が丘　わだやまちょうやよいがおか　兵庫県朝来市
和田山町東谷　わだやまちょうひがしだに　兵庫県朝来市
和田山町東和田　わだやまちょうひがしわだ　兵庫県朝来市
和田山町枚田　わだやまちょうひらた　兵庫県朝来市
和田山町枚田岡　わだやまちょうひらたおか　兵庫県朝来市
和田山町林垣　わだやまちょうはやしがき　兵庫県朝来市
和田山町法道寺　わだやまちょうほうどうじ　兵庫県朝来市
和田山町法興寺　わだやまちょうほつこうじ　兵庫県朝来市
和田山町城南台　わだやまちょうじょうなんだい　兵庫県朝来市
和田山町室尾　わだやまちょうむろお　兵庫県朝来市
和田山町栄町　わだやまちょうさかえまち　兵庫県朝来市
和田山町柳原　わだやまちょうやなぎはら　兵庫県朝来市
和田山町秋葉台　わだやまちょうあきばだい　兵庫県朝来市
和田山町宮　わだやまちょうみや　兵庫県朝来市
和田山町宮内　わだやまちょうみやうち　兵庫県朝来市
和田山町宮田　わだやまちょうみやだ　兵庫県朝来市
和田山町桑原　わだやまちょうくわばら　兵庫県朝来市

8画（和）

和田山町高生田　わだやまちょうたこうだ　兵庫県朝来市
和田山町高田　わだやまちょうたかた　兵庫県朝来市
和田山町野村　わだやまちょうのむら　兵庫県朝来市
和田山町朝日　わだやまちょうあさひ　兵庫県朝来市
和田山町筒江　わだやまちょうつつえ　兵庫県朝来市
和田山町殿　わだやまちょうとの　兵庫県朝来市
和田山町駅北　わだやまちょうえきぎた　兵庫県朝来市
和田山町藤和　わだやまちょうふじわ　兵庫県朝来市
和田山通　わだやまどおり　兵庫県神戸市兵庫区
和田中　わだなか　福井県福井市
和田中町　わだなかちょう　福井県福井市
和田北　わだきた　岡山県久米郡美咲町
和田目　わだめ　福島県大沼郡会津美里町
和田多中町　わだたなかまち　群馬県高崎市
和田西　わだにし　宮城県伊具郡丸森町
和田西町　わだにしちょう　富山県高岡市
和田沖町　わだおきちょう　広島県三原市
和田町
　　わだちょう　青森県弘前市
　　わだちょう　茨城県常陸太田市
　　わだちょう　茨城県ひたちなか市
　　わだまち　群馬県高崎市
　　わだまち　千葉県銚子市
　　わだまち　東京都青梅市
　　わだまち　神奈川県（相模鉄道本線）
　　わだまち　石川県能美市
　　わだちょう　福井県福井市
　　わだちょう　福井県鯖江市
　　わだまち　山梨県甲府市
　　わだちょう　静岡県浜松市東区
　　わだちょう　静岡県熱海市
　　わだちょう　三重県亀山市
　　わだちょう　滋賀県彦根市
　　わだちょう　大阪府和泉市
　　わだちょう　兵庫県西脇市
　　わだちょう　奈良県奈良市
　　わだちょう　奈良県橿原市
　　わだちょう　鳥取県米子市
　　わだちょう　岡山県高梁市
　　わだちょう　山口県光市
　　わだまち　福岡県北九州市若松区
和田町二タ子　わだちょうふたご　愛知県江南市
和田町下三原　わだちょうしもみはら　千葉県南房総市
和田町上三原　わだちょうかみみはら　千葉県南房総市
和田町小川　わだちょうおがわ　千葉県南房総市
和田町小向　わだちょうこむかい　千葉県南房総市
和田町小島　わだちょうこじま　愛知県江南市
和田町川東　わだちょうかわひがし　愛知県江南市
和田町中　わだちょうなか　愛知県江南市
和田町中三原　わだちょうなかみはら　千葉県南房総市
和田町中畑　わだちょうなかはた　愛知県江南市
和田町中島　わだちょうなかじま　愛知県江南市
和田町五十蔵　わだちょうごじゅうくら　千葉県南房総市
和田町仁我浦　わだちょうにがうら　千葉県南房総市
和田町天神　わだちょうてんじん　愛知県江南市

和田町布野　わだちょうふの　千葉県南房総市
和田町本郷　わだちょうほんごう　愛知県江南市
和田町白渚　わだちょうしらすか　千葉県南房総市
和田町石堂　わだちょういしどう　千葉県南房総市
和田町旭　わだちょうあさひ　愛知県江南市
和田町西島　わだちょうにしじま　愛知県江南市
和田町花園　わだちょうはなその　千葉県南房総市
和田町和田　わだちょうわだ　千葉県南房総市
和田町松田　わだちょうまつだ　千葉県南房総市
和田町沼　わだちょうぬま　千葉県南房総市
和田町栄　わだちょうさかえ　愛知県江南市
和田町柴　わだちょうしば　千葉県南房総市
和田町海発　わだちょうかいほつ　千葉県南房総市
和田町宮　わだちょうみや　愛知県江南市
和田町真浦　わだちょうもうら　千葉県南房総市
和田町黒岩　わだちょうくろいわ　千葉県南房総市
和田町磑森　わだちょうするすもり　千葉県南房総市
和田岬　わだみさき　兵庫県（JR山陽本線ほか）
和田東
　　わだひがし　宮城県伊具郡丸森町
　　わだひがし　福井県福井市
　　わだひがし　大阪府堺市南区
和田東町　わだひがしまち　鳥取県倉吉市
和田河原
　　わだがはら　神奈川県（伊豆箱根鉄道大雄山線）
　　わだがはら　神奈川県南足柄市
和田津開町　わだつびらきちょう　徳島県小松島市
和田宮通　わだみやどおり　兵庫県神戸市兵庫区
和田島　わだしま　静岡県静岡市清水区
和田島町　わだじまちょう　徳島県小松島市
和田浦　わだうら　千葉県（JR内房線）
和田浜　わだはま　鳥取県（JR境線）
和田浜南町　わだはまみなみちょう　静岡県熱海市
和田崎町　わださきちょう　兵庫県神戸市兵庫区
和田塚　わだづか　神奈川県（江ノ島電鉄線）
和田道　わだみち　福島県須賀川市
和白
　　わじろ　福岡県（JR香椎線ほか）
　　わじろ　福岡県福岡市東区
和白丘　わじろおか　福岡県福岡市東区
和白東　わじろひがし　福岡県福岡市東区
和会町　かずえちょう　愛知県豊田市
和光
　　わこう　静岡県掛川市
　　わこう　愛知県一宮市
和光台　わこうだい　石川県能美市
和光市
　　わこうし　埼玉県（東京地下鉄有楽町線ほか）
　　わこうし　埼玉県
和光町
　　わこうちょう　北海道恵庭市
　　わこうちょう　静岡県浜松市西区
和合
　　わごう　秋田県大仙市
　　わごう　山形県西村山郡朝日町
　　わごう　富山県中新川郡上市町
　　わごう　長野県下伊那郡阿南町
　　わごう　愛知県愛知郡東郷町
和合ケ丘　わごうがおか　愛知県愛知郡東郷町

665

8画（和）

和合北　わごうきた　静岡県浜松市中区
和合平　わごうたいら　山形県西村山郡朝日町
和合本町　わごうほんまち　岐阜県大垣市
和合町
　わごうまち　山形県山形市
　わごうちょう　新潟県新潟市中央区
　わごうちょう　岐阜県瑞浪市
　わごうちょう　静岡県浜松市中区
　わごうちょう　愛知県豊田市
和合新町　わごうしんまち　岐阜県大垣市
和名　わな　埼玉県比企郡吉見町
和名ケ谷　わながや　千葉県松戸市
和名川　わながわ　山形県鶴岡市
和名田　わなだ　福島県田村郡小野町
和地山　わじやま　静岡県浜松市中区
和地町
　わじちょう　静岡県浜松市西区
　わじちょう　愛知県田原市
和多田
　わだた　福井県小浜市
　わだだ　佐賀県（JR筑肥線）
和多田大土井　わただおおどい　佐賀県唐津市
和多田天満町　わただてんまんちょう　佐賀県唐津市
和多田本村　わただほんむら　佐賀県唐津市
和多田用尺　わただようじゃく　佐賀県唐津市
和多田先石　わたださきいし　佐賀県唐津市
和多田百人町　わただひゃくにんまち　佐賀県唐津市
和多田西山　わただにしやま　佐賀県唐津市
和多田東百人町　わただひがしひゃくにんまち　佐賀県唐津市
和多田沼　わただぬま　宮城県遠田郡美里町
和多田南先石　わだみなみさきいし　佐賀県唐津市
和多田海士町　わだあままち　佐賀県唐津市
和多見町　わだみちょう　島根県松江市
和字　わじ　山口県防府市
和宇慶　わうけ　沖縄県中頭郡中城村
和庄　わしょう　広島県呉市
和庄本町　わしょうほんまち　広島県呉市
和庄登町　わしょうのぼりまち　広島県呉市
和気
　わけ　岡山県（JR山陽本線）
　わけ　岡山県和気郡和気町
　わき　大分県宇佐市
和気町
　わけまち　石川県能美市
　わきちょう　愛知県西尾市
　わきちょう　京都府京都市下京区
　わけちょう　大阪府和泉市
　わけちょう　岡山県和気郡
　わけまち　愛媛県松山市
和気郡　わけぐん　岡山県
和江　わえ　京都府舞鶴市
⁷和佐
　わさ　岐阜県下呂市
　わさ　和歌山県（JR紀勢本線）
　わさ　和歌山県日高郡日高川町
　わさ　山口県大島郡周防大島町
和佐中　わさなか　和歌山県和歌山市
和佐谷町　わさだにまち　石川県能美市
和佐関戸　わさせきど　和歌山県和歌山市

和坂
　かにがさか　兵庫県明石市
　わさか　兵庫県明石市
和坂稲荷町　わさかいなりちょう　兵庫県明石市
和束町　わづかちょう　京都府相楽郡
和沢　わさわ　富山県小矢部市
和良比　わらび　千葉県四街道市
和良町下土京　わらちょうしもどきょう　岐阜県郡上市
和良町下沢　わらちょうしもざわ　岐阜県郡上市
和良町下洞　わらちょうしもぼら　岐阜県郡上市
和良町三庫　わらちょうみくら　岐阜県郡上市
和良町上土京　わらちょうかみどきょう　岐阜県郡上市
和良町上沢　わらちょうかみざわ　岐阜県郡上市
和良町土京　わらちょうどきょう　岐阜県郡上市
和良町方須　わらちょうほうす　岐阜県郡上市
和良町田平　わらちょうたびら　岐阜県郡上市
和良町安郷野　わらちょうあごの　岐阜県郡上市
和良町沢　わらちょうさわ　岐阜県郡上市
和良町東野　わらちょうがしの　岐阜県郡上市
和良町法師丸　わらちょうほしまる　岐阜県郡上市
和良町宮代　わらちょうみやしろ　岐阜県郡上市
和良町宮地　わらちょうみやじ　岐阜県郡上市
和良町野尻　わらちょうのじり　岐阜県郡上市
和良町鹿倉　わらちょうかくら　岐阜県郡上市
和良町横野　わらちょうよこの　岐阜県郡上市
和見
　わみ　栃木県那須郡那珂川町
　わみ　山梨県上野原市
和見町　わみまち　岩手県宮古市
⁸和味　わみ　岩手県紫波郡矢巾町
和国町　わこくちょう　京都府京都市左京区
和尚堂　おしょうどう　福島県伊達郡桑折町
和尚塚　おしょうつか　茨城県ひたちなか市
和尚壇　おしょうだん　福島県白河市
和尚壇山　おしょうだんやま　福島県白河市
和泊　わどまり　鹿児島県大島郡和泊町
和泊町　わどまりちょう　鹿児島県大島郡
和知
　わち　岐阜県加茂郡八百津町
　わち　京都府（JR山陰本線）
和知川原　わちがわら　宮崎県宮崎市
和知町　わちまち　広島県三次市
和長島　わながしま　新潟県魚沼市
⁹和南町　わなみちょう　滋賀県東近江市
和屋　わや　新潟県妙高市
和屋町　わやちょう　三重県松阪市
和屋敷道ノ下　わやしきみちのした　岩手県八幡平市
和屋敷道ノ上　わやしきみちのうえ　岩手県八幡平市
和泉
　わいずみ　青森県弘前市
　いずみ　青森県南津軽郡田舎館村
　いずみ　栃木県日光市
　いずみ　埼玉県比企郡滑川町
　いずみ　千葉県鴨川市
　いずみ　千葉県印西市
　いずみ　千葉県香取市
　いずみ　東京都杉並区
　いずみ　新潟県新潟市南区

666

8画（和）

いずみ　新潟県糸魚川市
いずみ　富山県南砺市
いずみ　山梨県南アルプス市
いずみ　岐阜県安八郡神戸町
いずみ　岐阜県加茂郡白川町
いずみ　三重県桑名市
いずみ　三重県桑名郡木曽岬町
いずみ　福岡県筑後市
和泉が丘　いずみがおか　神奈川県横浜市泉区
和泉大宮　いずみおおみや　大阪府（南海電気鉄道南海本線）
和泉中央　いずみちゅうおう　大阪府（泉北高速鉄道線）
和泉中央南　いずみちゅうおうみなみ　神奈川県横浜市泉区
和泉北　いずみきた　愛媛県松山市
和泉市　いずみし　大阪府
和泉本町　いずみほんちょう　東京都狛江市
和泉田　いずみた　福島県南会津郡南会津町
和泉多摩川　いずみたまがわ　東京都（小田急電鉄小田原線）
和泉町
　いずみまち　秋田県由利本荘市
　いずみちょう　埼玉県秩父市
　いずみちょう　埼玉県東松山市
　いずみちょう　千葉県千葉市若葉区
　いずみちょう　神奈川県横浜市泉区
　いずみちょう　愛知県安城市
　いずみちょう　愛知県西尾市
　いずみちょう　三重県鈴鹿市
　いずみちょう　京都府京都市下京区
　いずみまち　大阪府大阪市中央区
　いずみちょう　兵庫県加西市
　いずみちょう　高知県高知市
　いずみまち　熊本県熊本市北区
和泉府中　いずみふちゅう　大阪府（JR阪和線）
和泉南　いずみみなみ　愛媛県松山市
和泉屋　いずみや　千葉県印西市
和泉屋町　いずみやちょう　京都府京都市下京区
和泉砂川　いずみすながわ　大阪府（JR阪和線）
和泉鳥取
　いずみとっとり　大阪府（JR阪和線）
　いずみとっとり　大阪府阪南市
和泉橋本　いずみはしもと　大阪府（JR阪和線）
和食
　わじき　徳島県那賀郡那賀町
　わじき　高知県（土佐くろしお鉄道ごめん・なはり線）
和食乙　わじきおつ　高知県安芸郡芸西村
和食甲　わじきこう　高知県安芸郡芸西村
和食郷　わじきごう　徳島県那賀郡那賀町
10**和倉町**　わくらまち　石川県七尾市
和倉町ひばり　わくらまちひばり　石川県七尾市
和倉温泉　わくらおんせん　石川県（JR七尾線ほか）
和島中沢　わしまなかさわ　新潟県長岡市
和島北野　わしまきたの　新潟県長岡市
和島高畑　わしまたかばたけ　新潟県長岡市
和納　わのう　新潟県新潟市西蒲区
11**和深**
　わぶか　和歌山県（JR紀勢本線）
　わぶか　和歌山県東牟婁郡串本町

和深川　わぶかがわ　和歌山県西牟婁郡すさみ町
和渕
　わぶち　宮城県（JR気仙沼線）
　わぶち　宮城県石巻市
和野
　わの　岩手県下閉伊郡田野畑村
　わの　宮城県気仙沼市
和野山　わのやま　岩手県下閉伊郡普代村
12**和寒**　わっさむ　北海道（JR宗谷本線）
和寒町　わっさむちょう　北海道上川郡
和富　かずとみ　三重県桑名郡木曽岬町
和無田町　わんだちょう　三重県四日市市
和賀仙人　わかせんにん　岩手県（JR北上線）
和賀町　わがちょう　三重県亀山市
和賀町山口　わがちょうやまぐち　岩手県北上市
和賀町仙人　わがちょうせんにん　岩手県北上市
和賀町岩沢　わがちょういわさわ　岩手県北上市
和賀町岩崎　わがちょういわさき　岩手県北上市
和賀町岩崎新田　わがちょういわさきしんでん　岩手県北上市
和賀町長沼　わがちょうながぬま　岩手県北上市
和賀町後藤　わがちょうごとう　岩手県北上市
和賀町煤孫　わがちょうすすまご　岩手県北上市
和賀町竪川目　わがちょうたてかわめ　岩手県北上市
和賀町横川目　わがちょうよこかわめ　岩手県北上市
和賀町藤根　わがちょうふじね　岩手県北上市
和賀郡　わがぐん　岩手県
14**和徳町**　わとくまち　青森県弘前市
和歌山　わかやま　和歌山県（JR紀勢本線ほか）
和歌山大学前　わかやまだいがくまえ　和歌山県（南海電気鉄道南海本線）
和歌山市
　わかやまし　和歌山県（JR紀勢本線ほか）
　わかやまし　和歌山県
和歌山県　わかやまけん
和歌山港　わかやまこう　和歌山県（南海電気鉄道和歌山港線）
和歌川町　わかがわちょう　和歌山県和歌山市
和歌町　わかまち　和歌山県和歌山市
和歌美台　わかみだい　福岡県宗像市
和歌浦中　わかうらなか　和歌山県和歌山市
和歌浦西　わかうらにし　和歌山県和歌山市
和歌浦東　わかうらひがし　和歌山県和歌山市
和歌浦南　わかうらみなみ　和歌山県和歌山市
和爾町　わにちょう　奈良県天理市
和銅　わどう　茨城県東茨城郡大洗町
和銅黒谷　わどうくろや　埼玉県（秩父鉄道線）
15**和霊中町**　われいなかまち　愛媛県宇和島市
和霊元町　われいもとまち　愛媛県宇和島市
和霊公園　われいこうえん　愛媛県宇和島市
和霊町　われいちょう　愛媛県宇和島市
和霊東町　われいひがしまち　愛媛県宇和島市
18**和邇**　わに　滋賀県（JR湖西線）
和邇中　わになか　滋賀県大津市
和邇中浜　わになかはま　滋賀県大津市
和邇今宿　わにいまじゅく　滋賀県大津市
和邇北浜　わにきたはま　滋賀県大津市
和邇南浜　わにみなみはま　滋賀県大津市
和邇春日　わにかすが　滋賀県大津市

667

8画（呰，国）

和邇高城　わにたかしろ　滋賀県大津市

【呰】

⁷呰見　あざみ　福岡県京都郡みやこ町

【国】

³国下町　こくがまち　石川県七尾市
国上
　くがみ　新潟県燕市
　くにがみ　鹿児島県西之表市
国久保　くにくぼ　静岡県富士市
国山町　くにやまちょう　福井県福井市
⁴国中　くになか　鳥取県八頭郡八頭町
国中町　くになかちょう　福井県越前市
国分
　こくぶん　千葉県市川市
　こくぶ　千葉県館山市
　こくぶ　福井県小浜市
　こくぶ　長野県上田市
　こくぶ　滋賀県大津市
　こくぶん　京都府宮津市
　こくぶ　香川県（JR予讃線）
　こくぶ　愛媛県今治市
　こくぶ　高知県南国市
　こくぶ　福岡県太宰府市
　こくぶ　福岡県京都郡みやこ町
　こくぶ　大分県大分市
　こくぶ　鹿児島県（JR日豊本線）
国分下井　こくぶしたい　鹿児島県霧島市
国分上小川　こくぶかみこがわ　鹿児島県霧島市
国分上之段　こくぶうえのだん　鹿児島県霧島市
国分上井　こくぶうわい　鹿児島県霧島市
国分上野原テクノパーク　こくぶうえのはらてくのぱーく　鹿児島県霧島市
国分上野原縄文の森　こくぶうえのはらじょうもんのもり　鹿児島県霧島市
国分山下町　こくぶやましたちょう　鹿児島県霧島市
国分川内　こくぶかわうち　鹿児島県霧島市
国分川原　こくぶかわはら　鹿児島県霧島市
国分中央　こくぶちゅうおう　鹿児島県霧島市
国分北　こくぶきた　神奈川県海老名市
国分台　こくぶだい　大分県大分市
国分台明寺　こくぶだいみょうじ　鹿児島県霧島市
国分市場　こくぶいちば　大阪府柏原市
国分広瀬　こくぶひろせ　鹿児島県霧島市
国分本町　こくぶほんまち　大阪府柏原市
国分向花　こくぶむけ　鹿児島県霧島市
国分向花町　こくぶむけちょう　鹿児島県霧島市
⁸国分名波町　こくぶなばちょう　鹿児島県霧島市
国分団地　こくぶだんち　大分県大分市
国分寺
　こくぶんじ　栃木県下野市
　こくぶんじ　東京都（JR中央本線ほか）
　こくぶんじ　新潟県佐渡市
　こくぶんじ　大阪府大阪市北区
　こくぶんじ　鳥取県倉吉市
　こくぶんじ　岡山県津山市
国分寺台　こくぶんじだい　神奈川県海老名市
国分寺台中央　こくぶんじだいちゅうおう　千葉県市原市

国分寺市　こくぶんじし　東京都
国分寺町
　こくぶんじちょう　山口県防府市
　こくぶんじちょう　鹿児島県薩摩川内市
国分寺町国分　こくぶんじちょうこくぶ　香川県高松市
国分寺町柏原　こくぶんじちょうかしはら　香川県高松市
国分寺町新名　こくぶんじちょうしんみょう　香川県高松市
国分寺町新居　こくぶんじちょうにい　香川県高松市
国分寺町福家　こくぶんじちょうふけ　香川県高松市
国分西　こくぶにし　大阪府柏原市
国分町
　こくぶんちょう　宮城県仙台市青葉区
　こくぶちょう　茨城県日立市
　こくぶちょう　茨城県土浦市
　こくぶちょう　石川県七尾市
　こくぶちょう　三重県鈴鹿市
　こくぶちょう　大阪府大阪市天王寺区
　こくぶちょう　大阪府和泉市
　こくぶちょう　島根県浜田市
　こくぶまち　福岡県久留米市
　こくぶまち　長崎県長崎市
国分府中　こくぶふちゅう　鹿児島県霧島市
国分府中町　こくぶふちゅうちょう　鹿児島県霧島市
国分松木　こくぶまつき　鹿児島県霧島市
国分松木町　こくぶまつきちょう　鹿児島県霧島市
国分松木東　こくぶまつきひがし　鹿児島県霧島市
国分東条町　こくぶひがんじょうちょう　大阪府柏原市
国分南　こくぶみなみ　神奈川県海老名市
国分城山町　こくぶしろやまちょう　鹿児島県霧島市
国分重久　こくぶしげひさ　鹿児島県霧島市
国分剣之宇都町　こくぶけんのうとちょう　鹿児島県霧島市
国分姫城　こくぶひめぎ　鹿児島県霧島市
国分姫城南　こくぶひめぎみなみ　鹿児島県霧島市
国分郡田　こくぶこおりだ　鹿児島県霧島市
国分清水　こくぶきよみず　鹿児島県霧島市
国分野口北　こくぶのぐちきた　鹿児島県霧島市
国分野口西　こくぶのぐちにし　鹿児島県霧島市
国分野口町　こくぶのぐちちょう　鹿児島県霧島市
国分野口東　こくぶのぐちひがし　鹿児島県霧島市
国分湊　こくぶみなと　鹿児島県霧島市
国分新町
　こくぶしんまち　大分県大分市
　こくぶしんまち　鹿児島県霧島市
国分福島　こくぶふくしま　鹿児島県霧島市
国分敷根　こくぶしきね　鹿児島県霧島市
国友町　くにともちょう　滋賀県長浜市
国木　くにぎ　愛媛県八幡浜市
国木原　くにぎはら　和歌山県海草郡紀美野町
⁵国包　くにかね　静岡県掛川市
国北　くにほく　兵庫県加古郡稲美町
国市松泉町　くにししょうせんちょう　三重県尾鷲市
国広　くにひろ　富山県南砺市
国広町　くにひろちょう　福井県敦賀市
国本
　こくもと　千葉県市原市
　くにもと　静岡県袋井市

8画（国）

国末　くにすえ　茨城県鹿嶋市
国正町
　　くにまさちょう　愛知県岡崎市
　　くにまさちょう　兵庫県加西市
国母
　　こくぼ　山梨県（JR身延線）
　　こくぼ　山梨県甲府市
国玉町　くだまちょう　山梨県甲府市
国玉通　くにたまどおり　兵庫県神戸市灘区
国生　こっしょう　茨城県常総市
国立
　　くにたち　東京都（JR中央本線）
　　くにたて　大分県別府市
国立市　くにたちし　東京都
国立競技場　こくりつきょうぎじょう　東京都（東京都
　　交通局大江戸線）
6国会議事堂前　こっかいぎじどうまえ　東京都（東京
　　地下鉄丸ノ内線ほか）
国光
　　くにみつ　石川県鳳珠郡能登町
　　くにみつ　高知県安芸郡芸西村
国吉
　　くによし　青森県弘前市
　　くによし　千葉県（いすみ鉄道線）
　　くによし　富山県高岡市
　　くによし　沖縄県糸満市
国吉田　くによしだ　静岡県静岡市駿河区
国吉町　くによしちょう　静岡県浜松市東区
国安
　　くにやす　静岡県掛川市
　　くにやす　兵庫県加古郡稲美町
　　くにやす　鳥取県鳥取市
　　くにやす　愛媛県西条市
国安町　くにやすちょう　茨城県常陸太田市
7国作　こくさく　福岡県京都郡みやこ町
国体町　こくたいちょう　岡山県岡山市北区
国坂　くにさか　鳥取県東伯郡北栄町
国見
　　くにみ　宮城県（JR仙山線）
　　くにみ　宮城県仙台市青葉区
　　くにみ　福島県石川郡石川町
　　くにみ　新潟県新潟市西蒲区
　　くにみ　富山県氷見市
　　くにみ　高知県（土佐くろしお鉄道中村・宿毛線）
　　くにみ　高知県四万十市
　　くにみ　熊本県葦北郡芦北町
国見ケ丘　くにみがおか　宮城県仙台市青葉区
国見台　くにみだい　兵庫県西宮市
国見町
　　くにみまち　福島県伊達郡
　　くにみちょう　石川県金沢市
　　くにみちょう　福井県福井市
　　くにみちょう　鹿児島県枕崎市
国見町千燈　くにみまちせんど　大分県国東市
国見町土黒乙　くにみちょうひじくろおつ　長崎県雲
　　仙市
国見町土黒丁　くにみちょうひじくろてい　長崎県雲
　　仙市
国見町土黒己　くにみちょうひじくろき　長崎県雲
　　仙市
国見町土黒丙　くにみちょうひじくろへい　長崎県雲
　　仙市

国見町土黒戊　くにみちょうひじくろぼ　長崎県雲
　　仙市
国見町土黒甲　くにみちょうひじくろこう　長崎県雲
　　仙市
国見町土黒庚　くにみちょうひじくろこう　長崎県雲
　　仙市
国見町大熊毛　くにみまちおおくまげ　大分県国東市
国見町小熊毛　くにみまちこくまげ　大分県国東市
国見町中　くにみまちなか　大分県国東市
国見町伊美　くにみまちいみ　大分県国東市
国見町向田　くにみまちむかた　大分県国東市
国見町多比良乙　くにみちょうたいらおつ　長崎県雲
　　仙市
国見町多比良丁　くにみちょうたいらてい　長崎県雲
　　仙市
国見町多比良丙　くにみちょうたいらへい　長崎県雲
　　仙市
国見町多比良戊　くにみちょうたいらぼ　長崎県雲
　　仙市
国見町多比良甲　くにみちょうたいらこう　長崎県雲
　　仙市
国見町竹田津　くにみまちたけたづ　大分県国東市
国見町西方寺　くにみまちさいほうじ　大分県国東市
国見町岐部　くにみまちきべ　大分県国東市
国見町赤根　くにみまちあかね　大分県国東市
国見町神代乙　くにみちょうこうじろおつ　長崎県雲
　　仙市
国見町神代丁　くにみちょうこうじろてい　長崎県雲
　　仙市
国見町神代己　くにみちょうこうじろき　長崎県雲
　　仙市
国見町神代丙　くにみちょうこうじろへい　長崎県雲
　　仙市
国見町神代戊　くにみちょうこうじろぼ　長崎県雲
　　仙市
国見町神代甲　くにみちょうこうじろこう　長崎県雲
　　仙市
国見町神代辛　くにみちょうこうじろしん　長崎県雲
　　仙市
国見町神代庚　くにみちょうこうじろこう　長崎県雲
　　仙市
国見町鬼籠　くにみまちきこ　大分県国東市
国見町野田　くにみまちのだ　大分県国東市
国見町櫛来　くにみまちくしく　大分県国東市
国見町櫛海　くにみまちくしのみ　大分県国東市
国谷
　　くにや　栃木県（東武鉄道宇都宮線）
　　くにや　栃木県下都賀郡壬生町
国谷町　くにやちょう　愛知県豊田市
8国定　くにさだ　群馬県（JR両毛線）
国定町　くにさだまち　群馬県伊勢崎市
国岡　くにおか　兵庫県加古郡稲美町
国府
　　こくふ　北海道中川郡中川町
　　こくふ　茨城県石岡市
　　こくふ　新潟県上越市
　　こくふ　福井県越前市
　　こう　愛知県（名古屋鉄道豊川線ほか）
　　こう　大阪府藤井寺市
　　こくふ　兵庫県（JR山陰本線）
　　こう　鳥取県倉吉市

669

8画（国）

こくぶ　熊本県（熊本市交通局A系統ほか）
こくぶ　熊本県熊本市中央区

国府台
　こうのだい　千葉県（京成電鉄京成本線）
　こうのだい　千葉県市川市
　こうのだい　千葉県いすみ市
　こくふだい　石川県小松市
　こうのだい　静岡県磐田市

国府市場　こくふいちば　岡山県岡山市中区
国府本町　こくぶほんまち　熊本県熊本市中央区
国府本郷　こくふほんごう　神奈川県中郡大磯町
国府田　こうだ　茨城県筑西市
国府多賀城　こくふたがじょう　宮城県（JR東北本線）
国府寺町　こおでらまち　兵庫県姫路市
国府町
　こくぶちょう　茨城県結城市
　こうまち　栃木県栃木市
　こうちょう　愛知県豊川市
　こうちょう　三重県鈴鹿市
国府町八日町　こくふちょうようかまち　岐阜県高山市
国府町下木原　こくふちょうしもきはら　鳥取県鳥取市
国府町三川　こくふちょうさんがわ　岐阜県高山市
国府町三日町　こくふちょうみっかまち　岐阜県高山市
国府町三代寺　こくふちょうさんだいじ　鳥取県鳥取市
国府町上上地　こくふちょうかみわじ　鳥取県鳥取市
国府町上広瀬　こくふちょうかみひろせ　岐阜県高山市
国府町上地　こくふちょうわじ　鳥取県鳥取市
国府町上荒舟　こくふちょうかみあらふね　鳥取県鳥取市
国府町大石　こくふちょうおおいし　鳥取県鳥取市
国府町山本　こくふちょうやまもと　岐阜県高山市
国府町山根　こくふちょうやまね　鳥取県鳥取市
国府町山崎　こくふちょうやまさき　鳥取県鳥取市
国府町川原田　こくふちょうかわらだ　徳島県徳島市
国府町中　こくふちょうなか　徳島県徳島市
国府町中河原　こくふちょうなかがわら　鳥取県鳥取市
国府町中郷　こくふちょうちゅうごう　鳥取県鳥取市
国府町井戸　こくふちょういど　徳島県徳島市
国府町今　こくふちょういま　岐阜県高山市
国府町分上　こくふちょうぶんじょう　鳥取県鳥取市
国府町日開　こくふちょうひがい　徳島県徳島市
国府町木原　こくふちょうきはら　鳥取県鳥取市
国府町木曽垣内　こくふちょうきそがいと　岐阜県高山市
国府町北岩延　こくふちょうきたいわのぶ　徳島県徳島市
国府町半田　こくふちょうはんだ　岐阜県高山市
国府町広西　こくふちょうひろせ　鳥取県鳥取市
国府町広瀬町　こくふちょうひろせまち　岐阜県高山市
国府町庁　こくふちょうちょう　鳥取県鳥取市
国府町玉鉾　こくふちょうたまぼこ　鳥取県鳥取市
国府町矢野　こくふちょうやの　徳島県徳島市

国府町石井谷　こくふちょういわいだに　鳥取県鳥取市
国府町吉野　こくふちょうよしの　鳥取県鳥取市
国府町名張　こくふちょうなばり　岐阜県高山市
国府町宇津江　こくふちょううつえ　岐阜県高山市
国府町早淵　こくふちょうはやぶち　徳島県徳島市
国府町池尻　こくふちょういけじり　徳島県徳島市
国府町瓜巣　こくふちょううりす　岐阜県高山市
国府町糸谷　こくふちょういとたに　鳥取県鳥取市
国府町西矢野　こくふちょうにしやの　徳島県徳島市
国府町西門前　こくふちょうにしもんぜん　岐阜県高山市
国府町西高輪　こくふちょうにしたかわ　徳島県徳島市
国府町西黒田　こくふちょうにしくろだ　徳島県徳島市
国府町佐野塚　こくふちょうさのづか　徳島県徳島市
国府町村山　こくふちょうむらやま　岐阜県高山市
国府町町屋　こくふちょうまちや　鳥取県鳥取市
国府町花園　こくふちょうはなぞの　徳島県徳島市
国府町芝原　こくふちょうしばはら　徳島県徳島市
国府町谷　こくふちょうたに　鳥取県鳥取市
国府町和田　こくふちょうわだ　徳島県徳島市
国府町国分寺　こくふちょうこくぶんじ　鳥取県鳥取市
国府町岡益　こくふちょうおかます　鳥取県鳥取市
国府町府中　こくふちょうこう　徳島県徳島市
国府町延命　こくふちょうえんめい　徳島県徳島市
国府町松尾　こくふちょうまつお　鳥取県鳥取市
国府町東門前　こくふちょうひがしもんぜん　岐阜県高山市
国府町東高輪　こくふちょうひがしたかわ　徳島県徳島市
国府町東黒田　こくふちょうひがしくろだ　徳島県徳島市
国府町法花寺　こくふちょうほっけじ　鳥取県鳥取市
国府町金桶　こくふちょうかねおけ　岐阜県高山市
国府町雨滝　こくふちょうあめだき　鳥取県鳥取市
国府町南岩延　こくふちょうみなみいわのぶ　徳島県徳島市
国府町拾石　こくふちょうじっこく　鳥取県鳥取市
国府町栃本　こくふちょうとちもと　鳥取県鳥取市
国府町神垣　こくふちょうこうがけ　鳥取県鳥取市
国府町神護　こくふちょうかんご　鳥取県鳥取市
国府町美歎　こくふちょうみたに　鳥取県鳥取市
国府町荒舟　こくふちょうあらふね　鳥取県鳥取市
国府町宮下　こくふちょうみやのした　鳥取県鳥取市
国府町宮地　こくふちょうみやじ　岐阜県高山市
国府町桐谷　こくふちょうきりだに　岐阜県高山市
国府町桜間　こくふちょうさくらま　徳島県徳島市
国府町竜王　こくふちょうりゅうおう　徳島県徳島市
国府町高岡　こくふちょうたかおか　鳥取県鳥取市
国府町清水　こくふちょうすんず　鳥取県鳥取市
国府町菅野　こくふちょうすがの　鳥取県鳥取市
国府町麻生　こくふちょうあそう　鳥取県鳥取市
国府町奥谷　こくふちょうおくだに　鳥取県鳥取市
国府町新井　こくふちょうにい　鳥取県鳥取市
国府町新町　こくふちょうしんまち　鳥取県鳥取市

8画（国）

国府町新通り　こくふちょうしんどおり　鳥取県鳥取市

国府町楠城　こくふちょうなわしろ　鳥取県鳥取市

国府町殿　こくふちょうとの　鳥取県鳥取市

国府町蓑輪　こくふちょうみのわ　岐阜県高山市

国府町漆垣内　こくふちょううるしがいと　岐阜県高山市

国府町稲葉丘　こくふちょういなばがおか　鳥取県鳥取市

国府町敷地　こくふちょうしきじ　徳島県徳島市

国府町糠塚　こくふちょうぬかづか　岐阜県高山市

国府町観音寺　こくふちょうかんのんじ　徳島県徳島市

国府町鶴巣　こくふちょうつるす　岐阜県高山市

国府里　こうり　千葉県長生郡長柄町

国府南　こうみなみ　愛知県豊川市

国府津
　こうづ　神奈川県（JR東海道本線）
　こうづ　神奈川県小田原市

国府宮
　こうのみや　愛知県（名古屋鉄道名古屋本線）
　こうのみや　愛知県稲沢市

国府宮町　こうのみやちょう　愛知県稲沢市

国府宮神田町　こうのみやじんでんちょう　愛知県稲沢市

国府新宿　こくふしんしゅく　神奈川県中郡大磯町

国府関　こうせき　千葉県茂原市

国松　くにまつ　茨城県つくば市

国松町　くにまつちょう　大阪府寝屋川市

国東市　くにさきし　大分県

国東町下成仏　くにさきまちしもじょうぶつ　大分県国東市

国東町大恩寺　くにさきまちだいおんじ　大分県国東市

国東町小原　くにさきまちおはら　大分県国東市

国東町川原　くにさきまちかわら　大分県国東市

国東町中田　くにさきまちなかだ　大分県国東市

国東町北江　くにさきまちきたえ　大分県国東市

国東町田深　くにさきまちたぶか　大分県国東市

国東町安国寺　くにさきまちあんこくじ　大分県国東市

国東町成仏　くにさきまちじょうぶつ　大分県国東市

国東町来浦　くにさきまちくのうら　大分県国東市

国東町見地　くにさきまちけんじ　大分県国東市

国東町赤松　くにさきまちあかまつ　大分県国東市

国東町岩戸寺　くにさきまちいわとうじ　大分県国東市

国東町岩屋　くにさきまちいわや　大分県国東市

国東町東堅来　くにさきまちひがしかたく　大分県国東市

国東町治郎丸　くにさきまちじろうまる　大分県国東市

国東町重藤　くにさきまちしげふじ　大分県国東市

国東町原　くにさきまちはる　大分県国東市

国東町浜　くにさきまちはま　大分県国東市

国東町浜崎　くにさきまちはまさき　大分県国東市

国東町深江　くにさきまちふかえ　大分県国東市

国東町富来　くにさきまちとみく　大分県国東市

国東町富来浦　くにさきまちとみくうら　大分県国東市

国東町綱井　くにさきまちつない　大分県国東市

国東町横手　くにさきまちよこて　大分県国東市

国東町鶴川　くにさきまちつるがわ　大分県国東市

国武　くにたけ　福岡県八女市

国直　くになお　鹿児島県大島郡大和村

国英　くにふさ　鳥取県（JR因美線）

国長　くにおさ　茨城県常陸大宮市

国附町　くにつきちょう　愛知県豊田市

9 国信
　くにのぶ　鳥取県東伯郡湯梨浜町
　くにのぶ　鳥取県西伯郡大山町
　くにのぶ　広島県安芸郡海田町

国屋町　くやちょう　島根県松江市

国栄　こくえい　北海道常呂郡置戸町

国神　くにかみ　埼玉県秩父郡皆野町

国神前　くにじんまえ　茨城県ひたちなか市

国貞　くにさだ　岡山県美作市

国重
　くにしげ　富山県中新川郡舟橋村
　くにしげ　石川県鳳珠郡能登町

国香通　くにかどおり　兵庫県神戸市中央区

10 国兼町　くにかねちょう　福井県越前市

国峰　くにみね　群馬県甘楽郡甘楽町

国時町　くにときちょう　福井県大野市

国栖　くず　奈良県吉野郡吉野町

国泰寺町　こくたいじまち　広島県広島市中区

国納　こくのう　埼玉県南埼玉郡宮代町

国高　くにたか　福井県越前市

11 国崎　くにさき　兵庫県川西市

国崎町　くざきちょう　三重県鳥羽市

国済寺　こくさいじ　埼玉県深谷市

国済寺町　こくさいじちょう　埼玉県深谷市

12 国場　こくば　沖縄県那覇市

国富
　くにとみ　北海道岩内郡共和町
　くにとみ　岡山県岡山市中区

国富町
　くにとみちょう　島根県出雲市
　くにとみちょう　宮崎県東諸県郡

国森町　くにもりちょう　愛知県西尾市

国賀　こくか　新潟県妙高市

国道　こくどう　神奈川県（JR鶴見線）

国閑町　かいごうまち　愛知県豊田市

13 国衙　こくが　山口県防府市

国誉　こくよ　北海道釧路郡釧路町

国遠　くにとお　愛媛県北宇和郡鬼北町

国鉄御所駅前通り　こくてつごせえきまえどおり　奈良県御所市

14 国際センター
　こくさいせんたー　宮城県（仙台市交通局東西線）
　こくさいせんたー　愛知県（名古屋市交通局桜通線）

国際会館　こくさいかいかん　京都府（京都市交通局烏丸線）

国際会議場前　こくさいかいぎじょうまえ　富山県（富山地方鉄道市内線）

国際町　こくさいちょう　新潟県南魚沼市

国際展示場　こくさいてんじじょう　東京都（東京臨海高速鉄道りんかい線）

671

8画 (坤, 垂, 坦, 坪, 坌, 夜)

国際展示場正門　こくさいてんじじょうせいもん　東京都 (ゆりかもめ臨海線)

国領
こくりょう　東京都 (京王電鉄京王線)
こくりょう　岐阜県本巣市
こくりょう　愛媛県新居浜市

国領町
こくりょうまち　群馬県前橋市
こくりょうちょう　群馬県伊勢崎市
こくりょうちょう　東京都調布市

15国影　くにかげ　福井県あわら市

16国縫
くんぬい　北海道 (JR函館本線)
くんぬい　北海道山越郡長万部町

国頭　くにがみ　鹿児島県大島郡和泊町

国頭村　くにがみそん　沖縄県国頭郡

国頭郡　くにがみぐん　沖縄県

【坤】

10坤高町　こんたかちょう　京都府京都市上京区

【垂】

4垂井　たるい　岐阜県 (JR東海道本線)

垂井町
たるいちょう　岐阜県不破郡
たるいちょう　兵庫県小野市

垂水
たるみ　三重県津市
たるみ　大阪府豊能郡能勢町
たるみ　兵庫県 (JR山陽本線)
たるみ　兵庫県篠山市
たるみ　福岡県築上郡上毛町

垂水区　たるみく　兵庫県神戸市

垂水市　たるみずし　鹿児島県

垂水町
たれみずちょう　宮城県石巻市
たるみちょう　大阪府吹田市
たるみちょう　香川県丸亀市

7垂坂町　たるさかちょう　三重県四日市市

垂坂新町　たるさかしんまち　三重県四日市市

8垂松　たれまつ　宮城県伊具郡丸森町

9垂柳　たれやなぎ　青森県南津軽郡田舎館村

【坦】

3坦子内　だんごうち　福島県二本松市

【坪】

0坪ノ内　つぼのうち　神奈川県伊勢原市

坪ノ内町　つぼのうちちょう　広島県呉市

3坪山
つぼやま　新潟県十日町市
つぼやま　新潟県妙高市
つぼやま　石川県羽咋郡宝達志水町
つぼやま　長野県下高井郡野沢温泉村

坪山新田　つぼやましんでん　千葉県佐倉市

坪川
つぼかわ　富山県滑川市
つぼかわ　石川県鹿島郡中能登町

坪川原　つぼかわら　青森県上北郡七戸町

坪川新　つぼかわしん　富山県滑川市

4坪井
つぼい　茨城県結城郡八千代町
つぼい　岡山県 (JR姫新線)
つぼい　広島県広島市佐伯区
つぼい　熊本県熊本市中央区

坪井下　つぼいしも　岡山県津山市

坪井上　つぼいかみ　岡山県津山市

坪井川　つぼいがわ　高知県吾川郡仁淀川町

坪井川公園　つぼいがわこうえん　熊本県 (熊本電気鉄道上熊本線)

坪井西　つぼいにし　千葉県船橋市

坪井町
つぼいちょう　千葉県船橋市
つぼいちょう　静岡県浜松市西区
つぼいちょう　大阪府和泉市
つぼいまち　岡山県津山市
つぼいちょう　広島県広島市佐伯区

坪井東　つぼいひがし　千葉県船橋市

坪内
つぼのうち　富山県砺波市
つぼのうち　奈良県吉野郡天川村

5坪尻　つぼじり　徳島県 (JR土讃線)

坪生町　つぼうちょう　広島県福山市

坪生町南　つぼうちょうみなみ　広島県福山市

坪田
つぼた　福島県相馬市
つぼた　東京都三宅村

坪穴　つぼあな　新潟県胎内市

6坪池　つぼいけ　富山県氷見市

7坪谷町　つぼたにちょう　福井県福井市

8坪沼　つぼぬま　宮城県仙台市太白区

10坪根
つぼね　新潟県長岡市
つぼね　新潟県村上市

11坪崎町　つぼさきちょう　愛知県豊田市

坪野
つぼの　新潟県小千谷市
つぼの　新潟県糸魚川市
つぼの　富山県魚津市
つぼの　富山県砺波市
つぼの　富山県南砺市
つぼの　石川県羽咋郡志賀町
つぼの　広島県山県郡安芸太田町

坪野田　つぼのた　高知県高岡郡檮原町

坪野町
つぼのまち　石川県金沢市
つぼのまち　石川県能美市

【坌】

坌　ぬた　山梨県西八代郡市川三郷町

【夜】

0夜ノ森　よのもり　福島県 (JR常磐線)

夜の森　よのもり　福島県双葉郡富岡町

3夜久野町千原　やくのちょうちはら　京都府福知山市

夜久野町大油子　やくのちょうおゆご　京都府福知山市

夜久野町小倉　やくのちょうおぐら　京都府福知山市

夜久野町井田　やくのちょういだ　京都府福知山市

8画（奄, 奈）

夜久野町今西中　やくのちょういまにしなか　京都府福知山市

夜久野町日置　やくのちょうへき　京都府福知山市

夜久野町平野　やくのちょうひらの　京都府福知山市

夜久野町末　やくのちょうすえ　京都府福知山市

夜久野町板生　やくのちょういとう　京都府福知山市

夜久野町直見　やくのちょうなおみ　京都府福知山市

夜久野町畑　やくのちょうはた　京都府福知山市

夜久野町高内　やくのちょうたかうち　京都府福知山市

夜久野町額田　やくのちょうぬかた　京都府福知山市

夜叉袋　やしゃぶくろ　秋田県南秋田郡八郎潟町

夜子沢　よごさわ　山梨県南巨摩郡身延町

⁵夜市　やじ　山口県周南市

⁶夜光　やこう　神奈川県川崎市川崎区

夜臼　ゆうす　福岡県糟屋郡新宮町

⁷夜見町　よみちょう　鳥取県米子市

⁸夜明　よあけ　大分県（JR久大本線）

夜明上町　よあけかみまち　大分県日田市

夜明中町　よあけなかまち　大分県日田市

夜明関町　よあけせきまち　大分県日田市

⁹夜後　よご　群馬県利根郡みなかみ町

¹⁰夜宮　よみや　福岡県北九州市戸畑区

¹²夜寒町　よさむちょう　愛知県名古屋市熱田区

夜間瀬
　　　よませ　長野県（長野電鉄長野線）
　　　よませ　長野県下高井郡山ノ内町

夜須　やす　高知県（土佐くろしお鉄道ごめん・なはり線）

夜須町十ノ木　やすちょうとおのき　高知県香南市

夜須町上夜須　やすちょうかみやす　高知県香南市

夜須町千切　やすちょうちぎれ　高知県香南市

夜須町手結　やすちょうてい　高知県香南市

夜須町手結山　やすちょうていやま　高知県香南市

夜須町出口　やすちょういでぐち　高知県香南市

夜須町仲木屋　やすちょうなかぎや　高知県香南市

夜須町羽尾　やすちょうはお　高知県香南市

夜須町西山　やすちょうにしやま　高知県香南市

夜須町沢谷　やすちょうさわたに　高知県香南市

夜須町国光　やすちょうくにみつ　高知県香南市

夜須町坪井　やすちょうつぼい　高知県香南市

夜須町夜須川　やすちょうやすがわ　高知県香南市

夜須町細川　やすちょうほそかわ　高知県香南市

【奄】

⁹奄美市　あまみし　鹿児島県

【奈】

³奈土　など　千葉県成田市

奈女沢　なめざわ　群馬県利根郡みなかみ町

奈川　ながわ　長野県松本市

⁴奈井江　ないえ　北海道（JR函館本線）

奈井江町　ないえちょう　北海道空知郡

奈戸岡　などおか　茨城県龍ケ崎市

奈比賀　なびか　高知県安芸市

⁵奈半利　なはり　高知県（土佐くろしお鉄道ごめん・なはり線）

奈半利町　なはりちょう　高知県安芸郡

奈古
　　　なご　山口県（JR山陰本線）
　　　なご　山口県阿武郡阿武町
　　　なご　福岡県築上郡築上町

奈古谷　なごや　静岡県伊豆の国市

⁶奈多
　　　なた　福岡県（JR香椎線）
　　　なた　福岡県福岡市東区
　　　なだ　大分県杵築市

奈多団地　なただんち　福岡県福岡市東区

奈江　なえ　北海道空知郡中富良野町

⁷奈佐原　なさはら　大阪府高槻市

奈佐原元町　なさはらもとまち　大阪府高槻市

奈佐原町　なさはらまち　栃木県鹿沼市

奈呉の江　なごのえ　富山県射水市

奈良
　　　なら　千葉県市原市
　　　なら　神奈川県横浜市青葉区
　　　なら　奈良県（JR関西本線）
　　　なら　愛媛県北宇和郡鬼北町
　　　なら　福岡県田川市

奈良子　ならし　愛知県丹羽郡大口町

奈良井
　　　ならい　長野県（JR中央本線）
　　　ならい　長野県塩尻市

奈良木町　ならぎまち　熊本県八代市

奈良毛　ならげ　茨城県鹿嶋市

奈良市　ならし　奈良県

奈良本
　　　ならもと　長野県小県郡青木村
　　　ならもと　静岡県賀茂郡東伊豆町

奈良田　ならだ　山梨県南巨摩郡早川町

奈良立　ならだて　新潟県十日町市

奈良尾　ならお　兵庫県養父市

奈良尾郷　ならおごう　長崎県南松浦郡新上五島町

奈良沢　ならざわ　山形県天童市

奈良町
　　　ならちょう　北海道岩見沢市
　　　ならちょう　群馬県沼田市
　　　ならちょう　埼玉県さいたま市北区
　　　ならちょう　神奈川県横浜市青葉区
　　　ならまち　岐阜県羽島郡笠松町
　　　ならまち　大阪府茨木市
　　　ならまち　奈良県大和郡山市

奈良阪町　ならざかちょう　奈良県奈良市

奈良林　ならばやし　千葉県鴨川市

奈良物町
　　　ならものちょう　京都府京都市上京区
　　　ならものちょう　京都府京都市下京区

奈良屋町
　　　ならやちょう　京都府京都市中京区
　　　ならやちょう　京都府京都市伏見区
　　　ならやまち　福岡県福岡市博多区

奈良津町　ならづちょう　広島県福山市

奈良県　ならけん

奈良梨　ならなし　埼玉県比企郡小川町

奈良渕町　ならぶちちょう　栃木県佐野市

奈良野　ならの　静岡県菊川市

奈良間　ならま　静岡県静岡市葵区

奈良新田　ならしんでん　埼玉県熊谷市

8画 (奉, 奔, 妻, 始, 姉, 妹, 学)

奈良輪　ならわ　千葉県袖ケ浦市
奈良橋　ならはし　東京都東大和市
奈良瀬町　ならせちょう　福井県福井市
9奈保町　なほちょう　奈良県奈良市
奈垣　ながき　三重県名張市
奈屋浦　なやうら　三重県度会郡南伊勢町
奈美　なみ　山口県防府市
奈胡　なご　福井県小浜市
10奈島　なしま　京都府城陽市
奈根　なね　愛知県北設楽郡東栄町
奈留　なる　宮崎県串間市
奈留町大串　なるまちおおくし　長崎県五島市
奈留町泊　なるまちとまり　長崎県五島市
奈留町浦　なるまちうら　長崎県五島市
奈留町船廻　なるまちふなまわり　長崎県五島市
12奈喜良　なぎら　鳥取県米子市
13奈義町　なぎちょう　岡山県勝田郡
奈路
　　なろ　高知県南国市
　　なろ　高知県高岡郡四万十町
15奈摩郷　なまごう　長崎県南松浦郡新上五島町

【奉】
6奉行前町　ぶぎょうまえちょう　京都府京都市伏見区
奉行塚　ぶぎょうづか　福島県西白河郡矢吹町
7奉社　びしゃ　茨城県つくばみらい市
8奉免　ほうめ　千葉県市原市
奉免町　ほうめまち　千葉県市川市
16奉膳　ぶんぜ　奈良県御所市
奉還町　ほうかんちょう　岡山県岡山市北区

【奔】
7奔別新町　ぽんべつしんまち　北海道三笠市
12奔渡　ぽんと　北海道厚岸郡厚岸町
13奔幌戸　ぽんぽろと　北海道厚岸郡浜中町

【妻】
妻
　　つま　和歌山県橋本市
　　つま　宮崎県西都市
0妻ケ丘町　つまがおかちょう　宮崎県都城市
妻の神
　　さいのかみ　岩手県滝沢市
　　さいのかみ　宮城県遠田郡美里町
4妻木
　　さいき　茨城県つくば市
　　むき　鳥取県西伯郡大山町
妻木平成町　つまぎへいせいちょう　岐阜県土岐市
妻木町　つまぎちょう　岐阜県土岐市
5妻田　つまだ　神奈川県厚木市
妻田北　つまだきた　神奈川県厚木市
妻田西　つまだにし　神奈川県厚木市
妻田東　つまだひがし　神奈川県厚木市
妻田南　つまだみなみ　神奈川県厚木市
6妻有町　つまありちょう　新潟県十日町市
7妻町　つまちょう　宮崎県西都市
妻良　めら　静岡県賀茂郡南伊豆町
8妻沼　めぬま　埼玉県熊谷市

妻沼小島　めぬまこじま　埼玉県熊谷市
妻沼中央　めぬまちゅうおう　埼玉県熊谷市
妻沼台　めぬまだい　埼玉県熊谷市
妻沼西　めぬまにし　埼玉県熊谷市
妻沼東　めぬまひがし　埼玉県熊谷市
妻波　つまなみ　鳥取県東伯郡北栄町
9妻科　つましな　長野県長野市
11妻崎　つまざき　山口県 (JR小野田線)
妻崎開作　つまざきがいさく　山口県宇部市
妻鳥町　めんどりちょう　愛媛県四国中央市
妻鹿　めが　兵庫県 (山陽電気鉄道本線)

【始】
9始神　はじかみ　三重県度会郡南伊勢町

【姉】
0姉ケ崎　あねがさき　千葉県 (JR内房線)
3姉大東町　あねだいとうちょう　京都府京都市中京区
姉大宮町西側　あねおおみやちょうにしがわ　京都府京都市中京区
姉大宮町東側　あねおおみやちょうひがしがわ　京都府京都市中京区
姉子　あねこ　和歌山県日高郡日高川町
6姉西町　あねにしちょう　京都府京都市中京区
姉西洞院町　あねにしのとういんちょう　京都府京都市中京区
姉西堀川町　あねにしほりかわちょう　京都府京都市中京区
7姉別
　　あねべつ　北海道 (JR根室本線)
　　あねべつ　北海道厚岸郡浜中町
姉別北　あねべつきた　北海道厚岸郡浜中町
姉別南　あねべつみなみ　北海道厚岸郡浜中町
姉別緑栄　あねべつりょくえい　北海道厚岸郡浜中町
8姉東堀川町　あねひがしほりかわちょう　京都府京都市中京区
9姉茶　あねちゃ　北海道浦河郡浦河町
10姉帯　あねたい　岩手県二戸郡一戸町
11姉崎　あねさき　千葉県市原市
姉崎西　あねさきにし　千葉県市原市
姉崎海岸　あねさきかいがん　千葉県市原市
姉猪熊町　あねいのくまちょう　京都府京都市中京区

【妹】
7妹尾
　　せのお　岡山県 (JR宇野線)
　　せのお　岡山県岡山市南区
妹尾崎　せのおざき　岡山県岡山市南区
妹町　いもとちょう　滋賀県東近江市
9妹背牛　もせうし　北海道 (JR函館本線)
妹背牛町　もせうしちょう　北海道雨竜郡

【学】
学　がく　徳島県 (JR徳島線)
0学が丘　まなびがおか　兵庫県神戸市垂水区
4学戸　がくと　愛知県海部郡蟹江町
学文殿町　がくぶんでんちょう　兵庫県西宮市
学文路
　　かむろ　和歌山県 (南海電気鉄道高野線)

8画（季, 孟, 官, 宜）

かむろ　和歌山県橋本市

⁵学田
がくでん　北海道（JR富良野線）
がくでん　北海道士別市
がくでん　北海道紋別郡遠軽町
がくでん　宮城県遠田郡美里町

学田三区　がくでんさんく　北海道富良野市

⁷学芸大学　がくげいだいがく　東京都（東京急行電鉄東横線）

⁸学林町　がくりんちょう　京都府京都市下京区

学苑　がくえん　宮城県黒川郡大和町

学門町　がくもん　和歌山県（紀州鉄道線）

⁹学南町　がくなんちょう　岡山県岡山市北区

学研北生駒　がっけんきたいこま　奈良県（近畿日本鉄道けいはんな線）

学研奈良登美ケ丘　がっけんならとみがおか　奈良県（近畿日本鉄道けいはんな線）

¹⁰学原町　がくばらちょう　徳島県阿南市

学校町
がっこうちょう　新潟県長岡市
がっこうちょう　新潟県柏崎市
がっこうちょう　新潟県加茂市
がっこうちょう　新潟県十日町市
がっこうちょう　新潟県見附市
がっこうちょう　新潟県村上市
がっこうちょう　新潟県妙高市
がっこうちょう　新潟県五泉市
がっこうちょう　新潟県阿賀野市

学校町通　がっこうちょうどおり　新潟県新潟市中央区

学校前　がっこうまえ　福岡県（西日本鉄道甘木線）

学校裏町　がっこううらまち　新潟県新潟市中央区

¹¹学習院下　がくしゅういんした　東京都（東京都交通局荒川線）

¹³学園
がくえん　北海道樺戸郡新十津川町
がくえん　埼玉県北足立郡伊奈町
がくえん　東京都武蔵村山市
がくえん　福井県福井市
がくえん　福井県今立郡池田町
がくえん　兵庫県三田市
がくえん　和歌山県田辺市
がくえん　島根県松江市

学園の森　がくえんのもり　茨城県つくば市

学園大和町　がくえんだいわちょう　奈良県奈良市

学園中　がくえんなか　奈良県奈良市

学園木花台北　がくえんきばなだいきた　宮崎県宮崎市

学園木花台西　がくえんきばなだいにし　宮崎県宮崎市

学園木花台南　がくえんきばなだいみなみ　宮崎県宮崎市

学園木花台桜　がくえんきはなだいさくら　宮崎県宮崎市

学園北　がくえんきた　奈良県奈良市

学園台
がくえんだい　埼玉県南埼玉郡宮代町
がくえんだい　石川県かほく市
がくえんだい　岐阜県瑞浪市

学園西町
がくえんにしまち　東京都小平市
がくえんにしまち　兵庫県神戸市西区

学園町
がくえんちょう　青森県弘前市
がくえんちょう　埼玉県草加市
がくえんちょう　東京都東久留米市
がくえんちょう　福井県小浜市
がくえんちょう　岐阜県岐阜市
がくえんちょう　大阪府堺市中区
がくえんちょう　大阪府茨木市
がくえんちょう　大阪府大東市
がくえんちょう　大阪府摂津市
がくえんちょう　広島県三原市

学園赤松町　がくえんあかまつちょう　奈良県奈良市

学園東町
がくえんひがしちょう　東京都小平市
がくえんひがしまち　兵庫県神戸市西区

学園前
がくえんまえ　北海道（札幌市交通局東豊線）
がくえんまえ　千葉県（京成電鉄千原線）
がくえんまえ　大阪府羽曳野市
がくえんまえ　奈良県（近畿日本鉄道奈良線）

学園南
がくえんみなみ　茨城県つくば市
がくえんみなみ　奈良県奈良市
がくえんみなみ　島根県松江市

学園南町　がくえんみなみまち　大阪府茨木市

学園通り　がくえんどおり　香川県（高松琴平電気鉄道長尾線）

学園都市　がくえんとし　兵庫県（神戸市交通局西神線）

学園朝日元町　がくえんあさひもとまち　奈良県奈良市

学園朝日町　がくえんあさひちょう　奈良県奈良市

学園新田町　がくえんしんでんちょう　奈良県奈良市

学園緑ケ丘　がくえんみどりがおか　奈良県奈良市

【季】

⁰季の坂　きのさか　大分県大分市
季の郷　きのさと　福島県須賀川市
⁹季美の森東　きみのもりひがし　千葉県東金市
季美の森南　きみのもりみなみ　千葉県大網白里市

【孟】

³孟子　もうこ　和歌山県海南市
⁶孟地　もうち　新潟県十日町市

【官】

⁷官社殿町　かんしゃでんちょう　京都府京都市下京区
⁸官林　かんりん　千葉県成田市

【宜】

³宜山町　よしやまちょう　宮城県石巻市
⁶宜名真　ぎなま　沖縄県国頭郡国頭村
宜次　ぎし　沖縄県島尻郡八重瀬町
⁹宜保　ぎぼ　沖縄県豊見城市
¹¹宜野座　ぎのざ　沖縄県国頭郡宜野座村
宜野座村　ぎのざそん　沖縄県国頭郡
宜野湾　ぎのわん　沖縄県宜野湾市
宜野湾市　ぎのわんし　沖縄県

8画(実, 宗, 定, 宝)

【実】

実ケ谷 さながや 埼玉県白岡市
実久 さねく 鹿児島県大島郡瀬戸内町
実田 みた 岩手県宮古市
実沢
  さねざわ 宮城県仙台市泉区
  さねざわ 福島県田村郡三春町
実谷 じっこく 千葉県夷隅郡御宿町
実取 みどり 栃木県大田原市
実松町 さねまつちょう 島根県安来市
実法寺 じほうじ 兵庫県姫路市
実門 さねかど 千葉県山武市
実相寺
  じっそうじ 岩手県花巻市
  じっそうじ 大分県別府市
実相院町 じっそういんちょう 京都府京都市上京区
実籾
  みもみ 千葉県(京成電鉄京成本線)
  みもみ 千葉県習志野市
実籾本郷 みもみほんごう 千葉県習志野市
実栗町 みぐりちょう 愛知県豊田市
実田町 さねどまち 広島県庄原市
実崎 さんさき 高知県四万十市
実郷 みさと 北海道常呂郡訓子府町
実報寺 じつほうじ 愛媛県西条市
実勢 じっせ 京都府船井郡京丹波町
実豊 みとよ 北海道網走市
実穀 じつこく 茨城県稲敷郡阿見町

【宗】

宗ノ上 そうのうえ 高知県安芸郡北川村
宗円町 そうえんちょう 愛知県名古屋市中川区
宗太郎 そうたろう 大分県(JR日豊本線)
宗方 むなかた 熊本県山鹿市
宗方台北 むなかただいきた 大分県大分市
宗方台西 むなかただいにし 大分県大分市
宗方台東 むなかただいひがし 大分県大分市
宗方町 むなかたまち 長崎県諫早市
宗方通 むなかたどおり 熊本県山鹿市
宗右衛門町 そうえもんちょう 大阪府大阪市中央区
宗古町 そうこまち 香川県丸亀市
宗光寺 そうこうじ 静岡県伊豆の国市
宗安寺 そうあんじ 高知県高知市
宗守 むねもり 富山県南砺市
宗行 むねゆき 兵庫県佐用郡佐用町
宗吾 そうご 千葉県成田市
宗吾参道 そうごさんどう 千葉県(京成電鉄京成本線)
宗呂乙 そうろおつ 高知県土佐清水市
宗呂丙 そうろへい 高知県土佐清水市
宗呂甲 そうろこう 高知県土佐清水市
宗甫 そうほ 千葉県印西市
宗谷 そうや 大阪府枚方市
宗谷村 そうやむら 北海道稚内市
宗谷岬 そうやみさき 北海道稚内市
宗谷郡 そうやぐん 北海道
宗岡 むねおか 埼玉県志木市
宗枝 むねだ 岡山県苫田郡鏡野町

宗林町 そうりんちょう 京都府京都市中京区
宗法町 そうほうちょう 愛知県春日井市
宗津
  そうづ 岡山県岡山市南区
  そうづ 高知県吾川郡仁淀川町
宗高 むなだか 静岡県焼津市
宗高町 むねたかちょう 群馬県伊勢崎市
宗掛 むなかけ 岡山県美作市
宗郷 そうごう 広島県三原市
宗賀 そうが 長野県塩尻市
宗道
  そうどう 茨城県(関東鉄道常総線)
  そうどう 茨城県下妻市
宗猷寺町 そうゆうじまち 岐阜県高山市
宗像 むなかた 鳥取県米子市
宗像市 むなかたし 福岡県
宗慶 そうけい 岐阜県本巣市
宗頤町 そうえんまち 福島県大沼郡会津美里町

【定】

定山渓 じょうざんけい 北海道札幌市南区
定山渓温泉西 じょうざんけいおんせんにし 北海道札幌市南区
定山渓温泉東 じょうざんけいおんせんひがし 北海道札幌市南区
定元町 さだもとまち 兵庫県姫路市
定内町 さだないちょう 岩手県釜石市
定友町 さだともちょう 福井県越前市
定方 さだかた 福井県今立郡池田町
定水寺 じょうすいじ 愛知県一宮市
定正町 さだまさちょう 福井県福井市
定光 じょうこう 茨城県稲敷郡美浦村
定光寺 じょうこうじ 愛知県(JR中央本線)
定光寺町 じょうこうじちょう 愛知県瀬戸市
定次町 さだつぎちょう 福井県鯖江市
定国町 さだくにちょう 愛知県岡崎市
定宗 さだむね 岡山県久米郡美咲町
定成町 じょうふまち 熊本県宇土市
定明町 さだあきまち 新潟県長岡市
定法寺町 じょうほうじちょう 京都府京都市東山区
定峰 さだみね 埼玉県秩父市
定留 さだのみ 大分県中津市
定納山 じょうのうやま 愛知県名古屋市緑区
定基町 さだもとちょう 北海道根室市
定塚 じょうづか 富山県高岡市
定塚町 じょうづかまち 富山県高岡市

【宝】

宝
  たから 千葉県市川市
  たから 新潟県長岡市
  たから 山梨県甲府市
  たから 愛知県知立市
  たから 愛知県海部郡蟹江町
宝ケ丘町 たからがおかちょう 愛知県瀬戸市
宝ケ池 たからがいけ 京都府(叡山電鉄鞍馬線)
宝が丘 たからがおか 愛知県名古屋市名東区
宝山 たからやま 福岡県行橋市

8画（宝）

宝山町
　　たからやまちょう　岐阜県関市
　　ほうざんちょう　大阪府豊中市
宝川内　ほうがわち　熊本県水俣市
4宝井町　たからいちょう　栃木県宇都宮市
宝木　ほうぎ　鳥取県（JR山陰本線）
宝木本町　たからぎほんちょう　栃木県宇都宮市
宝木町　たからぎちょう　栃木県宇都宮市
宝水町　ほうすいちょう　北海道岩見沢市
5宝台団地　たからだいだんち　福岡県福岡市城南区
宝永　ほうえい　福井県福井市
宝永台　ほうえいだい　三重県三重郡菰野町
宝永町
　　ほうえいちょう　高知県（とさでん交通ごめん線）
　　ほうえいちょう　高知県高知市
　　ほうえいちょう　高知県安芸市
宝生　はうせい　北海道丨勝郡浦幌町
宝生ケ丘　ほうしょうがおか　兵庫県西宮市
宝生町　ほうしょうちょう　愛知県名古屋市南区
宝田
　　たからだ　山形県鶴岡市
　　たからだ　千葉県成田市
宝田町
　　ほうでんちょう　愛知県名古屋市瑞穂区
　　ほうでんちょう　兵庫県神戸市須磨区
　　たからだちょう　徳島県阿南市
宝石台　ほうせきだい　栃木県塩谷郡高根沢町
宝立町二艘丹　ほうりゅうまちにそうふね　石川県珠洲市
宝立町大町泥木　ほうりゅうまちおおまちどろのき　石川県珠洲市
宝立町宗玄　ほうりゅうまちそうげん　石川県珠洲市
宝立町金峰寺　ほうりゅうまちこんぼうじ　石川県珠洲市
宝立町南黒丸　ほうりゅうまちみなみくろまる　石川県珠洲市
宝立町春日野　ほうりゅうまちかすがの　石川県珠洲市
宝立町柏原　ほうりゅうまちかしはら　石川県珠洲市
宝立町馬渡　ほうりゅうまちまわたり　石川県珠洲市
宝立町黒峰　ほうりゅうまちくろみね　石川県珠洲市
宝立町鵜島　ほうりゅうまちうしま　石川県珠洲市
宝立町鵜飼　ほうりゅうまちうかい　石川県珠洲市
6宝伝　ほうでん　岡山県岡山市東区
宝地町
　　ほうじまち　新潟県長岡市
　　ほうちちょう　愛知県名古屋市西区
宝有　ほゆう　岐阜県不破郡関ケ原町
宝江
　　ほうえ　岐阜県瑞穂市
　　ほうえ　岐阜県安八郡安八町
宝米　ほうめ　千葉県山武郡横芝光町
7宝坂　ほうざか　福島県東白川郡矢祭町
宝坂町　たからざかまち　福岡県大牟田市
宝坂宝坂　ほうざかほうざか　福島県耶麻郡西会津町
宝坂屋敷　ほうざかやしき　福島県耶麻郡西会津町
宝来
　　ほうらい　北海道稚内市
　　ほうらい　埼玉県さいたま市西区
　　ほうらい　奈良県奈良市

宝来北一条　ほうらいきたいちじょう　北海道河東郡音更町
宝来北二条　ほうらいきたにじょう　北海道河東郡音更町
宝来北三条　ほうらいきたさんじょう　北海道河東郡音更町
宝来北五条　ほうらいきたごじょう　北海道河東郡音更町
宝来北六条　ほうらいきたろくじょう　北海道河東郡音更町
宝来北四条　ほうらいきたしじょう　北海道河東郡音更町
宝来本通　ほうらいほんどおり　北海道河東郡音更町
宝来仲町北　ほうらいなかまちきた　北海道河東郡音更町
宝来仲町南　ほうらいなかまちみなみ　北海道河東郡音更町
宝米西町北　ほうらいにしまちきた　北海道河東郡音更町
宝来西町南　ほうらいにしまちみなみ　北海道河東郡音更町
宝来坂　ほうらいざか　滋賀県湖南市
宝来町
　　ほうらいちょう　北海道（函館市交通局2系統）
　　ほうらいちょう　北海道函館市
　　たからぎちょう　富山県高岡市
　　ほうらいちょう　岐阜県岐阜市
　　ほうらいちょう　静岡県島田市
　　ほうらいちょう　愛知県半田市
　　ほうらいちょう　愛知県豊田市
　　ほうらいちょう　奈良県奈良市
　　ほうらいちょう　和歌山県田辺市
　　ほうらいまち　熊本県人吉市
宝来東町北　ほうらいひがしまちきた　北海道河東郡音更町
宝来東町南　ほうらいひがしまちみなみ　北海道河東郡音更町
宝来南一条　ほうらいみなみいちじょう　北海道河東郡音更町
宝来南二条　ほうらいみなみにじょう　北海道河東郡音更町
宝町
　　たからまち　北海道釧路市
　　たからちょう　北海道根室市
　　たからまち　北海道中川郡幕別町
　　たからまち　北海道十勝郡浦幌町
　　たからまち　山形県鶴岡市
　　たからまち　福島県会津若松市
　　たからまち　群馬県太田市
　　たからちょう　東京都（東京都交通局浅草線）
　　たからまち　東京都葛飾区
　　たからちょう　神奈川県横浜市神奈川区
　　たからちょう　神奈川県平塚市
　　たからまち　新潟県新潟市東区
　　たからまち　新潟県柏崎市
　　たからまち　富山県富山市
　　たからまち　富山県高岡市
　　たからまち　石川県金沢市
　　たからまち　石川県小松市
　　たからまち　岐阜県多治見市
　　たからちょう　静岡県静岡市清水区
　　たからちょう　静岡県富士宮市
　　たからちょう　静岡県伊東市
　　たからまち　愛知県津島市

677

8画（尚，居，屈，岡）

たからまち　愛知県碧南市
たからまち　愛知県刈谷市
たからまち　愛知県豊郡市
たからまち　愛知県蒲郡市
たからまち　愛知県知立市
たからまち　三重県四日市市
たからまち　大阪府寝屋川市
たからまち　大阪府東大阪市
たからまち　広島県広島市中区
たからまち　広島県呉市
たからまち　広島県福山市
たからまち　山口県下関市
たからちょう　山口県山口市
たからまち　山口県光市
たからまち　高知県高知市
たからまち　福岡県春日市
たからまち　長崎県（長崎電気軌道1系統ほか）
たからまち　長崎県長崎市

宝谷
　ほうや　山形県鶴岡市
　たからだに　鳥取県日野郡日南町
宝貝　ほうがい　千葉県館山市
8宝和町　ほうわちょう　岐阜県大垣市
宝松苑　ほうしょうえん　兵庫県宝塚市
宝林町　ほうりんちょう　北海道根室市
9宝持　ほうじ　大阪府東大阪市
宝栄町　ほうえいまち　長崎県長崎市
宝泉寺　ほうせんじ　福井県丹生郡越前町
宝神　ほうじん　愛知県名古屋市港区
宝神町　ほうじんちょう　愛知県名古屋市港区
10宝島　たからじま　鹿児島県鹿児島郡十島村
宝梅　ほうばい　兵庫県宝塚市
宝珠ハイツ　ほうじゅはいつ　岐阜県本巣市
宝珠山
　ほうしゅやま　福岡県（JR日田彦山線）
　ほうしゅやま　福岡県朝倉郡東峰村
宝竜寺　ほうりゅうじ　千葉県富津市
宝馬　ほうま　千葉県山武郡芝山町
11宝亀町　ほうきちょう　長崎県平戸市
12宝塚　たからづか　兵庫県（JR福知山線ほか）
宝塚市　たからづかし　兵庫県
宝塚町　たからづかちょう　三重県松阪市
宝塚南口　たからづかみなみぐち　兵庫県（阪急電鉄今津線）
宝達
　ほうだつ　石川県（JR七尾線）
　ほうだつ　石川県羽咋郡宝達志水町
宝達志水町　ほうだつしみずちょう　石川県羽咋郡
宝陽台　ほうようだい　茨城県つくば市
宝飯郡　ほいぐん　⇒消滅（愛知県）
13宝殿
　ほうでん　栃木県日光市
　ほうでん　兵庫県（JR山陽本線）
宝殿町　ほうでんまち　三重県桑名市
宝殿前　ほうでんまえ　福島県石川郡石川町
14宝徳　ほうとく　山形県鶴岡市
15宝慶寺　ほうきょうじ　福井県大野市
宝蔵寺　ほうぞうじ　兵庫県佐用郡佐用町
16宝積寺
　ほうしゃくじ　栃木県（JR東北本線）
　ほうしゃくじ　栃木県塩谷郡高根沢町

19宝鏡院東町　ほうきょういんひがしまち　京都府京都市上京区

【尚】
14尚徳町　しょうとくちょう　鳥取県鳥取市

【居】
3居土　いづち　青森県南津軽郡大鰐町
4居切　いぎり　茨城県神栖市
5居尻　いじり　静岡県掛川市
居平　いだいら　福島県南会津郡檜枝岐村
居辺　おりべ　北海道河東郡上士幌町
6居伝町　いでちょう　奈良県五條市
居合町　いあわせまち　福島県会津若松市
7居町　いまち　長野県長野市
9居相　いあい　愛媛県松山市
10居倉
　いぐら　長野県南佐久郡川上村
　いくら　岐阜県瑞穂市
居倉町　いくらちょう　福井県福井市
居島　いじま　新潟県三条市
居能　いのう　山口県（JR宇部線）
居能町　いのうちょう　山口県宇部市
11居宿　いしゅく　新潟県新潟市南区
居組
　いぐみ　兵庫県（JR山陰本線）
　いぐみ　兵庫県美方郡新温泉町
12居森平　いもりたい　青森県中津軽郡西目屋村
15居敷町　いしきちょう　岐阜県関市

【屈】
4屈戸　くっと　埼玉県熊谷市
7屈足　くったり　北海道上川郡新得町
屈足旭町　くったりあさひまち　北海道上川郡新得町
屈足旭町東　くったりあさひまちひがし　北海道上川郡新得町
屈足幸町　くったりさいわいまち　北海道上川郡新得町
屈足幸町西　くったりさいわいまちにし　北海道上川郡新得町
屈足南町　くったりみなみまち　北海道上川郡新得町
屈足柏町　くったりかしわまち　北海道上川郡新得町
屈足柏町東　くったりかしわまちひがし　北海道上川郡新得町
屈足緑町　くったりみどりまち　北海道上川郡新得町
屈足緑町西　くったりみどりまちにし　北海道上川郡新得町
11屈巣　くす　埼玉県鴻巣市
屈斜路　くっしやろ　北海道川上郡弟子屈町
屈斜路市街地　くっしやろしがいち　北海道川上郡弟子屈町
屈斜路原野　くっしやろげんや　北海道川上郡弟子屈町

【岡】
岡
　おか　宮城県（阿武隈急行線）
　おか　宮城県角田市
　おか　山形県東村山郡中山町

8画（岡）

おか　茨城県取手市
おか　茨城県行方市
おか　栃木県大田原市
おか　埼玉県東松山市
おか　埼玉県深谷市
おか　埼玉県朝霞市
おか　新潟県南魚沼市
おか　富山県黒部市
おか　富山県小矢部市
おか　長野県上田市
おか　岐阜県揖斐郡揖斐川町
おか　静岡県伊東市
おか　静岡県磐田市
おか　滋賀県栗東市
おか　大阪府松原市
おか　大阪府藤井寺市
おか　兵庫県加古郡稲美町
おか　奈良県高市郡明日香村
おか　和歌山県西牟婁郡上富田町
おか　鳥取県倉吉市
おか　鳥取県西伯郡大山町
おか　岡山県赤磐市
おか　岡山県真庭市
おか　岡山県勝田郡勝央町
おか　大分県大分市

0 岡ノ一町　おかのいちまち　京都府福知山市
岡ノ二町　おかのにまち　京都府福知山市
岡ノ三町　おかのさんまち　京都府福知山市
岡ノ上町　おかのうえまち　京都府福知山市
岡ノ内
　　おかのうち　福島県二本松市
　　おかのうち　福島県岩瀬郡鏡石町
岡ノ町　おかのまち　新潟県加茂市
岡の台　おかのだい　福島県岩瀬郡鏡石町

1 岡一色　おかいっしき　静岡県沼津市
3 岡三沢　おかみさわ　青森県三沢市
岡上　おかがみ　神奈川県川崎市麻生区
岡上の町　おかかみのちょう　大阪府豊中市
岡口　おかぐち　奈良県五條市
岡山
　　おかやま　北海道三笠市
　　おかやま　山形県鶴岡市
　　おかやま　新潟県新潟市東区
　　おかやま　大阪府四條畷市
　　おかやま　岡山県（JR山陽新幹線ほか）
岡山丁　おかやまちょう　和歌山県和歌山市
岡山手町　おかやまてちょう　大阪府枚方市
岡山市　おかやまし　岡山県
岡山町
　　おかやまちょう　北海道岩見沢市
　　おかやまちょう　新潟県阿賀野市
　　おかやまちょう　福井県敦賀市
　　おかやまちょう　三重県松阪市
　　おかやまちょう　大阪府岸和田市
岡山東　おかやまひがし　大阪府四條畷市
岡山県　おかやまけん
岡山駅前　おかやままえきまえ　岡山県（岡山電気軌道清輝橋線ほか）
岡川　おかがわ　大分県大分市
4 岡之原町　おかのはらちょう　鹿児島県鹿児島市
岡之郷　おかのごう　群馬県藤岡市
岡元町　おかもとまち　宮崎県延岡市

岡円福院西ノ丁　おかえんぷくいんにしのちょう　和歌山県和歌山市
岡円福院東ノ丁　おかえんぷくいんひがしのちょう　和歌山県和歌山市
5 岡出
　　おかで　三重県度会郡玉城町
　　おかで　滋賀県湖南市
岡出山　おかでやま　静岡県藤枝市
岡北ノ丁　おかきたのちょう　和歌山県和歌山市
岡古井　おかふるい　埼玉県加須市
岡広町　おかひろちょう　静岡県伊東市
岡本
　　おかもと　栃木県（JR東北本線）
　　おかもと　群馬県富岡市
　　おかもと　東京都世田谷区
　　おかもと　神奈川県鎌倉市
　　おかもと　三重県伊勢市
　　おかもと　兵庫県（阪急電鉄神戸本線）
　　おかもと　兵庫県神戸市東灘区
　　おかもと　兵庫県加東市
　　おかもと　奈良県生駒郡斑鳩町
　　おかもと　香川県（高松琴平電気鉄道琴平線）
　　おかもと　福岡県春日市
岡本町
　　おかもとちょう　福井県越前市
　　おかもとまち　岐阜県高山市
　　おかもとちょう　三重県松阪市
　　おかもとちょう　滋賀県草津市
　　おかもとちょう　大阪府高槻市
　　おかほんまち　大阪府枚方市
　　おかもとちょう　島根県松江市
　　おかもとちょう　香川県高松市
岡田
　　おかだ　北海道様似郡様似町
　　おかだ　宮城県仙台市宮城野区
　　おかだ　福島県東白川郡棚倉町
　　おかだ　茨城県常総市
　　おかだ　千葉県館山市
　　おかだ　千葉県野田市
　　おかだ　千葉県八街市
　　おかだ　東京都大島町
　　おかだ　神奈川県厚木市
　　おかだ　神奈川県高座郡寒川町
　　おかだ　新潟県新潟市秋葉区
　　おかだ　新潟県新発田市
　　おかだ　富山県富山市
　　おかだ　福井県大飯郡おおい町
　　おかだ　静岡県島田市
　　おかだ　愛知県知多市
　　おかだ　三重県鈴鹿市
　　おかだ　三重県伊賀市
　　おかだ　大阪府泉南市
　　おかだ　兵庫県姫路市
　　おかだ　和歌山県海南市
　　おかだ　和歌山県岩出市
　　おかだ　香川県（高松琴平電気鉄道琴平線）
　　おかだ　愛媛県（伊予鉄道郡中線）
　　おかだ　福岡県筑紫野市
岡田下岡田　おかだしもおかだ　長野県松本市
岡田山　おかだやま　兵庫県西宮市
岡田由里　おかだゆり　京都府舞鶴市
岡田伊深　おかだいぶか　長野県松本市
岡田西町　おかだにしまち　宮城県仙台市宮城野区

679

8画（岡）

岡田町
　　おかだまち　秋田県湯沢市
　　おかだちょう　茨城県常陸太田市
　　おかだまち　長野県長野市
　　おかだまち　長野県松本市
　　おかだちょう　三重県鈴鹿市
　　おかだちょう　滋賀県東近江市
　　おかだちょう　島根県出雲市
　　おかだちょう　山口県周南市
　　おかだまち　福島県北九州市八幡西区
　　おかだまち　熊本県熊本市中央区
岡田松岡　おかだまつおか　長野県松本市
岡田美里町　おかだみさとまち　愛知県知多市
岡田浦　おかだうら　大阪府（南海電気鉄道南海本線）
岡田緑が丘　おかだみどりがおか　愛知県知多市
6岡地　おかじ　静岡県（天竜浜名湖鉄道線）
岡安
　　おかやす　福井県大飯郡おおい町
　　おかやす　京都府舞鶴市
岡安町　おかやすちょう　京都府綾部市
岡寺　おかでら　奈良県（近畿日本鉄道吉野線）
岡当目　おかとうめ　静岡県焼津市
岡成　おかなり　鳥取県米子市
岡西谷町　おかにしたにちょう　福井県福井市
7岡別府　おかべっぷ　鹿児島県曽於郡大崎町
岡村
　　おかむら　神奈川県横浜市磯子区
　　おかむら　長野県諏訪市
　　おかむら　三重県度会郡玉城町
岡村町　おかむらちょう　山口県防府市
岡村新田　おかむらしんでん　茨城県つくば市
岡沢　おかさわ　新潟県東蒲原郡阿賀町
岡沢町　おかざわちょう　神奈川県横浜市保土ケ谷区
岡町
　　おかまち　青森県青森市
　　おかまち　宮城県加美郡加美町
　　おかまち　石川県七尾市
　　おかまち　静岡県静岡市清水区
　　おかちょう　愛知県岡崎市
　　おかまち　滋賀県彦根市
　　おかちょう　滋賀県守山市
　　おかちょう　京都府綾部市
　　おかまち　大阪府（阪急電鉄宝塚本線）
　　おかまち　大阪府豊中市
　　おかちょう　大阪府和泉市
　　おかまち　兵庫県姫路市
　　おかちょう　奈良県五條市
　　おかまち　岡山県岡山市北区
　　おかまち　長崎県長崎市
　　おかまち　大分県津久見市
岡町小路　おかまちしょうじ　熊本県八代市
岡町中　おかまちなか　熊本県八代市
岡町北　おかまちきた　大阪府豊中市
岡町谷川　おかまちたにがわ　熊本県八代市
岡町南　おかまちみなみ　大阪府豊中市
岡花　おかばな　高知県（JR土讃線）
岡芹　おかぜり　茨城県筑西市
岡見　おかみ　島根県（JR山陰本線）
岡見町　おかみちょう　茨城県牛久市

岡谷
　　おかや　長野県（JR中央本線）
　　おかだに　岡山県総社市
岡谷市　おかやし　長野県
岡谷地　おかやち　青森県三戸郡五戸町
岡谷町
　　おかやまち　群馬県沼田市
　　おかだにちょう　滋賀県長浜市
岡里　おかざと　埼玉県深谷市
8岡松　おかまつ　宮崎県えびの市
岡松町　おかまつちょう　京都府京都市上京区
岡東町
　　おかひがしまち　福島県須賀川市
　　おかひがしちょう　大阪府枚方市
岡沼　おかぬま　福島県伊達市
岡波　おかなみ　三重県伊賀市
9岡前
　　おかまえ　福島県伊達市
　　おかぜん　鹿児島県大島郡天城町
岡南ノ丁　おかみなみのちょう　和歌山県和歌山市
岡南町
　　おかみなみちょう　大阪府枚方市
　　こうなんちょう　岡山県岡山市北区
岡垣町　おかがきまち　福岡県遠賀郡
岡屋　おかや　滋賀県蒲生郡竜王町
岡屋敷　おかやしき　新潟県新発田市
岡巻　おかまき　宮城県伊具郡丸森町
岡泉　おかいずみ　埼玉県白岡市
岡津
　　おこづ　福井県小浜市
　　おかつ　静岡県掛川市
岡津古久　おかつこく　神奈川県厚木市
岡津町　おかづちょう　神奈川県横浜市泉区
岡発戸　おかほっと　千葉県我孫子市
岡発戸新田　おかほっとしんでん　千葉県我孫子市
10岡原　おかばら　新潟県上越市
岡原北　おかはるきた　熊本県球磨郡あさぎり町
岡原南　おかはるみなみ　熊本県球磨郡あさぎり町
岡宮　おかのみや　静岡県沼津市
岡島
　　おかしま　北海道枝幸郡枝幸町
　　おかじま　福島県福島市
　　おかじま　新潟県新発田市
岡島田　おかしまだ　山形県酒田市
岡島町　おかじまちょう　愛知県西尾市
岡造道　おかつくりみち　青森県青森市
11岡崎
　　おかざき　茨城県稲敷郡阿見町
　　おかざき　群馬県吾妻郡東吾妻町
　　おかざき　神奈川県平塚市
　　おかざき　神奈川県伊勢原市
　　おかざき　静岡県袋井市
　　おかざき　静岡県湖西市
　　おかざき　愛知県（JR東海道本線ほか）
　　おかざき　奈良県大和高田市
　　おかざき　奈良県生駒郡安堵町
　　おかざき　福岡県京都郡苅田町
岡崎入江町　おかざきいりえちょう　京都府京都市左京区
岡崎公園前　おかざきこうえんまえ　愛知県（名古屋鉄道名古屋本線）

8画（岳, 岸）

岡崎円勝寺町　おかざきえんしょうじちょう　京都府京都市左京区
岡崎天王町　おかざきてんのうちょう　京都府京都市左京区
岡崎北御所町　おかざききたごしょちょう　京都府京都市左京区
岡崎市　おかざきし　愛知県
岡崎成勝寺町　おかざきせいしょうじちょう　京都府京都市左京区
岡崎西天王町　おかざきにしてんのうちょう　京都府京都市左京区
岡崎西福ノ川町　おかざきにしふくのかわちょう　京都府京都市左京区
岡崎町　おかざきちょう　兵庫県西脇市
岡崎東天王町　おかざきひがしてんのうちょう　京都府京都市左京区
岡崎東福ノ川町　おかざきひがしふくのかわちょう　京都府京都市左京区
岡崎法勝寺町　おかざきほうしょうじちょう　京都府京都市左京区
岡崎前　おかざきまえ　和歌山県（和歌山電鉄貴志川線）
岡崎南御所町　おかざきみなみごしょちょう　京都府京都市左京区
岡崎真如堂前町　おかざきしんにょどうまえちょう　京都府京都市左京区
岡崎最勝寺町　おかざきさいしょうじちょう　京都府京都市左京区
岡崎新田
　おかざきしんでん　新潟県妙高市
　おかざきしんでん　新潟県上越市
岡崎徳成町　おかざきとくせいちょう　京都府京都市左京区
岡経田　おかきょうでん　富山県魚津市
岡郷　おかごう　長崎県西彼杵郡長与町
岡部
　おかべ　福島県福島市
　おかべ　埼玉県（JR高崎線）
　おかべ　埼玉県深谷市
岡部町　おかべちょう　⇒藤枝市（静岡県）
岡部町入野　おかべちょういりの　静岡県藤枝市
岡部町三輪　おかべちょうみわ　静岡県藤枝市
岡部町子持坂　おかべちょうこもちざか　静岡県藤枝市
岡部町内谷　おかべちょううつたに　静岡県藤枝市
岡部町玉取　おかべちょうたまとり　静岡県藤枝市
岡部町羽佐間　おかべちょうはさま　静岡県藤枝市
岡部町村良　おかべちょうむらら　静岡県藤枝市
岡部町岡部　おかべちょうおかべ　静岡県藤枝市
岡部町青羽根　おかべちょうあおはね　静岡県藤枝市
岡部町宮島　おかべちょうみやじま　静岡県藤枝市
岡部町桂島　おかべちょうかつらしま　静岡県藤枝市
岡部町野田沢　おかべちょうのたざわ　静岡県藤枝市
岡部町新舟　おかべちょうにゅうふね　静岡県藤枝市
岡部町殿　おかべちょうとの　静岡県藤枝市
岡野
　おかの　神奈川県横浜市西区
　おかの　神奈川県足柄上郡開成町
岡野台町　おかのだいちょう　千葉県銚子市
岡野町　おかのちょう　群馬県館林市
岡野新田　おかのしんでん　新潟県三条市

12岡場　おかば　兵庫県（神戸電鉄三田線）
岡富　おかどみ　宮崎県西都市
岡富山　おかとみやま　宮崎県延岡市
岡富町　おかとみまち　宮崎県延岡市
岡飯出　おかいいで　茨城県稲敷市
岡飯田　おかいいだ　千葉県香取市
13岡新田
　おかしんでん　新潟県新潟市北区
　おかしんでん　新潟県妙高市
　おかしんでん　新潟県魚沼市
岡新町　おかしんまち　大分県大分市
岡豊町八幡　おこうちょうやはた　高知県南国市
岡豊町小蓮　おこうちょうこはす　高知県南国市
岡豊町小篭　おこうちょうこごめ　高知県南国市
岡豊町中島　おこうちょうなかじま　高知県南国市
岡豊町吉田　おこうちょうよしだ　高知県南国市
岡豊町江村　おこうちょうえむら　高知県南国市
岡豊町定林寺　おこうちょうじょうりんじ　高知県南国市
岡豊町常通寺島　おこうちょうじょうつうじしま　高知県南国市
岡豊町笠ノ川　おこうちょうかさのかわ　高知県南国市
岡豊町滝本　おこうちょうたきもと　高知県南国市
岡豊町蒲原　おこうちょうかもはら　高知県南国市
18岡織屋小路　おかおりやしょうじ　和歌山県和歌山市

【岳】

岳　たけ　佐賀県西松浦郡有田町
0岳ノ首　たけのくび　大分県宇佐市
5岳辺田郷　たけべたごう　長崎県東彼杵郡波佐見町
7岳見町　たけみちょう　愛知県名古屋市瑞穂区
岳谷　たけや　大分県臼杵市
8岳東町　だけひがしまち　福島県二本松市
9岳南江尾　がくなんえのお　静岡県（岳南電車線）
岳南原田　がくなんはらだ　静岡県（岳南電車線）
岳南富士岡　がくなんふじおか　静岡県（岳南電車線）
岳美　たけみ　静岡県静岡市葵区
11岳野町　たけのちょう　長崎県佐世保市
12岳温泉　だけおんせん　福島県二本松市
岳温泉大和　だけおんせんだいわ　福島県二本松市
岳温泉西大和　だけおんせんにしだいわ　福島県二本松市
岳温泉深堀　だけおんせんふかほり　福島県二本松市
岳温泉横森　だけおんせんよこもり　福島県二本松市

【岸】

岸
　きし　埼玉県川越市
　きし　東京都武蔵村山市
　きし　神奈川県足柄上郡山北町
　きし　静岡県島田市
0岸の上町　きしのうえちょう　愛媛県新居浜市
岸の丘町　きしのおかちょう　大阪府岸和田市
岸の浦　きしのうら　福岡県北九州市八幡西区
3岸上
　きしがみ　和歌山県橋本市
　きしのうえ　香川県仲多度郡まんのう町
岸川町　きしがわまち　石川県金沢市

8画（岩）

⁴岸之浦町　きしのうらちょう　大阪府岸和田市
岸井　きしい　福岡県豊前市
岸水町　きしみずちょう　福井県福井市
⁵岸本
　　きしもと　鳥取県（JR伯備線）
　　きしもと　鳥取県西伯郡伯耆町
岸田　きしだ　兵庫県美方郡新温泉町
岸田町
　　きしたちょう　三重県鈴鹿市
　　きしたちょう　奈良県天理市
岸田堂北町　きしだどうきたまち　大阪府東大阪市
岸田堂西　きしだどうにし　大阪府東大阪市
岸田堂南町　きしだどうみなみまち　大阪府東大阪市
岸辺　きしべ　大阪府（JR東海道本線）
⁶岸地通　きしちどおり　兵庫県神戸市灘区
⁷岸呂町　きしろちょう　兵庫県加西市
岸町
　　きしちょう　埼玉県さいたま市浦和区
　　きしまち　埼玉県川越市
　　きしまち　東京都北区
　　きしちょう　静岡県島田市
岸良　きしら　鹿児島県肝属郡肝付町
岸谷
　　きしや　神奈川県横浜市鶴見区
　　きしだに　京都府舞鶴市
岸里
　　きしのさと　大阪府（大阪市交通局四つ橋線）
　　きしのさと　大阪府大阪市西成区
岸里玉出　きしのさとたまで　大阪府（南海電気鉄道
　　高野線ほか）
岸里東　きしのさとひがし　大阪府大阪市西成区
⁸岸和田
　　きしわだ　大阪府（南海電気鉄道南海本線）
　　きしわだ　大阪府門真市
岸和田市　きしわだし　大阪府
岸岡町　きしおかちょう　三重県鈴鹿市
岸河内　きしがわち　大分県佐伯市
⁹岸城町　きしきちょう　大阪府岸和田市
岸津　きしづ　山口県防府市
¹⁰岸根公園　きしねこうえん　神奈川県（横浜市交通局
　　ブルーライン）
岸根町　きしねちょう　神奈川県横浜市港北区
¹¹岸部中　きしべなか　大阪府吹田市
岸部北　きしべきた　大阪府吹田市
岸部南　きしべみなみ　大阪府吹田市
岸部新町　きしべしんまち　大阪府吹田市
岸野　きしの　鳥取県八頭郡若桜町
岸野町　きしのちょう　大阪府岸和田市

【岩】
岩
　　いわ　千葉県市原市
　　いわ　神奈川県足柄下郡真鶴町
　　いわ　熊本県玉名郡和水町
⁰岩ケ崎
　　いわがさき　宮城県気仙沼市
　　いわがさき　新潟県村上市
岩ケ崎台　いわがさきだい　千葉県香取市
岩ケ淵　いわがぶち　高知県高知市
岩ケ袋　いわがふくろ　山形県北村山郡大石田町

岩ケ鼻　いわがはな　京都府宮津市
岩ノ下　いわのした　岩手県（JR大船渡線）
岩ノ沢山　いわのさわやま　秋田県湯沢市
岩ノ前　いわのまえ　福島県福島市
岩の上町　いわのうえちょう　長崎県平戸市
³岩下
　　いわした　福島県南会津郡南会津町
　　いわした　群馬県吾妻郡東吾妻町
　　いわした　山梨県韮崎市
　　いわした　山梨県西八代郡市川三郷町
　　いわした　長野県上田市
　　いわした　熊本県下益城郡美里町
　　いわした　熊本県上益城郡甲佐町
岩下町　いわしたちょう　愛知県豊田市
岩上　いわかみ　新潟県柏崎市
岩上町
　　いわがみまち　石川県小松市
　　いわかみちょう　愛知県名古屋市中村区
　　いわがみちょう　京都府京都市中京区
岩丸
　　いわまる　高知県吾川郡仁淀川町
　　いわまる　福岡県築上郡築上町
岩子
　　いわのこ　福島県相馬市
　　いわこ　栃木県那須烏山市
岩山
　　いわやま　千葉県山武郡芝山町
　　いわやま　京都府綴喜郡宇治田原町
　　いわやま　岡山県（JR姫新線）
岩川
　　いわがわ　山形県飽海郡遊佐町
　　いわかわ　千葉県長生郡長南町
岩川町　いわかわまち　長崎県長崎市
⁴岩中町　いわなかちょう　愛知県岡崎市
岩井
　　いわい　茨城県坂東市
　　いわい　群馬県安中市
　　いわい　群馬県吾妻郡東吾妻町
　　いわい　埼玉県入間郡毛呂山町
　　いわい　千葉県（JR内房線）
　　いわい　千葉県旭市
　　いわい　千葉県柏市
　　いわい　千葉県袖ケ浦市
　　いわい　千葉県長生郡睦沢町
　　いわい　長野県中野市
　　いわい　岐阜県岐阜市
　　いわい　静岡県磐田市
　　いわい　三重県多気郡大台町
　　いわい　滋賀県蒲生郡竜王町
　　いわい　京都府福知山市
　　いわい　兵庫県豊岡市
　　いわい　鳥取県岩美郡岩美町
　　いわい　岡山県岡山市北区
岩井万場　いわいまんば　岐阜県岐阜市
岩井川
　　いわいかわ　秋田県雄勝郡東成瀬村
　　いわいがわ　宮崎県西臼杵郡日之影村
岩井寺　がんしょうじ　静岡県掛川市
岩井西　いわいにし　埼玉県入間郡毛呂山町
岩井村新田　いわいむらしんでん　千葉県柏市
岩井沢　いわいざわ　山形県西置賜郡小国町

8画（岩）

岩井町
　　いわいちょう　栃木県足利市
　　いわいちょう　神奈川県横浜市保土ケ谷区
　　いわいまち　岐阜県高山市
岩井谷　いわいだに　岡山県真庭市
岩井東　いわいひがし　埼玉県入間郡毛呂山町
岩井東町　いわいひがしまち　京都府福知山市
岩井宮裏　いわいみやうら　岡山県岡山市北区
岩井畝　いわいうね　岡山県真庭市
岩井袋　いわいふくろ　千葉県安房郡鋸南町
岩井新町　いわいしんまち　京都府福知山市
岩内
　　いわない　北海道夕張郡由仁町
　　ようち　三重県多気郡明和町
　　いわうち　和歌山県御坊市
岩内町
　　いわないちょう　北海道帯広市
　　いわないちょう　北海道岩内郡
　　いわうちまち　石川県能美市
　　いわうちちょう　福井県越前市
　　ようちちょう　三重県松阪市
岩内町西　いわないちょうにし　北海道帯広市
岩内町東　いわないちょうひがし　北海道帯広市
岩内町第1基線　いわないちょうだいいちきせん　北海
　道帯広市
岩内郡　いわないぐん　北海道
岩切
　　いわきり　宮城県（JR東北本線）
　　いわきり　宮城県仙台市宮城野区
岩切分台　いわきりぶんだい　宮城県仙台市宮城野区
岩戸
　　いわと　千葉県印西市
　　いわと　神奈川県横須賀市
　　いわと　岡山県和気郡和気町
　　いわと　広島県山県郡北広島町
　　いわと　高知県土佐市
　　いわと　高知県吾川郡仁淀川町
　　いわと　宮崎県西臼杵郡高千穂町
岩戸山町　いわとやまちょう　京都府京都市下京区
岩戸北　いわどきた　東京都狛江市
岩戸町
　　いわとちょう　北海道函館市
　　いわとちょう　東京都新宿区
　　いわとちょう　愛知県名古屋市南区
　　いわとちょう　愛知県岡崎市
　　いわとちょう　鹿児島県枕崎市
岩戸南　いわどみなみ　東京都狛江市
岩手
　　いわて　北海道枝幸郡中頓別町
　　いわて　岐阜県不破郡垂井町
岩手二日町　いわてふつかまち　岩手県（JR釜石線）
岩手上郷　いわてかみごう　岩手県（JR釜石線）
岩手山　いわてさん　岩手県滝沢市
岩手川口　いわてかわぐち　岩手県（IGRいわて銀河
　鉄道線）
岩手町
　　いわてまち　岩手県岩手郡
　　いわてちょう　茨城県常陸太田市
岩手県　いわてけん
岩手郡　いわてぐん　岩手県
岩手船越　いわてふなこし　岩手県（JR山田線）

岩手飯岡　いわていいおか　岩手県（JR東北本線）
岩月千岩田　いわつきせんがんだ　宮城県気仙沼市
岩月台ノ沢　いわつきだいのさわ　宮城県気仙沼市
岩月寺沢　いわつきてらさわ　宮城県気仙沼市
岩月町入田付　いわつきまちいりたつき　福島県喜多
　方市
岩月町大都　いわつきまちおおつ　福島県喜多方市
岩月町宮津　いわつきまちみやつ　福島県喜多方市
岩月町喜多方　いわつきまちきたかた　福島県喜多
　方市
岩月町橿野　いわつきまちかしわの　福島県喜多方市
岩月宝ケ沢　いわつきたからがさわ　宮城県気仙沼市
岩月長平　いわつきながだいら　宮城県気仙沼市
岩月星谷　いわつきほしや　宮城県気仙沼市
岩月箒沢　いわつきほうきさわ　宮城県気仙沼市
岩木
　　いわき　山形県西村山郡河北町
　　いわき　新潟県糸魚川市
　　いわき　新潟県上越市
　　いわき　富山県富山市
　　いわき　富山県南砺市
　　いわき　兵庫県赤穂郡上郡町
岩木向　いわきむかい　岩手県八幡平市
岩木町
　　いわきちょう　青森県黒石市
　　いわきちょう　青森県五所川原市
岩木新　いわきしん　富山県富山市
岩欠　いわかけ　山梨県南巨摩郡身延町
岩水　いわみず　愛媛県南宇和郡愛南町
岩水寺　がんすいじ　静岡県（天竜浜名湖鉄道線）
岩爪　いわづめ　宮崎県西都市
⁵岩代　いわしろ　和歌山県（JR紀勢本線）
岩代清水　いわしろしみず　福島県（福島交通飯坂
　線）
岩出
　　いわで　千葉県君津市
　　いわで　三重県度会郡玉城町
　　いわで　和歌山県（JR和歌山線）
岩出山
　　いわでやま　宮城県（JR陸羽東線）
　　いわでやま　宮城県大崎市
岩出山二ノ構　いわでやまにのかまえ　宮城県大崎市
岩出山下一栗　いわでやましもいちくり　宮城県大
　崎市
岩出山下川原　いわでやましもかわら　宮城県大崎市
岩出山下川原町　いわでやましもかわらまち　宮城県
　大崎市
岩出山下東昌寺沢　いわでやましもとうしょうじさわ
　宮城県大崎市
岩出山下金沢　いわでやましもかねざわ　宮城県大
　崎市
岩出山下野目　いわでやましものめ　宮城県大崎市
岩出山上川原北　いわでやまかみかわらきた　宮城県
　大崎市
岩出山上川原町　いわでやまかみかわらまち　宮城県
　大崎市
岩出山上川原南　いわでやまかみかわらみなみ　宮城
　県大崎市
岩出山上中江　いわでやまかみなかえ　宮城県大崎市
岩出山上東昌寺沢　いわでやまかみとうしょうじさわ
　宮城県大崎市

683

8画（岩）

岩出山上金沢　いわでやまかみかねざわ　宮城県大崎市
岩出山上野目　いわでやまかみのめ　宮城県大崎市
岩出山丸山　いわでやままるやま　宮城県大崎市
岩出山大学町　いわでやまだいがくまち　宮城県大崎市
岩出山木通沢　いわでやまあけびざわ　宮城県大崎市
岩出山池月　いわでやまいけつき　宮城県大崎市
岩出山西御名掛　いわでやまにしおなかけ　宮城県大崎市
岩出山松沢　いわでやままつさわ　宮城県大崎市
岩出山東川原　いわでやまひがしかわら　宮城県大崎市
岩出山東川原町　いわでやまひがしかわらまち　宮城県大崎市
岩出山東御名掛　いわでやまひがしおなかけ　宮城県大崎市
岩出山保土沢　いわでやまほどざわ　宮城県大崎市
岩出山前毘沙門　いわでやままえびしゃもん　宮城県大崎市
岩出山南沢　いわでやまみなみざわ　宮城県大崎市
岩出山城山　いわでやましろやま　宮城県大崎市
岩出山重蔵　いわでやまじゅうぞう　宮城県大崎市
岩出山浦小路　いわでやまうらこうじ　宮城県大崎市
岩出山通丁　いわでやまとおりちょう　宮城県大崎市
岩出山細峯　いわでやまほそみね　宮城県大崎市
岩出山船場　いわでやまふなば　宮城県大崎市
岩出山蛭沢　いわでやまひるざわ　宮城県大崎市
岩出山轟　いわでやまとどろき　宮城県大崎市
岩出市　いわでし　和歌山県
岩出町
　　いわでまち　栃木県栃木市
　　いわでまち　石川県金沢市
岩古曽町　いわこそまち　熊本県宇土市
岩尻　いわしり　熊本県玉名郡和水町
岩弘　いわひろ　鹿児島県肝属郡東串良町
岩本
　　いわもと　群馬県（JR上越線）
　　いわもと　群馬県吾妻郡中之条町
　　いわもと　千葉県富津市
　　いわもと　静岡県富士市
　　いわもと　鳥取県岩美郡岩美町
　　いわもと　福岡県大牟田市
　　いわもと　福岡県糸島市
　　いわもと　大分県竹田市
　　いわもと　鹿児島県指宿市
岩本町
　　いわもとちょう　栃木県宇都宮市
　　いわもとまち　群馬県沼田市
　　いわもとちょう　東京都（東京都交通局新宿線）
　　いわもとちょう　東京都千代田区
　　いわもとまち　石川県能美市
　　いわもとちょう　福井県越前市
岩本新町　いわもとしんまち　福岡県大牟田市
岩田
　　いわた　群馬県邑楽郡板倉町
　　いわた　埼玉県秩父郡長瀞町
　　いわだ　新潟県長岡市
　　いわた　石川県羽咋郡志賀町
　　いわた　愛知県犬山市
　　いわた　三重県津市

岩田　和歌山県西牟婁郡上富田町
岩田　岡山県赤磐市
岩田　山口県（JR山陽本線）
岩田　山口県光市
岩田　高知県四万十市
岩田八丁　いわたはっちょう　京都府八幡市
岩田大将軍　いわただいしょうぐん　京都府八幡市
岩田六ノ坪　いわたろくのつぼ　京都府八幡市
岩田加賀ノ辻　いわたかがのつじ　京都府八幡市
岩田北ノ口　いわたきたのくち　京都府八幡市
岩田北浅地　いわたきたあさじ　京都府八幡市
岩田立野　いわたたての　山口県光市
岩田辻垣内　いわたつじがいと　京都府八幡市
岩田竹綱　いわたたけづな　京都府八幡市
岩田西　いわたにし　岐阜県岐阜市
岩田西玉造　いわたにしたまつくり　京都府八幡市
岩田坂　いわたざか　岐阜県岐阜市
岩田町
　　いわたちょう　愛知県豊橋市
　　いわたちょう　大阪府東大阪市
　　いわたちょう　岡山県岡山市北区
　　いわたまち　大分県大分市
岩田町北郷中　いわたちょうきたごうなか　愛知県豊橋市
岩田町居村　いわたちょういむら　愛知県豊橋市
岩田町宮下　いわたちょうみやした　愛知県豊橋市
岩田町道合　いわたちょうみちあい　愛知県豊橋市
岩田岩ノ前　いわたいわのまえ　京都府八幡市
岩田松原　いわたまつばら　京都府八幡市
岩田東　いわたひがし　岐阜県岐阜市
岩田南浅地　いわたみなみあさじ　京都府八幡市
岩田南野　いわたみなみの　京都府八幡市
岩田茶屋ノ前　いわたちゃやのまえ　京都府八幡市
岩田高木　いわたたかぎ　京都府八幡市
岩田橋溝　いわたはしみぞ　京都府八幡市
岩目　いわめじ　高知県高岡郡日高村
岩石　がんじき　新潟県村上市
岩石町　がんぜきちょう　長野県長野市
岩穴　いわあな　愛知県犬山市
岩立　いわたて　鳥取県西伯郡伯耆町
岩辺　いわなべ　岡山県美作市
6岩吉　いわよし　鳥取県鳥取市
岩名
　　いわな　千葉県野田市
　　いわな　千葉県佐倉市
岩地
　　いわち　岐阜県岐阜市
　　いわち　静岡県賀茂郡松崎町
岩安　いわやす　富山県南砺市
岩成台　いわなりだい　愛知県春日井市
岩糸　いわいと　千葉県南房総市
岩老　いわおい　北海道増毛郡増毛町
岩舟　いわふね　栃木県（JR両毛線）
岩舟町
　　いわふねまち　⇒栃木市（栃木県）
　　いわふねちょう　島根県安来市
岩舟町下岡　いわふねまちしもおか　栃木県栃木市
岩舟町下津原　いわふねまちしもつばら　栃木県栃木市

684

岩舟町三谷 いわふねまちみや 栃木県栃木市
岩舟町上岡 いわふねまちかみおか 栃木県栃木市
岩舟町小野寺 いわふねまちおのでら 栃木県栃木市
岩舟町五十畑 いわふねまちいかばた 栃木県栃木市
岩舟町古江 いわふねまちふるえ 栃木県栃木市
岩舟町曲ケ島 いわふねまちまがのしま 栃木県栃木市
岩舟町和泉 いわふねまちいずみ 栃木県栃木市
岩舟町畳岡 いわふねまちたたみおか 栃木県栃木市
岩舟町新里 いわふねまちにっさと 栃木県栃木市
岩舟町静 いわふねまちしずか 栃木県栃木市
岩舟町静戸 いわふねまちしずこ 栃木県栃木市
岩舟町静和 いわふねまちしずわ 栃木県栃木市
岩舟町鷲巣 いわふねまちわしのす 栃木県栃木市
7岩佐 いわさ 岐阜県山県市
岩作 いわさく 福島県須賀川市
岩作八瀬ノ木 やざこやせのき 愛知県長久手市
岩作下田 やざこしもだ 愛知県長久手市
岩作下島 やざこしもじま 愛知県長久手市
岩作下堀越 やざこしもほりこし 愛知県長久手市
岩作三ケ峯 やざこさがみね 愛知県長久手市
岩作丸根 やざこまるね 愛知県長久手市
岩作大根 やざこおおね 愛知県長久手市
岩作中立花 やざこなかりっか 愛知県長久手市
岩作中島 やざこなかじま 愛知県長久手市
岩作中根 やざこなかね 愛知県長久手市
岩作中根原 やざこなかねばら 愛知県長久手市
岩作中脇 やざこなかわき 愛知県長久手市
岩作中権代 やざこなかごんだい 愛知県長久手市
岩作中縄手 やざこなかなわて 愛知県長久手市
岩作井戸ケ根 やざこいどがね 愛知県長久手市
岩作五反田 やざこごたんだ 愛知県長久手市
岩作元門 やざこもとかど 愛知県長久手市
岩作内万場 やざこうちまんば 愛知県長久手市
岩作欠花 やざこかけはな 愛知県長久手市
岩作北山 やざこきたやま 愛知県長久手市
岩作平子 やざこひらこ 愛知県長久手市
岩作平地 やざこひらち 愛知県長久手市
岩作申立花 やざこさるりっか 愛知県長久手市
岩作白針 やざこしらばり 愛知県長久手市
岩作石田 やざこいしだ 愛知県長久手市
岩作向内 やざこむかいだ 愛知県長久手市
岩作向畑 やざこむかえばた 愛知県長久手市
岩作寺山 やざこてらやま 愛知県長久手市
岩作寺田 やざこてらだ 愛知県長久手市
岩作早稲田 やざこわせだ 愛知県長久手市
岩作色金 やざこいろがね 愛知県長久手市
岩作西島 やざこにしじま 愛知県長久手市
岩作西浦 やざこにしうら 愛知県長久手市
岩作床寒 やざことこさむ 愛知県長久手市
岩作折戸ケ平 やざこおりどがひら 愛知県長久手市
岩作酉立花 やざことりりっか 愛知県長久手市
岩作東中 やざこひがしなか 愛知県長久手市
岩作東島 やざこひがしじま 愛知県長久手市
岩作泥亀首 やざことちくび 愛知県長久手市
岩作狐洞 やざこきつねぼら 愛知県長久手市
岩作長池 やざこながいけ 愛知県長久手市
岩作長筬 やざこながおさ 愛知県長久手市

岩作長鶴 やざこながつる 愛知県長久手市
岩作南島 やざこみなみじま 愛知県長久手市
岩作城の内 やざこしろのうち 愛知県長久手市
岩作宮前 やざこみやまえ 愛知県長久手市
岩作宮後 やざこみやうしろ 愛知県長久手市
岩作桃ノ木洞 やざこもものきぼら 愛知県長久手市
岩作浮江 やざこうきえ 愛知県長久手市
岩作高山 やざこたかやま 愛知県長久手市
岩作高根 やざこたかね 愛知県長久手市
岩作高根前 やざこたかねまえ 愛知県長久手市
岩作寅山 やざことらやま 愛知県長久手市
岩作蛇洞 やざこじゃぼら 愛知県長久手市
岩作塚本 やざこつかもと 愛知県長久手市
岩作琵琶ケ池 やざこびわがいけ 愛知県長久手市
岩作落合 やざこおちあい 愛知県長久手市
岩作隅田 やざこすみだ 愛知県長久手市
岩作雁又 やざこかりまた 愛知県長久手市
岩作溝添 やざこみぞぞえ 愛知県長久手市
岩作福井 やざこふくい 愛知県長久手市
岩作権代 やざこごんだい 愛知県長久手市
岩作権田 やざこごんだ 愛知県長久手市
岩作壁ノ本 やざこかべのもと 愛知県長久手市
岩作籔田 やざこやぶた 愛知県長久手市
岩利 いわり 岐阜県岐阜市
岩坂
　いわさか 青森県西津軽郡深浦町
　いわさか 千葉県富津市
　いわさか 奈良県桜井市
　いわさか 熊本県菊池郡大津町
岩坂町 いわさかまち 石川県珠洲市
岩尾 いわお 北海道増毛郡増毛町
岩尾別
　いわおべつ 北海道虻田郡倶知安町
　いわおべつ 北海道斜里郡斜里町
岩尾滝 いわおだき 富山県小矢部市
岩村
　いわむら 北海道雨竜郡北竜町
　いわむら 岐阜県(明知鉄道線)
岩村田
　いわむらだ 長野県(JR小海線)
　いわむらだ 長野県佐久市
岩村田北 いわむらだきた 長野県佐久市
岩村町 いわむらちょう 岐阜県恵那市
岩村町富田 いわむらちょうとみだ 岐阜県恵那市
岩村町飯羽間 いわむらちょういいばま 岐阜県恵那市
岩沢
　いわさわ 岩手県(JR北上線)
　いわさわ 埼玉県飯能市
　いわさわ 新潟県小千谷市
　いわさわ 新潟県村上市
岩見 いわみ 北海道苫前郡苫前町
岩見田 いわみだ 岡山県美作市
岩見沢 いわみざわ 北海道(JR室蘭本線)
岩見沢市 いわみざわし 北海道
岩見町 いわみまち 長崎県長崎市
岩見通北 いわみどおりきた 北海道紋別郡遠軽町
岩見通南 いわみどおりみなみ 北海道紋別郡遠軽町
岩見構 いわみかまえ 兵庫県揖保郡太子町

8画（岩）

岩谷
　いわや　　福島県福島市
　いわや　　新潟県東蒲原郡阿賀町
　いわがたに　香川県小豆郡小豆島町
　いわや　　愛媛県伊予郡砥部町
　いわや　　愛媛県北宇和郡鬼北町
　いわや　　大分県杵築市
岩谷口
　いわやぐち　新潟県佐渡市
　いわやぐち　愛媛県伊予郡砥部町
岩谷川内　いわたにがわち　佐賀県西松浦郡有田町
岩谷沢　いわやさわ　山形県尾花沢市
岩谷町
　いわやまち　秋田県由利本荘市
　いわやちょう　愛知県豊田市
岩谷麓　いわやふもと　秋田県由利本荘市
岩車　いわぐるま　石川県鳳珠郡穴水町
⁸岩和田　いわわだ　千葉県夷隅郡御宿町
岩国
　いわくに　　山口県（JR山陽本線）
　いわくに　　山口県岩国市
岩国市　いわくにし　山口県
岩坪
　いわつぼ　　茨城県かすみがうら市
　いわつぼ　　富山県高岡市
　いわつぼ　　鳥取県鳥取市
　いわつぼ　　鳥取県東伯郡北栄町
岩岡町　いわおかちょう　埼玉県所沢市
岩岡町古郷　いわおかちょうふるさと　兵庫県神戸市
　西区
岩岡町印路　いわおかちょういんじ　兵庫県神戸市
　西区
岩岡町西脇　いわおかちょうにしわき　兵庫県神戸市
　西区
岩岡町岩岡　いわおかちょういわおか　兵庫県神戸市
　西区
岩岡町野中　いわおかちょうのなか　兵庫県神戸市
　西区
岩峅寺
　いわくらじ　富山県（富山地方鉄道不二越・上滝線
　　ほか）
　いわくらじ　富山県中新川郡立山町
岩峅野　いわくらの　富山県中新川郡立山町
岩押町　いわおしまち　群馬県高崎市
岩松　いわまつ　長崎県（JR大村線）
岩松町
　いわまつちょう　群馬県太田市
　いわまつまち　長崎県大村市
岩武　いわたけ　富山県小矢部市
岩武新　いわたけしん　富山県南砺市
岩沼
　いわぬま　宮城県（JR東北本線）
　いわぬま　千葉県長生郡長生村
岩沼市　いわぬまし　宮城県
岩沼飛地　いわぬまとびち　千葉県長生郡長生村
岩波
　いわなみ　山形県山形市
　いわなみ　静岡県（JR御殿場線）
　いわなみ　静岡県裾野市
岩法寺　がんぽうじ　福島県石川郡玉川村
岩知志　いわちし　北海道沙流郡平取町

岩知野　いわちの　宮崎県東諸県郡国富町
⁹岩保新田　いわほしんでん　大分県宇佐市
岩城
　いわぎ　愛媛県越智郡上島町
　いわき　熊本県葦北郡津奈木町
岩城みなと　いわきみなと　秋田県（JR羽越本線）
岩城二古　いわきふたご　秋田県由利本荘市
岩城下蛇田　いわきしもへびた　秋田県由利本荘市
岩城下黒川　いわきしもくろかわ　秋田県由利本荘市
岩城上蛇田　いわきかみへびた　秋田県由利本荘市
岩城上黒川　いわきかみくろかわ　秋田県由利本荘市
岩城六呂田　いわきろくろだ　秋田県由利本荘市
岩城内道川　いわきうちみちかわ　秋田県由利本荘市
岩城君ケ野　いわききみがの　秋田県由利本荘市
岩城赤平　いわきあかひら　秋田県由利本荘市
岩城泉田　いわきいずみた　秋田県由利本荘市
岩城亀田大町　いわきかめだおおまち　秋田県由利本
　荘市
岩城亀田亀田町　いわきかめだかめだまち　秋田県由
　利本荘市
岩城亀田最上町　いわきかめだもがみまち　秋田県由
　利本荘市
岩城亀田愛宕町　いわきかめだあたごまち　秋田県由
　利本荘市
岩城富田　いわきとみた　秋田県由利本荘市
岩城勝手　いわきかって　秋田県由利本荘市
岩城道川　いわきみちかわ　秋田県由利本荘市
岩城滝俣　いわきたきのまた　秋田県由利本荘市
岩城福俣　いわきふくのまた　秋田県由利本荘市
岩室
　いわむろ　新潟県（JR越後線）
　いわむろ　静岡県磐田市
　いわむろ　大阪府堺市南区
　いわむろ　大阪府大阪狭山市
　いわむろ　大分県玖珠郡玖珠町
岩室町　いわむろちょう　奈良県天理市
岩室温泉　いわむろおんせん　新潟県新潟市西蒲区
岩屋
　いわや　北海道虻田郡洞爺湖町
　いわや　青森県下北郡東通村
　いわや　岩手県八幡平市
　いわや　富山県南砺市
　いわや　福井県三方上中郡若狭町
　いわや　京都府与謝郡与謝野町
　いわや　兵庫県（阪神電気鉄道阪神本線）
　いわや　兵庫県神戸市灘区
　いわや　兵庫県伊丹市
　いわや　兵庫県淡路市
　いわや　兵庫県加東市
　いわや　兵庫県神崎郡神河町
　いわや　奈良県山辺郡山添村
　いわや　島根県邑智郡邑南町
　いわや　岡山県苫田郡鏡野町
　いわや　香川県綾歌郡宇多津町
　いわや　福岡県豊前市
　いわや　佐賀県（JR唐津線）
岩屋中町　いわやなかまち　兵庫県神戸市灘区
岩屋北町　いわやきたまち　兵庫県神戸市灘区
岩屋町
　いわやまち　石川県七尾市
　いわやちょう　愛知県豊橋市

686

8画（岩）

　　いわやちょう　愛知県瀬戸市
　　いわやちょう　奈良県天理市
　　いわやまち　長崎県長崎市
　　いわやまち　大分県津久見市
岩屋谷　いわやだに　鳥取県西伯郡伯耆町
岩屋南町　いわやみなみまち　兵庫県神戸市灘区
岩屋堂　いわやどう　鳥取県八頭郡若桜町
岩屋郷　いわやごう　長崎県東彼杵郡川棚町
岩屋橋　いわやばし　長崎県（長崎電気軌道1系統ほか）
岩廻間　いわばさま　愛知県長久手市
岩栄町　いわえいちょう　岐阜県岐阜市
岩染　いわそめ　群馬県富岡市
岩柄　いわがら　高知県吾川郡仁淀川町
岩泉　いわいずみ　岩手県下閉伊郡岩泉町
岩泉小本　いわいずみおもと　岩手県（三陸鉄道北リアス線）
岩泉町
　　いわいずみちょう　青森県八戸市
　　いわいずみちょう　岩手県下閉伊郡
岩津　いわつ　兵庫県朝来市
岩津町　いわづちょう　愛知県岡崎市
岩狩　いわがり　山口県光市
岩神
　　いわがみ　福井県大飯郡高浜町
　　いわがみ　鳥取県八頭郡智頭町
岩神町
　　いわがみまち　群馬県前橋市
　　やがみちょう　愛知県豊田市
岩科北側　いわしなほくそく　静岡県賀茂郡松崎町
岩科南側　いわしななんそく　静岡県賀茂郡松崎町
岩美　いわみ　鳥取県（JR山陰本線）
岩美町
　　いわみちょう　鳥取県岩美郡
　　いわみまち　大分県日田市
岩美郡　いわみぐん　鳥取県
岩首　いわくび　新潟県佐渡市
10岩倉
　　いわくら　山形県西置賜郡飯豊町
　　いわくら　神奈川県足柄上郡中井町
　　いわくら　福井県丹生郡越前町
　　いわくら　愛知県（名古屋鉄道犬山線）
　　いわくら　三重県伊賀市
　　いわくら　滋賀県愛知郡愛荘町
　　いわくら　京都府（叡山電鉄鞍馬線）
　　いわくら　鳥取県鳥取市
　　いわくら　鳥取県倉吉市
　　いわくら　山口県（JR宇部線）
　　いわくら　徳島県那賀郡那賀町
岩倉下在地町　いわくらしもざいじちょう　京都府京都市左京区
岩倉三宅町　いわくらみやけちょう　京都府京都市左京区
岩倉三笠町　いわくらみかさちょう　京都府京都市左京区
岩倉上蔵町　いわくらあぐらちょう　京都府京都市左京区
岩倉大鷺町　いわくらおおさぎちょう　京都府京都市左京区
岩倉中大鷺町　いわくらなかおおさぎちょう　京都府京都市左京区

岩倉中在地町　いわくらなかざいじちょう　京都府京都市左京区
岩倉中町　いわくらなかまち　京都府京都市左京区
岩倉中河原町　いわくらなかかわらちょう　京都府京都市左京区
岩倉木野町　いわくらきのちょう　京都府京都市左京区
岩倉北四ノ坪町　いわくらきたよんのつぼちょう　京都府京都市左京区
岩倉北平岡町　いわくらきたひらおかちょう　京都府京都市左京区
岩倉北池田町　いわくらきたいけだちょう　京都府京都市左京区
岩倉北桑原町　いわくらきたくわはらちょう　京都府京都市左京区
岩倉市　いわくらし　愛知県
岩倉西五田町　いわくらにしごだちょう　京都府京都市左京区
岩倉西河原町　いわくらにしがわらちょう　京都府京都市左京区
岩倉西宮田町　いわくらにしみやたちょう　京都府京都市左京区
岩倉村松町　いわくらむらまつちょう　京都府京都市左京区
岩倉町
　　いわくらちょう　福井県福井市
　　いわくらちょう　岐阜県岐阜市
　　いわくらちょう　愛知県豊田市
　　いわくらちょう　三重県鳥羽市
　　いわくらちょう　大阪府茨木市
　　いわくらまち　鳥取県米子市
　　いわくらちょう　島根県益田市
　　いわくらちょう　岡山県井原市
岩倉花園町　いわくらはなぞのちょう　京都府京都市左京区
岩倉忠在地町　いわくらちゅうざいじちょう　京都府京都市左京区
岩倉東五田町　いわくらひがしごだちょう　京都府京都市左京区
岩倉東宮田町　いわくらひがしみやたちょう　京都府京都市左京区
岩倉長谷町　いわくらながたにちょう　京都府京都市左京区
岩倉南三宅町　いわくらみなみみやけちょう　京都府京都市左京区
岩倉南大鷺町　いわくらみなみおおさぎちょう　京都府京都市左京区
岩倉南木野町　いわくらみなみきのちょう　京都府京都市左京区
岩倉南四ノ坪町　いわくらみなみよんのつぼちょう　京都府京都市左京区
岩倉南平岡町　いわくらみなみひらおかちょう　京都府京都市左京区
岩倉南池田町　いわくらみなみいけだちょう　京都府京都市左京区
岩倉南河原町　いわくらみなみかわらちょう　京都府京都市左京区
岩倉南桑原町　いわくらみなみくわはらちょう　京都府京都市左京区
岩倉幡枝町　いわくらはたえだちょう　京都府京都市左京区

687

8画（岩）

岩原
　　いわはら　神奈川県（伊豆箱根鉄道大雄山線）
　　いわはら　神奈川県南足柄市
　　いわはら　高知県長岡郡大豊町
岩原スキー場前　いわっぱらすきーじょうまえ　新潟
　　県（JR上越線）
岩原町　いわはらまち　栃木県宇都宮市
岩宮　いわみや　兵庫県三木市
岩島　いわしま　群馬県（JR吾妻線）
岩根
　　いわね　福島県本宮市
　　いわね　千葉県木更津市
　　いわね　滋賀県湖南市
岩根中央　いわねちゅうおう　滋賀県湖南市
岩根沢　いわねざわ　山形県西村山郡西川町
岩根町　いわねちょう　茨城県水戸市
岩根橋　いわねばし　岩手県（JR釜石線）
岩栖院町　がんすいんちょう　京都府京都市上京区
岩畳　いわばたけ　山口県防府市
岩脇　いおぎ　滋賀県米原市
岩脇町　いわわきちょう　岩手県盛岡市
11岩宿　いわじゅく　群馬県（JR両毛線）
岩崎
　　いわさき　青森県西津軽郡深浦町
　　いわさき　秋田県湯沢市
　　いわさき　福島県須賀川市
　　いわさき　福島県二本松市
　　いわざき　茨城県常陸大宮市
　　いわざき　栃木県日光市
　　いわさき　千葉県旭市
　　いわさき　千葉県市原市
　　いわさき　新潟県村上市
　　いわざき　新潟県南魚沼市
　　いわさき　富山県小矢部市
　　いわさき　石川県河北郡津幡町
　　いわざき　岐阜県岐阜市
　　いわざき　静岡県静岡市葵区
　　いわざき　愛知県小牧市
　　いわさき　京都府福知山市
　　いわさき　兵庫県篠山市
　　いわさき　和歌山県西牟婁郡上富田町
　　いわさき　福岡県北九州市八幡西区
　　いわさき　福岡県八女市
　　いわさき　福岡県嘉麻市
　　いわさき　熊本県玉名市
　　いわさき　大分県宇佐市
　　いわさき　宮崎県日南市
岩崎台　いわさきだい　愛知県日進市
岩崎西　いわさきにし　千葉県市原市
岩崎町
　　いわさきちょう　北海道寿都郡寿都町
　　いわさきちょう　栃木県佐野市
　　いわさきちょう　神奈川県横浜市保土ケ谷区
　　いわさきちょう　愛知県豊橋市
　　いわさきちょう　愛知県日進市
　　いわさきまち　愛媛県松山市
　　いわさきちょう　鹿児島県枕崎市
岩崎原　いわさきはら　愛知県小牧市
岩崩　いわくずれ　新潟県村上市
岩常　いわつね　鳥取県岩美郡岩美町
岩曽町　いわぞまち　栃木県宇都宮市

岩清水
　　いわしみず　北海道新冠郡新冠町
　　いわしみず　岩手県盛岡市
　　いわしみず　岩手県紫波郡矢巾町
　　いわしみず　山形県最上郡戸沢村
岩淵
　　いわぶち　新潟県三条市
　　いわぶち　静岡県富士市
　　いわぶち　鳥取県八頭郡八頭町
岩淵町　いわぶちまち　東京都北区
岩渕
　　いわぶち　福島県須賀川市
　　いわぶち　埼玉県飯能市
　　いわぶち　三重県伊勢市
岩渕下　いわぶちした　秋田県由利本荘市
岩渕町
　　いわぶちまち　石川県小松市
　　いわぶちちょう　三重県伊勢市
岩船
　　いわふね　茨城県東茨城郡城里町
　　いわふね　千葉県いすみ市
　　いわふね　長野県中野市
岩船下大町　いわふねしもおおまち　新潟県村上市
岩船下浜町　いわふねしもはままち　新潟県村上市
岩船三日市　いわふねみっかいち　新潟県村上市
岩船上大町　いわふねかみおおまち　新潟県村上市
岩船上町　いわふねかんまち　新潟県村上市
岩船上浜町　いわふねかみはままち　新潟県村上市
岩船中新町　いわふねなかしんまち　新潟県村上市
岩船北浜町　いわふねきたはままち　新潟県村上市
岩船地蔵町　いわふねじぞうまち　新潟県村上市
岩船町　いわふねまち　新潟県（JR羽越本線）
岩船岸見寺町　いわふねがんげんじまち　新潟県村
　　上市
岩船郡　いわふねぐん　新潟県
岩船港町　いわふねみなとまち　新潟県村上市
岩船新田町　いわふねしんでんまち　新潟県村上市
岩船駅前　いわふねえきまえ　新潟県村上市
岩船横新町　いわふねよこしんまち　新潟県村上市
岩船縦新町　いわふねたてしんまち　新潟県村上市
岩部
　　いわべ　北海道松前郡福島町
　　いわべ　千葉県香取市
岩野
　　いわの　山形県村山市
　　いわの　新潟県長岡市
　　いわの　福井県吉田郡永平寺町
　　いわの　熊本県下益城郡美里町
　　いわの　熊本県球磨郡水上村
岩野木　いわのき　埼玉県三郷市
岩野目　いわのめ　秋田県（秋田内陸縦貫鉄道線）
岩野目沢　いわのめざわ　秋田県由利本荘市
岩野沢　いわのさわ　新潟県村上市
岩野町　いわのちょう　愛知県春日井市
岩野見　いわのみ　千葉県市原市
岩野河　いわののがわ　和歌山県有田郡有田川町
岩黒　いわくろ　香川県坂出市
12岩塚　いわつか　愛知県（名古屋市交通局東山線）
岩塚本通　いわつかほんとおり　愛知県名古屋市中
　　村区

岩塚町
　　いわつかちょう　愛知県名古屋市中村区
　　いわつかちょう　愛知県名古屋市中川区
岩壺　いわつぼ　奈良県吉野郡大淀町
岩富
　　いわとみ　北海道網走郡津別町
　　いわとみ　千葉県佐倉市
岩富町　いわとみまち　千葉県佐倉市
岩森
　　いわもり　山梨県甲斐市
　　いわもり　奈良県吉野郡下市町
岩渡　いわたり　青森県青森市
岩満町　いわみつちょう　宮城県都城市
岩賀　いわか　青森県弘前市
岩道　いわみち　岐阜県養老郡養老町
岩開　いわかい　福井県丹生郡越前町
岩間
　　いわま　茨城県（JR常磐線）
　　いわま　山梨県西八代郡市川三郷町
　　いわま　京都府福知山市
岩間町
　　いわままち　福島県いわき市
　　いわまちょう　神奈川県横浜市保土ケ谷区
13岩園町　いわぞのちょう　兵庫県芦屋市
岩殿
　　いわどの　埼玉県東松山市
　　いわどの　静岡県賀茂郡南伊豆町
岩滑　いわなめ　静岡県掛川市
岩滑中町　やなべなかまち　愛知県半田市
岩滑北浜町　やなべきたはまちょう　愛知県半田市
岩滑西町　やなべにしまち　愛知県半田市
岩滑東町　やなべひがしまち　愛知県半田市
岩滑南浜町　やなべみなみはまちょう　愛知県半田市
岩滑高山町　やなべたかやまちょう　愛知県半田市
岩滝　いわたき　京都府与謝郡与謝野町
岩滝口　いわたきぐち　京都府（京都丹後鉄道宮津
　　線）
岩滝西　いわたきにし　岐阜県岐阜市
岩滝町
　　いわたきちょう　愛知県豊田市
　　いわたきちょう　京都府京都市下京区
岩滝東　いわたきひがし　岐阜県岐阜市
14岩熊　いわくま　兵庫県豊岡市
岩稲　いわいね　富山県富山市
岩窪町　いわくぼちょう　山梨県甲府市
岩端町　いわばなちょう　兵庫県姫路市
岩鼻　いわはな　山口県（JR宇部線）
岩鼻町
　　いわはなまち　群馬県高崎市
　　いわはなちょう　山口県宇部市
15岩撫　いわなで　千葉県長生郡長南町
岩槻
　　いわつき　埼玉県（東武鉄道野田線）
　　いわつき　埼玉県さいたま市岩槻区
岩槻区　いわつきく　埼玉県さいたま市
16岩橋　いわせ　和歌山県和歌山市
岩舘　いわだて　岩手県二戸郡一戸町
岩館　いわだて　秋田県（JR五能線）
岩館下り松　いわだてさがりまつ　青森県平川市
岩館山の井　いわだてやまのい　青森県平川市

岩館村元　いわだてむらもと　青森県平川市
岩館長田　いわだておさだ　青森県平川市
岩館藤巻　いわだてふじまき　青森県平川市
18岩藤町　いわふじちょう　愛知県日進市
19岩瀬
　　いわせ　秋田県大館市
　　いわせ　茨城県（JR水戸線）
　　いわせ　茨城県桜川市
　　いわせ　千葉県松戸市
　　いわせ　千葉県富津市
　　いわせ　神奈川県鎌倉市
　　いわせ　新潟県十日町市
　　いわがせ　富山県氷見市
　　いわせ　大阪府河内長野市
　　いわせ　福岡県中間市
　　いわせ　大分県竹田市
岩瀬入船町　いわせいりふねちょう　富山県富山市
岩瀬土場町　いわせどばまち　富山県富山市
岩瀬大町　いわせおおまち　富山県富山市
岩瀬川町　いわせがわちょう　群馬県太田市
岩瀬天池町　いわせあまいけちょう　富山県富山市
岩瀬天神町　いわせてんじんまち　富山県富山市
岩瀬文化町　いわせぶんかまち　富山県富山市
岩瀬古志町　いわせこしまち　富山県富山市
岩瀬白山町　いわせはくさんまち　富山県富山市
岩瀬仲町　いわせなかまち　富山県富山市
岩瀬池田町　いわせいけだまち　富山県富山市
岩瀬西町　いわせにしまち　福岡県中間市
岩瀬赤田町　いわせあかだまち　富山県富山市
岩瀬幸町　いわせさいわいちょう　富山県富山市
岩瀬松原町　いわせまつばらちょう　富山県富山市
岩瀬祇園町　いわせぎおんまち　富山県富山市
岩瀬表町　いわせおもてまち　富山県富山市
岩瀬前田町　いわせまえだまち　富山県富山市
岩瀬神明町　いわせしんめいちょう　富山県富山市
岩瀬荒木町　いわせあらきまち　富山県富山市
岩瀬梅本町　いわせうめもとちょう　富山県富山市
岩瀬浦郷　いわせうらごう　長崎県南松浦郡新上五
　　島町
岩瀬浜　いわせはま　富山県（富山ライトレール線）
岩瀬郡　いわせぐん　福島県
岩瀬高畠町　いわせたかばたけまち　富山県富山市
岩瀬堺町　いわせさかいまち　富山県富山市
岩瀬御蔵町　いわせおくらまち　富山県富山市
岩瀬森　いわせもり　福島県須賀川市
岩瀬港町　いわせみなとまち　富山県富山市
岩瀬萩浦町　いわせはぎうらまち　富山県富山市
岩瀬道町　いわせどうまち　長崎県長崎市
岩瀬新川町　いわせにいかわちょう　富山県富山市
岩瀬新町　いわせしんまち　富山県富山市
岩瀬福来町　いわせふくらいまち　富山県富山市
岩瀬諏訪町　いわせすわまち　富山県富山市

【岨】
7岨谷　すわたに　岡山県加賀郡吉備中央町

【岱】
8岱明町下沖洲　たいめいまちしもおきのす　熊本県玉
　　名市

8画（岬, 帖, 幸）

岱明町下前原　たいめいまちしもまえはら　熊本県玉名市
岱明町三崎　たいめいまちみさき　熊本県玉名市
岱明町上　たいめいまちじょう　熊本県玉名市
岱明町大野下　たいめいまちおおのしも　熊本県玉名市
岱明町山下　たいめいまちやました　熊本県玉名市
岱明町中土　たいめいまちなかど　熊本県玉名市
岱明町古閑　たいめいまちこが　熊本県玉名市
岱明町庄山　たいめいまちしょうやま　熊本県玉名市
岱明町西照寺　たいめいまちさいしょうじ　熊本県玉名市
岱明町扇崎　たいめいまちおうぎざき　熊本県玉名市
岱明町浜田　たいめいまちはまだ　熊本県玉名市
岱明町高道　たいめいまちたかみち　熊本県玉名市
岱明町野口　たいめいまちのぐち　熊本県玉名市
岱明町開田　たいめいまちひらきだ　熊本県玉名市
岱明町鍋　たいめいまちなべ　熊本県玉名市

【岬】
岬
　　みさき　北海道白糠郡白糠町
　　みさき　福岡県大牟田市
4岬之町　はなのちょう　山口県下関市
5岬台　みさきだい　青森県八戸市
7岬町
　　みさきちょう　北海道根室市
　　みさきちょう　北海道枝幸郡枝幸町
　　みさきちょう　北海道目梨郡羅臼町
　　みさきまち　愛知県碧南市
　　みさきちょう　大阪府泉南郡
　　みさきちょう　兵庫県明石市
　　みさきちょう　鳥取県境港市
　　みさきちょう　島根県隠岐郡隠岐の島町
　　みさきちょう　山口県宇部市
　　みさきまち　福岡県大牟田市
岬町三門　みさきちょうみかど　千葉県いすみ市
岬町中原　みさきちょうなかはら　千葉県いすみ市
岬町中滝　みさきちょうなかだき　千葉県いすみ市
岬町井沢　みさきちょういざわ　千葉県いすみ市
岬町市野々　みさきちょういちのの　千葉県いすみ市
岬町江場土　みさきちょうえばど　千葉県いすみ市
岬町谷上　みさきちょうやがみ　千葉県いすみ市
岬町和泉　みさきちょういずみ　千葉県いすみ市
岬町岩熊　みさきちょういわくま　千葉県いすみ市
岬町押日　みさきちょうおしび　千葉県いすみ市
岬町東小高　みさきちょうひがしおだか　千葉県いすみ市
岬町東中滝　みさきちょうひがしなかたき　千葉県いすみ市
岬町長者　みさきちょうちょうじゃ　千葉県いすみ市
岬町桑田　みさきちょうくわだ　千葉県いすみ市
岬町椎木　みさきちょうしいぎ　千葉県いすみ市
岬町嘉谷　みさきちょうかや　千葉県いすみ市
岬町榎沢　みさきちょうえのきさわ　千葉県いすみ市
岬町鴨根　みさきちょうかもね　千葉県いすみ市
12岬陽町　こうようちょう　神奈川県三浦市

【帖】
7帖佐　ちょうさ　鹿児島県（JR日豊本線）

【幸】
幸
　　さいわい　北海道小樽市
　　さいわい　宮城県白石市
　　さいわい　千葉県市川市
　　さいわい　静岡県浜松市中区
　　さいわい　大阪府和泉市
　　さいわい　長崎県（島原鉄道線）
0幸ケ丘　さちがおか　山口県周南市
幸ケ谷　こうがや　神奈川県横浜市神奈川区
幸ノ町　こうのまち　岐阜県岐阜市
幸ノ神　さいのかみ　青森県三戸郡五戸町
幸ノ神前　さいのかみまえ　青森県三戸郡五戸町
幸の台　こうのだい　山口県周南市
3幸子　こうじ　福岡県築上郡吉富町
幸川町　こうがわちょう　愛知県名古屋市千種区
4幸内　こうない　北海道有珠郡壮瞥町
幸区　さいわいく　神奈川県川崎市
幸心　こうしん　愛知県名古屋市守山区
幸手
　　さって　埼玉県（東武鉄道日光線）
　　さって　埼玉県幸手市
幸手市　さってし　埼玉県
5幸丘　さちがおか　三重県鳥羽市
幸主　こうしゅ　茨城県猿島郡五霞町
幸平　こうびら　佐賀県西松浦郡有田町
幸生　さちう　山形県寒河江市
幸生町　こうせいちょう　三重県松阪市
幸田
　　こうだ　岩手県花巻市
　　こうだ　茨城県坂東市
　　こうだ　茨城県稲敷市
　　こうで　千葉県松戸市
　　こうだ　千葉県東金市
　　こうでん　岐阜県下呂市
　　こうだ　愛知県（JR東海道本線）
　　こうだ　熊本県熊本市南区
　　こうだ　鹿児島県始良郡湧水町
幸田町
　　さちたまち　山形県寒河江市
　　こうたちょう　愛知県額田郡
幸田新田　こうだしんでん　茨城県坂東市
6幸在町　こうざいちょう　京都府京都市上京区
幸地
　　こうじ　島根県鹿足郡吉賀町
　　こうち　沖縄県中頭郡西原町
幸地崎町　こうちざきちょう　岡山県岡山市東区
幸竹　こうたけ　兵庫県加古郡稲美町
幸竹町　こうたけちょう　京都府京都市下京区
幸西　さいわいにし　新潟県新潟市中央区
7幸町
　　さいわいちょう　北海道室蘭市
　　さいわいちょう　北海道釧路市
　　さいわいちょう　北海道北見市
　　さいわいちょう　北海道留萌市
　　さいわいちょう　北海道苫小牧市
　　さいわいちょう　北海道江別市
　　さいわいちょう　北海道赤平市
　　さいわいちょう　北海道紋別市
　　さいわいちょう　北海道三笠市
　　さいわいちょう　北海道根室市

690

8画（幸）

さいわいちょう	北海道千歳市
さいわいちょう	北海道滝川市
さいわいちょう	北海道富良野市
さいわいちょう	北海道登別市
さいわいちょう	北海道恵庭市
さいわいちょう	北海道石狩郡当別町
さいわいちょう	北海道虻田郡喜茂別町
さいわいちょう	北海道上川郡美瑛町
さいわいまち	北海道上川郡下川町
さいわいちょう	北海道苫前郡羽幌町
さいわいちょう	北海道枝幸郡枝幸町
さいわいまち	北海道網走郡津別町
さいわいちょう	北海道常呂郡佐呂間町
さいわいまち	北海道紋別郡滝上町
さいわいちょう	北海道虻田郡豊浦町
さいわいちょう	北海道広尾郡大樹町
さいわいまち	北海道中川郡幕別町
さいわいちょう	北海道十勝郡浦幌町
さいわいちょう	青森県黒石市
さいわいちょう	青森県三沢市
さいわいちょう	岩手県北上市
さいわいちょう	岩手県一関市
さいわいちょう	宮城県仙台市宮城野区
さいわいちょう	宮城県石巻市
さいわいちょう	宮城県気仙沼市
さいわいちょう	宮城県柴田郡大河原町
さいわいちょう	秋田県横手市
さいわいちょう	秋田県大館市
さいわいちょう	秋田県湯沢市
さいわいちょう	秋田県大仙市
さいわいちょう	山形県山形市
さいわいちょう	山形県酒田市
さいわいちょう	山形県寒河江市
さいわいちょう	山形県長井市
さいわいちょう	山形県西置賜郡小国町
さいわいちょう	福島県二本松市
さいわいちょう	茨城県日立市
さいわいちょう	茨城県古河市
さいわいちょう	茨城県ひたちなか市
さいわいちょう	茨城県筑西市
さいわいちょう	栃木県宇都宮市
さいわいちょう	栃木県鹿沼市
さいわいちょう	栃木県下都賀郡壬生町
さいわいちょう	埼玉県川越市
さいわいちょう	埼玉県川口市
さいわいちょう	埼玉県東松山市
さいわいちょう	埼玉県鴻巣市
さいわいちょう	埼玉県朝霞市
さいわいちょう	埼玉県志木市
さいわいちょう	千葉県千葉市美浜区
さいわいちょう	千葉県銚子市
さいわいちょう	千葉県木更津市
さいわいちょう	千葉県成田市
さいわいちょう	東京都板橋区
さいわいちょう	東京都立川市
さいわいちょう	東京都府中市
さいわいちょう	東京都東久留米市
さいわいちょう	神奈川県川崎市幸区
さいわいちょう	神奈川県平塚市
さいわいちょう	神奈川県茅ヶ崎市
さいわいちょう	神奈川県秦野市
さいわいちょう	神奈川県厚木市
さいわいちょう	新潟県新潟市中央区
さいわいちょう	新潟県長岡市
さいわいちょう	新潟県柏崎市
さいわいちょう	新潟県加茂市
さいわいちょう	新潟県十日町市
さいわいちょう	新潟県村上市
さいわいちょう	新潟県燕市
さいわいちょう	新潟県上越市
さいわいちょう	富山県氷見市
さいわいちょう	富山県滑川市
さいわいちょう	富山県砺波市
さいわいちょう	富山県中新川郡上市町
さいわいまち	石川県金沢市
さいわいちょう	石川県小松市
さいわいまち	石川県加賀市
さいわいちょう	福井県大野市
さいわいちょう	福井県鯖江市
さいわいちょう	福井県越前市
さいわいちょう	山梨県甲府市
さいわいちょう	長野県岡谷市
さいわいちょう	岐阜県多治見市
さいわいちょう	静岡県静岡市葵区
さいわいちょう	静岡県静岡市清水区
さいわいちょう	静岡県沼津市
さいわいちょう	静岡県伊東市
さいわいまち	静岡県島田市
さいわいちょう	静岡県磐田市
さいわいちょう	愛知県名古屋市港区
さいわいちょう	愛知県瀬戸市
さいわいちょう	愛知県半田市
さいわいちょう	愛知県豊川市
さいわいまち	愛知県碧南市
さいわいちょう	愛知県刈谷市
さいわいちょう	愛知県豊田市
さいわいちょう	愛知県西尾市
さいわいちょう	愛知県稲沢市
さいわいちょう	三重県津市
さいわいちょう	三重県四日市市
さいわいちょう	滋賀県彦根市
さいわいちょう	滋賀県東近江市
さいわいちょう	大阪府大阪市浪速区
さいわいちょう	大阪府吹田市
さいわいちょう	大阪府高槻市
さいわいちょう	大阪府八尾市
さいわいちょう	大阪府寝屋川市
さいわいちょう	大阪府大東市
さいわいちょう	兵庫県姫路市
さいわいちょう	兵庫県豊岡市
さいわいちょう	奈良県大和高田市
さいわいちょう	奈良県御所市
さいわいまち	奈良県磯城郡田原本町
さいわいちょう	鳥取県鳥取市
さいわいまち	鳥取県倉吉市
さいわいまち	島根県松江市
さいわいちょう	島根県益田市
さいわいちょう	岡山県岡山市北区
さいわいちょう	岡山県倉敷市
さいわいちょう	広島県呉市
さいわいまち	広島県安芸郡海田町
さいわいちょう	山口県下関市
さいわいまち	山口県宇部市
さいわいちょう	山口県山口市
さいわいちょう	徳島県徳島市
さいわいちょう	香川県高松市
さいわいちょう	香川県丸亀市
さいわいちょう	香川県観音寺市
さいわいちょう	香川県仲多度郡多度津町
さいわいまち	愛媛県八幡浜市
さいわいちょう	高知県高知市
さいわいちょう	高知県安芸市

8画（庚, 底, 店, 府）

さいわいちょう　高知県南国市
さいわいまち　高知県須崎市
さいわいちょう　高知県宿毛市
さいわいちょう　高知県土佐清水市
さいわいちょう　高知県吾川郡いの町
さいわいまち　福岡県北九州市戸畑区
さいわいまち　福岡県遠賀郡芦屋町
さいわいまち　福岡県京都郡苅田町
さいわいまち　長崎県長崎市
さいわいまち　長崎県諫早市
さいわいまち　長崎県大村市
さいわいまち　長崎県五島市
さいわいまち　熊本県水俣市
さいわいちょう　大分県別府市
さいわいまち　宮崎県延岡市
幸谷
こうや　茨城県稲敷郡河内町
こうや　千葉県（流鉄流山線）
こうや　千葉県松戸市
8**幸和**　こうわ　北海道天塩郡遠別町
幸岡
さちおか　北海道常呂郡置戸町
こうおか　栃木県矢板市
幸房　こうぼう　埼玉県三郷市
幸明町　こうみょうまち　石川県白山市
幸治　こうじ　千葉県長生郡白子町
幸知　こうち　群馬県利根郡みなかみ町
9**幸前**　こうぜん　奈良県生駒郡斑鳩町
幸南　こうなん　新潟県長岡市
幸栄　こうえい　新潟県新潟市東区
幸海町　こうかいちょう　愛知県豊田市
幸津川町　さづかわちょう　滋賀県守山市
幸津町　さいつまち　佐賀県鳥栖市
幸畑　こうばた　青森県青森市
幸神　さいのかみ　福岡県北九州市八幡西区
幸神平　こうしんだいら　茨城県坂東市
幸神町
さいのかみちょう　京都府京都市上京区
こうじんちょう　鳥取県境港市
10**幸原町**　こうばらちょう　静岡県三島市
幸浦
さちうら　神奈川県（横浜シーサイドライン）
さちうら　神奈川県横浜市金沢区
幸脇　さいわき　宮崎県日向市
幸通
さいわいどおり　京都府綾部市
さいわいどおり　大阪府堺市堺区
幸連　こうれん　北海道上磯郡木古内町
幸高町　こうたかまち　長野県須坂市
11**幸崎**
こうざき　高知県高知市
こうざき　大分県（JR日豊本線）
幸崎久和喜　さいざきくわき　広島県三原市
幸崎町久和喜　さいざきちょうくわき　広島県三原市
幸崎町能地　さいざきちょうのうじ　広島県三原市
幸崎町渡瀬　さいざきちょうわたせ　広島県三原市
幸崎能地　さいざきのうじ　広島県三原市
幸崎渡瀬　さいざきわたせ　広島県三原市
幸庵新田　こうあんしんでん　静岡県静岡市葵区
幸袋　こうぶくろ　福岡県飯塚市
12**幸喜**　こうき　沖縄県名護市

幸塚町　こうづかまち　群馬県前橋市
幸陽町　こうようちょう　兵庫県神戸市北区
13**幸福**　こうふく　北海道千歳市
幸福町
こうふくちょう　北海道帯広市
こうふくちょう　大阪府門真市
14**幸徳**　こうとく　北海道広尾郡大樹町
15**幸穂台**　さちほだい　愛知県豊田市

【庚】

4**庚午中**　こうごなか　広島県広島市西区
庚午北　こうごきた　広島県広島市西区
庚午南　こうごみなみ　広島県広島市西区
5**庚台**　かのえだい　神奈川県横浜市南区
庚申坂　こうしんざか　福島県田村郡三春町
庚申町　こうしんちょう　愛知県半田市
庚申塚　こうしんづか　東京都（東京都交通局荒川線）
庚申塚町　かねづかちょう　栃木県佐野市
12**庚塚**
かのえづか　宮城県塩竈市
かねづか　新潟県燕市

【底】

5**底田**　そこた　青森県上北郡七戸町
10**底倉**　そこくら　神奈川県足柄下郡箱根町

【店】

9**店屋町**　てんやまち　福岡県福岡市博多区

【府】

3**府川**
ふかわ　埼玉県川越市
ふかわ　神奈川県小田原市
府川町　ふかわちょう　広島県府中市
4**府中**
ふちゅう　茨城県石岡市
ふちゅう　千葉県南房総市
ふちゅう　東京都（京王電鉄京王線）
ふちゅう　福井県小浜市
ふちゅう　福井県越前市
ふちゅう　岐阜県不破郡垂井町
ふちゅう　和歌山県和歌山市
ふちゅう　広島県（JR福塩線）
こう　徳島県（JR徳島線）
ふちゅう　愛媛県松山市
府中市
ふちゅうし　東京都
ふちゅうし　広島県
府中本町　ふちゅうほんまち　東京都（JR南武線）
府中町
ふちゅうまち　栃木県鹿沼市
ふちゅうちょう　東京都府中市
ふちゅうまち　石川県七尾市
ふちゅうちょう　大阪府和泉市
ふちゅうちょう　広島県府中市
ふちゅうちょう　広島県安芸郡
ふちゅうちょう　香川県坂出市
府中競馬正門前　ふちゅうけいばせいもんまえ　東京都（京王電鉄競馬場線）

8画（庖,延,弦,弥）

府内
　　ふない　　埼玉県さいたま市岩槻区
　　ふない　　兵庫県三木市
府内町　　ふないまち　　大分県大分市
5府本　　ふもと　　熊本県荒尾市
8府所本町　　ふどころほんちょう　　栃木県鹿沼市
府所町　　ふどころちょう　　栃木県鹿沼市
9府屋
　　ふや　　新潟県（JR羽越本線）
　　ふや　　新潟県村上市
府相町　　ふそうちょう　　愛知県蒲郡市
10府馬　　ふま　　千葉県香取市
13府殿　　ふどの　　徳島県那賀郡那賀町
14府領　　ふりょう　　熊本県上益城郡甲佐町

【庖】
2庖丁人町　　ほうちょうにんまち　　鳥取県鳥取市

【延】
3延久　　のべひさ　　静岡県袋井市
延川　　のぶかわ　　愛媛県北宇和郡鬼北町
4延友　　のぶとも　　岡山県岡山市北区
延方
　　のぶかた　　茨城県（JR鹿島線）
　　のぶかた　　茨城県潮来市
延方西　　のぶかたにし　　茨城県潮来市
延方東　　のぶかたひがし　　茨城県潮来市
5延広町　　のぶひろちょう　　広島県福山市
延末　　のぶすえ　　兵庫県姫路市
延永　　のぶなが　　福岡県行橋市
6延吉　　のぶよし　　兵庫県佐用郡佐用町
延行　　のぶゆき　　山口県下関市
7延坂　　のぶさか　　和歌山県有田郡有田川町
延沢
　　のべさわ　　山形県尾花沢市
　　のぶさわ　　神奈川県足柄上郡開成町
延町　　のぶちょう　　京都府綾部市
8延命寺　　えんめいじ　　鳥取県八頭郡八頭町
延命寺北　　えんめいじきた　　宮城県白石市
延命寺町　　えんめいじまち　　福岡県大牟田市
延命寺前　　えんめいじまえ　　福島県大沼郡会津美里町
延命寺前乙　　えんめいじまえおつ　　福島県大沼郡会津美里町
延命寺前甲　　えんめいじまえこう　　福島県大沼郡会津美里町
延命神　　えんめいじん　　福島県伊達郡川俣町
延岡　　のべおか　　宮崎県（JR日豊本線）
延岡市　　のべおかし　　宮崎県
9延風　　のぶかぜ　　岡山県真庭市
10延原　　のぶはら　　岡山県総社市
延島　　のぶしま　　栃木県小山市
延島新田　　のぶしましんでん　　栃木県小山市
延時　　のぶとき　　和歌山県和歌山市
延珠町　　えんじゅちょう　　愛知県名古屋市名東区
11延清　　のぶきよ　　神奈川県小田原市
延野　　のぶの　　徳島県那賀郡那賀町
延野々　　のびのの　　愛媛県北宇和郡松野町
12延喜　　えんぎ　　愛媛県今治市
14延徳　　えんとく　　長野県（長野電鉄長野線）

16延興寺　　えんごうじ　　鳥取県岩美郡岩美町

【弦】
7弦谷　　つるだに　　兵庫県佐用郡佐用町
9弦巻　　つるまき　　東京都世田谷区

【弥】
2弥八町　　やはちちょう　　岐阜県岐阜市
弥刀　　みと　　大阪府（近畿日本鉄道大阪線）
弥十郎　　やじゅうろう　　埼玉県越谷市
3弥上　　やがみ　　岡山県赤磐市
弥山　　ややま　　福岡県飯塚市
4弥五島
　　やごしま　　福島県（会津鉄道線）
　　やごしま　　福島県南会津郡下郷町
5弥四郎町　　やしろうまち　　福岡県柳川市
弥左衛門　　やざえもん　　静岡県藤枝市
弥市　　やいち　　富山県中新川郡上市町
弥平　　やへい　　埼玉県川口市
弥正　　やまさ　　千葉県いすみ市
弥永
　　やなが　　福岡県福岡市南区
　　いやなが　　福岡県朝倉郡筑前町
弥永団地　　やながだんち　　福岡県福岡市南区
弥生
　　やよい　　北海道釧路市
　　やよい　　北海道名寄市
　　やよい　　北海道千歳市
　　やよい　　北海道石狩郡当別町
　　やよい　　北海道樺戸郡新十津川町
　　やよい　　北海道枝幸郡中頓別町
　　やよい　　北海道常呂郡訓子府町
　　やよい　　北海道足寄郡陸別町
　　やよい　　青森県弘前市
　　やよい　　栃木県宇都宮市
　　やよい　　埼玉県熊谷市
　　やよい　　東京都文京区
　　やよい　　東京都東久留米市
　　やよい　　石川県金沢市
　　やよい　　静岡県富士市
　　やよい　　岡山県（水島臨海鉄道線）
　　やよい　　福岡県福岡市早良区
　　やよい　　福岡県中間市
　　やよい　　福岡県春日市
　　やよい　　福岡県鞍手郡鞍手町
弥生ケ丘町　　やよいがおかちょう　　兵庫県尼崎市
弥生が丘
　　やよいがおか　　兵庫県三田市
　　やよいがおか　　佐賀県（JR鹿児島本線）
　　やよいがおか　　佐賀県鳥栖市
弥生が丘町　　やよいがおかちょう　　大阪府高槻市
弥生が岡　　やよいがおか　　愛知県名古屋市天白区
弥生上小倉　　やよいかみおぐら　　大分県佐伯市
弥生大坂本　　やよいおおさかもと　　大分県佐伯市
弥生小田　　やよいこだ　　大分県佐伯市
弥生山梨子　　やよいやまなし　　大分県佐伯市
弥生井崎　　やよいいさき　　大分県佐伯市
弥生尺間　　やよいしゃくま　　大分県佐伯市
弥生台
　　やよいだい　　神奈川県（相模鉄道いずみ野線）
　　やよいだい　　神奈川県横浜市泉区

693

8画（弥）

弥生平井　やよいひらい　大分県佐伯市
弥生江良　やよいえら　大分県佐伯市
弥生床木　やよいゆかぎ　大分県佐伯市
弥生町
　やよいちょう　北海道函館市
　やよいちょう　北海道苫小牧市
　やよいちょう　北海道江別市
　やよいちょう　北海道三笠市
　やよいちょう　北海道根室市
　やよいちょう　北海道富良野市
　やよいまち　北海道中川郡本別町
　やよいちょう　青森県黒石市
　やよいちょう　青森県五所川原市
　やよいちょう　栃木県足利市
　やよいちょう　栃木県那須塩原市
　やよいちょう　埼玉県所沢市
　やよいちょう　埼玉県越谷市
　やよいちょう　千葉県千葉市稲毛区
　やよいちょう　千葉県銚子市
　やよいちょう　千葉県柏市
　やよいちょう　東京都中野区
　やよいちょう　東京都板橋区
　やよいちょう　神奈川県横浜市中区
　やよいちょう　神奈川県秦野市
　やよいちょう　新潟県新潟市中央区
　やよいちょう　富山県富山市
　やよいちょう　福井県大野市
　やよいちょう　岐阜県岐阜市
　やよいちょう　岐阜県関市
　やよいちょう　岐阜県羽島郡笠松町
　やよいちょう　静岡県静岡市駿河区
　やよいちょう　静岡県静岡市清水区
　やよいちょう　静岡県伊東市
　やよいちょう　静岡県掛川市
　やよいちょう　愛知県名古屋市南区
　やよいちょう　愛知県豊橋市
　やよいちょう　愛知県春日井市
　やよいちょう　愛知県豊川市
　やよいちょう　愛知県津島市
　やよいまち　愛知県碧南市
　やよいちょう　愛知県西尾市
　やよいちょう　愛知県小牧市
　やよいちょう　滋賀県大津市
　やよいちょう　大阪府和泉市
　やよいちょう　大阪府東大阪市
　やよいちょう　兵庫県宝塚市
　やよいちょう　鳥取県鳥取市
　やよいちょう　鳥取県米子市
　やよいちょう　鳥取県境港市
　やよいちょう　岡山県津山市
　やよいちょう　広島県広島市中区
　やよいちょう　広島県呉市
　やよいちょう　山口県周南市
　やよいちょう　高知県高知市
　やよいまち　長崎県長崎市
　やよいちょう　熊本県熊本市中央区
　やよいちょう　熊本県八代市
弥生花園町　やよいはなぞのちょう　北海道三笠市
弥生並木町　やよいなみきちょう　北海道三笠市
弥生門田　やよいかんた　大分県佐伯市
弥生柳町　やよいやなぎちょう　北海道三笠市
弥生桜木町　やよいさくらぎちょう　北海道三笠市
弥生桃山町　やよいももやまちょう　北海道三笠市
弥生細田　やよいさいた　大分県佐伯市

弥生提内　やよいひさぎうち　大分県佐伯市
弥生新田　やよいしんでん　静岡県富士市
弥生橘町　やよいたちばなちょう　北海道三笠市
弥生藤枝町　やよいふじえちょう　北海道三笠市
6弥次工町　やじえちょう　愛知県名古屋市南区
弥次郎窪　やじろうくぼ　福島県白河市
7弥兵工林　やへいばやし　岩手県滝沢市
弥兵衛　やへえ　埼玉県加須市
弥吾　やご　福島県石川郡石川町
弥谷　いやだに　和歌山県日高郡日高川町
8弥陀ケ原　みだがはら　富山県中新川郡立山町
9弥彦
　やひこ　新潟県（JR弥彦線）
　やひこ　新潟県西蒲原郡弥彦村
弥彦村　やひこむら　新潟県西蒲原郡
弥彦岡　やひこおか　新潟県胎内市
弥栄
　やさかえ　岩手県一関市
　やさかえ　福島県西白河郡矢吹町
　やえい　神奈川県相模原市中央区
弥栄台　やさかだい　兵庫県神戸市須磨区
弥栄町
　やさかえちょう　北海道根室市
　やさかちょう　埼玉県熊谷市
　やさかちょう　兵庫県豊岡市
弥栄三里　やさかちょうみさと　島根県浜田市
弥栄町大坪　やさかちょうおおつぼ　島根県浜田市
弥栄町小田　やさかちょうこだ　京都府京丹後市
弥栄町小坂　やさかちょうおさか　島根県浜田市
弥栄町井辺　やさかちょういのべ　京都府京丹後市
弥栄町木都賀　やさかちょうきつか　島根県浜田市
弥栄町木橋　やさかちょうきばし　京都府京丹後市
弥栄町田野原　やさかちょうたのはら　島根県浜田市
弥栄町吉沢　やさかちょうよしさわ　京都府京丹後市
弥栄町芋野　やさかちょういもの　京都府京丹後市
弥栄町和田野　やさかちょうわだの　京都府京丹後市
弥栄町国久　やさかちょうくにひさ　京都府京丹後市
弥栄町長安本郷　やさかちょうながやすほんごう　島根県浜田市
弥栄町門田　やさかちょうかどた　島根県浜田市
弥栄町栃木　やさかちょうとちぎ　島根県浜田市
弥栄町高内　やさかちょうたかうち　島根県浜田市
弥栄町船木　やさかちょうふなき　京都府京丹後市
弥栄町野中　やさかちょうのなか　京都府京丹後市
弥栄町野坂　やさかちょうのさか　島根県浜田市
弥栄町鳥取　やさかちょうとっとり　京都府京丹後市
弥栄町黒部　やさかちょうくろべ　京都府京丹後市
弥栄堤　やさかちょうつつみ　京都府京丹後市
弥栄町程原　やさかちょうほどはら　島根県浜田市
弥栄町等楽寺　やさかちょうとうらくじ　京都府京丹後市
弥栄町須川　やさかちょうすがわ　京都府京丹後市
弥栄町溝谷　やさかちょうみぞたに　京都府京丹後市
弥栄稲代　やさかちょういなしろ　島根県浜田市
弥柳　いやよなぎ　茨城県つくばみらい市
10弥起井　やきい　三重県多気郡大台町
弥高　やたか　滋賀県米原市
弥高町　やたかちょう　滋賀県長浜市

8画 (往, 征, 彼, 忠)

11弥勒
 みろく 埼玉県羽生市
 みろく 静岡県静岡市葵区
弥勒寺 みろくじ 神奈川県藤沢市
弥勒寺西 みろくじにし 愛知県北名古屋市
弥勒寺町 みろくじまち 長崎県大村市
弥勒寺東 みろくじひがし 愛知県北名古屋市
弥勒町
 みろくまち 千葉県佐倉市
 みろくまち 石川県金沢市
12弥喜用 やきよう 千葉県夷隅郡大多喜町
弥富 やとみ 愛知県 (JR関西本線ほか)
弥富ケ丘町 やとみがおかちょう 愛知県名古屋市瑞穂区
弥富下 やどみしも 山口県萩市
弥富上 やどみかみ 山口県萩市
弥富市 やとみし 愛知県
弥富町上山 やとみちょうかみやま 愛知県名古屋市瑞穂区
弥富町円山 やとみちょうまるやま 愛知県名古屋市瑞穂区
弥富町月見ケ岡 やとみちょうつきみがおか 愛知県名古屋市瑞穂区
弥富町紅葉園 やとみちょうこうようえん 愛知県名古屋市瑞穂区
弥富町茨山 やとみちょういばらやま 愛知県名古屋市瑞穂区
弥富町桜ケ岡 やとみちょうさくらがおか 愛知県名古屋市瑞穂区
弥富町密柑山 やとみちょうみかんやま 愛知県名古屋市瑞穂区
弥富町清水ケ岡 やとみちょうしみずがおか 愛知県名古屋市瑞穂区
弥富町緑ケ岡 やとみちょうみどりがおか 愛知県名古屋市瑞穂区
弥富通 やとみどおり 愛知県名古屋市瑞穂区
弥運内 やうんない 北海道雨竜郡幌加内町
13弥源寺 やげんじ 富山県魚津市
18弥藤太島 やとうたじま 静岡県磐田市
弥藤吾 やとうご 埼玉県熊谷市

【往】
5往生地 おうしょうじ 長野県長野市
7往完町 おうかんちょう 愛知県豊橋市
往来ノ下 おおらいのしも 青森県上北郡東北町
往来ノ上 おおらいのかみ 青森県上北郡東北町
11往郷 おうごう 長野県下高井郡木島平村

【征】
5征矢町 そやちょう 埼玉県飯能市
征矢野 そやの 長野県松本市

【彼】
4彼方 おちかた 大阪府富田林市
8彼岸田 ひがんだ 山口県山陽小野田市
彼杵 そのぎ 長崎県 (JR大村線)
彼杵宿郷 そのぎしゅくごう 長崎県東彼杵郡東彼杵町

【忠】
5忠生 ただお 東京都町田市
忠白田 ちゅうしろだ 愛知県知多郡武豊町
6忠次 ちゅうじ 愛知県名古屋市南区
7忠兵衛 ちゅうべえ 静岡県藤枝市
忠別 ちゅうべつ 北海道上川郡美瑛町
忠町 ただちょう 京都府綾部市
忠見 ただみ 福岡県八女市
8忠和一条 ちゅうわいちじょう 北海道旭川市
忠和七条 ちゅうわしちじょう 北海道旭川市
忠和九条 ちゅうわくじょう 北海道旭川市
忠和二条 ちゅうわにじょう 北海道旭川市
忠和八条 ちゅうわはちじょう 北海道旭川市
忠和三条 ちゅうわさんじょう 北海道旭川市
忠和五条 ちゅうわごじょう 北海道旭川市
忠和六条 ちゅうわろくじょう 北海道旭川市
忠和四条 ちゅうわしじょう 北海道旭川市
忠岡 ただおか 大阪府 (南海電気鉄道南本線)
忠岡中 ただおかなか 大阪府泉北郡忠岡町
忠岡北 ただおかきた 大阪府泉北郡忠岡町
忠岡町 ただおかちょう 大阪府泉北郡
忠岡東 ただおかひがし 大阪府泉北郡忠岡町
忠岡南 ただおかみなみ 大阪府泉北郡忠岡町
忠治山 ちゅうじやま 愛知県名古屋市緑区
9忠海 ただのうみ 広島県 (JR呉線)
忠海中町 ただのうみなかまち 広島県竹原市
忠海床浦 ただのうみとこのうら 広島県竹原市
忠海町 ただのうみちょう 広島県竹原市
忠海東町 ただのうみひがしまち 広島県竹原市
忠海長浜 ただのうみながはま 広島県竹原市
11忠庵町 ちゅうあんちょう 京都府京都市下京区
忠野 ちゅうの 福井県小浜市
12忠隈 ただくま 福岡県飯塚市
13忠節三丁目南町 ちゅうせつさんちょうめみなみまち 岐阜県岐阜市
忠節町 ちゅうせつちょう 岐阜県岐阜市
15忠縄町 ただなわまち 石川県金沢市
忠蔵町 ちゅうぞうまち 新潟県新潟市中央区
16忠興 ただこう 愛知県豊田市
18忠類 ちゅうるい 北海道標津郡標津町
忠類中当 ちゅうるいなかとう 北海道中川郡幕別町
忠類元忠類 ちゅうるいもとちゅうるい 北海道中川郡幕別町
忠類公親 ちゅうるいこうしん 北海道中川郡幕別町
忠類日和 ちゅうるいひより 北海道中川郡幕別町
忠類古里 ちゅうるいふるさと 北海道中川郡幕別町
忠類本町 ちゅうるいもとまち 北海道中川郡幕別町
忠類白銀町 ちゅうるいしろがねまち 北海道中川郡幕別町
忠類共栄 ちゅうるいきょうえい 北海道中川郡幕別町
忠類西当 ちゅうるいにしとう 北海道中川郡幕別町
忠類協徳 ちゅうるいきょうとく 北海道中川郡幕別町
忠類幸町 ちゅうるいさいわいまち 北海道中川郡幕別町
忠類明和 ちゅうるいめいわ 北海道中川郡幕別町
忠類東宝 ちゅうるいとうほう 北海道中川郡幕別町

695

8画（所, 房, 押）

忠類栄町 ちゅうるいさかえまち 北海道中川郡幕別町
忠類晩成 ちゅうるいばんせい 北海道中川郡幕別町
忠類朝日 ちゅうるいあさひ 北海道中川郡幕別町
忠類幌内 ちゅうるいほろない 北海道中川郡幕別町
忠類新生 ちゅうるいしんせい 北海道中川郡幕別町
忠類錦町 ちゅうるいにしきまち 北海道中川郡幕別町

【所】
所 ところ 千葉県成田市
³所久喜 ところぐき 埼玉県久喜市
所口町 ところぐちまち 石川県七尾市
所子 ところご 鳥取県西伯郡大山町
⁴所木 ところぎ 広島県（JR三江線）
⁵所司原 しょしはら 石川県羽咋郡宝達志水町
⁷所沢
　ところざわ 宮城県気仙沼市
　ところざわ 埼玉県（西武鉄道新宿線ほか）
所沢市 ところざわし 埼玉県
所沢新町 ところざわしんまち 埼玉県所沢市
所谷町 ところだにちょう 福井県福井市
⁹所畑 ところはた 山梨県北都留郡丹波山村
所草 ところくさ 栃木県芳賀郡茂木町
¹⁰所原町 ところはらちょう 島根県出雲市
所島 ところじま 新潟県新潟市江南区
¹¹所部 ところぶ 山形県西村山郡大江町
所野 ところの 栃木県日光市
¹⁴所窪 ところくぼ 福島県福島市

【房】
³房丸町 ぼうまるまち 群馬県前橋市
房内 ぼうち 茨城県つくば市
房王寺町 ぼうおうじちょう 兵庫県神戸市長田区
⁵房田町 ふさだまち 石川県輪島市
⁷房前 ふさざき 香川県（高松琴平電気鉄道志度線）
¹⁰房島 ぼうじま 岐阜県揖斐郡揖斐川町

【押】
⁰押ノ川 おしのかわ 高知県宿毛市
²押入 おしいれ 岡山県津山市
³押上
　おしあげ 北海道北斗市
　おしあげ 栃木県さくら市
　おしあげ 東京都（京成電鉄押上線ほか）
　おしあげ 東京都墨田区
　おしあげ 新潟県糸魚川市
　おしあげ 富山県富山市
押上町
　おしあげちょう 埼玉県行田市
　おしあげちょう 奈良県奈良市
押口 おさえぐち 鳥取県西伯郡伯耆町
押小路町 おしこうじちょう 奈良県奈良市
押山町 おしやまちょう 愛知県豊田市
押川
　おしがわ 和歌山県岩出市
　おしかわ 沖縄県国頭郡大宜味村
⁴押井町 おしいちょう 愛知県豊田市
押元町 おしもとちょう 愛知県名古屋市中川区

押切
　おしきり 秋田県南秋田郡八郎潟町
　おしきり 山形県尾花沢市
　おしきり 福島県喜多方市
　おしきり 茨城県取手市
　おしきり 栃木県小山市
　おしきり 埼玉県熊谷市
　おしきり 千葉県市川市
　おしきり 千葉県鴨川市
　おしきり 千葉県富津市
　おしきり 新潟県（JR信越本線）
　おしきり 新潟県阿賀野市
　おしきり 静岡県静岡市清水区
　おしきり 愛知県名古屋市西区
押切川原町 おしきりかわらまち 新潟県長岡市
押切町 おしきりちょう 群馬県太田市
押切東 おしきりひがし 福島県喜多方市
押切南 おしきりみなみ 福島県喜多方市
押切新田
　おしきりしんでん 山形県東田川郡三川町
　おしきりしんでん 新潟県長岡市
押分 おしわけ 宮城県岩沼市
押戸
　おしど 福島県南会津郡南会津町
　おしど 茨城県北相馬郡利根町
押手 おして 和歌山県有田郡有田川町
押方 おしかた 宮崎県西臼杵郡高千穂町
押日 おしび 千葉県茂原市
押木田町 おしきだちょう 愛知県名古屋市中村区
⁵押付
　おしつけ 千葉県印西市
　おしつけ 千葉県印旛郡栄町
　おしつけ 新潟県新潟市西蒲区
押付新田 おしつけしんでん 茨城県北相馬郡利根町
押出 おしだし 長野県小諸市
押加部町 おしかべちょう 三重県津市
押平 おしなら 鳥取県西伯郡大山町
押田 おしだ 福井県越前市
押立 おしたて 東京都稲城市
押立町 おしたてちょう 東京都府中市
押込 おしごめ 広島県呉市
押込西平町 おしごめにしひらちょう 広島県呉市
押辺 おしのべ 茨城県笠間市
⁶押羽 おしは 長野県上高井郡小布施町
押西洞院町 おしにしのとういんちょう 京都府京都市中京区
⁷押尾 おしび 茨城県筑西市
押沢台 おしざわだい 愛知県春日井市
押沢町 おしざわちょう 愛知県豊田市
押角 おしかく 鹿児島県大島郡瀬戸内町
⁸押岡 おしおか 高知県須崎市
押沼
　おしぬま 千葉県市原市
　おしぬま 千葉県夷隅郡大多喜町
押油小路町 おしあぶらのこうじちょう 京都府京都市中京区
⁹押垣外 おしがいと 山梨県北都留郡丹波山村
押廻 おしまわし 新潟県新発田市
押畑 おしはた 千葉県成田市

8画（承, 招, 拓, 担, 抽, 拝, 放, 斉）

押砂
　おしずな　茨城県稲敷市
　おしずな　茨城県つくばみらい市
10押帯　おしょっぷ　北海道中川郡本別町
11押堀　おしほり　千葉県東金市
　押堀町　おしぼりちょう　京都府京都市中京区
押渕
　おしぶち　三重県度会郡南伊勢町
　おしぶち　岡山県津山市
押部谷　おしべだに　兵庫県（神戸電鉄粟生線）
　押部谷町木見　おしべだにちょうこうみ　兵庫県神戸市西区
　押部谷町木津　おしべだにちょうきづ　兵庫県神戸市西区
　押部谷町木幡　おしべだにちょうこばた　兵庫県神戸市西区
　押部谷町西盛　おしべだにちょうにしもり　兵庫県神戸市西区
　押部谷町近江　おしべだにちょうきんこう　兵庫県神戸市西区
　押部谷町和田　おしべだにちょうわだ　兵庫県神戸市西区
　押部谷町押部　おしべだにちょうおしべ　兵庫県神戸市西区
　押部谷町栄　おしべだにちょうさかえ　兵庫県神戸市西区
　押部谷町高和　おしべだにちょうたかわ　兵庫県神戸市西区
　押部谷町細田　おしべだにちょうさいた　兵庫県神戸市西区
　押部谷町福住　おしべだにちょうふくすみ　兵庫県神戸市西区
　押部谷町養田　おしべだにちょうようだ　兵庫県神戸市西区
押野
　おしの　石川県（北陸鉄道石川線）
　おしの　石川県金沢市
　おしの　石川県野々市市
12押登目　おしとめ　宮城県加美郡加美町
押越
　おしこし　石川県野々市市
　おしこし　山梨県中巨摩郡昭和町
　おしこし　岐阜県養老郡養老町
14押熊町　おしくまちょう　奈良県奈良市
15押撫　おしなで　岡山県笠岡市

【承】
4承元寺町　しょうげんじちょう　静岡県静岡市清水区

【招】
12招提大谷　しょうだいおおたに　大阪府枚方市
　招提中町　しょうだいなかまち　大阪府枚方市
　招提元町　しょうだいもとまち　大阪府枚方市
　招提北町　しょうだいきたまち　大阪府枚方市
　招提平野町　しょうだいひらのちょう　大阪府枚方市
　招提田近　しょうだいたちか　大阪府枚方市
　招提東町　しょうだいひがしまち　大阪府枚方市
　招提南町　しょうだいみなみまち　大阪府枚方市

【拓】
3拓川町　たくせんちょう　愛媛県松山市
5拓北
　たくほく　北海道（JR札沼線）
　たくほく　北海道広尾郡大樹町
　拓北一条　たくほくいちじょう　北海道札幌市北区
　拓北七条　たくほくしちじょう　北海道札幌市北区
　拓北二条　たくほくにじょう　北海道札幌市北区
　拓北八条　たくほくはちじょう　北海道札幌市北区
　拓北三条　たくほくさんじょう　北海道札幌市北区
　拓北五条　たくほくごじょう　北海道札幌市北区
　拓北六条　たくほくろくじょう　北海道札幌市北区
　拓北四条　たくほくしじょう　北海道札幌市北区
6拓成町　たくせいちょう　北海道帯広市
8拓実　たくじつ　北海道常呂郡置戸町
9拓勇西町　たくゆうにしまち　北海道苫小牧市
　拓勇東町　たくゆうひがしまち　北海道苫小牧市
　拓栄町　たくえいまち　石川県小松市
　拓海町　たくみちょう　岡山県笠岡市
11拓進
　たくしん　北海道上川郡美瑛町
　たくしん　北海道広尾郡大樹町
12拓殖　たくしょく　北海道常呂郡置戸町
13拓新　たくしん　北海道石狩郡新篠津村
　拓鉄　たくてつ　北海道上川郡新得町

【担】
16担橋　かつぎばし　福島県田村郡三春町

【抽】
0抽ケ台町　ゆがだいちょう　茨城県常陸大宮市

【拝】
4拝戸　はいど　滋賀県高島市
5拝田原　はいたばる　大分県竹田市
7拝志　はいし　愛媛県今治市
10拝宮　はいぎゅう　徳島県那賀郡那賀町
　拝島　はいじま　東京都（JR青梅線ほか）
　拝島町　はいじまちょう　東京都昭島市
　拝師　はいし　京都府福知山市

【放】
3放士ケ瀬　ほうじがせ　富山県中新川郡上市町
　放士ケ瀬新　ほうじがせしん　富山県中新川郡上市町
5放出　はなてん　大阪府（JR片町線ほか）
　放出西　はなてんにし　大阪府大阪市城東区
　放出東　はなてんひがし　大阪府大阪市鶴見区
　放生津　ほうじょうづ　富山県高岡市
　放生津町　ほうじょうづまち　富山県射水市
12放森　はなつもり　青森県上北郡七戸町

【斉】
0斉ノ神新　さいのかみしん　富山県中新川郡上市町
5斉田　さいだ　岐阜県安八郡神戸町
8斉和　さいわ　石川県鳳珠郡能登町
18斉藤町　さいとうちょう　愛知県西尾市
　斉藤郷　さいとうごう　長崎県西彼杵郡長与町

8画（斧, 於, 易, 昆, 昇, 昌, 明）

【斧】
³斧口　よきぐち　愛知県常滑市
¹⁶斧磨　よきとぎ　滋賀県愛知郡愛荘町
斧積　おのずみ　高知県土佐清水市

【於】
³於下　おした　茨城県行方市
於与岐町　およぎちょう　京都府綾部市
⁵於札内　おさつない　北海道（JR札沼線）
⁷於呂　おろ　静岡県浜松市浜北区
⁸於斉　おさい　鹿児島県大島郡瀬戸内町
⁹於保多町　おおたまち　富山県富山市
¹²於幾　おき　千葉県山武郡横芝光町
¹³於福　おふく　山口県（JR美祢線）
於福町下　おふくちょうしも　山口県美祢市
於福町上　おふくちょうかみ　山口県美祢市

【易】
⁸易国間　いこくま　青森県下北郡風間浦村
易居町　やすいちょう　鹿児島県鹿児島市

【昆】
⁵昆布
　　こんぶ　北海道（JR函館本線）
　　こんぶ　沖縄県うるま市
昆布刈石　こぶかりいし　北海道十勝郡浦幌町
昆布町　こんぶまち　北海道磯谷郡蘭越町
昆布屋町　こんぶやちょう　京都府京都市中京区
昆布浜　こんぶはま　北海道目梨郡羅臼町
昆布盛
　　こんぶもり　北海道（JR根室本線）
　　こんぶもり　北海道根室市
昆布森　こんぶもり　北海道釧路郡釧路町
昆布森村　こんぶもりむら　北海道釧路郡釧路町
昆布温泉　こんぶおんせん　北海道磯谷郡蘭越町
¹²昆陽　こや　兵庫県伊丹市
昆陽北　こやきた　兵庫県伊丹市
昆陽池　こやいけ　兵庫県伊丹市
昆陽東　こやひがし　兵庫県伊丹市
昆陽南　こやみなみ　兵庫県伊丹市
昆陽泉町　こやいずみちょう　兵庫県伊丹市

【昇】
⁵昇平岱　しょうへいだい　秋田県能代市
⁷昇町　のぼりまち　福岡県春日市

【昌】
⁵昌平町
　　しょうへいちょう　北海道浦河郡浦河町
　　しょうへいちょう　栃木県足利市
昌永町　しょうえいまち　石川県金沢市
⁸昌明寺　しょうみょうじ　宮崎県えびの市
⁹昌栄町　しょうえいちょう　三重県四日市市
¹³昌農内　しょうのうち　愛媛県伊予郡松前町

【明】
⁰明ケ島　みょうがじま　静岡県磐田市

明ケ島原　みょうがじまはら　静岡県磐田市
明が丘　あけがおか　愛知県名古屋市名東区
明の川内町　あけのかわちちょう　長崎県平戸市
³明千寺　みょうせんじ　石川県鳳珠郡穴水町
明土　あけど　青森県上北郡おいらせ町
明大寺本町　みょうだいじほんまち　愛知県岡崎市
明大寺町　みょうだいじちょう　愛知県岡崎市
明大寺町大圦　みょうだいじちょうおおいり　愛知県岡崎市
明大前　めいだいまえ　東京都（京王電鉄井の頭線ほか）
明川町　あすがわちょう　愛知県豊田市
⁴明元町　あけもとちょう　北海道留萌市
明円　みょうえん　福島県耶麻郡猪苗代町
明円町　みょうえんちょう　愛知県名古屋市南区
明天町　めいてんちょう　愛知県津島市
明戸
　　あけと　岩手県下閉伊郡田野畑村
　　あけど　宮城県気仙沼市
　　あけど　福島県白河市
　　あけと　埼玉県（秩父鉄道線）
　　あけと　埼玉県深谷市
　　あけと　新潟県長岡市
明戸岩　みょうといわ　高知県吾川郡仁淀川町
明日風　あすかぜ　北海道札幌市手稲区
明日香　あすか　茨城県桜川市
明日村　あすかむら　奈良県高市郡
明月　めいげつ　宮城県多賀城市
明月町　めいげつちょう　愛知県名古屋市昭和区
明木　あきらぎ　山口県萩市
明王　みょうおう　神奈川県座間市
明王台　みょうおうだい　広島県福山市
明王寺
　　みょうおうじ　和歌山県和歌山市
　　みょうじ　和歌山県有田郡有田川町
⁵明世町山野内　あきよちょうやまのうち　岐阜県瑞浪市
明世町戸狩　あきよちょうとがり　岐阜県瑞浪市
明世町月吉　あきよちょうつきよし　岐阜県瑞浪市
明主内　みょうしゅうち　福島県二本松市
明正　めいしょう　愛知県名古屋市港区
明正町　めいせいちょう　三重県桑名市
明永町　みょうえいちょう　秋田県横手市
明生　みょうじょう　石川県鳳珠郡能登町
明生町　めいせいちょう　岐阜県関市
明用　みょうよう　埼玉県鴻巣市
明田　みょうでん　新潟県新潟市西区
明田町　あけたちょう　大阪府高槻市
明石
　　あかいし　宮城県黒川郡富谷町
　　あけし　茨城県つくば市
　　あかし　茨城県鹿嶋市
　　あかし　千葉県南房総市
　　あかし　新潟県新潟市中央区
　　あけし　京都府与謝郡与謝野町
　　あかし　兵庫県（JR山陽本線）
　　あかし　広島県豊田郡大崎上島町
明石公園　あかしこうえん　兵庫県明石市
明石台　あかしだい　宮城県黒川郡富谷町
明石市　あかしし　兵庫県

698

8画（明）

明石町
　あかしちょう　東京都中央区
　あかしちょう　神奈川県平塚市
　あかしちょう　新潟県十日町市
　あかしまち　愛知県碧南市
　あかしまち　兵庫県神戸市中央区
明石南　あかいしみなみ　宮城県仙台市泉区
明石堂　あかしどう　山形県山形市
明辺　あけなべ　鳥取県八頭郡八頭町
6明伏　あけぶし　静岡県賀茂郡松崎町
明光　めいこう　石川県白山市
明地　めいち　愛知県一宮市
明成町　めいせいちょう　愛知県大府市
7明見
　みょうけん　岡山県美作市
　みょうけん　高知県南国市
明見町　みょうけんちょう　愛知県岡崎市
明見橋　みょうけんばし　高知県（とさでん交通ごめん線）
明豆　みょうず　三重県多気郡大台町
明里　あけさと　北海道苫前郡初山別村
明里町　あかりちょう　福井県福井市
8明和
　めいわ　北海道新冠郡新冠町
　めいわ　大阪府寝屋川市
　めいわ　鹿児島県鹿児島市
明和町
　めいわまち　福島県会津若松市
　めいわまち　群馬県邑楽郡
　めいわまち　富山県高岡市
　めいわちょう　岐阜県多治見市
　めいわちょう　愛知県豊田市
　めいわちょう　愛知県常滑市
　めいわちょう　三重県多気郡
　めいわまち　福岡県北九州市小倉北区
　めいわちょう　鹿児島県枕崎市
明和通　めいわどおり　兵庫県神戸市兵庫区
明宝二間手　めいほうふたまて　岐阜県郡上市
明宝大谷　めいほうおおたに　岐阜県郡上市
明宝小川　めいほうおがわ　岐阜県郡上市
明宝気良　めいほうけら　岐阜県郡上市
明宝畑佐　めいほうはたさ　岐阜県郡上市
明宝奥住　めいほうおくずみ　岐阜県郡上市
明宝寒水　めいほうかのみず　岐阜県郡上市
明河　みょうが　愛媛県東温市
明治
　めいじ　北海道網走市
　めいじ　北海道余市郡赤井川村
　めいじ　北海道上川郡美瑛町
　めいじ　愛知県名古屋市南区
明治本町　めいじほんまち　愛知県安城市
明治団地　めいじだんち　福島県いわき市
明治町
　めいじちょう　北海道根室市
　めいじまち　秋田県能代市
　めいじまち　岐阜県多治見市
　めいじまち　鳥取県米子市
　めいじまち　鳥取県倉吉市
　めいじまち　鳥取県境港市
　めいじちょう　広島県福山市
　めいじまち　山口県宇部市

めいじまち　福岡県北九州市戸畑区
めいじまち　福岡県大牟田市
明治神宮前　めいじじんぐうまえ　東京都（東京地下鉄千代田線ほか）
明治通　めいじどおり　愛知県一宮市
明治新開　めいじしんがい　広島県大竹市
明法島町　みょうほうじままち　石川県白山市
明知町
　あけちちょう　愛知県春日井市
　みょうちちょう　愛知県みよし市
9明保野町　あけぼのちょう　栃木県宇都宮市
明前　みょうまえ　青森県上北郡野辺地町
明前町　めいぜんちょう　愛知県名古屋市瑞穂区
明南町　めいなんちょう　兵庫県明石市
明屋敷　あけやしき　愛媛県西条市
明星
　みょうじょう　三重県（近畿日本鉄道山田線）
　みょうじょう　三重県多気郡明和町
明星寺　みょうじょうじ　福岡県飯塚市
明星町　みょうじょうちょう　京都府宇治市
明海　あけみ　千葉県浦安市
明海町　あけみちょう　愛知県豊橋市
明泉寺町　みょうせんじちょう　兵庫県神戸市長田区
明津　あくつ　神奈川県川崎市高津区
明洋　めいよう　和歌山県田辺市
明神
　みょうじん　岩手県下閉伊郡普代村
　みょうじん　茨城県つくば市
　みょうじん　栃木県（東武鉄道日光線）
　みょうじん　栃木県日光市
　みょうじん　新潟県魚沼市
　みょうじん　石川県河北郡津幡町
　みょうじん　兵庫県淡路市
　みょうじん　奈良県北葛城郡王寺町
　みょうじん　和歌山県東牟婁郡古座川町
　みょうじん　広島県三原市
　みょうじん　愛媛県西宇和郡伊方町
明神下　みょうじんした　宮城県刈田郡七ケ宿町
明神川
　みょうじんがわ　和歌山県御坊市
　みょうじんがわ　和歌山県日高郡印南町
明神戸　みょうじんど　愛知県知多郡武豊町
明神木　みょうじんぎ　愛媛県西条市
明神丘　みょうじんおか　愛媛県松山市
明神台　みょうじんだい　神奈川県横浜市保土ケ谷区
明神平
　みょうじんたいら　青森県上北郡横浜町
　みょうじんたいら　岩手県滝沢市
明神坂　みょうじんざか　福岡県糟屋郡宇美町
明神町
　みょうじんちょう　北海道滝川市
　みょうじんちょう　宮城県石巻市
　みょうじんちょう　千葉県銚子市
　みょうじんちょう　東京都八王子市
　みょうじんちょう　福井県敦賀市
　みょうじんちょう　岐阜県岐阜市
　みょうじんちょう　兵庫県神戸市須磨区
　みょうじんちょう　岡山県玉野市
　みょうじんちょう　広島県福山市
　みょうじんまち　広島県安芸郡海田町
　みょうじんちょう　山口県宇部市

8画（服）

みょうじんちょう　徳島県徳島市
みょうじんちょう　熊本県水俣市
みょうじんちょう　鹿児島県出水市
明神前
　みょうじんまえ　宮城県刈田郡七ケ宿町
　みょうじんまえ　山形県山形市
明科　あかしな　長野県（JR篠ノ井線）
明科七貴　あかしなななき　長野県安曇野市
明科中川手　あかしななかがわて　長野県安曇野市
明科光　あかしなひかる　長野県安曇野市
明科東川手　あかしなひがしかわて　長野県安曇野市
明科南陸郷　あかしなみなみりくごう　長野県安曇野市
明秋　めいしゅう　埼玉県比企郡吉見町
明美　あけみ　北海道中川郡本別町
明美の里町　あけみのさとちょう　大阪府大東市
明美町　あけみちょう　大阪府八尾市
¹⁰**明倫**　めいりん　北海道中川郡幕別町
明倫町
　めいりんちょう　福井県大野市
　めいりんちょう　愛知県名古屋市東区
　めいりんちょう　愛媛県宇和島市
明原　あけはら　千葉県柏市
明島町　あからじままち　石川県白山市
明峰　めいほう　石川県（JR北陸本線）
明浜町田之浜　あけはまちょうたのはま　愛媛県西予市
明浜町狩浜　あけはまちょうかりはま　愛媛県西予市
明浜町俵津　あけはまちょうたわらづ　愛媛県西予市
明浜町宮野浦　あけはまちょうみやのうら　愛媛県西予市
明浜町高山　あけはまちょうたかやま　愛媛県西予市
明浜町渡江　あけはまちょうとのえ　愛媛県西予市
明通　あけどおり　宮城県仙台市泉区
¹¹**明添**　みょうぞえ　和歌山県海草郡紀美野町
明理川　あかりがわ　愛媛県西条市
明郷　あけさと　北海道根室市
明野
　あけの　北海道中川郡幕別町
　あけの　群馬県邑楽郡邑楽町
　あけの　石川県鳳珠郡能登町
　あけの　三重県（近畿日本鉄道山田線）
　あけの　兵庫県篠山市
明野ハイツ　あけのはいつ　大分県大分市
明野元町　あけのもとまち　北海道苫小牧市
明野北　あけのきた　大分県大分市
明野北町　あけのきたまち　大分県大分市
明野西　あけのにし　大分県大分市
明野町
　あけのまち　富山県高岡市
　あけのちょう　愛知県名古屋市熱田区
　あけのちょう　愛知県豊川市
　あけのちょう　大阪府高槻市
明野町下神取　あけのちょうしもかんどり　山梨県北杜市
明野町三之蔵　あけのちょうさんのくら　山梨県北杜市
明野町上手　あけのちょううわで　山梨県北杜市
明野町上神取　あけのちょうかみかんどり　山梨県北杜市

明野町小笠原　あけのちょうおがさわら　山梨県北杜市
明野町浅尾　あけのちょうあさお　山梨県北杜市
明野町浅尾新田　あけのちょうあさおしんでん　山梨県北杜市
明野東　あけのひがし　大分県大分市
明野南　あけのみなみ　大分県大分市
明野紅陽台　あけのこうようだい　大分県大分市
明野高尾　あけのたかお　大分県大分市
明野新町　あけのしんまち　北海道苫小牧市
¹²**明塚**
　あかつか　島根県（JR三江線）
　あかつか　島根県邑智郡美郷町
明晶町　みょうしょうまち　新潟県見附市
明智　あけち　岐阜県（名古屋鉄道広見線ほか）
明智町　あけちちょう　岐阜県恵那市
明智町大田　あけちちょうおおた　岐阜県恵那市
明智町大泉　あけちちょうおおいずみ　岐阜県恵那市
明智町吉良見　あけちちょうきらみ　岐阜県恵那市
明智町杉野　あけちちょうすぎの　岐阜県恵那市
明智町東方　あけちちょうひがしかた　岐阜県恵那市
明智町阿妻　あけちちょうあづま　岐阜県恵那市
明智町野志　あけちちょうのし　岐阜県恵那市
明智町横通　あけちちょうよこどおり　岐阜県恵那市
明覚　みょうかく　埼玉県（JR八高線）
明賀台　みょうがだい　岐阜県瑞浪市
明賀町　あすがちょう　愛知県豊田市
明道　あけみち　沖縄県沖縄市
¹³**明園町**　あけぞのまち　富山県高岡市
明新下　みょうしんしも　福島県西白河郡矢吹町
明新上　みょうしんかみ　福島県西白河郡矢吹町
明新中　みょうしんなか　福島県西白河郡矢吹町
明新西　みょうしんにし　福島県西白河郡矢吹町
明新東　みょうしんひがし　福島県西白河郡矢吹町
明新原　みょうしんはら　福島県西白河郡矢吹町
明楽寺町　みょうらくじちょう　兵庫県西脇市
¹⁴**明徳**
　みょうとく　岐阜県養老郡養老町
　めいとく　大阪府寝屋川市
明徳町
　めいとくちょう　北海道苫小牧市
　みょうとくまち　長野県須坂市
　めいとくちょう　岐阜県岐阜市
　めいとくちょう　愛知県名古屋市中川区
　めいとくまち　熊本県熊本市北区
¹⁵**明輪町**　めいりんちょう　富山県富山市
¹⁶**明磧**　あけがわら　大分県大分市
²⁰**明礬**　みょうばん　大分県別府市

【服】

⁸**服岡**　ふくおか　愛知県海部郡飛島村
¹¹**服部**
　はっとり　愛知県名古屋市中川区
　はっとり　奈良県生駒郡斑鳩町
　はっとり　鳥取県鳥取市
　はっとり　鳥取県倉吉市
　はっとり　岡山県（JR吉備線）
服部川
　はっとりがわ　大阪府（近畿日本鉄道信貴線）
　はっとりがわ　大阪府八尾市

8画（朋, 杵, 杭, 枝, 松）

服部元町　はっとりもとまち　大阪府豊中市
服部天神　はっとりてんじん　大阪府（阪急電鉄宝塚
　本線）
服部台　はっとりだい　奈良県北葛城郡上牧町
服部本町　はっとりほんまち　大阪府豊中市
服部西町　はっとりにしまち　大阪府豊中市
服部寿町　はっとりことぶきちょう　大阪府豊中市
服部町
　　はっとりちょう　三重県伊賀市
　　はっとりちょう　滋賀県彦根市
　　はっとりちょう　滋賀県守山市
服部南町　はっとりみなみまち　大阪府豊中市
服部豊町　はっとりゆたかまち　大阪府豊中市
服部緑地　はっとりりょくち　大阪府豊中市

【朋】
7朋来　ほうらい　大阪府大東市

【杵】
6杵臼
　　きなうす　北海道夕張郡栗山町
　　きねうす　北海道浦河郡浦河町
10杵島郡　きしまぐん　佐賀県
16杵築
　　きづき　山口県山陽小野田市
　　きつき　大分県（JR日豊本線）
　　きつき　大分県杵築市
　杵築市　きつきし　大分県

【杭】
0杭ノ瀬　くいのせ　和歌山県和歌山市
5杭出津　くいでつ　長崎県大村市
6杭全　くまた　大阪府大阪市東住吉区
　杭名　くいな　山口県岩国市
19杭瀬　くいせ　兵庫県（阪神電気鉄道阪神本線）
　杭瀬下　くいせげ　長野県千曲市
　杭瀬北新町　くいせきたしんまち　兵庫県尼崎市
　杭瀬本町　くいせほんまち　兵庫県尼崎市
　杭瀬寺島　くいせてらじま　兵庫県尼崎市
　杭瀬南新町　くいせみなみしんまち　兵庫県尼崎市

【枝】
枝
　　えだ　滋賀県大津市
　　えだ　大分県竹田市
3枝下町　しだれちょう　愛知県豊田市
　枝大津町　えだおおつちょう　島根県出雲市
　枝山町　えだやまちょう　愛知県半田市
　枝川
　　えだがわ　青森県南津軽郡田舎館村
　　えだがわ　茨城県ひたちなか市
　　えだがわ　東京都江東区
　　えだがわ　高知県（JR土讃線ほか）
　　えだがわ　高知県吾川郡いの町
　枝川町　えだがわちょう　兵庫県西宮市
5枝去木　えざるき　佐賀県唐津市
6枝光
　　えだみつ　福岡県（JR鹿児島本線）
　　えだみつ　福岡県北九州市八幡東区

枝光本町　えだみつほんまち　福岡県北九州市八幡
　東区
枝吉
　　えだよし　新潟県南魚沼市
　　えだよし　兵庫県神戸市西区
枝成沢　えだなりさわ　岩手県久慈市
7枝折　しおり　滋賀県米原市
枝町
　　えだまち　石川県金沢市
　　えだまち　大分県中津市
8枝国　えだくに　福岡県飯塚市
枝幸町　えさしちょう　北海道枝幸郡
枝幸郡　えさしぐん　北海道
枝松
　　えだまつ　福島県南会津郡下郷町
　　えだまつ　愛媛県松山市
11枝堀町　えだぼりちょう　愛媛県今治市
枝郷
　　えだごう　新潟県三条市
　　えだごう　岐阜県大垣市
　　えだごう　大分県別府市
枝野　えだの　宮城県角田市

【松】
松
　　まつ　大阪府大阪市西成区
　　まつ　岡山県久米郡久米南町
　　まつ　愛媛県西宇和郡伊方町
0松ケ下　まつがした　兵庫県揖保郡太子町
松ケ下町
　　まつがしたまち　石川県羽咋市
　　まつがしたちょう　愛知県津島市
松ケ丘
　　まつがおか　青森県八戸市
　　まつがおか　宮城県白石市
　　まつがおか　宮城県岩沼市
　　まつがおか　茨城県龍ケ崎市
　　まつがおか　茨城県守谷市
　　まつがおか　埼玉県鶴ケ島市
　　まつがおか　埼玉県比企郡鳩山町
　　まつがおか　千葉県流山市
　　まつがおか　神奈川県横浜市神奈川区
　　まつがおか　新潟県新潟市秋葉区
　　まつがおか　新潟県岩船郡関川村
　　まつがおか　富山県富山市
　　まつがおか　大阪府松原市
　　まつがおか　兵庫県伊丹市
　　まつがおか　和歌山県和歌山市
　　まつがおか　福岡県春日市
　　まつがおか　福岡県糟屋郡志免町
松ケ丘中町　まつがおかなかまち　大阪府河内長野市
松ケ丘西町　まつがおかにしまち　大阪府河内長野市
松ケ丘町
　　まつがおかちょう　千葉県千葉市中央区
　　まつがおかちょう　兵庫県西宮市
松ケ丘東町　まつがおかひがしまち　大阪府河内長
　野市
松ケ台　まつがだい　福岡県遠賀郡岡垣町
松ケ本町　まつもとちょう　大阪府茨木市
松ケ沢　まつがさわ　青森県上北郡七戸町
松ケ谷
　　まつや　千葉県旭市

701

8画（松）

　　まつがや　千葉県山武市
　　まつがたに　福井県今立郡池田町
松ケ岡　まつがおか　福岡県中間市
松ケ枝
　　まつがえ　北海道小樽市
　　まつがえ　青森県弘前市
松ケ枝町
　　まつがえちょう　北海道根室市
　　まつがえちょう　北海道伊達市
　　まつがえちょう　岐阜県岐阜市
　　まつがえちょう　愛知県豊田市
　　まつがえちょう　京都府京都市中京区
　　まつがえちょう　大阪府大阪市北区
　　まつがえちょう　鳥取県境港市
　　まつがえまち　福岡県久留米市
松ケ原町　まつがはらちょう　広島県大竹市
松ケ島　まつがしま　千葉県市原市
松ケ島西　まつがしまにし　千葉県市原市
松ケ島町　まつがしまちょう　三重県松阪市
松ケ峰　まつがみね　和歌山県海草郡紀美野町
松ケ浦　まつがうら　鹿児島県（JR指宿枕崎線）
松ケ浜　まつがはま　宮城県宮城郡七ケ浜町
松ケ崎
　　まつがさき　秋田県由利本荘市
　　まつがさき　千葉県柏市
　　まつがさき　新潟県佐渡市
　　まつがさき　福井県小浜市
　　まつがさき　三重県（近畿日本鉄道山田線）
　　まつがさき　京都府（京都市交通局烏丸線）
松ケ崎三反長町　まつがさきさんだんおさちょう　京都府京都市左京区
松ケ崎久土町　まつがさきくどちょう　京都府京都市左京区
松ケ崎小竹藪町　まつがさきこたけやぶちょう　京都府京都市左京区
松ケ崎小脇町　まつがさきこわきちょう　京都府京都市左京区
松ケ崎中町　まつがさきなかまち　京都府京都市左京区
松ケ崎中海道町　まつがさきなかかいどうちょう　京都府京都市左京区
松ケ崎井出ケ海道町　まつがさきいでがかいどうちょう　京都府京都市左京区
松ケ崎井出ケ鼻町　まつがさきいでがはなちょう　京都府京都市左京区
松ケ崎今海道町　まつがさきいまかいどうちょう　京都府京都市左京区
松ケ崎六ノ坪町　まつがさきろくのつぼちょう　京都府京都市左京区
松ケ崎木ノ本町　まつがさききのもとちょう　京都府京都市左京区
松ケ崎木燈籠町　まつがさききとうろうちょう　京都府京都市左京区
松ケ崎北裏町　まつがさききたうらちょう　京都府京都市左京区
松ケ崎平田町　まつがさきひらたちょう　京都府京都市左京区
松ケ崎正田町　まつがさきしょうでんちょう　京都府京都市左京区
松ケ崎西山　まつがさきにしやま　京都府京都市左京区

松ケ崎西池ノ内町　まつがさきにしいけのうちちょう　京都府京都市左京区
松ケ崎西町　まつがさきにしまち　京都府京都市左京区
松ケ崎西桜木町　まつがさきにしさくらぎちょう　京都府京都市左京区
松ケ崎壱町田町　まつがさきいっちょうだちょう　京都府京都市左京区
松ケ崎杉ケ海道町　まつがさきすぎがかいどうちょう　京都府京都市左京区
松ケ崎村ケ内町　まつがさきむらがうちちょう　京都府京都市左京区
松ケ崎乱田町　まつがさきただすでんちょう　京都府京都市左京区
松ケ崎芝本町　まつがさきしばもとちょう　京都府京都市左京区
松ケ崎呼返町　まつがさきよびかえりちょう　京都府京都市左京区
松ケ崎東山　まつがさきひがしやま　京都府京都市左京区
松ケ崎東池ノ内町　まつがさきひがしいけのうちちょう　京都府京都市左京区
松ケ崎東町　まつがさきひがしまち　京都府京都市左京区
松ケ崎東桜木町　まつがさきひがしさくらぎちょう　京都府京都市左京区
松ケ崎林山　まつがさきはやしやま　京都府京都市左京区
松ケ崎河原田町　まつがさきかわらだちょう　京都府京都市左京区
松ケ崎狐坂　まつがさききつねさか　京都府京都市左京区
松ケ崎南池ノ内町　まつがさきみなみいけのうちちょう　京都府京都市左京区
松ケ崎柳井田町　まつがさきやないだちょう　京都府京都市左京区
松ケ崎海尻町　まつがさきかいじりちょう　京都府京都市左京区
松ケ崎泉川町　まつがさきいずみがわちょう　京都府京都市左京区
松ケ崎修理式町　まつがさきしゅうりしきちょう　京都府京都市左京区
松ケ崎桜木町　まつがさきさくらぎちょう　京都府京都市左京区
松ケ崎高山　まつがさきたかやま　京都府京都市左京区
松ケ崎堂ノ上町　まつがさきどうのうえちょう　京都府京都市左京区
松ケ崎堀町　まつがさきほりまち　京都府京都市左京区
松ケ崎御所ノ内町　まつがさきごしょのうちちょう　京都府京都市左京区
松ケ崎御所海道町　まつがさきごしょかいどうちょう　京都府京都市左京区
松ケ崎雲路町　まつがさきくもじちょう　京都府京都市左京区
松ケ崎新田
　　まつがさきしんでん　千葉県柏市
　　まつがさきしんでん　新潟県長岡市
松ケ崎榎実ケ芝　まつがさきえのみがしば　京都府京都市左京区

8画（松）

松ケ崎樋ノ上町 まつがさきひのえちょう 京都府京都市左京区

松ケ崎総作町 まつがさきそうさくちょう 京都府京都市左京区

松ケ崎横縄手町 まつがさきよこなわてちょう 京都府京都市左京区

松ケ崎鞍馬田町 まつがさきくらまだちょう 京都府京都市左京区

松ケ崎橋上町 まつがさきはしかみちょう 京都府京都市左京区

松ケ越 まつがごし 宮城県柴田郡柴田町

松ケ鼻 まつがはな 兵庫県篠山市

松ケ鼻町 まつがはなちょう 大阪府大阪市天王寺区

松ケ瀬 まつがせ 静岡県伊豆市

松ケ瀬町 まつがせちょう 岐阜県瑞浪市

松ノ内町 まつのうちちょう 兵庫県芦屋市

松ノ木
まつのき 青森県上北郡野辺地町
まつのき 東京都杉並区
まつのき 三重県桑名市
まつのき 愛媛県松山市

松ノ木平 まつのきたい 青森県上北郡野辺地町

松ノ木町
まつのきちょう 新潟県三条市
まつのきちょう 愛知県名古屋市中川区

松ノ木島町 まつのきじまちょう 埼玉県和光市

松ノ目 まつのめ 福島県河沼郡会津坂下町

松ノ浜 まつのはま 大阪府（南海電気鉄道南海本線）

松ノ馬場 まつのばんば 滋賀県（京阪電気鉄道石山坂本線）

松が丘
まつがおか 宮城県仙台市太白区
まつがおか 茨城県水戸市
まつがおか 埼玉県所沢市
まつがおか 千葉県船橋市
まつがおか 東京都中野区
まつがおか 神奈川県相模原市中央区
まつがおか 神奈川県茅ケ崎市
まつがおか 石川県加賀市
まつがおか 岐阜県各務原市
まつがおか 静岡県三島市
まつがおか 滋賀県大津市
まつがおか 大阪府高槻市
まつがおか 兵庫県明石市
まつがおか 大分県大分市

松が丘北町 まつがおかきたまち 兵庫県明石市

松が丘町 まつがおかちょう 兵庫県川西市

松が谷
まつがや 東京都（多摩都市モノレール線）
まつがや 東京都台東区
まつがや 東京都八王子市

松が岡 まつがおか 石川県能美市

松が岬 まつがさき 山形県米沢市

松が枝町
まつがえちょう 神奈川県相模原市南区
まつがえちょう 兵庫県神戸市北区
まつがえまち 長崎県長崎市

松が峰 まつがみね 栃木県宇都宮市

松が根台 まつがねだい 愛知県名古屋市緑区

松の内 まつのうち 兵庫県明石市

松の木町 まつのきちょう 愛媛県新居浜市

松の平 まつのだいら 宮城県黒川郡大衡村

松の本 まつのもと 福岡県遠賀郡遠賀町

松の里 まつのさと 茨城県つくば市

³松下
まつした 静岡県沼津市
まつした 愛知県稲沢市
まつした 三重県（JR参宮線）

松下七反田 まつしたひちたんだ 静岡県沼津市

松下町
まつしたちょう 岐阜県岐阜市
まつしたちょう 愛知県名古屋市南区
まつしたちょう 京都府京都市中京区
まつしたちょう 大阪府守口市
まつしたちょう 大阪府茨木市
まつしたちょう 兵庫県西宮市

松上 まつがみ 鳥取県鳥取市

松丸
まつまる 千葉県いすみ市
まつまる 福井県大野市
まつまる 愛媛県（JR予土線）
まつまる 愛媛県北宇和郡松野町
まつまる 福岡県築上郡築上町

松久 まつひさ 埼玉県（JR八高線）

松久町 まつひさちょう 愛知県豊川市

松子 まつこ 千葉県成田市

松小田 まつおだ 山口県下関市

松小池町 まつこいけちょう 静岡県浜松市東区

松山
まつやま 北海道広尾郡大樹町
まつやま 岩手県宮古市
まつやま 山形県山形市
まつやま 山形県上山市
まつやま 福島県大沼郡昭和村
まつやま 茨城県稲敷市
まつやま 栃木県さくら市
まつやま 埼玉県東松山市
まつやま 埼玉県ふじみ野市
まつやま 千葉県匝瑳市
まつやま 東京都清瀬市
まつやま 新潟県新潟市江南区
まつやま 新潟県新潟市西蒲区
まつやま 新潟県村上市
まつやま 山梨県富士吉田市
まつやま 岐阜県揖斐郡大野町
まつやま 奈良県高市郡高取町
まつやま 岡山県高梁市
まつやま 愛媛県（JR予讃線）
まつやま 福岡県（平成筑豊鉄道糸田線）
まつやま 福岡県福岡市城南区
まつやま 福岡県京都郡苅田町
まつやま 宮崎県宮崎市
まつやま 沖縄県那覇市

松山下伊場野 まつやましもいばの 宮城県大崎市

松山千石 まつやませんごく 宮城県大崎市

松山市
まつやまし 愛媛県（伊予鉄道横河原線ほか）
まつやまし 愛媛県

松山市駅 まつやましえき 愛媛県（伊予鉄道市駅線ほか）

松山市駅前 まつやましえきまえ 愛媛県（伊予鉄道環状線ほか）

松山次橋 まつやまつぎはし 宮城県大崎市

8画（松）

松山町
　まつやまちょう　北海道広尾郡大樹町
　まつやまちょう　青森県むつ市
　まつやままち　宮城県（JR東北本線）
　まつやまちょう　福島県福島市
　まつやまちょう　栃木県真岡市
　まつやまちょう　埼玉県東松山市
　まつやままち　石川県加賀市
　まつやまちょう　岐阜県岐阜市
　まつやまちょう　愛知県一宮市
　まつやまちょう　滋賀県大津市
　まつやまちょう　大阪府八尾市
　まつやまちょう　兵庫県西宮市
　まつやまちょう　山口県宇部市
　まつやままち　長崎県（長崎電気軌道1系統ほか）
　まつやままち　長崎県長崎市
　まつやまちょう　長崎県佐世保市
　まつやままち　長崎県大村市
　まつやままち　長崎県五島市
　まつやままち　熊本県宇土市
　まつやままち　宮崎県延岡市
松山町大飯坂　まつやままちおおいいざか　福島県喜多方市
松山町尾野見　まつやまちょうおのみ　鹿児島県志布志市
松山町村松　まつやままちむらまつ　福島県喜多方市
松山町泰野　まつやまちょうたいの　鹿児島県志布志市
松山町鳥見山　まつやままちとりみやま　福島県喜多方市
松山町新橋　まつやまちょうしんばし　鹿児島県志布志市
松山金谷　まつやまかなや　宮城県大崎市
松山長尾　まつやまながお　宮城県大崎市
松山温泉　まつやまおんせん　北海道上川郡東川町
松山須摩屋　まつやますまや　宮城県大崎市
松山新田　まつやましんでん　栃木県さくら市
松山駅前　まつやまえきまえ　愛媛県（伊予鉄道環状線ほか）
松川
　まつかわ　北海道虻田郡京極町
　まつかわ　北海道白糠郡白糠町
　まつかわ　宮城県気仙沼市
　まつかわ　山形県寒河江市
　まつかわ　福島県（JR東北本線）
　まつかわ　福島県石川郡古殿町
　まつかわ　新潟県魚沼市
　まつがわ　沖縄県那覇市
松川村　まつかわむら　長野県北安曇郡
松川町
　まつかわちょう　北海道函館市
　まつかわまち　福島県福島市
　まつかわちょう　長野県飯田市
　まつかわちょう　長野県須坂市
　まつかわまち　長野県下伊那郡
　まつかわちょう　静岡県伊東市
　まつかわちょう　京都府京都市下京区
　まつかわちょう　大阪府高槻市
　まつかわちょう　広島県広島市南区
　まつかわちょう　長崎県佐世保市
松川町八神　まつかわちょうやかみ　島根県江津市
松川町下川崎　まつかわまちしもかわさき　福島県福島市

松川町下河戸　まつかわちょうしもかわど　島根県江津市
松川町上河戸　まつかわちょうかみかわど　島根県江津市
松川町上津井　まつかわちょうかんづい　島根県江津市
松川町太田　まつかわちょうおおた　島根県江津市
松川町水原　まつかわまちみずはら　福島県福島市
松川町市村　まつかわちょういちむら　島根県江津市
松川町沼袋　まつかわまちぬまぶくろ　福島県福島市
松川町金沢　まつかわまちかねざわ　福島県福島市
松川町長良　まつかわちょうながら　島根県江津市
松川町浅川　まつかわまちあさかわ　福島県福島市
松川町畑田　まつかわちょうはただ　島根県江津市
松川町美郷　まつかわまちみさと　福島県福島市
松川町関谷　まつかわまちせきや　福島県福島市
松川前　まつかわまえ　宮城県気仙沼市
松川温泉　まつかわおんせん　岩手県八幡平市
松之下町　まつのしたちょう　京都府京都市上京区
松之山　まつのやま　新潟県十日町市
松之山下鰕池　まつのやましもえびいけ　新潟県十日町市
松之山三桶　まつのやまみおけ　新潟県十日町市
松之山上鰕池　まつのやまかみえびいけ　新潟県十日町市
松之山大荒戸　まつのやまおおあらと　新潟県十日町市
松之山小谷　まつのやまこたに　新潟県十日町市
松之山中尾　まつのやまなかお　新潟県十日町市
松之山五十子平　まつのやまいごだいら　新潟県十日町市
松之山天水島　まつのやまあまみずしま　新潟県十日町市
松之山天水越　まつのやまあまみずこし　新潟県十日町市
松之山水梨　まつのやまみずなし　新潟県十日町市
松之山古戸　まつのやまふると　新潟県十日町市
松之山光間　まつのやまひかるま　新潟県十日町市
松之山坂下　まつのやまさかのした　新潟県十日町市
松之山沢口　まつのやまさわぐち　新潟県十日町市
松之山赤倉　まつのやまあかくら　新潟県十日町市
松之山坪野　まつのやまつぼの　新潟県十日町市
松之山松口　まつのやままつぐち　新潟県十日町市
松之山東山　まつのやまひがしやま　新潟県十日町市
松之山東川　まつのやまひがしかわ　新潟県十日町市
松之山猪之名　まつのやまいのみょう　新潟県十日町市
松之山黒倉　まつのやまくろくら　新潟県十日町市
松之山湯山　まつのやまゆやま　新潟県十日町市
松之山湯本　まつのやまゆもと　新潟県十日町市
松之山新山　まつのやまあらやま　新潟県十日町市
松之山橋詰　まつのやまはしづめ　新潟県十日町市
松之山藤内名　まつのやまとないみょう　新潟県十日町市
松之山藤倉　まつのやまふじくら　新潟県十日町市
松之山観音寺　まつのやまかんのんじ　新潟県十日町市
松之木　まつのき　埼玉県八潮市

8画（松）

松之木町
　　まつのきまち　岐阜県高山市
　　まつのきちょう　京都府京都市上京区
松之木島　まつのきじま　静岡県磐田市
松之尾町　まつのおちょう　鹿児島県枕崎市
松之草　まつのくさ　茨城県常陸大宮市
松之浜町　まつのはまちょう　大阪府泉大津市
松之郷
　　まつのごう　千葉県東金市
　　まつのごう　愛知県海部郡飛島村
松井
　　まつい　長野県小諸市
　　まつい　京都府京田辺市
　　まつい　和歌山県紀の川市
松井ケ丘　まついがおか　京都府京田辺市
松井山手　まついやまて　京都府（JR片町線）
松井手水ケ谷　まついてみずがたに　京都府八幡市
松井田　まついだ　群馬県（JR信越本線）
松井田町二軒在家　まついだまちにけんざいけ　群馬県安中市
松井田町人見　まついだまちひとみ　群馬県安中市
松井田町入山　まついだまちいりやま　群馬県安中市
松井田町八城　まついだまちやしろ　群馬県安中市
松井田町下増田　まついだまちしもますだ　群馬県安中市
松井田町上増田　まついだまちかみますだ　群馬県安中市
松井田町土塩　まついだまちひじしお　群馬県安中市
松井田町小日向　まついだまちおびなた　群馬県安中市
松井田町五料　まついだまちごりょう　群馬県安中市
松井田町北野牧　まついだまちきたのまき　群馬県安中市
松井田町行田　まついだまちおくなだ　群馬県安中市
松井田町西野牧　まついだまちにしのまき　群馬県安中市
松井田町坂本　まついだまちさかもと　群馬県安中市
松井田町国衙　まついだまちこくが　群馬県安中市
松井田町松井田　まついだまちまついだ　群馬県安中市
松井田町峠　まついだまちとうげ　群馬県安中市
松井田町原　まついだまちはら　群馬県安中市
松井田町高梨子　まついだまちたかなし　群馬県安中市
松井田町新井　まついだまちあらい　群馬県安中市
松井田町新堀　まついだまちにいほり　群馬県安中市
松井田町横川　まついだまちよこかわ　群馬県安中市
松井交野ケ原　まついかたのがはら　京都府八幡市
松井町
　　まついちょう　静岡県静岡市清水区
　　まついちょう　愛知県名古屋市名東区
　　まついちょう　愛知県豊橋市
松井牧場　まついぼくじょう　北海道空知郡上富良野町
松井栂谷　まついとがたに　京都府八幡市
松元町　まつもとちょう　宮崎県都城市
松内
　　まつない　岩手県盛岡市
　　まつうち　岐阜県安八郡輪之内町

松戸
　　まつど　千葉県（JR常磐線ほか）
　　まつど　千葉県松戸市
　　まつど　愛知県北設楽郡設楽町
松戸市　まつどし　千葉県
松戸町　まつどちょう　茨城県ひたちなか市
松戸原　まつとはら　福島県南会津郡南会津町
松戸新田
　　まつどしんでん　千葉県（新京成電鉄線）
　　まつどしんでん　千葉県松戸市
松月町
　　しょうげつちょう　愛知県名古屋市瑞穂区
　　しょうげつちょう　大阪府守口市
松木
　　まつき　秋田県大館市
　　まつき　埼玉県さいたま市緑区
　　まつき　千葉県印西市
　　まつぎ　東京都八王子市
　　まつのき　富山県富山市
　　まつのき　富山県南砺市
　　まつのき　富山県射水市
　　まつのき　石川県羽咋郡志賀町
　　まつぎ　岡山県赤磐市
　　まつぎ　愛媛県今治市
　　まつのき　福岡県筑紫郡那珂川町
　　まつき　熊本県玉名市
　　まつぎ　大分県玖珠郡九重町
松木下　まつきした　福島県石川郡石川町
松木平
　　まつきたい　青森県（弘南鉄道大鰐線）
　　まつきたい　青森県弘前市
松木田
　　まつきだ　岩手県八幡平市
　　まつきだ　福島県大沼郡会津美里町
松木沢　まつきさわ　秋田県男鹿市
松木町
　　まつきちょう　福島県福島市
　　まつきちょう　福島県郡山市
　　まつきちょう　愛媛県新居浜市
松木新　まつのきしん　富山県富山市
5松丘町　まつがおかちょう　大阪府枚方市
松代
　　まつしろ　茨城県つくば市
　　まつだい　新潟県十日町市
松代下山　まつだいしもやま　新潟県十日町市
松代田沢　まつだいたざわ　新潟県十日町市
松代町　まつだいまち　青森県西津軽郡鰺ケ沢町
松代町大室　まつしろまちおおむろ　長野県長野市
松代町小島田　まつしろまちおしまだ　長野県長野市
松代町西寺尾　まつしろまちにしてらお　長野県長野市
松代町西条　まつしろまちにしじょう　長野県長野市
松代町岩野　まつしろまちいわの　長野県長野市
松代町松代　まつしろまちまつしろ　長野県長野市
松代町東寺尾　まつしろまちひがしてらお　長野県長野市
松代町東条　まつしろまちひがしじょう　長野県長野市
松代町牧島　まつしろまちまきしま　長野県長野市
松代町城北　まつしろまちじょうほく　長野県長野市
松代町城東　まつしろまちじょうとう　長野県長野市
松代町柴　まつしろまちしば　長野県長野市

8画（松）

松代町清野　まつしろまちきよの　長野県長野市
松代町豊栄　まつしろまちとよさか　長野県長野市
松代東山　まつだいひがしやま　新潟県十日町市
松代温泉　まつしろおんせん　長野県長野市
松平　まつだいら　新潟県岩船郡関川村
松平志賀町　まつだいらしがちょう　愛知県豊田市
松平町
　　まつだいらちょう　茨城県常陸太田市
　　まつだいらちょう　愛知県豊田市
松本
　　まつもと　秋田県由利本荘市
　　まつもと　山形県新庄市
　　まつもと　茨城県結城郡八千代町
　　まつもと　埼玉県さいたま市南区
　　まつもと　東京都江戸川区
　　まつもと　神奈川県足柄上郡中井町
　　まつもと　新潟県三島郡出雲崎町
　　まつもと　福井県福井市
　　まつもと　長野県（JR篠ノ井線ほか）
　　まつもと　静岡県三島市
　　まつもと　静岡県富士市
　　まつもと　静岡県磐田市
　　まつもと　静岡県牧之原市
　　まつもと　三重県四日市市
　　まつもと　滋賀県大津市
　　まつもと　奈良県磯城郡田原本町
　　まつもと　沖縄県沖縄市
松本市　まつもとし　長野県
松本町
　　まつもとちょう　北海道根室市
　　まつもとちょう　茨城県水戸市
　　まつもとちょう　埼玉県東松山市
　　まつもとちょう　千葉県銚子市
　　まつもとちょう　神奈川県横浜市神奈川区
　　まつもとちょう　石川県七尾市
　　まつもとまち　石川県白山市
　　まつもとまち　岐阜県高山市
　　まつもとちょう　岐阜県各務原市
　　まつもとちょう　愛知県岡崎市
　　まつもとちょう　愛知県春日井市
　　まつもとちょう　愛知県碧南市
　　まつもとちょう　愛知県犬山市
　　まつもとちょう　京都府京都市中京区
　　まつもとちょう　京都府京都市下京区
　　まつもとちょう　愛媛県今治市
　　まつもとちょう　愛媛県八幡浜市
松本通　まつもとどおり　兵庫県神戸市兵庫区
松末　まつすえ　愛媛県松山市
松永
　　まつなが　埼玉県久喜市
　　まつなが　埼玉県比企郡川島町
　　まつなが　富山県小矢部市
　　まつなが　三重県桑名郡木曽岬町
　　まつなが　広島県（JR山陽本線）
　　まつなが　宮崎県日南市
松永町
　　まつながちょう　京都府京都市上京区
　　まつながちょう　広島県福山市
松永新田　まつながしんでん　埼玉県加須市
松生　まつばえ　熊本県葦北郡芦北町
松生町
　　まつおいちょう　石川県小松市
　　まつおちょう　大阪府門真市

まつおいちょう　兵庫県西宮市
松田
　　まつた　宮城県加美郡加美町
　　まつだ　茨城県桜川市
　　まつだ　神奈川県（JR御殿場線）
　　まつだ　福岡県福岡市東区
　　まつだ　沖縄県国頭郡宜野座村
松田町
　　まつだちょう　栃木県足利市
　　まつだまち　神奈川県足柄上郡
　　まつだちょう　大阪府（阪堺電気軌道阪堺線）
　　まつだちょう　高知県宿毛市
松田庶子　まつだそし　神奈川県足柄上郡松田町
松田惣領　まつだそうりょう　神奈川県足柄上郡松田町
松田新田町　まつだしんでんちょう　栃木県宇都宮市
松石　まついし　埼玉県幸手市
6松任　まっとう　石川県（JR北陸本線）
松任町　まっとうまち　石川県小松市
松伏
　　まつぶし　埼玉県北葛飾郡松伏町
　　まつぶせ　岐阜県可児市
松伏町　まつぶしまち　埼玉県北葛飾郡
松名　まつな　愛知県弥富市
松名町
　　まつなちょう　愛知県豊田市
　　まつなちょう　愛知県弥富市
松名瀬町　まつなせちょう　三重県松阪市
松寺　まつてら　三重県四日市市
松寺町　まつでらまち　石川県金沢市
松帆北方　まつほきたかた　兵庫県南あわじ市
松帆北浜　まつほきたはま　兵庫県南あわじ市
松帆古津路　まつほこつろ　兵庫県南あわじ市
松帆江尻　まつほえじり　兵庫県南あわじ市
松帆西路　まつほにしじ　兵庫県南あわじ市
松帆志知川　まつほしちがわ　兵庫県南あわじ市
松帆戒旦寺　まつほかいだんじ　兵庫県南あわじ市
松帆宝明寺　まつほうみょうじ　兵庫県南あわじ市
松帆脇田　まつほわきだ　兵庫県南あわじ市
松帆高屋　まつほたかや　兵庫県南あわじ市
松帆塩浜　まつほしおはま　兵庫県南あわじ市
松帆慶野　まつほけいの　兵庫県南あわじ市
松帆櫟田　まつほいちだ　兵庫県南あわじ市
松年町　しょうねんちょう　愛知県名古屋市中川区
松成町　まつなりちょう　福井県鯖江市
松杁　まついり　愛知県長久手市
松江
　　まつえ　北海道奥尻郡奥尻町
　　まつえ　埼玉県草加市
　　まつえ　東京都江戸川区
　　まつえ　兵庫県明石市
　　まつえ　和歌山県和歌山市
　　まつえ　島根県（JR山陰本線）
　　まつえ　岡山県倉敷市
　　しょうえ　福岡県豊前市
松江イングリッシュガーデン前　まつえいんぐりっしゅがーでんまえ　島根県（一畑電車北松江線）
松江フォーゲルパーク　まつえふぉーげるぱーく　島根県（一畑電車北松江線）
松江しんじ湖温泉　まつえしんじこおんせん　島根県（一畑電車北松江線）

8画（松）

松江中　まつえなか　和歌山県和歌山市
松江北　まつえきた　和歌山県和歌山市
松江市　まつえし　島根県
松江本町　まつえほんまち　熊本県八代市
松江西　まつえにし　和歌山県和歌山市
松江町
　　まつえちょう　埼玉県川越市
　　まつえまち　愛知県碧南市
　　まつえまち　愛媛県松山市
　　まつえまち　熊本県八代市
松江東　まつえひがし　和歌山県和歌山市
松江城町　まつえじょうまち　熊本県八代市
松池町　まついけちょう　愛知県名古屋市南区
松百町　まっとうまち　石川県七尾市
松百新町　まっとうしんまち　石川県七尾市
松竹町
　　しょうちくちょう　愛知県名古屋市千種区
　　しょうちくちょう　京都府京都市中京区
松竹町八幡　まつたけちょうはちまん　愛知県江南市
松竹町上野　まつたけちょうかみの　愛知県江南市
松竹町元屋敷　まつたけちょうもとやしき　愛知県江南市
松竹町切野　まつたけちょうきりの　愛知県江南市
松竹町向島　まつたけちょうむかいじま　愛知県江南市
松竹町米野　まつたけちょうこめの　愛知県江南市
松竹町西松竹　まつたけちょうにしまつたけ　愛知県江南市
松竹町西瀬古　まつたけちょうにしせこ　愛知県江南市
松竹町東瀬古　まつたけちょうひがしせこ　愛知県江南市
松竹町高山　まつたけちょうたかやま　愛知県江南市
松竹町郷浦　まつたけちょうごううら　愛知県江南市
松虫
　　まつむし　千葉県印西市
　　まつむし　大阪府（阪堺電気軌道上町線）
松虫通　まつむしどおり　大阪府大阪市阿倍野区
松行　まつゆき　大分県豊後高田市
7松坂
　　まつざか　山形県最上郡戸沢村
　　まつさか　福岡県京都郡みやこ町
松坂平　まつさかだいら　宮城県黒川郡大和町
松坂町
　　まつさかちょう　新潟県加茂市
　　まつさかちょう　岐阜県多治見市
　　まつざかちょう　愛知県名古屋市守山区
　　まつざかちょう　愛知県刈谷市
松寿山　しょうじゅさん　福岡県北九州市八幡西区
松尾
　　まつお　岩手県八幡平市
　　まつお　千葉県（JR総武本線）
　　まつお　千葉県夷隅郡大多喜町
　　まつお　神奈川県茅ケ崎市
　　まつお　新潟県長岡市
　　まつお　富山県小矢部市
　　まつお　岐阜県山県市
　　まつお　岐阜県不破郡関ケ原町
　　まつお　三重県（近畿日本鉄道志摩線）
　　まつお　滋賀県蒲生郡日野町
　　まつお　京都府舞鶴市
　　まつお　京都府宮津市

　　まつお　兵庫県加東市
　　まつお　兵庫県揖保郡太子町
　　まつお　奈良県山辺郡山添村
　　まつお　岡山県岡山市北区
　　まつお　岡山県久米郡美咲町
　　まつお　愛媛県大洲市
　　まつお　高知県土佐清水市
　　まつお　熊本県熊本市西区
　　まつお　宮崎県東臼杵郡椎葉村
　　まつお　沖縄県那覇市
松尾八幡平　まつおはちまんたい　岩手県（JR花輪線）
松尾上ノ山町　まつおうえのやまちょう　京都府京都市西京区
松尾上溝　まつおあげみぞ　長野県飯田市
松尾万石町　まつおまんごくちょう　京都府京都市西京区
松尾久井　まつおひさい　長野県飯田市
松尾大利町　まつおだいりちょう　京都府京都市西京区
松尾大社　まつおたいしゃ　京都府（阪急電鉄嵐山線）
松尾井戸町　まつおいどちょう　京都府京都市西京区
松尾木ノ曽町　まつおきのそちょう　京都府京都市西京区
松尾水城　まつおみさじろ　長野県飯田市
松尾代田　まつおしろだ　長野県飯田市
松尾台　まつおだい　兵庫県川辺郡猪名川町
松尾寺
　　まつおじ　千葉県鴨川市
　　まつおじ　滋賀県愛知郡愛荘町
　　まつのおでら　京都府（JR小浜線）
松尾寺町　まつおじちょう　大阪府和泉市
松尾寺所　まつおてらどこ　長野県飯田市
松尾町
　　まつおちょう　岩手県盛岡市
　　まつおまち　長野県飯田市
　　まつおちょう　三重県鳥羽市
　　まつおちょう　島根県松江市
　　まつおまち　福岡県北九州市八幡東区
　　まつおまち　長崎県（島原鉄道線）
松尾町八田　まつおまちはった　千葉県山武市
松尾町下大蔵　まつおまちしもおおくら　千葉県山武市
松尾町下之郷　まつおまちしものごう　千葉県山武市
松尾町下野　まつおまちしもの　千葉県山武市
松尾町上大蔵　まつおまちかみおおくら　千葉県山武市
松尾町大堤　まつおまちおおつつみ　千葉県山武市
松尾町小川　まつおまちおがわ　千葉県山武市
松尾町山室　まつおまちやまむろ　千葉県山武市
松尾町五反田　まつおまちごたんだ　千葉県山武市
松尾町引越　まつおまちひっこし　千葉県山武市
松尾町木刀　まつおまちきがたな　千葉県山武市
松尾町水深　まつおまちみずふか　千葉県山武市
松尾町古和　まつおまちこわ　千葉県山武市
松尾町平山　まつおまちひらやま　熊本県熊本市西区
松尾町広根　まつおまちひろね　千葉県山武市
松尾町本水深　まつおまちもとみずふか　千葉県山武市
松尾町本柏　まつおまちもとがしわ　千葉県山武市

707

8画（松）

松尾町田越　まつおまちたこえ　千葉県山武市
松尾町折戸　まつおまちおりと　千葉県山武市
松尾町谷津　まつおまちやつ　千葉県山武市
松尾町近津　まつおまちこうづ　熊本県熊本市西区
松尾町松尾　まつおまちまつお　千葉県山武市
松尾町武野里　まつおまちたけのさと　千葉県山武市
松尾町金尾　まつおまちかんのお　千葉県山武市
松尾町祝田　まつおまちいわいた　千葉県山武市
松尾町借毛本郷　まつおまちかしけほんごう　千葉県山武市
松尾町高富　まつおまちたかとみ　千葉県山武市
松尾町富士見台　まつおまちふじみだい　千葉県山武市
松尾町猿尾　まつおまちさるお　千葉県山武市
松尾町蕪木　まつおまちかぶらき　千葉県山武市
松尾明　まつおみょう　長野県飯田市
松尾東ノ口町　まつおひがしのくちちょう　京都府京都市西京区
松尾城　まつおじょう　長野県飯田市
松尾神ケ谷町　まつおじんがたにちょう　京都府京都市西京区
松尾寄木　まつおよりき　岩手県八幡平市
松尾常盤台　まつおときわだい　長野県飯田市
松尾清水　まつおしみず　長野県飯田市
松尾新井　まつおあらい　長野県飯田市
松尾鈴川町　まつおすずかわちょう　京都府京都市西京区
松村　まつむら　石川県金沢市
松村町
　まつむらまち　石川県金沢市
　まつむらちょう　愛知県豊橋市
松村新田　まつむらしんでん　新潟県上越市
松沢
　まつざわ　山形県鶴岡市
　まつざわ　山形県東根市
　まつざわ　山形県南陽市
　まつざわ　福島県本宮市
　まつざわ　福島県大沼郡会津美里町
　まつざわ　新潟県村上市
　まつざわ　兵庫県加東市
松沢町　まつさわちょう　静岡県沼津市
松町　まつまち　大阪府守口市
松見町
　まつみちょう　山形県山形市
　まつみちょう　神奈川県横浜市神奈川区
松角　まつかく　山口県山陽小野田市
松谷
　まつや　群馬県吾妻郡東吾妻町
　まつだに　鳥取県東伯郡琴浦町
　まつだに　徳島県板野郡板野町
　まつだに　高知県高岡郡檮原町
松里町　まつざとまち　長崎県諫早市
松里園　しょうりえん　奈良県北葛城郡上牧町
松阪　まつさか　三重県（JR紀勢本線ほか）
松阪市　まつさかし　三重県
⁸松並
　まつなみ　北海道河東郡士幌町
　まつなみ　宮城県石巻市
　まつなみ　福島県白河市
　まつなみ　茨城県古河市
　まつなみ　茨城県守谷市

　まつなみ　長崎県大村市
松並町
　まつなみちょう　三重県桑名市
　まつなみちょう　兵庫県西宮市
　まつなみちょう　鳥取県鳥取市
　まつなみちょう　香川県高松市
松和町
　まつわちょう　新潟県新潟市東区
　まつわちょう　富山県中新川郡上市町
松岡
　まつおか　北海道上川郡和寒町
　まつおか　秋田県湯沢市
　まつおか　山形県西置賜郡小国町
　まつおか　福島県二本松市
　まつおか　新潟県新発田市
　まつおか　新潟県村上市
　まつおか　福井県（えちぜん鉄道勝山永平寺線）
　まつおか　長野県長野市
　まつおか　静岡県富士市
　まつおか　大分県大分市
松岡下合月　まつおかしもあいづき　福井県吉田郡永平寺町
松岡上吉野　まつおかかみよしの　福井県吉田郡永平寺町
松岡上合月　まつおかかみあいづき　福井県吉田郡永平寺町
松岡小畑　まつおかおばた　福井県吉田郡永平寺町
松岡木ノ下　まつおかこのした　福井県吉田郡永平寺町
松岡平成　まつおかへいせい　福井県吉田郡永平寺町
松岡末政　まつおかすえまさ　福井県吉田郡永平寺町
松岡石舟　まつおかいしふね　福井県吉田郡永平寺町
松岡吉野　まつおかよしの　福井県吉田郡永平寺町
松岡吉野堺　まつおかよしのさかい　福井県吉田郡永平寺町
松岡西野中　まつおかにしのなか　福井県吉田郡永平寺町
松岡志比堺　まつおかしひざかい　福井県吉田郡永平寺町
松岡町
　まつおかちょう　宮城県仙台市宮城野区
　まつおかちょう　新潟県新潟市中央区
　まつおかまち　石川県小松市
松岡芝原　まつおかしばはら　福井県吉田郡永平寺町
松岡学園　まつおかがくえん　福井県吉田郡永平寺町
松岡松ケ丘　まつおかまつがおか　福井県吉田郡永平寺町
松岡松ケ原　まつおかまつがはら　福井県吉田郡永平寺町
松岡城東　まつおかじょうとう　福井県吉田郡永平寺町
松岡室　まつおかむろ　福井県吉田郡永平寺町
松岡春日　まつおかかすが　福井県吉田郡永平寺町
松岡神明　まつおかしんめい　福井県吉田郡永平寺町
松岡兼定島　まつおかけんじょうじま　福井県吉田郡永平寺町
松岡宮重　まつおかみやしげ　福井県吉田郡永平寺町
松岡清水　まつおかしみず　福井県吉田郡永平寺町
松岡御公領　まつおかごくりょう　福井県吉田郡永平寺町
松岡椚　まつおかくぬぎ　福井県吉田郡永平寺町

8画（松）

松岡渡新田　まつおかわたりしんでん　福井県吉田郡
永平寺町
松岡湯谷　まつおかゆたに　福井県吉田郡永平寺町
松岡葵　まつおかあおい　福井県吉田郡永平寺町
松岡越坂　まつおかこいさか　福井県吉田郡永平寺町
松岡樋爪　まつおかひづめ　福井県吉田郡永平寺町
松岡窪　まつおかくぼ　福井県吉田郡永平寺町
松岡領家　まつおかりょうけ　福井県吉田郡永平寺町
松岡薬師　まつおかやくし　福井県吉田郡永平寺町
松岡観音　まつおかかんのん　福井県吉田郡永平寺町
松岸
　　まつきし　福島県大沼郡会津美里町
　　まつぎし　千葉県（JR総武本線）
松岸町　まつぎしまち　千葉県銚子市
松岸見晴台　まつぎしみはらしだい　千葉県銚子市
松岩　まついわ　宮城県（JR気仙沼線）
松延　まつのぶ　福岡県朝倉郡筑前町
松房　まつぼう　福島県西白河郡矢吹町
松明町　たいまつちょう　京都府京都市下京区
松枝　まつえ　神奈川県厚木市
松林
　　まつばやし　福島県二本松市
　　しょうりん　神奈川県茅ヶ崎市
松河戸町　まつかわどちょう　愛知県春日井市
松河原　まつがわら　鳥取県西伯郡大山町
松沼　まつぬま　栃木県小山市
松沼町　まつぬまちょう　群馬県館林市
松波
　　まつなみ　山形県山形市
　　まつなみ　千葉県千葉市中央区
　　まつなみ　新潟県柏崎市
　　まつなみ　石川県鳳珠郡能登町
松波町　まつなみちょう　新潟県村上市
松法町　まつのりちょう　北海道目梨郡羅臼町
松若町　まつわかちょう　富山県富山市
松茂町　まつしげちょう　徳島県板野郡
松迫　まつざく　福島県双葉郡双葉町
松長　まつなが　静岡県沼津市
松長布　まつながしき　秋田県能代市
9松保町　まつほちょう　山口県周南市
松前　まさき　愛媛県（伊予鉄道郡中線）
松前台　まつまえだい　茨城県守谷市
松前沢　まつまえさわ　岩手県下閉伊郡田野畑村
松前町
　　まつまえちょう　北海道松前郡
　　まさきまち　愛媛県松山市
　　まつまえちょう　愛媛県伊予郡
松前郡　まつまえぐん　北海道
松南　まつなみ　長野県上高井郡高山村
松南町　しょうなんちょう　佐賀県唐津市
松城　まつしろ　北海道松前郡松前町
松城町
　　まつしろちょう　山形県天童市
　　まつしろちょう　福井県福井市
　　まつしろちょう　静岡県浜松市中区
　　まつしろちょう　愛知県名古屋市南区
松室　まつむろ　北海道河東郡士幌町
松室山添町　まつむろやまぞえちょう　京都府京都市
西京区

松室中溝町　まつむろなかみぞちょう　京都府京都市
西京区
松室北河原町　まつむろきたかわらちょう　京都府京
都市西京区
松室田中町　まつむろたなかちょう　京都府京都市西
京区
松室地家山　まつむろじけやま　京都府京都市西京区
松室地家町　まつむろじけちょう　京都府京都市西
京区
松室庄田町　まつむろしょうだちょう　京都府京都市
西京区
松室吾田神町　まつむろあたがみちょう　京都府京都
市西京区
松室河原町　まつむろかわらちょう　京都府京都市西
京区
松室荒堀町　まつむろあらぼりちょう　京都府京都市
西京区
松室追上ケ町　まつむろおいあげちょう　京都府京都
市西京区
松室扇田町　まつむろおうぎだちょう　京都府京都市
西京区
松屋　まつや　山口県下関市
松屋上町　まつやかみまち　山口県下関市
松屋大和川通　まつややまとがわどおり　大阪府堺市
堺区
松屋本町　まつやほんまち　山口県下関市
松屋町
　　まつやちょう　岐阜県岐阜市
　　まつやちょう　京都府京都市上京区
　　まつやちょう　京都府京都市中京区
　　まつやちょう　京都府京都市伏見区
　　まつやまち　大阪府（大阪市交通局長堀鶴見緑地線）
　　まつやまち　大阪府大阪市中央区
　　まつやちょう　大阪府堺市堺区
　　まつやちょう　大阪府寝屋川市
　　まつやちょう　香川県丸亀市
松屋町住吉　まつやまちすみよし　大阪府大阪市中
央区
松屋東町　まつやひがしまち　山口県下関市
松栄
　　まつえい　山形県山形市
　　しょうえい　茨城県つくば市
松栄町
　　まつざかちょう　茨城県常陸太田市
　　まつえいちょう　新潟県新潟市北区
　　まつえちょう　福井県敦賀市
　　しょうえいちょう　岐阜県美濃市
　　しょうえいちょう　岐阜県羽島郡笠松町
　　まつさかえちょう　愛知県名古屋市瑞穂区
　　しょうえいちょう　愛知県刈谷市
松柏　まつや　愛媛県八幡浜市
松海が丘　まつみがおか　新潟県新潟市西区
松泉町　しょうせんちょう　三重県四日市市
松神
　　まつかみ　青森県（JR五能線）
　　まつかみ　青森県西津軽郡深浦町
　　まつがみ　鳥取県東伯郡北栄町
松神子　まつみこ　愛媛県新居浜市
松美　まつみ　新潟県柏崎市
松美台
　　まつみだい　新潟県新潟市西区

709

8画（松）

　　まつみだい　奈良県生駒市
松美町
　　まつみまち　秋田県能代市
　　まつみちょう　山形県酒田市
　　まつみちょう　山口県山口市
松草　まつくさ　岩手県（JR山田線）
松重町
　　まつしげちょう　愛知県名古屋市中村区
　　まつしげちょう　愛知県名古屋市中川区
松音知　まつねしり　北海道枝幸郡中頓別町
松風
　　まつかぜ　北海道夕張郡栗山町
　　まつかぜ　北海道勇払郡むかわ町
松風台
　　しょうふうだい　栃木県宇都宮市
　　まつかぜだい　埼玉県東松山市
　　まつかぜだい　神奈川県横浜市青葉区
　　まつかぜだい　神奈川県茅ケ崎市
　　しょうふうだい　大阪府泉佐野市
　　しょうふうだい　兵庫県神戸市垂水区
松風町
　　まつかぜちょう　北海道（函館市交通局2系統ほか）
　　まつかぜちょう　北海道函館市
　　まつかぜちょう　北海道苫小牧市
　　まつかぜちょう　北海道沙流郡日高町
　　まつかぜちょう　神奈川県平塚市
　　まつかぜちょう　岐阜県岐阜市
　　まつかぜちょう　愛知県名古屋市昭和区
　　まつかぜちょう　愛知県豊川市
　　まつかぜちょう　大阪府岸和田市
　　まつかぜちょう　兵庫県神戸市須磨区
　　まつかぜちょう　兵庫県西宮市
松飛台
　　まつひだい　千葉県（北総鉄道北総線）
　　まつひだい　千葉県松戸市
松香台　まつかだい　福岡県福岡市東区
10**松倉**
　　まつくら　岩手県（JR釜石線）
　　まつくら　秋田県大仙市
　　まつくら　福島県西白河郡矢吹町
　　まつくら　福島県双葉郡双葉町
　　まつくら　富山県中新川郡立山町
松倉台　まつくらだい　岐阜県美濃市
松倉町　まつくらまち　岐阜県高山市
松原
　　まつばら　青森県青森市
　　まつばら　青森県黒石市
　　まつばら　青森県上北郡おいらせ町
　　まつばら　宮城県刈田郡七ケ宿町
　　まつばら　山形県山形市
　　まつばら　山形県西置賜郡飯豊町
　　まつばら　福島県伊達郡桑折町
　　まつばら　茨城県筑西市
　　まつばら　栃木県宇都宮市
　　まつばら　栃木県鹿沼市
　　まつばら　群馬県館林市
　　まつばら　埼玉県鴻巣市
　　まつばら　埼玉県草加市
　　まつばら　東京都（東京急行電鉄世田谷線）
　　まつばら　東京都世田谷区
　　まつばら　富山県南砺市
　　まつばら　福井県三方郡美浜町
　　まつばら　長野県松本市

　　まつはら　長野県上高井郡高山村
　　まつばら　静岡県伊東市
　　まつばら　静岡県袋井市
　　まつばら　愛知県名古屋市中区
　　まつばら　滋賀県彦根市
　　まつばら　京都府宮津市
　　まつばら　大阪府泉佐野市
　　まつばら　大阪府東大阪市
　　まつばら　和歌山県和歌山市
　　まつばら　和歌山県有田郡有田川町
　　まつばら　和歌山県日高郡印南町
　　まつばら　鳥取県鳥取市
　　まつばら　広島県山県郡安芸太田町
　　まつばら　香川県東かがわ市
　　まつばら　高知県高岡郡檮原町
　　まつばら　福岡県北九州市門司区
　　まつばら　福岡県行橋市
　　まつばら　福岡県筑紫郡那珂川町
　　まつばら　佐賀県佐賀市
　　まつばら　長崎県（JR大村線）
　　まつばら　長崎県大村市
　　まつばら　鹿児島県大島郡天城町
松原中之町　まつばらなかのちょう　京都府京都市下京区
松原市　まつばらし　大阪府
松原本町
　　まつばらほんちょう　静岡県伊東市
　　まつばらほんまち　長崎県大村市
松原団地　まつばらだんち　埼玉県（東武鉄道伊勢崎線）
松原西　まつばらにし　青森県弘前市
松原町
　　まつばらちょう　青森県三沢市
　　まつばらちょう　青森県むつ市
　　まつばらちょう　岩手県釜石市
　　まつばらちょう　宮城県石巻市
　　まつばらまち　秋田県横手市
　　まつばらちょう　栃木県日光市
　　まつばらちょう　東京都昭島市
　　まつばらちょう　神奈川県秦野市
　　まつばらちょう　新潟県村上市
　　まつばらちょう　富山県高岡市
　　まつばらちょう　富山県滑川市
　　まつばらちょう　福井県敦賀市
　　まつばらちょう　岐阜県岐阜市
　　まつばらちょう　静岡県静岡市清水区
　　まつばらちょう　愛知県名古屋市中村区
　　まつばらちょう　愛知県瀬戸市
　　まつばらちょう　愛知県豊川市
　　まつばらちょう　愛知県津島市
　　まつばらまち　愛知県碧南市
　　まつばらちょう　愛知県蒲郡市
　　まつばらちょう　三重県四日市市
　　まつばらちょう　三重県名張市
　　まつばらちょう　滋賀県大津市
　　まつばらちょう　滋賀県彦根市
　　まつばらちょう　京都府京都市東山区
　　まつばらちょう　大阪府高槻市
　　まつばらちょう　兵庫県西宮市
　　まつばらちょう　兵庫県赤穂市
　　まつばらちょう　島根県浜田市
　　まつばらちょう　広島県広島市南区
　　まつばらちょう　山口県防府市
　　まつばらちょう　愛媛県新居浜市
　　まつばらまち　福岡県大牟田市

710

8画（松）

まつばらちょう　福岡県京都郡苅田町
まつばらまち　佐賀県鳥栖市
まつばらまち　長崎県長崎市
まつばらまち　長崎県佐世保市
まつばらまち　熊本県熊本市中央区
まつわらまち　熊本県宇土市
まつばらまち　大分県大分市
まつばらちょう　大分県別府市
まつばらまち　宮崎県延岡市
まつばらちょう　鹿児島県鹿児島市
まつばらちょう　鹿児島県垂水市
まつばらまち　鹿児島県姶良市

松原町大津寄　まつばらちょうおおづより　岡山県高梁市
松原町松岡　まつばらちょうまつおか　岡山県高梁市
松原町春木　まつばらちょうはるき　岡山県高梁市
松原町神原　まつばらちょうこうばら　岡山県高梁市
松原東　まつばらひがし　青森県弘前市
松原南
　まつばらみなみ　山形県酒田市
　まつばらみなみ　大阪府東大阪市
松原通
　まつばらどおり　兵庫県神戸市兵庫区
　まつばらどおり　岡山県高梁市
松原野　まつばらの　富山県中新川郡上市町
松原湖　まつばらこ　長野県（JR小海線）
松原湯端町　まつばらゆばたちょう　静岡県伊東市
松原新　まつばらしん　富山県南砺市
松原際　まつばらきわ　福島県大沼郡会津美里町
松原際甲　まつばらぎわこう　福島県大沼郡会津美里町
松宮台　まつみやだい　兵庫県神戸市北区
松島
　まつしま　宮城県（JR東北本線）
　まつしま　宮城県宮城郡松島町
　まつしま　栃木県さくら市
　まつしま　東京都江戸川区
　まつしま　新潟県新潟市東区
　まつしま　富山県南砺市
　まつしま　石川県金沢市
　まつしま　和歌山県和歌山市
　まつしま　岡山県倉敷市
　まつしま　福岡県福岡市東区
　まつしま　沖縄県那覇市
松島二丁目　まつしまにちょうめ　香川県（高松琴平電気鉄道志度線）
松島町
　まつしまちょう　青森県五所川原市
　まつしままち　宮城県宮城郡
　まつしままち　石川県金沢市
　まつしまちょう　福井県敦賀市
　まつしまちょう　静岡県浜松市南区
　まつしまちょう　愛知県一宮市
　まつしまちょう　山口県宇部市
　まつしまちょう　徳島県小松島市
　まつしまちょう　香川県高松市
　まつしまちょう　佐賀県伊万里市
松島町今泉　まつしままちいまいずみ　熊本県上天草市
松島町内野河内　まつしままちうちのかわうち　熊本県上天草市
松島町合津　まつしままちあいつ　熊本県上天草市
松島町阿村　まつしままちあむら　熊本県上天草市

松島町教良木　まつしままちきょうらぎ　熊本県上天草市
松島海岸　まつしまかいがん　宮城県（JR仙石線）
松峰　まつみね　秋田県大館市
松根
　まつね　山形県鶴岡市
　まつね　神奈川県中郡二宮町
　まつね　和歌山県東牟婁郡古座川町
松根町　まつねまち　石川県金沢市
松浦
　まつうら　北海道松前郡福島町
　まつうら　長崎県（松浦鉄道西九州線）
松浦市　まつうらし　長崎県
松浦町
　まつうらちょう　北海道釧路市
　まつうらちょう　栃木県那須塩原市
　まつうらちょう　富山県富山市
　まつうらちょう　京都府京都市中京区
　まつうらまち　福岡県大牟田市
　まつうらちょう　長崎県佐世保市
松浦町山形　まつうらちょうやまがた　佐賀県伊万里市
松浦町中野原　まつうらちょうなかのはら　佐賀県伊万里市
松浦町桃川　まつうらちょうもものかわ　佐賀県伊万里市
松浦町提川　まつうらちょうさげのかわ　佐賀県伊万里市
松浦発電所前　まつうらはつでんしょまえ　長崎県（松浦鉄道西九州線）
松浜
　まつはま　新潟県新潟市北区
　まつはま　石川県かほく市
　まつはま　山口県山陽小野田市
松浜みなと　まつはまみなと　新潟県新潟市北区
松浜本町　まつはまほんちょう　新潟県新潟市北区
松浜団地　まつはまだんち　山口県山陽小野田市
松浜町
　まつはままちょう　新潟県新潟市北区
　まつはまちょう　新潟県新潟市東区
　まつはままちょう　兵庫県芦屋市
　まつはままちょう　岡山県岡山市南区
　まつはままちょう　広島県福山市
松浜東町　まつはまひがしまち　新潟県新潟市北区
松浜新町　まつはましんまち　新潟県新潟市北区
松浪　まつなみ　神奈川県茅ケ崎市
松浪町　まつなみちょう　福島県福島市
松留　まつどめ　山梨県上野原市
松脇　まつわき　岡山県美作市
松軒　しょうけん　愛知県名古屋市千種区
松降　まつふり　愛知県一宮市
松降通　まつふりどおり　愛知県一宮市
¹¹松堀町　まつぼりちょう　愛知県半田市
松寄下町　まつよりしもちょう　島根県出雲市
松崎
　まつざき　山形県西置賜郡小国町
　まつざき　福島県西白河郡中島村
　まつざき　埼玉県比企郡吉見町
　まんざき　千葉県成田市
　まつざき　千葉県市原市
　まつざき　千葉県印西市
　まつざき　千葉県香取郡神崎町

711

8画（松）

まつさき	新潟県新潟市東区	
まつさき	新潟県新潟市西蒲区	
まつさき	静岡県賀茂郡松崎町	
まつざき	鳥取県（JR山陰本線）	
まつさき	鳥取県東伯郡湯梨浜町	
まつさき	香川県東かがわ市	
まつざき	福岡県（甘木鉄道線）	
まつざき	福岡県福岡市東区	
まつさき	福岡県小郡市	
まつさき	大分県宇佐市	

松崎下赤田 まつざきしもあかだ　宮城県気仙沼市
松崎下金取 まつざきしもかねとり　宮城県気仙沼市
松崎上赤田 まつざきかみあかだ　宮城県気仙沼市
松崎上金取 まつざきかみかねとり　宮城県気仙沼市
松崎丸森 まつざきまるもり　宮城県気仙沼市
松崎大萱 まつざきおおかや　宮城県気仙沼市
松崎中瀬 まつざきなかぜ　宮城県気仙沼市
松崎五駄鱈 まつざきごだんたら　宮城県気仙沼市
松崎片浜 まつざきかたはま　宮城県気仙沼市
松崎北沢 まつざききたさわ　宮城県気仙沼市
松崎台 まつざきだい　千葉県印西市
松崎外ケ沢 まつざきそとがさわ　宮城県気仙沼市
松崎立石 まつざきたていし　宮城県気仙沼市
松崎地生 まつざきじしょう　宮城県気仙沼市
松崎西田 まつざきにしだ　青森県平川市
松崎尾崎 まつざきおさき　宮城県気仙沼市
松崎町

まつざきまち	石川県小松市	
まつざきちょう	静岡県賀茂郡	
まつざきまち	三重県名張市	
まつざきちょう	大阪府大阪市阿倍野区	
まつざきちょう	山口県宇部市	
まつざきちょう	山口県防府市	
まつざきまち	福岡県北九州市門司区	
まつざきまち	長崎県長崎市	
まつざきまち	熊本県八代市	

松崎町白岩 まつざきちょうしらいわ　岩手県遠野市
松崎町光興寺 まつざきちょうこうこうじ　岩手県遠野市
松崎町松崎 まつざきちょうまつざき　岩手県遠野市
松崎町駒木 まつざきちょうこまぎ　岩手県遠野市
松崎前浜 まつざきまえはま　宮城県気仙沼市
松崎柳沢 まつざきやなぎさわ　宮城県気仙沼市
松崎面瀬 まつざきおもせ　宮城県気仙沼市
松崎浦田 まつざきうらだ　宮城県気仙沼市
松崎浦町 まつざきうらちょう　三重県松阪市
松崎馬場 まつざきばば　宮城県気仙沼市
松崎高谷 まつざきたかや　宮城県気仙沼市
松崎亀井 まつざきかめい　青森県平川市
松崎猫渕 まつざきねこぶち　宮城県気仙沼市
松崎萱 まつざきかや　宮城県気仙沼市
松崎鶴巻 まつざきつるまき　宮城県気仙沼市
松庵 しょうあん　東京都杉並区
松梨町 まつなしまち　石川県小松市
松袋井 まつぶくろい　静岡県袋井市
松郷

まつごう	埼玉県川越市	
まつごう	埼玉県所沢市	

松郷屋 まつごうや　新潟県新潟市西蒲区
松部 まつべ　千葉県勝浦市

松野

まつの	栃木県那須郡那珂川町	
まつの	千葉県勝浦市	
まつの	新潟県五泉市	
まつの	富山県富山市	
まつの	静岡県静岡市葵区	

松野入 まつのいり　福島県石川郡浅川町
松野木

まつのき	青森県五所川原市	
まつのき	青森県東津軽郡平内町	
まつのき	茨城県つくば市	

松野尾 まつのお　新潟県新潟市西蒲区
松野町

まつのちょう	愛媛県北宇和郡	
まつのまち	大分県日田市	

松野原 まつのはら　熊本県下益城郡美里町
松野通 まつのどおり　兵庫県神戸市長田区
松陰 まつかげ　京都府舞鶴市
松陰町 まつかげちょう　北海道函館市
松陰神社前 しょういんじんじゃまえ　東京都（東京急行電鉄世田谷線）
松陵 しょうりょう　宮城県仙台市泉区
¹²**松喜和** まつきわ　新潟県村上市
松塚

まづか	福島県須賀川市	
まづか	福島県相馬郡飯舘村	
まづか	茨城県つくば市	
まづか	大阪府交野市	
まづか	奈良県（近畿日本鉄道大阪線）	
まづか	奈良県大和高田市	

松富 まつどみ　静岡県静岡市葵区
松富上組 まつどみかみぐみ　静岡県静岡市葵区
松富町 まつとみまち　静岡県富士市
松森

まつもり	青森県青森市	
まつもり	宮城県仙台市泉区	
まつもり	岐阜県（長良川鉄道越美南線）	
まつもり	岐阜県美濃市	

松森町

まつもりまち	青森県弘前市	
まつもりちょう	青森県むつ市	
まつもりちょう	福井県越前市	

松程 まつほど　山形県西村山郡朝日町
松葉

まつば	北海道厚岸郡厚岸町	
まつば	秋田県（秋田内陸縦貫鉄道線）	
まつば	茨城県龍ケ崎市	
まつば	埼玉県北葛飾郡松伏町	
まつば	新潟県長岡市	

松葉町

まつばちょう	北海道北広島市	
まつばちょう	青森県黒石市	
まつばちょう	秋田県北秋田市	
まつばちょう	埼玉県所沢市	
まつばちょう	埼玉県東松山市	
まつばちょう	千葉県柏市	
まつばちょう	福井県敦賀市	
まつばちょう	静岡県島田市	
まつばちょう	愛知県名古屋市中川区	
まつばちょう	愛知県豊橋市	
まつばちょう	大阪府門真市	

松街道 まつかいどう　秋田県由利本荘市

8画（東）

松隈　まつぐま　佐賀県神埼郡吉野ケ里町
松陽
　　しょうよう　山形県東田川郡庄内町
　　しょうよう　滋賀県大津市
　　しょうよう　兵庫県高砂市
松陽台
　　しょうようだい　宮城県塩竈市
　　しょうようだい　奈良県奈良市
13松陽台町　しょうようだいちょう　鹿児島県鹿児島市
松園
　　まつぞの　岩手県盛岡市
　　まつぞの　新潟県新潟市東区
松園町
　　まつぞのまち　北海道檜山郡厚沢部町
　　まつぞのちょう　青森県三沢市
　　まつぞのちょう　岩手県花巻市
　　まつぞのちょう　愛知県名古屋市瑞穂区
　　まつぞのちょう　兵庫県西宮市
松新町
　　まつしんちょう　愛知県春日井市
　　まつしんちょう　岡山県岡山市東区
松福町　まつふくちょう　香川県高松市
14松蔭町
　　まつかげちょう　福井県福井市
　　まつかげちょう　京都府京都市上京区
　　まつかげちょう　愛媛県八幡浜市
15松影町　まつかげちょう　神奈川県横浜市中区
松潟　まつかた　新潟県新潟市北区
松縄町　まつなわちょう　香川県高松市
16松橋
　　まつばし　福島県田村郡三春町
　　まつはし　新潟県新潟市南区
　　まつはし　新潟県燕市
　　まつばせ　熊本県（JR鹿児島本線）
　　まつばし　宮崎県宮崎市
松橋町　まつはしちょう　愛知県岡崎市
松橋町きらら　まつばせまちきらら　熊本県宇城市
松橋町久具　まつばせまちくぐ　熊本県宇城市
松橋町大野　まつばせまちおおの　熊本県宇城市
松橋町内田　まつばせまちうちだ　熊本県宇城市
松橋町古保山　まつばせまちこおやま　熊本県宇城市
松橋町両仲間　まつばせまちりょうなかま　熊本県宇城市
松橋町曲野　まつばせまちまがの　熊本県宇城市
松橋町竹崎　まつばせまちたけざき　熊本県宇城市
松橋町西下郷　まつばせまちにししもごう　熊本県宇城市
松橋町松山　まつばせまちまつやま　熊本県宇城市
松橋町松橋　まつばせまちまつばせ　熊本県宇城市
松橋町東松崎　まつばせまちひがしまつざき　熊本県宇城市
松橋町南豊崎　まつばせまちみなみとよざき　熊本県宇城市
松橋町浅川　まつばせまちあさかわ　熊本県宇城市
松橋町砂川　まつばせまちすながわ　熊本県宇城市
松橋町浦川内　まつばせまちうらかわち　熊本県宇城市
松橋町御船　まつばせまちみふね　熊本県宇城市
松橋町萩尾　まつばせまちはぎお　熊本県宇城市
松橋町豊崎　まつばせまちとよざき　熊本県宇城市
松橋町豊福　まつばせまちとよふく　熊本県宇城市

松館
　　まつだて　青森県八戸市
　　まつだて　秋田県大館市
松館井ノ上　まつだていのうえ　青森県平川市
松館西川原田　まつだてにしかわらだ　青森県平川市
松館西稲村　まつだてにしいなむら　青森県平川市
松館松元　まつだてまつもと　青森県平川市
松館東川原田　まつだてひがしかわらだ　青森県平川市
松館東稲村　まつだてひがしいなむら　青森県平川市
松館浅井　まつだてあさい　青森県平川市
17松嶺町　まつみねちょう　愛知県豊田市
松濤　しょうとう　東京都渋谷区
松鴻町　しょうこうちょう　岐阜県岐阜市
19松瀬
　　まつせ　和歌山県海草郡紀美野町
　　まつせ　和歌山県日高郡日高川町
松瀬川　ませかわ　愛媛県東温市
松瀬町　まつせちょう　長崎県佐世保市
松瀬免　まつせめん　長崎県北松浦郡佐々町
22松籟荘　しょうらいそう　兵庫県西宮市

【東】
東
　　ひがし　北海道上川郡当麻町
　　ひがし　北海道常呂郡佐呂間町
　　ひがし　北海道紋別郡湧別町
　　ひがし　宮城県柴田郡大河原町
　　あずま　秋田県大館市
　　ひがし　秋田県南秋田郡大潟村
　　ひがし　山形県米沢市
　　あずま　福島県南会津郡南会津町
　　ひがし　茨城県古河市
　　ひがし　茨城県取手市
　　ひがし　茨城県つくば市
　　ひがし　群馬県桐生市
　　ひがし　埼玉県羽生市
　　ひがし　埼玉県鴻巣市
　　ひがし　埼玉県新座市
　　ひがし　埼玉県桶川市
　　ひがし　埼玉県蓮田市
　　ひがし　埼玉県幸手市
　　ひがし　埼玉県南埼玉郡宮代町
　　あずま　千葉県柏市
　　ひがし　千葉県鴨川市
　　ひがし　東京都渋谷区
　　ひがし　東京都国立市
　　ひがし　山梨県山梨市
　　ひがし　静岡県静岡市葵区
　　ひがし　愛知県小牧市
　　ひがし　京都府京田辺市
　　ひがし　大阪府貝塚市
　　ひがし　鳥取県八頭郡八頭町
　　ひがし　広島県安芸郡海田町
　　ひがし　福岡県糸島市
　　ひがし　沖縄県沖縄市
　　ひがし　沖縄県国頭郡本部町
　　ひがし　沖縄県島尻郡粟国村
0東1線北
　　ひがしいっせんきた　北海道夕張郡長沼町
　　ひがしいっせんきた　北海道空知郡上富良野町
　　ひがしいっせんきた　北海道空知郡中富良野町

713

8画（東）

東1線南　ひがしいっせんみなみ　北海道夕張郡長沼町
東2号北　ひがしにごうきた　北海道上川郡東川町
東2号南　ひがしにごうみなみ　北海道上川郡東川町
東2線北
　ひがしにせんきた　北海道夕張郡長沼町
　ひがしにせんきた　北海道空知郡上富良野町
　ひがしにせんきた　北海道空知郡中富良野町
東2線南　ひがしにせんみなみ　北海道夕張郡長沼町
東3号北　ひがしさんごうきた　北海道上川郡東川町
東3号南　ひがしさんごうみなみ　北海道上川郡東川町
東3線北
　ひがしさんせんきた　北海道夕張郡長沼町
　ひがしさんせんきた　北海道空知郡上富良野町
　ひがしさんせんきた　北海道空知郡中富良野町
東3線南　ひがしさんせんみなみ　北海道夕張郡長沼町
東4号北　ひがしよんごうきた　北海道上川郡東川町
東4号南　ひがしよんごうみなみ　北海道上川郡東川町
東4線北
　ひがしよんせんきた　北海道夕張郡長沼町
　ひがしよんせんきた　北海道空知郡上富良野町
　ひがしよんせんきた　北海道空知郡中富良野町
東4線南　ひがしよんせんみなみ　北海道夕張郡長沼町
東5号北　ひがしごごうきた　北海道上川郡東川町
東5号南　ひがしごごうみなみ　北海道上川郡東川町
東5線北
　ひがしごせんきた　北海道夕張郡長沼町
　ひがしごせんきた　北海道空知郡上富良野町
　ひがしごせんきた　北海道空知郡中富良野町
東5線南　ひがしごせんみなみ　北海道夕張郡長沼町
東6号北　ひがしろくごうきた　北海道上川郡東川町
東6号南　ひがしろくごうみなみ　北海道上川郡東川町
東6線北
　ひがしろくせんきた　北海道夕張郡長沼町
　ひがしろくせんきた　北海道空知郡上富良野町
　ひがしろくせんきた　北海道空知郡中富良野町
東6線南　ひがしろくせんみなみ　北海道夕張郡長沼町
東7号北　ひがしななごうきた　北海道上川郡東川町
東7号南　ひがしななごうみなみ　北海道上川郡東川町
東7線北
　ひがしななせんきた　北海道夕張郡長沼町
　ひがしななせんきた　北海道空知郡上富良野町
　ひがしななせんきた　北海道空知郡中富良野町
東7線南　ひがしななせんみなみ　北海道夕張郡長沼町
東8号北　ひがしはちごうきた　北海道上川郡東川町
東8号南　ひがしはちごうみなみ　北海道上川郡東川町
東8線北
　ひがしはっせんきた　北海道夕張郡長沼町
　ひがしはっせんきた　北海道空知郡上富良野町
　ひがしはっせんきた　北海道空知郡中富良野町
東8線南　ひがしはっせんみなみ　北海道夕張郡長沼町
東9号北　ひがしきゅうごうきた　北海道上川郡東川町
東9号南　ひがしきゅうごうみなみ　北海道上川郡東川町
東9線北
　ひがしきゅうせんきた　北海道夕張郡長沼町
　ひがしきゅうせんきた　北海道空知郡上富良野町
　ひがしきゅうせんきた　北海道空知郡中富良野町
東9線南　ひがしきゅうせんみなみ　北海道夕張郡長沼町
東10号北　ひがしじゅうごうきた　北海道上川郡東川町

東10号南　ひがしじゅうごうみなみ　北海道上川郡東川町
東10線北
　ひがしじっせんきた　北海道夕張郡長沼町
　ひがしじっせんきた　北海道空知郡上富良野町
　ひがしじっせんきた　北海道空知郡中富良野町
東10線南　ひがしじっせんみなみ　北海道夕張郡長沼町
東11号北　ひがしじゅういちごうきた　北海道上川郡東川町
東11号南　ひがしじゅういちごうみなみ　北海道上川郡東川町
東11線北
　ひがしじゅういっせんきた　北海道夕張郡長沼町
　ひがしじゅういっせんきた　北海道空知郡上富良野町
　ひがしじゅういっせんきた　北海道空知郡中富良野町
東11線南　ひがしじゅういっせんみなみ　北海道夕張郡長沼町
東12号北　ひがしじゅうにごうきた　北海道上川郡東川町
東12線北　ひがしじゅうにせんきた　北海道空知郡上富良野町
東12線南　ひがしじゅうにせんみなみ　北海道夕張郡長沼町
東13線南　ひがしじゅうさんせんみなみ　北海道夕張郡長沼町
東ケ丘
　あずまがおか　神奈川県横浜市西区
　ひがしがおか　神奈川県小田原市
　ひがしがおか　富山県富山市
東ケ丘町　ひがしがおかちょう　大阪府岸和田市
東ケ谷　ひがしがたに　三重県四日市市
東ノ川　ひがしのかわ　奈良県吉野郡上北山村
東ノ台　ひがしのだい　千葉県成田市
東ハゼ町　ひがしはぜまち　香川県高松市
東あずま　ひがしあずま　東京都（東武鉄道亀戸線）
東かがわ市　ひがしかがわし　香川県
東かの里町　ひがしかのさとちょう　愛知県名古屋市中川区
東が丘
　ひがしがおか　東京都目黒区
　ひがしがおか　新潟県長岡市
東つつじケ丘　ひがしつつじがおか　東京都調布市
東つつじケ丘都台　ひがしつつじがおかみやこだい　京都府亀岡市
東つつじケ丘曙台　ひがしつつじがおかあけぼのだい　京都府亀岡市
東ときわ台　ひがしときわだい　大阪府豊能郡能勢町
東の内　ひがしのうち　福島県西白河郡矢吹町
東の里　ひがしのさと　北海道北広島市
東の原　ひがしのはら　千葉県印西市
東の輪町　とうのわちょう　新潟県柏崎市
東みずほ台　ひがしみずほだい　埼玉県富士見市
東みなと町　ひがしみなとちょう　宮城県気仙沼市
東みよし町　ひがしみよしちょう　徳島県三好郡
東めむろ一条北　ひがしめむろいちじょうきた　北海道河西郡芽室町
東めむろ一条南　ひがしめむろいちじょうみなみ　北海道河西郡芽室町
東めむろ二条北　ひがしめむろにじょうきた　北海道河西郡芽室町

8画（東）

東めむろ二条南　ひがしめむろにじょうみなみ　北海道河西郡芽室町

東めむろ三条北　ひがしめむろさんじょうきた　北海道河西郡芽室町

東めむろ三条南　ひがしめむろさんじょうみなみ　北海道河西郡芽室町

¹東一万町　ひがしいちまんまち　愛媛県松山市

東一口　ひがしいもあらい　京都府久世郡久御山町

東一条
　　ひがしいちじょう　北海道旭川市
　　ひがしいちじょう　北海道士別市
　　ひがしいちじょう　北海道天塩郡豊富町
　　ひがしいちじょう　北海道河西郡芽室町
　　ひがしいちじょう　北海道広尾郡広尾町
　　ひがしいちじょう　北海道中川郡池田町

東一条一区　ひがしいちじょういっく　北海道足寄郡陸別町

東一条二区　ひがしいちじょうにく　北海道足寄郡陸別町

東一条北
　　ひがしいちじょうきた　北海道帯広市
　　ひがしいちじょうきた　北海道美唄市
　　ひがしいちじょうきた　北海道士別市
　　ひがしいちじょうきた　北海道名寄市
　　ひがしいちじょうきた　北海道砂川市
　　ひがしいちじょうきた　北海道中川郡美深町
　　ひがしいちじょうきた　北海道網走郡美幌町
　　ひがしいちじょうきた　北海道河西郡中札内村
　　ひがしいちじょうきた　北海道白糠郡白糠町
　　ひがしいちじょうきた　北海道標津郡中標津町

東一条南
　　ひがしいちじょうみなみ　北海道帯広市
　　ひがしいちじょうみなみ　北海道美唄市
　　ひがしいちじょうみなみ　北海道名寄市
　　ひがしいちじょうみなみ　北海道砂川市
　　ひがしいちじょうみなみ　北海道中川郡美深町
　　ひがしいちじょうみなみ　北海道網走郡美幌町
　　ひがしいちじょうみなみ　北海道河西郡芽室町
　　ひがしいちじょうみなみ　北海道河西郡中札内村
　　ひがしいちじょうみなみ　北海道白糠郡白糠町
　　ひがしいちじょうみなみ　北海道標津郡中標津町

東一町　ひがしいちちょう　茨城県常陸太田市

東一身田　ひがしいしんでん　三重県（伊勢鉄道線）

東一津屋　ひがしひとつや　大阪府摂津市

東一宮　ひがしいちのみや　岡山県津山市

東一番町
　　ひがしいちばんちょう　青森県十和田市
　　ひがしいちばんちょう　石川県白山市

東一線　ひがしいっせん　北海道上川郡東神楽町

²東七区　ひがしななく　岡山県玉野市

東七条
　　ひがししちじょう　北海道旭川市
　　ひがししちじょう　北海道士別市
　　ひがししちじょう　北海道河西郡芽室町

東七条北
　　ひがししちじょうきた　北海道美唄市
　　ひがししちじょうきた　北海道士別市
　　ひがししちじょうきた　北海道標津郡中標津町

東七条南
　　ひがししちじょうみなみ　北海道帯広市
　　ひがししちじょうみなみ　北海道美唄市
　　ひがししちじょうみなみ　北海道名寄市
　　ひがししちじょうみなみ　北海道砂川市

　　ひがししちじょうみなみ　北海道河西郡芽室町
　　ひがししちじょうみなみ　北海道標津郡中標津町

東七松町　ひがしななまつちょう　兵庫県尼崎市

東七根町　ひがしななねちょう　愛知県豊橋市

東七番丁　ひがしななばんちょう　宮城県仙台市若林区

東九条
　　ひがしくじょう　北海道士別市
　　ひがしくじょう　北海道河西郡芽室町

東九条下殿田町　ひがしくじょうしもとのだちょう　京都府京都市南区

東九条上御霊町　ひがしくじょうかみごりょうちょう　京都府京都市南区

東九条上殿田町　ひがしくじょうかみとのだちょう　京都府京都市南区

東九条中札辻町　ひがしくじょうなかふだのつじちょう　京都府京都市南区

東九条中御霊町　ひがしくじょうなかごりょうちょう　京都府京都市南区

東九条中殿田町　ひがしくじょうなかとのだちょう　京都府京都市南区

東九条北　ひがしくじょうきた　北海道標津郡中標津町

東九条北松ノ木町　ひがしくじょうきたまつのきちょう　京都府京都市南区

東九条北河原町　ひがしくじょうきたかわらまち　京都府京都市南区

東九条北烏丸町　ひがしくじょうきたからすまちょう　京都府京都市南区

東九条石田町　ひがしくじょういしだちょう　京都府京都市南区

東九条宇賀辺町　ひがしくじょううかべちょう　京都府京都市南区

東九条西山王町　ひがしくじょうにしさんのうちょう　京都府京都市南区

東九条西山町　ひがしくじょうにしやまちょう　京都府京都市南区

東九条西札辻町　ひがしくじょうにしふだのつじちょう　京都府京都市南区

東九条西岩本町　ひがしくじょうにしいわもとちょう　京都府京都市南区

東九条西明田町　ひがしくじょうにしあけたちょう　京都府京都市南区

東九条西河辺町　ひがしくじょうにしかわべちょう　京都府京都市南区

東九条西御霊町　ひがしくじょうにしごりょうちょう　京都府京都市南区

東九条町　とうくじょうちょう　奈良県奈良市

東九条明田町　ひがしくじょうあけたちょう　京都府京都市南区

東九条松田町　ひがしくじょうまつだちょう　京都府京都市南区

東九条東山王町　ひがしくじょうひがしさんのうちょう　京都府京都市南区

東九条東札辻町　ひがしくじょうひがしふだのつじちょう　京都府京都市南区

東九条東岩本町　ひがしくじょうひがしいわもとちょう　京都府京都市南区

東九条東松ノ木町　ひがしくじょうひがしまつのきちょう　京都府京都市南区

東九条東御霊町　ひがしくじょうひがしごりょうちょう　京都府京都市南区

715

8画（東）

東九条河辺町　ひがしくじょうかわべちょう　京都府京都市南区

東九条河西町　ひがしくじょうかわにしちょう　京都府京都市南区

東九条南
　　ひがしくじょうみなみ　北海道帯広市
　　ひがしくじょうみなみ　北海道名寄市
　　ひがしくじょうみなみ　北海道標津郡中標津町

東九条南山王町　ひがしくじょうみなみさんのうちょう　京都府京都市南区

東九条南石田町　ひがしくじょうみなみいしだちょう　京都府京都市南区

東九条南岩本町　ひがしくじょうみなみいわもとちょう　京都府京都市南区

東九条南松ノ木町　ひがしくじょうみなみまつのきちょう　京都府京都市南区

東九条南松田町　ひがしくじょうみなみまつだちょう　京都府京都市南区

東九条南河辺町　ひがしくじょうみなみかわべちょう　京都府京都市南区

東九条南河原町　ひがしくじょうみなみかわらまち　京都府京都市南区

東九条南烏丸町　ひがしくじょうみなみからすまちょう　京都府京都市南区

東九条室町　ひがしくじょうむろまち　京都府京都市南区

東九条柳下町　ひがしくじょうやなぎのしたちょう　京都府京都市南区

東九条烏丸町　ひがしくじょうからすまちょう　京都府京都市南区

東九軒町　ひがしきゅうけんちょう　京都府京都市中京区

東九番丁　ひがしきゅうばんちょう　宮城県仙台市若林区

東二十一条北　ひがしにじゅういちじょうきた　北海道標津郡中標津町

東二十一条南　ひがしにじゅういちじょうみなみ　北海道標津郡中標津町

東二十一番町　ひがしにじゅういちばんちょう　青森県十和田市

東二十七条北　ひがしにじゅうしちじょうきた　北海道標津郡中標津町

東二十七条南　ひがしにじゅうしちじょうみなみ　北海道標津郡中標津町

東二十九条北　ひがしにじゅうくじょうきた　北海道標津郡中標津町

東二十九条南　ひがしにじゅうくじょうみなみ　北海道標津郡中標津町

東二十二条北　ひがしにじゅうにじょうきた　北海道標津郡中標津町

東二十二条南　ひがしにじゅうにじょうみなみ　北海道標津郡中標津町

東二十二番町　ひがしにじゅうにばんちょう　青森県十和田市

東二十八条北　ひがしにじゅうはちじょうきた　北海道標津郡中標津町

東二十八条南　ひがしにじゅうはちじょうみなみ　北海道標津郡中標津町

東二十三条北　ひがしにじゅうさんじょうきた　北海道標津郡中標津町

東二十三条南　ひがしにじゅうさんじょうみなみ　北海道標津郡中標津町

東二十三番町　ひがしにじゅうさんばんちょう　青森県十和田市

東二十五条北　ひがしにじゅうごじょうきた　北海道標津郡中標津町

東二十五条南　ひがしにじゅうごじょうみなみ　北海道標津郡中標津町

東二十六条北　ひがしにじゅうろくじょうきた　北海道標津郡中標津町

東二十六条南　ひがしにじゅうろくじょうみなみ　北海道標津郡中標津町

東二十四条北　ひがしにじゅうしじょうきた　北海道標津郡中標津町

東二十四条南　ひがしにじゅうしじょうみなみ　北海道標津郡中標津町

東二十四番町　ひがしにじゅうよんばんちょう　青森県十和田市

東二十条北　ひがしにじゅうじょうきた　北海道標津郡中標津町

東二十条南　ひがしにじゅうじょうみなみ　北海道標津郡中標津町

東二口　ひがしふたくち　石川県白山市

東二位田　ひがしにいだ　山形県山形市

東二条
　　ひがしにじょう　北海道旭川市
　　ひがしにじょう　北海道士別市
　　ひがしにじょう　北海道天塩郡豊富町
　　ひがしにじょう　北海道網走郡津別町
　　ひがしにじょう　北海道河西郡芽室町
　　ひがしにじょう　北海道広尾郡広尾町
　　ひがしにじょう　北海道中川郡池田町

東二条北
　　ひがしにじょうきた　北海道帯広市
　　ひがしにじょうきた　北海道美唄市
　　ひがしにじょうきた　北海道士別市
　　ひがしにじょうきた　北海道名寄市
　　ひがしにじょうきた　北海道砂川市
　　ひがしにじょうきた　北海道中川郡美深町
　　ひがしにじょうきた　北海道網走郡美幌町
　　ひがしにじょうきた　北海道河西郡中札内村
　　ひがしにじょうきた　北海道白糠郡白糠町
　　ひがしにじょうきた　北海道標津郡中標津町

東二条南
　　ひがしにじょうみなみ　北海道帯広市
　　ひがしにじょうみなみ　北海道美唄市
　　ひがしにじょうみなみ　北海道名寄市
　　ひがしにじょうみなみ　北海道砂川市
　　ひがしにじょうみなみ　北海道中川郡美深町
　　ひがしにじょうみなみ　北海道網走郡美幌町
　　ひがしにじょうみなみ　北海道河西郡芽室町
　　ひがしにじょうみなみ　北海道河西郡中札内村
　　ひがしにじょうみなみ　北海道白糠郡白糠町
　　ひがしにじょうみなみ　北海道標津郡中標津町

東二町　ひがしにちょう　茨城県常陸太田市

東二見　ひがしふたみ　兵庫県（山陽電気鉄道本線）

東二島　ひがしふたじま　福岡県北九州市若松区

東二番町
　　ひがしにばんちょう　青森県十和田市
　　ひがしにばんちょう　石川県白山市

東二線　ひがしにせん　北海道上川郡東神楽町

東人丸町　ひがしひとまるちょう　兵庫県明石市

東入船　ひがしいりふね　愛知県新城市

東入船町　ひがしいりふねちょう　新潟県新潟市中央区

8画（東）

東入部　ひがしいるべ　福岡県福岡市早良区
東八田
　　ひがしはんだ　大阪府堺市中区
　　ひがしはった　福岡県築上郡築上町
東八串　ひがしやくし　福島県伊達郡桑折町
東八尾　ひがしやつお　富山県（JR高山本線）
東八条
　　ひがしはちじょう　北海道旭川市
　　ひがしはちじょう　北海道士別市
　　ひがしはちじょう　北海道河西郡芽室町
東八条北
　　ひがしはちじょうきた　北海道美唄市
　　ひがしはちじょうきた　北海道士別市
　　ひがしはちじょうきた　北海道標津郡中標津町
東八条南
　　ひがしはちじょうみなみ　北海道帯広市
　　ひがしはちじょうみなみ　北海道美唄市
　　ひがしはちじょうみなみ　北海道名寄市
　　ひがしはちじょうみなみ　北海道標津郡中標津町
東八町　ひがしはっちょう　愛知県（豊橋鉄道東田本
　　線）
東八森　ひがしはちもり　秋田県（JR五能線）
東八番丁　ひがしはちばんちょう　宮城県仙台市若
　　林区
東八幡
　　ひがしやわた　神奈川県平塚市
　　ひがしやわた　鳥取県米子市
　　ひがしやはた　大分県大分市
東八幡町　ひがしはちまんちょう　京都府京都市中
　　京区
東八幡前　ひがしはちまんまえ　宮城県気仙沼市
東八幡原　ひがしやわたはら　広島県山県郡北広島町
東八潮　ひがしやしお　東京都品川区
東力　とうりき　石川県金沢市
東力町　とうりきまち　石川県金沢市
東十一条
　　ひがしじゅういちじょう　北海道士別市
　　ひがしじゅういちじょう　北海道河西郡芽室町
東十一条北　ひがしじゅういちじょうきた　北海道標津
　　郡中標津町
東十一条南
　　ひがしじゅういちじょうみなみ　北海道帯広市
　　ひがしじゅういちじょうみなみ　北海道標津郡中標津町
東十一番町　ひがしじゅういちばんちょう　青森県十和
　　田市
東十七条北　ひがしじゅうしちじょうきた　北海道標津
　　郡中標津町
東十七条南　ひがしじゅうしちじょうみなみ　北海道標
　　津郡中標津町
東十九条北　ひがしじゅうくじょうきた　北海道標津
　　郡中標津町
東十九条南　ひがしじゅうくじょうみなみ　北海道標津
　　郡中標津町
東十二丁目　ひがしじゅうにちょうめ　岩手県花巻市
東十二条　ひがしじゅうにじょう　北海道河西郡芽
　　室町
東十二条北　ひがしじゅうにじょうきた　北海道標津
　　郡中標津町
東十二条南
　　ひがしじゅうにじょうみなみ　北海道帯広市
　　ひがしじゅうにじょうみなみ　北海道標津郡中標津町

東十二番町　ひがしじゅうにばんちょう　青森県十和
　　田市
東十八条北　ひがしじゅうはちじょうきた　北海道標津
　　郡中標津町
東十八条南　ひがしじゅうはちじょうみなみ　北海道標
　　津郡中標津町
東十三条北　ひがしじゅうさんじょうきた　北海道標津
　　郡中標津町
東十三条南
　　ひがしじゅうさんじょうみなみ　北海道帯広市
　　ひがしじゅうさんじょうみなみ　北海道標津郡中標津町
東十三塚町　ひがしとみづかちょう　愛知県瀬戸市
東十三番町　ひがしじゅうさんばんちょう　青森県十和
　　田市
東十五条北　ひがしじゅうごじょうきた　北海道標津
　　郡中標津町
東十五条南
　　ひがしじゅうごじょうみなみ　北海道帯広市
　　ひがしじゅうごじょうみなみ　北海道標津郡中標津町
東十五番町　ひがしじゅうごばんちょう　青森県十和
　　田市
東十六条北　ひがしじゅうろくじょうきた　北海道標津
　　郡中標津町
東十六条南　ひがしじゅうろくじょうみなみ　北海道標
　　津郡中標津町
東十六番町　ひがしじゅうろくばんちょう　青森県十和
　　田市
東十四条北　ひがしじゅうしじょうきた　北海道標津
　　郡中標津町
東十四条南
　　ひがしじゅうしじょうみなみ　北海道帯広市
　　ひがしじゅうしじょうみなみ　北海道標津郡中標津町
東十四番町　ひがしじゅうよんばんちょう　青森県十和
　　田市
東十条
　　ひがしじゅうじょう　北海道士別市
　　ひがしじゅうじょう　北海道河西郡芽室町
　　ひがしじゅうじょう　東京都（JR京浜東北線）
　　ひがしじゅうじょう　東京都北区
東十条北　ひがしじゅうじょうきた　北海道標津郡中
　　標津町
東十条南
　　ひがしじゅうじょうみなみ　北海道帯広市
　　ひがしじゅうじょうみなみ　北海道標津郡中標津町
東又
　　ひがしまた　京都府船井郡京丹波町
　　ひがしまた　和歌山県伊都郡高野町
東又兵乙町　ひがしまたべえちょう　愛知県名古屋市
　　南区
3 東下　ひがしも　福岡県築上郡上毛町
東下川原　ひがししもかわら　青森県上北郡おいら
　　せ町
東下条　ひがしげじょう　新潟県（JR磐越西線）
東下条町　ひがししもじょうまち　山梨県甲府市
東下谷地　ひがししもやち　青森県上北郡おいらせ町
東下組　ひがししもぐみ　新潟県十日町市
東下野出島　ひがししものでじま　福島県白河市
東下野町　ひがししものちょう　福井県福井市
東下関　ひがししもぜき　富山県高岡市
東三ツ木　ひがしみつぎ　埼玉県狭山市

8画（東）

東三十一条北　ひがしさんじゅういちじょうきた　北海道標津郡中標津町
東三十一条南　ひがしさんじゅういちじょうみなみ　北海道標津郡中標津町
東三十七条北　ひがしさんじゅうしちじょうきた　北海道標津郡中標津町
東三十七条南　ひがしさんじゅうしちじょうみなみ　北海道標津郡中標津町
東三十九条北　ひがしさんじゅうくじょうきた　北海道標津郡中標津町
東三十九条南　ひがしさんじゅうくじょうみなみ　北海道標津郡中標津町
東三十二条北　ひがしさんじゅうにじょうきた　北海道標津郡中標津町
東三十二条南　ひがしさんじゅうにじょうみなみ　北海道標津郡中標津町
東三十八条北　ひがしさんじゅうはちじょうきた　北海道標津郡中標津町
東三十八条南　ひがしさんじゅうはちじょうみなみ　北海道標津郡中標津町
東三十三条北　ひがしさんじゅうさんじょうきた　北海道標津郡中標津町
東三十三条南　ひがしさんじゅうさんじょうみなみ　北海道標津郡中標津町
東三十五条北　ひがしさんじゅうごじょうきた　北海道標津郡中標津町
東三十五条南　ひがしさんじゅうごじょうみなみ　北海道標津郡中標津町
東三十六条北　ひがしさんじゅうろくじょうきた　北海道標津郡中標津町
東三十六条南　ひがしさんじゅうろくじょうみなみ　北海道標津郡中標津町
東三十四条北　ひがしさんじゅうしじょうきた　北海道標津郡中標津町
東三十四条南　ひがしさんじゅうしじょうみなみ　北海道標津郡中標津町
東三十条北　ひがしさんじゅうじょうきた　北海道標津郡中標津町
東三十条南　ひがしさんじゅうじょうみなみ　北海道標津郡中標津町
東三川　ひがしみかわ　北海道夕張郡由仁町
東三方町　ひがしみかたちょう　静岡県浜松市北区
東三日市　ひがしみっかいち　富山県（富山地方鉄道本線）
東三田　ひがしみた　神奈川県川崎市多摩区
東三田尻　ひがしみたじり　山口県防府市
東三成　ひがしみなり　岡山県小田郡矢掛町
東三坂山　ひがしみさかやま　福島県白河市
東三条
　ひがしさんじょう　北海道旭川市
　ひがしさんじょう　北海道士別市
　ひがしさんじょう　北海道天塩郡豊富町
　ひがしさんじょう　北海道網走郡津別町
　ひがしさんじょう　北海道河西郡芽室町
　ひがしさんじょう　北海道広尾郡広尾町
　ひがしさんじょう　新潟県（JR信越本線）
　ひがしさんじょう　新潟県三条市
東三条北
　ひがしさんじょうきた　北海道帯広市
　ひがしさんじょうきた　北海道美唄市
　ひがしさんじょうきた　北海道士別市
　ひがしさんじょうきた　北海道名寄市

　ひがしさんじょうきた　北海道砂川市
　ひがしさんじょうきた　北海道中川郡美深町
　ひがしさんじょうきた　北海道網走郡美幌町
　ひがしさんじょうきた　北海道河西郡中札内村
　ひがしさんじょうきた　北海道白糠郡白糠町
　ひがしさんじょうきた　北海道標津郡中標津町
東三条南
　ひがしさんじょうみなみ　北海道帯広市
　ひがしさんじょうみなみ　北海道美唄市
　ひがしさんじょうみなみ　北海道名寄市
　ひがしさんじょうみなみ　北海道砂川市
　ひがしさんじょうみなみ　北海道中川郡美深町
　ひがしさんじょうみなみ　北海道網走郡美幌町
　ひがしさんじょうみなみ　北海道河西郡芽室町
　ひがしさんじょうみなみ　北海道河西郡中札内村
　ひがしさんじょうみなみ　北海道白糠郡白糠町
　ひがしさんじょうみなみ　北海道標津郡中標津町
東三町　ひがしさんちょう　茨城県常陸太田市
東三谷　ひがしみたに　和歌山県紀の川市
東三里塚　ひがしさんりづか　千葉県成田市
東三国
　ひがしみくに　大阪府（大阪市交通局御堂筋線）
　ひがしみくに　大阪府大阪市淀川区
東三国ケ丘町　ひがしみくにがおかちょう　大阪府堺市北区
東三松　ひがしみつまつ　福井県大飯郡高浜町
東三城町　ひがしさんじょうちょう　長崎県大村市
東三津田町　ひがしみつたちょう　広島県呉市
東三倉堂町　ひがしみくらどうちょう　奈良県大和高田市
東三島　ひがしみしま　栃木県那須塩原市
東三郷町　ひがしさんごうちょう　愛知県尾張旭市
東三番町
　ひがしさんばんちょう　青森県十和田市
　ひがしさんばんちょう　石川県白山市
東三階町　ひがしみかいまち　石川県七尾市
東三蒲　ひがしみがま　山口県大島郡周防大島町
東三線　ひがしさんせん　北海道上川郡東神楽町
東三輪　ひがしみわ　北海道北見市
東上
　とうじょう　愛知県（JR飯田線）
　とうじょう　鳥取県西伯郡南部町
　ひがしかみ　福岡県築上郡上毛町
東上口甲　ひがしじょうぐちこう　福島県河沼郡会津坂下町
東上小阪　ひがしかみこさか　大阪府東大阪市
東上川原　ひがしかみかわら　青森県上北郡七戸町
東上之宮町　ひがしかみのみやまち　群馬県伊勢崎市
東上田　ひがしうえだ　岐阜県下呂市
東上坂町　ひがしこうざかちょう　滋賀県長浜市
東上町
　あずまかみちょう　千葉県柏市
　とうじょうちょう　愛知県豊川市
　とうじょうちょう　大阪府大阪市天王寺区
東上牧　ひがしかんまき　大阪府高槻市
東上秋間　ひがしかみあきま　群馬県安中市
東上重原　ひがしかみしげはら　愛知県知立市
東上原　ひがしうえはら　広島県世羅郡世羅町
東上宿　ひがしかみじゅく　千葉県東金市
東上組町　ひがしかみくみちょう　岩手県遠野市

8画（東）

東上郷町　ひがしかみごうちょう　神奈川県横浜市
　栄区
東上野
　ひがしうえの　　東京都台東区
　ひがしうえの　　大分県大分市
東上野出島　ひがしかみのでじま　福島県白河市
東上野町　ひがしうえのまち　群馬県前橋市
東上野芝町
　ひがしうえのしばちょう　大阪府堺市堺区
　ひがしうえのしばちょう　大阪府堺市北区
東上善寺町　ひがしじょうぜんじちょう　京都府京都
　市上京区
東上関　ひがしかみぜき　富山県高岡市
東上磯部　ひがしかみいそべ　群馬県安中市
東万代町　ひがしばんだいちょう　新潟県新潟市中
　央区
東万倉　ひがしまぐら　山口県宇部市
東与賀町　ひがしよかちょう　⇒佐賀市（佐賀県）
東与賀町下古賀　ひがしよかちょうしもこが　佐賀県
　佐賀市
東与賀町田中　ひがしよかちょうたなか　佐賀県佐
　賀市
東与賀町飯盛　ひがしよかちょういさがい　佐賀県佐
　賀市
東丸山　ひがしまるやま　茨城県つくば市
東丸山町
　ひがしまるやまちょう　兵庫県神戸市長田区
　ひがしまるやまちょう　福岡県北九州市八幡東区
東丸之内　ひがしまるのうち　三重県津市
東丸太町　ひがしまるたちょう　京都府京都市左京区
東丸町　ひがしまるちょう　三重県亀山市
東久万　ひがしくま　高知県高知市
東久方町　ひがしひさかたちょう　群馬県桐生市
東久代　ひがしくしろ　兵庫県川西市
東久宝寺　ひがしきゅうほうじ　大阪府八尾市
東久保　ひがしくぼ　埼玉県ふじみ野市
東久保町
　ひがしくぼちょう　神奈川県横浜市西区
　ひがしくぼちょう　三重県松阪市
　ひがしくぼちょう　奈良県御所市
　ひがしくぼちょう　広島県尾道市
東久根別　ひがしくねべつ　北海道（道南いさりび鉄
　道線）
東久留米　ひがしくるめ　東京都（西武鉄道池袋線）
東久留米市　ひがしくるめし　東京都
東久野本　ひがしくのもと　山形県天童市
東千代田　ひがしちよだ　静岡県静岡市葵区
東千本町　ひがしせんぼんちょう　京都府京都市上
　京区
東千田　ひがしせんだ　福島県白河市
東千田町　ひがしせんだまち　広島県広島市中区
東千石　ひがしせんごく　福島県会津若松市
東千石町　ひがしせんごくちょう　鹿児島県鹿児島市
東千葉
　ひがしちば　　千葉県（JR総武本線）
　ひがしちば　　千葉県千葉市中央区
東千福町　ひがしせんぷくちょう　福井県越前市
東千種台　ひがしちくさだい　愛知県名古屋市千種区
東口道下　ひがしぐちみちした　宮城県刈田郡七ケ
　宿町

東口道上　ひがしぐちみちうえ　宮城県刈田郡七ケ
　宿町
東土手　ひがしどて　山口県柳井市
東土古町　ひがしどんごちょう　愛知県名古屋市港区
東土居　ひがしどい　高知県長岡郡大豊町
東土堂町　ひがしつちどうちょう　広島県尾道市
東土御門町　ひがしつちみかどちょう　京都府京都市
　上京区
東士狩　ひがししかり　北海道河東郡音更町
東大久手町　ひがしおおくてちょう　愛知県尾張旭市
東大久保
　ひがしおおくぼ　埼玉県富士見市
　ひがしおおくぼ　富山県富山市
東大久保町　ひがしおおくぼちょう　長崎県佐世保市
東大小路町　ひがしおおしょうじちょう　鹿児島県薩
　摩川内市
東大山　ひがしおおやま　茨城県結城郡八千代町
東大工町
　ひがしだいくちょう　京都府京都市下京区
　ひがしだいくまち　徳島県徳島市
東大井
　ひがしおおい　東京都品川区
　ひがしおおい　和歌山県紀の川市
東大円　ひがしだいえん　愛知県犬山市
東大友　ひがしおおとも　神奈川県小田原市
東大友町　ひがしおおどもちょう　愛知県岡崎市
東大戸　ひがしおおど　岡山県笠岡市
東大手　ひがしおおて　愛知県（名古屋鉄道瀬戸線）
東大手町　ひがしおおてちょう　京都府京都市伏見区
東大文字町
　ひがしだいもんじちょう　京都府京都市中京区
　ひがしだいもんじちょう　京都府京都市伏見区
東大月　ひがしおおつき　福井県大野市
東大矢知町　ひがしおおやちちょう　愛知県半田市
東大寺　とうだいじ　大阪府三島郡島本町
東大成町　ひがしおおなりちょう　埼玉県さいたま市
　北区
東大曲町　ひがしおおまがりちょう　静岡県静岡市清
　水区
東大池　ひがしおおいけ　兵庫県神戸市北区
東大竹　ひがしおおだけ　神奈川県伊勢原市
東大更　ひがしおおぶけ　岩手県（JR花輪線）
東大利　ひがしおおり　福岡県大野城市
東大利町　ひがしおおとしちょう　大阪府寝屋川市
東大杉町　ひがしおおすぎちょう　愛知県名古屋市
　北区
東大村　ひがしおおむら　長崎県大村市
東大沢　ひがしおおさわ　埼玉県越谷市
東大町
　ひがしおおまち　北海道赤平市
　ひがしおおまち　山形県酒田市
東大見町　ひがしおおみちょう　愛知県豊田市
東大谷
　ひがしおおだに　和歌山県有田郡有田川町
　ひがしおおたに　福岡県北九州市戸畑区
東大阪市　ひがしおおさかし　大阪府
東大味町　ひがしおおみちょう　福井県福井市
東大和市
　ひがしやまとし　東京都（西武鉄道拝島線）
　ひがしやまとし　東京都

719

8画（東）

東大和田
 ひがしおおわだ　千葉県市川市
 ひがしおおわだ　千葉県富津市
東大和田町　ひがしおおわだちょう　茨城県牛久市
東大和町
 ひがしやまとちょう　栃木県那須塩原市
 ひがしやまとまち　山口県下関市
東大奈路　ひがしおおなろ　高知県高岡郡四万十町
東大林町　ひがしおおばやしちょう　愛知県豊田市
東大沼
 ひがしおおぬま　北海道亀田郡七飯町
 ひがしおおぬま　福島県白河市
 ひがしおおぬま　茨城県稲敷市
 ひがしおおぬま　埼玉県深谷市
 ひがしおおぬま　神奈川県相模原市南区
東大沼町　ひがしおおぬまちょう　茨城県日立市
東大物町　ひがしだいもつちょう　兵庫県尼崎市
東大門　ひがしだいもん　埼玉県さいたま市緑区
東大前　とうだいまえ　東京都（東京地下鉄南北線）
東大垣　ひがしおおがき　岐阜県（樽見鉄道線）
東大室町　ひがしおおむろまち　群馬県前橋市
東大洲　ひがしおおず　愛媛県大洲市
東大泉　ひがしおおいずみ　東京都練馬区
東大畑
 ひがしおおはた　宮城県白石市
 ひがしおおはた　福島県石川郡浅川町
東大畑通　ひがしおおはたどおり　新潟県新潟市中央区
東大宮
 ひがしおおみや　埼玉県（JR東北本線）
 ひがしおおみや　埼玉県さいたま市見沼区
 ひがしおおみや　宮崎県宮崎市
東大島
 ひがしおおしま　茨城県ひたちなか市
 ひがしおおしま　栃木県真岡市
 ひがしおおじま　東京都（東京都交通局新宿線）
東大島町
 ひがしおおしまちょう　愛知県豊田市
 ひがしおおしままち　佐賀県唐津市
東大栗町　ひがしおおぐりちょう　愛媛県松山市
東大通
 ひがしおおどおり　山形県米沢市
 ひがしおおどおり　新潟県新潟市中央区
 ひがしおおどおり　新潟県佐渡市
東大高　ひがしおおだか　愛知県知多郡武豊町
東大堀　ひがしおおほり　大分県宇佐市
東大崎
 ひがしおおさき　宮城県（JR陸羽東線）
 ひがしおおさき　新潟県三条市
東大曽根町　ひがしおおぞねちょう　愛知県名古屋市東区
東大曽根町上　ひがしおおぞねちょうかみ　愛知県名古屋市北区
東大清水　ひがしおおしみず　福島県伊達郡川俣町
東大清水町　ひがしおおしみずちょう　愛知県豊橋市
東大淀　ひがしおおよど　宮城県宮崎市
東大淀町　ひがしおおいずちょう　三重県伊勢市
東大野
 ひがしおおの　青森県青森市
 ひがしおおの　茨城県水戸市
東大野田　ひがしおおのだ　宮城県仙台市太白区

東大黒町　ひがしだいこくちょう　京都府京都市伏見区
東大場　ひがしだいば　静岡県三島市
東大塚
 ひがしおおつか　山形県東置賜郡川西町
 ひがしおおつか　埼玉県比企郡川島町
東大塚町　ひがしおおつかまち　熊本県人吉市
東大森　ひがしおおもり　富山県中新川郡立山町
東大道
 ひがしだいどう　福井県南条郡南越前町
 ひがしおおみち　大分県大分市
東大道町山の内　ひがしだいどうちょうやまのうち　愛知県尾張旭市
東大道町原田　ひがしだいどうちょうはらた　愛知県尾張旭市
東大道町曽我廻間　ひがしだいどうちょうそがさま　愛知県尾張旭市
東大隅　ひがしおおすみ　福島県伊達郡桑折町
東大僧　ひがしおおそう　愛知県知多市
東大滝　ひがしおおたき　長野県下高井郡野沢温泉村
東大路　ひがしおおろ　鳥取県鳥取市
東大路町　ひがしおおじちょう　大阪府岸和田市
東大輪　ひがしおおわ　埼玉県久喜市
東大橋
 ひがしおおはし　茨城県石岡市
 ひがしおおはし　福岡県行橋市
東大館　ひがしおおだて　秋田県（JR花輪線）
東大瀬　ひがしおおせ　秋田県能代市
東子飼町　ひがしこかいまち　熊本県熊本市中央区
東小二里町　ひがしこにりちょう　和歌山県和歌山市
東小丸山　ひがしこまるやま　福島県白河市
東小川
 ひがしおがわ　群馬県利根郡片品村
 ひがしおがわ　埼玉県比企郡小川町
 ひがしこがわ　静岡県焼津市
東小川町　ひがしおがわちょう　千葉県銚子市
東小田　ひがしおだ　福岡県朝倉郡筑前町
東小田原町　ひがしおだわらちょう　愛知県豊橋市
東小石町　ひがしこいしまち　福岡県北九州市若松区
東小吉　ひがしこよし　新潟県新潟市西蒲区
東小池町　ひがしこいけちょう　愛知県豊橋市
東小羽山町　ひがしおばやまちょう　山口県宇部市
東小串　ひがしこぐし　山口県宇部市
東小来川　ひがしおころがわ　栃木県日光市
東小谷ケ丘　ひがしこたにがおか　京都府福知山市
東小岩　ひがしこいわ　東京都江戸川区
東小松川　ひがしこまつがわ　東京都江戸川区
東小物座町　ひがしこものざちょう　京都府京都市東山区
東小金井　ひがしこがねい　東京都（JR中央本線）
東小保方町　ひがしおぼかたちょう　群馬県伊勢崎市
東小俣　ひがしおまた　富山県富山市
東小室　ひがしおもろ　石川県羽咋郡志賀町
東小屋　ひがしこや　栃木県那須塩原市
東小泉
 ひがしこいずみ　群馬県（東武鉄道小泉線）
 ひがしこいずみ　群馬県邑楽郡大泉町
東小倉　ひがしおぐら　神奈川県川崎市幸区
東小原　ひがしおばら　福島県喜多方市

8画（東）

東小島　ひがしこじま　静岡県磐田市
東小島町　ひがしこしままち　長崎県長崎市
東小浜　ひがしおばま　福井県（JR小浜線）
東小浜町　ひがしこはまちょう　愛知県豊橋市
東小笹　ひがしこざさ　千葉県匝瑳市
東小鹿　ひがしおしか　鳥取県東伯郡三朝町
東小路　ひがしこうじ　宮城県白石市
東小路町　ひがしこうじまち　長崎県諫早市
東小諸
　　ひがしこもろ　長野県（JR小海線）
　　ひがしこもろ　長野県小諸市
東小橋　ひがしおばせ　大阪府大阪市東成区
東小磯　ひがしこいそ　神奈川県中郡大磯町
東小鷹野　ひがしおだかの　愛知県豊橋市
東山
　　ひがしやま　北海道（JR函館本線）
　　ひがしやま　北海道函館市
　　ひがしやま　北海道旭川市
　　ひがしやま　北海道岩見沢市
　　ひがしやま　北海道富良野市
　　ひがしやま　北海道松前郡松前町
　　ひがしやま　北海道檜山郡江差町
　　ひがしやま　北海道虻田郡ニセコ町
　　ひがしやま　北海道岩内郡岩内町
　　ひがしやま　北海道空知郡上砂川町
　　ひがしやま　北海道雨竜郡秩父別町
　　ひがしやま　岩手県盛岡市
　　ひがしやま　福島県石川郡平田村
　　ひがしやま　千葉県柏市
　　ひがしやま　東京都目黒区
　　ひがしやま　新潟県新潟市西区
　　ひがしやま　新潟県東蒲原郡阿賀町
　　ひがしやま　富山県魚津市
　　ひがしやま　石川県金沢市
　　ひがしやま　石川県鳳珠郡穴水町
　　ひがしやま　福井県大野市
　　ひがしやま　福井県あわら市
　　ひがしやま　長野県小諸市
　　ひがしやま　長野県中野市
　　ひがしやま　岐阜県多治見市
　　ひがしやま　岐阜県関市
　　ひがしやま　岐阜県各務原市
　　ひがしやま　静岡県磐田市
　　ひがしやま　静岡県掛川市
　　ひがしやま　静岡県御殿場市
　　ひがしやま　愛知県日進市
　　ひがしやま　愛知県長久手市
　　ひがしやま　京都府（京都市交通局東西線）
　　ひがしやま　大阪府堺市中区
　　ひがしやま　大阪府枚方市
　　ひがしやま　大阪府河内郡河南町
　　ひがしやま　兵庫県姫路市
　　ひがしやま　兵庫県三田市
　　ひがしやま　奈良県（近畿日本鉄道生駒線）
　　ひがしやま　奈良県高市郡明日香村
　　ひがしやま　和歌山県田辺市
　　ひがしやま　岡山県（岡山電気軌道東山本線）
　　ひがしやま　岡山県岡山市中区
　　ひがしやま　広島県安芸郡熊野町
　　ひがしやま　山口県山口市
　　ひがしやま　徳島県三好郡東みよし町
　　ひがしやま　香川県東かがわ市
　　ひがしやま　福岡県北九州市八幡東区

　　ひがしやま　佐賀県唐津市
東山一区　ひがしやまいっく　大分県別府市
東山二区　ひがしやまにく　大分県別府市
東山中町　ひがしやまなかまち　石川県珠洲市
東山元町　ひがしやまもとまち　愛知県名古屋市千
　　種区
東山公園
　　ひがしやまこうえん　愛知県（名古屋市交通局東山
　　線）
　　ひがしやまこうえん　鳥取県（JR山陰本線）
東山内　ひがしやまのうち　岡山県岡山市北区
東山区　ひがしやまく　京都府京都市
東山手町
　　ひがしやまてちょう　徳島県徳島市
　　ひがしやまてまち　長崎県長崎市
東山代　ひがしやましろ　佐賀県（松浦鉄道西九州線）
東山代町大久保　ひがしやましろちょうおおくぼ　佐賀
　　県伊万里市
東山代町川内野　ひがしやましろちょうかわちの　佐賀
　　県伊万里市
東山代町天神　ひがしやましろちょうてんじん　佐賀県
　　伊万里市
東山代町日尾　ひがしやましろちょうひお　佐賀県伊
　　万里市
東山代町里　ひがしやましろちょうさと　佐賀県伊万
　　里市
東山代町東大久保　ひがしやましろちょうひがしおおく
　　ぼ　佐賀県伊万里市
東山代町長浜　ひがしやましろちょうながはま　佐賀県
　　伊万里市
東山代町浦川内　ひがしやましろちょううらがわち　佐
　　賀県伊万里市
東山代町脇野　ひがしやましろちょうわきの　佐賀県伊
　　万里市
東山代町滝川内　ひがしやましろちょうたきがわち　佐
　　賀県伊万里市
東山北　ひがしやまきた　神奈川県（JR御殿場線）
東山台
　　ひがしやまだい　愛知県みよし市
　　ひがしやまだい　兵庫県西宮市
東山本町　ひがしやまもとちょう　大阪府八尾市
東山本新町　ひがしやまもとしんまち　大阪府八尾市
東山田
　　ひがしやまた　茨城県古河市
　　ひがしやまだ　栃木県小山市
　　ひがしやまた　神奈川県（横浜市交通局グリーンラ
　　イン）
　　ひがしやまた　神奈川県横浜市都筑区
　　ひがしやまだ　長野県諏訪郡下諏訪町
　　ひがしやまだ　和歌山県紀の川市
　　ひがしやまだ　福岡県遠賀郡岡垣町
東山田町
　　ひがしやまたちょう　神奈川県横浜市都筑区
　　ひがしやまだまち　石川県加賀市
東山形　ひがしやまがた　山形県山形市
東山町
　　ひがしやまちょう　北海道函館市
　　ひがしやまちょう　北海道岩見沢市
　　ひがしやまちょう　北海道士別市
　　ひがしやまちょう　北海道十勝郡浦幌町
　　ひがしやまちょう　東京都板橋区
　　ひがしやままち　石川県七尾市

721

8画（東）

ひがしやままち　石川県小松市
ひがしやままち　石川県輪島市
ひがしやままち　岐阜県高山市
ひがしやまちょう　愛知県名古屋市守山区
ひがしやまちょう　愛知県瀬戸市
ひがしやまちょう　愛知県春日井市
ひがしやまちょう　愛知県碧南市
ひがしやまちょう　愛知県豊田市
ひがしやまちょう　愛知県尾張旭市
ひがしやまちょう　京都府綾部市
ひがしやまちょう　大阪府池田市
ひがしやまちょう　大阪府東大阪市
ひがしやまちょう　兵庫県神戸市兵庫区
ひがしやまちょう　兵庫県明石市
ひがしやまちょう　兵庫県芦屋市
ひがしやまちょう　奈良県生駒市
ひがしやまちょう　鳥取県米子市
ひがしやまちょう　広島県広島市東区
ひがしやまちょう　山口県周南市
ひがしやままち　愛媛県松山市
ひがしやままち　高知県南国市
ひがしやまちょう　長崎県佐世保市

東山町田河津　ひがしやまちょうたこうづ　岩手県一関市
東山町石山　ひがしやままちいしやま　福島県会津若松市
東山町松川　ひがしやまちょうまつかわ　岩手県一関市
東山町長坂　ひがしやまちょうながさか　岩手県一関市
東山町湯川　ひがしやままちゆがわ　福島県会津若松市
東山町湯本　ひがしやままちゆもと　福島県会津若松市
東山科町　ひがしやましなちょう　千葉県千葉市緑区
東山通　ひがしやまとおり　愛知県名古屋市千種区
東山崎町　ひがしやまさきちょう　香川県高松市
東山梨　ひがしやまなし　山梨県（JR中央本線）
東山路町　ひがしやまじちょう　愛知県瀬戸市
東川
ひがしかわ　北海道寿都郡黒松内町
ひがしかわ　北海道苫前郡苫前町
ひがしかわ　北海道新冠郡新冠町
ひがしかわ　秋田県大仙市
うのがわ　奈良県吉野郡川上村
ひがしかわ　愛媛県上浮穴郡久万高原町
ひがしかわ　高知県高岡郡檮原町
東川上町　ひがしかわかみちょう　福井県福井市
東川口
ひがしかわぐち　埼玉県（JR武蔵野線ほか）
ひがしかわぐち　埼玉県川口市
ひがしかわぐち　新潟県長岡市
東川口町　ひがしかわぐちちょう　広島県福山市
東川内　ひがしかわうち　新潟県胎内市
東川手　ひがしかわて　岐阜県岐阜市
東川北　ひがしかわきた　宮崎県えびの市
東川辺　ひがしかわなべ　兵庫県神崎郡市川町
東川町
ひがしかわちょう　北海道函館市
ひがしかわちょう　北海道釧路市
ひがしかわちょう　北海道上川郡
ひがしかわちょう　滋賀県近江八幡市
ひがしかわまち　愛媛県松山市
東川角　ひがしかわづの　高知県高岡郡四万十町

東川前丙　ひがしかわまえへい　福島県河沼郡会津坂下町
東川面　ひがしかわも　岡山県小田郡矢掛町
東川原
ひがしかわら　福島県大沼郡会津美里町
ひがしかわはら　福島県西白河郡矢吹町
ひがしかわら　新潟県糸魚川市
ひがしかわはら　和歌山県紀の川市
ひがしかわら　岡山県岡山市中区
東川原田　ひがしかわらだ　福島県喜多方市
東川原石町　ひがしかわらいしちょう　広島県呉市
東川原町
ひがしかわらまち　石川県羽咋市
ひがしかわらちょう　京都府京都市東山区
東川島町　ひがしかわしまちょう　神奈川県横浜市保土ケ谷区
東川崎町　ひがしかわさきちょう　兵庫県神戸市中央区
東川登町永野　ひがしかわのぼりちょうながの　佐賀県武雄市
東川登町袴野　ひがしかわのぼりちょうはかまの　佐賀県武雄市
東川端町　ひがしかわばたちょう　愛知県豊田市
東川頭町　ひがしかわがしらまち　福岡県北九州市八幡西区
東工業団地　ひがしこうぎょうだんち　福島県白河市
東工業前　ひがしこうぎょうまえ　高知県（とさでん交通ごめん線）
東弓削　ひがしゆげ　大阪府八尾市
[4] **東中**
ひがしなか　北海道標津郡中標津町
ひがしなか　千葉県東金市
ひがしなか　新潟県新潟市西蒲区
ひがしなか　新潟県糸魚川市
ひがしなか　新潟県魚沼市
ひがしなか　富山県砺波市
ひがしなか　福井県大野市
ひがしなか　静岡県下田市
ひがしなか　奈良県大和高田市
ひがしなか　奈良県吉野郡十津川村
ひがしなか　和歌山県有田郡広川町
東中ノ町　ひがしなかのまち　京都府福知山市
東中の口町　ひがしなかのくちまち　山形県酒田市
東中山
ひがしなかやま　千葉県（京成電鉄京成本線）
ひがしなかやま　千葉県船橋市
ひがしなかやま　兵庫県佐用郡佐用町
東中山町
ひがしなかやまちょう　愛知県豊田市
ひがしなかやまちょう　長崎県平戸市
東中川町　ひがしなかがわまち　富山県高岡市
東中才　ひがしなかさい　宮城県気仙沼市
東中央
ひがしちゅうおう　福島県福島市
ひがしちゅうおう　千葉県木更津市
ひがしちゅうおう　広島県呉市
東中央町
ひがしちゅうおうちょう　岡山県（岡山電気軌道清輝橋線）
ひがしちゅうおうちょう　岡山県岡山市北区
東中央通り　ひがしちゅうおうどうり　長野県飯田市
東中本　ひがしなかもと　大阪府大阪市東成区

8画（東）

東中田　ひがしなかだ　宮城県仙台市太白区
東中地　ひがしなかじ　愛知県弥富市
東中地町　ひがしなかじちょう　愛知県津島市
東中江　ひがしなかえ　富山県南砺市
東中尾町　ひがしなかおまち　石川県輪島市
東中条町　ひがしちゅうじょうちょう　大阪府茨木市
東中沢
　　ひがしなかざわ　秋田県由利本荘市
　　ひがしなかざわ　千葉県鎌ケ谷市
東中町　ひがしなかちょう　福井県大野市
東中谷　ひがしなかんたに　石川県鳳珠郡穴水町
東中里　ひがしなかさと　宮城県石巻市
東中里町　ひがしなかさとまち　群馬県高崎市
東中延　ひがしなかのぶ　東京都品川区
東中津　ひがしなかつ　大分県（JR日豊本線）
東中神　ひがしなかがみ　東京都（JR青梅線）
東中原　ひがしなかはら　神奈川県平塚市
東中島
　　ひがしなかじま　千葉県東金市
　　ひがしなかじま　新潟県新潟市東区
　　ひがしなかじま　新潟県上越市
　　ひがしなかじま　岐阜県岐阜市
　　ひがしなかじま　大阪府大阪市東淀川区
東中島町
　　ひがしなかじまちょう　愛知県名古屋市中川区
　　ひがしなかじまちょう　岡山県岡山市中区
東中振　ひがしなかぶり　大阪府枚方市
東中浜　ひがしなかはま　大阪府大阪市城東区
東中通　ひがしなかどおり　新潟県新潟市中央区
東中貫町　ひがしなかぬきまち　茨城県土浦市
東中野
　　ひがしなかの　岩手県盛岡市
　　ひがしなかの　埼玉県春日部市
　　ひがしなかの　東京都（JR中央本線ほか）
　　ひがしなかの　東京都中野区
　　ひがしなかの　東京都八王子市
　　ひがしなかの　福井県大野市
東中野山　ひがしなかのやま　新潟県新潟市東区
東中野町
　　ひがしなかのちょう　岩手県盛岡市
　　ひがしなかのまち　富山県富山市
　　ひがしなかのちょう　滋賀県東近江市
東中野俣　ひがしなかのまた　新潟県長岡市
東中野新　ひがしなかのしん　富山県中新川郡立山町
東中富　ひがしなかとみ　徳島県板野郡藍住町
東中間
　　ひがしなかま　福岡県（筑豊電気鉄道線）
　　ひがしなかま　福岡県中間市
東中新宿　ひがしなかしんじゅく　千葉県柏市
東丹生図　ひがしにゅうのず　和歌山県有田郡有田川町
東之川　ひがしのかわ　愛媛県西条市
東之町　ひがしのちょう　京都府京都市下京区
東之阪町　ひがしのさかちょう　奈良県奈良市
東之門町　ひがしのもんちょう　長野県飯野市
東予　とうよ　北海道雨竜郡沼田町
東井上　ひがしいね　奈良県磯城郡田原本町
東井戸堂町　ひがしいどどうちょう　奈良県天理市
東五十子　ひがしいかつこ　埼玉県本庄市
東五十里　ひがしいかり　富山県下新川郡入善町

東五反田　ひがしごたんだ　東京都品川区
東五代　ひがしごだい　岩手県一関市
東五百住町　ひがしよすみちょう　大阪府高槻市
東五条
　　ひがしごじょう　北海道旭川市
　　ひがしごじょう　北海道士別市
　　ひがしごじょう　北海道天塩郡豊富町
　　ひがしごじょう　北海道河西郡芽室町
東五条北
　　ひがしごじょうきた　北海道美唄市
　　ひがしごじょうきた　北海道士別市
　　ひがしごじょうきた　北海道名寄市
　　ひがしごじょうきた　北海道砂川市
　　ひがしごじょうきた　北海道中川郡美深町
　　ひがしごじょうきた　北海道標津郡中標津町
東五条南
　　ひがしごじょうみなみ　北海道帯広市
　　ひがしごじょうみなみ　北海道美唄市
　　ひがしごじょうみなみ　北海道名寄市
　　ひがしごじょうみなみ　北海道砂川市
　　ひがしごじょうみなみ　北海道河西郡中札内村
　　ひがしごじょうみなみ　北海道標津郡中標津町
東五所　ひがしごしょ　千葉県市原市
東五城　ひがしいつしろ　愛知県一宮市
東五軒町　ひがしごけんちょう　東京都新宿区
東五番町　ひがしごばんちょう　青森県十和田市
東五線　ひがしごせん　北海道上川郡東神楽町
東今小路町　ひがしいまこうじちょう　京都府京都市上京区
東今在家　ひがしいまざいけ　鳥取県鳥取市
東今町
　　ひがしいままち　新潟県見附市
　　ひがしいまちょう　京都府京都市上京区
東今里　ひがしいまざと　大阪府大阪市東成区
東今泉
　　ひがしいまいずみ　栃木県宇都宮市
　　ひがしいまいずみ　千葉県香取郡東庄町
東今泉町
　　ひがしいまいずみちょう　群馬県太田市
　　ひがしいまいずみちょう　福井県福井市
東今宿　ひがしいまじゅく　兵庫県姫路市
東今崎町　ひがしいまさきちょう　滋賀県東近江市
東仁井令町　ひがしにいりょうちょう　山口県防府市
東元町
　　ひがしもとまち　東京都国分寺市
　　ひがしもとまち　広島県尾道市
東元浜荻飛地　ひがしもとはまおぎとびち　千葉県鴨川市
東公園　ひがしこうえん　福岡県福岡市博多区
東公園台　ひがしこうえんだい　福岡県糟屋郡志免町
東六月町　ひがしろくがつちょう　東京都足立区
東六条
　　ひがしろくじょう　北海道旭川市
　　ひがしろくじょう　北海道士別市
　　ひがしろくじょう　北海道天塩郡豊富町
　　ひがしろくじょう　北海道河西郡芽室町
東六条北
　　ひがしろくじょうきた　北海道美唄市
　　ひがしろくじょうきた　北海道士別市
　　ひがしろくじょうきた　北海道名寄市
　　ひがしろくじょうきた　北海道砂川市

723

8画（東）

ひがしろくじょうきた　北海道中川郡美深町
ひがしろくじょうきた　北海道標津郡中標津町
東六条南
ひがしろくじょうみなみ　北海道帯広市
ひがしろくじょうみなみ　北海道美唄市
ひがしろくじょうみなみ　北海道名寄市
ひがしろくじょうみなみ　北海道砂川市
ひがしろくじょうみなみ　北海道中川郡美深町
ひがしろくじょうみなみ　北海道河西郡芽室町
ひがしろくじょうみなみ　北海道標津郡中標津町
東六郷　ひがしろくごう　東京都大田区
東六番丁　ひがしろくばんちょう　宮城県仙台市宮城野区
東六番町　ひがしろくばんちょう　青森県十和田市
東六線　ひがしろくせん　北海道（JR宗谷本線）
東円堂　とうえんどう　滋賀県愛知郡愛荘町
東内　ひがしうち　長野県上田市
東内郡　ひがしうちごおり　福井県丹生郡越前町
東内野　ひがしうちの　埼玉県川口市
東刈谷　ひがしかりや　愛知県（JR東海道本線）
東刈谷町　ひがしかりやちょう　愛知県刈谷市
東分
ひがしぶん　香川県綾歌郡宇多津町
ひがしぶん　香川県綾歌郡綾川町
東分木町　ひがしぶんきちょう　京都府京都市東山区
東区
ひがしく　北海道札幌市
ひがしく　新潟県新潟市
ひがしく　長野県小諸市
ひがしく　静岡県浜松市
ひがしく　愛知県名古屋市
ひがしく　大阪府堺市
ひがしく　岡山県岡山市
ひがしく　広島県広島市
ひがしく　福岡県福岡市
ひがしく　熊本県熊本市
ひがしく　鹿児島県大島郡与論町
東区役所前　ひがしくやくしょまえ　北海道（札幌市交通局東豊線）
東太一丸　ひがしたいちまる　三重県桑名市
東太子　ひがしたいし　大阪府八尾市
東太田
ひがしおおだ　千葉県木更津市
ひがしおおた　新潟県燕市
ひがしおおだ　大阪府茨木市
東太田沢　ひがしおおたさわ　青森県上北郡野辺地町
東太閤山　ひがしたいこうやま　富山県射水市
東天下茶屋　ひがしてんがちゃや　大阪府（阪堺電気軌道上町線）
東天川　ひがしあまがわ　大阪府高槻市
東天王町　ひがしてんのうちょう　愛知県半田市
東天田町　ひがしあまだちょう　福井県福井市
東天秤町　ひがしてんびんちょう　京都府京都市上京区
東天満　ひがしてんま　大阪府大阪市北区
東天間館　ひがしてんまだて　青森県上北郡七戸町
東屯田通　ひがしとんでんどおり　北海道（札幌市交通局山鼻線）
東心斎橋　ひがししんさいばし　大阪府大阪市中央区
東戸田　ひがしとだ　栃木県那須郡那珂川町
東戸倉　ひがしとくら　東京都国分寺市

東戸祭　ひがしとまつり　栃木県宇都宮市
東戸塚　ひがしとつか　神奈川県（JR横須賀線）
東戸蔦　ひがしとつた　北海道河西郡中札内村
東手城町　ひがしてしろちょう　広島県福山市
東文京区　ひがしぶんきょうちょう　北海道赤平市
東斗満　ひがしとまむ　北海道足寄郡陸別町
東方
ひがしがた　埼玉県深谷市
ひがしかた　三重県桑名市
ひがしかた　宮崎県小林市
ひがしかた　鹿児島県指宿市
東方町
ひがしがたちょう　埼玉県深谷市
ひがしがたちょう　神奈川県横浜市都筑区
ひがしがたまち　愛媛県松山市
東日本橋
ひがしにほんばし　東京都（東京都交通局浅草線）
ひがしにほんばし　東京都中央区
東日吉町　ひがしひよしちょう　岐阜県関市
東日笠　ひがしひかさ　千葉県君津市
東日野　ひがしひの　三重県四日市市
東日野町　ひがしひのちょう　三重県四日市市
東日野殿町　ひがしひのどのちょう　京都府京都市上京区
東日暮里　ひがしにっぽり　東京都荒川区
東月隈　ひがしつきぐま　福岡県福岡市博多区
東木之部　ひがしきのべ　兵庫県篠山市
東木代町　ひがしきのしろまち　栃木県宇都宮市
東木辻町　ひがしきつじちょう　奈良県奈良市
東木倉　ひがしきのくら　茨城県那珂市
東比恵
ひがしひえ　福岡県（福岡市交通局空港線）
ひがしひえ　福岡県福岡市博多区
東毛　とうげ　和歌山県紀の川市
東毛呂　ひがしもろ　埼玉県（東武鉄道越生線）
東水元　ひがしみずもと　東京都葛飾区
東水切町　ひがしみずきりちょう　愛知県名古屋市北区
東水戸　ひがしみと　茨城県（鹿島臨海鉄道大洗鹿島線）
東水町　ひがしみずまち　福岡県北九州市小倉南区
東水沼　ひがしみずぬま　栃木県芳賀郡芳賀町
東水巻　ひがしみずまき　福岡県（JR筑豊本線）
東片上　ひがしかたかみ　岡山県備前市
東片山町　ひがしかたやまちょう　広島県呉市
東片町
ひがしかたまち　京都府京都市中京区
ひがしかたまち　熊本県八代市
東片貝町
ひがしかたかいまち　群馬県前橋市
ひがしかたかいまち　新潟県長岡市
東片岡　ひがしかたおか　岡山県岡山市東区
東片草　ひがしかたくさ　愛知県犬山市
東片添町　ひがしかたそえちょう　大阪府河内長野市
東片端町　ひがしかたはまち　愛知県名古屋市東区
東牛谷　ひがしうしがや　茨城県古河市
東王子町　ひがしおうじまち　福岡県北九州市八幡西区
⁵東丘
ひがしおか　北海道士別市

8画（東）

ひがしおか　北海道千歳市
ひがしおか　北海道上川郡和寒町
東主計町　ひがしかずえちょう　滋賀県長浜市
東仙北　ひがしせんぼく　岩手県盛岡市
東仙台
　ひがしせんだい　宮城県（JR東北本線）
　ひがしせんだい　宮城県仙台市宮城野区
東仙房　ひがしせんぼう　岐阜県関市
東仙美里　ひがしせんびり　北海道中川郡本別町
東出
　ひがしで　滋賀県愛知郡愛荘町
　とうで　兵庫県揖保郡太子町
東出来島　ひがしできじま　新潟県新潟市中央区
東出来島町　ひがしできじまちょう　徳島県徳島市
東出町
　ひがしでちょう　岐阜県関市
　ひがしでちょう　愛知県一宮市
　ひがしでまち　兵庫県神戸市兵庫区
東出津町　ひがししつまち　長崎県長崎市
東出雲町　ひがしいずもちょう　⇒松江市（島根県）
東出雲町下意東　ひがしいずもちょうしもいとう　島根県松江市
東出雲町上意東　ひがしいずもちょうかみいとう　島根県松江市
東出雲町今宮　ひがしいずもちょういままや　島根県松江市
東出雲町内馬　ひがしいずもちょううちうま　島根県松江市
東出雲町出雲郷　ひがしいずもちょうあだかえ　島根県松江市
東出雲町春日　ひがしいずもちょうかすが　島根県松江市
東出雲町揖屋　ひがしいずもちょういや　島根県松江市
東出雲町須田　ひがしいずもちょうすた　島根県松江市
東出雲町意宇東　ひがしいずもちょういうひがし　島根県松江市
東出雲町意宇南　ひがしいずもちょういうなん　島根県松江市
東出雲町錦浜　ひがしいずもちょうにしきはま　島根県松江市
東出雲町錦新町　ひがしいずもちょうにしきしんまち　島根県松江市
東加古川　ひがしかこがわ　兵庫県（JR山陽本線）
東加茂　ひがしかも　岐阜県本巣郡北方町
東加賀屋　ひがしかがや　大阪府大阪市住之江区
東加賀野井　ひがしかがのい　愛知県一宮市
東包永町　ひがしかねながちょう　奈良県奈良市
東北　とおぼく　埼玉県新座市
東北ノ川　ひがしきたのかわ　高知県高岡郡四万十町
東北山　ひがしきたやま　山口県周南市
東北沢　ひがしきたざわ　東京都（小田急電鉄小田原線）
東北町　とうほくまち　青森県上北郡
東北野　ひがしきたの　愛知県犬山市
東北福祉大前　とうほくふくしだいまえ　宮城県（JR仙山線）
東半郷　ひがしはんごう　山形県山形市
東古川町　ひがしふるかわまち　長崎県長崎市
東古市　ひがしふるいち　福井県吉田郡永平寺町

東古市町　ひがしふるいちまち　高知県須崎市
東古市場　ひがしふるいちば　神奈川県川崎市幸区
東古佐　ひがしこさ　兵庫県篠山市
東古券　ひがしこけん　愛知県犬山市
東古松　ひがしふるまつ　岡山県岡山市北区
東古松南町　ひがしふるまつみなみまち　岡山県岡山市北区
東古河町　ひがしふるかわちょう　三重県津市
東古泉　ひがしこいずみ　愛媛県伊予郡松前町
東古館　ひがしふるだて　山形県山形市
東古瀬　ひがしこせ　兵庫県加東市
東古瀬戸町　ひがしこせとちょう　愛知県瀬戸市
東台
　とうだい　北海道河東郡士幌町
　とうだい　北海道中川郡池田町
　ひがしだい　岩手県一関市
　ひがしだい　秋田県大館市
　ひがしだい　茨城県水戸市
　ひがしだい　埼玉県本庄市
東台本町　あずまだいほんちょう　千葉県柏市
東台町　ひがしだいちょう　三重県亀山市
東台良町　ひがしだいらまち　福岡県北九州市八幡東区
東四ツ屋　ひがしよつや　新潟県五泉市
東四ツ屋新田　ひがしよつやしんでん　新潟県妙高市
東四つ木　ひがしよつぎ　東京都葛飾区
東四十一条北　ひがしよんじゅういちじょうきた　北海道標津郡中標津町
東四十一条南　ひがしよんじゅういちじょうみなみ　北海道標津郡中標津町
東四十二条北　ひがしよんじゅうにじょうきた　北海道標津郡中標津町
東四十二条南　ひがしよんじゅうにじょうみなみ　北海道標津郡中標津町
東四十条北　ひがしよんじゅうじょうきた　北海道標津郡中標津町
東四十条南　ひがしよんじゅうじょうみなみ　北海道標津郡中標津町
東四王　ひがししおう　長野県諏訪郡下諏訪町
東四条
　ひがししじょう　北海道旭川市
　ひがししじょう　北海道士別市
　ひがししじょう　北海道天塩郡豊富町
　ひがししじょう　北海道網走郡津別町
　ひがししじょう　北海道河西郡芽室町
東四条北
　ひがししじょうきた　北海道帯広市
　ひがししじょうきた　北海道美唄市
　ひがししじょうきた　北海道士別市
　ひがししじょうきた　北海道名寄市
　ひがししじょうきた　北海道砂川市
　ひがししじょうきた　北海道中川郡美深町
　ひがししじょうきた　北海道河西郡中札内村
　ひがししじょうきた　北海道標津郡中標津町
東四条南
　ひがししじょうみなみ　北海道帯広市
　ひがししじょうみなみ　北海道美唄市
　ひがししじょうみなみ　北海道名寄市
　ひがししじょうみなみ　北海道砂川市
　ひがししじょうみなみ　北海道中川郡美深町
　ひがししじょうみなみ　北海道網走郡美幌町
　ひがししじょうみなみ　北海道河西郡芽室町

725

8画（東）

ひがししじょうみなみ　北海道河西郡中札内村
ひがししじょうみなみ　北海道標津郡中標津町
東四番町　ひがしよんばんちょう　青森県十和田市
東四線　ひがしよんせん　北海道上川郡東神楽町
東外町　ひがしそとまち　愛知県清須市
東外側町　ひがしとがわちょう　岐阜県大垣市
東外堀町　ひがしそとぼりちょう　愛知県名古屋市東区
東尻池町　ひがししりいけちょう　兵庫県神戸市長田区
東尻池新町　ひがししりいけしんちょう　兵庫県神戸市長田区
東市布　ひがしいちぬの　福井県大野市
東市来　ひがしいちき　鹿児島県（JR鹿児島本線）
東市来町伊作田　ひがしいちきちょういざくだ　鹿児島県日置市
東市来町寺脇　ひがしいちきちょうてらわき　鹿児島県日置市
東市来町長里　ひがしいちきちょうながさと　鹿児島県日置市
東市来町南神之川　ひがしいちきちょうみなみかみのかわ　鹿児島県日置市
東市来町神之川　ひがしいちきちょうかみのかわ　鹿児島県日置市
東市来町美山　ひがしいちきちょうみやま　鹿児島県日置市
東市来町宮田　ひがしいちきちょうみやた　鹿児島県日置市
東市来町湯田　ひがしいちきちょうゆだ　鹿児島県日置市
東市来町養母　ひがしいちきちょうようぼ　鹿児島県日置市
東市野口　ひがしいちのくち　新潟県上越市
東市場　といちば　福井県小浜市
東市場町　ひがしいちばちょう　岐阜県美濃市
東市瀬町　ひがしいちのせまち　石川県金沢市
東布礼別　ひがしふれべつ　北海道富良野市
東布経丁　ひがしぬのえちょう　和歌山県和歌山市
東平
ひがしだいら　茨城県笠間市
ひがしだいら　埼玉県東松山市
とうへい　大阪府大阪市中央区
東平山　ひがしひらやま　東京都日野市
東平井　ひがしひらい　群馬県藤岡市
東平地　ひがしひらち　愛知県長久手市
東平尾　ひがしひらお　福岡県福岡市博多区
東平尾公園　ひがしひらおこうえん　福岡県福岡市博多区
東平町　ひがしだいらちょう　福井県福井市
東平松　ひがしひらまつ　静岡県磐田市
東平原　ひがしひらばら　山口県宇部市
東平島　ひがしひらじま　岡山県岡山市東区
東平野町　ひがしひらのちょう　京都府福知山市
東平塚　ひがしひらつか　茨城県つくば市
東平塚町　ひがしひらつかちょう　広島県広島市中区
東平賀　ひがしひらが　千葉県松戸市
東広内町　ひがしひろうちちょう　群馬県館林市
東広津　ひがしひろつ　長野県東筑摩郡生坂村
東広島　ひがしひろしま　広島県（JR山陽新幹線ほか）

東広島市　ひがしひろしまし　広島県
東広瀬町　ひがしひろせちょう　愛知県豊田市
東弁分乙　ひがしべんぶんおつ　宮崎県日南市
東弁分甲　ひがしべんぶんこう　宮崎県日南市
東弁財　ひがしべんざい　埼玉県朝霞市
東札幌　ひがしさっぽろ　北海道（札幌市交通局東西線）
東札幌一条　ひがしさっぽろいちじょう　北海道札幌市白石区
東札幌二条　ひがしさっぽろにじょう　北海道札幌市白石区
東札幌三条　ひがしさっぽろさんじょう　北海道札幌市白石区
東札幌五条　ひがしさっぽろごじょう　北海道札幌市白石区
東札幌六条　ひがしさっぽろろくじょう　北海道札幌市白石区
東札幌四条　ひがしさっぽろしじょう　北海道札幌市白石区
東本小路　ひがしほんこうじ　宮崎県延岡市
東本地ケ原町　ひがしほんじがはらちょう　愛知県尾張旭市
東本地町　ひがしほんじちょう　愛知県瀬戸市
東本庄
ひがしほんじょう　兵庫県三田市
ひがしほんじょう　和歌山県日高郡みなべ町
東本成寺　ひがしほんじょうじ　新潟県三条市
東本別　ひがしほんべつ　北海道中川郡本別町
東本町
ひがしほんちょう　山形県天童市
ひがしほんちょう　茨城県古河市
ひがしほんちょう　茨城県高萩市
ひがしほんちょう　茨城県ひたちなか市
ひがしほんまち　群馬県伊勢崎市
ひがしほんまち　群馬県太田市
ひがしほんちょう　千葉県千葉市中央区
ひがしほんちょう　東京都東久留米市
ひがしほんちょう　新潟県新潟市江南区
ひがしほんちょう　新潟県柏崎市
ひがしほんちょう　新潟県五泉市
ひがしほんちょう　新潟県上越市
ひがしほんちょう　新潟県胎内市
ひがしほんちょう　静岡県三島市
ひがしほんちょう　愛知県瀬戸市
ひがしほんまち　愛知県半田市
ひがしほんまち　京都府福知山市
ひがしほんまち　大阪府八尾市
ひがしほんまち　兵庫県尼崎市
ひがしほんまち　兵庫県小野市
ひがしほんまち　鳥取県境港市
ひがしほんまち　島根県松江市
ひがしほんまち　広島県庄原市
ひがしほんまち　山口県宇部市
ひがしほんまち　福岡県北九州市門司区
ひがしほんまち　長崎県諫早市
ひがしほんまち　長崎県大村市
ひがしほんまち　熊本県熊本市東区
ひがしほんまち　大分県中津市
ひがしほんまち　鹿児島県枕崎市
東本荘
ひがしほんじょう　兵庫県篠山市
ひがしほんじょう　兵庫県加古郡播磨町

8画（東）

東本梅町大内　ひがしほんめちょうおおうち　京都府亀岡市
東本梅町中野　ひがしほんめちょうなかの　京都府亀岡市
東本梅町赤熊　ひがしほんめちょうあかくま　京都府亀岡市
東本梅町松熊　ひがしほんめちょうまつくま　京都府亀岡市
東本梅町東大谷　ひがしほんめちょうひがしおおたに　京都府亀岡市
東本浦町　ひがしほんうらちょう　広島県広島市南区
東本通　ひがしほんどおり　北海道広尾郡大樹町
東本宿　ひがしほんじゅく　埼玉県川越市
東本郷
　ひがしほんごう　埼玉県川口市
　ひがしほんごう　神奈川県横浜市緑区
　ひがしほんごう　岐阜県関市
　ひがしほんごう　静岡県下田市
東本郷町
　ひがしほんごうちょう　神奈川県横浜市緑区
　ひがしほんごうちょう　愛知県岡崎市
東本郷通　ひがしほんごうどおり　岐阜県関市
東本願寺前　ひがしほんがんじまえ　北海道（札幌市交通局山鼻線）
東末広　ひがしすえひろ　愛知県弥富市
東末広町　ひがしすえひろちょう　栃木県鹿沼市
東正和台　ひがしせいわだい　三重県桑名市
東正雀　ひがししょうじゃく　大阪府摂津市
東永山園　ひがしながやまえん　大阪府堺市堺区
東永谷　ひがしながや　神奈川県横浜市港南区
東玉川　ひがしたまがわ　東京都世田谷区
東玉川町　ひがしたまがわちょう　宮城県塩竈市
東玉川学園　ひがしたまがわがくえん　東京都町田市
東玉水町　ひがしたまみずちょう　京都府京都市下京区
東玉出　ひがしたまで　大阪府（阪堺電気軌道阪堺線）
東玉垣町　ひがしたまがきちょう　三重県鈴鹿市
東玉屋町　ひがしたまやちょう　京都府京都市中京区
東玉野　ひがしたまの　福島県相馬市
東瓦町　ひがしかわらちょう　京都府京都市東山区
東甘木　ひがしあまぎ　福岡県（西日本鉄道天神大牟田線）
東生田　ひがしいくた　神奈川県川崎市多摩区
東生見町　ひがしはえみちょう　愛知県半田市
東生洲町　ひがしいけすちょう　京都府京都市中京区
東生馬町　ひがしいくまちょう　島根県松江市
東生駒
　ひがしいこま　奈良県（近畿日本鉄道奈良線）
　ひがしいこま　奈良県生駒市
東生駒月見町　ひがしいこまつきみちょう　奈良県生駒市
東田
　ひがした　山形県山形市
　あずまだ　愛知県（豊橋鉄道東田本線）
　ひがしだ　愛知県長久手市
　ひがしだ　奈良県桜井市
　とうだ　愛媛県新居浜市
　ひがしだ　福岡県北九州市八幡東区
東田子の浦　ひがしたごのうら　静岡県（JR東海道本線）

東田川郡　ひがしたがわぐん　山形県
東田中
　ひがしたなか　宮城県多賀城市
　ひがしたなか　茨城県石岡市
　ひがしたなか　茨城県小美玉市
　ひがしたなか　福井県あわら市
　ひがしたなか　静岡県御殿場市
　ひがしたなか　愛知県小牧市
　ひがしたなか　和歌山県和歌山市
東田中郷町　あずまだなかごうちょう　愛知県豊橋市
東田井　ひがしだい　栃木県芳賀郡益子町
東田井地　ひがしたいじ　岡山県玉野市
東田尻　ひがしたじり　新潟県十日町市
東田平　ひがしたびら　長崎県（松浦鉄道西九州線）
東田辺
　ひがしたなべ　大阪府大阪市東住吉区
　ひがしたなべ　岡山県津山市
東田仲の町　あずまだなかのまち　愛知県豊橋市
東田地方町　ひがしでんぢがたまち　富山県富山市
東田坂上　あずまださかうえ　愛知県（豊橋鉄道東田本線）
東田沢
　ひがしたざわ　青森県東津軽郡平内町
　ひがしたざわ　新潟県十日町市
東田町
　あずまだまち　福島県いわき市
　ひがしたまち　埼玉県川越市
　ひがしだまち　神奈川県川崎市川崎区
　ひがしだまち　静岡県浜松市中区
　あずまだちょう　愛知県豊橋市
　ひがしだちょう　大阪府門真市
　ひがしたまち　山口県萩市
　ひがしたまち　香川県高松市
東田屋新田　ひがしたやしんでん　新潟県妙高市
東田原
　ひがしたわら　神奈川県秦野市
　ひがしたわら　岐阜県関市
　ひがしたわら　三重県名張市
　ひがしたわら　兵庫県神崎郡福崎町
東田宮　ひがしたみや　大阪府枚方市
東田端　ひがしたばた　東京都北区
東由利田代　ひがしゆりたしろ　秋田県由利本荘市
東由利老方　ひがしゆりおいかた　秋田県由利本荘市
東由利杉森　ひがしゆりすぎもり　秋田県由利本荘市
東由利法内　ひがしゆりほうない　秋田県由利本荘市
東由利宿　ひがしゆりじゅく　秋田県由利本荘市
東由利黒渕　ひがしゆりくろぶち　秋田県由利本荘市
東由利蔵　ひがしゆりくら　秋田県由利本荘市
東由利舘合　ひがしゆりたてあい　秋田県由利本荘市
東由岐　ひがしゆき　徳島県海部郡美波町
東白山台　ひがしはくさんだい　青森県八戸市
東白川台　ひがししらかわだい　兵庫県神戸市須磨区
東白川村　ひがししらかわむら　岐阜県加茂郡
東白川郡　ひがししらかわぐん　福島県
東白方　ひがししらかた　香川県仲多度郡多度津町
東白石　ひがししろいし　宮城県（JR東北線）
東白坂町　ひがししらさかちょう　愛知県瀬戸市
東白島町　ひがしはくしまちょう　広島県広島市中区
東白楽　ひがしはくらく　神奈川県（東京急行電鉄東横線）

727

8画（東）

東白滝　ひがししらたき　北海道紋別郡遠軽町
東目　ひがしめ　山形県鶴岡市
東矢口　ひがしやぐち　東京都大田区
東矢本　ひがしやもと　宮城県（JR仙石線）
東矢田町　ひがしやだまち　三重県桑名市
東矢倉　ひがしやぐら　滋賀県草津市
東矢島町　ひがしやじまちょう　群馬県太田市
東矢野町　ひがしやのまち　愛媛県八幡浜市
東石丸　ひがしいしまる　富山県砺波市
東石川　ひがしいしかわ　茨城県ひたちなか市
東石井　ひがしいしい　愛媛県松山市
東石切町　ひがしいしきりちょう　大阪府東大阪市
東石田
　ひがしいした　茨城県筑西市
　ひがしいしだ　富山県南砺市
東石立町　ひがしいしたてちょう　高知県高知市
東石坂町　ひがしいしさかまち　福岡県北九州市八幡
　西区
東石岡　ひがしいしおか　茨城県石岡市
東石金町　ひがしいしがねまち　富山県富山市
東石屋町　ひがしいしやちょう　京都府京都市上京区
東石原　ひがしいしはら　高知県土佐郡土佐町
東石曽根　ひがしいしぞね　新潟県五泉市
東石黒　ひがしいしぐろ　富山県（JR氷見線）
東石堤　ひがしいしづつみ　富山県高岡市
東石橋町　ひがしいしばしちょう　京都府京都市上
　京区
東立石　ひがしたていし　東京都葛飾区
東立売町　ひがしたちうりちょう　京都府京都市上
　京区
東立神町　ひがしたてがみまち　長崎県長崎市
東立科　ひがしたてしな　長野県佐久市
東立島　ひがしたつしま　新潟県佐渡市
東辻
　ひがしつじ　奈良県御所市
　ひがしつじ　山口県周南市
東辻井　ひがしつじい　兵庫県姫路市
⁶東両羽町　ひがしりょううちょう　山形県酒田市
東両郷町　ひがしりょうごうちょう　愛知県一宮市
東伊豆町　ひがしいずちょう　静岡県賀茂郡
東伊那　ひがしいな　長野県駒ケ根市
東伊場　ひがしいば　静岡県浜松市中区
東伊興　ひがしいこう　東京都足立区
東仲　ひがしなか　愛媛県北宇和郡鬼北町
東仲ノ町　ひがしなかのちょう　兵庫県明石市
東仲町
　ひがしなかちょう　埼玉県さいたま市浦和区
　ひがしなかまち　鳥取県倉吉市
東仲間町　ひがしなかげんまち　和歌山県和歌山市
東任田町　ひがしとうだまち　石川県能美市
東伏見
　ひがしふしみ　東京都（西武鉄道新宿線）
　ひがしふしみ　東京都西東京市
東伏菟野　ひがしふどの　和歌山県田辺市
東光
　とうこう　北海道歌志内市
　とうこう　北海道夕張郡由仁町
　とうこう　福岡県福岡市博多区
東光一条　とうこういちじょう　北海道旭川市

東光七条　とうこうしちじょう　北海道旭川市
東光九条　とうこうくじょう　北海道旭川市
東光二十一条　とうこうにじゅういちじょう　北海道旭
　川市
東光二十七条　とうこうにじゅうしちじょう　北海道旭
　川市
東光二十二条　とうこうにじゅうにじょう　北海道旭
　川市
東光二十三条　とうこうにじゅうさんじょう　北海道旭
　川市
東光二十五条　とうこうにじゅうごじょう　北海道旭
　川市
東光二十六条　とうこうにじゅうろくじょう　北海道旭
　川市
東光二十四条　とうこうにじゅうしじょう　北海道旭
　川市
東光二十条　とうこうにじゅうじょう　北海道旭川市
東光二条　とうこうにじょう　北海道旭川市
東光八条　とうこうはちじょう　北海道旭川市
東光十一条　とうこうじゅういちじょう　北海道旭川市
東光十七条　とうこうじゅうしちじょう　北海道旭川市
東光十九条　とうこうじゅうくじょう　北海道旭川市
東光十二条　とうこうじゅうにじょう　北海道旭川市
東光十八条　とうこうじゅうはちじょう　北海道旭川市
東光十三条　とうこうじゅうさんじょう　北海道旭川市
東光十五条　とうこうじゅうごじょう　北海道旭川市
東光十六条　とうこうじゅうろくじょう　北海道旭川市
東光十四条　とうこうじゅうしじょう　北海道旭川市
東光十条　とうこうじゅうじょう　北海道旭川市
東光三条　とうこうさんじょう　北海道旭川市
東光五条　とうこうごじょう　北海道旭川市
東光六条　とうこうろくじょう　北海道旭川市
東光台
　とうこうだい　茨城県石岡市
　とうこうだい　茨城県つくば市
　とうこうだい　茨城県東茨城郡大洗町
東光四条　とうこうしじょう　北海道旭川市
東光寺
　とうこうじ　青森県南津軽郡田舎館村
　とうこうじ　栃木県真岡市
　とうこうじ　新潟県（JR信越本線）
　とうこうじ　新潟県三条市
　とうこうじ　山梨県甲府市
　とうこうじ　静岡県島田市
東光寺町
　とうこうじまち　山梨県甲府市
　とうこうじまち　福岡県福岡市博多区
東光町
　とうこうちょう　北海道江別市
　とうこうちょう　愛知県豊橋市
　とうこうちょう　愛知県豊川市
　とうこうちょう　大阪府守口市
東共栄　ひがしきょうえい　北海道北広島市
東刑部町　ひがしおさかべまち　栃木県宇都宮市
東印内町　ひがしいんないまち　石川県輪島市
東印田町　ひがしいんでんちょう　愛知県一宮市
東印所町　ひがしいんぞちょう　愛知県瀬戸市
東印場町　ひがしいんばまち　愛知県尾張旭市
東印場町二反田　ひがしいんばちょうにたんだ　愛知
　県尾張旭市

728

8画（東）

東吉田
　　ひがしよしだ　千葉県八街市
　　ひがしよしだ　和歌山県日高郡みなべ町
　　ひがしよしだ　岡山県美作市
　　ひがしよしだ　岡山県勝田郡勝央町
東吉田町　ひがしよしだちょう　愛知県瀬戸市
東吉地　ひがしよしじ　熊本県玉名郡和水町
東吉尾　ひがしよしお　新潟県上越市
東吉谷　ひがしよしだに　新潟県小千谷市
東吉津町　ひがしよしづちょう　広島県福山市
東吉原　ひがしよしはら　京都府舞鶴市
東吉部　ひがしきべ　山口県宇部市
東吉野村　ひがしよしのむら　奈良県吉野郡
東吉野町　ひがしよしのちょう　徳島県徳島市
東向　こちむき　高知県高岡郡檮原町
東向山町　ひがしむかいやまちょう　山口県下関市
東向中町　ひがしむきなかまち　奈良県奈良市
東向日　ひがしむこう　京都府（阪急電鉄京都本線）
東向北町　ひがしむききたまち　奈良県奈良市
東向田町　ひがしむこうだちょう　鹿児島県薩摩川
　内市
東向南町　ひがしむきみなみまち　奈良県奈良市
東向島
　　ひがしむこうじま　東京都（東武鉄道伊勢崎線）
　　ひがしむこうじま　東京都墨田区
東向島西之町　ひがしむこうじまにしのちょう　兵庫県
　尼崎市
東向島東之町　ひがしむこうじまひがしのちょう　兵庫
　県尼崎市
東向陽台　ひがしこうようだい　宮城県黒川郡富谷町
東合川　ひがしあいかわ　福岡県久留米市
東合川干出町　ひがしあいかわひいでまち　福岡県久
　留米市
東合川町　ひがしあいかわまち　福岡県久留米市
東合川新町　ひがしあいかわしんまち　福岡県久留米市
東同笠　ひがしどうり　静岡県袋井市
東名
　　とうな　宮城県（JR仙石線）
　　とうめい　静岡県磐田市
東名古屋港　ひがしなごやこう　愛知県（名古屋鉄道
　築港線）
東名西町　とうめいにしちょう　愛知県尾張旭市
東名町　とうめいちょう　愛知県豊川市
東名柄　ひがしながら　奈良県御所市
東地主町　ひがしじじゅまち　岩手県一関市
東多久　ひがしたく　佐賀県（JR唐津線）
東多久町　ひがしたくまち　佐賀県多久市
東多久町古賀　ひがしたくまちこが　佐賀県多久市
東多久町別府　ひがしたくまちべふ　佐賀県多久市
東多久町納所　ひがしたくまちのそ　佐賀県多久市
東多田　ひがしただ　兵庫県川西市
東多良木　ひがしたらぎ　熊本県（くま川鉄道湯前
　線）
東多賀町　ひがしたがちょう　茨城県日立市
東夷川町　ひがしえびすがわちょう　京都府京都市中
　京区
東安下庄　ひがしあげのしょう　山口県大島郡周防大
　島町
東安戸町　ひがしやすどちょう　愛知県瀬戸市
東安威　ひがしあい　大阪府茨木市

東安庭　ひがしあにわ　岩手県盛岡市
東安堵　ひがしあんど　奈良県生駒郡安堵町
東宇山　ひがしうやま　愛媛県大洲市
東宇木　ひがしうき　佐賀県唐津市
東宇野辺町　ひがしうのべちょう　大阪府茨木市
東宇塚　ひがしうづか　鳥取県八頭郡智頭町
東寺
　　ひがしてら　滋賀県湖南市
　　とうじ　京都府（近畿日本鉄道京都線）
東寺山町
　　ひがしてらやまちょう　千葉県千葉市若葉区
　　ひがしてらやまちょう　愛知県瀬戸市
東寺内町　ひがしてらうちちょう　大阪府豊中市
東寺方　ひがしてらがた　東京都多摩市
東寺田　ひがしてらだ　奈良県御所市
東寺尾　ひがしてらお　神奈川県横浜市鶴見区
東寺尾中台　ひがしてらおなかだい　神奈川県横浜市
　鶴見区
東寺尾北台　ひがしてらおきただい　神奈川県横浜市
　鶴見区
東寺尾東台　ひがしてらおひがしだい　神奈川県横浜
　市鶴見区
東寺町
　　ひがしてらまち　新潟県糸魚川市
　　とうじちょう　京都府京都市南区
東寺東門前町　とうじひがしもんぜんちょう　京都府京
　都市南区
東寺林町　ひがしてらばやしちょう　奈良県奈良市
東年貢　ひがしねんぐ　福島県会津若松市
東庄内町　ひがししょうないちょう　三重県鈴鹿市
東庄町　とうのしょうまち　千葉県香取郡
東庄境町　ひがししょうざかいちょう　福井県越前市
東当幌　ひがしとうほろ　北海道標津郡中標津町
東成井　ひがしなるい　茨城県石岡市
東成区　ひがしなりく　大阪府大阪市
東成田
　　ひがしなりた　宮城県黒川郡大郷町
　　ひがしなりた　千葉県（京成電鉄東成田線ほか）
東成沢町　ひがしなるさわちょう　茨城県日立市
東成岩　ひがしならわ　愛知県（JR武豊線）
東成瀬　ひがしなるせ　神奈川県伊勢原市
東成瀬村　ひがしなるせむら　秋田県雄勝郡
東旭ケ丘　ひがしあさひがおか　奈良県生駒市
東旭が丘　ひがしあさひがおか　三重県鈴鹿市
東旭川　ひがしあさひかわ　北海道（JR石北本線）
東旭川北一条　ひがしあさひかわきたいちじょう　北海
　道旭川市
東旭川北二条　ひがしあさひかわきたにじょう　北海道
　旭川市
東旭川北三条　ひがしあさひかわきたさんじょう　北海
　道旭川市
東旭川町下兵村　ひがしあさひかわちょうしもへいそん
　北海道旭川市
東旭川町上兵村　ひがしあさひかわちょうかみへいそん
　北海道旭川市
東旭川町日ノ出　ひがしあさひかわちょうひので　北海
　道旭川市
東旭川町共栄　ひがしあさひかわちょうきょうえい　北
　海道旭川市

729

8画（東）

東旭川町旭正　ひがしあさひかわちょうきょくせい　北海道旭川市

東旭川町米原　ひがしあさひかわちょうよねはら　北海道旭川市

東旭川町忠別　ひがしあさひかわちょうちゅうべつ　北海道旭川市

東旭川町東桜岡　ひがしあさひかわちょうひがしさくらおか　北海道旭川市

東旭川町倉沼　ひがしあさひかわちょうくらぬま　北海道旭川市

東旭川町桜岡　ひがしあさひかわちょうさくらおか　北海道旭川市

東旭川町瑞穂　ひがしあさひかわちょうみずほ　北海道旭川市

東旭川町豊田　ひがしあさひかわちょうとよた　北海道旭川市

東旭川南一条　ひがしあさひかわみなみいちじょう　北海道旭川市

東旭川南二条　ひがしあさひかわみなみにじょう　北海道旭川市

東早来　ひがしはやきた　北海道勇払郡安平町

東早通　ひがしはやどおり　新潟県新潟市江南区

東曲里町　ひがしまがりまち　福岡県北九州市八幡西区

東有年　ひがしうね　兵庫県赤穂市

東有岡　ひがしありおか　兵庫県伊丹市

東有珠町　ひがしうすちょう　北海道伊達市

東有馬　ひがしありま　神奈川県川崎市宮前区

東有野台　ひがしありのだい　兵庫県神戸市北区

東朱雀町　ひがししゅじゃくちょう　京都府京都市伏見区

東汗　ひがしふざかし　栃木県河内郡上三川町

東江　あがりえ　沖縄県名護市

東江上

　ひがしえがみ　富山県中新川郡上市町
　ひがしえうえ　沖縄県国頭郡伊江村

東江見　ひがしえみ　千葉県鴨川市

東江前　ひがしえまえ　沖縄県国頭郡伊江村

東江原町　ひがしえばらちょう　岡山県井原市

東江島町　ひがしえじまちょう　三重県鈴鹿市

東江端町　ひがしえばたちょう　大阪府門真市

東池上　ひがしいけべ　三重県多気郡多気町

東池尻　ひがしいけじり　大阪府大阪狭山市

東池尻町　ひがしいけじりちょう　奈良県橿原市

東池袋

　ひがしいいけぶくろ　東京都（東京地下鉄有楽町線）
　ひがしいけぶくろ　東京都豊島区

東池袋四丁目　ひがしいけぶくろよんちょうめ　東京都（東京都交通局荒川線）

東牟妻郡　ひがしむろぐん　和歌山県

東瓜幕西　ひがしうりまくにし　北海道河東郡鹿追町

東百合丘　ひがしゆりがおか　神奈川県川崎市麻生区

東竹田町　ひがしたけだちょう　奈良県橿原市

東竹屋町

　ひがしたけやちょう　京都府京都市左京区
　ひがしたけやちょう　京都府京都市中京区

東竹原　ひがしたけばる　熊本県上益城郡山都町

東米里　ひがしよねさと　北海道札幌市白石区

東米岡　ひがしよねおか　福井県鯖江市

東米泉町　ひがしこめいずみちょう　愛知県瀬戸市

東羽田町　ひがしはたまち　大分県日田市

東羽合　ひがしはごう　京都府福知山市

東羽衣

　ひがしはごろも　大阪府（JR阪和線）
　ひがしはごろも　大阪府高石市

東羽倉崎町　ひがしはぐらざきちょう　大阪府泉佐野市

東老田　ひがしおいだ　富山県富山市

東老原　ひがしおいはら　大阪府八尾市

東臼杵郡　ひがしうすきぐん　宮崎県

東行田　ひがしぎょうだ　埼玉県（秩父鉄道線）

東西町　とうざいちょう　京都府京都市上京区

東西俵町　とうざいたわらやちょう　京都府京都市上京区

東西原　ひがしにしはら　富山県南砺市

東串良町　ひがしくしらちょう　鹿児島県肝属郡

東佐多町　ひがしさたちょう　鹿児島県鹿児島市

東佐味　ひがしさび　奈良県御所市

東佐波令　ひがしさばりょう　山口県防府市

東佐野　ひがしさの　大阪府（JR阪和線）

東佐野台　ひがしさのだい　大阪府泉佐野市

東佐賀町　ひがしさがまち　佐賀県佐賀市

東作　ひがしさく　福島県須賀川市

東住吉　ひがしすみよし　埼玉県所沢市

東住吉区　ひがしすみよしく　大阪府大阪市

東住吉町　ひがしすみよしちょう　山口県山陽小野田市

東伯郡　とうはくぐん　鳥取県

東初石　ひがしはついし　千葉県流山市

東初島町　ひがしはつしまちょう　兵庫県尼崎市

東初富　ひがしはつとみ　千葉県鎌ケ谷市

東別府

　ひがしべっぷ　埼玉県熊谷市
　ひがしべふ　大阪府摂津市
　ひがしべっぷ　大分県（JR日豊本線）

東別所　ひがしべっしょ　富山県砺波市

東別所町

　ひがしべっしょちょう　群馬県太田市
　ひがしべっしょちょう　愛知県安城市

東別所新　ひがしべっしょしん　富山県砺波市

東別院　ひがしべついん　愛知県（名古屋市交通局名城線）

東別院町大野　ひがしべついんちょうおおの　京都府亀岡市

東別院町小泉　ひがしべついんちょうこいずみ　京都府亀岡市

東別院町東掛　ひがしべついんちょうとうげ　京都府亀岡市

東別院町南掛　ひがしべついんちょうなんげ　京都府亀岡市

東別院町神原　ひがしべついんちょうかみはら　京都府亀岡市

東別院町倉谷　ひがしべついんちょうくらだに　京都府亀岡市

東別院町栢原　ひがしべついんちょうかいばら　京都府亀岡市

東別院町湯谷　ひがしべついんちょうゆや　京都府亀岡市

東別院町鎌倉　ひがしべついんちょうかまくら　京都府亀岡市

東助松町　ひがしすけまつちょう　大阪府泉大津市

8画（東）

東吾妻町　ひがしあがつままち　群馬県吾妻郡
東吾野　ひがしあがの　埼玉県（西武鉄道西武秩父線）
東吹　ひがしぶき　兵庫県篠山市
東坂　ひがしさか　滋賀県栗東市
東坂ノ上丁　ひがしさかのうえちょう　和歌山県和歌山市
東坂下　ひがしさかした　東京都板橋区
東坂之上町　ひがしさかのうえまち　新潟県長岡市
東坂元　ひがしさかもと　鹿児島県鹿児島市
東坂戸　ひがしさかど　埼玉県坂戸市
東坂本　ひがしさかもと　和歌山県岩出市
東坂田　ひがしさかだ　千葉県君津市
東坂町　ひがしさかちょう　静岡県磐田市
東坂部町　ひがしさかべちょう　三重県四日市市
東坊城町　ひがしぼうじょうちょう　奈良県橿原市
東壱町田　ひがしいっちょうだ　静岡県三島市
東尾
　　ひがしお　徳島県那賀郡那賀町
　　ひがしお　佐賀県三養基郡みやき町
東尾久　ひがしおぐ　東京都荒川区
東尾久三丁目　ひがしおぐさんちょうめ　東京都（東京都交通局荒川線）
東尾岐　ひがしおまた　福島県大沼郡会津美里町
東尾崎　ひがしおざき　富山県魚津市
東尾道
　　ひがしおのみち　広島県（JR山陽本線）
　　ひがしおのみち　広島県尾道市
東岐波　ひがしきわ　山口県宇部市
東希望が丘　ひがしきぼうがおか　神奈川県横浜市旭区
東形見　ひがしかたみ　福島県白河市
東忌部町　ひがしいんべちょう　島根県松江市
東志　ひがしし　新潟県妙高市
東志戸田　ひがししとだ　山形県山形市
東志摩　ひがししま　岐阜県関市
東我孫子
　　ひがしあびこ　千葉県（JR成田線）
　　ひがしあびこ　千葉県我孫子市
東折尾町　ひがしおりおまち　福岡県北九州市八幡西区
東改田　ひがしかいでん　岐阜県岐阜市
東改田再勝　ひがしかいでんさいかち　岐阜県岐阜市
東改田腰前田　ひがしかいでんこしまえだ　岐阜県岐阜市
東改田鶴田　ひがしかいでんつるた　岐阜県岐阜市
東材木町　ひがしざいもくちょう　岐阜県岐阜市
東条
　　とうじょう　新潟県柏崎市
　　ひがしじょう　長野県東筑摩郡筑北村
　　ひがしじょう　三重県伊賀市
東杉原　ひがしすぎはら　岐阜県揖斐郡揖斐川町
東村
　　ひがしむら　愛媛県今治市
　　ひがしそん　沖縄県国頭村
東村山　ひがしむらやま　東京都（西武鉄道国分寺線ほか）
東村山市　ひがしむらやまし　東京都
東村山郡　ひがしむらやまぐん　山形県
東村町　ひがしむらちょう　広島県福山市

東村南　ひがしむらみなみ　愛媛県今治市
東沖洲　ひがしおきのす　徳島県徳島市
東沖野
　　ひがしおきの　愛知県新城市
　　ひがしおきの　滋賀県東近江市
東汰上
　　ひがしよりあげ　新潟県新潟市西蒲区
　　ひがしゆりあげ　三重県桑名市
東沢　ひがしさわ　宮城県刈田郡七ケ宿町
東沢田
　　ひがしさわだ　静岡県沼津市
　　ひがしさわだ　兵庫県篠山市
東町
　　ひがしちょう　北海道（JR日高本線）
　　ひがしまち　北海道室蘭市
　　ひがしまち　北海道岩見沢市
　　ひがしまち　北海道滝川市
　　ひがしまち　北海道富良野市
　　ひがしちょう　北海道石狩郡当別町
　　ひがしちょう　北海道二海郡八雲町
　　あずまちょう　北海道瀬棚郡今金町
　　ひがしまち　北海道余市郡仁木町
　　ひがしまち　北海道空知郡南幌町
　　ひがしちょう　北海道空知郡奈井江町
　　ひがしまち　北海道空知郡上砂川町
　　ひがしまち　北海道夕張郡長沼町
　　ひがしまち　北海道上川郡比布町
　　ひがしまち　北海道上川郡愛別町
　　ひがしまち　北海道上川郡上川町
　　ひがしまち　北海道上川郡東川町
　　ひがしまち　北海道上川郡美瑛町
　　ひがしまち　北海道空知郡上富良野町
　　ひがしまち　北海道空知郡中富良野町
　　ひがしまち　北海道上川郡和寒町
　　ひがしまち　北海道上川郡剣淵町
　　ひがしまち　北海道天塩郡幌延町
　　ひがしまち　北海道網走郡美幌町
　　ひがしまち　北海道常呂郡訓子府町
　　ひがしまち　北海道紋別郡遠軽町
　　ひがしまち　北海道白老郡白老町
　　あずまちょう　北海道新冠郡新冠町
　　ひがしまち　北海道河東郡鹿追町
　　ひがしまち　北海道中川郡本別町
　　あずまちょう　青森県黒石市
　　あずまちょう　青森県五所川原市
　　あずまちょう　青森県三沢市
　　あずまちょう　岩手県花巻市
　　ひがしまち　宮城県白石市
　　ひがしまち　秋田県能代市
　　ひがしまち　秋田県由利本荘市
　　あずまちょう　山形県酒田市
　　ひがしまち　山形県上山市
　　ひがしまち　山形県長井市
　　ひがしまち　福島県須賀川市
　　ひがしまち　福島県喜多方市
　　ひがしまち　福島県二本松市
　　ひがしまち　福島県岩瀬郡鏡石町
　　ひがしまち　茨城県日立市
　　ひがしまち　茨城県龍ケ崎市
　　あずまちょう　茨城県常総市
　　ひがしまち　栃木県宇都宮市
　　あずまちょう　栃木県鹿沼市
　　あずまちょう　栃木県矢板市
　　あずまちょう　栃木県那須塩原市

731

8画（東）

あずまちょう	群馬県高崎市
あずまちょう	群馬県桐生市
あずまちょう	群馬県伊勢崎市
あずまちょう	埼玉県さいたま市大宮区
ひがしちょう	埼玉県さいたま市岩槻区
ひがしまち	埼玉県秩父市
ひがしちょう	埼玉県所沢市
あずまちょう	埼玉県飯能市
あずまちょう	埼玉県上尾市
あずまちょう	埼玉県越谷市
あずまちょう	埼玉県入間市
あずまちょう	埼玉県三郷市
ひがしちょう	千葉県銚子市
あずまちょう	千葉県船橋市
あずまちょう	千葉県成田市
ひがしちょう	千葉県鴨川市
あずまちょう	東京都八王子市
あずまちょう	東京都昭島市
ひがしちょう	東京都小金井市
ひがしちょう	東京都福生市
ひがしちょう	東京都西東京市
ひがしちょう	神奈川県横浜市磯子区
ひがしちょう	神奈川県小田原市
ひがしちょう	神奈川県厚木市
ひがしちょう	神奈川県中郡大磯町
あずまちょう	新潟県長岡市
あずまちょう	新潟県上越市
ひがしまち	新潟県阿賀野市
ひがしまち	富山県富山市
ひがしまち	富山県魚津市
ひがしまち	富山県中新川郡上市町
ひがしまち	石川県金沢市
ひがしまち	石川県小松市
ひがしまち	長野県長野市
あずまちょう	長野県駒ケ根市
あずまちょう	岐阜県大垣市
ひがしまち	岐阜県多治見市
ひがしまち	岐阜県関市
ひがしまち	岐阜県中津川市
ひがしまち	岐阜県不破郡関ケ原町
あずまちょう	静岡県静岡市葵区
ひがしまち	静岡県浜松市南区
ひがしちょう	静岡県三島市
ひがしちょう	静岡県富士宮市
ひがしまち	静岡県島田市
ひがしまち	静岡県磐田市
ひがしちょう	静岡県藤枝市
あずまちょう	愛知県瀬戸市
ひがしまち	愛知県安城市
ひがしまち	愛知県岩倉市
ひがしまち	三重県松阪市
ひがしまち	三重県名張市
ひがしまち	三重県亀山市
ひがしちょう	滋賀県近江八幡市
ひがしまち	京都府京都市上京区
ひがしまち	京都府京都市東山区
ひがしちょう	京都府京都市下京区
ひがしまち	京都府京都市伏見区
ひがしまち	大阪府守口市
ひがしまち	大阪府八尾市
ひがしまち	兵庫県神戸市須磨区
ひがしまち	兵庫県神戸市中央区
ひがしまち	兵庫県西宮市
ひがしまち	鳥取県鳥取市
ひがしちょう	鳥取県米子市
ひがしまち	鳥取県倉吉市

ひがしまち	鳥取県西伯郡南部町
ひがしまち	島根県益田市
ひがしまち	島根県隠岐郡隠岐の島町
ひがしまち	岡山県倉敷市
ひがしまち	岡山県高梁市
ひがしまち	広島県三原市
ひがしまち	広島県福山市
ひがしまち	山口県山陽小野田市
ひがしまち	愛媛県西条市
ひがしまち	高知県高岡郡四万十町
ひがしまち	福岡県久留米市
ひがしまち	佐賀県唐津市
ひがしまち	佐賀県鳥栖市
ひがしまち	長崎県長崎市
ひがしまち	熊本県熊本市東区
ひがしまち	熊本県八代市
ひがしまち	熊本県天草市
ひがしまち	大分県日田市
ひがしまち	大分県佐伯市
ひがしまち	宮崎県都城市
ひがしまち	宮崎県串間市
ひがしまち	鹿児島県西之表市
ひがしまち	沖縄県那覇市

東町うしお ひがしちょううしお　北海道浦河郡浦河町

東町かしわ ひがしちょうかしわ　北海道浦河郡浦河町

東町ちのみ ひがしちょうちのみ　北海道浦河郡浦河町

東町一条 ひがしまちいちじょう　北海道岩見沢市

東町二条 ひがしまちにじょう　北海道岩見沢市

東町下 ひがしまちした　長野県諏訪郡下諏訪町

東町上 ひがしまちうえ　長野県諏訪郡下諏訪町

東町小中 あずまちょうこなか　群馬県みどり市

東町小夜戸 あずまちょうさやど　群馬県みどり市

東町中 ひがしまちなか　長野県諏訪郡下諏訪町

東町沢入 あずまちょうそうり　群馬県みどり市

東町花輪 あずまちょうはなわ　群馬県みどり市

東町津 ひがしまちつ　三重県津市

東町神戸 あずまちょうごうど　群馬県みどり市

東町草木 あずまちょうくさぎ　群馬県みどり市

東町座間 あずまちょうざま　群馬県みどり市

東町荻原 あずまちょうおぎはら　群馬県みどり市

東町裏 ひがしまちうら　福島県耶麻郡猪苗代町

東町緑ケ丘 ひがしまちみどりがおか　北海道余市郡仁木町

東社町 ひがしやしろちょう　京都府京都市上京区

東糺町 ひがしただすまち　高知県須崎市

東芦屋町 ひがしあしやちょう　兵庫県芦屋市

東芦原 ひがしあしはら　富山県中新川郡舟橋村

東花 とうか　北海道虻田郡京極町

東花王町 ひがしかおうちょう　岩手県一関市

東花尻 ひがしはなじり　岡山県岡山市北区

東花園 ひがしはなぞの　大阪府（近畿日本鉄道奈良線）

東花輪
　ひがしはなわ　山梨県（JR身延線）
　ひがしはなわ　山梨県中央市

東芹が谷 ひがしせりがや　神奈川県横浜市港南区

東芝中町 ひがししばなかちょう　山口県宇部市

8画（東）

東芝町
　ひがししばちょう　千葉県銚子市
　とうしばちょう　東京都府中市
東芭露　ひがしばろう　北海道紋別郡湧別町
東芳賀　ひがしはが　山形県天童市
東見初町　ひがしみぞめちょう　山口県宇部市
東見前　ひがしみるまえ　岩手県盛岡市
東角間　ひがしかくま　福井県今立郡池田町
東谷
　ひがしや　千葉県匝瑳市
　ひがしだに　新潟県長岡市
　ひがしだに　福井県南条郡南越前町
　ひがしだに　三重県伊賀市
　ひがしだに　和歌山県伊都郡かつらぎ町
東谷下　ひがしだにしも　岡山県美作市
東谷上　ひがしだにかみ　岡山県美作市
東谷山　ひがしたにやま　鹿児島県鹿児島市
東谷内　ひがしたにうち　新潟県糸魚川市
東谷地
　ひがしやち　宮城県岩沼市
　ひがしやち　福島県耶麻郡猪苗代町
　ひがしやち　福島県大沼郡会津美里町
東谷地甲　ひがしやちこう　福島県大沼郡会津美里町
東谷地田町　ひがしやちたまち　山形県新庄市
東谷町　とうやちょう　栃木県宇都宮市
東貝沢町　ひがしかいざわまち　群馬県高崎市
東貝塚
　ひがしかいづか　埼玉県川口市
　ひがしかいづか　静岡県磐田市
　ひがしかいづか　大阪府（JR阪和線）
東赤土山　ひがしあかつちやま　秋田県湯沢市
東赤田　ひがしあかだ　栃木県那須塩原市
東赤石　ひがしあかいし　愛知県田原市
東赤江町　ひがしあかえちょう　島根県安来市
東赤坂　ひがしあかさか　岐阜県（養老鉄道線）
東赤尾　ひがしあかお　富山県南砺市
東赤沢町　ひがしあかさわちょう　愛知県豊橋市
東赤谷　ひがしあかたに　新潟県新発田市
東赤沼　ひがしあかぬま　秋田県能代市
東赤砂　ひがしあかすな　長野県諏訪郡下諏訪町
東赤重町　ひがしあかしげちょう　愛知県瀬戸市
東赤塚　ひがしあかつか　茨城県水戸市
東足洗　ひがしあしあらい　千葉県旭市
東辰川町　ひがしたつかわちょう　広島県呉市
東辰巳町　ひがしたつみちょう　京都府京都市上京区
東近江市　ひがしおうみし　滋賀県
東近江屋町　ひがしおおみやちょう　愛媛県八幡浜市
東那珂　ひがしなか　福岡県福岡市博多区
東邦町　とうほうちょう　三重県四日市市
東阪　あずまさか　大阪府南河内郡千早赤阪村
東阪本町　ひがしさかもとちょう　大阪府和泉市
東阪田　ひがしさかた　大阪府羽曳野市
8 東並木町　ひがしなみきまち　茨城県土浦市
東京　とうきょう　東京都（JR東海道新幹線ほか）
東京テレポート　とうきょうてれぽーと　東京都（東京臨海高速鉄道りんかい線）
東京ディズニーシー・ステーション　とうきょうでぃずにーしーすてーしょん　千葉県（舞浜リゾートラインディズニーリゾートライン）

東京ディズニーランド・ステーション　とうきょうでぃずにーらんどすてーしょん　千葉県（舞浜リゾートラインディズニーリゾートライン）
東京田　ひがしきょうでん　新潟県上越市
東京都　とうきょうと
東京塚町
　ひがしきょうづかまち　熊本県熊本市中央区
　ひがしきょうづかまち　熊本県熊本市東区
東佳屋野町　ひがしかやのちょう　京都府福知山市
東免田　ひがしめんだ　熊本県（くま川鉄道湯前線）
東受地町　ひがしうけちまち　新潟県新潟市中央区
東味鋺　ひがしあじま　愛知県名古屋市北区
東和
　とうわ　北海道上川郡和寒町
　とうわ　北海道勇払郡厚真町
　とうわ　北海道河東郡音更町
　とうわ　北海道広尾郡大樹町
　とうわ　東京都足立区
　とうわ　山口県下松市
東和出村　ひがしわでむら　山梨県南都留郡道志村
東和和田
　ひがしわだ　北海道根室市
　とうわだ　茨城県神栖市
　ひがしわだ　埼玉県坂戸市
　とうわだ　千葉県成田市
　とうわだ　千葉県香取郡東庄町
　ひがしわだ　長野県長野市
東和町
　とうわちょう　栃木県日光市
　とうわちょう　長野県飯田市
　とうわまち　大阪府高槻市
　とうわまち　福岡県久留米市
東和町下浮田　とうわちょうしもうきた　岩手県花巻市
東和町上浮田　とうわちょうかみうきた　岩手県花巻市
東和町土沢　とうわちょうつちざわ　岩手県花巻市
東和町小友　とうわちょうおとも　岩手県花巻市
東和町小原　とうわちょうおばら　岩手県花巻市
東和町小通　とうわちょうこがよう　岩手県花巻市
東和町中内　とうわちょうなかない　岩手県花巻市
東和町北小山田　とうわちょうきたおやまだ　岩手県花巻市
東和町北川目　とうわちょうきたかわめ　岩手県花巻市
東和町北成島　とうわちょうきたなるしま　岩手県花巻市
東和町北前田　とうわちょうきたまえだ　岩手県花巻市
東和町外谷地　とうわちょうそとやち　岩手県花巻市
東和町田瀬　とうわちょうたせ　岩手県花巻市
東和町石持　とうわちょういしもち　岩手県花巻市
東和町石鳩岡　とうわちょういしはとおか　岩手県花巻市
東和町安俵　とうわちょうあひょう　岩手県花巻市
東和町百ノ沢　とうわちょうもものさわ　岩手県花巻市
東和町米川　とうわちょうよねかわ　宮城県登米市
東和町米谷　とうわちょうまいや　宮城県登米市
東和町米井　とうわちょうまちい　岩手県花巻市
東和町谷内　とうわちょうたにない　岩手県花巻市

733

8画（東）

東和町東晴山　とうわちょうひがしはるやま　岩手県花
巻市
東和町毒沢　とうわちょうどくさわ　岩手県花巻市
東和町前田　とうわちょうまえだ　岩手県花巻市
東和町南川目　とうわちょうみなみかわめ　岩手県花
巻市
東和町南成島　とうわちょうみなみなるしま　岩手県花
巻市
東和町砂子　とうわちょういさご　岩手県花巻市
東和町倉沢　とうわちょうくらさわ　岩手県花巻市
東和町宮田　とうわちょうみやだ　岩手県花巻市
東和町落合　とうわちょうおちあい　岩手県花巻市
東和町新地　とうわちょうしんじ　岩手県花巻市
東和町駒籠　とうわちょうこまごめ　岩手県花巻市
東和町舘迫　とうわちょうたてはさ　岩手県花巻市
東和町錦織　とうわちょうにしきおり　宮城県登米市
東和町鷹巣堂　とうわちょうたかすどう　岩手県花
巻市
東和苑
　　とうわえん　京都府長岡京市
　　とうわえん　大阪府泉南郡熊取町
東和泉
　　ひがしいずみ　千葉県成田市
　　ひがしいずみ　東京都狛江市
東和徳町　ひがしわとくまち　青森県弘前市
東国分
　　ひがしこくぶん　千葉県市川市
　　ひがしこくぶ　和歌山県紀の川市
東国分寺台　ひがしこくぶんじだい　千葉県市原市
東国分町　ひがしこくぶまち　群馬県高崎市
東国吉　ひがしくによし　千葉県市原市
東国東郡　ひがしくにさきぐん　大分県
東垂水
　　ひがしたるみ　兵庫県（山陽電気鉄道本線）
　　ひがしたるみ　兵庫県神戸市垂水区
　　ひがしたるみ　兵庫県加東市
東垂水町　ひがしたるみちょう　兵庫県神戸市垂水区
東垂坂町　ひがしたるさかちょう　三重県四日市市
東坪　ひがしつぼ　鳥取県西伯郡大山町
東奈良　ひがしなら　大阪府茨木市
東奈良口町　ひがしならぐちちょう　奈良県大和郡
山市
東奉行町　ひがしぶぎょうちょう　京都府京都市伏
見区
東姉小路町　ひがしあねこうじちょう　京都府京都市
東山区
東学田二区　ひがしがくでんにく　北海道富良野市
東実　とうじつ　兵庫県加東市
東宝木町　ひがしたからぎちょう　栃木県宇都宮市
東宝珠花　ひがしほうしゅばな　千葉県野田市
東岡
　　ひがしおか　北海道網走郡津別町
　　ひがしおか　茨城県つくば市
東岡三沢　ひがしおかみさわ　青森県三沢市
東岡山　ひがしおかやま　岡山県（JR山陽本線）
東岡本町　ひがしおかもとちょう　栃木県宇都宮市
東岡町
　　ひがしおかちょう　神奈川県三浦市
　　ひがしおかちょう　京都府福知山市
　　ひがしおかちょう　奈良県大和郡山市

東岡屋　ひがしおかや　兵庫県篠山市
東岡崎　ひがしおかざき　愛知県（名古屋鉄道名古屋
本線）
東岸町
　　ひがしきしちょう　埼玉県さいたま市浦和区
　　とうがんちょう　愛知県名古屋市西区
東岸和田　ひがしきしわだ　大阪府（JR阪和線）
東岩代　ひがしいわしろ　和歌山県日高郡みなべ町
東岩本　ひがしいわもと　山形県鶴岡市
東岩田　ひがしいわた　愛知県豊田市
東岩倉町　ひがしいわくらまち　鳥取県倉吉市
東岩崎
　　ひがしいわざき　栃木県那須郡那須町
　　ひがしいわざき　千葉県東金市
東岩槻
　　ひがしいわつき　埼玉県（東武鉄道野田線）
　　ひがしいわつき　埼玉県さいたま市岩槻区
東岩瀬　ひがしいわせ　富山県（富山ライトレール
線）
東岩瀬村　ひがしいわせむら　富山県富山市
東岩瀬町　ひがしいわせまち　富山県富山市
東幸西　ひがしこうざい　岡山県岡山市東区
東幸町
　　ひがしさいわいまち　北海道常呂郡訓子府町
　　ひがしさいわいちょう　新潟県新潟市中央区
　　ひがしさいわいちょう　富山県砺波市
　　ひがしみゆきちょう　愛知県豊橋市
東幸崎　ひがしこうざき　岡山県岡山市東区
東府中
　　ひがしふちゅう　茨城県石岡市
　　ひがしふちゅう　東京都（京王電鉄京王線ほか）
東延末　ひがしのぶすえ　兵庫県姫路市
東弥生町　ひがしやよいちょう　長野県諏訪郡下諏
訪町
東彼杵町　ひがしそのぎちょう　長崎県東彼杵郡
東彼杵郡　ひがしそのぎぐん　長崎県
東所沢
　　ひがしところざわ　埼玉県（JR武蔵野線）
　　ひがしところざわ　埼玉県所沢市
東所沢和田　ひがしところざわわだ　埼玉県所沢市
東房　ひがしぼう　栃木県塩谷郡塩谷町
東拝戸町　ひがしはいどちょう　愛知県瀬戸市
東明
　　とうめい　北海道石狩郡新篠津村
　　とうめい　新潟県新潟市東区
東明一条　とうめいいちじょう　北海道美唄市
東明七軒　とうめいしちけん　富山県射水市
東明二条　とうめいにじょう　北海道美唄市
東明三条　とうめいさんじょう　北海道美唄市
東明大寺町　ひがしみょうだいじちょう　愛知県岡崎市
東明中町　とうめいなかまち　富山県射水市
東明五条　とうめいごじょう　北海道美唄市
東明王台　ひがしみょうおうだい　広島県福山市
東明四条　とうめいしじょう　北海道美唄市
東明寺　とうみょうじ　埼玉県川越市
東明西町　とうめいにしまち　富山県射水市
東明町
　　とうめいちょう　北海道美唄市
　　とうめいちょう　愛知県名古屋市千種区
　　とうめいちょう　愛知県瀬戸市

734

8画（東）

とうめいちょう　愛知県安城市

東明見町　ひがしあけみちょう　岐阜県岐阜市

東明東町　とうめいひがしまち　富山県射水市

東明神　ひがしみょうじん　愛媛県上浮穴郡久万高
原町

東明野　ひがしあけの　大分県大分市

東松ケ丘　ひがしまつがおか　奈良県生駒市

東松山　ひがしまつやま　埼玉県（東武鉄道東上本線）

東松山市　ひがしまつやまし　埼玉県

東松山町
　ひがしまつやまちょう　愛知県豊橋市
　ひがしまつやまちょう　愛知県瀬戸市

東松戸
　ひがしまつど　千葉県（JR武蔵野線ほか）
　ひがしまつど　千葉県松戸市

東松本
　ひがしまつもと　東京都江戸川区
　ひがしまつもと　奈良県御所市

東松江
　ひがしまつえ　和歌山県（南海電気鉄道加太線）
　ひがしまつえ　島根県（JR山陰本線）

東松沢　ひがしまつざわ　秋田県湯沢市

東松阪　ひがしまつさか　三重県（近畿日本鉄道山田
線）

東松屋町　ひがしまつやちょう　京都府京都市下京区

東松原
　ひがしまつばら　東京都（京王電鉄井の頭線）
　ひがしまつばら　福岡県遠賀郡岡垣町

東松原町　ひがしまつばらちょう　静岡県伊東市

東松島市　ひがしまつしまし　宮城県

東松島町　ひがしまつしまちょう　兵庫県尼崎市

東松浦郡　ひがしまつうらぐん　佐賀県

東松崎　ひがしまつさき　千葉県香取郡多古町

東松崎町　ひがしまつざきちょう　山口県防府市

東松園　ひがしまつぞの　岩手県盛岡市

東板谷　ひがしいたや　岐阜県岐阜市

東板持町　ひがしいたもちちょう　大阪府富田林市

東枇杷島　ひがしびわじま　愛知県（名古屋鉄道名古
屋本線）

東林木町　ひがしはやしぎちょう　島根県出雲市

東林間
　ひがしりんかん　神奈川県（小田急電鉄江ノ島線）
　ひがしりんかん　神奈川県相模原市南区

東武日光　とうぶにっこう　栃木県（東武鉄道日光
線）

東武宇都宮　とうぶうつのみや　栃木県（東武鉄道宇
都宮線）

東武竹沢　とうぶたけざわ　埼玉県（東武鉄道東上本
線）

東武和泉　とうぶいずみ　栃木県（東武鉄道伊勢崎
線）

東武金崎　とうぶかなさき　栃木県（東武鉄道日光
線）

東武動物公園　とうぶどうぶつこうえん　埼玉県（東
武鉄道伊勢崎線ほか）

東武塚　とうぶづか　福島県白河市

東武練馬　とうぶねりま　東京都（東武鉄道東上本
線）

東河内　ひがしごうど　福島県東白川郡塙町

東河内町
　ひがしごうどちょう　茨城県日立市
　ひがしこうちまち　広島県三次市

東河地　とうこうち　兵庫県篠山市

東河原　ひがしかわら　福島県岩瀬郡鏡石町

東河原町
　ひがしこうばらちょう　福井県福井市
　ひがしかわはらちょう　愛知県岡崎市

東沼
　ひがしぬま　山形県東田川郡三川町
　ひがしぬま　栃木県真岡市

東沼波町　ひがしのなみちょう　滋賀県彦根市

東泊津　ひがしはくつ　北海道新冠郡新冠町

東法田　ひがしほうでん　山形県最上郡最上町

東油小路町　ひがしあぶらのこうじちょう　京都府京都
市下京区

東油山　ひがしあぶらやま　福岡県福岡市城南区

東牧　とうぼく　新潟県胎内市

東牧内町　ひがしまきうちちょう　愛知県岡崎市

東牧野町　ひがしまきのちょう　大阪府枚方市

東狐　とっこ　富山県下新川郡入善町

東的場町　ひがしまとばまち　石川県羽咋市

東芽室北　ひがしめむろきた　北海道河西郡芽室町

東芽室南　ひがしめむろみなみ　北海道河西郡芽室町

東芽室基線　ひがしめむろきせん　北海道河西郡芽
室町

東若松町
　ひがしわかまつまち　茨城県土浦市
　ひがしわかまつちょう　京都府京都市下京区

東若林町　ひがしわかばやしちょう　静岡県浜松市南区

東若宮　ひがしわかみや　愛媛県大洲市

東若宮町　ひがしわかみやちょう　京都府京都市上
京区

東苗穂一条　ひがしなえぼいちじょう　北海道札幌市
東区

東苗穂七条　ひがしなえぼしちじょう　北海道札幌市
東区

東苗穂九条　ひがしなえぼくじょう　北海道札幌市
東区

東苗穂二条　ひがしなえぼにじょう　北海道札幌市
東区

東苗穂八条　ひがしなえぼはちじょう　北海道札幌市
東区

東苗穂十一条　ひがしなえぼじゅういちじょう　北海道
札幌市東区

東苗穂十二条　ひがしなえぼじゅうにじょう　北海道札
幌市東区

東苗穂十三条　ひがしなえぼじゅうさんじょう　北海道
札幌市東区

東苗穂十五条　ひがしなえぼじゅうごじょう　北海道札
幌市東区

東苗穂十四条　ひがしなえぼじゅうしじょう　北海道札
幌市東区

東苗穂十条　ひがしなえぼじゅうじょう　北海道札幌
市東区

東苗穂三条　ひがしなえぼさんじょう　北海道札幌市
東区

東苗穂五条　ひがしなえぼごじょう　北海道札幌市
東区

東苗穂六条　ひがしなえぼろくじょう　北海道札幌市
東区

8画（東）

東苗穂四条　ひがしなえぼしじょう　北海道札幌市東区
東苗穂町　ひがしなえぼちょう　北海道札幌市東区
東茂呂　ひがしもろ　茨城県結城市
東茂原　ひがしもばら　千葉県茂原市
東茂福町　ひがしもちぶくちょう　三重県四日市市
東金
　とうがね　千葉県（JR東金線）
　とうがね　千葉県東金市
東金丸町　ひがしかなまるまち　群馬県前橋市
東金山　ひがしかなやま　千葉県成田市
東金井
　ひがしかない　山形県（JR左沢線）
　ひがしかない　三重県桑名市
東金井町　ひがしかないちょう　群馬県太田市
東金市　とうがねし　千葉県
東金池町　ひがしかないけちょう　岐阜県羽島郡笠松町
東金沢
　ひがしかなざわ　新潟県新潟市秋葉区
　ひがしかなざわ　石川県（IRいしかわ鉄道線）
東金沢町　ひがしかねさわちょう　茨城県日立市
東金町　ひがしかなまち　東京都葛飾区
東金宝町　ひがしきんぽうちょう　岐阜県岐阜市
東金屋　ひがしかなや　富山県滑川市
東金剛山　ひがしこんごうざん　山口県周南市
東金野井　ひがしかなのい　千葉県野田市
東長戸　ひがしながと　愛媛県松山市
東長田　ひがしながた　千葉県館山市
東長田町　ひがしちょうだまち　愛知県名古屋市北区
東長江町
　ひがしながえまち　石川県金沢市
　ひがしながえちょう　島根県松江市
東長江浦　ひがしながえうら　宮崎県えびの市
東長沢　ひがしながさわ　山形県（JR陸羽東線）
東長町
　ひがしながまち　青森県弘前市
　ひがしながちょう　岐阜県大垣市
　ひがしおさまち　京都府福知山市
　ひがしおさちょう　兵庫県加西市
　ひがしながまち　和歌山県和歌山市
東長町中ノ丁　ひがしながまちなかのちょう　和歌山県和歌山市
東長宗　ひがしながむね　愛知県知多郡武豊町
東長岡
　ひがしながおか　岩手県紫波郡紫波町
　ひがしながおか　山形県天童市
東長岡町　ひがしながおかちょう　群馬県太田市
東長沼　ひがしながぬま　東京都稲城市
東長者町　ひがしちょうじゃちょう　京都府京都市上京区
東長原　ひがしながはら　福島県（JR磐越西線）
東長島　ひがしながしま　三重県北牟婁郡北村町
東長峰　ひがしながみね　福島県西白河郡矢吹町
東長根町　ひがしながねちょう　愛知県瀬戸市
東長浜町　ひがしながはまちょう　新潟県柏崎市
東長崎　ひがしながさき　東京都（西武鉄道池袋線）
東長鳥　ひがしながとり　新潟県柏崎市
東長嶋　ひがしながしま　新潟県新潟市南区

東長篠　ひがしながしの　愛知県知立市
東門司　ひがしもじ　福岡県北九州市門司区
東門町　ひがしもんちょう　愛媛県今治市
東門前
　ひがしもんぜん　埼玉県さいたま市見沼区
　ひがしもんぜん　神奈川県（京浜急行電鉄大師線）
　ひがしもんぜん　神奈川県川崎市川崎区
東門前町
　ひがしもんぜんちょう　岐阜県関市
　ひがしもんぜんちょう　京都府京都市左京区
東阿田町　ひがしあだちょう　奈良県五條市
東阿幸地　ひがしあこうじ　静岡県富士宮市
東阿弥陀寺町　ひがしあみだじまち　熊本県熊本市中央区
東阿知和町　ひがしあちわちょう　愛知県岡崎市
東阿倉川　ひがしあくらがわ　三重県四日市市
東阿曽　ひがしあぞ　岡山県総社市
東阿歴内　ひがしあれきない　北海道川上郡標茶町
東青山
　ひがしあおやま　新潟県新潟市西区
　ひがしあおやま　三重県（近畿日本鉄道大阪線）
東青田　ひがしあおた　山形県山形市
東青原　ひがしあおはら　島根県（JR山口線）
東青梅
　ひがしおうめ　東京都（JR青梅線）
　ひがしおうめ　東京都青梅市
東青崎町　ひがしあおさきちょう　広島県広島市南区
東青野　ひがしあおの　岡山県美作市
東青森　ひがしあおもり　青森県（青い森鉄道線）
9東信貴ケ丘　ひがししぎがおか　奈良県生駒郡三郷町
東保
　ひがしほ　富山県砺波市
　とうぼ　兵庫県揖保郡太子町
東保内　ひがしほない　新潟県長岡市
東保木間　ひがしほきま　東京都足立区
東保末　ひがしほずえ　茨城県筑西市
東保町　ひがしほちょう　愛知県愛西市
東保見町　ひがしほみちょう　愛知県豊田市
東保新　ひがしほしん　富山県高岡市
東俣
　ひがしまた　福井県今立郡池田町
　ひがしまた　長野県諏訪郡下諏訪町
東俣町
　ひがしまたちょう　福井県福井市
　ひがしまたちょう　鹿児島県鹿児島市
東俣野町　ひがしまたのちょう　神奈川県横浜市戸塚区
東前
　ひがしまえ　北海道北斗市
　とうまえ　茨城県水戸市
　ひがしまえ　岐阜県大垣市
東前川原　ひがしまえかわら　青森県上北郡おいらせ町
東前町
　ひがしまえちょう　岩手県釜石市
　とうまえちょう　茨城県水戸市
　ひがしまえちょう　岐阜県大垣市
　ひがしまえちょう　京都府京都市下京区
東前原　ひがしまえはら　栃木県下野市
東則末町　ひがしのりすえちょう　広島県尾道市

8画（東）

東南　とうなん　兵庫県揖保郡太子町
東南町裏甲　とうなんまちうらこう　福島県河沼郡会津坂下町
東南湖　ひがしなんご　山梨県南アルプス市
東厚床　ひがしあっとこ　北海道根室市
東厚保町山中　ひがしあつちょうやまなか　山口県美祢市
東厚保町川東　ひがしあつちょうかわひがし　山口県美祢市
東品川　ひがししながわ　東京都品川区
東品治町　ひがしほんじちょう　鳥取県鳥取市
東垣生町　ひがしはぶまち　愛媛県松山市
東城
　とうじょう　富山県魚津市
　とうじょう　広島県（JR芸備線）
東城山町
　ひがししろやまちょう　大阪府高槻市
　ひがしじょうやまちょう　高知県高知市
東城内　ひがしじょうない　佐賀県唐津市
東城戸町　ひがしじょうどちょう　奈良県奈良市
東城北　ひがしじょうほく　青森県弘前市
東城寺
　とうじょうじ　茨城県土浦市
　とうじょうじ　富山県南砺市
東城町　ひがししろまち　新潟県上越市
東城町三坂　とうじょうちょうみさか　広島県庄原市
東城町久代　とうじょうちょうくしろ　広島県庄原市
東城町千鳥　とうじょうちょうちどり　広島県庄原市
東城町小奴可　とうじょうちょうおぬか　広島県庄原市
東城町小串　とうじょうちょうおぐし　広島県庄原市
東城町川西　とうじょうちょうかわにし　広島県庄原市
東城町川東　とうじょうちょうかわひがし　広島県庄原市
東城町川鳥　とうじょうちょうかわとり　広島県庄原市
東城町内堀　とうじょうちょううつぼり　広島県庄原市
東城町戸宇　とうじょうちょうとう　広島県庄原市
東城町加谷　とうじょうちょうかだに　広島県庄原市
東城町田黒　とうじょうちょうたぐろ　広島県庄原市
東城町竹森　とうじょうちょうたけもり　広島県庄原市
東城町受原　とうじょうちょううけばら　広島県庄原市
東城町東城　とうじょうちょうとうじょう　広島県庄原市
東城町帝釈山中　とうじょうちょうたいしゃくやまなか　広島県庄原市
東城町帝釈未渡　とうじょうちょうたいしゃくみど　広島県庄原市
東城町帝釈宇山　とうじょうちょうたいしゃくうやま　広島県庄原市
東城町帝釈始終　とうじょうちょうたいしゃくししゅう　広島県庄原市
東城町保田　とうじょうちょうやすだ　広島県庄原市
東城町菅　とうじょうちょうすげ　広島県庄原市
東城町森　とうじょうちょうもり　広島県庄原市
東城町粟田　とうじょうちょうあわた　広島県庄原市
東城町塩原　とうじょうちょうしおはら　広島県庄原市
東城町新免　とうじょうちょうしんめん　広島県庄原市
東城町新福代　とうじょうちょうしんふくしろ　広島県庄原市
東城町福代　とうじょうちょうふくしろ　広島県庄原市

東城南　ひがしじょうなん　栃木県小山市
東城野町　ひがしじょうのまち　福岡県北九州市小倉北区
東坪和　ひがしはが　岡山県久米郡美咲町
東室　ひがしむろ　奈良県葛城市
東室蘭　ひがしむろらん　北海道（JR室蘭本線）
東屋代　ひがしやしろ　山口県大島郡周防大島町
東屋形　ひがしやかた　熊本県荒尾市
東屋敷添乙　ひがしやしきぞえおつ　福島県河沼郡会津坂下町
東後町　ひがしごちょう　長野県長野市
東後谷地　ひがしうしろやち　青森県上北郡おいらせ町
東後屋敷　ひがしやしき　山梨県山梨市
東持田　ひがしもった　奈良県御所市
東持田町　ひがしもちだちょう　島根県松江市
東春日口町　ひがしかすがまち　大分県大分市
東春田　ひがしはるた　愛知県名古屋市中川区
東春近　ひがしはるちか　長野県伊那市
東昭和町
　ひがししょうわまち　鳥取県倉吉市
　ひがししょうわまち　広島県安芸郡海田町
東栄
　とうえい　北海道寿都郡黒松内町
　とうえい　北海道夕張郡由仁町
　とうえい　北海道雨竜郡幌加内町
　とうえい　北海道浦河郡浦河町
　とうえい　北海道河西郡更別村
　とうえい　栃木県那須塩原市
　とうえい　埼玉県加須市
　ひがしさかえ　新潟県長岡市
　とうえい　新潟県小千谷市
　とうえい　愛知県（JR飯田線）
　ひがしさかえ　愛知県知立市
　ひがしさかえ　広島県大竹市
東栄町
　とうえいちょう　山形県酒田市
　ひがしさかえまち　福島県会津若松市
　ひがしさかえまち　新潟県新潟市北区
　とうえいちょう　新潟県新潟市北区
　とうえいちょう　長野県飯田市
　とうえいちょう　岐阜県岐阜市
　とうえいちょう　岐阜県多治見市
　とうえいちょう　愛知県名古屋市瑞穂区
　とうえいちょう　愛知県安城市
　とうえいちょう　愛知県尾張旭市
　とうえいちょう　愛知県北設楽郡
　ひがしさかえちょう　宮崎県東臼杵郡門川町
東染町　ひがしぞめちょう　茨城県常陸太田市
東栃本　ひがしとちもと　福島県白河市
東柏　ひがしかしわ　千葉県柏市
東柏ケ谷　ひがしかしわがや　神奈川県海老名市
東柏尾　ひがしかしお　兵庫県神崎郡神河町
東柏町　ひがしかしわまち　石川県白山市
東柏原　ひがしかしわばら　長野県上水内郡飯綱町
東柏原新田　ひがしかしわばらしんでん　静岡県富士市
東柏崎　ひがしかしわざき　新潟県（JR越後線）
東柳　ひがしやなぎ　山口県下松市
東柳田　ひがしやなぎだ　新潟県柏崎市
東柳田町　ひがしやなぎだちょう　埼玉県越谷市

737

8画（東）

東柳町
　　ひがしやなぎちょう　京都府京都市上京区
　　ひがしやなぎちょう　京都府京都市伏見区
東柳原町
　　ひがしやなぎはらちょう　愛知県津島市
　　ひがしやなぎわらちょう　兵庫県神戸市兵庫区
東段　ひがしだん　福島県伊達郡桑折町
東海
　　とうかい　茨城県（JR常磐線）
　　とうかい　茨城県那珂郡東海村
　　とうかい　東京都大田区
　　ひがしうみ　新潟県糸魚川市
東海大学前　とうかいだいがくまえ　神奈川県（小田
　急電鉄小田原線）
東海市　とうかいし　愛知県
東海田　ひがしかいた　広島県安芸郡海田町
東海老坂　ひがしえびさか　富山県高岡市
東海村　とうかいむら　茨城県那珂郡
東海町
　　とうかいまち　愛知県東海市
　　とうみまち　宮崎県延岡市
東海学園前　とうかいがくえんまえ　熊本県（JR豊肥
　本線）
東海岸北　ひがしかいがんきた　神奈川県茅ケ崎市
東海岸町
　　ひがしかいがんちょう　静岡県熱海市
　　ひがしかいがんちょう　兵庫県尼崎市
東海岸南　ひがしかいがんみなみ　神奈川県茅ケ崎市
東海神　ひがしかいじん　千葉県（東葉高速鉄道東葉
　高速線）
東海通
　　とうかいどおり　愛知県（名古屋市交通局名港線）
　　とうかいどおり　愛知県名古屋市港区
東泉
　　ひがしいずみ　栃木県矢板市
　　ひがしいずみ　福岡県行橋市
東泉丘　ひがしいずみがおか　大阪府豊中市
東泉田　ひがしいずみだ　新潟県南魚沼市
東泉町
　　ひがしいずみちょう　山形県酒田市
　　ひがしいずみまち　福岡県大牟田市
東浅川町　ひがしあさかわまち　東京都八王子市
東浅井町　ひがしあざいちょう　愛知県西尾市
東浅井郡　ひがしあざいぐん　⇒消滅（滋賀県）
東浅草　ひがしあさくさ　東京都台東区
東浅香山町　ひがしあさかやまちょう　大阪府堺市北区
東津　ひがしつ　佐賀県三養基郡みやき町
東津山　ひがしつやま　岡山県（JR姫新線）
東津田町　ひがしつだちょう　島根県松江市
東津汲　ひがしつくみ　岐阜県揖斐郡揖斐川町
東津留　ひがしづる　大分県大分市
東津軽郡　ひがしつがるぐん　青森県
東洞町　ひがしぼらちょう　愛知県瀬戸市
東洋　とうよう　北海道幌泉郡えりも町
東洋町
　　とうようちょう　福井県敦賀市
　　とうようちょう　愛知県半田市
　　とうようちょう　愛知県津島市
　　とうようちょう　兵庫県宝塚市
　　とうようちょう　高知県安芸郡

東狭山ケ丘　ひがしさやまがおか　埼玉県所沢市
東狭間　ひがしはさま　愛知県長久手市
東畑
　　ひがしばた　京都府相楽郡精華町
　　ひがしばた　和歌山県海南市
　　ひがしはた　広島県呉市
　　ひがしはた　福岡県嘉麻市
東畑町
　　ひがしはたちょう　北海道函館市
　　とうはたちょう　愛知県名古屋市昭和区
　　ひがしはたまち　福岡県北九州市若松区
東相内　ひがしあいのない　北海道（JR石北本線）
東相内町　ひがしあいのないちょう　北海道北見市
東相生　ひがしあいおい　福井県小浜市
東砂　ひがしすな　東京都江東区
東砂原後町　ひがしすわらごちょう　栃木県足利市
東神ノ浦郷　ひがしこうのうらごう　長崎県南松浦郡
　新上五島町
東神の倉　ひがしかみのくら　愛知県名古屋市緑区
東神戸町　ひがしかんべちょう　愛知県田原市
東神田
　　ひがしかんだ　東京都千代田区
　　ひがしかんだ　新潟県長岡市
　　ひがしかんだ　岐阜県不破郡垂井町
東神田町
　　ひがしかみだちょう　大阪府寝屋川市
　　ひがしかんだちょう　山口県下関市
東神吉町升田　ひがしかんきちょうますだ　兵庫県加
　古川市
東神吉町天下原　ひがしかんきちょうあまがはら　兵庫
　県加古川市
東神吉町出河原　ひがしかんきちょうでがはら　兵庫
　県加古川市
東神吉町西井ノ口　ひがしかんきちょうにしいのくち
　兵庫県加古川市
東神吉町砂部　ひがしかんきちょういさべ　兵庫県加
　古川市
東神吉町神吉　ひがしかんきちょうかんき　兵庫県加
　古川市
東神地　ひがしかんじ　山梨県南都留郡道志村
東神西町　ひがしじんざいちょう　島根県出雲市
東神足　ひがしこうたり　京都府長岡京市
東神奈川
　　ひがしかながわ　神奈川県（JR京浜東北線）
　　ひがしかながわ　神奈川県横浜市神奈川区
東神明町
　　ひがししんみょうちょう　愛知県春日井市
　　ひがししんめいちょう　京都府京都市上京区
東神原町　ひがしかんばらまち　福岡県北九州市八幡
　西区
東神崎
　　ひがしかんざき　京都府舞鶴市
　　ひがしかんざき　広島県世羅郡世羅町
東神野　ひがしこうの　大分県臼杵市
東神野川　ひがしこうのがわ　和歌山県日高郡みな
　べ町
東神楽町　ひがしかぐらちょう　北海道上川郡
東祖谷九鬼　ひがしいやくき　徳島県三好市
東祖谷下瀬　ひがしいやしもせ　徳島県三好市
東祖谷久保　ひがしいやくぼ　徳島県三好市
東祖谷大西　ひがしいやおおにし　徳島県三好市

8画（東）

東祖谷大枝	ひがしいやおおえだ	徳島県三好市
東祖谷小川	ひがしいやおがわ	徳島県三好市
東祖谷小島	ひがしいやおしま	徳島県三好市
東祖谷中上	ひがしいやなかうえ	徳島県三好市
東祖谷今井	ひがしいやいまい	徳島県三好市
東祖谷元井	ひがしいやもっとい	徳島県三好市
東祖谷古味	ひがしいやこみ	徳島県三好市
東祖谷西山	ひがしいやにしやま	徳島県三好市
東祖谷佐野	ひがしいやさの	徳島県三好市
東祖谷見ノ越	ひがしいやみのこし	徳島県三好市
東祖谷麦生土	ひがしいやむじゅうと	徳島県三好市
東祖谷京上	ひがしいやきょうじょう	徳島県三好市
東祖谷和田	ひがしいやわだ	徳島県三好市
東祖谷林	ひがしいやはやし	徳島県三好市
東祖谷若林	ひがしいやわかばやし	徳島県三好市
東祖谷阿佐	ひがしいやあさ	徳島県三好市
東祖谷栗枝渡	ひがしいやくりすど	徳島県三好市
東祖谷釜ケ谷	ひがしいやかまがたに	徳島県三好市
東祖谷高野	ひがしいやたかの	徳島県三好市
東祖谷菅生	ひがしいやすげおい	徳島県三好市
東祖谷釣井	ひがしいやつるい	徳島県三好市
東祖谷奥の井	ひがしいやおくのい	徳島県三好市
東祖谷落合	ひがしいやおちあい	徳島県三好市
東祖谷新居屋	ひがしいやにいや	徳島県三好市
東祖谷樫尾	ひがしいやかしお	徳島県三好市
東秋留	ひがしあきる	東京都（JR五日市線）
東条原	ひがしくめはら	埼玉県南埼玉郡宮代町
東紀寺町	ひがしきでらちょう	奈良県奈良市
東紅陽台	ひがしこうようだい	岡山県玉野市
東美沢野町	ひがしみさわのまち	石川県白山市
東美浜	ひがしみはま	福井県（JR小浜線）
東美園町	ひがしみそのちょう	群馬県館林市
東美薗	ひがしみその	静岡県浜松市浜北区
東茨戸	ひがしばらと	北海道札幌市北区
東茨戸一条	ひがしばらといちじょう	北海道札幌市北区
東茨戸二条	ひがしばらとにじょう	北海道札幌市北区
東茨戸三条	ひがしばらとさんじょう	北海道札幌市北区
東茨戸四条	ひがしばらとしじょう	北海道札幌市北区
東茨町	ひがしいばらちょう	愛知県瀬戸市
東茨城郡	ひがしいばらぎぐん	茨城県
東荒屋	ひがしあらや	山形県鶴岡市
	ひがしあらや	石川県河北郡津幡町
東荒屋町	ひがしあらやまち	石川県金沢市
東荒神町	ひがしこうじんまち	広島県広島市南区
東草津	ひがしくさつ	滋賀県草津市
東草深町	ひがしくさぶかちょう	静岡県静岡市葵区
東草野	ひがしくさの	富山県下新川郡朝日町
東荘園	ひがしそうえん	大分県別府市
東茶町	ひがしちゃまち	島根県松江市
東茶屋	ひがしちゃや	愛知県名古屋市港区
東茶路	ひがしちゃろ	北海道白糠郡白糠町
東茱萸木	ひがしくみのき	大阪府大阪狭山市
東逆井	ひがしさかさい	千葉県柏市

東郊	とうこう	北海道千歳市
東郊通	とうこうとおり	愛知県名古屋市昭和区
東面	とうめん	秋田県能代市
東音羽町	ひがしおとわちょう	京都府京都市東山区
東音更	ひがしおとふけ	北海道河東郡音更町
東風平	こちんだ	沖縄県島尻郡八重瀬町
東風連	ひがしふうれん	北海道（JR宗谷本線）
東香里	ひがしこうり	大阪府枚方市
東香里元町	ひがしこうりもとまち	大阪府枚方市
東香里南町	ひがしこうりみなみまち	大阪府枚方市
東香里園町	ひがしこおりえんちょう	大阪府寝屋川市
東香里新町	ひがしこうりしんまち	大阪府枚方市
10東倉内町	ひがしくらうちまち	群馬県沼田市
東倉吉町	ひがしくらよしまち	鳥取県米子市
東倉治	ひがしくらじ	大阪府交野市
東兼六町	ひがしけんろくまち	石川県金沢市
東剣坂町	ひがしけんざかちょう	兵庫県加西市
東原		
	ひがしはら	山形県西置賜郡小国町
	ひがしはら	茨城県水戸市
	ひがしはら	茨城県結城郡八千代町
	ひがしはら	栃木県那須塩原市
	とうばら	栃木県那須烏山市
	ひがしはら	神奈川県座間市
	ひがしばら	新潟県上越市
	ひがしばら	静岡県沼津市
	ひがしはら	静岡県磐田市
	ひがしはら	愛知県長久手市
	ひがしはら	広島県広島市安佐南区
	ひがしばら	大分県大分市
東原山	ひがしはらやま	愛知県長久手市
東原町		
	ひがしはらまち	宮城県柴田郡大河原町
	ひがしはらまち	山形県山形市
	ひがしはらまち	山形県鶴岡市
	ひがしはらまち	栃木県宇都宮市
	ひがしはらまち	新潟県柏崎市
	ひがしはらまち	石川県金沢市
	ひがしばるちょう	鹿児島県鹿屋市
東原新町	ひがしはらしんまち	群馬県沼田市
東員	とういん	三重県（三岐鉄道北勢線）
東員町	とういんちょう	三重県員弁郡
東唐津		
	ひがしからつ	佐賀県（JR筑肥線）
	ひがしからつ	佐賀県唐津市
東唐曽	ひがしがらそ	愛知県犬山市
東姫田	ひがしひめだ	新潟県新発田市
東姫宮	ひがしひめみや	埼玉県南埼玉郡宮代町
東姫路	ひがしひめじ	兵庫県（JR山陽本線）
東家	とうげ	和歌山県橋本市
東宮		
	とうぐう	三重県度会郡南伊勢町
	とうぐう	宮崎県宮崎市
東宮下	ひがしみやした	埼玉県さいたま市見沼区
東宮内	ひがしみやうち	新潟県新発田市
東宮内町	ひがしみやうちまち	新潟県長岡市
東宮町		
	ひがしみやまち	岐阜県中津川市
	ひがしみやちょう	岐阜県羽島郡笠松町
	とうぐうちょう	大阪府茨木市
東宮城野	ひがしみやぎの	宮城県仙台市宮城野区

739

8画（東）

東宮後町　ひがしみやうしろちょう　静岡県沼津市
東宮原　ひがしみやはら　埼玉県（埼玉新都市交通伊奈線）
東宮浦町　ひがしみやうらまち　福岡県大牟田市
東宮浜　とうぐうはま　宮城県宮城郡七ケ浜町
東宮野目　ひがしみやのめ　岩手県花巻市
東島
　　ひがしじま　新潟県新潟市秋葉区
　　ひがしじま　岐阜県岐阜市
　　ひがしじま　高知県安芸郡安田町
東島平町　ひがししまびらちょう　鹿児島県いちき串木野市
東島田　ひがししまだ　栃木県小山市
東島田町　ひがししまだちょう　岡山県岡山市北区
東島田原　ひがししまだはら　宮城県刈田郡七ケ宿町
東島町　ひがししまちょう　愛知県一宮市
東峰
　　ひがしみね　群馬県利根郡みなかみ町
　　とうほう　千葉県成田市
東峰村　とうほうむら　福岡県朝倉郡
東峰町　ひがしみねまち　栃木県宇都宮市
東恋ケ窪　ひがしこいがくぼ　東京都国分寺市
東扇島　ひがしおおぎしま　神奈川県川崎市川崎区
東旅籠町　ひがしはたごまち　和歌山県和歌山市
東栗山　ひがしくりやま　茨城県つくばみらい市
東桑津　ひがしくわづ　兵庫県伊丹市
東桑原　ひがしくわばら　愛知県犬山市
東桂　ひがしかつら　山梨県（富士急行線）
東根
　　ひがしね　山形県（JR奥羽本線）
　　ひがしね　栃木県下野市
東根乙　ひがしねおつ　山形県東根市
東根丁　ひがしねてい　山形県東根市
東根丙　ひがしねへい　山形県東根市
東根市　ひがしねし　山形県
東根甲　ひがしねこう　山形県東根市
東根室　ひがしねむろ　北海道（JR根室本線）
東桜
　　ひがしさくら　愛知県名古屋市東区
　　ひがしさくら　愛知県名古屋市中区
東桜ガ丘　ひがしさくらがおか　福島県喜多方市
東桜山　ひがしさくらやま　岩手県盛岡市
東桜川
　　ひがしさくらがわ　茨城県水戸市
　　ひがしさくらがわ　茨城県桜川市
東桜木町
　　ひがしさくらぎちょう　愛知県豊川市
　　ひがしさくらぎちょう　兵庫県尼崎市
東桜町
　　ひがしさくらちょう　宮城県柴田郡大河原町
　　ひがしさくらちょう　岐阜県関市
　　ひがしさくらちょう　京都府京都市上京区
　　ひがしさくらまち　広島県福山市
東桜島町　ひがしさくらじまちょう　鹿児島県鹿児島市
東梅
　　とうばい　北海道根室市
　　とうばい　北海道厚岸郡厚岸町
東梅田　ひがしうめだ　大阪府（大阪市交通局谷町線）
東梅坪町　ひがしうめつぼちょう　愛知県豊田市

東浦
　　ひがしうら　愛知県（JR武豊線）
　　ひがしうら　愛知県長久手市
東浦町
　　ひがしうらまち　栃木県宇都宮市
　　ひがしうらまち　愛知県碧南市
　　ひがしうらちょう　愛知県知多郡
東浦和
　　ひがしうらわ　埼玉県（JR武蔵野線）
　　ひがしうらわ　埼玉県さいたま市緑区
東浦賀　ひがしうらが　神奈川県横須賀市
東酒々井　ひがししすい　千葉県印旛郡酒々井町
東酒田　ひがしさかた　山形県（JR羽越本線）
東酒屋町　ひがしさけやまち　広島県三次市
東浜
　　ひがしはま　北海道北斗市
　　ひがしはま　千葉県市川市
　　ひがしはま　愛知県海部郡飛島村
　　ひがしはま　鳥取県（JR山陰本線）
　　ひがしはま　香川県仲多度郡多度津町
　　ひがしはま　高知県安芸市
　　ひがしはま　福岡県福岡市東区
　　ひがしはま　大分県大分市
　　ひがしはま　大分県中津市
　　ひがしはま　大分県佐伯市
　　あがりはま　沖縄県島尻郡与那原町
東浜町
　　ひがしはまちょう　北海道伊達市
　　ひがしはまちょう　福島県福島市
　　とうのはままち　石川県七尾市
　　ひがしはまちょう　愛知県半田市
　　ひがしはまちょう　兵庫県尼崎市
　　ひがしはまちょう　兵庫県西宮市
　　ひがしはまちょう　兵庫県赤穂市
　　ひがしはまちょう　香川県高松市
　　ひがしはままち　福岡県北九州市八幡西区
　　ひがしはまちょう　長崎県佐世保市
　　ひがしはままち　長崎県五島市
　　ひがしはままち　熊本県天草市
東浜谷　ひがしはまだに　兵庫県篠山市
東浜南町　ひがしはまみなみちょう　京都府京都市伏見区
東浜砂町　ひがしはまごまち　宮崎県延岡市
東浜崎町　ひがしはまさきまち　山口県萩市
東流杉　ひがしながれすぎ　富山県富山市
東浪見
　　とらみ　千葉県（JR外房線）
　　とらみ　千葉県長生郡一宮町
東真土　ひがししんど　神奈川県平塚市
東真鍋町　ひがしまなべまち　茨城県土浦市
東秦泉寺　ひがしじんぜんじ　高知県高知市
東秩父村　ひがしちちぶむら　埼玉県秩父郡
東粉浜
　　ひがしこはま　大阪府（阪堺電気軌道阪堺線）
　　ひがしこはま　大阪府大阪市住吉区
東納庫　ひがしなぐら　愛知県北設楽郡設楽町
東能代　ひがしのしろ　秋田県（JR奥羽本線）
東能見町　ひがしのみちょう　愛知県岡崎市
東脇
　　ひがしわき　静岡県磐田市
　　ひがしわき　愛知県豊橋市
東蚊爪町　ひがしかがつめまち　石川県金沢市

8画（東）

東起町	ひがしおこしちょう	愛知県名古屋市中川区
東逗子	ひがしずし	神奈川県（JR横須賀線）
東造道	ひがしつくりみち	青森県青森市
東通		
	ひがしどおり	北海道河東郡音更町
	ひがしどおり	秋田県秋田市
東通仲町	ひがしどおりなかまち	秋田県秋田市
東通村	ひがしどおりむら	青森県下北郡
東通明田	ひがしどおりみょうでん	秋田県秋田市
東通館ノ越	ひがしどおりたてのこし	秋田県秋田市
東通観音前	ひがしどおりかんのんまえ	秋田県秋田市
東連地町	とうれんじちょう	茨城県常陸太田市
東郡山	ひがしこおりやま	宮城県仙台市太白区
東郡元町	ひがしこおりもとちょう	鹿児島県鹿児島市
東郡家	ひがしこおげ	鳥取県（JR因美線）
東釜子	ひがしかまこ	福島県白河市
東釜屋町	ひがしかまやまち	石川県羽咋市
東釘貫丁	ひがしくぎぬきちょう	和歌山県和歌山市
東院	とい	大分県大分市
東陣取山	ひがしじんとりやま	愛知県みよし市
東馬込	ひがしまごめ	東京都大田区
東馬流	ひがしまながし	長野県南佐久郡小海町
東馬寄	ひがしまいそう	福岡県北九州市門司区
東馬場	ひがしばば	石川県鹿島郡中能登町
東馬場尻	ひがしばばしり	青森県黒石市
東高円寺	ひがしこうえんじ	東京都（東京地下鉄丸ノ内線）
東田町	ひがしたかだちょう	愛知県豊橋市
東高尾	ひがしたかお	鳥取県東伯郡北栄町
東高見	ひがしたかみ	新潟県長岡市
東高岩町	ひがしこうがんちょう	岐阜県岐阜市
東高松	ひがしたかまつ	和歌山県和歌山市
東高泊	ひがしたかどまり	山口県山陽小野田市
東高洲町	ひがしたかすちょう	兵庫県尼崎市
東高津町	ひがしこうづちょう	大阪府大阪市天王寺区
東高砂町	ひがしたかさごちょう	埼玉県さいたま市浦和区
東高倉		
	ひがしたかくら	三重県伊賀市
	ひがしたかくら	福岡県遠賀郡岡垣町
東高家	ひがしたけい	大分県宇佐市
東高崎		
	ひがしたかさき	岡山県玉野市
	ひがしたかさき	宮崎県（JR吉都線）
東高野	ひがしごうや	千葉県野田市
東高陽	ひがしこうよう	福岡県遠賀郡岡垣町
東高須	ひがしたかす	広島県（広島電鉄宮島線）
東高橋	ひがしたかはし	栃木県芳賀郡芳賀町
東高篠	ひがしたかしの	香川県仲多度郡まんのう町
東高麗橋	ひがしこうらいばし	大阪府大阪市中央区
東側町		
	ひがしがわちょう	京都府京都市中京区
	ひがしがわちょう	京都府京都市下京区
東堀	ひがしぼり	京都府福知山市
東堀切	ひがしほりきり	東京都葛飾区
東堀町	ひがしほりちょう	京都府京都市上京区
東堀前通	ひがしほりまえどおり	新潟県新潟市中央区

東堀通	ひがしほりどおり	新潟県新潟市中央区
東堀越	ひがしほりこし	山形県鶴岡市
東堀端	ひがしほりばた	大分県中津市
東宿	とうじゅく	福島県郡山市
東宿毛	ひがしすくも	高知県（土佐くろしお鉄道中村・宿毛線）
東宿町	ひがしじゅくちょう	愛知県名古屋市中村区
東宿郷	ひがししゅくごう	栃木県宇都宮市
東崎		
	ひがしさき	高知県南国市
	あがりさき	沖縄県中頭郡西原町
東崎町	とうざきまち	茨城県土浦市
東帷子	ひがしかたびら	岐阜県可児市
東強清水	ひがしこわしみず	新潟県佐渡市
東梶返	ひがしかじがえし	山口県宇部市
東條		
	ひがしじょう	長野県下伊那郡阿南町
	ひがしじょう	愛知県海部郡大治町
東條町	ひがしじょうちょう	愛知県愛西市
東梵天	ひがしぼんてん	秋田県由利本荘市
東渋田	ひがししぶた	和歌山県伊都郡かつらぎ町
東深川	ひがしふかわ	山口県長門市
東深井	ひがしふかい	千葉県流山市
東深仁井田	ひがしふかにいだ	福島県白河市
東深芝	ひがしふかしば	茨城県神栖市
東深津町	ひがしふかつちょう	広島県福山市
東深瀬	ひがしふかせ	岐阜県山県市
東清川	ひがしきよかわ	千葉県（JR久留里線）
東清水町	ひがししみずちょう	福井県鯖江市
東清住町	ひがしきよずみちょう	北海道三笠市
東淡路	ひがしあわじ	大阪府大阪市東淀川区
東淵野辺	ひがしふちのべ	神奈川県相模原市中央区
東淀川	ひがしよどがわ	大阪府（JR東海道本線）
東淀川区	ひがしよどがわく	大阪府大阪市
東猪谷	ひがしいのたに	富山県富山市
東猪原	ひがしいのはら	千葉県君津市
東産士	ひがしうぶし	北海道天塩郡天塩町
東畦	ひがしうね	岡山県岡山市南区
東畦野	ひがしうねの	兵庫県川西市
東畦野山手	ひがしうねのやまて	兵庫県川西市
東笠取	ひがしかさとり	京都府宇治市
東笠巻	ひがしかさまき	新潟県新潟市南区
東笠巻新田	ひがしかさまきしんでん	新潟県新潟市南区
東笠原町	ひがしかさはらちょう	兵庫県加西市
東笹鉾町	ひがしささぼこちょう	奈良県奈良市
東粒浦	ひがしつぶうら	岡山県倉敷市
東紺屋町	ひがしこんやまち	和歌山県和歌山市
東細谷町	ひがしほそやちょう	愛知県豊橋市
東組	ひがしぐみ	高知県高岡郡佐川町
東組町	ひがしくみちょう	京都府京都市伏見区
東習志野	ひがしならしの	千葉県習志野市
東船岡	ひがしふなおか	宮城県（阿武隈急行線）
東船迫	ひがしふなばさま	宮城県柴田郡柴田町
東船場	ひがしふなば	新潟県新潟市江南区
東船場町	ひがしせんばちょう	徳島県徳島市
東船越	ひがしふなこし	新潟県新潟市西蒲区

741

8画（東）

東船橋
　　ひがしふなばし　　千葉県（JR総武本線）
　　ひがしふなばし　　千葉県船橋市
　　ひがしふなばし　　大阪府枚方市
東葛西　ひがしかさい　　東京都江戸川区
東菜畑　ひがしなばた　　奈良県生駒市
東菅沼　ひがしすがぬま　　新潟県妙高市
東菅野　ひがしすがの　　千葉県市川市
東菱屋町　ひがしひしやちょう　　京都府京都市伏見区
東菱野町　ひがしひしのちょう　　愛知県瀬戸市
東貫　ひがしぬき　　福岡県北九州市小倉南区
東逸見町　ひがしへみちょう　　神奈川県横須賀市
東郷
　　ひがしごう　　宮城県亘理郡亘理町
　　とうごう　　福島県西白河郡矢吹町
　　ひがしごう　　栃木県真岡市
　　とうごう　　千葉県茂原市
　　ひがしごう　　和歌山県伊都郡九度山町
　　とうごう　　島根県隠岐郡隠岐の島町
　　とうごう　　福岡県（JR鹿児島本線）
　　とうごう　　福岡県宗像市
　　ひがしごう　　佐賀県杵島郡白石町
東郷二ケ町　とうごうにかちょう　　福井県福井市
東郷中島町　とうごうなかじまちょう　　福井県福井市
東郷町
　　とうごうちょう　　愛知県豊橋市
　　とうごうちょう　　愛知県瀬戸市
　　とうごうちょう　　愛知県半田市
　　とうごうちょう　　愛知県豊田市
　　とうごうちょう　　愛知県愛知郡
　　とうごうちょう　　兵庫県姫路市
　　とうごうちょう　　島根県出雲市
東郷町八重原　とうごうちょうはえばる　　宮崎県日向市
東郷町下三ケ　とうごうちょうしもさんげ　　宮崎県日向市
東郷町山田　とうごうちょうやまだ　　鹿児島県薩摩川内市
東郷町山陰　とうごうちょうやまげ　　宮崎県日向市
東郷町山陰乙　とうごうちょうやまげおつ　　宮崎県日向市
東郷町山陰丁　とうごうちょうやまげてい　　宮崎県日向市
東郷町山陰己　とうごうちょうやまげき　　宮崎県日向市
東郷町山陰丙　とうごうちょうやまげへい　　宮崎県日向市
東郷町山陰戊　とうごうちょうやまげぼ　　宮崎県日向市
東郷町山陰甲　とうごうちょうやまげこう　　宮崎県日向市
東郷町山陰辛　とうごうちょうやまげしん　　宮崎県日向市
東郷町山陰庚　とうごうちょうやまげこう　　宮崎県日向市
東郷町坪谷　とうごうちょうつぼや　　宮崎県日向市
東郷町斧渕　とうごうちょうおのぶち　　鹿児島県薩摩川内市
東郷町迫野内　とうごうちょうさこのうち　　宮崎県日向市

東郷町南瀬　とうごうちょうのうぜ　　鹿児島県薩摩川内市
東郷町鳥丸　とうごうちょうとりまる　　鹿児島県薩摩川内市
東郷町藤川　とうごうちょうふじかわ　　鹿児島県薩摩川内市
東郷通　とうごうどおり　　大阪府守口市
東都和　ひがしつわ　　茨城県土浦市
東都筑　ひがしつづき　　静岡県（天竜浜名湖鉄道線）
東都農　ひがしつの　　宮崎県（JR日豊本線）
東部　とうぶ　　埼玉県比企郡川島町
東部台　とうぶだい　　千葉県茂原市
東部市場前　とうぶしじょうまえ　　大阪府（JR関西本線）
東野
　　ひがしの　　北海道二海郡八雲町
　　ひがしの　　北海道天塩郡遠別町
　　ひがしの　　北海道斜里郡小清水町
　　ひがしの　　秋田県南秋田郡大潟村
　　とうの　　茨城県常陸大宮市
　　ひがしの　　埼玉県比企郡川島町
　　ひがしの　　埼玉県比企郡吉見町
　　ひがしの　　千葉県浦安市
　　ひがしの　　千葉県長生郡一宮町
　　あずまの　　神奈川県横浜市瀬谷区
　　ひがしの　　富山県高岡市
　　ひがしの　　富山県中新川郡立山町
　　ひがしの　　石川県羽咋郡宝達志水町
　　ひがしの　　岐阜県（明知鉄道線）
　　ひがしの　　岐阜県恵那市
　　ひがしの　　静岡県駿東郡長泉町
　　ひがしの　　三重県桑名市
　　ひがしの　　京都府（京都市交通局東西線）
　　ひがしの　　京都府宮津市
　　ひがしの　　兵庫県伊丹市
　　ひがしの　　和歌山県紀の川市
　　ひがしの　　和歌山県海草郡紀美野町
　　ひがしの　　広島県広島市安佐南区
　　ひがしの　　広島県豊田郡大崎上島町
　　ひがしの　　愛媛県松山市
　　ひがしの　　熊本県熊本市東区
東野々宮町　ひがしののみやちょう　　大阪府茨木市
東野八反畑町　ひがしのはったんばたちょう　　京都府京都市山科区
東野八代　ひがしのやしろ　　京都府京都市山科区
東野上　ひがしのがみ　　兵庫県三田市
東野山町　ひがしのやまちょう　　岡山県岡山市北区
東野川　ひがしのがわ　　東京都狛江市
東野中　ひがしのなか　　大阪府大阪狭山市
東野中井ノ上町　ひがしのなかいのうえちょう　　京都府京都市山科区
東野井ノ上町　ひがしのいのうえちょう　　京都府京都市山科区
東野片下リ町　ひがしのかたさがりちょう　　京都府京都市山科区
東野北井ノ上町　ひがしのきたいのうえちょう　　京都府京都市山科区
東野台
　　あずまのだい　　神奈川県横浜市瀬谷区
　　とうのだい　　大分県大分市
東野尻　ひがしのじり　　富山県（JR城端線）
東野田　ひがしのだ　　栃木県小山市

8画（東）

東野田町　ひがしのだまち　大阪府大阪市都島区
東野名　ひがしのみょう　新潟県魚沼市
東野寺　ひがしのでら　茨城県かすみがうら市
東野百拍子町　ひがしのひゃくびょうしちょう　京都府京都市山科区
東野竹田　ひがしのたけだ　京都府京都市山科区
東野西　ひがしのにし　大阪府大阪狭山市
東野町
　　とうのちょう　茨城県水戸市
　　ひがしのまち　岐阜県関市
　　ひがしのちょう　愛知県春日井市
　　ひがしのちょう　滋賀県長浜市
　　ひがしのちょう　京都府福知山市
　　ひがしのちょう　兵庫県明石市
　　ひがしのちょう　広島県竹原市
東野町七社宮　ひがしのちょうななしゃぐう　愛知県江南市
東野町米野　ひがしのちょうこめの　愛知県江南市
東野町西　ひがしのちょうにし　愛知県春日井市
東野町西出　ひがしのちょうにしで　愛知県江南市
東野町西神田　ひがしのちょうにしじんでん　愛知県江南市
東野町岩見　ひがしのちょういわみ　愛知県江南市
東野町東神田　ひがしのちょうひがしじんでん　愛知県江南市
東野町河戸　ひがしのちょうこうど　愛知県江南市
東野町河原　ひがしのちょうかわら　愛知県江南市
東野町長幡寺　ひがしのちょうちょうばんじ　愛知県江南市
東野町神上　ひがしのちょうかみあげ　愛知県江南市
東野町神田　ひがしのちょうじんでん　愛知県江南市
東野町烏森　ひがしのちょうからすもり　愛知県江南市
東野町郷前　ひがしのちょうごうまえ　愛知県江南市
東野町郷前西　ひがしのちょうごうまえにし　愛知県江南市
東野町新田　ひがしのちょうしんでん　愛知県江南市
東野町新田東　ひがしのちょうしんでんひがし　愛知県江南市
東野町鐘鋳山　ひがしのちょうかねいりやま　愛知県江南市
東野岳町　ひがしのだけまち　長崎県大村市
東野東　ひがしのひがし　大阪府大阪狭山市
東野牧　ひがしのまき　群馬県甘楽郡下仁田町
東野狐藪町　ひがしのきつねやぶちょう　京都府京都市山科区
東野門口町　ひがしのもんぐちちょう　京都府京都市山科区
東野南井ノ上町　ひがしのみなみいのうえちょう　京都府京都市山科区
東野原　とうのはら　茨城県常総市
東野崎　ひがしのざき　岡山県玉野市
東野添
　　ひがしのぞえ　青森県黒石市
　　ひがしのぞえ　兵庫県加古郡播磨町
東野森野町　ひがしのもりのちょう　京都府京都市山科区
東野幌　ひがしのっぽろ　北海道江別市
東野幌本町　ひがしのっぽろほんちょう　北海道江別市
東野幌町　ひがしのっぽろちょう　北海道江別市
東野新町　ひがしのしんまち　愛知県春日井市

東野舞台町　ひがしのぶたいちょう　京都府京都市山科区
東釧路　ひがしくしろ　北海道（JR釧網本線）
東陵町　とうりょうちょう　北海道北見市
東雪谷　ひがしゆきがや　東京都大田区
東魚屋町
　　ひがしうおやちょう　京都府京都市上京区
　　ひがしうおやちょう　京都府京都市中京区
　　ひがしうおやちょう　京都府京都市下京区
　　ひがしうおやまち　福岡県柳川市
東鳥生町　ひがしとりうちょう　愛媛県今治市
東鳥沼　ひがしとりぬま　北海道富良野市
東鹿田町　ひがししかたちょう　広島県呉市
東鹿島　ひがしかしま　福島県岩瀬郡鏡石町
東鹿越
　　ひがししかごえ　北海道（JR根室本線）
　　ひがししかごえ　北海道空知郡南富良野町
東鹿篭　ひがしかご　鹿児島県枕崎市
東麻布　ひがしあざぶ　東京都港区
東麻町　ひがしあさまち　北海道富良野市
東黒田
　　ひがしくろだ　栃木県小山市
　　ひがしくろた　福井県三方上中郡若狭町
東黒石野　ひがしくろいしの　岩手県盛岡市
東黒松　ひがしくろまつ　宮城県仙台市泉区
東黒牧　ひがしくろまき　富山県富山市
東黒部町　ひがしくろべちょう　三重県松阪市
12東厩島町　ひがしうまやじまちょう　新潟県新潟市中央区
東善寺
　　とうぜんじ　山形県天童市
　　とうぜんじ　新潟県十日町市
　　とうぜんじ　福井県あわら市
東善町　ひがしぜんまち　群馬県前橋市
東堺町　ひがしさかいまち　京都府京都市伏見区
東塚
　　ひがしつか　新潟県糸魚川市
　　ひがしづか　岡山県倉敷市
東塚ノ目　ひがしつかのめ　新潟県新発田市
東塚口町　ひがしつかぐちちょう　兵庫県尼崎市
東堤　ひがしつつみ　福島県西白河郡矢吹町
東奥山新田　ひがしおくやましんでん　茨城県北相馬郡利根町
東奥谷町　ひがしおくだにちょう　島根県松江市
東寒野　ひがしさまの　熊本県上益城郡甲佐町
東富山　ひがしとやま　富山県（あいの風とやま鉄道線）
東富山寿町　ひがしとやまことぶきちょう　富山県富山市
東富井　ひがしとみい　岡山県倉敷市
東富丘　ひがしとみおか　北海道富良野市
東富田　ひがしとみだ　埼玉県本庄市
東富田町　ひがしとみだちょう　三重県四日市市
東富町　ひがしとみちょう　茨城県常陸大宮市
東富岡
　　ひがしとみおか　群馬県（上信電鉄線）
　　ひがしとみおか　神奈川県伊勢原市
東富貴　ひがしふき　和歌山県伊都郡高野町
東幾寅　ひがしいくとら　北海道空知郡南富良野町
東御市　とうみし　長野県

743

8画（東）

東御幸町　ひがしみゆきちょう　三重県亀山市
東御所町　ひがしごしょちょう　広島県尾道市
東御旅町　ひがしおたびちょう　大阪府吹田市
東御影町　ひがしみかげまち　石川県金沢市
東惣付町　ひがしそうづけちょう　広島県呉市
東勝山　ひがしかつやま　宮城県仙台市青葉区
東勝谷　ひがししょうや　山口県下関市
東勝原　ひがしかどはら　福井県大野市
東朝日町　ひがしあさひまち　島根県松江市
東朝比奈　ひがしあさひな　神奈川県横浜市金沢区
東朝霧丘　ひがしあさぎりおか　兵庫県明石市
東植田町　ひがしうえたちょう　香川県高松市
東森　ひがしもり　北海道（JR函館本線）
東森町　ひがしもりちょう　北海道茅部郡森町
東森岡　ひがしもりおか　愛知県豊橋市
東椎路　ひがししいじ　静岡県沼津市
東温市　とうおんし　愛媛県
東温泉　ひがしおんせん　福井県あわら市
東湖畔　ひがしこはん　北海道有珠郡壮瞥町
東港
　ひがしこう　新潟県北蒲原郡聖籠町
　ひがしみなと　福岡県北九州市小倉北区
東港町
　ひがしみなとちょう　新潟県柏崎市
　ひがしみなとちょう　大阪府泉大津市
　ひがしみなとまち　香川県仲多度郡多度津町
　ひがしみなとまち　福岡県北九州市門司区
東渡合町　ひがしどあいちょう　愛知県豊田市
東湯舟　ひがしゆぶね　三重県伊賀市
東湊　ひがしみなと　大阪府（阪堺電気軌道阪堺線）
東湊町　ひがしみなとちょう　大阪府堺市堺区
東湊町通　ひがしみなとまちどおり　新潟県新潟市中央区
東犀川三四郎　ひがしさいがわさんしろう　福岡県（平成筑豊鉄道田川線）
東犀南　ひがしさいなみ　長野県長野市
東猫穴町　ひがしまあなちょう　茨城県牛久市
東琴平　ひがしことひら　長崎県長崎市
東琴芝　ひがしことしば　山口県宇部市
東畳屋町　ひがしたたみやちょう　滋賀県近江八幡市
東登美ケ丘　ひがしとみがおか　奈良県奈良市
東筑　とうちく　福岡県北九州市八幡西区
東筑摩郡　ひがしちくまぐん　長野県
東粟倉　ひがしあわぐら　千葉県君津市
東結　ひがしむすぶ　岐阜県安八郡安八町
東結城　ひがしゆうき　茨城県（JR水戸線）
東萱場　ひがしかやば　新潟県新潟市南区
東萩　ひがしはぎ　山口県（JR山陰本線）
東萩平町　ひがしはぎひらちょう　愛知県豊田市
東萩尾町　ひがしはぎおまち　福岡県大牟田市
東萩間　ひがしはぎま　静岡県牧之原市
東葉勝田台　とうようかつただい　千葉県（東葉高速鉄道東葉高速線）
東落合　ひがしおちあい　兵庫県神戸市須磨区
東蛭川町　ひがしひるがわまち　石川県小松市
東嘴崎　ひがしはしさき　兵庫県（JR姫新線）
東貸上　ひがしかしあげ　岐阜県関市
東越谷　ひがしこしがや　埼玉県越谷市
東軽部　ひがしかるべ　岡山県赤磐市

東遅沢　ひがしおそざわ　栃木県那須塩原市
東道野辺　ひがしみちのべ　千葉県鎌ケ谷市
東開町
　とうかいちょう　北海道苫小牧市
　とうかいちょう　鹿児島県鹿児島市
東開発　ひがしかいほつ　富山県砺波市
東開聞　ひがしかいもん　鹿児島県（JR指宿枕崎線）
東開聞町　ひがしかいもんちょう　鹿児島県薩摩川内市
東間
　あずま　埼玉県北本市
　あずま　石川県羽咋郡宝達志水町
東間々田　ひがしままだ　栃木県小山市
東間下町　ひがしあいだしもまち　熊本県人吉市
東間上町　ひがしあいだかみまち　熊本県人吉市
東間中橋　ひがしまなかばし　茨城県古河市
東間門　ひがしまかど　静岡県沼津市
東隈　ひがしぐま　福岡県筑紫郡那珂川町
東陽
　とうよう　東京都江東区
　とうよう　和歌山県田辺市
　とうよう　山口県下松市
東陽大通西　とうようおおどおりにし　北海道釧路郡釧路町
東陽台　とうようだい　広島県福山市
東陽西　とうようにし　北海道釧路郡釧路町
東陽町
　とうようちょう　東京都（東京地下鉄東西線）
　とうようちょう　新潟県妙高市
　とうようちょう　岐阜県羽島郡笠松町
　とうようちょう　愛知県刈谷市
東陽町小浦　とうようまちこうら　熊本県八代市
東陽町北　とうようまちきた　熊本県八代市
東陽町河俣　とうようまちかわまた　熊本県八代市
東陽町南　とうようまちみなみ　熊本県八代市
東雁来一条　ひがしかりきいちじょう　北海道札幌市東区
東雁来七条　ひがしかりきしちじょう　北海道札幌市東区
東雁来九条　ひがしかりきくじょう　北海道札幌市東区
東雁来二条　ひがしかりきにじょう　北海道札幌市東区
東雁来八条　ひがしかりきはちじょう　北海道札幌市東区
東雁来十一条　ひがしかりきじゅういちじょう　北海道札幌市東区
東雁来十二条　ひがしかりきじゅうにじょう　北海道札幌市東区
東雁来十三条　ひがしかりきじゅうさんじょう　北海道札幌市東区
東雁来十四条　ひがしかりきじゅうしじょう　北海道札幌市東区
東雁来十条　ひがしかりきじゅうじょう　北海道札幌市東区
東雁来三条　ひがしかりきさんじょう　北海道札幌市東区
東雁来五条　ひがしかりきごじょう　北海道札幌市東区
東雁来六条　ひがしかりきろくじょう　北海道札幌市東区

東雁来四条　ひがしかりきしじょう　北海道札幌市東区

東雁来町　ひがしかりきちょう　北海道札幌市東区

東雄信内　ひがしおのぶない　北海道天塩郡天塩町

東雲
　とううん　北海道(JR石北本線)
　とううん　北海道上川郡上川町
　しののめ　東京都(東京臨海高速鉄道りんかい線)
　しののめ　東京都江東区
　しののめ　長野県小諸市
　しののめ　京都府(京都丹後鉄道宮津線)
　しののめ　広島県広島市南区

東雲本町　しののめほんまち　広島県広島市南区

東雲名　ひがしうんな　静岡県浜松市天竜区

東雲西町　しののめにしまち　大阪府堺市堺区

東雲町
　しののめちょう　北海道函館市
　しののめちょう　北海道小樽市
　しののめちょう　北海道留萌市
　しののめちょう　北海道千歳市
　しののめちょう　北海道富良野市
　しののめちょう　北海道二海郡八雲町
　しののめちょう　北海道虻田郡豊浦町
　しののめちょう　新潟県妙高市
　とううんちょう　新潟県上越市
　しののめちょう　愛知県豊橋市
　しののめちょう　愛知県半田市
　しののめちょう　大阪府泉大津市
　しののめちょう　兵庫県姫路市
　しののめちょう　奈良県大和高田市
　しののめちょう　鳥取県境港市
　しののめちょう　愛媛県松山市
　しののめちょう　愛媛県新居浜市
　しののめちょう　高知県高知市
　しののめまち　福岡県福岡市博多区

東雲東町　しののめひがしまち　大阪府堺市北区

東雲通　しののめどおり　兵庫県神戸市中央区

東須ケ口　ひがしすかぐち　愛知県清須市

東須田の木　ひがしすだのき　山口県山陽小野田市

東須恵　ひがしすえ　山口県宇部市

東須磨
　ひがしすま　兵庫県(山陽電気鉄道本線)
　ひがしすま　兵庫県神戸市須磨区

東飯田　ひがしいいだ　茨城県桜川市

東飯能　ひがしはんのう　埼玉県(JR八高線ほか)

13 東勢　ひがしせい　福井県小浜市

東園
　ひがしその　鳥取県東伯郡北栄町
　ひがしその　長崎県(JR長崎本線)

東園田町　ひがしそのだちょう　兵庫県尼崎市

東園町　ひがしそのちょう　島根県出雲市

東塩小路向畑町　ひがししおこうじむかいはたちょう　京都府京都市下京区

東塩小路町　ひがししおこうじちょう　京都府京都市下京区

東塩小路釜殿町　ひがししおこうじかまどのちょう　京都府京都市下京区

東塩小路高倉町　ひがししおこうじたかくらちょう　京都府京都市下京区

東塩田町　ひがしえんでんちょう　鹿児島県いちき串木野市

東塩屋町　ひがししおやちょう　広島県呉市

東塩釜　ひがししおがま　宮城県(JR仙石線)

東塙田　ひがしはなわだ　栃木県宇都宮市

東夢前台　ひがしゆめさきだい　兵庫県姫路市

東寝屋川　ひがしねやがわ　大阪府(JR片町線)

東幌別　ひがしほろべつ　北海道浦河郡浦河町

東幌町　ひがしほろちょう　北海道留萌市

東愛宕町
　ひがしあだごちょう　愛知県津島市
　ひがしあたごちょう　広島県呉市

東新丁　ひがししんちょう　宮城県仙台市若林区

東新小岩　ひがししんこいわ　東京都葛飾区

東新山町　ひがししんざんまち　山形県寒河江市

東新川
　ひがしにっかわ　群馬県(上毛電気鉄道線)
　ひがししんかわ　山口県(JR宇部線)
　ひがししんかわ　愛媛県八幡浜市

東新川町　ひがししんかわちょう　山口県宇部市

東新井
　ひがしあらい　茨城県つくば市
　ひがしあらい　埼玉県さいたま市見沼区

東新井町　ひがしあらいちょう　埼玉県所沢市

東新木　ひがししんぎ　高知県(とさでん交通ごめん線)

東新田　とうしんでん　静岡県静岡市駿河区

東新在家町　ひがししんざいけちょう　奈良県奈良市

東新庄
　ひがししんじょう　岩手県盛岡市
　ひがししんじょう　富山県(富山地方鉄道本線)

東新町
　ひがししんちょう　青森県黒石市
　ひがししんちょう　宮城県柴田郡大河原町
　ひがししんまち　群馬県太田市
　とうしんちょう　東京都板橋区
　とうしんちょう　新潟県新潟市東区
　ひがしあらまち　新潟県長岡市
　とうしんちょう　新潟県新発田市
　ひがししんまち　石川県白山市
　ひがししんまち　福井県福井市
　とうしんちょう　長野県飯田市
　とうしんちょう　岐阜県関市
　とうしんちょう　静岡県磐田市
　ひがししんまち　愛知県(JR飯田線)
　ひがししんちょう　愛知県名古屋市東区
　ひがししんまち　愛知県豊橋市
　ひがししんまち　愛知県半田市
　とうしんちょう　愛知県豊川市
　とうしんちょう　愛知県刈谷市
　ひがししんまち　愛知県豊田市
　とうしんちょう　愛知県安城市
　ひがししんまち　愛知県小牧市
　とうしんちょう　愛知県大府市
　ひがししんまち　愛知県岩倉市
　とうしんちょう　三重県四日市市
　ひがししんまち　大阪府松原市
　ひがししんまち　兵庫県篠山市
　ひがししんまち　奈良県生駒市
　ひがししんまち　岡山県津山市
　ひがししんまち　徳島県徳島市
　ひがししんまち　香川県仲多度郡多度津町
　ひがししんまち　福岡県北九州市門司区
　ひがししんまち　福岡県大牟田市

東新保　ひがししんぼ　新潟県三条市

8画（東）

東新城　ひがししんじょう　宮城県気仙沼市
東新屋　ひがしあらや　静岡県磐田市
東新津　ひがしにいつ　新潟県（JR磐越西線）
東新島　ひがしにいじま　兵庫県加古郡播磨町
東新堂　ひがししんどう　奈良県桜井市
東新宿
　　ひがししんじゅく　千葉県東金市
　　ひがししんじゅく　東京都（東京都交通局大江戸線
　　ほか）
東新斎町　ひがししんさいまち　山形県鶴岡市
東新湊　ひがししんみなと　富山県（万葉線）
東新殿　ひがしにいどの　福島県二本松市
東新潟　ひがしにいがた　新潟県（JR白新線）
東新橋　ひがししんばし　東京都港区
東楢戸　ひがしならど　茨城県つくばみらい市
東椹木町　ひがしさわらぎちょう　京都府京都市中
　　京区
東殿　ひがしとの　富山県南砺市
東滑川　ひがしなめりかわ　富山県（あいの風とやま
　　鉄道線）
東滑川町　ひがしなめかわちょう　茨城県日立市
東溝口　ひがしみぞぐち　愛知県あま市
東滝
　　ひがしたき　青森県東津軽郡平内町
　　ひがしだき　山形県西置賜郡小国町
東滝川
　　ひがしたきかわ　北海道（JR根室本線）
　　ひがしたきかわ　北海道滝川市
東滝川町　ひがしたきかわちょう　北海道滝川市
東照宮
　　とうしょうぐう　宮城県（JR仙山線）
　　とうしょうぐう　宮城県仙台市青葉区
東瑞江　ひがしみずえ　東京都江戸川区
東福山　ひがしふくやま　広島県（JR山陽本線）
東福井　ひがしふくい　大阪府茨木市
東福生　ひがしふっさ　東京都（JR八高線）
東福田　ひがしふくだ　宮城県石巻市
東福田新田　ひがしふくだしんでん　新潟県妙高市
東福寺
　　とうふくじ　富山県滑川市
　　とうふくじ　京都府（JR奈良線ほか）
　　とうふくじ　奈良県生駒郡斑鳩町
東福寺野　とうふくじの　富山県滑川市
東福寺開　とうふくじびらき　富山県滑川市
東福沢
　　ひがしふくざわ　福島県伊達郡川俣町
　　ひがしふくざわ　富山県富山市
東福町
　　ひがしふくまち　富山県小矢部市
　　とうふくちょう　島根県出雲市
東福原　ひがしふくばら　鳥取県米子市
東福島　ひがしふくしま　福島県（JR東北本線）
東福野町　ひがしふくのちょう　岐阜県関市
東福間
　　ひがしふくま　福岡県（JR鹿児島本線）
　　ひがしふくま　福岡県福津市
東竪町
　　ひがしたてちょう　京都府京都市上京区
　　ひがしたつちょう　京都府亀岡市
東糀谷　ひがしこうじや　東京都大田区

東置賜郡　ひがしおきたまぐん　山形県
東蒲田　ひがしかまた　東京都大田区
東蒲池　ひがしかまち　福岡県柳川市
東蒲原郡　ひがしかんばらぐん　新潟県
東蒔田町　ひがしまいたまち　神奈川県横浜市南区
東蜂ケ池　ひがしはちがいけ　愛知県みよし市
東蜆　ひがししじみ　愛知県弥富市
東裏
　　ひがしうら　北海道石狩郡当別町
　　ひがしうら　福島県二本松市
東裏辻町　ひがしうらつじちょう　京都府京都市上
　　京区
東裏館　ひがしうらだて　新潟県三条市
東豊　ひがしゆたか　長野県諏訪郡下諏訪町
東豊中町
　　ひがしとよなかちょう　大阪府豊中市
　　ひがしとよなかちょう　大阪府泉大津市
東豊井　ひがしとよい　山口県下松市
東豊田
　　ひがしとよだ　東京都日野市
　　ひがしとよだ　神奈川県平塚市
東豊町　ひがしゆたかまち　愛知県豊川市
東豊里町　ひがしとよさとちょう　北海道赤平市
東豊沼　ひがしとよぬま　北海道砂川市
東豊浦　ひがしとようら　栃木県那須塩原市
東豊浦町　ひがしとようらちょう　大阪府東大阪市
東豊浜町　ひがしとよはまちょう　三重県伊勢市
東豊富　ひがしとよとみ　北海道天塩郡豊富町
東鉄町　ひがしてつまち　福岡県北九州市八幡東区
14東境町
　　ひがしさかいちょう　愛知県刈谷市
　　ひがしさかいちょう　京都府京都市下京区
東徳久　ひがしとくさ　兵庫県佐用郡佐用町
東徳永　ひがしとくなが　福岡県行橋市
東徳田　ひがしとくた　岩手県紫波郡矢巾町
東徳前　ひがしとくぜん　福岡県飯塚市
東榎生　ひがしよのう　茨城県筑西市
東榎町　ひがしえのきちょう　東京都新宿区
東漆田町　ひがしうるしだまち　熊本県人吉市
東熊堂　ひがしくまんどう　静岡県沼津市
東稲塚新田　ひがしいなづかしんでん　新潟県上越市
東穀町　ひがしこくちょう　岩手県遠野市
東種　ひがしたね　富山県中新川郡上市町
東窪田　ひがしくぼた　岡山県赤磐市
東端町　ひがしばたちょう　愛知県安城市
東箕輪　ひがしみのわ　長野県上伊那郡箕輪町
東綾瀬　ひがしあやせ　東京都足立区
東総元　ひがしふさもと　千葉県（いすみ鉄道線）
東総社　ひがしそうじゃ　岡山県（JR吉備線）
東網走　ひがしあばしり　北海道網走市
東緑が丘　ひがしみどりがおか　岩手県盛岡市
東緑町　ひがしみどりまち　愛知県稲沢市
東蓼沼　ひがしたてぬま　栃木県河内郡上三川町
東銀座
　　ひがしぎんざ　東京都（東京地下鉄日比谷線ほか）
　　ひがしぎんざ　長野県岡谷市
東関　ひがしせき　新潟県妙高市
東関内町　ひがしせきないちょう　北海道伊達市
東関根　ひがしせきね　栃木県那須塩原市

746

8画（東）

東静内
　　ひがししずない　北海道（JR日高本線）
　　ひがししずない　北海道日高郡新ひだか町
東静岡　ひがししずおか　静岡県（JR東海道本線）
東領家　ひがしりょうけ　埼玉県川口市
東駅町　ひがしえきまち　広島県広島市南区
東駅前町　ひがしえきまえちょう　兵庫県姫路市
東鳴川町　ひがしなるかわちょう　奈良県奈良市
東鳴水　ひがしなるみず　福岡県北九州市八幡西区
東鳴尾　ひがしなるお　兵庫県（阪神電気鉄道武庫川線）
東鳴尾町　ひがしなるおちょう　兵庫県西宮市
東墨田　ひがしすみだ　東京都墨田区
15東億田町　ひがしおくだちょう　愛知県半田市
東幡豆　ひがしはず　愛知県（名古屋鉄道蒲郡線）
東幡豆町　ひがしはずちょう　愛知県西尾市
東横山　ひがしよこやま　岐阜県揖斐郡揖斐川町
東横山町　ひがしよこやまちょう　愛知県瀬戸市
東横田　ひがしよこた　千葉県（JR久留里線）
東横田町
　　ひがしよこたまち　栃木県宇都宮市
　　ひがしよこたちょう　兵庫県加西市
東横地　ひがしよこじ　静岡県菊川市
東横町
　　ひがしよこまち　秋田県北秋田市
　　ひがしよこまち　長野県須坂市
東横関町　ひがしよこぜきちょう　滋賀県近江八幡市
東樫尾町　ひがしかしおちょう　福井県越前市
東権現町　ひがしごんげんちょう　愛知県瀬戸市
東槻木　ひがしつきのき　青森県上北郡七戸町
東潟町　ひがしかたまち　石川県羽咋市
東磐井郡　ひがしいわいぐん　⇒消滅（岩手県）
東舞子町　ひがしまいこちょう　兵庫県神戸市垂水区
東舞鶴　ひがしまいづる　京都府（JR舞鶴線）
東蔵　とうぞう　富山県魚津市
東蔵王　ひがしざおう　新潟県長岡市
東蔵前　ひがしくらまえ　愛知県岡崎市
東蔵前丁　ひがしくらまえ　和歌山県和歌山市
東蔵前町　ひがしくらまえちょう　愛知県岡崎市
東蕪内　ひがしかぶうち　福岡県白河市
東蕗田　ひがしふきだ　茨城県結城郡八千代町
東諸川　ひがしもろかわ　茨城県古河市
東諸県郡　ひがしもろかたぐん　宮崎県
東輝　とき　千葉県香取郡多古町
東錺屋町　ひがしかざりやちょう　京都府京都市下京区
東駒爪町　ひがしこまづめちょう　岐阜県岐阜市
東駒形　ひがしこまがた　東京都墨田区
16東橘町　ひがしたちばなちょう　京都府京都市東山区
東橋本　ひがしはしもと　神奈川県相模原市緑区
東橋良町　ひがしはしらちょう　愛知県豊橋市
東橋詰町
　　ひがしはしづめちょう　京都府京都市上京区
　　ひがしはしづめちょう　京都府京都市上京区
東築地町　ひがしつきぢちょう　愛知県名古屋市港区
東築城　ひがしついき　福岡県築上郡築上町
東篭野町　ひがしかごのまち　山形県山形市
東興　とうこう　北海道紋別郡西興部村
東興町　とうこうちょう　岐阜県岐阜市

東舘　ひがしたて　福島県東白川郡矢祭町
東舘町　ひがしだてちょう　岩手県遠野市
東薗目　ひがしそのめ　愛知県北設楽郡東栄町
東諫早　ひがしいさはや　長崎県（JR長崎本線）
東鞘ケ谷町　ひがしさやがたにまち　福岡県北九州市戸畑区
東頼城町　ひがしらいじょうちょう　北海道芦別市
東館　ひがしだて　福島県（JR水郡線）
東鮎川　ひがしあゆかわ　秋田県由利本荘市
東鴨　ひがしがも　鳥取県倉吉市
東鴨地　ひがしかもじ　高知県土佐市
東鴨新町　ひがしがもしんまち　鳥取県倉吉市
17東嶺町　ひがしみねまち　東京都大田区
東曙町　ひがしあけぼのちょう　愛知県豊川市
東櫛原町　ひがしくしはらまち　福岡県久留米市
東磯ノ目　ひがしいそのめ　秋田県南秋田郡五城目町
東磯山　ひがしいそやま　三重県鈴鹿市
東篠崎
　　ひがししのさき　東京都江戸川区
　　ひがししのさき　福岡県北九州市小倉北区
東篠崎町　ひがししのさきまち　東京都江戸川区
東築瀬　ひがしやなぜ　栃木県宇都宮市
東鍛冶屋町　ひがしかじやまち　和歌山県和歌山市
東鍋屋町　ひがしなべやまち　三重県桑名市
東霞町　ひがしかすみちょう　広島県広島市南区
東餅田　ひがしもちだ　鹿児島県姶良市
東鴻池町　ひがしこうのいけちょう　大阪府東大阪市
18東臨港町　ひがしりんこうちょう　新潟県新潟市東区
東藤川　ひがしふじかわ　静岡県榛原郡川根本町
東藤井寺町　ひがしふじいでらちょう　大阪府藤井寺市
東藤平　ひがしふじだいら　静岡県浜松市天竜区
東藤平蔵　ひがしとうへいぞう　富山県高岡市
東藤田町　ひがしとうだちょう　大阪府枚方市
東藤曲　ひがしふじまがり　山口県宇部市
東藤江　ひがしふじえ　兵庫県明石市
東藤沢　ひがしふじさわ　埼玉県入間市
東藤原　ひがしふじわら　三重県（三岐鉄道三岐線）
東藤島　ひがしふじしま　福井県（えちぜん鉄道勝山永平寺線）
東観音町
　　ひがしかんおんまち　広島県広島市西区
　　ひがしかんのんちょう　山口県下関市
東鎌ケ谷　ひがしかまがや　千葉県鎌ケ谷市
東難波町　ひがしなにわちょう　兵庫県尼崎市
東鵜島　ひがしうしま　新潟県佐渡市
19東瀬名町　ひがしせなちょう　静岡県静岡市葵区
東藻琴　ひがしもこと　北海道網走郡大空町
東藻琴千草　ひがしもことちくさ　北海道網走郡大空町
東藻琴大進　ひがしもことたいしん　北海道網走郡大空町
東藻琴山園　ひがしもことやまぞの　北海道網走郡大空町
東藻琴末広　ひがしもことすえひろ　北海道網走郡大空町
東藻琴西倉　ひがしもことにしくら　北海道網走郡大空町
東藻琴明生　ひがしもことめいせい　北海道網走郡大空町

747

8画（杷，板）

東藻琴新富　ひがしもことしんとみ　北海道網走郡大空町
東藻琴福富　ひがしもことふくとみ　北海道網走郡大空町
東蟹田　ひがしかにた　愛知県名古屋市港区
東蟹屋町　ひがしかにやちょう　広島県広島市東区
東鯖江　ひがしさばえ　福井県鯖江市
東鶉
　ひがしうずら　北海道空知郡上砂川町
　ひがしうずら　岐阜県岐阜市
東麓郷　ひがしろくごう　北海道富良野市
20東巌城町　ひがしいわきちょう　鳥取県倉吉市
21東灘　ひがしなだ　大分県佐伯市
東灘区　ひがしなだく　兵庫県神戸市
東鶴崎　ひがしつるさき　大分県大分市
東鶴賀町　ひがしつるがまち　長野県長野市
22東籠田　ひがしかごた　福島県喜多方市
東鱈田　ひがしたらだ　新潟県三条市
23東鷲宮　ひがしわしのみや　埼玉県（JR東北本線）
24東鷹匠町　ひがしたかじょうまち　静岡県静岡市葵区
東鷹栖一条　ひがしたかすいちじょう　北海道旭川市
東鷹栖一線　ひがしたかすいっせん　北海道旭川市
東鷹栖七線　ひがしたかすななせん　北海道旭川市
東鷹栖九線　ひがしたかすきゅうせん　北海道旭川市
東鷹栖二条　ひがしたかすにじょう　北海道旭川市
東鷹栖二線　ひがしたかすにせん　北海道旭川市
東鷹栖八線　ひがしたかすはっせん　北海道旭川市
東鷹栖十一線　ひがしたかすじゅういっせん　北海道旭川市
東鷹栖十二線　ひがしたかすじゅうにせん　北海道旭川市
東鷹栖十三線　ひがしたかすじゅうさんせん　北海道旭川市
東鷹栖十五線　ひがしたかすじゅうごせん　北海道旭川市
東鷹栖十四線　ひがしたかすじゅうよんせん　北海道旭川市
東鷹栖十線　ひがしたかすじっせん　北海道旭川市
東鷹栖三条　ひがしたかすさんじょう　北海道旭川市
東鷹栖三線　ひがしたかすさんせん　北海道旭川市
東鷹栖五線　ひがしたかすごせん　北海道旭川市
東鷹栖六線　ひがしたかすろくせん　北海道旭川市
東鷹栖四条　ひがしたかすしじょう　北海道旭川市
東鷹栖四線　ひがしたかすよんせん　北海道旭川市
東鷹栖東一条　ひがしたかすひがしいちじょう　北海道旭川市
東鷹栖東一線　ひがしたかすひがしいっせん　北海道旭川市
東鷹栖東二条　ひがしたかすひがしにじょう　北海道旭川市
東鷹栖東三条　ひがしたかすひがしさんじょう　北海道旭川市
東鷹野町　ひがしたかのまち　長野県諏訪郡下諏訪町

【杷】
4杷木久喜宮　はきくぐみや　福岡県朝倉市
杷木大山　はきおおやま　福岡県朝倉市
杷木古賀　はきこが　福岡県朝倉市
杷木白木　はきしらき　福岡県朝倉市

杷木池田　はきいけだ　福岡県朝倉市
杷木志波　はきしわ　福岡県朝倉市
杷木赤谷　はきあかだに　福岡県朝倉市
杷木松末　はきますえ　福岡県朝倉市
杷木林田　はきはやしだ　福岡県朝倉市
杷木若市　はきわかいち　福岡県朝倉市
杷木星丸　はきほしまる　福岡県朝倉市
杷木寒水　はきそうず　福岡県朝倉市
杷木穂坂　はきほざか　福岡県朝倉市

【板】
0板ケ谷　いたがたに　広島県山県郡安芸太田町
板ケ谷町　いたがやまち　石川県金沢市
板ノ川　いたのかわ　高知県四万十市
3板子石境　いたこいしざかい　秋田県大館市
板山
　いたやま　宮城県伊具郡丸森町
　いたやま　新潟県新発田市
　いたやま　愛知県知多郡阿久比町
板山町　いたやまちょう　愛知県半田市
板川　いたがわ　千葉県山武市
4板中新田　いたなかしんでん　千葉県山武市
板井
　いたい　群馬県佐波郡玉村町
　いたい　埼玉県熊谷市
　いたい　新潟県新潟市西区
板井川　いたいがわ　山形県鶴岡市
板井原　いたいばら　鳥取県日野郡日野町
板戸
　いたど　山形県酒田市
　いたど　神奈川県伊勢原市
板戸井　いたとい　茨城県守谷市
板戸町　いたどまち　栃木県宇都宮市
板木
　いたぎ　宮城県刈田郡七ケ宿町
　いたぎ　新潟県魚沼市
5板付　いたづけ　福岡県福岡市博多区
板田町　いただちょう　愛知県岡崎市
板目沢　いためざわ　福島県二本松市
7板尾　いたお　和歌山県有田郡有田川町
板村　いたむら　広島県山県郡北広島町
板沢
　いたざわ　秋田県大館市
　いたさわ　静岡県掛川市
板良敷　いたらしき　沖縄県島尻郡与那原町
板見内　いたみない　秋田県大仙市
板谷
　いたや　北海道雨竜郡北竜町
　いたや　山形県（JR奥羽本線）
　いたや　山形県米沢市
　いたや　茨城県土浦市
　いたや　千葉県夷隅郡大多喜町
　いたや　宮崎県児湯郡西米良村
板貝　いたがい　新潟県村上市
8板取
　いたどり　福井県南条郡南越前町
　いたどり　岐阜県関市
板妻　いたづま　静岡県御殿場市
板東　ばんどう　徳島県（JR高徳線）
板波町　いたばちょう　兵庫県西脇市

8画（板）

板知屋　いたちや　大分県臼杵市
板附　いたつき　千葉県山武市
⁹板垣
　　いたがき　福井県福井市
　　いたがき　福井県今立郡池田町
板垣大通り　いたがきおおどおり　山形県東根市
板垣中通り　いたがきなかどおり　山形県東根市
板垣北小路　いたがききたこうじ　山形県東根市
板垣北通り　いたがききたどおり　山形県東根市
板垣西小路　いたがきにしこうじ　山形県東根市
板垣町　いたがきちょう　福井県福井市
板垣新田　いたがきしんでん　山形県東根市
板室　いたむろ　栃木県那須塩原市
板屋
　　いたや　岩手県宮古市
　　いたや　富山県下新川郡入善町
　　いたや　福岡県福岡市早良区
　　いたや　福岡県朝倉市
板屋沢　いたやさわ　新潟県村上市
板屋町
　　いたやまち　福井県小浜市
　　いたやまち　静岡県浜松市中区
　　いたやまち　愛知県岡崎市
　　いたやちょう　滋賀県近江八幡市
　　いたやまち　兵庫県赤穂市
　　いたやまち　和歌山県和歌山市
　　いたやまち　熊本県熊本市中央区
板屋越　いたやごし　新潟県村上市
板持
　　いたもち　山口県（JR美祢線）
　　いたもち　福岡県糸島市
板柳
　　いたやなぎ　青森県（JR五能線）
　　いたやなぎ　青森県北津軽郡板柳町
板柳町　いたやなぎまち　青森県北津軽郡
¹⁰板倉
　　いたくら　群馬県邑楽郡板倉町
　　いたくら　福井県大野市
板倉区下田屋　いたくらくしもたや　新潟県上越市
板倉区下米沢　いたくらくしもよねざわ　新潟県上越市
板倉区上中島新田　いたくらくかみなかじましんでん　新潟県上越市
板倉区上福田新田　いたくらくかみふくだしんでん　新潟県上越市
板倉区久々野　いたくらくくぐの　新潟県上越市
板倉区大野新田　いたくらくおおのしんでん　新潟県上越市
板倉区小石原　いたくらくこいしはら　新潟県上越市
板倉区山部　いたくらくやまべ　新潟県上越市
板倉区山越　いたくらくやまごし　新潟県上越市
板倉区不動新田　いたくらくふどうしんでん　新潟県上越市
板倉区中之宮　いたくらくなかのみや　新潟県上越市
板倉区中四ツ屋　いたくらくなかよつや　新潟県上越市
板倉区戸狩　いたくらくとがり　新潟県上越市
板倉区玄藤寺新田　いたくらくげんどうじしんでん　新潟県上越市
板倉区田井　いたくらくたい　新潟県上越市
板倉区田屋　いたくらくたや　新潟県上越市

板倉区吉増　いたくらくよします　新潟県上越市
板倉区米増　いたくらくよねます　新潟県上越市
板倉区別所　いたくらくべっしょ　新潟県上越市
板倉区坂井　いたくらくさかい　新潟県上越市
板倉区沢田　いたくらくさわだ　新潟県上越市
板倉区国川　いたくらくこくがわ　新潟県上越市
板倉区東山寺　いたくらくひがしやまでら　新潟県上越市
板倉区長塚　いたくらくながつか　新潟県上越市
板倉区長嶺　いたくらくながみね　新潟県上越市
板倉区青葉　いたくらくあおば　新潟県上越市
板倉区南中島　いたくらくみなみなかじま　新潟県上越市
板倉区南四ツ屋新田　いたくらくみなみよつやしんでん　新潟県上越市
板倉区宮島　いたくらくみやじま　新潟県上越市
板倉区栗沢　いたくらくくりざわ　新潟県上越市
板倉区釜塚　いたくらくかまつか　新潟県上越市
板倉区針　いたくらくはり　新潟県上越市
板倉区高野　いたくらくたかの　新潟県上越市
板倉区曽根田　いたくらくそねだ　新潟県上越市
板倉区菰立　いたくらくこもだて　新潟県上越市
板倉区筒方　いたくらくどうがた　新潟県上越市
板倉区達野　いたくらくたての　新潟県上越市
板倉区猿供養寺　いたくらくさるくようじ　新潟県上越市
板倉区福王寺　いたくらくふくおうじ　新潟県上越市
板倉区熊川　いたくらくくまがわ　新潟県上越市
板倉区熊川新田　いたくらくくまがわしんでん　新潟県上越市
板倉区稲増　いたくらくいなます　新潟県上越市
板倉区緑ケ丘　いたくらくみどりがおか　新潟県上越市
板倉区関田　いたくらくせきだ　新潟県上越市
板倉区関根　いたくらくせきね　新潟県上越市
板倉区横町　いたくらくよこちょう　新潟県上越市
板倉区機織　いたくらくはたおり　新潟県上越市
板倉町
　　いたくらちょう　栃木県足利市
　　いたくらまち　群馬県邑楽郡
　　いたくらちょう　千葉県千葉市緑区
　　いたくらちょう　愛知県刈谷市
板倉東洋大前　いたくらとうようだいまえ　群馬県（東武鉄道日光線）
板原　いたはら　大阪府泉大津市
板原町　いたはらちょう　大阪府泉大津市
板峰　いたのみね　茨城県行方市
板庭　いたにわ　福島県東白川郡塙町
板留　いたどめ　青森県黒石市
板荷
　　いたが　栃木県（東武鉄道日光線）
　　いたが　栃木県鹿沼市
¹¹板宿　いたやど　兵庫県（山陽電気鉄道本線ほか）
板宿町　いたやどちょう　兵庫県神戸市須磨区
板野　いたの　徳島県（JR高徳線）
板野町　いたのちょう　徳島県板野郡
板野郡　いたのぐん　徳島県
¹²板場　いたば　長野県松本市
板葺町　いたぶきちょう　愛知県稲沢市

749

8画（枇, 枚, 枕, 林）

¹³板楠　いたくす　熊本県玉名郡和水町
¹⁴板鼻　いたはな　群馬県安中市
¹⁵板敷
　　いたじき　新潟県新発田市
　　いたじき　宮崎県日南市
板敷本町　いたしきほんまち　鹿児島県枕崎市
板敷西町　いたしきにしまち　鹿児島県枕崎市
板敷南町　いたしきみなみまち　鹿児島県枕崎市
¹⁶板橋
　　いたばし　岩手県岩手郡雫石町
　　いたばし　宮城県加美郡加美町
　　いたばし　福島県白河市
　　いたばし　福島県東白川郡棚倉町
　　いたばし　福島県石川郡石川町
　　いたばし　茨城県筑西市
　　いたばし　茨城県つくばみらい市
　　いたばし　栃木県日光市
　　いたばし　東京都（JR埼京線）
　　いたばし　東京都板橋区
　　いたばし　神奈川県小田原市
　　いたばし　山梨県南都留郡道志村
　　いたばし　長野県南佐久郡南牧村
板橋山　いたばしやま　青森県上北郡東北町
板橋区　いたばしく　東京都
板橋区役所前　いたばしくやくしょまえ　東京都（東京都交通局三田線）
板橋北　いたばしきた　福島県耶麻郡猪苗代町
板橋本町　いたばしほんちょう　東京都（東京都交通局三田線）
板橋町
　　いたばしまち　茨城県龍ケ崎市
　　いたばしちょう　広島県庄原市
板橋南　いたばしみなみ　福島県伊達郡国見町
¹⁸板櫃町　いたびつまち　福岡県北九州市小倉北区

【枇】
⁸枇杷庄　びわのしょう　京都府城陽市
枇杷谷　びわだに　和歌山県紀の川市
枇杷首　びわくび　富山県射水市
枇杷島
　　びわじま　新潟県柏崎市
　　びわじま　愛知県（JR東海道本線ほか）
　　びわじま　愛知県名古屋市西区
枇杷島台　びわじまだい　三重県桑名市
枇杷島駅前東　びわじまえきまえひがし　愛知県清須市
枇杷野　びわの　青森県上北郡野辺地町

【枚】
⁴枚方上之町　ひらかたかみのちょう　大阪府枚方市
枚方元町　ひらかたもとまち　大阪府枚方市
枚方公園　ひらかたこうえん　大阪府（京阪電気鉄道本線）
枚方公園町　ひらかたこうえんちょう　大阪府枚方市
枚方市
　　ひらかたし　大阪府（京阪電気鉄道交野線ほか）
　　ひらかたし　大阪府
⁸枚岡　ひらおか　大阪府（近畿日本鉄道奈良線）

【枕】
⁴枕木町　まくらぎちょう　島根県松江市
¹¹枕崎
　　まくらざき　鹿児島県（JR指宿枕崎線）
　　まくらざき　鹿児島県枕崎市
枕崎市　まくらざき　鹿児島県
枕野　まくらの　富山県黒部市
¹⁹枕瀬　まくらせ　島根県鹿足郡津和野町

【林】
林
　　はやし　岩手県岩手郡雫石町
　　はやし　茨城県結城市
　　はやし　茨城県鹿嶋市
　　はやし　茨城県筑西市
　　はやし　栃木県芳賀郡茂木町
　　はやし　群馬県吾妻郡長野原町
　　はやし　埼玉県所沢市
　　はやし　千葉県袖ケ浦市
　　はやし　千葉県香取郡多古町
　　はやし　神奈川県横須賀市
　　はやし　神奈川県厚木市
　　はやし　富山県（JR城端線）
　　はやし　富山県砺波市
　　はやし　愛知県小牧市
　　はやし　滋賀県栗東市
　　はやし　滋賀県蒲生郡竜王町
　　はやし　京都府久世郡久御山町
　　はやし　大阪府藤井寺市
　　はやし　兵庫県明石市
　　はやし　奈良県御所市
　　はやし　奈良県吉野郡十津川村
　　はやし　和歌山県伊都郡高野町
　　はやし　岡山県倉敷市
⁰林ガ丘町　はやしがおかちょう　静岡県熱海市
林ノ下　はやしのした　青森県上北郡東北町
林が原　はやしがはら　広島県廿日市市
林の後　はやしのうしろ　青森県上北郡横浜町
林の脇　はやしのわき　青森県上北郡横浜町
³林下町　りんかちょう　京都府京都市東山区
林小路町　はやしこうじちょう　奈良県奈良市
林山町　はやしやまちょう　兵庫県神戸市長田区
⁴林之郷　はやしのごう　長野県上田市
林内　りんない　北海道足寄郡陸別町
林友　りんゆう　北海道常呂郡置戸町
⁵林尻　はやしじり　青森県上北郡横浜町
林田
　　はやしだ　北海道恵庭市
　　はやしだ　兵庫県川辺郡猪名川町
　　はいだ　岡山県津山市
　　はやしだ　福岡県朝倉市
林田町
　　はやしだちょう　滋賀県東近江市
　　はやしだちょう　兵庫県西宮市
　　はいだまち　岡山県津山市
　　はやしだちょう　香川県坂出市
林田町八幡　はやしだちょうやはた　兵庫県姫路市
林田町下伊勢　はやしだちょうしもいせ　兵庫県姫路市
林田町下構　はやしだちょうしもかまえ　兵庫県姫路市

8画（枠,枌,枋,枦,枡,枅,武）

林田町上伊勢　はやしだちょうかみいせ　兵庫県姫路市
林田町上構　はやしだちょうかみかまえ　兵庫県姫路市
林田町久保　はやしだちょうくぼ　兵庫県姫路市
林田町口佐見　はやしだちょうくちさみ　兵庫県姫路市
林田町大堤　はやしだちょうおおづみ　兵庫県姫路市
林田町山田　はやしだちょうやまだ　兵庫県姫路市
林田町中山下　はやしだちょうなかやました　兵庫県姫路市
林田町中構　はやしだちょうなかかまえ　兵庫県姫路市
林田町六九谷　はやしだちょうむくだに　兵庫県姫路市
林田町松山　はやしだちょうまつやま　兵庫県姫路市
林田町林田　はやしだちょうはやしだ　兵庫県姫路市
林田町林谷　はやしだちょうはやしだに　兵庫県姫路市
林田町奥佐見　はやしだちょうおくさみ　兵庫県姫路市
林田町新町　はやしだちょうしんまち　兵庫県姫路市
6林寺　はやしじ　大阪府大阪市生野区
7林吾塚　りんごづか　愛知県犬山市
林町
　　はやしちょう　新潟県三条市
　　はやしまち　石川県小松市
　　はやしまち　福井県福井市
　　はやしまち　岐阜県大垣市
　　はやしまち　三重県尾鷲市
　　はやしちょう　滋賀県東近江市
　　はやしちょう　香川県高松市
9林泉寺　りんせんじ　山形県米沢市
10林島町　はやしじまちょう　愛知県春日井市
11林堂　はやしどう　奈良県葛城市
林崎
　　はやしざき　青森県（JR五能線）
　　はやしざき　青森県南津軽郡藤崎町
　　はやしざき　秋田県雄勝郡羽後町
　　はやしざき　山形県鶴岡市
　　はやしざき　山形県村山市
　　はやしざき　福島県耶麻郡猪苗代町
　　はやしざき　富山県富山市
　　はやさき　三重県鈴鹿市
　　はやしざき　兵庫県佐用郡佐用町
林崎町
　　はやさきちょう　三重県鈴鹿市
　　はやしざきちょう　兵庫県明石市
林崎松江海岸　はやしざきまつえかいがん　兵庫県（山陽電気鉄道本線）
林添町　はやしぞえちょう　愛知県豊田市
林野
　　はやしの　岡山県（JR姫新線）
　　はやしの　岡山県美作市
12林道
　　りんどう　富山県南砺市
　　はやしみち　香川県（高松琴平電気鉄道長尾線）
林間　りんかん　神奈川県大和市
林間田園都市　りんかんでんえんとし　和歌山県（南海電気鉄道高野線）
13林新　はやしん　富山県高岡市
18林藤島町　はやしふじしまちょう　福井県福井市

【枠】
6枠杁町　わくいりちょう　愛知県一宮市

【枌】
7枌尾　そぎお　奈良県吉野郡川上村
8枌所西　そぎしょにし　香川県綾歌郡綾川町
枌所東　そぎしょひがし　香川県綾歌郡綾川町

【枋】
4枋木　こぼのき　青森県上北郡東北町

【枦】
6枦宇土町　はじうとまち　熊本県天草市

【枡】
6枡江　ますえ　宮城県仙台市宮城野区
7枡形
　　ますがた　神奈川県川崎市多摩区
　　ますがた　高知県（とさでん交通伊野線）

【枅】
3枅川　ひじきがわ　三重県伊賀市

【武】
武
　　たけ　神奈川県横須賀市
　　たけ　鹿児島県鹿児島市
0武ガ浜　たけがはま　静岡県下田市
3武丸　たけまる　福岡県宗像市
武久西原台　たけひさにしはらだい　山口県下関市
武久町　たけひさちょう　山口県下関市
武士
　　ぶし　北海道常呂郡佐呂間町
　　たけし　千葉県市原市
武士沢　ぶしざわ　宮城県伊具郡丸森町
武子　たけし　栃木県鹿沼市
武山　たけやま　大分県臼杵市
武川
　　たけかわ　埼玉県（秩父鉄道線）
　　たけかわ　埼玉県深谷市
武川町三吹　むかわちょうみふき　山梨県北杜市
武川町山高　むかわちょうやまたか　山梨県北杜市
武川町牧原　むかわちょうまぎのはら　山梨県北杜市
武川町柳澤　むかわちょうやなぎさわ　山梨県北杜市
武川町宮脇　むかわちょうみやのわき　山梨県北杜市
武川町黒澤　むかわちょうくろさわ　山梨県北杜市
武川町新奥　むかわちょうしんおく　山梨県北杜市
4武之橋　たけのはし　鹿児島県（鹿児島市交通局1系統）
武井
　　たけい　茨城県結城市
　　たけい　茨城県鹿嶋市
　　たけい　栃木県小山市
武井釜　たけいがま　茨城県鹿嶋市
武内町梅野　たけうちちょううめの　佐賀県武雄市
武内町真手野　たけうちちょうまての　佐賀県武雄市
武木　たきぎ　奈良県吉野郡川上村
5武平太町　ぶへだまち　富山県滑川市

751

8画（武）

武平町　ぶへいちょう　愛知県名古屋市東区
武本　たけもと　鹿児島県出水市
武生
　　たけふ　福井県（JR北陸本線）
　　むしゅう　福井県三方上中郡若狭町
武生柳町　たけふやなぎちょう　福井県越前市
武田
　　たけだ　北海道石狩郡新篠津村
　　たけだ　茨城県ひたちなか市
　　たけだ　千葉県香取郡神崎町
　　たけだ　山梨県甲府市
武田尾　たけだお　兵庫県（JR福知山線）
武石下本入　たけししもほんいり　長野県上田市
武石上本入　たけしかみほんいり　長野県上田市
武石小沢根　たけしおざわね　長野県上田市
武石余里　たけしより　長野県上田市
武石沖　たけしおき　長野県上田市
武石町　たけいしちょう　千葉県千葉市花見川区
武石鳥屋　たけしとや　長野県上田市
6武吉町　たけしちょう　京都府綾部市
武名　たけな　鹿児島県大島郡瀬戸内町
武州中川　ぶしゅうなかがわ　埼玉県（秩父鉄道線）
武州日野　ぶしゅうひの　埼玉県（秩父鉄道線）
武州長瀬　ぶしゅうながせ　埼玉県（東武鉄道越生線）
武州荒木　ぶしゅうあらき　埼玉県（秩父鉄道線）
武州唐沢　ぶしゅうからさわ　埼玉県（東武鉄道越生線）
武西
　　むざい　千葉県印西市
　　むざい　千葉県白井市
武西学園台　むざいがくえんだい　千葉県印西市
7武佐
　　むさ　北海道（JR根室本線）
　　むさ　北海道釧路市
　　むさ　北海道標津郡中標津町
　　むさ　滋賀県（近江鉄道八日市線）
武佐町　むさちょう　滋賀県近江八幡市
武体　ぶたい　埼玉県熊谷市
武兵衛新田　ぶへえしんでん　茨城県つくばみらい市
武志　たけし　島根県（一畑電車北松江線）
武志町　たけしちょう　島根県出雲市
武芸川町八幡　むげがわちょうはちまん　岐阜県関市
武芸川町小知野　むげがわちょうおじの　岐阜県関市
武芸川町平　むげがわちょうひら　岐阜県関市
武芸川町宇多院　むげがわちょううだいん　岐阜県関市
武芸川町谷口　むげがわちょうたにぐち　岐阜県関市
武芸川町高野　むげがわちょうたかの　岐阜県関市
武芸川町跡部　むげがわちょうあとべ　岐阜県関市
武里　たけさと　埼玉県（東武鉄道伊勢崎線）
武里中野　たけさとなかの　埼玉県春日部市
8武並　たけなみ　岐阜県（JR中央本線）
武並町竹折　たけなみちょうたけおり　岐阜県恵那市
武並町新竹折　たけなみちょうしんたけおり　岐阜県恵那市
武並町藤　たけなみちょうふじ　岐阜県恵那市
武周町　ぶしゅうちょう　福井県福井市
武奈町　ぶなちょう　滋賀県彦根市

武居　たけい　長野県諏訪郡下諏訪町
武岡　たけおか　鹿児島県鹿児島市
武者小路町　むしゃこうじちょう　京都府京都市上京区
武者泊　むしゃどまり　愛媛県南宇和郡愛南町
9武信　たけのぶ　鳥取県西伯郡南部町
10武家屋敷　ぶけやしき　長崎県五島市
武庫
　　むこ　鳥取県（JR伯備線）
　　むこ　鳥取県日野郡江府町
武庫が丘　むこがおか　兵庫県三田市
武庫の里　むこのさと　兵庫県尼崎市
武庫山　むこやま　兵庫県宝塚市
武庫川　むこがわ　兵庫県（阪神電気鉄道阪神本線ほか）
武庫川団地前　むこがわだんちまえ　兵庫県（阪神電気鉄道武庫川線）
武庫川町
　　むこがわちょう　兵庫県尼崎市
　　むこがわちょう　兵庫県西宮市
　　むこがわちょう　兵庫県宝塚市
武庫之荘
　　むこのそう　兵庫県（阪急電鉄神戸本線）
　　むこのそう　兵庫県尼崎市
武庫之荘本町　むこのそうほんまち　兵庫県尼崎市
武庫之荘西　むこのそうにし　兵庫県尼崎市
武庫之荘東　むこのそうひがし　兵庫県尼崎市
武庫元町　むこもとまち　兵庫県尼崎市
武庫町　むこちょう　兵庫県尼崎市
武庫豊町　むこゆたかまち　兵庫県尼崎市
武留路町　むるろまち　長崎県大村市
武連　むれ　石川県鳳珠郡能登町
11武曽横山　むそよこやま　滋賀県高島市
武部　たけべ　石川県鹿島郡中能登町
武部町　たけべまち　長崎県大村市
12武富　たけとみ　沖縄県糸満市
武勝　むしょう　千葉県山武市
武隈　たけくま　宮城県岩沼市
武雄市　たけおし　佐賀県
武雄町永島　たけおちょうながしま　佐賀県武雄市
武雄町武雄　たけおちょうたけお　佐賀県武雄市
武雄町昭和　たけおちょうしょうわ　佐賀県武雄市
武雄町富岡　たけおちょうとみおか　佐賀県武雄市
武雄温泉　たけおおんせん　佐賀県（JR佐世保線）
13武節町　ぶせつまち　愛知県豊田市
武豊　たけとよ　愛知県（JR武豊線）
武豊町　たけとよちょう　愛知県知多郡
武路町　たけじちょう　愛知県名古屋市緑区
14武徳町　ぶとくちょう　北海道士別市
15武蔵
　　むさし　東京都西多摩郡瑞穂町
　　むさし　奈良県吉野郡十津川村
武蔵ケ丘
　　むさしがおか　熊本県熊本市北区
　　むさしがおか　熊本県菊池郡菊陽町
武蔵ケ丘北　むさしがおかきた　熊本県菊池郡菊陽町
武蔵大和　むさしやまと　東京都（西武鉄道多摩湖線）

8画（歩, 毒, 河）

武蔵小山　むさしこやま　東京都（東京急行電鉄目黒線）
武蔵小杉　むさしこすぎ　神奈川県（JR南武線ほか）
武蔵小金井　むさしこがねい　東京都（JR中央本線）
武蔵中原　むさしなかはら　神奈川県（JR南武線）
武蔵五日市　むさしいつかいち　東京都（JR五日市線）
武蔵引田　むさしひきだ　東京都（JR五日市線）
武蔵台
　　むさしだい　埼玉県日高市
　　むさしだい　東京都府中市
武蔵白石　むさししらいし　神奈川県（JR鶴見線）
武蔵村山市　むさしむらやまし　東京都
武蔵町
　　むさしまち　石川県金沢市
　　むさしちょう　奈良県天理市
武蔵町三井寺　むさしまちみいでら　大分県国東市
武蔵町丸小野　むさしまちまるおの　大分県国東市
武蔵町小城　むさしまちおぎ　大分県国東市
武蔵町内田　むさしまちうちだ　大分県国東市
武蔵町手野　むさしまちての　大分県国東市
武蔵町古市　むさしまちふるいち　大分県国東市
武蔵町吉広　むさしまちよしひろ　大分県国東市
武蔵町向陽台　むさしまちこうようだい　大分県国東市
武蔵町成吉　むさしまちなりよし　大分県国東市
武蔵町池ノ内　むさしまちいけのうち　大分県国東市
武蔵町糸原　むさしまちいとはる　大分県国東市
武蔵町志和利　むさしまちしわり　大分県国東市
武蔵町狭間　むさしまちはさま　大分県国東市
武蔵町麻田　むさしまちあさだ　大分県国東市
武蔵砂川　むさしすながわ　東京都（西武鉄道拝島線）
武蔵島町　むさしじまちょう　群馬県太田市
武蔵浦和　むさしうらわ　埼玉県（JR埼京線）
武蔵高萩　むさしたかはぎ　埼玉県（JR川越線）
武蔵野
　　むさしの　埼玉県深谷市
　　むさしの　東京都昭島市
武蔵野台
　　むさしのだい　東京都（京王電鉄京王線）
　　むさしのだい　東京都福生市
武蔵野市　むさしのし　東京都
武蔵塚
　　むさしづか　愛知県長久手市
　　むさしづか　熊本県（JR豊肥本線）
武蔵嵐山　むさしらんざん　埼玉県（東武鉄道東上本線）
武蔵新田　むさしにった　東京都（東京急行電鉄東急多摩川線）
武蔵新城　むさししんじょう　神奈川県（JR南武線）
武蔵溝ノ口　むさしみぞのくち　神奈川県（JR南武線）
武蔵境　むさしさかい　東京都（JR中央本線ほか）
武蔵増戸　むさしますこ　東京都（JR五日市線）
武蔵関　むさしせき　東京都（西武鉄道新宿線）
武蔵横手　むさしよこて　埼玉県（西武鉄道西武秩父線）
武蔵藤沢　むさしふじさわ　埼玉県（西武鉄道池袋線）

16武衛陣町　ぶえいじんちょう　京都府京都市上京区
17武蔵　むさし　福岡県筑紫野市

【歩】
6歩行町
　　おかまち　岐阜県大垣市
　　かちまち　愛媛県松山市
7歩坂町　ほさかちょう　宮城県仙台市泉区

【毒】
7毒沢　どくさわ　山形県尾花沢市

【河】
0河ケ谷　かがたに　石川県鳳珠郡能登町
河ノ瀬町　ごうのせちょう　高知県高知市
河の子　こうのこ　愛媛県上浮穴郡久万高原町
2河又　かわまた　栃木県芳賀郡茂木町
3河下町　かわしもちょう　島根県出雲市
河上　かわかみ　鳥取県日野郡日南町
河口　かわぐち　山梨県南都留郡富士河口湖町
河口町　かわぐちちょう　愛知県名古屋市港区
河口湖　かわぐちこ　山梨県（富士急行線）
河山　かわやま　山口県（錦川鉄道錦川清流線）
4河中町　かわなかまち　愛媛県松山市
河之内
　　かわのうち　愛媛県西条市
　　かわのうち　愛媛県東温市
河井
　　かわい　山形県長井市
　　かわい　栃木県芳賀郡茂木町
　　かわい　新潟県新潟市西蒲区
河井町　かわいまち　石川県輪島市
河内
　　こうち　東京都西多摩郡奥多摩町
　　こうち　神奈川県平塚市
　　かわうち　新潟県村上市
　　かわち　石川県河北郡津幡町
　　かわち　石川県鳳珠郡穴水町
　　こうち　福井県今立郡池田町
　　こうち　福井県南条郡南越前町
　　こうち　福井県三方上中郡若狭町
　　こうち　静岡県静岡市清水区
　　こうち　静岡県下田市
　　こうち　三重県度会郡南伊勢町
　　こうち　三重県北牟婁郡紀北町
　　かわち　滋賀県犬上郡多賀町
　　こうち　兵庫県淡路市
　　こうち　鳥取県鳥取市
　　かわち　島根県仁多郡奥出雲町
　　こうち　岡山県美作市
　　こうち　岡山県苫田郡鏡野町
　　こうち　広島県（JR山陽本線）
　　こうち　山口県下松市
　　こうち　徳島県海部郡牟岐町
　　かわのうち　愛媛県喜多郡内子町
　　かわうち　愛媛県西宇和郡伊方町
　　かわうち　高知県安芸郡東洋町
　　かわうち　高知県高岡郡四万十町
　　かわうち　福岡県北九州市八幡東区
　　こうち　大分県別府市
　　かわち　宮崎県西臼杵郡高千穂町
　　かわうち　鹿児島県いちき串木野市

753

8画（河）

河内小阪　かわちこさか　大阪府（近畿日本鉄道奈良線）

河内山本　かわちやまもと　大阪府（近畿日本鉄道大阪線ほか）

河内天美　かわちあまみ　大阪府（近畿日本鉄道南大阪線）

河内台　こうちだい　兵庫県篠山市

河内永和　かわちえいわ　大阪府（近畿日本鉄道奈良線）

河内西町　かわちにしちょう　茨城県常陸太田市

河内町
　かわちまち　茨城県稲敷郡
　かわちまち　⇒宇都宮市（栃木県）
　かわうちちょう　新潟県十日町市
　こうちちょう　福井県福井市
　こうちちょう　三重県鳥羽市
　かわちちょう　大阪府東大阪市
　こうちちょう　兵庫県加西市
　こうちちょう　島根県浜田市
　こうちちょう　山口県周南市
　こうちちょう　愛媛県新居浜市
　かわちまち　佐賀県鳥栖市

河内町きりの里　かわちまちきりのさと　石川県白山市

河内町ふじが丘　かわちまちふじがおか　石川県白山市

河内町入野　こうちちょうにゅうの　広島県東広島市

河内町下折　かわちまちそそり　石川県白山市

河内町下河内　こうちちょうしもごうち　広島県東広島市

河内町上河内　こうちちょうかみごうち　広島県東広島市

河内町久保　かわちまちくぼ　石川県白山市

河内町口直海　かわちまちくちのみ　石川県白山市

河内町大多尾　かわちまちおおたお　熊本県熊本市西区

河内町小田　こうちちょうおだ　広島県東広島市

河内町中河内　こうちちょうなかごうち　広島県東広島市

河内町中直海　かわちまちなかのみ　石川県白山市

河内町内尾　かわちまちうつお　石川県白山市

河内町戸野　こうちちょうとの　広島県東広島市

河内町白浜　かわちまちしらはま　熊本県熊本市西区

河内町吉岡　かわちまちよしおか　石川県白山市

河内町宇山　こうちちょううやま　広島県東広島市

河内町江津　かわちまちごうづ　石川県白山市

河内町吹上　かわちまちふきあげ　石川県白山市

河内町岳　かわちまちたけ　熊本県熊本市西区

河内町東門寺　かわちまちとうもんじ　熊本県熊本市西区

河内町板尾　かわちまちいたお　石川県白山市

河内町河内　かわちまちかわち　熊本県熊本市西区

河内町河戸　こうちちょうこうど　広島県東広島市

河内町金間　かわちまちきんま　石川県白山市

河内町面木　かわちまちおものき　熊本県熊本市西区

河内町船津　かわちまちふなづ　熊本県熊本市西区

河内町野出　かわちまちのいで　熊本県熊本市西区

河内町奥池　かわちまちおくいけ　石川県白山市

河内町福岡　かわちまちふくおか　石川県白山市

河内花園　かわちはなぞの　大阪府（近畿日本鉄道奈良線）

河内国分　かわちこくぶ　大阪府（近畿日本鉄道大阪線）

河内松原　かわちまつばら　大阪府（近畿日本鉄道南大阪線）

河内長野　かわちながの　大阪府（近畿日本鉄道長野線ほか）

河内長野市　かわちながのし　大阪府

河内南　こうちみなみ　広島県広島市佐伯区

河内屋新田　かわちやしんでん　愛知県小牧市

河内郡　かわちぐん　栃木県

河内堅上　かわちかたかみ　大阪府（JR関西本線）

河内森　かわちもり　大阪府（京阪電気鉄道交野線）

河内磐船　かわちいわふね　大阪府（JR片町線）

河内臨空団地　こうちりんくうだんち　広島県東広島市

河戸川　かわとがわ　秋田県能代市

河方町　かわかたまち　愛知県碧南市

河毛　かわけ　滋賀県（JR北陸本線）

河水町　こうすいちょう　福井県福井市

5河北　こぎた　愛知県丹羽郡大口町

河北中町　かわきたなかまち　大阪府寝屋川市

河北西町　かわきたにしまち　大阪府寝屋川市

河北町
　かほくちょう　山形県西村山郡
　かほくちょう　鳥取県倉吉市

河北東町　かわきたひがしまち　大阪府寝屋川市

河北郡　かほくぐん　石川県

河本
　こうもと　岡山県赤磐市
　こうもと　岡山県苫田郡鏡野町

河本町　こうもとちょう　岡山県岡山市東区

河田　こうだ　三重県多気郡多気町

河田町
　かわだちょう　東京都新宿区
　こうだまち　石川県小松市
　かわだちょう　愛知県名古屋市熱田区
　かわだちょう　愛知県津島市
　こうだちょう　三重県鈴鹿市

河田原　かわたはら　岡山県赤磐市

河辺
　かべ　東京都（JR青梅線）
　かわなべ　岡山県津山市

河辺の森　かわべのもり　滋賀県（近江鉄道本線）

河辺三内　かわべさんない　秋田県秋田市

河辺大沢　かわべおおさわ　秋田県秋田市

河辺大張野　かわべおおばりの　秋田県秋田市

河辺中　かわべなか　京都府舞鶴市

河辺戸島　かわべとしま　秋田県秋田市

河辺北野田高屋　かわべきたのだこうや　秋田県秋田市

河辺由里　かわべゆり　京都府舞鶴市

河辺町
　かべまち　東京都青梅市
　こうべちょう　三重県津市

河辺町三嶋　かわべちょうみしま　愛媛県大洲市

河辺町山鳥坂　かわべちょうやまとさか　愛媛県大洲市

河辺町川上　かわべちょうかわかみ　愛媛県大洲市

河辺町川崎　かわべちょうかわさき　愛媛県大洲市

河辺町北平　かわべちょうきたひら　愛媛県大洲市

8画（河）

河辺町河都　かわべちょうかわと　愛媛県大洲市
河辺町植松　かわべちょううえまつ　愛媛県大洲市
河辺町横山　かわべちょうよこやま　愛媛県大洲市
河辺赤平　かわべあかひら　秋田県秋田市
河辺和田　かわべわだ　秋田県秋田市
河辺岩見　かわべいわみ　秋田県秋田市
河辺松渕　かわべまつぶち　秋田県秋田市
河辺畑谷　かわべはたや　秋田県秋田市
河辺神内　かわべじんない　秋田県秋田市
河辺原　かわべはら　京都府舞鶴市
河辺高岡　かわべたかおか　秋田県秋田市
河辺豊成　かわべとよなり　秋田県秋田市
河辺諸井　かわべもろい　秋田県秋田市

6河合
　　かわい　茨城県（JR水郡線）
　　かわい　大阪府松原市
　　かわい　奈良県吉野郡上北山村
河合中町　かわいなかちょう　兵庫県小野市
河合寺　かわいでら　大阪府河内長野市
河合西　かわいにし　兵庫県（JR加古川線）
河合西町　かわいにしちょう　兵庫県小野市
河合町
　　かわいちょう　栃木県栃木市
　　かわいまち　石川県白山市
　　かわいちょう　岐阜県関市
　　かわいちょう　愛知県豊田市
　　かあいちょう　大阪府岸和田市
　　かわいちょう　奈良県北葛城郡
河合町上ケ島　かわいちょうじょうがしま　岐阜県飛騨市
河合町大谷　かわいちょうおおたに　岐阜県飛騨市
河合町小無雁　かわいちょうこむかり　岐阜県飛騨市
河合町中沢上　かわいちょうなかぞうれ　岐阜県飛騨市
河合町元田　かわいちょうげんだ　岐阜県飛騨市
河合町天生　かわいちょうあもう　岐阜県飛騨市
河合町月ケ瀬　かわいちょうつきがせ　岐阜県飛騨市
河合町有家　かわいちょううけ　岐阜県飛騨市
河合町羽根　かわいちょうはね　岐阜県飛騨市
河合町舟原　かわいちょうふなばら　岐阜県飛騨市
河合町角川　かわいちょうつのがわ　岐阜県飛騨市
河合町保　かわいちょうほ　岐阜県飛騨市
河合町保木林　かわいちょうほきばやし　岐阜県飛騨市
河合町新名　かわいちょうしんみょう　岐阜県飛騨市
河合町稲越　かわいちょういなごえ　岐阜県飛騨市
河合寄安町　かわいよりやすちょう　福井県福井市
河合勝見町　かわいかつみちょう　福井県福井市
河曲　かわの　三重県（JR関西本線）
河西
　　かさい　山梨県中巨摩郡昭和町
　　かわにし　奈良県桜井市
河西郡　かさいぐん　北海道
7河佐　かわさ　広島県（JR福塩線）
河佐町　かわさちょう　広島県府中市
河岐　かわまた　岐阜県加茂郡白川町
河村　かわむら　島根県鹿足郡津和野町
河来見　かわくるみ　鳥取県倉吉市
河芸　かわげ　三重県（伊勢鉄道線）

河芸町一色　かわげちょういっしき　三重県津市
河芸町三行　かわげちょうみゆき　三重県津市
河芸町上野　かわげちょううえの　三重県津市
河芸町久知野　かわげちょうくちの　三重県津市
河芸町千里ケ丘　かわげちょうちさとがおか　三重県津市
河芸町中別保　かわげちょうなかべっぽ　三重県津市
河芸町中瀬　かわげちょうなかぜ　三重県津市
河芸町北黒田　かわげちょうきたくろだ　三重県津市
河芸町西千里　かわげちょうにしちさと　三重県津市
河芸町杜の街　かわげちょうもりのまち　三重県津市
河芸町赤部　かわげちょうあかぶ　三重県津市
河芸町東千里　かわげちょうひがしちさと　三重県津市
河芸町南黒田　かわげちょうみなみくろだ　三重県津市
河芸町浜田　かわげちょうはまだ　三重県津市
河芸町高佐　かわげちょうたかさ　三重県津市
河芸町影重　かわげちょうかげしげ　三重県津市
河谷　こうだに　兵庫県豊岡市
8河和
　　こうわ　愛知県（名古屋鉄道河和線）
　　こうわ　愛知県知多郡美浜町
河和口　こうわぐち　愛知県（名古屋鉄道河和線）
河和台　こうわだい　愛知県知多郡美浜町
河和田　かわわだ　茨城県水戸市
河和田町
　　かわわだちょう　茨城県水戸市
　　かわだちょう　福井県鯖江市
河岡　かわおか　鳥取県米子市
河岸　かわぎし　愛知県名古屋市瑞穂区
河岸町　かわぎしちょう　愛知県名古屋市瑞穂区
河東
　　かとう　岐阜県加茂郡白川町
　　かとう　静岡県菊川市
　　かとう　福岡県宗像市
河東中島　かとうなかじま　山梨県中巨摩郡昭和町
河東町　かわひがしちょう　山口県周南市
河東町八田　かわひがしまちはった　福島県会津若松市
河東町大田原　かわひがしまちおおたわら　福島県会津若松市
河東町工業団地　かわひがしまちこうぎょうだんち　福島県会津若松市
河東町代田　かわひがしまちよだ　福島県会津若松市
河東町広田　かわひがしまちひろた　福島県会津若松市
河東町広野　かわひがしまちこうや　福島県会津若松市
河東町谷沢　かわひがしまちたにさわ　福島県会津若松市
河東町岡田　かわひがしまちおかだ　福島県会津若松市
河東町東長原　かわひがしまちひがしながはら　福島県会津若松市
河東町金田　かわひがしまちかねた　福島県会津若松市
河東町南高野　かわひがしまちみなみこうや　福島県会津若松市
河東町浅山　かわひがしまちあさやま　福島県会津若松市

8画（河）

河東町倉橋　かわひがしまちくらはし　福島県会津若松市

河東町郡山　かわひがしまちこおりやま　福島県会津若松市

河東町福島　かわひがしまちふくしま　福島県会津若松市

河東町熊野堂　かわひがしまちくまのどう　福島県会津若松市

河東郡　かとうぐん　北海道

河沼郡　かわぬまぐん　福島県

⁹河南
　　かなん　岩手県宮古市
　　かわなみ　滋賀県米原市

河南町
　　かわみなみまち　石川県加賀市
　　かなんちょう　大阪府南河内郡
　　かなんちょう　広島県府中市
　　かなんちょう　愛媛県今治市

河津　かわづ　静岡県（伊豆急行線）

河津町　かわづちょう　静岡県賀茂郡

河津原
　　こうづわら　鳥取県八頭郡智頭町
　　かわづはら　広島県廿日市市

河面　こうも　岡山県津山市

河面町　こうもちょう　広島県府中市

¹⁰河原
　　かわはら　北海道白糠郡白糠町
　　かわら　福島県岩瀬郡鏡石町
　　かわら　栃木県大田原市
　　かわら　千葉県市川市
　　かわら　石川県羽咋郡宝達志水町
　　かわら　静岡県島田市
　　かわら　滋賀県彦根市
　　かわら　滋賀県蒲生郡日野町
　　こうら　京都府舞鶴市
　　かわら　京都府宮津市
　　かわら　京都府京田辺市
　　かわはら　鳥取県（JR因美線）
　　かわはら　岡山県岡山市北区
　　かわら　岡山県勝田郡勝央町
　　かわはら　熊本県阿蘇郡高森町
　　かわはら　熊本県阿蘇郡西原村
　　かわはら　熊本県八代郡氷川町

河原口　かわらぐち　神奈川県海老名市

河原子　かわらご　千葉県白井市

河原子町　かわらごちょう　茨城県日立市

河原山町　かわらやままち　石川県白山市

河原井手　かわらいで　福井県あわら市

河原井町　かわらいちょう　埼玉県久喜市

河原内　かわらうち　大分県大分市

河原木　かわらぎ　青森県八戸市

河原代　かわらだい　埼玉県久喜市

河原市　かわらいち　福井県三方郡美浜町

河原市町　かわらいちまち　石川県金沢市

河原田
　　かわらだ　宮城県気仙沼市
　　かわらだ　三重県（JR関西本線）
　　かわはらだ　福岡県豊前市

河原田本町　かわらだほんまち　新潟県佐渡市

河原田町　かわらだちょう　三重県四日市市

河原田諏訪町　かわらだすわまち　新潟県佐渡市

河原沢　かわらさわ　埼玉県秩父郡小鹿野町

河原町
　　かわらちょう　青森県弘前市
　　かわらまち　宮城県（仙台市交通局南北線）
　　かわらまち　宮城県仙台市若林区
　　かわらちょう　栃木県宇都宮市
　　かわらまち　埼玉県熊谷市
　　かわらちょう　埼玉県川口市
　　かわらまち　埼玉県入間市
　　かわらまち　神奈川県川崎市幸区
　　かわらまち　神奈川県秦野市
　　かわらまち　石川県加賀市
　　かわらちょう　福井県敦賀市
　　かわらちょう　静岡県磐田市
　　かわらちょう　愛知県岡崎市
　　かわらまち　愛知県津島市
　　かわらまち　京都府（阪急電鉄京都本線）
　　かわらまち　京都府亀岡市
　　かわらちょう　大阪府泉大津市
　　かわらちょう　大阪府守口市
　　かわらちょう　大阪府柏原市
　　かわらちょう　兵庫県西宮市
　　かわらまち　兵庫県篠山市
　　かわらまち　鳥取県倉吉市
　　かわらまち　岡山県津山市
　　かわらまち　広島県広島市中区
　　かわらまち　愛媛県松山市
　　かわらまち　熊本県（熊本市交通局A系統）
　　かわらまち　熊本県熊本市中央区

河原町八日市　かわらちょうようかいち　鳥取県鳥取市

河原町三谷　かわらちょうみたに　鳥取県鳥取市

河原町小河内　かわらちょうおごうち　鳥取県鳥取市

河原町小畑　かわはらちょうおばた　鳥取県鳥取市

河原町小倉　かわはらちょうおぐら　鳥取県鳥取市

河原町山上　かわはらちょうやまがみ　鳥取県鳥取市

河原町山手　かわはらちょうやまて　鳥取県鳥取市

河原町弓河内　かわはらちょうゆみごうち　鳥取県鳥取市

河原町中井　かわはらちょうなかい　鳥取県鳥取市

河原町今在家　かわはらちょういまざいけ　鳥取県鳥取市

河原町天神原　かわはらちょうてんじんばら　鳥取県鳥取市

河原町水根　かわはらちょうみずね　鳥取県鳥取市

河原町片山　かわはらちょうかたやま　鳥取県鳥取市

河原町牛戸　かわはらちょううしと　鳥取県鳥取市

河原町北村　かわはらちょうきたむら　鳥取県鳥取市

河原町布袋　かわはらちょうほてい　鳥取県鳥取市

河原町本鹿　かわはらちょうほんが　鳥取県鳥取市

河原町曳田　かわはらちょうひけた　鳥取県鳥取市

河原町西円通寺　かわはらちょうにしえんつうじ　鳥取県鳥取市

河原町佐貫　かわはらちょうさぬき　鳥取県鳥取市

河原町谷一木　かわはらちょうたにひとつぎ　鳥取県鳥取市

河原町和奈見　かわはらちょうわなみ　鳥取県鳥取市

河原町河原　かわはらちょうかわはら　鳥取県鳥取市

河原町長瀬　かわはらちょうながせ　鳥取県鳥取市

河原町神馬　かわはらちょうかんば　鳥取県鳥取市

河原町釜口　かわはらちょうかまぐち　鳥取県鳥取市

756

8画（沓）

河原町高福　かわはらちょうたかふく　鳥取県鳥取市
河原町袋河原　かわはらちょうふくろがわら　鳥取県鳥取市
河原町郷原　かわはらちょうごうばら　鳥取県鳥取市
河原町渡一木　かわはらちょうわたりひとつぎ　鳥取県鳥取市
河原町湯谷　かわはらちょうゆだに　鳥取県鳥取市
河原町徳吉　かわはらちょうとくよし　鳥取県鳥取市
河原町稲常　かわはらちょういなつね　鳥取県鳥取市
河原町鮎ケ丘　かわはらちょうあゆがおか　鳥取県鳥取市
河原角　かわらづの　山形県西置賜郡小国町
河原林町河原尻　かわらばやしちょうかわらじり　京都府亀岡市
河原林町勝林島　かわらばやしちょうしょうりんじま　京都府亀岡市
河原城　かわはらじょう　大阪府羽曳野市
河原屋
　　かわはらや　奈良県吉野郡吉野町
　　かわらや　岡山県赤磐市
河原津　かわらづ　愛媛県西条市
河原津新田　かわらづしんでん　愛媛県西条市
河原浜町　かわらはままち　群馬県前橋市
河原塚　かわらづか　千葉県松戸市
河島　かわしま　山形県村山市
河島山　かわしまやま　山形県村山市
河根　かね　和歌山県伊都郡九度山町
河根川町　かわねがわまち　新潟県長岡市
河桃町　こうとうまち　福岡県北九州市八幡西区
河浦町　かわうらちょう　富山県滑川市
河浦町久留　かわうらまちひさどめ　熊本県天草市
河浦町今田　かわうらまちいまだ　熊本県天草市
河浦町今富　かわうらまちいまとみ　熊本県天草市
河浦町白木河内　かわうらまちしらきかわち　熊本県天草市
河浦町立原　かわうらまちたちはら　熊本県天草市
河浦町河浦　かわうらまちかわうら　熊本県天草市
河浦町宮野河内　かわうらまちみやのかわち　熊本県天草市
河浦町崎津　かわうらまちさきつ　熊本県天草市
河浦町新合　かわうらまちしんごう　熊本県天草市
河浦町路木　かわうらまちろぎ　熊本県天草市
河畔　かはん　北海道釧路郡釧路町
河高　こうたか　兵庫県加東市
11河堀口　こぼれぐち　大阪府（近畿日本鉄道南大阪線）
河崎
　　かわさき　山形県上山市
　　かわさき　新潟県佐渡市
　　かわさき　三重県伊勢市
　　こうさき　兵庫県佐用郡佐用町
　　かわさき　鳥取県米子市
　　かわさき　鳥取県岩美郡岩美町
　　かわさき　熊本県玉名市
河崎口　かわさきぐち　鳥取県（JR境線）
河添　こうぞえ　山口県萩市
河野
　　こうの　福井県南条郡南越前町
　　かわの　長野県下伊那郡豊丘村
河野中須賀　こうのなかすが　愛媛県松山市

河野別府　こうのべっぷ　愛媛県松山市
河野町
　　がわのまち　新潟県見附市
　　かわのちょう　愛知県安城市
河野町一色　こうのちょういっしき　愛知県江南市
河野町小脇　こうのちょうこわき　愛知県江南市
河野町川西　こうのちょうかわにし　愛知県江南市
河野町五十間　こうのちょうごじっけん　愛知県江南市
河野町河野　こうのちょうこうの　愛知県江南市
河野町管竹　こうのちょうかんちく　愛知県江南市
河野原　こうのはら　兵庫県赤穂郡上郡町
河野原円心　こうのはらえんしん　兵庫県（智頭急行線）
河野高山　こうのこやま　愛媛県松山市
河陰　かいん　熊本県阿蘇郡南阿蘇村
12河渡
　　こうど　新潟県新潟市東区
　　ごうど　岐阜県岐阜市
河渡本町　こうどほんちょう　新潟県新潟市東区
河渡甲　こうどこう　新潟県新潟市東区
河渡庚　こうどかのえ　新潟県新潟市東区
河渡新町　こうどしんまち　新潟県新潟市東区
河間
　　こうま　新潟県新潟市西蒲区
　　こうま　福井県あわら市
河間町
　　がまちょう　岐阜県大垣市
　　こばさまちょう　兵庫県姫路市
河陽　かよう　熊本県阿蘇郡南阿蘇村
河陽が丘　かようがおか　京都府長岡京市
河須ケ谷　かわすがや　千葉県長生郡睦沢町
14河増町　こうますちょう　福井県福井市
河端町　かわばたまち　富山県滑川市
15河輪町　かわわちょう　静岡県浜松市南区
19河瀬
　　かわせ　滋賀県（JR東海道本線）
　　ごのせ　和歌山県有田郡広川町

【沓】

沓　くつ　福井県敦賀市
3沓川　くつがわ　福岡県豊前市
4沓井　くつい　岐阜県揖斐郡池田町
7沓尾　くつお　福岡県行橋市
沓形
　　くつがた　北海道利尻郡利尻町
　　くつがた　福島県伊達市
沓見
　　くつみ　千葉県南房総市
　　くつみ　福井県敦賀市
沓谷　くつのや　静岡県静岡市葵区
11沓掛
　　くつかけ　茨城県坂東市
　　くつかけ　栃木県日光市
　　くつかけ　栃木県那須塩原市
　　くつかけ　埼玉県深谷市
　　くつかけ　富山県黒部市
　　くつかけ　長野県小県郡青木村
　　くつかけ　三重県（近畿日本鉄道志摩線）
　　くつかけ　滋賀県愛知郡愛荘町

757

8画（治，沼）

沓掛町
　　くつかけちょう　愛知県豊明市
　　くつかけちょう　奈良県奈良市

【治】

4治水町　じすいちょう　北海道釧路市
5治田　はった　三重県伊賀市
7治良門橋　じろえんばし　群馬県（東武鉄道桐生線）
8治和町　ちわちょう　島根県浜田市
治長請所　じちょううけしょ　静岡県焼津市
9治郎丸土井町　じろまるどいまち　愛知県稲沢市
治郎丸大角町　じろまるおおすみちょう　愛知県稲沢市
治郎丸大明町　じろまるだいみょうちょう　愛知県稲沢市
治郎丸中町　じろまるなかまち　愛知県稲沢市
治郎丸元町　じろまるもとまち　愛知県稲沢市
治郎丸天神町　じろまるてんじんちょう　愛知県稲沢市
治郎丸北町　じろまるきたまち　愛知県稲沢市
治郎丸古江町　じろまるふるえちょう　愛知県稲沢市
治郎丸白山町　じろまるはくさんちょう　愛知県稲沢市
治郎丸石塚町　じろまるいしづかちょう　愛知県稲沢市
治郎丸西町　じろまるにしまち　愛知県稲沢市
治郎丸東町　じろまるひがしまち　愛知県稲沢市
治郎丸南町　じろまるみなみまち　愛知県稲沢市
治郎丸柳町　じろまるやなぎちょう　愛知県稲沢市
治郎丸神木町　じろまるしんぼくちょう　愛知県稲沢市
治郎丸高須町　じろまるたかすちょう　愛知県稲沢市
治郎丸清敷町　じろまるせいしきちょう　愛知県稲沢市
治郎丸細道町　じろまるほそみちちょう　愛知県稲沢市
治郎丸郷前町　じろまるごうまえちょう　愛知県稲沢市
治郎丸椿町　じろまるつばきちょう　愛知県稲沢市
治郎左エ門長根　じろうざえもんながね　青森県三戸郡五戸町
11治部町　じぶちょう　京都府京都市伏見区
治部袋　じんば　青森県上北郡七戸町

【沼】

沼
　　ぬま　宮城県柴田郡大河原町
　　ぬま　宮城県伊具郡丸森町
　　ぬま　千葉県館山市
　　ぬま　新潟県岩船郡関川村
　　ぬま　静岡県浜松市浜北区
　　ぬま　大阪府八尾市
　　ぬま　和歌山県有田郡有田川町
　　ぬま　岡山県岡山市東区
　　ぬま　岡山県津山市
　　ぬま　岡山県玉野市
　　ぬま　山口県宇部市
　　ぬま　福岡県北九州市小倉南区
0沼ケ作　ぬまがさく　福島県二本松市
沼ケ袋　ぬまがふくろ　宮城県加美郡加美町

沼ノ上
　　ぬまのかみ　北海道川上郡標茶町
　　ぬまのうえ　秋田県能代市
　　ぬまのうえ　福島県大沼郡会津美里町
沼ノ池　ぬまのいけ　香川県綾歌郡宇多津町
沼ノ沢
　　ぬまのさわ　北海道（JR石勝線）
　　ぬまのさわ　北海道夕張市
　　ぬまのさわ　青森県上北郡七戸町
沼ノ倉　ぬまのくら　福島県耶麻郡猪苗代町
沼ノ端
　　ぬまのはた　北海道（JR室蘭本線）
　　ぬまのはた　北海道苫小牧市
沼ノ端中央　ぬまのはたちゅうおう　北海道苫小牧市
沼の上　ぬまのうえ　北海道紋別市
沼の内町中央　ぬまのうちちょうちゅうおう　北海道美唄市
沼の内町北　ぬまのうちちょうきた　北海道美唄市
沼の内町西　ぬまのうちちょうにし　北海道美唄市
沼の内町南　ぬまのうちちょうみなみ　北海道美唄市
沼の辺町　ぬまのべまち　山形県山形市
3沼上　ぬまがみ　埼玉県児玉郡美里町
沼久保
　　ぬまくぼ　静岡県（JR身延線）
　　ぬまくぼ　静岡県富士宮市
沼口　ぬまぐち　福岡県宮若市
沼小屋　ぬまこや　青森県上北郡おいらせ町
沼山　ぬまやま　山形県西村山郡西川町
沼山津　ぬやまづ　熊本県熊本市東区
4沼之倉　ぬまのくら　福島県田村郡三春町
沼之端　ぬまのはた　北海道石狩郡新篠津村
沼木　ぬまぎ　山形県山形市
沼牛　ぬまうし　北海道雨竜郡幌加内町
5沼代　ぬましろ　神奈川県小田原市
沼代新町　ぬましろしんちょう　神奈川県秦野市
沼北町　ぬまきたちょう　静岡県沼津市
沼尻　ぬまじり　埼玉県深谷市
沼本町　ぬまほんまち　福岡県北九州市小倉南区
沼田
　　ぬまた　北海道雨竜郡沼田町
　　ぬまた　岩手県一関市
　　ぬまた　宮城県刈田郡七ケ宿町
　　ぬまた　宮城県柴田郡村田町
　　ぬまた　山形県新庄市
　　ぬまた　福島県喜多方市
　　ぬまた　福島県耶麻郡猪苗代町
　　ぬまた　福島県大沼郡会津美里町
　　ぬまた　茨城県つくば市
　　ぬまた　茨城県稲敷市
　　ぬまた　群馬県（JR上越線）
　　ぬまた　神奈川県南足柄市
　　ぬまた　静岡県御殿場市
　　ぬただ　和歌山県有田郡有田川町
　　ぬた　岡山県赤磐市
　　ぬた　広島県三原市
沼田市　ぬました　群馬県
沼田甲　ぬまたこう　福島県河沼郡会津坂下町
沼田西町小原　ぬたにしちょうおばら　広島県三原市
沼田西町松江　ぬたにしちょうまつえ　広島県三原市
沼田西町惣定　ぬたにしちょうそうじょう　広島県三原市

8画（注, 泥, 波）

沼田町
　ぬまたちょう　北海道雨竜郡
　ぬまたまち　山形県新庄市
　ぬまたちょう　静岡県静岡市清水区
　ぬたちょう　広島県三原市
沼田町吉山　ぬまたちょうよしやま　広島県広島市安佐南区
沼田町伴　ぬまたちょうとも　広島県広島市安佐南区
沼田町阿戸　ぬまたちょうあと　広島県広島市安佐南区
沼田東町七宝　ぬたひがしちょうしっぽう　広島県三原市
沼田東町片島　ぬたひがしちょうかたしま　広島県三原市
沼田東町本市　ぬたひがしちょうほんいち　広島県三原市
沼田東町末広　ぬたひがしちょうすえひろ　広島県三原市
沼田東町末光　ぬたひがしちょうすえみつ　広島県三原市
沼田東町両名　ぬたひがしちょうりょうみょう　広島県三原市
沼田東町納所　ぬたひがしちょうのうそ　広島県三原市
沼田東町釜山　ぬたひがしちょうかまやま　広島県三原市
沼田原　ぬたのはら　奈良県吉野郡十津川村
沼田新田　ぬまたしんでん　静岡県富士市
沼目　ぬまめ　神奈川県伊勢原市
沼目町　ぬまめまち　長野県須坂市
沼辺　ぬまべ　宮城県柴田郡村田町
6沼向　ぬまむかい　北海道天塩郡豊富町
沼江　ぬえ　徳島県勝浦郡勝浦町
7沼尾　ぬまお　茨城県鹿嶋市
沼沢
　ぬまざわ　北海道網走郡津別町
　ぬまざわ　山形県東根市
　ぬまざわ　山形県西置賜郡小国町
　ぬまざわ　福島県大沼郡金山町
　ぬまざわ　福島県田村市三春町
沼町　ぬまちょう　大阪府岸和田市
沼谷　ぬまに　和歌山県有田郡有田川町
沼返　ぬまがえし　岩手県岩手郡雫石町
8沼和田　ぬまわだ　埼玉県本庄市
沼和田町　ぬまわだちょう　栃木県栃木市
沼垂西　ぬったりにし　新潟県新潟市中央区
沼垂東　ぬったりひがし　新潟県新潟市中央区
沼波町　ぬなみまち　滋賀県彦根市
9沼保　ぬまほ　富山県下新川郡朝日町
沼南　しょうなん　埼玉県（埼玉新都市交通伊奈線）
沼南町　ぬまみなみまち　福岡県北九州市小倉南区
沼津
　ぬまつ　宮城県石巻市
　ぬまづ　静岡県（JR東海道本線）
沼津市　ぬまづし　静岡県
10沼宮内　ぬまくない　岩手県岩手郡岩手町
沼島　ぬしま　兵庫県南あわじ市
11沼崎　ぬまざき　茨城県つくば市
　沼崎農場　ぬまざきのうじょう　北海道空知郡上富良野町

沼添左ノ平　ぬまそえさのたいら　青森県上北郡東北町
沼袋
　ぬまぶくろ　岩手県下閉伊郡田野畑村
　ぬまぶくろ　東京都（西武鉄道新宿線）
　ぬまぶくろ　東京都中野区
沼部　ぬまべ　東京都（東京急行電鉄東急多摩川線）
沼部町　ぬまべまち　福島県いわき市
沼野井　ぬまのい　栃木県那須郡那須町
沼野田和　ぬまのたわ　栃木県那須塩原市
沼黒　ぬまぐろ　埼玉県熊谷市
12沼森　ぬまもり　茨城県結城郡八千代町
沼越　ぬまこし　福島県河沼郡会津坂下町
沼間　ぬまま　神奈川県逗子市
沼隈町下山南　ぬまくまちょうしもさんな　広島県福山市
沼隈町上山南　ぬまくまちょうかみさんな　広島県福山市
沼隈町中山南　ぬまくまちょうなかさんな　広島県福山市
沼隈町草深　ぬまくまちょうくさぶか　広島県福山市
沼隈町能登原　ぬまくまちょうのとはら　広島県福山市
沼隈町常石　ぬまくまちょうつねいし　広島県福山市
沼須町　ぬますまち　群馬県沼田市
13沼新町　ぬましんまち　福岡県北九州市小倉南区
14沼樋　ぬまどい　秋田県湯沢市
沼端　ぬまはた　青森県上北郡おいらせ町
沼緑町　ぬまみどりまち　福岡県北九州市小倉南区
15沼影　ぬまかげ　埼玉県さいたま市南区
16沼頭　ぬまがしら　宮城県亘理郡亘理町
沼館
　ぬまだて　青森県八戸市
　ぬまだて　青森県東津軽郡平内町
　ぬまだて　秋田県大館市
沼館道上　ぬまたてみちうえ　秋田県大館市
沼館道南　ぬまたてみちみなみ　秋田県大館市

【注】
10注連川　しめがわ　島根県鹿足郡吉賀町
注連指　しめさす　三重県度会郡度会町

【泥】
7泥沢　どろざわ　山形県酒田市
11泥亀　でいき　神奈川県横浜市金沢区
15泥潟　どろがた　新潟県新潟市江南区

【波】
3波久礼　はぐれ　埼玉県（秩父鉄道線）
波子　はし　島根県（JR山陰本線）
波子町　はしちょう　島根県江津市
波川
　はかわ　高知県（JR土讃線）
　はかわ　高知県吾川郡いの町
4波介　はげ　高知県土佐市
波分　はぶ　和歌山県岩出市
波方　なみかた　愛媛県（JR予讃線）
波方町大浦　なみかたちょうおおうら　愛媛県今治市
波方町小部　なみかたちょうおべ　愛媛県今治市

759

8画（波）

波方町西浦　なみかたちょうにしうら　愛媛県今治市
波方町岡　なみかたちょうおか　愛媛県今治市
波方町波方　なみかたちょうなみかた　愛媛県今治市
波方町宮崎　なみかたちょうみやざき　愛媛県今治市
波方町馬刀潟　なみかたちょうまてがた　愛媛県今治市
波方町郷　なみかたちょうごう　愛媛県今治市
波方町森上　なみかたちょうもりあげ　愛媛県今治市
波方町樋口　なみかたちょうひのくち　愛媛県今治市
波方町養老　なみかたちょうようろう　愛媛県今治市
波木が丘町　はぎがおかちょう　三重県四日市市
波木井　はきい　山梨県南巨摩郡身延町
波木町　はぎちょう　三重県四日市市
波木南台　はぎみなみだい　三重県四日市市
波止土濃町　はしどのちょう　京都府京都市下京区
波止浜
　はしはま　愛媛県（JR予讃線）
　はしはま　愛媛県今治市
波止場町　はとばちょう　兵庫県神戸市中央区
5波左間　はさま　千葉県館山市
波平　なみひら　沖縄県中頭郡読谷村
波打町　なみうちまち　福岡県北九州市若松区
波田
　はた　長野県（アルピコ交通上高地線）
　はた　長野県松本市
波田町
　はたまち　⇒松本市（長野県）
　はだちょう　島根県益田市
波田須　はだす　三重県（JR紀勢本線）
波田須町　はだすちょう　三重県熊野市
波立　はったち　栃木県那須塩原市
6波多　はた　鳥取県八頭郡智頭町
波多江
　はたえ　福岡県（JR筑肥線）
　はたえ　福岡県糸島市
波多江駅北　はたええききた　福岡県糸島市
波多江駅南　はたええきみなみ　福岡県糸島市
波多津町中山　はたつちょうなかやま　佐賀県伊万里市
波多津町井野尾　はたつちょういのお　佐賀県伊万里市
波多津町内野　はたつちょううちの　佐賀県伊万里市
波多津町木場　はたつちょうこば　佐賀県伊万里市
波多津町田代　はたつちょうたしろ　佐賀県伊万里市
波多津町辻　はたつちょうつじ　佐賀県伊万里市
波多津町板木　はたつちょういたぎ　佐賀県伊万里市
波多津町津留主屋　はたつちょうつるぬしや　佐賀県伊万里市
波多津町畑津　はたつちょうはたつ　佐賀県伊万里市
波多津町馬蛤潟　はたつちょうまてがた　佐賀県伊万里市
波多津町筒井　はたつちょうつつい　佐賀県伊万里市
波多津町煤屋　はたつちょうすすや　佐賀県伊万里市
波多島　はたとう　熊本県葦北郡芦北町
波多浦　はたうら　熊本県（JR三角線）
波多瀬　はたせ　三重県多気郡多気町
波江　はえ　京都府福知山市
7波佐見町　はさみちょう　長崎県東彼杵郡
波佐谷町　はさだにまち　石川県小松市

波佐羅町　はさらまち　石川県小松市
波志江町　はしえまち　群馬県伊勢崎市
波志借　はじかし　石川県鳳珠郡穴水町
波見　はみ　鹿児島県肝属郡肝付町
波豆　はず　兵庫県宝塚市
波豆川　はずかわ　兵庫県三田市
8波並　はなみ　石川県鳳珠郡能登町
波岡　はおか　富山県高岡市
波松　なみまつ　福井県あわら市
9波垣町　なみがきちょう　福井県越前市
波津
　はづ　静岡県牧之原市
　はつ　福岡県遠賀郡岡垣町
10波倉　なみくら　福島県双葉郡楢葉町
波島　なみしま　宮崎県宮崎市
波根　はね　島根県（JR山陰本線）
波根町　はねちょう　島根県大田市
波浮港　はぶみなと　東京都大島町
波留　はる　鹿児島県阿久根市
波除　なみよけ　大阪府大阪市港区
波高島
　はだかじま　山梨県（JR身延線）
　はだかじま　山梨県南巨摩郡身延町
11波寄町
　なみよせちょう　福井県福井市
　なみよせちょう　愛知県名古屋市熱田区
波崎　はさき　茨城県神栖市
波崎新港　はさきしんこう　茨城県神栖市
波野
　はの　山口県熊毛郡田布施町
　なみの　熊本県（JR豊肥本線）
波野小地野　なみのしょうちの　熊本県阿蘇市
波野小園　なみのおぞの　熊本県阿蘇市
波野中江　なみのなかえ　熊本県阿蘇市
波野赤仁田　なみのあかにた　熊本県阿蘇市
波野波野　なみのなみの　熊本県阿蘇市
波野新波野　なみのしんなみの　熊本県阿蘇市
波野滝水　なみのたきみず　熊本県阿蘇市
12波賀町上野　はがちょううえの　兵庫県宍粟市
波賀町小野　はがちょうおの　兵庫県宍粟市
波賀町今市　はがちょういまいち　兵庫県宍粟市
波賀町引原　はがちょうひきはら　兵庫県宍粟市
波賀町戸倉　はがちょうとくら　兵庫県宍粟市
波賀町日ノ原　はがちょうひのはら　兵庫県宍粟市
波賀町日見谷　はがちょうひみたに　兵庫県宍粟市
波賀町安賀　はがちょうやすが　兵庫県宍粟市
波賀町有賀　はがちょうありが　兵庫県宍粟市
波賀町谷　はがちょうたに　兵庫県宍粟市
波賀町斉木　はがちょうさいき　兵庫県宍粟市
波賀町皆木　はがちょうみなぎ　兵庫県宍粟市
波賀町音水　はがちょうおんずい　兵庫県宍粟市
波賀町原　はがちょうはら　兵庫県宍粟市
波賀町野尻　はがちょうのじり　兵庫県宍粟市
波賀町鹿伏　はがちょうしかぶし　兵庫県宍粟市
波賀町道谷　はがちょうどうたに　兵庫県宍粟市
波賀町飯見　はがちょういいみ　兵庫県宍粟市
波賀野　はがの　兵庫県篠山市
波賀野新田　はがのしんでん　兵庫県篠山市

8画（泊，法）

波須　はす　岐阜県大垣市
13波照間　はてるま　沖縄県八重山郡竹富町
波路　はじ　京都府宮津市
波路上内田　はじかみうちだ　宮城県気仙沼市
波路上内沼　はじかみうちぬま　宮城県気仙沼市
波路上海　はじかみかいだ　宮城県気仙沼市
波路上向原　はじかみむかいばら　宮城県気仙沼市
波路上杉ノ下　はじかみすぎのした　宮城県気仙沼市
波路上岩井崎　はじかみいわいさき　宮城県気仙沼市
波路上明戸　はじかみあけど　宮城県気仙沼市
波路上牧　はじかみまぎ　宮城県気仙沼市
波路上後原　はじかみうしろばら　宮城県気仙沼市
波路上原　はじかみはら　宮城県気仙沼市
波路上崎野　はじかみさきの　宮城県気仙沼市
波路上野田　はじかみのだ　宮城県気仙沼市
波路上瀬向　はじかみせむかい　宮城県気仙沼市
波路町　はじまち　京都府宮津市
15波敷野　はじきの　三重県伊賀市
16波積町北　はづみちょうきた　島根県江津市
波積町本郷　はづみちょうほんごう　島根県江津市
波積町南　はづみちょうみなみ　島根県江津市
19波瀬
　　はぜ　山口県山陽小野田市
　　はぜ　佐賀県（松浦鉄道西九州線）
波瀬町　はぜちょう　愛知県田原市

【泊】
泊
　　とまり　北海道島牧郡島牧村
　　とまり　青森県上北郡六ケ所村
　　とまり　富山県（あいの風とやま鉄道線）
　　とまり　富山県氷見市
　　とまり　富山県下新川郡朝日町
　　とまり　福井県小浜市
　　とまり　三重県（四日市あすなろう鉄道内部線）
　　とまり　京都府与謝郡伊根町
　　とまり　鳥取県（JR山陰本線）
　　とまり　鳥取県東伯郡湯梨浜町
　　とまり　福岡県糸島市
　　とまり　沖縄県那覇市
　　とまり　沖縄県中頭郡中城村
3泊小柳町　とまりこやなぎちょう　三重県四日市市
泊山崎町　とまりやまさきちょう　三重県四日市市
7泊別　とまりべつ　北海道白糠郡白糠町
泊村
　　とまりむら　北海道古宇郡
　　とまりむら　北海道古宇郡泊村
　　とまりむら　三重県四日市市
泊町
　　とまりまち　北海道函館市
　　とまりちょう　北海道檜山郡江差町
　　とまりちょう　神奈川県横須賀市
　　とまりちょう　三重県四日市市
　　とまりまち　愛媛県松山市
10泊浦　とまりうら　高知県幡多郡大月町
泊浜　とまりはま　宮城県石巻市
11泊崎　はっさき　茨城県つくば市
泊野　とまりの　鹿児島県薩摩郡さつま町
13泊新
　　とまりしん　富山県中新川郡立山町

とまりしん　富山県下新川郡朝日町

【法】
3法万　ほうまん　鳥取県東伯郡琴浦町
法士町　ほうぜちょう　滋賀県彦根市
4法仏町　ほうぶつまち　石川県白山市
法円坂　ほうえんざか　大阪府大阪市中央区
法木　ほうぎ　千葉県君津市
法木作　ほうぎさく　千葉県君津市
法王町　ほうおうちょう　愛知県名古屋市千種区
5法正寺　ほうしょうじ　福岡県京都郡苅田町
法正橋　ほうじょうばし　新潟県新発田市
法用　ほうよう　京都府福知山市
法用町　ほうようちょう　奈良県奈良市
法田　ほうでん　山形県最上郡最上町
法田町　ほうだちょう　三重県松阪市
法目　ほうめ　千葉県茂原市
6法光寺　ほうこうじ　青森県三戸郡南部町
法光寺町
　　ほうこうじまち　石川県金沢市
　　ほうこうじちょう　愛知県西尾市
法吉町　ほっきちょう　島根県松江市
法寺岡　ほうじおか　福井県吉田郡永平寺町
法成寺　ほうじょうじ　愛知県北名古屋市
7法花
　　ほうげ　千葉県勝浦市
　　ほっけ　三重県伊賀市
法花寺
　　ほっけじ　富山県滑川市
　　ほっけいじ　兵庫県豊岡市
法花寺町
　　ほっけじちょう　愛知県稲沢市
　　ほっけいじちょう　奈良県橿原市
8法性寺町　ほっしょうじちょう　愛知県岡崎市
法枝町
　　のりえだちょう　静岡県浜松市中区
　　のりえだちょう　静岡県浜松市南区
法林寺
　　ほうりんじ　富山県南砺市
　　ほうりんじ　岐阜県本巣市
法林寺門前町　ほうりんじもんぜんちょう　京都府京都市左京区
9法柳　ほうやぎ　新潟県阿賀野市
法柳新田　ほうやぎしんでん　新潟県阿賀野市
法海　のりかい　福井県小浜市
法泉　ほうせん　神奈川県横浜市保土ケ谷区
法界寺　ほうかいじ　岡山県真庭市
法界院
　　ほうかいいん　岡山県（JR津山線）
　　ほうかいいん　岡山県岡山市北区
法皇寺町　ほうおうじちょう　京都府京都市左京区
法音寺
　　ほうおんじ　新潟県南魚沼市
　　ほうおんじ　富山県中新川郡上市町
法音寺郷　ほうおんじごう　長崎県東彼杵郡東彼杵町
10法島町　ほうしままち　石川県金沢市
法師戸　ほうしと　茨城県坂東市
法師岡　ほうしおか　青森県三戸郡南部町
法師柳　ほうしやなぎ　山形県南陽市

761

8画（泡, 油）

法師庵　ほうしあん　福岡県北九州市門司区
法能　ほうのう　山梨県都留市
法華　ほっけ　愛知県名古屋市中川区
法華口　ほっけぐち　兵庫県（北条鉄道線）
法華寺町　ほっけじちょう　奈良県奈良市
法華西町　ほっけにしまち　愛知県名古屋市中川区
法連寺　ほうれんじ　山形県酒田市
法連町　ほうれんちょう　愛知県安城市
11法曽　ほうそ　岡山県新見市
法隆寺
　　ほうりゅうじ　奈良県（JR関西本線）
　　ほうりゅうじ　奈良県生駒郡斑鳩町
法隆寺山内　ほうりゅうじさんない　奈良県生駒郡斑鳩町
法隆寺北　ほうりゅうじきた　奈良県生駒郡斑鳩町
法隆寺西　ほうりゅうじにし　奈良県生駒郡斑鳩町
法隆寺東　ほうりゅうじひがし　奈良県生駒郡斑鳩町
法隆寺南　ほうりゅうじみなみ　奈良県生駒郡斑鳩町
12法善寺
　　ほうぜんじ　大阪府（近畿日本鉄道大阪線）
　　ほうぜんじ　大阪府柏原市
法勝台　ほうしょうだい　大分県大分市
法勝寺　ほっしょうじ　鳥取県西伯郡南部町
法勝寺町　ほっしょうじまち　鳥取県米子市
法貴寺　ほうきじ　奈良県磯城郡田原本町
法量　ほうりょう　青森県十和田市
13法楽寺　ほうらくじ　富山県小矢部市
法楽寺町　ほうらくじちょう　滋賀県長浜市
法蓮佐保山　ほうれんさほやま　奈良県奈良市
法蓮町　ほうれんちょう　奈良県奈良市
15法憧寺北　ほうどうじきた　福島県大沼郡会津美里町
法憧寺北甲　ほうどうじきたこう　福島県大沼郡会津美里町
法憧寺東　ほうどうじひがし　福島県大沼郡会津美里町
法憧寺南　ほうどうじみなみ　福島県大沼郡会津美里町
法憧寺南甲　ほうどうじみなみこう　福島県大沼郡会津美里町
法蔵町　ほうぞうちょう　愛知県名古屋市中川区
法養寺　ほうようじ　滋賀県犬上郡甲良町
19法鏡寺　ほうきょうじ　大分県宇佐市

【泡】
19泡瀬　あわせ　沖縄県沖縄市

【油】
1油一色　あぶらいしき　静岡県浜松市浜北区
3油久　ゆく　鹿児島県熊毛郡中種子町
油小路町　あぶらのこうじちょう　京都府京都市下京区
油山　ゆやま　静岡県静岡市葵区
油川
　　あぶらかわ　青森県（JR津軽線）
　　あぶらかわ　青森県青森市
4油井
　　ゆい　福島県二本松市
　　ゆい　栃木県那須塩原市
　　ゆい　千葉県東金市

　　あぶらい　兵庫県篠山市
　　ゆい　島根県隠岐郡隠岐の島町
　　ゆい　鹿児島県大島郡瀬戸内町
油井ケ島　ゆいがしま　埼玉県加須市
油夫　ゆぶ　三重県多気郡多気町
油戸　あぶらと　山形県鶴岡市
油日　あぶらひ　滋賀県（JR草津線）
油木
　　ゆき　広島県（JR木次線）
　　ゆき　広島県神石郡神石高原町
油木下　ゆきしも　岡山県津山市
油木上　ゆきかみ　岡山県津山市
油木北　ゆききた　岡山県津山市
油木町　あぶらぎまち　長崎県長崎市
油比　ゆひ　福岡県糸島市
5油出　あぶらで　青森県三戸郡五戸町
油平　あぶらだい　東京都あきる野市
油田
　　あぶらでん　宮城県亘理郡亘理町
　　あぶらでん　福島県大沼郡会津美里町
　　あぶらた　千葉県香取市
　　あぶらでん　新潟県刈羽郡刈羽村
　　あぶらでん　富山県（JR城端線）
油田町　あぶらでんまち　栃木県鹿沼市
6油宇　ゆう　山口県大島郡周防大島町
油江　ゆご　京都府舞鶴市
7油町　あぶらまち　三重県桑名市
油良　ゆら　山口県大島郡周防大島町
油見　ゆうみ　広島県大竹市
油谷久富　ゆやひさどみ　山口県長門市
油谷川尻　ゆやかわしり　山口県長門市
油谷伊上　ゆやいがみ　山口県長門市
油谷向津具下　ゆやむかつくしも　山口県長門市
油谷向津具上　ゆやむかつくかみ　山口県長門市
油谷町　ゆだにちょう　兵庫県加西市
油谷角山　ゆやかどやま　山口県長門市
油谷河原　ゆやかわら　山口県長門市
油谷後畑　ゆやうしろばた　山口県長門市
油谷津黄　ゆやつおう　山口県長門市
油谷新別名　ゆやしんべつみょう　山口県長門市
油谷蔵小田　ゆやくらおだ　山口県長門市
油車　あぶらぐるま　石川県金沢市
油阪地方町　あぶらさかじかたちょう　奈良県奈良市
油阪町　あぶらさかちょう　奈良県奈良市
8油河内　ゆごうと　茨城県常陸大宮市
9油屋町
　　あぶらやちょう　愛知県名古屋市港区
　　あぶらやちょう　京都府京都市中京区
　　あぶらやちょう　山口県萩市
　　あぶらやまち　長崎県長崎市
油津
　　あぶらつ　宮崎県（JR日南線）
　　あぶらつ　宮崎県日南市
油畑　あぶらはた　宮城県刈田郡七ケ宿町
10油島
　　ゆしま　岩手県（JR東北本線）
　　あぶらじま　新潟県新潟市西蒲区
　　ゆじま　静岡県静岡市葵区
油留木町　ゆるぎちょう　奈良県奈良市
11油堀町　あぶらぼりまち　長崎県島原市

8画（泗, 炊, 炉, 物, 牧）

油渕町　あぶらふちまち　愛知県碧南市
油袋　ゆたい　愛媛県南宇和郡愛南町
油野　ゆの　静岡県静岡市葵区
¹²油須木町　ゆすきちょう　鹿児島県鹿児島市
油須原　ゆすばる　福岡県（平成筑豊鉄道田川線）
¹⁵油横丁　あぶらよこちょう　青森県黒石市
¹⁶油橋詰町　あぶらはしづめちょう　京都府京都市上京区

【泗】
⁴泗水町永　しすいまちなが　熊本県菊池市
泗水町田島　しすいまちたしま　熊本県菊池市
泗水町吉富　しすいまちよしとみ　熊本県菊池市
泗水町住吉　しすいまちすみよし　熊本県菊池市
泗水町南田島　しすいまちみなみたしま　熊本県菊池市
泗水町亀尾　しすいまちかめお　熊本県菊池市
泗水町富納　しすいまちとみのう　熊本県菊池市
泗水町福本　しすいまちふくもと　熊本県菊池市
泗水町豊水　しすいまちとよみず　熊本県菊池市

【炊】
⁷炊村　かしきむら　三重県伊賀市

【炉】
¹¹炉粕町　ろかすまち　長崎県長崎市

【物】
⁴物井
　　ものい　栃木県真岡市
　　ものい　千葉県（JR総武本線）
　　ものい　千葉県四街道市
物木　ものき　千葉県印西市
⁵物出　ものいで　新潟県糸魚川市
⁷物見が丘　ものみがおか　静岡県伊東市
物見山　ものみやま　新潟県新潟市東区
物見西　ものみにし　広島県廿日市市
物見東　ものみひがし　広島県廿日市市
¹⁰物倉山　ものくらやま　宮城県気仙沼市
物流センター　ぶつりゅうせんたー　新潟県燕市
¹¹物部
　　ものべ　兵庫県洲本市
　　もののべ　兵庫県朝来市
　　ものべ　高知県南国市
物部町　ものべちょう　京都府綾部市
物部町久保　ものべちょうくぼ　高知県香美市
物部町大西　ものべちょうおおにし　高知県香美市
物部町大栃　ものべちょうおおどち　高知県香美市
物部町小浜　ものべちょうこはま　高知県香美市
物部町山崎　ものべちょうやまさき　高知県香美市
物部町中上　ものべちょうなかうえ　高知県香美市
物部町中谷川　ものべちょうなかたにがわ　高知県香美市
物部町中津尾　ものべちょうなかつお　高知県香美市
物部町五王堂　ものべちょうごおどう　高知県香美市
物部町仙頭　ものべちょうせんどう　高知県香美市
物部町市宇　ものべちょういちう　高知県香美市
物部町安丸　ものべちょうやすまる　高知県香美市

物部町庄谷相　ものべちょうしょうだにあい　高知県香美市
物部町別役　ものべちょうべっちゃく　高知県香美市
物部町別府　ものべちょうべふ　高知県香美市
物部町岡ノ内　ものべちょうおかのうち　高知県香美市
物部町押谷　ものべちょうおすだに　高知県香美市
物部町拓　ものべちょうつぶせ　高知県香美市
物部町南池　ものべちょうみなみいけ　高知県香美市
物部町柳瀬　ものべちょうやないせ　高知県香美市
物部町神池　ものべちょうかみいけ　高知県香美市
物部町根木屋　ものべちょうねきや　高知県香美市
物部町笹　ものべちょうささ　高知県香美市
物部町黒代　ものべちょうくろだい　高知県香美市
物部町楮佐古　ものべちょうかじさこ　高知県香美市
物部町頓定　ものべちょうとんじょう　高知県香美市
物部町舞川　ものべちょうまいかわ　高知県香美市
¹²物集女町　もずめちょう　京都府向日市

【牧】
牧
　　まき　新潟県五泉市
　　まき　富山県富山市
　　まき　長野県上高井郡高山村
　　まき　岐阜県安八郡安八町
　　まき　岐阜県大野郡白川村
　　まき　三重県多気郡多気町
　　まき　滋賀県大津市
　　まき　京都府（京都丹後鉄道宮福線）
　　まき　京都府福知山市
　　まき　大阪府豊能郡能勢町
　　まき　鳥取県東伯郡三朝町
　　まき　広島県神石郡神石高原町
　　まき　大分県（JR日豊本線）
　　まき　大分県大分市
⁰牧ケ花　まきがはな　新潟県燕市
牧ケ谷　まきがや　静岡県静岡市葵区
牧ケ島　まきがしま　新潟県新潟市西蒲区
牧ノ内　まきのうち　熊本県水俣市
牧の内　まきのうち　北海道根室市
牧の木戸　まきのきど　千葉県印西市
牧の台　まきのだい　千葉県印西市
牧の地町　まきのじちょう　長崎県佐世保市
牧の里　まきのさと　愛知県名古屋市名東区
牧の原
　　まきのはら　千葉県松戸市
　　まきのはら　千葉県印西市
　　まきのはら　愛知県名古屋市名東区
³牧上町　まきかみまち　大分県大分市
牧口町　まきぐちまち　石川県小松市
牧山
　　まきやま　石川県羽咋郡志賀町
　　まきやま　岡山県（JR津山線）
　　まきやま　福岡県北九州市戸畑区
牧山町　まきやままち　石川県金沢市
牧山海岸　まきやまかいがん　福岡県北九州市戸畑区
牧山新町　まきやましんまち　福岡県北九州市戸畑区
牧川　まきがわ　鹿児島県熊毛郡中種子町
⁴牧之内　まきのうち　福島県岩瀬郡天栄村

763

8画（牧）

牧之原
　まきのはら　静岡県島田市
　まきのはら　静岡県菊川市
　まきのはら　静岡県牧之原市
牧之原市　まきのはらし　静岡県
牧之郷
　まきのこう　静岡県（伊豆箱根鉄道駿豆線）
　まきのこう　静岡県伊豆市
牧区七森　まきくななもり　新潟県上越市
牧区下昆子　まきくしもびりご　新潟県上越市
牧区下湯谷　まきくしもゆうや　新潟県上越市
牧区上昆子　まきくかみびりご　新潟県上越市
牧区上牧　まきくかみまき　新潟県上越市
牧区大月　まきくおおつき　新潟県上越市
牧区小川　まきくおがわ　新潟県上越市
牧区山口　まきくやまぐち　新潟県上越市
牧区川井沢　まきくかわいざわ　新潟県上越市
牧区今清水　まきくいましみず　新潟県上越市
牧区切光　まきくせっこう　新潟県上越市
牧区片町　まきくかたまち　新潟県上越市
牧区平山　まきくたいらやま　新潟県上越市
牧区平方　まきくひらかた　新潟県上越市
牧区田島　まきくたじま　新潟県上越市
牧区吉坪　まきくよしつぼ　新潟県上越市
牧区宇津俣　まきくうつのまた　新潟県上越市
牧区池舟　まきくいけふね　新潟県上越市
牧区国川　まきくこくがわ　新潟県上越市
牧区坪山　まきくつぼやま　新潟県上越市
牧区岩神　まきくいわがみ　新潟県上越市
牧区府殿　まきくふどの　新潟県上越市
牧区東松ノ木　まきくひがしまつのき　新潟県上越市
牧区柳島　まきくやなぎしま　新潟県上越市
牧区泉　まきくいずみ　新潟県上越市
牧区神谷　まきくかみや　新潟県上越市
牧区荒井　まきくあらい　新潟県上越市
牧区倉下　まきくくらした　新潟県上越市
牧区原　まきくはら　新潟県上越市
牧区宮口　まきくみやぐち　新潟県上越市
牧区桜滝　まきくさくらたき　新潟県上越市
牧区高尾　まきくたかお　新潟県上越市
牧区高谷　まきくたかたに　新潟県上越市
牧区棚広　まきくたなひろ　新潟県上越市
牧区棚広新田　まきくたなひろしんでん　新潟県上越市
牧区落田　まきくおちだ　新潟県上越市
牧区樫谷　まきくかしだに　新潟県上越市
牧戸　まきど　三重県度会郡度会町
5牧丘町千野々宮　まきおかちょうちののみや　山梨県山梨市
牧丘町北原　まきおかちょうきたばら　山梨県山梨市
牧丘町成沢　まきおかちょうなるさわ　山梨県山梨市
牧丘町西保下　まきおかちょうにしほしも　山梨県山梨市
牧丘町西保中　まきおかちょうにしほなか　山梨県山梨市
牧丘町杣口　まきおかちょうそまぐち　山梨県山梨市
牧丘町牧平　まきおかちょうまきだいら　山梨県山梨市
牧丘町城古寺　まきおかちょうじょうこじ　山梨県山梨市

牧丘町室伏　まきおかちょうむろふし　山梨県山梨市
牧丘町柳平　まきおかちょうやなぎだいら　山梨県山梨市
牧丘町倉科　まきおかちょうくらしな　山梨県山梨市
牧丘町隼　まきおかちょうはやぶさ　山梨県山梨市
牧丘町窪平　まきおかちょうくぼだいら　山梨県山梨市
牧平町　まきひらちょう　愛知県岡崎市
牧田　まきだ　富山県富山市
牧田町　まきたちょう　大阪府高槻市
牧目　まきのめ　新潟県村上市
6牧西　もくさい　埼玉県本庄市
7牧志
　まきし　沖縄県（沖縄都市モノレール線）
　まきし　沖縄県那覇市
牧沢　まきざわ　福島県河沼郡柳津町
牧町
　まぎちょう　栃木県佐野市
　まきまち　石川県金沢市
　まきちょう　福井県越前市
　まきちょう　愛知県名古屋市瑞穂区
　まきちょう　三重県津市
　まきちょう　滋賀県近江八幡市
　まきちょう　奈良県五條市
　まきまち　宮崎県延岡市
牧谷
　まきだに　福井県南条郡南越前町
　まきだに　鳥取県岩美郡岩美町
10牧島　まきしま　新潟県阿賀野市
牧島町　まきしままち　長崎県長崎市
牧浜　まきのはま　宮城県石巻市
11牧曽根　まきそね　山形県酒田市
牧野
　まぎの　山形県上山市
　まぎの　栃木県芳賀郡茂木町
　まきの　千葉県香取市
　まきの　千葉県山武郡芝山町
　まきの　神奈川県相模原市緑区
　まきの　富山県富山市
　まきの　富山県黒部市
　まきの　岐阜県美濃加茂市
　まきの　大阪府（京阪電気鉄道本線）
　まきの　兵庫県加東市
　まきの　熊本県上益城郡山都町
牧野下島町　まきのしもじまちょう　大阪府枚方市
牧野北町　まきのきたまち　大阪府枚方市
牧野本町　まきのほんまち　大阪府枚方市
牧野地　まきのじ　茨城県古河市
牧野町
　まきのちょう　岐阜県大垣市
　まきのちょう　愛知県名古屋市中村区
　まきのちょう　愛知県豊橋市
　まきのちょう　愛知県豊川市
　まきのちょう　愛知県津島市
　まきのまち　長崎県長崎市
牧野阪　まきのさか　大阪府枚方市
牧野林　まきのばやし　岩手県滝沢市
牧野金屋　まきのかなや　富山県高岡市
12牧場　まきば　北海道恵庭市
牧場町　まきばちょう　北海道江別市
牧御堂町　まきみどうちょう　愛知県岡崎市
牧港　まきみなと　沖縄県浦添市

8画（狗, 狐, 狛, 画, 的, 直）

牧落
　　まきおち　大阪府（阪急電鉄箕面線）
　　まきおち　大阪府箕面市
13牧園　まきその　茨城県つくば市
　牧園町下中津川　まきそのちょうしもなかつがわ　鹿児
　　島県霧島市
　牧園町三体堂　まきそのちょうさんたいどう　鹿児島県
　　霧島市
　牧園町上中津川　まきそのちょうかみなかつがわ　鹿児
　　島県霧島市
　牧園町万膳　まきそのちょうまんぜん　鹿児島県霧島市
　牧園町持松　まきそのちょうもちまつ　鹿児島県霧島市
　牧園町高千穂　まきそのちょうたかちほ　鹿児島県霧
　　島市
　牧園町宿窪田　まきそのちょうしゅくくぼた　鹿児島県
　　霧島市
　牧新田町　まきしんでんちょう　岐阜県大垣市
　牧福島　まきふくしま　福井県吉田郡永平寺町

【狗】
3狗子ノ川　くじのかわ　和歌山県東牟婁郡那智勝
　　浦町

【狐】
0狐ケ崎　きつねがさき　静岡県（静岡鉄道静岡清水
　　線）
3狐山
　　きつねやま　宮城県遠田郡美里町
　　きつねやま　福島県福島市
4狐井　きつい　奈良県香芝市
5狐田　きつねだ　福島県田村郡三春町
6狐地　きつねじ　愛知県弥富市
　狐地町　きつねじちょう　愛知県弥富市
　狐池　きつねいけ　長野県長野市
7狐沢山　きつねさわやま　青森県上北郡東北町
10狐島
　　きつねじま　富山県砺波市
　　きつねじま　長野県伊那市
　　きつねじま　和歌山県和歌山市
11狐崎　きつねざき　福島県伊達郡桑折町
　狐崎浜　きつねざきはま　宮城県石巻市
12狐塚
　　きつねづか　宮城県亘理郡亘理町
　　きつねづか　福島県福島市
　　きつねづか　埼玉県久喜市
　狐塚畑　きつねづかはた　福島県福島市
　狐森
　　きつねもり　青森県北津軽郡板柳町
　　きつねもり　青森県三戸郡五戸町
　　きつねもり　秋田県能代市
　　きつねもり　秋田県由利本荘市
　狐森北　きつねもりきた　青森県三戸郡五戸町
13狐禅寺　こぜんじ　岩手県一関市
16狐橋　きつねばし　福井県福井市
　狐興野　きつねごうや　新潟県長岡市

【狛】
　狛　こま　奈良県桜井市
5狛田　こまだ　京都府（近畿日本鉄道京都線）
6狛江　こまえ　東京都（小田急電鉄小田原線）

狛江市　こまえし　東京都

【画】
7画図町下江津　えずまちしもえづ　熊本県熊本市東区
　画図町下無田　えずまちしもむた　熊本県熊本市東区
　画図町上無田　えずまちかみむた　熊本県熊本市東区
　画図町所島　えずまちところじま　熊本県熊本市東区
　画図町重富　えずまちしげどみ　熊本県熊本市東区
　画図東　えずひがし　熊本県熊本市東区

【的】
5的石　まといし　熊本県阿蘇市
7的形　まとがた　兵庫県（山陽電気鉄道本線）
　的形町的形　まとがたちょうまとがた　兵庫県姫路市
　的形町福泊　まとがたちょうふくどまり　兵庫県姫路市
11的野
　　まとの　奈良県山辺郡山添村
　　まとの　福岡県糟屋郡新宮町
12的場
　　まとば　埼玉県（JR川越線）
　　まとば　埼玉県川越市
　　まとば　静岡県駿東郡清水町
　　まとば　愛知県犬山市
　　まとば　愛知県新城市
　　まとば　奈良県北葛城郡広陵町
　　まとば　鳥取県鳥取市
　　まとば　広島県呉市
　　まとば　福岡県福岡市南区
　的場北　まとばきた　埼玉県川越市
　的場甲　まとばこう　福島県大沼郡会津美里町
　的場町
　　まとばちょう　北海道函館市
　　まとばまち　石川県羽咋市
　　まとばちょう　愛知県名古屋市中川区
　　まとばちょう　広島県（広島電鉄本線ほか）
　　まとばちょう　広島県広島市南区
　　まとばまち　福岡県北九州市八幡西区
　的場流通　まとばりゅうつう　新潟県新潟市西区
　的場新町　まとばしんまち　埼玉県川越市

【直】
0直り山　なおりやま　新潟県新潟市江南区
2直入町下田北　なおいりまちしもたぎた　大分県竹
　　田市
　直入町上田北　なおいりまちかみたぎた　大分県竹
　　田市
　直入町長湯　なおいりまちながゆ　大分県竹田市
　直入町神堤　なおいりまちかみつつみ　大分県竹田市
3直町　そそりまち　石川県加賀市
　直川
　　のうがわ　和歌山県和歌山市
　　なおかわ　大分県（JR日豊本線）
　直川下直見　なおかわしもなおみ　大分県佐伯市
　直川上直見　なおかわかみなおみ　大分県佐伯市
　直川仁田原　なおかわにたばら　大分県佐伯市
　直川赤木　なおかわあかぎ　大分県佐伯市
　直川横川　なおかわよこがわ　大分県佐伯市
4直井　なおい　茨城県筑西市
　直方
　　のおがた　福岡県（JR筑豊本線ほか）

8画（知, 祈）

のおがた　福岡県直方市
直方市　のおがたし　福岡県
直木町　なおきちょう　鹿児島県鹿児島市
5**直世**　すぐせ　山形県飽海郡遊佐町
6**直地**　ただち　島根県鹿足郡津和野町
直江
　なおえ　岐阜県養老郡養老町
　なおえ　島根県（JR山陰本線）
　なおえ　福岡県築上郡吉富町
直江北　なおえきた　石川県金沢市
直江石堤　なおえせきてい　山形県米沢市
直江町
　なおえちょう　山形県米沢市
　すぐえちょう　新潟県三条市
　なおえまち　石川県金沢市
　すぐえちょう　岐阜県大垣市
直江津　なおえつ　新潟県（JR信越本線ほか）
直江野町　なおえのまち　石川県金沢市
7**直別**
　ちょくべつ　北海道（JR根室本線）
　ちょくべつ　北海道十勝郡浦幌町
直坂　すぐさか　富山県富山市
直来町　なおらいちょう　愛知県名古屋市瑞穂区
直見
　ぬくみ　和歌山県東牟婁郡古座川町
　なおみ　大分県（JR日豊本線）
8**直弥**　なおや　千葉県佐倉市
9**直柱**　ひたはしら　和歌山県東牟婁郡那智勝浦町
直海　のうみ　石川県羽咋郡志賀町
直津町　ただつまち　石川県七尾市
10**直家町**　なおいえちょう　京都府京都市上京区
直島町　なおしまちょう　香川県香川郡
16**直鮒**　すうぶな　茨城県龍ケ崎市
19**直瀬**　なおせ　愛媛県上浮穴郡久万高原町

【知】

0**知々井**　ちちい　島根県隠岐郡海士町
2**知人町**　しりとちょう　北海道釧路市
3**知久町**　ちくまち　長野県飯田市
4**知之浦**　ちのうら　鹿児島県大島郡瀬戸内町
知井宮町　ちいみやちょう　島根県出雲市
知内町　しりうちちょう　北海道上磯郡
知夫村　ちぶむら　島根県隠岐郡
知手　しって　茨城県神栖市
知手中央　しってちゅうおう　茨城県神栖市
5**知古**　ちこ　福岡県直方市
知立　ちりゅう　愛知県（名古屋鉄道三河線ほか）
知立市　ちりゅうし　愛知県
6**知名**　ちな　鹿児島県大島郡知名町
知名町　ちなちょう　鹿児島県大島郡
知多　ちた　愛知県名古屋市港区
知多半田　ちたはんだ　愛知県（名古屋鉄道河和線）
知多市　ちたし　愛知県
知多町　ちたちょう　愛知県春日井市
知多武豊　ちたたけとよ　愛知県（名古屋鉄道河和線）
知多郡　ちたぐん　愛知県
知多奥田　ちたおくだ　愛知県（名古屋鉄道知多新線）

知気寺町　ちきじまち　石川県白山市
知行　ちぎょう　茨城県筑西市
7**知利別町**　ちりべつちょう　北海道室蘭市
知床岬　しれとこみさき　北海道目梨郡羅臼町
知床斜里　しれとこしゃり　北海道（JR釧網本線）
知来
　ちらい　北海道山越郡長万部町
　ちらい　北海道常呂郡佐呂間町
知来乙
　ちらいおつ　北海道（JR札沼線）
　ちらいおつ　北海道樺戸郡月形町
知来別
　ちらいべつ　北海道虻田郡喜茂別町
　ちらいべつ　北海道宗谷郡猿払村
知社　ちしゃ　岡山県英田郡西粟倉村
知花　ちばな　沖縄県沖縄市
知見寺町　ちけんじちょう　長崎県佐世保市
知足　ちそく　兵庫県篠山市
8**知和**　ちわ　岡山県（JR因美線）
知念久手堅　ちねんくでけん　沖縄県南城市
知念久原　ちねんくはら　沖縄県南城市
知念久高　ちねんくだか　沖縄県南城市
知念山里　ちねんやまざと　沖縄県南城市
知念吉富　ちねんよしとみ　沖縄県南城市
知念安座真　ちねんあざま　沖縄県南城市
知念志喜屋　ちねんしきや　沖縄県南城市
知念具志堅　ちねんぐしけん　沖縄県南城市
知念知名　ちねんちな　沖縄県南城市
知念知念　ちねんちねん　沖縄県南城市
知念海野　ちねんうみの　沖縄県南城市
知波田　ちばた　静岡県（天竜浜名湖鉄道線）
9**知昭町**　ちしょうちょう　北海道目梨郡羅臼町
11**知寄町**
　ちよりちょう　高知県（とさでん交通ごめん線）
　ちよりちょう　高知県高知市
知寄町一丁目　ちよりちょういっちょうめ　高知県（とさでん交通ごめん線）
知寄町二丁目　ちよりちょうにちょうめ　高知県（とさでん交通ごめん線）
知寄町三丁目　ちよりちょうさんちょうめ　高知県（とさでん交通ごめん線）
知清　ちせい　愛媛県喜多郡内子町
17**知覧町**　ちらんちょう　⇒南九州市（鹿児島県）
知覧町永里　ちらんちょうながさと　鹿児島県南九州市
知覧町西元　ちらんちょうにしもと　鹿児島県南九州市
知覧町東別府　ちらんちょうひがしべっぷ　鹿児島県南九州市
知覧町南別府　ちらんちょうみなみべっぷ　鹿児島県南九州市
知覧町厚地　ちらんちょうあつち　鹿児島県南九州市
知覧町郡　ちらんちょうこおり　鹿児島県南九州市
知覧町塩屋　ちらんちょうしおや　鹿児島県南九州市
知覧町瀬世　ちらんちょうせせ　鹿児島県南九州市
19**知識町**　ちしきちょう　鹿児島県出水市

【祈】

6**祈年町**　きねんちょう　岐阜県岐阜市

8画（祇, 空, 突, 育, 肱）

11祈祷院　きとういん　福岡県八女市

【祇】

13祇園
　　ぎおん　栃木県下野市
　　ぎおん　埼玉県狭山市
　　ぎおん　千葉県（JR久留里線）
　　ぎおん　千葉県木更津市
　　ぎおん　岐阜県岐阜市
　　ぎおん　岡山県岡山市北区
　　ぎおん　岡山県岡山市中区
　　ぎおん　広島県広島市安佐南区
　　ぎおん　福岡県（福岡市交通局空港線）
　　ぎおん　福岡県北九州市八幡東区
　　ぎおん　福岡県小郡市
　　ぎおん　宮崎県宮崎市
祇園之洲町　ぎおんのすちょう　鹿児島県鹿児島市
祇園四条　ぎおんしじょう　京都府（京阪電気鉄道本線）
祇園町
　　ぎおんちょう　静岡県島田市
　　ぎおんちょう　滋賀県長浜市
　　ぎおんちょう　滋賀県東近江市
　　ぎおんまち　奈良県磯城郡田原本町
　　ぎおんちょう　鳥取県米子市
　　ぎおんまち　愛媛県松山市
　　ぎおんちょう　愛媛県今治市
　　ぎおんまち　福岡県福岡市博多区
　　ぎおんまち　福岡県遠賀郡芦屋町
　　ぎおんちょう　長崎県佐世保市
　　ぎおんちょう　熊本県水俣市
　　ぎおんまち　宮崎県延岡市
祇園町北側　ぎおんまちきたがわ　京都府京都市東山区
祇園町南側　ぎおんまちみなみがわ　京都府京都市東山区
祇園原町　ぎおんばらまち　福岡県北九州市八幡東区
祇園新橋北　ぎおんしんばしきた　広島県（広島高速交通アストラムライン）
祇園橋　ぎおんばし　熊本県（熊本市交通局A系統）

【空】

3空久保　あきくぼ　青森県上北郡東北町
空也町　くうやちょう　京都府京都市中京区
7空見町　そらみちょう　愛知県名古屋市港区
8空知太　そらちぶと　北海道砂川市
空知太西一条　そらちぶとにしいちじょう　北海道砂川市
空知太西二条　そらちぶとにしにじょう　北海道砂川市
空知太西三条　そらちぶとにしさんじょう　北海道砂川市
空知太西五条　そらちぶとにしごじょう　北海道砂川市
空知太西六条　そらちぶとにしろくじょう　北海道砂川市
空知太西四条　そらちぶとにししじょう　北海道砂川市
空知太東一条　そらちぶとひがしいちじょう　北海道砂川市
空知太東二条　そらちぶとひがしにじょう　北海道砂川市

空知太東三条　そらちぶとひがしさんじょう　北海道砂川市
空知太東五条　そらちぶとひがしごじょう　北海道砂川市
空知太東四条　そらちぶとひがししじょう　北海道砂川市
空知町　そらちちょう　北海道滝川市
空知郡　そらちぐん　北海道
9空城　そらじょう　広島県山県郡北広島町
11空堀町　からほりちょう　大阪府大阪市天王寺区
空清町　からきよちょう　大阪府大阪市天王寺区
12空港
　　くうこう　大阪府池田市
　　くうこう　大阪府八尾市
空港北町　くうこうきたまち　福岡県北九州市小倉南区
空港西　くうこうにし　新潟県新潟市東区
空港東　くうこうひがし　長野県松本市
空港前　くうこうまえ　福岡県福岡市博多区
空港南
　　くうこうみなみ　岩手県花巻市
　　くうこうみなみ　宮城県岩沼市
空港南町
　　くうこうみなみまち　北海道帯広市
　　くうこうみなみまち　福岡県京都郡苅田町
空港南町南　くうこうみなみまちみなみ　北海道帯広市
空港通　くうこうどおり　愛媛県松山市
空港通り　くうこうどおり　香川県（高松琴平電気鉄道琴平線）
空港第2ビル　くうこうだいにびる　千葉県（JR成田線ほか）
空焼　そらやき　宮城県伊具郡丸森町
14空熊町　そらくままち　石川県輪島市

【突】

7突抜　つきぬけ　京都府京都市下京区
突抜町
　　つきぬけちょう　京都府京都市上京区
　　つきぬけちょう　京都府京都市中京区
　　つきぬけちょう　京都府亀岡市

【育】

0育ケ丘町　いくがおかちょう　兵庫県小野市
5育生町大井　いくせいちょうおおい　三重県熊野市
育生町尾川　いくせいちょうおがわ　三重県熊野市
育生町赤倉　いくせいちょうあかぐら　三重県熊野市
育生町長井　いくせいちょうながい　三重県熊野市
育生町粉所　いくせいちょうこどころ　三重県熊野市
6育成町　いくせいまち　石川県小松市
7育良町　いくらちょう　長野県飯田市
8育波　いくは　兵庫県淡路市
10育素多　いくそた　北海道中川郡豊頃町

【肱】

3肱川町大谷　ひじかわちょうおおたに　愛媛県大洲市
肱川町山鳥坂　ひじかわちょうやまとさか　愛媛県大洲市
肱川町中居谷　ひじかわちょうなかいだに　愛媛県大洲市

肱川町中津　ひじかわちょうなかつ　愛媛県大洲市
肱川町予子林　ひじかわちょうよこばやし　愛媛県大洲市
肱川町名荷谷　ひじかわちょうみょうがだに　愛媛県大洲市
肱川町宇和川　ひじかわちょううわがわ　愛媛県大洲市
肱川町西　ひじかわちょうにし　愛媛県大洲市

【肴】

7肴町
　さかなちょう　岩手県盛岡市
　さかなまち　秋田県由利本荘市
　さかなまち　山形県山形市
　さかなまち　山形県酒田市
　さかなまち　新潟県村上市
　さかなまち　静岡県浜松市中区
　さかなまち　静岡県掛川市
　さかなまち　愛知県西尾市

【肥】

3肥土　ひど　埼玉県児玉郡神川町
肥土山　ひとやま　香川県小豆郡土庄町
肥子町　ひこちょう　大阪府和泉市
5肥田　ひた　静岡県田方郡函南町
肥田町
　ひだちょう　三重県鈴鹿市
　ひだちょう　滋賀県彦根市
肥田町肥田　ひだちょうひだ　岐阜県土岐市
肥田町浅野　ひだちょうあさの　岐阜県土岐市
肥田浅野元町　ひだあさのもとまち　岐阜県土岐市
肥田浅野双葉町　ひだあさのふたばちょう　岐阜県土岐市
肥田浅野矢落町　ひだあさのやおちちょう　岐阜県土岐市
肥田浅野梅ノ木町　ひだあさのうめのきちょう　岐阜県土岐市
肥田浅野笠神町　ひだあさのかさがみちょう　岐阜県土岐市
肥田浅野朝日町　ひだあさのあさひまち　岐阜県土岐市
肥田瀬　ひだせ　岐阜県関市
9肥前七浦　ひぜんななうら　佐賀県（JR長崎本線）
肥前久保　ひぜんくぼ　佐賀県（JR筑肥線）
肥前大浦　ひぜんおおうら　佐賀県（JR長崎本線）
肥前山口　ひぜんやまぐち　佐賀県（JR長崎本線）
肥前古賀　ひぜんこが　長崎県（JR長崎本線）
肥前白石　ひぜんしろいし　佐賀県（JR長崎本線）
肥前旭　ひぜんあさひ　佐賀県（JR鹿児島本線）
肥前町　ひぜんちょう　茨城県高萩市
肥前町入野　ひぜんまちいりの　佐賀県唐津市
肥前町上ケ倉　ひぜんまちあげくら　佐賀県唐津市
肥前町万賀里川　ひぜんまちまがりかわ　佐賀県唐津市
肥前町大浦　ひぜんまちおおうら　佐賀県唐津市
肥前町中浦　ひぜんまちなかうら　佐賀県唐津市
肥前町仁田野尾　ひぜんまちにたのお　佐賀県唐津市
肥前町切木　ひぜんまちきりご　佐賀県唐津市
肥前町犬頭　ひぜんまちいぬがしら　佐賀県唐津市
肥前町田野　ひぜんまちたの　佐賀県唐津市

肥前町向島　ひぜんまちむくしま　佐賀県唐津市
肥前町寺浦　ひぜんまちてらうら　佐賀県唐津市
肥前町瓜ケ坂　ひぜんまちうりがさか　佐賀県唐津市
肥前町杉野浦　ひぜんまちすぎのうら　佐賀県唐津市
肥前町赤坂　ひぜんまちあかさか　佐賀県唐津市
肥前町星賀　ひぜんまちほしか　佐賀県唐津市
肥前町梅崎　ひぜんまちうめざき　佐賀県唐津市
肥前町納所　ひぜんまちのうさ　佐賀県唐津市
肥前町湯野浦　ひぜんまちゆのうら　佐賀県唐津市
肥前町満越　ひぜんまちみつこし　佐賀県唐津市
肥前町新木場　ひぜんまちにいこば　佐賀県唐津市
肥前町鶴牧　ひぜんまちつるまき　佐賀県唐津市
肥前長田　ひぜんながた　長崎県（JR長崎本線）
肥前長野　ひぜんながの　佐賀県（JR筑肥線）
肥前浜　ひぜんはま　佐賀県（JR長崎本線）
肥前竜王　ひぜんりゅうおう　佐賀県（JR長崎本線）
肥前鹿島　ひぜんかしま　佐賀県（JR長崎本線）
肥前飯田　ひぜんいいだ　佐賀県（JR長崎本線）
肥前麓　ひぜんふもと　佐賀県（JR長崎本線）
肥後二見　ひごふたみ　熊本県（肥薩おれんじ鉄道線）
肥後大津　ひごおおづ　熊本県（JR豊肥本線）
肥後高浦　ひごたのうら　熊本県（肥薩おれんじ鉄道線）
肥後伊倉　ひごいくら　熊本県（JR鹿児島本線）
肥後西村　ひごにしのむら　熊本県（くま川鉄道湯前線）
肥後町　ひごまち　京都府京都市伏見区
肥後長浜　ひごながはま　熊本県（JR三角線）
肥後高田　ひごこうだ　熊本県（肥薩おれんじ鉄道線）
肥後橋　ひごばし　大阪府（大阪市交通局四つ橋線）
10肥島　ひしま　山口県萩市
肥留町　ひるちょう　三重県松阪市
11肥猪　こえい　熊本県玉名郡南関町
肥猪町　こえいまち　熊本県玉名郡南関町
12肥塚　こいづか　埼玉県熊谷市

【臥】

4臥牛　ふしうし　岩手県北上市
10臥竜　がりゅう　長野県須坂市
臥竜山　がりゅうざん　秋田県能代市

【舎】

2舎人
　とねり　東京都（東京都交通局日暮里・舎人ライナー）
　とねり　東京都足立区
舎人公園
　とねりこうえん　東京都（東京都交通局日暮里・舎人ライナー）
　とねりこうえん　東京都足立区
舎人町　とねりまち　東京都足立区
舎人新田　とねりしんでん　埼玉県桶川市
7舎利寺　しゃりじ　大阪府大阪市生野区
舎利蔵
　しゃりくら　福岡県飯塚市
　しゃりくら　福岡県福津市

8画（英, 茄, 芽, 茅, 苦, 茎, 若）

14舎熊
　　しゃぐま　北海道（JR留萌本線）
　　しゃくま　北海道増毛郡増毛町

【英】
5英田青野　あいだあおの　岡山県美作市
　英田郡　あいだぐん　岡山県
7英町　はなぶさちょう　神奈川県横浜市中区
9英彦山　ひこさん　福岡県田川郡添田町
12英賀保　あがほ　兵庫県（JR山陽本線）

【茄】
3茄子川　なすびがわ　岐阜県中津川市
　茄子作　なすづくり　大阪府枚方市
　茄子作北町　なすづくりきたまち　大阪府枚方市
　茄子作東町　なすづくりひがしまち　大阪府枚方市
　茄子作南町　なすづくりみなみまち　大阪府枚方市
　茄子町　なすびちょう　静岡県浜松市中区
　茄子島　なすじま　富山県小矢部市

【芽】
5芽生　めむ　北海道沙流郡平取町
8芽武　めむ　北海道広尾郡大樹町
9芽室　めむろ　北海道（JR根室本線）
　芽室北　めむろきた　北海道河西郡芽室町
　芽室町　めむろちょう　北海道河西郡
　芽室南　めむろみなみ　北海道河西郡芽室町
　芽室基線　めむろきせん　北海道河西郡芽室町
12芽登　めとう　北海道足寄郡足寄町
　芽登本町　めとうもとまち　北海道足寄郡足寄町

【茅】
0茅ケ崎
　　ちがさき　神奈川県（JR東海道本線）
　　ちがさき　神奈川県茅ケ崎市
　茅ケ崎中央　ちがさきちゅうおう　神奈川県横浜市都筑区
　茅ケ崎市　ちがさきし　神奈川県
　茅ケ崎町　ちがさきちょう　神奈川県横浜市都筑区
　茅ケ崎東　ちがさきひがし　神奈川県横浜市都筑区
　茅ケ崎南　ちがさきみなみ　神奈川県横浜市都筑区
　茅ノ台　かやのだい　京都府福知山市
4茅刈沢　かやかりさわ　岩手県下閉伊郡田野畑村
5茅平　かやたいら　青森県上北郡横浜町
7茅吹手　かやぶくて　高知県高岡郡四万十町
　茅町
　　かやまち　三重県（伊賀鉄道線）
　　かやまち　岡山県津山市
8茅沼
　　かやぬま　北海道（JR釧網本線）
　　かやぬま　北海道川上郡標茶町
　茅沼村　かやぬまむら　北海道古宇郡泊村
10茅原
　　ちわら　山形県鶴岡市
　　ちはら　新潟県三条市
　　ちわら　奈良県桜井市
　　ちはら　奈良県御所市
　茅原沢町　ちはらざわちょう　愛知県岡崎市

茅原町
　　ちわらまち　山形県鶴岡市
　　ちはらまち　石川県金沢市
　　ちはらちょう　三重県松阪市
　茅根町　ちのねちょう　茨城県常陸太田市
11茅部郡　かやべぐん　北海道
　茅野
　　かやの　千葉県木更津市
　　ちの　長野県（JR中央本線）
　茅野七曲　かやののななまがり　千葉県木更津市
　茅野山　ちのやま　新潟県新潟市江南区
　茅野市　ちのし　長野県
　茅野町　かやのちょう　鹿児島県枕崎市
12茅場町　かやばちょう　東京都（東京地下鉄東西線ほか）
　茅堤　かやつつみ　栃木県真岡市

【苦】
4苦木
　　にがき　青森県南津軽郡大鰐町
　　にがき　岡山県和気郡和気町
6苦竹
　　にがたけ　宮城県（JR仙石線）
　　にがたけ　宮城県仙台市宮城野区
8苦林　にがばやし　埼玉県入間郡毛呂山町
13苦楽園一番町　くらくえんいちばんちょう　兵庫県西宮市
　苦楽園二番町　くらくえんにばんちょう　兵庫県西宮市
　苦楽園三番町　くらくえんさんばんちょう　兵庫県西宮市
　苦楽園口　くらくえんぐち　兵庫県（阪急電鉄甲陽線）
　苦楽園五番町　くらくえんごばんちょう　兵庫県西宮市
　苦楽園六番町　くらくえんろくばんちょう　兵庫県西宮市
　苦楽園四番町　くらくえんよんばんちょう　兵庫県西宮市

【茎】
4茎太　くきた　新潟県村上市
5茎永　くきなが　鹿児島県熊毛郡南種子町
11茎崎　くきざき　茨城県つくば市

【若】
　若　わか　茨城県結城郡八千代町
0若の宮町　わかのみやちょう　静岡県富士宮市
3若久　わかひさ　福岡県福岡市南区
　若久団地　わかひさだんち　福岡県福岡市南区
　若久町　わかひさちょう　福岡県京都郡苅田町
　若小玉　わかこだま　埼玉県行田市
　若山
　　わかやま　山形県西置賜郡小国町
　　わかやま　埼玉県入間郡毛呂山町
　　わかやま　千葉県いすみ市
　　わかやま　新潟県岩船郡関川村
　　わかやま　山口県周南市
　　わかやま　愛媛県八幡浜市
　　わかやま　愛媛県上浮穴郡久万高原町

769

8画（若）

若山台　わかやまだい　大阪府三島郡島本町
若山町
　わかやまちょう　北海道登別市
　わかやまちょう　愛知県名古屋市中川区
　わかやまちょう　三重県亀山市
　わかやまちょう　兵庫県西宮市
若山町二子　わかやままちふたご　石川県珠洲市
若山町上山　わかやままちかみやま　石川県珠洲市
若山町上正力　わかやままちかみしょうりき　石川県珠洲市
若山町上黒丸　わかやままちかみくろまる　石川県珠洲市
若山町大坊　わかやままちだいぼう　石川県珠洲市
若山町中　わかやままちなか　石川県珠洲市
若山町中田　わかやままちなかだ　石川県珠洲市
若山町火宮　わかやままちひみや　石川県珠洲市
若山町出田　わかやままちすった　石川県珠洲市
若山町北山　わかやままちきたやま　石川県珠洲市
若山町古蔵　わかやままちふるくら　石川県珠洲市
若山町広栗　わかやままちひろぐり　石川県珠洲市
若山町白滝　わかやままちしらたき　石川県珠洲市
若山町吉ケ池　わかやままちよしがいけ　石川県珠洲市
若山町向　わかやままちむかい　石川県珠洲市
若山町宇都山　わかやままちうつやま　石川県珠洲市
若山町宗末　わかやままちむねすえ　石川県珠洲市
若山町延武　わかやままちのぶたけ　石川県珠洲市
若山町南山　わかやままちみなみやま　石川県珠洲市
若山町洲巻　わかやままちすまき　石川県珠洲市
若山町経念　わかやままちきょうねん　石川県珠洲市
若山町鈴内　わかやままちすずない　石川県珠洲市
4若井
　わかい　奈良県生駒郡平群町
　わかい　高知県（JR予土線ほか）
　わかい　高知県高岡郡四万十町
若井川　わかいがわ　高知県高岡郡四万十町
若井町　わかいちょう　兵庫県加西市
若木
　わかぎ　北海道常呂郡置戸町
　わかぎ　山形県山形市
　おさなぎ　山形県東根市
　わかぎ　東京都板橋区
若木一条通り　おさなぎいちじょうどおり　山形県東根市
若木二条通り　おさなぎにじょうどおり　山形県東根市
若木三条通り　おさなぎさんじょうどおり　山形県東根市
若木大通り　おさなぎおおどおり　山形県東根市
若木小路　おさなぎこうじ　山形県東根市
若木五条通り　おさなぎごじょうどおり　山形県東根市
若木台　わかぎだい　福岡県福津市
若木四条通り　おさなぎしじょうどおり　山形県東根市
若木町
　わかぎちょう　栃木県小山市
　わかぎちょう　兵庫県神戸市須磨区
若木町川古　わかぎちょうかわご　佐賀県武雄市
若木町北　わかぎちょうきた　北海道赤平市

若木町本部　わかきちょうもとべ　佐賀県武雄市
若木町西　わかきちょうにし　北海道赤平市
若木町東　わかきちょうひがし　北海道赤平市
若木町南　わかきちょうみなみ　北海道赤平市
若木町桃川　わかきちょうもものかわ　佐賀県武雄市
若木通り　おさなぎどおり　山形県東根市
若水　わかみず　愛知県名古屋市千種区
若水町
　わかみずまち　愛知県碧南市
　わかみずちょう　愛媛県新居浜市
若王子
　わかおうじ　福井県三方上中郡若狭町
　にゃくおうじ　静岡県藤枝市
若王子町　にゃくおうじちょう　京都府京都市左京区
若寺　なこうじ　兵庫県尼崎市
5若代　わかしろ　岡山県真庭市
若代畝　わかしろうね　岡山県真庭市
若生町
　わっかおいちょう　北海道伊達市
　わかおいちょう　北海道石狩市
若田
　わかた　秋田県能代市
　わかた　愛知県名古屋市緑区
若田町　わかたまち　群馬県高崎市
若白毛　わかしらが　千葉県柏市
6若州　わかす　兵庫県佐用郡佐用町
若江　わかえ　福岡県筑紫野市
若江北町　わかえきたまち　大阪府東大阪市
若江本町　わかえほんまち　大阪府東大阪市
若江西新町　わかえにししんまち　大阪府東大阪市
若江岩田　わかえいわた　大阪府（近畿日本鉄道奈良線）
若江東町　わかえひがしまち　大阪府東大阪市
若江南町　わかえみなみまち　大阪府東大阪市
若竹
　わかたけ　北海道厚岸郡厚岸町
　わかたけ　愛知県一宮市
若竹台町　わかたけだいまち　長崎県佐世保市
若竹町
　わかたけちょう　北海道小樽市
　わかたけちょう　北海道釧路市
　わかたけちょう　北海道厚岸郡厚岸町
　わかたけちょう　秋田県大仙市
　わかたけちょう　山形県酒田市
　わかたけちょう　神奈川県横浜市栄区
　わかたけちょう　富山県富山市
　わかたけちょう　福井県越前市
　わかたけちょう　岐阜県岐阜市
　わかたけちょう　滋賀県草津市
　わかたけちょう　滋賀県湖南市
　わかたけちょう　京都府京都市東山区
　わかたけちょう　京都府綾部市
　わかたけちょう　大阪府豊中市
　わかたけまち　長崎県長崎市
7若佐　わかさ　北海道常呂郡佐呂間町
若杉
　わかすぎ　富山県高岡市
　わかすぎ　富山県射水市
　わかすぎ　富山県中新川郡上市町
　わかすぎ　福井県福井市
　わかすぎ　福岡県糟屋郡篠栗町

8画（若）

若杉町
　　わかすぎちょう　栃木県日光市
　　わかすぎまち　石川県小松市
　　わかすぎちょう　福井県福井市
　　わかすぎちょう　福井県大野市
　　わかすぎちょう　岐阜県岐阜市
　　わかすぎちょう　三重県鳥羽市
若杉浜　わかすぎはま　福井県福井市
若杉新　わかすぎしん　富山県中新川郡上市町
若見町　わかみちょう　愛知県田原市
若里
　　わかさと　北海道常呂郡佐呂間町
　　わかさと　長野県長野市
8若松
　　わかまつ　北海道小樽市
　　わかまつ　北海道北見市
　　わかまつ　北海道常呂郡置戸町
　　わかまつ　北海道紋別郡遠軽町
　　わかまつ　北海道厚岸郡厚岸町
　　わかまつ　青森県南津軽郡藤崎町
　　わかまつ　茨城県石岡市
　　わかまつ　千葉県船橋市
　　わかまつ　千葉県我孫子市
　　わかまつ　神奈川県相模原市南区
　　わかまつ　岐阜県揖斐郡揖斐川町
　　わかまつ　徳島県海部郡海陽町
　　わかまつ　福岡県（JR筑豊本線）
　　わかまつ　福岡県遠賀郡遠賀町
若松中　わかまつなか　三重県鈴鹿市
若松中央　わかまつちゅうおう　茨城県神栖市
若松区　わかまつく　福岡県北九州市
若松北　わかまつきた　三重県鈴鹿市
若松台
　　わかまつだい　千葉県千葉市若葉区
　　わかまつだい　大阪府堺市南区
若松西　わかまつにし　三重県鈴鹿市
若松町
　　わかまつちょう　北海道函館市
　　わかまつちょう　北海道釧路市
　　わかまつちょう　北海道岩見沢市
　　わかまつちょう　北海道三笠市
　　わかまつちょう　北海道富良野市
　　わかまつちょう　北海道中川郡美深町
　　わかまつちょう　青森県むつ市
　　わかまつちょう　秋田県能代市
　　わかまつちょう　茨城県土浦市
　　わかまつちょう　栃木県佐野市
　　わかまつちょう　栃木県大田原市
　　わかまつちょう　群馬県高崎市
　　わかまつちょう　埼玉県所沢市
　　わかまつちょう　埼玉県東松山市
　　わかまつちょう　千葉県千葉市若葉区
　　わかまつちょう　東京都新宿区
　　わかまつちょう　東京都府中市
　　わかまつちょう　神奈川県横須賀市
　　わかまつちょう　神奈川県茅ケ崎市
　　わかまつちょう　神奈川県秦野市
　　わかまつちょう　新潟県胎内市
　　わかまつまち　石川県金沢市
　　わかまつちょう　石川県野々市市
　　わかまつちょう　福井県越前市
　　わかまつちょう　山梨県甲府市
　　わかまつちょう　長野県長野市
　　わかまつちょう　岐阜県岐阜市
　　わかまつちょう　岐阜県多治見市
　　わかまつちょう　静岡県静岡市葵区
　　わかまつちょう　静岡県三島市
　　わかまつちょう　静岡県島田市
　　わかまつちょう　愛知県豊橋市
　　わかまつちょう　愛知県岡崎市
　　わかまつまち　愛知県碧南市
　　わかまつちょう　愛知県刈谷市
　　わかまつちょう　愛知県西尾市
　　わかまつちょう　愛知県常滑市
　　わかまつちょう　京都府京都市上京区
　　わかまつちょう　京都府京都市中京区
　　わかまつちょう　京都府京都市東山区
　　わかまつちょう　京都府京都市下京区
　　わかまつちょう　京都府綾部市
　　わかまつちょう　大阪府高槻市
　　わかまつちょう　大阪府富田林市
　　わかまつちょう　兵庫県神戸市長田区
　　わかまつちょう　兵庫県西宮市
　　わかまつちょう　兵庫県豊岡市
　　わかまつちょう　広島県福山市
　　わかまつちょう　山口県宇部市
　　わかまつちょう　高知県高知市
　　わかまつちょう　鹿児島県薩摩川内市
若松町西　わかまつちょうにし　大阪府富田林市
若松町東　わかまつちょうひがし　大阪府富田林市
若松東
　　わかまつひがし　愛知県岡崎市
　　わかまつひがし　三重県鈴鹿市
若松河田　わかまつかわだ　東京都（東京都交通局大江戸線）
若松原　わかまつはら　栃木県宇都宮市
若松郷　わかまつごう　長崎県南松浦郡新上五島町
若林
　　わかばやし　宮城県仙台市若林区
　　わかばやし　茨城県常陸大宮市
　　わかばやし　茨城県猿島郡境町
　　わかばやし　栃木県下都賀郡野木町
　　わかばやし　東京都（東京急行電鉄世田谷線）
　　わかばやし　東京都世田谷区
　　わかばやし　富山県射水市
　　わかばやし　富山県中新川郡立山町
　　わかばやし　愛知県（名古屋鉄道三河線）
　　わかばやし　大阪府松原市
若林山　わかばやしやま　宮城県刈田郡七ケ宿町
若林区　わかばやしく　宮城県仙台市
若林西町　わかばやしにしまち　愛知県豊田市
若林町
　　わかばやしまち　石川県七尾市
　　わかばやしちょう　静岡県浜松市南区
　　わかばやしちょう　大阪府八尾市
若林東町　わかばやしひがしまち　愛知県豊田市
若林東町中外根　わかばやしひがしまちなかそとね　愛知県豊田市
9若保町　わかほちょう　富山県高岡市
若咲内　わかさくない　北海道紋別郡遠軽町
若栄町　わかえちょう　福井県福井市
若柴　わかしば　千葉県柏市
若柴町　わかしばまち　茨城県龍ケ崎市
若柳
　　わかやなぎ　茨城県下妻市
　　わかやなぎ　神奈川県相模原市緑区
若柳下畑岡　わかやなぎしもはたおか　宮城県栗原市

771

8画（若）

若柳上畑岡	わかやなぎかみはたおか	宮城県栗原市
若柳大林	わかやなぎおおはやし	宮城県栗原市
若柳川北	わかやなぎかわきた	宮城県栗原市
若柳川南	わかやなぎかわみなみ	宮城県栗原市
若柳有賀	わかやなぎありが	宮城県栗原市
若柳町	わかやぎちょう	愛知県名古屋市昭和区
若柳武鑓	わかやなぎむやり	宮城県栗原市
若柳福岡	わかやなぎふくおか	宮城県栗原市
若海	わかうみ	茨城県行方市

若洲
　わかす　東京都江東区
　わかす　熊本県八代郡氷川町

若泉　わかいずみ　埼玉県本庄市
若泉町　わかいずみちょう　福井県敦賀市

若狭
　わかさ　埼玉県所沢市
　わかさ　福井県小浜市
　わかさ　沖縄県那覇市
若狭テクノバレー　わかさてくのばれー　福井県三方上中郡若狭町
若狭本郷　わかさほんごう　福井県（JR小浜線）
若狭有田　わかさありた　福井県（JR小浜線）
若狭町　わかさちょう　福井県三方上中郡
若狭和田　わかさわだ　福井県（JR小浜線）
若狭高浜　わかさたかはま　福井県（JR小浜線）
若狭郷屋　わかさごうや　山形県南陽市
若狭野町入野　わかさのちょういりの　兵庫県相生市
若狭野町八洞　わかさのちょうはっとう　兵庫県相生市
若狭野町下土井　わかさのちょうしもどい　兵庫県相生市
若狭野町上松　わかさのちょううえまつ　兵庫県相生市
若狭野町出　わかさのちょうで　兵庫県相生市
若狭野町寺田　わかさのちょうてらだ　兵庫県相生市
若狭野町西後明　わかさのちょうにしごみょう　兵庫県相生市
若狭野町東後明　わかさのちょうひがしごみょう　兵庫県相生市
若狭野町若狭野　わかさのちょうわかさの　兵庫県相生市
若狭野町雨内　わかさのちょうあまうち　兵庫県相生市
若狭野町野々　わかさのちょうのの　兵庫県相生市
若狭野町福井　わかさのちょうふくい　兵庫県相生市

若草
　わかくさ　北海道千歳市
　わかくさ　北海道勇払郡むかわ町
　わかくさ　栃木県宇都宮市
　わかくさ　栃木県大田原市
　わかくさ　千葉県千葉市中央区
　わかくさ　滋賀県草津市
　わかくさ　福岡県大野城市
　わかくさ　福岡県糟屋郡宇美町
若草台　わかくさだい　神奈川県横浜市青葉区

若草町
　わかくさちょう　北海道釧路市
　わかくさちょう　北海道苫小牧市
　わかくさちょう　北海道江別市
　わかくさちょう　北海道三笠市
　わかくさちょう　北海道登別市
　わかくさちょう　北海道白老郡白老町
　わかくさちょう　栃木県足利市
　わかくさちょう　栃木県那須塩原市
　わかくさちょう　栃木県下都賀郡壬生町
　わかくさまち　新潟県長岡市
　わかくさまち　富山県砺波市
　わかくさまち　石川県金沢市
　わかくさまち　石川県羽咋市
　わかくさまち　石川県白山市
　わかくさちょう　愛知県名古屋市南区
　わかくさちょう　愛知県豊田市
　わかくさちょう　愛知県小牧市
　わかくさちょう　愛知県大府市
　わかくさちょう　大阪府茨木市
　わかくさちょう　大阪府八尾市
　わかくさちょう　大阪府東大阪市
　わかくさちょう　兵庫県神戸市須磨区
　わかくさちょう　兵庫県西宮市
　わかくさちょう　兵庫県赤穂市
　わかくさちょう　広島県広島市東区
　わかくさちょう　山口県周南市
　わかくさちょう　山口県山陽小野田市
　わかくさちょう　愛媛県松山市
　わかくさちょう　高知県高知市
　わかくさまち　長崎県長崎市
　わかくさちょう　熊本県八代市
　わかくさちょう　大分県別府市
若草南町　わかくさみなみまち　高知県高知市

若草通
　わかくさどおり　岐阜県関市
　わかくさどおり　愛知県春日井市

10若党町　わかどうちょう　青森県弘前市

若原町
　わかはらちょう　山形県酒田市
　わかばらまち　石川県白山市

若宮
　わかみや　山形県山形市
　わかみや　山形県最上郡最上町
　わかみや　福島県（JR只見線）
　わかみや　福島県二本松市
　わかみや　福島県耶麻郡猪苗代町
　わかみや　茨城県水戸市
　わかみや　茨城県石岡市
　わかみや　茨城県結城市
　わかみや　茨城県東茨城郡茨城町
　わかみや　埼玉県桶川市
　わかみや　千葉県市川市
　わかみや　千葉県市原市
　わかみや　東京都中野区
　わかみや　富山県中新川郡立山町
　わかみや　石川県金沢市
　わかみや　石川県白山市
　わかみや　福井県大飯郡高浜町
　わかみや　山梨県韮崎市
　わかみや　山梨県中央市
　わかみや　長野県長野市
　わかみや　長野県岡谷市
　わかみや　長野県伊那市
　わかみや　長野県中野市
　わかみや　長野県千曲市
　わかみや　岐阜県養老郡養老町
　わかみや　岐阜県本巣郡北方町
　わかみや　愛知県犬山市
　わかみや　愛知県知多郡武豊町
　わかみや　兵庫県川西市

772

8画（若）

	わかみや	鳥取県東伯郡三朝町
	わかみや	岡山県都窪郡早島町
	わかみや	愛媛県大洲市
	わかみや	福岡県福岡市東区
	わかみや	福岡県糟屋郡粕屋町
	わかみや	佐賀県佐賀市
若宮下町	わかみやしもちょう	栃木県佐野市
若宮上町	わかみやかみちょう	栃木県佐野市
若宮戸	わかみやど	茨城県常総市
若宮台	わかみやだい	神奈川県横須賀市
若宮地	わかみやじ	岐阜県羽島郡岐南町
若宮町		
	わかみやちょう	岩手県北上市
	わかみやちょう	山形県酒田市
	わかみやちょう	茨城県水戸市
	わかみやちょう	群馬県前橋市
	わかみやちょう	群馬県館林市
	わかみやちょう	千葉県銚子市
	わかみやちょう	東京都新宿区
	わかみやちょう	神奈川県横浜市南区
	わかみやちょう	新潟県加茂市
	わかみやちょう	新潟県十日町市
	わかみやまち	石川県金沢市
	わかみやちょう	岐阜県岐阜市
	わかみやちょう	岐阜県関市
	わかみやちょう	愛知県名古屋市中村区
	わかみやちょう	愛知県岡崎市
	わかみやちょう	愛知県瀬戸市
	わかみやちょう	愛知県豊川市
	わかみやまち	愛知県碧南市
	わかみやちょう	愛知県豊田市
	わかみやちょう	滋賀県近江八幡市
	わかみやちょう	京都府京都市下京区
	わかみやちょう	大阪府泉大津市
	わかみやちょう	大阪府泉佐野市
	わかみやちょう	兵庫県神戸市須磨区
	わかみやちょう	兵庫県芦屋市
	わかみやちょう	山口県山口市
	わかみやちょう	山口県下松市
	わかみやちょう	山口県周南市
	わかみやまち	福岡県大牟田市
	わかみやまち	大分県日田市
	わかみやまち	大分県佐伯市
若宮新田	わかみやしんでん	新潟県三条市
若宮竪町	わかみやたてちょう	京都府京都市上京区
若宮横町	わかみやよこちょう	京都府京都市上京区
若旅	わかたび	栃木県真岡市
若栗		
	わかぐり	茨城県高萩市
	わかぐり	茨城県つくば市
	わかぐり	茨城県稲敷郡阿見町
	わかぐり	富山県（富山地方鉄道本線）
	わかぐり	富山県黒部市
若栗新	わかぐりしん	富山県下新川郡入善町
若桜		
	わかさ	鳥取県（若桜鉄道線）
	わかさ	鳥取県八頭郡若桜町
若桜町		
	わかさまち	鳥取県鳥取市
	わかさちょう	鳥取県八頭郡
若浜町	わかはまちょう	山形県酒田市
11若猪野	わかいの	福井県勝山市

若菜		
	わかな	北海道夕張市
	わかな	福岡県飯塚市
	わかな	福岡県筑後市
若菜町	わかなちょう	兵庫県姫路市
若菜通	わかなどおり	兵庫県神戸市中央区
若菱町	わかびしちょう	兵庫県伊丹市
若郷	わかごう	東京都新島村
若野	わかの	和歌山県日高郡日高川町
若野浦	わかのうら	新潟県長岡市
12若富士町	わかふじちょう	福岡県北九州市小倉北区
若富町		
	わかとみまち	北海道常呂郡訓子府町
	わかとみちょう	富山県高岡市
若森	わかもり	茨城県つくば市
若森町	わかもりちょう	岐阜県大垣市
若萩	わかはぎ	千葉県印西市
若葉		
	わかば	北海道北見市
	わかば	北海道石狩郡当別町
	わかば	北海道河東郡士幌町
	わかば	北海道足寄郡陸別町
	わかば	北海道釧路郡釧路町
	わかば	青森県弘前市
	わかば	青森県五所川原市
	わかば	青森県上北郡おいらせ町
	わかば	茨城県つくば市
	わかば	埼玉県（東武鉄道東上本線）
	わかば	千葉県千葉市美浜区
	わかば	東京都新宿区
	わかば	新潟県小千谷市
	わかば	大阪府泉南郡熊取町
	わかば	兵庫県川辺郡猪名川町
	わかば	福岡県北九州市八幡西区
	わかば	熊本県熊本市東区
若葉区	わかばく	千葉県千葉市
若葉台		
	わかばだい	北海道稚内市
	わかばだい	福島県いわき市
	わかばだい	千葉県流山市
	わかばだい	東京都稲城市
	わかばだい	神奈川県（京王電鉄相模原線）
	わかばだい	神奈川県横浜市旭区
	わかばだい	神奈川県相模原市緑区
	わかばだい	富山県富山市
	わかばだい	石川県加賀市
	わかばだい	石川県羽咋郡志賀町
	わかばだい	岐阜県可児市
	わかばだい	愛知県名古屋市名東区
	わかばだい	滋賀県大津市
	わかばだい	兵庫県神戸市北区
	わかばだい	奈良県奈良市
	わかばだい	奈良県生駒郡平群町
	わかばだい	福岡県遠賀郡遠賀町
若葉台北	わかばだいきた	鳥取県鳥取市
若葉台西	わかばだいにし	福岡県春日市
若葉台東	わかばだいひがし	福岡県春日市
若葉台南	わかばだいみなみ	鳥取県鳥取市
若葉町		
	わかばちょう	北海道富良野市
	わかばちょう	北海道北広島市
	わかばまち	北海道常呂郡訓子府町
	わかばちょう	北海道沙流郡日高町

773

8画（苔，苧，苫，苗）

わかばちょう　北海道河西郡更別村
わかばちょう　青森県黒石市
わかばちょう　岩手県花巻市
わかばまち　宮城県仙台市太白区
わかばちょう　秋田県湯沢市
わかばちょう　山形県山形市
わかばまち　山形県鶴岡市
わかばまち　山形県新庄市
わかばちょう　山形県寒河江市
わかばちょう　山形県尾花沢市
わかばちょう　福島県郡山市
わかばちょう　茨城県日立市
わかばちょう　栃木県那須塩原市
わかばちょう　群馬県伊勢崎市
わかばちょう　千葉県木更津市
わかばちょう　千葉県柏市
わかばちょう　東京都立川市
わかばちょう　東京都調布市
わかばちょう　神奈川県横浜市中区
わかばちょう　新潟県新潟市東区
わかばちょう　新潟県柏崎市
わかばちょう　新潟県村上市
わかばちょう　新潟県阿賀野市
わかばちょう　富山県高岡市
わかばちょう　福井県敦賀市
わかばちょう　岐阜県羽島郡笠松町
わかばちょう　静岡県沼津市
わかばちょう　三重県松阪市
わかばちょう　滋賀県近江八幡市
わかばちょう　大阪府寝屋川市
わかばちょう　兵庫県芦屋市
わかばちょう　岡山県岡山市南区
わかばちょう　広島県呉市
わかばちょう　香川県仲多度郡多度津町
わかばちょう　愛媛県松山市
わかばまち　長崎県（長崎電気軌道1系統ほか）
わかばまち　長崎県長崎市
わかばまち　長崎県佐世保市
わかばまち　長崎県諫早市
わかばちょう　宮崎県都城市
わかばまち　宮崎県延岡市
わかばちょう　鹿児島県鹿児島市
わかばちょう　鹿児島県枕崎市
わかばちょう　鹿児島県薩摩川内市

若葉東　わかばひがし　北海道河東郡士幌町
若葉通　わかばとおり　愛知県名古屋市北区
若葉第一　わかばだいいち　北海道河東郡士幌町
若達町　わかたつまち　岐阜県高山市
若間　わかま　栃木県日光市
若須町　わがすちょう　福井県越前市
13**若園**
　　わかぞの　北海道新冠郡新冠町
　　わかぞの　福岡県北九州市小倉南区
若園町
　　わかそのちょう　岩手県盛岡市
　　わかそのちょう　大阪府茨木市
若楠　わかくす　佐賀県佐賀市
若福町　わかふくちょう　岐阜県岐阜市
若鳩町　わかばとちょう　愛知県豊川市
14**若緑**　わかみどり　石川県かほく市
15**若樫町**　わかかしちょう　大阪府和泉市
若槻団地　わかつきだんち　長野県長野市
若槻西条　わかつきにしじょう　長野県長野市

若槻町　わかつきちょう　奈良県大和郡山市
若槻東条　わかつきひがしじょう　長野県長野市
若潮町　わかしおちょう　千葉県匝瑳市
若穂川田　わかほかわだ　長野県長野市
若穂牛島　わかほうしじま　長野県長野市
若穂保科　わかほほしな　長野県長野市
若穂綿内　わかほわたうち　長野県長野市
若駒　わかこま　北海道岩見沢市
18**若藤**　わかふじ　高知県四万十市
21**若鶴町**　わかづるちょう　愛知県名古屋市北区

【苔】
3**苔山**　こけやま　岡山県岡山市北区
8**苔実**　こけのみ　新潟県胎内市
15**苔縄**
　　こけなわ　兵庫県（智頭急行線）
　　こけなわ　兵庫県赤穂郡上郡町

【苧】
0**苧ケ瀬**　おがせ　岐阜県（名古屋鉄道各務原線）
7**苧町**　おまち　島根県松江市
10**苧島**　おのしま　新潟県十日町市

【苫】
3**苫小牧**　とまこまい　北海道（JR室蘭本線）
苫小牧市　とまこまいし　北海道
5**苫生町**　とまぶちょう　青森県むつ市
苫田郡　とまたぐん　岡山県
6**苫多**　とまた　北海道厚岸郡厚岸町
苫米地
　　とまべち　青森県（青い森鉄道線）
　　とまべち　青森県三戸郡南部町
7**苫別**　とまべつ　北海道幌泉郡えりも町
9**苫前町**　とままえ　北海道苫前郡苫前町
苫前町　とままえちょう　北海道苫前郡
苫前郡　とままえぐん　北海道
11**苫務**　とまむ　北海道足寄郡陸別町
15**苫編**　とまみ　兵庫県姫路市
苫編南　とまみみなみ　兵庫県姫路市

【苗】
0**苗ケ島町**　なえがしままち　群馬県前橋市
4**苗木**　なえぎ　岐阜県中津川市
苗木町　なえぎちょう　群馬県館林市
5**苗代**　なえしろ　愛知県名古屋市守山区
苗代川目　なわしろかわめ　青森県上北郡横浜町
苗代田　なわしろだ　島根県隠岐郡隠岐の島町
苗代沢　なしろざわ　青森県三戸郡五戸町
苗代町
　　なえしろちょう　愛知県名古屋市瑞穂区
　　なえしろちょう　愛知県半田市
　　なえしろちょう　広島県呉市
苗代端　なわしろばた　宮城県刈田郡七ケ宿町
苗加　のうか　富山県砺波市
苗平谷地　なえひらやち　青森県上北郡おいらせ町
苗生松一本柳　なんばいまついっぽんやなぎ　青森県平川市

8画（茂）

苗生松下東田　なんばいまつしもひがしだ　青森県平川市
苗生松上東田　なんばいまつかみひがしだ　青森県平川市
苗生松川原田　なんばいまつかわらだ　青森県平川市
苗生松川崎　なんばいまつかわさき　青森県平川市
苗生松元東田　なんばいまつもとひがしだ　青森県平川市
苗田　のうだ　香川県仲多度郡琴平町
苗田町　なえだちょう　愛知県名古屋市北区
6苗羽　のうま　香川県小豆郡小豆島町
8苗松　なえまつ　福島県二本松市
9苗津　なえづ　山形県鶴岡市
苗津町　なえづまち　山形県鶴岡市
10苗島　のじま　富山県南砺市
苗振谷地　なえふりやち　青森県上北郡おいらせ町
11苗鹿　のうか　滋賀県大津市
12苗場町　なえばちょう　愛知県瀬戸市
苗塚町　なえづかちょう　埼玉県草加市
苗間　なえま　埼玉県ふじみ野市
15苗穂　なえぼ　北海道（JR函館本線）
苗穂町　なえぼちょう　北海道札幌市東区

【茂】

0茂ケ沢　もがさわ　宮城県刈田郡七ケ宿町
茂ケ崎　もがさき　宮城県仙台市太白区
4茂内　しげない　秋田県大館市
茂木
　もとぎ　茨城県潮来市
　もてぎ　栃木県（真岡鉄道線）
　もてぎ　栃木県芳賀郡茂木町
茂木町
　もてぎまち　栃木県芳賀郡
　もとぎまち　群馬県前橋市
　もてぎちょう　群馬県太田市
　しげきちょう　香川県観音寺市
　もぎまち　長崎県長崎市
5茂尻
　もしり　北海道（JR根室本線）
　もじり　北海道赤平市
茂尻中央町北　もじりちゅうおうちょうきた　北海道赤平市
茂尻中央町南　もじりちゅうおうちょうみなみ　北海道赤平市
茂尻元町北　もじりもとまちきた　北海道赤平市
茂尻元町南　もじりもとまちみなみ　北海道赤平市
茂尻本町　もじりほんちょう　北海道赤平市
茂尻旭町　もじりあさひまち　北海道赤平市
茂尻町　もしりちょう　北海道檜山郡江差町
茂尻春日町　もじりかすがちょう　北海道赤平市
茂尻栄町　もじりさかえまち　北海道赤平市
茂尻宮下町　もじりみやしたちょう　北海道赤平市
茂尻新町　もじりしんまち　北海道赤平市
茂尻新春日町　もじりしんかすがちょう　北海道赤平市
茂市
　もいち　青森県三戸郡田子町
　もいち　岩手県（JR山田線）
　もいち　岩手県宮古市
　もいち　岩手県下閉伊郡普代村

茂平　もびら　岡山県笠岡市
茂平沢　もへいざわ　北海道石狩郡当別町
茂田
　もだ　茨城県筑西市
　もだ　鳥取県八頭郡八頭町
茂田井
　もたい　埼玉県三郷市
　もたい　長野県佐久市
　もたい　長野県北佐久郡立科町
茂辺地
　もへじ　北海道（道南いさりび鉄道線）
　もへじ　北海道北斗市
茂辺地市ノ渡　もへじいちのわたり　北海道北斗市
6茂吉記念館前　もきちきねんかんまえ　山形県（JR奥羽本線）
茂名　もな　千葉県館山市
茂地　もち　岐阜県岐阜市
茂宇津内　もうつない　北海道枝幸郡浜頓別町
茂西町　しげにしちょう　香川県観音寺市
7茂串町　しげくしちょう　高知県高岡郡四万十町
茂呂
　もろ　茨城県稲敷郡美浦村
　もろ　栃木県鹿沼市
茂呂山町　もろやまちょう　栃木県佐野市
茂呂町
　もろまち　群馬県伊勢崎市
　もろちょう　千葉県千葉市緑区
茂呂南町　もろみなみちょう　群馬県伊勢崎市
茂沢
　もざわ　新潟県魚沼市
　もざわ　長野県北佐久郡軽井沢町
　もざわ　長野県北佐久郡御代田町
茂谷　もたに　鳥取県八頭郡八頭町
茂足寄　もあしょろ　北海道足寄郡足寄町
茂里町
　もりまち　長崎県（長崎電気軌道1系統ほか）
　もりまち　長崎県長崎市
8茂岩　もいわ　北海道中川郡豊頃町
茂岩本町　もいわほんまち　北海道中川郡豊頃町
茂岩末広町　もいわすえひろまち　北海道中川郡豊頃町
茂岩栄町　もいわさかえまち　北海道中川郡豊頃町
茂岩新和町　もいわしんわちょう　北海道中川郡豊頃町
茂林寺前　もりんじまえ　群馬県（東武鉄道伊勢崎線）
9茂畑　もばた　静岡県静岡市清水区
茂草　もぐさ　北海道松前郡松前町
10茂原
　もばら　福島県二本松市
　もばら　栃木県宇都宮市
　もばら　千葉県（JR外房線）
　もばら　千葉県茂原市
　もばら　福井県丹生郡越前町
　もばら　三重県多気郡大台町
茂原市　もばらし　千葉県
茂原西　もばらにし　千葉県茂原市
茂原町　もばらちょう　栃木県宇都宮市
茂宮町　もみやちょう　茨城県日立市
茂庭
　もにわ　宮城県仙台市青葉区
　もにわ　宮城県仙台市太白区

8画（苓，苴，苞，虎，表，迫）

茂庭台　もにわだい　宮城県仙台市太白区
茂庭道　もにわみち　宮城県刈田郡七ケ宿町
茂浦　もうら　青森県東津軽郡平内町
¹¹茂寄　もより　北海道広尾郡広尾町
茂寄南　もよりみなみ　北海道広尾郡広尾町
茂庵町　もあんまち　福岡県柳川市
茂菅　もすげ　長野県長野市
茂野島　しげのしま　静岡県静岡市清水区
茂陰　もかげ　広島県安芸郡府中町
茂雪裡　もせつり　北海道阿寒郡鶴居村
¹²茂喜登牛　もきとうし　北海道足寄郡足寄町
茂森町　しげもりまち　青森県弘前市
茂森新町　しげもりしんちょう　青森県弘前市
¹³茂幌呂　もほろろ　北海道阿寒郡鶴居村
茂福　もちぶく　三重県四日市市
茂福町　もちぶくちょう　三重県四日市市

【苓】
⁵苓北町　れいほくまち　熊本県天草郡

【苴】
¹⁰苴原町　ちしゃわらちょう　奈良県天理市

【苞】
⁴苞木　すぼき　愛媛県松山市

【虎】
⁰虎ノ門
　とらのもん　東京都（東京地下鉄銀座線）
　とらのもん　東京都港区
³虎丸　とらまる　新潟県新発田市
虎丸町　とらまるまち　福島県郡山市
⁵虎石町　とらいしちょう　京都府京都市中京区
⁷虎杖浜
　こじょうはま　北海道（JR室蘭本線）
　こじょうはま　北海道白老郡白老町
虎秀　こしゅう　埼玉県飯能市
虎谷　とらだに　富山県魚津市
⁸虎居　とらい　鹿児島県薩摩郡さつま町
虎居町　とらいまち　鹿児島県薩摩郡さつま町
虎岩　とらいわ　長野県飯田市
⁹虎屋町　とらやちょう　京都府京都市中京区
¹⁰虎姫　とらひめ　滋賀県（JR北陸本線）
虎姫町　とらひめちょう　⇒長浜市（滋賀県）
¹¹虎渓山町　こけいざんちょう　岐阜県多治見市
虎渓町　こけいちょう　岐阜県多治見市
¹²虎渡　とらと　青森県三戸郡南部町

【表】
表
　おもて　福島県二本松市
　おもて　栃木県那須烏山市
　おもて　埼玉県比企郡川島町
³表山　おもてやま　愛知県名古屋市天白区
⁴表木山　ひょうぎやま　鹿児島県（JR肥薩線）
⁵表台　おもてだい　愛知県名古屋市天白区
⁷表佐　おさ　岐阜県不破郡垂井町
表尾崎町　おもておざきまち　秋田県由利本荘市

表町
　おもてまち　北海道苫小牧市
　おもてまち　北海道勇払郡厚真町
　おもてまち　青森県弘前市
　おもてまち　秋田県湯沢市
　おもてまち　福島県会津若松市
　おもてちょう　茨城県ひたちなか市
　おもてちょう　栃木県下都賀郡壬生町
　おもてちょう　群馬県前橋市
　おもてちょう　千葉県佐倉市
　おもてまち　新潟県長岡市
　おもてまち　新潟県胎内市
　おもてまち　富山県砺波市
　おもてちょう　京都府京都市上京区
　おもてまち　京都府京都市伏見区
　おもてまち　岡山県岡山市北区
⁸表参道　おもてさんどう　東京都（東京地下鉄銀座線ほか）
⁹表柴田町　おもてしばたまち　宮城県仙台市若林区
¹⁰表桜町　おもてさくらちょう　宮城県遠田郡涌谷町
¹¹表郷八幡　おもてごうやわた　福島県白河市
表郷下羽原　おもてごうしもはばら　福島県白河市
表郷三森　おもてごうみもり　福島県白河市
表郷小松　おもてごうこまつ　福島県白河市
表郷中寺　おもてごうなかでら　福島県白河市
表郷中野　おもてごうなかの　福島県白河市
表郷内松　おもてごうないまつ　福島県白河市
表郷社田　おもてごうやしろだ　福島県白河市
表郷河東田　おもてごうかとうだ　福島県白河市
表郷金山　おもてごうかねやま　福島県白河市
表郷高木　おもてごうたかぎ　福島県白河市
表郷堀之内　おもてごうほりのうち　福島県白河市
表郷梁森　おもてごうやなもり　福島県白河市
表郷深渡戸　おもてごうふかあど　福島県白河市
表郷番沢　おもてごうばんざわ　福島県白河市
表野町　ひょうのちょう　奈良県五條市
¹³表慈恩寺　おもてじおんじ　埼玉県さいたま市岩槻区
¹⁵表蔵王　おもてざおう　山形県山形市

【迫】
迫
　はさま　滋賀県蒲生郡日野町
　さこ　奈良県吉野郡川上村
　さこ　大分県大分市
³迫川
　はざわ　岡山県（JR宇野線）
　はざわ　岡山県岡山市南区
⁴迫戸町　せばとちょう　山口県防府市
⁵迫田町　さこだまち　福岡県北九州市若松区
⁶迫西川　せにしがわ　奈良県吉野郡十津川村
⁷迫町　はさまちょう　愛知県豊田市
迫町北方　はさまちょうきたかた　宮城県登米市
迫町佐沼　はさまちょうさぬま　宮城県登米市
迫町森　はさまちょうもり　宮城県登米市
迫町新田　はさまちょうにった　宮城県登米市
¹²迫間
　はさま　岐阜県関市
　はざま　岡山県玉野市
迫間台　はさまだい　岐阜県関市
迫間田　はさまだ　栃木県小山市

8画（采, 金）

迫間町　はさまちょう　栃木県足利市
迫間浦　はさまうら　三重県度会郡南伊勢町

【采】

³采女　うねめ　埼玉県三郷市

【金】

⁰金ケ口町　かながくちちょう　愛知県春日井市
金ケ丘　かねがおか　北海道枝幸郡浜頓別町
金ケ田町　かねいだちょう　兵庫県高砂市
金ケ作
　　かねがさく　宮城県伊具郡丸森町
　　かねがさく　千葉県松戸市
金ケ作前　かねがさくまえ　宮城県伊具郡丸森町
金ケ沢　かねがさわ　新潟県魚沼市
金ケ原　かねがはら　京都府長岡京市
金ケ崎　かねがさき　岩手県（JR東北本線）
金ケ崎町
　　かねがさきちょう　岩手県胆沢郡
　　かねがさきちょう　福井県敦賀市
金ケ瀬　かながせ　宮城県柴田郡大河原町
金が谷　かねがや　神奈川県横浜市旭区
金の隈　かねのくま　福岡県福岡市博多区
³金下　かなげ　愛知県知多郡武豊町
金下町　かねしたちょう　大阪府守口市
金上
　　かながみ　福島県河沼郡会津坂下町
　　かねあげ　茨城県（ひたちなか海浜鉄道湊線）
　　かねあげ　茨城県ひたちなか市
金上野　きんじょうの　高知県高岡郡四万十町
金丸
　　かなまる　茨城県筑西市
　　かなまる　新潟県佐渡市
　　かなまる　新潟県岩船郡関川村
　　かなまる　石川県（JR七尾線）
　　かなまる　石川県鹿島郡中能登町
　　かなまる　福岡県宮若市
　　かなまる　福岡県朝倉市
　　かなまる　大分県宇佐市
金丸出町　かねまるでまち　石川県羽咋市
金丸町　かなまるまち　群馬県前橋市
金久保　かなくぼ　埼玉県児玉郡上里町
金子
　　かねこ　埼玉県（JR八高線）
　　かねこ　神奈川県足柄上郡大井町
金子中央　かねこちゅうおう　埼玉県入間市
金子丙　かねこへい　愛媛県新居浜市
金子町　かねこちょう　北海道岩見沢市
金子新田　かねこしんでん　新潟県三条市
金山
　　かなやま　北海道（JR根室本線）
　　かなやま　北海道虻田郡喜茂別町
　　かなやま　北海道空知郡南富良野町
　　かなやま　青森県五所川原市
　　かねやま　宮城県伊具郡丸森町
　　かねやま　秋田県由利本荘市
　　かなやま　山形県上山市
　　かなやま　山形県南陽市
　　かなやま　山形県最上郡金山町
　　かねやま　千葉県柏市
　　かなやま　新潟県新発田市

　　かなやま　富山県下新川郡朝日町
　　かなやま　福井県敦賀市
　　きんざん　福井県大野市
　　かなやま　福井県三方郡美浜町
　　かなやま　愛知県（JR中央本線ほか）
　　かなやま　愛知県名古屋市中区
　　かなやま　愛知県名古屋市熱田区
　　かなやま　愛知県常滑市
　　かなやま　福岡県（福岡市交通局七隈線）
　　かなやま　熊本県荒尾市
　　きんざん　鹿児島県いちき串木野市
金山一条　かなやまいちじょう　北海道札幌市手稲区
金山二条　かなやまにじょう　北海道札幌市手稲区
金山下　きんざんしも　鹿児島県いちき串木野市
金山三条　かなやまさんじょう　北海道札幌市手稲区
金山団地　かなやまだんち　福岡県福岡市城南区
金山寺　かなやまじ　岡山県岡山市北区
金山西町　きんざんにしまち　鹿児島県枕崎市
金山沢
　　かねやまさわ　青森県三戸郡階上町
　　かねやまさわ　秋田県大仙市
金山町
　　かねやままち　山形県最上郡
　　かねやままち　福島県いわき市
　　かねやままち　福島県大沼郡
　　かなやまちょう　群馬県太田市
　　かなやまちょう　埼玉県川口市
　　かなやまちょう　埼玉県所沢市
　　かなやまちょう　東京都東久留米市
　　かなやままち　長野県松本市
　　かなやまちょう　岐阜県多治見市
　　かなやまちょう　愛知県名古屋市中区
　　かなやまちょう　愛知県名古屋市熱田区
　　かなやまちょう　愛知県半田市
　　かなやまちょう　愛知県碧南市
　　かなやまちょう　三重県熊野市
　　かなやまちょう　島根県益田市
　　きんざんちょう　鹿児島県枕崎市
金山町乙原　かなやまちょうおっぱら　岐阜県下呂市
金山町下原町　かなやまちょうしもはらまち　岐阜県下呂市
金山町大船渡　かなやまちょうおおふなと　岐阜県下呂市
金山町弓掛　かなやまちょうゆがけ　岐阜県下呂市
金山町中切　かなやまちょうなかぎり　岐阜県下呂市
金山町中津原　かなやまちょうなかつはら　岐阜県下呂市
金山町戸部　かなやまちょうとべ　岐阜県下呂市
金山町卯野原　かなやまちょううのはら　岐阜県下呂市
金山町田島　かなやまちょうたじま　岐阜県下呂市
金山町岩瀬　かなやまちょういわせ　岐阜県下呂市
金山町東沓部　かなやまちょうひがしくつべ　岐阜県下呂市
金山町金山　かなやまちょうかなやま　岐阜県下呂市
金山町祖師野　かなやまちょうそしの　岐阜県下呂市
金山町菅田桐洞　かなやまちょうすがたきりほら　岐阜県下呂市
金山町菅田笹洞　かなやまちょうすがたささほら　岐阜県下呂市
金山町渡　かなやまちょうわたり　岐阜県下呂市
金山町福来　かなやまちょうふくらい　岐阜県下呂市

8画（金）

金山谷　かなやまだに　富山県魚津市
金山新　かなやましん　富山県富山市
金山新中　かなやましんなか　富山県富山市
金山新北　かなやましんきた　富山県富山市
金山新西　かなやましんにし　富山県富山市
金山新東　かなやましんひがし　富山県富山市
金山新南　かなやましんみなみ　富山県富山市
金山新桜ケ丘　かなやましんさくらがおか　富山県富
　山市
金川　かながわ　岡山県（JR津山線）
金川町
　　かながわまち　福島県会津若松市
　　かながわまち　石川県金沢市
　　かねかわちょう　愛知県名古屋市港区
⁴金井
　　かない　茨城県笠間市
　　かない　茨城県常陸大宮市
　　かない　栃木県那須烏山市
　　かない　群馬県渋川市
　　かない　群馬県藤岡市
　　かない　群馬県甘楽郡甘楽町
　　かない　群馬県吾妻郡東吾妻町
　　かない　東京都町田市
　　かない　山梨県都留市
　　かない　長野県中野市
　　かない　長野県塩尻市
　　かない　岡山県津山市
金井上町　かないかみちょう　栃木県佐野市
金井戸　かないど　岡山県総社市
金井田　かないだ　長野県長野市
金井沢　かないざわ　福島県南会津郡南会津町
金井町
　　かないちょう　茨城県常陸太田市
　　かないまち　東京都町田市
　　かないちょう　神奈川県横浜市栄区
　　かないちょう　兵庫県宝塚市
金井島　かないしま　神奈川県足柄上郡開成町
金井淵町　かないぶちまち　群馬県高崎市
金井新保　かないしんぼ　新潟県佐渡市
金内　かねうち　熊本県上益城郡山都町
金戸　かねと　富山県南砺市
金手
　　かなで　神奈川県足柄上郡大井町
　　かねんて　山梨県（JR身延線）
　　かなて　大分県中津市
金木　かなぎ　青森県（津軽鉄道線）
金木町川倉　かなぎちょうかわくら　青森県五所川原市
金木町中柏木　かなぎちょうなかかしわぎ　青森県五所川原市
金木町神原　かなぎちょうかんばら　青森県五所川原市
金木町喜良市　かなぎちょうきらいち　青森県五所川原市
金木町蒔田　かなぎちょうまきた　青森県五所川原市
金木町嘉瀬　かなぎちょうかせ　青森県五所川原市
金木町藤枝　かなぎちょうふじえだ　青森県五所川原市
金比良町　こんぴらちょう　長崎県佐世保市

金比羅町
　　こんぴらちょう　山口県下関市
　　こんぴらちょう　福岡県北九州市戸畑区
金比羅前　こんぴらまえ　徳島県（JR鳴門線）
⁵金代　かなだい　富山県富山市
金出　かないで　福岡県糟屋郡篠栗町
金出地　かなじ　兵庫県赤穂郡上郡町
金古町　かねこまち　群馬県高崎市
金古曽町　かなこそちょう　山口県山口市
金市町　かないちまち　石川県金沢市
金平町
　　かなひらまち　石川県小松市
　　かねひらちょう　愛知県蒲郡市
　　きんぺいちょう　兵庫県神戸市兵庫区
金生
　　かなおい　山形県上山市
　　かのう　福岡県宮若市
金生西　かなおいにし　山形県上山市
金生町　きんせいちょう　鹿児島県鹿児島市
金生町下分　きんせいちょうしもぶん　愛媛県四国中央市
金生町山田井　きんせいちょうやまだい　愛媛県四国中央市
金生東　かなおいひがし　山形県上山市
金田
　　かねだ　福島県耶麻郡猪苗代町
　　こんだ　茨城県つくば市
　　かねだ　埼玉県坂戸市
　　かねだ　千葉県長生郡長生村
　　かねだ　神奈川県厚木市
　　かねだ　鳥取県西伯郡南部町
　　かなだ　岡山県岡山市東区
　　かなだ　福岡県（平成筑豊鉄道伊田線ほか）
　　かなだ　福岡県北九州市小倉北区
　　かなだ　福岡県田川郡福智町
金田一　きんたいち　岩手県二戸市
金田一温泉　きんたいちおんせん　岩手県（IGRいわて銀河鉄道線）
金田町
　　かねだちょう　栃木県宇都宮市
　　かねだちょう　新潟県阿賀野市
　　かねだちょう　愛知県名古屋市北区
　　かねだちょう　滋賀県彦根市
　　かねでんちょう　大阪府吹田市
　　きんだちょう　大阪府守口市
　　かねだちょう　島根県江津市
　　かなだちょう　宮崎県都城市
金田町三角寺　かなだちょうさんかくじ　愛媛県四国中央市
金田町半田　かなだちょうはんだ　愛媛県四国中央市
金田町金川　かなだちょうかながわ　愛媛県四国中央市
金田東　かねだひがし　千葉県木更津市
金目　かなめ　山形県西置賜郡小国町
金矢
　　かなや　青森県上北郡六戸町
　　かなや　岩手県花巻市
金石北　かないわきた　石川県金沢市
金石本町　かないわほんまち　石川県金沢市
金石田　かないしだ　山形県山形市
金石西　かないわにし　石川県金沢市

8画（金）

金石東　かないわひがし　石川県金沢市
金石原　かないしはら　佐賀県（JR筑肥線）
金立町千布　きんりゅうまちちふ　佐賀県佐賀市
金立町金立　きんりゅうまちきんりゅう　佐賀県佐賀市
金立町薬師丸　きんりゅうまちやくしまる　佐賀県佐賀市
⁶金光　こんこう　岡山県（JR山陽本線）
金光町八重　こんこうちょうやえ　岡山県浅口市
金光町下竹　こんこうちょうしもだけ　岡山県浅口市
金光町上竹　こんこうちょうかみだけ　岡山県浅口市
金光町大谷　こんこうちょうおおたに　岡山県浅口市
金光町占見　こんこうちょううらみ　岡山県浅口市
金光町占見新田　こんこうちょううらみしんでん　岡山県浅口市
金光町地頭下　こんこうちょうじとうしも　岡山県浅口市
金光町佐方　こんこうちょうさがた　岡山県浅口市
金光町須恵　こんこうちょうすえ　岡山県浅口市
金地　かなじ　高知県南国市
金成入ノ沢　かんなりいりのさわ　宮城県栗原市
金成入生田　かんなりいりうだ　宮城県栗原市
金成下富田　かんなりしもとみだ　宮城県栗原市
金成三沢　かんなりみさわ　宮城県栗原市
金成上町　かんなりかみまち　宮城県栗原市
金成上町西裏　かんなりかみまちにしうら　宮城県栗原市
金成上町東裏　かんなりかみまちひがしうら　宮城県栗原市
金成上富田　かんなりかみとみだ　宮城県栗原市
金成大久保沢　かんなりおおくぼさわ　宮城県栗原市
金成大平　かんなりおおひら　宮城県栗原市
金成大林寺沢　かんなりだいりんじさわ　宮城県栗原市
金成大原木　かんなりおおはらぎ　宮城県栗原市
金成大梨　かんなりおおなし　宮城県栗原市
金成小迫　かんなりおばさま　宮城県栗原市
金成小堤　かんなりおつつみ　宮城県栗原市
金成山中堤下　かんなりやまなかつつみした　宮城県栗原市
金成干谷沢　かんなりほしやざわ　宮城県栗原市
金成中町　かんなりなかまち　宮城県栗原市
金成中町西裏　かんなりなかまちにしうら　宮城県栗原市
金成日向　かんなりひむかい　宮城県栗原市
金成日向田　かんなりひむかいだ　宮城県栗原市
金成片馬合　かんなりかたませ　宮城県栗原市
金成台畑　かんなりだいはた　宮城県栗原市
金成四ツ屋敷　かんなりよつやしき　宮城県栗原市
金成平治屋敷　かんなりへいじやしき　宮城県栗原市
金成末野　かんなりすえの　宮城県栗原市
金成宇南崎　かんなりうなんざき　宮城県栗原市
金成有壁　かんなりありかべ　宮城県栗原市
金成沢　かんなりさわ　宮城県気仙沼市
金成沢辺　かんなりさわべ　宮城県栗原市
金成赤児　かんなりあかちご　宮城県栗原市
金成奉公田　かんなりほうこうだ　宮城県栗原市
金成姉歯　かんなりあねは　宮城県栗原市
金成金沢　かんなりかなやまざわ　宮城県栗原市
金成金生　かんなりきんせい　宮城県栗原市

金成長根沢　かんなりながねざわ　宮城県栗原市
金成長根前　かんなりながねまえ　宮城県栗原市
金成長館　かんなりながたて　宮城県栗原市
金成津久毛　かんなりつくも　宮城県栗原市
金成祝　かんなりいわい　宮城県栗原市
金成宮前　かんなりみやまえ　宮城県栗原市
金成桜町　かんなりさくらまち　宮城県栗原市
金成楓木沢　かんなりはぬきざわ　宮城県栗原市
金成狼ノ沢　かんなりおいのざわ　宮城県栗原市
金成翁沢　かんなりおきなざわ　宮城県栗原市
金成翁留　かんなりおきなどめ　宮城県栗原市
金成梨崎　かんなりなしざき　宮城県栗原市
金成清水田　かんなりしみずた　宮城県栗原市
金成黄金田　かんなりこがねだ　宮城県栗原市
金成普賢堂　かんなりふげんどう　宮城県栗原市
金成新町　かんなりしんまち　宮城県栗原市
金成新町裏　かんなりしんまちうら　宮城県栗原市
金成熊ノ下　かんなりくまのした　宮城県栗原市
金成稲荷前　かんなりいなりまえ　宮城県栗原市
金成髪長　かんなりかみなが　宮城県栗原市
金成館下　かんなりたてした　宮城県栗原市
金成鍔ノ瓦　かんなりつばのかわら　宮城県栗原市
金成藤渡戸　かんなりふじわたと　宮城県栗原市
金曲　かなまがり　青森県むつ市
金江町見見　かなえちょうかなみ　広島県福山市
金江町藁江　かなえちょうわらえ　広島県福山市
金江津　かなえつ　茨城県稲敷郡河内町
金池
　かないけ　山形県米沢市
　かないけ　新潟県新潟市西蒲区
　かないけ　和歌山県岩出市
金池町　かないけまち　大分県大分市
金池南　かないけみなみ　大分県大分市
金竹町　かねたけちょう　山梨県甲府市
金色　かないろ　福島県二本松市
金色久保　かないろくぼ　福島県二本松市
⁷金吹町
　かなふきちょう　栃木県佐野市
　きんぶきちょう　京都府京都市中京区
金坂　かねざか　秋田県大館市
金坂後　かねざかうしろ　秋田県大館市
金尾　かなお　埼玉県大里郡寄居町
金折町　かなおりちょう　静岡県浜松市南区
金杉
　かなすぎ　埼玉県北葛飾郡松伏町
　かなすぎ　千葉県船橋市
　かなすぎ　千葉県野田市
金杉台　かなすぎだい　千葉県船橋市
金杉町　かなすぎちょう　千葉県船橋市
金束　こづか　千葉県鴨川市
金沢
　かなざわ　北海道石狩郡当別町
　かなざわ　青森県青森市
　かねざわ　岩手県上閉伊郡大槌町
　かねざわ　秋田県横手市
　かねざわ　秋田県仙北郡美郷町
　かねざわ　山形県鶴岡市
　かねざわ　山形県新庄市
　かねざわ　山形県南陽市

779

8画（金）

かねざわ　山形県東村山郡中山町
かねざわ　福島県東白川郡矢祭町
かねざわ　栃木県那須塩原市
かねざわ　埼玉県秩父郡皆野町
かなざわ　千葉県市原市
かなざわ　新潟県長岡市
かなざわ　新潟県新発田市
かなざわ　新潟県阿賀野市
かなざわ　石川県（JR北陸新幹線ほか）
かなざわ　長野県茅野市
かなざわ　静岡県裾野市
かなざわ　愛知県知多市
かなざわ　奈良県磯城郡田原本町
かなざわ　鳥取県鳥取市
かなざわ　徳島県徳島市

金沢八景　かなざわはっけい　神奈川県（横浜シーサイドラインほか）
金沢中野　かねざわなかの　秋田県横手市
金沢内　かなざわうち　福島県東白川郡棚倉町
金沢区　かなざわく　神奈川県横浜市
金沢文庫　かなざわぶんこ　神奈川県（京浜急行電鉄本線）
金沢市　かなざわし　石川県
金沢平　かなざわたいら　青森県上北郡七戸町
金沢本町　かねざわもとまち　秋田県横手市
金沢西根　かねざわにしね　秋田県仙北郡美郷町
金沢町
　かねざわちょう　茨城県日立市
　かなざわちょう　神奈川県横浜市金沢区
　かなざわちょう　新潟県新潟市秋葉区
　かなざわちょう　愛知県豊川市
　かなざわちょう　滋賀県彦根市
　かなざわちょう　兵庫県加古川市
金沢東根　かねざわひがしね　秋田県仙北郡美郷町
金町
　かねまち　茨城県水戸市
　かなまち　東京都（JR常磐線）
　かなまち　東京都葛飾区
　かねまち　新潟県長岡市
　こがねまち　岐阜県岐阜市
　かなまち　愛知県津島市
金町浄水場　かなまちじょうすいじょう　東京都葛飾区
金良　かねら　沖縄県豊見城市
金見　かなみ　鹿児島県大島郡徳之島町
金見谷　かなみだに　福井県今立郡池田町
金谷
　かなや　青森県むつ市
　かなや　秋田県湯沢市
　かなや　山形県鶴岡市
　かなや　山形県酒田市
　かなや　山形県上山市
　かなや　山形県村山市
　かなや　千葉県富津市
　かなや　千葉県長生郡長柄町
　かねや　神奈川県横須賀市
　かなや　新潟県新発田市
　かなや　福井県丹生郡越前町
　かなや　静岡県（JR東海道本線）
　かなや　和歌山県和歌山市
　かなや　岡山県新見市
　かなや　大分県中津市
金谷二軒家　かなやにけんや　静岡県島田市

金谷下十五軒　かなやしもじゅうごけん　静岡県島田市
金谷上十五軒　かなやかみじゅうごけん　静岡県島田市
金谷川
　かなやがわ　福島県（JR東北本線）
　かなやがわ　福島県福島市
金谷中町　かなやなかまち　静岡県島田市
金谷天王町　かなやてんのうちょう　静岡県島田市
金谷代官町　かなやだいかんちょう　静岡県島田市
金谷古横町　かなやふるよこちょう　静岡県島田市
金谷本町　かなやほんまち　静岡県島田市
金谷田町　かなやたまち　静岡県島田市
金谷坂町　かなやさかまち　静岡県島田市
金谷沢　かなやさわ　青森県（JR大湊線）
金谷町
　かなやちょう　茨城県水戸市
　かなだにちょう　福井県鯖江市
　かなやちょう　愛知県豊田市
　かなやまち　長崎県諫早市
　かなやまち　大分県豊後高田市
金谷東　かなやあずま　静岡県島田市
金谷迫　かなやざこ　大分県大分市
金谷山町　かなやきんざんちょう　静岡県島田市
金谷南町　かなやみなみちょう　静岡県島田市
金谷城山町　かなやしろやまちょう　静岡県島田市
金谷栄町　かなやさかえちょう　静岡県島田市
金谷泉町　かなやいずみちょう　静岡県島田市
金谷宮崎町　かなやみやざきちょう　静岡県島田市
金谷扇町　かなやおうぎちょう　静岡県島田市
金谷根岸町　かなやねぎしちょう　静岡県島田市
金谷清水　かなやしみず　静岡県島田市
金谷猪士居　かなやししとい　静岡県島田市
金谷郷　かなやごう　千葉県大網白里市
金谷都町　かなやみやこちょう　静岡県島田市
金谷富士見町　かなやふじみちょう　静岡県島田市
金谷新町　かなやしんまち　静岡県島田市
金谷緑町　かなやみどりちょう　静岡県島田市
金足下刈　かなあししたかり　秋田県秋田市
金足大清水　かなあしおおしみず　秋田県秋田市
金足小泉　かなあしこいずみ　秋田県秋田市
金足片田　かなあしかただ　秋田県秋田市
金足吉田　かなあしよしだ　秋田県秋田市
金足岩瀬　かなあしいわせ　秋田県秋田市
金足追分　かなあしおいわけ　秋田県秋田市
金足浦山　かなあしうらやま　秋田県秋田市
金足高岡　かなあしたかおか　秋田県秋田市
金足堀内　かなあしほりうち　秋田県秋田市
金足黒川　かなあしくろかわ　秋田県秋田市
金足鳰崎　かなあしにおざき　秋田県秋田市
8**金宝町**　きんぽうちょう　岐阜県岐阜市
金岡
　かねおか　茨城県猿島郡境町
　かなおか　愛知県海部郡飛島村
　かなおか　大阪府東大阪市
金岡西町　かなおかにしまち　岡山県岡山市東区
金岡町
　かなおかちょう　岐阜県岐阜市
　かなおかちょう　岐阜県多治見市

8画（金）

かなおかちょう　大阪府堺市北区
金岡東町　かなおかひがしまち　岡山県岡山市東区
金岩　かないわ　愛知県あま市
金房　かねふさ　新潟県長岡市
金明町　きんめいちょう　埼玉県草加市
金枝
　　かなえだ　栃木県さくら市
　　かなえだ　栃木県塩谷郡塩谷町
金東横町　きんとうよこちょう　京都府京都市下京区
金武
　　かなたけ　福岡県福岡市西区
　　かなたけ　福岡県福岡市早良区
　　かなたけ　佐賀県（松浦鉄道西九州線）
　　きん　沖縄県国頭郡金武町
金武町　きんちょう　沖縄県国頭郡
金河内町　かねごちちょう　京都府綾部市
金物町　かなものちょう　大阪府東大阪市
9金俣　かねまた　新潟県岩船郡関川村
金城
　　かねしろ　静岡県掛川市
　　きんじょう　愛知県名古屋市北区
　　かなぐすく　沖縄県那覇市
金城ふ頭
　　きんじょうふとう　愛知県（名古屋臨海高速鉄道西名古屋港線）
　　きんじょうふとう　愛知県名古屋市港区
金城町　きんじょうちょう　愛知県名古屋市北区
金城町七条　かなぎちょうしちじょう　島根県浜田市
金城町入野　かなぎちょういりの　島根県浜田市
金城町下来原　かなぎちょうしもくるばら　島根県浜田市
金城町上来原　かなぎちょうかみくるばら　島根県浜田市
金城町久佐　かなぎちょうくざ　島根県浜田市
金城町小国　かなぎちょうおぐに　島根県浜田市
金城町今福　かなぎちょういまふく　島根県浜田市
金城町宇津井　かなぎちょううつい　島根県浜田市
金城町波佐　かなぎちょうはざ　島根県浜田市
金城町長田　かなぎちょうながた　島根県浜田市
金城町追原　かなぎちょうおいばら　島根県浜田市
金室町　かなむろまち　埼玉県秩父市
金屋
　　かなや　新潟県新潟市秋葉区
　　かなや　新潟県村上市
　　かなや　新潟県阿賀野市
　　かなや　富山県富山市
　　かなや　富山県高岡市
　　かなや　富山県滑川市
　　かなや　富山県黒部市
　　かなや　福井県小浜市
　　かなや　岐阜県養老郡養老町
　　かなや　愛知県名古屋市守山区
　　かなや　滋賀県犬上郡甲良町
　　かなや　京都府与謝郡与謝野町
　　かなや　兵庫県洲本市
　　かなや　兵庫県佐用郡佐用町
　　かなや　兵庫県美方郡新温泉町
　　かなや　奈良県桜井市
　　かなや　和歌山県岩出市
　　かなや　和歌山県有田郡有田川町
　　かなや　鳥取県東伯郡琴浦町
　　かなや　岡山県津山市

　　かなや　福岡県行橋市
　　かなや　大分県宇佐市
金屋下早稲田　かなやしもわせだ　青森県平川市
金屋下町　かなやしもちょう　栃木県佐野市
金屋下松元　かなやしもまつもと　青森県平川市
金屋上早稲田　かなやかみわせだ　青森県平川市
金屋上松元　かなやかみまつもと　青森県平川市
金屋中早稲田　かなやなかわせだ　青森県平川市
金屋中松元　かなやなかまつもと　青森県平川市
金屋元町　かなやもとまち　愛知県豊川市
金屋本江　かなやほんごう　富山県小矢部市
金屋本町
　　かなやほんまち　富山県高岡市
　　かなやほんまち　愛知県豊川市
金屋仲町　かなやなかちょう　栃木県佐野市
金屋西町　かなやにしまち　愛知県豊川市
金屋西松元　かなやにしまつもと　青森県平川市
金屋町
　　かなやまち　福島県白河市
　　かなやまち　富山県高岡市
　　かなやまち　石川県小松市
　　かなやちょう　福井県福井市
　　かなやちょう　福井県越前市
　　かなやちょう　岐阜県岐阜市
　　かなやちょう　岐阜県関市
　　かなやちょう　愛知県豊川市
　　かなやちょう　京都府京都市中京区
　　かなやちょう　京都府京都市東山区
　　かなやちょう　京都府京都市下京区
　　かなやちょう　京都府舞鶴市
　　かなやまち　兵庫県姫路市
　　きんやちょう　広島県広島市南区
　　かなやまち　長崎県長崎市
金屋谷
　　かなやだに　京都府宮津市
　　かなやだに　鳥取県西伯郡伯耆町
金屋郷　かなやごう　長崎県東彼杵郡波佐見町
金屋横町　かなやよこちょう　岐阜県岐阜市
金屋橋町　かなやばしちょう　愛知県豊川市
金巻　かねまき　新潟県新潟市西区
金巻新田　かねまきしんでん　新潟県新潟市西区
金指
　　かなさし　茨城県石岡市
　　かなさし　静岡県（天竜浜名湖鉄道線）
金持　かもち　鳥取県日野郡日野町
金星町　きんせいちょう　北海道旭川市
金柳町　かなやなぎちょう　愛知県津島市
金泉寺　きんせんじ　富山県富山市
金津
　　かなづ　新潟県新潟市秋葉区
　　かなづ　新潟県新発田市
金砂町小川山　きんしゃちょうおがわやま　愛媛県四国中央市
金砂町平野山　きんしゃちょうひらのやま　愛媛県四国中央市
金重　かなしげ　埼玉県さいたま市岩槻区
10金倉町　かなくらちょう　香川県丸亀市
金剛
　　こんごう　大阪府（南海電気鉄道高野線）
　　こんごう　大阪府大阪狭山市
　　こんごう　福岡県北九州市八幡西区

781

8画（長）

金剛伏山台　こんごうふしやまだい　大阪府富田林市
金剛地　こんごうじ　千葉県市原市
金剛寺
　　こんごうじ　富山県中新川郡立山町
　　こんごうじ　兵庫県豊岡市
　　こんごうじ　奈良県磯城郡田原本町
金剛寺町
　　こんごうじまち　石川県能美市
　　こんごうじちょう　滋賀県彦根市
　　こんごうじちょう　滋賀県近江八幡市
金剛坂　こんごうざか　三重県多気郡明和町
金剛沢　こんごうさわ　宮城県仙台市太白区
金剛新　こんごうしん　富山県中新川郡立山町
金剛錦織台　こんごうにしきおりだい　大阪府富田林市
金原
　　きんばら　北海道瀬棚郡今金町
　　かなばら　山形県東置賜郡高畠町
　　かねはら　埼玉県南埼玉郡宮代町
　　かなばら　千葉県匝瑳市
　　きんばら　岐阜県本巣市
　　かなはら　岡山県美作市
金島
　　かなしま　群馬県（JR吾妻線）
　　かねしま　福岡県（西日本鉄道甘木線）
金峰　みたけ　山口県周南市
金峰町大坂　きんぼうちょうだいさか　鹿児島県南さつま市
金峰町大野　きんぼうちょうおおの　鹿児島県南さつま市
金峰町中津野　きんぼうちょうなかつの　鹿児島県南さつま市
金峰町白川　きんぼうちょうしらかわ　鹿児島県南さつま市
金峰町池辺　きんぼうちょういけべ　鹿児島県南さつま市
金峰町尾下　きんぼうちょうおくだり　鹿児島県南さつま市
金峰町花瀬　きんぼうちょうはなぜ　鹿児島県南さつま市
金峰町宮崎　きんぼうちょうみやざき　鹿児島県南さつま市
金峰町浦之名　きんぼうちょううらのみょう　鹿児島県南さつま市
金峰町高橋　きんぼうちょうたかはし　鹿児島県南さつま市
金峰町新山　きんぼうちょうにいやま　鹿児島県南さつま市
金座町　きんざまち　静岡県静岡市葵区
金浦
　　かなうら　北海道天塩郡遠別町
　　このうら　秋田県（JR羽越本線）
　　このうら　秋田県にかほ市
　　かなうら　岡山県笠岡市
金浦町　かなうらまち　富山県魚津市
金浜
　　かねはま　青森県（JR八戸線）
　　かねはま　青森県青森市
　　かねはま　青森県八戸市
　　かねはま　岩手県宮古市
金竜町　きんりゅうちょう　岐阜県岐阜市
金納　かんの　福岡県柳川市
金華町　きんかちょう　岐阜県岐阜市

金馬場町　きんばばちょう　京都府京都市上京区
11金亀町　こんきちょう　滋賀県彦根市
金堀　かなほり　岡山県久米郡美咲町
金堀沢山　かねほりざわやま　秋田県湯沢市
金堀町
　　かなほりちょう　北海道函館市
　　かねほりちょう　千葉県船橋市
　　かなほりまち　長崎県長崎市
金崎
　　かなさき　埼玉県春日部市
　　かなさき　埼玉県秩父郡皆野町
　　かねざき　宮崎県宮崎市
金渕乙　かねぶちおつ　新潟県阿賀野市
金渕甲　かねぶちこう　新潟県阿賀野市
金瓶　かなかめ　山形県上山市
金粕　かながす　福井県南条郡南越前町
金船町　かねふねちょう　愛知県名古屋市港区
金野　きんの　長野県（JR飯田線）
金野町　かねのまち　石川県小松市
12金場町　かねばちょう　三重県四日市市
金塚
　　かなづか　新潟県（JR羽越本線）
　　かなづか　新潟県新発田市
金塚町　かなづかちょう　愛知県豊川市
金富　かなとみ　北海道上川郡愛別町
金属団地　きんぞくだんち　岐阜県各務原市
金属町　きんぞくちょう　青森県弘前市
金換町　かねがえちょう　京都府京都市下京区
金勝寺　きんしょうじ　福島県白河市
金勝寺東　きんしょうじひがし　福島県白河市
金森　かなもり　東京都町田市
金森町
　　かねがもりちょう　滋賀県守山市
　　かなもりちょう　鳥取県倉吉市
金森東　かなもりひがし　東京都町田市
金棒町　かなぼうちょう　愛知県愛西市
金港町　きんこうちょう　神奈川県横浜市神奈川区
金程　かなほど　神奈川県川崎市麻生区
13金園町
　　かなぞのちょう　岐阜県岐阜市
　　きんえんちょう　京都府京都市東山区
金楽寺町　きんらくじちょう　兵庫県尼崎市
金鈴　きんれい　福島県白河市
14金閣寺町　きんかくじちょう　京都府京都市北区
15金敷　かなしき　茨城県桜川市
金箱　かねばこ　長野県長野市
金蔵寺　こんぞうじ　香川県（JR土讃線）
金蔵寺町　こんぞうじちょう　香川県善通寺市
金輪　かなわ　三重県度会郡大紀町
16金橋　かなはし　奈良県（JR桜井線）
金親町　かねおやちょう　千葉県千葉市若葉区
金龍寺丁　きんりゅうじちょう　和歌山県和歌山市
17金磯町　かないそちょう　徳島県小松島市
19金鶏町　きんけいちょう　福岡県北九州市小倉北区

【長】

長
　　ちょう　富山県小矢部市
　　おさ　兵庫県（北条鉄道線）

8画（長）

長ケ　なが　三重県多気郡大台町
長ノ木町　ながのきちょう　広島県県市
²長刀切町　なぎなたぎりちょう　京都府京都市下京区
長刀鉾町　なぎなたぼこちょう　京都府京都市下京区
長又　ながまた　山梨県南都留郡道志村
³長下　ながした　福島県二本松市
長万部
　おしゃまんべ　北海道（JR函館本線）
　おしゃまんべ　北海道山越郡長万部町
長万部町　おしゃまんべちょう　北海道山越郡
長与　ながよ　長崎県（JR長崎本線）
長与町　ながよちょう　長崎県西彼杵郡
長久手古戦場　ながくてこせんじょう　愛知県（愛知
　高速交通東部丘陵線）
長久手市　ながくてし　愛知県
長久手町　ながくてちょう　⇒長久手市（愛知県）
長久寺　ちょうきゅうじ　滋賀県米原市
長久町土江　ながひさちょうつちえ　島根県大田市
長久町延里　ながひさちょうのぶさと　島根県大田市
長久町長久　ながひさちょうながひさ　島根県大田市
長久町稲用　ながひさちょういなもち　島根県大田市
長久保
　ながくぼ　青森県上北郡東北町
　ながくぼ　福島県石川郡石川町
　ながくぼ　栃木県さくら市
　ながくぼ　長野県小県郡長和町
長土呂　ながとろ　長野県佐久市
長土呂町　ながとろちょう　福井県越前市
長土塀　ながどへ　石川県金沢市
長小田　ながおだ　熊本県玉名郡和水町
長山
　ながやま　岩手県岩手郡雫石町
　ながやま　茨城県龍ケ崎市
　ながやま　千葉県香取市
　ながやま　愛知県（JR飯田線）
　ながやま　鳥取県西伯郡伯耆町
　ながやま　高知県安芸郡北川村
　ながやま　熊本県玉名郡南関町
長山台　ながやまだい　千葉県山武郡横芝光町
長山町
　ながやまちょう　千葉県銚子市
　ながやまちょう　福井県勝山市
　ながやまちょう　京都府福知山市
長川原
　ながかわら　福島県伊達市
　なんかわら　富山県富山市
⁴長井
　ながい　山形県（山形鉄道フラワー長井線）
　ながい　福島県河沼郡会津坂下町
　ながい　栃木県矢板市
　ながい　神奈川県横須賀市
　ながい　福井県大飯郡おおい町
　ながい　和歌山県東牟婁郡那智勝浦町
　ながい　福岡県行橋市
長井戸　ながいど　茨城県猿島郡境町
長井市　ながいし　山形県
長井町
　ながいまち　新潟県村上市
　ながいまち　石川県輪島市
　ながいちょう　岐阜県大垣市
長井鶴　ながいづる　福岡県宮若市

長五町　ちょうごちょう　福井県越前市
長内
　ながうち　福島県喜多方市
　ながうち　岡山県美作市
長内町　おさないちょう　岩手県久慈市
長太ノ浦　なごのうら　三重県（近畿日本鉄道名古
　屋線）
長太旭町　なごあさひまち　三重県鈴鹿市
長太栄町　なごさかえまち　三重県鈴鹿市
長太郎林　ちょうたろうばやし　岩手県滝沢市
長太新町　なごしんまち　三重県鈴鹿市
長引野　ながびきの　富山県魚津市
長戸　ながと　新潟県新潟市北区
長戸井町　ながといちょう　愛知県名古屋市中村区
長戸呂
　ながとろ　秋田県大仙市
　ながとろ　新潟県新潟市北区
長戸呂新田　ながとろしんでん　新潟県新潟市北区
長戸町　ながとちょう　愛知県名古屋市昭和区
長手　ながて　山形県米沢市
長手町
　ながてちょう　群馬県太田市
　ながてちょう　長崎県五島市
長方　おさかた　茨城県桜川市
長月町　ちょうげつちょう　三重県松阪市
長木
　ながき　新潟県佐渡市
　おさぎ　福岡県行橋市
長木川南　ながきかわみなみ　秋田県大館市
長毛　ながもう　沖縄県島尻郡八重瀬町
⁵長丘　ながおか　福岡県福岡市南区
長左エ門新田　ちょうざえもんしんでん　茨城県古
　河市
長平町　ながだいまち　青森県西津軽郡鰺ケ沢町
長本町　ながもとちょう　福井県福井市
長生村　ちょうせいむら　千葉県長生郡
長生町　ちょがいけちょう　徳島県阿南市
長生郡　ちょうせいぐん　千葉県
長田
　おさだ　福島県耶麻郡猪苗代町
　おさだ　茨城県常陸大宮市
　ながた　栃木県真岡市
　ながた　千葉県成田市
　ながた　石川県金沢市
　ながた　石川県羽咋郡志賀町
　おさだ　愛知県常滑市
　ながた　愛知県知立市
　ながた　三重県伊賀市
　ながた　大阪府（近畿日本鉄道けいはんな線ほか）
　ながた　大阪府東大阪市
　ながた　兵庫県（神戸市交通局山手線ほか）
　ながた　和歌山県有田郡有田川町
　ながた　鳥取県西伯郡大山町
　ながた　広島県世羅郡世羅町
　ながた　福岡県朝倉市
　ながた　熊本県菊池市
　ながた　熊本県上益城郡山都町
　ながた　宮崎県北諸県郡三股町
　ながた　沖縄県那覇市
　ながた　沖縄県宜野湾市

783

8画（長）

長田中
　ながたなか　大阪府東大阪市
　ながたなか　和歌山県紀の川市
長田元村　おさだもとむら　青森県平川市
長田内介　ながたないすけ　大阪府東大阪市
長田区　ながたく　兵庫県神戸市
長田天神町　ながたてんじんちょう　兵庫県神戸市長
　田区
長田北　おさだきた　京都府福知山市
長田本町　ながたほんまち　石川県金沢市
長田西　ながたにし　大阪府東大阪市
長田村下　おさだむらした　青森県平川市
長田町
　ながたちょう　岩手県盛岡市
　ながたまち　石川県金沢市
　ながだまち　石川県小松市
　ながたちょう　静岡県浜松市南区
　ちょうだちょう　愛知県名古屋市北区
　おさだまち　愛知県碧南市
　ながたちょう　滋賀県長浜市
　おさだちょう　滋賀県近江八幡市
　ながたちょう　兵庫県神戸市長田区
　ながたちょう　兵庫県西宮市
　ながたちょう　山口県周南市
　ながたちょう　高知県宿毛市
　ながたまち　福岡県大牟田市
　ながたまち　長崎県諫早市
　ながたまち　熊本県八代市
　ながたちょう　鹿児島県鹿児島市
長田東　ながたひがし　大阪府東大阪市
長田沼田　おさだぬまた　青森県平川市
長田南　おさだみなみ　京都府福知山市
長田段　おさだだん　京都府福知山市
長田野田　おさだのだ　青森県平川市
長田野町　おさだのちょう　京都府福知山市
長目　ながめ　大分県津久見市
長石
　ながし　千葉県君津市
　ながいし　新潟県佐渡市
6長伏　ながぶせ　静岡県三島市
長光寺町　ちょうこうじちょう　滋賀県近江八幡市
長光寺南　ちょうこうじみなみ　福島県大沼郡会津美
　里町
長光町　ながみつちょう　京都府京都市東山区
長先町　ながさきちょう　愛知県名古屋市西区
長吉川辺　ながよしかわなべ　大阪府大阪市平野区
長吉六反　ながよしろくたん　大阪府大阪市平野区
長吉出戸　ながよしでと　大阪府大阪市平野区
長吉長原　ながよしながはら　大阪府大阪市平野区
長吉長原西　ながよしながはらにし　大阪府大阪市平
　野区
長吉長原東　ながよしながはらひがし　大阪府大阪市
　平野区
長在家　ながざいけ　埼玉県深谷市
長地　おさち　長野県岡谷市
長地小萩　おさちこはぎ　長野県岡谷市
長地片間町　おさちかたまちょう　長野県岡谷市
長地出早　おさちいずはや　長野県岡谷市
長地柴宮　おさちしばみや　長野県岡谷市
長地梨久保　おさちなしくぼ　長野県岡谷市

長地御所　おさちごしょ　長野県岡谷市
長地源　おさちみなもと　長野県岡谷市
長地権現町　おさちごんげんちょう　長野県岡谷市
長地鎮　おさちしずめ　長野県岡谷市
長安　ながやす　徳島県那賀郡那賀町
長安寺　ちょうあんじ　兵庫県篠山市
長安寺町　ちょうあんじちょう　奈良県大和郡山市
長寺　おさでら　滋賀県犬上郡甲良町
長江
　ながえ　新潟県佐渡市
　ながえ　富山県富山市
　ながえ　富山県高岡市
　ながえ　福井県三方上中郡若狭町
　ながえ　愛知県北設楽郡設楽町
　ながえ　京都府宮津市
　ながえ　鳥取県東伯郡湯梨浜町
　ながえ　島根県（一畑電車北松江線）
　ながえ　広島県尾道市
長江本町　ながえほんまち　富山県富山市
長江東町　ながえひがしまち　富山県富山市
長江新町　ながえしんまち　富山県富山市
長池
　ながいけ　石川県野々市市
　ながいけ　岐阜県羽島郡笠松町
　ながいけ　京都府（JR奈良線）
　ながいけ　京都府城陽市
　ながいけ　大阪府泉南郡熊取町
長池町
　ながいけちょう　愛知県名古屋市昭和区
　ながいけちょう　大阪府大阪市阿倍野区
　ながいけちょう　大阪府守口市
　ながいけちょう　大阪府八尾市
　ながいけちょう　兵庫県赤穂市
長竹　ながたけ　神奈川県相模原市緑区
長竹町　ながたけまち　石川県白山市
長老　ちょうろう　宮城県刈田郡七ケ宿町
長老内　ちょうろううち　福島県相馬市
長行　おさゆき　福岡県北九州市小倉南区
長行西　おさゆきにし　福岡県北九州市小倉南区
長行東　おさゆきひがし　福岡県北九州市小倉南区
7長更　ながふけ　三重県度会郡玉城町
長作台　ながさくだい　千葉県千葉市花見川区
長作町　ながさくちょう　千葉県千葉市花見川区
長住　ながずみ　福岡県福岡市南区
長住町
　ながずみちょう　岐阜県岐阜市
　ながずみちょう　岐阜県関市
長兵衛新田　ちょうべえしんでん　茨城県取手市
長利　ながとし　岡山県岡山市中区
長助町　ちょうすけまち　茨城県常総市
長呂　ながろ　新潟県長岡市
長坂
　ながさか　秋田県大館市
　ながさか　秋田県由利本荘市
　ながさか　福島県耶麻郡猪苗代町
　ながさか　福島県西白河郡西郷村
　ながさか　神奈川県横浜市都筑区
　ながさか　神奈川県横須賀市
　ながさか　新潟県村上市
　ながさか　富山県氷見市
　ながさか　石川県金沢市

8画（長）

長坂　ながさか　山梨県（JR中央本線）
長坂　ながさか　岐阜県可児市
長坂　ながさか　兵庫県三田市
長坂　ながさか　高知県吾川郡仁淀川町
長坂　ながさか　熊本県山鹿市
長坂台　ながさかだい　石川県金沢市
長坂町
　ながさかちょう　青森県弘前市
　ながさかちょう　栃木県佐野市
　ながさかまち　石川県金沢市
　ながさかまち　岐阜県高山市
　ながさかちょう　鳥取県倉吉市
　ながさかちょう　長崎県佐世保市
長坂町大八田　ながさかちょうおおばった　山梨県北杜市
長坂町大井ケ森　ながさかちょうおおいがもり　山梨県北杜市
長坂町小荒間　ながさかちょうこあらま　山梨県北杜市
長坂町中丸　ながさかちょうなかまる　山梨県北杜市
長坂町中島　ながさかちょうなかじま　山梨県北杜市
長坂町日野　ながさかちょうひの　山梨県北杜市
長坂町白井沢　ながさかちょうしろいざわ　山梨県北杜市
長坂町長坂下条　ながさかちょうながさかしもじょう　山梨県北杜市
長坂町長坂上条　ながさかちょうながさかかみじょう　山梨県北杜市
長坂町南山　ながさかちょうみなみやま　愛知県尾張旭市
長坂町夏秋　ながさかちょうなつあき　山梨県北杜市
長坂町渋沢　ながさかちょうしぶさわ　山梨県北杜市
長坂町塚川　ながさかちょうつかわわ　山梨県北杜市
長坂町富岡　ながさかちょうとみおか　山梨県北杜市
長坂新町　ながさかしんまち　鳥取県倉吉市
長寿ガ丘　ちょうじゅがおか　兵庫県宝塚市
長寿園　ちょうじゅえん　山口県山陽小野田市
長尾
　ながお　千葉県茂原市
　ながお　千葉県旭市
　ながお　神奈川県川崎市多摩区
　ながお　静岡県静岡市葵区
　ながお　京都府福知山市
　ながお　大阪府（JR片町線）
　ながお　兵庫県佐用郡佐用町
　ながお　奈良県葛城市
　ながお　岡山県玉野市
　ながお　岡山県赤磐市
　ながお　岡山県英田郡西粟倉村
　ながお　香川県（高松琴平電気鉄道長尾線）
　ながお　香川県仲多度郡まんのう町
　ながお　福岡県北九州市小倉南区
　ながお　福岡県福岡市城南区
　ながお　福岡県飯塚市
　ながお　福岡県行橋市
長尾山　ながおやま　愛知県知多郡武豊町
長尾山町　ながおやまちょう　高知県高知市
長尾元町　ながおもとまち　大阪府枚方市
長尾北町　ながおきたまち　大阪府枚方市
長尾台
　ながおだい　大阪府枚方市
　ながおだい　兵庫県宝塚市

長尾台町　ながおだいちょう　神奈川県横浜市栄区
長尾名　ながおみょう　香川県さぬき市
長尾西　ながおにし　香川県さぬき市
長尾西町　ながおにしまち　大阪府枚方市
長尾町
　ながおちょう　福井県越前市
　ながおちょう　京都府京都市上京区
　ながおちょう　兵庫県神戸市長田区
　ながおちょう　兵庫県宝塚市
　ながおちょう　兵庫県川西市
　ながおちょう　兵庫県小野市
　ながおちょう　長崎県佐世保市
長尾町上津　ながおちょうこうづ　兵庫県神戸市北区
長尾町宅原　ながおちょうえいばら　兵庫県神戸市北区
長尾谷町　ながおたにまち　大阪府枚方市
長尾東　ながおひがし　香川県さぬき市
長尾東町　ながおひがしまち　大阪府枚方市
長尾峠町　ながおとうげちょう　大阪府枚方市
長尾荒阪　ながおあらさか　大阪府枚方市
長尾家具町　ながおかぐまち　大阪府枚方市
長尾宮前　ながおみやまえ　大阪府枚方市
長尾野　ながおの　熊本県下益城郡美里町
長尾播磨谷　ながおはりまだに　大阪府枚方市
長志　ながし　千葉県いすみ市
長折　ながおり　福島県二本松市
長束　ながつか　広島県広島市安佐南区
長束西　ながつかにし　広島県広島市安佐南区
長束町
　なづかちょう　愛知県稲沢市
　なつかちょう　滋賀県草津市
長沖町　ながおきまち　茨城県龍ケ崎市
長沖新田町　ながおきしんでんまち　茨城県龍ケ崎市
長沢
　ながさわ　岩手県宮古市
　ながさわ　宮城県塩竈市
　ながさわ　山形県（JR陸羽東線）
　ながさわ　山形県最上郡舟形町
　ながさわ　山形県西置賜郡小国町
　ながさわ　茨城県常陸大宮市
　ながさわ　埼玉県飯能市
　ながさわ　神奈川県川崎市多摩区
　ながさわ　神奈川県横須賀市
　ながさわ　新潟県三条市
　ながさわ　新潟県妙高市
　ながさわ　石川県羽咋郡志賀町
　ながそ　福井県敦賀市
　ながさわ　福井県南条郡南越前町
　ながさわ　静岡県浜松市天竜区
　ながさわ　静岡県駿東郡清水町
　ながさわ　滋賀県米原市
　ながさわ　兵庫県淡路市
　ながさわ　愛媛県今治市
　ながさわ　高知県吾川郡いの町
長沢西　ながさわにし　北海道余市郡仁木町
長沢町
　ながさわちょう　宮城県塩竈市
　ながさわちょう　岐阜県大垣市
　ながさわちょう　愛知県豊川市
　ながさわちょう　愛知県豊田市
　ながさわちょう　愛知県田原市
　ながさわちょう　島根県浜田市

8画（長）

ながさわちょう　島根県益田市
長沢南　ながさわみなみ　北海道余市郡仁木町
長沢原　ながさわら　新潟県妙高市
長町
　ながまち　岩手県宮古市
　ながまち　宮城県（JR東北本線ほか）
　ながまち　宮城県仙台市太白区
　ながまち　宮城県白石市
　ながまち　山形県山形市
　ながまち　福島県伊達市
　ながちょう　新潟県長岡市
　ながまち　石川県金沢市
　おさちょう　滋賀県東近江市
長町一丁目　ながまちいっちょうめ　宮城県（仙台市交通局南北線）
長町南
　ながまちみなみ　宮城県（仙台市交通局南北線）
　ながまちみなみ　宮城県仙台市太白区
長良
　ながら　岐阜県岐阜市
　ながら　岐阜県揖斐郡揖斐川町
　ながら　岡山県総社市
　ながら　大分県佐伯市
長良一楽　ながらいちらく　岐阜県岐阜市
長良大前町　ながらおおまえちょう　岐阜県岐阜市
長良大路　ながらおおじ　岐阜県岐阜市
長良子正賀　ながらこしょうが　岐阜県岐阜市
長良小松町　ながらこまつちょう　岐阜県岐阜市
長良井田　ながらいだ　岐阜県岐阜市
長良友瀬　ながらともせ　岐阜県岐阜市
長良丘　ながらおか　岐阜県岐阜市
長良仙田町　ながらせんだちょう　岐阜県岐阜市
長良古津　ながらふるつ　岐阜県岐阜市
長良田中　ながらたなか　岐阜県岐阜市
長良田中前　ながらたなかまえ　岐阜県岐阜市
長良白妙町　ながらしらたえちょう　岐阜県岐阜市
長良有明町　ながらありあけちょう　岐阜県岐阜市
長良有楽町　ながらゆうらくちょう　岐阜県岐阜市
長良西山前　ながらにしやままえ　岐阜県岐阜市
長良西野前　ながらにしのまえ　岐阜県岐阜市
長良志段見　ながらしだみ　岐阜県岐阜市
長良杉乃町　ながらすぎのちょう　岐阜県岐阜市
長良町　ながらちょう　愛知県名古屋市中川区
長良幸和町　ながらこうわちょう　岐阜県岐阜市
長良東　ながらひがし　岐阜県岐阜市
長良東町　ながらひがしまち　岐阜県岐阜市
長良東郷町　ながらとうごうちょう　岐阜県岐阜市
長良法久寺町　ながらほうきゅうじちょう　岐阜県岐阜市
長良若葉町　ながらわかばちょう　岐阜県岐阜市
長良金碧町　ながらきんぺきちょう　岐阜県岐阜市
長良南陽町　ながらなんようちょう　岐阜県岐阜市
長良城西町　ながらしろにしちょう　岐阜県岐阜市
長良春田　ながらはるた　岐阜県岐阜市
長良海用町　ながらかいようちょう　岐阜県岐阜市
長良宮口町　ながらみやぐちちょう　岐阜県岐阜市
長良宮路町　ながらみやじちょう　岐阜県岐阜市
長良校文町　ながらこうぶんちょう　岐阜県岐阜市
長良校前町　ながらこうぜんちょう　岐阜県岐阜市
長良桜井町　ながらさくらいちょう　岐阜県岐阜市

長良真生町　ながらしんせいちょう　岐阜県岐阜市
長良竜東町　ながらりゅうとうちょう　岐阜県岐阜市
長良高嶺町　ながらたかみねちょう　岐阜県岐阜市
長良奥郷　ながらおくごう　岐阜県岐阜市
長良森町　ながらもりまち　岐阜県岐阜市
長良葵町　ながらあおいちょう　岐阜県岐阜市
長良雄総　ながらおぶさ　岐阜県岐阜市
長良福光　ながらふくみつ　岐阜県岐阜市
長良福江町　ながらふくえちょう　岐阜県岐阜市
長良福泉　ながらふくいずみ　岐阜県岐阜市
長見町　ながみちょう　島根県浜田市
長谷
　はせ　茨城県古河市
　ながや　茨城県坂東市
　ながやつ　埼玉県比企郡吉見町
　ながや　千葉県茂原市
　ながや　千葉県匝瑳市
　はせ　神奈川県（江ノ島電鉄線）
　はせ　神奈川県鎌倉市
　はせ　神奈川県厚木市
　ながたに　新潟県加茂市
　はせ　新潟県佐渡市
　ながたに　新潟県西蒲原郡阿賀町
　ながたに　福井県敦賀市
　ながや　静岡県掛川市
　はせ　三重県多気郡多気町
　ながたに　京都府舞鶴市
　ながたに　大阪府茨木市
　ながたに　大阪府豊能郡能勢町
　はせ　兵庫県（JR播但線）
　ながたに　兵庫県豊岡市
　ながたに　兵庫県宝塚市
　はせ　兵庫県神崎郡神河町
　ながたに　奈良県吉野郡下市町
　ながたに　和歌山県海草郡紀美野町
　ながたに　和歌山県有田郡有田川町
　はせ　鳥取県鳥取市
　ながたに　鳥取県倉吉市
　ながたに　鳥取県岩美郡岩美町
　ながたに　島根県飯石郡飯南町
　ながたに　広島県（JR三江線）
　ながたに　広島県三原市
　ながたに　愛媛県大洲市
　ながたに　福岡県北九州市門司区
　はせ　福岡県鞍手郡鞍手町
　ながたに　佐賀県唐津市
　ながたに　熊本県上益城郡山都町
　はせ　大分県佐伯市
長谷口町　はせぐちちょう　愛知県瀬戸市
長谷山　はせやま　福岡県朝倉市
長谷川
　はせがわ　千葉県君津市
　はせがわ　岐阜県本巣郡北方町
　はせがわ　和歌山県有田郡有田川町
長谷川西　はせがわにし　岐阜県本巣郡北方町
長谷中尾　はせなかお　長野県伊那市
長谷内　はせうち　岡山県美作市
長谷市野瀬　はせいちのせ　長野県伊那市
長谷寺　はせでら　奈良県（近畿日本鉄道大阪線）
長谷寺町　はせでらちょう　岐阜県関市
長谷杉島　はせすぎしま　長野県伊那市

8画（長）

長谷町
　はせまち　茨城県古河市
　はせちょう　茨城県常陸太田市
　ながたにまち　石川県小松市
　ながたにちょう　福井県越前市
　はせちょう　静岡県静岡市葵区
　はせちょう　京都府京都市上京区
　ながたにまち　奈良県奈良市
　ながたにちょう　広島県呉市
　ながたにちょう　広島県三原市
　はせまち　大分県大分市
長谷非持　はせひじ　長野県伊那市
長谷宮　はせみや　和歌山県海草郡紀美野町
長谷浦　はせうら　長野県伊那市
長谷堂　はせどう　山形県山形市
長谷野　ながたにの　滋賀県（近江鉄道本線）
長谷黒河内　はせくろごうち　長野県伊那市
長谷場町　はせばちょう　栃木県佐野市
長谷溝口　はせみぞくち　長野県伊那市
長走
　ながばしり　秋田県大館市
　ながしり　富山県富山市
長辰　ちょうしん　新潟県燕市
長里　ながさと　長崎県（JR長崎本線）
⁸長兎路　ながとろ　茨城県笠間市
長命　ちょうめい　福島県二本松市
長命ケ丘　ちょうめいがおか　宮城県仙台市泉区
長命ケ丘東　ちょうめいがおかひがし　宮城県仙台市泉区
長命寺町　ちょうめいじちょう　滋賀県近江八幡市
長和　ながわ　北海道（JR室蘭本線）
長和田　なごうた　鳥取県東伯郡湯梨浜町
長和町
　ながわちょう　北海道伊達市
　ながわまち　長野県小県郡
長国　ながくに　千葉県大網白里市
長妻田　ながつまた　静岡県静岡市葵区
長宗　ながむね　愛知県知多郡武豊町
長居
　ながい　大阪府（JR阪和線ほか）
　ながい　大阪府大阪市住吉区
長居公園　ながいこうえん　大阪府大阪市東住吉区
長居西　ながいにし　大阪府大阪市住吉区
長居東　ながいひがし　大阪府大阪市住吉区
長岡
　ながおか　宮城県岩沼市
　ながおか　山形県天童市
　ながおか　山形県南陽市
　ながおか　福島県伊達市
　ながおか　茨城県東茨城郡茨城町
　ながおか　群馬県北群馬郡榛東村
　ながおか　埼玉県坂戸市
　ながおか　千葉県四街道市
　ながおか　千葉県匝瑳市
　ながおか　千葉県香取市
　ながおか　東京都西多摩郡瑞穂町
　ながおか　新潟県（JR上越新幹線ほか）
　なおか　新潟県上越市
　ながおか　富山県富山市
　ながおか　静岡県伊豆の国市
　ながおか　滋賀県米原市
　ながおか　京都府長岡京市

　ながおか　岡山県岡山市中区
長岡下師岡　ながおかしももろおか　東京都西多摩郡瑞穂町
長岡天神　ながおかてんじん　京都府（阪急電鉄京都本線）
長岡北　ながおかきた　山形県天童市
長岡市　ながおかし　新潟県
長岡町
　ながおかちょう　栃木県宇都宮市
　ながおかちょう　三重県津市
長岡京　ながおかきょう　京都府（JR東海道本線）
長岡京市　ながおかきょうし　京都府
長岡長谷部　ながおかはせべ　東京都西多摩郡瑞穂町
長岡郡　ながおかぐん　高知県
長岡新　ながおかしん　富山県富山市
長岡新田　なおかしんでん　新潟県上越市
長岡藤橋　ながおかふじはし　東京都西多摩郡瑞穂町
長岸　ながぎし　徳島県板野郡松茂町
長岩町　ながいわちょう　愛媛県新居浜市
長岩屋　ながいわや　大分県豊後高田市
長岩間　ながいわま　宮城県気仙沼市
長府　ちょうふ　山口県（JR山陽本線）
長府八幡町　ちょうふやはたちょう　山口県下関市
長府三島町　ちょうふみしまちょう　山口県下関市
長府土居の内町　ちょうふどいのうちちょう　山口県下関市
長府川端　ちょうふかわばた　山口県下関市
長府才川　ちょうふさいがわ　山口県下関市
長府中土居北町　ちょうふなかどいきたまち　山口県下関市
長府中土居本町　ちょうふなかどいほんまち　山口県下関市
長府中之町　ちょうふなかのちょう　山口県下関市
長府中六波町　ちょうふなかろっぱちょう　山口県下関市
長府中尾町　ちょうふなかおちょう　山口県下関市
長府中浜町　ちょうふなかはまちょう　山口県下関市
長府日の出町　ちょうふひのでちょう　山口県下関市
長府古江小路町　ちょうふふるえしょうじちょう　山口県下関市
長府古城町　ちょうふこじょうちょう　山口県下関市
長府四王司町　ちょうふしおうじちょう　山口県下関市
長府外浦町　ちょうふそとうらちょう　山口県下関市
長府印内町　ちょうふいんないちょう　山口県下関市
長府向田町　ちょうふむかいだちょう　山口県下関市
長府安養寺　ちょうふあんようじ　山口県下関市
長府江下町　ちょうふえげまち　山口県下関市
長府羽衣町　ちょうふはごろもちょう　山口県下関市
長府羽衣南町　ちょうふはごろもみなみちょう　山口県下関市
長府侍町　ちょうふさむらいまち　山口県下関市
長府松小田中町　ちょうふまつおだなかまち　山口県下関市
長府松小田北町　ちょうふまつおだきたまち　山口県下関市
長府松小田本町　ちょうふまつおだほんまち　山口県下関市
長府松小田西町　ちょうふまつおだにしまち　山口県下関市

787

8画（長）

長府松小田東町　ちょうふまつおだひがしまち　山口県下関市

長府松小田南町　ちょうふまつおだみなみまち　山口県下関市

長府松原町　ちょうふまつばらちょう　山口県下関市

長府東侍町　ちょうふひがしさむらいまち　山口県下関市

長府金屋町　ちょうふかなやちょう　山口県下関市

長府金屋浜町　ちょうふかなやはまちょう　山口県下関市

長府前八幡町　ちょうふまえやはたちょう　山口県下関市

長府南之町　ちょうふみなみのちょう　山口県下関市

長府宮の内町　ちょうふみやのうちちょう　山口県下関市

長府宮崎町　ちょうふみやざきちょう　山口県下関市

長府扇町　ちょうふおおぎまち　山口県下関市

長府浜浦西町　ちょうふはまうらにしまち　山口県下関市

長府浜浦町　ちょうふはまうらちょう　山口県下関市

長府浜浦南町　ちょうふはまうらみなみまち　山口県下関市

長府珠の浦町　ちょうふたまのうらちょう　山口県下関市

長府逢坂町　ちょうふおうさかちょう　山口県下関市

長府高場町　ちょうふたかばちょう　山口県下関市

長府亀の甲　ちょうふかめのこう　山口県下関市

長府紺屋町　ちょうふこんやちょう　山口県下関市

長府野久留米町　ちょうふのぐるめちょう　山口県下関市

長府黒門町　ちょうふくろもんちょう　山口県下関市

長府黒門東町　ちょうふくろもんひがしまち　山口県下関市

長府黒門南町　ちょうふくろもんみなみまち　山口県下関市

長府惣社町　ちょうふそうしゃまち　山口県下関市

長府港町　ちょうふみなとまち　山口県下関市

長府満珠町　ちょうふまんじゅちょう　山口県下関市

長府満珠新町　ちょうふまんじゅしんまち　山口県下関市

長府新四王司町　ちょうふしんしおうじちょう　山口県下関市

長府新松原町　ちょうふしんまつばらちょう　山口県下関市

長府豊城町　ちょうふほうじょうちょう　山口県下関市

長府豊浦町　ちょうふとよらちょう　山口県下関市

長延
　ちょうえん　京都府与謝郡伊根町
　ながのぶ　福岡県八女郡広川町

長所　ちょうしょ　新潟県燕市

長房町　ながぶさまち　東京都八王子市

長明寺町　ちょうみょうじちょう　三重県亀山市

長松
　ながまつ　新潟県村上市
　ながまつ　新潟県魚沼市

長松寺町　ちょうしょうじちょう　山梨県甲府市

長松町　ながまつちょう　岐阜県大垣市

長治町　ながはるちょう　愛知県小牧市

長沼
　ながぬま　秋田県南秋田郡八郎潟町

　ながぬま　山形県鶴岡市
　ながぬま　山形県西村山郡朝日町
　ながぬま　福島県須賀川市
　ながぬま　栃木県真岡市
　ながぬま　千葉県成田市
　ながぬま　東京都（京王電鉄京王線）
　ながぬま　神奈川県厚木市
　ながぬま　静岡県（静岡鉄道静岡清水線）
　ながぬま　静岡県静岡市葵区
　ながぬま　岡山県岡山市東区

長沼町
　ながぬままちょう　北海道夕張郡
　ながぬままち　群馬県伊勢崎市
　ながぬままちょう　千葉県千葉市稲毛区
　ながぬままち　東京都八王子市
　ながぬままち　神奈川県横浜市栄区

長沼原町　ながぬまはらちょう　千葉県千葉市稲毛区

長泥
　ながどろ　青森県北津軽郡中泊町
　ながどろ　福島県相馬郡飯舘村

長法寺　ちょうほうじ　京都府長岡京市

長法寺町　ちょうほうじちょう　三重県鈴鹿市

長牧　ながまき　愛知県海部郡大治町

長知内　おさちない　北海道沙流郡平取町

長知沢　ちょうちざわ　山梨県南巨摩郡富士川町

長者
　ちょうじゃ　青森県八戸市
　ちょうじゃ　福島県郡山市
　ちょうじゃ　高知県高岡郡越知町

長者ケ浜潮騒はまなす公園前　ちょうじゃがはまし
　おさいはまなすこうえんまえ　茨城県（鹿島臨海鉄道大洗鹿島線）

長者乙　ちょうじゃおつ　高知県吾川郡仁淀川町

長者丁　ちょうじゃてい　高知県吾川郡仁淀川町

長者久保　ちょうじゃくぼ　青森県上北郡東北町

長者丙　ちょうじゃへい　高知県吾川郡仁淀川町

長者町
　ちょうじゃまち　山形県鶴岡市
　ちょうじゃまち　千葉県（JR外房線）
　ちょうじゃまち　神奈川県横浜市中区
　ちょうじゃまち　新潟県新潟市東区
　ちょうじゃまち　新潟県上越市
　ちょうじゃまち　岐阜県岐阜市
　ちょうじゃまち　愛知県犬山市
　ちょうじゃまち　兵庫県神戸市長田区
　ちょうじゃまち　広島県福山市
　ちょうじゃまち　福岡県朝倉郡筑前町

長者前　ちょうじゃまえ　岩手県八幡平市

長者原
　ちょうじゃはら　山形県最上郡舟形町
　ちょうじゃがはら　静岡県伊豆の国市
　ちょうじゃばら　広島県尾道市
　ちょうじゃばる　福岡県（JR篠栗線）
　ちょうじゃばる　福岡県糟屋郡粕屋町

長者原西　ちょうじゃばるにし　福岡県糟屋郡粕屋町

長者原東　ちょうじゃばるひがし　福岡県糟屋郡粕屋町

長者宮　ちょうじゃみや　福島県二本松市

長者館　ちょうじゃだて　新潟県新発田市

長苗代
　ながなわしろ　青森県（JR八戸線）
　ながなわしろ　青森県八戸市

8画（長）

	ながなわしろ	山形県山形市
長迫町	ながさこちょう	広島県呉市
長門二見	ながとふたみ	山口県（JR山陰本線）
長門三隅	ながとみすみ	山口県（JR山陰本線）
長門大井	ながとおおい	山口県（JR山陰本線）
長門古市	ながとふるいち	山口県（JR山陰本線）
長門市		
	ながとし	山口県（JR山陰本線）
	ながとし	山口県
長門本山	ながともとやま	山口県（JR小野田線）
長門石	ながといし	福岡県久留米市
長門石町	ながといしまち	福岡県久留米市
長門町		
	ながとちょう	長野県長野市
	ながとちょう	京都府京都市上京区
	ながとまち	山口県下関市
長門谷	ながとや	千葉県印旛郡栄町
長門長沢	ながとながさわ	山口県（JR小野田線）
長門屋	ながとや	千葉県印西市
長門峡	ちょうもんきょう	山口県（JR山口線）
長門湯本	ながとゆもと	山口県（JR美祢線）
長門粟野	ながとあわの	山口県（JR山陰本線）
長附	ながつき	富山県富山市
9 長乗西町	ちょうじょうにしまち	京都府京都市北区
長乗東町	ちょうじょうひがしまち	京都府京都市北区
長南	ちょうなん	千葉県長生郡長南町
長南町	ちょうなんまち	千葉県長生郡
長屋		
	ながや	福島県本宮市
	ながや	富山県（富山地方鉄道本線）
	ながや	富山県中新川郡立山町
	ながや	岐阜県本巣市
	ながや	岡山県新見市
	ながや	高知県吾川郡仁淀川町
長屋町	ちょうやまち	石川県白山市
長峡町	ながおちょう	大阪府大阪市住吉区
長後		
	ちょうご	青森県下北郡佐井村
	ちょうご	神奈川県（小田急電鉄江ノ島線）
	ちょうご	神奈川県藤沢市
長持	ながもち	神奈川県平塚市
長政	ながまさ	新潟県村上市
長栄		
	ちょうえい	埼玉県草加市
	ちょうえい	愛知県名古屋市守山区
長栄寺	ちょうえいじ	大阪府東大阪市
長栄寺町	ちょうえいじちょう	大阪府寝屋川市
長柄		
	ながえ	神奈川県三浦郡葉山町
	ながら	奈良県（JR桜井線）
	ながら	鳥取県鳥取市
長柄山	ながらやま	千葉県長生郡長柄町
長柄中	ながらなか	大阪府大阪市北区
長柄西	ながにし	大阪府大阪市北区
長柄町		
	ながえちょう	宮城県遠田郡涌谷町
	ながらまち	千葉県長生郡
	ながえまち	富山県富山市
	ながらまち	石川県かほく市
	ながらちょう	奈良県天理市

長柄東	ながらひがし	大阪府大阪市北区
長海町	ながみちょう	島根県松江市
長洲		
	ながず	千葉県千葉市中央区
	ながす	熊本県（JR鹿児島本線）
	ながす	熊本県玉名郡長洲町
	ながす	大分県宇佐市
長洲中通	ながすなかどおり	兵庫県尼崎市
長洲本通	ながすほんどおり	兵庫県尼崎市
長洲西通	ながすにしどおり	兵庫県尼崎市
長洲町	ながすまち	熊本県玉名郡
長洲東通	ながすひがしどおり	兵庫県尼崎市
長泉なめり	ながいずみなめり	静岡県（JR御殿場線）
長泉寺町	ちょうせんじちょう	福井県鯖江市
長泉町	ながいずみちょう	静岡県駿東郡
長津	ながつ	福岡県中間市
長津田		
	ながつた	神奈川県（JR横浜線ほか）
	ながつた	神奈川県横浜市緑区
長津田みなみ台	ながつたみなみだい	神奈川県横浜市緑区
長津田町	ながつたちょう	神奈川県横浜市緑区
長洞	ながほら	岐阜県可児市
長畑		
	ながはた	岩手県岩手郡雫石町
	ながはた	栃木県日光市
	ながばたけ	新潟県新発田市
	ながはた	高知県高岡郡日高村
長畑町		
	ながはたちょう	兵庫県神戸市西区
	ながはたちょう	長崎県佐世保市
長砂		
	ながすな	茨城県ひたちなか市
	ながすな	鳥取県八頭郡若桜町
長砂町	ながすなちょう	鳥取県米子市
長科	ながしな	青森県東津軽郡蓬田村
長竿	ながさお	茨城県稲敷郡河内町
長草		
	ながくさちょう	愛知県名古屋市中村区
	ながくさちょう	愛知県豊川市
	ながくさまち	愛知県大府市
長貞	ながさだ	兵庫県加東市
長追	ながおい	和歌山県東牟婁郡古座川町
長面		
	ながつら	宮城県石巻市
	ながおもて	福島県喜多方市
	ながおもて	新潟県上越市
長音寺	ちょうおんじ	福岡県行橋市
10 長倉		
	ながくら	岩手県九戸郡軽米町
	ながくら	秋田県大館市
	ながくら	茨城県常陸大宮市
	ながくら	千葉県山武郡横芝光町
	ながくら	新潟県長岡市
	ながくら	富山県中新川郡立山町
	ながくら	長野県北佐久郡軽井沢町
	ながくら	佐賀県東松浦郡玄海町
長倉西町	ながくらにしまち	新潟県長岡市
長倉町		
	ながくらちょう	神奈川県横浜市栄区

789

8画（長）

　　　ながくらまち　新潟県長岡市
長倉南町　ながくらみなみまち　新潟県長岡市
長原
　　　ながはら　東京都（東京急行電鉄池上線）
　　　ながわら　三重県度会郡度会町
　　　ながはら　大阪府（大阪市交通局谷町線）
　　　ながはら　徳島県板野郡松茂町
　　　ながはら　熊本県上益城郡山都町
長姫町　おさひめちょう　長野県飯田市
長宮
　　　ながみや　埼玉県さいたま市岩槻区
　　　ながみや　埼玉県ふじみ野市
長島
　　　ながしま　北海道苫前郡苫前町
　　　ながしま　青森県青森市
　　　ながしま　岩手県西磐井郡平泉町
　　　ながしま　山形県村山市
　　　ながしま　栃木県真岡市
　　　ながしま　埼玉県越谷市
　　　ながしま　千葉県香取市
　　　ながしま　新潟県新発田市
　　　ながしま　長野県下伊那郡天龍村
　　　ながしま　三重県（JR関西本線）
　　　ながしま　三重県北牟婁郡紀北町
　　　ながしま　滋賀県野洲市
　　　ながしま　山口県熊毛郡上関町
長島ダム　ながしまだむ　静岡県（大井川鉄道井川線）
長島町
　　　ながしままち　石川県白山市
　　　ながしまちょう　愛知県一宮市
　　　ながしままち　大分県佐伯市
　　　ながしまちょう　鹿児島県出水郡
長島町十日外面　ながしまちょうとおかども　三重県桑名市
長島町又木　ながしまちょうまたぎ　三重県桑名市
長島町又木市街　ながしまちょうまたぎしがい　三重県桑名市
長島町下坂手　ながしまちょうしもさかて　三重県桑名市
長島町上坂手　ながしまちょうかみさかて　三重県桑名市
長島町久須見　おさしまちょうくすみ　岐阜県恵那市
長島町千倉　ながしまちょうちくら　三重県桑名市
長島町大倉　ながしまちょうおおくら　三重県桑名市
長島町大島　ながしまちょうおおじま　三重県桑名市
長島町小島　ながしまちょうこじま　三重県桑名市
長島町中川　ながしまちょうなかがわ　三重県桑名市
長島町中野　おさしまちょうなかの　岐阜県恵那市
長島町出口　ながしまちょうでぐち　三重県桑名市
長島町北殿名　ながしまちょうきたとのめ　三重県桑名市
長島町平方　ながしまちょうひらかた　三重県桑名市
長島町正家　おさしまちょうしょうげ　岐阜県恵那市
長島町永田　おさしまちょうながた　岐阜県恵那市
長島町白鶏　ながしまちょうはっけ　三重県桑名市
長島町西川　ながしまちょうにしかわ　三重県桑名市
長島町西外面　ながしまちょうにしども　三重県桑名市
長島町西外面市街　ながしまちょうにしどもしがい　三重県桑名市
長島町杉江　ながしまちょうすぎえ　三重県桑名市

長島町赤地　ながしまちょうあかじ　三重県桑名市
長島町押付　ながしまちょうおしつけ　三重県桑名市
長島町松ケ島　ながしまちょうまつがしま　三重県桑名市
長島町松之木　ながしまちょうまつのき　三重県桑名市
長島町松蔭　ながしまちょうまつかげ　三重県桑名市
長島町東殿名　ながしまちょうひがしとのめ　三重県桑名市
長島町長島下町　ながしまちょうながしましもまち　三重県桑名市
長島町長島中町　ながしまちょうながしまなかまち　三重県桑名市
長島町長島萱町　ながしまちょうながしまかやまち　三重県桑名市
長島町浦安　ながしまちょううらやす　三重県桑名市
長島町高座　ながしまちょうこうざ　三重県桑名市
長島町葭ケ須　ながしまちょうよしがす　三重県桑名市
長島町間々　ながしまちょうまま　三重県桑名市
長島町新所　ながしまちょうしんしょ　三重県桑名市
長島町殿名　ながしまちょうとのめ　三重県桑名市
長島町源部外面　ながしまちょうげんべども　三重県桑名市
長島町福吉　ながしまちょうふくよし　三重県桑名市
長島町福豊　ながしまちょうふくとよ　三重県桑名市
長島町横満蔵　ながしまちょうよこまくら　三重県桑名市
長島町駒江　ながしまちょうこまえ　三重県桑名市
長島町鍋山　おさしまちょうなべやま　岐阜県恵那市
長島町鎌ケ地　ながしまちょうかまがじ　三重県桑名市
長峰
　　　ながみね　青森県（JR奥羽本線）
　　　ながみね　青森県南津軽郡大鰐町
　　　ながみね　茨城県つくば市
　　　ながみね　東京都稲城市
　　　ながみね　愛知県知多郡武豊町
長峰一ノ切　ながみねいちのきり　愛知県常滑市
長峰二ノ切　ながみねにのきり　愛知県常滑市
長峰三ノ切　ながみねさんのきり　愛知県常滑市
長峰台　ながみねだい　兵庫県神戸市灘区
長峰四ノ切　ながみねよんのきり　愛知県常滑市
長峰町
　　　ながみねまち　茨城県龍ケ崎市
　　　ながみねちょう　栃木県宇都宮市
　　　ながみねまち　新潟県長岡市
　　　ながみねまち　新潟県柏崎市
長師　ながし　愛媛県松山市
長根
　　　ながね　青森県八戸市
　　　ながね　岩手県宮古市
　　　ながね　岩手県下閉伊郡田野畑村
長根山下　ながねやました　秋田県大館市
長根町
　　　ながねちょう　愛知県名古屋市緑区
　　　ながねちょう　愛知県半田市
　　　ながねちょう　愛知県大府市
長栖　ながす　茨城県鹿嶋市
長浦
　　　ながうら　千葉県（JR内房線）

790

8画（長）

ながうら　千葉県袖ケ浦市
ながうら　愛知県（名古屋鉄道常滑線）
ながうら　愛知県知多市

長浦台　ながうらだい　福岡県太宰府市

長浦町
ながうらちょう　神奈川県横須賀市
ながうらまち　長崎県長崎市

長浦駅前　ながうらえきまえ　千葉県袖ケ浦市

長浜
ながはま　福島県南会津郡只見町
ながはま　埼玉県児玉郡上里町
ながはま　神奈川県横浜市金沢区
ながはま　新潟県上越市
ながはま　山梨県南都留郡富士河口湖町
ながはま　滋賀県（JR北陸本線）
ながはま　京都府舞鶴市
ながはま　香川県小豆郡土庄町
ながはま　高知県高知市
ながはま　福岡県福岡市中央区
ながはま　福岡県筑後市
ながはま　沖縄県中頭郡読谷村

長浜乙　ながはまおつ　愛媛県大洲市
長浜市　ながはまし　滋賀県
長浜甲　ながはまこう　愛媛県大洲市

長浜町
ながはまちょう　宮城県石巻市
ながはまちょう　新潟県柏崎市
ながはまちょう　京都府京都市中京区
ながはまちょう　島根県浜田市
ながはまちょう　島根県出雲市
ながはままち　福岡県北九州市小倉北区
ながはまちょう　福岡県京都郡苅田町
ながはままち　熊本県宇土市
ながはままち　大分県大分市
ながはままち　宮崎県延岡市

長浜町下須戒甲　ながはまちょうしもすかいこう　愛媛県大洲市
長浜町上老松甲　ながはまちょうじょろまつこう　愛媛県大洲市
長浜町大越甲　ながはまちょうおおごしこう　愛媛県大洲市
長浜町今坊甲　ながはまちょうこんぼうこう　愛媛県大洲市
長浜町仁久甲　ながはまちょうにぎゅうこう　愛媛県大洲市
長浜町出海乙　ながはまちょういずみおつ　愛媛県大洲市
長浜町出海甲　ながはまちょういずみこう　愛媛県大洲市
長浜町沖浦乙　ながはまちょうおきうらおつ　愛媛県大洲市
長浜町沖浦丙　ながはまちょうおきうらへい　愛媛県大洲市
長浜町沖浦甲　ながはまちょうおきうらこう　愛媛県大洲市
長浜町拓海　ながはまちょうたくみ　愛媛県大洲市
長浜町青島　ながはまちょうあおしま　愛媛県大洲市
長浜町黒田甲　ながはまちょうくろんたこう　愛媛県大洲市
長浜町晴海　ながはまちょうはるみ　愛媛県大洲市
長浜町須沢丙　ながはまちょうすさわへい　愛媛県大洲市

長浜町穂積乙　ながはまちょうほづみおつ　愛媛県大洲市
長浜町穂積甲　ながはまちょうほずみこう　愛媛県大洲市
長浜町櫛生乙　ながはまちょうくしゅうおつ　愛媛県大洲市
長浜町櫛生丙　ながはまちょうくしゅうへい　愛媛県大洲市
長浜町櫛生甲　ながはまちょうくしゅうこう　愛媛県大洲市
長浜宮田　ながはまみやた　高知県高知市
長浜蒔絵台　ながはままきえだい　高知県高知市
長流枝　おさるし　北海道河東郡音更町
長流枝幹線　おさるしかんせん　北海道河東郡音更町
長畝　ながうね　長野県塩尻市
長畠　ながばたけ　兵庫県淡路市
長留　ながる　埼玉県秩父郡小鹿野町
長留内　おさるない　北海道雨竜郡幌加内町
長起　ながおき　新潟県阿賀野市
長通　ながどおり　静岡県富士市
長配　ちょうはい　愛知県長久手市
長高野　おさごうや　茨城県つくば市

11**長堂**
ちょうどう　大阪府東大阪市
ながどう　沖縄県豊見城市

長堀　ながほり　愛媛県宇和島市
長堀町　ながほりちょう　茨城県ひたちなか市
長堀新田　ながほりしんでん　新潟県魚沼市
長堀橋　ながほりばし　大阪府（大阪市交通局堺筋線ほか）

長崎
ながさき　青森県黒石市
ながさき　岩手県下閉伊郡山田町
ながさき　宮城県気仙沼市
ながさき　秋田県能代市
ながさき　山形県鶴岡市
ながさき　山形県東村山郡中山町
ながさき　千葉県流山市
ながさき　千葉県富津市
ながさき　東京都豊島区
ながさき　新潟県柏崎市
ながさき　新潟県南魚沼市
ながさき　静岡県静岡市清水区
ながさき　静岡県伊豆の国市
ながさき　高知県（とさでん交通ごめん線）
ながさき　福岡県筑後市
ながさき　長崎県（JR長崎本線）
ながさき　熊本県水俣市
ながさき　熊本県上益城郡山都町

長崎大学前　ながさきだいがくまえ　長崎県（長崎電気軌道1系統ほか）
長崎中央町　ながさきちゅうおうちょう　山口県下関市
長崎市　ながさきし　長崎県
長崎本町　ながさきほんまち　山口県下関市

長崎町
ながさきまち　千葉県銚子市
ながさきまち　石川県小松市
ながさきちょう　山口県下関市
ながさきちょう　福岡県北九州市八幡西区
ながさきちょう　鹿児島県いちき串木野市

長崎南町　ながさきみなみちょう　静岡県静岡市清水区

8画（長）

長崎県　ながさきけん
長崎新田
　　ながさきしんでん　　新潟県柏崎市
　　ながさきしんでん　　静岡県静岡市清水区
長崎新町　ながさきしんまち　　山口県下関市
長崎駅前　ながさきえきまえ　　長崎県（長崎電気軌道
　1系統ほか）
長曽根町　ながそねちょう　　滋賀県彦根市
長曽根南町　ながそねみなみちょう　　滋賀県彦根市
長深　ながふけ　　三重県員弁郡東員町
長清水
　　ちょうしみず　　宮城県加美郡加美町
　　ながしみず　　山形県上山市
　　ながしみず　　千葉県茂原市
長淵　ながぶち　　東京都青梅市
長渕　ながぶち　　福岡県朝倉市
長笹　ながささ　　広島県山県郡北広島町
長船　おさふね　　岡山県（JR赤穂線）
長船町八日市　おさふねちょうようかいち　　岡山県瀬
　戸内市
長船町土師　おさふねちょうはじ　　岡山県瀬戸内市
長船町牛文　おさふねちょううしふみ　　岡山県瀬戸内市
長船町西須恵　おさふねちょうにしすえ　　岡山県瀬戸
　内市
長船町服部　おさふねちょうはっとり　　岡山県瀬戸内市
長船町東須恵　おさふねちょうひがしすえ　　岡山県瀬
　戸内市
長船町長船　おさふねちょうおさふね　　岡山県瀬戸内市
長船町飯井　おさふねちょういい　　岡山県瀬戸内市
長船町福里　おさふねちょうふくさと　　岡山県瀬戸内市
長船町福岡　おさふねちょうふくおか　　岡山県瀬戸内市
長船町磯上　おさふねちょういそかみ　　岡山県瀬戸内市
長貫　ながぬき　　静岡県富士宮市
長貫町　ながぬきまち　　長崎県島原市
長郷　ちょうごう　　鳥取県岩美郡岩美町
長郷田　おさごうだ　　福岡県石川郡石川町
長都
　　おさつ　　北海道（JR千歳線）
　　おさつ　　北海道千歳市
長都駅前　おさつえきまえ　　北海道千歳市
長部　ながべ　　千葉県旭市
長野
　　ながの　　青森県北津軽郡板柳町
　　ながの　　秋田県大仙市
　　ながの　　福島県南会津郡南会津町
　　ながの　　埼玉県行田市
　　ながの　　新潟県三条市
　　ながの　　富山県下新川郡朝日町
　　ながの　　福井県大野市
　　ながの　　長野県（JR長野新幹線ほか）
　　ながの　　長野県木曽郡大桑村
　　ながの　　愛知県稲沢市
　　ながの　　滋賀県愛知郡愛荘町
　　ながの　　兵庫県養父市
　　ながの　　奈良県宇陀郡曽爾村
　　ながの　　和歌山県田辺市
　　ながの　　鳥取県西伯郡大山町
　　ながの　　岡山県岡山市北区
　　ながの　　山口県岩国市
　　ながの　　福岡県北九州市小倉南区
　　ながの　　福岡県八女市

　　ながの　　福岡県糸島市
　　ながの　　佐賀県三養基郡基山町
　　ながの　　熊本県水俣市
　　ながの　　熊本県阿蘇郡南阿蘇村
長野市　ながのし　　長野県
長野本町　ながのほんまち　　福岡県北九州市小倉南区
長野江　ながのえ　　茨城県行方市
長野西　ながのにし　　大阪府吹田市
長野町
　　ながのちょう　　愛知県稲沢市
　　ながのちょう　　大阪府河内長野市
　　ながのまち　　長崎県諫早市
　　ながのちょう　　熊本県水俣市
長野東　ながのひがし　　大阪府吹田市
長野東町　ながのひがしまち　　福岡県北九州市小倉
　南区
長野県　ながのけん
長野原
　　ながのはら　　群馬県吾妻郡長野原町
　　ながのはら　　長野県飯田市
長野原町　ながのはらまち　　群馬県吾妻郡
長野原草津口　ながのはらくさつぐち　　群馬県（JR吾
　妻線）
長野郷　ながのごう　　長崎県東彼杵郡波佐見町
長鳥
　　ながとり　　新潟県（JR信越本線）
　　ながとり　　新潟県魚沼市
12.長割　おさわり　　新潟県新潟市秋葉区
長喜町　ながきちょう　　愛知県名古屋市北区
長喜城　ちょうきじょう　　宮城県仙台市若林区
長善寺　ちょうぜんじ　　山形県村山市
長場
　　ながば　　新潟県新潟市北区
　　ながば　　新潟県新潟市西蒲区
長塚
　　ながつか　　福島県双葉郡双葉町
　　ながつか　　茨城県下妻市
　　ながつか　　山梨県甲斐市
　　ながつか　　滋賀県愛知郡愛荘町
長塚町
　　ながつかまち　　千葉県銚子市
　　ながつか　　愛知県春日井市
長堤　ながつつみ　　栃木県芳賀郡益子町
長富
　　ながとみ　　青森県五所川原市
　　ながどみ　　千葉県長生郡長柄町
長曾根町　ながそねちょう　　大阪府堺市北区
長勝寺町　ちょうしょうじちょう　　滋賀県東近江市
長森
　　ながもり　　新潟県妙高市
　　ながもり　　新潟県南魚沼市
　　ながもり　　岐阜県（JR高山本線）
　　ながもり　　静岡県磐田市
長森本町　ながもりほんまち　　岐阜県岐阜市
長森岩戸　ながもりいわど　　岐阜県岐阜市
長森細畑　ながもりほそばた　　岐阜県岐阜市
長森新田　ながもりしんでん　　新潟県南魚沼市
長渡　ながわたり　　新潟県燕市
長渡呂　ながとろ　　茨城県つくばみらい市
長渡呂新田　ながとろしんでん　　茨城県つくばみら
　い市

8画（長）

長渡浜　ふたわたしはま　宮城県石巻市
長禄町　ちょうろくちょう　福島県須賀川市
長等　ながら　滋賀県大津市
長萱　おさがや　茨城県下妻市
長間
　　ながま　埼玉県幸手市
　　ちょうま　愛知県常滑市
長陽　ちょうよう　熊本県（南阿蘇鉄道線）
長須　ながす　茨城県坂東市
長須賀
　　ながすか　千葉県館山市
　　ながすか　千葉県木更津市
　　ながすか　静岡県磐田市
　　ながすか　愛知県名古屋市中川区
13長楽
　　ながらく　埼玉県比企郡川島町
　　ちょうらく　奈良県北葛城郡河合町
長楽寺
　　ちょうらくじ　千葉県長生郡睦沢町
　　ちょうらくじ　広島県（広島高速交通アストラムライン）
　　ちょうらくじ　広島県広島市安佐南区
長楽寺町　ちょうらくじちょう　広島県広島市安佐南区
長楽町　ながらちょう　兵庫県神戸市長田区
長殿　ながとの　奈良県吉野郡十津川村
長源寺　ちょうげんじ　富山県南砺市
長源段　ちょうげんだん　福島県喜多方市
長溝　ながみぞ　静岡県袋井市
長溝町　ながみぞまち　福岡県大牟田市
長滝
　　ながたき　岐阜県山県市
　　ながたき　大阪府（JR阪和線）
　　ながたき　大阪府泉佐野市
長滝町
　　ながたきまち　石川県能美市
　　ながたきちょう　奈良県天理市
長福　ながふく　島根県鹿足郡津和野町
長福寺町　ちょうふくじちょう　滋賀県近江八幡市
長節
　　ちょうぶし　北海道根室市
　　ちょうぶし　北海道中川郡豊頃町
長筬町　ながおさちょう　愛知県名古屋市中村区
14長旗町　ながはたちょう　岐阜県岐阜市
長熊
　　ながくま　千葉県佐倉市
　　ながくま　静岡県静岡市葵区
15長慶平　ちょうけいだいら　青森県西津軽郡深浦町
長慶寺　ちょうけいじ　富山県高岡市
長横町　ながよこちょう　青森県八戸市
長潟
　　ながた　新潟県新潟市中央区
　　ながた　新潟県新潟市江南区
長穂　ながほ　山口県周南市
長縄町　ながなわちょう　愛知県西尾市
長蔵　ちょうぞう　埼玉県川口市
長蔵新田　ちょうぞうしんでん　埼玉県川口市
16長橋
　　ながはし　北海道小樽市
　　ながはし　青森県五所川原市

　　ながはし　新潟県五泉市
　　ながはし　新潟県胎内市
　　ながはし　大阪府大阪市西成区
長橋町
　　ながはしちょう　岩手県盛岡市
　　ながはしまち　石川県珠洲市
　　ながはしちょう　福井県福井市
長澤　ながさわ　山梨県南巨摩郡富士川町
長澤町　ながさわちょう　三重県鈴鹿市
長興寺
　　ちょうこうじ　岩手県九戸郡九戸村
　　ちょうこうじ　愛知県豊田市
長興寺北　ちょうこうじきた　大阪府豊中市
長興寺南　ちょうこうじみなみ　大阪府豊中市
17長嶺
　　ながみね　宮城県仙台市太白区
　　ながみね　新潟県三条市
　　ながみね　愛知県額田郡幸田町
　　ながみね　宮崎県宮崎市
　　ながみね　鹿児島県大島郡喜界町
長嶺西　ながみねにし　熊本県熊本市東区
長嶺町　ながみねまち　新潟県新潟市中央区
長嶺東　ながみねひがし　熊本県熊本市東区
長嶺南　ながみねみなみ　熊本県熊本市東区
長檀　ながだん　宮城県加美郡加美町
長瀞
　　ながとろ　宮城県亘理郡亘理町
　　ながとろ　山形県東根市
　　ながとろ　山形県南陽市
　　ながとろ　埼玉県（秩父鉄道線）
　　ながとろ　埼玉県秩父郡長瀞町
　　ながとろ　神奈川県平塚市
長瀞町　ながとろまち　埼玉県秩父郡
長磯七半沢　ながいそしちはんざわ　宮城県気仙沼市
長磯二本松　ながいそにほんまつ　宮城県気仙沼市
長磯下原　ながいそしもばら　宮城県気仙沼市
長磯大窪　ながいそおおくぼ　宮城県気仙沼市
長磯中原　ながいそなかはら　宮城県気仙沼市
長磯赤貝　ながいそあかがい　宮城県気仙沼市
長磯牧通　ながいそまぎどおり　宮城県気仙沼市
長磯前林　ながいそまえばやし　宮城県気仙沼市
長磯後沢　ながいそうしろざわ　宮城県気仙沼市
長磯原　ながいそはら　宮城県気仙沼市
長磯原ノ沢　ながいそはらのさわ　宮城県気仙沼市
長磯浜　ながいそはま　宮城県気仙沼市
長磯船原　ながいそふなはら　宮城県気仙沼市
長磯鳥子沢　ながいそとりこざわ　宮城県気仙沼市
長磯森　ながいそもり　宮城県気仙沼市
長篠　ながしの　愛知県新城市
長篠町　ながしのちょう　愛知県知立市
長篠城　ながしのじょう　愛知県（JR飯田線）
18長藤
　　ながとう　島根県邑智郡美郷町
　　ながとう　岡山県苫田郡鏡野町
19長瀬
　　ながせ　埼玉県入間郡毛呂山町
　　ながせ　神奈川県横須賀市
　　ながせ　長野県上田市
　　ながせ　岐阜県美濃市
　　ながせ　岐阜県大野郡白川村
　　ながせ　静岡県伊豆の国市

793

8画（門）

　　ながせ　三重県名張市
　　ながせ　京都府船井郡京丹波町
　　ながせ　大阪府（近畿日本鉄道大阪線）
　　ながせ　奈良県吉野郡黒滝村
　　ながせ　和歌山県田辺市
　　ながせ　大分県佐伯市
　長瀬町
　　ながせちょう　岐阜県多治見市
　　ながせちょう　愛知県豊橋市
　　ながせちょう　大阪府東大阪市
　　ながせまち　佐賀県佐賀市
²¹**長鶴町**　ながつるちょう　静岡県浜松市東区

【門】
　門
　　かど　岩手県盛岡市
　　かど　岩手県下閉伊郡岩泉町
²**門入**　かどにゅう　岐阜県揖斐郡揖斐川町
³**門口町**　もんぐちちょう　兵庫県神戸市兵庫区
　門川
　　もんがわ　神奈川県足柄下郡湯河原町
　　かどがわ　宮崎県（JR日豊本線）
　門川尾末　かどかわおずえ　宮崎県東臼杵郡門川町
　門川町　かどがわちょう　宮崎県東臼杵郡
⁴**門井**
　　かどい　茨城県常陸大宮市
　　かどい　茨城県筑西市
　門井町　かどいちょう　埼玉県行田市
　門内町
　　かどうちまち　長崎県島原市
　　もんないまち　熊本県宇土市
　門戸厄神　もんどやくじん　兵庫県（阪急電鉄今津線）
　門戸西町　もんどにしまち　兵庫県西宮市
　門戸岡田町　もんどおかだちょう　兵庫県西宮市
　門戸東町　もんどひがしまち　兵庫県西宮市
　門戸荘　もんどそう　兵庫県西宮市
　門毛　かどけ　茨城県桜川市
⁵**門司**
　　もじ　福岡県（JR鹿児島本線）
　　もじ　福岡県北九州市門司区
　門司区　もじく　福岡県北九州市
　門司港　もじこう　福岡県（JR鹿児島本線）
　門外　かどけ　青森県弘前市
　門生町　かどうちょう　島根県安来市
　門田
　　かどた　山形県酒田市
　　もんでん　福岡県（会津鉄道線）
　　もんた　新潟県新潟市西蒲区
　　かどた　鳥取県東伯郡湯梨浜町
　　もんで　岡山県総社市
　　もんでん　大分県竹田市
　門田文化町　かどたぶんかまち　岡山県岡山市中区
　門田本町　かどたほんまち　岡山県岡山市中区
　門田町
　　もんでんちょう　岡山県井原市
　　もんでんちょう　広島県尾道市
　　もんでちょう　広島県庄原市
　　かどたまち　愛媛県松山市
　門田町一ノ堰　もんでんまちいちのせき　福島県会津若松市

門田町工業団地　もんでんまちこうぎょうだんち　福島県会津若松市
門田町中野　もんでんまちなかの　福島県会津若松市
門田町日吉　もんでんまちひよし　福島県会津若松市
門田町年貢町　もんでんまちねんぐまち　福島県会津若松市
門田町面川　もんでんまちおもがわ　福島県会津若松市
門田町黒岩　もんでんまちくろいわ　福島県会津若松市
門田町堤沢　もんでんまちつつみざわ　福島県会津若松市
門田町御山　もんでんまちおやま　福島県会津若松市
門田町飯寺　もんでんまちにいでら　福島県会津若松市
門田町徳久　もんでんまちとくひさ　福島県会津若松市
門田屋敷
　　かどたやしき　岡山県（岡山電気軌道東山本線）
　　かどたやしき　岡山県岡山市中区
門田屋敷本町　かどたやしきほんまち　岡山県岡山市中区
門田新田　もんでんしんでん　新潟県上越市
⁶**門伝**　もんでん　山形県山形市
⁷**門別本町**　もんべつほんちょう　北海道沙流郡日高町
　門尾　かどお　鳥取県八頭郡八頭町
　門沢
　　かどさわ　宮城県加美郡加美町
　　かどさわ　長野県長野市
　門沢橋
　　かどさわばし　神奈川県（JR相模線）
　　かどさわばし　神奈川県海老名市
　門谷
　　かどや　愛知県新城市
　　かどたに　鳥取県日野郡日野町
　門貝　かどがい　群馬県吾妻郡嬬恋村
⁸**門和佐**　かどわさ　岐阜県下呂市
　門松　かどまつ　福岡県（JR篠栗線）
　門東町　もんとうまち　山形県米沢市
⁹**門前**
　　もんぜん　岩手県久慈市
　　もんぜん　群馬県利根郡川場村
　　もんぜん　千葉県市原市
　　もんぜん　新潟県村上市
　　もんぜん　新潟県南魚沼市
　　もんぜん　石川県羽咋郡宝達志水町
　　もんぜん　福井県福井市
　　もんぜん　福井県小浜市
　　もんぜん　三重県度会郡玉城町
　　もんぜん　京都府相楽郡和束町
　　もんぜん　和歌山県日高郡由良町
　　もんぜん　鳥取県西伯郡大山町
　　もんぜん　岡山県岡山市北区
　　もんぜ　大分県佐伯市
　門前仲町
　　もんぜんなかちょう　東京都（東京地下鉄東西線ほか）
　　もんぜんなかちょう　東京都江東区
　門前寺　もんぜんじ　岩手県盛岡市
　門前町
　　もんぜんまち　宮城県仙台市太白区
　　もんぜんちょう　福井県福井市

794

8画（門）

もんぜんちょう	岐阜県羽島郡笠松町
もんぜんちょう	愛知県名古屋市中区
もんぜんちょう	愛知県岡崎市
もんぜんちょう	愛知県瀬戸市
もんぜんちょう	愛知県豊川市
もんぜんちょう	京都府京都市中京区
もんぜんちょう	京都府京都市下京区
もんぜんちょう	大阪府岸和田市
もんぜんちょう	兵庫県西宮市
もんぜんちょう	奈良県生駒市
もんぜんまち	山口県岩国市
もんぜんまち	大分県津久見市

門前町二又　もんぜんまちふたまた　石川県輪島市
門前町二又川　もんぜんまちふたまたがわ　石川県輪島市
門前町入山　もんぜんまちいりやま　石川県輪島市
門前町八幡　もんぜんまちやわた　石川県輪島市
門前町上代　もんぜんまちうわだい　石川県輪島市
門前町上河内　もんぜんまちかみがわち　石川県輪島市
門前町久川　もんぜんまちきゅうかわ　石川県輪島市
門前町千代　もんぜんまちせんだい　石川県輪島市
門前町大切　もんぜんまちおおぎり　石川県輪島市
門前町大生　もんぜんまちおはえ　石川県輪島市
門前町大泊　もんぜんまちおおどまり　石川県輪島市
門前町大釜　もんぜんまちおおがま　石川県輪島市
門前町大滝　もんぜんまちおたき　石川県輪島市
門前町小山　もんぜんまちこやま　石川県輪島市
門前町小石　もんぜんまちおいし　石川県輪島市
門前町小滝　もんぜんまちこだき　石川県輪島市
門前町山辺　もんぜんまちやまべ　石川県輪島市
門前町山是清　もんぜんまちやまこれきよ　石川県輪島市
門前町中田　もんぜんまちなかた　石川県輪島市
門前町中谷内　もんぜんまちなかやち　石川県輪島市
門前町中野屋　もんぜんまちなかのや　石川県輪島市
門前町井守上坂　もんぜんまちいもりあげさか　石川県輪島市
門前町五十洲　もんぜんまちいぎす　石川県輪島市
門前町六郎木　もんぜんまちろくろぎ　石川県輪島市
門前町内保　もんぜんまちうちほ　石川県輪島市
門前町切狭　もんぜんまちきりばさみ　石川県輪島市
門前町日野尾　もんぜんまちひのお　石川県輪島市
門前町木原月　もんぜんまちきはらづき　石川県輪島市
門前町北川　もんぜんまちきたがわ　石川県輪島市
門前町四位　もんぜんまちしい　石川県輪島市
門前町平　もんぜんまちたいら　石川県輪島市
門前町広岡　もんぜんまちひろおか　石川県輪島市
門前町広瀬　もんぜんまちひろせ　石川県輪島市
門前町本内　もんぜんまちもとうち　石川県輪島市
門前町本市　もんぜんまちもといち　石川県輪島市
門前町田村　もんぜんまちたむら　石川県輪島市
門前町白禿　もんぜんまちしらはげ　石川県輪島市
門前町矢徳　もんぜんまちやとく　石川県輪島市
門前町吉浦　もんぜんまちよしうら　石川県輪島市
門前町地原　もんぜんまちちはら　石川県輪島市
門前町安代原　もんぜんまちあんだいはら　石川県輪島市
門前町江崎　もんぜんまちえさき　石川県輪島市

門前町池田　もんぜんまちいけだ　石川県輪島市
門前町百成　もんぜんまちどうみき　石川県輪島市
門前町百成大角間　もんぜんまちどうみきおおかくま　石川県輪島市
門前町西中尾　もんぜんまちにしなかお　石川県輪島市
門前町西中谷　もんぜんまちにしなかたに　石川県輪島市
門前町西円山　もんぜんまちにしまるやま　石川県輪島市
門前町別所　もんぜんまちべっしょ　石川県輪島市
門前町谷口　もんぜんまちたにぐち　石川県輪島市
門前町貝吹　もんぜんまちかいふき　石川県輪島市
門前町赤神　もんぜんまちあかがみ　石川県輪島市
門前町走出　もんぜんまちはしりで　石川県輪島市
門前町和田　もんぜんまちわだ　石川県輪島市
門前町定広　もんぜんまちさだひろ　石川県輪島市
門前町東大町　もんぜんまちひがしおおまち　石川県輪島市
門前町長井坂　もんぜんまちながいざか　石川県輪島市
門前町門前　もんぜんまちもんぜん　石川県輪島市
門前町俊兼　もんぜんまちとしかね　石川県輪島市
門前町南　もんぜんまちみなみ　石川県輪島市
門前町是清　もんぜんまちこれきよ　石川県輪島市
門前町栃木　もんぜんまちとちのき　石川県輪島市
門前町浅生田　もんぜんまちあそだ　石川県輪島市
門前町皆月　もんぜんまちみなづき　石川県輪島市
門前町神明原　もんぜんまちしめはら　石川県輪島市
門前町荒屋　もんぜんまちあらや　石川県輪島市
門前町風原　もんぜんまちかざはら　石川県輪島市
門前町原　もんぜんまちはら　石川県輪島市
門前町宮古場　もんぜんまちみやこば　石川県輪島市
門前町浦上　もんぜんまちうらかみ　石川県輪島市
門前町能納屋　もんぜんまちのうのや　石川県輪島市
門前町馬場　もんぜんまちばんば　石川県輪島市
門前町馬渡　もんぜんまちまわたり　石川県輪島市
門前町高根尾　もんぜんまちたかねお　石川県輪島市
門前町鬼屋　もんぜんまちおにや　石川県輪島市
門前町釼地　もんぜんまちつるぎぢ　石川県輪島市
門前町堀腰　もんぜんまちほりこし　石川県輪島市
門前町深田　もんぜんまちふかだ　石川県輪島市
門前町深見　もんぜんまちふかみ　石川県輪島市
門前町清水　もんぜんまちしみず　石川県輪島市
門前町清沢　もんぜんまちせいざわ　石川県輪島市
門前町宛　もんぜんまちうつろ　石川県輪島市
門前町鹿磯　もんぜんまちかいそ　石川県輪島市
門前町黒岩　もんぜんまちくろいわ　石川県輪島市
門前町黒島町　もんぜんまちくろしままち　石川県輪島市
門前町勝田　もんぜんまちかつた　石川県輪島市
門前町椎木　もんぜんまちしいのき　石川県輪島市
門前町渡瀬　もんぜんまちわたせ　石川県輪島市
門前町道下　もんぜんまちとうげ　石川県輪島市
門前町飯川谷　もんぜんまちいがわだに　石川県輪島市
門前町新町分　もんぜんまちしんまちぶん　石川県輪島市
門前町滝上　もんぜんまちたきのうえ　石川県輪島市

795

8画（阿）

門前町滝町　もんぜんまちたきまち　石川県輪島市
門前町猿橋　もんぜんまちさるはし　石川県輪島市
門前町腰細　もんぜんまちこしぼそ　石川県輪島市
門前町暮坂　もんぜんまちくれさか　石川県輪島市
門前町餅田　もんぜんまちもちだ　石川県輪島市
門前町樽見　もんぜんまちたるみ　石川県輪島市
門前町舘　もんぜんまちたち　石川県輪島市
門前町薄野　もんぜんまちすすきの　石川県輪島市
門前町館分　もんぜんまちたちぶん　石川県輪島市
門前町嶺　もんぜんまちみね　石川県輪島市
門前町鍛治屋　もんぜんまちかじや　石川県輪島市
門前町藤浜　もんぜんまちふじのはま　石川県輪島市
門前町鵜山　もんぜんまちうやま　石川県輪島市
門前町鑓川　もんぜんまちやりかわ　石川県輪島市
門屋
　かどや　岐阜県岐阜市
　かどや　静岡県静岡市葵区
　かどや　静岡県御前崎市
門屋門　かどやかど　岐阜県岐阜市
門屋野崎　かどやのざき　岐阜県岐阜市
門屋勢引　かどやせいびき　岐阜県岐阜市
門屋溝上　かどやみぞがみ　岐阜県岐阜市
10門倉新田町　かどくらしんでんちょう　茨城県龍ケ崎市
門原　かどはら　岐阜県下呂市
門島　かどしま　長野県（JR飯田線）
門真　かどま　大阪府門真市
門真
　かどまし　大阪府（京阪電気鉄道本線ほか）
　かどまし　大阪府
門真南　かどまみなみ　大阪府（大阪市交通局長堀鶴見緑地線）
門脇　かどのわき　宮城県石巻市
門脇町
　かどのわきちょう　宮城県石巻市
　かどわきちょう　京都府京都市東山区
門馬　かどま　岩手県宮古市
11門部　かどべ　茨城県那珂市
門野
　かどの　山梨県南巨摩郡身延町
　かどの　静岡県賀茂郡松崎町
門野原　かどのはら　静岡県伊豆市
12門間　かどま　岐阜県羽島郡笠松町
13門跡町　もんぜきちょう　京都府京都市上京区
14門樋町　もんびまち　福岡県行橋市
門静
　もんしず　北海道（JR根室本線）
　もんしず　北海道厚岸郡厚岸町

【阿】
3阿下　あげ　広島県神石郡神石高原町
阿下喜　あげき　三重県（三岐鉄道北勢線）
阿三　あさん　鹿児島県大島郡伊仙町
阿万下町　あましもまち　兵庫県南あわじ市
阿万上町　あまかみまち　兵庫県南あわじ市
阿万西町　あまにしまち　兵庫県南あわじ市
阿万吹上町　あまふきあげまち　兵庫県南あわじ市
阿万東町　あまひがしまち　兵庫県南あわじ市
阿万塩屋町　あましおやまち　兵庫県南あわじ市

阿久比
　あぐい　愛知県（名古屋鉄道河和線）
　あぐい　愛知県知多郡阿久比町
阿久比町　あぐいちょう　愛知県知多郡
阿久和　あくわ　福井県南条郡南越前町
阿久和西　あくわにし　神奈川県横浜市瀬谷区
阿久和東　あくわひがし　神奈川県横浜市瀬谷区
阿久和南　あくわみなみ　神奈川県横浜市瀬谷区
阿久津　あくつ　群馬県渋川市
阿久津町
　あくつまち　福島県郡山市
　あくつまち　群馬県高崎市
　あくつちょう　群馬県太田市
阿久根　あくね　鹿児島県（肥薩おれんじ鉄道線）
阿久根市　あくねし　鹿児島県
阿口　あくち　岡山県真庭市
阿子木　あこぎ　岩手県九戸郡洋野町
阿山ハイツ　あやまはいつ　三重県伊賀市
阿川
　あこう　石川県羽咋郡志賀町
　あがわ　山口県（JR山陰本線）
4阿井　あい　徳島県那賀郡那賀町
阿仁マタギ　あにまたぎ　秋田県（秋田内陸縦貫鉄道線）
阿仁三枚鉱山　あにさんまいこうざん　秋田県北秋田市
阿仁小沢鉱山　あにこさわこうざん　秋田県北秋田市
阿仁小渕　あにこぶち　秋田県北秋田市
阿仁小様　あにこざま　秋田県北秋田市
阿仁中村　あになかむら　秋田県北秋田市
阿仁戸鳥内　あにととりない　秋田県北秋田市
阿仁比立内　あにひたちない　秋田県北秋田市
阿仁水無　あにみずなし　秋田県北秋田市
阿仁打当　あにうっとう　秋田県北秋田市
阿仁伏影　あにふしかげ　秋田県北秋田市
阿仁吉田　あによしだ　秋田県北秋田市
阿仁合　あにあい　秋田県（秋田内陸縦貫鉄道線）
阿仁幸屋　あにこうや　秋田県北秋田市
阿仁幸屋渡　あにこうやわたり　秋田県北秋田市
阿仁長畑　あにながはたけ　秋田県北秋田市
阿仁前田
　あにまえだ　秋田県（秋田内陸縦貫鉄道線）
　あにまえだ　秋田県北秋田市
阿仁荒瀬　あにあらせ　秋田県北秋田市
阿仁荒瀬川櫃畑　あにあらせがわひつはた　秋田県北秋田市
阿仁根子　あにねっこ　秋田県北秋田市
阿仁真木沢鉱山　あにまぎさわこうざん　秋田県北秋田市
阿仁笑内　あにおかしない　秋田県北秋田市
阿仁萱草　あにかやくさ　秋田県北秋田市
阿仁銀山　あにぎんざん　秋田県北秋田市
阿仁鍵ノ滝　あにかぎのたき　秋田県北秋田市
阿仏坊　あぶつぼう　新潟県佐渡市
阿内　おうち　山口県下関市
阿分
　あふん　北海道（JR留萌本線）
　あふん　北海道増毛郡増毛町
阿戸　あと　和歌山県日高郡由良町

8画（阿）

阿戸町　あとちょう　広島県広島市安芸区
阿手町　あてまち　石川県白山市
阿方　あがた　愛媛県今治市
阿月　あつき　山口県柳井市
阿木
　　あぎ　岐阜県（明知鉄道線）
　　あぎ　岐阜県中津川市
阿木川上　あぎかおれ　岐阜県中津川市
阿木名　あぎな　鹿児島県大島郡瀬戸内町
5阿古　あこ　東京都三宅村
阿古屋野　あこやの　富山県黒部市
阿古曽町　あこそちょう　三重県鈴鹿市
阿左美　あざみ　群馬県（東武鉄道桐生線）
阿母崎　あぼざき　長崎県（島原鉄道線）
阿玉　あだま　茨城県鉾田市
阿玉川　あたまがわ　千葉県香取市
阿玉台　あたまだい　千葉県香取巾
阿田和
　　あたわ　三重県（JR紀勢本線）
　　あたわ　三重県南牟婁郡御浜町
阿由知通　あゆちとおり　愛知県名古屋市昭和区
6阿伝　あでん　鹿児島県大島郡喜界町
阿光坊　あこうぼう　青森県上北郡おいらせ町
阿多田　あたた　広島県大竹市
阿多地　あだち　鹿児島県大島郡瀬戸内町
阿多野　あだの　静岡県駿東郡小山町
阿ケ浦　あじがうら　茨城県（ひたちなか海浜鉄道湊線）
阿字ケ浦町　あじがうらちょう　茨城県ひたちなか市
阿字万字町　あぜまめちょう　奈良県奈良市
阿字町　あじちょう　広島県府中市
阿寺　あてら　静岡県浜松市天竜区
7阿佐　あさ　沖縄県島尻郡座間味村
阿佐ケ谷　あさがや　東京都（JR中央本線）
阿佐谷北　あさがやきた　東京都杉並区
阿佐谷南　あさがやみなみ　東京都杉並区
阿佐間　あざま　埼玉県加須市
阿児町甲賀　あごちょうこうか　三重県志摩市
阿児町立神　あごちょうたてがみ　三重県志摩市
阿児町安乗　あごちょうあのり　三重県志摩市
阿児町志島　あごちょうしじま　三重県志摩市
阿児町国府　あごちょうこう　三重県志摩市
阿児町神明　あごちょうしんめい　三重県志摩市
阿児町鵜方　あごちょううがた　三重県志摩市
阿坂　あざか　広島県山県郡北広島町
阿尾
　　あお　富山県氷見市
　　あお　和歌山県日高郡日高町
阿形町
　　あがたちょう　三重県松阪市
　　あがたちょう　兵庫県小野市
阿志岐　あしき　福岡県筑紫野市
阿村町　あむらちょう　滋賀県守山市
阿沙流　あさる　北海道天塩郡豊富町
阿良川　あらかわ　埼玉県加須市
阿良町　あらまち　石川県七尾市
阿見　あみ　茨城県稲敷郡阿見町
阿見町　あみまち　茨城県稲敷郡
阿那志　あなし　埼玉県児玉郡美里町

阿那賀　あなが　兵庫県南あわじ市
阿那賀西路　あながにしじ　兵庫県南あわじ市
阿那賀志知川　あながしちがわ　兵庫県南あわじ市
8阿幸地　あこうじ　静岡県富士宮市
阿幸地町　あこうじちょう　静岡県富士宮市
阿弥　あみ　大阪府堺市美原区
阿弥大寺町　あみだいじまち　群馬県伊勢崎市
阿弥陀　あみだ　兵庫県高砂市
阿弥陀川　あみだがわ　青森県東津軽郡蓬田村
阿弥陀地　あみだち　山形県上山市
阿弥陀寺町
　　あみだじちょう　京都府京都市上京区
　　あみだいじちょう　山口県下関市
阿弥陀寺前町　あみだじまえちょう　京都府京都市上京区
阿弥陀町北山　あみだちょうきたやま　兵庫県高砂市
阿弥陀町北池　あみだちょうきたいけ　兵庫県高砂市
阿弥陀町生石　あみだちょうおおしこ　兵庫県高砂市
阿弥陀町地徳　あみだちょうじとく　兵庫県高砂市
阿弥陀町長尾　あみだちょうながお　兵庫県高砂市
阿弥陀町阿弥陀　あみだちょうあみだ　兵庫県高砂市
阿弥陀町南池　あみだちょうみなみいけ　兵庫県高砂市
阿弥陀町魚橋　あみだちょううおはし　兵庫県高砂市
阿弥陀島町　あみだじままち　石川県白山市
阿弥陀堂　あみだどう　富山県黒部市
阿弥陀堂町　あみだどうちょう　滋賀県東近江市
阿弥陀瀬
　　あみだせ　新潟県長岡市
　　あみだせ　新潟県五泉市
阿東生雲中　あとういくもなか　山口県山口市
阿東生雲西分　あとういくもにしぶん　山口県山口市
阿東生雲東分　あとういくもひがしぶん　山口県山口市
阿東地福下　あとうじふくしも　山口県山口市
阿東地福上　あとうじふくかみ　山口県山口市
阿東町　あとうちょう　⇒山口市（山口県）
阿東嘉年下　あとうかねしも　山口県山口市
阿東嘉年上　あとうかねかみ　山口県山口市
阿東徳佐下　あとうとくさしも　山口県山口市
阿東徳佐上　あとうとくさかみ　山口県山口市
阿東徳佐中　あとうとくさなか　山口県山口市
阿東蔵目喜　あとうぞうめき　山口県山口市
阿東篠目　あとうしのめ　山口県山口市
阿武町　あぶちょう　山口県阿武郡
阿武郡　あぶぐん　山口県
阿武野　あぶの　大阪府高槻市
阿武隈　あぶくま　宮城県岩沼市
阿波
　　あば　茨城県稲敷市
　　あわ　奈良県生駒郡斑鳩町
　　あば　岡山県津山市
阿波大谷　あわおおたに　徳島県（JR鳴門線）
阿波大宮　あわおおみや　徳島県（JR高徳線）
阿波山　あわやま　茨城県東茨城郡城里町
阿波山川　あわやまかわ　徳島県（JR徳島線）
阿波川口　あわかわぐち　徳島県（JR土讃線）
阿波川島　あわかわしま　徳島県（JR徳島線）
阿波川端　あわかわばた　徳島県（JR高徳線）

797

8画（阿）

阿波中島　あわなかしま　徳島県（JR牟岐線）
阿波加茂　あわかも　徳島県（JR徳島線）
阿波半田　あわはんだ　徳島県（JR徳島線）
阿波市　あわし　徳島県
阿波池田　あわいけだ　徳島県（JR土讃線）
阿波岐原町　あわぎがはらちょう　宮崎県宮崎市
阿波町　あわちょう　栃木県那須塩原市
阿波町乙岩津　あわちょうおついわつ　徳島県阿波市
阿波町八丁原　あわちょうはっちょうばら　徳島県阿波市
阿波町十善地　あわちょうじゅうぜんじ　徳島県阿波市
阿波町下原　あわちょうしもばら　徳島県阿波市
阿波町下喜来　あわちょうしもぎらい　徳島県阿波市
阿波町下喜来南　あわちょうしもぎらいみなみ　徳島県阿波市
阿波町三本柳　あわちょうさんぼんやなぎ　徳島県阿波市
阿波町丸山　あわちょうまるやま　徳島県阿波市
阿波町久原　あわちょうひさはら　徳島県阿波市
阿波町大久保　あわちょうおおくぼ　徳島県阿波市
阿波町大次郎　あわちょうだいじろう　徳島県阿波市
阿波町大坪　あわちょうおおつぼ　徳島県阿波市
阿波町大原　あわちょうおおはら　徳島県阿波市
阿波町大道北　あわちょうおおみちきた　徳島県阿波市
阿波町大道南　あわちょうおおみちみなみ　徳島県阿波市
阿波町小倉　あわちょうおぐら　徳島県阿波市
阿波町山ノ神　あわちょうやまのかみ　徳島県阿波市
阿波町山王　あわちょうさんのう　徳島県阿波市
阿波町山尻　あわちょうやまじり　徳島県阿波市
阿波町川久保　あわちょうかわくぼ　徳島県阿波市
阿波町川添　あわちょうかわぞえ　徳島県阿波市
阿波町中川原　あわちょうなかがわはら　徳島県阿波市
阿波町中坪　あわちょうなかつぼ　徳島県阿波市
阿波町中長峰　あわちょうなかながみね　徳島県阿波市
阿波町中原　あわちょうなかはら　徳島県阿波市
阿波町井出口　あわちょういでぐち　徳島県阿波市
阿波町五明　あわちょうごみょう　徳島県阿波市
阿波町元町　あわちょうもとまち　徳島県阿波市
阿波町天西山　あわちょうてんさいざん　徳島県阿波市
阿波町引地　あわちょうひきち　徳島県阿波市
阿波町日吉谷　あわちょうひよしだに　徳島県阿波市
阿波町王子川　あわちょうおうじがわ　徳島県阿波市
阿波町王地　あわちょうおうじ　徳島県阿波市
阿波町王地南　あわちょうおうじみなみ　徳島県阿波市
阿波町北ノ名　あわちょうきたのみょう　徳島県阿波市
阿波町北久保　あわちょうきたくぼ　徳島県阿波市
阿波町北山　あわちょうきたやま　徳島県阿波市
阿波町北五味知　あわちょうきたごみじり　徳島県阿波市
阿波町北正広　あわちょうきたまさひろ　徳島県阿波市

阿波町北西谷　あわちょうきたにしだに　徳島県阿波市
阿波町北岡　あわちょうきたおか　徳島県阿波市
阿波町北柴生　あわちょうきたしぼう　徳島県阿波市
阿波町北原　あわちょうきたばら　徳島県阿波市
阿波町北整理　あわちょうきたせいり　徳島県阿波市
阿波町四歩一　あわちょうしぶいち　徳島県阿波市
阿波町平川原北　あわちょうへいがわらきた　徳島県阿波市
阿波町平川原南　あわちょうへいがわらみなみ　徳島県阿波市
阿波町広野　あわちょうひろの　徳島県阿波市
阿波町本安　あわちょうほんやす　徳島県阿波市
阿波町本町　あわちょうほんまち　徳島県阿波市
阿波町立割　あわちょうたてわり　徳島県阿波市
阿波町伊沢市　あわちょういさわいち　徳島県阿波市
阿波町伊沢田　あわちょういさわだ　徳島県阿波市
阿波町伊沢谷東縁　あわちょういさわだにひがしべり　徳島県阿波市
阿波町伊勢　あわちょういせ　徳島県阿波市
阿波町安政　あわちょうやすまさ　徳島県阿波市
阿波町寺サコ　あわちょうてらさこ　徳島県阿波市
阿波町早田　あわちょうわさだ　徳島県阿波市
阿波町糸下　あわちょういとが　徳島県阿波市
阿波町芋場　あわちょういもば　徳島県阿波市
阿波町西ノ岡　あわちょうにしのおか　徳島県阿波市
阿波町西正広　あわちょうにしまさひろ　徳島県阿波市
阿波町西林　あわちょうにしばやし　徳島県阿波市
阿波町西長峰　あわちょうにしながみね　徳島県阿波市
阿波町西柴生　あわちょうにししぼう　徳島県阿波市
阿波町西原　あわちょうにしばら　徳島県阿波市
阿波町西島　あわちょうにしじま　徳島県阿波市
阿波町西清原　あわちょうにしせいばら　徳島県阿波市
阿波町西整理　あわちょうにしせいり　徳島県阿波市
阿波町医王寺　あわちょういおうじ　徳島県阿波市
阿波町谷口　あわちょうたにぐち　徳島県阿波市
阿波町谷島　あわちょうたにじま　徳島県阿波市
阿波町谷島北　あわちょうたにじまきた　徳島県阿波市
阿波町赤坂　あわちょうあかさか　徳島県阿波市
阿波町居屋敷　あわちょういやしき　徳島県阿波市
阿波町岡地　あわちょうおかじ　徳島県阿波市
阿波町岩津　あわちょういわづ　徳島県阿波市
阿波町庚申原　あわちょうこうしんばら　徳島県阿波市
阿波町松川内　あわちょうまつかわうち　徳島県阿波市
阿波町東川原　あわちょうひがしかわはら　徳島県阿波市
阿波町東正広　あわちょうひがしまさひろ　徳島県阿波市
阿波町東条　あわちょうとうじょう　徳島県阿波市
阿波町東村　あわちょうひがしむら　徳島県阿波市
阿波町東長峰　あわちょうひがしながみね　徳島県阿波市
阿波町東柴生　あわちょうひがししぼう　徳島県阿波市

8画（阿）

阿波町東原　あわちょうひがしばら　徳島県阿波市
阿波町東島　あわちょうひがしじま　徳島県阿波市
阿波町東整理　あわちょうひがしせいり　徳島県阿波市
阿波町前島　あわちょうまえじま　徳島県阿波市
阿波町南川原　あわちょうみなみかわはら　徳島県阿波市
阿波町南五味知　あわちょうみなみごみじり　徳島県阿波市
阿波町南西谷　あわちょうみなみにしだに　徳島県阿波市
阿波町南谷島　あわちょうみなみたにじま　徳島県阿波市
阿波町南柴生　あわちょうみなみしぼう　徳島県阿波市
阿波町南整理　あわちょうみなみせいり　徳島県阿波市
阿波町柏谷左右　あわちょうかしわだにさゆう　徳島県阿波市
阿波町桜ノ岡　あわちょうさくらのおか　徳島県阿波市
阿波町梅ノ木原　あわちょううめのきばら　徳島県阿波市
阿波町梅ノ東　あわちょううめのひがし　徳島県阿波市
阿波町梅川内　あわちょううめかわうち　徳島県阿波市
阿波町栃ケ窪　あわちょうとちがくぼ　徳島県阿波市
阿波町真重　あわちょうましげ　徳島県阿波市
阿波町真福寺　あわちょうしんぷくじ　徳島県阿波市
阿波町馬場　あわちょうばば　徳島県阿波市
阿波町高垣　あわちょうたかがき　徳島県阿波市
阿波町亀底　あわちょうかめぞこ　徳島県阿波市
阿波町清原　あわちょうせいばら　徳島県阿波市
阿波町野神　あわちょうのがみ　徳島県阿波市
阿波町善地　あわちょうぜんじ　徳島県阿波市
阿波町寒風　あわちょうさむかぜ　徳島県阿波市
阿波町勝命　あわちょうかつみょう　徳島県阿波市
阿波町勝命北　あわちょうかつみょうきた　徳島県阿波市
阿波町植桜　あわちょううえざくら　徳島県阿波市
阿波町森沢　あわちょうもりさわ　徳島県阿波市
阿波町新開　あわちょうしんばり　徳島県阿波市
阿波町稲荷　あわちょういなり　徳島県阿波市
阿波町綱懸　あわちょうつなかけ　徳島県阿波市
阿波赤石　あわあかいし　徳島県（JR牟岐線）
阿波海南　あわかいなん　徳島県（JR牟岐線）
阿波座
　あわざ　大阪府（大阪市交通局千日前線ほか）
　あわざ　大阪府大阪市西区
阿波根　あはごん　沖縄県糸満市
阿波連　あはれん　沖縄県島尻郡渡嘉敷村
阿波崎　あばさき　茨城県稲敷市
阿波曽町　あわそちょう　三重県松阪市
阿波富田　あわとみだ　徳島県（JR牟岐線）
阿波福井　あわふくい　徳島県（JR牟岐線）
阿波橘　あわたちばな　徳島県（JR牟岐線）
阿波橘町　あばばしちょう　京都府京都市伏見区
阿知　あち　岡山県倉敷市
阿知ケ谷　あちがや　静岡県島田市

阿知賀　あちが　奈良県吉野郡下市町
阿知須
　あじす　山口県（JR宇部線）
　あじす　山口県山口市
9阿保
　あお　三重県伊賀市
　あお　大阪府松原市
　あぼ　兵庫県姫路市
阿保町　あぼまち　埼玉県秩父市
阿南　あなん　徳島県（JR牟岐線）
阿南市　あなんし　徳島県
阿南町　あなんちょう　長野県下伊那郡
阿品
　あじな　広島県（JR山陽本線）
　あじな　広島県廿日市市
　あじな　山口県岩国市
阿品台　あじなだい　広島県廿日市市
阿品台山の手　あじなだいやまのて　広島県廿日市市
阿品台北　あじなだいきた　広島県廿日市市
阿品台西　あじなだいにし　広島県廿日市市
阿品台東　あじなだいひがし　広島県廿日市市
阿品東　あじなひがし　広島県（広島電鉄宮島線）
阿室　あむろ　鹿児島県大島郡宇検村
阿室釜　あむろがま　鹿児島県大島郡瀬戸内町
阿毘縁　あびれ　鳥取県日野郡日南町
阿津　あつ　岡山県岡山市南区
阿津江　あづえ　徳島県那賀郡那賀町
阿畑　あばた　愛知県長久手市
10阿倉川　あくらがわ　三重県（近畿日本鉄道名古屋線）
阿倉川町　あくらがわちょう　三重県四日市市
阿倉川新町　あくらがわしんまち　三重県四日市市
阿倍野　あべの　大阪府（阪堺電気軌道上町線ほか）
阿倍元町　あべのもとまち　大阪府大阪市阿倍野区
阿倍野区　あべのく　大阪府大阪市
阿倍野筋　あべのすじ　大阪府大阪市阿倍野区
阿原
　あわら　愛知県知多市
　あわら　愛知県清須市
阿原町
　あはらちょう　愛知県名古屋市南区
　あわらちょう　愛知県半田市
阿島
　あじま　長野県下伊那郡喬木村
　あしま　愛媛県新居浜市
阿島乙　あしまおつ　愛媛県新居浜市
阿恵
　あえ　福岡県飯塚市
　あえ　福岡県糟屋郡粕屋町
阿真　あま　沖縄県島尻郡座間味村
阿納　あの　福井県小浜市
阿納尻　あのじり　福井県小浜市
阿能川　あのうがわ　群馬県利根郡みなかみ町
11阿曽
　あそ　福井県敦賀市
　あそ　三重県（JR紀勢本線）
　あそ　三重県度会郡大紀町
　あそ　兵庫県揖保郡太子町
阿曽浦　あそうら　三重県度会郡南伊勢町

8画（附）

阿部
　あべ　千葉県袖ケ浦市
　あべ　奈良県桜井市
　あぶ　徳島県海部郡美波町
阿部山　あべやま　奈良県高市郡明日香村
阿部田　あべた　茨城県桜川市
阿部岡　あべおか　栃木県真岡市
阿部品　あべしな　栃木県真岡市
阿部倉　あべくら　神奈川県横須賀市
阿野　あの　徳島県名西郡神山町
阿野田町　あのだちょう　三重県亀山市
阿野呂　あのろ　北海道夕張郡栗山町
阿野町
　あのちょう　愛知県常滑市
　あのちょう　愛知県豊明市
12阿寒町オクルシュベ　あかんちょうおくるしゅべ　北海道釧路市
阿寒町下仁々志別　あかんちょうしもににしべつ　北海道釧路市
阿寒町下布伏内　あかんちょうしもふぶしない　北海道釧路市
阿寒町下舌辛　あかんちょうしもしたから　北海道釧路市
阿寒町下徹別　あかんちょうしもてしべつ　北海道釧路市
阿寒町上仁々志別　あかんちょうかみににしべつ　北海道釧路市
阿寒町上舌辛　あかんちょうかみしたから　北海道釧路市
阿寒町上阿寒　あかんちょうかみあかん　北海道釧路市
阿寒町上徹別　あかんちょうかみてしべつ　北海道釧路市
阿寒町大正　あかんちょうたいしょう　北海道釧路市
阿寒町中仁々志別　あかんちょうなかににしべつ　北海道釧路市
阿寒町中央　あかんちょうちゅうおう　北海道釧路市
阿寒町中阿寒　あかんちょうなかあかん　北海道釧路市
阿寒町中徹別　あかんちょうなかてしべつ　北海道釧路市
阿寒町仁々志別　あかんちょうににしべつ　北海道釧路市
阿寒町北町　あかんちょうきたまち　北海道釧路市
阿寒町北新町　あかんちょうきたしんまち　北海道釧路市
阿寒町布伏内　あかんちょうふぶしない　北海道釧路市
阿寒町仲町　あかんちょうなかまち　北海道釧路市
阿寒町共和　あかんちょうきょうわ　北海道釧路市
阿寒町旭町　あかんちょうあさひまち　北海道釧路市
阿寒町舌辛　あかんちょうしたから　北海道釧路市
阿寒町西阿寒　あかんちょうにしあかん　北海道釧路市
阿寒町西徹別　あかんちょうにしてしべつ　北海道釧路市
阿寒町東舌辛　あかんちょうひがししたから　北海道釧路市
阿寒町東栄　あかんちょうとうえい　北海道釧路市
阿寒町知茶布　あかんちょうちちゃっぷ　北海道釧路市

阿寒町阿寒湖温泉　あかんちょうあかんこおんせん　北海道釧路市
阿寒町紀ノ丘　あかんちょうきのおか　北海道釧路市
阿寒町富士見　あかんちょうふじみ　北海道釧路市
阿寒町雄別横山　あかんちょうゆうべつよこやま　北海道釧路市
阿寒町新町　あかんちょうしんまち　北海道釧路市
阿寒町飽別　あかんちょうあくべつ　北海道釧路市
阿寒町徹別中央　あかんちょうてしべつちゅうおう　北海道釧路市
阿寒町蘇牛　あかんちょうそうし　北海道釧路市
阿寒郡　あかんぐん　北海道
阿智村　あちむら　長野県下伊那郡
阿賀　あが　鳥取県西伯郡南部町
阿賀中央　あがちゅうおう　広島県呉市
阿賀北　あがきた　広島県呉市
阿賀町
　あがまち　新潟県東蒲原郡
　あがまち　広島県呉市
阿賀南　あがみなみ　広島県呉市
阿賀野　あがの　新潟県新潟市江南区
阿賀野市　あがのし　新潟県
阿間河滝町　あまかだきちょう　大阪府岸和田市
阿須　あず　埼玉県飯能市
阿須那　あすな　島根県邑智郡邑南町
阿須賀　あすか　和歌山県新宮市
13阿鉄　あてつ　鹿児島県大島郡瀬戸内町
14阿嘉
　あか　沖縄県島尻郡座間味村
　あか　沖縄県島尻郡久米島町
阿歴内　あれきない　北海道川上郡標茶町
阿歴内原野　あれきないげんや　北海道川上郡標茶町
阿漕　あこぎ　三重県（JR紀勢本線）
阿漕町　あこぎまち　三重県津市
15阿権　あごん　鹿児島県大島郡伊仙町
阿蔵　あぞう　愛媛県大洲市
阿蔵町　あぞうちょう　愛知県豊田市
阿諏訪　あすわ　埼玉県入間郡毛呂山町
阿霄月　あよいづき　宮城県気仙沼市
18阿難祖地頭方　あどそじとうほう　福井県大野市
阿難祖領家　あどそりょうけ　福井県大野市
19阿瀬比町　あせびちょう　徳島県阿南市
阿瀬津郷　あぜつごう　長崎県南松浦郡新上五島町
阿蘇　あそ　熊本県（JR豊肥本線）
阿蘇下田城ふれあい温泉　あそしもだじょうふれあいおんせん　熊本県（南阿蘇鉄道線）
阿蘇市　あそし　熊本県
阿蘇白川　あそしらかわ　熊本県（南阿蘇鉄道線）
阿蘇郡　あそぐん　熊本県

【附】
5附田川目　つくたかわめ　青森県上北郡七戸町
附家ノ前　つくたいえのまえ　青森県上北郡七戸町
9附洲新田　つきすしんでん　千葉県香取市
10附島町　つけしまちょう　愛知県稲沢市
附馬牛町下附馬牛　つきもうしちょうしもつきもうし　岩手県遠野市
附馬牛町上附馬牛　つきもうしちょうかみつきもうし　岩手県遠野市

8画（雨, 青）

附馬牛町安居台　つきもうしちょうあおだい　岩手県遠野市

附馬牛町東禅寺　つきもうしちょうとうぜんじ　岩手県遠野市

11附船町　つけふねちょう　新潟県新潟市中央区

12附属中学前　ふぞくちゅうがくまえ　長野県（長野電鉄長野線）

【雨】

0雨ケ谷　あまがや　栃木県小山市

雨ケ谷町　あまがやちょう　栃木県小山市

雨ケ谷新田　あまがやしんでん　栃木県小山市

3雨山　あめやま　滋賀県湖南市

雨山町　あめやまちょう　愛知県岡崎市

5雨田　あめだ　福島県須賀川市

6雨池町

　あまいけまち　新潟県長岡市

　あまいけまち　愛知県碧南市

7雨沢谷津　あめざわやつ　茨城県ひたちなか市

8雨坪

　あまつぼ　千葉県山武市

　あまつぼ　神奈川県南足柄市

9雨畑　あめはた　山梨県南巨摩郡早川町

10雨宮　あめのみや　長野県千曲市

雨竜町　うりゅうちょう　北海道雨竜郡

雨竜郡　うりゅうぐん　北海道

雨降野　あめふりの　滋賀県犬上郡豊郷町

12雨堤　あまづつみ　愛知県長久手市

雨晴　あまはらし　富山県（JR氷見線）

雨間　あめま　東京都あきる野市

13雨煙内　うえんない　北海道雨竜郡幌加内町

雨煙別

　うえんべつ　北海道夕張郡栗山町

　うえんべつ　北海道雨竜郡幌加内町

14雨窪　あまくぼ　福岡県京都郡苅田町

雨踊町　あまおどりちょう　岐阜県岐阜市

15雨潜　あめくぐり　富山県南砺市

【青】

青　あお　福井県大飯郡高浜町

0青ケ島村　あおがしまむら　東京都

青ノ木　あおのき　福井県あわら市

3青女子　あおなご　青森県弘前市

青山

　あおやま　北海道釧路市

　あおやま　北海道石狩郡当別町

　あおやま　北海道中川郡池田町

　あおやま　青森県弘前市

　あおやま　青森県黒石市

　あおやま　岩手県（IGRいわて銀河鉄道線）

　あおやま　岩手県盛岡市

　あおやま　宮城県仙台市太白区

　あおやま　宮城県宮城郡利府町

　あおやま　山形県東田川郡三川町

　あおやま　茨城県鉾田市

　あおやま　群馬県吾妻郡中之条町

　あおやま　埼玉県比企郡小川町

　あおやま　千葉県成田市

　あおやま　千葉県我孫子市

　あおやま　神奈川県相模原市緑区

　あおやま　新潟県（JR越後線）

　あおやま　新潟県新潟市西区

　あおやま　愛知県（名古屋鉄道河和線）

　あおやま　愛知県名古屋市緑区

　あおやま　愛知県半田市

　あおやま　愛知県西春日井郡豊山町

　あおやま　滋賀県大津市

　あおやま　大阪府藤井寺市

　あおやま　大阪府交野市

　あおやま　兵庫県姫路市

　あおやま　奈良県奈良市

　あおやま　広島県世羅郡世羅町

　あおやま　福岡県北九州市八幡西区

　あおやま　福岡県太宰府市

　あおやま　大分県佐伯市

青山一丁目　あおやまいっちょうめ　東京都（東京地下鉄銀座線ほか）

青山中央　あおやまちゅうおう　北海道石狩郡当別町

青山水道　あおやますいどう　新潟県新潟市西区

青山北

　あおやまきた　北海道網走郡美幌町

　あおやまきた　兵庫県姫路市

青山台

　あおやまだい　千葉県我孫子市

　あおやまだい　愛知県名古屋市守山区

　あおやまだい　大阪府吹田市

　あおやまだい　兵庫県神戸市垂水区

　あおやまだい　奈良県生駒市

青山羽根　あおやまはね　三重県伊賀市

青山西　あおやまにし　兵庫県姫路市

青山町

　あおやままち　新潟県長岡市

　あおやまちょう　新潟県柏崎市

　あおやまちょう　石川県七尾市

　あおやまちょう　愛知県刈谷市

　あおやまちょう　三重県（近畿日本鉄道大阪線）

　あおやまちょう　滋賀県東近江市

　あおやまちょう　大阪府八尾市

　あおやまちょう　広島県呉市

　あおやまちょう　山口県周南市

　あおやままち　長崎県長崎市

　あおやまちょう　大分県別府市

　あおやまちょう　鹿児島県薩摩川内市

青山南

　あおやまみなみ　北海道網走郡美幌町

　あおやまみなみ　兵庫県姫路市

青山奥二番川　あおやまおくにばんがわ　北海道石狩郡当別町

青山奥三番川　あおやまおくさんばんがわ　北海道石狩郡当別町

青山奥四番川　あおやまおくよんばんがわ　北海道石狩郡当別町

青山新町

　あおやましんまち　新潟県新潟市西区

　あおやましんまち　新潟県長岡市

4青井

　あおい　東京都（首都圏新都市鉄道つくばエクスプレス線）

　あおい　東京都足立区

　あおい　福井県小浜市

　あおい　京都府舞鶴市

青井谷　あおいだに　富山県射水市

青井岳　あおいだけ　宮崎県（JR日豊本線）

801

8画（青）

青戸
　あおと　東京都葛飾区
　あおと　福井県大飯郡高浜町
青方郷　あおかたごう　長崎県南松浦郡新上五島町
青木
　あおき　福島県河沼郡会津坂下町
　あおき　茨城県桜川市
　あおき　茨城県つくばみらい市
　あおき　栃木県那須塩原市
　あおき　埼玉県川口市
　あおき　埼玉県飯能市
　あおき　埼玉県坂戸市
　あおき　千葉県富津市
　あおき　新潟県上越市
　あおき　富山県下新川郡入善町
　あおき　静岡県静岡市駿河区
　あおき　静岡県三島市
　あおき　静岡県富士宮市
　あおき　静岡県藤枝市
　おおぎ　兵庫県（阪神電気鉄道阪神本線）
　おうぎ　兵庫県神戸市東灘区
　あおき　和歌山県有田郡湯浅町
　あおき　鳥取県米子市
　あおき　岡山県美作市
　おおぎ　香川県仲多度郡多度津町
　あおき　福岡県福岡市博多区
　あおき　熊本県玉名市
青木ケ丘　あおきがおか　愛知県知多郡東浦町
青木平　あおきだいら　静岡県富士宮市
青木村　あおきむら　長野県小県郡
青木沢　あおきさわ　北海道芦別市
青木町
　あおきちょう　神奈川県横浜市神奈川区
　あおきまち　新潟県長岡市
　あおきまち　新潟県見附市
　あおきちょう　岐阜県大垣市
　あおきちょう　岐阜県多治見市
　あおきちょう　静岡県袋井市
　あおきちょう　愛知県岡崎市
　あおきちょう　愛知県豊田市
　あおきちょう　愛知県高浜市
　あおきちょう　兵庫県西宮市
　おおぎまち　山口県岩国市
　あおきまち　高知県須崎市
青木島　あおきじま　長野県長野市
青木島町大塚　あおきじままちおおつか　長野県長野市
青木島町青木島　あおきじままちあおきじま　長野県長野市
青木島町青木島乙　あおきじままちあおきじまおつ　長野県長野市
青木島町綱島　あおきじままちつなしま　長野県長野市
青木新　あおきしん　富山県下新川郡入善町
青木新田　あおきしんでん　新潟県南魚沼市
青毛　あおげ　埼玉県久喜市
青水　あおみず　広島県世羅郡世羅町
⁵青出新　あおいでしん　富山県中新川郡上市町
青古新田　あおこしんでん　茨城県つくばみらい市
青中　あおいち　静岡県賀茂郡南伊豆町
青生　あおう　宮城県遠田郡美里町
青生野　あおの　福島県東白川郡鮫川村

青田
　あおた　山形県山形市
　あおた　福島県本宮市
　あおた　茨城県石岡市
　あおた　栃木県真岡市
　あおた　千葉県流山市
　あおた　新潟県妙高市
　あおた　和歌山県有田郡有田川町
青田南　あおたみなみ　山形県山形市
青田新田飛地　あおたしんでんとびち　千葉県柏市
青石　あおいし　福島県田村郡三春町
⁶青地町　あおじちょう　滋賀県草津市
青江
　あおえ　岡山県岡山市北区
　あおえ　岡山県岡山市南区
　あおえ　岡山県倉敷市
青池町　あおいけちょう　愛知県名古屋市熱田区
青竹町　あおたけちょう　愛知県豊橋市
青羽根　あおばね　静岡県伊豆市
⁷青沢　あおさわ　静岡県静岡市駿河区
青谷
　あおや　栃木県真岡市
　あおや　静岡県浜松市天竜区
　あおたに　大阪府柏原市
　あおや　鳥取県（JR山陰本線）
青谷町　あおたにちょう　兵庫県神戸市灘区
青谷町八葉寺　あおやちょうはつしょうじ　鳥取県鳥取市
青谷町大坪　あおやちょうおおつぼ　鳥取県鳥取市
青谷町小畑　あおやちょうおばた　鳥取県鳥取市
青谷町山田　あおやちょうやまだ　鳥取県鳥取市
青谷町山根　あおやちょうやまね　鳥取県鳥取市
青谷町井手　あおやちょういで　鳥取県鳥取市
青谷町北河原　あおやちょうきたがわら　鳥取県鳥取市
青谷町田原谷　あおやちょうたわらだに　鳥取県鳥取市
青谷町吉川　あおやちょうよしかわ　鳥取県鳥取市
青谷町早牛　あおやちょうはやうじ　鳥取県鳥取市
青谷町河原　あおやちょうかわら　鳥取県鳥取市
青谷町長和瀬　あおやちょうながわせ　鳥取県鳥取市
青谷町青谷　あおやちょうあおや　鳥取県鳥取市
青谷町栄町　あおやちょうさかえまち　鳥取県鳥取市
青谷町桑原　あおやちょうくわばら　鳥取県鳥取市
青谷町紙屋　あおやちょうかみや　鳥取県鳥取市
青谷町亀尻　あおやちょうかめじり　鳥取県鳥取市
青谷町善田　あおやちょうよしだ　鳥取県鳥取市
青谷町奥崎　あおやちょうおくざき　鳥取県鳥取市
青谷町楠根　あおやちょうくすね　鳥取県鳥取市
青谷町絹見　あおやちょうきぬみ　鳥取県鳥取市
青谷町鳴滝　あおやちょうなるたき　鳥取県鳥取市
青谷町澄水　あおやちょうすんず　鳥取県鳥取市
青谷町蔵内　あおやちょうくらうち　鳥取県鳥取市
青谷町養郷　あおやちょうようごう　鳥取県鳥取市
青谷町露谷　あおやちょうつゆだに　鳥取県鳥取市
青近　あおちか　広島県世羅郡世羅町
⁸青河町　あおがまち　広島県三次市
青沼
　あおぬま　茨城県行方市
　あおぬま　山梨県甲府市

8画（青）

あおぬま　長野県（JR小海線）

青波　あおなみ　岐阜県山県市

青波町　あおなみまち　愛媛県松山市

青物横丁　あおものよこちょう　東京都（京浜急行電鉄本線）

青苗　あおなえ　北海道奥尻郡奥尻町

⁹**青南台**　せいなんだい　大阪府堺市美原区

青南町　せいなんちょう　静岡県藤枝市

青垣台　あおがきだい　奈良県奈良市

青垣町口塩久　あおがきちょうくちしおく　兵庫県丹波市

青垣町大名草　あおがきちょうおなざ　兵庫県丹波市

青垣町大稗　あおがきちょうおびえ　兵庫県丹波市

青垣町小倉　あおがきちょうおぐら　兵庫県丹波市

青垣町小稗　あおがきちょうこびえ　兵庫県丹波市

青垣町山垣　あおがきちょうやまがい　兵庫県丹波市

青垣町中佐治　あおがきちょうなかさじ　兵庫県丹波市

青垣町文室　あおがきちょうふむろ　兵庫県丹波市

青垣町市原　あおがきちょういちばら　兵庫県丹波市

青垣町田井縄　あおがきちょうたいなわ　兵庫県丹波市

青垣町西芦田　あおがきちょうにしあしだ　兵庫県丹波市

青垣町佐治　あおがきちょうさじ　兵庫県丹波市

青垣町沢野　あおがきちょうさわの　兵庫県丹波市

青垣町東芦田　あおがきちょうひがしあしだ　兵庫県丹波市

青垣町栗住野　あおがきちょうくりすの　兵庫県丹波市

青垣町桧倉　あおがきちょうひのくら　兵庫県丹波市

青垣町奥塩久　あおがきちょうおくしおく　兵庫県丹波市

青垣町惣持　あおがきちょうそうじ　兵庫県丹波市

青垣町遠阪　あおがきちょうとおざか　兵庫県丹波市

青垣町稲土　あおがきちょういなづち　兵庫県丹波市

青屋町　あおやちょう　静岡県浜松市南区

青柳

あおやぎ　青森県青森市

あおやぎ　山形県山形市

あおやぎ　福島県南会津郡南会津町

あおやなぎ　茨城県取手市

あおやぎ　茨城県桜川市

あおやぎ　茨城県鉾田市

あおやぎ　埼玉県川越市

あおやぎ　埼玉県狭山市

あおやぎ　埼玉県草加市

あおやぎ　千葉県君津市

あおやぎ　東京都国立市

あおやなぎ　富山県富山市

あおやぎ　富山県魚津市

あおやぎ　長野県（JR中央本線）

あおやなぎ　岐阜県揖斐郡池田町

あおやぎ　山口県下松市

あおやぎ　福岡県古賀市

青柳北　あおやぎきた　千葉県市原市

青柳町

あおやぎちょう　北海道（函館市交通局2系統）

あおやぎちょう　北海道函館市

あおやぎちょう　岩手県北上市

あおやぎちょう　山形県鶴岡市

あおやぎちょう　茨城県水戸市

あおやぎまち　群馬県前橋市

あおやぎまち　群馬県館林市

あおやぎちょう　埼玉県草加市

あおやぎまち　山梨県南巨摩郡富士川町

あおやぎちょう　岐阜県岐阜市

あおやなぎちょう　岐阜県大垣市

あおやぎちょう　愛知県名古屋市千種区

あおやぎちょう　高知県高知市

あおやぎまち　福岡県古賀市

青柳海岸　あおやぎかいがん　千葉県市原市

青柳新　あおやなぎしん　富山県富山市

青海

あおみ　東京都（ゆりかもめ臨海線）

あおみ　東京都江東区

おうみ　新潟県（えちごトキめき鉄道日本海ひすいライン）

おうみ　新潟県糸魚川市

青海川

おうみがわ　新潟県（JR信越本線）

おうみがわ　新潟県柏崎市

青海町

あおみちょう　新潟県加茂市

せいかいちょう　愛知県常滑市

おうみちょう　香川県坂出市

青津　あおづ　福島県河沼郡会津坂下町

青畑　あおはた　福岡県豊前市

青草町　あおくさまち　石川県金沢市

¹⁰**青倉**

あおくら　群馬県甘楽郡下仁田町

あおくら　兵庫県（JR播但線）

青原

あおはら　島根県（JR山口線）

あおはら　島根県鹿足郡津和野町

青島

あおしま　新潟県魚沼市

あおじま　富山県魚津市

あおしま　富山県下新川郡入善町

あおしま　静岡県富士市

あおしま　宮崎県（JR日南線）

あおしま　宮崎県宮崎市

青島西　あおしまにし　宮崎県宮崎市

青島町

あおしままち　新潟県長岡市

あおしまちょう　静岡県富士市

青峰　せいほう　福岡県久留米市

青根　あおね　神奈川県相模原市緑区

青根温泉　あおねおんせん　宮城県柴田郡川崎町

青梅

おうめ　栃木県芳賀郡茂木町

おうめ　東京都（JR青梅線）

青梅市　おうめし　東京都

青梅街道　おうめかいどう　東京都（西武鉄道多摩湖線）

青砥　あおと　東京都（京成電鉄押上線）

青砥町　あおとちょう　神奈川県横浜市緑区

青馬　おおま　千葉県香取郡東庄町

¹¹**青堀**　あおほり　千葉県（JR内房線）

青宿　あおやど　茨城県稲敷郡阿見町

青崎

あおさき　広島県広島市南区

803

8画（青）

青崎　　あおさき　大分県大分市
青崎中　あおさきなか　広島県安芸郡府中町
青崎東　あおさきひがし　広島県安芸郡府中町
青崎南　あおさきみなみ　広島県安芸郡府中町
青梨　　あおなし　群馬県多野郡神流町
青梨子町　あおなしまち　群馬県前橋市
青笹　　あおささ　岩手県（JR釜石線）
青笹町中沢　あおざさちょうなかざわ　岩手県遠野市
青笹町青笹　あおざさちょうあおざさ　岩手県遠野市
青笹町糠前　あおざさちょうぬかまえ　岩手県遠野市
青菅　　あおすげ　千葉県佐倉市
青郷　　あおのごう　福井県（JR小浜線）
青部
　　あおべ　静岡県（大井川鉄道大井川本線）
　　あおべ　静岡県榛原郡川根本町
青野
　　あおの　山形県山形市
　　あおの　新潟県上越市
　　あおの　新潟県佐渡市
　　あおの　福井県丹生郡越前町
　　あおの　静岡県沼津市
　　あおの　静岡県賀茂郡南伊豆町
　　あおの　熊本県玉名市
青野ケ原　あおのがはら　兵庫県（JR加古川線）
青野ケ原町　あおのがはらちょう　兵庫県小野市
青野山　あおのやま　島根県（JR山口線）
青野町
　　あおのちょう　岐阜県大垣市
　　あおのちょう　滋賀県東近江市
　　あおのちょう　京都府綾部市
　　あおのちょう　兵庫県加西市
　　あおのちょう　奈良県奈良市
　　あおのちょう　岡山県井原市
青野原　あおのはら　神奈川県相模原市緑区
青野原町　あおのはらちょう　兵庫県加西市
12青塚
　　あおつか　茨城県鹿嶋市
　　あおつか　愛知県（名古屋鉄道津島線）
　　あおつか　愛知県犬山市
青塚町　あおつかちょう　愛知県津島市
青森
　　あおもり　青森県（JR奥羽本線ほか）
　　あおもり　大分県宇佐市
青森市　あおもりし　青森県
青森県　あおもりけん
青葉
　　あおば　北海道（JR室蘭本線）
　　あおば　北海道千歳市
　　あおば　北海道網走郡美幌町
　　あおば　北海道斜里郡清里町
　　あおば　北海道勇払郡むかわ町
　　あおば　青森県青森市
　　あおば　青森県八戸市
　　あおば　青森県上北郡おいらせ町
　　あおば　岩手県一関市
　　あおば　埼玉県久喜市
　　あおば　神奈川県相模原市中央区
　　あおば　大阪府三島郡島本町
　　あおば　福岡県北九州市小倉北区
　　あおば　福岡県福岡市東区
青葉ケ丘　あおばがおか　宮城県塩竈市

青葉山
　　あおばやま　宮城県（仙台市交通局東西線）
　　あおばやま　宮城県仙台市青葉区
青葉区
　　あおばく　宮城県仙台市
　　あおばく　神奈川県横浜市
青葉丘
　　あおばおか　北海道千歳市
　　あおばおか　大阪府富田林市
青葉丘北　あおばおかきた　大阪府吹田市
青葉丘南　あおばおかみなみ　大阪府吹田市
青葉台
　　あおばだい　北海道標津郡中標津町
　　あおばだい　宮城県宮城郡利府町
　　あおばだい　福島県喜多方市
　　あおばだい　埼玉県所沢市
　　あおばだい　埼玉県朝霞市
　　あおばだい　千葉県柏市
　　あおばだい　千葉県市原市
　　あおばだい　東京都目黒区
　　あおばだい　神奈川県（東京急行電鉄田園都市線）
　　あおばだい　神奈川県横浜市青葉区
　　あおばだい　新潟県長岡市
　　あおばだい　石川県白山市
　　あおばだい　静岡県掛川市
　　あおばだい　静岡県菊川市
　　あおばだい　愛知県名古屋市守山区
　　あおばだい　三重県津市
　　あおばだい　大阪府和泉市
　　あおばだい　大阪府泉南郡熊取町
　　あおばだい　兵庫県神戸市北区
　　あおばだい　兵庫県西宮市
　　あおばだい　兵庫県相生市
　　あおばだい　兵庫県宝塚市
　　あおばだい　島根県松江市
　　あおばだい　広島県三原市
　　あおばだい　広島県福山市
　　あおばだい　山口県山口市
　　あおばだい　山口県山陽小野田市
　　あおばだい　愛媛県松山市
　　あおばだい　福岡県北九州市門司区
　　あおばだい　福岡県宗像市
　　あおばだい　福岡県太宰府市
　　あおばだい　長崎県諫早市
　　あおばだい　大分県大分市
青葉台西　あおばだいにし　福岡県北九州市若松区
青葉台町　あおばだいまち　石川県七尾市
青葉台東　あおばだいひがし　福岡県北九州市若松区
青葉台南　あおばだいみなみ　福岡県北九州市若松区
青葉町
　　あおばちょう　北海道札幌市厚別区
　　あおばちょう　北海道北見市
　　あおばちょう　北海道苫小牧市
　　あおばちょう　北海道登別市
　　あおばちょう　北海道北広島市
　　あおばちょう　北海道斜里郡斜里町
　　あおばちょう　北海道虻田郡洞爺湖町
　　あおばまち　宮城県仙台市青葉区
　　あおばまち　秋田県能代市
　　あおばちょう　秋田県大館市
　　あおばちょう　茨城県ひたちなか市
　　あおばちょう　群馬県前橋市
　　あおばちょう　千葉県千葉市中央区
　　あおばちょう　東京都東村山市

8画（鼡）9画（乗，帝，俊，信）

あおばちょう　富山県高岡市
あおばちょう　山梨県甲府市
あおばちょう　静岡県静岡市清水区
あおばちょう　静岡県熱海市
あおばちょう　静岡県富士市
あおばちょう　静岡県藤枝市
あおばちょう　三重県四日市市
あおばちょう　三重県桑名市
あおばちょう　滋賀県東近江市
あおばちょう　大阪府泉大津市
あおばちょう　兵庫県神戸市須磨区
あおばちょう　鳥取県鳥取市
あおばちょう　香川県坂出市
あおばまち　福岡県大牟田市
あおばまち　長崎県島原市
あおばまち　大分県大分市
あおばちょう　宮崎県宮崎市
青葉通一番町　あおばどおりいちばんちょう　宮城県
　（仙台市交通局東西線）
青雲町　せいうんちょう　北海道苫小牧市
13青墓町　あおはかちょう　岐阜県大垣市
青蓮寺　しょうれんじ　三重県名張市
青豊　せいほう　福岡県豊前市
青路町　あおじちょう　石川県小松市
16青橋　あおはし　新潟県五泉市
青樹町　あおきちょう　青森県弘前市
青龍寺　しょうりゅうじ　山形県鶴岡市
青龍町　せいりゅうちょう　京都府京都市上京区

【鼡】
0鼡ケ池　ねずがいけ　福岡県田川郡糸田町
11鼡野町　ねずみのちょう　静岡県浜松市南区

9画

【乗】
5乗本　のりもと　愛知県新城市
6乗竹　のりたけ　兵庫県篠山市
8乗附町　のつけまち　群馬県高崎市
9乗廻　のりまわし　新潟県新発田市
乗政　のりまさ　岐阜県下呂市
10乗倉町　のせくらちょう　滋賀県長浜市
12乗越町　のりこしちょう　愛知県名古屋市中川区
15乗鞍　のりくら　愛知県名古屋市緑区
19乗瀬　のりせ　長野県小諸市

【帝】
12帝塚山
　　てづかやま　大阪府（南海電気鉄道高野線）
　　てづかやま　大阪市大阪市阿倍野区
　　てづかやま　奈良県奈良市
帝塚山三丁目　てづかやまさんちょうめ　大阪府（阪
　堺電気軌道上町線）
帝塚山中　てづかやまなか　大阪府大阪市住吉区
帝塚山中町　てづかやまなかまち　奈良県奈良市
帝塚山四丁目　てづかやまよんちょうめ　大阪府（阪
　堺電気軌道上町線）
帝塚山西
　　てづかやまにし　大阪府大阪市住吉区

てづかやまにし　奈良県奈良市
帝塚山東　てづかやまひがし　大阪府大阪市住吉区
帝塚山南　てづかやまみなみ　奈良県奈良市

【俊】
6俊成町　しゅんぜいちょう　京都府京都市下京区
14俊徳町　しゅんとくちょう　大阪府東大阪市
俊徳道　しゅんとくみち　大阪府（近畿日本鉄道大阪
　線）

【信】
4信友　のぶとも　千葉県長生郡長生村
信太　しだ　茨城県稲敷郡美浦村
信太山　しのだやま　大阪府（JR阪和線）
信太古渡　しだふっと　茨城県稲敷市
信夫町　しのぶまち　山形県米沢市
信木　のぶき　広島県（JR三江線）
5信末　のぶすえ　富山県南砺市
6信州中野　しんしゅうなかの　長野県（長野電鉄長野
　線）
信州新町　しんしゅうしんまち　⇒長野市（長野県）
信州新町下市場　しんしゅうしんまちしもいちば　長野
　県長野市
信州新町上条　しんしゅうしんまちかみじょう　長野県
　長野市
信州新町山上条　しんしゅうしんまちやまかみじょう
　長野県長野市
信州新町山穂刈　しんしゅうしんまちやまほかり　長野
　県長野市
信州新町中牧　しんしゅうしんまちなかまき　長野県長
　野市
信州新町日原西　しんしゅうしんまちひはらにし　長野
　県長野市
信州新町日原東　しんしゅうしんまちひはらひがし　長
　野県長野市
信州新町水内　しんしゅうしんまちみのち　長野県長
　野市
信州新町左右　しんしゅうしんまちそう　長野県長
　野市
信州新町弘崎　しんしゅうしんまちひろさき　長野県長
　野市
信州新町竹房　しんしゅうしんまちたけぶさ　長野県長
　野市
信州新町里穂刈　しんしゅうしんまちさとほかり　長野
　県長野市
信州新町牧田中　しんしゅうしんまちまきだなか　長野
　県長野市
信州新町牧野島　しんしゅうしんまちまきのしま　長野
　県長野市
信州新町信級　しんしゅうしんまちのぶしな　長野県長
　野市
信州新町越道　しんしゅうしんまちこえどう　長野県長
　野市
信州新町新町　しんしゅうしんまちしんまち　長野県長
　野市
7信更町下平　しんこうまちしもだいら　長野県長野市
信更町三水　しんこうまちさみず　長野県長野市
信更町上尾　しんこうまちあげお　長野県長野市
信更町今泉　しんこうまちいまいずみ　長野県長野市
信更町古藤　しんこうまちふるふじ　長野県長野市

9画（俗, 便, 保）

信更町氷ノ田　しんこうまちひのた　長野県長野市
信更町田沢　しんこうまちたざわ　長野県長野市
信更町田野口　しんこうまちたのくち　長野県長野市
信更町吉原　しんこうまちよしわら　長野県長野市
信更町安庭　しんこうまちやすにわ　長野県長野市
信更町灰原　しんこうまちはいはら　長野県長野市
信更町赤田　しんこうまちあかだ　長野県長野市
信更町宮平　しんこうまちみやだいら　長野県長野市
信更町桜井　しんこうまちさくらい　長野県長野市
信更町涌池　しんこうまちわくいけ　長野県長野市
信更町高野　しんこうまちたかの　長野県長野市
信条西　しんじょうにし　新潟県長岡市
信条東　しんじょうひがし　新潟県長岡市
信条南　しんじょうみなみ　新潟県長岡市
8信取　のぶとり　北海道中川郡池田町
9信砂
　　のぶしゃ　北海道（JR留萌本線）
　　のぶしゃ　北海道増毛郡増毛町
信香町　のぶかちょう　北海道小樽市
11信部内　しぶない　北海道紋別郡湧別町
12信喜　しき　島根県邑智郡美郷町
信富町　しんとみちょう　京都府京都市上京区
信貴ケ丘　しぎがおか　奈良県生駒郡三郷町
信貴山　しぎさん　奈良県生駒郡平群町
信貴山下　しぎさんした　奈良県（近畿日本鉄道生駒線）
信貴山口　しぎさんぐち　大阪府（近畿日本鉄道信貴線）
信貴山西　しぎさんにし　奈良県生駒郡三郷町
信貴山東　しぎさんひがし　奈良県生駒郡三郷町
信貴南畑　しぎみなみはた　奈良県生駒郡三郷町
信貴畑　しぎはた　奈良県生駒郡平群町
信達大苗代　しんだちおのしろ　大阪府泉南市
信達六尾　しんだちむつお　大阪府泉南市
信達市場　しんだちいちば　大阪府泉南市
信達岡中　しんだちおかなか　大阪府泉南市
信達牧野　しんだちまきの　大阪府泉南市
信達金熊寺　しんだちきんゆうじ　大阪府泉南市
信達葛畑　しんだちつづらばた　大阪府泉南市
信達童子畑　しんだちわらづはた　大阪府泉南市
信達楠畑　しんだちくすばた　大阪府泉南市
13信楽　しがらき　滋賀県（信楽高原鉄道線）
信楽町下朝宮　しがらきちょうしもあさみや　滋賀県甲賀市
信楽町上朝宮　しがらきちょうかみあさみや　滋賀県甲賀市
信楽町小川　しがらきちょうおがわ　滋賀県甲賀市
信楽町小川出　しがらきちょうおがわで　滋賀県甲賀市
信楽町中野　しがらきちょうなかの　滋賀県甲賀市
信楽町田代　しがらきちょうたしろ　滋賀県甲賀市
信楽町多羅尾　しがらきちょうたらお　滋賀県甲賀市
信楽町江田　しがらきちょうえだ　滋賀県甲賀市
信楽町西　しがらきちょうにし　滋賀県甲賀市
信楽町杉山　しがらきちょうすぎやま　滋賀県甲賀市
信楽町牧　しがらきちょうまき　滋賀県甲賀市
信楽町長野　しがらきちょうながの　滋賀県甲賀市
信楽町勅旨　しがらきちょうちょくし　滋賀県甲賀市
信楽町柞原　しがらきちょうほそはら　滋賀県甲賀市

信楽町畑　しがらきちょうはた　滋賀県甲賀市
信楽町神山　しがらきちょうこうやま　滋賀県甲賀市
信楽町宮尻　しがらきちょうみやじり　滋賀県甲賀市
信楽町宮町　しがらきちょうみやまち　滋賀県甲賀市
信楽町黄瀬　しがらきちょうきのせ　滋賀県甲賀市
16信濃
　　しなの　北海道千歳市
　　しなの　新潟県長岡市
　　しなの　滋賀県蒲生郡竜王町
信濃大町　しなのおおまち　長野県（JR大糸線）
信濃川上　しなのかわかみ　長野県（JR小海線）
信濃川島　しなのかわしま　長野県（JR中央本線）
信濃木崎　しなのきざき　長野県（JR大糸線）
信濃平　しなのたいら　長野県（JR飯山線）
信濃白鳥　しなのしらとり　長野県（JR飯山線）
信濃吉田　しなのよしだ　長野県（長野電鉄長野線）
信濃竹原　しなのたけはら　長野県（長野電鉄長野線）
信濃沢　しなのさわ　北海道富良野市
信濃町
　　しなのまち　東京都（JR中央本線）
　　しなのまち　東京都新宿区
　　しなのまち　新潟県新潟市中央区
　　しなのまち　長野府上水内郡
　　しなのちょう　京都府京都市上京区
信濃国分寺　しなのこくぶんじ　長野県（しなの鉄道線）
信濃松川　しなのまつかわ　長野県（JR大糸線）
信濃浅野　しなのあさの　長野県（JR飯山線）
信濃荒井　しなのあらい　長野県（アルピコ交通上高地線）
信濃追分　しなのおいわけ　長野県（しなの鉄道線）
信濃常盤　しなのときわ　長野県（JR大糸線）
信濃森上　しなのもりうえ　長野県（JR大糸線）
信濃境　しなのさかい　長野県（JR中央本線）

【俗】
8俗明院　ぞくみょういん　福岡県筑紫野市

【便】
0便ノ山　びんのやま　三重県北牟婁郡紀北町

【保】
保
　　ほ　埼玉県吉川市
　　ほ　山梨県南巨摩郡早川町
　　ほう　鳥取県東伯郡琴浦町
0保々　ほぼ　三重県（三岐鉄道三岐線）
3保久田　ほくだ　岩手県宮古市
保久町　ほっきゅうちょう　愛知県岡崎市
保土ケ谷　ほどがや　神奈川県（JR横須賀線）
保土ケ谷区　ほどがやく　神奈川県横浜市
保土ケ谷町　ほどがやちょう　神奈川県横浜市保土ケ谷区
保土沢　ほとざわ　静岡県御殿場市
保土原　ほどわら　福島県須賀川市
4保之瀬　ほのせ　山梨県北都留郡丹波山村
保井戸　ほいど　岐阜県下呂市
保井谷　ほいだに　京都府船井郡京丹波町

9画（保）

保内　ほない　新潟県（JR信越本線）
保内町川之石　ほないちょうかわのいし　愛媛県八幡浜市
保内町広早　ほないちょうひろはや　愛媛県八幡浜市
保内町宮内　ほないちょうみやうち　愛媛県八幡浜市
保内町喜木　ほないちょうきき　愛媛県八幡浜市
保内町喜木津　ほないちょうききつ　愛媛県八幡浜市
保内町須川　ほないちょうすがわ　愛媛県八幡浜市
保内町磯崎　ほないちょういさき　愛媛県八幡浜市
保戸坂　ほとさか　岩手県八幡平市
保戸沢家ノ上　ほどさわいえのかみ　青森県上北郡東北町
保戸沢家ノ前　ほどさわいえのまえ　青森県上北郡東北町
保戸沢家ノ後　ほどさわいえのうしろ　青森県上北郡東北町
保戸島　ほとじま　大分県津久見市
保戸野　ほどの　秋田県秋田市
保戸野すわ町　ほどのすわちょう　秋田県秋田市
保戸野八丁　ほどのはっちょう　秋田県秋田市
保戸野千代田町　ほどのちよだまち　秋田県秋田市
保戸野中町　ほどのなかちょう　秋田県秋田市
保戸野金砂町　ほどのかなさまち　秋田県秋田市
保戸野原の町　ほどのはらのまち　秋田県秋田市
保戸野桜町　ほどのさくらまち　秋田県秋田市
保戸野通町　ほどのとおりまち　秋田県秋田市
保戸野鉄砲町　ほどのてっぽうまち　秋田県秋田市
保手　ほで　愛媛県宇和島市
保月　ほうづき　滋賀県犬上郡多賀町
保木　ほうき　山口県岩国市
保木脇
　ほきわき　岐阜県美濃市
　ほきわき　岐阜県大野郡白川村
保木間　ほきま　東京都足立区
5保加町　ほかまち　福岡県柳川市
保古　ほご　石川県金沢市
保古町　ほごまち　石川県金沢市
保古野木　ほこのき　新潟県新潟市西区
保母町　ほぼちょう　愛知県岡崎市
保田
　ほた　千葉県（JR内房線）
　ほた　千葉県安房郡鋸南町
　やすだ　新潟県阿賀野市
　ほた　福井県（えちぜん鉄道勝山永平寺線）
　ほた　奈良県磯城郡川西町
　やすだ　鳥取県西伯郡大山町
　やすだ　愛媛県宇和島市
保田町　ほうでちょう　滋賀県長浜市
保田原　ほだわら　埼玉県大里郡寄居町
保田窪
　ほたくぼ　熊本県熊本市中央区
　ほたくぼ　熊本県熊本市東区
保田窪本町　ほたくぼほんまち　熊本県熊本市東区
保示町　ほうじちょう　愛知県常滑市
保立町　ほたてちょう　長崎県佐世保市
6保多田　ほだた　熊本県山鹿市
保多町　ほだちょう　滋賀県長浜市
7保呂　ほろ　和歌山県西牟婁郡白浜町
保呂町　ほろちょう　愛知県名古屋市天白区

保坂　ほさか　新潟県新潟市南区
保見　ほみ　愛知県（愛知環状鉄道線）
保見ケ丘　ほみがおか　愛知県豊田市
保見町　ほみちょう　愛知県豊田市
保谷　ほうや　東京都（西武鉄道池袋線）
保谷町　ほうやちょう　東京都西東京市
8保免上　ほうめんかみ　愛媛県松山市
保免中　ほうめんなか　愛媛県松山市
保免西　ほうめんにし　愛媛県松山市
保岡　やすおか　山形県酒田市
保明　ほうみょう　岐阜県関市
9保品　ほしな　千葉県八千代市
保城　ほうしろ　兵庫県姫路市
保春院前丁　ほしゅんいんまえちょう　宮城県仙台市若林区
保栄茂　びん　沖縄県豊見城市
保津　ほつ　奈良県磯城郡田原本町
保津町
　ほうづちょう　三重県松阪市
　ほづちょう　京都府亀岡市
　ほうづちょう　山口県岩国市
保津峡　ほづきょう　京都府（JR山陰本線）
保美　ほみ　群馬県藤岡市
保美町　ほびちょう　愛知県田原市
保美濃山　ほみのやま　群馬県藤岡市
10保原　ほばら　福島県（阿武隈急行線）
保原町みずほ　ほばらまちみずほ　福島県伊達市
保原町二井田　ほばらまちにいだ　福島県伊達市
保原町八幡台　ほばらまちはちまんだい　福島県伊達市
保原町八幡町　ほばらまちやはたまち　福島県伊達市
保原町下河原　ほばらまちしもかわら　福島県伊達市
保原町下野崎　ほばらまちしものざき　福島県伊達市
保原町上保原　ほばらまちかみほばら　福島県伊達市
保原町上野崎　ほばらまちかみのざき　福島県伊達市
保原町久保　ほばらまちくぼ　福島県伊達市
保原町千刈　ほばらまちせんがり　福島県伊達市
保原町大立目　ほばらまちおおだつめ　福島県伊達市
保原町大和　ほばらまちやまと　福島県伊達市
保原町大柳　ほばらまちおおやなぎ　福島県伊達市
保原町大泉　ほばらまちおおいずみ　福島県伊達市
保原町小蓋　ほばらまちこぶた　福島県伊達市
保原町小幡町　ほばらまちおばたまち　福島県伊達市
保原町中村町　ほばらまちなかむらちょう　福島県伊達市
保原町中瀬　ほばらまちなかぜ　福島県伊達市
保原町中瀬町　ほばらまちなかぜまち　福島県伊達市
保原町元木　ほばらまちもとき　福島県伊達市
保原町元本町　ほばらまちもともと　福島県伊達市
保原町六万坊　ほばらまちろくまんぼう　福島県伊達市
保原町内町　ほばらまちうちまち　福島県伊達市
保原町太田中　ほばらまちおおたなか　福島県伊達市
保原町北河原　ほばらまちきたかわら　福島県伊達市
保原町半道　ほばらまちはんどう　福島県伊達市
保原町古川端　ほばらまちふるかわばた　福島県伊達市
保原町古町　ほばらまちふるまち　福島県伊達市

9画（俣，俎，冑，冠，前）

保原町台後　ほばらまちだいご　福島県伊達市
保原町市柳町　ほばらまちいちやなぎちょう　福島県伊達市
保原町旭町　ほばらまちあさひまち　福島県伊達市
保原町早稲田　ほばらまちわせだ　福島県伊達市
保原町竹内町　ほばらまちたけうちまち　福島県伊達市
保原町舟橋　ほばらまちふなばし　福島県伊達市
保原町西ノ内　ほばらまちにしのうち　福島県伊達市
保原町西町　ほばらまちにしまち　福島県伊達市
保原町西猫川　ほばらまちにしねこがわ　福島県伊達市
保原町西新田　ほばらまちにししんでん　福島県伊達市
保原町村岡　ほばらまちむらおか　福島県伊達市
保原町赤橋　ほばらまちあかばし　福島県伊達市
保原町京門　ほばらまちきょうもん　福島県伊達市
保原町実町　ほばらまちみのるまち　福島県伊達市
保原町岡代　ほばらまちおかしろ　福島県伊達市
保原町弥生町　ほばらまちやよいちょう　福島県伊達市
保原町所沢　ほばらまちところざわ　福島県伊達市
保原町東小蓋　ほばらまちひがしこぶた　福島県伊達市
保原町東台後　ほばらまちひがしだいご　福島県伊達市
保原町東猫川　ほばらまちひがしねこがわ　福島県伊達市
保原町東野崎　ほばらまちひがしのさき　福島県伊達市
保原町油谷地　ほばらまちあぶらやち　福島県伊達市
保原町金原田　ほばらまちかなはらだ　福島県伊達市
保原町前田町　ほばらまちまえだちょう　福島県伊達市
保原町城ノ内　ほばらまちしろのうち　福島県伊達市
保原町栄町　ほばらまちさかえまち　福島県伊達市
保原町柱田　ほばらまちはしらだ　福島県伊達市
保原町柏町　ほばらまちかしわまち　福島県伊達市
保原町泉町　ほばらまちいずみまち　福島県伊達市
保原町宮下　ほばらまちみやした　福島県伊達市
保原町宮内町　ほばらまちみやうちまち　福島県伊達市
保原町将監　ほばらまちしょうかん　福島県伊達市
保原町烏内　ほばらまちからすうち　福島県伊達市
保原町高成田　ほばらまちたかなりた　福島県伊達市
保原町清水町　ほばらまちしみずまち　福島県伊達市
保原町野崎　ほばらまちのざき　福島県伊達市
保原町黄金町　ほばらまちこがねまち　福島県伊達市
保原町富沢　ほばらまちとみざわ　福島県伊達市
保原町豊田　ほばらまちとよた　福島県伊達市
保原町豊町　ほばらまちゆたかまち　福島県伊達市
保原町鉄炮町　ほばらまちてっぽうまち　福島県伊達市
保原町磐前通　ほばらまちいわまえどおり　福島県伊達市

11保曽　ほそう　岡山県和気郡和気町
保野
　　ほや　長野県上田市
　　ほうの　愛媛県西条市
保野子　ほのこ　秋田県南秋田郡井川町

12保喜　ほき　兵庫県神崎郡市川町
保塚町　ほづかちょう　東京都足立区
保渡田町　ほどたまち　群馬県高崎市
保賀町　ほうがまち　石川県加賀市
13保福寺町　ほふくじまち　長野県松本市
保福島　ほふくじま　静岡県焼津市

【俣】
11俣野　またの　鳥取県日野郡江府町
俣野町　またのちょう　神奈川県横浜市戸塚区
12俣落　またおち　北海道標津郡中標津町

【俎】
9俎柳　まないたやなぎ　山形県南陽市

【冑】
3冑山　かぶとやま　埼玉県熊谷市

【冠】
3冠山町　かんざんちょう　奈良県大和郡山市
4冠木　かぶき　福島県二本松市
12冠着　かむりき　長野県（JR篠ノ井線）
17冠嶽　かんむりだけ　鹿児島県いちき串木野市

【前】
前
　　まえ　兵庫県美方郡新温泉町
　　まえ　鳥取県西伯郡大山町
0前ケ平　まえがひら　愛知県弥富市
前ケ崎　まえがさき　千葉県流山市
前ケ貫　まえがぬき　埼玉県飯能市
前ケ須町　まえがすちょう　愛知県弥富市
前ノ内　まえのうち　福島県石川郡石川町
1前一色　まえいっしき　岐阜県岐阜市
前一色西町　まえいっしきにしまち　岐阜県岐阜市
2前九年　ぜんくねん　岩手県盛岡市
3前上町　まえかみちょう　埼玉県川口市
前久保
　　まえくぼ　福島県西白河郡矢吹町
　　まえくぼ　埼玉県入間郡毛呂山町
　　まえくぼ　千葉県富津市
前久保南　まえくぼみなみ　埼玉県入間郡毛呂山町
前口　まえぐち　群馬県吾妻郡草津町
前小屋　まえごや　埼玉県深谷市
前小屋町　まえごやちょう　群馬県太田市
前山
　　まえやま　秋田県（JR奥羽本線）
　　まえやま　秋田県北秋田市
　　まえやま　福島県岩瀬郡鏡石町
　　まえやま　新潟県阿賀野市
　　まえやま　長野県上田市
　　まえやま　長野県佐久市
　　まえやま　香川県さぬき市
前山西　まえやまにし　福島県西白河郡西郷村
前山町
　　まえやまちょう　岐阜県関市
　　まえやまちょう　愛知県名古屋市昭和区
　　まえやまちょう　愛知県豊田市
　　まえやまちょう　三重県伊勢市

9画（前）

前山東　まえやまひがし　福島県西白河郡西郷村

前川
　　まえかわ　宮城県柴田郡川崎町
　　まえかわ　秋田県にかほ市
　　まえかわ　山形県酒田市
　　まえかわ　福島県須賀川市
　　まえかわ　茨城県潮来市
　　まえかわ　埼玉県川口市
　　まえかわ　神奈川県小田原市
　　まえかわ　新潟県（JR信越本線）

前川町　まえかわちょう　埼玉県川口市

前川原
　　まえかわら　青森県上北郡七戸町
　　まえかわら　福島県伊達市

4前之内　まえのうち　千葉県東金市

前之町　まえのちょう　京都府京都市上京区

前之浜　まえのはま　鹿児島県（JR指宿枕崎線）

前方郷　まえがたごう　長崎県北松浦郡小値賀町

前木　まえき　宮城県気仙沼市

5前古賀　まえこが　福岡県八女市

前左野　まえさの　青森県上北郡七戸町

前平
　　まえたい　青森県三沢市
　　まえひら　青森県上北郡野辺地町
　　まえひら　兵庫県洲本市

前平井　まえひらい　千葉県流山市

前平公園　まえひらこうえん　岐阜県（長良川鉄道越美南線）

前平町　まえひらちょう　岐阜県美濃加茂市

前田
　　まえだ　北海道岩内郡共和町
　　まえだ　青森県青森市
　　まえだ　青森県上北郡野辺地町
　　まえだ　青森県上北郡七戸町
　　まえだ　岩手県八幡平市
　　まえだ　福島県喜多方市
　　まえだ　福島県二本松市
　　まえだ　福島県伊達市
　　まえだ　福島県西白河郡矢吹町
　　まえだ　福島県双葉郡双葉町
　　まえた　福島県相馬郡飯舘村
　　まえだ　茨城県東茨城郡茨城町
　　まえだ　栃木県大田原市
　　まえだ　埼玉県川口市
　　まえた　千葉県南房総市
　　まえだ　新潟県新潟市西蒲区
　　まえだ　新潟県長岡市
　　まえだ　富山県南砺市
　　まえだ　岐阜県安八郡神戸町
　　まえだ　静岡県沼津市
　　まえだ　静岡県富士市
　　まえだ　愛知県稲沢市
　　まえだ　愛知県知多郡武豊町
　　まえだ　京都府福知山市
　　まえだ　和歌山県有田郡広川町
　　まえだ　山口県下関市
　　まえだ　福岡県北九州市八幡東区
　　まえだ　福岡県行橋市
　　まえだ　大分県臼杵市
　　まえだ　宮崎県えびの市
　　まえだ　鹿児島県肝属郡肝付町
　　まえだ　沖縄県浦添市

前田一条　まえだいちじょう　北海道札幌市手稲区

前田七条　まえだしちじょう　北海道札幌市手稲区

前田九条　まえだくじょう　北海道札幌市手稲区

前田二条　まえだにじょう　北海道札幌市手稲区

前田八条　まえだはちじょう　北海道札幌市手稲区

前田十一条　まえだじゅういちじょう　北海道札幌市手稲区

前田十二条　まえだじゅうにじょう　北海道札幌市手稲区

前田十三条　まえだじゅうさんじょう　北海道札幌市手稲区

前田十条　まえだじゅうじょう　北海道札幌市手稲区

前田下　まえだしも　宮城県加美郡加美町

前田三条　まえださんじょう　北海道札幌市手稲区

前田上　まえだかみ　福島県喜多方市

前田川　まえだがわ　福島県須賀川市

前田中町　まえだなかまち　愛知県豊橋市

前田五条　まえだごじょう　北海道札幌市手稲区

前田六条　まえだろくじょう　北海道札幌市手稲区

前田四条　まえだしじょう　北海道札幌市手稲区

前田西町
　　まえだにしまち　愛知県名古屋市中川区
　　まえだにしまち　香川県高松市

前田町
　　まえたまち　山形県山形市
　　まえだちょう　神奈川県横浜市戸塚区
　　まえだちょう　富山県高岡市
　　まえだちょう　静岡県富士宮市
　　まえだちょう　愛知県名古屋市瑞穂区
　　まえだちょう　愛知県豊橋市
　　まえだちょう　愛知県瀬戸市
　　まえだちょう　愛知県半田市
　　まえだちょう　愛知県豊田市
　　まえだちょう　三重県四日市市
　　まえだちょう　兵庫県芦屋市
　　まえだちょう　愛媛県新居浜市
　　まえだまち　佐賀県鳥栖市
　　まえだちょう　宮崎県都城市

前田東町　まえだひがしまち　香川県高松市

前田南　まえだみなみ　秋田県（秋田内陸縦貫鉄道線）

前田南町　まえだみなみまち　愛知県豊橋市

前田屋敷　まえたやしき　青森県南津軽郡田舎館村

前田面　まえだめん　愛知県犬山市

前田野目
　　まえだのめ　青森県五所川原市
　　まえだのめ　山形県東田川郡庄内町

前田新町　まえだしんまち　京都府福知山市

6前地　まえじ　埼玉県さいたま市浦和区

前池町　まえいけちょう　兵庫県神戸市須磨区

前牟田
　　まえむた　福岡県三潴郡大木町
　　まえむた　佐賀県三養基郡上峰町

7前坂
　　まえざか　青森県弘前市
　　まえざか　長野県下高井郡野沢温泉村

前村　まえむら　三重県多気郡多気町

前沢
　　まえざわ　岩手県（JR東北本線）
　　まえざわ　福島県南会津郡南会津町
　　まえざわ　栃木県芳賀郡益子町
　　まえさわ　東京都東久留米市

809

9画（前）

まえざわ　富山県黒部市
まえざわ　富山県中新川郡立山町
まえざわ　岐阜県可児郡御嵩町
前沢中央町　まえざわちゅうおうまち　富山県中新川郡立山町
前沢区あすか通　まえざわくあすかどおり　岩手県奥州市
前沢区うるし野　まえざわくうるしの　岩手県奥州市
前沢区一ノ沢　まえざわくいちのさわ　岩手県奥州市
前沢区一本杉　まえざわくいっぽんすぎ　岩手県奥州市
前沢区七日町　まえざわくなのかまち　岩手県奥州市
前沢区七日町裏　まえざわくなのかまちうら　岩手県奥州市
前沢区二ノ沢　まえざわくにのさわ　岩手県奥州市
前沢区二十人町　まえざわくにじゅうにんまち　岩手県奥州市
前沢区二十人町裏　まえざわくにじゅうにんまちうら　岩手県奥州市
前沢区八幡　まえざわくやわた　岩手県奥州市
前沢区八幡前　まえざわくやわたまえ　岩手県奥州市
前沢区下小路　まえざわくしもこうじ　岩手県奥州市
前沢区下谷起　まえざわくしたやぎ　岩手県奥州市
前沢区三日町　まえざわくみっかまち　岩手県奥州市
前沢区三日町浦　まえざわくみっかまちうら　岩手県奥州市
前沢区三日町新裏　まえざわくみっかまちしんうら　岩手県奥州市
前沢区久田　まえざわくきゅうでん　岩手県奥州市
前沢区大林寺下　まえざわくだいりんじした　岩手県奥州市
前沢区大桜　まえざわくおおざくら　岩手県奥州市
前沢区大袋　まえざわくおおぶくろ　岩手県奥州市
前沢区小沢口　まえざわくおさわぐち　岩手県奥州市
前沢区山下　まえざわくやました　岩手県奥州市
前沢区川内　まえざわくかわうち　岩手県奥州市
前沢区干場　まえざわくほしば　岩手県奥州市
前沢区中久保　まえざわくなかくぼ　岩手県奥州市
前沢区中田　まえざわくなかだ　岩手県奥州市
前沢区中村　まえざわくなかむら　岩手県奥州市
前沢区中屋敷　まえざわくなかやしき　岩手県奥州市
前沢区五十人町　まえざわくごじゅうにんまち　岩手県奥州市
前沢区五合田　まえざわくごごうた　岩手県奥州市
前沢区六本松　まえざわくろっぽんまつ　岩手県奥州市
前沢区太郎ケ沢　まえざわくたろうがさわ　岩手県奥州市
前沢区日向　まえざわくひなた　岩手県奥州市
前沢区日除松　まえざわくひよけまつ　岩手県奥州市
前沢区北久保　まえざわくきたくぼ　岩手県奥州市
前沢区古川　まえざわくふるかわ　岩手県奥州市
前沢区古城　まえざわくこじょう　岩手県奥州市
前沢区平小路　まえざわくたいらこうじ　岩手県奥州市
前沢区平前　まえざわくたいらまえ　岩手県奥州市
前沢区本杉　まえざわくもとすぎ　岩手県奥州市
前沢区永沢　まえざわくながさわ　岩手県奥州市
前沢区生母　まえざわくせいぼ　岩手県奥州市
前沢区田中　まえざわくたなか　岩手県奥州市

前沢区田畠　まえざわくたばた　岩手県奥州市
前沢区白山　まえざわくしらやま　岩手県奥州市
前沢区白鳥舘　まえざわくしろとりだて　岩手県奥州市
前沢区石田　まえざわくいしだ　岩手県奥州市
前沢区立石　まえざわくたていし　岩手県奥州市
前沢区両手沢　まえざわくもろてざわ　岩手県奥州市
前沢区向田　まえざわくむかいだ　岩手県奥州市
前沢区合ノ沢　まえざわくあいのさわ　岩手県奥州市
前沢区安寺沢　まえざわくあてらさわ　岩手県奥州市
前沢区竹沢　まえざわくたけさわ　岩手県奥州市
前沢区衣関　まえざわくきぬとめ　岩手県奥州市
前沢区沖田　まえざわくおきた　岩手県奥州市
前沢区谷地　まえざわくやち　岩手県奥州市
前沢区谷記　まえざわくやぎ　岩手県奥州市
前沢区谷記田　まえざわくやぎた　岩手県奥州市
前沢区谷起　まえざわくやぎ　岩手県奥州市
前沢区谷起田　まえざわくやぎた　岩手県奥州市
前沢区赤坂　まえざわくあかさか　岩手県奥州市
前沢区赤面　まえざわくあかつら　岩手県奥州市
前沢区里　まえざわくさと　岩手県奥州市
前沢区河ノ畑　まえざわくかのはた　岩手県奥州市
前沢区沼ノ沢　まえざわくぬまのさわ　岩手県奥州市
前沢区沼尻　まえざわくぬまじり　岩手県奥州市
前沢区泊ケ崎　まえざわくとまりがさき　岩手県奥州市
前沢区狐石　まえざわくきつねいし　岩手県奥州市
前沢区狐堂　まえざわくきつねどう　岩手県奥州市
前沢区長根　まえざわくながね　岩手県奥州市
前沢区長檀　まえざわくながだん　岩手県奥州市
前沢区阿部舘　まえざわくあべたて　岩手県奥州市
前沢区前野　まえざわくまえの　岩手県奥州市
前沢区南中島　まえざわくみなみなかじま　岩手県奥州市
前沢区南前沢　まえざわくみなみまえざわ　岩手県奥州市
前沢区南陣場　まえざわくみなみじんば　岩手県奥州市
前沢区南塔ケ崎　まえざわくみなみとうがさき　岩手県奥州市
前沢区屋敷　まえざわくやしき　岩手県奥州市
前沢区島　まえざわくしま　岩手県奥州市
前沢区株樹　まえざわくかぶき　岩手県奥州市
前沢区浪洗　まえざわくなみあらい　岩手県奥州市
前沢区陣場　まえざわくじんば　岩手県奥州市
前沢区高畑　まえざわくたかはたけ　岩手県奥州市
前沢区宿　まえざわくしゅく　岩手県奥州市
前沢区清水　まえざわくしみず　岩手県奥州市
前沢区蛇ノ鼻　まえざわくじゃのはな　岩手県奥州市
前沢区鳥待小屋　まえざわくとりまちごや　岩手県奥州市
前沢区堤田　まえざわくつつみだ　岩手県奥州市
前沢区塔ケ崎　まえざわくとうがさき　岩手県奥州市
前沢区粟ケ島　まえざわくあわがしま　岩手県奥州市
前沢区道場　まえざわくどうば　岩手県奥州市
前沢区新町　まえざわくしんまち　岩手県奥州市
前沢区新町裏　まえざわくしんまちうら　岩手県奥州市
前沢区新城　まえざわくしんじょう　岩手県奥州市

前沢区源氏ケ崎 まえさわくげんじがさき 岩手県奥州市
前沢区照井舘 まえさわくてるいだて 岩手県奥州市
前沢区福養 まえさわくふくよう 岩手県奥州市
前沢区裏新田 まえさわくうらしんでん 岩手県奥州市
前沢区徳沢 まえさわくとくさわ 岩手県奥州市
前沢区箕輪 まえさわくみのわ 岩手県奥州市
前沢区駅東 まえさわくえきひがし 岩手県奥州市
前沢区養ケ森 まえさわくやがもり 岩手県奥州市
前沢区駒水 まえさわくこますい 岩手県奥州市
前沢区鵜ノ木 まえさわくうのき 岩手県奥州市
前沢区鵜ノ木田 まえさわくうのきだ 岩手県奥州市
前沢区櫓前 まえさわくやぐらまえ 岩手県奥州市
前沢区簾森 まえさわくみすもり 岩手県奥州市
前沢田 まえさわだ 兵庫県篠山市
前沢新 まえさわしん 富山県中新川郡立山町
前沢新町 まえざわしんまち 富山県中新川郡立山町
前町
　まえまち 青森県黒石市
　まえちょう 岐阜県関市
　まえまち 兵庫県神戸市中央区
　まえまち 山口県山口市
前芝町 まえしばちょう 愛知県豊橋市
前谷
　まえや 埼玉県行田市
　まえたに 富山県中新川郡立山町
　まえだに 福井県あわら市
前谷内 まえやち 新潟県三条市
前谷地
　まえやち 宮城県（JR石巻線）
　まえやち 宮城県石巻市
前貝塚町 まえかいづかちょう 千葉県船橋市
前里 まえさと 高知県高知市
前里町 まえさとちょう 神奈川県横浜市南区
[8]前並 まえなみ 愛知県犬山市
前並町
　まえなみちょう 愛知県名古屋市中川区
　まえなみちょう 愛知県春日井市
前弥六 まえやろく 栃木県那須塩原市
前弥六南町 まえやろくみなみちょう 栃木県那須塩原市
前明石 まえあかし 山形県山形市
前林
　まえばやし 茨城県古河市
　まえばやし 茨城県猿島郡五霞町
　まえばやし 千葉県成田市
　まえばやし 静岡県静岡市葵区
前林町 まえばやしちょう 愛知県豊田市
前河内 まえごうち 埼玉県比企郡吉見町
前河原
　まえかわら 宮城県伊具郡丸森町
　まえがわら 茨城県下妻市
前波 まえなみ 石川県鳳珠郡穴水町
前波町 まえなみちょう 福井県福井市
前泊 まえどまり 沖縄県島尻郡伊平屋村
前空
　まえぞら 広島県（JR山陽本線）
　まえぞら 広島県廿日市市
[9]前後 ぜんご 愛知県（名古屋鉄道名古屋本線）

前後町 ぜんごちょう 愛知県豊明市
前津 まえづ 福岡県筑後市
前津吉町 まえつよしちょう 長崎県平戸市
前津江町大野 まえつえまちおおの 大分県日田市
前津江町赤石 まえつえまちあかいし 大分県日田市
前津江町柚木 まえつえまちゆうぎ 大分県日田市
前洞町 まえぼらちょう 愛知県豊田市
前畑
　まえはた 愛知県（豊橋鉄道東田本線）
　まえはた 愛知県知多郡武豊町
前畑町
　まえばたちょう 岐阜県多治見市
　まえはたちょう 愛知県豊橋市
　まえはたちょう 長崎県佐世保市
前砂 まえすな 埼玉県鴻巣市
前飛保町寺町 まえひぼちょうてらまち 愛知県江南市
前飛保町寺前 まえひぼちょうてらまえ 愛知県江南市
前飛保町西町 まえひぼちょうにしまち 愛知県江南市
前飛保町河原 まえひぼちょうかわはら 愛知県江南市
前飛保栄 まえひぼちょうさかえ 愛知県江南市
前飛保町緑ケ丘 まえひぼちょうみどりがおか 愛知県江南市
前飛保町藤町 まえひぼちょうふじまち 愛知県江南市
[10]前兼久 まえがねく 沖縄県国頭郡恩納村
前原
　まえはら 福島県二本松市
　まえばら 福島県双葉郡楢葉町
　まえばら 埼玉県本庄市
　まえはら 千葉県（新京成電鉄線）
　まえばら 千葉県鴨川市
　まえばら 長野県伊那市
　まえはら 愛知県犬山市
　まえばる 福岡県糸島市
　まえばる 熊本県玉名郡和水町
　まえばる 沖縄県うるま市
前原中央 まえばるちゅうおう 福岡県糸島市
前原北 まえばるきた 福岡県糸島市
前原市 まえばるし ⇒糸島市（福岡県）
前原西
　まえばらにし 千葉県船橋市
　まえはらにし 愛知県犬山市
　まえばるにし 福岡県糸島市
前原町
　まえはらちょう 東京都小金井市
　まえはらちょう 新潟県南魚沼市
　まえはらまち 岐阜県高山市
　まえはらちょう 兵庫県神戸市長田区
　まえばらちょう 徳島県小松島市
　まえばるちょう 宮崎県宮崎市
前原味鹿 まえはらあじか 愛知県犬山市
前原東
　まえばらひがし 千葉県船橋市
　まえばるひがし 福岡県糸島市
前原南
　まえはらみなみ 愛知県犬山市
　まえばるみなみ 福岡県糸島市
前原駅南 まえばるえきみなみ 福岡県糸島市

9画（則，剃，勅）

前島
　まえじま　秋田県湯沢市
　まえじま　静岡県藤枝市
　まえしま　大阪府高槻市
　まえじま　沖縄県那覇市
前島町
　まえじまちょう　群馬県太田市
　まえじままち　新潟県長岡市
　まえじまちょう　兵庫県西脇市
前栽　せんざい　奈良県（近畿日本鉄道天理線）
前栽町　せんざいちょう　奈良県天理市
前浜
　まえはま　北海道上磯郡木古内町
　まえはま　茨城県ひたちなか市
　まえはま　石川県羽咋郡志賀町
　まえはま　高知県南国市
　まえはま　長崎県（松浦鉄道西九州線）
前浜町
　まえはままち　北海道斜里郡斜里町
　まえはままち　愛知県碧南市
　まえはままちょう　兵庫県西宮市
　まえはままち　長崎県島原市
前浜通　まえはまどおり　愛知県名古屋市南区
前浪町　まえなみちょう　愛知県名古屋市東区
前鬼　ぜんき　奈良県吉野郡下北山村
11前宿町　まえじゅくちょう　千葉県銚子市
前崎西町　まえざきにしまち　愛知県半田市
前崎東町　まえざきひがしまち　愛知県半田市
前組　まえぐみ　愛媛県上浮穴郡久万高原町
前郷
　まえごう　秋田県（由利高原鉄道鳥海山ろく線）
　まえごう　秋田県横手市
　まえごう　秋田県由利本荘市
前郷一番町　まえごういちばんちょう　秋田県横手市
前郷二番町　まえごうにばんちょう　秋田県横手市
前野
　まえの　茨城県つくば市
　まえの　岐阜県美濃市
　まえの　静岡県磐田市
　まえの　三重県多気郡明和町
　まえの　鹿児島県大島郡天城町
前野外新田　まえのそとしんでん　新潟県新潟市西区
前野町　まえのちょう　東京都板橋区
前野町西　まえのちょうにし　愛知県江南市
前野町東　まえのちょうひがし　愛知県江南市
前野町南　まえのちょうみなみ　愛知県江南市
前野町高　まえのちょうたかし　愛知県江南市
前野町新田　まえのちょうしんでん　愛知県江南市
前野町新田北　まえのちょうしんでんきた　愛知県江南市
前野宿　まえのしゅく　埼玉県川口市
12前勝谷町　まえしょうやちょう　山口県下関市
前森　まえもり　秋田県湯沢市
前渡北町　まえどきたまち　岐阜県各務原市
前渡西町　まえどにしまち　岐阜県各務原市
前渡東町　まえどひがしまち　岐阜県各務原市
前開南町　ぜんかいみなみまち　兵庫県神戸市西区
前間　ぜんま　埼玉県三郷市
前須田　まえすだ　新潟県加茂市
前飯谷　まえいいたに　広島県大竹市

13前塩屋町　まえじおやちょう　香川県丸亀市
前新田　まえしんでん　新潟県新潟市北区
前新田沖　まえしんでんおき　新潟県新潟市北区
14前熊一ノ井　まえぐまいちのい　愛知県長久手市
前熊下田　まえぐましもだ　愛知県長久手市
前熊中井　まえぐまなかい　愛知県長久手市
前熊広面　まえぐまひろおもて　愛知県長久手市
前熊寺田　まえぐまてらだ　愛知県長久手市
前熊西脇　まえぐまにしわき　愛知県長久手市
前熊志水　まえぐましみず　愛知県長久手市
前熊前山　まえぐままえやま　愛知県長久手市
前熊原山　まえぐまはらやま　愛知県長久手市
前熊根ノ上　まえぐまねのうえ　愛知県長久手市
前熊根ノ原　まえぐまねのはら　愛知県長久手市
前熊堀越　まえぐまほりこし　愛知県長久手市
前熊溝下　まえぐまみぞした　愛知県長久手市
前熊橋ノ本　まえぐまはしのもと　愛知県長久手市
前網浜　まえあみはま　宮城県石巻市
15前潟
　まえがた　岩手県盛岡市
　まえがた　岡山県都窪郡早島町
前潟町　まえがたちょう　愛知県半田市
前箱田町　まえはこだまち　群馬県前橋市
16前橋　まえばし　群馬県（JR両毛線）
前橋大島　まえばしおおしま　群馬県（JR両毛線）
前橋市　まえばしし　群馬県

【則】
4則之内乙　すのうちおつ　愛媛県東温市
則之内丙　すのうちへい　愛媛県東温市
則之内甲　すのうちこう　愛媛県東温市
5則平　のりひら　岡山県美作市
8則定町　のりさだちょう　愛知県豊田市
則松
　のりまつ　岐阜県岐阜市
　のりまつ　福岡県北九州市八幡西区
則松東　のりまつひがし　福岡県北九州市八幡西区
則武
　のりたけ　岐阜県岐阜市
　のりたけ　愛知県名古屋市中村区
則武中　のりたけなか　岐阜県岐阜市
則武本通　のりたけほんとおり　愛知県名古屋市中村区
則武西　のりたけにし　岐阜県岐阜市
則武東　のりたけひがし　岐阜県岐阜市
則武新町　のりたけしんまち　愛知県名古屋市西区
9則貞　のりさだ　山口県宇部市
11則清　のりきよ　新潟県新発田市
則清新田　のりきよしんでん　新潟県新発田市

【剃】
8剃金　そりがね　千葉県長生郡白子町

【勅】
6勅旨　ちょくし　滋賀県（信楽高原鉄道線）
8勅使　ちょくし　京都府福知山市
勅使町
　ちょくしまち　石川県加賀市

9画（勇, 急, 負, 南）

ちょくしちょう　香川県高松市
勅使河原　てしがわら　埼玉県児玉郡上里町

【勇】

⁵勇払
　ゆうふつ　北海道（JR日高本線）
　ゆうふつ　北海道苫小牧市
勇払郡　ゆうふつぐん　北海道
⁷勇足　ゆうたり　北海道中川郡本別町
　勇足元町　ゆうたりもとまち　北海道中川郡本別町
⁸勇知　ゆうち　北海道（JR宗谷本線）
¹⁵勇舞　ゆうまい　北海道千歳市
　勇駒別　ゆこまんべつ　北海道上川郡東川町

【急】

¹¹急患医療センター前　きゅうかんいりょうせんたーまえ
　冨山県（万葉線）

【負】

¹⁴負箙　おふいびら　北海道中川郡本別町

【南】

南
　みなみ　北海道中川郡本別町
　みなみ　宮城県柴田郡大河原町
　みなみ　秋田県南秋田郡大潟村
　みなみ　福島県郡山市
　みなみ　茨城県牛久市
　みなみ　茨城県行方市
　みなみ　茨城県つくばみらい市
　みなみ　栃木県那須烏山市
　みなみ　埼玉県飯能市
　みなみ　埼玉県本庄市
　みなみ　埼玉県春日部市
　みなみ　埼玉県羽生市
　みなみ　埼玉県鴻巣市
　みなみ　埼玉県上尾市
　みなみ　埼玉県和光市
　みなみ　埼玉県桶川市
　みなみ　埼玉県久喜市
　みなみ　埼玉県幸手市
　みなみ　千葉県流山市
　みなみ　千葉県印旛郡栄町
　みなみ　東京都目黒区
　みなみ　新潟県新潟市西蒲区
　みなみ　新潟県燕市
　みなみ　福井県越前市
　みなみ　福井県三方上中郡若狭町
　みなみ　山梨県山梨市
　みなみ　静岡県静岡市葵区
　みなみ　静岡県島田市
　みなみ　静岡県掛川市
　みなみ　愛知県海部郡蟹江町
　みなみ　三重県多気郡大台町
　みなみ　京都府綴喜郡宇治田原町
　みなみ　京都府相楽郡和束町
　みなみ　兵庫県淡路市
　みなみ　奈良県北葛城郡広陵町
　みなみ　和歌山県伊都郡高野町
　みなみ　鳥取県八頭郡八頭町
　みなみ　岡山県美作市
　みなみ　岡山県久米郡美咲町
　みなみ　福岡県久留米市

みなみ　大分県大分市
みなみ　沖縄県島尻郡南大東村
みなみ　沖縄県島尻郡北大東村

⁰南1条
　みなみいちじょう　北海道雨竜郡秩父別町
　みなみいちじょう　北海道枝幸郡浜頓別町
南1番通　みなみいちばんどおり　北海道上川郡東神
　楽町
南1線　みなみいっせん　北海道上川郡比布町
南2条
　みなみにじょう　北海道雨竜郡秩父別町
　みなみにじょう　北海道枝幸郡浜頓別町
南2線　みなみにせん　北海道上川郡東神楽町
南3条　みなみさんじょう　北海道枝幸郡浜頓別町
南3線　みなみさんせん　北海道上川郡東神楽町
南4線　みなみよんせん　北海道上川郡東神楽町
南5線　みなみごせん　北海道上川郡東神楽町
南7線西　みなみななせんにし　北海道空知郡南幌町
南8線西　みなみはっせんにし　北海道空知郡南幌町
南9線西　みなみきゅうせんにし　北海道空知郡南幌町
南10線西　みなみじっせんにし　北海道空知郡南幌町
南11線西　みなみじゅういっせんにし　北海道空知郡
　南幌町
南12線西　みなみじゅうにせんにし　北海道空知郡南
　幌町
南13号　みなみじゅうさんごう　北海道上川郡東神
　楽町
南13線西　みなみじゅうさんせんにし　北海道空知郡
　南幌町
南14線西　みなみじゅうよんせんにし　北海道空知郡
　南幌町
南15線西　みなみじゅうごせんにし　北海道空知郡南
　幌町
南16線西　みなみじゅうろくせんにし　北海道空知郡
　南幌町
南17線西　みなみじゅうななせんにし　北海道空知郡
　南幌町
南18線西　みなみじゅうはっせんにし　北海道空知郡
　南幌町
南19線西　みなみじゅうきゅうせんにし　北海道空知
　郡南幌町
南20線西　みなみにじっせんにし　北海道空知郡南
　幌町
南21線西　みなみにじゅういっせんにし　北海道空知
　郡南幌町
南アルプス市　みなみあるぷすし　山梨県
南ウッディタウン　みなみうってぃたうん　兵庫県
　（神戸電鉄公園都市線）
南ケ丘
　みなみがおか　北海道石狩郡新篠津村
　みなみがおか　茨城県稲敷市
　みなみがおか　千葉県印旛郡栄町
　みなみがおか　愛知県名古屋市千種区
　みなみがおか　愛知県日進市
　みなみがおか　大阪府河内長野市
　みなみがおか　福岡県大野城市
　みなみがおか　宮崎県東臼杵郡門川町
南ケ丘町
　みなみがおかちょう　群馬県太田市
　みなみがおかまち　石川県七尾市
　みなみがおかちょう　愛知県瀬戸市
南ケ原　みなみがはら　長野県小諸市

813

9画（南）

南トロミ　みなみとろみ　福島県二本松市
南ノ丸町　みなみのまるちょう　高知県高知市
南ノ川　みなみのかわ　高知県高岡郡越知町
南ノ股　みなみのまた　秋田県由利本荘市
南ユーカリが丘　みなみゆーかりがおか　千葉県佐倉市
南あいの里　みなみあいのさと　北海道札幌市北区
南あわじ市　みなみあわじし　兵庫県
南いかるが町　みなみいかるがちょう　三重県四日市市
南が丘
　みなみがおか　北海道旭川市
　みなみがおか　北海道檜山郡江差町
　みなみがおか　宮城県気仙沼市
　みなみがおか　茨城県龍ケ崎市
　みなみがおか　神奈川県秦野市
　みなみがおか　三重県（近畿日本鉄道名古屋線）
　みなみがおか　三重県津市
　みなみがおか　兵庫県三田市
南が丘町
　みなみがおかちょう　北海道紋別市
　みなみがおかまち　長崎県長崎市
南さつま市　みなみさつまし　鹿児島県
南つくし野　みなみつくしの　東京都町田市
南つくも町　みなみつくもまち　広島県安芸郡海田町
南つつじケ丘大葉台　みなみつつじがおかおおばだい　京都府亀岡市
南つつじケ丘桜台　みなみつつじがおかさくらだい　京都府亀岡市
南の里　みなみのさと　北海道北広島市
南の森西　みなみのもりにし　北海道帯広市
南の森東　みなみのもりひがし　北海道帯広市
南はりまや町　みなみはりまやちょう　高知県高知市
南ひばりガ丘　みなみひばりがおか　兵庫県宝塚市
¹南一ケ岡　みなみひとつがおか　宮崎県延岡市
南一の沢町　みなみいちのさわまち　栃木県宇都宮市
南一色　みなみいしき　静岡県駿東郡長泉町
南一色町　みなみいっしきちょう　岐阜県大垣市
南一条
　みなみいちじょう　北海道雨竜郡沼田町
　みなみいちじょう　北海道上川郡鷹栖町
　みなみいちじょう　北海道苫前郡羽幌町
　みなみいちじょう　北海道上川郡清水町
　みなみいちじょう　北海道足寄郡足寄町
　みなみいちじょう　北海道標津郡標津町
南一条西
　みなみいちじょうにし　北海道札幌市中央区
　みなみいちじょうにし　北海道網走市
　みなみいちじょうにし　北海道芦別市
　みなみいちじょうにし　北海道虻田郡倶知安町
　みなみいちじょうにし　北海道上川郡東神楽町
　みなみいちじょうにし　北海道上川郡清水町
南一条東
　みなみいちじょうひがし　北海道札幌市中央区
　みなみいちじょうひがし　北海道網走市
　みなみいちじょうひがし　北海道芦別市
　みなみいちじょうひがし　北海道虻田郡倶知安町
　みなみいちじょうひがし　北海道上川郡東神楽町
南一条通　みなみいちじょうどおり　北海道旭川市
南一番町
　みなみいちばんちょう　山形県山形市
　みなみいちばんちょう　愛知県名古屋市熱田区
南乙女　みなみおとめ　栃木県小山市
²南七区　みなみななく　岡山県玉野市
南七日町　みなみなのかまち　新潟県長岡市
南七条
　みなみしちじょう　北海道苫前郡羽幌町
　みなみしちじょう　北海道上川郡清水町
　みなみしちじょう　北海道足寄郡足寄町
　みなみしちじょう　北海道標津郡標津町
南七条西
　みなみしちじょうにし　北海道札幌市中央区
　みなみしちじょうにし　北海道網走市
　みなみしちじょうにし　北海道虻田郡倶知安町
南七条東
　みなみしちじょうひがし　北海道札幌市中央区
　みなみしちじょうひがし　北海道網走市
　みなみしちじょうひがし　北海道虻田郡倶知安町
南七条通　みなみしちじょうどおり　北海道旭川市
南七松町　みなみななまつちょう　兵庫県尼崎市
南九州市　みなみきゅうしゅうし　鹿児島県
南九条　みなみくじょう　北海道上川郡清水町
南九条西
　みなみくじょうにし　北海道札幌市中央区
　みなみくじょうにし　北海道網走市
　みなみくじょうにし　北海道虻田郡倶知安町
南九条東
　みなみくじょうひがし　北海道網走市
　みなみくじょうひがし　北海道虻田郡倶知安町
南九条通　みなみくじょうどおり　北海道旭川市
南二ツ坂町　みなみふたつざかちょう　愛知県半田市
南二十一条西　みなみにじゅういちじょうにし　北海道札幌市中央区
南二十七条西　みなみにじゅうしちじょうにし　北海道札幌市中央区
南二十九条西　みなみにじゅうくじょうにし　北海道札幌市中央区
南二十二条西　みなみにじゅうにじょうにし　北海道札幌市中央区
南二十八条西　みなみにじゅうはちじょうにし　北海道札幌市中央区
南二十三条西　みなみにじゅうさんじょうにし　北海道札幌市中央区
南二十五条西　みなみにじゅうごじょうにし　北海道札幌市中央区
南二十六条西　みなみにじゅうろくじょうにし　北海道札幌市中央区
南二十四条西　みなみにじゅうしじょうにし　北海道札幌市中央区
南二十条西　みなみにじゅうじょうにし　北海道札幌市中央区
南二日町　みなみふつかまち　静岡県三島市
南二条
　みなみにじょう　北海道上川郡鷹栖町
　みなみにじょう　北海道苫前郡羽幌町
　みなみにじょう　北海道上川郡清水町
　みなみにじょう　北海道足寄郡足寄町
　みなみにじょう　北海道標津郡標津町
南二条西
　みなみにじょうにし　北海道札幌市中央区
　みなみにじょうにし　北海道網走市
　みなみにじょうにし　北海道虻田郡倶知安町
　みなみにじょうにし　北海道上川郡東神楽町

9画（南）

みなみにじょうにし　北海道上川郡清水町

南二条東
みなみにじょうひがし　北海道札幌市中央区
みなみにじょうひがし　北海道網走市
みなみにじょうひがし　北海道芦別市
みなみにじょうひがし　北海道虻田郡倶知安町
みなみにじょうひがし　北海道上川郡東神楽町

南二条通　みなみにじょうどおり　北海道旭川市
南二島　みなみふたじま　福岡県北九州市若松区
南二軒屋町　みなみにけんやちょう　徳島県徳島市
南二番町　みなみにばんちょう　山形県山形市
南入曽　みなみいりそ　埼玉県狭山市
南入蔵　みなみにゅうぐら　新潟県三条市
南千代町　みなみやちよまち　福岡県北九州市八幡西区
南八木町　みなみやぎちょう　奈良県橿原市
南八代町　みなみやしろちょう　兵庫県姫路市
南八百屋町　みなみやおやちょう　京都府京都市下京区

南八条
みなみはちじょう　北海道上川郡清水町
みなみはちじょう　北海道標津郡標津町

南八条西
みなみはちじょうにし　北海道札幌市中央区
みなみはちじょうにし　北海道網走市
みなみはちじょうにし　北海道虻田郡倶知安町

南八条東
みなみはちじょうひがし　北海道網走市
みなみはちじょうひがし　北海道虻田郡倶知安町

南八条通　みなみはちじょうどおり　北海道旭川市

南八熊町
みなみやぐまちょう　愛知県名古屋市熱田区
みなみやぐまちょう　愛知県名古屋市中川区

南八幡　みなみやわた　千葉県市川市

南八幡町
みなみやはたちょう　静岡県静岡市駿河区
みなみはちまんまち　福岡県福岡市博多区

南十一条西
みなみじゅういちじょうにし　北海道札幌市中央区
みなみじゅういちじょうにし　北海道網走市
みなみじゅういちじょうにし　北海道虻田郡倶知安町

南十一条東　みなみじゅういちじょうひがし　北海道虻田郡倶知安町
南十一番町　みなみじゅういちばんちょう　愛知県名古屋市港区
南十七条西　みなみじゅうしちじょうにし　北海道札幌市中央区
南十九条西　みなみじゅうくじょうにし　北海道札幌市中央区

南十二条西
みなみじゅうにじょうにし　北海道札幌市中央区
みなみじゅうにじょうにし　北海道網走市

南十八条西　みなみじゅうはちじょうにし　北海道札幌市中央区
南十三　みなみじゅうそ　奈良県御所市

南十三条西
みなみじゅうさんじょうにし　北海道札幌市中央区
みなみじゅうさんじょうにし　北海道網走市

南十五条西　みなみじゅうごじょうにし　北海道札幌市中央区

南十六条西　みなみじゅうろくじょうにし　北海道札幌市中央区

南十四条西
みなみじゅうしじょうにし　北海道札幌市中央区
みなみじゅうしじょうにし　北海道網走市

南十条
みなみじゅうじょう　北海道上川郡清水町
みなみじゅうじょう　埼玉県児玉郡美里町

南十条西
みなみじゅうじょうにし　北海道札幌市中央区
みなみじゅうじょうにし　北海道網走市
みなみじゅうじょうにし　北海道虻田郡倶知安町

南十条東
みなみじゅうじょうひがし　北海道網走市
みなみじゅうじょうひがし　北海道虻田郡倶知安町

南十神町　みなみとかみちょう　島根県安来市
南十軒街　みなみじゅっけんこうじ　岩手県一関市
南十番町　みなみじゅうばんちょう　愛知県名古屋市港区

³**南下**
みなみしも　群馬県北群馬郡吉岡町
のうげ　新潟県柏崎市

南下川尻町　みなみしもかわりまち　長崎県島原市
南下田　みなみしもだ　青森県上北郡おいらせ町
南下原町　みなみしもはらちょう　愛知県春日井市
南下浦町上宮田　みなみしたうらまちかみみやだ　神奈川県三浦市
南下浦町松輪　みなみしたうらまちまつわ　神奈川県三浦市
南下浦町金田　みなみしたうらまちかねだ　神奈川県三浦市
南下浦町毘沙門　みなみしたうらまちびしゃもん　神奈川県三浦市
南下浦町菊名　みなみしたうらまちきくな　神奈川県三浦市
南下郡　みなみしもごおり　大分県大分市
南下新井　みなみしもあらい　埼玉県さいたま市岩槻区
南下徳富　みなみしもとっぷ　北海道（JR札沼線）
南三ツ谷町　みなみみつやちょう　滋賀県彦根市
南三十一条西　みなみさんじゅういちじょうにし　北海道札幌市南区
南三十七条西　みなみさんじゅうしちじょうにし　北海道札幌市南区
南三十九条西　みなみさんじゅうくじょうにし　北海道札幌市南区
南三十二条西　みなみさんじゅうにじょうにし　北海道札幌市南区
南三十八条西　みなみさんじゅうはちじょうにし　北海道札幌市南区
南三十三条西　みなみさんじゅうさんじょうにし　北海道札幌市南区
南三十五条西　みなみさんじゅうごじょうにし　北海道札幌市南区
南三十六条西　みなみさんじゅうろくじょうにし　北海道札幌市南区
南三十四条西　みなみさんじゅうしじょうにし　北海道札幌市南区

南三十条西
みなみさんじゅうじょうにし　北海道札幌市中央区
みなみさんじゅうじょうにし　北海道札幌市南区

815

9画（南）

南三条
みなみさんじょう　北海道苫前郡羽幌町
みなみさんじょう　北海道上川郡清水町
みなみさんじょう　北海道足寄郡足寄町
みなみさんじょう　北海道標津郡標津町

南三条西
みなみさんじょうにし　北海道札幌市中央区
みなみさんじょうにし　北海道網走市
みなみさんじょうにし　北海道虻田郡倶知安町
みなみさんじょうにし　北海道上川郡清水町

南三条東
みなみさんじょうひがし　北海道札幌市中央区
みなみさんじょうひがし　北海道網走市
みなみさんじょうひがし　北海道芦別市
みなみさんじょうひがし　北海道虻田郡倶知安町
みなみさんじょうひがし　北海道上川郡東神楽町

南三条通　みなみさんじょうどおり　北海道旭川市
南三里塚　みなみさんりづか　千葉県成田市
南三国ケ丘町　みなみみくにがおかちょう　大阪府堺市堺区
南三咲　みなみみさき　千葉県船橋市
南三原　みなみはら　千葉県（JR内房線）
南三陸町　みなみさんりくちょう　宮城県本吉郡
南三番町　みなみさんばんちょう　山形県山形市
南三箇　みなみさんが　熊本県上益城郡甲佐町
南上小阪　みなみかみこさか　大阪府東大阪市
南上木場町　みなみかみこばまち　長崎県島原市
南上町
みなみうわまち　福島県須賀川市
みなみうえまち　大阪府岸和田市
南上茶路　みなみかみちゃろ　北海道白糠郡白糠町
南上原　みなみうえばる　沖縄県中頭郡中城村
南上宿　みなみかみじゅく　千葉県東金市
南上野町　みなみうえのまち　栃木県鹿沼市
南上善寺町　みなみじょうぜんじちょう　京都府京都市上京区
南方々　みなみまま　高知県高知市
南万丁目　みなみまんちょうめ　岩手県花巻市
南万代町　みなみばんだいちょう　新潟県新潟市中央区
南万騎が原　みなみまきがはら　神奈川県（相模鉄道いずみ野線）
南与野　みなみよの　埼玉県（JR埼京線）
南丸之内　みなみまるのうち　三重県津市
南丸保園　みなみまるほえん　大阪府堺市堺区
南久が原　みなみくがはら　東京都大田区
南久万　みなみくま　高知県高知市
南久米町　みなみくめまち　愛媛県松山市
南久宝寺　みなみきゅうほうじ　大阪府八尾市
南久宝寺町　みなみきゅうほうじまち　大阪府大阪市中央区
南久保
みなみくぼ　千葉県君津市
みなみくぼ　高知県高知市
南久保内　みなみくぼない　北海道有珠郡壮瞥町
南久留米　みなみくるめ　福岡県（JR久大本線）
南千反畑町　みなみせんだんばたまち　熊本県熊本市中央区
南千日町　みなみせんにちちょう　山形県酒田市
南千木町　みなみせんぎちょう　群馬県伊勢崎市

南千本木町　みなみせんぼんぎまち　長崎県島原市
南千田西町　みなみせんだにしまち　広島県広島市中区
南千田東町　みなみせんだひがしまち　広島県広島市中区
南千石町　みなみせんごくまち　福島県会津若松市
南千両　みなみちぎり　愛知県豊川市
南千住
みなみせんじゅ　東京都（JR常磐線ほか）
みなみせんじゅ　東京都荒川区
南千束　みなみせんぞく　東京都大田区
南千谷町　みなみせんごくまち　石川県金沢市
南千里　みなみせんり　大阪府（阪急電鉄千里線）
南千里丘　みなみせんりおか　大阪府摂津市
南千歳
みなみちとせ　北海道（JR千歳線）
みなみちとせ　長野県長野市
南千歳町　みなみちとせまち　長野県長野市
南口　みなみぐち　兵庫県宝塚市
南口町　みなみぐちちょう　山梨県甲府市
南土居町　みなみどいまち　愛媛県松山市
南土野町　みなみつちのちょう　京都府福知山市
南士別町　みなみしべつちょう　北海道士別市
南大工町
みなみだいくまち　奈良県大和郡山市
みなみだいくまち　和歌山県和歌山市
南大中　みなみおおなか　兵庫県加古郡播磨町
南大井　みなみおおい　東京都品川区
南大分　みなみおおいた　大分県（JR久大本線）
南大王　みなみだいおう　高知県長岡郡大豊町
南大平　みなみおおひら　新潟県村上市
南大正町　みなみたいしょうまち　広島県安芸郡海田町
南大矢知町　みなみおおやちょう　愛知県半田市
南大曲　みなみおおまがり　北海道白糠郡白糠町
南大池　みなみおおいけ　和歌山県岩出市
南大伴町　みなみおおともちょう　大阪府富田林市
南大利　みなみおおり　福岡県大野城市
南大沢
みなみおおさわ　東京都（京王電鉄相模原線）
みなみおおさわ　東京都八王子市
南大町
みなみおおまち　青森県弘前市
みなみおおまち　栃木県足利市
みなみおおまち　富山県氷見市
みなみおおまち　長野県（JR大糸線）
南大社　みなみおおやしろ　三重県員弁郡東員町
南大芦　みなみおおあし　岩手県下閉伊郡田野畑村
南大谷　みなみおおや　東京都町田市
南大和久　みなみおおわぐ　栃木県那須烏山市
南大坪町　みなみおおつぼちょう　山口県下関市
南大居　みなみおおい　和歌山県東牟婁郡那智勝浦町
南大東　みなみだいとう　島根県（JR木次線）
南大東村　みなみだいとうそん　沖縄県島尻郡
南大河町　みなみおおこうちょう　広島県広島市南区
南大河原　みなみおおかわら　京都府相楽郡南山城村
南大沼　みなみおおぬま　北海道富良野市
南大門町　みなみだいもんちょう　愛媛県今治市
南大泉　みなみおおいずみ　東京都練馬区

9画（南）

南大畑町　みなみおおはたちょう　新潟県新潟市中央区
南大島　みなみおおしま　群馬県邑楽郡明和町
南大桑　みなみおおくわ　埼玉県加須市
南大通
　みなみおおどおり　北海道釧路市
　みなみおおどおり　北海道苫前郡羽幌町
　みなみおおどおり　岩手県盛岡市
　みなみおおどおり　愛知県豊川市
南大通り　みなみおおどおり　栃木県宇都宮市
南大高
　みなみおおだか　愛知県（JR東海道本線）
　みなみおおだか　愛知県名古屋市緑区
南大清水町　みなみおおしみずちょう　愛知県豊橋市
南大野
　みなみおおの　北海道北斗市
　みなみおおの　千葉県市川市
　みなみおおの　奈良県吉野郡吉野町
南大野田　みなみおおのだ　宮城県仙台市太白区
南大黒町　みなみだいこくまち　愛媛県八幡浜市
南大場　みなみおおば　富山県富山市
南大塚
　みなみおおつか　埼玉県（西武鉄道新宿線）
　みなみおおつか　埼玉県川越市
　みなみおおつか　東京都豊島区
南大隅町　みなみおおすみちょう　鹿児島県肝属郡
南大須町　みなみおおすちょう　愛知県岡崎市
南大樋町　みなみおおひちょう　大阪府高槻市
南大橋
　みなみおおはし　愛知県犬山市
　みなみおおはし　福岡県福岡市南区
　みなみおおはし　福岡県行橋市
南大嶺　みなみおおみね　山口県（JR美祢線）
南大類町　みなみおおるいまち　群馬県高崎市
南子安　みなみこやす　千葉県君津市
南小大門町　みなみこだいもんちょう　京都府京都市上京区
南小山町　みなみおやまちょう　福井県越前市
南小川町　みなみおがわちょう　千葉県銚子市
南小牛田　みなみこごた　宮城県遠田郡美里町
南小田　みなみおだ　兵庫県神崎郡神河町
南小田町　みなみおだちょう　岐阜県瑞浪市
南小池町　みなみこいけちょう　愛知県豊橋市
南小羽山町　みなみおばやまちょう　山口県宇部市
南小串　みなみこぐし　山口県宇部市
南小来川　みなみおころがわ　栃木県日光市
南小町　みなみこまち　千葉県鴨川市
南小谷　みなみおたり　長野県（JR大糸線）
南小谷ケ丘　みなみこたにがおか　京都府福知山市
南小足町　みなみあしちょう　滋賀県長浜市
南小阪合町　みなみこざかあいちょう　大阪府八尾市
南小国町　みなみおぐにまち　熊本県阿蘇郡
南小岩　みなみこいわ　東京都江戸川区
南小松　みなみこまつ　滋賀県大津市
南小松町　みなみこまつちょう　三重県四日市市
南小松谷　みなみこまつだに　愛知県知多郡武豊町
南小松原町　みなみこまつばらちょう　愛媛県新居浜市
南小松島　みなみこまつしま　徳島県（JR牟岐線）
南小松島町　みなみこまつしまちょう　徳島県小松島市

南小林　みなみおばやし　栃木県小山市
南小河原町　みなみおがわらまち　長野県須坂市
南小泉
　みなみこいずみ　宮城県仙台市若林区
　みなみこいずみ　茨城県笠間市
南小畑　みなみおばた　山形県天童市
南小倉　みなみこくら　福岡県（JR日豊本線）
南小浜　みなみおばま　埼玉県加須市
南小渕　みなみおぶち　愛知県一宮市
南小野田　みなみおのだ　山口県（JR小野田線）
南小路　みなみこうじ　宮城県加美郡加美町
南小樽　みなみおたる　北海道（JR函館本線）
南山
　みなみやま　北海道雨竜郡秩父別町
　みなみやま　青森県三沢市
　みなみやま　山形県最上郡大蔵村
　みなみやま　千葉県白井市
　みなみやま　兵庫県加東市
　みなみやま　愛媛県喜多郡内子町
　なんざん　佐賀県西松浦郡有田町
南山の手台　みなみやまのてだい　大阪府泉南郡熊取町
南山口町　みなみやまぐちちょう　愛知県瀬戸市
南山中　みなみやまなか　大阪府阪南市
南山手台　みなみやまてだい　奈良県生駒市
南山手町　みなみやまてまち　長崎県長崎市
南山方　みなみやまがた　岡山県和気郡和気町
南山田
　みなみやまだ　千葉県勝浦市
　みなみやまだ　神奈川県横浜市都筑区
　みなみやまだ　岡山県小田郡矢掛町
南山田町
　みなみやまだちょう　神奈川県横浜市都筑区
　みなみやまだちょう　滋賀県草津市
南山伏町　みなみやまぶしちょう　東京都新宿区
南山名　みなみやまな　愛知県丹羽郡扶桑町
南山形　みなみやまがた　福島県石川郡石川町
南山来　みなみやまく　茨城県稲敷市
南山町
　みなみやまちょう　福井県福井市
　みなみやまちょう　愛知県名古屋市昭和区
　みなみやまちょう　愛知県名古屋市瑞穂区
　みなみやまちょう　愛知県瀬戸市
　みなみやまちょう　奈良県橿原市
南山町中　みなみやまちょうなか　愛知県江南市
南山町西　みなみやまちょうにし　愛知県江南市
南山町東　みなみやまちょうひがし　愛知県江南市
南山城村　みなみやましろむら　京都府相楽郡
南山崎　みなみやまざき　千葉県匝瑳市
南川
　みなみかわ　埼玉県飯能市
　みなかわ　高知県土佐郡土佐町
南川又　みなみかわまた　茨城県東茨城郡茨城町
南川口　みなみかわぐち　高知県高岡郡四万十町
南川町
　みなみがわちょう　福井県小浜市
　みなみかわちょう　愛知県名古屋市西区
南川原町　みなみかわらまち　岩手県花巻市
南川崎　みなみかわさき　埼玉県八潮市
南川添　みなみかわぞえ　高知県高知市

817

9画（南）

南川端町　みなみかわばたちょう　青森県弘前市
南川瀬町　みなみかわせちょう　滋賀県彦根市
⁴南不動堂町　みなみふどんどうちょう　京都府京都市
　下京区
南中
　みなみなか　北海道標津郡中標津町
　みなみなか　千葉県香取郡多古町
　みなみなか　新潟県三条市
　みなみなか　新潟県岩船郡関川村
　みなみなか　和歌山県紀の川市
南中丸　みなみなかまる　埼玉県さいたま市見沼区
南中山
　みなみなかやま　宮城県仙台市泉区
　みなみなかやま　兵庫県佐用郡佐用町
　みなみなかやま　高知県高知市
南中山町　みなみなかやままち　山口県宇部市
南中川　みなみなかがわ　山口県（JR小野田線）
南中川町　みなみなかがわまち　山口県山陽小野田市
南中川原　みなみなかがわら　福島県白河市
南中央
　みなみちゅうおう　福島県福島市
　みなみちゅうおう　三重県津市
南中央町
　みなみちゅうおうまち　石川県羽咋市
　みなみちゅうおうちょう　岡山県岡山市北区
南中田　みなみなかだ　富山県富山市
南中安松　みなみなかやすまつ　大阪府泉佐野市
南中条　みなみちゅうじょう　石川県河北郡津幡町
南中村　みなみなかむら　三重県度会郡度会町
南中町
　みなみなかちょう　福井県越前市
　みなみなかまち　奈良県奈良市
　みなみなかまち　奈良県御所市
南中里　みなみなかさと　宮城県石巻市
南中妻　みなみなかづま　茨城県つくば市
南中岡本　みなみなかおかもと　大阪府泉佐野市
南中音更　みなみなかおとふけ　北海道河東郡音更町
南中町　みなみなかじままち　茨城県龍ケ崎市
南中振　みなみなかぶり　大阪府枚方市
南中根　みなみなかね　愛知県知多郡武豊町
南中根町　みなみなかねちょう　愛知県西尾市
南中曽根　みなみなかぞね　埼玉県春日部市
南中郷　みなみなかごう　茨城県（JR常磐線）
南中野
　みなみなかの　青森県黒石市
　みなみなかの　埼玉県さいたま市見沼区
南中間町　みなみちゅうげんまち　和歌山県和歌山市
南中樫井　みなみなかかしい　大阪府泉佐野市
南丹市　なんたんし　京都府
南井町
　なおいちょう　福井県鯖江市
　みなみいちょう　奈良県大和郡山市
南五百川　みなみいもがわ　新潟県三条市
南五条
　みなみごじょう　北海道苫前郡羽幌町
　みなみごじょう　北海道上川郡清水町
　みなみごじょう　北海道足寄郡足寄町
　みなみごじょう　北海道標津郡標津町
南五条西
　みなみごじょうにし　北海道札幌市中央区

　みなみごじょうにし　北海道網走市
　みなみごじょうにし　北海道虻田郡倶知安町
　みなみごじょうにし　北海道上川郡清水町
南五条東
　みなみごじょうひがし　北海道札幌市中央区
　みなみごじょうひがし　北海道網走市
　みなみごじょうひがし　北海道虻田郡倶知安町
南五条通　みなみごじょうどおり　北海道旭川市
南五葉　みなみごよう　兵庫県神戸市北区
南今ケ渕　みなみいまがふち　岐阜県安八郡安八町
南今市　みなみいまいち　奈良県葛城市
南今庄
　みなみいまじょう　福井県（JR北陸本線）
　みなみいまじょう　福井県南条郡南越前町
南今里町　みなみいまざとちょう　奈良県大和高田市
南今泉　みなみいまいずみ　千葉県大網白里市
南今津町　みなみいまづちょう　広島県福山市
南今宿　みなみいまじゅく　兵庫県姫路市
南元町
　みなみもとまち　秋田県能代市
　みなみもとまち　東京都新宿区
　みなみもとまち　奈良県北葛城郡王寺町
　みなみもとまち　高知県高知市
　みなみもとまち　大分県日田市
南元宿　みなみもとじゅく　埼玉県さいたま市桜区
南公園
　みなみこうえん　兵庫県（神戸新交通ポートアイラン
　ド線）
　みなみこうえん　福岡県福岡市中央区
南六呂師　みなみろくろし　福井県大野市
南六条
　みなみろくじょう　北海道苫前郡羽幌町
　みなみろくじょう　北海道上川郡清水町
　みなみろくじょう　北海道足寄郡足寄町
　みなみろくじょう　北海道標津郡標津町
南六条西
　みなみろくじょうにし　北海道札幌市中央区
　みなみろくじょうにし　北海道網走市
　みなみろくじょうにし　北海道虻田郡倶知安町
　みなみろくじょうにし　北海道上川郡清水町
南六条町　みなみろくじょうちょう　奈良県天理市
南六条東
　みなみろくじょうひがし　北海道札幌市中央区
　みなみろくじょうひがし　北海道網走市
　みなみろくじょうひがし　北海道虻田郡倶知安町
南六条通　みなみろくじょうどおり　北海道旭川市
南六郷　みなみろくごう　東京都大田区
南内町　みなみうちまち　徳島県徳島市
南切石町　みなみきりいしちょう　岐阜県大垣市
南分町　みなみわけちょう　愛知県名古屋市昭和区
南区
　みなみく　北海道札幌市
　みなみく　埼玉県さいたま市
　みなみく　神奈川県横浜市
　みなみく　神奈川県相模原市
　みなみく　新潟県新潟市
　みなみく　静岡県浜松市
　みなみく　愛知県名古屋市
　みなみく　京都府京都市
　みなみく　大阪府堺市
　みなみく　岡山県岡山市
　みなみく　広島県広島市

9画（南）

みなみく　福岡県福岡市
みなみく　熊本県熊本市
南区役所前　みなみくやくしょまえ　広島県（広島電鉄皆実線）
南友田町　みなみともだまち　大分県日田市
南友部　みなみともべ　茨城県笠間市
南太子堂　みなみたいしどう　大阪府八尾市
南太平寺　みなみたいへいじ　大分県大分市
南太田
　みなみおおた　茨城県稲敷市
　みなみおおた　茨城県つくばみらい市
　みなみおおた　神奈川県（京浜急行電鉄本線）
　みなみおおた　神奈川県横浜市南区
南太閤山　みなみたいこうやま　富山県射水市
南天田町　みなみあまだちょう　京都府福知山市
南天神　みなみてんじん　岐阜県関市
南戸　みなと　岐阜県加茂郡八百津町
南手城町　みなみてしろちょう　広島県福山市
南斗満　みなみとまむ　北海道足寄郡陸別町
南方
　なんぼう　栃木県大田原市
　みなみがた　新潟県上越市
　みなみがた　岐阜県安八郡神戸町
　みなみがた　岐阜県掲斐郡大野町
　みなみかた　大阪府（阪急電鉄京都本線）
　みなみがた　鳥取県八頭郡智頭町
　みなみがた　島根県隠岐郡隠岐の島町
　みなみがた　岡山県岡山市北区
　みなみがた　岡山県赤磐市
　みなみがた　広島県三原市
　みなみがた　広島県山県郡北広島町
　みなみがた　愛媛県東温市
　みなみかた　福岡県北九州市小倉南区
　みなみかた　宮崎県（JR日南線）
　みなみかた　宮崎県串間市
　みなみかた　宮崎県西都市
　みなみかた　鹿児島県肝属郡付付町
南方中　みなみがたなか　岡山県津山市
南方町　みなみかたちょう　宮崎県宮崎市
南方町一ノ曲　みなみかたまちいちのまがり　宮城県登米市
南方町一網　みなみかたまちいちあじ　宮城県登米市
南方町二ツ橋　みなみかたまちふたつばし　宮城県登米市
南方町八の森　みなみかたまちはちのもり　宮城県登米市
南方町十二山　みなみかたまちじゅうにやま　宮城県登米市
南方町下平貝　みなみかたまちしもひらがい　宮城県登米市
南方町下原前　みなみかたまちしもはらまえ　宮城県登米市
南方町下砥落　みなみかたまちしもとおとし　宮城県登米市
南方町下新山　みなみかたまちしもしんざん　宮城県登米市
南方町三代前　みなみかたまちさんだいまえ　宮城県登米市
南方町上ケ戸　みなみかたまちあがと　宮城県登米市
南方町上平貝　みなみかたまちかみひらがい　宮城県登米市
南方町上原　みなみかたまちかみはら　宮城県登米市

南方町上砥落　みなみかたまちかみとおとし　宮城県登米市
南方町上窪田　みなみかたまちかみくぼた　宮城県登米市
南方町大上　みなみかたまちおおがみ　宮城県登米市
南方町大平　みなみかたまちおおだいら　宮城県登米市
南方町大平前　みなみかたまちおおだいらまえ　宮城県登米市
南方町大西　みなみかたまちおおにし　宮城県登米市
南方町大坂前　みなみかたまちおおざかまえ　宮城県登米市
南方町大村　みなみかたまちおおむら　宮城県登米市
南方町大村前　みなみかたまちおおむらまえ　宮城県登米市
南方町大門　みなみかたまちだいもん　宮城県登米市
南方町大畑　みなみかたまちおおばた　宮城県登米市
南方町大涌戸　みなみかたまちおおわくど　宮城県登米市
南方町大畠前　みなみかたまちおおはたまえ　宮城県登米市
南方町大埣　みなみかたまちおおぞね　宮城県登米市
南方町大袋　みなみかたまちおおぶくろ　宮城県登米市
南方町大袋浦　みなみかたまちおおぶくろうら　宮城県登米市
南方町大森前　みなみかたまちおおもりまえ　宮城県登米市
南方町大嶽　みなみかたまちおおだけ　宮城県登米市
南方町大嶽山　みなみかたまちおおだけやま　宮城県登米市
南方町大嶽前　みなみかたまちおおだけまえ　宮城県登米市
南方町小山　みなみかたまちこやま　宮城県登米市
南方町山成　みなみかたまちやまなり　宮城県登米市
南方町山成前　みなみかたまちやまなりまえ　宮城県登米市
南方町山成浦　みなみかたまちやまなりうら　宮城県登米市
南方町山崎　みなみかたまちやまざき　宮城県登米市
南方町川前　みなみかたまちかわまえ　宮城県登米市
南方町中ノ口　みなみかたまちなかのくち　宮城県登米市
南方町中山　みなみかたまちなかやま　宮城県登米市
南方町中原　みなみかたまちなかはら　宮城県登米市
南方町中高石　みなみかたまちなかたかいし　宮城県登米市
南方町中須崎　みなみかたまちなかすさき　宮城県登米市
南方町内ノ目　みなみかたまちうちのめ　宮城県登米市
南方町内鰐丸　みなみかたまちうちわにまる　宮城県登米市
南方町太田　みなみかたまちおおた　宮城県登米市
南方町天沼　みなみかたまちあまぬま　宮城県登米市
南方町戸根屋敷　みなみかたまちとねやしき　宮城県登米市
南方町王塚　みなみかたまちおおつか　宮城県登米市
南方町仕込　みなみかたまちしこみ　宮城県登米市
南方町外浦　みなみかたまちそとうら　宮城県登米市
南方町尼池　みなみかたまちあまいけ　宮城県登米市
南方町平貝　みなみかたまちひらがい　宮城県登米市

819

9画（南）

南方町本郷大嶽　みなみかたまちほんごうおおだけ　宮城県登米市

南方町田中浦　みなみかたまちたなかうら　宮城県登米市

南方町寺袋　みなみかたまちてらぶくろ　宮城県登米市

南方町成田　みなみかたまちなりた　宮城県登米市

南方町米袋　みなみかたまちよねぶくろ　宮城県登米市

南方町米袋前　みなみかたまちよねぶくろまえ　宮城県登米市

南方町米袋浦　みなみかたまちよねぶくろうら　宮城県登米市

南方町西山成　みなみかたまちにしやまなり　宮城県登米市

南方町西山成前　みなみかたまちにしやまなりまえ　宮城県登米市

南方町沢田　みなみかたまちさわだ　宮城県登米市

南方町沢田屋敷　みなみかたまちさわだやしき　宮城県登米市

南方町沢田待井　みなみかたまちさわだまちい　宮城県登米市

南方町角欠前　みなみかたまちつのがけまえ　宮城県登米市

南方町実沢　みなみかたまちみさわ　宮城県登米市

南方町松島屋敷　みなみかたまちまつしまやしき　宮城県登米市

南方町松葉　みなみかたまちまつば　宮城県登米市

南方町松葉表　みなみかたまちまつばおもて　宮城県登米市

南方町松葉前　みなみかたまちまつばまえ　宮城県登米市

南方町東川前　みなみかたまちひがしかわまえ　宮城県登米市

南方町板ケ沢　みなみかたまちいたがさわ　宮城県登米市

南方町板倉　みなみかたまちいたくら　宮城県登米市

南方町板倉後　みなみかたまちいたくらうしろ　宮城県登米市

南方町河面　みなみかたまちかわづら　宮城県登米市

南方町沼向　みなみかたまちぬむかい　宮城県登米市

南方町沼崎　みなみかたまちぬまさき　宮城県登米市

南方町沼崎前　みなみかたまちぬまさきまえ　宮城県登米市

南方町稲荷山　みなみかたまちぜんかやま　宮城県登米市

南方町稲荷前　みなみかたまちぜんかまえ　宮城県登米市

南方町若狭前　みなみかたまちわかさまえ　宮城県登米市

南方町苔野谷地　みなみかたまちこけのやち　宮城県登米市

南方町表前　みなみかたまちおもてまえ　宮城県登米市

南方町長者原　みなみかたまちちょうじゃはら　宮城県登米市

南方町長根　みなみかたまちながね　宮城県登米市

南方町長根下　みなみかたまちながねした　宮城県登米市

南方町青島前　みなみかたまちあおしままえ　宮城県登米市

南方町青島屋敷　みなみかたまちあおしまやしき　宮城県登米市

南方町青島待井　みなみかたまちあおしままちい　宮城県登米市

南方町青笹　みなみかたまちあおざさ　宮城県登米市

南方町南大畑前　みなみかたまちみなみおおばたまえ　宮城県登米市

南方町南沢　みなみかたまちみなみざわ　宮城県登米市

南方町南細川　みなみかたまちみなみほそかわ　宮城県登米市

南方町室田　みなみかたまちむろた　宮城県登米市

南方町後屋敷待井　みなみかたまちうしろやしきまちい　宮城県登米市

南方町後高石　みなみかたまちうしろたかいし　宮城県登米市

南方町待井　みなみかたまちまちい　宮城県登米市

南方町柳沢　みなみかたまちやなぎさわ　宮城県登米市

南方町柳沢前　みなみかたまちやなぎさわまえ　宮城県登米市

南方町畑岡　みなみかたまちはたおか　宮城県登米市

南方町畑岡下　みなみかたまちはたおかした　宮城県登米市

南方町茶臼森　みなみかたまちちゃうすもり　宮城県登米市

南方町茶臼森前　みなみかたまちちゃうすもりまえ　宮城県登米市

南方町風張　みなみかたまちかざはり　宮城県登米市

南方町原　みなみかたまちはら　宮城県登米市

南方町原前　みなみかたまちはらまえ　宮城県登米市

南方町原屋敷　みなみかたまちはらやしき　宮城県登米市

南方町原浦　みなみかたまちはらうら　宮城県登米市

南方町峯　みなみかたまちみね　宮城県登米市

南方町峯前　みなみかたまちみねまえ　宮城県登米市

南方町烏田　みなみかたまちからすだ　宮城県登米市

南方町狼掛　みなみかたまちおいのかけ　宮城県登米市

南方町真ケ沼　みなみかたまちまがぬま　宮城県登米市

南方町砥落　みなみかたまちとおとし　宮城県登米市

南方町高石　みなみかたまちたかいし　宮城県登米市

南方町高石浦　みなみかたまちたかいしうら　宮城県登米市

南方町堂地　みなみかたまちどうち　宮城県登米市

南方町堂地前　みなみかたまちどうちまえ　宮城県登米市

南方町堀切　みなみかたまちほっきり　宮城県登米市

南方町宿畑　みなみかたまちしゅくばた　宮城県登米市

南方町梶沼　みなみかたまちかじぬま　宮城県登米市

南方町梶沼川前　みなみかたまちかじぬまかわまえ　宮城県登米市

南方町梶沼前　みなみかたまちかじぬままえ　宮城県登米市

南方町細川　みなみかたまちほそかわ　宮城県登米市

南方町細川前　みなみかたまちほそかわまえ　宮城県登米市

南方町細川浦　みなみかたまちほそかわうら　宮城県登米市

南方町翌沢　みなみかたまちよくさわ　宮城県登米市

南方町蛇沼　みなみかたまちへびぬま　宮城県登米市

南方町野谷地　みなみかたまちのやち　宮城県登米市

南方町堤田　みなみかたまちつつみた　宮城県登米市

南方町間内　みなみかたまちまうち　宮城県登米市

9画（南）

南方町間内前　みなみかたまちまうちまえ　宮城県登米市

南方町新一ノ曲　みなみかたまちしんいちのまがり　宮城県登米市

南方町新大畑前　みなみかたまちしんおおばたまえ　宮城県登米市

南方町新中山　みなみかたまちしんなかやま　宮城県登米市

南方町新井宿　みなみかたまちにいじゅく　宮城県登米市

南方町新田　みなみかたまちしんでん　宮城県登米市

南方町新長根下　みなみかたまちしんながねした　宮城県登米市

南方町新島前　みなみかたまちしんしままえ　宮城県登米市

南方町新高石浦　みなみかたまちしんたかいしうら　宮城県登米市

南方町新野谷地　みなみかたまちしんのやち　宮城県登米市

南方町照井　みなみかたまちてるい　宮城県登米市

南方町雷　みなみかたまちいかずち　宮城県登米市

南方町窪田　みなみかたまちくぼた　宮城県登米市

南方町銭金壇　みなみかたまちぜにがねだん　宮城県登米市

南方町横代　みなみかたまちよこだい　宮城県登米市

南方町横前　みなみかたまちよこまえ　宮城県登米市

南方町樟　みなみかたまちくぬぎ　宮城県登米市

南方町樟土手外　みなみかたまちくぬぎどてそと　宮城県登米市

南方町薬師島屋敷　みなみかたまちやくしじまやしき　宮城県登米市

南方町館　みなみかたまちたて　宮城県登米市

南方町館浦　みなみかたまちたてうら　宮城県登米市

南方町鴻ノ木　みなみかたまちこうのき　宮城県登米市

南方町瀬ノ淵　みなみかたまちせのふち　宮城県登米市

南方町瀬川　みなみかたまちせがわ　宮城県登米市

南方町鰐丸　みなみかたまちわにまる　宮城県登米市

南方町鶴代　みなみかたまちつるしろ　宮城県登米市

南日永　みなみひなが　三重県（四日市あすなろう鉄道内部線）

南日吉町　みなみひよしちょう　愛媛県今治市

南日向　みなみひゅうが　宮崎県（JR日豊本線）

南日当　みなみひなた　千葉県長生郡白子町

南日裏　みなみひうら　奈良県吉野郡天川村

南日詰　みなみひづめ　岩手県紫波郡紫波町

南木ノ本　みなみきのもと　大阪府八尾市

南木之元町　みなみきのもとちょう　京都府京都市東山区

南木曽　なぎそ　長野県（JR中央本線）

南木曽町　なぎそまち　長野県木曽郡

南比布　みなみぴっぷ　北海道（JR宗谷本線）

南比良　みなみひら　滋賀県大津市

南水元　みなみみずもと　東京都葛飾区

南水苑町　なんすいえんちょう　大阪府寝屋川市

南水門町　みなみすいもんちょう　岡山県岡山市東区

南片辺　みなみかたべ　新潟県佐渡市

南片江　みなみかたえ　福岡県福岡市城南区

南片岡　みなみかたおか　高知県高岡郡越知町

南片河町　みなみかたかわまち　山口県萩市

南片原　みなみかたはら　和歌山県和歌山市

南牛川　みなみうしかわ　愛知県豊橋市

南牛町　みなみうしまち　和歌山県和歌山市

南王子町
　みなみおうじちょう　兵庫県明石市
　みなみおうじまち　福岡県北九州市八幡西区
　みなみおうじまち　大分県大分市

5南丘
　みなみおか　北海道北見市
　みなみおか　北海道上川郡和寒町
　みなみがおか　福岡県北九州市小倉北区

南仙北　みなみせんぼく　岩手県盛岡市

南仙台　みなみせんだい　宮城県（JR東北本線）

南仙房　みなみせんぼう　岐阜県関市

南出　みなみで　岐阜県関市

南山羽　みなみでわ　山形県（JR奥羽本線）

南出来島　みなみできじま　新潟県新潟市中央区

南出来島町　みなみできじまちょう　徳島県徳島市

南出町　みなみでちょう　愛知県一宮市

南出島　みなみでじま　和歌山県和歌山市

南加木屋　みなみかぎや　愛知県（名古屋鉄道河和線）

南加茂台　ながもだい　京都府木津川市

南加賀屋　みなみかがや　大阪府大阪市住之江区

南加瀬　みなみかせ　神奈川県川崎市幸区

南半田
　みなみはんだ　福島県伊達郡桑折町
　みなみはんだ　栃木県小山市
　みなみはんだ　新潟県柏崎市

南半田中町　みなみはんだなかまち　奈良県奈良市

南半田西町　みなみはんだにしまち　奈良県奈良市

南半田東町　みなみはんだひがしまち　奈良県奈良市

南半坂　みなみはんざか　福島県耶麻郡猪苗代町

南半町西　みなみはんちょうにし　大阪府堺市堺区

南半町東　みなみはんちょうひがし　大阪府堺市堺区

南半郷　みなみはんごう　山形県山形市

南古千代　みなみごちよ　愛知県常滑市

南古山　みなみふるやま　三重県名張市

南古市　みなみふるいち　大阪府羽曳野市

南古市町　みなみふるいちまち　高知県須崎市

南古谷　みなみふるや　埼玉県（JR川越線）

南古券　みなみこけん　愛知県犬山市

南古都　みなみこず　岡山県岡山市東区

南古萩町　みなみふるはぎまち　山口県萩市

南台
　みなみだい　秋田県湯沢市
　みなみだい　福島県いわき市
　みなみだい　茨城県石岡市
　みなみだい　埼玉県川越市
　みなみだい　埼玉県ふじみ野市
　みなみだい　埼玉県入間郡毛呂山町
　みなみだい　東京都中野区
　みなみだい　神奈川県横浜市瀬谷区
　みなみだい　神奈川県相模原市南区
　みなみだい　静岡県湖西市
　みなみだい　愛知県みよし市

南四ツ居　みなみよつい　福井県福井市

南四ツ居町　みなみよついちょう　福井県福井市

南四十万　みなみしじま　石川県金沢市

南四日市　みなみよっかいち　三重県（JR関西本線）
南四日町　みなみよっかまち　新潟県三条市
南四王　みなみしおう　長野県諏訪郡下諏訪町
南四条
　みなみしじょう　北海道苫前郡羽幌町
　みなみしじょう　北海道上川郡清水町
　みなみしじょう　北海道足寄郡足寄町
　みなみしじょう　北海道標津郡標津町
南四条西
　みなみしじょうにし　北海道札幌市中央区
　みなみしじょうにし　北海道網走市
　みなみしじょうにし　北海道虻田郡倶安町
　みなみしじょうにし　北海道上川郡清水町
南四条町　みなみしじょうちょう　大阪府東大阪市
南四条東
　みなみしじょうひがし　北海道札幌市中央区
　みなみしじょうひがし　北海道網走市
　みなみしじょうひがし　北海道虻田郡倶安町
南四条通　みなみしじょうどおり　北海道旭川市
南四番町　みなみよんばんちょう　山形県山形市
南外一ト刎　なんがいひとはね　秋田県大仙市
南外十二ノ前　なんがいじゅうにのまえ　秋田県大仙市
南外十二袋　なんがいじゅうにふくろ　秋田県大仙市
南外下木直　なんがいしもきじき　秋田県大仙市
南外下荒又　なんがいしもあらまた　秋田県大仙市
南外下荒沢　なんがいしもあらさわ　秋田県大仙市
南外下釜坂　なんがいしもかまさか　秋田県大仙市
南外下袋　なんがいしもふくろ　秋田県大仙市
南外下湯ノ又　なんがいしもゆのまた　秋田県大仙市
南外下滝　なんがいしもたき　秋田県大仙市
南外下鎌田　なんがいしもかまた　秋田県大仙市
南外上中宿　なんがいかみなかしゅく　秋田県大仙市
南外上中野　なんがいかみなかの　秋田県大仙市
南外上木直　なんがいかみきじき　秋田県大仙市
南外上荒又　なんがいかみあらまた　秋田県大仙市
南外上桑台　なんがいかみくわだい　秋田県大仙市
南外上釜坂　なんがいかみかまさか　秋田県大仙市
南外上巣ノ沢　なんがいかみすのさわ　秋田県大仙市
南外上野　なんがいかみうえの　秋田県大仙市
南外上鎌田　なんがいかみかまた　秋田県大仙市
南外丸木橋　なんがいまるきばし　秋田県大仙市
南外及位　なんがいのぞき　秋田県大仙市
南外土場　なんがいどば　秋田県大仙市
南外大平　なんがいおおひら　秋田県大仙市
南外大向　なんがいおおむかい　秋田県大仙市
南外大杉　なんがいおおすぎ　秋田県大仙市
南外大杉二タ又杉　なんがいおおすぎふたまたすぎ　秋田県大仙市
南外大杉山岸　なんがいおおすぎやまぎし　秋田県大仙市
南外大和野　なんがいおおわの　秋田県大仙市
南外大柳　なんがいおおやなぎ　秋田県大仙市
南外大畑　なんがいおおばた　秋田県大仙市
南外大畑深山　なんがいおおばたみやま　秋田県大仙市
南外大畑潜沢　なんがいおおばたくぐりさわ　秋田県大仙市
南外大黒森　なんがいおおくろもり　秋田県大仙市
南外小出　なんがいこいで　秋田県大仙市

南外小春木沢　なんがいこはるきざわ　秋田県大仙市
南外小荒沢　なんがいこあらさわ　秋田県大仙市
南外小浪滝　なんがいさんざら　秋田県大仙市
南外山　みなみとやま　愛知県小牧市
南外山王台　なんがいさんおうだい　秋田県大仙市
南外川口　なんがいかわぐち　秋田県大仙市
南外川口本町　なんがいかわぐちほんちょう　秋田県大仙市
南外中荒又　なんがいなかあらまた　秋田県大仙市
南外中荒沢　なんがいなかあらさわ　秋田県大仙市
南外中桑台　なんがいなかくわだい　秋田県大仙市
南外中宿　なんがいなかしゅく　秋田県大仙市
南外中袋　なんがいなかぶくろ　秋田県大仙市
南外中野　なんがいなかの　秋田県大仙市
南外中野山　なんがいなかのやま　秋田県大仙市
南外中渡　なんがいなかわたり　秋田県大仙市
南外太田　なんがいおおた　秋田県大仙市
南外木直沢　なんがいきじきざわ　秋田県大仙市
南外水上沢　なんがいみずかみざわ　秋田県大仙市
南外水沢　なんがいみずさわ　秋田県大仙市
南外北田山田ケ沢　なんがいきただやまだがさわ　秋田県大仙市
南外北田黒瀬　なんがいきただくろせ　秋田県大仙市
南外外小友　なんがいそとおとも　秋田県大仙市
南外外山　なんがいそとやま　秋田県大仙市
南外平形　なんがいひらかた　秋田県大仙市
南外平沢　なんがいひらさわ　秋田県大仙市
南外広表　なんがいひろおもて　秋田県大仙市
南外本宿　なんがいもとしゅく　秋田県大仙市
南外田中　なんがいたなか　秋田県大仙市
南外田中田　なんがいたなかた　秋田県大仙市
南外田中田山根　なんがいたなかたやまね　秋田県大仙市
南外田尻　なんがいたじり　秋田県大仙市
南外田屋村　なんがいたやむら　秋田県大仙市
南外石仏　なんがいいしぼとけ　秋田県大仙市
南外向ノ沢　なんがいむかいのさわ　秋田県大仙市
南外寺沢　なんがいてらさわ　秋田県大仙市
南外西ノ又　なんがいにしのまた　秋田県大仙市
南外西ノ又滝ノ沢　なんがいにしのまたたきのさわ　秋田県大仙市
南外西板戸　なんがいにしいたど　秋田県大仙市
南外西野　なんがいにしの　秋田県大仙市
南外坊田　なんがいぼうだ　秋田県大仙市
南外坊田石兀ノ下　なんがいぼうだいしはげのした　秋田県大仙市
南外坊田黒沢　なんがいぼうだくろさわ　秋田県大仙市
南外坊村　なんがいぼうむら　秋田県大仙市
南外杉橋　なんがいすぎはし　秋田県大仙市
南外沖田　なんがいおきだ　秋田県大仙市
南外谷地田　なんがいやちだ　秋田県大仙市
南外赤平大道東　なんがいあかひらだいどうひがし　秋田県大仙市
南外赤平六郎沢　なんがいあかひらろくろうさわ　秋田県大仙市
南外赤平台野　なんがいあかひらだいの　秋田県大仙市

9画（南）

南外赤平平家　なんがいあかひらへいけ　秋田県大仙市

南外赤平貝沼　なんがいあかひらかいぬま　秋田県大仙市

南外赤平後野　なんがいあかひらうしろの　秋田県大仙市

南外赤畑　なんがいあかはた　秋田県大仙市

南外和合　なんがいわごう　秋田県大仙市

南外岩倉　なんがいいわくら　秋田県大仙市

南外岩瀬　なんがいいわせ　秋田県大仙市

南外松木田　なんがいまつきだ　秋田県大仙市

南外林ノ沢　なんがいはやしのさわ　秋田県大仙市

南外物渡台　なんがいぶつどだい　秋田県大仙市

南外若林　なんがいわかばやし　秋田県大仙市

南外金屋　なんがいかなや　秋田県大仙市

南外宮田　なんがいみやた　秋田県大仙市

南外巣ノ沢　なんがいすのさわ　秋田県大仙市

南外巣ノ沢石切場　なんがいすのさわいしきりば　秋田県大仙市

南外悪戸野　なんがいあくとの　秋田県大仙市

南外梨木田　なんがいなしきだ　秋田県大仙市

南外黒滝　なんがいくろたき　秋田県大仙市

南外揚土　なんがいあげつち　秋田県大仙市

南外揚土山　なんがいあげつちやま　秋田県大仙市

南外湯ノ又　なんがいゆのまた　秋田県大仙市

南外湯元　なんがいゆもと　秋田県大仙市

南外湯神台　なんがいゆがみだい　秋田県大仙市

南外無尻橋　なんがいむじりばし　秋田県大仙市

南外落合　なんがいおちあい　秋田県大仙市

南外葎沢　なんがいむぐらさわ　秋田県大仙市

南外新屋布　なんがいあらやしき　秋田県大仙市

南外滝ノ沢　なんがいたきのさわ　秋田県大仙市

南外滝中田表　なんがいたきなかたおもて　秋田県大仙市

南外猿ケ瀬出野　なんがいさるがせでの　秋田県大仙市

南外壇ノ平山　なんがいだんのひらやま　秋田県大仙市

南外薬師堂　なんがいやくしどう　秋田県大仙市

南外鞦田　なんがいしりがいた　秋田県大仙市

南央町　なんおうちょう　富山県富山市

南尼崎町　みなみあまがさきちょう　京都府京都市伏見区

南巨摩郡　みなみこまぐん　山梨県

南市　みなみいち　福井県三方郡美浜町

南市町　みなみいちちょう　奈良県奈良市

南市岡　みなみいちおか　大阪府大阪市港区

南市橋町　みなみいちはしちょう　岐阜県大垣市

南布礼別　みなみふれべつ　北海道富良野市

南平
　なんべい　宮城県柴田郡大河原町
　なんべい　福島県福島市
　みなみだいら　東京都（京王電鉄京王線）
　みなみだいら　東京都日野市
　みなみだいら　東京都西多摩郡瑞穂町
　なべら　和歌山県東牟婁郡古座川町

南平台
　なんべいだい　茨城県稲敷郡阿見町
　なんべいだい　千葉県成田市
　なんべいだい　神奈川県川崎市宮前区
　なんべいだい　大阪府高槻市
　なんべいだい　島根県松江市
　なんべいだい　山口県山陽小野田市

南平台町　なんべいだいちょう　東京都渋谷区

南平沢
　みなみへいざわ　山形県酒田市
　みなみひらさわ　埼玉県日高市

南平和町　みなみへいわまち　熊本県八代市

南平岸　みなみひらぎし　北海道（札幌市交通局南北線）

南平松　みなみひらまつ　静岡県磐田市

南平野
　みなみひらの　埼玉県さいたま市岩槻区
　みなみひらの　和歌山県東牟婁郡那智勝浦町

南平野町　みなみひらのちょう　京都府福知山市

南広岡町　みなみひろおかまち　石川県金沢市

南広島　みなみひろしま　埼玉県吉川市

南札内　みなみさつない　北海道河西郡中札内村

南札比内　みなみさっぴない　北海道樺戸郡月形町

南本地ケ原町　みなみほんじがはらちょう　愛知県尾張旭市

南本庄　みなみほんじょう　広島県福山市

南本町
　みなみほんちょう　埼玉県さいたま市南区
　みなみほんちょう　千葉県船橋市
　みなみほんまち　新潟県見附市
　みなみほんちょう　新潟県五泉市
　みなみほんちょう　新潟県上越市
　みなみほんまち　静岡県三島市
　みなみほんまち　愛知県半田市
　みなみほんまち　愛知県津島市
　みなみほんまち　京都府福知山市
　みなみほんまち　大阪府大阪市中央区
　みなみほんまち　大阪府八尾市
　みなみほんまち　兵庫県伊丹市
　みなみほんまち　奈良県大和高田市
　みなみほんまち　広島県安芸郡海田町
　みなみほんまち　福岡県北九州市門司区
　みなみほんまち　福岡県福岡市博多区

南本町通　みなみほんまちどおり　兵庫県神戸市中央区

南本牧　みなみほんもく　神奈川県横浜市中区

南本荘一条通　みなみほんじょういちじょうどおり　岐阜県岐阜市

南本荘二条通　みなみほんじょうにじょうどおり　岐阜県岐阜市

南本荘三条通　みなみほんじょうさんじょうどおり　岐阜県岐阜市

南本荘四条通　みなみほんじょうしじょうどおり　岐阜県岐阜市

南本堀　みなみほんぼり　京都府福知山市

南本宿町　みなみほんじゅくちょう　神奈川県横浜市旭区

南本郷町
　みなみほんごうちょう　静岡県沼津市
　みなみほんごうちょう　滋賀県近江八幡市

南末広町
　みなみすえひろちょう　愛知県半田市
　みなみすえひろちょう　徳島県徳島市

南正雀　みなみしょうじゃく　大阪府吹田市

南永山　みなみながやま　北海道（JR石北本線）

南永井　みなみながい　埼玉県所沢市

823

9画（南）

南永井町　みなみながいちょう　奈良県奈良市
南永寿町　みなみえいじゅちょう　北海道増毛郡増毛町
南汀丁　みなみみぎわちょう　和歌山県和歌山市
南玉
　なんぎょく　群馬県佐波郡玉村町
　みなみだま　千葉県大網白里市
南玉垣町　みなみたまがきちょう　三重県鈴鹿市
南玉造　みなみたまつくり　千葉県香取郡多古町
南瓦ケ町　みなみかわらけちょう　青森県弘前市
南瓦町
　みなみかわらまち　愛知県豊橋市
　みなみかわらちょう　京都府京都市東山区
　みなみかわらまち　大阪府堺市堺区
南生田　みなみいくた　神奈川県川崎市多摩区
南生石西　みなみいくしにし　大分県大分市
南生石東　みなみいくしひがし　大分県大分市
南生実町　みなみおゆみちょう　千葉県千葉市中央区
南生駒　みなみいこま　奈良県（近畿日本鉄道生駒線）
南甲子園　みなみこうしえん　兵庫県西宮市
南甲府　みなみこうふ　山梨県（JR身延線）
南田
　みなみだ　長野県駒ケ根市
　みなみだ　静岡県磐田市
　みなみだ　熊本県上益城郡山都町
南田中
　みなみたなか　東京都練馬区
　みなみたなか　新潟県村上市
　みなみたなか　新潟県五泉市
　みなみたなか　新潟県南魚沼市
南田中中村井　みなみたなかなかむらい　青森県平川市
南田中北村井　みなみたなかきたむらい　青森県平川市
南田中北林元　みなみたなかきたはやしもと　青森県平川市
南田中北原　みなみたなかきたはら　青森県平川市
南田中北細田　みなみたなかきたほそだ　青森県平川市
南田中西林元　みなみたなかにしはやしもと　青森県平川市
南田中西原　みなみたなかにしはら　青森県平川市
南田中村内　みなみたなかむらうち　青森県平川市
南田中東林元　みなみたなかひがしはやしもと　青森県平川市
南田中南林元　みなみたなかみなみはやしもと　青森県平川市
南田出井町　みなみたでいちょう　大阪府堺市堺区
南田辺
　みなみたなべ　京都府舞鶴市
　みなみたなべ　大阪府（JR阪和線）
　みなみたなべ　大阪府大阪市東住吉区
南田辺丁　みなみたなべちょう　和歌山県和歌山市
南田伊兵衛新田　みなみだいへえしんでん　静岡県磐田市
南田気　みなみたげ　茨城県久慈郡大子町
南田町
　みなみだまち　富山県富山市
　みなみだまち　富山県高岡市
　みなみたまち　静岡県静岡市葵区

　みなみたまち　静岡県三島市
　みなみたまち　島根県松江市
南田附町　みなみたづけちょう　滋賀県長浜市
南田屋新田　みなみたやしんでん　新潟県上越市
南田原
　みなみたはら　兵庫県川辺郡猪名川町
　みなみたわら　兵庫県神崎郡福崎町
南田原井　みなみたわらい　福島県田村郡小野町
南田原町
　みなみたわらちょう　奈良県奈良市
　みなみたわらちょう　奈良県生駒市
南田宮　みなみたみや　徳島県徳島市
南田島　みなみたじま　埼玉県川越市
南田園　みなみでんえん　東京都福生市
南由布　みなみゆふ　大分県（JR久大本線）
南疋田　みなみひきだ　福井県あわら市
南白山台　みなみはくさんだい　青森県八戸市
南白水　みなみはくすい　愛媛県松山市
南白坂町　みなみしらさかちょう　愛知県瀬戸市
南目垣　みなみめがき　大阪府茨木市
南目館　みなみのめたて　宮城県仙台市宮城野区
南矢三町　みなみやそちょう　徳島県徳島市
南矢代
　みなみやしろ　兵庫県（JR福知山線）
　みなみやしろ　兵庫県篠山市
南矢名　みなみやな　神奈川県秦野市
南矢島町　みなみやじまちょう　群馬県太田市
南矢部　みなみやべ　静岡県静岡市清水区
南矢野目　みなみやのめ　福島県福島市
南矢幅　みなみやばば　岩手県紫波郡矢巾町
南石下　みなみいしげ　茨城県（関東鉄道常総線）
南石井　みなみいしい　福島県（JR水郡線）
南石切町　みなみいしきりまち　宮城県仙台市若林区
南石堂町　みなみいしどうちょう　長野県長野市
南石関　みなみいしぜき　山形県山形市
南立石一区　みなみたていしいっく　大分県別府市
南立石二区　みなみたていしにく　大分県別府市
南立石八幡町　みなみたていしはちまんちょう　大分県別府市
南立石本町　みなみたていしほんまち　大分県別府市
南立石生目町　みなみたていしいきめちょう　大分県別府市
南立石板地町　みなみたていしいたじちょう　大分県別府市
南辻　みなみつじ　埼玉県さいたま市岩槻区
南辻町　みなみつじちょう　京都府京都市上京区
南伊豆町　みなみいずちょう　静岡県賀茂郡
南伊東　みなみいとう　静岡県（伊豆急行線）
南伊場町　みなみいばちょう　静岡県浜松市中区
南伊勢町　みなみいせちょう　三重県度会郡
南伊勢屋町　みなみいせやちょう　京都府京都市上京区
南会津町　みなみあいづまち　福島県南会津郡
南会津郡　みなみあいづぐん　福島県
南休賀町　みなみきゅうかまち　和歌山県和歌山市
南仲之切町　みなみなかのきりちょう　愛知県瀬戸市
南仲之町　みなみなかのちょう　徳島県徳島市
南仲町
　みなみなかまち　北海道北見市

9画（南）

みなみなかまち　兵庫県神戸市兵庫区
南仲通　みなみなかどおり　神奈川県横浜市中区
南伝法寺　みなみでんぼうじ　岩手県紫波郡紫波町
南光台　なんこうだい　宮城県仙台市泉区
南光台東　なんこうだいひがし　宮城県仙台市泉区
南光台南　なんこうだいみなみ　宮城県仙台市泉区
南光町
　なんこうちょう　宮城県石巻市
　なんこうちょう　新潟県柏崎市
南印田　みなみいんでん　愛知県一宮市
南吉方　みなみよしかた　鳥取県鳥取市
南吉田
　みなみよしだ　千葉県茂原市
　みなみよしだ　新潟県（JR越後線）
　みなみよしだ　石川県羽咋郡宝達志水町
南吉田町
　みなみよしだちょう　神奈川県横浜市南区
　みなみよしだまち　愛媛県松山市
南吉成　みなみよしなり　宮城県仙台市青葉区
南吉見　みなみよしみ　埼玉県比企郡吉見町
南吉原　みなみよしわら　茨城県笠間市
南吉島　みなみよしじま　広島県広島市中区
南吉野町　みなみよしのちょう　北海道砂川市
南向台　なんこうだい　福島県福島市
南向陽町　みなみこうようちょう　大阪府堺市堺区
南団地
　みなみだんち　北海道河東郡士幌町
　みなみだんち　福井県大飯郡高浜町
南多久町　みなみたくまち　佐賀県多久市
南多久町下多久　みなみたくまちしもたく　佐賀県多久市
南多久町花祭　みなみたくまちはなまつり　佐賀県多久市
南多久町長尾　みなみたくまちながお　佐賀県多久市
南多久町泉町　みなみたくまちいずみまち　佐賀県多久市
南多門町　みなみたもんちょう　新潟県新潟市中央区
南多聞台　みなみたもんだい　兵庫県神戸市垂水区
南多摩　みなみたま　東京都（JR南武線）
南夷町　みなみえびすちょう　京都府京都市下京区
南安井町　みなみやすいちょう　大阪府堺市堺区
南安長　みなみやすなが　鳥取県鳥取市
南安城　みなみあんじょう　愛知県（名古屋鉄道西尾線）
南安威　みなみあい　大阪府茨木市
南安倍
　みなみあべ　静岡県静岡市葵区
　みなみあべ　静岡県静岡市駿河区
南安野町　みなみあんのちょう　新潟県阿賀野市
南安徳町　みなみあんとくまち　長崎県島原市
南宇佐　みなみうさ　大分県宇佐市
南宇和郡　みなみうわぐん　愛媛県
南宇都宮　みなみうつのみや　栃木県（東武鉄道宇都宮線）
南守谷　みなみもりや　茨城県（関東鉄道常総線）
南寺方中通　みなみてらかたなかどおり　大阪府守口市
南寺方北通　みなみてらかたきたどおり　大阪府守口市
南寺方東通　みなみてらかたひがしどおり　大阪府守口市
南寺方南通　みなみてらかたみなみどおり　大阪府守口市
南寺町
　みなみてらまち　新潟県糸魚川市
　みなみてらまち　三重県桑名市
南寺島　みなみてらじま　新潟県糸魚川市
南寺宿　みなみてらしゅく　宮城県加美郡加美町
南庄
　みなみしょう　岡山県久米郡久米南町
　みなみしょう　福岡県福岡市早良区
南庄町
　みなみしょうちょう　大阪府堺市堺区
　みなみしょうちょう　奈良県奈良市
　みなみしょうちょう　徳島県徳島市
南庄所町　みなみしょうどころちょう　大阪府高槻市
南成田
　みなみなりた　福島県田村郡三春町
　みなみなりた　新潟県新発田市
南成瀬　みなみなるせ　東京都町田市
南旭ケ丘町　みなみあさひがおかちょう　大阪府富田林市
南旭が丘　みなみあさひがおか　三重県鈴鹿市
南旭町
　みなみあさひまち　愛知県豊橋市
　みなみあさひまち　愛知県西尾市
南有珠町　みなみうすちょう　北海道伊達市
南有馬町乙　みなみありまちょうおつ　長崎県南島原市
南有馬町丁　みなみありまちょうてい　長崎県南島原市
南有馬町己　みなみありまちょうき　長崎県南島原市
南有馬町丙　みなみありまちょうへい　長崎県南島原市
南有馬町戊　みなみありまちょうぼ　長崎県南島原市
南有馬町甲　みなみありまちょうこう　長崎県南島原市
南気仙沼　みなみけせんぬま　宮城県（JR気仙沼線）
南江口　みなみえぐち　大阪府大阪市東淀川区
南江戸　みなみえど　愛媛県松山市
南江戸町　みなみえどまち　愛媛県松山市
南江守町　みなみえもりちょう　福井県福井市
南江島町　みなみえじまちょう　三重県鈴鹿市
南江間　みなみえま　静岡県伊豆の国市
南池下　みなみいけした　福島県白河市
南池町　みなみいけちょう　滋賀県長浜市
南池袋　みなみいけぶくろ　東京都豊島区
南牟婁郡　みなみむろぐん　三重県
南百合が丘　みなみゆりがおか　三重県名張市
南竹谷町　みなみたけやちょう　兵庫県尼崎市
南竹屋町　みなみたけやちょう　広島県広島市中区
南竹島町　みなみたけしまちょう　高知県高知市
南米沢　みなみよねざわ　山形県（JR米坂線）
南糸田　みなみいとだ　福岡県田川郡糸田町
南羽生
　みなみはにゅう　埼玉県（東武鉄道伊勢崎線）
　みなみはにゅう　埼玉県羽生市
南羽合　みなみはごう　京都府福知山市
南羽咋　みなみはくい　石川県（JR七尾線）
南羽鳥　みなみはどり　千葉県成田市
南耳原　みなみみのはら　大阪府茨木市
南臼井台　みなみうすだい　千葉県佐倉市
南舟橋町　みなみふなはしちょう　京都府京都市上京区

825

9画（南）

南行徳
みなみぎょうとく　千葉県（東京地下鉄東西線）
みなみぎょうとく　千葉県市川市

南行橋　みなみゆくはし　福岡県（JR日豊本線）
南西方　みなみにしかた　宮崎県小林市
南西俣町　みなみにしまたちょう　福井県福井市
南西海子町　みなみさいかいしちょう　京都府京都市
東山区
南西郷　みなみさいごう　静岡県掛川市
南更別区　みなみさらべつく　北海道河西郡更別村
南串山町乙　みなみくしやまちょうおつ　長崎県雲仙市
南串山町丙　みなみくしやまちょうへい　長崎県雲仙市
南串山町甲　みなみくしやまちょうこう　長崎県雲仙市
南佐久郡　みなみさくぐん　長野県
南佐木　みなみさき　島根県邑智郡川本町
南佐古一番町　みなみさこいちばんちょう　徳島県徳
島市
南佐古七番町　みなみさこななばんちょう　徳島県徳
島市
南佐古二番町　みなみさこにばんちょう　徳島県徳
島市
南佐古八番町　みなみさこはちばんちょう　徳島県徳
島市
南佐古三番町　みなみさこさんばんちょう　徳島県徳
島市
南佐古五番町　みなみさこごばんちょう　徳島県徳
島市
南佐古六番町　みなみさころくばんちょう　徳島県徳
島市
南佐古四番町　みなみさこよんばんちょう　徳島県徳
島市
南佐古田　みなみさこだ　岡山県赤磐市
南佐竹町　みなみさたけちょう　京都府京都市上京区
南佐津間　みなみさつま　千葉県鎌ケ谷市
南佐賀　みなみさが　佐賀県佐賀市
南作開　みなみさっかい　北海道寿都郡黒松内町
南住吉
みなみすみよし　埼玉県所沢市
みなみすみよし　大阪府大阪市住吉区
南住吉台　みなみすみよしだい　北海道河東郡音更町
南佃　みなみつくだ　青森県青森市
南余部　みなみあまべ　大阪府堺市美原区
南余部西　みなみあまべにし　大阪府堺市美原区
南兵村一区　みなみへいそんいっく　北海道紋別郡湧
別町
南兵村二区　みなみへいそんにく　北海道紋別郡湧
別町
南兵村三区　みなみへいそんさんく　北海道紋別郡湧
別町
南初島町　みなみはつしままちょう　兵庫県尼崎市
南初富　みなみはつとみ　千葉県鎌ケ谷市
南別府　みなみべふ　兵庫県神戸市西区
南別府町　みなみべふちょう　大阪府摂津市
南呉服町　みなみごふくちょう　滋賀県長浜市
南吹田　みなみすいた　大阪府吹田市
南坂下町　みなみさかしたちょう　福井県越前市
南坂門田　みなみさかもんた　熊本県玉名市
南坂部町　みなみさかべちょう　三重県四日市市
南妙法寺町　みなみみょうほうじちょう　奈良県橿原市
南宍道　みなみしんじ　島根県（JR木次線）

南尾　みなみお　福岡県飯塚市
南希望が丘　みなみきぼうがおか　神奈川県横浜市
旭区
南弟子屈
みなみてしかが　北海道（JR釧網本線）
みなみてしかが　北海道川上郡弟子屈町
南志戸田　みなみしとだ　山形県山形市
南志野　みなみしの　和歌山県紀の川市
南志賀　みなみしが　滋賀県大津市
南材木丁　みなみざいもくちょう　和歌山県和歌山市
南材木町　みなみざいもくちょう　宮城県仙台市若
林区
南条
なんじょう　千葉県館山市
みなみじょう　新潟県柏崎市
なんじょう　福井県（JR北陸本線）
みなみじょう　長野県埴科郡坂城町
なんじょう　兵庫県姫路市
南条町　なんじょうまち　香川県丸亀市
南条郡　なんじょうぐん　福井県
南沖山　みなみおきやま　新潟県阿賀野市
南沖洲　みなみおきのす　徳島県徳島市
南沖野町　みなみおきのちょう　愛知県刈谷市
南沖須賀　みなみおきすが　高知県宿毛市
南沢
みなみさわ　北海道札幌市南区
みなみざわ　秋田県北秋田郡上小阿仁村
みなみさわ　山形県尾花沢市
みなみさわ　東京都東久留米市
南沢一条　みなみさわいちじょう　北海道札幌市南区
南沢二条　みなみさわにじょう　北海道札幌市南区
南沢又　みなみさわまた　福島県福島市
南沢三条　みなみさわさんじょう　北海道札幌市南区
南沢五条　みなみさわごじょう　北海道札幌市南区
南沢六条　みなみさわろくじょう　北海道札幌市南区
南沢四条　みなみさわしじょう　北海道札幌市南区
南町
みなみまち　北海道帯広市
みなみまち　北海道北見市
みなみまち　北海道岩見沢市
みなみまち　北海道留萌市
みなみまち　北海道富良野市
みなみちょう　北海道北広島市
みなみまち　北海道瀬棚郡今金町
みなみまち　北海道余市郡仁木町
みなみまち　北海道空知郡奈井江町
みなみまち　北海道夕張郡長沼町
みなみまち　北海道上川郡比布町
みなみまち　北海道上川郡愛別町
みなみまち　北海道上川郡上川町
みなみまち　北海道上川郡東川町
みなみまち　北海道上川郡美瑛町
みなみまち　北海道空知郡上富良野町
みなみまち　北海道空知郡中富良野町
みなみまち　北海道上川郡和寒町
みなみまち　北海道上川郡下川町
みなみまち　北海道中川郡美深町
みなみまち　北海道苫前郡羽幌町
みなみまち　北海道紋別郡遠軽町
みなみまち　北海道河東郡鹿追町
みなみまち　北海道広尾郡大樹町
みなみまち　北海道中川郡幕別町

9画（南）

みなみまち	北海道十勝郡浦幌町
みなみまち	北海道標津郡中標津町
みなみちょう	青森県三沢市
みなみまち	青森県むつ市
みなみまち	岩手県宮古市
みなみまち	岩手県一関市
みなみまち	宮城県塩竈市
みなみまち	宮城県気仙沼市
みなみまち	宮城県白石市
みなみまち	宮城県亘理郡亘理町
みなみまち	宮城県加美郡加美町
みなみまち	秋田県横手市
みなみまち	秋田県仙北郡美郷町
みなみまち	山形県酒田市
みなみまち	山形県寒河江市
みなみまち	山形県上山市
みなみまち	山形県天童市
みなみまち	福島県福島市
みなみまち	福島県会津若松市
みなみまち	福島県白河市
みなみまち	福島県須賀川市
みなみまち	福島県喜多方市
みなみまち	福島県二本松市
みなみまち	福島県伊達郡桑折町
みなみまち	福島県岩瀬郡鏡石町
みなみまち	福島県西白河郡矢吹町
みなみまち	福島県石川郡石川町
みなみまち	福島県田村郡三春町
みなみまち	茨城県水戸市
みなみちょう	茨城県古河市
みなみちょう	茨城県常陸大宮市
みなみまち	栃木県宇都宮市
みなみちょう	栃木県足利市
みなみちょう	栃木県那須塩原市
みなみちょう	群馬県前橋市
みなみちょう	群馬県高崎市
みなみちょう	埼玉県川口市
みなみちょう	埼玉県飯能市
みなみちょう	埼玉県加須市
みなみちょう	埼玉県越谷市
みなみちょう	埼玉県蕨市
みなみちょう	埼玉県戸田市
みなみちょう	埼玉県坂戸市
みなみちょう	埼玉県鶴ケ島市
みなみちょう	千葉県千葉市中央区
みなみちょう	千葉県銚子市
みなみちょう	東京都新宿区
みなみちょう	東京都板橋区
みなみちょう	東京都八王子市
みなみちょう	東京都府中市
みなみちょう	東京都国分寺市
みなみちょう	東京都東久留米市
みなみちょう	東京都西東京市
みなみまち	神奈川県川崎市川崎区
みなみちょう	神奈川県小田原市
みなみちょう	神奈川県厚木市
みなみちょう	新潟県新潟市秋葉区
みなみまち	新潟県長岡市
みなみまち	新潟県村上市
みなみまち	富山県中新川郡上市町
みなみちょう	石川県金沢市
みなみちょう	石川県輪島市
みなみまち	長野県諏訪市
みなみまち	長野県小諸市
みなみまち	長野県飯山市
みなみまち	岐阜県関市
みなみちょう	静岡県静岡市駿河区
みなみちょう	静岡県三島市
みなみちょう	静岡県伊東市
みなみちょう	静岡県富士市
みなみまち	愛知県安城市
みなみまち	三重県松阪市
みなみちょう	三重県名張市
みなみちょう	京都府京都市上京区
みなみちょう	京都府京都市東山区
みなみちょう	京都府京都市下京区
みなみちょう	大阪府岸和田市
みなみちょう	大阪府貝塚市
みなみまち	兵庫県神戸市須磨区
みなみまち	兵庫県姫路市
みなみまち	兵庫県伊丹市
みなみまち	奈良県磯城郡田原本町
みなみまち	鳥取県鳥取市
みなみまち	岡山県倉敷市
みなみまち	岡山県津山市
みなみまち	岡山県高梁市
みなみまち	広島県福山市
みなみまち	山口県柳井市
みなみまち	香川県善通寺市
みなみまち	香川県観音寺市
みなみまち	愛媛県（伊予鉄道市駅線）
みなみまち	愛媛県松山市
みなみまち	長崎県長崎市
みなみまち	熊本県熊本市東区
みなみまち	熊本県人吉市
みなみまち	熊本県天草市
みなみまち	大分県別府市
みなみまち	宮崎県宮崎市
みなみまち	宮崎県延岡市
みなみまち	宮崎県日向市
みなみちょう	宮崎県東臼杵郡門川町
みなみちょう	鹿児島県鹿屋市

南町一条 みなみまちいちじょう　北海道岩見沢市
南町七条 みなみまちしちじょう　北海道岩見沢市
南町九条 みなみまちくじょう　北海道岩見沢市
南町二条 みなみまちにじょう　北海道岩見沢市
南町八条 みなみまちはちじょう　北海道岩見沢市
南町三条 みなみまちさんじょう　北海道岩見沢市
南町五条 みなみまちごじょう　北海道岩見沢市
南町六条 みなみまちろくじょう　北海道岩見沢市
南町四条 みなみまちしじょう　北海道岩見沢市
南町田
　みなみまちだ　東京都（東京急行電鉄田園都市線）
　みなみまちだ　東京都町田市
南町西 みなみまちにし　北海道士別市
南町東
　みなみまちひがし　北海道士別市
　みなみまちひがし　宮城県亘理郡亘理町
南町南 みなみまちみなみ　北海道帯広市
南町海岸 みなみまちかいがん　宮城県気仙沼市
南肘塚町 みなみかいのづかちょう　奈良県奈良市
南良津 ならづ　福岡県鞍手郡小竹町
南花ケ島町 みなみはながしまちょう　宮崎県宮崎市
南花内 みなみはなうち　奈良県葛城市
南花台 なんかだい　大阪府河内長野市
南花田口町 みなみはなだぐちちょう　大阪府堺市堺区
南花田町 みなみはなだちょう　大阪府堺市北区
南花沢町 みなみはなざわちょう　滋賀県東近江市

9画（南）

南花岡　みなみはなおか　山口県下松市
南花長町　みなみはなおさちょう　愛知県春日井市
南花屋敷　みなみはなやしき　兵庫県川西市
南花畑
　みなみはなばたけ　福島県会津若松市
　みなみはなばた　東京都足立区
南花島　みなみはなしま　千葉県松戸市
南花園　みなみはなぞの　千葉県千葉市花見川区
南花園町　みなみはなぞのちょう　富山県富山市
南芥川町　みなみあくたがわちょう　大阪府高槻市
南角　みのずみ　奈良県吉野郡天川村
南角田
　みなみかくた　北海道夕張郡栗山町
　みなみかくだ　宮城県（阿武隈急行線）
南谷
　みなみだに　愛知県知多市
　みなみだに　和歌山県日高郡印南町
　みなみだに　鳥取県東伯郡湯梨浜町
南谷内　みなみやち　新潟県新潟市西蒲区
南谷地　みなみやち　宮城県石巻市
南赤川町　みなみあかがわちょう　青森県むつ市
南赤田　みなみあかだ　栃木県那須塩原市
南赤坂　みなみあかさか　和歌山県海南市
南赤谷　みなみあかだに　新潟県岩船郡関川村
南赤塚　みなみあかつか　栃木県下都賀郡野木町
南足柄市　みなみあしがらし　神奈川県
南車屋町　みなみくるまやちょう　京都府京都市中京区
南車柄町　みなみくるまざき　兵庫県姫路市
南辰川町　みなみたつかわちょう　広島県呉市
南珂郡　みなみかぐん　⇒消滅（宮崎県）
南里　みなみさと　福岡県糟屋郡志免町
⁸南並木　みなみなみき　千葉県香取郡多古町
南京終町　みなみきょうばてちょう　奈良県奈良市
南京極町　みなみきょうごくちょう　京都府京都市下京区
南佳屋野町　みなみかやのちょう　京都府福知山市
南和田
　みなみわだ　栃木県さくら市
　みなみわだ　千葉県香取郡多古町
南和泉　みなみいずみ　栃木県小山市
南国分寺台　みなみこくぶんじだい　千葉県市原市
南国市　なんこくし　高知県
南国栖　みなみくず　奈良県吉野郡吉野町
南垂坂町　みなみたるさかちょう　三重県四日市市
南坪井町　みなみつぼいまち　熊本県熊本市中央区
南学田　みなみがくでん　北海道夕張郡栗山町
南宝永町　みなみほうえいちょう　高知県高知市
南宝来町　みなみほうらいちょう　愛媛県今治市
南居町　なごちょう　福井県福井市
南岡町
　みなみおかまち　静岡県静岡市清水区
　みなみおかまち　京都府福知山市
南岩国　みなみいわくに　山口県（JR山陽本線）
南岩国町　みなみいわくにまち　山口県岩国市
南岩崎　みなみいわさき　千葉県市原市
南幸　みなみさいわい　神奈川県横浜市西区
南幸町
　みなみさいわいちょう　神奈川県川崎市幸区

みなみさいわいまち　富山県高岡市
みなみさいわいまち　広島県安芸郡海田町
南延岡　みなみのべおか　宮崎県（JR日豊本線）
南房総市　みなみぼうそうし　千葉県
南押上　みなみおしあげ　新潟県糸魚川市
南明大寺町　みなみみょうだいじちょう　愛知県岡崎市
南明町　なんめいちょう　愛知県名古屋市千種区
南明神町　みなみみょうじんまち　広島県安芸郡海田町
南杵築　みなみきつき　大分県杵築市
南松山町　みなみまつやまちょう　愛知県豊橋市
南松本
　みなみまつもと　長野県（JR篠ノ井線）
　みなみまつもと　長野県松本市
南松本町　みなみまつもとちょう　三重県四日市市
南松永町　みなみまつながちょう　広島県福山市
南松原　みなみまつばら　山形県山形市
南松原町
　みなみまつばらちょう　大阪府高槻市
　みなみまつばらちょう　鹿児島県垂水市
南松浦郡　みなみまつうらぐん　長崎県
南松浜　みなみまつはま　山口県山陽小野田市
南松崎町　みなみまつざきちょう　山口県防府市
南松野　みなみまつの　静岡県富士市
南東町　みなみあずまちょう　愛知県瀬戸市
南板橋　みなみいたばし　神奈川県小田原市
南林寺町　なんりんじちょう　鹿児島県鹿児島市
南林崎町　みなみはやさきちょう　三重県鈴鹿市
南林間
　みなみりんかん　神奈川県（小田急電鉄江ノ島線）
　みなみりんかん　神奈川県大和市
南武庫之荘　みなみむこのそう　兵庫県尼崎市
南河ノ瀬町　みなみごうのせちょう　高知県高知市
南河内　みなみごうち　山口県（錦川鉄道錦川清流線）
南河内郡　みなみかわちぐん　大阪府
南河田町　みなみごうたちょう　愛知県愛西市
南河原　みなみかわら　埼玉県行田市
南河堀町　みなみかわほりちょう　大阪府大阪市天王寺区
南河路　みなみこうじ　三重県津市
南沼上　みなみぬまがみ　静岡県静岡市葵区
南波　なんば　岐阜県安八郡輪之内町
南波平　みなみなみひら　沖縄県糸満市
南波多町大川原　みなみはたちょうおおかわばる　佐賀県伊万里市
南波多町大曲　みなみはたちょうおおまがり　佐賀県伊万里市
南波多町小麦原　みなみはたちょうこむぎはる　佐賀県伊万里市
南波多町井手野　みなみはたちょういでの　佐賀県伊万里市
南波多町水留　みなみはたちょうつづみ　佐賀県伊万里市
南波多町古川　みなみはたちょうふるこ　佐賀県伊万里市
南波多町古里　みなみはたちょうふるさと　佐賀県伊万里市
南波多町谷口　みなみはたちょうたにぐち　佐賀県伊万里市

9画（南）

南波多町府招　みなみはたちょうふまねき　佐賀県伊万里市

南波多町重橋　みなみはたちょうじゅうばし　佐賀県伊万里市

南波多町原屋敷　みなみはたちょうはらやしき　佐賀県伊万里市

南波多町高瀬　みなみはたちょうたかぜ　佐賀県伊万里市

南波多町笠椎　みなみはたちょうかさじ　佐賀県伊万里市

南波佐間　なばさま　千葉県四街道市

南牧　なんもく　群馬県渋川市

南牧村
なんもくむら　群馬県甘楽郡
みなみまきむら　長野県南佐久郡

南的ケ浜町　みなみまとがはまちょう　大分県別府市

南直方御殿口　みなみのおがたごてんぐち　福岡県（平成筑豊鉄道伊田線）

南知多町　みなみちたちょう　愛知県知多郡

南股　みなみのまた　岩手県下閉伊郡普代村

南若山　みなみわかやま　山口県山陽小野田市

南若松　みなみわかまつ　福島県（会津鉄道線）

南若松町　みなみわかまつちょう　三重県鈴鹿市

南若森　みなみわかもり　岐阜県大垣市

南若森町　みなみわかもりちょう　岐阜県大垣市

南若園町　みなみわかぞのまち　福岡県北九州市小倉南区

南金丸　みなみかねまる　栃木県大田原市

南金田
みなみかねでん　大阪府吹田市
みなみかなた　高知県高知市

南金目　みなみかなめ　神奈川県平塚市

南金沢町　みなみかなざわまち　青森県西津軽郡鰺ケ沢町

南金屋
みなみかなや　富山県富山市
みなみかなや　和歌山県有田郡広川町

南長井　みなみながい　山形県（山形鉄道フラワー長井線）

南長太町　みなみなごちょう　三重県鈴鹿市

南長池　みなみながいけ　長野県長野市

南長尾町　みなみながおちょう　大阪府堺市北区

南長谷　みなみはせ　宮城県岩沼市

南長柄町　みなみながえまち　福岡県柳川市

南長崎　みなみながさき　東京都豊島区

南長野　みなみながの　長野県長野市

南長潟　みなみながた　新潟県新潟市中央区

南門前町
みなみもんぜんちょう　愛知県津島市
みなみもんぜんちょう　京都府京都市上京区
みなみもんぜんちょう　京都府京都市左京区
みなみもんぜんちょう　京都府京都市下京区

南門原　なもんばら　広島県山県郡北広島町

南阿田町　みなみあだちょう　奈良県五條市

南阿佐ケ谷　みなみあさがや　東京都（東京地下鉄丸ノ内線）

南阿賀野　みなみあがの　埼玉県深谷市

南阿蘇水の生まれる里白水高原　みなみあそみずのうまれるさとはくすいこうげん　熊本県（南阿蘇鉄道線）

南阿蘇白川水源　みなみあそしらかわすいげん　熊本県（南阿蘇鉄道線）

南阿蘇村　みなみあそむら　熊本県阿蘇郡

南青山
みなみあおやま　千葉県我孫子市
みなみあおやま　東京都港区

南青山町　みなみあおやまちょう　岩手県盛岡市

南青野町　みなみあおのちょう　兵庫県小野市

南青葉台　みなみあおばだい　大阪府河内長野市

南信濃八重河内　みなみしなのやえごうち　長野県飯田市

南信濃木沢　みなみしなのきざわ　長野県飯田市

南信濃和田　みなみしなのわだ　長野県飯田市

南信濃南和田　みなみしなのみなみわだ　長野県飯田市

南保　なんぼ　富山県下新川郡朝日町

南保町　なんぼまち　富山県下新川郡朝日町

南俣　みなみまた　宮崎県東諸県郡綾町

南前川
みなみまえかわ　埼玉県川口市
みなみまえがわ　福井県三方上中郡若狭町

南前川町　みなみまえがわちょう　徳島県徳島市

南品川　みなみしながわ　東京都品川区

南城　なんじょう　岩手県花巻市

南城内
みなみじょうない　兵庫県尼崎市
みなみじょうない　佐賀県唐津市

南城戸町　みなみじょうどちょう　奈良県奈良市

南城市　なんじょうし　沖縄県

南城西　みなみじょうせい　青森県弘前市

南城町　みなみしろまち　新潟県上越市

南彦根　みなみひこね　滋賀県（JR東海道本線）

南後谷
みなみうしろや　埼玉県八潮市
みなみうしろだに　滋賀県犬上郡多賀町

南後箇　みなみごか　群馬県富岡市

南持田町　みなみもちだまち　愛媛県松山市

南春日丘　みなみかすがおか　大阪府茨木市

南春日町
みなみかすがちょう　岐阜県関市
みなみかすがまち　大分県大分市

南春日野　みなみかすがの　福井県大野市

南昭和町
みなみしょうわちょう　兵庫県西宮市
みなみしょうわまち　鳥取県倉吉市
みなみしょうわまち　広島県安芸郡海田町
みなみしょうわちょう　徳島県徳島市

南星台　なんせいだい　大阪府交野市

南栄
みなみさかえ　愛知県（豊橋鉄道渥美線）
みなみさかえ　広島県大竹市
なんえい　鹿児島県鹿児島市

南栄町
みなみさかえちょう　北海道山越郡長万部町
なんえいちょう　北海道瀬棚郡今金町
なんえいちょう　山形県山形市
みなみさかえちょう　埼玉県春日部市
みなみさかえちょう　愛知県豊橋市
みなみさかえちょう　愛知県尾張旭市
みなみさかえまち　京都府福知山市
なんえいちょう　鳥取県鳥取市

9画（南）

南栄町旭ケ丘　みなみさかえちょうあさひがおか　愛知
県尾張旭市
南栄町黒石　みなみさかえちょうくろいし　愛知県尾張
旭市
南柿ケ瀬　みなみかきがせ　岐阜県岐阜市
南柴田町　みなみしばたまち　愛知県東海市
南染師町　みなみそめしまち　宮城県仙台市若林区
南柏
　みなみかしわ　千葉県（JR常磐線）
　みなみかしわ　千葉県柏市
　みなみがや　愛媛県八幡浜市
南柏中央　みなみかしわちゅうおう　千葉県柏市
南柏野町　みなみかしわのまち　長崎県島原市
南柳町　みなみやなぎちょう　青森県弘前市
南段原町　みなみだんばらまち　熊本県宇土市
南毘沙門町　みなみびしゃもんちょう　新潟県新潟市
中央区
南海　なんがい　岡山県美作市
南海神　みなみかいじん　千葉県船橋市
南海道下　みなみかいどうした　宮城県柴田郡大河
原町
南泉
　みないずみ　高知県土佐郡土佐町
　みないずみ　福岡県行橋市
南泉ケ丘　みなみいずみがおか　大阪府泉佐野市
南泉田町　みなみいずみだまち　熊本県人吉市
南浅川町　みなみあさかわまち　東京都八王子市
南浅井町　みなみあさいまち　石川県小松市
南浅田　みなみあさだ　静岡県浜松市中区
南浅間　みなみあさま　長野県松本市
南浅間町　みなみせんげんちょう　神奈川県横浜市
西区
南津の辺町　みなみつのべちょう　大阪府大東市
南津田町　みなみつだちょう　滋賀県近江八幡市
南津守　みなみつもり　大阪府大阪市西成区
南津島　みなみつしま　福島県双葉郡浪江町
南津留　みなみづる　大分県大分市
南津軽郡　みなみつがるぐん　青森県
南甚兵衛丁　みなみじんごべえちょう　和歌山県和
歌山市
南畑
　みなみはた　岩手県岩手郡雫石町
　みなみばた　愛知県新城市
　みなみはた　奈良県生駒郡三郷町
　みなみはた　和歌山県和歌山市
　みなみはた　和歌山県海草郡紀美野町
　みなみはた　岡山県久米郡久米南町
　みなみはた　大分県速見郡日出町
南畑新田　なんばたしんでん　埼玉県富士見市
南畑敷町　みなみはたじきまち　広島県三次市
南県町　みなみあがたまち　長野県長野市
南相木村　みなみあいきむら　長野県南佐久郡
南相生丁　みなみあいおいちょう　和歌山県和歌山市
南相馬市　みなみそうまし　福島県
南砂　みなみすな　東京都江東区
南砂町　みなみすなまち　東京都（東京地下鉄東西線）
南神戸町　みなみかんべちょう　愛知県田原市
南神明町　みなみしんめいちょう　秋田県大館市
南神城　みなみかみしろ　長野県（JR大糸線）
南神崎　みなみかんざき　千葉県匝瑳市

南神敷台　みなみかみしきだい　茨城県ひたちなか市
南秋田郡　みなみあきたぐん　秋田県
南紀の台　なんきのだい　和歌山県西牟婁郡上富田町
南紀寺町　みなみきでらちょう　奈良県奈良市
南美唄町下　みなみびばいちょうしも　北海道美唄市
南美唄町上　みなみびばいちょうかみ　北海道美唄市
南美唄町大通り　みなみびばいちょうおおどおり　北海
道美唄市
南美唄町山の手　みなみびばいちょうやまのて　北海
道美唄市
南美唄町中央通り　みなみびばいちょうちゅうおうどお
り　北海道美唄市
南美唄町北町　みなみびばいちょうきたまち　北海道美
唄市
南美唄町仲町　みなみびばいちょうなかまち　北海道美
唄市
南美唄町旭町　みなみびばいちょうあさひまち　北海道
美唄市
南美唄町西町　みなみびばいちょうにしまち　北海道美
唄市
南美唄町南町　みなみびばいちょうみなみまち　北海道
美唄市
南美唄町栄町北　みなみびばいちょうさかえまちきた
北海道美唄市
南美唄町栄町南　みなみびばいちょうさかえまちみなみ
北海道美唄市
南美唄町桜井町　みなみびばいちょうさくらいちょう
北海道美唄市
南美唄町新富町　みなみびばいちょうしんとみちょう
北海道美唄市
南美深　みなみびふか　北海道（JR宗谷本線）
南美園町　みなみみそのちょう　群馬県館林市
南茨木　みなみいばらき　大阪府（阪急電鉄京都本線
ほか）
南荒子　みなみあらこ　愛知県（名古屋臨海高速鉄道
西名古屋港線）
南荒尾　みなみあらお　熊本県（JR鹿児島本線）
南草津
　みなみくさつ　滋賀県（JR東海道本線）
　みなみくさつ　滋賀県草津市
南荘町　なんそうちょう　大阪府東大阪市
南荘園町　みなみそうえんちょう　大分県別府市
南虹が丘町　みなみにじがおかちょう　三重県松阪市
南逆井　みなみさかさい　千葉県柏市
南逆瀬川町　みなみさかせがわちょう　兵庫県神戸市
兵庫区
南面利町　なめりちょう　大阪府和泉市
南面里　なめり　福岡県筑紫郡那珂川町
南音羽　みなみおとわ　奈良県桜井市
南風台　みなかぜだい　福岡県糸島市
南風呂町　みなみふろちょう　奈良県奈良市
南風見　はいみ　沖縄県八重山郡竹富町
南風見仲　はいみなか　沖縄県八重山郡竹富町
南風原町　はえばるちょう　沖縄県島尻郡
南風崎　はえのさき　長崎県（JR大村線）
南風崎町　はえのさきちょう　長崎県佐世保市
南飛渡　みなみとんど　愛知県常滑市
南借当　みなみかりあて　千葉県香取郡多古町
南倉沢　なぐらさわ　福島県南会津郡下郷町
南俵町　みなみたわらちょう　京都府京都市上京区

830

9画（南）

南兼康町 みなみかねやすちょう 京都府京都市上京区

南原
みなみはら 福島県喜多方市
みなみはら 茨城県下妻市
みなみはら 茨城県つくば市
みなみはら 神奈川県平塚市
みなみはら 富山県南砺市
みなみはら 長野県松本市
みなみはら 長野県諏訪郡原村
みなみはら 静岡県島田市
みなみばら 福島県京都郡苅田町
なんばる 佐賀県西松浦郡有田町
みなみばる 鹿児島県大島郡徳之島町

南原山 みなみはらやま 愛知県長久手市

南原山町石原 みなみはらやまちょういしはら 愛知県尾張旭市

南原山町赤土 みなみはらやまちょうあかつち 愛知県尾張旭市

南原山町南原山 みなみはらやまちょうみなみはらやま 愛知県尾張旭市

南原石垣町 みなみはらいしがきまち 山形県米沢市

南原地新田 みなみはらちしんでん 千葉県香取市

南原町
みなみはらまち 宮城県柴田郡大河原町
みなみはらまち 山形県山形市
みなみはらまち 長野県須坂市

南原猪苗代町 みなみはらいなわしろまち 山形県米沢市

南原笹野町 みなみはらささのまち 山形県米沢市

南原新町 みなみはらしんまち 山形県米沢市

南原横堀町 みなみはらよこぼりまち 山形県米沢市

南家ノ前 みなみいえのまえ 福島県白河市

南宮
なんぐう 宮城県多賀城市
なんぐう 長野県岡谷市
なんぐう 長野県中野市

南宮地町 みなみみやじちょう 福井県福井市

南宮町
なんぐうちょう 兵庫県芦屋市
なんぐうちょう 兵庫県赤穂市

南宮原 みなみみやばる 熊本県阿蘇市

南宮崎 みなみみやざき 宮崎県（JR日南線）

南島
みなみしま 静岡県磐田市
みなみじま 熊本県山鹿市

南島田 みなみしまだ 茨城県東茨城郡茨城町

南島田町 みなみしまだちょう 徳島県徳島市

南島町
みなみじまちょう 愛知県豊橋市
みなみじまちょう 大阪府堺市堺区

南島松 みなみしままつ 北海道恵庭市

南島原 みなみしまばら 長崎県（島原鉄道線）

南島原市 みなみしまばらし 長崎県

南峯 みなみみね 埼玉県入間市

南恩加島 みなみおかじま 大阪府大阪市大正区

南恵我之荘 みなみえがのしょう 大阪府羽曳野市

南扇山 みなみおうぎやま 北海道富良野市

南扇町 みなみおうぎまち 大阪府大阪市北区

南旅篭町西 みなみはたごちょうにし 大阪府堺市堺区

南旅篭町東 みなみはたごちょうひがし 大阪府堺市堺区

南栗山 みなみくりやま 富山県富山市

南栗原 みなみくりはら 神奈川県座間市

南栗崎 みなみくりざき 茨城県東茨城郡茨城町

南栗橋
みなみくりはし 埼玉県（東武鉄道日光線）
みなみくりはし 埼玉県久喜市

南桑 なぐわ 山口県（錦川鉄道錦川清流線）

南根本 みなみねもと 茨城県かすみがうら市

南桜 みなみさくら 滋賀県野洲市

南桜井
みなみさくらい 埼玉県（東武鉄道野田線）
みなみさくらい 愛知県（名古屋鉄道西尾線）

南桜町
なんおうまち 北海道上川郡剣淵町
みなみさくらちょう 宮城県柴田郡人河原町
みなみさくらまち 愛知県刈谷市

南桜塚 みなみさくらづか 大阪府豊中市

南桃原 みなみとうばる 沖縄県沖縄市

南梅本町 みなみうめもとまち 愛媛県松山市

南梅屋町 みなみうめやちょう 京都府京都市東山区

南浦 みなみうら 三重県尾鷲市

南浦山町 みなみうらやまちょう 山口県周南市

南浦町 みなみうらちょう 奈良県橿原市

南浦和
みなみうらわ 埼玉県（JR京浜東北線）
みなみうらわ 埼玉県さいたま市南区

南浦畑 みなみうらはた 宮城県刈田郡七ケ宿町

南浦賀 みなみうらが 神奈川県横須賀市

南酒々井 みなみしすい 千葉県（JR総武本線）

南酒出
みなみさかいで 茨城県（JR水郡線）
みなみさかいで 茨城県那珂市

南浜
みなみはま 茨城県神栖市
みなみはま 山口県柳井市
みなみはま 沖縄県中頭郡中城村

南浜田町 みなみはまだちょう 三重県四日市市

南浜町
みなみはまちょう 北海道釧路市
みなみはまちょう 北海道檜山郡江差町
みなみはまちょう 北海道枝幸郡枝幸町
みなみはまちょう 宮城県石巻市
みなみはままち 愛知県知多市
みなみはまちょう 滋賀県長浜市
みなみはまちょう 京都府京都市伏見区
みなみはまちょう 京都府舞鶴市
みなみはまちょう 兵庫県芦屋市
みなみはまちょう 山口県宇部市

南浜武 みなみはまたけ 福岡県柳川市

南浜通 みなみはまどおり 新潟県新潟市中央区

南浮田町 みなみうきたまち 青森県西津軽郡鰺ケ沢町

南流山
みなみながれやま 千葉県（JR武蔵野線ほか）
みなみながれやま 千葉県流山市

南烏山 みなみからすやま 東京都世田谷区

南畝 みなみせ 岡山県倉敷市

南畝町 のうねんちょう 兵庫県姫路市

9画（南）

南畠中町 みなみはたなかちょう 北海道増毛郡増毛町

南真土郷 みなみまつちごう 山口県山陽小野田市

南真舟 みなみまぶね 福島県白河市

南砺市 なんとし 富山県

南竜王町 みなみりゅうおうちょう 山口県山陽小野田市

南納屋町 みなみなやちょう 三重県四日市市

南耕地 みなみこうち 北海道樺戸郡月形村

南脇町 みなみわきちょう 愛知県名古屋市中川区

南荻島 みなみおぎしま 埼玉県越谷市

南荻窪 みなみおぎくぼ 東京都杉並区

南荷頃 みなみにごろ 新潟県小千谷市

南袖 みなみそで 千葉県袖ケ浦市

南起 みなみおこし 愛知県知多郡武豊町

南起町 みなみおこしちょう 三重県四日市市

南通 みなみどおり 北海道広尾郡大樹町

南通みその町 みなみどおりみそのまち 秋田県秋田市

南通町 みなみとおりまち 埼玉県川越市

南通宮片 みなみどおりみやた 秋田県秋田市

南通亀の町 みなみどおりかめのちょう 秋田県秋田市

南通築地 みなみどおりつきじ 秋田県秋田市

南郡山町 みなみこおりやまちょう 奈良県大和郡山市

南郡元町 みなみこおりもとちょう 鹿児島県鹿児島市

南馬込 みなみまごめ 東京都大田区

南馬場 みなみばば 和歌山県橋本市

南高下町 みなみこうげちょう 愛媛県今治市

南高久田 みなみたかくだ 福島県岩瀬郡鏡石町

南高井町 みなみたかいまち 愛媛県松山市

南高木 みなみたかき 富山県射水市

南高田
　みなみたかだ 新潟県（えちごトキめき鉄道妙高はねうまライン）
　みなみたかだ 長野県長野市

南高田町
　みなみたかだまち 新潟県上越市
　みなみたかだちょう 滋賀県長浜市

南高江 みなみたかえ 熊本県熊本市南区

南高岡
　みなみたかおか 茨城県行方市
　みなみたかおか 栃木県真岡市

南高松町 みなみたかまつちょう 宮崎県宮崎市

南高泊 みなみたかとまり 山口県山陽小野田市

南高城 みなみたかき 宮城県遠田郡美里町

南高柳 みなみたかやなぎ 千葉県柏市

南高砂 みなみたかさご 大阪府高石市

南高砂町 みなみたかさごちょう 栃木県宇都宮市

南高根 みなみたかね 愛知県犬山市

南高浜町 みなみたかはまちょう 大阪府吹田市

南高崎 みなみたかさき 群馬県（上信電鉄線）

南高野町 みなみこうやちょう 茨城県日立市

南高陽 みなみこうよう 福島県西白河郡岡垣町

南高橋町 みなみたかはしちょう 岐阜県大垣市

南高鍋 みなみたかなべ 宮崎県児湯郡高鍋町

11南亀井町 みなみかめいちょう 大阪府八尾市

南埼玉郡 みなみさいたまぐん 埼玉県

南堀
　みなみほり 福島県伊達市

みなみほり 長野県長野市

南堀川町
　みなみほりかわまち 広島県安芸郡海田町
　みなみほりかわまち 大分県中津市

南堀川端 みなみほりかわばた 福島県白河市

南堀之内 みなみほりのうち 千葉県旭市

南堀切 みなみほりきり 福島県白河市

南堀江
　みなみほりえ 三重県鈴鹿市
　みなみほりえ 大阪府大阪市西区

南堀江町 みなみほりえちょう 三重県鈴鹿市

南堀越 みなみほりこし 愛知県名古屋市西区

南堀端 みなみほりばた 愛媛県（伊予鉄道環状線ほか）

南堀端町 みなみほりばたちょう 愛媛県松山市

南宿
　みなみじゅく 岐阜県（名古屋鉄道竹鼻線）
　みなみやどり 和歌山県橋本市

南崎町 みなみさきちょう 三重県亀山市

南崩山町 みなみくえやまちょう 長崎県島原市

南常三島町 みなみじょうさんじまちょう 徳島県徳島市

南常盤 みなみときわ 北海道河西郡中札内村

南常盤台 みなみときわだい 東京都板橋区

南常盤町 みなみときわまち 長野県飯田市

南斎院町 みなみさやちょう 愛媛県松山市

南斜里 みなみしゃり 北海道（JR釧網本線）

南桶屋町 みなみおけやまち 和歌山県和歌山市

南條
　なんじょう 福島県喜多方市
　みなみじょう 長野県下伊那郡阿南町
　みなみじょう 岐阜県安八郡安八町
　なんじょう 静岡県伊豆の国市

南清水 みなみしみず 兵庫県尼崎市

南清水沢
　みなみしみず 北海道（JR石勝線）
　みなみしみずさわ 北海道夕張市

南清水町
　みなみしゅうずちょう 滋賀県東近江市
　みなみしみずちょう 京都府京都市上京区
　みなみしみずちょう 大阪府堺市堺区
　みなみしみずちょう 大阪府茨木市

南清里 みなみきよさと 静岡県藤枝市

南清和町 みなみせいわえんちょう 大阪府吹田市

南笠町 みなみがさちょう 滋賀県草津市

南笠東 みなみがさひがし 滋賀県草津市

南笹口 みなみささぐち 新潟県新潟市中央区

南笹間 みなみささま 岩手県花巻市

南粕谷 みなみかすや 愛知県知多市

南粕谷本町 みなみかすやほんまち 愛知県知多市

南粕谷東坂 みなみかすやひがしざか 愛知県知多市

南粕谷新海 みなみかすやしんかい 愛知県知多市

南細工町 みなみさいくまち 和歌山県和歌山市

南紫竹 みなみしちく 新潟県新潟市東区

南船津町 みなみふなつまち 福岡県大牟田市

南船場 みなみせんば 大阪府大阪市中央区

南船路 みなみふなじ 滋賀県大津市

南船橋
　みなみふなばし 千葉県（JR京葉線）
　みなみふなはし 大阪府枚方市

832

9画（南）

南葛西　みなみかさい　東京都江戸川区
南菅生町　みなみすごうちょう　福井県福井市
南菱野町　みなみひしのちょう　愛知県瀬戸市
南菩提寺町　みなみぼだいじちょう　滋賀県東近江市
南蛇井
　なんじゃい　群馬県（上信電鉄線）
　なんじゃい　群馬県富岡市
南蛇廻間　みなみじゃばさま　愛知県常滑市
南袋町
　みなみふくろまち　青森県弘前市
　みなみふくろちょう　奈良県奈良市
南郷
　なんごう　宮城県気仙沼市
　なんごう　東京都西多摩郡檜原村
　なんごう　静岡県賀茂郡松崎町
　なんごう　滋賀県大津市
　なんごう　奈良県御所市
　なんごう　奈良県北葛城郡広陵町
　なんごう　宮崎県（JR日南線）
南郷7丁目　なんごうななちょうめ　北海道（札幌市交通局東西線）
南郷13丁目　なんごうじゅうさんちょうめ　北海道（札幌市交通局東西線）
南郷18丁目　なんごうじゅうはっちょうめ　北海道（札幌市交通局東西線）
南郷上山町　なんごうかみやまちょう　滋賀県大津市
南郷上渡川　なんごうかみどがわ　宮崎県東臼杵郡美郷町
南郷大森　なんごうおおもり　青森県八戸市
南郷山三ケ　なんごうやまさんが　宮崎県東臼杵郡美郷町
南郷中野　なんごうなかの　青森県八戸市
南郷中渡川　なんごうなかどがわ　宮崎県東臼杵郡美郷町
南郷水清谷　なんごうみずしだに　宮崎県東臼杵郡美郷町
南郷市野沢　なんごういちのさわ　青森県八戸市
南郷町
　なんごうまち　石川県加賀市
　なんごうちょう　滋賀県長浜市
　なんごうちょう　京都府亀岡市
　なんごうちょう　大阪府大東市
　なんごうちょう　兵庫県西宮市
　なんごうちょう　⇒日南市（宮崎県）
南郷町中村乙　なんごうちょうなかむらおつ　宮崎県日南市
南郷町中村甲　なんごうちょうなかむらこう　宮崎県日南市
南郷町西町　なんごうちょうにしまち　宮崎県日南市
南郷町谷之口　なんごうちょうたにのくち　宮崎県日南市
南郷町東町　なんごうちょうひがしまち　宮崎県日南市
南郷町南町　なんごうちょうみなみまち　宮崎県日南市
南郷町津屋野　なんごうちょうつやの　宮崎県日南市
南郷町脇本　なんごうちょうわきもと　宮崎県日南市
南郷町榎原　なんごうちょうよわら　宮崎県日南市
南郷町榎原乙　なんごうちょうよわらおつ　宮崎県日南市
南郷町榎原丙　なんごうちょうよわらへい　宮崎県日南市

南郷町榎原甲　なんごうちょうよわらこう　宮崎県日南市
南郷町潟上　なんごうちょうかたがみ　宮崎県日南市
南郷町贄波　なんごうちょうにえなみ　宮崎県日南市
南郷泥障作　なんごうあおづくり　青森県八戸市
南郷屋　みなみごうや　栃木県那須塩原市
南郷泉清水　なんごういずみしみず　青森県八戸市
南郷神門　なんごうみかど　宮崎県東臼杵郡美郷町
南郷島守　なんごうしまもり　青森県八戸市
南郷通　なんごうどおり　北海道札幌市白石区
南郷鬼神野　なんごうきじの　宮崎県東臼杵郡美郷町
南郷頃巻沢　なんごうころまきさわ　青森県八戸市
南都留郡　みなみつるぐん　山梨県
南部
　なんぶ　北海道虻田郡真狩村
　なんぶ　千葉県成田市
　なんぶ　山梨県南巨摩郡南部町
　みなべ　和歌山県（JR紀勢本線）
南部夕南町　なんぶゆうなんちょう　北海道夕張市
南部大宮町　なんぶおおみやちょう　北海道夕張市
南部市場　なんぶしじょう　神奈川県（横浜シーサイドライン）
南部住の江町　なんぶすみのえちょう　北海道夕張市
南部町
　なんぶまち　青森県三戸郡
　なんぶちょう　山梨県南巨摩郡
　なんぶちょう　京都府京都市伏見区
　なんぶちょう　鳥取県西伯郡
　なべちょう　山口県下関市
　なんぶまち　大分県日田市
南部岳見町　なんぶたけみちょう　北海道夕張市
南部東町　なんぶあずまちょう　北海道夕張市
南部若美町　なんぶわかみちょう　北海道夕張市
南部青葉町　なんぶあおばちょう　北海道夕張市
南部菊水町　なんぶきくすいちょう　北海道夕張市
南部幌南町　なんぶこうなんちょう　北海道夕張市
南部新光町　なんぶしんこうちょう　北海道夕張市
南部遠幌町　なんぶえんほろちょう　北海道夕張市
南部領辻　なんぶりょうつじ　埼玉県さいたま市緑区
南野
　みなみの　山形県（JR陸羽西線）
　みなみの　山形県東田川郡庄内町
　みなみの　東京都多摩市
　みなみの　愛知県名古屋市南区
　みなみの　大阪府四條畷市
　みなみの　兵庫県伊丹市
　みなみの　香川県東かがわ市
南野々目　みなみののめ　滋賀県愛知郡愛荘町
南野口町　みなみのぐちちょう　大阪府門真市
南野山　みなみのやま　高知県土佐郡大川村
南野中　みなみのなか　兵庫県赤穂市
南野北　みなみのきた　兵庫県伊丹市
南野田
　みなみのだ　富山県富山市
　みなみのだ　大阪府堺市東区
　みなみのだ　愛媛県東温市
南野坂　みなみのさか　兵庫県川西市
南野町　みなみのちょう　三重県亀山市
南野牧　みなみのまき　群馬県甘楽郡下仁田町
南野津又町　みなみのつまたちょう　福井県福井市

833

9画（南）

南野添　みなみのぞえ　兵庫県加古郡播磨町
南野新田　みなみのしんでん　山形県東田川郡庄内町
南陵
　なんりょう　静岡県富士宮市
　なんりょう　愛知県名古屋市緑区
南陵町
　なんりょうちょう　京都府宇治市
　なんりょうちょう　大阪府堺市堺区
南雪谷　みなみゆきがや　東京都大田区
南魚町　みなみうおまち　三重県桑名市
南魚沼市　みなみうおぬまし　新潟県
南魚沼郡　みなみうおぬまぐん　新潟県
南魚屋町　みなみうおやちょう　奈良県奈良市
南魚崎　みなみうおざき　兵庫県（神戸新交通六甲アイランド線）
南鳥生町　みなみとりうちょう　愛媛県今治市
南鳥海　みなみちょうかい　山形県（JR羽越本線）
南鳥旗町　みなみとりはたまち　福岡県北九州市戸畑区
南鹿児島　みなみかごしま　鹿児島県（JR指宿枕崎線）
南鹿児島駅前　みなみかごしまえきまえ　鹿児島県（鹿児島市交通局1系統）
南鹿島　みなみかしまちょう　三重県亀山市
南麻布　みなみあざぶ　東京都港区
南麻町　みなみあさまち　北海道富良野市
南麻績町　みなみおうみちょう　愛知県稲沢市
南黄金町　みなみこがねちょう　北海道伊達市
南黒川　みなみくろかわ　神奈川県川崎市麻生区
南黒田　みなみくろだ　愛媛県伊予郡松前町
12南塚口町　みなみつかぐちちょう　兵庫県尼崎市
南塚町　みなみづかまち　石川県金沢市
南奥田町　みなみおくだちょう　愛知県西尾市
南寒河江　みなみさがえ　山形県（JR左沢線）
南富士見町　みなみふじみちょう　佐賀県唐津市
南富山　みなみとやま　富山県（富山地方鉄道不二越・上滝線）
南富山駅前　みなみとやまえきまえ　富山県（富山地方鉄道市内線）
南富田町
　みなみとみたまち　青森県弘前市
　みなみとみだちょう　三重県四日市市
南富良野町　みなみふらのちょう　北海道空知郡
南巽　みなみたつみ　大阪府（大阪市交通局千日前線）
南巽が丘　みなみたつみがおか　愛知県知多市
南御所町　みなみごしょまち　石川県金沢市
南御座　みなみござ　高知県高知市
南御殿場　みなみごてんば　静岡県（JR御殿場線）
南暑寒町　みなみしょかんちょう　北海道増毛郡増毛町
南曾根　みなみそね　大阪府泉大津市
南植松町　みなみうえまつちょう　大阪府八尾市
南森本町　みなみもりもとまち　石川県金沢市
南森町
　みなみもりまち　大阪府（大阪市交通局堺筋線）
　みなみもりまち　大阪府大阪市北区
南棟梁町　みなみとうりょうちょう　京都府京都市東山区

南湖
　なんこ　福島県白河市
　なんご　神奈川県茅ケ崎市
南港口　なんこうぐち　大阪府（大阪市交通局南港ポートタウン線）
南港中　なんこうなか　大阪府大阪市住之江区
南港北　なんこうきた　大阪府大阪市住之江区
南港東
　なんこうひがし　大阪府（大阪市交通局南港ポートタウン線）
　なんこうひがし　大阪府大阪市住之江区
南港南　なんこうみなみ　大阪府大阪市住之江区
南滋賀　みなみしが　滋賀県（京阪電気鉄道石山坂本線）
南滋賀町　みなみしがちょう　滋賀県大津市
南渡田町　みなみわたりだちょう　神奈川県川崎市川崎区
南登リ町　みなみのぼりまち　福島県白河市
南登美ケ丘　みなみとみがおか　奈良県奈良市
南稀府町　みなみまれふちょう　北海道伊達市
南落合　みなみおちあい　兵庫県神戸市須磨区
南街　なんがい　東京都東大和市
南貴崎町　みなみきさきちょう　兵庫県明石市
南貴望ケ丘　みなみきぼうがおか　大阪府河内長野市
南貸上　みなみかしあげ　岐阜県関市
南越木岩町　みなみこしきいわちょう　兵庫県西宮市
南越町　なんごしまち　長崎県長崎市
南越谷
　みなみこしがや　埼玉県（JR武蔵野線）
　みなみこしがや　埼玉県越谷市
南越前町　みなみえちぜんちょう　福井県南条郡
南軽井沢　みなみかるいざわ　神奈川県横浜市西区
南道　みなみどう　和歌山県日高郡みなべ町
南道穂　みなみみつぼ　奈良県葛城市
南開　みなみびらき　大阪府大阪市西成区
南間中橋　みなみまなかばし　茨城県古河市
南隈　みなみがくま　鳥取県鳥取市
南陽
　なんよう　新潟県長岡市
　なんよう　愛知県知立市
南陽台
　なんようだい　北海道釧路郡釧路町
　なんようだい　東京都八王子市
南陽市　なんようし　山形県
南陽市役所　なんようしやくしょ　山形県（山形鉄道フラワー長井線）
南陽町
　なんようまち　石川県小松市
　なんようちょう　三重県尾鷲市
　なんようちょう　奈良県大和高田市
南陽町七島新田　なんようちょうななしましんでん　愛知県名古屋市港区
南陽町西福田　なんようちょうにしふくた　愛知県名古屋市港区
南陽町茶屋後新田　なんようちょうちゃやのちしんでん　愛知県名古屋市港区
南陽町茶屋新田　なんようちょうちゃやしんでん　愛知県名古屋市港区
南陽町福田　なんようちょうふくた　愛知県名古屋市港区

9画（南）

南陽町福田前新田　なんようちょうふくだまえしんでん
愛知県名古屋市港区
南陽通　なんようどおり　愛知県名古屋市南区
南陽崎　なんようざき　秋田県能代市
南雄武　みなみおうむ　北海道紋別郡雄武町
南雲　なぐも　新潟県十日町市
南須田町　みなみすだちょう　滋賀県東近江市
南須釜　みなみすがま　福島県石川郡玉川村
南須賀　みなみすか　大分県別府市
南飯田
　　みなみいいだ　茨城県桜川市
　　みなみいいだ　栃木県小山市
南飯渕　みなみいいぶち　福島県相馬市
南飯塚　みなみいいづか　千葉県大網白里市
13南勢　なんせい　北海道中川郡幕別町
南勢田　みなみせいだ　和歌山県紀の川市
南園部　みなみそのべ　埼玉県比企郡川島町
南塘町　なんとうちょう　青森県弘前市
南寝小屋町　みなみねこやちょう　京都府京都市伏
見区
南幌似　みなみほろに　北海道岩内郡共和町
南幌町
　　みなみほろちょう　北海道留萌市
　　なんぽろちょう　北海道空知郡
南幌延　みなみほろのべ　北海道（JR宗谷本線）
南摂津　みなみせっつ　大阪府（大阪高速鉄道大阪モ
ノレール線）
南新万　みなみしんまん　和歌山県田辺市
南新井　みなみあらい　岐阜県不破郡垂井町
南新木　みなみあらき　千葉県我孫子市
南新田
　　みなみしんでん　北海道樺戸郡月形町
　　みなみしんでん　岩手県花巻市
　　みなみしんでん　大阪府大東市
南新田町
　　みなみしんでんちょう　新潟県十日町市
　　みなみしんたちょう　高知県高知市
南新在家
　　みなみしんざい　福井県大野市
　　みなみしんざいけ　兵庫県姫路市
南新在家町　みなみしんざいけちょう　京都府京都市
上京区
南新地
　　みなみしんち　愛知県知立市
　　みなみしんち　京都府京都市伏見区
　　みなみしんち　大分県中津市
南新庄　みなみしんじょう　山形県（JR陸羽東線）
南新町
　　みなみしんまち　岩手県一関市
　　みなみしんまち　山形県酒田市
　　みなみしんちょう　東京都八王子市
　　みなみしんまち　新潟県上越市
　　みなみしんまち　富山県富山市
　　みなみしんまち　愛知県岩倉市
　　みなみしんまち　三重県津市
　　みなみしんまち　大阪府大阪市中央区
　　みなみしんまち　大阪府松原市
　　みなみしんまち　兵庫県篠山市
　　みなみしんまち　奈良県奈良市
　　みなみしんまち　奈良県奈良市
　　みなみしんまち　奈良県葛城市

　　みなみしんまち　和歌山県田辺市
　　みなみしんまち　徳島県徳島市
　　みなみしんまち　香川県高松市
　　みなみしんまち　熊本県天草市
　　みなみしんまち　鹿児島県鹿児島市
南新町中畑　みなみしんちょうなかはた　愛知県尾張
旭市
南新町白山　みなみしんちょうはくさん　愛知県尾張
旭市
南新波町　みなみあらなみまち　群馬県高崎市
南新保
　　みなみしんぼ　新潟県三条市
　　みなみしんぼ　新潟県村上市
　　みなみしんぼ　新潟県上越市
　　みなみしんぼ　新潟県佐渡市
南新保町
　　みなみしんぼまち　新潟県長岡市
　　みなみしんぼまち　石川県金沢市
南新屋　みなみあらや　静岡県藤枝市
南新屋敷　みなみしんやしき　山形県酒田市
南新座　みなみしんざ　岡山県津山市
南新宿
　　みなみしんしゅく　埼玉県蓮田市
　　みなみしんじゅく　東京都（小田急電鉄小田原線）
南新開町　みなみしんがいちょう　愛知県津島市
南楯　みなみたて　新潟県新発田市
南椿尾町　みなみつばおちょう　奈良県奈良市
南楢原町　みなみならはらちょう　福井県福井市
南楠の里町　みなみくすのさとちょう　大阪府大東市
南楠葉　みなみくずは　大阪府枚方市
南殿町　みなみとのまち　岐阜県岐阜市
南溝手　みなみみぞて　岡山県総社市
南滝の川　みなみたきのかわ　北海道滝川市
南禅寺下河原町　なんぜんじしもかわらちょう　京都
府京都市左京区
南禅寺北ノ坊町　なんぜんじきたのぼうちょう　京都
府京都市左京区
南禅寺草川町　なんぜんじくさがわちょう　京都府京
都市左京区
南禅寺福地町　なんぜんじふくちちょう　京都府京都
市左京区
南福田　みなみふくだ　秋田県由利本荘市
南福寺　なんぷくじ　熊本県水俣市
南福岡　みなみふくおか　福岡県（JR鹿児島本線）
南福島　みなみふくしま　福島県（JR東北線）
南福崎　みなみふくさき　三重県三重郡川越町
南稚内　みなみわっかない　北海道（JR宗谷本線）
南蒲田　みなみかまた　東京都大田区
南蒲原郡　みなみかんばらぐん　新潟県
南蓮沼　みなみはすぬま　埼玉県三郷市
南豊田　みなみとよだ　神奈川県平塚市
南豊科　みなみとよしな　長野県（JR大糸線）
南鈴原　みなみすずはら　兵庫県伊丹市
南鈴蘭北　みなみすずらんきた　北海道河東郡音更町
南鈴蘭南　みなみすずらんみなみ　北海道河東郡音
更町
南鳩ケ谷
　　みなみはとがや　埼玉県（埼玉高速鉄道線）
　　みなみはとがや　埼玉県川口市
14南境　みなみざかい　宮城県石巻市

835

9画（卑, 卸）

南増尾　みなみますお　千葉県柏市
南榎町　みなみえのきちょう　東京都新宿区
南熊本
　　みなみくまもと　熊本県（JR豊肥本線）
　　みなみくまもと　熊本県熊本市中央区
南稲八妻　みなみいなやづま　京都府相楽郡精華町
南稲堀　みなみいなぼり　大分県中津市
南種子町　みなみたねちょう　鹿児島県熊毛郡
南箕輪村　みなみみのわむら　長野県上伊那郡
南総持寺町　みなみそうじじちょう　大阪府高槻市
南関町　なんかんまち　熊本県玉名郡
南雑賀町　みなみさいかまち　和歌山県和歌山市
南駅前町　みなみえきまえちょう　兵庫県姫路市
15南敷　なじき　千葉県成田市
南敷田　みなみしきだ　大分県宇佐市
南横川　みなみよこかわ　千葉県大網白里市
南横市町　みなみよこいちちょう　宮崎県都城市
南横町
　　みなみよこちょう　青森県弘前市
　　みなみよこまち　長野県須坂市
南横根　みなみよこね　石川県河北郡津幡町
南横堀町　みなみよこぼりちょう　新潟県新潟市中央区
南箱根ダイヤランド　みなみこねだいやらんど　静岡県田方郡函南町
南舞岡　みなみまいおか　神奈川県横浜市戸塚区
南蔵王町　みなみざおうちょう　広島県福山市
南蔵本町　みなみくらもとちょう　徳島県徳島市
南蝉　みなみせみ　岐阜県岐阜市
南諏訪町　みなみすわちょう　岩手県花巻市
南輝　なんき　岡山県岡山市南区
南頬町　みなみのかわちょう　岐阜県大垣市
南駒栄町　みなみこまえちょう　兵庫県神戸市長田区
16南橋町　なんきづまち　群馬県前橋市
南橋本
　　みなみはしもと　神奈川県（JR相模線）
　　みなみはしもと　神奈川県相模原市中央区
南橋詰町　みなみはしづめちょう　京都府京都市下京区
南濃町上野河戸　なんのうちょううえのこうず　岐阜県海津市
南濃町山崎　なんのうちょうやまざき　岐阜県海津市
南濃町太田　なんのうちょうおおた　岐阜県海津市
南濃町戸田　なんのうちょうとだ　岐阜県海津市
南濃町田鶴　なんのうちょうたづる　岐阜県海津市
南濃町吉田　なんのうちょうよしだ　岐阜県海津市
南濃町安江　なんのうちょうやすえ　岐阜県海津市
南濃町早瀬　なんのうちょうはやせ　岐阜県海津市
南濃町羽沢　なんのうちょうはざわ　岐阜県海津市
南濃町志津　なんのうちょうしづ　岐阜県海津市
南濃町志津新田　なんのうちょうしづしんでん　岐阜県海津市
南濃町松山　なんのうちょうまつやま　岐阜県海津市
南濃町津屋　なんのうちょうつや　岐阜県海津市
南濃町庭田　なんのうちょうにわだ　岐阜県海津市
南濃町奥条　なんのうちょうおくじょう　岐阜県海津市
南濃町境　なんのうちょうさかい　岐阜県海津市
南濃町徳田　なんのうちょうとくだ　岐阜県海津市
南濃町駒野　なんのうちょうこまの　岐阜県海津市
南濃町駒野新田　なんのうちょうこまのしんでん　岐阜県海津市
南興屋　みなみこうや　山形県東田川郡庄内町
南舘向　みなみだてむかい　青森県上北郡七戸町
南薫西町　なんくんにしまち　福岡県久留米市
南薫町　なんくんまち　福岡県久留米市
南錦町　みなみにしきちょう　宮城県塩竈市
南館　みなみだて　山形県山形市
南館西　みなみだてにし　山形県山形市
南館町　みなみたてまち　北海道檜山郡厚沢部町
南鴨　みなみがも　香川県仲多度郡多度津町
南鴨宮　みなみかものみや　神奈川県小田原市
17南檜杖　みなみひづえ　和歌山県新宮市
南篠崎　みなみしのざき　埼玉県加須市
南篠崎町　みなみしのざきまち　東京都江戸川区
南鍛冶町
　　みなみかじまち　宮城県仙台市若林区
　　みなみかじまち　奈良県大和郡山市
南駿河台　みなみするがだい　静岡県藤枝市
南鴻池町　みなみこうのいけちょう　大阪府東大阪市
18南藤井　みなみふじい　奈良県葛城市
南藤沢　みなみふじさわ　神奈川県藤沢市
南藤原　みなみふじわら　三重県多気郡明和町
南藤橋町　みなみふじはしまち　石川県七尾市
南観音　みなみかんおん　広島県広島市西区
南観音町　みなみかんおんまち　広島県広島市西区
南鎌ケ谷　みなみかまがや　千葉県鎌ケ谷市
南類家　みなみるいけ　青森県八戸市
南鵜崎　みなみうざき　兵庫県淡路市
19南瀬名町　みなみせなちょう　静岡県静岡市葵区
南瀬谷　みなみせや　神奈川県横浜市瀬谷区
南瀬せたか　みなみせたか　福岡県（JR鹿児島本線）
南蟹屋　みなみかにや　広島県広島市南区
南蟹屋町　みなみかにやちょう　京都府京都市上京区
南願成寺町　みなみがんじょうじちょう　熊本県人吉市
南鶉　みなみうずら　岐阜県岐阜市
南麓郷　みなみろくごう　北海道富良野市
20南鐙坂　みなみあぶざか　新潟県十日町市
21南霊霊　みなみほうりょう　岩手県一関市
南鶴田新田　みなみつるだしんでん　大分県宇佐市
南鶴崎　みなみつるさき　大分県大分市
24南鷹尾町　みなみたかおちょう　宮崎県都城市
南鷹見町　みなみたかみまち　福岡県北九州市八幡西区

【卑】
3卑下入　ひがいり　宮城県亘理郡亘理町

【卸】
0卸センター　おろしせんたー　青森県八戸市
5卸本町
　　おろしほんちょう　神奈川県横浜市瀬谷区
　　おろしほんまち　静岡県浜松市南区
　　おろしほんまち　佐賀県佐賀市
　　おろしほんまち　長崎県佐世保市
　　おろしほんまち　宮崎県延岡市
　　おろしほんまち　鹿児島県鹿児島市
6卸団地　おろしだんち　静岡県駿東郡清水町

9画（厚）

⁷卸町
おろしまち　北海道北見市
おろしまち　青森県青森市
おろしまち　岩手県花巻市
おろしまち　宮城県（仙台市交通局東西線）
おろしまち　宮城県仙台市若林区
おろしまち　秋田県秋田市
おろしまち　秋田県能代市
おろしまち　秋田県横手市
おろしまち　山形県酒田市
おろしまち　福島県（阿武隈急行線）
おろしまち　福島県須賀川市
おろしまち　茨城県土浦市
おろしちょう　埼玉県さいたま市見沼区
おろしまち　広島県福山市

卸町東　おろしまちひがし　宮城県仙台市若林区

¹³卸新町
おろししんまち　新潟県新潟市東区
おろししんまち　山口県下関市

【厚】

厚　あつ　京都府福知山市
³厚川　あつがわ　埼玉県坂戸市
⁴厚中町　あつなかまち　京都府福知山市
厚内
あつない　北海道（JR根室本線）
あつない　北海道十勝郡浦幌町

厚木
あつぎ　神奈川県（JR相模線ほか）
あつぎ　神奈川県厚木市

厚木市　あつぎし　神奈川県
厚木町　あつぎちょう　神奈川県厚木市
厚木航空基地　あつぎこうくうきち　神奈川県綾瀬市
⁵厚生
こうせい　北海道上川郡愛別町
こうせい　北海道川上郡標茶町

厚生町
こうせいちょう　岡山県岡山市北区
こうせいちょう　高知県土佐清水市
こうせいまち　長崎県諫早市

厚田
あつだ　群馬県吾妻郡東吾妻町
あつだ　新潟県糸魚川市

厚田区小谷　あつたくこたに　北海道石狩市
厚田区古潭　あつたくこたん　北海道石狩市
厚田区安瀬　あつたくやそすけ　北海道石狩市
厚田区別狩　あつたくべっかり　北海道石狩市
厚田区押琴　あつたくおしこと　北海道石狩市
厚田区厚田　あつたくあつた　北海道石狩市
厚田区虹が原　あつたくにじがはら　北海道石狩市
厚田区望来　あつたくもうらい　北海道石狩市
厚田区聚富　あつたくしっぷ　北海道石狩市
厚田区濃昼　あつたくごきびる　北海道石狩市
厚田区嶺泊　あつたくみねとまり　北海道石狩市
⁷厚別　あつべつ　北海道（JR函館本線）
厚別中央一条　あつべつちゅうおういちじょう　北海道札幌市厚別区
厚別中央二条　あつべつちゅうおうにじょう　北海道札幌市厚別区
厚別中央三条　あつべつちゅうおうさんじょう　北海道札幌市厚別区

厚別中央五条　あつべつちゅうおうごじょう　北海道札幌市厚別区
厚別中央四条　あつべつちゅうおうしじょう　北海道札幌市厚別区
厚別区　あつべつく　北海道札幌市
厚別北一条　あつべつきたいちじょう　北海道札幌市厚別区
厚別北二条　あつべつきたにじょう　北海道札幌市厚別区
厚別北三条　あつべつきたさんじょう　北海道札幌市厚別区
厚別北五条　あつべつきたごじょう　北海道札幌市厚別区
厚別北六条　あつべつきたろくじょう　北海道札幌市厚別区
厚別北四条　あつべつきたしじょう　北海道札幌市厚別区
厚別西　あつべつにし　北海道札幌市厚別区
厚別西一条　あつべつにしいちじょう　北海道札幌市厚別区
厚別西二条　あつべつにしにじょう　北海道札幌市厚別区
厚別西三条　あつべつにしさんじょう　北海道札幌市厚別区
厚別西五条　あつべつにしごじょう　北海道札幌市厚別区
厚別西四条　あつべつにししじょう　北海道札幌市厚別区
厚別町下野幌　あつべつちょうしものっぽろ　北海道札幌市厚別区
厚別町上野幌　あつべつちょうかみのっぽろ　北海道札幌市厚別区
厚別町小野幌　あつべつちょうこのっぽろ　北海道札幌市厚別区
厚別町山本　あつべつちょうやまもと　北海道札幌市厚別区
厚別東一条　あつべつひがいいちじょう　北海道札幌市厚別区
厚別東二条　あつべつひがしにじょう　北海道札幌市厚別区
厚別東三条　あつべつひがしさんじょう　北海道札幌市厚別区
厚別東五条　あつべつひがしごじょう　北海道札幌市厚別区
厚別東四条　あつべつひがししじょう　北海道札幌市厚別区
厚別南　あつべつみなみ　北海道札幌市厚別区
厚利　あつとし　兵庫県加東市
厚床
あっとこ　北海道（JR根室本線）
あっとこ　北海道根室市

厚沢部町　あっさぶちょう　北海道檜山郡
厚貝　あっかい　長野県中野市
⁸厚和　こうわ　北海道勇払郡厚真町
厚岸　あっけし　北海道（JR根室本線）
厚岸町　あっけしちょう　北海道厚岸郡
厚岸郡　あっけしぐん　北海道
厚東　ことう　山口県（JR山陽本線）
厚東町　あつひがしちょう　京都府福知山市
⁹厚保　あつ　山口県（JR美祢線）
厚南中央　こうなんちゅうおう　山口県宇部市

9画（咲, 品, 哇, 垣, 垢, 城）

厚南北　こうなんきた　山口県宇部市
厚栄　こうえい　北海道樺戸郡月形町
厚狭
　　あさ　山口県（JR山陽新幹線ほか）
　　あさ　山口県山陽小野田市
10厚原
　　あつはら　山梨県都留市
　　あつはら　静岡県富士市
厚真町　あつまちょう　北海道勇払郡
12厚賀　あつが　北海道（JR日高本線）
厚賀町　あつがちょう　北海道沙流郡日高町
厚陽　こうよう　北海道厚岸郡浜中町

【咲】
0咲が丘　さきがおか　千葉県船橋市
5咲田　さくた　福島県郡山市
7咲来
　　さっくる　北海道（JR宗谷本線）
　　さつくる　北海道中川郡音威子府村
咲花　さきはな　新潟県（JR磐越西線）
咲見町　さきみちょう　静岡県熱海市

【品】
0品ケ瀬町　しながせちょう　福井県福井市
3品川
　　しながわ　栃木県大田原市
　　しながわ　東京都（JR東海道新幹線ほか）
品川シーサイド　しながわしーさいど　東京都（東京
　臨海高速鉄道りんかい線）
品川区　しながわく　東京都
品川町
　　しながわまち　青森県弘前市
　　しながわちょう　愛知県名古屋市港区
4品之木　ぼんのき　新潟県長岡市
品井沼　しないぬま　宮城県（JR東北本線）
7品沢　しなざわ　埼玉県秩父市
11品野町　しなのちょう　愛知県瀬戸市
16品濃町　しなのちょう　神奈川県横浜市戸塚区

【哇】
4哇内　こうない　高知県（とさでん交通伊野線）

【垣】
0垣ケ内町　かきがうちちょう　京都府京都市下京区
垣ノ内　かきのうち　愛知県犬山市
4垣之内　かきのうち　新潟県村上市
垣内
　　かいち　大阪府八尾市
　　かきうち　愛媛県南宇和郡愛南町
垣内田町
　　かくったまち　石川県羽咋市
　　かいとだちょう　三重県松阪市
垣内町
　　かきうちちょう　大阪府門真市
　　かきうちちょう　兵庫県相生市
垣戸町　がいどちょう　愛知県名古屋市北区
5垣生
　　はぶ　愛媛県新居浜市
　　はぶ　福岡県中間市

垣田　かきた　愛知県丹羽郡大口町
6垣吉町　かきよしまち　石川県七尾市
7垣花町　かきのはなちょう　沖縄県那覇市
垣見町　かきみちょう　滋賀県東近江市
9垣屋　かきや　兵庫県篠山市
10垣倉　かいぐら　和歌山県有田郡有田川町
垣根町　かきねまち　千葉県銚子市
垣根見晴台　かきねみはらしだい　千葉県銚子市
14垣鼻町　かいばなちょう　三重県松阪市
22垣籠町　かいごめちょう　滋賀県長浜市

【垢】
5垢田　あかだ　山口県下関市
垢田町　あかだちょう　山口県下関市

【城】
城
　　しろ　埼玉県所沢市
　　じょう　埼玉県蓮田市
　　じょう　千葉県佐倉市
　　じょう　新潟県阿賀野市
　　じょう　福井県あわら市
　　しろ　岐阜県安八郡安八町
　　じょう　静岡県伊豆市
　　しろ　愛知県海部郡蟹江町
　　じょう　和歌山県西牟婁郡白浜町
　　じょう　福岡県朝倉市
　　じょう　熊本県山鹿市
　　ぐすく　鹿児島県大島郡与論町
　　ぐすく　沖縄県名護市
0城ケ入町　じょうがいりちょう　愛知県安城市
城ケ丘
　　じょうがおか　富山県富山市
　　じょうがおか　広島県安芸郡府中町
　　じょうがおか　山口県周南市
　　じょうがおか　宮崎県東臼杵郡門川町
城ケ沢　じょうがさわ　青森県むつ市
城ケ谷
　　じょうがたに　福井県丹生郡越前町
　　じょうがたに　福岡県宗像市
城ケ根町　しろがねちょう　愛知県瀬戸市
城ケ堀町　じょうがほりちょう　兵庫県西宮市
城ケ崎　じょうがさき　宮崎県宮崎市
城ケ崎海岸　じょうがさきかいがん　静岡県（伊豆急
　行線）
城ノ内
　　じょうのうち　福島県岩瀬郡鏡石町
　　じょうのうち　茨城県龍ケ崎市
城ノ後　しろのあと　青森県上北郡七戸町
城が山　しろがやま　兵庫県神戸市垂水区
城の下通　しろのしたどおり　兵庫県神戸市灘区
城の台町　しろのだいちょう　奈良県大和郡山市
城の里　しろのさと　京都府長岡京市
城の前町　しろのまえちょう　大阪府茨木市
城の原団地　じょうのはるだんち　福岡県福岡市西区
2城力町　じょうりきまち　石川県金沢市
3城下
　　しろした　青森県八戸市
　　しろした　茨城県龍ケ崎市
　　ねごや　千葉県匝瑳市

838

9画（城）

しろした　新潟県五泉市
しろした　長野県（上田電鉄別所線）
しろした　静岡県掛川市
しろした　静岡県周智郡森町
しろした　岡山県（岡山電気軌道東山本線）

城下西町　じょうかにしまち　大分県佐伯市

城下町
しろしたまち　埼玉県川越市
しろしたちょう　愛知県名古屋市南区
しろしたちょう　愛知県豊橋市
しろしたちょう　愛媛県新居浜市
じょうかまち　熊本県天草市

城下東町　じょうかひがしまち　大分県佐伯市

城久　ぐすく　鹿児島県大島郡喜界町

城土町　しろつちちょう　愛知県名古屋市守山区

城山
しろやま　北海道釧路市
しろやま　茨城県つくば市
しろやま　茨城県鹿嶋市
しろやま　栃木県大田原市
しろやま　栃木県那須烏山市
しろやま　神奈川県相模原市緑区
しろやま　神奈川県小田原市
じょうやま　新潟県新潟市江南区
じょうやま　長野県松本市
じょうやま　長野県茅野市
しろやま　岐阜県高山市
しろやま　愛知県犬山市
しろやま　愛知県小牧市
しろやま　三重県津市
しろやま　三重県員弁郡東員町
しろやま　京都府福知山市
しろやま　兵庫県西宮市
しろやま　兵庫県芦屋市
じょうやま　広島県広島市佐伯区
しろやま　鹿児島県鹿児島市

城山ニュータウン　じょうやまにゅーたうん　福岡県宗像市

城山下代　じょうざんしもだい　熊本県熊本市西区

城山上代町　じょうざんかみだいまち　熊本県熊本市西区

城山大塘　じょうざんおおども　熊本県熊本市西区

城山手　しろやまて　東京都八王子市

城山半田　じょうざんはんだ　熊本県熊本市西区

城山台
しろやまだい　三重県桑名市
しろやまだい　滋賀県高島市
しろやまだい　京都府木津川市
しろやまだい　大阪府堺市南区
しろやまだい　奈良県御所市
しろやまだい　奈良県生駒郡三郷町
しろやまだい　和歌山県橋本市
しろやまだい　和歌山県田辺市
しろやまだい　長崎県長崎市

城山町
しろやままち　秋田県横手市
しろやまちょう　栃木県小山市
しろやままち　群馬県高崎市
しろやままち　⇒相模原市（神奈川県）
しろやまちょう　神奈川県三浦市
しろやままち　富山県小矢部市
しろやまちょう　愛知県名古屋市千種区

しろやまちょう　愛知県豊橋市
しろやまちょう　愛知県津島市
しろやままち　愛知県碧南市
しろやまちょう　三重県四日市市
しろやまちょう　京都府綾部市
しろやまちょう　大阪府豊中市
しろやまちょう　大阪府池田市
じょうざんまち　愛媛県松山市
じょうやまちょう　高知県高知市
しろやまちょう　福岡県北九州市門司区
しろやままち　長崎県長崎市
しろやまちょう　長崎県佐世保市
しろやまちょう　長崎県東彼杵郡川棚町
しろやまちょう　鹿児島県鹿児島市

城山町三ツ池　しろやまちょうみついけ　愛知県尾張旭市

城山町向ケ丘　しろやまちょうむこうがおか　愛知県尾張旭市

城山町長池下　しろやまちょうながいけしも　愛知県尾張旭市

城山町城山　しろやまちょうしろやま　愛知県尾張旭市

城山新田　じょうやまじんでん　新潟県南魚沼市

城山新町　しろやましんまち　愛知県名古屋市千種区

城山薬師　じょうざんやくし　熊本県熊本市西区

城川内　じょうかわうち　鹿児島県出水郡長島町

城川町下相　しろかわちょうおりあい　愛媛県西予市

城川町土居　しろかわちょうどい　愛媛県西予市

城川町川津南　しろかわちょうかわづみなみ　愛媛県西予市

城川町古市　しろかわちょうふるいち　愛媛県西予市

城川町田穂　しろかわちょうたお　愛媛県西予市

城川町男河内　しろかわちょうおんがわち　愛媛県西予市

城川町高野子　しろかわちょうたかのこ　愛媛県西予市

城川町野井川　しろかわちょうのいがわ　愛媛県西予市

城川町魚成　しろかわちょううおなし　愛媛県西予市

城川町遊子谷　しろかわちょうゆすたに　愛媛県西予市

城川町嘉喜尾　しろかわちょうかぎお　愛媛県西予市

城川町窪野　しろかわちょうくぼの　愛媛県西予市

城川原
じょうがわら　富山県（富山ライトレール線）
じょうがわら　富山県富山市

⁴**城中**　じょうちゅう　茨城県つくばみらい市

城中町　じょうちゅうちょう　茨城県牛久市

城之内
じょうのうち　茨城県東茨城郡茨城町
しろのうち　群馬県邑楽郡大泉町

城之丘　じょうのおか　新潟県長岡市

城之古　たてのこし　新潟県十日町市

城之浦町　じょうのうらまち　熊本県宇土市

城之堀　じょうのほり　広島県安芸郡熊野町

城之崎　きのさき　静岡県磐田市

城之越町　しろのこしちょう　愛知県津島市

城之腰　じょうのこし　静岡県焼津市

城井　じょうい　大分県宇佐市

城元　しろもと　鹿児島県肝属郡錦江町

城内
じょうない　岩手県花巻市

839

9画（城）

じょうない　岩手県一関市
じょうない　神奈川県小田原市
じょうない　新潟県小千谷市
じょうない　福井県小浜市
じょうない　奈良県北葛城郡河合町
じょうない　広島県廿日市市
じょうない　福岡県北九州市小倉北区
じょうない　福岡県福岡市中央区
じょうない　佐賀県佐賀市
じょうない　長崎県島原市

城内坂　じょうないざか　栃木県芳賀郡益子町

城内町
じょうないちょう　栃木県栃木市
じょうないちょう　千葉県佐倉市
じょうないちょう　新潟県長岡市
じょうないちょう　静岡県静岡市葵区
じょうないちょう　大阪府高槻市
じょうないちょう　奈良県大和郡山市

城内通　しろのうちどおり　兵庫県神戸市灘区
城内新町　じょうないしんまち　大分県日田市
城戸ノ内町　きどのうちちょう　福井県福井市
城戸南蔵院前　きどなんぞういんまえ　福岡県（JR篠栗線）
城木町　しろきちょう　愛知県名古屋市千種区
5**城丘**　しろおか　北海道檜山郡厚沢部町
城主町　じょうしゅちょう　愛知県名古屋市中村区
城代町　じょうだいまち　岡山県津山市

城北
じょうほく　山形県米沢市
じょうほく　栃木県小山市
じょうほく　静岡県静岡市葵区
じょうほく　静岡県浜松市中区
じょうほく　静岡県掛川市
じょうほく　愛知県新城市
じょうほく　広島県（広島高速交通アストラムライン）

城北本町　じょうほくほんちょう　兵庫県姫路市

城北町
じょうほくちょう　宮城県白石市
じょうほくまち　山形県山形市
じょうほくまち　山形県鶴岡市
じょうほくまち　福島県会津若松市
じょうほくまち　茨城県土浦市
じょうほくちょう　新潟県新発田市
じょうほくまち　富山県富山市
じょうほくまち　富山県高岡市
じょうほくちょう　石川県小松市
じょうほくちょう　静岡県富士宮市
じょうほくちょう　愛知県名古屋市西区
じょうほくちょう　愛知県岡崎市
じょうきたちょう　三重県四日市市
じょうほくちょう　大阪府高槻市
じょうほくちょう　奈良県大和郡山市
じょうほくまち　島根県隠岐郡隠岐の島町
じょうほくちょう　高知県高知市

城北新町　じょうほくしんまち　兵庫県姫路市
城台　じょうだい　大分県豊後高田市
城平　じょうひら　熊本県上益城郡山都町
城本町　しろもとまち　熊本県人吉市
城生　宮城県加美郡加美町
城田　じょうでん　岡山県美作市
城田寺　きだいじ　岐阜県岐阜市
城辺乙　じょうへんおつ　愛媛県南宇和郡愛南町

城辺下里添　ぐすくべしもざとそえ　沖縄県宮古島市
城辺友利　ぐすくべともり　沖縄県宮古島市
城辺比嘉　ぐすくべひが　沖縄県宮古島市
城辺甲　じょうへんこう　愛媛県南宇和郡愛南町
城辺西里添　ぐすくべにしざとそえ　沖縄県宮古島市
城辺長間　ぐすくべながま　沖縄県宮古島市
城辺保良　ぐすくべぼら　沖縄県宮古島市
城辺砂川　ぐすくべうるか　沖縄県宮古島市
城辺新城　ぐすくべあらぐすく　沖縄県宮古島市
城辺福里　ぐすくべふくざと　沖縄県宮古島市
6**城光寺**　じょうこうじ　富山県高岡市
城有町　しろありちょう　福井県福井市

城西
じょうせい　青森県弘前市
じょうせい　山形県米沢市
じょうさい　埼玉県行田市
じょうせい　長野県松本市
しろにし　静岡県（JR飯田線）
しろにし　静岡県掛川市
じょうさい　愛知県名古屋市西区
じょうせい　福岡県福岡市早良区
じょうせい　鹿児島県鹿児島市

城西ケ丘　じょうせいがおか　福岡県宗像市
城西中の丁　じょうせいなかのちょう　長崎県島原市
城西区　じょうせいく　大分県佐伯市
城西団地　じょうせいだんち　福岡県福岡市城南区

城西町
じょうせいちょう　岩手県盛岡市
しろにしまち　秋田県横手市
じょうせいちょう　秋田県大館市
しろにしまち　山形県山形市
しろにしまち　山形県新庄市
じょうさいまち　福島県会津若松市
じょうさいまち　群馬県太田市
しろにしちょう　愛知県名古屋市西区
しろにしちょう　三重県四日市市
じょうさいちょう　大阪府高槻市
じょうさいちょう　兵庫県赤穂市
じょうせいちょう　香川県丸亀市

7**城村**　じょうむら　富山県富山市
城村新町　じょうむらしんまち　富山県富山市

城町
しろまち　群馬県館林市
しろまち　埼玉県さいたま市岩槻区
しろまち　福井県大野市
しろまち　愛知県名古屋市西区
しろまち　愛知県刈谷市
しろまち　滋賀県彦根市
じょうちょう　奈良県大和郡山市
しろまち　広島県三原市
しろまち　福岡県大牟田市
しろまち　大分県日田市

城見　しろみ　大阪府大阪市中央区
城見ケ丘　しろみがおか　千葉県（いすみ鉄道線）

城見台
しろみだい　兵庫県姫路市
しろみだい　岡山県笠岡市

城見町
しろみちょう　愛知県豊田市
しろみちょう　兵庫県姫路市
しろみちょう　奈良県大和郡山市
しろみちょう　広島県福山市

9画（城）

しろみちょう　高知県高知市
しろみまち　長崎県島原市
しろみまち　長崎県諫早市
城見通　しろみとおり　愛知県名古屋市北区
城里町　しろさとまち　茨城県東茨城郡
8**城岡**　じょうおか　新潟県長岡市
城所
きどころ　神奈川県平塚市
じょうしょ　新潟県新潟市江南区
城東
じょうとう　青森県弘前市
じょうとう　宮城県伊具郡丸森町
じょうとう　茨城県水戸市
じょうとう　栃木県宇都宮市
じょうとう　栃木県小山市
じょうとう　栃木県那須烏山市
じょうとう　群馬県（上毛電気鉄道線）
じょうとう　新潟県柏崎市
じょうとう　富山県高岡市
じょうとう　福井県福井市
じょうとう　山梨県甲府市
じょうとう　長野県松本市
城東中央　じょうとうちゅうおう　青森県弘前市
城東区　じょうとうく　大阪府大阪市
城東北　じょうとうきた　青森県弘前市
城東台西　じょうとうだいにし　岡山県岡山市東区
城東台東　じょうとうだいひがし　岡山県岡山市東区
城東台南　じょうとうだいみなみ　岡山県岡山市東区
城東町
じょうとうまち　福島県会津若松市
じょうとうまち　群馬県前橋市
じょうとうちょう　静岡県静岡市葵区
じょうとうちょう　愛知県名古屋市北区
しろひがしまち　三重県四日市市
じょうとうちょう　大阪府高槻市
じょうとうまち　兵庫県姫路市
じょうとうちょう　徳島県徳島市
じょうとうちょう　香川県高松市
じょうとうちょう　香川県丸亀市
じょうとうまち　熊本県熊本市中央区
じょうとうまち　大分県大分市
じょうとうまち　大分県佐伯市
城東町中河原　じょうとうまちなかがわら　兵庫県姫路市
城東町五軒屋　じょうとうまちごけんや　兵庫県姫路市
城東町竹之門　じょうとうまちたけのもん　兵庫県姫路市
城東町京口台　じょうとうまちきょうぐちだい　兵庫県姫路市
城東町毘沙門　じょうとうまちびしゃもん　兵庫県姫路市
城東町清水　じょうとうまちしみず　兵庫県姫路市
城東町野田　じょうとうまちのだ　兵庫県姫路市
城東通　じょうとうどおり　岐阜県岐阜市
城若町　じょうわかまち　富山県富山市
9**城前**
しろまえ　福島県会津若松市
じょうぜん　大分県豊後高田市
城前町
しろまえちょう　岐阜県岐阜市
しろまえちょう　愛知県尾張旭市

しろまえちょう　沖縄県沖縄市
城前町上大道　しろまえちょうかみだいどう　愛知県尾張旭市
城前町茅池　しろまえちょうちがいけ　愛知県尾張旭市
城前町城前　しろまえちょうしろまえ　愛知県尾張旭市
城南
じょうなん　青森県弘前市
じょうなん　宮城県白石市
じょうなん　宮城県多賀城市
じょうなん　山形県米沢市
しろみなみ　福島県耶麻郡猪苗代町
じょうなん　茨城県水戸市
じょうなん　栃木県宇都宮市
じょうなん　埼玉県さいたま市岩槻区
じょうなん　埼玉県行田市
じょうなん　神奈川県藤沢市
じょうなん　石川県金沢市
じょうなん　長野県諏訪市
じょうなん　静岡県藤枝市
じょうなん　大阪府池田市
城南ケ丘　じょうなんがおか　福岡県宗像市
城南山手台　じょうなんやまてだい　大分県大分市
城南区　じょうなんく　福岡県福岡市
城南北町　じょうなんきたまち　大分県大分市
城南寺町　じょうなんてらまち　大阪府大阪市天王寺区
城南西町　じょうなんにしまち　大分県大分市
城南町
しろみなみまち　秋田県横手市
じょうなんまち　山形県山形市
じょうなんまち　山形県鶴岡市
じょうなんまち　山形県新庄市
じょうなんまち　福島県会津若松市
じょうなんちょう　茨城県日立市
じょうなんまち　茨城県結城市
じょうなんまち　石川県小松市
じょうなんちょう　愛知県名古屋市守山区
じょうなんちょう　愛知県岡崎市
じょうなんちょう　愛知県安城市
じょうなんちょう　大阪府高槻市
じょうなんちょう　兵庫県豊岡市
じょうなんちょう　奈良県大和郡山市
じょうなんちょう　徳島県徳島市
じょうなんちょう　香川県丸亀市
じょうなんまち　福岡県久留米市
じょうなんまち　福岡県柳川市
じょうなんまち　⇒熊本市（熊本県）
じょうなんまち　大分県佐伯市
じょうなんまち　鹿児島県鹿児島市
城南町さんさん　じょうなんまちさんさん　熊本県熊本市南区
城南町下宮地　じょうなんまちしもみやじ　熊本県熊本市南区
城南町千町　じょうなんまちちまち　熊本県熊本市南区
城南町丹生宮　じょうなんまちにうのみや　熊本県熊本市南区
城南町今吉野　じょうなんまちいまよしの　熊本県熊本市南区
城南町六田　じょうなんまちろくた　熊本県熊本市南区
城南町出水　じょうなんまちいずみ　熊本県熊本市南区

841

9画（城）

城南町永　じょうなんまちなが　熊本県熊本市南区
城南町坂野　じょうなんまちさかの　熊本県熊本市南区
城南町沈目　じょうなんまちしずめ　熊本県熊本市南区
城南町赤見　じょうなんまちあかみ　熊本県熊本市南区
城南町東阿高　じょうなんまちひがしあだか　熊本県熊本市南区
城南町阿高　じょうなんまちあだか　熊本県熊本市南区
城南町宮地　じょうなんまちみやじ　熊本県熊本市南区
城南町島田　じょうなんまちしまだ　熊本県熊本市南区
城南町高　じょうなんまちたか　熊本県熊本市南区
城南町陳内　じょうなんまちじんない　熊本県熊本市南区
城南町塚原　じょうなんまちつかわら　熊本県熊本市南区
城南町隈庄　じょうなんまちくまのしょう　熊本県熊本市南区
城南町碇　じょうなんまちいかり　熊本県熊本市南区
城南町舞原　じょうなんまちまいのはら　熊本県熊本市南区
城南町築地　じょうなんまちついじ　熊本県熊本市南区
城南町藤山　じょうなんまちふじやま　熊本県熊本市南区
城南町鰐瀬　じょうなんまちわにぜ　熊本県熊本市南区
城南東町　じょうなんひがしまち　大分県大分市
城南南町　じょうなんみなみまち　大分県大分市
城南島　じょうなんじま　東京都大田区
城南萱町　じょうなんかやまち　三重県桑名市
城垣町　しろがきちょう　大阪府門真市
城屋　じょうや　京都府舞鶴市
城屋敷
　しろやしき　愛知県長久手市
　しろやしき　愛知県丹羽郡大口町
城屋敷町
　しろやしきちょう　愛知県名古屋市中村区
　しろやしきちょう　愛知県瀬戸市
城廻
　しろめぐり　神奈川県鎌倉市
　しろまわり　愛媛県喜多郡内子町
城栄町　じょうえいまち　長崎県長崎市
10城原
　じょうはら　熊本県上益城郡山都町
　じょうはる　大分県大分市
　きばる　大分県竹田市
城島　きじま　大分県別府市
城島町下田　じょうじままちしもだ　福岡県久留米市
城島町下青木　じょうじままちしもあおき　福岡県久留米市
城島町上青木　じょうじままちかみあおき　福岡県久留米市
城島町大依　じょうじままちおおより　福岡県久留米市
城島町六町原　じょうじままちろくちょうばる　福岡県久留米市
城島町内野　じょうじままちうちの　福岡県久留米市

城島町四郎丸　じょうじままちしろうまる　福岡県久留米市
城島町江上　じょうじままちえがみ　福岡県久留米市
城島町江上上　じょうじままちえがみかみ　福岡県久留米市
城島町江上本　じょうじままちえがみほん　福岡県久留米市
城島町江島　じょうじままちえしま　福岡県久留米市
城島町西青木　じょうじままちにしあおき　福岡県久留米市
城島町芦塚　じょうじままちあしづか　福岡県久留米市
城島町青木島　じょうじままちあおきしま　福岡県久留米市
城島町城島　じょうじままちじょうじま　福岡県久留米市
城島町原中牟田　じょうじままちはらなかむた　福岡県久留米市
城島町浜　じょうじままちはま　福岡県久留米市
城島町浮島　じょうじままちうきしま　福岡県久留米市
城島町楢津　じょうじままちならつ　福岡県久留米市
城浜団地　しろはまだんち　福岡県福岡市東区
城通町　じょうどおりちょう　京都府京都市伏見区
11城堀　しろほり　神奈川県足柄下郡湯河原町
城崎
　しろさきちょう　愛知県西尾市
　しろさきまち　大分県大分市
城崎町上山　きのさきちょううやま　兵庫県豊岡市
城崎町今津　きのさきちょういまづ　兵庫県豊岡市
城崎町戸島　きのさきちょうとしま　兵庫県豊岡市
城崎町来日　きのさきちょうくるひ　兵庫県豊岡市
城崎町桃島　きのさきちょうももしま　兵庫県豊岡市
城崎町湯島　きのさきちょうゆしま　兵庫県豊岡市
城崎町結　きのさきちょうむすぶ　兵庫県豊岡市
城崎町飯谷　きのさきちょうはんだに　兵庫県豊岡市
城崎町楽々浦　きのさきちょうささうら　兵庫県豊岡市
城崎通　しろさきどおり　愛知県一宮市
城崎温泉　きのさきおんせん　兵庫県（JR山陰本線）
城望町　じょうぼうちょう　岐阜県岐阜市
城清水　しろしみず　福島県郡山市
城野
　じょうの　福岡県（JR日豊本線）
　じょうの　福岡県北九州市小倉南区
城野団地　じょうのだんち　福岡県北九州市小倉北区
12城塚　じょうづか　新潟県柏崎市
城塚町　じょうつかまち　熊本県宇土市
城森　しろもり　山形県山形市
城間　ぐすくま　沖縄県浦添市
城間町　じょうまちょう　長崎県佐世保市
城隅町　じょうぐうまち　福岡県柳川市
城陽　じょうよう　京都府（JR奈良線）
城陽市町　じょうようし　京都府
13城新田　じょうしんでん　福井県あわら市
城新町　じょうしんまち　富山県富山市
城殿町　きどのちょう　奈良県橿原市
城腰　じょうのこし　新潟県佐渡市
14城端
　じょうはな　富山県（JR城端線）
　じょうはな　富山県南砺市

9画（桁，垰，奏，始，威，姥，姿，姪，姨，客，室）

¹⁵城輪　きのわ　山形県酒田市
¹⁶城興ケ丘　じょうこうがおか　広島県福山市

【桁】
桁　がけ　埼玉県八潮市

【垰】
垰　たお　山口県周南市

【奏】
⁰奏の杜　かなでのもり　千葉県習志野市

【始】
⁷始良　あいら　鹿児島県（JR日豊本線）
始良市　あいらし　鹿児島県
始良町　あいらちょう　⇒始良市（鹿児島県）
始良郡　あいらぐん　鹿児島県

【威】
¹⁴威徳寺町　いとくじまち　兵庫県姫路市

【姥】
⁰姥ケ下乙　うばがしたおつ　福島県河沼郡会津坂下町
姥ケ山
　　うばがやま　新潟県新潟市中央区
　　うばがやま　新潟県新潟市江南区
姥ケ北町　うばがきたまち　京都府京都市上京区
姥ケ寺之前町　うばがてらのまえちょう　京都府京都市上京区
姥ケ西町　うばにしちょう　京都府京都市上京区
姥ケ東西町　うばがとうざいちょう　京都府京都市上京区
姥ケ榎木町　うばがえのきちょう　京都府京都市上京区
姥ケ懐　うばがふところ　福島県伊達市
姥ケ橋　うばがはし　新潟県阿賀野市
³姥子山　うばこやま　愛知県名古屋市緑区
姥子石　うばこいし　岩手県八幡平市
姥山　うばやま　千葉県山武郡横芝光町
姥川　うばがわ　福島県伊達市
⁵姥石　うばいし　福島県伊達市
⁷姥沢
　　うばさわ　青森県上北郡七戸町
　　うばさわ　青森県上北郡東北町
姥沢新田　うばさわしんでん　新潟県南魚沼市
⁹姥柳町　うばやなぎちょう　京都府京都市中京区
姥神町　うばがみちょう　北海道檜山郡江差町
¹⁰姥島　うばじま　新潟県新潟市西蒲区
姥島新田　うばしましんでん　新潟県南魚沼市
¹¹姥堂　うばどう　福島県（JR磐越西線）
姥萢　うばやち　青森県五所川原市
姥袋町　うばふくろまち　青森県西津軽郡鰺ケ沢町
¹²姥堤　うばづつみ　青森県三戸郡五戸町
姥賀町　うばがちょう　茨城県常陸大宮市
¹⁶姥懐　うばふところ　秋田県能代市

【姿】
姿
　　すがた　新潟県十日町市
　　すがた　富山県氷見市

【姪】
⁰姪の浜　めいのはま　福岡県福岡市西区
¹⁰姪浜　めいのはま　福岡県（JR筑肥線ほか）
姪浜駅南　めいのはまえきみなみ　福岡県福岡市西区

【姨】
¹¹姨捨　おばすて　長野県（JR篠ノ井線）

【客】
客　きゃく　愛媛県松山市
⁷客坊町　きゃくぼうちょう　大阪府東大阪市

【室】
室
　　むろ　石川県河北郡内灘町
　　むろ　岐阜県（養老鉄道線）
　　むろ　京都府福知山市
　　むろ　奈良県御所市
　　むろ　熊本県菊池郡大津町
⁰室の木町　むろのきまち　山口県岩国市
³室口町　むろぐちちょう　愛知県豊田市
室小路　むろこうじ　岩手県滝沢市
室山
　　むろやま　富山県滑川市
　　むろやま　大阪府茨木市
室山町　むろやまちょう　三重県四日市市
室川
　　むろがわ　和歌山県有田郡有田川町
　　むろがわ　沖縄県国頭村
室川町　むろかわちょう　兵庫県西宮市
⁴室内　むろうち　長野県諏訪郡原村
室戸市　むろとし　高知県
室戸岬町　むろとみさきちょう　高知県室戸市
室木　むろき　福岡県鞍手郡鞍手町
室牛　むろじ　京都府舞鶴市
⁵室本町
　　むろほんまち　岐阜県大垣市
　　むろもとちょう　香川県観音寺市
室生
　　むろう　奈良県宇陀市
　　むろう　香川県小豆郡小豆島町
室生下田口　むろうしもたぐち　奈良県宇陀市
室生下笠間　むろうしもかさま　奈良県宇陀市
室生三本松　むろうさんぼんまつ　奈良県宇陀市
室生上笠間　むろうかみかさま　奈良県宇陀市
室生口大野　むろうぐちおおの　奈良県（近畿日本鉄道大阪線）
室生大野　むろうおおの　奈良県宇陀市
室生小原　むろうおはら　奈良県宇陀市
室生田口元上田口　むろうたぐちもとかみたぐち　奈良県宇陀市
室生田口元角川　むろうたぐちもとつのがわ　奈良県宇陀市
室生向渕　むろうむこうち　奈良県宇陀市

843

9画（専, 屋）

室生多田	むろうただ	奈良県宇陀市
室生西谷	むろうにしたに	奈良県宇陀市
室生染田	むろうそめだ	奈良県宇陀市
室生砥取	むろうととり	奈良県宇陀市
室生深野	むろうふかの	奈良県宇陀市
室生黒岩	むろうくろいわ	奈良県宇陀市
室生無山	むろうむやま	奈良県宇陀市
室生龍口	むろうりゅうぐち	奈良県宇陀市
室生瀧谷	むろうたきだに	奈良県宇陀市
室田	むろた	神奈川県茅ケ崎市
	むろだ	富山県魚津市
7室住団地	むろずみだんち	福岡県福岡市早良区
室尾	むろお	山口県周南市
室村町	むろむらちょう	岐阜県大垣市
室町	むろまち	栃木県栃木市
	むろまち	神奈川県秦野市
	むろまち	新潟県新潟市中央区
	むろまち	岐阜県岐阜市
	むろまち	岐阜県大垣市
	むろまち	愛知県豊田市
	むろちょう	愛知県西尾市
	むろちょう	滋賀県長浜市
	むろまち	大阪府池田市
	むろまち	奈良県磯城郡田原本町
	むろまち	香川県高松市
	むろまち	香川県坂出市
	むろまち	愛媛県松山市
	むろまち	福岡県北九州市小倉北区
室町通り	むろまちどおり	富山県富山市
室町頭町	むろまちかしらちょう	京都府京都市上京区
室見	むろみ	福岡県（福岡市交通局空港線）
	むろみ	福岡県福岡市早良区
室見が丘	むろみがおか	福岡県福岡市西区
室谷	むろたに	兵庫県神戸市西区
室谷町	むろたにちょう	福井県越前市
8室岡	むろおか	岩手県紫波郡矢巾町
	むろおか	福岡県八女市
9室屋町	むろやちょう	愛媛県今治市
室津	むろつ	兵庫県淡路市
	むろつ	奈良県山辺郡山添村
	むろつ	山口県熊毛郡上関町
	むろつ	高知県室戸市
室津町	むろつまち	岐阜県岐阜市
10室原	むろはら	福島県双葉郡浪江町
	むろはら	岐阜県可児市
	むろはら	岐阜県養老郡養老町
	むろはら	高知県高岡郡佐川町
室島	むろじま	新潟県十日町市
室根町矢越	むろねちょうやごし	岩手県一関市
室根町折壁	むろねちょうおりかべ	岩手県一関市
室根町津谷川	むろねちょうつやがわ	岩手県一関市
11室堂	むろどう	富山県中新川郡立山町
室堂町	むろどうちょう	大阪府和泉市
室野	むろの	新潟県十日町市

12室場	むろば	岩手県下閉伊郡田野畑村
13室園町	むろぞのまち	熊本県熊本市中央区
	むろぞのまち	熊本県熊本市北区
室新町	むろしんまち	香川県高松市
16室積	むろづみ	山口県光市
室積大町	むろづみおおまち	山口県光市
室積中央町	むろづみちゅうおうちょう	山口県光市
室積市延	むろづみいちのべ	山口県光市
室積正木	むろづみまさき	山口県光市
室積西ノ庄	むろづみにしのしょう	山口県光市
室積村	むろづみむら	山口県光市
室積沖田	むろづみおきた	山口県光市
室積松原	むろづみまつばら	山口県光市
室積東ノ庄	むろづみひがしのしょう	山口県光市
室積神田	むろづみじんでん	山口県光市
室積浦	むろづみうら	山口県光市
室積新開	むろづみしんかい	山口県光市
19室瀬	むろぜ	栃木県日光市
室瀬町	むろせちょう	広島県呉市
室蘭	むろらん	北海道（JR室蘭本線）
室蘭市	むろらんし	北海道

【専】

6専光寺町	せんこうじまち	石川県金沢市
専光寺門前丁	せんこうじもんぜんちょう	和歌山県和歌山市
12専勝寺	せんしょうじ	富山県南砺市
13専福寺町	せんぶくじまち	石川県白山市

【屋】

2屋入	やにゅう	鹿児島県大島郡龍郷町
3屋久町	やくちょう	⇒屋久島町（鹿児島県熊毛郡）
屋久島町	やくしまちょう	鹿児島県熊毛郡
屋子母	やこも	鹿児島県大島郡知名町
屋山	ややま	大分県大分市
4屋井	やい	岐阜県本巣市
屋内町	やないちょう	三重県鳥羽市
屋戸入	やどいり	福島県二本松市
屋戸町	やとちょう	愛知県瀬戸市
5屋代	やしろ	長野県（しなの鉄道線）
	やしろ	長野県千曲市
	やしろ	広島県広島市佐伯区
屋代町	やしろちょう	広島県広島市佐伯区
屋代高校前	やしろこうこうまえ	長野県（しなの鉄道線）
屋古	やこ	沖縄県国頭郡大宜味村
屋永	やなが	福岡県朝倉市
7屋形	やかた	千葉県山武郡横芝光町
	やかた	山梨県甲府市
	やかた	兵庫県神崎郡市川町
屋形石	やかたいし	佐賀県唐津市
屋形町	やかたちょう	福井県鯖江市
	やかたまち	静岡県静岡市葵区
	やかたちょう	京都府京都市下京区
	やかたまち	和歌山県和歌山市

9画（昼, 屏, 峠, 巻）

屋形原
　　やかたばる　福岡県福岡市南区
　　やかたばる　福岡県朝倉市
屋形原町　やかたばらまち　群馬県沼田市
屋形崎　やかたざき　香川県小豆郡土庄町
屋我　やが　沖縄県名護市
屋良　やら　沖縄県中頭郡嘉手納町
8屋宜　やぎ　沖縄県中頭郡中城村
屋宜原
　　やぎばる　沖縄県中頭郡北中城村
　　やぎばる　沖縄県島尻郡八重瀬町
屋所　やところ　高知県長岡郡本山町
屋板町　やいたまち　栃木県宇都宮市
屋波牧　やなみまき　富山県小矢部市
屋者　やじゃ　鹿児島県大島郡知名町
9屋城町　やしろまち　山形県長井市
屋度　やど　兵庫県加東市
10屋島
　　やしま　長野県長野市
　　やしま　香川県（JR高徳線）
屋島中町　やしまなかまち　香川県高松市
屋島西町　やしまにしまち　香川県高松市
屋島東町　やしまひがしまち　香川県高松市
11屋堂羅　やどら　鳥取県八頭郡若桜町
屋部　やぶ　沖縄県名護市
屋部町　やぶまち　長野県須坂市
12屋富祖　やふそ　沖縄県浦添市
屋鈍　やどん　鹿児島県大島郡宇検村
14屋嘉　やか　沖縄県国頭郡金武町
15屋敷
　　やしき　宮城県伊具郡丸森町
　　やしき　千葉県習志野市
　　やしき　愛知県新城市
　　やしき　福岡県北九州市八幡西区
屋敷ノ入　やしきのいり　福島県石川郡石川町
屋敷田　やしきだ　長野県長野市
屋敷形　やしきがた　青森県上北郡横浜町
屋敷町
　　やしきまち　愛知県碧南市
　　やしきちょう　愛知県高浜市
　　やしきちょう　兵庫県西宮市
　　やしきまち　兵庫県三田市
屋敷免　やしきめん　福島県喜多方市
屋敷前　やしきまえ　宮城県伊具郡丸森町
屋敷添　やしきぞえ　福島県白河市
屋敷間　やしきま　福島県伊達市
屋敷裏　やしきうら　愛知県犬山市
屋敷裏西　やしきうらにし　福島県西白河郡西郷村
屋敷裏東　やしきうらひがし　福島県西白河郡西郷村
16屋頭　やがしら　高知県高知市

【昼】
5昼田　ひだ　三重県度会郡玉城町
8昼居渡　ひるいど　静岡県静岡市葵区
10昼根下　ひるねした　秋田県南秋田郡八郎潟町
11昼曽根　ひるそね　福島県双葉郡浪江町
12昼場　ひるば　青森県上北郡野辺地町
昼間　ひるま　徳島県三好郡東みよし町
昼飯町　ひるいちょう　岐阜県大垣市

【屏】
屏　へい　福岡県嘉麻市
9屏風
　　びょうぶ　埼玉県北葛飾郡杉戸町
　　びょうぶ　滋賀県犬上郡多賀町
　　びょうぶ　奈良県磯城郡三宅町
屏風丁　びょうぶちょう　和歌山県和歌山市
屏風浦　びょうぶがうら　神奈川県（京浜急行電鉄本線）

【峠】
峠
　　とうげ　山形県（JR奥羽本線）
　　とうげ　福島県二本松市
　　とうげ　新潟県十日町市
　　とうげ　富山県小矢部市
　　とうげ　京都府与謝郡伊根町
　　とうげ　大阪府柏原市
　　とうげ　岡山県久米郡久米南町
　　とうげ　広島県廿日市市
0峠ノ越　とうのこえ　高知県吾川郡仁淀川町
3峠下
　　とうげした　北海道（JR留萌本線）
　　とうげした　北海道亀田郡七飯町
　　とうげした　北海道檜山郡厚沢部町
　　とうげした　北海道虻田郡倶知安町
　　とうげしも　宮城県伊具郡丸森町
峠上　とうげかみ　宮城県伊具郡丸森町
峠小屋　とうげこやし　宮城県伊具郡丸森町
5峠田　とうげた　宮城県刈田郡七ケ宿町
峠田町頭　とうげたまちかしら　宮城県刈田郡七ケ宿町
峠田愛宕下　とうげたあたごした　宮城県刈田郡七ケ宿町
6峠向　とうげむかい　宮城県伊具郡丸森町
7峠坂下　とうげさかした　宮城県伊具郡丸森町
峠町　とうげまち　長野県北佐久郡軽井沢町
9峠前　とうげまえ　宮城県伊具郡丸森町
峠廻戸　とうげまわりど　宮城県伊具郡丸森町
峠革踏石　とうげかわふみいし　宮城県伊具郡丸森町
11峠野上　とうげのじょう　宮城県伊具郡丸森町
13峠滝沢　とうげたきざわ　宮城県伊具郡丸森町
14峠境　とうげさかい　宮城県伊具郡丸森町
15峠横向　とうげよこむき　宮城県伊具郡丸森町
16峠橋元　とうげはしもと　宮城県伊具郡丸森町

【巻】
巻　まき　新潟県（JR越後線）
1巻乙　まきおつ　新潟県新潟市西蒲区
3巻大原　まきおおはら　新潟県新潟市西蒲区
5巻甲　まきこう　新潟県新潟市西蒲区
6巻向　まきむく　奈良県（JR桜井線）
8巻東町　まきあずまちょう　新潟県新潟市西蒲区
10巻島　まきじま　新潟県長岡市
11巻堀　まきぼり　岩手県盛岡市
巻淵　まきぶち　新潟県妙高市
巻渕　まきふち　新潟県長岡市
巻野内　まきのうち　奈良県桜井市

845

9画（度, 廻, 建, 彦）

【度】

6度会町　わたらいちょう　三重県度会郡
度会郡　わたらいぐん　三重県
10度島町　たくしまちょう　長崎県平戸市

【廻】

0廻り目　まわりめ　茨城県ひたちなか市
4廻戸　はさまど　茨城県稲敷郡阿見町
5廻田町　めぐりたちょう　東京都東村山市
9廻神町　めぐりかみまち　広島県三次市
10廻倉　まわりぐら　宮城県伊具郡丸森町
廻栖野　めぐすの　大分県大分市
11廻渕　まわりぶち　兵庫県加東市
12廻堰　まわりぜき　青森県北津軽郡鶴田町
廻間
　　はさま　愛知県清須市
　　はさま　愛知県知多郡武豊町
廻間町　はざまちょう　愛知県春日井市
16廻舘　まわりだて　宮城県気仙沼市
廻館
　　まわりたて　宮城県刈田郡七ケ宿町
　　まわたて　山形県東田川郡庄内町

【建】

3建久寺　けんきゅうじ　静岡県賀茂郡松崎町
建川　たてかわ　北海道上磯郡木古内町
5建石　たていし　北海道松前郡松前町
建石町
　　たていしまち　青森県西津軽郡鰺ケ沢町
　　たていしちょう　大阪府池田市
　　たていしちょう　兵庫県西宮市
7建花寺　けんげいじ　福岡県飯塚市
9建屋　たきのや　兵庫県養父市
10建家町　たてやちょう　兵庫県尼崎市
建馬町　たてうままち　熊本県八代市
11建部　たけべ　岡山県（JR津山線）
建部下野町　たてべしものちょう　滋賀県東近江市
建部上中町　たてべかみなかちょう　滋賀県東近江市
建部日吉町　たてべひよしちょう　滋賀県東近江市
建部北町　たてべきたちょう　滋賀県東近江市
建部瓦屋寺町　たてべかわらやじちょう　滋賀県東近江市
建部町　たけべちょう　⇒岡山県（岡山県）
建部町下神目　たけべちょうしもこうめ　岡山県岡山市北区
建部町三明寺　たけべちょうさんみょうじ　岡山県岡山市北区
建部町土師方　たけべちょうはじかた　岡山県岡山市北区
建部町大田　たけべちょうおおだ　岡山県岡山市北区
建部町小倉　たけべちょうおぐら　岡山県岡山市北区
建部町川口　たけべちょうかわぐち　岡山県岡山市北区
建部町中田　たけべちょうなかだ　岡山県岡山市北区
建部町市場　たけべちょういちば　岡山県岡山市北区
建部町田地子　たけべちょうたじこ　岡山県岡山市北区
建部町吉田　たけべちょうよしだ　岡山県岡山市北区

建部町西原　たけべちょうにしばら　岡山県岡山市北区
建部町角石谷　たけべちょうついしだに　岡山県岡山市北区
建部町角石畝　たけべちょうついしうね　岡山県岡山市北区
建部町和田南　たけべちょうわだみなみ　岡山県岡山市北区
建部町品田　たけべちょうしなだ　岡山県岡山市北区
建部町建部上　たけべちょうたけべかみ　岡山県岡山市北区
建部町宮地　たけべちょうみやじ　岡山県岡山市北区
建部町桜　たけべちょうさくら　岡山県岡山市北区
建部町富沢　たけべちょうとみさわ　岡山県岡山市北区
建部町福渡　たけべちょうふくわたり　岡山県岡山市北区
建部町豊楽寺　たけべちょうぶらくじ　岡山県岡山市北区
建部町鶴田　たけべちょうたづた　岡山県岡山市北区
建部南町　たてべみなみちょう　滋賀県東近江市
建部堺町　たてべさかいちょう　滋賀県東近江市
13建福寺前　けんぷくじまえ　福島県会津若松市
15建穂　たきょう　静岡県静岡市葵区

【彦】

0彦ケ瀬　ひこがせ　和歌山県有田郡有田川町
2彦七川原　ひこしちがわら　青森県上北郡おいらせ町
3彦三町　ひこそまち　石川県金沢市
彦山　ひこさん　福岡県（JR日田彦山線）
彦戸　ひこかわど　埼玉県三郷市
4彦太郎畠　ひこたろうばたけ　石川県河北郡津幡町
6彦名町　ひこなちょう　鳥取県米子市
彦名新田　ひこなしんでん　鳥取県米子市
彦成　ひこなり　埼玉県三郷市
彦江　ひこえ　埼玉県三郷市
彦糸　ひこいと　埼玉県三郷市
7彦兵衛　ひこべえ　埼玉県白岡市
彦坂　ひこさか　岐阜県岐阜市
彦坂川上　ひこさかかわかみ　岐阜県岐阜市
彦坂川北　ひこさかかわきた　岐阜県岐阜市
彦沢　ひこざわ　埼玉県三郷市
彦見町　ひこみまち　長崎県長崎市
彦谷　ひこたに　和歌山県橋本市
9彦洲町　ひこずちょう　愛知県半田市
彦音　ひこおと　埼玉県三郷市
10彦倉　ひこくら　埼玉県三郷市
彦島
　　ひこじま　静岡県磐田市
　　ひこじま　静岡県袋井市
彦島山中町　ひこしまやまなかちょう　山口県下関市
彦島本村町　ひこしまほんむらちょう　山口県下関市
彦島田の首町　ひこしまたのくびちょう　山口県下関市
彦島向井町　ひこしまむかいちょう　山口県下関市
彦島江の浦町　ひこしまえのうらちょう　山口県下関市
彦島竹ノ子島町　ひこしまたけのこじまちょう　山口県下関市

846

9画（後）

彦島老の山公園　ひこしまおいのやまこうえん　山口県下関市
彦島老町　ひこしまおいまち　山口県下関市
彦島西山町　ひこしまにしやまちょう　山口県下関市
彦島弟子待町　ひこしまでしまつちょう　山口県下関市
彦島弟子待東町　ひこしまでしまつひがしまち　山口県下関市
彦島杉田町　ひこしますぎたちょう　山口県下関市
彦島角倉町　ひこしますまくらちょう　山口県下関市
彦島迫町　ひこしまさこまち　山口県下関市
彦島海士郷町　ひこしまあまのごうちょう　山口県下関市
彦島桜ケ丘町　ひこしまさくらがおかちょう　山口県下関市
彦島塩浜町　ひこしましおはまちょう　山口県下関市
彦島福浦町　ひこしまふくうらちょう　山口県下関市
彦島緑町　ひこしまみどりちょう　山口県下関市
彦根　ひこね　滋賀県（JR東海道本線ほか）
彦根口　ひこねぐち　滋賀県（近江鉄道本線）
彦根市　ひこねし　滋賀県
11彦崎
　　ひこさき　岡山県（JR宇野線）
　　ひこさき　岡山県岡山市南区
彦部　ひこべ　岩手県紫波郡紫波町
彦野　ひこの　埼玉県三郷市
12彦富町　ひことみちょう　滋賀県彦根市
14彦徳　けんどく　福岡県京都郡みやこ町

【後】

後　うしろ　岩手県滝沢市
2後九条　うしろくじょう　宮城県気仙沼市
3後三年　ごさんねん　秋田県（JR奥羽本線）
後三条町　ごさんじょうちょう　滋賀県彦根市
後久保　うしろくぼ　青森県上北郡東北町
後大工町　うしろだいくまち　青森県黒石市
後山
　　うしろやま　福井県あわら市
　　うしろやま　岡山県美作市
　　うしろやま　香川県仲多度郡まんのう町
後山町
　　うしろやまちょう　三重県松阪市
　　うしろやままち　広島県三次市
後川下　しつかわしも　兵庫県篠山市
後川上　しつかわかみ　兵庫県篠山市
後川中　しつかわなか　兵庫県篠山市
後川内
　　うしろがわち　佐賀県唐津市
　　うしろかわち　宮崎県西諸県郡高原町
後川原　うしろかわら　青森県上北郡七戸町
後川奥　しつかわおく　兵庫県篠山市
後川新田　しつかわしんでん　兵庫県篠山市
5後台
　　ごだい　茨城県（JR水郡線）
　　ごだい　茨城県ひたちなか市
　　ごだい　茨城県那珂市
後平
　　うしろたいら　青森県上北郡七戸町
　　うしろだいら　長野県小諸市
後平井　うしろひらい　千葉県流山市

後正寺　ごしょうじ　京都府福知山市
後生橋　ごしょうばし　宮城県石巻市
後田
　　うしろだ　青森県上北郡おいらせ町
　　うしろだ　福島県伊達郡川俣町
　　うしろだ　愛知県知多郡武豊町
　　しれた　和歌山県紀の川市
　　うしろだ　島根県鹿足郡津和野町
　　うしろだ　鹿児島県肝属郡肝付町
後田町
　　うしろだまち　福島県いわき市
　　うしろだちょう　山口県下関市
後疋間町　うしろひきままち　群馬県高崎市
6後地町　うしろじちょう　島根県江津市
後有田　うしろありだ　広島県山県郡北広島町
後江町　ひつえちょう　愛知県愛西市
7後別当　ごべっとう　高知県高岡郡檮原村
後尾　うしろお　新潟県佐渡市
後町　うしろまち　秋田県由利本荘市
後谷
　　うしろや　埼玉県三郷市
　　うしろだに　新潟県上越市
　　うしろだに　富山県小矢部市
　　うしろだに　滋賀県犬上郡多賀町
　　うしろだに　岡山県真庭市
後谷地　うしろやち　秋田県能代市
後谷畝　うしろだにうね　岡山県真庭市
8後免　ごめん　高知県（JR土讃線ほか）
後免中町　ごめんなかまち　高知県（とさでん交通ごめん線）
後免西町　ごめんにしまち　高知県（とさでん交通ごめん線）
後免町
　　ごめんまち　高知県（土佐くろしお鉄道ごめん・なはり線ほか）
　　ごめんまち　高知県南国市
後免東町　ごめんひがしまち　高知県（とさでん交通ごめん線）
後河原　うしろがわら　山口県山口市
9後屋町　うしろやちょう　山梨県甲府市
後屋敷　うしろやしき　宮城県伊具郡丸森町
後畑　うしろばた　愛知県知多郡武豊町
後草　うしろぐさ　千葉県旭市
後飛保町中町　うしろひぼちょうなかまち　愛知県江南市
後飛保町出島　うしろひぼちょうでしま　愛知県江南市
後飛保町平野　うしろひぼちょうひらの　愛知県江南市
後飛保町本郷　うしろひぼちょうほんごう　愛知県江南市
後飛保町両家　うしろひぼちょうりょうけ　愛知県江南市
後飛保町西町　うしろひぼちょうにしまち　愛知県江南市
後飛保町東高瀬　うしろひぼちょうひがしたかせ　愛知県江南市
後飛保町前川　うしろひぼちょうまえかわ　愛知県江南市
後飛保町神明野　うしろひぼちょうしんめいの　愛知県江南市

847

9画 (待, 恒, 思, 怒, 指, 持)

後飛保町宮前 うしろひぼちょうみやまえ　愛知県江南市
後飛保町高瀬 うしろひぼちょうたかせ　愛知県江南市
後飛保町新開 うしろひぼちょうしんかい　愛知県江南市
後飛保町薬師 うしろひぼちょうやくし　愛知県江南市
10後原 こしはら　沖縄県島尻郡八重瀬町
後家町 ごけまち　群馬県前橋市
後畠町 うしろばたけまち　石川県七尾市
11後庵 ごあん　福島県伊達郡川俣町
後箔 うしろやち　青森県青森市
後郷 うらごう　栃木県芳賀郡茂木町
後野
　うしろの　茨城県ひたちなか市
　のちの　福井県大野市
　うしろの　京都府与謝郡与謝野町
　うしろの　福岡県筑紫郡那珂川町
後野上 うしろのがみ　大分県玖珠郡九重町
後野町 うしろのちょう　島根県浜田市
12後賀 ごか　群馬県富岡市
後閑
　ごかん　群馬県 (JR上越線)
　ごかん　群馬県利根郡みなかみ町
　ごかん　岡山県玉野市
後閑町 ごかんまち　群馬県前橋市
後須田 うらすだ　新潟県加茂市
後飯町 ごはんちょう　千葉県銚子市
後飯谷 うしろいいたに　広島県大竹市
13後楽 こうらく　東京都文京区
後楽町
　こうらくちょう　岩手県下閉伊郡山田町
　こうらくちょう　宮城県塩竈市
後楽園
　こうらくえん　東京都(東京地下鉄丸ノ内線ほか)
　こうらくえん　岡山県岡山市北区
14後榛沢 うしろはんざわ　埼玉県深谷市
後箇 ごか　群馬県佐波郡玉村町
後静 しりしず　北海道厚岸郡浜中町
後静村 しりしずむら　北海道厚岸郡浜中町
15後潟
　うしろがた　青森県 (JR津軽線)
　うしろがた　青森県青森市
後潟下 うしろがたしも　山口県山陽小野田市
後潟上 うしろがたかみ　山口県山陽小野田市
18後藤 ごとう　鳥取県 (JR境線)
後藤江 ごとうえ　宮城県遠田郡涌谷町
後藤町
　ごとうちょう　京都府京都市上京区
　ごとうちょう　奈良県奈良市
19後瀬町 のちせちょう　福井県小浜市
後蘭 ごらん　鹿児島県大島郡和泊町

【待】
4待井 まちい　宮城県遠田郡美里町
6待池台 まちいけだい　福島県郡山市
10待兼山町 まちかねやまちょう　大阪府豊中市

【恒】
3恒久 つねひさ　宮崎県宮崎市
恒久南 つねひさみなみ　宮崎県宮崎市
6恒次 つねつぐ　鹿児島県姶良郡湧水町
7恒見 つねみ　福岡県北九州市門司区
恒見町 つねみまち　福岡県北九州市門司区
8恒武町 つねたけちょう　静岡県浜松市東区
12恒富 つねどみ　福岡県豊前市
恒富町 つねとみまち　宮崎県延岡市

【思】
3思川
　おもいがわ　栃木県 (JR両毛線)
　おもいがわ　新潟県南魚沼市
思川新田 おもいがわしんでん　新潟県長岡市
4思井 おもい　千葉県流山市
10思案橋 しあんばし　長崎県 (長崎電気軌道1系統ほか)
11思堀 おもいぼり　福島県大沼郡会津美里町
思堀向 おもいぼりむかい　福島県大沼郡会津美里町
12思勝 おんがち　鹿児島県大島郡大和村

【怒】
5怒田
　ぬだ　千葉県君津市
　ぬだ　神奈川県南足柄市
　ぬた　高知県長岡郡大豊町
怒田沢 ぬたざわ　千葉県君津市
怒田沢町 ぬたざわちょう　愛知県豊田市

【指】
0指ケ浜 さしのはま　宮城県牡鹿郡女川町
4指中 ゆびなか　福井県あわら市
指方 さしかたうら　長崎県佐世保市
5指出町 さしでまち　新潟県見附市
6指合 さしあわせ　新潟県村上市
指江
　さしえ　石川県かほく市
　さすえ　鹿児島県出水郡長島町
8指杭 さしくい　兵庫県美方郡新温泉町
指物町
　さしものちょう　京都府京都市中京区
　さしものちょう　京都府京都市伏見区
指物屋町 さしものやちょう　京都府京都市中京区
9指柳町 さしやなぎちょう　奈良県天理市
10指扇
　さしおうぎ　埼玉県 (JR川越線)
　さしおうぎ　埼玉県さいたま市西区
指扇領辻 さしおうぎりょうつじ　埼玉県さいたま市西区
指扇領別所 さしおうぎりょうべっしょ　埼玉県さいたま市西区
11指宿 いぶすき　鹿児島県 (JR指宿枕崎線)
指宿市 いぶすきし　鹿児島県
指崎 さっさき　富山県氷見市
13指塩 さしお　新潟県糸魚川市

【持】
3持丸 もちまる　福岡県朝倉市

9画（拾, 故, 政, 春）

持子　もちこ　兵庫県神戸市西区
持子沢　もっこざわ　青森県五所川原市
⁴持中町　もっちゅうちょう　愛知県愛西市
持木町　もちきちょう　鹿児島県鹿児島市
⁵持田
　もちだ　埼玉県（秩父鉄道線）
　もちだ　埼玉県行田市
　もちだ　福井県三方上中郡若狭町
　もった　奈良県御所市
　もちだ　宮崎県児湯郡高鍋町
持田町　もちだまち　愛媛県松山市
⁶持光寺　じこうじ　富山県魚津市
持合畑　もちあいばた　福島県田村郡三春町
⁷持尾
　もちお　大阪府南河内郡河南町
　もちお　奈良県吉野郡大淀町
⁸持国　もちくに　山口県岩国市
持明寺町　じみょうじちょう　福井県鯖江市
¹⁰持倉　もちくら　新潟県胎内市
持留　もどめ　鹿児島県曽於郡大崎町
¹²持越
　もちこし　福井県今立郡池田町
　もちこし　静岡県伊豆市

【拾】
⁴拾六町　じゅうろくちょう　福岡県福岡市西区
拾六町団地　じゅうろくちょうだんち　福岡県福岡市西区
拾六間　じゅうろっけん　埼玉県熊谷市
⁵拾石町　ひろいしちょう　愛知県蒲郡市
⁷拾壱軒　じゅういっけん　埼玉県吉川市
拾町　じっちょう　愛媛県伊予郡砥部町

【故】
⁹故屋岡町　こやおかちょう　京都府綾部市

【政】
⁵政田　まさだ　岐阜県本巣市
⁶政成　まさなり　愛知県海部郡飛島村
⁸政和第一　せいわだいいち　北海道雨竜郡幌加内町
政和第二　せいわだいに　北海道雨竜郡幌加内町
政和第三　せいわだいさん　北海道雨竜郡幌加内町
政所
　まんどころ　山形県酒田市
　まんどころ　群馬県利根郡みなかみ町
　まんどころ　広島県山県郡北広島町
　まどころ　山口県周南市
　まどころ　大分県大分市
政所町　まんどころちょう　滋賀県東近江市
政枝町　まさえだちょう　愛媛県新居浜市
政泊町　まさどまりちょう　北海道寿都郡寿都町
⁹政津　まさつ　岡山県岡山市東区

【春】
⁰春ケ丘　はるがおか　福岡県北九州市小倉南区
春の町　はるのまち　福岡県北九州市八幡東区
³春山　はるやま　福井県福井市
春山町
　はるやまちょう　福井県越前市

はるやまちょう　愛知県名古屋市瑞穂区
はるやまちょう　鹿児島県鹿児島市
⁴春友町　はるともちょう　茨城県常陸太田市
春日
　かすが　北海道恵庭市
　かすが　北海道二海郡八雲町
　かすが　北海道虻田郡京極町
　かすが　北海道常呂郡置戸町
　かすが　北海道勇払郡むかわ町
　かすが　宮城県宮城郡利府町
　かすが　山形県米沢市
　かすが　茨城県つくば市
　かすが　埼玉県上尾市
　かすが　千葉県千葉市中央区
　かすが　東京都（東京都交通局三田線ほか）
　かすが　東京都文京区
　かすが　新潟県長岡市
　かすが　新潟県柏崎市
　かすが　新潟県上越市
　かすが　新潟県佐渡市
　かすが　富山県富山市
　かすが　富山県下新川郡入善町
　かすが　福井県福井市
　かすが　福井県大野市
　かすが　長野県佐久市
　かすが　長野県下伊那郡阿智村
　かすが　静岡県静岡市葵区
　かすが　静岡県静岡市清水区
　かすが　大阪府吹田市
　かすが　大阪府茨木市
　かすが　大阪府南河内郡太子町
　かすが　奈良県山辺郡山添村
　かすが　和歌山県新宮市
　かすが　徳島県徳島市
　かすが　福岡県（JR鹿児島本線）
　かすが　福岡県春日市
　かすが　福岡県三井郡大刀洗町
　かすが　熊本県熊本市西区
春日一本松　はるひいっぽんまつ　愛知県清須市
春日一番割　はるひいちばんわり　愛知県清須市
春日二ツ池　はるひふたついけ　愛知県清須市
春日二番割　はるひにばんわり　愛知県清須市
春日八幡　はるひはちまん　愛知県清須市
春日八幡前　はるひはちまんまえ　愛知県清須市
春日八幡南　はるひはちまんなみ　愛知県清須市
春日八幡裏　はるひはちまんうら　愛知県清須市
春日下丑　はるひしもうし　愛知県清須市
春日下中割　はるひしもなかわり　愛知県清須市
春日下河原　はるひしもがわら　愛知県清須市
春日下堤クロ　はるひしもつつみくろ　愛知県清須市
春日三番割　はるひさんばんわり　愛知県清須市
春日上川畑　はるひかみかわばた　愛知県清須市
春日上丑　はるひかみうし　愛知県清須市
春日上中割　はるひかみなかわり　愛知県清須市
春日上河原　はるひかみがわら　愛知県清須市
春日上高畑　はるひかみたかばた　愛知県清須市
春日上堤クロ　はるひかみつつみくろ　愛知県清須市
春日上須ケ田　はるひかみすかた　愛知県清須市
春日大河戸　はるひたいこうど　愛知県清須市
春日小松生　はるひこまつばえ　愛知県清須市
春日小宮神　かすがこみやかみ　岐阜県揖斐郡揖斐川町

9画（春）

春日小塚西　はるひこづかにし　愛知県清須市
春日小塚南　はるひこづかみなみ　愛知県清須市
春日山　かすがやま　新潟県（えちごトキめき鉄道妙高はねうまライン）
春日山町　かすがやままち　新潟県上越市
春日川　かすががわ　香川県（高松琴平電気鉄道志度線）
春日川中　はるひかわなか　愛知県清須市
春日川合　かすががわい　岐阜県揖斐郡揖斐川町
春日中山　かすがなかやま　岐阜県揖斐郡揖斐川町
春日中河原　はるひなかがわら　愛知県清須市
春日中沼　はるひなかぬま　愛知県清須市
春日井　かすがい　愛知県（JR中央本線ほか）
春日井上ノ町　かすがいかみのちょう　愛知県春日井市
春日井市　かすがいし　愛知県
春日井町　かすがいちょう　愛知県春日井市
春日五反地　はるひごたんじ　愛知県清須市
春日元町　かすがもとまち　大阪府枚方市
春日公園　かすがこうえん　福岡県春日市
春日六合　かすがろくごう　岐阜県揖斐郡揖斐川町
春日午　はるひうま　愛知県清須市
春日天神　はるひてんじん　愛知県清須市
春日丘
　かすがおか　富山県高岡市
　かすがおか　大阪府藤井寺市
　かすがおか　兵庫県伊丹市
　かすがおか　奈良県生駒郡平群町
春日丘1番町　かすがおかいちばんちょう　三重県名張市
春日丘2番町　かすがおかにばんちょう　三重県名張市
春日丘3番町　かすがおかさんばんちょう　三重県名張市
春日丘4番町　かすがおかよんばんちょう　三重県名張市
春日丘5番町　かすがおかごばんちょう　三重県名張市
春日丘6番町　かすがおかろくばんちょう　三重県名張市
春日丘7番町　かすがおかななばんちょう　三重県名張市
春日丘新町　かすがおかしんまち　大阪府藤井寺市
春日出中　かすがでなか　大阪府大阪市此花区
春日出北　かすができた　大阪府大阪市此花区
春日出南　かすがでみなみ　大阪府大阪市此花区
春日北町　かすがきたまち　大阪府枚方市
春日台
　かすがだい　青森県三沢市
　かすがだい　神奈川県愛甲郡愛川町
　かすがだい　兵庫県神戸市西区
　かすがだい　岡山県笠岡市
　かすがだい　広島県福山市
　かすがだい　福岡県北九州市八幡西区
春日台町　かすがだいまち　千葉県銚子市
春日市　かすがし　福岡県
春日白弓　はるひしらゆみ　愛知県清須市
春日立作　はるひたてつくり　愛知県清須市
春日向河原　はるひむこうがわら　愛知県清須市
春日寺　かすがんじ　愛知県小牧市
春日寺廻り　はるひてらまわり　愛知県清須市

春日弐屋敷　はるひにやしき　愛知県清須市
春日杁前　はるひいりまえ　愛知県清須市
春日江　かすがえ　兵庫県篠山市
春日江先　はるひえさき　愛知県清須市
春日池　かすがいけ　広島県福山市
春日舟付　はるひふなつき　愛知県清須市
春日西余部　はるひにしよべ　愛知県清須市
春日西町　かすがにしまち　大阪府枚方市
春日西牧前　はるひにしまきまえ　愛知県清須市
春日西牧南　はるひにしまきみなみ　愛知県清須市
春日西須ケ畑　はるひにしすがばた　愛知県清須市
春日壱屋敷　はるひいちやしき　愛知県清須市
春日町
　かすがちょう　北海道釧路市
　かすがちょう　北海道岩見沢市
　かすがちょう　北海道留萌市
　かすがちょう　北海道苫小牧市
　かすがちょう　北海道千歳市
　かすがちょう　北海道富良野市
　かすがちょう　北海道石狩郡当別町
　かすがちょう　北海道目梨郡羅臼町
　かすがちょう　青森県弘前市
　かすがちょう　青森県黒石市
　かすがまち　宮城県仙台市青葉区
　かすがちょう　山形県山形市
　かすがちょう　福島県福島市
　かすがちょう　茨城県高萩市
　かすがちょう　茨城県ひたちなか市
　かすがちょう　栃木県宇都宮市
　かすがちょう　栃木県那須塩原市
　かすがちょう　埼玉県入間市
　かすがちょう　千葉県銚子市
　かすがちょう　千葉県野田市
　かすがちょう　東京都練馬区
　かすがちょう　神奈川県秦野市
　かすがちょう　新潟県新潟市中央区
　かすがちょう　新潟県十日町市
　かすがちょう　富山県富山市
　はるひまち　富山県砺波市
　かすがまち　石川県金沢市
　かすがちょう　石川県小松市
　かすがちょう　福井県福井市
　かすがちょう　長野県諏訪郡下諏訪町
　かすがまち　岐阜県岐阜市
　かすがまち　岐阜県高山市
　かすがちょう　岐阜県関市
　かすがちょう　岐阜県羽島郡笠松町
　かすがちょう　静岡県（静岡鉄道静岡清水線）
　かすがちょう　静岡県静岡市葵区
　かすがちょう　静岡県浜松市中区
　かすがちょう　静岡県沼津市
　かすがちょう　静岡県熱海市
　かすがちょう　愛知県豊橋市
　かすがちょう　愛知県半田市
　かすがまち　愛知県碧南市
　かすがちょう　愛知県高浜市
　はるひちょう　⇒清須市（愛知県）
　かすがちょう　三重県松阪市
　かすがちょう　三重県桑名市
　かすがちょう　滋賀県大津市
　かすがちょう　滋賀県東近江市
　かすがちょう　京都府京都市上京区
　かすがちょう　大阪府豊中市
　かすがちょう　大阪府泉大津市

9画（春）

かすがちょう　大阪府高槻市
かすがちょう　大阪府守口市
かすがちょう　大阪府八尾市
かすがちょう　大阪府泉佐野市
かすがちょう　大阪府寝屋川市
かすがちょう　兵庫県芦屋市
かすがちょう　奈良県大和高田市
かすがちょう　島根県松江市
かすがちょう　岡山県岡山市北区
かすがちょう　広島県福山市
かすがちょう　山口県下関市
かすがちょう　山口県山口市
かすがちょう　徳島県徳島市
かすがちょう　香川県高松市
かすがまち　愛媛県松山市
かすがまち　福岡県北九州市門司区
かすがまち　福岡県田川市
かすがまち　長崎県長崎市
かすがちょう　長崎県佐世保市
かすがまち　長崎県平戸市
かすがまち　大分県佐伯市
かすがまち　宮崎県延岡市
かすがちょう　宮崎県日南市
かすがちょう　鹿児島県鹿児島市
かすがちょう　鹿児島県枕崎市
かすがちょう　鹿児島県いちき串木野市

春日町七日市　かすがちょうなぬかいち　兵庫県丹波市
春日町下三井庄　かすがちょうしもみのしょう　兵庫県丹波市
春日町上三井庄　かすがちょうかみみのしょう　兵庫県丹波市
春日町小多利　かすがちょうこだり　兵庫県丹波市
春日町山田　かすがちょうやまだ　兵庫県丹波市
春日町中山　かすがちょうなかやま　兵庫県丹波市
春日町牛河内　かすがちょううしがわち　兵庫県丹波市
春日町古河　かすがちょうふるかわ　兵庫県丹波市
春日町平松　かすがちょうひらまつ　兵庫県丹波市
春日町広瀬　かすがちょうひろせ　兵庫県丹波市
春日町石才　かすがちょういしさい　兵庫県丹波市
春日町吉田　かすがちょうよしだ　広島県福山市
春日町多田　かすがちょうただ　兵庫県丹波市
春日町多利　かすがちょうたり　兵庫県丹波市
春日町宇山　かすがちょううやま　広島県福山市
春日町池尾　かすがちょういけお　兵庫県丹波市
春日町坂　かすがちょうさか　兵庫県丹波市
春日町国領　かすがちょうこくりょう　兵庫県丹波市
春日町松森　かすがちょうまつもり　兵庫県丹波市
春日町東中　かすがちょうひがしなか　兵庫県丹波市
春日町長王　かすがちょうながおう　兵庫県丹波市
春日町柚津　かすがちょうゆづ　兵庫県丹波市
春日町栢野　かすがちょうかやの　兵庫県丹波市
春日町浦上　かすがちょううらかみ　広島県福山市
春日町野上野　かすがちょうこの　兵庫県丹波市
春日町野山　かすがちょうのやま　兵庫県丹波市
春日町野村　かすがちょうのむら　兵庫県丹波市
春日町野瀬　かすがちょうのせ　兵庫県丹波市
春日町鹿場　かすがちょうかんば　兵庫県丹波市
春日町黒井　かすがちょうくろい　兵庫県丹波市
春日町朝日　かすがちょうあさひ　兵庫県丹波市

春日町棚原　かすがちょうたなばら　兵庫県丹波市
春日町園部　かすがちょうそのべ　兵庫県丹波市
春日町新才　かすがちょうしんさい　兵庫県丹波市
春日町歌道谷　かすがちょううとうだに　兵庫県丹波市
春日町稲塚　かすがちょういなづか　兵庫県丹波市
春日社子地　はるひしゃごじ　愛知県清須市
春日酉　はるひとり　愛知県清須市
春日定ノ割　はるひじょうのわり　愛知県清須市
春日居町　かすがいちょう　山梨県（JR中央本線）
春日居町下岩下　かすがいちょうしもいわした　山梨県笛吹市
春日居町小松　かすがいちょうこまつ　山梨県笛吹市
春日居町加茂　かすがいちょうかも　山梨県笛吹市
春日居町寺本　かすがいちょうてらもと　山梨県笛吹市
春日居町別田　かすがいちょうべつでん　山梨県笛吹市
春日居町国府　かすがいちょうこくふ　山梨県笛吹市
春日居町桑戸　かすがいちょうくわど　山梨県笛吹市
春日居町徳条　かすがいちょうとくじょう　山梨県笛吹市
春日居町熊野堂　かすがいちょうくまのどう　山梨県笛吹市
春日居町鎮目　かすがいちょうしずめ　山梨県笛吹市
春日明河原　はるひあけがわら　愛知県清須市
春日東小塚　はるひひがしこづか　愛知県清須市
春日東出　はるひひがしで　愛知県清須市
春日東町　かすがひがしまち　大阪府枚方市
春日東須ケ畑　はるひひがしすかばた　愛知県清須市
春日河原　はるひかわら　愛知県清須市
春日長久寺　はるひちょうきゅうじ　愛知県清須市
春日長畑　はるひながはた　愛知県清須市
春日屋敷　はるひやしき　愛知県清須市
春日県　はるひあがた　愛知県清須市
春日砂賀東　はるひすかひがし　愛知県清須市
春日神明　はるひしんめい　愛知県清須市
春日美束　かすがみつか　岐阜県揖斐郡揖斐川町
春日香六　かすがこうろく　岐阜県揖斐郡揖斐川町
春日原　かすがばる　福岡県（西日本鉄道天神大牟田線）
春日原北町　かすがばるきたまち　福岡県春日市
春日原東町　かすがばるひがしまち　福岡県春日市
春日原南町　かすがばるみなみまち　福岡県春日市
春日宮重　はるひみやしげ　愛知県清須市
春日宮重町　はるひみやしげまち　愛知県清須市
春日宮越　はるひみやこし　愛知県清須市
春日振形　はるひふりかた　愛知県清須市
春日桑　はるひくわ　愛知県清須市
春日浦　はるひうら　大分県大分市
春日流　はるひながれ　愛知県清須市
春日通　かすがどおり　大阪府大阪市堺区
春日高札　はるひこうさつ　愛知県清須市
春日高畑　はるひたかばた　愛知県清須市
春日冨士塚　はるひふじづか　愛知県清須市
春日堀田　はるひほりた　愛知県清須市
春日郷ケ島　はるひごうがしま　愛知県清須市
春日郷前　はるひごうまえ　愛知県清須市
春日郷裏　はるひごううら　愛知県清須市

9画（春）

春日部　かすかべ　埼玉県（東武鉄道伊勢崎線ほか）
春日部市　かすかべし　埼玉県
春日野
　　かすがの　新潟県上越市
　　かすがの　大阪府枚方市
春日野方　はるひのかた　愛知県清須市
春日野田町　はるひのだまち　愛知県清須市
春日野町
　　かすがのちょう　福井県越前市
　　かすがのちょう　愛知県名古屋市南区
　　かすがのちょう　兵庫県高砂市
　　かすがのちょう　奈良県奈良市
春日野道　かすがのみち　兵庫県（阪急電鉄神戸本線
　　ほか）
春日鳥出　はるひとりで　愛知県清須市
春日堤クロ　はるひつつみくろ　愛知県清須市
春日焼田　はるひやけた　愛知県清須市
春日落合　はるひおちあい　愛知県清須市
春日須ケ田　はるひすかた　愛知県清須市
春日須ケ畑　はるひすかばた　愛知県清須市
春日夢の森　はるひゆめのもり　愛知県清須市
春日新田
　　かすがしんでん　新潟県上越市
　　はるひしんでん　愛知県清須市
春日新田畑　はるひしんでんばた　愛知県清須市
春日新町　はるひしんまち　愛知県清須市
春日新堀　はるひしんぼり　愛知県清須市
春日新堀北　はるひしんぼりきた　愛知県清須市
春日蓮花寺前　はるひれんげじまえ　愛知県清須市
春日樋　はるひとい　愛知県清須市
春日稲荷　はるひいなり　愛知県清須市
春木
　　はるき　石川県鹿島郡中能登町
　　はるき　愛知県愛知郡東郷町
　　はるき　大阪府（南海電気鉄道南海本線）
　　はるき　広島県山県郡北広島町
　　はるき　大分県別府市
春木大小路町　はるきおおしょうじちょう　大阪府岸
　　和田市
春木大国町　はるきだいこくちょう　大阪府岸和田市
春木山　はるきやま　新潟県村上市
春木川町　はるきがわちょう　大阪府和泉市
春木中町　はるきなかまち　大阪府岸和田市
春木元町　はるきもとまち　大阪府岸和田市
春木北浜町　はるききたはまちょう　大阪府岸和田市
春木台　はるきだい　愛知県愛知郡東郷町
春木本町　はるきほんまち　大阪府岸和田市
春木旭町　はるきあさひまち　大阪府岸和田市
春木町
　　はるきまち　長野県須坂市
　　はるきちょう　大阪府和泉市
　　はるきまち　長崎県長崎市
春木若松町　はるきわかまつちょう　大阪府岸和田市
春木南浜町　はるきみなみはまちょう　大阪府岸和田市
春木泉町　はるきいずみちょう　大阪府岸和田市
春木宮川町　はるきみやがわちょう　大阪府岸和田市
春木本町　はるきもとalmaちょう　大阪府岸和田市
春木場　はるきば　岩手県（JR田沢湖線）
5春田
　　はるだ　福島県田村郡三春町

はるた　愛知県（JR関西本線）
はるた　愛知県名古屋市中川区
春田町　しゅんだちょう　広島県庄原市
春田野　はるたの　愛知県名古屋市港区
春立　はるたち　北海道（JR日高本線）
6春光一条　しゅんこういちじょう　北海道旭川市
春光七条　しゅんこうしちじょう　北海道旭川市
春光二条　しゅんこうにじょう　北海道旭川市
春光三条　しゅんこうさんじょう　北海道旭川市
春光五条　しゅんこうごじょう　北海道旭川市
春光六条　しゅんこうろくじょう　北海道旭川市
春光台一条　しゅんこうだいいちじょう　北海道旭川市
春光台二条　しゅんこうだいにじょう　北海道旭川市
春光台三条　しゅんこうだいさんじょう　北海道旭川市
春光台五条　しゅんこうだいごじょう　北海道旭川市
春光台四条　しゅんこうだいしじょう　北海道旭川市
春光四条　しゅんこうしじょう　北海道旭川市
春光町
　　しゅんこうちょう　北海道旭川市
　　しゅんこうちょう　北海道北見市
春吉
　　はるよし　福岡県北九州市小倉南区
　　はるよし　福岡県福岡市中央区
春江　はるえ　福井県（JR北陸本線）
春江町　はるえちょう　東京都江戸川区
春江町いちい野　はるえちょういちいの　福井県坂
　　井市
春江町いちい野中央　はるえちょういちいのちゅうおう
　　福井県坂井市
春江町いちい野北　はるえちょういちいのきた　福井
　　県坂井市
春江町下小森　はるえちょうしもこもり　福井県坂
　　井市
春江町上小森　はるえちょうかみこもり　福井県坂
　　井市
春江町千歩寺　はるえちょうせんぼうじ　福井県坂
　　井市
春江町大牧　はるえちょうおおまき　福井県坂井市
春江町大針　はるえちょうおおばり　福井県坂井市
春江町中庄　はるえちょうなかのしょう　福井県坂井市
春江町中筋　はるえちょうなかすじ　福井県坂井市
春江町中筋三ツ屋　はるえちょうなかすじみつや　福
　　井県坂井市
春江町中筋大手　はるえちょうなかすじおおて　福井
　　県坂井市
春江町中筋北浦　はるえちょうなかすじきたうら　福井
　　県坂井市
春江町中筋春日　はるえちょうなかすじかすが　福井
　　県坂井市
春江町中筋高田　はるえちょうなかすじたかだ　福井
　　県坂井市
春江町井向　はるえちょういのむかい　福井県坂井市
春江町木部西方寺　はるえちょうきべさいほうじ　福
　　井県坂井市
春江町布施田新　はるえちょうふせだしん　福井県坂
　　井市
春江町本堂　はるえちょうほんどう　福井県坂井市
春江町正善　はるえちょうしょうぜん　福井県坂井市
春江町正蓮花　はるえちょうしょうれんげ　福井県坂
　　井市

852

9画（春）

春江町田端　はるえちょうたばた　福井県坂井市
春江町石仏　はるえちょういしぼとけ　福井県坂井市
春江町石塚　はるえちょういしづか　福井県坂井市
春江町辻　はるえちょうつじ　福井県坂井市
春江町安沢　はるえちょうやすざわ　福井県坂井市
春江町江留下　はるえちょうえどめしも　福井県坂井市
春江町江留下宇和江　はるえちょうえどめしもうわえ　福井県坂井市
春江町江留下屋敷　はるえちょうえどめしもやしき　福井県坂井市
春江町江留下相田　はるえちょうえどめしもあいでん　福井県坂井市
春江町江留下高道　はるえちょうえどめしもたかみち　福井県坂井市
春江町江留上　はるえちょうえどめかみ　福井県坂井市
春江町江留上大和　はるえちょうえどめかみやまと　福井県坂井市
春江町江留上中央　はるえちょうえどめかみちゅうおう　福井県坂井市
春江町江留上日の出　はるえちょうえどめかみひので　福井県坂井市
春江町江留上本町　はるえちょうえどめかみほんまち　福井県坂井市
春江町江留上旭　はるえちょうえどめかみあさひ　福井県坂井市
春江町江留上昭和　はるえちょうえどめかみしょうわ　福井県坂井市
春江町江留上新町　はるえちょうえどめかみしんまち　福井県坂井市
春江町江留上緑　はるえちょうえどめかみみどり　福井県坂井市
春江町江留上錦　はるえちょうえどめかみにしき　福井県坂井市
春江町江留中　はるえちょうえどめなか　福井県坂井市
春江町西太郎丸　はるえちょうにしたろうまる　福井県坂井市
春江町西長田　はるえちょうにしながた　福井県坂井市
春江町沖布目　はるえちょうおきぬのめ　福井県坂井市
春江町取次　はるえちょうとりつぎ　福井県坂井市
春江町定広　はるえちょうさだひろ　福井県坂井市
春江町定重　はるえちょうさだしげ　福井県坂井市
春江町松木　はるえちょうまつき　福井県坂井市
春江町東太郎丸　はるえちょうひがしたろうまる　福井県坂井市
春江町金剛寺　はるえちょうこんごうじ　福井県坂井市
春江町為国　はるえちょうためくに　福井県坂井市
春江町為国中区　はるえちょうためくになかく　福井県坂井市
春江町為国平成　はるえちょうためくにへいせい　福井県坂井市
春江町為国西の宮　はるえちょうためくににしのみや　福井県坂井市
春江町為国幸　はるえちょうためくにさいわい　福井県坂井市
春江町為国亀ケ久保　はるえちょうためくにかめがくぼ　福井県坂井市

春江町姫王　はるえちょうひめおう　福井県坂井市
春江町針原　はるえちょうはりばら　福井県坂井市
春江町高江　はるえちょうたかえ　福井県坂井市
春江町堀越　はるえちょうほりこし　福井県坂井市
春江町寄安　はるえちょうよりやす　福井県坂井市
春江町随応寺　はるえちょうずいおうじ　福井県坂井市
春江町境　はるえちょうさかい　福井県坂井市
春江町境上町　はるえちょうさかいかみちょう　福井県坂井市
春江町境元町　はるえちょうさかいもとまち　福井県坂井市
春江町藤鷲塚　はるえちょうふじわしづか　福井県坂井市
春竹町　はるたけまち　熊本県熊本市中央区
7春来　はるき　兵庫県美方郡新温泉町
春来町　はるきまち　岐阜県本巣郡北方町
春沢　はるさわ　福島県田村郡三春町
春町　はるまち　福岡県福岡市博多区
春見町　はるみちょう　愛知県春日井市
春近　はるちか　岐阜県本巣市
春近古市場北　はるちかふるいちばきた　岐阜県岐阜県
春近古市場南　はるちかふるいちばみなみ　岐阜県岐阜県
春里　はるちかちょう　滋賀県長浜市
春里町
　　　はるさとちょう　岐阜県関市
　　　はるさとちょう　愛知県名古屋市千種区
8春岡
　　　はるおか　埼玉県さいたま市見沼区
　　　はるおか　静岡県袋井市
　　　はるおか　愛知県名古屋市千種区
春岡通　はるおかとおり　愛知県名古屋市千種区
春明　しゅんめい　愛知県一宮市
春若町　はるわかちょう　山口県萩市
春雨町　はるさめちょう　愛知県瀬戸市
9春哉　はるかな　兵庫県佐用郡佐用町
春海　はるみ　千葉県匝瑳市
春美町　はるみちょう　愛媛県松山市
春風台　はるかぜだい　茨城県つくば市
春香町　はるかちょう　北海道小樽市
10春原町　はるはらちょう　宮崎県日向市
春宮　はるみや　福井県あわら市
春帯町　はるおびちょう　京都府京都市上京区
11春採　はるとり　北海道釧路市
春野　はるの　埼玉県さいたま市見沼区
春野　はるのちょう　⇒高知市（高知県）
春野町大時　はるのちょうおおとき　静岡県浜松市天竜区
春野町小俣京丸　はるのちょうおまたきょうまる　静岡県浜松市天竜区
春野町川上　はるのちょうかわかみ　静岡県浜松市天竜区
春野町五和　はるのちょうごわ　静岡県浜松市天竜区
春野町仁ノ　はるのちょうにの　高知県高知市
春野町内ノ谷　はるのちょううちのたに　高知県高知市
春野町平和　はるのちょうへいわ　高知県高知市

9画（昭）

春野町弘岡下　はるのちょうひろおかしも　高知県高知市

春野町弘岡上　はるのちょうひろおかかみ　高知県高知市

春野町弘岡中　はるのちょうひろおかなか　高知県高知市

春野町甲殿　はるのちょうこうどの　高知県高知市

春野町田河内　はるのちょうたごうち　静岡県浜松市天竜区

春野町田黒　はるのちょうたぐろ　静岡県浜松市天竜区

春野町石切　はるのちょういしきり　静岡県浜松市天竜区

春野町石打松下　はるのちょういしうちまつした　静岡県浜松市天竜区

春野町気田　はるのちょうけた　静岡県浜松市天竜区

春野町西分　はるのちょうにしぶん　高知県高知市

春野町西畑　はるのちょうさいばた　高知県高知市

春野町西諸木　はるのちょうにしもろぎ　高知県高知市

春野町杉　はるのちょうすぎ　静岡県浜松市天竜区

春野町花島　はるのちょうはなじま　静岡県浜松市天竜区

春野町芳原　はるのちょうよしはら　高知県高知市

春野町和泉平　はるのちょういずみだいら　静岡県浜松市天竜区

春野町東諸木　はるのちょうひがしもろぎ　高知県高知市

春野町牧野　はるのちょうまきの　静岡県浜松市天竜区

春野町長蔵寺　はるのちょうちょうぞうじ　静岡県浜松市天竜区

春野町南ケ丘　はるのちょうみなみがおか　高知県高知市

春野町砂川　はるのちょういさがわ　静岡県浜松市天竜区

春野町秋山　はるのちょうあきやま　高知県高知市

春野町胡桃平　はるのちょうくるみだいら　静岡県浜松市天竜区

春野町宮川　はるのちょうみやがわ　静岡県浜松市天竜区

春野町堀之内　はるのちょうほりのうち　静岡県浜松市天竜区

春野町森山　はるのちょうもりやま　高知県高知市

春野町筏戸大上　はるのちょういかんどおおかみ　静岡県浜松市天竜区

春野町越木平　はるのちょうこしきだいら　静岡県浜松市天竜区

春野町豊岡　はるのちょうとよおか　静岡県浜松市天竜区

春野町領家　はるのちょうりょうけ　静岡県浜松市天竜区

¹²春湖台　しゅんこだい　北海道釧路市

春賀
　　はるか　愛媛県（JR予讃線）
　　はるか　愛媛県大洲市

¹³春園　はるその　茨城県東茨城郡城里町

春照　すいじょう　滋賀県米原市

春路　はるじ　千葉県佐倉市

春遠　はるどお　高知県幡多郡大月町

¹⁴春敲町　しゅんこうちょう　愛知県名古屋市瑞穂区

【昭】

⁵昭代　しょうだい　福岡県福岡市早良区

⁸昭和
　　しょうわ　北海道函館市
　　しょうわ　北海道釧路市
　　しょうわ　北海道北見市
　　しょうわ　北海道夕張市
　　しょうわ　北海道網走市
　　しょうわ　北海道北斗市
　　しょうわ　北海道苫前郡苫前町
　　しょうわ　北海道中川郡幕別町
　　しょうわ　山形県新庄市
　　しょうわ　福島県郡山市
　　しょうわ　栃木県宇都宮市
　　しょうわ　群馬県邑楽郡千代田町
　　しょうわ　埼玉県さいたま市西区
　　しょうわ　埼玉県さいたま市桜区
　　しょうわ　神奈川県（JR鶴見線）
　　しょうわ　神奈川県川崎市川崎区
　　しょうわ　新潟県長岡市
　　しょうわ　岐阜県大垣市
　　しょうわ　愛知県一宮市
　　しょうわ　愛知県知立市
　　しょうわ　岡山県倉敷市
　　しょうわ　香川県さぬき市
　　しょうわ　高知県高岡郡四万十町
　　しょうわ　福岡県北九州市八幡東区
　　しょうわ　長崎県長崎市

昭和乙　しょうわおつ　高知県高岡郡四万十町

昭和八丁目　しょうわはっちょうめ　秋田県潟上市

昭和大久保　しょうわおおくぼ　秋田県潟上市

昭和中央　しょうわちゅうおう　北海道釧路市

昭和中町　しょうわなかまち　広島県安芸郡海田町

昭和区
　　しょうわく　北海道河西郡更別村
　　しょうわく　愛知県名古屋市

昭和日進町　しょうわにっしんちょう　熊本県八代市

昭和北　しょうわきた　北海道釧路市

昭和台　しょうわだい　京都府舞鶴市

昭和台町　しょうわだいちょう　大阪府高槻市

昭和甲　しょうわこう　高知県高岡郡四万十町

昭和同仁町　しょうわどうじんまち　熊本県八代市

昭和乱橋　しょうわみだればし　秋田県潟上市

昭和村
　　しょうわむら　福島県大沼郡
　　しょうわむら　群馬県利根郡

昭和町
　　しょうわちょう　北海道函館市
　　しょうわちょう　北海道釧路市
　　しょうわちょう　北海道帯広市
　　しょうわちょう　北海道赤平市
　　しょうわちょう　北海道根室市
　　しょうわちょう　北海道瀬棚郡今金町
　　しょうわちょう　青森県黒石市
　　しょうわちょう　青森県むつ市
　　しょうわまち　宮城県仙台市青葉区
　　しょうわまち　山形県鶴岡市
　　しょうわまち　福島県会津若松市
　　しょうわまち　福島県白河市
　　しょうわまち　福島県二本松市
　　しょうわまち　栃木県栃木市
　　しょうわまち　群馬県前橋市
　　しょうわまち　群馬県高崎市

9画（昭）

しょうわちょう　群馬県伊勢崎市
しょうわまち　千葉県香取市
しょうわまち　東京都北区
しょうわまち　東京都昭島市
しょうわまち　神奈川県横浜市金沢区
しょうわちょう　新潟県十日町市
しょうわまち　新潟県見附市
しょうわまち　新潟県上越市
しょうわまち　富山県高岡市
しょうわまち　石川県金沢市
しょうわまち　石川県七尾市
しょうわちょう　福井県敦賀市
しょうわまち　福井県勝山市
しょうわちょう　山梨県中巨摩郡
しょうわまち　岐阜県岐阜市
しょうわまち　岐阜県高山市
しょうわまち　岐阜県多治見市
しょうわまち　岐阜県中津川市
しょうわちょう　静岡県静岡市葵区
しょうわちょう　静岡県熱海市
しょうわちょう　愛知県名古屋市港区
しょうわちょう　愛知県岡崎市
しょうわちょう　愛知県半田市
しょうわちょう　愛知県津島市
しょうわちょう　愛知県刈谷市
しょうわちょう　愛知県豊田市
しょうわちょう　愛知県安城市
しょうわちょう　愛知県岩倉市
しょうわちょう　滋賀県大津市
しょうわちょう　滋賀県東近江市
しょうわちょう　京都府福知山市
しょうわちょう　大阪府（大阪市交通局御堂筋線）
しょうわちょう　大阪府大阪市阿倍野区
しょうわちょう　大阪府吹田市
しょうわちょう　大阪府泉大津市
しょうわちょう　大阪府富田林市
しょうわちょう　大阪府東大阪市
しょうわちょう　兵庫県豊岡市
しょうわちょう　兵庫県小野市
しょうわちょう　奈良県大和高田市
しょうわちょう　奈良県大和郡山市
しょうわちょう　鳥取県米子市
しょうわまち　鳥取県倉吉市
しょうわまち　鳥取県境港市
しょうわまち　島根県益田市
しょうわちょう　岡山県岡山市北区
しょうわまち　岡山県津山市
しょうわまち　広島県広島市中区
しょうわちょう　広島県呉市
しょうわちょう　広島県福山市
しょうわまち　広島県安芸郡海田町
しょうわまち　山口県宇部市
しょうわまち　山口県下松市
しょうわまち　山口県岩国市
しょうわちょう　徳島県徳島市
しょうわちょう　香川県（JR高徳線）
しょうわちょう　香川県高松市
しょうわちょう　香川県丸亀市
しょうわちょう　香川県坂出市
しょうわちょう　香川県観音寺市
しょうわまち　愛媛県松山市
しょうわまち　高知県高知市
しょうわまち　福岡県北九州市小倉北区
しょうわまち　福岡県大牟田市
しょうわまち　熊本県熊本市東区
しょうわまち　熊本県荒尾市

しょうわまち　熊本県水俣市
しょうわまち　熊本県山鹿市
しょうわちょう　宮崎県宮崎市
しょうわまち　宮崎県延岡市
しょうわまち　鹿児島県出水市

昭和町通り　しょうわまちどおり　長崎県（長崎電気軌道1系統ほか）
昭和明徴町　しょうわめいちょうまち　熊本県八代市
昭和南　しょうわみなみ　北海道釧路市
昭和南通　しょうわみなみどおり　兵庫県尼崎市
昭和島
しょうわじま　東京都（東京モノレール線）
しょうわじま　東京都大田区
昭和通
しょうわどおり　大阪府堺市堺区
しょうわどおり　兵庫県尼崎市
しょうわどおり　愛媛県八幡浜市
しょうわどおり　鹿児島県いちき串木野市
昭和通り　しょうわどおり　山口県周南市
昭和開　しょうわびらき　福岡県大牟田市
昭和園　しょうわえん　大阪府摂津市
昭和新山　しょうわしんざん　北海道有珠郡壮瞥町
昭和新田　しょうわしんでん　大分県中津市
昭和新町
しょうわしんまち　富山県富山市
しょうわしんまち　福井県福井市
しょうわしんまち　京都府福知山市
昭和豊川上虻川　しょうわとよかわかみあぶかわ　秋田県潟上市
昭和豊川山田　しょうわとよかわやまだ　秋田県潟上市
昭和豊川岡井戸　しょうわとよかわおかいど　秋田県潟上市
昭和豊川竜毛　しょうわとよかわりゅうげ　秋田県潟上市
昭和豊川船橋　しょうわとよかわふなばし　秋田県潟上市
昭和豊川槻木　しょうわとよかわつきのき　秋田県潟上市
昭和橋　しょうわばし　北海道（函館市交通局2系統ほか）
昭和橋通　しょうわばしとおり　愛知県名古屋市中川区
昭府　しょうぶ　静岡県静岡市葵区
昭府町　しょうぶちょう　静岡県静岡市葵区
昭明町　しょうめいちょう　愛知県名古屋市中川区
9**昭南町**
しょうなんまち　秋田県能代市
しょうなんまち　福岡県福岡市博多区
しょうなんまち　福岡県柳川市
昭栄
しょうえい　北海道樺戸郡月形町
しょうえい　北海道中川郡池田町
昭栄町
しょうえいちょう　岐阜県多治見市
しょうえいちょう　大阪府寝屋川市
しょうえいちょう　大阪府河内長野市
しょうえいまち　佐賀県佐賀市
しょうえいまち　宮崎県宮崎市
10**昭島**　あきしま　東京都（JR青梅線）
昭島市　あきしまし　東京都
11**昭野**　あきの　北海道網走郡美幌町

855

9画（是, 星）

【是】

³是川 これかわ 青森県八戸市
⁵是永町 これながまち 大分県豊後高田市
⁶是安 これやす 富山県南砺市
⁷是里 これさと 岡山県赤磐市
⁸是松町 これまつちょう 広島県庄原市
⁹是則 これのり 大分県中津市
是政
  これまさ 東京都（西武鉄道多摩川線）
  これまさ 東京都府中市

【星】

⁰星ケ丘
  ほしがおか 岐阜県関市
  ほしがおか 愛知県（名古屋市交通局東山線）
  ほしがおか 愛知県名古屋市千種区
  ほしがおか 大阪府（京阪電気鉄道交野線）
  ほしがおか 福岡県北九州市八幡西区
  ほしがおか 福岡県中間市
  ほしがおか 福岡県福津市
星ケ台 ほしがだい 岐阜県多治見市
星ケ峯 ほしがみね 鹿児島県鹿児島市
星が丘
  ほしがおか 岩手県花巻市
  ほしがおか 栃木県宇都宮市
  ほしがおか 神奈川県相模原市中央区
  ほしがおか 長野県諏訪郡下諏訪町
  ほしがおか 兵庫県神戸市垂水区
  ほしがおか 山口県下松市
星が丘山手 ほしがおかやまて 愛知県名古屋市千種区
星が丘元町 ほしがおかもとまち 愛知県名古屋市千種区
星が浦大通 ほしがうらおおどおり 北海道釧路市
星が浦北 ほしがうらきた 北海道釧路市
星が浦南 ほしがうらみなみ 北海道釧路市
星の里 ほしのさと 茨城県稲敷郡阿見町
星の荘 ほしのそう 兵庫県宝塚市
星の原団地 ほしのはらだんち 福岡県福岡市早良区
星の宮 ほしのみや 埼玉県所沢市
星の宮町 ほしのみやちょう 新潟県胎内市
³星久喜町 ほしぐきちょう 千葉県千葉市中央区
星山
  ほしやま 岩手県紫波郡紫波町
  ほしやま 静岡県富士宮市
  ほしやま 和歌山県伊都郡かつらぎ町
  ほしやま 岡山県真庭市
星川
  ほしかわ 埼玉県熊谷市
  ほしかわ 神奈川県（相模鉄道本線）
  ほしかわ 神奈川県横浜市保土ケ谷区
  ほしかわ 三重県（三岐鉄道北勢線）
  ほしかわ 三重県桑名市
  ほしかわ 和歌山県伊都郡かつらぎ町
⁴星井町 ほしいちょう 富山県富山市
⁵星丘 ほしがおか 大阪府枚方市
星田
  ほしだ 群馬県富岡市
  ほしだ 大阪府（JR片町線）
  ほしだ 大阪府交野市
星田山手 ほしだやまて 大阪府交野市

星田北 ほしだきた 大阪府交野市
星田西 ほしだにし 大阪府交野市
⁶星合町 ほしあいちょう 三重県松阪市
⁷星尾
  ほしお 群馬県甘楽郡南牧村
  ほしお 和歌山県有田市
星沢 ほしざわ 岩手県八幡平市
星見ケ丘
  ほしみがおか 三重県桑名市
  ほしみがおか 福岡県春日市
星見台 ほしみだい 岐阜県可児市
星見町 ほしみちょう 大阪府茨木市
星谷
  ほしや 千葉県大網白里市
  ほしたに 徳島県勝浦郡勝浦町
⁸星取 ほしとり 長崎県長崎市
星和台
  せいわだい 兵庫県神戸市北区
  せいわだい 奈良県北葛城郡河合町
  せいわだい 福岡県北九州市小倉南区
  せいわだい 大分県大分市
星和台町 せいわだいまち 長崎県佐世保市
星和町 せいわまち 福岡県北九州市八幡西区
星岡 ほしおか 愛媛県松山市
星岡町 ほしおかまち 愛媛県松山市
¹⁰星倉 ほしくら 宮崎県日南市
星原町
  ほしばらちょう 京都府綾部市
  ほしばらちょう 愛媛県新居浜市
星宮町 ほしみやちょう 愛知県名古屋市南区
¹¹星崎 ほしざき 愛知県名古屋市南区
星崎町
  ほしざきちょう 愛知県名古屋市南区
  ほしざきちょう 愛知県半田市
星野村
  ほしのむら 福岡県八女市
  ほしのむら ⇒八女市（福岡県）
星野町
  ほしのちょう 北海道小樽市
  ほしのまち 栃木県栃木市
  ほしのちょう 神奈川県横浜市神奈川区
  ほしのちょう 京都府京都市東山区
星陵台 せいりょうだい 兵庫県神戸市垂水区
星陵町 せいりょうまち 宮城県仙台市青葉区
星鹿町下田免 ほしかちょうしもだめん 長崎県松浦市
星鹿町北久保免 ほしかちょうきたくぼめん 長崎県松浦市
星鹿町牟田免 ほしかちょうむためん 長崎県松浦市
星鹿町岳崎免 ほしかちょうたけざきめん 長崎県松浦市
星鹿町青島免 ほしかちょうあおしまめん 長崎県松浦市
¹²星塚町 ほしづかちょう 鹿児島県鹿屋市
星越町 ほしごえちょう 愛媛県新居浜市
¹³星園町 ほしぞのちょう 愛知県名古屋市南区
星置 ほしおき 北海道（JR函館本線）
星置一条 ほしおきいちじょう 北海道札幌市手稲区
星置二条 ほしおきにじょう 北海道札幌市手稲区
星置三条 ほしおきさんじょう 北海道札幌市手稲区

856

9画（昴, 栄）

星置南　ほしおきみなみ　北海道札幌市手稲区

【昴】

昴　すばる　青森県弘前市

【栄】

栄
さかえ　北海道網走市
さかえ　北海道稚内市
さかえ　北海道磯谷郡蘭越町
さかえ　北海道虻田郡喜茂別町
さかえ　北海道岩内郡岩内町
さかえ　北海道苫前郡初山別村
さかえ　北海道網走郡津別町
さかえ　北海道常呂郡佐呂間町
さかえ　北海道河西郡芽室町
さかえ　北海道河西郡中札内村
とりえ　北海道中川郡幕別町
さかえ　北海道川上郡標茶町
さかえ　宮城県仙台市宮城野区
さかえ　宮城県多賀城市
さかえ　秋田県北秋田市
さかえ　茨城県つくば市
さかえ　埼玉県川越市
さかえ　埼玉県加須市
さかえ　埼玉県本庄市
さかえ　埼玉県新座市
さかえ　埼玉県久喜市
さかえ　埼玉県北本市
さかえ　埼玉県三郷市
さかえ　埼玉県坂戸市
さかえ　埼玉県幸手市
さかえ　埼玉県北足立郡伊奈町
さかえ　千葉県我孫子市
さかえ　新潟県新潟市西蒲区
さかえ　新潟県糸魚川市
さかえ　山梨県韮崎市
さかえ　愛知県（名古屋市交通局東山線ほか）
さかえ　愛知県名古屋市中区
さかえ　愛知県一宮市
さかえ　愛知県知立市
さかえ　愛知県日進市
さかえ　愛知県あま市
さかえ　三重県桑名郡木曽岬町
さかえ　滋賀県野洲市
さかえ　京都府久世郡久御山町
さかえ　兵庫県（神戸電鉄粟生線）
さかえ　和歌山県西牟婁郡白浜町
さかえ　岡山県（水島臨海鉄道線）
さかえ　佐賀県東松浦郡玄海町
さかえ　熊本県合志市

⁰栄ケ丘　さかえがおか　宮崎県東臼杵郡門川町
¹栄一　さかえいち　北海道常呂郡置戸町
²栄二　さかえに　北海道常呂郡置戸町
⁴栄中町　さかえなかまち　鹿児島県枕崎市
栄区　さかえく　神奈川県横浜市
⁵栄丘　さかえおか　北海道浦河郡浦河町

栄本町
さかえほんまち`大阪府池田市
さかえほんまち　鹿児島県枕崎市

栄生
さこう　愛知県（名古屋鉄道犬山線ほか）
さこう　愛知県名古屋市西区

栄生町
さこちょう　愛知県名古屋市中村区
えいせいちょう　愛知県豊田市

栄田
さかえだ　秋田県湯沢市
さかえだ　鳥取県西伯郡大山町
さかえだ　福岡県三井郡大刀洗町

栄田町
さかえだちょう　高知県高知市
えいだまち　長崎県諫早市

⁷栄村　さかえむら　長野県下水内郡

栄町
さかえまち　北海道（札幌市交通局東豊線）
さかえまち　北海道札幌市東区
さかえちょう　北海道函館市
さかえちょう　北海道室蘭市
さかえまち　北海道釧路市
さかえまち　北海道北見市
さかえまち　北海道岩見沢市
さかえまち　北海道留萌市
さかえまち　北海道苫小牧市
さかえちょう　北海道根室市
さかえちょう　北海道千歳市
さかえまち　北海道滝川市
さかえまち　北海道富良野市
さかえちょう　北海道登別市
さかえまち　北海道北広島市
さかえまち　北海道石狩郡当別町
さかえまち　北海道茅部郡森町
さかえちょう　北海道二海郡八雲町
さかえまち　北海道瀬棚郡今金町
さかえまち　北海道余市郡余市町
さかえまち　北海道空知郡南幌町
さかえまち　北海道夕張郡長沼町
さかえまち　北海道上川郡上川町
さかえまち　北海道上川郡美瑛町
さかえまち　北海道空知郡上富良野町
さかえまち　北海道増毛郡増毛町
さかえまち　北海道苫前郡羽幌町
さかえまち　北海道枝幸郡枝幸町
さかえまち　北海道天塩郡幌延町
さかえまち　北海道網走郡美幌町
さかえまち　北海道常呂郡訓子府町
さかえまち　北海道紋別郡湧別町
さかえまち　北海道紋別郡滝上町
さかえまち　北海道白老郡白老町
さかえちょう　北海道虻田郡洞爺湖町
さかえちょう　北海道様似郡様似町
さかえまち　北海道河東郡鹿追町
さかえまち　北海道上川郡新得町
さかえまち　北海道中川郡本別町
さかえちょう　北海道足寄郡足寄町
さかえまち　北海道足寄郡陸別町
さかえまち　北海道十勝郡浦幌町
さかえちょう　北海道目梨郡羅臼町
さかえまち　青森県青森市
さかえちょう　青森県弘前市
さかえちょう　青森県五所川原市
さかえちょう　青森県三沢市
さかえちょう　岩手県宮古市
さかえちょう　岩手県久慈市
さかえちょう　岩手県上閉伊郡大槌町
さかえちょう　宮城県塩竈市
さかえちょう　宮城県気仙沼市
さかえちょう　宮城県岩沼市

857

9画（栄）

さかえまち　秋田県能代市	さかえちょう　新潟県加茂市
さかえまち　山形県米沢市	さかえちょう　新潟県十日町市
さかえちょう　山形県酒田市	さかえちょう　新潟県妙高市
さかえまち　山形県新庄市	さかえちょう　新潟県上越市
さかえちょう　山形県寒河江市	さかえまち　新潟県上越市
さかえまち　山形県上山市	さかえまち　富山県富山市
さかえまち　山形県長井市	さかえまち　富山県氷見市
さかえまち　山形県西置賜郡小国町	さかえまち　富山県砺波市
さかえまち　福島県福島市	さかえちょう　富山県中新川郡上市町
さかえまち　福島県会津若松市	さかえまち　石川県七尾市
さかえまち　福島県郡山市	さかえまち　石川県小松市
さかえまち　福島県白河市	さかえちょう　福井県福井市
さかえまち　福島県須賀川市	さかえちょう　福井県勝山市
さかえまち　福島県二本松市	さかえまち　長野県長野市
さかえちょう　茨城県水戸市	さかえちょう　長野県諏訪郡下諏訪町
さかえまち　茨城県龍ケ崎市	さかえまち　長野県木曽郡上松町
さかえちょう　茨城県常陸太田市	さかえまち　岐阜県多治見市
さかえちょう　茨城県牛久市	さかえまち　岐阜県関市
さかえちょう　茨城県ひたちなか市	さかえまち　岐阜県中津川市
さかえちょう　茨城県常陸大宮市	さかえまち　岐阜県本巣郡北方町
さかえちょう　栃木県宇都宮市	さかえちょう　静岡県静岡市葵区
さかえちょう　栃木県足利市	さかえちょう　静岡県浜松市中区
さかえちょう　栃木県佐野市	さかえちょう　静岡県三島市
さかえちょう　栃木県鹿沼市	さかえちょう　静岡県島田市
さかえちょう　群馬県高崎市	さかえちょう　静岡県磐田市
さかえまち　群馬県沼田市	さかえまち　静岡県焼津市
さかえちょう　群馬県館林市	さかえまち　静岡県袋井市
さかえちょう　埼玉県川口市	さかえまち　愛知県（名古屋鉄道瀬戸線）
さかえちょう　埼玉県行田市	さかえまち　愛知県豊橋市
さかえちょう　埼玉県飯能市	さかえまち　愛知県岡崎市
さかえちょう　埼玉県春日部市	さかえまち　愛知県瀬戸市
さかえちょう　埼玉県鴻巣市	さかえまち　愛知県半田市
さかえちょう　埼玉県深谷市	さかえまち　愛知県碧南市
さかえちょう　埼玉県上尾市	さかえまち　愛知県豊田市
さかえちょう　埼玉県草加市	さかえまち　愛知県蒲郡市
さかえちょう　埼玉県朝霞市	さかえまち　愛知県常滑市
さかえちょう　埼玉県吉川市	さかえまち　愛知県岩倉市
さかえちょう　千葉県（千葉都市モノレール1号線）	さかえちょう　愛知県豊明市
さかえちょう　千葉県千葉市中央区	さかえまち　三重県津市
さかえちょう　千葉県銚子市	さかえまち　三重県四日市市
さかえちょう　千葉県船橋市	さかえまち　三重県名張市
さかえちょう　千葉県松戸市	さかえまち　三重県尾鷲市
さかえちょう　千葉県佐倉市	さかえまち　三重県亀山市
さかえまち　千葉県印旛郡	さかえまち　滋賀県大津市
さかえちょう　東京都（東京都交通局荒川線）	さかえまち　滋賀県彦根市
さかえちょう　東京都北区	さかえまち　滋賀県東近江市
さかえちょう　東京都板橋区	さかえちょう　京都府京都市上京区
さかえちょう　東京都練馬区	さかえちょう　京都府京都市下京区
さかえちょう　東京都立川市	さかえちょう　大阪府池田市
さかえちょう　東京都府中市	さかえちょう　大阪府高槻市
さかえちょう　東京都小平市	さかえちょう　大阪府八尾市
さかえまち　東京都日野市	さかえちょう　大阪府泉佐野市
さかえちょう　東京都東村山市	さかえちょう　大阪府河内長野市
さかえちょう　東京都羽村市	さかえちょう　大阪府羽曳野市
さかえちょう　東京都西東京市	さかえちょう　大阪府門真市
さかえちょう　神奈川県横浜市神奈川区	さかえまち　兵庫県洲本市
さかえちょう　神奈川県相模原市南区	さかえまち　兵庫県相生市
さかえちょう　神奈川県小田原市	さかえまち　兵庫県豊岡市
さかえちょう　神奈川県三浦市	さかえまち　兵庫県宝塚市
さかえちょう　神奈川県秦野市	さかえまち　兵庫県川西市
さかえちょう　神奈川県厚木市	さかえちょう　兵庫県小野市
さかえまち　新潟県新潟市中央区	さかえまち　兵庫県加西市
さかえちょう　新潟県新潟市西蒲区	さかえちょう　奈良県大和高田市
さかえちょう　新潟県長岡市	さかえまち　奈良県御所市
さかえちょう　新潟県柏崎市	さかえちょう　奈良県吉野郡下市町
さかえちょう　新潟県小千谷市	さかえまち　和歌山県田辺市

9画（柿）

さかえまち　鳥取県鳥取市
えいまち　鳥取県境港市
さかえまち　島根県松江市
さかえまち　島根県浜田市
さかえまち　島根県益田市
さかえまち　島根県隠岐郡隠岐の島町
さかえまち　岡山県高梁市
さかえまち　岡山県美作市
さかえまち　広島県安芸郡海田町
さかえまち　山口県下関市
さかえまち　山口県防府市
さかえまち　山口県下松市
さかえまち　山口県周南市
さかえまち　山口県山陽小野田市
さかえまち　徳島県徳島市
さかえまち　香川県観音寺市
さかえまち　香川県仲多度郡多度津町
さかえまち　愛媛県今治市
さかえまち　愛媛県西条市
さかえまち　高知県須崎市
さかえまち　高知県土佐清水市
さかえまち　福岡県北九州市門司区
さかえまち　福岡県大牟田市
さかえまち　福岡県田川市
さかえまち　福岡県大野城市
さかえまち　福岡県宗像市
さかえまち　佐賀県佐賀市
さかえまち　佐賀県唐津市
さかえまち　長崎県長崎市
さかえまち　長崎県佐世保市
さかえまち　長崎県島原市
さかえまち　長崎県諫早市
さかえまち　長崎県五島市
さかえまち　長崎県東彼杵郡川棚町
さかえまち　熊本県熊本市東区
さかえまち　熊本県水俣市
さかえまち　熊本県宇土市
さかえまち　熊本県天草市
さかえまち　大分県中津市
さかえまち　宮崎県都城市
さかえまち　宮崎県延岡市
さかえまち　鹿児島県阿久根市
さかえまち　鹿児島県西之表市
さかえまち　鹿児島県垂水市
さかえまち　鹿児島県いちき串木野市

栄町西
　さかえまちにし　北海道沙流郡日高町
　さかえちょうにし　千葉県松戸市
栄町東　さかえまちひがし　北海道沙流郡日高町
栄町通
　さかえちょうどおり　神奈川県横浜市鶴見区
　さかえまちどおり　兵庫県神戸市中央区
栄町港　さかえまちみなと　愛媛県宇和島市
栄谷
　さかえだに　和歌山県和歌山市
　さかえだに　山口県周南市
栄谷町　さかえだにまち　石川県加賀市
8**栄和**
　えいわ　北海道枝幸郡浜頓別町
　さかわ　埼玉県さいたま市桜区
栄和町
　えいわちょう　大阪府大東市
　えいわちょう　奈良県橿原市
栄岡　さかえおか　北海道上川郡東神楽町

栄枝　さかえ　兵庫県加東市
栄枝町　さかえだちょう　岐阜県岐阜市
栄松　さかえまつ　茨城県石岡市
10**栄原**
　さかえはら　北海道山越郡長万部町
　さかえばら　山形県山形市
栄恵町　さかえまち　北海道恵庭市
栄扇町　えいせんちょう　岐阜県岐阜市
栄根　さかね　兵庫県川西市
栄浜
　さかえはま　北海道二海郡八雲町
　さかえはま　北海道爾志郡乙部町
　さかえはま　北海道島牧郡島牧村
　さかえはま　北海道苫前郡苫前町
栄荻島　さかえおぎじま　新潟県三条市
栄通
　さかえどおり　北海道札幌市白石区
　さかえどおり　北海道広尾郡大樹町
11**栄盛川町**　えいせいがわまち　福岡県北九州市若松区
栄進　えいしん　北海道河東郡士幌町
栄野
　さかえの　北海道爾志郡乙部町
　さかえの　北海道紋別郡遠軽町
栄野比　えのび　沖縄県うるま市
12**栄富**　えいとみ　福島県南会津郡下郷町
栄森　さかえもり　北海道網走郡美幌町
13**栄新町**
　さかえしんまち　富山県富山市
　さかえしんまち　福井県敦賀市
　さかえしんまち　岐阜県岐阜市
15**栄穂**　えいほ　北海道十勝郡浦幌町
16**栄橋町**　さかえばしちょう　大阪府堺市堺区
17**栄磯**　さかえいそ　北海道島牧郡島牧村

【柿】
柿
　かき　三重県三重郡朝日町
　かき　岡山県勝田郡奈義町
0**柿ケ坪町**　かきがつぼちょう　奈良県御所市
柿ケ原
　かきがはら　福井県今立郡池田町
　かきがはら　岡山県美作市
柿ケ島　かきがしま　福井県（JR越美北線）
柿嶋　かきがしま　福井県大野市
柿ノ木　かきのき　滋賀県長浜市
柿ノ浦　かきのうら　愛媛県南宇和郡愛南町
柿の木台　かきのきだい　神奈川県横浜市青葉区
柿の木坂
　かきのきざか　東京都目黒区
　かきのきざか　和歌山県橋本市
　かきのきざか　山口県山陽小野田市
柿の木沢　かきのきざわ　富山県中新川郡立山町
柿の木町　かきのきまち　長崎県島原市
3**柿下**
　かきした　岐阜県可児市
　かきした　福岡県田川郡香春町
柿下温泉口　かきしたおんせんぐち　福岡県（平成筑
　豊鉄道田川線）
柿山伏　かきやまぶし　兵庫県姫路市
4**柿之内**　かきのうち　福島県岩瀬郡天栄村

859

9画（柿）

柿木
　かきき　岩手県岩手郡雫石町
　かきのき　新潟県三島郡出雲崎町
柿木台　かきのきだい　千葉県市原市
柿木村下須　かきのきむらしもす　島根県鹿足郡吉賀町
柿木村大野原　かきのきむらおおのばら　島根県鹿足郡吉賀町
柿木村木部谷　かきのきむらきべだに　島根県鹿足郡吉賀町
柿木村白谷　かきのきむらしらたに　島根県鹿足郡吉賀町
柿木村柿木　かきのきむらかきのき　島根県鹿足郡吉賀町
柿木村椛谷　かきのきむらかばたに　島根県鹿足郡吉賀町
柿木村福川　かきのきむらふくがわ　島根県鹿足郡吉賀町
柿木沢
　かきのきざわ　栃木県さくら市
　かきのきざわ　栃木県塩谷郡高根沢町
柿木沢新田　かきのきざわしんでん　栃木県さくら市
柿木町
　かきのきちょう　埼玉県草加市
　かきのきちょう　岡山県高梁市
柿木原町　かきのきはらちょう　三重県松阪市
柿木浜町　かきのきはまちょう　京都府京都市伏見区
柿木畠　かきのきばたけ　石川県金沢市
5柿平　かきだいら　愛知県（JR飯田線）
柿平町　かきだいらちょう　栃木県佐野市
柿本　かきのもと　奈良県葛城市
柿本町
　かきもとちょう　愛知県豊田市
　かきもとちょう　京都府京都市中京区
　かきもとちょう　京都府京都市下京区
柿生
　かきお　神奈川県（小田急電鉄小田原線）
　かきお　石川県鳳珠郡能登町
柿田
　かきだ　岐阜県可児市
　かきだ　静岡県駿東郡清水町
柿田町　かきたちょう　愛知県岡崎市
7柿沢
　かきざわ　富山県中新川郡上市町
　かきざわ　長野県塩尻市
柿沢新　かきざわしん　富山県中新川郡上市町
柿町　かぎまち　新潟県長岡市
柿谷
　かきなや　富山県氷見市
　かきだに　鳥取県東伯郡三朝町
柿谷町
　かきだにちょう　福井県福井市
　かきだにちょう　島根県安来市
8柿和田　かきわだ　千葉県いすみ市
柿岡　かきおか　茨城県石岡市
柿沼　かきぬま　埼玉県熊谷市
柿泊町　かきどまりまち　長崎県長崎市
柿迫　かきさこ　広島県安芸郡熊野町
9柿畑　かきばた　愛知県犬山市
10柿原
　かきばら　福井県あわら市

　かきはら　三重県南牟婁郡御浜町
　かきはら　鳥取県八頭郡八頭町
　かきはら　鳥取県日野郡江府町
　かきはら　愛媛県宇和島市
　かきばる　福岡県朝倉市
柿島
　かきじま　新潟県新潟市西蒲区
　かきしま　静岡県静岡市葵区
11柿崎
　かきざき　新潟県（JR信越本線）
　かきざき　静岡県下田市
柿崎区下小野　かきざきくしもおの　新潟県上越市
柿崎区下中山　かきざきくしもなかやま　新潟県上越市
柿崎区下灰庭新田　かきざきくしもはいにわしんでん　新潟県上越市
柿崎区下条　かきざきくげじょう　新潟県上越市
柿崎区下牧　かきざきくしもまき　新潟県上越市
柿崎区下金原　かきざきくしもかなはら　新潟県上越市
柿崎区三ツ屋浜　かきざきくみつやはま　新潟県上越市
柿崎区上下浜　かきざきくじょうげはま　新潟県上越市
柿崎区上小野　かきざきくかみおの　新潟県上越市
柿崎区上中山　かきざきくかみなかやま　新潟県上越市
柿崎区上直海　かきざきくかみのうみ　新潟県上越市
柿崎区上金原　かきざきくかみかなはら　新潟県上越市
柿崎区小萱　かきざきくおがや　新潟県上越市
柿崎区山谷　かきざきくやまや　新潟県上越市
柿崎区川井　かきざきくかわい　新潟県上越市
柿崎区川田　かきざきくかわた　新潟県上越市
柿崎区水野　かきざきくみずの　新潟県上越市
柿崎区平沢　かきざきくひらさわ　新潟県上越市
柿崎区旭平　かきざきくあさひだいら　新潟県上越市
柿崎区江島新田　かきざきくえじましんでん　新潟県上越市
柿崎区百木　かきざきくももき　新潟県上越市
柿崎区竹鼻　かきざきくたけがはな　新潟県上越市
柿崎区米山寺　かきざきくべいさんじ　新潟県上越市
柿崎区芋島　かきざきくいものしま　新潟県上越市
柿崎区行法　かきざきくぎょうほう　新潟県上越市
柿崎区坂田新田　かきざきくさかたしんでん　新潟県上越市
柿崎区角取　かきざきくつのどり　新潟県上越市
柿崎区岩手　かきざきくいわで　新潟県上越市
柿崎区岩野　かきざきくいわの　新潟県上越市
柿崎区松留　かきざきくまつどめ　新潟県上越市
柿崎区東谷内　かきざきくひがしやち　新潟県上越市
柿崎区東横山　かきざきくひがしよこやま　新潟県上越市
柿崎区法音寺　かきざきくほうおんじ　新潟県上越市
柿崎区直海浜　かきざきくのうみはま　新潟県上越市
柿崎区金谷　かきざきくかなや　新潟県上越市
柿崎区阿弥陀瀬　かきざきくあみだせ　新潟県上越市
柿崎区城腰　かきざきくじょうのこし　新潟県上越市
柿崎区柿崎　かきざきくかきざき　新潟県上越市
柿崎区栃窪　かきざきくとちくぼ　新潟県上越市

9画（柑,枯,柵,柴,染）

柿崎区柳ケ崎　かきざきくやながさき　新潟県上越市
柿崎区桜町新田　かきざきくさくらまちしんでん　新潟県上越市
柿崎区荻谷　かきざきくおぎのたに　新潟県上越市
柿崎区馬正面　かきざきくばしょうめん　新潟県上越市
柿崎区高寺　かきざきくたかてら　新潟県上越市
柿崎区高畑　かきざきくたかばたけ　新潟県上越市
柿崎区黒岩　かきざきくくろいわ　新潟県上越市
柿崎区落合　かきざきくおちあい　新潟県上越市
柿崎区雁海　かきざきくがんかい　新潟県上越市
柿崎区猿毛　かきざきくさるげ　新潟県上越市
柿野　かきの　岐阜県山県市
柿野浦　かきのうら　新潟県佐渡市
13柿園町　かきぞのまち　福岡県大牟田市
14柿碕町　かきさきちょう　愛知県安城市
柿餅　かきもち　千葉県大網白里市

【柑】
3柑子町
　　こうじまち　石川県七尾市
　　こうじちょう　愛知県豊田市
柑子袋　こうじぶくろ　滋賀県湖南市

【枯】
4枯木　かれき　新潟県刈羽郡刈羽村

【柵】
0柵ノ木　さくのき　青森県黒石市
3柵下町　さくしたちょう　愛知県名古屋市南区
柵口　ませぐち　新潟県糸魚川市
7柵町　さくまち　茨城県水戸市
10柵原　やなはら　岡山県久米郡美咲町

【柴】
柴
　　しば　茨城県下妻市
　　しば　栃木県下野市
　　しば　埼玉県熊谷市
　　しば　富山県滑川市
0柴の里　しばのさと　京都府長岡京市
1柴乙　しばおつ　愛媛県大洲市
2柴又
　　しばまた　東京都（京成電鉄金町線）
　　しばまた　東京都葛飾区
3柴山
　　しばやま　茨城県筑西市
　　しばやま　埼玉県白岡市
　　しばやま　富山県中新川郡立山町
　　しばやま　愛知県常滑市
　　しばやま　兵庫県（JR山陰本線）
柴山町　しばやままち　石川県加賀市
4柴内　しばうち　茨城県石岡市
柴木
　　しばき　石川県白山市
　　しわぎ　広島県山県郡安芸太田町
柴木町　しばきまち　石川県白山市
5柴平　しばひら　秋田県（JR花輪線）
柴生町　しぼうちょう　愛媛県四国中央市

柴甲　しばこう　愛媛県大洲市
柴田
　　しばた　千葉県成田市
　　しばた　愛知県（名古屋鉄道常滑線）
柴田本通　しばたほんどおり　愛知県名古屋市南区
柴田町
　　しばたまち　宮城県柴田郡
　　しばたちょう　愛知県名古屋市南区
柴田屋　しばたや　富山県南砺市
柴田郡　しばたぐん　宮城県
柴目　しばめ　和歌山県海草郡紀美野町
6柴名　しばな　千葉県茂原市
7柴尾　しばお　高知県高岡郡越知町
柴町
　　しばまち　群馬県伊勢崎市
　　しばまち　神奈川県横浜市金沢区
柴谷　しばたに　大阪府大阪市住之江区
9柴垣　しばがき　大阪府松原市
柴垣町　しばがきまち　石川県羽咋市
柴屋町　しばやちょう　奈良県奈良市
柴巻　しばまき　高知県高知市
柴怒田　しばんた　静岡県御殿場市
10柴原
　　しばはら　福島県田村郡三春町
　　しばはら　千葉県山武市
　　しばはら　大阪府（大阪高速鉄道大阪モノレール線）
　　しばら　岡山県真庭市
柴原町　しばはらちょう　大阪府豊中市
柴原南町　しばはらみなみちょう　滋賀県東近江市
柴島
　　くにじま　大阪府（阪急電鉄千里線）
　　くにじま　大阪府大阪市東淀川区
柴高　しばたか　茨城県小美玉市
11柴宿　しばじゅく　岩手県（JR大船渡線）
柴崎
　　しばさき　青森県上北郡野辺地町
　　しばさき　茨城県つくば市
　　しばさき　茨城県稲敷市
　　しばさき　千葉県我孫子市
　　しばさき　東京都（京王電鉄京王線）
　　しばさき　東京都調布市
柴崎台　しばさきだい　千葉県我孫子市
柴崎体育館　しばさきたいいくかん　東京都（多摩都市モノレール線）
柴崎町
　　しばさきまち　群馬県高崎市
　　しばさきまち　千葉県銚子市
　　しばさきちょう　東京都立川市
柴野　しばの　富山県高岡市
柴野内島　しばのうちじま　富山県高岡市
12柴間　しばま　茨城県石岡市
16柴橋
　　しばはし　山形県（JR左沢線）
　　しばはし　山形県寒河江市
　　しばはし　新潟県胎内市
柴舘道ノ下　しばだてみちのしも　青森県上北郡七戸町

【染】
染　そめ　福島県石川郡浅川町

861

9画（柱,栂,柘,栃）

【染】

⁴染井　そめい　千葉県香取郡多古町
染井入新田　そめいいりしんでん　千葉県柏市
染井町　そめいちょう　高知県安芸市
染井野　そめいの　千葉県佐倉市
⁶染地　そめち　東京都調布市
染地台　そめじだい　静岡県浜松市浜北区
染羽町　そめばちょう　島根県益田市
⁷染谷
　　そめや　茨城県石岡市
　　そめや　茨城県猿島郡境町
　　そめや　埼玉県さいたま市見沼区
⁹染屋　そめや　青森県上北郡おいらせ町
¹¹染野　そめの　奈良県葛城市
¹³染殿町
　　そめどのちょう　京都府京都市上京区
　　そめどのちょう　兵庫県西宮市

【柱】

柱　はしら　愛知県岡崎市
¹柱一番町　はしらいちばんちょう　愛知県豊橋市
²柱七番町　はしらななばんちょう　愛知県豊橋市
柱九番町　はしらきゅうばんちょう　愛知県豊橋市
柱二番町　はしらにばんちょう　愛知県豊橋市
柱八番町　はしらはちばんちょう　愛知県豊橋市
³柱三番町　はしらさんばんちょう　愛知県豊橋市
⁴柱五番町　はしらごばんちょう　愛知県豊橋市
柱六番町　はしらろくばんちょう　愛知県豊橋市
⁵柱四番町　はしらよんばんちょう　愛知県豊橋市
柱本
　　はしらもと　岐阜県本巣郡北方町
　　はしらもと　大阪府高槻市
　　はしらもと　和歌山県橋本市
柱本白坪　はしらもとしらつぼ　岐阜県本巣郡北方町
柱本池之頭　はしらもといけのがしら　岐阜県本巣郡北方町
柱本南　はしらもとみなみ　岐阜県本巣郡北方町
柱本南町　はしらもとみなみまち　大阪府高槻市
柱本新町　はしらもとしんまち　大阪府高槻市
柱田　はしЛった　福島県須賀川市
⁷柱町　はしらちょう　愛知県岡崎市
柱谷　はしらたに　高知県高岡郡日高村
¹⁰柱島　はしらじま　山口県岩国市
¹¹柱野
　　はしらの　山口県（JR岩徳線）
　　はしらの　山口県岩国市
¹²柱道　はしらみち　新潟県糸魚川市
¹⁷柱曙　はしらあけぼの　愛知県岡崎市

【栂】

栂　とが　大阪府堺市南区
⁰栂・美木多　とがみきた　大阪府（泉北高速鉄道線）
¹¹栂野町　とがのちょう　福井県福井市

【柘】

¹²柘植　つげ　三重県（JR関西本線）
柘植町　つげまち　三重県伊賀市
¹⁴柘榴　ざくろ　京都府相楽郡精華町

【栃】

⁰栃ノ木　とちのき　高知県安芸市
栃ノ沢町　とちのさわちょう　愛知県豊田市
³栃上　とちあげ　富山県砺波市
栃山　とちやま　富山県滑川市
栃山町　とちやまちょう　島根県益田市
栃川　とちかわ　福井県丹生郡越前町
⁴栃内
　　とちない　岩手県花巻市
　　とちない　岩手県紫波郡紫波町
栃木
　　とちぎ　北海道常呂郡佐呂間町
　　とちぎ　栃木県（JR両毛線ほか）
　　とちぎ　長野県小諸市
栃木市　とちぎし　栃木県
栃木県　とちぎけん
栃木竈　とちのきがま　三重県度会郡南伊勢町
⁵栃本　とちもと　奈良県吉野郡下市町
栃本町
　　とちもとちょう　栃木県佐野市
　　とちもとちょう　愛知県豊田市
栃立町　とちだちちょう　愛知県豊田市
⁶栃江　とちえ　兵庫県豊岡市
⁷栃尾
　　とちお　京都府舞鶴市
　　とちお　奈良県吉野郡天川村
栃尾大町　とちおおまち　新潟県長岡市
栃尾大野　とちおおの　新潟県長岡市
栃尾大野町　とちおおのまち　新潟県長岡市
栃尾山田　とちおやまだ　新潟県長岡市
栃尾山田町　とちおやまだちょう　新潟県長岡市
栃尾本町　とちおほんちょう　新潟県長岡市
栃尾旭町　とちおあさひちょう　新潟県長岡市
栃尾町　とちおまち　新潟県長岡市
栃尾岩野外新田　とちおいわのそとしんでん　新潟県長岡市
栃尾表町　とちおおもてまち　新潟県長岡市
栃尾泉　とちおいずみ　新潟県長岡市
栃尾原　とちおはら　新潟県長岡市
栃尾原町　とちおはらまち　新潟県長岡市
栃尾宮沢　とちおみやざわ　新潟県長岡市
栃尾島田　とちおしまだ　新潟県長岡市
栃尾新町　とちおあらまち　新潟県長岡市
栃沢
　　とちざわ　富山県黒部市
　　とちざわ　静岡県静岡市葵区
栃谷
　　とちや　埼玉県秩父市
　　とちだに　富山県富山市
　　とちだに　兵庫県美方郡新温泉町
⁹栃屋
　　とちや　山形県鶴岡市
　　とちや　富山県（富山地方鉄道本線）
栃栄町　とちさかえまち　新潟県見附市
栃泉町　とちいずみちょう　福井県福井市
栃津　とちづ　富山県中新川郡立山町
¹⁰栃倉
　　とちぐら　山形県西置賜郡小国町
　　とちくら　新潟県長岡市

9画（柏）

栃原
　とちはら　茨城県久慈郡大子町
　とちはら　福井県吉田郡永平寺町
　とちはら　三重県（JR紀勢本線）
　とちはら　三重県多気郡大台町
　とちはら　奈良県吉野郡下市町
　とちはら　鳥取県西伯郡伯耆町
　とちはら　岡山県久米郡美咲町
栃原町　とちはらちょう　広島県呉市
11栃堀　とちぼり　新潟県長岡市
栃梨　とちなし　兵庫県篠山市
14栃窪
　とちくぼ　山形県西置賜郡白鷹町
　とちくぼ　栃木県鹿沼市
　とちくぼ　群馬県吾妻郡中之条町
　とちくぼ　神奈川県秦野市
　とちくぼ　新潟県南魚沼市
栃窪町　とちくぼまち　新潟県見附市

【柏】
柏
　かしわ　北海道紋別郡遠軽町
　かしわ　北海道河東郡士幌町
　かしわ　埼玉県本庄市
　かしわ　千葉県（JR常磐線ほか）
　かしわ　千葉県柏市
　かしわ　愛媛県南宇和郡愛南町
　かしわ　熊本県上益城郡山都町
0柏インター東　かしわいんたーひがし　千葉県柏市
柏ケ丘　かしわがおか　北海道河東郡鹿追町
柏ケ谷　かしわがや　神奈川県海老名市
柏ケ洞町　かしがほらちょう　愛知県豊田市
柏たなか　かしわたなか　千葉県（首都圏新都市鉄道つくばエクスプレス線）
柏の森　かやのもり　福岡県飯塚市
柏の葉　かしわのは　千葉県柏市
柏の葉キャンパス　かしわのはきゃんぱす　千葉県（首都圏新都市鉄道つくばエクスプレス線）
3柏下　かしわした　千葉県柏市
柏下古川　かしわしもこがわ　青森県つがる市
柏上古川　かしわかみこがわ　青森県つがる市
柏久保　かしわくぼ　静岡県伊豆市
柏子所　かしこどころ　秋田県能代市
柏山町　かしわやままち　福島県郡山市
柏川　かしわがわ　熊本県下益城郡美里町
4柏中村下　かしわなかむらした　千葉県柏市
柏井
　かしわい　茨城県笠間市
　かしわい　千葉県千葉市花見川区
柏井町
　かしわいちょう　千葉県千葉市花見川区
　かしわいまち　千葉県市川市
　かしわいちょう　愛知県春日井市
柏井町公園通　かしわいちょうこうえんどおり　愛知県尾張旭市
柏井町弥栄　かしわいちょういやさか　愛知県尾張旭市
柏戸　かしわど　埼玉県加須市
柏木
　かしわぎ　北海道北見市
　かしわぎ　青森県北津軽郡板柳町
　かしわぎ　宮城県仙台市青葉区

　かしわぎ　宮城県伊具郡丸森町
　かしわぎ　茨城県稲敷市
　かしわぎ　栃木県鹿沼市
　かしわぎ　群馬県多野郡神流町
　かしわぎ　千葉県印旛郡酒々井町
　かしわぎ　石川県鳳珠郡能登町
　かしわぎ　長野県小諸市
　かしわぎ　長野県諏訪郡原村
　かしわぎ　奈良県吉野郡川上村
　かしわぎ　和歌山県伊都郡かつらぎ町
　かしわぎ　高知県安芸郡北川村
柏木山　かしわぎやま　宮城県刈田郡七ケ宿町
柏木古渡　かしわぎふっと　茨城県稲敷市
柏木平
　かしわぎだいら　岩手県（JR釜石線）
　かしわぎだいら　岩手県下閉伊郡普代村
柏木目　かしわぎめ　山形県東置賜郡高畠町
柏木町
　かしわぎちょう　北海道（函館市交通局2系統ほか）
　かしわぎちょう　北海道函館市
　かしわぎちょう　北海道室蘭市
　かしわぎちょう　北海道釧路市
　かしわぎちょう　北海道苫小牧市
　かしわぎちょう　北海道登別市
　かしわぎちょう　北海道恵庭市
　かしわぎちょう　北海道広尾郡大樹町
　かしわぎちょう　北海道中川郡本別町
　かしわぎちょう　山形県天童市
　かしわぎちょう　福島県伊達市
　かしわぎちょう　愛知県名古屋市瑞穂区
　かしわぎちょう　滋賀県東近江市
　かしわぎちょう　大阪府堺市堺区
　かしわぎちょう　兵庫県伊丹市
　かしわぎちょう　奈良県奈良市
　かしわぎちょう　奈良県大和郡山市
柏木町広田　かしわぎまちひろた　青森県平川市
柏木町東田　かしわぎまちひがしだ　青森県平川市
柏木町柳田　かしわぎまちやなぎだ　青森県平川市
柏木町藤山　かしわぎまちふじやま　青森県平川市
柏木堰　かしわぎぜき　青森県南津軽郡藤崎町
5柏丘　かしわおか　北海道常呂郡訓子府町
柏台
　かしわだい　北海道千歳市
　かしわだい　岩手県八幡平市
　かしわだい　千葉県千葉市稲毛区
柏台南　かしわだいみなみ　北海道千歳市
柏　かしわし　千葉県
柏広須　かしわひろす　青森県つがる市
柏玉水　かしわたまみず　青森県つがる市
柏田本町　かしたほんまち　大阪府東大阪市
柏田西　かしたにし　大阪府東大阪市
柏田町　かしわだちょう　茨城県牛久市
柏田東町　かしたひがしまち　大阪府東大阪市
柏矢町　はくやちょう　長野県（JR大糸線）
6柏合　かしあい　埼玉県深谷市
柏寺　かしわでら　千葉県野田市
柏西　かしわにし　北海道釧路郡釧路町
7柏寿台　はくじゅだい　北海道河東郡音更町
柏尾
　かしお　新潟県村上市
　かしお　岐阜県養老郡養老町
　かしお　静岡県静岡市清水区

863

9画（柏）

かしお　三重県伊賀市
かしお　兵庫県神崎郡神河町
柏尾台　かしおだい　兵庫県神戸市北区
柏尾町　かしおちょう　神奈川県横浜市戸塚区
柏村町　かしむらちょう　大阪府八尾市
柏町
　かしわちょう　北海道三笠市
　かしわちょう　北海道檜山郡江差町
　かしわまち　北海道網走郡津別町
　かしわまち　北海道河西郡更別村
　かしわちょう　埼玉県志木市
　かしわちょう　東京都立川市
　かしわちょう　神奈川県横浜市旭区
　かしわちょう　新潟県長岡市
　かしわまち　石川県白山市
　かしわちょう　三重県伊勢市
柏谷　かしや　静岡県田方郡函南町
柏谷沢　かしやざわ　山形県酒田市
柏里　かしわざと　大阪府大阪市西淀川区
⁸**柏東**　かしひがし　北海道釧路郡釧路町
柏林台　はくりんだい　北海道（JR根室本線）
柏林台中町　はくりんだいなかまち　北海道帯広市
柏林台北町　はくりんだいきたまち　北海道帯広市
柏林台西町　はくりんだいにしまち　北海道帯広市
柏林台東町　はくりんだいひがしまち　北海道帯広市
柏林台南町　はくりんだいみなみまち　北海道帯広市
⁹**柏屋町**
　かしわやちょう　京都府京都市中京区
　かしわやちょう　京都府京都市下京区
¹⁰**柏倉**　かしわぐら　山形県山形市
柏倉町
　かしわぐらまち　栃木県栃木市
　かしわぐらまち　群馬県前橋市
柏原
　かしわばら　北海道苫小牧市
　かしわばら　秋田県雄勝郡羽後町
　かしわばら　山形県東根市
　かしわばら　茨城県石岡市
　かしわばら　埼玉県狭山市
　かしわばら　千葉県市原市
　かしわばら　長野県上水内郡信濃町
　かしわばら　静岡県富士市
　かしわばら　滋賀（JR東海道本線）
　かしわばら　滋賀県米原市
　かしわら　大阪府（JR関西本線ほか）
　かしは　大阪府豊能郡能勢町
　かいばら　兵庫県（JR福知山線）
　かしはら　兵庫県川辺郡猪名川町
　かしはら　奈良県御所市
　かせばら　和歌山県橋本市
　かしわら　福岡県福岡市南区
　かしわばる　宮崎県宮崎市
　かしわばる　鹿児島県薩摩郡さつま町
柏原市　かしわらし　大阪府
柏原町
　かしわばらちょう　青森県五所川原市
　かしわばらちょう　茨城県石岡市
　かしはらちょう　愛知県春日井市
　かしわばらちょう　愛知県蒲郡市
　かしばらちょう　島根県益田市
柏原町下小倉　かいばらちょうしもおぐら　兵庫県丹波市

柏原町上小倉　かいばらちょうかみおぐら　兵庫県丹波市
柏原町大新屋　かいばらちょうおおにや　兵庫県丹波市
柏原町小南　かいばらちょうこみなみ　兵庫県丹波市
柏原町北山　かいばらちょうきたやま　兵庫県丹波市
柏原町北中　かいばらちょうきたなか　兵庫県丹波市
柏原町母坪　かいばらちょうほつぼ　兵庫県丹波市
柏原町田路　かいばらちょうたじ　兵庫県丹波市
柏原町石戸　かいばらちょういしど　兵庫県丹波市
柏原町見長　かいばらちょうみなが　兵庫県丹波市
柏原町東奥　かいばらちょうひがしおく　兵庫県丹波市
柏原町南多田　かいばらちょうみなみただ　兵庫県丹波市
柏原町柏原　かいばらちょうかいばら　兵庫県丹波市
柏原町挙田　かいばらちょうあぐた　兵庫県丹波市
柏原町鴨野　かいばらちょうかもの　兵庫県丹波市
柏原南口　かしわらみなみぐち　大阪府（近畿日本鉄道明寺線）
柏原新田　かしわばらしんでん　埼玉県狭山市
柏島　かしわじま　高知県幡多郡大月町
柏座　かしわざ　埼玉県上尾市
柏桑野木田　かしわくわのきだ　青森県つがる市
¹¹**柏堂西町**　かやんどうにしまち　兵庫県西宮市
柏堂町　かやんどうちょう　兵庫県西宮市
柏堀之内新田　かしわほりのうちしんでん　千葉県柏市
柏崎
　かしわざき　青森県八戸市
　かしわざき　岩手県久慈市
　かしざき　宮城県気仙沼市
　かしわざき　福島県相馬市
　かしわざき　福島県伊達郡川俣町
　かしわざき　茨城県かすみがうら市
　かしわざき　埼玉県さいたま市岩槻区
　かしわざき　埼玉県東松山市
　かしわざき　新潟県（JR信越本線）
　かしわざき　愛媛県南宇和郡愛南町
　かしわざき　佐賀県唐津市
柏崎市　かしわざきし　新潟県
柏梨田　かしうだ　兵庫県川辺郡猪名川町
柏清盛町　かしわきよもりちょう　京都府京都市上京区
柏野
　かしわの　北海道河東郡士幌町
　かしわの　福島県西白河郡西郷村
　かしわの　三重県伊賀市
　かしわの　三重県度会郡大紀町
　かしわの　兵庫県赤穂郡上郡町
柏野町
　かしわのちょう　北海道函館市
　かしわのまち　石川県加賀市
　かしわのまち　長崎県島原市
¹²**柏森**
　かしわもり　愛知県（名古屋鉄道犬山線）
　かしわもり　愛知県丹羽郡扶桑町
柏葉
　はくよう　北海道河東郡士幌町
　かしわば　神奈川県横浜市中区
柏陽
　はくよう　北海道（JR石北本線）
　はくよう　北海道千歳市

9画（柊, 柄, 柳）

　　　はくよう　神奈川県横浜市栄区
　柏陽町
　　　はくようちょう　北海道北見市
　　　はくようちょう　北海道恵庭市
13柏農高校前　はくのうこうこうまえ　青森県（弘南鉄道弘南線）
14柏熊　かしわくま　茨城県鉾田市
　柏熊新田　かしわくましんでん　茨城県鉾田市
　柏稲盛　かしわいせ　青森県つがる市
24柏鷺坂　かしわさぎさか　青森県つがる市

【柊】
3柊山町　ひいらぎやまちょう　愛知県大府市
7柊町
　　　ひいらぎちょう　愛知県半田市
　　　ひいらぎちょう　京都府京都市中京区
10柊原　くぬぎばる　鹿児島県垂水市
11柊野　くきの　鹿児島県薩摩郡さつま町

【柄】
5柄目木　がらめき　新潟県新潟市秋葉区
7柄杓田　ひしゃくだ　福岡県北九州市門司区
　柄杓田町　ひしゃくだまち　福岡県北九州市門司区
柄沢
　　　からさわ　秋田県大館市
　　　からさわ　神奈川県藤沢市
　　　からさわ　新潟県五泉市
柄貝　からかい　岩手県一関市
10柄倉　からくら　栃木県日光市

【柳】
柳
　　　やなぎ　茨城県筑西市
　　　やなぎ　神奈川県足柄上郡大井町
　　　やなぎ　静岡県菊川市
　　　やなぎ　三重県（近畿日本鉄道鈴鹿線）
　　　やなぎ　三重県度会郡度会町
　　　やなぎ　奈良県大和郡山市
　　　やなぎ　奈良県吉野郡吉野町
　　　やなぎ　熊本県上益城郡山都町
　　　やなぎ　大分県別府市
0柳ケ丘
　　　やなぎがおか　新潟県新潟市東区
　　　やなぎがおか　広島県安芸郡府中町
柳ケ坪町　やながつぼちょう　愛知県瀬戸市
柳ケ枝町　やなぎえちょう　愛知県名古屋市瑞穂区
柳ケ浦　やなぎがうら　大分県（JR日豊本線）
柳ケ瀬通　やながせどおり　岐阜県岐阜市
柳が丘　やなぎがおか　茨城県ひたちなか市
柳が崎　やながさき　滋賀県大津市
2柳丁　やなぎちょう　和歌山県和歌山市
柳八幡町　やなぎはちまんちょう　京都府京都市中京区
3柳丸町　やなぎまるちょう　宮崎県宮崎市
柳久瀬　やなくせ　山形県鶴岡市
柳小路　やなぎこうじ　神奈川県（江ノ島電鉄線）
柳山　やなぎやま　新潟県燕市
柳山津興　やなぎやまつおき　三重県津市
柳川
　　　やなかわ　青森県青森市

　　　やながわ　山形県西村山郡大江町
　　　やながわ　茨城県神栖市
　　　やながわ　千葉県市原市
　　　やながわ　神奈川県秦野市
　　　やながわ　山梨県南巨摩郡富士川町
　　　やながわ　滋賀県大津市
　　　やながわ　岡山県（岡山電気軌道清輝橋線ほか）
柳川中央　やながわちゅうおう　茨城県神栖市
柳川市　やながわし　福岡県
柳川町
　　　やながわちょう　群馬県高崎市
　　　やながわちょう　岐阜県岐阜市
　　　やながわちょう　愛知県名古屋市中川区
　　　やながわちょう　滋賀県彦根市
　　　やながわちょう　大阪府高槻市
柳川原　やながぎわら　宮城県白石市
柳川新田　やながわしんでん　新潟県三条市
4柳之町西　やなぎのちょうにし　大阪府堺市堺区
柳之町東　やなぎのちょうひがし　大阪府堺市堺区
柳之宮　やなぎのみや　埼玉県八潮市
柳井
　　　やない　山口県（JR山陽本線）
　　　やない　山口県柳井市
柳井川　やないがわ　愛媛県上浮穴郡久万高原町
柳井市　やないし　山口県
柳井田町　やないだちょう　新潟県妙高市
柳井町　やないまち　愛媛県松山市
柳井津　やないつ　山口県柳井市
柳井原　やないはる　熊本県上益城郡山都町
柳井港　やないみなと　山口県（JR山陽本線）
柳元町　やなぎもとまち　福井県越前市
柳内　やなぎうち　福島県伊達市
柳戸
　　　やなど　千葉県柏市
　　　やなぎと　岐阜県岐阜市
柳戸町
　　　やなぎどちょう　埼玉県鶴ケ島市
　　　やなぎどちょう　愛知県一宮市
柳水町　りゅうすいちょう　京都府京都市中京区
柳水流　やなぎずる　宮崎県えびの市
5柳古新田　りゅうこしんでん　新潟県南魚沼市
柳台　やなぎだい　福島県大沼郡会津美里町
柳台甲　やなぎだいこう　福島県大沼郡会津美里町
柳平　やなぎたいら　青森県上北郡七戸町
柳本　やなぎもと　奈良県（JR桜井線）
柳本町
　　　やなぎもとちょう　兵庫県西宮市
　　　やなぎもとちょう　奈良県天理市
柳生
　　　やなぎう　宮城県仙台市太白区
　　　やぎゅう　秋田県由利本荘市
　　　やぎゅう　埼玉県（東武鉄道日光線）
　　　やぎゅう　埼玉県加須市
柳生下町　やぎゅうしもちょう　奈良県奈良市
柳生町
　　　やぎゅうちょう　岐阜県岐阜市
　　　やぎゅうちょう　愛知県豊橋市
　　　やぎゅうちょう　奈良県奈良市
柳生橋　やぎゅうばし　愛知県（豊橋鉄道渥美線）
柳田
　　　やなぎた　青森県西津軽郡深浦町

9画（柳）

やなぎだ　宮城県伊具郡丸森町
やなぎた　秋田県（JR奥羽本線）
やなぎだ　秋田県秋田市
やなぎだ　秋田県横手市
やなぎだ　秋田県湯沢市
やないだ　山形県鶴岡市
やないだ　富山県氷見市
やなぎだ　石川県鳳珠郡能登町

柳田町
やなぎたまち　栃木県宇都宮市
やなぎだまち　埼玉県秩父市
やないちょう　新潟県柏崎市
やないだまち　石川県羽咋市
やなぎだちょう　愛知県名古屋市中川区
やなぎだちょう　大阪府門真市
やなぎだちょう　奈良県御所市
やなぎだまち　長崎県長崎市

7柳作　やなぎさく　福島県石川郡石川町

柳図子町　やなぎのずしちょう　京都府京都市上京区

柳村　やなぎむら　島根県鹿足郡津和野町

柳沢
やなぎさわ　北海道北斗市
やなぎさわ　青森県上北郡東北町
やなぎさわ　岩手県滝沢市
やなぎさわ　岩手県和賀郡西和賀町
やなぎさわ　宮城県気仙沼市
やなぎさわ　宮城県加美郡加美町
やなぎさわ　山形県東村山郡中山町
やなぎさわ　茨城県ひたちなか市
やなぎさわ　千葉県野田市
やぎさわ　東京都西東京市
やなぎさわ　新潟県三条市
やなぎさわ　新潟県佐渡市
やなぎさわ　富山県黒部市
やなぎさわ　長野県中野市
やなぎさわ　長野県諏訪郡原村
やなぎさわ　静岡県沼津市
やなぎさわ　兵庫県淡路市
やなぎさわ　愛媛県大洲市

柳沢山国有林　やなぎさわやまこくゆうりん　宮城県刈田郡七ケ宿町

柳沢町
やなざわちょう　岐阜県岐阜市
やなざわまち　宮崎県延岡市

柳町
やなぎまち　北海道函館市
やなぎまち　北海道釧路市
やなぎまち　北海道苫小牧市
やなぎまち　北海道中川郡本別町
やなぎまち　青森県五所川原市
やなぎまち　青森県むつ市
やなぎまち　青森県上北郡六戸町
やなぎまち　岩手県一関市
やなぎまち　宮城県白石市
やなぎちょう　宮城県遠田郡涌谷町
やなぎまち　秋田県能代市
やなぎまち　秋田県湯沢市
やなぎまち　福島県福島市
やなぎまち　茨城県水戸市
やなぎまち　群馬県沼田市
やなぎちょう　埼玉県飯能市
やなぎちょう　埼玉県越谷市
やなぎちょう　埼玉県坂戸市
やなぎちょう　神奈川県横浜市金沢区

やなぎちょう　神奈川県川崎市幸区
やなぎちょう　神奈川県秦野市
やなぎちょう　新潟県加茂市
やなぎまち　富山県富山市
やなぎまち　富山県中新川郡上市町
やなぎまち　石川県野々市市
やなぎまち　福井県鯖江市
やなぎまち　長野県長野市
やなぎまち　岐阜県岐阜市
やなぎまち　岐阜県関市
やなぎまち　岐阜県中津川市
やなぎちょう　静岡県静岡市葵区
やなぎちょう　静岡県沼津市
やなぎまち　静岡県島田市
やなぎちょう　静岡県掛川市
やなぎちょう　三重県四日市市
やなぎちょう　三重県鈴鹿市
やなぎまち　滋賀県近江八幡市
やなぎちょう　京都府京都市下京区
やなぎまち　京都府亀岡市
やなぎまち　大阪府門真市
やなぎまち　兵庫県姫路市
やなぎまち　奈良県奈良市
やなぎまち　奈良県御所市
やなぎまち　岡山県岡山市北区
やなぎまち　山口県周南市
やなぎまち　高知県吾川郡いの町
やなぎまち　福岡県北九州市門司区
やなぎまち　福岡県柳川市
やなぎまち　佐賀県佐賀市
やなぎまち　鹿児島県鹿児島市

柳町北区　やなぎまちきたく　北海道河東郡音更町
柳町仲区　やなぎまちなかく　北海道河東郡音更町
柳町南区　やなぎまちみなみく　北海道河東郡音更町

柳谷　やなぎたに　兵庫県川西市

柳谷町
やないだにまち　愛媛県松山市
やなぎだにまち　長崎県長崎市

柳里　やなぎさと　長野県上水内郡飯綱町

8柳林　やなぎばやし　栃木県真岡市

柳河内　やなごうち　福岡県福岡市南区

柳河町　やなかわちょう　茨城県水戸市

9柳城　やなしろ　千葉県君津市

柳津
やないづ　宮城県（JR気仙沼線）
やないづ　福島県河沼郡柳津町
やないづ　岐阜県（名古屋鉄道竹鼻線）

柳津町
やないづまち　福島県河沼郡
やないづちょう　広島県福山市

柳津町下佐波　やないづちょうしもさば　岐阜県岐阜市
柳津町下佐波西　やないづちょうしもさばにし　岐阜県岐阜市
柳津町上佐波　やないづちょうかみさば　岐阜県岐阜市
柳津町上佐波西　やないづちょうかみさばにし　岐阜県岐阜市
柳津町上佐波東　やないづちょうかみさばひがし　岐阜県岐阜市
柳津町丸野　やないづちょうまるの　岐阜県岐阜市
柳津町北塚　やないづちょうきたづか　岐阜県岐阜市
柳津町本郷　やないづちょうほんごう　岐阜県岐阜市

9画（柚）

柳津町佐波　やないづちょうさば　岐阜県岐阜市
柳津町東塚　やないづちょうひがしづか　岐阜県岐阜市
柳津町南塚　やないづちょうみなみづか　岐阜県岐阜市
柳津町栄町　やないづちょうさかえまち　岐阜県岐阜市
柳津町宮東　やないづちょうみやひがし　岐阜県岐阜市
柳津町梅松　やないづちょううめまつ　岐阜県岐阜市
柳津町流通センター　やないづちょうりゅうつうせんたー　岐阜県岐阜市
柳津町高桑　やないづちょうたかくわ　岐阜県岐阜市
柳津町高桑西　やないづちょうたかくわにし　岐阜県岐阜市
柳津町高桑東　やないづちょうたかくわひがし　岐阜県岐阜市
柳津町蓮池　やないづちょうはすいけ　岐阜県岐阜市
柳風呂町　やなぎふろちょう　京都府京都市上京区

10柳原
やなぎはら　岩手県（JR北上線）
やなぎはら　岩手県滝沢市
やなぎはら　福島県喜多方市
やぎわら　茨城県下妻市
やなぎはら　千葉県市原市
やなばら　千葉県夷隅郡大多喜町
やなぎはら　東京都足立区
やなぎはら　新潟県新潟市北区
やなぎはら　新潟県魚沼市
やなぎはら　富山県滑川市
やなぎはら　富山県小矢部市
やなぎはら　長野県（長野電鉄長野線）
やなぎはら　長野県長野市
やなぎはら　静岡県静岡市葵区
やなぎはら　愛知県名古屋市北区
やなぎはら　三重県桑名市
やなぎはら　三重県多気郡大台町
やなぎはら　奈良県御所市
やなぎはら　愛媛県（JR予讃線）
やなぎはら　愛媛県松山市

柳原町
やなぎはらちょう　岩手県北上市
やなぎわらまち　福島県会津若松市
やなぎわらちょう　栃木県足利市
やなぎはらまち　栃木県栃木市
やなぎはらちょう　群馬県伊勢崎市
やなぎはらまち　新潟県長岡市
やなぎはらまち　石川県白山市
やなぎはらちょう　岐阜県羽島郡笠松町
やなぎはらちょう　愛知県津島市
やなぎはらまち　三重県名張市
やなぎはらまち　福岡県北九州市門司区

柳原新町　やなぎはらしんまち　富山県滑川市

柳島
やなぎしま　神奈川県茅ケ崎市
やなぎしま　山梨県南巨摩郡南部町
やなぎしま　静岡県富士市
やなぎしま　静岡県駿東郡小山町
やなじま　福岡県八女市

柳島町
やなぎしまちょう　埼玉県草加市
やなぎしまちょう　新潟県新潟市中央区
やなぎしまちょう　愛知県名古屋市中川区
やなぎじまちょう　徳島県阿南市

柳島海岸　やなぎしまかいがん　神奈川県茅ケ崎市
柳根町　やなねちょう　埼玉県川口市
11柳堀町　やなぎぼりちょう　愛知県名古屋市中川区

柳崎　やなぎさき　埼玉県川口市
柳崎町
やなぎさきちょう　北海道檜山郡江差町
やながさきまち　福岡県北九州市若松区
柳清水　やなぎしみず　福島県喜多方市
柳郷　やなぎごう　長崎県北松浦郡小値賀町
柳郷地　やなぎごうち　静岡県三島市
柳野　やなぎの　高知県長岡郡大豊町
12柳場新田　やなぎばしんでん　新潟県三条市
柳森町
やなぎもりちょう　岐阜県岐阜市
やなもりちょう　愛知県名古屋市中川区
13柳新田　やなぎしんでん　神奈川県小田原市
柳新屋　やなぎあらや　静岡県焼津市
14柳窪　やなぎくぼ　東京都東久留米市
15柳縄手　やなぎなわて　京都府亀岡市
16柳橋
やぎはし　茨城県古河市
やぎはし　茨城県つくば市
やなぎばし　千葉県大網白里市
やなぎばし　東京都台東区
やなぎばし　神奈川県大和市
やなぎばし　富山県（黒部峡谷鉄道線）
やなぎばし　福岡県飯塚市

柳橋町
やなぎばしちょう　栃木県栃木市
やなぎばしちょう　新潟県柏崎市
やなぎばしまち　新潟県見附市
やなぎばしまち　石川県金沢市
やなぎばしまち　石川県羽咋市

19柳瀬
やなぜ　富山県砺波市
やなぜ　石川県羽咋郡宝達志水町
やなぜ　岐阜県安八郡神戸町
やなぜ　静岡県伊豆市
やなぜ　和歌山県有田郡広川町
やなぜ　山口県（錦川鉄道錦川清流線）
やなぜ　福岡県福岡市南区
やなぜ　福岡県八女市
やなぜ　熊本県球磨郡相良村

柳瀬上分　やなのせかみぶん　高知県吾川郡いの町
柳瀬川　やなせがわ　埼玉県（東武鉄道東上本線）
柳瀬本村　やなのせほんむら　高知県吾川郡いの町
柳瀬石見　やなのせいしみ　高知県吾川郡いの町
柳瀬町　やなせちょう　愛知県名古屋市中川区

【柚】
0柚ノ木
ゆのき　高知県土佐郡土佐町
ゆのき　高知県幡多郡三原村
柚の木田町　ゆのきだまち　宮崎県延岡市
4柚之木町　ゆのきちょう　京都府京都市東山区
柚木
ゆぬき　福島県相馬市
ゆのき　静岡県（JR身延線ほか）
ゆのき　静岡県静岡市葵区
ゆのき　静岡県富士市
ゆのき　愛媛県大洲市
ゆのき　高知県長岡郡大豊町
ゆのき　熊本県上益城郡山都町
柚木元町　ゆのきもとまち　長崎県佐世保市

9画（柞，段，毘，海）

柚木町
　ゆぎまち　東京都青梅市
　ゆのきまち　石川県金沢市
　ゆずのきちょう　静岡県静岡市葵区
　ゆぎちょう　愛知県愛西市
　ゆのきちょう　長崎県佐世保市
　ゆうぎまち　宮崎県延岡市
柚木颪　ゆぎおろし　愛知県一宮市
柚比町　ゆびまち　佐賀県鳥栖市
10柚原町　ゆのはらちょう　三重県松阪市
12柚須
　ゆす　福岡県（JR篠栗線）
　ゆす　福岡県糟屋郡粕屋町
柚須原　ゆすばる　福岡県筑紫野市

【柞】
5柞田町　くにたちょう　香川県観音寺市
10柞原　ほそはら　奈良県吉野郡野迫川村
柞原町　くばらちょう　香川県丸亀市

【段】
段
　だん　岐阜県揖斐郡池田町
　だん　熊本県（JR肥薩線）
0段ノ腰　だんのこし　福島県伊達郡川俣町
段の上　だんのうえ　愛知県長久手市
3段下　だんした　岐阜県関市
段下町　だんげちょう　兵庫県加西市
段上町　だんじょうちょう　兵庫県西宮市
段山本町　だにやまほんまち　熊本県熊本市中央区
段山町　だにやままち　熊本県（熊本市交通局B系統）
7段町
　だんちょう　岐阜県美濃市
　だんちょう　岡山県高梁市
10段原　だんばら　広島県広島市南区
段原一丁目　だんばらいっちょうめ　広島県（広島電鉄皆実線）
段原山崎　だんばらやまさき　広島県広島市南区
段原日出　だんばらひので　広島県広島市南区
段原南　だんばらみなみ　広島県広島市南区
段留　だんとめ　愛知県長久手市

【毘】
7毘沙吐　びしゃど　埼玉県児玉郡上里町
毘沙門
　びしゃもん　青森県（津軽鉄道線）
　びしゃもん　青森県五所川原市
毘沙門台
　びしゃもんだい　広島県（広島高速交通アストラムライン）
　びしゃもんだい　広島県広島市安佐南区
毘沙門台東　びしゃもんだいひがし　広島県広島市安佐南区
毘沙門町
　びしゃもんちょう　京都府京都市上京区
　びしゃもんちょう　京都府京都市中京区
　びしゃもんちょう　京都府京都市東山区
　びしゃもんちょう　京都府京都市下京区
　びしゃもんちょう　兵庫県西宮市
　びしゃもんちょう　奈良県奈良市

毘沙門国分寺　びしゃもんこくぶんじ　新潟県上越市
毘沙門堂　びしゃもんどう　福島県二本松市
毘沙門堂山　びしゃもんどうやま　福島県二本松市
毘沙門横町　びしゃもんよこちょう　京都府京都市上京区
8毘舎丸町　びしゃまるまち　熊本県八代市

【海】
0海ノ口
　うみのくち　長野県（JR大糸線）
　うみのくち　長野県南佐久郡南牧村
海ノ中道　うみのなかみち　福岡県（JR香椎線）
海の公園　うみのこうえん　神奈川県横浜市金沢区
海の公園南口　うみのこうえんみなみぐち　神奈川県（横浜シーサイドライン）
海の公園柴口　うみのこうえんしばぐち　神奈川県（横浜シーサイドライン）
海の王迎　うみのおうむかえ　高知県（土佐くろしお鉄道中村・宿毛線）
3海上　うみがみ　兵庫県美方郡新温泉町
海上町　かいしょちょう　愛知県瀬戸市
海土路町　みどろまち　山口県岩国市
海士　あま　島根県隠岐郡海士町
海士ケ島新田　あまがしましんでん　新潟県南魚沼市
海士有木
　あまありき　千葉県（小湊鉄道線）
　あまありき　千葉県市原市
海士江町　あまがえまち　熊本県八代市
海士坂　あまさか　福井県三方上中郡若狭町
海士町
　あままち　石川県輪島市
　あまちょう　島根県隠岐郡
海山　うみやま　福井県三方上中郡若狭町
海山町　かいさんちょう　大阪府堺市堺区
海山道　みやまど　三重県（近畿日本鉄道名古屋線）
海山道町　みやまどちょう　三重県四日市市
海川　かいかわ　徳島県那賀郡那賀町
4海内
　うみない　青森県上北郡七戸町
　みうち　兵庫県佐用郡佐用町
　みうち　岡山県美作市
海戸　かいと　静岡県掛川市
海王丸　かいおうまる　富山県（万葉線）
海王町　かいおうまち　富山県射水市
5海外町　かいとちょう　神奈川県三浦市
海尻
　うみじり　長野県（JR小海線）
　うみじり　長野県南佐久郡南牧村
海本町　かいもとちょう　三重県亀山市
海田　かいた　岡山県美作市
海田市　かいたいち　広島県（JR呉線）
海田西町　かいたにしまち　鳥取県倉吉市
海田町　かいたちょう　広島県安芸郡
海田東町　かいたひがしまち　鳥取県倉吉市
海田南町　かいだみなみまち　鳥取県倉吉市
海辺　うみべ　東京都江東区
海辺町　うみべちょう　新潟県新潟市中央区
6海光町　かいこうちょう　静岡県熱海市
海吉　みよし　岡山県岡山市中区

9画（海）

海老
　かいろう　新潟県十日町市
　かいろう　岐阜県本巣市
　えび　愛知県新城市
海老ケ作　えびがさく　福島県伊達郡川俣町
海老ケ島　えびがしま　茨城県筑西市
海老ケ瀬　えびがせ　新潟県新潟市東区
海老ケ瀬新町　えびがせしんまち　新潟県新潟市東区
海老ノ丸　えびのまる　高知県高知市
海老山町
　えびやまちょう　愛知県名古屋市天白区
　かいろうやまちょう　広島県広島市佐伯区
海老山南　かいろうやまみなみ　広島県広島市佐伯区
海老川町　えびかわちょう　青森県むつ市
海老穴　えびあな　宮城県柴田郡柴田町
海老名　えびな　神奈川県（JR相模線ほか）
海老名市　えびなし　神奈川県
海老江
　えびえ　茨城県筑西市
　えびえ　新潟県村上市
　えびえ　富山県射水市
　えびえ　富山県中新川郡舟橋村
　えびえ　愛知県弥富市
　えびえ　大阪府（JR東西線）
　えびえ　大阪府大阪市福島区
海老江七軒　えびえしちけん　富山県射水市
海老江浜開　えびえはまびらき　富山県射水市
海老江練合　えびえねりや　富山県射水市
海老助町　えびすけちょう　福井県福井市
海老坂　えびさか　石川県羽咋郡宝達志水町
海老沢　えびさわ　茨城県東茨城郡茨城町
海老谷　えびたに　和歌山県海南市
海老屋町
　えびやちょう　京都府京都市中京区
　えびやちょう　京都府京都市伏見区
海老津
　えびつ　福岡県（JR鹿児島本線）
　えびつ　福岡県遠賀郡岡垣町
海老津駅前　えびつえきまえ　福岡県遠賀郡岡垣町
海老津駅南　えびつえきみなみ　福岡県遠賀郡岡垣町
海老島　えびじま　静岡県磐田市
海老島町　えびじままち　山形県鶴岡市
海老島勇次新田　えびじまゆうじしんでん　新潟県長岡市
海老崎　えびさき　愛媛県八幡浜市
海老細　えびさい　福島県河沼郡会津坂下町
海老塚
　えびつか　静岡県浜松市中区
　えびつか　静岡県磐田市
海老塚町　えびつかちょう　静岡県浜松市中区
海老園　えびえん　広島県広島市佐伯区
海老敷　えびしき　千葉県南房総市
海老瀬　えびせ　群馬県邑楽郡板倉町
7**海応寺**　かいおうじ　広島県山県郡北広島町
海沢　うなざわ　東京都西多摩郡奥多摩町
海良　かいら　千葉県富山市
海芝浦　うみしばうら　神奈川県（JR鶴見線）
海谷　かいや　山形県北村山郡大石田町
海邦　かいほう　沖縄県沖縄市
海邦町　かいほうちょう　沖縄県沖縄市

8**海味**　かいしゅう　山形県西村山郡西川町
海岸
　かいがん　東京都港区
　かいがん　広島県呉市
海岸寺　かいがんじ　香川県（JR予讃線）
海岸町
　かいがんちょう　北海道函館市
　かいがんちょう　北海道室蘭市
　かいがんちょう　北海道網走市
　かいがんちょう　北海道根室市
　かいがんちょう　北海道檜山郡江差町
　かいがんちょう　北海道虻田郡豊浦町
　かいがんちょう　北海道目梨郡羅臼町
　かいがんちょう　三重県津市
海岸通
　かいがんどおり　北海道天塩郡天塩町
　かいがんどおり　宮城県塩竈市
　かいがんどおり　神奈川県横浜市中区
　かいがんどおり　富山県富山市
　かいがんどおり　大阪府大阪市港区
　かいがんどおり　兵庫県神戸市垂水区
　かいがんどおり　兵庫県神戸市中央区
　かいがんどおり　兵庫県洲本市
　かいがんどおり　岡山県岡山市南区
　かいがんどおり　広島県（広島電鉄宇品線ほか）
　かいがんどおり　愛媛県松山市
　かいがんどおり　佐賀県唐津市
海岸通新町　かいがんどおりしんまち　富山県富山市
海松新田　みるしんでん　岐阜県安八郡輪之内町
海知町　かいちちょう　奈良県天理市
海門町　かいもんちょう　茨城県ひたちなか市
9**海保**　かいほ　千葉県市原市
海南　かいなん　和歌山県（JR紀勢本線）
海南市　かいなんし　和歌山県
海南町　かいなんちょう　山口県宇部市
海屋　かいおく　愛知県弥富市
海屋町　かいおくちょう　愛知県弥富市
海津　かいづ　富山県氷見市
海津市　かいづし　岐阜県
海津町七右衛門新田　かいづちょうしちうえもんしんでん　岐阜県海津市
海津町万寿新田　かいづちょうまんじゅしんでん　岐阜県海津市
海津町大和田　かいづちょうおわだ　岐阜県海津市
海津町五町　かいづちょうごちょう　岐阜県海津市
海津町内記　かいづちょうないき　岐阜県海津市
海津町日原　かいづちょうひわら　岐阜県海津市
海津町古中島　かいづちょうふるなかじま　岐阜県海津市
海津町外浜　かいづちょうそとはま　岐阜県海津市
海津町平原　かいづちょうひらはら　岐阜県海津市
海津町札野　かいづちょうふだの　岐阜県海津市
海津町本阿弥新田　かいづちょうほんなみしんでん　岐阜県海津市
海津町田中　かいづちょうたなか　岐阜県海津市
海津町石亀　かいづちょういしがめ　岐阜県海津市
海津町立野　かいづちょうたての　岐阜県海津市
海津町安田　かいづちょうやすだ　岐阜県海津市
海津町安田新田　かいづちょうやすだしんでん　岐阜県海津市

869

9画（活, 洲, 浄）

海津町帆引新田 かいづちょうほびきしんでん 岐阜県海津市

海津町成戸 かいづちょうなりと 岐阜県海津市

海津町江東 かいづちょうえひがし 岐阜県海津市

海津町西小島 かいづちょうにしおじま 岐阜県海津市

海津町松木 かいづちょうまつのき 岐阜県海津市

海津町東小島 かいづちょうひがしおじま 岐阜県海津市

海津町沼新田 かいづちょうぬましんでん 岐阜県海津市

海津町油島 かいづちょうあぶらじま 岐阜県海津市

海津町金廻 かいづちょうかなまわり 岐阜県海津市

海津町長久保 かいづちょうながくぼ 岐阜県海津市

海津町長瀬 かいづちょうながせ 岐阜県海津市

海津町神桐 かいづちょうかみぎり 岐阜県海津市

海津町秋江 かいづちょうあきえ 岐阜県海津市

海津町草場 かいづちょうくさば 岐阜県海津市

海津町宮地 かいづちょうみやじ 岐阜県海津市

海津町馬目 かいづちょうまめ 岐阜県海津市

海津町高須 かいづちょうたかす 岐阜県海津市

海津町高須町 かいづちょうたかすまち 岐阜県海津市

海津町深浜 かいづちょうふかはま 岐阜県海津市

海津町鹿野 かいづちょうかの 岐阜県海津市

海津町森下 かいづちょうもりした 岐阜県海津市

海津町萱野 かいづちょうかやの 岐阜県海津市

海津町福一色 かいづちょうふくいしき 岐阜県海津市

海津町福江 かいづちょうふくえ 岐阜県海津市

海津町福岡 かいづちょうふくおか 岐阜県海津市

海津町稲山 かいづちょういなやま 岐阜県海津市

海津町駒ケ江 かいづちょうこまがえ 岐阜県海津市

海津町瀬古 かいづちょうせこ 岐阜県海津市

海洋公園 かいようこうえん 北海道紋別市

海洋町 かいようちょう 兵庫県芦屋市

海神
　かいじん 千葉県（京成電鉄京成本線）
　かいじん 千葉県船橋市

海神町 かいじんちょう 千葉県船橋市

海神町西 かいじんちょうにし 千葉県船橋市

海神町東 かいじんちょうひがし 千葉県船橋市

海神町南 かいじんちょうみなみ 千葉県船橋市

海草郡 かいそうぐん 和歌山県

10海原 かいわら 大分県大分市

海浦
　うみのうら 熊本県（肥薩おれんじ鉄道線）
　うみのうら 熊本県葦北郡芦北町

海浜町 かいひんちょう 兵庫県赤穂市

海浜幕張 かいひんまくはり 千葉県（JR京葉線）

海竜町 かいりゅうまち 富山県射水市

11海崎
　かいざき 大分県（JR日豊本線）
　かいざき 大分県佐伯市

海望園 かいぼうえん 愛媛県八幡浜市

海添 かいぞえ 大分県臼杵市

海部 かいふ 徳島県（JR牟岐線ほか）

海部郡
　あまぐん 愛知県

かいふぐん 徳島県

海野 かいの 三重県北牟婁郡紀北町

海鹿島 あしかじま 千葉県（銚子電気鉄道線）

海鹿島町 あしかじまちょう 千葉県銚子市

12海善寺 かいぜんじ 長野県東御市

海塚 うみづか 大阪府貝塚市

海渡町 うとまち 広島県三次市

海詠坂 かいえいざか 秋田県能代市

海運 かいうん 北海道釧路市

海運町 かいうんちょう 兵庫県神戸市長田区

海道町
　かいどうまち 栃木県宇都宮市
　かいどうちょう 鹿児島県鹿屋市

海道東 かいどうひがし 宮城県柴田郡大河原町

海陽町
　かいようちょう 愛知県蒲郡市
　かいようちょう 徳島県海部郡

13海楽 かいらく 千葉県浦安市

海路
　かいじ 熊本県（JR肥薩線）
　かいじ 熊本県葦北郡芦北町

海路口町 うじぐちまち 熊本県熊本市南区

15海潟 かいがた 鹿児島県垂水市

海蔵寺 かいぞうじ 鳥取県鳥取市

16海隣寺町 かいりんじまち 千葉県佐倉市

19海瀬
　かいぜ 長野県（JR小海線）
　かいぜ 長野県南佐久郡佐久穂町
　かいぜ 鹿児島県いちき串木野市

海瀬町 かいぜちょう 滋賀県彦根市

【活】

5活平 かつひら 北海道十勝郡浦幌町

6活汲 かつくみ 北海道網走郡津別町

【洲】

3洲山町 すやまちょう 愛知県名古屋市瑞穂区

4洲之内甲 すのうちこう 愛媛県西条市

5洲本市 すもとし 兵庫県

洲本町 すもとちょう 滋賀県守山市

6洲先
　すさき 秋田県南秋田郡八郎潟町
　すさき 兵庫県（阪神電気鉄道武庫川線）

洲先町 すさきちょう 愛知県碧南市

8洲河崎 すがさき 鳥取県日野郡江府町

10洲原 すはら 岐阜県（長良川鉄道越美南線）

洲宮 すのみや 千葉県館山市

洲島 すのしま 山形県東置賜郡川西町

11洲崎
　すさき 茨城県潮来市
　すのさき 千葉県館山市
　すさき 岡山県岡山市南区

洲崎町 すさきちょう 神奈川県横浜市金沢区

12洲雲町 すぐもちょう 愛知県名古屋市瑞穂区

【浄】

3浄土寺 じょうどじ 富山県射水市

浄土寺下南町 じょうどじしもみなみだちょう 京都府京都市左京区

9画（浄）

浄土寺下馬場町　じょうどじしもばんばちょう　京都府京都市左京区

浄土寺上南田町　じょうどじかみみなみだちょう　京都府京都市左京区

浄土寺上馬場町　じょうどじかみばんばちょう　京都府京都市左京区

浄土寺小山町　じょうどじこやまちょう　京都府京都市左京区

浄土寺石橋町　じょうどじいしばしちょう　京都府京都市左京区

浄土寺西田町　じょうどじにしだちょう　京都府京都市左京区

浄土寺町
　じょうどじちょう　福井県福井市
　じょうどじちょう　滋賀県近江八幡市

浄土寺東田町　じょうどじひがしだちょう　京都府京都市左京区

浄土寺南田町　じょうどじみなみだちょう　京都府京都市左京区

浄土寺真如町　じょうどじしんにょちょう　京都府京都市左京区

浄土寺馬場町　じょうどじばんばちょう　京都府京都市左京区

浄土江町　じょうどえちょう　宮崎県宮崎市

浄土谷　じょうどだに　京都府長岡京市

4浄心
　じょうしん　愛知県（名古屋市交通局鶴舞線）
　じょうしん　愛知県名古屋市西区

浄心本通　じょうしんほんとおり　愛知県名古屋市西区

浄水　じょうすい　愛知県（名古屋鉄道豊田線）

浄水町　じょうすいちょう　愛知県豊田市

浄水通　じょうすいどおり　福岡県福岡市中央区

7浄花町　じょうまち　福岡県中間市

浄谷町　きよたにちょう　兵庫県小野市

8浄明寺　じょうみょうじ　神奈川県鎌倉市

浄法寺
　じょうほうじ　栃木県那須郡那珂川町
　じょうほうじ　群馬県藤岡市

浄法寺町ウト坂　じょうほうじまちうとざか　岩手県二戸市

浄法寺町サイカツ平　じょうぼうじまちさいかつたいら　岩手県二戸市

浄法寺町サイカツ田　じょうぼうじまちさいかつた　岩手県二戸市

浄法寺町一反田　じょうぼうじまちいつたんだ　岩手県二戸市

浄法寺町八方口　じょうぼうじまちはっぽうぐち　岩手県二戸市

浄法寺町八幡舘　じょうぼうじまちはちまんだて　岩手県二戸市

浄法寺町下夕前田　じょうほうじまちしたまえた　岩手県二戸市

浄法寺町下ノ沢　じょうぼうじまちしものさわ　岩手県二戸市

浄法寺町下村　じょうぼうじまちしたむら　岩手県二戸市

浄法寺町下沢　じょうぼうじまちしもさわ　岩手県二戸市

浄法寺町下谷地　じょうほうじまちしもやち　岩手県二戸市

浄法寺町下前田　じょうぼうじまちしもまえた　岩手県二戸市

浄法寺町下藤　じょうぼうじまちしもふじ　岩手県二戸市

浄法寺町上外野　じょうぼうじまちかみそとの　岩手県二戸市

浄法寺町上杉沢　じょうぼうじまちかみすぎさわ　岩手県二戸市

浄法寺町上谷地　じょうぼうじまちかみやち　岩手県二戸市

浄法寺町上前田　じょうぼうじまちかみまえた　岩手県二戸市

浄法寺町上野　じょうぼうじまちうわの　岩手県二戸市

浄法寺町大手　じょうぼうじまちおおて　岩手県二戸市

浄法寺町大平　じょうぼうじまちおおだいら　岩手県二戸市

浄法寺町大坊　じょうぼうじまちだいぼう　岩手県二戸市

浄法寺町大志田　じょうぼうじまちおおした　岩手県二戸市

浄法寺町大畑　じょうぼうじまちおおはた　岩手県二戸市

浄法寺町大清水下モ平　じょうぼうじまちおおしみずしもたいら　岩手県二戸市

浄法寺町大清水空久保　じょうぼうじまちおおしみずそらくぼ　岩手県二戸市

浄法寺町大清水前田　じょうぼうじまちおおしみずまえた　岩手県二戸市

浄法寺町大清水荒屋　じょうぼうじまちおおしみずあらや　岩手県二戸市

浄法寺町小又　じょうぼうじまちこまた　岩手県二戸市

浄法寺町小平　じょうぼうじまちこだいら　岩手県二戸市

浄法寺町小池　じょうぼうじまちこいけ　岩手県二戸市

浄法寺町小泉　じょうぼうじまちこいずみ　岩手県二戸市

浄法寺町山内　じょうぼうじまちさんない　岩手県二戸市

浄法寺町川又　じょうぼうじまちかわまた　岩手県二戸市

浄法寺町中前田　じょうぼうじまちなかまえた　岩手県二戸市

浄法寺町中畑　じょうぼうじまちなかはた　岩手県二戸市

浄法寺町五庵　じょうぼうじまちごあん　岩手県二戸市

浄法寺町手倉森　じょうぼうじまちてぐらもり　岩手県二戸市

浄法寺町木沢畑向　じょうぼうじまちきさわばたむかい　岩手県二戸市

浄法寺町北村　じょうぼうじまちきたむら　岩手県二戸市

浄法寺町尻平　じょうぼうじまちしっぺい　岩手県二戸市

浄法寺町田子内沢　じょうぼうじまちたこないざわ　岩手県二戸市

浄法寺町田余内　じょうぼうじまちたよない　岩手県二戸市

9画（浄）

浄法寺町伊崎沢　じょうぼうじまちいさきざわ　岩手県二戸市

浄法寺町向川原　じょうぼうじまちむかいがわら　岩手県二戸市

浄法寺町向田　じょうぼうじまちむかいだ　岩手県二戸市

浄法寺町合名沢　じょうぼうじまちあいなざわ　岩手県二戸市

浄法寺町安戸　じょうぼうじまちやすど　岩手県二戸市

浄法寺町安比内　じょうぼうじまちあっぴない　岩手県二戸市

浄法寺町安比内沢　じょうぼうじまちあっぴないざわ　岩手県二戸市

浄法寺町寺ノ上　じょうぼうじまちてらのうえ　岩手県二戸市

浄法寺町早坂　じょうぼうじまちはやさか　岩手県二戸市

浄法寺町羽余内　じょうぼうじまちはよない　岩手県二戸市

浄法寺町西ノ沢　じょうぼうじまちにしのさわ　岩手県二戸市

浄法寺町坂本　じょうぼうじまちさかもと　岩手県二戸市

浄法寺町沢田　じょうぼうじまちさわだ　岩手県二戸市

浄法寺町谷地屋敷　じょうぼうじまちやちやしき　岩手県二戸市

浄法寺町里川目　じょうぼうじまちさとかわめ　岩手県二戸市

浄法寺町里代　じょうぼうじまちさとしろ　岩手県二戸市

浄法寺町和泉田　じょうぼうじまちわいずみた　岩手県二戸市

浄法寺町季ケ平　じょうぼうじまちしもがたいら　岩手県二戸市

浄法寺町岡本　じょうぼうじまちおかもと　岩手県二戸市

浄法寺町岡本前田　じょうぼうじまちおかもとまえた　岩手県二戸市

浄法寺町岩渕　じょうぼうじまちいわぶち　岩手県二戸市

浄法寺町明神沢　じょうぼうじまちみょうじんざわ　岩手県二戸市

浄法寺町松岡　じょうぼうじまちまつおか　岩手県二戸市

浄法寺町松畑　じょうぼうじまちまつはた　岩手県二戸市

浄法寺町沼久保　じょうぼうじまちぬまくぼ　岩手県二戸市

浄法寺町空久保　じょうぼうじまちそらくぼ　岩手県二戸市

浄法寺町長坂　じょうぼうじまちながさか　岩手県二戸市

浄法寺町長者花　じょうぼうじまちちょうじゃばな　岩手県二戸市

浄法寺町長流部　じょうぼうじまちおさるべ　岩手県二戸市

浄法寺町長渡路　じょうぼうじまちながどろ　岩手県二戸市

浄法寺町門前向　じょうぼうじまちもんぜんむかい　岩手県二戸市

浄法寺町門崎　じょうぼうじまちかんざき　岩手県二戸市

浄法寺町後久保　じょうぼうじまちうしろくぼ　岩手県二戸市

浄法寺町柿ノ木平　じょうぼうじまちかきのきたいら　岩手県二戸市

浄法寺町海上　じょうぼうじまちかいしょう　岩手県二戸市

浄法寺町海上田　じょうぼうじまちかいしょうだ　岩手県二戸市

浄法寺町海上前田　じょうぼうじまちかいしょうまえた　岩手県二戸市

浄法寺町浄法寺　じょうぼうじまちじょうほうじ　岩手県二戸市

浄法寺町荒谷　じょうぼうじまちあらや　岩手県二戸市

浄法寺町荒屋敷　じょうぼうじまちあらやしき　岩手県二戸市

浄法寺町飛鳥　じょうぼうじまちあすか　岩手県二戸市

浄法寺町飛鳥谷地　じょうぼうじまちあすかやち　岩手県二戸市

浄法寺町家ノ上　じょうぼうじまちいえのうえ　岩手県二戸市

浄法寺町宮沢　じょうぼうじまちみやざわ　岩手県二戸市

浄法寺町桂平　じょうぼうじまちかつらだい　岩手県二戸市

浄法寺町桜田　じょうぼうじまちさくらだ　岩手県二戸市

浄法寺町梅ノ木　じょうぼうじまちうめのき　岩手県二戸市

浄法寺町梅田　じょうぼうじまちばいた　岩手県二戸市

浄法寺町馬洗場　じょうぼうじまちうまあらいば　岩手県二戸市

浄法寺町馬場向　じょうぼうじまちばばむかい　岩手県二戸市

浄法寺町深堀　じょうぼうじまちふかぼり　岩手県二戸市

浄法寺町清水尻　じょうぼうじまちしみずじり　岩手県二戸市

浄法寺町細田　じょうぼうじまちほそだ　岩手県二戸市

浄法寺町野田　じょうぼうじまちのだ　岩手県二戸市

浄法寺町野黒沢　じょうぼうじまちのぐろさわ　岩手県二戸市

浄法寺町堤口　じょうぼうじまちつつみぐち　岩手県二戸市

浄法寺町御山下前田　じょうぼうじまちおんやましもまえた　岩手県二戸市

浄法寺町御山上平　じょうぼうじまちおんやまうわだい　岩手県二戸市

浄法寺町御山上野　じょうぼうじまちおんやまうわの　岩手県二戸市

浄法寺町御山久保　じょうぼうじまちおやまくぼ　岩手県二戸市

浄法寺町御山大久保　じょうぼうじまちおんやまおおくぼ　岩手県二戸市

浄法寺町御山中前田　じょうぼうじまちおんやまなかまえた　岩手県二戸市

9画（泉）

浄法寺町御山前田　じょうぼうじまちおんやままえた
岩手県二戸市

浄法寺町御山舘　じょうぼうじまちおんやまたて　岩手
県二戸市

浄法寺町惣川原田　じょうぼうじまちそうがわらだ　岩
手県二戸市

浄法寺町森越　じょうぼうじまちもりこし　岩手県二
戸市

浄法寺町渡ノ羽　じょうぼうじまちわたのは　岩手県
二戸市

浄法寺町湯沢　じょうぼうじまちゆざわ　岩手県二
戸市

浄法寺町焼切　じょうぼうじまちやっきり　岩手県二
戸市

浄法寺町焼場　じょうぼうじまちやきば　岩手県二
戸市

浄法寺町飯近　じょうぼうじまちいいづか　岩手県二
戸市

浄法寺町新山　じょうぼうじまちしんざん　岩手県二
戸市

浄法寺町滝見橋　じょうぼうじまちたきみばし　岩手
県二戸市

浄法寺町樋口　じょうぼうじまちといぐち　岩手県二
戸市

浄法寺町樋田　じょうぼうじまちといだ　岩手県二
戸市

浄法寺町漆沢　じょうぼうじまちうるしざわ　岩手県二
戸市

浄法寺町漆沢下モ前田　じょうぼうじまちうるしざわ
しもまえた　岩手県二戸市

浄法寺町漆沢下平　じょうぼうじまちうるしざわしもた
いら　岩手県二戸市

浄法寺町漆沢上平　じょうぼうじまちうるしざわかみた
いら　岩手県二戸市

浄法寺町漆沢上前田　じょうぼうじまちうるしざわかみ
まえた　岩手県二戸市

浄法寺町漆沢大久保　じょうぼうじまちうるしざわおお
くぼ　岩手県二戸市

浄法寺町漆沢中前田　じょうぼうじまちうるしざわなか
まえた　岩手県二戸市

浄法寺町漆沢舘　じょうぼうじまちうるしざわたて　岩
手県二戸市

浄法寺町漆畑　じょうぼうじまちうるしばた　岩手県二
戸市

浄法寺町漆原　じょうぼうじまちうるしばら　岩手県二
戸市

浄法寺町端保口　じょうぼうじまちはほぐち　岩手県
二戸市

浄法寺町関田　じょうぼうじまちせきた　岩手県二
戸市

浄法寺町駒ケ嶺　じょうぼうじまちこまがみね　岩手
県二戸市

浄法寺町駒ケ嶺前田　じょうぼうじまちこまがみねまえ
た　岩手県二戸市

浄法寺町駒ケ嶺野田　じょうぼうじまちこまがみねのだ
岩手県二戸市

浄法寺町駒ケ嶺舘　じょうぼうじまちこまがみねたて
岩手県二戸市

浄法寺町舘　じょうぼうじまちたて　岩手県二戸市

浄法寺町霜屋敷　じょうぼうじまちしもやしき　岩手
県二戸市

浄法寺町鏡田　じょうぼうじまちかがみた　岩手県二
戸市

9浄南町　じょうなんまち　熊本県天草市
10浄真町　じょうしんまち　福岡県大牟田市
11浄教寺町　じょうきょうじちょう　福井県福井市
14浄瑠璃町　じょうるりまち　愛媛県松山市

【泉】

泉

いずみ　北海道芦別市
いずみ　北海道虻田郡真狩村
いずみ　北海道中川郡美深町
いずみ　北海道斜里郡小清水町
いずみ　北海道虻田郡洞爺湖町
いずみ　北海道新冠郡新冠町
いずみ　北海道川上郡弟子屈町
いずみ　宮城県伊具郡丸森町
いずみ　秋田県秋田市
いずみ　山形県長井市
いずみ　福島県（JR常磐線ほか）
いずみ　福島県福島市
いずみ　茨城県笠間市
いずみ　茨城県つくば市
いずみ　茨城県常陸大宮市
いずみ　茨城県筑西市
いずみ　栃木県矢板市
いずみ　栃木県塩谷郡塩谷町
いずみ　埼玉県桶川市
いずみ　埼玉県三郷市
いずみ　千葉県野田市
いずみ　千葉県柏市
いずみ　千葉県我孫子市
いずみ　千葉県君津市
いずみ　千葉県印西市
いずみ　東京都国立市
いずみ　新潟県長岡市
いずみ　新潟県阿賀野市
いずみ　新潟県佐渡市
いずみ　新潟県南魚沼市
いずみ　富山県氷見市
いずみ　富山県中新川郡立山町
いずみ　石川県金沢市
いずみ　石川県鳳珠郡能登町
しみず　福井県敦賀市
いずみ　静岡県浜松市中区
いずみ　静岡県熱海市
いずみ　愛知県名古屋市東区
いずみ　愛知県一宮市
いずみ　愛知県海部郡蟹江町
いずみ　三重県度会郡南伊勢町
いずみ　大阪府大阪市住之江区
いずみ　兵庫県篠山市
いずみ　鳥取県米子市
いずみ　岡山県総社市
いずみ　岡山県和気郡和気町
いずみ　高知県吾川郡仁淀川町
いずみ　福岡県福岡市西区
いずみ　福岡県春日市
いずみ　長崎県長崎市

0泉ガ丘　いずみがおか　兵庫県宝塚市
泉ケ入　いずみがいり　宮城県亘理郡亘理町
泉ケ丘

いずみがおか　宮城県仙台市泉区
いずみがおか　福島県いわき市

873

9画（泉）

いずみがおか　富山県滑川市
いずみがおか　大阪府（泉北高速鉄道線）
いずみがおか　大阪府泉佐野市
いずみがおか　福岡県北九州市門司区
いずみがおか　福岡県宗像市

泉ケ丘町　いずみがおかちょう　福井県敦賀市
泉ケ岡　いずみがおか　宮城県塩竈市
泉ケ浦　いずみがうら　福岡県北九州市八幡西区
泉が丘
いずみがおか　栃木県宇都宮市
いずみがおか　富山県高岡市
いずみがおか　石川県金沢市
いずみがおか　愛知県名古屋市守山区
いずみがおか　京都府長岡京市
いずみがおか　兵庫県神戸市垂水区

泉が丘町　いずみがおかちょう　岐阜県土岐市
泉もえぎ台　いずみもえぎだい　福島県いわき市
1 **泉一ノ坪**　いずみいちのつぼ　秋田県秋田市
3 **泉下**　いずみした　宮城県伊具郡丸森町
泉三嶽根　いずみみたけね　秋田県秋田市
泉大坪町　いずみおおつぼちょう　岐阜県土岐市
泉大沼町　いずみおおぬまちょう　岐阜県土岐市
泉大津　いずみおおつ　大阪府（南海電気鉄道南海本線）
泉大津市　いずみおおつし　大阪府
泉大島町　いずみおおしまちょう　岐阜県土岐市
泉山
いずみやま　青森県三戸郡三戸町
いずみやま　佐賀県西松浦郡有田町

泉川
いずみかわ　北海道虻田郡留寿都村
いずみかわ　北海道野付郡別海町
いずみがわ　山形県上山市
いずみかわ　茨城県鹿嶋市
いずみかわ　千葉県旭市

泉川町
いずみがわまち　栃木県栃木市
いずみがわちょう　愛媛県今治市

4 **泉中央**
いずみちゅうおう　宮城県（仙台市交通局南北線）
いずみちゅうおう　宮城県仙台市泉区
いずみちゅうおう　秋田県秋田市
いずみちゅうおう　福岡県行橋市

泉中央南　いずみちゅうおうみなみ　宮城県仙台市泉区
泉中窯町　いずみなかがまちょう　岐阜県土岐市
泉井　いずい　埼玉県比企郡鳩山町
泉区
いずみく　宮城県仙台市
いずみく　神奈川県横浜市

泉日之出町　いずみひのでちょう　岐阜県土岐市
泉水
せんずい　埼玉県朝霞市
せんずい　千葉県夷隅郡大多喜町

泉水町　せんすいちょう　京都府京都市下京区
5 **泉北**　いずみきた　秋田県秋田市
泉北山町　いずみきたやまちょう　岐阜県土岐市
泉北郡　せんぼくぐん　大阪府
泉台
いずみだい　埼玉県上尾市
いずみだい　千葉県市原市
いずみだい　千葉県八街市

いずみだい　兵庫県神戸市北区
いずみだい　奈良県北葛城郡河合町
いずみだい　福岡県北九州市小倉北区

泉台町　いずみだいまち　石川県能美市
泉平　いずみだいら　長野県長野市
泉本町　いずみほんまち　石川県金沢市
泉正寺町
せんしょうじちょう　京都府京都市中京区
せんしょうじちょう　京都府京都市下京区

泉玉露　いずみたまつゆ　福島県いわき市
泉田
いずみた　山形県（JR奥羽本線）
いずみた　山形県新庄市
いずみた　福島県白河市
いずみだ　福島県須賀川市
いずみだ　福島県伊達郡国見町
いずみだ　岡山県岡山市南区

泉田中　いずみたなか　大阪府堺市南区
泉田町
いずみだちょう　福井県福井市
いずみだちょう　愛知県刈谷市

6 **泉仲森町**　いずみなかもりちょう　岐阜県土岐市
泉寺下町　いずみてらしたちょう　岐阜県土岐市
泉寺田町　いずみてらだちょう　岐阜県土岐市
泉州空港中　せんしゅうくうこうなか　大阪府泉南郡田尻町
泉州空港北　せんしゅうくうこうきた　大阪府泉佐野市
泉州空港南　せんしゅうくうこうみなみ　大阪府泉南市
泉池ノ上町　いずみいけのうえちょう　岐阜県土岐市
泉池町　いずみいけちょう　愛媛県新居浜市
泉西山町　いずみにしやまちょう　岐阜県土岐市
泉西原町　いずみにしはらちょう　岐阜県土岐市
泉西窯町　いずみにしがまちょう　岐阜県土岐市
7 **泉佐野**　いずみさの　大阪府（南海電気鉄道空港線ほか）
泉佐野市　いずみさのし　大阪府
泉体育館　いずみたいいくかん　東京都（多摩都市モノレール線）
泉尾　いずお　大阪府大阪市大正区
泉村新田　いずみむらしんでん　千葉県柏市
泉沢
いずみさわ　北海道（道南いさりび鉄道線）
いずみさわ　北海道千歳市
いずみさわ　北海道上磯郡木古内町
いずみさわ　秋田県湯沢市
いずみさわ　群馬県吾妻郡東吾妻町
いずみさわ　新潟県魚沼市
いずみざわ　富山県南砺市

泉沢町
いずみさわちょう　宮城県塩竈市
いずみさわまち　群馬県前橋市

泉町
いずみちょう　北海道帯広市
いずみちょう　北海道北見市
いずみちょう　北海道留萌市
いずみちょう　北海道苫小牧市
いずみまち　北海道赤平市
いずみまち　北海道滝川市
いずみまち　北海道恵庭市
いずみちょう　北海道北広島市
いずみまち　北海道空知郡上富良野町
いずみまち　北海道河東郡鹿追町

9画（泉）

いずみちょう　青森県黒石市	いずみちょう　兵庫県西宮市
いずみちょう　青森県三沢市	いずみちょう　兵庫県豊岡市
いずみちょう　岩手県宮古市	いずみちょう　兵庫県宝塚市
いずみちょう　宮城県石巻市	いずみちょう　山口県山口市
いずみちょう　秋田県大館市	いずみちょう　山口県防府市
いずみちょう　秋田県大仙市	いずみまち　愛媛県松山市
いずみちょう　山形県山形市	いずみまち　愛媛県宇和島市
いずみまち　山形県米沢市	いずみまち　高知県須崎市
いずみまち　山形県鶴岡市	いずみまち　福岡県大牟田市
いずみちょう　山形県酒田市	いずみまち　長崎県長崎市
いずみちょう　山形県天童市	いずみまち　長崎県佐世保市
いずみまち　福島県いわき市	いずみまち　長崎県諫早市
いずみちょう　茨城県水戸市	いずみまち　熊本県山鹿市
いずみちょう　茨城県石岡市	いずみまち　大分県大分市
いずみちょう　茨城県龍ケ崎市	いずみまち　鹿児島県鹿児島市
いずみちょう　栃木県宇都宮市	いずみまち　鹿児島県枕崎市

いずみちょう　栃木県栃木市
いずみちょう　栃木県鹿沼市
いずみちょう　群馬県桐生市
いずみちょう　群馬県太田市
いずみちょう　埼玉県川越市
いずみちょう　埼玉県所沢市
いずみちょう　埼玉県坂戸市
いずみちょう　千葉県習志野市
いずみちょう　千葉県柏市
いずみちょう　東京都板橋区
いずみちょう　東京都八王子市
いずみちょう　東京都立川市
いずみちょう　東京都国分寺市
いずみちょう　東京都西東京市
いずみちょう　神奈川県横浜市神奈川区
いずみちょう　神奈川県厚木市
いずみちょう　新潟県新潟市江南区
いずみちょう　新潟県十日町市
いずみまち　新潟県村上市
いずみちょう　新潟県五泉市
いずみちょう　富山県富山市
いずみまち　富山県高岡市
いずみちょう　富山県小矢部市
いずみまち　石川県小松市
いずみちょう　福井県大野市
いずみまち　岐阜県岐阜市
いずみちょう　岐阜県美濃市
いずみまち　岐阜県羽島郡笠松町
いずみまち　岐阜県養老郡養老町
いずみちょう　静岡県静岡市駿河区
いずみちょう　静岡県浜松市中区
いずみちょう　静岡県沼津市
いずみちょう　静岡県三島市
いずみちょう　静岡県富士宮市
いずみちょう　静岡県磐田市
いずみちょう　静岡県藤枝市
いずみちょう　静岡県袋井市
いずみちょう　愛知県瀬戸市
いずみまち　愛知県半田市
いずみちょう　愛知県豊田市
いずみちょう　愛知県常滑市
いずみちょう　愛知県岩倉市
いずみちょう　三重県松阪市
いずみちょう　三重県尾鷲市
いずみちょう　滋賀県長浜市
いずみちょう　京都府京都市中京区
いずみちょう　大阪府吹田市
いずみちょう　大阪府八尾市
いずみまち　大阪府大東市
いずみまち　大阪府門真市

泉町下川　いずみまちしもがわ　福島県いわき市
泉町下岳　いずみまちしもだけ　熊本県八代市
泉町久尻　いずみちょうくじり　岐阜県土岐市
泉町久連子　いずみまちくれこ　熊本県八代市
泉町大富　いずみちょうおおとみ　岐阜県土岐市
泉町仁田尾　いずみまちにたお　熊本県八代市
泉町本谷　いずみまちほんや　福島県いわき市
泉町玉露　いずみまちたまつゆ　福島県いわき市
泉町定林寺　いずみちょうじょうりんじ　岐阜県土岐市
泉町河合　いずみちょうかわい　岐阜県土岐市
泉町柿迫　いずみまちかきざこ　熊本県八代市
泉町栗木　いずみまちくりぎ　熊本県八代市
泉町黒須野　いずみまちくろすの　福島県いわき市
泉町椎原　いずみまちしいばる　熊本県八代市
泉町葉木　いずみまちはぎ　熊本県八代市
泉町滝尻　いずみまちたきじり　福島県いわき市
泉町樅木　いずみまちもみぎ　熊本県八代市
泉谷　いずみだに　徳島県板野郡上板町

8泉岡
　いずみおか　山形県東置賜郡高畠町
　いずみおか　山形県西置賜郡小国町
泉岳寺　せんがくじ　東京都（京浜急行電鉄本線ほか）
泉岩畑町　いずみいわばたちょう　岐阜県土岐市
泉明治町　いずみめいじまち　岐阜県土岐市
泉東町　いずみひがしまち　秋田県秋田市
泉東窯町　いずみひがしがまちょう　岐阜県土岐市
泉河内　いずみこうち　福岡県嘉麻市
9泉南　いずみみなみ　秋田県秋田市
泉南台　せんなんだい　石川県七尾市
泉南市　せんなんし　大阪府
泉南郡　せんなんぐん　大阪府
泉津　せんづ　東京都大島町
泉神栄町　いずみしんえいちょう　岐阜県土岐市
10泉原　いずはら　大阪府茨木市
泉原町
　いずみはらちょう　奈良県大和郡山市
　いずみはらちょう　山口県周南市
泉宮町　いずみみやちょう　愛媛県新居浜市
泉島田町　いずみしまだちょう　岐阜県土岐市
泉梅ノ木町　いずみうめのきちょう　岐阜県土岐市
泉涌寺山内町　せんにゅうじやまのうちちょう　京都府京都市東山区

9画（浅）

泉涌寺五葉ノ辻町　せんにゅうじごようのつじちょう
京都府京都市東山区
泉涌寺東林町　せんにゅうじとうりんちょう　京都府京
都市東山区
泉涌寺門前町　せんにゅうじもんぜんちょう　京都府京
都市東山区
泉涌寺雀ケ森町　せんにゅうじすずめがもりちょう　京
都府京都市東山区
泉通　いずみどおり　兵庫県神戸市灘区
泉釜ノ町　いずみかまのまち　秋田県秋田市
泉馬場　いずみばば　秋田県秋田市
11**泉崎**
いずみざき　宮城県仙台市太白区
いずみざき　福島県（JR東北本線）
いずみざき　福島県西白河郡泉崎村
いずみざき　沖縄県那覇市
泉崎村　いずみざきむら　福島県西白河郡
泉盛寺　せんじょうじ　新潟県南魚沼市
泉菅野　いずみすがの　秋田県秋田市
泉郷
いずみさと　北海道千歳市
いずみごう　山形県東根市
いずみごう　福島県（JR水郡線）
泉郷町　いずみごうまち　岐阜県土岐市
泉都町　せんとちょう　山口県山口市
泉野
いずみの　青森県青森市
いずみの　青森県弘前市
いずみの　群馬県邑楽郡板倉町
いずみの　千葉県印西市
いずみの　長野県茅野市
泉野出町　いずみのでまち　石川県金沢市
泉野町　いずみのまち　石川県金沢市
12**泉森下町**　いずみもりしたちょう　岐阜県土岐市
13**泉新**　いずみしん　新潟県燕市
泉新田
いずみしんでん　新潟県三条市
いずみしんでん　新潟県南魚沼市
泉楽通　せんらくとおり　愛知県名古屋市南区
泉源　せんげん　北海道天塩郡天塩町
泉源寺　せんげんじ　京都府舞鶴市
泉福寺　せんぷくじ　長崎県（松浦鉄道西九州線）
14**泉窪**　いずみくぼ　青森県三戸郡五戸町
16**泉興野**　いずみこうや　山形県酒田市

〔浅〕
0**浅ケ野**　あさかの　熊本県球磨郡湯前町
3**浅口市**　あさくちし　岡山県
浅口郡　あさくちぐん　岡山県
浅子町　あさごちょう　長崎県佐世保市
浅小井町　あさごいちょう　滋賀県近江八幡市
浅山　あさやま　愛知県東海市
浅山町　あさやまちょう　愛知県春日井市
浅川
あさがわ　山形県米沢市
あさがわ　福島県二本松市
あさがわ　福島県石川郡浅川町
あさがわ　茨城県久慈郡大子町
あさがわ　山梨県南都留郡富士河口湖町
あさがわ　長野県長野市

あさかわ　岡山県岡山市東区
あさかわ　徳島県（JR牟岐線）
あさかわ　徳島県海部郡海陽町
あさかわ　福岡県北九州市八幡西区
浅川日の峯　あさかわひのみね　福岡県北九州市八幡
西区
浅川台　あさかわだい　福岡県北九州市八幡西区
浅川西平　あさかわにしひら　長野県長野市
浅川西条　あさかわにしじょう　長野県長野市
浅川町
あさかわまち　福島県石川郡
あさかわまち　石川県金沢市
あさかわまち　福岡県北九州市八幡西区
浅川学園台　あさかわがくえんだい　福岡県北九州市
八幡西区
浅川押田　あさかわおしだ　長野県長野市
浅川東条　あさかわひがしじょう　長野県長野市
浅川畑山　あさかわはたやま　長野県長野市
浅川清水　あさかわきみず　長野県長野市
浅川福岡　あさかわふくおか　長野県長野市
4**浅中**　あさなか　岐阜県大垣市
浅井
あさい　青森県五所川原市
あさい　宮城県東松島市
あさい　石川県鹿島郡中能登町
あさい　鳥取県八頭郡若桜町
あさい　鳥取県西伯郡南部町
あさい　高知県土佐市
浅井小向　あさいこむかい　千葉県市原市
浅井内　あさいない　茨城県ひたちなか市
浅井町
あさいちょう　愛知県稲沢市
あさいちょう　島根県浜田市
あさいまち　佐賀県鳥栖市
浅井町大日比野　あざいちょうおおひの　愛知県一
宮市
浅井町大野　あざいちょうおおの　愛知県一宮市
浅井町小日比野　あざいちょうこひの　愛知県一
宮市
浅井町江森　あざいちょうえもり　愛知県一宮市
浅井町西海戸　あざいちょうにしがいど　愛知県一
宮市
浅井町西浅井　あざいちょうにしあさい　愛知県一
宮市
浅井町尾関　あざいちょうおぜき　愛知県一宮市
浅井町東浅井　あざいちょうひがしあさい　愛知県一
宮市
浅井町河田　あざいちょうこうだ　愛知県一宮市
浅井町河端　あざいちょうこうばた　愛知県一宮市
浅井町前野　あざいちょうまえの　愛知県一宮市
浅井町黒岩　あざいちょうくろいわ　愛知県一宮市
浅井町極楽寺　あざいちょうごくらくじ　愛知県一
宮市
浅井高原　あざいこうげん　滋賀県長浜市
浅内
あさない　岩手県下閉伊郡岩泉町
あさない　秋田県能代市
浅木
あさぎ　岐阜県本巣市
あさぎ　福岡県遠賀郡遠賀町

9画（洗）

浅水
　あさみず　青森県三戸郡五戸町
　あそうず　福井県（福井鉄道福武線）
　あそうず　愛知県知多郡武豊町
浅水二日町　あそうずふつかまち　福井県福井市
浅水三ケ町　あそうずさんがちょう　福井県福井市
浅水町　あそうずちょう　福井県福井市
5浅丘町　あさおかまち　石川県金沢市
浅古　あさご　奈良県桜井市
浅生
　あそう　富山県魚津市
　あそ　富山県中新川郡上市町
　あそ　富山県中新川郡立山町
　あそ　福岡県北九州市戸畑区
浅生原　あそうはら　宮城県亘理郡山元町
浅田
　あさだ　神奈川県川崎市川崎区
　あさだ　石川県河北郡津幡町
浅田平子　あさだひらこ　愛知県日進市
浅田町
　あさだちょう　静岡県浜松市中区
　あさだちょう　愛知県日進市
浅立　あさだち　山形県西置賜郡白鷹町
6浅名　あさな　静岡県袋井市
浅地　あさじ　富山県小矢部市
浅江　あさえ　山口県光市
浅牟田町　あさむたまち　福岡県大牟田市
浅羽
　あさば　埼玉県坂戸市
　あさば　静岡県袋井市
浅羽一色　あさばいしき　静岡県袋井市
浅羽野　あさばの　埼玉県坂戸市
浅虫　あさむし　青森県青森市
浅虫温泉　あさむしおんせん　青森県（青い森鉄道線）
浅西　あさにし　岐阜県大垣市
7浅利
　あさり　山梨県中央市
　あさり　島根県（JR山陰本線）
浅利町　あさりちょう　島根県江津市
浅尾　あそお　高知県高岡郡越知町
浅岐　あさまた　福島県大沼郡三島町
浅沢　あさざわ　岩手県花巻市
浅見　あさみ　福井県吉田郡永平寺町
浅谷
　あさんたに　富山県砺波市
　あさんたに　石川県河北郡津幡町
　あさや　愛知県新城市
浅谷町　あざかいちょう　愛知県豊田市
浅里　あさり　三重県南牟婁郡紀宝町
8浅岡　あさおか　静岡県袋井市
浅岸　あさぎし　岩手県盛岡市
浅所　あさどころ　青森県東津軽郡平内町
浅沼町　あさぬまちょう　栃木県佐野市
浅茅野　あさちの　北海道宗谷郡猿払村
浅茅野台地　あさちのだいち　北海道宗谷郡猿払村
9浅海
　あさみ　岡山県小田郡矢掛町
　あさなみ　愛媛県（JR予讃線）
浅海井　あざむい　大分県（JR日豊本線）
浅海本谷　あさなみほんだに　愛媛県松山市

浅海原　あさなみはら　愛媛県松山市
浅草
　あさくさ　東京都（首都圏新都市鉄道つくばエクスプレス線ほか）
　あさくさ　東京都台東区
　あさくさ　岐阜県大垣市
浅草橋
　あさくさばし　東京都（JR総武本線ほか）
　あさくさばし　東京都台東区
浅香
　あさか　栃木県大田原市
　あさか　大阪府（JR阪和線）
　あさか　大阪府大阪市住吉区
浅香山　あさかやま　大阪府（南海電気鉄道高野線）
浅香山町　あさかやままちょう　大阪府堺市堺区
10浅原
　あさばら　山梨県南アルプス市
　あさばら　岡山県倉敷市
　あさはら　広島県廿日市市
浅根　あさね　宮城県気仙沼市
11浅野
　あさの　神奈川県（JR鶴見線）
　あさの　愛知県一宮市
　あさの　兵庫県養父市
　あさの　兵庫県神崎郡市川町
　あさの　福岡県北九州市小倉北区
浅野本町　あさのほんまち　石川県金沢市
浅野町
　あさのちょう　北海道函館市
　あさのちょう　神奈川県川崎市川崎区
浅野南　あさのみなみ　兵庫県淡路市
浅野神田　あさのかんだ　兵庫県淡路市
12浅越　あさごえ　岡山県岡山市東区
浅間
　せんげん　千葉県成田市
　せんげん　愛知県名古屋市西区
　あさま　和歌山県日高郡日高川町
　あさま　鹿児島県大島郡天城町
浅間上町　せんげんかみちょう　静岡県富士市
浅間台
　あさまだい　埼玉県上尾市
　せんげんだい　神奈川県横浜市西区
浅間本町　せんげんほんちょう　静岡県富士市
浅間町
　せんげんちょう　埼玉県さいたま市大宮区
　せんげんちょう　東京都府中市
　せんげんちょう　東京都東久留米市
　せんげんちょう　神奈川県横浜市西区
　せんげんちょう　神奈川県平塚市
　せんげんちょう　静岡県静岡市葵区
　せんげんちょう　静岡県沼津市
　あさまちょう　静岡県富士宮市
　せんげんちょう　愛知県（名古屋市交通局鶴舞線）
　あさままち　愛知県碧南市
浅間前　せんげんまえ　千葉県印西市
浅間前新田　せんげんまえしんでん　千葉県我孫子市
浅間温泉　あさまおんせん　長野県松本市
19浅瀬石　あせいし　青森県黒石市

【洗】

4洗井　あらい　鳥取県岩美郡岩美町

877

9画（津）

洗切町
　　あらいきりまち　長崎県島原市
　　あらいきりまち　熊本県水俣市
洗心　せんしん　北海道常呂郡置戸町
⁵洗平　あらいだい　青森県上北郡おいらせ町
⁷洗町　あらいまち　福岡県久留米市
洗足
　　せんぞく　東京都（東京急行電鉄目黒線）
　　せんぞく　東京都目黒区
洗足池　せんぞくいけ　東京都（東京急行電鉄池上線）
¹⁰洗馬
　　せば　長野県（JR中央本線）
　　せば　長野県塩尻市
洗馬橋　せんばばし　熊本県（熊本市交通局B系統）

【津】

津
　　つ　神奈川県鎌倉市
　　つ　三重県（JR紀勢本線ほか）
　　つ　福岡県大川市
⁰津々山台　つづやまだい　大阪府富田林市
津ノ井
　　つのい　鳥取県（JR因美線）
　　つのい　鳥取県鳥取市
津ノ森　つのもり　島根県（一畑電車北松江線）
津の辺町　つのべちょう　大阪府大東市
²津乃峰町　つのみねちょう　徳島県阿南市
³津万　つま　兵庫県西脇市
津丸　つまる　福岡県福津市
津久井　つくい　神奈川県横須賀市
津久井浜　つくいはま　神奈川県（京浜急行電鉄久里浜線）
津久井郡　つくいぐん　⇒消滅（神奈川県）
津久戸町　つくどちょう　東京都新宿区
津久田　つくだ　群馬県（JR上越線）
津久礼　つくれ　熊本県菊池郡菊陽町
津久見
　　つくみ　大分県（JR日豊本線）
　　つくみ　大分県津久見市
津久見市　つくみし　大分県
津久見浦　つくみうら　大分県津久見市
津久茂町　つくもちょう　高知県安芸市
津久根　つくね　埼玉県入間郡越生町
津久野
　　つくの　新潟県南魚沼市
　　つくの　大阪府（JR阪和線）
　　つくの　和歌山県日高郡日高町
津久野下新田　つくのしもしんでん　新潟県南魚沼市
津久野上新田　つくのかみしんでん　新潟県南魚沼市
津久野町　つくのちょう　大阪府堺市西区
津久葉町　つくばまち　長崎県諫早市
津口　つくち　広島県世羅郡世羅町
津山　つやま　岡山県（JR姫新線）
津山口
　　つやまぐち　岡山県（JR津山線）
　　つやまぐち　岡山県津山市
津山市　つやまし　岡山県
津山町柳津　つやまちょうやないづ　宮城県登米市
津山町横山　つやまちょうよこやま　宮城県登米市

津川
　　つがわ　新潟県（JR磐越西線）
　　つがわ　新潟県東蒲原郡阿賀町
　　つがわ　和歌山県海草郡紀美野町
津川町八川　つがわちょうやがわ　岡山県高梁市
津川町今津　つがわちょういまつ　岡山県高梁市
⁴津之江北町　つのえきたまち　大阪府高槻市
津之江町　つのえちょう　大阪府高槻市
津之郷町加屋　つのごうちょうかや　広島県福山市
津之郷町津之郷　つのごうちょうつのごう　広島県福山市
津井
　　つい　兵庫県南あわじ市
　　つい　和歌山県日高郡日南町
津内町　つないちょう　福井県敦賀市
津戸　つど　島根県隠岐郡隠岐の島町
津水町　つみずまち　長崎県諫早市
⁵津古
　　つこ　福岡県（西日本鉄道天神大牟田線）
　　つこ　福岡県小郡市
津尻　つじり　福島県河沼郡会津坂下町
津市　つし　三重県
津布田　つぶた　山口県山陽小野田市
津母　つも　京都府与謝郡伊根町
津田
　　つだ　茨城県ひたちなか市
　　つだ　茨城県那珂市
　　つだ　埼玉県熊谷市
　　つだ　静岡県富士市
　　つだ　大阪府（JR片町線）
　　つだ　大阪府貝塚市
　　つだ　大阪府枚方市
　　つた　兵庫県洲本市
　　つた　広島県廿日市市
　　つだ　福岡県北九州市小倉南区
　　つだ　熊本県玉名郡和水町
津田山　つだやま　神奈川県（JR南武線）
津田山手　つだやまて　大阪府枚方市
津田元町　つだもとまち　大阪府枚方市
津田北町
　　つだきたちょう　大阪府貝塚市
　　つだきたまち　大阪府枚方市
津田本町　つだほんちょう　徳島県徳島市
津田西町
　　つだにしまち　大阪府枚方市
　　つだにしまち　徳島県徳島市
津田町
　　つだまち　東京都小平市
　　つだちょう　静岡県富士市
　　つだちょう　滋賀県近江八幡市
　　つだちょう　兵庫県西宮市
　　つだまち　島根県松江市
　　つだちょう　島根県益田市
　　つだちょう　徳島県徳島市
　　つだまち　福岡県直方市
津田町津田　つだまちつだ　香川県さぬき市
津田町鶴羽　つだまちつるわ　香川県さぬき市
津田東　つだひがし　茨城県ひたちなか市
津田東町　つだひがしまち　大阪府枚方市
津田沼
　　つだぬま　千葉県（JR総武本線）

9画（津）

つだぬま　千葉県習志野市

津田南町
　つだみなみちょう　大阪府貝塚市
　つだみなみまち　大阪府枚方市
　つだみなみまち　福岡県北九州市小倉南区
津田海岸町　つだかいがんちょう　徳島県徳島市
津田浜之町　つだはまのちょう　徳島県徳島市
津田新田　つだしんでん　埼玉県熊谷市
津田新町　つだしんまち　福岡県北九州市小倉南区
津田駅前　つだえきまえ　大阪府枚方市
津辺　つべ　千葉県山武市
6**津吉町**
　つよしまち　愛媛県松山市
　つよしちょう　長崎県平戸市
津向町　つむぎまち　石川県七尾市
津名の郷　つなのさと　兵庫県淡路市
津名久　つなぐ　鹿児島県大島郡大和村
津地　つち　鳥取県日野郡日野町
津守
　つもり　大阪府（南海電気鉄道汐見橋線）
　つもり　大阪府大阪市西成区
　つもり　大分県大分市
津守町　つもりちょう　山口県萩市
津寺　つでら　岡山県岡山市北区
津江
　つえ　高知県吾川郡仁淀川町
　つのえ　福岡県八女市
津池　ついけ　新潟県十日町市
津羽見　つわみ　富山県富山市
津西　つにし　神奈川県鎌倉市
7**津別町**　つべつちょう　北海道網走郡
津吹町　つぶきまち　長崎県島原市
津呂　つろ　高知県土佐清水市
津志田
　つしだ　岩手県盛岡市
　つしだ　熊本県上益城郡中央町
津志田中央　つしだちゅうおう　岩手県盛岡市
津志田西　つしだにし　岩手県盛岡市
津志田町　つしだちょう　岩手県盛岡市
津志田南　つしだみなみ　岩手県盛岡市
津村町
　つむらちょう　岐阜県大垣市
　つむらちょう　三重県伊勢市
津沢　つざわ　富山県小矢部市
津町　つまち　長崎県島原市
津花町　つばなちょう　北海道檜山郡江差町
津花波　つはなは　沖縄県中頭郡西原町
津谷
　つや　山形県（JR陸羽西線）
　つや　山形県最上郡戸沢村
8**津具**　つぐ　愛知県北設楽郡設楽町
津和地　つわじ　愛媛県松山市
津和崎郷　つわさきごう　長崎県南松浦郡新上五島町
津和野　つわの　島根県（JR山口線）
津和野町　つわのちょう　島根県鹿足郡
津奈木
　つなぎ　熊本県（肥薩おれんじ鉄道線）
　つなぎ　熊本県葦北郡津奈木町
津奈木町　つなぎまち　熊本県葦北郡

津居山　ついやま　兵庫県豊岡市
津波　つは　沖縄県国頭郡大宜味村
津波倉町
　つばくらまち　石川県小松市
　つばくらまち　石川県加賀市
津波黒　つばくろ　福岡県糟屋郡篠栗町
津知町　つちちょう　兵庫県芦屋市
津知橋町　つちばしちょう　京都府京都市伏見区
津金　つかね　愛知県名古屋市港区
津金沢
　つねざわ　山形県山形市
　つがねざわ　福島県耶麻郡猪苗代町
津門大塚町　つとおおつかちょう　兵庫県西宮市
津門大箇町　つとおおごちょう　兵庫県西宮市
津門川町　つとがわちょう　兵庫県西宮市
津門仁辺町　つとにべちょう　兵庫県西宮市
津門西口町　つとにしぐちちょう　兵庫県西宮市
津門住江町　つとすみえちょう　兵庫県西宮市
津門呉羽町　つとくれはちょう　兵庫県西宮市
津門宝津町　つとほうずちょう　兵庫県西宮市
津門飯田町　つといいでんちょう　兵庫県西宮市
津門稲荷町　つといなりちょう　兵庫県西宮市
津門綾羽町　つとあやはちょう　兵庫県西宮市
9**津保川台**　つぼかわだい　岐阜県関市
津南　つなん　新潟県（JR飯山線）
津南町　つなんまち　新潟県中魚沼郡
津屋崎　つやざき　福岡県福津市
津海木　つのうぎ　山口県大島郡周防大島町
津風呂　つぶろ　奈良県吉野郡吉野町
10**津倉町**　つくらちょう　岡山県岡山市北区
津原
　つわら　鳥取県倉吉市
　つわら　福岡県飯塚市
津家　つげ　高知県長岡郡大豊町
津宮　つのみや　千葉県香取市
津島
　つしま　福島県双葉郡浪江町
　つしま　愛知県（名古屋鉄道津島線ほか）
　つしま　愛知県津島市
　つしま　福岡県飯塚市
　つしま　福岡県筑後市
津島ノ宮　つしまのみや　香川県（JR予讃線・臨）
津島中　つしまなか　岡山県岡山市北区
津島市　つしまし　愛知県
津島本町　つしまほんまち　岡山県岡山市北区
津島西坂　つしまにしざか　岡山県岡山市北区
津島町
　つしまちょう　岐阜県岐阜市
　つしまちょう　岐阜県中津川市
　つしまちょう　静岡県静岡市駿河区
津島町下畑地　つしまちょうしもはたじ　愛媛県宇和島市
津島町下畑地乙　つしまちょうしもはたじおつ　愛媛県宇和島市
津島町上畑地　つしまちょうかみはたじ　愛媛県宇和島市
津島町大浦　つしまちょうおおうら　愛媛県宇和島市
津島町山財　つしまちょうさんざい　愛媛県宇和島市
津島町弓立　つしまちょうゆだち　愛媛県宇和島市

879

9画（津）

津島町北灘乙	つしまちょうきたなだおつ	愛媛県宇和島市
津島町北灘丁	つしまちょうきたなだてい	愛媛県宇和島市
津島町北灘丙	つしまちょうきたなだへい	愛媛県宇和島市
津島町北灘甲	つしまちょうきたなだこう	愛媛県宇和島市
津島町平井	つしまちょうひらい	愛媛県宇和島市
津島町田之浜	つしまちょうたのはま	愛媛県宇和島市
津島町田颪	つしまちょうたおろし	愛媛県宇和島市
津島町成	つしまちょうなる	愛媛県宇和島市
津島町曲烏	つしまちょうまがらす	愛媛県宇和島市
津島町竹ケ島	つしまちょうたけがしま	愛媛県宇和島市
津島町近家	つしまちょうちかいえ	愛媛県宇和島市
津島町坪井	つしまちょうつぼい	愛媛県宇和島市
津島町岩松	つしまちょういわます	愛媛県宇和島市
津島町岩淵	つしまちょういわぶち	愛媛県宇和島市
津島町泥目水	つしまちょうどろめず	愛媛県宇和島市
津島町鼡鳴	つしまちょうねずなき	愛媛県宇和島市
津島町後	つしまちょううしろ	愛媛県宇和島市
津島町柿之浦	つしまちょうかきのうら	愛媛県宇和島市
津島町浦知	つしまちょううらしり	愛媛県宇和島市
津島町脇	つしまちょうわき	愛媛県宇和島市
津島町針木	つしまちょうはりぎ	愛媛県宇和島市
津島町高田	つしまちょうたかた	愛媛県宇和島市
津島町曽根	つしまちょうそね	愛媛県宇和島市
津島町嵐	つしまちょうあらし	愛媛県宇和島市
津島町御内	つしまちょうみうち	愛媛県宇和島市
津島町須下	つしまちょうすげ	愛媛県宇和島市
津島町塩定	つしまちょうえんじょう	愛媛県宇和島市
津島町増穂	つしまちょうますほ	愛媛県宇和島市
津島町槙川	つしまちょうまきがわ	愛媛県宇和島市
津島町漁家	つしまちょうりょうけ	愛媛県宇和島市
津島町横浦	つしまちょうよこうら	愛媛県宇和島市
津島京町	つしまきょうまち	岡山県岡山市北区
津島東	つしまひがし	岡山県岡山市北区
津島南	つしまみなみ	岡山県岡山市北区
津島屋	つしまや	新潟県新潟市東区
津島桑の木町	つしまくわのきちょう	岡山県岡山市北区
津島笹が瀬	つしまささがせ	岡山県岡山市北区
津島新野	つしまにいの	岡山県岡山市北区
津島福居	つしまふくい	岡山県岡山市北区
津浦町		
	つのうらまち	熊本県熊本市西区
	つのうらまち	熊本県熊本市北区
津浪	つなみ	広島県山県郡安芸太田町
津留		
	つる	三重県多気郡多気町
	つる	福岡県行橋市
	つる	熊本県玉名市
	つる	熊本県山鹿市
	つる	熊本県下益城郡美里町
	つる	熊本県阿蘇郡高森町
	つる	熊本県上益城郡山都町

	津秦	つわだ	和歌山県和歌山市
	津荷	つが	和歌山県東牟婁郡串本町
	津高	つだか	岡山県岡山市北区
	津高台	つだかだい	岡山県岡山市北区
11	津堂	つどう	大阪府藤井寺市
	津崎	つざき	岡山県赤磐市
	津郷農場	つごうのうじょう	北海道空知郡上富良野町
	津野		
		つの	長野県長野市
		つの	福岡県田川郡添田町
	津野町	つのちょう	高知県高岡郡
12	津富浦	つぶうら	千葉県成田市
	津森町	つのもりちょう	香川県丸亀市
	津渡野	つどの	静岡県静岡市葵区
	津賀		
		つが	茨城県鹿嶋市
		つが	高知県高岡郡四万十町
	津賀田町	つかたちょう	愛知県名古屋市瑞穂区
	津賀町	つがちょう	三重県鈴鹿市
	津賀野	つかの	青森県弘前市
	津越	つごえ	愛媛県西条市
	津軽二股	つがるふたまた	青森県（JR津軽線）
	津軽大沢	つがるおおさわ	青森県（弘南鉄道大鰐線）
	津軽中里	つがるなかさと	青森県（津軽鉄道線）
	津軽五所川原	つがるごしょがわら	青森県（津軽鉄道線）
	津軽石		
		つがるいし	岩手県（JR山田線）
		つがるいし	岩手県宮古市
	津軽尾上	つがるおのえ	青森県（弘南鉄道弘南線）
	津軽町	つがるちょう	京都府京都市中京区
	津軽宮田	つがるみやた	青森県（JR津軽線）
	津軽浜名	つがるはまな	青森県（JR津軽線）
	津軽湯の沢	つがるゆのさわ	青森県（JR奥羽本線）
	津軽飯詰	つがるいいづめ	青森県（津軽鉄道線）
	津軽新城	つがるしんじょう	青森県（JR奥羽本線）
	津雲台	つくもだい	大阪府吹田市
	津雲田	つくもだ	新潟県新潟市西蒲区
13	津新町	つしんまち	三重県（近畿日本鉄道名古屋線）
	津福	つぶく	福岡県（西日本鉄道天神大牟田線）
	津福今町	つぶくいままち	福岡県久留米市
	津福本町	つぶくほんまち	福岡県久留米市
14	津嘉山	つかざん	沖縄県島尻郡南風原町
15	津幡		
		つばた	石川県（IRいしかわ鉄道線）
		つばた	石川県河北郡津幡町
	津幡江	つばたえ	富山県射水市
	津幡町	つばたまち	石川県河北郡
	津摩町	つまちょう	島根県浜田市
	津蔵渕	つくらぶち	高知県四万十市
16	津橋	つばし	岐阜県可児郡御嵩町
	津積	つつみ	福岡県行橋市
	津興	つおき	三重県津市
19	津瀬	つぜ	岡山県和気郡和気町
	津覇	つは	沖縄県中頭郡中城村

9画（洞, 洋, 洛, 為, 炭, 点, 炬, 爼, 狭, 狩）

【洞】

洞
　　ほら　長野県松本市
　　ほら　岐阜県岐阜市
　　ほら　兵庫県三田市
0洞ケ島町　ほらがじまちょう　高知県高知市
3洞下　ほらげ　茨城県つくば市
　洞下町　どうしたちょう　茨城県ひたちなか市
　洞川　どろがわ　奈良県吉野郡天川村
4洞内　ほらない　青森県十和田市
　洞戸大野　ほらどおおの　岐阜県関市
　洞戸小坂　ほらどこさか　岐阜県関市
　洞戸小瀬見　ほらどおぜみ　岐阜県関市
　洞戸片　ほらどかた　岐阜県関市
　洞戸市場　ほらどいちば　岐阜県関市
　洞戸尾倉　ほらどおぐら　岐阜県関市
　洞戸阿部　ほらどあべ　岐阜県関市
　洞戸飛瀬　ほらどひせ　岐阜県関市
　洞戸栗原　ほらどくりはら　岐阜県関市
　洞戸通元寺　ほらどつうげんじ　岐阜県関市
　洞戸高見　ほらどこうみ　岐阜県関市
　洞戸高賀　ほらどこうか　岐阜県関市
　洞戸菅谷　ほらどすがたに　岐阜県関市
　洞戸黒谷　ほらどくろだに　岐阜県関市
5洞北町　どうほくまち　福岡県北九州市八幡西区
　洞田　ほらだ　岐阜県山県市
7洞尾　うつお　和歌山県東牟婁郡古座川町
　洞町　ほらちょう　愛知県岡崎市
　洞谷　ほらだに　鳥取県鳥取市
8洞岳　ほらおか　熊本県下益城郡美里町
9洞南町　くきなみまち　福岡県北九州市八幡西区
　洞泉　どうせん　岩手県（JR釜石線）
　洞泉寺町　とうせんじちょう　奈良県大和郡山市
10洞島　どうじま　栃木県那須塩原市
13洞爺　とうや　北海道（JR室蘭本線）
　洞爺町　とうやまち　北海道虻田郡洞爺湖町
　洞爺湖町　とうやこちょう　北海道虻田郡
　洞爺湖温泉
　　とうやこおんせん　北海道有珠郡壮瞥町
　　とうやこおんせん　北海道虻田郡洞爺湖町

【洋】

6洋光　ようこう　北海道勇払郡むかわ町
　洋光台
　　ようこうだい　青森県上北郡おいらせ町
　　ようこうだい　神奈川県（JR根岸線）
　　ようこうだい　神奈川県横浜市磯子区
　洋向台　ようこうだい　福島県いわき市
11洋望台　ようぼうだい　静岡県掛川市
　洋野町　ひろのちょう　岩手県九戸郡

【洛】

6洛西口　らくさいぐち　京都府（阪急電鉄京都本線）

【為】

2為又　びいまた　沖縄県名護市
3為川北方　ためがわほっぽう　奈良県磯城郡田原本町
　為川南方　ためがわなんぽう　奈良県磯城郡田原本町

4為心町上　いしんちょうかみ　滋賀県近江八幡市
　為心町中　いしんちょうなか　滋賀県近江八幡市
　為心町元　いしんちょうもと　滋賀県近江八幡市
5為本　ためもと　岡山県勝田郡勝央町
　為石町　ためしまち　長崎県長崎市
6為当町　ためとうちょう　愛知県豊川市
10為栗　してぐり　長野県（JR飯田線）
11為寄町　ためよりちょう　福井県福井市

【炭】

3炭山　すみやま　京都府宇治市
　炭之町　すみのさちょう　京都府京都市中京区
8炭所西　すみしょにし　香川県仲多度郡まんのう町
　炭所東　すみしょひがし　香川県仲多度郡まんのう町
12炭焼
　　すみやき　静岡県掛川市
　　すみやき　福岡県糟屋郡宇美町
21炭竈　すみかまど　大分県竹田市

【点】

11点野　しめの　大阪府寝屋川市

【炬】

3炬口　たけのくち　兵庫県洲本市

【爼】

10爼倉　まないたぐら　石川県鳳珠郡能登町

【狭】

3狭口　せばぐち　新潟県加茂市
　狭山
　　さやま　埼玉県狭山市
　　さやま　東京都東大和市
　　さやま　大阪府（南海電気鉄道高野線）
　　さやま　大阪府大阪狭山市
　狭山ケ丘
　　さやまがおか　埼玉県（西武鉄道池袋線）
　　さやまがおか　埼玉県所沢市
　狭山ケ原　さやまがはら　埼玉県入間市
　狭山台
　　さやまだい　埼玉県狭山市
　　さやまだい　埼玉県入間市
　狭山市
　　さやまし　埼玉県（西武鉄道新宿線）
　　さやまし　埼玉県
　狭川両町　さがわりょうちょう　奈良県奈良市
　狭川東町　さがわひがしまち　奈良県奈良市
4狭戸　せばと　奈良県吉野郡東吉野村
10狭原　せばはら　栃木県大田原市
12狭間　はざま　東京都（京王電鉄高尾線）
　狭間が丘　はさまがおか　兵庫県三田市
　狭間田　はさまた　栃木県塩谷郡高根沢町
　狭間町
　　はざままち　東京都八王子市
　　はざまちょう　愛知県名古屋市昭和区

【狩】

3狩口台　かりぐちだい　兵庫県神戸市垂水区

9画（独,狢,珊,玻,甚,界,畑）

狩川
　　かりかわ　山形県（JR陸羽西線）
　　かりかわ　山形県東田川郡庄内町
5狩生
　　かりう　大分県（JR日豊本線）
　　かりう　大分県佐伯市
7狩別　かりべつ　北海道宗谷郡猿払村
狩尾　かりお　熊本県阿蘇市
10狩留家　かるが　広島県（JR芸備線）
狩留家町　かるがちょう　広島県広島市安佐北区
狩留賀町　かるがちょう　広島県呉市
11狩宿
　　かりやど　静岡県富士宮市
　　かりしゅく　大分県杵築市
狩宿町　かりじゅくちょう　愛知県尾張旭市
狩宿新町　かりじゅくしんちょう　愛知県尾張旭市
狩野
　　かりの　福島県福島市
　　かの　神奈川県南足柄市
狩鹿野　かるがの　石川県かほく市
12狩場台　かりばだい　兵庫県神戸市西区
狩場沢
　　かりばさわ　青森県（青い森鉄道線）
　　かりばさわ　青森県東津軽郡平内町
狩場町　かりばちょう　神奈川県横浜市保土ケ谷区

【独】
8独狐　とっこ　青森県弘前市
13独鈷沢　とっこざわ　栃木県日光市

【狢】
7狢谷津　むじなやつ　茨城県ひたちなか市
11狢野　むじなの　千葉県旭市

【珊】
4珊内村　さんないむら　北海道古宇郡神恵内村
14珊瑠　さんる　北海道上川郡下川町

【玻】
6玻名城　はなしろ　沖縄県島尻郡八重瀬町

【甚】
5甚田　ちんだ　愛知県知多郡武豊町
甚目寺
　　じもくじ　愛知県（名古屋鉄道津島線）
　　じもくじ　愛知県あま市
甚目寺町　じもくじちょう　⇒あま市（愛知県）
甚目町　はだめちょう　三重県松阪市
7甚兵衛　じんべえ　千葉県印西市
甚兵衛通　じんべえとおり　愛知県名古屋市港区
16甚衛町　じんえいちょう　岐阜県岐阜市

【界】
界
　　さかい　福島県伊達郡桑折町
　　さかい　福島県南会津郡南会津町
　　さかい　長崎県長崎市
　　さかい　大分県豊後高田市
3界川　さかいがわ　北海道札幌市中央区

5界外　かいげ　三重県伊賀市

【畑】
畑
　　はた　秋田県にかほ市
　　はた　千葉県館山市
　　はた　千葉県鴨川市
　　はた　福井県大飯郡高浜町
　　はた　長野県南佐久郡佐久穂町
　　はた　静岡県田方郡函南町
　　はた　滋賀県高島市
　　はた　京都府宮津市
　　はた　大阪府堺市南区
　　はた　大阪府池田市
　　はた　大阪府南河内郡太子町
　　はた　兵庫県養父市
　　はた　兵庫県加東市
　　はた　奈良県香芝市
　　はた　奈良県高市郡明日香村
　　はた　和歌山県日高郡由良町
　　はた　福岡県北九州市門司区
　　はた　福岡県北九州市八幡西区
　　はた　福岡県直方市
　　はた　福岡県豊前市
　　はた　熊本県上益城郡山都町
0畑ケ田　はたけだ　千葉県成田市
畑ケ田町　はたけだちょう　愛知県豊橋市
畑ケ坂　はたがさか　福岡県大野城市
3畑上　はたがみ　兵庫県豊岡市
畑山乙　はたやまおつ　高知県安芸市
畑山丙　はたやまへい　高知県安芸市
畑山甲　はたやまこう　高知県安芸市
4畑中
　　はたけなか　青森県南津軽郡田舎館村
　　はたけなか　宮城県伊具郡丸森町
　　はたけなか　山形県西村山郡河北町
　　はたなか　埼玉県新座市
　　はたなか　埼玉県比企郡川島町
　　はたなか　東京都青梅市
　　はたなか　富山県富山市
　　はたけなか　静岡県駿東郡清水町
　　はたなか　愛知県名古屋市港区
　　はたけなか　京都府福知山市
　　はたけなか　大分県大分市
畑中町　はたけなかちょう　奈良県奈良市
畑井　はたい　兵庫県篠山市
畑方　はたかた　富山県南砺市
畑木　はたき　千葉県市原市
畑毛
　　はたけ　静岡県田方郡函南町
　　はたけ　和歌山県岩出市
5畑台　はたけだい　福島県喜多方市
畑市　はたいち　兵庫県篠山市
畑田
　　はたけだ　岩手県久慈市
　　はただ　福島県須賀川市
　　はただ　福島県石川郡浅川町
　　はたけだ　滋賀県愛知郡愛荘町
　　はただ　島根県飯石郡飯南町
　　はただ　香川県（高松琴平電気鉄道琴平線）
　　はただ　香川県綾歌郡綾川町
　　はたけだ　大分県宇佐市

9画（畩, 発）

畑田町
　はただちょう　愛知県名古屋市中川区
　はたけだちょう　大阪府茨木市
　はたけだちょう　奈良県五條市
　はたけだまち　福岡県北九州市門司区
畑田組　はただぐみ　兵庫県洲本市
6畑合町　はたあいちょう　愛知県半田市
畑寺　はたでら　愛媛県松山市
畑寺町　はたでらまち　愛媛県松山市
畑江　はたえ　新潟県阿賀野市
畑江通　はたえとおり　愛知県名古屋市中村区
畑池　はたいけ　鳥取県西伯郡伯耆町
7畑村　はたむら　三重県伊賀市
畑沢
　はたさわ　山形県尾花沢市
　はたさわ　千葉県木更津市
畑沢南　はたざわみなみ　千葉県木更津市
畑町
　はたまち　千葉県千葉市花見川区
　はたちょう　福井県越前市
　はたまち　大阪府岸和田市
　はたちょう　兵庫県加西市
畑谷
　はたや　秋田県由利本荘市
　はたや　山形県東村山郡山辺町
　はただに　京都府与謝郡伊根町
畑谷町　はただにまち　福岡県北九州市若松区
畑里　はたり　愛媛県松山市
9畑屋
　はたや　秋田県仙北郡美郷町
　はたや　奈良県吉野郡大淀町
　はたや　岡山県勝田郡勝央町
畑屋敷千体仏丁　はたやしきせんたいぶつちょう　和歌山県和歌山市
畑屋敷中ノ丁　はたやしきなかのちょう　和歌山県和歌山市
畑屋敷円福院西ノ丁　はたやしきえんぷくいんにしのちょう　和歌山県和歌山市
畑屋敷円福院東ノ丁　はたやしきえんぷくいんひがしのちょう　和歌山県和歌山市
畑屋敷西ノ丁　はたやしきにしのちょう　和歌山県和歌山市
畑屋敷兵庫ノ丁　はたやしきひょうごのちょう　和歌山県和歌山市
畑屋敷松ケ枝丁　はたやしきまつがえちょう　和歌山県和歌山市
畑屋敷東ノ丁　はたやしきひがしのちょう　和歌山県和歌山市
畑屋敷葛屋丁　はたやしきくずやちょう　和歌山県和歌山市
畑屋敷袋町　はたやしきふくろまち　和歌山県和歌山市
畑屋敷雁木丁　はたやしきがんぎちょう　和歌山県和歌山市
畑屋敷新道丁　はたやしきしんみちちょう　和歌山県和歌山市
畑屋敷榎丁　はたやしきえのきのちょう　和歌山県和歌山市
畑屋敷端ノ丁　はたやしきはしのちょう　和歌山県和歌山市
10畑原　はたはら　兵庫県神戸市灘区

畑原通　はたはらどおり　兵庫県神戸市灘区
畑宮　はたみや　兵庫県篠山市
畑島　はたしま　佐賀県唐津市
11畑宿　はたじゅく　神奈川県足柄下郡箱根町
畑野　はたの　新潟県佐渡市
畑野上　はたのうえ　和歌山県紀の川市
畑野町千ケ畑　はたのちょうせんがはた　京都府亀岡市
畑野町土ケ畑　はたのちょうどんがはた　京都府亀岡市
畑野町広野　はたのちょうひろの　京都府亀岡市
12畑賀　はたか　広島県広島市安芸区
畑賀町　はたかちょう　広島県広島市安芸区
14畑嶋　はたじま　福岡県朝倉郡筑前町
畑熊　はたくま　山梨県西八代郡市川三郷町
16畑鮎　はたあゆ　岡山県岡山市北区

【畩】
5畩田　ふた　新潟県佐渡市

【発】
3発久　ほっきゅう　新潟県阿賀野市
4発戸　ほっと　埼玉県羽生市
6発地　はつじ　長野県北佐久郡軽井沢町
7発作　ほっさく　千葉県印西市
発坂　ほっさか　福井県（えちぜん鉄道勝山永平寺線）
発志院町　はっしいんちょう　奈良県大和郡山市
発足　はったり　北海道岩内郡共和町
8発知新田町　ほっちしんでんまち　群馬県沼田市
12発寒　はっさむ　北海道（JR函館本線）
発寒一条　はっさむいちじょう　北海道札幌市西区
発寒七条　はっさむしちじょう　北海道札幌市西区
発寒九条　はっさむくじょう　北海道札幌市西区
発寒二条　はっさむにじょう　北海道札幌市西区
発寒八条　はっさむはちじょう　北海道札幌市西区
発寒十一条　はっさむじゅういちじょう　北海道札幌市西区
発寒十七条　はっさむじゅうしちじょう　北海道札幌市西区
発寒十二条　はっさむじゅうにじょう　北海道札幌市西区
発寒十三条　はっさむじゅうさんじょう　北海道札幌市西区
発寒十五条　はっさむじゅうごじょう　北海道札幌市西区
発寒十六条　はっさむじゅうろくじょう　北海道札幌市西区
発寒十四条　はっさむじゅうしじょう　北海道札幌市西区
発寒十条　はっさむじゅうじょう　北海道札幌市西区
発寒三条　はっさむさんじょう　北海道札幌市西区
発寒中央　はっさむちゅうおう　北海道（JR函館本線）
発寒五条　はっさむごじょう　北海道札幌市西区
発寒六条　はっさむろくじょう　北海道札幌市西区
発寒四条　はっさむしじょう　北海道札幌市西区
発寒南　はっさむみなみ　北海道（札幌市交通局東西線）

9画（癸, 皆, 皇, 盃, 盆, 県, 相）

【癸】

3癸巳町　きしちょう　北海道美唄市
癸巳町奔美唄　きしちょうぽんびばい　北海道美唄市

【皆】

0皆の丘　みなのおか　宮城県宮城郡利府町
3皆与志町　みなよしちょう　鹿児島県鹿児島市
皆口　みなくち　新潟県上越市
皆山町　かいざんちょう　京都府京都市下京区
皆川
　　みながわ　新潟県加茂市
　　みなかわ　鹿児島県大島郡和泊町
皆川城内町　みながわじょうないまち　栃木県栃木市
4皆戸町　みなとちょう　愛知県津島市
皆木　みなぎ　岡山県勝田郡奈義町
皆毛　かいも　福岡県豊前市
5皆生　かいけ　鳥取県米子市
皆生温泉　かいけおんせん　鳥取県米子市
皆生新田　かいけしんでん　鳥取県米子市
皆田　かいた　兵庫県佐用郡佐用町
6皆吉　みなよし　千葉県市原市
皆同町　かいどうまち　長崎県大村市
7皆尾　みなお　高知県幡多郡三原村
皆沢　みなざわ　山形県上山市
皆谷　かいや　埼玉県秩父郡東秩父村
8皆実　みなみ　広島県三原市
皆実町　みなみまち　広島県広島市南区
皆実町二丁目　みなみまちにちょうめ　広島県（広島電鉄皆実線）
皆実町六丁目　みなみまちろくちょうめ　広島県（広島電鉄宇品線ほか）
9皆春　みなはる　大分県大分市
皆神台　みなかみだい　長野県長野市
10皆原
　　かいばら　京都府宮津市
　　かいはら　鳥取県八頭郡八頭町
11皆野
　　みなの　埼玉県（秩父鉄道線）
　　みなの　埼玉県秩父郡皆野町
皆野町　みなのまち　埼玉県秩父郡
12皆葉　みなば　茨城県下妻市
皆律　かいむくら　富山県南砺市
皆賀　みなが　広島県広島市佐伯区
皆越　みなごえ　熊本県球磨郡あさぎり町
19皆瀬
　　みなせ　秋田県湯沢市
　　かいぜ　和歌山県日高郡日高川町
　　かいぜ　長崎県（松浦鉄道西九州線）
皆瀬川
　　みなせがわ　神奈川県足柄上郡山北町
　　かいぜがわ　和歌山県日高郡印南町
皆瀬町　かいぜちょう　長崎県佐世保市
皆瀬免　かいぜめん　長崎県北松浦郡佐々町

【皇】

3皇子が丘　おうじがおか　滋賀県大津市
皇子山　おうじやま　滋賀県（京阪電気鉄道石山坂本線）
皇山町　こうざんちょう　埼玉県さいたま市浦和区

6皇后崎町　こうがさきまち　福岡県北九州市八幡西区
8皇居外苑　こうきょがいえん　東京都千代田区
14皇徳寺台　こうとくじだい　鹿児島県鹿児島市

【盃】

7盃村　さかずきむら　北海道古宇郡泊村

【盆】

10盆栽町　ぼんさいちょう　埼玉県さいたま市北区

【県】

県
　　あがた　栃木県（東武鉄道伊勢崎線）
　　あがた　長野県松本市
　　あがた　長野県東御市
5県庁前
　　けんちょうまえ　千葉県（千葉都市モノレール1号線）
　　けんちょうまえ　富山県（富山地方鉄道市内線）
　　けんちょうまえ　兵庫県（神戸市交通局山手線）
　　けんちょうまえ　広島県（広島高速交通アストラムライン）
　　けんちょうまえ　愛媛県（伊予鉄道環状線ほか）
　　けんちょうまえ　高知県（とさでん交通伊野線）
　　けんちょうまえ　沖縄県（沖縄都市モノレール線）
県庁通り　けんちょうどおり　岡山県（岡山電気軌道東山本線）
県立大学　けんりつだいがく　神奈川県（京浜急行電鉄本線）
県立体育館前　けんりつたいいくかんまえ　熊本県（熊本市交通局B系統）
県立美術館前　けんりつびじゅつかんまえ　静岡県（静岡鉄道静岡清水線）
県立美術館通　けんりつびじゅつかんどおり　高知県（とさでん交通ごめん線）
6県守　あがたもり　兵庫県篠山市
7県町
　　あがたちょう　栃木県足利市
　　あがたまち　長野県長野市
　　あがたまち　岐阜県岐阜市
　　けんまち　岐阜県羽島郡笠松町
10県病院前　けんびょういんまえ　広島県（広島電鉄宇品線ほか）
14県総合運動場　けんそうごううんどうじょう　静岡県（静岡鉄道静岡清水線）

【相】

0相ノ木　あいのき　富山県（富山地方鉄道本線）
相ノ木新町　あいのきしんまち　富山県中新川郡上市町
相ノ谷　あいのたに　山口県岩国市
相ノ浦　あいのうら　和歌山県伊都郡高野町
相の木　あいのき　愛媛県上浮穴郡久万高原町
相の原　あいのはら　宮城県岩沼市
相の原町　あいのはらちょう　静岡県熱海市
相の峰　あいのみね　愛媛県上浮穴郡久万高原町
2相又　あいまた　山梨県南巨摩郡身延町
3相上　あいあげ　埼玉県熊谷市
相山　あいやま　鳥取県岩美郡岩美町

9画（相）

相川
　　あいかわ　北海道虻田郡喜茂別町
　　あいかわ　北海道広尾郡大樹町
　　あいかわ　北海道中川郡幕別町
　　あいかわ　北海道十勝郡浦幌町
　　あいかわ　秋田県湯沢市
　　あいかわ　茨城県久慈郡大子町
　　あいかわ　千葉県市原市
　　あいかわ　千葉県富津市
　　あいかわ　静岡県焼津市
　　あいかわ　愛知県名古屋市緑区
　　あいかわ　愛知県名古屋市天白区
　　あいかわ　大阪府（阪急電鉄京都本線）
　　あいかわ　大阪府大阪市東淀川区
　　あいかわ　徳島県海部郡海陽町
　　あいかわ　高知県土佐郡土佐町
相川一町目　あいかわいっちょうめ　新潟県佐渡市
相川一町目浜町　あいかわいっちょうめはままち　新潟県佐渡市
相川一町目裏町　あいかわいっちょうめうらまち　新潟県佐渡市
相川二町目　あいかわにちょうめ　新潟県佐渡市
相川二町目浜町　あいかわにちょうめはままち　新潟県佐渡市
相川二町目新浜町　あいかわにちょうめしんはままち　新潟県佐渡市
相川八百屋町　あいかわやおやまち　新潟県佐渡市
相川下山之神町　あいかわしもやまのかみまち　新潟県佐渡市
相川下戸村　あいかわおりとむら　新潟県佐渡市
相川下戸町　あいかわおりとまち　新潟県佐渡市
相川下戸炭屋町　あいかわおりとすみやまち　新潟県佐渡市
相川下戸炭屋浜町　あいかわおりとすみやはままち　新潟県佐渡市
相川下戸炭屋裏町　あいかわおりとすみやうらまち　新潟県佐渡市
相川下戸浜町　あいかわおりとはままち　新潟県佐渡市
相川下寺町　あいかわしもてらまち　新潟県佐渡市
相川下京町　あいかわしもきょうまち　新潟県佐渡市
相川三町目　あいかわさんちょうめ　新潟県佐渡市
相川三町目浜町　あいかわさんちょうめはままち　新潟県佐渡市
相川三町目新浜町　あいかわさんちょうめしんはままち　新潟県佐渡市
相川上京町　あいかわかみきょうまち　新潟県佐渡市
相川夕白町　あいかわゆうはくまち　新潟県佐渡市
相川大工町　あいかわだいくまち　新潟県佐渡市
相川大床屋町　あいかわおおとこやまち　新潟県佐渡市
相川大浦　あいかわおおうら　新潟県佐渡市
相川大間町　あいかわおおままち　新潟県佐渡市
相川小六町　あいかわころくまち　新潟県佐渡市
相川中寺町　あいかわなかてらまち　新潟県佐渡市
相川中京町　あいかわなかきょうまち　新潟県佐渡市
相川五郎左衛門町　あいかわごろうざえもんまち　新潟県佐渡市
相川六右衛門町　あいかわろくうえもんまち　新潟県佐渡市
相川水金町　あいかわみずかねまち　新潟県佐渡市
相川北沢町　あいかわきたざわまち　新潟県佐渡市

相川四十物町　あいかわあいものまち　新潟県佐渡市
相川四町目　あいかわよんちょうめ　新潟県佐渡市
相川四町目浜町　あいかわよんちょうめはままち　新潟県佐渡市
相川左門町　あいかわさもんまち　新潟県佐渡市
相川市町　あいかわいちまち　新潟県佐渡市
相川広間町　あいかわひろままち　新潟県佐渡市
相川石扣町　あいかわいしはたきまち　新潟県佐渡市
相川会津町　あいかわあいづまち　新潟県佐渡市
相川江戸沢町　あいかわえどざわまち　新潟県佐渡市
相川米屋町　あいかわこめやまち　新潟県佐渡市
相川羽田村　あいかわはねだむら　新潟県佐渡市
相川羽田町　あいかわはねだまち　新潟県佐渡市
相川西坂町　あいかわにしざかまち　新潟県佐渡市
相川坂下町　あいかわさかしたまち　新潟県佐渡市
相川材木町　あいかわざいもくまち　新潟県佐渡市
相川町
　　そうごまち　石川県白山市
　　あいかわちょう　愛知県田原市
　　あいかわちょう　三重県桑名市
　　そうがわちょう　大阪府岸和田市
　　あいがわまち　長崎県長崎市
相川味噌屋町　あいかわみそやまち　新潟県佐渡市
相川弥十郎町　あいかわやじゅうろうまち　新潟県佐渡市
相川板町　あいかわいたまち　新潟県佐渡市
相川長坂町　あいかわながさかまち　新潟県佐渡市
相川南沢町　あいかわみなみざわまち　新潟県佐渡市
相川栄町　あいかわさかえまち　新潟県佐渡市
相川柴町　あいかわしばまち　新潟県佐渡市
相川海士町　あいかわあままち　新潟県佐渡市
相川炭屋町　あいかわすみやまち　新潟県佐渡市
相川紙屋町　あいかわかみやまち　新潟県佐渡市
相川馬町　あいかわうままち　新潟県佐渡市
相川組　あいかわぐみ　兵庫県洲本市
相川鹿伏　あいかわかぶせ　新潟県佐渡市
相川塩屋町　あいかわしおやまち　新潟県佐渡市
相川新五郎町　あいかわしんごろうまち　新潟県佐渡市
相川新西坂町　あいかわしんにしざかまち　新潟県佐渡市
相川新材木町　あいかわしんざいもくまち　新潟県佐渡市
相川新町　そうごしんまち　石川県白山市
相川新浜町　あいかわしんはままち　新潟県佐渡市
相川諏訪町　あいかわすわまち　新潟県佐渡市
相川濁川町　あいかわにごりかわまち　新潟県佐渡市
⁴相之川　あいのかわ　千葉県市川市
相之町　あいのちょう　京都府京都市下京区
相之島　あいのしま　長野県須坂市
相互　そうご　北海道白糠郡白糠町
相互台　そうごだい　宮城県名取市
相互台東　そうごだいひがし　宮城県名取市
相内
　　あいのない　北海道（JR石北本線）
　　あいうち　青森県五所川原市
　　あいない　青森県三戸郡南部町
相内町　あいのないちょう　北海道北見市
相戸　あいど　岐阜県山県市

885

9画（相）

相月　あいづき　静岡県（JR飯田線）
相木
　あいのき　富山県魚津市
　あいのき　石川県白山市
相木町
　あいのきまち　石川県白山市
　あいのきちょう　福井県越前市
相木新　あいのきしん　富山県魚津市
⁵相去
　あいさり　岩手県一関市
　あいざれ　高知県高岡郡四万十町
相去町　あいさりちょう　岩手県北上市
相可
　おうか　三重県（JR紀勢本線）
　おうか　三重県多気郡多気町
相可台　おうかだい　三重県多気郡多気町
相玉　あいたま　静岡県下田市
相生
　あいおい　北海道檜山郡厚沢部町
　あいおい　北海道磯谷郡蘭越町
　あいおい　北海道岩内郡岩内町
　あいおい　北海道網走郡津別町
　あいおい　山形県上山市
　あいおい　神奈川県相模原市中央区
　あいおい　福井県小浜市
　あいおい　山梨県甲府市
　あいおい　岐阜県（長良川鉄道越美南線）
　あいおい　愛知県一宮市
　あいおい　兵庫県（JR山陽新幹線ほか）
　あいおい　兵庫県相生市
　あいおい　岡山県笠岡市
相生山　あいおいやま　愛知県（名古屋市交通局桜通線）
相生市　あいおいし　兵庫県
相生町
　あいおいちょう　北海道小樽市
　あいおいまち　北海道恵庭市
　あいおいちょう　北海道二海郡八雲町
　あいおいちょう　山形県山形市
　あいおいちょう　山形県米沢市
　あいおいちょう　山形県酒田市
　あいおいまち　福島県会津若松市
　あいおいちょう　栃木県足利市
　あいおいちょう　栃木県佐野市
　あいおいちょう　栃木県日光市
　あいおいちょう　群馬県高崎市
　あいおいちょう　群馬県桐生市
　あいおいちょう　埼玉県秩父市
　あいおいちょう　東京都板橋区
　あいおいちょう　神奈川県横浜市中区
　あいおいちょう　新潟県新潟市中央区
　あいおいちょう　富山県富山市
　あいおいちょう　石川県七尾市
　あいおいまち　石川県小松市
　あいおいちょう　福井県敦賀市
　あいおいちょう　長野県小諸市
　あいおいまち　岐阜県高山市
　あいおいちょう　岐阜県関市
　あいおいちょう　岐阜県美濃市
　あいおいちょう　岐阜県羽島郡笠松町
　あいおいちょう　静岡県静岡市葵区
　あいおいちょう　静岡県静岡市清水区
　あいおいちょう　静岡県浜松市中区
　あいおいちょう　愛知県名古屋市東区

　あいおいまち　愛知県碧南市
　あいおいちょう　愛知県刈谷市
　あいおいちょう　愛知県安城市
　あいおいちょう　三重県津市
　あいおいちょう　三重県四日市市
　あいおいちょう　三重県桑名市
　あいおいちょう　京都府京都市上京区
　あいおいちょう　京都府京都市中京区
　あいおいちょう　京都府綾部市
　あいおいちょう　大阪府八尾市
　あいおいちょう　兵庫県神戸市中央区
　あいおいちょう　兵庫県明石市
　あいおいちょう　兵庫県西宮市
　あいおいちょう　兵庫県三田市
　あいおいちょう　鳥取県鳥取市
　あいおいちょう　鳥取県境港市
　あいおいちょう　島根県浜田市
　あいおいちょう　山口県宇部市
　あいおいちょう　山口県周南市
　あいおいちょう　高知県高知市
　あいおいちょう　福岡県北九州市八幡西区
　あいおいまち　福岡県福岡市博多区
　あいおいちょう　長崎県長崎市
　あいおいちょう　長崎県佐世保市
相生通　あいおいどおり　大阪府大阪市阿倍野区
相田
　あいだ　新潟県三島郡出雲崎町
　あいだ　福井県三方上中郡若狭町
　あいた　広島県広島市安佐南区
　あいだ　福岡県飯塚市
相田町　あいだちょう　茨城県日立市
⁶相合谷町　あおだにまち　石川県金沢市
相名　あいな　徳島県那賀郡那賀町
相米　そうまい　青森県三戸郡田子町
相羽　あいば　岐阜県揖斐郡大野町
相老　あいおい　群馬県（わたらせ渓谷鉄道線ほか）
⁷相坂
　おうさか　青森県十和田市
　そうさか　和歌山県和歌山市
相沢
　あいさわ　岩手県八幡平市
　あいざわ　山形県酒田市
　あいざわ　神奈川県横浜市瀬谷区
相良　さがら　静岡県牧之原市
相良村　さがらむら　熊本県球磨郡
相良町
　さがらちょう　青森県弘前市
　さがらまち　熊本県人吉市
相良藩願成寺　さがらはんがんじょうじ　熊本県（くま川鉄道湯前線）
相見
　あいみ　愛知県（JR東海道本線）
　あいみ　愛知県額田郡幸田町
相谷
　あいだに　和歌山県岩出市
　あいだに　鳥取県岩美郡岩美町
　あいのたに　熊本県玉名郡南関町
相谷町　あいたにちょう　奈良県五條市
⁸相国寺門前町　しょうこくじもんぜんちょう　京都府京都市上京区
相武台
　そうぶだい　神奈川県相模原市南区
　そうぶだい　神奈川県座間市

9画（相）

相武台下 そうぶだいした 神奈川県（JR相模線）
相武台団地 そうぶだいだんち 神奈川県相模原市南区
相武台前 そうぶだいまえ 神奈川県（小田急電鉄小田原線）
相河郷 あいこごう 長崎県南松浦郡新上五島町
相泊 あいどまり 北海道目梨郡羅臼町
相知 おうち 佐賀県（JR唐津線）
相知町久保 おうちちょうくぼ 佐賀県唐津市
相知町千束 おうちちょうせんぞく 佐賀県唐津市
相知町大野 おうちちょうおおの 佐賀県唐津市
相知町山崎 おうちちょうやまさき 佐賀県唐津市
相知町中山 おうちちょうなかやま 佐賀県唐津市
相知町平山下 おうちちょうひらやましも 佐賀県唐津市
相知町平山上 おうちちょうひらやまかみ 佐賀県唐津市
相知町田頭 おうちちょうたがしら 佐賀県唐津市
相知町伊岐佐 おうちちょういきさ 佐賀県唐津市
相知町牟田部 おうちちょうむたべ 佐賀県唐津市
相知町佐里 おうちちょうさり 佐賀県唐津市
相知町町切 おうちちょうちょうぎり 佐賀県唐津市
相知町長部田 おうちちょうながへた 佐賀県唐津市
相知町相知 おうちちょうおうち 佐賀県唐津市
相知町黒岩 おうちちょうくろいわ 佐賀県唐津市
相知町湯屋 おうちちょうゆや 佐賀県唐津市
相知町楠 おうちちょうくす 佐賀県唐津市
相知町横枕 おうちちょうよこまくら 佐賀県唐津市
相知町鷹取 おうちちょうたかとり 佐賀県唐津市
相金町 そうがねちょう 茨城県ひたちなか市
9相俣
　あいまた 群馬県利根郡みなかみ町
　あいまた 静岡県静岡市葵区
相南 そうなん 神奈川県相模原市南区
相染沢中岱 あいぞめさわなかたい 秋田県大館市
相津 そうづ 静岡県浜松市天竜区
相神 あいかみ 石川県羽咋郡志賀町
10相倉 あいのくら 富山県南砺市
相原
　あいばら 群馬県多野郡神流町
　あいはら 東京都（JR横浜線）
　あいはら 神奈川県相模原市緑区
　あいはら 大分県中津市
　あいわら 大分県杵築市
相原町 あいはらまち 東京都町田市
相原郷 あいはらごう 愛知県名古屋市緑区
相島
　おじま 京都府久世郡久御山町
　あいしま 山口県萩市
　あいのしま 福岡県糟屋郡新宮町
相島新田 あいじましんでん 千葉県我孫子市
相差町 おうさつちょう 三重県鳥羽市
相浦 あいのうら 長崎県（松浦鉄道西九州線）
相浦町 あいのうらちょう 長崎県佐世保市
相浜 あいはま 千葉県館山市
相能 あいのう 高知県吾川郡仁淀川町
相馬
　そうま 青森県弘前市
　そうま 福島県（JR常磐線）
　そうま 新潟県新発田市

相馬市 そうまし 福島県
相馬郡 そうまぐん 福島県
11相淵 あいぶち 静岡県静岡市葵区
相野
　あいの 青森県黒石市
　あいの 兵庫県（JR福知山線）
　あいの 兵庫県姫路市
相野々 あいのの 秋田県（JR北上線）
相野田 あいのた 群馬県富岡市
相野沢町 あいのさわちょう 栃木県宇都宮市
相野谷
　あいのや 宮城県石巻市
　あいのやつ 千葉県富津市
相野谷町 あいのやまち 茨城県常総市
相野原 あいのはら 埼玉県さいたま市岩槻区
相鹿瀬 おうかせ 三重県多気郡多気町
12相森 あいのもり 山形県東置賜郡高畠町
相森町 おおもりまち 長野県須坂市
相渡 あいど 広島県神石郡神石高原町
相筋 あいすじ 和歌山県新宮市
相賀
　おおか 静岡県島田市
　あいが 三重県（JR紀勢本線）
　あいが 三重県北牟婁郡紀北町
　おうが 和歌山県新宮市
　おうか 佐賀県唐津市
相賀町
　あいがちょう 茨城県日立市
　そうがうら 愛知県半田市
相賀浦 そうがうら 三重県度会郡南伊勢町
13相楽 さがなか 京都府木津川市
相楽台 さがなかだい 京都府木津川市
相楽町 さがらちょう 愛知県蒲郡市
相楽郡 そうらくぐん 京都府
相滝町 あいたきまち 石川県白山市
14相嶋 あいじま 千葉県印西市
相模が丘 さがみがおか 神奈川県座間市
相模大野
　さがみおおの 神奈川県（小田急電鉄江ノ島線ほか）
　さがみおおの 神奈川県相模原市南区
相模大塚 さがみおおつか 神奈川県（相模鉄道本線）
相模台 さがみだい 神奈川県相模原市南区
相模台団地 さがみだいだんち 神奈川県相模原市南区
相模町
　さがみちょう 埼玉県越谷市
　さがみちょう 滋賀県大津市
　さがみちょう 高知県高知市
相模沼田 さがみぬまた 神奈川県（伊豆箱根鉄道大雄山線）
相模金子 さがみかねこ 神奈川県（JR御殿場線）
相模原
　さがみはら 神奈川県（JR横浜線）
　さがみはら 神奈川県相模原市中央区
相模原市 さがみはらし 神奈川県
相模湖 さがみこ 神奈川県（JR中央本線）
相窪
　あいくぼ 石川県河北郡津幡町
　あいのくぼ 福岡県朝倉市

9画（眉, 研, 砂）

¹⁵相撲ケ原　すもうがはら　島根県鹿足郡津和野町
　相撲町　すまいちょう　滋賀県長浜市
　相撲庭町　すまいにわちょう　滋賀県長浜市
¹⁹相瀬　あいせ　和歌山県東牟婁郡古座川町

【眉】
³眉山町　びざんちょう　徳島県徳島市

【研】
⁷研究学園
　けんきゅうがくえん　茨城県（首都圏新都市鉄道つく
　　ばエクスプレス線）
　けんきゅうがくえん　茨城県つくば市
⁹研屋町
　とぎやちょう　静岡県静岡市葵区
　とぎやまち　鳥取県倉吉市

【砂】
砂
　すな　埼玉県川越市
　いさご　千葉県八街市
　すな　大阪府四條畷市
⁰砂ケ原　いさはら　栃木県真岡市
　砂ケ森　すながもり　青森県東津軽郡今別町
　砂ノ入　すなのいり　宮城県伊具郡丸森町
³砂久保　すなくぼ　埼玉県川越市
　砂口町　すなくちちょう　愛知県名古屋市南区
　砂子
　　いさご　神奈川県川崎市川崎区
　　すなこ　愛知県長久手市
　　すなこ　愛知県海部郡大治町
　　まなご　兵庫県赤穂市
　砂子又　すなこまた　青森県下北郡東通村
　砂子下　すなごした　秋田県由利本荘市
　砂子田　すなごだ　宮城県遠田郡美里町
　砂子田町　すなごだちょう　福井県福井市
　砂子坂町
　　すなござかまち　石川県金沢市
　　すなござかちょう　福井県福井市
　砂子沢
　　いさござわ　岩手県盛岡市
　　すなござわ　福島県伊達郡桑折町
　砂子町
　　すなごまち　京都府福知山市
　　すなごちょう　島根県松江市
　砂子谷　すなごだに　富山県南砺市
　砂子原　すなこはら　福島県河沼郡柳津町
　砂子塚　すなこつか　新潟県燕市
　砂子関　すなごせき　山形県西村山郡西川町
　砂子瀬　すなこせ　青森県中津軽郡西目屋村
　砂山
　　すなやま　茨城県神栖市
　　すなやま　埼玉県羽生市
　　すなやま　新潟県新潟市江南区
　　すなやま　新潟県新発田市
　砂山町
　　すなやままちう　静岡県浜松市中区
　　すなやままち　山口県岩国市
　砂山南　すなやまみなみ　和歌山県和歌山市

砂川
　すながわ　北海道（JR函館本線）
　すながわ　北海道檜山郡江差町
　すながわ　山形県鶴岡市
　すながわ　愛知県知多郡武豊町
砂川七番　すながわななばん　東京都（多摩都市モノ
　レール線）
砂川市　すながわし　北海道
砂川町　すながわちょう　東京都立川市
⁴砂井新田　いさごいしんでん　茨城県古河市
⁵砂古瀬　いさごぜ　千葉県東金市
　砂払町　すなはらいちょう　長野県飯田市
　砂本町　すなもとちょう　静岡県袋井市
　砂田
　　すなた　宮城県遠田郡涌谷町
　　すなだ　山形県山形市
　　いさごだ　千葉県大網白里市
　　すなだ　愛知県名古屋市緑区
　砂田町
　　すなだまち　山形県鶴岡市
　　すなたまち　栃木県宇都宮市
　　すなだちょう　埼玉県東松山市
　　すなだちょう　山梨県甲府市
　　すなだちょう　愛知県名古屋市中村区
　砂田橋
　　すなだばし　愛知県（名古屋市交通局名城線）
　　すなだばし　愛知県名古屋市東区
　砂込　すなこみ　岩手県滝沢市
　砂辺　すなべ　沖縄県中頭郡北谷町
⁷砂沢町　いさござわちょう　茨城県日立市
　砂町
　　すなまち　茨城県龍ケ崎市
　　すなちょう　埼玉県さいたま市見沼区
　　すなまち　富山県富山市
　　すなちょう　愛知県豊田市
　砂見　すなみ　富山県富山市
　砂谷　いさごだに　山形県鶴岡市
　砂谷町　すなだにちょう　愛知県半田市
　砂走　すなばしり　広島県安芸郡海田町
⁸砂岡　すなおか　新潟県新潟市江南区
　砂押町　すなおしまち　宮城県仙台市太白区
　砂押南町　すなおしみなみまち　宮城県仙台市太白区
　砂押新田　すなおししんでん　新潟県加茂市
　砂林開　すなばやしびらき　富山県中新川郡上市町
　砂沼新田　さぬましんでん　茨城県下妻市
　砂金町　しゃきんちょう　京都府京都市中京区
⁹砂津　すなつ　福岡県北九州市小倉北区
　砂畑　すなばた　岐阜県揖斐郡池田町
　砂美町　すなみちょう　愛知県名古屋市港区
¹⁰砂原
　　さわら　北海道茅部郡森町
　　すなはら　埼玉県加須市
　　すなはら　埼玉県越谷市
　　すなはら　埼玉県久喜市
　　すなわら　鳥取県東伯郡三朝町
　砂原西　さわらにし　北海道茅部郡森町
　砂原町
　　すなはらちょう　愛知県名古屋市西区
　　すなはらまち　熊本県熊本市南区
　砂原東　さわらひがし　北海道茅部郡森町
　砂流　すながれ　福井県敦賀市

888

9画（祝, 神）

砂留山　すなどめやま　秋田県能代市
11砂崩　すなくずれ　新潟県新潟市江南区
12砂場
　　すなば　新潟県糸魚川市
　　すなば　岡山県岡山市東区
砂場町　すなばちょう　愛媛県今治市
砂塚
　　すなづか　山形県山形市
　　すなづか　山形県鶴岡市
　　すなづか　山形県南陽市
砂森　すなもり　青森県三沢市
砂湯　すなゆ　北海道川上郡弟子屈町
砂賀町　すながちょう　群馬県高崎市
砂越
　　さごし　山形県（JR羽越本線）
　　さごし　山形県酒田市
砂越緑町　さごしみどりちょう　山形県酒田市
砂道町　すなみちちょう　大阪府堺市堺区
13砂新田　すなしんでん　埼玉県川越市
16砂糖畑　さとうばたけ　秋田県由利本荘市

【祝】
3祝子町　ほうりまち　宮崎県延岡市
4祝戸　いわいど　奈良県高市郡明日香村
5祝田
　　いわいだ　宮城県亘理郡亘理町
　　いわいだ　秋田県湯沢市
6祝吉　いわよし　宮崎県都城市
祝吉町　いわよしちょう　宮崎県都城市
7祝町
　　いわいちょう　栃木県栃木市
　　いわいまち　新潟県新潟市中央区
　　いわいまち　大阪府守口市
　　いわいまち　福岡県北九州市八幡東区
祝谷　いわいだに　愛媛県松山市
祝谷西町　いわいだににしまち　愛媛県松山市
祝谷町　いわいだにまち　愛媛県松山市
祝谷東町　いわいだにひがしまち　愛媛県松山市
9祝津　しゅくつ　北海道小樽市
祝津町　しゅくづちょう　北海道室蘭市
10祝島　いわいしま　山口県熊毛郡上関町
祝梅　しゅくばい　北海道千歳市
11祝部内　ほうりうじ　福島県東白川郡棚倉町
12祝森　いわいのもり　愛媛県宇和島市
13祝園
　　ほうその　京都府（JR片町線）
　　ほうその　京都府相楽郡精華町
祝園西　ほうそのにし　京都府相楽郡精華町

【神】
神　こう　岡山県真庭市
0神々廻　ししば　千葉県白井市
神ガ丘　かみがおか　大阪府河内長野市
神ケ谷町　かみがやちょう　静岡県浜松市西区
神ケ原　かがはら　群馬県多野郡神流町
神ノ川町　こうのかわちょう　長崎県平戸市
神ノ木　かみのき　大阪府（阪堺電気軌道上町線）
神ノ木通　かみのきどおり　兵庫県神戸市灘区
神ノ西　こうのさい　高知県高岡郡四万十町

神ノ前　かみのまえ　熊本県上益城郡山都町
神ノ島町　かみのしままち　長崎県長崎市
神ノ郷町　かみのごうちょう　愛知県蒲郡市
神ノ輪町　かみのわちょう　愛知県豊橋市
神の山　かみのやま　高知県高岡郡檮原町
神の内　かみのうち　福島県西白河郡矢吹町
神の谷　かみのたに　兵庫県神戸市須磨区
神の倉　かみのくら　愛知県名古屋市緑区
3神下
　　こうか　奈良県吉野郡十津川村
　　こうした　岡山県岡山市中区
神下町　かみしたちょう　愛知県西尾市
神上町　かみあげちょう　長崎県平戸市
神久　じんきゅう　三重県伊勢市
神久保　いものくぼ　千葉県八千代市
神土　かんど　岐阜県加茂郡東白川村
神大寺　かんだいじ　神奈川県横浜市神奈川区
神子
　　みこ　福井県三方上中郡若狭町
　　こうし　鹿児島県薩摩郡さつま町
神子山新田　みこやましんでん　大分県宇佐市
神子田町　みこだちょう　岩手県盛岡市
神子沢　みこざわ　富山県下新川郡入善町
神子岡前　みこおかまえ　兵庫県姫路市
神子原町　みこはらまち　石川県羽咋市
神子浜　みこのはま　和歌山県田辺市
神子清水町　みこしみずまち　石川県白山市
神山
　　かみやま　北海道函館市
　　かみやま　北海道松前郡松前町
　　かみやま　青森県五所川原市
　　かみやま　宮城県気仙沼市
　　かみやま　栃木県小山市
　　こうやま　神奈川県足柄上郡松田町
　　かみやま　新潟県（JR羽越本線）
　　かみやま　新潟県新潟市西区
　　こうやま　静岡県御殿場市
　　かみやま　愛知県一宮市
　　こやま　大阪府豊能郡能勢町
　　こうやま　大阪府南河内郡河南町
　　じんやま　広島県呉市
　　かみやま　沖縄県宜野湾市
神山平　こうやまだいら　静岡県御殿場市
神山西　しんざんにし　宮城県加美郡加美町
神山町
　　かみやまちょう　北海道函館市
　　かみやまちょう　茨城県東茨城郡大洗町
　　かみやまちょう　東京都渋谷区
　　かみやまちょう　大阪府大阪市北区
　　かみやまちょう　徳島県名西郡
　　かみやままち　福岡県北九州市八幡東区
神山町北宮地　かみやままちきたみやじ　山梨県韮崎市
神山町武田　かみやままちたけた　山梨県韮崎市
神山町鍋山　かみやままちなべやま　山梨県韮崎市
神山国際村　かみやまこくさいむら　長野県上水内郡信濃町
神川　かみかわ　鹿児島県肝属郡錦江町
神川町
　　かみかわまち　埼玉県児玉郡
　　かみかわちょう　愛知県瀬戸市

889

9画 (神)

神川町花知　かみかわちょうはなじり　三重県熊野市
神川町長原　かみかわちょうながはら　三重県熊野市
神川町柳谷　かみかわちょうやなぎだに　三重県熊野市
神川町神上　かみかわちょうこうのうえ　三重県熊野市
⁴神中町　かみなかちょう　福井県鯖江市
神之山町　じんのやまちょう　宮崎県都城市
神之木台　かみのきだい　神奈川県横浜市神奈川区
神之木町　かみのきちょう　神奈川県横浜市神奈川区
神之谷　こうのたに　奈良県吉野郡川上村
神之嶺　かみのみね　鹿児島県大島郡徳之島町
神井　かのい　栃木県芳賀郡茂木町
神内
　こうのうち　三重県南牟婁郡紀宝町
　こうない　大阪府高槻市
神分　かみわけ　茨城県筑西市
神戸
　ごうど　群馬県 (わたらせ渓谷鉄道線)
　ごうど　埼玉県川口市
　ごうど　埼玉県東松山市
　ごうど　埼玉県羽生市
　かのと　東京都西多摩郡檜原村
　ごうど　神奈川県伊勢原市
　ごうど　山梨県甲斐市
　ごうど　岐阜県安八郡神戸町
　ごうど　静岡県富士市
　かんべ　静岡県榛原郡吉田町
　かんべ　愛知県 (豊橋鉄道渥美線)
　かんべ　愛知県弥富市
　かんべ　三重県津市
　かんべ　三重県鈴鹿市
　こうべ　兵庫県 (JR東海道本線)
　じんご　岡山県津山市
神戸三宮　こうべさんのみや　兵庫県 (阪急電鉄神戸本線ほか)
神戸上　かどのかみ　鳥取県日野郡日南町
神戸市　こうべし　兵庫県
神戸本多町　かんべほんだまち　三重県鈴鹿市
神戸町
　ごうどまち　群馬県高崎市
　ごうどちょう　神奈川県横浜市保土ケ谷区
　ごうどちょう　岐阜県安八郡
　ごうどちょう　愛知県名古屋市熱田区
　かんべちょう　愛知県一宮市
　かんべちょう　愛知県田原市
　かんどちょう　愛知県弥富市
　こうべまち　宮崎県延岡市
神戸空港
　こうべくうこう　兵庫県 (神戸新交通ポートアイランド線)
　こうべくうこう　兵庫県神戸市中央区
神戸港地方　こうべこうじかた　兵庫県神戸市中央区
神月町　しんげつちょう　愛知県名古屋市名東区
神木
　しぼく　神奈川県川崎市宮前区
　こうのぎ　三重県南牟婁郡御浜町
神木本町　しぼくほんちょう　神奈川県川崎市宮前区
神木町　かみきちょう　大阪府守口市
神水　くわみず　熊本県熊本市中央区
神水・市民病院前　くわみずしみんびょういんまえ　熊本県 (熊本市交通局A系統ほか)
神水本町
　くわみずほんまち　熊本県熊本市中央区

くわみずほんまち　熊本県熊本市東区
神爪　かづめ　兵庫県高砂市
⁵神丘　かみおか　北海道瀬棚郡今金町
神丘町　かみおかちょう　愛知県名古屋市名東区
神主　かんぬしまち　富山県高岡市
神仙寺通　しんせんじどおり　兵庫県神戸市中央区
神代
　じんだい　秋田県 (JR田沢湖線)
　かじろ　千葉県市原市
　こうじろ　富山県氷見市
　かくみ　石川県羽咋郡志賀町
　こうじろ　岡山県津山市
　こうじろ　岡山県真庭市
　こうじろ　山口県 (JR山陽本線)
　こうじろ　山口県柳井市
神代地頭方　じんだいじとうほう　兵庫県南あわじ市
神代町
　かみしろちょう　北海道室蘭市
　かみしろちょう　愛知県半田市
　こうじろちょう　岡山県井原市
　こうじろまち　長崎県 (島原鉄道線)
神代社家　じんだいしゃけ　兵庫県南あわじ市
神代浦壁　じんだいうらかべ　兵庫県南あわじ市
神代國衙　じんだいこくが　兵庫県南あわじ市
神代黒道　じんだいくろみち　兵庫県南あわじ市
神代喜来　じんだいきらい　兵庫県南あわじ市
神代富田　じんだいとみだ　兵庫県南あわじ市
神出町小束野　かんでちょうこそくの　兵庫県神戸市西区
神出町五百蔵　かんでちょういおろい　兵庫県神戸市西区
神出町北　かんでちょうきた　兵庫県神戸市西区
神出町古神　かんでちょうこがみ　兵庫県神戸市西区
神出町広谷　かんでちょうひろたに　兵庫県神戸市西区
神出町田井　かんでちょうたい　兵庫県神戸市西区
神出町池田　かんでちょういけだ　兵庫県神戸市西区
神出町宝勢　かんでちょうほうせい　兵庫県神戸市西区
神出町東　かんでちょうひがし　兵庫県神戸市西区
神出町南　かんでちょうみなみ　兵庫県神戸市西区
神出町紫合　かんでちょうゆうだ　兵庫県神戸市西区
神出町勝成　かんでちょうよしなり　兵庫県神戸市西区
神出開町　かみでひらきまち　滋賀県大津市
神功　じんぐう　奈良県奈良市
神末　こうずえ　奈良県宇陀郡御杖村
神正町　しんせいまち　福岡県直方市
神生
　かんのう　茨城県つくばみらい市
　かんのう　千葉県香取市
神田
　かんだ　青森県弘前市
　じんでん　山形県最上郡戸沢村
　じんだ　群馬県藤岡市
　じんで　埼玉県さいたま市桜区
　かんだ　千葉県香取郡東庄町
　かんだ　東京都 (JR中央本線ほか)
　じんでん　富山県中新川郡上市町
　かんだ　石川県金沢市
　かんだ　長野県松本市

9画（神）

　かんだ　愛知県知多市
　かだ　愛知県北設楽郡設楽町
　こうだ　大阪府池田市
　こうだ　和歌山県伊都郡かつらぎ町
　かんだ　岡山県倉敷市
　こうだ　岡山県赤磐市
　かんだ　広島県安芸郡熊野町
　かんだ　山口県下関市
　こうだ　高知県高知市
　こうだ　高知県須崎市
　こうだ　佐賀県唐津市
　こうだ　長崎県（松浦鉄道西九州線）

神田（交通局前）　しんでんこうつうきょくまえ　鹿児島県（鹿児島市交通局2系統）
神田久志本町　こうだくしもとちょう　三重県伊勢市
神田小川町　かんだおがわまち　東京都千代田区
神田山　かどやま　茨城県坂東市
神田山新田　かどやましんでん　茨城県坂東市
神田川町　かんだがわちょう　静岡県富士宮市
神田川原　じんでんがわら　愛媛県宇和島市
神田中通　かんだなかどおり　兵庫県尼崎市
神田北乗物町　かんだきたのりものちょう　東京都千代田区
神田北通　かんだきたどおり　兵庫県尼崎市
神田司町　かんだつかさまち　東京都千代田区
神田平河町　かんだひらかわちょう　東京都千代田区
神田多町　かんだたちょう　東京都千代田区
神田西　かんだにし　福島県西白河郡矢吹町
神田西福田町　かんだにしふくだちょう　東京都千代田区
神田佐久間町　かんださくまちょう　東京都千代田区
神田佐久間河岸　かんださくまがし　東京都千代田区
神田沢町　かんだざわちょう　岩手県宮古市
神田町
　かんだちょう　茨城県日立市
　かんだちょう　栃木県栃木市
　かんだまち　新潟県長岡市
　かんだまち　岐阜県岐阜市
　かんだちょう　岐阜県大垣市
　かんだまち　岐阜県高山市
　かんだちょう　静岡県静岡市清水区
　かみだまち　静岡県浜松市中区
　かんだちょう　静岡県沼津市
　かんだちょう　愛知県名古屋市千種区
　かんだちょう　愛知県半田市
　かんだちょう　愛知県碧南市
　かんだちょう　愛知県刈谷市
　かんだちょう　愛知県豊田市
　かんだちょう　愛知県大府市
　じんでんちょう　滋賀県東近江市
　かんだちょう　大阪府東大阪市
　かんだちょう　兵庫県神戸市兵庫区
　かんだちょう　兵庫県神戸市垂水区
　かんだちょう　兵庫県姫路市
　かんだちょう　島根県益田市
　かんだちょう　岡山県岡山市北区
　かんだちょう　広島県尾道市
　かんだちょう　山口県下関市
　かんだちょう　山口県山口市
　かんだまち　愛媛県松山市
　じんでんまち　福岡県大牟田市
　じんでんまち　福岡県行橋市
　じんでんちょう　福岡県京都郡苅田町

神田花岡町　かんだはなおかちょう　東京都千代田区
神田免　こうだめん　長崎県北松浦郡佐々町
神田和泉町　かんだいずみちょう　東京都千代田区
神田岩本町　かんだいわもとちょう　東京都千代田区
神田松永町　かんだまつながちょう　東京都千代田区
神田東　かんだひがし　福島県西白河郡矢吹町
神田東松下町　かんだひがしまつしたちょう　東京都千代田区
神田東紺屋町　かんだひがしこんやちょう　東京都千代田区
神田南　かんだみなみ　福島県西白河郡矢吹町
神田南通　かんだみなみどおり　兵庫県尼崎市
神田相生町　かんだあいおいちょう　東京都千代田区
神田神保町　かんだじんぼうちょう　東京都千代田区
神田美土代町　かんだみとしろちょう　東京都千代田区
神田美倉町　かんだみくらちょう　東京都千代田区
神田淡路町　かんだあわじちょう　東京都千代田区
神田紺屋町　かんだこんやちょう　東京都千代田区
神田富山町　かんだとみやまちょう　東京都千代田区
神田須田町　かんだすだちょう　東京都千代田区
神田新町　かんだしんまち　富山県高岡市
神田練塀町　かんだねりべいちょう　東京都千代田区
神田錦町　かんだにしきちょう　東京都千代田区
神田鍛冶町　かんだかじちょう　東京都千代田区
神田駿河台　かんだするがだい　東京都千代田区
神田瀬町　かんだせちょう　徳島県小松島市
神目　こうめ　岡山県（JR津山線）
神目中　こうめなか　岡山県久米郡久米南町
神石市之町　かみいしいちのちょう　大阪府堺市堺区
神石郡　じんせきぐん　広島県
神石高原町　じんせきこうげんちょう　広島県神石郡
神立
　かんだつ　茨城県（JR常磐線）
　かんだつ　新潟県南魚沼郡湯沢町
　こうだち　大阪府八尾市
神立中央　かんだつちゅうおう　茨城県土浦市
神立町
　かんだつまち　茨城県土浦市
　こうだちちょう　静岡県浜松市東区
神立東　かんだつひがし　茨城県土浦市
神辺　かんなべ　広島県（JR福塩線ほか）
神辺町　こうのえまち　佐賀県鳥栖市
神辺町八尋　かんなべちょうやひろ　広島県福山市
神辺町十九軒屋　かんなべちょうじゅうくけんや　広島県福山市
神辺町十三軒屋　かんなべちょうじゅうさんげんや　広島県福山市
神辺町下竹田　かんなべちょうしもたけだ　広島県福山市
神辺町下御領　かんなべちょうしもごりょう　広島県福山市
神辺町三谷　かんなべちょうみたに　広島県福山市
神辺町上竹田　かんなべちょうかみたけだ　広島県福山市
神辺町上御領　かんなべちょうかみごりょう　広島県福山市
神辺町川北　かんなべちょうかわきた　広島県福山市
神辺町川南　かんなべちょうかわみなみ　広島県福山市

9画（神）

神辺町平野　かんなべちょうひらの　広島県福山市
神辺町旭丘　かんなべちょうあさひおか　広島県福山市
神辺町西中条　かんなべちょうにしちゅうじょう　広島県福山市
神辺町東中条　かんなべちょうひがしちゅうじょう　広島県福山市
神辺町湯野　かんなべちょうゆの　広島県福山市
神辺町道上　かんなべちょうみちのうえ　広島県福山市
神辺町新十九　かんなべちょうしんじゅうく　広島県福山市
神辺町新湯野　かんなべちょうしんゆの　広島県福山市
神辺町新道上　かんなべちょうしんみちのうえ　広島県福山市
神辺町新徳田　かんなべちょうしんとくだ　広島県福山市
神辺町徳田　かんなべちょうとくだ　広島県福山市
神辺町箱田　かんなべちょうはこだ　広島県福山市
6神向寺　じんこうじ　茨城県鹿嶋市
神合町　こうあいまち　熊本県宇土市
神在　かみあり　福岡県糸島市
神在川窪町　しんざいかわくぼちょう　香川県高松市
神在居　かんざいこ　高知県高岡郡檮原町
神守町
　　かもりちょう　愛知県津島市
　　かんもりちょう　三重県松阪市
神宅　かんやけ　徳島県板野郡上板町
神州町　かみすちょう　大阪府豊中市
神帆町　かみほちょう　山口県山陽小野田市
神当部町　かんとべちょう　福井県福井市
神成
　　かんなり　群馬県富岡市
　　かみなり　富山県南砺市
神成町　しんせいちょう　三重県桑名市
神有町　かみありまち　愛知県碧南市
神次郎　じんじろう　宮城県角田市
神次郎町　じんじろうまち　愛媛県松山市
神池町　かみいけちょう　愛知県豊田市
神米金　かめがね　埼玉県所沢市
神西沖町　じんざいおきちょう　島根県出雲市
神西新町　じんざいしんまち　島根県出雲市
7神住　かすみ　茨城県取手市
神住新田　かすみしんでん　茨城県つくばみらい市
神余　かなまり　千葉県館山市
神坂
　　みさか　岐阜県中津川市
　　こうざか　三重県多気郡多気町
神尾
　　かんのう　山形県山形市
　　かみお　静岡県（大井川鉄道大井川本線）
　　かみお　静岡県島田市
　　かんのお　静岡県菊川市
神尾田　かみおだ　神奈川県足柄上郡山北町
神尾町　かんのちょう　愛知県津島市
神志山　こうしやま　三重県（JR紀勢本線）
神条　かみじょう　新潟県三島郡出雲崎町
神杉　かみすぎ　広島県（JR芸備線）
神村町
　　かみむらちょう　愛知県名古屋市昭和区
　　かむらちょう　広島県福山市

神村学園前　かみむらがくえんまえ　鹿児島県（JR鹿児島本線）
神来町　かみくまち　大分県日田市
神沢
　　しんのさわ　秋田県由利本荘市
　　かんざわ　静岡県浜松市天竜区
　　かみさわ　愛知県（名古屋市交通局桜通線）
　　かみさわ　愛知県名古屋市緑区
神沢の森　かんざわのもり　群馬県前橋市
神町
　　じんまち　山形県（JR奥羽本線）
　　じんまち　山形県東根市
神町中央　じんまちちゅうおう　山形県東根市
神町北　じんまちきた　山形県東根市
神町西　じんまちにし　山形県東根市
神町東　じんまちひがし　山形県東根市
神町南　じんまちみなみ　山形県東根市
神町営団一条通り　じんまちえいだんいちじょうどおり　山形県東根市
神町営団二条通り　じんまちえいだんにじょうどおり　山形県東根市
神町営団三条通り　じんまちえいだんさんじょうどおり　山形県東根市
神町営団大通り　じんまちえいだんおおどおり　山形県東根市
神町営団中通り　じんまちえいだんなかどおり　山形県東根市
神町営団南通り　じんまちえいだんみなみどおり　山形県東根市
神社港　かみやしろこう　三重県伊勢市
神花　かんばな　山形県東田川郡三川町
神谷
　　かみや　茨城県牛久市
　　かんや　茨城県東茨城郡茨城町
　　かみや　東京都北区
　　かみや　新潟県長岡市
　　こんたに　富山県黒部市
　　こうだに　福井県三方上中郡若狭町
　　かみや　静岡県（岳南電車線）
　　かみや　静岡県富士市
　　かみや　和歌山県日高郡由良町
　　こうのたに　高知県吾川郡いの町
神谷乙　かみたにおつ　新潟県東蒲原郡阿賀町
神谷内　かみやち　新潟県新潟市北区
神谷内町　かみやちまち　石川県金沢市
神谷丙　かみたにへい　新潟県東蒲原郡阿賀町
神谷甲　かみたにこう　新潟県東蒲原郡阿賀町
神谷沢　かみやさわ　宮城県宮城郡利府町
神谷町
　　かみやちょう　東京都（東京地下鉄日比谷線）
　　かんだにちょう　香川県坂出市
神谷南　かみやみなみ　静岡県富士市
神谷城　かみやしろ　静岡県島田市
神谷新町　かみやしんまち　静岡県富士市
神足　こうたり　京都府長岡京市
神里
　　かみさと　北海道虻田郡真狩村
　　かみさと　愛知県名古屋市名東区
　　かみさと　沖縄県島尻郡南風原町
8神呪町　かんのうちょう　兵庫県西宮市
神和台　しんわだい　兵庫県神戸市垂水区

9画（神）

神和住　かみわすみ　石川県鳳珠郡能登町
神和町　しんわちょう　兵庫県姫路市
神奈川
　　かながわ　神奈川県（京浜急行電鉄本線）
　　かながわ　神奈川県横浜市神奈川区
神奈川区　かながわく　神奈川県横浜市
神奈川本町　かながわほんちょう　神奈川県横浜市神奈川区
神奈川県　かながわけん
神奈川新町　かながわしんまち　神奈川県（京浜急行電鉄本線）
神宝町　しんほうちょう　東京都東久留米市
神居一条　かむいいちじょう　北海道旭川市
神居七条　かむいしちじょう　北海道旭川市
神居九条　かむいくじょう　北海道旭川市
神居二条　かむいにじょう　北海道旭川市
神居八条　かむいはちじょう　北海道旭川市
神居三条　かむいさんじょう　北海道旭川市
神居五条　かむいごじょう　北海道旭川市
神居六条　かむいろくじょう　北海道旭川市
神居四条　かむいしじょう　北海道旭川市
神居町上雨紛　かむいちょうかみうぶん　北海道旭川市
神居町台場　かむいちょうだいば　北海道旭川市
神居町共栄　かむいちょうきょうえい　北海道旭川市
神居町西丘　かむいちょうにしおか　北海道旭川市
神居町忠和　かむいちょうちゅうわ　北海道旭川市
神居町雨紛　かむいちょううぶん　北海道旭川市
神居町春志内　かむいちょうはるしない　北海道旭川市
神居町神居古潭　かむいちょうかむいこたん　北海道旭川市
神居町神岡　かむいちょうかみおか　北海道旭川市
神居町神華　かむいちょうしんか　北海道旭川市
神居町富沢　かむいちょうとみさわ　北海道旭川市
神居町富岡　かむいちょうとみおか　北海道旭川市
神居町豊里　かむいちょうとよさと　北海道旭川市
神岡町二ツ屋　かみおかちょうふたつや　岐阜県飛驒市
神岡町入野　かみおかちょういりの　兵庫県たつの市
神岡町下之本　かみおかちょうしものもと　岐阜県飛驒市
神岡町上横内　かみおかちょうかみよこうち　兵庫県たつの市
神岡町丸山　かみおかちょうまるやま　岐阜県飛驒市
神岡町土　かみおかちょうど　岐阜県飛驒市
神岡町夕陽ケ丘　かみおかちょうゆうひがおか　岐阜県飛驒市
神岡町大住寺　かみおかちょうだいじゅうじ　兵庫県たつの市
神岡町小萱　かみおかちょうこかや　岐阜県飛驒市
神岡町山田　かみおかちょうやまだ　岐阜県飛驒市
神岡町中山　かみおかちょうなかやま　岐阜県飛驒市
神岡町六郎　かみおかちょうろくろう　岐阜県飛驒市
神岡町北横内　かみおかちょうきたよこうち　兵庫県たつの市
神岡町打保　かみおかちょううつぼ　岐阜県飛驒市
神岡町田中　かみおかちょうたなか　兵庫県たつの市
神岡町石神　かみおかちょういしがみ　岐阜県飛驒市

神岡町伊西　かみおかちょういにし　岐阜県飛驒市
神岡町伏方　かみおかちょうふせがた　岐阜県飛驒市
神岡町吉ケ原　かみおかちょうよしがはら　岐阜県飛驒市
神岡町吉田　かみおかちょうよしだ　岐阜県飛驒市
神岡町寺林　かみおかちょうてらばやし　岐阜県飛驒市
神岡町旭ケ丘　かみおかちょうあさひがおか　岐阜県飛驒市
神岡町江馬町　かみおかちょうえまちょう　岐阜県飛驒市
神岡町西　かみおかちょうにし　岐阜県飛驒市
神岡町西茂住　かみおかちょうにしもずみ　岐阜県飛驒市
神岡町西鳥井　かみおかちょうにしとりい　兵庫県たつの市
神岡町西漆山　かみおかちょうにしうるしやま　岐阜県飛驒市
神岡町西横内　かみおかちょうにしよこうち　兵庫県たつの市
神岡町佐古　かみおかちょうさこ　岐阜県飛驒市
神岡町坂富町　かみおかちょうさかとみちょう　岐阜県飛驒市
神岡町杉山　かみおかちょうすぎやま　岐阜県飛驒市
神岡町沢田　かみおかちょうさわだ　兵庫県たつの市
神岡町谷　かみおかちょうたに　岐阜県飛驒市
神岡町和佐府　かみおかちょうわさふ　岐阜県飛驒市
神岡町和佐保　かみおかちょうわさぼ　岐阜県飛驒市
神岡町岩井谷　かみおかちょういわいだに　岐阜県飛驒市
神岡町東町　かみおかちょうひがしまち　岐阜県飛驒市
神岡町東茂住　かみおかちょうひがしもずみ　岐阜県飛驒市
神岡町東猪崎　かみおかちょうひがしいしさき　兵庫県たつの市
神岡町東雲　かみおかちょうあずま　岐阜県飛驒市
神岡町東漆山　かみおかちょうひがしうるしやま　岐阜県飛驒市
神岡町牧　かみおかちょうまき　岐阜県飛驒市
神岡町牧ケ平　かみおかちょうまきがひら　岐阜県飛驒市
神岡町阿曽保　かみおかちょうあそぼ　岐阜県飛驒市
神岡町城ケ丘　かみおかちょうしろがおか　岐阜県飛驒市
神岡町柏原　かみおかちょうかしはら　岐阜県飛驒市
神岡町追分　かみおかちょうおいわけ　兵庫県たつの市
神岡町桜ケ丘　かみおかちょうさくらがおか　岐阜県飛驒市
神岡町釜崎　かみおかちょうかまさき　岐阜県飛驒市
神岡町堀之内　かみおかちょうほりのうち　岐阜県飛驒市
神岡町寄井　かみおかちょうよりい　兵庫県たつの市
神岡町巣山　かみおかちょうすやま　岐阜県飛驒市
神岡町梨ケ根　かみおかちょうなしがね　岐阜県飛驒市
神岡町船津　かみおかちょうふなつ　岐阜県飛驒市
神岡町野首　かみおかちょうのくび　岐阜県飛驒市
神岡町野部　かみおかちょうのべ　兵庫県たつの市
神岡町鹿間　かみおかちょうしかま　岐阜県飛驒市
神岡町麻生野　かみおかちょうあそや　岐阜県飛驒市
神岡町割石　かみおかちょうわりいし　岐阜県飛驒市

893

9画（神）

神岡町奥村　かみおかちょうおくむら　兵庫県たつの市
神岡町朝浦　かみおかちょうあそら　岐阜県飛騨市
神岡町森茂　かみおかちょうもりも　岐阜県飛騨市
神岡町筒井　かみおかちょうつつい　兵庫県たつの市
神岡町数河　かみおかちょうすごう　岐阜県飛騨市
神岡町殿　かみおかちょうとの　岐阜県飛騨市
神岡町跡津川　かみおかちょうあとつがわ　岐阜県飛騨市
神岡町緑ケ丘　かみおかちょうみどりがおか　岐阜県飛騨市
神岡町横山　かみおかちょうよこやま　岐阜県飛騨市
神岡町横内　かみおかちょうよこうち　兵庫県たつの市
神岡町館野町　かみおかちょうたてのちょう　岐阜県飛騨市
神岡町瀬戸　かみおかちょうせと　岐阜県飛騨市
神岳　かんたけ　福岡県北九州市小倉北区
神岩　かむいわ　北海道厚岸郡厚岸町
神岬町　こうざきちょう　北海道積丹郡積丹町
神幸町　しんこうちょう　福岡県北九州市小倉北区
神房　かんぼう　千葉県大網白里市
神拝乙　かんばいおつ　愛媛県西条市
神拝甲　かんばいこう　愛媛県西条市
神於町　こうのちょう　大阪府岸和田市
神明
　しんめい　北海道松前郡松前町
　しんめい　北海道檜山郡上ノ国町
　しんめい　宮城県伊具郡丸森町
　しんめい　茨城県下妻市
　しんめい　埼玉県さいたま市浦和区
　しんめい　埼玉県さいたま市南区
　しんめい　埼玉県鴻巣市
　しんめい　埼玉県草加市
　しんめい　埼玉県桶川市
　しんめい　東京都足立区
　しんめい　東京都日野市
　しんめい　東京都武蔵村山市
　しんめい　福井県（福井鉄道福武線）
　しんめい　福井県大野市
　しんめい　長野県長野市
　しんめい　岐阜県大垣市
　しんめい　愛知県長久手市
　しんめい　京都府宇治市
神明内　しんめいうち　埼玉県幸手市
神明台　しんめいだい　東京都羽村市
神明石　しんめいいし　福島県二本松市
神明寺　じみょうじ　兵庫県赤穂郡上郡町
神明町
　しんめいちょう　岩手県盛岡市
　しんめいちょう　秋田県横手市
　しんめいちょう　山形県鶴岡市
　しんめいちょう　山形県長井市
　しんめいちょう　福島県郡山市
　しんめいちょう　栃木県小山市
　しんめいちょう　埼玉県川越市
　しんめいちょう　埼玉県東松山市
　しんめいちょう　埼玉県越谷市
　しんめいちょう　千葉県千葉市中央区
　しんめいちょう　神奈川県川崎市幸区
　しんめいちょう　神奈川県横須賀市
　しんめいちょう　新潟県新潟市東区
　しんめいちょう　新潟県三条市
　しんめいちょう　新潟県加茂市

　しんめいちょう　新潟県十日町市
　しんめいちょう　富山県滑川市
　しんめいまち　富山県中新川郡上市町
　しんめいちょう　石川県七尾市
　しんめいちょう　福井県大野市
　しんめいちょう　福井県鯖江市
　しんめいちょう　福井県越前市
　しんめいちょう　長野県岡谷市
　しんめいちょう　岐阜県岐阜市
　しんめいまち　岐阜県高山市
　しんめいちょう　岐阜県関市
　しんめいちょう　静岡県静岡市葵区
　しんめいちょう　静岡県浜松市中区
　しんめいちょう　愛知県名古屋市北区
　しんめいちょう　愛知県豊橋市
　しんめいちょう　愛知県半田市
　しんめいちょう　愛知県春日井市
　しんめいちょう　愛知県津島市
　しんめいちょう　愛知県刈谷市
　しんめいちょう　愛知県豊田市
　しんめいちょう　愛知県蒲郡市
　しんめいちょう　愛知県常滑市
　しんめいちょう　愛知県高浜市
　しんめいちょう　京都府京都市上京区
　しんめいちょう　京都府京都市中京区
　しんめいちょう　京都府京都市下京区
　しんめいちょう　大阪府（阪堺電気軌道阪堺線）
　しんめいちょう　大阪府泉大津市
　しんめいちょう　兵庫県神戸市兵庫区
　しんめいちょう　兵庫県西宮市
　しんめいちょう　兵庫県小野市
神明町西　しんめいちょうにし　大阪府堺市堺区
神明町東　しんめいちょうひがし　大阪府堺市堺区
神明東　しんめいひがし　宮城県伊具郡丸森町
神明前
　しんめいまえ　青森県上北郡おいらせ町
　しんめいまえ　秋田県南秋田郡五城目町
　しんめいまえ　福島県伊達市
神明南
　しんめいみなみ　宮城県伊具郡丸森町
　しんめいみなみ　東京都足立区
神明後　しんめいうしろ　青森県三戸郡五戸町
神松寺　しんしょうじ　福岡県福岡市城南区
神松町　かみまつちょう　愛知県名古屋市南区
神林
　かんばやし　岩手県宮古市
　かんばやし　富山県下新川郡入善町
　かんばやし　長野県松本市
神林山　かみばやしやま　宮城県刈田郡七ケ宿町
神林村　かみばやしむら　⇒村上市（新潟県）
神武寺　じんむじ　神奈川県（京浜急行電鉄逗子線）
神武町　じんむちょう　大阪府八尾市
神河町　かみかわちょう　兵庫県神崎郡
神波　こうなみ　和歌山県和歌山市
神祇官町　じんぎかんちょう　兵庫県西宮市
神苑　しんえん　北海道河東郡士幌町
神若通　かみわかどおり　兵庫県神戸市中央区
神長
　かなが　栃木県那須烏山市
　かみなが　静岡県袋井市
神門　ごうど　千葉県佐倉市
神門町　かんどちょう　島根県出雲市

9画（神）

神門前　じんもんまえ　愛知県長久手市
9神保町
　　じんぼうちょう　千葉県船橋市
　　じんぼうちょう　東京都（東京地下鉄半蔵門線ほか）
　　しんぼまち　新潟県見附市
神保原　じんぼはら　埼玉県（JR高崎線）
神保原町　じんぼはらまち　埼玉県児玉郡上里町
神保通　しんぼどおり　大阪府堺市堺区
神俣　かんまた　福島県（JR磐越東線）
神前
　　こうざき　大阪府貝塚市
　　こうざき　和歌山県（和歌山電鉄貴志川線）
　　こうざき　和歌山県和歌山市
　　かんざき　香川県（JR高徳線）
神前町
　　かみまえちょう　愛知県名古屋市瑞穂区
　　しんぜんちょう　滋賀県長浜市
　　かみまえちょう　兵庫県神戸市灘区
神前浦　かみさきうら　三重県度会郡南伊勢町
神南
　　じんなん　東京都渋谷区
　　じんなん　奈良県生駒郡斑鳩町
神南辺町　かんなべちょう　大阪府堺市堺区
神垣町　かみがきちょう　兵庫県西宮市
神城
　　かみしろ　長野県（JR大糸線）
　　かみしろ　長野県北安曇郡白馬村
神威
　　かもい　北海道歌志内市
　　かもい　北海道斜里郡清里町
神室町　かむろちょう　岐阜県岐阜市
神屋
　　かみや　新潟県新潟市南区
　　かみや　三重県名張市
神屋町
　　かぎやちょう　愛知県春日井市
　　かみやまち　兵庫県姫路市
　　かみやまち　福岡県福岡市博多区
神指町下神指　こうざしまちしもこうざし　福島県会津若松市
神指町上神指　こうざしまちかみこうざし　福島県会津若松市
神指町小見　こうざしまちおみ　福島県会津若松市
神指町中四合　こうざしまちなかしごう　福島県会津若松市
神指町天満　こうざしまちてんまん　福島県会津若松市
神指町北四合　こうざしまちきたしごう　福島県会津若松市
神指町本丸　こうざしまちほんまる　福島県会津若松市
神指町如来堂　こうざしまちにょらいどう　福島県会津若松市
神指町西城戸　こうざしまちにしきど　福島県会津若松市
神指町東城戸　こうざしまちひがしきど　福島県会津若松市
神指町東神指　こうざしまちひがしこうざし　福島県会津若松市
神指町南四合　こうざしまちみなみしごう　福島県会津若松市

神指町高久　こうざしまちたかく　福島県会津若松市
神指町高瀬　こうざしまちたかせ　福島県会津若松市
神指町高瀬新田　こうざしまちたかせしんでん　福島県会津若松市
神指町黒川　こうざしまちくろかわ　福島県会津若松市
神指町幕内　こうざしまちまくうち　福島県会津若松市
神指町榎木檀　こうざしまちえのきだん　福島県会津若松市
神指町横沼　こうざしまちよこぬま　福島県会津若松市
神指町橋本　こうざしまちはしもと　福島県会津若松市
神海
　　こうみ　岐阜県（樽見鉄道線）
　　こうみ　岐阜県本巣市
神泉　しんせん　東京都（京王電鉄井の頭線）
神泉町　しんせんちょう　東京都渋谷区
神泉苑町　しんせんえんちょう　京都府京都市中京区
神津佐　こんさ　三重県度会郡南伊勢町
神津島村　こうづしまむら　東京都
神洞　かんぼら　岐阜県美濃市
神畑
　　かばたけ　長野県（上田電鉄別所線）
　　かばたけ　長野県上田市
神畑乙　かばたけおつ　長野県上田市
神美台　かみよしだい　兵庫県豊岡市
10神倉
　　かみくら　和歌山県新宮市
　　かんのくら　鳥取県東伯郡三朝町
神原
　　かんばら　山形県米沢市
　　かみはら　長野県下伊那郡天龍村
　　このはら　三重県度会郡大紀町
　　かんばら　兵庫県西宮市
　　かんばら　鳥取県西伯郡大山町
　　こうばる　大分県竹田市
神原町
　　かみはらちょう　静岡県浜松市西区
　　かんばらちょう　広島県呉市
　　かみはらちょう　山口県宇部市
神家町　じんかまち　富山県滑川市
神宮
　　じんぐう　愛知県名古屋市熱田区
　　かんのみや　愛媛県今治市
　　じんぐう　宮崎県宮崎市
神宮丸太町　じんぐうまるたまち　京都府（京阪電気鉄道鴨東線）
神宮寺
　　じんぐうじ　秋田県（JR奥羽本線）
　　じんぐうじ　秋田県大仙市
　　じんぐうじ　茨城県稲敷市
　　じんぐうじ　千葉県旭市
　　じんぐうじ　新潟県妙高市
　　じんぐうじ　富山県南砺市
　　じんぐうじ　石川県金沢市
　　じんぐうじ　福井県小浜市
　　じんぐうじ　愛知県名古屋市港区
　　じんぐうじ　大阪府八尾市
　　じんぐうじ　大阪府交野市

895

9画（神）

神宮寺町
じんぐうじまち　石川県金沢市
じんぐうじちょう　静岡県浜松市北区
じんぐうじちょう　京都府綾部市

神宮西
じんぐうにし　愛知県（名古屋市交通局名城線）
じんぐうにし　宮崎県宮崎市

神宮町
じんぐうちょう　滋賀県大津市
じんぐうちょう　奈良県御所市
じんぐうちょう　宮崎県宮崎市

神宮東　じんぐうひがし　宮崎県宮崎市

神宮前
じんぐうまえ　東京都渋谷区
じんぐうまえ　愛知県（名古屋鉄道常滑線ほか）
じんぐうまえ　愛媛県八幡浜市

神宮通　じんぐうどおり　愛媛県八幡浜市

神島
かみじま　富山県砺波市
かみしま　静岡県伊豆の国市
こうのしま　岡山県笠岡市

神島台　かしまだい　和歌山県田辺市

神島外浦　こうのしまそとうら　岡山県笠岡市

神島町
かみじまちょう　三重県鳥羽市
かしまちょう　広島県福山市
かみしまちょう　長崎県佐世保市

神峰町　かみねちょう　茨城県日立市

神座
かんざ　静岡県島田市
かんざ　静岡県湖西市

神庭　かんば　岡山県真庭市

神庭町　かんばちょう　島根県安来市

神恵内村
かもえないむら　北海道古宇郡
かもえないむら　北海道古宇郡神恵内村

神扇　かみおうぎ　埼玉県幸手市

神栖　かみす　茨城県神栖市

神栖市　かみすし　茨城県

神浦
かみうら　北海道斜里郡小清水町
かんのうら　茨城県取手市
こうのうら　山口県大島郡周防大島町
こうのうら　香川県小豆郡小豆島町
こうのうら　愛媛県松山市

神浦下大中尾町　こうのうらしもおおなかおまち　長崎県長崎市

神浦下道徳町　こうのうらしもどうとくまち　長崎県長崎市

神浦上大中尾町　こうのうらかみおおなかおまち　長崎県長崎市

神浦上道徳町　こうのうらかみどうとくまち　長崎県長崎市

神浦丸尾町　こうのうらまるおまち　長崎県長崎市

神浦口福町　こうのうらくちふくまち　長崎県長崎市

神浦北大中尾町　こうのうらきたおおなかおまち　長崎県長崎市

神浦向町　こうのうらむかいまち　長崎県長崎市

神浦江川町　こうのうらえがわまち　長崎県長崎市

神浦夏井町　こうのうらなついまち　長崎県長崎市

神浦扇山町　こうのうらおおぎやままち　長崎県長崎市

神流町　かんなまち　群馬県多野郡

神納
かんのう　千葉県袖ケ浦市
かのう　三重県津市

神納町　かのうちょう　三重県津市

神通
じんづう　富山県富山市
じんづう　和歌山県紀の川市

神通本町　じんづうほんまち　富山県富山市

神通町　じんづうまち　富山県富山市

神郡　かんごおり　茨城県つくば市

神馬町　しんめまち　熊本県宇土市

11**神埼**　かんざき　佐賀県（JR長崎本線）

神埼市　かんざきし　佐賀県

神埼町本告牟田　かんざきまちもとおりむた　佐賀県神埼市

神埼町本堀　かんざきまちもとほり　佐賀県神埼市

神埼町永歌　かんざきまちながうた　佐賀県神埼市

神埼町田道ケ里　かんざきまちたみちがり　佐賀県神埼市

神埼町竹　かんざきまちたけ　佐賀県神埼市

神埼町西小津ケ里　かんざきまちにしおづがり　佐賀県神埼市

神埼町尾崎　かんざきまちおさき　佐賀県神埼市

神埼町志波屋　かんざきまちしわや　佐賀県神埼市

神埼町姉川　かんざきまちあねがわ　佐賀県神埼市

神埼町枝ケ里　かんざきまちえだがり　佐賀県神埼市

神埼町的　かんざきまちいくわ　佐賀県神埼市

神埼町城原　かんざきまちじょうばる　佐賀県神埼市

神埼町神埼　かんざきまちかんざき　佐賀県神埼市

神埼町横武　かんざきまちよこたけ　佐賀県神埼市

神埼町鶴　かんざきまちつる　佐賀県神埼市

神埼郡　かんざきぐん　佐賀県

神宿　かみやど　茨城県東茨城郡茨城町

神崎
かんざき　北海道枝幸郡中頓別町
かんざき　千葉県市原市
こうざき　福井県大飯郡おおい町
かんざき　岐阜県山県市
かんざき　兵庫県神崎郡市川町
かんざき　愛媛県伊予郡松前町
こうざき　愛媛県西宇和郡伊方町
こうざき　福岡県田川郡福智町

神崎川　かんざきがわ　大阪府（阪急電鉄神戸本線）

神崎本
こうざきほんじゅく　茨城県稲敷市
こうざきほんしゅく　千葉県香取郡神崎町

神崎町
こうざきまち　千葉県香取郡
かんざきちょう　大阪府大阪市中央区
かんざきちょう　兵庫県尼崎市
かんざきちょう　岡山県岡山市東区

神崎神宿　こうざきしんじゅく　千葉県香取郡神崎町

神崎郡　かんざきぐん　兵庫県

神渕　かぶち　岐阜県加茂郡七宗町

神船町　しぶねちょう　長崎県平戸市

神郷　こうさと　愛媛県新居浜市

神郷下市代　しんごうしもこうじろ　岡山県新見市

神郷町
しんごうちょう　愛知県名古屋市中川区

9画（神）

じんごうちょう　滋賀県東近江市

神郷油野　しんごうゆの　岡山県新見市
神郷釜村　しんごうかまむら　岡山県新見市
神郷高瀬　しんごうたかせ　岡山県新見市
神野
　　かの　茨城県鹿嶋市
　　かの　千葉県八千代市
　　かみ　石川県金沢市
　　こうの　福井県大飯郡高浜町
　　かみの　岐阜県関市
　　かんの　兵庫県（JR加古川線）
　　こうの　徳島県海部郡海陽町
　　かんの　香川県仲多度郡まんのう町
神野々　このの　和歌山県橋本市
神野ふ頭町　じんのふとうちょう　愛知県豊橋市
神野川　このがわ　和歌山県東牟婁郡串本町
神野市場　こうのいちば　和歌山県海草郡紀美野町
神野西　こうのにし　佐賀県佐賀市
神野西町　じんのにしまち　愛知県豊橋市
神野町
　　かみのまち　石川県金沢市
　　じんのちょう　愛知県名古屋市熱田区
　　かみのちょう　愛知県岩倉市
　　こうのちょう　大阪府堺市西区
神野町日岡苑　かんのちょうひおかえん　兵庫県加古川市
神野町石守　かんのちょういしもり　兵庫県加古川市
神野町西之山　かんのちょうにしのやま　兵庫県加古川市
神野町西条　かんのちょうさいじょう　兵庫県加古川市
神野町神野　かんのちょうかんの　兵庫県加古川市
神野町福留　かんのちょうふくどめ　兵庫県加古川市
神野東　こうのひがし　佐賀県佐賀市
神野浦　こうのうら　福井県大飯郡高浜町
神野新田町　じんのしんでんちょう　愛知県豊橋市
神陵台　しんりょうだい　兵庫県神戸市垂水区
神鳥谷　ひととのや　栃木県小山市
12神場　じんば　静岡県御殿場市
神森　かもり　三重県三重郡菰野町
神湊　こうのみなと　福岡県宗像市
神着　かみつき　東京都三宅村
神道寺　かんどうじ　新潟県新潟市中央区
神道寺南　かんどうじみなみ　新潟県新潟市中央区
神間　かんま　埼玉県春日部市
神集島　かしわじま　佐賀県唐津市
神須屋町　こうずやちょう　大阪府岸和田市
13神園
　　かみぞの　佐賀県佐賀市
　　こうぞの　熊本県熊本市東区
神園町　かみぞのちょう　兵庫県西宮市
神楽　じんらく　奈良県大和高田市
神楽一条　かぐらいちじょう　北海道旭川市
神楽七条　かぐらしちじょう　北海道旭川市
神楽二条　かぐらにじょう　北海道旭川市
神楽三条　かぐらさんじょう　北海道旭川市
神楽五条　かぐらごじょう　北海道旭川市
神楽六条　かぐらろくじょう　北海道旭川市
神楽四条　かぐらしじょう　北海道旭川市
神楽坂
　　かぐらざか　東京都（東京地下鉄東西線）

かぐらざか　東京都新宿区

神楽町
　　かぐらまち　富山県射水市
　　かぐらちょう　福井県敦賀市
　　かぐらちょう　岐阜県岐阜市
　　かぐらまち　岐阜県多治見市
　　かぐらちょう　三重県桑名市
　　かぐらちょう　兵庫県神戸市長田区
　　かぐらちょう　兵庫県西宮市
神楽岡　かぐらおか　北海道（JR富良野線）
神楽岡一条　かぐらおかいちじょう　北海道旭川市
神楽岡七条　かぐらおかしちじょう　北海道旭川市
神楽岡九条　かぐらおかくじょう　北海道旭川市
神楽岡二条　かぐらおかにじょう　北海道旭川市
神楽岡八条　かぐらおかはちじょう　北海道旭川市
神楽岡十一条　かぐらおかじゅういちじょう　北海道旭川市
神楽岡十二条　かぐらおかじゅうにじょう　北海道旭川市
神楽岡十三条　かぐらおかじゅうさんじょう　北海道旭川市
神楽岡十五条　かぐらおかじゅうごじょう　北海道旭川市
神楽岡十六条　かぐらおかじゅうろくじょう　北海道旭川市
神楽岡十四条　かぐらおかじゅうしじょう　北海道旭川市
神楽岡十条　かぐらおかじゅうじょう　北海道旭川市
神楽岡三条　かぐらおかさんじょう　北海道旭川市
神楽岡五条　かぐらおかごじょう　北海道旭川市
神楽岡公園　かぐらおかこうえん　北海道旭川市
神楽岡六条　かぐらおかろくじょう　北海道旭川市
神楽岡四条　かぐらおかしじょう　北海道旭川市
神楽河岸　かぐらがし　東京都新宿区
神楽橋　かぐらばし　長野県長野市
神殿町
　　かんどのちょう　愛知県豊田市
　　こどのちょう　奈良県奈良市
神滝　こうたき　三重県多気郡大台町
神照町　かみてるちょう　滋賀県長浜市
神福　かみふく　鳥取県日野郡日南町
神置　かみおき　千葉県いすみ市
神置町　かみおきちょう　岐阜県各務原市
神路　かみじ　大阪府大阪市東成区
神農原
　　かのはら　群馬県（上信電鉄線）
　　かのはら　群馬県富岡市
神鉄六甲　しんてつろっこう　兵庫県（神戸電鉄有馬線）
神鉄道場　しんてつどうじょう　兵庫県（神戸電鉄三田線）
14神増　かんぞ　静岡県磐田市
神稲　くましろ　長野県下伊那郡豊丘村
神領
　　じんりょう　愛知県（JR中央本線）
　　じんりょう　滋賀県大津市
　　じんりょう　和歌山県紀の川市
　　じんりょう　徳島県名西郡神山町
　　じんりょう　鹿児島県曽於郡大崎町
神領町　じんりょうちょう　愛知県春日井市
神領町北　じんりょうちょうきた　愛知県春日井市

9画（祖,祢,祐,科,秋）

15神撫町　じんぶちょう　兵庫県神戸市須磨区
　神穂町　かみほちょう　愛知県名古屋市瑞穂区
　神縄　かみなわ　神奈川県足柄上郡山北町
16神薗町　かみそのちょう　三重県伊勢市
19神瀬
　　かみぜ　三重県多気郡大台町
　　かんせ　岡山県加賀郡吉備中央町
　　こうのせ　熊本県球磨郡球磨村
20神懸通　かんかけどおり　香川県小豆郡小豆島町

【祖】

3祖山　そやま　富山県南砺市
4祖父江
　　そぶえ　岐阜県瑞穂市
　　そぶえ　岐阜県養老郡養老町
　祖父江二俣　そぶえちょうふたまた　愛知県稲沢市
　祖父江三丸渕　そぶえちょうさんまるぶち　愛知県稲沢市
　祖父江町上牧　そぶえちょうかんまき　愛知県稲沢市
　祖父江町大牧　そぶえちょうおおまき　愛知県稲沢市
　祖父江町山崎　そぶえちょうやまざき　愛知県稲沢市
　祖父江町中牧　そぶえちょうなかまき　愛知県稲沢市
　祖父江町四貫　そぶえちょうよつのき　愛知県稲沢市
　祖父江町本甲　そぶえちょうほんこう　愛知県稲沢市
　祖父江町甲新田　そぶえちょうかぶとしんでん　愛知県稲沢市
　祖父江町両寺内　そぶえちょうりょうじない　愛知県稲沢市
　祖父江町西鵜之本　そぶえちょうにしうのもと　愛知県稲沢市
　祖父江町拾町野　そぶえちょうじっちょうの　愛知県稲沢市
　祖父江町神明津　そぶえちょうしんみょうづ　愛知県稲沢市
　祖父江町祖父江　そぶえちょうそぶえ　愛知県稲沢市
　祖父江町島本　そぶえちょうしまもと　愛知県稲沢市
　祖父江町桜方　そぶえちょうさくらがた　愛知県稲沢市
　祖父江町馬飼　そぶえちょうまかい　愛知県稲沢市
　祖父江町野田　そぶえちょうのだ　愛知県稲沢市
　祖父江町森上　そぶえちょうもりかみ　愛知県稲沢市
　祖父竹　そふたけ　新潟県妙高市
　祖父興野
　　おじごや　新潟県新潟市中央区
　　おじごや　新潟県新潟市江南区
5祖母井　うばがい　栃木県芳賀郡芳賀町
　祖母井南　うばがいみなみ　栃木県芳賀郡芳賀町
　祖母島
　　うばしま　群馬県（JR吾妻線）
　　うばしま　群馬県渋川市
　祖母懐町　そぼかいちょう　愛知県瀬戸市
6祖式町　そじきちょう　島根県大田市
7祖谷　そだに　富山県南砺市
　祖谷口　いやぐち　徳島県（JR土讃線）
9祖泉　そいずみ　富山県砺波市
10祖原　そはら　福岡県福岡市早良区
　祖師ケ谷大蔵　そしがやおおくら　東京都（小田急電鉄小田原線）
　祖師谷　そしがや　東京都世田谷区
　祖浜町　そはままち　石川県七尾市

【祢】

8祢宜　ねぎ　和歌山県和歌山市
　祢宜内　ねぎうち　宮城県白石市
　祢宜町
　　ねぎちょう　愛知県半田市
　　ねぎちょう　愛知県津島市
　祢宜谷　ねぎだに　鳥取県鳥取市
　祢宜屋敷　ねぎやしき　岩手県滝沢市
　祢宜島　ねぎしま　静岡県焼津市
9祢津　ねつ　長野県東御市

【祐】

3祐久　ゆうく　愛知県一宮市
4祐天寺
　　ゆうてんじ　東京都（東京急行電鉄東横線）
　　ゆうてんじ　東京都目黒区
6祐光　ゆうこう　千葉県千葉市中央区
　祐安　すけやす　岡山県倉敷市
8祐金町　ゆうきんちょう　愛知県岡崎市

【科】

7科沢　しなざわ　山形県東田川郡庄内町

【秋】

秋　あき　山口県大島郡周防大島町
0秋ケ島　あきがしま　富山県富山市
　秋ノ宮　あきのみや　秋田県湯沢市
3秋丸
　　あきまる　高知県高岡郡四万十町
　　あきまる　熊本県玉名市
　秋山
　　あきやま　福島県伊達郡川俣町
　　あきやま　茨城県高萩市
　　あきやま　茨城県鉾田市
　　あきやま　埼玉県大里郡寄居町
　　あきやま　千葉県（北総鉄道北総線）
　　あきやま　千葉県松戸市
　　あきやま　山梨県南アルプス市
　　あきやま　山梨県上野原市
　　あきやま　長野県南佐久郡川上村
　　あきやま　宮崎県串間市
　秋山町
　　あきやまちょう　栃木県佐野市
　　あきやまちょう　静岡県静岡市葵区
　　あきやままち　大分県日田市
　秋川
　　あきがわ　東京都（JR五日市線）
　　あきがわ　東京都あきる野市
4秋元　あきもと　富山県砺波市
　秋元町　あきもとちょう　埼玉県深谷市
　秋月
　　あきづき　和歌山県和歌山市
　　あきづき　山口県周南市
　　あきづき　福岡県朝倉市
　秋月一条　あきつきいちじょう　北海道旭川市
　秋月二条　あきつきにじょう　北海道旭川市
　秋月三条　あきつきさんじょう　北海道旭川市
　秋月町　あきづきまち　長崎県長崎市
　秋月野鳥　あきづきのとり　福岡県朝倉市
5秋台　あきだい　福島県石川郡石川町

9画（竿）

秋永町　あきながちょう　三重県鈴鹿市
秋田
　　あきた　北海道枝幸郡中頓別町
　　あきた　北海道常呂郡置戸町
　　あきた　秋田県（JR奥羽本線）
　　あきた　茨城県常陸大宮市
　　あきた　千葉県旭市
　　あきた　愛知県丹羽郡大口町
　　あいだ　高知県四万十市
秋田市　あきたし　秋田県
秋田町　あきたまち　徳島県徳島市
秋田県　あきたけん
⁶秋吉
　　あきよし　富山県富山市
　　あきよし　石川県鳳珠郡能登町
　　あきよし　奈良県大和高田市
秋吉町　あきよしちょう　静岡県静岡市清水区
秋吉新町　あきよししんまち　富山県富山市
秋名　あきな　鹿児島県大島郡龍郷町
秋成　あきなり　新潟県中魚沼郡津南町
秋成町　あきなりちょう　茨城県水戸市
⁷秋沢　あきさわ　岐阜県岐阜市
秋町　あきまち　広島県三次市
秋芳町　しゅうほうちょう　⇒美祢市（山口県）
秋芳町別府　しゅうほうちょうべっぷ　山口県美祢市
秋芳町岩永下郷　しゅうほうちょういわながしもごう
　　山口県美祢市
秋芳町岩永本郷　しゅうほうちょういわながほんごう
　　山口県美祢市
秋芳町青景　しゅうほうちょうあおかげ　山口県美祢市
秋芳町秋吉　しゅうほうちょうあきよし　山口県美祢市
秋芳町嘉万　しゅうほうちょうかま　山口県美祢市
秋谷　あきや　神奈川県横須賀市
秋里
　　あきさと　北海道紋別郡興部町
　　あきさと　鳥取県鳥取市
⁸秋和　あきわ　長野県上田市
秋妻　あきづま　群馬県邑楽郡邑楽町
秋房　あきふさ　新潟県加茂市
秋松　あきまつ　福岡県飯塚市
⁹秋保町長袋　あきうまちながふくろ　宮城県仙台市太
　　白区
秋保町馬場　あきうまちばば　宮城県仙台市太白区
秋保町湯元　あきうまちゆもと　宮城県仙台市太白区
秋保町湯向　あきうまちゆむかい　宮城県仙台市太
　　白区
秋保町境野　あきうまちさかいの　宮城県仙台市太
　　白区
秋柴　あきしば　宮城県伊具郡丸森町
秋津
　　あきつ　千葉県習志野市
　　あきつ　東京都（西武鉄道池袋線）
　　あきつ　新潟県佐渡市
　　あきつ　兵庫県加東市
　　あきつ　熊本県熊本市東区
秋津が丘　あきつがおか　京都府福知山市
秋津川　あきづがわ　和歌山県田辺市
秋津町
　　あきつちょう　東京都東村山市
　　あきつまち　岐阜県岐阜市
　　あきづちょう　和歌山県田辺市

秋津町秋田　あきつまちあきた　熊本県熊本市東区
秋津新町　あきつしんまち　熊本県熊本市東区
秋畑　あきはた　群馬県甘楽郡甘楽町
¹⁰秋原町　あきばるまち　大分県日田市
秋根　あきね　山口県下関市
秋根上町　あきねかみまち　山口県下関市
秋根北町　あきねきたまち　山口県下関市
秋根本町　あきねほんまち　山口県下関市
秋根西町　あきねにしまち　山口県下関市
秋根東町　あきねひがしまち　山口県下関市
秋根南町　あきねみなみまち　山口県下関市
秋根新町　あきねしんまち　山口県下関市
秋浜　あきはま　石川県かほく市
秋留　あきる　東京都あきる野市
¹¹秋堂　あきどう　青森県上北郡おいらせ町
秋常町　あきつねまち　石川県能美市
秋野々町　あきののちょう　京都府京都市中京区
秋鹿町
　　あいかまち　島根県（一畑電車北松江線）
　　あいかちょう　島根県松江市
¹²秋喜　しゅうき　鳥取県倉吉市
秋喜西町　しゅうきにしまち　鳥取県倉吉市
秋塚町　あきづかまち　群馬県沼田市
秋葉
　　あきば　茨城県東茨城郡茨城町
　　あきば　新潟県新潟市東区
　　あきば　新潟県新潟市秋葉区
　　あきは　愛知県名古屋市港区
秋葉区　あきはく　新潟県新潟市
秋葉台
　　あきばだい　滋賀県大津市
　　あきばだい　兵庫県神戸市西区
秋葉町
　　あきばちょう　神奈川県横浜市戸塚区
　　あきばちょう　新潟県燕市
　　あきばちょう　愛知県瀬戸市
　　あきばちょう　愛知県豊田市
　　あきばちょう　和歌山県和歌山市
　　あきばまち　佐賀県鳥栖市
　　あきばちょう　大分県別府市
秋葉原
　　あきばら　東京都（JR山手線ほか）
　　あきばら　東京都台東区
秋葉通　あきばどおり　新潟県新潟市東区
秋葉路　あきばみち　静岡県掛川市
秋間みのりが丘　あきまみのりがおか　群馬県安中市
¹⁴秋徳　あきとく　鹿児島県大島郡瀬戸内町
¹⁵秋穂二島　あいおふたじま　山口県山口市
秋穂西　あいおにし　山口県山口市
秋穂東　あいおひがし　山口県山口市
秋縄　あきつな　鳥取県日野郡日野町
¹⁶秋築町　あきつきちょう　京都府京都市左京区
¹⁷秋篠三和町　あきしのさんわちょう　奈良県奈良市
秋篠早月町　あきしのさつきちょう　奈良県奈良市
秋篠町　あきしのちょう　奈良県奈良市
秋篠新町　あきしのしんまち　奈良県奈良市

【竿】

⁵竿打川原　さおうちかわら　青森県上北郡七戸町

899

9画（笶,筑,籾,紀,紅）

⁹竿津　さおづ　鹿児島県大島郡知名町
¹⁰竿浦町　さおのうらまち　長崎県長崎市

【笶】
⁰笶ケ島　おいがしま　新潟県燕市
³笶川
　　おいかわ　福島県（JR磐越西線）
　　おいかわ　福島県河沼郡湯川村
⁸笶松　おいまつ　福井県丹生郡越前町
¹⁹笶瀬町　おいせちょう　愛知県名古屋市中川区

【筑】
⁴筑井町　うつぼいまち　群馬県前橋市

【籾】
⁷籾谷　もみや　群馬県邑楽郡板倉町
⁹籾保　もみほ　岡山県津山市

【紀】
⁰紀ノ川　きのかわ　和歌山県（南海電気鉄道加太線
　　ほか）
　紀ノ光台　きのひかりだい　和歌山県橋本市
　紀の川市　きのかわし　和歌山県
³紀三井寺
　　きみいでら　和歌山県（JR紀勢本線）
　　きみいでら　和歌山県和歌山市
⁵紀北町　きほくちょう　三重県北牟婁郡
⁶紀伊　きい　和歌山県（JR阪和線）
　紀伊小倉　きいおぐら　和歌山県（JR和歌山線）
　紀伊山田　きいやまだ　和歌山県（JR和歌山線）
　紀伊中ノ島　きいなかのしま　和歌山県（JR阪和線）
　紀伊井田　きいいだ　三重県（JR紀勢本線）
　紀伊内原　きいうちはら　和歌山県（JR紀勢本線）
　紀伊天満　きいてんま　和歌山県（JR紀勢本線）
　紀伊日置　きいひき　和歌山県（JR紀勢本線）
　紀伊市木　きいいちぎ　三重県（JR紀勢本線）
　紀伊田辺　きいたなべ　和歌山県（JR紀勢本線）
　紀伊田原　きいたはら　和歌山県（JR紀勢本線）
　紀伊由良　きいゆら　和歌山県（JR紀勢本線）
　紀伊有田　きいありた　和歌山県（JR紀勢本線）
　紀伊佐野　きいさの　和歌山県（JR紀勢本線）
　紀伊長田　きいながた　和歌山県（JR和歌山線）
　紀伊長島　きいながしま　三重県（JR紀勢本線）
　紀伊神谷　きいかみや　和歌山県（南海電気鉄道高
　　野線）
　紀伊姫　きいひめ　和歌山県（JR紀勢本線）
　紀伊宮原　きいみやはら　和歌山県（JR紀勢本線）
　紀伊浦神　きいうらがみ　和歌山県（JR紀勢本線）
　紀伊清水　きいしみず　和歌山県（南海電気鉄道高
　　野線）
　紀伊細川　きいほそかわ　和歌山県（南海電気鉄道高
　　野線）
　紀伊富田　きいとんだ　和歌山県（JR紀勢本線）
　紀伊御坊　きいごぼう　和歌山県（紀州鉄道線）
　紀伊勝浦　きいかつうら　和歌山県（JR紀勢本線）
　紀伊新庄　きいしんじょう　和歌山県（JR紀勢本線）
　紀寺町　きでらちょう　奈良県奈良市
⁷紀尾井町　きおいちょう　東京都千代田区

紀見　きみ　和歌山県橋本市
紀見ケ丘　きみがおか　和歌山県橋本市
紀見峠　きみとうげ　和歌山県（南海電気鉄道高野
　　線）
⁸紀和　きわ　和歌山県（JR紀勢本線）
紀和町丸山　きわちょうまるやま　三重県熊野市
紀和町大河内　きわちょうおおち　三重県熊野市
紀和町大栗須　きわちょうおおぐるす　三重県熊野市
紀和町小川口　きわちょうこがわぐち　三重県熊野市
紀和町小栗須　きわちょうこぐるす　三重県熊野市
紀和町小船　きわちょうこぶね　三重県熊野市
紀和町小森　きわちょうこもり　三重県熊野市
紀和町木津呂　きわちょうきづろ　三重県熊野市
紀和町平谷　きわちょうひらたに　三重県熊野市
紀和町矢ノ川　きわちょうやのかわ　三重県熊野市
紀和町花井　きわちょうけい　三重県熊野市
紀和町赤木　きわちょうあかぎ　三重県熊野市
紀和町和気　きわちょうわけ　三重県熊野市
紀和町板屋　きわちょういたや　三重県熊野市
紀和町長尾　きわちょうながお　三重県熊野市
紀和町湯ノ口　きわちょうゆのくち　三重県熊野市
紀和町楊枝　きわちょうようじ　三重県熊野市
紀和町楊枝川　きわちょうようじがわ　三重県熊野市
紀宝町　きほうちょう　三重県南牟婁郡
⁹紀泉台　きせんだい　和歌山県岩出市
紀美野町　きみのちょう　和歌山県海草郡

【紅】
⁷紅谷町　べにやちょう　神奈川県平塚市
⁹紅屋町　べにやちょう　大阪府守口市
紅茸町　べにたけちょう　大阪府高槻市
¹⁰紅梅　こうばい　福岡県北九州市八幡西区
紅梅町
　　こうばいちょう　愛知県名古屋市昭和区
　　こうばいちょう　大阪府大阪市北区
紅粉屋　べにや　福岡県大川市
¹²紅葉　もみじ　茨城県鉾田市
紅葉ガ丘　もみじがおか　兵庫県宝塚市
紅葉ガ丘町　もみじがおかちょう　静岡県熱海市
紅葉ケ丘　もみじがおか　神奈川県横浜市西区
紅葉ケ丘西　もみじがおかにし　福岡県春日市
紅葉ケ丘東　もみじがおかひがし　福岡県春日市
紅葉が丘　もみじがおか　岩手県盛岡市
紅葉山　もみじやま　北海道夕張市
紅葉山町　もみじやまちょう　北海道函館市
紅葉丘　もみじがおか　東京都府中市
紅葉台　こうようだい　静岡県掛川市
紅葉町
　　もみじちょう　京都府京都市下京区
　　もみじちょう　広島県福山市
　　もみじまち　愛媛県松山市
紅葉通北　もみじどおりきた　北海道広尾郡広尾町
紅葉通南　もみじどおりみなみ　北海道広尾郡広尾町
紅雲町
　　こううんちょう　群馬県前橋市
　　こううんちょう　愛知県名古屋市北区

900

9画（美）

【美】

⁰美々
　びび　北海道（JR千歳線）
　びび　北海道千歳市
美々津　みみつ　宮崎県（JR日豊本線）
美々津町　みみつちょう　宮崎県日向市
美ノ郷町三成　みのごうちょうみなり　広島県尾道市
美ノ郷町中野　みのごうちょうなかの　広島県尾道市
美ノ郷町本郷　みのごうちょうほんごう　広島県尾
　道市
美ノ郷町白江　みのごうちょうしろえ　広島県尾道市
美ノ郷町猪子迫　みのごうちょういのこざこ　広島県
　尾道市
美しが丘
　うつくしがおか　栃木県小山市
　うつくしがおか　千葉県四街道市
　うつくしがおか　神奈川県横浜市青葉区
　うつくしがおか　大阪府高槻市
美しが丘一条　うつくしがおかいちじょう　北海道札
　幌市清田区
美しが丘二条　うつくしがおかにじょう　北海道札幌
　市清田区
美しが丘三条　うつくしがおかさんじょう　北海道札
　幌市清田区
美しが丘五条　うつくしがおかごじょう　北海道札幌
　市清田区
美しが丘北　うつくしがおかきた　福岡県筑紫野市
美しが丘四条　うつくしがおかしじょう　北海道札幌
　市清田区
美しが丘西　うつくしがおかにし　神奈川県横浜市青
　葉区
美しが丘南　うつくしがおかみなみ　福岡県筑紫野市
美の里
　みのり　新潟県新潟市中央区
　みのり　広島県広島市佐伯区
美の浜　みのはま　岡山県笠岡市
²美乃坂本　みのさかもと　岐阜県（JR中央本線）
³美土里町
　みどりちょう　埼玉県熊谷市
　みどりちょう　埼玉県東松山市
美土里町北　みどりちょうきた　広島県安芸高田市
美土里町本郷　みどりちょうほんごう　広島県安芸高
　田市
美土里町生田　みどりちょういけだ　広島県安芸高
　田市
美土里町桑田　みどりちょうくわた　広島県安芸高
　田市
美土里町横田　みどりちょうよこた　広島県安芸高
　田市
美女木　びじょぎ　埼玉県戸田市
美女木東　びじょぎひがし　埼玉県戸田市
美女平　びじょだいら　富山県中新川郡立山町
美山
　みやま　北海道松前郡福島町
　みやま　北海道紋別郡遠軽町
　みやま　新潟県西蒲原郡弥彦村
　みやま　福井県（JR越美北線）
美山大谷町　みやまおおたにちょう　福井県福井市
美山台
　みやまだい　大阪府富田林市
　みやまだい　兵庫県神戸市垂水区

　みやまだい　兵庫県川西市
美山町
　みやまちょう　東京都八王子市
　みやまちょう　福井県福井市
　みやまちょう　岐阜県多治見市
　みやまちょう　愛知県豊田市
　みやまちょう　鹿児島県枕崎市
美山町又林　みやまちょうまたばやし　京都府南丹市
美山町下　みやまちょうしも　京都府南丹市
美山町下平屋　みやまちょうしもひらや　京都府南
　丹市
美山町下吉田　みやまちょうしもよしだ　京都府南
　丹市
美山町三埜　みやまちょうみつの　京都府南丹市
美山町上司　みやまちょうじょうし　京都府南丹市
美山町上平屋　みやまちょうかみひらや　京都府南
　丹市
美山町大野　みやまちょうおおの　京都府南丹市
美山町小渕　みやまちょうおぶち　京都府南丹市
美山町中　みやまちょうなか　京都府南丹市
美山町内久保　みやまちょううちくぼ　京都府南丹市
美山町北　みやまちょうきた　京都府南丹市
美山町田歌　みやまちょうたうた　京都府南丹市
美山町白石　みやまちょうしらいし　京都府南丹市
美山町向山　みやまちょうむかいやま　京都府南丹市
美山町安掛　みやまちょうあがけ　京都府南丹市
美山町江和　みやまちょうえわ　京都府南丹市
美山町西　みやまちょうにし　北海道北見市
美山町佐々里　みやまちょうささり　京都府南丹市
美山町芦生　みやまちょうあしう　京都府南丹市
美山町和泉　みやまちょういずみ　京都府南丹市
美山町東　みやまちょうひがし　北海道北見市
美山町板橋　みやまちょういたはし　京都府南丹市
美山町河内谷　みやまちょうかわうちだに　京都府南
　丹市
美山町知見　みやまちょうちみ　京都府南丹市
美山町肱谷　みやまちょうひじたに　京都府南丹市
美山町長尾　みやまちょうながお　京都府南丹市
美山町長谷　みやまちょうながたに　京都府南丹市
美山町南
　みやまちょうみなみ　北海道北見市
　みやまちょうみなみ　京都府南丹市
美山町荒倉　みやまちょうあらくら　京都府南丹市
美山町音海　みやまちょうおとみ　京都府南丹市
美山町原　みやまちょうはら　京都府南丹市
美山町宮脇　みやまちょうみやのわき　京都府南丹市
美山町島　みやまちょうしま　京都府南丹市
美山町高野　みやまちょうたかの　京都府南丹市
美山町深見　みやまちょうふかみ　京都府南丹市
美山町盛郷　みやまちょうもりさと　京都府南丹市
美山町野添　みやまちょうのぞえ　京都府南丹市
美山町萱野　みやまちょうかやの　京都府南丹市
美山町福居　みやまちょうふくい　京都府南丹市
美山町豊郷　みやまちょうとよさと　京都府南丹市
美山町静原　みやまちょうしずはら　京都府南丹市
美山町樫原　みやまちょうかしわら　京都府南丹市
美山町鶴ケ岡　みやまちょうつるがおか　京都府南
　丹市

901

9画（美）

美川
　　みかわ　北海道中川郡幕別町
　　みかわ　石川県（JR北陸本線）
美川中町　みかわなかまち　石川県白山市
美川今町　みかわいままち　石川県白山市
美川北町　みかわきたまち　石川県白山市
美川本吉町　みかわもとよしまち　石川県白山市
美川末広町　みかわすえひろまち　石川県白山市
美川永代町　みかわえいたいまち　石川県白山市
美川町
　　みかわちょう　福井県大野市
　　みかわちょう　静岡県静岡市葵区
　　みかわちょう　三重県津市
　　みかわちょう　宮崎県都城市
美川町小川　みかわまちこがわ　山口県岩国市
美川町四馬神　みかわまちしめがみ　山口県岩国市
美川町南桑　みかわまちなぐわ　山口県岩国市
美川町根笠　みかわまちねかさ　山口県岩国市
美川町添谷　みかわまちそえだに　山口県岩国市
美川和波町　みかわわなみまち　石川県白山市
美川南町　みかわみなみまち　石川県白山市
美川神幸町　みかわじんこうまち　石川県白山市
美川浜町　みかわはままち　石川県白山市
美川新町　みかわしんまち　石川県白山市
⁴美井元町　みいもとまち　大阪府寝屋川市
美井町　みいちょう　大阪府寝屋川市
美芳郡　みかたぐん　兵庫県
美木多上　みきたかみ　大阪府堺市南区
⁵美加の台
　　みかのだい　大阪府（南海電気鉄道高野線）
　　みかのだい　大阪府河内長野市
美加登　みかど　北海道中川郡池田町
美甘　みかも　岡山県真庭市
美生　びせい　北海道河西郡芽室町
美用　みよう　鳥取県日野郡江府町
美田
　　みた　北海道上川郡美瑛町
　　みた　千葉県流山市
　　みた　島根県隠岐郡西ノ島町
美田多町　みただちょう　茨城県ひたちなか市
美田町　みたちょう　大阪府四條畷市
美田園
　　みたぞの　宮城県（仙台空港鉄道線）
　　みたぞの　宮城県名取市
　　みたぞの　福島県河沼郡湯川村
美田園北　みたぞのきた　宮城県名取市
⁶美吉　みよし　鳥取県米子市
美吉野　みよしの　福岡県遠賀郡水巻町
美吉野町　みよしのまち　福岡県北九州市八幡西区
美合　みあい　愛知県（名古屋鉄道名古屋本線）
美合西町　みあいにしまち　愛知県岡崎市
美合町　みあいちょう　愛知県岡崎市
美合町入込　みあいちょういりこみ　愛知県岡崎市
美合町生田　みあいちょうしょうだ　愛知県岡崎市
美合町地蔵野　みあいちょうじぞうの　愛知県岡崎市
美合新町　みあいしんまち　愛知県岡崎市
美好　みよし　鳥取県東伯郡琴浦町
美好町　みよしちょう　東京都府中市
美宇　びう　北海道新冠郡新冠町

美守　ひだのもり　新潟県妙高市
美成　びせい　北海道広尾郡大樹町
美江寺
　　みえじ　岐阜県（樽見鉄道線）
　　みえじ　岐阜県瑞穂市
美江寺町　みえじちょう　岐阜県岐阜市
⁷美佐　みさ　兵庫県神崎郡市川町
美佐島
　　みさしま　新潟県（北越急行ほくほく線）
　　みさしま　新潟県南魚沼市
美佐野　みさの　岐阜県可児郡御嵩町
美作千代　みまさかせんだい　岡山県（JR姫新線）
美作土居　みまさかどい　岡山県（JR姫新線）
美作大崎　みまさかおおさき　岡山県（JR姫新線）
美作加茂　みまさかかも　岡山県（JR因美線）
美作市　みまさかし　岡山県
美作江見　みまさかえみ　岡山県（JR姫新線）
美作町　みさくちょう　兵庫県西宮市
美作河井　みまさかかわい　岡山県（JR因美線）
美作追分　みまさかおいわけ　岡山県（JR姫新線）
美作落合　みまさかおちあい　岡山県（JR姫新線）
美作滝尾　みまさかたきお　岡山県（JR因美線）
美住町
　　みすみちょう　東京都東村山市
　　みすみちょう　神奈川県茅ケ崎市
　　みすみちょう　鹿児島県いちき串木野市
美利河　ぴりか　北海道瀬棚郡今金町
美坂町　みさかちょう　岐阜県多治見市
美杉台　みすぎだい　埼玉県飯能市
美杉町八手俣　みすぎちょうはてまた　三重県津市
美杉町八知　みすぎちょうやち　三重県津市
美杉町下之川　みすぎちょうしものがわ　三重県津市
美杉町下多気　みすぎちょうしもたげ　三重県津市
美杉町三多気　みすぎちょうみたけ　三重県津市
美杉町上多気　みすぎちょうかみたけ　三重県津市
美杉町川上　みすぎちょうかわかみ　三重県津市
美杉町丹生俣　みすぎちょうにゅうのまた　三重県津市
美杉町太郎生　みすぎちょうたろう　三重県津市
美杉町石名原　みすぎちょういしなはら　三重県津市
美杉町竹原　みすぎちょうたけはら　三重県津市
美杉町杉平　みすぎちょうすぎひら　三重県津市
美杉町奥津　みすぎちょうおきつ　三重県津市
美杉野　みすぎの　千葉県山武市
美沢
　　みさわ　北海道苫小牧市
　　みさわ　北海道北広島市
　　みさわ　北海道樺戸郡新十津川町
　　みさわ　北海道上川郡美瑛町
　　みさわ　千葉県富里市
　　みさわ　新潟県長岡市
　　みさわ　愛媛県松山市
美沢町　みさわちょう　大阪府茨木市
美沢野町　みさわのまち　石川県白山市
美芳　みよし　北海道網走郡美幌町
美芳町　みよしちょう　北海道北見市
美谷が丘　みたにがおか　石川県加賀市
美谷町　みたにまち　石川県輪島市
美里
　　みさと　北海道北見市

9画（美）

みさと　北海道石狩郡当別町
みさと　北海道網走郡美幌町
みさと　北海道勇払郡厚真町
みさと　北海道川上郡弟子屈町
みさと　新潟県新潟市北区
みさと　新潟県新潟市西蒲区
みさと　長野県（JR小海線）
みさと　愛知県豊田市
みさと　和歌山県日高郡印南町
みさと　沖縄県沖縄市
美里ケ丘　みさとがおか　岐阜県可児市
美里仲原町　みさとなかはらちょう　沖縄県沖縄市
美里別　びりべつ　北海道中川郡本別町
美里町
　みさとちょう　青森県むつ市
　みさとまち　宮城県遠田郡
　みさとまち　埼玉県児玉郡
　みさとまち　石川県白山市
　みさとちょう　福井県大野市
　みさとちょう　三重県四日市市
　みさとちょう　広島県下松市
　みさとまち　熊本県下益城郡
美里町三郷　みさとちょうみさと　三重県津市
美里町五百野　みさとちょういおの　三重県津市
美里町日南田　みさとちょうひなた　三重県津市
美里町北長野　みさとちょうきたながの　三重県津市
美里町平木　みさとちょうひらき　三重県津市
美里町穴倉　みさとちょうあなくら　三重県津市
美里町足坂　みさとちょうあしざか　三重県津市
美里町南長野　みさとちょうみなみながの　三重県津市
美里町家所　みさとちょういえどころ　三重県津市
美里町桂畑　みさとちょうかつらはた　三重県津市
美里町高座原　みさとちょうこうざわら　三重県津市
美里町船山　みさとちょうふなやま　三重県津市
⁸美並町三戸　みなみちょうみと　岐阜県郡上市
美並町上田　みなみちょうかみた　岐阜県郡上市
美並町大原　みなみちょうおおはら　岐阜県郡上市
美並町山田　みなみちょうやまだ　岐阜県郡上市
美並町白山　みなみちょうはくさん　岐阜県郡上市
美並町梅原　みなみちょううめはら　岐阜県郡上市
美並町高砂　みなみちょうたかさご　岐阜県郡上市
美並苅安　みなみかりやす　岐阜県（長良川鉄道越美南線）
美和
　みわ　北海道三笠市
　みわ　北海道檜山郡厚沢部町
　びわ　北海道網走郡美幌町
　みわ　北海道斜里郡小清水町
　みわ　北海道虻田郡豊浦町
　みわ　鳥取県鳥取市
　みわ　岡山県倉敷市
　みわ　大分県豊後高田市
美和台　みわだい　福岡県福岡市東区
美和台新町　みわだいしんまち　福岡県福岡市東区
美和町
　みわちょう　岐阜県大垣市
　みわちょう　岐阜県美濃市
　みわちょう　愛知県豊田市
　みわちょう　⇒あま市（愛知県）
　みわちょう　山口県防府市
美和町下畑　みわまちしもばた　山口県岩国市

美和町上駄床　みわまちかみだとこ　山口県岩国市
美和町大根川　みわまちおおねがわ　山口県岩国市
美和町中垣内　みわまちなかがうち　山口県岩国市
美和町日宛　みわまちひなた　山口県岩国市
美和町北中山　みわまちきたなかやま　山口県岩国市
美和町生見　みわまちいきみ　山口県岩国市
美和町田ノ口　みわまちたのくち　山口県岩国市
美和町百合谷　みわまちゆりたに　山口県岩国市
美和町西畑　みわまちにしばた　山口県岩国市
美和町佐坂　みわまちささか　山口県岩国市
美和町岸根　みわまちがんね　山口県岩国市
美和町長谷　みわまちながたに　山口県岩国市
美和町阿賀　みわまちあか　山口県岩国市
美和町秋掛　みわまちあきがけ　山口県岩国市
美和町釜ケ原　みわまちかまがはら　山口県岩国市
美和町渋前　みわまちしぶくま　山口県岩国市
美和町黒沢　みわまちくろさわ　山口県岩国市
美和町滑　みわまちなめら　山口県岩国市
美和町瀬戸ノ内　みわまちせとのうち　山口県岩国市
美和通　みわどおり　愛知県豊川市
美国町　びくにちょう　北海道積丹郡積丹町
美夜古泉　みやこいずみ　福岡県（平成筑豊鉄道田川線）
美奈宜の杜　みなぎのもり　福岡県朝倉市
美岬　みさき　北海道網走市
美岬町　みさきまち　石川県加賀市
美幸　みゆき　北海道勇払郡むかわ町
美幸町
　みゆきちょう　埼玉県さいたま市岩槻区
　みゆきちょう　新潟県新潟市秋葉区
　みゆきまち　富山県高岡市
　みゆきちょう　愛知県豊川市
　みゆきちょう　兵庫県宝塚市
美明　みあけ　福岡県古賀市
美松ケ丘西　みまつがおかにし　奈良県生駒郡三郷町
美松ケ丘東　みまつがおかひがし　奈良県生駒郡三郷町
美東町　みとうちょう　⇒美祢市（山口県）
美東町大田　みとうちょうおおだ　山口県美祢市
美東町小野　みとうちょうおの　山口県美祢市
美東町赤　みとうちょうあか　山口県美祢市
美東町長田　みとうちょうながた　山口県美祢市
美東町長登　みとうちょうながのぼり　山口県美祢市
美東町真名　みとうちょうまな　山口県美祢市
美東町絵堂　みとうちょうえどう　山口県美祢市
美東町綾木　みとうちょうあやぎ　山口県美祢市
美波町　みなみちょう　徳島県海部郡
美空町　みそらちょう　滋賀県大津市
美茂呂町　みもろちょう　群馬県伊勢崎市
⁹美保町
　みほちょう　鳥取県境港市
　みほちょう　島根県出雲市
　みほちょう　愛媛県今治市
美保里　みほのさと　兵庫県高砂市
美保野　みほの　青森県八戸市
美保関町七類　みほのせきちょうしちるい　島根県松江市
美保関町下宇部尾　みほのせきちょうしもうべお　島根県松江市

903

9画（美）

美保関町千酌 みほのせきちょうちくみ　島根県松江市

美保関町片江 みほのせきちょうかたえ　島根県松江市

美保関町北浦 みほのせきちょうきたうら　島根県松江市

美保関町美保関 みほのせきちょうみほのせき　島根県松江市

美保関町笠浦 みほのせきちょうかさうら　島根県松江市

美保関町菅浦 みほのせきちょうすげうら　島根県松江市

美保関町森山 みほのせきちょうもりやま　島根県松江市

美保関町雲津 みほのせきちょうくもづ　島根県松江市

美保関町福浦 みほのせきちょうふくうら　島根県松江市

美保関町諸喰 みほのせきちょうもろくい　島根県松江市

美南 みなみ　埼玉県吉川市

美咲
　みさき　北海道斜里郡斜里町
　みさき　山梨県甲府市
　みさき　福岡県筑紫野市
　みさき　福岡県糟屋郡新宮町

美咲が丘
　みさきがおか　福岡県（JR筑肥線）
　みさきがおか　福岡県糸島市

美咲き野 みさきの　北海道北広島市

美咲町
　みさきまち　山形県鶴岡市
　みさきちょう　山形県上山市
　みさきちょう　新潟県新潟市中央区
　みさきちょう　岡山県久米郡

美咲野
　みさきの　北海道恵庭市
　みさきの　熊本県菊池郡大津町

美星町三山 びせいちょうみやま　岡山県井原市

美星町上高末 びせいちょうかみこうずえ　岡山県井原市

美星町大倉 びせいちょうおおくら　岡山県井原市

美星町宇戸 びせいちょううと　岡山県井原市

美星町宇戸谷 びせいちょううとだに　岡山県井原市

美星町西水砂 びせいちょうにしみずすな　岡山県井原市

美星町明治 びせいちょうめいじ　岡山県井原市

美星町東水砂 びせいちょうひがしみずすな　岡山県井原市

美星町星田 びせいちょうほしだ　岡山県井原市

美星町烏頭 びせいちょううとう　岡山県井原市

美星町黒木 びせいちょうくろぎ　岡山県井原市

美星町黒忠 びせいちょうくろただ　岡山県井原市

美栄 びえい　北海道中川郡本別町

美栄町 びえいちょう　北海道帯広市

美栄橋 みえばし　沖縄県（沖縄都市モノレール線）

美津島町久須保 みつしままちくすぼ　長崎県対馬市

美津島町大山 みつしままちおやま　長崎県対馬市

美津島町大船越 みつしままちおおふなごし　長崎県対馬市

美津島町小船越 みつしままちこふなこし　長崎県対馬市

美津島町今里 みつしままちいまざと　長崎県対馬市

美津島町犬吠 みつしままちいぬぼえ　長崎県対馬市

美津島町加志 みつしままちかし　長崎県対馬市

美津島町竹敷 みつしままちたけしき　長崎県対馬市

美津島町吹崎 みつしままちふくさき　長崎県対馬市

美津島町尾崎 みつしままちおさき　長崎県対馬市

美津島町芦浦 みつしままちよしがうら　長崎県対馬市

美津島町昼ケ浦 みつしままちひるがうら　長崎県対馬市

美津島町洲藻 みつしままちすも　長崎県対馬市

美津島町島山 みつしままちしまやま　長崎県対馬市

美津島町根緒 みつしままちねお　長崎県対馬市

美津島町黒瀬 みつしままちくろせ　長崎県対馬市

美津島町賀谷 みつしままちがや　長崎県対馬市

美津島町箕形 みつしままちみかた　長崎県対馬市

美津島町緒方 みつしままちおかた　長崎県対馬市

美津島町濃部 みつしままちのぶ　長崎県対馬市

美津島町鴨居瀬 みつしままちかもいせ　長崎県対馬市

美津島町鶏知 みつしままちけち　長崎県対馬市

美畑 びはた　北海道山越郡長万部町

美畑町 みはたちょう　山形県山形市

美祢 みね　山口県（JR美祢線）

美祢市 みねし　山口県

美祢郡 みねぐん　⇒消滅（山口県）

10美倉町 みくらまち　秋田県由利本荘市

美原
　みはら　北海道函館市
　みはら　北海道釧路市
　みはら　北海道江別市
　みはら　北海道虻田郡真狩村
　みはら　北海道沙流郡日高町
　みはら　北海道野付郡別海町
　みはら　茨城県笠間市
　みはら　栃木県大田原市
　みはら　千葉県流山市
　みはら　長野県伊那市
　みはら　岡山県加賀郡吉備中央町
　みはら　沖縄県沖縄市

美原区 みはらく　大阪府堺市

美原台 みはらだい　千葉県長生郡長南町

美原町
　みはらまち　北海道苫小牧市
　みはらちょう　青森県黒石市
　みはらちょう　秋田県大仙市
　みはらまち　山形県鶴岡市
　みはらちょう　栃木県那須塩原市
　みはらちょう　群馬県桐生市
　みはらちょう　埼玉県所沢市
　みはらまち　富山県高岡市
　みはらまち　石川県小松市
　みはらちょう　愛知県半田市
　みはらまち　福岡県北九州市八幡西区
　みはらまち　鹿児島県枕崎市
　みはらちょう　鹿児島県出水市

美唄 びばい　北海道（JR函館本線）

美唄市 びばいし　北海道

美島町 みしまちょう　岐阜県岐阜市

9画（美）

美座　みざ　兵庫県宝塚市
美浦村　みほむら　茨城県稲敷郡
美浜
　　みはま　千葉県千葉市美浜区
　　みはま　千葉県浦安市
　　みはま　福井県（JR小浜線）
　　みはま　沖縄県中頭郡北谷町
美浜区　みはまく　千葉県千葉市
美浜町
　　みはまちょう　福井県三方郡
　　みはまちょう　愛知県知多郡
　　みはまちょう　和歌山県日高郡
美浜緑苑
　　みはまりょくえん　愛知県（名古屋鉄道知多新線）
　　みはまりょくえん　愛知県知多郡美浜町
美留和
　　びるわ　北海道（JR釧網本線）
　　びるわ　北海道川上郡弟子屈町
美留和原野　びるわげんや　北海道川上郡弟子屈町
美馬牛
　　びばうし　北海道（JR富良野線）
　　びばうし　北海道上川郡美瑛町
美馬牛北　びばうしきた　北海道上川郡美瑛町
美馬牛市街地　びばうししがいち　北海道上川郡美瑛町
美馬牛南　びばうしみなみ　北海道上川郡美瑛町
美馬市　みまし　徳島県
美馬町　みまちょう　徳島県美馬市
美馬郡　みまぐん　徳島県
11美堀町　みほりちょう　東京都昭島市
美崎　みさき　沖縄県中頭郡北中城村
美崎町
　　みさきちょう　滋賀県大津市
　　みさきちょう　沖縄県石垣市
美深
　　びふか　北海道（JR宗谷本線）
　　びふか　北海道中川郡美深町
美深町　びふかちょう　北海道中川郡
美盛　びせい　北海道足寄郡足寄町
美章園
　　びしょうえん　大阪府（JR阪和線）
　　びしょうえん　大阪府大阪市阿倍野区
美笠通　みかさどおり　岐阜県羽島郡笠松町
美笛　びふえ　北海道千歳市
美術館図書館前　びじゅつかんとしょかんまえ　福島県（福島交通飯坂線）
美袋
　　みなぎ　岡山県（JR伯備線）
　　みなぎ　岡山県総社市
美郷　みさと　新潟県五泉市
美郷一野山　みさといちのやま　徳島県吉野川市
美郷下林　みさとしもばやし　徳島県吉野川市
美郷下城戸　みさとしもじょうど　徳島県吉野川市
美郷下浦　みさとしもうら　徳島県吉野川市
美郷下畠　みさとしもはた　徳島県吉野川市
美郷上戸峯　みさとじょうどみね　徳島県吉野川市
美郷上谷　みさとかみだに　徳島県吉野川市
美郷丸山　みさとまるやま　徳島県吉野川市
美郷土井ノ奥　みさとどいのおく　徳島県吉野川市
美郷土用地　みさとどようじ　徳島県吉野川市

美郷大平　みさとおおひら　徳島県吉野川市
美郷大佐古　みさとおおざこ　徳島県吉野川市
美郷大岸　みさとおおぎし　徳島県吉野川市
美郷大神　みさとおおがみ　徳島県吉野川市
美郷大野　みさとおおの　徳島県吉野川市
美郷大鹿　みさとおおじか　徳島県吉野川市
美郷小竹　みさとこだけ　徳島県吉野川市
美郷山王　みさとさんのう　徳島県吉野川市
美郷川向　みさとかわむかい　徳島県吉野川市
美郷川俣　みさとかわまた　徳島県吉野川市
美郷中分　みさとなかぶん　徳島県吉野川市
美郷中村中筋　みさとなかむらなかすじ　徳島県吉野川市
美郷中谷　みさとなかのたに　徳島県吉野川市
美郷中畠　みさとなかはた　徳島県吉野川市
美郷中筋　みさとなかすじ　徳島県吉野川市
美郷日浦　みさとひうら　徳島県吉野川市
美郷月野　みさとつきの　徳島県吉野川市
美郷木屋浦　みさとこやのうら　徳島県吉野川市
美郷毛無　みさとけなし　徳島県吉野川市
美郷古士地　みさとこどち　徳島県吉野川市
美郷古井　みさとこい　徳島県吉野川市
美郷台　みさとだい　千葉県成田市
美郷平　みさとたいら　徳島県吉野川市
美郷田平　みさとただいら　徳島県吉野川市
美郷矢ノ丸　みさとやのまる　徳島県吉野川市
美郷穴地　みさとあなじ　徳島県吉野川市
美郷立石　みさとたていし　徳島県吉野川市
美郷竹屋敷　みさとたけやしき　徳島県吉野川市
美郷西谷　みさとにしたに　徳島県吉野川市
美郷西畠　みさとにしはた　徳島県吉野川市
美郷西條　みさとにしじょう　徳島県吉野川市
美郷西槇山　みさとにしまきやま　徳島県吉野川市
美郷来見坂　みさとくるみざか　徳島県吉野川市
美郷町
　　みさとちょう　秋田県仙北郡
　　みさとちょう　島根県邑智郡
　　みさとちょう　宮崎県東臼杵郡
美郷花地　みさとはなじ　徳島県吉野川市
美郷谷向　みさとたにむかい　徳島県吉野川市
美郷刷石　みさとはけいし　徳島県吉野川市
美郷宗田　みさとむねだ　徳島県吉野川市
美郷岸宗　みさときしのむね　徳島県吉野川市
美郷松尾　みさとまつお　徳島県吉野川市
美郷東　みさとひがし　徳島県吉野川市
美郷東山峠　みさとひがしやまとうげ　徳島県吉野川市
美郷東條　みさとひがしじょう　徳島県吉野川市
美郷東槇山　みさとひがしまきやま　徳島県吉野川市
美郷品野　みさとしなの　徳島県吉野川市
美郷峠　みさととうげ　徳島県吉野川市
美郷柿谷　みさとかきだに　徳島県吉野川市
美郷重野尾　みさとしげのお　徳島県吉野川市
美郷倉羅　みさとくらら　徳島県吉野川市
美郷宮倉　みさとみやぐら　徳島県吉野川市
美郷恵美子　みさとえびす　徳島県吉野川市
美郷栗木　みさとくりのき　徳島県吉野川市
美郷栩谷　みさととちだに　徳島県吉野川市
美郷高野尾　みさとたかのお　徳島県吉野川市

9画（美）

美郷張	みさとはり	徳島県吉野川市
美郷張峯	みさとはりみね	徳島県吉野川市
美郷菅草	みさとすげそう	徳島県吉野川市
美郷奥丸	みさとおくまる	徳島県吉野川市
美郷奥分	みさとおくぶん	徳島県吉野川市
美郷湯下	みさとゆげ	徳島県吉野川市
美郷湯殿	みさとゆどの	徳島県吉野川市
美郷愛後	みさとあいご	徳島県吉野川市
美郷殿河	みさととのかわ	徳島県吉野川市
美郷滝ケ山	みさとたきがやま	徳島県吉野川市
美郷照尾	みさとてらお	徳島県吉野川市
美郷暮石	みさとくれいし	徳島県吉野川市
美郷槙山	みさとまきやま	徳島県吉野川市
美郷樫平	みさとかしだいら	徳島県吉野川市
美都	みと	北海道網走郡津別町
美都町三谷	みとちょうみたに	島根県益田市
美都町丸茂	みとちょうまるも	島根県益田市
美都町久原	みとちょうくばら	島根県益田市
美都町小原	みとちょうこばら	島根県益田市
美都町山本	みとちょうやまもと	島根県益田市
美都町仙道	みとちょうせんどう	島根県益田市
美都町宇津川	みとちょううづかわ	島根県益田市
美都町板井川	みとちょういたいがわ	島根県益田市
美都町笹倉	みとちょうささくら	島根県益田市
美都町都茂	みとちょうつも	島根県益田市
美都町朝倉	みとちょうあさくら	島根県益田市
美野	みの	岡山県勝田郡勝央町
美野町	よしのちょう	島根県出雲市
美野原	みのはら	青森県三沢市
美野島	みのしま	福岡県福岡市博多区
美雪町	みゆきちょう	新潟県十日町市
美鹿の台	みかのだい	奈良県生駒市
美麻	みあさ	長野県大町市
12美善	みよし	新潟県新潟市秋葉区
美富	みとみ	北海道網走郡美幌町
美瑛	びえい	北海道（JR富良野線）
美瑛町	びえいちょう	北海道上川郡
美瑛原野	びえいげんや	北海道上川郡美瑛町
美登位	びとい	北海道石狩市
美登里町		
	みどりちょう	静岡県磐田市
	みどりまち	熊本県熊本市南区
美萩野	みはぎの	鳥取県鳥取市
美葉牛	びばうし	北海道雨竜郡北竜町
美賀多台	みかただい	兵庫県神戸市西区
美須々	みすず	長野県松本市
美須賀町	みすかちょう	愛媛県今治市
13美園		
	みその	北海道（札幌市交通局東豊線）
	みその	北海道北見市
	みその	北海道空知郡南幌町
	みその	北海道上川郡美瑛町
	みその	北海道常呂郡訓子府町
	みその	北海道河東郡士幌町
	みその	北海道十勝郡浦幌町
	みその	宮城県石巻市
	みその	茨城県守谷市
	みその	新潟県長岡市
	みその	愛知県豊川市

美園一条		
	みそのいちじょう	北海道札幌市豊平区
	みそのいちじょう	北海道岩見沢市
美園七条		
	みそのしちじょう	北海道札幌市豊平区
	みそのしちじょう	北海道岩見沢市
美園九条	みそのくじょう	北海道札幌市豊平区
美園二条		
	みそのにじょう	北海道札幌市豊平区
	みそのにじょう	北海道岩見沢市
美園八条	みそのはちじょう	北海道札幌市豊平区
美園十一条	みそのじゅういちじょう	北海道札幌市豊平区
美園十二条	みそのじゅうにじょう	北海道札幌市豊平区
美園十条	みそのじゅうじょう	北海道札幌市豊平区
美園三条		
	みそのさんじょう	北海道札幌市豊平区
	みそのさんじょう	北海道岩見沢市
美園五条		
	みそのごじょう	北海道札幌市豊平区
	みそのごじょう	北海道岩見沢市
美園六条		
	みそのろくじょう	北海道札幌市豊平区
	みそのろくじょう	北海道岩見沢市
美園四条		
	みそのしじょう	北海道札幌市豊平区
	みそのしじょう	北海道岩見沢市
美園団地	みそのだんち	大分県大分市
美園町		
	みそのちょう	北海道苫小牧市
	みそのちょう	北海道赤平市
	みそのちょう	北海道三笠市
	みそのちょう	北海道登別市
	みそのちょう	北海道余市郡余市町
	みそのちょう	秋田県大館市
	みそのちょう	群馬県館林市
	みそのちょう	東京都小平市
	みそのちょう	岐阜県岐阜市
	みそのちょう	岐阜県関市
	みそのちょう	愛知県安城市
	みそのちょう	大阪府八尾市
	みそのちょう	兵庫県川西市
	みそのちょう	和歌山県和歌山市
美幌		
	びほろ	北海道（JR石北本線）
	びほろ	北海道広尾郡広尾町
美幌町	びほろちょう	北海道網走郡
美殿町	みとのちょう	岐阜県岐阜市
美禽	みどり	北海道網走郡美幌町
美鈴が丘	みすずがおか	福岡県小郡市
美鈴が丘西	みすずがおかにし	広島県広島市佐伯区
美鈴が丘東	みすずがおかひがし	広島県広島市佐伯区
美鈴が丘南	みすずがおかみなみ	広島県広島市佐伯区
美鈴が丘緑	みすずがおかみどり	広島県広島市佐伯区
美鈴の杜	みすずのもり	福岡県小郡市
美鈴町	みすずちょう	兵庫県伊丹市
14美旗	みはた	三重県（近畿日本鉄道大阪線）
美旗中村	みはたなかむら	三重県名張市

9画（耶, 胡, 胎, 胆）

美旗町中1番　みはたちょうなかいちばん　三重県名張市
美旗町中2番　みはたちょうなかにばん　三重県名張市
美旗町中3番　みはたちょうなかさんばん　三重県名張市
美旗町池の台西　みはたちょういけのだいにし　三重県名張市
美旗町池の台東　みはたちょういけのだいひがし　三重県名張市
美旗町南西原　みはたちょうみなみにしはら　三重県名張市
美旗町藤が丘　みはたちょうふじがおか　三重県名張市
美熊台　みくまだい　大阪府泉南郡熊取町
美蔓　びまん　北海道上川郡清水町
美蔓西　びまんにし　北海道河東郡鹿追町
15美穂ケ丘　みほがおか　大阪府茨木市
美穂が丘　みほがおか　兵庫県神戸市西区
美談　みだみ　島根県（一畑電車北松江線）
美談町　みだみちょう　島根県出雲市
美駒　みこま　茨城県稲敷郡美浦村
16美濃　みのう　北海道釧路市
美濃山ヒル塚　みのやまひるづか　京都府八幡市
美濃山一ノ谷　みのやまいちのたに　京都府八幡市
美濃山千原谷　みのやまちはらだに　京都府八幡市
美濃山大塚　みのやまおおつか　京都府八幡市
美濃山中尾　みのやまなかお　京都府八幡市
美濃山井ノ元　みのやまいのもと　京都府八幡市
美濃山出口　みのやまでぐち　京都府八幡市
美濃山出島　みのやまでじま　京都府八幡市
美濃山西ノ口　みのやまにしのくち　京都府八幡市
美濃山幸水　みのやまこうすい　京都府八幡市
美濃山狐谷　みのやまきつねだに　京都府八幡市
美濃山宮ノ背　みのやまみやのせ　京都府八幡市
美濃山宮道　みのやまみやみち　京都府八幡市
美濃山馬ケ背　みのやまうまがせ　京都府八幡市
美濃山崎　みのやまざき　岐阜県（養老鉄道線）
美濃山細谷　みのやまほそだに　京都府八幡市
美濃山野神　みのやまのがみ　京都府八幡市
美濃山御幸　みのやまみゆき　京都府八幡市
美濃山御幸谷　みのやまみゆきだに　京都府八幡市
美濃川合　みのかわい　岐阜県（JR太多線）
美濃太田　みのおおた　岐阜県（JR高山本線ほか）
美濃加茂市　みのかもし　岐阜県
美濃市
　　みのし　岐阜県（長良川鉄道越美南線）
　　みのし　岐阜県
美濃本郷　みのほんごう　岐阜県（養老鉄道線）
美濃田町　みのだちょう　三重県松阪市
美濃白鳥　みのしろとり　岐阜県（長良川鉄道越美南線）
美濃地町　みのじちょう　島根県益田市
美濃庄町　みのしょうちょう　奈良県大和郡山市
美濃池町　みののいけちょう　愛知県瀬戸市
美濃町
　　みのまち　愛知県春日井市
　　みのまち　岡山県津山市
美濃赤坂　みのあかさか　岐阜県（JR東海道本線）
美濃松山　みのまつやま　岐阜県（養老鉄道線）

美濃青柳　みのやなぎ　岐阜県（養老鉄道線）
美濃屋町　みのやちょう　京都府京都市下京区
美濃津屋　みのつや　岐阜県（養老鉄道線）
美濃高田　みのたかだ　岐阜県（養老鉄道線）
美濃輪町　みのわちょう　静岡県静岡市清水区
美薗中央公園　みそのちゅうおうこうえん　静岡県（遠州鉄道線）
17美簀　みすず　長野県伊那市
19美瀬　みせ　千葉県印西市
美蘭別　びらんべつ　北海道中川郡本別町

【耶】
10耶馬溪町三尾母　やばけいまちみおも　大分県中津市
耶馬溪町大島　やばけいまちおおしま　大分県中津市
耶馬溪町大野　やばけいまちおおの　大分県中津市
耶馬溪町小友田　やばけいまちおともだ　大分県中津市
耶馬溪町山移　やばけいまちやまうつり　大分県中津市
耶馬溪町川原口　やばけいまちかわらぐち　大分県中津市
耶馬溪町中畑　やばけいまちなかはた　大分県中津市
耶馬溪町戸原　やばけいまちとばる　大分県中津市
耶馬溪町平田　やばけいまちひらた　大分県中津市
耶馬溪町多志田　やばけいまちたした　大分県中津市
耶馬溪町金吉　やばけいまちかなよし　大分県中津市
耶馬溪町冠石野　やばけいまちかぶしの　大分県中津市
耶馬溪町柿坂　やばけいまちかきさか　大分県中津市
耶馬溪町栃木　やばけいまちとちぎ　大分県中津市
耶馬溪町宮園　やばけいまちみやその　大分県中津市
耶馬溪町深耶馬　やばけいまちしんやば　大分県中津市
耶馬溪町福土　やばけいまちふくつち　大分県中津市
耶馬溪町樋山路　やばけいまちひやまじ　大分県中津市
11耶麻郡　やまぐん　福島県

【胡】
5胡四王　こしおう　岩手県花巻市
7胡町
　　えびすちょう　広島県（広島電鉄本線ほか）
　　えびすちょう　広島県広島市中区
　　えびすまち　広島県福山市
9胡屋　ごや　沖縄県沖縄市
10胡桃　くるみ　富山県氷見市
胡桃舘　くるみだて　青森県北津軽郡鶴田町
11胡府　ごま　京都府（JR山陰本線）
胡麻生　ごもう　和歌山県橋本市
胡麻島　ごまじま　富山県小矢部市
16胡録台　ころくだい　千葉県松戸市

【胎】
4胎内市　たいないし　新潟県

【胆】
7胆沢区小山　いさわくおやま　岩手県奥州市
胆沢区若柳　いさわくわかやなぎ　岩手県奥州市
胆沢区南都田　いさわくなつた　岩手県奥州市

907

9画（背,青,茜,茨,荏,荊,荒）

胆沢郡　いさわぐん　岩手県

【背】
0背ノ山　せのやま　和歌山県伊都郡かつらぎ町
4背戸口　せとぐち　大阪府大阪市平野区
　背戸側町　せとがわちょう　愛知県瀬戸市
6背合　せなごう　新潟県佐渡市
9背負　せおい　北海道中川郡豊頃町

【青】
4青中　かぶちゅう　福島県河沼郡柳津町

【茜】
0茜ケ丘　あかねがおか　新潟県新潟市江南区
5茜台　あかねだい　埼玉県飯能市
　茜平　あかねだいら　宮城県石巻市
7茜町
　　あかねちょう　青森県弘前市
　　あかねちょう　埼玉県八潮市
　　あかねちょう　福井県大野市
　　あかねちょう　岐阜県岐阜市
　　あかねちょう　香川県高松市
10茜浜　あかねはま　千葉県習志野市
11茜部大川　あかなべおおかわ　岐阜県岐阜市
　茜部大野　あかなべおおの　岐阜県岐阜市
　茜部中島　あかなべなかしま　岐阜県岐阜市
　茜部本郷　あかなべほんごう　岐阜県岐阜市
　茜部寺屋敷　あかなべてらやしき　岐阜県岐阜市
　茜部辰新　あかなべたつしん　岐阜県岐阜市
　茜部神清寺　あかなべしんせいじ　岐阜県岐阜市
　茜部菱野　あかなべひしの　岐阜県岐阜市
　茜部野瀬　あかなべのせ　岐阜県岐阜市
　茜部新所　あかなべしんしょ　岐阜県岐阜市

【茨】
0茨ケ廻間　いばらがばさま　愛知県長久手市
3茨川町　いばらがわちょう　滋賀県東近江市
4茨木　いばらき　大阪府（JR東海道本線）
　茨木市
　　いばらきし　大阪府（阪急電鉄京都本線）
　　いばらきし　大阪府
　茨木町
　　いばらぎちょう　石川県金沢市
　　いばらぎちょう　岐阜県岐阜市
　　いばらぎちょう　愛知県名古屋市瑞穂区
5茨田大宮　まったおおみや　大阪府大阪市鶴見区
　茨田後　ばらだうしろ　宮城県亘理郡亘理町
　茨目
　　いばらめ　新潟県（JR信越本線）
　　いばらめ　新潟県柏崎市
7茨沢　いばらさわ　新潟県上越市
　茨谷山　いばらだにやま　愛知県名古屋市緑区
9茨城　ばらき　茨城県石岡市
　茨城町　いばらきまち　茨城県東茨城郡
　茨城県　いばらきけん
10茨島
　　ばらじま　秋田県秋田市
　　ばらじま　埼玉県北葛飾郡杉戸町
　　いばらしま　新潟県新潟市西蒲区

11茨曽根　いばらそね　新潟県新潟市南区
　茨野新田　ばらのしんでん　山形県酒田市
13茨新田　ばらしんでん　山形県鶴岡市

【荏】
3荏子田　えこだ　神奈川県横浜市青葉区
5荏田北　えだきた　神奈川県横浜市青葉区
　荏田西　えだにし　神奈川県横浜市青葉区
　荏田町　えだちょう　神奈川県横浜市青葉区
　荏田東　えだひがし　神奈川県横浜市都筑区
　荏田東町　えだひがしちょう　神奈川県横浜市都筑区
　荏田南　えだみなみ　神奈川県横浜市都筑区
　荏田南町　えだみなみちょう　神奈川県横浜市都筑区
10荏原
　　えばら　東京都品川区
　　えばら　富山県富山市
　荏原中延　えばらなかのぶ　東京都（東京急行電鉄池
　　上線）
　荏原町　えばらまち　東京都（東京急行電鉄大井町
　　線）
　荏原新町　えばらしんまち　富山県富山市
　荏原駅前通り　えばらえきまえどおり　富山県富山市
12荏隈　えのくま　大分県大分市

【荊】
4荊木
　　いばらき　和歌山県御坊市
　　いばらき　和歌山県日高郡日高町
5荊本　いばらもと　和歌山県岩出市
7荊沢
　　おとろざわ　栃木県日光市
　　ばらざわ　山梨県南アルプス市
10荊原　ばらはら　埼玉県鴻巣市

【荒】
2荒又　あらまた　富山県下新川郡入善町
3荒口町　あらくちまち　群馬県前橋市
　荒土町中清水　あらどちょうなかしみず　福井県勝
　　山市
　荒土町戸倉　あらどちょうとくら　福井県勝山市
　荒土町北宮地　あらどちょうきたみやじ　福井県勝
　　山市
　荒土町北新在家　あらどちょうきたしんざいけ　福井
　　県勝山市
　荒土町布市　あらどちょうぬのいち　福井県勝山市
　荒土町田名部　あらどちょうたなべ　福井県勝山市
　荒土町伊波　あらどちょういなみ　福井県勝山市
　荒土町西ケ原　あらどちょうにしがはら　福井県勝
　　山市
　荒土町別所　あらどちょうべっしょ　福井県勝山市
　荒土町妙金島　あらどちょうみょうきんじま　福井県勝
　　山市
　荒土町松ケ崎　あらどちょうまつがさき　福井県勝
　　山市
　荒土町松田　あらどちょうまつた　福井県勝山市
　荒土町堀名　あらどちょうほりめ　福井県勝山市
　荒土町堀名中清水　あらどちょうほりめなかしみず　福
　　井県勝山市

9画（荒）

荒土町清水島　あらどちょうしみずしま　福井県勝
山市
荒土町細野　あらどちょうほその　福井県勝山市
荒土町細野口　あらどちょうほそのぐち　福井県勝
山市
荒土町新保　あらどちょうしんぼ　福井県勝山市
荒土町新道　あらどちょうしんどう　福井県勝山市
荒土町境　あらどちょうさかい　福井県勝山市
荒子
　　あらこ　埼玉県比企郡吉見町
　　あらこ　愛知県（名古屋臨海高速鉄道西名古屋港
線）
　　あらこ　愛知県名古屋市中川区
荒子川公園　あらこがわこうえん　愛知県（名古屋臨
海高速鉄道西名古屋港線）
荒子町
　　あらこまち　群馬県前橋市
　　あらこちょう　愛知県名古屋市中川区
　　あらこまち　愛知県碧南市
荒子新田　あらこしんでん　兵庫県篠山市
荒山　あらやま　新潟県南魚沼市
荒山町　あらやままち　石川県金沢市
荒川
　　あらかわ　青森県青森市
　　あらかわ　岩手県下閉伊郡山田町
　　あらかわ　栃木県小山市
　　あらかわ　埼玉県深谷市
　　あらかわ　千葉県勝浦市
　　あらかわ　千葉県南房総市
　　あらかわ　東京都荒川区
　　あらかわ　新潟県新発田市
　　あらかわ　新潟県村上市
　　あらかわ　富山県富山市
　　あらかわ　富山県下新川郡朝日町
　　あらかわ　山梨県甲府市
　　あらかわ　滋賀県大津市
　　あらかわ　大阪府東大阪市
　　あらかわ　愛媛県西条市
　　あらかわ　高知県四万十市
　　あらかわ　鹿児島県いちき串木野市
荒川一中前　あらかわいっちゅうまえ　東京都（東京都
交通局荒川線）
荒川七丁目　あらかわななちょうめ　東京都（東京都
交通局荒川線）
荒川二丁目　あらかわにちょうめ　東京都（東京都交
通局荒川線）
荒川上田野　あらかわかみたの　埼玉県秩父市
荒川久那　あらかわくな　埼玉県秩父市
荒川口　あらかわぐち　新潟県村上市
荒川小野原　あらかわおのばら　埼玉県秩父市
荒川区　あらかわく　東京都
荒川区役所前　あらかわくやくしょまえ　東京都（東
京都交通局荒川線）
荒川日野　あらかわひの　埼玉県秩父市
荒川台　あらかわだい　新潟県岩船郡関川村
荒川本郷
　　あらかわほんごう　茨城県土浦市
　　あらかわほんごう　茨城県稲敷郡阿見町
荒川白久　あらかわしろく　埼玉県秩父市
荒川沖
　　あらかわおき　茨城県（JR常磐線）
　　あらかわおき　茨城県土浦市

　　あらかわおき　茨城県稲敷郡阿見町
荒川沖西　あらかわおきにし　茨城県土浦市
荒川沖東　あらかわおきひがし　茨城県土浦市
荒川町
　　あらかわちょう　青森県むつ市
　　あらかわちょう　埼玉県川口市
　　あらかわまち　⇒村上市（新潟県）
　　あらかわちょう　富山県高岡市
　　あらかわちょう　岐阜県岐阜市
　　あらかわちょう　岐阜県大垣市
荒川車庫前　あらかわしゃこまえ　東京都（東京都交
通局荒川線）
荒川常盤台　あらかわときわだい　富山県富山市
荒川郷　あらかわごう　長崎県南松浦郡新上五島町
荒川遊園地前　あらかわゆうえんちまえ　東京都（東
京都交通局荒川線）
荒川新町　あらかわしんまち　富山県富山市
荒川縁新田　あらかわべりしんでん　新潟県村上市
荒川贄川　あらかわにえがわ　埼玉県秩父市
4荒中町　あらなかちょう　愛知県名古屋市中川区
荒井
　　あらい　宮城県（仙台市交通局東西線）
　　あらい　宮城県仙台市若林区
　　あらい　宮城県岩沼市
　　あらい　福島県福島市
　　あらい　福島県本宮市
　　あらい　福島県大沼郡会津美里町
　　あらい　茨城県鹿嶋市
　　あらい　栃木県小山市
　　あらい　栃木県大田原市
　　あらい　栃木県矢板市
　　あらい　埼玉県北本市
　　あらい　福井県南条郡南越前町
　　あらい　長野県伊那市
　　あらい　愛知県犬山市
　　あらい　兵庫県（山陽電気鉄道本線）
荒井内の萱　あらいうちのかや　長野県伊那市
荒井北　あらいきた　福島県福島市
荒井甲　あらいこう　福島県大沼郡会津美里町
荒井町
　　あらいまち　福島県郡山市
　　あらいちょう　愛知県刈谷市
　　あらいちょう　愛知県豊田市
荒井町千鳥　あらいちょうちどり　兵庫県高砂市
荒井町小松原　あらいちょうこまつばら　兵庫県高
砂市
荒井町中町　あらいちょうなかまち　兵庫県高砂市
荒井町中新町　あらいちょうなかしんまち　兵庫県高
砂市
荒井町日之出町　あらいちょうひのでちょう　兵庫県
高砂市
荒井町東本町　あらいちょうひがしほんまち　兵庫県高
砂市
荒井町若宮町　あらいちょうわかみやまち　兵庫県高
砂市
荒井町南栄町　あらいちょうみなみさかえまち　兵庫県
高砂市
荒井町扇町　あらいちょうおおぎまち　兵庫県高砂市
荒井町紙町　あらいちょうかみまち　兵庫県高砂市
荒井町御旅　あらいちょうおたび　兵庫県高砂市
荒井町新浜　あらいちょうしんはま　兵庫県高砂市
荒井町蓮池　あらいちょうはすいけ　兵庫県高砂市

909

9画（荒）

荒井京田　あらいきょうでん　山形県鶴岡市
荒井前　あらいまえ　福島県大沼郡会津美里町
荒井南　あらいみなみ　宮城県仙台市若林区
荒井原　あらいはら　長野県上高井郡高山村
荒井浜　あらいはま　新潟県胎内市
荒井新田　あらいしんでん　埼玉県白岡市
荒内西　あらうちにし　岡山県勝田郡奈義町
荒戸　あらと　福岡県福岡市中央区
荒手　あらて　福岡県北九州市八幡東区
荒木
　　あらき　埼玉県行田市
　　あらき　富山県南砺市
　　あらき　福井県小浜市
　　あらき　三重県伊賀市
　　あらき　京都府福知山市
　　あらき　京都府綴喜郡宇治田原町
　　あらき　福岡県（JR鹿児島本線）
　　あらき　大分県宇佐市
　　あらき　鹿児島県大島郡喜界町
荒木田　あらきだ　岩手県八幡平市
荒木田町　あらきだまち　石川県小松市
荒木別所町　あらきべっしょちょう　福井県福井市
荒木町
　　あらきちょう　東京都新宿区
　　あらきまち　石川県加賀市
　　あらきちょう　福井県福井市
　　あらきちょう　三重県松阪市
　　あらきちょう　大阪府岸和田市
　　あらきちょう　兵庫県西宮市
荒木町下荒木　あらきまちしもあらき　福岡県久留米市
荒木町今　あらきまちいま　福岡県久留米市
荒木町白口　あらきまちしらくち　福岡県久留米市
荒木町荒木　あらきまちあらき　福岡県久留米市
荒木町藤田　あらきまちふじた　福岡県久留米市
荒木新保町　あらきしんぼちょう　福井県福井市
5荒北　あらきた　千葉県香取市
荒古町　あらこちょう　愛知県半田市
荒平町　あらひらまち　長崎県大村市
荒本
　　あらもと　大阪府（近畿日本鉄道けいはんな線）
　　あらもと　大阪府東大阪市
荒本北　あらもときた　大阪府東大阪市
荒本西　あらもとにし　大阪府東大阪市
荒本新町　あらもとしんまち　大阪府東大阪市
荒生
　　あらおい　千葉県東金市
　　あらおい　千葉県山武郡九十九里町
荒生田　あろうだ　福岡県北九州市八幡東区
荒田
　　あらだ　宮城県伊具郡丸森町
　　あれた　富山県中新川郡上市町
　　あらた　愛知県長久手市
　　あらた　岡山県真庭市
　　あらた　鹿児島県鹿児島市
荒田八幡　あらたはちまん　鹿児島県（鹿児島市交通局1系統）
荒田下駒田　あらたしもこまた　青森県平川市
荒田上駒田　あらたかみこまた　青森県平川市
荒田北岡部　あらたきたおかべ　青森県平川市
荒田北稲村　あらたきたいなむら　青森県平川市

荒田町
　　あらたちょう　愛知県名古屋市昭和区
　　あらたちょう　兵庫県神戸市兵庫区
荒田南岡部　あらたみなみおかべ　青森県平川市
荒田南稲村　あらたみなみいなむら　青森県平川市
荒田島　あらたじま　静岡県富士市
荒田島町　あらたじまちょう　静岡県富士市
荒石　あらいし　福島県南会津郡下郷町
6荒地　あらじ　茨城県鉾田市
荒戎町　あらえびすちょう　兵庫県西宮市
荒江
　　あらえ　福岡県福岡市城南区
　　あらえ　福岡県福岡市早良区
荒江団地　あらえだんち　福岡県福岡市城南区
荒江町　あらえちょう　愛知県名古屋市中川区
荒池　あらいけ　愛知県名古屋市天白区
7荒尾
　　あらお　岐阜県（JR東海道本線）
　　あろう　愛知県北設楽郡設楽町
　　あらお　熊本県（JR鹿児島本線）
　　あらお　熊本県熊本市南区
　　あらお　熊本県荒尾市
　　あらお　大分県豊後高田市
荒尾市　あらおし　熊本県
荒尾玉池　あらおたまいけ　岐阜県大垣市
荒尾町
　　あらおちょう　岐阜県大垣市
　　あらおまち　愛知県東海市
　　あらおちょう　熊本県熊本市南区
荒尾町水深　あらおまちみずふか　愛知県東海市
荒沢
　　あらさわ　山形県鶴岡市
　　あらさわ　山形県西置賜郡小国町
　　あらさわ　新潟県三条市
　　あらさわ　新潟県村上市
荒町
　　あらまち　青森県八戸市
　　あらまち　青森県三戸郡五戸町
　　あらまち　岩手県久慈市
　　あらまち　宮城県仙台市若林区
　　あらまち　宮城県柴田郡大河原町
　　あらまち　秋田県湯沢市
　　あらまち　秋田県由利本荘市
　　あらまち　山形県酒田市
　　あらまち　福島県福島市
　　あらまち　福島県伊達市
　　あらまち　福島県田村郡三春町
　　あらまち　栃木県真岡市
　　あらまち　新潟県三条市
　　あらまち　新潟県新発田市
　　あらまち　新潟県上越市
　　あらまち　富山県（富山地方鉄道市内線）
　　あらまち　富山県富山市
　　あらまち　富山県滑川市
　　あらまち　富山県黒部市
　　あらまち　富山県射水市
　　あらまち　長野県小諸市
荒見　あらみ　和歌山県紀の川市
荒見町　あらみちょう　滋賀県守山市
荒見崎
　　あらみさき　富山県高岡市
　　あらみさき　富山県南砺市

910

9画（草）

荒谷
　　あらや　北海道松前郡松前町
　　あらや　岩手県九戸郡九戸村
　　あらや　秋田県鹿角郡小坂町
　　あらや　山形県天童市
　　あらたに　石川県白山市
　　あらたに　福井県吉田郡永平寺町
　　あらたに　熊本県上益城郡山都町
荒谷町
　　あらたにちょう　福井県福井市
　　あらたにちょう　福井県越前市
　　あらたにちょう　広島県府中市
荒谷前　あらやまえ　岩手県（JR釜石線）
8荒居町　あらいまち　愛知県碧南市
荒武　あらたけ　宮崎県西都市
荒河かしの木台　あらがかしのきだい　京都府（京都丹後鉄道宮福線）
荒河東町　あらがひがしまち　京都府福知山市
荒河新町　あらがしんまち　京都府福知山市
荒牧　あらまき　兵庫県伊丹市
荒牧町　あらまきまち　群馬県前橋市
荒牧南　あらまきみなみ　兵庫県伊丹市
荒茅町　あらかやちょう　島根県出雲市
荒金
　　あらがね　茨城県石岡市
　　あらかね　新潟県南魚沼市
　　あらかね　鳥取県岩美郡岩美町
荒金町　あらかねちょう　栃木県足利市
9荒俣
　　あらまた　山形県鶴岡市
　　あらまた　富山県滑川市
　　あらまた　富山県黒部市
荒俣新町　あらまたしんまち　富山県滑川市
荒屋
　　あらや　青森県上北郡七戸町
　　あらや　新潟県十日町市
　　あらや　新潟県村上市
　　あらや　新潟県上越市
　　あらや　新潟県阿賀野市
　　あらや　石川県金沢市
　　あらや　石川県羽咋郡志賀町
　　あらや　長野県長野市
荒屋町
　　あらやまち　石川県金沢市
　　あらやまち　石川県小松市
　　あらやまち　石川県白山市
　　あらやまち　石川県能美市
荒屋柏野町　あらやかしわのまち　石川県白山市
荒屋新町
　　あらやしんまち　岩手県（JR花輪線）
　　あらやしんまち　岩手県八幡平市
荒屋敷
　　あらやしき　宮城県伊具郡丸森町
　　あらやしき　富山県高岡市
荒巻
　　あらまき　宮城県仙台市青葉区
　　あらまき　新潟県長岡市
荒巻中央　あらまきちゅうおう　宮城県仙台市青葉区
荒巻本沢　あらまきほんざわ　宮城県仙台市青葉区
荒巻神明町　あらまきしんめいまち　宮城県仙台市青葉区
荒海　あらうみ　千葉県成田市

荒津　あらつ　福岡県福岡市中央区
荒畑　あらはた　愛知県（名古屋市交通局鶴舞線）
荒神山　こうじんやま　岡山県津山市
荒神町
　　こうじんちょう　京都府京都市上京区
　　こうじんちょう　京都府京都市下京区
　　こうじんちょう　鳥取県倉吉市
　　こうじんちょう　岡山県高梁市
　　こうじんまち　広島県広島市南区
荒神原　こうじんばら　広島県山県郡北広島町
10荒島
　　あらしま　福島県南会津郡只見町
　　あらしま　新潟県村上市
　　あらしま　島根県（JR山陰本線）
荒島町　あらしまちょう　島根県安来市
荒浜
　　あらはま　宮城県仙台市若林区
　　あらはま　宮城県亘理郡亘理町
　　あらはま　新潟県（JR越後線）
　　あらはま　新潟県柏崎市
荒浜町　あらはまちょう　愛知県名古屋市南区
荒浜新　あらはましん　宮城県仙台市若林区
荒砥　あらと　山形県（山形鉄道フラワー長井線）
荒砥乙　あらとおつ　山形県西置賜郡白鷹町
荒砥甲　あらとこう　山形県西置賜郡白鷹町
荒高屋　あらだかや　富山県砺波市
11荒堀
　　あらほり　長野県小諸市
　　あらほり　福岡県豊前市
荒宿　あらじゅく　茨城県行方市
荒崎町　あらさきちょう　愛知県名古屋市瑞穂区
荒張　あらはり　滋賀県栗東市
荒野
　　こうや　茨城県鹿嶋市
　　こうや　千葉県印西市
荒野台　こうやだい　茨城県（鹿島臨海鉄道大洗鹿島線）
12荒塚町　あらつかまち　京都府亀岡市
荒越町　あらこしちょう　愛知県名古屋市中川区
荒間　あらま　富山県小矢部市
13荒楯町　あらたてちょう　山形県山形市
荒蒔　あらまき　三重県多気郡多気町
荒蒔町　あらまきちょう　奈良県天理市
14荒増　あらぞう　静岡県下田市
荒熊内　あらくまない　青森県上北郡七戸町
荒網代浦　あらじろうら　大分県佐伯市
15荒幡　あらはた　埼玉県所沢市
荒輪井町　あらわいちょう　愛知県名古屋市中村区
19荒瀬
　　あらせ　秋田県（秋田内陸縦貫鉄道線）
　　あらせ　山口県宇部市
荒瀬町　あらせまち　長崎県大村市
荒瀬原　あらせばら　長野県上水内郡信濃町

【草】

0草ケ入　くさがいり　福島県伊達郡川俣町
草ケ谷
　　くさがや　静岡県静岡市清水区
　　くさがや　静岡県周智郡森町
草ケ部　くさかべ　岡山県岡山市東区

9画（草）

草ノ上　くさのかみ　兵庫県篠山市
3草久　くさぎゅう　栃木県鹿沼市
草口　くさぐち　愛知県知多郡武豊町
草川
　　くさがわ　栃木県さくら市
　　くさかわ　奈良県桜井市
草川原　くさがわら　千葉県君津市
4草井沢　くさいざわ　岩手県和賀郡西和賀町
草井町千代見　くさいちょうちよみ　愛知県江南市
草井町大野　くさいちょうおおの　愛知県江南市
草井町中　くさいちょうなか　愛知県江南市
草井町中野　くさいちょうなかの　愛知県江南市
草井町西　くさいちょうにし　愛知県江南市
草井町若草　くさいちょうわかくさ　愛知県江南市
草井町南　くさいちょうみなみ　愛知県江南市
草井町宮西　くさいちょうみやにし　愛知県江南市
草井町宮東　くさいちょうみやひがし　愛知県江南市
草井町榊戸　くさいちょうさかきど　愛知県江南市
草内　くさうち　京都府京田辺市
草刈
　　くさかり　岩手県紫波郡紫波町
　　くさかり　千葉県市原市
草刈谷地　くさかりやち　山形県酒田市
草戸町　くさどちょう　広島県福山市
草木
　　くさぎ　石川県羽咋郡志賀町
　　くさぎ　愛知県知多郡阿久比町
　　くさぎ　広島県神石郡神石高原町
　　くさぎ　福岡県大牟田市
草木台　くさきだい　福島県いわき市
草木薮　くさぎやぶ　高知県宿毛市
草水
　　くそうず　新潟県阿賀野市
　　そうず　福岡県朝倉市
草水町　くそうずちょう　新潟県新潟市秋葉区
草牛　そうぎゅう　千葉県君津市
5草出　くさいで　兵庫県養父市
草加
　　そうか　埼玉県（東武鉄道伊勢崎線）
　　そうか　埼玉県草加市
草加市　そうかし　埼玉県
草加部
　　くさかべ　岡山県津山市
　　くさかべ　岡山県真庭市
草平町
　　くさひらちょう　愛知県名古屋市中川区
　　くさひらちょう　愛知県愛西市
草生　くそう　岡山県赤磐市
草生津　くそうづ　新潟県長岡市
6草地　くさじ　大分県豊後高田市
草安　くさやす　広島県山県郡北広島町
草江
　　そうご　石川県羽咋郡志賀町
　　くさえ　山口県（JR宇部線）
　　くさえ　山口県宇部市
草牟田　そうむた　鹿児島県鹿児島市
草牟田町　そうむたちょう　鹿児島県鹿児島市
7草住町　くさずみまち　長崎県長崎市
草尾　くさお　大阪府堺市東区
草花　くさばな　東京都あきる野市

草谷　くさだに　兵庫県加古郡稲美町
8草岡　くさおか　山形県長井市
草岡町　くさおかちょう　富山県射水市
9草柳　そうやぎ　神奈川県大和市
草津
　　くさつ　山形県酒田市
　　くさつ　群馬県吾妻郡草津町
　　くさつ　滋賀県（JR東海道本線）
　　くさつ　滋賀県草津市
　　くさつ　広島県（広島電鉄宮島線）
草津市　くさつし　滋賀県
草津本町　くさつほんまち　広島県広島市西区
草津町
　　くさつまち　群馬県吾妻郡
　　くさつちょう　滋賀県草津市
草津東　くさつひがし　広島県広島市西区
草津南
　　くさつみなみ　広島県（広島電鉄宮島線）
　　くさつみなみ　広島県広島市西区
草津梅が台　くさつうめがだい　広島県広島市西区
草津浜町　くさつはままち　広島県広島市西区
草津港　くさつこう　広島県広島市西区
草津新町　くさつしんまち　広島県広島市西区
草香　くさか　兵庫県淡路市
草香北　くさかきた　兵庫県淡路市
草香江　くさがえ　福岡県福岡市中央区
10草倉田　くさくらだ　福岡県石川郡石川町
草島　くさじま　富山県富山市
草島新町　くさじましんまち　富山県富山市
草荷　そうか　新潟県新発田市
11草崎　くささき　静岡県磐田市
草掛　くさかけ　愛知県長久手市
草深
　　そうふけ　千葉県印西市
　　くさぶか　千葉県山武市
　　くさぶか　石川県能美郡川北町
　　くさぶか　岐阜県揖斐郡池田町
草笛町　くさぶえちょう　岐阜県美濃加茂市
草部
　　くさべ　大阪府堺市西区
　　くさかべ　熊本県阿蘇郡高森町
草野
　　くさの　福島県（JR常磐線）
　　くさの　福島県相馬郡飯舘村
　　くさの　新潟県胎内市
　　くさの　富山県中新川郡立山町
　　くさの　富山県下新川郡朝日町
　　くさの　兵庫県（JR福知山線）
　　くさの　兵庫県篠山市
　　くさの　福岡県行橋市
草野町
　　くさのまち　石川県小松市
　　くさのちょう　滋賀県長浜市
草野町矢作　くさのまちやはぎ　福岡県久留米市
草野町吉木　くさのまちよしき　福岡県久留米市
草野町紅桃林　くさのまちことばやし　福岡県久留米市
草野町草野　くさのまちくさの　福岡県久留米市
草鹿沢町　そうかざわちょう　山梨県甲府市
12草場　くさば　福岡県福岡市西区

9画（荘，茶）

草場町　くさばまち　長崎県大村市
草葉町　くさばちょう　熊本県熊本市中央区
草越　くさごえ　長野県北佐久郡御代田町
草道　くさみち　鹿児島県（肥薩おれんじ鉄道線）
草道島町　そうどうじまちょう　岐阜県大垣市
草間
　くさま　長崎県中野市
　くさま　岡山県新見市
草間町　くさまちょう　愛知県豊橋市
13草塩　くさしお　山梨県南巨摩郡早川町
15草敷　くさしき　千葉県木更津市
16草壁本町　くさかべほんまち　香川県小豆郡小豆島町
草積町　くさづみちょう　長崎県平戸市
草薙
　くさなぎ　静岡県（JR東海道本線ほか）
　くさなぎ　静岡県静岡市清水区
草薙一里山　くさなぎいちりやま　静岡県静岡市清水区
草薙北　くさなぎきた　静岡県静岡市清水区
草薙杉道　くさなぎすぎみち　静岡県静岡市清水区
草薙町　くさなぎちょう　愛知県名古屋市中村区

【荘】

荘
　しょう　鳥取県西伯郡伯耆町
　しょう　鹿児島県出水市
3荘山田村　そうやまだむら　広島県呉市
荘川町一色　しょうかわちょういっしき　岐阜県高山市
荘川町三尾河　しょうかわちょうみおご　岐阜県高山市
荘川町三谷　しょうかわちょうさんだに　岐阜県高山市
荘川町中畑　しょうかわちょうなかはた　岐阜県高山市
荘川町中野　しょうかわちょうなかの　岐阜県高山市
荘川町六厩　しょうかわちょうむまや　岐阜県高山市
荘川町牛丸　しょうかわちょううしまる　岐阜県高山市
荘川町寺河戸　しょうかわちょうてらかわど　岐阜県高山市
荘川町尾上郷　しょうかわちょうおがみごう　岐阜県高山市
荘川町町屋　しょうかわちょうまちや　岐阜県高山市
荘川町赤谷　しょうかわちょうあかだに　岐阜県高山市
荘川町岩瀬　しょうかわちょういわぜ　岐阜県高山市
荘川町牧戸　しょうかわちょうまきど　岐阜県高山市
荘川町海上　しょうかわちょうかいじょう　岐阜県高山市
荘川町野々俣　しょうかわちょうののまた　岐阜県高山市
荘川町黒谷　しょうかわちょうくろだに　岐阜県高山市
荘川町惣則　しょうかわちょうそうのり　岐阜県高山市
荘川町新渕　しょうかわちょうあらぶち　岐阜県高山市
荘川町猿丸　しょうかわちょうさるまる　岐阜県高山市
4荘内町　そうないちょう　大阪府八尾市
5荘田　しょうだ　鳥取県西伯郡大山町
6荘成町　しょうじょうちょう　島根県松江市
8荘苑　そうえん　兵庫県川辺郡猪名川町
10荘原　しょうばら　島根県（JR山陰本線）
荘島町　しょうじままち　福岡県久留米市
13荘園
　そうえん　大阪府池田市
　そうえん　大分県別府市
荘園北町　そうえんきたまち　大分県別府市
荘園町　そうえんちょう　大阪府河内長野市
17荘厳寺町　しょうごんじちょう　滋賀県彦根市

【茶】

0茶ノ木　ちゃのき　富山県砺波市
茶が崎　ちゃがさき　滋賀県大津市
茶や谷　ちゃやだに　高知県高岡郡檮原町
3茶与町　ちゃよまち　三重県松阪市
茶山
　ちゃやま　京都府（叡山電鉄叡山本線）
　ちゃやま　福岡県（福岡市交通局七隈線）
　ちゃやま　福岡県福岡市城南区
茶山台　ちゃやまだい　大阪府堺市南区
4茶内　ちゃない　北海道（JR根室本線）
茶内本町　ちゃないもとまち　北海道厚岸郡浜中町
茶内旭　ちゃないあさひ　北海道厚岸郡浜中町
茶内西　ちゃないにし　北海道厚岸郡浜中町
茶内東1線　ちゃないひがしいっせん　北海道厚岸郡浜中町
茶内東2線　ちゃないひがしにせん　北海道厚岸郡浜中町
茶内東3線　ちゃないひがしさんせん　北海道厚岸郡浜中町
茶内東4線　ちゃないひがしよんせん　北海道厚岸郡浜中町
茶内東5線　ちゃないひがしごせん　北海道厚岸郡浜中町
茶内東6線　ちゃないひがしろくせん　北海道厚岸郡浜中町
茶内若葉　ちゃないわかば　北海道厚岸郡浜中町
茶内栄　ちゃないさかえ　北海道厚岸郡浜中町
茶内基線　ちゃないきせん　北海道厚岸郡浜中町
茶内緑　ちゃないみどり　北海道厚岸郡浜中町
茶内橋北西　ちゃないきょうほくにし　北海道厚岸郡浜中町
茶内橋北東　ちゃないきょうほくひがし　北海道厚岸郡浜中町
茶戸町　ちゃどちょう　滋賀県大津市
6茶臼山　ちゃうすやま　愛知県（JR飯田線）
茶臼山町　ちゃうすやまちょう　大阪府大阪市天王寺区
茶臼前　ちゃうすまえ　愛知県名古屋市守山区
茶臼原　ちゃうすばる　宮崎県西都市
7茶売町　ちゃうりまち　福岡県北九州市八幡西区
茶志内
　ちゃしない　北海道（JR函館本線）
　ちゃしない　北海道空知郡奈井江町
茶志内町　ちゃしないちょう　北海道美唄市
茶志内町本町　ちゃしないちょうほんちょう　北海道美唄市
茶志内町協和　ちゃしないちょうきょうわ　北海道美唄市
茶志骨　ちゃしこつ　北海道標津郡標津町
茶町
　ちゃまち　静岡県静岡市葵区
　ちゃまち　静岡県藤枝市
　ちゃまち　奈良県大和郡山市
　ちゃまち　奈良県磯城郡田原本町

9画 (茱, 茗, 虻, 虹, 要)

　　ちゃまち　鳥取県鳥取市
　　ちゃまち　鳥取県米子市
茶花　ちゃばな　鹿児島県大島郡与論町
8**茶所**　ちゃじょ　岐阜県 (名古屋鉄道名古屋本線)
9**茶屋**
　　ちゃや　石川県白山市
　　ちゃや　鳥取県日野郡日南町
茶屋ケ坂　ちゃやがさか　愛知県 (名古屋市交通局名城線)
茶屋ケ原　ちゃやがはら　新潟県上越市
茶屋ノ丁　ちゃやのちょう　和歌山県和歌山市
茶屋が坂　ちゃやがさか　愛知県名古屋市千種区
茶屋の原　ちゃやのはる　福岡県北九州市八幡西区
茶屋下　ちゃやした　福島県福島市
茶屋川　ちゃやがわ　北海道山越郡八雲町
茶屋之町　ちゃやのちょう　兵庫県芦屋市
茶屋坂通　ちゃやさかとおり　愛知県名古屋市千種区
茶屋町
　　ちゃやまち　青森県青森市
　　ちゃやまち　富山県富山市
　　ちゃやまち　石川県小松市
　　ちゃやまち　京都府京都市上京区
　　ちゃやちょう　京都府京都市東山区
　　ちゃやまち　大阪府大阪市北区
　　ちゃやまち　和歌山県和歌山市
　　ちゃやまち　岡山県 (JR瀬戸大橋線)
　　ちゃやまち　岡山県倉敷市
　　ちゃやまち　福岡県北九州市八幡東区
茶屋町甲　ちゃやまちこう　福島県河沼郡会津坂下町
茶屋町早沖　ちゃやまちはやおき　岡山県倉敷市
茶屋新田
　　ちゃやしんでん　茨城県古河市
　　ちゃやしんでん　岐阜県岐阜市
茶屋新町　ちゃやしんまち　富山県富山市
茶津町　ちゃつちょう　北海道室蘭市
茶畑
　　ちゃばたけ　岩手県盛岡市
　　ちゃばたけ　静岡県裾野市
　　ちゃばた　鳥取県西伯郡大山町
茶畑町
　　ちゃばたけちょう　青森県弘前市
　　ちゃばたけまち　福島県須賀川市
　　ちゃばたけちょう　千葉県銚子市
13**茶園**
　　さえん　福島県二本松市
　　ちゃえん　福島県耶麻郡猪苗代町
茶園場町　さえんばちょう　兵庫県明石市
茶路　ちゃろ　北海道白糠郡白糠町
16**茶磨屋町**　ちゃまやちょう　京都府京都市下京区

【茱】
10**茱原**　ぐみわら　福井県丹生郡越前町
11**茱崎町**　ぐみざきちょう　福井県福井市
12**茱萸木**　くみのき　大阪府大阪狭山市
　茱萸沢　ぐみざわ　静岡県御殿場市

【茗】
0**茗ケ沢**　みょうがさわ　山形県酒田市
10**茗荷**　みょうが　福島県東白川郡矢祭町

茗荷沢
　　みょうがさわ　宮城県気仙沼市
　　みょうがさわ　千葉県長生郡長南町
　　みょうがさわ　新潟県南魚沼市
茗荷沢新田　みょうがさわしんでん　新潟県南魚沼市
茗荷町　みょうがちょう　奈良県奈良市
茗荷谷
　　みょうがだに　東京都 (東京地下鉄丸ノ内線)
　　みょうがだに　新潟県新潟市江南区
　　みょうがだに　新潟県新発田市
　　みょうがだに　鳥取県八頭郡若桜町
茗荷瀬　みょうがせ　山形県東田川郡庄内町

【虻】
5**虻田郡**　あぶたぐん　北海道

【虹】
0**虹ケ丘**
　　にじがおか　北海道北広島市
　　にじがおか　青森県青森市
　　にじがおか　神奈川県川崎市麻生区
　　にじがおか　岐阜県可児市
　　にじがおか　山口県光市
虹ケ丘北　にじがおかきた　岐阜県関市
虹ケ丘町
　　にじがおかちょう　鳥取県倉吉市
　　にじがおかまち　佐賀県鳥栖市
虹ケ丘南　にじがおかみなみ　岐阜県関市
虹ケ浜
　　にじがはま　神奈川県平塚市
　　にじがはま　山口県光市
虹ノ松原　にじのまつばら　佐賀県 (JR筑肥線)
虹が丘町
　　にじがおかちょう　三重県松阪市
　　にじがおかまち　長崎県長崎市
虹の丘　にじのおか　宮城県仙台市泉区
虹の台　にじのだい　福島県須賀川市
7**虹別**　にじべつ　北海道川上郡標茶町
虹別市街　にじべつしがい　北海道川上郡標茶町
虹貝　にじかい　青森県南津軽郡大鰐町

【要】
要　かなめ　茨城県つくば市
5**要田**　かなめた　福島県 (JR磐越東線)
6**要池住宅**　かなめいけじゅうたく　大阪府泉大津市
7**要町**
　　かなめちょう　千葉県千葉市中央区
　　かなめちょう　東京都 (東京地下鉄有楽町線ほか)
　　かなめちょう　東京都豊島区
　　かなめちょう　新潟県長岡市
　　かなめちょう　福井県大野市
　　かなめちょう　愛知県名古屋市南区
　　かなめまち　大分県大分市
8**要法寺町**　ようほうじちょう　京都府京都市下京区
要法寺前町　ようほうじまえちょう　京都府京都市中京区
10**要害**
　　ようがい　岩手県一関市
　　ようがい　宮城県気仙沼市
　　ようがい　山形県東村山郡山辺町

914

9画（計, 貞, 軍, 逆, 送, 退, 追）

【計】

⁵計石　はかりいし　福井県（JR越美北線）
　　　　はかりいし　熊本県葦北郡芦北町
　計石町　はかりいしちょう　福井県福井市
⁷計呂地　けろち　北海道紋別郡湧別町
¹⁰計根別　けねべつ　北海道標津郡中標津町

【貞】

³貞山　ていざん　宮城県石巻市
　貞山通　ていざんどおり　宮城県塩竈市
⁴貞元　さだもと　千葉県君津市
　貞月　さだつき　福岡県嘉麻市
⁵貞永寺　てえじ　岡山県苫田郡鏡野町
⁶貞光
　　　　さだみつ　徳島県（JR徳島線）
　　　　さだみつ　徳島県美馬郡つるぎ町
　貞安前之町　ていあんまえのちょう　京都府京都市下京区
⁸貞宝町　ていほうちょう　愛知県豊田市

【軍】

³軍川　いくさがわ　北海道亀田郡七飯町
⁴軍水町　ぐんすいちょう　愛知県名古屋市瑞穂区
⁸軍岡　いくさおか　北海道中川郡幕別町
⁹軍畑　いくさばた　東京都（JR青梅線）

【逆】

³逆川
　　　　さかさがわ　福島県東白川郡棚倉町
　　　　さかさがわ　埼玉県鴻巣市
　　　　さかさがわ　静岡県掛川市
　　　　さかさがわ　静岡県賀茂郡河津町
　　　　さかさがわ　愛知県額田郡幸田町
⁴逆井
　　　　さかさい　茨城県坂東市
　　　　さかさい　埼玉県南埼玉郡宮代町
　　　　さかさい　千葉県（東武鉄道野田線）
　　　　さかさい　千葉県柏市
　逆井藤ノ台　さかさいふじのだい　千葉県柏市
　逆水　さかみず　福島県河沼郡会津坂下町
⁷逆谷　さかしだに　新潟県長岡市
⁹逆面町　さかづらちょう　栃木県宇都宮市
¹⁹逆瀬川
　　　　さかせがわ　大阪府堺市南区
　　　　さかせがわ　兵庫県（阪急電鉄今津線）
　　　　さかせがわ　兵庫県宝塚市
　逆瀬台　さかせだい　兵庫県宝塚市

【送】

¹⁶送橋　おくりはし　山形県西村山郡朝日町

【退】

⁶退休寺　たいきゅうじ　鳥取県西伯郡大山町

【追】

²追入　おいれ　兵庫県篠山市
³追上　おいあげ　香川県仲多度郡まんのう町
　追子野木　おっこのき　青森県黒石市

⁴追内町　おいうちまち　宮崎県延岡市
　追分
　　　　おいわけ　北海道（JR室蘭本線）
　　　　おいわけ　北海道北斗市
　　　　おいわけ　青森県三戸郡五戸町
　　　　おいわけ　秋田県（JR奥羽本線）
　　　　おいわけ　神奈川県平塚市
　　　　おいわけ　新潟県胎内市
　　　　おいわけ　富山県滑川市
　　　　おいわけ　福井県敦賀市
　　　　おいわけ　長野県北佐久郡軽井沢町
　　　　おいわけ　静岡県静岡市清水区
　　　　おいわけ　愛知県犬山市
　　　　おいわけ　三重県（四日市あすなろう鉄道内部線）
　　　　おいわけ　三重県四日市市
　　　　おいわけ　滋賀県（京阪電気鉄道京津線）
　　　　おいわけ　滋賀県草津市
　追分口　おいわけぐち　福井県（えちぜん鉄道勝山永平寺線）
　追分中央　おいわけちゅうおう　北海道勇払郡安平町
　追分本町　おいわけほんちょう　北海道勇払郡安平町
　追分白樺　おいわけしらかば　北海道勇払郡安平町
　追分向陽　おいわけこうよう　北海道勇払郡安平町
　追分旭　おいわけあさひ　北海道勇払郡安平町
　追分町
　　　　おいわけちょう　北海道函館市
　　　　おいわけまち　秋田県能代市
　　　　おいわけちょう　東京都八王子市
　　　　おいわけちょう　神奈川県川崎市川崎区
　　　　おいわけちょう　愛知県瀬戸市
　　　　おいわけちょう　愛知県大府市
　　　　おいわけちょう　三重県鈴鹿市
　　　　おいわけちょう　滋賀県大津市
　　　　おいわけちょう　京都府亀岡市
　追分花園　おいわけはなぞの　北海道勇払郡安平町
　追分弥生　おいわけやよい　北海道勇払郡安平町
　追分東　おいわけひがし　愛知県犬山市
　追分若草　おいわけわかくさ　北海道勇払郡安平町
　追分青葉　おいわけあおば　北海道勇払郡安平町
　追分南　おいわけみなみ　滋賀県草津市
　追分春日　おいわけかすが　北海道勇払郡安平町
　追分柏が丘　おいわけかしわがおか　北海道勇払郡安平町
　追分美園　おいわけみその　北海道勇払郡安平町
　追分茶屋　おいわけちゃや　富山県富山市
　追分豊栄　おいわけほうえい　北海道勇払郡安平町
　追分緑が丘　おいわけみどりがおか　北海道勇払郡安平町
　追手町
　　　　おうてまち　福島県会津若松市
　　　　おうてまち　長野県飯田市
　　　　おうてまち　静岡県静岡市葵区
　追手筋　おうてすじ　高知県高知市
⁶追名牛　おいなうし　北海道中川郡本別町
⁷追良瀬
　　　　おいらせ　青森県（JR五能線）
　　　　おいらせ　青森県西津軽郡深浦町
⁹追廻
　　　　おいまわし　秋田県横手市
　　　　おいまわし　福島県白河市
　追廻町　おいまわしちょう　宮城県遠田郡涌谷町
¹⁰追原　おっぱら　茨城県稲敷郡阿見町

915

9画（郊,重,面,革,音）

追浜　おっぱま　神奈川県（京浜急行電鉄本線）
追浜本町　おっぱまほんちょう　神奈川県横須賀市
追浜町　おっぱままちょう　神奈川県横須賀市
追浜東町　おっぱまひがしちょう　神奈川県横須賀市
追浜南町　おっぱまみなみちょう　神奈川県横須賀市
11追進町　ついしんちょう　愛知県春日井市

【郊】
9郊南　こうなん　北海道足寄郡足寄町

【重】
0重ノ木　じゅうのき　佐賀県鹿島市
4重井田町　しげいだまち　長崎県大村市
重内
　おもない　北海道上磯郡知内町
　おもない　北海道川上郡弟子屈町
5重右衛門新田　じゅうえもんしんでん　茨城県つくばみらい市
重本　しげもと　愛知県稲沢市
重永　しげなが　広島県世羅郡世羅町
重立町　しげたてちょう　福井県福井市
6重光　しげみつ　愛媛県伊予郡砥部町
重吉町　しげよしちょう　宮城県石巻市
重地　じゅうじ　新潟県十日町市
重安　しげやす　山口県（JR美祢線）
重池町　おもいけちょう　兵庫県神戸市長田区
重行　しげき　和歌山県紀の川市
7重住
　しげずみ　福岡県北九州市小倉北区
　しげずみ　福岡県北九州市小倉南区
重尾町　しげおちょう　長崎県佐世保市
重里
　しげさと　岐阜県瑞穂市
　しげさと　奈良県吉野郡十津川村
重阪　へいさか　奈良県御所市
8重味　しげみ　熊本県菊池市
重岡　しげおか　大分県（JR日豊本線）
重枝　しげえだ　鳥取県八頭郡八頭町
重松　しげまつ　愛媛県喜多郡内子町
重河内　しげかわち　佐賀県唐津市
重茂　おもえ　岩手県宮古市
10重倉　しげくら　高知県高知市
重原　しげはら　愛知県（名古屋鉄道三河線）
重原本町　しげはらほんまち　愛知県刈谷市
重根　しこね　和歌山県海南市
重留　しげどめ　福岡県福岡市早良区
12重富　しげとみ　鹿児島県（JR日豊本線）
13重義　しげよし　福井県あわら市
18重藤　しげとう　岡山県久米郡美咲町

【面】
3面川　めんがわ　和歌山県田辺市
5面白　おもじろ　千葉県夷隅郡大多喜町
面白山高原　おもしろやまこうげん　山形県（JR仙山線）
8面岸　おもぎし　岩手県二戸郡一戸町
11面野山　おものやま　山形県鶴岡市
面野井　おものい　茨城県つくば市

12面替　おもがえ　長野県北佐久郡御代田町
15面影　おもかげ　鳥取県鳥取市
面影橋　おもかげばし　東京都（東京都交通局荒川線）
面縄　おもなわ　鹿児島県大島郡伊仙町

【革】
9革屋町　かわやちょう　京都府京都市伏見区
11革堂之内町　こうどうのうちちょう　京都府京都市上京区
革堂内町　こうどううちちょう　京都府京都市上京区
革堂仲之町　こうどうなかのちょう　京都府京都市上京区
革堂西町　こうどうにしまち　京都府京都市上京区
革堂町　こうどうちょう　京都府京都市上京区
革堂前之町　こうどうまえのちょう　京都府京都市上京区

【音】
4音戸山山ノ茶屋町　おんどやまやまのちゃやちょう　京都府京都市右京区
音戸町引地　おんどちょうひきじ　広島県呉市
音戸町北隠渡　おんどちょうきたおんど　広島県呉市
音戸町田原　おんどちょうたはら　広島県呉市
音戸町先奥　おんどちょうさきおく　広島県呉市
音戸町早瀬　おんどちょうはやせ　広島県呉市
音戸町有清　おんどちょうありきよ　広島県呉市
音戸町坪井　おんどちょうつぼい　広島県呉市
音戸町波多見　おんどちょうはたみ　広島県呉市
音戸町南隠渡　おんどちょうみなみおんど　広島県呉市
音戸町畑　おんどちょうはた　広島県呉市
音戸町高須　おんどちょうたかす　広島県呉市
音戸町渡子　おんどちょうとのこ　広島県呉市
音戸町藤脇　おんどちょうふじのわき　広島県呉市
音戸町鰯浜　おんどちょういわしはま　広島県呉市
6音成　おとなり　佐賀県鹿島市
音江町　おとえちょう　北海道深川市
音羽
　おとわ　東京都文京区
　おとわ　愛知県一宮市
　おとわ　三重県伊賀市
　おとわ　三重県三重郡菰野町
　おとわ　滋賀県高島市
　おとわ　滋賀県蒲生郡日野町
音羽乙出町　おとわおつでちょう　京都府京都市山科区
音羽八ノ坪　おとわはちのつぼ　京都府京都市山科区
音羽千本町　おとわせんぼんちょう　京都府京都市山科区
音羽山等地　おとわさんとうじ　京都府京都市山科区
音羽中芝町　おとわなかしばちょう　京都府京都市山科区
音羽台　おとわだい　滋賀県大津市
音羽平林町　おとわひらばやしちょう　京都府京都市山科区
音羽伊勢宿町　おとわいせじゅくちょう　京都府京都市山科区
音羽西林　おとわにしばやし　京都府京都市山科区
音羽初田町　おとわはつだちょう　京都府京都市山科区

9画（風）

音羽役出町　おとわやくでちょう　京都府京都市山科区
音羽沢町　おとわさわちょう　京都府京都市山科区
音羽町
　おとわちょう　北海道苫小牧市
　おとわちょう　富山県富山市
　おとわちょう　山梨県甲府市
　おとわちょう　岐阜県多治見市
　おとわちょう　静岡県 (静岡鉄道静岡清水線)
　おとわちょう　静岡県静岡市葵区
　おとわちょう　静岡県藤枝市
　おとわちょう　⇒豊川市 (愛知県)
　おとはまち　愛知県碧南市
　おとわちょう　滋賀県近江八幡市
　おとわちょう　京都府京都市東山区
　おとわちょう　大阪府寝屋川市
音羽前出町　おとわまえでちょう　京都府京都市山科区
音羽前田町　おとわまえだちょう　京都府京都市山科区
音羽珍事町　おとわちんじちょう　京都府京都市山科区
音羽草田町　おとわくさだちょう　京都府京都市山科区
音羽野田町　おとわのだちょう　京都府京都市山科区
音羽森廻り町　おとわもりまわりちょう　京都府京都市山科区
音羽稲芝　おとわいなしば　京都府京都市山科区
7音更　おとふけ　北海道河東郡音更町
音更町　おとふけちょう　北海道河東郡
音別　おんべつ　北海道 (JR根室本線)
音別町キナシ別　おんべつちょうきなしべつ　北海道釧路市
音別町チャンベツ　おんべつちょうちゃんべつ　北海道釧路市
音別町ヌプキベツ　おんべつちょうぬぷきべつ　北海道釧路市
音別町ノトロ　おんべつちょうのとろ　北海道釧路市
音別町パシクル湖畔　おんべつちょうぱしくるこはん　北海道釧路市
音別町ムリ　おんべつちょうむり　北海道釧路市
音別町あけぼの　おんべつちょうあけぼの　北海道釧路市
音別町川東　おんべつちょうかわひがし　北海道釧路市
音別町中音別　おんべつちょうなかおんべつ　北海道釧路市
音別町中園　おんべつちょうなかぞの　北海道釧路市
音別町尺別　おんべつちょうしゃくべつ　北海道釧路市
音別町本町　おんべつちょうもとまち　北海道釧路市
音別町共栄　おんべつちょうきょうえい　北海道釧路市
音別町直別　おんべつちょうちょくべつ　北海道釧路市
音別町若草　おんべつちょうわかくさ　北海道釧路市
音別町海光　おんべつちょうかいこう　北海道釧路市
音別町音別原野西　おんべつちょうおんべつげんやにし　北海道釧路市
音別町音別原野東　おんべつちょうおんべつげんやひがし　北海道釧路市
音別町音別原野基線　おんべつちょうおんべつげんやきせん　北海道釧路市
音別町風連　おんべつちょうふうれん　北海道釧路市

音別町馬主来　おんべつちょうばしくる　北海道釧路市
音別町朝日　おんべつちょうあさひ　北海道釧路市
音別町緑町　おんべつちょうみどりまち　北海道釧路市
音沢　おとざわ　富山県 (富山地方鉄道本線)
音谷　おんだに　徳島県那賀郡那賀町
8音金　おとかね　福島県南会津郡下郷町
9音威子府
　おといねっぷ　北海道 (JR宗谷本線)
　おといねっぷ　北海道中川郡音威子府村
音威子府村　おといねっぷむら　北海道中川郡
音海　おとみ　福井県大飯郡高浜町
10音根内　おんねない　北海道網走市
11音部　おとべ　岩手県宮古市
12音無川
　おとなしちょう　静岡県伊東市
　おとなしまち　長崎県長崎市
14音聞山　おとききやま　愛知県名古屋市天白区
15音標　おとしべ　北海道枝幸郡枝幸町
音調津　おしらべつ　北海道広尾郡広尾町
音調津区画外　おしらべつくかくがい　北海道広尾郡広尾町

【風】

0風の杜　かぜのもり　静岡県湖西市
3風口　かざくち　群馬県甘楽郡下仁田町
4風戸　かざと　千葉県市原市
5風市　かざし　和歌山県紀の川市
風布
　ふうぶ　埼玉県秩父郡長瀞町
　ふうぶ　埼玉県大里郡寄居町
風田　かぜだ　宮崎県日南市
6風合瀬
　かそせ　青森県 (JR五能線)
　かそせ　青森県西津軽郡深浦町
風成　かざなし　大分県臼杵市
風早
　かざはや　千葉県柏市
　かざはや　広島県 (JR呉線)
風早町
　かざはやちょう　京都府京都市下京区
　かざはやちょう　愛媛県今治市
7風呂ケ迫町　ふろがさこちょう　山口県宇部市
風呂本　ふろもと　大分県別府市
風呂町　ふろまち　三重県桑名市
風呂屋町
　ふろやちょう　富山県高岡市
　ふろやちょう　京都府京都市上京区
　ふろやまち　京都府京都市伏見区
風尾町　かざおちょう　福井県福井市
風見　かざみ　栃木県塩谷郡塩谷町
風見山田　かざみやまだ　栃木県塩谷郡塩谷町
9風屋　かぜや　奈良県吉野郡十津川村
風巻町　かざまきちょう　福井県福井市
風神下　ふうじんした　福島県白河市
風神山東　ふうじんやまひがし　福島県白河市
10風師　かざし　福岡県北九州市門司区
風烈布　ふうれっぷ　北海道枝幸郡枝幸町
風連　ふうれん　北海道 (JR宗谷本線)

917

9画（飛, 食, 首）

風連町大町　ふうれんちょうおおまち　北海道名寄市
風連町中央　ふうれんちょうちゅうおう　北海道名寄市
風連町日進　ふうれんちょうにっしん　北海道名寄市
風連町北栄町　ふうれんちょうほくえいちょう　北海道名寄市
風連町本町　ふうれんちょうもとまち　北海道名寄市
風連町仲町　ふうれんちょうなかまち　北海道名寄市
風連町旭　ふうれんちょうあさひ　北海道名寄市
風連町池の上　ふうれんちょういけのうえ　北海道名寄市
風連町西島　ふうれんちょうにしま　北海道名寄市
風連町西風連　ふうれんちょうにしふうれん　北海道名寄市
風連町東生　ふうれんちょうとうせい　北海道名寄市
風連町東風連　ふうれんちょうひがしふうれん　北海道名寄市
風連町南町　ふうれんちょうみなみまち　北海道名寄市
風連町新生町　ふうれんちょうしんせいちょう　北海道名寄市
風連町瑞生　ふうれんちょうずいしょう　北海道名寄市
風連町豊里　ふうれんちょうとよさと　北海道名寄市
風連町緑町　ふうれんちょうみどりまち　北海道名寄市
11 風深　ふうか　兵庫県篠山市
風祭
　　かざまつり　神奈川県（箱根登山鉄道線）
　　かざまつり　神奈川県小田原市
風袋町　ふるたいまち　香川県丸亀市
12 風渡野　ふっとの　埼玉県さいたま市見沼区
風間
　　かざま　山形県山形市
　　かざま　長野県長野市
風間浦村　かざまうらむら　青森県下北郡
16 風頭町　かざがしらまち　長崎県長崎市

【飛】
　飛　とび　秋田県にかほ市
0 飛ケ作　とびがさく　福島県石川郡石川町
4 飛内　とびない　青森県黒石市
　飛内北　とびないきた　青森県黒石市
5 飛平松　とびひらまつ　静岡県磐田市
飛田
　　とびた　山形県新庄市
　　ひだ　新潟県妙高市
　　ひだ　熊本県熊本市北区
　飛田川　ひだがわ　大分県竹田市
飛田給
　　とびたきゅう　東京都（京王電鉄京王線）
　　とびたきゅう　東京都調布市
飛田新田　ひだしんでん　新潟県妙高市
8 飛松町　とびまつちょう　兵庫県神戸市須磨区
9 飛香台　あすかだい　愛知県常滑市
10 飛島
　　とびしま　山形県酒田市
　　ひしま　岡山県笠岡市
飛島村　とびしまむら　愛知県海部郡
飛島新田　とびしましんでん　愛知県海部郡飛島村
飛梅町　とびうめちょう　石川県金沢市
飛高町中町　ひだかちょうなかまち　愛知県江南市
飛高町夫見添　ひだかちょうふみぞえ　愛知県江南市

飛高町本町　ひだかちょうほんまち　愛知県江南市
飛高町門野　ひだかちょうかどの　愛知県江南市
飛高町栄　ひだかちょうさかえ　愛知県江南市
飛高町泉　ひだかちょういずみ　愛知県江南市
飛高町宮町　ひだかちょうみやまち　愛知県江南市
11 飛鳥
　　あすか　青森県青森市
　　あすか　山形県酒田市
　　あすか　大阪府羽曳野市
　　あすか　奈良県（近畿日本鉄道吉野線）
　　あすか　奈良県高市郡明日香村
飛鳥山　あすかやま　東京都（東京都交通局荒川線）
飛鳥井町　あすかいちょう　京都府京都市上京区
飛鳥町大又　あすかちょうおおまた　三重県熊野市
飛鳥町小又　あすかちょうこまた　三重県熊野市
飛鳥町小阪　あすかちょうこざか　三重県熊野市
飛鳥町佐渡　あすかちょうさわたり　三重県熊野市
飛鳥町神山　あすかちょうこうのやま　三重県熊野市
飛鳥町野口　あすかちょうのぐち　三重県熊野市
飛鳥路　あすかじ　京都府相楽郡笠置町
12 飛弾殿町　ひだどのちょう　京都府京都市上京区
飛森　とびのもり　山形県最上郡金山町
飛渡川　とんどがわ　愛知県常滑市
15 飛幡町　とびはたちょう　福岡県北九州市戸畑区
飛駒町　ひこまちょう　栃木県佐野市
19 飛騨　ひだ　富山県黒部市
飛騨一ノ宮　ひだいちのみや　岐阜県（JR高山本線）
飛騨小坂　ひだおさか　岐阜県（JR高山本線）
飛騨古川　ひだふるかわ　岐阜県（JR高山本線）
飛騨市　ひだし　岐阜県
飛騨町　ひだちょう　奈良県橿原市
飛騨国府　ひだこくふ　岐阜県（JR高山本線）
飛騨金山　ひだかなやま　岐阜県（JR高山本線）
飛騨屋　ひだや　富山県南砺市
飛騨宮田　ひだみやだ　岐阜県（JR高山本線）
飛騨細江　ひだほそえ　岐阜県（JR高山本線）
飛騨萩原　ひだはぎわら　岐阜県（JR高山本線）

【食】
12 食場町　じきばまち　愛媛県松山市
食満　けま　兵庫県尼崎市

【首】
7 首里　しゅり　沖縄県（沖縄都市モノレール線）
首里久場川町　しゅりくばがわちょう　沖縄県那覇市
首里大中町　しゅりおおなかちょう　沖縄県那覇市
首里大名町　しゅりおおなちょう　沖縄県那覇市
首里山川町　しゅりやまがわちょう　沖縄県那覇市
首里平良町　しゅりたいらちょう　沖縄県那覇市
首里末吉町　しゅりすえよしちょう　沖縄県那覇市
首里汀良町　しゅりてらちょう　沖縄県那覇市
首里石嶺町　しゅりいしみねちょう　沖縄県那覇市
首里当蔵町　しゅりとうのくらちょう　沖縄県那覇市
首里池端町　しゅりいけはたちょう　沖縄県那覇市
首里赤平町　しゅりあかひらちょう　沖縄県那覇市
首里赤田町　しゅりあかたちょう　沖縄県那覇市
首里金城町　しゅりきんじょうちょう　沖縄県那覇市
首里桃原町　しゅりとうばるちょう　沖縄県那覇市

9画（香）

首里真和志町	しゅりまわしちょう	沖縄県那覇市
首里崎山町	しゅりさきやまちょう	沖縄県那覇市
首里鳥堀町	しゅりとりほりちょう	沖縄県那覇市
首里寒川町	しゅりさむかわちょう	沖縄県那覇市
首里儀保町	しゅりぎぼちょう	沖縄県那覇市
11 首部	こうべ	岡山県岡山市北区

【香】

香	こうやつ	千葉県館山市
0 香々地	かかぢ	大分県豊後高田市
香々美	かがみ	岡山県苫田郡鏡野町
香ケ丘町	かおりがおかちょう	大阪府堺市堺区
2 香力	こうりき	福岡県糸島市
3 香下	かした	兵庫県三田市
香久山		
	かぐやま	愛知県日進市
	かぐやま	奈良県（JR桜井線）
香久池	かぐいけ	福島県郡山市
香山町	こうざんちょう	山口県山口市
香山新田	かやましんでん	千葉県山武郡芝山町
香川		
	かがわ	北海道苫前郡苫前町
	かがわ	北海道虻田郡洞爺湖町
	かがわ	神奈川県（JR相模線）
	かがわ	神奈川県茅ケ崎市
香川区	かがわく	北海道河西郡更別村
香川町	かがわちょう	北海道室蘭市
香川町大野	かがわちょうおおの	香川県高松市
香川町川内原	かがわちょうかわないはら	香川県高松市
香川町川東下	かがわちょうかわひがししも	香川県高松市
香川町川東上	かがわちょうかわひがしかみ	香川県高松市
香川町安原下	かがわちょうやすはらしも	香川県高松市
香川町寺井	かがわちょうてらい	香川県高松市
香川町東谷	かがわちょうひがしたに	香川県高松市
香川町浅野	かがわちょうあさの	香川県高松市
香川県	かがわけん	
香川郡	かがわぐん	香川県
4 香之庄	このしょう	滋賀県愛知郡愛荘町
香日向	かひなた	埼玉県幸手市
香月が丘	かげつがおか	高知県高岡郡四万十町
香月中央	かつきちゅうおう	福岡県北九州市八幡西区
香月西	かつきにし	福岡県北九州市八幡西区
香木原	かぎはら	千葉県君津市
5 香北町下野尻	かほくちょうしものじり	高知県香美市
香北町大井平	かほくちょうおおいだいら	高知県香美市
香北町大束	かほくちょうおおつか	高知県香美市
香北町小川	かほくちょうおがわ	高知県香美市
香北町川ノ内	かほくちょうかわのうち	高知県香美市
香北町中谷	かほくちょうなかたに	高知県香美市
香北町五百蔵	かほくちょういおろし	高知県香美市
香北町太郎丸	かほくちょうたろうまる	高知県香美市

香北町日ノ御子	かほくちょうひのみこ	高知県香美市
香北町日比原	かほくちょうひびはら	高知県香美市
香北町日浦込	かほくちょうひうらごみ	高知県香美市
香北町永野	かほくちょうながの	高知県香美市
香北町永瀬	かほくちょうながせ	高知県香美市
香北町白川	かほくちょうしらかわ	高知県香美市
香北町白石	かほくちょうしらいし	高知県香美市
香北町吉野	かほくちょうよしの	高知県香美市
香北町有川	かほくちょうあらかわ	高知県香美市
香北町有瀬	かほくちょうあらせ	高知県香美市
香北町朴ノ木	かほくちょうほうのき	高知県香美市
香北町西川乙	かほくちょうにしがわおつ	高知県香美市
香北町西川甲	かほくちょうにしがわこう	高知県香美市
香北町西峯	かほくちょうにしのみね	高知県香美市
香北町谷相	かほくちょうたにあい	高知県香美市
香北町岩改	かほくちょういわかい	高知県香美市
香北町河野	かほくちょうこうの	高知県香美市
香北町美良布	かほくちょうびらふ	高知県香美市
香北町根須	かほくちょうねず	高知県香美市
香北町梅久保	かほくちょううめのくぼ	高知県香美市
香北町清爪	かほくちょうせいづめ	高知県香美市
香北町猪野々	かほくちょういのの	高知県香美市
香北町萩野	かほくちょうはぎの	高知県香美市
香北町韮生野	かほくちょうにろうの	高知県香美市
香北町横谷	かほくちょうよこたに	高知県香美市
香北町蕨野	かほくちょうわらびの	高知県香美市
香北町橋川野	かほくちょうはしかわの	高知県香美市
香田	こうだ	鳥取県八頭郡若桜町
6 香合新田	こうばこしんでん	兵庫県宝塚市
香寺町久畑	こうでらちょうくばた	兵庫県姫路市
香寺町土師	こうでらちょうはぜ	兵庫県姫路市
香寺町中仁野	こうでらちょうなかの	兵庫県姫路市
香寺町中寺	こうでらちょうなかでら	兵庫県姫路市
香寺町中村	こうでらちょうなかむら	兵庫県姫路市
香寺町中屋	こうでらちょうなかや	兵庫県姫路市
香寺町犬飼	こうでらちょういぬかい	兵庫県姫路市
香寺町広瀬	こうでらちょうひろせ	兵庫県姫路市
香寺町田野	こうでらちょうたの	兵庫県姫路市
香寺町矢田部	こうでらちょうやたべ	兵庫県姫路市
香寺町行重	こうでらちょうゆきしげ	兵庫県姫路市
香寺町岩部	こうでらちょういわべ	兵庫県姫路市
香寺町恒屋	こうでらちょうつねや	兵庫県姫路市
香寺町相坂	こうでらちょうあいさか	兵庫県姫路市
香寺町香呂	こうでらちょうこうろ	兵庫県姫路市
香寺町野田	こうでらちょうのだ	兵庫県姫路市
香寺町須加院	こうでらちょうすかいん	兵庫県姫路市
香寺町溝口	こうでらちょうみぞぐち	兵庫県姫路市
香西		
	こうさい	静岡県富士市
	こうさい	香川県（JR予讃線）
香西北町	こうざいきたまち	香川県高松市

919

9画（香）

香西本町　こうさいほんまち　香川県高松市
香西西町　こうさいにしまち　香川県高松市
香西東町　こうさいひがしまち　香川県高松市
香西南町　こうさいみなみまち　香川県高松市
香西新田　こうさいしんでん　静岡県富士市
7香住
　　かすみ　兵庫県（JR山陰本線）
　　かすみ　兵庫県豊岡市
香住ケ丘　かすみがおか　福岡県福岡市東区
香住区一日市　かすみくひといち　兵庫県美方郡香
　美町
香住区七日市　かすみくなぬかいち　兵庫県美方郡香
　美町
香住区九斗　かすみくくと　兵庫県美方郡香美町
香住区八原　かすみくやはら　兵庫県美方郡香美町
香住区下岡　かすみくしもおか　兵庫県美方郡香美町
香住区下浜　かすみくしものはま　兵庫県美方郡香
　美町
香住区三川　かすみくみかわ　兵庫県美方郡香美町
香住区三谷　かすみくみたに　兵庫県美方郡香美町
香住区上岡　かすみくかみおか　兵庫県美方郡香美町
香住区上計　かすみくあげ　兵庫県美方郡香美町
香住区土生　かすみくはぶ　兵庫県美方郡香美町
香住区大谷　かすみくおおだに　兵庫県美方郡香美町
香住区大梶　かすみくおおかじ　兵庫県美方郡香美町
香住区大野　かすみくおおの　兵庫県美方郡香美町
香住区小原　かすみくこばら　兵庫県美方郡香美町
香住区中野　かすみくなかの　兵庫県美方郡香美町
香住区丹生地　かすみくにうじ　兵庫県美方郡香美町
香住区加鹿野　かすみくかじかの　兵庫県美方郡香
　美町
香住区本見塚　かすみくもとみづか　兵庫県美方郡香美
香住区矢田　かすみくやだ　兵庫県美方郡香美町
香住区安木　かすみくやすぎ　兵庫県美方郡香美町
香住区守柄　かすみくすから　兵庫県美方郡香美町
香住区米地　かすみくめじ　兵庫県美方郡香美町
香住区西下岡　かすみくにししもおか　兵庫県美方郡
　香美町
香住区余部　かすみくあまるべ　兵庫県美方郡香美町
香住区沖浦　かすみくおきのうら　兵庫県美方郡香
　美町
香住区油良　かすみくゆら　兵庫県美方郡香美町
香住区若松　かすみくわかまつ　兵庫県美方郡香美町
香住区畑　かすみくはた　兵庫県美方郡香美町
香住区相谷　かすみくあいだに　兵庫県美方郡香美町
香住区香住　かすみくかすみ　兵庫県美方郡香美町
香住区浦上　かすみくうらがみ　兵庫県美方郡香美町
香住区訓谷　かすみくくんだに　兵庫県美方郡香美町
香住区隼人　かすみくはやと　兵庫県美方郡香美町
香住区森　かすみくもり　兵庫県美方郡香美町
香住区無南垣　かすみくむながい　兵庫県美方郡香
　美町
香住区間室　かすみくまむろ　兵庫県美方郡香美町
香住区境　かすみくさかい　兵庫県美方郡香美町
香住区藤　かすみくふじ　兵庫県美方郡香美町
香住区鎧　かすみくよろい　兵庫県美方郡香美町
香呑町　こうのみちょう　愛知県名古屋市西区
香呂　こうろ　兵庫県（JR播但線）

香坂
　　こうさか　長野県佐久市
　　こうさか　愛知県名古屋市名東区
香我美　かがみ　高知県（土佐くろしお鉄道ごめ
　ん・なはり線）
香我美町下分　かがみちょうしもぶん　高知県香南市
香我美町上分　かがみちょうかみぶん　高知県香南市
香我美町口西川　かがみちょうくちにしがわ　高知県
　香南市
香我美町山川　かがみちょうやまがわ　高知県香南市
香我美町山北　かがみちょうやまきた　高知県香南市
香我美町中西川　かがみちょうなかにしがわ　高知県
　香南市
香我美町末延　かがみちょうすえのぶ　高知県香南市
香我美町末清　かがみちょうすえきよ　高知県香南市
香我美町正延　かがみちょうまさのぶ　高知県香南市
香我美町別役　かがみちょうべっちゃく　高知県香
　南市
香我美町岸本　かがみちょうきしもと　高知県香南市
香我美町奥西川　かがみちょうおくにしがわ　高知県
　香南市
香我美町福万　かがみちょうふくまん　高知県香南市
香我美町徳王子　かがみちょうとくおうじ　高知県香
　南市
香我美町撫川　かがみちょうむがわ　高知県香南市
香我美町舞川　かがみちょうまいかわ　高知県香南市
香束　こうそく　奈良県吉野郡吉野町
香良洲町　からすちょう　三重県津市
香花寺町　こうけいじちょう　滋賀県長浜市
香芝　かしば　奈良県（JR和歌山線）
香芝市　かしばし　奈良県
香里ケ丘　こうりがおか　大阪府枚方市
香里北之町　こおりきたのちょう　大阪府寝屋川市
香里本通町　こおりほんどおりちょう　大阪府寝屋川市
香里西之町　こおりにしのちょう　大阪府寝屋川市
香里南之町　こおりみなみのちょう　大阪府寝屋川市
香里園　こうりえん　大阪府（京阪電気鉄道本線）
香里園山之手町　こうりえんやまのてちょう　大阪府
　枚方市
香里園町　こうりえんちょう　大阪府枚方市
香里園東之町　こうりえんひがしのちょう　大阪府枚
　方市
香里園桜木町　こうりえんさくらぎちょう　大阪府枚
　方市
香里新町　こおりしんまち　大阪府寝屋川市
8香取
　　かとり　千葉県（JR鹿島線）
　　かんどり　千葉県市川市
　　かとり　千葉県香取市
　　かとり　鳥取県鳥取市
香取台　かとりだい　茨城県つくば市
香取市　かとりし　千葉県
香取町
　　かとりちょう　岐阜県岐阜市
　　かとりちょう　愛知県名古屋市中村区
香取郡　かとりぐん　千葉県
香林坊　こうりんぼう　石川県金沢市
香林町　こうばやしちょう　群馬県伊勢崎市
香河　かご　京都府与謝郡与謝野町
9香南　こうなん　愛知県名古屋市名東区

920

10画（倶, 借, 修）

香南市　こうなんし　高知県
香南町由佐　こうなんちょうゆさ　香川県高松市
香南町吉光　こうなんちょうよしみつ　香川県高松市
香南町池内　こうなんちょういけのうち　香川県高松市
香南町西庄　こうなんちょうにしのしょう　香川県高松市
香南町岡　こうなんちょうおか　香川県高松市
香南町横井　こうなんちょうよこい　香川県高松市
香城寺　こうじょうじ　富山県南砺市
香春　こうわら　福岡県（JR日田彦山線）
　　　かわら　福岡県田川郡香春町
香春口　かわらぐち　福岡県北九州市小倉北区
香春口三萩野　かわらぐちみはぎの　福岡県（北九州高速鉄道小倉線）
香春町　かわらまち　福岡県田川郡
香津町　こうづまち　宮城県塩竈市
香美市　かみし　高知県
香美町　かみちょう　兵庫県美方郡
10香流　かなれ　愛知県名古屋市名東区
香流橋　かなればし　愛知県名古屋市千種区
香能　かのう　石川県羽咋郡志賀町
11香桶　こおけ　愛知県長久手市
香深村　かふかむら　北海道礼文郡礼文町
香淀　こうよど　広島県（JR三江線）
香貫が丘　かぬきがおか　静岡県沼津市
12香椎　かしい　福岡県（JR香椎線）
　　　かしい　福岡県福岡市東区
香椎台　かしいだい　福岡県福岡市東区
香椎団地　かしいだんち　福岡県福岡市東区
香椎花園前　かしいかえんまえ　福岡県（西日本鉄道西鉄貝塚線）
香椎神宮　かしいじんぐう　福岡県（JR香椎線）
香椎宮前　かしいみやまえ　福岡県（西日本鉄道西鉄貝塚線）
香椎浜　かしいはま　福岡県福岡市東区
香椎浜ふ頭　かしいはまふとう　福岡県福岡市東区
香椎照葉　かしいてりは　福岡県福岡市東区
香椎駅東　かしいえきひがし　福岡県福岡市東区
香椎駅前　かしいえきまえ　福岡県福岡市東区
香焼町　こうやぎまち　長崎県長崎市
香登　かがと　岡山県（JR赤穂線）
香登本　かがともと　岡山県備前市
香登西　かがとにし　岡山県備前市
13香園　こうその　福岡県筑紫野市
15香澄　かすみ　千葉県習志野市
香澄の里　かすみのさと　茨城県稲敷郡阿見町
香澄町　かすみちょう　山形県山形市
19香蘭　こうらん　岐阜県岐阜市
20香櫨園　こうろえん　兵庫県（阪神電気鉄道阪神本線）
香露園　こうろえん　大阪府摂津市

10画

【倶】
7倶利伽羅
　　　くりから　石川県（あいの風とやま鉄道線ほか）
　　　くりから　石川県河北郡津幡町
8倶知安　くっちゃん　北海道（JR函館本線）
倶知安町　くっちゃんちょう　北海道虻田郡

【借】
11借宿
　　　かりやど　福島県白河市
　　　かりやど　福島県二本松市
　　　かりやど　福島県岩瀬郡鏡石町
　　　かりやど　茨城県坂東市
　　　かりやど　茨城県鉾田市
借宿町　かりやどちょう　栃木県足利市

【修】
3修大附属鈴峯前　しゅうだいふぞくすずがみねまえ　広島県（広島電鉄宮島線）
6修多羅　すたら　福岡県北九州市若松区
修成町　しゅうせいちょう　三重県津市
8修学院　しゅうがくいん　京都府（叡山電鉄叡山本線）
修学院十権寺町　しゅうがくいんじゅうごんじちょう　京都府京都市左京区
修学院千万田町　しゅうがくいんせんまんだちょう　京都府京都市左京区
修学院大林町　しゅうがくいんおおばやしちょう　京都府京都市左京区
修学院大道町　しゅうがくいんだいどうちょう　京都府京都市左京区
修学院山ノ鼻町　しゅうがくいんやまのはなちょう　京都府京都市左京区
修学院山神町　しゅうがくいんやまかみちょう　京都府京都市左京区
修学院山添町　しゅうがくいんやまぞえちょう　京都府京都市左京区
修学院川尻町　しゅうがくいんかわじりちょう　京都府京都市左京区
修学院中林町　しゅうがくいんなかばやしちょう　京都府京都市左京区
修学院中新開　しゅうがくいんなかしんかい　京都府京都市左京区
修学院仏者町　しゅうがくいんぶっしゃちょう　京都府京都市左京区
修学院月輪寺町　しゅうがくいんがつりんじちょう　京都府京都市左京区
修学院水上田町　しゅうがくいんすいじょうでんちょう　京都府京都市左京区
修学院水川原町　しゅうがくいんみずかわらちょう　京都府京都市左京区
修学院犬塚町　しゅうがくいんいぬづかちょう　京都府京都市左京区
修学院北沮沢町　しゅうがくいんきたふけちょう　京都府京都市左京区
修学院石掛町　しゅうがくいんいしかけちょう　京都府京都市左京区

921

10画（倉）

修学院辻ノ田町　しゅうがくいんつじのだちょう　京都府京都市左京区

修学院安養坊　しゅうがくいんあんようぼう　京都府京都市左京区

修学院守禅庵　しゅうがくいんしゅぜんあん　京都府京都市左京区

修学院西祖沢町　しゅうがくいんにしふけちょう　京都府京都市左京区

修学院沖殿町　しゅうがくいんおきどのちょう　京都府京都市左京区

修学院貝原町　しゅうがくいんかいばらちょう　京都府京都市左京区

修学院坪江町　しゅうがくいんつぼえちょう　京都府京都市左京区

修学院松本町　しゅうがくいんまつもとちょう　京都府京都市左京区

修学院林ノ脇　しゅうがくいんはやしのわき　京都府京都市左京区

修学院南代　しゅうがくいんみなみしろ　京都府京都市左京区

修学院室町　しゅうがくいんむろまち　京都府京都市左京区

修学院後安堂　しゅうがくいんごあんどう　京都府京都市左京区

修学院泉殿町　しゅうがくいんいずみどのちょう　京都府京都市左京区

修学院狭間町　しゅうがくいんはざまちょう　京都府京都市左京区

修学院茶屋ノ前町　しゅうがくいんちゃやのまえちょう　京都府京都市左京区

修学院宮ノ前　しゅうがくいんみやのまえ　京都府京都市左京区

修学院宮ノ脇町　しゅうがくいんみやのわきちょう　京都府京都市左京区

修学院桧峠町　しゅうがくいんひのきとうげちょう　京都府京都市左京区

修学院烏丸町　しゅうがくいんからすまるちょう　京都府京都市左京区

修学院馬場脇町　しゅうがくいんばばわきちょう　京都府京都市左京区

修学院高岸町　しゅうがくいんたかぎしちょう　京都府京都市左京区

修学院高部町　しゅうがくいんたかべちょう　京都府京都市左京区

修学院鹿ノ下町　しゅうがくいんかのしたちょう　京都府京都市左京区

修学院登リ内町　しゅうがくいんのぼりうちちょう　京都府京都市左京区

修学院開根坊町　しゅうがくいんかいこんぼうちょう　京都府京都市左京区

修学院薬師堂町　しゅうがくいんやくしどうちょう　京都府京都市左京区

修学院薮添　しゅうがくいんやぶそえ　京都府京都市左京区

11修理川　すりがわ　和歌山県有田郡有田川町

修理枝　しゅりえだ　奈良県桜井市

12修善寺
　しゅぜんじ　静岡県（伊豆箱根鉄道駿豆線）
　しゅぜんじ　静岡県伊豆市

14修徳　しゅうとく　北海道天塩郡豊富町

【倉】

0倉ケ作　くらがさく　福島県伊達郡川俣町

倉ケ崎　くらがさき　栃木県日光市

倉ケ崎新田　くらがさきしんでん　栃木県日光市

倉ケ嶽　くらがたけ　石川県金沢市

倉ノ平　くらのたいら　新潟県東蒲原郡阿賀町

倉ノ谷町　くらのたにちょう　三重県尾鷲市

3倉下　くらした　新潟県十日町市

倉久　くらひさ　福岡県宮若市

4倉井　くらい　長野県上水内郡飯綱町

倉内
　くらうち　青森県上北郡六ケ所村
　くらうち　秋田県湯沢市

倉木　くらき　大分県竹田市

倉水　くらみず　千葉県成田市

5倉本
　くらもと　長野県（JR中央本線）
　くらもと　兵庫県篠山市

倉本町　くらもとちょう　京都府京都市中京区

倉永
　くらなが　福岡県（西日本鉄道天神大牟田線）
　くらなが　福岡県大牟田市

倉田
　くらた　福島県大沼郡会津美里町
　くらた　埼玉県桶川市
　くらた　岡山県岡山市中区

倉石又重　くらいしまたしげ　青森県三戸郡五戸町

倉石中市　くらいしなかいち　青森県三戸郡五戸町

倉石石沢　くらいしいしざわ　青森県三戸郡五戸町

倉石通　くらいしどおり　兵庫県神戸市灘区

6倉光　くらみつ　石川県白山市

倉光西　くらみつにし　石川県白山市

倉吉
　くらよし　鳥取県（JR山陰本線）
　くらよし　福岡県朝倉市

倉吉市　くらよしし　鳥取県

7倉坂
　くらさか　愛知県名古屋市緑区
　くらさか　鳥取県東伯郡琴浦町

倉沢
　くらさわ　山形県鶴岡市
　くらさわ　静岡県菊川市

倉見
　くらみ　神奈川県（JR相模線）
　くらみ　神奈川県高座郡寒川町
　くらみ　石川県河北郡津幡町
　くらみ　福井県三方上中郡若狭町
　くらみ　山梨県南都留郡西桂町
　くらみ　兵庫県豊岡市

倉谷
　くらたに　京都府舞鶴市
　くらたに　兵庫県篠山市
　くらだに　鳥取県西伯郡大山町

倉谷町　くらたにちょう　兵庫県加西市

8倉岡　くらおか　青森県上北郡七戸町

倉岳町宮田　くらたけまちみやだ　熊本県天草市

倉岳町浦　くらたけまちうら　熊本県天草市

倉岳町棚底　くらたけまちたなそこ　熊本県天草市

倉松　くらまつ　埼玉県北葛飾郡杉戸町

倉松町　くらまつちょう　静岡県浜松市南区

10画（値、倍、俵、倭、兼）

倉治　くらじ　大阪府交野市
倉知　くらち　岐阜県関市
倉知南　くらちみなみ　岐阜県関市
9倉俣　くらまた　新潟県十日町市
倉垣
　　くらかき　石川県羽咋郡志賀町
　　くらがき　大阪府豊能郡能勢町
倉垣小杉　くらがきこすぎ　富山県射水市
倉持　くらもち　茨城県筑西市
倉栄　そうえい　北海道斜里郡小清水町
倉科　くらしな　長野県千曲市
倉重　くらしげ　広島県広島市佐伯区
倉重町　くらしげまち　石川県能美市
10倉庭　くらにわ　宮城県亘理郡亘理町
倉益　くらます　岡山県岡山市中区
倉真　くらみ　静岡県掛川市
倉骨　くらはね　栃木県大田原市
11倉常　くらつね　埼玉県春日部市
倉掛
　　くらかけ　茨城県つくば市
　　くらかけ　栃木県矢板市
　　くらかけ　東京都西多摩郡檜原村
　　くらかけ　広島県広島市安佐北区
倉曽洞　くらそぼら　愛知県犬山市
倉梯中町　くらはしなかまち　京都府舞鶴市
倉梯町　くらしちょう　京都府舞鶴市
倉渕町三ノ倉　くらぶちまちさんのくら　群馬県高崎市
倉渕町川浦　くらぶちまちかわうら　群馬県高崎市
倉渕町水沼　くらぶちまちみずぬま　群馬県高崎市
倉渕町岩氷　くらぶちまちいわこおり　群馬県高崎市
倉渕町権田　くらぶちまちごんだ　群馬県高崎市
倉部町　くらべまち　石川県白山市
12倉富　くらとみ　岡山県岡山市中区
倉賀野　くらがの　群馬県（JR高崎線）
倉賀野町　くらがのまち　群馬県高崎市
倉越　くらこし　青森県上北郡七戸町
13倉数　くらかず　茨城県小美玉市
15倉敷
　　くらしき　岡山県（JR山陽本線）
　　くらしき　沖縄県沖縄市
倉敷ハイツ　くらしきはいつ　岡山県倉敷市
倉敷市
　　くらしきし　岡山県（水島臨海鉄道線）
　　くらしきし　岡山県
倉敷町　くらしきちょう　新潟県胎内市
16倉橋
　　くらはし　千葉県（JR総武本線）
　　くらはし　千葉県旭市
　　くらはし　奈良県桜井市
倉橋町　くらはしちょう　広島県呉市
倉橋部町　くらはしべちょう　滋賀県近江八幡市

【値】
12値賀川内　ちかがわち　佐賀県東松浦郡玄海町

【倍】
5倍本農場　ばいほんのうじょう　北海道空知郡上富良野町

【俵】
俵　ひょう　鹿児島県大島郡瀬戸内町
0俵ケ浦町　たわらがうらちょう　長崎県佐世保市
3俵口町　たわらぐちちょう　奈良県生駒市
俵山　たわらやま　山口県長門市
4俵中　ひょうちゅう　北海道標津郡中標津町
俵元
　　たわらもと　青森県弘前市
　　たわらもと　青森県五所川原市
5俵田
　　たわらだ　千葉県（JR久留里線）
　　たわらだ　千葉県君津市
6俵舛　たわらます　青森県南津軽郡藤崎町
7俵沢　たわらざわ　静岡県静岡市葵区
俵町
　　たわらまち　石川県金沢市
　　たわらまち　岐阜県大垣市
　　たわらまち　岐阜県美濃市
　　たわらまち　長崎県佐世保市
9俵屋　たわらや　大阪府泉佐野市
俵屋町
　　たわらやちょう　京都府京都市上京区
　　たわらやちょう　京都府京都市中京区
　　たわらやちょう　京都府京都市下京区
俵柳
　　たわらやなぎ　新潟県新潟市中央区
　　たわらやなぎ　新潟県新潟市江南区
10俵原　たわら　鳥取県東伯郡三朝町
俵原町　たらわらまち　石川県金沢市
俵峰　たわらみね　静岡県静岡市葵区
俵真布　たわらまっぷ　北海道上川郡美瑛町
16俵橋　たわらばし　北海道標津郡中標津町
19俵瀬　たわらせ　埼玉県熊谷市

【倭】
倭　やまと　鳥取県西伯郡南部町
4倭文　しとり　鳥取県鳥取市
倭文土井　しとおりどい　兵庫県南あわじ市
倭文安住寺　しとおりあんじゅうじ　兵庫県南あわじ市
倭文庄田　しとおりしょうだ　兵庫県南あわじ市
倭文委文　しとおりいぶん　兵庫県南あわじ市
倭文長田　しとおりながた　兵庫県南あわじ市
倭文神道　しとおりじんどう　兵庫県南あわじ市
倭文流　しとおりながれ　兵庫県南あわじ市
倭文高　しとおりこう　兵庫県南あわじ市
7倭町
　　やまとちょう　栃木県栃木市
　　やまとまち　三重県伊勢市

【兼】
3兼久
　　かねひさ　鳥取県米子市
　　かねく　鹿児島県大島郡天城町
　　かねく　沖縄県中頭郡嘉手納町
　　かねく　沖縄県中頭郡西原町
兼山　かねやま　岐阜県可児市
4兼六元町　けんろくもとまち　石川県金沢市
兼六町　けんろくまち　石川県金沢市

923

10画（冥, 剣, 剛, 原）

⁵兼平　かねひら　青森県弘前市
　兼平町　かねひらちょう　愛知県津島市
　兼永町　かねながちょう　岐阜県関市
　兼田
　　　かねだ　福井県三方上中郡若狭町
　　　かねだ　兵庫県姫路市
⁶兼次　かねし　沖縄県国頭郡今帰仁村
⁹兼俣　かねまた　新潟県妙高市
　兼城
　　　かねぐすく　沖縄県糸満市
　　　かねぐすく　沖縄県島尻郡南風原町
　　　かねぐすく　沖縄県島尻郡久米島町
¹¹兼基　かねもと　岡山県岡山市中区
¹⁴兼箇段　かねかだん　沖縄県うるま市

【冥】
¹²冥賀　みょうが　茨城県久慈郡大子町

【剣】
　剣　つるぎ　新潟県柏崎市
³剣大谷町　つるぎおおたにちょう　福井県福井市
⁶剣吉
　　　けんよし　青森県（青い森鉄道線）
　　　けんよし　青森県三戸郡南部町
⁷剣沢　つるぎさわ　富山県中新川郡立山町
　剣町　つるぎちょう　愛知県名古屋市中村区
　剣谷　けんたに　兵庫県芦屋市
　剣谷町　けんだにちょう　兵庫県西宮市
¹¹剣崎　けんざき　宮城県柴田郡柴田町
　剣崎町
　　　けんざきまち　群馬県高崎市
　　　けんざきまち　石川県白山市
　剣淵　けんぶち　北海道（JR宗谷本線）
　剣淵町　けんぶちちょう　北海道上川郡
　剣野　けんの　新潟県柏崎市
　剣野町　けんのちょう　新潟県柏崎市
¹²剣御前　つるぎごぜん　富山県中新川郡立山町

【剛】
⁷剛志　ごうし　群馬県（東武鉄道伊勢崎線）

【原】
　原
　　　はら　青森県三戸郡田子町
　　　はら　宮城県加美郡加美町
　　　はら　山形県西村山郡西川町
　　　はら　福島県南会津郡下郷町
　　　はら　福島県石川郡石川町
　　　はら　茨城県古河市
　　　はら　茨城県下妻市
　　　はら　茨城県つくば市
　　　はら　群馬県富岡市
　　　はら　埼玉県久喜市
　　　はら　千葉県印西市
　　　はら　東京都西多摩郡奥多摩町
　　　はら　新潟県新潟市西蒲区
　　　はら　新潟県三条市
　　　はら　新潟県阿賀野市
　　　はら　新潟県魚沼市
　　　はら　新潟県南魚沼市

　　　はら　富山県富山市
　　　はら　石川県河北郡津幡町
　　　はら　石川県羽咋郡宝達志水町
　　　はら　福井県敦賀市
　　　はら　長野県松本市
　　　はら　長野県佐久市
　　　はら　長野県南佐久郡川上村
　　　はら　静岡県（JR東海道本線）
　　　はら　静岡県静岡市清水区
　　　はら　静岡県沼津市
　　　はら　静岡県富士宮市
　　　はら　静岡県藤枝市
　　　はら　愛知県（名古屋市交通局鶴舞線）
　　　はら　愛知県名古屋市天白区
　　　はら　愛知県知多市
　　　はら　三重県度会郡玉城町
　　　はら　滋賀県蒲生郡日野町
　　　はら　大阪府高槻市
　　　はら　兵庫県川辺郡猪名川町
　　　はら　兵庫県揖保郡太子町
　　　はら　和歌山県岩出市
　　　はら　鳥取県東伯郡湯梨浜町
　　　はら　鳥取県東伯郡北栄町
　　　はら　鳥取県西伯郡南部町
　　　はら　岡山県岡山市北区
　　　はら　岡山県津山市
　　　はら　岡山県総社市
　　　はら　岡山県美作市
　　　はら　岡山県和気郡和気町
　　　はら　岡山県苫田郡鏡野町
　　　はら　広島県廿日市市
　　　はら　山口県周南市
　　　はら　香川県（高松琴平電気鉄道志度線）
　　　はら　福岡県福岡市早良区
　　　はる　福岡県筑紫野市
　　　はら　福岡県遠賀郡岡垣町
　　　はら　福岡県田川郡糸田町
　　　はる　佐賀県唐津市
　　　はる　熊本県菊池市
　　　はら　熊本県上益城郡山都町
　　　はら　鹿児島県熊毛郡屋久島町
⁰原ケ平　はらがたい　青森県弘前市
　原ケ崎町　はらがさきちょう　徳島県阿南市
　原ケ崎新田　はらがさきしんでん　新潟県南蒲原郡田
　　上町
　原セ上ノ内　はらせかみのうち　福島県二本松市
　原セ上平　はらせかみたいら　福島県二本松市
　原セ大畑　はらせおおはた　福島県二本松市
　原セ山口　はらせやまぐち　福島県二本松市
　原セ川原　はらせかわはら　福島県二本松市
　原セ才木　はらせさいき　福島県二本松市
　原セ天作　はらせあまがさく　福島県二本松市
　原セ日照田　はらせひでりた　福島県二本松市
　原セ仲谷地　はらせなかやじ　福島県二本松市
　原セ笠張　はらせかさはり　福島県二本松市
　原セ堰下　はらせせきした　福島県二本松市
　原セ諏訪　はらせすわ　福島県二本松市
　原ノ町　はらのまち　福島県（JR常磐線）
³原上　はるがみ　福岡県糟屋郡新宮町
　原上原　はらかみはら　青森県平川市
　原万田　はらまんだ　熊本県荒尾市
　原久保　はらくぼ　青森県上北郡七戸町

10画（原）

原口
　はらぐち　北海道松前郡松前町
　はらぐち　山形県上山市
　はるぐち　熊本県玉名郡和水町
原口町
　はらぐちまち　長崎県島原市
　はらぐちまち　長崎県諫早市
　はらぐちまち　長崎県大村市
原大野　はらおおの　青森県平川市
原子　はらこ　青森県五所川原市
原小宮　はらこみや　東京都あきる野市
原山
　はらやま　埼玉県さいたま市緑区
　はらやま　千葉県印西市
　はらやま　石川県鹿島郡中能登町
　はらやま　長野県諏訪郡原村
　はらやま　愛知県長久手市
　はらやま　京都府相楽郡和束町
原山台
　はらやまだい　愛知県瀬戸市
　はらやまだい　大阪府堺市南区
原山町
　はらやまちょう　愛知県瀬戸市
　はらやままち　福岡県大牟田市
原川
　はらがわ　埼玉県比企郡小川町
　はらがわ　静岡県掛川市
　はるかわ　大分県大分市
4原中　はらなか　福島県郡山市
原中原浦　はらなかはらうら　宮城県加美郡加美町
原井
　はらい　埼玉県熊谷市
　はらい　福岡県築上郡上毛町
原井町　はらいちょう　島根県浜田市
原内　はらうち　千葉県夷隅郡大多喜町
原分町　はるぶんちょう　長崎県佐世保市
原方　はらかた　千葉県山武郡横芝光町
原日浦　はらびうら　和歌山県日高郡日高川町
原木
　ばらき　千葉県市川市
　ばらき　静岡県（伊豆箱根鉄道駿豆線）
　ばらき　静岡県伊豆の国市
原木中山　ばらきなかやま　千葉県（東京地下鉄東西線）
原木町　はらきちょう　北海道函館市
原水
　はらみず　熊本県（JR豊肥本線）
　はらみず　熊本県菊池郡菊陽町
5原北原　はらきたはら　青森県平川市
原古賀　はるこが　佐賀県三養基郡みやき町
原古賀町
　はらんこがまち　福岡県久留米市
　はらこがまち　佐賀県鳥栖市
原市
　はらいち　群馬県安中市
　はらいち　埼玉県（埼玉新都市交通伊奈線）
　はらいち　埼玉県上尾市
原市中　はらいちなか　埼玉県上尾市
原市北　はらいちきた　埼玉県上尾市
原市場　はらいちば　埼玉県飯能市

原生花園　げんせいかえん　北海道（JR釧網本線・臨）
原田
　はらだ　山形県尾花沢市
　はらだ　山形県西村山郡大江町
　はらだ　福島県喜多方市
　はらだ　福島県二本松市
　はらだ　千葉県原市
　はらだ　静岡県（天竜浜名湖鉄道線）
　はらだ　静岡県富士市
　はらだ　愛知県知多郡武豊町
　はらだ　大阪府堺市西区
　はらだ　兵庫県神戸市灘区
　はらだ　和歌山県橋本市
　はらだ　島根県隠岐郡隠岐の島町
　はらだ　岡山県久米郡美咲町
　はらだ　広島県豊田郡大崎上島町
　はるだ　福岡県（JR鹿児島本線）
　はらだ　福岡県福岡市東区
　はるだ　福岡県筑紫野市
　はらだ　福岡県宮若市
　はるだ　福岡県糟屋郡宇美町
　はらだ　熊本県下益城郡美里町
　はらだ　宮崎県えびの市
原田中　はらだなか　大阪府豊中市
原田今井　はらたいまい　青森県平川市
原田元町　はらだもとまち　大阪府豊中市
原田北町　はらだきたちょう　岡山県高梁市
原田団地　はらだだんち　香川県丸亀市
原田西町　はらだにしまち　大阪府豊中市
原田村元　はらたむらもと　青森県平川市
原田沢田　はらたさわた　青森県平川市
原田町
　はらだちょう　香川県丸亀市
　はらだちょう　香川県善通寺市
　はらだちょう　鹿児島県薩摩川内市
原田町小原　はらだちょうおばら　広島県尾道市
原田町梶山田　はらだちょうかじやまだ　広島県尾道市
原田南　はらだみなみ　大阪府豊中市
原田南町　はらだみなみちょう　岡山県高梁市
原田通　はらだどおり　兵庫県神戸市灘区
原田稲元　はらたいなもと　青森県平川市
原目町　はらめちょう　福井県福井市
6原向　はらむこう　栃木県（わたらせ渓谷鉄道線）
原団地　はらだんち　福岡県福岡市早良区
原地蔵　はらじぞう　福岡県朝倉郡筑前町
原当麻　はらたいま　神奈川県（JR相模線）
原虫野　はらむしの　新潟県魚沼市
7原別　はらべつ　青森県青森市
原尾島　はらおしま　岡山県岡山市中区
原村
　はらむら　長野県諏訪郡
　はらむら　島根県邑智郡邑南町
原町
　はらのまち　宮城県仙台市宮城野区
　はらまち　宮城県加美郡加美町
　はらまち　山形県天童市
　はらまち　茨城県古河市
　はらまち　栃木県真岡市
　はらまち　栃木県那須塩原市
　はらまち　群馬県沼田市

10画（原）

はらまち　群馬県吾妻郡東吾妻町
はらまち　埼玉県さいたま市岩槻区
はらまち　埼玉県川口市
はらまち　埼玉県飯能市
はらちょう　埼玉県草加市
はらまち　千葉県千葉市若葉区
はらまち　東京都新宿区
はらまち　東京都目黒区
はらまち　神奈川県横浜市磯子区
はらちょう　神奈川県三浦市
はらまち　新潟県長岡市
はらまち　新潟県柏崎市
はらまち　新潟県十日町市
はらまち　石川県小松市
はらちょう　愛知県豊橋市
はらちょう　滋賀県彦根市
はらちょう　大阪府吹田市
はらちょう　大阪府河内長野市
はらちょう　奈良県五條市
はらちょう　島根県浜田市
はらちょう　香川県観音寺市
はらまち　愛媛県伊予郡砥部町
はらまち　高知県須崎市
はるまち　福岡県（JR篠栗線）
はらまち　福岡県北九州市若松区
はらまち　福岡県北九州市小倉北区
はらまち　福岡県春日市
はるまち　福岡県宗像市
はるまち　福岡県糟屋郡粕屋町
はらまち　佐賀県鳥栖市
はらまち　長崎県島原市
はらまち　長崎県大村市
はらまち　熊本県下益城郡美里町
はらまち　大分県別府市
はらまち　宮崎県宮崎市
はらまち　宮崎県日向市
原町中　はらまちなか　静岡県沼津市
原町区二見町　はらまちくふたみちょう　福島県南相馬市
原町区下太田　はらまちくしもおおた　福島県南相馬市
原町区下北高平　はらまちくしもきたたかひら　福島県南相馬市
原町区下江井　はらまちくしもえねい　福島県南相馬市
原町区下高平　はらまちくしもたかひら　福島県南相馬市
原町区下渋佐　はらまちくしもしぶさ　福島県南相馬市
原町区三島町　はらまちくみしまちょう　福島県南相馬市
原町区上太田　はらまちくかみおおた　福島県南相馬市
原町区上北高平　はらまちくかみきたたかひら　福島県南相馬市
原町区上町　はらまちくかみまち　福島県南相馬市
原町区上高平　はらまちくかみたかひら　福島県南相馬市
原町区上渋佐　はらまちくかみしぶさ　福島県南相馬市
原町区大木戸　はらまちくおおきど　福島県南相馬市
原町区大町　はらまちくおおまち　福島県南相馬市
原町区大谷　はらまちくおおがい　福島県南相馬市
原町区大原　はらまちくおおはら　福島県南相馬市

原町区大甕　はらまちくおおみか　福島県南相馬市
原町区小川町　はらまちくおがわちょう　福島県南相馬市
原町区小木さく　はらまちくおぎさく　福島県南相馬市
原町区小沢　はらまちくこざわ　福島県南相馬市
原町区小浜　はらまちくこばま　福島県南相馬市
原町区中太田　はらまちくなかおおた　福島県南相馬市
原町区日の出町　はらまちくひのでちょう　福島県南相馬市
原町区片倉　はらまちくかたくら　福島県南相馬市
原町区牛来　はらまちくごらい　福島県南相馬市
原町区牛越　はらまちくうしごし　福島県南相馬市
原町区北町　はらまちくきたまち　福島県南相馬市
原町区北長野　はらまちくきたながの　福島県南相馬市
原町区北泉　はらまちくきたいずみ　福島県南相馬市
原町区北原　はらまちくきたはら　福島県南相馬市
原町区北新田　はらまちくきたにいだ　福島県南相馬市
原町区本町　はらまちくもとまち　福島県南相馬市
原町区本陣前　はらまちくほんじんまえ　福島県南相馬市
原町区矢川原　はらまちくやがわら　福島県南相馬市
原町区石神　はらまちくいしがみ　福島県南相馬市
原町区仲町　はらまちくなかまち　福島県南相馬市
原町区旭町　はらまちくあさひちょう　福島県南相馬市
原町区江井　はらまちくえねい　福島県南相馬市
原町区米々沢　はらまちくめめざわ　福島県南相馬市
原町区西町　はらまちくにしまち　福島県南相馬市
原町区国見町　はらまちくくにみちょう　福島県南相馬市
原町区押釜　はらまちくおしがま　福島県南相馬市
原町区東町　はらまちくあずまちょう　福島県南相馬市
原町区金沢　はらまちくかねざわ　福島県南相馬市
原町区長野　はらまちくながの　福島県南相馬市
原町区青葉町　はらまちくあおばちょう　福島県南相馬市
原町区信田沢　はらまちくしだざわ　福島県南相馬市
原町区南町　はらまちくみなみまち　福島県南相馬市
原町区栄町　はらまちくさかえちょう　福島県南相馬市
原町区泉　はらまちくいずみ　福島県南相馬市
原町区桜井町　はらまちくさくらいちょう　福島県南相馬市
原町区益田　はらまちくますだ　福島県南相馬市
原町区馬場　はらまちくばば　福島県南相馬市
原町区高　はらまちくたか　福島県南相馬市
原町区高見町　はらまちくたかみちょう　福島県南相馬市
原町区高倉　はらまちくたかのくら　福島県南相馬市
原町区深野　はらまちくふこうの　福島県南相馬市
原町区雫　はらまちくしどけ　福島県南相馬市
原町区堤谷　はらまちくつつみがい　福島県南相馬市
原町区萱浜　はらまちくかいばま　福島県南相馬市
原町区橋本町　はらまちくはしもとちょう　福島県南相馬市
原町区錦町　はらまちくにしきちょう　福島県南相馬市
原町区鶴谷　はらまちくつるがい　福島県南相馬市

10画（員，哲）

原町田　はらまちだ　東京都町田市
原町別院　はらまちべついん　福岡県北九州市門司区
原町苦竹　はらのまちにがたけ　宮城県仙台市宮城野区
原町南目　はらのまちみなみのめ　宮城県仙台市宮城野区
原良　はらら　鹿児島県鹿児島市
原良町　はららちょう　鹿児島県鹿児島市
原谷
　　はらのや　静岡県（天竜浜名湖鉄道線）
　　はらだに　奈良県御所市
　　はらだに　奈良県吉野郡下市町
　　はらだに　和歌山県日高郡日高町
原谷地際　はらやちぎわ　宮城県刈田郡七ケ宿町
原里　はらさと　静岡県掛川市
8原明　はらあけ　佐賀県西松浦郡有田町
原松町　はらまつちょう　愛知県常滑市
原牧　はらまき　富山県小矢部市
原邸　はらやしき　愛知県長久手市
9原保　わらぼ　静岡県伊豆市
原南江端　はらみなみえばた　宮城県加美郡加美町
原城町　はらのじょうまち　熊本県人吉市
原屋敷　はらやしき　愛知県知多郡武豊町
10原倉　はらくら　熊本県玉名郡玉東町
原島
　　はらじま　福島県伊達市
　　はらじま　埼玉県熊谷市
原島町　ばらじまちょう　静岡県浜松市東区
原荻野目　はらおぎのめ　栃木県塩谷郡塩谷町
原通　はらどおり　新潟県妙高市
原釜　はらがま　福島県相馬市
原馬室　はらまむろ　埼玉県鴻巣市
原高谷地屋敷　はらたかやじやしき　宮城県加美郡加美町
11原宿
　　はらじゅく　茨城県常総市
　　はらじゅく　栃木県日光市
　　はらじゅく　埼玉県日高市
　　はらじゅく　東京都（JR山手線）
　　はらじゅく　神奈川県横浜市戸塚区
　　はらじゅく　神奈川県相模原市緑区
原宿台　はらじゅくだい　茨城県猿島郡五霞町
原宿町
　　はらじゅくちょう　群馬県太田市
　　はらじゅくちょう　山口県周南市
原宿南　はらじゅくみなみ　神奈川県相模原市緑区
原崎町　はらさきちょう　愛知県刈谷市
原郷　はらごう　埼玉県深谷市
原野
　　はらの　長野県（JR中央本線）
　　はらの　和歌山県海南市
原黒　はらくろ　新潟県佐渡市
12原場　げんば　宮城県伊具郡丸森町
原道下　はらみちした　宮城県刈田郡七ケ宿町
原道上　はらみちうえ　宮城県刈田郡七ケ宿町
原道東甲　はらみちひがしこう　福島県河沼郡会津坂下町
原道端屋敷　はらみちばたやしき　宮城県加美郡加美町
13原新田　はらしんでん　埼玉県児玉郡神川町

原新町
　　はらしんまち　埼玉県上尾市
　　はるしんまち　大分県大分市
14原境町　はらさかいちょう　愛知県名古屋市守山区
原歌　はらうた　北海道檜山郡上ノ国町
原歌町　はらうたまち　北海道島牧郡島牧村
19原爆ドーム前　げんばくどーむまえ　広島県（広島電鉄本線ほか）

【員】

5員弁町下笠田　いなべちょうしもかさだ　三重県いなべ市
員弁町上笠田　いなべちょうかみかさだ　三重県いなべ市
員弁町大泉　いなべちょうおおいずみ　三重県いなべ市
員弁町大泉新田　いなべちょうおおいずみしんでん　三重県いなべ市
員弁町北金井　いなべちょうきたかない　三重県いなべ市
員弁町市之原　いなべちょういちのはら　三重県いなべ市
員弁町平古　いなべちょうひらこ　三重県いなべ市
員弁町石仏　いなべちょういしぼとけ　三重県いなべ市
員弁町宇野　いなべちょううの　三重県いなべ市
員弁町西方　いなべちょうにしがた　三重県いなべ市
員弁町坂東新田　いなべちょうばんどうしんでん　三重県いなべ市
員弁町岡丁田　いなべちょうおかちょうだ　三重県いなべ市
員弁町松之木　いなべちょうまつのき　三重県いなべ市
員弁町松名新田　いなべちょうまつなしんでん　三重県いなべ市
員弁町東一色　いなべちょうひがしいっしき　三重県いなべ市
員弁町畑新田　いなべちょうはたしんでん　三重県いなべ市
員弁町笠田新田　いなべちょうかさだしんでん　三重県いなべ市
員弁町御薗　いなべちょうみその　三重県いなべ市
員弁町楚原　いなべちょうそはら　三重県いなべ市
員弁町暮明　いなべちょうくらがり　三重県いなべ市
員弁郡　いなべぐん　三重県
6員光　かずみつ　山口県下関市
員光町　かずみつちょう　山口県下関市

【哲】

6哲多町大野　てったちょうおおの　岡山県新見市
哲多町本郷　てったちょうほんごう　岡山県新見市
哲多町田淵　てったちょうたぶち　岡山県新見市
哲多町矢戸　てったちょうやと　岡山県新見市
哲多町成松　てったちょうなりまつ　岡山県新見市
哲多町老栄　てったちょうおいざこ　岡山県新見市
哲多町花木　てったちょうはなぎ　岡山県新見市
哲多町宮河内　てったちょうみやごうち　岡山県新見市
哲多町荻尾　てったちょうおぎお　岡山県新見市
哲多町蚊家　てったちょうこのいえ　岡山県新見市
哲西町八鳥　てっせいちょうはっとり　岡山県新見市

10画（唐）

哲西町上神代　てっせいちょうかみこうじろ　岡山県新
見市
哲西町大竹　てっせいちょうおおたけ　岡山県新見市
哲西町大野部　てっせいちょうおおのべ　岡山県新
見市
哲西町矢田　てっせいちょうやだ　岡山県新見市
哲西町畑木　てっせいちょうはたき　岡山県新見市

【唐】
⁰唐ケ原　とうがはら　神奈川県平塚市
唐の原　とうのはる　福岡県（西日本鉄道西鉄貝塚
線）
²唐人　とうじん　佐賀県佐賀市
唐人町
　　とうじんまち　高知県高知市
　　とうじんまち　福岡県（福岡市交通局空港線）
　　とうじんまち　福岡県福岡市中央区
³唐久谷　からくだに　大阪府河内長野市
唐子台西　からこだいにし　愛媛県今治市
唐子台東　からこだいひがし　愛媛県今治市
唐子町　からこちょう　千葉県銚子市
唐山町　からやまちょう　愛知県名古屋市千種区
唐川
　　からかわ　鳥取県岩美郡岩美町
　　とうのかわ　佐賀県唐津市
唐川町　からかわちょう　島根県出雲市
⁴唐丹　とうに　岩手県（三陸鉄道南リアス線）
唐丹町　とうにちょう　岩手県釜石市
唐戸町　からとちょう　山口県下関市
唐戸鼻町　からとはなちょう　京都府京都市東山区
唐木田
　　からきだ　東京都（小田急電鉄多摩線）
　　からきだ　東京都多摩市
唐牛　かろうじ　青森県南津軽郡大鰐町
唐王　とうのう　鳥取県西伯郡大山町
⁵唐古　からこ　奈良県磯城郡田原本町
⁶唐竹　からたけ　埼玉県飯能市
唐竹小松原　からたけこまつはら　青森県平川市
唐竹小金森　からたけこがねもり　青森県平川市
唐竹川原田　からたけかわらだ　青森県平川市
唐竹井沢　からたけいざわ　青森県平川市
唐竹水上　からたけみずかみ　青森県平川市
唐竹平山　からたけひらやま　青森県平川市
唐竹向川原田　からたけむかいかわらだ　青森県平
川市
唐竹芦毛沢　からたけあしげさわ　青森県平川市
唐竹苺原　からたけいちごはら　青森県平川市
唐竹阿蘇獄　からたけあそだけ　青森県平川市
唐竹高田　からたけたかだ　青森県平川市
唐竹堀合　からたけほりあい　青森県平川市
唐竹薬師沢　からたけやくしざわ　青森県平川市
唐臼町　からうすちょう　愛知県津島市
⁷唐尾　からお　和歌山県有田郡広川町
唐杉　からすぎ　栃木県那須塩原市
唐沢　からさわ　神奈川県横浜市南区
唐沢町　からさわちょう　愛知県岡崎市
唐谷山　からかいやま　福島県二本松市
⁸唐国町
　　からくにちょう　滋賀県長浜市

　　からくにちょう　大阪府和泉市
唐岩
　　からいわ　高知県高知市
　　からいわ　高知県幡多郡大月町
唐房　とうぼう　佐賀県唐津市
唐松
　　からまつ　長野県小諸市
　　からまつ　岡山県新見市
唐松千代田町　とうまつちよだちょう　北海道三笠市
唐松町　とうまつちょう　北海道三笠市
唐松青山町　とうまつあおやまちょう　北海道三笠市
唐松春光町　とうまつしゅんこうちょう　北海道三笠市
唐松栄町　とうまつさかえちょう　北海道三笠市
唐松常盤町　とうまつときわちょう　北海道三笠市
唐松緑町　とうまつみどりちょう　北海道三笠市
唐物町　からものちょう　京都府京都市下京区
⁹唐津
　　からつ　北海道松前郡松前町
　　からつ　佐賀県（JR筑肥線）
唐津市　からつし　佐賀県
唐津屋町　からつやちょう　京都府京都市下京区
¹⁰唐原　とうのはる　福岡県福岡市東区
唐栗　からくり　岐阜県瑞穂市
唐桑町上小鯖　からくわちょうかみこさば　宮城県気
仙沼市
唐桑町上川原　からくわちょうかみかわら　宮城県気
仙沼市
唐桑町上鮪立　からくわちょうかみしびたち　宮城県気
仙沼市
唐桑町大畑　からくわちょうおおはた　宮城県気仙沼市
唐桑町小田　からくわちょうこだ　宮城県気仙沼市
唐桑町小長根　からくわちょうこながね　宮城県気仙
沼市
唐桑町小鯖　からくわちょうこさば　宮城県気仙沼市
唐桑町中　からくわちょうなか　宮城県気仙沼市
唐桑町中井　からくわちょうなかい　宮城県気仙沼市
唐桑町欠浜　からくわちょうかけはま　宮城県気仙沼市
唐桑町出山　からくわちょうでやま　宮城県気仙沼市
唐桑町北中　からくわちょうきたなか　宮城県気仙沼市
唐桑町台の下　からくわちょうだいのした　宮城県気
仙沼市
唐桑町只越　からくわちょうただこし　宮城県気仙沼市
唐桑町石浜　からくわちょういしはま　宮城県気仙沼市
唐桑町竹の袖　からくわちょうたけのそで　宮城県気
仙沼市
唐桑町西舞根　からくわちょうにしもうね　宮城県気
仙沼市
唐桑町岩井沢　からくわちょういわいさわ　宮城県気
仙沼市
唐桑町明戸　からくわちょうあけど　宮城県気仙沼市
唐桑町松圃　からくわちょうまつばたけ　宮城県気仙
沼市
唐桑町東舞根　からくわちょうひがしもうね　宮城県気
仙沼市
唐桑町津本　からくわちょうつもと　宮城県気仙沼市
唐桑町神の倉　からくわちょうかんのくら　宮城県気
仙沼市
唐桑町荒谷前　からくわちょうあらやまえ　宮城県気
仙沼市
唐桑町浦　からくわちょううら　宮城県気仙沼市

10画（埋，埒，垈，夏）

唐桑町釜石下　からくわちょうかまいしした　宮城県気仙沼市

唐桑町馬場　からくわちょうばば　宮城県気仙沼市

唐桑町高石浜　からくわちょうたかいしはま　宮城県気仙沼市

唐桑町唯越　からくわちょうただこし　宮城県気仙沼市

唐桑町堂角　からくわちょうどうかく　宮城県気仙沼市

唐桑町宿浦　からくわちょうしゅくうら　宮城県気仙沼市

唐桑町崎浜　からくわちょうさきはま　宮城県気仙沼市

唐桑町港　からくわちょうみなと　宮城県気仙沼市

唐桑町瀬鈎　からくわちょうのせかぎ　宮城県気仙沼市

唐桑町境　からくわちょうさかい　宮城県気仙沼市

唐桑町舘　からくわちょうたて　宮城県気仙沼市

唐桑町鮪立　からくわちょうしびたち　宮城県気仙沼市

唐浜
　とうのはま　高知県（土佐くろしお鉄道ごめん・なはり線）
　とうのはま　高知県安芸郡安田町

唐院　とういん　奈良県磯城郡川西町

11唐崎
　からさき　茨城県下妻市
　からさき　滋賀県（JR湖西線）
　からさき　滋賀県大津市
　からさき　大阪府高槻市

唐崎中　からさきなか　大阪府高槻市

唐崎北　からさききた　大阪府高槻市

唐崎西　からさきにし　大阪府高槻市

唐崎町　からさきちょう　愛知県常滑市

唐崎南　からさきみなみ　大阪府高槻市

唐笠　からかさ　長野県（JR飯田線）

唐笠町　からかさまち　石川県珠洲市

唐笠町八ケ山　からかさまちはっかやま　石川県珠洲市

唐笠柳　からかさやなぎ　青森県五所川原市

唐船　とうせん　福岡県大牟田市

12唐湊
　とそ　鹿児島県（鹿児島市交通局2系統）
　とそ　鹿児島県鹿児島市

13唐園　とうのその　徳島県板野郡板野町

14唐樋町　からひまち　山口県萩市

16唐橋大宮尻町　からはしおおみやじりちょう　京都府京都市南区

唐橋川久保町　からはしかわくぼちょう　京都府京都市南区

唐橋井園町　からはしいそのちょう　京都府京都市南区

唐橋平垣町　からはしひらがきちょう　京都府京都市南区

唐橋西平垣町　からはしにしひらがきちょう　京都府京都市南区

唐橋西寺町　からはしさいじちょう　京都府京都市南区

唐橋町　からはしちょう　滋賀県大津市

唐橋芦辺町　からはしあしべちょう　京都府京都市南区

唐橋花園町　からはしはなぞのちょう　京都府京都市南区

唐橋赤金町　からはしあかがねちょう　京都府京都市南区

唐橋門脇町　からはしかどわきちょう　京都府京都市南区

唐橋前　からはしまえ　滋賀県（京阪電気鉄道石山坂本線）

唐橋南琵琶町　からはしみなみびわちょう　京都府京都市南区

唐橋高田町　からはしたかだちょう　京都府京都市南区

唐橋堂ノ前町　からはしどうのまえちょう　京都府京都市南区

唐橋経田町　からはしけいでんちょう　京都府京都市南区

唐橋琵琶町　からはしびわちょう　京都府京都市南区

唐橋羅城門町　からはしらじょうもんちょう　京都府京都市南区

18唐櫃　からと　三重県多気郡大台町

唐櫃六甲台　からとろっこうだい　兵庫県神戸市北区

唐櫃台
　からとだい　兵庫県（神戸電鉄有馬線）
　からとだい　兵庫県神戸市北区

19唐瀬　からせ　静岡県静岡市葵区

【埋】

5埋田　うめだ　秋田県由利本荘市

埋田町　うめだちょう　愛知県津島市

8埋金　うめがね　福岡県筑紫郡那珂川町

15埋縄　うずなわ　三重県三重郡朝日町

16埋橋　うずはし　長野県松本市

【埒】

4埒木崎　らちきざき　福島県相馬郡新地町

【垈】

12垈渡　ごみわたり　青森県三戸郡南部町

【夏】

3夏山町　なつやまちょう　愛知県岡崎市

4夏井
　なつい　福島県（JR磐越東線）
　なつい　福島県田村郡小野町
　なつい　新潟県新潟市西蒲区
　なつい　新潟県胎内市

夏井町　なついちょう　岩手県久慈市

夏切　なつきり　山口県周南市

5夏田町　なつたまち　宮崎県延岡市

夏目
　なつめ　千葉県香取郡東庄町
　なつめ　山口県山陽小野田市
　なつめ　愛媛県松山市

夏目町　なつめちょう　愛媛県宇和島市

6夏吉　なつよし　福岡県田川市

7夏坂　なつさか　青森県三戸郡田子町

夏尾町　なつおちょう　宮崎県都城市

夏見
　なつみ　千葉県船橋市
　なつみ　三重県名張市
　なつみ　滋賀県湖南市

夏見台　なつみだい　千葉県船橋市

夏見町　なつみちょう　千葉県船橋市

8夏茂　なつも　山形県東置賜郡高畠町

929

10画（姫, 娚, 孫, 家）

9夏屋　なつや　岩手県宮古市
夏狩　なつがり　山梨県都留市
夏秋　なつあき　三重県名張市
10夏島町　なつしまちょう　神奈川県横須賀市
夏栗　なつぐり　石川県かほく市
夏針　なつはり　新潟県五泉市
11夏梨　なつなし　福島県白河市
夏梨平　なつなしだいら　宮城県刈田郡七ケ宿町
12夏焼
　　なつやき　青森県上北郡七戸町
　　なつやけ　富山県南砺市
　　なつやけ　岐阜県下呂市
夏焼町　なつやけちょう　愛知県豊田市
夏間木　なつまぎ　青森県上北郡七戸町
14夏端町　なつばたちょう　長野県須坂市

【姫】
姫
　　ひめ　石川県鳳珠郡能登町
　　ひめ　岐阜県（JR太多線）
　　ひめ　和歌山県東牟婁郡串本町
0姫ケ丘　ひめがおか　岐阜県可児市
姫ケ浦　ひめがうら　熊本県玉名郡長洲町
姫ノ井　ひめのい　高知県幡多郡大月町
3姫子　ひめご　茨城県水戸市
姫子松　ひめこまつ　福島県二本松市
姫小川町　ひめおがわちょう　愛知県安城市
姫川
　　ひめかわ　北海道（JR函館本線）
　　ひめかわ　北海道茅部郡森町
　　ひめかわ　北海道爾志郡乙部町
　　ひめかわ　新潟県（JR大糸線）
　　ひめかわ　福井県越前市
　　ひめがわ　和歌山県東牟婁郡串本町
姫川原　ひめかわら　新潟県妙高市
4姫之湯　ひめのゆ　静岡県伊豆市
姫戸町二間戸　ひめどまちふたまど　熊本県上天草市
姫戸町姫浦　ひめどまちひめうら　熊本県上天草市
姫方町　ひめかたまち　佐賀県鳥栖市
5姫田　ひめだ　山口県柳井市
6姫池通　ひめいけどおり　愛知県名古屋市千種区
7姫町　ひめちょう　岐阜県多治見市
姫見台　ひめみだい　愛知県田原市
姫里　ひめさと　大阪府大阪市西淀川区
8姫松
　　ひめまつ　岩手県下閉伊郡田野畑村
　　ひめまつ　大阪府（阪堺電気軌道上町線）
姫若町　ひめわかちょう　愛知県名古屋市名東区
9姫城町　ひめぎちょう　宮崎県都城市
姫室町　ひめむろちょう　大阪府池田市
姫津　ひめづ　新潟県佐渡市
10姫原
　　ひめばら　島根県出雲市
　　ひめばら　愛媛県松山市
姫原町　ひめばらちょう　島根県出雲市
姫宮
　　ひめみや　埼玉県（東武鉄道伊勢崎線）
　　ひめみや　埼玉県南埼玉郡宮代町

姫宮町
　　ひめみやまち　茨城県龍ケ崎市
　　ひめみやちょう　愛知県名古屋市瑞穂区
姫島
　　ひめしま　千葉県山武市
　　ひめじま　大阪府（阪神電気鉄道阪神本線）
　　ひめしま　大阪府大阪市西淀川区
姫島村　ひめしまむら　大分県東国東郡
姫島町　ひめしままち　福岡県大牟田市
11姫野　ひめの　富山県高岡市
姫野々　ひめのの　高知県高岡郡津野町
13姫路
　　ひめじ　兵庫県（JR山陽新幹線ほか）
　　ひめじ　鳥取県八頭郡八頭町
姫路市　ひめじし　兵庫県
姫路町　ひめじまち　大分県中津市

【娚】
7娚杉町　めおとすぎまち　石川県金沢市

【孫】
4孫六町　まごろくちょう　岐阜県関市
孫内　まごない　青森県青森市
5孫代町　まごだいまち　熊本県熊本市南区
孫平治町　まごへいじちょう　滋賀県近江八幡市
孫田町　まごたちょう　愛知県瀬戸市
7孫兵エ新田　まごべえしんでん　茨城県坂東市
孫兵乙新田　まごべえしんでん　茨城県常総市
孫兵衛作　まごべえさく　愛媛県今治市
孫沢　まごさわ　宮城県加美郡加美町
孫谷　まごたに　福井県南条郡南越前町
9孫屋敷　まごやしき　岩手県北上市
10孫根　まごね　茨城県東茨城郡城里町
16孫橋町　まごはしちょう　京都府京都市左京区

【家】
0家ノ下
　　いえのした　青森県上北郡七戸町
　　いえのした　福島県大沼郡会津美里町
家ノ下タ　いえのした　青森県上北郡東北町
家ノ上
　　いえのうえ　青森県上北郡野辺地町
　　いえのかみ　青森県上北郡七戸町
家ノ前
　　いえのまえ　青森県上北郡七戸町
　　いえのまえ　青森県上北郡東北町
　　いえのまえ　福島県白河市
　　いえのまえ　福島県耶麻郡猪苗代町
家ノ前乙　いえのまえおつ　福島県河沼郡会津坂下町
家ノ前川目　いえのまえかわめ　青森県上北郡横浜町
家ノ裏
　　いえのうら　青森県上北郡七戸町
　　いえのうら　岩手県八幡平市
家の後　いえのうしろ　秋田県南秋田郡八郎潟町
3家久　いえひさ　福井県（福井鉄道福武線）
家久町　いえひさちょう　福井県越前市
家山　いえやま　静岡県（大井川鉄道大井川本線）
4家中　いえなか　栃木県（東武鉄道日光線）

10画（宮）

かちゅう　香川県仲多度郡多度津町
家中新町　かちゅうしんまち　山形県鶴岡市
家之子　いえのこ　千葉県東金市
家内　けない　兵庫県佐用郡佐用町
⁵家代
　いえしろ　静岡県掛川市
　えしろ　宮崎県東臼杵郡諸塚村
家代の里　いえしろのさと　静岡県掛川市
家永町　いえながちょう　京都府京都市上京区
家田　いえた　静岡県磐田市
⁶家地川
　いえちがわ　高知県（JR予土線）
　いえじがわ　高知県高岡郡四万十町
家西　いえにし　福島県大沼郡会津美里町
家西甲　いえにしこう　福島県大沼郡会津美里町
⁷家串　いえくし　愛媛県南宇和郡愛南町
⁸家和楽　やわら　茨城県常陸大宮市
家房　かぼう　山口県大島郡周防大島町
家東甲　いえひがしこう　福島県大沼郡会津美里町
家武町　えたけちょう　愛知県西尾市
⁹家俊　いえとし　高知県土佐市
家城　いえき　三重県（JR名松線）
¹⁰家原　いえはら　兵庫県加東市
家原寺町　えばらじちょう　大阪府堺市西区
家島　いえじま　大分県大分市
家島町坊勢　いえしまちょうぼうぜ　兵庫県姫路市
家島町宮　いえしまちょうみや　兵庫県姫路市
家島町真浦　いえしまちょうまうら　兵庫県姫路市
家庭裁判所前　かていさいばんしょまえ　広島県（広島電鉄白島線）
家根合　かねあい　山形県東田川郡庄内町
¹¹家野
　いえの　三重県名張市
　いえの　大分県臼杵市
家野町　いえのまち　長崎県長崎市
¹²家富町　いえとみちょう　栃木県足利市
¹⁴家徳　かとく　千葉県東金市
²²家籠戸　かろうと　高知県高岡郡檮原町

【宮】
宮
　みや　宮城県刈田郡蔵王町
　みや　山形県長井市
　みや　千葉県東金市
　みや　千葉県鴨川市
　みや　東京都日野市
　みや　新潟県南魚沼市
　みや　京都府福知山市
　みや　和歌山県岩出市
⁰宮ケ丘　みやがおか　北海道札幌市中央区
宮ケ平　みやがひら　高知県吾川郡仁淀川町
宮ケ谷　みやがや　神奈川県横浜市西区
宮ケ谷戸　みやがやと　埼玉県深谷市
宮ケ谷塔　みやがやとう　埼玉県さいたま市見沼区
宮ケ原　みやがはら　宮崎県東臼杵郡門川町
宮ケ浜　みやがはま　鹿児島県（JR指宿枕崎線）
宮ケ崎
　みやがさき　宮城県牡鹿郡女川町
　みやがさき　茨城県石岡市
　みやがさき　茨城県東茨城郡茨城町

みやがさき　愛媛県今治市
宮ケ崎町　みやがさきちょう　静岡県静岡市葵区
宮ケ瀬　みやがせ　神奈川県愛甲郡清川村
宮ノ入　みやのいり　福島県伊達郡川俣町
宮ノ下
　みやのした　神奈川県（箱根登山鉄道線）
　みやのした　神奈川県足柄下郡箱根町
　みやのした　新潟県村上市
宮ノ下町　みやのしたちょう　山口県光市
宮ノ上　みやのうえ　長野県飯田市
宮ノ上町　みやのうえちょう　三重県尾鷲市
宮ノ川　みやのかわ　高知県幡多郡三原村
宮ノ内　みやのうち　高知県土佐市
宮ノ台　みやのだい　千葉県佐倉市
宮ノ平　みやのひら　東京都（JR青梅線）
宮ノ西　みやのにし　愛知県新城市
宮ノ谷　みやのたに　高知県高岡郡日高村
宮ノ前
　みやのまえ　秋田県能代市
　みやのまえ　東京都（東京都交通局荒川線）
　みやのまえ　愛知県新城市
　みやのまえ　兵庫県伊丹市
　みやのまえ　兵庫県篠山市
　みやのまえ　和歌山県日高郡印南町
宮ノ後　みやのうしろ　愛知県新城市
宮ノ脇　みやのわき　福島県伊達郡川俣町
宮ノ陣　みやのじん　福岡県久留米市
宮ノ陣町八丁島　みやのじんまちはっちょうじま　福岡県久留米市
宮ノ陣町大杜　みやのじんまちおおと　福岡県久留米市
宮ノ陣町五郎丸　みやのじんまちごろうまる　福岡県久留米市
宮ノ陣町若松　みやのじんまちわかまつ　福岡県久留米市
宮ノ越　みやのこし　長野県（JR中央本線）
宮ノ腰　みやのこし　福島県大沼郡会津美里町
宮が谷町　みやがだにちょう　大阪府高槻市
宮の上　みやのうえ　兵庫県明石市
宮の元町　みやのもとまち　宮崎県宮崎市
宮の内　みやのうち　栃木県宇都宮市
宮の台　みやのだい　山形県西置賜郡小国町
宮の西団地　みやのにしだんち　福井県丹生郡越前町
宮の坂　みやのさか　東京都（東京急行電鉄世田谷線）
宮の杜
　みやのもり　福島県須賀川市
　みやのもり　福岡県行橋市
宮の沢
　みやのさわ　北海道（札幌市交通局東西線）
　みやのさわ　北海道札幌市西区
宮の沢一条　みやのさわいちじょう　北海道札幌市西区
宮の沢二条　みやのさわにじょう　北海道札幌市西区
宮の沢三条　みやのさわさんじょう　北海道札幌市西区
宮の沢四条　みやのさわしじょう　北海道札幌市西区
宮の町
　みやのちょう　兵庫県宝塚市
　みやのまち　広島県安芸郡府中町

10画（宮）

みやのまち　福岡県北九州市八幡東区
みやのまち　長崎県島原市
みやのちょう　長崎県平戸市

宮の里　みやのさと　神奈川県厚木市

宮の前
みやのまえ　神奈川県平塚市
みやのまえ　福井県小浜市
みやのまえ　長野県飯田市
みやのまえ　山口県周南市

宮の陣　みやのじん　福岡県（西日本鉄道甘木線ほか）

宮の郷　みやのさと　茨城県常陸大宮市

宮の郷町　みやのさとちょう　茨城県常陸太田市

宮の奥　みやのおく　高知県（とさでん交通伊野線）

宮の森
みやのもり　北海道札幌市中央区
みやのもり　滋賀県湖南市

宮の森一条　みやのもりいちじょう　北海道札幌市中央区

宮の森二条　みやのもりにじょう　北海道札幌市中央区

宮の森三条　みやのもりさんじょう　北海道札幌市中央区

宮の森四条　みやのもりしじょう　北海道札幌市中央区

宮の森町
みやのもりちょう　北海道室蘭市
みやのもりちょう　北海道苫小牧市

宮の腰町　みやのこしちょう　愛知県名古屋市千種区

宮みらい　みやみらい　栃木県宇都宮市

³**宮下**
みやした　北海道夕張郡長沼町
みやした　北海道常呂郡置戸町
みやした　福島県大沼郡三島町
みやした　茨城県鹿嶋市
みやのした　千葉県君津市
みやした　千葉県南房総市
みやしも　神奈川県相模原市中央区
みやした　神奈川県足柄下郡湯河原町
みやのした　新潟県阿賀野市
みやした　静岡県富士市
みやした　兵庫県神戸市西区
みやした　愛媛県宇和島市
みやした　愛媛県伊予市
みやげ　鹿児島県肝属郡肝付町

宮下本町　みやしもほんちょう　神奈川県相模原市中央区

宮下町
みやしたちょう　北海道赤平市
みやしたちょう　北海道沙流郡日高町
みやしたちょう　岩手県一関市
みやしたちょう　福島県福島市
みやしたちょう　栃木県佐野市
みやしたまち　埼玉県川越市
みやしたまち　東京都八王子市
みやしたまち　新潟県長岡市
みやしたちょう　静岡県静岡市清水区
みやしたちょう　愛知県豊橋市
みやしもちょう　大阪府堺市西区
みやしたちょう　香川県坂出市
みやしたちょう　愛媛県今治市

宮下町西　みやしたちょうにし　新潟県十日町市
宮下町東　みやしたちょうひがし　新潟県十日町市

宮下通　みやしたどおり　北海道旭川市

宮上
みやかみ　神奈川県足柄下郡湯河原町
みやかみ　静岡県伊豆市

宮上町
みやがみちょう　愛知県豊田市
みやうえちょう　兵庫県姫路市

宮丸
みやまる　富山県砺波市
みやまる　福岡県北九州市若松区

宮丸町
みやまるまち　石川県白山市
みやまるちょう　宮崎県都城市

宮久　みやひさ　新潟県胎内市

宮久保　みやくぼ　千葉県市川市

宮千代　みやちよ　宮城県仙台市宮城野区

宮口
みやぐち　静岡県（天竜浜名湖鉄道線）
みやぐち　静岡県浜松市浜北区

宮口町　みやぐちちょう　愛知県豊田市

宮子町　みやこまち　群馬県伊勢崎市

宮小来川　みやおころがわ　栃木県日光市

宮小路　みやしょうじ　長崎県大村市

宮小路町　みやこうじまち　千葉県佐倉市

宮山
みややま　茨城県筑西市
みややま　千葉県鴨川市
みややま　神奈川県（JR相模線）
みややま　神奈川県高座郡寒川町
みややま　愛知県犬山市
みややま　岡山県久米郡美咲町
みややま　熊本県阿蘇郡西原村

宮山台　みややまだい　大阪府堺市南区

宮山田町　みややまだちょう　栃木県宇都宮市

宮山町
みややまちょう　大阪府豊中市
みややまちょう　兵庫県神戸市灘区
みややままち　福岡県大牟田市

宮川
みやかわ　青森県弘前市
みやかわ　青森県北津軽郡中泊町
みやかわ　福島県大沼郡会津美里町
みやがわ　千葉県山武郡横芝光町
みやがわ　新潟県柏崎市
みやがわ　新潟県佐渡市
みやがわ　新潟県胎内市
みやがわ　長野県茅野市
みやがわ　静岡県静岡市駿河区
みやがわ　三重県（JR参宮線）
みやがわ　三重県伊勢市
みやがわ　和歌山県有田郡有田川町

宮川一　みやがわいち　福岡県田川郡糸田町

宮川二　みやがわに　福岡県田川郡糸田町

宮川町
みやがわちょう　神奈川県横浜市中区
みやがわちょう　神奈川県三浦市
みやがわちょう　岐阜県羽島郡笠松町
みやがわちょう　静岡県伊東市
みやがわちょう　静岡県島田市
みやがわちょう　愛知県津島市
みやがわちょう　滋賀県東近江市
みやがわちょう　兵庫県神戸市長田区

10画〈宮〉

みやがわちょう　兵庫県芦屋市
みやがわちょう　鳥取県倉吉市
宮川町三川原　みやがわちょうさんがわら　岐阜県飛騨市
宮川町丸山　みやがわちょうまるやま　岐阜県飛騨市
宮川町大無雁　みやがわちょうおおむかり　岐阜県飛騨市
宮川町小谷　みやがわちょうこだに　岐阜県飛騨市
宮川町小豆沢　みやがわちょうあずきざわ　岐阜県飛騨市
宮川町中沢上　みやがわちょうなかぞれ　岐阜県飛騨市
宮川町戸谷　みやがわちょうとだに　岐阜県飛騨市
宮川町打保　みやがわちょううつぼ　岐阜県飛騨市
宮川町西忍　みやがわちょうにししのび　岐阜県飛騨市
宮川町杉原　みやがわちょうすぎはら　岐阜県飛騨市
宮川町岸奥　みやがわちょうきしおく　岐阜県飛騨市
宮川町林　みやがわちょうはやし　岐阜県飛騨市
宮川町牧戸　みやがわちょうまきど　岐阜県飛騨市
宮川町洞　みやがわちょうほら　岐阜県飛騨市
宮川町祢宜ケ沢上　みやがわちょうねがそれ　岐阜県飛騨市
宮川町桑野　みやがわちょうくわの　岐阜県飛騨市
宮川町高牧　みやがわちょうたかまき　岐阜県飛騨市
宮川町巣之内　みやがわちょうすのうち　岐阜県飛騨市
宮川町巣納谷　みやがわちょうすのだに　岐阜県飛騨市
宮川町菅沼　みやがわちょうすがぬま　岐阜県飛騨市
宮川町野首　みやがわちょうのくび　岐阜県飛騨市
宮川町森安　みやがわちょうもりやす　岐阜県飛騨市
宮川町落合　みやがわちょうおちあい　岐阜県飛騨市
宮川町塩屋　みやがわちょうしおや　岐阜県飛騨市
宮川町種蔵　みやがわちょうたねくら　岐阜県飛騨市
宮川町鮎飛　みやがわちょうあゆとび　岐阜県飛騨市
宮川筋　みやがわすじ　京都府京都市東山区
宮川新田　みやがわしんでん　新潟県柏崎市
宮中
きゅうちゅう　茨城県鹿嶋市
みやなか　新潟県十日町市
みやなか　富山県小矢部市
宮之一色　みやのいしき　静岡県磐田市
宮之下町　みやのしたちょう　大阪府枚方市
宮之川原　みやのかわら　大阪府高槻市
宮之川原元町　みやのかわらもとまち　大阪府高槻市
宮之内　みやのうち　愛媛県西条市
宮之阪
みやのさか　大阪府（京阪電気鉄道交野線）
みやのさか　大阪府枚方市
宮之城屋地　みやのじょうやち　鹿児島県薩摩郡さつま町
宮之原町　みやのはらまち　新潟県見附市
宮之浦　みやのうら　鹿児島県熊毛郡屋久島町
宮之浦町　みやのうらちょう　鹿児島県鹿児島市
宮之窪　みやのくぼ　新潟県柏崎市
宮井　みやい　兵庫県豊岡市
宮井町　みやいちょう　滋賀県東近江市
宮元町
みやもとちょう　群馬県高崎市
みやもとちょう　埼玉県川越市

みやもとちょう　神奈川県横浜市南区
みやもとちょう　大阪府茨木市
宮内
みやうち　宮城県多賀城市
みやうち　秋田県由利本荘市
みやうち　山形県（山形鉄道フラワー長井線）
みやうち　山形県酒田市
みやうち　山形県寒河江市
みやうち　山形県南陽市
みやうち　埼玉県北本市
みやうち　千葉県佐倉市
みやうち　神奈川県川崎市中原区
みやうち　新潟県（JR信越本線）
みやうち　新潟県長岡市
みやうち　新潟県妙高市
みやうち　静岡県御前崎市
みやうち　静岡県賀茂郡松崎町
みやうち　鳥取県東伯郡湯梨浜町
みやうち　鳥取県西伯郡大山町
みやうち　鳥取県日野郡日南町
みやうち　島根県邑智郡美郷町
みやうち　岡山県勝田郡奈義町
みやうち　広島県（広島電鉄宮島線）
みやうち　広島県廿日市市
みやうち　愛媛県松山市
みやうち　愛媛県伊予郡砥部町
みやうち　高知県高岡郡四万十町
みやうち　熊本県熊本市中央区
くない　熊本県荒尾市
宮内工業団地　みやうちこうぎょうだんち　広島県廿日市市
宮内出目　くないでめ　熊本県荒尾市
宮内串戸　みやうちくしど　広島県（JR山陽本線）
宮内町
みやうちまち　山形県新庄市
みやうちちょう　茨城県水戸市
みやうちまち　新潟県長岡市
みやうちちょう　愛知県大府市
みやうちちょう　滋賀県近江八幡市
みやうちちょう　兵庫県尼崎市
みやうちちょう　島根県安来市
みやうちちょう　広島県庄原市
みやうちちょう　鹿児島県薩摩川内市
宮夫　みやぶ　大分県中津市
宮戸
みやと　北海道勇払郡むかわ町
みやと　宮城県東松島市
みやと　福島県二本松市
みやど　茨城県つくばみらい市
みやど　埼玉県本庄市
みやど　埼玉県朝霞市
みやど　奈良県御所市
宮手　みやで　岩手県紫波郡紫波町
宮木
みやき　山梨県南巨摩郡身延町
みやき　長野県（JR飯田線）
みやき　長野県上伊那郡辰野町
みやき　鳥取県東伯郡琴浦町
宮木町　みやぎちょう　京都府京都市中京区
宮犬　みやいぬ　石川県鳳珠郡能登町
宮王丸　みやおうまる　宮崎県東諸県郡国富町
宮丘　みやおか　北海道岩内郡共和町
宮丘町　みやおかちょう　兵庫県神戸市長田区

933

10画（宮）

宮代
みやしろ　福島県福島市
みやしろ　埼玉県南埼玉郡宮代町
みやしろ　福井県三方郡美浜町
みやしろ　岐阜県不破郡垂井町
みやしろ　兵庫県篠山市
宮代台　みやしろだい　埼玉県南埼玉郡宮代町
宮代町
みやしろまち　埼玉県南埼玉郡
みやしろちょう　静岡県静岡市清水区
みやしろちょう　愛知県豊田市
みやしろちょう　京都府綾部市
みやだいまち　長崎県大村市
宮加三　みやかみ　静岡県静岡市清水区
宮北
みやきた　福島県大沼郡会津美里町
みやきた　兵庫県加古郡播磨町
宮北町
みやきたちょう　栃木県足利市
みやきたちょう　岐阜県岐阜市
みやきたちょう　静岡県富士宮市
宮古
みやこ　岩手県（JR山田線ほか）
みやこ　福島県河沼郡会津坂下町
みやこ　三重県度会郡玉城町
みやこ　奈良県磯城郡田原本町
宮古木　みやこぎ　新潟県新発田市
宮古市　みやこし　岩手県
宮古町　みやふるまち　群馬県伊勢崎市
宮古島市　みやこじまし　沖縄県
宮古郡　みやこぐん　沖縄県
宮古野　みやこの　高知県土佐郡土佐町
宮司
みやじ　福岡県福津市
みやじ　大分県杵築市
宮司ケ丘　みやじがおか　福岡県福津市
宮司元町　みやじもとまち　福岡県福津市
宮司町　みやじちょう　滋賀県長浜市
宮司浜　みやじはま　福岡県福津市
宮台　みやのだい　神奈川県足柄上郡開成町
宮市　みやいち　鳥取県日野郡江府町
宮市町
みやちちょう　山口県防府市
みやいちまち　福岡県行橋市
宮平
みやだいら　新潟県柏崎市
みやだいら　新潟県糸魚川市
みやひら　沖縄県島尻郡南風原町
宮本
みやもと　北海道釧路市
みやもと　福島県二本松市
みやもと　埼玉県さいたま市緑区
みやもと　埼玉県行田市
みやもと　千葉県船橋市
みやもと　千葉県佐倉市
みやもと　千葉県匝瑳市
みやもと　千葉県香取郡東庄町
みやもと　静岡県沼津市
みやもと　静岡県磐田市
みやもと　京都府宮津市
みやもと　兵庫県揖保郡太子町
みやもと　和歌山県伊都郡かつらぎ町

みやもと　岡山県美作市
宮本町
みやもとちょう　北海道三笠市
みやもとちょう　茨城県常陸太田市
みやもとちょう　栃木県宇都宮市
みやもとちょう　栃木県小山市
みやもとちょう　群馬県桐生市
みやもとちょう　埼玉県熊谷市
みやもとちょう　埼玉県所沢市
みやもとちょう　埼玉県上尾市
みやもとちょう　埼玉県越谷市
みやもとちょう　東京都板橋区
みやもとちょう　神奈川県川崎市川崎区
みやもとまち　新潟県長岡市
みやもとちょう　静岡県静岡市駿河区
みやもとちょう　愛知県半田市
みやもとちょう　京都府京都市中京区
みやもとちょう　大阪府堺市北区
みやもとちょう　大阪府岸和田市
みやもとちょう　兵庫県神戸市垂水区
みやもとまち　大分県津久見市
宮本東方町　みやもとひがしかたまち　新潟県長岡市
宮本武蔵　みやもとむさし　岡山県（智頭急行線）
宮本通　みやもとどおり　兵庫県神戸市中央区
宮本堀之内町　みやもとほりのうちまち　新潟県長岡市
宮永　みやなが　福岡県宮若市
宮永市町　みやながいちまち　石川県白山市
宮永町
みやながまち　石川県白山市
みやながまち　福岡県柳川市
宮永新町　みやながしんまち　石川県白山市
宮甲田町　みやこうだちょう　大阪府富田林市
宮田
みやた　北海道虻田郡ニセコ町
みやた　青森県青森市
みやた　宮城県加美郡加美町
みやだ　山形県飽海郡遊佐町
みやた　茨城県小美玉市
みやだ　富山県氷見市
みやた　石川県河北郡津幡町
みやだ　長野県（JR飯田線）
みやた　長野県松本市
みやでん　岐阜県瑞穂市
みやた　兵庫県篠山市
みやた　香川県仲多度郡まんのう町
みやた　福岡県宗像市
みやた　福岡県宮若市
宮田村　みやだむら　長野県上伊那郡
宮田町
みやたちょう　茨城県日立市
みやたまち　栃木県栃木市
みやたちょう　神奈川県横浜市保土ケ谷区
みやたまち　富山県高岡市
みやたちょう　滋賀県彦根市
みやだちょう　大阪府高槻市
みやたまち　山口県下関市
みやたまち　愛媛県（伊予鉄道環状線）
みやたまち　愛媛県松山市
みやたまち　福岡県北九州市八幡東区
みやたまち　長崎県佐世保市
みやたちょう　宮崎県宮崎市
みやたちょう　鹿児島県枕崎市

10画（宮）

宮田町久保見　みやたちょうくぼみ　愛知県江南市
宮田町中島　みやたちょうなかじま　愛知県江南市
宮田町四ツ谷　みやたちょうよつや　愛知県江南市
宮田町平和　みやたちょうへいわ　愛知県江南市
宮田町本田島　みやたちょうほんだじま　愛知県江南市
宮田町本郷　みやたちょうほんごう　愛知県江南市
宮田町生原　みやたちょうはいばら　愛知県江南市
宮田町河沼　みやたちょうかわぬま　愛知県江南市
宮田町南野　みやたちょうみなみの　愛知県江南市
宮田町南野東　みやたちょうみなみのひがし　愛知県江南市
宮田町泉　みやたちょういずみ　愛知県江南市
宮田町宮東　みやたちょうみやひがし　愛知県江南市
宮田町菖蒲池　みやたちょうしょうぶいけ　愛知県江南市
宮田町新田　みやたちょっしんでん　愛知県江南市
宮田町藤ノ森　みやたちょうふじのもり　愛知県江南市
宮田神明町天王　みやたしんめいちょうてんのう　愛知県江南市
宮田神明町旭　みやたしんめいちょうあさひ　愛知県江南市
宮田神明町春日　みやたしんめいちょうかすが　愛知県江南市
宮田神明町栄　みやたしんめいちょうさかえ　愛知県江南市
宮田神明町緑　みやたしんめいちょうみどり　愛知県江南市
宮石町　みやいしちょう　愛知県岡崎市
6宮先町　みやさきちょう　福島県須賀川市
宮吉
　みやよし　新潟県新発田市
　みやよし　福岡県嘉麻市
宮地
　みやじ　青森県弘前市
　みやじ　茨城県稲敷郡美浦村
　みやじ　埼玉県鴻巣市
　みやち　石川県鳳珠郡能登町
　みやじ　岐阜県下呂市
　みやじ　岐阜県揖斐郡池田町
　みやじ　愛知県一宮市
　みやじ　岡山県真庭市
　みやち　岡山県加賀郡吉備中央町
　みやじ　広島県山県郡北広島町
　みやじ　高知県高岡郡越知町
　みやじ　熊本県（JR豊肥本線）
宮地町
　みやじまち　群馬県前橋市
　みやじまち　石川県加賀市
　みやじちょう　福井県福井市
　みやじちょう　岐阜県岐阜市
　みやじちょう　愛知県岡崎市
　みやじちょう　愛知県瀬戸市
　みやじちょう　愛知県愛西市
　みやじちょう　山口県宇部市
　みやじちょう　長崎県佐世保市
　みやじまち　熊本県八代市
宮地岳町　みやじだけまち　熊本県天草市
宮守　みやもり　岩手県（JR釜石線）

宮守町下宮守　みやもりちょうしもみやもり　岩手県遠野市
宮守町下鱒沢　みやもりちょうしもますざわ　岩手県遠野市
宮守町上宮守　みやもりちょうかみみやもり　岩手県遠野市
宮守町上鱒沢　みやもりちょうかみますざわ　岩手県遠野市
宮守町達曽部　みやもりちょうたっそべ　岩手県遠野市
宮寺　みやでら　埼玉県入間市
宮庄町　みやのしょうまち　熊本県宇土市
宮成
　みやなり　千葉県長生郡長生村
　みやなり　富山県富山市
　みやなり　富山県中新川郡立山町
宮成中部　みやなりちゅうぶ　富山県富山市
宮成町　みやなりちょう　愛知県蒲郡市
宮成新　みやなりしん　富山県富山市
宮竹　みやたけ　静岡県静岡市駿河区
宮竹町
　みやたけまち　石川県能美市
　みやたけちょう　静岡県浜松市東区
宮西
　みやにし　福島県喜多方市
　みやにし　愛知県犬山市
　みやにし　兵庫県加古郡播磨町
　みやにし　愛媛県松山市
宮西町
　みやにしちょう　東京都府中市
　みやにしちょう　兵庫県姫路市
　みやにしちょう　兵庫県西宮市
　みやにしちょう　愛媛県新居浜市
宮西通　みやにしどおり　愛知県一宮市
7宮坂
　みやさか　北海道常呂郡置戸町
　みやさか　東京都世田谷区
　みやさか　石川県河北郡内灘町
宮坂町
　みやさかちょう　岩手県一関市
　みやさかまち　福岡県大牟田市
宮尾
　みやお　富山県富山市
　みやお　福井県大飯郡高浜町
　みやお　岡山県津山市
　みやお　熊本県玉名郡南関町
　みやお　大分県大分市
宮尾台　みやおだい　福岡県遠賀郡水巻町
宮尾町　みやおまち　福岡県田川市
宮床
　みやとこ　宮城県黒川郡大和町
　みやとこ　福島県南会津郡南会津町
　みやとこ　福岡県田川郡糸田町
宮床団地　みやとこだんち　福岡県田川郡糸田町
宮条　みやじょう　富山県富山市
宮村
　みやむら　北海道空知郡奈井江町
　みやむら　富山県砺波市
　みやむら　京都府（京都丹後鉄道宮福線）
　みやむら　京都府宮津市
　みやむら　宮崎県北諸県郡三股町
宮村下新田　みやむらしもしんでん　新潟県南魚沼市

935

10画（宮）

宮沖
　みやおき　長野県長野市
　みやおき　広島県三原市
宮沢
　みやざわ　秋田県由利本荘市
　みやざわ　山形県鶴岡市
　みやざわ　福島県二本松市
　みやざわ　福島県南会津郡南会津町
　みやざわ　埼玉県飯能市
　みやざわ　神奈川県横浜市瀬谷区
　みやざわ　新潟県長岡市
　みやざわ　新潟県十日町市
　みやざわ　富山県黒部市
　みやざわ　山梨県南アルプス市
　みやざわ　長野県小諸市
宮沢町
　みやざわまち　群馬県高崎市
　みやざわちょう　東京都昭島市
　みやざわちょう　富山県砺波市
宮沢新田　みやざわしんでん　新潟県魚沼市
宮町
　みやまち　北海道空知郡上富良野町
　みやまち　北海道空知郡中富良野町
　みやまち　岩手県宮古市
　みやまち　宮城県仙台市青葉区
　みやまち　宮城県塩竈市
　みやまち　山形県山形市
　みやまち　福島県福島市
　みやまち　福島県会津若松市
　みやまち　福島県伊達郡川俣町
　みやまち　茨城県水戸市
　みやまち　栃木県宇都宮市
　みやまち　栃木県栃木市
　みやちょう　栃木県那須塩原市
　みやちょう　埼玉県さいたま市大宮区
　みやちょう　埼玉県さいたま市岩槻区
　みやちょう　埼玉県熊谷市
　みやちょう　埼玉県川口市
　みやまち　東京都府中市
　みやちょう　新潟県燕市
　みやちょう　新潟県五泉市
　みやまち　富山県富山市
　みやまち　石川県加賀市
　みやまち　岐阜県大垣市
　みやまち　静岡県沼津市
　みやちょう　静岡県富士宮市
　みやまち　愛知県春日井市
　みやまち　愛知県碧南市
　みやまち　愛知県豊田市
　みやまち　愛知県西尾市
　みやまち　三重県（近畿日本鉄道山田線）
　みやまち　三重県伊勢市
　みやまち　三重県松阪市
　みやまち　三重県桑名市
　みやまち　京都府宮津市
　みやちょう　大阪府泉大津市
　みやまち　大阪府八尾市
　みやまち　大阪府富田林市
　みやまち　福岡県飯塚市
宮良　みやら　沖縄県石垣市
宮谷
　みやのやつ　千葉県南房総市
　みやだに　福井県あわら市
　みやだに　鳥取県鳥取市

　みやだに　鳥取県八頭郡八頭町
　みやたに　福岡県田川郡糸田町
宮谷町　みやだにちょう　福井県越前市
宮里
　みやさと　福島県南会津郡南会津町
　みやさと　福島県大沼郡会津美里町
　みやさと　沖縄県名護市
　みやさと　沖縄県沖縄市
　みやさと　沖縄県うるま市
宮里町
　みやさとちょう　愛知県瀬戸市
　みやさとちょう　鹿児島県薩摩川内市
8宮和田　みやわだ　茨城県取手市
宮松町　みやまつちょう　神奈川県平塚市
宮東
　みやひがし　埼玉県南埼玉郡宮代町
　みやひがし　愛知県犬山市
宮東町
　みやひがしちょう　愛知県名古屋市昭和区
　みやひがしちょう　三重県四日市市
宮林　みやばやし　福島県大沼郡会津美里町
宮林甲　みやばやしこう　福島県大沼郡会津美里町
宮河内　みやかわうち　大分県大分市
宮河内ハイランド　みやかわうちはいらんど　大分県
　大分市
宮河町　みやがわちょう　岐阜県関市
宮苑　みやぞの　大分県大分市
宮若　みやわかし　福岡県
宮迫　みやざこ　広島県山県郡北広島町
宮長　みやなが　鳥取県鳥取市
宮長町　みやながまち　宮崎県延岡市
9宮保　みやのほ　富山県富山市
宮保町
　みやぼまち　石川県金沢市
　みやぼまち　石川県白山市
宮保新町　みやぼしんちょう　石川県白山市
宮前
　みやまえ　宮城県刈田郡七ケ宿町
　みやまえ　福島県伊達市
　みやまえ　福島県伊達郡川俣町
　みやまえ　茨城県潮来市
　みやまえ　埼玉県鴻巣市
　みやまえ　埼玉県越谷市
　みやまえ　埼玉県比企郡川島町
　みやまえ　埼玉県北葛飾郡杉戸町
　みやまえ　千葉県佐倉市
　みやまえ　東京都杉並区
　みやまえ　神奈川県藤沢市
　みやのまえ　新潟県岩船郡関川村
　みやまえ　福井県鯖江市
　みやまえ　福井県あわら市
　みやまえ　和歌山県（JR紀勢本線）
　みやまえ　鳥取県西伯郡南部町
　みやまえ　岡山県倉敷市
宮前一条　みやまえいちじょう　北海道旭川市
宮前二条　みやまえにじょう　北海道旭川市
宮前区　みやまえく　神奈川県川崎市
宮前平
　みやまえだいら　神奈川県（東京急行電鉄田園都市
　線）
　みやまえだいら　神奈川県川崎市宮前区

936

10画（宮）

宮前町
　みやまえちょう　北海道函館市
　みやまえちょう　北海道苫小牧市
　みやまえちょう　北海道常呂郡佐呂間町
　みやまえちょう　北海道紋別郡遠軽町
　みやまえちょう　岩手県一関市
　みやまえちょう　秋田県北秋田市
　みやまえちょう　茨城県古河市
　みやまえちょう　群馬県桐生市
　みやまえちょう　群馬県伊勢崎市
　みやまえちょう　埼玉県さいたま市西区
　みやまえちょう　埼玉県熊谷市
　みやまえちょう　埼玉県入間市
　みやまえちょう　神奈川県川崎市川崎区
　みやまえちょう　山梨県甲府市
　みやまえちょう　岐阜県多治見市
　みやまえちょう　岐阜県中津川市
　みやまえちょう　岐阜県瑞浪市
　みやまえちょう　静岡県静岡市葵区
　みやまえちょう　静岡県沼津市
　みやまえちょう　愛知県豊田市
　みやまえちょう　愛知県岩倉市
　みやまえちょう　滋賀県長浜市
　みやまえちょう　大阪府岸和田市
　みやまえちょう　大阪府門真市
　みやまえちょう　兵庫県西宮市
　みやまえちょう　兵庫県赤穂市
　みやまえまち　奈良県御所市
　みやまえちょう　広島県福山市
　みやまえちょう　山口県周南市
　みやまえちょう　高知県高知市
　みやまえまち　福岡県北九州市若松区
　みやまえちょう　鹿児島県枕崎市
宮前町神前　みやざきちょうこうさき　京都府亀岡市
宮前町宮川　みやざきちょうみやがわ　京都府亀岡市
宮前町猪倉　みやざきちょういのくら　京都府亀岡市
宮垣　みやがき　京都府福知山市
宮垣町　みやがきちょう　京都府京都市上京区
宮城
　みやぎ　千葉県館山市
　みやぎ　東京都足立区
　みやぐすく　沖縄県那覇市
　みやぎ　沖縄県浦添市
　みやぎ　沖縄県国頭郡大宜味村
　みやぎ　沖縄県国頭郡東村
　みやぎ　沖縄県中頭郡北谷町
　みやぐすく　沖縄県島尻郡南風原町
宮城の沢　みやぎのさわ　北海道旭川市
宮城県　みやぎけん
宮城郡　みやぎぐん　宮城県
宮城野
　みやぎの　宮城県仙台市宮城野区
　みやぎの　神奈川県足柄下郡箱根町
宮城野区　みやぎのく　宮城県仙台市
宮城野原　みやぎのはら　宮城県（JR仙石線）
宮城野通　みやぎのどおり　宮城県（仙台市交通局東西線）
宮室　みやむろ　群馬県甘楽郡下仁田町
宮後
　みやご　福島県大沼郡会津美里町
　みやご　茨城県筑西市
　みやうしろ　埼玉県さいたま市緑区
　みやのうしろ　富山県南砺市

　みやじり　三重県伊勢市
　みやうしろ　滋賀県愛知郡愛荘町
宮後乙　みやごおつ　福島県大沼郡会津美里町
宮後甲　みやごこう　福島県大沼郡会津美里町
宮後町
　みやごまち　愛知県碧南市
　みやうしろちょう　愛知県江南市
宮後町清水　みやうしろちょうしみず　愛知県江南市
宮栄　みやさかえ　新潟県長岡市
宮海　みやうみ　山形県酒田市
宮津
　みやつ　北海道奥尻郡奥尻町
　みやづ　富山県魚津市
　みやづ　愛知県知多郡阿久比町
　みやづ　京都府（京都丹後鉄道宮津線ほか）
　みやづ　京都府京田辺市
宮津口　みやづぐち　京都府舞鶴市
宮津台　みやつだい　茨城県鹿嶋市
宮津市　みやづし　京都府
宮津町　みやづちょう　長崎県佐世保市
宮荘町　みやしょうちょう　滋賀県東近江市
10宮原
　みやはら　栃木県宇都宮市
　みやはら　栃木県那須烏山市
　みやはら　埼玉県（JR高崎線）
　みやばら　千葉県市原市
　みやはら　千葉県長生郡一宮町
　みやばら　神奈川県藤沢市
　みやはら　新潟県長岡市
　みやはら　山梨県西八代郡市川三郷町
　みやはら　静岡県富士宮市
　みやはら　静岡県藤枝市
　みやはら　大阪府大阪市淀川区
　みやばら　鳥取県西伯郡伯耆町
　みやばら　岡山県美作市
　みやばら　広島県呉市
　みやばら　熊本県玉名市
　みやはら　熊本県阿蘇郡小国町
　みやはら　熊本県八代郡氷川町
宮原町
　みやはらまち　群馬県高崎市
　みやはらちょう　埼玉県さいたま市北区
　みやはらちょう　千葉県銚子市
　みやはらまち　石川県白山市
　みやばらちょう　山梨県甲府市
　みやばらちょう　愛媛県新居浜市
　みやばらまち　福岡県大牟田市
宮原町東　みやはらちょうひがし　和歌山県有田市
宮原町畑　みやはらちょうはた　和歌山県有田市
宮原町道　みやはらちょうどう　和歌山県有田市
宮原町須谷　みやはらちょうすがい　和歌山県有田市
宮原町新町　みやはらちょうしんまち　和歌山県有田市
宮原町滝　みやはらちょうたき　和歌山県有田市
宮原町滝川原　みやはらちょうたきがはら　和歌山県有田市
宮原栄久　みやはらえいきゅう　熊本県八代郡氷川町
宮島
　みやじま　北海道瀬棚郡今金町
　みやじま　新潟県阿賀野市
　みやじま　静岡県富士市
　みやじま　大阪府茨木市
　みやじま　兵庫県豊岡市

937

10画（宮）

みやじま　広島県（JR宮島航路線）
宮島口
　みやじまぐち　広島県（JR山陽本線）
　みやじまぐち　広島県廿日市市
宮島口上　みやじまぐちうえ　広島県廿日市市
宮島口西　みやじまぐちにし　広島県廿日市市
宮島口東　みやじまぐちひがし　広島県廿日市市
宮島町
　みやじまちょう　広島県廿日市市
　みやじまちょう　山口県山口市
　みやじままち　大分県中津市
　みやじままち　鹿児島県姶良市
宮根台　みやねだい　愛知県名古屋市千種区
宮浦
　みやうら　山形県山形市
　みやうら　愛知県犬山市
　みやうら　岡山県岡山市南区
　みやうら　広島県三原市
　みやのうら　福岡県福岡市西区
　みやうら　佐賀県三養基郡基山町
　みやのうら　熊本県葦北郡芦北町
　みやうら　宮崎県日南市
宮浦町　みやうらちょう　岐阜県岐阜市
宮浜　みやはま　北海道茅部郡鹿部町
宮浜温泉　みやはまおんせん　広島県廿日市市
宮脇
　みやのわき　宮城県伊具郡丸森町
　みやのわき　山形県上山市
　みやわき　静岡県掛川市
　みやわき　愛知県長久手市
　みやわき　兵庫県三田市
　みやわき　兵庫県美方郡新温泉町
宮脇町
　みやわきちょう　富山県高岡市
　みやわきちょう　愛知県名古屋市中川区
　みやわきちょう　愛知県瀬戸市
　みやわきちょう　岡山県津山市
　みやわきちょう　香川県高松市
　みやわきちょう　宮崎県宮崎市
宮通　みやどおり　三重県桑名市
11 宮側町　みやかわちょう　埼玉県秩父市
宮堂町　みやどうちょう　奈良県大和郡山市
宮寄上　みやよりかみ　新潟県加茂市
宮宿　みやじゅく　山形県西村山郡朝日町
宮崎
　みやざき　宮城県加美郡加美町
　みやざき　山形県東根市
　みやざき　山形県南陽市
　みやざき　群馬県富岡市
　みやざき　千葉県千葉市中央区
　みやざき　千葉県野田市
　みやざき　千葉県山武郡芝山町
　みやざき　神奈川県川崎市宮前区
　みやざき　富山県下新川郡朝日町
　みやざき　福井県大飯郡高浜町
　みやざき　福岡県大牟田市
　みやざき　熊本県葦北郡芦北町
　みやざき　大分県大分市
　みやざき　宮崎県（JR日豊本線）
宮崎台
　みやざきだい　神奈川県（東京急行電鉄田園都市線）
　みやざきだい　大分県大分市

宮崎市　みやざきし　宮崎県
宮崎町
　みやざきちょう　千葉県千葉市中央区
　みやざきちょう　神奈川県横浜市西区
　みやざきちょう　愛知県岡崎市
　みやざきちょう　和歌山県有田市
　みやざきまち　長崎県長崎市
　みやざきちょう　長崎県佐世保市
　みやざきちょう　鹿児島県薩摩川内市
宮崎空港　みやざきくうこう　宮崎県（JR宮崎空港線）
宮崎県　みやざきけん
宮崎神宮　みやざきじんぐう　宮崎県（JR日豊本線）
宮崎郡　みやざきぐん　⇒消滅（宮崎県）
宮崎駅東　みやざきえきひがし　宮崎県宮崎市
宮曽根　みやそね　山形県東田川郡庄内町
宮淵　みやぶち　茨城県稲敷郡河内町
宮渕　みやぶち　長野県松本市
宮渕本村　みやぶちほんむら　長野県松本市
宮渕町　みやぶちまち　茨城県龍ケ崎市
宮袋　みやぶくろ　富山県射水市
宮郷町　みやごうちょう　福井県福井市
宮部　みやべ　福岡県大牟田市
宮部下　みやべしも　岡山県津山市
宮部上　みやべかみ　岡山県津山市
宮部町　みやべちょう　滋賀県長浜市
宮野
　みやの　富山県黒部市
　みやの　滋賀県高島市
　みやの　兵庫県神崎郡神河町
　みやの　山口県（JR山口線）
　みやの　愛媛県松山市
　みやの　福岡県八女市
　みやの　福岡県朝倉市
　みやの　熊本県玉名郡長洲町
宮野々　みやのの　高知県高岡郡檮原町
宮野下
　みやのした　新潟県五泉市
　みやのした　新潟県南魚沼市
　みやのしも　山口県山口市
宮野上　みやのかみ　山口県山口市
宮野木台　みやのぎだい　千葉県千葉市花見川区
宮野木町　みやのぎちょう　千葉県千葉市稲毛区
宮野台
　みやのだい　千葉県香取郡東庄町
　みやのだい　福岡県大野城市
宮野尾　みやのお　新潟県上越市
宮野沢　みやのさわ　青森県北津軽郡中泊町
宮野町
　みやのまち　石川県金沢市
　みやのちょう　大阪府高槻市
　みやのちょう　大阪府門真市
宮野浦　みやのうら　山形県酒田市
12 宮場　みやば　鳥取県東伯郡琴浦町
宮場町　みやばちょう　新潟県柏崎市
宮塚町
　みやつかちょう　愛知県名古屋市中村区
　みやづかちょう　兵庫県芦屋市
宮森
　みやもり　富山県砺波市
　みやのもり　奈良県磯城郡田原本町

10画（宰, 射, 将, 峨, 島）

宮森新　みやもりしん　富山県砺波市
宮越　みやこし　北海道檜山郡上ノ国町
宮須　みやす　富山県小矢部市
13宮園
　　みやぞの　北海道岩内郡岩内町
　　みやぞの　北海道厚岸郡厚岸町
　　みやぞの　青森県弘前市
　　みやぞの　岩手県宮古市
　　みやぞの　千葉県流山市
　　みやぞの　広島県廿日市市
　　みやぞの　熊本県上益城郡益城町
宮園上　みやぞのかみ　広島県廿日市市
宮園町
　　みやぞのちょう　北海道留萌市
　　みやぞのちょう　北海道二海郡八雲町
　　みやぞのまち　北海道天塩郡幌延町
　　みやぞのちょう　栃木県宇都宮市
　　みやでのちょう　富山県富山市
　　みやぞのちょう　大阪府堺市中区
宮新　みやしん　富山県砺波市
宮椿新田　みやつばきしんでん　新潟県魚沼市
宮滝　みやたき　奈良県吉野郡吉野町
宮裏　みやうら　愛知県犬山市
宮路　みやじ　富山県中新川郡立山町
宮路町
　　みやじまち　新潟県長岡市
　　みやじちょう　愛知県半田市
14宮摺町　みやずりまち　長崎県長崎市
宮歌　みやうた　北海道松前郡福島町
宮熊　みやぐま　大分県宇佐市
宮窪　みやのくぼ　富山県滑川市
宮窪台　みやのくぼだい　富山県滑川市
宮窪町友浦　みやくぼちょうともうら　愛媛県今治市
宮窪町四阪島　みやくぼちょうしさかじま　愛媛県今
　　治市
宮窪町早川　みやくぼちょうはやかわ　愛媛県今治市
宮窪町余所国　みやくぼちょうよそくに　愛媛県今
　　治市
宮窪町宮窪　みやくぼちょうみやくぼ　愛媛県今治市
宮窪新　みやのくぼしん　富山県滑川市
宮関
　　みやぜき　新潟県長岡市
　　みやせき　長野県上高井郡高山村
宮鼻　みやはな　埼玉県東松山市
16宮舘　みやだて　青森県弘前市
19宮瀬　みやぜ　新潟県胎内市

【宰】
8宰府　さいふ　福岡県太宰府市
11宰都　さいと　福岡県太宰府市
14宰領町　さいりょうまち　福島県白河市

【射】
4射水市　いみずし　富山県
射水市新湊庁舎前　いみずししんみなとちょうしゃまえ
　　富山県（万葉線）
射水町　いみずちょう　富山県射水市
8射和町　いざわちょう　三重県松阪市
12射場町　いばちょう　京都府京都市上京区

【将】
8将門町　まさかどまち　千葉県佐倉市
9将軍山　しょうぐんざん　北海道（JR石北本線）
将軍沢　しょうぐんさわ　埼玉県比企郡嵐山町
将軍通　しょうぐんどおり　兵庫県神戸市灘区
将軍野向山　しょうぐんのむかいやま　秋田県秋田市
将軍野東　しょうぐんのひがし　秋田県秋田市
将軍野青山町　しょうぐんのあおやまちょう　秋田県秋
　　田市
将軍野南　しょうぐんのみなみ　秋田県秋田市
将軍野桂町　しょうぐんのかつらちょう　秋田県秋田市
将軍野堰越　しょうぐんのせきこし　秋田県秋田市
15将監
　　しょうげん　宮城県仙台市泉区
　　しょうげん　千葉県印西市
将監町　しょうげんちょう　静岡県浜松市東区
将監殿　しょうげんとの　宮城県仙台市泉区

【峨】
10峨朗　がろう　北海道北斗市

【島】
島
　　しま　山形県山形市
　　しま　山形県寒河江市
　　しま　福島県郡山市
　　しま　茨城県つくば市
　　しま　茨城県筑西市
　　しま　栃木県真岡市
　　しま　千葉県山武市
　　しま　千葉県いすみ市
　　しま　千葉県香取郡多古町
　　しま　新潟県十日町市
　　しま　富山県小矢部市
　　しま　富山県射水市
　　しま　福井県小浜市
　　しま　福井県南条郡南越前町
　　しま　岐阜県揖斐郡揖斐川町
　　しま　岐阜県大野郡白川村
　　しま　静岡県島田市
　　しま　滋賀県蒲生郡竜王町
　　しま　大阪府茨木市
　　しま　兵庫県川辺郡猪名川町
　　しま　和歌山県和歌山市
　　しま　和歌山県御坊市
　　しま　和歌山県伊都郡かつらぎ町
　　しま　鳥取県八頭郡八頭町
　　しま　山口県宇部市
　　しま　高知県安芸市
　　しま　高知県安芸郡北川村
0島ケ原
　　しまがはら　三重県（JR関西本線）
　　しまがはら　三重県伊賀市
島ノ下
　　しました　北海道（JR根室本線）
　　しました　北海道富良野市
島ノ内
　　しまのうち　秋田県南秋田郡八郎潟町
　　しまのうち　福島県二本松市
島ノ関　しまのせき　滋賀県（京阪電気鉄道石山坂本
　　線）

939

10画（島）

島の内　しまのうち　福井県三方上中郡若狭町
島の星町　しまのほしちょう　島根県江津市
島の関　しまのせき　滋賀県大津市
³島上条　しまかみじょう　山梨県甲斐市
島上町　しまがみちょう　兵庫県神戸市兵庫区
島大堀　しまおおほり　山形県東根市
島子安賀町　しまこやすかちょう　愛知県稲沢市
島小原町　しまこはらちょう　愛知県稲沢市
島山梨子町　しまやまなしちょう　福井県福井市
島川
　　しまがわ　埼玉県久喜市
　　しまがわ　滋賀県愛知郡愛荘町
島川原
　　しまがわら　新潟県三条市
　　しまがわら　長野県東御市
島川原町　しまかわはらまち　岐阜県高山市
⁴島中
　　しまじゅう　高知県高岡郡檮原町
　　しまなか　鹿児島県大島郡喜界町
島之内
　　しまのうち　大阪府大阪市中央区
　　しまのうち　大阪府東大阪市
　　しまのうち　宮崎県宮崎市
島之瀬　しまのせ　和歌山県日高郡みなべ町
島井町　しまいちょう　愛知県名古屋市中川区
島内
　　しまうち　長野県（JR大糸線）
　　しまうち　長野県松本市
　　しまうち　宮崎県えびの市
島切窪町　しまきりくぼまち　新潟県見附市
島戸　しまど　千葉県山武市
島方　しまかた　栃木県那須塩原市
島木　しまき　熊本県上益城郡山都町
島木野　しまぎの　宮城県刈田郡七ケ宿町
島氏永　しまうじ␣なが　愛知県（名古屋鉄道名古屋本線）
⁵島出町　しまでまち　石川県羽咋市
島尻
　　しまじり　千葉県市川市
　　しまじり　富山県魚津市
　　しまじり　沖縄県島尻郡伊平屋村
　　しまじり　沖縄県島尻郡久米島町
島尻郡　しまじりぐん　沖縄県
島本　しまもと　大阪府（JR東海道本線）
島本町　しまもとちょう　大阪府三島郡
島田
　　しまだ　青森県南津軽郡大鰐町
　　しまだ　宮城県角田市
　　しまだ　山形県東田川郡庄内町
　　しまだ　栃木県小山市
　　しまだ　埼玉県坂戸市
　　しまだ　千葉県市原市
　　しまだ　千葉県八千代市
　　しまだ　新潟県長岡市
　　しまだ　新潟県三条市
　　しまだ　新潟県上越市
　　しまだ　新潟県阿賀野市
　　しまだ　富山県富山市
　　しまだ　岐阜県岐阜市
　　しまだ　静岡県（JR東海道本線）
　　しまだ　愛知県名古屋市天白区

　　しまだ　三重県桑名市
　　しまた　京都府久世郡久御山町
　　しまた　和歌山県日高郡印南町
　　しまた　山口県（JR山陽本線）
　　しまた　山口県光市
　　しまた　福岡県筑後市
　　しまた　熊本県上益城郡益城町
　　しまた　大分県中津市
島田が丘　しまだがおか　愛知県名古屋市天白区
島田下新田　しまだしもしんでん　新潟県上越市
島田上新田　しまだかみしんでん　新潟県上越市
島田中町　しまだなかまち　岐阜県岐阜市
島田台　しまだだい　千葉県八千代市
島田市　しまだし　静岡県
島田本町
　　しまだほんまち　岡山県岡山市北区
　　しまたほんまち　大分県中津市
島田仲町　しまたなかまち　大分県中津市
島田西町　しまだにしまち　岐阜県岐阜市
島田町
　　しまだちょう　茨城県水戸市
　　しまだちょう　茨城県牛久市
　　しまだちょう　栃木県足利市
　　しまだまち　石川県小松市
　　しまだまち　石川県白山市
　　しまだちょう　静岡県富士市
　　しまたちょう　島根県安来市
　　しまだまち　熊本県八代市
島田東町　しまだひがしまち　岐阜県岐阜市
島田黒石　しまだくろいし　愛知県名古屋市天白区
島立　しまだち　長野県松本市
⁶島名
　　しまな　茨城県高萩市
　　しまな　茨城県つくば市
島地　しまち　熊本県八代郡氷川町
島地町　しんじちょう　長崎県佐世保市
島寺　しまでら　福島県二本松市
島寺町　しまでらちょう　福井県福井市
島庄　しましょう　奈良県高市郡明日香村
島江町　しまえちょう　大阪府豊中市
島池町　しまいけまち　愛知県碧南市
⁷島坂町　しまさかちょう　愛知県岡崎市
島尾
　　しまお　富山県（JR氷見線）
　　しまお　富山県氷見市
島村　しまむら　愛知県一宮市
島村町　しまむらちょう　島根県出雲市
島町
　　しまちょう　茨城県常陸太田市
　　しまちょう　埼玉県さいたま市見沼区
　　しままち　石川県小松市
　　しまちょう　福井県越前市
　　しまちょう　岐阜県大垣市
　　しまちょう　岐阜県美濃加茂市
　　しまちょう　愛知県岡崎市
　　しまちょう　愛知県稲沢市
　　しまちょう　滋賀県近江八幡市
　　しままち　大阪府大阪市中央区
　　しままち　兵庫県加西市
　　しままち　熊本県熊本市南区
島見町　しまみちょう　新潟県新潟市北区

10画（峰）

島里　しまざと　岐阜県大垣市
8島並　しまなみ　茨城県行方市
島松
　　しままつ　北海道（JR千歳線）
　　しままつ　北海道北広島市
島松本町　しままつほんまち　北海道恵庭市
島松仲町　しままつなかまち　北海道恵庭市
島松旭町　しままつあさひまち　北海道恵庭市
島松寿町　しままつことぶきちょう　北海道恵庭市
島松沢　しままつざわ　北海道恵庭市
島松東町　しままつひがしまち　北海道恵庭市
島東之郷町　しまひがしのごうちょう　愛知県稲沢市
島泊町　しまどまりちょう　北海道函館市
島牧村　しままきむら　北海道島牧郡
島牧郡　しままきぐん　北海道
島門　しまど　福岡県遠賀郡遠賀町
9島屋　しまや　大阪府大阪市此花区
島栄町　しまさかえまち　岐阜県岐阜市
島泉　しまいずみ　大阪府羽曳野市
島津
　　しまづ　茨城県稲敷郡阿見町
　　しまづ　福岡県遠賀郡遠賀町
島津町　しまづちょう　京都府京都市伏見区
10島原
　　しばら　三重県北牟婁郡紀北町
　　しまばら　長崎県（島原鉄道線）
島原外港　しまばらがいこう　長崎県（島原鉄道線）
島原市　しまばらし　長崎県
島原町　しまばらちょう　岐阜県岐阜市
島宮町水堀　しまみやちょうみずほり　愛知県江南市
島宮町四日市場　しまみやちょうよっかいちば　愛知県江南市
島宮町吉原　しまみやちょうよしはら　愛知県江南市
島宮町巡見　しまみやちょうじゅんけん　愛知県江南市
島宮町西之宮　しまみやちょうにしのみや　愛知県江南市
島宮町城　しまみやちょうしろ　愛知県江南市
島宮町桐野　しまみやちょうきりの　愛知県江南市
島宮町郷内　しまみやちょうごうない　愛知県江南市
島根
　　しまね　埼玉県さいたま市西区
　　しまね　東京都足立区
島根町大芦　しまねちょうおおし　島根県松江市
島根町加賀　しまねちょうかか　島根県松江市
島根町多古　しまねちょうたこ　島根県松江市
島根町野井　しまねちょうのい　島根県松江市
島根町野波　しまねちょうのなみ　島根県松江市
島根県　しまねけん
島浦町　しまうらまち　宮崎県延岡市
島高松　しまたかまつ　長野県（JR大糸線）
島高須町　しまたかすちょう　愛知県稲沢市
11島崎
　　しまさき　新潟県長岡市
　　しまさき　富山県高岡市
　　しまさき　愛知県一宮市
　　しまさき　京都府宮津市
　　しまさき　熊本県熊本市中央区
　　しまさき　熊本県熊本市西区

島崎町
　　しまさきちょう　静岡県静岡市清水区
　　しまさきちょう　愛知県豊田市
　　しまさきちょう　三重県津市
　　しまさきちょう　和歌山県和歌山市
島袋　しまぶく　沖縄県中頭郡北中城村
島貫　しまぬき　山形県南陽市
島野　しまの　千葉県市原市
島野町
　　しまのまち　群馬県高崎市
　　しまのちょう　奈良県五條市
島陰　しまかげ　京都府宮津市
12島勝浦　しまかつうら　三重県北牟婁郡紀北町
島越
　　しまのこし　岩手県（三陸鉄道北リアス線）
　　しまのこし　岩手県下閉伊郡田野畑村
島道　しまみち　新潟県糸魚川市
島間　しまま　鹿児島県熊毛郡南種子町
島須　します　茨城県潮来市
13島新　しましん　富山県高岡市
島新田　しましんでん　新潟県南魚沼市
島新町　しましんまち　岐阜県岐阜市
島鉄本社前　しまてつほんしゃまえ　長崎県（島原鉄道線）
島鉄湯江　しまてつゆえ　長崎県（島原鉄道線）
15島潟
　　しまがた　新潟県三条市
　　しまがた　新潟県新発田市
16島橋北ノ丁　しまばしきたのちょう　和歌山県和歌山市
島橋西ノ丁　しまばしにしのちょう　和歌山県和歌山市
島橋町　しまばしちょう　福井県福井市
島橋東ノ丁　しまばしひがしのちょう　和歌山県和歌山市
島橋南ノ丁　しまばしみなみのちょう　和歌山県和歌山市
島頭　しまがしら　大阪府門真市
19島瀬町　しまのせちょう　長崎県佐世保市

【峰】
峰
　　みね　栃木県宇都宮市
　　みね　千葉県南房総市
　　みね　静岡県賀茂郡河津町
　　みね　和歌山県東牟婁郡古座川町
　　みね　高知県高岡郡越知町
0峰ノ上　みねのうえ　高知県高岡郡四万十町
3峰山　みねやま　京都府（京都丹後鉄道宮津線）
峰山町　みねやままち　香川県高松市
峰山町二箇　みねやままちょうにか　京都府京丹後市
峰山町上　みねやままちょうかみ　京都府京丹後市
峰山町久次　みねやままちょうひさつぎ　京都府京丹後市
峰山町千歳　みねやままちょうちとせ　京都府京丹後市
峰山町小西　みねやままちょうこにし　京都府京丹後市
峰山町不断　みねやままちょうふだん　京都府京丹後市
峰山町丹波　みねやままちょうたんば　京都府京丹後市
峰山町五箇　みねやままちょうごか　京都府京丹後市
峰山町内記　みねやままちょうないき　京都府京丹後市
峰山町古殿　みねやままちょうふるどの　京都府京丹後市

941

10画（峯,差,帰,師,帯）

峰山町四軒　みねやまちょうしけん　京都府京丹後市
峰山町白銀　みねやまちょうしらがね　京都府京丹後市
峰山町矢田　みねやまちょうやた　京都府京丹後市
峰山町石丸　みねやまちょういしまる　京都府京丹後市
峰山町光明寺　みねやまちょうこうみょうじ　京都府京丹後市
峰山町吉原　みねやまちょうよしわら　京都府京丹後市
峰山町安　みねやまちょうやす　京都府京丹後市
峰山町西山　みねやまちょうにしやま　京都府京丹後市
峰山町呉服　みねやまちょうごふく　京都府京丹後市
峰山町杉谷　みねやまちょうすぎたに　京都府京丹後市
峰山町赤坂　みねやまちょうあかさか　京都府京丹後市
峰山町長岡　みねやまちょうながおか　京都府京丹後市
峰山町室　みねやまちょうむろ　京都府京丹後市
峰山町泉　みねやまちょういずみ　京都府京丹後市
峰山町荒山　みねやまちょうあらやま　京都府京丹後市
峰山町浪花　みねやまちょうなにわ　京都府京丹後市
峰山町菅　みねやまちょうすげ　京都府京丹後市
峰山町堺　みねやまちょうさかい　京都府京丹後市
峰山町富貴屋　みねやまちょうふきや　京都府京丹後市
峰山町御旅　みねやまちょうおたび　京都府京丹後市
峰山町新町　みねやまちょうしんまち　京都府京丹後市
峰山町新治　みねやまちょうにんばり　京都府京丹後市
峰山町橋木　みねやまちょうはしぎ　京都府京丹後市
峰山町織元　みねやまちょうおりもと　京都府京丹後市
峰山町鱒留　みねやまちょうますどめ　京都府京丹後市
5峰田町　みねたちょう　広島県庄原市
6峰吉川　みねよしかわ　秋田県（JR奥羽本線）
峰寺
　　みねでら　奈良県山辺郡山添村
　　みねでら　奈良県吉野郡吉野町
7峰坂町　みねのさかちょう　長崎県佐世保市
峰沢町　みねざわちょう　神奈川県横浜市保土ケ谷区
峰町
　　みねまち　栃木県宇都宮市
　　みねちょう　神奈川県横浜市磯子区
峰町三根　みねまちみね　長崎県対馬市
峰町木坂　みねまちきさか　長崎県対馬市
峰町吉田　みねまちよしだ　長崎県対馬市
峰町佐賀　みねまちさか　長崎県対馬市
峰町志多賀　みねまちしたか　長崎県対馬市
峰町青海　みねまちおうみ　長崎県対馬市
峰町津柳　みねまちつやなぎ　長崎県対馬市
峰町狩尾　みねまちかりお　長崎県対馬市
峰町賀佐　みねまちかさ　長崎県対馬市
峰町櫛　みねまちくし　長崎県対馬市
峰見　みねみ　新潟県西蒲原郡弥彦村
8峰坪野　みねつぼの　富山県小矢部市
峰岡　みねおか　新潟県新潟市西蒲区
峰岡町　みねおかちょう　神奈川県横浜市保土ケ谷区
峰岸　みねぎし　埼玉県さいたま市西区
峰延　みねのぶ　北海道（JR函館本線）
峰延町　みねのぶちょう　北海道岩見沢市
峰延町公園　みねのぶちょうこうえん　北海道美唄市
峰延町本町　みねのぶちょうほんちょう　北海道美唄市
峰延町東　みねのぶちょうひがし　北海道美唄市
峰延町峰樺　みねのぶちょうみねかば　北海道美唄市

9峰南町　ほうなんちょう　兵庫県姫路市
峰後　みねうしろ　茨城県ひたちなか市
10峰原　みねはら　長野県塩尻市
峰浜　みねはま　北海道斜里郡斜里町
峰浜小手萩　みねはまこてはぎ　秋田県山本郡八峰町
峰浜内荒巻　みねまうちあらまき　秋田県山本郡八峰町
峰浜水沢　みねはまみずさわ　秋田県山本郡八峰町
峰浜田中　みねはまたなか　秋田県山本郡八峰町
峰浜目名潟　みねはまめながた　秋田県山本郡八峰町
峰浜石川　みねはまいしかわ　秋田県山本郡八峰町
峰浜坂形　みねはまさかがた　秋田県山本郡八峰町
峰浜沼田　みねはまぬまた　秋田県山本郡八峰町
峰浜畑谷　みねはまはたや　秋田県山本郡八峰町
峰浜高野々　みねはまこうやの　秋田県山本郡八峰町
峰浜塙　みねはまはなわ　秋田県山本郡八峰町
峰耕　みねこう　高知県高岡郡佐川町
峰高　みねたか　広島県廿日市市
15峰輪　みねわ　静岡県賀茂郡松崎町

【峯】
峯　みね　埼玉県川口市
3峯山　みねやま　宮城県遠田郡美里町
峯山浦　みねやまうら　宮城県遠田郡美里町
8峯岩戸　みねいわど　高知県吾川郡仁淀川町
10峯浜町　みねはまちょう　北海道目梨郡羅臼町

【差】
4差木地　さしきじ　東京都大島町
差木野町　さしきのまち　宮崎県延岡市
5差出南　さしでみなみ　長野県長野市
差田　さしだ　静岡県賀茂郡南伊豆町
9差首鍋　さすなべ　山形県最上郡真室川町
11差組　さしくみ　兵庫県川辺郡猪名川町
12差間　さしま　埼玉県川口市

【帰】
7帰来　きらい　香川県東かがわ市

【師】
師　もろ　群馬県利根郡みなかみ町
4師戸　もろと　千葉県印西市
5師田　もろだ　群馬県利根郡みなかみ町
8師岡町
　　もろおかちょう　東京都青梅市
　　もろおかちょう　神奈川県横浜市港北区
師長町　もろながちょう　愛知県名古屋市瑞穂区
11師崎　もろざき　愛知県知多郡南知多町
15師範場　しはんば　福島県田村郡三春町

【帯】
2帯刀　たてわき　埼玉県児玉郡上里町
3帯山
　　おびやま　熊本県熊本市中央区
　　おびやま　熊本県熊本市東区
5帯広　おびひろ　北海道（JR根室本線）
帯広市　おびひろし　北海道
8帯金　おびかね　山梨県南巨摩郡身延町

942

10画（庫、座、庭、徐、徒、恩、恐、恵）

9帯屋町
　　おびやちょう　京都府京都市中京区
　　おびやちょう　京都府京都市伏見区
　　おびやまち　高知県高知市
10帯島　たいしま　岩手県九戸郡洋野町
　帯高　おびたか　岡山県倉敷市
12帯富　おびとみ　北海道十勝郡浦幌町
13帯解　おびとけ　奈良県（JR桜井線）
18帯織
　　おびおり　新潟県（JR信越本線）
　　おびおり　新潟県三条市

【庫】
12庫場　くらば　福島県伊達郡桑折町
　庫富　くらとみ　北海道沙流郡日高町

【座】
0座ノ下町　ざのしたちょう　三重県尾鷲市
3座川内　そそろがわち　佐賀県東松浦郡玄海町
5座主坊　ざじゅうぼう　富山県中新川郡立山町
　座生　ざおう　千葉県野田市
6座光寺　ざこうじ　長野県飯田市
　座安　ざやす　沖縄県豊見城市
8座波　ざは　沖縄県糸満市
12座喜味　ざきみ　沖縄県中頭郡読谷村
　座間
　　ざま　神奈川県（小田急電鉄小田原線）
　　ざま　神奈川県座間市
　座間市　ざまし　神奈川県
　座間味　ざまみ　沖縄県島尻郡座間味村
　座間味村　ざまみそん　沖縄県島尻郡

【庭】
4庭井　にわい　大阪府大阪市住吉区
　庭月
　　にわづき　山形県最上郡鮭川村
　　にわづき　新潟県三条市
5庭代台　にわしろだい　大阪府堺市南区
　庭田　にわた　山形県酒田市
7庭坂　にわさか　福島県（JR奥羽本線）
　庭谷　にわや　群馬県甘楽郡甘楽町
11庭野　にわの　愛知県新城市
19庭瀬
　　にわせ　岡山県（JR山陽本線）
　　にわせ　岡山県岡山市北区

【徐】
13徐福　じょふく　和歌山県新宮市

【徒】
3徒士町　かじしちょう　青森県八戸市
4徒之町　かちのまち　福島県会津若松市
7徒町
　　おかちまち　青森県弘前市
　　かちまち　和歌山県和歌山市
　徒町川端町　おかちまちかわばたちょう　青森県弘前市

【恩】
5恩田
　　おんだ　栃木県那須郡那珂川町
　　おんだ　千葉県富津市
　　おんだ　神奈川県（東京急行電鉄こどもの国線）
　恩田町
　　おんだまち　群馬県沼田市
　　おんだちょう　神奈川県横浜市青葉区
　　おんだちょう　愛知県刈谷市
　　おんだちょう　山口県宇部市
　恩田原　おんだばら　静岡県静岡市駿河区
6恩名
　　おんな　茨城県古河市
　　おんな　神奈川県厚木市
　恩地　おんじ　鳥取県東伯郡三朝町
　恩地町
　　おんぢちょう　静岡県浜松市南区
　　おんじまち　愛媛県松山市
　　おんぢちょう　静岡県浜松市
　恩多町　おんたちょう　東京都東村山市
7恩志　おんじ　鳥取県岩美郡岩美町
10恩根　おんね　北海道網走郡津別町
　恩根内
　　おんねない　北海道（JR宗谷本線）
　　おんねない　北海道中川郡美深町
　　おんねない　北海道足寄郡陸別町
　　おんねない　北海道十勝郡浦幌町
　恩納　おんな　沖縄県国頭郡恩納村
　恩納村　おんなそん　沖縄県国頭郡
12恩智　おんぢ　大阪府（近畿日本鉄道大阪線）
　恩智中町　おんぢなかまち　大阪府八尾市
　恩智北町　おんぢきたまち　大阪府八尾市
　恩智南町　おんぢみなみまち　大阪府八尾市
　恩間　おんま　埼玉県越谷市
　恩間新田　おんましんでん　埼玉県越谷市

【恐】
9恐神町　おそがみちょう　福井県福井市

【恵】
0恵み野
　　めぐみの　北海道（JR千歳線）
　　めぐみの　宮城県石巻市
　　めぐみの　宮城県岩沼市
　恵み野北　めぐみのきた　北海道恵庭市
　恵み野西　めぐみのにし　北海道恵庭市
　恵み野里美　めぐみのさとみ　北海道恵庭市
　恵み野東　めぐみのひがし　北海道恵庭市
　恵み野南　めぐみのみなみ　北海道恵庭市
2恵乃島町　えのしまちょう　島根県安来市
3恵下越　えげのこし　福島県田村郡三春町
　恵久美　えくび　愛媛県伊予郡松前町
　恵子　えこ　福岡県筑紫郡那珂川町
　恵山町　えさんちょう　北海道函館市
　恵山岬町　えさんみさきちょう　北海道函館市
4恵方町　えほうちょう　愛知県名古屋市昭和区
　恵比寿
　　えびす　東京都（JR山手線ほか）
　　えびす　東京都渋谷区

943

10画（息, 恋, 扇）

恵比寿西　えびすにし　東京都渋谷区
恵比寿町
　　えびすちょう　岐阜県大垣市
　　えびすちょう　静岡県静岡市清水区
　　えびすまち　大分県大分市
恵比寿町北　えびすちょうきた　岐阜県大垣市
恵比寿町南　えびすちょうみなみ　岐阜県大垣市
恵比寿南　えびすみなみ　東京都渋谷区
恵比島
　　えびしま　北海道（JR留萌本線）
　　えびしま　北海道雨竜郡沼田町
恵比須
　　えびす　北海道稚内市
　　えびす　兵庫県（神戸電鉄粟生線）
恵比須町
　　えびすちょう　神奈川県横浜市神奈川区
　　えびすちょう　京都府京都市中京区
　　えびすまち　福岡県大牟田市
　　えびすまち　宮崎県延岡市
　　えびすちょう　鹿児島県枕崎市
　　えびすちょう　鹿児島県いちき串木野市
恵比須浜　えびすはま　徳島県海部郡美波町
5恵央町　けいおうちょう　北海道恵庭市
恵田町　えたちょう　愛知県岡崎市
7恵我ノ荘　えがのしょう　大阪府（近畿日本鉄道南大阪線）
恵我之荘　えがのしょう　大阪府羽曳野市
恵良
　　えら　大分県（JR久大本線）
　　えら　大分県玖珠郡九重町
恵那　えな　岐阜県（JR中央本線ほか）
恵那市　えなし　岐阜県
8恵和町　けいわまち　宮城県仙台市太白区
恵岱別　えたいべつ　北海道雨竜郡北竜町
9恵南　えなみ　北海道恵庭市
恵美坂　えみさか　大阪府藤井寺市
恵美酒町　えびすちょう　京都府京都市伏見区
恵美須之町　えびすのちょう　京都府京都市下京区
恵美須西　えびすにし　大阪府大阪市浪速区
恵美須町
　　えびすちょう　大阪府（阪堺電気軌道阪堺線ほか）
　　えびすちょう　山口県萩市
　　えびすちょう　愛媛県今治市
　　えびすまち　愛媛県宇和島市
　　えびすまち　福岡県柳川市
　　えびすまち　長崎県長崎市
恵美須東　えびすひがし　大阪府大阪市浪速区
恵美須屋町　えびすやちょう　京都府京都市下京区
恵茶人　えさしと　北海道厚岸郡浜中町
10恵原町　えばらまち　愛媛県松山市
恵庭　えにわ　北海道（JR千歳線）
恵庭市　えにわし　北海道
12恵塚町　えづかまち　熊本県宇土市

【息】
10息栖　いきす　茨城県神栖市

【恋】
0恋ケ窪　こいがくぼ　東京都（西武鉄道国分寺線）
恋し浜　こいしはま　岩手県（三陸鉄道南リアス線）

恋の窪　こいのくぼ　奈良県奈良市
恋の窪東町　こいのくぼひがしまち　奈良県奈良市
3恋山形　こいやまがた　鳥取県（智頭急行線）
4恋木　こいのき　愛媛県大洲市
7恋谷　こいだに　鳥取県東伯郡三朝町
11恋野　こいの　和歌山県橋本市
13恋路　こいじ　石川県珠洲郡能登町
14恋隠　こいかくし　北海道白糠郡白糠町

【扇】
扇
　　おうぎ　東京都足立区
　　おおぎ　広島県広島市西区
0扇ガ谷　おうぎがやつ　神奈川県鎌倉市
扇ケ浦　おうぎがうら　福岡県中間市
扇ケ浜　おうぎがはま　和歌山県田辺市
扇が丘　おうぎがおか　石川県野々市市
3扇大橋　おうぎおおはし　東京都（東京都交通局日暮里・舎人ライナー）
扇山　おうぎやま　大分県別府市
5扇台　おうぎだい　埼玉県入間市
扇田
　　おうぎだ　青森県三戸郡五戸町
　　おうぎた　秋田県（JR花輪線）
　　おうぎだ　秋田県能代市
　　おうぎだ　福島県喜多方市
　　おうぎだ　福島県伊達市
扇田町　おうぎだちょう　愛知県名古屋市南区
扇田道下　おうぎだみちした　秋田県大館市
扇石　おうぎいし　北海道檜山郡上ノ国町
7扇町
　　おうぎまち　北海道滝川市
　　おうぎまち　北海道富良野市
　　おうぎまち　北海道上川郡美瑛町
　　おうぎまち　北海道空知郡上富良野町
　　おうぎまち　青森県弘前市
　　おうぎまち　宮城県仙台市宮城野区
　　おおぎまち　福島県会津若松市
　　おうぎまち　栃木県矢板市
　　おうぎちょう　栃木県那須塩原市
　　おうぎちょう　神奈川県（JR鶴見線）
　　おうぎちょう　神奈川県横浜市中区
　　おうぎちょう　神奈川県川崎市川崎区
　　おうぎちょう　神奈川県小田原市
　　おうぎちょう　神奈川県海老名市
　　おうぎまち　新潟県柏崎市
　　おうぎまち　富山県高岡市
　　おうぎまち　石川県金沢市
　　おうぎまち　石川県小松市
　　おうぎまち　長野県飯田市
　　おうぎまち　静岡県島田市
　　おうぎまち　愛知県名古屋市名東区
　　おうぎちょう　京都府京都市上京区
　　おうぎまち　大阪府（大阪市交通局堺筋線）
　　おうぎまち　大阪府大阪市北区
　　おうぎまち　大阪府大東市
　　おうぎまち　兵庫県尼崎市
　　おうぎまち　鳥取県鳥取市
　　おうぎちょう　山口県周南市
　　おうぎまち　香川県高松市
　　おうぎまち　長崎県長崎市
扇町屋　おうぎまちや　埼玉県入間市

10画（挙, 拳, 振, 挿, 挾, 敏, 効, 旅, 晃, 晒, 時, 書）

8扇河岸　おうぎがし　埼玉県川越市
9扇屋町　おうぎやちょう　京都府京都市中京区
扇畑　おうぎはた　岩手県八幡平市
10扇原町　おうぎはらまち　石川県小松市
扇島
　おうぎしま　千葉県香取市
　おうぎしま　神奈川県横浜市鶴見区
　おおぎしま　神奈川県川崎市川崎区
扇酒屋町　おうぎさかやちょう　京都府京都市下京区
16扇橋　おうぎばし　東京都江東区

【挙】
5挙母町　ころもちょう　愛知県豊田市
11挙野　あげの　福井県敦賀市

【拳】
0拳ノ川　こぶしのかわ　高知県幡多郡黒潮町

【振】
4振内町　ふれないちょう　北海道沙流郡平取町
6振老　ふらおい　北海道天塩郡天塩町
7振別　ふるべつ　北海道広尾郡大樹町
振甫町　しんほちょう　愛知県名古屋市千種区
9振草　ふりくさ　愛知県北設楽郡東栄町
15振慶名　ぶりけな　沖縄県名護市
16振興　しんこう　北海道雨竜郡幌加内町

【挿】
16挿頭丘　かざしがおか　香川県（高松琴平電気鉄道琴
　平線）

【挾】
5挾田　はさだ　大分県竹田市
挾石　はさみし　石川県鳳珠郡穴水町
12挾間　はさま　福岡県豊前市
挾間町七蔵司　はさままちななぞうし　大分県由布市
挾間町下市　はさままちしもいち　大分県由布市
挾間町三船　はさままちみふね　大分県由布市
挾間町小野　はさままちおの　大分県由布市
挾間町内成　はさままちうちなり　大分県由布市
挾間町北方　はさままちきたがた　大分県由布市
挾間町古野　はさままちふるの　大分県由布市
挾間町田代　はさままちたしろ　大分県由布市
挾間町向原　はさままちむかいのはる　大分県由布市
挾間町朴木　はさままちほおのき　大分県由布市
挾間町医大ケ丘　はさままちいだいがおか　大分県由
　布市
挾間町来鉢　はさままちくばち　大分県由布市
挾間町谷　はさままちたに　大分県由布市
挾間町赤野　はさままちあかの　大分県由布市
挾間町東院　はさままちとい　大分県由布市
挾間町挾間　はさままちはさま　大分県由布市
挾間町時松　はさままちときまつ　大分県由布市
挾間町高崎　はさままちたかざき　大分県由布市
挾間町鬼崎　はさままちおにざき　大分県由布市
挾間町鬼瀬　はさままちおにがせ　大分県由布市
挾間町筒口　はさままちつつぐち　大分県由布市
挾間町篠原　はさままちしのはら　大分県由布市

【敏】
4敏内　びんない　北海道厚岸郡厚岸町
9敏音知　びんねしり　北海道枝幸郡中頓別町
12敏満寺　びんまんじ　滋賀県犬上郡多賀町

【効】
15効範町　こうはんちょう　愛知県瀬戸市

【旅】
5旅石　たびいし　福岡県糟屋郡須恵町
6旅伏　たぶし　島根県（一畑電車北松江線）
旅名　たびな　千葉県君津市
7旅来　たびこらい　北海道中川郡豊頃町
16旅篭町
　はたごまち　山形県山形市
　はたごまち　富山県高岡市
22旅籠町
　はたごまち　富山県富山市
　はたごまち　静岡県浜松市中区
　はたごまち　京都府亀岡市
　はたごまち　香川県高松市

【晃】
11晃望台　こうぼうだい　栃木県鹿沼市

【晒】
9晒屋　さらしや　富山県滑川市
晒屋町　さらしやちょう　京都府京都市下京区

【時】
0時ケ谷　ときがや　静岡県藤枝市
2時又
　ときまた　長野県（JR飯田線）
　ときまた　長野県飯田市
4時之島　ときのしま　愛知県一宮市
時水　ときみず　新潟県小千谷市
5時田　ときだ　山形県東置賜郡川西町
6時任町
　ときとうちょう　北海道函館市
　ときとうちょう　宮崎県日南市
時光寺町　じこうじちょう　兵庫県高砂市
時吉　ときよし　鹿児島県薩摩郡さつま町
時安　ときやす　広島県神石郡神石高原町
7時志　ときし　愛知県知多郡美浜町
時沢　ときざわ　山形県東置賜郡高畠町
8時和　ときわ　北海道十勝郡浦幌町
時長　ときなが　石川県鳳珠郡能登町
9時津町　とぎつちょう　長崎県西彼杵郡
10時庭
　ときにわ　山形県（山形鉄道フラワー長井線）
　ときにわ　山形県長井市
11時崎　ときざき　茨城県稲敷市
時曽根　ときぞね　千葉県匝瑳市
19時瀬町　ときぜちょう　愛知県豊田市

【書】
5書写　しょしゃ　兵庫県姫路市
書写台　しょしゃだい　兵庫県姫路市

945

10画（朔, 朗, 案, 株, 栢, 桔, 桐）

¹¹書副　かいぞえ　岡山県久米郡美咲町

【朔】
⁴朔日市　ついたち　愛媛県西条市
朔日町　ついたちまち　青森県八戸市

【朗】
¹⁰朗根内　ろうねない　北海道上川郡美瑛町

【案】
⁵案田　あんだ　岡山県加賀郡吉備中央町

【株】
¹¹株梗木　ぐみのき　青森県黒石市
株梗木横丁　ぐみのきよこちょう　青森県黒石市

【栢】
³栢山
　　かやま　神奈川県（小田急電鉄小田原線）
　　かやま　神奈川県小田原市
⁴栢木　かいのき　石川県羽咋郡志賀町
⁵栢田　かやだ　千葉県匝瑳市
⁷栢谷　かいだに　岡山県岡山市北区
¹²栢森　かやもり　奈良県高市郡明日香村
¹⁶栢橋　かやはし　千葉県市原市

【桔】
¹¹桔梗
　　ききょう　北海道（JR函館本線）
　　ききょう　北海道函館市
桔梗ケ丘　ききょうがおか　新潟県新潟市西蒲区
桔梗が丘
　　ききょうがおか　三重県（近畿日本鉄道大阪線）
　　ききょうがおか　京都府福知山市
桔梗が丘1番町　ききょうがおかいちばんちょう　三重県名張市
桔梗が丘2番町　ききょうがおかにばんちょう　三重県名張市
桔梗が丘3番町　ききょうがおかさんばんちょう　三重県名張市
桔梗が丘4番町　ききょうがおかよんばんちょう　三重県名張市
桔梗が丘5番町　ききょうがおかごばんちょう　三重県名張市
桔梗が丘6番町　ききょうがおかろくばんちょう　三重県名張市
桔梗が丘7番町　ききょうがおかななばんちょう　三重県名張市
桔梗が丘8番町　ききょうがおかはちばんちょう　三重県名張市
桔梗が丘西1番町　ききょうがおかにしいちばんちょう　三重県名張市
桔梗が丘西2番町　ききょうがおかにしにばんちょう　三重県名張市
桔梗が丘西3番町　ききょうがおかにしさんばんちょう　三重県名張市
桔梗が丘西4番町　ききょうがおかにしよんばんちょう　三重県名張市
桔梗が丘西5番町　ききょうがおかにしごばんちょう　三重県名張市
桔梗が丘西6番町　ききょうがおかにしろくばんちょう　三重県名張市
桔梗が丘西7番町　ききょうがおかにしななばんちょう　三重県名張市
桔梗が丘南1番町　ききょうがおかみなみいちばんちょう　三重県名張市
桔梗が丘南2番町　ききょうがおかみなみにばんちょう　三重県名張市
桔梗が丘南3番町　ききょうがおかみなみさんばんちょう　三重県名張市
桔梗が丘南4番町　ききょうがおかみなみよんばんちょう　三重県名張市
桔梗平
　　ききょうだいら　宮城県黒川郡大衡村
　　ききょうだいら　愛知県名古屋市守山区
桔梗町　ききょうちょう　北海道函館市
桔梗原　ききょうはら　新潟県十日町市
桔梗野　ききょうの　青森県弘前市
桔梗野工業団地　ききょうのこうぎょうだんち　青森県八戸市

【桐】
桐　きり　長野県松本市
⁰桐ケ丘
　　きりがおか　東京都北区
　　きりがおか　岐阜県関市
　　きりがおか　愛知県半田市
　　きりがおか　三重県伊賀市
　　きりがおか　大阪府河内長野市
桐ケ作
　　きりがさく　茨城県猿島郡境町
　　きりがさく　千葉県野田市
桐ケ谷　きりがや　千葉県流山市
桐ケ崎　きりがさき　宮城県牡鹿郡女川町
桐ケ崎町　きりがさきちょう　岐阜県大垣市
桐ケ瀬　きりがせ　茨城県下妻市
桐が作　きりがさく　神奈川県横浜市旭区
³桐山
　　きりやま　新潟県十日町市
　　きりやま　愛知県額田郡幸田町
　　きりやま　大阪府南河内郡千早赤阪村
　　きりやま　奈良県山辺郡山添村
桐山町　きりやままち　石川県金沢市
⁴桐木
　　きりのき　茨城県坂東市
　　きりのき　富山県南砺市
桐木沢　きりのきざわ　福島県耶麻郡猪苗代町
桐木町
　　きりのきまち　富山県高岡市
　　きりのきちょう　京都府京都市上京区
⁵桐古里郷　きりふるさとごう　長崎県南松浦郡新上五島町
桐生
　　きりゅう　群馬県（JR両毛線ほか）
　　きりゅう　滋賀県大津市
桐生市　きりゅうし　群馬県
桐生町　きりうまち　岐阜県高山市
桐生球場前　きりゅうきゅうじょうまえ　群馬県（上毛電気鉄道線）
⁷桐沢　きりさわ　新潟県南魚沼市
桐見川　きりみがわ　高知県高岡郡越知町

10画（栗）

桐谷　きりざく　千葉県香取市
桐谷台　きりやだい　岐阜県関市
8桐岡　きりおか　兵庫県美方郡新温泉町
桐林　きりばやし　長野県飯田市
桐林町　きりばやしちょう　愛知県名古屋市千種区
9桐畑
　　きりばたけ　神奈川県横浜市神奈川区
　　きりはた　石川県鳳珠郡能登町
桐畑町　きりはたちょう　愛知県名古屋市北区
10桐原
　　きりはら　新潟県（JR越後線）
　　きりはら　新潟県上越市
　　きりはら　長野県（長野電鉄長野線）
　　きりはら　長野県長野市
　　きりはら　長野県北佐久郡立科町
　　きりはら　三重県南牟婁郡紀宝町
桐原町　きりはらちょう　神奈川県藤沢市
12桐間西　きりまにし　高知県須崎市
桐間東　きりまひがし　高知県須崎市
桐間南　きりまみなみ　高知県須崎市

【栗】

栗　くり　兵庫県神崎郡神河町
0栗ケ丘　くりがおか　北海道茅部郡森町
栗ケ丘町　くりがおかちょう　大阪府豊中市
栗ケ沢　くりがさわ　千葉県松戸市
栗ケ島　くりがしま　栃木県塩谷郡高根沢町
栗ノ木沢　くりのきさわ　青森県上北郡七戸町
2栗又四ケ　くりまたしか　茨城県小美玉市
3栗下　くりした　宮崎県えびの市
栗子　くりご　岡山県久米郡美咲町
栗山
　　くりやま　北海道（JR室蘭本線）
　　くりやま　茨城県結城郡八千代町
　　くりやま　茨城県猿島郡境町
　　くりやま　群馬県甘楽郡下仁田町
　　くりやま　千葉県松戸市
　　くりやま　千葉県四街道市
　　くりやま　千葉県山武郡横芝光町
　　くりやま　新潟県三条市
　　くりやま　新潟県糸魚川市
　　くりやま　新潟県魚沼市
　　くりやま　富山県富山市
　　くりやま　富山県滑川市
　　くりやま　石川県羽咋郡志賀町
栗山沢　くりやまざわ　新潟県長岡市
栗山町
　　くりやまちょう　北海道夕張郡
　　くりやまちょう　青森県むつ市
　　くりやままち　愛知県碧南市
　　くりやまちょう　兵庫県姫路市
　　くりやまちょう　兵庫県尼崎市
栗山添　くりやまぞい　青森県上北郡東北町
栗山新田
　　くりやましんでん　茨城県常総市
　　くりやましんでん　茨城県坂東市
4栗木
　　くりき　神奈川県横浜市磯子区
　　くりき　神奈川県川崎市麻生区
　　くりき　高知県土佐郡土佐町
栗木台　くりきだい　神奈川県川崎市麻生区

栗木田　くりきだ　岩手県八幡平市
栗木野新田　くりきのしんでん　新潟県胎内市
5栗丘　くりおか　北海道（JR室蘭本線）
栗平
　　くりひら　神奈川県（小田急電鉄多摩線）
　　くりひら　神奈川県川崎市麻生区
栗生
　　くりゅう　宮城県仙台市青葉区
　　くりお　鹿児島県熊毛郡屋久島町
栗生沢　くりゅうざわ　福島県南会津郡南会津町
栗田
　　くりた　福井県小浜市
　　くりた　長野県長野市
　　くりた　滋賀県愛知郡愛荘町
　　くんだ　京都府（京都丹後鉄道宮津線）
　　くりだ　福岡県朝倉郡筑前町
栗田北中　くりたきたなか　長野県長野市
栗田谷　くりたや　神奈川県横浜市神奈川区
栗矢田町　くりやだちょう　岐阜県岐阜市
6栗寺　くりでら　富山県黒部市
7栗住波　くりすなみ　福井県吉田郡永平寺町
栗坂　くりさか　岡山県倉敷市
栗尾　くりお　鳥取県倉吉市
栗沢
　　くりさわ　北海道（JR室蘭本線）
　　くりさわ　秋田県大仙市
栗沢町上幌　くりさわちょうかみほろ　北海道岩見沢市
栗沢町万字二見町　くりさわちょうまんじふたみちょう
　　　　北海道岩見沢市
栗沢町万字大平　くりさわちょうまんじおおたいら　北
　　海道岩見沢市
栗沢町万字巴町　くりさわちょうまんじともえちょう
　　　　北海道岩見沢市
栗沢町万字仲町　くりさわちょうまんじなかまち　北海
　　道岩見沢市
栗沢町万字旭町　くりさわちょうまんじあさひまち　北
　　海道岩見沢市
栗沢町万字西原町　くりさわちょうまんじにしはらまち
　　　　北海道岩見沢市
栗沢町万字寿町　くりさわちょうまんじことぶきちょう
　　　　北海道岩見沢市
栗沢町万字幸町　くりさわちょうまんじさいわいちょう
　　　　北海道岩見沢市
栗沢町万字英町　くりさわちょうまんじはなぶさちょう
　　　　北海道岩見沢市
栗沢町万字睦町　くりさわちょうまんじむつみちょう
　　　　北海道岩見沢市
栗沢町万字錦町　くりさわちょうまんじにしきまち　北
　　海道岩見沢市
栗沢町万字曙町　くりさわちょうまんじあけぼのまち
　　　　北海道岩見沢市
栗沢町小西　くりさわちょうこにし　北海道岩見沢市
栗沢町加茂川　くりさわちょうかもがわ　北海道岩見
　　沢市
栗沢町北斗　くりさわちょうほくと　北海道岩見沢市
栗沢町北本町　くりさわちょうきたほんちょう　北海道
　　岩見沢市
栗沢町北幸穂　くりさわちょうきたさちほ　北海道岩
　　見沢市
栗沢町必成　くりさわちょうひっせい　北海道岩見沢市

947

10画（栗）

栗沢町本町　くりさわちょうほんちょう　北海道岩見沢市
栗沢町由良　くりさわちょうゆら　北海道岩見沢市
栗沢町自協　くりさわちょうじきょう　北海道岩見沢市
栗沢町西万字　くりさわちょうにしまんじ　北海道岩見沢市
栗沢町西本町　くりさわちょうにしほんちょう　北海道岩見沢市
栗沢町岐阜　くりさわちょうぎふ　北海道岩見沢市
栗沢町幸穂町　くりさわちょうさちほちょう　北海道岩見沢市
栗沢町東本町　くりさわちょうひがしほんちょう　北海道岩見沢市
栗沢町茂世丑　くりさわちょうもせうし　北海道岩見沢市
栗沢町南本町　くりさわちょうみなみほんちょう　北海道岩見沢市
栗沢町南幸穂　くりさわちょうみなみさちほ　北海道岩見沢市
栗沢町美流渡本町　くりさわちょうみるとほんちょう　北海道岩見沢市
栗沢町美流渡末広町　くりさわちょうみるとすえひろちょう　北海道岩見沢市
栗沢町美流渡吉野町　くりさわちょうみるとよしのちょう　北海道岩見沢市
栗沢町美流渡西町　くりさわちょうみるとにしまち　北海道岩見沢市
栗沢町美流渡東町　くりさわちょうみるとひがしまち　北海道岩見沢市
栗沢町美流渡東栄町　くりさわちょうみるととうえいちょう　北海道岩見沢市
栗沢町美流渡若葉町　くりさわちょうみるとわかばちょう　北海道岩見沢市
栗沢町美流渡南町　くりさわちょうみるとみなみまち　北海道岩見沢市
栗沢町美流渡栄町　くりさわちょうみるとさかえちょう　北海道岩見沢市
栗沢町美流渡桜町　くりさわちょうみるとさくらまち　北海道岩見沢市
栗沢町美流渡楓町　くりさわちょうみるとかえでちょう　北海道岩見沢市
栗沢町美流渡緑町　くりさわちょうみるとみどりまち　北海道岩見沢市
栗沢町美流渡錦町　くりさわちょうみるとにしきちょう　北海道岩見沢市
栗沢町宮村　くりさわちょうみやむら　北海道岩見沢市
栗沢町栗丘　くりさわちょうくりおか　北海道岩見沢市
栗沢町栗部　くりさわちょうくりべ　北海道岩見沢市
栗沢町砺波　くりさわちょうとなみ　北海道岩見沢市
栗沢町耕成　くりさわちょうこうせい　北海道岩見沢市
栗沢町最上　くりさわちょうもがみ　北海道岩見沢市
栗沢町越前　くりさわちょうえちぜん　北海道岩見沢市
栗町　くりちょう　京都府綾部市
栗見出在家町　くりみでざいけちょう　滋賀県東近江市
栗見新田町　くりみしんでんちょう　滋賀県東近江市
栗谷
　　くりや　神奈川県川崎市多摩区
　　くりだに　三重県多気郡大台町
栗谷沢　くりやさわ　福島県須賀川市
栗谷町　くりたにちょう　鳥取県鳥取市

栗谷町大栗林　くりたにちょうおおくりばやし　広島県大竹市
栗谷町小栗林　くりたにちょうこくりばやし　広島県大竹市
栗谷町広原　くりたにちょうひろはら　広島県大竹市
栗谷町谷和　くりたにちょうたにわ　広島県大竹市
栗谷町後原　くりたにちょううしろばら　広島県大竹市
栗谷町奥谷尻　くりたにちょうおくたにじり　広島県大竹市
栗阪　くりさか　奈良県御所市
8栗坪
　　くりつぼ　埼玉県日高市
　　くりつぼ　千葉県君津市
栗岡　くりおか　北海道山越郡長万部町
栗東　りっとう　滋賀県（JR東海道本線）
栗東市　りっとうし　滋賀県
栗林
　　くりばやし　福島県田村郡三春町
　　くりばやし　新潟県三条市
　　くりばやし　長野県中野市
　　くりばやし　愛知県犬山市
　　りつりん　香川県（JR高徳線）
栗林公園　りつりんこうえん　香川県（高松琴平電気鉄道琴平線）
栗林公園北口　りつりんこうえんきたぐち　香川県（JR高徳線）
栗林町
　　くりばやしちょう　岩手県釜石市
　　くりばやしちょう　滋賀県大津市
　　りつりんちょう　香川県高松市
栗林免　くりばやしめん　長崎県北松浦郡佐々町
9栗屋　くりや　山口県周南市
栗屋町　くりやちょう　岐阜県大垣市
栗柄　くりから　兵庫県篠山市
栗柄町　くりがらちょう　広島県府中市
栗面町　くれもまち　長崎県諫早市
10栗原
　　くりはら　宮城県刈田郡七ケ宿町
　　くりはら　茨城県つくば市
　　くりはら　栃木県日光市
　　くりはら　埼玉県新座市
　　くりはら　埼玉県久喜市
　　くりはら　東京都足立区
　　くりはら　神奈川県座間市
　　くりはら　新潟県妙高市
　　くりはら　岐阜県不破郡垂井町
　　くりはら　静岡県静岡市駿河区
　　くりはら　三重県度会郡度会町
　　くりはら　滋賀県大津市
　　くりばら　兵庫県赤穂郡上郡町
　　くりはら　奈良県高市郡明日香村
　　くりはら　岡山県真庭市
栗原中央　くりはらちゅうおう　神奈川県座間市
栗原市　くりはらし　宮城県
栗原西　くりはらにし　広島県尾道市
栗原町　くりはらちょう　広島県尾道市
栗原東　くりはらひがし　広島県尾道市
栗宮　くりみや　新潟県新潟市秋葉区
栗島　くりしま　茨城県筑西市
栗栖
　　くりす　愛知県犬山市

10画（桑）

くるす　滋賀県犬上郡多賀町
くるす　大阪府豊能郡能勢町
くるす　和歌山県和歌山市
くりう　広島県廿日市市
栗栖野　くりすの　兵庫県篠山市
栗栖野中臣町　くりすのなかとみちょう　京都府京都
市山科区
栗栖野打越町　くりすのうちこしちょう　京都府京都
市山科区
栗栖野狐塚　くりすのきつねづか　京都府京都市山
科区
栗栖野華ノ木町　くりすのはなのきちょう　京都府京
都市山科区
栗真小川町　くりまこがわちょう　三重県津市
栗真中山町　くりまなかやまちょう　三重県津市
栗真町屋　くりままちやちょう　三重県津市
11栗崎
くりざき　埼玉県本庄市
くりざき　熊本県下益城郡美里町
栗崎町
くりさきちょう　茨城県水戸市
くりさきまち　群馬県高崎市
くりさきまち　熊本県宇土市
栗笠　くりがさ　岐阜県養老郡養老町
栗野　くりの　鹿児島県（JR肥薩線）
栗野江　くりのえ　新潟県佐渡市
栗野浦　くりのうら　愛媛県八幡浜市
12栗森町　くりもりちょう　福井県福井市
栗森町浜　くりもりちょうはま　福井県福井市
栗須　くるす　三重県南牟婁郡御浜町
14栗熊　くりくま　香川県（高松琴平電気鉄道琴平線）
15栗駒八幡　くりこまやはた　宮城県栗原市
栗駒中野　くりこまなかの　宮城県栗原市
栗駒文字　くりこまもんじ　宮城県栗原市
栗駒片子沢　くりこまかたござわ　宮城県栗原市
栗駒芋埣　くりこまいもぞね　宮城県栗原市
栗駒里谷　くりこまさとや　宮城県栗原市
栗駒岩ケ崎　くりこまいわがさき　宮城県栗原市
栗駒松倉　くりこままつくら　宮城県栗原市
栗駒沼倉　くりこまぬまくら　宮城県栗原市
栗駒泉沢　くりこまいずみざわ　宮城県栗原市
栗駒栗原　くりこまくりばら　宮城県栗原市
栗駒桜田　くりこまさくらだ　宮城県栗原市
栗駒深谷　くりこまふかや　宮城県栗原市
栗駒菱沼　くりこまひしぬま　宮城県栗原市
栗駒鳥沢　くりこまとりさわ　宮城県栗原市
栗駒渡丸　くりこまたわまる　宮城県栗原市
栗駒猿飛来　くりこまさっぴらい　宮城県栗原市
栗駒稲屋敷　くりこまいなやしき　宮城県栗原市
栗駒嶺崎　くりこまみねざき　宮城県栗原市
16栗橋
くりはし　埼玉県（JR東北本線ほか）
くりはし　埼玉県久喜市
栗橋中央　くりはしちゅうおう　埼玉県久喜市
栗橋北　くりはしきた　埼玉県久喜市
栗橋町　くりはしまち　⇒久喜市（埼玉県）
栗橋東　くりはしひがし　埼玉県久喜市

【桑】
0桑ケ市　くわがいち　高知県高岡郡津野町
桑ノ口　くわのぐち　新潟県新発田市
桑ノ川
くわのがわ　栃木県真岡市
くわのかわ　高知県南国市
3桑下　くわしも　岡山県津山市
桑上　くわかみ　岡山県津山市
桑久保　くわくぼ　山梨県上野原市
桑山
くわやま　茨城県筑西市
くわやま　茨城県稲敷市
くわやま　新潟県新潟市西蒲区
くわやま　長野県佐久市
くわやま　和歌山県和歌山市
くわのやま　山口県防府市
桑川
くわがわ　新潟県（JR羽越本線）
くわがわ　新潟県村上市
桑才　くわざい　大阪府門真市
桑才新町　くわさいしんまち　大阪府門真市
4桑切　くわぎり　新潟県三条市
桑木
くわぎ　静岡県駿東郡小山町
くわぎ　広島県神石郡神石高原町
桑木荒　くわのきあら　宮城県遠田郡涌谷町
桑木原　くわのきばる　佐賀県西松浦郡有田町
桑木場町　くわこばちょう　長崎県佐世保市
5桑古場　くわこば　佐賀県西松浦郡有田町
桑市　くわいち　兵庫県朝来市
桑平町　くわひらまち　宮崎県延岡市
桑田　くわだ　山形県東田川郡庄内町
桑田山乙　そうだやまおつ　高知県須崎市
桑田山甲　そうだやまこう　高知県須崎市
桑田町
くわたちょう　大阪府茨木市
くわだちょう　岡山県岡山市北区
桑田和町　くわだわちょう　愛知県豊田市
6桑名
くわな　三重県（JR関西本線ほか）
くわな　三重県桑名市
桑名川　くわながわ　長野県（JR飯山線）
桑名市　くわなし　三重県
桑名郡　くわなぐん　三重県
桑曲　くわまがり　福岡県飯塚市
桑江　くわえ　沖縄県中頭郡北谷町
7桑折　こおり　福島県（JR東北本線）
桑折町　こおりまち　福島県伊達郡
桑村　くわむら　愛媛県西条市
桑町　くわまち　三重県（伊賀鉄道線）
桑谷町　くわがいちょう　愛知県岡崎市
8桑取火　くわとび　福島県南会津郡下郷町
9桑南　そうなん　山口県防府市
桑栄町　そうえいちょう　三重県桑名市
桑津
くわづ　大阪府大阪市東住吉区
くわづ　兵庫県伊丹市
桑畑
くわばた　大阪府阪南市

949

10画（桂）

くわはた　奈良県吉野郡十津川村

10桑原
くわばら　青森県青森市
くわばら　宮城県岩沼市
くわのはら　福島県大沼郡三島町
くわはら　茨城県取手市
くわはら　群馬県富岡市
くわばら　神奈川県小田原市
くわばら　富山県富山市
くわばら　福井県あわら市
くわばら　長野県千曲市
くわばら　静岡県上方郡函南町
くわのはら　大阪府茨木市
くわばら　兵庫県三田市
くわばら　兵庫県篠山市
くわばら　愛媛県松山市
くわばら　福岡県福岡市西区
くわばら　福岡県朝倉市
くわばら　熊本県葦北郡芦北町

桑原田町
くわはらだちょう　愛知県豊田市
くわはらだちょう　兵庫県加西市

桑原西　くわばらにし　宮城県岩沼市

桑原町
くわばらまち　石川県加賀市
くわばらちょう　愛知県岡崎市
くわばらちょう　愛知県豊田市
くわばらちょう　京都府京都市中京区
くわばらちょう　大阪府和泉市

桑原町八神　くわばらちょうやがみ　岐阜県羽島市
桑原町大須　くわばらちょうおおす　岐阜県羽島市
桑原町小薮　くわばらちょうこやぶ　岐阜県羽島市
桑原町午南　くわばらちょううまみなみ　岐阜県羽島市
桑原町平太　くわばらちょうへいた　岐阜県羽島市
桑原町西小薮　くわばらちょうにしこやぶ　岐阜県羽島市
桑原町東方　くわばらちょうひがしがた　岐阜県羽島市
桑原町前野　くわばらちょうまえの　岐阜県羽島市

桑島
くわじま　福島県伊達郡桑折町
くわじま　石川県白山市

桑島町　くわじままち　栃木県宇都宮市

桑納　かんのう　千葉県八千代市

桑院　くわのいん　富山県氷見市

11桑崎
くわがさき　秋田県湯沢市
くわさき　埼玉県羽生市
かざき　静岡県富士市

桑部　くわべ　三重県桑名市

桑野
くわの　福島県郡山市
くわの　兵庫県佐用郡佐用町
くわの　岡山県岡山市中区
くわの　徳島県（JR牟岐線）
くわの　福岡県嘉麻市

桑野山　くわのやま　静岡県榛原郡川根本町
桑野内　くわのうち　宮崎県西臼杵郡五ケ瀬町
桑野北町　くわのきたまち　岡山県岡山市
桑野町　くわのちょう　徳島県阿南市

桑野清水台　くわのしみずだい　福島県郡山市

12桑間　くわま　兵庫県洲本市

13桑園
そうえん　北海道（JR函館本線）
そうえん　北海道留萌郡小平町

桑飼下　くわがいしも　京都府舞鶴市
桑飼上　くわがいかみ　京都府舞鶴市

14桑窪　くわくぼ　栃木県塩谷郡高根沢町

16桑橋　そうのはし　千葉県八千代市

19桑瀬　くわぜ　高知県吾川郡いの町

【桂】

桂
かつら　北海道釧路郡釧路町
かつら　宮城県仙台市泉区
かつら　千葉県茂原市
かつら　新潟県十日町市
かつら　新潟県糸魚川市
かつら　新潟県岩船郡関川村
かつら　富山県南砺市
かつら　岐阜県揖斐郡揖斐川町
かつら　三重県伊賀市
かつら　京都府（阪急電鉄京都本線ほか）

0桂ケ丘
かつらがおか　岐阜県可児市
かつらがおか　三重県尾鷲市

3桂下豆田町　かつらしもまめだちょう　京都府京都市西京区
桂上豆田町　かつらかみまめだちょう　京都府京都市西京区
桂上野川原町　かつらかみのかわらちょう　京都府京都市西京区
桂上野中町　かつらかみのなかちょう　京都府京都市西京区
桂上野今井町　かつらかみのいまいちょう　京都府京都市西京区
桂上野北町　かつらかみのきたちょう　京都府京都市西京区
桂上野西町　かつらかみのにしちょう　京都府京都市西京区
桂上野東町　かつらかみのひがしちょう　京都府京都市西京区
桂上野南町　かつらかみのみなみちょう　京都府京都市西京区
桂久方町　かつらひさかたちょう　京都府京都市西京区
桂千代原町　かつらちよはらちょう　京都府京都市西京区
桂大縄町　かつらおおなわちょう　京都府京都市西京区
桂子沢　かつらござわ　岩手県和賀郡西和賀町

桂山
かつらやま　千葉県大網白里市
かやま　静岡県静岡市葵区

桂川
かつらがわ　北海道（JR函館本線）
かつらがわ　京都府（JR東海道本線）
けいせん　福岡県（JR篠栗線）

桂川町　けいせんまち　福岡県嘉穂郡

4桂木
かつらぎ　北海道根室市
かつらぎ　北海道千歳市
かつらぎ　北海道釧路郡釧路町
かつらぎ　青森県青森市

10画（根）

かつらぎ　兵庫県神戸市北区
かつらぎ　鳥取県鳥取市
桂木ノ下町　かつらぎのしたちょう　京都府京都市西京区
桂木町
　かつらぎちょう　北海道富良野市
　かつらぎちょう　山形県北村山郡大石田町
　かつらぎちょう　奈良県奈良市
5桂北滝川町　かつらきたたきがわちょう　京都府京都市西京区
桂台
　かつらだい　北海道（JR釧網本線）
　かつらだい　北海道虻田郡ニセコ町
　かつらだい　神奈川県横浜市青葉区
　かつらだい　富山県中新川郡立山町
桂台中　かつらだいなか　神奈川県横浜市栄区
桂台北　かつらだいきた　神奈川県横浜市栄区
桂台西　かつらだいにし　神奈川県横浜市栄区
桂台東　かつらだいひがし　神奈川県横浜市栄区
桂台南　かつらだいみなみ　神奈川県横浜市栄区
桂市ノ前町　かつらいちのまえちょう　京都府京都市西京区
桂平町　かつらひらちょう　島根県益田市
6桂池尻町　かつらいけじりちょう　京都府京都市西京区
桂艮町　かつらうしとらちょう　京都府京都市西京区
桂西滝川町　かつらにしたきがわちょう　京都府京都市西京区
7桂坂　かつらさか　神奈川県横浜市泉区
桂沢
　かつらさわ　北海道三笠市
　かつらさわ　新潟県三島郡出雲崎町
桂町
　かつらまち　北海道北見市
　かつらまち　北海道網走市
　かつらちょう　茨城県牛久市
　かつらちょう　神奈川県横浜市栄区
　かつらまち　新潟県長岡市
　かつらまち　石川県金沢市
　かつらまち　石川県小松市
　かつらちょう　福井県越前市
　かつらまち　山梨県都留市
　かつらちょう　大阪府八尾市
　かつらまち　山口県岩国市
桂芝ノ下町　かつらしばのしたちょう　京都府京都市西京区
桂見　かつらみ　鳥取県鳥取市
桂谷　かつらだに　石川県鳳珠郡穴水町
桂谷　かつらたにまち　石川県加賀市
8桂坤町　かつらひつじさるちょう　京都府京都市西京区
桂坪　かつらつぼ　岡山県美作市
桂岡　かつらおか　北海道檜山郡上ノ国町
桂岡町　かつらおかちょう　北海道小樽市
桂河田町　かつらかわだちょう　京都府京都市西京区
9桂南巽町　かつらみなみつみちょう　京都府京都市西京区
桂南滝川町　かつらみなみたきがわちょう　京都府京都市西京区
桂城　けいじょう　秋田県大館市
桂後水町　かつらこうずちょう　京都府京都市西京区
桂春日町　かつらかすがちょう　京都府京都市西京区

桂浅原町　かつらあさはらちょう　京都府京都市西京区
桂畑ケ田町　かつらはたけだちょう　京都府京都市西京区
桂荒俣　かつらあらまた　山形県鶴岡市
桂飛地　かつらとびち　千葉県茂原市
10桂原　かつらはら　奈良県吉野郡黒滝村
桂恋　かつらこい　北海道釧路市
桂根　かつらね　秋田県（JR羽越本線）
11桂乾町　かつらいぬいちょう　京都府京都市西京区
桂清水町　かつらしみずちょう　京都府京都市西京区
桂野町　かつらのちょう　愛知県豊田市
桂野里町　かつらのさとちょう　京都府京都市西京区
12桂巽町　かつらたつみちょう　京都府京都市西京区
桂御所町　かつらごしょちょう　京都府京都市西京区
桂御園　かつらみその　京都府京都市西京区
桂朝日町　かつらあさひちょう　京都府京都市西京区
14桂徳大寺北町　かつらとくだいじきたちょう　京都府京都市西京区
桂徳大寺町　かつらとくだいじちょう　京都府京都市西京区
桂徳大寺東町　かつらとくだいじひがしちょう　京都府京都市西京区
桂徳大寺南町　かつらとくだいじみなみちょう　京都府京都市西京区
桂稲荷山町　かつらいなりやまちょう　京都府京都市西京区
19桂瀬
　かつらせ　秋田県（秋田内陸縦貫鉄道線）
　かつらせ　秋田県北秋田市
　かつらせ　和歌山県海草郡紀美野町
桂瀬町　かつらせちょう　三重県松阪市

【根】
根　ね　千葉県白井市
0根々井　ねねい　長野県佐久市
根々崎　ねねざき　高知県高岡郡四万十町
根ケ布　ねかぶ　東京都青梅市
根の平　ねのひら　三重県三重郡菰野町
根の神　ねのがみ　愛知県長久手市
根の鼻町　ねのはなちょう　愛知県尾張旭市
3根下戸　ねげと　秋田県大館市
根下戸町　ねげとちょう　秋田県大館市
根下戸新町　ねげとしんまち　秋田県大館市
根三田　ねさんだ　茨城県鹿嶋市
根上　ねのうえ　富山県富山市
根上町　ねあがりまち　石川県能美市
根子　ねっこ　山梨県南巨摩郡身延町
根小屋
　ねごや　茨城県石岡市
　ねごや　茨城県行方市
　ねごや　栃木県真岡市
　ねごや　群馬県（上信電鉄線）
　ねごや　神奈川県相模原市緑区
　ねごや　新潟県長岡市
　ねごや　新潟県糸魚川市
　ねごや　新潟県魚沼市
根小屋町　ねごやまち　群馬県高崎市
4根井　ねい　青森県三沢市
根元原　ごんげんばら　高知県高岡郡四万十町

10画（根）

根反 ねそり 岩手県二戸郡一戸町
根太口 ねぶとぐち 奈良県磯城郡田原本町
根戸
　ねど 千葉県柏市
　ねど 千葉県我孫子市
根戸新田
　ねどしんでん 千葉県柏市
　ねどしんでん 千葉県我孫子市
根木
　ねぎ 埼玉県児玉郡美里町
　ねき 石川県鳳珠郡穴水町
根木内 ねぎうち 千葉県松戸市
根木名 ねこな 千葉県富里市
根木原町 ねぎばるちょう 鹿児島県鹿屋市
根火 ねび 茨城県稲敷郡美浦村
⁵根占山本 ねじやまもと 鹿児島県肝属郡南大隅町
根占川北 ねじめかわきた 鹿児島県肝属郡南大隅町
根占川南 ねじめかわみなみ 鹿児島県肝属郡南大
　隅町
根占辺田 ねじめへた 鹿児島県肝属郡南大隅町
根占横別府 ねじめよこべっぷ 鹿児島県肝属郡南大
　隅町
根古 ねこ 宮城県東松島市
根古地 ねこじ 岐阜県養老郡養老町
根古谷 ねごや 千葉県八街市
根古屋
　ねごや 埼玉県加須市
　ねごや 静岡県静岡市駿河区
　ねごや 静岡県沼津市
根市 ねいち 岩手県宮古市
根本
　ねもと 福島県伊達郡川俣町
　ねもと 福島県田村郡三春町
　ねもと 茨城県水戸市
　ねもと 茨城県常陸大宮市
　ねもと 茨城県稲敷郡美浦村
　ねもと 栃木県真岡市
　ねもと 千葉県松戸市
　ねもと 千葉県君津市
　ねもと 岐阜県（JR太多線）
根本町
　ねもとちょう 茨城県水戸市
　ねもとちょう 岐阜県多治見市
根田
　こんだ 秋田県北秋田市
　ねだ 福島県伊達市
　ねだ 千葉県市原市
根田茂 ねだも 岩手県盛岡市
根白石 ねのしろいし 宮城県仙台市泉区
根石 ねいし 岩手県八幡平市
根石町 ねいしちょう 愛知県岡崎市
⁶根安 ねやす 鳥取県八頭郡若桜町
根宇野 みよの 兵庫県神崎郡神河町
根当 ねあたり 茨城県石岡市
根成柿 ねなりがき 奈良県大和高田市
根羽村 ねばむら 長野県下伊那郡
⁷根坂間 ねざかま 神奈川県平塚市
根尾八谷 ねおやたに 岐阜県本巣市
根尾下大須 ねおしもおおす 岐阜県本巣市
根尾上大須 ねおかみおおす 岐阜県本巣市

根尾口谷 ねおくちだに 岐阜県本巣市
根尾大井 ねおおおい 岐阜県本巣市
根尾大河原 ねおおおかわら 岐阜県本巣市
根尾小鹿 ねおおじか 岐阜県本巣市
根尾川原 ねおかわら 岐阜県本巣市
根尾中 ねおなか 岐阜県本巣市
根尾今村 ねおいまむら 岐阜県本巣市
根尾天神堂 ねおてんじんどう 岐阜県本巣市
根尾水鳥 ねおみどり 岐阜県本巣市
根尾市場 ねおいちば 岐阜県本巣市
根尾平野 ねおひらの 岐阜県本巣市
根尾宇津志 ねおうつし 岐阜県本巣市
根尾西板屋 ねおにしいたや 岐阜県本巣市
根尾松田 ねおまつだ 岐阜県本巣市
根尾東板屋 ねおひがしいたや 岐阜県本巣市
根尾板所 ねおいたしょ 岐阜県本巣市
根尾長島 ねおながしま 岐阜県本巣市
根尾長嶺 ねおながみね 岐阜県本巣市
根尾門脇 ねおかどわき 岐阜県本巣市
根尾神所 ねおこうどころ 岐阜県本巣市
根尾能郷 ねおのうごう 岐阜県本巣市
根尾高尾 ねおたかお 岐阜県本巣市
根尾黒津 ねおくろつ 岐阜県本巣市
根尾奥谷 ねおおくだに 岐阜県本巣市
根尾越卒 ねおおっそ 岐阜県本巣市
根尾越波 ねおおっぱ 岐阜県本巣市
根尾樽見 ねおたるみ 岐阜県本巣市
根志越 ねしこし 北海道千歳市
根折 ねおり 鹿児島県大島郡和泊町
根来 ねごろ 和歌山県岩出市
根町 ねまち 茨城県龍ケ崎市
⁸根岸
　ねぎし 青森県三戸郡五戸町
　ねぎし 宮城県石巻市
　ねぎし 山形県東置賜郡高畠町
　ねぎし 福島県（JR只見線）
　ねぎし 福島県伊達市
　ねぎし 福島県石川郡浅川町
　ねぎし 群馬県藤岡市
　ねぎし 埼玉県さいたま市南区
　ねぎし 埼玉県狭山市
　ねぎし 埼玉県入間市
　ねぎし 埼玉県朝霞市
　ねぎし 埼玉県比企郡嵐山町
　ねぎし 千葉県木更津市
　ねぎし 東京都台東区
　ねぎし 東京都町田市
　ねぎし 神奈川県（JR根岸線）
　ねぎし 新潟県新潟市南区
　ねぎし 長野県佐久市
根岸加曽台 ねぎしかぞうだい 神奈川県横浜市中区
根岸台
　ねぎしだい 埼玉県朝霞市
　ねぎしだい 神奈川県横浜市中区
根岸旭台 ねぎしあさひだい 神奈川県横浜市中区
根岸町
　ねぎしまち 宮城県仙台市太白区
　ねぎしちょう 秋田県横手市
　ねぎしまち 東京都町田市
　ねぎしちょう 神奈川県横浜市中区

952

10画（桜）

左

ねぎしちょう　神奈川県横須賀市

根府川
ねぶかわ　神奈川県（JR東海道本線）
ねぶかわ　神奈川県小田原市

根知　ねち　新潟県（JR大糸線）
根金　ねがね　埼玉県蓮田市
根雨
ねう　鳥取県（JR伯備線）
ねう　鳥取県日野郡日野町

根雨原　ねうばら　鳥取県西伯郡伯耆町
9**根城**　ねじょう　青森県八戸市
根室
ねむろ　北海道（JR根室本線）
ねむろ　栃木県日光市

根室市　ねむろ　北海道
根室新町　ねむろしんまち　新潟県新潟市東区
根廻　ねまわり　宮城県宮城郡松島町
根洗町　ねあらいちょう　静岡県浜松市北区
根津
ねづ　東京都（東京地下鉄千代田線）
ねづ　東京都文京区

10**根倉**　ねぐら　三重県多気郡明和町
根原　ねばら　静岡県富士宮市
根差部　ねさぶ　沖縄県豊見城市
根浦町　ねうらまち　愛知県みよし市
根高町　ねだかちょう　愛知県愛西市
11**根堀**　ねほり　岩手県岩手郡雫石町
根堀坂　ねほりざか　岩手県滝沢市
根宿　ねじゅく　福島県西白河郡矢吹町
根崎
ねざき　福島県二本松市
ねさき　茨城県つくば市

根崎町
ねさきちょう　北海道函館市
ねさきちょう　愛知県安城市

根添　ねぞえ　宮城県刈田郡七ケ宿町
根笠　ねがさ　山口県（錦川鉄道錦川清流線）
12**根堅**　ねがた　静岡県浜松市浜北区
根塚町　ねづかまち　富山県富山市
根森田　ねもりた　秋田県北秋田市
13**根獅子町**　ねしこちょう　長崎県平戸市
根路銘　ねろめ　沖縄県国頭郡大宜味村
14**根際**　ねぎわ　山形県東村山郡山辺町
17**根嶽**　ねたけ　愛知県長久手市

【桜】

桜
さくら　北海道小樽市
さくら　北海道虻田郡豊浦町
さくら　北海道川上郡標茶町
さくら　宮城県岩沼市
さくら　秋田県秋田市
さくら　福島県双葉郡富岡町
さくら　茨城県つくば市
さくら　栃木県宇都宮市
さくら　東京都世田谷区
さくら　長野県長野市
さくら　愛知県（名古屋鉄道名古屋本線）
さくら　愛知県一宮市
さくら　愛知県海部郡蟹江町

さくら　三重県（近畿日本鉄道湯の山線）
さくら　大阪府箕面市
さくら　鳥取県倉吉市
さくら　山口県山陽小野田市
さくら　高知県吾川郡仁淀川町
さくら　福岡県宗像市

0**桜ガ丘**
さくらがおか　秋田県秋田市
さくらがおか　福島県喜多方市
さくらがおか　兵庫県宝塚市

桜ケ丘
さくらがおか　北海道標津郡中標津町
さくらがおか　青森県弘前市
さくらがおか　青森県八戸市
さくらがおか　宮城県仙台市青葉区
さくらがおか　宮城県塩竈市
さくらがおか　宮城県牡鹿郡女川町
さくらがおか　山形県山形市
さくらがおか　福島県いわき市
さくらがおか　福島県田村郡三春町
さくらがおか　栃木県さくら市
さくらがおか　埼玉県深谷市
さくらがおか　埼玉県ふじみ野市
さくらがおか　東京都多摩市
さくらがおか　神奈川県（小田急電鉄江ノ島線）
さくらがおか　神奈川県横浜市保土ケ谷区
さくらがおか　神奈川県平塚市
さくらがおか　岐阜県関市
さくらがおか　岐阜県可児市
さくらがおか　静岡県磐田市
さくらがおか　愛知県知多郡武豊町
さくらがおか　三重県名張市
さくらがおか　滋賀県草津市
さくらがおか　大阪府八尾市
さくらがおか　大阪府箕面市
さくらがおか　兵庫県伊丹市
さくらがおか　奈良県生駒市
さくらがおか　奈良県北葛城郡上牧町
さくらがおか　鳥取県八頭郡八頭町
さくらがおか　鳥取県東伯郡三朝町
さくらがおか　広島県安芸郡府中町
さくらがおか　愛媛県松山市
さくらがおか　福岡県春日市
さくらがおか　福岡県京都郡苅田町
さくらがおか　熊本県水俣市
さくらがおか　大分県大分市
さくらがおか　大分県別府市
さくらがおか　宮崎県延岡市
さくらがおか　鹿児島県鹿児島市

桜ケ丘北町　さくらがおかきたまち　大阪府高槻市
桜ケ丘町
さくらがおかまち　茨城県土浦市
さくらがおかちょう　福井県敦賀市
さくらがおかちょう　愛知県豊川市
さくらがおかちょう　愛知県尾張旭市
さくらがおかちょう　大阪府富田林市
さくらがおかちょう　兵庫県神戸市灘区
さくらがおかちょう　兵庫県相生市
さくらがおかちょう　高知県安芸市
さくらがおかまち　福岡県北九州市八幡西区
さくらがおかまち　佐賀県鳥栖市
さくらがおかまち　宮崎県宮崎市

桜ケ丘町西　さくらがおかちょうにし　愛知県尾張旭市
桜ケ丘南町　さくらがおかみなみまち　大阪府高槻市

10画（桜）

桜ケ作　さくらがさく　福島県伊達郡川俣町
桜ケ岡　さくらがおか　北海道釧路市
桜ケ岡公園　さくらがおかこうえん　宮城県仙台市青葉区
桜ノ宮　さくらのみや　大阪府（JR大阪環状線）
桜が丘
　さくらがおか　北海道河東郡音更町
　さくらがおか　茨城県取手市
　さくらがおか　茨城県つくば市
　さくらがおか　東京都東大和市
　さくらがおか　神奈川県横須賀市
　さくらがおか　静岡県伊東市
　さくらがおか　愛知県名古屋市千種区
　さくらがおか　愛知県名古屋市名東区
　さくらがおか　京都府綾部市
　さくらがおか　京都府相楽郡精華町
　さくらがおか　大阪府泉南郡熊取町
　さくらがおか　広島県府中市
　さくらがおか　山口県山陽小野田市
　さくらがおか　鹿児島県西之表市
桜が丘中町　さくらがおかなかまち　兵庫県神戸市西区
桜が丘西
　さくらがおかにし　北海道河東郡音更町
　さくらがおかにし　岡山県赤磐市
桜が丘西町　さくらがおかにしまち　兵庫県神戸市西区
桜が丘町　さくらがおかちょう　静岡県静岡市清水区
桜が丘東　さくらがおかひがし　岡山県赤磐市
桜が丘東町　さくらがおかひがしまち　兵庫県神戸市西区
桜の杜　さくらのもり　兵庫県神戸市須磨区
桜の町　さくらのちょう　大阪府豊中市
桜の里　さくらのさと　千葉県野田市
桜の郷　さくらのさと　茨城県東茨城郡茨城町
3桜上水
　さくらじょうすい　東京都（京王電鉄京王線）
　さくらじょうすい　東京都世田谷区
桜口町　さくらぐちちょう　兵庫県神戸市灘区
桜大門　さくらだいもん　岐阜県揖斐郡大野町
桜小路
　さくらこうじ　宮城県亘理郡亘理町
　さくらこうじ　秋田県由利本荘市
　さくらこうじ　宮崎県延岡市
桜山
　さくらやま　北海道夕張郡栗山町
　さくらやま　神奈川県逗子市
　さくらやま　愛知県（名古屋市交通局桜通線）
　さくらやま　兵庫県佐用郡佐用町
桜山上町　さくらやまかみまち　鹿児島県枕崎市
桜山手　さくらやまて　福岡県糟屋郡新宮町
桜山台　さくらやまだい　埼玉県東松山市
桜山本町　さくらやまほんまち　鹿児島県枕崎市
桜山西町　さくらやまにしまち　鹿児島県枕崎市
桜山町
　さくらやまちょう　愛知県名古屋市昭和区
　さくらやまちょう　広島県三原市
　さくらやまちょう　山口県下関市
　さくらやままち　熊本県荒尾市
　さくらやまちょう　鹿児島県枕崎市
桜山東町　さくらやまひがしまち　鹿児島県枕崎市

桜川
　さくらがわ　北海道虻田郡真狩村
　さくらがわ　青森県青森市
　さくらがわ　茨城県水戸市
　さくらがわ　東京都板橋区
　さくらがわ　滋賀県（近江鉄道本線）
　さくらがわ　大阪府（大阪市交通局千日前線ほか）
　さくらがわ　大阪府大阪市浪速区
　さくらがわ　香川県仲多度郡多度津町
　さくらがわ　福岡県福津市
桜川市　さくらがわし　茨城県
桜川西町　さくらがわにしちょう　滋賀県東近江市
桜川町
　さくらがわちょう　茨城県日立市
　さくらがわちょう　宮崎県西都市
桜川東町　さくらがわひがしちょう　滋賀県東近江市
4桜之町　さくらのちょう　京都府京都市中京区
桜之町西　さくらのちょうにし　大阪府堺市堺区
桜之町東　さくらのちょうひがし　大阪府堺市堺区
桜井
　さくらい　千葉県木更津市
　さくらい　千葉県富津市
　さくらい　長野県佐久市
　さくらい　岐阜県養老郡養老町
　さくらい　愛知県（名古屋鉄道西尾線）
　さくらい　愛知県小牧市
　さくらい　大阪府（阪急電鉄箕面線）
　さくらい　大阪府箕面市
　さくらい　大阪府三島郡島本町
　さくらい　奈良県（JR桜井線ほか）
　さくらい　奈良県桜井市
　さくらい　愛媛県今治市
桜井台　さくらいだい　大阪府三島郡島本町
桜井市　さくらいし　奈良県
桜井本町　さくらいほんまち　愛知県小牧市
桜井団地　さくらいだんち　愛媛県今治市
桜井寺町　さくらいじちょう　愛知県岡崎市
桜井町
　さくらいちょう　千葉県銚子市
　さくらいちょう　山梨県甲府市
　さくらいちょう　愛知県安城市
　さくらいちょう　京都府京都市上京区
　さくらいちょう　大阪府富田林市
　さくらいちょう　高知県高知市
　さくらいちょう　熊本県水俣市
桜井新町　さくらいしんまち　千葉県木更津市
桜井総稱鬼泪山　さくらいそうしょうきなだやま　千葉県富津市
桜区　さくらく　埼玉県さいたま市
桜木
　さくらぎ　北海道千歳市
　さくらぎ　宮城県多賀城市
　さくらぎ　福島県郡山市
　さくらぎ　千葉県（千葉都市モノレール2号線）
　さくらぎ　千葉県千葉市若葉区
　さくらぎ　千葉県野田市
　さくらぎ　新潟県糸魚川市
　さくらぎ　静岡県（天竜浜名湖鉄道線）
　さくらぎ　愛知県稲沢市
　さくらぎ　山口県周南市
　さくらぎ　熊本県熊本市東区
桜木一条　さくらぎいちじょう　北海道岩見沢市

10画（桜）

桜木北　さくらぎきた　千葉県千葉市若葉区
桜木町
　　さくらぎちょう　北海道帯広市
　　さくらぎちょう　北海道苫小牧市
　　さくらぎちょう　北海道赤平市
　　さくらぎちょう　北海道登別市
　　さくらぎちょう　青森県黒石市
　　さくらぎちょう　青森県むつ市
　　さくらぎちょう　岩手県花巻市
　　さくらぎちょう　岩手県一関市
　　さくらぎちょう　岩手県釜石市
　　さくらぎちょう　岩手県上閉伊郡大槌町
　　さくらぎまち　宮城県仙台市太白区
　　さくらぎちょう　宮城県遠田郡美里町
　　さくらぎちょう　山形県米沢市
　　さくらぎちょう　福島県福島市
　　さくらぎちょう　群馬県桐生市
　　さくらぎちょう　埼玉県さいたま市大宮区
　　さくらぎちょう　埼玉県熊谷市
　　さくらぎまち　埼玉県秩父市
　　さくらぎちょう　神奈川県（JR根岸線ほか）
　　さくらぎちょう　神奈川県横浜市西区
　　さくらぎちょう　神奈川県横浜市中区
　　さくらぎちょう　新潟県新潟市中央区
　　さくらぎちょう　新潟県三条市
　　さくらぎちょう　新潟県柏崎市
　　さくらぎちょう　新潟県十日町市
　　さくらぎちょう　富山県富山市
　　さくらぎちょう　石川県小松市
　　さくらぎちょう　岐阜県岐阜市
　　さくらぎちょう　岐阜県関市
　　さくらぎちょう　岐阜県各務原市
　　さくらぎちょう　静岡県静岡市葵区
　　さくらぎちょう　静岡県熱海市
　　さくらぎちょう　静岡県伊東市
　　さくらぎちょう　愛知県西尾市
　　さくらぎちょう　愛知県大府市
　　さくらぎちょう　愛知県知立市
　　さくらぎちょう　三重県伊勢市
　　さくらぎちょう　京都府京都市上京区
　　さくらぎちょう　京都府京都市下京区
　　さくらぎちょう　大阪府寝屋川市
　　さくらぎちょう　兵庫県神戸市須磨区
　　さくらぎちょう　愛媛県新居浜市
　　さくらぎまち　長崎県長崎市
　　さくらぎちょう　長崎県佐世保市
　　さくらぎちょう　鹿児島県枕崎市
桜木宮前町　さくらぎみやまえちょう　愛知県稲沢市
桜木通　さくらぎどおり　愛知県豊川市
桜水　さくらみず　福島県（福島交通飯坂線）
⁵**桜丘**
　　さくらおか　北海道夕張郡栗山町
　　さくらおか　北海道勇払郡厚真町
　　さくらおか　北海道川上郡弟子屈町
　　さくらおか　埼玉県さいたま市中央区
　　さくらがおか　東京都世田谷区
　　さくらがおか　福岡県糟屋郡志免町
桜丘町
　　さくらがおかちょう　東京都渋谷区
　　さくらがおかちょう　大阪府枚方市
桜台
　　さくらだい　岩手県盛岡市
　　さくらだい　岩手県花巻市
　　さくらだい　秋田県秋田市

　　さくらだい　埼玉県蓮田市
　　さくらだい　千葉県野田市
　　さくらだい　千葉県柏市
　　さくらだい　千葉県市原市
　　さくらだい　千葉県白井市
　　さくらだい　千葉県夷隅郡大多喜町
　　さくらだい　東京都（西武鉄道池袋線）
　　さくらだい　東京都練馬区
　　さくらだい　神奈川県横浜市青葉区
　　さくらだい　神奈川県相模原市南区
　　さくらだい　神奈川県伊勢原市
　　さくらだい　岐阜県関市
　　さくらだい　静岡県浜松市西区
　　さくらだい　愛知県名古屋市南区
　　さくらだい　三重県四日市市
　　さくらだい　兵庫県小野市
　　さくらだい　兵庫県加東市
　　さくらだい　和歌山県岩出市
　　さくらだい　福岡県（西日本鉄道大牟田線）
　　さくらだい　福岡県中間市
　　さくらだい　福岡県筑紫野市
　　さくらだい　福岡県遠賀郡岡垣町
　　さくらだい　福岡県京都郡みやこ町
桜台本町　さくらだいほんまち　三重県四日市市
桜本
　　さくらもと　福島県福島市
　　さくらもと　神奈川県川崎市川崎区
桜本町
　　さくらほんまち　岐阜県関市
　　さくらほんまち　愛知県（名古屋市交通局桜通線）
　　さくらほんまち　愛知県名古屋市南区
桜田
　　さくらだ　北海道釧路市
　　さくらだ　青森県五所川原市
　　さくらだ　青森県上北郡七戸町
　　さくらだ　埼玉県さいたま市桜区
　　さくらだ　埼玉県久喜市
　　さくらだ　千葉県成田市
　　さくらだ　静岡県賀茂郡松崎町
桜田西　さくらだにし　山形県山形市
桜田町
　　さくらだまち　石川県金沢市
　　さくらだちょう　愛知県名古屋市熱田区
　　さくらだちょう　三重県津市
桜田東　さくらだひがし　山形県山形市
桜田門　さくらだもん　東京都（東京地下鉄有楽町線）
桜田南　さくらだみなみ　山形県山形市
⁶**桜江町八戸**　さくらえちょうやと　島根県江津市
桜江町大貫　さくらえちょうおおぬき　島根県江津市
桜江町小田　さくらえちょうおだ　島根県江津市
桜江町川戸　さくらえちょうかわど　島根県江津市
桜江町川越　さくらえちょうかわごえ　島根県江津市
桜江町今田　さくらえちょういまだ　島根県江津市
桜江町市山　さくらえちょういちやま　島根県江津市
桜江町田津　さくらえちょうたづ　島根県江津市
桜江町江尾　さくらえちょうえのお　島根県江津市
桜江町坂本　さくらえちょうさかもと　島根県江津市
桜江町谷住郷　さくらえちょうたにじゅうごう　島根県江津市
桜江町長谷　さくらえちょうながたに　島根県江津市
桜江町後山　さくらえちょううしろやま　島根県江津市

955

10画（桜）

桜江町鹿賀　さくらえちょうしかが　島根県江津市
⁷桜佐町　さくらさちょう　愛知県春日井市
桜作　さくらつくり　愛知県長久手市
桜坂
　　さくらざか　福岡県（福岡市交通局七隈線）
　　さくらざか　福岡県福岡市中央区
桜坂町　さくらざかちょう　北海道苫小牧市
桜尾　さくらお　広島県廿日市市
桜尾本町　さくらおほんまち　広島県廿日市市
桜形町　さくらがたちょう　愛知県岡崎市
桜沢
　　さくらざわ　埼玉県（秩父鉄道線）
　　さくらざわ　埼玉県大里郡寄居町
　　さくらざわ　新潟県加茂市
　　さくらざわ　長野県（長野電鉄長野線）
　　さくらざわ　長野県中野市
桜町
　　さくらまち　北海道北見市
　　さくらまち　北海道恵庭市
　　さくらちょう　北海道亀田郡七飯町
　　さくらまち　北海道空知郡上富良野町
　　さくらまち　北海道十勝郡浦幌町
　　さくらちょう　青森県三沢市
　　さくらちょう　岩手県花巻市
　　さくらまち　岩手県紫波郡紫波町
　　さくらちょう　秋田県大館市
　　さくらちょう　山形県山形市
　　さくらまち　山形県天童市
　　さくらまち　福島県会津若松市
　　さくらまち　福島県白河市
　　さくらちょう　福島県喜多方市
　　さくらまち　福島県岩瀬郡鏡石町
　　さくらまち　福島県河沼郡湯川村
　　さくらまち　茨城県土浦市
　　さくらまち　茨城県古河市
　　さくらちょう　栃木県那須塩原市
　　さくらちょう　群馬県沼田市
　　さくらちょう　埼玉県熊谷市
　　さくらちょう　埼玉県川口市
　　さくらちょう　埼玉県行田市
　　さくらまち　千葉県木更津市
　　さくらちょう　東京都小金井市
　　さくらちょう　神奈川県秦野市
　　さくらまち　新潟県小千谷市
　　さくらまち　新潟県燕市
　　さくらちょう　新潟県上越市
　　さくらまち　富山県富山市
　　さくらまち　富山県小矢部市
　　さくらまち　富山県射水市
　　さくらまち　富山県下新川郡朝日町
　　さくらまち　石川県金沢市
　　さくらまち　石川県七尾市
　　さくらちょう　福井県敦賀市
　　さくらまち　福井県鯖江市
　　さくらまち　長野県（JR飯田線）
　　さくらまち　長野県飯田市
　　さくらまち　長野県諏訪郡下諏訪町
　　さくらまち　岐阜県高山市
　　さくらまち　岐阜県羽島郡笠松町
　　さくらまち　静岡県静岡市葵区
　　さくらちょう　静岡県熱海市
　　さくらまち　愛知県豊川市
　　さくらまち　愛知県刈谷市
　　さくらまち　愛知県豊田市

　　さくらまち　愛知県安城市
　　さくらまち　愛知県西尾市
　　さくらまち　三重県四日市市
　　さくらちょう　三重県松阪市
　　さくらちょう　滋賀県長浜市
　　さくらまち　大阪府高槻市
　　さくらまち　大阪府守口市
　　さくらまち　大阪府枚方市
　　さくらまち　大阪府摂津市
　　さくらまち　大阪府東大阪市
　　さくらちょう　兵庫県明石市
　　さくらまち　兵庫県西宮市
　　さくらまち　兵庫県豊岡市
　　さくらまち　広島県尾道市
　　さくらまち　山口県下松市
　　さくらまち　香川県高松市
　　さくらまち　愛媛県宇和島市
　　さくらまち　高知県宿毛市
　　さくらまち　福岡県北九州市若松区
　　さくらまち　福岡県大牟田市
　　さくらまち　福岡県田川市
　　さくらまち　佐賀県唐津市
　　さくらまち　佐賀県鳥栖市
　　さくらまち　長崎県（長崎電気軌道3系統）
　　さくらまち　長崎県長崎市
　　さくらまち　長崎県島原市
　　さくらまち　熊本県熊本市中央区
　　さくらまち　大分県中津市
　　さくらまち　宮崎県宮崎市
　　さくらまち　鹿児島県いちき串木野市
桜町前　さくらまちまえ　愛知県（名古屋鉄道西尾線）
桜町南　さくらちょうみなみ　秋田県大館市
桜町裏　さくらちょううら　宮城県遠田郡涌谷町
桜花台　おうかだい　三重県四日市市
桜見町　さくらみちょう　愛知県名古屋市瑞穂区
桜谷
　　さくらだに　福島県田村郡三春町
　　さくらや　千葉県長生郡長柄町
　　さくらだに　福井県丹生郡越前町
　　さくらだに　鳥取県鳥取市
　　さくらだに　徳島県那賀郡那賀町
桜谷みどり町　さくらだにみどりちょう　富山県富山市
桜谷町
　　さくらだにちょう　兵庫県西宮市
　　さくらだにちょう　愛媛県松山市
⁸桜並木　さくらなみき　神奈川県横浜市都筑区
桜岡
　　さくらおか　北海道（JR石北本線）
　　さくらがおか　福島県須賀川市
　　さくらおか　福島県岩瀬郡鏡石町
桜岱　さくらたい　北海道北斗市
桜枝町　さくらえちょう　長野県長野市
桜林
　　さくらばやし　山形県酒田市
　　さくらばやし　新潟県新潟市西蒲区
桜林町　さくらばやしちょう　青森県弘前市
桜林興野　さくらばやしこうや　山形県酒田市
桜門町　さくらもんまち　長崎県島原市
⁹桜美台　おうびだい　福岡県宗像市
¹⁰桜原　さくらばる　福岡県糟屋郡宇美町
桜宮町　さくらみやちょう　滋賀県近江八幡市

10画（桟, 栖, 栴, 桃）

桜島
　　さくらじま　大阪府（JR桜島線）
　　さくらじま　大阪府大阪市此花区
桜島二俣町　さくらじまふたまたちょう　鹿児島県鹿児島市
桜島小池町　さくらじまこいけちょう　鹿児島県鹿児島市
桜島白浜町　さくらじましらはまちょう　鹿児島県鹿児島市
桜島西道町　さくらじまさいどうちょう　鹿児島県鹿児島市
桜島町　さくらじまちょう　三重県鈴鹿市
桜島赤水町　さくらじまあかみずちょう　鹿児島県鹿児島市
桜島赤生原町　さくらじまあこうばるちょう　鹿児島県鹿児島市
桜島松浦町　さくらじままつうらちょう　鹿児島県鹿児島市
桜島武町　さくらじまたけちょう　鹿児島県鹿児島市
桜島桟橋通　さくらじまさんばしどおり　鹿児島県（鹿児島市交通局1系統ほか）
桜島横山町　さくらじまよこやまちょう　鹿児島県鹿児島市
桜島藤野町　さくらじまふじのちょう　鹿児島県鹿児島市
桜庭　さくらば　青森県弘前市
桜畠　さくらばたけ　山口県山口市
桜通
　　さくらどおり　岐阜県岐阜市
　　さくらどおり　三重県桑名市
桜通り　さくらどおり　秋田県湯沢市
桜馬場
　　さくらばば　高知県高知市
　　さくらのばば　佐賀県唐津市
　　さくらばば　長崎県長崎市
　　さくらばば　長崎県大村市
桜馬場町　さくらばばちょう　広島県福山市
桜馬場通り　さくらばばどおり　山口県周南市
11桜堂　さくらどう　長野県千曲市
桜淵　さくらぶち　愛知県新城市
桜渕　さくらぶち　宮城県伊具郡丸森町
桜野
　　さくらの　北海道二海郡八雲町
　　さくらの　千葉県印西市
桜野町　さくらのちょう　滋賀県大津市
12桜塚町　さくらつかちょう　福井県大野市
桜堤
　　さくらづつみ　東京都武蔵野市
　　さくらづつみ　静岡県駿東郡長泉町
桜森
　　さくらもり　北海道恵庭市
　　さくらもり　神奈川県大和市
桜森町　さくらしんまち　兵庫県神戸市北区
桜渡戸　さくらわたしど　宮城県宮城郡松島町
桜街　さくらこうじ　岩手県一関市
桜街道　さくらかいどう　東京都（多摩都市モノレール線）
桜道　さくらみち　茨城県東茨城郡大洗町
13桜園町　さくらそのまち　宮崎県延岡市
桜新町
　　さくらしんまち　山形県鶴岡市

　　さくらしんまち　東京都（東京急行電鉄田園都市線）
　　さくらしんまち　東京都世田谷区
　　さくらしんまち　長野県長野市
　　さくらしんまち　三重県四日市市
16桜橋
　　さくらばし　富山県（富山地方鉄道市内線）
　　さくらばし　静岡県（静岡鉄道静岡清水線）
　　さくらばし　三重県津市
　　さくらばし　岡山県岡山市中区
桜橋町　さくらばしちょう　静岡県静岡市清水区
桜橋通り　さくらばしどおり　富山県富山市
21桜鶴円町　おうかくえんちょう　京都府京都市上京区

【桟】
15桟敷　さじき　長野県塩尻市
16桟橋車庫前　さんばししゃこまえ　高知県（とさでん交通桟橋線）
桟橋通　さんばしどおり　高知県高知市
桟橋通一丁目　さんばしどおりいっちょうめ　高知県（とさでん交通桟橋線）
桟橋通二丁目　さんばしどおりにちょうめ　高知県（とさでん交通桟橋線）
桟橋通三丁目　さんばしどおりさんちょうめ　高知県（とさでん交通桟橋線）
桟橋通五丁目　さんばしどおりごちょうめ　高知県（とさでん交通桟橋線）
桟橋通四丁目　さんばしどおりよんちょうめ　高知県（とさでん交通桟橋線）

【栖】
5栖本町古江　すもとまちふるえ　熊本県天草市
栖本町打田　すもとまちうちだ　熊本県天草市
栖本町河内　すもとまちかわち　熊本県天草市
栖本町馬場　すもとまちばば　熊本県天草市
栖本町湯船原　すもとまちゆふねはら　熊本県天草市
6栖吉町　すよしまち　新潟県長岡市
10栖原　すはら　和歌山県有田郡湯浅町

【栴】
17栴檀町　せんだんまち　熊本県八代市

【桃】
0桃ケ丘　ももがおか　愛知県小牧市
桃ケ池町　ももがいけちょう　大阪府大阪市阿倍野区
桃ケ窪　ももがくぼ　山梨県南巨摩郡身延町
桃の木台　もものきだい　大阪府阪南市
3桃山
　　ももやま　新潟県北蒲原郡聖籠町
　　ももやま　愛知県名古屋市緑区
　　ももやま　京都府（JR奈良線）
　　ももやま　広島県安芸郡府中町
　　ももやま　福岡県田川郡糸田町
桃山与五郎町　ももやまよごろうちょう　京都府京都市伏見区
桃山井伊掃部西町　ももやまいいかもんにしまち　京都府京都市伏見区
桃山井伊掃部東町　ももやまいいかもんひがしまち　京都府京都市伏見区
桃山毛利長門西町　ももやまもうりながとにしまち　京都府京都市伏見区

957

10画（桃）

桃山毛利長門東町　ももやまもうりながとひがしまち　京都府京都市伏見区

桃山水野左近西町　ももやまみずのさこんにしまち　京都府京都市伏見区

桃山水野左近東町　ももやまみずのさこんひがしまち　京都府京都市伏見区

桃山台
　ももやまだい　　愛知県犬山市
　ももやまだい　　大阪府（北大阪急行電鉄線）
　ももやまだい　　大阪府堺市南区
　ももやまだい　　大阪府吹田市
　ももやまだい　　大阪府羽曳野市
　ももやまだい　　兵庫県神戸市垂水区
　ももやまだい　　福岡県北九州市門司区

桃山羽柴長吉中町　ももやまはしばちょうきちなかまち　京都府京都市伏見区

桃山羽柴長吉西町　ももやまはしばちょうきちにしまち　京都府京都市伏見区

桃山羽柴長吉東町　ももやまはしばちょうきちひがしまち　京都府京都市伏見区

桃山町
　ももやまちょう　　新潟県新潟市東区
　ももやまちょう　　岐阜県中津川市
　ももやまちょう　　静岡県熱海市
　ももやまちょう　　愛知県半田市
　ももやまちょう　　愛知県春日井市
　ももやままち　　愛知県碧南市
　ももやまちょう　　愛知県大府市
　ももやまちょう　　京都府舞鶴市
　ももやまちょう　　山口県下松市
　ももやままち　　大分県日田市

桃山町下野　ももやまちょうしもずけ　京都府京都市伏見区

桃山町三河　ももやまちょうみかわ　京都府京都市伏見区

桃山町大津町　ももやまちょうおおつまち　京都府京都市伏見区

桃山町大原　ももやまちょうおおばら　和歌山県紀の川市

桃山町大島　ももやまちょうおおしま　京都府京都市伏見区

桃山町大蔵　ももやまちょうおおくら　京都府京都市伏見区

桃山町山ノ下　ももやまちょうやまのした　京都府京都市伏見区

桃山町中畑　ももやまちょうなかはた　和歌山県紀の川市

桃山町中島町　ももやまちょうなかじまちょう　京都府京都市伏見区

桃山町丹下　ももやまちょうたんげ　京都府京都市伏見区

桃山町丹後　ももやまちょうたんご　京都府京都市伏見区

桃山町元　ももやまちょうもと　和歌山県紀の川市

桃山町日向　ももやまちょうひゅうが　京都府京都市伏見区

桃山町古城山　ももやまちょうこじょうざん　京都府京都市伏見区

桃山町市場　ももやまちょういちば　和歌山県紀の川市

桃山町本多上野　ももやまちょうほんだこうずけ　京都府京都市伏見区

桃山町正宗　ももやまちょうまさむね　京都府京都市伏見区

桃山町永井久太郎　ももやまちょうながいきゅうたろう　京都府京都市伏見区

桃山町立売　ももやまちょうたちうり　京都府京都市伏見区

桃山町伊庭　ももやまちょういば　京都府京都市伏見区

桃山町伊賀　ももやまちょういが　京都府京都市伏見区

桃山町因幡　ももやまちょういなば　京都府京都市伏見区

桃山町安芸山　ももやまちょうあきやま　京都府京都市伏見区

桃山町西尾　ももやまちょうにしお　京都府京都市伏見区

桃山町西町　ももやまちょうにしまち　京都府京都市伏見区

桃山町町並　ももやまちょうまちなみ　京都府京都市伏見区

桃山町見附町　ももやまちょうみつけちょう　京都府京都市伏見区

桃山町和泉　ももやまちょういずみ　京都府京都市伏見区

桃山町松平武蔵　ももやまちょうまつだいらむさし　京都府京都市伏見区

桃山町松平筑前　ももやまちょうまつだいらちくぜん　京都府京都市伏見区

桃山町東町　ももやまちょうひがしまち　京都府京都市伏見区

桃山町板倉周防　ももやまちょういたくらすおう　京都府京都市伏見区

桃山町金井戸島　ももやまちょうかないどじま　京都府京都市伏見区

桃山町金森出雲　ももやまちょうかなもりいずも　京都府京都市伏見区

桃山町垣内　ももやまちょうかいと　和歌山県紀の川市

桃山町段　ももやまちょうだん　和歌山県紀の川市

桃山町段新田　ももやまちょうだんしんでん　和歌山県紀の川市

桃山町神田　ももやまちょうこうだ　和歌山県紀の川市

桃山町美濃　ももやまちょうみの　京都府京都市伏見区

桃山町島津　ももやまちょうしまづ　京都府京都市伏見区

桃山町峯　ももやまちょうみね　和歌山県紀の川市

桃山町根来　ももやまちょうねごろ　京都府京都市伏見区

桃山町泰長老　ももやまちょうたいちょうろう　京都府京都市伏見区

桃山町真斉　ももやまちょうしんさい　京都府京都市伏見区

桃山町脇谷　ももやまちょうわきだに　和歌山県紀の川市

桃山町野田原　ももやまちょうのたはら　和歌山県紀の川市

桃山町黒川　ももやまちょうくろかわ　和歌山県紀の川市

桃山町善田　ももやまちょうぜんだ　和歌山県紀の川市

10画（梅）

桃山町弾正島　ももやまちょうだんじょうじま　京都府
京都市伏見区
桃山町最上　ももやまちょうもがみ　和歌山県紀の
川市
桃山町新町　ももやまちょうしんまち　京都府京都市
伏見区
桃山町遠山　ももやまちょうとおやま　京都府京都市
伏見区
桃山町調月　ももやまちょうつかつき　和歌山県紀の
川市
桃山町養斉　ももやまちょうようさい　京都府京都市
伏見区
桃山町鍋島　ももやまちょうなべしま　京都府京都市
伏見区
桃山町駿河　ももやまちょうするが　京都府京都市伏
見区
桃山長岡越中北町　ももやまながおかえっちゅうきたま
ち　京都府京都市伏見区
桃山長岡越中東町　ももやまながおかえっちゅうひがし
まち　京都府京都市伏見区
桃山長岡越中南町　ももやまながおかえっちゅうみなみ
まち　京都府京都市伏見区
桃山南口　ももやまみなみぐち　京都府（京阪電気鉄
道宇治線）
桃山南大島町　ももやまみなみおおしまちょう　京都府
京都市伏見区
桃山紅雪町　ももやまこうせつちょう　京都府京都市
伏見区
桃山御陵前　ももやまごりょうまえ　京都府（近畿日
本鉄道京都線）
桃山最上町　ももやまもがみちょう　京都府京都市伏
見区
桃山筑前台町　ももやまちくぜんだいまち　京都府京
都市伏見区
桃山筒井伊賀西町　ももやまつついいがにしまち　京
都府京都市伏見区
桃山筒井伊賀東町　ももやまつついいがひがしまち　京
都府京都市伏見区
桃山福島太夫北町　ももやまふくしまだゆうきたまち
京都府京都市伏見区
桃山福島太夫西町　ももやまふくしまだゆうにしまち
京都府京都市伏見区
桃山福島太夫南町　ももやまふくしまだゆうみなみまち
京都府京都市伏見区
桃川
ももかわ　新潟県村上市
もものかわ　佐賀県（JR筑肥線）
4桃井　ももい　東京都杉並区
桃井町　ももいちょう　富山県富山市
桃内
ももない　北海道小樽市
ももうち　福島県（JR常磐線）
桃木　ものき　埼玉県比企郡ときがわ町
5桃生町中津山　ものうちょうなかつやま　宮城県石
巻市
桃生町太田　ものうちょうおおた　宮城県石巻市
桃生町牛田　ものうちょううした　宮城県石巻市
桃生町永井　ものうちょうながい　宮城県石巻市
桃生町寺崎　ものうちょうてらさき　宮城県石巻市
桃生町城内　ものうちょうじょうない　宮城県石巻市
桃生町神取　ものうちょうかんどり　宮城県石巻市
桃生町倉埣　ものうちょうくらぞね　宮城県石巻市

桃生町脇谷　ものうちょうわきや　宮城県石巻市
桃生町高須賀　ものうちょうたかすか　宮城県石巻市
桃生町給人町　ものうちょうきゅうにんまち　宮城県石
巻市
桃生町新田　ものうちょうしんでん　宮城県石巻市
桃生町樫崎　ものうちょうかしざき　宮城県石巻市
7桃町　ももまち　大阪府守口市
桃見台　ももみだい　福島県郡山市
桃谷
ももだに　大阪府（JR大阪環状線）
ももだに　大阪府大阪市生野区
桃里
ももさと　静岡県沼津市
とうざと　沖縄県石垣市
8桃取町　ももとりちょう　三重県鳥羽市
9桃俣　もものまた　奈良県宇陀郡御杖村
桃栄　とうえい　愛知県清須市
桃紅大地　とうこうだいち　岐阜県関市
10桃原
もばら　滋賀県犬上郡多賀町
ももはら　高知県長岡郡大豊町
とうばる　沖縄県沖縄市
とうばる　沖縄県国頭郡国頭村
とうばる　沖縄県中頭郡北谷町
とうばる　沖縄県中頭郡西原町
桃浦　もものうら　宮城県石巻市
桃浜町　ももはまちょう　神奈川県平塚市
11桃崎浜　ももざきはま　新潟県胎内市
桃陵町　とうりょうちょう　京都府京都市伏見区
13桃園
ももぞの　茨城県土浦市
ももぞの　福井県福井市
ももぞの　山梨県南アルプス市
ももぞの　静岡県裾野市
ももぞの　三重県（近畿日本鉄道名古屋線）
ももぞの　大阪府池田市
ももぞの　福岡県北九州市八幡東区
桃園団地　ももぞのだんち　大分県大分市
桃園町
ももぞのちょう　静岡県静岡市駿河区
ももぞのちょう　愛知県名古屋市瑞穂区
とうえんちょう　大阪府高槻市

【梅】

0梅ケ内　うめがうち　栃木県芳賀郡益子町
梅ケ丘
うめがおか　北海道千歳市
うめがおか　茨城県つくば市
うめがおか　東京都（小田急電鉄小田原線）
うめがおか　福岡県太宰府市
梅ケ沢　うめがさわ　宮城県（JR東北本線）
梅ケ谷
うめがや　静岡県静岡市清水区
うめがだに　三重県（JR紀勢本線）
うめがたに　京都府舞鶴市
梅ケ谷町　うめがたにちょう　兵庫県姫路市
梅ケ坪町　うめがつぼちょう　愛知県春日井市
梅ケ枝町
うめがえちょう　北海道小樽市
うめがえちょう　北海道根室市
うめがえちょう　北海道枝幸郡枝幸町

959

10画（梅）

うめがえちょう　岐阜県岐阜市
うめがえちょう　岐阜県関市
うめがえちょう　兵庫県姫路市

梅ケ峠　うめがとう　山口県（JR山陰本線）

梅ケ畑上ノ町　うめがはたうえのちょう　京都市右京区

梅ケ畑上砥町　うめがはたうえとちょう　京都市右京区

梅ケ畑久保谷町　うめがはたくぼたにちょう　京都府京都市右京区

梅ケ畑山崎町　うめがはたやまさきちょう　京都市右京区

梅ケ畑川西町　うめがはたかわにしちょう　京都市右京区

梅ケ畑中田町　うめがはたなかたちょう　京都市右京区

梅ケ畑中嶋町　うめがはたなかじまちょう　京都市右京区

梅ケ畑中縄手町　うめがはたなかなわてちょう　京都府京都市右京区

梅ケ畑引地町　うめがはたひきじちょう　京都市右京区

梅ケ畑古田町　うめがはたふるたちょう　京都市右京区

梅ケ畑広芝町　うめがはたひろしばちょう　京都市右京区

梅ケ畑向ノ地町　うめがはたむこうのちちょう　京都府京都市右京区

梅ケ畑西ノ畑町　うめがはたにしのはたまち　京都市右京区

梅ケ畑栂尾町　うめがはたとがのおちょう　京都市右京区

梅ケ畑畑ノ下町　うめがはたはたのしたちょう　京都府京都市右京区

梅ケ畑畑町　うめがはたはたまち　京都府京都市右京区

梅ケ畑宮ノ口町　うめがはたみやのくちちょう　京都府京都市右京区

梅ケ畑高雄町　うめがはたたかおちょう　京都府京都市右京区

梅ケ畑高鼻町　うめがはたたかはなちょう　京都市右京区

梅ケ畑亀石町　うめがはたかめいしちょう　京都市右京区

梅ケ畑清水町　うめがはたしみずちょう　京都市右京区

梅ケ畑猪ノ尻町　うめがはたいのしりちょう　京都府京都市右京区

梅ケ畑笹江辺町　うめがはたささえべちょう　京都市右京区

梅ケ畑菖蒲谷　うめがはたしょうぶたに　京都市右京区

梅ケ畑奥殿町　うめがはたおくとのちょう　京都市右京区

梅ケ畑御所ノ口町　うめがはたごしょのぐちちょう　京都市右京区

梅ケ畑御経坂町　うめがはたみきょうさかちょう　京都府京都市右京区

梅ケ畑殿畑町　うめがはたとのはたちょう　京都市右京区

梅ケ畑槙尾町　うめがはたまきのおちょう　京都市右京区

梅ケ畑篝町　うめがはたかがりちょう　京都府京都市右京区

梅ケ畑薮ノ下町　うめがはたやぶのしたちょう　京都府京都市右京区

梅ケ畑檜社町　うめがはたひのきやしろちょう　京都府京都市右京区

梅ケ香町　うめがかちょう　兵庫県神戸市長田区

梅ケ原　うめがはら　滋賀県米原市

梅ケ原栄　うめがはらさかえ　滋賀県米原市

梅ケ島
うめがしま　富山県南砺市
うめがしま　静岡県静岡市葵区

梅ケ浜　うめがはま　宮崎県日南市

梅ノ木
うめのき　福島県大沼郡会津美里町
うめのき　埼玉県比企郡川島町
うめのき　新潟県新潟市秋葉区
うめのき　兵庫県伊丹市
うめのき　大分県豊後高田市

梅ノ木団地　うめのきだんち　福岡県遠賀郡水巻町

梅ノ木町　うめのきちょう　福岡県北九州市門司区

梅ノ辻　うめのつじ　高知県高知市

梅が丘
うめがおか　神奈川県横浜市青葉区
うめがおか　愛知県名古屋市天白区
うめがおか　愛知県知多市
うめがおか　京都府長岡京市
うめがおか　大阪府寝屋川市
うめがおか　大分県大分市

梅が丘北1番町　うめがおかきたいちばんちょう　三重県名張市

梅が丘北2番町　うめがおかきたにばんちょう　三重県名張市

梅が丘北3番町　うめがおかきたさんばんちょう　三重県名張市

梅が丘北4番町　うめがおかきたよんばんちょう　三重県名張市

梅が丘北5番町　うめがおかきたごばんちょう　三重県名張市

梅が丘南1番町　うめがおかみなみいちばんちょう　三重県名張市

梅が丘南2番町　うめがおかみなみにばんちょう　三重県名張市

梅が丘南3番町　うめがおかみなみさんばんちょう　三重県名張市

梅が丘南4番町　うめがおかみなみよんばんちょう　三重県名張市

梅が丘南5番町　うめがおかみなみごばんちょう　三重県名張市

梅が岡　うめがおか　静岡県静岡市清水区

梅が枝　うめがえ　大阪府交野市

梅の園町　うめのえんちょう　大阪府藤井寺市

梅の木町　うめのきまち　秋田県横手市

梅の辻　うめのつじ　高知県（とさでん交通桟橋線）

梅の里　うめのさと　大阪府富田林市

梅の宮　うめのみや　宮城県塩竈市

³**梅小路本町**　うめこうじほんまち　京都府京都市下京区

梅小路石橋町　うめこうじいしばしちょう　京都府京都市下京区

10画（梅）

梅小路西中町　うめこうじにしなかまち　京都府京都
市下京区
梅小路東中町　うめこうじひがしなかまち　京都府京
都市下京区
梅小路東町　うめこうじひがしまち　京都府京都市下
京区
梅小路高畑町　うめこうじたかはたちょう　京都府京
都市下京区
梅小路頭町　うめこうじかしらちょう　京都府京都市
下京区
梅山
　うめやま　岐阜県（長良川鉄道越美南線）
　うめやま　静岡県袋井市
梅山町　うめやままちょう　岐阜県美濃市
梅川　うめがわ　愛媛県大洲市
梅川町　うめかわちょう　北海道余市郡余市町
⁴梅之木町　うめのきちょう　京都府京都市中京区
梅之郷　うめのごう　愛知県海部郡飛島村
梅井　うめい　兵庫県高砂市
梅元町　うめもとちょう　兵庫県神戸市兵庫区
梅内　うめない　青森県三戸郡三戸町
梅戸　うめど　奈良県磯城郡川西町
梅戸井　うめどい　三重県（三岐鉄道三岐線）
梅戸町　うめどちょう　熊本県水俣市
梅月町　うめつきちょう　島根県益田市
梅木
　うめのき　富山県射水市
　うめぎ　静岡県伊豆市
梅木平　うめきだいら　宮城県伊具郡丸森町
梅木坂　うめきざか　宮城県伊具郡丸森町
梅木町
　うめきちょう　広島県呉市
　うめきまち　愛媛県松山市
⁵梅丘　うめがおか　東京都世田谷区
梅北町　うめきたちょう　宮崎県都城市
梅平　うめだいら　山梨県南巨摩郡身延町
梅本
　うめもと　和歌山県海草郡紀美野町
　うめのもと　愛媛県（伊予鉄道横河原線）
梅本町
　うめもとちょう　北海道伊達市
　うめもとちょう　京都府京都市東山区
梅田
　うめた　青森県五所川原市
　うめだ　福島県須賀川市
　うめだ　埼玉県春日部市
　うめだ　東京都足立区
　うめだ　新潟県長岡市
　うめだ　静岡県湖西市
　うめだ　大阪府（阪急電鉄京都本線ほか）
　うめだ　大阪府大阪市北区
　うめだ　鳥取県東伯郡琴浦町
　うめだ　熊本県玉名郡長洲町
梅田本町　うめだほんちょう　埼玉県春日部市
梅田町
　うめだまち　宮城県仙台市青葉区
　うめだちょう　群馬県桐生市
　うめだまち　石川県金沢市
　うめだまち　石川県小松市
　うめだちょう　静岡県静岡市清水区
　うめだちょう　滋賀県守山市

　うめだまち　愛媛県松山市
　うめだまち　長崎県佐世保市
⁶梅光園　ばいこうえん　福岡県福岡市中央区
梅光園団地　ばいこうえんだんち　福岡県福岡市中
央区
梅名　うめな　静岡県三島市
梅地　うめじ　静岡県榛原郡川根本町
梅竹　うめたけ　福島県喜多方市
⁷梅沢　うめざわ　東京都西多摩郡奥多摩町
梅沢町
　うめざわまち　栃木県栃木市
　うめざわちょう　富山県富山市
梅町
　うめまち　大阪府大阪市此花区
　うめまち　大阪府守口市
梅花町　ばいかちょう　静岡県熱海市
梅見台　うめみだい　新潟県新潟市江南区
梅谷
　うめたに　岐阜県不破郡垂井町
　うめだに　京都府福知山市
　うめだに　京都府木津川市
梅里
　うめざと　東京都杉並区
　うめさと　愛知県名古屋市緑区
⁸梅坪
　うめつほ　愛知県（名古屋鉄道三河線ほか）
　うめつほ　愛知県犬山市
梅坪町
　うめつぼまち　東京都八王子市
　うめつぼちょう　愛知県豊田市
梅忠町　うめただちょう　京都府京都市中京区
梅林
　ばいりん　岐阜県岐阜市
　うめばやし　滋賀県大津市
　ばいりん　広島県（JR可部線）
　うめばやし　福岡県（福岡市交通局七隈線）
　うめばやし　福岡県福岡市城南区
　うめばやし　福岡県福岡市早良区
梅林西町　ばいりんにしまち　岐阜県岐阜市
梅林町
　うめばやしちょう　滋賀県東近江市
　ばいりんちょう　京都府京都市東山区
梅林南町　ばいりんみなみまち　岐阜県岐阜市
梅河町　うめがわちょう　岐阜県岐阜市
梅迫　うめざこ　京都府（JR舞鶴線）
梅迫町　うめざこちょう　京都府綾部市
⁹梅南　ばいなん　大阪府大阪市西成区
梅室　うめむろ　奈良県葛城市
梅屋町
　うめやちょう　静岡県静岡市葵区
　うめやちょう　静岡県磐田市
　うめやちょう　京都府京都市上京区
　うめやちょう　京都府京都市中京区
梅屋敷　うめやしき　東京都（京浜急行電鉄本線）
梅津　うめづ　新潟県佐渡市
梅津フケノ川町　うめづふけのかわちょう　京都府
京都市右京区
梅津上田町　うめづうえだちょう　京都府京都市右
京区
梅津大縄場町　うめづおおなわばちょう　京都府京
都市右京区

961

10画（桧）

梅津中村町　うめづなかむらちょう　京都府京都市右京区

梅津中倉町　うめづなかくらちょう　京都府京都市右京区

梅津北川町　うめづきたがわちょう　京都府京都市右京区

梅津北町　うめづきたまち　京都府京都市右京区

梅津北浦町　うめづきたうらちょう　京都府京都市右京区

梅津尻溝町　うめづしりみぞちょう　京都府京都市右京区

梅津石灘町　うめづいしなだちょう　京都府京都市右京区

梅津寺　ばいしんじ　愛媛県（伊予鉄道高浜線）

梅津寺町　ばいしんじまち　愛媛県松山市

梅津西浦町　うめづにしうらちょう　京都府京都市右京区

梅津坂本町　うめづさかもとちょう　京都府京都市右京区

梅津東構口町　うめづひがしかまえぐちちょう　京都府京都市右京区

梅津林口町　うめづはやしくちちょう　京都府京都市右京区

梅津前田町　うめづまえだちょう　京都府京都市右京区

梅津南上田町　うめづみなみうえだちょう　京都府京都市右京区

梅津南広町　うめづみなみひろちょう　京都府京都市右京区

梅津南町　うめづみなみまち　京都府京都市右京区

梅津後藤町　うめづごとうちょう　京都府京都市右京区

梅津段町　うめづだんまち　京都府京都市右京区

梅津神田町　うめづかんだちょう　京都府京都市右京区

梅津高畝町　うめづたかぜちょう　京都府京都市右京区

梅津堤下町　うめづつつみしたちょう　京都府京都市右京区

梅津堤上町　うめづつつみかみちょう　京都府京都市右京区

梅津開キ町　うめづひらきちょう　京都府京都市右京区

梅津森原町　うめづふしはらちょう　京都府京都市右京区

梅津徳丸町　うめづとくまるちょう　京都府京都市右京区

梅津構口町　うめづかまえぐちちょう　京都府京都市右京区

梅美台　うめみだい　京都府木津川市

梅香
　ばいか　北海道厚岸郡厚岸町
　ばいこう　茨城県水戸市
　ばいか　大阪府大阪市此花区

梅香苑　ばいこうえん　福岡県太宰府市

梅香崎町　うめがさきまち　長崎県長崎市

10梅原
　うめばら　群馬県邑楽郡明和町
　うめはら　埼玉県日高市
　うめはら　富山県南砺市
　うめはら　岐阜県山県市
　うめはら　和歌山県和歌山市

　うめはら　広島県廿日市市

梅宮町　うめみやちょう　京都府京都市東山区

梅島
　うめじま　東京都（東武鉄道伊勢崎線）
　うめじま　東京都足立区

梅浦　うめうら　福井県丹生郡越前町

梅竜寺山　ばいりゅうじやま　岐阜県関市

11梅郷
　うめさと　千葉県（東武鉄道野田線）
　ばいごう　東京都青梅市

梅野　うめの　富山県南砺市

梅野木前　うめのきまえ　山形県山形市

梅野町　うめのちょう　兵庫県宝塚市

梅野俣　うめのまた　新潟県長岡市

12梅森台　うめもりだい　愛知県日進市

梅森坂　うめもりざか　愛知県名古屋市名東区

梅森坂西　うめもりざかにし　愛知県名古屋市名東区

梅森町　うめもりちょう　愛知県日進市

梅満町　うめみつまち　福岡県久留米市

梅湊町　うめみなとちょう　京都府京都市下京区

梅須賀町　めすかちょう　愛知県稲沢市

13梅園
　うめぞの　茨城県つくば市
　うめぞの　東京都清瀬市

梅園町
　うめぞのちょう　栃木県佐野市
　うめぞのちょう　岐阜県岐阜市
　ばいえんちょう　静岡県熱海市
　うめぞのちょう　愛知県岡崎市
　うめぞのちょう　大阪府守口市
　うめぞのちょう　山口県周南市
　うめぞのまち　長崎県島原市

梅園通　うめぞのどおり　三重県桑名市

15梅影町　うめかげちょう　滋賀県湖南市

16梅橋　うめばし　静岡県掛川市

梅薮西町　うめやぶにしまち　愛知県豊橋市

梅薮町　うめやぶちょう　愛知県豊橋市

【桧】

3桧山
　ひやま　茨城県常陸大宮市
　ひやま　栃木県芳賀郡茂木町

4桧木
　ひのき　青森県上北郡横浜町
　ひのき　千葉県香取郡多古町

桧木沢　ひのきざわ　栃木県大田原市

5桧生原　ひさはら　高知県高岡郡四万十町

7桧尾　ひのきお　兵庫県美方郡新温泉町

桧町
　ひのきちょう　山形県山形市
　ひのきちょう　山形県新庄市
　ひのきまち　福島県会津若松市
　ひのきちょう　岐阜県大垣市

桧谷
　ひのたに　富山県中新川郡上市町
　ひのきだに　愛媛県八幡浜市

8桧岱　ひのきたい　北海道檜山郡江差町

桧物町　ひものまち　石川県七尾市

桧股　ひのきまた　奈良県吉野郡野迫川村

9桧垣本　ひがいもと　奈良県吉野郡大淀町

10画（桙, 桙, 残, 浦）

¹⁰桧倉　ひくら　北海道松前郡福島町
桧原
　　ひのはら　福島県大沼郡三島町
　　ひばら　愛知県常滑市
　　きそはら　三重県多気郡大台町
　　ひばる　福岡県福岡市南区
¹¹桧曽根　ひそね　徳島県那賀郡那賀町

【桙】
桙　かこい　熊本県八代郡氷川町

【桙】
¹⁵桙衝　ほこつき　福島県須賀川市

【残】
¹¹残堀　ざんぼり　東京都武蔵村山市

【浦】
浦
　　うら　新潟県長岡市
　　うら　新潟県新発田市
　　うら　兵庫県淡路市
　　うら　佐賀県唐津市
　　うら　宮崎県えびの市
　　うら　鹿児島県大島郡龍郷町
⁰浦ノ入　うらのいり　新潟県新潟市北区
浦ノ内下中山　うらのうちしもなかやま　高知県須崎市
浦ノ内今川内　うらのうちこんがわうち　高知県須崎市
浦ノ内出見　うらのうちいずみ　高知県須崎市
浦ノ内立目摺木　うらのうちたちめするぎ　高知県須崎市
浦ノ内灰方　うらのうちはいがた　高知県須崎市
浦ノ内西分　うらのうちにしぶん　高知県須崎市
浦ノ内東分　うらのうちひがしぶん　高知県須崎市
浦ノ内須ノ浦　うらのうちすのうら　高知県須崎市
浦ノ内塩間　うらのうちしわい　高知県須崎市
浦ノ内福良　うらのうちふくら　高知県須崎市
浦ノ崎　うらのさき　佐賀県（松浦鉄道西九州線）
浦の川　うらのかわ　長崎県島原市
浦の町　うらのちょう　長崎県平戸市
浦の浜　うらのはま　宮城県気仙沼市
³浦上　うらかみ　長崎県（JR長崎本線）
浦上台　うらがみだい　神奈川県横須賀市
浦上町　うらがみちょう　熊本県水俣市
浦上車庫前　うらかみしゃこまえ　長崎県（長崎電気軌道1系統ほか）
浦上駅前　うらかみえきまえ　長崎県（長崎電気軌道1系統ほか）
浦口　うらぐち　三重県伊勢市
浦口町　うらぐちちょう　三重県伊勢市
浦士別　うらしべつ　北海道網走市
浦大町
　　うらおおまち　秋田県南秋田郡五城目町
　　うらおおまち　秋田県南秋田郡八郎潟町
浦山
　　うらやま　埼玉県秩父市
　　うらやま　新潟県新潟市西区
　　うらやま　富山県（富山地方鉄道本線）

うらやま　山口県周南市
浦山口　うらやまぐち　埼玉県（秩父鉄道線）
浦山開作　うらやまかいさく　山口県周南市
浦山新　うらやましん　富山県下新川郡入善町
浦川
　　うらがわ　新潟県佐渡市
　　うらかわ　静岡県（JR飯田線）
浦川内町　うらがわちちょう　長崎県佐世保市
浦川原区下柿野　うらがわらくしもがきの　新潟県上越市
浦川原区下猪子田　うらがわらくしもいのこだ　新潟県上越市
浦川原区上岡　うらがわらくかみおか　新潟県上越市
浦川原区上柿野　うらがわらくかみがきの　新潟県上越市
浦川原区上猪子田　うらがわらくかみいのこだ　新潟県上越市
浦川原区大栃山　うらがわらくおおとちやま　新潟県上越市
浦川原区小谷島　うらがわらくこやじま　新潟県上越市
浦川原区小蒲生田　うらがわらくこがもだ　新潟県上越市
浦川原区山本　うらがわらくやまもと　新潟県上越市
浦川原区山印内　うらがわらくやまいんない　新潟県上越市
浦川原区中猪子田　うらがわらくなかいのこだ　新潟県上越市
浦川原区今熊　うらがわらくいまぐま　新潟県上越市
浦川原区六日町　うらがわらくむいかまち　新潟県上越市
浦川原区日向　うらがわらくひなた　新潟県上越市
浦川原区印内　うらがわらくいんない　新潟県上越市
浦川原区有島　うらがわらくありしま　新潟県上越市
浦川原区虫川　うらがわらくむしがわ　新潟県上越市
浦川原区杉坪　うらがわらくすぎつぼ　新潟県上越市
浦川原区谷　うらがわらくたに　新潟県上越市
浦川原区坪野　うらがわらくつぼの　新潟県上越市
浦川原区岩室　うらがわらくいわむろ　新潟県上越市
浦川原区東俣　うらがわらくひがしまた　新潟県上越市
浦川原区法定寺　うらがわらくほうじょうじ　新潟県上越市
浦川原区長走　うらがわらくながはしり　新潟県上越市
浦川原区桜島　うらがわらくさくらしま　新潟県上越市
浦川原区真光寺　うらがわらくしんこうじ　新潟県上越市
浦川原区釜淵　うらがわらくかまぶち　新潟県上越市
浦川原区菱田　うらがわらくひしだ　新潟県上越市
浦川原区飯室　うらがわらくいいむろ　新潟県上越市
浦川原区熊沢　うらがわらくくまざわ　新潟県上越市
浦川原区横川　うらがわらくよこかわ　新潟県上越市
浦川原区横住　うらがわらくよこずみ　新潟県上越市
浦川原区顕聖寺　うらがわらくけんしょうじ　新潟県上越市
⁴浦戸
　　うらと　愛知県知多郡美浜町
　　うらど　高知県高知市
浦戸石浜　うらといしはま　宮城県塩竈市

963

10画（酒）

浦戸朴島　うらとほうじま　宮城県塩竈市
浦戸桂島　うらとかつらしま　宮城県塩竈市
浦戸野々島　うらとののしま　宮城県塩竈市
浦戸寒風沢　うらとさぶさわ　宮城県塩竈市
浦寒風沢　うらかたちょう　愛知県津島市
浦木　うらぎ　新潟県新潟市北区
5浦尻　うらじり　高知県土佐清水市
浦本　うらもと　新潟県（えちごトキめき鉄道日本海ひすいライン）
浦田
　うらた　秋田県北秋田市
　うらた　千葉県君津市
　うらだ　新潟県十日町市
　うらだ　新潟県村上市
　うらだ　富山県中新川郡立山町
　うらだ　大阪府貝塚市
　うらだ　岡山県（水島臨海鉄道線）
　うらだ　岡山県倉敷市
　うらた　福岡県（JR筑豊本線）
　うらた　福岡県福岡市博多区
　うらた　長崎県島原市
　うらた　熊本県玉名郡玉東町
　うらた　大分県別府市
浦田町
　うらだちょう　大阪府和泉市
　うらたまち　熊本県宇土市
　うらたちょう　鹿児島県出水市
浦田新　うらだしん　富山県中新川郡立山町
6浦伊部　うらいんべ　岡山県備前市
浦向
　うらむこう　茨城県猿島郡境町
　うらむかい　奈良県吉野郡下北山村
浦安
　うらやす　千葉県（東京地下鉄東西線）
　うらやす　鳥取県（JR山陰本線）
　うらやす　鳥取県東伯郡琴浦町
浦安市　うらやすし　千葉県
浦安本町　うらやすほんまち　岡山県岡山市南区
浦安西町　うらやすにしまち　岡山県岡山市南区
浦安南町　うらやすみなみまち　岡山県岡山市南区
浦庄　うらしょう　徳島県名西郡石井町
浦臼
　うらうす　北海道（JR札沼線）
　うらうす　北海道樺戸郡浦臼町
浦臼町　うらうすちょう　北海道樺戸郡
浦舟町　うらふねちょう　神奈川県横浜市南区
7浦佐
　うらさ　新潟県（JR上越新幹線ほか）
　うらさ　新潟県南魚沼市
浦志　うらし　福岡県糸島市
浦村　うらむら　新潟県新潟市西蒲区
浦村町　うらむらちょう　三重県鳥羽市
浦町
　うらまち　青森県青森市
　うらまち　青森県黒石市
　うらまち　宮城県遠田郡涌谷町
　うらまち　新潟県魚沼市
　うらちょう　愛知県田原市
　うらまち　大分県中津市
浦見　うらみ　北海道釧路市
浦里　うらさと　愛知県名古屋市緑区

8浦和
　うらわ　北海道松前郡福島町
　うらわ　埼玉県（JR東北本線）
浦和区　うらわく　埼玉県さいたま市
浦和町　うらわちょう　鹿児島県いちき串木野市
浦和美園　うらわみその　埼玉県（埼玉高速鉄道線）
浦底
　うらそこ　福井県敦賀市
　うらそこ　鹿児島県出水郡長島町
浦河　うらかわ　北海道（JR日高本線）
浦河町　うらかわちょう　北海道浦河郡
浦河郡　うらかわぐん　北海道
9浦城町　うらしろまち　宮崎県延岡市
浦柄　うらがら　新潟県小千谷市
浦津　うらつ　鳥取県米子市
浦神　うらがみ　和歌山県東牟婁郡那智勝浦町
10浦原　うらはら　鹿児島県大島郡喜界町
浦島丘　うらしまおか　神奈川県横浜市神奈川区
浦島町　うらしまちょう　神奈川県横浜市神奈川区
浦桑郷　うらくわごう　長崎県南松浦郡新上五島町
11浦堂　うらどう　大阪府高槻市
浦堂本町　うらどうほんまち　大阪府高槻市
浦宿　うらしゅく　宮城県（JR石巻線）
浦宿浜　うらしゅくはま　宮城県牡鹿郡女川町
浦崎　うらさき　沖縄県国頭郡本部町
浦崎町　うらさきちょう　広島県尾道市
浦梨　うらなし　新潟県新潟市南区
浦添市　うらそえし　沖縄県
浦郷
　うらごう　島根県隠岐郡西ノ島町
　うらごう　長崎県西彼杵郡時津町
浦郷町　うらごうちょう　神奈川県横須賀市
浦部　うらべ　千葉県印西市
浦部村新田　うらべむらしんでん　千葉県印西市
浦野　うらの　長野県上田市
12浦富　うらどめ　鳥取県岩美郡岩美町
浦賀
　うらが　神奈川県（京浜急行電鉄本線）
　うらが　神奈川県横須賀市
浦賀丘　うらがおか　神奈川県横須賀市
浦越　うらごし　高知県高岡郡四万十町
浦間　うらま　岡山県岡山市東区
浦須　うらす　茨城県石岡市
13浦幌　うらほろ　北海道（JR根室本線）
浦幌町　うらほろちょう　北海道十勝郡
浦新田　うらしんでん　新潟県新発田市
15浦幡新田　うらはたしんでん　千葉県印西市
浦横町　うらよこまち　秋田県南秋田郡五城目町
16浦興野　うらごや　新潟県新潟市秋葉区
19浦瀬町　うらせまち　新潟県長岡市

【酒】
0酒々井
　しすい　千葉県（JR成田線）
　しすい　千葉県印旛郡酒々井町
酒々井町　しすいまち　千葉県印旛郡
3酒丸　さけまる　茨城県つくば市
4酒井
　さかい　福島県双葉郡浪江町

964

10画（泰, 浜）

さかい　神奈川県厚木市
さかい　兵庫県三田市
酒井田　さかいだ　福岡県八女市
酒井西町　さかいにしまち　佐賀県鳥栖市
酒井町　さかいまち　石川県羽咋市
酒井東町　さかいひがしまち　佐賀県鳥栖市
酒井根　さかいね　千葉県柏市
酒井新田　さかいしんでん　山形県酒田市
酒匂　さかわ　神奈川県小田原市
5酒田
　さかた　山形県（JR羽越本線）
　さかた　福島県双葉郡浪江町
酒田市　さかたし　山形県
7酒折
　さかおり　山梨県（JR中央本線）
　さかおり　山梨県甲府市
酒折町　さかおりちょう　山梨県甲府市
酒見
　さかみ　石川県羽咋郡志賀町
　さけみ　福岡県大川市
酒谷　さけだに　島根県邑智郡美郷町
酒谷乙　さかたにおつ　宮崎県日南市
酒谷甲　さかたにこう　宮崎県日南市
8酒直　さかなお　千葉県印旛郡栄町
酒直卜杭　さかなおぼっくい　千葉県印西市
酒直台　さかなおだい　千葉県印旛郡栄町
酒門町　さかどちょう　茨城県水戸市
9酒屋町　さかやちょう　新潟県新潟市江南区
酒巻　さかまき　埼玉県行田市
酒津　さかづ　岡山県倉敷市
10酒倉　さかくら　岐阜県加茂郡坂祝町
11酒野谷　さけのや　栃木県鹿沼市
13酒殿
　さかど　福岡県（JR香椎線）
　さかど　福岡県糟屋郡粕屋町
酒蒔　さかまき　秋田県湯沢市
15酒蔵　しゅぞう　千葉県東金市

【泰】
8泰明町　たいめいちょう　愛知県名古屋市港区
泰阜村　やすおかむら　長野県下伊那郡
12泰童片原町　たいどうかたはらちょう　京都府京都市上京区
泰童町　たいどうちょう　京都府京都市上京区
15泰澄の里　たいちょうのさと　福井県（福井鉄道福武線）

【浜】
浜
　はま　茨城県行方市
　はま　千葉県夷隅郡御宿町
　はま　静岡県賀茂郡河津町
　はま　愛知県名古屋市港区
　はま　京都府舞鶴市
　はま　大阪府大阪市鶴見区
　はま　大阪府豊中市
　はま　兵庫県尼崎市
　はま　兵庫県淡路市
　はま　岡山県岡山市中区
　はま　山口県山陽小野田市

　はま　愛媛県伊予郡松前町
　はま　熊本県水俣市
　はま　沖縄県国頭郡国頭村
　はま　沖縄県中頭郡中城村
　はま　沖縄県島尻郡粟国村
0浜ケ城　はまがじょう　鹿児島県いちき串木野市
浜ノ町
　はまのまち　秋田県由利本荘市
　はまのちょう　鳥取県境港市
　はまのちょう　香川県高松市
浜ノ茶屋　はまのちゃや　岡山県倉敷市
浜ノ宮　はまのみや　和歌山県東牟婁郡那智勝浦町
浜ノ瀬　はまのせ　和歌山県日高郡美浜町
浜の市　はまのいち　大分県大分市
浜の町　はまのまち　長崎県島原市
浜の町北　はまのまちきた　青森県弘前市
浜の町西　はまのまちにし　青森県弘前市
浜の町東　はまのまちひがし　青森県弘前市
浜の宮　はまのみや　兵庫県（山陽電気鉄道本線）
1浜一色町　はまいっしきちょう　三重県四日市市
浜一番丁　はまいちばんちょう　香川県綾歌郡宇多津町
2浜七番丁　はまななばんちょう　香川県綾歌郡宇多津町
浜乃木　はまのぎ　島根県松江市
浜九番丁　はまきゅうばんちょう　香川県綾歌郡宇多津町
浜二番丁　はまにばんちょう　香川県綾歌郡宇多津町
浜八番丁　はまはちばんちょう　香川県綾歌郡宇多津町
3浜三川　はまさんかわ　秋田県由利本荘市
浜三番丁　はまさんばんちょう　香川県綾歌郡宇多津町
浜口西　はまぐちにし　大阪府大阪市住之江区
浜口町
　はまぐちまち　福岡県遠賀郡芦屋町
　はまぐちまち　長崎県（長崎電気軌道1系統ほか）
　はまぐちまち　長崎県長崎市
　はまぐちまち　熊本県熊本市南区
浜口東　はまぐちひがし　大阪府大阪市住之江区
浜大津
　はまおおつ　滋賀県（京阪電気鉄道京津線ほか）
　はまおおつ　滋賀県大津市
浜大樹　はまたいき　北海道広尾郡大樹町
浜子
　はまご　青森県東津軽郡平内町
　はまご　千葉県君津市
浜小清水
　はまこしみず　北海道（JR釧網本線）
　はまこしみず　北海道斜里郡小清水町
浜山公園北口　はまやまこうえんきたぐち　島根県（一畑電車大社線）
浜山通　はまやまどおり　兵庫県神戸市兵庫区
浜川
　はまごう　熊本県球磨郡湯前町
　はまがわ　沖縄県中頭郡北谷町
浜川戸　はまかわど　埼玉県春日部市
浜川町　はまがわまち　群馬県高崎市
浜川崎　はまかわさき　神奈川県（JR鶴見線）
浜川新田　はまがわしんでん　静岡県掛川市

965

10画（浜）

⁴浜中
　はまなか　北海道（JR根室本線）
　はまなか　北海道厚岸郡浜中町
　はまなか　山形県酒田市
　はまなか　岡山県浅口郡里庄町
　はまなか　大分県大分市

浜中町
　はまなかちょう　北海道留萌市
　はまなかちょう　北海道余市郡余市町
　はまなかちょう　北海道厚岸郡
　はまなかちょう　愛知県名古屋市南区
　はまなかちょう　兵庫県神戸市兵庫区

浜中海水浴場　はまなかかいすいよくじょう　北海道
（JR留萌本線・臨）

浜之町　はまのちょう　愛媛県八幡浜市
浜之郷　はまのごう　神奈川県茅ヶ崎市
浜井川　はまいかわ　秋田県南秋田郡井川町
浜井町　はまいちょう　長野県飯田市
浜五番丁　はまごばんちょう　香川県綾歌郡宇多津町
浜元　はまもと　沖縄県国頭郡本部町
浜六番丁　はまろくばんちょう　香川県綾歌郡宇多
津町
浜方　はまかた　山口県防府市
⁵浜加積　はまかづみ　富山県（富山地方鉄道本線）
浜北
　はまきた　石川県かほく市
　はまきた　静岡県（遠州鉄道線）
浜北山町　はまきたやまちょう　福井県福井市
浜北区　はまきたく　静岡県浜松市
浜台　はまだい　青森県上北郡東北町
浜四ツ屋　はまよつや　富山県滑川市
浜四番丁　はまよんばんちょう　香川県綾歌郡宇多
津町
浜尻町　はまじりまち　群馬県高崎市
浜市
　はまいち　宮城県東松島市
　はまいち　兵庫県赤穂市
浜平
　はまひら　長崎県長崎市
　はまびら　鹿児島県垂水市
浜玉町大江　はまたままちおおえ　佐賀県唐津市
浜玉町山瀬　はまたままちやませ　佐賀県唐津市
浜玉町五反田　はまたままちごたんだ　佐賀県唐津市
浜玉町平原　はまたままちひらばる　佐賀県唐津市
浜玉町谷口　はまたままちたにぐち　佐賀県唐津市
浜玉町岡口　はまたままちおかぐち　佐賀県唐津市
浜玉町東山田　はまたままちひがしやまだ　佐賀県唐
津市
浜玉町南山　はまたままちみなみやま　佐賀県唐津市
浜玉町浜崎　はまたままちはまさき　佐賀県唐津市
浜玉町渕上　はまたままちふちのうえ　佐賀県唐津市
浜玉町鳥巣　はまたままちとりす　佐賀県唐津市
浜玉町横田下　はまたままちよこたしも　佐賀県唐
津市
浜玉町横田上　はまたままちよこたかみ　佐賀県唐
津市
浜甲子園　はまこうしえん　兵庫県西宮市
浜田
　はまだ　青森県青森市
　はまだ　青森県上北郡横浜町
　はまだ　秋田県秋田市

はまだ　秋田県山本郡三種町
はまだ　山形県酒田市
はまだ　茨城県水戸市
はまだ　茨城県取手市
はまだ　千葉県千葉市美浜区
はまだ　千葉県館山市
はまだ　新潟県佐渡市
はまだ　三重県多気郡明和町
はまだ　島根県（JR山陰本線）
はまだ　広島県安芸郡府中町
はまだ　山口県宇部市
はまだ　山口県周南市

浜田山
　はまだやま　東京都（京王電鉄井の頭線）
　はまだやま　東京都杉並区

浜田市　はまだし　島根県
浜田本町　はまだほんまち　広島県安芸郡府中町
浜田町
　はまだちょう　福島県福島市
　はまだちょう　茨城県水戸市
　はまだちょう　神奈川県海老名市
　はまだまち　石川県小松市
　はまだちょう　静岡県静岡市清水区
　はまだちょう　静岡県富士市
　はまだちょう　愛知県名古屋市南区
　はまだちょう　愛知県半田市
　はまだまち　愛知県碧南市
　はまだちょう　三重県四日市市
　はまだちょう　兵庫県神戸市灘区
　はまだちょう　兵庫県尼崎市
　はまだちょう　山口県山陽小野田市
　はまだまち　愛媛県八幡浜市
　はまだまち　福岡県大牟田市
　はまだまち　長崎県佐世保市
　はまだちょう　鹿児島県鹿屋市
　はまだちょう　鹿児島県いちき串木野市

浜田浦　はまたうら　北海道（JR日高本線）
浜田郷　はまだごう　長崎県西彼杵郡時津町
浜石田　はまいしだ　富山県黒部市
浜辺通　はまべどおり　兵庫県神戸市中央区
⁶浜吉田　はまよしだ　宮城県（JR常磐線）
浜名　はまな　青森県東津軽郡今別町
浜名郡　はまなぐん　⇒消滅（静岡県）
浜名湖佐久米　はまなこさくめ　静岡県（天竜浜名湖
鉄道線）
浜寺元町　はまでらもとまち　大阪府堺市西区
浜寺公園　はまでらこうえん　大阪府（南海電気鉄道
南海本線）
浜寺公園町　はまでらこうえんちょう　大阪府堺市西区
浜寺石津町中　はまでらいしづちょうなか　大阪府堺
市西区
浜寺石津町西　はまでらいしづちょうにし　大阪府堺
市西区
浜寺石津町東　はまでらいしづちょうひがし　大阪府堺
市西区
浜寺町　はまでらまち　愛知県碧南市
浜寺南町　はまでらみなみまち　大阪府堺市西区
浜寺昭和町　はまでらしょうわちょう　大阪府堺市西区
浜寺船尾町西　はまでらふなおちょうにし　大阪府堺
市西区
浜寺船尾町東　はまでらふなおちょうひがし　大阪府
堺市西区

10画（浜）

浜寺駅前　はまでらえきまえ　大阪府（阪堺電気軌道阪堺線）
浜寺諏訪森町中　はまでらすわのもりちょうなか　大阪府堺市西区
浜寺諏訪森町西　はまでらすわのもりちょうにし　大阪府堺市西区
浜寺諏訪森町東　はまでらすわのもりちょうひがし　大阪府堺市西区
浜当目　はまとうめ　静岡県焼津市
浜旭町　はまあさひちょう　三重県四日市市
浜竹　はまたけ　神奈川県茅ケ崎市
浜行川　はまなめがわ　千葉県勝浦市
⁷浜佐田町　はまさだちょう　島根県松江市
浜佐呂間　はまさろま　北海道常呂郡佐呂間町
浜佐美本町　はまさみほんまち　石川県小松市
浜佐美町　はまさみまち　石川県小松市
浜住町　はまじゅうちょう　福井県福井市
浜別所町　はまべっしょちょう　福井県福井市
浜坂
　　はまさか　福井県あわら市
　　はまさか　兵庫県（JR山陰本線）
　　はまさか　兵庫県美方郡新温泉町
　　はまさか　鳥取県鳥取市
浜坂東　はまさかひがし　鳥取県鳥取市
浜尾　はまお　福島県須賀川市
浜尾町　はまおまち　愛知県碧南市
浜改田　はまかいだ　高知県南国市
浜村　はまむら　鳥取県（JR山陰本線）
浜町
　　はまちょう　北海道函館市
　　はまちょう　北海道釧路市
　　はまちょう　北海道苫小牧市
　　はまちょう　北海道石狩市
　　はまちょう　北海道古平郡古平町
　　はままち　北海道苫前郡羽幌町
　　はまちょう　北海道虻田郡豊浦町
　　はまちょう　北海道虻田郡洞爺湖町
　　はまちょう　北海道浦河郡浦河町
　　はままち　青森県黒石市
　　はままち　青森県西津軽郡鰺ケ沢町
　　はまちょう　岩手県釜石市
　　はまちょう　宮城県気仙沼市
　　はまちょう　群馬県太田市
　　はまちょう　埼玉県加須市
　　はまちょう　千葉県銚子市
　　はまちょう　千葉県船橋市
　　はまちょう　東京都（東京都交通局新宿線）
　　はまちょう　神奈川県横浜市鶴見区
　　はまちょう　神奈川県川崎市川崎区
　　はまちょう　神奈川県小田原市
　　はまちょう　新潟県新潟市東区
　　はままち　富山県滑川市
　　はままち　石川県能美市
　　はまちょう　愛知県一宮市
　　はまちょう　愛知県半田市
　　はまちょう　愛知県碧南市
　　はまちょう　愛知県刈谷市
　　はまちょう　愛知県蒲郡市
　　はままち　三重県四日市市
　　はままち　滋賀県大津市
　　はままち　京都府舞鶴市
　　はままち　京都府宮津市
　　はままち　大阪府守口市
　　はままち　大阪府大東市
　　はままち　大阪府門真市
　　はまちょう　大阪府摂津市
　　はまちょう　兵庫県西宮市
　　はまちょう　兵庫県芦屋市
　　はまちょう　島根県出雲市
　　はままち　岡山県倉敷市
　　はまちょう　岡山県高梁市
　　はまちょう　山口県宇部市
　　はままち　香川県丸亀市
　　はままち　高知県須崎市
　　はままち　高知県土佐清水市
　　はままち　福岡県北九州市門司区
　　はままち　福岡県北九州市若松区
　　はままち　福岡県大牟田市
　　はままち　福岡県京都郡苅田町
　　はままち　佐賀県鹿島市
　　はままち　長崎県長崎市
　　はまちょう　長崎県五島市
　　はままち　熊本県水俣市
　　はままち　熊本県上益城郡山都町
　　はままち　大分県別府市
　　はままち　大分県豊後高田市
　　はままち　宮崎県延岡市
　　はままち　宮崎県日向市
　　はままち　鹿児島県鹿児島市
　　はままち　鹿児島県阿久根市
浜町北　はままちきた　大分県大分市
浜町東　はままちひがし　大分県大分市
浜芦屋町　はまあしやちょう　兵庫県芦屋市
浜見山　はまみやま　宮城県気仙沼市
浜見台　はまみだい　神奈川県横須賀市
浜見平　はまみだいら　神奈川県茅ケ崎市
浜角　はまかど　広島県安芸郡海田町
浜谷町　はまやちょう　新潟県新潟市東区
浜里　はまさと　北海道天塩郡幌延町
⁸浜岩泉　はまいわいずみ　岩手県下閉伊郡田野畑村
浜松
　　はままつ　北海道根室市
　　はままつ　北海道二海郡八雲町
　　はままつ　静岡県（JR東海道新幹線ほか）
浜松市　はままつし　静岡県
浜松町
　　はままつちょう　宮城県石巻市
　　はままつちょう　山形県酒田市
　　はままつちょう　群馬県桐生市
　　はままつちょう　東京都（JR山手線）
　　はままつちょう　東京都港区
　　はままつちょう　神奈川県横浜市西区
　　はままつちょう　熊本県水俣市
浜松原町　はままつばらちょう　兵庫県西宮市
浜河内
　　はまかわち　新潟県佐渡市
　　はまごうち　山口県（JR小野田線）
　　はまごうち　山口県山陽小野田市
浜金谷　はまかなや　千葉県（JR内房線）
⁹浜厚真
　　はまあつま　北海道（JR日高本線）
　　はまあつま　北海道勇払郡厚真町
浜屋町　はまやちょう　愛知県安城市
浜津郷　はまづごう　長崎県北松浦郡小値賀町
浜津賀　はまつが　茨城県鹿嶋市

10画（浮）

浜砂　はまご　宮崎県延岡市
浜草野　はまくさの　富山県下新川郡朝日町
浜風町　はまかぜちょう　兵庫県芦屋市
浜首　はまくび　新潟県西蒲原郡弥彦村
10浜原
　　はまはら　島根県（JR三江線）
　　はまはら　島根県邑智郡美郷町
浜家苫　はまけとば　青森県上北郡東北町
浜島町　はましまちょう　福井県福井市
浜島町迫子　はまじまちょうはざこ　三重県志摩市
浜島町南張　はまじまちょうなんばり　三重県志摩市
浜島町桧山路　はまじまちょうひやまじ　三重県志摩市
浜島町浜島　はまじまちょうはまじま　三重県志摩市
浜島町塩屋　はまじまちょうしおや　三重県志摩市
浜浦　はまうら　新潟県新潟市北区
浜浦町　はまうらちょう　新潟県新潟市中央区
浜益区千代志別　はまますくちよしべつ　北海道石狩市
浜益区川下　はまますくかわしも　北海道石狩市
浜益区床丹　はまますくとこたん　北海道石狩市
浜益区実田　はまますくみた　北海道石狩市
浜益区柏木　はまますくかしわぎ　北海道石狩市
浜益区毘砂別　はまますくびしゃべつ　北海道石狩市
浜益区送毛　はまますくおくりげ　北海道石狩市
浜益区浜益　はまますくはまます　北海道石狩市
浜益区御料地　はまますくごりょうち　北海道石狩市
浜益区雄冬　はまますくおふゆ　北海道石狩市
浜益区幌　はまますくほろ　北海道石狩市
浜益区群別　はまますくくんべつ　北海道石狩市
浜益区濃昼　はまますくごきびる　北海道石狩市
浜脇　はまわき　大分県別府市
浜脇町　はまわきちょう　兵庫県西宮市
浜荻　はまおぎ　千葉県鴨川市
浜通町　はまどおりまち　秋田県能代市
浜高家　はまたけい　大分県宇佐市
浜鬼志別　はまおにしべつ　北海道宗谷郡猿払村
11浜宿　はましゅく　千葉県長生郡白子町
浜崎
　　はまざき　山形県山形市
　　はまざき　福島県河沼郡湯川村
　　はまざき　埼玉県朝霞市
　　はまさき　佐賀県（JR筑肥線）
浜崎町
　　はまさきまち　山口県萩市
　　はまさきまち　熊本県天草市
　　はまさきちょう　沖縄県石垣市
浜崎通　はまさきどおり　兵庫県神戸市兵庫区
浜崎新町　はまさきしんちょう　山口県萩市
浜掛　はまかけ　青森県上北郡東北地町
浜添通　はまぞえどおり　兵庫県神戸市長田区
浜経田　はまきょうでん　富山県魚津市
浜部　はまべ　静岡県磐田市
浜野
　　はまの　福島県南会津郡南会津町
　　はまの　千葉県（JR内房線）
　　はまの　静岡県掛川市
　　はまの　岡山県岡山市南区
浜野辺　はまのべ　茨城県結城市

浜野町　はまのちょう　千葉県千葉市中央区
浜野浦　はまのうら　佐賀県東松浦郡玄海町
浜野新田　はまのしんでん　静岡県掛川市
浜黒崎　はまくろさき　富山県富山市
12浜富町　はまとみちょう　愛知県安城市
浜勝浦　はまかつうら　千葉県勝浦市
浜道　はまみち　青森県上北郡おいらせ町
浜道町　はまみちちょう　愛知県豊橋市
浜開発町　はまかいはつまち　石川県能美市
浜開新町　はまびらきしんまち　富山県射水市
浜須賀　はますか　神奈川県茅ケ崎市
13浜園町　はまぞのちょう　三重県四日市市
浜新田
　　はましんでん　新潟県村上市
　　はましんでん　静岡県磐田市
浜新保　はましんぼ　新潟県村上市
浜猿払　はまさるふつ　北海道宗谷郡猿払村
浜頓別　はまとんべつ　北海道枝幸郡浜頓別町
浜頓沢町　はまとんべつちょう　北海道枝幸郡
15浜横沢町　はまよこさわまち　青森県西津軽郡鰺ケ沢町
16浜館　はまだて　青森県青森市
19浜離宮庭園　はまりきゅうていえん　東京都中央区
20浜懸　はまがけ　青森県上北郡横浜町

【浮】
4浮孔　うきあな　奈良県（近畿日本鉄道南大阪線）
5浮田
　　うきだ　大阪府大阪市北区
　　うきた　宮崎県宮崎市
浮田町　うきたちょう　京都府京都市上京区
6浮気町　ふけちょう　滋賀県守山市
浮羽町三春　うきはまちみはる　福岡県うきは市
浮羽町小塩　うきはまちこじお　福岡県うきは市
浮羽町山北　うきはまちやまきた　福岡県うきは市
浮羽町古川　うきはまちふるかわ　福岡県うきは市
浮羽町田篭　うきはまちたごもり　福岡県うきは市
浮羽町西隈上　うきはまちにしくまのうえ　福岡県うきは市
浮羽町妹川　うきはまちいもがわ　福岡県うきは市
浮羽町東隈上　うきはまちひがしくまのうえ　福岡県うきは市
浮羽町浮羽　うきはまちうきは　福岡県うきは市
浮羽町流川　うきはまちながれかわ　福岡県うきは市
浮羽町高見　うきはまちたかみ　福岡県うきは市
浮羽町朝田　うきはまちあさだ　福岡県うきは市
浮羽町新川　うきはまちにいかわ　福岡県うきは市
7浮谷　うきや　埼玉県さいたま市岩槻区
8浮金　うきがね　福島県田村郡小野町
9浮城町
　　うきしろまち　石川県小松市
　　うきのじょうちょう　宮崎県宮崎市
浮柳町　うきやなぎまち　石川県小松市
浮洲町　うきすちょう　新潟県新潟市中央区
浮津　うきつ　高知県室戸市
浮津一番町　うきついちばんちょう　高知県室戸市
浮津二番町　うきつにばんちょう　高知県室戸市
浮津三番町　うきつさんばんちょう　高知県室戸市

10画(涌, 流, 涙, 浪)

10浮島
　うきしま　宮城県多賀城市
　うきしま　茨城県稲敷市
　うきしま　和歌山県新宮市
　うかしま　山口県大島郡周防大島町
　浮島町
　うきしまちょう　神奈川県川崎市川崎区
　うきしまちょう　愛知県名古屋市瑞穂区
11浮野町　うきのちょう　愛知県名古屋市西区
12浮塚　うきづか　埼玉県八潮市
　浮間　うきま　東京都北区
　浮間舟渡　うきまふなど　東京都(JR埼京線)
16浮橋
　うきはし　静岡県伊豆の国市
　うきはし　三重県四日市市
18浮鞭
　うきぶち　高知県(土佐くろしお鉄道中村・宿毛線)
　うきぶち　高知県幡多郡黒潮町

【涌】
4涌井　ゆい　熊本県下益城郡美里町
　涌元　わきもと　北海道上磯郡知内町
7涌谷
　わくや　宮城県(JR石巻線)
　わくや　宮城県遠田郡涌谷町
　涌谷町　わくやちょう　宮城県遠田郡
8涌波　わくなみ　石川県金沢市
　涌波町　わくなみまち　石川県金沢市

【流】
　流　ながれ　福島県東白川郡棚倉町
3流山
　ながれやま　千葉県(流鉄流山線)
　ながれやま　千葉県流山市
　流山セントラルパーク　ながれやませんとらるぱーく　千葉県(首都圏新都市鉄道つくばエクスプレス線)
　流山おおたかの森　ながれやまおおたかのもり　千葉県(首都圏新都市鉄道つくばエクスプレス線ほか)
　流山市　ながれやまし　千葉県
　流山温泉　ながれやまおんせん　北海道(JR函館本線)
　流川町　ながれかわちょう　広島県広島市中区
4流木町　ながれぎちょう　大阪府岸和田市
5流末　りゅうまつ　福岡県行橋市
7流作町　りゅうさくまち　愛知県碧南市
　流杉　ながれすぎ　富山県富山市
　流町　ながれまち　大阪府大阪市平野区
　流谷　ながれだに　大阪府河内長野市
8流岡町　ながれおかちょう　香川県観音寺市
9流星台　りゅうせいだい　茨城県つくば市
10流留　ながる　宮城県石巻市
　流通
　　りゅうつう　北海道千歳市
　　りゅうつう　新潟県新潟市西区
　流通センター
　　りゅうつうせんたー　北海道札幌市白石区
　　りゅうつうせんたー　岩手県北上市
　　りゅうつうせんたー　山形県山形市
　　りゅうつうせんたー　栃木県鹿沼市
　　りゅうつうせんたー　東京都(東京モノレール線)

　　りゅうつうせんたー　新潟県新潟市西区
　　りゅうつうせんたー　富山県射水市
　　りゅうつうせんたー　静岡県静岡市葵区
　流通センター水戸田　りゅうつうせんたーみとだ　富山県射水市
　流通センター北　りゅうつうせんたーきた　岩手県盛岡市
　流通センター南　りゅうつうせんたーみなみ　岩手県紫波郡矢巾町
　流通元町　りゅうつうもとまち　静岡県浜松市東区
　流通平　りゅうつうだいら　宮城県黒川郡大和町
　流通団地
　　りゅうつうだんち　北海道滝川市
　　りゅうつうだんち　埼玉県越谷市
　　りゅうつうだんち　熊本県熊本市南区
　流通団地一条　りゅうつうだんちいちじょう　北海道旭川市
　流通団地二条　りゅうつうだんちにじょう　北海道旭川市
　流通団地三条　りゅうつうだんちさんじょう　北海道旭川市
　流通団地四条　りゅうつうだんちしじょう　北海道旭川市
　流通町　りゅうつうちょう　鳥取県米子市

【涙】
16涙橋　なみだばし　鹿児島県(鹿児島市交通局1系統)

【浪】
0浪の上町　なみのうえちょう　愛知県豊橋市
　浪の平町　なみのひらまち　長崎県長崎市
5浪打
　なみうち　青森県青森市
　なみうち　青森県東津軽郡平内町
　浪打町　なみうちちょう　愛知県名古屋市北区
6浪合　なみあい　長野県下伊那郡阿智村
　浪江　なみえ　福島県(JR常磐線)
　浪江町　なみえまち　福島県双葉郡
7浪床町　なみとこまち　熊本県人吉市
　浪花
　　なにわ　秋田県仙北郡美郷町
　　なみはな　千葉県(JR外房線)
　浪花町
　　なにわちょう　北海道釧路市
　　なにわちょう　千葉県千葉市花見川区
　　なにわちょう　岐阜県岐阜市
　　なにわちょう　大阪府大阪市北区
　　なにわまち　兵庫県神戸市中央区
　　なにわまち　福岡県大牟田市
8浪岡　なみおか　青森県(JR奥羽本線)
　浪岡下十川　なみおかしもとがわ　青森県青森市
　浪岡下石川　なみおかしもいしかわ　青森県青森市
　浪岡大釈迦　なみおかだいしゃか　青森県青森市
　浪岡女鹿沢　なみおかめがさわ　青森県青森市
　浪岡五本松　なみおかごほんまつ　青森県青森市
　浪岡王余魚沢　なみおかかれいざわ　青森県青森市
　浪岡北中野　なみおかきたなかの　青森県青森市
　浪岡本郷　なみおかほんごう　青森県青森市
　浪岡吉内　なみおかきちない　青森県青森市
　浪岡吉野田　なみおかよしのだ　青森県青森市

969

10画（烏,烟,特,狸,狼,狭,珠,班,畝）

浪岡杉沢　なみおかすぎさわ　青森県青森市
浪岡長沼　なみおかながぬま　青森県青森市
浪岡相沢　なみおかあいざわ　青森県青森市
浪岡浪岡　なみおかなみおか　青森県青森市
浪岡高屋敷　なみおかたかやしき　青森県青森市
浪岡細野　なみおかほその　青森県青森市
浪岡郷山前　なみおかごうさんまえ　青森県青森市
浪岡福田　なみおかふくだ　青森県青森市
浪岡増館　なみおかますたて　青森県青森市
浪岡徳才子　なみおかとくさいし　青森県青森市
浪岡銀　なみおかしろがね　青森県青森市
浪岡樽沢　なみおかたるさわ　青森県青森市
浪松町　なみまつちょう　兵庫県神戸市長田区
浪板　なみいた　宮城県気仙沼市
浪板海岸　なみいたかいがん　岩手県（JR山田線）
10浪速　なにわ　北海道常呂郡佐呂間町
浪速区　なにわく　大阪府大阪市
浪速西　なにわにし　大阪府大阪市浪速区
浪速東　なにわひがし　大阪府大阪市浪速区
16浪館　なみだて　青森県青森市
浪館前田　なみだてまえだ　青森県青森市

【烏】
0烏ケ台　からすがたい　茨城県ひたちなか市
烏ケ辻　からすがつじ　大阪府大阪市天王寺区
烏ケ森　からすがもり　栃木県下野市
3烏丸　からすま　京都府（阪急電鉄京都本線）
　　からすま　京都府京都市下京区
烏丸町　からすまちょう　京都府京都市上京区
烏丸御池　からすまおいけ　京都府（京都市交通局烏
丸線ほか）
烏山　からすやま　茨城県土浦市
　　からすやま　栃木県（JR烏山線）
烏川　からすかわ　秋田県由利本荘市
烏川岳　からすがわだけ　宮城県刈田郡七ケ宿町
4烏手　からすで　高知県高岡郡四万十町
5烏出川　からすでがわ　高知県高岡郡津野町
烏生田　うごうだ　栃木県芳賀郡茂木町
6烏江　からすえ　岐阜県（養老鉄道線）
　　からすえ　岐阜県養老郡養老町
7烏杜　からすもり　愛知県犬山市
10烏原町　からすはらちょう　兵庫県神戸市兵庫区
烏脇　からすわき　滋賀県米原市
12烏帽子石　えぼしいし　福島県田村郡三春町
烏帽子町
　　えぼしちょう　新潟県新潟市中央区
　　えぼしちょう　兵庫県神戸市灘区
　　えぼしちょう　長崎県佐世保市
烏帽子岩　えぼしいわ　山口県山陽小野田市
烏帽子岩団地　えぼしいわだんち　山口県山陽小野
田市
烏帽子岩前　えぼしいわまえ　山口県山陽小野田市
烏帽子屋町　えぼうしやちょう　京都府京都市中京区
烏森
　　からすもり　青森県五所川原市
　　かすもり　愛知県（近畿日本鉄道名古屋線）

烏森町
　　かすもりちょう　愛知県名古屋市中村区
　　かすもりちょう　愛知県名古屋市中川区
烏集院　うすいん　福岡県朝倉市
15烏鴉　うがらす　宮城県遠田郡涌谷町

【烟】
5烟田　かまた　茨城県鉾田市

【特】
4特牛　こっとい　山口県（JR山陰本線）

【狸】
3狸小路　たぬきこうじ　北海道（札幌市交通局山鼻
線）
5狸穴　まみあな　茨城県稲敷市
　　まみあな　茨城県つくばみらい市
11狸渕　むじなぶち　茨城県つくばみらい市
12狸塚　むじなづか　群馬県邑楽郡邑楽町
狸森
　　むじなもり　山形県上山市
　　むじなもり　福島県須賀川市

【狼】
0狼ノ沢　おいのさわ　青森県上北郡東北町
3狼久保　おいのくぼ　岩手県滝沢市
4狼内　おおかみうち　高知県幡多郡三原村
狼沢　おおかみざわ　岩手県花巻市
12狼森　おいのもり　青森県弘前市
13狼煙町　のろしまち　石川県珠洲市
狼煙新町　のろししんまち　石川県珠洲市

【狭】
12狭間田　はさまだ　栃木県さくら市

【珠】
3珠川　たまがわ　新潟県十日町市
9珠洲市　すずし　石川県
珠泉西町　たまいずみにしまち　富山県富山市
珠泉東町　たまいずみひがしまち　富山県富山市
10珠師ケ谷　しゅしがやつ　千葉県南房総市
13珠数屋町　じゅずやちょう　京都府京都市下京区

【班】
5班目　まだらめ　神奈川県南足柄市
10班島郷　まだらしまごう　長崎県北松浦郡小値賀町
11班渓
　　ばんけ　北海道上川郡下川町
　　ばんけ　北海道中川郡美深町
班蛇口　はんじゃく　熊本県菊池市

【畝】
畝　うね　広島県安芸郡海田町
4畝刈町　あぜかりまち　長崎県長崎市
5畝市野々　うねいちのの　福井県あわら市
畝田中　うねだなか　石川県金沢市
畝田西　うねにし　石川県金沢市

10画（畠, 畔, 留）

畝田町　うねだまち　石川県金沢市
畝田東　うねだひがし　石川県金沢市
10畝原町　うねはらちょう　広島県呉市
11畝部西町　うねべにしまち　愛知県豊田市
畝部東町　うねべひがしまち　愛知県豊田市
畝野　うねの　熊本県下益城郡美里町
12畝傍　うねび　奈良県（JR桜井線）
畝傍町　うねびちょう　奈良県橿原市
畝傍御陵前　うねびごりょうまえ　奈良県（近畿日本鉄道橿原線）

【畠】
3畠口町　はたぐちまち　熊本県熊本市南区
畠山　はたけやま　埼玉県深谷市
畠山町　はたけやまちょう　京都府京都市上京区
4畠中
　はたけなか　富山県小矢部市
　はたけなか　大阪府貝塚市
　はたけなか　福岡県豊前市
畠中北町　はたなかきたまち　北海道増毛郡増毛町
畠中町
　はたなかちょう　北海道増毛郡増毛町
　はたなかまち　富山県小矢部市
　はたなかちょう　福井県福井市
　はたなかちょう　京都府京都市上京区
5畠田
　はたけだ　奈良県（JR和歌山線）
　はたけだ　奈良県北葛城郡王寺町
　はたけだ　岡山県備前市
　はたけだ　福岡県北九州市若松区
7畠町　はたまち　秋田県能代市
15畠敷町　はたじきまち　広島県三次市

【畔】
4畔戸　くろと　千葉県木更津市
5畔田　あぜた　千葉県佐倉市
6畔吉　あぜよし　埼玉県上尾市
畔地　あぜち　新潟県南魚沼市
畔地新田　あぜちしんでん　新潟県南魚沼市
9畔屋
　あぜや　新潟県柏崎市
　あぜや　愛媛県北宇和郡鬼北町
13畔蛸町　あだこちょう　三重県鳥羽市
18畔藤　くろふじ　山形県西置賜郡白鷹町

【留】
0留ケ谷　とめがや　宮城県多賀城市
留が森　とめがもり　岩手県滝沢市
5留辺蘂　るべしべ　北海道（JR石北本線）
留辺蘂町上町　るべしべちょうかみまち　北海道北見市
留辺蘂町丸山　るべしべちょうまるやま　北海道北見市
留辺蘂町大和　るべしべちょうやまと　北海道北見市
留辺蘂町大富　るべしべちょうおおとみ　北海道北見市
留辺蘂町川北　るべしべちょうかわきた　北海道北見市
留辺蘂町元町　るべしべちょうもとまち　北海道北見市

留辺蘂町平里　るべしべちょうひらさと　北海道北見市
留辺蘂町仲町　るべしべちょうなかまち　北海道北見市
留辺蘂町旭1区　るべしべちょうあさひいっく　北海道北見市
留辺蘂町旭3区　るべしべちょうあさひさんく　北海道北見市
留辺蘂町旭中央　るべしべちょうあさひちゅうおう　北海道北見市
留辺蘂町旭公園　るべしべちょうあさひこうえん　北海道北見市
留辺蘂町旭北　るべしべちょうあさひきた　北海道北見市
留辺蘂町旭西　るべしべちょうあさひにし　北海道北見市
留辺蘂町旭東　るべしべちょうあさひひがし　北海道北見市
留辺蘂町旭南　るべしべちょうあさひみなみ　北海道北見市
留辺蘂町花丘　るべしべちょうはなおか　北海道北見市
留辺蘂町花園　るべしべちょうはなその　北海道北見市
留辺蘂町松山　るべしべちょうまつやま　北海道北見市
留辺蘂町東町　るべしべちょうあずままち　北海道北見市
留辺蘂町金華　るべしべちょうかねはな　北海道北見市
留辺蘂町厚和　るべしべちょうこうわ　北海道北見市
留辺蘂町昭栄　るべしべちょうしょうえい　北海道北見市
留辺蘂町栄町　るべしべちょうさかえまち　北海道北見市
留辺蘂町泉　るべしべちょういずみ　北海道北見市
留辺蘂町宮下町　るべしべちょうみやしたちょう　北海道北見市
留辺蘂町富士見　るべしべちょうふじみ　北海道北見市
留辺蘂町富岡　るべしべちょうとみおか　北海道北見市
留辺蘂町温根湯温泉　るべしべちょうおんねゆおんせん　北海道北見市
留辺蘂町滝の湯　るべしべちょうたきのゆ　北海道北見市
留辺蘂町瑞穂　るべしべちょうみずほ　北海道北見市
留辺蘂町豊金　るべしべちょうとよがね　北海道北見市
6留守居町　るすいまち　大分県中津市
7留寿都　るすつ　北海道虻田郡留寿都村
留寿都村　るすつむら　北海道虻田郡
留町　とめちょう　茨城県日立市
8留岡　とめおか　北海道紋別郡遠軽町
10留原　ととはら　東京都あきる野市
留浦　とずら　東京都西多摩郡奥多摩町
留真　るしん　北海道十勝郡浦幌町
11留産　るさん　北海道虻田郡喜茂別町
留萌　るもい　北海道（JR留萌本線）
留萌市　るもいし　北海道
留萌村　るもいむら　北海道留萌市

971

10画（益, 真）

留萌原野　るもいげんや　北海道留萌市
留萌郡　るもいぐん　北海道
¹²留場　とめば　山形県寒河江市

【益】

³益丸　ますまる　鹿児島県曽於郡大崎町
益子
　ましこ　栃木県（真岡鉄道線）
　ましこ　栃木県芳賀郡益子町
益子町　ましこまち　栃木県芳賀郡
⁵益生　ますお　三重県（近畿日本鉄道名古屋線）
益生町　ますおちょう　三重県桑名市
益田　ますだ　島根県（JR山陰本線）
益田市　ますだし　島根県
益田町
　ますだちょう　滋賀県長浜市
　ますだちょう　滋賀県近江八幡市
⁶益安　ますやす　宮崎県日南市
⁷益見町　ますみちょう　岐阜県瑞浪市
⁸益岡町　ますおかちょう　宮城県白石市
⁹益城町　ましきまち　熊本県上益城郡
益屋町　ますやちょう　岐阜県高山市
益津　ましづ　静岡県藤枝市
益津下　ましづしも　静岡県藤枝市
¹⁰益原　ますばら　岡山県和気郡和気町
益浦　ますうら　北海道釧路市
¹¹益野町　ますのちょう　岡山県岡山市東区

【真】

⁰真々川　ままかわ　福島県大沼郡会津美里町
真々川甲　ままかわこう　福島県大沼郡会津美里町
真々地　ままち　北海道千歳市
真ケ谷　しんがや　千葉県市原市
²真人町　まっとちょう　新潟県小千谷市
³真上町
　まがみちょう　大阪府岸和田市
　まかみちょう　大阪府高槻市
真土
　まつち　青森県弘前市
　まつち　愛媛県（JR予土線）
真弓
　まゆみ　福島県相馬郡新地町
　まゆみ　新潟県長岡市
　まゆみ　奈良県生駒市
　まゆみ　奈良県高市郡明日香村
真弓八幡町　まゆみはちまんちょう　京都府京都市北区
真弓町　まゆみちょう　茨城県常陸太田市
真弓南　まゆみみなみ　奈良県生駒市
真弓善福　まゆみぜんぷく　京都府京都市北区
⁴真中　まなか　新潟県新発田市
真方　まがた　宮崎県小林市
真木
　まぎ　茨城県つくばみらい市
　まき　新潟県新潟市南区
　まき　新潟県新潟市西蒲区
　まき　新潟県糸魚川市
　まき　新潟県佐渡市
　まき　富山県南砺市
　まき　福井県丹生郡越前町

　まき　島根県飯石郡飯南町
　まき　山口県長門市
　まき　熊本県菊池郡大津町
真木山　まぎやま　新潟県燕市
真木沢　まぎさわ　岩手県下閉伊郡田野畑村
真木町
　まきちょう　福井県福井市
　まきちょう　佐賀県鳥栖市
真木野　まきの　千葉県八千代市
⁵真加部
　まかべ　岡山県美作市
　まかべ　岡山県苫田郡鏡野町
真布
　まっぷ　北海道（JR留萌本線）
　まっぷ　北海道雨竜郡沼田町
真玉橋　まだんばし　沖縄県豊見城市
真申　まさる　長崎県（松浦鉄道西九州線）
真田
　さなだ　神奈川県平塚市
　さなだ　新潟県新潟市西蒲区
　さなだ　島根県鹿足郡吉賀町
真田乙　さなだおつ　新潟県十日町市
真田丁　さなだちょう　新潟県十日町市
真田山町　さなだやまちょう　大阪府大阪市天王寺区
真田丙　さなだへい　新潟県十日町市
真田甲　さなだこう　新潟県十日町市
真田町本原　さなだまちもとはら　長野県上田市
真田町長　さなだまちおさ　長野県上田市
真田町傍陽　さなだまちそえひ　長野県上田市
⁶真伝　しんでん　愛知県岡崎市
真伝町　しんでんちょう　愛知県岡崎市
真光寺
　しんこうじ　東京都町田市
　しんこうじ　新潟県糸魚川市
　しんこうじ　新潟県佐渡市
　しんこうじ　長野県長野市
　しんこうじ　静岡県磐田市
真光寺ヴィレッジ　しんこうじびれっじ　新潟県阿賀野市
真光寺町　しんこうじまち　東京都町田市
真光町　しんこうちょう　島根県浜田市
真名
　まんな　千葉県茂原市
　まな　鳥取県岩美郡岩美町
真名子　まなご　福岡県北九州市八幡西区
真名板　まないた　埼玉県行田市
真名畑　まなはた　福島県東白川郡塙町
真地　まあじ　沖縄県那覇市
真如寺　しんにょうじ　福岡県築上郡築上町
真如堂町　しんにょうどうちょう　京都府京都市中京区
真如堂突抜町　しんにょうどうつきぬけちょう　京都府京都市上京区
真如堂前町　しんにょうどうまえちょう　京都府京都市上京区
真成寺町　しんじょうじまち　富山県魚津市
真舟
　まぶね　福島県白河市
　まぶね　千葉県木更津市
真行田　しんぎょうだ　愛知県長久手市
真行寺　しんぎょうじ　千葉県山武市

972

10画（真）

7真更川	まさらがわ	新潟県佐渡市
真坂	まさか	秋田県南秋田郡八郎潟町
真尾	まなお	山口県防府市
真志喜	ましき	沖縄県宜野湾市
真我里	まがり	沖縄県島尻郡久米島町
真町		
	しんちょう	北海道千歳市
	しんちょう	群馬県高崎市
	しんちょう	京都府京都市上京区
	しんちょう	京都府京都市下京区
真谷地	まやち	北海道夕張市
真那井	まない	大分県速見郡日出町
真里	まり	千葉県木更津市
真里谷	まりやつ	千葉県木更津市
8真国宮	まくにみや	和歌山県海草郡紀美野町
真学寺沢	しんがくじさわ	山形県酒田市
真宗	さのむね	兵庫県佐用郡佐用町
真岡		
	もおか	栃木県（真岡鉄道線）
	しんおか	福岡県田川郡糸田町
真岡市	もおかし	栃木県
真幸	まさき	宮崎県（JR肥薩線）
真泥	みどろ	三重県伊賀市
真法院町	しんぼういんちょう	大阪府大阪市天王寺区
真苧屋町	まおやちょう	京都府京都市下京区
真金町	まがねちょう	神奈川県横浜市南区
9真南条下	まなんじょうしも	兵庫県篠山市
真南条上	まなんじょうかみ	兵庫県篠山市
真南条中	まなんじょうなか	兵庫県篠山市
真室川	まむろがわ	山形県（JR奥羽本線）
真室川町	まむろがわまち	山形県最上郡
真星	まなぼし	岡山県岡山市北区
真栄		
	しんえい	北海道札幌市清田区
	まさかえ	北海道小樽市
	しんえい	北海道厚岸郡厚岸町
真栄一条	しんえいいちじょう	北海道札幌市清田区
真栄二条	しんえいにじょう	北海道札幌市清田区
真栄三条	しんえいさんじょう	北海道札幌市清田区
真栄五条	しんえいごじょう	北海道札幌市清田区
真栄六条	しんえいろくじょう	北海道札幌市清田区
真栄四条	しんえいしじょう	北海道札幌市清田区
真栄平	まえひら	沖縄県糸満市
真栄田	まえだ	沖縄県国頭郡恩納村
真栄里		
	まえさと	沖縄県石垣市
	まえざと	沖縄県糸満市
真栄原	まえはら	沖縄県宜野湾市
真柴	ましば	岩手県一関市
真柄町	まからちょう	福井県越前市
真狩	まっかり	北海道虻田郡真狩村
真狩村	まっかりむら	北海道虻田郡
真砂		
	まさご	千葉県千葉市美浜区
	まさご	新潟県新潟市西区
	まさご	大阪府茨木市
	まなご	和歌山県東牟婁郡古座川町
真砂丁	まさごちょう	和歌山県和歌山市

真砂本町	まさごほんまち	鹿児島県鹿児島市
真砂玉島台	まさごたましまだい	大阪府茨木市
真砂町		
	まさごちょう	北海道苫小牧市
	まさごちょう	北海道紋別市
	まさごちょう	青森県むつ市
	まさごちょう	栃木県足利市
	まさごちょう	神奈川県横浜市中区
	まさごちょう	岐阜県岐阜市
	まさごちょう	静岡県静岡市清水区
	まさごちょう	静岡県沼津市
	まさごちょう	愛媛県松山市
	まさごちょう	鹿児島県鹿児島市
真砂通	まさごどおり	兵庫県神戸市中央区
真神	まがみ	岡山県美作市
真美ケ丘	まみがおか	奈良県香芝市
真美沢	まみさわ	宮城県仙台市泉区
10真倉		
	まぐら	京都府（JR舞鶴線）
	まぐら	京都府舞鶴市
真倉町	まくらちょう	京都府京都市上京区
真家	まいえ	茨城県石岡市
真宮町	しんぐうちょう	愛知県岡崎市
真宮新町北	まみやしんまちきた	福島県会津若松市
真宮新町南	まみやしんまちみなみ	福島県会津若松市
真島町川合	ましままちかわい	長野県長野市
真島町真島	ましままちましま	長野県長野市
真庭		
	まにわ	宮城県亘理郡山元町
	まにわ	群馬県利根郡みなかみ町
真庭市	まにわし	岡山県
真庭郡	まにわぐん	岡山県
真栗町	まくりちょう	福井県福井市
真浦	まうら	新潟県佐渡市
真浦町	まうらまち	石川県珠洲市
真畔町	まぐろちょう	愛知県名古屋市北区
真脇	まわき	石川県鳳珠郡能登町
11真亀		
	まがめ	千葉県山武郡九十九里町
	まがめ	広島県広島市安佐北区
真亀新田	まがめしんでん	千葉県山武郡九十九里町
真崎町	まさきまち	長崎県諫早市
真清田	ますみだ	愛知県一宮市
真盛	さねもり	兵庫県佐用郡佐用町
真盛町	しんせいちょう	京都府京都市上京区
真経	さねつね	岡山県苫田郡鏡野町
真船	まぶね	福島県西白河郡西郷村
真菰	まこも	福岡県行橋市
真菅	ますが	奈良県（近畿日本鉄道大阪線）
真野		
	まの	宮城県石巻市
	まの	新潟県佐渡市
	まの	新潟県北蒲原郡聖籠町
	まの	滋賀県大津市
	まの	鳥取県西伯郡伯耆町
	まの	香川県仲多度郡まんのう町
真野大川	まのおおかわ	新潟県佐渡市
真野大野	まのおおの	滋賀県大津市
真野代新田	まのしろしんでん	新潟県長岡市

973

10画（砧, 砥）

真野佐川町　まのさがわちょう　滋賀県大津市
真野町　まのちょう　兵庫県神戸市長田区
真野谷口町　まのたにぐちちょう　滋賀県大津市
真野原　まのはら　新潟県新発田市
真野原外　まのはらそと　新潟県新発田市
真野家田町　まのいえだちょう　滋賀県大津市
真野普門　まのふもん　滋賀県大津市
真野新町　まのしんまち　新潟県佐渡市
真鹿野　まがの　鳥取県八頭郡智頭町
12真備町下二万　まびちょうしもにま　岡山県倉敷市
真備町上二万　まびちょうかみにま　岡山県倉敷市
真備町川辺　まびちょうかわべ　岡山県倉敷市
真備町市場　まびちょういちば　岡山県倉敷市
真備町辻田　まびちょうつじた　岡山県倉敷市
真備町有井　まびちょうありい　岡山県倉敷市
真備町尾崎　まびちょうおさき　岡山県倉敷市
真備町妹　まびうせ　岡山県倉敷市
真備町岡田　まびちょうおかだ　岡山県倉敷市
真備町服部　まびちょうはっとり　岡山県倉敷市
真備町箭田　まびちょうやた　岡山県倉敷市
真喜屋　まきや　沖縄県名護市
真賀　まが　岡山県真庭市
真道寺町　しんどうじまち　福岡県大牟田市
真間　まま　千葉県市川市
13真殿
　　まとの　兵庫県赤穂市
　　まとの　岡山県美作市
真滝　またき　岩手県（JR大船渡線）
真福寺
　　しんぷくじ　埼玉県さいたま市岩槻区
　　しんぷくじ　大阪府堺市美原区
真福寺町　しんぷくじちょう　愛知県岡崎市
14真嘉比　まかび　沖縄県那覇市
真端　さなばた　茨城県東茨城郡城里町
真網代　まあじろ　愛媛県八幡浜市
15真駒内
　　まこまない　北海道（札幌市交通局南北線）
　　まこまない　北海道札幌市南区
真駒内上町　まこまないかみまち　北海道札幌市南区
真駒内公園　まこまないこうえん　北海道札幌市南区
真駒内本町　まこまないほんちょう　北海道札幌市南区
真駒内幸町　まこまないさいわいまち　北海道札幌市南区
真駒内東町　まこまないひがしまち　北海道札幌市南区
真駒内南町　まこまないみなみまち　北海道札幌市南区
真駒内柏丘　まこまないかしわおか　北海道札幌市南区
真駒内泉町　まこまないいずみまち　北海道札幌市南区
真駒内緑町　まこまないみどりまち　北海道札幌市南区
真駒内曙町　まこまないあけぼのちょう　北海道札幌市南区
16真壁
　　まかべ　岡山県総社市
　　まかべ　沖縄県糸満市
真壁地　まかべち　秋田県能代市

真壁町下小幡　まかべちょうしもこばた　茨城県桜川市
真壁町下谷貝　まかべちょうしもやがい　茨城県桜川市
真壁町上小幡　まかべちょうかみこばた　茨城県桜川市
真壁町上谷貝　まかべちょうかみやがい　茨城県桜川市
真壁町大塚新田　まかべちょうおおつかしんでん　茨城県桜川市
真壁町山尾　まかべちょうやまお　茨城県桜川市
真壁町古城　まかべちょうふるしろ　茨城県桜川市
真壁町田　まかべちょうた　茨城県桜川市
真壁町白井　まかべちょうしらい　茨城県桜川市
真壁町伊佐々　まかべちょういささ　茨城県桜川市
真壁町羽鳥　まかべちょうはどり　茨城県桜川市
真壁町東山田　まかべちょうひがしやまだ　茨城県桜川市
真壁町東矢貝　まかべちょうひがしやがい　茨城県桜川市
真壁町長岡　まかべちょうながおか　茨城県桜川市
真壁町原方　まかべちょうはらがた　茨城県桜川市
真壁町桜井　まかべちょうさくらい　茨城県桜川市
真壁町酒寄　まかべちょうさかより　茨城県桜川市
真壁町真壁　まかべちょうまかべ　茨城県桜川市
真壁町亀熊　まかべちょうかめくま　茨城県桜川市
真壁町細芝　まかべちょうほそしば　茨城県桜川市
真壁町椎尾　まかべちょうしいお　茨城県桜川市
真壁町飯塚　まかべちょういいつか　茨城県桜川市
真壁町塙世　まかべちょうはなわぜ　茨城県桜川市
真壁町源法寺　まかべちょうげんぼうじ　茨城県桜川市
17真謝　まじゃ　沖縄県島尻郡久米島町
真鍋　まなべ　茨城県土浦市
真鍋島　まなべしま　岡山県笠岡市
真鍋新町　まなべしんまち　茨城県土浦市
18真鯉　まこい　北海道斜里郡斜里町
19真瀬　ませ　茨城県つくば市
21真鶴
　　まなづる　神奈川県（JR東海道本線）
　　まなづる　神奈川県足柄下郡真鶴町
　　まなづる　福岡県北九州市小倉北区
真鶴町　まなつるまち　神奈川県足柄下郡

【砧】
砧　きぬた　東京都世田谷区
4砧公園　きぬたこうえん　東京都世田谷区

【砥】
0砥の川　とのかわ　北海道余市郡仁木町
3砥上　とかみ　福岡県朝倉郡筑前町
砥上町　とかみちょう　栃木県宇都宮市
砥山　とやま　北海道札幌市南区
砥川　とがわ　熊本県上益城郡益城町
5砥石山　といしやま　北海道札幌市南区
7砥沢　とざわ　群馬県甘楽郡南牧村
11砥堀
　　とほり　兵庫県（JR播但線）
　　とほり　兵庫県姫路市

974

10画（砺,破,祥,祠,祓,称,秦,秩,秤,秬,秣,竜）

砥部町　とべちょう　愛媛県伊予郡

【砺】
8砺波
　　となみ　北海道名寄市
　　となみ　富山県（JR城端線）
砺波市　となみし　富山県

【破】
8破岩　われいわ　鳥取県八頭郡八頭町
22破籠井町　わりごいまち　長崎県諫早市

【祥】
9祥栄北　しょうえいきた　北海道河西郡芽室町
　祥栄西　しょうえいにし　北海道河西郡芽室町
12祥雲寺　しょううんじ　兵庫県豊岡市

【祠】
10祠峯　ほこらみね　愛知県知多郡武豊町

【祓】
3祓川　はらいかわ　愛媛県松山市
　祓川町　はらいがわちょう　鹿児島県鹿屋市

【称】
6称名
　　しょうみょう　新潟県新潟市西蒲区
　　しょうみょう　富山県中新川郡立山町

【秦】
　秦　はだ　岡山県総社市
6秦庄　はたのしょう　奈良県磯城郡田原本町
7秦町　はだちょう　大阪府寝屋川市
9秦南町　はだみなみまち　高知県高知市
11秦梨町　はだなしちょう　愛知県岡崎市
　秦野　はだの　神奈川県（小田急電鉄小田原線）
　秦野市　はだのし　神奈川県

【秩】
4秩父　ちちぶ　埼玉県（秩父鉄道線）
　秩父が浦町　ちちぶがうらまち　長崎県島原市
　秩父市　ちちぶし　埼玉県
　秩父別　ちっぷべつ　北海道（JR留萌本線）
　秩父別町　ちっぷべつちょう　北海道雨竜郡
　秩父通　ちちぶとおり　愛知県名古屋市西区
　秩父郡　ちちぶぐん　埼玉県

【秤】
3秤口町　はかりぐちちょう　京都府京都市上京区

【秬】
7秬谷　きびたに　大阪府貝塚市

【秣】
3秣川岸通　まぐさかわぎしどおり　新潟県新潟市中央区

【竜】
0竜ケ水　りゅうがみず　鹿児島県（JR日豊本線）
　竜ケ丘　たつがおか　山梨県富士吉田市
　竜ケ崎　りゅうがさき　茨城県（関東鉄道竜ケ崎線）
　竜ケ崎町歩　りゅうがさきちょうぶ　茨城県稲敷郡河内町
　竜が丘　たつがおか　滋賀県大津市
　竜が台　りゅうがだい　兵庫県神戸市須磨区
　竜が岡　りゅうがおか　兵庫県神戸市西区
　竜が島　りゅうがしま　新潟県新潟市中央区
3竜口　りゅうぐち　三重県名張市
　竜山　たつやま　兵庫県高砂市
4竜王
　　りゅうおう　山梨県（JR中央本線）
　　りゅうおう　山梨県甲斐市
　竜王町
　　りゅうおうちょう　滋賀県蒲生郡
　　りゅうおうちょう　広島県広島市西区
　　りゅうおうまち　大分県中津市
　竜王新町　りゅうおうしんまち　山梨県甲斐市
5竜台　たつだい　千葉県成田市
　竜玄　りゅうげん　新潟県新潟市秋葉区
　竜田　たつた　福島県（JR常磐線）
　竜田口　たつたぐち　熊本県（JR豊肥本線）
　竜田川
　　たつたがわ　奈良県（近畿日本鉄道生駒線）
　　たつたがわ　奈良県生駒郡平群町
　竜田町　たつたまち　岐阜県岐阜市
　竜田通　たつたどおり　大阪府守口市
6竜光　りゅうこう　新潟県魚沼市
　竜安寺町　りゅうあんじちょう　滋賀県長浜市
　竜西　りゅうさい　北海道雨竜郡北竜町
7竜串　たつくし　高知県土佐清水市
　竜見町　たつみちょう　群馬県高崎市
　竜角寺台　りゅうかくじだい　千葉県印旛郡栄町
　竜谷
　　りゅうざく　千葉県香取市
　　りゅうたに　奈良県桜井市
8竜岡　りゅうおか　千葉県館山市
　竜岡町　たつおかちょう　愛知県豊田市
9竜前　りゅうぜん　福井県小浜市
　竜南
　　りゅうなん　静岡県静岡市葵区
　　りゅうなん　静岡県浜松市浜北区
　竜泉　りゅうせん　東京都台東区
　竜泉寺
　　りゅうせんじ　岐阜県養老郡養老町
　　りゅうせんじ　愛知県名古屋市守山区
　竜泉寺町　りゅうせんじちょう　愛知県岡崎市
　竜泉町　りゅうせんちょう　兵庫県相生市
　竜洋中島　りゅうようなかじま　静岡県磐田市
　竜洋稗原　りゅうようひえばら　静岡県磐田市
　竜神町　りゅうじんちょう　愛知県豊田市
　竜神橋町　りゅうじんばしちょう　大阪府堺市堺区
　竜美大入町　たつみおおいりちょう　愛知県岡崎市
　竜美中　たつみなか　愛知県岡崎市
　竜美北　たつみきた　愛知県岡崎市
　竜美台　たつみだい　愛知県岡崎市
　竜美旭町　たつみあさひまち　愛知県岡崎市

975

10画（笑, 笏, 竾, 筓, 筝, 粉, 紙, 純, 素, 納）

竜美西　たつみにし　愛知県岡崎市
竜美東　たつみひがし　愛知県岡崎市
竜美南　たつみみなみ　愛知県岡崎市
竜美新町　たつみしんまち　愛知県岡崎市
10竜宮　りゅうぐう　愛知県知多郡武豊町
竜宮町
　　りゅうぐうちょう　愛知県名古屋市港区
　　りゅうぐうちょう　愛知県豊田市
　　りゅうぐうちょう　京都府舞鶴市
竜島　りゅうしま　千葉県安房郡鋸南町
11竜崎　たつざき　福島県石川郡玉川村
竜野　たつの　兵庫県（JR山陽本線）
13竜腹寺　りゅうふくじ　千葉県印西市
15竜舞　りゅうまい　群馬県（東武鉄道小泉線）
16竜興寺北　りゅうこうじきた　福島県大沼郡会津美
　里町

【笑】
4笑内　おかしない　秋田県（秋田内陸縦貫鉄道線）

【笏】
12笏賀　つが　鳥取県東伯郡三朝町

【竾】
5竾田　ざるた　青森県上北郡七戸町
竾田川久保　ざるたかわくぼ　青森県上北郡七戸町

【筓】
10筓島　こうがいじま　千葉県香取市

【筝】
7筝町　たかんなちょう　京都府京都市中京区

【粉】
3粉川町
　　こがわちょう　京都府京都市下京区
　　こかわちょう　大阪府大阪市中央区
5粉白　このしろ　和歌山県東牟婁郡那智勝浦町
8粉河
　　こかわ　和歌山県（JR和歌山線）
　　こかわ　和歌山県紀の川市
10粉浜
　　こはま　大阪府（南海電気鉄道南海本線）
　　こはま　大阪府大阪市住之江区
粉浜西　こはまにし　大阪府大阪市住之江区

【紙】
3紙子谷　かごだに　鳥取県鳥取市
紙子屋町　かみこやちょう　京都府京都市伏見区
7紙町　かみまち　香川県高松市
9紙屋川町　かみやがわちょう　京都府京都市上京区
紙屋町
　　かみやちょう　京都府京都市中京区
　　かみやちょう　大阪府岸和田市
　　かみやちょう　広島県広島市中区
紙屋町西　かみやちょうにし　広島県（広島電鉄本線
　ほか）
紙屋町東　かみやちょうひがし　広島県（広島電鉄本
　線ほか）

14紙漉沢　かみすきさわ　青森県弘前市
紙漉町　かみすきまち　青森県弘前市
紙漉阿原　かみすきあわら　山梨県中巨摩郡昭和町
15紙敷
　　かみしき　千葉県松戸市
　　かみしき　千葉県夷隅郡大多喜町

【純】
4純心学園前　じゅんしんがくえんまえ　鹿児島県（鹿児
　島市交通局2系統）

【素】
3素山　そやま　宮城県遠田郡美里町
素山町　そやまちょう　宮城県遠田郡美里町
9素柄邸　すがらやしき　青森県上北郡東北町

【納】
納　おさめ　兵庫県洲本市
4納内　おさむない　北海道（JR函館本線）
納内町　おさむないちょう　北海道深川市
納内町グリーンタウン　おさむないちょうぐりーんた
　うん　北海道深川市
納内町北　おさむないちょうきた　北海道深川市
納戸町　なんどまち　東京都新宿区
6納地　のうち　岡山県加賀郡吉備中央町
納年町　のうねんまち　石川県金沢市
納米里　なめり　静岡県駿東郡長泉町
7納沙布　のさっぷ　北海道根室市
納花町　のうけちょう　大阪府和泉市
8納官　のうかん　鹿児島県熊毛郡中種子町
納定　のうじょう　和歌山県和歌山市
納所　のうそ　岡山県岡山市北区
納所下野　のうそしもの　京都府京都市伏見区
納所大野　のうそおおの　京都府京都市伏見区
納所中河原　のうそなかがわら　京都府京都市伏見区
納所北城堀　のうそきたしろぼり　京都府京都市伏
　見区
納所妙徳寺　のうそみょうとくじ　京都府京都市伏
　見区
納所町
　　のうそちょう　三重県津市
　　のうそちょう　京都府京都市伏見区
納所和泉屋　のうそいずみや　京都府京都市伏見区
納所岸ノ下　のうそきしのした　京都府京都市伏見区
納所南城堀　のうそみなみしろぼり　京都府京都市伏
　見区
納所星柳　のうそほしやなぎ　京都府京都市伏見区
納所薬師堂　のうそやくしどう　京都府京都市伏見区
9納屋町
　　なやちょう　京都府京都市上京区
　　なやちょう　京都府京都市下京区
　　なやちょう　京都府京都市伏見区
10納島郷　のうしまごう　長崎県北松浦郡小値賀町
納座　のうざ　兵庫県朝来市
納院町　のういんちょう　奈良県奈良市
12納場　のうば　茨城県小美玉市
納富分　のうどみぶん　佐賀県鹿島市
13納楚　のうそ　福岡県八女市

10画（紐,紋,翁,耕,耻,胸,脊,能）

【紐】

¹⁰紐差町　ひもさしちょう　長崎県平戸市

【紋】

⁷紋別　もんべつ　北海道広尾郡広尾町
　紋別市　もんべつし　北海道
　紋別郡　もんべつぐん　北海道
⁹紋屋町　もんやちょう　京都府京都市上京区
¹⁵紋穂内
　　もんぽない　北海道（JR宗谷本線）
　　もんぽない　北海道中川郡美深町

【翁】

⁷翁沢　おきなざわ　福島県耶麻郡猪苗代町
　翁町
　　おきなちょう　神奈川県横浜市中区
　　おきなまち　新潟県新潟市中央区
⁸翁長
　　おなが　沖縄県豊見城市
　　おなが　沖縄県中頭郡西原町
¹⁰翁島　おきなしま　福島県（JR磐越西線）
¹⁶翁橋町　おきなばしちょう　大阪府堺市堺区

【耕】

⁵耕田　こうだ　島根県鹿足郡津和野町
¹¹耕野　こうや　宮城県伊具郡丸森町

【耻】

⁹耻風　はじかぜ　福島県南会津郡南会津町

【胸】

³胸上　むねあげ　岡山県玉野市

【脊】

¹⁰脊振町広滝　せふりまちひろたき　佐賀県神埼市
　脊振町服巻　せふりまちはらまき　佐賀県神埼市
　脊振町鹿路　せふりまちろくろ　佐賀県神埼市

【能】

⁰能ケ谷　のうがや　東京都町田市
⁵能代
　　のしろ　秋田県（JR五能線）
　　のうだい　新潟県五泉市
　能代市　のしろし　秋田県
　能代町　のしろまち　秋田県能代市
　能古　のこ　福岡県福岡市西区
　能生
　　のう　新潟県（えちごトキめき鉄道日本海ひすい
　　ライン）
　　のう　新潟県糸魚川市
　能生小泊　のうこどまり　新潟県糸魚川市
　能田　のうだ　愛知県北名古屋市
⁶能竹　のうじく　鳥取県西伯郡南部町
⁷能町
　　のうまち　富山県（JR氷見線）
　　のうまち　富山県高岡市
　能町口　のうまちぐち　富山県（万葉線）
　能町東　のうまちひがし　富山県高岡市

能町南　のうまちみなみ　富山県高岡市
能町駅南　のうまちえきなん　富山県高岡市
能見台
　　のうけんだい　神奈川県（京浜急行電鉄本線）
　　のうけんだい　神奈川県横浜市金沢区
能見台東　のうけんだいひがし　神奈川県横浜市金
　沢区
能見台通　のうけんだいどおり　神奈川県横浜市金
　沢区
能見台森　のうけんだいもり　神奈川県横浜市金沢区
能見町　のみちょう　愛知県岡崎市
能見通　のみどおり　愛知県岡崎市
⁸能取　のとり　北海道網走市
能取港町　のとろみなとまち　北海道網走市
能実　のうじつ　千葉県いすみ市
⁹能美
　　のみ　富山県南砺市
　　のみ　石川県能美市
能美市　のみし　石川県
能美町　のみまち　石川県小松市
能美町中町　のうみちょうなかまち　広島県江田島市
能美町高田　のうみちょうたかた　広島県江田島市
能美町鹿川　のうみちょうかのかわ　広島県江田島市
能美根上　のみねあがり　石川県（JR北陸本線）
能美郡　のみぐん　石川県
¹⁰能島
　　のうじま　静岡県静岡市清水区
　　のうじま　広島県福山市
能座　のうざ　兵庫県養父市
¹¹能部　のんべ　三重県桑名市
¹²能満　のうまん　千葉県市原市
能登　のと　新潟県新潟市南区
能登二宮　のとにのみや　石川県（JR七尾線）
能登川　のとがわ　滋賀県（JR東海道本線）
能登川町　のとがわちょう　滋賀県東近江市
能登中島　のとなかじま　石川県（のと鉄道七尾線）
能登町
　　のとちょう　石川県鳳珠郡
　　のとちょう　兵庫県西宮市
能登島二穴町　のとじまふたあなまち　石川県七尾市
能登島八ケ崎町　のとじまはちがさきまち　石川県七
　尾市
能登島久木町　のとじまくきまち　石川県七尾市
能登島日出ケ島町　のとじまひでがしままち　石川県
　七尾市
能登島半浦町　のとじまはんのうらまち　石川県七
　尾市
能登島田尻町　のとじまたじりまち　石川県七尾市
能登島向田町　のとじまこうだまち　石川県七尾市
能登島曲町　のとじままがりまち　石川県七尾市
能登島百万石町　のとじまひゃくまんごくまち　石川
　県七尾市
能登島佐波町　のとじまさなみまち　石川県七尾市
能登島別所町　のとじまべっしょまち　石川県七尾市
能登島長崎町　のとじまながさきまち　石川県七尾市
能登島南町　のとじまみなみまち　石川県七尾市
能登島祖母ケ浦町　のとじまばがうらまち　石川県七
　尾市
能登島通町　のとじまとおりまち　石川県七尾市

977

10画（脇）

能登島野崎町　のとじまのざきまち　石川県七尾市
能登島無関町　のとじまむせきまち　石川県七尾市
能登島須曽町　のとじますそまち　石川県七尾市
能登島閨町　のとじまねやまち　石川県七尾市
能登島鰀目町　のとじまのめまち　石川県七尾市
能登部　のとべ　石川県（JR七尾線）
能登部下　のとべしも　石川県鹿島郡中能登町
能登部上　のとべかみ　石川県鹿島郡中能登町
能登野　のとの　福井県三方上中郡若狭町
能登鹿島　のとかしま　石川県（のと鉄道七尾線）
能登瀬
　のとせ　愛知県新城市
　のとせ　滋賀県米原市
13能勢町　のせちょう　大阪府豊能郡
能義町　のきちょう　島根県安来市
14能増　のうます　埼玉県比企郡小川町
15能褒野町　のぼのちょう　三重県亀山市
19能瀬
　のせ　石川県（JR七尾線）
　のせ　石川県河北郡津幡町

【脇】
脇
　わき　富山県氷見市
　わき　福井県丹生郡越前町
　わき　京都府宮津市
　わき　大分県佐伯市
0脇ノ山　わきのやま　高知県吾川郡いの町
脇ノ沢　わきのさわ　岩手県（JR大船渡線）
3脇三ケ町　わきさんがちょう　福井県福井市
脇山　わきやま　福岡県福岡市早良区
脇川
　わきがわ　茨城県稲敷市
　わきがわ　千葉県印旛郡栄町
　わきがわ　新潟県村上市
　わきがわ　奈良県吉野郡黒滝村
脇川新田町　わきがわしんでんまち　新潟県長岡市
4脇之島町　わきのしまちょう　岐阜県多治見市
脇元
　わきもと　青森県五所川原市
　わきもと　鹿児島県姶良市
脇戸町　わきどちょう　奈良県奈良市
脇方
　わきかた　北海道虻田郡京極町
　わきがた　富山県氷見市
5脇出　わきで　三重県度会郡度会町
脇本
　わきもと　秋田県（JR男鹿線）
　わきもと　福井県南条郡南越前町
　わきもと　奈良県桜井市
　わきもと　愛媛県宇和島市愛南町
　わきもと　鹿児島県阿久根市
脇本田谷沢　わきもとたやざわ　秋田県男鹿市
脇本百川　わきもとももかわ　秋田県男鹿市
脇本町　わきもとちょう　兵庫県小野市
脇本浦田　わきもとうらだ　秋田県男鹿市
脇本脇本　わきもとわきもと　秋田県男鹿市
脇本富永　わきもととみなが　秋田県男鹿市
脇本樽沢　わきもとたるざわ　秋田県男鹿市

脇田
　わきだ　奈良県葛城市
　わきた　福岡県宮若市
　わきだ　鹿児島県（鹿児島市交通局1系統）
脇田口　わきたぐち　愛知県常滑市
脇田本町　わきたほんちょう　埼玉県川越市
脇田町
　わきたまち　埼玉県川越市
　わきたちょう　愛知県名古屋市守山区
　わきたちょう　大阪府門真市
　わきだちょう　佐賀県伊万里市
脇田新町　わきたしんまち　埼玉県川越市
7脇町　わきまち　徳島県美馬市
脇町上ノ原　わきまちうえのはら　徳島県美馬市
脇町川原町　わきまちかわらまち　徳島県美馬市
脇町木ノ内　わきまちきのうち　徳島県美馬市
脇町田上　わきまちたねえ　徳島県美馬市
脇町別所　わきまちべっしょ　徳島県美馬市
脇町助松　わきまちすけまつ　徳島県美馬市
脇町岩倉　わきまちいわくら　徳島県美馬市
脇町脇町　わきまちわきまち　徳島県美馬市
脇町馬木　わきまちうまき　徳島県美馬市
脇町猪尻　わきまちいのしり　徳島県美馬市
脇町野村　わきまちのむら　徳島県美馬市
脇町新町　わきまちしんまち　徳島県美馬市
8脇岬町　わきみさきまち　長崎県長崎市
9脇屋町　わきやちょう　群馬県太田市
脇神　わきがみ　秋田県北秋田市
10脇浜　わきはま　大阪府貝塚市
脇浜町　わきはまちょう　兵庫県神戸市中央区
脇浜海岸通　わきはまかいがんどおり　兵庫県神戸市中央区
11脇袋　わきぶくろ　福井県三方上中郡若狭町
脇野田　わきのだ　新潟県上越市
脇野沢七引　わきのさわしちびき　青森県むつ市
脇野沢九艘泊　わきのさわくそうどまり　青森県むつ市
脇野沢口広　わきのさわくちひろ　青森県むつ市
脇野沢小サ沢　わきのさわこささわ　青森県むつ市
脇野沢小沢　わきのさわこざわ　青森県むつ市
脇野沢本村　わきのさわほんそん　青森県むつ市
脇野沢ノ頭　わきのさわたのかしら　青森県むつ市
脇野沢赤坂　わきのさわあかさか　青森県むつ市
脇野沢辰内　わきのさわたついち　青森県むつ市
脇野沢桂沢　わきのさわかつらざわ　青森県むつ市
脇野沢寄浪　わきのさわきなみ　青森県むつ市
脇野沢鹿間平　わきのさわしかまだいら　青森県むつ市
脇野沢黒岩　わきのさわくろいわ　青森県むつ市
脇野沢渡向　わきのさわたむかい　青森県むつ市
脇野沢新井田　わきのさわにいだ　青森県むつ市
脇野沢源藤城　わきのさわげんどうしろ　青森県むつ市
脇野沢滝山　わきのさわたきやま　青森県むつ市
脇野沢蛸田　わきのさわたこだ　青森県むつ市
脇野沢稲平　わきのさわいなだいら　青森県むつ市
脇野沢瀬野川目　わきのさわせのかわめ　青森県むつ市
脇野町　わきのまち　新潟県長岡市

10画（航,般,舮,荻,荷）

【航】
⁸航空公園　こうくうこうえん　埼玉県（西武鉄道新宿線）

【般】
⁶般舟院前町　はんしゅういんまえちょう　京都府京都市上京区
⁸般若
　　はんにゃ　埼玉県秩父郡小鹿野町
　　はんにゃ　鳥取県倉吉市
般若寺
　　はんにゃじ　兵庫県篠山市
　　はんにゃじ　鹿児島県姶良郡湧水町
般若寺町　はんにゃじちょう　奈良県奈良市
般若町中山　はんにゃちょうなかやま　愛知県江南市
般若町東山　はんにゃちょうひがしやま　愛知県江南市
般若町前山　はんにゃちょうまえやま　愛知県江南市
般若町南山　はんにゃちょうみなみやま　愛知県江南市
般若町宮山　はんにゃちょうみややま　愛知県江南市
般若畑　はんにゃばた　岐阜県揖斐郡池田町

【舮】
⁷舮作　へなし　青森県西津軽郡深浦町

【荻】
荻
　　おぎ　山形県南陽市
　　おぎ　静岡県伊東市
　　おぎ　愛知県額田郡幸田町
³荻久保　おぎくぼ　長野県上高井郡高山村
荻川　おぎかわ　新潟県（JR信越本線）
⁵荻市　おぎち　石川県羽咋郡宝達志水町
荻布
　　おぎの　富山県（万葉線）
　　おぎの　富山県高岡市
荻布四つ葉町　おぎのよつばまち　富山県高岡市
荻布新町　おぎのしんまち　富山県高岡市
荻生
　　おぎゅう　富山県（富山地方鉄道本線）
　　おぎゅう　富山県黒部市
⁶荻伏　おぎふし　北海道（JR日高本線）
荻伏町　おぎふしちょう　北海道浦河郡浦河町
荻名　おぎな　鳥取県西伯郡南部町
⁷荻作
　　おぎさく　千葉県市原市
　　おぎさく　千葉県君津市
荻町
　　おぎまち　岐阜県大野郡白川村
　　おおぎちょう　奈良県奈良市
　　おぎちょう　山口県山口市
荻町大平　おぎまちおおだいら　大分県竹田市
荻町仏面　おぎまちつらめん　大分県竹田市
荻町木下　おぎまちきのした　大分県竹田市
荻町北原　おぎまちきたばる　大分県竹田市
荻町叶野　おぎまちかないの　大分県竹田市
荻町田代　おぎまちたしろ　大分県竹田市
荻町瓜作　おぎまちうりつくり　大分県竹田市
荻町西福寺　おぎまちさいふくじ　大分県竹田市
荻町南河内　おぎまちみなみがわち　大分県竹田市

荻町政所　おぎまちまどころ　大分県竹田市
荻町柏原　おぎまちかしわばる　大分県竹田市
荻町宮平　おぎまちみやびら　大分県竹田市
荻町恵良原　おぎまちえらはる　大分県竹田市
荻町桑木　おぎまちくわぎ　大分県竹田市
荻町馬背野　おぎまちませの　大分県竹田市
荻町馬場　おぎまちばば　大分県竹田市
荻町高城　おぎまちたかじょう　大分県竹田市
荻町高練木　おぎまちたかねりき　大分県竹田市
荻町陽目　おぎまちひなため　大分県竹田市
荻町新藤　おぎまちしんどう　大分県竹田市
荻町鴫田　おぎまちしぎた　大分県竹田市
荻町藤渡　おぎまちふじわたり　大分県竹田市
荻谷　おぎのやち　石川県羽咋郡宝達志水町
⁸荻杼町　おぎとちょう　島根県出雲市
¹⁰荻原
　　おぎわら　千葉県いすみ市
　　おぎはら　長野県木曽郡上松町
荻島
　　おぎじま　山形県酒田市
　　おぎじま　新潟県新潟市秋葉区
　　おぎじま　新潟県三条市
　　おぎじま　新潟県阿賀野市
　　おぎのしま　石川県羽咋郡宝達志水町
　　おぎしま　福岡県大川市
荻浦　おぎのうら　福岡県糸島市
荻浜　おぎのはま　宮城県石巻市
¹¹荻堀　おぎぼり　新潟県三条市
荻埣　おぎぞね　宮城県遠田郡美里町
荻曽根
　　おぎぞね　新潟県新潟市江南区
　　おぎそね　新潟県五泉市
荻袋　おぎのふくろ　山形県尾花沢市
荻野
　　おぎの　山形県西村山郡大江町
　　おぎの　福島県（JR磐越西線）
　　おぎの　千葉県匝瑳市
　　おぎの　神奈川県横須賀市
　　おぎの　新潟県長岡市
　　おぎの　新潟県西蒲原郡弥彦村
　　おぎの　兵庫県伊丹市
荻野目　おぎのめ　栃木県大田原市
荻野西　おぎのにし　兵庫県伊丹市
荻野町　おぎのちょう　新潟県新潟市秋葉区
荻野島　おぎのしま　新潟県五泉市
¹²荻道　おぎどう　沖縄県中頭郡北中城村
¹⁴荻窪
　　おぎくぼ　福島県大沼郡会津美里町
　　おぎくぼ　東京都（JR中央本線ほか）
　　おぎくぼ　東京都杉並区
　　おぎくぼ　神奈川県小田原市
荻窪町　おぎくぼまち　群馬県前橋市

【荷】
²荷八田　はたた　秋田県能代市
³荷口　にくち　山形県東根市
荷山町　にやまちょう　兵庫県明石市
⁴荷之上町　にのうえちょう　愛知県弥富市
荷内町　にないちょう　愛媛県新居浜市
⁷荷尾杵　におき　大分県大分市

979

10画（華, 莅, 莚, 莪, 莇, 蚊, 蚕, 袖, 記, 訓, 貢, 財）

9**荷負** におい　北海道沙流郡平取町
10**荷原** いないばる　福岡県朝倉市
11**荷掛町** にかけちょう　愛知県豊田市
荷菜 にな　北海道沙流郡平取町
12**荷揚町** にあげまち　大分県大分市
14**荷稲**
　　かいな　高知県（土佐くろしお鉄道中村・宿毛線）
　　かいな　高知県幡多郡黒潮町

【華】
3**華川町下小津田** はなかわちょうしもこつだ　茨城県北茨城市
華川町下相田 はなかわちょうしもそうだ　茨城県北茨城市
華川町上小津田 はなかわちょうかみこつだ　茨城県北茨城市
華川町小豆畑 はなかわちょうあずはた　茨城県北茨城市
華川町中妻 はなかわちょうなかつま　茨城県北茨城市
華川町臼場 はなかわちょううすば　茨城県北茨城市
華川町花園 はなかわちょうはなぞの　茨城県北茨城市
華川町車 はなかわちょうくるま　茨城県北茨城市
9**華城中央** はなぎちゅうおう　山口県防府市
10**華浦** かほ　山口県防府市
12**華陽** かよう　岐阜県岐阜市
13**華園町** はなぞのちょう　山口県防府市
15**華蔵寺町** けぞうじまち　群馬県伊勢崎市

【莅】
莅 のぞき　山形県東置賜郡川西町

【莚】
5**莚打**
　　むしろうち　茨城県坂東市
　　むしろうち　千葉県野田市
12**莚場** むしろば　新潟県佐渡市

【莪】
10**莪原町** ばいばらちょう　愛知県津島市

【莇】
5**莇平** あざみひら　新潟県十日町市
莇生田町 あぞうだちょう　福井県鯖江市
莇生町
　　あぞうまち　石川県能美市
　　あざぶちょう　愛知県みよし市
莇生野 あぞの　福井県敦賀市
6**莇地** あどうじ　山口県周南市
7**莇谷** あざみだに　石川県河北郡津幡町

【蚊】
3**蚊口浦** かぐちうら　宮崎県児湯郡高鍋町
4**蚊斗谷** かばかりや　埼玉県比企郡吉見町
蚊爪 かがつめ　石川県（北陸鉄道浅野川線）
蚊爪町 かがつめまち　石川県金沢市
5**蚊谷寺** かだんじ　福井県丹生郡越前町
8**蚊沼** かぬま　群馬県富岡市
9**蚊屋** かや　鳥取県米子市

11**蚊野**
　　かの　三重県度会郡玉城町
　　かの　滋賀県愛知郡愛荘町
蚊野外 かのとの　滋賀県愛知郡愛荘町
12**蚊焼町** かやきまち　長崎県長崎市

【蚕】
0**蚕ノ社** かいこのやしろ　京都府（京福電気鉄道嵐山本線）
10**蚕桑** こぐわ　山形県（山形鉄道フラワー長井線）
15**蚕養** こがい　福島県耶麻郡猪苗代町
蚕養町 こがいまち　福島県会津若松市

【袖】
0**袖ケ江町** そでがえちょう　石川県七尾市
袖ケ浦
　　そでがうら　千葉県（JR内房線）
　　そでがうら　千葉県習志野市
袖ケ浦市 そでがうらし　千葉県
袖ケ浜 そでがはま　神奈川県平塚市
2**袖又** そでまた　秋田県能代市
3**袖山** そでやま　福島県石川郡浅川町
4**袖之山** そでのやま　長野県上水内郡飯綱町
5**袖五郎** そでごろう　宮城県伊具郡丸森町
7**袖沢** そでざわ　富山県下新川郡入善町
袖谷地 そでやち　宮城県柴田郡大河原町
10**袖師町**
　　そでしちょう　静岡県静岡市清水区
　　そでしちょう　島根県松江市
11**袖崎** そでさき　山形県（JR奥羽本線）
袖野田町 そでのだちょう　宮城県塩竈市

【記】
5**記田町** きだちょう　兵庫県神戸市灘区

【訓】
3**訓子府町** くんねっぷちょう　北海道常呂郡

【貢】
3**貢川** くがわ　山梨県甲府市
貢川本町 くがわほんちょう　山梨県甲府市
7**貢町** みつぐまち　熊本県熊本市北区

【財】
0**財ノ木町** さいのきちょう　鳥取県境港市
5**財田** たからだ　北海道虻田郡洞爺湖町
財田町財田上 さいたちょうさいたかみ　香川県三豊市
財田町財田中 さいたちょうさいたなか　香川県三豊市
6**財光寺**
　　さいこうじ　宮崎県（JR日豊本線）
　　さいこうじ　宮崎県日向市
財光寺沖町 さいこうじおきまち　宮崎県日向市
財光寺往還町 さいこうじおうかんちょう　宮崎県日向市
9**財津町** さいつまち　大分県日田市
11**財部** たからべ　鹿児島県（JR日豊本線）

10画（起，軒，逢，逗，造，速，通）

財部町下財部　たからべちょうしもたからべ　鹿児島県
曽於市
財部町北俣　たからべちょうきたまた　鹿児島県曽於市
財部町南俣　たからべちょうみなみまた　鹿児島県曽
於市
12財賀町　ざいかちょう　愛知県豊川市

【起】
起　おこし　愛知県一宮市
6起会　おきあい　埼玉県深谷市

【軒】
14軒嶋　のきしま　秋田県南秋田郡八郎潟町

【逢】
7逢坂
おうさか　滋賀県大津市
おうさか　奈良県香芝市
逢束　おおつか　鳥取県東伯郡琴浦町
逢谷内　おうやち　新潟県新潟市東区
逢阪
おうさか　大阪府大阪市天王寺区
おうさか　大阪府四條畷市
8逢妻　あいづま　愛知県（JR東海道本線）
逢妻町
あいづまちょう　愛知県刈谷市
あいづまちょう　愛知県豊田市
あいづまちょう　愛知県知立市
12逢隈
おおくま　宮城県（JR常磐線）
おおくま　宮城県亘理郡亘理町
逢隈十文字　おおくまじゅうもんじ　宮城県亘理郡亘
理町
逢隈下郡　おおくましもごおり　宮城県亘理郡亘理町
逢隈上郡　おおくまかみごおり　宮城県亘理郡亘理町
逢隈小山　おおくまこやま　宮城県亘理郡亘理町
逢隈中泉　おおくまなかいずみ　宮城県亘理郡亘理町
逢隈牛袋　おおくまうしぶくろ　宮城県亘理郡亘理町
逢隈田沢　おおくまたざわ　宮城県亘理郡亘理町
逢隈神宮寺　おおくまじんぐうじ　宮城県亘理郡亘
理町
逢隈高屋　おおくまこうや　宮城県亘理郡亘理町
逢隈鹿島　おおくまかしま　宮城県亘理郡亘理町
逢隈榎袋　おおくままえのきぶくろ　宮城県亘理郡亘
理町
逢隈蕨　おおくまわらび　宮城県亘理郡亘理町
逢隈鷺屋　おおくまさぎや　宮城県亘理郡亘理町
19逢瀬町多田野　おうせまちただの　福島県郡山市
逢瀬町河内　おうせまちこうず　福島県郡山市
逢瀬町夏出　おうせまちなついで　福島県郡山市

【逗】
3逗子
ずし　神奈川県（JR横須賀線）
ずし　神奈川県逗子市
逗子市　ずしし　神奈川県

【造】
3造山　つくりやま　山形県西村山郡河北町

5造田
ぞうだ　香川県（JR高徳線）
ぞうだ　香川県さぬき市
ぞうだ　香川県仲多度郡まんのう町
造田乙井　ぞうたおとい　香川県さぬき市
造田是弘　ぞうたこれひろ　香川県さぬき市
造田宮西　ぞうたみやにし　香川県さぬき市
造田野間田　ぞうたのまだ　香川県さぬき市
造石　つくりいし　群馬県甘楽郡甘楽町
7造谷
つくりや　茨城県鉾田市
つくりや　千葉県印西市
12造道　つくりみち　青森県青森市

【速】
4速水町　はやみずまち　新潟県見附市
5速玉町　はやたまちょう　山口県周南市
7速見町　はやみちょう　大阪府門真市
速見郡　はやみぐん　大分県
9速星　はやほし　富山県（JR高山本線）

【通】
通
とおり　栃木県足利市
かよい　山口県長門市
0通り山　とおりやま　新潟県十日町市
通り町　とおりまち　長野県飯田市
5通古賀　とおのこが　福岡県太宰府市
通外町　とおりほかまち　福岡県久留米市
7通町
とおりちょう　宮城県仙台市青葉区
とおりまち　秋田県能代市
とおりまち　山形県米沢市
とおりまち　栃木県下都賀郡壬生町
とおりまち　群馬県高崎市
とおりまち　埼玉県川越市
とおりまち　千葉県銚子市
とおりちょう　神奈川県横浜市南区
とおりまち　富山県高岡市
とおりまち　三重県伊勢市
とおりまち　徳島県徳島市
とおりまち　香川県高松市
とおりまち　香川県丸亀市
とおりちょう　愛媛県今治市
とおりちょう　高知県高知市
とおりちょう　福岡県大牟田市
とおりまち　福岡県久留米市
とおりちょう　熊本県熊本市中央区
とおりちょう　熊本県八代市
通町筋　とおりちょうすじ　熊本県（熊本市交通局A
系統ほか）
通谷
とおりたに　福岡県（筑豊電気鉄道線）
とおりたに　福岡県中間市
通車町　とおりくるまちょう　静岡県静岡市葵区
8通東町　とおりひがしまち　福岡県久留米市
通法寺　つうほうじ　大阪府羽曳野市
通法寺町　つうほうじちょう　大阪府富田林市
9通津
つづ　山口県（JR山陽本線）
つづ　山口県岩国市

981

10画（途,連,郡）

通洞　つうどう　栃木県（わたらせ渓谷鉄道線）
11通堂町　とんどうちょう　沖縄県那覇市
通船場　つうせんば　福島県喜多方市
15通横町　とおりよこちょう　静岡県沼津市

【途】
7途別　とべつ　北海道中川郡幕別町

【連】
4連尺町　れんじゃくちょう　静岡県浜松市中区
連尺通　れんじゃくどおり　愛知県岡崎市
連日　れんにち　新潟県魚沼市
連火　つれび　高知県長岡郡大豊町
5連代寺　れんたいじ　富山県南砺市
連石　れんじゃく　岡山県久米郡美咲町
6連光寺　れんこうじ　東京都多摩市
連合　れんごう　愛知県新城市
7連坊
　れんぼう　宮城県（仙台市交通局東西線）
　れんぼう　宮城県仙台市若林区
連坊小路　れんぼうこうじ　宮城県仙台市若林区
連谷町　れんだにちょう　愛知県豊田市
8連取元町　つなとりもとまち　群馬県伊勢崎市
連取本町　つなとりほんまち　群馬県伊勢崎市
連取町　つなとりまち　群馬県伊勢崎市
連枝　れんし　山形県東田川郡庄内町
10連島　つらじま　岡山県倉敷市
連島中央　つらじまちゅうおう　岡山県倉敷市
連島町矢柄　つらじまちょうやがら　岡山県倉敷市
連島町西之浦　つらじまちょうにしのうら　岡山県倉敷市
連島町連島　つらじまちょうつらじま　岡山県倉敷市
連島町亀島新田　つらじまちょうかめじましんでん　岡山県倉敷市
連島町鶴新田　つらじまちょうつるしんでん　岡山県倉敷市
11連雀　れんじゃく　静岡県掛川市
連雀町
　れんじゃくちょう　群馬県高崎市
　れんじゃくちょう　埼玉県川越市
14連歌屋　れんがや　福岡県太宰府市

【郡】
郡
　こおり　千葉県君津市
　こおり　千葉県香取郡神崎町
　こおり　静岡県藤枝市
　こおり　大阪府茨木市
　こおり　島根県仁多郡奥出雲町
　こおり　島根県隠岐郡知夫村
　こおり　島根県隠岐郡隠岐の島町
　こおり　岡山県岡山市南区
　こおり　山口県山陽小野田市
3郡上八幡　ぐじょうはちまん　岐阜県（長良川鉄道越美南線）
郡上大和　ぐじょうやまと　岐阜県（長良川鉄道越南線）
郡上市　ぐじょうし　岐阜県
郡山
　こおりやま　宮城県仙台市太白区

　こおりやま　宮城県白石市
　こおりやま　秋田県雄勝郡羽後町
　こおりやま　山形県酒田市
　こおりやま　山形県東根市
　こおりやま　山形県南陽市
　こおりやま　福島県（JR東北新幹線ほか）
　こおりやま　福島県双葉郡双葉町
　こおりやま　大阪府茨木市
　こおりやま　奈良県（JR関西本線）
郡山台　こおりやまだい　福島県二本松市
郡山市　こおりやまし　福島県
郡山町
　こおりやまちょう　三重県鈴鹿市
　こおりやまちょう　鹿児島県鹿児島市
郡山岳町　こおりやまたけまち　鹿児島県鹿児島市
郡川　こおりがわ　大阪府八尾市
4郡中　ぐんちゅう　愛媛県（伊予鉄道郡中線）
郡中港　ぐんちゅうこう　愛媛県（伊予鉄道郡中線）
郡中新田　ぐんちゅうしんでん　大分県宇佐市
郡元
　こおりもと　宮崎県都城市
　こおりもと　鹿児島県（JR指宿枕崎線ほか）
　こおりもと　鹿児島県鹿児島市
郡元町
　こおりもとまち　大阪府寝屋川市
　こおりもとちょう　宮崎県都城市
　こおりもとちょう　鹿児島県鹿児島市
郡戸　こおず　大阪府羽曳野市
5郡司分　ぐじぶん　宮崎県宮崎市
郡本　こおりもと　千葉県市原市
7郡町
　こおりまち　石川県七尾市
　こおりちょう　福井県福井市
　こおりまち　福井県勝山市
8郡府　ぐんぶ　岐阜県本巣市
9郡津
　こうづ　大阪府（京阪電気鉄道交野線）
　こうづ　大阪府交野市
10郡家
　ぐげ　岐阜県揖斐郡大野町
　ぐんげ　兵庫県篠山市
　ぐんげ　兵庫県淡路市
　こおげ　鳥取県（JR因美線ほか）
　こおげ　鳥取県八頭郡八頭町
郡家本町　ぐんげほんまち　大阪府高槻市
郡家町　ぐんげちょう　香川県丸亀市
郡家新町　ぐんげしんまち　大阪府高槻市
郡家殿　こうげとの　鳥取県八頭郡八頭町
16郡築一番町　ぐんちくいちばんちょう　熊本県八代市
郡築七番町　ぐんちくななばんちょう　熊本県八代市
郡築九番町　ぐんちくきゅうばんちょう　熊本県八代市
郡築二番町　ぐんちくにばんちょう　熊本県八代市
郡築八番町　ぐんちくはちばんちょう　熊本県八代市
郡築十一番町　ぐんちくじゅういちばんちょう　熊本県八代市
郡築十二番町　ぐんちくじゅうにばんちょう　熊本県八代市
郡築十番町　ぐんちくじゅうばんちょう　熊本県八代市
郡築三番町　ぐんちくさんばんちょう　熊本県八代市
郡築五番町　ぐんちくごばんちょう　熊本県八代市
郡築六番町　ぐんちくろくばんちょう　熊本県八代市

10画 (酌, 配, 釜, 針)

郡築四番町　ぐんちくよんばんちょう　熊本県八代市

【酌】

5酌田　しゃくだ　岡山県赤磐市

【配】

8配松　はいまつ　茨城県取手市
9配津町　はいづちょう　愛知県豊田市

【釜】

釜　かま　島根県隠岐郡隠岐の島町
0釜ケ台　かまがだい　秋田県にかほ市
釜ケ島　かがしま　新潟県長岡市
釜ケ淵　かまがふち　富山県(富山地方鉄道立山線)
釜ノ鼻　かまのはな　長崎県(島原鉄道線)
3釜口　かまぐち　兵庫県淡路市
4釜中　かまなか　和歌山県有田郡有田川町
釜之前　かまのまえ　山梨県南都留郡道志村
釜井　かまい　茨城県稲敷市
釜戸　かまど　岐阜県(JR中央本線)
釜戸町　かまどちょう　岐阜県瑞浪市
釜木　かまぎ　愛媛県西宇和郡伊方町
5釜加　かまか　北海道千歳市
釜台町　かまだいちょう　神奈川県横浜市保土ケ谷区
釜生　かもう　千葉県君津市
釜石
　　かまいし　岩手県(JR山田線ほか)
　　かまいし　岩手県釜石市
釜石市　かまいしし　岩手県
7釜利谷西　かまりやにし　神奈川県横浜市金沢区
釜利谷町　かまりやちょう　神奈川県横浜市金沢区
釜利谷東　かまりやひがし　神奈川県横浜市金沢区
釜利谷南　かまりやみなみ　神奈川県横浜市金沢区
釜尾町　かまおまち　熊本県熊本市北区
釜沢
　　かまざわ　岩手県二戸市
　　かまざわ　新潟県糸魚川市
釜沢町　かまざわまち　新潟県長岡市
釜谷
　　かまや　北海道(道南いさりび鉄道線)
　　かまや　北海道上磯郡木古内町
　　かまや　宮城県石巻市
　　かまや　茨城県潮来市
　　かまだに　石川県白山市
釜谷町　かまやちょう　北海道函館市
8釜杭
　　かまぐい　新潟県新発田市
　　かまぐい　新潟県村上市
釜沼　かまぬま　千葉県鴨川市
9釜室　かむろ　大阪府堺市南区
釜屋　かまや　兵庫県美方郡新温泉町
釜屋町　かまやまち　石川県羽咋市
釜屋谷町　かまやだにまち　石川県輪島市
釜段　かまだん　岐阜県養老郡養老町
釜津田　かまつた　岩手県下閉伊郡岩泉町
10釜倉　かまのくら　愛媛県八幡浜市
釜島　かましま　兵庫県赤穂郡上郡町
釜座町　かまんざちょう　京都府京都市中京区

釜浦町　かまうらちょう　島根県出雲市
11釜清水町　かましみずまち　石川県白山市
釜淵
　　かまぶち　山形県(JR奥羽本線)
　　かまぶち　山形県最上郡真室川町
釜笛　かまふえ　岐阜県大垣市
12釜塚
　　かまづか　千葉県香取市
　　かまつか　京都府相楽郡和束町
釜塚町　かまづかちょう　愛知県名古屋市瑞穂区
釜渡戸　かまのはた　山形県南陽市
13釜滝　かまたき　和歌山県海草郡紀美野町
14釜窪町　かまのくぼちょう　奈良県五條市
15釜輪町　かまのわちょう　京都府綾部市
18釜額　かまひたい　山梨県南巨摩郡身延町

【針】

針　はり　滋賀県湖南市
0針ケ別所町　はりがべっしょちょう　奈良県奈良市
針ケ谷
　　はりがや　栃木県宇都宮市
　　はりがや　埼玉県さいたま市浦和区
　　はりがや　埼玉県深谷市
　　はりがや　埼玉県富士見市
　　はりがや　千葉県長生郡長柄町
針ケ谷町　はりがやちょう　栃木県宇都宮市
針ケ曽根　はりがそね　新潟県新潟市西蒲区
3針山
　　はりやま　群馬県利根郡片品村
　　はりやま　石川県羽咋郡宝達志水町
4針中野
　　はりなかの　大阪府(近畿日本鉄道南大阪線)
　　はりなかの　大阪府大阪市東住吉区
針日　はりひ　富山県富山市
針木　はりのき　富山県氷見市
針木北　はりききた　高知県高知市
針木本町　はりぎほんまち　高知県高知市
針木西　はりぎにし　高知県高知市
針木東町　はりぎひがしまち　高知県高知市
針木南　はりぎみなみ　高知県高知市
5針生
　　はりう　山形県西置賜郡小国町
　　はりゅう　山形県西置賜郡白鷹町
　　はりゅう　福島県南会津郡南会津町
　　はりう　栃木県矢板市
針田町　はりたまち　愛媛県松山市
7針尾　はりお　長野県東筑摩郡朝日村
針尾中町　はりおなかまち　長崎県佐世保市
針尾北町　はりおきたまち　長崎県佐世保市
針尾西町　はりおにしまち　長崎県佐世保市
針尾東町　はりおひがしまち　長崎県佐世保市
針町　はりちょう　奈良県奈良市
針貝　はりがい　栃木県日光市
8針岡　はりおか　宮城県石巻市
9針屋町　はりやちょう　京都府京都市上京区
10針原　はりはら　高知県高知市
針原中　はりわらなか　富山県富山市
針原中町　はりわらなかまち　富山県富山市
針原町　はりはらちょう　愛知県瀬戸市

983

10画（釘，釛，院，除，陣）

針原新町　はりわらしんまち　富山県富山市
針浜　はりのはま　宮城県牡鹿郡女川町
¹¹針崎　はりさき　愛知県岡崎市
　針崎町　はりさきちょう　愛知県岡崎市
　針曽根町　はりぞねちょう　愛知県西尾市
¹²針道
　　はりみち　福島県二本松市
　　はりみち　奈良県桜井市
¹⁴針摺中央　はりすりちゅうおう　福岡県筑紫野市
　針摺北　はりすりきた　福岡県筑紫野市
　針摺西　はりすりにし　福岡県筑紫野市
　針摺東　はりすりひがし　福岡県筑紫野市
　針摺南　はりすりみなみ　福岡県筑紫野市

【釘】
¹¹釘貫小川　くぎぬきこがわ　岡山県真庭市
¹²釘無　くぎなし　埼玉県比企郡川島町
¹⁴釘隠町　くぎかくしちょう　京都府京都市下京区

【釛】
釛　こがね　鳥取県東伯郡琴浦町

【院】
⁴院之子町　いんのこちょう　愛知県豊川市
院内
　　いんない　秋田県（JR奥羽本線）
　　いんない　秋田県にかほ市
　　いんない　千葉県千葉市中央区
　　いんない　新潟県三条市
　　いんない　京都府船井郡京丹波町
　　いんない　鳥取県岩美郡岩美町
　　いんない　愛媛県松山市
院内町二日市　いんないまちふつかいち　大分県宇佐市
院内町下余　いんないまちしもあまり　大分県宇佐市
院内町下恵良　いんないまちしもえら　大分県宇佐市
院内町下船木　いんないまちしもふなぎ　大分県宇佐市
院内町上余　いんないまちかみあまり　大分県宇佐市
院内町上恵良　いんないまちかみえら　大分県宇佐市
院内町上納持　いんないまちかみのうじ　大分県宇佐市
院内町上船木　いんないまちかみふなぎ　大分県宇佐市
院内町土岩屋　いんないまちつちいわや　大分県宇佐市
院内町大坪　いんないまちおおつぼ　大分県宇佐市
院内町大門　いんないまちだいもん　大分県宇佐市
院内町大重見　いんないまちおおしげみ　大分県宇佐市
院内町大副　いんないまちおおそい　大分県宇佐市
院内町小平　いんないまちこびら　大分県宇佐市
院内町小坂　いんないまちおさか　大分県宇佐市
院内町小野川内　いんないまちおのごうち　大分県宇佐市
院内町小稲　いんないまちこいね　大分県宇佐市
院内町山城　いんないまちやましろ　大分県宇佐市
院内町五名　いんないまちごみょう　大分県宇佐市
院内町日岳　いんないまちひのたけ　大分県宇佐市

院内町月俣　いんないまちつきのまた　大分県宇佐市
院内町北山　いんないまちきたやま　大分県宇佐市
院内町台　いんないまちだい　大分県宇佐市
院内町平原　いんないまちひらばる　大分県宇佐市
院内町広瀬　いんないまちひろせ　大分県宇佐市
院内町田平　いんないまちたびら　大分県宇佐市
院内町田所　いんないまちたどころ　大分県宇佐市
院内町羽馬礼　いんないまちははれ　大分県宇佐市
院内町西椎屋　いんないまちにししいや　大分県宇佐市
院内町来鉢　いんないまちくばち　大分県宇佐市
院内町沖　いんないまちおき　大分県宇佐市
院内町和田　いんないまちわだ　大分県宇佐市
院内町定別当　いんないまちじょうべっとう　大分県宇佐市
院内町岡　いんないまちおか　大分県宇佐市
院内町香下　いんないまちこうした　大分県宇佐市
院内町原口　いんないまちはるぐち　大分県宇佐市
院内町宮原　いんないまちみやばる　大分県宇佐市
院内町栗山　いんないまちくりやま　大分県宇佐市
院内町荻迫　いんないまちおぎさこ　大分県宇佐市
院内町高並　いんないまちたかなみ　大分県宇佐市
院内町副　いんないまちそい　大分県宇佐市
院内町斎藤　いんないまちさいとう　大分県宇佐市
院内町野地　いんないまちのじ　大分県宇佐市
院内町御沓　いんないまちみくつ　大分県宇佐市
院内町景平　いんないまちかげへら　大分県宇佐市
院内町温見　いんないまちぬくみ　大分県宇佐市
院内町落狩倉　いんないまちおちかくら　大分県宇佐市
院内町新洞　いんないまちしんどう　大分県宇佐市
院内町滝貞　いんないまちたきさだ　大分県宇佐市
院内町櫛野　いんないまちくしの　大分県宇佐市
院内銀山町　いんないぎんざんまち　秋田県湯沢市
⁶院庄
　　いんのしょう　岡山県（JR姫新線）
　　いんのしょう　岡山県津山市
⁸院林　いんばやし　富山県南砺市
¹⁹院瀬見　いぜみ　富山県南砺市

【除】
除　のぞき　宮城県伊具郡丸森町
⁰除ケ町　よげちょう　群馬県伊勢崎市
³除川　よけがわ　群馬県邑楽郡板倉町
⁴除戸　のぞきど　新潟県妙高市
⁵除北　のぞききた　宮城県伊具郡丸森町
⁹除南　のぞきみなみ　宮城県伊具郡丸森町
¹¹除堀　よけぼり　埼玉県久喜市

【陣】
陣　じん　熊本県上益城郡御船町
⁰陣ケ岡
　　じんがおか　岩手県紫波郡紫波町
　　じんがおか　福島県西白河郡矢吹町
陣ケ峰　じんがみね　新潟県加茂市
陣の内町　じんのうちちょう　長崎県佐世保市
³陣山
　　じんやま　宮城県気仙沼市

10画（隼，馬）

じんやま　高知県南国市
じんやま　福岡県北九州市八幡西区
陣川　じんかわ　北海道函館市
陣川町　じんかわちょう　北海道函館市
4陣中町　じんなかちょう　愛知県豊田市
陣内
　じんない　熊本県水俣市
　じんない　熊本県菊池郡大津町
9陣屋　じんや　北海道広尾郡広尾町
　じんや　福島県伊達郡桑折町
陣屋町
　じんやまち　北海道室蘭市
　じんやまち　北海道山越郡長万部町
　じんやちょう　北海道檜山郡江差町
　じんやまち　北海道白老郡白老町
　じんやちょう　千葉県銚子市
10陣原
　じんのはる　福岡県（JR鹿児島本線）
　じんのはる　福岡県北九州市八幡西区
12陣場
　じんば　秋田県（JR奥羽本線）
　じんば　山形県山形市
　じんば　茨城県つくば市
　じんば　群馬県北群馬郡吉岡町
陣場川原　じんばがわら　青森県上北郡野辺地町
陣場町
　じんばちょう　福島県福島市
　じんばまち　福島県須賀川市
陣場岱　じんばだい　秋田県由利本荘市
陣場南　じんばみなみ　山形県山形市
陣場野　じんばの　岐阜県不破郡関ケ原町
陣場新田　じんばしんでん　山形県山形市

【隼】

隼　はやぶさ　鳥取県（若桜鉄道線）
2隼人　はやと　鹿児島県（JR日豊本線）
隼人町　はやとちょう　愛知県名古屋市昭和区
隼人町小田　はやとちょうおだ　鹿児島県霧島市
隼人町小浜　はやとちょうおはま　鹿児島県霧島市
隼人町内　はやとちょううち　鹿児島県霧島市
隼人町内山田　はやとちょううちやまだ　鹿児島県霧島市
隼人町西光寺　はやとちょうさいこうじ　鹿児島県霧島市
隼人町住吉　はやとちょうすみよし　鹿児島県霧島市
隼人町見次　はやとちょうみつぎ　鹿児島県霧島市
隼人町松永　はやとちょうまつなが　鹿児島県霧島市
隼人町東郷　はやとちょうとうごう　鹿児島県霧島市
隼人町神宮　はやとちょうじんぐう　鹿児島県霧島市
隼人町姫城　はやとちょうひめぎ　鹿児島県霧島市
隼人町真孝　はやとちょうしんこう　鹿児島県霧島市
隼人町野久美田　はやとちょうのくみだ　鹿児島県霧島市
隼人町朝日　はやとちょうあさひ　鹿児島県霧島市
隼人町嘉例川　はやとちょうかれいがわ　鹿児島県霧島市
7隼町　はやぶさちょう　東京都千代田区
10隼郡家　はやぶさこおげ　鳥取県八頭郡八頭町
13隼福　はやふく　鳥取県八頭郡八頭町

【馬】

0馬ケ地　うまがんじ　愛知県弥富市
馬ケ城町　うまがじょうちょう　愛知県瀬戸市
馬ノ上　うまのうえ　高知県安芸郡芸西村
馬の瀬町　うまのせちょう　岐阜県大垣市
2馬入　ばにゅう　神奈川県平塚市
馬入本町　ばにゅうほんちょう　神奈川県平塚市
3馬下
　まおろし　新潟県（JR磐越西線）
　まおろし　新潟県村上市
　まおろし　新潟県五泉市
馬上台　ばじょうだい　山形県山形市
馬上免　ばじょうめん　福井県南条郡南越前町
馬上免町　ばじょうめちょう　福井県越前市
馬山　まやま　群馬県甘楽郡下仁田町
4馬之上　うまのうえ　三重県多気郡明和町
馬之瀬　うまのせまち　熊本県宇土市
馬内　もうち　埼玉県加須市
馬引沢
　うまひきざわ　埼玉県日高市
　まひきざわ　東京都多摩市
馬手町　うまてちょう　愛知県名古屋市中川区
馬木
　うまき　広島県広島市東区
　うまき　香川県小豆郡小豆島町
馬木北町　まききたまち　島根県出雲市
馬木町
　まきちょう　島根県出雲市
　うまきちょう　広島県広島市東区
　うまきちょう　愛媛県松山市
馬毛島　まげしま　鹿児島県西之表市
馬水　まみず　熊本県上益城郡益城町
5馬主来　ばしくる　北海道白糠郡白糠町
馬出　まいだし　福岡県福岡市東区
馬出九大病院前　まいだしきゅうだいびょういんまえ　福岡県（福岡市交通局箱崎線）
馬出町　まだしまち　石川県七尾市
馬司町　うまつかさちょう　奈良県大和郡山市
馬尻　うまじり　青森県上北郡東北町
馬市　うまいち　福岡県筑紫野市
馬田
　ばた　三重県伊賀市
　うまだ　兵庫県神崎郡神河町
　まだ　福岡県（西日本鉄道甘木線）
　まだ　福岡県朝倉市
馬立
　またて　茨城県坂東市
　うまたて　千葉県（小湊鉄道線）
　うまたて　千葉県市原市
馬込
　まごめ　埼玉県さいたま市岩槻区
　まごめ　埼玉県蓮田市
　まごめ　東京都（東京都交通局浅草線）
　まごめ　静岡県沼津市
馬込西　まごめにし　千葉県船橋市
馬込沢
　まごめざわ　千葉県（東武鉄道野田線）
　まごめざわ　千葉県鎌ケ谷市
馬込町
　まごめちょう　千葉県船橋市

10画（馬）

まごめまち　福岡県大牟田市

⁶馬伏町　ばぶしちょう　愛知県田原市

馬池町　うまいけちょう　愛知県大府市

⁷馬佐　ばさ　奈良県吉野郡大淀町

馬佐良　ばさら　鳥取県西伯郡南部町

馬形　まがた　岡山県美作市

馬来田　まくた　千葉県（JR久留里線）

馬町
　うままち　山形県鶴岡市
　うままち　福島県白河市
　うままち　福島県須賀川市
　うままち　富山県滑川市
　うままち　和歌山県新宮市
　うままち　長崎県長崎市

馬町下　うままちした　福島県白河市

馬町裏　うままちうら　福島県白河市

馬見　うまみ　福岡県嘉麻市

馬見ケ崎　まみがさき　山形県山形市

馬見山　まみやま　茨城県稲敷郡美浦村

馬見中　うままなか　奈良県北葛城郡広陵町

馬見北　うまみきた　奈良県北葛城郡広陵町

馬見南　うまみみなみ　奈良県北葛城郡広陵町

馬見原　まみはら　熊本県上益城郡山都町

馬見塚
　まみづか　埼玉県行田市
　うまみづか　静岡県富士宮市
　まみづか　愛知県一宮市

馬見塚町
　まみづかまち　群馬県伊勢崎市
　まみづかちょう　愛知県豊橋市

馬谷　まだに　大阪府南河内郡河南町

馬谷町　うまだにちょう　島根県益田市

馬走　まばせ　静岡県静岡市清水区

馬走北　まばせきた　静岡県静岡市清水区

馬走坂の上　まばせさかのうえ　静岡県静岡市清水区

馬車道　ばしゃみち　神奈川県（横浜高速鉄道みなとみらい線）

⁸馬居寺　まごじ　福井県大飯郡高浜町

馬門
　まかど　青森県上北郡野辺地町
　まかど　栃木県芳賀郡茂木町

馬門川原　まかどがわら　青森県上北郡七戸町

馬門町　まかどちょう　栃木県佐野市

馬門道　まかどみち　青森県上北郡野辺地町

⁹馬乗里　まじょうり　千葉県成田市

馬垣町　うまがきちょう　福井県福井市

馬屋
　まや　岡山県赤磐市
　うまや　山口県周南市

馬屋尻　まやじり　青森県青森市

馬屋町　まやちょう　青森県青森市

馬洗　もうらい　佐賀県杵島郡白石町

馬洗場　うまあらいば　青森県十和田市

馬狩　まがり　岐阜県大野郡白川村

馬神
　うまがみ　山形県西村山郡朝日町
　うまがみ　山口県周南市

馬草　まぐさ　新潟県三島郡出雲崎町

馬追
　うまおい　北海道夕張郡由仁町

うまおい　北海道夕張郡長沼町

馬追原野　うまおいげんや　北海道夕張郡長沼町

馬首　うまくび　新潟県佐渡市

¹⁰馬借　ばしゃく　福岡県北九州市小倉北区

馬島
　まじわ　愛知県海部郡大治町
　うましま　山口県熊毛郡田布施町
　うましま　愛媛県今治市
　うましま　福岡県北九州市小倉北区

馬庭　まにわ　群馬県（上信電鉄線）

馬桑　まぐわ　岡山県勝田郡奈義町

馬根　ばね　鹿児島県大島郡伊仙町

馬流　まながし　長野県（JR小海線）

馬荷　うまに　高知県幡多郡黒潮町

馬郡町　まごおりちょう　静岡県浜松市西区

¹¹馬堀
　まぼり　新潟県新潟市西蒲区
　うまほり　京都府（JR山陰本線）

馬堀町　まぼりちょう　神奈川県横須賀市

馬堀海岸
　まぼりかいがん　神奈川県（京浜急行電鉄本線）
　まぼりかいがん　神奈川県横須賀市

馬宿
　うまやど　和歌山県紀の川市
　うまやど　香川県東かがわ市

馬掛　まがき　茨城県稲敷郡美浦村

馬捨町　うますてちょう　愛知県半田市

馬淵町　まぶちちょう　滋賀県近江八幡市

馬渕
　まぶち　宮城県伊具郡丸森町
　まぶち　静岡県静岡市駿河区

馬野原　まのはら　島根県邑智郡川本町

¹²馬喰町
　ばくろちょう　青森県弘前市
　ばくろちょう　青森県三戸郡三戸町
　ばくろうまち　秋田県大館市
　ばくろうまち　群馬県沼田市
　ばくろちょう　東京都（JR総武本線）
　ばくろちょう　京都府京都市上京区

馬喰横山　ばくろよこやま　東京都（東京都交通局新宿線）

馬場
　ばば　秋田県にかほ市
　ばば　福島県喜多方市
　ばば　福島県耶麻郡猪苗代町
　ばば　福島県西白河郡矢吹町
　ばば　福島県田村郡三春町
　ばば　茨城県常総市
　ばば　栃木県さくら市
　ばんば　埼玉県さいたま市緑区
　ばば　埼玉県新座市
　ばんば　埼玉県比企郡ときがわ町
　ばば　千葉県成田市
　ばば　神奈川県横浜市鶴見区
　ばば　新潟県三条市
　ばば　新潟県十日町市
　ばば　石川県白山市
　ばんば　山梨県南都留郡道志村
　ばば　岐阜県瑞穂市
　ばんば　愛知県稲沢市
　ばば　三重県伊賀市
　ばんば　滋賀県大津市

10画（馬）

ばんば　滋賀県彦根市
ばば　京都府長岡京市
ばば　大阪府貝塚市
ばば　大阪府泉南市
ばば　兵庫県揖保郡太子町
ばば　和歌山県和歌山市
ばば　鳥取県鳥取市
ばば　鳥取県岩美郡岩美町
ばば　鳥取県西伯郡南部町
ばば　岡山県苫田郡鏡野町
ばば　福岡県八女市
ばば　福岡県行橋市
ばば　福岡県豊前市
ばば　福岡県京都郡苅田町
ばば　熊本県下益城郡美里町
ばば　熊本県球磨郡湯前町
ばば　大分県大分市
ばば　大分県別府市
ばば　鹿児島県肝属郡錦江町
馬場下　ばばした　岩手県八幡平市
馬場下町　ばばしたちょう　東京都新宿区
馬場上光町　ばばじょうこうまち　岐阜県瑞穂市
馬場口　ばばぐち　福島県伊達市
馬場小城町　ばばこしろまち　岐阜県瑞穂市
馬場山　ばばやま　福岡県北九州市八幡西区
馬場山西　ばばやまにし　福岡県北九州市八幡西区
馬場山東　ばばやまひがし　福岡県北九州市八幡西区
馬場山原　ばばやまはら　福岡県北九州市八幡西区
馬場山緑　ばばやまみどり　福岡県北九州市八幡西区
馬場内　ばばうち　千葉県夷隅郡大多喜町
馬場出　ばばだし　岐阜県関市
馬場北町　ばばきたまち　岐阜県瑞穂市
馬場尻下　ばばしりしも　青森県黒石市
馬場尻北　ばばしりきた　青森県黒石市
馬場尻西　ばばしりにし　青森県黒石市
馬場尻東　ばばしりひがし　青森県黒石市
馬場尻南　ばばしりみなみ　青森県黒石市
馬場平　ばばだいら　福島県二本松市
馬場本町　ばばもとまち　福島県会津若松市
馬場目　ばばめ　秋田県南秋田郡五城目町
馬場先　ばばさき　京都府宮津市
馬場尾　ばばお　大分県杵築市
馬場町
　ばばちょう　青森県八戸市
　ばばちょう　岩手県盛岡市
　ばばちょう　山形県鶴岡市
　ばばまち　福島県会津若松市
　ばばちょう　茨城県常陸太田市
　ばばまち　群馬県前橋市
　ばばちょう　千葉県銚子市
　ばばちょう　神奈川県横浜市磯子区
　ばばちょう　新潟県五泉市
　ばんばまち　石川県小松市
　ばんちょう　長野県飯田市
　ばばちょう　長野県須坂市
　ばばちょう　岐阜県大垣市
　ばばまち　岐阜県高山市
　ばんばちょう　静岡県静岡市葵区
　ばばちょう　静岡県伊東市
　ばばちょう　静岡県磐田市
　ばばちょう　愛知県豊川市
　ばばちょう　愛知県津島市

　ばばちょう　愛知県西尾市
　ばんばちょう　愛知県稲沢市
　ばんばちょう　滋賀県草津市
　ばんばちょう　大阪府大阪市中央区
　ばばちょう　大阪府守口市
　ばばちょう　兵庫県神戸市兵庫区
　ばばちょう　兵庫県西宮市
　ばばちょう　奈良県奈良市
　ばばちょう　和歌山県海南市
　ばばのちょう　鳥取県鳥取市
　ばばちょう　鳥取県倉吉市
　ばばまち　福岡県大牟田市
馬場前畑町　ばばまえはたまち　岐阜県瑞穂市
馬場春雨町　ばばはるさめまち　岐阜県瑞穂市
馬場島　ばんばじま　富山県中新川郡上市町
馬場通　ばばどおり　兵庫県神戸市垂水区
馬場通り　ばばどおり　栃木県宇都宮市
馬場崎町
　ばばさきちょう　鳥取県（JR境線）
　ばばさきちょう　鳥取県境港市
馬場野
　ばばの　岩手県下閉伊郡普代村
　ばばの　福島県相馬市
馬場新田　ばばしんでん　茨城県常総市
馬場楠　ばばぐす　熊本県菊池郡菊陽町
馬塚　まづか　岡山県新見市
馬堤　うまつみ　愛知県長久手市
馬揚沢　うまあげさわ　岩手県八幡平市
馬替
　まがえ　石川県（北陸鉄道石川線）
　まがえ　石川県金沢市
馬渡
　まわたり　山形県鶴岡市
　まわたり　茨城県ひたちなか市
　うまわたり　茨城県東茨城郡茨城町
　まわたし　千葉県佐倉市
　うまわたり　兵庫県三田市
　まわたり　熊本県熊本市南区
馬渡町
　まわたりまち　福岡県大牟田市
　まわたりまち　長崎県諫早市
馬渡谷町　もおたにちょう　兵庫県加西市
馬登　まのぼり　千葉県君津市
馬越　うまごえ　香川県小豆郡土庄町
馬越二番耕地　うまごえにばんこうち　愛媛県今治市
馬越町
　まごせちょう　三重県尾鷲市
　うまごえちょう　愛媛県今治市
馬道
　うまみち　三重県（三岐鉄道北勢線）
　うまみち　三重県桑名市
馬間田　ままだ　福岡県筑後市
13**馬絹**　まぎぬ　神奈川県川崎市宮前区
馬路
　まじ　島根県（JR山陰本線）
　うまじ　徳島県那賀郡那賀町
　うまじ　高知県安芸郡馬路村
馬路村　うまじむら　高知県安芸郡
馬路町　うまじちょう　京都府亀岡市
馬飼　まかい　岡山県笠岡市
馬馳　まばせ　島根県仁多郡奥出雲町

10画（骨，高）

15馬敷　ましき　福岡県飯塚市
　馬潟町　まかたちょう　島根県松江市
　馬緤町　まつなぎまち　石川県珠洲市
　馬鞍　まぐら　宮城県石巻市
16馬橋
　　まばし　千葉県（JR常磐線ほか）
　　まばし　千葉県松戸市
　　まばし　千葉県成田市
　　まばし　千葉県印旛郡酒々井町
　馬頭
　　ばとう　山形県東置賜郡高畠町
　　ばとう　栃木県那須郡那珂川町
17馬篠　うましの　香川県東かがわ市
19馬瀬
　　うまのせ　富山県富山市
　　うまぜ　三重県北牟婁郡紀北町
　　まぜ　大阪府泉北郡忠岡町
　　うまぜ　兵庫県加東市
　　うまぜ　高知県長岡郡大豊町
　馬瀬口
　　ませぐち　富山県富山市
　　ませぐち　長野県北佐久郡御代田町
　馬瀬川上　まぜかおれ　岐阜県下呂市
　馬瀬中切　まぜなかぎり　岐阜県下呂市
　馬瀬井谷　まぜいだに　岐阜県下呂市
　馬瀬名丸　まぜなまる　岐阜県下呂市
　馬瀬西村　まぜにしむら　岐阜県下呂市
　馬瀬町　まぜちょう　三重県伊勢市
　馬瀬堀之内　まぜほりのうち　岐阜県下呂市
　馬瀬黒石　まぜくろいし　岐阜県下呂市
　馬瀬惣島　まぜそうじま　岐阜県下呂市
　馬瀬数河　まぜすごう　岐阜県下呂市
22馬籠
　　まごめ　山梨県中央市
　　まごめ　岐阜県中津川市

【骨】

9骨屋之町　ほねやのちょう　京都府京都市中京区
　骨屋町
　　ほねやちょう　京都府京都市中京区
　　ほねやちょう　京都府京都市下京区
10骨原　こつはら　富山県中新川郡上市町

【高】

　高
　　たか　千葉県成田市
　　たか　千葉県匝瑳市
　　たか　奈良県香芝市
　　たか　広島県（JR芸備線）
0高ケ坂　こがさか　東京都町田市
　高ノ宮　たかのみや　島根県（一畑電車北松江線）
　高の原　たかのはら　奈良県（近畿日本鉄道京都線）
2高力　こうりき　愛知県額田郡幸田町
3高下
　　たかおり　山梨県南巨摩郡富士川町
　　こうげ　岡山県久米郡美咲町
　高下西町　こうげにしまち　熊本県八代市
　高下東町　こうげひがしまち　熊本県八代市
　高上
　　たかがみ　愛知県豊田市

　　たかうえ　福岡県糸島市
　　たこえ　福岡県朝倉郡筑前町
高丸　たかまる　兵庫県神戸市垂水区
高久
　　たかく　茨城県桜川市
　　たかく　茨城県東茨城郡城里町
　　たかく　栃木県（JR東北本線）
　　たかひさ　埼玉県吉川市
高久乙　たかくおつ　栃木県那須郡那須町
高久工業団地　たかくこうぎょうだんち　福島県会津
　若松市
高久丙　たかくへい　栃木県那須郡那須町
高久甲　たかくこう　栃木県那須郡那須町
高久田　たかくだ　福島県岩瀬郡鏡石町
高久田境　たかくださかい　福島県須賀川市
高久野　たかくの　熊本県玉名郡南関町
高千　たかち　新潟県佐渡市
高千帆　たかちほ　山口県山陽小野田市
高千穂町　たかちほちょう　宮崎県西臼杵郡
高千穂通
　　たかちほどおり　宮崎県宮崎市
　　たかちほどおり　宮崎県延岡市
高土町　こうどちょう　新潟県上越市
高子　たかこ　福島県（阿武隈急行線）
高小原町　こうごばらまち　熊本県八代市
高山
　　たかやま　北海道釧路市
　　たかやま　山形県東置賜郡川西町
　　たかやま　福島県白河市
　　たかやま　茨城県つくば市
　　たかやま　群馬県藤岡市
　　たかやま　埼玉県飯能市
　　たかやま　千葉県長生郡長柄町
　　たかやま　神奈川県横浜市都筑区
　　たかやま　新潟県新潟市西区
　　たかやま　新潟県十日町市
　　たかやま　新潟県五泉市
　　たかやま　岐阜県（JR高山本線）
　　たかやま　岐阜県中津川市
　　たかやま　静岡県静岡市清水区
　　たかやま　三重県伊賀市
　　たかやま　大阪府豊能郡豊能町
　　たかやま　兵庫県淡路市
　　たかやま　兵庫県赤穂郡上郡町
　　たかやま　鳥取県岩美郡岩美町
　　たかやま　島根県邑智郡美郷町
　　たかやま　岡山県苫田郡鏡野町
　　たかやま　愛媛県大洲市
　　たかやま　大分県臼杵市
高山台　たかやまだい　奈良県香芝市
高山市　たかやまし　岐阜県
高山田　たかやまだ　千葉県夷隅郡御宿町
高山寺　こうさんじ　新潟県新発田市
高山西　たかやまにし　福島県白河市
高山村
　　たかやまむら　群馬県吾妻郡
　　たかやまむら　長野県上高井郡
高山町
　　たかやまちょう　栃木県佐野市
　　たかやまちょう　愛知県春日井市
　　たかやまちょう　滋賀県長浜市
　　たかやまちょう　兵庫県小野市

10画（高）

| | たかやまちょう　奈良県生駒市 |
| | たかやまちょう　愛媛県松山市 |

高川原　たかがわら　徳島県名西郡石井町

⁴高井
　　たかい　宮城県気仙沼市
　　たかい　千葉県館山市
　　たかい　山口県防府市

高井戸　たかいど　東京都（京王電鉄井の頭線）

高井戸西　たかいどにし　東京都杉並区

高井戸東　たかいどひがし　東京都杉並区

高井田
　　たかいだ　大阪府（JR関西本線ほか）
　　たかいだ　大阪府柏原市
　　たかいだ　大阪府東大阪市

高井田中　たかいだなか　大阪府東大阪市

高井田中央　たかいだちゅうおう　大阪府（JRおおさか東線）

高井田元町　たかいだもとまち　大阪府東大阪市

高井田本通　たかいだほんどおり　大阪府東大阪市

高井田西　たかいだにし　大阪府東大阪市

高井名　たかいな　青森県上北郡七戸町

高井町
　　たかいまち　群馬県前橋市
　　たかいまち　愛媛県松山市
　　たかいまち　大分県日田市

高井東　たかいひがし　新潟県新潟市南区

高井興野　たかいこうや　新潟県新潟市南区

高円　こうえん　岡山県勝田郡奈義町

高円寺　こうえんじ　東京都（JR中央本線）

高円寺北　こうえんじきた　東京都杉並区

高円寺南　こうえんじみなみ　東京都杉並区

高内　たかうち　富山県富山市

高天　たかま　奈良県御所市

高天市町　たかまいちちょう　奈良県奈良市

高天町
　　たかまちょう　奈良県奈良市
　　こうてんちょう　長崎県佐世保市
　　こうてんまち　長崎県諫早市

高天原　たかまがはら　茨城県鹿嶋市

高戸　たかど　茨城県高萩市

高日向　たかひなた　群馬県利根郡みなかみ町

高月
　　たかつき　滋賀県（JR北陸本線）
　　こうづき　熊本県上益城郡山都町

高月北　たかつききた　大阪府泉北郡忠岡町

高月町
　　たかつきまち　東京都八王子市
　　たかつきまち　富山県滑川市
　　たかつきちょう　岐阜県瑞浪市
　　たかつきちょう　⇒長浜市（滋賀県）

高月町井口　たかつきちょういのくち　滋賀県長浜市

高月町片山　たかつきちょうかたやま　滋賀県長浜市

高月町布施　たかつきちょうふせ　滋賀県長浜市

高月町宇根　たかつきちょううね　滋賀県長浜市

高月町西物部　たかつきちょうにしものべ　滋賀県長浜市

高月町西阿閉　たかつきちょうにしあつじ　滋賀県長浜市

高月町西柳野　たかつきちょうにしやなぎの　滋賀県長浜市

高月町西野　たかつきちょうにしの　滋賀県長浜市

高月町尾山　たかつきちょうおやま　滋賀県長浜市

高月町松尾　たかつきちょうまつお　滋賀県長浜市

高月町東物部　たかつきちょうひがしものべ　滋賀県長浜市

高月町東阿閉　たかつきちょうひがしあつじ　滋賀県長浜市

高月町東柳野　たかつきちょうひがしやなぎの　滋賀県長浜市

高月町東高田　たかつきちょうひがしたかた　滋賀県長浜市

高月町雨森　たかつきちょうあめのもり　滋賀県長浜市

高月町保延寺　たかつきちょうほうえんじ　滋賀県長浜市

高月町持寺　たかつきちょうもちでら　滋賀県長浜市

高月町柏原　たかつきちょうかしはら　滋賀県長浜市

高月町柳野中　たかつきちょうやなぎのなか　滋賀県長浜市

高月町洞戸　たかつきちょうほらど　滋賀県長浜市

高月町重則　たかつきちょうしげのり　滋賀県長浜市

高月町唐川　たかつきちょうからかわ　滋賀県長浜市

高月町馬上　たかつきちょうまけ　滋賀県長浜市

高月町高月　たかつきちょうたかつき　滋賀県長浜市

高月町高野　たかつきちょうたかの　滋賀県長浜市

高月町森本　たかつきちょうもりもと　滋賀県長浜市

高月町渡岸寺　たかつきちょうどうがんじ　滋賀県長浜市

高月町落川　たかつきちょうおちかわ　滋賀県長浜市

高月町熊野　たかつきちょうくまの　滋賀県長浜市

高月町横山　たかつきちょうよこやま　滋賀県長浜市

高月町磯野　たかつきちょういその　滋賀県長浜市

高月南　たかつきみなみ　大阪府泉北郡忠岡町

高月南台　たかつきみなみだい　富山県滑川市

高木
　　たかき　岩手県花巻市
　　たかき　宮城県石巻市
　　たかき　山形県山形市
　　たかき　山形県天童市
　　たかぎ　福島県本宮市
　　たかぎ　埼玉県さいたま市西区
　　たかき　東京都東大和市
　　たかぎ　新潟県燕市
　　たかぎ　富山県富山市
　　たかぎ　富山県小矢部市
　　たかぎ　富山県射水市
　　たかぎ　福井県福井市
　　たかぎ　長野県諏訪郡下諏訪町
　　たかぎ　岐阜県山県市
　　たかぎ　静岡県磐田市
　　たかぎ　愛知県丹羽郡扶桑町
　　たかぎ　滋賀県野洲市
　　たかき　広島県（JR福塩線）
　　たかき　福岡県福岡市南区
　　たかぎ　熊本県上益城郡御船町

高木中央　たかぎちゅうおう　福井県福井市

高木出　たかぎで　富山県小矢部市

高木北　たかぎきた　福井県福井市

高木西
　　たかぎにし　富山県富山市
　　たかぎにし　福井県福井市

高木西町　たかぎにしまち　兵庫県西宮市

989

10画（高）

高木町
たかぎちょう　東京都国分寺市
たかぎちょう　福井県福井市
たかぎちょう　福井県越前市
たかぎちょう　愛知県名古屋市港区
たかぎちょう　愛知県安城市
たかぎちょう　愛知県田原市
たかぎちょう　三重県松阪市
たかぎちょう　滋賀県東近江市
たかぎちょう　広島県府中市
たかぎちょう　愛媛県松山市
たかぎちょう　愛媛県新居浜市
たかぎまち　佐賀県佐賀市
たかぎちょう　宮崎県都城市

高木岡田　たかぎおかだ　青森県平川市
高木岡崎　たかぎおかざき　青森県平川市
高木岡部　たかぎおかべ　青森県平川市
高木松元　たかぎまつもと　青森県平川市
高木東　たかぎひがし　富山県富山市
高木東町　たかぎひがしまち　兵庫県西宮市
高木南　たかぎみなみ　富山県富山市
高木原田　たかぎはらた　青森県平川市
高木原富　たかぎはらとみ　青森県平川市
高木豊田　たかぎとよだ　青森県平川市
高木豊岡　たかぎとよおか　青森県平川市
高木瀬団地　たかぎせだんち　佐賀県佐賀市
高木瀬西　たかぎせにし　佐賀県佐賀市
高木瀬町東高木　たかぎせまちひがしたかぎ　佐賀県佐賀市
高木瀬町長瀬　たかぎせまちながせ　佐賀県佐賀市
高木瀬東　たかぎせひがし　佐賀県佐賀市

高水
たかみず　千葉県君津市
こうずい　島根県邑智郡邑南町
たかみず　山口県（JR岩徳線）

高水寺
こうすいじ　岩手県紫波郡紫波町
こうすいじ　岩手県紫波郡矢巾町

高水原　たかみずはら　山口県周南市

⁵高丘
たかおか　北海道苫小牧市
たかおか　北海道勇払郡厚真町
たかおか　長崎県長崎市

高丘北　たかおかきた　静岡県浜松市中区
高丘西　たかおかにし　静岡県浜松市中区
高丘町
たかおかちょう　北海道函館市
たかおかちょう　愛知県大府市
たかおかちょう　三重県鳥羽市

高丘東　たかおかひがし　静岡県浜松市中区
高丘新町　たかおかしんまち　愛知県豊田市
高司　たかつかさ　兵庫県宝塚市
高台
たかだい　北海道千歳市
たかだい　北海道岩内郡岩内町
たかだい　北海道苫前郡羽幌町
たかだい　北海道網走郡津別町
たかだい　北海道白糠郡白糠町
たかだい　京都府長岡京市
たかだい　兵庫県伊丹市

高台寺町　こうだいじちょう　愛知県津島市

高台西　たかだいにし　京都府長岡京市
高台町　たかだいちょう　北海道北広島市
高台院町　こうだいいんちょう　京都府京都市上京区
高台院竪町　こうだいいんたてまち　京都府京都市上京区
高市
たかいち　愛媛県今治市
たかいち　愛媛県伊予郡砥部町

高市郡　たかいちぐん　奈良県
高平
たかひら　福島県二本松市
たかだいら　新潟県村上市
たかひら　福岡県福津市
たかひら　熊本県熊本市北区

高平町
たかひらちょう　北海道室蘭市
たかひらまち　長崎県長崎市

高本　たかもと　埼玉県熊谷市
高末　たかすえ　兵庫県美方郡新温泉町
高玉　たかだま　山形県西置賜郡白鷹町
高玉町　たかだまちょう　宮城県仙台市泉区
高生　たかおい　千葉県旭市
高田
たかだ　青森県青森市
たかだ　青森県弘前市
たかだ　青森県上北郡おいらせ町
たかだ　岩手県花巻市
たかだ　岩手県紫波郡矢巾町
たかだ　宮城県遠田郡美里町
たかだ　山形県山形市
たかだ　山形県鶴岡市
たかだ　山形県寒河江市
たかだ　福島県二本松市
たかだ　福島県伊達市
たかだ　福島県大沼郡会津美里町
たかだ　福島県石川郡石川町
たかた　茨城県つくば市
たかだ　茨城県稲敷市
たかだ　茨城県鉾田市
たかだ　茨城県小美玉市
たかだ　茨城県久慈郡大子町
たかだ　栃木県真岡市
たかだ　千葉県茂原市
たかた　千葉県柏市
たかだ　千葉県市原市
たかだ　千葉県山武郡芝山町
たかた　東京都豊島区
たかた　神奈川県（横浜市交通局グリーンライン）
たかた　神奈川県小田原市
たかた　神奈川県茅ヶ崎市
たかだ　新潟（えちごトキめき鉄道妙高はねうまライン）
たかた　新潟県新発田市
たかた　新潟県阿賀野市
たかた　新潟県岩船郡関川村
たかた　富山県富山市
たかた　山梨県西八代郡市川三郷町
たかた　長野県長野市
たかた　岐阜県岐阜市
たかた　岐阜県養老郡養老町
たかた　静岡県掛川市
たかた　静岡県藤枝市
たかた　愛知県一宮市
こうだ　大阪府枚方市

10画（高）

こうだ　大阪府泉南郡熊取町
たかだ　奈良県（JR和歌山線）
たかだ　奈良県大和高田市
たかだ　奈良県桜井市
たかた　和歌山県新宮市
たかた　和歌山県伊都郡かつらぎ町
たかた　鳥取県西伯郡大山町
たかた　島根県仁多郡奥出雲町
たかた　香川県（高松琴平電気鉄道長尾線）
たかた　愛媛県松山市
たかた　愛媛県新居浜市
たかた　愛媛県西条市
たかだ　福岡県（甘木鉄道線）
たかだ　福岡県北九州市門司区
たかだ　福岡県飯塚市
たかた　福岡県豊前市
たかた　福岡県糸島市
たかた　福岡県糟屋郡篠栗町
たかた　福岡県朝倉郡筑前町
こうだ　長崎県（JR長崎本線）
たかだ　大分県豊後高田市

高田の鉄橋　たかだのてっきょう　茨城県（ひたちなか海浜鉄道湊線）
高田乙　たかだおつ　福島県大沼郡会津美里町
高田口町　たかだぐちちょう　奈良県大和郡山市
高田山上　たかたやまうえ　岡山県真庭市
高田中川原道下　たかだなかがわらみちした　福島県大沼郡会津美里町
高田井町　こうだいちょう　兵庫県西脇市
高田台　たかただい　兵庫県赤穂郡上郡町
高田市　たかだし　奈良県（近畿日本鉄道南大阪線）
高田本山　たかだほんざん　三重県（近畿日本鉄道名古屋線）
高田甲　たかだこう　福島県大沼郡会津美里町
高田寺　たかだじ　愛知県北名古屋市
高田西　たかたにし　神奈川県横浜市港北区
高田村東　たかだむらひがし　福島県大沼郡会津美里町
高田町
　たかたちょう　岩手県陸前高田市
　たかだちょう　茨城県水戸市
　たかだちょう　千葉県千葉市緑区
　たかだちょう　千葉県銚子市
　たかだちょう　神奈川県横浜市港北区
　たかだちょう　新潟県十日町市
　たかたまち　石川県七尾市
　たかたまち　福井県福井市
　たかだちょう　岐阜県多治見市
　たかだちょう　愛知県名古屋市瑞穂区
　たかだちょう　愛知県豊橋市
　たかだちょう　滋賀県長浜市
　たかだちょう　京都府京都市中京区
　たかだちょう　大阪府茨木市
　たかだちょう　兵庫県尼崎市
　たかだちょう　兵庫県小野市
　たかだちょう　奈良県大和郡山市
　たかだちょう　島根県浜田市
　たかたまち　⇒みやま市（福岡県）
　たかたまち　佐賀県鳥栖市
　こうだちょう　長崎県五島市
高田町下楠田　たかたまちしもくすだ　福岡県みやま市
高田町上楠田　たかたまちかみくすだ　福岡県みやま市

高田町今福　たかたまちいまぶく　福岡県みやま市
高田町北新開　たかたまちきたしんがい　福岡県みやま市
高田町永治　たかたまちえいじ　福岡県みやま市
高田町田尻　たかたまちたじり　福岡県みやま市
高田町田浦　たかたまちたのうら　福岡県みやま市
高田町白粉　たかたちょうしろこ　岐阜県多治見市
高田町江浦　たかたまちえのうら　福岡県みやま市
高田町江浦町　たかたまちえのうらまち　福岡県みやま市
高田町竹飯　たかたまちたけい　福岡県みやま市
高田町岩津　たかたまちいわつ　福岡県みやま市
高田町岩曽根　たかたちょういわぞね　岐阜県多治見市
高田町南新開　たかたまちみなみしんがい　福岡県みやま市
高田町昭和開　たかたまちしょうわびらき　福岡県みやま市
高田町海津　たかたまちかいづ　福岡県みやま市
高田町原　たかたまちはる　福岡県みやま市
高田町亀谷　たかたまちかめたに　福岡県みやま市
高田町黒崎開　たかたまちくろさきびらき　福岡県みやま市
高田町飯江　たかたまちはえ　福岡県みやま市
高田町徳島　たかたまちとくしま　福岡県みやま市
高田町舞鶴　たかたまちまいづる　福岡県みやま市
高田町濃施　たかたまちのせ　福岡県みやま市
高田麦　たかだむぎ　山形県東田川郡庄内町
高田東　たかたひがし　神奈川県横浜市港北区
高田前川原　たかだまえかわはら　福島県大沼郡会津美里町
高田馬場
　たかだのばば　東京都（JR山手線ほか）
　たかだのばば　東京都新宿区
高田馬場町　たかだばばちょう　岐阜県養老郡養老町
高田郷　こうだごう　長崎県西彼杵郡長与町
高田道上　たかだみちうえ　福島県大沼郡会津美里町
高田新田　たかだしんでん　新潟県上越市
高田橋　たかだばし　岐阜県（名古屋鉄道各務原線）
高白浜　たかしろはま　宮城県牡鹿郡女川町
高石
　たかいし　神奈川県川崎市麻生区
　たかいし　大阪府（南海電気鉄道南海本線）
高石市　たかいいし　大阪府
高石神　たかいしがみ　千葉県市川市
高辻
　たかつじ　富山県高岡市
　たかつじ　鳥取県東伯郡湯梨浜町
　たかつじ　熊本県上益城郡山都町
高辻大宮町　たかつじおおみやちょう　京都府京都市下京区
高辻西洞院町　たかつじにしのとういんちょう　京都府京都市下京区
高辻町
　たかつじちょう　愛知県名古屋市昭和区
　たかつじちょう　愛知県名古屋市瑞穂区
　たかつじちょう　京都府京都市下京区
高辻堀川町　たかつじほりかわちょう　京都府京都市下京区

991

10画（高）

高辻猪熊町　たかつじいのくまちょう　京都府京都市
下京区
高辺台　たかべだい　大阪府富田林市
⁶高伏　たかぶし　大分県竹田市
高伏町　こうふくまち　富山県高岡市
高光
　　たかみつ　広島県神石郡神石高原町
　　たかみつ　愛媛県（JR予讃線）
高向　たこう　大阪府河内長野市
高地町　こうちちょう　愛媛県今治市
高安
　　こうやす　山形県東置賜郡高畠町
　　たかやす　大阪府（近畿日本鉄道大阪線）
　　たかやす　奈良県生駒郡斑鳩町
　　たかやす　沖縄県豊見城市
高安寺　こうあんじ　新潟県三条市
高安西　たかやすにし　奈良県生駒郡斑鳩町
高安町北　たかやすちょうきた　大阪府八尾市
高安町南　たかやすちょうみなみ　大阪府八尾市
高寺　たかてら　福島県河沼郡会津坂下町
高寺町　たかてらまち　新潟県長岡市
高州
　　たかす　青森県八戸市
　　たかす　埼玉県三郷市
高成町　たかなりちょう　山梨県甲府市
高旭町　たかあさひちょう　三重県四日市市
高次　たかすぎ　兵庫県三田市
高江
　　たかえ　北海道新冠郡新冠町
　　たかえ　福岡県北九州市八幡西区
　　たかえ　福岡県筑後市
　　たかえ　沖縄県国頭郡東村
高江中央　たかえちゅうおう　大分県大分市
高江北　たかえきた　大分県大分市
高江西　たかえにし　大分県大分市
高江町　たかえちょう　鹿児島県薩摩川内市
高江南　たかえみなみ　大分県大分市
高江洲　たかえす　沖縄県うるま市
高池　たかいけ　和歌山県東牟婁郡古座川町
高池町　たかいけまち　石川県金沢市
高羽　たかは　兵庫県神戸市灘区
高羽町
　　たかはちょう　長野県飯田市
　　たかはちょう　兵庫県神戸市灘区
高舟台　たかふねだい　神奈川県横浜市金沢区
高虫　たかむし　埼玉県蓮田市
高西　たかにし　福島県二本松市
高西町
　　こうさいちょう　大阪府高槻市
　　たかにしちょう　広島県福山市
高西町川尻　たかにしちょうかわじり　広島県福山市
高西町南　たかにしちょうみなみ　広島県福山市
高西町真田　たかにしちょうさなだ　広島県福山市
高西新田　こうさいしんでん　千葉県印西市
⁷高串
　　たかくし　和歌山県日高郡印南町
　　たかぐし　愛媛県宇和島市
高佐　たかさ　福井県丹生郡越前町
高佐下　たかさしも　山口県萩市
高佐上　たかさかみ　山口県萩市

高佐町　こうさちょう　島根県浜田市
高作町　こうさまち　茨城県龍ケ崎市
高住
　　たかすみ　新潟県上越市
　　こうじゅう　山梨県南巨摩郡早川町
　　たかずみ　鳥取県鳥取市
　　たかずみ　鳥取県岩美郡岩美町
高判形山　たかはんぎょうやま　宮城県気仙沼市
高別当　こうべっとう　群馬県安中市
高坂
　　たかさか　山形県鶴岡市
　　たかさか　埼玉県（東武鉄道東上本線）
　　たかさか　埼玉県東松山市
　　こうざか　千葉県市原市
　　こうざか　千葉県君津市
　　たかさか　富山県小矢部市
　　こうさか　長野県上水内郡飯綱町
　　たかさか　愛知県常滑市
　　たかさか　兵庫県篠山市
高坂町
　　たかさかまち　石川県金沢市
　　たかさかまち　石川県能美市
　　たかさかちょう　愛知県名古屋市天白区
高坂町真良　たかさかちょうしんら　広島県三原市
高坂町許山　たかさかちょうもとやま　広島県三原市
高坊　たかぼう　福岡県北九州市小倉北区
高尾
　　たかお　秋田県由利本荘市
　　たかお　埼玉県北本市
　　たかお　東京都（JR中央本線ほか）
　　たかお　東京都あきる野市
　　たかお　神奈川県足柄上郡大井町
　　たかお　石川県金沢市
　　たかお　山梨県南アルプス市
　　たかお　山梨県北都留郡丹波山村
　　たかお　岐阜県（樽見鉄道線）
　　たかお　静岡県袋井市
　　たかお　三重県伊賀市
　　こうの　京都府綴喜郡宇治田原町
　　たかお　京都府相楽郡南山城村
　　たかお　大阪府堺市南区
　　こお　鳥取県日野郡日野町
　　たかお　島根県仁多郡奥出雲町
　　たかお　岡山県津山市
　　たかお　岡山県新見市
　　たかお　福岡県北九州市小倉北区
　　たかお　福岡県遠賀郡水巻町
高尾山口　たかおさんぐち　東京都（京王電鉄高尾線）
高尾台
　　たかおだい　石川県金沢市
　　たかおだい　静岡県沼津市
　　たかおだい　兵庫県神戸市須磨区
　　たかおだい　大分県大分市
高尾田
　　たこうだ　秋田県雄勝郡羽後町
　　たこおだ　愛媛県伊予郡砥部町
高尾団地　たかおだんち　山口県周南市
高尾町
　　たかおまち　東京都八王子市
　　たかおまち　石川県金沢市
　　たかおまち　石川県加賀市
　　たかおちょう　福井県福井市

10画（高）

たかおちょう　岐阜県岐阜市
たかおちょう　静岡県袋井市
たかおちょう　兵庫県姫路市
たかおまち　長崎県長崎市
高尾南　たかおみなみ　石川県金沢市
高尾通　たかおどおり　兵庫県神戸市灘区
高尾野
　　たかおの　熊本県菊池郡大津町
　　たかおの　鹿児島県（肥薩おれんじ鉄道線）
高尾野町下水流　たかおのまちしもずる　鹿児島県出
　　水市
高尾野町下高尾野　たかおのまちしもたかおの　鹿児
　　島県出水市
高尾野町上水流　たかおのまちかみずる　鹿児島県出
　　水市
高尾野町大久保　たかおのまちおおくぼ　鹿児島県出
　　水市
高尾野町江内　たかおのまちえうち　鹿児島県出水市
高尾野町柴引　たかおのまちしばひき　鹿児島県出
　　水市
高尾野町唐笠木　たかおのまちからがさき　鹿児島県
　　出水市
高尾新田　たかおしんでん　埼玉県比企郡吉見町
高志　こうし　新潟県新潟市中央区
高志保　たかしほ　沖縄県中頭郡読谷村
高材木町　たかざいもくちょう　京都府京都市下京区
高杖原　たかつえはら　福島県南会津郡南会津町
高杉　たかすぎ　青森県弘前市
高杉町
　　たかすぎちょう　愛知県名古屋市中川区
　　たかすぎまち　広島県三次市
高村　たかむら　神奈川県平塚市
高来
　　こうらい　富山県富山市
　　たかく　福岡県行橋市
高来寺　こうらいじ　福岡県糸島市
高来町下与　たかきちょうしたぐみ　長崎県諫早市
高来町三部壱　たかきちょうさんぶいち　長崎県諫
　　早市
高来町上与　たかきちょううわぐみ　長崎県諫早市
高来町大戸　たかきちょうおおと　長崎県諫早市
高来町小江干拓　たかきちょうおえかんたく　長崎県
　　諫早市
高来町小峰　たかきちょうこみね　長崎県諫早市
高来町小船津　たかきちょうこぶなつ　長崎県諫早市
高来町山道　たかきちょうやまみち　長崎県諫早市
高来町水ノ浦　たかきちょうみずのうら　長崎県諫
　　早市
高来町古場　たかきちょうこば　長崎県諫早市
高来町平田　たかきちょうひらた　長崎県諫早市
高来町汲水　たかきちょうくみず　長崎県諫早市
高来町西平原　たかきちょうにしひらばる　長崎県諫
　　早市
高来町西尾　たかきちょうにしのお　長崎県諫早市
高来町坂元　たかきちょうさかもと　長崎県諫早市
高来町折山　たかきちょうおりやま　長崎県諫早市
高来町町名　たかきちょうまちみょう　長崎県諫早市
高来町里　たかきちょうさと　長崎県諫早市
高来町東平原　たかきちょうひがしひらばる　長崎県諫
　　早市

高来町法川　たかきちょうのりがわ　長崎県諫早市
高来町金崎　たかきちょうかなさき　長崎県諫早市
高来町建山　たかきちょうたちやま　長崎県諫早市
高来町泉　たかきちょういずみ　長崎県諫早市
高来町神津倉　たかきちょうこうづくら　長崎県諫
　　早市
高来町峰　たかきちょうみね　長崎県諫早市
高来町冨戸　たかきちょうふじと　長崎県諫早市
高来町船津　たかきちょうふなつ　長崎県諫早市
高来町黒崎　たかきちょうくろさき　長崎県諫早市
高来町黒新田　たかきちょうくろにた　長崎県諫早市
高来町善住寺　たかきちょうぜんじゅうじ　長崎県諫
　　早市
高来町溝口　たかきちょうみぞぐち　長崎県諫早市
高沢　たかさわ　山形県山形市
高沢町　たかざわちょう　静岡県沼津市
高町
　　たかまち　新潟県長岡市
　　たかまち　山梨県甲府市
　　たかまち　静岡県浜松市中区
　　たかまち　愛知県豊田市
　　たかまち　三重県松阪市
　　たかまち　大阪府八尾市
　　たかまち　広島県庄原市
高社　たかやしろ　愛知県名古屋市名東区
高良
　　たから　沖縄県那覇市
　　たから　沖縄県島尻郡八重瀬町
高良内町　こうらうちまち　福岡県久留米市
高良田　たからだ　茨城県つくば市
高花　たかばな　千葉県印西市
高花台　たかはなだい　群馬県前橋市
高花平　たかはなだいら　三重県四日市市
高花町　たかはなちょう　長崎県佐世保市
高見
　　たかみ　北海道虻田郡倶知安町
　　たかみ　埼玉県比企郡小川町
　　たかみ　新潟県長岡市
　　たかみ　愛知県名古屋市千種区
　　たかみ　大阪府大阪市此花区
　　たかみ　島根県邑智郡邑南町
　　たかみ　香川県仲多度郡多度津町
　　たかみ　福岡県北九州市八幡東区
高見ノ里　たかみのさと　大阪府（近畿日本鉄道南大
　　阪線）
高見の里　たかみのさと　大阪府松原市
高見丘　たかみがおか　静岡県磐田市
高見北　たかみきた　宮城県伊具郡丸森町
高見台
　　たかみだい　山形県酒田市
　　たかみだい　三重県四日市市
　　たかみだい　大阪府高槻市
　　たかみだい　福岡県北九州市小倉北区
高見町
　　たかみまち　新潟県長岡市
　　たかみまち　愛知県豊川市
　　たかみちょう　高知県高知市
　　たかみちょう　鹿児島県枕崎市
　　たかみちょう　鹿児島県いちき串木野市
高見南　たかみみなみ　宮城県伊具郡丸森町
高見原　たかみはら　茨城県つくば市

993

10画（高）

高見馬場 たかみばば　鹿児島県（鹿児島市交通局1系統ほか）

高見橋 たかみばし　鹿児島県（鹿児島市交通局2系統）

高角
　たかつの　三重県（近畿日本鉄道湯の山線）
　たかつの　高知県長岡郡本山町

高角町 たかつのちょう　三重県四日市市

高谷
　こうや　栃木県鹿沼市
　こうや　埼玉県比企郡小川町
　こうや　千葉県市川市
　たかや　千葉県袖ケ浦市
　たかだに　千葉県いすみ市
　こうや　千葉県香取郡神崎町
　たかや　千葉県山武郡芝山町
　たかや　神奈川県藤沢市
　たかや　岡山県加賀郡吉備中央町

高谷町 こうやまち　栃木県栃木市

高谷新町 こうやしんまち　千葉県市川市

高豆蒄 こうずく　山形県東置賜郡川西町

高那 たかな　沖縄県八重山郡竹富町

8**高免町** こうめんちょう　鹿児島県鹿児島市

高取
　たかとり　奈良県高市郡高取町
　たかとり　広島県（広島高速交通アストラムライン）
　たかとり　福岡県福岡市早良区

高取山町 たかとりさんちょう　兵庫県神戸市長田区

高取北 たかとりきた　広島県広島市安佐南区

高取町 たかとりちょう　奈良県高市郡

高取南 たかとりみなみ　広島県広島市安佐南区

高取南町 たかとりみなみまち　広島県広島市安佐南区

高和町 こうわまち　新潟県上越市

高坪 たかつぼ　愛知県犬山市

高奈 たかな　三重県多気郡大台町

高岡
　たかおか　北海道石狩郡当別町
　たかおか　北海道虻田郡豊浦町
　たかおか　青森県弘前市
　たかおか　山形県西置賜郡白鷹町
　たかおか　茨城県土浦市
　たかおか　茨城県つくばみらい市
　たかおか　栃木県那須郡那珂川町
　たかおか　埼玉県日高市
　たかおか　千葉県成田市
　たかおか　千葉県佐倉市
　たかおか　新潟県三条市
　たかおか　富山県（JR城端線ほか）
　たかおか　静岡県藤枝市
　たかおか　三重県南牟婁郡紀宝町
　たかおか　京都府船井郡京丹波町
　たかおか　兵庫県加東市
　たかおか　兵庫県神崎郡福崎町
　たかおか　鳥取県西伯郡琴浦町
　たかおか　熊本県葦北郡芦北町

高岡台 たかおかだい　三重県鈴鹿市

高岡市 たかおかし　富山県

高岡本町 たかおかほんまち　愛知県豊田市

高岡町
　たかおかまち　石川県金沢市

　たかおかちょう　福井県越前市
　たかおかちょう　愛知県豊田市
　たかおかちょう　三重県鈴鹿市
　たかおかちょう　島根県出雲市
　たかおかまち　愛媛県松山市

高岡町乙 たかおかちょうおつ　高知県土佐市

高岡町丁 たかおかちょうてい　高知県土佐市

高岡町下倉永 たかおかちょうしもくらなが　宮崎県宮崎市

高岡町上倉永 たかおかちょうかみくらなが　宮崎県宮崎市

高岡町小山田 たかおかちょうおやまだ　宮崎県宮崎市

高岡町五町 たかおかちょうごちょう　宮崎県宮崎市

高岡町内山 たかおかちょううちやま　宮崎県宮崎市

高岡町丙 たかおかちょうへい　高知県土佐市

高岡町甲 たかおかちょうこう　高知県土佐市

高岡町花見 たかおかちょうはなみ　宮崎県宮崎市

高岡町浦之名 たかおかちょううらのみょう　宮崎県宮崎市

高岡町紙屋 たかおかちょうかみや　宮崎県宮崎市

高岡町高浜 たかおかちょうたかはま　宮崎県宮崎市

高岡町飯田 たかおかちょういいだ　宮崎県宮崎市

高岡郡 たかおかぐん　高知県

高岡新町 たかおかしんまち　兵庫県姫路市

高岡駅 たかおかえき　富山県（万葉線）

高岳 たかおか　愛知県（名古屋市交通局桜通線）

高岸 たかぎし　福井県三方上中郡若狭町

高岩
　たかいわ　埼玉県白岡市
　たかいわ　長野県（JR小海線）
　たかいわ　長崎県（松浦鉄道西九州線）

高岩町 こうがんちょう　岐阜県岐阜市

高岱町 たかだいちょう　北海道函館市

高府 たかふ　長野県上水内郡小川村

高房 たかぼう　徳島県板野郡北島町

高松
　たかまつ　北海道夕張市
　たかまつ　岩手県盛岡市
　たかまつ　岩手県花巻市
　たかまつ　宮城県仙台市青葉区
　たかまつ　宮城県東松島市
　たかまつ　宮城県伊具郡丸森町
　たかまつ　秋田県湯沢市
　たかまつ　山形県寒河江市
　たかまつ　山形県上山市
　たかまつ　千葉県富里市
　たかまつ　東京都（多摩都市モノレール線）
　たかまつ　東京都豊島区
　たかまつ　東京都練馬区
　たかまつ　新潟県五泉市
　たかまつ　石川県（JR七尾線）
　たかまつ　石川県かほく市
　たかまつ　静岡県静岡市駿河区
　たかまつ　三重県三重郡川越町
　たかまつ　大阪府堺市東区
　たかまつ　岡山県岡山市北区
　たかまつ　香川県（JR予讃線）
　たかまつ　福岡県遠賀郡水巻町
　たかまつ　大分県大分市
　たかまつ　宮崎県串間市

高松北 たかまつきた　大阪府泉佐野市

10画（高）

高松市　たかまつし　香川県
高松田中　たかまつたなか　岡山県岡山市北区
高松西　たかまつにし　大阪府泉佐野市
高松町
　　たかまつちょう　北海道函館市
　　たかまつちょう　栃木県宇都宮市
　　たかまつちょう　栃木県足利市
　　たかまつちょう　群馬県高崎市
　　たかまつちょう　東京都立川市
　　たかまつちょう　愛知県刈谷市
　　たかまつちょう　愛知県田原市
　　たかまつちょう　滋賀県湖南市
　　たかまつちょう　兵庫県神戸市兵庫区
　　たかまつちょう　兵庫県西宮市
　　たかまつちょう　兵庫県西脇市
　　たかまつちょう　兵庫県宝塚市
　　たかまつちょう　鳥取県（JR境線）
　　たかまつちょう　鳥取県境港市
　　たかまつちょう　島根県出雲市
　　たかまつちょう　香川県高松市
　　たかまつちょう　宮崎県宮崎市
　　たかまつちょう　鹿児島県阿久根市
高松東
　　たかまつひがし　大阪府泉佐野市
　　たかまつひがし　大分県大分市
高松南　たかまつみなみ　大阪府泉佐野市
高松原古才　たかまつはらこさい　岡山県岡山市北区
高松浦　たかまつうら　大分県佐伯市
高松稲荷　たかまついなり　岡山県岡山市北区
高松築港　たかまつちっこう　香川県（高松琴平電気鉄道琴平線ほか）
高東町　こうとうちょう　兵庫県神戸市長田区
高林
　　たかばやし　福島県岩瀬郡天栄村
　　たかばやし　栃木県那須塩原市
　　たかばやし　岐阜県養老郡養老町
　　たかばやし　静岡県浜松市中区
高林北町　たかばやしきたちょう　群馬県太田市
高林西町　たかばやしにしちょう　群馬県太田市
高林寿町　たかばやしことぶきちょう　群馬県太田市
高林東町　たかばやしひがしちょう　群馬県太田市
高林南町　たかばやしみなみちょう　群馬県太田市
高河原　たかがわら　岐阜県岐阜市
高河原町　たかがわらちょう　愛知県西尾市
高波　たかなみ　富山県砺波市
高牧町　たかまきちょう　鹿児島県鹿屋市
高知　こうち　高知県（JR土讃線）
高知市　こうちし　高知県
高知城前　こうちじょうまえ　高知県（とさでん交通伊野線）
高知県　こうちけん
高知商業前　こうちしょうぎょうまえ　高知県（JR土讃線）
高知駅前　こうちえきまえ　高知県（とさでん交通桟橋線）
高知橋　こうちばし　高知県（とさでん交通桟橋線）
高茂
　　こうも　愛媛県西宇和郡伊方町
　　こうも　愛媛県南宇和郡愛南町
高茂町　こうもちょう　広島県庄原市
高門町　たかかどちょう　広島県庄原市

高阿津　たかあつ　栃木県那須塩原市
9高前　たかまえ　秋田県湯沢市
高前田　たかまえだ　岩手県岩手郡雫石町
高南台　こうなんだい　千葉県柏市
高品町　たかしなちょう　千葉県千葉市若葉区
高垣町　たかがきちょう　大阪府高槻市
高城
　　たかぎ　宮城県宮城郡松島町
　　たかぎ　宮城県加美郡色麻町
　　たかじょう　秋田県大仙市
　　たかぎ　福島県伊達郡国見町
　　たかしろ　岡山県久米郡美咲町
　　たかじょう　大分県（JR日豊本線）
　　たかじょう　宮崎県児湯郡木城町
　　たかじょう　鹿児島県垂水市
高城台
　　たかしろだい　長崎県長崎市
　　たかじょうだい　大分県大分市
高城本町　たかじょうほんまち　大分県大分市
高城団地　たかじょうだんち　大分県大分市
高城西町　たかじょうにしまち　大分県大分市
高城町
　　たかぎまち　宮城県（JR仙石線）
　　たかしろちょう　大阪府吹田市
　　たかしろまち　長崎県諫早市
　　たきちょう　鹿児島県薩摩川内市
高城町大井手　たかじょうちょうおおいで　宮崎県都城市
高城町四家　たかじょうちょうしか　宮崎県都城市
高城町石山　たかじょうちょういしやま　宮崎県都城市
高城町有水　たかじょうちょうありみず　宮崎県都城市
高城町桜木　たかじょうちょうさくらぎ　宮崎県都城市
高城町高城　たかじょうちょうたかじょう　宮崎県都城市
高城町穂満坊　たかじょうちょうほまんぼう　宮崎県都城市
高城南町　たかじょうみなみまち　大分県大分市
高城新町　たかじょうしんまち　大分県大分市
高室町　たかむろちょう　山梨県甲府市
高屋
　　たかや　青森県弘前市
　　たかや　山形県（JR陸羽西線）
　　たかや　山形県寒河江市
　　たかや　富山県南砺市
　　たかや　福井県大飯郡高浜町
　　たかや　岐阜県本巣郡北方町
　　たかや　兵庫県豊岡市
　　たかや　兵庫県篠山市
　　たかや　岡山県岡山市中区
　　たかや　岡山県赤磐市
　　たかや　岡山県真庭市
高屋うめの辺　たかやうめのべ　広島県東広島市
高屋分木　たかやぶんぎ　岐阜県本巣郡北方町
高屋太子　たかやたいし　岐阜県本巣郡北方町
高屋台　たかやだい　広島県東広島市
高屋白木　たかやしらき　岐阜県本巣郡北方町
高屋石末　たかやいしずえ　岐阜県本巣郡北方町
高屋伊勢田　たかやいせでん　岐阜県本巣郡北方町
高屋条里　たかやじょうり　岐阜県本巣郡北方町
高屋町
　　たかやまち　石川県珠洲市

995

10画（高）

たかやちょう　福井県福井市
たかやちょう　岐阜県大垣市
たかやちょう　岡山県井原市
たかやちょう　香川県坂出市
たかやちょう　香川県観音寺市
高屋町八幡　たかやちょうはちまん　愛知県江南市
高屋町十六田　たかやちょうじゅうろくでん　愛知県江南市
高屋町上本郷　たかやちょうかみほんごう　愛知県江南市
高屋町大松原　たかやちょうおおまつばら　愛知県江南市
高屋町大門　たかやちょうだいもん　愛知県江南市
高屋町大師　たかやちょうだいし　愛知県江南市
高屋町大畠　たかやちょうおおばたけ　広島県東広島市
高屋町小谷　たかやちょうこだに　広島県東広島市
高屋町中屋舗　たかやちょうなかやしき　愛知県江南市
高屋町中島　たかやちょうなかしま　広島県東広島市
高屋町北上　たかやちょうきたがみ　愛知県江南市
高屋町本郷　たかやちょうほんごう　愛知県江南市
高屋町白市　たかやちょうしらいち　広島県東広島市
高屋町旭　たかやちょうあさひ　愛知県江南市
高屋町西町　たかやちょうにしまち　愛知県江南市
高屋町西里　たかやちょうにしさと　愛知県江南市
高屋町花戸　たかやちょうはなど　愛知県江南市
高屋町杵原　たかやちょうきねはら　広島県東広島市
高屋町後山　たかやちょううしろやま　愛知県江南市
高屋町神戸　たかやちょうごうど　愛知県江南市
高屋町貞重　たかやちょうさだしげ　広島県東広島市
高屋町重兼　たかやちょうしげかね　広島県東広島市
高屋町宮領　たかやちょうみやりょう　広島県東広島市
高屋町造賀　たかやちょうぞうか　広島県東広島市
高屋町高屋東　たかやちょうたかやひがし　広島県東広島市
高屋町高屋堀　たかやちょうたかやほり　広島県東広島市
高屋町清水　たかやちょうしみず　愛知県江南市
高屋郷　たかやちょうごう　広島県東広島市
高屋町御日塚　たかやちょうおひづか　愛知県江南市
高屋町溝口　たかやちょうみぞぐち　広島県東広島市
高屋町遠場　たかやちょうとうば　愛知県江南市
高屋町稲木　たかやちょういなき　広島県東広島市
高屋町檜山　たかやちょうひやま　広島県東広島市
高屋勅使　たかやちょくし　岐阜県本巣郡北方町
高屋高美が丘　たかやたかみがおか　広島県東広島市
高屋敷
　たかやしき　青森県上北郡七戸町
　たかやしき　岩手県滝沢市
　たかやしき　新潟県三条市
　たかやしき　富山県富山市
高屋敷平　たかやしきだいら　岩手県滝沢市
高屋敷町　たかやしきちょう　愛知県津島市
高栄
　こうえい　北海道川上郡弟子屈町
　こうえい　山口県山陽小野田市
高栄西町　こうえいにしまち　北海道北見市
高栄東町　こうえいひがしまち　北海道北見市
高柿町　たかがきちょう　茨城県常陸太田市

高柴
　たかしば　茨城県久慈郡大子町
　たかしば　栃木県日光市
高柳
　たかやなぎ　宮城県名取市
　たかやなぎ　栃木県那須塩原市
　たかやなぎ　埼玉県熊谷市
　たかやなぎ　埼玉県久喜市
　たかやなぎ　千葉県（東武鉄道野田線）
　たかやなぎ　千葉県木更津市
　たかやなぎ　千葉県松戸市
　たかやなぎ　千葉県柏市
　たかやなぎ　新潟県妙高市
　たかやなぎ　富山県滑川市
　たかやなぎ　福井県福井市
　たかやぎ　長野県佐久市
　たかやなぎ　静岡県藤枝市
　たかやなぎ　大阪府寝屋川市
高柳西町　たかやなぎにしまち　岡山県岡山市北区
高柳町
　たかやなぎまち　石川県金沢市
　たかやなぎちょう　福井県福井市
　たかやなぎちょう　愛知県名古屋市名東区
　たかやなぎまち　熊本県宇土市
高柳町山中　たかやなぎちょうやまなか　新潟県柏崎市
高柳町田代　たかやなぎちょうたしろ　新潟県柏崎市
高柳町石黒　たかやなぎちょういしぐろ　新潟県柏崎市
高柳町岡田　たかやなぎちょうおかだ　新潟県柏崎市
高柳町岡野町　たかやなぎちょうおかのまち　新潟県柏崎市
高柳町門出　たかやなぎちょうかどいで　新潟県柏崎市
高柳町栃ケ原　たかやなぎちょうとちがはら　新潟県柏崎市
高柳町荻ノ島　たかやなぎちょうおぎのしま　新潟県柏崎市
高柳町高尾　たかやなぎちょうたかお　新潟県柏崎市
高柳町漆島　たかやなぎちょううるしじま　新潟県柏崎市
高柳東町　たかやなぎひがしまち　岡山県岡山市北区
高柳栄町　たかやなぎさかえまち　大阪府寝屋川市
高柳新田
　たかやなぎしんでん　千葉県松戸市
　たかやなぎしんでん　千葉県柏市
高洲
　たかす　千葉県千葉市美浜区
　たかす　千葉県浦安市
　たかす　静岡県藤枝市
高洲町
　たかすちょう　愛知県豊橋市
　たかすちょう　三重県津市
　たかすまち　大分県津久見市
　たかすまち　宮崎県宮崎市
高津
　たかつ　茨城県筑西市
　たかつ　千葉県八千代市
　たかつ　神奈川県（東京急行電鉄田園都市線）
　たかつ　新潟県上越市
　たかつ　京都府（JR山陰本線）
　こうづ　大阪府大阪市中央区
　たこうつ　奈良県吉野郡十津川村
　たかつ　和歌山県海南市
　たかつ　島根県益田市

10画（高）

高津区　たかつく　神奈川県川崎市
高津戸町　たかつどちょう　千葉県千葉市緑区
高津気　こうづけ　和歌山県東牟婁郡那智勝浦町
高津尾
　たかつお　和歌山県日高郡日高川町
　たかつお　福岡県北九州市小倉南区
高津尾川　たかつおがわ　和歌山県日高郡日高川町
高津町
　たかつちょう　京都府綾部市
　たかつちょう　大阪府泉大津市
　たかつちょう　島根県益田市
　たかつちょう　愛媛県新居浜市
高津東　たかづひがし　千葉県八千代市
高津波町　たかつなみちょう　愛知県刈谷市
高津原
　たかつはら　千葉県香取郡多古町
　たかつはら　佐賀県鹿島市
高畑
　たかはた　岩手県八幡平市
　たかばたけ　宮城県伊具郡丸森町
　たかばたけ　埼玉県さいたま市緑区
　たかばたけ　埼玉県深谷市
　たかばたけ　新潟県新潟市西蒲区
　たかばたけ　新潟県胎内市
　たかばたけ　山梨県甲府市
　たかはた　山梨県北都留郡丹波山村
　たかはた　岐阜県加茂郡富加町
　たかばたけ　静岡県浜松市浜北区
　たかはた　愛知県（名古屋市交通局東山線）
　たかはた　愛知県名古屋市中川区
　たかはた　三重県伊賀市
　たかばたけ　京都府福知山市
　たかはた　和歌山県海草郡紀美野町
　たかはた　島根県邑智郡美郷町
　たかはた　山口県下関市
　たかはた　山口県山陽小野田市
　たかばた　愛媛県宇和郡愛南町
　たかばた　熊本県上益城郡山都町
　たかばたけ　大分県佐伯市
高畑町
　たかばたけまち　新潟県長岡市
　たかばたまち　長野県須坂市
　たかはたちょう　愛知県一宮市
　たかはたちょう　愛知県津島市
　たかはたちょう　愛知県愛西市
　たかはたちょう　滋賀県長浜市
　たかはたけちょう　京都府京都市東山区
　たかはたちょう　兵庫県西宮市
　たかはたちょう　奈良県奈良市
高畑前田　たかはたけまえだ　青森県平川市
高畑高田　たかはたけたかだ　青森県平川市
高畑熊沢　たかはたけくまざわ　青森県平川市
高砂
　たかさご　北海道（JR函館本線）
　たかさご　北海道虻田郡倶知安町
　たかさご　北海道枝幸郡浜頓別町
　たかさご　北海道河東郡士幌町
　たかさご　宮城県仙台市宮城野区
　たかさご　山形県酒田市
　たかすな　茨城県龍ケ崎市
　たかさご　埼玉県さいたま市浦和区
　たかさご　埼玉県草加市
　たかさご　千葉県木更津市

　たかさご　東京都葛飾区
　たかさご　大阪府高石市
　たかさご　兵庫県（山陽電気鉄道本線）
　たかさご　高知県宿毛市
　たかさご　福岡県福岡市中央区
高砂台　たかさごだい　北海道旭川市
高砂市　たかさごし　兵庫県
高砂町
　たかさごちょう　北海道室蘭市
　たかさごちょう　北海道北見市
　たかさごちょう　北海道留萌市
　たかさごちょう　北海道苫小牧市
　たかさごちょう　北海道江別市
　たかさごちょう　北海道山越郡長万部町
　たかさごちょう　北海道白老郡白老町
　たかさごちょう　北海道虻田郡洞爺湖町
　たかさごちょう　宮城県柴田郡大河原町
　たかさごちょう　栃木県宇都宮市
　たかさごちょう　栃木県佐野市
　たかさごちょう　栃木県那須塩原市
　たかさごちょう　群馬県高崎市
　たかさごちょう　群馬県桐生市
　たかさごちょう　神奈川県横浜市南区
　たかさごちょう　福井県大野市
　たかさごちょう　岐阜県岐阜市
　たかさごちょう　岐阜県大垣市
　たかさごちょう　静岡県沼津市
　たかさごちょう　静岡県島田市
　たかさごちょう　愛知県半田市
　たかさごちょう　愛知県西尾市
　たかさごちょう　三重県四日市市
　たかさごちょう　滋賀県大津市
　たかさごちょう　京都府京都市下京区
　たかさごちょう　大阪府堺市堺区
　たかさごちょう　大阪府八尾市
　たかさごちょう　奈良県大和高田市
　たかさごちょう　愛媛県（伊予鉄道環状線）
　たかさごちょう　愛媛県松山市
　たかさごまち　福岡県北九州市門司区
　たかさごまち　福岡県大牟田市
　たかさごまち　佐賀県唐津市
　たかさごまち　長崎県佐世保市
　たかさごまち　大分県大分市
　たかさごちょう　宮崎県日向市
高砂町大工町　たかさごちょうだいくまち　兵庫県高砂市
高砂町今津町　たかさごちょういまづまち　兵庫県高砂市
高砂町木曽町　たかさごちょうきそまち　兵庫県高砂市
高砂町北本町　たかさごちょうきたほんまち　兵庫県高砂市
高砂町北渡海町　たかさごちょうきたとかいまち　兵庫県高砂市
高砂町田町　たかさごちょうたまち　兵庫県高砂市
高砂町向島町　たかさごちょうむこうじまちょう　兵庫県高砂市
高砂町戎町　たかさごちょうえびすまち　兵庫県高砂市
高砂町次郎助町　たかさごちょうじろすけまち　兵庫県高砂市
高砂町西宮町　たかさごちょうにしみやまち　兵庫県高砂市
高砂町材木町　たかさごちょうざいもくまち　兵庫県高砂市

10画（高）

高砂町沖浜町　たかさごちょうおきはまちょう　兵庫県
高砂市
高砂町松波町　たかさごちょうまつなみちょう　兵庫県
高砂市
高砂町東宮町　たかさごちょうひがしみやまち　兵庫県
高砂市
高砂町東浜町　たかさごちょうひがしはままち　兵庫県
高砂市
高砂町東農人町　たかさごちょうひがしのうにんまち
兵庫県高砂市
高砂町南本町　たかさごちょうみなみほんまち　兵庫県
高砂市
高砂町南材木町　たかさごちょうみなみざいもくまち
兵庫県高砂市
高砂町南浜町　たかさごちょうみなみはままち　兵庫県
高砂市
高砂町南渡海町　たかさごちょうみなみとかいまち　兵
庫県高砂市
高砂町栄町　たかさごちょうさかえまち　兵庫県高砂市
高砂町狩網町　たかさごちょうかりあみまち　兵庫県高
砂市
高砂町相生町　たかさごちょうあいおいちょう　兵庫県
高砂市
高砂町宮前町　たかさごちょうみやまえちょう　兵庫県
高砂市
高砂町浜田町　たかさごちょうはまだまち　兵庫県高
砂市
高砂町高瀬町　たかさごちょうたかせまち　兵庫県高
砂市
高砂町清水町　たかさごちょうしみずまち　兵庫県高
砂市
高砂町猟師町　たかさごちょうりょうしまち　兵庫県高
砂市
高砂町細工町　たかさごちょうさいくまち　兵庫県高
砂市
高砂町船頭町　たかさごちょうせんどうまち　兵庫県高
砂市
高砂町釣船町　たかさごちょうつりふねまち　兵庫県高
砂市
高砂町魚町　たかさごちょううおまち　兵庫県高砂市
高砂町朝日町　たかさごちょうあさひまち　兵庫県高
砂市
高砂町農人町　たかさごちょうのうにんまち　兵庫県高
砂市
高砂町横町　たかさごちょうよこまち　兵庫県高砂市
高砂町藍屋町　たかさごちょうあいやまち　兵庫県高
砂市
高砂町鍵町　たかさごちょうかぎまち　兵庫県高砂市
高砂町鍛冶屋町　たかさごちょうかじやまち　兵庫県
高砂市
高砂新田　たかさごしんでん　大分県宇佐市
高神西町　たかがみにしまち　千葉県銚子市
高神東町　たかがみひがしまち　千葉県銚子市
高神原町　たかがみはらまち　千葉県銚子市
高祖　たかす　福岡県糸島市
高科　たかしな　岐阜県（樽見鉄道線）
高美台
　たかみだい　広島県福山市
　たかみだい　福岡県福岡市東区
高美町
　たかみちょう　北海道三笠市
　たかみちょう　北海道瀬棚郡今金町

　たかみちょう　新潟県新潟市中央区
　たかみちょう　富山県高岡市
　たかみちょう　愛知県豊田市
　たかみちょう　大阪府八尾市
高草嶺　たかそうれい　富山県南砺市
高茶屋
　たかちゃや　三重県（JR紀勢本線）
　たかぢゃや　三重県津市
高茶屋小森上野町　たかぢゃやこもりうえのちょう　三
重県津市
高茶屋小森町　たかぢゃやこもりちょう　三重県津市
高重中町　たかしげなかまち　愛知県稲沢市
高重西町　たかしげにしまち　愛知県稲沢市
高重町　たかしげちょう　愛知県稲沢市
高重東町　たかしげひがしまち　愛知県稲沢市
10高倉
　たかくら　北海道石狩郡新篠津村
　たかくら　北海道河東郡音更町
　たかくら　宮城県角田市
　たかくら　茨城県かすみがうら市
　たかくら　埼玉県入間市
　たかくら　埼玉県鶴ケ島市
　たかくら　千葉県成田市
　たかくら　千葉県東金市
　たかくら　千葉県市原市
　たかくら　神奈川県藤沢市
　たかくら　新潟県十日町市
　たかくら　新潟県糸魚川市
　たかくら　新潟県魚沼市
　たかくら　大阪府寝屋川市
　たかくら　兵庫県篠山市
　たかくら　山口県防府市
　たかくら　福岡県飯塚市
　たかくら　福岡県遠賀郡岡垣町
高倉台
　たかくらだい　大阪府堺市南区
　たかくらだい　兵庫県神戸市須磨区
高倉町
　たかくらまち　福島県いわき市
　たかくらまち　東京都八王子市
　たかくらちょう　愛知県刈谷市
　たかくらちょう　京都府綾部市
　たかくらちょう　大阪府大阪市都島区
　たかくらちょう　兵庫県神戸市須磨区
高倉町大瀬八長　たかくらちょうおおせおなが　岡山
県高梁市
高倉町田井　たかくらちょうたい　岡山県高梁市
高倉町飯部　たかくらちょういいべ　岡山県高梁市
高原
　たかはら　栃木県日光市
　たかはら　富山県中新川郡立山町
　たかはら　奈良県吉野郡川上村
　たかはら　徳島県名西郡石井町
　たかはら　大分県大分市
　たかはる　宮崎県（JR吉都線）
　たかはら　沖縄県沖縄市
高原八ツ屋　たかはらやつや　富山県中新川郡立山町
高原土場　たかはらどば　奈良県吉野郡川上村
高原本町　たかはらほんまち　富山県富山市
高原田　たかはらだ　新潟県十日町市
高原町
　たかはらまち　山形県山形市
　たかはらまち　富山県富山市

たかはらちょう　愛知県豊田市	**高島台**　たかしまだい　神奈川県横浜市神奈川区
たかはるちょう　宮崎県西諸県郡	**高島市**　たかしまし　滋賀県

高畦　たかそね　高知県高知市

高姫　たかひめ　鳥取県西伯郡南部町

高家
- こうけ　岩手県九戸郡軽米町
- たいえ　奈良県桜井市
- たいえ　和歌山県日高郡日高町

高宮
- たかみや　富山県南砺市
- たかみや　滋賀県（近江鉄道多賀線）
- たかみや　大阪府寝屋川市
- たかみや　福岡県（西日本鉄道天神大牟田線）
- たかみや　福岡県福岡市南区

高宮あさひ丘　たかみやあさひおか　大阪府寝屋川市

高宮中　たかみやなか　長野県松本市

高宮北　たかみやきた　長野県松本市

高宮西　たかみやにし　長野県松本市

高宮町
- たかみやちょう　愛知県名古屋市天白区
- たかみやちょう　滋賀県彦根市
- たかみやちょう　京都府京都市中京区
- たかみやちょう　京都府京都市下京区

高宮町川根　たかみやちょうかわね　広島県安芸高田市

高宮町羽佐竹　たかみやちょうはさだけ　広島県安芸高田市

高宮町佐々部　たかみやちょうささべ　広島県安芸高田市

高宮町来女木　たかみやちょうくるめぎ　広島県安芸高田市

高宮町房後　たかみやちょうぼうご　広島県安芸高田市

高宮町原田　たかみやちょうはらだ　広島県安芸高田市

高宮町船木　たかみやちょうふなき　広島県安芸高田市

高宮東　たかみやひがし　長野県松本市

高宮南　たかみやみなみ　長野県松本市

高宮栄町　たかみやさかえまち　大阪府寝屋川市

高宮新町　たかみやしんまち　大阪府寝屋川市

高島
- たかしま　北海道小樽市
- たかしま　北海道空知郡奈井江町
- たかしま　北海道中川郡池田町
- たかしま　茨城県筑西市
- たかしま　埼玉県川越市
- たかしま　埼玉県深谷市
- たかしま　神奈川県横浜市西区
- たかしま　新潟県新発田市
- たかしま　新潟県十日町市
- たかしま　富山県富山市
- たかしま　福井県勝山市
- たかしま　長野県諏訪市
- たかしま　愛知県名古屋市天白区
- たかしま　滋賀県高島市
- たかしま　鳥取県米子市
- たかしま　岡山県（JR山陽本線）
- たかしま　岡山県岡山市中区
- たかしま　岡山県笠岡市
- たかしま　福岡県柳川市
- たかしま　佐賀県唐津市
- たかじま　長崎県島原市

高島平
- たかしまだいら　東京都（東京都交通局三田線）
- たかしまだいら　東京都板橋区

高島本町　たかしまほんちょう　静岡県沼津市

高島町
- たかしまちょう　神奈川県（横浜市交通局ブルーライン）
- たかしまちょう　新潟県長岡市
- たかしまちょう　静岡県沼津市
- たかしまちょう　静岡県島田市
- たかしまちょう　静岡県富士市
- たかしまちょう　愛知県名古屋市守山区
- たかしまちょう　京都府京都市上京区
- たかしままち　長崎県長崎市
- たかしままち　長崎県佐世保市
- たかしままち　熊本県八代市

高島新屋敷　たかしましんやしき　岡山県岡山市中区

高峰
- たかみね　山形県西置賜郡飯豊町
- たかみね　福岡県北九州市戸畑区

高峰町　たかみねちょう　福岡県北九州市小倉北区

高峯　たかみね　島根県鹿足郡津和野町

高峯町
- たかみねちょう　愛知県名古屋市昭和区
- たかみねちょう　愛知県半田市

高師
- たかし　千葉県茂原市
- たかし　愛知県（豊橋鉄道渥美線）

高師台　たかしだい　千葉県茂原市

高師本郷町　たかしほんごうちょう　愛知県豊橋市

高師石塚町　たかしいしづかちょう　愛知県豊橋市

高師町
- たかしちょう　千葉県茂原市
- たかしちょう　愛知県豊橋市

高師浜
- たかしのはま　大阪府（南海電気鉄道高師浜線）
- たかしのはま　大阪府高石市

高師浜丁　たかしのはまちょう　大阪府高石市

高座台　たかくらだい　愛知県春日井市

高座町
- こうざまち　石川県能美市
- たかくらちょう　愛知県春日井市
- たかくらちょう　兵庫県西宮市

高座郡　こうざぐん　神奈川県

高座渋谷　こうざしぶや　神奈川県（小田急電鉄江ノ島線）

高校通　こうこうどおり　北海道広尾郡大樹町

高根
- たかね　青森県北津軽郡中泊町
- たかね　宮城県加美郡色麻町
- たかね　茨城県東茨城郡城里町
- たかね　埼玉県入間市
- たかね　東京都西多摩郡瑞穂町
- たかね　神奈川県相模原市中央区
- たかね　神奈川県平塚市
- たかね　新潟県村上市
- たかね　愛知県犬山市
- たかね　愛知県小牧市

高根山　たかねやま　愛知県名古屋市緑区

高根公団　たかねこうだん　千葉県（新京成電鉄線）

10画（高）

高根木戸　たかねきど　千葉県（新京成電鉄線）
高根台
　　たかねだい　茨城県東茨城郡城里町
　　たかねだい　千葉県船橋市
　　たかねだい　愛知県名古屋市緑区
高根沢町　たかねざわまち　栃木県塩谷郡
高根町
　　たかねちょう　北海道芦別市
　　たかねちょう　群馬県館林市
　　たかねちょう　千葉県千葉市若葉区
　　たかねちょう　千葉県船橋市
　　たかねちょう　神奈川県横浜市南区
　　たかねちょう　岐阜県多治見市
　　たかねちょう　愛知県瀬戸市
高根町下之向　たかねまちしものむかい　岐阜県高
山市
高根町下黒澤　たかねちょうしもくろざわ　山梨県北
杜市
高根町上ケ洞　たかねまちかみがほら　岐阜県高山市
高根町上黒澤　たかねちょうかみくろざわ　山梨県北
杜市
高根町大古井　たかねまちおおぶるい　岐阜県高山市
高根町小日和田　たかねまちこひわだ　岐阜県高山市
高根町小池　たかねちょうこいけ　山梨県北杜市
高根町中之宿　たかねまちなかのしゅく　岐阜県高
山市
高根町中洞　たかねまちなかぼら　岐阜県高山市
高根町五町田　たかねちょうごちょうだ　山梨県北
杜市
高根町日和田　たかねまちひわだ　岐阜県高山市
高根町日影　たかねまちひかげ　岐阜県高山市
高根町池ケ洞　たかねまちいけがほら　岐阜県高山市
高根町村山北割　たかねちょうむらやまきたわり　山梨
県北杜市
高根町村山西割　たかねちょうむらやまにしわり　山梨
県北杜市
高根町村山東割　たかねちょうむらやまひがしわり　山
梨県北杜市
高根町東井出　たかねちょうひがしいで　山梨県北
杜市
高根町長沢　たかねちょうながさわ　山梨県北杜市
高根町阿多野郷　たかねまちあたのごう　岐阜県高
山市
高根町浅川　たかねちょうあさかわ　山梨県北杜市
高根町留之原　たかねまちとめのはら　岐阜県高山市
高根町清里　たかねちょうきよさと　山梨県北杜市
高根町猪之鼻　たかねまちいのはな　岐阜県高山市
高根町野麦　たかねちょうのむぎ　岐阜県高山市
高根町堤　たかねちょうつつみ　山梨県北杜市
高根町黍生　たかねまちきびゅう　岐阜県高山市
高根町箕輪　たかねちょうみのわ　山梨県北杜市
高根町箕輪新町　たかねちょうみのわしんまち　山梨
県北杜市
高根町蔵原　たかねちょうくらばら　山梨県北杜市
高浦　たかうら　愛媛県西宇和郡伊方町
高浜
　　たかはま　岩手県宮古市
　　たかはま　茨城県（JR常磐線）
　　たかはま　茨城県石岡市
　　たかはま　茨城県神栖市
　　たかはま　千葉県千葉市美浜区

　　たかはま　長野県諏訪郡下諏訪町
　　たかはま　大阪府三島郡島本町
　　たかはま　島根県（一畑電車大社線）
　　たかはま　山口県山陽小野田市
　　たかはま　愛媛県（伊予鉄道高浜線）
　　たかはま　福岡県北九州市小倉北区
　　たかはま　熊本県荒尾市
　　たかはま　熊本県玉名郡長洲町
高浜台　たかはまだい　神奈川県平塚市
高浜市　たかはまし　愛知県
高浜町
　　たかはまちょう　茨城県高萩市
　　たかはままち　群馬県高崎市
　　たかはままち　千葉県市川市
　　たかはまちょう　石川県羽咋郡志賀町
　　たかはまちょう　福井県大飯郡
　　たかはまちょう　三重県四日市市
　　たかはまちょう　大阪府吹田市
　　たかはまちょう　大阪府茨木市
　　たかはまちょう　兵庫県芦屋市
　　たかはまちょう　愛媛県松山市
　　たかはままち　福岡県遠賀郡芦屋町
　　たかはままち　長崎県長崎市
高浜港　たかはまみなと　愛知県（名古屋鉄道三河線）
高浜新町　たかはましんまち　三重県四日市市
高畠
　　たかはた　山形県（JR奥羽本線）
　　たかはた　山形県東置賜郡高畠町
　　たかばたけ　富山県魚津市
　　たかばたけ　富山県南砺市
　　たかばたけ　富山県下新川郡入善町
　　たかばたけ　石川県金沢市
　　たかばたけ　石川県鹿島郡中能登町
　　たかばた　大分県佐伯市
高畠町
　　たかはたまち　山形県東置賜郡
　　たかばたけまち　富山県富山市
　　たかばたちょう　愛知県西尾市
高畔　たかぜ　新潟県柏崎市
高造路　たかぞうろ　山形県西置賜郡飯豊町
高速長田　こうそくながた　兵庫県（神戸高速鉄道東
西線）
高速神戸　こうそくこうべ　兵庫県（神戸高速鉄道東
西線）
高針　たかばり　愛知県名古屋市名東区
高針台　たかばりだい　愛知県名古屋市名東区
高針荒田　たかばりあらた　愛知県名古屋市名東区
高針原　たかばりはら　愛知県名古屋市名東区
高陦　たかしま　福島県南会津郡下郷町
高馬　たこうま　静岡県下田市
11 高堂　たかどう　山形県山形市
高堂町　たかんどうまち　石川県小松市
高堀　たかほり　富山県南砺市
高崎
　　たかさき　青森県弘前市
　　たかさき　宮城県多賀城市
　　たかさき　秋田県南秋田郡五城目町
　　たかさき　茨城県つくば市
　　たかさき　茨城県小美玉市
　　たかさき　茨城県結城郡八千代町
　　たかさき　群馬県（JR上越新幹線ほか）
　　たかさき　千葉県佐倉市
　　たかさき　千葉県南房総市

10画（高）

たかさき　静岡県焼津市
たかさき　大分県大分市
高崎市　たかさきし　群馬県
高崎町
　　たかさきちょう　岩手県一関市
　　たかさきちょう　愛知県豊田市
　　たかさきちょう　広島県竹原市
高崎町大牟田　たかさきちょうおおむた　宮崎県都城市
高崎町江平　たかざきちょうえひら　宮崎県都城市
高崎町東霧島　たかざきちょうつまぎりしま　宮崎県都城市
高崎町前田　たかざきちょうまえだ　宮崎県都城市
高崎町笛水　たかざきちょうふえみず　宮崎県都城市
高崎町縄瀬　たかざきちょうなわぜ　宮崎県都城市
高崎商科大学前　たかさきしょうかだいがくまえ　群馬県（上信電鉄線）
高崎問屋町　たかさきとんやまち　群馬県（JR上越線）
高崎新田
　　たかさきしんでん　新潟県上越市
　　たかさきしんでん　宮崎県（JR吉都線）
高崩　たかくずれ　岩手県盛岡市
高曽根　たかそね　埼玉県さいたま市岩槻区
高梨
　　たかなし　秋田県大仙市
　　たかなし　山形県南陽市
高梨町
　　たかなしちょう　新潟県小千谷市
　　たかなしまち　長野県須坂市
　　たかなしちょう　長崎県佐世保市
高梁市　たかはしし　岡山県
高清水　たかしみず　福島県大沼郡三島町
高清水一本松　たかしみずいっぽんまつ　宮城県栗原市
高清水乙牧堀　たかしみずおつまきぼり　宮城県栗原市
高清水丁牧堀　たかしみずていまきぼり　宮城県栗原市
高清水丁神明　たかしみずていしんめい　宮城県栗原市
高清水八重壁　たかしみずやえかべ　宮城県栗原市
高清水十二の神　たかしみずじゅうにのかみ　宮城県栗原市
高清水下佐野　たかしみずしもさの　宮城県栗原市
高清水下折木　たかしみずしもおりき　宮城県栗原市
高清水下町　たかしみずしたまち　宮城県栗原市
高清水三森　たかしみずみもり　宮城県栗原市
高清水上外沢田　たかしみずかみそとさわだ　宮城県栗原市
高清水上佐野　たかしみずかみさの　宮城県栗原市
高清水上折木　たかしみずかみおりき　宮城県栗原市
高清水上桂葉　たかしみずかみかつらは　宮城県栗原市
高清水上萩田　たかしみずかみはぎた　宮城県栗原市
高清水千神　たかしみずせんがみ　宮城県栗原市
高清水大寺　たかしみずだいてら　宮城県栗原市
高清水大西　たかしみずおおにし　宮城県栗原市
高清水大沢　たかしみずおおさわ　宮城県栗原市
高清水小山下　たかしみずおやました　宮城県栗原市
高清水小山田　たかしみずおやまだ　宮城県栗原市

高清水中の沢　たかしみずなかのさわ　宮城県栗原市
高清水中の茎　たかしみずなかのくき　宮城県栗原市
高清水中佐野　たかしみずなかさの　宮城県栗原市
高清水中町　たかしみずなかまち　宮城県栗原市
高清水中里　たかしみずなかざと　宮城県栗原市
高清水五月田　たかしみずさつきだ　宮城県栗原市
高清水五輪　たかしみずごりん　宮城県栗原市
高清水太子堂　たかしみずたいしどう　宮城県栗原市
高清水天王沢　たかしみずてんのうさわ　宮城県栗原市
高清水手取　たかしみずてどり　宮城県栗原市
高清水日向　たかしみずひなた　宮城県栗原市
高清水欠屋敷　たかしみずかけやしき　宮城県栗原市
高清水水の手　たかしみずみずのて　宮城県栗原市
高清水丙牧堀　たかしみずへいまきぼり　宮城県栗原市
高清水北甚八原　たかしみずきたじんろくはら　宮城県栗原市
高清水北原　たかしみずきたはら　宮城県栗原市
高清水台町　たかしみずだいまち　宮城県栗原市
高清水外沢田　たかしみずそとさわだ　宮城県栗原市
高清水本町　たかしみずもとまち　宮城県栗原市
高清水本道　たかしみずもとみち　宮城県栗原市
高清水甲牧堀　たかしみずこうまきぼり　宮城県栗原市
高清水石沢　たかしみずいしざわ　宮城県栗原市
高清水石沢浦　たかしみずいしざわうら　宮城県栗原市
高清水仰ケ返り　たかしみずむけがえり　宮城県栗原市
高清水向野　たかしみずむかいの　宮城県栗原市
高清水西中里　たかしみずにしなかざと　宮城県栗原市
高清水西手取　たかしみずにしてとり　宮城県栗原市
高清水西善光寺　たかしみずにしぜんこうじ　宮城県栗原市
高清水佐野丁　たかしみずさのちょう　宮城県栗原市
高清水佐野沢田　たかしみずさのさわだ　宮城県栗原市
高清水折木　たかしみずおりき　宮城県栗原市
高清水来光沢　たかしみずらいこうざわ　宮城県栗原市
高清水沖　たかしみずおき　宮城県栗原市
高清水京の沢　たかしみずきょうのさわ　宮城県栗原市
高清水忽滑沢　たかしみずぬかりさわ　宮城県栗原市
高清水明官　たかしみずみょうかん　宮城県栗原市
高清水松の木沢田　たかしみずまつのきさわだ　宮城県栗原市
高清水松原　たかしみずまつばら　宮城県栗原市
高清水東浦　たかしみずひがしうら　宮城県栗原市
高清水東善光寺　たかしみずひがしぜんこうじ　宮城県栗原市
高清水東館　たかしみずひがしたて　宮城県栗原市
高清水若宮　たかしみずわかみや　宮城県栗原市
高清水茂路具多　たかしみずもろぐた　宮城県栗原市
高清水長福寺　たかしみずちょうふくじ　宮城県栗原市
高清水南沢　たかしみずなみさわ　宮城県栗原市
高清水南原　たかしみずなみはら　宮城県栗原市

1001

10画（高）

高清水浅野　たかしみずあざの　宮城県栗原市
高清水浅野前　たかしみずあざのまえ　宮城県栗原市
高清水神明　たかしみずしんめい　宮城県栗原市
高清水神原　たかしみずかんばら　宮城県栗原市
高清水要の森　たかしみずようのもり　宮城県栗原市
高清水原　たかしみずはら　宮城県栗原市
高清水宮脇　たかしみずみやのわき　宮城県栗原市
高清水桂葉　たかしみずかつらは　宮城県栗原市
高清水桜丁　たかしみずさくらちょう　宮城県栗原市
高清水浦南沢　たかしみずうらみなみさわ　宮城県栗原市
高清水袖山　たかしみずそでやま　宮城県栗原市
高清水宿の沢　たかしみずしゅくのさわ　宮城県栗原市
高清水渕際　たかしみずふちぎわ　宮城県栗原市
高清水善光寺　たかしみずぜんこうじ　宮城県栗原市
高清水堤下　たかしみずつつみした　宮城県栗原市
高清水勝負ケ町　たかしみずしょうぶがまち　宮城県栗原市
高清水萱刈　たかしみずかやかり　宮城県栗原市
高清水覚満寺　たかしみずかくまんじ　宮城県栗原市
高清水新中の茎　たかしみずしんなかのくき　宮城県栗原市
高清水新田　たかしみずしんでん　宮城県栗原市
高清水新佐野　たかしみずしんさの　宮城県栗原市
高清水新町　たかしみずあらまち　宮城県栗原市
高清水新神明　たかしみずしんしんめい　宮城県栗原市
高清水新桂葉　たかしみずしんかつらは　宮城県栗原市
高清水福塚　たかしみずふくつか　宮城県栗原市
高清水熊野　たかしみずくまの　宮城県栗原市
高清水熊野堂　たかしみずくまのどう　宮城県栗原市
高清水影の沢　たかしみずかげのさわ　宮城県栗原市
高清水横手　たかしみずよこて　宮城県栗原市
高清水観音沢　たかしみずかんのんざわ　宮城県栗原市
高清水観音堂　たかしみずかんのんどう　宮城県栗原市
高清水蟹沢尻　たかしみずかにさわしり　宮城県栗原市
高渕　たかぶち　岐阜県大垣市
高渕町　たかぶちちょう　岐阜県大垣市
高盛町　たかもりちょう　北海道函館市
高船　たかふね　京都府京田辺市
高貫町　たかぬきちょう　茨城県常陸太田市
高郷町上郷　たかさとまちかみごう　福島県喜多方市
高郷町大田賀　たかさとまちおおたが　福島県喜多方市
高郷町川井　たかさとまちかわい　福島県喜多方市
高郷町池ノ原　たかさとまちいけのはら　福島県喜多方市
高郷町西羽賀　たかさとまちにしはが　福島県喜多方市
高郷町夏井　たかさとまちなつい　福島県喜多方市
高郷町峯　たかさとまちみね　福島県喜多方市
高郷町揚津　たかさとまちあがつ　福島県喜多方市
高郷町塩坪　たかさとまちしおつぼ　福島県喜多方市
高郷町磐見　たかさとまちいわみ　福島県喜多方市

高部
　たかぶ　茨城県常陸大宮市
　たかべ　千葉県香取郡東庄町
　たかべ　山梨県中央市
　たかべ　愛媛県今治市
高野
　たかの　北海道松前郡松前町
　たかの　北海道網走郡美幌町
　こうや　青森県弘前市
　こうや　青森県五所川原市
　こうや　山形県上山市
　こうや　福島県南会津郡南会津町
　こうや　福島県東白川郡矢祭町
　こうや　茨城県古河市
　こうや　茨城県つくば市
　こうや　茨城県ひたちなか市
　こうや　茨城県守谷市
　こうや　千葉県富里市
　こうや　千葉県匝瑳市
　こうや　千葉県香取市
　こうや　東京都（東京都交通局日暮里・舎人ライナー）
　たかの　神奈川県鎌倉市
　たかの　新潟県胎内市
　たかの　福井県敦賀市
　たかの　福井県大飯郡高浜町
　たかの　滋賀県栗東市
　こうの　兵庫県赤穂市
　たかの　和歌山県紀の川市
　たかの　和歌山県日高郡みなべ町
　たかの　和歌山県東牟婁郡那智勝浦町
　たかの　鳥取県八頭郡若桜町
　たかの　岡山県（JR因美線）
　たかの　岡山県岡山市北区
　たかの　広島県山県郡北広島町
　たかの　徳島県那賀郡那賀町
　たかの　高知県土佐郡大川村
　たかの　高知県高岡郡四万十町
　たかの　福岡県北九州市小倉南区
　たかの　福岡県久留米市
　たかの　福岡県宮若市
　たかの　福岡県田川郡香春町
　たかの　熊本県玉名郡和水町
高野下　こうやした　和歌山県（南海電気鉄道高野線）
高野上竹屋町　たかのかみたけやちょう　京都府京都市左京区
高野口　こうやぐち　和歌山県（JR和歌山線）
高野口町九重　こうやぐちちょうくじゅう　和歌山県橋本市
高野口町下中　こうやぐちちょうしもなか　和歌山県橋本市
高野口町上中　こうやぐちちょうかみなか　和歌山県橋本市
高野口町大野　こうやぐちちょうおおの　和歌山県橋本市
高野口町小田　こうやぐちちょうおだ　和歌山県橋本市
高野口町田原　こうやぐちちょうたはら　和歌山県橋本市
高野口町伏原　こうやぐちちょうふしはら　和歌山県橋本市
高野口町向島　こうやぐちちょうむこうじま　和歌山県橋本市

10画（高）

高野口町名古曽　こうやぐちちょうなごそ　和歌山県橋本市

高野口町名倉　こうやぐちちょうなぐら　和歌山県橋本市

高野口町竹尾　こうやぐちちょうたけお　和歌山県橋本市

高野口町応其　こうやぐちちょうおうご　和歌山県橋本市

高野口町嵯峨谷　こうやぐちちょうさがたに　和歌山県橋本市

高野山
　こうのやま　千葉県我孫子市
　こうやさん　和歌山県伊都郡高野町

高野山西　たかのやまにし　岡山県津山市

高野山新田　こうのやましんでん　千葉県我孫子市

高野川　こうのかわ　愛媛県（JR予讃線）

高野台
　こうだい　茨城県つくば市
　こうやだい　千葉県船橋市
　たかのだい　東京都練馬区
　たかのだい　京都府舞鶴市
　たかのだい　大阪府吹田市

高野台西　たかのだいにし　埼玉県北葛飾郡杉戸町

高野台東　たかのだいひがし　埼玉県北葛飾郡杉戸町

高野台南　たかのだいみなみ　埼玉県北葛飾郡杉戸町

高野尻　こうやじり　岡山県岡山市北区

高野本郷　たかのほんごう　岡山県津山市

高野玉岡町　たかのたまおかちょう　京都府京都市左京区

高野由里　たかのゆり　京都府舞鶴市

高野辺　たかのべ　山形県天童市

高野地　たかのじ　愛媛県八幡浜市

高野竹屋町　たかのたけやちょう　京都府京都市左京区

高野西開町　たかのにしびらきちょう　京都府京都市左京区

高野尾町　たかのおちょう　三重県津市

高野村新田　たかのむらしんでん　新潟県胎内市

高野沢　たかのさわ　青森県三沢市

高野町
　こうやちょう　山形県長井市
　たかのまち　千葉県銚子市
　たかのまち　新潟県長岡市
　たかのまち　長野県南佐久郡佐久穂町
　たかのまち　岐阜県岐阜市
　たかのちょう　愛知県豊田市
　こうやまち　和歌山県伊都郡
　たかのまち　愛媛県松山市
　たかのちょう　宮崎県都城市
　たかのまち　宮崎県延岡市

高野町下門田　たかのちょうしもんで　広島県庄原市

高野町下湯川　たかのちょうしもゆかわ　広島県庄原市

高野町上里原　たかのちょうあがりはら　広島県庄原市

高野町上沼　こうやまちうわぬま　福島県会津若松市

高野町上高野　こうやまちかみこうや　福島県会津若松市

高野町上湯川　たかのちょうかみゆかわ　広島県庄原市

高野町中沼　こうやまちなかぬま　福島県会津若松市

高野町中門田　たかのちょうなかもんで　広島県庄原市

高野町中前田　こうやまちなかまえだ　福島県会津若松市

高野町木流　こうやまちきながし　福島県会津若松市

高野町平塚　こうやまちひらつか　福島県会津若松市

高野町和南原　たかのちょうわなんばら　広島県庄原市

高野町岡大内　たかのちょうおかおおうち　広島県庄原市

高野町南　たかのちょうみなみ　広島県庄原市

高野町柳川　こうやまちやながわ　福島県会津若松市

高野町界沢　こうやまちさかいざわ　福島県会津若松市

高野町高暮　たかのちょうこうぼ　広島県庄原市

高野町奥門田　たかのちょうおくもんで　広島県庄原市

高野町新市　たかのちょうしんいち　広島県庄原市

高野町橋本木流　こうやまちはしもときながし　福島県会津若松市

高野東開町　たかのひがしひらきちょう　京都府京都市左京区

高野河原下　こうやかわはらした　福島県福島市

高野前　たかのまえ　愛知県知多郡武豊町

高野泉町　たかのいずみちょう　京都府京都市左京区

高野倉　たかのくら　埼玉県比企郡鳩山町

高野原　たかのはら　宮城県仙台市青葉区

高野原新田　こうやはらしんでん　茨城県つくば市

高野宮　こうのみや　新潟県新潟市西蒲区

高野堂町　こうやどうちょう　京都府京都市下京区

高野清水町　たかのしみずちょう　京都府京都市左京区

高野道　こうやみち　大阪府枚方市

高野蓼原町　たかのたではらちょう　京都府京都市左京区

高野瀬　たかのせ　滋賀県犬上郡豊郷町

高隆寺町　こうりゅうじちょう　愛知県岡崎市

高陵町　こうりょうまち　富山県高岡市

12高善寺　こうぜんじ　岩手県二戸郡一戸町

高場　たかば　茨城県ひたちなか市

高場新町　たかばしんまち　富山県射水市

高塚
　たかつか　富山県滑川市
　たかつか　福井県小浜市
　たかつか　福井県あわら市
　たかつか　静岡県（JR東海道本線）
　たかつか　和歌山県岩出市
　たかつか　岡山県岡山市北区
　たかつか　福岡県八女市
　たかつか　福岡県築上郡築上町
　たかつか　熊本県八代郡氷川町

高塚台
　たかつかだい　兵庫県神戸市西区
　たかつかだい　奈良県北葛城郡河合町

高塚寿町　たかつかことぶきまち　富山県滑川市

高塚町
　たかつかまち　石川県加賀市
　たかつかちょう　福井県福井市
　たかつかちょう　静岡県浜松市南区
　たかつかちょう　愛知県豊橋市
　たかつかちょう　三重県桑名市

1003

10画（高）

たかつかちょう　三重県鈴鹿市
たかつかちょう　三重県亀山市
たかつかちょう　大阪府枚方市
たかつかちょう　兵庫県西宮市
高塚新市営住宅　たかつかしんしえいじゅうたく　富山県滑川市
高塚新田　たかつかしんでん　千葉県松戸市
高塚新町　たかつかしんまち　富山県滑川市
高塚曙町　たかつかあけぼのちょう　富山県滑川市
高富
たかとみ　埼玉県日高市
たかとみ　埼玉県吉川市
たかとみ　岐阜県山県市
たかとみ　和歌山県東牟婁郡串本町
たかとみ　岡山県加賀郡吉備中央町
高御所　こうごしょ　静岡県掛川市
高御門町　たかみかどちょう　奈良県奈良市
高御堂
たかみどう　新潟県村上市
たかみどう　愛知県稲沢市
高朝田　たかちょうだ　兵庫県神崎郡神河町
高椅　たかはし　栃木県小山市
高植本町　たかうえほんまち　熊本県八代市
高森
たかもり　青森県上北郡東北町
たかもり　宮城県仙台市泉区
たかもり　茨城県桜川市
たかもり　神奈川県伊勢原市
たかもり　新潟県新潟市北区
たかもり　新潟県上越市
たかもり　熊本県（南阿蘇鉄道線）
たかもり　熊本県阿蘇郡高森町
たかもり　大分県宇佐市
高森台
たかもりだい　神奈川県伊勢原市
たかもりだい　愛知県春日井市
高森町
たかもりちょう　福井県越前市
たかもりまち　長野県下伊那郡
たかもりちょう　岐阜県岐阜市
たかもりまち　熊本県阿蘇郡
高森新田　たかもりしんでん　新潟県新潟市北区
高棚町　たかたなちょう　愛知県安城市
高渡町　たかわたりちょう　茨城県常陸大宮市
高番　たかばん　滋賀県米原市
高萩
たかはぎ　茨城県（JR常磐線）
たかはぎ　茨城県高萩市
たかはぎ　埼玉県日高市
たかはぎ　千葉県香取市
たかはぎ　山梨県西八代郡市川三郷町
高萩市　たかはぎし　茨城県
高萩町　たかはぎちょう　栃木県佐野市
高萩東　たかはぎひがし　埼玉県日高市
高落町　たかおちちょう　愛知県西尾市
高賀野　こがの　青森県黒石市
高越町　たかごえちょう　長崎県平戸市
高越松ケ作　たかこしまつがさく　福島県二本松市
高越屋戸　たかこしやど　福島県二本松市
高道　たかんど　富山県砺波市
高道山　こうみちやま　新潟県十日町市

高道町　たかみちちょう　愛知県名古屋市中村区
高道祖　たかさい　茨城県下妻市
高間町　たかまちょう　愛知県名古屋市名東区
高陽台　こうようだい　福岡県遠賀郡岡垣町
高陽幸町　こうようさいわいちょう　秋田県秋田市
高陽青柳町　こうようあおやぎちょう　秋田県秋田市
高雄
たかお　愛知県丹羽郡扶桑町
たかお　兵庫県赤穂市
たかお　和歌山県田辺市
たかお　福岡県太宰府市
高雄台　たかおだい　兵庫県神戸市西区
高雄町　たかおちょう　京都府京都市下京区
高須
たかす　茨城県取手市
たかす　兵庫県高砂市
たかす　広島県（広島電鉄宮島線）
たかす　広島県広島市西区
たかす　山口県山陽小野田市
たかす　高知県（とさでん交通ごめん線）
たかす　高知県高知市
たかす　高知県長岡郡大豊町
たかす　高知県土佐郡土佐町
たかす　福岡県北九州市若松区
高須大谷　たかすおおたに　高知県高知市
高須大島　たかすおおしま　高知県高知市
高須北　たかすきた　福岡県北九州市若松区
高須台　たかすだい　広島県広島市西区
高須本町　たかすほんまち　高知県高知市
高須西　たかすにし　福岡県北九州市若松区
高須西町　たかすにしまち　高知県高知市
高須町
たかすまち　茨城県龍ケ崎市
たかすちょう　新潟県加茂市
たかすちょう　福井県福井市
たかすちょう　愛知県刈谷市
たかすちょう　三重県松阪市
たかすちょう　大阪府堺市堺区
たかすちょう　兵庫県西宮市
たかすちょう　広島県尾道市
たかすちょう　鹿児島県鹿屋市
高須東　たかすひがし　福岡県北九州市若松区
高須東町　たかすひがしまち　高知県高知市
高須南　たかすみなみ　福岡県北九州市若松区
高須砂地　たかすすなち　高知県高知市
高須神社　たかすじんじゃ　大阪府（阪堺電気軌道阪堺線）
高須絶海　たかすたるみ　高知県高知市
高須賀
たかすか　茨城県つくば市
たかすか　埼玉県幸手市
たかすか　岡山県倉敷市
高須賀町　たかすかちょう　愛知県名古屋市中村区
高須新木　たかすしんぎ　高知県高知市
高須新町　たかすしんまち　高知県高知市
13**高勢町**　たかせちょう　栃木県真岡市
高園
たかぞの　北海道常呂郡訓子府町
たかぞの　徳島県海部郡海陽町
高園町
たかぞのちょう　富山県富山市

10画（高）

たかぞのまち　富山県高岡市
高塩　たかしお　栃木県矢板市
高塙　たかはな　秋田県能代市
高新田　たかしんでん　静岡県焼津市
高殿　たかどの　大阪府大阪市旭区
高殿町　たかどのちょう　奈良県橿原市
高溝
　　たかみぞ　千葉県富津市
　　たかみぞ　滋賀県米原市
高滝
　　たかたき　千葉県（小湊鉄道線）
　　たかたき　千葉県市原市
　　たかたき　奈良県吉野郡十津川村
高蓋　たかふた　広島県神石郡神石高原町
高路　こうろ　鳥取県鳥取市
高遠井　こうどおい　和歌山県東牟婁郡那智勝浦町
高遠町卜山田　たかとおまちしもやまだ　長野県伊那市
高遠町上山田　たかとおまちかみやまだ　長野県伊那市
高遠町小原　たかとおまちおばら　長野県伊那市
高遠町山室　たかとおまちやまむろ　長野県伊那市
高遠町西高遠　たかとおまちにしたかとお　長野県伊那市
高遠町芝平　たかとおまちしびら　長野県伊那市
高遠町東高遠　たかとおまちひがしたかとお　長野県伊那市
高遠町長藤　たかとおまちおさふじ　長野県伊那市
高遠町荊口　たかとおまちばらぐち　長野県伊那市
高遠町勝間　たかとおまちかつま　長野県伊那市
高遠町藤沢　たかとおまちふじさわ　長野県伊那市
高遠原　たかとおばら　長野県（JR飯田線）
高鈴町　たかすずちょう　茨城県日立市
¹⁴高増　たかます　青森県北津軽郡板柳町
高嶋町　たかしまちょう　兵庫県西脇市
高徳
　　こうとく　北海道河東郡士幌町
　　たかとく　栃木県日光市
高徳寺町　こうとくじちょう　京都府京都市上京区
高徳町　こうとくちょう　兵庫県神戸市灘区
高樋
　　たかひ　青森県南津軽郡田舎館村
　　たかえ　福岡県三井郡大刀洗町
高樋町　たかひちょう　奈良県奈良市
高熊　たかくま　静岡県島田市
高窪　たかくぼ　富山県南砺市
高関上郷　たかぜきかみごう　秋田県大仙市
高関町　たかぜきまち　群馬県高崎市
高鼻町　たかはなちょう　埼玉県さいたま市大宮区
¹⁵高儀
　　たかぎ　富山県（JR城端線）
　　たかぎ　富山県南砺市
高幡
　　たかはた　茨城県桜川市
　　たかはた　東京都日野市
高幡不動　たかはたふどう　東京都（京王電鉄京王線ほか）
高横須賀　たかよこすか　愛知県（名古屋鉄道河和線）
高横須賀町　たかよこすかまち　愛知県東海市

高槻　たかつき　大阪府（JR東海道本線）
高槻市
　　たかつきし　大阪府（阪急電鉄京都本線）
　　たかつきし　大阪府
高槻町
　　たかつきちょう　京都府京都市下京区
　　たかつきちょう　京都府綾部市
　　たかつきまち　大阪府高槻市
高穂　たかほ　北海道雨竜郡沼田町
高蔵寺　こうぞうじ　愛知県（JR中央本線）
高蔵寺町　こうぞうじちょう　愛知県春日井市
高蔵寺町北　こうぞうじちょうきた　愛知県春日井市
高蔵町　たかくらちょう　愛知県名古屋市熱田区
高輪　たかなわ　東京都港区
高輪台　たかなわだい　東京都（東京都交通局浅草線）
¹⁶高橋
　　たかはし　青森県三戸郡南部町
　　たかはし　宮城県多賀城市
　　たかはし　山形県尾花沢市
　　たかはし　東京都江東区
　　たかはし　新潟県新潟市西蒲区
　　たかはし　新潟県胎内市
　　たかはし　富山県黒部市
　　たかはし　富山県下新川郡朝日町
　　たかはし　福井県吉田郡永平寺町
　　たかはし　静岡県静岡市清水区
　　たかはし　静岡県菊川市
　　たかはし　愛知県丹羽郡大口町
　　たかはし　兵庫県神崎郡福崎町
　　たかはし　鳥取県東伯郡三朝町
　　たかはし　鳥取県西伯郡大山町
　　たかはし　愛媛県今治市
　　たかはし　福岡県三潴郡大木町
　　たかはし　佐賀県（JR佐世保線）
高橋ふれあいの丘　たかはしふれあいのおか　愛媛県今治市
高橋町
　　たかはしちょう　栃木県佐野市
　　たかはしまち　石川県野々市市
　　たかはしまち　長野県須坂市
　　たかはしちょう　岐阜県大垣市
　　たかはしちょう　静岡県静岡市清水区
　　たかはしちょう　愛知県岡崎市
　　たかはしちょう　愛知県豊田市
　　たかはしちょう　滋賀県長浜市
　　たかはしちょう　京都府京都市下京区
　　たかはしまち　熊本県熊本市西区
高橋南町　たかはしみなみちょう　静岡県静岡市清水区
高橋場町　たかはしばまち　群馬県沼田市
高舘　たかだて　青森県黒石市
高舘川上　たかだてかわかみ　宮城県名取市
高舘吉田　たかだてよしだ　宮城県名取市
高舘熊野堂　たかだてくまのどう　宮城県名取市
高薗　たかその　静岡県浜松市浜北区
高薮　たかやぶ　高知県吾川郡いの町
高頭町　たかとうまち　新潟県長岡市
¹⁷高嶺　たかみね　沖縄県豊見城市
高嶺町　たかねちょう　静岡県富士市
高磯　たかいそ　徳島県板野郡上板町
高鍋　たかなべ　宮崎県（JR日豊本線）

1005

10画（鬼）

高鍋町
　　たかなべちょう　宮崎県児湯郡
　　たかなべまち　宮崎県児湯郡高鍋町
18高擶
　　たかたま　山形県（JR奥羽本線）
　　たかだま　山形県天童市
19高瀬
　　たかせ　青森県五所川原市
　　たかせ　青森県三戸郡南部町
　　たかせ　宮城県亘理郡山元町
　　たかせ　山形県（JR仙山線）
　　たかせ　福島県双葉郡浪江町
　　たかせ　栃木県那須烏山市
　　たこせ　新潟県佐渡市
　　たかせ　新潟県岩船郡関川村
　　たかせ　富山県南砺市
　　たかせ　富山県下新川郡入善町
　　たかせ　福井県越前市
　　たかせ　静岡県掛川市
　　たかせ　和歌山県岩出市
　　たかせ　和歌山県東牟婁郡古座川町
　　たかせ　山口県周南市
　　たかせ　徳島県板野郡上板町
　　たかせ　香川県（JR予讃線）
　　たかせ　高知県四万十市
　　たかせ　高知県吾川郡仁淀川町
　　たかせ　福岡県行橋市
　　たかせ　熊本県玉名市
　　たかせ　大分県大分市
　　たかせ　大分県中津市
高瀬旧大枝　たかせきゅうおおえだ　大阪府守口市
高瀬旧世木　たかせきゅうせぎ　大阪府守口市
高瀬旧馬場　たかせきゅうばば　大阪府守口市
高瀬本町　たかせほんまち　大分県日田市
高瀬町
　　たかぜちょう　群馬県太田市
　　たかせちょう　千葉県船橋市
　　たかせまち　新潟県長岡市
　　たかせちょう　大阪府守口市
高瀬町下麻　たかせちょうしもあさ　香川県三豊市
高瀬町下勝間　たかせちょうしもかつま　香川県三豊市
高瀬町上高瀬　たかせちょうかみたかせ　香川県三豊市
高瀬町上麻　たかせちょうかみあさ　香川県三豊市
高瀬町上勝間　たかせちょうかみかつま　香川県三豊市
高瀬町比地　たかせちょうひじ　香川県三豊市
高瀬町比地中　たかせちょうひじなか　香川県三豊市
高瀬町羽方　たかせちょうはがた　香川県三豊市
高瀬町佐股　たかせちょうさまた　香川県三豊市
高瀬町新名　たかせちょうしんみょう　香川県三豊市
高麗
　　こま　埼玉県（西武鉄道西武秩父線）
　　こま　神奈川県中郡大磯町
高麗川
　　こまがわ　埼玉県（JR八高線）
　　こまがわ　埼玉県日高市
高麗本郷　こまほんごう　埼玉県日高市
高麗町　こうらいちょう　鹿児島県鹿児島市
高麗橋　こうらいばし　大阪府大阪市中央区

23高鷲
　　たかわし　大阪府（近畿日本鉄道南大阪線）
　　たかわし　大阪府羽曳野市
高鷲ひるがの　たかすちょうひるがの　岐阜県郡上市
高鷲町大鷲　たかすちょうおおわし　岐阜県郡上市
高鷲町切立　たかすちょうきったて　岐阜県郡上市
高鷲町西洞　たかすちょうにしぼら　岐阜県郡上市
高鷲町鮎立　たかすちょうあゆたて　岐阜県郡上市
高鷲町鷲見　たかすちょうわしみ　岐阜県郡上市

【鬼】
0鬼ケ窪　おにがくぼ　茨城県つくば市
3鬼丸町　おにまるちょう　佐賀県佐賀市
鬼女新田　きじょしんでん　静岡県牧之原市
鬼子母神前　きしぼじんまえ　東京都（東京都交通局荒川線）
4鬼木
　　おにぎ　新潟県三条市
　　おにのき　福岡県豊前市
鬼木町　おにきまち　熊本県人吉市
鬼木郷　おにぎごう　長崎県東彼杵郡波佐見町
鬼木新田　おにぎしんでん　新潟県三条市
5鬼北町　きほくちょう　愛媛県北宇和郡
鬼古賀　おにこが　福岡県大川市
6鬼伏　おにぶし　新潟県糸魚川市
7鬼志別北町　おにしべつきたまち　北海道宗谷郡猿払村
鬼志別西町　おにしべつにしまち　北海道宗谷郡猿払村
鬼志別東町　おにしべつひがしまち　北海道宗谷郡猿払村
鬼志別南町　おにしべつみなみまち　北海道宗谷郡猿払村
鬼沢　おにざわ　青森県弘前市
8鬼取町　おにとりちょう　奈良県生駒市
鬼岩寺　きがんじ　静岡県藤枝市
鬼長　おにおさ　茨城県つくばみらい市
9鬼怒　きぬ　茨城県下妻市
鬼怒ケ丘　きぬがおか　栃木県真岡市
鬼怒川公園　きぬがわこうえん　栃木県（東武鉄道鬼怒川線）
鬼怒川温泉　きぬがわおんせん　栃木県（東武鉄道鬼怒川線）
鬼怒川温泉大原　きぬがわおんせんおおはら　栃木県日光市
鬼怒川温泉滝　きぬがわおんせんたき　栃木県日光市
鬼柳　おにやなぎ　神奈川県小田原市
鬼柳町　おにやなぎちょう　岩手県北上市
鬼津　おにづ　福岡県遠賀郡遠賀町
10鬼島　おにじま　静岡県藤枝市
鬼脇　おにわき　北海道利尻郡利尻富士町
鬼高　おにたか　千葉県市川市
11鬼崎　おにざき　大分県大分市
鬼袋町　おにふくろまち　青森県西津軽郡鰺ケ沢町
鬼鹿千松　おにしかせんまつ　北海道留萌郡小平町
鬼鹿元浜　おにしかもとはま　北海道留萌郡小平町
鬼鹿広富　おにしかひろとみ　北海道留萌郡小平町

11画（乾，亀）

鬼鹿田代　おにしかたしろ　北海道留萌郡小平町
鬼鹿秀浦　おにしかひでうら　北海道留萌郡小平町
鬼鹿富岡　おにしかとみおか　北海道留萌郡小平町
鬼鹿港町　おにしかみなとまち　北海道留萌郡小平町
鬼鹿豊浜　おにしかとよはま　北海道留萌郡小平町
12鬼塚　おにづか　佐賀県（JR唐津線）
鬼無　きなし　香川県（JR予讃線）
鬼無町山口　きなしちょうやまぐち　香川県高松市
鬼無町佐料　きなしちょうさりょう　香川県高松市
鬼無町佐藤　きなしちょうさとう　香川県高松市
鬼無町是竹　きなしちょうこれたけ　香川県高松市
鬼無町鬼無　きなしちょうきなし　香川県高松市
鬼無町藤井　きなしちょうふじい　香川県高松市
鬼無里　きなさ　長野県長野市
鬼無里日下野　きなさくさがの　長野県長野市
鬼無里日影　きなさひかげ　長野県長野市
鬼童町　おんどうまち　福岡県柳川市
鬼越
　おにごえ　福島県白河市
　おにごえ　千葉県（京成電鉄京成本線）
　おにごえ　千葉県市川市
鬼越山　おにごえやま　福島県白河市
鬼越道下　おにごえみちした　福島県白河市
15鬼舞　きぶ　新潟県糸魚川市
16鬼橋町　おにばしまち　長崎県大村市
19鬼瀬　おにがせ　大分県（JR久大本線）
22鬼籠野　おろの　徳島県名西郡神山町

11画

【乾】
5乾出町　いぬいでちょう　愛知県名古屋市中村区
7乾町
　いぬいちょう　北海道伊達市
　いぬいちょう　群馬県伊勢崎市
　いぬいまち　石川県白山市
　いぬいちょう　愛知県一宮市
　いぬいちょう　京都府京都市下京区
乾谷　いぬいだに　京都府相楽郡精華町
10乾馬場町　いぬいばばまち　長崎県大村市
13乾新町　いぬいしんまち　兵庫県篠山市
14乾徳　けんとく　福井県福井市

【亀】
0亀ケ地　かめがんじ　愛知県弥富市
亀ケ谷　かめがや　埼玉県所沢市
亀ケ谷新田　かめがやしんでん　新潟県長岡市
亀ケ原　かめがはら　千葉県館山市
亀ケ崎　かめがさき　山形県酒田市
亀ノ川　かめのかわ　高知県幡多郡三原村
亀が洞　かめがほら　愛知県名古屋市緑区
亀の井　かめのい　愛知県名古屋市名東区
亀の甲
　かめのこう　静岡県掛川市
　かめのこう　山口県山陽小野田市
亀の甲町　かめのこうまち　長崎県島原市
3亀下　かめした　茨城県那珂郡東海村

亀久　かめひさ　栃木県大田原市
亀久保
　かめくぼ　埼玉県ふじみ野市
　かめくぼ　静岡県周智郡森町
亀山
　かめやま　宮城県気仙沼市
　かめやま　栃木県真岡市
　かめやま　栃木県那須塩原市
　かめやま　福井県大野市
　かめやま　三重県（JR関西本線）
　かめやま　兵庫県（山陽電気鉄道本線）
　かめやま　兵庫県姫路市
　かめやま　岡山県倉敷市
　かめやま　広島県広島市安佐北区
亀山市　かめやまし　三重県
亀山西　かめやまにし　広島県広島市安佐北区
亀山町
　かめやまちょう　石川県七尾市
　かめやまちょう　愛知県田原市
　かめやまちょう　山口県山口市
　きざんまち　大分県日田市
亀山南　かめやまみなみ　広島県広島市安佐北区
亀川
　かめかわ　北海道上磯郡木古内町
　かめがわ　大分県（JR日豊本線）
亀川中央町　かめがわちゅうおうまち　大分県別府市
亀川四の湯町　かめがわしのゆまち　大分県別府市
亀川町　かめがわまち　大分県日田市
亀川東町　かめがわひがしまち　大分県別府市
亀川浜田町　かめがわはまだまち　大分県別府市
4亀井
　かめい　福島県田村郡三春町
　かめい　熊本県（熊本電気鉄道上熊本線ほか）
亀井戸　かめいど　宮城県亘理郡亘理町
亀井町
　かめいちょう　栃木県佐野市
　かめいちょう　千葉県千葉市中央区
　かめいちょう　神奈川県横浜市栄区
　かめいちょう　愛知県岡崎市
　かめいちょう　京都府京都市東山区
　かめいちょう　大阪府八尾市
　かめいまち　兵庫県姫路市
　かめいちょう　兵庫県宝塚市
　かめいちょう　香川県高松市
亀井野　かめいの　神奈川県藤沢市
亀戸
　かめいど　東京都（JR総武本線ほか）
　かめいど　東京都江東区
亀戸水神　かめいどすいじん　東京都（東武鉄道亀戸線）
亀木町　かめきちょう　京都府京都市上京区
亀水町　たるみちょう　香川県高松市
5亀甲
　かめのこう　岡山県（JR津山線）
　かめのこう　福岡県八女市
　かめのこう　熊本県玉名市
亀甲台町　きっこうだいちょう　千葉県柏市
亀甲町
　かめのこうまち　青森県弘前市
　かめのこまち　福岡県大牟田市
亀甲屋町　きっこうやちょう　京都府京都市中京区

1007

11画（亀）

亀田
　かめだ　福島県郡山市
　かめだ　千葉県富津市
　かめだ　新潟県（JR信越本線）
亀田大月　かめだおおつき　新潟県新潟市江南区
亀田工業団地　かめだこうぎょうだんち　新潟県新潟市江南区
亀田中島
　かめだなかじま　新潟県新潟市東区
　かめだなかじま　新潟県新潟市江南区
亀田中野町　かめだなかのちょう　北海道函館市
亀田水道町　かめだすいどうちょう　新潟県新潟市江南区
亀田四ツ興野　かめだよつごや　新潟県新潟市江南区
亀田本町
　かめだほんちょう　北海道函館市
　かめだほんちょう　新潟県新潟市江南区
亀田向陽　かめだこうよう　新潟県新潟市江南区
亀田早通
　かめだはやどおり　新潟県新潟市中央区
　かめだはやどおり　新潟県新潟市江南区
亀田西　かめだにし　福島県郡山市
亀田町
　かめだまち　北海道函館市
　かめだちょう　三重県亀山市
　かめだちょう　香川県高松市
亀田東町　かめだあづまちょう　新潟県新潟市江南区
亀田長潟　かめだながた　新潟県新潟市江南区
亀田南町　かめだみなみまち　香川県高松市
亀田郡　かめだぐん　北海道
亀田港町　かめだみなとちょう　北海道函館市
亀田新明町　かめだしんめいちょう　新潟県新潟市江南区
亀田緑町　かめだみどりちょう　新潟県新潟市江南区
亀石
　かめいし　福島県白河市
　かめいし　広島県神石郡神石高原町
亀穴町　かめあなまち　愛知県碧南市
⁶亀吉一条　かめきちいちじょう　北海道旭川市
亀吉二条　かめきちにじょう　北海道旭川市
亀吉三条　かめきちさんじょう　北海道旭川市
亀成　かめなり　千葉県印西市
亀有
　かめあり　東京都（JR常磐線）
　かめあり　東京都葛飾区
⁷亀作町　かめざくちょう　茨城県常陸太田市
亀住町　かめずみちょう　神奈川県横浜市神奈川区
亀尾町　かめおちょう　北海道函館市
亀尾新田　かめおしんでん　三重県三重郡川越町
亀村　かめむら　島根県邑智郡美郷町
亀沢
　かめざわ　千葉県富津市
　かめざわ　東京都墨田区
　かめざわ　山梨県甲斐市
　かめざわ　宮崎県えびの市
亀沢町　かめざわちょう　愛知県西尾市
亀町　かめまち　京都府京都市下京区
亀谷
　かめがい　福島県二本松市
　かめがい　富山県富山市

　かめだに　鳥取県東伯郡北栄町
亀谷町　かめたにまち　福岡県大牟田市
亀貝　かめがい　新潟県新潟市西区
亀貝町　かめがいちょう　新潟県長岡市
亀里町　かめさとまち　群馬県前橋市
⁸亀和田町　かめわだまち　栃木県鹿沼市
亀岡
　かめおか　青森県南津軽郡藤崎町
　かめおか　山形県東置賜郡高畠町
　かめおか　福島県南会津郡只見町
　かめおか　茨城県桜川市
　かめおか　京都府（JR山陰本線）
亀岡市　かめおかし　京都府
亀岡町
　かめおかちょう　群馬県太田市
　かめおかちょう　千葉県千葉市中央区
　かめおかちょう　香川県高松市
亀岩　かめいわ　高知県南国市
亀岩町　かめいわちょう　京都府舞鶴市
⁹亀城町　かめしろちょう　愛知県名古屋市瑞穂区
亀屋町
　かめやちょう　京都府京都市上京区
　かめやちょう　京都府京都市中京区
　かめやちょう　京都府京都市下京区
亀泉町　かめいずみまち　群馬県前橋市
亀津　かめつ　鹿児島県大島郡徳之島町
亀首町　かめくびちょう　愛知県豊田市
¹⁰亀倉町　かめくらちょう　長野県須坂市
亀島
　かめじま　愛知県（名古屋市交通局東山線）
　かめじま　愛知県名古屋市中村区
　かめじま　京都府与謝郡伊根町
　かめじま　岡山県倉敷市
亀島町　かめしまちょう　島根県安来市
亀浦
　かめうら　山口県宇部市
　かめうら　愛媛県西宇和郡伊方町
亀浜町　かめはまちょう　山口県下関市
¹¹亀崎
　かめざき　茨城県下妻市
　かめざき　千葉県四街道市
　かめざき　千葉県匝瑳市
　かめざき　愛知県（JR武豊線）
　かめざき　広島県広島市安佐北区
　かめざき　宮崎県日向市
亀崎大洞町　かめざきおおぼらちょう　愛知県半田市
亀崎月見町　かめざきつきみちょう　愛知県半田市
亀崎北浦町　かめざききたうらちょう　愛知県半田市
亀崎西　かめざきにし　宮崎県日向市
亀崎町
　かめざきまち　新潟県長岡市
　かめざきちょう　愛知県半田市
亀崎東　かめざきひがし　宮崎県日向市
亀崎相生町　かめざきあいおいちょう　愛知県半田市
亀崎高根町　かめざきたかねちょう　愛知県半田市
亀崎常盤町　かめざきときわちょう　愛知県半田市
亀崎新田　かめざきしんでん　三重県三重郡川越町
亀崎新田町　かめざきしんでんちょう　愛知県半田市
亀梨　かめなし　栃木県塩谷郡高根沢町
亀野町　かめのちょう　岐阜県美濃市

11画（商, 健, 側, 停, 假, 偕, 兜, 冨, 副, 勘, 動, 務, 啓, 問）

12亀場町食場　かめばまちじきば　熊本県天草市
　亀場町亀川　かめばまちかめがわ　熊本県天草市
　亀塚　かめづか　新潟県北蒲原郡聖籠町
　亀須新田　かめずしんでん　三重県三重郡川越町
13亀嵩
　　かめだけ　島根県（JR木次線）
　　かめだけ　島根県仁多郡奥出雲町
14亀徳　かめとく　鹿児島県大島郡徳之島町

【商】
2商人　あきんど　島根県鹿足郡津和野町
　商人留　あきひとどめ　秋田県大館市
3商工センター　しょうこうせんたー　広島県広島市西区
　商工センター入口　しょうこうせんたーいりぐち　広島県（広島電鉄宮島線）
　商工会議所前　しょうこうかいぎしょまえ　福井県（福井鉄道福武線）
　商工団地　しょうこうだんち　北海道瀬棚郡今金町
9商栄町　しょうえいちょう　鳥取県鳥取市
13商業高校前　しょうぎょうこうこうまえ　熊本県（熊本市交通局A系統ほか）

【健】
6健老町　けんろうまち　福岡県大牟田市
8健武　たけぶ　栃木県那須郡那珂川町
9健軍　けんぐん　熊本県熊本市東区
　健軍本町　けんぐんほんまち　熊本県熊本市東区
　健軍交番前　けんぐんこうばんまえ　熊本県（熊本市交通局A系統ほか）
　健軍町　けんぐんまち　熊本県（熊本市交通局A系統ほか）
　健軍校前　けんぐんこうまえ　熊本県（熊本市交通局A系統ほか）
12健堅　けんけん　沖縄県国頭郡本部町

【側】
10側島　そばしま　岐阜県関市

【停】
7停車場通　ていしゃばどおり　北海道天塩郡豊富町

【假】
11假宿　かりじゅく　鹿児島県曽於郡大崎町

【偕】
13偕楽園　かいらくえん　茨城県（JR常磐線・臨）

【兜】
　兜　かぶと　福島県（阿武隈急行線）
5兜台　かぶとだい　京都府木津川市
8兜沼
　　かぶとぬま　北海道（JR宗谷本線）
　　かぶとぬま　北海道天塩郡豊富町

【冨】
3冨士　ふじ　千葉県白井市
　冨士ケ丘　ふじがおか　愛知県半田市

冨士見町
　ふじみちょう　愛知県豊橋市
　ふじみちょう　鳥取県米子市
　冨川　とみかわ　福島県大沼郡会津美里町
5冨田
　とみた　茨城県坂東市
　とみだ　愛知県一宮市
　とみた　奈良県御所市
　とみた　島根県鹿足郡津和野町
6冨地原　ふじわら　福岡県宗像市
　冨多　とみた　福岡県三井郡大刀洗町
7冨尾町　とんびゅうちょう　愛知県岡崎市
8冨居栄町　ふごさかえまち　富山県富山市
　冨波乙　とばおつ　滋賀県野洲市
　冨波甲　とばこう　滋賀県野洲市
12冨塚町　とみつかまち　石川県加賀市
　冨着　ふちゃく　沖縄県国頭郡恩納村
　冨貴　ふき　愛知県知多郡武豊町

【副】
3副川　ふくがわ　愛知県新城市

【勘】
2勘八町　かんぱちちょう　愛知県豊田市
　勘内町　かんないちょう　愛知県半田市
7勘兵衛町　かんべえちょう　京都府京都市上京区
　勘助郷屋　かんすけごうや　新潟県新潟市西区
　勘助新田　かんすけしんでん　茨城県坂東市
8勘定町　かんじょうまち　福島県白河市
11勘堂　かんどう　宮城県遠田郡美里町
13勘新　かんしん　新潟県燕市
　勘解由小路町　かげゆこうじちょう　京都府京都市上京区

【動】
4動木　とどろき　和歌山県海草郡紀美野町
8動物公園　どうぶつこうえん　千葉県（千葉都市モノレール2号線）
　動物園　どうぶつえん　愛知県（名古屋鉄道モノレール線）
　動物園前　どうぶつえんまえ　大阪府（大阪市交通局御堂筋線ほか）
12動植物園入口　どうしょくぶつえんいりぐち　熊本県（熊本市交通局A系統ほか）
16動橋　いぶりはし　石川県（JR北陸本線）
　動橋町　いぶりはしまち　石川県加賀市

【務】
5務田　むでん　愛媛県（JR予土線）

【啓】
5啓北町　けいほくちょう　北海道苫小牧市
　啓生　けいせい　北海道常呂郡佐呂間町
8啓明　けいめい　北海道天塩郡遠別町
12啓運町　けいうんちょう　岐阜県岐阜市

【問】
8問牧　といまき　北海道枝幸郡枝幸町

1009

11画 (基, 埼, 埴, 堂)

9問屋町
 とんやまち 青森県青森市
 とんやまち 栃木県宇都宮市
 とんやちょう 栃木県足利市
 とんやまち 群馬県前橋市
 とんやまち 群馬県高崎市
 とんやまち 埼玉県川越市
 とんやちょう 埼玉県熊谷市
 とんやちょう 千葉県千葉市中央区
 といやまち 富山県富山市
 とんやまち 富山県高岡市
 といやまち 石川県金沢市
 とんやまち 石川県小松市
 といやちょう 福井県福井市
 とんやまち 福井県越前市
 といやまち 岐阜県岐阜市
 とんやまち 岐阜県大垣市
 とんやまち 岐阜県高山市
 とんやちょう 愛知県豊橋市
 とんやまち 三重県伊賀市
 といやまち 京都府京都市伏見区
 とんやまち 京都府福知山市
 といやちょう 岡山県岡山市北区
 といやまち 徳島県徳島市
 とんやちょう 愛媛県松山市
問屋町西 とんやまちにし 群馬県高崎市
12問寒別
 といかんべつ 北海道 (JR宗谷本線)
 といかんべつ 北海道天塩郡幌延町
問御所町 といごしょまち 長野県長野市
13問詰 といづめ 静岡県周智郡森町

【基】
3基山 きやま 佐賀県 (JR鹿児島本線ほか)
基山町 きやまちょう 佐賀県三養基郡
7基町 もとまち 広島県広島市中区
8基松町 もといまつちょう 北海道帯広市
15基線
 きせん 北海道石狩郡新篠津村
 きせん 北海道上川郡東神楽町
 きせん 北海道上川郡比布町
基線北
 きせんきた 北海道空知郡上富良野町
 きせんきた 北海道空知郡中富良野町

【埼】
5埼玉
 さきたま 栃木県那須塩原市
 さきたま 埼玉県行田市
埼玉県 さいたまけん

【埴】
5埴生
 はにゅう 富山県小矢部市
 はぶ 山口県 (JR山陽本線)
 はぶ 山口県山陽小野田市
埴生野 はにゅうの 大阪府羽曳野市
埴田 はねた 和歌山県日高郡みなべ町
埴田町 はねだまち 石川県小松市
7埴見 はなみ 鳥取県東伯郡湯梨浜町
埴谷 はにや 千葉県山武市

9埴科郡 はにしなぐん 長野県
10埴師 はにし 鳥取県八頭郡智頭町

【堂】
堂
 どう 福井県敦賀市
 どう 滋賀県大津市
0堂ケ山町 どうがやまちょう 三重県四日市市
堂ケ芝 どうがしば 大阪府大阪市天王寺区
堂ノ内 どうのうち 福島県伊達市
堂ノ前 どうのまえ 福島県大沼郡会津美里町
堂ノ前甲 どうのまえこう 福島県大沼郡会津美里町
堂の前町 どうのまえちょう 山口県山口市
3堂山
 どうやま 埼玉県入間郡越生町
 どうやま 大阪府枚方市
堂山町
 どうやまちょう 大阪府大阪市北区
 どうやまちょう 大阪府門真市
堂山東町 どうやまひがしまち 大阪府枚方市
堂山新田 どうやましんでん 静岡県菊川市
堂川 どうがわ 秋田県北秋田郡上小阿仁村
4堂之前町 どうのまえちょう 京都府京都市中京区
5堂本 どうもと 福井県大野市
堂田 どうだ 富山県黒部市
7堂坂町 どうざかちょう 愛知県豊橋市
堂尾 どうのお 岡山県津山市
堂形町 どうがたちょう 島根県松江市
堂谷
 どうやつ 千葉県袖ケ浦市
 どうだに 滋賀県米原市
8堂林 どうばやし 静岡県静岡市清水区
9堂前
 どうまえ 福島県岩瀬郡鏡石町
 どうまえ 奈良県山辺郡山添村
堂前町
 どうまえまち 福島県郡山市
 どうまえちょう 愛知県岡崎市
堂屋敷
 どうやしき 山形県西村山郡大江町
 どうやしき 愛知県犬山市
堂畑 どうばたけ 福島県河沼郡湯川村
10堂原 どうばら 奈良県吉野郡黒滝村
堂宮 どうみや 福井県南条郡南越前町
堂島
 どうじま 福島県 (JR磐越西線)
 どうじま 大阪府大阪市北区
堂島町
 どうじまちょう 福井県福井市
 どうじまちょう 大阪府柏原市
堂島浜 どうじまはま 大阪府大阪市北区
堂島新田 どうじましんでん 新潟県南魚沼市
堂庭 どうにわ 静岡県駿東郡清水町
堂浦町 どううらちょう 愛知県豊橋市
堂脇 どうわき 愛知県長久手市
11堂崎町 どうさきまち 長崎県諫早市
堂野前 どうのまえ 青森県南津軽郡田舎館村
12堂場前 どうばまえ 宮城県白石市
堂奥 どうのおく 京都府舞鶴市

11画（堀）

13堂殿　どうでん　福島県福島市
14堂嶋　どうじま　福井県大野市
　堂端　どうはた　茨城県ひたちなか市

【堀】

堀
　ほり　新潟県柏崎市
　ほり　富山県富山市
　ほり　京都府舞鶴市
　ほり　大阪府貝塚市
0堀ノ内
　ほりのうち　青森県上北郡おいらせ町
　ほりのうち　埼玉県新座市
　ほりのうち　東京都杉並区
　ほりのうち　神奈川県（京浜急行電鉄久里浜線ほか）
　ほりのうち　新潟県村上市
　ほりのうち　長野県岡谷市
　ほりのうち　長野県塩尻市
　ほりのうち　高知県南国市
堀ノ内町
　ほりのうちちょう　神奈川県横浜市南区
　ほりのうちちょう　愛知県春日井市
堀ノ内町北　ほりのうちちょうきた　愛知県春日井市
堀ノ宮　ほりのみや　福井県福井市
堀ノ宮町　ほりのみやちょう　福井県福井市
堀の内
　ほりのうち　宮城県亘理郡亘理町
　ほりのうち　千葉県八千代市
　ほりのうち　愛知県小牧市
堀の内町
　ほりのうちちょう　埼玉県さいたま市大宮区
　ほりのうちまち　長崎県諫早市
3堀下町　ほりしたちょう　群馬県伊勢崎市
堀上
　ほりあげ　千葉県東金市
　ほりかみ　京都府舞鶴市
堀上町
　ほりかみちょう　富山県高岡市
　ほりかみちょう　滋賀県近江八幡市
　ほりあげちょう　大阪府堺市中区
堀上新田　ほりあげしんでん　新潟県新潟市西蒲区
堀上緑町　ほりあげみどりまち　大阪府堺市西区
堀口
　ほりぐち　青森県三沢市
　ほりぐち　茨城県ひたちなか市
　ほりぐち　神奈川県横浜市金沢区
　ほりぐち　新潟県胎内市
　ほりぐち　京都府福知山市
　ほりぐち　和歌山県岩出市
堀口町
　ほりぐちまち　群馬県伊勢崎市
　ほりぐちちょう　群馬県太田市
堀山下　ほりやました　神奈川県秦野市
堀山新田　ほりやましんでん　新潟県新潟市西蒲区
堀川
　ほりかわ　茨城県ひたちなか市
　ほりかわ　茨城県稲敷市
　ほりかわ　千葉県匝瑳市
　ほりかわ　神奈川県秦野市
　ほりかわ　福岡県田川郡糸田町
　ほりかわ　熊本県（熊本電気鉄道藤崎線）

堀川下之町　ほりかわしものちょう　京都府京都市上京区
堀川上之町　ほりかわかみのちょう　京都府京都市上京区
堀川小泉　ほりかわこいずみ　富山県（富山地方鉄道市内線）
堀川小泉町　ほりかわこいずみちょう　富山県富山市
堀川天山町　ほりかわてんざんまち　富山県富山市
堀川本郷　ほりかわほんごう　富山県富山市
堀川町
　ほりかわちょう　北海道（函館市交通局2系統ほか）
　ほりかわちょう　北海道函館市
　ほりかわちょう　北海道釧路市
　ほりかわちょう　北海道留萌市
　ほりかわちょう　山形県米沢市
　ほりかわちょう　神奈川県川崎市幸区
　ほりかわまち　富山県富山市
　ほりかわまち　石川県金沢市
　ほりかわちょう　福井県越前市
　ほりかわちょう　京都府京都市上京区
　ほりかわちょう　広島県広島市中区
　ほりかわまち　広島県安芸郡海田町
　ほりかわちょう　徳島県小松島市
　ほりかわまち　福岡県北九州市八幡西区
　ほりかわちょう　佐賀県佐賀市
　ほりかわちょう　宮崎県宮崎市
堀川新町　ほりかわしんまち　石川県金沢市
堀工町　ほりくちょう　群馬県館林市
4堀之下町　ほりのしたまち　群馬県前橋市
堀之上町
　ほりのうえちょう　京都府京都市上京区
　ほりのうえちょう　京都府京都市中京区
　ほりがみちょう　京都府京都市下京区
堀之内
　ほりのうち　茨城県潮来市
　ほりのうち　茨城県稲敷市
　ほりのうち　栃木県大田原市
　ほりのうち　埼玉県所沢市
　ほりのうち　千葉県市川市
　ほりのうち　千葉県成田市
　ほりのうち　千葉県東金市
　ほりのうち　千葉県匝瑳市
　ほりのうち　千葉県香取市
　ほりのうち　千葉県夷隅郡大多喜町
　ほりのうち　東京都足立区
　ほりのうち　東京都八王子市
　ほりのうち　神奈川県小田原市
　ほりのうち　新潟県新潟市中央区
　ほりのうち　新潟県十日町市
　ほりのうち　新潟県魚沼市
　ほりのうち　長野県上高井郡高山村
　ほりのうち　静岡県磐田市
　ほりのうち　静岡県藤枝市
　ほりのうち　静岡県下田市
　ほりのうち　静岡県菊川市
　ほりのうち　愛知県海部郡大治町
　ほりのうち　愛媛県松山市
堀之内町
　ほりのうちまち　神奈川県川崎市川崎区
　ほりのうちちょう　山梨県甲府市
　ほりのうちちょう　愛知県稲沢市
　ほりのうちちょう　京都府京都市下京区
堀之内南　ほりのうちみなみ　新潟県新潟市中央区

11画(堀)

堀内
　ほりない　岩手県(三陸鉄道北リアス線)
　ほりない　岩手県下閉伊郡普代村
　ほりうち　宮城県名取市
　ほりうち　秋田県雄勝郡羽後町
　ほりうち　山形県最上郡舟形町
　ほりうち　栃木県真岡市
　ほりうち　神奈川県三浦郡葉山町
　ほりうち　富山県滑川市
　ほりのうち　富山県砺波市
　ほりうち　富山県射水市
　ほりうち　石川県野々市市
　ほりのうち　山梨県山梨市
　ほりうち　山口県萩市
堀内公園　ほりうちこうえん　愛知県(名古屋鉄道西尾線)
堀内町　ほりうちちょう　愛知県安城市
堀切
　ほりきり　岩手県八幡平市
　ほりきり　埼玉県秩父市
　ほりきり　千葉県夷隅郡大多喜町
　ほりきり　東京都(東武鉄道伊勢崎線)
　ほりきり　東京都葛飾区
　ほりきり　新潟県糸魚川市
　ほりきり　富山県黒部市
　ほりぎり　静岡県伊豆市
　ほりきり　愛知県知立市
堀切町
　ほりきりまち　石川県金沢市
　ほりきりちょう　愛知県田原市
　ほりきりちょう　兵庫県神戸市長田区
　ほりきりちょう　兵庫県西宮市
堀切菖蒲園　ほりきりしょうぶえん　東京都(京成電鉄京成本線)
堀切新　ほりきりしん　富山県黒部市
堀切端　ほりきりはた　福島県伊達市
堀方町　ほりかたまち　愛知県碧南市
堀木　ほりき　三重県四日市市
堀止西　ほりどめにし　和歌山県和歌山市
堀止東　ほりどめひがし　和歌山県和歌山市
堀止南ノ丁　ほりどめみなみのちょう　和歌山県和歌山市
堀片　ほりかた　新潟県村上市
5堀出シ町　ほりだしちょう　京都府京都市上京区
堀田
　ほった　茨城県稲敷郡美浦村
　ほった　埼玉県本庄市
　ほりた　富山県氷見市
　ほりた　愛知県(名古屋市交通局名城線ほか)
　ほりた　大分県別府市
堀田町
　ほりたまち　岐阜県岐阜市
　ほったちょう　愛知県稲沢市
堀田通　ほりたとおり　愛知県名古屋市瑞穂区
堀立　ほりたて　福岡県豊前市
堀込
　ほりごめ　福島県須賀川市
　ほりごめ　栃木県真岡市
　ほりごめ　埼玉県坂戸市
　ほりごめ　千葉県白井市
　ほりごめ　静岡県静岡市清水区

堀込町
　ほりごめちょう　栃木県足利市
　ほりごめちょう　愛知県蒲郡市
6堀合　ほりあい　青森県三戸郡五戸町
堀江
　ほりえ　千葉県浦安市
　ほりえ　富山県滑川市
　ほりえ　香川県仲多度郡多度津町
　ほりえ　愛媛県(JR予讃線)
堀江十楽　ほりえじゅうらく　福井県あわら市
堀江千石　ほりえせんごく　富山県射水市
堀江町
　ほりえちょう　岐阜県岐阜市
　ほりえちょう　愛媛県松山市
　ほりえちょう　鹿児島県鹿児島市
堀池
　ほりいけ　兵庫県伊丹市
　ほりいけ　福岡県飯塚市
堀池町
　ほりいけちょう　京都府京都市東山区
　ほりいけちょう　兵庫県神戸市須磨区
堀米
　ほりごめ　福島県岩瀬郡鏡石町
　ほりごめ　栃木県(東武鉄道佐野線)
　ほりごめ　埼玉県深谷市
堀米町　ほりごめちょう　栃木県佐野市
堀西　ほりにし　神奈川県秦野市
7堀坂　ほりさか　岡山県津山市
堀尾跡　ほりおせき　愛知県丹羽郡大口町
堀町
　ほりちょう　茨城県水戸市
　ほりまち　石川県輪島市
　ほりちょう　福井県越前市
　ほりちょう　滋賀県彦根市
　ほりちょう　兵庫県西脇市
　ほりまち　長崎県島原市
堀見内　ほりみない　秋田県大仙市
堀谷　ほりや　静岡県浜松市浜北区
8堀岡　ほりおか　富山県射水市
堀岡又新　ほりおかまたしん　富山県高岡市
堀岡古明神　ほりおかふるみょうじん　富山県射水市
堀岡明神新　ほりおかみょうじんしん　富山県射水市
堀岡新明神　ほりおかしんみょうじん　富山県射水市
堀底町　ほりそこまち　福島県須賀川市
堀松　ほりまつ　石川県羽咋郡志賀町
堀松町　ほりまつちょう　京都府京都市上京区
堀河町　ほりかわちょう　福島県福島市
堀金
　ほりがね　山形県東置賜郡川西町
　ほりがね　新潟県長岡市
堀金三田　ほりがねみた　長野県安曇野市
堀金烏川　ほりがねからすがわ　長野県安曇野市
9堀南　ほりなん　岡山県倉敷市
堀屋敷　ほりやしき　福井県小浜市
堀廻町　ほりめぐりまち　群馬県沼田市
堀津町　ほっつちょう　岐阜県羽島市
堀津町中屋敷　ほっつちょうなかやしき　岐阜県羽島市
堀津町東山　ほっつちょうひがしやま　岐阜県羽島市
堀津町前谷　ほっつちょうまえだに　岐阜県羽島市

11画（婆, 婦）

堀津町須賀中	ほっつちょうすかなか	岐阜県羽島市
堀津町須賀北	ほっつちょうすかきた	岐阜県羽島市
堀津町須賀西	ほっつちょうすかにし	岐阜県羽島市
堀津町須賀南	ほっつちょうすかみなみ	岐阜県羽島市
堀津町横手	ほっつちょうよこて	岐阜県羽島市
堀畑	ほりはた	兵庫県養父市

10堀兼 　ほりがね　埼玉県狭山市
　堀株村 　ほりかっぷむら　北海道古宇郡泊村
　堀高 　ほりたか　富山県黒部市
11堀崎町
　　ほりさきちょう　埼玉県さいたま市見沼区
　　ほりさきちょう　愛知県半田市
　堀掛 　ほっかけ　新潟県新潟市南区
　堀船 　ほりふね　東京都北区
　堀部町 　ほりべちょう　滋賀県長浜市
　堀野
　　ほりの　岩手県二戸市
　　ほりの　山形県東田川郡庄内町
　　ほりの　新潟県村上市
　堀野内 　ほりのうち　山形県酒田市
　堀野新田 　ほりのしんでん　静岡県牧之原市
12堀割
　　ほりわり　茨城県神栖市
　　ほりわり　愛知県知多郡武豊町
　堀割町
　　ほりわりちょう　新潟県新潟市中央区
　　ほりわりちょう　愛知県名古屋市千種区
　堀替新町 　ほりかえしんまち　石川県羽咋市
　堀越
　　ほりこし　青森県弘前市
　　ほりこし　福島県二本松市
　　ほりこし　福島県東白川郡塙町
　　ほりこし　千葉県市原市
　　ほりこし　新潟県阿賀野市
　　ほりこし　静岡県袋井市
　　ほりこし　愛知県名古屋市西区
　　ほりこし　京都府福知山市
　　ほりごし　鳥取県八頭郡八頭町
　　ほりこし　広島県広島市南区
　　ほりこし　広島県世羅郡世羅町
　　ほりこし　香川県小豆郡小豆島町
　　ほりこし　福岡県北九州市小倉南区
　堀越町
　　ほりこしまち　群馬県前橋市
　　ほりこしちょう　大阪府大阪市天王寺区
　堀道 　ほりみち　富山県南砺市
13堀溝 　ほりみぞ　大阪府寝屋川市
　堀溝北町 　ほりみぞきたまち　大阪府寝屋川市
　堀溝町 　ほりみぞまち　新潟県見附市
　堀詰 　ほりづめ　高知県（とさでん交通伊野線）
　堀詰町
　　ほりづめちょう　京都府京都市下京区
　　ほりづめちょう　京都府京都市伏見区
14堀端町
　　ほりばたちょう　青森県八戸市
　　ほりばたまち　山形県新庄市
　　ほりばたまち　富山県富山市
　　ほりばたまち　岐阜県高山市
　　ほりばたちょう　愛知県名古屋市西区
　　ほりばたちょう　愛媛県宇和島市

16堀篭 　ほりごめ　茨城県下妻市
22堀籠 　ほうめ　千葉県成田市

【婆】

7婆沢 　ばばさわ　北海道寿都郡黒松内町

【婦】

4婦中町かたかご台 　ふちゅうまちかたかごだい　富山県富山市
　婦中町ねむの木 　ふちゅうまちねむのき　富山県富山市
　婦中町ひまわり台 　ふちゅうまちひまわりだい　富山県富山市
　婦中町十五丁 　ふちゅうまちじゅうごちょう　富山県富山市
　婦中町下井沢 　ふちゅうまちしもいさわ　富山県富山市
　婦中町下吉川 　ふちゅうまちしもよしかわ　富山県富山市
　婦中町下坂倉 　ふちゅうまちしもさかくら　富山県富山市
　婦中町下条 　ふちゅうまちげじょう　富山県富山市
　婦中町下邑 　ふちゅうまちしもむら　富山県富山市
　婦中町下瀬 　ふちゅうまちしもぜ　富山県富山市
　婦中町下轡田 　ふちゅうまちしもくつわだ　富山県富山市
　婦中町三瀬 　ふちゅうまちさんのせ　富山県富山市
　婦中町上井沢 　ふちゅうまちかみいさわ　富山県富山市
　婦中町上田島 　ふちゅうまちかみたじま　富山県富山市
　婦中町上吉川 　ふちゅうまちかみよしかわ　富山県富山市
　婦中町上吉川ニュータウン 　ふちゅうまちかみよしかわにゅーたうん　富山県富山市
　婦中町上野 　ふちゅうまちうわの　富山県富山市
　婦中町上新屋 　ふちゅうまちかみあらや　富山県富山市
　婦中町上瀬 　ふちゅうまちかみぜ　富山県富山市
　婦中町上轡田 　ふちゅうまちかみくつわだ　富山県富山市
　婦中町千里 　ふちゅうまちちさと　富山県富山市
　婦中町大瀬谷 　ふちゅうまちおおせだに　富山県富山市
　婦中町小長沢 　ふちゅうまちこながさわ　富山県富山市
　婦中町小泉 　ふちゅうまちこいずみ　富山県富山市
　婦中町小倉 　ふちゅうまちおぐら　富山県富山市
　婦中町小野島 　ふちゅうまちこのしま　富山県富山市
　婦中町中名 　ふちゅうまちなかのみょう　富山県富山市
　婦中町中島 　ふちゅうまちなかじま　富山県富山市
　婦中町分田 　ふちゅうまちぶんでん　富山県富山市
　婦中町友坂 　ふちゅうまちともさか　富山県富山市
　婦中町牛滑 　ふちゅうまちうしなめり　富山県富山市
　婦中町外輪野 　ふちゅうまちそとわの　富山県富山市
　婦中町平等 　ふちゅうまちだいら　富山県富山市
　婦中町広田 　ふちゅうまちひろた　富山県富山市
　婦中町田屋 　ふちゅうまちたや　富山県富山市
　婦中町田屋新 　ふちゅうまちたやしん　富山県富山市
　婦中町田島 　ふちゅうまちたじま　富山県富山市

11画（寄）

婦中町吉住　ふちゅうまちよしずみ　富山県富山市
婦中町吉谷　ふちゅうまちよしたに　富山県富山市
婦中町地角　ふちゅうまちじかく　富山県富山市
婦中町安田　ふちゅうまちやすだ　富山県富山市
婦中町成子　ふちゅうまちなるこ　富山県富山市
婦中町羽根　ふちゅうまちはね　富山県富山市
婦中町羽根新　ふちゅうまちはねしん　富山県富山市
婦中町西ケ丘　ふちゅうまちにしがおか　富山県富山市
婦中町西本郷　ふちゅうまちにしほんごう　富山県富山市
婦中町余川　ふちゅうまちよかわ　富山県富山市
婦中町希望ケ丘　ふちゅうまちきぼうがおか　富山県富山市
婦中町沢田　ふちゅうまちさわだ　富山県富山市
婦中町麦島　ふちゅうまちむぎじま　富山県富山市
婦中町東山　ふちゅうまちひがしやま　富山県富山市
婦中町東本郷　ふちゅうまちひがしほんごう　富山県富山市
婦中町東谷　ふちゅうまちひがしたに　富山県富山市
婦中町板倉　ふちゅうまちいたくら　富山県富山市
婦中町板倉新　ふちゅうまちいたくらしん　富山県富山市
婦中町河原町　ふちゅうまちかわらまち　富山県富山市
婦中町長沢　ふちゅうまちながさわ　富山県富山市
婦中町青島　ふちゅうまちあおじま　富山県富山市
婦中町持田　ふちゅうまちもちでん　富山県富山市
婦中町為成新　ふちゅうまちためなりしん　富山県富山市
婦中町皆杓　ふちゅうまちかいじゃく　富山県富山市
婦中町砂子田　ふちゅうまちすなごだ　富山県富山市
婦中町宮ケ谷　ふちゅうまちみやがたに　富山県富山市
婦中町宮ケ島　ふちゅうまちみやがしま　富山県富山市
婦中町島本郷　ふちゅうまちしまほんごう　富山県富山市
婦中町島田　ふちゅうまちしまだ　富山県富山市
婦中町浜子　ふちゅうまちはまのこ　富山県富山市
婦中町速星　ふちゅうまちはやほし　富山県富山市
婦中町高山　ふちゅうまちたかやま　富山県富山市
婦中町高日附　ふちゅうまちたかひづき　富山県富山市
婦中町高田　ふちゅうまちたかた　富山県富山市
婦中町高塚　ふちゅうまちたかつか　富山県富山市
婦中町堀　ふちゅうまちほり　富山県富山市
婦中町清水島　ふちゅうまちしみずしま　富山県富山市
婦中町添島　ふちゅうまちそえじま　富山県富山市
婦中町笹倉　ふちゅうまちささくら　富山県富山市
婦中町細谷　ふちゅうまちほそたに　富山県富山市
婦中町蛍川　ふちゅうまちほたるがわ　富山県富山市
婦中町袋　ふちゅうまちふくろ　富山県富山市
婦中町塚原　ふちゅうまちつかはら　富山県富山市
婦中町富川　ふちゅうまちとみかわ　富山県富山市
婦中町富崎　ふちゅうまちとみさき　富山県富山市
婦中町萩島　ふちゅうまちはぎのしま　富山県富山市
婦中町葎原　ふちゅうまちむくがはら　富山県富山市

婦中町道島　ふちゅうまちどうじま　富山県富山市
婦中町道喜島　ふちゅうまちどうきじま　富山県富山市
婦中町道場　ふちゅうまちどうじょう　富山県富山市
婦中町夢ケ丘　ふちゅうまちゆめがおか　富山県富山市
婦中町新町　ふちゅうまちあらまち　富山県富山市
婦中町新屋　ふちゅうまちあらや　富山県富山市
婦中町蓮花寺　ふちゅうまちれんげじ　富山県富山市
婦中町増田　ふちゅうまちますだ　富山県富山市
婦中町熊野道　ふちゅうまちやんど　富山県富山市
婦中町鉾木　ふちゅうまちほこのき　富山県富山市
婦中町横野　ふちゅうまちよこの　富山県富山市
婦中町蔵島　ふちゅうまちぞうじま　富山県富山市
婦中町鵜坂　ふちゅうまちうさか　富山県富山市
婦中町響の杜　ふちゅうまちひびきのもり　富山県富山市
婦中町鴨谷　ふちゅうまちみさごだに　富山県富山市
婦中鵜坂　ふちゅううさか　富山県（JR高山本線）
6婦気大堤　ふけおおづみ　秋田県横手市
9婦美町　ふみちょう　北海道積丹郡積丹町

【寄】

寄　やどりき　神奈川県足柄上郡松田町
2寄人　よりうと　佐賀県三養基郡みやき町
4寄戸　よりと　福井県三方郡美浜町
寄木戸　よりきど　群馬県邑楽郡大泉町
寄木町天道　よりきちょうてんどう　愛知県江南市
寄木町白山　よりきちょうはくさん　愛知県江南市
寄木町秋葉　よりきちょうあきば　愛知県江南市
寄木町稲木　よりきちょういなき　愛知県江南市
5寄田町　よりたちょう　鹿児島県薩摩川内市
6寄合　よりあい　高知県吾川郡仁淀川町
寄合町
　　よりあいちょう　群馬県高崎市
　　よりあいちょう　群馬県太田市
　　よりあいちょう　新潟県新潟市中央区
　　よりあいまち　和歌山県和歌山市
　　よりあいまち　長崎県長崎市
7寄住町　よりずみちょう　愛知県西尾市
寄近町　よりちかちょう　愛知県西尾市
8寄居
　　より　栃木県那須郡那須町
　　よりい　埼玉県（JR八高線ほか）
　　よりい　埼玉県大里郡寄居町
寄居町
　　よりいまち　栃木県栃木市
　　よりいまち　埼玉県大里郡
　　よりいちょう　新潟県新潟市中央区
寄岩　よりいわ　福島県南会津郡只見町
寄延　よりのぶ　兵庫県佐用郡佐用町
寄松　よりまつ　愛媛県宇和島市
寄附町　きふちょう　新潟県新潟市中央区
9寄巻　よまき　埼玉県三郷市
寄畑　よりはた　山梨県（JR身延線）
10寄宮　よりみや　沖縄県那覇市
寄島町　よりしまちょう　岡山県浅口市
13寄新保町　よりしんぼまち　石川県白山市
17寄磯浜　よりいそはま　宮城県石巻市

11画（寂, 宿, 寅, 密, 崎, 崇）

【寂】
13寂蒔　じゃくまく　長野県千曲市

【宿】
宿
　しゅく　埼玉県さいたま市桜区
　しゅく　千葉県東金市
　しゅく　千葉県市原市
　しゅく　千葉県山武郡九十九里町
　しゅく　石川県羽咋郡宝達志水町
　しゅく　福井県丹生郡越前町
　しゅく　岐阜県可児郡御嵩町
　しゅく　兵庫県赤穂郡上郡町
　しゅく　岡山県岡山市北区
　しゅく　岡山県総社市
0宿ノ浦郷　しゅくのうらごう　長崎県南松浦郡新上五島町
3宿久庄　しゅくのしょう　大阪府茨木市
宿大類町　しゅくおおるいまち　群馬県高崎市
宿女　やどめ　石川県羽咋郡志賀町
宿川原
　しゅくがわら　青森県（弘南鉄道大鰐線）
　しゅくがわら　青森県南津軽郡大鰐町
宿川原町　しゅくがはらちょう　大阪府茨木市
4宿井　しゅくい　山口県熊毛郡田布施町
宿戸
　しゅくのへ　岩手県（JR八戸線）
　しゅくど　千葉県勝浦市
宿毛
　しゅくも　岡山県岡山市東区
　すくも　高知県（土佐くろしお鉄道中村・宿毛線）
宿毛市　すくもし　高知県
5宿布町　しくぬのちょう　福井県福井市
宿本町　しゅくほんまち　岡山県岡山市北区
宿田　やずた　新潟県村上市
6宿地町　しゅくじちょう　岐阜県大垣市
7宿町
　しゅくちょう　神奈川県横浜市南区
　しゅくまち　静岡県磐田市
　しゅくちょう　愛知県豊川市
　しゅくまち　佐賀県鳥栖市
　しゅくまち　長崎県長崎市
宿谷　しゅくや　埼玉県入間郡毛呂山町
8宿岩　やどいわ　長野県南佐久郡佐久穂町
宿河原
　しゅくがわら　神奈川県（JR南武線）
　しゅくがわら　神奈川県川崎市多摩区
9宿屋　しゅくや　富山県射水市
宿屋町西　しゅくやちょうにし　大阪府堺市堺区
宿屋町東　しゅくやちょうひがし　大阪府堺市堺区
10宿原
　しゅくばら　千葉県君津市
　しゅくはら　兵庫県三木市
宿根　しゅくね　埼玉県深谷市
宿根木　しゅくねぎ　新潟県佐渡市
宿浦　しゅくうら　三重県度会郡南伊勢町
宿連寺　しゅくれんじ　千葉県柏市
宿院　しゅくいん　大阪府（阪堺電気軌道阪堺線）
宿院町　しゅくいんちょう　奈良県奈良市
宿院町西　しゅくいんちょうにし　大阪府堺市堺区
宿院町東　しゅくいんちょうひがし　大阪府堺市堺区
11宿堂町　しゅくどうちょう　福井県福井市
宿郷
　しゅくごう　栃木県宇都宮市
　しゅくごう　長崎県東彼杵郡波佐見町
宿野
　しゅくの　三重県三重郡菰野町
　しゅくの　大阪府豊能郡能勢町
宿野町　しゅくのまち　愛媛県松山市
12宿間　しゅくま　愛媛県喜多郡内子町
13宿跡町　しゅくあとちょう　愛知県名古屋市中村区
15宿横手町　しゅくよこてまち　群馬県高崎市

【寅】
5寅田　とらだ　新潟県胎内市
7寅沢　とらさわ　岩手県和賀郡西和賀町

【密】
9密柑山町　みかんやまちょう　愛知県名古屋市瑞穂区

【崎】
崎
　さき　三重県度会郡大紀町
　さき　島根県隠岐郡海士町
0崎ノ山　さきのやま　高知県吾川郡仁淀川町
崎ノ原　さきのはら　和歌山県日高郡印南町
3崎山
　さきやま　岩手県宮古市
　さきやま　石川県鳳珠郡能登町
　さきやま　福岡県（平成筑豊鉄道田川線）
　さきやま　沖縄県国頭郡今帰仁村
　さきやま　沖縄県八重山郡竹富町
4崎戸町平島　さきとちょうひらしま　長崎県西海市
崎戸町本郷　さきとちょうほんごう　長崎県西海市
崎戸町江島　さきとちょうえのしま　長崎県西海市
崎戸町蠣浦郷　さきとちょうかきのうらごう　長崎県西海市
崎方町　さきがたちょう　長崎県平戸市
5崎平
　さきだいら　静岡県（大井川鉄道大井川本線）
　さきだいら　静岡県榛原郡川根本町
崎本部　さきもとぶ　沖縄県国頭郡本部町
崎田　さきだ　宮崎県串間市
崎辺町　さきべちょう　長崎県佐世保市
6崎守　さきもり　北海道（JR室蘭本線）
崎守町　さきもりちょう　北海道室蘭市
8崎岡町　さきおかちょう　長崎県佐世保市
崎房　さきぶさ　茨城県常総市
崎枝　さきえだ　沖縄県石垣市
10崎原　さきばる　鹿児島県大島郡伊仙町
12崎無異　さきむい　北海道標津郡標津町
17崎鍬ケ崎　さきくわがさき　岩手県宮古市

【崇】
9崇城大学前　そうじょうだいがくまえ　熊本県（JR鹿児島本線）
13崇禅寺　そうぜんじ　大阪府（阪急電鉄京都本線）
14崇徳院　すとくいん　兵庫県尼崎市

11画（崩，巣，常）

【崩】

崩　くずれ　新潟県糸魚川市
3崩山町　くえやままち　長崎県島原市
8崩免　くずれめん　福島県須賀川市
10崩浜　くずれはま　北海道目梨郡羅臼町
11崩野　くずれの　静岡県静岡市葵区

【巣】

3巣子
　　すご　岩手県（IGRいわて銀河鉄道線）
　　すご　岩手県滝沢市
巣山
　　すやま　愛知県新城市
　　すやま　山口県周南市
5巣本町　すもとちょう　大阪府門真市
6巣合　すごう　岩手県下閉伊郡田野畑村
11巣組　すぐみ　秋田県由利本荘市
巣郷　すごう　岩手県和賀郡西和賀町
16巣鴨
　　すがも　東京都（JR山手線ほか）
　　すがも　東京都豊島区
巣鴨新田　すがもしんでん　東京都（東京都交通局荒川線）

【常】

常　つね　京都府舞鶴市
2常入　ときいり　長野県上田市
3常万　じょうまん　山形県東田川郡庄内町
常久町　つねひさちょう　福井県越前市
常山　つねやま　岡山県（JR宇野線）
常川　つねかわ　北海道北見市
4常井　とこい　茨城県東茨城郡茨城町
常元　つねもと　北海道常呂郡置戸町
常六　じょうろく　高知県四万十市
常木　つねぎ　埼玉県羽生市
5常世中野　とこよなかの　福島県東白川郡塙町
常世北野　とこよきたの　福島県東白川郡塙町
常世田町　とこよだちょう　千葉県銚子市
常代　とこしろ　千葉県君津市
常広　つねひろ　佐賀県鹿島市
常永　じょうえい　山梨県（JR身延線）
常用　つねもち　福岡県筑後市
常田
　　ときだ　長野県上田市
　　ときだ　長野県佐久市
　　ときだ　長野県東御市
6常全　じょうぜん　兵庫県揖保郡太子町
常光
　　じょうこう　埼玉県鴻巣市
　　つねみつ　広島県神石郡神石高原町
常光寺
　　じょうこうじ　富山県滑川市
　　じょうこうじ　兵庫県尼崎市
常光寺町　じょうこうじちょう　愛媛県松山市
常光町　じょうこうちょう　静岡県浜松市東区
常吉
　　つねよし　大阪府大阪市此花区
　　つねよし　兵庫県尼崎市
常吉町　つねよしちょう　兵庫県加西市

常名　ひたな　茨城県土浦市
常安　つねやす　福井県今立郡池田町
常安寺　じょうあんじ　滋賀県愛知郡愛荘町
常竹　つねたけ　愛媛県松山市
常行　つねゆき　大分県大分市
7常呂町土佐　ところちょうとさ　北海道北見市
常呂町日吉　ところちょうひよし　北海道北見市
常呂町共立　ところちょうきょうりつ　北海道北見市
常呂町吉野　ところちょうよしの　北海道北見市
常呂町岐阜　ところちょうぎふ　北海道北見市
常呂町東浜　ところちょうひがしはま　北海道北見市
常呂町栄浦　ところちょうさかえうら　北海道北見市
常呂町常呂　ところちょうところ　北海道北見市
常呂町富丘　ところちょうとみおか　北海道北見市
常呂町登　ところちょうのぼり　北海道北見市
常呂町福山　ところちょうふくやま　北海道北見市
常呂町豊川　ところちょうとよかわ　北海道北見市
常呂郡　ところぐん　北海道
常見町　つねみちょう　栃木県足利市
8常和　ときわ　長野県佐久市
常国　つねくに　富山県高岡市
常国みどり台　つねくにみどりだい　富山県高岡市
常明寺　じょうみょうじ　山形県山形市
常松
　　つねまつ　兵庫県尼崎市
　　つねまつ　福岡県行橋市
　　つねまつ　福岡県筑紫野市
常松町　つねまつちょう　島根県出雲市
9常保免　じょうほうめん　愛媛県松山市
常室　とこむろ　北海道十勝郡浦幌町
常海町　じょうかいちょう　青森県八戸市
常海橋　じょうかいばし　青森県北津軽郡板柳町
常泉　つねいずみ　埼玉県加須市
常泉院町　じょうせんいんちょう　京都府京都市上京区
常神　つねかみ　福井県三方上中郡若狭町
10常宮　じょうぐう　福井県敦賀市
常真横町　じょうしんよこちょう　京都府京都市中京区
常称寺町　じょうしょうじちょう　大阪府門真市
11常郷　ときさと　長野県飯山市
常陸大子　ひたちだいご　茨城県（JR水郡線）
常陸大宮　ひたちおおみや　茨城県（JR水郡線）
常陸大宮市　ひたちおおみやし　茨城県
常陸太田　ひたちおおた　茨城県（JR水郡線）
常陸太田市　ひたちおおたし　茨城県
常陸多賀　ひたちたが　茨城県（JR常磐線）
常陸町　ひたちちょう　京都府京都市上京区
常陸青柳　ひたちあおやぎ　茨城県（JR水郡線）
常陸津田　ひたちつだ　茨城県（JR水郡線）
常陸鴻巣　ひたちこうのす　茨城県（JR水郡線）
12常喜町　じょうぎちょう　滋賀県長浜市
常普請　じょうぶし　愛知県小牧市
常番町　じょうばんちょう　青森県八戸市
常葉　ときわ　山梨県南巨摩郡身延町
常葉大学前　とこはだいがくまえ　静岡県（天竜浜名湖鉄道線）

11画〔常〕

常葉町
　ときはまち　山形県新庄市
　ときわちょう　京都府京都市下京区
常葉町久保　ときわまちくぼ　福島県田村市
常葉町小桧山　ときわまちこびやま　福島県田村市
常葉町山根　ときわまちやまね　福島県田村市
常葉町早稲川　ときわまちわせがわ　福島県田村市
常葉町西向　ときわまちにしむき　福島県田村市
常葉町堀田　ときわまちほった　福島県田村市
常葉町常葉　ときわまちときわ　福島県田村市
常葉町鹿山　ときわまちかやま　福島県田村市
常葉町新田作　ときわまちにったさく　福島県田村市
常葉町関本　ときわまちせきもと　福島県田村市
13常新町　つねしんまち　京都府舞鶴市
常楽　じょうらく　宮城県気仙沼市
常楽寺　じょうらくじ　新潟県三島郡出雲崎町
常滑　とこなめ　愛知県(名古屋鉄道空港線ほか)
常滑市　とこなめし　愛知県
常禅寺　じょうぜんじ　山形県酒田市
常福地町　じょうふくじちょう　茨城県常陸太田市
常福寺洞　じょうふくじぼら　愛知県犬山市
常豊　つねとよ　北海道十勝郡浦幌町
14常徳　じょうとく　石川県河北郡津幡町
常総市　じょうそうし　茨城県
15常澄　つねずみ　茨城県(鹿島臨海鉄道大洗鹿島線)
常盤
　ときわ　北海道札幌市南区
　ときわ　北海道夕張市
　ときわ　北海道北斗市
　ときわ　北海道余市郡赤井川村
　ときわ　北海道上川郡美瑛町
　ときわ　北海道枝幸郡浜頓別町
　ときわ　北海道常呂郡訓子府町
　ときわ　北海道常呂郡置戸町
　ときわ　北海道河東郡士幌町
　ときわ　北海道中川郡池田町
　ときわ　北海道足寄郡足寄町
　ときわ　北海道川上郡標茶町
　ときわ　青森県南津軽郡藤崎町
　ときわ　秋田県能代市
　ときわ　山形県西村山郡朝日町
　ときわ　埼玉県さいたま市浦和区
　ときわ　東京都江東区
　ときわ　神奈川県鎌倉市
　ときわ　長野県大町市
　ときわ　長野県飯山市
　ときわ　京都府(京福電気鉄道北野線)
　ときわ　岡山県(水島臨海鉄道線)
　ときわ　山口県(JR宇部線)
　ときわ　鹿児島県鹿児島市
常盤一ノ井町　ときわいちのいちょう　京都府京都市右京区
常盤一条　ときわいちじょう　北海道札幌市南区
常盤二条　ときわにじょう　北海道札幌市南区
常盤下田町　ときわしもだちょう　京都府京都市右京区
常盤三条　ときわさんじょう　北海道札幌市南区
常盤山下町　ときわやましたちょう　京都府京都市右京区
常盤井図子町　ときわいずしちょう　京都府京都市上京区

常盤井殿町　ときわいどのちょう　京都府京都市上京区
常盤五条　ときわごじょう　北海道札幌市南区
常盤六条　ときわろくじょう　北海道札幌市南区
常盤木　ときわぎ　山形県鶴岡市
常盤木町
　ときわぎちょう　秋田県大館市
　ときわぎちょう　京都府京都市中京区
常盤出口町　ときわでぐちちょう　京都府京都市右京区
常盤北裏町　ときわきたうらちょう　京都府京都市右京区
常盤古御所町　ときわふるごしょちょう　京都府京都市右京区
常盤台
　ときわだい　岩手県北上市
　ときわだい　福島県喜多方市
　ときわだい　千葉県柏市
　ときわだい　東京都板橋区
　ときわだい　神奈川県横浜市保土ケ谷区
　ときわだい　新潟県柏崎市
　ときわだい　富山県富山市
　ときわだい　山口県宇部市
常盤四条　ときわしじょう　北海道札幌市南区
常盤平
　ときわだいら　千葉県(新京成電鉄線)
　ときわだいら　千葉県松戸市
常盤平双葉町　ときわだいらふたばちょう　千葉県松戸市
常盤平西窪町　ときわだいらにしくぼちょう　千葉県松戸市
常盤平松葉町　ときわだいらまつばちょう　千葉県松戸市
常盤平柳町　ときわだいらやなぎちょう　千葉県松戸市
常盤平陣屋前　ときわだいらじんやまえ　千葉県松戸市
常盤仲之町　ときわなかのちょう　京都府京都市右京区
常盤西町
　ときわにしまち　京都府京都市右京区
　ときわにしまち　大分県佐伯市
常盤坂　ときわざか　青森県弘前市
常盤村ノ内町　ときわむらのうちちょう　京都府京都市右京区
常盤町
　ときわちょう　北海道室蘭市
　ときわちょう　北海道北見市
　ときわちょう　北海道根室市
　ときわちょう　北海道登別市
　ときわちょう　北海道茅部郡森町
　ときわちょう　北海道浦河郡浦河町
　ときわちょう　福島県喜多方市
　ときわちょう　茨城県古河市
　ときわちょう　栃木県足利市
　ときわちょう　群馬県高崎市
　ときわちょう　埼玉県深谷市
　ときわまち　東京都町田市
　ときわちょう　神奈川県横浜市中区
　ときわちょう　神奈川県茅ケ崎市
　ときわちょう　富山県富山市
　ときわちょう　富山県滑川市
　ときわまち　石川県金沢市
　ときわまち　石川県七尾市

1017

11画(帷, 庵, 康)

ときわまち　長野県飯田市
ときわちょう　長野県須坂市
ときわちょう　岐阜県岐阜市
ときわまち　岐阜県多治見市
ときわちょう　岐阜県関市
ときわちょう　岐阜県美濃市
ときわちょう　岐阜県羽島郡笠松町
ときわちょう　静岡県浜松市中区
ときわちょう　静岡県沼津市
ときわちょう　愛知県津島市
ときわちょう　愛知県豊田市
ときわちょう　三重県桑名市
ときわちょう　京都府京都市東山区
ときわまち　大阪府大阪市中央区
ときわちょう　大阪府富田林市
ときわちょう　大阪府門真市
ときわちょう　兵庫県神戸市須磨区
ときわちょう　奈良県橿原市
ときわちょう　島根県益田市
ときわちょう　山口県宇部市
ときわちょう　香川県坂出市
ときわちょう　愛媛県今治市
ときわまち　福岡県北九州市小倉北区
ときわまち　福岡県大牟田市
ときわまち　福岡県柳川市
ときわまち　長崎県長崎市
ときわちょう　長崎県佐世保市
ときわちょう　鹿児島県鹿児島市

常盤東ノ町　ときわひがしのちょう　京都府京都市右京区
常盤東町　ときわひがしまち　大分県佐伯市
常盤南町　ときわみなみまち　大分県佐伯市
常盤柏ノ木町　ときわかしのきちょう　京都府京都市右京区
常盤段ノ上町　ときわだんのうえちょう　京都府京都市右京区
常盤神田町　ときわかんだちょう　京都府京都市右京区
常盤草木町　ときわくさきちょう　京都府京都市右京区
常盤音戸町　ときわおんとちょう　京都府京都市右京区
常盤通　ときわどおり　北海道旭川市
常盤馬塚町　ときわうまづかちょう　京都府京都市右京区
常盤基線　ときわきせん　北海道河西郡中札内村
常盤野　ときわの　青森県弘前市
常盤御池町　ときわおいけちょう　京都府京都市右京区
常盤森町　ときわもりまち　京都府京都市右京区
常盤窪町　ときわくぼまち　京都府京都市右京区
常磐
　ときわ　茨城県鉾田市
　ときわ　三重県伊勢市
常磐下船尾町　じょうばんしもふなおまち　福島県いわき市
常磐下湯長谷町　じょうばんしもゆながやまち　福島県いわき市
常磐三沢町　じょうばんみさわまち　福島県いわき市
常磐上矢田町　じょうばんかみやだまち　福島県いわき市
常磐上湯長谷町　じょうばんかみゆながやまち　福島県いわき市

常磐公園　ときわこうえん　北海道旭川市
常磐水野谷町　じょうばんみずのやまち　福島県いわき市
常磐白鳥町　じょうばんしらとりまち　福島県いわき市
常磐西郷町　じょうばんにしごうまち　福島県いわき市
常磐町
　ときわちょう　北海道芦別市
　ときわちょう　茨城県水戸市
　ときわちょう　静岡県静岡市葵区
　ときわちょう　三重県伊勢市
　ときわちょう　大阪府堺市北区
　ときわちょう　兵庫県西宮市
　ときわちょう　香川県高松市
　ときわまち　愛媛県大洲市
常磐岩ケ岡町　じょうばんいわがおかまち　福島県いわき市
常磐松が台　じょうばんまつがだい　福島県いわき市
常磐松久須根町　じょうばんまつくすねまち　福島県いわき市
常磐長孫町　じょうばんおさまち　福島県いわき市
常磐城　ときわぎ　長野県上田市
常磐馬玉町　じょうばんまだままち　福島県いわき市
常磐湯本町　じょうばんゆもとまち　福島県いわき市
常磐関船町　じょうばんせきふねまち　福島県いわき市
常磐藤原町　じょうばんふじわらまち　福島県いわき市
18**常藤町**　つねふじちょう　山口県宇部市
19**常願寺**　じょうがんじ　京都府福知山市
常願通　じょうがんどおり　愛知県一宮市

【帷】

3**帷子**　かたびら　岩手県八幡平市
帷子ノ辻　かたびらのつじ　京都府(京福電気鉄道北野線)
帷子町　かたびらちょう　神奈川県横浜市保土ケ谷区
帷子新町　かたびらしんまち　岐阜県可児市

【庵】

庵　いおり　兵庫県佐用郡佐用町
3**庵川**　いおりがわ　宮崎県東臼杵郡門川町
庵川西　いおりがわにし　宮崎県東臼杵郡門川町
7**庵住**　いおすみ　奈良県吉野郡天川村
庵町
　いおりまち　石川県七尾市
　いおりまち　岐阜県岐阜市
庵谷
　いおりだに　富山県富山市
　いおのたに　高知県長岡郡大豊町
8**庵治町**
　おうじちょう　奈良県天理市
　あじちょう　香川県高松市
10**庵原町**
　いおはらちょう　北海道函館市
　いはらちょう　静岡県静岡市清水区
庵原郡　いはらぐん　⇒消滅(静岡県)
庵浦町　いおのうらちょう　長崎県佐世保市

【康】

5**康生町**　こうせいちょう　愛知県岡崎市
康生通　こうせいとおり　愛知県名古屋市西区
康生通西　こうせいどおりにし　愛知県岡崎市

1018

11画（庶, 強, 張, 彩, 彫, 悪, 惟, 悠, 掛, 採, 接, 掃, 掻, 捻, 挽）

康生通東　こうせいどおりひがし　愛知県岡崎市
康生通南　こうせいどおりみなみ　愛知県岡崎市

【庶】
11庶野　しょや　北海道幌泉郡えりも町
13庶路
　　しょろ　北海道（JR根室本線）
　　しょろ　北海道白糠郡白糠町
庶路乙区　しょろおつく　北海道白糠郡白糠町
庶路甲区　しょろこうく　北海道白糠郡白糠町
庶路西　しょろにし　北海道白糠郡白糠町
庶路東　しょろひがし　北海道白糠郡白糠町

【強】
4強戸町　ごうどちょう　群馬県太田市
9強巻　こわまき　青森県北津軽郡鶴田町
強首　こわくび　秋田県大仙市
11強梨　こわなし　福島県東白川郡棚倉町
19強羅
　　ごうら　神奈川県（箱根登山鉄道線）
　　ごうら　神奈川県足柄下郡箱根町

【張】
9張星　はりほし　茨城県小美玉市
13張碓町　はりうすちょう　北海道小樽市

【彩】
0彩りの杜　いろどりのもり　奈良県北葛城郡河合町
9彩紅橋通　さいこうばしとおり　愛知県名古屋市北区
11彩都あかね　さいとあかね　大阪府茨木市
彩都あさぎ　さいとあさぎ　大阪府茨木市
彩都やまぶき　さいとやまぶき　大阪府茨木市
彩都西　さいとにし　大阪府（大阪高速鉄道彩都線）
彩都粟生北　さいとあおきた　大阪府箕面市
彩都粟生南　さいとあおみなみ　大阪府箕面市
彩野　あやの　新潟県新潟市北区
17彩霞長根　さいかながね　秋田県能代市

【彫】
8彫刻の森　ちょうこくのもり　神奈川県（箱根登山鉄
道線）

【悪】
4悪戸
　　あくど　青森県弘前市
　　あくど　秋田県能代市
悪王子町　あくおうじちょう　京都府京都市下京区
悪王寺　あくおうじ　富山県富山市
5悪石島　あくせきじま　鹿児島県鹿児島郡十島村

【惟】
9惟信町　いしんちょう　愛知県名古屋市港区

【悠】
3悠久町　ゆうきゅうちょう　新潟県長岡市
7悠里　ゆうり　宮城県亘理郡亘理町

【掛】
掛
　　かけ　埼玉県さいたま市岩槻区
　　かけ　岐阜県山県市
　　かけ　奈良県宇陀郡曽爾村
2掛入町　かけいりちょう　愛知県名古屋市中川区
3掛下　かけした　静岡県磐田市
掛下町　かけしたちょう　愛知県瀬戸市
掛川
　　かけがわ　静岡県（JR東海道新幹線ほか）
　　かけがわ　静岡県掛川市
掛川市　かけがわし　静岡県
掛川市役所前　かけがわしやくしょまえ　静岡県（天
竜浜名湖鉄道線）
4掛之上　かけのうえ　静岡県袋井市
5掛出町　かけだしちょう　鳥取県鳥取市
掛田町　かけだちょう　広島県庄原市
6掛合町入間　かけやちょういるま　島根県雲南市
掛合町穴見　かけやちょうあなみ　島根県雲南市
掛合町多根　かけやちょうたね　島根県雲南市
掛合町松笠　かけやちょうまつかさ　島根県雲南市
掛合町波多　かけやちょうはた　島根県雲南市
掛合町掛合　かけやちょうかけや　島根県雲南市
7掛尾町　かけおまち　富山県富山市
掛尾栄町　かけおさかえまち　富山県富山市
9掛保久　かけぼく　沖縄県中頭郡西原町
掛畑　かけはた　岡山県岡山市北区
掛相　かけあい　鳥取県西伯郡南部町
10掛馬　かけうま　茨城県稲敷郡阿見町
12掛割町　かけわりちょう　愛知県小牧市
掛塚　かけつか　静岡県磐田市
掛落林　かけおちばやし　青森県北津軽郡板柳町
14掛樋　かけひ　三重県桑名市
15掛澗　かかりま　北海道（JR函館本線）
掛盤　かけばん　徳島県那賀郡那賀町

【採】
14採銅所
　　さいどうしょ　福岡県（JR日田彦山線）
　　さいどうしょ　福岡県田川郡香春町

【接】
8接岨峡温泉　せっそきょうおんせん　静岡県（大井川
鉄道井川線）
10接骨木　にわとこ　栃木県那須塩原市

【掃】
11掃部沖名　かもんおきな　宮城県遠田郡涌谷町

【掻】
16掻懐　かきだき　大分県臼杵市

【捻】
4捻木　ねじき　茨城県行方市

【挽】
4挽木町
　　ひきまち　三重県松阪市

1019

11画（掖,掎,掉,教,斎,斜,曽）

ひきぎちょう　京都府京都市上京区

【掖】

³掖上　わきがみ　奈良県（JR和歌山線）

【掎】

¹¹掎鹿谷　はしかだに　兵庫県加東市

【掉】

⁰掉ケ島　そうかじま　茨城県筑西市

【教】

⁶教会前　きょうかいまえ　徳島県（JR鳴門線）
⁷教良寺　きょうらじ　和歌山県伊都郡かつらぎ町
⁸教育大前　きょういくだいまえ　福岡県（JR鹿児島本線）
¹³教楽来　きょうらぎ　福岡県大牟田市
　教業町　きょうぎょうちょう　京都府京都市東山区
¹⁶教興寺　きょうこうじ　大阪府八尾市

【斎】

³斎川　さいかわ　宮城県白石市
⁵斎田
　さいだ　群馬県佐波郡玉村町
　さいた　三重県度会郡南伊勢町
⁷斎条　さいじょう　埼玉県行田市
¹⁰斎宮
　さいくう　三重県（近畿日本鉄道山田線）
　さいくう　三重県多気郡明和町
¹²斎富　さいどみ　岡山県赤磐市
¹⁸斎藤
　さいとう　福島県田村郡三春町
　さいと　愛知県丹羽郡扶桑町
　斎藤川原　さいとうがわら　山形県鶴岡市
　斎藤分町　さいとうぶんちょう　神奈川県横浜市神奈川区
　斎藤町　さいとうちょう　京都府京都市下京区

【斜】

⁴斜内　しゃない　北海道枝幸郡浜頓別町
⁷斜里町　しゃりちょう　北海道斜里郡
　斜里郡　しゃりぐん　北海道

【曽】

⁰曽々木　そそぎ　福井県敦賀市
²曽又　そまた　石川県鳳珠郡能登町
³曽万布町　そんぼちょう　福井県福井市
　曽大根　そおね　奈良県大和高田市
　曽山　そやま　石川県鳳珠郡穴水町
　曽山寺　そさんじ　宮崎県（JR日南線）
　曽川
　そがわ　新潟県新潟市中央区
　そがわ　新潟県新潟市江南区
⁴曽井　そい　岡山県勝田郡勝央町
　曽井中島　そいなかじま　岐阜県本巣市
　曽井町　そいちょう　三重県四日市市
　曽木　そぎ　群馬県富岡市
　曽木町　そぎちょう　岐阜県土岐市

　曽比　そび　神奈川県小田原市
⁵曽代　そだい　岐阜県美濃市
　曽本町二子　そもとちょうふたご　愛知県江南市
　曽本町二子前　そもとちょうふたごまえ　愛知県江南市
　曽本町幼川添　そもとちょうおさながわぞえ　愛知県江南市
　曽田　そだ　広島県安芸郡海田町
　曽田町　そだちょう　鹿児島県鹿屋市
⁶曽地　そち　新潟県柏崎市
　曽地口　そうじぐち　兵庫県篠山市
　曽地中　そうじなか　兵庫県篠山市
　曽地奥　そうじおく　兵庫県篠山市
　曽地新田　そちしんでん　新潟県柏崎市
　曽池町　そいけちょう　愛知県名古屋市南区
⁷曽我
　そが　北海道虻田郡ニセコ町
　そが　兵庫県加東市
　曽我大沢　そがおおさわ　神奈川県小田原市
　曽我光海　そがこうみ　神奈川県小田原市
　曽我別所　そがべっしょ　神奈川県小田原市
　曽我町　そがちょう　奈良県橿原市
　曽我谷津　そがやつ　神奈川県小田原市
　曽我岸　そがきし　神奈川県小田原市
　曽我屋　そがや　岐阜県岐阜市
　曽我原　そがはら　神奈川県小田原市
　曽我部町中　そがべちょうなか　京都府亀岡市
　曽我部町犬飼　そがべちょういぬかい　京都府亀岡市
　曽我部町穴太　そがべちょうあなお　京都府亀岡市
　曽我部町寺　そがべちょうてら　京都府亀岡市
　曽我部町西条　そがべちょうにしじょう　京都府亀岡市
　曽我部町法貴　そがべちょうほうき　京都府亀岡市
　曽我部町南条　そがべちょうなんじょう　京都府亀岡市
　曽我部町春日部　そがべちょうかすかべ　京都府亀岡市
　曽我部町重利　そがべちょうしげとし　京都府亀岡市
　曽良　そら　石川県鳳珠郡穴水町
　曽谷
　そや　千葉県市川市
　そだに　石川県（北陸鉄道石川線）
　曽谷町　そだにまち　石川県白山市
⁸曽和　そわ　新潟県新潟市西区
　曽於市　そおし　鹿児島県
　曽於郡　そおぐん　鹿児島県
　曽波神　そばのかみ　宮城県（JR石巻線）
⁹曽屋
　そや　神奈川県秦野市
　そうや　和歌山県岩出市
　曽祢
　そね　石川県鹿島郡中能登町
　そね　三重県伊勢市
¹⁰曽原　そばら　岡山県倉敷市
　曽原町
　そはらちょう　福井県越前市
　そはらちょう　三重県松阪市
　曽師町　そしちょう　宮崎県宮崎市

11画（巻, 曹, 曼, 望, 梓, 桶, 梶）

曽根
　そね　茨城県桜川市
　そね　千葉県木更津市
　そね　千葉県印旛郡栄町
　そね　千葉県長生郡長生村
　そね　新潟県新潟市西蒲区
　そね　新潟県新発田市
　そね　愛知県名古屋市緑区
　そね　京都府船井郡京丹波町
　そね　大阪府（阪急電鉄宝塚本線）
　そね　兵庫県（JR山陽本線）
　そね　岡山県岡山市南区
　そね　山口県熊毛郡平生町
　そね　福岡県北九州市小倉南区
　そね　福岡県糸島市
曽根北町　そねきたまち　福岡県北九州市小倉南区
曽根田
　そねだ　山形県酒田市
　そねだ　福島県（福島交通飯坂線）
　そねだ　福岡県朝倉郡筑前町
曽根田町　そねだちょう　福島県福島市
曽根合　そねあい　千葉県山武郡横芝光町
曽根西町　そねにしまち　大阪府豊中市
曽根町
　そねちょう　岐阜県大垣市
　そねちょう　三重県尾鷲市
　そねちょう　滋賀県長浜市
　そねちょう　滋賀県東近江市
　そねちょう　大阪府泉大津市
　そねちょう　兵庫県高砂市
　そねちょう　兵庫県小野市
　そねちょう　宮崎県日向市
曽根東町　そねひがしのちょう　大阪府豊中市
曽根南町　そねみなみまち　大阪府豊中市
曽根崎　そねざき　大阪府大阪市北区
曽根崎町　そねざきまち　佐賀県鳥栖市
曽根崎新地　そねざきしんち　大阪府大阪市北区
曽根郷　そねごう　長崎県南松浦郡新上五島町
曽根新田
　そねしんでん　新潟県南蒲原郡田上町
　そねしんでん　福岡県北九州市小倉南区
曽根新田北　そねしんでんきた　福岡県北九州市小倉南区
曽根新田南　そねしんでんみなみ　福岡県北九州市小倉南区
11曽郷　そうごう　新潟県阿賀野市
曽野木　そのき　新潟県新潟市江南区
曽野町
　そのちょう　愛知県瀬戸市
　そのちょう　愛知県岩倉市
13曽福　そぶく　石川県鳳珠郡穴水町
14曽爾村　そにむら　奈良県宇陀郡

【巻】
6巻米
　つきよね　山梨県南巨摩郡富士川町
　つくよね　鳥取県八頭郡若桜町

【曹】
13曹源寺　そうげんじ　鳥取県東伯郡三朝町

【曼】
8曼陀羅町　まんだらちょう　京都府京都市上京区

【望】
0望が丘　のぞみがおか　愛知県名古屋市名東区
　望みが丘　のぞみがおか　大分県大分市
4望井　もちい　千葉県富津市
望月
　もちづき　長野県佐久市
　もちづき　大分県臼杵市
6望地　もうち　神奈川県海老名市
望地町　ぼうじちょう　広島県呉市
7望町　のぞみちょう　山口県下松市
8望岳台　ぼうがくだい　長野県須坂市
9望海　ぼうかい　茨城県高萩市
望海坂　のぞみざか　大阪府泉南郡岬町
望洋台
　ぼうようだい　北海道小樽市
　ぼうようだい　神奈川県横須賀市
　ぼうようだい　石川県鳳珠郡穴水町

【梓】
梓　あずさ　栃木県那須郡那須町
3梓山　あずさやま　長野県南佐久郡川上村
梓川　あずさがわ　山形県米沢市
梓川上野　あずさがわうえの　長野県松本市
梓川倭　あずさがわやまと　長野県松本市
梓川梓　あずさがわあずさ　長野県松本市
7梓町　あずさまち　栃木県栃木市
8梓河内　あんさかわち　滋賀県米原市
16梓橋　あずさばし　長野県（JR大糸線）

【桶】
3桶川　おけがわ　埼玉県（JR高崎線）
桶川市　おけがわし　埼玉県
桶川町　おけがわちょう　山口県周南市
9桶屋町
　おけやまち　青森県弘前市
　おけやまち　秋田県由利本荘市
　おけやまち　鳥取県鳥取市
　おけやまち　岡山県津山市
　おけやまち　長崎県長崎市
桶海　おけみ　新潟県妙高市
桶狭間　おけはざま　愛知県名古屋市緑区
桶狭間上の山　おけはざまうえのやま　愛知県名古屋市緑区
桶狭間切戸　おけはざまきりと　愛知県名古屋市緑区
桶狭間北　おけはざまきた　愛知県名古屋市緑区
桶狭間南　おけはざまみなみ　愛知県名古屋市緑区
桶狭間神明　おけはざましんめい　愛知県名古屋市緑区
桶狭間清水山　おけはざましみずやま　愛知県名古屋市緑区
桶狭間森前　おけはざまもりまえ　愛知県名古屋市緑区

【梶】
梶　かじ　石川県鳳珠郡穴水町
0梶ケ内　かじがうち　高知県長岡郡大豊町

1021

11画（椛, 梯, 桝, 梨, 梁）

梶ケ谷
　かじがや　神奈川県川崎市高津区
　かじがや　神奈川県川崎市宮前区
梶ケ島　かじがしま　兵庫県尼崎市
梶が谷　かじがや　神奈川県（東京急行電鉄田園都
　市線）
梶ノ木　かじのき　広島県山県郡安芸太田町
3梶山
　かじやま　茨城県鉾田市
　かじやま　神奈川県横浜市鶴見区
　かじやま　新潟県糸魚川市
梶川町　かじかわちょう　岐阜県岐阜市
4梶井町
　かじいまち　石川県加賀市
　かじいちょう　京都府京都市上京区
梶内
　かじうち　茨城県つくば市
　かじうち　茨城県筑西市
梶木町　かじきちょう　宮崎県日向市
5梶田　かじた　広島県（JR福塩線）
梶田町　かじたちょう　愛知県大府市
7梶尾町　かじおまち　熊本県熊本市北区
梶町　かじまち　大阪府守口市
8梶並　かじなみ　岡山県美作市
梶取　かんどり　和歌山県和歌山市
梶岡　かじおか　岡山県玉野市
9梶屋　かじや　福岡県豊前市
梶屋敷
　かじやしき　新潟県（えちごトキめき鉄道日本海ひ
　　すいライン）
　かじやしき　新潟県糸魚川市
10梶原
　かじわら　東京都（東京都交通局荒川線）
　かじわら　神奈川県鎌倉市
　かじはら　大阪府高槻市
　かじわら　兵庫県豊岡市
　かじわら　兵庫県加東市
　かじわら　岡山県美作市
梶原中村町　かじはらなかむらちょう　大阪府高槻市
梶栗町　かじくりちょう　山口県下関市
梶栗郷台地　かじくりごうだいち　山口県（JR山陰本
　線）
11梶野町　かじのちょう　東京都小金井市
12梶賀　かじか　宮城県角田市
梶賀町　かじかちょう　三重県尾鷲市
16梶橋　かじばし　宮城県岩沼市

【椛】
4椛木　かばき　青森県三戸郡南部町
6椛名木　かばなき　青森県上北郡横浜町

【梯】
7梯町
　かけはしまち　石川県小松市
　かけはしまち　山梨県甲府市

【桝】
5桝田　ますだ　福岡県田川郡添田町
7桝形　ますがた　長野県上高井郡高山村

桝形町
　ますがたちょう　愛知県名古屋市北区
　ますがたちょう　愛知県名古屋市西区
　ますがたちょう　京都府京都市伏見区
　ますがたちょう　愛媛県宇和島市
9桝屋町
　ますやちょう　京都府京都市上京区
　ますやちょう　京都府京都市中京区
　ますやちょう　京都府京都市東山区
　ますやちょう　京都府京都市下京区
　ますやちょう　京都府京都市伏見区
12桝塚西町　ますづかにしまち　愛知県豊田市
桝塚東町　ますづかひがしまち　愛知県豊田市

【梨】
0梨ケ原
　なしがはら　兵庫県養父市
　なしがはら　兵庫県赤穂郡上郡町
梨の木　なしのき　長野県駒ケ根市
3梨子　なしご　山梨県南巨摩郡身延町
梨子ケ平　なしがだいら　福井県丹生郡越前町
梨子ノ木
　なしのき　福島県喜多方市
　なしのき　愛知県知多郡武豊町
梨子木町　なしのきまち　福島県伊達市
梨子堂　なしどう　奈良県吉野郡下市町
梨川内　なしがわち　佐賀県唐津市
4梨木
　なしのき　新潟県村上市
　なしのき　新潟県妙高市
梨木西　なしのきにし　福島県耶麻郡猪苗代町
梨木町
　なしのきちょう　岩手県盛岡市
　なしのきちょう　石川県金沢市
　なしのきちょう　京都府京都市上京区
5梨本
　なしもと　静岡県賀茂郡河津町
　なしもと　奈良県生駒郡平群町
7梨沢　なしざわ　千葉県富津市
梨谷　なしたに　富山県南砺市
梨谷小山　なしたにこやま　石川県羽咋郡志賀町
11梨郷
　りんごう　山形県（山形鉄道フラワー長井線）
　りんごう　山形県南陽市
梨野町　なしのちょう　愛知県豊田市
梨野舞納　りやむない　北海道岩内郡共和町

【梁】
梁
　やな　栃木県小山市
　やな　栃木県河内郡上三川町
3梁川
　やながわ　福島県（阿武隈急行線）
　やながわ　山梨県（JR中央本線）
梁川町
　やながわちょう　北海道函館市
　やながわまち　長崎県長崎市
梁川町やながわ工業団地　やながわまちやながわこう
　ぎょうだんち　福島県伊達市
梁川町二野袋　やながわまちにのふくろ　福島県伊
　達市

11画（梁）

梁川町八筋　やながわまちやすじ　福島県伊達市
梁川町八幡　やながわまちやわた　福島県伊達市
梁川町下川原　やながわまちしもがわら　福島県伊達市
梁川町上川原　やながわまちかみがわら　福島県伊達市
梁川町上町　やながわまちうわまち　福島県伊達市
梁川町上足駄木　やながわまちかみあしなぎ　福島県伊達市
梁川町上割田　やながわまちかみわりだ　福島県伊達市
梁川町大町　やながわまちおおまち　福島県伊達市
梁川町大門道　やながわまちだいもんみち　福島県伊達市
梁川町大清水　やながわまちおおしみず　福島県伊達市
梁川町大関　やながわまちおおぜき　福島県伊達市
梁川町大舘　やながわまちおおだて　福島県伊達市
梁川町小梁川　やながわまちこやながわ　福島県伊達市
梁川町山舟生　やながわまちやまふにゅう　福島県伊達市
梁川町山城舘　やながわまちやましろだて　福島県伊達市
梁川町中久保　やながわまちなかくぼ　福島県伊達市
梁川町中町　やながわまちなかまち　福島県伊達市
梁川町丹波塚　やながわまちたんばづか　福島県伊達市
梁川町五十沢　やながわまちいさざわ　福島県伊達市
梁川町五反田　やながわまちごたんだ　福島県伊達市
梁川町元舟場　やながわまちもとふなば　福島県伊達市
梁川町元陣内　やながわまちもとじんない　福島県伊達市
梁川町内山　やながわまちうちやま　福島県伊達市
梁川町内町　やながわまちうちまち　福島県伊達市
梁川町天神町　やながわまちてんじんまち　福島県伊達市
梁川町天神前　やながわまちてんじんまえ　福島県伊達市
梁川町北本町　やながわまちきたもとまち　福島県伊達市
梁川町北町谷川　やながわまちきたまちやがわ　福島県伊達市
梁川町北町頭　やながわまちきたまちがしら　福島県伊達市
梁川町北新井　やながわまちきたあらい　福島県伊達市
梁川町右城町　やながわまちうしろまち　福島県伊達市
梁川町古町　やながわまちふるまち　福島県伊達市
梁川町四日市　やながわまちよっかいち　福島県伊達市
梁川町四石蒔　やながわまちしこくまき　福島県伊達市
梁川町広瀬町　やながわまちひろせちょう　福島県伊達市
梁川町本町　やながわまちもとまち　福島県伊達市
梁川町田町　やながわまちたまち　福島県伊達市
梁川町白川田　やながわまちしらかわだ　福島県伊達市

梁川町白根　やながわまちしらね　福島県伊達市
梁川町石井戸　やながわまちいしいど　福島県伊達市
梁川町立野　やながわまちたちの　山梨県大月市
梁川町伝樋　やながわまちでんび　福島県伊達市
梁川町向川原　やながわまちむこうがわら　福島県伊達市
梁川町舟生　やながわまちふにゅう　福島県伊達市
梁川町舟橋　やながわまちふなばし　福島県伊達市
梁川町西土橋　やながわまちにしどばし　福島県伊達市
梁川町西塩野川　やながわまちにししおのがわ　福島県伊達市
梁川町壱丁田　やながわまちいっちょうだ　福島県伊達市
梁川町希望ケ丘　やながわまちきぼうがおか　福島県伊達市
梁川町町裏　やながわまちまちうら　福島県伊達市
梁川町赤五輪　やながわまちあかごりん　福島県伊達市
梁川町足駄木　やながわまちあしなぎ　福島県伊達市
梁川町里見山　やながわまちさとみやま　福島県伊達市
梁川町幸町　やながわまちさいわいちょう　福島県伊達市
梁川町東土橋　やながわまちひがしどばし　福島県伊達市
梁川町東大枝　やながわまちひがしおおえだ　福島県伊達市
梁川町東塩野川　やながわまちひがししおのがわ　福島県伊達市
梁川町青葉町　やながわまちあおばちょう　福島県伊達市
梁川町南本町　やながわまちみなみもとまち　福島県伊達市
梁川町南町谷川　やながわまちみなみまちやがわ　福島県伊達市
梁川町南町頭　やながわまちみなみまちがしら　福島県伊達市
梁川町栄町　やながわまちさかえまち　福島県伊達市
梁川町柳田　やながわまちやなぎだ　福島県伊達市
梁川町茶臼山　やながわまちちゃうすやま　福島県伊達市
梁川町桜町　やながわまちさくらちょう　福島県伊達市
梁川町桜岳　やながわまちさくらがおか　福島県伊達市
梁川町清水町　やながわまちしみずまち　福島県伊達市
梁川町細谷　やながわまちほそや　福島県伊達市
梁川町菖蒲沢　やながわまちしょうぶさわ　福島県伊達市
梁川町御八郎　やながわまちおはちろう　福島県伊達市
梁川町粟野　やながわまちあわの　福島県伊達市
梁川町陽光台　やながわまちようこうだい　福島県伊達市
梁川町塩瀬　やながわまちしおぜ　山梨県大月市
梁川町新田　やながわまちにった　福島県伊達市
梁川町新倉　やながわまちあらくら　山梨県大月市
梁川町綱の上　やながわまちつなのうえ　山梨県大月市
梁川町鶴ケ岡　やながわまちつるがおか　福島県伊達市

1023

11画（條, 桴, 梵, 梺, 欲, 渓, 済, 渋, 渚, 深）

5梁田町　やなだちょう　栃木県足利市
8梁取　やなとり　福島県南会津郡只見町
12梁場上　やなばかみ　福島県大沼郡会津美里町
梁場上甲　やなばかみこう　福島県大沼郡会津美里町
19梁瀬
やなせ　福島県石川郡石川町
やなぜ　栃木県那須郡那須町
やなせ　兵庫県（JR山陰本線）

【條】
條　じょう　奈良県御所市

【桴】
9桴海　ふかい　沖縄県石垣市
12桴場　いかだば　愛知県弥富市

【梵】
4梵天谷地　ぼんてんやち　秋田県由利本荘市

【梺】
7梺町　ふもとまち　山形県尾花沢市

【欲】
12欲賀町　ほしかちょう　滋賀県守山市

【渓】
8渓和　けいわ　北海道上川郡下川町

【済】
4済井出　すみいで　沖縄県名護市

【渋】
3渋山　しぶさん　北海道河西郡芽室町
渋川
しぶかわ　福島県二本松市
しぶかわ　福島県双葉郡双葉町
しぶかわ　群馬県（JR上越線）
しぶかわ　群馬県渋川市
しぶかわ　新潟県魚沼市
しぶかわ　静岡県静岡市清水区
しぶかわ　滋賀県草津市
しぶかわ　岡山県玉野市
渋川市　しぶかわし　群馬県
渋川町
しぶかわちょう　愛知県尾張旭市
しぶかわちょう　大阪府八尾市
しぶかわちょう　大阪府東大阪市
4渋井
しぶい　茨城県下妻市
しぶい　栃木県小山市
しぶい　埼玉県川越市
渋井町　しぶいちょう　茨城県水戸市
渋木
しぶき　山口県（JR美祢線）
しぶき　山口県長門市
5渋民
しぶたみ　岩手県（IGRいわて銀河鉄道線）
しぶたみ　岩手県盛岡市
渋田　しぶた　茨城県下妻市

渋田町　しぶたまち　石川県輪島市
6渋江
しぶえ　宮城県遠田郡涌谷町
しぶえ　山形県山形市
しぶえ　富山県小矢部市
渋江町　しぶえちょう　新潟県妙高市
渋池　しぶいけ　福島県田村郡三春町
7渋沢
しぶさわ　神奈川県（小田急電鉄小田原線）
しぶさわ　神奈川県秦野市
渋沢上　しぶさわかみ　神奈川県秦野市
渋見町　しぶみちょう　三重県津市
渋谷
しぶたに　福島県耶麻郡猪苗代町
しぶや　千葉県茂原市
しぶや　東京都（JR山手線ほか）
しぶや　東京都渋谷区
しぶや　神奈川県大和市
しぶや　富山県高岡市
しぶたに　大阪府池田市
しぶたに　兵庫県篠山市
渋谷区　しぶやく　東京都
渋谷町
しぶやちょう　岐阜県岐阜市
しぶやちょう　愛知県豊田市
しぶたにちょう　奈良県天理市
8渋沼　しぶぬま　茨城県取手市
9渋草　しぶくさ　愛媛県上浮穴郡久万高原町
10渋倉町　しぶくらちょう　三重県亀山市
11渋崎　しぶさき　長野県諏訪市
渋野町　しぶのちょう　徳島県徳島市

【渚】
渚
なぎさ　長野県（アルピコ交通上高地線）
なぎさ　長野県松本市
なぎさ　岐阜県（JR高山本線）
なぎさ　愛知県海部郡飛島村
4渚元町　なぎさもとまち　大阪府枚方市
渚内野　なぎさうちの　大阪府枚方市
5渚本町　なぎさほんまち　大阪府枚方市
6渚西　なぎさにし　大阪府枚方市
7渚町
なぎさちょう　静岡県熱海市
なぎさちょう　静岡県伊東市
なぎさちょう　山口県周南市
8渚東町　なぎさひがしまち　大阪府枚方市
9渚南町　なぎさみなみまち　大阪府枚方市
渚栄町　なぎささかえまち　大阪府枚方市
13渚滑町　しょこつちょう　北海道紋別市
渚滑町川向　しょこつちょうかわむかい　北海道紋別市
渚滑町元西　しょこつちょうもとにし　北海道紋別市
渚滑町元新　しょこつちょうもとしん　北海道紋別市
渚滑町宇津々　しょこつちょううづつ　北海道紋別市

【深】
3深大寺　じんだいじ　東京都三鷹市
深大寺元町　じんだいじもとまち　東京都調布市
深大寺北町　じんだいじきたまち　東京都調布市
深大寺東町　じんだいじひがしまち　東京都調布市

11画（深）

深大寺南町　じんだいじみなみまち　東京都調布市
深山
　みやま　山形県西置賜郡白鷹町
　みやま　和歌山県和歌山市
　みやまぐち　滋賀県蒲生郡日野町
深山寺　みやまでら　福井県敦賀市
深川
　ふかがわ　北海道（JR函館本線）
　ふかがわ　山形県東田川郡庄内町
　ふかがわ　東京都江東区
　ふかわ　広島県広島市安佐北区
　ふかがわ　熊本県水俣市
　ふかがわ　熊本県菊池市
深川市　ふかがわし　北海道
深川町
　ふかがわちょう　福井県敦賀市
　ふかがわちょう　愛知県名古屋市中村区
　ふかがわちょう　愛知県瀬戸市
　ふかがわちょう　広島県広島市安佐北区
　ふかがわちょう　長崎県平戸市
深川町オーホ　ふかがわちょうおーほ　北海道深川市
深川町メム　ふかがわちょうめむ　北海道深川市
深川湯本　ふかわゆもと　山口県長門市
4 深井
　ふかい　埼玉県北本市
　ふかい　福井県大野市
　ふかい　大阪府（泉北高速鉄道線）
深井中町　ふかいなかまち　大阪府堺市中区
深井水池町　ふかいみずがいけちょう　大阪府堺市中区
深井北町　ふかいきたまち　大阪府堺市中区
深井沢町　ふかいさわまち　大阪府堺市中区
深井町　ふかいちょう　岡山県玉野市
深井東町　ふかいひがしまち　大阪府堺市中区
深井畑山町　ふかいはたやまちょう　大阪府堺市中区
深井清水町　ふかいしみずちょう　大阪府堺市中区
深井新田
　ふかいしんでん　埼玉県吉川市
　ふかいしんでん　千葉県流山市
深内町　ふこうちまち　福島県岩瀬郡鏡石町
深戸　ふかど　岐阜県（長良川鉄道越美南線）
深日　ふけ　大阪府泉南郡岬町
深日町　ふけちょう　大阪府（南海電気鉄道多奈川線）
深日港　ふけこう　大阪府（南海電気鉄道多奈川線）
深木　ふかき　高知県四万十市
深水
　ふかみ　熊本県球磨郡相良村
　ふかみず　鹿児島県姶良市
深水町　ふかみちょう　埼玉県行田市
5 深田
　ふかだ　宮城県伊具郡丸森町
　ふかだ　愛知県長久手市
　ふけだ　和歌山県紀の川市
　ふかた　愛媛県（JR予土線）
　ふかた　福岡県宗像市
　ふかた　大分県臼杵市
深田下
　ふかだしも　宮城県伊具郡丸森町
　ふかたしも　鹿児島県いちき串木野市
深田上
　ふかだかみ　宮城県伊具郡丸森町

　ふかたかみ　鹿児島県いちき串木野市
深田北　ふかだきた　熊本県球磨郡あさぎり町
深田台
　ふかだい　福島県郡山市
　ふかだだい　神奈川県横須賀市
深田西　ふかだにし　熊本県球磨郡あさぎり町
深田町
　ふかたまち　石川県加賀市
　ふかたちょう　岐阜県美濃加茂市
　ふかだちょう　愛知県豊田市
　ふかだちょう　大阪府門真市
　ふかだちょう　兵庫県神戸市灘区
深田和　ふかだわ　福島県田村郡三春町
深田東　ふかだひがし　熊本県球磨郡あさぎり町
深田南　ふかだみなみ　熊本県球磨郡あさぎり町
6 深年　ふかどし　宮崎県東諸県郡国富町
深江
　ふかえ　富山県砺波市
　ふかえ　兵庫県（阪神電気鉄道阪神本線）
　ふかえ　広島県廿日市市
　ふかえ　大分県臼杵市
深江北　ふかえきた　大阪府大阪市東成区
深江北町　ふかえきたまち　兵庫県神戸市東灘区
深江本町　ふかえほんまち　兵庫県神戸市東灘区
深江町
　ふかえまち　石川県羽咋市
　ふかえちょう　福井県鯖江市
深江町乙　ふかえちょうおつ　長崎県南島原市
深江町丁　ふかえちょうてい　長崎県南島原市
深江町丙　ふかえちょうへい　長崎県南島原市
深江町戊　ふかえちょうぼ　長崎県南島原市
深江町甲　ふかえちょうこう　長崎県南島原市
深江南　ふかえみなみ　大阪府大阪市東成区
深江南町　ふかえみなみまち　兵庫県神戸市東灘区
深江浜町　ふかえはままち　兵庫県神戸市東灘区
深江橋　ふかえばし　大阪府（大阪市交通局中央線）
深池町
　ふかいけちょう　岐阜県大垣市
　ふかいけちょう　愛知県西尾市
7 深作　ふかさく　埼玉県さいたま市見沼区
深坂
　ふかさか　福井県敦賀市
　ふかさか　岐阜県岐阜市
　ふかさか　福岡県中間市
深坂町　ふかさかちょう　福井県福井市
深志　ふかし　長野県松本市
深沢
　ふかさわ　青森県上北郡おいらせ町
　ふかさわ　秋田県由利本荘市
　ふかさわ　福島県郡山市
　ふかさわ　栃木県芳賀郡茂木町
　ふかさわ　千葉県長生郡長南町
　ふかさわ　東京都世田谷区
　ふかさわ　東京都あきる野市
　ふかさわ　新潟県南魚沼市
　ふかさわ　新潟県岩船郡関川村
　ふかさわ　富山県高岡市
　ふかさわ　長野県中野市
　ふかさわ　静岡県御殿場市
　ふかさわ　愛知県名古屋市守山区
深沢平　ふかさわたい　青森県上北郡おいらせ町

1025

11画（深）

深沢本町　ふかざわほんまち　大阪府高槻市
深沢町
　ふかざわまち　新潟県長岡市
　ふかざわちょう　大阪府高槻市
深町
　ふかまち　岩手県一関市
　ふかまち　山形県山形市
　ふかまち　新潟県阿賀野市
　ふかまち　広島県三原市
　ふかまち　福岡県北九州市若松区
深良　ふから　静岡県裾野市
深芝　ふかしば　茨城県神栖市
深芝南　ふかしばみなみ　茨城県神栖市
深見
　ふかみ　茨城県筑西市
　ふかみ　神奈川県大和市
　ふかみ　静岡県袋井市
深見台　ふかみだい　神奈川県大和市
深見西　ふかみにし　神奈川県大和市
深見町
　ふかみまち　石川県七尾市
　ふかみまち　石川県輪島市
　ふかみちょう　福井県福井市
　ふかみちょう　愛知県豊田市
深見東　ふかみひがし　神奈川県大和市
深谷
　ふかや　青森県三沢市
　ふかや　福島県相馬郡飯舘村
　ふかや　茨城県かすみがうら市
　ふかや　埼玉県（JR高崎線）
　ふかや　千葉県いすみ市
　ふかや　神奈川県綾瀬市
　ふかたに　福井県小浜市
　ふかたに　和歌山県田辺市
深谷上　ふかやかみ　神奈川県綾瀬市
深谷中　ふかやなか　神奈川県綾瀬市
深谷市　ふかやし　埼玉県
深谷町
　ふかやまち　青森県西津軽郡鰺ケ沢町
　ふかやちょう　埼玉県深谷市
　ふかやちょう　神奈川県横浜市戸塚区
　ふかたにまち　石川県金沢市
　ふかたにちょう　福井県福井市
　ふかだにちょう　愛知県半田市
　ふかやちょう　三重県桑名市
　ふかたにちょう　兵庫県西宮市
　ふかたにちょう　高知県高知市
深谷南　ふかやみなみ　神奈川県綾瀬市
深阪　ふかさか　大阪府堺市中区
深阪南　ふかさかみなみ　大阪府堺市南区
深味　ふかみ　青森県北津軽郡板柳町
深坪町
　ふかつぼちょう　愛知県一宮市
　ふかつぼちょう　愛知県津島市
深岩　ふかいわ　栃木県鹿沼市
深河内　ふかがわうち　大分県大分市
深沼　ふかぬま　山形県東置賜郡高畠町
深長町　ふこさちょう　三重県松阪市
深城　ふかしろ　千葉県市原市
深廻間　ふかばさま　愛知県長久手市
深持　ふかもち　青森県十和田市

深海町　ふかみまち　熊本県天草市
深津　ふかづ　栃木県鹿沼市
深津町　ふかずちょう　兵庫県西宮市
深草
　ふかくさ　福井県越前市
　ふこそ　滋賀県愛知郡愛荘町
　ふかくさ　京都府（京阪電気鉄道本線）
　ふかくさ　兵庫県淡路市
深草キトロ町　ふかくさきとろちょう　京都府京都市伏見区
深草ケナサ町　ふかくさけなさちょう　京都府京都市伏見区
深草ススハキ町　ふかくさすすはきちょう　京都府京都市伏見区
深草フケノ内町　ふかくさふけのうちちょう　京都府京都市伏見区
深草フチ町　ふかくさふちちょう　京都府京都市伏見区
深草ヲカヤ町　ふかくさおかやちょう　京都府京都市伏見区
深草一ノ坪町　ふかくさいちのつぼちょう　京都府京都市伏見区
深草七瀬川町　ふかくさななせがわちょう　京都府京都市伏見区
深草十九軒町　ふかくさじゅうきゅうけんちょう　京都府京都市伏見区
深草下川原町　ふかくさしもがわらちょう　京都府京都市伏見区
深草下高松町　ふかくさしもたかまつちょう　京都府京都市伏見区
深草下横縄町　ふかくさしもこなわちょう　京都府京都市伏見区
深草上横縄町　ふかくさかみよこなわちょう　京都府京都市伏見区
深草大門町　ふかくさだいもんちょう　京都府京都市伏見区
深草大島屋敷町　ふかくさおおしまやしきちょう　京都府京都市伏見区
深草大亀谷八島町　ふかくさおおかめだにやしまちょう　京都府京都市伏見区
深草大亀谷万帖敷町　ふかくさおおかめだにまんじょうじきちょう　京都府京都市伏見区
深草大亀谷大山町　ふかくさおおかめだにおおやまちょう　京都府京都市伏見区
深草大亀谷大谷町　ふかくさおおかめだにおおたにちょう　京都府京都市伏見区
深草大亀谷五郎太町　ふかくさおおかめだにごろうたちょう　京都府京都市伏見区
深草大亀谷六躰町　ふかくさおおかめだにろくたいちょう　京都府京都市伏見区
深草大亀谷内膳町　ふかくさおおかめだにないぜんちょう　京都府京都市伏見区
深草大亀谷古御香町　ふかくさおおかめだにふるごこうちょう　京都府京都市伏見区
深草大亀谷安信町　ふかくさおおかめだにあんしんちょう　京都府京都市伏見区
深草大亀谷西久宝寺町　ふかくさおおかめだににしきゅうほうじちょう　京都府京都市伏見区
深草大亀谷西寺町　ふかくさおおかめだににしでらちょう　京都府京都市伏見区
深草大亀谷岩山町　ふかくさおおかめだにいわやまちょう　京都府京都市伏見区

11画（深）

深草大亀谷東久宝寺町　ふかくさおおかめだにひがし
きゅうほうじちょう　京都府京都市伏見区
深草大亀谷東古御香町　ふかくさおおかめだにひがし
ふるごこうちょう　京都府京都市伏見区
深草大亀谷東安信町　ふかくさおおかめだにひがしあん
しんちょう　京都府京都市伏見区
深草大亀谷東寺町　ふかくさおおかめだにひがしでら
ちょう　京都府京都市伏見区
深草大亀谷金森出雲町　ふかくさおおかめだにかなも
りいずもちょう　京都府京都市伏見区
深草大亀谷敦賀町　ふかくさおおかめだにつるがちょう
京都府京都市伏見区
深草小久保町　ふかくさこくぼちょう　京都府京都市
伏見区
深草山村町　ふかくさやまむらちょう　京都府京都市
伏見区
深草川久保町　ふかくさかわくぼちょう　京都府京都
市伏見区
深草中ノ島町　ふかくさなかのしまちょう　京都府京
都市伏見区
深草中ノ郷山町　ふかくさなかのごうやまちょう　京都
府京都市伏見区
深草中川原町　ふかくさなかがわらちょう　京都府京
都市伏見区
深草五反田町　ふかくさごたんだちょう　京都府京都
市伏見区
深草今在家町　ふかくさいまざいけちょう　京都府京
都市伏見区
深草六反田町　ふかくさろくたんだちょう　京都府京
都市伏見区
深草仙石屋敷町　ふかくさせんごくやしきちょう　京都
府京都市伏見区
深草出羽屋敷町　ふかくさでわやしきちょう　京都府
京都市伏見区
深草加賀屋敷町　ふかくさかがやしきちょう　京都府
京都市伏見区
深草北新町　ふかくさきたしんまち　京都府京都市伏
見区
深草北蓮池町　ふかくさきたはすいけちょう　京都府京
都市伏見区
深草北鍵屋町　ふかくさきたかぎやちょう　京都府京
都市伏見区
深草平田町　ふかくさひらたちょう　京都府京都市伏
見区
深草本寺山町　ふかくさほんじやまちょう　京都府京
都市伏見区
深草正覚町　ふかくさしょうかくちょう　京都府京都
市伏見区
深草瓦町　ふかくさかわらまち　京都府京都市伏見区
深草田谷町　ふかくさたやちょう　京都府京都市伏見
区
深草石峰寺山町　ふかくさせきほうじやまちょう　京都
府京都市伏見区
深草石橋町　ふかくさいしばしちょう　京都府京都市
伏見区
深草向ケ原町　ふかくさむかいがはらちょう　京都府京
都市伏見区
深草向川原町　ふかくさむかいがわらちょう　京都府京
都市伏見区
深草向畑町　ふかくさむかいはたちょう　京都府京都
市伏見区

深草寺内町　ふかくさてらうちちょう　京都府京都市
伏見区
深草池ノ内町　ふかくさいけのうちちょう　京都府京
都市伏見区
深草西川原町　ふかくさにしがわらちょう　京都府京
都市伏見区
深草西出山町　ふかくさにしでやまちょう　京都府京
都市伏見区
深草西出町　ふかくさにしでちょう　京都府京都市伏
見区
深草西伊達町　ふかくさにしだてちょう　京都府京都
市伏見区
深草西浦町　ふかくさにしうらちょう　京都府京都市
伏見区
深草西飯食町　ふかくさにしいじきちょう　京都府京
都市伏見区
深草佐野屋敷町　ふかくさのやしきちょう　京都府
京都市伏見区
深草坊山町　ふかくさぼうやまちょう　京都府京都市
伏見区
深草坊町　ふかくさぼうちょう　京都府京都市伏見区
深草町　ふかくさちょう　京都府京都市下京区
深草町通町　ふかくさちょうどおりちょう　京都府京都
市伏見区
深草芳本町　ふかくさよしもとちょう　京都府京都市
伏見区
深草芳永町　ふかくさよしながちょう　京都府京都市
伏見区
深草谷口町　ふかくさたにぐちちょう　京都府京都市
伏見区
深草車阪町　ふかくさくるまざかちょう　京都府京都
市伏見区
深草宝塔寺山町　ふかくさほうとうじやまちょう　京都
府京都市伏見区
深草東瓦町　ふかくさひがしがわらまち　京都府京都
市伏見区
深草東伊達町　ふかくさひがしだてちょう　京都府京
都市伏見区
深草東軸町　ふかくさとうじくちょう　京都府京都市
伏見区
深草泓ノ壺町　ふかくさふけのつぼちょう　京都府京
都市伏見区
深草直違橋　ふかくさすじかいばし　京都府京都市伏
見区
深草直違橋片町　ふかくさすじかいばしかたまち　京都
府京都市伏見区
深草直違橋北　ふかくさすじかいばしきた　京都府京
都市伏見区
深草直違橋南　ふかくさすじかいばしみなみ　京都府京
都市伏見区
深草南明町　ふかくさなんめいちょう　京都府京都市
伏見区
深草南蓮池町　ふかくさみなみはすいけちょう　京都府
京都市伏見区
深草枯木町　ふかくさかれきちょう　京都府京都市伏
見区
深草柴田屋敷町　ふかくさしばたやしきちょう　京都
府京都市伏見区
深草相深町　ふかくさあいふかちょう　京都府京都市
伏見区
深草砂子谷町　ふかくさすなこだにちょう　京都府京
都市伏見区

1027

11画（深）

深草神明講谷町　ふかくさしんめいこうだにちょう　京都府京都市伏見区

深草宮谷町　ふかくさみやたにちょう　京都府京都市伏見区

深草真宗院山町　ふかくさしんじゅういんやまちょう　京都府京都市伏見区

深草砥粉山町　ふかくさとのこやまちょう　京都府京都市伏見区

深草祓川町　ふかくさはらいがわちょう　京都府京都市伏見区

深草馬谷町　ふかくさうまたにちょう　京都府京都市伏見区

深草兜山町　ふかくさかぶとやまちょう　京都府京都市伏見区

深草堀田町　ふかくさほつたちょう　京都府京都市伏見区

深草笹山町　ふかくさささやまちょう　京都府京都市伏見区

深草紺屋町　ふかくさこんやちょう　京都府京都市伏見区

深草野手町　ふかくさのでちょう　京都府京都市伏見区

深草野田町　ふかくさのだちょう　京都府京都市伏見区

深草鳥居崎町　ふかくさとりいざきちょう　京都府京都市伏見区

深草善導寺町　ふかくさぜんどうじちょう　京都府京都市伏見区

深草塚本町　ふかくさつかもとちょう　京都府京都市伏見区

深草森吉町　ふかくさもりよしちょう　京都府京都市伏見区

深草越後屋敷町　ふかくさえちごやしきちょう　京都府京都市伏見区

深草開土口町　ふかくさかいどぐちちょう　京都府京都市伏見区

深草開土町　ふかくさかいどちょう　京都府京都市伏見区

深草飯食山町　ふかくさいいじきやまちょう　京都府京都市伏見区

深草飯食町　ふかくさいいじきちょう　京都府京都市伏見区

深草僧坊山町　ふかくさそうぼうやまちょう　京都府京都市伏見区

深草僧坊町　ふかくさそうぼうちょう　京都府京都市伏見区

深草勧進橋町　ふかくさかんじんばしちょう　京都府京都市伏見区

深草新門丈町　ふかくさしんもんじょうちょう　京都府京都市伏見区

深草極楽寺山町　ふかくさごくらくじやまちょう　京都府京都市伏見区

深草極楽寺町　ふかくさごくらくじちょう　京都府京都市伏見区

深草極楽町　ふかくさごくらくちょう　京都府京都市伏見区

深草鈴塚町　ふかくさすずつかちょう　京都府京都市伏見区

深草稲荷山町　ふかくさいなりやまちょう　京都府京都市伏見区

深草稲荷中之町　ふかくさいなりなかのちょう　京都府京都市伏見区

深草稲荷鳥居前町　ふかくさいなりとりいまえちょう　京都府京都市伏見区

深草稲荷御前町　ふかくさいなりおんまえちょう　京都府京都市伏見区

深草稲荷榎木橋町　ふかくさいなりえのきばしちょう　京都府京都市伏見区

深草綿森町　ふかくさわたもりちょう　京都府京都市伏見区

深草関屋敷町　ふかくさせきやしきちょう　京都府京都市伏見区

深草墨染町　ふかくさすみぞめちょう　京都府京都市伏見区

深草鞍ケ谷　ふかくさくらがたに　京都府京都市伏見区

深草薮之内町　ふかくさやぶのうちちょう　京都府京都市伏見区

深草藤田坪町　ふかくさふじたのつぼちょう　京都府京都市伏見区

深草藤森玄蕃町　ふかくさふじのもりげんばちょう　京都府京都市伏見区

深草藤森町　ふかくさふじのもりちょう　京都府京都市伏見区

深草霧ケ谷町　ふかくさきりがたにちょう　京都府京都市伏見区

深草願成町　ふかくさがんしょうちょう　京都府京都市伏見区

深草鐙ケ谷町　ふかくさあぶみがたにちょう　京都府京都市伏見区

10 深原　ふかはら　富山県氷見市

深浦
　ふかうら　青森県（JR五能線）
　ふかうら　青森県西津軽郡深浦町
　ふかうら　新潟県佐渡市
　ふかうら　愛媛県南宇和郡愛南町
　ふかうら　佐賀県杵島郡白石町

深浦町　ふかうらまち　青森県西津軽郡

11 深堀
　ふかほり　秋田県湯沢市
　ふかほり　千葉県いすみ市
　ふかほり　新潟県阿賀野市

深堀町
　ふかぼりちょう　北海道（函館市交通局2系統ほか）
　ふかぼりちょう　北海道函館市
　ふかほりまち　長崎県長崎市

深郷田
　ふこうだ　青森県（津軽鉄道線）
　ふこうだ　青森県北津軽郡中泊町

深野
　ふかの　福井県小浜市
　ふこの　大阪府大東市

深野北　ふこのきた　大阪府大東市

深野南町　ふこのみなみちょう　大阪府大東市

12 深森　ふかもり　徳島県那賀郡那賀町

深渡戸　ふかわたりど　福島県須賀川市

深程　ふかほど　栃木県鹿沼市

深萱　ふかがや　岐阜県加茂郡坂祝町

深萩町　ふかはぎちょう　静岡県浜松市西区

13 深溝
　ふこうず　愛知県額田郡幸田町
　ふかみぞ　山口県（JR宇部線）
　ふかみぞ　山口県山口市

深溝町　ふかみぞちょう　三重県鈴鹿市

11画（清）

¹⁵深輪　ふかわ　埼玉県北葛飾郡杉戸町
¹⁹深瀬　ふかぜ　石川県白山市
深瀬町　ふかせちょう　徳島県阿南市
深瀬新町　ふかぜしんまち　石川県白山市

【清】

清　せい　岐阜県岐阜市
³清久町　きよくちょう　埼玉県久喜市
清久島　せいきゅうじま　茨城県稲敷市
清子　せいご　山梨県南巨摩郡身延町
清川
　　きよかわ　北海道北斗市
　　きよかわ　北海道上川郡上川町
　　きよかわ　北海道天塩郡遠別町
　　きよかわ　北海道紋別郡遠軽町
　　きよかわ　山形県（JR陸羽西線）
　　きよかわ　山形県東田川郡庄内町
　　きよかわ　千葉県木更津市
　　きよかわ　東京都台東区
　　きよかわ　長野県佐久市
　　きよかわ　和歌山県日高郡みなべ町
　　きよかわ　福岡県福岡市中央区
清川口　きよかわぐち　北海道（道南いさりび鉄道線）
清川村　きよかわむら　神奈川県愛甲郡
清川町
　　きよかわちょう　北海道帯広市
　　きよかわちょう　秋田県横手市
　　きよかわちょう　千葉県銚子市
　　きよかわちょう　東京都八王子市
　　きよかわまち　石川県金沢市
　　きよかわちょう　愛知県名古屋市中川区
清川町三玉　きよかわまちみたま　大分県豊後大野市
清川町大白谷　きよかわまちおおしろたに　大分県豊後大野市
清川町六種　きよかわまちむくさ　大分県豊後大野市
清川町天神　きよかわまちてんじん　大分県豊後大野市
清川町左右知　きよかわまちそうち　大分県豊後大野市
清川町平石　きよかわまちひらいし　大分県豊後大野市
清川町本通　きよかわちょうほんどおり　北海道帯広市
清川町仲通　きよかわちょうなかどおり　北海道帯広市
清川町伏野　きよかわまちふせの　大分県豊後大野市
清川町宇田枝　きよかわまちうたえだ　大分県豊後大野市
清川町臼尾　きよかわまちうすお　大分県豊後大野市
清川町西　きよかわちょうにし　北海道帯広市
清川町東　きよかわちょうひがし　北海道帯広市
清川町雨堤　きよかわまちあまづつみ　大分県豊後大野市
清川町砂田　きよかわまちすなだ　大分県豊後大野市
清川町基線　きよかわちょうきせん　北海道帯広市
⁴清井町
　　きよいちょう　京都府京都市東山区
　　きよいちょう　島根県安来市
清五郎
　　せいごろう　新潟県新潟市中央区
　　せいごろう　新潟県新潟市江南区
清元町　きよもとちょう　京都府京都市上京区

清六町　せいろくまち　石川県小松市
清内路　せいないじ　長野県下伊那郡阿智村
清内路村　せいないじむら　⇒阿智村（長野県下伊那郡）
清心町　せいしんちょう　岡山県岡山市北区
清戸　きよど　千葉県白井市
清月　せいげつ　北海道雨竜郡幌加内町
清月町　せいげつちょう　北海道北見市
清水
　　しみず　北海道檜山郡厚沢部町
　　しみず　北海道磯谷郡蘭越町
　　しみず　北海道中川郡美深町
　　しみず　北海道虻田郡洞爺湖町
　　しみず　北海道上川郡清水町
　　しみず　青森県青森市
　　しみず　青森県弘前市
　　しみず　岩手県八幡平市
　　きよみず　宮城県加美郡色麻町
　　しみず　秋田県大館市
　　しみず　秋田県大仙市
　　しみず　山形県東村山郡山辺町
　　しみず　山形県最上郡大蔵村
　　しみず　福島県耶麻郡猪苗代町
　　しみず　福島県田村郡三春町
　　しみず　茨城県取手市
　　しみず　茨城県鹿嶋市
　　きよみず　茨城県潮来市
　　しみず　茨城県筑西市
　　しみず　茨城県稲敷市
　　しみず　栃木県真岡市
　　しみず　千葉県野田市
　　しみず　千葉県茂原市
　　しみず　千葉県大網白里市
　　しみず　東京都杉並区
　　しみず　東京都東大和市
　　しみず　新潟県新潟市南区
　　しみず　新潟県十日町市
　　しみず　新潟県南魚沼市
　　しみず　富山県小矢部市
　　しみず　石川県河北郡津幡町
　　しょうず　福井県大野市
　　しみず　福井県吉田郡永平寺町
　　しみず　福井県南条郡南越前町
　　しょうず　福井県丹生郡越前町
　　しみず　山梨県南アルプス市
　　しみず　長野県松本市
　　しみず　長野県諏訪市
　　しみず　岐阜県不破郡垂井町
　　きよみず　岐阜県揖斐郡揖斐川町
　　しみず　岐阜県本巣郡北方町
　　しみず　静岡県（JR東海道本線）
　　しみず　愛知県（名古屋鉄道瀬戸線）
　　しみず　愛知県名古屋市北区
　　しみず　愛知県愛知郡東郷町
　　きよみず　京都府京都市東山区
　　しみず　大阪府（大阪市交通局今里筋線）
　　しみず　大阪府大阪市旭区
　　しみず　大阪府吹田市
　　しみず　大阪府茨木市
　　しみず　大阪府河内長野市
　　しみず　兵庫県伊丹市
　　しみず　兵庫県川辺郡猪名川町
　　しみず　和歌山県橋本市
　　しみず　和歌山県岩出市

1029

11画（清）

しみず　和歌山県有田郡有田川町
しみず　岡山県岡山市中区
しみず　岡山県和気郡和気町
しみず　広島県呉市
しみず　山口県周南市
せいずい　愛媛県北宇和郡鬼北町
しみず　高知県土佐清水市
きよみず　福岡県北九州市小倉北区
しみず　福岡県福岡市南区
きよみず　熊本県下益城郡美里町
しみず　大分県宇佐市
しみず　宮崎県宮崎市
きよみず　宮崎県西都市
せいすい　鹿児島県大島郡瀬戸内町

清水ケ丘
しみずがおか　神奈川県横浜市南区
しみずがおか　岐阜県可児市
しみずがおか　広島県福山市
しみずがおか　広島県安芸郡府中町

清水ケ野　しみずがの　岩手県和賀郡西和賀町
清水が丘
しみずがおか　福島県喜多方市
しみずがおか　東京都府中市
しみずがおか　愛知県知多市
しみずがおか　兵庫県神戸市垂水区

清水八尻町　しみずはちじりちょう　愛知県稲沢市
清水八神町　しみずやがみちょう　愛知県稲沢市
清水下分　きよみずしもぶん　高知県吾川郡いの町
清水上分　きよみずかみぶん　高知県吾川郡いの町
清水万石　しみずまんごく　熊本県熊本市北区
清水口　しみずぐち　千葉県白井市
清水小路
しみずこうじ　宮城県仙台市若林区
しみずこうじ　宮城県白石市

清水山
しみずやま　北海道富良野市
しみずやま　福島県福島市
しみずやま　新潟県糸魚川市
しみずやま　愛知県名古屋市緑区

清水山町　しみずやまちょう　福井県福井市
清水川
しみずかわ　北海道北斗市
しみずがわ　青森県（青い森鉄道線）
しみずがわ　青森県東津軽郡平内町
しみずがわ　鳥取県西伯郡南部町

清水川甲　しみずかわこう　福島県大沼郡会津美里町
清水中町
しみずなかまち　富山県富山市
しゅうずなかちょう　滋賀県東近江市

清水五条　きよみずごじょう　京都府（京阪電気鉄道本線）
清水今江　しみずいまえ　石川県羽咋郡志賀町
清水元　しみずもと　和歌山県新宮市
清水元町　しみずもとまち　富山県富山市
清水公園　しみずこうえん　千葉県（東武鉄道野田線）
清水公園東　しみずこうえんひがし　千葉県野田市
清水区　しみずく　静岡県静岡市
清水丘　しみずがおか　大阪府大阪市住吉区
清水北町　しみずきたまち　愛知県半田市
清水台
しみずだい　福島県郡山市

しみずだい　福島県喜多方市
しみずだい　福島県大沼郡会津美里町
しみずだい　大阪府高槻市
しみずだい　兵庫県神戸市須磨区

清水台甲　しみずだいこう　福島県大沼郡会津美里町
清水平町
しみずだいらまち　石川県七尾市
しみずだいらちょう　福井県福井市

清水本町　しみずほんまち　熊本県熊本市北区
清水田　しみずだ　福島県河沼郡湯川村
清水田浜　しみずだはま　宮城県石巻市
清水寺前町　しみずてらまえちょう　愛知県稲沢市
清水西川原町　しみずにしかわらちょう　愛知県稲沢市
清水西町　しみずにしまち　愛知県半田市
清水杉谷町　しみずすぎたにちょう　福井県福井市
清水村松地先新田　しみずむらまつちさきしんでん　静岡県静岡市清水区
清水沢
しみずさわ　北海道（JR石勝線）
しみずさわ　北海道夕張市
しみずさわ　宮城県塩竈市

清水沢宮前町　しみずさわみやまえちょう　北海道夕張市
清水沢清栄町　しみずさわせいえいちょう　北海道夕張市
清水沢清陵町　しみずさわせいりょうちょう　北海道夕張市
清水沢清湖町　しみずさわせいこちょう　北海道夕張市
清水町
しみずちょう　北海道小樽市
しみずちょう　北海道室蘭市
しみずちょう　北海道岩見沢市
しみずちょう　北海道苫小牧市
しみずちょう　北海道千歳市
しみずちょう　北海道上川郡
しみずちょう　岩手県盛岡市
しみずちょう　宮城県石巻市
しみずちょう　宮城県牡鹿郡女川町
しみずちょう　秋田県湯沢市
しみずちょう　山形県長井市
しみずまち　福島県福島市
しみずちょう　群馬県沼田市
しみずちょう　埼玉県川越市
しみずちょう　埼玉県行田市
しみずちょう　埼玉県坂戸市
しみずちょう　千葉県銚子市
しみずちょう　東京都板橋区
しみずちょう　神奈川県秦野市
しみずまち　富山県富山市
しみずまち　富山県高岡市
しみずちょう　富山県滑川市
しみずまち　石川県金沢市
しみずまち　石川県小松市
しみずまち　石川県珠洲市
しみずまち　石川県加賀市
しみずまち　福井県福井市
きよみずちょう　福井県敦賀市
しみずまち　長野県諏訪郡下諏訪町
しみずちょう　岐阜県大垣市
しみずちょう　岐阜県関市
しみずちょう　岐阜県美濃加茂市

11画（清）

しみずまち　静岡県静岡市清水区
しみずちょう　静岡県熱海市
しみずちょう　静岡県磐田市
しみずちょう　静岡県袋井市
しみずちょう　静岡県駿東郡
しみずまち　愛知県碧南市
しみずちょう　愛知県豊田市
しみずちょう　愛知県稲沢市
しみずちょう　愛知県高浜市
しみずちょう　三重県四日市市
しみずちょう　三重県松阪市
しみずちょう　三重県桑名市
しみずちょう　京都府京都市中京区
しみずちょう　京都府京都市下京区
しみずちょう　京都府京都市伏見区
しみずちょう　大阪府泉大津市
しみずちょう　大阪府八尾市
しみずちょう　大阪府富田林市
しみずちょう　大阪府寝屋川市
しみずちょう　兵庫県神戸市兵庫区
しみずちょう　兵庫県西宮市
しみずちょう　兵庫県芦屋市
しみずちょう　兵庫県赤穂市
しみずちょう　鳥取県境港市
しみずちょう　島根県浜田市
きよみずちょう　島根県安来市
しみずちょう　山口県防府市
しみずちょう　山口県周南市
しみずまち　愛媛県（伊予鉄道環状線）
しみずまち　愛媛県松山市
しみずまち　愛媛県八幡浜市
しみずちょう　愛媛県新居浜市
しょうず　福岡県豊前市
しみずまち　長崎県長崎市
しみずちょう　長崎県佐世保市
しみずまち　熊本県八代市
しみずまち　大分県日田市
しみずちょう　鹿児島県鹿児島市
きよみずまち　鹿児島県枕崎市

清水町打越　しみずまちうちごし　熊本県熊本市北区
清水町松崎　しみずまちまつざき　熊本県熊本市北区
清水町室園　しみずまちむろぞの　熊本県熊本市北区
清水町新田　しみずまちしんでん　秋田県横手市
清水谷
　しみずだに　北海道河東郡上士幌町
　しみずたに　新潟県柏崎市
　しみずたに　福井県今立郡池田町
　しみずたに　奈良県高市郡高取町
清水谷町
　しみずだにまち　石川県金沢市
　しみずだにちょう　大阪府大阪市天王寺区
清水岩倉　しみずいわくら　熊本県熊本市北区
清水明　しみずみょう　富山県南砺市
清水東　しみずひがし　兵庫県川辺郡猪名川町
清水東町
　しみずひがしまち　愛知県半田市
　しみずひがしまち　熊本県熊本市北区
清水沼　しみずぬま　宮城県仙台市宮城野区
清水阿原町　しみずあわらちょう　愛知県稲沢市
清水畑　しみずばた　福島県田村郡三春町
清水畑町　しみずばたちょう　福井県福井市
清水原
　しみずはら　岩手県（JR東北本線）

　しみずばら　石川県羽咋郡宝達志水町
清水浜　しずはま　宮城県（JR気仙沼線）
清水通　しみずどおり　兵庫県神戸市垂水区
清水亀井町　しみずかめいまち　熊本県熊本市北区
清水郷西町　しみずごうにしちょう　愛知県稲沢市
清水堰合　しみずせきあい　秋田県大館市
清水富田　しみずとみた　青森県弘前市
清水森　しみずもり　青森県弘前市
清水新田
　しみずしんでん　山形県鶴岡市
　しみずしんでん　神奈川県小田原市
清水新地　しみずしんち　熊本県熊本市北区
清水新居　しみずあらい　山梨県中巨摩郡昭和町
清水端　しみずばた　福島県耶麻郡猪苗代町
清水頭　しみずかしら　青森県上北郡七戸町
清水頭町　しみずがしらちょう　福井県越前市
清水瀬　しみずせ　新潟県南魚沼市
清王
　せいおう　福井県あわら市
　せいおう　高知県幡多郡大月町
5**清本**　きよもと　新潟県魚沼市
清本町
　せいほんまち　岐阜県岐阜市
　きよもとちょう　京都府京都市東山区
清末　きよすえ　山口県下関市
清末千房　きよすえせんぼう　山口県下関市
清末大門　きよすえだいもん　山口県下関市
清末中町　きよすえなかまち　山口県下関市
清末五毛　きよすえごもう　山口県下関市
清末本町　きよすえほんまち　山口県下関市
清末西町　きよすえにしまち　山口県下関市
清末東町　きよすえひがしまち　山口県下関市
清末陣屋　きよすえじんや　山口県下関市
清末鞍馬　きよすえくらま　山口県下関市
清玄寺　せいげんじ　富山県南砺市
清玄町　せいげんちょう　兵庫県神戸市垂水区
清生町　せいせいちょう　三重県松阪市
清田
　きよた　北海道札幌市清田区
　きよた　滋賀県蒲生郡日野町
　きよた　福岡県北九州市八幡東区
清田一条　きよたいちじょう　北海道札幌市清田区
清田七条　きよたしちじょう　北海道札幌市清田区
清田九条　きよたくじょう　北海道札幌市清田区
清田二条　きよたにじょう　北海道札幌市清田区
清田八条　きよたはちじょう　北海道札幌市清田区
清田十条　きよたじゅうじょう　北海道札幌市清田区
清田三条　きよたさんじょう　北海道札幌市清田区
清田山　せいだやま　新潟県十日町市
清田五条　きよたごじょう　北海道札幌市清田区
清田六条　きよたろくじょう　北海道札幌市清田区
清田区　きよたく　北海道札幌市
清田四条　きよたしじょう　北海道札幌市清田区
清田町　せいだちょう　愛知県蒲郡市
6**清光台町**　せいこうだいちょう　山口県周南市
清名幸谷　せいなごうや　千葉県大網白里市
清地
　せいじ　埼玉県北葛飾郡杉戸町
　きよじ　静岡県静岡市清水区

1031

11画（清）

清州　きよす　大阪府柏原市
清池　しょうげ　山形県天童市
清池東　しょうげひがし　山形県天童市
清竹の丘　きよたけのおか　三重県桑名市
7清住
　きよずみ　北海道岩内郡岩内町
　きよずみ　北海道常呂郡訓子府町
　きよずみ　北海道勇払郡厚真町
　きよすみ　栃木県宇都宮市
　きよすみ　愛媛県松山市
清住町
　きよずみちょう　北海道三笠市
　きよずみちょう　北海道伊達市
　きよずみまち　山形県山形市
　きよずみちょう　栃木県那須塩原市
　きよずみちょう　富山県富山市
　きよずみちょう　岐阜県岐阜市
　きよずみちょう　岐阜県羽島郡笠松町
　きよずみちょう　静岡県三島市
　きよずみちょう　愛知県名古屋市千種区
　きよずみちょう　愛媛県新居浜市
清児
　せちご　大阪府（水間鉄道線）
　せちご　大阪府貝塚市
清児新町　せちごしんまち　大阪府貝塚市
清冷寺　しょうれんじ　兵庫県豊岡市
清助町　せいすけまち　秋田県能代市
清助新田　せいすけしんでん　山形県寒河江市
清尾　せいのお　山口県周南市
清沢
　きよさわ　富山県小矢部市
　きよざわ　山梨県南巨摩郡身延町
清見
　きよみ　北海道中川郡池田町
　きよみ　埼玉県ふじみ野市
　きよみ　福岡県北九州市門司区
清見ケ丘　きよみがおか　北海道中川郡池田町
清見台
　きよみだい　千葉県木更津市
　きよみだい　大阪府河内長野市
清見台東　きよみだいひがし　千葉県木更津市
清見台南　きよみだいみなみ　千葉県木更津市
清見佐夜町　きよみさやまち　福岡県北九州市門司区
清見町
　きよみちょう　北海道北見市
　せいみちょう　島根県江津市
清見町二本木　きよみちょうにほんぎ　岐阜県高山市
清見町三ツ谷　きよみちょうみつだに　岐阜県高山市
清見町三日町　きよみちょうみっかまち　岐阜県高山市
清見町上小鳥　きよみちょうかみおどり　岐阜県高山市
清見町大谷　きよみちょうおおたに　岐阜県高山市
清見町大原　きよみちょうおっぱら　岐阜県高山市
清見町江黒　きよみちょうえぐろ　岐阜県高山市
清見町池本　きよみちょういけもと　岐阜県高山市
清見町坂下　きよみちょうさがした　岐阜県高山市
清見町牧ケ洞　きよみちょうまきがほら　岐阜県高山市
清見町夏厩　きよみちょうなつまや　岐阜県高山市
清見町巣野俣　きよみちょうすのまた　岐阜県高山市

清見町森茂　きよみちょうもりも　岐阜県高山市
清見町楢谷　きよみちょうならだに　岐阜県高山市
清見町福寄　きよみちょうふくより　岐阜県高山市
清見町藤瀬　きよみちょうふじせ　岐阜県高山市
清谷
　せいだに　鳥取県倉吉市
　せいたに　岡山県真庭市
清谷町　せいだにちょう　鳥取県倉吉市
清里
　きよさと　北海道中川郡本別町
　きよさと　山梨県（JR小海線）
　きよさと　静岡県藤枝市
清里区みらい　きよさとくみらい　新潟県上越市
清里区上中条　きよさとくかみなかじょう　新潟県上越市
清里区上田島　きよさとくかみたじま　新潟県上越市
清里区上深沢　きよさとくかみふかさわ　新潟県上越市
清里区上稲塚　きよさとくかみいなづか　新潟県上越市
清里区今曽根　きよさとくいまぞね　新潟県上越市
清里区水草　きよさとくみずくさ　新潟県上越市
清里区北野　きよさとくきたの　新潟県上越市
清里区平成　きよさとくへいせい　新潟県上越市
清里区寺脇　きよさとくてらわき　新潟県上越市
清里区赤池　きよさとくあかいけ　新潟県上越市
清里区岡野町　きよさとくおかのまち　新潟県上越市
清里区岡嶺新田　きよさとくおかみねしんでん　新潟県上越市
清里区弥生　きよさとくやよい　新潟県上越市
清里区東戸野　きよさとくひがしとの　新潟県上越市
清里区東福島　きよさとくひがしふくしま　新潟県上越市
清里区武士　きよさとくもののふ　新潟県上越市
清里区青柳　きよさとくあおやなぎ　新潟県上越市
清里区南田中　きよさとくみなみたなか　新潟県上越市
清里区荒牧　きよさとくあらまき　新潟県上越市
清里区馬屋　きよさとくまや　新潟県上越市
清里区梨平　きよさとくなしだいら　新潟県上越市
清里区梨窪　きよさとくなしくぼ　新潟県上越市
清里区菅原　きよさとくすがはら　新潟県上越市
清里区棚田　きよさとくたなだ　新潟県上越市
清里区塩曽根　きよさとくしおぞね　新潟県上越市
清里区鈴倉　きよさとくすずくら　新潟県上越市
清里区鷲沢　きよさとくうぐいすざわ　新潟県上越市
清里町
　きよさとちょう　北海道（JR釧網本線）
　きよさとちょう　北海道斜里郡
　きよさとちょう　愛知県名古屋市西区
清阪　きよさか　大阪府茨木市
8清和　せいわ　鹿児島県鹿児島市
清和乙　せいわおつ　千葉県旭市
清和台西　せいわだいにし　兵庫県川西市
清和台東　せいわだいひがし　兵庫県川西市
清和市場　せいわいちば　千葉県君津市
清和甲　せいわこう　千葉県旭市
清和町
　せいわちょう　福井県大野市
　せいわちょう　滋賀県大津市

11画（清）

　　　　せいわちょう　高知県安芸市
清和学園前　せいわがくえんまえ　高知県（とさでん交通ごめん線）
清和院町　せいわいんちょう　京都府京都市上京区
清和園町　せいわえんちょう　大阪府吹田市
清岸寺町　せいがんじまち　大分県日田市
清延　きよのぶ　愛媛県北宇和郡鬼北町
清明
　　　　せいめい　北海道天塩郡豊富町
　　　　せいめい　福井県（福井鉄道福武線）
清明山　せいめいやま　愛知県名古屋市千種区
清明町　せいめいちょう　福島県福島市
清武　きよたけ　宮崎県（JR日豊本線）
清武町　きよたけちょう　⇒宮崎市（宮崎県）
清武町あさひ　きよたけちょうあさひ　宮崎県宮崎市
清武町今泉　きよたけちょういまいずみ　宮崎県宮崎市
清武町木原　きよたけちょうきはら　宮崎県宮崎市
清武町加納　きよたけちょうかのう　宮崎県宮崎市
清武町正手　きよたけちょうしょうで　宮崎県宮崎市
清武町池田台　きよたけちょういけだだい　宮崎県宮崎市
清武町池田台北　きよたけちょういけだだいきた　宮崎県宮崎市
清武町西新町　きよたけちょうにししんまち　宮崎県宮崎市
清武町岡　きよたけちょうおか　宮崎県宮崎市
清武町船引　きよたけちょうふなひき　宮崎県宮崎市
清武町新町　きよたけちょうしんまち　宮崎県宮崎市
清河寺　せいがんじ　埼玉県さいたま市西区
清金　きよかね　石川県野々市市
清門　せいもん　埼玉県草加市
9**清城町**　せいしろまち　愛知県半田市
清後　せいご　静岡県御殿場市
清洲
　　　　きよす　愛知県（JR東海道本線）
　　　　きよす　愛知県清須市
清泉　きよいずみ　北海道斜里郡清里町
清美が丘　きよみがおか　京都府舞鶴市
清荒神
　　　　きよしこうじん　兵庫県（阪急電鉄宝塚本線）
　　　　きよしこうじん　兵庫県宝塚市
清音　きよね　岡山県（JR伯備線ほか）
清音三因　きよねみより　岡山県総社市
清音上中島　きよねかみなかしま　岡山県総社市
清音古地　きよねこち　岡山県総社市
清音柿木　きよねかきのき　岡山県総社市
清音黒田　きよねくろた　岡山県総社市
清音軽部　きよねかるべ　岡山県総社市
清風町
　　　　せいふうちょう　富山県富山市
　　　　せいふうちょう　滋賀県大津市
清風荘　せいふうそう　大阪府豊中市
10**清原**
　　　　きよはら　青森県弘前市
　　　　きよはら　東京都東大和市
　　　　きよはら　富山県小矢部市
　　　　きよはら　鳥取県西伯郡大山町
　　　　きよはら　鳥取県西伯郡伯耆町
清原工業団地　きよはらこうぎょうだんち　栃木県宇都宮市

清原台　きよはらだい　栃木県宇都宮市
清原町　きよはらちょう　群馬県太田市
清哲町水上　せいてつまちみずかみ　山梨県韮崎市
清哲町折居　せいてつまちおりい　山梨県韮崎市
清哲町青木　せいてつまちあおき　山梨県韮崎市
清哲町樋口　せいてつまちひのぐち　山梨県韮崎市
清峰高校前　せいほうこうこうまえ　長崎県（松浦鉄道西九州線）
清根町　きよねちょう　福井県越前市
清浦　きようら　北海道網走市
清流
　　　　せいりゅう　北海道千歳市
　　　　せいりゅう　埼玉県日高市
清流台　せいりゅうだい　兵庫県川西市
清流西　せいりゅうにし　北海道帯広市
清流町　せいりゅうちょう　北海道中川郡本別町
清流東　せいりゅうひがし　北海道帯広市
清流新岩国　せいりゅうしんいわくに　山口県（錦川鉄道錦川清流線）
清畠
　　　　きよはた　北海道（JR日高本線）
　　　　きよはた　北海道沙流郡日高町
清真　きよざね　石川県鳳珠郡能登町
清竜寺北　せいりゅうじきた　福島県大沼郡会津美里町
清納　せいのう　福岡県北九州市八幡西区
11**清崎**
　　　　きよさき　新潟県糸魚川市
　　　　きよさき　静岡県掛川市
　　　　きよさき　愛知県北設楽郡設楽町
清崎町　きよさきちょう　滋賀県彦根市
清庵新田　せいあんしんでん　静岡県磐田市
清船町　きよふねちょう　愛知県名古屋市中川区
清部　きよべ　北海道松前郡松前町
清野　せいの　新潟県阿賀野市
清野町　きよのまち　群馬県前橋市
清野袋　せいのふくろ　青森県弘前市
清隆町　きよたかちょう　北海道根室市
12**清富**　きよとみ　兵庫県美方郡新温泉町
清富町　きよとみちょう　青森県弘前市
清道　きよみち　京都府舞鶴市
清道新町　きよみちしんまち　京都府舞鶴市
清開　せいかい　静岡県静岡市清水区
清間　せいま　福井県あわら市
清閑寺山ノ内町　せいかんじやまのうちちょう　京都府京都市東山区
清閑寺池田町　せいかんじいけだちょう　京都府京都市東山区
清閑寺霊山町　せいかんじりょうざんちょう　京都府京都市東山区
清閑町　せいかんちょう　静岡県静岡市葵区
清須市　きよすし　愛知県
清須町　きよすちょう　愛知県豊橋市
13**清新**　せいしん　神奈川県相模原市中央区
清新町　せいしんちょう　東京都江戸川区
清源寺　せいげんじ　熊本県玉名郡長洲町
清滝
　　　　きよたき　栃木県日光市
　　　　きよたき　千葉県旭市
　　　　きよたき　福井県あわら市

1033

11画（淡, 添, 淵, 淀）

きよたき　三重県多気郡大台町
きよたき　滋賀県米原市
きよたき　福岡県北九州市門司区
清滝中安戸町　きよたきなかやすどまち　栃木県日光市
清滝中町　きよたきなかまち　大阪府四條畷市
清滝丹勢町　きよたきたんぜまち　栃木県日光市
清滝安良沢町　きよたきあらさわまち　栃木県日光市
清滝和の代町　きよたきわのしろまち　栃木県日光市
清滝桜ケ丘町　きよたきさくらがおかまち　栃木県日光市
清滝新町　きよたきしんまち　大阪府四條畷市
清滝新細尾町　きよたきしんほそおまち　栃木県日光市
清福寺町　せいふくじちょう　大阪府高槻市

14清徳　せいとく　鳥取県八頭郡八頭町

15清澄
　きよすみ　北海道河東郡士幌町
　きよすみ　千葉県鴨川市
　きよすみ　東京都江東区
清澄白河　きよすみしらかわ　東京都（東京地下鉄半蔵門線ほか）
清澄町　きよずみちょう　北海道茅部郡森町
清蔵寺　せいぞうじ　岐阜県関市
清輝本町　せいきほんまち　岡山県岡山市北区
清輝橋
　せいきばし　岡山県（岡山電気軌道清輝橋線）
　せいきばし　岡山県岡山市北区

19清瀬　きよせ　東京都（西武鉄道池袋線）
清瀬台　きよせだい　兵庫県西宮市
清瀬市　きよせし　東京都
清瀬町
　きよせちょう　群馬県桐生市
　きよせまち　石川県金沢市
　きよせちょう　島根県安来市
　きよせちょう　山口県下松市
清瀧
　せいりゅう　福井県大野市
　きよたき　大阪府四條畷市

【淡】

8淡河町中山　おうごちょうなかやま　兵庫県神戸市北区
淡河町木津　おうごちょうきづ　兵庫県神戸市北区
淡河町北畑　おうごちょうきたはた　兵庫県神戸市北区
淡河町北僧尾　おうごちょうきたそお　兵庫県神戸市北区
淡河町行原　おうごちょうぎょうのはら　兵庫県神戸市北区
淡河町東畑　おうごちょうひがしばた　兵庫県神戸市北区
淡河町南僧尾　おうごちょうみなみそお　兵庫県神戸市北区
淡河町神田　おうごちょうこうだ　兵庫県神戸市北区
淡河町神影　おうごちょうみかげ　兵庫県神戸市北区
淡河町淡河　おうごちょうおうご　兵庫県神戸市北区
淡河町野瀬　おうごちょうのせ　兵庫県神戸市北区
淡河町勝雄　おうごちょうかつお　兵庫県神戸市北区
淡河町萩原　おうごちょうはぎわら　兵庫県神戸市北区

10淡島町　あわしまちょう　静岡県静岡市清水区
11淡渕町　あわぶちちょう　愛知県岡崎市
淡窓　たんそう　大分県日田市
12淡陽　たんよう　静岡県掛川市
13淡路
　あわじ　大阪府（阪急電鉄京都本線ほか）
　あわじ　大阪府大阪市東淀川区
淡路市　あわじし　兵庫県
淡路町
　あわじちょう　東京都（東京地下鉄丸ノ内線）
　あわじまち　大阪府大阪市中央区
15淡輪
　たんのわ　大阪府（南海電気鉄道南海本線）
　たんのわ　大阪府阪南市
　たんのわ　大阪府泉南郡岬町

【添】

0添ノ川　そいのかわ　高知県幡多郡大月町
添ノ沢　そえのさわ　青森県上北郡東北町
3添山　そえやま　北海道北斗市
添川
　そえがわ　秋田県秋田市
　そえがわ　山形県鶴岡市
　そえがわ　山形県西置賜郡飯豊町
4添牛内　そえうしない　北海道雨竜郡幌加内町
5添田
　そえだ　福岡県（JR日田彦山線）
　そえだ　福岡県田川郡添田町
添田町　そえだまち　福岡県田川郡
添石　そえし　沖縄県中頭郡中城村
6添地町　そえちちょう　静岡県沼津市
7添別　そいべつ　北海道寿都郡黒松内町
添谷
　そえだに　鳥取県西伯郡伯耆町
　そえだに　島根県鹿足郡津和野町
9添津　そえづ　山形県東田川郡庄内町
11添野川　そいのがわ　和歌山県東牟婁郡古座川町
添野町　そえのまち　福島県いわき市

【淵】

3淵上　ふちがみ　富山県中新川郡立山町
7淵町　ふちまち　長崎県長崎市
淵見　ふちみ　鳥取県八頭郡若桜町
9淵垣　ふちがき　京都府（JR舞鶴線）
11淵野辺
　ふちのべ　神奈川県（JR横浜線）
　ふちのべ　神奈川県相模原市中央区
淵野辺本町　ふちのべほんちょう　神奈川県相模原市中央区

【淀】

淀
　よど　京都府（京阪電気鉄道本線）
　よど　兵庫県佐用郡佐用町
0淀ケ橋　よどがばし　長野県長野市
淀の原町　よどのはらちょう　大阪府高槻市
3淀下本町　よどしもづもち　京都府京都市伏見区
淀大下津町　よどおおしもづちょう　京都府京都市伏見区

1034

11画（涼, 淋, 淀, 渕, 渦, 淞, 焔, 猪）

淀川
　　よどがわ　　北海道磯谷郡蘭越町
　　よどがわ　　大阪府（阪神電気鉄道阪神本線）
　　よどがわ　　宮崎県宮崎市
淀川区　よどがわく　大阪府大阪市
淀川町
　　よどかわまち　山形県鶴岡市
　　よどがわちょう　岐阜県中津川市
　　よどがわちょう　静岡県富士宮市
淀川顔町　よどかわづらちょう　京都府京都市伏見区
⁴淀木津町　よどきづちょう　京都府京都市伏見区
淀水垂町　よどみずたれちょう　京都府京都市伏見区
⁵淀平町　よどひらちょう　静岡県富士宮市
淀本町　よどほんまち　京都府京都市伏見区
淀生津町　よどなまづちょう　京都府京都市伏見区
⁶淀江　よどえ　鳥取県（JR山陰本線）
淀江町　よどえちょう　大阪府守口市
淀江町小波　よどえちょうこなみ　鳥取県米子市
淀江町中西尾　よどえちょうなかにしお　鳥取県米
　子市
淀江町中間　よどえちょうなかま　鳥取県米子市
淀江町今津　よどえちょういまづ　鳥取県米子市
淀江町平岡　よどえちょうひらおか　鳥取県米子市
淀江町本宮　よどえちょうほんぐう　鳥取県米子市
淀江町西尾原　よどえちょうにしおはら　鳥取県米
　子市
淀江町西原　よどえちょうにしばら　鳥取県米子市
淀江町佐陀　よどえちょうさだ　鳥取県米子市
淀江町高井谷　よどえちょうたかいだに　鳥取県米
　子市
淀江町淀江　よどえちょうよどえ　鳥取県米子市
淀江町富繁　よどえちょうとみしげ　鳥取県米子市
淀江町福井　よどえちょうふくい　鳥取県米子市
淀江町福岡　よどえちょうふくおか　鳥取県米子市
淀江町福頼　よどえちょうふくより　鳥取県米子市
淀江町稲吉　よどえちょういなよし　鳥取県米子市
淀池上町　よどいけがみちょう　京都府京都市伏見区
⁷淀町　よどまち　青森県西津軽郡鰺ケ沢町
⁹淀屋橋　よどやばし　大阪府（京阪電気鉄道本線ほ
　か）
淀美豆町　よどみづちょう　京都府京都市伏見区
¹⁰淀原　よどはら　島根県邑智郡邑南町
淀師　よどし　静岡県富士宮市
¹³淀新町　よどしんまち　京都府京都市伏見区
¹⁴淀樋爪町　よどひづめちょう　京都府京都市伏見区
淀際目町　よどさいめちょう　京都府京都市伏見区

【涼】
⁸涼松　すずみまつ　愛知県愛知郡東郷町
⁹涼風町　すずかぜちょう　兵庫県芦屋市

【淋】
⁵淋代
　　さびしろ　青森県三沢市
　　さびしろ　青森県上北郡七戸町
　　さびしろ　青森県上北郡東北町

【渕】
渕
　　ふち　福井県福井市
　　ふち　兵庫県神崎郡神河町
⁰渕ノ上　ふちのうえ　宮城県伊具郡丸森町
³渕上　ふちがみ　東京都あきる野市
⁴渕之上　ふちのうえ　岐阜県可児市
⁷渕町　ふちまち　福井県福井市
⁸渕東　えんどう　長野県（アルピコ交通上高地線）
⁹渕垣町　ふちがきちょう　京都府綾部市
¹⁰渕高　ふちだか　愛知県（名古屋鉄道尾西線）
渕高町　ふちだかちょう　愛知県愛西市
¹¹渕崎　ふちざき　香川県小豆郡土庄町

【渦】
⁸渦沼　ひぬま　茨城県（鹿島臨海鉄道大洗鹿島線）

【淞】
⁵淞北台　しょうほくだい　島根県松江市

【焔】
²¹焔魔堂町　えんまどうちょう　滋賀県守山市

【猪】
⁰猪ノ鼻　いのはな　青森県上北郡七戸町
³猪子
　　いのこ　山形県東田川郡三川町
　　いのこ　鳥取県鳥取市
猪子石　いのこいし　愛知県名古屋市名東区
猪子石原　いのこいしはら　愛知県名古屋市名東区
猪子町
　　ししこちょう　茨城県牛久市
　　いのこちょう　滋賀県東近江市
猪子場新田　いのこばしんでん　新潟県三条市
猪小路　いのこうじ　鳥取県西伯郡南部町
猪山　いのしやま　広島県山県郡安芸太田町
猪川町　いかわちょう　岩手県大船渡市
⁴猪之木町　いのきちょう　長崎県五島市
猪之越町　いのこしちょう　愛知県名古屋市中村区
猪之頭　いのかしら　静岡県富士宮市
猪戸　ししど　静岡県伊東市
猪方　いのがた　東京都狛江市
猪木　いのき　愛媛県松山市
猪木谷町　いのきだにちょう　島根県益田市
⁵猪去　いさり　岩手県盛岡市
猪平　いのひら　石川県鳳珠郡能登町
猪田　いだ　三重県伊賀市
猪田道　いだみち　三重県（伊賀鉄道線）
猪目町　いのめちょう　島根県出雲市
⁶猪名川台　いながわだい　兵庫県川辺郡猪名川町
猪名川町　いながわちょう　兵庫県川辺郡
猪名寺
　　いなでら　兵庫県（JR福知山線）
　　いなでら　兵庫県尼崎市
⁷猪尾　いのお　大分県杵築市
猪谷
　　いのたに　富山県（JR高山本線ほか）
　　いのたに　富山県富山市

1035

11画（猫, 猟, 猊, 球, 現, 理, 珸, 瓶, 産, 畦）

　　　いのたに　富山県南砺市
8猪国
　　　いのくに　福岡県田川市
　　　いのくに　福岡県嘉麻市
猪岡　いのおか　秋田県横手市
猪岡短台　いのおかたんだい　宮城県遠田郡涌谷町
猪臥　いぶし　岡山県美作市
猪苗代　いなわしろ　福島県（JR磐越西線）
猪苗代町　いなわしろまち　福島県耶麻郡
猪苗代湖畔　いなわしろこはん　福島県（JR磐越西線・臨）
9猪乗川内郷　いのりごうちごう　長崎県東彼杵郡川棚町
猪俣　いのまた　埼玉県児玉郡美里町
猪垣　いのかけ　和歌山県紀の川市
猪狩町　いかりちょう　山梨県甲府市
10猪倉
　　　いのくら　栃木県日光市
　　　いのくら　福岡県鞍手郡鞍手町
猪倉町　いのくらまち　福岡県北九州市八幡東区
猪倉野　いくらの　福島県河沼郡柳津町
猪島　いのしま　福井県大野市
猪高台　いだかだい　愛知県名古屋市名東区
猪高町上社　いたかちょうかみやしろ　愛知県名古屋市名東区
猪高町高針　いたかちょうたかばり　愛知県名古屋市名東区
猪高町猪子石猪々道　いたかちょういのこいししみち　愛知県名古屋市千種区
11猪崎　いざき　京都府福知山市
猪渕　いぶち　兵庫県川辺郡猪名川町
猪野
　　　いの　福井県勝山市
　　　いの　福岡県糟屋郡久山町
　　　いの　大分県大分市
猪野々　いのの　京都府福知山市
猪野口　いのくち　福井県勝山市
猪野山　いのやま　新潟県妙高市
猪野毛屋　いのけや　福井県勝山市
猪野沢　いのさわ　山形県東根市
12猪渡谷町　いとやちょう　長崎県平戸市
14猪熊
　　　いのくま　京都府京都市上京区
　　　いのくま　福岡県遠賀郡水巻町
猪鼻　いのはな　京都府船井郡京丹波町
17猪篠　いざさ　兵庫県神崎郡神河町

【猫】
2猫又　ねこまた　富山県（黒部峡谷鉄道線）
3猫山　ねこやま　新潟県阿賀野市
5猫田　ねこだ　滋賀県蒲生郡日野町
猫石山　ねこいしやま　福島県耶麻郡猪苗代町
7猫沢　ねこざわ　静岡県富士宮市
8猫実
　　　ねこざね　茨城県坂東市
　　　ねこざね　千葉県浦安市
猫実新田　ねこざねしんでん　茨城県坂東市
9猫屋町　ねこやちょう　広島県広島市中区
猫洞通　ねこがほらとおり　愛知県名古屋市千種区

10猫島　ねこしま　茨城県筑西市
11猫渕　ねこぶち　福島県福島市
12猫啼　ねこなき　福島県石川郡石川町
16猫興野　ねこごうや　新潟県長岡市
19猫瀬町　ねこせちょう　福井県福井市

【猟】
10猟師　りょうし　京都府宮津市
猟師町
　　　りょうしまち　秋田県由利本荘市
　　　りょうしちょう　三重県松阪市

【猊】
14猊鼻渓　げいびけい　岩手県（JR大船渡線）

【球】
9球泉洞　きゅうせんどう　熊本県（JR肥薩線）
10球浦　たまうら　北海道奥尻郡奥尻町
12球場前
　　　きゅうじょうまえ　岡山県（水島臨海鉄道線）
　　　きゅうじょうまえ　高知県（土佐くろしお鉄道ごめん・なはり線）
16球磨村　くまむら　熊本県球磨郡
球磨郡　くまぐん　熊本県

【現】
3現川　うつつがわ　長崎県（JR長崎本線）
現川町　うつつがわまち　長崎県長崎市
4現王島　げんのうじま　宮崎県西都市
8現和　げんな　鹿児島県西之表市

【理】
3理大町　りだいちょう　岡山県岡山市北区
6理休　りきゅう　富山県南砺市

【珸】
14珸瑤瑁　ごようまい　北海道根室市

【瓶】
3瓶山　かめやま　静岡県伊東市

【産】
3産士　うぶし　北海道天塩郡天塩町
産女　うぶめ　静岡県静岡市葵区
産山　うぶやま　熊本県阿蘇郡産山村
産山村　うぶやまむら　熊本県阿蘇郡
8産所町　さんしょちょう　兵庫県西宮市
産物　さんぶつ　秋田県能代市
9産品　うぶしな　三重県津市
12産湯　うぶゆ　和歌山県日高郡日高町
13産業振興センター　さんぎょうしんこうせんたー　神奈川県（横浜シーサイドライン）
産業通　さんぎょうどおり　愛媛県八幡浜市
産業道路　さんぎょうどうろ　神奈川県（京浜急行電鉄大師線）

【畦】
5畦布　あぜふ　鹿児島県大島郡和泊町

11画（皐, 盛, 眼, 移, 笠）

畦田　あぜた　和歌山県有田郡有田川町
7畦別当町　あぜべつとうまち　長崎県長崎市
畦町
　　あぜまち　福岡県福津市
　　あぜまち　長崎県長崎市
11畦野　うねの　兵庫県（能勢電鉄妙見線）

【皐】

0皐ケ丘　さつきがおか　岐阜県可児市

【盛】

　盛　さかり　岩手県（JR大船渡線ほか）
3盛山　もりやま　沖縄県石垣市
5盛田　もりた　青森県東津軽郡平内町
7盛町　さかりちょう　岩手県大船渡市
　盛里　もりさと　山梨県都留市
8盛岡　もりおか　岩手県（JR東北新幹線ほか）
　盛岡区　もりおかく　岩手県
　盛岡駅西通　もりおかえきにしどおり　岩手県盛岡市
　盛岡駅前北通　もりおかえきまえきたどおり　岩手県盛
　　岡市
　盛岡駅前通　もりおかえきまえどおり　岩手県盛岡市
　盛金
　　もりがね　茨城県常陸大宮市
　　もりがね　茨城県久慈郡大子町
9盛泉　もりいずみ　栃木県那須郡那珂川町
13盛新　もりしん　富山県南砺市

【眼】

5眼目　さっか　富山県中新川郡上市町
　眼目新　さっかしん　富山県中新川郡上市町

【移】

　移　うつり　和歌山県伊都郡かつらぎ町
10移原　うつのはら　広島県山県郡北広島町

【笠】

　笠
　　かさ　奈良県桜井市
　　かさ　奈良県北葛城郡広陵町
3笠上町　かさがみちょう　千葉県銚子市
　笠上黒生　かさがみくろはえ　千葉県（銚子電気鉄道
　　線）
　笠山　かさやま　滋賀県草津市
　笠川　かさがわ　滋賀県栗東市
4笠之原町　かさのはらちょう　鹿児島県鹿屋市
　笠井上町　かさいかみまち　静岡県浜松市東区
　笠井町　かさいちょう　静岡県浜松市東区
　笠井新田町　かさいしんでんちょう　静岡県浜松市
　　東区
　笠戸島　かさどしま　山口県下松市
　笠方　かさがた　愛媛県上浮穴郡久万高原町
　笠木
　　かさぎ　新潟県新潟市西区
　　かさぎ　富山県滑川市
　　かさぎ　三重県多気郡多気町
　　かさぎ　奈良県吉野郡黒滝村
　　かさぎ　和歌山県伊都郡九度山町
　　かさぎ　鳥取県日野郡日南町

　　かさぎ　徳島県板野郡藍住町
　笠木町　かさぎちょう　岐阜県大垣市
5笠市町　かさいちまち　石川県金沢市
　笠田　かせだ　和歌山県（JR和歌山線）
　笠田中　かせだなか　和歌山県伊都郡かつらぎ町
　笠田東　かせだひがし　和歌山県伊都郡かつらぎ町
　笠目　かさめ　奈良県生駒郡安堵町
　笠石　かさいし　福島県岩瀬郡鏡石町
　笠石原町　かさいしはらまち　福島県岩瀬郡鏡石町
6笠名
　　かさな　千葉県館山市
　　かさな　静岡県牧之原市
　笠寺　かさでら　愛知県（JR東海道本線）
　笠寺町　かさでらちょう　愛知県名古屋市南区
　笠池ケ原　かさいけがはら　石川県河北郡津幡町
7笠佐島　かささじま　山口県大島郡周防大島町
　笠利町万屋　かさりちょうまんや　鹿児島県奄美市
　笠利町川上　かさりちょうかわかみ　鹿児島県奄美市
　笠利町中金久　かさりちょうなかがねく　鹿児島県奄
　　美市
　笠利町手花部　かさりちょうてけぶ　鹿児島県奄美市
　笠利町外金久　かさりちょうそとがねく　鹿児島県奄
　　美市
　笠利町平　かさりちょうたいら　鹿児島県奄美市
　笠利町用　かさりちょうよう　鹿児島県奄美市
　笠利町用安　かさりちょうようあん　鹿児島県奄美市
　笠利町宇留　かさりちょううべる　鹿児島県奄美市
　笠利町宇宿　かさりちょううしゅく　鹿児島県奄美市
　笠利町佐仁　かさりちょうさに　鹿児島県奄美市
　笠利町里　かさりちょうさと　鹿児島県奄美市
　笠利町和野　かさりちょうわの　鹿児島県奄美市
　笠利町屋仁　かさりちょうやに　鹿児島県奄美市
　笠利町笠利　かさりちょうかさり　鹿児島県奄美市
　笠利町喜瀬　かさりちょうきせ　鹿児島県奄美市
　笠利町須野　かさりちょうすの　鹿児島県奄美市
　笠利町節田　かさりちょうせた　鹿児島県奄美市
　笠形　かさがた　奈良県磯城郡田原本町
　笠沙町片浦　かささちょうかたうら　鹿児島県南さつ
　　ま市
　笠沙町赤生木　かささちょうあこうぎ　鹿児島県南さ
　　つま市
　笠見　かさみ　鳥取県東伯郡琴浦町
8笠取町　かさとりちょう　愛知県名古屋市西区
　笠岡
　　かさおか　岡山県（JR山陽本線）
　　かさおか　岡山県笠岡市
　笠岡市　かさおかし　岡山県
　笠岡町　かさおかまち　広島県福山市
　笠岩　かさいわ　愛知県新城市
　笠松
　　かさまつ　宮城県伊具郡丸森町
　　かさまつ　岐阜県（名古屋鉄道竹鼻線ほか）
　　かさまつ　大阪府泉佐野市
　笠松町
　　かさまつちょう　岐阜県羽島郡
　　かさまつちょう　三重県松阪市
　笠松通　かさまつどおり　兵庫県神戸市兵庫区
9笠屋町　かさやちょう　兵庫県西宮市
　笠指町　かざしちょう　香川県坂出市

1037

11画（笹）

笠柄町　かさがらちょう　島根県浜田市
笠柳　かさやなぎ　新潟県新潟市北区
笠神
　かさがみ　宮城県多賀城市
　かさがみ　千葉県印西市
　かさがみ　岐阜県美濃市
10笠原
　かさはら　埼玉県鴻巣市
　かさはら　埼玉県比企郡小川町
　かさはら　埼玉県南埼玉郡宮代町
　かさはら　福井県大飯郡高浜町
　かさはら　長野県中野市
笠原町
　かさはらちょう　茨城県水戸市
　かさはらちょう　岐阜県多治見市
　かさはらちょう　滋賀県守山市
笠島
　かさしま　宮城県角田市
　かさしま　新潟県（JR信越本線）
　かさしま　新潟県柏崎市
　かさしま　石川県かほく市
笠師町　かさしまち　茨城県土浦市
笠師保　かさしほ　石川県（のと鉄道七尾線）
笠梅　かさうめ　静岡県磐田市
笠破　かさやぶり　富山県黒部市
11笠堀　かさぼり　新潟県三条市
笠部　かさべ　三重県伊賀市
12笠森　かさもり　千葉県長生郡長南町
笠間
　かさま　茨城県（JR水戸線）
　かさま　茨城県笠間市
　かさま　神奈川県横浜市栄区
笠間市　かさまし　茨城県
笠間町　かさままち　石川県白山市
笠間新　かさましん　石川県白山市
13笠滝　かさがだき　香川県小豆郡土庄町
笠置
　かさぎ　京都府（JR関西本線）
　かさぎ　京都府相楽郡笠置町
笠置町　かさぎちょう　京都府相楽郡
笠置町毛呂窪　かさぎちょうけろくぼ　岐阜県恵那市
笠置町河合　かさぎちょうかわい　岐阜県恵那市
笠置町姫栗　かさぎちょうひめぐり　岐阜県恵那市
14笠窪　かさくぼ　神奈川県伊勢原市
15笠幡
　かさはた　埼玉県（JR川越線）
　かさはた　埼玉県川越市
笠舞　かさまい　石川県金沢市
笠舞本町　かさまいほんまち　石川県金沢市
16笠縫
　かさぬい　埼玉県飯能市
　かさぬい　奈良県（近畿日本鉄道橿原線）
笠縫町　かさぬいちょう　岐阜県大垣市
20笠懸町久宮　かさかけちょうひさぐう　群馬県みどり市
笠懸町西鹿田　かさかけちょうさいしかだ　群馬県みどり市
笠懸町阿左美　かさかけちょうあざみ　群馬県みどり市
笠懸町鹿　かさかけちょうしか　群馬県みどり市

【笹】

笹　ささ　千葉県君津市
0笹ケ根　ささがね　愛知県名古屋市守山区
笹が陣　ささがじん　宮城県気仙沼市
2笹八口　ささやつくち　富山県高岡市
3笹下　ささげ　神奈川県横浜市港南区
笹丸　ささまる　埼玉県さいたま市見沼区
笹久保　ささくぼ　埼玉県さいたま市岩槻区
笹久保新田　ささくぼしんでん　埼玉県さいたま市岩槻区
笹口　ささぐち　新潟県新潟市中央区
笹口浜　ささぐちはま　新潟県胎内市
笹土居町　ささどいちょう　岐阜県岐阜市
笹子
　ささご　千葉県木更津市
　ささご　山梨県（JR中央本線）
笹子町白野　ささごまちしらの　山梨県大月市
笹子町吉久保　ささごまちよしくぼ　山梨県大月市
笹子町黒野田　ささごまちくろのだ　山梨県大月市
笹山
　ささやま　宮城県宮城郡七ケ浜町
　ささやま　埼玉県蓮田市
　ささやま　新潟県新潟市北区
　ささやま　新潟県新潟市江南区
　ささやま　島根県鹿足郡津和野町
笹山町
　ささやままち　愛知県碧南市
　ささやまちょう　山口県下関市
　ささやまちょう　山口県宇部市
笹川
　ささがわ　福島県郡山市
　ささがわ　千葉県（JR成田線）
　ささがわ　千葉県香取郡東庄町
　ささがわ　新潟県村上市
　ささがわ　富山県高岡市
　ささがわ　富山県下新川郡朝日町
　ささがわ　石川県鳳珠郡能登町
　ささがわ　福井県丹生郡越前町
　ささがわ　三重県四日市市
笹川北　ささがわきた　北海道河東郡鹿追町
笹川町　ささがわちょう　三重県松阪市
4笹井　ささい　埼玉県狭山市
笹戸町　ささどちょう　愛知県豊田市
笹木野
　ささきの　福島県（JR奥羽本線）
　ささきの　福島県福島市
　ささきの　徳島県板野郡松茂町
笹毛　ささげ　千葉県富津市
5笹丘　ささおか　福岡県福岡市中央区
笹平
　ささだいら　新潟県村上市
　ささだいら　富山県（黒部峡谷鉄道線）
笹本町　ささもとちょう　千葉県銚子市
笹田
　ささだ　福井県三方郡美浜町
　ささだ　福岡県北九州市八幡西区
笹目
　ささめ　埼玉県戸田市
　ささめ　新潟県五泉市
　ささめ　岡山県加賀郡吉備中央町
笹目北町　ささめきたちょう　埼玉県戸田市

11画（第,笛）

笹目町　ささめまち　神奈川県鎌倉市
笹目南町　ささめみなみちょう　埼玉県戸田市
6笹曲　ささまがり　新潟県燕市
7笹尾
　　ささお　岐阜県不破郡関ケ原町
　　ささお　兵庫県川辺郡猪名川町
　　ささお　広島県神石郡神石高原町
笹尾西
　　ささおにし　三重県員弁郡東員町
　　ささおにし　山口県山陽小野田市
笹尾町　ささおちょう　滋賀県彦根市
笹尾東
　　ささおひがし　三重県員弁郡東員町
　　ささおひがし　山口県山陽小野田市
笹沖　ささおき　岡山県倉敷市
笹町　ささまち　愛媛県宇和島市
笹良ケ台町　ささらがだいちょう　静岡県熱海市
笹谷
　　ささや　福島県（福島交通飯坂線）
　　ささや　福島県福島市
　　ささだに　福井県大飯郡おおい町
笹谷町　ささだにちょう　福井県福井市
笹走　ささばしり　山梨県南巨摩郡早川町
8笹岡
　　ささおか　新潟県三条市
　　ささおか　新潟県阿賀野市
　　ささおか　福井県あわら市
　　ささおか　岡山県美作市
笹林町　ささばやしまち　福岡県大牟田市
笹沼　ささぬま　栃木県那須塩原市
笹波　ささなみ　石川県羽咋郡志賀町
笹波町　ささなみまち　石川県珠洲市
9笹屋
　　ささや　福島県二本松市
　　ささや　京都府京都市上京区
笹屋町
　　ささやちょう　京都府京都市中京区
　　ささやちょう　京都府京都市下京区
笹巻　ささまき　新潟県三条市
笹津
　　ささづ　富山県（JR高山本線）
　　ささづ　富山県富山市
10笹倉町　ささくらちょう　兵庫県加西市
笹原
　　ささはら　栃木県下野市
　　ささわら　富山県下新川郡入善町
　　ささはら　静岡県賀茂郡河津町
　　ささばる　福岡県（JR鹿児島本線）
笹原田
　　ささはらだ　栃木県（真岡鉄道線）
　　ささはらだ　栃木県鹿沼市
　　ささはらだ　栃木県芳賀郡市貝町
笹原町
　　ささはらちょう　愛知県名古屋市天白区
　　ささはらまち　福岡県大牟田市
　　ささわらまち　熊本県宇土市
笹原島　ささはらじま　静岡県磐田市
笹原新田　ささはらしんでん　静岡県三島市
笹島町　ささしまちょう　愛知県名古屋市中村区
11笹堀　ささぼり　新潟県五泉市
笹崎　ささざき　新潟県長岡市

笹曽根町　ささぞねちょう　愛知県西尾市
笹渕　ささぶち　福岡県三潴郡大木町
笹貫　ささぬき　鹿児島県（鹿児島市交通局1系統）
笹部
　　ささべ　長野県松本市
　　ささべ　兵庫県（能勢電鉄妙見線）
　　ささべ　兵庫県川西市
笹野
　　ささの　山形県米沢市
　　ささの　愛知県一宮市
笹野台　ささのだい　神奈川県横浜市旭区
笹野本町　ささのほんちょう　山形県米沢市
笹野町
　　ささのまち　山形県米沢市
　　ささのちょう　茨城県ひたちなか市
　　ささのまち　新潟県五泉市
12笹場　ささば　京都府福知山市
笹塚
　　ささづか　茨城県筑西市
　　ささづか　埼玉県三郷市
　　ささづか　千葉県白井市
　　ささづか　東京都（京王電鉄京王新線ほか）
　　ささづか　東京都渋谷区
笹塚町　ささづかちょう　愛知県名古屋市西区
笹塚新田町　ささつかしんでんちょう　茨城県常総市
笹森　ささもり　岩手県岩手郡雫石町
笹森町　ささもりちょう　青森県弘前市
笹賀
　　ささが　長野県松本市
　　ささが　岐阜県山県市
笹賀町　ささかちょう　岡山県井原市
笹道　ささみち　秋田県由利本荘市
笹間下　ささましも　静岡県島田市
16笹舘　ささだて　青森県弘前市
笹館　ささだて　青森県上北郡野辺地町

【第】

0第1区　だいいちく　北海道紋別郡滝上町
第1安井牧場　だいいちやすいぼくじょう　北海道空知郡上富良野町
第2区　だいにく　北海道紋別郡滝上町
第2安井牧場　だいにやすいぼくじょう　北海道空知郡上富良野町
第3区　だいさんく　北海道紋別郡滝上町
第4区　だいよんく　北海道紋別郡滝上町
第5区　だいごく　北海道紋別郡滝上町
1第一通り　だいいちどおり　静岡県（遠州鉄道線）
2第二問屋町　だいにとんやまち　青森県青森市
第十新田　だいじゅうしんでん　徳島県板野郡上板町

【笛】

5笛田
　　ふえだ　神奈川県鎌倉市
　　ふえだ　愛知県犬山市
7笛吹　ふえふき　奈良県葛城市
笛吹市　ふえふきし　山梨県
笛吹郷　ふえふきごう　長崎県北松浦郡小値賀町
10笛倉　ふえぐら　千葉県夷隅郡大多喜町
11笛堂　ふえどう　奈良県葛城市
15笛舞　ふえまい　北海道幌泉郡えりも町

1039

11画（符, 粗, 粕, 粒, 経, 紺）

【符】

⁹符津町　ふつまち　石川県小松市

【粗】

⁴粗毛　ほぼけ　茨城県行方市

【粕】

⁰粕ケ原　かすがはら　岐阜県揖斐郡池田町
³粕川
　　かすかわ　宮城県黒川郡大郷町
　　かすかわ　群馬県（上毛電気鉄道線）
　粕川町
　　かすかわちょう　群馬県伊勢崎市
　　かすかわちょう　群馬県太田市
　粕川町一日市　かすかわまちひといち　群馬県前橋市
　粕川町下東田面　かすかわまちしもひがしたなぼ　群馬県前橋市
　粕川町上東田面　かすかわまちかみひがしたなぼ　群馬県前橋市
　粕川町女渕　かすかわまちおなぶち　群馬県前橋市
　粕川町中　かすかわまちなか　群馬県前橋市
　粕川町中之沢　かすかわまちなかのさわ　群馬県前橋市
　粕川町月田　かすかわまちつきだ　群馬県前橋市
　粕川町込皆戸　かすかわまちこみがいと　群馬県前橋市
　粕川町西田面　かすかわまちにしたなぼ　群馬県前橋市
　粕川町前皆戸　かすかわまちまえがいと　群馬県前橋市
　粕川町室沢　かすかわまちむろさわ　群馬県前橋市
　粕川町深津　かすかわまちふかづ　群馬県前橋市
　粕川町新屋　かすかわまちあらや　群馬県前橋市
　粕川町稲里　かすかわまちいなさと　群馬県前橋市
　粕川町膳　かすかわまちぜん　群馬県前橋市
⁴粕毛
　　かすげ　秋田県山本郡藤里町
　　かすげ　茨城県土浦市
⁵粕田
　　かすだ　秋田県大館市
　　かすだ　栃木県真岡市
　粕礼
　　かすれい　茨城県結城市
　　かすれい　茨城県結城郡八千代町
⁷粕谷　かすや　東京都世田谷区
⁹粕屋町　かすやまち　福岡県糟屋郡
¹⁰粕島
　　かすじま　新潟県長岡市
　　かすじま　新潟県阿賀野市
　粕畠町　かすばたちょう　愛知県名古屋市南区
¹¹粕淵　かすぶち　島根県（JR三江線）
　粕渕　かすぶち　島根県邑智郡美郷町
¹²粕森町　かしもりちょう　岐阜県岐阜市
¹⁶粕壁　かすかべ　埼玉県春日部市
　粕壁東　かすかべひがし　埼玉県春日部市

【粒】

⁶粒江　つぶえ　岡山県倉敷市
　粒江団地　つぶえだんち　岡山県倉敷市

¹⁰粒浦　つぶうら　岡山県倉敷市

【経】

²経力　きょうりき　富山県富山市
⁵経田
　　きょうでん　千葉県大網白里市
　　きょうでん　富山県（富山地方鉄道本線）
　　きょうでん　富山県富山市
　　きょうでん　富山県小矢部市
　　きょうでん　福井県福井市
　経田中町　きょうでんなかまち　富山県魚津市
　経田西町　きょうでんにしまち　富山県魚津市
　経立野　きょうたての　富山県黒部市
⁹経栄　きょうえい　福井県福井市
¹¹経堂
　　きょうどう　東京都（小田急電鉄小田原線）
　　きょうどう　東京都世田谷区
　　きょうどう　富山県富山市
　経堂新町　きょうどうしんまち　富山県富山市
¹²経塚
　　きょうづか　長野県駒ケ根市
　　きょうづか　沖縄県浦添市
　経塚町　きょうづかちょう　新潟県妙高市
　経塚野　きょうづかの　富山県南砺市
¹⁶経壇　きょうだん　福島県喜多方市

【紺】

⁹紺屋
　　こうや　埼玉県坂戸市
　　こうや　千葉県夷隅郡大多喜町
　　こんや　京都府舞鶴市
　　こんや　大阪府泉南郡熊取町
　紺屋今町　こうやいままち　熊本県熊本市中央区
　紺屋田町　こんやだちょう　愛知県瀬戸市
　紺屋町
　　こんやちょう　青森県弘前市
　　こんやちょう　岩手県盛岡市
　　こんやちょう　茨城県水戸市
　　こんやまち　神奈川県川崎市幸区
　　こんやまち　石川県羽咋郡宝達志水町
　　こんやまち　長野県小諸市
　　こんやまち　静岡県静岡市葵区
　　こうやまち　静岡県浜松市中区
　　こんやまち　静岡県掛川市
　　こんやまち　三重県桑名市
　　こんやちょう　京都府京都市下京区
　　こんやまち　京都府京都市伏見区
　　こんやまち　京都府亀岡市
　　こんやまち　大阪府高槻市
　　こんやまち　兵庫県姫路市
　　こんやまち　奈良県大和郡山市
　　こんやまち　和歌山県田辺市
　　こうやまち　鳥取県米子市
　　こんやまち　島根県浜田市
　　こんやまち　徳島県徳島市
　　こんやまち　香川県高松市
　　こんやまち　福岡県北九州市小倉北区
　　こんやまち　佐賀県佐賀市
　　こんやまち　佐賀県唐津市
　　こうやまち　長崎県平戸市
　　こんやまち　長崎県五島市
　　こうやまち　熊本県熊本市中央区

11画〈細〉

こうやまち　熊本県人吉市
こんやまち　宮崎県延岡市
紺屋阿弥陀寺町　こうやあみだじまち　熊本県熊本市
中央区

【細】

細　ほそ　大分県大分市
²**細入**　ほそいれ　北海道北斗市
細八　ほそはち　福島県河沼郡柳津町
³**細口**　ほそぐち　愛知県名古屋市緑区
細口町　ほそぐちまち　石川県七尾市
細山
　ほそやま　神奈川県川崎市麻生区
　ほそやま　新潟県新潟市北区
　ほそやま　新潟県新潟市江南区
細川
　ほそかわ　秋田県南秋田郡八郎潟町
　ほそかわ　愛知県新城市
　ほそかわ　奈良県高市郡明日香村
　ほそかわ　和歌山県橋本市
　ほそかわ　和歌山県伊都郡高野町
細川町　ほそかわちょう　愛知県岡崎市
細川町中里　ほそかわちょうなかざと　兵庫県三木市
細川町西　ほそかわちょうにし　兵庫県三木市
細川町垂穂　ほそかわちょうたるほ　兵庫県三木市
細川町金屋　ほそかわちょうかなや　兵庫県三木市
細川町桃津　ほそかわちょうももづ　兵庫県三木市
細川町脇川　ほそかわちょうわきがわ　兵庫県三木市
細川町高畑　ほそかわちょうたかはた　兵庫県三木市
細川町高篠　ほそかわちょうたかしの　兵庫県三木市
細川町細川中　ほそかわちょうほそかわなか　兵庫県三木市
細川町瑞穂　ほそかわちょうみずほ　兵庫県三木市
細川町豊地　ほそかわちょうとよち　兵庫県三木市
細川町増田　ほそかわちょうますだ　兵庫県三木市
細工町
　さいくまち　福島県白河市
　さいくまち　東京都新宿区
　さいくまち　新潟県村上市
　さいくちょう　石川県小松市
　さいくのちょう　岡山県津山市
　さいくまち　山口県萩市
　さいくまち　福岡県柳川市
　さいくまち　熊本県熊本市中央区
細工谷　さいくだに　大阪府大阪市天王寺区
細工所　さいくじょ　兵庫県篠山市
⁴**細井川**　ほそいがわ　大阪府(阪堺電気軌道阪堺線)
細内　ほそない　岩手県和賀郡西和賀町
細内町　ほそうちちょう　群馬県館林市
細木　ほそき　富山県南砺市
細木町　ほそきちょう　愛知県春日井市
⁵**細代**　ほそしろ　茨城県つくばみらい市
細永　ほそなが　熊本県玉名郡南関町
細田
　ほそだ　福島県喜多方市
　ほそだ　福島県伊達郡川俣町
　ほそだ　茨城県筑西市
　ほそだ　東京都葛飾区
　さいた　静岡県掛川市
　ほそだ　兵庫県美方郡新温泉町
　ほそだ　岡山県加賀郡吉備中央町

細田町
　ほそだちょう　愛知県豊田市
　ほそだちょう　兵庫県神戸市長田区
⁶**細光町**　ほそみつちょう　愛知県岡崎市
細江
　ほそえ　静岡県牧之原市
　ほそえ　宮崎県宮崎市
細江町
　ほそえちょう　滋賀県長浜市
　ほそえちょう　山口県下関市
細江町三和　ほそえちょうみわ　静岡県浜松市北区
細江町小野　ほそえちょうおの　静岡県浜松市北区
細江町中川　ほそえちょうなかがわ　静岡県浜松市北区
細江町広岡　ほそえちょうひろおか　静岡県浜松市北区
細江町気賀　ほそえちょうきが　静岡県浜松市北区
細江新町　ほそえしんまち　山口県下関市
細池　ほそいけ　富山県高岡市
細池町　ほそいけちょう　愛知県西尾市
細竹　ほそだけ　栃木県那須塩原市
細米町　ほそこめちょう　愛知県名古屋市中川区
⁷**細呂木**
　ほそろぎ　福井県(JR北陸本線)
　ほそろぎ　福井県あわら市
細坂町　ほそさかちょう　福井県福井市
細尾
　ほそお　宮城県気仙沼市
　ほそお　千葉県いすみ市
　ほそお　新潟県十日町市
細尾町　ほそおまち　栃木県日光市
細見
　ほそみ　茨城県つくば市
　ほそみ　鳥取県鳥取市
　ほそみ　広島県山県郡北広島町
細見町　ほそみまち　宮崎県延岡市
細谷
　ほそや　青森県三沢市
　ほそや　山形県上山市
　ほそや　福島県伊達市
　ほそや　福島県双葉郡双葉町
　ほそや　茨城県石岡市
　ほそや　栃木県宇都宮市
　ほそや　栃木県下野市
　ほそや　群馬県(東武鉄道伊勢崎線)
　ほそや　群馬県邑楽郡板倉町
　ほそや　静岡県(天竜浜名湖鉄道線)
　ほそや　静岡県掛川市
　ほそたに　京都府船井郡京丹波町
細谷町
　ほそやちょう　栃木県宇都宮市
　ほそやちょう　群馬県太田市
　ほそやちょう　愛知県豊橋市
　ほそやちょう　愛知県豊田市
⁸**細坪町**　ほそつぼまち　石川県加賀市
細岡
　ほそおか　北海道(JR釧網本線)
　ほそおか　北海道釧路郡釧路町
細沼町　ほそぬままち　福島県郡山市
⁹**細屋敷**
　ほそやしき　千葉県東金市
　ほそやしき　千葉県山武郡九十九里町

1041

11画（紫）

細津　ほそつ　青森県上北郡東北町
細津橋ノ上　ほそつはしのかみ　青森県上北郡東北町
細畑
　　ほそばた　岐阜県（名古屋鉄道各務原線）
　　ほそばた　岐阜県岐阜市
細畑華南　ほそばたかなん　岐阜県岐阜市
細畑野寄　ほそばたのより　岐阜県岐阜市
細畑塚浦　ほそばたつかうら　岐阜県岐阜市
細草　ほそくさ　千葉県大網白里市
¹⁰細島
　　ほそじま　静岡県島田市
　　ほそしま　宮崎県日向市
細島町　ほそじままち　静岡県浜松市中区
細浦　ほそうら　岩手県（JR大船渡線）
¹¹細堀町　ほそほりまち　栃木県栃木市
細野
　　ほその　岩手県八幡平市
　　ほその　山形県尾花沢市
　　ほその　福島県二本松市
　　ほその　埼玉県幸手市
　　ほその　千葉県鴨川市
　　ほその　新潟県魚沼市
　　ほその　富山県南砺市
　　ほその　富山県下新川郡朝日町
　　ほその　福井県丹生郡越前町
　　ほその　長野県（JR大糸線）
　　ほその　兵庫県赤穂郡上郡町
　　ほその　宮崎県小林市
細野町
　　ほそのちょう　愛知県春日井市
　　ほそのちょう　兵庫県赤穂市
　　ほそのちょう　徳島県阿南市
細野農場　ほそののうじょう　北海道空知郡上富良
　　野町
¹²細越
　　ほそごえ　青森県青森市
　　ほそごえ　青森県弘前市
　　ほそごえ　新潟県柏崎市
　　ほそごえ　新潟県見附市
　　ほそごえ　新潟県東蒲原郡阿賀町
細間　ほそま　埼玉県加須市

【紫】

紫
　　むらさき　栃木県下野市
　　むらさき　長野県上高井郡高山村
　　むらさき　福岡県（西日本鉄道天神大牟田線）
　　むらさき　福岡県筑紫野市
⁰紫ケ丘　むらさきがおか　茨城県土浦市
³紫山　むらさきやま　宮城県仙台市泉区
⁴紫水　しすい　茨城県取手市
紫水ケ丘　しすいがおか　福井県大飯郡高浜町
⁵紫台　むらさきだい　福岡県大野城市
⁶紫合　ゆうだ　兵庫県川辺郡猪名川町
紫竹
　　しちく　埼玉県比企郡川島町
　　しちく　新潟県新潟市東区
　　しちく　新潟県新潟市中央区
紫竹下ノ岸町　しちくしものきしちょう　京都府京都
　　市北区
紫竹下本町　しちくしもほんまち　京都府京都市北区

紫竹下竹殿町　しちくしもたけどのちょう　京都府京
　　都市北区
紫竹下芝本町　しちくしもしばもとちょう　京都府京
　　都市北区
紫竹下長目町　しちくしもながめちょう　京都府京都
　　市北区
紫竹下梅ノ木町　しちくしもうめのきちょう　京都府
　　京都市北区
紫竹下高才町　しちくしもこうさいちょう　京都府京
　　都市北区
紫竹下園生町　しちくしもそのうちょう　京都府京都
　　市北区
紫竹下緑町　しちくしもみどりちょう　京都府京都市
　　北区
紫竹上ノ岸町　しちくかみのきしちょう　京都府京都
　　市北区
紫竹上本町　しちくかみほんまち　京都府京都市北区
紫竹上竹殿町　しちくかみたけどのちょう　京都府京
　　都市北区
紫竹上芝本町　しちくかみしばもとちょう　京都府京
　　都市北区
紫竹上長目町　しちくかみながめちょう　京都府京都
　　市北区
紫竹上梅ノ木町　しちくかみうめのきちょう　京都府
　　京都市北区
紫竹上高才町　しちくかみこうさいちょう　京都府京
　　都市北区
紫竹上堀川町　しちくかみほりかわちょう　京都府京
　　都市北区
紫竹上園生町　しちくかみそのうちょう　京都府京都
　　市北区
紫竹上緑町　しちくかみみどりちょう　京都府京都市
　　北区
紫竹大門町　しちくだいもんちょう　京都府京都市
　　北区
紫竹山
　　しちくやま　新潟県新潟市東区
　　しちくやま　新潟県新潟市中央区
紫竹牛若町　しちくうしわかちょう　京都府京都市
　　北区
紫竹北大門町　しちくきただいもんちょう　京都府京
　　都市北区
紫竹北栗栖町　しちくきたくりすちょう　京都府京都
　　市北区
紫竹竹殿町　しちくたけどのちょう　京都府京都市
　　北区
紫竹西大門町　しちくにしだいもんちょう　京都府京
　　都市北区
紫竹西北町　しちくせいほくちょう　京都府京都市
　　北区
紫竹西南町　しちくせいなんちょう　京都府京都市
　　北区
紫竹西栗栖町　しちくにしくりすちょう　京都府京都
　　市北区
紫竹西桃ノ本町　しちくにしもものもとちょう　京都
　　府京都市北区
紫竹西高縄町　しちくにしたかなわちょう　京都府京
　　都市北区
紫竹西野山町　しちくにしのやまちょう　京都府京都
　　市北区
紫竹西野山東町　しちくにしのやまひがしまち　京都
　　府京都市北区

11画（紫）

紫竹東大門町　しちくひがしだいもんちょう　京都府京都市北区

紫竹東栗栖町　しちくひがしくりすちょう　京都府京都市北区

紫竹東桃ノ本町　しちくひがしもものもとちょう　京都府京都市北区

紫竹東高縄町　しちくひがしたかなわちょう　京都府京都市北区

紫竹卸新町　しちくおろししんまち　新潟県新潟市東区

紫竹栗栖町　しちくくりすちょう　京都府京都市北区

紫竹桃ノ本町　しちくもものもとちょう　京都府京都市北区

紫竹高縄町　しちくたかなわちょう　京都府京都市北区

7紫尾　しび　鹿児島県薩摩郡さつま町

紫町　むらさきちょう　大阪府高槻市

8紫明園　しめいえん　大阪府茨木市

紫波中央　しわちゅうおう　岩手県（JR東北本線）

紫波中央駅前　しわちゅうおうえきまえ　岩手県紫波郡紫波町

紫波町　しわちょう　岩手県紫波郡

紫波郡　しわぐん　岩手県

9紫保井　しぼい　岡山県津山市

紫香楽宮跡　しがらきぐうし　滋賀県（信楽高原鉄道線）

10紫原　むらさきばる　鹿児島県鹿児島市

紫峰ケ丘　しほうがおか　茨城県つくばみらい市

11紫野　むらさきの　岩手県紫波郡紫波町

紫野十二坊町　むらさきのじゅうにぼうちょう　京都府京都市北区

紫野下石龍町　むらさきのしもせきりゅうちょう　京都府京都市北区

紫野下若草町　むらさきのしもわかくさちょう　京都府京都市北区

紫野下門前町　むらさきのしももんぜんちょう　京都府京都市北区

紫野下柏野町　むらさきのしもかしわのちょう　京都府京都市北区

紫野下柳町　むらさきのしもやなぎちょう　京都府京都市北区

紫野下鳥田町　むらさきのしもとりだちょう　京都府京都市北区

紫野下御輿町　むらさきのしもみこしちょう　京都府京都市北区

紫野下築山町　むらさきのしもつきやまちょう　京都府京都市北区

紫野上石龍町　むらさきのかみせきりゅうちょう　京都府京都市北区

紫野上若草町　むらさきのかみわかくさちょう　京都府京都市北区

紫野上門前町　むらさきのかみもんぜんちょう　京都府京都市北区

紫野上柏野町　むらさきのかみかしわのちょう　京都府京都市北区

紫野上柳町　むらさきのかみやなぎちょう　京都府京都市北区

紫野上野町　むらさきのうえのちょう　京都府京都市北区

紫野上鳥田町　むらさきのかみとりだちょう　京都府京都市北区

紫野上御所田町　むらさきのかみごしょでんちょう　京都府京都市北区

紫野上御輿町　むらさきのかみみこしちょう　京都府京都市北区

紫野上築山町　むらさきのかみつきやまちょう　京都府京都市北区

紫野大徳寺町　むらさきのだいとくじちょう　京都府京都市北区

紫野中柏野町　むらさきのなかかしわのちょう　京都府京都市北区

紫野今宮町　むらさきのいまみやちょう　京都府京都市北区

紫野北舟岡町　むらさきのきたふなおかちょう　京都府京都市北区

紫野北花ノ坊町　むらさきのきたはなのぼうちょう　京都府京都市北区

紫野石龍町　むらさきのせきりゅうちょう　京都府京都市北区

紫野西土居町　むらさきのにしどいちょう　京都府京都市北区

紫野西舟岡町　むらさきのにしふなおかちょう　京都府京都市北区

紫野西泉堂町　むらさきのにしせんどうちょう　京都府京都市北区

紫野西野町　むらさきのにしのちょう　京都府京都市北区

紫野西御所田町　むらさきのにしごしょでんちょう　京都府京都市北区

紫野西蓮台野町　むらさきのにしれんだいのちょう　京都府京都市北区

紫野西藤ノ森町　むらさきのにしふじのもりちょう　京都府京都市北区

紫野花ノ坊町　むらさきのはなのぼうちょう　京都府京都市北区

紫野東舟岡町　むらさきのひがしふなおかちょう　京都府京都市北区

紫野東泉堂町　むらさきのひがしせんどうちょう　京都府京都市北区

紫野東野町　むらさきのひがしのちょう　京都府京都市北区

紫野東御所田町　むらさきのひがしごしょでんちょう　京都府京都市北区

紫野東蓮台野町　むらさきのひがしれんだいのちょう　京都府京都市北区

紫野東藤ノ森町　むらさきのひがしふじのもりちょう　京都府京都市北区

紫野門前町　むらさきのもんぜんちょう　京都府京都市北区

紫野南舟岡町　むらさきのみなみふなおかちょう　京都府京都市北区

紫野南花ノ坊町　むらさきのみなみはなのぼうちょう　京都府京都市北区

紫野泉堂町　むらさきのせんどうちょう　京都府京都市北区

紫野宮西町　むらさきのみやにしちょう　京都府京都市北区

紫野宮東町　むらさきのみやひがしちょう　京都府京都市北区

紫野郷ノ上町　むらさきのごうのうえちょう　京都府京都市北区

紫野雲林院町　むらさきのうんりんいんちょう　京都府京都市北区

1043

11画（紹, 組, 習, 脚, 脛, 船）

12紫塚　むらさきづか　栃木県大田原市
　紫雲古津　しうんこつ　北海道沙流郡平取町
　紫雲台　しうんだい　北海道釧路市
　紫雲町　しうんちょう　香川県高松市
13紫園　しおん　奈良県吉野郡野迫川村
　紫福　しぶき　山口県萩市

【紹】

4紹巴町　しょうはちょう　京都府京都市上京区

【組】

組　くみ　岡山県真庭市

【習】

7習志野
　ならしの　千葉県（新京成電鉄線）
　ならしの　千葉県船橋市
　習志野台　ならしのだい　千葉県船橋市
　習志野市　ならしのし　千葉県

【脚】

7脚折　すねおり　埼玉県鶴ケ島市
　脚折町　すねおりちょう　埼玉県鶴ケ島市

【脛】

5脛永　はぎなが　岐阜県揖斐郡揖斐川町

【船】

9船ケ台　ふながだい　秋田県由利本荘市
　船ケ沢　ふねがさわ　青森県上北郡東北町
　船ケ沢新田　ふねがさわしんでん　新潟県南魚沼市
　船ケ谷町　ふねがたにちょう　愛媛県松山市
　船の科学館　ふねのかがくかん　東京都（ゆりかもめ臨海線）
2船入町　ふないりちょう　愛知県半田市
3船上町　ふなげちょう　兵庫県明石市
　船久保　ふなくぼ　岩手県紫波郡紫波町
　船大工町
　　ふなだいくちょう　兵庫県神戸市兵庫区
　　ふなだいくまち　長崎県長崎市
　船子
　　ふなこ　茨城県行方市
　　ふなこ　群馬県多野郡神流町
　　ふなこ　千葉県夷隅郡大多喜町
　　ふなこ　神奈川県厚木市
　船小路町　ふなこうじまち　大分県別府市
　船川港女川　ふながわみなとおんながわ　秋田県男鹿市
　船川港小浜　ふながわみなとこはま　秋田県男鹿市
　船川港仁井山　ふながわみなとにいやま　秋田県男鹿市
　船川港双六　ふながわみなとすごろく　秋田県男鹿市
　船川港比詰　ふながわみなとひづめ　秋田県男鹿市
　船川港台島　ふながわみなとだいしま　秋田県男鹿市
　船川港本山門前　ふながわみなとほんざんもんぜん　秋田県男鹿市
　船川港金川　ふながわみなとかねがわ　秋田県男鹿市
　船川港南平沢　ふながわみなとみなみひらさわ　秋田県男鹿市
　船川港船川　ふながわみなとふながわ　秋田県男鹿市

　船川港椿　ふながわみなとつばき　秋田県男鹿市
　船川港増川　ふながわみなとますがわ　秋田県男鹿市
4船之尾町　ふねのおまち　熊本県天草市
　船井郡　ふないぐん　京都府
　船引　ふねひき　福島県（JR磐越東線）
　船引町上移　ふねひきまちかみうつし　福島県田村市
　船引町大倉　ふねひきまちおおくら　福島県田村市
　船引町中山　ふねひきまちなかやま　福島県田村市
　船引町今泉　ふねひきまちいまいずみ　福島県田村市
　船引町文珠　ふねひきまちもんじゅ　福島県田村市
　船引町北移　ふねひきまちきたうつし　福島県田村市
　船引町北鹿又　ふねひきまちきたのまた　福島県田村市
　船引町永谷　ふねひきまちながや　福島県田村市
　船引町石沢　ふねひきまちいしざわ　福島県田村市
　船引町石森　ふねひきまちいしもり　福島県田村市
　船引町光陽台　ふねひきまちこうようだい　福島県田村市
　船引町成田　ふねひきまちなりた　福島県田村市
　船引町芦沢　ふねひきまちあしざわ　福島県田村市
　船引町東部台　ふねひきまちとうぶだい　福島県田村市
　船引町長外路　ふねひきまちながとろ　福島県田村市
　船引町門沢　ふねひきまちかどさわ　福島県田村市
　船引町門鹿　ふねひきまちかどしか　福島県田村市
　船引町南移　ふねひきまちみなみうつし　福島県田村市
　船引町春山　ふねひきまちはるやま　福島県田村市
　船引町荒和田　ふねひきまちあらわた　福島県田村市
　船引町要田　ふねひきまちかなめた　福島県田村市
　船引町堀越　ふねひきまちほりこし　福島県田村市
　船引町笹山　ふねひきまちささやま　福島県田村市
　船引町船引　ふねひきまちふねひき　福島県田村市
　船引町椚山　ふねひきまちくぬぎやま　福島県田村市
　船引町新舘　ふねひきまちにいたて　福島県田村市
　船引町遠山沢　ふねひきまちとおやまざわ　福島県田村市
　船引町横道　ふねひきまちよこみち　福島県田村市
　船戸
　　ふなと　千葉県柏市
　　ふなと　千葉県我孫子市
　　ふなと　新潟県胎内市
　　ふなと　和歌山県（JR和歌山線）
　　ふなと　和歌山県岩出市
　　ふなと　高知県長岡郡大豊町
　　ふなと　高知県土佐郡大川村
　　ふなと　高知県高岡郡津野町
　船戸山　ふなとやま　新潟県新潟市江南区
　船戸山高野　ふなとやまごうや　千葉県柏市
　船戸町　ふなどちょう　兵庫県芦屋市
　船木
　　ふなき　千葉県長生郡長柄町
　　ふなき　静岡県島田市
　　ふなき　三重県度会郡大紀町
　　ふなき　鳥取県鳥取市
　　ふなき　山口県宇部市
　　ふなき　愛媛県新居浜市
　　ふなき　鹿児島県薩摩郡さつま町
　船木台　ふなきだい　埼玉県熊谷市
　船木町
　　ふなきちょう　千葉県銚子市

11画（船）

	ふなきちょう	滋賀県近江八幡市
	ふなきちょう	兵庫県小野市
	ふなぎちょう	長崎県平戸市
船水	ふなみず	青森県弘前市
⁵船丘町	ふなおかちょう	兵庫県姫路市
船代	ふなだい	兵庫県揖保郡太子町
船出	ふなで	兵庫県尼崎市
船平山	ふなひらやま	山口県（JR山口線）
船玉	ふなだま	茨城県筑西市
船生	ふにゅう	栃木県塩谷郡塩谷町
船田	ふなた	静岡県賀茂郡松崎町
船石町	ふないしまち	長崎県長崎市
⁶船寺通	ふなでらどおり	兵庫県神戸市灘区
船江	ふなえ	三重県伊勢市
船江町		
	ふなえちょう	新潟県新潟市東区
	ふなえちょう	新潟県長岡市
	ふなえちょう	三重県松阪市
船行	ふなゆき	鹿児島県熊毛郡屋久島町
⁷船佐	ふなさ	広島県（JR三江線）
船坂		
	ふなさか	新潟県十日町市
	ふなさか	兵庫県赤穂郡上郡町
	ふなさか	和歌山県有田郡有田川町
船尾		
	ふなお	千葉県印西市
	ふなお	大阪府（阪堺電気軌道阪堺線）
	ふのお	和歌山県海南市
	ふなお	福岡県（JR後藤寺線）
船形		
	ふなかた	千葉県館山市
	ふなかた	千葉県野田市
	ふなかた	千葉県成田市
船杉	ふなすぎ	福島県河沼郡会津坂下町
船町		
	ふなまち	山形県山形市
	ふなまち	岐阜県大垣市
	ふなまち	愛知県（JR飯田線）
	ふなまち	愛知県豊橋市
	ふなまち	滋賀県彦根市
	ふなまち	滋賀県近江八幡市
	ふなまち	大阪府大阪市大正区
	ふなまち	兵庫県豊岡市
	ふなまち	和歌山県新宮市
	ふなまち	広島県福山市
	ふなまち	大分県中津市
船町口	ふなまちぐち	兵庫県（JR加古川線）
船見	ふなみ	岐阜県養老郡養老町
船見町		
	ふなみちょう	北海道函館市
	ふなみちょう	北海道苫小牧市
	ふなみちょう	北海道虻田郡豊浦町
	ふなみちょう	北海道目梨郡羅臼町
	ふなみちょう	新潟県新潟市中央区
	ふなみちょう	愛知県名古屋市港区
	ふなみちょう	広島県呉市
船谷		
	ふなだに	兵庫県豊岡市
	ふねだに	兵庫県養父市
⁸船居	ふない	新潟県阿賀野市
船岡		
	ふなおか	宮城県（JR東北本線）

	ふなおか	宮城県柴田郡柴田町
	ふなおか	秋田県由利本荘市
	ふなおか	新潟県小千谷市
	ふなおか	京都府（JR山陰本線）
	ふなおか	鳥取県八頭郡八頭町
船岡土手内	ふなおかどてうち	宮城県柴田郡柴田町
船岡中央	ふなおかちゅうおう	宮城県柴田郡柴田町
船岡西	ふなおかにし	宮城県柴田郡柴田町
船岡東	ふなおかひがし	宮城県柴田郡柴田町
船岡南	ふなおかみなみ	宮城県柴田郡柴田町
船岡新栄	ふなおかしんえい	宮城県柴田郡柴田町
船岡殿	ふなおかとの	鳥取県八頭郡八頭町
船所	ふなどころ	和歌山県和歌山市
船明	ふなぎら	静岡県浜松市天竜区
船泊	ふなどまり	北海道目梨郡羅臼町
船泊村	ふなどまりむら	北海道礼文郡礼文町
船泊町	ふなどまりまち	長崎県島原市
船迫		
	ふなばさま	宮城県柴田郡柴田町
	ふなさこ	福岡県築上郡築上町
船附	ふなつけ	岐阜県養老郡養老町
⁹船屋乙	ふなやおつ	愛媛県西条市
船屋甲	ふなやこう	愛媛県西条市
船屋町	ふなやちょう	京都府京都市中京区
船津		
	ふなつ	山梨県南都留郡富士河口湖町
	ふなつ	静岡県富士市
	ふなつ	三重県（JR紀勢本線ほか）
	ふなつ	三重県北牟婁郡紀北町
	ふなつ	和歌山県日高郡日高川町
	ふなつ	徳島県海部郡海陽町
	ふなつ	熊本県上益城郡甲佐町
	ふなつ	鹿児島県姶良市
船津川町	ふなつがわちょう	栃木県佐野市
船津町		
	ふなつちょう	三重県鳥羽市
	ふなつちょう	兵庫県姫路市
	ふなつちょう	島根県出雲市
	ふなつまち	福岡県大牟田市
	ふなつちょう	鹿児島県鹿児島市
¹⁰船倉	ふなくら	高知県安芸郡安田町
船倉町		
	ふなぐらちょう	岡山県倉敷市
	ふなぐらまち	宮崎県延岡市
船原		
	ふなばら	静岡県静岡市清水区
	ふなばら	兵庫県伊丹市
船原町	ふなばらちょう	愛知県名古屋市瑞穂区
船宮町	ふなみやちょう	佐賀県唐津市
船浜町	ふなはまちょう	北海道小樽市
船馬町	せんばちょう	三重県桑名市
¹¹船堂町	せんどうちょう	大阪府堺市北区
船堀		
	ふなぼり	東京都（東京都交通局新宿線）
	ふなぼり	東京都江戸川区
船崎郷	ふなさきごう	長崎県南松浦郡新上五島町
船部	ふなべ	大分県杵築市
¹²船場		
	ふなば	宮城県伊具郡丸森町
	ふなば	福島県大沼郡会津美里町
	ふなば	茨城県那珂郡東海村

1045

11画（舮, 菓, 葛）

船場中央　せんばちゅうおう　大阪府大阪市中央区
船場甲　ふなばこう　福島県大沼郡会津美里町
船場向　ふなばむかい　福島県郡山市
船場西　せんばにし　大阪府箕面市
船場町
　ふなばちょう　北海道留萌市
　ふなばちょう　北海道石狩市
　ふなばちょう　山形県酒田市
　ふなばちょう　新潟県新潟市中央区
　せんばちょう　和歌山県和歌山市
　せんばまち　福岡県北九州市小倉北区
　せんばまち　熊本県熊本市中央区
　せんばまち　熊本県宇土市
　せんばまち　大分県中津市
　ふなばちょう　宮崎県日向市
船場町下　せんばまちしも　熊本県熊本市中央区
船場東　せんばひがし　大阪府箕面市
船場通　せんばどおり　愛媛県八幡浜市
船塚　ふなつか　宮崎県宮崎市
船渡　ふなと　埼玉県越谷市
船渡町　ふなとちょう　愛知県豊橋市
船越
　ふなこし　岩手県下閉伊郡山田町
　ふなこし　宮城県伊具郡丸森町
　ふなこし　秋田県（JR男鹿線）
　ふなこし　秋田県男鹿市
　ふなこし　埼玉県加須市
　ふなこし　千葉県香取郡多古町
　ふなこし　新潟県五泉市
　ふなこし　岐阜県山県市
　ふなこし　静岡県静岡市清水区
　ふなこし　三重県度会郡南伊勢町
　ふなこし　兵庫県佐用郡佐用町
　ふなこし　鳥取県西伯郡伯耆町
　ふなこし　広島県広島市安芸区
　ふなこし　山口県山陽小野田市
　ふなこし　愛媛県南宇和郡愛南町
　ふなこし　福岡県北九州市八幡西区
船越町
　ふなこしちょう　栃木県佐野市
　ふなこしちょう　神奈川県横須賀市
　ふなこしちょう　静岡県静岡市清水区
　ふなこしちょう　静岡県浜松市中区
　ふなこしちょう　大阪府大阪市中央区
　ふなこしちょう　長崎県佐世保市
　ふなこしまち　長崎県諫早市
船越東町　ふなこしひがしちょう　静岡県静岡市清
　水区
船越南　ふなこしみなみ　広島県広島市安芸区
船越南町　ふなこしみなみちょう　静岡県静岡市清
　水区
船間町　ふなまちょう　鹿児島県鹿屋市
13船路　ふなじ　奈良県御所市
14船窪　ふなくぼ　茨城県ひたちなか市
　船鉾町　ふねぼこちょう　京都府京都市下京区
15船穂町水江　ふなおちょうみずえ　岡山県倉敷市
　船穂町柳井原　ふなおちょうやないはら　岡山県倉
　敷市
　船穂町船穂　ふなおちょうふなお　岡山県倉敷市
16船橋
　ふなばし　青森県上北郡野辺地町
　ふなばし　山形県東置賜郡高畠町

　ふなばし　千葉県（JR総武本線ほか）
　ふなばし　東京都世田谷区
　ふなばし　新潟県三島郡出雲崎町
船橋日大前　ふなばしにちだいまえ　千葉県（東葉高
　速鉄道東葉高速線）
船橋市　ふなばしし　千葉県
船橋本町　ふなはしほんまち　大阪府枚方市
船橋町
　ふなばしまち　山形県寒河江市
　ふなはしちょう　愛知県稲沢市
　ふなはしちょう　大阪府藤井寺市
　ふなはしちょう　兵庫県姫路市
　ふなはしちょう　奈良県奈良市
船橋法典　ふなばしほうてん　千葉県（JR武蔵野線）
船橋競馬場　ふなばしけいばじょう　千葉県（京成電
　鉄京成本線）
船頭町
　せんどうちょう　京都府京都市下京区
　せんどうちょう　岡山県岡山市北区
　せんどうまち　岡山県津山市
　せんどうまち　福岡県北九州市小倉北区
　せんどうまち　福岡県遠賀郡芦屋町
　せんどまち　大分県中津市
　せんどうまち　大分県佐伯市
船頭町津興　せんどうちょうつおき　三重県津市
船頭場　せんどうば　愛知県名古屋市港区
船頭給　せんどうきゅう　千葉県長生郡一宮町

【舮】
12舮越町　へごしちょう　愛知県岡崎市

【菓】
3菓子野町　かしのちょう　宮崎県都城市

【葛】
葛
　くず　岩手県花巻市
　くず　奈良県（近畿日本鉄道吉野線）
　かずら　奈良県宇陀郡曽爾村
0葛ケ丘　かつらがおか　静岡県掛川市
葛が谷　くずがや　神奈川県横浜市都筑区
葛の葉町　くずのはちょう　大阪府和泉市
3葛下　かつしも　奈良県北葛城郡王寺町
葛山　かずらやま　静岡県裾野市
葛川
　くずかわ　静岡県掛川市
　くずがわ　福岡県京都郡苅田町
葛川一本木平　くずかわいっぽんぎたいら　青森県平
　川市
葛川上の平　くずかわかみのたいら　青森県平川市
葛川大川添　くずかわおおかわぞえ　青森県平川市
葛川中村町　かつらがわなかむらちょう　滋賀県大津市
葛川木戸口町　かつらがわきどぐちちょう　滋賀県大
　津市
葛川毛無森　くずかわけなしもり　青森県平川市
葛川平六村下　くずかわへいろくむらした　青森県平
　川市
葛川平六沢上　くずかわへいろくさわかみ　青森県平
　川市
葛川田の沢口　くずかわたのさわぐち　青森県平川市

1046

11画（菊）

葛川坂下町　かつらがわさかしたちょう　滋賀県大津市
葛川坊村町　かつらがわぼうむらちょう　滋賀県大津市
葛川折戸　くずかわおりと　青森県平川市
葛川町居町　かつらがわまちいちょう　滋賀県大津市
葛川長小股　くずかわながこまた　青森県平川市
葛川浅瀬石山　くずかわあせいしやま　青森県平川市
葛川砂子沢　くずかわすなござわ　青森県平川市
葛川唐川平　くずかわからかわたいら　青森県平川市
葛川家岸　くずかわやぎし　青森県平川市
葛川梅ノ木町　かつらがわうめのきちょう　滋賀県大津市
葛川細川町　かつらがわほそかわちょう　滋賀県大津市
葛川葛川出口　くずかわくずかわでぐち　青森県平川市
葛川葛川平　くずかわくずかわたいら　青森県平川市
葛川葛川沢　くずかわくずかわさわ　青森県平川市
葛川貫井町　かつらがわぬくいちょう　滋賀県大津市

4 葛木
　　かつらぎ　奈良県葛城市
　　かつらぎ　大分県大分市
葛木町　かつらぎちょう　愛知県愛西市

5 葛布　かつぶ　静岡県周智郡森町
葛本町　くずもとちょう　奈良県橿原市
葛生
　　かずろう　茨城県古河市
　　くずう　栃木県（東武鉄道佐野線）
葛生西　くずうにし　栃木県佐野市
葛生東　くずうひがし　栃木県佐野市

6 葛西　かさい　東京都（東京地下鉄東西線）
葛西臨海公園　かさいりんかいこうえん　東京都（JR京葉線）

7 葛尾
　　かつらお　福島県双葉郡葛尾村
　　くずお　三重県名張市
　　くずお　奈良県山辺郡山添村
葛尾村　かつらおむら　福島県双葉郡
葛沢　とずらさわ　静岡県静岡市清水区
葛沢町　つづらさわちょう　愛知県豊田市
葛町　つづらちょう　愛知県豊田市

8 葛和田　くずわだ　埼玉県熊谷市
葛岡
　　くずおか　宮城県（JR仙山線）
　　くずおか　秋田県由利本荘市
葛岡町　くずおかちょう　福井県越前市
葛法　くずのり　秋田県由利本荘市

9 葛城
　　かつらぎ　栃木県さくら市
　　かつらぎ　千葉県千葉市中央区
葛城台　かつらぎだい　奈良県北葛城郡上牧町
葛城市　かつらぎし　奈良県
葛城町　かつらぎちょう　大阪府岸和田市
葛城根崎　かつらぎねさき　茨城県つくば市
葛巻
　　くずまき　岩手県岩手郡葛巻町
　　くずまき　新潟県見附市
葛巻西町　くずまきにしまち　新潟県見附市
葛巻町
　　くずまきまち　岩手県岩手郡
　　くずまきまち　新潟県見附市
　　かずらまきちょう　滋賀県東近江市

葛巻東町　くずまきひがしまち　新潟県見附市
葛巻南町　くずまきみなみまち　新潟県見附市
葛畑　かずらはた　兵庫県養父市

10 葛原
　　くずはら　青森県弘前市
　　くずわら　秋田県大館市
　　くずはら　神奈川県藤沢市
　　つづはら　富山県富山市
　　くずはら　岐阜県山県市
　　くずわら　三重県度会郡度会町
　　くずはら　大阪府寝屋川市
　　かずはら　香川県仲多度郡多度津町
　　かずわら　高知県長岡郡大豊町
　　かずはら　高知県吾川郡いの町
　　くずわら　高知県吾川郡仁淀川町
　　くずはら　福岡県北九州市小倉南区
　　くずはら　熊本県上益城郡山都町
　　くずはら　大分県宇佐市
葛原元町　くずはらもとまち　福岡県北九州市小倉南区
葛原本町　くずはらほんまち　福岡県北九州市小倉南区
葛原東　くずはらひがし　福岡県北九州市小倉南区
葛原高松　くずはらたかまつ　福岡県北九州市小倉南区
葛原新町　くずはらしんまち　大阪府寝屋川市
葛島
　　かつらしま　長野県上伊那郡中川村
　　かづらしま　高知県高知市
葛島橋東詰　かずらしまばしひがしづめ　高知県（とさでん交通ごめん線）
葛梅　くずめ　埼玉県久喜市

11 葛袋　くずぶくろ　埼玉県東松山市
葛貫　つづらぬき　埼玉県入間郡毛呂山町
葛野
　　くずの　青森県南津軽郡藤崎町
　　かずらの　福井県丹生郡越前町

12 葛塚　くずつか　新潟県新潟市北区
葛港　かづらみなと　大分県佐伯市
葛渡　くずわたり　熊本県水俣市
葛葉
　　くずば　富山県氷見市
　　くずは　福岡県北九州市門司区

13 葛飾区　かつしかく　東京都
葛飾町　かつしかちょう　千葉県船橋市

18 葛藤　くずふじ　千葉県夷隅郡大多喜町

22 葛籠山　つづらやま　新潟県村上市
葛籠沢　つづらさわ　山梨県西八代郡市川三郷町
葛籠町　つづらまち　滋賀県彦根市
葛籠屋町　つづらやちょう　京都府京都市下京区

【菊】

3 菊川
　　きくかわ　東京都（東京都交通局新宿線）
　　きくかわ　東京都墨田区
　　きくかわ　石川県金沢市
　　きくがわ　静岡県（JR東海道本線）
　　きくがわ　静岡県島田市
菊川市　きくがわし　静岡県
菊川町七見　きくがわちょうななみ　山口県下関市

1047

11画（菊）

菊川町下大野　きくがわちょうしもおおの　山口県下関市
菊川町下岡枝　きくがわちょうしもおかえだ　山口県下関市
菊川町下保木　きくがわちょうしもほき　山口県下関市
菊川町上大野　きくがわちょうかみおおの　山口県下関市
菊川町上田部　きくがわちょうかみたべ　山口県下関市
菊川町上岡枝　きくがわちょうかみおかえだ　山口県下関市
菊川町上保木　きくがわちょうかみほき　山口県下関市
菊川町久野　きくがわちょうくの　山口県下関市
菊川町日新　きくがわちょうにっしん　山口県下関市
菊川町田部　きくがわちょうたべ　山口県下関市
菊川町吉賀　きくがわちょうよしか　山口県下関市
菊川町西中山　きくがわちょうにしなかやま　山口県下関市
菊川町東中山　きくがわちょうひがしなかやま　山口県下関市
菊川町貴飯　きくがわちょうきば　山口県下関市
菊川町道市　きくがわちょうみちいち　山口県下関市
菊川町楢崎　きくがわちょうならさき　山口県下関市
菊川町樅ノ木　きくがわちょうもみのき　山口県下関市
菊川町轡井　きくがわちょうくつわい　山口県下関市
4菊井　きくい　愛知県名古屋市西区
菊井町　きくいちょう　岐阜県岐阜市
菊水
　きくすい　北海道（札幌市交通局東西線）
　きくすい　北海道上川郡上川町
菊水一条　きくすいいちじょう　北海道札幌市白石区
菊水七条　きくすいしちじょう　北海道札幌市白石区
菊水九条　きくすいくじょう　北海道札幌市白石区
菊水二条　きくすいにじょう　北海道札幌市白石区
菊水八条　きくすいはちじょう　北海道札幌市白石区
菊水三条　きくすいさんじょう　北海道札幌市白石区
菊水上町一条　きくすいかみまちいちじょう　北海道札幌市白石区
菊水上町二条　きくすいかみまちにじょう　北海道札幌市白石区
菊水上町三条　きくすいかみまちさんじょう　北海道札幌市白石区
菊水上町四条　きくすいかみまちしじょう　北海道札幌市白石区
菊水五条　きくすいごじょう　北海道札幌市白石区
菊水元町一条　きくすいもとまちいちじょう　北海道札幌市白石区
菊水元町七条　きくすいもとまちしちじょう　北海道札幌市白石区
菊水元町九条　きくすいもとまちくじょう　北海道札幌市白石区
菊水元町二条　きくすいもとまちにじょう　北海道札幌市白石区
菊水元町八条　きくすいもとまちはちじょう　北海道札幌市白石区
菊水元町十条　きくすいもとまちじゅうじょう　北海道札幌市白石区

菊水元町三条　きくすいもとまちさんじょう　北海道札幌市白石区
菊水元町五条　きくすいもとまちごじょう　北海道札幌市白石区
菊水元町六条　きくすいもとまちろくじょう　北海道札幌市白石区
菊水元町四条　きくすいもとまちしじょう　北海道札幌市白石区
菊水六条　きくすいろくじょう　北海道札幌市白石区
菊水四条　きくすいしじょう　北海道札幌市白石区
菊水町
　きくすいちょう　栃木県宇都宮市
　きくすいちょう　岐阜県岐阜市
　きくすいちょう　愛知県名古屋市中村区
　きくすいちょう　大阪府河内長野市
　きくすいちょう　兵庫県神戸市兵庫区
菊水通　きくすいどおり　大阪府守口市
菊水鉾町　きくすいぼこちょう　京都府京都市中京区
5菊丘　きくおか　北海道中川郡美深町
菊丘町　きくがおかちょう　大阪府枚方市
菊丘南町　きくがおかみなみまち　大阪府枚方市
菊本町　きくもとちょう　愛媛県新居浜市
菊田町　きくたまち　宮城県仙台市青葉区
6菊名
　きくな　神奈川県（JR横浜線ほか）
　きくな　神奈川県横浜市港北区
菊地町
　きくぢまち　群馬県高崎市
　きくちちょう　岐阜県岐阜市
菊地堂　きくちどう　山形県寒河江市
菊池市　きくちし　熊本県
菊池町　きくいけちょう　兵庫県神戸市須磨区
菊池郡　きくちぐん　熊本県
7菊住　きくすみ　愛知県名古屋市南区
菊坂町　きくざかちょう　愛知県名古屋市千種区
菊谷町　きくたにちょう　兵庫県西宮市
8菊岡　きくおか　北海道留萌郡小平町
9菊屋町
　きくやちょう　京都府京都市上京区
　きくやちょう　京都府京都市中京区
　きくやちょう　京都府京都市下京区
　きくやちょう　京都府京都市伏見区
菊美台　きくみだい　奈良県生駒郡平群町
10菊浜　きくはま　静岡県掛川市
11菊野　きくの　北海道上川郡和寒町
菊野台　きくのだい　東京都調布市
菊鹿町下内田　きくかまちしもうちだ　熊本県山鹿市
菊鹿町下永野　きくかまちしもながの　熊本県山鹿市
菊鹿町上内田　きくかまちかみうちだ　熊本県山鹿市
菊鹿町上永野　きくかまちかみながの　熊本県山鹿市
菊鹿町山内　きくかまちやまうち　熊本県山鹿市
菊鹿町五郎丸　きくかまちごろうまる　熊本県山鹿市
菊鹿町太田　きくかまちおおだ　熊本県山鹿市
菊鹿町木野　きくかまちきの　熊本県山鹿市
菊鹿町矢谷　きくかまちやたに　熊本県山鹿市
菊鹿町池永　きくかまちいけなが　熊本県山鹿市
菊鹿町米原　きくかまちよなばる　熊本県山鹿市
菊鹿町松尾　きくかまちまつお　熊本県山鹿市
菊鹿町長　きくかまちなが　熊本県山鹿市
菊鹿町阿佐古　きくかまちあさご　熊本県山鹿市

11画（菰, 菜, 菖, 菅）

菊鹿町相良　きくかまちあいら　熊本県山鹿市
菊鹿町宮原　きくかまちみやのはる　熊本県山鹿市
12菊間
　きくま　千葉県市原市
　きくま　愛媛県（JR予讃線）
菊間町川上　きくまちょうかわかみ　愛媛県今治市
菊間町中川　きくまちょうなかのかわ　愛媛県今治市
菊間町田之尻　きくまちょうたのしり　愛媛県今治市
菊間町池原　きくまちょういけのはら　愛媛県今治市
菊間町西山　きくまちょうにしやま　愛媛県今治市
菊間町佐方　きくまちょうさがた　愛媛県今治市
菊間町松尾　きくまちょうまつお　愛媛県今治市
菊間町河之内　きくまちょうかわのうち　愛媛県今治市
菊間町長坂　きくまちょうながさか　愛媛県今治市
菊間町浜　きくまちょうはま　愛媛県今治市
菊間町高田　きくまちょうこうだ　愛媛県今治市
菊間町種　きくまちょうたね　愛媛県今治市
菊陽町　きくようまち　熊本県菊池郡
13菊園町　きくぞのちょう　愛知県名古屋市昭和区
14菊鉾町　きくほこちょう　京都府京都市左京区

【菰】
3菰口町　こもぐちちょう　愛知県豊橋市
5菰田　こもだ　福岡県飯塚市
菰田西　こもだにし　福岡県飯塚市
菰田町　こもだちょう　長崎県佐世保市
菰田東　こもだひがし　福岡県飯塚市
6菰池　こもいけ　岡山県倉敷市
9菰屋　こもや　熊本県荒尾市
10菰原　こもはら　富山県滑川市
菰原台　こもはらだい　富山県滑川市
11菰野
　こもの　三重県（近畿日本鉄道湯の山線）
　こもの　三重県三重郡菰野町
菰野町　こものちょう　三重県三重郡

【菜】
4菜切山町　なきりやまちょう　兵庫県尼崎市
菜切谷　なぎりや　宮城県加美郡加美町
9菜畑
　なばた　奈良県（近畿日本鉄道生駒線）
　なばたけ　佐賀県唐津市
菜畑町　なばたちょう　奈良県生駒市
10菜根　さいこん　福島県郡山市
菜根屋敷　さいこんやしき　福島県郡山市
12菜飯　なめし　青森県上北郡おいらせ町
13菜園　さいえん　岩手県盛岡市
菜園場　さえんば　福岡県北九州市小倉北区
菜園場町
　さえんばちょう　高知県（とさでん交通ごめん線）
　さえんばちょう　高知県高知市
14菜摘　なつみ　奈良県吉野郡吉野町

【菖】
13菖蒲
　しょうぶ　山形県上山市
　しょうぶ　山形県西置賜郡白鷹町
　しょうぶ　神奈川県秦野市
　あやめ　滋賀県野洲市
　しょうぶ　鳥取県鳥取市
　しょうぶ　徳島県那賀郡那賀町
菖蒲ケ池　しょうぶがいけ　静岡県掛川市
菖蒲が丘　しょうぶがおか　兵庫県神戸市北区
菖蒲川　しょうぶかわ　青森県北津軽郡鶴田町
菖蒲田　しょうぶだ　福島県耶麻郡猪苗代町
菖蒲田浜　しょうぶたはま　宮城県宮城郡七ケ浜町
菖蒲池
　しょうぶいけ　福井県大野市
　しょうぶいけ　愛知県長久手市
　しょうぶいけ　三重県伊賀市
　あやめいけ　奈良県（近畿日本鉄道奈良線）
菖蒲池町　しょうぶいけちょう　奈良県奈良市
菖蒲沢
　しょうぶざわ　福島県白河市
　しょうぶざわ　茨城県石岡市
　しょうぶざわ　神奈川県藤沢市
　しょうぶざわ　山梨県甲斐市
　しょうぶざわ　長野県諏訪郡原村
菖蒲町
　しょうぶまち　⇒久喜市（埼玉県）
　しょうぶちょう　奈良県橿原市
菖蒲町下栢間　しょうぶちょうしもかやま　埼玉県久喜市
菖蒲町三箇　しょうぶちょうさんが　埼玉県久喜市
菖蒲町上大崎　しょうぶちょうかみおおさき　埼玉県久喜市
菖蒲町上栢間　しょうぶちょうかみかやま　埼玉県久喜市
菖蒲町小林　しょうぶちょうおばやし　埼玉県久喜市
菖蒲町台　しょうぶちょうだい　埼玉県久喜市
菖蒲町河原井　しょうぶちょうかわはらい　埼玉県久喜市
菖蒲町昭和沼　しょうぶちょうしょうわぬま　埼玉県久喜市
菖蒲町柴山枝郷　しょうぶちょうしばやましごう　埼玉県久喜市
菖蒲町菖蒲　しょうぶちょうしょうぶ　埼玉県久喜市
菖蒲町新堀　しょうぶちょうにいぼり　埼玉県久喜市
菖蒲谷
　しょうぶや　福島県田村郡小野町
　しょうぶたに　和歌山県橋本市
菖蒲谷町
　しょうぶだにちょう　福井県福井市
　しょうぶだにちょう　福井県越前市
菖蒲原町　あやめばるちょう　宮崎県都城市

【菅】
菅
　すげ　神奈川県川崎市多摩区
　すげ　長野県木曽郡木祖村
　すげ　兵庫県篠山市
　すげ　熊本県上益城郡山都町
0菅ケ谷　すげがや　静岡県牧之原市
菅ケ原　すがはら　富山県小矢部市
菅ノ上　すげのうえ　高知県安芸郡北川村
菅の台　すがのだい　兵庫県神戸市須磨区
3菅大臣町
　かんだいじんちょう　愛知県春日井市
　かんだいじんちょう　京都府京都市下京区

1049

11画（菅）

菅山　すがやま　熊本県阿蘇郡高森町
4菅井　すがい　京都府相楽郡精華町
菅内町　すがうちちょう　三重県亀山市
菅刈
　すがかり　新潟県十日町市
　すげかり　岐阜県可児市
菅引　すげひき　静岡県伊豆市
菅木屋　すがごや　三重県多気郡大台町
5菅仙谷　すげせんごく　神奈川県川崎市多摩区
菅出　すがいで　新潟県五泉市
菅北浦　すげきたうら　神奈川県川崎市多摩区
菅平高原　すがだいらこうげん　長野県上田市
菅生
　すごう　宮城県柴田郡村田町
　すごう　千葉県木更津市
　すがお　東京都あきる野市
　すがお　神奈川県川崎市宮前区
　すごう　福井県今立郡池田町
　すごう　岐阜県岐阜市
　すごう　大阪府堺市美原区
　すごう　奈良県山辺郡山添村
　すごう　岡山県新見市
　すごう　愛媛県上浮穴郡久万高原町
　すごう　大分県竹田市
菅生ケ丘　すがおがおか　神奈川県川崎市宮前区
菅生台　すごうだい　兵庫県姫路市
菅生町
　すごおまち　茨城県常総市
　すごうちょう　愛知県岡崎市
　すごうちょう　愛知県豊田市
　すぎゅうちょう　三重県松阪市
菅生舘　すごうだて　福島県白河市
菅田
　すがた　福島県二本松市
　すがた　福島県伊達市
　すがだ　埼玉県比企郡滑川町
　すげた　新潟県胎内市
　すげた　愛知県名古屋市天白区
菅田町
　すげたちょう　栃木県足利市
　すげたちょう　神奈川県横浜市神奈川区
　すがたちょう　兵庫県小野市
　すがたちょう　島根県松江市
菅田町大竹　すげたちょうおおだけ　愛媛県大洲市
菅田町宇津乙　すげたちょううづおつ　愛媛県大洲市
菅田町宇津甲　すげたちょううづこう　愛媛県大洲市
菅田町菅田乙　すげたちょうすげたおつ　愛媛県大洲市
菅田町菅田丙　すげたちょうすげたへい　愛媛県大洲市
菅田町菅田甲　すげたちょうすげたこう　愛媛県大洲市
6菅合　すがあい　三重県多気郡大台町
菅江　すえ　滋賀県米原市
菅池　すがいけ　愛知県長久手市
菅池町
　すがいけまち　石川県金沢市
　すがいけまち　石川県羽咋市
菅牟田　すがむた　佐賀県唐津市
7菅尾
　すげお　熊本県上益城郡山都町

　すがお　大分県（JR豊肥本線）
菅沢
　すげさわ　山形県山形市
　すがさわ　埼玉県新座市
　すげさわ　新潟県五泉市
　すげざわ　和歌山県海草郡紀美野町
　すげざわ　鳥取県日野郡日南町
菅沢町
　すげさわちょう　神奈川県横浜市鶴見区
　すげざわちょう　香川県高松市
　すげざわまち　愛媛県松山市
菅町　すげちょう　福井県越前市
菅谷
　すがや　宮城県宮城郡利府町
　すがや　福島県（JR磐越東線）
　すがや　茨城県那珂市
　すがや　茨城県筑西市
　すがや　茨城県坂東市
　すげのや　茨城県結城郡八千代町
　すがや　埼玉県上尾市
　すがや　埼玉県比企郡嵐山町
　すがたに　新潟県新発田市
　すげんたに　石川県鳳珠郡穴水町
　すがや　福井県福井市
　すげのたに　福井県南条郡南越前町
　すがたに　岡山県真庭市
菅谷台　すがやだい　宮城県宮城郡利府町
菅谷町
　すげのやまち　茨城県土浦市
　すがやまち　群馬県高崎市
　すがやちょう　福井県福井市
菅里　すがさと　山形県飽海郡遊佐町
8菅沼
　すがぬま　山形県西置賜郡小国町
　すがぬま　群馬県利根郡片品村
　すがぬま　埼玉県深谷市
　すがぬま　新潟県十日町市
　すがぬま　新潟県村上市
　すがぬま　新潟県妙高市
　すがぬま　富山県南砺市
　すがぬま　静岡県駿東郡小山町
菅波町　すがなみまち　石川県白山市
9菅城下　すげしろした　神奈川県川崎市多摩区
菅栄町　かんえいちょう　大阪府大阪市北区
菅畑　すがばたけ　新潟県長岡市
菅相塚町　かんそうづかちょう　大阪府寝屋川市
10菅原
　すがはら　石川県羽咋郡宝達志水町
　すがはら　大阪府大阪市東淀川区
　すげはら　鳥取県倉吉市
　すがわら　福岡県北九州市戸畑区
　すがわら　大分県玖珠郡九重町
菅原町
　すがわらまち　埼玉県川越市
　すがはらまち　石川県野々市市
　すがはらちょう　岐阜県岐阜市
　すがわらちょう　静岡県浜松市中区
　すがわらちょう　愛知県西尾市
　すがはらちょう　三重県四日市市
　すがはらちょう　大阪府大阪市北区
　すがはらちょう　大阪府池田市
　すがはらちょう　大阪府泉大津市
　すがはらちょう　兵庫県相生市

1050

11画(菱,菩,萌,菫,范)

　　すがはらちょう　奈良県奈良市
　　すがわらまち　福岡県北九州市八幡西区
　　すがわらまち　熊本県熊本市中央区
菅原通
　　すがはらどおり　大阪府堺市堺区
　　すがはらどおり　兵庫県神戸市長田区
菅島町　すがしまちょう　三重県鳥羽市
菅根町　すがねちょう　新潟県新潟市中央区
菅浜　すがはま　福井県三方郡美浜町
菅場　すげばんば　神奈川県川崎市多摩区
11菅野
　　すがの　千葉県（京成電鉄京成本線）
　　すがの　千葉県市川市
　　すげの　千葉県市原市
　　すがの　福井県あわら市
　　すがの　岐阜県大垣市
　　すがの　京都府与謝郡伊根町
　　すがの　奈良県宇陀郡御杖村
　　すがの　岡山県岡山市北区
　　すがの　福岡県三井郡大刀洗町
菅野戸呂　すげのとろ　神奈川県川崎市多摩区
菅野代　すがのだい　山形県鶴岡市
菅野台　すがのだい　奈良県奈良市
菅野町　すげのまち　長野県諏訪郡下諏訪町
菅野谷　すげのや　茨城県鉾田市
12菅場　すば　愛知県常滑市
菅無田郷　すがむたごう　長崎県東彼杵郡東彼杵町
菅間
　　すがま　茨城県つくば市
　　すがま　埼玉県川越市
13菅塩町　すがしおちょう　群馬県太田市
14菅稲田堤　すげいなだづつみ　神奈川県川崎市多摩区
　菅窪　すげのくぼ　岩手県下閉伊郡田野畑村

【菱】
3菱丸町　ひしまるちょう　京都府京都市上京区
菱川内　ひしかわうち　宮城県伊具郡丸森町
4菱刈下手　ひしかりしもで　鹿児島県伊佐市
菱刈川北　ひしかりかわきた　鹿児島県伊佐市
菱刈川南　ひしかりかわみなみ　鹿児島県伊佐市
菱刈市山　ひしかりいちやま　鹿児島県伊佐市
菱刈田中　ひしかりたなか　鹿児島県伊佐市
菱刈町　ひしかりちょう　⇒伊佐市（鹿児島県）
菱刈花北　ひしかりはなきた　鹿児島県伊佐市
菱刈前目　ひしかりまえめ　鹿児島県伊佐市
菱刈南浦　ひしかりみなうら　鹿児島県伊佐市
菱刈荒田　ひしかりあらた　鹿児島県伊佐市
菱刈重留　ひしかりしげとめ　鹿児島県伊佐市
菱刈徳辺　ひしかりとくべ　鹿児島県伊佐市
菱分町　ひしわけまち　石川県羽咋市
菱木　ひしき　大阪府堺市西区
5菱平　ひしだいら　長野県小諸市
菱田
　　ひしだ　千葉県山武郡芝山町
　　ひしだ　京都府相楽郡精華町
　　ひしだ　鹿児島県曽於郡大崎町
菱田町　ひしだまち　福島県郡山市
6菱江　ひしえ　大阪府東大阪市
菱池　ひしいけ　愛知県額田郡幸田町
菱池小原町　ひしいけおはらちょう　石川県金沢市

菱池町
　　ひしいけちょう　愛知県名古屋市守山区
　　ひしいけちょう　愛知県西尾市
7菱町
　　ひしまち　群馬県桐生市
　　ひしまち　愛知県稲沢市
8菱沼
　　ひしぬま　山形県東田川郡三川町
　　ひしぬま　千葉県東金市
　　ひしぬま　神奈川県茅ケ崎市
菱沼海岸　ひしぬまかいがん　神奈川県茅ケ崎市
9菱屋　ひしや　京都府福知山市
菱屋西　ひしやにし　大阪府東大阪市
菱屋町
　　ひしやちょう　京都府京都市上京区
　　ひしやちょう　京都府京都市中京区
　　ひしやちょう　京都府京都市下京区
　　ひしやちょう　京都府京都市伏見区
菱屋東　ひしやひがし　大阪府東大阪市
菱津　ひしづ　山形県鶴岡市
11菱野　ひしの　福岡県朝倉市
菱野台　ひしのだい　愛知県瀬戸市
菱野町　ひしのちょう　愛知県瀬戸市
15菱潟　ひしがた　新潟県新潟市南区
菱潟新田　ひしがたしんでん　新潟県新潟市南区

【菩】
12菩提
　　ぼだい　神奈川県秦野市
　　ぼだい　大阪府堺市美原区
菩提山町　ぼだいせんちょう　奈良県奈良市
菩提木　ぼだいぎ　青森県上北郡七戸町
菩提寺
　　ぼだいじ　石川県河北郡津幡町
　　ぼだいじ　滋賀県湖南市
　　ぼだいじ　福岡県朝倉市
菩提寺北　ぼだいじきた　滋賀県湖南市
菩提寺西　ぼだいじにし　滋賀県湖南市
菩提寺東　ぼだいじひがし　滋賀県湖南市
菩提町
　　ぼだいまち　石川県小松市
　　ぼだいちょう　大阪府堺市東区

【萌】
0萌えぎ野中央　もえぎのちゅうおう　北海道江別市
萌えぎ野西　もえぎのにし　北海道江別市
萌えぎ野東　もえぎのひがし　北海道江別市
4萌木町　もえぎちょう　三重県松阪市
5萌出　もえで　北海道石狩郡新篠津村
萌出道ノ下　もだしみちのしも　青森県上北郡東北町
萌出道ノ上　もだしみちのかみ　青森県上北郡東北町
12萌葱台　もえぎだい　大分県大分市

【菫】
5菫平　すみれだいら　神奈川県平塚市

【范】
4范中　やちなか　青森県弘前市

11画（萠, 虚, 蛎, 蛍, 蛇, 蚫, 裃, 袴, 袋）

【萠】
⁸萠和　もいわ　北海道広尾郡大樹町

【虚】
⁸虚空蔵下　こくぞうしも　宮城県伊具郡丸森町
　虚空蔵上　こくぞうかみ　宮城県伊具郡丸森町
　虚空蔵中　こくぞうなか　宮城県伊具郡丸森町
　虚空蔵町　こくぞうちょう　奈良県奈良市

【蛎】
¹⁹蛎瀬　かきぜ　大分県中津市

【蛍】
⁰蛍が丘　ほたるがおか　高知県南国市
⁶蛍池　ほたるがいけ　大阪府（阪急電鉄宝塚本線ほか）
　蛍池中町　ほたるがいけなかまち　大阪府豊中市
　蛍池北町　ほたるがいけきたまち　大阪府豊中市
　蛍池西町　ほたるがいけにしまち　大阪府豊中市
　蛍池東町　ほたるがいけひがしまち　大阪府豊中市
　蛍池南町　ほたるがいけみなみまち　大阪府豊中市
⁷蛍沢　ほたるざわ　青森県青森市
⁹蛍茶屋　ほたるぢゃや　長崎県（長崎電気軌道3系統ほか）
¹⁶蛍橋　ほたるばし　高知県（とさでん交通伊野線）

【蛇】
⁰蛇ケ谷　ちゃがたに　愛知県知多郡武豊町
　蛇ケ端　じゃがはな　京都府福知山市
　蛇ノ宮甲　へびのみやこう　福島県大沼郡会津美里町
　蛇の崎町　じゃのさきまち　秋田県横手市
³蛇口
　　へびくち　岩手県九戸郡軽米町
　　じゃぐち　山形県東置賜郡高畠町
⁴蛇之尾　へびのお　岐阜県下呂市
⁵蛇田
　　へびた　宮城県（JR仙石線）
　　へびた　宮城県石巻市
　　へびた　富山県魚津市
　蛇石
　　じゃいし　岩手県八幡平市
　　へびいし　福島県白河市
　　へびいし　福島県田村郡三春町
　　じゃいし　静岡県賀茂郡南伊豆町
　蛇穴　さらぎ　奈良県御所市
⁶蛇池　じゃいけ　茨城県猿島郡境町
⁷蛇坂　へびさか　青森県上北郡七戸町
　蛇尾　へびお　和歌山県日高郡日高川町
　蛇沢
　　へびさわ　福島県田村郡三春町
　　へびさわ　富山県下新川郡入善町
⁸蛇松町　じゃまつちょう　静岡県沼津市
　蛇沼　じゃぬま　青森県三戸郡三戸町
⁹蛇廻間　じゃばさま　愛知県常滑市
　蛇持　じゃもち　岐阜県養老郡養老町
¹⁰蛇浦　へびうら　青森県下北郡風間浦村
¹¹蛇崎　へびざき　大分県佐伯市
　蛇渕　ぢゃぶち　愛知県知多郡武豊町

蛇野
　へびの　秋田県秋田市
　へびの　秋田県湯沢市
¹²蛇喰
　　じゃばみ　新潟県岩船郡関川村
　　じゃばみ　富山県南砺市
　蛇塚　へびづか　静岡県静岡市清水区
¹³蛇園　へびその　千葉県旭市
　蛇溝町　へびみぞちょう　滋賀県東近江市
²²蛇籠町　じゃかごまち　熊本県八代市

【蚫】
　蚫　あわび　新潟県佐渡市

【裃】
¹³裃裟丸　けさまる　福岡県築上郡築上町
　裃裟尾　けさお　熊本県菊池市

【袴】
⁵袴田
　　はかまだ　青森県三戸郡三戸町
　　はかまだ　鹿児島県いちき串木野市
¹²袴塚　はかまつか　茨城県水戸市

【袋】
　袋
　　ふくろ　青森県黒石市
　　ふくろ　茨城県結城郡八千代町
　　ふくろ　埼玉県鴻巣市
　　ふくろ　新潟県三条市
　　ふくろ　新潟県村上市
　　ふくろ　富山県魚津市
　　ふくろ　熊本県（肥薩おれんじ鉄道線）
　　ふくろ　熊本県水俣市
³袋口　ふろく　愛媛県喜多郡内子町
　袋山　ふくろやま　埼玉県越谷市
⁴袋井
　　ふくろい　青森県黒石市
　　ふくろい　静岡県（JR東海道本線）
　　ふくろい　静岡県袋井市
　袋井市　ふくろいし　静岡県
　袋内　ふくろうち　福島県二本松市
⁵袋田
　　ふくろだ　福島県須賀川市
　　ふくろだ　茨城県（JR水郡線）
　　ふくろだ　茨城県久慈郡大子町
⁶袋地　ふくろ　北海道砂川市
⁷袋町
　　ふくろまち　青森県弘前市
　　ふくろまち　福島県白河市
　　ふくろまち　東京都新宿区
　　ふくろまち　新潟県長岡市
　　ふくろちょう　富山県高岡市
　　ふくろまち　石川県金沢市
　　ふくろちょう　京都府京都市上京区
　　ふくろちょう　京都府京都市東山区
　　ふくろまち　広島県（広島電鉄宇品線ほか）
　　ふくろまち　広島県広島市中区
　　ふくろまち　福岡県柳川市
　　ふくろまち　熊本県八代市
　　ふくろまち　大分県中津市

11画（袋, 許, 設, 貫, 転, 逸, 進, 郭, 郷）

袋町中　ふくろちょうなか　新潟県十日町市
袋町西　ふくろちょうにし　新潟県十日町市
袋町東　ふくろちょうひがし　新潟県十日町市
8袋板屋町　ふくろいたやまち　石川県金沢市
袋迫　ふくろさこ　福岡県行橋市
9袋津　ふくろづ　新潟県新潟市江南区
袋畑　ふくろはた　茨城県下妻市
10袋倉
　　ふくろぐら　群馬県（JR吾妻線）
　　ふくろぐら　群馬県吾妻郡嬬恋村
袋原　ふくろばら　宮城県仙台市太白区
袋畠町　ふくろばたけまち　石川県金沢市
12袋達布　ふくろたっぷ　北海道石狩郡新篠津村

【裘】
4裘月　ほろづき　青森県東津軽郡今別町
11裘野　ほろの　岩手県下閉伊郡岩泉町
14裘綿　ほろわた　岩手県下閉伊郡岩泉町

【許】
5許田　きょだ　沖縄県名護市
12許斐町　このみまち　福岡県北九州市小倉北区

【設】
13設楽町　したらちょう　愛知県北設楽郡

【貫】
貫　ぬき　福岡県北九州市小倉南区
4貫井
　　ぬくい　埼玉県児玉郡神川町
　　ぬくい　東京都練馬区
貫井北町　ぬくいきたまち　東京都小金井市
貫井南町　ぬくいみなみちょう　東京都小金井市
貫戸　ぬくど　静岡県富士宮市
5貫田　ぬきた　富山県中新川村立山町
貫気別　ぬきべつ　北海道沙流郡平取町
7貫見　ぬくみ　山形県西村山郡大江町
8貫弥生が丘　ぬきやよいがおか　福岡県北九州市小倉
　　南区
9貫津　ぬくつ　山形県天童市
10貫原　ぬきはる　熊本県上益城郡山都町

【転】
7転坂　ころびざか　福島県白河市

【逸】
7逸見　へみ　神奈川県（京浜急行電鉄本線）
逸見が丘　へみがおか　神奈川県横須賀市

【進】
4進之町　しんのちょう　京都府京都市東山区
進化台　しんかだい　北海道上川郡東川町
8進和町　しんわまち　石川県金沢市
11進陶町　しんとうまち　愛知県瀬戸市
14進徳町　しんとくまち　北海道美唄市
進徳町西　しんとくちょうにし　北海道美唄市
進徳町東　しんとくちょうひがし　北海道美唄市

【郭】
4郭内
　　かくない　福島県白河市
　　かくない　福島県二本松市
　　かくない　奈良県磯城郡田原本町
5郭巨山町　かつきょやまちょう　京都府京都市下京区
7郭町
　　くるわまち　埼玉県川越市
　　くるわまち　岐阜県大垣市
郭町東　くるわまちひがし　岐阜県大垣市

【郷】
郷
　　ごう　山口県山陽小野田市
　　ごう　愛媛県八幡浜市
　　ごう　愛媛県新居浜市
0郷ケ丘　さとがおか　福島県いわき市
郷ノ浦町大原触　ごうのうらちょうたいばるふれ　長崎
　　県壱岐市
郷ノ浦町大島　ごうのうらちょうおおしま　長崎県壱
　　岐市
郷ノ浦町大浦触　ごうのうらちょうおおうらふれ　長崎
　　県壱岐市
郷ノ浦町小牧西触　ごうのうらちょうこまきにしふれ
　　長崎県壱岐市
郷ノ浦町小牧東触　ごうのうらちょうこまきひがしふれ
　　長崎県壱岐市
郷ノ浦町木田触　ごうのうらちょうきだふれ　長崎県
　　壱岐市
郷ノ浦町片原触　ごうのうらちょうかたばるふれ　長崎
　　県壱岐市
郷ノ浦町牛方触　ごうのうらちょううしかたふれ　長崎
　　県壱岐市
郷ノ浦町半城本村触　ごうのうらちょうはんせいほんむ
　　らふれ　長崎県壱岐市
郷ノ浦町平人触　ごうのうらちょうひろうとふれ　長崎
　　県壱岐市
郷ノ浦町本村触　ごうのうらちょうほんむらふれ　長崎
　　県壱岐市
郷ノ浦町永田触　ごうのうらちょうながたふれ　長崎
　　県壱岐市
郷ノ浦町田中触　ごうのうらちょうたなかふれ　長崎
　　県壱岐市
郷ノ浦町庄触　ごうのうらちょうしょうふれ　長崎県壱
　　岐市
郷ノ浦町有安触　ごうのうらちょうありやすふれ　長崎
　　県壱岐市
郷ノ浦町初山西触　ごうのうらちょうはつやまにしふれ
　　長崎県壱岐市
郷ノ浦町初山東触　ごうのうらちょうはつやまひがしふ
　　れ　長崎県壱岐市
郷ノ浦町志原西触　ごうのうらちょうしはらにしふれ
　　長崎県壱岐市
郷ノ浦町志原南触　ごうのうらちょうしはらみなみふれ
　　長崎県壱岐市
郷ノ浦町里触　ごうのうらちょうさとふれ　長崎県壱
　　岐市
郷ノ浦町麦谷触　ごうのうらちょうむぎやふれ　長崎
　　県壱岐市
郷ノ浦町坪触　ごうのうらちょうつぼふれ　長崎県壱
　　岐市

1053

11画（都）

郷ノ浦町東触　ごうのうらちょうひがしふれ　長崎県壱岐市

郷ノ浦町物部本村触　ごうのうらちょうものべほんむらふれ　長崎県壱岐市

郷ノ浦町若松触　ごうのうらちょうわかまつふれ　長崎県壱岐市

郷ノ浦町長島　ごうのうらちょうながしま　長崎県壱岐市

郷ノ浦町長峰本村触　ごうのうらちょうながみねほんむらふれ　長崎県壱岐市

郷ノ浦町長峰東触　ごうのうらちょうながみねひがしふれ　長崎県壱岐市

郷ノ浦町柳田触　ごうのうらちょうやなぎだふれ　長崎県壱岐市

郷ノ浦町原島　ごうのうらちょうはるしま　長崎県壱岐市

郷ノ浦町釣山触　ごうのうらちょうくぎやまふれ　長崎県壱岐市

郷ノ浦町郷ノ浦　ごうのうらちょうごうのうら　長崎県壱岐市

郷ノ浦町渡良西触　ごうのうらちょうわたらにしふれ　長崎県壱岐市

郷ノ浦町渡良東触　ごうのうらちょうわたらひがしふれ　長崎県壱岐市

郷ノ浦町渡良南触　ごうのうらちょうわたらみなみふれ　長崎県壱岐市

郷ノ浦町渡良浦　ごうのうらちょうわたらうら　長崎県壱岐市

郷ノ浦町新田触　ごうのうらちょうしんでんふれ　長崎県壱岐市

1郷乙　ごうおつ　愛媛県新居浜市

3郷口町　ごうぐちまち　福岡県福岡市東区

郷山前　ごうさんまえ　青森県南津軽郡藤崎町

4郷中
ごうなか　茨城県稲敷郡美浦村
ごうなか　愛知県犬山市
ごうなか　愛知県小牧市

郷中町　ごうなかちょう　愛知県半田市

郷之口　ごうのくち　京都府綴喜郡宇治田原町

郷之町　ごうのちょう　京都府京都市下京区

郷之原町　ごうのはらちょう　鹿児島県鹿屋市

郷六　ごうろく　宮城県仙台市青葉区

郷六ケ内町　ごうろくがうちちょう　愛媛県今治市

郷分町　ごうぶんちょう　広島県福山市

郷戸
ごうど　福島県（JR只見線）
ごうど　福島県河沼郡柳津町

5郷市　ごいち　福井県三方郡美浜町

郷本町　ごうほんちょう　愛媛県今治市

郷田　ごうだ　長野県岡谷市

6郷地　ごうじ　埼玉県鴻巣市

郷地町　ごうぢちょう　東京都昭島市

郷西　ごうにし　愛知県犬山市

郷西町　ごうにしちょう　愛知県小牧市

7郷沢
ごうさわ　青森県（JR津軽線）
ごうさわ　青森県東津軽郡蓬田村

郷町
ごうまち　石川県野々市市
ごうまち　広島県呉市

8郷免町　ごうめんちょう　兵庫県西宮市

郷東　ごうひがし　愛知県犬山市

郷東町　ごうとうちょう　香川県高松市

9郷前　ごうまえ　愛知県長久手市

郷前町　ごうまえちょう　愛知県名古屋市中村区

郷屋川　こうやがわ　新潟県五泉市

郷柿沢　ごうかきざわ　富山県中新川郡上市町

郷津町　ごうづちょう　三重県松阪市

10郷原
ごうばら　群馬県（JR吾妻線）
ごうばら　群馬県安中市
ごうばら　群馬県吾妻郡東吾妻町
ごうばら　鳥取県八頭郡智頭町
ごうばる　福岡県大川市

郷原町　ごうはらちょう　広島県呉市

郷原学びの丘　ごうはらまなびのおか　広島県呉市

郷原野路の里　ごうはらのろのさと　広島県呉市

郷島　ごうじま　静岡県静岡市葵区

郷桜井　ごうざくらい　愛媛県今治市

11郷部　ごうぶ　千葉県成田市

郷野目　ごうのめ　福島県福島市

郷野町　ごうのちょう　滋賀県長浜市

郷野原　ごうのはる　熊本県上益城郡山都町

13郷新屋敷町　ごうしんやしきちょう　愛媛県今治市

19郷瀬町　ごのせちょう　兵庫県西脇市

【都】

都
みやこ　北海道千歳市
みやこ　北海道余市郡赤井川村
みやこ　埼玉県比企郡滑川町
みやこ　千葉県我孫子市
みやこ　福岡県北九州市小倉北区

0都ケ丘　みやこがおか　新潟県加茂市

3都万　つま　島根県隠岐郡隠岐の島町

4都井　とい　宮崎県串間市

都夫良野　つぶらの　神奈川県足柄上郡山北町

5都丘町　みやこがおかちょう　大阪府枚方市

都加賀　つがか　島根県飯石郡飯南町

都北町　とほくちょう　宮崎県都城市

都市町　といちちょう　京都府京都市下京区

都平　みやこたい　青森県上北郡七戸町

都庁前　とちょうまえ　東京都（東京都交通局大江戸線）

都田　みやこだ　静岡県（天竜浜名湖鉄道線）

都田町　みやこだちょう　静岡県浜松市北区

都由乃町　つゆのちょう　兵庫県神戸市兵庫区

都立大学　とりつだいがく　東京都（東京急行電鉄東横線）

都立家政　とりつかせい　東京都（西武鉄道新宿線）

都辺町　とべちょう　福井県越前市

7都住
つすみ　長野県（長野電鉄長野線）
つすみ　長野県上高井郡小布施町

都呂々　とろろ　熊本県天草郡苓北町

都志見　つしみ　広島県山県郡北広島町

都町
みやこちょう　千葉県千葉市中央区
みやこちょう　神奈川県川崎市幸区
みやこまち　奈良県御所市
みやこまち　広島県広島市西区

11画（部，郵，釈）

みやこまち　山口県周南市
みやこまち　大分県大分市
みやこまち　宮崎県日向市
みやこちょう　鹿児島県薩摩川内市
都祁こぶしが丘　つげこぶしがおか　奈良県奈良市
都祁小山戸町　つげおやまとちょう　奈良県奈良市
都祁友田町　つげともだちょう　奈良県奈良市
都祁甲岡町　つげこうかちょう　奈良県奈良市
都祁白石町　つげしらいしちょう　奈良県奈良市
都祁吐山町　つげはやまちょう　奈良県奈良市
都祁南之庄町　つげみなみのしょうちょう　奈良県奈良市
都祁相河町　つげそうごちょう　奈良県奈良市
都祁馬場町　つげばばちょう　奈良県奈良市
8都和　つわ　茨城県土浦市
都岡町　つおかちょう　神奈川県横浜市旭区
都府楼前　とふろうまえ　福岡県（西日本鉄道天神大牟田線）
都府楼南
　とふろうみなみ　福岡県（JR鹿児島本線）
　とふろうみなみ　福岡県太宰府市
都於郡町　とのこおりまち　宮崎県西都市
都治町　つちちょう　島根県江津市
9都城　みやこのじょう　宮崎県（JR日豊本線）
都城市　みやこのじょうし　宮崎県
都屋　とや　沖縄県中頭郡読谷村
都染町　つそめちょう　兵庫県加西市
10都原町　みやこばるちょう　宮崎県都城市
都島
　みやこじま　埼玉県本庄市
　みやこじま　大阪府（大阪市交通局谷町線）
都島中通　みやこじまなかどおり　大阪府大阪市都島区
都島区　みやこじまく　大阪府大阪市
都島北通　みやこじまきたどおり　大阪府大阪市都島区
都島本通　みやこじまほんどおり　大阪府大阪市都島区
都島町　みやこじまちょう　宮崎県都城市
都島南通　みやこじまみなみどおり　大阪府大阪市都島区
都留文科大学前　つるぶんかだいがくまえ　山梨県（富士急行線）
都留市
　つるし　山梨県（富士急行線）
　つるし　山梨県
都通
　みやこどおり　岐阜県岐阜市
　みやこどおり　兵庫県神戸市灘区
　みやこどおり　鹿児島県（鹿児島市交通局2系統）
11都盛町　つもりちょう　静岡県浜松市南区
都部　いちぶ　千葉県我孫子市
都部村新田　いちぶむらしんでん　千葉県我孫子市
都部新田　いちぶしんでん　千葉県我孫子市
都野津　つのづ　島根県（JR山陰本線）
都野津町　つのづちょう　島根県江津市
12都喜足　つぎたる　岡山県真庭市
都塚　みやこづか　大阪府八尾市
都筑　つづき　静岡県（天竜浜名湖鉄道線）

都筑ふれあいの丘　つづきふれあいのおか　神奈川県（横浜市交通局グリーンライン）
都筑区　つづきく　神奈川県横浜市
都賀
　つが　千葉県（JR総武本線ほか）
　つが　千葉県千葉市若葉区
都賀の台　つがのだい　千葉県千葉市若葉区
都賀本郷　つがほんごう　島根県邑智郡美郷町
都賀行
　つがゆき　島根県邑智郡川本町
　つがゆき　島根県邑智郡美郷町
都賀西　つがにし　島根県邑智郡美郷町
都賀町　つがまち　⇒栃木市（栃木県）
都賀町大柿　つがまちおおがき　栃木県栃木市
都賀町大橋　つがまちおおはし　栃木県栃木市
都賀町升塚　つがまちますづか　栃木県栃木市
都賀町木　つがまちき　栃木県栃木市
都賀町平川　つがまちひらかわ　栃木県栃木市
都賀町合戦場　つがまちかっせんば　栃木県栃木市
都賀町臼久保　つがまちうすくぼ　栃木県栃木市
都賀町原宿　つがまちはらじゅく　栃木県栃木市
都賀町家中　つがまちいえなか　栃木県栃木市
都賀町深沢　つがまちふかさわ　栃木県栃木市
都賀町富張　つがまちとみはり　栃木県栃木市
13都路町古道　みやこじまちふるみち　福島県田村市
都路町岩井沢　みやこじまちいわいざわ　福島県田村市
都農　つの　宮崎県（JR日豊本線）
都農町　つのちょう　宮崎県児湯郡
都電雑司ケ谷　とでんぞうしがや　東京都（東京都交通局荒川線）
14都窪郡　つくぼぐん　岡山県
16都橋　みやこばし　北海道網走郡美幌町

【部】
2部入道町　ぶにゅうどうまち　石川県白山市
5部田　へた　千葉県夷隅郡大多喜町
部田野　へたの　茨城県ひたちなか市
8部垂町　へだれまち　秋田県大館市
9部室　へむろ　茨城県小美玉市
部栄　ぶさか　島根県鹿足郡津和野町
10部原
　へばら　茨城県石岡市
　へばら　千葉県勝浦市
部連　ぶれん　鹿児島県大島郡宇検村

【郵】
9郵便局前　ゆうびんきょくまえ　岡山県（岡山電気軌道清輝橋線）

【釈】
8釈迦
　しゃか　茨城県古河市
　しゃか　茨城県猿島郡五霞町
釈迦内　しゃかない　秋田県大館市
釈迦町　しゃかまち　茨城県ひたちなか市
釈迦谷　しゃかやつ　千葉県いすみ市
釈迦堂
　しゃかどう　山形県山形市

1055

11画（野）

しゃかどう　富山県魚津市
しゃかどう　富山県黒部市
しゃかどう　石川県羽咋郡志賀町
釈迦塚町　しゃかづかまち　新潟県見附市
⁹**釈泉寺**　しゃくせんじ　富山県中新川郡上市町
¹²**釈尊寺町**　しゃくそんじちょう　大阪府枚方市

【野】

野
の　茨城県筑西市
の　埼玉県行田市
の　福井県丹生郡越前町
の　岐阜県揖斐郡大野町
の　大阪府羽曳野市
の　和歌山県橋本市
の　和歌山県有田市
の　岡山県真庭市
⁰**野々下**　ののした　千葉県流山市
野々上
ののうえ　岩手県二戸市
ののうえ　富山県富山市
ののうえ　大阪府羽曳野市
ののうえ　兵庫県明石市
野々口　ののくち　岡山県（JR津山線）
野々川　ののがわ　高知県高岡郡四万十町
野々川郷　ののかわごう　長崎県東彼杵郡波佐見町
野々井
ののい　茨城県取手市
ののい　大阪府堺市南区
野々切町　ののきれちょう　長崎県五島市
野々市
ののいち　石川県（JR北陸本線ほか）
ののいち　愛媛県西条市
野々市工大前　ののいちこうだいまえ　石川県（北陸鉄道石川線）
野々市市　ののいちし　石川県
野々市町　ののいちまち　⇒野々市市（石川県）
野々目　ののめ　滋賀県愛知郡愛荘町
野々江町　のえまち　石川県珠洲市
野々垣　ののがき　兵庫県篠山市
野々美谷町　ののみたにちょう　宮崎県都城市
野々宮
ののみや　埼玉県日高市
ののみや　大阪府茨木市
野々宮町　ののみやちょう　愛知県西尾市
野々島　ののしま　熊本県合志市
野々浜　ののはま　宮城県牡鹿郡女川町
野々宿　ののしゅく　岩手県和賀郡西和賀町
¹**野一色**
のいっしき　岐阜県岐阜市
のいしき　滋賀県米原市
²**野七里**　のしちり　神奈川県横浜市栄区
野入町　のいりちょう　愛知県豊田市
³**野下**　のした　鹿児島県いちき串木野市
野上
のがみ　北海道紋別郡遠軽町
のがみ　福島県双葉郡大熊町
のがみ　茨城県常陸大宮市
のがみ　栃木県那須烏山市
のがみ　群馬県富岡市
のがみ　埼玉県（秩父鉄道線）

のがみ　岐阜県不破郡関ケ原町
のがみ　岐阜県加茂郡八百津町
のじょう　兵庫県豊岡市
のがみ　兵庫県宝塚市
のがみ　和歌山県紀の川市
のがみ　大分県玖珠郡九重町
野上下郷　のがみしもごう　埼玉県秩父郡長瀞町
野上中　のかみなか　和歌山県海南市
野上町
のがみちょう　東京都青梅市
のがみまち　福井県越前市
のがみちょう　愛知県名古屋市中村区
のがみちょう　兵庫県加西市
のがみちょう　岡山県井原市
のがみちょう　広島県福山市
のがみちょう　山口県周南市
野上原　のがみはら　茨城県（JR水郡線）
野上野　のじの　和歌山県岩出市
野上新　のかみしん　和歌山県海南市
野丈　のだけ　静岡県静岡市葵区
野久喜　のぐき　埼玉県久喜市
野口
のぐち　茨城県常陸大宮市
のぐち　栃木県日光市
のぐち　千葉県白井市
のぐち　新潟県長岡市
のぐち　新潟県十日町市
のぐち　富山県富山市
のぐち　富山県南砺市
のぐち　富山県中新川郡立山町
のぐち　岐阜県大垣市
のぐち　愛知県一宮市
のぐち　愛知県小牧市
のぐち　大阪府門真市
のぐち　奈良県大和高田市
のぐち　奈良県高市郡明日香村
のぐち　和歌山県御坊市
のぐち　熊本県熊本市南区
のぐち　大分県佐伯市
野口中町　のぐちなかまち　大分県別府市
野口元町　のぐちもとまち　大分県別府市
野口北部　のぐちほくぶ　富山県富山市
野口平　のぐちだいら　茨城県常陸大宮市
野口町
のぐちちょう　東京都東村山市
のぐちちょう　静岡県浜松市中区
のぐちちょう　愛知県豊川市
のぐちちょう　愛知県豊田市
のぐちちょう　滋賀県彦根市
のぐちちょう　滋賀県東近江市
のぐちまち　熊本県熊本市南区
のぐちちょう　熊本県水俣市
野口町二屋　のぐちちょうふたや　兵庫県加古川市
野口町水足　のぐちちょうみずあし　兵庫県加古川市
野口町北野　のぐちちょうきたの　兵庫県加古川市
野口町古大内　のぐちちょうふるおうち　兵庫県加古川市
野口町坂井　のぐちちょうさかい　兵庫県加古川市
野口町坂元　のぐちちょうさかもと　兵庫県加古川市
野口町坂元北　のぐちちょうさかもときた　兵庫県加古川市
野口町良野　のぐちちょうよしの　兵庫県加古川市

11画（野）

野口町長砂　のぐちちょうながすな　兵庫県加古川市
野口町野口　のぐちちょうのぐち　兵庫県加古川市
野口南部　のぐちなんぶ　富山県富山市
野口原　のぐちはら　大分県別府市
野口新　のぐちしん　富山県中新川郡立山町
野子町　のこちょう　長崎県平戸市
野川
　のがわ　山形県東根市
　のがわ　福島県双葉郡葛尾村
　のがわ　神奈川県川崎市高津区
　のがわ　神奈川県川崎市宮前区
　のがわ　岡山県真庭市
　のがわ　愛媛県宇和島市
　のがわ　高知県安芸郡北川村
4野中
　のなか　青森県北津軽郡板柳町
　のなか　岩手県岩手郡雫石町
　のなか　秋田県仙北郡美郷町
　のなか　秋田県雄勝郡羽後町
　のなか　千葉県旭市
　のなか　新潟県新発田市
　のなか　新潟県十日町市
　のなか　新潟県南魚沼市
　のなか　新潟県胎内市
　のなか　富山県富山市
　のなか　富山県下新川郡入善町
　のなか　福井県大野市
　のなか　福井県吉田郡永平寺町
　のなか　岐阜県羽島郡岐南町
　のなか　静岡県富士宮市
　のなか　愛知県犬山市
　のなか　三重県多気郡多気町
　のなか　大阪府藤井寺市
　のなか　兵庫県篠山市
　のなか　和歌山県海草郡紀美野町
　のなか　山口県宇部市
　のなか　高知県南国市
　のなか　長崎県（松浦鉄道西九州線）
　のなか　熊本県熊本市西区
野中才　のなかさい　新潟県燕市
野中北　のなかきた　大阪府大阪市淀川区
野中田　のなかだ　熊本県球磨郡湯前町
野中町
　のなかちょう　茨城県常陸大宮市
　のなかまち　栃木県栃木市
　のなかまち　群馬県前橋市
　のなかちょう　静岡県富士宮市
　のなかまち　兵庫県西脇市
　のなかまち　福岡県久留米市
　のなかちょう　長崎県佐世保市
　のなかまち　長崎県諫早市
野中東町　のなかひがしちょう　静岡県富士宮市
野中南　のなかみなみ　大阪府大阪市淀川区
野中新　のなかしん　富山県富山市
野井　のい　島根県邑智郡美郷町
野井倉　のいぐら　鳥取県東伯郡琴浦町
野介代　のけだ　岡山県津山市
野元　のもと　鹿児島県いちき串木野市
野内
　のない　青森県（青い森鉄道線）
　のない　青森県青森市
野友　のとも　茨城県鉾田市

野友乙　のともおつ　高知県安芸郡北川村
野友甲　のともこう　高知県安芸郡北川村
野手
　ので　千葉県匝瑳市
　ので　富山県射水市
野方
　のがた　東京都（西武鉄道新宿線）
　のがた　東京都中野区
　のがた　新潟県新潟市秋葉区
　のかた　鳥取県東伯郡湯梨浜町
　のかた　福岡県福岡市西区
　のがた　鹿児島県曽於郡大崎町
野方町
　のかたちょう　愛知県日進市
　のかたちょう　島根県安来市
野方通　のかたとおり　愛知県名古屋市北区
野月　のづき　青森県三戸郡五戸町
野木
　のぎ　青森県青森市
　のぎ　青森県北津軽郡鶴田町
　のぎ　栃木県（JR東北本線）
　のぎ　栃木県下都賀郡野木町
野木沢　のぎさわ　福島県（JR水郡線）
野木町　のぎまち　栃木県下都賀郡
野木崎　のぎさき　茨城県守谷市
野比　のび　神奈川県横須賀市
野毛
　のげ　千葉県市原市
　のげ　東京都世田谷区
野毛平　のげだいら　千葉県成田市
野毛町　のげちょう　神奈川県横浜市中区
野水　のみず　東京都調布市
野火止
　のびどめ　埼玉県新座市
　のびどめ　東京都東久留米市
野爪　のつめ　茨城県結城郡八千代町
野牛
　のうし　青森県下北郡東通村
　やぎゅう　埼玉県白岡市
　やぎゅう　千葉県茂原市
野牛島　やごしま　山梨県南アルプス市
5野代
　のしろ　石川県野々市市
　のだい　福井県小浜市
野付　のっけ　北海道野付郡別海町
野付郡　のつけぐん　北海道
野出　ので　滋賀県蒲生郡日野町
野出町　のでちょう　大阪府泉佐野市
野尻
　のじり　青森県青森市
　のじり　福島県大沼郡昭和村
　のじり　栃木県鹿沼市
　のじり　新潟県上越市
　のじり　富山県滑川市
　のじり　富山県南砺市
　のじり　福井県大野市
　のじり　福井県今立郡池田町
　のじり　福井県大飯郡おおい町
　のじり　長野県（JR中央本線）
　のじり　長野県木曽郡大桑村
　のじり　長野県上水内郡信濃町
　のじり　岐阜県下呂市

1057

11画(野)

のじり 滋賀県栗東市
のじり 兵庫県篠山市
のじり 奈良県吉野郡十津川村
のじり 和歌山県海南市
のじり 熊本県阿蘇郡高森町
のじり 熊本県上益城郡山都町

野尻一庵 のじりいちあん 京都府八幡市
野尻土井ノ内 のじりどいのうち 京都府八幡市
野尻円ノ元 のじりえんのもと 京都府八幡市
野尻北ノ口 のじりきたのくち 京都府八幡市
野尻正畑 のじりしょうはた 京都府八幡市
野尻町
のじりちょう 千葉県銚子市
のじりちょう 大阪府堺市東区
のじりちょう 島根県出雲市
のじりちょう ⇒小林市(宮崎県)
のじりちょう 鹿児島県鹿児島市
野尻町三ケ野山 のじりちょうみかのやま 宮崎県小林市
野尻町東麓 のじりちょうひがしもと 宮崎県小林市
野尻町紙屋 のじりちょうかみや 宮崎県小林市
野尻城究 のじりじょうぎわ 京都府八幡市
野尻倉掛 のじりくらかけ 京都府八幡市
野尻野 のじりの 富山県南砺市
野市町みどり野 のいちちょうみどりの 高知県香南市
野市町みどり野東 のいちちょうみどりのひがし 高知県香南市
野市町下井 のいちちょうしもい 高知県香南市
野市町上岡 のいちちょうかみおか 高知県香南市
野市町土居 のいちちょうどい 高知県香南市
野市町大谷 のいちちょうおおたに 高知県香南市
野市町中ノ村 のいちちょうなかのむら 高知県香南市
野市町中山田 のいちちょうなかやまだ 高知県香南市
野市町父養寺 のいちちょうぶようじ 高知県香南市
野市町本村 のいちちょうほんむら 高知県香南市
野市町母代寺 のいちちょうぼだいじ 高知県香南市
野市町西佐古 のいちちょうにしさこ 高知県香南市
野市町西野 のいちちょうにしの 高知県香南市
野市町兎田 のいちちょううさいだ 高知県香南市
野市町東佐古 のいちちょうひがしさこ 高知県香南市
野市町東野 のいちちょうひがしの 高知県香南市
野市町深渕 のいちちょうふかぶち 高知県香南市
野市町新宮 のいちちょうしんぐう 高知県香南市
野本 のもと 新潟県燕市
野本町 のもとちょう 北海道留萌市
野末 のずえ 福井県丹生郡越前町
野末町 のずえちょう 愛知県名古屋市緑区
野母町 のもまち 長崎県長崎市
野母崎樺島町 のもざきかばしままち 長崎県長崎市
野田
のだ 青森県弘前市
のだ 岩手県花巻市
のだ 岩手県九戸郡野田村
のだ 宮城県塩竈市
のだ 秋田県南秋田郡五城目町
のだ 秋田県南秋田郡八郎潟町
のだ 山形県東根市

のだ 茨城県石岡市
のだ 茨城県常陸大宮市
のだ 茨城県筑西市
のだ 茨城県小美玉市
のだ 埼玉県川越市
のだ 埼玉県東松山市
のだ 埼玉県入間市
のだ 千葉県野田市
のだ 千葉県袖ケ浦市
のだ 千葉県香取市
のだ 新潟県柏崎市
のだ 新潟県阿賀野市
のだ 新潟県南魚沼市
のだ 富山県富山市
のだ 富山県南砺市
のだ 福井県丹生郡越前町
のだ 静岡県島田市
のだ 愛知県名古屋市中川区
のだ 愛知県犬山市
のだ 愛知県新城市
のだ 三重県津市
のだ 三重県四日市市
のだ 三重県桑名市
のだ 滋賀県野洲市
のだ 滋賀県高島市
のだ 大阪府(JR大阪環状線ほか)
のだ 大阪府大阪市福島区
のだ 大阪府高槻市
のだ 大阪府泉南郡熊取町
のだ 兵庫県豊岡市
のだ 和歌山県新宮市
のだ 和歌山県有田郡有田川町
のた 鳥取県東伯郡琴浦町
のだ 鳥取県西伯郡大山町
のだ 鳥取県日野郡日野町
のだ 岡山県岡山市北区
のだ 山口県山口市
のだ 愛媛県東温市
のだ 福岡県豊前市
のだ 福岡県田川郡添田町
のだ 熊本県熊本市南区
のだ 熊本県玉名郡和水町
のだ 大分県大分市
のだ 大分県別府市
のだ 大分県臼杵市
のた 宮崎県延岡市

野田山町 のだやまちょう 滋賀県彦根市
野田尻
のだじり 青森県上北郡東北町
のたじり 山梨県上野原市
野田市
のだし 千葉県(東武鉄道野田線)
のだし 千葉県
野田平 のたひら 静岡県静岡市葵区
野田玉川 のだたまがわ 岩手県(三陸鉄道北リアス線)
野田生
のだおい 北海道(JR函館本線)
のだおい 北海道二海郡八雲町
野田目 のだのめ 山形県鶴岡市
野田尾 のたお 兵庫県淡路市
野田村 のだむら 岩手県九戸郡
野田町
のだちょう 岩手県釜石市

11画（野）

のだまち　福島県福島市
のだちょう　栃木県足利市
のだまち　埼玉県川越市
のだまち　石川県金沢市
のだまち　石川県小松市
のだまち　石川県輪島市
のだまち　石川県加賀市
のだちょう　愛知県名古屋市中村区
のだちょう　愛知県豊橋市
のだまち　愛知県碧南市
のだちょう　愛知県刈谷市
のだちょう　愛知県田原市
のだちょう　滋賀県長浜市
のだちょう　滋賀県近江八幡市
のだちょう　京都府綾部市
のだちょう　大阪府岸和田市
のだちょう　大阪府豊中市
のだちょう　兵庫県神戸市長田区
のだちょう　兵庫県加西市
のだまち　長崎県大村市
のたまち　宮崎県延岡市

野田町下名　のだちょうしもみょう　鹿児島県出水市
野田町上名　のだちょうかみみょう　鹿児島県出水市
野田阪神　のだはんしん　大阪府（大阪市交通局千日前線）
野田東　のだひがし　大阪府高槻市
野田城　のだじょう　愛知県（JR飯田線）
野田屋町　のだやちょう　岡山県岡山市北区
野田通　のだどおり　兵庫県神戸市垂水区
野田郷
　のだごう　長崎県西彼杵郡時津町
　のだごう　鹿児島県（肥薩おれんじ鉄道線）
野田新田　のだしんでん　岐阜県瑞穂市
野田新町
　のだしんまち　愛知県（JR東海道本線）
　のだしんまち　愛知県刈谷市
野田農　のだのう　愛知県長久手市
野田頭　のだがしら　青森県上北郡東北町
野田頭山　のだがしらやま　青森県上北郡東北町
野白町西千丸　のばくちょうにしせんまる　愛知県江南市
野白町東千丸　のばくちょうひがしせんまる　愛知県江南市
野白町野白　のばくちょうのばく　愛知県江南市
野白町葭場　のばくちょうよしば　愛知県江南市
野白新田　のばくしんでん　岐阜県瑞穂市
野矢　のや　大分県（JR久大本線）
野石　のいし　秋田県男鹿市
野石谷町　のいしだにちょう　島根県出雲市
野立町
　のだちまち　石川県小松市
　のだてちょう　愛知県名古屋市熱田区
野辺
　のべ　東京都あきる野市
　のんべ　三重県鈴鹿市
野辺山
　のべやま　長野県（JR小海線）
　のべやま　長野県南佐久郡南牧村
野辺地
　のへじ　青森県（青い森鉄道線）
　のへじ　青森県上北郡野辺地町
野辺地町　のへじまち　青森県上北郡

野辺町
　のべちょう　群馬県館林市
　のべまち　長野県須坂市
　のんべちょう　三重県鈴鹿市
6**野伏間**　のぶすま　福岡県久留米市
野向町牛ケ谷　のむきちょううしがたに　福井県勝山市
野向町北野津又　のむきちょうきたのつまた　福井県勝山市
野向町竹林　のむきちょうたけばやし　福井県勝山市
野向町竜谷　のむきちょうりゅうだに　福井県勝山市
野向町深谷　のむきちょうふかだに　福井県勝山市
野向町聖丸　のむきちょうひじりまる　福井県勝山市
野向町横倉　のむきちょうよこくら　福井県勝山市
野向町薬師神谷　のむきちょうやくしがみや　福井県勝山市
野地
　のじ　高知県宿毛市
　のじ　高知県高岡郡四万十町
野地町
　のうぢまち　石川県白山市
　のじまち　三重県尾鷲市
　のじまち　宮崎県延岡市
野地城　やちじょう　新潟県阿賀野市
野多目　のため　福岡県福岡市南区
野寺
　のでら　埼玉県新座市
　のでら　富山県小矢部市
　のでら　石川県かほく市
　のでら　兵庫県加古郡稲美町
　のでら　鳥取県鳥取市
野寺町
　のでらちょう　愛知県安城市
　のでらちょう　滋賀県長浜市
野州大塚　やしゅうおおつか　栃木県（東武鉄道宇都宮線）
野州山辺　やしゅうやまべ　栃木県（東武鉄道伊勢崎線）
野州平川　やしゅうひらかわ　栃木県（東武鉄道宇都宮線）
野江
　のえ　大阪府（京阪電気鉄道本線）
　のえ　大阪府大阪市城東区
　のえ　徳島県海部郡海陽町
野江内代　のえうちんだい　大阪府（大阪市交通局谷町線）
野老山　ところやま　高知県高岡郡越知町
7**野佐来**　やさらい　愛媛県大洲市
野佐掛　のさかけ　青森県上北郡七戸町
野作町　のさくちょう　大阪府河内長野市
野呂山　のろさん　広島県呉市
野呂町　のろちょう　千葉県千葉市若葉区
野坂
　のさか　福井県敦賀市
　のさか　鳥取県鳥取市
　のさか　福岡県宗像市
野坂田　のさかだ　長野県飯山市
野坂町　のさかまち　埼玉県秩父市
野形　のがた　岡山県美作市
野志　のし　岐阜県（明知鉄道線）
野条町　のうじょうちょう　兵庫県加西市

11画（野）

野束　のづか　北海道岩内郡岩内町
野村
　のむら　宮城県仙台市泉区
　のむら　新潟県阿賀野市
　のむら　新潟県東蒲原郡阿賀町
　のむら　富山県高岡市
　のむら　富山県射水市
　のむら　富山県中新川郡立山町
　のむら　三重県亀山市
　のむら　三重県伊賀市
　のむら　滋賀県草津市
　のむら　京都府久世郡久御山町
　のむら　京都府与謝郡伊根町
　のむら　兵庫県加東市
　のむら　兵庫県神崎郡神河町
　のむら　岡山県津山市
　のむら　山口県周南市
野村中町　のむらなかまち　大阪府枚方市
野村元町　のむらもとまち　大阪府枚方市
野村北町　のむらきたまち　大阪府枚方市
野村寺　のむらじ　京都府舞鶴市
野村町
　のむらちょう　三重県伊勢市
　のむらちょう　三重県松阪市
　のむらちょう　三重県鈴鹿市
　のむらちょう　三重県亀山市
　のむらちょう　滋賀県長浜市
　のむらちょう　滋賀県近江八幡市
　のむらちょう　滋賀県東近江市
　のむらちょう　兵庫県西脇市
野村町大西　のむらちょうおおにし　愛媛県西予市
野村町大野ケ原　のむらちょうおおのがはら　愛媛県西予市
野村町小松　のむらちょうこまつ　愛媛県西予市
野村町中通川　のむらちょうなかとおがわ　愛媛県西予市
野村町予子林　のむらちょうよこばやし　愛媛県西予市
野村町片川　のむらちょうかたかわ　愛媛県西予市
野村町白髭　のむらちょうしらひげ　愛媛県西予市
野村町旭　のむらちょうあさひ　愛媛県西予市
野村町舟戸　のむらちょうふなと　愛媛県西予市
野村町西　のむらちょうにし　愛媛県西予市
野村町坂石　のむらちょうさかいし　愛媛県西予市
野村町松渓　のむらちょうまつたに　愛媛県西予市
野村町河西　のむらちょうかわさい　愛媛県西予市
野村町長谷　のむらちょうながたに　愛媛県西予市
野村町阿下　のむらちょうあげ　愛媛県西予市
野村町茜が丘　のむらちょうあかねがおか　兵庫県西脇市
野村町栗木　のむらちょうくりのき　愛媛県西予市
野村町釜川　のむらちょうかまがわ　愛媛県西予市
野村町高瀬　のむらちょうたかせ　愛媛県西予市
野村町野村　のむらちょうのむら　愛媛県西予市
野村町鳥鹿野　のむらちょうとじがの　愛媛県西予市
野村町富野川　のむらちょうとみのかわ　愛媛県西予市
野村町惣川　のむらちょうそうがわ　愛媛県西予市

野村町蔵良　のむらちょうくらら　愛媛県西予市
野村町鎌田　のむらちょうかまんた　愛媛県西予市
野村南町
　のむらみなみまち　大阪府枚方市
　のむらみなみまち　山口県周南市
野村島　のむらじま　富山県砺波市
野来見　のぐるみ　山口県山陽小野田市
野沢
　のざわ　青森県青森市
　のざわ　岩手県滝沢市
　のざわ　山形県飽海郡遊佐町
　のざわ　福島県（JR磐越西線）
　のざわ　福島県耶麻郡西会津町
　のざわ　東京都世田谷区
　のざわ　富山県中新川郡立山町
　のざわ　長野県佐久市
野沢町
　のざわまち　栃木県宇都宮市
　のざわまち　栃木県鹿沼市
野沢倉山　のざわくらやま　宮城県刈田郡七ケ宿町
野沢温泉村　のざわおんせんむら　長野県下高井郡
野甫　のほ　沖縄県島尻郡伊平屋村
野町
　のちょう　群馬県伊勢崎市
　のまち　富山県富山市
　のまち　富山県滑川市
　のまち　富山県中新川郡立山町
　のまち　石川県（北陸鉄道石川線）
　のまち　石川県金沢市
　のまち　三重県鈴鹿市
　のまち　鳥取県八頭郡八頭町
　のまち　福岡県筑後市
　のまち　福岡県朝倉郡筑前町
野町中　のまちなか　三重県鈴鹿市
野町西　のまちにし　三重県鈴鹿市
野町東　のまちひがし　三重県鈴鹿市
野町南　のまちみなみ　三重県鈴鹿市
野良田町　のらだちょう　滋賀県彦根市
野花
　のばな　京都府福知山市
　のきょう　鳥取県東伯郡湯梨浜町
野花南　のかなん　北海道（JR根室本線）
野花南町　のかなんちょう　北海道芦別市
野芥
　のけ　福岡県（福岡市交通局七隈線）
　のけ　福岡県福岡市早良区
野見　のみ　高知県須崎市
野見山　のみやま　鹿児島県大島郡瀬戸内町
野見山町　のみやまちょう　愛知県豊田市
野見町
　のみちょう　愛知県豊田市
　のみちょう　大阪府高槻市
野谷
　のだに　兵庫県加古郡稲美町
　のだに　岡山県備前市
野里
　のざと　青森県五所川原市
　のざと　千葉県袖ケ浦市
　のざと　大阪府大阪市西淀川区
　のざと　兵庫県（JR播但線）
　のざと　兵庫県姫路市

11画（野）

野里上野町　のざとうえのちょう　兵庫県姫路市
野里大和町　のざとだいわまち　兵庫県姫路市
野里中町　のざとなかまち　兵庫県姫路市
野里月丘町　のざとつきおかまち　兵庫県姫路市
野里寺町　のざとてらまち　兵庫県姫路市
野里町
　　のざとちょう　大阪府門真市
　　のざとちょう　鹿児島県鹿屋市
野里東同心町　のざとひがしどうしんまち　兵庫県姫路市
野里東町　のざとひがしまち　兵庫県姫路市
野里堀留町　のざとほりどめまち　兵庫県姫路市
野里新町　のざとしんまち　兵庫県姫路市
野里慶雲寺前町　のざとけいうんじまえちょう　兵庫県姫路市
8野並
　　のなみ　石川県鳳珠郡穴水町
　　のなみ　愛知県（名古屋市交通局桜通線）
　　のなみ　愛知県名古屋市天白区
野依　のより　大分県中津市
野依台　のよりだい　愛知県豊橋市
野依町　のよりちょう　愛知県豊橋市
野岡町
　　のおかちょう　福井県越前市
　　のおかまち　大分県佐伯市
野岳町　のだけまち　長崎県大村市
野底
　　のそこ　長野県伊那市
　　のそこ　沖縄県石垣市
野忽那　のぐつな　愛媛県松山市
野林町　のばやしちょう　愛知県豊田市
野波町　のなみちょう　福井県福井市
野狐台町　やっこだいまち　千葉県佐倉市
野迫川村　のせがわむら　奈良県吉野郡
野門　のかど　栃木県日光市
9野南町　のみなみちょう　愛知県名古屋市西区
野垣　のがき　兵庫県豊岡市
野垣内町　のがいとちょう　奈良県大和郡山市
野室　のむろ　京都府与謝郡伊根町
野巻　のまき　埼玉県秩父郡皆野町
野洲
　　やす　滋賀県（JR東海道本線）
　　やす　滋賀県野洲市
野洲市　やすし　滋賀県
野津　のづ　熊本県八代郡氷川町
野津田町　のづたまち　東京都町田市
野津町八里合　のつまちはちりごう　大分県臼杵市
野津町千塚　のつまちちづか　大分県臼杵市
野津町山頭　のつまちやまず　大分県臼杵市
野津町王子　のつまちおうじ　大分県臼杵市
野津町白岩　のつまちしらいわ　大分県臼杵市
野津町吉田　のつまちよしだ　大分県臼杵市
野津町老松　のつまちおいまつ　大分県臼杵市
野津町西畑　のつまちにしはた　大分県臼杵市
野津町西神野　のつまちにしこうの　大分県臼杵市
野津町西寒田　のつまちささむた　大分県臼杵市
野津町岩屋　のつまちいわや　大分県臼杵市
野津町東谷　のつまちひがしたに　大分県臼杵市
野津町泊　のつまちとまり　大分県臼杵市

野津町前河内　のつまちまえがわち　大分県臼杵市
野津町垣河内　のつまちかきがわち　大分県臼杵市
野津町柚野木　のつまちゆのき　大分県臼杵市
野津町秋山　のつまちあきやま　大分県臼杵市
野津町原　のつまちはる　大分県臼杵市
野津町宮原　のつまちみやばる　大分県臼杵市
野津町烏嶽　のつまちうつがく　大分県臼杵市
野津町亀甲　のつまちかめこう　大分県臼杵市
野津町清水原　のつまちそうずばる　大分県臼杵市
野津町都原　のつまちみやこばる　大分県臼杵市
野津町野津市　のつまちのいち　大分県臼杵市
野津町落合　のつまちおちだに　大分県臼杵市
野津町福良木　のつまちふくらぎ　大分県臼杵市
野津町藤小野　のつまちふじおの　大分県臼杵市
野津原　のつはる　大分県大分市
野畑　のばた　茨城県つくば市
野畑町　のばたちょう　愛知県岡崎市
野神　のがみ　福井県敦賀市
野秋　のあき　静岡県焼津市
野胡桃　のぐるみ　岩手県下閉伊郡普代村
野荒町　のあらまち　秋田県仙北郡美郷町
野面　のぶ　福岡県北九州市八幡西区
10野倉　のぐら　長野県上田市
野原
　　のはら　埼玉県熊谷市
　　のはら　富山県南砺市
　　のわら　三重県度会郡大紀町
　　のはら　京都府舞鶴市
　　のばら　鳥取県八頭郡智頭町
　　のはら　岡山県真庭市
　　のはら　岡山県美作市
　　のばら　山口県宇部市
　　のばら　熊本県荒尾市
　　のばる　沖縄県国頭郡本部町
野原中　のはらなか　奈良県五條市
野原西　のはらにし　奈良県五條市
野原町
　　やはらまち　茨城県龍ケ崎市
　　のわらちょう　愛知県豊田市
　　のはらちょう　奈良県五條市
　　のばらちょう　島根県松江市
　　のばらちょう　島根県浜田市
野原東　のはらひがし　奈良県五條市
野孫　のまご　埼玉県さいたま市岩槻区
野家　のけ　京都府福知山市
野島
　　のじま　埼玉県越谷市
　　のじま　富山県中新川郡上市町
　　のしま　山口県防府市
野島大川　のじまおおかわ　兵庫県淡路市
野島公園　のじまこうえん　神奈川県（横浜シーサイドライン）
野島平林　のじまひらばやし　兵庫県淡路市
野島江崎　のじまえざき　兵庫県淡路市
野島町　のじま　神奈川県横浜市金沢区
野島常盤　のじまときわ　兵庫県淡路市
野島貴船　のじまきふね　兵庫県淡路市
野島蟇浦　のじまひきのうら　兵庫県淡路市
野島轟木　のじまとどろき　兵庫県淡路市
野庭町　のばちょう　神奈川県横浜市港南区

11画（野）

野栗沢	のぐりさわ　群馬県多野郡上野村
野桑	のくわ　兵庫県赤穂郡上郡町
野根乙	のねおつ　高知県安芸郡東洋町
野根丁	のねてい　高知県安芸郡東洋町
野根丙	のねへい　高知県安芸郡東洋町
野根甲	のねこう　高知県安芸郡東洋町
野浦	のうら　新潟県佐渡市
野能原	ののうはら　富山県南砺市
野馬込	のまごめ　千葉県成田市
野高谷町	のごやまち　栃木県宇都宮市
野高場	のたかば　長野県千曲市

11野堀
のぼり　茨城県つくばみらい市
のぼり　千葉県山武市

| 野寄町 | のよりちょう　愛知県岩倉市 |
| 野寄免 | のよりめん　長崎県北松浦郡佐々町 |

野崎
のざき　北海道北斗市
のざき　北海道網走郡美幌町
のざき　青森県上北郡七戸町
のざき　福島県伊達市
のざき　栃木県（JR東北本線）
のざき　栃木県大田原市
のざき　東京都三鷹市
のざき　愛知県名古屋市
のざき　大阪府（JR片町線）
のざき　大阪府大東市
のざき　和歌山県和歌山市
のざき　鹿児島県肝属郡肝付町

野崎町
のざきちょう　愛知県稲沢市
のざきちょう　大阪府大阪市北区
のざきちょう　長崎県佐世保市

野崎狐久保	のざききつねくぼ　青森県上北郡七戸町
野崎前平	のざきまえひら　青森県上北郡七戸町
野崎垣内岩田	のざきがいといわた　三重県津市
野崎通	のざきどおり　兵庫県神戸市中央区
野崎郷	のざきごう　長崎県北松浦郡小値賀町
野崎森ノ下	のざきもりのしも　青森県上北郡七戸町
野曽	のそ　茨城県東茨城郡城里町
野深	のぶか　北海道浦河郡浦河町

野添
のぞえ　三重県度会郡大紀町
のぞえ　京都府長岡京市
のぞえ　兵庫県加古郡播磨町

野添町
のぞえちょう　青森県黒石市
のぞえまち　福岡県大牟田市

野添城	のぞえじょう　兵庫県加古郡播磨町
野笹	のざさ　京都府福知山市
野笹町	のささちょう　岐阜県美濃加茂市
野菊野	のぎくの　千葉県松戸市
野郷町	のざとちょう　島根県出雲市
野郷原	のごうはら　滋賀県大津市
野黒沢	のくろさわ　山形県尾花沢市
野黒町	のぐろちょう　愛知県豊橋市

12野場　のば　愛知県額田郡幸田町

野塚	のづか　北海道広尾郡広尾町
野塚本通	のづかほんどおり　北海道広尾郡広尾町
野塚西通	のづかにしどおり　北海道広尾郡広尾町

野塚町
のづかちょう　北海道積丹郡積丹町
のづかちょう　北海道増毛郡増毛町

野塚東通	のづかひがしどおり　北海道広尾郡広尾町
野渡	のわた　栃木県下都賀郡野木町
野萱	のがや　島根県飯石郡飯南町
野萩町	やはぎちょう　愛知県名古屋市守山区
野開発	のかいほつ　富山県中新川郡上市町

野間
のま　栃木県那須塩原市
のま　愛知県（名古屋鉄道知多新線）
のま　愛知県知多郡美浜町
のま　三重県伊賀市
のま　兵庫県伊丹市
のま　兵庫県篠山市
のま　岡山県赤磐市
のま　愛媛県今治市
のま　福岡県福岡市南区
のま　福岡県遠賀郡岡垣町
のま　鹿児島県熊毛郡中種子町

野間口
のまぐち　大阪府豊能郡豊能町
のまぐち　熊本県菊池市

野間大原	のまおおはら　大阪府豊能郡能勢町
野間中	のまなか　大阪府豊能郡能勢町
野間出野	のましゅつの　大阪府豊能郡能勢町
野間北	のまきた　兵庫県伊丹市
野間西山	のまにしやま　大阪府豊能郡能勢町

野間町
のまちょう　愛知県名古屋市名東区
のまちょう　兵庫県西宮市

野間谷原	のまやわら　千葉県香取市
野間南	のまみなみ　福岡県遠賀郡岡垣町
野間稲地	のまいなじ　大阪府豊能郡能勢町

13野塩　のしお　東京都清瀬市

野嵩	のだけ　沖縄県宜野湾市
野幌	のっぽろ　北海道（JR函館本線）
野幌屯田町	のっぽろとんでんちょう　北海道江別市
野幌代々木町	のっぽろよよぎちょう　北海道江別市
野幌末広町	のっぽろすえひろちょう　北海道江別市
野幌住吉町	のっぽろすみよしちょう　北海道江別市
野幌寿町	のっぽろことぶきちょう　北海道江別市
野幌町	のっぽろちょう　北海道江別市
野幌松並町	のっぽろまつなみちょう　北海道江別市
野幌東町	のっぽろひがしまち　北海道江別市
野幌若葉町	のっぽろわかばちょう　北海道江別市
野幌美幸町	のっぽろみゆきちょう　北海道江別市

野新
のしん　富山県南砺市
のしん　富山県下新川郡朝日町

野殿
のどの　茨城県筑西市
のどの　群馬県安中市
のどの　京都府相楽郡南山城村

野殿西町	のどのにしまち　岡山県岡山市北区
野殿東町	のどのひがしまち　岡山県岡山市北区
野溝木工	のみぞもっこう　長野県松本市
野溝西	のみぞにし　長野県松本市
野溝東	のみぞひがし　長野県松本市
野福	のふく　富山県中新川郡上市町

11画（釧, 釣, 陰, 陳, 陶, 陸）

野続　のつづき　青森県上北郡七戸町
野蒜
　のびる　宮城県（JR仙石線）
　のびる　宮城県東松島市
野跡
　のせき　愛知県（名古屋臨海高速鉄道西名古屋港線）
　のせき　愛知県名古屋市港区
野路　のじ　滋賀県草津市
野路町　のじちょう　滋賀県草津市
野路東　のじひがし　滋賀県草津市
野遠町　のとうちょう　大阪府堺市北区
野馳　のち　岡山県（JR芸備線）
14野増　のまし　東京都大島町
野端　のばな　富山県小矢部市
野銭町　のせんまち　愛知県碧南市
野際
　のぎわ　青森県黒石市
　のぎわ　新潟県南魚沼市
野際新田　のぎわしんでん　福島県南会津郡下郷町
野駄　のだ　岩手県八幡平市
15野潟　のがた　新潟県村上市
野箱　のばこ　静岡県磐田市
17野篠　のじの　三重県度会郡玉城町
19野瀬　のせ　兵庫県相生市
野瀬町
　のせちょう　滋賀県彦根市
　のせちょう　滋賀県長浜市
21野鶴町　のづるまち　熊本県宇土市

【釧】
11釧望台　せんぼうだい　北海道釧路郡釧路町
13釧路　くしろ　北海道（JR根室本線）
釧路市　くしろし　北海道
釧路町　くしろちょう　北海道釧路郡
釧路郡　くしろぐん　北海道
釧路湿原　くしろしつげん　北海道（JR釧網本線）

【釣】
3釣上　かぎあげ　埼玉県さいたま市岩槻区
釣上新田　かぎあげしんでん　埼玉県さいたま市岩槻区
釣山　つりやま　岩手県一関市
4釣井　つるい　岡山県赤磐市
7釣町　つりまち　青森県西津軽郡鰺ケ沢町
10釣浜　つりはま　新潟県東蒲原郡阿賀町
11釣寄
　つりよせ　新潟県新潟市南区
　つりよせ　新潟県新潟市西蒲区
釣寄新
　つりよせしん　新潟県新潟市南区
　つりよせしん　新潟県新潟市西蒲区
釣部町　つるべまち　石川県金沢市
20釣鐘町　つりがねちょう　大阪府大阪市中央区

【陰】
5陰平町　かげひらまち　長崎県大村市
陰田町　いんだちょう　鳥取県米子市
12陰陽町　いんようちょう　奈良県奈良市

【陳】
0陳ケ森　じんがもり　秋田県由利本荘市
陳ノ窪　じんのくぼ　宮城県刈田郡七ケ宿町

【陶】
陶
　すえ　山口県山口市
　すえ　香川県（高松琴平電気鉄道琴平線）
　すえ　香川県綾歌郡綾川町
0陶の谷　すえのたに　福井県丹生郡越前町
4陶元町　とうげんちょう　岐阜県多治見市
5陶本町　とうほんちょう　愛知県瀬戸市
陶生町
　とうせいちょう　愛知県名古屋市昭和区
　とうせいちょう　愛知県瀬戸市
7陶町大川　すえちょうおおかわ　岐阜県瑞浪市
陶町水上　すえちょうみずかみ　岐阜県瑞浪市
陶町猿爪　すえちょうましづめ　岐阜県瑞浪市
9陶栄町
　とうえいちょう　愛知県瀬戸市
　とうえいちょう　三重県四日市市
10陶原町　とうげんちょう　愛知県瀬戸市
11陶郷町　とうごうちょう　愛知県常滑市
14陶磁資料館南　とうじしりょうかんみなみ　愛知県（愛知高速交通東部丘陵線）
15陶器北　とうききた　大阪府堺市中区

【陸】
陸　くが　兵庫県相生市
0陸ノ町　くがのちょう　兵庫県神戸市垂水区
3陸上　くがみ　鳥取県岩美郡岩美町
4陸中八木　りくちゅうやぎ　岩手県（JR八戸線）
陸中大里　りくちゅうおおさと　秋田県（JR花輪線）
陸中大橋　りくちゅうおおはし　岩手県（JR釜石線）
陸中山田　りくちゅうやまだ　岩手県（JR山田線）
陸中川井　りくちゅうかわい　岩手県（JR山田線）
陸中中野　りくちゅうなかの　岩手県（JR八戸線）
陸中宇部　りくちゅううべ　岩手県（三陸鉄道北リアス線）
陸中折居　りくちゅうおりい　岩手県（JR東北本線）
陸中松川　りくちゅうまつかわ　岩手県（JR大船渡線）
陸中門崎　りくちゅうかんざき　岩手県（JR大船渡線）
陸中夏井　りくちゅうなつい　岩手県（JR八戸線）
陸中野田　りくちゅうのだ　岩手県（三陸鉄道北リアス線）
5陸本町　くがほんまち　兵庫県相生市
陸田一里山町　くがたいちりやまちょう　愛知県稲沢市
陸田丸之内町　くがたまるのうちちょう　愛知県稲沢市
陸田本町　くがたほんまち　愛知県稲沢市
陸田白山町　くがたはくさんちょう　愛知県稲沢市
陸田町　くがたちょう　愛知県稲沢市
陸田花塚町　くがたはなづかちょう　愛知県稲沢市
陸田東出町　くがたひがしでちょう　愛知県稲沢市
陸田宮前　くがたみやまえ　愛知県稲沢市
陸田宮前町　くがたみやまえちょう　愛知県稲沢市
陸田栗林町　くがたくりばやしちょう　愛知県稲沢市
陸田馬山町　くがたうまやまちょう　愛知県稲沢市

11画（隆，陵，雀，雫，雪，頃，頂，魚）

陸田高畑町　くがたたかばたちょう　愛知県稲沢市
7陸別町　りくべつちょう　北海道足寄郡
9陸前大塚　りくぜんおおつか　宮城県（JR仙石線）
　陸前小泉　りくぜんこいずみ　宮城県（JR気仙沼線）
　陸前小野　りくぜんおの　宮城県（JR仙石線）
　陸前山下　りくぜんやました　宮城県（JR仙石線）
　陸前山王　りくぜんさんのう　宮城県（JR東北本線）
　陸前戸倉　りくぜんとぐら　宮城県（JR気仙沼線）
　陸前白沢　りくぜんしらさわ　宮城県（JR仙山線）
　陸前矢作　りくぜんやはぎ　岩手県（JR大船渡線）
　陸前　りくまえちょう　愛知県名古屋市名東区
　陸前谷地　りくぜんやち　宮城県（JR羽越東線）
　陸前赤井　りくぜんあかい　宮城県（JR仙石線）
　陸前赤崎　りくぜんあかさき　岩手県（三陸鉄道南リ
　　アス線）
　陸前原ノ町　りくぜんはらのまち　宮城県（JR仙石
　　線）
　陸前浜田　りくぜんはまだ　宮城県（JR仙石線）
　陸前高田　りくぜんたかた　岩手県（JR大船渡線）
　陸前高田市　りくぜんたかたし　岩手県
　陸前高砂　りくぜんたかさご　宮城県（JR仙石線）
　陸前富山　りくぜんとみやま　宮城県（JR仙石線）
　陸前港　りくぜんみなと　宮城県（JR気仙沼線）
　陸前落合　りくぜんおちあい　宮城県（JR仙山線）
　陸前階上　りくぜんはしかみ　宮城県（JR気仙沼線）
　陸前豊里　りくぜんとよさと　宮城県（JR気仙沼線）
　陸前稲井　りくぜんいない　宮城県（JR石巻線）
　陸前横山　りくぜんよこやま　宮城県（JR気仙沼線）
11陸郷　りくごう　長野県北安曇郡池田町
12陸奥市川　むついちかわ　青森県（青い森鉄道線）
　陸奥白浜　むつしらはま　青森県（JR八戸線）
　陸奥沢辺　むつさわべ　青森県（JR五能線）
　陸奥赤石　むつあかいし　青森県（JR五能線）
　陸奥岩崎　むついわさき　青森県（JR五能線）
　陸奥柳田　むつやなぎた　青森県（JR五能線）
　陸奥森田　むつもりた　青森県（JR五能線）
　陸奥湊　むつみなと　青森県（JR八戸線）
　陸奥横浜　むつよこはま　青森県（JR大湊線）
　陸奥鶴田　むつつるだ　青森県（JR五能線）

【隆】
7隆見　たかみ　高知県安芸郡安田町
9隆城町　りゅうじょうちょう　岐阜県岐阜市

【陵】
6陵西通　りょうさいどおり　大阪府堺市堺区
9陵南町　りょうなんちょう　大阪府藤井寺市
17陵厳寺　りょうげんじ　福岡県宗像市

【雀】
0雀ケ森町　すずがもりちょう　愛知県愛西市
　雀の宮　すずめのみや　栃木県宇都宮市
5雀田　すずめだ　山口県（JR小野田線）
8雀居　ささい　福岡県福岡市博多区
　雀林　すずめばやし　福島県大沼郡会津美里町
　雀長根　すずめながね　岩手県八幡平市
10雀宮　すずめのみや　栃木県（JR東北本線）
　雀宮町　すずめのみやちょう　栃木県宇都宮市

12雀森　すずめもり　新潟県燕市

【雫】
5雫石　しずくいし　岩手県（JR田沢湖線）
　雫石町　しずくいしちょう　岩手県岩手郡

【雪】
0雪ノ下　ゆきのした　神奈川県鎌倉市
　雪が谷大塚　ゆきがやおおつか　東京都（東京急行電
　　鉄池上線）
　雪の観音郷　ゆきのかんのんごう　山形県村山市
2雪入　ゆきいり　茨城県かすみがうら市
5雪田　ゆきた　島根県邑智郡邑南町
　雪穴　ゆきあな　宮城県亘理郡亘理町
7雪沢　ゆきさわ　秋田県大館市
　雪町　ゆきちょう　新潟県新潟市中央区
　雪見町
　　ゆきみちょう　岐阜県岐阜市
　　ゆきみちょう　愛知県名古屋市昭和区
　雪谷　ゆきたに　山形県西村山郡朝日町
　雪谷大塚町　ゆきがやおおつかまち　東京都大田区
　雪車町
　　そりまち　秋田県由利本荘市
　　そりまち　福島県伊達市
9雪屋　ゆきや　岩手県九戸郡九戸村
11雪野　ゆきの　熊本県菊池市
12雪御所町　ゆきのごしょちょう　兵庫県神戸市兵庫区
　雪森　ゆきもり　新潟県妙高市
15雪輪町　ゆきわちょう　栃木県足利市

【頃】
5頃末　ころすえ　福岡県遠賀郡水巻町
　頃末北　ころすえきた　福岡県遠賀郡水巻町
　頃末南　ころすえみなみ　福岡県遠賀郡水巻町
18頃藤　ころふじ　茨城県久慈郡大子町

【頂】
6頂吉　かぐめよし　福岡県北九州市小倉南区

【魚】
0魚の川　うおのかわ　高知県高岡郡四万十町
　魚の町　うおのまち　長崎県長崎市
　魚の棚町　うおのたなちょう　長崎県平戸市
5魚市場前　うおいちばまえ　宮城県気仙沼市
　魚市場通　うおいちばどおり　北海道（函館市交通局
　　2系統ほか）
7魚住　うおずみ　兵庫県（JR山陽本線）
　魚住町中尾　うおずみちょうなかお　兵庫県明石市
　魚住町西岡　うおずみちょうにしおか　兵庫県明石市
　魚住町住吉　うおずみちょうすみよし　兵庫県明石市
　魚住町金ケ崎　うおずみちょうかながさき　兵庫県明
　　石市
　魚住町長坂寺　うおずみちょうちょうはんじ　兵庫県明
　　石市
　魚住町清水　うおずみちょうしみず　兵庫県明石市
　魚住町錦が丘　うおずみちょうにしきがおか　兵庫県明
　　石市
　魚住町鴨池　うおずみちょうかもいけ　兵庫県明石市

11画（鳥）

魚尾　よのお　群馬県多野郡神流町
魚町
　　さかなまち　宮城県石巻市
　　さかなまち　宮城県気仙沼市
　　うおまち　石川県七尾市
　　うおちょう　静岡県沼津市
　　うおまち　愛知県豊橋市
　　うおまち　愛知県岡崎市
　　うおまち　三重県松阪市
　　うおまち　兵庫県姫路市
　　うおまち　奈良県大和郡山市
　　うおまち　奈良県磯城郡田原本町
　　うおまち　鳥取県倉吉市
　　うおまち　島根県松江市
　　うおまち　福岡県北九州市小倉北区
　　うおまち　福岡県田川市
魚見　うおみ　福井県今立郡池田町
魚見町
　　うおみちょう　三重県松阪市
　　うおみちょう　鹿児島県鹿児島市
8魚河岸　うおがし　岩手県釜石市
魚沼　うおぬま　埼玉県北葛飾郡松伏町
魚沼中条　うおぬまなかじょう　新潟県（JR飯山線）
魚沼丘陵　うおぬまきゅうりょう　新潟県（北越急行
　　ほくほく線）
魚沼市　うおぬまし　新潟県
魚沼田中　うおぬまたなか　新潟県（JR只見線）
9魚屋
　　うおや　京都府舞鶴市
　　うおや　京都府宮津市
魚屋町
　　うおやちょう　岐阜県岐阜市
　　うおやちょう　岐阜県大垣市
　　うおやちょう　岐阜県美濃市
　　うおやちょう　京都府京都市中京区
　　うおやちょう　京都府京都市伏見区
　　うおやまち　大阪府岸和田市
　　うおやまち　兵庫県篠山市
　　うおやまち　香川県丸亀市
　　うおやまち　佐賀県唐津市
　　うおやまち　熊本県熊本市中央区
魚屋町上　うわいちょうかみ　滋賀県近江八幡市
魚屋町中　うわいちょうなか　滋賀県近江八幡市
魚屋町元　うわいちょうもと　滋賀県近江八幡市
魚津　うおづ　富山県（あいの風とやま鉄道線）
魚津市　うおづし　富山県
魚神山　ながみやま　愛媛県南宇和郡愛南町
10魚島一番耕地　うおしまいちばんこうち　愛媛県越智
　　郡上島町
魚島二番耕地　うおしまにばんこうち　愛媛県越智郡
　　上島町
魚島三番耕地　うおしまさんばんこうち　愛媛県越智
　　郡上島町
魚帰町　うおがえりまち　石川県金沢市
魚浜町　うおはまちょう　宮城県気仙沼市
魚躬　うおのみ　富山県滑川市
11魚崎　うおざき　兵庫県（阪神電気鉄道阪神本線ほ
　　か）
魚崎中町　うおざきなかまち　兵庫県神戸市東灘区
魚崎北町　うおざききたまち　兵庫県神戸市東灘区
魚崎西町　うおざきにしまち　兵庫県神戸市東灘区
魚崎南町　うおざきみなみまち　兵庫県神戸市東灘区

魚崎浜町　うおざきはままち　兵庫県神戸市東灘区
魚梁瀬　やなせ　高知県安芸郡馬路村
魚貫町　おにきまち　熊本県天草市
魚野地　うおのじ　新潟県魚沼市
19魚瀬町　おのぜちょう　島根県松江市

【鳥】
0鳥ケ地　とりがんじ　愛知県弥富市
　鳥ケ地町　とりがんじちょう　愛知県弥富市
　鳥ノ木　とりのき　愛媛県（JR予讃線）
　鳥が丘　とりがおか　神奈川県横浜市戸塚区
3鳥口平　とりぐちたい　青森県上北郡東北町
　鳥子　とりこ　熊本県阿蘇郡西原村
　鳥小屋　とりごや　秋田県能代市
　鳥山　とりやま　北海道爾志郡乙部町
　鳥山下町　とりやましもちょう　群馬県太田市
　鳥山上町　とりやまかみちょう　群馬県太田市
　鳥山中町　とりやまなかちょう　群馬県太田市
　鳥山町
　　とりやまちょう　群馬県太田市
　　とりやまちょう　神奈川県横浜市港北区
　　とりやまちょう　愛知県名古屋市南区
　鳥川町　とりかわちょう　愛知県岡崎市
4鳥之瀬　とりのせ　静岡県磐田市
　鳥井戸　とりいど　奈良県御所市
　鳥井平　とりいたい　青森県上北郡野辺地町
　鳥井町　とりいちょう　福井県鯖江市
　鳥井町鳥井　とりいちょうとりい　島根県大田市
　鳥井町鳥越　とりいちょうとりごえ　島根県大田市
　鳥井畑　とりいはた　福岡県豊前市
　鳥井野　とりいの　青森県弘前市
　鳥木　とりき　宮城県伊具郡丸森町
　鳥木町　とりぎちょう　島根県安来市
5鳥田目　とりため　秋田県由利本荘市
　鳥矢場　とやば　秋田県能代市
　鳥穴　とりあな　新潟県新発田市
6鳥羽
　　とっぱ　千葉県香取市
　　とば　福井県鯖江市
　　とば　三重県（JR参宮線ほか）
　　とば　三重県鳥羽市
　　とば　大阪府貝塚市
　　とば　兵庫県明石市
　　とば　岡山県倉敷市
　鳥羽二本松　とばにほんまつ　兵庫県明石市
　鳥羽上町　とばかみちょう　滋賀県長浜市
　鳥羽中　とばなか　福井県（福井鉄道福武線）
　鳥羽井　とばい　埼玉県比企郡川島町
　鳥羽井新田　とばいしんでん　埼玉県比企郡川島町
　鳥羽市　とばし　三重県
　鳥羽弁財天　とばべんざいてん　兵庫県明石市
　鳥羽田　とりはた　茨城県東茨城郡茨城町
　鳥羽西鳥羽　とばにしとば　兵庫県明石市
　鳥羽町
　　とりばまち　群馬県前橋市
　　とばちょう　福井県鯖江市
　　とばちょう　愛知県西尾市
　　とばまち　京都府京都市伏見区
　鳥羽見　とりばみ　愛知県名古屋市守山区

11画（鳥）

鳥羽街道　とばかいどう　京都府（京阪電気鉄道本線）
鳥羽新田　とばしんでん　栃木県塩谷郡塩谷町
鳥舌内　ちょうしたない　青森県三戸郡南部町
7鳥住　とずみ　奈良県吉野郡黒滝村
鳥坂　とりさか　静岡県静岡市清水区
鳥形　とりがた　秋田県（JR五能線）
鳥沢　とりさわ　山梨県（JR中央本線）
鳥町　とりまち　兵庫県三木市
鳥見町
　とりみちょう　愛知県名古屋市西区
　とりみちょう　奈良県奈良市
鳥谷
　とや　青森県三戸郡南部町
　とや　静岡県沼津市
鳥谷坂一　とやざかいち　宮城県遠田郡美里町
鳥谷坂二　とやざかに　宮城県遠田郡美里町
鳥谷部　とりやべ　青森県上北郡七戸町
鳥谷野　とやの　福島県福島市
鳥里
　とりさと　北海道網走郡美幌町
　とりさと　北海道釧路郡釧路町
8鳥並　とりなみ　静岡県富士宮市
鳥取
　とっとり　福島県伊達郡国見町
　とっとり　富山県射水市
　とっとり　三重県員弁郡東員町
　とっとり　大阪府阪南市
　とっとり　鳥取県（JR山陰本線）
鳥取ノ荘　とっとりのしょう　大阪府（南海電気鉄道南海本線）
鳥取三井　とっとりみつい　大阪府阪南市
鳥取大学前　とっとりだいがくまえ　鳥取県（JR山陰本線）
鳥取大通　とっとりおおどおり　北海道釧路市
鳥取中　とっとりなか　大阪府阪南市
鳥取北　とっとりきた　北海道釧路市
鳥取市　とっとりし　鳥取県
鳥取町　とっとりまち　群馬県前橋市
鳥取南　とっとりみなみ　北海道釧路市
鳥取県　とっとりけん
鳥居
　とりい　岩手県下閉伊郡普代村
　とりい　愛知県（JR飯田線）
　とりい　愛知県知立市
　とりい　兵庫県加東市
　とりい　和歌山県海南市
鳥居ケ丘　とりいがおか　山形県山形市
鳥居川町　とりいがわちょう　滋賀県大津市
鳥居平　とりいひら　滋賀県蒲生郡日野町
鳥居本　とりいもと　滋賀県（近江鉄道本線）
鳥居本町　とりいもとちょう　滋賀県彦根市
鳥居西通　とりいにしとおり　愛知県名古屋市中村区
鳥居町
　とりいまち　山形県鶴岡市
　とりいちょう　三重県津市
　とりいちょう　大阪府東大阪市
鳥居松町　とりいまつちょう　愛知県春日井市
鳥居前　とりいまえ　宮城県亘理郡亘理町
鳥居前町　とりいまえちょう　京都府京都市上京区

鳥居通　とりいとおり　愛知県名古屋市中村区
鳥居跡町　とりいどちょう　栃木県鹿沼市
9鳥屋
　とりや　宮城県伊具郡丸森町
　とや　神奈川県相模原市緑区
　とや　新潟県新潟市北区
　とりや　新潟県村上市
　とや　山梨県南巨摩郡富士川町
鳥屋ケ崎　とりやがさき　宮城県加美郡加美町
鳥屋尾　とりやお　石川県河北郡津幡町
鳥屋町　とりやちょう　奈良県橿原市
鳥屋脇町　とやわきまち　新潟県見附市
鳥屋部　とやべ　青森県三戸郡階上町
鳥屋部町　とやべちょう　青森県八戸市
鳥屋野　とやの　新潟県新潟市中央区
鳥屋野南　とやのみなみ　新潟県新潟市中央区
鳥屋越　とりやこし　愛知県犬山市
鳥海町下川内　ちょうかいまちしもかわうち　秋田県由利本荘市
鳥海町下直根　ちょうかいまちしもひたね　秋田県由利本荘市
鳥海町下笹子　ちょうかいまちしもじねご　秋田県由利本荘市
鳥海町上川内　ちょうかいまちかみかわうち　秋田県由利本荘市
鳥海町上直根　ちょうかいまちかみひたね　秋田県由利本荘市
鳥海町上笹子　ちょうかいまちかみじねご　秋田県由利本荘市
鳥海町小川　ちょうかいまちこがわ　秋田県由利本荘市
鳥海町中直根　ちょうかいまちなかひたね　秋田県由利本荘市
鳥海町戈之神　ちょうかいまちさいのかみ　秋田県由利本荘市
鳥海町伏見　ちょうかいまちふしみ　秋田県由利本荘市
鳥海町百宅　ちょうかいまちももやけ　秋田県由利本荘市
鳥海町栗沢　ちょうかいまちくりさわ　秋田県由利本荘市
鳥海町猿倉　ちょうかいまちさるくら　秋田県由利本荘市
鳥神町　とりがみちょう　愛知県名古屋市守山区
鳥追町
　とりおいまち　愛知県碧南市
　とりおいちょう　鹿児島県薩摩川内市
10鳥原　とっぱら　新潟県新潟市西区
鳥原町　とりはらちょう　愛知県瀬戸市
鳥原新田　とっぱらしんでん　新潟県新潟市西区
鳥島　とりしま　沖縄県島尻郡久米島町
鳥根　とりね　愛知県常滑市
鳥栖
　とりのす　茨城県鉾田市
　とりす　愛知県名古屋市南区
　とす　佐賀県（JR鹿児島本線）
鳥栖市　とすし　佐賀県
鳥浜
　とりはま　神奈川県（横浜シーサイドライン）
　とりはま　福井県三方上中郡若狭町
鳥浜町　とりはまちょう　神奈川県横浜市金沢区

11画（鹿）

鳥通　とりとうし　北海道釧路郡釧路町
鳥通西　とりとうしにし　北海道釧路郡釧路町
鳥通東　とりとうしひがし　北海道釧路郡釧路町
11 鳥崎町　とりざきちょう　北海道茅部郡森町
鳥渕　とりぶち　岡山県美作市
鳥野目　とりのめ　栃木県那須塩原市
12 鳥喰　とりはみ　茨城県古河市
鳥喰下　とりはみしも　千葉県山武郡横芝光町
鳥喰上　とりはみかみ　千葉県山武郡横芝光町
鳥喰新田　とりはみしんでん　千葉県山武郡横芝光町
鳥塚町　とりつかまち　福岡県大牟田市
鳥越
　とりごえ　岩手県二戸郡一戸町
　とりごえ　山形県新庄市
　とりごえ　東京都台東区
　とりごえ　神奈川県横浜市神奈川区
　とりごえ　新潟県長岡市
　とりごえ　石川県河北郡津幡町
　とりごえ　鳥取県岩美郡岩美町
　とりごえ　高知県高知市
　とりごえ　福岡県豊前市
　とりごえ　大分県別府市
鳥越町　とりごえちょう　福岡県京都郡苅田町
13 鳥飼
　とりかい　福岡県福岡市中央区
　とりかい　福岡県福岡市城南区
鳥飼八町　とりかいはっちょう　大阪府摂津市
鳥飼八防　とりかいはちぼう　大阪府摂津市
鳥飼下　とりかいしも　大阪府摂津市
鳥飼上　とりかいかみ　大阪府摂津市
鳥飼中　とりかいなか　大阪府摂津市
鳥飼本町　とりかいほんまち　大阪府摂津市
鳥飼西　とりかいにし　大阪府摂津市
鳥飼和道　とりかいわどう　大阪府摂津市
鳥飼野々　とりかいのの　大阪府摂津市
鳥飼新町　とりかいしんまち　大阪府摂津市
鳥飼銘木町　とりかいめいもくちょう　大阪府摂津市
14 鳥嶋　とりしま　宮城県加美郡加美町
15 鳥澄　とりすみ　愛知県名古屋市緑区

【鹿】
鹿　しか　栃木県真岡市
0 鹿ケ谷下宮ノ前町　ししがたにしもみやのまちちょう　京都府京都市左京区
鹿ケ谷上宮ノ前町　ししがたにかみみやのまちちょう　京都府京都市左京区
鹿ケ谷大黒谷町　ししがたにだいこくだにちょう　京都府京都市左京区
鹿ケ谷寺ノ前町　ししがたにてらのまえちょう　京都府京都市左京区
鹿ケ谷西寺ノ前町　ししがたににしてらのまえちょう　京都府京都市左京区
鹿ケ谷法然院西町　ししがたにほうねんいんにしまち　京都府京都市左京区
鹿ケ谷法然院町　ししがたにほうねんいんちょう　京都府京都市左京区
鹿ケ谷宮ノ前町　ししがたにみやのまえちょう　京都府京都市左京区
鹿ケ谷栗木谷町　ししがたにくりきたにちょう　京都府京都市左京区

鹿ケ谷桜谷町　ししがたにさくらだにちょう　京都府京都市左京区
鹿ケ谷高岸町　ししがたにたかぎしちょう　京都府京都市左京区
鹿ケ谷御所ノ段町　ししがたにごしょのだんちょう　京都府京都市左京区
鹿ケ谷徳善谷町　ししがたにとくぜんだにちょう　京都府京都市左京区
鹿ケ瀬　ししがせ　滋賀県高島市
鹿ノ下通　しかのしたどおり　兵庫県神戸市灘区
鹿ノ子田　かのこだ　愛知県知多郡武豊町
鹿ノ台北　しかのだいきた　奈良県生駒市
鹿ノ台西　しかのだいにし　奈良県生駒市
鹿ノ台東　しかのだいひがし　奈良県生駒市
鹿ノ台南　しかのだいみなみ　奈良県生駒市
鹿ノ坂　かのさか　福島県石川郡石川町
鹿ノ谷　しかのたに　北海道（JR石勝線）
鹿ノ倉　かのくら　宮城県気仙沼市
鹿の子　かのこ　茨城県石岡市
鹿の子台北町　かのこだいきたまち　兵庫県神戸市北区
鹿の子台南町　かのこだいみなみまち　兵庫県神戸市北区
鹿の谷　しかのたに　北海道夕張市
鹿の谷山手町　しかのたにやまてちょう　北海道夕張市
鹿の谷東丘町　しかのたにひがしおかちょう　北海道夕張市
2 鹿又
　かのまた　宮城県（JR石巻線）
　かのまた　宮城県石巻市
3 鹿下　かのした　埼玉県入間郡越生町
鹿上　しかがみ　石川県鳳珠郡穴水町
鹿木町　かのぎまち　熊本県熊本市北区
鹿子町　かのこちょう　愛知県名古屋市千種区
鹿子前町　かしまえちょう　長崎県佐世保市
鹿子畑　かのこはた　栃木県さくら市
鹿子島町　かのこじまちょう　愛知県江南市
鹿子殿　かのこでん　愛知県名古屋市千種区
鹿小路　かしょうじ　宮崎県延岡市
鹿山
　かやま　埼玉県日高市
　しかやま　愛知県名古屋市緑区
4 鹿中　しかなか　青森県三沢市
鹿内
　しかない　青森県三戸郡五戸町
　しかない　秋田県雄勝郡羽後町
鹿内下モ　しかないしも　青森県三戸郡五戸町
鹿内沖　しかないおき　青森県三戸郡五戸町
鹿内前　しかないまえ　青森県三戸郡五戸町
鹿手袋　しかてぶくろ　埼玉県さいたま市南区
鹿毛馬　かけのうま　福岡県飯塚市
鹿王院　ろくおういん　京都府（京福電気鉄道嵐山本線）
5 鹿北町四丁　かほくまちしちょう　熊本県山鹿市
鹿北町多久　かほくまちたく　熊本県山鹿市
鹿北町芋生　かほくまちいもう　熊本県山鹿市
鹿北町岩野　かほくまちいわの　熊本県山鹿市
鹿北町椎持　かほくまちしいもち　熊本県山鹿市
鹿央町千田　かおうまちちだ　熊本県山鹿市

11画（鹿）

鹿央町大浦　かおうまちおおうら　熊本県山鹿市
鹿央町中浦　かおうまちちゅうのうら　熊本県山鹿市
鹿央町仁王堂　かおうまちにおうどう　熊本県山鹿市
鹿央町北谷　かおうまちきただに　熊本県山鹿市
鹿央町広　かおうまちひろ　熊本県山鹿市
鹿央町合里　かおうまちあいざと　熊本県山鹿市
鹿央町岩原　かおうまちいわばる　熊本県山鹿市
鹿央町持松　かおうまちもちまつ　熊本県山鹿市
鹿央町梅木谷　かおうまちうめのきだに　熊本県山鹿市
鹿央町霜野　かおうまちしもの　熊本県山鹿市
鹿本町下分田　かもとまちしもぶんだ　熊本県山鹿市
鹿本町下高橋　かもとまちしもたかはし　熊本県山鹿市
鹿本町小柳　かもとまちこやなぎ　熊本県山鹿市
鹿本町小嶋　かもとまちおしま　熊本県山鹿市
鹿本町中川　かもとまちなかがわ　熊本県山鹿市
鹿本町中分田　かもとまちなかぶんだ　熊本県山鹿市
鹿本町中富　かもとまちなかどみ　熊本県山鹿市
鹿本町分田　かもとまちぶんだ　熊本県山鹿市
鹿本町石渕　かもとまちいしぶち　熊本県山鹿市
鹿本町庄　かもとまちしょう　熊本県山鹿市
鹿本町来民　かもとまちくたみ　熊本県山鹿市
鹿本町津袋　かもとまちつぶくろ　熊本県山鹿市
鹿本町高橋　かもとまちたかはし　熊本県山鹿市
鹿本町梶屋　かもとまちかじや　熊本県山鹿市
鹿本町御宇田　かもとまちみうた　熊本県山鹿市
鹿本郡　かもとぐん　⇒消滅（熊本県）
鹿田
　　しかだ　茨城県鉾田市
　　しかた　愛知県北名古屋市
　　かつた　岡山県真庭市
鹿田本町　しかたほんまち　岡山県岡山市北区
鹿田町　しかたちょう　岡山県岡山市北区
鹿目町　かなめまち　熊本県人吉市
鹿立　すだち　宮城県石巻市
6鹿伏　ししぶせ　香川県木田郡三木町
鹿伏兎町　かぶとちょう　愛知県津島市
7鹿児　かこ　高知県（とさでん交通ごめん線）
鹿児島　かごしま　鹿児島県（JR鹿児島本線）
鹿児島中央　かごしまちゅうおう　鹿児島県（JR九州新幹線ほか）
鹿児島中央駅前　かごしまちゅうおうえきまえ　鹿児島県（鹿児島市交通局2系統）
鹿児島市　かごしまし　鹿児島県
鹿児島県　かごしまけん
鹿児島郡　かごしまぐん　鹿児島県
鹿児島駅前　かごしまえきまえ　鹿児島県（鹿児島市交通局1系統ほか）
鹿尾町　かのおまち　長崎県長崎市
鹿折唐桑　ししおりからくわ　宮城県（JR大船渡線）
鹿町　しかまち　石川県小松市
鹿町町　しかまちちょう　⇒佐世保市（長崎県）
鹿町町下歌ケ浦　しかまちちょうしもうたがうら　長崎県佐世保市
鹿町町上歌ケ浦　しかまちちょうかみうたがうら　長崎県佐世保市
鹿町町口ノ里　しかまちちょうくちのさと　長崎県佐世保市

鹿町町土肥ノ浦　しかまちちょうどいのうら　長崎県佐世保市
鹿町町大屋　しかまちちょうおおや　長崎県佐世保市
鹿町町中野　しかまちちょうなかの　長崎県佐世保市
鹿町町長串　しかまちちょうなぐし　長崎県佐世保市
鹿町町深江　しかまちちょうふかえ　長崎県佐世保市
鹿町町深江潟　しかまちちょうふかえがた　長崎県佐世保市
鹿町町船ノ村　しかまちちょうふねのむら　長崎県佐世保市
鹿町町鹿町　しかまちちょうしかまち　長崎県佐世保市
鹿町町新深江　しかまちちょうしんふかえ　長崎県佐世保市
鹿見塚　ししみづか　埼玉県吉川市
鹿角市　かづのし　秋田県
鹿角町　かのつのちょう　香川県高松市
鹿角花輪　かづのはなわ　秋田県（JR花輪線）
鹿角郡　かづのぐん　秋田県
鹿谷町　しかたにちょう　静岡県浜松市中区
鹿谷町出村　しかだにちょうでむら　福井県勝山市
鹿谷町北西俣　しかだにちょうきたにしまた　福井県勝山市
鹿谷町本郷　しかだにちょうほんごう　福井県勝山市
鹿谷町矢戸口　しかだにちょうやとぐち　福井県勝山市
鹿谷町西光寺　しかだにちょうさいこうじ　福井県勝山市
鹿谷町西遅羽口　しかだにちょうにしおそわぐち　福井県勝山市
鹿谷町志田　しかだにちょうしだ　福井県勝山市
鹿谷町杉俣　しかだにちょうすぎまた　福井県勝山市
鹿谷町東遅羽口　しかだにちょうひがしおそわぐち　福井県勝山市
鹿谷町保田　しかだにちょうほた　福井県勝山市
鹿谷町保田出村　しかだにちょうほたでむら　福井県勝山市
鹿谷町発坂　しかだにちょうほっさか　福井県勝山市
鹿足郡　かのあしぐん　島根県
8鹿妻　かづま　宮城県（JR仙石線）
鹿妻北　かづまきた　宮城県石巻市
鹿妻本町　かづまほんちょう　宮城県石巻市
鹿妻南　かづまみなみ　宮城県石巻市
鹿放ケ丘　ろっぽうがおか　千葉県四街道市
鹿松町　しかまつちょう　兵庫県神戸市長田区
鹿沼
　　しかぬま　北海道勇払郡厚真町
　　かぬま　栃木県（JR日光線）
鹿沼台　かぬまだい　神奈川県相模原市中央区
鹿沼市　かぬまし　栃木県
鹿波　かなみ　石川県鳳珠郡穴水町
9鹿乗町　かのりちょう　愛知県瀬戸市
鹿俣町　かなまたちょう　福井県福井市
鹿室　かなむろ　埼玉県さいたま市岩槻区
鹿屋市　かのやし　鹿児島県
鹿峠　かとうげ　新潟県三条市
鹿海町　かのみちょう　三重県伊勢市
鹿狩瀬町　かがせまち　宮崎県延岡市
鹿畑　かばた　栃木県大田原市
鹿畑町　しかはたちょう　奈良県生駒市

11画（鹿）

鹿背山　かせやま　京都府木津川市
鹿追北　しかおいきた　北海道河東郡鹿追町
鹿追町　しかおいちょう　北海道河東郡
鹿追南　しかおいみなみ　北海道河東郡鹿追町
鹿追基線　しかおいきせん　北海道河東郡鹿追町
10鹿原
　　かのはら　宮城県加美郡加美町
　　かはら　京都府舞鶴市
鹿原西町　かはらにしまち　京都府舞鶴市
鹿家　しかか　福岡県（JR筑肥線）
鹿島
　　かしま　福島県（JR常磐線）
　　かしま　福島県岩瀬郡鏡石町
　　かしま　福島県大沼郡会津美里町
　　かしま　茨城県那珂市
　　かしま　東京都八王子市
　　かのしま　富山県砺波市
　　かしま　石川県鳳珠郡穴水町
　　かしま　山梨県南巨摩郡富士川町
　　かしま　愛媛県南宇和郡愛南町
　　かしま　熊本県八代郡氷川町
鹿島サッカースタジアム　かしまさっかーすたじあむ
　　茨城県（JR鹿島線）
鹿島千年町　かしまちとせちょう　北海道夕張市
鹿島大野　かしまおおの　茨城県（鹿島臨海鉄道大洗
　　鹿島線）
鹿島干拓　かしまかんたく　千葉県佐倉市
鹿島区あさひ　かしまくあさひ　福島県南相馬市
鹿島区上栃窪　かしまくかみとちくぼ　福島県南相
　　馬市
鹿島区大内　かしまくおおうち　福島県南相馬市
鹿島区小山田　かしまくこやまだ　福島県南相馬市
鹿島区小池　かしまくこいけ　福島県南相馬市
鹿島区小島田　かしまくおしまだ　福島県南相馬市
鹿島区山下　かしまくやました　福島県南相馬市
鹿島区川子　かしまくかわご　福島県南相馬市
鹿島区牛河内　かしまくうしこうち　福島県南相馬市
鹿島区北右田　かしまくきたみぎた　福島県南相馬市
鹿島区北屋形　かしまくきたやかた　福島県南相馬市
鹿島区北海老　かしまくきたえび　福島県南相馬市
鹿島区永田　かしまくながた　福島県南相馬市
鹿島区永渡　かしまくながわたり　福島県南相馬市
鹿島区寺内　かしまくてらうち　福島県南相馬市
鹿島区江垂　かしまくえたり　福島県南相馬市
鹿島区西町　かしまくにしまち　福島県南相馬市
鹿島区角川原　かしまくつのがわら　福島県南相馬市
鹿島区岡和田　かしまくおかわだ　福島県南相馬市
鹿島区南右田　かしまくみなみぎた　福島県南相
　　馬市
鹿島区南屋形　かしまくみなみやかた　福島県南相
　　馬市
鹿島区南柚木　かしまくみなみゆのき　福島県南相
　　馬市
鹿島区南海老　かしまくみなみえび　福島県南相馬市
鹿島区栃窪　かしまくとちくぼ　福島県南相馬市
鹿島区浮田　かしまくうきた　福島県南相馬市
鹿島区烏崎　かしまくからすざき　福島県南相馬市
鹿島区鹿島　かしまくかしま　福島県南相馬市
鹿島区御山　かしまくおやま　福島県南相馬市
鹿島区塩崎　かしまくしおのさき　福島県南相馬市

鹿島区横手　かしまくよこて　福島県南相馬市
鹿島区橲原　かしまくじさばら　福島県南相馬市
鹿島代々木町　かしまよよぎちょう　北海道夕張市
鹿島北栄町　かしまほくえいちょう　北海道夕張市
鹿島台
　　かしまだい　宮城県（JR東北本線）
　　かしまだい　茨城県つくば市
鹿島台大迫　かしまだいおおばさま　宮城県大崎市
鹿島台木間塚　かしまだいきまづか　宮城県大崎市
鹿島台平渡　かしまだいひらわた　宮城県大崎市
鹿島台広長　かしまだいひろなが　宮城県大崎市
鹿島台深谷　かしまだいふかや　宮城県大崎市
鹿島台船越　かしまだいふなこし　宮城県大崎市
鹿島市　かしまし　佐賀県
鹿島平　かしまだいら　石川県白山市
鹿島田
　　かしまだ　神奈川県（JR南武線）
　　かしまだ　神奈川県川崎市幸区
鹿島白金　かしましろがね　北海道夕張市
鹿島旭　かしまあさひ　茨城県（鹿島臨海鉄道大洗鹿
　　島線）
鹿島町
　　かしまちょう　北海道伊達市
　　かしまちょう　茨城県日立市
　　かしまちょう　栃木県足利市
　　かしまちょう　栃木県矢板市
　　かしまちょう　群馬県伊勢崎市
　　かしまちょう　富山県富山市
　　かしまち　石川県白山市
　　かしまちょう　岐阜県岐阜市
　　かしまちょう　岐阜県大垣市
　　かしまちょう　愛知県蒲郡市
鹿島町下矢田　かしままちしもやだ　福島県いわき市
鹿島町下蔵持　かしままちしもくらもち　福島県いわ
　　き市
鹿島町上蔵持　かしままちかみくらもち　福島県いわ
　　き市
鹿島町上講武　かしまちょうかみこうぶ　島根県松
　　江市
鹿島町久保　かしままちくぼ　福島県いわき市
鹿島町手結　かしまちょうたゆ　島根県松江市
鹿島町片句　かしまちょうかたく　島根県松江市
鹿島町北講武　かしまちょうきたこうぶ　島根県松
　　江市
鹿島町古浦　かしまちょうこうら　島根県松江市
鹿島町名分　かしまちょうみょうぶん　島根県松江市
鹿島町米田　かしままちこもだ　福島県いわき市
鹿島町佐陀本郷　かしまちょうさだほんごう　島根県
　　松江市
鹿島町佐陀宮内　かしまちょうさだみやうち　島根県
　　松江市
鹿島町走熊　かしままちはしりくま　福島県いわき市
鹿島町武代　かしまちょうたけだい　島根県松江市
鹿島町南講武　かしまちょうみなみこうぶ　島根県松
　　江市
鹿島町恵曇　かしまちょうえとも　島根県松江市
鹿島町船戸　かしままちふなど　福島県いわき市
鹿島町鹿島　かしままちかしま　福島県いわき市
鹿島町御代　かしままちみよ　福島県いわき市
鹿島町御津　かしまちょうみつ　島根県松江市

1069

11画（麻）

鹿島町飯田　かしままちいいだ　福島県いわき市
鹿島町藺牟田　かしまちょういむた　鹿児島県薩摩川内市
鹿島宝町　かしまたからちょう　北海道夕張市
鹿島明石町　かしまあかしちょう　北海道夕張市
鹿島栄町　かしまさかえちょう　北海道夕張市
鹿島神宮　かしまじんぐう　茨城県（JR鹿島線）
鹿島郡　かしまぐん　石川県
鹿島富士見町　かしまふじみちょう　北海道夕張市
鹿島越　かしまごし　宮城県加美郡加美町
鹿島路町　かしまじまち　石川県羽咋市
鹿島緑町　かしまみどりちょう　北海道夕張市
鹿島錦町　かしまにしきちょう　北海道夕張市
鹿島灘　かしまなだ　茨城県（鹿島臨海鉄道大洗鹿島線）
鹿峰　かのみね　愛媛県松山市
鹿帰瀬町　かきぜまち　熊本県熊本市東区
鹿庭　かにわ　香川県木田郡三木町
鹿校通　かこうどおり　熊本県山鹿市
鹿浜　しかはま　東京都足立区
鹿留　ししどめ　山梨県都留市
鹿討　しかうち　北海道（JR富良野線）
鹿討農場　しかうちのうじょう　北海道空知郡中富良野町
鹿骨　ししぼね　東京都江戸川区
鹿骨町　ししぼねちょう　東京都江戸川区
11鹿教湯温泉　かけゆおんせん　長野県上田市
鹿部
　しかべ　北海道（JR函館本線）
　しかべ　北海道茅部郡鹿部町
　ししぶ　福岡県古賀市
鹿部町　しかべちょう　北海道茅部郡
鹿野
　かの　宮城県仙台市太白区
　しかの　福井県大飯郡おおい町
　かの　熊本県八代郡氷川町
鹿野下　かのしも　山口県周南市
鹿野上　かのかみ　山口県周南市
鹿野山　かのうざん　千葉県君津市
鹿野中　かのなか　山口県周南市
鹿野本町　かのほんちょう　宮城県仙台市太白区
鹿野田　かのだ　宮城県西都市
鹿野沢
　かのさわ　山形県飽海郡遊佐町
　かのさわ　群馬県利根郡みなかみ町
鹿野町
　かのちょう　兵庫県西脇市
　かのちょう　兵庫県小野市
鹿野町乙亥正　しかのちょうおつがせ　鳥取県鳥取市
鹿野町小別所　しかのちょうこべつしょ　鳥取県鳥取市
鹿野町中園　しかのちょうなかぞの　鳥取県鳥取市
鹿野町今市　しかのちょういまいち　鳥取県鳥取市
鹿野町水谷　しかのちょうみずたに　鳥取県鳥取市
鹿野町広木　しかのちょうひろぎ　鳥取県鳥取市
鹿野町末用　しかのちょうすえもち　鳥取県鳥取市
鹿野町寺内　しかのちょうてらうち　鳥取県鳥取市
鹿野町岡木　しかのちょうおかき　鳥取県鳥取市
鹿野町河内　しかのちょうこうち　鳥取県鳥取市

鹿野町宮方　しかのちょうみやかた　鳥取県鳥取市
鹿野町閉野　しかのちょうとじの　鳥取県鳥取市
鹿野町鹿野　しかのちょうしかの　鳥取県鳥取市
鹿野町鷲峯　しかのちょうじゅうぼう　鳥取県鳥取市
鹿野崎　かのさき　栃木県那須塩原市
鹿野崎新田　かのさきしんでん　栃木県那須塩原市
鹿野園町　ろくやおんちょう　奈良県奈良市
鹿野境　かのざかい　福島県耶麻郡猪苗代町
鹿黒　かぐろ　千葉県印西市
鹿黒南　かぐろみなみ　千葉県印西市
12鹿勝川町　かかつがわちょう　愛知県岡崎市
鹿森　ししもり　高知県吾川郡仁淀川町
鹿渡
　かど　秋田県（JR奥羽本線）
　かど　秋田県山本郡三種町
　しかわたし　千葉県四街道市
鹿賀　しかが　島根県（JR三江線）
鹿間町　しかまちょう　三重県四日市市
13鹿園寺町　ろくおんじちょう　島根県出雲市
鹿塩
　かしお　長野県下伊那郡大鹿村
　かしお　岐阜県加茂郡川辺町
　かしお　兵庫県宝塚市
鹿路
　ろくろ　石川県鳳珠郡穴水町
　ろくろ　奈良県桜井市
鹿飼　ししかい　埼玉県川越市
14鹿嶋市　かしまし　茨城県
鹿熊
　かくま　新潟県三条市
　かくま　富山県魚津市
鹿熊町　かくままち　新潟県見附市
鹿窪　かなくぼ　茨城県結城市
15鹿敷　かしき　高知県吾川郡いの町
16鹿篭麓町　かごふもとまち　鹿児島県枕崎市
鹿頭　ししず　石川県羽咋郡志賀町
19鹿瀬
　かのせ　新潟県（JR磐越西線）
　かのせ　新潟県東蒲原郡阿賀町
22鹿籠　こごもり　広島県安芸郡府中町

【麻】

麻　お　長野県東筑摩郡麻績村
3麻山　あさやま　熊本県上益城郡山都町
4麻友　まゆう　北海道広尾郡大樹町
5麻加江　まかえ　三重県度会郡度会町
麻布　あざぶ　新潟県三条市
麻布十番
　あざぶじゅうばん　東京都（東京地下鉄南北線ほか）
　あざぶじゅうばん　東京都港区
麻布台　あざぶだい　東京都港区
麻布永坂町　あざぶながさかちょう　東京都港区
麻布町　あざぶちょう　北海道目梨郡羅臼町
麻布狸穴町　あざぶまみあなちょう　東京都港区
麻生
　あさぶ　北海道（札幌市交通局南北線）
　あさぶ　北海道樺戸郡月形町
　あさぶ　北海道川上郡標茶町
　あそう　茨城県行方市

あそう　群馬県多野郡神流町
あそう　千葉県印旛郡栄町
あそ　福井県三方郡美浜町
あそう　岐阜県揖斐郡大野町
あそう　鳥取県八頭郡八頭町
あそう　愛媛県伊予郡砥部町
あそう　高知県四万十市
あそう　大分県宇佐市
麻生口　あそうぐち　福井県敦賀市
麻生中　あそなか　大阪府貝塚市
麻生区　あさおく　神奈川県川崎市
麻生田
　おうだ　三重県（三岐鉄道北勢線）
　あそうだ　熊本県熊本市北区
麻生田町
　あそうだまち　新潟県長岡市
　あそうだちょう　愛知県豊川市
麻生町
　あさぶちょう　北海道札幌市北区
　あそうまち　石川県七尾市
麻生谷　あそや　富山県高岡市
麻生津中　おうづなか　和歌山県紀の川市
麻生原　あそばる　熊本県上益城郡甲佐町
麻生野
　あその　福井県三方上中郡若狭町
　あその　熊本県山鹿市
麻生新田　あそうしんでん　千葉県山武市
6麻宇那　あそうな　岡山県備前市
7麻見田　まみだ　岩手県岩手郡雫石町
麻里布町　まりふまち　山口県岩国市
8麻苧町　あさうちょう　栃木県鹿沼市
9麻畑
　あさばたけ　新潟県十日町市
　あさばたけ　鳥取県東伯郡湯梨浜町
11麻郷　おごう　山口県熊毛郡田布施町
麻郷団地　おごうだんち　山口県熊毛郡田布施町
麻郷奥　おごうおく　山口県熊毛郡田布施町
12麻植塚　おえづか　徳島県（JR徳島線）
13麻溝台　あさみぞだい　神奈川県相模原市南区
17麻績村　おみむら　長野県東筑摩郡

【黄】
8黄和田町　きわだちょう　滋賀県東近江市
黄和田畑　きわだはた　千葉県君津市
黄波戸　きわど　山口県（JR山陰本線）
黄金
　こがね　北海道（JR室蘭本線）
　こがね　北海道磯谷郡蘭越町
　こがね　山形県山形市
　こがね　愛知県（近畿日本鉄道名古屋線）
　こがね　福岡県北九州市小倉北区
黄金の里　こがねのさと　大阪府高槻市
黄金山町　おうごんざんちょう　広島県広島市南区
黄金中央　こがねちゅうおう　北海道恵庭市
黄金北　こがねきた　北海道恵庭市
黄金町
　こがねちょう　北海道芦別市
　こがねちょう　宮城県牡鹿郡女川町
　こがねちょう　神奈川県（京浜急行電鉄本線）
　こがねちょう　神奈川県横浜市中区
　こがねちょう　三重県四日市市

こがねちょう　山口県山口市
こがねちょう　愛媛県今治市
こがねまち　福岡県北九州市門司区
こがねちょう　福岡県大牟田市
こがねちょう　熊本県八代市
こがねまち　鹿児島県出水市
黄金町西　こがねまちにし　北海道滝川市
黄金町東　こがねまちひがし　北海道滝川市
黄金南　こがねみなみ　北海道恵庭市
黄金原　こがねはら　秋田県湯沢市
黄金通　おうごんどおり　愛知県名古屋市中村区
黄金野　こがねの　大阪府枚方市
9黄柳野　つげの　愛知県新城市
10黄島町　おうしまちょう　長崎県五島市
17黄檗　おうばく　京都府（JR奈良線ほか）

【黒】
黒　くろ　大分県宇佐市
3黒丸　くろまる　福岡県宮若市
黒丸町
　くろまるちょう　福井県福井市
　くろまるまち　長崎県大村市
黒丸城町　くろまるじょうちょう　福井県福井市
黒土
　くろつち　青森県弘前市
　くろつち　新潟県南魚沼市
　くろつち　和歌山県紀の川市
　くろつち　岡山県勝田郡勝央町
　くろつち　岡山県加賀郡吉備中央町
　くろつち　福岡県八女市
　くろつち　大分県豊後高田市
黒土町　くろつちちょう　大阪府堺市北区
黒土新田　くろつちしんでん　新潟県南魚沼市
黒子
　くろご　茨城県（関東鉄道常総線）
　くろご　茨城県筑西市
　くろご　静岡県牧之原市
黒山
　くろやま　埼玉県入間郡越生町
　くろやま　新潟県（JR白新線）
　くろやま　愛知県常滑市
　くろやま　大阪府堺市美原区
　くろやま　岡山県加賀郡吉備中央町
　くろやま　福岡県遠賀郡岡垣町
黒川
　くろかわ　北海道虻田郡ニセコ町
　くろかわ　岩手県盛岡市
　くろかわ　秋田県横手市
　くろかわ　秋田県にかほ市
　くろかわ　山形県鶴岡市
　くろかわ　山形県東置賜郡川西町
　くろかわ　福島県大沼郡会津美里町
　くろかわ　群馬県富岡市
　くろかわ　神奈川県（小田急電鉄多摩線）
　くろかわ　神奈川県川崎市麻生区
　くろかわ　新潟県胎内市
　くろかわ　新潟県刈羽郡刈羽村
　くろかわ　富山県中新川郡上市町
　くろかわ　石川県かほく市
　くろかわ　石川県鳳珠郡能登町
　くろかわ　長野県上水内郡飯綱町
　くろかわ　岐阜県加茂郡白川町

11画（黒）

くろかわ　愛知県（名古屋市交通局名城線）
くろかわ　兵庫県川西市
くろかわ　広島県大竹市
くろがわ　広島県世羅郡世羅町
くろかわ　山口県山口市
くろがわ　山口県萩市
くろかわ　香川県（JR土讃線）
くろかわ　高知県高岡郡津野町
くろかわ　福岡県北九州市門司区
くろかわ　福岡県朝倉市
くろごう　佐賀県（松浦鉄道西九州線）
くろごう　佐賀県西松浦郡有田町
くろかわ　熊本県阿蘇市
くろかわ　熊本県上益城郡山都町

黒川内　くろかわうち　福島県大沼郡会津美里町
黒川本通　くろかわほんとおり　愛知県名古屋市北区
黒川西　くろがわにし　福岡県北九州市門司区
黒川町
　　くろかわちょう　北海道余市郡余市町
　　くろかわちょう　福井県越前市
　　くろかわちょう　兵庫県小野市
　　くろかわちょう　島根県浜田市
　　くろがわちょう　佐賀県伊万里市
黒川町大黒川　くろがわちょうおおくろがわ　佐賀県伊万里市
黒川町小黒川　くろがわちょうこくろがわ　佐賀県伊万里市
黒川町立目　くろがわちょうたちめ　佐賀県伊万里市
黒川町牟田　くろがわちょうむた　佐賀県伊万里市
黒川町花房　くろがわちょうはなぶさ　佐賀県伊万里市
黒川町長尾　くろがわちょうながお　佐賀県伊万里市
黒川町畑川内　くろがわちょうはたがわち　佐賀県伊万里市
黒川町真手野　くろがわちょうまての　佐賀県伊万里市
黒川町清水　くろがわちょうしみず　佐賀県伊万里市
黒川町黒塩　くろがわちょうくろしお　佐賀県伊万里市
黒川町塩屋　くろがわちょうしおや　佐賀県伊万里市
黒川町椿原　くろがわちょうつばきはら　佐賀県伊万里市
黒川町福田　くろがわちょうふくだ　佐賀県伊万里市
黒川町横野　くろがわちょうよこの　佐賀県伊万里市
黒川東　くろがわひがし　福岡県北九州市門司区
黒川郡　くろかわぐん　宮城県
⁴**黒井**
　　くろい　新潟県（JR信越本線）
　　くろい　新潟県上越市
　　くろい　兵庫県（JR福知山線）
黒井田町　くろいだちょう　島根県安来市
黒井村　くろいむら　山口県（JR山陰本線）
黒内　くろない　岩手県岩手郡岩手町
黒戸　くろど　千葉県茂原市
黒木
　　くろぎ　福島県相馬市
　　くろぎ　奈良県吉野郡下市町
　　くろぎ　岡山県苫田郡鏡野町
　　くろぎ　愛媛県大洲市
黒木町
　　くろぎまち　⇒八女市（福岡県）
　　くろぎまち　長崎県大村市
黒木町土窪　くろぎまちつちくぼ　福岡県八女市
黒木町大淵　くろぎまちおおぶち　福岡県八女市

黒木町今　くろぎまちいま　福岡県八女市
黒木町木屋　くろぎまちこや　福岡県八女市
黒木町北大淵　くろぎまちきたおおぶち　福岡県八女市
黒木町北木屋　くろぎまちきたごや　福岡県八女市
黒木町本分　くろぎまちほんぶん　福岡県八女市
黒木町田代　くろぎまちたしろ　福岡県八女市
黒木町田本　くろぎまちたもと　福岡県八女市
黒木町桑原　くろぎまちくわはら　福岡県八女市
黒木町笠原　くろぎまちかさはら　福岡県八女市
黒木町鹿子生　くろぎまちかこや　福岡県八女市
黒木町黒木　くろぎまちくろぎ　福岡県八女市
黒木町湯辺田　くろぎまちゆべた　福岡県八女市
黒氏　くろじ　石川県鹿島郡中能登町
黒水　くろみず　新潟県加茂市
⁵**黒平町**　くろべらちょう　山梨県甲府市
黒本
　　くろもと　栃木県小山市
　　くろもと　岡山県赤磐市
黒生町　くろはいちょう　千葉県銚子市
黒生野　くろうの　宮崎県西都市
黒田
　　くろだ　北海道虻田郡留寿都村
　　くろだ　栃木県芳賀郡茂木町
　　くろだ　群馬県多野郡神流町
　　くろだ　埼玉県深谷市
　　くろだ　新潟県村上市
　　くろだ　新潟県上越市
　　くろだ　石川県金沢市
　　くろだ　岐阜県揖斐郡揖斐川町
　　くろだ　静岡県富士宮市
　　くろだ　静岡県掛川市
　　くろだ　愛知県（名古屋鉄道名古屋本線）
　　くろだ　愛知県新城市
　　くろだ　三重県名張市
　　くろだ　大阪府阪南市
　　くろだ　兵庫県篠山市
　　くろだ　奈良県（近畿日本鉄道田原本線）
　　くろだ　奈良県磯城郡田原本町
　　くろだ　和歌山県和歌山市
　　くろだ　岡山県真庭市
黒田庄　くろだしょう　兵庫県（JR加古川線）
黒田庄町大伏　くろだしょうちょうおおふし　兵庫県西脇市
黒田庄町大門　くろだしょうちょうだいもん　兵庫県西脇市
黒田庄町小苗　くろだしょうちょうこなえ　兵庫県西脇市
黒田庄町田高　くろだしょうちょうたこう　兵庫県西脇市
黒田庄町石原　くろだしょうちょういしはら　兵庫県西脇市
黒田庄町西澤　くろだしょうちょうにしざわ　兵庫県西脇市
黒田庄町岡　くろだしょうちょうおか　兵庫県西脇市
黒田庄町門柳　くろだしょうちょうもんりゅう　兵庫県西脇市
黒田庄町前坂　くろだしょうちょうまえさか　兵庫県西脇市
黒田庄町津万井　くろだしょうちょうつまい　兵庫県西脇市

11画（黒）

黒田庄町船町　くろだしょうちょうふなまち　兵庫県西脇市
黒田庄町黒田　くろだしょうちょうくろだ　兵庫県西脇市
黒田庄町喜多　くろだしょうちょうきた　兵庫県西脇市
黒田庄町福地　くろだしょうちょうふくじ　兵庫県西脇市
黒田町
　くろたまち　岩手県宮古市
　くろだちょう　愛知県豊田市
　くろだちょう　三重県四日市市
　くろだまち　三重県松阪市
　くろだちょう　島根県松江市
黒田原　くろだはら　栃木県（JR東北本線）
黒田新町　くろだしんまち　富山県高岡市
黒石
　くろいし　青森県（弘南鉄道弘南線）
　くろいし　青森県黒石市
　くろいし　岩手県岩手郡岩手町
　くろいし　岡山県倉敷市
　くろいし　高知県長岡郡大豊町
　くろいし　高知県高岡郡四万十町
　くろいし　熊本県（熊本電気鉄道藤崎線）
黒石山　くろいしやま　宮城県気仙沼市
黒石北　くろいしきた　山口県宇部市
黒石市　くろいしし　青森県
黒石平　くろいしだいら　北海道河東郡上士幌町
黒石町
　くろいしちょう　愛知県半田市
　くろいしちょう　大阪府和泉市
黒石野　くろいしの　岩手県盛岡市
6黒江
　くろえ　和歌山県（JR紀勢本線）
　くろえ　和歌山県海南市
黒牟田　くろむた　佐賀県西松浦郡有田町
黒羽　くれは　香川県東かがわ市
黒羽田町　くろばねたまち　栃木県大田原市
黒羽向町　くろばねむこうまち　栃木県大田原市
7黒住町　くろずみちょう　福岡県北九州市小倉北区
黒坂
　くろさか　新潟県長岡市
　くろさか　鳥取県（JR伯備線）
　くろさか　鳥取県日野郡日野町
　くろさか　岡山県勝田郡勝央町
黒坂町　くろさかちょう　愛知県豊田市
黒坂谷地　くろさかやち　青森県上北郡おいらせ町
黒尾　くろお　岡山県総社市
黒沢
　くろさわ　岩手県八幡平市
　くろさわ　岩手県滝沢市
　くろさわ　宮城県気仙沼市
　くろさわ　宮城県加美郡色麻町
　くろさわ　秋田県（JR北上線ほか）
　くろさわ　秋田県由利本荘市
　くろさわ　秋田県北秋田市
　くろさわ　秋田県仙北郡美郷町
　くろさわ　山形県山形市
　くろさわ　山形県西置賜郡小国町
　くろさわ　山形県西置賜郡飯豊町
　くろさわ　福島県南会津郡只見町
　くろさわ　福島県河沼郡柳津町

　くろさわ　福島県大沼郡会津美里町
　くろさわ　東京都青梅市
　くろさわ　富山県魚津市
　くろさわ　山梨県西八代郡市川三郷町
　くろさわ　岡山県赤磐市
黒沢川　くろさわがわ　岩手県岩手郡雫石町
黒沢台　くろさわだい　愛知県名古屋市緑区
黒沢尻　くろさわじり　岩手県北上市
黒沢甲　くろさわこう　福島県大沼郡会津美里町
黒見　くろみ　鳥取県倉吉市
黒谷
　くろたに　福島県南会津郡只見町
　くろや　埼玉県さいたま市岩槻区
　くろや　埼玉県秩父市
　くろだに　富山県魚津市
　くろだに　滋賀県高島市
　くろだに　大阪府八尾市
　くろだに　兵庫県淡路市
　くろだに　兵庫県加東市
　くろだに　和歌山県和歌山市
　くろだに　鳥取県岩美郡岩美町
　くろだに　徳島県板野郡板野町
　くろだに　愛媛県西条市
黒谷町
　くろたにちょう　京都府京都市左京区
　くろたにちょう　京都府綾部市
8黒周町　くろすちょう　島根県益田市
黒坪　くろつぼ　秋田県南秋田郡井川町
黒岡
　くろおか　兵庫県篠山市
　くろおか　兵庫県揖保郡太子町
黒岩
　くろいわ　北海道（JR函館本線）
　くろいわ　北海道二海郡八雲町
　くろいわ　岩手県北上市
　くろいわ　福島県福島市
　くろいわ　埼玉県入間郡越生町
　くろいわ　埼玉県比企郡吉見町
　くろいわ　神奈川県中郡大磯町
　くろいわ　新潟県新発田市
　くろいわ　新潟県東蒲原郡阿賀町
　くろいわ　岐阜県加茂郡坂祝町
　くろいわ　和歌山県和歌山市
　くろいわ　香川県小豆郡土庄町
　くろいわ　熊本県葦北郡芦北町
黒岩町　くろいわちょう　山口県周南市
黒杭　くろくい　岡山県真庭市
黒松
　くろまつ　宮城県（仙台市交通局南北線）
　くろまつ　宮城県仙台市泉区
　くろまつ　和歌山県有田郡有田川町
　くろまつ　島根県（JR山陰本線）
黒松内
　くろまつない　北海道（JR函館本線）
　くろまつない　北海道寿都郡黒松内町
黒松内町　くろまつないちょう　北海道寿都郡
黒松町　くろまつちょう　島根県江津市
黒河　くろかわ　富山県射水市
黒河新　くろかわしん　富山県射水市
黒肥地　くろひじ　熊本県球磨郡多良木町
黒金町
　くろがねちょう　北海道釧路市

1073

11画（黒）

くろがねちょう　静岡県静岡市葵区
黒門　くろもん　福岡県福岡市中央区
黒門町　くろもんちょう　愛知県名古屋市東区
9黒保根町八木原　くろほねちょうやぎはら　群馬県桐生市
黒保根町下田沢　くろほねちょうしもたざわ　群馬県桐生市
黒保根町上田沢　くろほねちょうかみたざわ　群馬県桐生市
黒保根町水沼　くろほねちょうみずぬま　群馬県桐生市
黒保根町宿廻　くろほねちょうしゅくめぐり　群馬県桐生市
黒俣
　くろまた　新潟県胎内市
　くろまた　静岡県静岡市葵区
　くろまた　静岡県掛川市
黒屋　くろや　岐阜県関市
黒津　くろづ　滋賀県大津市
黒津地町　くろつちちょう　徳島県阿南市
黒津町　くろづまち　新潟県長岡市
黒砂台　くろすな　千葉県千葉市稲毛区
黒砂台　くろすなだい　千葉県千葉市稲毛区
黒神町　くろかみちょう　鹿児島県鹿児島市
黒茶屋町　くろちゃやちょう　京都府京都市伏見区
10黒原
　くろはら　千葉県夷隅郡大多喜町
　くろはら　高知県高岡郡佐川町
　くろばる　福岡県北九州市小倉北区
黒原旭町　くろはらあさひまち　大阪府寝屋川市
黒原城内町　くろはらじょうないちょう　大阪府寝屋川市
黒原新町　くろはらしんまち　大阪府寝屋川市
黒原橘町　くろはらたちばなちょう　大阪府寝屋川市
黒姫
　くろひめ　新潟県佐渡市
　くろひめ　長野県（JR信越本線）
黒島
　くろしま　愛媛県新居浜市
　くろしま　鹿児島県鹿児島郡三島村
　くろしま　沖縄県八重山郡竹富町
黒島町　くろしまちょう　長崎県佐世保市
黒島郷　くろしまごう　長崎県北松浦郡小値賀町
黒桂　つづら　山梨県南巨摩郡早川町
黒浜　くろはま　埼玉県蓮田市
黒浜町　くろはままち　長崎県長崎市
黒流町　くろながれまち　熊本県阿蘇市
11黒崎
　くろさき　青森県西津軽郡深浦町
　くろさき　岩手県下閉伊郡普代村
　くろさき　富山県富山市
　くろざき　石川県鳳珠郡穴水町
　くろざき　奈良県桜井市
　くろさき　岡山県倉敷市
　くろさき　福岡県（JR鹿児島本線）
　くろさき　福岡県北九州市八幡西区
黒崎町
　くろさきまち　石川県七尾市
　くろさきまち　石川県加賀市
　くろさきちょう　大阪府大阪市北区
　くろさきちょう　兵庫県赤穂市

くろさきまち　長崎県諫早市
黒崎城石　くろさきしろいし　福岡県北九州市八幡西区
黒崎駅前　くろさきえきまえ　福岡県（筑豊電気鉄道線）
黒添　くろぞえ　福岡県京都郡苅田町
黒渕
　くろぶち　広島県世羅郡世羅町
　くろぶち　熊本県阿蘇郡小国町
黒笹
　くろざさ　愛知県（名古屋鉄道豊田線）
　くろざさ　愛知県みよし市
黒笹いずみ　くろざさいずみ　愛知県みよし市
黒笹町　くろざさちょう　愛知県みよし市
黒袴町　くろはかまちょう　栃木県佐野市
黒貫　くろぬき　鹿児島県大島郡知名町
黒部
　くろべ　栃木県日光市
　くろべ　富山県（あいの風とやま鉄道線）
　くろべ　長野県上高井郡高山村
黒部丘　くろべおか　神奈川県平塚市
黒部市　くろべし　富山県
黒部宇奈月温泉　くろべうなづきおんせん　富山県（JR北陸新幹線）
黒部町　くろべちょう　滋賀県長浜市
黒部峡谷口　くろべきょうこくぐち　富山県黒部市
黒部新　くろべしん　富山県黒部市
黒野
　くろの　岐阜県岐阜市
　くろの　岐阜県揖斐郡大野町
黒野南　くろのみなみ　岐阜県岐阜市
黒鳥
　くろとり　新潟県新潟市西区
　くろどり　高知県安芸市
黒鳥町　くろどりちょう　大阪府和泉市
12黒森
　くろもり　山形県酒田市
　くろもり　山形県西村山郡大江町
黒森町　くろもりちょう　岩手県宮古市
黒須　くろす　埼玉県入間市
黒須田　くろすだ　神奈川県横浜市青葉区
13黒滝
　くろたき　青森県弘前市
　くろたき　新潟県柏崎市
　くろたき　高知県南国市
黒滝村　くろたきむら　奈良県吉野郡
14黒鉾町　くろぼこちょう　愛知県春日井市
黒髪
　くろかみ　熊本県熊本市中央区
　くろかみ　熊本県熊本市北区
黒髪町
　くろかみちょう　長崎県佐世保市
　くろかみまち　熊本県（熊本電気鉄道藤崎線）
黒髪町坪井　くろかみまちつぼい　熊本県熊本市北区
15黒潮町　くろしおちょう　高知県幡多郡
黒駒
　くろこま　茨城県下妻市
　くろこま　福井県小浜市
黒駒町　くろこまちょう　奈良県五條市
16黒澤　くろさわ　山形県最上郡最上町

12画（傘, 備, 傍）

黒薙　くろなぎ　富山県（黒部峡谷鉄道線）
黒鴨　くろがも　山形県西置賜郡白鷹町
17黒磯
　　くろいそ　栃木県（JR東北本線）
　　くろいそ　栃木県那須塩原市
黒磯町
　　くろいそちょう　茨城県水戸市
　　くろいそまち　山口県岩国市
黒磯幸田　くろいそさいわいちょう　栃木県那須塩原市
18黒藤川　くろふじがわ　愛媛県上浮穴郡久万高原町
19黒瀬
　　くろせ　富山県富山市
　　くろせ　愛媛県西条市
　　くろせ　高知県安芸市
　　くろせ　高知県高岡郡越知町
黒瀬切田が丘　くろせきりたがおか　広島県東広島市
黒瀬北町　くろせきたまち　富山県富山市
黒瀬町
　　くろせまち　石川県加賀市
　　くろせまち　石川県白山市
　　くろせちょう　静岡県沼津市
　　くろせちょう　三重県伊勢市
黒瀬町乃美尾　くろせちょうのみのお　広島県東広島市
黒瀬町上保田　くろせちょうかみぼうだ　広島県東広島市
黒瀬町丸山　くろせちょうまるやま　広島県東広島市
黒瀬町大多田　くろせちょうおおた　広島県東広島市
黒瀬町小多田　くろせちょうおただ　広島県東広島市
黒瀬町川角　くろせちょうかわすみ　広島県東広島市
黒瀬町切田　くろせちょうきりた　広島県東広島市
黒瀬町市飯田　くろせちょういちいいだ　広島県東広島市
黒瀬町国近　くろせちょうくにちか　広島県東広島市
黒瀬町宗近柳国　くろせちょうむねちかやなくに　広島県東広島市
黒瀬町南方　くろせちょうみなみがた　広島県東広島市
黒瀬町津江　くろせちょうつえ　広島県東広島市
黒瀬町兼広　くろせちょうかねひろ　広島県東広島市
黒瀬町兼沢　くろせちょうかねさわ　広島県東広島市
黒瀬町菅田　くろせちょうすげた　広島県東広島市
黒瀬町楢原　くろせちょうならはら　広島県東広島市
黒瀬学園台　くろせがくえんだい　広島県東広島市
黒瀬松ケ丘　くろせまつがおか　広島県東広島市
黒瀬春日野　くろせかすがの　広島県東広島市
黒瀬桜が丘　くろせさくらがおか　広島県東広島市
黒瀬楢原北　くろせならはらきた　広島県東広島市
黒瀬楢原西　くろせならはらにし　広島県東広島市
黒瀬楢原東　くろせならはらひがし　広島県東広島市

12画

【傘】
8傘松　からかさまつ　青森県三戸郡五戸町
傘松前　からかさまつまえ　青森県三戸郡五戸町
14傘鉾町　かさぼこちょう　京都府京都市下京区

【備】
4備中川面　びっちゅうかわも　岡山県（JR伯備線）
備中広瀬　びっちゅうひろせ　岡山県（JR伯備線）
備中呉妹　びっちゅうくれせ　岡山県（井原鉄道線）
備中町布賀　びっちゅうちょうふか　岡山県高梁市
備中町布瀬　びっちゅうちょうふせ　岡山県高梁市
備中町平川　びっちゅうちょうひらかわ　岡山県高梁市
備中町西山　びっちゅうちょうにしやま　岡山県高梁市
備中町西油野　びっちゅうちょうにしゆの　岡山県高梁市
備中町志藤用瀬　びっちゅうちょうしとうようぜ　岡山県高梁市
備中町東油野　びっちゅうちょうひがしゆの　岡山県高梁市
備中町長屋　びっちゅうちょうながや　岡山県高梁市
備中神代　びっちゅうこうじろ　岡山県（JR伯備線）
備中高松　びっちゅうたかまつ　岡山県（JR吉備線）
備中高梁　びっちゅうたかはし　岡山県（JR伯備線）
備中箕島　びっちゅうみしま　岡山県（JR瀬戸大橋線）
9備前　びぜん　和歌山県岩出市
備前一宮　びぜんいちのみや　岡山県（JR吉備線）
備前三門　びぜんみかど　岡山県（JR吉備線）
備前片上　びぜんかたかみ　岡山県（JR赤穂線）
備前片岡　びぜんかたおか　岡山県（JR宇野線）
備前市　びぜんし　岡山県
備前田井　びぜんたい　岡山県（JR宇野線）
備前西市　びぜんにしいち　岡山県（JR瀬戸大橋線）
備前町
　　びぜんまち　茨城県水戸市
　　びぜんちょう　奈良県天理市
備前原　びぜんはら　岡山県（JR津山線）
備前島町
　　びぜんじまちょう　群馬県太田市
　　びぜんじまちょう　京都府京都市中京区
備前福河　びぜんふくかわ　兵庫県（JR赤穂線）
備前舘　びぜんだて　福島県郡山市
備後八幡　びんごやわた　広島県（JR芸備線）
備後三川　びんごみかわ　広島県（JR福塩線）
備後三日市　びんごみっかいち　広島県（JR芸備線）
備後本庄　びんごほんじょう　広島県（JR福塩線）
備後矢野　びんごやの　広島県（JR福塩線）
備後安田　びんごやすだ　広島県（JR福塩線）
備後庄原　びんごしょうばら　広島県（JR芸備線）
備後西　びんごにし　埼玉県春日部市
備後西城　びんごさいじょう　広島県（JR芸備線）
備後町
　　びんごまち　大阪府大阪市中央区
　　びんごちょう　兵庫県神戸市灘区
備後赤坂　びんごあかさか　広島県（JR山陽本線）
備後東　びんごひがし　埼玉県春日部市
備後落合　びんごおちあい　広島県（JR芸備線）
19備瀬　びせ　沖縄県国頭郡本部町

【傍】
5傍示
　　ほうじ　大阪府交野市
　　ほうじ　徳島県勝浦郡上勝町
傍示戸　ほうじど　千葉県山武郡横芝光町

12画（割, 博, 厨, 営, 喜）

傍示堂　ほうじどう　埼玉県本庄市
傍示塚町　ほうじつかちょう　群馬県館林市
8傍所町　ほうじょまち　新潟県見附市

【割】

3割子川　わりこがわ　福岡県北九州市八幡西区
割山　わりやま　富山県富山市
5割付　わりつけ　宮城県刈田郡七ケ宿町
割出　わりだし　石川県（北陸鉄道浅野川線）
割出町　わりだしまち　石川県金沢市
割田　わりでん　岐阜県大垣市
割田町　わりでんちょう　岐阜県大垣市
割目　わりめ　埼玉県加須市
7割町　わりまち　新潟県新潟市秋葉区
割町新田　わりまちしんでん　新潟県刈羽郡刈羽村
9割前　わりまえ　新潟県新潟市西蒲区
11割野　わりの　新潟県新潟市江南区
12割塚町　わりづかちょう　愛知県春日井市
割塚通　わりづかどおり　兵庫県神戸市中央区

【博】

6博多
　　はかた　北海道松前郡松前町
　　はかた　福岡県（JR山陽新幹線ほか）
博多区　はかたく　福岡県福岡市
博多町
　　はかたちょう　三重県津市
　　はかたちょう　京都府京都市東山区
博多南　はかたみなみ　福岡県（JR博多南線）
博多駅中央街　はかたえきちゅうおうがい　福岡県福岡市博多区
博多駅東　はかたえきひがし　福岡県福岡市博多区
博多駅前　はかたえきまえ　福岡県福岡市博多区
博多駅南　はかたえきみなみ　福岡県福岡市博多区
7博労　ばくろ　石川県白山市
博労本町　ばくろうほんまち　富山県高岡市
博労町
　　ばくろうまち　青森県三戸郡五戸町
　　ばくろうまち　富山県高岡市
　　ばくろうまち　石川県金沢市
　　ばくろうまち　大阪府大阪市中央区
　　ばくろうまち　兵庫県姫路市
　　ばくろうまち　鳥取県（JR境線）
　　ばくろうまち　鳥取県米子市
　　ばくろうまち　宮崎県延岡市
博労町上　ばくろちょうかみ　滋賀県近江八幡市
博労町中　ばくろちょうなか　滋賀県近江八幡市
博労町元　ばくろちょうもと　滋賀県近江八幡市

【厨】

厨
　　くりや　茨城県鹿嶋市
　　くりや　福井県丹生郡越前町
3厨子奥矢倉町　ずしおくやくらちょう　京都府京都市山科区
厨子奥尾上町　ずしおくおのえちょう　京都府京都市山科区
厨子奥花鳥町　ずしおくかちょうちょう　京都府京都市山科区

厨子奥若林町　ずしおくわかばやしちょう　京都府京都市山科区
厨子奥苗代元町　ずしおくなわしろもとちょう　京都府京都市山科区
厨子奥長通　ずしおくながみち　京都府京都市山科区
厨川
　　くりやがわ　岩手県（IGRいわて銀河鉄道線）
　　くりやがわ　岩手県盛岡市

【営】

8営所通　えいしょどおり　新潟県新潟市中央区

【喜】

0喜々津　ききつ　長崎県（JR長崎本線）
2喜入　きいれ　鹿児島県（JR指宿枕崎線）
喜入一倉町　きいれひとくらちょう　鹿児島県鹿児島市
喜入中名町　きいれなかみょうちょう　鹿児島県鹿児島市
喜入生見町　きいれぬくみちょう　鹿児島県鹿児島市
喜入町　きいれちょう　鹿児島県鹿児島市
喜入前之浜町　きいれまえのはまちょう　鹿児島県鹿児島市
喜入瀬々串町　きいれせせくしちょう　鹿児島県鹿児島市
3喜与町　きよまち　愛媛県松山市
喜久井町　きくいちょう　東京都新宿区
喜久田　きくた　福島県（JR磐越西線）
喜久田町　きくたまち　福島県郡山市
喜久田町早稲原　きくたまちわせはら　福島県郡山市
喜久田町赤坂　きくたまちあかさか　福島県郡山市
喜久田町坪沢　きくたまちつぼさわ　福島県郡山市
喜久田町前田沢　きくたまちまえたざわ　福島県郡山市
喜久田町卸　きくたまちおろし　福島県郡山市
喜久田町原　きくたまちはら　福島県郡山市
喜久田町堀之内　きくたまちほりのうち　福島県郡山市
4喜六屋敷　きろくやしき　愛知県犬山市
喜友名　きゆうな　沖縄県宜野湾市
5喜右ェ門新田　きうえもんしんでん　埼玉県羽生市
喜平町　きへいちょう　東京都小平市
喜田　きた　兵庫県加東市
喜田村　きたむら　愛媛県今治市
6喜仲　きなか　沖縄県うるま市
喜光地町　きこうじちょう　愛媛県新居浜市
喜吉町　きよしちょう　京都府京都市下京区
喜合　きごう　滋賀県野洲市
喜名　きな　沖縄県中頭郡読谷村
喜多
　　きた　千葉県市原市
　　きた　千葉県香取郡多古町
　　きた　京都府（京都丹後鉄道宮福線）
　　きた　京都府福知山市
　　きた　京都府舞鶴市
　　きた　京都府宮津市
喜多久　きたく　福岡県北九州市門司区
喜多山
　　きたやま　愛知県（名古屋鉄道瀬戸線）
　　きたやま　愛知県名古屋市守山区

12画（喬, 喰, 善）

きたやま　愛媛県（JR内子線）
きたやま　愛媛県大洲市
喜多山南　きたやまみなみ　愛知県名古屋市守山区
喜多川　きたがわ　愛媛県西条市
喜多方　きたかた　福島県（JR磐越西線）
喜多方市　きたかたし　福島
喜多台　きただい　愛媛県西条市
喜多村新田町　きたむらしんでんちょう　三重県松阪市
喜多町
　きたちょう　北海道釧路市
　きたまち　群馬県伊勢崎市
　きたまち　埼玉県川越市
　きたまち　埼玉県所沢市
　きたまち　新潟県長岡市
　きたまち　岐阜県多治見市
　きたまち　愛知県豊田市
　きたちょう　大阪府河内長野市
　きたちょう　兵庫県小野市
　きたまち　愛媛県八幡浜市
喜多見
　きたみ　東京都（小田急電鉄小田原線）
　きたみ　東京都世田谷区
喜多郡　きたぐん　愛媛県
喜多灘　きたなだ　愛媛県（JR予讃線）
喜如嘉　きじょか　沖縄県国頭郡大宜味村
7喜佐平町　きさだいらちょう　愛知県豊田市
喜佐見　きざみ　栃木県塩谷郡塩谷町
喜佐谷　きさだに　奈良県吉野郡吉野町
喜志
　きし　大阪府（近畿日本鉄道長野線）
　きし　大阪府富田林市
喜志町　きしちょう　大阪府富田林市
喜志新家町　きししんけちょう　大阪府富田林市
喜沢
　きざわ　栃木県小山市
　きざわ　埼玉県戸田市
喜沢南　きざわみなみ　埼玉県戸田市
喜町　きまち　静岡県掛川市
喜里が丘　きりがおか　奈良県生駒市
喜里川町　きりかわちょう　大阪府東大阪市
8喜念　きねん　鹿児島県大島郡伊仙町
喜舎場　きしゃば　沖縄県中頭郡北中城村
喜茂別　きもべつ　北海道虻田郡喜茂別町
喜茂別町　きもべつちょう　北海道虻田郡
喜門別町　きもんべつちょう　北海道伊達市
喜阿弥町　きあみちょう　島根県益田市
9喜屋武
　きゃん　沖縄県糸満市
　きゃん　沖縄県うるま市
　きゃん　沖縄県島尻郡南風原町
喜界町　きかいちょう　鹿児島県大島郡
喜美留　きびる　鹿児島県大島郡和泊町
10喜連　きれ　大阪府大阪市平野区
喜連川　きつれがわ　栃木県さくら市
喜連瓜破　きれうりわり　大阪府（大阪市交通局谷町線）
喜連西　きれにし　大阪府大阪市平野区
喜連東　きれひがし　大阪府大阪市平野区
11喜婦嶽　きぶたけ　愛知県長久手市

12喜惣治　きそうじ　愛知県名古屋市北区
喜登牛　きとうし　北海道足寄郡足寄町
13喜楽町　きらくちょう　愛知県津島市
喜殿町　きどのちょう　奈良県天理市
19喜瀬　きせ　沖縄県名護市
喜瀬武原　きせんばる　沖縄県国頭郡恩納村

【喬】
4喬木村　たかぎむら　長野県下伊那郡

【喰】
3喰丸　くいまる　福島県大沼郡昭和村
5喰代　ほうじろ　三重県伊賀市

【善】
0善ケ島　ぜんがしま　埼玉県熊谷市
3善久　ぜんく　新潟県新潟市西区
善久寺　ぜんきゅうじ　新潟県三条市
4善太町　ぜんたちょう　愛知県弥富市
善太新田町　ぜんたしんでんちょう　愛知県愛西市
5善北町　ぜんほくちょう　愛知県名古屋市港区
善右ヱ門新田　ぜんえもんしんでん　茨城県結城市
善左衛門　ぜんざえもん　静岡県藤枝市
善正町　ぜんしょうちょう　大阪府和泉市
6善光　ぜんこう　岐阜県安八郡安八町
善光寺
　ぜんこうじ　新潟県新潟市西蒲区
　ぜんこうじ　富山県射水市
　ぜんこうじ　山梨県（JR身延線）
　ぜんこうじ　山梨県甲府市
善光寺下　ぜんこうじした　長野県（長野電鉄長野線）
善光寺村受　ぜんこうじむらうけ　新潟県新潟市西蒲区
善光寺町　ぜんこうじまち　山梨県甲府市
善名　ぜんな　富山県富山市
善地　ぜんじ　静岡県浜松市浜北区
善行
　ぜんぎょう　神奈川県（小田急電鉄江ノ島線）
　ぜんぎょう　神奈川県藤沢市
善行団地　ぜんぎょうだんち　神奈川県藤沢市
善行坂　ぜんぎょうざか　神奈川県藤沢市
7善助新田　ぜんすけしんでん　茨城県つくばみらい市
善応寺　ぜんおうじ　愛媛県松山市
善谷町　ぜんだにちょう　滋賀県彦根市
8善和　よしわ　山口県宇部市
善明寺　ぜんみょうじ　和歌山県和歌山市
善明町
　ぜんめいまち　愛知県碧南市
　ぜんみょうちょう　愛知県西尾市
善波　ぜんば　神奈川県伊勢原市
善法寺町　ぜんぼうじちょう　兵庫県尼崎市
善長寺町　ぜんちょうじちょう　京都府京都市下京区
善阿弥　ぜんなみ　山形県東田川郡三川町
9善南町　ぜんなんちょう　愛知県名古屋市港区
善城　ぜんぎ　奈良県吉野郡下市町
10善師野
　ぜんじの　愛知県（名古屋鉄道広見線）
　ぜんじの　愛知県犬山市

1077

12画（堰, 堅, 堺, 場, 堕, 塚）

善師野台	ぜんじのだい	愛知県犬山市
善桂寺町	ぜんけいじまち	群馬県沼田市
善根	ぜごん	新潟県柏崎市
善根寺町	ぜんこんじちょう	大阪府東大阪市
善能寺	ぜんのうじ	埼玉県坂戸市
善通寺	ぜんつうじ	香川（JR土讃線）
善通寺市	ぜんつうじし	香川県
善通寺町	ぜんつうじちょう	香川県善通寺市
11善進本町	ぜんしんほんまち	愛知県名古屋市港区
善進町	ぜんしんちょう	愛知県名古屋市港区
善郷内	ぜんごううち	福島県白河市
善部町	ぜんぶちょう	神奈川県横浜市旭区
12善道寺町	ぜんどうじまち	熊本県宇土市
善道町	ぜんどうちょう	新潟県新潟市秋葉区
13善源寺町	ぜんげんじちょう	大阪府大阪市都島区
善福寺	ぜんぷくじ	東京都杉並区
15善導寺	ぜんどうじ	福岡県（JR久大本線）
善導寺町与田	ぜんどうじまちよだ	福岡県久留米市
善導寺町木塚	ぜんどうじまちきづか	福岡県久留米市
善導寺町島	ぜんどうじまちしま	福岡県久留米市
善導寺町飯田	ぜんどうじまちいいだ	福岡県久留米市
善慶寺	ぜんけいじ	群馬県甘楽郡甘楽町
善蔵新田	ぜんぞうしんでん	埼玉県入間市

【堰】

堰	せき	神奈川県川崎市多摩区
0堰の上	せきのうえ	福島県西白河郡矢吹町
3堰下		
	せきした	福島県伊達市
	せきした	福島県伊達郡桑折町
	せきした	福島県大沼郡会津美里町
堰上	せきうえ	福島県伊達市
堰口	せきぐち	秋田県由利本荘市
5堰代	せきしろ	青森県上北郡七戸町
堰代町	せきしろちょう	群馬県高崎市
6堰向	せきむかい	福島県大沼郡会津美里町
堰向甲	せきむかいこう	福島県大沼郡会津美里町
堰合	せきあい	福島県伊達郡桑折町
10堰根	せきね	青森県上北郡七戸町
12堰場	どうば	宮城県仙台市若林区
堰間上	せきまうえ	福島県耶麻郡猪苗代町

【堅】

3堅下	かたしも	大阪府（近畿日本鉄道大阪線）
堅子町	かたこちょう	三重県鳥羽市
5堅田		
	かただ	青森県弘前市
	かただ	福島県耶麻郡猪苗代町
	かただ	滋賀県（JR湖西線）
	かただ	滋賀県大津市
	かただ	和歌山県西牟婁郡白浜町
	かただ	大分県佐伯市
堅田町		
	かたたまち	石川県金沢市
	かただちょう	京都府京都市下京区
7堅志田	かたしだ	熊本県下益城郡美里町
堅来	かたく	大分県豊後高田市

8堅苔沢	かたのりさわ	山形県鶴岡市
9堅海	かつみ	福井県小浜市
堅神町	かたかみちょう	三重県鳥羽市
10堅倉	かたくら	茨城県小美玉市
堅浦	かたうら	大分県津久見市
11堅粕	かたかす	福岡県福岡市博多区
12堅達町	げんだつちょう	福井県福井市
15堅磐町	かきわちょう	茨城県常陸太田市

【堺】

堺		
	さかい	長野県下水内郡栄村
	さかい	大阪府（南海電気鉄道南海本線）
	さかい	和歌山県日高郡みなべ町
4堺区	さかいく	大阪府堺市
5堺市		
	さかいし	大阪府（JR阪和線）
	さかいし	大阪府
堺田		
	さかいだ	山形県（JR陸羽東線）
	さかいだ	山形県最上郡最上町
7堺町		
	さかいまち	北海道小樽市
	さかいまち	新潟県長岡市
	さかいまち	愛知県豊川市
	さかいまち	京都府京都市下京区
	さかいまち	大阪府岸和田市
	さかいまち	兵庫県姫路市
	さかいちょう	奈良県大和郡山市
	さかいちょう	奈良県磯城郡田原本町
	さかえまち	鳥取県倉吉市
	さかいまち	岡山県津山市
	さかいまち	広島県広島市中区
	さかいまち	高知県高知市
	さかいまち	福岡県北九州市小倉北区
堺町西	さかいまちにし	北海道浦河郡浦河町
堺町東	さかいまちひがし	北海道浦河郡浦河町
8堺東	さかいひがし	大阪府（南海電気鉄道高野線）
堺東町	さかいひがしまち	新潟県長岡市
12堺筋本町	さかいすじほんまち	大阪府（大阪市交通局堺筋線ほか）

【場】

4場之町	ばのちょう	京都府京都市中京区
12場割町	ばわりちょう	愛知県刈谷市

【堕】

9堕星	だたぼし	愛知県常滑市

【塚】

塚	つか	岐阜県揖斐郡揖斐川町
0塚ノ町	つかのまち	福島県相馬市
塚ノ原	つかのはら	高知県高知市
3塚口	つかぐち	兵庫県（JR福知山線ほか）
塚口本町	つかぐちほんまち	兵庫県尼崎市
塚口町		
	つかぐちちょう	兵庫県尼崎市
	つかぐちちょう	兵庫県西脇市
塚山	つかやま	新潟県（JR信越本線）

12画（堤）

⁵塚本
　つかもと　埼玉県さいたま市西区
　つかもと　埼玉県さいたま市桜区
　つかもと　静岡県田方郡函南町
　つかもと　大阪府（JR東海道本線）
　つかもと　大阪府大阪市淀川区
塚本町
　つかもとちょう　埼玉県さいたま市西区
　つかもとちょう　千葉県銚子市
　つかもとちょう　三重県松阪市
塚本通　つかもとどおり　兵庫県神戸市兵庫区
塚田
　つかだ　宮城県伊具郡丸森町
　つかだ　福島県須賀川市
　つかた　福島県耶麻郡猪苗代町
　つかだ　千葉県（東武鉄道野田線）
　つかだ　新潟県新発田市
　つかだ　新潟県阿賀野市
　つかだ　愛知県長久手市
塚田乙　つかだおつ　宮崎県日南市
塚田甲　つかだこう　宮崎県日南市
塚田町
　つかだまち　群馬県高崎市
　つかだまち　石川県輪島市
　つかだまち　長野県諏訪郡下諏訪町
塚田新田　つかだしんでん　新潟県上越市
塚目　つかのめ　宮城県（JR陸羽東線）
⁶塚名平　つかなたいら　青森県上北郡横浜町
塚地　つかじ　高知県土佐市
塚西　つかにし　大阪府（阪堺電気軌道阪堺線）
⁷塚沢　つかざわ　宮城県気仙沼市
塚町　つかちょう　福井県越前市
塚角　つかつの　岡山県久米郡美咲町
塚谷　つかだに　岡山県苫田郡鏡野町
⁸塚長根　つかながね　青森県上北郡七戸町
⁹塚畑　つかはた　福島県伊達市
¹⁰塚原
　つかはら　福島県東白川郡棚倉町
　つかはら　茨城県筑西市
　つかはら　千葉県君津市
　つかはら　神奈川県（伊豆箱根鉄道大雄山線）
　つかはら　神奈川県南足柄市
　つかはら　富山県富山市
　つかばら　福井県大野市
　つかはら　山梨県南アルプス市
　つかはら　長野県佐久市
　つかばら　静岡県御殿場市
　つかはら　大阪府高槻市
　つかばる　宮崎県西諸県郡国富町
塚原台　つかはらだい　福岡県春日市
塚原町
　つかはらちょう　新潟県十日町市
　つかばらちょう　福井県越前市
　つかはらちょう　山梨県甲府市
塚原新田　つかはらしんでん　静岡県三島市
塚浜　つかはま　宮城県牡鹿郡女川町
塚脇
　つかわき　大阪府高槻市
　つかわき　大分県玖珠郡玖珠町
塚脇町　つかわきちょう　大阪府四條畷市
¹¹塚堀　つかぼり　秋田県横手市

塚崎
　つかざき　茨城県猿島郡境町
　つかざき　栃木県小山市
　つかさき　埼玉県春日部市
　つかさき　埼玉県坂戸市
　つかざき　千葉県柏市
塚崎町　つかざきまち　石川県金沢市
塚淵　つかぶち　山形県酒田市
塚部　つかのべ　福島県相馬市
塚野山　つかのやま　新潟県長岡市
塚野目
　つかのめ　山形県天童市
　つかのめ　福島県伊達郡国見町
　つかのめ　新潟県三条市
¹²塚森　つかもり　兵庫県揖保郡太子町
塚無岱　つかなしたい　青森県三戸郡五戸町
塚越
　つかごし　埼玉県蕨市
　つかごし　埼玉県坂戸市
　つかごし　神奈川県横浜市中区
　つかごし　神奈川県川崎市幸区
　つかごし　富山県射水市
　つかごし　富山県中新川郡立山町
塚間町　つかまちょう　長野県岡谷市

【堤】
堤
　つつみ　岩手県下閉伊郡普代村
　つつみ　宮城県柴田郡大河原町
　つつみ　福島県郡山市
　つつみ　福島県須賀川市
　つつみ　福島県耶麻郡猪苗代町
　つつみ　福島県西白河郡矢吹町
　つつみ　福島県東白川郡棚倉町
　つつみ　茨城県那珂市
　つつみ　埼玉県羽生市
　つつみ　埼玉県児玉郡上里町
　つつみ　神奈川県茅ケ崎市
　つつみ　新潟県阿賀野市
　つつみ　福井県三方上中郡若狭町
　つつみ　滋賀県野洲市
　つつみ　大阪府貝塚市
　つつみ　福岡県福岡市城南区
　つつみ　福岡県朝倉市
　つつみ　佐賀県三養基郡上峰町
　つつみ　佐賀県杵島郡白石町
　つつみ　宮崎県小林市
⁰堤ケ丘　つつみがおか　岩手県北上市
³堤下
　つつみした　福島県耶麻郡猪苗代町
　つつみした　愛知県犬山市
堤下町
　つつみしたまち　福島県郡山市
　つつみしたちょう　群馬県伊勢崎市
堤上　つつみのうえ　茨城県桜川市
⁴堤内　つつみうち　宮崎県宮崎市
⁵堤北　つつみきた　福島県耶麻郡猪苗代町
堤台　つつみだい　千葉県野田市
堤外
　ていがい　埼玉県さいたま市南区
　ていがい　岐阜県岐阜市
堤尻　つつみじり　青森県上北郡東北町

1079

12画 (塔, 塀, 報, 壺, 奥)

堤本町　つつみほんまち　愛知県豊田市
堤田　つつみだ　青森県上北郡おいらせ町
6堤団地　つつみだんち　福岡県福岡市城南区
堤西町　つつみにしまち　群馬県伊勢崎市
7堤町
　　つつみちょう　北海道三笠市
　　つつみまち　青森県青森市
　　つつみちょう　青森県八戸市
　　つつみまち　宮城県仙台市青葉区
　　つつみまち　山形県酒田市
　　つつみまち　福島県会津若松市
　　つつみまち　群馬県前橋市
　　つつみちょう　群馬県桐生市
　　つつみちょう　埼玉県鴻巣市
　　つつみちょう　神奈川県平塚市
　　つつみちょう　新潟県長岡市
　　つつみちょう　静岡県静岡市葵区
　　つつみちょう　静岡県浜松市南区
　　つつみちょう　愛知県名古屋市南区
　　つつみちょう　愛知県豊田市
　　つつみちょう　京都府京都市東山区
　　つつみちょう　大阪府高槻市
　　つつみちょう　大阪府枚方市
　　つつみちょう　大阪府八尾市
　　つつみちょう　兵庫県西宮市
　　つつみちょう　長崎県平戸市
　　つつみちょう　長崎県五島市
堤町通り　つつみちょうどおり　富山県富山市
堤谷　つつみだに　富山県中新川郡上市町
10堤原　つつみはら　三重県桑名市
堤根
　　つつみね　埼玉県行田市
　　つつみね　埼玉県北葛飾郡杉戸町
　　つつみね　千葉県野田市
　　つつみね　神奈川県川崎市川崎区
堤脇　つつみわき　秋田県由利本荘市
堤起町　つつみおこしちょう　愛知県名古屋市南区
堤通　つつみどおり　東京都墨田区
堤通雨宮町　つつみどおりあまみやまち　宮城県仙台市青葉区
11堤崎　つつみさき　埼玉県上尾市
堤野　つつみの　山形県東田川郡三川町
13堤新田　つつみしんでん　山形県東田川郡庄内町

【塔】

0塔ケ崎　とうがさき　茨城県鉾田市
塔ノ木町　とうのきちょう　愛知県豊川市
塔ノ沢　とうのさわ　神奈川県 (箱根登山鉄道線)
塔ノ沢山　とうのさわやま　青森県上北郡東北町
塔ノ洞　とうのほら　岐阜県関市
塔のへつり　とうのへつり　福島県 (会津鉄道線)
塔の町　とうのちょう　兵庫県宝塚市
塔の前　とうのまえ　山形県山形市
塔の越　とうのこし　宮城県遠田郡美里町
3塔下　とうのした　新潟県村上市
4塔之澤　とうのさわ　神奈川県足柄下郡箱根町
5塔田　とうだ　福岡県豊前市
6塔寺
　　とうでら　福島県 (JR只見線)
　　とうでら　福島県河沼郡会津坂下町
7塔尾　とうの　富山県南砺市

塔尾町　とのおまち　石川県加賀市
8塔岩町　とういわちょう　山梨県甲府市
10塔原　とうのはる　福岡県筑紫野市
塔原西　とうのはるにし　福岡県筑紫野市
塔原町　とのはらちょう　大阪府岸和田市
塔原東　とうのはるひがし　福岡県筑紫野市
塔原南　とうのはるみなみ　福岡県筑紫野市
11塔野　とうの　福岡県北九州市八幡西区
塔野地　とうのじ　愛知県犬山市
塔野地北　とうのじきた　愛知県犬山市
塔野地西　とうのじにし　愛知県犬山市
塔野地杉　とうのじすぎ　愛知県犬山市

【塀】

4塀之内町　へいのうちちょう　京都府京都市中京区

【報】

8報国町　ほうこくまち　石川県七尾市
10報恩寺
　　ほうおんじ　千葉県長生郡長南町
　　ほおじ　京都府福知山市
14報徳
　　ほうとく　北海道中川郡美深町
　　ほうとく　北海道網走郡美幌町

【壺】

壺　つぼ　滋賀県犬上郡多賀町
0壺ケ作　つぼがさく　福島県伊達郡川俣町
3壺川
　　こせん　熊本県熊本市中央区
　　つぼがわ　沖縄県 (沖縄都市モノレール線)
　　つぼがわ　沖縄県那覇市
4壺井　つぼい　大阪府羽曳野市
7壺阪　つぼさか　奈良県高市郡高取町
壺阪山　つぼさかやま　奈良県 (近畿日本鉄道吉野線)
9壺屋　つぼや　沖縄県那覇市
壺屋町　つぼやちょう　京都府京都市中京区
13壺楊　つぼよう　福島県耶麻郡猪苗代町

【奥】

奥
　　おく　新潟県南魚沼市
　　おく　岐阜県岐阜市
　　おく　兵庫県神崎郡市川町
　　おく　兵庫県赤穂郡上郡町
　　おき　和歌山県有田郡有田川町
　　おく　岡山県美作市
　　おく　大分県大分市
　　おく　沖縄県国頭郡国頭村
0奥オソベツ　おくおそべつ　北海道川上郡弟子屈町
3奥万田町　おくまんだちょう　岡山県高梁市
奥万倉　おくまぐら　山口県宇部市
奥大井湖上　おくおおいこじょう　静岡県 (大井川鉄道井川線)
奥大田　おくおおた　高知県長岡郡大豊町
奥大谷　おくおおたに　岡山県美作市
奥大道　おくおおどう　高知県高岡郡四万十町
奥子守町　おくこもりちょう　奈良県奈良市

12画（奥）

奥山
　おくやま　茨城県北相馬郡利根町
　おくやま　千葉県安房郡鋸南町
　おくやま　兵庫県姫路市
　おくやま　兵庫県芦屋市
　おくやま　兵庫県篠山市
　おくやま　奈良県高市郡明日香村
　おくやま　島根県邑智郡美郷町
　おくやま　香川県木田郡三木町
奥山田　おくやまだ　京都府綴喜郡宇治田原町
奥山田町　おくやまだちょう　愛知県岡崎市
奥山町　おくやままちょう　長崎県佐世保市
奥山畑町　おくやまはたちょう　兵庫県神戸市須磨区
奥山新保　おくやましんぼ　新潟県新発田市
奥川大綱木　おくがわおおつなぎ　福島県耶麻郡西会津町
奥川元島　おくがわもとしま　福島県耶麻郡西会津町
奥川町　おくがわちょう　岐阜県多治見市
奥川高陽根　おくがわかやね　福島県耶麻郡西会津町
奥川飯沢　おくがわいいざわ　福島県耶麻郡西会津町
奥川飯里　おくがわいいさと　福島県耶麻郡西会津町
奥川飯根　おくがわいいね　福島県耶麻郡西会津町
奥川豊島　おくがわとよしま　福島県耶麻郡西会津町
4奥中山　おくなかやま　岩手県二戸郡一戸町
奥中山高原　おくなかやまこうげん　岩手県（IGRいわて銀河鉄道線）
奥中原　おくなかばら　広島県山県郡北広島町
奥之池　おくのいけ　滋賀県蒲生郡日野町
奥井町　おくいまち　富山県富山市
奥井道　おくいみち　愛知県新城市
奥内
　おくない　青森県（JR津軽線）
　おくない　青森県青森市
　おくない　青森県むつ市
奥天神町　おくてんじんちょう　大阪府高槻市
奥戸
　おこっぺ　青森県下北郡大間町
　おくど　東京都葛飾区
奥戸町　おくどちょう　栃木県足利市
5奥仙俣　おくせんまた　静岡県静岡市葵区
奥仙美里　おくせんびり　北海道中川郡本別町
奥出雲町　おくいずもちょう　島根県仁多郡
奥古閑町　おくこがまち　熊本県熊本市南区
奥尻　おくしり　北海道奥尻郡奥尻町
奥尻町　おくしりちょう　北海道奥尻郡
奥尻郡　おくしりぐん　北海道
奥市　おくいち　岡山県岡山市中区
奥平町　おくだいらちょう　福井県福井市
奥平部　おくたいらへ　青森県東津軽郡今別町
奥本　おくもと　鳥取県八頭郡智頭町
奥本町　おくもとちょう　大阪府堺市北区
奥玉　おくたま　岡山県玉野市
奥田
　おくだ　宮城県黒川郡大衡村
　おくだ　茨城県筑西市
　おくだ　群馬県吾妻郡東吾妻町
　おくだ　埼玉県比企郡鳩山町
　おくだ　愛知県（名古屋鉄道名古屋本線）
　おくだ　愛知県知多郡美浜町
　おくだ　奈良県大和高田市

　おくだ　岡山県岡山市北区
　おくだ　福岡県北九州市門司区
奥田下河町　おくだしもかわちょう　愛知県稲沢市
奥田大沢町　おくだおおさわちょう　愛知県稲沢市
奥田大門町　おくだいもんちょう　愛知県稲沢市
奥田中切町　おくだなかきりちょう　愛知県稲沢市
奥田中学校前　おくだちゅうがっこうまえ　富山県（富山ライトレール線）
奥田井之下町　おくだいのしたちょう　愛知県稲沢市
奥田切町　おくだきりたちょう　愛知県稲沢市
奥田双葉町　おくだふたばちょう　富山県富山市
奥田天目寺町　おくだてんもくじちょう　愛知県稲沢市
奥田天神町　おくだてんじんちょう　愛知県稲沢市
奥田木塚町　おくだきづかちょう　愛知県稲沢市
奥田北花ノ木町　おくだきたはなのきちょう　愛知県稲沢市
奥田本町
　おくだほんまち　富山県富山市
　おくだほんまち　岡山県岡山市北区
奥田田畑町　おくだたばたちょう　愛知県稲沢市
奥田白山町　おくだはくさんちょう　愛知県稲沢市
奥田立長町　おくだたておさちょう　愛知県稲沢市
奥田寺切町　おくだてらぎりちょう　愛知県稲沢市
奥田西町　おくだにしまち　岡山県岡山市北区
奥田寿町　おくだことぶきちょう　富山県富山市
奥田町
　おくだまち　富山県富山市
　おくだちょう　愛知県西尾市
　おくだちょう　愛知県稲沢市
奥田町文七西　おくだちょうぶんひちにし　愛知県稲沢市
奥田町田畑切　おくだちょうたばたきり　愛知県稲沢市
奥田長角町　おくだながずみちょう　愛知県稲沢市
奥田南町　おくだみなみまち　岡山県岡山市北区
奥田南花ノ木町　おくだみなみはなのきちょう　愛知県稲沢市
奥田神ノ木町　おくだかみのきちょう　愛知県稲沢市
奥田計用町　おくだけいようちょう　愛知県稲沢市
奥田宮長町　おくだみやながちょう　愛知県稲沢市
奥田島崎町　おくだしまざきちょう　愛知県稲沢市
奥田酒伊町　おくださかいちょう　愛知県稲沢市
奥田流町　おくだながれちょう　愛知県稲沢市
奥田馬場町　おくだばんばちょう　愛知県稲沢市
奥田堀畑町　おくだほりばたちょう　愛知県稲沢市
奥田新町　おくだしんまち　富山県富山市
奥田縄　おくだの　福井県小浜市
奥田膳棚町　おくだぜんたなちょう　愛知県稲沢市
奥白方　おくしらかた　香川県仲多度郡多度津町
奥白滝　おくしらたき　北海道紋別郡遠軽町
6奥吉原　おくよしはら　岡山県赤磐市
奥地　おくち　岩手県下閉伊郡田野畑村
奥地向　おくちむかい　岩手県下閉伊郡田野畑村
奥多摩　おくたま　東京都（JR青梅線）
奥多摩町　おくたままち　東京都西多摩郡
奥宇賀町　おくうがちょう　島根県出雲市
奥州市　おうしゅうし　岩手県
奥州町　おうしゅうまち　福岡県柳川市

12画（奥）

奥池ケ谷　おくいけがや　静岡県静岡市葵区
奥池町　おくいけちょう　兵庫県芦屋市
奥池南町　おくいけみなみちょう　兵庫県芦屋市
奥牟田　おくむた　福岡県三潴郡大木町
奥米　おくごめ　千葉県君津市
奥米地　おくめいじ　兵庫県養父市
奥行　おくゆき　北海道野付郡別海町
7奥佐々　おくささ　和歌山県海草郡紀美野町
奥呉地　おくくれじ　高知県高岡郡四万十町
奥坂　おくさか　岡山県総社市
奥条　おくじょう　愛知県常滑市
奥沢
　おくさわ　北海道小樽市
　おくさわ　北海道瀬棚郡今金町
　おくさわ　栃木県大田原市
　おくさわ　埼玉県秩父郡東秩父村
　おくさわ　東京都（東京急行電鉄目黒線）
　おくさわ　東京都世田谷区
奥沢町　おくさわまち　愛知県碧南市
奥町
　おくちょう　愛知県（名古屋鉄道尾西線）
　おくちょう　愛知県一宮市
　おくまち　愛知県半田市
奥芝町　おくしばちょう　奈良県奈良市
奥谷
　おくのや　茨城県東茨城郡茨城町
　おくのたに　鳥取県米子市
　おくだに　鳥取県八頭郡八頭町
奥谷町
　おくのやまち　石川県加賀市
　おくだにちょう　島根県松江市
8奥武　おう　沖縄県島尻郡久米島町
奥武山公園　おうのやまこうえん　沖縄県（沖縄都市モノレール線）
奥武山町　おおのやまちょう　沖縄県那覇市
奥河内　おくがわうち　徳島県海部郡美波町
奥波見　おくはみ　京都府宮津市
奥若山　おくわかやま　山口県山陽小野田市
奥迫川　おくはざわ　岡山県岡山市南区
奥金近　おくかねちか　兵庫県佐用郡佐用町
奥長谷　おくながたに　兵庫県佐用郡佐用町
奥阿仁　おくあに　秋田県（秋田内陸縦貫鉄道線）
9奥春別　おくしゅんべつ　北海道川上郡弟子屈町
奥栄町　おくえいちょう　愛知県常滑市
奥海　おうみ　兵庫県佐用郡佐用町
奥海印寺　おくかいいんじ　京都府長岡京市
奥泉
　おくいずみ　静岡県（大井川鉄道井川線）
　おくいずみ　静岡県榛原郡川根本町
奥津　おくつ　岡山県苫田郡鏡野町
奥津川　おくつがわ　岡山県津山市
奥津川西　おくつかわにし　岡山県苫田郡鏡野町
奥津軽いまべつ　おくつがるいまべつ　青森県（JR東北新幹線ほか）
奥洞海　おくどうかい　福岡県（JR筑豊本線）
奥畑
　おくはた　兵庫県西宮市
　おくはた　兵庫県洲本市
　おくはた　兵庫県伊丹市
　おくはた　兵庫県篠山市

　おくはた　山口県防府市
奥県守　おくあがたもり　兵庫県篠山市
奥神ノ川　おくごうのかわ　高知県高岡郡四万十町
奥秋　おくあき　山梨県北都留郡丹波山村
奥飛騨温泉郷一重ケ根　おくひだおんせんごうひとえがね　岐阜県高山市
奥飛騨温泉郷中尾　おくひだおんせんごうなかお　岐阜県高山市
奥飛騨温泉郷今見　おくひだおんせんごういまみ　岐阜県高山市
奥飛騨温泉郷平湯　おくひだおんせんごうひらゆ　岐阜県高山市
奥飛騨温泉郷田頃家　おくひだおんせんごうたごろけ　岐阜県高山市
奥飛騨温泉郷村上　おくひだおんせんごうむらかみ　岐阜県高山市
奥飛騨温泉郷赤桶　おくひだおんせんごうあかおけ　岐阜県高山市
奥飛騨温泉郷栃尾　おくひだおんせんごうとちお　岐阜県高山市
奥飛騨温泉郷柏当　おくひだおんせんごうかしあて　岐阜県高山市
奥飛騨温泉郷神坂　おくひだおんせんごうかんさか　岐阜県高山市
奥飛騨温泉郷笹嶋　おくひだおんせんごうささじま　岐阜県高山市
奥飛騨温泉郷福地　おくひだおんせんごうふくじ　岐阜県高山市
奥飛騨温泉郷蓼之俣　おくひだおんせんごうたてのまた　岐阜県高山市
10奥原　おくはら　広島県山県郡北広島町
奥原山　おくはらやま　兵庫県篠山市
奥原町
　おくばらちょう　茨城県牛久市
　おくはらまち　石川県七尾市
奥夏敷　おくなちき　愛知県常滑市
奥師　おくし　滋賀県蒲生郡日野町
奥浦　おくうら　徳島県海部郡海陽町
奥浦町　おくうらちょう　長崎県五島市
奥浜名湖　おくはまなこ　静岡県（天竜浜名湖鉄道線）
奥馬野　おくばの　三重県伊賀市
11奥野
　おくの　青森県青森市
　おくの　千葉県市原市
　おくの　福井県敦賀市
　おくの　兵庫県豊岡市
　おくの　鳥取県八頭郡八頭町
　おくの　徳島県板野郡藍住町
　おくの　熊本県球磨郡多良木町
奥野々　おくのの　福井県南条郡南越前町
奥野山町　おくのやまちょう　広島県三原市
奥野川　おくのかわ　愛媛県北宇和郡松野町
奥野谷　おくのや　茨城県神栖市
奥野部　おくのべ　京都府福知山市
奥鹿野　おくがの　三重県伊賀市
奥麻生　おくあそう　福井県敦賀市
12奥湊川　おくみなとがわ　高知県幡多郡黒潮町
奥間
　おくま　沖縄県国頭郡国頭村
　おくま　沖縄県中頭郡中城村

12画（寒, 富）

奥須佐　おくすさ　和歌山県和歌山市
13奥塩田　おくしおた　岡山県和気郡和気町
奥新川　おくにっかわ　宮城県（JR仙山線）
奥新保町　おくしんぼまち　石川県金沢市
奥殿町　おくとのちょう　愛知県岡崎市
14奥榎原　おくえばら　京都府福知山市
奥関屋　おくせきや　山口県周南市
15奥潭　おこたん　北海道千歳市
16奥興部　おくおこっぺ　北海道紋別郡西興部村
奥鴨川　おくかもがわ　高知県四万十市
19奥瀬　おくせ　青森県十和田市

【寒】
3寒川
　　さむかわ　栃木県小山市
　　さむかわ　神奈川県（JR相模線）
　　かんがわ　新潟県村上市
　　そうがわ　和歌山県日高郡日高川町
　　さぶかわ　宮崎県西都市
寒川町
　　さむがわちょう　千葉県千葉市中央区
　　さむかわまち　神奈川県高座郡
　　さんがわちょう　愛媛県四国中央市
寒川町石田西　さんがわまちいしだにし　香川県さぬき市
寒川町石田東　さんがわまちいしだひがし　香川県さぬき市
寒川町神前　さんがわまちかんざき　香川県さぬき市
4寒井　さぶい　栃木県大田原市
寒水
　　ひやみず　青森県上北郡七戸町
　　ひやみず　青森県上北郡東北町
寒水下　ひやみずしも　青森県上北郡東北町
寒水山　ひやみずやま　青森県上北郡東北町
5寒田
　　さわだ　福岡県築上郡築上町
　　そうだ　大分県大分市
寒田北町　そうだきたまち　大分県大分市
寒田南町　そうだみなみまち　大分県大分市
7寒別　かんべつ　北海道虻田郡倶知安町
寒沢
　　かんざわ　新潟県長岡市
　　さむさわ　長野県下高井郡山ノ内町
寒沢町　かんざわちょう　青森県弘前市
8寒昇　かんのぼり　北海道瀬棚郡今金町
寒河　そうご　岡山県（JR赤穂線）
寒河江
　　さがえ　山形県（JR左沢線）
　　さがえ　山形県寒河江市
寒河江市　さがえし　山形県
9寒風　さむかぜ　千葉県佐倉市

【富】
富　とみ　福岡県糸島市
0富ケ丘
　　とみがおか　宮城県黒川郡富谷町
　　とみがおか　長野県諏訪郡下諏訪町
富ケ尾町　とみがおまち　熊本県人吉市
富ケ谷　とみがや　東京都渋谷区
富ケ岡　とみがおか　北海道北広島市

富が丘　とみがおか　愛知県名古屋市名東区
富の中　とみのじゅう　山形県山形市
富の原　とみのはら　長崎県大村市
3富下　とみした　千葉県山武郡横芝光町
富久　とみひさ　福岡県筑後市
富久山町八山田　ふくやままちやつやまだ　福島県郡山市
富久山町久保田　ふくやままちくぼた　福島県郡山市
富久山町北小泉　ふくやままちきたこいずみ　福島県郡山市
富久山町南小泉　ふくやままちみなみこいずみ　福島県郡山市
富久山町堂坂　ふくやままちどうざか　福島県郡山市
富久山町福原　ふくやままちふくはら　福島県郡山市
富久町
　　とみひさちょう　東京都新宿区
　　とみひさまち　愛媛県松山市
　　とみひさちょう　福岡県京都郡苅田町
富久縞町　ふくしまちょう　愛知県豊橋市
富口　とみぐち　千葉県山武市
富士　とふ　宮崎県日南市
富士
　　ふじ　北海道千歳市
　　ふじ　北海道夕張郡栗山町
　　ふじ　北海道斜里郡斜里町
　　ふじ　北海道川上郡標茶町
　　ふじ　群馬県邑楽郡大泉町
　　ふじ　静岡県（JR東海道本線）
　　ふじ　愛知県一宮市
富士ケ嶺　ふじがね　山梨県南都留郡富士河口湖町
富士ノ下　ふじのした　茨城県ひたちなか市
富士ノ上　ふじのうえ　茨城県ひたちなか市
富士ビレッジ　ふじびれっじ　静岡県三島市
富士フイルム前　ふじふいるむまえ　神奈川県（伊豆箱根鉄道大雄山線）
富士が丘　ふじがおか　兵庫県三田市
富士山
　　ふじさん　山梨県（富士急行線）
　　ふじやま　長野県上田市
　　ふじやま　愛知県犬山市
富士山下　ふじやました　群馬県（上毛電気鉄道線）
富士山栗原新田　ふじやまくりはらしんでん　東京都西多摩郡瑞穂町
富士川　ふじかわ　静岡県（JR東海道本線）
富士川町
　　ふじかわちょう　山梨県南巨摩郡
　　ふじかわちょう　⇒富士市（静岡県）
富士見　ふじし　静岡県
富士本　ふじもと　東京都国分寺市
富士吉田市　ふじよしだし　山梨県
富士町
　　ふじちょう　北海道帯広市
　　ふじちょう　北海道登別市
　　ふじちょう　栃木県佐野市
　　ふじまち　東京都日野市
　　ふじまち　東京都西東京市
　　ふじちょう　静岡県富士市
　　ふじちょう　三重県四日市市
富士町下合瀬　ふじちょうしもおおせ　佐賀県佐賀市
富士町下無津呂　ふじちょうしもむつろ　佐賀県佐賀市

1083

12画（富）

富士町下熊川　ふじちょうしもくまかわ　佐賀県佐
賀市
富士町上合瀬　ふじちょうかみおおせ　佐賀県佐賀市
富士町上無津呂　ふじちょうかみむつろ　佐賀県佐
賀市
富士町上熊川　ふじちょうかみくまかわ　佐賀県佐
賀市
富士町大串　ふじちょうおおくし　佐賀県佐賀市
富士町大野　ふじちょうおおの　佐賀県佐賀市
富士町小副川　ふじちょうおそえがわ　佐賀県佐賀市
富士町中原　ふじちょうなかばる　佐賀県佐賀市
富士町内野　ふじちょううちの　佐賀県佐賀市
富士町古場　ふじちょうこば　佐賀県佐賀市
富士町古湯　ふじちょうふるゆ　佐賀県佐賀市
富士町市川　ふじちょういちかわ　佐賀県佐賀市
富士町杉山　ふじちょうすぎやま　佐賀県佐賀市
富士町松瀬　ふじちょうまつせ　佐賀県佐賀市
富士町菅木　ふじちょうちゃのき　佐賀県佐賀市
富士町畑瀬　ふじちょうはたせ　佐賀県佐賀市
富士町栗並　ふじちょうくりなみ　佐賀県佐賀市
富士町梅野　ふじちょううめの　佐賀県佐賀市
富士町麻那古　ふじちょうまなご　佐賀県佐賀市
富士町関屋　ふじちょうせきや　佐賀県佐賀市
富士町藤瀬　ふじちょうふじせ　佐賀県佐賀市
富士町鎌原　ふじちょうかまばる　佐賀県佐賀市
富士見
　　ふじみ　北海道釧路市
　　ふじみ　北海道稚内市
　　ふじみ　北海道虻田郡ニセコ町
　　ふじみ　北海道虻田郡倶知安町
　　ふじみ　北海道天塩郡遠別町
　　ふじみ　青森県黒石市
　　ふじみ　秋田県湯沢市
　　ふじみ　栃木県大田原市
　　ふじみ　埼玉県川越市
　　ふじみ　埼玉県狭山市
　　ふじみ　埼玉県上尾市
　　ふじみ　埼玉県鶴ケ島市
　　ふじみ　千葉県千葉市中央区
　　ふじみ　千葉県館山市
　　ふじみ　千葉県木更津市
　　ふじみ　千葉県浦安市
　　ふじみ　東京都千代田区
　　ふじみ　神奈川県川崎市川崎区
　　ふじみ　神奈川県相模原市中央区
　　ふじみ　山梨県甲府市
　　ふじみ　山梨県富士吉田市
　　ふじみ　山梨県韮崎市
　　ふじみ　長野県（JR中央本線）
　　ふじみ　長野県諏訪郡富士見町
　　ふじみ　静岡県伊豆の国市
　　ふじみ　福岡県北九州市小倉南区
　　ふじみ　福岡県福岡市西区
富士見ケ丘
　　ふじみがおか　茨城県つくばみらい市
　　ふじみがおか　東京都（京王電鉄井の頭線）
　　ふじみがおか　山梨県韮崎市
　　ふじみがおか　静岡県富士宮市
富士見ニュータウン　ふじみにゅーたうん　静岡県
伊豆の国市
富士見が丘
　　ふじみがおか　栃木県宇都宮市

　　ふじみがおか　神奈川県横浜市都筑区
　　ふじみがおか　神奈川県中郡二宮町
　　ふじみがおか　福井県越前市
　　ふじみがおか　兵庫県神戸市西区
富士見が丘西　ふじみがおかにし　大分県大分市
富士見が丘東　ふじみがおかひがし　大分県大分市
富士見台
　　ふじみだい　北海道虻田郡喜茂別町
　　ふじみだい　青森県弘前市
　　ふじみだい　茨城県つくば市
　　ふじみだい　茨城県桜川市
　　ふじみだい　埼玉県ふじみ野市
　　ふじみだい　千葉県流山市
　　ふじみだい　東京都（西武鉄道池袋線）
　　ふじみだい　東京都練馬区
　　ふじみだい　東京都国立市
　　ふじみだい　静岡県静岡市駿河区
　　ふじみだい　静岡県三島市
　　ふじみだい　静岡県富士市
　　ふじみだい　静岡県磐田市
　　ふじみだい　愛知県名古屋市千種区
　　ふじみだい　愛知県豊橋市
　　ふじみだい　滋賀県大津市
富士見市　ふじみし　埼玉県
富士見平
　　ふじみだいら　東京都羽村市
　　ふじみだいら　長野県小諸市
富士見村　ふじみむら　⇒前橋市（群馬県）
富士見町
　　ふじみちょう　北海道茅部郡森町
　　ふじみちょう　北海道二海郡八雲町
　　ふじみちょう　北海道目梨郡羅臼町
　　ふじみちょう　青森県弘前市
　　ふじみちょう　秋田県大仙市
　　ふじみちょう　山形県酒田市
　　ふじみちょう　茨城県結城市
　　ふじみちょう　栃木県宇都宮市
　　ふじみちょう　栃木県足利市
　　ふじみちょう　栃木県栃木市
　　ふじみちょう　栃木県佐野市
　　ふじみちょう　群馬県館林市
　　ふじみちょう　埼玉県川越市
　　ふじみちょう　埼玉県行田市
　　ふじみちょう　埼玉県加須市
　　ふじみちょう　埼玉県鴻巣市
　　ふじみちょう　東京都板橋区
　　ふじみちょう　東京都八王子市
　　ふじみちょう　東京都立川市
　　ふじみちょう　東京都調布市
　　ふじみちょう　東京都東村山市
　　ふじみちょう　神奈川県（湘南モノレール線）
　　ふじみちょう　神奈川県横浜市中区
　　ふじみちょう　神奈川県横須賀市
　　ふじみちょう　神奈川県平塚市
　　ふじみちょう　神奈川県茅ケ崎市
　　ふじみちょう　神奈川県秦野市
　　ふじみちょう　長野県諏訪郡下諏訪町
　　ふじみまち　長野県諏訪郡
　　ふじみちょう　岐阜県多治見市
　　ふじみちょう　静岡県静岡市葵区
　　ふじみちょう　静岡県静岡市清水区
　　ふじみちょう　静岡県沼津市
　　ふじみちょう　静岡県磐田市
　　ふじみちょう　愛知県名古屋市中区

1084

12画（富）

ふじみちょう　愛知県刈谷市
ふじみちょう　鳥取県（JR境線）
ふじみちょう　島根県松江市
ふじみちょう　岡山県岡山市東区
ふじみちょう　広島県広島市中区
ふじみちょう　香川県丸亀市
ふじみちょう　香川県坂出市
ふじみまち　佐賀県唐津市
ふじみまち　長崎県長崎市
ふじみちょう　大分県別府市

富士見町小沢 ふじみまちおざわ　群馬県前橋市
富士見町小暮 ふじみまちこぐれ　群馬県前橋市
富士見町山口 ふじみまちやまぐち　群馬県前橋市
富士見町引田 ふじみまちひきだ　群馬県前橋市
富士見町市之木場 ふじみまちいちのきば　群馬県前橋市
富士見町田島 ふじみまちたじま　群馬県前橋市
富士見町石井 ふじみまらいしい　群馬県前橋市
富士見町米野 ふじみまちこめの　群馬県前橋市
富士見町赤城山 ふじみまちあかぎさん　群馬県前橋市
富士見町皆沢 ふじみまちみなざわ　群馬県前橋市
富士見町原之郷 ふじみまちはらのごう　群馬県前橋市
富士見町時沢 ふじみまちときざわ　群馬県前橋市
富士見町漆窪 ふじみまちうるくぼ　群馬県前橋市
富士見町横室 ふじみまちよこむろ　群馬県前橋市
富士見原 ふじみはら　静岡県御殿場市
富士岡
　ふじおか　静岡県（JR御殿場線）
　ふじおか　静岡県富士市
富士松 ふじまつ　愛知県（名古屋鉄道名古屋本線）
富士河口湖町 ふじかわぐちこまち　山梨県南都留郡
富士急ハイランド ふじきゅうはいらんど　山梨県（富士急行線）
富士原町 ふじはらちょう　群馬県館林市
富士宮 ふじのみや　静岡県（JR身延線）
富士宮市 ふじのみやし　静岡県
富士根 ふじね　静岡県（JR身延線）
富士浦 ふじうら　愛知県長久手市
富士郡 ふじぐん　⇒消滅（静岡県）
富士崎 ふじさき　茨城県土浦市
富士塚 ふじづか　神奈川県横浜市港北区
富小路町 とみこうじちょう　京都府京都市上京区
富山
　とみやま　山形県尾花沢市
　とみやま　福島県南会津郡南会津町
　とみやま　栃木県那須郡那珂川町
　とやま　千葉県八街市
　とやま　富山県（JR北陸新幹線ほか）
　とみやま　愛知県北設楽郡豊根村
　とみやま　大分県宇佐市
　とみやま　鹿児島県肝属郡肝付町
富山トヨペット本社前 とやまとよべっとほんしゃまえ　富山県（富山地方鉄道市内線）
富山市 とやまし　富山県
富山町 とみやまちょう　愛知県西尾市
富山町山中 とみやまちょうやまなか　島根県大田市
富山町才坂 とみやまちょうさいざか　島根県大田市
富山町神原 とみやまちょうかんばら　島根県大田市
富山県 とやまけん

富山駅 とやまえき　富山県（富山地方鉄道市内線）
富山駅北 とやまえききた　富山県（富山ライトレール線）
富川
　とみかわ　北海道（JR日高本線）
　とみがわ　北海道北斗市
　とみかわ　北海道虻田郡ニセコ町
　とみかわ　北海道十勝郡浦幌町
富川北 とみかわきた　北海道沙流郡日高町
富川西 とみかわにし　北海道沙流郡日高町
富川町
　とみがわちょう　千葉県銚子市
　とみかわちょう　愛知県名古屋市中川区
　とみがわちょう　長崎県諫早市
富川東 とみかわひがし　北海道沙流郡日高町
富川南 とみかわみなみ　北海道沙流郡日高町
富川駒丘 とみかわこまおか　北海道沙流郡日高町
4**富之尾** とみのお　滋賀県犬上郡多賀町
富之保 とみのほ　岐阜県関市
富双 ふそう　三重県四日市市
富戸
　ふと　静岡県（伊豆急行線）
　ふと　静岡県伊東市
富木 とのき　大阪府（JR阪和線）
富木島町 ふきしままち　愛知県東海市
富木島町伏見 ふきしままちふしみ　愛知県東海市
富水 とみず　神奈川県（小田急電鉄小田原線）
5**富丘**
　とみおか　北海道千歳市
　とみおか　北海道常呂郡佐呂間町
　とみおか　北海道紋別郡興部町
　とみおか　北海道虻田郡洞爺湖町
　とみおか　静岡県磐田市
富丘一条 とみおかいちじょう　北海道札幌市手稲区
富丘二条 とみおかにじょう　北海道札幌市手稲区
富丘三条 とみおかさんじょう　北海道札幌市手稲区
富丘五条 とみおかごじょう　北海道札幌市手稲区
富丘六条 とみおかろくじょう　北海道札幌市手稲区
富丘四条 とみおかしじょう　北海道札幌市手稲区
富丘更生 とみおかこうせい　北海道富良野市
富加 とみか　岐阜県（長良川鉄道越美南線）
富加町 とみかちょう　岐阜県加茂郡
富平 とみひら　北海道砂川市
富本 とんもと　奈良県磯城郡田原本町
富本町
　とみもとちょう　岐阜県関市
　とみもとちょう　愛知県豊橋市
富永
　とみなが　新潟県燕市
　とみなが　岐阜県山県市
　とみなが　愛知県名古屋市中川区
　とみなが　愛知県新城市
　とみなが　三重県伊賀市
　とみなが　岡山県加賀郡吉備中央町
　とみなが　高知県高岡郡檮原町
富永十兵衛新田 とみながじゅうべえしんでん　新潟県燕市
富永町
　とみながちょう　愛知県岡崎市
　とみながちょう　愛知県豊田市
　とみながちょう　京都府京都市東山区

1085

12画（富）

とみながちょう　京都府京都市下京区

富田
　とみた　北海道余市郡赤井川村
　とみた　青森県青森市
　とみた　青森県弘前市
　とみた　青森県黒石市
　とみた　宮城県仙台市太白区
　とみた　山形県最上郡舟形町
　とみた　福島県東白川郡鮫川村
　とみた　茨城県行方市
　とみた　栃木県（JR両毛線）
　とみた　栃木県矢板市
　とみた　埼玉県大里郡寄居町
　とみだ　千葉県君津市
　とみだ　千葉県香取市
　とみだ　千葉県山武市
　とみだ　千葉県大網白里市
　とみだ　石川県河北郡津幡町
　とみだ　長野県長野市
　とみだ　長野県下伊那郡喬木村
　とみだ　静岡県菊川市
　とみた　三重県（JR関西本線）
　とみた　三重県四日市市
　とみた　京都府船井郡京丹波町
　とんだ　大阪府（阪急電鉄京都本線）
　とんだ　和歌山県西牟婁郡白浜町
　とみだ　岡山県岡山市北区
　とんだ　山口県周南市
　とみだ　徳島県海部郡海陽町
　とみだ　宮崎県児湯郡新富町

富田一色町　とみだいっしきちょう　三重県四日市市
富田子　とみたね　三重県桑名郡木曽岬町
富田丘町　とんだおかまち　大阪府高槻市
富田北　とんだきた　宮崎県児湯郡新富町
富田西　とんだにし　宮崎県児湯郡新富町
富田町
　とみたまち　青森県弘前市
　とみたまち　福島県郡山市
　とみだまち　群馬県前橋市
　とみたちょう　千葉県千葉市若葉区
　とみたまち　静岡県三島市
　とんだちょう　愛知県豊田市
　とんだちょう　滋賀県長浜市
　とんだちょう　京都府京都市下京区
　とんだちょう　大阪府高槻市
　とみたちょう　兵庫県西脇市
　とんだまち　岡山県岡山市北区
　とんだまち　徳島県徳島市

富田町万場　とみだちょうまんば　愛知県名古屋市中川区
富田町千音寺　とみだちょうせんのんじ　愛知県名古屋市中川区
富田町戸田　とみだちょうとだ　愛知県名古屋市中川区
富田町包里　とみだちょうかのさと　愛知県名古屋市中川区
富田町伏屋　とみだちょうふしや　愛知県名古屋市中川区
富田町江松　とみだちょうえまつ　愛知県名古屋市中川区
富田町供米田　とみだちょうくまいでん　愛知県名古屋市中川区
富田町服部　とみだちょうはっとり　愛知県名古屋市中川区

富田町松下　とみだちょうまつした　愛知県名古屋市中川区
富田町前田　とみだちょうまえだ　愛知県名古屋市中川区
富田町春田　とみだちょうはるた　愛知県名古屋市中川区
富田町榎津　とみだちょうよのきづ　愛知県名古屋市中川区
富田幸谷　とみだごうや　千葉県山武市
富田東　とんだひがし　宮崎県児湯郡新富町
富田林　とんだばやし　大阪府（近畿日本鉄道長野線）
富田林市　とんだばやしし　大阪府
富田林西口　とんだばやしにしぐち　大阪府（近畿日本鉄道長野線）
富田林町　とんだばやしちょう　大阪府富田林市
富田南　とんだみなみ　宮崎県児湯郡新富町
富田栄町　とみださかえまち　三重県四日市市
富田原町　とみたばらちょう　山口県山口市
富田浜
　とみだはま　三重県（JR関西本線）
　とみだはま　徳島県徳島市
富田浜元町　とみだはまもとちょう　三重県四日市市
富田浜町　とみだはまちょう　三重県四日市市
富田新港　とみたしんこう　愛媛県今治市
富田橋　とみだばし　徳島県徳島市
6**富仲間**　とみなかま　岡山県苫田郡鏡野町
富任町　とみとうちょう　山口県下関市
富光寺町　とみこうじまち　石川県白山市
富吉
　とみよし　愛知県（近畿日本鉄道名古屋線）
　とみよし　愛知県海部郡蟹江町
　とみよし　鳥取県西伯郡日吉津村
　とみよし　岡山県岡山市北区
　とみよし　徳島県板野郡藍住町
　とみよし　宮崎県宮崎市
富吉上町　とみよしかみまち　兵庫県西脇市
富吉町　とみよしちょう　静岡県浜松市中区
富吉南町　とみよしみなみちょう　兵庫県西脇市
富合　とみあい　熊本県（JR鹿児島本線）
富合町　とみあいまち　⇒熊本市（熊本県）
富合町上杉　とみあいまちかみすぎ　熊本県熊本市南区
富合町大町　とみあいまちおおまち　熊本県熊本市南区
富合町小岩瀬　とみあいまちこいわせ　熊本県熊本市南区
富合町木原　とみあいまちきわら　熊本県熊本市南区
富合町古閑　とみあいまちこが　熊本県熊本市南区
富合町平原　とみあいまちひらばる　熊本県熊本市南区
富合町田尻　とみあいまちたのしり　熊本県熊本市南区
富合町西田尻　とみあいまちにしたのしり　熊本県熊本市南区
富合町志々水　とみあいまちしじみず　熊本県熊本市南区
富合町杉島　とみあいまちすぎじま　熊本県熊本市南区
富合町国町　とみあいまちこくちょう　熊本県熊本市南区

12画（富）

富合町南田尻　とみあいまちみなみたのしり　熊本県熊本市南区

富合町廻江　とみあいまちまいのえ　熊本県熊本市南区

富合町莎崎　とみあいまちこうざき　熊本県熊本市南区

富合町清藤　とみあいまちきよふじ　熊本県熊本市南区

富合町菰江　とみあいまちこものえ　熊本県熊本市南区

富合町釈迦堂　とみあいまちしゃかどう　熊本県熊本市南区

富合町御船手　とみあいまちおふなて　熊本県熊本市南区

富合町硴江　とみあいまちかきのえ　熊本県熊本市南区

富合町新　とみあいまちしん　熊本県熊本市南区

富合町榎津　とみあいまちえのきづ　熊本県熊本市南区

富安
　とみやす　鳥取県鳥取市
　とみやす　福岡県筑後市

富州原町　とみすはらちょう　三重県四日市市

富江　とみえ　鳥取県西伯郡伯耆町

富江町土取　とみえまちつちとり　長崎県五島市

富江町山下　とみえまちやました　長崎県五島市

富江町山手　とみえまちやまて　長崎県五島市

富江町田尾　とみえまちたお　長崎県五島市

富江町岳　とみえまちたけ　長崎県五島市

富江町松尾　とみえまちまつお　長崎県五島市

富江町長峰　とみえまちながみね　長崎県五島市

富江町狩立　とみえまちかりたて　長崎県五島市

富江町黒島　とみえまちくろしま　長崎県五島市

富江町黒瀬　とみえまちくろせ　長崎県五島市

富江町富江　とみえまちとみえ　長崎県五島市

富江町繁敷　とみえまちしげじき　長崎県五島市

富江町職人　とみえまちしょくにん　長崎県五島市

富池　とみいけ　栃木県大田原市

富竹
　とみたけ　山梨県甲府市
　とみたけ　長野県長野市

富竹新田　とみたけしんでん　山梨県甲斐市

富西谷　とみにしだに　岡山県苫田郡鏡野町

⁷富尾
　とみのお　岡山県真庭市
　とみのお　熊本県玉名市

富来七海　とぎしつみ　石川県羽咋郡志賀町

富来牛下　とぎうしおろし　石川県羽咋郡志賀町

富来生神　とぎうるかみ　石川県羽咋郡志賀町

富来地頭町　とぎじとうまち　石川県羽咋郡志賀町

富来高田　とぎたかた　石川県羽咋郡志賀町

富来領家町　とぎりょうけまち　石川県羽咋郡志賀町

富沢
　とみざわ　宮城県（仙台市交通局南北線）
　とみざわ　宮城県仙台市太白区
　とみざわ　宮城県柴田郡柴田町
　とみざわ　山形県西村山郡大江町
　とみざわ　福島県相馬市
　とみざわ　福島県田村郡三春町
　とんざわ　静岡県静岡市葵区
　とみざわ　静岡県裾野市
　とみざわ　愛知県新城市

富沢町
　とみざわちょう　北海道余市郡余市町
　とみざわちょう　群馬県太田市
　とみざわちょう　岐阜県岐阜市

富沢南　とみざわみなみ　宮城県仙台市太白区

富町
　とみまち　北海道空知郡上富良野町
　とみまち　秋田県能代市
　とみまち　岡山県岡山市北区

富良野　ふらの　北海道（JR根室本線）

富良野市　ふらのし　北海道

富谷
　とみや　宮城県黒川郡富谷町
　とみや　茨城県桜川市

富谷市　とみやし　宮城県

富谷町　とみやまち　⇒富谷市（宮城県）

富里
　とみさと　北海道北見市
　とみさと　北海道檜山郡厚沢部町
　とみさと　北海道奥尻郡奥尻町
　とみさと　北海道虻田郡真狩村
　とみさと　北海道留萌郡小平町
　とみさと　北海道勇払郡厚真町
　とみさと　北海道浦河郡浦河町
　とみさと　千葉県柏市
　とみさと　静岡県磐田市
　とみさと　静岡県袋井市

富里市　とみさとし　千葉県

⁸富並　とみなみ　山形県村山市

富和　とみわ　北海道中川郡中川町

富岡
　とみおか　北海道小樽市
　とみおか　北海道夕張市
　とみおか　北海道稚内市
　とみおか　北海道爾志郡乙部町
　とみおか　北海道磯谷郡蘭越町
　とみおか　北海道中川郡美深町
　とみおか　北海道沙流郡日高町
　とみおか　北海道中川郡池田町
　とみおか　山形県飽海郡遊佐町
　とみおか　福島県（JR常磐線）
　とみおか　福島県東白川郡棚倉町
　とみおか　茨城県常陸大宮市
　とみおか　茨城県桜川市
　とみおか　栃木県鹿沼市
　とみおか　栃木県那須郡那須町
　とみおか　群馬県富岡市
　とみおか　千葉県鎌ケ谷市
　とみおか　千葉県浦安市
　とみおか　千葉県匝瑳市
　とみおか　東京都江東区
　とみおか　東京都青梅市
　とみおか　新潟県新潟市西蒲区
　とみおか　新潟県上越市
　とみおか　新潟県胎内市
　とみおか　愛知県犬山市
　とみおか　愛知県新城市
　とみおか　三重県伊賀市
　とみおか　三重県度会郡玉城町
　とみおか　鳥取県西伯郡大山町
　とみおか　岡山県笠岡市

1087

12画（富）

とみおか　愛媛県北宇和郡松野町	富神台　とがみだい　山形県山形市
とみおか　高知県高岡郡四万十町	富神前　とがみまえ　山形県山形市
とみおか　熊本県天草郡苓北町	富秋　とみあき　北海道河東郡士幌町
とみおか　大分県大分市	富秋町　とみあきちょう　大阪府和泉市

富岡市　とみおかし　群馬県
富岡西　とみおかにし　神奈川県横浜市金沢区
富岡町
とみおかちょう　北海道函館市
とみおかまち　福島県双葉郡
とみおかちょう　栃木県佐野市
とみおかちょう　千葉県千葉市緑区
とみおかちょう　富山県富山市
とみおかまち　富山県高岡市
とみおかちょう　石川県七尾市
とみおかちょう　愛知県豊田市
とみおかちょう　徳島県阿南市
富岡東
とみおかひがし　神奈川県横浜市金沢区
とみおかひがし　愛知県犬山市
富岡前　とみおかまえ　愛知県（名古屋鉄道広見線）
富岡南　とみおかみなみ　愛知県犬山市
富岡新田　とみおかしんでん　秋田県山本郡三種町
富岡新町　とみおかしんまち　愛知県犬山市
富岸町　とんけしちょう　北海道登別市
富枝　とみえだ　鳥取県八頭郡八頭町
富松町
とみまつちょう　京都府京都市下京区
とまつちょう　兵庫県尼崎市
富東谷　とみひがしだに　岡山県苫田郡鏡野町
富武士　とっぷし　北海道常呂郡佐呂間町
富若町　とみわかちょう　群馬県太田市
富長　とみなが　鳥取県西伯郡大山町
9**富保**　とみやす　愛知県新城市
富厚里　ふこうり　静岡県静岡市葵区
富咲　とみさき　北海道二海郡八雲町
富室　ふむろ　京都府舞鶴市
富屋町
とみやちょう　静岡県浜松市南区
とみやちょう　京都府京都市下京区
とみやまち　香川県丸亀市
富栄
とみえい　北海道檜山郡厚沢部町
とみさかえ　青森県弘前市
とみさか　愛知県新城市
富柳　とみやなぎ　青森県南津軽郡藤崎町
富海
とどみ　鳥取県倉吉市
とのみ　山口県（JR山陽本線）
とのみ　山口県防府市
富津
ふっつ　千葉県富津市
とみつ　福井県あわら市
富津内下山内　ふつないしもさんない　秋田県南秋田郡五城目町
富津内中津又　ふつないなかつまた　秋田県南秋田郡五城目町
富津内富田　ふつないとみた　秋田県南秋田郡五城目町
富津市　ふっつし　千葉県
富津町　とみつまち　福島県いわき市
富県　とみがた　長野県伊那市

富美　ふみ　北海道紋別郡湧別町
富美ケ丘町　ふみがおかちょう　大阪府富田林市
富美山町　とみやままち　宮崎県延岡市
富草　とみくさ　長野県下伊那郡阿南町
富重　とみしげ　福岡県筑後市
10**富倉**　とみくら　長野県飯山市
富原
とみはら　北海道釧路郡釧路町
とみはら　岡山県（JR姫新線）
とみはら　岡山県岡山市北区
とんばら　岡山県総社市
富家町　とみやちょう　神奈川県横浜市神奈川区
富島
とみじま　新潟県新発田市
とみしま　愛知県弥富市
としま　兵庫県淡路市
富島町
とみじままち　新潟県長岡市
とみしまちょう　愛知県弥富市
富根　とみね　秋田県（JR奥羽本線）
富根町　ふねちょう　青森県西津軽郡鰺ケ沢町
富浦
とみうら　北海道（JR室蘭本線）
とみうら　北海道島牧郡島牧村
とみうら　千葉県（JR内房線）
富浦町
とみうらちょう　北海道函館市
とみうらちょう　北海道登別市
とみうらまち　富山県富山市
富浦町大津　とみうらちょうおおつ　千葉県南房総市
富浦町丹生　とみうらちょうにゅう　千葉県南房総市
富浦町手取　とみうらちょうてどり　千葉県南房総市
富浦町多田良　とみうらちょうただら　千葉県南房総市
富浦町居倉　とみうらちょういぐら　千葉県南房総市
富浦町青木　とみうらちょうあおき　千葉県南房総市
富浦町南無谷　とみうらちょうなむや　千葉県南房総市
富浦町原岡　とみうらちょうはらおか　千葉県南房総市
富浦町宮本　とみうらちょうみやもと　千葉県南房総市
富浦町深名　とみうらちょうふかな　千葉県南房総市
富浦町福澤　とみうらちょうふくざわ　千葉県南房総市
富浦町豊岡　とみうらちょうとよおか　千葉県南房総市
富浜
とみはま　北海道沙流郡日高町
とみはま　千葉県市川市
とみはま　愛知県弥富市
富浜町
とみはまちょう　京都府京都市下京区
とみはまちょう　岡山県岡山市南区
富浜町宮谷　とみはままちみやたに　山梨県大月市
富浜町鳥沢　とみはままちとりさわ　山梨県大月市
富益町　とみますちょう　鳥取県米子市
富高　とみたか　宮崎県日向市
11**富堂町**　とみどうちょう　奈良県天理市

12画（尊, 嵐）

富崎
　とみさき　青森県三沢市
　とみさき　岡山県岡山市東区
富盛　ともり　沖縄県島尻郡八重瀬町
富船町　とみふねちょう　愛知県名古屋市中川区
富苑町　とみやちちょう　青森県つがる市
富郷町津根山　とみさとちょうつねやま　愛媛県四国中央市
富郷町寒川山　とみさとちょうさんがわやま　愛媛県四国中央市
富郷町豊坂　とみさとちょうとよさか　愛媛県四国中央市
富部　とんべ　静岡県掛川市
富野
　とみの　北海道夕張市
　とみの　北海道山越郡長万部町
　とみの　北海道勇払郡厚真町
　とみの　青森県北津軽郡中泊町
　とみの　福島県（阿武隈急行線）
　とみの　岐阜県美濃市
　との　京都府城陽市
　とみの　福岡県北九州市小倉北区
富野台　とみのだい　福岡県北九州市小倉北区
富野町　とみのちょう　青森県弘前市
富野岡　とみのおか　栃木県さくら市
富野荘　とのしょう　京都府（近畿日本鉄道京都線）
12富塚
　とみつか　千葉県白井市
　とみつか　福井県大野市
　とみつか　愛知県一宮市
　とみつか　愛知県あま市
富塚町
　とみづかちょう　群馬県伊勢崎市
　とみつかちょう　新潟県新発田市
　とみつかちょう　静岡県浜松市中区
富貴　ふき　愛知県（名古屋鉄道河和線）
富貴ケ丘1番町　ふきがおかいちばんちょう　三重県名張市
富貴ケ丘2番町　ふきがおかにばんちょう　三重県名張市
富貴ケ丘3番町　ふきがおかさんばんちょう　三重県名張市
富貴ケ丘4番町　ふきがおかよんばんちょう　三重県名張市
富貴ケ丘5番町　ふきがおかごばんちょう　三重県名張市
富貴ケ丘6番町　ふきがおかろくばんちょう　三重県名張市
富貴ノ台　ふきのだい　愛知県東海市
富雄　とみお　奈良県（近畿日本鉄道奈良線）
富雄川西　とみおかわにし　奈良県奈良市
富雄元町　とみおもとまち　奈良県奈良市
富雄北　とみおきた　奈良県奈良市
富雄泉ケ丘　とみおいずみがおか　奈良県奈良市
13富新田　とみしんでん　埼玉県吉川市
14富嶋　とびしま　福井県大野市
15富樫　とがし　石川県金沢市
富蔵　とみくら　大阪府堺市南区
16富濃　とみの　長野県上水内郡信濃町
富澤　とみさわ　山形県最上郡最上町

【尊】
7尊利地町　そりじまち　石川県輪島市
8尊延寺　そんえんじ　大阪府枚方市
9尊保　そんぼ　石川県羽咋郡志賀町
11尊野町　そんのちょう　滋賀県長浜市
12尊勝寺町　そんしょうじちょう　滋賀県長浜市

【嵐】
3嵐山　あらしやま　京都府（京福電気鉄道嵐山本線ほか）
嵐山上河原町　あらしやまかみかわらちょう　京都府京都市西京区
嵐山上海道町　あらしやまかみかいどうちょう　京都府京都市西京区
嵐山山ノ下町　あらしやまやまのしたちょう　京都府京都市西京区
嵐山山田町　あらしやまやまたちょう　京都府京都市西京区
嵐山中尾下町　あらしやまなかおしたちょう　京都府京都市西京区
嵐山元録山町　あらしやまげんろくさんちょう　京都府京都市西京区
嵐山内田町　あらしやまうちだちょう　京都府京都市西京区
嵐山西一川町　あらしやまにしいちかわちょう　京都府京都市西京区
嵐山町
　らんざんまち　埼玉県比企郡
　あらしやまちょう　兵庫県姫路市
嵐山谷ケ辻子町　あらしやまたにがつじこちょう　京都府京都市西京区
嵐山東一川町　あらしやまひがしいちかわちょう　京都府京都市西京区
嵐山東海道町　あらしやまひがしかいどうちょう　京都府京都市西京区
嵐山茶尻町　あらしやまちゃじりちょう　京都府京都市西京区
嵐山風呂ノ橋町　あらしやまふろのはしちょう　京都府京都市西京区
嵐山宮ノ北町　あらしやまみやのきたちょう　京都府京都市西京区
嵐山宮ノ前町　あらしやまみやのまえちょう　京都府京都市西京区
嵐山宮町　あらしやまみやまち　京都府京都市西京区
嵐山虚空蔵山町　あらしやまこくぞうやまちょう　京都府京都市西京区
嵐山朝月町　あらしやまあさつきちょう　京都府京都市西京区
嵐山森ノ前町　あらしやまもりのまえちょう　京都府京都市西京区
嵐山樋ノ上町　あらしやまひのかみちょう　京都府京都市西京区
嵐山薬師下町　あらしやまやくししたちょう　京都府京都市西京区
5嵐田　あらしだ　宮崎県東諸県郡国富町
7嵐町　あらしまち　石川県小松市
13嵐電天神川　らんでんてんじんがわ　京都府（京福電気鉄道嵐山本線）
嵐電嵯峨　らんでんさが　京都府（京福電気鉄道嵐山本線）

12画（巽, 幅, 幾, 弾, 御）

【巽】

巽　たつみ　北海道虻田郡倶知安町
0巽ケ丘　たつみがおか　愛知県（名古屋鉄道河和線）
巽が丘　たつみがおか　愛知県知多市
4巽中　たつみなか　大阪府大阪市生野区
5巽北　たつみきた　大阪府大阪市生野区
6巽西　たつみにし　大阪府大阪市生野区
7巽町
　　たつみちょう　岩手県久慈市
　　たつみちょう　京都府京都市東山区
8巽東　たつみひがし　大阪府大阪市生野区
9巽南　たつみみなみ　大阪府大阪市生野区

【幅】

3幅下　はばした　愛知県名古屋市西区

【幾】

3幾久町　いくひさちょう　福井県福井市
幾久富　きくどみ　熊本県合志市
幾千世
　　いくちせ　北海道沙流郡日高町
　　いくちせ　北海道十勝郡浦幌町
5幾世　いくよ　千葉県旭市
幾世森　いくせもり　青森県五所川原市
幾世橋　きよはし　福島県双葉郡浪江町
幾代　いくよ　福井県福井市
6幾地
　　いくじ　新潟県岩船郡関川村
　　いくじ　京都府与謝郡与謝野町
7幾里　いくさと　鹿児島県大島郡龍郷町
9幾春別千住町　いくしゅんべつせんじゅうちょう　北海道三笠市
幾春別山手町　いくしゅんべつやまてちょう　北海道三笠市
幾春別川向町　いくしゅんべつかわむかいちょう　北海道三笠市
幾春別中島町　いくしゅんべつなかじまちょう　北海道三笠市
幾春別町　いくしゅんべつちょう　北海道三笠市
幾春別栗丘町　いくしゅんべつくりおかちょう　北海道三笠市
幾春別滝見町　いくしゅんべつたきみちょう　北海道三笠市
幾春別錦町　いくしゅんべつにしきちょう　北海道三笠市
幾栄　いくえい　北海道十勝郡浦幌町
10幾島町　いくしまちょう　青森県五所川原市
11幾寅
　　いくとら　北海道（JR根室本線）
　　いくとら　北海道空知郡南富良野町
幾野　いくの　大阪府交野市

【弾】

5弾正町
　　だんじょうちょう　京都府京都市上京区
　　だんじょうちょう　京都府京都市伏見区

【御】

3御三軒町　ごさんげんちょう　京都府京都市上京区

御三壇　ごさんだん　福島県耶麻郡猪苗代町
御子神　みこがみ　千葉県南房総市
御山　おやま　福島県福島市
御山町
　　おやまちょう　福島県福島市
　　おやまちょう　新潟県長岡市
　　みやまちょう　奈良県五條市
　　みやまちょう　山口県周南市
御弓町
　　おゆみのちょう　鳥取県鳥取市
　　おゆみちょう　山口県周南市
4御井　みい　福岡県（JR久大本線）
御井戸丁　おいどちょう　山形県上山市
御井町　みいまち　福岡県久留米市
御井朝妻　みいあさづま　福岡県久留米市
御井旗崎　みいはたざき　福岡県久留米市
御仁田　おにた　北海道白糠郡白糠町
御内町　みうちちょう　愛知県豊田市
御内谷　みうちだに　鳥取県西伯郡南部町
御太刀　みたち　山梨県大月市
御手水町
　　おちょうずまち　長崎県島原市
　　おちょうずまち　長崎県諫早市
御手作　おてさく　山形県山形市
御手洗
　　みたらし　岐阜県岐阜市
　　みたらい　岐阜県美濃市
　　みたらい　福岡県糟屋郡志免町
御手洗瀬　みたらせ　青森県上北郡野辺地町
御手船場町　おてせんばちょう　島根県松江市
御方紺屋町　みかたこんやちょう　京都府京都市下京区
5御代　みだい　三重県伊賀市
御代田
　　みよた　長野県（しなの鉄道線）
　　みよた　長野県北佐久郡御代田町
御代田町　みよたまち　長野県北佐久郡
御代志
　　みよし　熊本県（熊本電気鉄道藤崎線）
　　みよし　熊本県合志市
御代原　みよばら　千葉県富津市
御札部　おさっべ　北海道白糠郡白糠町
御正新田　みしょうしんでん　埼玉県熊谷市
御母衣　みぼろ　岐阜県大野郡白川村
御玉　おだま　大分県豊後高田市
御用地　ごようち　福島県大沼郡会津美里町
御用地甲　ごようちこう　福島県大沼郡会津美里町
御用地跡　ごようちあと　福島県大沼郡会津美里町
御用地跡甲　ごようちあとこう　福島県大沼郡会津美里町
御田　おんた　福島県大沼郡会津美里町
御田町　みたまち　長野県諏訪郡下諏訪町
御田長島町　みたながしまちょう　栃木県宇都宮市
御田屋町　おたやちょう　岩手県花巻市
御立中　みたちなか　兵庫県姫路市
御立北　みたちきた　兵庫県姫路市
御立西　みたちにし　兵庫県姫路市
御立町　みたちちょう　愛知県豊田市
御立東　みたちひがし　兵庫県姫路市

12画（御）

⁶御仮屋町　おかりやちょう　静岡県島田市
御吉野　みよしの　奈良県吉野郡黒滝村
御名　ごみょう　福井県敦賀市
御庄
　みしょう　千葉県南房総市
　みしょう　山口県岩国市
御成　おなり　北海道磯谷郡蘭越町
御成台　おなりだい　千葉県千葉市若葉区
御成町
　おなりちょう　秋田県大館市
　おなりちょう　山形県酒田市
　おなりちょう　埼玉県川越市
　おなりまち　神奈川県鎌倉市
　おなりちょう　岡山県岡山市中区
御成門　おなりもん　東京都（東京都交通局三田線）
御成通　おなりとおり　愛知県名古屋市北区
御成橋町　おなりばしちょう　栃木県鹿沼市
御机　みつくえ　鳥取県日野郡江府町
御池大東町　おいけだいとうちょう　京都府京都市中京区
御池之町　おいけのちょう　京都府京都市中京区
御池台　みいけだい　大阪府堺市南区
御池田　おいけだ　福島県河沼郡会津坂下町
御池町　みいけちょう　宮崎県都城市
御舟入町　おふないちょう　岡山県岡山市北区
御舟町
　みふねちょう　大阪府藤井寺市
　みふねちょう　宮崎県西都市
⁷御作町　みつくりちょう　愛知県豊田市
御囲地町　おかきまち　秋田県湯沢市
御坂　みさか　秋田県大館市
御坂町二之宮　みさかちょうにのみや　山梨県笛吹市
御坂町八千蔵　みさかちょうやちくら　山梨県笛吹市
御坂町下野原　みさかちょうしものはら　山梨県笛吹市
御坂町下黒駒　みさかちょうしもくろこま　山梨県笛吹市
御坂町上黒駒　みさかちょうかみくろこま　山梨県笛吹市
御坂町大野寺　みさかちょうおおのじ　山梨県笛吹市
御坂町井之上　みさかちょういのうえ　山梨県笛吹市
御坂町成田　みさかちょうなりた　山梨県笛吹市
御坂町竹居　みさかちょうたけい　山梨県笛吹市
御坂町尾山　みさかちょうおやま　山梨県笛吹市
御坂町国衙　みさかちょうこくが　山梨県笛吹市
御坂町金川原　みさかちょうかねがわばら　山梨県笛吹市
御坂町夏目原　みさかちょうなつめはら　山梨県笛吹市
御坂町栗合　みさかちょうくりあい　山梨県笛吹市
御坂町蕎麦塚　みさかちょうそばつか　山梨県笛吹市
御坂町藤野木　みさかちょうとうのき　山梨県笛吹市
御坊
　ごぼう　和歌山県（JR紀勢本線ほか）
　ごぼう　和歌山県御坊市
御坊山　ごぼうやま　富山県高岡市
御坊山町　ごぼうやままち　石川県羽咋市
御坊市　ごぼうし　和歌山県
御坊町
　ごぼうちょう　奈良県橿原市

　ごぼうまち　香川県高松市
御坊畑　おんぼうばた　高知県幡多郡黒潮町
御杖村　みつえむら　奈良県宇陀郡
御杉町　おすぎちょう　岐阜県岐阜市
御来屋
　みくりや　鳥取県（JR山陰本線）
　みくりや　鳥取県西伯郡大山町
御花畑　おはなばたけ　埼玉県（秩父鉄道線）
⁸御供　おそなえ　北海道厚岸郡厚岸町
御供田　ごくでん　大阪府大東市
御供田町　ごくでんまち　石川県金沢市
御供石町　ごくいしちょう　京都府京都市下京区
御供町　おんともちょう　京都府京都市中京区
御供所　ごごしょ　愛知県丹羽郡大口町
御供所町
　ごくしょちょう　愛知県稲沢市
　ごぶしょちょう　香川県丸亀市
　ごぶしょちょう　香川県坂出市
　ごくしょまち　福岡県福岡市博多区
御免町　ごめんまち　福島県田村郡三春町
御国通り　みくにどおり　奈良県御所市
御国野町西御着　みくにのちょうにしごちゃく　兵庫県姫路市
御国野町国分寺　みくにのちょうこくぶんじ　兵庫県姫路市
御国野町深志野　みくにのちょうふかしの　兵庫県姫路市
御国野町御着　みくにのちょうごちゃく　兵庫県姫路市
御宝町　みたからまち　愛媛県松山市
御岳
　みたけ　東京都青梅市
　みたけ　愛知県愛知郡東郷町
御岳山　みたけさん　東京都青梅市
御岳本町　みたけほんちょう　東京都青梅市
御岳町　みたけちょう　山梨県甲府市
御岳堂　みたけどう　宮城県（JR気仙沼線）
御幸
　みゆき　福井県福井市
　みゆき　愛媛県松山市
　みゆき　大分県別府市
御幸ケ原町　みゆきがはらまち　栃木県宇都宮市
御幸が丘　みゆきがおか　茨城県つくば市
御幸山　みゆきやま　愛知県名古屋市天白区
御幸木部　みゆききべ　熊本県熊本市南区
御幸木部町　みゆききべまち　熊本県熊本市南区
御幸本町
　みゆきほんちょう　栃木県宇都宮市
　みゆきほんまち　愛知県豊田市
　みゆきほんまち　愛知県安城市
御幸辻
　みゆきつじ　和歌山県（南海電気鉄道高野線）
　みゆきつじ　和歌山県橋本市
御幸西　みゆきにし　熊本県熊本市南区
御幸西町　みゆきにしまち　大阪府寝屋川市
御幸西無田町　みゆきにしむたまち　熊本県熊本市南区
御幸町
　みゆきちょう　北海道茅部郡森町
　みゆきちょう　青森県弘前市

12画（御）

みゆきちょう　栃木県宇都宮市
ごこうまち　栃木県日光市
みゆきちょう　埼玉県所沢市
みゆきちょう　東京都小平市
みゆきちょう　新潟県新発田市
みゆきちょう　福井県鯖江市
みゆきちょう　福井県越前市
みゆきちょう　長野県小諸市
みゆきまち　岐阜県多治見市
みゆきちょう　岐阜県土岐市
みゆきちょう　静岡県静岡市葵区
みゆきちょう　静岡県沼津市
みゆきちょう　静岡県富士市
みゆきまち　愛知県半田市
みゆきちょう　愛知県春日井市
みゆきちょう　愛知県刈谷市
みゆきちょう　愛知県豊田市
みゆきちょう　愛知県蒲郡市
みゆきちょう　三重県亀山市
みゆきちょう　滋賀県大津市
みゆきちょう　大阪府大阪市都島区
みゆきちょう　大阪府東大阪市
みゆきちょう　岡山県岡山市中区
みゆきちょう　広島県大竹市
みゆきまち　愛媛県宇和島市
みゆき　大分県大分市

御幸町下岩成　みゆきちょうしもいわなり　広島県福山市
御幸町上岩成　みゆきちょうかみいわなり　広島県福山市
御幸町中津原　みゆきちょうなかつはら　広島県福山市
御幸町森脇　みゆきちょうもりわけ　広島県福山市
御幸東町　みゆきひがしまち　大阪府寝屋川市
御幸浜　みゆきはま　神奈川県横須賀市
御幸通　ごこうどおり　兵庫県神戸市中央区
御幸通り　みゆきどおり　山口県周南市
御幸笛田　みゆきふえだ　熊本県熊本市南区
御幸笛田町　みゆきふえだまち　熊本県熊本市南区
御幸橋　みゆきばし　広島県（広島電鉄宇品線ほか）
御所
ごしょ　埼玉県比企郡吉見町
ごしょ　長野県上田市
ごせ　奈良県（JR和歌山線）
ごせ　和歌山県伊都郡かつらぎ町
ごしょ　熊本県上益城郡山都町
御所ケ丘　ごしょがおか　茨城県守谷市
御所ケ谷　ごしょがだに　福岡県福岡市中央区
御所の内　ごしょのうち　千葉県成田市
御所の前町　ごしょのまえちょう　兵庫県宝塚市
御所八幡町
ごしょはちまんちょう　京都府京都市上京区
ごしょはちまんちょう　京都府京都市中京区
御所山町　ごしょやまちょう　神奈川県横浜市西区
御所内町　ごしょうちちょう　滋賀県近江八幡市
御所台　ごしょだい　千葉県香取郡多古町
御所市　ごせし　奈良県
御所平　ごしょだいら　長野県南佐久郡川上村
御所尾原　ごしょおばら　山口県周南市
御所町　ごしょまち　石川県金沢市
御所谷　ごしょだに　徳島県那賀郡那賀町
御所貝津町　ごしょがいつちょう　愛知県豊田市

御所垣内町　ごしょがいちちょう　福井県福井市
御所原　ごしょばら　静岡県掛川市
御所浦町牧島　ごしょうらまちまきしま　熊本県天草市
御所浦町御所浦　ごしょうらまちごしょう　熊本県天草市
御所浦町横浦　ごしょうらまちよこうら　熊本県天草市
御所通　ごしょどおり　兵庫県神戸市兵庫区
御所野下堤　ごしょのしもつつみ　秋田県秋田市
御所野元町　ごしょのもとまち　秋田県秋田市
御所野地蔵田　ごしょのじぞうでん　秋田県秋田市
御所野堤台　ごしょのつつみだい　秋田県秋田市
御所野湯本　ごしょのゆもと　秋田県秋田市
御明神　おみょうじん　岩手県岩手郡雫石町
御波　みなみ　島根県隠岐郡海士町
御油　ごゆ　愛知県（名古屋鉄道名古屋本線）
御油町
ごゆちょう　福井県福井市
ごゆちょう　愛知県豊川市
御牧　みまき　北海道上川郡美瑛町
御牧ケ原　みまきがはら　長野県小諸市
御牧原　みまきはら　長野県東御市
御門
ごもん　秋田県由利本荘市
みかど　千葉県東金市
みかど　石川県河北郡津幡町
みかど　静岡県伊豆の国市
御門台
みかどだい　静岡県（静岡鉄道静岡清水線）
みかどだい　静岡県静岡市清水区
御門町
みかどちょう　岐阜県美濃加茂市
みかどちょう　奈良県御所市
みかどちょう　広島県福山市
9**御前山**
ごぜんやま　茨城県東茨城郡城里町
ごぜんやま　新潟県糸魚川市
御前水町　ごぜんすいちょう　北海道室蘭市
御前町　おんざきちょう　岡山県高梁市
御前南　ごぜんみなみ　福島県郡山市
御前浜　おんまえはま　宮城県牡鹿郡女川町
御前崎　おまえざき　静岡県御前崎市
御前崎市　おまえざきし　静岡県
御前場町　ごぜんばちょう　愛知県名古屋市天白区
御前橋　おまえばし　埼玉県蓮田市
御室大内　おむろおおうち　京都府京都市右京区
御室小松野町　おむろこまつのちょう　京都府京都市右京区
御室仁和寺　おむろにんなじ　京都府（京福電気鉄道北野線）
御室双岡町　おむろならびがおかちょう　京都府京都市右京区
御室住吉山町　おむろすみよしやまちょう　京都府京都市右京区
御室芝橋町　おむろしばはしちょう　京都府京都市右京区
御室岡ノ裾町　おむろおかのすそちょう　京都府京都市右京区
御室竪町　おむろたてまち　京都府京都市右京区

12画（御）

御屋敷通　おやしきどおり　兵庫県神戸市長田区
御指南町　ごしなんまち　秋田県能代市
御津下田　みつしもだ　岡山県岡山市北区
御津川高　みつかわたか　岡山県岡山市北区
御津中山　みつなかやま　岡山県岡山市北区
御津中牧　みつなかまき　岡山県岡山市北区
御津中泉　みつなかいずみ　岡山県岡山市北区
御津中畑　みつなかはた　岡山県岡山市北区
御津北野　みつきたの　岡山県岡山市北区
御津平岡西　みつひらおかにし　岡山県岡山市北区
御津矢知　みつやち　岡山県岡山市北区
御津矢原　みつやばら　岡山県岡山市北区
御津石上　みついしかみ　岡山県岡山市北区
御津伊田　みついた　岡山県岡山市北区
御津吉尾　みつよしお　岡山県岡山市北区
御津宇甘　みつうかい　岡山県岡山市北区
御津宇垣　みつうがき　岡山県岡山市北区
御津町　みとちょう　⇒豊川市（愛知県）
御津町下佐脇　みとちょうしもさわき　愛知県豊川市
御津町下佐脇九作　みとちょうしもさわきくさく　愛知県豊川市
御津町下佐脇八反田　みとちょうしもさわきはったんだ　愛知県豊川市
御津町下佐脇八尻　みとちょうしもさわきはちじり　愛知県豊川市
御津町下佐脇山崎　みとちょうしもさわきやまさき　愛知県豊川市
御津町下佐脇天神　みとちょうしもさわきてんじん　愛知県豊川市
御津町下佐脇引通　みとちょうしもさわきひきとおし　愛知県豊川市
御津町下佐脇出口　みとちょうしもさわきでぐち　愛知県豊川市
御津町下佐脇北浦　みとちょうしもさわききたうら　愛知県豊川市
御津町下佐脇市場　みとちょうしもさわきいちば　愛知県豊川市
御津町下佐脇平次　みとちょうしもさわきへいじ　愛知県豊川市
御津町下佐脇広野　みとちょうしもさわきひろの　愛知県豊川市
御津町下佐脇玉袋　みとちょうしもさわきたまふくろ　愛知県豊川市
御津町下佐脇田熊　みとちょうしもさわきたぐま　愛知県豊川市
御津町下佐脇仲ノ坪　みとちょうしもさわきなかのつぼ　愛知県豊川市
御津町下佐脇仲荒　みとちょうしもさわきなかあれ　愛知県豊川市
御津町下佐脇羽鳥　みとちょうしもさわきはとり　愛知県豊川市
御津町下佐脇佐脇原　みとちょうしもさわきさわきばら　愛知県豊川市
御津町下佐脇村上　みとちょうしもさわきむらかみ　愛知県豊川市
御津町下佐脇花ノ木　みとちょうしもさわきはなのき　愛知県豊川市
御津町下佐脇河田　みとちょうしもさわきかわだ　愛知県豊川市
御津町下佐脇待井　みとちょうしもさわきまちい　愛知県豊川市

御津町下佐脇是願　みとちょうしもさわきぜがん　愛知県豊川市
御津町下佐脇洗出　みとちょうしもさわきあらいだし　愛知県豊川市
御津町下佐脇荒古　みとちょうしもさわきあらこ　愛知県豊川市
御津町下佐脇宮本　みとちょうしもさわきみやもと　愛知県豊川市
御津町下佐脇宮前　みとちょうしもさわきみやまえ　愛知県豊川市
御津町下佐脇梅田　みとちょうしもさわきうめだ　愛知県豊川市
御津町下佐脇浜道　みとちょうしもさわきはまみち　愛知県豊川市
御津町下佐脇院田　みとちょうしもさわきいんでん　愛知県豊川市
御津町下佐脇高畑　みとちょうしもさわきたかばた　愛知県豊川市
御津町下佐脇堀合　みとちょうしもさわきほりあい　愛知県豊川市
御津町下佐脇郷中　みとちょうしもさわきごうなか　愛知県豊川市
御津町下佐脇都　みとちょうしもさわきみやこ　愛知県豊川市
御津町下佐脇野口　みとちょうしもさわきのぐち　愛知県豊川市
御津町下佐脇野先　みとちょうしもさわきのざき　愛知県豊川市
御津町下佐脇御所　みとちょうしもさわきごしょ　愛知県豊川市
御津町下佐脇新屋　みとちょうしもさわきあらや　愛知県豊川市
御津町下佐脇新洗出　みとちょうしもさわきしんあらいだし　愛知県豊川市
御津町下佐脇新畑　みとちょうしもさわきしんばた　愛知県豊川市
御津町下佐脇新梅田　みとちょうしもさわきしんうめだ　愛知県豊川市
御津町下佐脇義郎　みとちょうしもさわきぎろう　愛知県豊川市
御津町下佐脇縄口　みとちょうしもさわきなわぐち　愛知県豊川市
御津町下佐脇縄手　みとちょうしもさわきなわて　愛知県豊川市
御津町下佐脇鎌田　みとちょうしもさわきかまだ　愛知県豊川市
御津町下佐脇籠畑　みとちょうしもさわきかごばた　愛知県豊川市
御津町上佐脇　みとちょうかみさわき　愛知県豊川市
御津町上佐脇二本松　みとちょうかみさわきにほんまつ　愛知県豊川市
御津町上佐脇大郡　みとちょうかみさわきおおごおり　愛知県豊川市
御津町上佐脇中区　みとちょうかみさわきなかく　愛知県豊川市
御津町上佐脇六反畑　みとちょうかみさわきろくたんばた　愛知県豊川市
御津町上佐脇犬田　みとちょうかみさわきいぬた　愛知県豊川市
御津町上佐脇北区　みとちょうかみさわききたく　愛知県豊川市

1093

御津町上佐脇西ノ貝津 みとちょうかみさわきにしの
がいつ　愛知県豊川市

御津町上佐脇西区 みとちょうかみさわきにしく　愛
知県豊川市

御津町上佐脇花ノ木 みとちょうかみさわきはなのき
愛知県豊川市

御津町上佐脇松下 みとちょうかみさわきまつした　愛
知県豊川市

御津町上佐脇東区 みとちょうかみさわきひがしく　愛
知県豊川市

御津町上佐脇河原田 みとちょうかみさわきかわはらだ
愛知県豊川市

御津町上佐脇雨田 みとちょうかみさわきあめだ　愛
知県豊川市

御津町上佐脇南区 みとちょうかみさわきみなみく　愛
知県豊川市

御津町上佐脇屋敷 みとちょうかみさわきやしき　愛
知県豊川市

御津町上佐脇深田 みとちょうかみさわきふかだ　愛
知県豊川市

御津町上佐脇野川 みとちょうかみさわきのがわ　愛
知県豊川市

御津町上佐脇野添 みとちょうかみさわきのぞえ　愛
知県豊川市

御津町上佐脇観音堂 みとちょうかみさわきかんのんど
う　愛知県豊川市

御津町大草 みとちょうおおくさ　愛知県豊川市

御津町大草上竹 みとちょうおおくさうえたけ　愛知
県豊川市

御津町大草大森 みとちょうおおくさおおもり　愛知
県豊川市

御津町大草分莚 みとちょうおおくさふんむしろ　愛知
県豊川市

御津町大草外新田 みとちょうおおくさそとしんでん
愛知県豊川市

御津町大草向野 みとちょうおおくさむかいの　愛知
県豊川市

御津町大草西分莚 みとちょうおおくさにしふんむしろ
愛知県豊川市

御津町大草西浜 みとちょうおおくさにしはま　愛知
県豊川市

御津町大草西郷 みとちょうおおくさにしごう　愛知
県豊川市

御津町大草東郷 みとちょうおおくさとうごう　愛知
県豊川市

御津町大草神田 みとちょうおおくさじんでん　愛知
県豊川市

御津町大草神場 みとちょうおおくさかんば　愛知県
豊川市

御津町大草新田 みとちょうおおくさしんでん　愛知
県豊川市

御津町中島 みつちょうなかしま　兵庫県たつの市

御津町広石 みとちょうひろいし　愛知県豊川市

御津町広石千路 みとちょうひろいしせんじ　愛知県
豊川市

御津町広石小前 みとちょうひろいしこまえ　愛知県
豊川市

御津町広石小城前 みとちょうひろいしこじろまえ　愛
知県豊川市

御津町広石五反田 みとちょうひろいしごたんだ　愛
知県豊川市

御津町広石日暮 みとちょうひろいしひぐらし　愛知
県豊川市

御津町広石市場 みとちょうひろいしいちば　愛知県
豊川市

御津町広石広国 みとちょうひろいしひろくに　愛知
県豊川市

御津町広石永井田 みとちょうひろいしながいだ　愛
知県豊川市

御津町広石石堂野 みとちょうひろいしいしどうの　愛
知県豊川市

御津町広石竹本 みとちょうひろいしたけもと　愛知
県豊川市

御津町広石枋ケ坪 みとちょうひろいしとちがつぼ　愛
知県豊川市

御津町広石金堂 みとちょうひろいしかなどう　愛知
県豊川市

御津町広石後畠 みとちょうひろいしうしろばた　愛知
県豊川市

御津町広石神子田 みとちょうひろいしみこでん　愛
知県豊川市

御津町広石祢宜田 みとちょうひろいしねぎでん　愛
知県豊川市

御津町広石祓田 みとちょうひろいしはらいでん　愛知
県豊川市

御津町広石高坂 みとちょうひろいしこうざか　愛知
県豊川市

御津町広石船山 みとちょうひろいしふなやま　愛知
県豊川市

御津町広石船津 みとちょうひろいしふなつ　愛知県
豊川市

御津町広石蛇塚 みとちょうひろいしくちなわづか　愛
知県豊川市

御津町広石御津山 みとちょうひろいしみとやま　愛
知県豊川市

御津町広石越川 みとちょうひろいしおっかわ　愛知
県豊川市

御津町広石新宮山 みとちょうひろいししんぐうさん
愛知県豊川市

御津町広石横町 みとちょうひろいしよこまち　愛知
県豊川市

御津町安礼の崎 みとちょうあれのさき　愛知県豊
川市

御津町西方 みとちょうにしがた　愛知県豊川市

御津町西方九策 みとちょうにしがたくさく　愛知県
豊川市

御津町西方入浜 みとちょうにしがたいりはま　愛知
県豊川市

御津町西方下浜道 みとちょうにしがたしもはまみち
愛知県豊川市

御津町西方小貝津 みとちょうにしがたこがいつ　愛
知県豊川市

御津町西方中屋敷 みとちょうにしがたなかやしき　愛
知県豊川市

御津町西方中道 みとちょうにしがたなかみち　愛知
県豊川市

御津町西方井領田 みとちょうにしがたいりょうだ　愛
知県豊川市

御津町西方日暮 みとちょうにしがたひぐらし　愛知
県豊川市

御津町西方広田 みとちょうにしがたひろた　愛知県
豊川市

12画（御）

御津町西方松本　みとちょうにしがたまつもと　愛知県豊川市

御津町西方狐塚　みとちょうにしがたきつねづか　愛知県豊川市

御津町西方長田　みとちょうにしがたちょうだ　愛知県豊川市

御津町西方宮長　みとちょうにしがたみやなが　愛知県豊川市

御津町西方浜田　みとちょうにしがたはまだ　愛知県豊川市

御津町西方常ノ口　みとちょうにしがたじょうのくち　愛知県豊川市

御津町西方梨野　みとちょうにしがたなしの　愛知県豊川市

御津町西方揚浜　みとちょうにしがたあげはま　愛知県豊川市

御津町西方源農　みとちょうにしがたげんのう　愛知県豊川市

御津町西方樋田　みとちょうにしがたといだ　愛知県豊川市

御津町佐脇浜　みとちょうさわきはま　愛知県豊川市

御津町佐脇浜一号地　みとちょうさわきはまいちごうち　愛知県豊川市

御津町佐脇浜二号地　みとちょうさわきはまにごうち　愛知県豊川市

御津町佐脇浜三号地　みとちょうさわきはまさんごうち　愛知県豊川市

御津町苅屋　みつちょうかりや　兵庫県たつの市

御津町赤根　みとちょうあかね　愛知県豊川市

御津町赤根下川　みとちょうあかねしもかわ　愛知県豊川市

御津町赤根山田　みとちょうあかねやまだ　愛知県豊川市

御津町赤根天王　みとちょうあかねてんのう　愛知県豊川市

御津町赤根水神　みとちょうあかねすいじん　愛知県豊川市

御津町赤根半郷　みとちょうあかねはんごう　愛知県豊川市

御津町赤根仲田　みとちょうあかねなかた　愛知県豊川市

御津町赤根百々　みとちょうあかねどうどう　愛知県豊川市

御津町赤根西半郷　みとちょうあかねにしはんごう　愛知県豊川市

御津町赤根角田　みとちょうあかねかどた　愛知県豊川市

御津町赤根谷田入　みとちょうあかねやだいり　愛知県豊川市

御津町赤根松葉　みとちょうあかねまつば　愛知県豊川市

御津町赤根前浜　みとちょうあかねまえはま　愛知県豊川市

御津町赤根屋敷　みとちょうあかねやしき　愛知県豊川市

御津町赤根柑子　みとちょうあかねこうじ　愛知県豊川市

御津町赤根神場　みとちょうあかねかんば　愛知県豊川市

御津町赤根宮前　みとちょうあかねみやまえ　愛知県豊川市

御津町赤根野竹　みとちょうあかねのたけ　愛知県豊川市

御津町赤根堤下　みとちょうあかねつつみした　愛知県豊川市

御津町岩見　みつちょういわみ　兵庫県たつの市

御津町泙野　みとちょうなぎの　愛知県豊川市

御津町泙野丁田　みとちょうなぎのちょうだ　愛知県豊川市

御津町泙野久呂下　みとちょうなぎのくろした　愛知県豊川市

御津町泙野山下　みとちょうなぎのやました　愛知県豊川市

御津町泙野六反田　みとちょうなぎのろくたんだ　愛知県豊川市

御津町泙野六角　みとちょうなぎのろくかく　愛知県豊川市

御津町泙野仲ノ坪　みとちょうなぎのなかのつぼ　愛知県豊川市

御津町泙野仲田　みとちょうなぎのなかだ　愛知県豊川市

御津町泙野村崎　みとちょうなぎのむらさき　愛知県豊川市

御津町泙野柳原　みとちょうなぎのやなぎはら　愛知県豊川市

御津町泙野宮永　みとちょうなぎのみやなが　愛知県豊川市

御津町泙野浜新田　みとちょうなぎのはましんでん　愛知県豊川市

御津町泙野高畑　みとちょうなぎのたかばた　愛知県豊川市

御津町泙野堀合　みとちょうなぎのほりあい　愛知県豊川市

御津町泙野新屋敷　みとちょうなぎのしんやしき　愛知県豊川市

御津町泙野楠木　みとちょうなぎのくすのき　愛知県豊川市

御津町泙野餅田　みとちょうなぎのもちだ　愛知県豊川市

御津町金野　みとちょうかねの　愛知県豊川市

御津町金野下　みとちょうかねのした　愛知県豊川市

御津町金野下ノ前　みとちょうかねのしものまえ　愛知県豊川市

御津町金野上沢　みとちょうかねのかみさわ　愛知県豊川市

御津町金野上野　みとちょうかねのうえの　愛知県豊川市

御津町金野小根沢　みとちょうかねのこねざわ　愛知県豊川市

御津町金野山本　みとちょうかねのやまもと　愛知県豊川市

御津町金野山影　みとちょうかねのやまかげ　愛知県豊川市

御津町金野中切　みとちょうかねのなかぎり　愛知県豊川市

御津町金野中畑　みとちょうかねのなかばた　愛知県豊川市

御津町金野五反田　みとちょうかねのごたんだ　愛知県豊川市

御津町金野石田　みとちょうかねのいしだ　愛知県豊川市

御津町金野灰野坂　みとちょうかねのはいのざか　愛知県豊川市

1095

12画（御）

御津町金野竹入　みとちょうかねのたけいり　愛知県
豊川市

御津町金野西沢　みとちょうかねのにしざわ　愛知県
豊川市

御津町金野見竹　みとちょうかねのみたけ　愛知県豊
川市

御津町金野足見　みとちょうかねのたるみ　愛知県豊
川市

御津町金野国坂　みとちょうかねのくにざか　愛知県
豊川市

御津町金野岩本　みとちょうかねのいわもと　愛知県
豊川市

御津町金野東田　みとちょうかねのひがしだ　愛知県
豊川市

御津町金野東河津　みとちょうかねのひがしかわづ　愛
知県豊川市

御津町金野東畑　みとちょうかねのひがしばた　愛知
県豊川市

御津町金野油田　みとちょうかねのあぶらだ　愛知県
豊川市

御津町金野長谷沢　みとちょうかねのはせざわ　愛知
県豊川市

御津町金野青木　みとちょうかねのあおき　愛知県豊
川市

御津町金野砂田　みとちょうかねのすなた　愛知県豊
川市

御津町金野桧河津　みとちょうかねのひのきかわづ　愛
知県豊川市

御津町金野深田　みとちょうかねのふかだ　愛知県豊
川市

御津町金野深沢　みとちょうかねのふかざわ　愛知県
豊川市

御津町金野袋田　みとちょうかねのふくろだ　愛知県
豊川市

御津町金野郷作　みとちょうかねのごうさく　愛知県
豊川市

御津町金野新山影　みとちょうかねのしんやまかげ　愛
知県豊川市

御津町金野新砂田　みとちょうかねのしんすなた　愛
知県豊川市

御津町金野猿沢　みとちょうかねのさるさわ　愛知県
豊川市

御津町金野徳寒　みとちょうかねのとくさぶ　愛知県
豊川市

御津町金野稲場　みとちょうかねのいなば　愛知県豊
川市

御津町金野横手　みとちょうかねのよこて　愛知県豊
川市

御津町金野藤ケ山　みとちょうかねのふじがやま　愛
知県豊川市

御津町金野藤久保　みとちょうかねのふじくぼ　愛知
県豊川市

御津町金野観音寺　みとちょうかねのかんのんじ　愛
知県豊川市

御津町金野籠田　みとちょうかねのかごた　愛知県豊
川市

御津町室津　みつちょうむろつ　兵庫県たつの市

御津町釜屋　みつちょうかまや　兵庫県たつの市

御津町黒崎　みつちょうくろさき　兵庫県たつの市

御津町御幸浜　みとちょうみゆきはま　愛知県豊川市

御津町御幸浜一号地　みとちょうみゆきはまいちごうち
愛知県豊川市

御津町御馬　みとちょうおんま　愛知県豊川市

御津町御馬川端　みとちょうおんまかわばた　愛知県
豊川市

御津町御馬中島　みとちょうおんまなかじま　愛知県
豊川市

御津町御馬加美　みとちょうおんまかみ　愛知県豊
川市

御津町御馬玉袋　みとちょうおんまたまふくろ　愛知
県豊川市

御津町御馬仲田　みとちょうおんまなかだ　愛知県豊
川市

御津町御馬向道　みとちょうおんまむかいみち　愛知
県豊川市

御津町御馬西　みとちょうおんまにし　愛知県豊川市

御津町御馬西梅　みとちょうおんまにしうめ　愛知県
豊川市

御津町御馬東　みとちょうおんまひがし　愛知県豊
川市

御津町御馬長床　みとちょうおんまながとこ　愛知県
豊川市

御津町御馬宮浦　みとちょうおんままやうら　愛知県
豊川市

御津町御馬梅田　みとちょうおんまうめだ　愛知県豊
川市

御津町御馬浜田　みとちょうおんまはまた　愛知県豊
川市

御津町御馬流田　みとちょうおんまながれだ　愛知県
豊川市

御津町御馬剱　みとちょうおんまつるぎ　愛知県豊
川市

御津町御馬野添　みとちょうおんまのぞえ　愛知県豊
川市

御津町御馬塩入　みとちょうおんましおいり　愛知県
豊川市

御津町御馬塩浜　みとちょうおんましおはま　愛知県
豊川市

御津町御馬膳田　みとちょうおんまぜんだ　愛知県豊
川市

御津町朝臣　みつちょうあさとみ　兵庫県たつの市

御津町新田　みとちょうしんでん　愛知県豊川市

御津町新田洗出　みとちょうしんでんあらいだし　愛知
県豊川市

御津町新田砂山　みとちょうしんでんすなやま　愛知
県豊川市

御津町新田新砂山　みとちょうしんでんしんすなやま
愛知県豊川市

御津町碇岩　みつちょういかりいわ　兵庫県たつの市

御津町豊沢　みとちょうとよさわ　愛知県豊川市

御津町豊沢入ノ口　みとちょうとよさわいりのくち　愛
知県豊川市

御津町豊沢三沢　みとちょうとよさわみさわ　愛知県
豊川市

御津町豊沢上野山　みとちょうとよさわうえのやま　愛
知県豊川市

御津町豊沢久蔵　みとちょうとよさわきゅうぞう　愛知
県豊川市

御津町豊沢大沢　みとちょうとよさわおおさわ　愛知
県豊川市

御津町豊沢大坪　みとちょうとよさわおおつぼ　愛知
県豊川市

御津町豊沢大蔵　みとちょうとよさわおおくら　愛知
県豊川市

1096

12画（御）

御津町豊沢小山	みとちょうとよさわこやま	愛知県豊川市
御津町豊沢小沢	みとちょうとよさわこざわ	愛知県豊川市
御津町豊沢川原	みとちょうとよさわかわはら	愛知県豊川市
御津町豊沢引釣	みとちょうとよさわひきつり	愛知県豊川市
御津町豊沢払田	みとちょうとよさわはらいでん	愛知県豊川市
御津町豊沢石堂野	みとちょうとよさわいしどうの	愛知県豊川市
御津町豊沢杉下	みとちょうとよさわすぎした	愛知県豊川市
御津町豊沢沢渡	みとちょうとよさわさわたり	愛知県豊川市
御津町豊沢赤羽根	みとちょうとよさわあかばね	愛知県豊川市
御津町豊沢弥勒寺	みとちょうとよさわみろくじ	愛知県豊川市
御津町豊沢松ノ下	みとちょうとよさわまつのした	愛知県豊川市
御津町豊沢松田	みとちょうとよさわまつだ	愛知県豊川市
御津町豊沢後田	みとちょうとよさわうしろだ	愛知県豊川市
御津町豊沢新小山	みとちょうとよさわしんこやま	愛知県豊川市
御津町豊沢新杉下	みとちょうとよさわしんすぎした	愛知県豊川市
御津町豊沢蔵下	みとちょうとよさわくらした	愛知県豊川市
御津町豊沢樽美	みとちょうとよさわたるみ	愛知県豊川市
御津町豊沢薬堂	みとちょうとよさわやくどう	愛知県豊川市
御津町豊沢篠川	みとちょうとよさわしのかわ	愛知県豊川市
御津芳谷	みつよしたに	岡山県岡山市北区
御津国ケ原	みつくにがはら	岡山県岡山市北区
御津河内	みつこうち	岡山県岡山市北区
御津虎倉	みつこぐら	岡山県岡山市北区
御津金川	みつかながわ	岡山県岡山市北区
御津草生	みつくそう	岡山県岡山市北区
御津紙工	みつしとり	岡山県岡山市北区
御津郡	みつぐん	⇒消滅（岡山県）
御津高津	みつたかづ	岡山県岡山市北区
御津野々口	みつののくち	岡山県岡山市北区
御津鹿瀬	みつかせ	岡山県岡山市北区
御津勝尾	みつかつお	岡山県岡山市北区
御津新庄	みつしんじょう	岡山県岡山市北区
御神楽町	みかぐらちょう	栃木県佐野市
御荘平山	みしょうひらやま	愛媛県南宇和郡愛南町
御荘平城	みしょうひらじょう	愛媛県南宇和郡愛南町
御荘和口	みしょうわぐち	愛媛県南宇和郡愛南町
御荘長月	みしょうながつき	愛媛県南宇和郡愛南町
御荘長洲	みしょうながす	愛媛県南宇和郡愛南町
御荘深泥	みしょうみどろ	愛媛県南宇和郡愛南町
御荘菊川	みしょうきくがわ	愛媛県南宇和郡愛南町
御茶ノ水	おちゃのみず	東京都（JR中央本線ほか）

御茶の水町	おちゃのみずちょう	北海道岩見沢市
御茶山町	おちゃやまちょう	埼玉県東松山市
御茶屋	おちゃや	福島県喜多方市
御茶家所町	おちゃやしょちょう	兵庫県西宮市
御香宮門前町	ごこうぐうもんぜんちょう	京都府京都市伏見区

10 御倉町
	おぐらちょう	福島県福島市
	おくらちょう	長野県岡谷市
	みくらちょう	滋賀県草津市
	みくらちょう	京都府京都市中京区
	おくらちょう	鹿児島県いちき串木野市
御姫町	おひめちょう	山口県周南市
御宮町	おみやまち	石川県小松市
御宮野	おみやの	北海道上磯郡木古内町
御射山町	みさやまちょう	京都府京都市中京区
御島崎	みしまざき	福岡県福岡市東区
御座入	みざのり	群馬県利根郡片品村

御徒町
	おかちまち	東京都（JR山手線）
	おかちまち	愛媛県宇和島市

御料
	ごりょう	北海道増毛郡増毛町
	ごりょう	千葉県富里市
御旅町	おたびちょう	京都府京都市下京区
御旅屋町	おたやまち	富山県高岡市
御旅宮本町	おたびみやもとちょう	京都府京都市下京区
御浜町	みはまちょう	三重県南牟婁郡
御浪町	おなみちょう	岐阜県岐阜市
御祓町	みそぎちょう	石川県七尾市
御莨町	おたばこちょう	愛知県名古屋市瑞穂区
御馬出町	おんまだしまち	富山県高岡市
御馬寄	みまよせ	長野県佐久市

11 御堂
	みどう	岩手県（IGRいわて銀河鉄道線）
	みどう	岩手県岩手郡岩手町
	みどう	埼玉県秩父郡東秩父村
御堂平	みどうだいら	宮城県仙台市太白区
御堂町	みどうちょう	大阪府門真市
御堂前町	みどうまえちょう	京都府京都市伏見区
御堂魚棚町	みどううおんたなちょう	奈良県御所市

御宿
	おんじゅく	千葉県（JR外房線）
	みしゅく	静岡県裾野市
御宿台	おんじゅくだい	千葉県夷隅郡御宿町
御宿町	おんじゅくまち	千葉県夷隅郡

御崎
	みさき	北海道（JR室蘭本線）
	みさき	北海道岩内郡岩内町
	みさき	大阪府大阪市住之江区
	みさき	兵庫県赤穂市
	みさき	鳥取県西伯郡大山町
	おんさき	岡山県玉野市
御崎公園	みさきこうえん	兵庫県（神戸市交通局海岸線）
御崎本町	みさきほんまち	兵庫県神戸市兵庫区

御崎町
	みさきちょう	北海道函館市
	みさきちょう	北海道室蘭市
	みさきちょう	北海道古平郡古平町

1097

12画（御）

みさきちょう　兵庫県神戸市兵庫区
御望　ごも　岐阜県岐阜市
御清水　おしみず　福島県喜多方市
御清水東　おしみずひがし　福島県喜多方市
御清水南　おしみずみなみ　福島県喜多方市
御祭
　おまつり　福島県田村郡三春町
　おまつり　山梨県北都留郡丹波山村
御祭田　ごさいでん　岐阜県不破郡関ケ原町
御笠　みかさ　福岡県太宰府市
御笠川　みかさがわ　福岡県大野城市
御経野町　ごきょうのちょう　奈良県天理市
御経塚　おきょうづか　石川県野々市市
御船　みふね　熊本県上益城郡御船町
御船町
　みふねちょう　愛知県豊田市
　みふねちょう　広島県福山市
　みふねちょう　長崎県佐世保市
　みふねまち　熊本県上益城郡
御船通　みふねどおり　兵庫県神戸市長田区
御船蔵町　おふなぐらまち　長崎県長崎市
御許町　おもとまち　山口県萩市
御野場　おのば　秋田県秋田市
御野場新町　おのばしんまち　秋田県秋田市
御陵　みささぎ　京都府（京阪電気鉄道京津線ほか）
御陵下町　ごりょうしたちょう　鹿児島県薩摩川内市
御陵下御廟野町　みささぎしもごびょうのちょう　京都府京都市山科区
御陵三蔵町　みささぎさんぞうちょう　京都府京都市山科区
御陵上御廟野町　みささぎかみごびょうのちょう　京都府京都市山科区
御陵久保町　みささぎくぼちょう　京都府京都市山科区
御陵大谷町　みささぎおおたにちょう　京都府京都市山科区
御陵大岩　みささぎおおいわ　京都府京都市山科区
御陵大枝山町　ごりょうおおえやまちょう　京都府京都市西京区
御陵大津畑町　みささぎおおつばたちょう　京都府京都市山科区
御陵大原　ごりょうおおはら　京都府京都市西京区
御陵山ノ谷　みささぎやまのたに　京都府京都市山科区
御陵中内町　みささぎなかうちちょう　京都府京都市山科区
御陵中筋町　みささぎなかすじちょう　京都府京都市山科区
御陵内町　ごりょうううちまち　京都府京都市西京区
御陵天徳町　みささぎてんとくちょう　京都府京都市山科区
御陵牛尾町　みささぎうしおちょう　京都府京都市山科区
御陵北大枝山町　ごりょうきたおおえやまちょう　京都府京都市西京区
御陵北山下町　ごりょうきたやましたちょう　京都府京都市西京区
御陵北山町　ごりょうきたやまちょう　京都府京都市西京区
御陵四丁野町　みささぎしちょうのちょう　京都府京都市山科区

御陵平林町　みささぎひらばやしちょう　京都府京都市山科区
御陵田山町　みささぎたやまちょう　京都府京都市山科区
御陵安祥寺町　みささぎあんしょうじちょう　京都府京都市山科区
御陵池ノ谷　ごりょういけのたに　京都府京都市西京区
御陵池堤町　みささぎいけつつみちょう　京都府京都市山科区
御陵血洗町　みささぎちあらいちょう　京都府京都市山科区
御陵別所町　みささぎべっしょちょう　京都府京都市山科区
御陵沢ノ川町　みささぎさわのかわちょう　京都府京都市山科区
御陵町　ごりょうちょう　滋賀県大津市
御陵谷町　ごりょうたにまち　京都府京都市西京区
御陵岡ノ西町　みささぎおかのにしちょう　京都府京都市山科区
御陵岡町　みささぎおかちょう　京都府京都市山科区
御陵前　ごりょうまえ　大阪府（阪堺電気軌道阪堺線）
御陵南荒木町　ごりょうみなみあらきちょう　京都府京都市西京区
御陵封ジ山町　みささぎふうじやまちょう　京都府京都市山科区
御陵荒木町　ごりょうあらきちょう　京都府京都市西京区
御陵荒巻町　みささぎあらまきちょう　京都府京都市山科区
御陵原西町　みささぎはらにしちょう　京都府京都市山科区
御陵峰ケ堂町　ごりょうみねがどうちょう　京都府京都市西京区
御陵通　ごりょうどおり　大阪府堺市堺区
御陵細谷　ごりょうほそたに　京都府京都市西京区
御陵進藤町　みささぎしんどうちょう　京都府京都市山科区
御陵鳥ノ向町　みささぎとりのむかいちょう　京都府京都市山科区
御陵黒岩　みささぎくろいわ　京都府京都市山科区
御陵塚ノ越町　ごりょうつかのこしちょう　京都府京都市西京区
御陵御茶屋山　ごりょうおちゃややま　京都府京都市西京区
御陵溝浦町　ごりょうみぞうらちょう　京都府京都市西京区
御陵鴨戸町　みささぎかもとちょう　京都府京都市山科区
御陵鴨谷　ごりょうしぎたに　京都府京都市西京区
御陵檀ノ後　みささぎだんのうしろ　京都府京都市山科区
御麻生薗町　みおそのちょう　三重県松阪市
御厩町　みまやちょう　香川県高松市
御厩野　みまやの　岐阜県下呂市
御厨
　みくりや　大阪府東大阪市
　みくりや　長崎県（松浦鉄道西九州線）
御厨中　みくりやなか　大阪府東大阪市
御厨西ノ町　みくりやにしのちょう　大阪府東大阪市

12画（御）

御厨町下登木免　みくりやちょうしものぼりきめん　長崎県松浦市

御厨町上登木免　みくりやちょうかみのぼりきめん　長崎県松浦市

御厨町大崎免　みくりやちょうおおさきめん　長崎県松浦市

御厨町小船免　みくりやちょうこぶねめん　長崎県松浦市

御厨町山根免　みくりやちょうやまねめん　長崎県松浦市

御厨町川内免　みくりやちょうかわちめん　長崎県松浦市

御厨町中野免　みくりやちょうなかのめん　長崎県松浦市

御厨町木場免　みくりやちょうこばめん　長崎県松浦市

御厨町北平免　みくりやちょうきたびらめん　長崎県松浦市

御厨町田代免　みくりやちょうたしろめん　長崎県松浦市

御厨町田原免　みくりやちょうたばるめん　長崎県松浦市

御厨町立木免　みくりやちょうたちきめん　長崎県松浦市

御厨町寺ノ尾免　みくりやちょうてらのおめん　長崎県松浦市

御厨町池田免　みくりやちょういけだめん　長崎県松浦市

御厨町米ノ山免　みくりやちょうこめのやまめん　長崎県松浦市

御厨町西木場免　みくりやちょうにしこばめん　長崎県松浦市

御厨町西田免　みくりやちょうにしだめん　長崎県松浦市

御厨町里免　みくりやちょうさとめん　長崎県松浦市

御厨町板橋免　みくりやちょういたばしめん　長崎県松浦市

御厨町前田免　みくりやちょうまえだめん　長崎県松浦市

御厨町狩原免　みくりやちょうかりはらめん　長崎県松浦市

御厨町相坂免　みくりやちょうあいさかめん　長崎県松浦市

御厨町高野免　みくりやちょうたかのめん　長崎県松浦市

御厨町郭公尾免　みくりやちょうこっこうのおめん　長崎県松浦市

御厨町普住免　みくりやちょうふじゅうめん　長崎県松浦市

御厨町横久保免　みくりやちょうよこくぼめん　長崎県松浦市

御厨東　みくりやひがし　大阪府東大阪市

御厨南　みくりやみなみ　大阪府東大阪市

御厨栄町　みくりやさかえまち　大阪府東大阪市

御棚町　おたなちょう　愛知県名古屋市千種区

御棟　おむなぎ　三重県多気郡大台町

御畳瀬　みませ　高知県高知市

御着　ごちゃく　兵庫県（JR山陽本線）

御給　ごきゅう　福井県大野市

御給町　ごきゅうちょう　静岡県浜松市南区

御開　おひらき　福岡県北九州市八幡西区

13御園

みその　北海道虻田郡喜茂別町
みその　北海道夕張郡栗山町
みその　神奈川県相模原市南区
みその　長野県伊那市
みその　静岡県三島市
みその　愛知県北設楽郡東栄町
みその　滋賀県栗東市
みその　兵庫県尼崎市
みその　奈良県高市郡明日香村
みその　奈良県吉野郡吉野町
みその　広島県大竹市

御園台　みそのだい　広島県大竹市

御園町

みそのちょう　愛知県豊橋市
みそのちょう　滋賀県東近江市
みそのちょう　兵庫県尼崎市

御嵩

みたけ　岐阜県（名古屋鉄道広見線）
みたけ　岐阜県可児郡御嵩町

御嵩口　みたけぐち　岐阜県（名古屋鉄道広見線）

御嵩町　みたけちょう　岐阜県可児郡

御殿

ごてん　神奈川県平塚市
ごてん　静岡県磐田市

御殿山

ごてんやま　東京都武蔵野市
ごてんやま　愛知県田原市
ごてんやま　大阪府（京阪電気鉄道本線）
ごてんやま　兵庫県宝塚市

御殿山町

ごてんやまちょう　新潟県上越市
ごてんやまちょう　三重県松阪市
ごてんやまちょう　大阪府枚方市

御殿山南町　ごてんやまみなみまち　大阪府枚方市

御殿町

ごてんちょう　埼玉県越谷市
ごてんちょう　千葉県千葉市若葉区
ごてんまち　岐阜県大垣市
ごてんまち　愛媛県宇和島市

御殿屋敷　ごてんやしき　愛知県犬山市

御殿浜　ごてんはま　滋賀県大津市

御殿場

ごてんば　静岡県（JR御殿場線）
ごてんば　静岡県御殿場市

御殿場市　ごてんばし　静岡県

御稜威ケ原　みいずがはら　埼玉県熊谷市

14御徳　ごとく　福岡県鞍手郡小竹町

御旗町　おはたまち　福島県会津若松市

御熊　おくま　鳥取県鳥取市

御領

ごりょう　茨城県桜川市
ごりょう　福井県大野市
ごりょう　大阪府大東市
ごりょう　広島県（井原鉄道線）
ごりょう　熊本県熊本市東区
ごりょう　鹿児島県（JR指宿枕崎線）

15御器所

ごきそ　愛知県（名古屋市交通局桜通線ほか）
ごきそ　愛知県名古屋市昭和区

御器所町　ごきそちょう　愛知県名古屋市昭和区

御器所通　ごきそとおり　愛知県名古屋市昭和区

1099

12画（御）

御器屋町　ごきやちょう　京都府京都市下京区
御幣島
　みてじま　大阪府（JR東西線）
　みてじま　大阪府大阪市西淀川区
御廟　ごびょう　山形県米沢市
御影
　みかげ　北海道（JR根室本線）
　みかげ　北海道瀬棚郡今金町
　みかげ　北海道上川郡清水町
　みかげ　富山県魚津市
　みかげ　長野県小諸市
　みかげ　兵庫県（阪急電鉄神戸本線ほか）
　みかげ　兵庫県神戸市東灘区
御影山手　みかげやまて　兵庫県神戸市東灘区
御影中町　みかげなかまち　兵庫県神戸市東灘区
御影本町　みかげほんまち　兵庫県神戸市東灘区
御影本通　みかげほんどおり　北海道上川郡清水町
御影石町　みかげいしまち　兵庫県神戸市東灘区
御影西一条　みかげにしいちじょう　北海道上川郡清
水町
御影西二条　みかげにしにじょう　北海道上川郡清
水町
御影西三条　みかげにしさんじょう　北海道上川郡清
水町
御影町
　みかげまち　石川県金沢市
　みかげちょう　愛知県名古屋市千種区
　みかげちょう　京都府京都市下京区
　みかげちょう　山口県周南市
御影東一条　みかげひがしいちじょう　北海道上川郡
清水町
御影東一条南　みかげひがしいちじょうみなみ　北海道
上川郡清水町
御影東七条　みかげひがししちじょう　北海道上川郡
清水町
御影東二条　みかげひがしにじょう　北海道上川郡清
水町
御影東二条南　みかげひがしにじょうみなみ　北海道上
川郡清水町
御影東八条　みかげひがしはちじょう　北海道上川郡
清水町
御影東三条　みかげひがしさんじょう　北海道上川郡
清水町
御影東三条南　みかげひがしさんじょうみなみ　北海道
上川郡清水町
御影東五条　みかげひがしごじょう　北海道上川郡清
水町
御影東六条　みかげひがしろくじょう　北海道上川郡
清水町
御影東四条　みかげひがししじょう　北海道上川郡清
水町
御影浜町　みかげはままち　兵庫県神戸市東灘区
御影郡家　みかげぐんげ　兵庫県神戸市東灘区
御影堂町
　ごえどうまち　石川県白山市
　みえいどうちょう　京都府京都市下京区
御影堂前町　みかげどうまえちょう　京都府京都市下
京区
御影塚町　みかげつかまち　兵庫県神戸市東灘区
御影新田　みかげしんでん　長野県小諸市
御蔵　みくら　埼玉県さいたま市見沼区

御蔵町
　おくらまち　栃木県宇都宮市
　みくらちょう　愛知県豊田市
　おくらちょう　愛媛県新居浜市
御蔵芝　みくらしば　千葉県茂原市
御蔵南　おくらみなみ　福島県大沼郡会津美里町
御蔵島村　みくらじまむら　東京都
御蔵通　みくらどおり　兵庫県神戸市長田区
御請　おうけ　静岡県島田市
御調町下山田　みつぎちょうしもやまだ　広島県尾
道市
御調町三郎丸　みつぎちょうさぶろうまる　広島県尾
道市
御調町丸河南　みつぎちょうまるかなん　広島県尾
道市
御調町丸門田　みつぎちょうまるもんでん　広島県尾
道市
御調町千堂　みつぎちょうせんどう　広島県尾道市
御調町大山田　みつぎちょうおおやまだ　広島県尾
道市
御調町大田　みつぎちょうおおだ　広島県尾道市
御調町大町　みつぎちょうおおまち　広島県尾道市
御調町大原　みつぎちょうおおばら　広島県尾道市
御調町大塔　みつぎちょうだいとう　広島県尾道市
御調町大蔵　みつぎちょうだいぞう　広島県尾道市
御調町山岡　みつぎちょうやまおか　広島県尾道市
御調町中原　みつぎちょうなかばら　広島県尾道市
御調町今田　みつぎちょういまだ　広島県尾道市
御調町仁野　みつぎちょうにの　広島県尾道市
御調町公文　みつぎちょうくもん　広島県尾道市
御調町市　みつぎちょういち　広島県尾道市
御調町平　みつぎちょうひら　広島県尾道市
御調町平木　みつぎちょうひらぎ　広島県尾道市
御調町本　みつぎちょうほん　広島県尾道市
御調町白太　みつぎちょうはかた　広島県尾道市
御調町江田　みつぎちょうえた　広島県尾道市
御調町花尻　みつぎちょうはなじり　広島県尾道市
御調町貝ケ原　みつぎちょうかいがはら　広島県尾
道市
御調町国守　みつぎちょうくにもり　広島県尾道市
御調町岩根　みつぎちょういわね　広島県尾道市
御調町津蟹　みつぎちょうつがに　広島県尾道市
御調町神　みつぎちょうかみ　広島県尾道市
御調町釜窪　みつぎちょうかまくぼ　広島県尾道市
御調町高尾　みつぎちょうたかお　広島県尾道市
御調町菅　みつぎちょうすげ　広島県尾道市
御調町野間　みつぎちょうのま　広島県尾道市
御調町植野　みつぎちょううえの　広島県尾道市
御調町福井　みつぎちょうふくい　広島県尾道市
御調町徳永　みつぎちょうとくなが　広島県尾道市
御調町綾目　みつぎちょうあやめ　広島県尾道市
御霊町
　ごりょうちょう　京都府京都市上京区
　ごりょうちょう　兵庫県神戸市垂水区
御駕籠町　おかごちょう　京都府京都市伏見区
16御劔町　みつるぎちょう　愛知県名古屋市瑞穂区
御膳洞　ごぜんぼら　愛知県名古屋市守山区
御舘　おたち　石川県羽咋郡宝達志水町

12画（復, 惣, 悲, 提, 揖）

御薗町
　　みそのちょう　三重県四日市市
　　みそのちょう　三重県鈴鹿市
御薗町上條　みそのちょうかみじょう　三重県伊勢市
御薗町小林　みそのちょうおはやし　三重県伊勢市
御薗町王中島　みそのちょうおうなかじま　三重県伊勢市
御薗町長屋　みそのちょうながや　三重県伊勢市
御薗町高向　みそのちょうたかぶく　三重県伊勢市
御薗町新開　みそのちょうしんがい　三重県伊勢市
御館　みたち　滋賀県長浜市
御館町　おたちまち　石川県小松市
17御嶽　みたけ　東京都（JR青梅線）
御嶽山　おんたけさん　東京都（東京急行電鉄池上線）
御嶽堂　みたけどう　長野県上田市
10御簾尾　みずのお　福井県あわら市
御願塚　ごがづか　兵庫県伊丹市

【復】

復　ふく　千葉県白井市
4復井町　ふくいちょう　兵庫県小野市

【惣】

惣
　　そう　京都府宮津市
　　そう　岡山県真庭市
3惣山町　そうやまちょう　兵庫県神戸市北区
4惣中町　そうなかちょう　愛知県春日井市
惣六　そうろく　福島県河沼郡会津坂下町
惣分　そうぶん　岡山県赤磐市
惣太夫町　そうだゆうちょう　山口県山口市
惣爪　そうづめ　岡山県岡山市北区
5惣右衛門　そううえもん　静岡県焼津市
惣田　そうだ　岡山県久米郡美咲町
惣田町　そうだちょう　愛知県豊田市
6惣印甲　そういんこう　福島県大沼郡会津美里町
惣印東　そういんひがし　福島県大沼郡会津美里町
惣印南　そういんみなみ　福島県大沼郡会津美里町
惣在寺　そうざいじ　富山県富山市
惣地　そうち　鳥取県八頭郡智頭町
7惣作　そうさく　愛知県犬山市
惣作町
　　そうさくちょう　愛知県名古屋市瑞穂区
　　そうさくちょう　愛知県瀬戸市
惣兵衛下新田　そうべえしもしんでん　静岡県磐田市
惣利　そうり　福岡県春日市
惣社
　　そうじゃ　千葉県市原市
　　そうざ　長野県松本市
　　そうしゃ　大阪府藤井寺市
　　そうしゃ　福岡県京都郡みやこ町
惣社町
　　そうじゃまち　栃木県栃木市
　　そうしゃちょう　山口県防府市
8惣林橋　そうりんばし　青森県三戸郡五戸町
惣門町　そうもんちょう　兵庫県赤穂市
10惣座宮　そうざのみや　福島県喜多方市
11惣郷　そうごう　山口県阿武郡阿武町

12惣森
　　そうもり　島根県邑智郡美郷町
　　そうもり　広島県山県郡北広島町
惣開町　そうびらきちょう　愛媛県新居浜市
13惣新田
　　そうしんでん　茨城県北相馬郡利根町
　　そうしんでん　埼玉県幸手市
14惣領
　　そうりょう　富山県氷見市
　　そうりょう　熊本県上益城郡益城町
惣領分　そうりょうぶん　佐賀県杵島郡江北町
惣領町
　　そうりょうまち　石川県輪島市
　　そうりょうまち　宮崎県延岡市
15惣慶　そけい　沖縄県国頭郡宜野座村

【悲】

5悲田院町　ひでんいんちょう　大阪府大阪市天王寺区

【提】

提　ひさげ　福岡県京都郡苅田町
16提興屋　ひさげこうや　山形県東田川郡庄内町

【揖】

6揖西町土師　いっさいちょうはぜ　兵庫県たつの市
揖西町小犬丸　いっさいちょうこいぬまる　兵庫県たつの市
揖西町小畑　いっさいちょうおばたけ　兵庫県たつの市
揖西町小神　いっさいちょうおがみ　兵庫県たつの市
揖西町中垣内　いっさいちょうなかがいち　兵庫県たつの市
揖西町北山　いっさいちょうきたやま　兵庫県たつの市
揖西町北沢　いっさいちょうきたさわ　兵庫県たつの市
揖西町田井　いっさいちょうたい　兵庫県たつの市
揖西町竹万　いっさいちょうちくま　兵庫県たつの市
揖西町竹原　いっさいちょうたけはら　兵庫県たつの市
揖西町佐江　いっさいちょうさえ　兵庫県たつの市
揖西町住吉　いっさいちょうすみよし　兵庫県たつの市
揖西町尾崎　いっさいちょうおさき　兵庫県たつの市
揖西町芦原台　いっさいちょうあしはらだい　兵庫県たつの市
揖西町長尾　いっさいちょうながお　兵庫県たつの市
揖西町前地　いっさいちょうまえじ　兵庫県たつの市
揖西町南山　いっさいちょうみなみやま　兵庫県たつの市
揖西町清水　いっさいちょうしみず　兵庫県たつの市
揖西町清水新　いっさいちょうしみずしん　兵庫県たつの市
揖西町新宮　いっさいちょうしんぐう　兵庫県たつの市
揖西町構　いっさいちょうかまえ　兵庫県たつの市
揖西町龍子　いっさいちょうりゅうこ　兵庫県たつの市
9揖保川町二塚　いぼがわちょうふたつか　兵庫県たつの市
揖保川町大門　いぼがわちょうだいもん　兵庫県たつの市
揖保川町山津屋　いぼがわちょうやまつや　兵庫県たつの市
揖保川町片島　いぼがわちょうかたしま　兵庫県たつの市

1101

12画（揚, 搐, 敬, 散, 敦, 斑, 斐, 暁）

揖保川町半田　いぼがわちょうはんだ　兵庫県たつの市
揖保川町市場　いぼがわちょういちば　兵庫県たつの市
揖保川町本條　いぼがわちょうほんじょう　兵庫県たつの市
揖保川町正條　いぼがわちょうしょうじょう　兵庫県たつの市
揖保川町金剛山　いぼがわちょうこんごうさん　兵庫県たつの市
揖保川町神戸北山　いぼがわちょうかんべきたやま　兵庫県たつの市
揖保川町原　いぼがわちょうはら　兵庫県たつの市
揖保川町浦部　いぼがわちょううらべ　兵庫県たつの市
揖保川町馬場　いぼがわちょううまば　兵庫県たつの市
揖保川町袋尻　いぼがわちょうふくろじり　兵庫県たつの市
揖保川町野田　いぼがわちょうのだ　兵庫県たつの市
揖保川町黍田　いぼがわちょうきびた　兵庫県たつの市
揖保川町新在家　いぼがわちょうしんざいけ　兵庫県たつの市
揖保川町養久　いぼがわちょうやく　兵庫県たつの市
揖保町山下　いぼちょうやました　兵庫県たつの市
揖保町中臣　いぼちょうなかじん　兵庫県たつの市
揖保町今市　いぼちょういまいち　兵庫県たつの市
揖保町西構　いぼちょうにしがまえ　兵庫県たつの市
揖保町松原　いぼちょうまつばら　兵庫県たつの市
揖保町東用　いぼちょうとうよう　兵庫県たつの市
揖保町門前　いぼちょうもんぜん　兵庫県たつの市
揖保町栄　いぼちょうさかえ　兵庫県たつの市
揖保町真砂　いぼちょうまさご　兵庫県たつの市
揖保町揖保上　いぼちょういぼかみ　兵庫県たつの市
揖保町揖保中　いぼちょういぼなか　兵庫県たつの市
揖保町萩原　いぼちょうはいばら　兵庫県たつの市
揖保郡　いぼぐん　兵庫県
揖屋　いや　島根県（JR山陰本線）
11揖宿郡　いぶすきぐん　⇒消滅（鹿児島県）
12揖斐　いび　岐阜県（養老鉄道線）
揖斐川町　いびがわちょう　岐阜県揖斐郡
揖斐郡　いびぐん　岐阜県

【揚】
6揚羽町　あげはちょう　愛知県名古屋市千種区
7揚町　あげまち　熊本県八代市
12揚場町　あげばちょう　東京都新宿区

【搐】
3搐山　くしやま　山口県山陽小野田市

【敬】
3敬川　うやがわ　島根県（JR山陰本線）
敬川町　うやがわちょう　島根県江津市

【散】
5散布村　ちりっぷむら　北海道厚岸郡浜中町

散田
　さんた　岩手県一関市
　さんでん　石川県羽咋郡宝達志水町
散田町　さんだまち　東京都八王子市

【敦】
11敦盛　あつもり　愛媛県南宇和郡愛南町
12敦賀
　つるが　新潟県新発田市
　つるが　福井県（JR北陸本線）
敦賀市　つるがし　福井県

【斑】
7斑尾高原　まだらおこうげん　長野県飯山市
13斑鳩町　いかるがちょう　奈良県生駒郡

【斐】
3斐川町　ひかわちょう　⇒出雲市（島根県）
斐川町三分市　ひかわちょうさんぶいち　島根県出雲市
斐川町三絡　ひかわちょうみつがね　島根県出雲市
斐川町上庄原　ひかわちょうかみしょうばら　島根県出雲市
斐川町上直江　ひかわちょうかみなおえ　島根県出雲市
斐川町中洲　ひかわちょうなかのす　島根県出雲市
斐川町今在家　ひかわちょういまざいけ　島根県出雲市
斐川町出西　ひかわちょうしゅっさい　島根県出雲市
斐川町名島　ひかわちょうなしま　島根県出雲市
斐川町坂田　ひかわちょうさかだ　島根県出雲市
斐川町沖州　ひかわちょうおきのす　島根県出雲市
斐川町求院　ひかわちょうぐい　島根県出雲市
斐川町併川　ひかわちょうあいかわ　島根県出雲市
斐川町学頭　ひかわちょうがくとう　島根県出雲市
斐川町直江　ひかわちょうなおえ　島根県出雲市
斐川町阿宮　ひかわちょうあぐ　島根県出雲市
斐川町神氷　ひかわちょうかんび　島根県出雲市
斐川町神庭　ひかわちょうかんば　島根県出雲市
斐川町美南　ひかわちょうみなみ　島根県出雲市
斐川町荘原　ひかわちょうしょうばら　島根県出雲市
斐川町原鹿　ひかわちょうはらしか　島根県出雲市
斐川町鳥井　ひかわちょうとりい　島根県出雲市
斐川町黒目　ひかわちょうくろめ　島根県出雲市
斐川町富村　ひかわちょうとびむら　島根県出雲市
斐川町福富　ひかわちょうふくどみ　島根県出雲市

【暁】
暁
　あかつき　北海道白糠郡白糠町
　あかつき　栃木県小山市
7暁町
　あかつきちょう　北海道釧路市
　あかつきまち　北海道空知郡中富良野町
　あかつきちょう　北海道広尾郡大樹町
　あかつきちょう　東京都八王子市
　あかつきまち　石川県金沢市
　あかつきちょう　愛知県瀬戸市
　あかつきちょう　大阪府守口市

12画(景, 暑, 晴, 智, 晩, 普, 最, 曾, 替)

8暁学園前　あかつきがくえんまえ　三重県(三岐鉄道三岐線)

【景】
8景林町　けいりんまち　秋田県能代市
12景勝町
　かげかつちょう　京都府京都市伏見区
　けいしょうまち　福岡県北九州市八幡東区
13景福寺前　けいふくじまえ　兵庫県姫路市

【暑】
12暑寒沢　しょかんざわ　北海道増毛郡増毛町
　暑寒町　しょかんちょう　北海道増毛郡増毛町
　暑寒海岸町　しょかんかいがんちょう　北海道増毛郡増毛町

【晴】
3晴山
　はるやま　岩手県(JR釜石線)
　はれやま　岩手県岩手郡雫石町
　はれやま　岩手県九戸郡軽米町
　晴山沢　はれやまさわ　青森県三戸郡階上町
5晴丘町池上　はるおかちょういけがみ　愛知県尾張旭市
　晴丘町東　はるおかちょうひがし　愛知県尾張旭市
7晴見一条北　はるみいちじょうきた　北海道砂川市
　晴見二条北　はるみにじょうきた　北海道砂川市
　晴見三条北　はるみさんじょうきた　北海道砂川市
　晴見四条北　はるみしじょうきた　北海道砂川市
　晴見町　はるみちょう　東京都府中市
8晴明町
　せいめいちょう　京都府京都市上京区
　せいめいちょう　京都府京都市中京区
　晴明通　せいめいどおり　大阪府大阪市阿倍野区
　晴門田　はれもんだ　福島県郡山市
9晴海
　はるみ　北海道勇払郡むかわ町
　はるみ　東京都中央区
　はるみ　広島県大竹市
　晴海台　はるみだい　富山県富山市
　晴海台町　はるみだいまち　長崎県長崎市
　晴海町
　はるみちょう　北海道苫小牧市
　はるみちょう　神奈川県三浦市
　はるみちょう　広島県呉市
　はるみちょう　山口県周南市
　はるみちょう　鹿児島県阿久根市
　晴美台　はるみだい　大阪府堺市南区
12晴嵐　せいらん　滋賀県大津市

【智】
5智北　ちほく　北海道(JR宗谷本線)
7智里　ちさと　長野県下伊那郡阿智村
10智恵子の森　ちえこのもり　福島県二本松市
　智恵文
　ちえぶん　北海道(JR宗谷本線)
　ちえぶん　北海道名寄市
　智恵光院前之町　ちえこういんまえのちょう　京都府京都市上京区
13智福　ちふく　北海道枝幸郡浜頓別町
16智積町　ちしゃくちょう　三重県四日市市

智頭
　ちず　鳥取県(JR因美線ほか)
　ちず　鳥取県八頭郡智頭町
智頭町　ちづちょう　鳥取県八頭郡

【晩】
5晩台町　ばんだいちょう　愛知県常滑市
晩生内
　おそきない　北海道(JR札沼線)
　おそきないだ　北海道樺戸郡浦臼町
晩田　ばんで　富山県南砺市
6晩成　ばんせい　北海道広尾郡大樹町
14晩稲
　おしね　和歌山県日高郡みなべ町
　おくて　鳥取県鳥取市

【普】
4普天間　ふてんま　沖縄県宜野湾市
5普代
　ふだい　岩手県(三陸鉄道北リアス線)
　ふだい　岩手県下閉伊郡普代村
　普代村　ふだいむら　岩手県下閉伊郡
　普正寺町　ふしょうじまち　石川県金沢市
6普光寺　ふこうじ　長野県上水内郡飯綱町
　普光寺町　ふこうじちょう　滋賀県彦根市
10普恩寺　ふおんじ　佐賀県東松浦郡玄海町
11普済寺　ふさいじ　埼玉県深谷市
16普賢寺　ふげんじ　京都府京田辺市

【最】
3最上
　もがみ　北海道小樽市
　もがみ　北海道網走郡津別町
　もがみ　山形県(JR陸羽東線)
　最上町
　もがみまち　山形県最上郡
　もがみまち　千葉県佐倉市
　もがみちょう　京都府京都市中京区
　最上郡　もがみぐん　山形県
4最戸　さいど　神奈川県横浜市港南区
8最知　さいち　宮城県(JR気仙沼線)
　最知川原　さいちかわら　宮城県気仙沼市
　最知北最知　さいちきたさいち　宮城県気仙沼市
　最知南最知　さいちみなみさいち　宮城県気仙沼市
　最知荒沢　さいちあらさわ　宮城県気仙沼市
　最知森合　さいちもりあい　宮城県気仙沼市
9最栄利別　もえりべつ　北海道川上郡弟子屈町
12最勝寺　さいしょうじ　山梨県南巨摩郡富士川町
　最勝講　さいすこ　石川県鹿島郡中能登町

【曾】
6曾宇町　そうまち　石川県加賀市
8曾和町　そわちょう　兵庫県神戸市灘区

【替】
6替地　かえち　愛知県丹羽郡大口町
7替佐　かえさ　長野県(JR飯山線)
　替坂本　かえざかもと　高知県高岡郡四万十町

1103

【勝】

勝　かつ　千葉県袖ケ浦市

⁰勝どき
　　かちどき　東京都（東京都交通局大江戸線）
　　かちどき　東京都中央区

²勝入塚　しょうにゅうづか　愛知県長久手市

³勝下　かつおり　茨城県鉾田市

勝下新田　かつおりしんでん　茨城県鉾田市

勝大　かつおお　福島県河沼郡会津坂下町

勝山
　　かつやま　北海道檜山郡上ノ国町
　　かつやま　北海道常呂郡置戸町
　　かつやま　群馬県多野郡上野村
　　かつやま　千葉県安房郡鋸南町
　　かつやま　福井県（えちぜん鉄道勝山永平寺線）
　　かつやま　山梨県南都留郡富士河口湖町
　　かつやま　岐阜県加茂郡坂祝町
　　かつやま　大阪府大阪市天王寺区
　　かつやま　岡山県真庭市
　　かつやま　福岡県北九州市八幡東区
　　かつやま　沖縄県名護市

勝山上田　かつやまうえだ　福岡県京都郡みやこ町

勝山上矢山　かつやまかみややま　福岡県京都郡みやこ町

勝山大久保　かつやまおおくぼ　福岡県京都郡みやこ町

勝山北　かつやまきた　大阪府大阪市生野区

勝山市　かつやまし　福井県

勝山矢山　かつやまややま　福岡県京都郡みやこ町

勝山池田　かつやまいけだ　福岡県京都郡みやこ町

勝山町
　　かつやままちょう　愛媛県（伊予鉄道環状線ほか）
　　かつやままちょう　愛媛県松山市
　　かつやままち　長崎県長崎市

勝山岩熊　かつやまいわぐま　福岡県京都郡みやこ町

勝山松田　かつやままつだ　福岡県京都郡みやこ町

勝山長川　かつやまながわ　福岡県京都郡みやこ町

勝山南　かつやまみなみ　大阪府大阪市生野区

勝山宮原　かつやまみやばる　福岡県京都郡みやこ町

勝山浦河内　かつやまうらがわち　福岡県京都郡みやこ町

勝山黒田　かつやまくろだ　福岡県京都郡みやこ町

勝山箕田　かつやまみだ　福岡県京都郡みやこ町

勝川　かちがわ　愛知県（JR中央本線ほか）

勝川町　かちがわちょう　愛知県春日井市

勝川町西　かちがわちょうにし　愛知県春日井市

勝川新町　かちがわしんまち　愛知県春日井市

⁴勝木
　　がつぎ　新潟県（JR羽越本線）
　　がつぎ　新潟県村上市

勝木原　のでわら　富山県高岡市

⁵勝占町　かつらちょう　徳島県徳島市

勝央町　しょうおうちょう　岡山県勝田郡

勝本町上場触　かつもとちょううわばふれ　長崎県壱岐市

勝本町大久保触　かつもとちょうおおくぼふれ　長崎県壱岐市

勝本町片山触　かつもとちょうかたやまふれ　長崎県壱岐市

勝本町北触　かつもとちょうきたふれ　長崎県壱岐市

勝本町布気触　かつもとちょうふけふれ　長崎県壱岐市

勝本町本宮仲触　かつもとちょうほんぐうなかふれ　長崎県壱岐市

勝本町本宮西触　かつもとちょうほんぐうにしふれ　長崎県壱岐市

勝本町本宮東触　かつもとちょうほんぐうひがしふれ　長崎県壱岐市

勝本町本宮南触　かつもとちょうほんぐうみなみふれ　長崎県壱岐市

勝本町立石仲触　かつもとちょうたていしなかふれ　長崎県壱岐市

勝本町立石西触　かつもとちょうたていしにしふれ　長崎県壱岐市

勝本町立石東触　かつもとちょうたていしひがしふれ　長崎県壱岐市

勝本町立石南触　かつもとちょうたていしみなみふれ　長崎県壱岐市

勝本町仲触　かつもとちょうなかふれ　長崎県壱岐市

勝本町百合畑触　かつもとちょうゆりはたふれ　長崎県壱岐市

勝本町西戸触　かつもとちょうさいどふれ　長崎県壱岐市

勝本町坂本触　かつもとちょうさかもとふれ　長崎県壱岐市

勝本町東触　かつもとちょうひがしふれ　長崎県壱岐市

勝本町勝本浦　かつもとちょうかつもとうら　長崎県壱岐市

勝本町湯本浦　かつもとちょうゆのもとうら　長崎県壱岐市

勝本町新城西触　かつもとちょうしんじょうにしふれ　長崎県壱岐市

勝本町新城東触　かつもとちょうしんじょうひがしふれ　長崎県壱岐市

勝田
　　かつた　青森県青森市
　　かつた　茨城県（JR常磐線ほか）
　　かちだ　埼玉県比企郡嵐山町
　　かつた　千葉県八千代市
　　かつた　静岡県牧之原市
　　かつた　三重県度会郡玉城町
　　かつた　鳥取県東伯郡琴浦町

勝田中央　かつたちゅうおう　茨城県ひたちなか市

勝田中原町　かつたなかはらちょう　茨城県ひたちなか市

勝田台
　　かつただい　千葉県（京成電鉄京成本線）
　　かつただい　千葉県八千代市

勝田台北　かつただいきた　千葉県八千代市

勝田台南　かつただいみなみ　千葉県八千代市

勝田本町　かつたほんちょう　茨城県ひたちなか市

勝田町
　　かつだちょう　神奈川県横浜市都筑区
　　かんだまち　鳥取県米子市

勝田南　かちだみなみ　神奈川県横浜市都筑区

勝田泉町　かつたいずみちょう　茨城県ひたちなか市

勝田郡　かつたぐん　岡山県

勝目　かじめ　奈良県大和高田市

勝目町　かちめちょう　鹿児島県薩摩川内市

勝立　かつだち　福岡県大牟田市

⁶勝地　かちじ　三重県伊賀市

12画（朝）

勝瓜　かつうり　栃木県真岡市
7勝佐町　かつさちょう　愛知県江南市
勝呂　すぐろ　埼玉県比企郡小川町
勝沢町　かつさわまち　群馬県前橋市
勝町　かつちょう　滋賀県長浜市
勝見
　　かつみ　新潟県三島郡出雲崎町
　　かつみ　福井県福井市
勝見沢　かつみざわ　茨城県東茨城郡城里町
勝谷
　　かちや　和歌山県海草郡紀美野町
　　しょうや　山口県下関市
勝谷新町　しょうやしんまち　山口県下関市
8勝岡町　かつおかちょう　愛媛県松山市
勝沼　かつぬま　東京都青梅市
勝沼ぶどう郷　かつぬまぶどうきょう　山梨県（JR中央本線）
勝沼町下岩崎　かつぬまちょうしもいわさき　山梨県甲州市
勝沼町上岩崎　かつぬまちょうかみいわさき　山梨県甲州市
勝沼町小佐手　かつぬまちょうおさで　山梨県甲州市
勝沼町山　かつぬまちょうやま　山梨県甲州市
勝沼町中原　かつぬまちょうなかはら　山梨県甲州市
勝沼町休息　かつぬまちょうきゅうそく　山梨県甲州市
勝沼町深沢　かつぬまちょうふかさわ　山梨県甲州市
勝沼町菱山　かつぬまちょうひしやま　山梨県甲州市
勝沼町勝沼　かつぬまちょうかつぬま　山梨県甲州市
勝沼町等々力　かつぬまちょうとどろき　山梨県甲州市
勝沼町綿塚　かつぬまちょうわたづか　山梨県甲州市
勝沼町藤井　かつぬまちょうふじい　山梨県甲州市
9勝保関　がつぼぜき　山形県酒田市
勝俣　かつまた　静岡県牧之原市
勝南院町　しょうなみちょう　奈良県奈良市
勝屋　かつや　新潟県阿賀野市
勝海町　かつうみちょう　長崎県佐世保市
勝神　かすかみ　和歌山県紀の川市
10勝倉　かつくら　茨城県ひたちなか市
勝原
　　かつはら　福島県大沼郡会津美里町
　　かどはら　福井県（JR越美北線）
　　かつはら　奈良県山辺郡山添村
勝原区丁　かつはらくよろ　兵庫県姫路市
勝原区下太田　かつはらくしもおおた　兵庫県姫路市
勝原区大谷　かつはらくおおたに　兵庫県姫路市
勝原区山戸　かつはらくやまと　兵庫県姫路市
勝原区宮田　かつはらくみやた　兵庫県姫路市
勝原区勝山町　かつはらくかつやまちょう　兵庫県姫路市
勝原区勝原町　かつはらくかつはらちょう　兵庫県姫路市
勝原区朝日谷　かつはらくあさひだに　兵庫県姫路市
勝原区熊見　かつはらくくまみ　兵庫県姫路市
勝島　かつしま　東京都品川区
勝根　かつね　奈良県葛城市
勝浦
　　かつうら　千葉県（JR外房線）
　　かつうら　千葉県勝浦市
　　かつうら　和歌山県東牟婁郡那智勝浦町

　　かつうら　香川県仲多度郡まんのう町
　　かつうら　福岡県福津市
　　かちうら　鹿児島県大島郡瀬戸内町
勝浦市　かつうらし　千葉県
勝浦町　かつうらちょう　徳島県勝浦郡
勝浦郡　かつうらぐん　徳島県
勝竜寺　しょうりゅうじ　京都府長岡京市
勝納町　かつないちょう　北海道小樽市
勝能　かちゆき　鹿児島県大島郡瀬戸内町
勝連内間　かつれんうちま　沖縄県うるま市
勝連比嘉　かつれんひが　沖縄県うるま市
勝連平安名　かつれんへんな　沖縄県うるま市
勝連平敷屋　かつれんへしきや　沖縄県うるま市
勝連南風原　かつれんはえばる　沖縄県うるま市
勝連津堅　かつれんつけん　沖縄県うるま市
勝連浜　かつれんはま　沖縄県うるま市
勝馬　かつま　福岡県福岡市東区
11勝堂町　しょうどうちょう　滋賀県東近江市
勝常　しょうじょう　福島県河沼郡湯川村
勝部
　　かつべ　滋賀県守山市
　　かつべ　大阪府豊中市
　　かつべ　岡山県津山市
勝部町　かつべちょう　滋賀県守山市
勝野
　　かつの　滋賀県高島市
　　かつの　福岡県（JR筑豊本線）
　　かつの　福岡県鞍手郡小竹町
12勝善川原　しょうぜんかわら　岩手県八幡平市
勝富町　かつとみちょう　長崎県佐世保市
勝賀野　しょうがの　高知県高岡郡四万十町
勝賀瀬　しょうがせ　高知県吾川郡いの町
勝間
　　かつま　千葉県市原市
　　かつま　長野県佐久市
　　かつま　静岡県牧之原市
　　かつま　山口県（JR岩徳線）
　　かつま　山口県防府市
　　かつま　高知県四万十市
勝間ケ丘　かつまがおか　山口県周南市
勝間田
　　かつまだ　岡山県（JR姫新線）
　　かつまだ　岡山県勝田郡勝央町
勝間田町　かつまだまち　岡山県津山市
勝間原　かつまばら　山口県周南市
13勝楽寺　しょうらくじ　埼玉県所沢市
勝瑞
　　しょうずい　徳島県（JR高徳線）
　　しょうずい　徳島県板野郡藍住町
勝福寺　しょうふくじ　山形県鶴岡市
勝蓮花町　しょうれんげちょう　福井県越前市
15勝幡　しょばた　愛知県（名古屋鉄道津島線）
勝幡町　しょばたちょう　愛知県愛西市
勝蔵　しょうぞう　新潟県岩船郡関川村
19勝瀬
　　かつせ　埼玉県富士見市
　　かつせ　神奈川県海老名市

【朝】

3朝山町　あさやまちょう　島根県出雲市

12画（朝）

朝山町仙山　あさやまちょうせんやま　島根県大田市
朝山町朝倉　あさやまちょうあさくら　島根県大田市
⁴朝戸　あさと　鹿児島県大島郡与論町
朝日
　あさひ　北海道稚内市
　あさひ　北海道名寄市
　あさひ　北海道松前郡松前町
　あさひ　北海道夕張郡栗山町
　あさひ　北海道上川郡和寒町
　あさひ　北海道苫前郡羽幌町
　あさひ　北海道常呂郡置戸町
　あさひ　北海道常呂郡佐呂間町
　あさひ　北海道勇払郡厚真町
　あさひ　北海道新冠郡新冠町
　あさひ　北海道十勝郡浦幌町
　あさひ　北海道川上郡弟子屈町
　あさひ　青森県三沢市
　あさひ　宮城県岩沼市
　あさひ　福島県郡山市
　あさひ　群馬県邑楽郡大泉町
　あさひ　埼玉県川口市
　あさひ　埼玉県桶川市
　あさひ　埼玉県北本市
　あさひ　千葉県木更津市
　あさひ　千葉県八街市
　あさひ　新潟県新潟市秋葉区
　あさひ　新潟県長岡市
　あさひ　新潟県上越市
　あさひ　富山県富山市
　あさひ　石川県能美郡川北町
　あさひ　福井県大野市
　あさひ　福井県丹生郡越前町
　あさひ　山梨県甲府市
　あさひ　静岡県菊川市
　あさひ　愛知県一宮市
　あさひ　愛知県清須市
　あさひ　三重県（JR関西本線）
　あさひ　滋賀県大津市
　あさひ　滋賀県米原市
　あさひ　大阪府大阪市此花区
　あさひ　和歌山県和歌山市
　あさひ　和歌山県東牟婁郡那智勝浦町
　あさひ　福岡県朝倉郡筑前町
朝日ケ丘
　あさひがおか　千葉県千葉市花見川区
　あさひがおか　愛知県豊田市
　あさひがおか　和歌山県田辺市
　あさひがおか　島根県（一畑電車北松江線）
　あさひがおか　愛媛県松山市
　あさひがおか　福岡県北九州市小倉北区
　あさひがおか　大分県日田市
朝日ケ丘町
　あさひがおかちょう　千葉県千葉市花見川区
　あさひがおかちょう　三重県伊賀市
　あさひがおかちょう　兵庫県芦屋市
　あさひがおかちょう　大分県別府市
朝日が丘
　あさひがおか　秋田県横手市
　あさひがおか　新潟県柏崎市
　あさひがおか　愛知県名古屋市名東区
　あさひがおか　滋賀県大津市
朝日が丘町
　あさひがおかまち　群馬県前橋市
　あさひがおかちょう　大阪府吹田市

朝日大塚　あさひおおつか　滋賀県（近江鉄道本線）
朝日中野　あさひなかの　新潟県村上市
朝日丘
　あさひおか　北海道様似郡様似町
　あさひがおか　富山県氷見市
朝日丘町　あさひがおかちょう　大阪府枚方市
朝日台　あさひだい　山形県上山市
朝日本町　あさひほんまち　富山県氷見市
朝日田　あさひだ　福島県須賀川市
朝日村
　あさひむら　⇒村上市（新潟県）
　あさひむら　長野県東筑摩郡
朝日町
　あさひまち　北海道北見市
　あさひちょう　北海道岩見沢市
　あさひちょう　北海道江別市
　あさひちょう　北海道根室市
　あさひちょう　北海道千歳市
　あさひまち　北海道富良野市
　あさひちょう　北海道北広島市
　あさひちょう　北海道檜山郡江差町
　あさひちょう　北海道余市郡余市町
　あさひまち　北海道斜里郡斜里町
　あさひまち　北海道中川郡本別町
　あさひちょう　宮城県気仙沼市
　あさひまち　秋田県大仙市
　あさひまち　山形県西村山郡
　あさひちょう　茨城県水戸市
　あさひちょう　栃木県佐野市
　あさひちょう　栃木県鹿沼市
　あさひちょう　群馬県前橋市
　あさひちょう　群馬県太田市
　あさひちょう　群馬県館林市
　あさひちょう　埼玉県本庄市
　あさひちょう　東京都府中市
　あさひちょう　東京都昭島市
　あさひちょう　神奈川県横浜市鶴見区
　あさひちょう　神奈川県藤沢市
　あさひまち　新潟県新潟市北区
　あさひちょう　新潟県妙高市
　あさひちょう　富山県下新川郡
　あさひまち　岐阜県岐阜市
　あさひまち　岐阜県高山市
　あさひまち　岐阜県羽島郡笠松町
　あさひまち　岐阜県本巣郡北方町
　あさひちょう　静岡県富士宮市
　あさひちょう　愛知県岡崎市
　あさひまち　愛知県瀬戸市
　あさひまち　愛知県刈谷市
　あさひまち　愛知県豊田市
　あさひまち　愛知県安城市
　あさひまち　愛知県大府市
　あさひまち　三重県四日市市
　あさひまち　三重県松阪市
　あさひまち　三重県名張市
　あさひまち　三重県尾鷲市
　あさひちょう　三重県三重郡
　あさひちょう　滋賀県長浜市
　あさひちょう　大阪府吹田市
　あさひまち　大阪府高槻市
　あさひまち　大阪府門真市
　あさひまち　兵庫県姫路市
　あさひまち　兵庫県赤穂市
　あさひちょう　奈良県奈良市

12画（朝）

あさひちょう　奈良県大和郡山市
あさひまち　鳥取県米子市
あさひまち　鳥取県境港市
あさひまち　島根県松江市
あさひまち　島根県浜田市
あさひまち　広島県呉市
あさひまち　山口県宇部市
あさひまち　香川県高松市
あさひまち　愛媛県宇和島市
あさひまち　佐賀県佐賀市
あさひまち　佐賀県唐津市
あさひまち　大分県日田市
あさひまち　鹿児島県鹿屋市
朝日町一之宿　あさひちょういちのしゅく　岐阜県高山市
朝日町一区　あさひまちいっく　三重県松阪市
朝日町三栄　あさひちょうさんえい　北海道士別市
朝日町上ケ見　あさひちょうあげみ　岐阜県高山市
朝日町万石　あさひちょうまんごく　岐阜県高山市
朝日町大廣　あさひちょうおおひろ　岐阜県高山市
朝日町小谷　あさひちょうこだに　岐阜県高山市
朝日町小瀬　あさひちょうこせ　岐阜県高山市
朝日町小瀬ケ洞　あさひちょうこせがほら　岐阜県高山市
朝日町中央　あさひちょうちゅうおう　北海道士別市
朝日町中野　あさひちょうなかの　佐賀県武雄市
朝日町甘久　あさひちょうあまぐ　佐賀県武雄市
朝日町甲　あさひちょうかぶと　岐阜県高山市
朝日町立岩　あさひちょうたていわ　岐阜県高山市
朝日町寺附　あさひちょうてらづき　岐阜県高山市
朝日町寺澤　あさひちょうてらざわ　岐阜県高山市
朝日町西　あさひまちにし　北海道滝川市
朝日町西洞　あさひちょうにしぼら　岐阜県高山市
朝日町芦原　あさひちょうあしはら　佐賀県武雄市
朝日町見座　あさひちょうみざ　岐阜県高山市
朝日町岩尾内　あさひちょういわおない　北海道士別市
朝日町東　あさひまちひがし　北海道滝川市
朝日町茂志利　あさひちょうもしり　北海道士別市
朝日町青屋　あさひちょうあおや　岐阜県高山市
朝日町南朝日　あさひちょうみなみあさひ　北海道士別市
朝日町浅井　あさひちょうあさい　岐阜県高山市
朝日町胡桃島　あさひちょうくるみしま　岐阜県高山市
朝日町宮之前　あさひちょうみやのまえ　岐阜県高山市
朝日町桑之島　あさひちょうくわのしま　岐阜県高山市
朝日町黒川　あさひちょうくろかわ　岐阜県高山市
朝日町登和里　あさひちょうとわり　北海道士別市
朝日町黍生谷　あさひちょうきびゅうだに　岐阜県高山市
朝日牧町　あさひまきまち　石川県金沢市
朝日前坂　あさひまえさか　福井県大野市
朝日畑　あさひばた　石川県河北郡津幡町
朝日通　あさひどおり　鹿児島県（鹿児島市交通局1系統ほか）
朝日馬場　あさひばば　山梨県都留市
朝日曽雌　あさひそし　山梨県都留市

朝日野
あさひの　群馬県邑楽郡板倉町
あさひの　滋賀県（近江鉄道本線）
朝日新町　あさひしんまち　香川県高松市
朝月　あさづき　鳥取県鳥取市
朝比奈町　あさひなちょう　神奈川県横浜市金沢区
⁵**朝丘町**　あさおかちょう　愛知県豊橋市
朝代　あさしろ　京都府舞鶴市
朝代台　あさしろだい　大阪府泉南郡熊取町
朝代西　あさしろにし　大阪府泉南郡熊取町
朝代東　あさしろひがし　大阪府泉南郡熊取町
朝加屋町　あさやまち　石川県金沢市
朝生　あそう　徳島県那賀郡那賀町
朝生田町　あそだまち　愛媛県松山市
朝生原　あそうばら　千葉県市原市
朝田　あさだ　山口県山口市
朝田町　あさだちょう　三重県松阪市
朝田流通センター　あさだりゅうつうせんたー　山口県山口市
⁶**朝凪町**　あさなぎちょう　兵庫県西宮市
朝地　あさじ　大分県（JR豊肥本線）
朝地町下野　あさじまちしもの　大分県豊後大野市
朝地町上尾塚　あさじまちかみおつか　大分県豊後大野市
朝地町市万田　あさじまちいちまんだ　大分県豊後大野市
朝地町池田　あさじまちいけだ　大分県豊後大野市
朝地町志賀　あさじまちしが　大分県豊後大野市
朝地町坪泉　あさじまちつぼいずみ　大分県豊後大野市
朝地町板井迫　あさじまちいたいざこ　大分県豊後大野市
朝地町宮生　あさじまちみやお　大分県豊後大野市
朝地町栗林　あさじまちくりばやし　大分県豊後大野市
朝地町梨小　あさじまちなしこ　大分県豊後大野市
朝地町鳥田　あさじまちとりた　大分県豊後大野市
朝地町朝地　あさじまちあさじ　大分県豊後大野市
朝地町綿田　あさじまちわただ　大分県豊後大野市
朝気　あさけ　山梨県甲府市
朝汐橋　あさしおばし　愛媛県八幡浜市
⁷**朝志ケ丘**　あさしがおか　埼玉県朝霞市
朝来
あっそ　和歌山県（JR紀勢本線）
あっそ　和歌山県西牟婁郡上富田町
朝来中　あせくなか　京都府舞鶴市
朝来市　あさごし　兵庫県
朝来西町　あせくにしまち　京都府舞鶴市
朝町
あさまち　奈良県御所市
あさまち　福岡県宗像市
朝見　あさみ　大分県別府市
朝谷　あさたに　高知県土佐郡大川村
朝谷町
あさだにちょう　福井県福井市
あさたにちょう　兵庫県神戸市垂水区
朝里
あさり　北海道（JR函館本線）
あさり　北海道小樽市

1107

12画（検, 植）

朝里川温泉　あさりがわおんせん　北海道小樽市
8朝国　あさくに　滋賀県湖南市
朝妻　あさづま　奈良県御所市
朝妻町
　　あさづまちょう　京都府京都市下京区
　　あさづまちょう　兵庫県加西市
　　あさづままち　福岡県久留米市
朝妻筑摩　あさづまちくま　滋賀県米原市
朝岡町　あさおかちょう　愛知県名古屋市千種区
朝府町　あさぶちょう　愛知県稲沢市
朝明町　あさけちょう　三重県四日市市
朝金　あさかね　鳥取県西伯郡南部町
朝長　あさおさ　三重県多気郡多気町
9朝屋　ちょうや　三重県伊賀市
朝柄　あさがら　三重県多気郡多気町
朝美　あさみ　愛媛県松山市
10朝倉
　　あさくら　千葉県山武郡芝山町
　　あさくら　愛知県（名古屋鉄道常滑線）
　　あさくら　島根県鹿足郡吉賀町
　　あさくら　香川県木田郡三木町
　　あさくら　高知県（JR土讃線ほか）
朝倉乙　あさくらおつ　高知県高知市
朝倉丁　あさくらてい　高知県高知市
朝倉下　あさくらしも　愛媛県今治市
朝倉上　あさくらかみ　愛媛県今治市
朝倉己　あさくらき　高知県高知市
朝倉丙　あさくらへい　高知県高知市
朝倉北　あさくらきた　愛媛県今治市
朝倉台西　あさくらだいにし　奈良県桜井市
朝倉台東　あさくらだいひがし　奈良県桜井市
朝倉市　あさくら　福岡県
朝倉戊　あさくらぼ　高知県高知市
朝倉本町　あさくらほんまち　高知県高知市
朝倉甲　あさくらこう　高知県高知市
朝倉西町　あさくらにしまち　高知県高知市
朝倉町
　　あさくらちょう　秋田県横手市
　　あさくらちょう　栃木県足利市
　　あさくらまち　群馬県前橋市
　　あさくらちょう　岐阜県関市
　　あさくらまち　愛知県知多市
　　あさくらちょう　京都府京都市中京区
　　あさくらちょう　山口県山口市
朝倉東町　あさくらひがしまち　高知県高知市
朝倉南乙　あさくらみなみおつ　愛媛県今治市
朝倉南甲　あさくらみなみこう　愛媛県今治市
朝倉南町　あさくらみなみまち　高知県高知市
朝倉神社前　あさくらじんじゃまえ　高知県（とさでん交通伊野線）
朝倉郡　あさくらぐん　福岡県
朝倉街道　あさくらがいどう　福岡県（西日本鉄道天神大牟田線）
朝倉駅前　あさくらえきまえ　高知県（とさでん交通伊野線）
朝倉横町　あさくらよこまち　高知県高知市
朝宮町
　　あさみやちょう　福井県福井市
　　あさみやちょう　愛知県春日井市
朝酌町　あさくみちょう　島根県松江市

11朝菜町
　　あさなまち　富山県（富山地方鉄道不二越・上滝線）
　　あさなちょう　富山県富山市
朝野　あさの　福岡県宗像市
12朝捲　あさまくり　新潟県新潟市南区
朝陽
　　ちょうよう　北海道河東郡士幌町
　　あさひ　長野県（長野電鉄長野線）
13朝園　あさぞの　福岡県朝倉郡筑前町
朝朋町　ちょうようまち　山形県鶴岡市
14朝熊　あさま　三重県（近畿日本鉄道鳥羽線）
朝熊町　あさまちょう　三重県伊勢市
15朝潮橋　あしおばし　大阪府（大阪市交通局中央線）
朝駒　あさこま　北海道空知郡上砂川町
17朝篠　あざしの　山形県西置賜郡小国町
朝霞　あさか　埼玉県（東武鉄道東上本線）
朝霞台　あさかだい　埼玉県（東武鉄道東上本線）
朝霞市　あさかし　埼玉県
19朝霧
　　あさぎり　兵庫県（JR山陽本線）
　　あさぎり　福岡県中間市
朝霧山手町　あさぎりやまてちょう　兵庫県明石市
朝霧北町　あさぎりきたまち　兵庫県明石市
朝霧台
　　あさぎりだい　石川県金沢市
　　あさぎりだい　兵庫県明石市
朝霧町
　　あさぎりちょう　岐阜県岐阜市
　　あさぎりちょう　兵庫県明石市
朝霧東町　あさぎりひがしまち　兵庫県明石市
朝霧南町　あさぎりみなみまち　兵庫県明石市

【検】
7検見川　けみがわ　千葉県（京成電鉄千葉線）
検見川町　けみがわちょう　千葉県千葉市花見川区
検見川浜　けみがわはま　千葉県（JR京葉線）
検見坂　けんみざか　福井県小浜市
13検福　けんぶく　鹿児島県大島郡伊仙町
15検儀谷　けぎや　千葉県南房総市

【植】
3植下町　うえしもちょう　栃木県佐野市
植上町　うえかみちょう　栃木県佐野市
植大
　　うえだい　愛知県（名古屋鉄道河和線）
　　うえだい　愛知県知多郡阿久比町
植山町　うえやまちょう　三重県伊勢市
4植月中　うえつきなか　岡山県勝田郡勝央町
植月北　うえつききた　岡山県勝田郡勝央町
植月東　うえつきひがし　岡山県勝田郡勝央町
植木
　　うえき　神奈川県鎌倉市
　　うえき　富山県黒部市
　　うえき　福岡県直方市
　　うえき　福岡県糟屋郡須恵町
　　うえき　熊本県（JR鹿児島本線）
　　うえき　熊本県球磨郡湯前町
　　うえき　大分県竹田市
植木町　うえきまち　⇒熊本市（熊本県）

1108

12画（森）

植木町一木　うえきまちひとつぎ　熊本県熊本市北区
植木町上古閑　うえきまちうえこが　熊本県熊本市北区
植木町大井　うえきまちおおい　熊本県熊本市北区
植木町大和　うえきまちだいわ　熊本県熊本市北区
植木町小野　うえきまちおの　熊本県熊本市北区
植木町山本　うえきまちやまもと　熊本県熊本市北区
植木町今藤　うえきまちいまふじ　熊本県熊本市北区
植木町円台寺　うえきまちえんだいじ　熊本県熊本市北区
植木町内　うえきまちうち　熊本県熊本市北区
植木町木留　うえきまちきとめ　熊本県熊本市北区
植木町古閑　うえきまちこが　熊本県熊本市北区
植木町平井　うえきまちひらい　熊本県熊本市北区
植木町平原　うえきまちひらばる　熊本県熊本市北区
植木町平野　うえきまちひらの　熊本県熊本市北区
植木町広住　うえきまちひろずみ　熊本県熊本市北区
植木町正清　うえきまちしょうせい　熊本県熊本市北区
植木町田底　うえきまちたそこ　熊本県熊本市北区
植木町石川　うえきまちいしかわ　熊本県熊本市北区
植木町辺田野　うえきまちへたの　熊本県熊本市北区
植木町伊知坊　うえきまちいちぼう　熊本県熊本市北区
植木町有泉　うえきまちありずみ　熊本県熊本市北区
植木町米塚　うえきまちよねつか　熊本県熊本市北区
植木町舟島　うえきまちふなじま　熊本県熊本市北区
植木町色出　うえきまちしきで　熊本県熊本市北区
植木町投刀塚　うえきまちなたつか　熊本県熊本市北区
植木町那知　うえきまちなち　熊本県熊本市北区
植木町味取　うえきまちみとり　熊本県熊本市北区
植木町岩野　うえきまちいわの　熊本県熊本市北区
植木町後古閑　うえきまちうしろこが　熊本県熊本市北区
植木町宮原　うえきまちみやばる　熊本県熊本市北区
植木町荻迫　うえきまちおぎさこ　熊本県熊本市北区
植木町亀甲　うえきまちかめこう　熊本県熊本市北区
植木町清水　うえきまちきよみず　熊本県熊本市北区
植木町富応　うえきまちとみおう　熊本県熊本市北区
植木町植木　うえきまちうえき　熊本県熊本市北区
植木町豊田　うえきまちとよだ　熊本県熊本市北区
植木町豊岡　うえきまちとよおか　熊本県熊本市北区
植木町鈴麦　うえきまちすずむぎ　熊本県熊本市北区
植木町滴水　うえきまちたるみず　熊本県熊本市北区
植木町舞尾　うえきまちもうの　熊本県熊本市北区
植木町鞍掛　うえきまちくらかけ　熊本県熊本市北区
植木町鐙田　うえきまちあぶみだ　熊本県熊本市北区
植木町轟　うえきまちとどろき　熊本県熊本市北区
植木野町　うえきのちょう　群馬県太田市
5植出町　うえだしまち　愛知県碧南市
植田
　うえだ　福島県（JR常磐線）
　うえだ　福島県東白川郡塙町
　うえだ　静岡県沼津市
　うえだ　愛知県（豊橋鉄道渥美線）
　うえだ　愛知県（名古屋市交通局鶴舞線）
　うえだ　愛知県名古屋市天白区
　うえだ　京都府相楽郡精華町

　うえだ　広島県安芸郡坂町
　うえだ　山口県下関市
　うえた　高知県南国市
植田山　うえだやま　愛知県名古屋市天白区
植田本町　うえだほんまち　愛知県名古屋市天白区
植田西　うえだにし　愛知県名古屋市天白区
植田町
　うえだちょう　青森県弘前市
　うえだまち　福島県いわき市
　うえたちょう　愛知県豊橋市
　うえだちょう　島根県安来市
　うえだちょう　香川県観音寺市
植田谷本　うえたやほん　埼玉県さいたま市西区
植田谷本村新田　うえたやほんむらしんでん　埼玉県さいたま市西区
植田東　うえだひがし　愛知県名古屋市天白区
植田南　うえだみなみ　愛知県名古屋市天白区
6植竹　うえだけ　埼玉県児玉郡神川町
植竹町　うえたけちょう　埼玉県さいたま市北区
7植村　うえむら　鹿児島県（JR肥薩線）
8植房　うえぼう　千葉県香取郡神崎町
植松
　うえまつ　宮城県名取市
　うえまつ　岡山県（JR瀬戸大橋線）
　うえまつ　岡山県岡山市南区
　うえまつ　山口県防府市
　うえまつ　長崎県大村市
植松丁　うえまつちょう　和歌山県和歌山市
植松町
　うえまつちょう　千葉県銚子市
　うえまつちょう　静岡県浜松市東区
　うえまつちょう　京都府京都市下京区
　うえまつちょう　大阪府八尾市
　うえまつちょう　香川県高松市
植苗
　うえなえ　北海道（JR千歳線）
　うえなえ　北海道苫小牧市
9植柳下町　うやなぎしもまち　熊本県八代市
植柳上町　うやなぎかみまち　熊本県八代市
植柳元町　うやなぎもとまち　熊本県八代市
植柳新町　うやなぎしんまち　熊本県八代市
植畑　うえはた　千葉県君津市
植草　うえくさ　千葉県山武市
10植栗　うえぐり　群馬県吾妻郡東吾妻町
11植野
　うえの　千葉県勝浦市
　うえの　岐阜県関市
　うえの　和歌山県有田郡有田川町
　うえの　高知県安芸市
　うえの　高知県南国市
　うえの　大分県中津市
植野元宮田　うえのもとみやた　千葉県勝浦市
植野町　うえのちょう　栃木県佐野市
植野新田　うえのしんでん　新潟県新潟市西蒲区
13植園町　うえそのちょう　愛知県名古屋市名東区
15植槻町　うえつきちょう　奈良県大和郡山市

【森】
森
　もり　北海道（JR函館本線）
　もり　北海道夕張郡栗山町

1109

12画（森）

もり　宮城県伊具郡丸森町
もり　秋田県湯沢市
もり　山形県長井市
もり　群馬県藤岡市
もり　千葉県山武市
もり　千葉県長生郡睦沢町
もり　神奈川県横浜市磯子区
もり　富山県富山市
もり　富山県南砺市
もり　石川県かほく市
もり　福井県丹生郡越前町
もり　長野県千曲市
もり　岐阜県瑞穂市
もり　岐阜県下呂市
もり　静岡県周智郡森町
もり　愛知県豊川市
もり　愛知県あま市
もり　滋賀県大津市
もり　京都府舞鶴市
もり　京都府久世郡久御山町
もり　京都府船井郡京丹波町
もり　大阪府（水間鉄道線）
もり　大阪府貝塚市
もり　大阪府交野市
もり　兵庫県豊岡市
もり　兵庫県養父市
もり　兵庫県加東市
もり　奈良県高市郡高取町
もり　和歌山県岩出市
もり　鳥取県倉吉市
もり　鳥取県東伯郡三朝町
もり　山口県大島郡周防大島町
もり　愛媛県伊予市
もり　高知県吾川郡仁淀川町
もり　佐賀県鹿島市
もり　熊本県菊池郡大津町
もり　大分県大分市
もり　大分県豊後高田市
もり　大分県玖珠郡玖珠町

⁰森力山町　もりがやまちょう　三重県四日市市
森ケ沢　もりがさわ　青森県上北郡七戸町
森ノ下　もりのしも　青森県上北郡七戸町
森ノ上　もりのかみ　青森県上北郡七戸町
森ノ木町　もりのきちょう　京都府京都市中京区
森ノ宮　もりのみや　大阪府（JR大阪環状線ほか）
森ノ宮中央　もりのみやちゅうおう　大阪府大阪市中央区
森が丘　もりがおか　神奈川県横浜市磯子区
森の台　もりのだい　神奈川県横浜市緑区
森の里
　もりのさと　茨城県つくば市
　もりのさと　神奈川県厚木市
　もりのさと　愛知県名古屋市緑区
森の里若宮　もりのさとわかみや　神奈川県厚木市
森の里青山　もりのさとあおやま　神奈川県厚木市
³森下
　もりした　群馬県利根郡昭和村
　もりした　東京都（東京都交通局新宿線ほか）
　もりした　東京都江東区
　もりした　新潟県新潟市北区
　もりした　静岡県富士市
　もりした　静岡県磐田市
　もりした　愛知県（名古屋鉄道瀬戸線）
　もりした　福岡県（筑豊電気鉄道線）

森下町
　もりしたちょう　東京都青梅市
　もりしたまち　岐阜県高山市
　もりしたちょう　静岡県静岡市駿河区
　もりしたちょう　京都府京都市東山区
　もりしたちょう　兵庫県西宮市
　もりしたちょう　岡山県岡山市中区
　もりしたまち　福岡県北九州市八幡西区
森上
　もりあげ　新潟県長岡市
　もりかみ　愛知県（名古屋鉄道尾西線）
　もりがみ　大阪府豊能郡能勢町
森久　もりひさ　福岡県豊前市
森久町　もりひさちょう　福井県越前市
森口　もりぐち　長野県（アルピコ交通上高地線）
森子　もりこ　秋田県由利本荘市
森小手穂　もりおてぼ　和歌山県和歌山市
森小路
　もりしょうじ　大阪府（京阪電気鉄道本線）
　もりしょうじ　大阪府大阪市旭区
森山
　もりやま　青森県西津軽郡深浦町
　もりやま　青森県南津軽郡大鰐町
　もりやま　福島県伊達郡国見町
　もりやま　石川県金沢市
　もりやま　福井県大野市
　もりやま　長野県小諸市
　もりやま　愛知県あま市
　もりやま　愛媛県大洲市
　もりやま　高知県吾川郡仁淀川町
　もりやま　福岡県朝倉郡筑前町
　もりやま　長崎県（島原鉄道線）
　もりやま　大分県宇佐市
森山田町　もりやまだちょう　愛知県春日井市
森山町
　もりやままちょう　茨城県日立市
　もりやままちょう　岐阜県美濃加茂市
森山町下井牟田　もりやまちょうしもいむた　長崎県諫早市
森山町上井牟田　もりやまちょうかみいむた　長崎県諫早市
森山町本村　もりやまちょうほんむら　長崎県諫早市
森山町田尻　もりやまちょうたじり　長崎県諫早市
森山町杉谷　もりやまちょうすぎたに　長崎県諫早市
森山町唐比北　もりやまちょうからこきた　長崎県諫早市
森山町唐比西　もりやまちょうからこにし　長崎県諫早市
森山町唐比東　もりやまちょうからこひがし　長崎県諫早市
森山町慶師野　もりやまちょうけいしの　長崎県諫早市
森川　もりかわ　沖縄県中頭郡西原町
森川町
　もりかわちょう　北海道茅部郡森町
　もりかわちょう　愛知県愛西市
森川原町　もりかわらちょう　滋賀県守山市
⁴森中町　もりなかちょう　京都府京都市上京区
森之木町　もりのきちょう　京都府京都市上京区
森之宮　もりのみや　大阪府大阪市城東区
森元町　もりもとちょう　富山県中新川郡上市町

12画（森）

森友
もりとも　栃木県日光市
もりとも　兵庫県神戸市西区

森戸
もりと　福島県南会津郡南会津町
もりど　群馬県多野郡神流町
もりど　埼玉県坂戸市
もりど　千葉県香取市
もりと　石川県金沢市

森戸町
もりとちょう　茨城県水戸市
もりとちょう　千葉県銚子市

森戸新田　もりどしんでん　埼玉県日高市
森片　もりかた　山形県鶴岡市
⁵**森北**
もりきた　大阪府交野市
もりきた　熊本県菊池市

森北町　もりきたまち　兵庫県神戸市東灘区
森尻　もりじり　富山県中新川郡上市町
森尻町　もりじりちょう　滋賀県近江八幡市
森尻新　もりじりしん　富山県滑川市

森本
もりもと　石川県（IRいしかわ鉄道線）
もりもと　石川県羽咋郡宝達志水町
もりもと　福井県大野市
もりもと　静岡県磐田市
もりもと　愛知県一宮市
もりもと　兵庫県伊丹市

森本町
もりほんまち　京都府舞鶴市
もりもとちょう　京都府向日市
もりもとちょう　奈良県天理市

森末町　もりすえちょう　愛知県名古屋市中村区
森永　もりなが　宮崎県東諸県郡国富町

森田
もりた　栃木県那須烏山市
もりた　新潟県上越市
もりた　富山県富山市
もりた　福井県（JR北陸本線）

森田町
もりたちょう　静岡県浜松市中区
もりたちょう　愛知県名古屋市中村区

森田町下相野　もりたちょうしもあいの　青森県つがる市
森田町上相野　もりたちょうかみあいの　青森県つがる市
森田町大館　もりたちょうおおだて　青森県つがる市
森田町山田　もりたちょうやまだ　青森県つがる市
森田町中田　もりたちょうなかた　青森県つがる市
森田町妙堂崎　もりたちょうみょうどうざき　青森県つがる市
森田町床舞　もりたちょうとこまい　青森県つがる市
森田町森田　もりたちょうもりた　青森県つがる市
森田新保町　もりたしんぼちょう　福井県福井市
森目　もりめ　福井県大野市
森石　もりいし　富山県（黒部峡谷鉄道線）
⁶**森吉**　もりよし　秋田県北秋田市
森合　もりあい　福島県福島市
森合町　もりあいちょう　福島県福島市
森安　もりやす　兵庫県加古郡稲美町

森寺
もりでら　富山県氷見市
もりでら　三重県伊賀市

森行町　もりゆきちょう　福井県福井市
森西　もりにし　岐阜県岐阜市

森西町
もりにしちょう　岐阜県関市
もりにしちょう　愛知県常滑市

⁷**森住町**　もりずみちょう　富山県富山市
森坂　もりさか　埼玉県入間市
森孝　もりたか　愛知県名古屋市守山区
森孝東　もりたかひがし　愛知県名古屋市守山区

森尾
もりお　兵庫県豊岡市
もりお　兵庫県加東市

森村　もりむら　島根県鹿足郡津和野町
森沢　もりさわ　高知県四万十市

森町
もりまち　北海道茅部郡
もりちょう　青森県弘前市
もりまち　新潟県三条市
もりまち　石川県加賀市
もりちょう　静岡県周智郡
もりちょう　愛知県豊田市
もりちょう　三重県津市
もりちょう　滋賀県長浜市
もりちょう　京都府舞鶴市
もりちょう　大阪府泉大津市
もりまち　大分県大分市

森町中　しんまちなか　大阪府箕面市
森町北　しんまちきた　大阪府箕面市
森町西　しんまちにし　大阪府箕面市
森町南　しんまちみなみ　大阪府箕面市
森町病院前　もりまちびょういんまえ　静岡県（天竜浜名湖鉄道線）
森近　もりちか　新潟県柏崎市

⁸**森岡**
もりおか　静岡県磐田市
もりおか　愛知県知多郡東浦町

森岡町
もりおかちょう　愛知県豊橋市
もりおかちょう　愛知県大府市
もりおかまち　愛知県大府市
もりおかちょう　鳥取県境港市

森岳
もりたけ　秋田県（JR奥羽本線）
もりたけ　秋田県山本郡三種町

森忠　もりただ　三重県桑名市
森松町　もりまつまち　愛媛県松山市
森東　もりひがし　岐阜県岐阜市

森林公園
しんりんこうえん　北海道（JR函館本線）
しんりんこうえん　埼玉県（東武鉄道東上本線）

森河内西　もりかわちにし　大阪府東大阪市
森河内東　もりかわちひがし　大阪府東大阪市
森若町　もりわかちょう　富山県富山市
⁹**森南**　もりみなみ　大阪府交野市
森南町　もりみなみまち　兵庫県神戸市東灘区
森垣　もりがい　京都府福知山市

森屋
もりや　富山県小矢部市

12画(椙, 棚, 椎)

もりや　大阪府南河内郡千早赤阪村
森後町
　もりごちょう　愛知県名古屋市熱田区
　もりごちょう　兵庫県神戸市灘区
森政地頭　もりまさじとう　福井県大野市
森政領家　もりまさりょうけ　福井県大野市
森津
　もりづ　愛知県弥富市
　もりづ　兵庫県豊岡市
森津町　もりづちょう　愛知県弥富市
森荘　もりしょう　三重県多気郡多気町
10**森宮**　もりみや　千葉県夷隅郡大多喜町
森宮町　もりみやちょう　愛知県名古屋市守山区
森宮野原　もりみやのはら　長野県(JR飯山線)
森島　もりじま　静岡県富士市
森島町　もりじままち　石川県白山市
森浦　もりうら　和歌山県東牟婁郡太地町
森脇　もりわき　奈良県御所市
11**森堂町**　もりどうちょう　滋賀県彦根市
森宿　もりじゅく　福島県須賀川市
森崎　もりさき　神奈川県横須賀市
森清　もりきよ　富山県南砺市
森添島　もりそえじま　茨城県常西市
森郷　もりごう　宮城県宮城郡利府町
森部　もりべ　岐阜県安八郡安八町
森野
　もりの　北海道白老郡白老町
　もりの　東京都町田市
森野新　もりのしん　富山県滑川市
12**森越**
　もりこし　北海道上磯郡知内町
　もりこし　青森県三戸郡南部町
森越町　もりこしちょう　愛知県岡崎市
13**森園町**　もりぞのまち　長崎県大村市
森新田　もりしんでん　群馬県藤岡市
森腰　もりこし　静岡県静岡市葵区
18**森藤**　もりとう　鳥取県東伯郡琴浦町

【椙】
7**椙谷町**　すいだにちょう　福井県福井市

【棚】
3**棚山**　たなやま　富山県下新川郡朝日町
4**棚井**　たない　山口県宇部市
棚方　たながた　長崎県(松浦鉄道西九州線)
棚方町　たながたちょう　長崎県佐世保市
棚木　たなぎ　茨城県鹿嶋市
棚毛　たなげ　千葉県長生郡長南町
5**棚田**
　たなだ　富山県小矢部市
　たなだ　富山県射水市
棚田町
　たなだちょう　埼玉県行田市
　たなだまち　福岡県北九州市若松区
7**棚尾本町**　たなおほんまち　愛知県碧南市
棚沢
　たなざわ　東京都西多摩郡奥多摩町
　たなざわ　神奈川県厚木市
　たなざわ　神奈川県愛甲郡愛川町

棚谷町　たなやちょう　茨城県常陸太田市
9**棚草**　たなくさ　静岡県菊川市
10**棚倉**
　たなぐら　福島県東白川郡棚倉町
　たなくら　京都府(JR奈良線)
棚倉町　たなぐらまち　福島県東白川郡
棚原　たなばる　沖縄県中頭郡西原町
11**棚野**　たなの　徳島県勝浦郡勝浦町
13**棚塩**　たなしお　福島県双葉郡浪江町
16**棚橋**　たなはし　三重県度会郡度会町
棚橋竈　たなはしがま　三重県度会郡南伊勢町
棚頭　たながしら　静岡県駿東郡小山町
20**棚懸**　たながけ　富山県氷見市
24**棚鱗**　たなひれ　新潟県三条市

【椎】
0**椎ノ木町**
　しいのきちょう　愛知県半田市
　しいのきちょう　福岡県北九州市戸畑区
椎の木台　しいのきだい　千葉県市原市
椎の木町　しいのきまち　長崎県長崎市
椎の森　しいのもり　千葉県袖ケ浦市
3**椎土**　しいど　富山県射水市
4**椎木**
　しいのき　福島県相馬市
　しいのき　福岡県嘉麻市
　しいのき　宮崎県児湯郡木城町
椎木町
　しぎちょう　奈良県大和郡山市
　しいぎちょう　山口県周南市
　しいのきちょう　長崎県佐世保市
5**椎出**　しいで　和歌山県伊都郡九度山町
椎本　しいのもと　徳島県板野郡上板町
椎田
　しいだ　福岡県(JR日豊本線)
　しいだ　福岡県築上郡築上町
椎田口　しいだぐち　愛知県常滑市
椎田奥　しいだおく　愛知県常滑市
6**椎名内**　しいなうち　千葉県旭市
椎名町　しいなまち　東京都(西武鉄道池袋線)
椎名崎町　しいなざきちょう　千葉県千葉市緑区
椎池　しいいけ　愛知県常滑市
7**椎谷**
　しゅうがい　栃木県芳賀郡市貝町
　しいや　新潟県柏崎市
8**椎垂木**　しいたるき　愛知県常滑市
椎泊　しいどまり　新潟県佐渡市
椎迫　しいざこ　大分県大分市
9**椎柴**　しいしば　千葉県(JR成田線)
椎津　しいづ　千葉県市原市
椎草南割　しいくさみなわり　愛知県常滑市
10**椎倉**　しぐら　岐阜県山県市
椎原
　しいばら　静岡県下田市
　しいば　福岡県福岡市早良区
11**椎堂**　しどう　兵庫県尼崎市
椎崎　しいざき　千葉県山武市
12**椎塚**　しいづか　茨城県稲敷市
椎葉村　しいばそん　宮崎県東臼杵郡

12画（棟,棒,椋,楢,椌,椥,棯,椚,椣,欽,歯,殖,渦,温）

【棟】
10棟高町　むなだかまち　群馬県高崎市

【棒】
10棒振　ぼうふり　愛知県長久手市

【椋】
4椋木　むくのき　和歌山県海南市
5椋本　むくもと　福岡県飯塚市
8椋岡　むくおか　愛知県知多郡阿久比町
椋枝　むくえだ　福岡県北九州市八幡西区
椋波　もくなみ　鳥取県倉吉市
11椋野
　　むくの　山口県（錦川鉄道錦川清流線）
　　むくの　山口県大島郡周防大島町
椋野上町　むくのかみまち　山口県下関市
椋野町　むくのちょう　山口県下関市

【楢】
10楢原　ゆずりはら　山梨県上野原市

【椌】
4椌木通　ごうらきどおり　宮城県仙台市若林区

【椥】
5椥辻　なぎつじ　京都府（京都市交通局東西線）
椥辻中在家町　なぎつじちゅうざいけちょう　京都府京都市山科区
椥辻平田町　なぎつじひらたちょう　京都府京都市山科区
椥辻池尻町　なぎつじいけじりちょう　京都府京都市山科区
椥辻西浦町　なぎつじにしうらちょう　京都府京都市山科区
椥辻西潰　なぎつじにしつぶし　京都府京都市山科区
椥辻東浦町　なぎつじひがしうらちょう　京都府京都市山科区
椥辻東潰　なぎつじひがしつぶし　京都府京都市山科区
椥辻封シ川町　なぎつじふうしがわちょう　京都府京都市山科区
椥辻草海道町　なぎつじくさかいどうちょう　京都府京都市山科区
椥辻番所ケ口町　なぎつじばんしょうがくちょう　京都府京都市山科区

【棯】
3棯小野　うつぎおの　山口県宇部市

【椚】
椚
　　くぬぎ　埼玉県春日部市
　　くぬぎ　福井県あわら市
0椚ノ目　くぬぎのめ　岩手県花巻市
3椚山　くぬぎやま　富山県下新川郡入善町
椚山新　くぬぎやましん　富山県下新川郡入善町
4椚木　くぬぎ　茨城県取手市
5椚平　くぬぎだいら　埼玉県比企郡ときがわ町
椚田町　くぬぎだまち　東京都八王子市

8椚林　くぬぎばやし　宮城県伊具郡丸森町
12椚塚
　　くぬぎづか　宮城県伊具郡丸森町
　　くぬぎづか　山形県南陽市

【椣】
10椣原　しではら　奈良県生駒郡平群町

【欽】
8欽明台中央　きんめいだいちゅうおう　京都府八幡市
欽明台北　きんめいだいきた　京都府八幡市
欽明台西　きんめいだいにし　京都府八幡市
欽明台東　きんめいだいひがし　京都府八幡市
欽明路　きんめいじ　山口県（JR岩徳線）

【歯】
15歯舞　はぼまい　北海道根室市

【殖】
11殖産　しょくさん　北海道足寄郡陸別町

【渦】
12渦森台　うずもりだい　兵庫県神戸市東灘区

【温】
4温井　ぬくい　岐阜県本巣市
温井町　ぬくいまち　石川県七尾市
温水　ぬるみず　神奈川県厚木市
温水西　ぬるみずにし　神奈川県厚木市
5温出　ぬくいで　新潟県村上市
温田
　　ぬくた　長野県（JR飯田線）
　　おんだ　山口県周南市
6温江　あつえ　京都府与謝郡与謝野町
7温見　ぬくみ　山口県下松市
9温品　ぬくしな　広島県広島市東区
温品町　ぬくしなちょう　広島県広島市東区
温海　あつみ　山形県鶴岡市
温海川　あつみがわ　山形県鶴岡市
温泉
　　おんせん　北海道天塩郡豊富町
　　おんせん　福井県あわら市
温泉町
　　おんせんまち　北海道山越郡長万部町
　　おんせんまち　山形県東根市
　　おんせんまち　大阪府箕面市
　　おんせんまち　熊本県人吉市
温泉津　ゆのつ　島根県（JR山陰本線）
温泉津町上村　ゆのつちょうかみむら　島根県大田市
温泉津町小浜　ゆのつちょうこはま　島根県大田市
温泉津町井田　ゆのつちょういだ　島根県大田市
温泉津町今浦　ゆのつちょういまうら　島根県大田市
温泉津町太田　ゆのつちょうおおた　島根県大田市
温泉津町吉浦　ゆのつちょうよしうら　島根県大田市
温泉津町西田　ゆのつちょうにした　島根県大田市
温泉津町荻村　ゆのつちょうおぎむら　島根県大田市
温泉津町温泉津　ゆのつちょうゆのつ　島根県大田市
温泉津町湯里　ゆのつちょうゆさと　島根県大田市

1113

12画（湖, 港）

温泉津町飯原　ゆのつちょうはんばら　島根県大田市
温泉津町福田　ゆのつちょうふくだ　島根県大田市
温泉津町福光　ゆのつちょうふくみつ　島根県大田市
10温根元　おんねもと　北海道根室市
温根内　おんねない　北海道阿寒郡鶴居村
温根別町　おんねべつちょう　北海道士別市
温根別町北静川　おんねべつちょうきたしずかわ　北海道士別市
温根別町伊文　おんねべつちょういぶん　北海道士別市
温根沼　おんねとう　北海道根室市
12温湯　ぬるゆ　青森県黒石市

【湖】
3湖山　こやま　鳥取県（JR山陰本線）
湖山町　こやまちょう　鳥取県鳥取市
湖山町北　こやまちょうきた　鳥取県鳥取市
湖山町西　こやまちょうにし　鳥取県鳥取市
湖山町東　こやまちょうひがし　鳥取県鳥取市
湖山町南　こやまちょうみなみ　鳥取県鳥取市
5湖北　こほく　茨城県土浦市
　　こほく　千葉県（JR成田線）
湖北今町　こほくいまちょう　滋賀県長浜市
湖北台　こほくだい　千葉県我孫子市
湖北町　こほくちょう　⇒長浜市（滋賀県）
湖北町二俣　こほくちょうふたまた　滋賀県長浜市
湖北町八日市　こほくちょうようかいち　滋賀県長浜市
湖北町大安寺　こほくちょうだいあんじ　滋賀県長浜市
湖北町小今　こほくちょうこいま　滋賀県長浜市
湖北町小倉　こほくちょうおぐら　滋賀県長浜市
湖北町山本　こほくちょうやまもと　滋賀県長浜市
湖北町山脇　こほくちょうやまわき　滋賀県長浜市
湖北町五坪　こほくちょうごのつぼ　滋賀県長浜市
湖北町今西　こほくちょういまにし　滋賀県長浜市
湖北町田中　こほくちょうたなか　滋賀県長浜市
湖北町石川　こほくちょういしかわ　滋賀県長浜市
湖北町伊部　こほくちょういべ　滋賀県長浜市
湖北町別所　こほくちょうべっしょ　滋賀県長浜市
湖北町尾上　こほくちょうおのえ　滋賀県長浜市
湖北町沢　こほくちょうさわ　滋賀県長浜市
湖北町延勝寺　こほくちょうえんしょうじ　滋賀県長浜市
湖北町河毛　こほくちょうかわけ　滋賀県長浜市
湖北町青名　こほくちょうあおな　滋賀県長浜市
湖北町南速水　こほくちょうみなみはやみ　滋賀県長浜市
湖北町海老江　こほくちょうえびえ　滋賀県長浜市
湖北町津里　こほくちょうつのさと　滋賀県長浜市
湖北町留目　こほくちょうとどめ　滋賀県長浜市
湖北町速水　こほくちょうはやみ　滋賀県長浜市
湖北町馬渡　こほくちょうもうたり　滋賀県長浜市
湖北町猫口　こほくちょうねこぐち　滋賀県長浜市
湖北町賀　こほくちょうか　滋賀県長浜市
湖北東尾上町　こほくひがしおのえちょう　滋賀県長浜市
湖北高田町　こほくたかたちょう　滋賀県長浜市

6湖光　こうこう　富山県氷見市
湖西　こせい　石川県河北郡内灘町
湖西市　こさいし　静岡県
湖西町　こせいまち　愛知県碧南市
8湖岸通り　こがんどおり　長野県諏訪市
湖東
　　ことう　石川県河北郡津幡町
　　こひがし　長野県茅野市
　　ことう　熊本県熊本市中央区
　　ことう　熊本県熊本市東区
湖東町　ことうちょう　静岡県浜松市西区
湖青　こせい　滋賀県大津市
9湖南
　　こなん　北海道根室市
　　こなん　新潟県新潟市中央区
　　こなん　新潟県新発田市
　　こなみ　長野県諏訪市
湖南市　こなんし　滋賀県
湖南町
　　こなんまち　石川県金沢市
　　こなんまち　長崎県島原市
湖南町三代　こなんまちみよ　福島県郡山市
湖南町中野　こなんまちなかの　福島県郡山市
湖南町舟津　こなんまちふなつ　福島県郡山市
湖南町赤津　こなんまちあかつ　福島県郡山市
湖南町浜路　こなんまちはまじ　福島県郡山市
湖南町馬入新田　こなんまちばにゅうしんでん　福島県郡山市
湖南町福良　こなんまちふくら　福島県郡山市
湖南町横沢　こなんまちよこさわ　福島県郡山市
湖南町舘　こなんまちたて　福島県郡山市
湖城が丘　こじょうがおか　滋賀県大津市
湖城町　こじょうまち　石川県加賀市
10湖畔
　　こはん　東京都東大和市
　　こはん　長野県岡谷市
湖畔町　こはんちょう　長野県諏訪郡下諏訪町
11湖陵町二部　こりょうちょうにぶ　島根県出雲市
湖陵町三部　こりょうちょうさんぶ　島根県出雲市
湖陵町大池　こりょうちょうおおいけ　島根県出雲市
湖陵町板津　こりょうちょういたつ　島根県出雲市
湖陵町畑村　こりょうちょうはたむら　島根県出雲市
湖陵町差海　こりょうちょうさしうみ　島根県出雲市
湖陵町常楽寺　こりょうちょうじょうらくじ　島根県出雲市
12湖遊館新駅　こゆうかんしんえき　島根県（一畑電車北松江線）
湖陽　こよう　石川県金沢市

【港】
港
　　みなと　北海道稚内市
　　みなと　北海道島牧郡島牧村
　　みなと　宮城県仙台市宮城野区
　　みなと　千葉県浦安市
　　みなと　静岡県御前崎市
　　みなと　大阪府貝塚市
　　みなと　兵庫県洲本市
　　みなと　島根県邑智郡美郷町
　　みなと　愛媛県西条市

12画（港）

みなと	福岡県福岡市中央区	
みなと	宮崎県宮崎市	
みなと	沖縄県名護市	
みなと	沖縄県中頭郡北谷町	
みなと	沖縄県島尻郡北大東村	

0 **港ケ丘** みなとがおか 茨城県鹿嶋市
港が丘 みなとがおか 神奈川県横須賀市
3 **港山** みなとやま 愛媛県（伊予鉄道高浜線）
港山町 みなとやままち 愛媛県松山市
港川
みなとがわ 沖縄県浦添市
みなとがわ 沖縄県島尻郡八重瀬町
4 **港中央** みなとちゅうおう 茨城県東茨城郡大洗町
港区
みなとく 東京都
みなとく 愛知県名古屋市
みなとく 大阪府大阪市
港区役所 みなとくやくしょ 愛知県（名古屋市交通局名港線）
5 **港北区** こうほくく 神奈川県横浜市
港北町
こうほくちょう 北海道室蘭市
こうほくちょう 愛知県名古屋市港区
港北松野町 こうほくまつのちょう 秋田県秋田市
港北新町 こうほくしんちょう 秋田県秋田市
港本町
みなとほんまち 愛知県半田市
みなとほんまち 愛知県碧南市
6 **港西町** みなとにしまち 北海道斜里郡斜里町
7 **港町**
みなとちょう 北海道函館市
みなとまち 北海道小樽市
みなとちょう 北海道釧路市
みなとまち 北海道網走市
みなとまち 北海道留萌市
みなとまち 北海道苫小牧市
みなとちょう 北海道紋別市
みなとまち 北海道茅部郡森町
みなとまち 北海道磯谷郡蘭越町
みなとまち 北海道古平郡古平町
みなとまち 北海道余市郡余市町
みなとまち 北海道増毛郡増毛町
みなとまち 北海道苫前郡羽幌町
みなとまち 北海道斜里郡斜里町
みなとまち 北海道紋別郡湧別町
みなとまち 北海道様似郡様似町
みなとまち 北海道厚岸郡厚岸町
みなとまち 青森県青森市
みなとまち 青森県三沢市
みなとまち 青森県むつ市
みなとまち 岩手県宮古市
みなとまち 岩手県釜石市
みなとまち 岩手県上閉伊郡大槌町
みなとまち 宮城県塩竈市
みなとまち 宮城県気仙沼市
みなとまち 茨城県土浦市
みなとちょう 千葉県千葉市中央区
みなとちょう 千葉県銚子市
みなとちょう 神奈川県（京浜急行電鉄大師線）
みなとちょう 神奈川県横浜市中区
みなとちょう 神奈川県川崎市川崎区
みなとちょう 新潟県上越市
みなとまち 富山県魚津市

みなとまち	富山県射水市	
みなとまち	福井県敦賀市	
みなとまち	岐阜県美濃市	
みなとまち	岐阜県羽島郡笠松町	
みなとちょう	静岡県静岡市清水区	
みなとまち	愛知県名古屋市港区	
みなとまち	愛知県半田市	
みなとまち	愛知県刈谷市	
みなとまち	愛知県西尾市	
みなとまち	愛知県蒲郡市	
みなとちょう	愛知県常滑市	
みなとまち	三重県津市	
みなとまち	三重県尾鷲市	
みなとちょう	滋賀県長浜市	
みなとまち	兵庫県明石市	
みなとまち	和歌山県有田市	
みなとまち	鳥取県鳥取市	
みなとまち	島根県浜田市	
みなとまち	島根県隠岐郡隠岐の島町	
みなとちょう	岡山県笠岡市	
みなとまち	広島県竹原市	
みなとまち	広島県三原市	
みなとまち	広島県福山市	
みなとまち	広島県大竹市	
みなとまち	山口県宇部市	
みなとまち	山口県周南市	
みなとまち	山口県山陽小野田市	
みなとまち	徳島県海部郡美波町	
みなとまち	香川県丸亀市	
みなとまち	香川県観音寺市	
みなとまち	愛媛県八幡浜市	
みなとまち	愛媛県新居浜市	
みなとまち	高知県安芸市	
みなとまち	高知県須崎市	
みなとまち	福岡県北九州市門司区	
みなとまち	福岡県大牟田市	
みなとまち	福岡県京都郡苅田町	
みなとまち	熊本県八代市	
みなとまち	熊本県水俣市	
みなとまち	熊本県天草市	
みなとまち	大分県日田市	
みなとまち	大分県津久見市	
みなとまち	鹿児島県枕崎市	
みなとまち	鹿児島県阿久根市	
みなとちょう	鹿児島県薩摩川内市	
みなとまち	鹿児島県いちき串木野市	
みなとまち	沖縄県那覇市	

8 **港明** こうめい 愛知県名古屋市港区
港東 みなとひがし 宮崎県宮崎市
港東通 こうとうどおり 愛知県名古屋市南区
9 **港南**
こうなん 東京都港区
こうなん 神奈川県横浜市港南区
港南中央 こうなんちゅうおう 神奈川県（横浜市交通局ブルーライン）
港南中央通 こうなんちゅうおうどおり 神奈川県横浜市港南区
港南区 こうなんく 神奈川県横浜市
港南台
こうなんだい 千葉県木更津市
こうなんだい 神奈川県（JR根岸線）
こうなんだい 神奈川県横浜市港南区
こうなんだい 高知県宿毛市

1115

12画（滋, 湘, 渡）

港南町
　こうなんちょう　北海道室蘭市
　こうなんちょう　静岡県静岡市清水区
　こうなんまち　愛知県碧南市
港栄　こうえい　愛知県名古屋市港区
10港島　みなとじま　兵庫県神戸市中央区
港島中町　みなとじまなかまち　兵庫県神戸市中央区
港島南町　みなとじまみなみまち　兵庫県神戸市中央区
12港晴　こうせい　大阪府大阪市港区
港陽　こうよう　愛知県名古屋市港区
13港楽　こうらく　愛知県名古屋市港区
14港緑町　みなとみどりまち　大阪府岸和田市

【滋】

11滋野
　しげの　長野県（しなの鉄道線）
　しげの　長野県東御市
滋野甲　しげのこう　長野県小諸市
12滋賀里
　しがさと　滋賀県（京阪電気鉄道石山坂本線）
　しがさと　滋賀県大津市
滋賀県　しがけん

【湘】

9湘南台
　しょうなんだい　福島県いわき市
　しょうなんだい　神奈川県（横浜市交通局ブルーラインほか）
　しょうなんだい　神奈川県藤沢市
湘南江の島　しょうなんえのしま　神奈川県（湘南モノレール線）
湘南町屋　しょうなんまちや　神奈川県（湘南モノレール線）
湘南国際村　しょうなんこくさいむら　神奈川県横須賀市
湘南海岸公園　しょうなんかいがんこうえん　神奈川県（江ノ島電鉄線）
湘南深沢　しょうなんふかさわ　神奈川県（湘南モノレール線）
湘南鷹取　しょうなんたかとり　神奈川県横須賀市

【渡】

渡
　ど　静岡県静岡市葵区
　わたり　福岡県福津市
　わたり　熊本県（JR肥薩線）
　わたり　熊本県球磨郡球磨村
0渡ケ島　わたがしま　静岡県浜松市天竜区
3渡久地　とぐち　沖縄県国頭郡本部町
渡口　とぐち　沖縄県中頭郡北中城村
渡川
　わたりがわ　山口県（JR山口線）
　わたりがわ　高知県四万十市
4渡内　わたうち　神奈川県藤沢市
渡刈町　とがりちょう　愛知県豊田市
渡戸
　わたど　宮城県気仙沼市
　わたど　埼玉県富士見市
5渡田　わたりだ　神奈川県川崎市川崎区

渡田山王町　わたりださんのうちょう　神奈川県川崎市川崎区
渡田向町　わたりだむかいちょう　神奈川県川崎市川崎区
渡田東町　わたりだひがしちょう　神奈川県川崎市川崎区
渡田新町　わたりだしんちょう　神奈川県川崎市川崎区
渡辺　わたなべ　栃木県那須塩原市
渡辺町上釜戸　わたなべまちかみかまど　福島県いわき市
渡辺町中釜戸　わたなべまちなかかまど　福島県いわき市
渡辺町田部　わたなべまちたなべ　福島県いわき市
渡辺町松小屋　わたなべまちまつごや　福島県いわき市
渡辺町昼野　わたなべまちひるの　福島県いわき市
渡辺町泉田　わたなべまちいずみだ　福島県いわき市
渡辺町洞　わたなべまちほら　福島県いわき市
渡辺通
　わたなべどおり　福岡県（福岡市交通局七隈線）
　わたなべどおり　福岡県福岡市中央区
渡辺橋　わたなべばし　大阪府（京阪電気鉄道中之島線）
6渡合町　どあいちょう　愛知県豊田市
渡名喜村　となきそん　沖縄県島尻郡
7渡利　わたり　福島県福島市
渡沢町　わたざわまち　新潟県長岡市
渡町
　わたりちょう　福井県福井市
　わたりちょう　愛知県岡崎市
　わたりちょう　鳥取県境港市
　わたしまち　熊本県八代市
渡里沢　わたりさわ　福島県石川郡石川町
渡里町
　わたりちょう　茨城県水戸市
　わたりちょう　新潟県長岡市
8渡具知　とぐち　沖縄県中頭郡読谷村
渡波
　わたのは　宮城県（JR石巻線）
　わたのは　宮城県石巻市
渡波町　わたのはちょう　宮城県石巻市
9渡前
　わたまえ　山形県鶴岡市
　わたりまえ　新潟県三条市
渡柳　わたりやなぎ　埼玉県行田市
渡津町
　わたづまち　石川県白山市
　わたづちょう　島根県江津市
10渡原　どのはら　富山県南砺市
渡島当別　おしまとうべつ　北海道（道南いさりび鉄道線）
渡島町　としまちょう　北海道寿都郡寿都町
渡島沼尻　おしまぬまじり　北海道（JR函館本線）
渡島砂原　おしまさわら　北海道（JR函館本線）
渡通津町　わつづちょう　愛知県岡崎市
渡連　どれん　鹿児島県大島郡瀬戸内町
11渡部　わたべ　新潟県燕市
渡鹿
　とろく　熊本県熊本市中央区
　とろく　熊本県熊本市東区

12画（湯）

¹²渡喜仁　ときじん　沖縄県国頭郡今帰仁村
渡場　わたりば　新潟県阿賀野市
渡場町　わたりばまち　新潟県長岡市
渡散布　わたりちりっぷ　北海道厚岸郡浜中町
¹⁴渡嘉敷
　　とかしき　沖縄県豊見城市
　　とかしき　沖縄県島尻郡渡嘉敷村
渡嘉敷村　とかしきそん　沖縄県島尻郡
¹⁵渡慶次　とけし　沖縄県中頭郡読谷村
¹⁶渡橋名　とはしな　沖縄県豊見城市
渡橋町　わたりはしちょう　島根県出雲市
¹⁹渡瀬
　　わたらせ　福島県東白川郡鮫川村
　　わたらせ　群馬県（東武鉄道佐野線）
　　わたらせ　埼玉県児玉郡神川町
　　わたぜ　福岡県（JR鹿児島本線）
　　わたせ　大分県竹田市
渡瀬町　わたせちょう　静岡県浜松市南区

【湯】

湯　ゆ　兵庫県美方郡新温泉町
⁰湯ケ島　ゆがしま　静岡県伊豆市
湯ケ野　ゆがの　静岡県賀茂郡河津町
湯ノ上山　ゆのかみやま　秋田県湯沢市
湯ノ沢　ゆのさわ　北海道北斗市
湯ノ沢町　ゆのさわちょう　北海道目梨郡羅臼町
湯ノ花
　　ゆのはな　山形県西置賜郡小国町
　　ゆのはな　福島県南会津郡南会津町
湯ノ里　ゆのさと　北海道上磯郡知内町
湯ノ岱　ゆのたい　北海道檜山郡上ノ国町
湯ノ峠　ゆのとう　山口県（JR美祢線）
湯ノ原　ゆのはら　秋田県湯沢市
湯ノ島　ゆのしま　静岡県静岡市葵区
湯ノ浦　ゆのうら　愛媛県今治市
湯ノ瀬　ゆのせ　富山県下新川郡朝日町
湯の山　ゆのやま　愛媛県松山市
湯の山東　ゆのやまひがし　愛媛県松山市
湯の山温泉　ゆのやまおんせん　三重県（近畿日本鉄道湯の山線）
湯の川　ゆのかわ　北海道（函館市交通局2系統ほか）
湯の川温泉　ゆのかわおんせん　北海道（函館市交通局2系統ほか）
湯の沢
　　ゆのさわ　北海道増毛郡増毛町
　　ゆのさわ　岩手県八幡平市
湯の里　ゆのさと　北海道紋別郡遠軽町
湯の洞温泉口　ゆのほらおんせんぐち　岐阜県（長良川鉄道越美南線）
湯の島　ゆのしま　北海道川上郡弟子屈町
湯の浜　ゆのはま　鹿児島県指宿市
湯の脇　ゆのわき　長野県諏訪市
²湯八木沢　ゆやぎさわ　福島県河沼郡柳津町
³湯上　ゆのえ　富山県魚津市
湯上町　ゆのかみまち　石川県小松市
湯上野　ゆうわの　富山県中新川郡上市町
湯口
　　ゆぐち　青森県弘前市

　　ゆぐち　岩手県花巻市
湯山
　　ゆやま　岡山県加賀郡吉備中央町
　　ゆやま　熊本県球磨郡水上村
　　ゆやま　大分県別府市
湯山台　ゆやまだい　兵庫県川西市
湯山町　ゆやまちょう　愛知県高浜市
湯山柳　ゆやまやなぎ　愛媛県松山市
湯川
　　ゆがわ　岩手県和賀郡西和賀町
　　ゆがわ　新潟県南蒲原郡田上町
　　ゆかわ　静岡県伊東市
　　ゆかわ　静岡県駿東郡清水町
　　ゆかわ　和歌山県（JR紀勢本線）
　　ゆかわ　和歌山県伊都郡高野町
　　ゆかわ　和歌山県東牟婁郡那智勝浦町
　　ゆかわ　福岡県北九州市小倉南区
湯川村　ゆがわむら　福島県河沼郡
湯川町
　　ゆのかわちょう　北海道函館市
　　ゆがまち　福島県会津若松市
　　ゆかわちょう　福島県二本松市
　　ゆがわまち　石川県七尾市
湯川町丸山　ゆかわちょうまるやま　和歌山県御坊市
湯川町小松原　ゆかわちょうこまつばら　和歌山県御坊市
湯川町財部　ゆかわちょうたから　和歌山県御坊市
湯川町富安　ゆかわちょうとみやす　和歌山県御坊市
湯川南　ゆがわみなみ　福島県会津若松市
湯川新町　ゆがわしんまち　福岡県北九州市小倉南区
⁴湯之元　ゆのもと　鹿児島県（JR鹿児島本線）
湯之沢　ゆのさわ　岩手県和賀郡西和賀町
湯之谷芋川　ゆのたにいもがわ　新潟県魚沼市
湯之原　ゆのはら　奈良県吉野郡十津川村
湯之島　ゆのしま　岐阜県下呂市
湯之根町　ゆのねちょう　愛知県瀬戸市
湯之奥　ゆのおく　山梨県南巨摩郡身延町
湯元　ゆもと　栃木県日光市
湯元町　ゆのもとちょう　兵庫県西宮市
湯内　ゆない　北海道深川市
湯日　ゆい　静岡県島田市
湯木町　ゆぎちょう　埼玉県さいたま市西区
⁵湯出　ゆで　熊本県水俣市
湯布院町下湯平　ゆふいんちょうしもゆのひら　大分県由布市
湯布院町川上　ゆふいんちょうかわかみ　大分県由布市
湯布院町川北　ゆふいんちょうかわきた　大分県由布市
湯布院町川西　ゆふいんちょうかわにし　大分県由布市
湯布院町川南　ゆふいんちょうかわみなみ　大分県由布市
湯布院町中川　ゆふいんちょうなかがわ　大分県由布市
湯布院町塚原　ゆふいんちょうつかわら　大分県由布市
湯布院町湯平　ゆふいんちょうゆのひら　大分県由布市
湯平　ゆのひら　大分県（JR久大本線）

1117

12画（湯）

湯本
　ゆもと　岩手県花巻市
　ゆもと　岩手県和賀郡西和賀町
　ゆもと　福島県（JR常磐線）
　ゆもと　福島県岩瀬郡天栄村
　ゆもと　栃木県那須郡那須町
　ゆもと　神奈川県足柄下郡箱根町
湯本町　ゆもとちょう　兵庫県宝塚市
湯本茶屋　ゆもとちゃや　神奈川県足柄下郡箱根町
湯本塩原　ゆもとしおばら　栃木県那須塩原市
湯玉　ゆたま　山口県（JR山陰本線）
湯田
　ゆだ　岩手県和賀郡西和賀町
　ゆだ　山梨県甲府市
　ゆだ　宮崎県えびの市
　ゆだ　鹿児島県薩摩郡さつま町
湯田川　ゆたがわ　山形県鶴岡市
湯田中　ゆだなか　長野県（長野電鉄長野線）
湯田仲町　ゆだなかまち　長野県諏訪郡下諏訪町
湯田村　ゆだむら　広島県（JR福塩線）
湯田町
　ゆだまち　長野県諏訪郡下諏訪町
　ゆだちょう　静岡県伊東市
　ゆだちょう　鹿児島県薩摩川内市
湯田温泉
　ゆだおんせん　山口県（JR山口線）
　ゆだおんせん　山口県山口市
6湯地　ゆち　北海道夕張郡栗山町
湯次町　ゆすきちょう　滋賀県長浜市
湯江　ゆえ　長崎県（JR長崎本線）
湯舟　ゆぶね　三重県伊賀市
湯舟沢　ゆぶねざわ　岩手県滝沢市
湯舟町
　ゆぶねまち　青森県西津軽郡鰺ケ沢町
　ゆぶねちょう　広島県大竹市
湯西川　ゆにしかわ　栃木県日光市
湯西川温泉　ゆにしがわおんせん　栃木県（野岩鉄道会津鬼怒川線）
7湯別町　ゆべつちょう　北海道寿都郡寿都町
湯坂
　ゆさか　千葉県山武市
　ゆざか　鳥取県東伯郡琴浦町
湯尾
　ゆのお　福井県（JR北陸本線）
　ゆのお　福井県南条郡南越前町
湯岐　ゆじまた　福島県東白川郡塙町
湯村　ゆむら　山梨県甲府市
湯来町下　ゆきちょうしも　広島県広島市佐伯区
湯来町白砂　ゆきちょうしらさご　広島県広島市佐伯区
湯来町伏谷　ゆきちょうふしだに　広島県広島市佐伯区
湯来町多田　ゆきちょうただ　広島県広島市佐伯区
湯来町麦谷　ゆきちょうむぎたに　広島県広島市佐伯区
湯来町和田　ゆきちょうわだ　広島県広島市佐伯区
湯来町葛原　ゆきちょうつづらはら　広島県広島市佐伯区
湯来町菅沢　ゆきちょうすがさわ　広島県広島市佐伯区

湯沢
　ゆざわ　青森県上北郡野辺地町
　ゆざわ　青森県上北郡東北町
　ゆざわ　岩手県盛岡市
　ゆざわ　岩手県北上市
　ゆざわ　秋田県（JR奥羽本線）
　ゆざわ　秋田県由利本荘市
　ゆざわ　山形県村山市
　ゆざわ　福島県田村郡小野町
　ゆざわ　新潟県阿賀野市
　ゆざわ　新潟県南魚沼郡湯沢町
　ゆざわ　新潟県岩船郡関川村
　ゆざわ　山梨県南アルプス市
湯沢尻　ゆざわじり　青森県上北郡野辺地町
湯沢市　ゆざわし　秋田県
湯沢西　ゆざわにし　岩手県盛岡市
湯沢町　ゆざわまち　新潟県南魚沼郡
湯沢東　ゆざわひがし　岩手県盛岡市
湯沢南　ゆざわみなみ　岩手県盛岡市
湯町
　ゆまち　山形県上山市
　ゆまち　福岡県筑紫野市
湯谷
　ゆや　新潟県南魚沼市
　ゆだに　富山県南砺市
　ゆたに　福井県大飯郡高浜町
　ゆたに　鳥取県東伯郡三朝町
　ゆだに　島根県邑智郡川本町
湯谷市塚町　ゆたにいちづかちょう　奈良県五條市
湯谷町
　ゆのたにまち　石川県能美市
　ゆやちょう　福井県越前市
湯谷原町　ゆやがはらまち　石川県金沢市
湯谷温泉　ゆやおんせん　愛知県（JR飯田線）
湯里
　ゆのさと　北海道磯谷郡蘭越町
　ゆさと　大阪府大阪市東住吉区
　ゆさと　島根県（JR山陰本線）
8湯坪
　ゆつぼ　茨城県鉾田市
　ゆつぼ　大分県玖珠郡九重町
湯岡　ゆのおか　福井県小浜市
湯所町　ゆところちょう　鳥取県鳥取市
湯抱　ゆがかい　島根県邑智郡美郷町
湯河　ゆかわ　鳥取県日野郡日南町
湯河原　ゆがわら　神奈川県（JR東海道本線）
湯河原町　ゆがわらまち　神奈川県足柄下郡
湯泊　ゆどまり　鹿児島県熊毛郡屋久島町
湯沸　とうふつ　北海道厚岸郡浜中町
湯迫　ゆば　岡山県岡山市中区
9湯前　ゆのまえ　熊本県（くま川鉄道湯前線）
湯前町　ゆのまえまち　熊本県球磨郡
湯屋　ゆや　大分県中津市
湯屋町
　ゆのやまち　石川県能美市
　ゆやちょう　滋賀県東近江市
湯屋谷
　ゆやだに　三重県伊賀市
　ゆやだに　京都府綴喜郡宇治田原町
　ゆやだに　和歌山県和歌山市

12画（満，湊）

湯浅
　ゆあさ　和歌山県（JR紀勢本線）
　ゆあさ　和歌山県有田郡湯浅町
湯浅町　ゆあさちょう　和歌山県有田郡
湯津上　ゆづかみ　栃木県大田原市
湯神子　ゆのみこ　富山県中新川郡上市町
湯神子野　ゆのみこの　富山県中新川郡上市町
10湯倉　ゆぐら　千葉県夷隅郡大多喜町
湯原
　ゆのはら　宮城県刈田郡七ケ宿町
　ゆばら　群馬県利根郡みなかみ町
　ゆはら　長野県佐久市
　ゆわら　鳥取県八頭郡若桜町
　ゆばる　福岡県宮若市
湯原温泉　ゆばらおんせん　岡山県真庭市
湯宮　ゆぐう　栃木県那須塩原市
湯島
　ゆしま　東京都（東京地下鉄千代田線）
　ゆしま　東京都文京区
　ゆしま　山梨県南巨摩郡早川町
湯島町　ゆしまちょう　鹿児島県薩摩川内市
湯桧曽　ゆびそ　群馬県利根郡みなかみ町
湯浦
　ゆのうら　熊本県（肥薩おれんじ鉄道線）
　ゆのうら　熊本県阿蘇市
　ゆのうら　熊本県葦北郡芦北町
湯浜　ゆのはま　北海道奥尻郡奥尻町
湯浜町　ゆのはまちょう　北海道函館市
湯涌田子島町　ゆわくたごしままち　石川県金沢市
湯涌曲町　ゆわくまがりまち　石川県金沢市
湯涌町　ゆわくまち　石川県金沢市
湯涌河内町　ゆわくかわちまち　石川県金沢市
湯涌荒屋町　ゆわくあらやまち　石川県金沢市
11湯宿温泉　ゆじゅくおんせん　群馬県利根郡みなかみ町
湯崎
　ゆざき　茨城県笠間市
　ゆざき　佐賀県杵島郡白石町
湯崎野　ゆさきの　富山県中新川郡上市町
湯梨浜町　ゆりはまちょう　鳥取県東伯郡
湯船
　ゆぶね　静岡県駿東郡小山町
　ゆぶね　京都府相楽郡和束町
湯郷　ゆのごう　岡山県美作市
湯郷渡　ゆごうと　福島県石川郡石川町
湯野
　ゆの　広島県（井原鉄道線）
　ゆの　山口県周南市
湯野上　ゆのかみ　福島県南会津郡下郷町
湯野上温泉　ゆのかみおんせん　福島県（会津鉄道線）
湯野尾　ゆのお　佐賀県東松浦郡玄海町
湯野尾町　ゆのおまち　長崎県諫早市
湯野沢
　ゆのさわ　山形県鶴岡市
　ゆのさわ　山形県村山市
湯野原　ゆのはら　福岡県直方市
湯野浜　ゆのはま　山形県鶴岡市
12湯温海　ゆあつみ　山形県鶴岡市
湯渡町　ゆわたりまち　愛媛県松山市
湯湾　ゆわん　鹿児島県大島郡宇検村

湯湾釜　ゆわんがま　鹿児島県大島郡大和村
湯無田郷　ゆむたごう　長崎県東彼杵郡波佐見町
13湯触　ゆぶれ　神奈川県足柄上郡山北町
14湯窪　ゆくぼ　和歌山県岩出市
17湯檜曽　ゆびそ　群馬県（JR上越線）
19湯瀬温泉　ゆぜおんせん　秋田県（JR花輪線）

【満】
3満久町　まくちょう　兵庫県加西市
4満仁町　まにまち　石川県七尾市
満水　たまり　静岡県掛川市
5満田　まんだ　奈良県磯城郡田原本町
6満全町　まんぜんちょう　愛知県西尾市
満池谷町　まんちだにちょう　兵庫県西宮市
7満寿美町　ますみちょう　大阪府池田市
9満屋　みつや　和歌山県和歌山市
満泉寺　まんせんじ　石川県鳳珠郡能登町
満美穴町　まみあなまち　栃木県宇都宮市
10満倉　みちくら　愛媛県南宇和郡愛南町
15満穂
　みつほ　徳島県板野郡松茂町
　みつほ　愛媛県伊予郡砥部町
16満澤　みつざわ　山形県最上郡最上町
19満願寺
　まんがんじ　新潟県新潟市秋葉区
　まんがんじ　熊本県阿蘇郡南小国町
満願寺町
　まんがんじちょう　兵庫県川西市
　まんがんじちょう　奈良県大和郡山市

【湊】
湊
　みなと　青森県五所川原市
　みなと　宮城県石巻市
　みなと　福島県河沼郡湯川村
　みなと　千葉県市川市
　みなと　千葉県館山市
　みなと　千葉県富津市
　みなと　東京都中央区
　みなと　石川県金沢市
　みなと　福井県小浜市
　みなと　長野県岡谷市
　みなと　静岡県袋井市
　みなと　静岡県賀茂郡南伊豆町
　みなと　大阪府（南海電気鉄道南海本線）
　みなと　大阪府泉佐野市
　みなと　兵庫県南あわじ市
　みなと　和歌山県和歌山市
　みなと　和歌山県田辺市
　みなと　島根県隠岐郡隠岐の島町
　みなと　岡山県岡山市中区
　みなと　香川県東かがわ市
　みなと　福岡県糟屋郡新宮町
　みなと　福岡県築上郡築上町
　みなと　鹿児島県指宿市
2湊入船町　みなといりふねちょう　富山県富山市
3湊山町　みなとやまちょう　兵庫県神戸市兵庫区
湊川　みなとがわ　兵庫県（神戸高速鉄道南北線ほか）
湊川公園　みなとがわこうえん　兵庫県（神戸市交通局山手線）

12画 (湧,湾,焼,然,無)

湊川町　みなとがわちょう　兵庫県神戸市兵庫区
⁴湊中央　みなとちゅうおう　茨城県ひたちなか市
湊中原　みなとなかはら　茨城県ひたちなか市
⁵湊北町　みなときたまち　和歌山県和歌山市
湊本町
　　みなとほんちょう　茨城県ひたちなか市
　　みなとほんまち　和歌山県和歌山市
⁷湊坂　みなとざか　福岡県糟屋郡新宮町
湊町
　　みなとちょう　青森県八戸市
　　みなとちょう　岩手県久慈市
　　みなとちょう　宮城県石巻市
　　みなとちょう　栃木県栃木市
　　みなとちょう　千葉県船橋市
　　みなとちょう　石川県七尾市
　　みなとまち　石川県白山市
　　みなとまち　岐阜県岐阜市
　　みなとまち　愛知県豊橋市
　　みなとまち　三重県松阪市
　　みなとまち　大阪府大阪市浪速区
　　みなとちょう　兵庫県神戸市兵庫区
　　みなとまち　鳥取県倉吉市
　　みなとまち　鳥取県境港市
　　みなとまち　愛媛県松山市
　　みなとちょう　愛媛県今治市
　　みなとまち　愛媛県伊予市
　　みなとまち　佐賀県唐津市
　　みなとまち　長崎県佐世保市
　　みなとまち　長崎県島原市
　　みなとまち　鹿児島県いちき串木野市
湊町平潟　みなとまちひらかた　福島県会津若松市
湊町共和　みなとまちきょうわ　福島県会津若松市
湊町赤井　みなとまちあかい　福島県会津若松市
湊町原　みなとまちはら　福島県会津若松市
湊町通　みなとまちどおり　新潟県新潟市中央区
湊町静潟　みなとまちしずかた　福島県会津若松市
湊里　みなとさと　兵庫県南あわじ市
⁹湊泉町　みなといずみちょう　茨城県ひたちなか市
¹⁰湊浦　みなとうら　愛媛県西宇和郡伊方町
湊浜　みなとはま　宮城県宮城郡七ケ浜町
湊通丁北　みなととおりちょうきた　和歌山県和歌山市
湊通丁南　みなととおりちょうみなみ　和歌山県和歌山市
湊高台　みなとたかだい　青森県八戸市
¹¹湊桶屋町　みなとおけやまち　和歌山県和歌山市
湊紺屋町　みなとこんやまち　和歌山県和歌山市
¹²湊御殿　みなとごてん　和歌山県和歌山市
湊道　みなとみち　長崎県島原市
¹³湊新田　みなとしんでん　千葉県市川市
湊新地町　みなとしんちまち　長崎県島原市

【湧】
³湧川　わくがわ　沖縄県国頭郡今帰仁村
⁴湧水町　ゆうすいちょう　鹿児島県姶良郡
⁷湧別町　ゆうべつちょう　北海道紋別郡
⁹湧洞　ゆうどう　北海道中川郡豊頃町

【湾】
湾　わん　鹿児島県大島郡喜界町
⁴湾月　わんげつ　北海道厚岸郡厚岸町

【焼】
³焼山
　　やけやま　北海道砂川市
　　やけやま　山形県西置賜郡小国町
　　やきやま　愛知県名古屋市天白区
　　やけやま　広島県呉市
焼山ひばりケ丘町　やけやまひばりがおかちょう　広島県呉市
焼山三ツ石町　やけやまみついしちょう　広島県呉市
焼山中央　やけやまちゅうおう　広島県呉市
焼山北　やけやまきた　広島県呉市
焼山本庄　やけやまほんじょう　広島県呉市
焼山此原町　やけやまこのはらちょう　広島県呉市
焼山西　やけやまにし　広島県呉市
焼山町　やけやまちょう　広島県呉市
焼山松ケ丘　やけやままつがおか　広島県呉市
焼山東　やけやまひがし　広島県呉市
焼山南　やけやまみなみ　広島県呉市
焼山政畝　やけやままさうね　広島県呉市
焼山泉ケ丘　やけやまいずみがおか　広島県呉市
焼山宮ケ迫　やけやまみやがさこ　広島県呉市
焼山桜ケ丘　やけやまさくらがおか　広島県呉市
⁵焼尻　やぎしり　北海道苫前郡羽幌町
焼石
　　やけいし　岐阜県 (JR高山本線)
　　やけいし　岐阜県下呂市
焼石町　やけいしまち　福岡県大牟田市
⁶焼米　やいごめ　熊本県玉名郡和水町
⁷焼杉　やけすぎ　鳥取県西伯郡伯耆町
⁹焼津
　　やいづ　静岡県 (JR東海道本線)
　　やいづ　静岡県焼津市
焼津市　やいづし　静岡県
¹¹焼野
　　やけの　富山県南砺市
　　やけの　愛知県犬山市
　　やけの　大阪府大阪市鶴見区
¹⁶焼橋　やきはし　宮城県加美郡加美町

【然】
⁷然別
　　しかりべつ　北海道 (JR函館本線)
　　しかりべつ　北海道余市郡仁木町
　　しかりべつ　北海道河東郡音更町

【無】
⁵無代寺町　ぶだいじちょう　長崎県平戸市
無加川町　むかがわちょう　北海道北見市
無田　むた　熊本県阿蘇市
無田口町　むたぐちまち　熊本県熊本市南区
⁹無音　よばらず　山形県鶴岡市
¹⁰無栗屋　むくりや　栃木県那須塩原市
¹¹無動寺　むどうじ　岐阜県羽島郡笠松町
無悪　さかなし　福井県三方上中郡若狭町
無鹿町　むしかまち　宮崎県延岡市
¹²無量寺　むりょうじ　石川県金沢市
無量寺町　むりょうじまち　石川県金沢市

1120

12画(犀, 猩, 琴, 琵, 畳, 番)

【犀】

³犀川
　さいかわ　岐阜県瑞穂市
　さいがわ　福岡県 (平成筑豊鉄道田川線)
犀川八ツ溝　さいがわやつみぞ　福岡県京都郡みや
犀川下伊良原　さいがわしもいらはら　福岡県京都郡
みやこ町
犀川下高屋　さいがわしもたかや　福岡県京都郡みや
こ町
犀川上伊良原　さいがわかみいらはら　福岡県京都郡
みやこ町
犀川上高屋　さいがわかみたかや　福岡県京都郡みや
こ町
犀川久富　さいがわひさどみ　福岡県京都郡みやこ町
犀川大坂　さいがわおおさか　福岡県京都郡みやこ町
犀川大村　さいがわおおむら　福岡県京都郡みやこ町
犀川大熊　さいがわおおくま　福岡県京都郡みやこ町
犀川山鹿　さいがわやまが　福岡県京都郡みやこ町
犀川内垣　さいがわうちがき　福岡県京都郡みやこ町
犀川木山　さいがわきやま　福岡県京都郡みやこ町
犀川木井馬場　さいがわきいばば　福岡県京都郡み
やこ町
犀川犬丸　さいがわいぬまる　福岡県京都郡みやこ町
犀川古川　さいがわふるかわ　福岡県京都郡みやこ町
犀川本庄　さいがわほんじょう　福岡県京都郡みや
こ町
犀川末江　さいがわすえ　福岡県京都郡みやこ町
犀川生立　さいがわおいたつ　福岡県京都郡みやこ町
犀川帆柱　さいがわほばしら　福岡県京都郡みやこ町
犀川花熊　さいがわはなぐま　福岡県京都郡みやこ町
犀川谷口　さいがわたにぐち　福岡県京都郡みやこ町
犀川柳瀬　さいがわやなせ　福岡県京都郡みやこ町
犀川扇谷　さいがわおうぎだに　福岡県京都郡みや
こ町
犀川崎山　さいがわさきやま　福岡県京都郡みやこ町
犀川喜多良　さいがわきたら　福岡県京都郡みやこ町
犀川続命院　さいがわぞくみょういん　福岡県京都郡
みやこ町
犀川横瀬　さいがわよこせ　福岡県京都郡みやこ町
犀川鐙畑　さいがわあぶみはた　福岡県京都郡みや
こ町
¹⁵犀潟　さいがた　新潟県 (JR信越本線ほか)

【猩】

⁰猩々町　しょうじょうちょう　京都府京都市中京区

【琴】

⁰琴ノ緒町　ことのおちょう　兵庫県神戸市中央区
⁵琴平
　ことひら　北海道虻田郡倶知安町
　ことひら　北海道中川郡中川町
　ことひら　新潟県長岡市
　ことひら　香川県 (JR土讃線)
　ことひら　熊本県熊本市中央区
琴平本町　ことひらほんまち　熊本県熊本市中央区
琴平町
　ことひらちょう　北海道根室市
　ことひらちょう　群馬県桐生市
　ことひらちょう　愛知県豊田市

　ことひらちょう　山口県下松市
　ことひらちょう　香川県仲多度郡
　ことひらちょう　愛媛県八幡浜市
　ことひらちょう　高知県高岡郡四万十町
　ことひらまち　大分県日田市
　ことひらちょう　鹿児島県阿久根市
琴田　ことだ　千葉県旭市
⁷琴似　ことに　北海道 (JR函館本線ほか)
琴似一条　ことにいちじょう　北海道札幌市西区
琴似二条　ことににじょう　北海道札幌市西区
琴似三条　ことにさんじょう　北海道札幌市西区
琴似四条　ことにしじょう　北海道札幌市西区
琴坂町　ことさかまち　石川県金沢市
琴町　ことまち　石川県金沢市
琴芝　ことしば　山口県 (JR宇部線)
琴芝町　ことしばちょう　山口県宇部市
⁸琴岡町　ことおからつ　兵庫県姫路市
⁹琴海大平町　きんかいおおひらまち　長崎県長崎市
琴海戸根町　きんかいとねまち　長崎県長崎市
琴海戸根原町　きんかいとねはらまち　長崎県長崎市
琴海尾戸町　きんかいおどまち　長崎県長崎市
琴海形上町　きんかいかたがみまち　長崎県長崎市
琴海村松町　きんかいむらまつまち　長崎県長崎市
¹⁰琴浦　ことうら　新潟県佐渡市
琴浦町
　ことうらちょう　兵庫県尼崎市
　ことうらちょう　鳥取県東伯郡
琴浪町　ことなみちょう　香川県観音寺市
¹¹琴寄　ことより　埼玉県加須市
琴崎町　ことさきちょう　山口県宇部市
¹²琴塚　ことづか　岐阜県岐阜市
¹³琴電志度　ことでんしど　香川県 (高松琴平電気鉄道
志度線)
琴電屋島　ことでんやしま　香川県 (高松琴平電気鉄
道志度線)
琴電琴平　ことでんことひら　香川県 (高松琴平電気
鉄道琴平線)

【琵】

¹²琵琶台　びわだい　京都府宇治市
琵琶甲町　びわこうちょう　兵庫県加西市
琵琶沢原　びわさわはら　福島県耶麻郡猪苗代町
琵琶町
　びわちょう　兵庫県神戸市灘区
　びわまち　島根県浜田市
琵琶首　びわくび　福島県河沼郡柳津町
琵琶瀬　びわせ　北海道厚岸郡浜中町

【畳】

⁹畳屋丁　たたみやちょう　宮城県仙台市若林区
畳屋町
　たたみやちょう　京都府京都市中京区
　たたみやまち　和歌山県和歌山市

【番】

⁰番の州公園　ばんのすこうえん　香川県坂出市
番の州町　ばんのすちょう　香川県坂出市
番の州緑町　ばんのすみどりちょう　香川県坂出市
³番士小路　ばんしこうじ　福島県白河市

1121

12画（畭, 登, 短, 硯, 硫, 稀, 程）

5番生寺　ばんしょうじ　静岡県島田市
番田
　ばんでん　山形県鶴岡市
　ばんだ　神奈川県（JR相模線）
　ばんでん　新潟県加茂市
　ばんでん　福井県（えちぜん鉄道三国芦原線）
　ばんでん　福井県あわら市
　ばんだ　大阪府高槻市
　ばんだ　岡山県玉野市
番田町
　ばんだまち　石川県白山市
　ばんだまち　福岡県田川市
6番匠　ばんじょう　埼玉県比企郡ときがわ町
番匠田中町　ばんじょうたなかちょう　奈良県大和郡山市
番匠町　ばんじょうまち　石川県白山市
番匠免　ばんしょうめん　埼玉県三郷市
7番坂　ばんさか　新潟県五泉市
番条町　ばんじょうちょう　奈良県大和郡山市
番町
　ばんちょう　青森県八戸市
　ばんちょう　岡山県岡山市北区
　ばんちょう　香川県高松市
9番前　ばんまえ　愛知県犬山市
番屋
　ばんや　福島県南会津郡南会津町
　ばんや　新潟県新潟市西蒲区
番神　ばんじん　新潟県柏崎市
10番原　ばんばら　鳥取県西伯郡伯耆町
11番堂野　ばんどの　福井県あわら市
番帳免　ばんちょうめん　福島県喜多方市
番組　ばんぐみ　福島県田村郡三春町
番組町　ばんぐみちょう　岐阜県大垣市
番組頭　ばんぐみがしら　福島県田村郡三春町
12番場
　ばんば　千葉県市原市
　ばんば　滋賀県米原市
番場町
　ばんばちょう　北海道北見市
　ばんばまち　埼玉県秩父市
16番館　ばんだて　青森県弘前市

【畭】
7畭町　はりちょう　徳島県阿南市

【登】
登　のぼり　北海道虻田郡留寿都村
0登リ町　のぼりまち　福島県白河市
2登又　のぼりまた　沖縄県中頭郡中城村
3登大路町　のぼりおおじちょう　奈良県奈良市
登川
　のぼりかわ　北海道夕張市
　のぼりかわ　沖縄県沖縄市
4登戸
　のぼりと　埼玉県鴻巣市
　のぶと　千葉県千葉市中央区
　のぶと　千葉県匝瑳市
　のぼりと　神奈川県（JR南武線ほか）
　のぼりと　神奈川県川崎市多摩区
登戸町　のぼりとちょう　埼玉県越谷市

登戸新町　のぼりとしんまち　神奈川県川崎市多摩区
5登世島　とせじま　福島県耶麻郡西会津町
6登米市　とめし　宮城県
登米町小島　とよままちこじま　宮城県登米市
登米町日根牛　とよままちひねうし　宮城県登米市
登米町日野渡　とよままちひのわたり　宮城県登米市
登米町寺池　とよままちてらいけ　宮城県登米市
7登別　のぼりべつ　北海道（JR室蘭本線）
登別市　のぼりべつし　北海道
登別本町　のぼりべつほんちょう　北海道登別市
登別東町　のぼりべつひがしちょう　北海道登別市
登別温泉町　のぼりべつおんせんちょう　北海道登別市
登別港町　のぼりべつみなとちょう　北海道登別市
登呂　とろ　静岡県静岡市駿河区
登尾
　のぼりお　京都府舞鶴市
　のぼりお　和歌山県紀の川市
登町
　のぼりちょう　北海道余市郡余市町
　のぼりまち　大阪府高槻市
　のぼりちょう　広島県三原市
登良利　とらり　北海道足寄郡陸別町
9登栄　といえ　北海道網走郡美幌町
登栄床　とえとこ　北海道紋別郡湧別町
登畑　のぼりばた　愛媛県今治市
登美ケ丘　とみがおか　奈良県奈良市
登美の里町　とみのさとちょう　大阪府高槻市
11登野城　とのしろ　沖縄県石垣市
12登喜岱　ときたい　北海道厚岸郡厚岸町

【短】
11短野
　みじかの　三重県名張市
　みじかの　和歌山県伊都郡かつらぎ町

【硯】
3硯川町　すずりかわまち　熊本県熊本市北区
5硯田町　すずりだまち　群馬県沼田市
硯石　すずりいし　福島県二本松市
7硯町　すずりちょう　兵庫県明石市
9硯屋町　すずりやちょう　京都府京都市上京区

【硫】
11硫黄島　いおうじま　鹿児島県鹿児島郡三島村
14硫酸町　りゅうさんまち　山口県山陽小野田市

【稀】
8稀府　まれっぷ　北海道（JR室蘭本線）

【程】
0程ケ沢　ほどがさわ　宮城県刈田郡七ケ宿町
3程久保
　ほどくぼ　東京都（多摩都市モノレール線）
　ほどくぼ　東京都日野市
5程田　ほた　福島県相馬市
10程島
　ほどしま　栃木県真岡市
　ほどじま　新潟県新潟市秋葉区

12画（童，筋，策，筑，等，答，筒）

ほとじま　新潟県十日町市
12程塚　ほどづか　福島県耶麻郡猪苗代町

【童】

3童子丸　どうじまる　福岡県北九州市若松区
　　　どうじまる　宮崎県西都市
5童仙房　どうせんぼう　京都府相楽郡南山城村
8童侍者町　どうじしゃちょう　京都府京都市下京区

【筋】

　筋　すじ　和歌山県日高郡みなべ町
0筋ケ浜町　すじがはまちょう　山口県下関市
3筋山　すじやま　兵庫県篠山市
　筋川町　すじかわちょう　山口県下関市
9筋屋町　すじやちょう　京都府京都市下京区
　筋海町　すじかいちょう　大阪府岸和田市
13筋違橋町　すじかいばしちょう　京都府京都市上京区

【策】

4策牛　むちうし　静岡県焼津市

【筑】

3筑土八幡町　つくどはちまんちょう　東京都新宿区
5筑北村　ちくほくむら　長野県東筑摩郡
6筑地町　ついじちょう　茨城県水戸市
　筑西市　ちくせいし　茨城県
8筑波
　　　つくば　茨城県つくば市
　　　つくば　埼玉県熊谷市
　　　つくば　埼玉県鴻巣市
　筑波島　ちくわじま　茨城県下妻市
9筑前大分　ちくぜんだいぶ　福岡県（JR篠栗線）
　筑前山手　ちくぜんやまて　福岡県（JR篠栗線）
　筑前山家　ちくぜんやまえ　福岡県（JR筑豊本線）
　筑前内野　ちくぜんうちの　福岡県（JR筑豊本線）
　筑前庄内　ちくぜんしょうない　福岡県（JR後藤寺線）
　筑前町　ちくぜんまち　福岡県朝倉郡
　筑前岩屋　ちくぜんいわや　福岡県（JR日田彦山線）
　筑前前原　ちくぜんまえばる　福岡県（JR筑肥線）
　筑前垣生　ちくぜんはぶ　福岡県（JR筑豊本線）
　筑前深江　ちくぜんふかえ　福岡県（JR筑肥線）
　筑前植木　ちくぜんうえき　福岡県（JR筑豊本線）
　筑後大石　ちくごおおいし　福岡県（JR久大本線）
　筑後市　ちくごし　福岡県
　筑後吉井　ちくごよしい　福岡県（JR久大本線）
　筑後町　ちくごまち　長崎県長崎市
　筑後草野　ちくごくさの　福岡県（JR久大本線）
　筑後船小屋　ちくごふなごや　福岡県（JR九州新幹線ほか）
11筑紫
　　　つくし　三重県桑名市
　　　つくし　三重県員弁郡東員町
　　　ちくし　福岡県（西日本鉄道天神大牟田線）
　　　ちくし　福岡県筑紫野市
　筑紫が丘　つくしがおか　兵庫県神戸市北区
　筑紫丘　ちくしがおか　福岡県福岡市南区
　筑紫町　ちくしまち　福岡県柳川市

筑紫恋　つくしこい　北海道厚岸郡厚岸町
筑紫郡　ちくしぐん　福岡県
筑紫野市　ちくしのし　福岡県
筑紫駅前通　ちくしえきまえどおり　福岡県筑紫野市
13筑豊中間　ちくほうなかま　福岡県（筑豊電気鉄道線）
筑豊直方　ちくほうのおがた　福岡県（筑豊電気鉄道線）
筑豊香月　ちくほうかつき　福岡県（筑豊電気鉄道線）
15筑摩　つかま　長野県松本市
筑穂　つくほ　茨城県つくば市
筑穂元吉　ちくほもとよし　福岡県飯塚市
筑縄町　つくなわまち　群馬県高崎市
19筑瀬　ちくぜ　茨城県筑西市

【等】

0等々力
　　　とどろき　東京都（東京急行電鉄大井町線）
　　　とどろき　東京都世田谷区
　　　とどろき　神奈川県川崎市中原区
6等安町　とうあんちょう　京都府京都市伏見区
9等持寺町　とうじじちょう　京都府京都市中京区
　等持院　とうじいん　京都府（京福電気鉄道北野線）
　等持院中町　とうじいんなかまち　京都府京都市北区
　等持院北町　とうじいんきたまち　京都府京都市北区
　等持院西町　とうじいんにしまち　京都府京都市北区
　等持院東町　とうじいんひがしまち　京都府京都市北区
　等持院南町　とうじいんみなみまち　京都府京都市北区

【答】

7答志町　とうしちょう　三重県鳥羽市
11答野出　とうので　富山県高岡市
　答野島　とうのしま　富山県高岡市

【筒】

3筒口川原　どうぐちかわら　青森県三戸郡五戸町
4筒井
　　　つつい　青森県（青い森鉄道線）
　　　つつい　青森県青森市
　　　つつい　茨城県神栖市
　　　つつい　愛知県名古屋市東区
　　　つつい　奈良県（近畿日本鉄道橿原線）
　　　つつい　愛媛県伊予郡松前町
　　　つつい　福岡県大野城市
　筒井町
　　　つついちょう　静岡県沼津市
　　　つついちょう　愛知県名古屋市東区
　　　つついちょう　兵庫県神戸市中央区
　　　つついちょう　奈良県大和郡山市
　　　つついまち　福岡県北九州市八幡西区
　　　つついちょう　長崎県佐世保市
　筒戸　つつど　茨城県つくばみらい市
5筒石
　　　つついし　新潟県（えちごトキめき鉄道日本海ひすいライン）
　　　つついし　新潟県糸魚川市
6筒地　つつじ　鳥取県東伯郡湯梨浜町

1123

12画（筈, 筏, 筆, 粟）

7筒尾　つつお　三重県桑名市
8筒金町　つつがねちょう　京都府京都市下京区
10筒針町　つつばりちょう　愛知県岡崎市
11筒野　つつの　福岡県飯塚市
12筒森　つつもり　千葉県夷隅郡大多喜町

【筈】
9筈巻　はずまき　京都府福知山市

【筏】
4筏木　いかだぎ　高知県長岡郡大豊町
9筏津
　　いかだつ　岡山県英田郡西粟倉村
　　いかだつ　広島県山県郡北広島町
12筏場　いかだば　静岡県伊豆市
　筏場町　いかだばちょう　愛知県津島市
13筏溝　いかだみぞ　福岡県三潴郡大木町

【筆】
0筆ケ崎町　ふでがさきちょう　大阪府大阪市天王寺区
3筆山町　ひつざんちょう　高知県高知市
7筆甫　ひっぽ　宮城県伊具郡丸森町

【粟】
粟
　　あわ　茨城県東茨城郡城里町
　　あわ　和歌山県和歌山市
0粟ケ池町　あわがいけちょう　大阪府富田林市
粟ケ崎　あわがさき　石川県（北陸鉄道浅野川線）
2粟又　あわまた　千葉県夷隅郡大多喜町
3粟山
　　あわやま　新潟県新潟市東区
　　あわやま　新潟県新潟市江南区
4粟井
　　あわい　岡山県岡山市北区
　　あわい　愛媛県（JR予讃線）
粟井中　あわいなか　岡山県美作市
粟井町　あわいちょう　香川県観音寺市
粟井谷　あわいたに　岡山県加賀郡吉備中央町
粟井河原　あわいかわら　愛媛県松山市
粟斗　あわと　千葉県鴨川市
5粟生
　　あおう　茨城県鹿嶋市
　　あお　千葉県山武郡九十九里町
　　あお　三重県多気郡大台町
　　あお　京都府長岡京市
　　あお　兵庫県（JR加古川線ほか）
　　あお　和歌山県有田郡有田川町
　　あおう　高知県長岡郡大豊町
粟生外院　あおけいん　大阪府箕面市
粟生田　あおた　埼玉県坂戸市
粟生町
　　あおまち　石川県羽咋市
　　あおまち　石川県能美市
　　あおちょう　兵庫県小野市
粟生岩阪　あおいわさか　大阪府茨木市
粟生津
　　あおうづ　新潟県（JR越後線）
　　あおうづ　新潟県燕市

粟生飛地　あおとびち　千葉県東金市
粟生野　あおの　千葉県茂原市
粟生間谷　あおまたに　大阪府箕面市
粟生間谷西　あおまたににし　大阪府箕面市
粟生間谷東　あおまたにひがし　大阪府箕面市
粟生新家　あおしんけ　大阪府箕面市
粟田
　　あわだ　茨城県かすみがうら市
　　あわた　神奈川県横須賀市
　　あわだ　石川県野々市市
粟田口三条坊町　あわたぐちさんじょうぼうちょう　京都府京都市東山区
粟田口山下町　あわたぐちやましたちょう　京都府京都市左京区
粟田口如意ケ嶽町　あわたぐちにょいがたけちょう　京都府京都市左京区
粟田口華頂町　あわたぐちかちょうちょう　京都府京都市東山区
粟田口鳥居町　あわたぐちとりいちょう　京都府京都市左京区
粟田口鍛冶町　あわたぐちかじちょう　京都府京都市東山区
粟田部町　あわたべちょう　福井県越前市
粟田部町中央　あわたべちょうちゅうおう　福井県越前市
7粟佐　あわさ　長野県千曲市
粟沢　あわざわ　群馬県利根郡みなかみ町
粟谷　あわだに　岡山県真庭市
粟谷町　あわのやちょう　栃木県足利市
8粟国村　あぐにそん　沖縄県島尻郡
9粟屋　あわや　広島県（JR三江線）
粟屋町　あわやまち　広島県三次市
粟津
　　あわづ　福島県相馬市
　　あわづ　石川県（JR北陸本線）
　　あわづ　滋賀県（京阪電気鉄道石山坂本線）
粟津町
　　あわづまち　石川県小松市
　　あわづちょう　滋賀県大津市
粟津温泉　あわづおんせん　石川県小松市
10粟倉
　　あわくら　新潟県糸魚川市
　　あわくら　山梨県南巨摩郡身延町
　　あわくら　静岡県富士宮市
粟倉南町　あわくらみなみちょう　静岡県富士宮市
粟原
　　あわら　富山県氷見市
　　おおばら　奈良県桜井市
粟原町
　　あわばらちょう　茨城県常陸太田市
　　あわらまち　石川県羽咋市
粟宮　あわのみや　栃木県小山市
粟島　あわしま　新潟県五泉市
粟島（大阪屋ショップ前）　あわじまおおさかやしょっぷまえ　富山県（富山ライトレール線）
粟島町
　　あわしまちょう　千葉県銚子市
　　あわじままち　富山県富山市
粟島浦村　あわしまうらむら　新潟県岩船郡
11粟崎町　あわがさきまち　石川県金沢市
粟崎浜町　あわがさきはままち　石川県金沢市

12画（粡, 絵, 給, 結, 統, 腕, 葵, 葦, 萱）

粟野
　　あわの　　茨城県結城郡八千代町
　　あわの　　千葉県鎌ケ谷市
　　あわの　　千葉県香取郡東庄町
　　あわの　　福井県（JR小浜線）
　　あわの　　岐阜県岐阜市
　　あわの　　京都府船井郡京丹波町
　　あわの　　岡山県美作市
　　あわの　　大分県玖珠郡九重町
粟野台　あわのだい　岐阜県岐阜市
粟野名町　あわのみょうまち　宮崎県延岡市
粟野西　あわのにし　岐阜県岐阜市
粟野町
　　あわのまち　　茨城県土浦市
　　あわのちょう　福井県越前市
　　あわのちょう　三重県伊勢市
粟野東　あわのひがし　岐阜県岐阜市
12粟賀町　あわがまち　兵庫県神崎郡神河町
粟飯谷　あわいだに　奈良県吉野郡黒滝村
13粟殿　おおどの　奈良県桜井市
14粟窪　あわくぼ　神奈川県伊勢原市

【粡】
10粡島　すくもじま　山口県周南市

【絵】
3絵下古賀　えげこが　福岡県三潴郡大木町
7絵図町　えずちょう　岡山県岡山市北区
10絵師　えし　岡山県笠岡市
絵紙山町　えがみやまちょう　北海道函館市
11絵笛
　　えふえ　　北海道（JR日高本線）
　　えぶえ　　北海道浦河郡浦河町
14絵鞆町　えともちょう　北海道室蘭市

【給】
2給人町　きゅうじんちょう　秋田県由利本荘市
4給分　きゅうぶん　石川県羽咋郡志賀町
給分浜　きゅうぶんはま　宮城県石巻市
給父町　きゅうぶちょう　愛知県愛西市
5給田
　　きゅうでん　千葉県長生郡長南町
　　きゅうでん　東京都世田谷区
11給部
　　きゅうぶ　栃木県芳賀郡芳賀町
　　きゅうぶ　栃木県塩谷郡高根沢町

【結】
結　むすぶ　新潟県新潟市秋葉区
7結佐　けっさ　茨城県稲敷市
結束町　けっそくちょう　茨城県牛久市
8結東　けっとう　新潟県中魚沼郡津南町
9結城
　　ゆうき　福島県白河市
　　ゆうき　茨城県（JR水戸線）
　　ゆうき　茨城県結城市
結城市　ゆうきし　茨城県
結城作　ゆうきさく　茨城県結城市
結城町　ゆうきちょう　福井県敦賀市

結城郡　ゆうきぐん　茨城県
10結馬　けちば　三重県名張市
11結崎
　　ゆうざき　奈良県（近畿日本鉄道橿原線）
　　ゆうざき　奈良県磯城郡川西町
12結善町　けつぜんちょう　兵庫県西宮市
15結縁寺
　　けつえんじ　千葉県印西市
　　けつえんじ　静岡県掛川市

【統】
4統内　とうない　北海道中川郡豊頃町
統太　とうふと　北海道十勝郡浦幌町

【腕】
12腕塚町　うでづかちょう　兵庫県神戸市長田区

【葵】
葵
　　あおい　愛知県名古屋市東区
　　あおい　愛知県名古屋市中区
　　あおい　山口県山口市
4葵区　あおいく　静岡県静岡市
6葵西　あおいにし　静岡県浜松市中区
7葵町
　　あおいちょう　静岡県静岡市葵区
　　あおいちょう　静岡県掛川市
　　あおいちょう　静岡県袋井市
　　あおいちょう　愛知県岡崎市
　　あおいちょう　愛知県西尾市
　　あおいちょう　大阪府泉佐野市
　　あおいちょう　和歌山県和歌山市
　　あおいまち　　鳥取県倉吉市
　　あおいちょう　岡山県岡山市北区
8葵東　あおいひがし　静岡県浜松市中区

【葦】
5葦北郡　あしきたぐん　熊本県
8葦附　あしつき　富山県高岡市

【萱】
4萱方　かやがた　埼玉県坂戸市
萱方町　かやかたまち　佐賀県鳥栖市
5萱生町
　　かようちょう　三重県四日市市
　　かようちょう　奈良県天理市
萱田　かやだ　千葉県八千代市
萱田町　かやだまち　千葉県八千代市
7萱尾町　かやおちょう　滋賀県東近江市
萱町
　　かやちょう　青森県弘前市
　　かやまち　　愛知県豊橋市
　　かやまち　　三重県桑名市
　　かやまち　　愛媛県松山市
萱町六丁目　かやまちろくちょうめ　愛媛県（伊予鉄道環状線）
萱苅口　かやかりぐち　愛知県常滑市
萱谷町　かやだにちょう　福井県越前市
8萱沼　かいぬま　埼玉県川越市
9萱津町　かいづまち　大分県中津市

1125

12画（菟, 萩）

萱草　かやくさ　秋田県（秋田内陸縦貫鉄道本線）
10萱原
　　かいはら　滋賀県犬上郡多賀町
　　かやはら　香川県綾歌郡綾川町
萱島　かやしま　大阪府（京阪電気鉄道本線）
萱島本町　かやしまほんまち　大阪府寝屋川市
萱島東　かやしまひがし　大阪府寝屋川市
萱島信和町　かやしましんわちょう　大阪府寝屋川市
萱島南町　かやしまみなみまち　大阪府寝屋川市
萱島桜園町　かやしまさくらえんちょう　大阪府寝屋川市
萱振町　かやふりちょう　大阪府八尾市
萱根　かやね　福島県白河市
11萱野
　　かやの　北海道三笠市
　　かやの　北海道斜里郡小清水町
　　かやの　群馬県邑楽郡千代田町
　　かやの　千葉県大網白里市
　　かやの　大阪府箕面市
　　かやの　奈良県北葛城郡広陵町
　　かやの　熊本県下益城郡美里町
萱野浦　かやのうら　滋賀県大津市
12萱場
　　かやば　茨城県取手市
　　かやば　埼玉県深谷市
　　かやば　千葉県茂原市
　　かやば　愛知県名古屋市千種区
萱場北町　かやばきたまち　岐阜県岐阜市
萱場町
　　かやばちょう　茨城県水戸市
　　かやばちょう　岐阜県岐阜市
萱場東町　かやばひがしまち　岐阜県岐阜市
萱場南　かやばみなみ　岐阜県岐阜市
萱森
　　かやもり　宮城県伊具郡丸森町
　　かやもり　奈良県桜井市
萱間　かやま　静岡県袋井市
16萱橋
　　かやばし　栃木県小山市
　　かやはし　千葉県四街道市

【菟】
5菟田野入谷　うたのにゅうだに　奈良県宇陀市
菟田野下芳野　うたのしもほうの　奈良県宇陀市
菟田野上芳野　うたのかみほうの　奈良県宇陀市
菟田野大神　うたのおおがみ　奈良県宇陀市
菟田野大澤　うたのおおさわ　奈良県宇陀市
菟田野古市場　うたのふるいちば　奈良県宇陀市
菟田野平井　うたのひらい　奈良県宇陀市
菟田野宇賀志　うたのうかし　奈良県宇陀市
菟田野佐倉　うたのさくら　奈良県宇陀市
菟田野別所　うたのべっしょ　奈良県宇陀市
菟田野見田　うたのみた　奈良県宇陀市
菟田野岩崎　うたのいわさき　奈良県宇陀市
菟田野岩端　うたのいわはし　奈良県宇陀市
菟田野松井　うたのまつい　奈良県宇陀市
菟田野東郷　うたのとうごう　奈良県宇陀市
菟田野稲戸　うたのいなど　奈良県宇陀市
菟田野駒帰　うたのこまがえり　奈良県宇陀市
12菟道　とどう　京都府宇治市

菟道東垣内　とどうひがしがいと　京都府宇治市

【萩】
萩
　　はぎ　静岡県三島市
　　はぎ　愛知県知多郡阿久比町
　　はぎ　山口県（JR山陰本線）
0萩ケ丘　はぎがおか　宮城県仙台市太白区
萩ケ岡　はぎがおか　北海道江別市
萩ケ野　はんがの　福井県大野市
萩ノ沢　はぎのさわ　青森県上北郡七戸町
萩ノ茶屋　はぎのちゃや　大阪府（南海電気鉄道高野線）
萩が丘　はぎがおか　神奈川県秦野市
　　はぎがおか　長崎県島原市
萩の台
　　はぎのだい　秋田県能代市
　　はぎのだい　奈良県（近畿日本鉄道生駒線）
　　はぎのだい　奈良県生駒市
萩の岱　はぎのたい　北海道檜山郡江差町
2萩乃町　はぎのちょう　兵庫県神戸市長田区
3萩山　はぎやま　東京都（西武鉄道多摩湖線ほか）
萩山台　はぎやまだい　愛知県瀬戸市
萩山町
　　はぎやまちょう　東京都東村山市
　　はぎやまちょう　愛知県名古屋市瑞穂区
　　はぎやまちょう　愛知県豊川市
萩山新田　はぎやましんでん　千葉県佐倉市
4萩中　はぎなか　東京都大田区
萩之庄　はぎのしょう　大阪府高槻市
萩之茶屋　はぎのちゃや　大阪府大阪市西成区
萩之嶺　はぎのみね　宮崎県日南市
萩内　はぎうち　三重県南牟婁郡御浜町
萩牛
　　はぎゅう　岩手県下閉伊郡田野畑村
　　はぎゅう　岩手県下閉伊郡普代村
5萩丘　はぎおか　静岡県浜松市中区
萩台町　はぎだいちょう　千葉県千葉市稲毛区
萩市　はぎし　山口県
萩生
　　はぎゅう　山形県（JR米坂線）
　　はぎゅう　山形県西置賜郡飯豊町
　　はぎゅう　群馬県吾妻郡東吾妻町
　　はぎ　千葉県富津市
　　はぎ　愛媛県新居浜市
萩生田　はぎゅうだ　山形県南陽市
7萩坂　はぎさか　福島県二本松市
萩坂町　はぎさかちょう　長崎県佐世保市
萩尾
　　はぎのう　福岡県糟屋郡篠栗町
　　はぎお　大分県大分市
萩尾町　はぎおまち　福岡県大牟田市
萩町
　　はぎちょう　愛知県豊川市
　　はぎまち　高知県高知市
　　はぎまち　宮崎県延岡市
萩見　はぎみ　北海道稚内市
萩谷　はぎたに　大阪府高槻市
萩谷月見台　はぎたにつきみだい　大阪府高槻市

1126

12画（葺，葉）

8萩岡町　はぎおかちょう　愛知県名古屋市千種区
9萩垣面　はんがきめん　栃木県日光市
萩室　はぎむろ　群馬県利根郡川場村
萩荘　はぎしょう　岩手県一関市
10萩倉　はぎくら　長野県諏訪郡下諏訪町
萩原
　　はぎわら　茨城県神栖市
　　はぎわら　千葉県印西市
　　はぎはら　富山県富山市
　　はぎわら　岐阜県揖斐郡池田町
　　はぎわら　静岡県御殿場市
　　はぎわら　愛知県（名古屋鉄道尾西線）
　　はぎわら　京都府福知山市
　　はぎわら　兵庫県川西市
　　はぎわら　奈良県吉野郡東吉野村
　　はぎはら　和歌山県伊都郡かつらぎ町
　　はぎわら　和歌山県日高郡日高町
　　はぎはら　鳥取県日野郡日南町
　　はぎわら　広島県安芸郡熊野町
　　はぎわら　愛媛県松山市
　　はぎわら　高知県宿毛市
　　はぎわら　福岡県（筑豊電気鉄道線）
　　はぎわら　福岡県北九州市八幡西区
　　はぎわら　福岡県筑紫野市
　　はぎら　長崎県島原市
　　はぎわら　熊本県玉名郡和水町
　　はぎわら　大分県大分市
萩原天神　はぎはらてんじん　大阪府（南海電気鉄道高野線）
萩原台西　はぎはらだいにし　兵庫県川西市
萩原台東　はぎはらだいひがし　兵庫県川西市
萩原町
　　はぎわらちょう　北海道伊達市
　　はぎわらまち　群馬県高崎市
　　はぎわらちょう　千葉県茂原市
　　はぎわらちょう　福井県越前市
　　はぎわらちょう　愛知県名古屋市昭和区
　　はぎはらちょう　奈良県生駒市
　　はぎわらまち　熊本県熊本市中央区
　　はぎわらまち　熊本県八代市
萩原町上呂　はぎわらちょうじょうろ　岐阜県下呂市
萩原町上村　はぎわらちょううわむら　岐阜県下呂市
萩原町大ケ洞　はぎわらちょうおおがほら　岐阜県下呂市
萩原町山之口　はぎわらちょうやまのくち　岐阜県下呂市
萩原町中呂　はぎわらちょうちゅうろ　岐阜県下呂市
萩原町中島　はぎわらちょうなかしま　愛知県一宮市
萩原町戸苅　はぎわらちょうとがり　愛知県一宮市
萩原町古関　はぎわらちょうふるせき　岐阜県下呂市
萩原町四美　はぎわらちょうしみ　岐阜県下呂市
萩原町羽根　はぎわらちょうはね　岐阜県下呂市
萩原町西上田　はぎわらちょうにしうえだ　岐阜県下呂市
萩原町西宮重　はぎわらちょうにしみやしげ　愛知県一宮市
萩原町西御堂　はぎわらちょうにしみどう　愛知県一宮市
萩原町串作　はぎわらちょうくしつくり　愛知県一宮市
萩原町尾崎　はぎわらちょうおさき　岐阜県下呂市
萩原町花井方　はぎわらちょうはないがた　愛知県一宮市

萩原町花池　はぎわらちょうはないけ　岐阜県下呂市
萩原町東宮重　はぎわらちょうひがしみやしげ　愛知県一宮市
萩原町林野　はぎわらちょうはやしの　愛知県一宮市
萩原町河田方　はぎわらちょうかわだがた　愛知県一宮市
萩原町宮田　はぎわらちょうみやだ　岐阜県下呂市
萩原町桜洞　はぎわらちょうさくらぼら　岐阜県下呂市
萩原町高木　はぎわらちょうたかぎ　愛知県一宮市
萩原町高松　はぎわらちょうたかまつ　愛知県一宮市
萩原町野上　はぎわらちょうのがみ　岐阜県下呂市
萩原町奥田洞　はぎわらちょうおくだぼら　岐阜県下呂市
萩原町富田方　はぎわらちょうとみだがた　愛知県一宮市
萩原町朝宮　はぎわらちょうあさみや　愛知県一宮市
萩原町萩原
　　はぎわらちょうはぎわら　岐阜県下呂市
　　はぎわらちょうはぎわら　愛知県一宮市
萩原町滝　はぎわらちょうたき　愛知県一宮市
萩原町跡津　はぎわらちょうあとつ　岐阜県下呂市
萩原町築込　はぎわらちょうつきこみ　愛知県一宮市
萩島
　　はぎしま　栃木県小山市
　　はぎしま　愛知県丹羽郡大口町
11萩埜　はぎの　千葉県印西市
萩崎　はぎざき　宮城県刈田郡七ケ宿町
萩崎町　はぎざきまち　福岡県北九州市小倉北区
萩野
　　はぎの　北海道（JR室蘭本線）
　　はぎの　北海道北斗市
　　はぎの　北海道白老郡白老町
　　はぎの　山形県新庄市
　　はぎの　山形県西置賜郡白鷹町
　　はぎの　福井県丹生郡越前町
　　はぎの　愛知県清須市
萩野町
　　はぎのまち　宮城県仙台市宮城野区
　　はぎのちょう　福井県敦賀市
萩野通　はぎのとおり　愛知県名古屋市北区
12萩塚町　はぎつかちょう　鹿児島県鹿屋市
萩森　はぎもり　山口県山陽小野田市
萩間　はぎま　静岡県掛川市
13萩園
　　はぎぞの　千葉県旭市
　　はぎぞの　神奈川県茅ケ崎市
萩殿町　はぎどのちょう　愛知県瀬戸市
15萩蕪　はぎかぶ　静岡県御殿場市

【葺】
6葺合町　ふきあいちょう　兵庫県神戸市中央区

【葉】
0葉ノ木平　はのきだいら　福島県白河市
葉の木沢山　はのきさわやま　岩手県滝沢市
3葉山
　　はやま　宮城県宮城郡利府町
　　はやま　山形県上山市
　　はやま　福島県いわき市
　　はやま　福島県耶麻郡猪苗代町

1127

12画（落）

はやま　福岡県宗像市
はやま　長崎県長崎市
葉山町
はやままち　宮城県仙台市青葉区
はやままち　神奈川県三浦郡
はやまちょう　福岡県北九州市小倉南区
葉山島　はやまじま　神奈川県相模原市緑区
⁴**葉木**
はぎ　千葉県市原市
はき　熊本県（JR肥薩線）
葉木田　はきた　岩手県岩手郡岩手町
⁶**葉多町**　はた　兵庫県（神戸電鉄粟生線）
葉多町　はたちょう　兵庫県小野市
葉池町　はいけちょう　愛知県名古屋市中川区
⁷**葉坂**　はざか　宮城県柴田郡柴田町
葉苅町　はかりちょう　愛知県津島市
⁹**葉室**
はむろ　大阪府南河内郡太子町
はむろ　大阪府南河内郡河南町
¹⁰**葉原**　はばら　福井県敦賀市
¹¹**葉鹿町**　はじかちょう　栃木県足利市
葉鹿南町　はじかみなみちょう　栃木県足利市
¹²**葉萱場**　はがやば　新潟県新潟市西蒲区

【**落**】
³**落川**
おちかわ　東京都日野市
おちかわ　東京都多摩市
⁴**落井町**
おちいちょう　千葉県千葉市緑区
おちいちょう　福井県鯖江市
落方町　おちかたちょう　兵庫県西脇市
⁵**落石**　おちいし　北海道（JR根室本線）
落石西　おちいしにし　北海道根室市
落石町　おちいしちょう　北海道紋別市
落石東　おちいしひがし　北海道根室市
⁶**落合**
おちあい　北海道（JR根室本線）
おちあい　北海道余市郡赤井川村
おちあい　北海道空知郡南富良野町
おちあい　北海道天塩郡豊富町
おちあい　宮城県仙台市青葉区
おちあい　宮城県気仙沼市
おちあい　秋田県能代市
おちあい　山形県東田川郡庄内町
おちあい　福島県喜多方市
おちあい　福島県二本松市
おちあい　福島県伊達郡桑折町
おちあい　福島県南会津郡下郷町
おちあい　福島県双葉郡葛尾村
おちあい　茨城県筑西市
おちあい　栃木県那須烏山市
おちあい　栃木県下都賀郡壬生町
おちあい　埼玉県飯能市
おちあい　東京都（東京地下鉄東西線）
おちあい　東京都多摩市
おちあい　神奈川県秦野市
おちあい　新潟県三条市
おちあい　福井県大野市
おちあい　山梨県山梨市
おちあい　山梨県南アルプス市
おちあい　長野県諏訪郡富士見町

おちあい　岐阜県中津川市
おちあい　岐阜県安八郡神戸町
おちあい　静岡県静岡市葵区
おちあい　静岡県島田市
おちあい　静岡県下田市
おちあい　和歌山県和歌山市
おちあい　鳥取県西伯郡南部町
おちあい　広島県広島市安佐北区
おちあい　香川県東かがわ市
おちあい　福岡県田川郡添田町
落合三ケ内　おちあいさんがうち　宮城県黒川郡大和町
落合川　おちあいがわ　岐阜県（JR中央本線）
落合北　おちあいきた　神奈川県綾瀬市
落合町
おちあいまち　山形県山形市
おちあいちょう　茨城県常陸太田市
おちあいちょう　山梨県甲府市
おちあいちょう　愛知県名古屋市北区
おちあいちょう　愛知県瀬戸市
おちあいちょう　愛知県豊田市
おちあいちょう　愛知県愛西市
おちあいちょう　滋賀県長浜市
落合町入初　おちあいちょういりそめ　北海道美唄市
落合町本町　おちあいちょうほんちょう　北海道美唄市
落合町住吉　おちあいちょうすみよし　北海道美唄市
落合町近似　おちあいちょうちかのり　岡山県高梁市
落合町阿部　おちあいちょうあべ　岡山県高梁市
落合町栄町　おちあいちょうさかえまち　北海道美唄市
落合町原田　おちあいちょうはらだ　岡山県高梁市
落合町福地　おちあいちょうふくじ　岡山県高梁市
落合町緑が丘　おちあいちょうみどりがおか　北海道美唄市
落合垂水　おちあいたるみ　岡山県真庭市
落合松坂　おちあいまつさか　宮城県黒川郡大和町
落合南
おちあいみなみ　神奈川県綾瀬市
おちあいみなみ　広島県広島市安佐北区
落合南町　おちあいみなみまち　広島県広島市安佐北区
落合南長崎　おちあいみなみながさき　東京都（東京都交通局大江戸線）
落合相川　おちあいあいかわ　宮城県黒川郡大和町
落合報恩寺　おちあいほうおんじ　宮城県黒川郡大和町
落合蒜袋　おちあいひるぶくろ　宮城県黒川郡大和町
落合舞野　おちあいまいの　宮城県黒川郡大和町
落合檜和田　おちあいひわだ　宮城県黒川郡大和町
落地　おろち　兵庫県赤穂郡上郡町
落衣前　おともまえ　山形県寒河江市
⁷**落折**　おちおり　鳥取県八頭郡若桜町
⁸**落居**
おちい　山梨県（JR身延線）
おちい　山梨県西八代郡市川三郷町
おちい　静岡県牧之原市
おちい　静岡県賀茂郡南伊豆町
落岩　おちいわ　鳥取県八頭郡八頭町
⁹**落神町**　おちがみちょう　愛媛県新居浜市
¹¹**落添**　おちぞえ　愛知県犬山市
落部
おとしべ　北海道（JR函館本線）

12画（葎, 葭, 萬, 葹, 蛤, 蛭, 蛯, 裁, 装, 覚, 象）

おとしべ　北海道二海郡八雲町
落野目　おちのめ　山形県酒田市

【葎】
5葎生　もぐろう　新潟県妙高市
7葎沢
　　むぐらさわ　新潟県十日町市
　　むぐらざわ　新潟県魚沼市
葎谷
　　むぐらだに　新潟県長岡市
　　もぐらだに　新潟県三条市
10葎島　むくらじま　富山県南砺市

【葭】
0葭ケ平　よしがたいら　福島県南会津郡檜枝岐村
葭ケ廻間　よしがばさま　愛知県長久手市
3葭川公園　よしかわこうえん　千葉県（千葉都市モノ
　　レール1号線）
5葭生町　よしおいまち　愛知県碧南市
6葭池温泉前　よしいけおんせんまえ　山梨県（富士急
　　行線）
葭牟田町　よしむたまち　熊本県八代市
7葭町
　　よしちょう　岐阜県岐阜市
　　かやまち　香川県丸亀市
葭谷町　よしだにちょう　愛知県半田市
9葭津　よしづ　鳥取県米子市
10葭原　よしはら　愛知県小牧市
葭島矢倉町　よしじまやぐらちょう　京都府京都市伏
　　見区
葭島金井戸町　よしじまかないどちょう　京都府京都
　　市伏見区
葭島渡場島町　よしじまわたしばじまちょう　京都府京
　　都市伏見区
11葭添　よしぞえ　福島県大沼郡会津美里町

【萬】
2萬力　まんりき　千葉県旭市
13萬歳　まんざい　千葉県旭市

【葹】
5葹田　なもみだ　秋田県南秋田郡井川町

【蛤】
蛤　はまぐり　愛媛県宇和島市
10蛤浜　はまぐりはま　宮城県石巻市

【蛭】
0蛭ケ谷　ひるがや　静岡県牧之原市
蛭ケ窪　ひるがくぼ　福島県大沼郡会津美里町
3蛭子
　　えびす　愛知県長久手市
　　えびす　京都府宮津市
　　えびす　和歌山県伊都郡かつらぎ町
蛭子水町　えびすみずちょう　京都府京都市下京区
蛭子町
　　えびすちょう　愛知県瀬戸市
　　えびすちょう　京都府京都市上京区
　　えびすちょう　京都府京都市下京区

えびすちょう　島根県浜田市
えびすまち　長崎県島原市
えびすまち　大分県中津市
蛭子町北組　えびすちょうきたぐみ　京都府京都市東
　　山区
蛭子町南組　えびすちょうみなみぐみ　京都府京都市
　　東山区
蛭川
　　ひるがわ　秋田県大仙市
　　ひるかわ　岐阜県中津川市
蛭川町　びるがわまち　石川県小松市
5蛭田
　　ひるた　宮城県伊具郡丸森町
　　ひるた　栃木県大田原市
6蛭池
　　ひるいけ　静岡県磐田市
　　ひるいけ　福岡県三潴郡大木町
7蛭谷　ひるたに　富山県下新川郡朝日町
蛭谷町　ひるたにちょう　滋賀県東近江市
9蛭畑　ひるはた　栃木県大田原市
11蛭野　ひるの　新潟県五泉市
12蛭間町　ひるまちょう　愛知県津島市
14蛭窪　ひるくぼ　新潟県南魚沼市

【蛯】
3蛯川村　えびかわむら　青森県三戸郡五戸町
蛯川前川原　えびかわまえかわら　青森県三戸郡五
　　戸町
蛯川後　えびかわうしろ　青森県三戸郡五戸町
7蛯町　えびちょう　富山県富山市
蛯谷町　えびやちょう　北海道茅部郡森町

【裁】
7裁判所通　さいばんしょどおり　愛媛県八幡浜市

【装】
7装束町　しょうぞくまち　山口県岩国市

【覚】
4覚王山　かくおうざん　愛知県（名古屋市交通局東山
　　線）
覚王山通　かくおうざんとおり　愛知県名古屋市千
　　種区
覚王寺　かくおうじ　鳥取県八頭郡八頭町
5覚仙町　かくせんちょう　青森県弘前市
6覚寺　かくじ　鳥取県鳥取市
8覚岸寺　かくがんじ　山形県鶴岡市
13覚路津　かくろづ　新潟県新潟市秋葉区

【象】
0象ケ鼻
　　ぞうがはな　宮城県気仙沼市
　　ぞうがはな　秋田県大館市
15象潟　きさかた　秋田県（JR羽越本線）
象潟町1丁目塩越　きさかたまちいっちょうめしおこし
　　秋田県にかほ市
象潟町2丁目塩越　きさかたまちにちょうめしおこし
　　秋田県にかほ市
象潟町3丁目塩越　きさかたまちさんちょうめしおこし
　　秋田県にかほ市

1129

象潟町4丁目塩越　きさかたまちよんちょうめしおこし　秋田県にかほ市

象潟町5丁目塩越　きさかたまちごちょうめしおこし　秋田県にかほ市

象潟町二の丸　きさかたまちにのまる　秋田県にかほ市

象潟町二階谷地　きさかたまちにかいやち　秋田県にかほ市

象潟町入湖の澗　きさかたまちいりこのま　秋田県にかほ市

象潟町入道島　きさかたまちにゅうどうじま　秋田県にかほ市

象潟町下浜山　きさかたまちしもはまやま　秋田県にかほ市

象潟町上小坂　きさかたまちかみこさか　秋田県にかほ市

象潟町上狐森　きさかたまちかみきつねもり　秋田県にかほ市

象潟町丸山　きさかたまちまるやま　秋田県にかほ市

象潟町大谷地　きさかたまちおおやち　秋田県にかほ市

象潟町大門先　きさかたまちだいもんざき　秋田県にかほ市

象潟町大砂川　きさかたまちおおさがわ　秋田県にかほ市

象潟町大森　きさかたまちおおもり　秋田県にかほ市

象潟町大須郷　きさかたまちおおすごう　秋田県にかほ市

象潟町大飯郷　きさかたまちだいはんごう　秋田県にかほ市

象潟町大塩越　きさかたまちおおしおこし　秋田県にかほ市

象潟町小才の神　きさかたまちこさいのかみ　秋田県にかほ市

象潟町小坂　きさかたまちこさか　秋田県にかほ市

象潟町小砂川　きさかたまちこさがわ　秋田県にかほ市

象潟町小烏島　きさかたまちこがらすじま　秋田県にかほ市

象潟町小滝　きさかたまちこだき　秋田県にかほ市

象潟町川袋　きさかたまちかわふくろ　秋田県にかほ市

象潟町才の神　きさかたまちさいのかみ　秋田県にかほ市

象潟町不動沢　きさかたまちふどうさわ　秋田県にかほ市

象潟町中谷地　きさかたまちなかやち　秋田県にかほ市

象潟町中橋町　きさかたまちなかばしまち　秋田県にかほ市

象潟町太郎島　きさかたまちたろうじま　秋田県にかほ市

象潟町木戸口　きさかたまちきどぐち　秋田県にかほ市

象潟町四隅池　きさかたまちよすみいけ　秋田県にかほ市

象潟町弁天島　きさかたまちべんてんじま　秋田県にかほ市

象潟町本郷　きさかたまちほんごう　秋田県にかほ市

象潟町田の神　きさかたまちたのかみ　秋田県にかほ市

象潟町白山堂　きさかたまちしらやまどう　秋田県にかほ市

象潟町立石　きさかたまちたていし　秋田県にかほ市

象潟町西中野沢　きさかたまちにしなかのさわ　秋田県にかほ市

象潟町坂の下　きさかたまちさかのした　秋田県にかほ市

象潟町妙見下　きさかたまちみょうけんした　秋田県にかほ市

象潟町沖の田　きさかたまちおきのた　秋田県にかほ市

象潟町林の下　きさかたまちはやしのした　秋田県にかほ市

象潟町武道島　きさかたまちぶどうじま　秋田県にかほ市

象潟町狐森　きさかたまちきつねもり　秋田県にかほ市

象潟町長岡　きさかたまちながおか　秋田県にかほ市

象潟町冠石下　きさかたまちかんむりいしした　秋田県にかほ市

象潟町屋敷田　きさかたまちやしきだ　秋田県にかほ市

象潟町後田　きさかたまちうしろだ　秋田県にかほ市

象潟町洗釜　きさかたまちあらいがま　秋田県にかほ市

象潟町荒屋下　きさかたまちあらやした　秋田県にかほ市

象潟町荒屋妻　きさかたまちあらやづま　秋田県にかほ市

象潟町家の後　きさかたまちいえのうしろ　秋田県にかほ市

象潟町浜の田　きさかたまちはまのた　秋田県にかほ市

象潟町浜山　きさかたまちはまやま　秋田県にかほ市

象潟町浜畑　きさかたまちはまはた　秋田県にかほ市

象潟町烏島　きさかたまちからすじま　秋田県にかほ市

象潟町狸森　きさかたまちたぬきもり　秋田県にかほ市

象潟町能因島　きさかたまちのういんじま　秋田県にかほ市

象潟町高田　きさかたまちたかだ　秋田県にかほ市

象潟町鳥の海　きさかたまちとりのうみ　秋田県にかほ市

象潟町琴和喜　きさかたまちことわき　秋田県にかほ市

象潟町象潟島　きさかたまちきさかたじま　秋田県にかほ市

象潟町源蔵潟　きさかたまちげんぞうがた　秋田県にかほ市

象潟町続島　きさかたまちつづきじま　秋田県にかほ市

象潟町蒲谷池　きさかたまちかばやち　秋田県にかほ市

象潟町関　きさかたまちせき　秋田県にかほ市

象潟町横山　きさかたまちよこやま　秋田県にかほ市

象潟町横岡　きさかたまちよこおか　秋田県にかほ市

象潟町鷹放　きさかたまちたかはなし　秋田県にかほ市

【賀】

賀　が　茨城県神栖市

5賀古町　かこちょう　愛媛県宇和島市

賀田
　　よした　青森県弘前市
　　かた　三重県（JR紀勢本線）

賀田山町　かたやまちょう　滋賀県彦根市

賀田町　かたちょう　三重県尾鷲市

12画（貴, 貸, 買, 貿, 賁, 越）

6賀庄　がしょう　福島県郡山市
7賀来
　　かく　大分県（JR久大本線）
　　かく　大分県大分市
　賀来北　かくきた　大分県大分市
　賀来西　かくにし　大分県大分市
　賀来南　かくみなみ　大分県大分市
8賀茂
　　かも　広島県世羅郡世羅町
　　かも　福岡県（福岡市交通局七隈線）
　　かも　福岡県福岡市早良区
　賀茂今井町　かもいまいちょう　京都府京都市左京区
　賀茂半木町　かもはんぎちょう　京都府京都市左京区
　賀茂町　かもちょう　愛知県豊橋市
　賀茂郡　かもぐん　静岡県
10賀恵渕　かえふち　千葉県君津市
11賀張　かばり　北海道沙流郡日高町
12賀集　かしゅう　兵庫県南あわじ市
　賀集八幡　かしゅうやはた　兵庫県南あわじ市
　賀集内ケ原　かしゅううちがはら　兵庫県南あわじ市
　賀集牛内　かしゅううしうち　兵庫県南あわじ市
　賀集生子　かしゅうせいご　兵庫県南あわじ市
　賀集立川瀬　かしゅうたてがわせ　兵庫県南あわじ市
　賀集長原　かしゅうながはら　兵庫県南あわじ市
　賀集野田　かしゅうのた　兵庫県南あわじ市
　賀集福井　かしゅうふくい　兵庫県南あわじ市
　賀集鍛治屋　かしゅうかじや　兵庫県南あわじ市
13賀数　かかず　沖縄県糸満市
20賀露町　かろちょう　鳥取県鳥取市
　賀露町北　かろちょうきた　鳥取県鳥取市
　賀露町西　かろちょうにし　鳥取県鳥取市
　賀露町南　かろちょうみなみ　鳥取県鳥取市

【貴】
5貴布祢　きぶね　静岡県浜松市浜北区
　貴平町　きへいちょう　静岡県浜松市東区
　貴生川　きぶかわ　滋賀県（JR草津線ほか）
　貴生町　きせいちょう　愛知県名古屋市西区
6貴老路　きろろ　北海道十勝郡浦幌町
7貴住　きずみ　鳥取県西伯郡伯耆町
貴志
　　きし　兵庫県三田市
　　きし　和歌山県（和歌山電鉄貴志川線）
　貴志川町上野山　きしがわちょううえのやま　和歌山県紀の川市
　貴志川町丸栖　きしがわちょうまるす　和歌山県紀の川市
　貴志川町井ノ口　きしがわちょういのくち　和歌山県紀の川市
　貴志川町北　きしがわちょうきた　和歌山県紀の川市
　貴志川町北山　きしがわちょうきたやま　和歌山県紀の川市
　貴志川町西山　きしがわちょうにしやま　和歌山県紀の川市
　貴志川町国主　きしがわちょうくにし　和歌山県紀の川市

　貴志川町岸小野　きしがわちょうきしおの　和歌山県紀の川市
　貴志川町岸宮　きしがわちょうきしみや　和歌山県紀の川市
　貴志川町長山　きしがわちょうながやま　和歌山県紀の川市
　貴志川町長原　きしがわちょうながはら　和歌山県紀の川市
　貴志川町前田　きしがわちょうまえだ　和歌山県紀の川市
　貴志川町神戸　きしがわちょうこうど　和歌山県紀の川市
　貴志川町高尾　きしがわちょうたかお　和歌山県紀の川市
　貴志川町鳥居　きしがわちょうとりい　和歌山県紀の川市
11貴崎　きさき　兵庫県明石市
貴船
　　きふね　愛知県名古屋市名東区
　　きふね　愛知県一宮市
　　きふね　広島県安芸郡熊野町
　　きふね　福岡県糟屋郡宇美町
　　きふね　福岡県田川郡糸田町
　貴船口　きぶねぐち　京都府（叡山電鉄鞍馬線）
　貴船台　きぶねだい　福岡県北九州市八幡西区
貴船町
　　きぶねちょう　岐阜県関市
　　きぶねちょう　静岡県富士宮市
　　きぶねちょう　愛知県一宮市
　　きぶねちょう　愛知県春日井市
　　きぶねまち　山口県下関市
　　きぶねまち　福岡県北九州市小倉北区
　　きぶねまち　大分県宇佐市
13貴僧坊　きそうぼう　静岡県伊豆市

【貸】
3貸上町　かしあげちょう　岐阜県関市

【買】
5買田　かいた　香川県仲多度郡まんのう町

【貿】
8貿易センター　ぼうえきせんたー　兵庫県（神戸新交通ポートアイランド線）

【賁】
2賁人　もうらいと　北海道厚岸郡浜中町

【越】
越
　　こし　新潟県糸魚川市
　　こし　長野県中野市
　　こし　奈良県高市郡明日香村
0越ケ沢　こしがさわ　新潟県十日町市
　越ケ谷　こしがや　埼玉県越谷市
　越ケ谷本町　こしがやほんちょう　埼玉県越谷市
　越ケ浜　こしがはま　山口県（JR山陰本線）
　越ノ浦　こしのうら　宮城県塩竈市
　越ノ潟　こしのかた　富山県（万葉線）
　越の原　こしのはら　石川県鳳珠郡穴水町

1131

12画（越）

越の潟町　こしのかたまち　富山県射水市

²越又　こしまた　新潟県魚沼市

³越下　こしした　青森県三沢市

越久　おっきゅう　福島県須賀川市

越小場　こしこば　熊本県水俣市

越川
　こしかわ　北海道斜里郡斜里町
　こすがわ　福島県大沼郡金山町

⁴越中八尾　えっちゅうやつお　富山県（JR高山本線）

越中三郷　えっちゅうさんごう　富山県（富山地方鉄道本線）

越中大門　えっちゅうだいもん　富山県（あいの風とやま鉄道線）

越中山　えっちゅうやま　山形県鶴岡市

越中山田　えっちゅうやまだ　富山県（JR城端線）

越中中川　えっちゅうなかがわ　富山県（JR氷見線）

越中中村　えっちゅうなかむら　富山県（富山地方鉄道本線）

越中中島　えっちゅうなかじま　富山県（富山ライトレール線）

越中舟橋　えっちゅうふなはし　富山県（富山地方鉄道本線）

越中坂　えっちゅうざか　石川県河北郡津幡町

越中町　えっちゅうまち　鳥取県倉吉市

越中里　えっちゅうさと　山形県西置賜郡小国町

越中国分　えっちゅうこくぶ　富山県（JR氷見線）

越中泉　えっちゅういずみ　富山県（富山地方鉄道本線）

越中畑　えっちゅうはた　岩手県和賀郡西和賀町

越中荏原　えっちゅうえばら　富山県（富山地方鉄道本線）

越中宮崎　えっちゅうみやざき　富山県（あいの風とやま鉄道線）

越中島
　えっちゅうじま　東京都（JR京葉線）
　えっちゅうじま　東京都江東区

越井坂町　こしいさかちょう　山形県寒河江市

越戸
　こえど　栃木県宇都宮市
　こうど　長野県上田市
　こしど　愛知県（名古屋鉄道三河線）

越戸町
　こえどまち　栃木県宇都宮市
　こしどちょう　愛知県豊田市
　おっとちょう　愛知県田原市

越木塚　こしきづか　奈良県生駒郡平群町

越水　こしみず　青森県（JR五能線）

越水町
　こしみずちょう　兵庫県西宮市
　うてみちょう　兵庫県加西市

越水社家郷山　こしみずしゃけごうやま　兵庫県西宮市

⁵越本　こしもと　群馬県利根郡片品村

越生
　おごせ　埼玉県（JR八高線ほか）
　おごせ　埼玉県入間郡越生町

越生町　おごせまち　埼玉県入間郡越生町

越生東　おごせひがし　埼玉県入間郡越生町

越田
　こえだ　宮城県伊具郡丸森町
　こしだ　愛媛県南宇和郡愛南町

⁶越名町　こえなちょう　栃木県佐野市

越地　こえち　沖縄県国頭郡今帰仁村

越安　こやす　茨城県東茨城郡茨城町

⁷越坂
　おっさか　石川県鳳珠郡能登町
　おっさか　福井県敦賀市
　おっさか　兵庫県美方郡新温泉町

越尾　こよお　岡山県久米郡美咲町

越来　ごえく　沖縄県沖縄市

越沢
　こえさわ　山形県鶴岡市
　こえさわ　新潟県村上市

越谷　こしがや　埼玉県（東武鉄道伊勢崎線）

越谷レイクタウン　こしがやれいくたうん　埼玉県（JR武蔵野線）

越谷市　こしがやし　埼玉県

⁸越河
　こすごう　宮城県（JR東北本線）
　こすごう　宮城県白石市

越河五賀　こすごうごか　宮城県白石市

越河平　こすごうたいら　宮城県白石市

越知　おち　兵庫県神崎郡神河町

越知乙　おちおつ　高知県高岡郡越知町

越知丁　おちてい　高知県高岡郡越知町

越知丙　おちへい　高知県高岡郡越知町

越知甲　おちこう　高知県高岡郡越知町

越知町
　おうちちょう　三重県鈴鹿市
　おちちょう　高知県高岡郡

⁹越前下山　えちぜんしもやま　福井県（JR越美北線）

越前大宮　えちぜんおおみや　福井県（JR越美北線）

越前大野　えちぜんおおの　福井県（JR越美北線）

越前市　えちぜんし　福井県

越前田野　えちぜんたの　福井県（JR越美北線）

越前竹原　えちぜんたけはら　福井県（えちぜん鉄道勝山永平寺線）

越前町
　えちぜんまち　北海道檜山郡江差町
　えちぜんまち　富山県富山市
　えちぜんちょう　福井県丹生郡
　えちぜんちょう　京都府京都市伏見区
　えちぜんまち　高知県高知市
　えちぜんちょう　高知県土佐清水市

越前花堂　えちぜんはなんどう　福井県（JR越美北線）

越前東郷　えちぜんとうごう　福井県（JR越美北線）

越前武生　えちぜんたけふ　福井県（福井鉄道福武線）

越前島橋　えちぜんしまばし　福井県（えちぜん鉄道勝山永平寺線）

越前浜　えちぜんはま　新潟県新潟市西蒲区

越前高田　えちぜんたかだ　福井県（JR越美北線）

越前野中　えちぜんのなか　福井県（えちぜん鉄道勝山永平寺線）

越前富田　えちぜんとみだ　福井県（JR越美北線）

越前開発　えちぜんかいほつ　福井県（えちぜん鉄道勝山永平寺線）

越前新保　えちぜんしんぼ　福井県（えちぜん鉄道勝山永平寺線）

越前薬師　えちぜんやくし　福井県（JR越美北線）

越巻　こしまき　福島県喜多方市

12画（超,躰,軽,運,過）

越後下関　えちごしもせき　新潟県（JR米坂線）
越後大島　えちごおおしま　新潟県（JR米坂線）
越後川口　えちごかわぐち　新潟県（JR上越線）
越後中里　えちごなかさと　新潟県（JR上越線）
越後水沢　えちごみずさわ　新潟県（JR飯山線）
越後片貝　えちごかたかい　新潟県（JR米坂線）
越後広田　えちごひろた　新潟県（JR信越本線）
越後広瀬　えちごひろせ　新潟県（JR只見線）
越後田中　えちごたなか　新潟県（JR飯山線）
越後田沢　えちごたざわ　新潟県（JR飯山線）
越後石山　えちごいしやま　新潟県（JR信越本線）
越後早川　えちごはやかわ　新潟県（JR羽越本線）
越後町
　　えちごまち　岐阜県高山市
　　えちごちょう　京都府京都市中京区
越後赤塚　えちごあかつか　新潟県（JR越後線）
越後京田　えちごきょうでん　山形県鶴岡市
越後岩沢　えちごいわさわ　新潟県（JR飯山線）
越後岩塚　えちごいわつか　新潟県（JR信越本線）
越後突抜町　えちごつきぬけちょう　京都府京都市中
　京区
越後金丸　えちごかなまる　新潟県（JR米坂線）
越後島　えちごしま　静岡県焼津市
越後堀之内　えちごほりのうち　新潟県（JR上越線）
越後曽根　えちごそね　新潟県（JR越後線）
越後鹿渡　えちごしかわたり　新潟県（JR飯山線）
越後寒川　えちごかんがわ　新潟県（JR羽越本線）
越後湯沢　えちごゆざわ　新潟県（JR上越新幹線ほ
　か）
越後須原　えちごすはら　新潟県（JR只見線）
越後滝谷　えちごたきや　新潟県（JR上越線）
越津町　こしづちょう　愛知県津島市
越畑
　　こえはた　栃木県矢板市
　　おつはた　埼玉県比企郡嵐山町
　　こしわた　岡山県苫田郡鏡野町
10越原　おつばら　岐阜県加茂郡東白川村
11越堀　こえぼり　栃木県那須塩原市
越掛沢　こしかけざわ　青森県三戸郡五戸町
越掛沢前　こしかけざわまえ　青森県三戸郡五戸町
越掛沢道下モ　こしかけざわみちのしも　青森県三戸
　郡五戸町
越部
　　こしべ　奈良県（近畿日本鉄道吉野線）
　　こしべ　奈良県吉野郡大淀町
越野　こしの　東京都八王子市
越野尾　こしのお　宮崎県児湯郡西米良村
12越御堂　こしみどう　新潟県阿賀野市
越智
　　おち　奈良県高市郡高取町
　　おち　愛媛県松山市
越智町　おちちょう　千葉県千葉市緑区
越智郡　おちぐん　愛媛県
越渡　こえと　石川県鳳珠郡穴水町
13越歳　こしとし　北海道網走市
越殿町　こしどのちょう　鳥取県倉吉市
越裏門　えりもん　高知県吾川郡いの町
越路
　　こしじ　北海道上川郡上川町

　　こえじ　宮城県仙台市太白区
　　こいじ　鳥取県鳥取市
　　こいじ　福岡県築上郡築上町
越路中沢　こしじなかざわ　新潟県長岡市
越路中島　こしじなかじま　新潟県長岡市

【超】
12超勝寺門前町　ちょうしょうじもんぜんちょう　京都府
　京都市左京区

【躰】
6躰光寺町　たいこうじちょう　滋賀県東近江市

【軽】
4軽井川　かるいがわ　新潟県柏崎市
軽井沢
　　かるいざわ　秋田県大館市
　　かるいざわ　秋田県雄勝郡羽後町
　　かるいざわ　山形県上山市
　　かるいざわ　福島県河沼郡柳津町
　　かるいざわ　千葉県鎌ケ谷市
　　かるいざわ　新潟県長岡市
　　かるいざわ　長野県（JR長野新幹線ほか）
　　かるいざわ　長野県北佐久郡軽井沢町
　　かるいざわ　静岡県田方郡函南町
軽井沢町
　　かるいざわまち　長野県北佐久郡
　　かるいざわちょう　奈良県生駒市
軽井沢東　かるいざわひがし　長野県北佐久郡軽井
　沢町
6軽米　かるまい　岩手県九戸郡軽米町
軽米町　かるまいまち　岩手県九戸郡
7軽里　かるさと　大阪府羽曳野市
9軽海　かるみ　岐阜県本巣市
軽海町　かるみまち　石川県小松市
11軽野　かるの　滋賀県愛知愛荘町
15軽舞　かるまい　北海道勇払郡厚真町

【運】
4運内　うんない　愛知県常滑市
運天　うんてん　沖縄県国頭郡今帰仁村
運天原　うんてんばる　沖縄県名護市
8運河　うんが　千葉県（東武鉄道野田線）
運河町　うんがちょう　愛知県名古屋市中川区
運河通　うんがとおり　愛知県名古屋市中川区
11運動公園
　　うんどうこうえん　群馬県（わたらせ渓谷鉄道線）
　　うんどうこうえん　福井県福井市
　　うんどうこうえん　宮崎県（JR日南線）
運動公園町　うんどうこうえんちょう　鹿児島県薩摩
　川内市
運動公園前
　　うんどうこうえんまえ　青森県（弘南鉄道弘南線）
　　うんどうこうえんまえ　愛知県（豊橋鉄道東田本線）

【過】
7過足　よぎあし　福島県田村郡三春町
10過書町　かしょまち　京都府京都市伏見区

1133

12画（達, 遅, 道）

【達】

³達上ケ丘　たんじょうがおか　神奈川県平塚市
⁵達古武　たっこぶ　北海道釧路郡釧路町
　達布
　　　たっぷ　北海道三笠市
　　　たっぷ　北海道留萌郡小平町
⁸達者　たっしゃ　新潟県佐渡市
⁹達美　たつみ　北海道網走郡津別町
¹⁶達磨寺　だるまじ　山形県東村山郡中山町
　達磨町　だるまちょう　京都府京都市中京区

【遅】

⁶遅羽町ほう崎　おそわちょうほうき　福井県勝山市
　遅羽町下荒井　おそわちょうしもあらい　福井県勝山市
　遅羽町千代田　おそわちょうちよだ　福井県勝山市
　遅羽町大袋　おそわちょうおおぶくろ　福井県勝山市
　遅羽町中島　おそわちょうなかじま　福井県勝山市
　遅羽町比島　おそわちょうひしま　福井県勝山市
　遅羽町北山　おそわちょうきたやま　福井県勝山市
　遅羽町新道　おそわちょうしんどう　福井県勝山市
　遅羽町蓬生　おそわちょうよもぎ　福井県勝山市
⁷遅沢　おそあい　山梨県南巨摩郡身延町
　遅谷　おそだに　山形県西置賜郡飯豊町
¹¹遅郷　おそのごう　新潟県村上市
　遅野沢　おそのさわ　栃木県那須塩原市
¹²遅場　おそば　新潟県三条市
　遅越　おそごえ　高知県吾川郡仁淀川町
¹⁹遅瀬　おそせ　奈良県山辺郡山添村

【道】

　道　みち　山梨県南巨摩郡身延町
⁰道ケ谷戸　どうがやと　埼玉県熊谷市
　道ノ下　みちのしも　青森県上北郡七戸町
　道ノ上　みちのかみ　青森県上北郡七戸町
　道ノ北　みちのきた　青森県上北郡東北町
　道ノ尾　みちのお　長崎県（JR長崎本線）
　道メキ　どうめき　茨城県ひたちなか市
³道下
　　　どうした　栃木県塩谷郡塩谷町
　　　どうげ　富山県下新川郡朝日町
　道下丙　みちしたへい　福島県河沼郡会津坂下町
　道下町　みちしたちょう　愛知県名古屋市中村区
　道三町
　　　どうさんちょう　岐阜県岐阜市
　　　どうさんちょう　広島県福山市
　道上
　　　どうじょう　新潟県新潟市西蒲区
　　　みちのうえ　広島県（JR福塩線）
　道口
　　　みちのくち　福井県敦賀市
　　　みちぐち　福井県丹生郡越前町
　道口蛭田　どうぐちひるだ　埼玉県春日部市
　道土井郷　みちどいごう　長崎県南松浦郡新上五島町
　道川　みちかわ　秋田県（JR羽越本線）
　道川内　みちがわち　熊本県葦北郡芦北町
⁴道仏　どうぶつ　青森県三戸郡階上町
　道内　みちうち　福島県伊達郡川俣町

　道方　みちかた　三重県度会郡南伊勢町
⁵道仙田　どうせんだ　愛知県知多郡武豊町
　道北町　みちきたちょう　青森県黒石市
　道古　どうこ　富山県下新川郡入善町
　道市　どいち　富山県下新川郡入善町
　道平　どうたいら　新潟県糸魚川市
　道本　どうほん　静岡県浜松市浜北区
　道正　どうしょう　富山県富山市
　道正台　どうしょうだい　兵庫県神戸市須磨区
　道正町　どうしょうちょう　京都府京都市上京区
　道玄坂　どうげんざか　東京都渋谷区
　道生　どうしょう　山形県寒河江市
　道生町　どうじょうまち　埼玉県秩父市
　道田中　どうだなか　宮城県亘理郡亘理町
　道田西　どうだにし　宮城県亘理郡亘理町
　道田町　みちだまち　山形県鶴岡市
　道田東　どうだひがし　宮城県亘理郡亘理町
　道目　どうめ　埼玉県加須市
　道目木　どうめき　秋田県大館市
⁶道全町　どうぜんちょう　愛知県名古屋市南区
　道光寺　どうこうじ　愛知県西尾市
　道光寺町　どうこうじちょう　愛知県西尾市
　道合　みちあい　埼玉県川口市
　道地　どうち　埼玉県加須市
　道寺　どうじ　富山県滑川市
　道成寺　どうじょうじ　和歌山県（JR紀勢本線）
　道有林　どうゆうりん　北海道厚岸郡浜中町
　道行竈　みちゆくがま　三重県度会郡南伊勢町
⁷道伯　どうはく　三重県鈴鹿市
　道伯町　どうはくちょう　三重県鈴鹿市
　道佛　どうぶつ　埼玉県南埼玉郡宮代町
　道坂　どうざか　富山県魚津市
　道形　どうがた　山形県鶴岡市
　道形町　どうがたまち　山形県鶴岡市
　道志村　どうしむら　山梨県南都留郡
⁸道坪野　どうつぼの　富山県小矢部市
　道明
　　　どうみょう　新潟県糸魚川市
　　　どうみょう　富山県小矢部市
　道明寺
　　　どうみょうじ　大阪府（近畿日本鉄道道明寺線ほか）
　　　どうみょうじ　大阪府藤井寺市
　道明町　どうみょうちょう　愛知県名古屋市天白区
　道東　みちひがし　福島県白河市
　道林寺　どうりんじ　富山県小矢部市
　道林町　どうりんまち　石川県能美市
　道河内　どうがわうち　鳥取県西伯郡南部町
　道河原　どうがわら　新潟県新潟市西区
　道法寺　どうほうじ　石川県（北陸鉄道石川線）
　道法寺町　どうほうじまち　石川県白山市
　道表　どうびょう　千葉県茂原市
　道金　どうきん　新潟県燕市
　道阿弥町　どうあみちょう　京都府京都市伏見区
⁹道前　みちまえ　福島県福島市
　道南西　どうなんにし　福島県西白河郡西郷村
　道南東　どうなんひがし　福島県西白河郡西郷村
　道城　どうじょう　秋田県北秋田市
　道後一万　どうごいちまん　愛媛県松山市

12画（遊）

道後山　どうごやま　広島県（JR芸備線）
道後今市　どうごいまいち　愛媛県松山市
道後公園
　　どうごこうえん　愛媛県（伊予鉄道市駅線ほか）
　　どうごこうえん　愛媛県松山市
道後北代　どうごきたしろ　愛媛県松山市
道後多幸町　どうごたこうちょう　愛媛県松山市
道後町　どうごまち　愛媛県松山市
道後姫塚　どうごひめづか　愛媛県松山市
道後喜多町　どうごきたまち　愛媛県松山市
道後温泉　どうごおんせん　愛媛県（伊予鉄道市駅線ほか）
道後湯之町　どうごゆのまち　愛媛県松山市
道後湯月町　どうごゆづきちょう　愛媛県松山市
道後樋又　どうごひまた　愛媛県松山市
道後緑台　どうごみどりだい　愛媛県松山市
道後鷺谷町　どうごさぎだにちょう　愛媛県松山市
道海島　どうかいじま　福岡県大川市
道泉町　どうせんちょう　愛知県瀬戸市
道祖土
　　さやど　栃木県真岡市
　　さいど　埼玉県さいたま市緑区
道祖元町　さやのもとまち　佐賀県佐賀市
道祖本　さいのもと　大阪府茨木市
道祖町　どうそちょう　山口県山口市
道祐町　どうゆうちょう　京都府京都市中京区
10道修町　どしょうまち　大阪府大阪市中央区
道原
　　どうばら　静岡県焼津市
　　どうばる　福岡県北九州市小倉南区
道家　どうけ　高知県安芸郡芸西村
道庭
　　どうにわ　埼玉県吉川市
　　どうにわ　千葉県東金市
道悦　どうえつ　静岡県島田市
道悦島　どうえつじま　静岡県島田市
道笑町　どうしょうまち　鳥取県米子市
11道崎　どうさき　愛知県知多郡武豊町
道崎田　どうさきだ　愛知県知多郡武豊町
道部　みちぶ　静岡県賀茂郡松崎町
道野辺　みちのべ　千葉県鎌ケ谷市
道野辺中央　みちのべちゅうおう　千葉県鎌ケ谷市
道野辺本町　みちのべほんちょう　千葉県鎌ケ谷市
道野町　みちのちょう　鹿児島県枕崎市
12道善　どうぜん　福岡県筑紫郡那珂川町
道場
　　どうば　福島県郡山市
　　どうじょう　福島県伊達郡川俣町
　　どうじょう　埼玉県さいたま市桜区
　　どうじょう　埼玉県新座市
　　どうじょう　静岡県牧之原市
　　どうじょう　兵庫県（JR福知山線）
道場小路　どうじょうこうじ　福島県白河市
道場山町　どうじょうやままち　愛知県碧南市
道場北　どうじょうきた　千葉県千葉市中央区
道場寺　どうじょうじ　福岡県行橋市
道場町
　　どうじょうまち　福島県白河市
　　どうじょうちょう　京都府京都市中京区
　　どうじょうまち　和歌山県和歌山市

道場町日下部　どうじょうちょうくさかべ　兵庫県神戸市北区
道場町平田　どうじょうちょうひらた　兵庫県神戸市北区
道場町生野　どうじょうちょういくの　兵庫県神戸市北区
道場町道場　どうじょうちょうどうじょう　兵庫県神戸市北区
道場町塩田　どうじょうちょうしおた　兵庫県神戸市北区
道場門前　どうじょうもんぜん　山口県山口市
道場前　どうじょうまえ　福島県伊達郡桑折町
道場南　どうじょうみなみ　千葉県千葉市中央区
道場南口　どうじょうみなみぐち　兵庫県（神戸電鉄三田線）
道場宿町　どうじょうじゅくまち　栃木県宇都宮市
道満　どうまん　山形県天童市
道賀　どうが　新潟県新発田市
道賀新田　どうがしんでん　新潟県北蒲原郡聖籠町
道順川戸　どうじゅんかわど　埼玉県春日部市
13道意町　どいちょう　兵庫県尼崎市
道新　どうしん　富山県中新川郡立山町
道源寺　どうげんじ　富山県中新川郡立山町
道源町　どうげんちょう　山口県周南市
道福寺　どうふくじ　香川県仲多度郡多度津町
道頓堀　どうとんぼり　大阪府大阪市中央区
14道徳
　　どうとく　愛知県（名古屋鉄道常滑線）
　　どうとく　高知県高岡郡四万十町
道徳北町　どうとくきたまち　愛知県名古屋市南区
道徳通　どうとくとおり　愛知県名古屋市南区
道徳新町　どうとくしんまち　愛知県名古屋市南区
18道鵜町　どううちょう　大阪府高槻市
19道瀬　どうぜ　三重県北牟婁郡紀北町

【遊】
3遊子
　　ゆうし　福井県三方上中郡若狭町
　　ゆす　愛媛県宇和島市
4遊木町　ゆきちょう　三重県熊野市
6遊光寺浜　ゆうこうじはま　新潟県上越市
遊行前町　ゆぎょうまえちょう　京都府京都市東山区
7遊佐
　　ゆざ　山形県（JR羽越本線）
　　ゆざ　山形県飽海郡遊佐町
遊佐町　ゆざまち　山形県飽海郡
遊谷　あぞうだに　広島県山県郡安芸太田町
9遊屋町　ゆやちょう　愛知県豊田市
遊泉寺町　ゆうせんじまち　石川県小松市
10遊家　ゆけ　静岡県掛川市
遊馬町　あすまちょう　埼玉県草加市
11遊部　あそぶ　富山県南砺市
遊部川原　あそぶかわら　富山県南砺市
13遊園地西　ゆうえんちにし　埼玉県（西武鉄道山口線）
14遊摺部　ゆするべ　山形県酒田市

1135

12画 (酢, 鈎, 鈍, 鈑, 閠, 開, 間)

【酢】
酢　す　滋賀県長浜市
7酢貝　すがい　山口県防府市

【鈎】
8鈎取　かぎとり　宮城県仙台市太白区
鈎取本町　かぎとりほんちょう　宮城県仙台市太白区

【鈍】
6鈍池町　にぶいけちょう　愛知県名古屋市中村区

【鈑】
4鈑戸　たたらど　鳥取県西伯郡大山町

【閠】
4閠戸　うるいど　埼玉県蓮田市

【開】
開
　ひらき　富山県富山市
　ひらき　富山県滑川市
　ひらき　山口県宇部市
　ひらき　福岡県 (西日本鉄道天神大牟田線)
0開ケ丘　ひらきがおか　富山県富山市
3開口　かいぐち　富山県射水市
5開出　かいで　山口県防府市
開出今町　かいでいまちょう　滋賀県彦根市
開出本町　かいでほんまち　山口県防府市
開出西町　かいでにしまち　山口県防府市
開北　かいほく　宮城県石巻市
開平町　かいへいちょう　愛知県名古屋市中川区
開田
　かいでん　岐阜県揖斐郡揖斐川町
　かいでん　京都府長岡京市
　かいで　岡山県真庭市
開田高原末川　かいだこうげんすえかわ　長野県木曽郡木曽町
開田高原西野　かいだこうげんにしの　長野県木曽郡木曽町
6開成
　かいせい　北海道北見市
　かいせい　宮城県石巻市
　かいせい　福島県郡山市
　かいせい　神奈川県 (小田急電鉄小田原線)
　かいせい　佐賀県佐賀市
開成町
　かいせいまち　神奈川県足柄上郡
　かいせいちょう　山口県周南市
開江町　ひらくえちょう　茨城県水戸市
開西町　かいせいちょう　北海道深川市
7開町
　ひらきちょう　福井県敦賀市
　ひらきちょう　京都府宇治市
8開明
　かいめい　北海道上川郡当麻町
　かいめい　愛知県 (名古屋鉄道尾西線)
　かいめい　愛知県一宮市
開明町　かいめいちょう　兵庫県尼崎市
9開津　かいづ　福島県河沼郡会津坂下町

開発
　かいはつ　北海道北斗市
　かいほつ　富山県 (富山地方鉄道不二越・上滝線)
　かいほつ　富山県富山市
　かいほつ　富山県南砺市
　かいほつ　福井県福井市
　かいほつ　福井県大野市
開発本町　かいほつほんまち　富山県高岡市
開発町
　かいほつちょう　福井県福井市
　かいはつちょう　岐阜県大垣市
開発町北　かいはつちょうきた　北海道美唄市
開発町南　かいはつちょうみなみ　北海道美唄市
開発町親和　かいはつちょうしんわ　北海道美唄市
11開盛
　かいせい　北海道常呂郡訓子府町
　かいせい　北海道紋別郡湧別町
開進
　かいしん　北海道天塩郡幌延町
　かいしん　北海道広尾郡大樹町
開進町　かいしんちょう　北海道寿都郡寿都町
12開智　かいち　長野県松本市
開運
　かいうん　北海道稚内市
　かいうん　北海道河東郡士幌町
　かいうん　北海道川上郡弟子屈町
開運町
　かいうんちょう　北海道留萌市
　かいうんちょう　北海道中川郡美深町
開運通　かいうんどおり　愛知県豊川市
開運橋通　かいうんばしどおり　岩手県盛岡市
開陽　かいよう　北海道標津郡中標津町
13開源　かいげん　北海道天塩郡豊富町
14開聞　かいもん　鹿児島県 (JR指宿枕崎線)
開聞十町　かいもんじゅっちょう　鹿児島県指宿市
開聞上野　かいもんうえの　鹿児島県指宿市
開聞川尻　かいもんかわしり　鹿児島県指宿市
開聞仙田　かいもんせんた　鹿児島県指宿市

【間】
間　はさま　福岡県柳川市
0間々　まま　愛知県小牧市
間々本町　ままほんまち　愛知県小牧市
間々田
　ままだ　栃木県 (JR東北本線)
　ままだ　栃木県小山市
　ままだ　埼玉県熊谷市
間々原新田　ままはらしんでん　愛知県小牧市
3間下　まげ　高知県安芸郡安田町
間口　まくち　埼玉県加須市
間山　まやま　長野県中野市
間山町　まやまちょう　福井県福井市
4間中
　まなか　茨城県桜川市
　まなか　栃木県小山市
間之町
　あいのまち　岐阜県岐阜市
　あいのまち　滋賀県近江八幡市
　あいのまち　岡山県高梁市
間内　まない　愛知県 (名古屋鉄道小牧線)

1136

12画（閑,閖,階,隅,隈,随,陽,雁）

間戸町 まとちょう 福井県福井市
間方 まがた 福島県大沼郡三島町
間木 まぎ 青森県上北郡おいらせ町
間木野 まぎの 岩手県和賀郡西和賀町
5間田 はさまた 滋賀県米原市
6間伏郷 まぶしごう 長崎県南松浦郡新上五島町
間米町 まごめちょう 愛知県豊田市
7間沢 まざわ 山形県西村山郡西川町
8間明町 まぎらまち 石川県金沢市
間長瀬 まながせ 長野県中野市
間門 まかど 静岡県富士市
10間倉
　まぐら 千葉県香取郡多古町
　まぐら 岡山県岡山市北区
間宮
　まみや 埼玉県さいたま市緑区
　まみや 静岡県田方郡函南町
間島
　まじま 新潟県（JR羽越本線）
　まじま 新潟県村上市
　ましま 富山県氷見市
間脇 まわき 新潟県糸魚川市
11間崎
　かんざき 愛知県弥富市
　まさき 高知県四万十市
間崎町 かんざきちょう 愛知県弥富市
間野 まの 茨城県稲敷郡美浦村
間野々 あいのの 岩手県紫波郡矢巾町
間野谷町 あいのやちょう 群馬県伊勢崎市
13間新田町 あいしんでんちょう 徳島県小松島市
18間藤 まとう 栃木県（わたらせ渓谷鉄道線）
間鎌 まがま 埼玉県久喜市
19間瀬
　まぜ 新潟県新潟市西蒲区
　まぜ 新潟県村上市

【閑】
7閑谷 しずたに 岡山県備前市
10閑馬町 かんまちょう 栃木県佐野市
15閑蔵 かんぞう 静岡県（大井川鉄道井川線）
19閑羅瀬町 しずらせちょう 愛知県豊田市

【閖】
3閖上 ゆりあげ 宮城県名取市

【階】
3階上 はしかみ 青森県（JR八戸線）
階上町 はしかみちょう 青森県三戸郡
7階見 しなみ 広島県神石郡神石高原町

【隅】
0隅の浜 すみのはま 広島県広島市佐伯区
5隅田 すだ 和歌山県（JR和歌山線）
隅田町下兵庫 すだちょうしもひょうご 和歌山県橋本市
隅田町上兵庫 すだちょうかみひょうご 和歌山県橋本市
隅田町山内 すだちょうやまうち 和歌山県橋本市
隅田町中下 すだちょうちゅうげ 和歌山県橋本市

隅田町中島 すだちょうなかじま 和歌山県橋本市
隅田町平野 すだちょうひらの 和歌山県橋本市
隅田町芋生 すだちょういもう 和歌山県橋本市
隅田町垂井 すだちょうたるい 和歌山県橋本市
隅田町河瀬 すだちょうこうぜ 和歌山県橋本市
隅田町真土 すだちょうまつち 和歌山県橋本市
隅田町霜草 すだちょうしもくさ 和歌山県橋本市
7隅村町 すみむらちょう 島根県益田市
隅町 すみまち 福岡県柳川市

【隈】
隈 くま 福岡県筑紫野市
　くま 大分県日田市
4隈之城 くまのじょう 鹿児島県（JR鹿児島本線）
隈之城町 くまのじょうちょう 鹿児島県薩摩川内市
6隈江 くまえ 福岡県朝倉市
7隈谷 くまや 宮崎県日南市
8隈府 わいふ 熊本県菊池市

【随】
4随分附 なむさんづけ 茨城県笠間市
10随原 ずいはら 岐阜県本巣市

【陽】
0陽だまりの丘 ひだまりのおか 三重県桑名市
陽なたの丘 ひなたのおか 愛知県知多郡阿久比町
5陽田町 ようでんちょう 鳥取県米子市
6陽光台
　ようこうだい 茨城県つくばみらい市
　ようこうだい 茨城県猿島郡境町
　ようこうだい 埼玉県加須市
　ようこうだい 千葉県君津市
　ようこうだい 神奈川県相模原市中央区
　ようこうだい 新潟県長岡市
　ようこうだい 三重県伊賀市
　ようこうだい 広島県廿日市市
陽光町
　ようこうまち 山形県鶴岡市
　ようこうちょう 兵庫県芦屋市
陽光園 ようこうえん 大阪府八尾市
陽成町 ようぜいちょう 鹿児島県薩摩川内市
陽羽里 ひばり 石川県（北陸鉄道石川線）
陽西町 ようさいちょう 栃木県宇都宮市
8陽明町
　ようめいちょう 福井県大野市
　ようめいちょう 愛知県名古屋市瑞穂区
　ようめいちょう 滋賀県大津市
陽東 ようとう 栃木県宇都宮市
9陽南 ようなん 栃木県宇都宮市
11陽皐 ひさわ 長野県下伊那郡下條村

【雁】
0雁ケ地 がんがじ 三重県桑名郡木曽岬町
雁ノ巣 がんのす 福岡県（JR香椎線）
雁の巣 がんのす 福岡県福岡市東区
3雁丸 がんまる 千葉県八街市
4雁木田 がんきた 福島県田村郡三春町
5雁田 かりだ 長野県上高井郡小布施町

1137

12画（集，雄）

⁶雁多尾畑　かりんどおばた　大阪府柏原市
⁷雁坂下　がんさかした　新潟県魚沼市
　雁来　かりき　北海道釧路郡釧路町
　雁里　かりさと　北海道樺戸郡月形町
⁸雁股田　かりまんだ　福島県田村郡小野町
　雁金町
　　かりがねちょう　京都府京都市中京区
　　かりがねちょう　京都府京都市下京区
　　かりがねちょう　京都府京都市伏見区
⁹雁屋北町　かりやきたまち　大阪府四條畷市
　雁屋西町　かりやにしまち　大阪府四條畷市
　雁屋南町　かりやみなみまち　大阪府四條畷市
　雁巻島　がんまきじま　富山県南砺市
¹⁰雁原　がんばら　宮城県加美郡加美町
　雁島町　がんじままち　新潟県長岡市
¹¹雁宿町　かりやどちょう　愛知県半田市
¹²雁道町
　　がんみちちょう　愛知県名古屋市瑞穂区
　　がんみちまち　愛知県碧南市
¹⁴雁歌　かりが　宮城県伊具郡丸森町

【集】

　集　あつまり　福岡県京都郡苅田町
⁷集町　あつまりちょう　滋賀県草津市

【雄】

　雄　おんどり　徳島県那賀郡那賀町
⁰雄ケ原町　ますらがはらまち　長崎県大村市
³雄山　おやま　東京都三宅村
　雄山町　おやまちょう　富山県富山市
⁵雄冬　おふゆ　北海道増毛郡増毛町
　雄平台　ゆうへいだい　福島県二本松市
⁷雄町　おまち　岡山県岡山市中区
⁸雄和下黒瀬　ゆうわしもくろせ　秋田県秋田市
　雄和女米木　ゆうわめめき　秋田県秋田市
　雄和戸賀沢　ゆうわとがざわ　秋田県秋田市
　雄和左手子　ゆうわさでこ　秋田県秋田市
　雄和平尾鳥　ゆうわひらおとり　秋田県秋田市
　雄和平沢　ゆうわひらさわ　秋田県秋田市
　雄和田草川　ゆうわたくさがわ　秋田県秋田市
　雄和石田　ゆうわいしだ　秋田県秋田市
　雄和向野　ゆうわむかいの　秋田県秋田市
　雄和妙法　ゆうわみょうほう　秋田県秋田市
　雄和芝野新田　ゆうわしばののしんでん　秋田県秋田市
　雄和相川　ゆうわあいかわ　秋田県秋田市
　雄和神ケ村　ゆうわじんがむら　秋田県秋田市
　雄和萱ケ沢　ゆうわかやがさわ　秋田県秋田市
　雄和新波　ゆうわあらわ　秋田県秋田市
　雄和椿川　ゆうわつばきかわ　秋田県秋田市
　雄和碇田　ゆうわいかりだ　秋田県秋田市
　雄和種沢　ゆうわたねざわ　秋田県秋田市
　雄和繋　ゆうわつなぎ　秋田県秋田市
　雄松町　おまつちょう　和歌山県和歌山市
　雄武　おうむ　北海道紋別郡雄武町
　雄武町　おうむちょう　北海道紋別郡
　雄物川町二井山　おものがわまちにいやま　秋田県横手市

　雄物川町大沢　おものがわまちおおさわ　秋田県横手市
　雄物川町今宿　おものがわまちいましゅく　秋田県横手市
　雄物川町矢神　おものがわまちやがみ　秋田県横手市
　雄物川町会塚　おものがわまちあいづか　秋田県横手市
　雄物川町西野　おものがわまちにしの　秋田県横手市
　雄物川町谷地新田　おものがわまちやちしんでん　秋田県横手市
　雄物川町東里　おものがわまちとうさと　秋田県横手市
　雄物川町沼館　おものがわまちぬまだて　秋田県横手市
　雄物川町南形　おものがわまちなんかた　秋田県横手市
　雄物川町柏木　おものがわまちかしわぎ　秋田県横手市
　雄物川町砂子田　おものがわますなごた　秋田県横手市
　雄物川町造山　おものがわまちつくりやま　秋田県横手市
　雄物川町常野　おものがわまちじょうの　秋田県横手市
　雄物川町深井　おものがわまちふかい　秋田県横手市
　雄物川町道地　おものがわまちどうじ　秋田県横手市
　雄物川町薄井　おものがわまちうすい　秋田県横手市
⁹雄信内
　　おのっぷない　北海道（JR宗谷本線）
　　おのぶない　北海道天塩郡天塩町
　雄城台団地　おぎのだいだんち　大分県大分市
　雄城台住宅地　おぎのだいじゅうたくち　大分県大分市
　雄柏　ゆうはく　北海道紋別郡滝上町
　雄飛ケ丘　ゆうひがおか　岐阜県関市
　雄飛が丘　ゆうひがおか　北海道河東郡音更町
　雄飛が丘北区　ゆうひがおかきたく　北海道河東郡音更町
　雄飛が丘仲区　ゆうひがおかなかく　北海道河東郡音更町
　雄飛が丘南区　ゆうひがおかみなく　北海道河東郡音更町
¹⁰雄郡　ゆうぐん　愛媛県松山市
　雄馬別　おまべつ　北海道河西郡芽室町
¹²雄勝　おかち　北海道常呂郡置戸町
　雄勝田　おがちた　秋田県湯沢市
　雄勝町下雄勝　おがつちょうしもおがつ　宮城県石巻市
　雄勝町上雄勝　おがつちょうかみおがつ　宮城県石巻市
　雄勝町大浜　おがつちょうおおはま　宮城県石巻市
　雄勝町大須　おがつちょうおおす　宮城県石巻市
　雄勝町小島　おがつちょうおじま　宮城県石巻市
　雄勝町分浜　おがつちょうわけはま　宮城県石巻市
　雄勝町水浜　おがつちょうみずはま　宮城県石巻市
　雄勝町立浜　おがつちょうたちはま　宮城県石巻市
　雄勝町伊勢畑　おがつちょういせはた　宮城県石巻市
　雄勝町名振　おがつちょうなぶり　宮城県石巻市
　雄勝町明神　おがつちょうみょうじん　宮城県石巻市
　雄勝町桑浜　おがつちょうくわはま　宮城県石巻市

1138

12画（雲, 靫, 靫, 韮, 順, 須）

雄勝町船越　おがつちょうふなこし　宮城県石巻市
雄勝町雄勝　おがつちょうおがつ　宮城県石巻市
雄勝町熊沢　おがつちょうくまざわ　宮城県石巻市
雄勝郡　おがちぐん　秋田県
雄琴　おごと　滋賀県大津市
雄琴北　おごときた　滋賀県大津市
14雄総柳町　おぶさやなぎまち　岐阜県岐阜市
雄総桜町　おぶささくらまち　岐阜県岐阜市
雄総緑町　おぶさみどりまち　岐阜県岐阜市
15雄踏　ゆうとう　静岡県浜松市西区
雄踏町山崎　ゆうとうちょうやまざき　静岡県浜松市西区
雄踏町宇布見　ゆうとうちょううぶみ　静岡県浜松市西区
16雄興　ゆうこう　北海道天塩郡幌延町
18雄鎮内　おちんない　北海道紋別郡滝上町

【雲】
0雲ケ畑中津川町　くもがはたなかつがわちょう　京都府京都市北区
雲ケ畑中畑町　くもがはたなかはたちょう　京都府京都市北区
雲ケ畑出谷町　くもがはたでたにちょう　京都府京都市北区
3雲山　くもやま　鳥取県鳥取市
4雲井　くもい　滋賀県（信楽高原鉄道線）
雲井町
　くもいちょう　岐阜県岐阜市
　くもいちょう　兵庫県西宮市
雲井通　くもいどおり　兵庫県神戸市中央区
5雲仙市　うんぜんし　長崎県
雲出本郷町　くもずほんごうちょう　三重県津市
雲出伊倉津町　くもずいぐらづちょう　三重県津市
雲出町　くもいでまち　新潟県長岡市
雲出長常町　くもずながつねちょう　三重県津市
雲出島貫町　くもずしまぬきちょう　三重県津市
雲出鋼管町　くもずこうかんちょう　三重県津市
6雲州平田　うんしゅうひらた　島根県（一畑電車北松江線）
7雲見　くもみ　静岡県賀茂郡松崎町
雲谷　もや　青森県青森市
雲谷町　うのやちょう　愛知県豊橋市
8雲和田　くもわだ　新潟県東蒲原郡阿賀町
雲岩寺　うんがんじ　栃木県大田原市
雲河原
　くもがわら　山形県寒河江市
　くもがわら　埼玉県比企郡ときがわ町
雲金　くもがね　静岡県伊豆市
9雲南市　うんなんし　島根県
雲洞　うんとう　新潟県南魚沼市
10雲原　くもはら　京都府福知山市
雲浜　うんびん　福井県小浜市
雲竜町　うんりゅうちょう　岐阜県岐阜市
雲耕　うずのう　広島県山県郡北広島町
11雲梯町　うなてちょう　奈良県橿原市
雲雀ケ丘
　ひばりがおか　岐阜県岐阜市
　ひばりがおか　兵庫県神戸市長田区
雲雀丘　ひばりがおか　兵庫県宝塚市

雲雀丘山手　ひばりがおかやまて　兵庫県宝塚市
雲雀丘花屋敷　ひばりがおかはなやしき　兵庫県（阪急電鉄宝塚本線）
雲雀平　ひばりたいら　青森県上北郡横浜町
雲雀町
　ひばりちょう　新潟県新潟市中央区
　ひばりちょう　岐阜県岐阜市
雲雀野町　ひばりのちょう　宮城県石巻市

【靫】
9靫屋町　うつぼやちょう　京都府京都市上京区

【靫】
5靫本町　うつぼほんまち　大阪府大阪市西区
9靫負　ゆきえ　埼玉県比企郡小川町
靫屋町　うつぼやちょう　岐阜県岐阜市

【韮】
3韮山　にらやま　静岡県（伊豆箱根鉄道駿豆線）
韮山土手和田　にらやまどてわだ　静岡県伊豆の国市
韮山山木　にらやまやまき　静岡県伊豆の国市
韮山多田　にらやまただ　静岡県伊豆の国市
韮山金谷　にらやまかなや　静岡県伊豆の国市
韮山韮山　にらやまにらやま　静岡県伊豆の国市
韮川　にらがわ　群馬県（東武鉄道伊勢崎線）
韮川町
　にらがわちょう　栃木県佐野市
　にらがわちょう　群馬県太田市
11韮崎　にらさき　山梨県（JR中央本線）
韮崎市　にらさきし　山梨県
12韮塚町　にらづかまち　群馬県伊勢崎市

【順】
4順化　じゅんか　福井県福井市
9順海町　じゅんかいまち　愛知県西尾市
順風町　じゅんぷうちょう　京都府京都市下京区
順風新田　じゅんぷうしんでん　大分県宇佐市

【須】
0須々万本郷　すすまほんごう　山口県周南市
須々万奥　すすまおく　山口県周南市
須々木　すすき　静岡県牧之原市
須ケ口
　すかぐち　愛知県（名古屋鉄道津島線ほか）
　すかぐち　愛知県清須市
須ケ口駅前　すかぐちえきまえ　愛知県清須市
須ケ谷　すかや　埼玉県上尾市
須ケ瀬町　すがぜちょう　三重県津市
須ノ子新田　すのこしんでん　埼玉県比企郡吉見町
須ノ川　すのかわ　愛媛県南宇和郡愛南町
3須万　すま　山口県周南市
須町　すこちょう　島根県益田市
須子茂　すこも　鹿児島県大島郡瀬戸内町
須山
　すやま　富山県中新川郡上市町
　すやま　静岡県裾野市
須山町
　すやまちょう　大阪府枚方市

1139

12画（須）

すやまちょう　奈良県奈良市

須川
すかわ　群馬県利根郡みなかみ町
すがわ　新潟県糸魚川市
すがわ　新潟県魚沼市
すがわ　滋賀県米原市
すがわ　島根県鹿足郡津和野町
すがわ　福岡県朝倉市

須川町
すかわちょう　福島県福島市
すがわちょう　奈良県奈良市

4**須天町**　すあままち　石川県小松市

須戸　すど　新潟県新潟市北区

須戸新田　すどしんでん　新潟県三条市

須木下田　すきしもだ　宮崎県小林市

須木中原　すきなかはら　宮崎県小林市

須木内山　すきうちやま　宮崎県小林市

須木奈佐木　すきなさき　宮崎県小林市

須木鳥田町　すきとりだまち　宮崎県小林市

5**須加**　すか　埼玉県行田市

須古　すこ　鹿児島県大島郡宇検村

須玉町下津金　すたまちょうしもつがね　山梨県北杜市

須玉町上津金　すたまちょうかみつがね　山梨県北杜市

須玉町大豆生田　すたまちょうまみょうだ　山梨県北杜市

須玉町大蔵　すたまちょうおおくら　山梨県北杜市

須玉町小尾　すたまちょうおび　山梨県北杜市

須玉町小倉　すたまちょうこごえ　山梨県北杜市

須玉町比志　すたまちょうひし　山梨県北杜市

須玉町穴平　すたまちょうあなだいら　山梨県北杜市

須玉町江草　すたまちょうえぐさ　山梨県北杜市

須玉町東向　すたまちょうひがしむき　山梨県北杜市

須玉町若神子　すたまちょうわかみこ　山梨県北杜市

須玉町若神子新町　すたまちょうわかみこしんまち　山梨県北杜市

須玉町境之澤　すたまちょうさかいのさわ　山梨県北杜市

須玉町藤田　すたまちょうとうだ　山梨県北杜市

須田
すだ　秋田県能代市
すだ　茨城県神栖市
すだ　千葉県長生郡長南町
すだ　富山県高岡市

須田ノ木　すだのき　山口県山陽小野田市

須田ノ木町　すだのきまち　長崎県大村市

須田尾町　すだおちょう　長崎県佐世保市

須田町
すだちょう　愛知県名古屋市瑞穂区
すだちょう　愛知県西尾市

須田板　すだいた　山形県上山市

6**須多田**　すだた　福岡県福津市

須安　すやす　兵庫県佐用郡佐用町

須成　すなり　愛知県海部郡蟹江町

須成西　すなりにし　愛知県海部郡蟹江町

須成町　すなりちょう　愛知県名古屋市港区

須江
すえ　宮城県石巻市
すえ　埼玉県比企郡鳩山町

すえ　和歌山県東牟婁郡串本町

7**須佐**
すさ　山口県（JR山陰本線）
すさ　山口県萩市

須佐木　すさき　栃木県大田原市

須佐町
すさまち　長崎県佐世保市
すさまち　宮崎県延岡市

須佐野通　すさのどおり　兵庫県神戸市兵庫区

須坂
すざか　長野県（長野電鉄長野線）
すざか　長野県千曲市

須坂ハイランド町　すざかはいらんどまち　長野県須坂市

須坂市　すざかし　長野県

須志田　すしだ　宮崎県東諸県郡国富町

須村　すむら　鳥取県西伯郡伯耆町

須沢
すざわ　新潟県糸魚川市
すさわ　山梨県南アルプス市

須玖　すぐ　福岡県春日市

須玖北　すぐきた　福岡県春日市

須玖南　すぐみなみ　福岡県春日市

須谷町　すだにまち　石川県加賀市

須走
すばしり　山形県鶴岡市
すばしり　新潟県阿賀野市
すばしり　静岡県駿東郡小山町

8**須依町**　すえちょう　愛知県愛西市

須和田　すわだ　千葉県市川市

須和間　すわま　茨城県那珂郡東海村

須河　すごう　和歌山県橋本市

須波
すなみ　広島県（JR呉線）
すなみ　広島県三原市

須波ハイツ　すなみはいつ　広島県三原市

須波西　すなみにし　広島県三原市

須波西町　すなみにしまち　広島県三原市

須波町　すなみちょう　広島県三原市

須知　しゅうち　京都府船井郡京丹波町

須長　すなが　愛知県新城市

9**須屋**
すや　熊本県（熊本電気鉄道藤崎線）
すや　熊本県合志市

須巻　すまき　新潟県胎内市

須津
すど　静岡県（岳南電車線）
すづ　京都府宮津市

須美　すみ　愛知県額田郡幸田町

須美江町　すみえまち　宮崎県延岡市

10**須原**
すはら　新潟県魚沼市
すわら　富山県富山市
すはら　長野県（JR中央本線）
すはら　長野県木曽郡大桑村
すはら　岐阜県美濃市
すはら　静岡県下田市
すわら　滋賀県野洲市
すばる　熊本県上益城郡山都町

須原町　すはらちょう　愛知県瀬戸市

12画（飯）

須恵
　　すえ　滋賀県蒲生郡竜王町
　　すえ　奈良県五條市
　　すえ　山口県山陽小野田市
　　すえ　福岡県（JR香椎線）
　　すえ　福岡県宗像市
　　すえ　熊本県球磨郡あさぎり町
須恵中央　すえちゅうおう　福岡県（JR香椎線）
須恵西　すえにし　山口県山陽小野田市
須恵東　すえひがし　山口県山陽小野田市
須恵新田　すえしんでん　静岡県磐田市
須浜池町　すはまいけちょう　京都府京都市上京区
須浜町
　　すはまちょう　京都府京都市上京区
　　すばまちょう　京都府京都市下京区
須浜東町　すはまひがしちょう　京都府京都市上京区
須脇町　すわきちょう　愛知県西尾市
須釜
　　すがま　茨城県石岡市
　　すがま　栃木県真岡市
11須崎
　　すざき　静岡県下田市
　　すざき　愛媛県八幡浜市
　　すさき　高知県（JR土讃線）
　　すさき　高知県須崎市
須崎市　すさきし　高知県
須崎町
　　すざきまち　石川県金沢市
　　すさきまち　福岡県福岡市博多区
　　すさきまち　福岡県直方市
　　すさきまち　宮崎県延岡市
須崎免　すさきめん　長崎県北松浦郡佐々町
須淵町　すぶちちょう　愛知県岡崎市
須渕町　すぶちちょう　愛知県豊田市
須郷　すごう　山形県西置賜郡飯豊町
須野志内　すのしちょう　岐阜県瑞浪市
須野町　すのちょう　三重県熊野市
須頃　すごろ　新潟県三条市
12須恵　すえ　福岡県糟屋郡須恵町
須恵町　すえまち　福岡県糟屋郡
須萱　すがや　福島県相馬郡飯舘村
須賀
　　すが　北海道檜山郡厚沢部町
　　すが　茨城県鹿嶋市
　　すが　茨城県潮来市
　　すが　群馬県邑楽郡明和町
　　すが　埼玉県吉川市
　　すが　埼玉県南埼玉郡宮代町
　　すが　千葉県印旛郡栄町
　　すが　千葉県夷隅郡御宿町
　　すが　神奈川県平塚市
　　すが　新潟県新潟市西区
　　すが　岐阜県（名古屋鉄道竹鼻線）
　　すが　岐阜県岐阜市
　　すが　三重県鈴鹿市
　　すが　大阪府富田林市
　　すが　広島県廿日市市
　　すが　大分県大分市
須賀川
　　すかがわ　福島県（JR東北本線）
　　すかがわ　栃木県大田原市
　　すかがわ　群馬県利根郡片品村

須賀川市　すかがわし　福島県
須賀広　すがひろ　埼玉県熊谷市
須賀利町　すがりちょう　三重県尾鷲市
須賀尾　すがお　群馬県吾妻郡東吾妻町
須賀町
　　すかちょう　岩手県上閉伊郡大槌町
　　すかちょう　東京都新宿区
　　すかちょう　愛知県名古屋市熱田区
　　すかちょう　三重県鈴鹿市
　　すがちょう　大阪府高槻市
　　すがまち　愛媛県松山市
　　すがまち　福岡県北九州市小倉北区
須賀谷　すがや　千葉県いすみ市
須賀谷町　すがたにちょう　滋賀県長浜市
須賀南　すかみなみ　茨城県潮来市
須賀津　すかづ　茨城県稲敷市
須賀通　すかどおり　愛媛県宇和島市
須賀崎　すがさき　宮崎県東臼杵郡門川町
須越町　すごしちょう　滋賀県彦根市
須軽谷　すがるや　神奈川県横須賀市
須雲川　すくもがわ　神奈川県足柄下郡箱根町
15須影　すかげ　埼玉県羽生市
須澄　すすみ　鳥取県八頭郡若桜町
須縄　すの　福井県小浜市
16須磨　すま　兵庫県（JR山陽本線）
須磨区　すまく　兵庫県神戸市
須磨本町　すまほんちょう　兵庫県神戸市須磨区
須磨田　すまだ　兵庫県三田市
須磨寺　すまでら　兵庫県（山陽電気鉄道本線）
須磨寺町　すまでらちょう　兵庫県神戸市須磨区
須磨町　すままち　愛知県碧南市
須磨海浜公園　すまかいひんこうえん　兵庫県（JR山
　　陽本線）
須磨浦公園　すまうらこうえん　兵庫県（山陽電気鉄
　　道本線）
須磨浦通　すまうらどおり　兵庫県神戸市須磨区
須磨園　すまその　福岡県行橋市
須衛　すえ　岐阜県各務原市
須衛町　すえちょう　岐阜県各務原市
18須藤堀町　すとうほりまち　茨城県龍ケ崎市

【飯】

飯
　　いい　栃木県芳賀郡茂木町
　　いい　新潟県上越市
　　い　滋賀県米原市
0飯ノ川　はんのかわ　高知県高岡郡四万十町
飯ノ木　はんのき　岐阜県養老郡養老町
飯ノ瀬戸郷　いのせどごう　長崎県南松浦郡新上五
　　島町
3飯久保　いくぼ　富山県氷見市
飯土井　いいどい　宮城県宮城郡利府町
飯土井町　いいどいまち　群馬県前橋市
飯子浜　いいごはま　宮城県牡鹿郡女川町
飯山
　　いいやま　神奈川県厚木市
　　いいやま　長野県（JR北陸新幹線ほか）
　　いいやま　長野県飯山市
　　いのやま　広島県廿日市市
飯山市　いいやまし　長野県

12画（飯）

飯山町
　いいやままち　栃木県宇都宮市
　いのやままち　石川県羽咋市
　いやままち　滋賀県長浜市
飯山町下法軍寺　はんざんちょうしもほうぐんじ　香川県丸亀市
飯山町上法軍寺　はんざんちょうかみほうぐんじ　香川県丸亀市
飯山町川原　はんざんちょうかわはら　香川県丸亀市
飯山町西坂元　はんざんちょうにしさかもと　香川県丸亀市
飯山町東小川　はんざんちょうひがしおがわ　香川県丸亀市
飯山町東坂元　はんざんちょうひがしさかもと　香川県丸亀市
飯山町真時　はんざんちょうさんとき　香川県丸亀市
飯山満　はさま　千葉県（東葉高速鉄道東葉高速線）
飯山満町　はさまちょう　千葉県船橋市
飯山新　いいやましん　新潟県阿賀野市
飯川町　いがわまち　石川県七尾市
4飯井　いい　山口県（JR山陰本線）
5飯出　いいで　茨城県稲敷市
飯母　いいぼ　高知県高岡郡檮原町
飯玉町　いいたままち　群馬県高崎市
飯生　いなり　北海道北斗市
飯生町　いなりちょう　島根県安来市
飯田
　いいだ　青森県北津軽郡板柳町
　いいだ　宮城県仙台市若林区
　いいだ　宮城県仙台市太白区
　いいだ　秋田県大仙市
　いいだ　山形県山形市
　いいだ　茨城県土浦市
　いいだ　茨城県笠間市
　いいだ　茨城県つくば市
　いいだ　茨城県那珂市
　いいだ　茨城県筑西市
　いいだ　茨城県かすみがうら市
　いいだ　埼玉県さいたま市西区
　いいだ　埼玉県比企郡小川町
　いいだ　埼玉県秩父郡小鹿野町
　いいだ　千葉県佐倉市
　いいだ　新潟県三条市
　いいだ　新潟県上越市
　いいだ　山梨県甲府市
　いいだ　長野県（JR飯田線）
　いいだ　長野県上高井郡小布施町
　いいだ　岐阜県養老郡養老町
　いいだ　静岡県周智郡森町
　いいだ　兵庫県姫路市
　いいだ　島根県隠岐郡隠岐の島町
　いいだ　福岡県嘉麻市
　いいだ　佐賀県鹿島市
飯田川下虻川　いいたがわしもあぶかわ　秋田県潟上市
飯田川和田妹川　いいたがわわだいもかわ　秋田県潟上市
飯田川金山　いいたがわかねやま　秋田県潟上市
飯田川飯塚　いいたがわいいづか　秋田県潟上市
飯田台　いいだだい　千葉県佐倉市
飯田市　いいだし　長野県

飯田西　いいだにし　山形県山形市
飯田町
　いいだちょう　北海道亀田郡七飯町
　いいだちょう　栃木県宇都宮市
　いいだちょう　栃木県佐野市
　いいだちょう　群馬県太田市
　いいだちょう　千葉県成田市
　いいだちょう　石川県珠洲市
　いいだちょう　静岡県静岡市清水区
　いいだちょう　静岡県浜松市南区
　いいだまち　愛知県名古屋市東区
　いいだまち　島根県益田市
　いいだまち　山口県岩国市
　いいだちょう　香川県高松市
　いいだまち　福岡県大牟田市
　いいだまち　佐賀県鳥栖市
飯田岡
　いいだおか　神奈川県（伊豆箱根鉄道大雄山線）
　いいだおか　神奈川県小田原市
飯田道上　いいだみちうえ　福島県喜多方市
飯田新田　いいだしんでん　埼玉県さいたま市西区
飯田橋
　いいだばし　東京都（JR中央本線ほか）
　いいだばし　東京都千代田区
飯石　いいしぐん　島根県
6飯仲　いいなか　千葉県成田市
飯合　いいごう　茨城県笠間市
飯名　いいな　茨城県鉾田市
飯地町　いいじちょう　岐阜県恵那市
飯寺北　にいでらきた　福島県会津若松市
飯羽間　いいはま　岐阜県（明知鉄道線）
7飯坂
　いいざか　福島県伊達郡川俣町
　いいざか　富山県中新川郡上市町
　いいざか　長野県駒ケ根市
飯坂町　いいざかまち　福島県福島市
飯坂町中野　いいざかまちなかの　福島県福島市
飯坂町平野　いいざかまちひらの　福島県福島市
飯坂町東湯野　いいざかまちひがしゆの　福島県福島市
飯坂町茂庭　いいざかまちもにわ　福島県福島市
飯坂町湯野　いいざかまちゆの　福島県福島市
飯坂温泉　いいざかおんせん　福島県（福島交通飯坂線）
飯坂新　いいざかしん　富山県中新川郡上市町
飯北　いいきた　愛知県豊橋市
飯村町　いむれちょう　愛知県豊橋市
飯村町西山　いむれちょうにしやま　愛知県豊橋市
飯村町高山　いむれちょうたかやま　愛知県豊橋市
飯村南　いむれみなみ　愛知県豊橋市
飯沢
　いいざわ　秋田県由利本荘市
　いいざわ　秋田県雄勝郡羽後町
　いいざわ　山形県山形市
　いいざわ　福島県白河市
　いいざわ　神奈川県南足柄市
　いいざわ　富山県黒部市
飯沢山　いいざわやま　福島県白河市
飯良町　いいらちょう　長崎県平戸市
飯角　いいずみ　新潟県胎内市
飯谷　いいたに　福島県河沼郡柳津町

12画（飯）

飯谷町　いいたにちょう　徳島県徳島市
飯貝
　いいがい　栃木県真岡市
　いいがい　奈良県吉野郡吉野町
8飯岡
　いいおか　岩手県下閉伊郡山田町
　いいおか　栃木県塩谷郡塩谷町
　いいおか　千葉県（JR総武本線）
　いのおか　千葉県成田市
　いいおか　千葉県旭市
　いいおか　新潟県村上市
　いのおか　京都府京田辺市
　ゆうか　岡山県久米郡美咲町
　いいおか　愛媛県西条市
飯岡新田　いいおかしんでん　岩手県盛岡市
飯沼
　いいぬま　茨城県東茨城郡茨城町
　いいぬま　埼玉県春日部市
　いいぬま　千葉県館山市
　いいぬま　千葉県市原市
　いいぬま　岐阜県（明知鉄道線）
　いいぬま　岐阜県中津川市
飯沼町　いいぬまちょう　千葉県銚子市
9飯前　いいさき　茨城県小美玉市
飯南町　いいなんちょう　島根県飯石郡
飯南町下仁柿　いいなんちょうしもにがき　三重県松阪市
飯南町上仁柿　いいなんちょうかみにがき　三重県松阪市
飯南町向粥見　いいなんちょうむこうかゆみ　三重県松阪市
飯南町有間野　いいなんちょうありまの　三重県松阪市
飯南町深野　いいなんちょうふかの　三重県松阪市
飯南町粥見　いいなんちょうかゆみ　三重県松阪市
飯南町横野　いいなんちょうよこの　三重県松阪市
飯室　いいむろ　栃木県塩谷郡高根沢町
飯持　いいもち　新潟県佐渡市
飯柳　いやなぎ　新潟県新潟市秋葉区
飯泉
　いいせん　宮城県伊具郡丸森町
　いいずみ　神奈川県小田原市
飯美　いいび　島根県隠岐郡隠岐の島町
飯重　いいじゅう　千葉県佐倉市
飯香浦町　いかのうらまち　長崎県長崎市
10飯倉
　いいぐら　茨城県稲敷郡阿見町
　いいぐら　群馬県佐波郡玉村町
　いいぐら　千葉県（JR総武本線）
　いいくら　千葉県匝瑳市
　いいくら　福岡県福岡市城南区
　いいくら　福岡県福岡市早良区
飯倉台　いいぐらだい　千葉県匝瑳市
飯原　いいばる　福岡県糸島市
飯原町　いいはらちょう　埼玉県川口市
飯島
　いいじま　秋田県秋田市
　いいじま　茨城県筑西市
　いいじま　茨城県稲敷市
　いいじま　茨城県鉾田市
　いいじま　埼玉県吉川市
　いいじま　埼玉県比企郡川島町

　いいじま　千葉県香取市
　いいじま　神奈川県平塚市
　いいじま　新潟県新潟市南区
　いいじま　新潟県長岡市
　いいじま　福井県吉田郡永平寺町
　いいじま　長野県（JR飯田線）
　いいじま　長野県上伊那郡飯島町
　いいじま　岐阜県大野郡白川村
飯島乙　いいじまおつ　新潟県新発田市
飯島川端　いいじまかわばた　秋田県秋田市
飯島文京町　いいじまぶんきょうちょう　秋田県秋田市
飯島甲　いいじまこう　新潟県新発田市
飯島西袋　いいじまにしぶくろ　秋田県秋田市
飯島町
　いいじまちょう　茨城県水戸市
　いいじまちょう　群馬県伊勢崎市
　いいじまちょう　神奈川県横浜市栄区
　いいじままち　長野県上伊那郡
　はしまちょう　島根県安来市
　いいじまちょう　山口県周南市
飯島松根西町　いいじままつねにしちょう　秋田県秋田市
飯島松根東町　いいじままつねひがしちょう　秋田県秋田市
飯島長野上町　いいじまながのかみちょう　秋田県秋田市
飯島長野中町　いいじまながのなかちょう　秋田県秋田市
飯島長野本町　いいじまながのほんちょう　秋田県秋田市
飯島美砂町　いいじまみさごちょう　秋田県秋田市
飯島道東　いいじまみちひがし　秋田県秋田市
飯島飯田　いいじまいいだ　秋田県秋田市
飯島新田
　いいじましんでん　埼玉県比企郡吉見町
　いいじましんでん　新潟県新発田市
飯島新町　いいじましんちょう　秋田県秋田市
飯島鼠田　いいじまねずみた　秋田県秋田市
飯島穀丁　いいじまこくちょう　秋田県秋田市
飯島緑丘町　いいじまみどりがおかちょう　秋田県秋田市
飯浦　いいのうら　島根県（JR山陰本線）
飯浦町　いいのうらちょう　島根県益田市
飯能
　はんのう　埼玉県（西武鉄道西武秩父線ほか）
　はんのう　埼玉県飯能市
飯能市　はんのうし　埼玉県
飯降　いふり　福井県大野市
飯高　いいだか　千葉県匝瑳市
飯高町　ひだかちょう　奈良県橿原市
飯高町乙栗子　いいたかちょうおとぐるす　三重県松阪市
飯高町七日市　いいたかちょうなのかいち　三重県松阪市
飯高町下滝野　いいたかちょうしもたきの　三重県松阪市
飯高町太良木　いいたかちょうたらき　三重県松阪市
飯高町月出　いいたかちょうつきで　三重県松阪市
飯高町木梶　いいたかちょうきかじ　三重県松阪市
飯高町加波　いいたかちょうかば　三重県松阪市
飯高町田引　いいたかちょうたびき　三重県松阪市

1143

12画（飯）

飯高町舟戸　いいたかちょうふなと　三重県松阪市
飯高町作滝　いいたかちょうさくたき　三重県松阪市
飯高町赤桶　いいたかちょうあこう　三重県松阪市
飯高町波瀬　いいたかちょうはぜ　三重県松阪市
飯高町青田　いいたかちょうおおだ　三重県松阪市
飯高町栃谷　いいたかちょうとちだに　三重県松阪市
飯高町草鹿野　いいたかちょうそうがの　三重県松阪市
飯高町宮本　いいたかちょうみやもと　三重県松阪市
飯高町宮前　いいたかちょうみやまえ　三重県松阪市
飯高町桑原　いいたかちょうくわばら　三重県松阪市
飯高町野々口　いいたかちょうののぐち　三重県松阪市
飯高町富永　いいたかちょうとみなが　三重県松阪市
飯高町森　いいたかちょうもり　三重県松阪市
飯高町粟野　いいたかちょうあわの　三重県松阪市
飯高町落方　いいたかちょうおちかた　三重県松阪市
飯高町猿山　いいたかちょうえてやま　三重県松阪市
飯高町蓮　いいたかちょうはちす　三重県松阪市
11飯梨町　いいなしちょう　島根県安来市
飯淵
　いいぶち　茨城県桜川市
　はぶち　静岡県焼津市
飯盛
　いいもり　福島県会津若松市
　はんせい　福井県小浜市
　いいもり　福岡県福岡市西区
飯盛町下釜　いいもりちょうしもがま　長崎県諫早市
飯盛町上原　いいもりちょううえはら　長崎県諫早市
飯盛町久保　いいもりちょうくぼ　長崎県諫早市
飯盛町山口　いいもりちょうやまぐち　長崎県諫早市
飯盛町川下　いいもりちょうかわしも　長崎県諫早市
飯盛町中山　いいもりちょうなかやま　長崎県諫早市
飯盛町古場　いいもりちょうこば　長崎県諫早市
飯盛町平古場　いいもりちょうひらこば　長崎県諫早市
飯盛町池下　いいもりちょういけしも　長崎県諫早市
飯盛町佐田　いいもりちょうさだ　長崎県諫早市
飯盛町里　いいもりちょうさと　長崎県諫早市
飯盛町後田　いいもりちょううしろだ　長崎県諫早市
飯盛町野中　いいもりちょうのなか　長崎県諫早市
飯盛町開　いいもりちょうひらき　長崎県諫早市
飯盛塚　いいもりづか　奈良県桜井市
飯笹　いいざさ　千葉県香取郡多古町
飯野
　いいの　宮城県石巻市
　いいの　栃木県芳賀郡茂木町
　いいの　群馬県邑楽郡板倉町
　いいの　千葉県佐倉市
　いいの　新潟県村上市
　いいの　富山県富山市
　いいの　山梨県南アルプス市
　いいの　兵庫県美方郡新温泉町
飯野寺家町　いいのじけちょう　三重県鈴鹿市
飯野西　いいのにし　新潟県村上市
飯野坂　いいのざか　宮城県名取市
飯野町
　いいのまち　福島県福島市
　いいのまち　⇒福島市（福島県）
　いいのまち　千葉県佐倉市

飯野町大久保　いいのまちおおくぼ　福島県福島市
飯野町西分　いいのちょうにしぶん　香川県丸亀市
飯野町明治　いいのまちめいじ　福島県福島市
飯野町東二　いいのちょうひがしふた　香川県丸亀市
飯野町東分　いいのちょうひがしぶん　香川県丸亀市
飯野町青木　いいのまちあおき　福島県福島市
飯野桜ケ丘　いいのさくらがおか　新潟県村上市
飯野新田　いいのしんでん　山梨県南アルプス市
12飯喰　いっくい　山梨県中巨摩郡昭和町
飯場　いいば　福岡県福岡市早良区
飯塚
　いいづか　宮城県伊具郡丸森町
　いいづか　栃木県小山市
　いいづか　群馬県佐波郡玉村町
　いいづか　埼玉県さいたま市岩槻区
　いいづか　埼玉県熊谷市
　いいづか　埼玉県川口市
　いいづか　千葉県佐倉市
　いいづか　千葉県匝瑳市
　いいづか　新潟県長岡市
　いいづか　新潟県柏崎市
　いいづか　新潟県上越市
　いいづか　福岡県（JR筑豊本線）
　いいづか　福岡県飯塚市
飯塚下　いいづかしも　宮城県伊具郡丸森町
飯塚口　いいづかぐち　山形県山形市
飯塚市　いいづかし　福岡県
飯塚町
　いいづかまち　山形県山形市
　いいづかまち　群馬県高崎市
　いいづかちょう　群馬県太田市
　いいづかちょう　福井県福井市
飯富
　いいとみ　千葉県袖ケ浦市
　いいとみ　山梨県南巨摩郡身延町
飯富町　いいとみちょう　茨城県水戸市
飯森　いいもり　長野県（JR大糸線）
飯森山　いいもりやま　山形県酒田市
飯森杉　いいもりすぎ　新潟県阿賀野市
飯森町　いいもりちょう　愛知県半田市
飯満　はんま　三重県度会郡南伊勢町
飯給
　いたぶ　千葉県（小湊鉄道線）
　いたぶ　千葉県市原市
飯間　はんま　静岡県静岡市葵区
飯隈町　いいくまちょう　鹿児島県鹿屋市
13飯福田町　いぶたちょう　三重県松阪市
飯詰
　いいづめ　青森県五所川原市
　いいづめ　秋田県（JR奥羽本線）
　いいづめ　秋田県仙北郡美郷町
飯豊
　いいとよ　岩手県北上市
　いいとよ　福島県岩瀬郡天栄村
　いいとよ　福島県田村郡小野町
飯豊町　いいでまち　山形県西置賜郡
14飯樋　いいとい　福島県相馬郡飯舘村
飯綱町　いいづなまち　長野県上水内郡
16飯積
　いいづみ　埼玉県加須市
　いずみ　千葉県印旛郡酒々井町

12画（黍）13画（催, 僧, 傳, 勧, 勢, 園）

　　いいづみ　岐阜県養老郡養老町
飯舘村　いいたてむら　福島県相馬郡
18飯櫃　いびつ　千葉県山武郡芝山町

【黍】
5黍田町　きびたちょう　兵庫県小野市

13画

【催】
6催合町　もやいまち　熊本県八代市

【僧】
7僧坊町　そうぼうちょう　滋賀県東近江市
9僧津　そうづ　高知県安芸市
11僧堂　そうどう　奈良県御所市
　僧都　そうづ　愛媛県南宇和郡愛南町
13僧殿町　そうどのちょう　広島県府中市

【傳】
7傳兵ヱ丁　でんべえちょう　青森県三戸郡五戸町

【勧】
8勧学　かんがく　滋賀県大津市
10勧修寺下ノ茶屋町　かんしゅうじしものちゃやちょう　京都府京都市山科区
　勧修寺丸山町　かんしゅうじまるやまちょう　京都府京都市山科区
　勧修寺小松原町　かんしゅうじこまつばらちょう　京都府京都市山科区
　勧修寺仁王堂町　かんしゅうじにおうどうちょう　京都府京都市山科区
　勧修寺北大日　かんしゅうじきただいにち　京都府京都市山科区
　勧修寺北大日町　かんしゅうじきただいにちちょう　京都府京都市山科区
　勧修寺平田町　かんしゅうじひらたちょう　京都府京都市山科区
　勧修寺本堂山町　かんしゅうじほんどうやまちょう　京都府京都市山科区
　勧修寺西北出町　かんしゅうじにしきたでちょう　京都府京都市山科区
　勧修寺西金ケ崎　かんしゅうじにしかながさき　京都府京都市山科区
　勧修寺西栗栖野町　かんしゅうじにしくりすのちょう　京都府京都市山科区
　勧修寺冷尻　かんしゅうじひえじり　京都府京都市山科区
　勧修寺東出町　かんしゅうじひがしでちょう　京都府京都市山科区
　勧修寺東北出町　かんしゅうじひがしきたでちょう　京都府京都市山科区
　勧修寺東金ケ崎　かんしゅうじひがしかながさき　京都府京都市山科区
　勧修寺東栗栖野町　かんしゅうじひがしくりすのちょう　京都府京都市山科区
　勧修寺東堂田町　かんしゅうじひがしどうでんちょう　京都府京都市山科区

勧修寺南大日　かんしゅうじみなみだいにち　京都府京都市山科区
勧修寺南大日町　かんしゅうじみなみだいにちちょう　京都府京都市山科区
勧修寺南谷町　かんしゅうじみなみだにちょう　京都府京都市山科区
勧修寺柴山　かんしゅうじしばやま　京都府京都市山科区
勧修寺泉玉　かんしゅうじせんぎょく　京都府京都市山科区
勧修寺風呂尻町　かんしゅうじふろじりちょう　京都府京都市山科区
勧修寺堂田　かんしゅうじどうでん　京都府京都市山科区
勧修寺御所内町　かんしゅうじごしょうちちょう　京都府京都市山科区
勧修寺閑林寺　かんしゅうじかんりんじ　京都府京都市山科区
勧修寺福岡町　かんしゅうじふくおかちょう　京都府京都市山科区
勧修寺縄手町　かんしゅうじなわてちょう　京都府京都市山科区
勧修寺瀬戸河原　かんしゅうじせとがわら　京都府京都市山科区
11勧進代　かんじんだい　山形県長井市

【勢】
2勢力　せいりき　岡山県赤磐市
3勢子坊　せこぼう　愛知県名古屋市名東区
4勢井　ぜい　熊本県上益城郡山都町
5勢田
　せた　千葉県八街市
　せいた　福岡県飯塚市
　勢田町　せいたちょう　三重県伊勢市
6勢多郡　せたぐん　⇒消滅（群馬県）
　勢至　せいし　岐阜県養老郡養老町
　勢至堂　せいしどう　福島県須賀川市
7勢見町　せいみちょう　徳島県徳島市
9勢津町　せいづちょう　三重県松阪市
10勢家町　せいけまち　大分県大分市
　勢浜　せいはま　福井県（JR小浜線）
11勢理客
　じっちゃく　沖縄県浦添市
　せりきゃく　沖縄県国頭郡今帰仁村
　せりきゃく　沖縄県島尻郡伊是名村
　勢野　せや　奈良県生駒郡三郷町
　勢野北　せやきた　奈良県生駒郡三郷町
　勢野北口　せやきたぐち　奈良県（近畿日本鉄道生駒線）
　勢野西　せやにし　奈良県生駒郡三郷町
　勢野東　せやひがし　奈良県生駒郡三郷町
12勢雄　せお　北海道河西郡更別村

【園】
園
　その　富山県氷見市
　その　京都府相楽郡和束町
　その　鳥取県東伯郡湯梨浜町
　その　島根県（一畑電車北松江線）
3園山　そのやま　滋賀県大津市

13画（塩）

園山町　そのやまちょう　愛知県名古屋市千種区
⁴園井　そのい　岡山県笠岡市
⁵園生　そのお　北海道石狩郡当別町
園生町　そんのうちょう　千葉県千葉市稲毛区
園田
　　そのだ　兵庫県（阪急電鉄神戸本線）
　　そのだ　宮崎県日南市
　　そのだ　沖縄県沖縄市
園田分　そのだぶん　兵庫県篠山市
園田町
　　そのだちょう　大阪府茨木市
　　そのだちょう　奈良県奈良市
　　そのだまち　長崎県長崎市
　　そのだまち　長崎県佐世保市
⁷園町
　　そのまち　石川県小松市
　　そのちょう　滋賀県東近江市
　　そのちょう　島根県出雲市
園見本町　そのみほんまち　鹿児島県枕崎市
園見西町　そのみにしまち　鹿児島県枕崎市
⁹園城寺町　おんじょうじちょう　滋賀県大津市
¹⁰園原　そのはら　愛知県みよし市
園原町　そのはらちょう　奈良県天理市
¹¹園部
　　そのべ　京都府（JR山陰本線）
　　そのべ　和歌山県和歌山市
　　そのべ　佐賀県三養基郡基山町
園部町上木崎町　そのべちょうかみきざきまち　京都府南丹市
園部町上本町　そのべちょうかみほんまち　京都府南丹市
園部町千妻　そのべちょうせんづま　京都府南丹市
園部町口人　そのべちょうくちうど　京都府南丹市
園部町口司　そのべちょうくちじ　京都府南丹市
園部町大戸　そのべちょうおおど　京都府南丹市
園部町大西　そのべちょうおおにし　京都府南丹市
園部町大河内　そのべちょうおおかわち　京都府南丹市
園部町小山西町　そのべちょうおやまにしまち　京都府南丹市
園部町小山東町　そのべちょうおやまひがしまち　京都府南丹市
園部町小桜町　そのべちょうこざくらまち　京都府南丹市
園部町仁江　そのべちょうにえ　京都府南丹市
園部町内林町　そのべちょううちばやしまち　京都府南丹市
園部町天引　そのべちょうあまびき　京都府南丹市
園部町木崎町　そのべちょうきざきまち　京都府南丹市
園部町半田　そのべちょうはんだ　京都府南丹市
園部町本町　そのべちょうほんまち　京都府南丹市
園部町瓜生野　そのべちょううりうの　京都府南丹市
園部町竹井　そのべちょうたけい　京都府南丹市
園部町佐切　そのべちょうさぎり　京都府南丹市
園部町宍人　そのべちょうししうど　京都府南丹市
園部町河原町　そのべちょうかわらまち　京都府南丹市
園部町法京　そのべちょうほうきょう　京都府南丹市
園部町若松町　そのべちょうわかまつちょう　京都府南丹市

園部町若森　そのべちょうわかもり　京都府南丹市
園部町南八田　そのべちょうみなみはつた　京都府南丹市
園部町南大谷　そのべちょうみなみおおたに　京都府南丹市
園部町城南町　そのべちょうじょうなんまち　京都府南丹市
園部町栄町　そのべちょうさかえまち　京都府南丹市
園部町美園町　そのべちょうみそのまち　京都府南丹市
園部町宮町　そのべちょうみやまち　京都府南丹市
園部町高屋　そのべちょうたかや　京都府南丹市
園部町埴生　そのべちょうはぶ　京都府南丹市
園部町曽我谷　そのべちょうそがだに　京都府南丹市
園部町船阪　そのべちょうふなさか　京都府南丹市
園部町船岡　そのべちょうふなおか　京都府南丹市
園部町黒田　そのべちょうくろだ　京都府南丹市
園部町越方　そのべちょうおちかた　京都府南丹市
園部町新町　そのべちょうしんまち　京都府南丹市
園部町新堂　そのべちょうしんどう　京都府南丹市
園部町殿谷　そのべちょうとのだに　京都府南丹市
園部町熊原　そのべちょうくまはら　京都府南丹市
園部町熊崎　そのべちょうくまざき　京都府南丹市
園部町横田　そのべちょうよこた　京都府南丹市

【塩】
塩
　　しお　埼玉県熊谷市
　　しお　富山県富山市
　　しお　岐阜県可児市
⁰塩ケ森　しおがもり　岩手県岩手郡雫石町
塩ノ又　しおのまた　新潟県十日町市
塩ノ平
　　しおのたいら　山形県西村山郡大江町
　　しおのひら　福島県石川郡石川町
塩ノ岐　しおのまた　福島県南会津郡只見町
塩ノ沢町　しおのさわちょう　愛知県豊田市
塩ノ谷　しおのたに　和歌山県和歌山市
塩ノ貝　しおのがい　宮城県伊具郡丸森町
塩ノ貝後　しおのがいうしろ　宮城県伊具郡丸森町
塩ノ原　しおのはら　福島県南会津郡南会津町
²塩入
　　しおいり　香川県（JR土讃線）
　　しおいり　香川県仲多度郡まんのう町
塩入町　しおいりちょう　愛知県名古屋市瑞穂区
³塩上　しおのうえ　鳥取県八頭郡八頭町
塩上町　しおがみちょう　香川県高松市
塩土　しおど　福井県大飯郡高浜町
塩子　しおご　茨城県東茨城郡城里町
塩小路町　しおこうじちょう　京都府京都市下京区
塩山
　　えんざん　山梨県（JR中央本線）
　　しおやま　兵庫県美方郡新温泉町
塩山一之瀬高橋　えんざんいちのせたかはし　山梨県甲州市
塩山下小田原　えんざんしもおだわら　山梨県甲州市
塩山下於曽　えんざんしもおぞ　山梨県甲州市
塩山下柚木　えんざんしもゆのき　山梨県甲州市
塩山下粟生野　えんざんしもあおの　山梨県甲州市

13画（塩）

塩山下萩原　えんざんしもはぎはら　山梨県甲州市
塩山下塩後　えんざんしもしおご　山梨県甲州市
塩山三日市場　えんざんみっかいちば　山梨県甲州市
塩山上小田原　えんざんかみおだわら　山梨県甲州市
塩山上井尻　えんざんかみいじり　山梨県甲州市
塩山上於曽　えんざんかみおそ　山梨県甲州市
塩山上粟生野　えんざんかみあおの　山梨県甲州市
塩山上萩原　えんざんかみはぎはら　山梨県甲州市
塩山上塩後　えんざんかみしおご　山梨県甲州市
塩山千野　えんざんちの　山梨県甲州市
塩山小屋敷　えんざんおやしき　山梨県甲州市
塩山中萩原　えんざんなかはぎはら　山梨県甲州市
塩山牛奥　えんざんうしおく　山梨県甲州市
塩山平沢　えんざんひらさわ　山梨県甲州市
塩山竹森　えんざんたけもり　山梨県甲州市
塩山西広門田　えんざんかわだ　山梨県甲州市
塩山西野原　えんざんにしのはら　山梨県甲州市
塩山町　しおやままち　栃木県鹿沼市
塩山赤尾　えんざんあかお　山梨県甲州市
塩山福生里　えんざんふくおり　山梨県甲州市
塩山熊野　えんざんくまの　山梨県甲州市
塩山藤木　えんざんふじき　山梨県甲州市
塩川
　　しおかわ　福島県（JR磐越西線）
　　しおかわ　長野県上田市
　　しおかわ　長野県東御市
　　しおかわ　沖縄県宮古郡多良間村
塩川町　しおがわまち　長野県須坂市
塩川町三吉　しおかわまちみよし　福島県喜多方市
塩川町大田木　しおかわまちおおたき　福島県喜多方市
塩川町大在家　しおかわまちおおざいけ　福島県喜多方市
塩川町小府根　しおかわまちこふね　福島県喜多方市
塩川町中町　しおかわまちなかまち　福島県喜多方市
塩川町中屋沢　しおかわまちなかやざわ　福島県喜多方市
塩川町五合　しおかわまちごごう　福島県喜多方市
塩川町反町　しおかわまちそりちょう　福島県喜多方市
塩川町天沼　しおかわまちあまぬま　福島県喜多方市
塩川町四奈川　しおかわまちしながわ　福島県喜多方市
塩川町石橋　しおかわまちいしばし　福島県喜多方市
塩川町会知　しおかわまちかいち　福島県喜多方市
塩川町吉沖　しおかわまちよしおき　福島県喜多方市
塩川町竹ノ花　しおかわまちたけのはな　福島県喜多方市
塩川町米沢町　しおかわまちよねざわちょう　福島県喜多方市
塩川町西ノ新田　しおかわまちにしのしんでん　福島県喜多方市
塩川町町北　しおかわまちまちきた　福島県喜多方市
塩川町身神　しおかわまちみかみ　福島県喜多方市
塩川町岡ノ前　しおかわまちおかのまえ　福島県喜多方市
塩川町東岡　しおかわまちひがしおか　福島県喜多方市
塩川町東栄町　しおかわまちひがしさかえまち　福島県喜多方市
塩川町金橋　しおかわまちかなはし　福島県喜多方市

塩川町高道　しおかわまちたかみち　福島県喜多方市
塩川町常世　しおかわまちとこよ　福島県喜多方市
塩川町清水岸　しおかわまちしみずぎし　福島県喜多方市
塩川町経塚　しおかわまちきょうづか　福島県喜多方市
塩川町黄金田　しおかわまちこがねだ　福島県喜多方市
塩川町御殿場　しおかわまちごてんば　福島県喜多方市
塩川町新丁　しおかわまちしんちょう　福島県喜多方市
塩川町新井田谷地　しおかわまちにいだやち　福島県喜多方市
塩川町新江木　しおかわまちにえき　福島県喜多方市
塩川町新町　しおかわまちあらまち　福島県喜多方市
塩川町源太屋敷　しおかわまちげんだやしき　福島県喜多方市
塩川町遠田　しおかわまちとおた　福島県喜多方市
塩川町窪　しおかわまちくぼ　福島県喜多方市
塩川町諏訪町　しおかわまちすわちょう　福島県喜多方市
塩川町諏訪前　しおかわまちすわまえ　福島県喜多方市
塩川町舘ノ内　しおかわまちたてのうち　福島県喜多方市
塩川町藤ノ木　しおかわまちふじのき　福島県喜多方市
塩干田　しおからだ　秋田県能代市
塩干田前　しおからだまえ　秋田県能代市
4塩中　しおなか　新潟県長岡市
塩之上　しおのうえ　山梨県南巨摩郡早川町
塩之内　しおのうち　岡山県久米郡久米南町
塩之沢　しおのさわ　山梨県（JR身延線）
塩井　しおい　奈良県宇陀郡曽爾村
塩井町宮井　しおいまちみやい　山形県米沢市
塩井町塩野　しおいまちしおの　山形県米沢市
塩内浦　しうちうら　大分県佐伯市
塩分町　しおわけまち　青森県弘前市
塩木　しおぎ　岡山県赤磐市
5塩付通　しおつけとおり　愛知県名古屋市昭和区
塩出迫　しおいでさこ　熊本県上益城郡山都町
塩尻　しおじり　長野県（JR中央本線）
塩尻市　しおじりし　長野県
塩尻町　しおじりまち　長野県塩尻市
塩本　しおもと　茨城県結城郡八千代町
塩生
　　しおのう　福島県南会津郡下郷町
　　しょうぶ　長野県長野市
塩田
　　しおだ　福島県須賀川市
　　しおだ　栃木県矢板市
　　しおだ　栃木県芳賀郡茂木町
　　しおだ　栃木県芳賀郡市貝町
　　しおた　愛知県知多郡武豊町
　　しおた　岡山県和気郡和気町
　　しおた　山口県光市
塩田町
　　しおだちょう　千葉県千葉市中央区
　　しおだまち　長野県（上田電鉄別所線）
　　しおたちょう　愛知県常滑市
　　しおたちょう　愛知県愛西市
　　しおたちょう　高知県高知市

1147

13画〔塩〕

塩田町久間乙　しおたちょうくまおつ　佐賀県嬉野市
塩田町久間丁　しおたちょうくまてい　佐賀県嬉野市
塩田町久間丙　しおたちょうくまへい　佐賀県嬉野市
塩田町久間甲　しおたちょうくまこう　佐賀県嬉野市
塩田町大草野乙　しおたちょうおおくさのおつ　佐賀県嬉野市
塩田町大草野丙　しおたちょうおおくさのへい　佐賀県嬉野市
塩田町大草野甲　しおたちょうおおくさのこう　佐賀県嬉野市
塩田町五町田乙　しおたちょうごちょうだおつ　佐賀県嬉野市
塩田町五町田甲　しおたちょうごちょうだこう　佐賀県嬉野市
塩田町谷所乙　しおたちょうたにどころおつ　佐賀県嬉野市
塩田町谷所丙　しおたちょうたにどころへい　佐賀県嬉野市
塩田町谷所甲　しおたちょうたにどころこう　佐賀県嬉野市
塩田町真崎　しおたちょうまつさき　佐賀県嬉野市
塩田町馬場下乙　しおたちょうばばしたおつ　佐賀県嬉野市
塩田町馬場下丙　しおたちょうばばしたへい　佐賀県嬉野市
塩田町馬場下甲　しおたちょうばばしたこう　佐賀県嬉野市
塩田谷　しおただに　京都府船井郡京丹波町
塩田新島　しおたにいじま　兵庫県淡路市
⁶塩名田　しおなだ　長野県佐久市
塩成　しおなし　愛媛県西宇和郡伊方町
塩気　しおけ　岡山県久米郡美咲町
塩江　しおえ　福島県南会津郡南会津町
塩江町上西乙　しおのえちょうかみにしおつ　香川県高松市
塩江町上西甲　しおのえちょうかみにしこう　香川県高松市
塩江町安原下　しおのえちょうやすはらしも　香川県高松市
塩江町安原上　しおのえちょうやすはらかみ　香川県高松市
塩江町安原上東　しおのえちょうやすはらかみひがし　香川県高松市
塩池町　しおいけちょう　愛知県名古屋市中村区
⁷塩冶有原町　えんやありはらちょう　島根県出雲市
塩冶町　えんやちょう　島根県出雲市
塩冶町南町　えんやちょうみなみまち　島根県出雲市
塩冶神前　えんやかんまえ　島根県出雲市
塩冶原町　えんやはらまち　島根県出雲市
塩冶善行町　えんやぜんこうちょう　島根県出雲市
塩坂越　しゃくし　福井県三方上中郡若狭町
塩尾　しお　兵庫県淡路市
塩沢
　　しおざわ　宮城県刈田郡蔵王町
　　しおざわ　福島県二本松市
　　しおざわ　福島県南会津郡只見町
　　しおざわ　福島県石川郡石川町
　　しおざわ　栃木県小山市
　　しおざわ　群馬県多野郡神流町
　　しおざわ　新潟県（JR上越線）
　　しおざわ　新潟県南魚沼市

　　しおざわ　新潟県胎内市
　　しおざわ　山梨県南巨摩郡南部町
　　しおざわ　長野県北佐久郡立科町
塩沢町　しおさわちょう　福島県二本松市
塩町
　　しおまち　新潟県村上市
　　しおまち　岐阜県岐阜市
　　しおまち　静岡県浜松市中区
　　しおまち　静岡県掛川市
　　しおまち　愛知県西尾市
　　しおまち　兵庫県姫路市
　　しおまち　奈良県大和郡山市
　　しおまち　鳥取県米子市
　　しおまち　広島県（JR芸備線）
　　しおまち　広島県竹原市
　　しおまち　広島県三次市
　　しおまち　大分県中津市
塩見
　　しおみ　千葉県館山市
　　しおみ　宮崎県日向市
塩見町　しおみちょう　北海道留萌市
塩谷
　　しおや　北海道（JR函館本線）
　　しおや　北海道小樽市
　　しおだに　新潟県新潟市秋葉区
　　しおだに　新潟県小千谷市
　　しおや　新潟県村上市
　　しおのたに　富山県中新川郡上市町
　　しおたに　京都府船井郡京丹波町
　　しおだに　奈良県吉野郡天川村
　　しおだに　島根県飯石郡飯南町
塩谷町　しおやまち　栃木県塩谷郡
塩谷郡　しおやぐん　栃木県
⁸塩岡　しょうか　兵庫県篠山市
塩河　しゅうが　岐阜県可児市
塩沼　しおぬま　福島県石川郡石川町
⁹塩前　しおのまえ　山梨県南アルプス市
塩屋
　　しおや　兵庫県（JR山陽本線）
　　しおや　兵庫県洲本市
　　しおや　兵庫県赤穂市
　　しおや　和歌山県和歌山市
　　しおや　広島県廿日市市
　　しおや　香川県（高松琴平電気鉄道志度線）
　　しおや　福岡県北九州市若松区
　　しおや　沖縄県うるま市
　　しおや　沖縄県国頭郡大宜味村
塩屋北町
　　しおやきたまち　兵庫県神戸市垂水区
　　しおやきたまち　鹿児島県枕崎市
塩屋台　しおやだい　兵庫県神戸市垂水区
塩屋町
　　しおやまち　石川県加賀市
　　しおやまち　岐阜県高山市
　　しおやちょう　愛知県名古屋市南区
　　しおやちょう　京都府京都市中京区
　　しおやちょう　京都府京都市下京区
　　しおやちょう　京都府京都市南区
　　しおやちょう　京都府京都市伏見区
　　しおやまち　京都府亀岡市
　　しおやちょう　兵庫県神戸市垂水区
　　しおやちょう　山口県萩市
　　しおやまち　香川県高松市

13画（塞, 塗, 塘, 塙）

しおやちょう　香川県丸亀市
しおやまち　熊本県八代市
しおやちょう　鹿児島県いちき串木野市
塩屋町北塩屋　しおやちょうきたしおや　和歌山県御坊市
塩屋町南塩屋　しおやちょうみなみしおや　和歌山県御坊市
塩屋南町　しおやみなみまち　鹿児島県枕崎市
塩屋崎町　しおやざきまち　高知県高知市
塩屋新田　しおやしんでん　新潟県上越市
塩津
しおづ　新潟県胎内市
しおづ　静岡県焼津市
しおづ　鳥取県西伯郡大山町
塩津町
しおつちょう　兵庫県豊岡市
しおつちょう　島根県出雲市
塩狩
しおかり　北海道（JR宗谷本線）
しおかり　北海道上川郡和寒町
塩草　しおくさ　大阪府大阪市浪速区
塩草町　しおくさちょう　愛知県瀬戸市
10**塩原**
しおばら　茨城県常陸大宮市
しおばら　栃木県那須塩原市
しおばる　福岡県福岡市南区
しおばる　熊本県上益城郡山都町
塩原町　しおはらまち　石川県小松市
塩原新田　しおばらしんでん　静岡県御前崎市
塩庭　しおにわ　福島県田村郡小野町
塩浸　しおひたし　熊本県葦北郡芦北町
塩浸町　しおひたしちょう　長崎県佐世保市
塩浜
しおはま　千葉県市川市
しおはま　東京都江東区
しおはま　神奈川県川崎市川崎区
しおはま　三重県（近畿日本鉄道名古屋線）
しおはま　三重県四日市市
しおはま　福岡県福岡市東区
塩浜本町　しおはまほんまち　三重県四日市市
塩浜町
しおはままち　石川県加賀市
しおはままち　愛知県碧南市
しおはままちょう　三重県四日市市
しおはままちょう　大阪府堺市堺区
しおはままち　長崎県長崎市
しおはままち　長崎県佐世保市
しおはままちょう　熊本県水俣市
しおはままちょう　宮崎県延岡市
しおはままちょう　鹿児島県阿久根市
塩浜栄町　しおはまさかえまち　三重県四日市市
塩荷谷　しおにだに　新潟県上越市
塩釜
しおがま　北海道松前郡福島町
しおがま　青森県三沢市
しおがま　宮城県（JR東北本線）
しおがま　宮城県遠田郡美里町
塩釜口
しおがまぐち　愛知県（名古屋市交通局鶴舞線）
しおがまぐち　愛知県名古屋市天白区
塩釜添　しおがまぞえ　宮城県遠田郡美里町
11**塩崎**　しおざき　山梨県（JR中央本線）

塩崎町　しおがさきちょう　茨城県水戸市
塩深　しおふか　徳島県海部郡海陽町
塩船　しおぶね　東京都青梅市
塩郷　しおごう　静岡県（大井川鉄道大井川本線）
塩部　しおべ　山梨県甲府市
塩野
しおの　山形県米沢市
しおの　長野県小諸市
しおの　長野県北佐久郡御代田町
しおの　奈良県吉野郡天川村
しおの　和歌山県西牟婁郡白浜町
塩野町
しおのまち　新潟県村上市
しおのまち　長野県須坂市
塩野室町　しおのむろまち　栃木県日光市
塩野崎　しおのさき　栃木県那須塩原市
塩野崎新田　しおのさきしんでん　栃木県那須塩原市
塩野渕　しおのふち　新潟県三条市
12**塩喰**　しおばみ　岐阜県安八郡輪之内町
塩塚　しおつか　福岡県（西日本鉄道天神大牟田線）
塩富町　しおとみちょう　宮城県石巻市
塩森　しおのもり　山形県東置賜郡高畠町
塩焼　しおやき　千葉県市川市
塩道　しおみち　鹿児島県大島郡喜界町
13**塩新田**　しおしんでん　静岡県磐田市
塩荒新田　しおあらしんでん　新潟県長岡市
塩殿　しおどの　新潟県小千谷市
塩路　しおじ　宮崎県宮崎市
塩路山　しおじやま　福島県白河市
塩飽町　しわくまち　香川県丸亀市
17**塩嶺**　えんれい　長野県岡谷市
19**塩瀬**　しおせ　愛知県新城市
塩瀬町生瀬　しおせちょうなませ　兵庫県西宮市
塩瀬町名塩　しおせちょうなじお　兵庫県西宮市
21**塩竈市**　しおがまし　宮城県
塩竈町　しおがまちょう　京都府京都市下京区
塩鶴　しおづる　宮崎県日南市
塩鶴町　しおつるちょう　鹿児島県阿久根市

【塞】
0**塞ノ神**　さいのかみ　青森県上北郡東北町

【塗】
4**塗戸町**　ぬるとまち　茨城県龍ケ崎市
10**塗師町**　ぬしまち　石川県七尾市
塗師屋町
ぬしやちょう　京都府京都市中京区
ぬしやちょう　京都府京都市東山区
ぬしやちょう　京都府京都市下京区

【塘】
13**塘路**
とうろ　北海道（JR釧網本線）
とうろ　北海道川上郡標茶町
塘路原野　とうろげんや　北海道川上郡標茶町

【塙】
塙
はなわ　福島県東白川郡塙町

13画（墓,夢,嫁,寛,寝,嵯）

はなわ　茨城県久慈郡大子町
はなわ　茨城県稲敷郡阿見町
はなわ　栃木県芳賀郡益子町
はなわ　千葉県旭市
³塙山町　はなやまちょう　茨城県日立市
⁵塙田　はなわだ　栃木県宇都宮市
⁷塙町
はなわまち　福島県東白川郡
はなわちょう　茨城県常陸太田市

【墓】
⁰墓ノ木　はかのき　富山県下新川郡入善町

【夢】
⁰夢ケ丘　ゆめがおか　山口県周南市
夢が丘　ゆめがおか　三重県津市
夢の島　ゆめのしま　東京都江東区
⁹夢前川　ゆめさきがわ　兵庫県（山陽電気鉄道網干
線）
夢前町又坂　ゆめさきちょうまたさか　兵庫県姫路市
夢前町山之内　ゆめさきちょうやまのうち　兵庫県姫
路市
夢前町山冨　ゆめさきちょうやまとみ　兵庫県姫路市
夢前町戸倉　ゆめさきちょうとくら　兵庫県姫路市
夢前町古知之庄　ゆめさきちょうこちのしょう　兵庫
県姫路市
夢前町古瀬畑　ゆめさきちょうこせばた　兵庫県姫
路市
夢前町玉田　ゆめさきちょうたまだ　兵庫県姫路市
夢前町寺　ゆめさきちょうてら　兵庫県姫路市
夢前町糸田　ゆめさきちょういとた　兵庫県姫路市
夢前町杉之内　ゆめさきちょうすぎのうち　兵庫県姫
路市
夢前町芦田　ゆめさきちょうあしだ　兵庫県姫路市
夢前町前之庄　ゆめさきちょうまえのしょう　兵庫県姫
路市
夢前町神種　ゆめさきちょうこのくさ　兵庫県姫路市
夢前町宮置　ゆめさきちょうみやおき　兵庫県姫路市
夢前町莇野　ゆめさきちょうあぞの　兵庫県姫路市
夢前町高長　ゆめさきちょうこうちょう　兵庫県姫路市
夢前町菅生澗　ゆめさきちょうすごうだに　兵庫県姫
路市
夢前町野畑　ゆめさきちょうのばたけ　兵庫県姫路市
夢前町塚本　ゆめさきちょうつかもと　兵庫県姫路市
夢前町塩田　ゆめさきちょうしおた　兵庫県姫路市
夢前町新庄　ゆめさきちょうしんじょう　兵庫県姫路市
夢前町置本　ゆめさきちょうおきもと　兵庫県姫路市
夢前町護持　ゆめさきちょうごじ　兵庫県姫路市
夢洲東　ゆめしまひがし　大阪府大阪市此花区
¹¹夢野町　ゆめのちょう　兵庫県神戸市兵庫区
¹⁵夢舞台　ゆめぶたい　兵庫県淡路市

【嫁】
¹⁰嫁兼　よめがね　富山県南砺市
嫁島町　よめしまちょう　島根県松江市

【寛】
⁵寛弘寺　かんこうじ　大阪府南河内郡河南町
⁸寛延　かんえん　愛知県弥富市

⁹寛政町
かんせいちょう　神奈川県横浜市鶴見区
かんせいちょう　愛知県名古屋市港区

【寝】
⁹寝屋
ねや　新潟県村上市
ねや　大阪府寝屋川市
寝屋川公園　ねやがわこうえん　大阪府寝屋川市
寝屋川市
ねやがわし　大阪府（京阪電気鉄道本線）
ねやがわし　大阪府
寝屋北町　ねやきたまち　大阪府寝屋川市
寝屋南　ねやみなみ　大阪府寝屋川市
寝屋新町　ねやしんまち　大阪府寝屋川市

【嵯】
¹⁰嵯峨一本木町　さがいっぽんぎちょう　京都府京都市
右京区
嵯峨二尊院門前北中院町　さがにそんいんもんぜんき
たちゅういんちょう　京都府京都市右京区
嵯峨二尊院門前往生院町　さがにそんいんもんぜんお
うじょういんちょう　京都府京都市右京区
嵯峨二尊院門前長神町　さがにそんいんもんぜんちょ
うじんちょう　京都府京都市右京区
嵯峨二尊院門前善光寺山町　さがにそんいんもんぜん
ぜんこうじやまちょう　京都府京都市右京区
嵯峨大沢町　さがおおさわちょう　京都府京都市右
京区
嵯峨大沢柳井手町　さがおおさわやなぎいでちょう　京
都府京都市右京区
嵯峨大沢落久保町　さがおおさわおちくぼちょう　京
都府京都市右京区
嵯峨大覚寺門前八軒町　さがだいかくじもんぜんはっ
けんちょう　京都府京都市右京区
嵯峨大覚寺門前井頭町　さがだいかくじもんぜんいと
うちょう　京都府京都市右京区
嵯峨大覚寺門前六道町　さがだいかくじもんぜんろく
どうちょう　京都府京都市右京区
嵯峨大覚寺門前宮ノ下町　さがだいかくじもんぜんみ
やのしたちょう　京都府京都市右京区
嵯峨大覚寺門前堂ノ前町　さがだいかくじもんぜんど
うのまえちょう　京都府京都市右京区
嵯峨大覚寺門前登り町　さがだいかくじもんぜんのぼ
りちょう　京都府京都市右京区
嵯峨小倉山小倉町　さがおぐらやまおぐらちょう　京
都府京都市右京区
嵯峨小倉山山本町　さがおぐらやまやまもとちょう　京
都府京都市右京区
嵯峨小倉山田渕山町　さがおぐらやまたぶちやまちょう
京都府京都市右京区
嵯峨小倉山町　さがおぐらやまちょう　京都府京都市
右京区
嵯峨小倉山堂ノ前町　さがおぐらやまどうのまえちょう
京都府京都市右京区
嵯峨小倉山緋明神町　さがおぐらやまひのみょうじん
ちょう　京都府京都市右京区
嵯峨中又町　さがなかまたちょう　京都府京都市右
京区
嵯峨中山町　さがなかやまちょう　京都府京都市右
京区

13画（嵯）

嵯峨中之島町　さがなかのしまちょう　京都府京都市
右京区

嵯峨中通町　さがなかどおりちょう　京都府京都市右
京区

嵯峨五島町　さがごとうちょう　京都府京都市右京区

嵯峨天龍寺中島町　さがてんりゅうじなかじまちょう
京都府京都市右京区

嵯峨天龍寺今堀町　さがてんりゅうじいまほりちょう
京都府京都市右京区

嵯峨天龍寺北造路町　さがてんりゅうじきたつくりみち
ちょう　京都府京都市右京区

嵯峨天龍寺広道町　さがてんりゅうじひろみちちょう
京都府京都市右京区

嵯峨天龍寺立石町　さがてんりゅうじたていしちょう
京都府京都市右京区

嵯峨天龍寺芒ノ馬場町　さがてんりゅうじすすきのば
ばちょう　京都府京都市右京区

嵯峨天龍寺角倉町　さがてんりゅうじすみのくらちょう
京都府京都市右京区

嵯峨天龍寺車道町　さがてんりゅうじくるまみちちょう
京都府京都市右京区

嵯峨天龍寺油掛町　さがてんりゅうじあぶらかけちょう
京都府京都市右京区

嵯峨天龍寺若宮町　さがてんりゅうじわかみやちょう
京都府京都市右京区

嵯峨天龍寺造路町　さがてんりゅうじつくりみちちょう
京都府京都市右京区

嵯峨天龍寺椎野町　さがてんりゅうじしいのちょう　京
都府京都市右京区

嵯峨天龍寺龍門町　さがてんりゅうじりゅうもんちょう
京都府京都市右京区

嵯峨天龍寺瀬戸川町　さがてんりゅうじせとがわちょう
京都府京都市右京区

嵯峨水尾大岩　さがみずおおおいわ　京都府京都市右
京区

嵯峨水尾北垣内町　さがみずおきたがいちちょう　京
都府京都市右京区

嵯峨水尾竹ノ尻町　さがみずおたけのしりちょう　京
都府京都市右京区

嵯峨水尾岡ノ窪町　さがみずおおかのくぼちょう　京
都府京都市右京区

嵯峨水尾武蔵嶋町　さがみずおむさしじまちょう　京
都府京都市右京区

嵯峨水尾宮ノ脇町　さがみずおみやのわきちょう　京
都府京都市右京区

嵯峨水尾清和　さがみずおせいわ　京都府京都市右
京区

嵯峨水尾鳩ケ巣　さがみずおはとがす　京都府京都市
右京区

嵯峨北堀町　さがきたぼりちょう　京都府京都市右京
区

嵯峨広沢北下馬野町　さがひろさわきたげばのちょう
京都府京都市右京区

嵯峨広沢池下町　さがひろさわいけしたちょう　京都
府京都市右京区

嵯峨広沢西裏町　さがひろさわにしうらちょう　京都
府京都市右京区

嵯峨広沢町　さがひろさわちょう　京都府京都市右
京区

嵯峨広沢南下馬野町　さがひろさわみなみげばのちょう
京都府京都市右京区

嵯峨広沢南野町　さがひろさわみなみのちょう　京都
府京都市右京区

嵯峨広沢御所ノ内町　さがひろさわごしょのうちちょう
京都府京都市右京区

嵯峨甲塚町　さがかぶとづかちょう　京都府京都市右
京区

嵯峨石ケ坪町　さがいしがつぼちょう　京都府京都市
右京区

嵯峨伊勢ノ上町　さがいせのかみちょう　京都府京都
市右京区

嵯峨折戸町　さがおりとちょう　京都府京都市右京区

嵯峨苅分町　さがかりわけちょう　京都府京都市右
京区

嵯峨明星町　さがみょうじょうちょう　京都府京都市
右京区

嵯峨柳田町　さがやなぎだちょう　京都府京都市右
京区

嵯峨梅ノ木町　さがうめのきちょう　京都府京都市右
京区

嵯峨亀ノ尾町　さがかめのおちょう　京都府京都市右
京区

嵯峨亀山町　さがかめやまちょう　京都府京都市右
京区

嵯峨清滝一華表町　さがきよたきいっかひょうちょう
京都府京都市右京区

嵯峨清滝大谷町　さがきよたきおおたにちょう　京都
府京都市右京区

嵯峨清滝月ノ輪町　さがきよたきつきのわちょう　京
都府京都市右京区

嵯峨清滝田鶴原町　さがきよたきたづはらちょう　京
都府京都市右京区

嵯峨清滝町　さがきよたきちょう　京都府京都市右
京区

嵯峨清滝空也滝町　さがきよたきくうやだきちょう　京
都府京都市右京区

嵯峨清滝深谷町　さがきよたきふかたにちょう　京都
府京都市右京区

嵯峨釈迦堂大門町　さがしゃかどうだいもんちょう　京
都府京都市右京区

嵯峨釈迦堂門前南中院町　さがしゃかどうもんぜんみ
なみちゅういんちょう　京都府京都市右京区

嵯峨釈迦堂門前裏柳町　さがしゃかどうもんぜんうら
やなぎちょう　京都府京都市右京区

嵯峨釈迦堂門前瀬戸川町　さがしゃかどうもんぜんせ
とがわちょう　京都府京都市右京区

嵯峨釈迦堂藤ノ木町　さがしゃかどうふじのきちょう
京都府京都市右京区

嵯峨野々宮町　さがののみやちょう　京都府京都市右
京区

嵯峨野千代ノ道町　さがのちよのみちちょう　京都府
京都市右京区

嵯峨野六反田町　さがのろくたんだちょう　京都府京
都市右京区

嵯峨野内田町　さがのうちだちょう　京都府京都市右
京区

嵯峨野北野町　さがのきたのちょう　京都府京都市右
京区

嵯峨野有栖川町　さがのありすがわちょう　京都府京
都市右京区

嵯峨野西ノ藤町　さがのにしのふじちょう　京都府京
都市右京区

1151

13画（嵩, 幌）

嵯峨野投渕町　さがのなげぶちちょう　京都府京都市右京区

嵯峨野芝野町　さがのしばのちょう　京都府京都市右京区

嵯峨野東田町　さがのひがしだちょう　京都府京都市右京区

嵯峨野南浦町　さがのみなみうらちょう　京都府京都市右京区

嵯峨野神ノ木町　さがのかみのきちょう　京都府京都市右京区

嵯峨野秋街道町　さがのあきかいどうちょう　京都府京都市右京区

嵯峨野宮ノ元町　さがのみやのもとちょう　京都府京都市右京区

嵯峨野高田町　さがのたかだちょう　京都府京都市右京区

嵯峨野清水町　さがのしみずちょう　京都府京都市右京区

嵯峨野開町　さがのひらきちょう　京都府京都市右京区

嵯峨野嵯峨ノ段町　さがのさがのだんまち　京都府京都市右京区

嵯峨釣殿町　さがつりどのちょう　京都府京都市右京区

嵯峨鳥居本一華表町　さがとりいもといっかひょうちょう　京都府京都市右京区

嵯峨鳥居本小坂町　さがとりいもとこざかちょう　京都府京都市右京区

嵯峨鳥居本中筋町　さがとりいもとなかすじちょう　京都府京都市右京区

嵯峨鳥居本化野町　さがとりいもとあだしのちょう　京都府京都市右京区

嵯峨鳥居本仏餉田町　さがとりいもとぶつしょうでんちょう　京都府京都市右京区

嵯峨鳥居本六反町　さがとりいもとろくたんちょう　京都府京都市右京区

嵯峨鳥居本仙翁町　さがとりいもとせんのうちょう　京都府京都市右京区

嵯峨鳥居本北代町　さがとりいもときただいちょう　京都府京都市右京区

嵯峨鳥居本深谷町　さがとりいもとふかたにちょう　京都府京都市右京区

嵯峨嵐山　さがあらしやま　京都府（JR山陰本線）

嵯峨朝日町　さがあさひちょう　京都府京都市右京区

嵯峨越畑中ノ町　さがこしはたなかのちょう　京都府京都市右京区

嵯峨越畑天慶　さがこしはたてんけい　京都府京都市右京区

嵯峨越畑北ノ町　さがこしはたきたのちょう　京都府京都市右京区

嵯峨越畑尻谷　さがこしはたしりたに　京都府京都市右京区

嵯峨越畑正権条　さがこしはたしょうごんじょう　京都府京都市右京区

嵯峨越畑兵庫前町　さがこしはたひょうごまえちょう　京都府京都市右京区

嵯峨越畑南ノ町　さがこしはたみなみのちょう　京都府京都市右京区

嵯峨越畑桃原　さがこしはたももはら　京都府京都市右京区

嵯峨越畑桃原垣内　さがこしはたももはらがいち　京都府京都市右京区

嵯峨越畑筋違　さがこしはたすじちがい　京都府京都市右京区

嵯峨越畑鍋浦　さがこしはたなべうら　京都府京都市右京区

嵯峨愛宕町　さがあたごちょう　京都府京都市右京区

嵯峨新宮町　さがしんぐうちょう　京都府京都市右京区

嵯峨樒原町　さがふしはらちょう　京都府京都市右京区

嵯峨蜻蛉尻町　さがとんぼじりちょう　京都府京都市右京区

嵯峨樒原若宮下町　さがしきみがはらわかみやしたちょう　京都府京都市右京区

嵯峨樒原宮ノ上町　さがしきみがはらみやのうえちょう　京都府京都市右京区

嵯峨樒原高見町　さがしきみがはらたかみちょう　京都府京都市右京区

嵯峨樒原清水町　さがしきみがはらしみずちょう　京都府京都市右京区

嵯峨樒原稲荷元町　さがしきみがはらいなりもとちょう　京都府京都市右京区

嵯峨観空寺久保町　さがかんくうじくぼでんちょう　京都府京都市右京区

嵯峨観空寺谷町　さがかんくうじだにちょう　京都府京都市右京区

嵯峨観空寺岡崎町　さがかんくうじおかざきちょう　京都府京都市右京区

嵯峨観空寺明水町　さがかんくうじみょうずいちょう　京都府京都市右京区

12嵯塚　さづか　静岡県周智郡森町

【嵩】

3嵩山町　すせちょう　愛知県豊橋市

【幌】

4幌内
　ほろない　北海道芦別市
　ほろない　北海道深川市
　ほろない　北海道夕張郡長沼町
　ほろない　北海道紋別郡雄武町
　ほろない　北海道勇払郡厚真町

幌内北星町　ほろないほくせいちょう　北海道三笠市

幌内西　ほろないにし　北海道河東郡鹿追町

幌内住吉町　ほろないすみよしちょう　北海道三笠市

幌内初音町　ほろないはつねちょう　北海道三笠市

幌内町　ほろないちょう　北海道三笠市

幌内金谷町　ほろないかなやちょう　北海道三笠市

幌内春日町　ほろないかすがちょう　北海道三笠市

幌内新栄町　ほろないしんえいちょう　北海道三笠市

幌戸　ほろと　北海道厚岸郡浜中町

幌毛志　ほろけし　北海道沙流郡平取町

5幌加
　ほろか　北海道千歳市
　ほろか　北海道樺戸郡新十津川町
　ほろか　北海道天塩郡豊富町
　ほろか　北海道河東郡上士幌町

幌加内　ほろかない　北海道雨竜郡幌加内町

幌加内町　ほろかないちょう　北海道雨竜郡

幌平橋　ほろひらばし　北海道（札幌市交通局南北線）

6幌向　ほろむい　北海道（JR函館本線）

13画（幕, 愛）

幌向北一条　ほろむきたいちじょう　北海道岩見沢市
幌向北二条　ほろむきたにじょう　北海道岩見沢市
幌向町　ほろむいちょう　北海道岩見沢市
幌向南一条　ほろむいみなみいちじょう　北海道岩見沢市
幌向南二条　ほろむいみなみにじょう　北海道岩見沢市
幌向南三条　ほろむいみなみさんじょう　北海道岩見沢市
幌向南五条　ほろむいみなみごじょう　北海道岩見沢市
幌向南四条　ほろむいみなみしじょう　北海道岩見沢市
幌向原野　ほろむいげんや　北海道夕張郡長沼町
7幌似　ほろに　北海道岩内郡共和町
幌別　ほろべつ　北海道（JR室蘭本線）
幌別町　ほろべつちょう　北海道登別市
幌呂　ほろろ　北海道阿寒郡鶴居村
幌呂西　ほろろにし　北海道阿寒郡鶴居村
幌呂東　ほろろひがし　北海道阿寒郡鶴居村
幌里　ほろさと　北海道勇払郡厚真町
8幌岡　ほろおか　北海道中川郡豊頃町
幌岡町　ほろおかちょう　北海道赤平市
幌岩　ほろいわ　北海道常呂郡佐呂間町
幌延
　　ほろのべ　北海道（JR宗谷本線）
　　ほろのべ　北海道天塩郡幌延町
幌延町　ほろのべちょう　北海道天塩郡
幌武意町　ほろむいちょう　北海道積丹郡積丹町
幌茂尻　ほろもしり　北海道根室市
9幌南小学校前　こうなんしょうがっこうまえ　北海道
　（札幌市交通局山鼻線）
幌泉郡　ほろいずみぐん　北海道
幌美内　ほろびない　北海道千歳市
幌美内町　ほろびないちょう　北海道伊達市
11幌萌町
　　ほろもえちょう　北海道室蘭市
　　ほろもえちょう　北海道目梨郡羅臼町
12幌満　ほろまん　北海道様似郡様似町
13幌新　ほろしん　北海道雨竜郡沼田町
17幌糠　ほろぬか　北海道（JR留萌本線）
幌糠町　ほろぬかちょう　北海道留萌市

【幕】

3幕山台　まくやまだい　広島県福山市
4幕内東町　まくうちひがしまち　福島県会津若松市
幕内南町　まくうちみなみまち　福島県会津若松市
5幕田町　まくたまち　栃木県宇都宮市
6幕西町　まくにしちょう　北海道室蘭市
7幕別　まくべつ　北海道（JR根室本線）
幕別町　まくべつちょう　北海道中川郡
10幕島　まくじま　新潟県燕市
11幕張　まくはり　千葉県（JR総武本線）
幕張本郷
　　まくはりほんごう　千葉県（JR総武本線）
　　まくはりほんごう　千葉県千葉市花見川区
幕張西　まくはりにし　千葉県千葉市美浜区
幕張町　まくはりちょう　千葉県千葉市花見川区
幕野内　まくのうち　山形県鶴岡市

【愛】

0愛・地球博記念公園　あいちきゅうはくきねんこうえん
　愛知県（愛知高速交通東部丘陵線）
愛し野　いとしの　北海道（JR石北本線）
愛の山　あいのやま　岩手県八幡平市
愛の杜　あいのもり　宮城県名取市
愛の町　あいのまち　埼玉県鴻巣市
3愛大医学部南口　あいだいいがくぶみなみぐち　愛媛県（伊予鉄道横河原線）
愛子　あやし　宮城県（JR仙山線）
愛子中央　あやしちゅうおう　宮城県仙台市青葉区
愛子東　あやしひがし　宮城県仙台市青葉区
愛山
　　あいざん　北海道（JR石北本線）
　　あいざんちょう　北海道上川郡愛別町
愛山町　あいざんちょう　北海道上川郡愛別町
愛川　あたいがわ　和歌山県日高郡日高川町
愛川町　あいかわまち　神奈川県愛甲郡
4愛戸町　あたどまち　茨城県龍ケ崎市
愛木町　あいぎちょう　鹿児島県いちき串木野市
愛牛　あいうし　北海道十勝郡浦幌町
5愛本　あいもと　富山県（富山地方鉄道本線）
愛生町　あいおいちょう　千葉県千葉市若葉区
愛甲　あいこう　神奈川県厚木市
愛甲石田　あいこういしだ　神奈川県（小田急電鉄小田原線）
愛甲西　あいこうにし　神奈川県厚木市
愛甲東　あいこうひがし　神奈川県厚木市
愛甲郡　あいこうぐん　神奈川県
愛田　あいた　三重県伊賀市
6愛光町　あいこうちょう　愛媛県松山市
愛名　あいな　神奈川県厚木市
愛西市　あいさいし　愛知県
7愛住町　あいずみちょう　東京都新宿区
愛別
　　あいべつ　北海道（JR石北本線）
　　あいべつ　北海道上川郡愛別町
愛別町　あいべつちょう　北海道上川郡
愛岐ケ丘　あいぎがおか　岐阜県可児市
8愛国　あいこく　北海道釧路市
愛国西　あいこくにし　北海道釧路市
愛国町　あいこくちょう　北海道帯広市
愛国東　あいこくひがし　北海道釧路市
愛宕
　　あたご　北海道松前郡松前町
　　あたご　青森県弘前市
　　あたご　岩手県宮古市
　　あたご　宮城県（JR東北本線）
　　あたご　埼玉県加須市
　　あたご　埼玉県上尾市
　　あたご　千葉県（東武鉄道野田線）
　　あたご　千葉県君津市
　　あたご　東京都港区
　　あたご　東京都多摩市
　　あたご　新潟県新潟市中央区
　　あたご　新潟県長岡市
　　あたご　新潟県五泉市
　　あたご　愛媛県八幡浜市
　　あたご　福岡県北九州市小倉北区
　　あたご　福岡県福岡市西区

1153

13画（意, 感, 慈, 摂）

あたご　長崎県長崎市
愛宕丁　あたごちょう　青森県三戸郡五戸町
愛宕下
　あたごした　岩手県盛岡市
　あたごした　宮城県刈田郡七ヶ宿町
愛宕下夕　あたごした　青森県三戸郡五戸町
愛宕下町　あたごしもまち　京都府舞鶴市
愛宕上町　あたごかみまち　京都府舞鶴市
愛宕山
　あたごやま　福島県須賀川市
　あたごやま　兵庫県西宮市
　あたごやま　高知県高知市
　あたごやま　宮崎県延岡市
愛宕山南町　あたごやまみなみまち　高知県高知市
愛宕中町　あたごなかまち　京都府舞鶴市
愛宕台　あたごだい　栃木県那須烏山市
愛宕町
　あたごちょう　北海道檜山郡江差町
　あたごちょう　岩手県盛岡市
　あたごちょう　岩手県花巻市
　あたごちょう　秋田県湯沢市
　あたごまち　福島県郡山市
　あたごまち　福島県白河市
　あたごちょう　茨城県水戸市
　あたごちょう　埼玉県さいたま市岩槻区
　あたごまち　千葉県銚子市
　あたごまち　富山県富山市
　あたごまち　山梨県甲府市
　あたごまち　長野県飯田市
　あたごまち　岐阜県高山市
　あたごちょう　愛知県津島市
　あたごちょう　三重県津市
　あたごちょう　三重県松阪市
　あたごちょう　鳥取県米子市
　あたごまち　広島県広島市東区
　あたごまち　山口県岩国市
　あたごちょう　愛媛県宇和島市
　あたごまち　高知県高知市
　あたごちょう　長崎県佐世保市
　あたごまち　宮崎県延岡市
愛宕前　あたごまえ　宮城県亘理郡亘理町
愛宕南　あたごみなみ　福島県福岡市西区
愛宕後　あたごうしろ　青森県三戸郡五戸町
愛宕浜　あたごはま　福岡県福岡市西区
愛宕浜町　あたごはままち　京都府舞鶴市
愛宕橋　あたごばし　宮城県（仙台市交通局南北線）
愛東外町　あいとうとのちょう　滋賀県東近江市
愛知　あいち　沖縄県宜野湾市
愛知大学前　あいちだいがくまえ　愛知県（豊橋鉄道渥美線）
愛知川
　えちがわ　滋賀県（近江鉄道本線）
　えちがわ　滋賀県愛知郡愛荘町
愛知町
　あいちちょう　愛知県名古屋市中川区
　あいちちょう　愛知県春日井市
愛知県　あいちけん
愛知郡
　あいちぐん　愛知県
　えちぐん　滋賀県
愛知御津　あいちみと　愛知県（JR東海道本線）

愛冠
　あいかっぷ　北海道足寄郡足寄町
　あいかっぷ　北海道厚岸郡厚岸町
愛南町　あいなんちょう　愛媛県南宇和郡
愛栄町　あさかちょう　島根県益田市
愛染寺町　あいぜんじちょう　京都府京都市上京区
愛染町　あいぞめちょう　静岡県静岡市清水区
愛荘町　あいしょうちょう　滋賀県愛知郡
愛島小豆島　めでしまあずきしま　宮城県名取市
愛島北目　めでしまきため　宮城県名取市
愛島台　めでしまだい　宮城県名取市
愛島笠島　めでしまかさしま　宮城県名取市
愛島塩手　めでしましおて　宮城県名取市
愛郷　あいごう　愛知県新城市
愛野
　あいの　静岡県（JR東海道本線）
　あいの　静岡県袋井市
　あいの　長崎県（島原鉄道線）
愛野町乙　あいのまちおつ　長崎県雲仙市
愛野町甲　あいのまちこう　長崎県雲仙市
愛野東　あいのひがし　静岡県袋井市
愛野南　あいのみなみ　静岡県袋井市
愛媛県　えひめけん
愛敬町　あいけいちょう　佐賀県佐賀市
愛隣町　あいりんちょう　宮城県仙台市泉区
愛環梅坪　あいかんうめつぼ　愛知県（愛知環状鉄道線）

【意】

意宇町　いうちょう　島根県松江市

【感】

感田
　がんだ　福岡県（筑豊電気鉄道線）
　がんだ　福岡県直方市

【慈】

慈光堂町北　じこうどうちょうきた　愛知県江南市
慈光堂町南　じこうどうちょうみなみ　愛知県江南市
慈明寺町　じみょうじちょう　奈良県橿原市
慈法院庵町　じほういんあんまち　京都府京都市東山区
慈恩寺
　じおんじ　山形県寒河江市
　じおんじ　埼玉県さいたま市岩槻区
　じおんじ　奈良県桜井市
慈恩寺上　じおんじちょうかみ　滋賀県近江八幡市
慈恩寺町中　じおんじちょうなか　滋賀県近江八幡市
慈恩寺町元　じおんじちょうもと　滋賀県近江八幡市
慈眼寺　じげんじ　鹿児島県（JR指宿枕崎線）
慈眼寺町　じげんじちょう　鹿児島県鹿児島市
慈眼庵町　じげんあんちょう　京都府京都市上京区
慈尊院　じそんいん　和歌山県伊都郡九度山町
慈悲尾　しいのお　静岡県静岡市葵区

【摂】

摂田屋　せったや　新潟県長岡市
摂田屋町　せったやまち　新潟県長岡市
摂待　せったい　岩手県（三陸鉄道北リアス線）

摂津　せっつ　大阪府(大阪高速鉄道大阪モノレール線)
摂津市
　せっつし　大阪府(阪急電鉄京都本線)
　せっつし　大阪府
摂津本山　せっつもとやま　兵庫県(JR東海道本線)
摂津富田　せっつとんだ　大阪府(JR東海道本線)

【数】

3数久田　すくた　沖縄県名護市
4数牛　かそし　青森県上北郡東北町
9数屋　かずや　岐阜県本巣市
数津　すづ　鳥取県鳥取市
数神　かずこう　高知県高岡郡四万十町
10数馬
　かずま　山形県西置賜郡飯豊町
　かずま　千葉県富津市
　かずま　東京都西多摩郡檜原村
11数寄屋丁　すきやちょう　和歌山県和歌山市
数寄屋町　すきやちょう　愛知県名古屋市西区
12数須　かず　茨城県下妻市
19数瀬町　かずせまち　石川県白山市

【新】

新
　しむら　千葉県匝瑳市
　しん　千葉県香取郡神崎町
　しん　京都府舞鶴市
　しん　鳥取県鳥取市
　しん　熊本県菊池郡大津町
0新々田
　しんしんでん　千葉県我孫子市
　しんしんでん　千葉県香取市
新々町　しんしんまち　三重県四日市市
新ケ谷　しんがや　埼玉県坂戸市
新シ町
　あたらしちょう　京都府京都市東山区
　あたらしちょう　京都府京都市下京区
新ノ口　にのくち　奈良県(近畿日本鉄道橿原線)
新ン町　しん　京都府京都市上京区
新さっぽろ　しんさっぽろ　北海道(札幌市交通局東西線)
新ひだか町　しんひだかちょう　北海道日高郡
1新一本柳　しんいっぽんやなぎ　宮城県遠田郡美里町
2新丁
　しんちょう　青森県三戸郡五戸町
　しんちょう　山形県上山市
　しんまち　千葉県夷隅郡大多喜町
新丁西　しんちょうにし　福島県大沼郡会津美里町
新丁屋敷　しんちょうやしき　福島県大沼郡会津美里町
新九軒前　しんくけんまえ　宮城県遠田郡涌谷町
新二見町　しんふたみちょう　北海道函館市
新入　しんにゅう　福岡県(JR筑豊本線)
新八日市　しんようかいち　滋賀県(近江鉄道八日市線)
新八代　しんやつしろ　熊本県(JR九州新幹線ほか)
新八百屋丁　しんやおやちょう　和歌山県和歌山市
新八柱　しんやはしら　千葉県(JR武蔵野線)
新八幡町　しんはちまんちょう　北海道函館市

新刀池　しんかたないけ　愛知県知多市
新十余二　しんとよふた　千葉県柏市
新十津川　しんとつかわ　北海道(JR札沼線)
新十津川町　しんとつかわちょう　北海道樺戸郡
新十神町　しんとかみちょう　島根県安来市
新又　あらまた　富山県砺波市
3新下江守町　しんしもえもりちょう　福井県福井市
新下関　しんしものせき　山口県(JR山陽新幹線ほか)
新三田
　しんみた　滋賀県長浜市
　しんさんだ　兵庫県(JR福知山線)
新三河島　しんみかわしま　東京都(京成電鉄京成本線)
新三郷　しんみさと　埼玉県(JR武蔵野線)
新三郷ららシティ　しんみさとららしてぃ　埼玉県三郷市
新上小阪　しんかみこさか　大阪府東大阪市
新上五島町　しんかみごとうちょう　長崎県南松浦郡
新上条　しんかみじょう　秋田県由利本荘市
新上挙母　しんうわごろも　愛知県(愛知環状鉄道線)
新万　しんまん　和歌山県田辺市
新丸子　しんまるこ　神奈川県(東京急行電鉄東横線ほか)
新丸子町　しんまるこまち　神奈川県川崎市中原区
新丸子東　しんまるこひがし　神奈川県川崎市中原区
新丸太町　しんまるたちょう　京都府京都市左京区
新久　あらく　埼玉県入間市
新久田　あらくだ　茨城県古河市
新久保　しんくぼ　福岡県古賀市
新千里北町　しんせんりきたまち　大阪府豊中市
新千里西町　しんせんりにしまち　大阪府豊中市
新千里東町　しんせんりひがしまち　大阪府豊中市
新千里南町　しんせんりみなみまち　大阪府豊中市
新千秋　しんちあき　愛知県海部郡蟹江町
新千原崎　しんちはらさき　富山県富山市
新千葉
　しんちば　千葉県(京成電鉄千葉線)
　しんちば　千葉県千葉市中央区
新千歳空港　しんちとせくうこう　北海道(JR千歳線)
新口町　にのくちちょう　奈良県橿原市
新土居　しんどい　高知県高岡郡津野町
新土原　しんとがわら　熊本県熊本市西区
新夕張　しんゆうばり　北海道(JR石勝線)
新大久保　しんおおくぼ　東京都(JR山手線)
新大工町
　しんだいくちょう　石川県小松市
　しんだいくまち　和歌山県和歌山市
　しんだいくまち　長崎県(長崎電気軌道3系統ほか)
　しんだいくまち　長崎県長崎市
新大平下　しんおおひらした　栃木県(東武鉄道日光線)
新大江　しんおおえ　熊本県熊本市中央区
新大牟田　しんおおむた　福岡県(JR九州新幹線)
新大町　しんおおまち　岩手県一関市
新大谷町　しんおおたにまち　福岡県北九州市若松区
新大阪　しんおおさか　大阪府(JR山陽新幹線ほか)

13画（新）

新大所　しんだいどころ　宮城県遠田郡美里町
新大津　しんおおつ　神奈川県（京浜急行電鉄久里浜線）
新大宮　しんおおみや　奈良県（近畿日本鉄道京都線ほか）
新大塚　しんおおつか　東京都（東京地下鉄丸ノ内線）
新大塚町　しんおおつかまち　大分県中津市
新大楽毛　しんおたのしけ　北海道（JR根室本線）
新大橋　しんおおはし　東京都江東区
新女島　しんめじま　大分県佐伯市
新子　あたらし　奈良県吉野郡吉野町
新子田　あらこだ　長野県佐久市
新子安
　しんこやす　神奈川県（JR京浜東北線）
　しんこやす　神奈川県横浜市神奈川区
新小　しんこ　熊本県上益城郡山都町
新小が倉　しんこがくら　長崎県長崎市
新小川町　しんおがわまち　東京都新宿区
新小木　しんこき　愛知県小牧市
新小平　しんこだいら　東京都（JR武蔵野線）
新小坂　しんこさか　福島県伊達郡国見町
新小岩
　しんこいわ　東京都（JR総武本線）
　しんこいわ　東京都葛飾区
新小松原　しんこまつばら　福井県小浜市
新小金井　しんこがねい　東京都（西武鉄道多摩川線）
新小倉　しんおぐら　神奈川県川崎市幸区
新小路
　しんこうじ　宮城県加美郡加美町
　しんこうじ　宮崎県延岡市
新小路町　しんこうじまち　熊本県宇土市
新小轡　しんこぐつわ　千葉県茂原市
新山
　にいやま　岩手県一関市
　にいやま　山形県山形市
　しんざん　山形県寒河江市
　しんざん　福島県双葉郡双葉町
　あらやま　長野県千曲市
　にいやま　鳥取県米子市
　しんやま　長崎県島原市
　しんやま　熊本県菊池郡菊陽町
新山下　しんやました　神奈川県横浜市中区
新山口　しんやまぐち　山口県（JR山陽新幹線ほか）
新山早稲田　にいやまわせだ　青森県平川市
新山村元　にいやまむらもと　青森県平川市
新山町
　しんざんまち　山形県寒河江市
　しんやまちょう　栃木県足利市
新山岡部　にいやまおかべ　青森県平川市
新山松橋　にいやままつはし　青森県平川市
新山前　しんざんまえ　秋田県能代市
新山柳田　にいやまやなぎだ　青森県平川市
新山浜　にいやまはま　宮城県石巻市
新山崎　しんやまさき　福岡県鞍手郡小竹町
新山崎町　しんやまさきちょう　新潟県新潟市南区
新山梨　しんやまなし　北海道虻田郡豊浦町
新川
　しんかわ　北海道（JR札沼線）

　しんかわ　北海道札幌市北区
　にいかわ　北海道千歳市
　しんかわ　北海道中川郡幕別町
　しんかわ　北海道厚岸郡浜中町
　にっかわ　宮城県仙台市青葉区
　しんかわ　茨城県取手市
　にっかわ　群馬県（上毛電気鉄道線）
　しんかわ　埼玉県熊谷市
　しんかわ　埼玉県春日部市
　しんかわ　千葉県成田市
　しんかわ　東京都中央区
　しんかわ　東京都三鷹市
　しんかわ　静岡県静岡市駿河区
　しんかわ　愛知県（豊橋鉄道東田本線）
　しんかわ　愛知県犬山市
　しんかわ　山口県下松市
　しんかわ　愛媛県（伊予鉄道郡中線）
　しんかわ　愛媛県八幡浜市
　あらかわ　沖縄県石垣市
　あらかわ　沖縄県島尻郡南風原町
新川一条　しんかわいちじょう　北海道札幌市北区
新川七条　しんかわしちじょう　北海道札幌市北区
新川二条　しんかわにじょう　北海道札幌市北区
新川八条　しんかわはちじょう　北海道札幌市北区
新川三条　しんかわさんじょう　北海道札幌市北区
新川五条　しんかわごじょう　北海道札幌市北区
新川六条　しんかわろくじょう　北海道札幌市北区
新川四条　しんかわしじょう　北海道札幌市北区
新川西
　しんかわにし　北海道厚岸郡浜中町
　しんかわにし　大分県大分市
　しんかわにし　鹿児島県肝属郡東串良町
新川西一条　しんかわにしいちじょう　北海道札幌市北区
新川西二条　しんかわにしにじょう　北海道札幌市北区
新川西三条　しんかわにしさんじょう　北海道札幌市北区
新川西五条　しんかわにしごじょう　北海道札幌市北区
新川西四条　しんかわにしよじょう　北海道札幌市北区
新川町
　しんかわちょう　北海道（函館市交通局2系統ほか）
　しんかわちょう　北海道函館市
　しんかわちょう　北海道釧路市
　しんかわちょう　北海道登別市
　しんかわちょう　北海道茅部郡森町
　しんかわちょう　岩手県宮古市
　しんかわちょう　埼玉県越谷市
　しんかわちょう　東京都東久留米市
　しんかわちょう　神奈川県横浜市南区
　しんかわちょう　新潟県新潟市東区
　しんかわまち　愛知県（名古屋鉄道三河線）
　しんかわちょう　愛知県名古屋市港区
　しんかわちょう　愛知県豊橋市
　しんかわちょう　愛知県半田市
　しんかわちょう　愛知県碧南市
　しんかわまち　福岡県北九州市戸畑区
　しんかわまち　大分県大分市
　しんかわちょう　鹿児島県鹿屋市
新川東　しんかわひがし　北海道厚岸郡浜中町
新川原　しんかわら　宮城県加美郡加美町

13画（新）

新川原町　しんかわらまち　富山県富山市
新川通
　しんかわどおり　埼玉県加須市
　しんかわどおり　神奈川県川崎市川崎区
新川崎
　しんかわさき　神奈川県（JR横須賀線）
　しんかわさき　神奈川県川崎市幸区
新川橋　しんかわばし　愛知県（名古屋鉄道名古屋本線）
新工町　しんこうちょう　新潟県妙高市
新弓ノ町　しんゆみのまち　宮城県仙台市若林区
⁴新中の橋　しんなかのはし　岩手県久慈市
新中川町
　しんなかがわまち　長崎県（長崎電気軌道3系統ほか）
　しんなかがわまち　長崎県長崎市
新中条町　しんちゅうじょうちょう　大阪府茨木市
新中沢　しんなかざわ　千葉県富里市
新中町
　しんなかまち　福島県伊達郡川俣町
　しんなかちょう　京都府京都市伏見区
　しんなかまち　奈良県大和郡山市
　しんなかまち　佐賀県佐賀市
新中里　しんなかざと　埼玉県さいたま市中央区
新中原町　しんなかはらちょう　神奈川県横浜市磯子区
新中島　しんなかじま　和歌山県和歌山市
新中島乙　しんなかじまおつ　宮城県遠田郡涌谷町
新中浜　しんなかはま　新潟県新潟市西区
新中通　しんなかどおり　和歌山県和歌山市
新中野
　しんなかの　群馬県邑楽郡邑楽町
　しんなかの　東京都（東京地下鉄丸ノ内線）
新中野町　しんなかのちょう　北海道苫小牧市
新丹谷　あらたんや　静岡県静岡市清水区
新之栄町　しんのえちょう　大阪府枚方市
新井
　あらい　茨城県つくば市
　あらい　茨城県結城郡八千代町
　あらい　群馬県北群馬郡榛東村
　あらい　埼玉県本庄市
　あらい　埼玉県鴻巣市
　あらい　埼玉県深谷市
　あらい　埼玉県久喜市
　あらい　千葉県市川市
　あらい　千葉県市原市
　あらい　千葉県富津市
　あらい　千葉県山武郡横芝光町
　あらい　東京都中野区
　あらい　東京都日野市
　あらい　新潟県（えちごトキめき鉄道妙高はねうまライン）
　あらい　新潟県妙高市
　あらい　長野県中野市
　あらい　岐阜県不破郡垂井町
　あらい　静岡県伊東市
　にい　京都府与謝郡伊根町
　にい　大阪府貝塚市
　にい　兵庫県（JR播但線）
　にい　兵庫県朝来市
　にい　鳥取県岩美郡岩美町
新井口　しんのいのくち　広島県（JR山陽本線）
新井木町　あらいぎまち　茨城県常総市

新井田
　にいだ　青森県八戸市
　にいだ　岩手県久慈市
　にいだ　千葉県山武郡芝山町
新井田西　にいにし　青森県八戸市
新井田町　にいだまち　山形県酒田市
新井田新田　にいだしんでん　千葉県山武郡芝山町
新井形町　あらいがたちょう　愛知県蒲郡市
新井町
　にいまち　宮城県亘理郡亘理町
　あらいまち　栃木県栃木市
　あらいまち　群馬県前橋市
　あらいちょう　群馬県太田市
　あらいちょう　埼玉県川口市
　あらいちょう　神奈川県横浜市保土ケ谷区
　あらいちょう　愛知県蒲郡市
新井牧場　あらいぼくじょう　北海道空知郡上富良野町
新井宿
　あらいじゅく　埼玉県（埼玉高速鉄道線）
　あらいじゅく　埼玉県川口市
新井郷　にいごう　新潟県新潟市北区
新井新田
　あらいしんでん　茨城県筑西市
　あらいしんでん　埼玉県加須市
　あらいしんでん　新潟県妙高市
新井薬師前　あらいやくしまえ　東京都（西武鉄道新宿線）
新五軒町　しんごけんちょう　京都府京都市東山区
新今里　しんいまさと　大阪府大阪市生野区
新今宮　しんいまみや　大阪府（JR大阪環状線ほか）
新今宮駅前　しんいまみやえきまえ　大阪府（阪堺電気軌道阪堺線）
新元町　しんもとちょう　京都府京都市上京区
新元島町　しんもとじまちょう　新潟県新潟市北区
新内
　にいない　北海道上川郡新得町
　あろう　和歌山県和歌山市
新内町　しんうちまち　徳島県徳島市
新内谷　しんうちや　福島県伊達郡国見町
新区画　しんくかく　北海道上川郡美瑛町
新天　しんてん　富山県黒部市
新天地
　しんてんち　広島県広島市中区
　しんてんち　山口県柳井市
新天町
　しんてんちょう　山口県宇部市
　しんてんちょう　佐賀県伊万里市
新天神町　しんてんじんまち　大分県中津市
新戸
　あらと　茨城県つくばみらい市
　しんど　千葉県勝浦市
　しんど　神奈川県相模原市南区
新戸町　しんとまち　長崎県長崎市
新方袋　にいがたふくろ　埼玉県春日部市
新方須賀　にいがたすか　埼玉県さいたま市岩槻区
新日本橋　しんにほんばし　東京都（JR総武本線）
新日吉町　しんひよしちょう　京都府京都市下京区
新日鉄前　しんにってつまえ　愛知県（名古屋鉄道常滑線）
新月　にいつき　岩手県（JR大船渡線）

1157

13画（新）

新木
あらき　千葉県（JR成田線）
あらき　千葉県我孫子市
にき　奈良県磯城郡田原本町
しんぎ　高知県（とでん交通ごめん線）
新木伏　しんきつぶし　宮城県加美郡加美町
新木村下　あらきむらした　千葉県我孫子市
新木町
あらきちょう　愛知県名古屋市西区
にきちょう　奈良県大和郡山市
新木屋瀬　しんこやのせ　福岡県（筑豊電気鉄道線）
新木曽川　しんきそがわ　愛知県（名古屋鉄道名古屋本線）
新木野　あらきの　千葉県我孫子市
新木場
しんきば　東京都（JR京葉線ほか）
しんきば　東京都江東区
新氏神　しんうじがみ　広島県山県郡北広島町
新水戸　しんみと　京都府船井郡京丹波町
新水俣　しんみなまた　熊本県（JR九州新幹線ほか）
新水前寺　しんすいぜんじ　熊本県（JR豊肥本線）
新水前寺駅前　しんすいぜんじえきまえ　熊本県（熊本市交通局A系統ほか）
新片町　しんかたまち　富山県射水市
新王寺　しんおうじ　奈良県（近畿日本鉄道田原本線）
⁵新代　にいしろ　福岡県八女郡広川町
新代田　しんだいた　東京都（京王電鉄井の頭線）
新出
しんで　山形県酒田市
しんで　静岡県磐田市
新出来　しんでき　愛知県名古屋市東区
新出町　しんでちょう　滋賀県東近江市
新加美　しんかみ　大阪府（JRおおさか東線）
新加納　しんかのう　岐阜県（名古屋鉄道各務原線）
新加路戸　しんかろと　三重県桑名郡木曽岬町
新北　にきた　福岡県鞍手郡鞍手町
新北小路町　しんきたこうじちょう　京都府京都市上京区
新北町　しんきたまち　香川県高松市
新北島　しんきたじま　大阪府大阪市住之江区
新北野　しんきたの　大阪府大阪市淀川区
新右エ門新田　しんうえもんしんでん　埼玉県さいたま市見沼区
新右エ門新田町　しんうえもんしんでんちょう　愛知県愛西市
新可児　しんかに　岐阜県（名古屋鉄道広見線）
新古川　しんふるかわ　宮城県柴田郡大河原町
新古河　しんこが　埼玉県（東武鉄道日光線）
新台　しんだい　宮城県気仙沼市
新台所橋　しんだいどころばし　宮城県遠田郡涌谷町
新外　しんほか　熊本県熊本市東区
新外町　しんほかまち　福岡県柳川市
新左衛門町　しんざえもんちょう　滋賀県近江八幡市
新市
しんいち　兵庫県美方郡新温泉町
しんいち　広島県（JR福塩線）
しんいち　山口県柳井市
しんいち　愛媛県西条市
新市北　しんいちきた　山口県柳井市

新市沖　しんいちおき　山口県柳井市
新市町下安井　しんいちちょうしもやすい　広島県福山市
新市町上安井　しんいちちょうかみやすい　広島県福山市
新市町戸手　しんいちちょうとで　広島県福山市
新市町金丸　しんいちちょうかねまる　広島県福山市
新市町相方　しんいちちょうさがた　広島県福山市
新市町宮内　しんいちちょうみやうち　広島県福山市
新市町常　しんいちちょうつね　広島県福山市
新市町新市　しんいちちょうしんいち　広島県福山市
新市町藤尾　しんいちちょうふじお　広島県福山市
新市南　しんいちみなみ　山口県柳井市
新市場　にいば　千葉県香取市
新市街　しんしがい　熊本県熊本市中央区
新平　につぺい　岩手県北上市
新平野　しんひらの　福井県（JR小浜線）
新広　しんひろ　広島県（JR呉線）
新広見　しんひろみ　愛知県知多市
新札内　しんさつない　北海道河西郡中札内村
新札内南　しんさつないみなみ　北海道河西郡中札内村
新札幌　しんさっぽろ　北海道（JR千歳線）
新本　しんぽん　岡山県総社市
新本町
しんほんまち　愛知県豊橋市
しんほんまち　高知県高知市
新末広　しんすえひろ　北海道稚内市
新正
しんしょう　三重県（近畿日本鉄道名古屋線）
しんしょう　三重県四日市市
新玉名　しんたまな　熊本県（JR九州新幹線）
新瓦町西組　しんかわらちょうにしぐみ　京都府京都市東山区
新瓦町東組　しんかわらちょうひがしぐみ　京都府京都市東山区
新生
しんせい　北海道紋別市
しんせい　北海道樺戸郡月形町
しんせい　北海道天塩郡豊富町
しんせい　北海道河東郡士幌町
しんせい　北海道河西郡芽室町
しんせい　北海道河西郡中札内村
しんせい　北海道中川郡幕別町
あらおい　千葉県市原市
しんせい　愛知県一宮市
しんせい　山口県山陽小野田市
しんせい　熊本県熊本市東区
新生町
しんせいちょう　北海道北見市
しんせいちょう　北海道登別市
しんせいちょう　福島県二本松市
あらおいちょう　千葉県銚子市
しんせいちょう　新潟県新潟市南区
しんせいちょう　新潟県燕市
しんせいちょう　岐阜県羽島市
しんせいちょう　愛知県半田市
しんせいちょう　愛知県豊田市
しんじょうちょう　兵庫県加西市
しんせいちょう　和歌山県和歌山市
しんせいまち　佐賀県佐賀市
しんせいちょう　宮崎県日向市

13画（新）

しんせいちょう　鹿児島県鹿屋市
しんせいちょう　鹿児島県いちき串木野市
新生南　しんせいみなみ　北海道河西郡芽室町
新生洲町　しんいけすちょう　京都府京都市左京区
新生駒台　しんいこまだい　奈良県生駒市
新用地　しんようち　福島県大沼郡会津美里町
新甲陽町　しんこうようちょう　兵庫県西宮市
新田
　しんでん　北海道樺戸郡月形町
　につた　北海道河東郡士幌町
　にった　青森県青森市
　しんでん　青森県上北郡野辺地町
　しんでん　青森県上北郡おいらせ町
　しんでん　岩手県花巻市
　しんでん　岩手県八幡平市
　にった　宮城県（JR東北本線）
　しんでん　宮城県仙台市宮城野区
　しんてん　宮城県気仙沼市
　にいだ　宮城県多賀城市
　につた　宮城県東松島市
　しんでん　宮城県遠田郡涌谷町
　しんでん　秋田県由利本荘市
　しんでん　山形県南陽市
　にった　福島県（阿武隈急行線）
　しんでん　福島県須賀川市
　にいだ　福島県相馬市
　しんでん　福島県二本松市
　しんでん　福島県伊達郡川俣町
　しんでん　埼玉県（東武鉄道伊勢崎線）
　しんでん　埼玉県ふじみ野市
　しんでん　千葉県市川市
　しんでん　千葉県木更津市
　しんでん　千葉県成田市
　につた　千葉県いすみ市
　しんでん　東京都足立区
　しんでん　新潟県新潟市西区
　しんでん　福井県大野市
　あらた　山梨県上野原市
　しんでん　長野県千曲市
　しんでん　岐阜県関市
　しんでん　静岡県田方郡函南町
　しんでん　三重県名張市
　しんでん　三重県多気郡大台町
　しんでん　京都府（JR奈良線）
　しんでん　兵庫県赤穂市
　しんでん　兵庫県川西市
　しんでん　兵庫県神崎郡神河町
　しんでん　奈良県御所市
　しんでん　和歌山県伊都郡かつらぎ町
　しんでん　鳥取県倉吉市
　しんでん　岡山県倉敷市
　にいだ　岡山県津山市
　しんでん　山口県防府市
　しんでん　山口県周南市
　しんでん　愛媛県西条市
　しんでん　高知県宿毛市
　しんでん　福岡県大川市
　しんでん　福岡県糸島市
　しんでん　佐賀県東松浦郡玄海町
　しんでん　熊本県八代郡氷川町
　にゅうた　宮崎県児湯郡新富町
新田下田中町　にったしもだなかちょう　群馬県太田市
新田下江田町　にったしもえだちょう　群馬県太田市

新田上中町　にったかみなかちょう　群馬県太田市
新田上田中町　にったかみだなかちょう　群馬県太田市
新田上江田町　にったかみえだちょう　群馬県太田市
新田大町　にったおおちょう　群馬県太田市
新田大根町　にったおおねちょう　群馬県太田市
新田小金井町　にったこがないちょう　群馬県太田市
新田小金町　にったこきんちょう　群馬県太田市
新田中江田町　にったなかえだちょう　群馬県太田市
新田中町　しんでんなかまち　大阪府大東市
新田中農場　しんたなかのうじょう　北海道空知郡中富良野町
新田反町町　にったそりまちちょう　群馬県太田市
新田天良町　にったてんらちょう　群馬県太田市
新田戸
　にったど　茨城県猿島郡境町
　にったと　千葉県野田市
新田木崎町　にったきざきちょう　群馬県太田市
新田北町　しんでんきたまち　大阪府大東市
新田市町　にったいちちょう　群馬県太田市
新田市野井町　にったいちのいちょう　群馬県太田市
新田市野倉町　にったいちのくらちょう　群馬県太田市
新田広芝　しんでんひろしば　和歌山県岩出市
新田本町
　しんでんほんちょう　福井県福井市
　しんでんほんまち　大阪府大東市
新田目
　にいだめ　秋田県北秋田市
　あらため　山形県東田川郡庄内町
新田辺　しんたなべ　京都府（近畿日本鉄道京都線）
新田向　しんでんむかえ　宮城県伊具郡丸森町
新田多村新田町　にったたむらしんでんちょう　群馬県太田市
新田旭町　しんでんあさひまち　大阪府大東市
新田早川町　にったはやかわちょう　群馬県太田市
新田西　しんでんにし　宮城県伊具郡丸森町
新田西町　しんでんにしまち　大阪府大東市
新田村田町　にったむらたちょう　群馬県太田市
新田町
　しんでんちょう　岩手県盛岡市
　しんでんまち　山形県東根市
　しんでんまち　群馬県高崎市
　しんでんちょう　千葉県千葉市中央区
　しんでんまち　新潟県五泉市
　しんでんまち　石川県白山市
　しんでんちょう　山梨県甲府市
　しんでんちょう　長野県長野市
　しんでんちょう　長野県須坂市
　しんでんちょう　岐阜県大垣市
　しんでんちょう　静岡県島田市
　しんでんちょう　愛知県瀬戸市
　しんでんちょう　愛知県刈谷市
　しんでんちょう　愛知県安城市
　しんでんちょう　愛知県常滑市
　しんでんちょう　愛知県高浜市
　しんでんちょう　愛知県豊明市
　しんでんちょう　三重県尾鷲市
　しんでんちょう　香川県丸亀市
　しんでんちょう　香川県観音寺市
　しんでんちょう　愛媛県宇和島市

1159

13画（新）

しんでんちょう　愛媛県新居浜市
しんたちょう　高知県高知市
しんでんちょう　長崎県佐世保市
しんでんまち　長崎県島原市
新田町乙　しんでんちょうおつ　香川県高松市
新田町甲　しんでんちょうこう　香川県高松市
新田花香塚町　にったはなかづかちょう　群馬県太田市
新田赤堀町　にったあかぼりちょう　群馬県太田市
新田東
　しんでんひがし　宮城県仙台市宮城野区
　しんでんひがし　宮城県伊具郡丸森町
新田東本町　しんでんひがしほんまち　大阪府大東市
新田若山深堀入会地　にったわかやまふかほりいりあい
　ち　千葉県いすみ市
新田金井町　にったかないちょう　群馬県太田市
新田畑　しんでんはた　新潟県柏崎市
新田原
　しんでんはら　福島県南会津郡南会津町
　しんでんばる　福岡県（JR日豊本線）
新田高尾町　にったたかおちょう　群馬県太田市
新田宿　しんでんじゅく　神奈川県座間市
新田第一　にっただいいち　北海道河東郡士幌町
新田第二　にっただいに　北海道河東郡士幌町
新田野
　にったの　千葉県（いすみ鉄道線）
　にったの　千葉県いすみ市
新田塚
　にったづか　福井県（えちぜん鉄道三国芦原線）
　にったづか　福井県福井市
新田塚町　につたづかちょう　福井県福井市
新田萩町　にったはぎちょう　群馬県太田市
新田溜池町　にったためいけちょう　群馬県太田市
新田瑞木町　にったみずきちょう　群馬県太田市
新田嘉祢町　にったかねちょう　群馬県太田市
新田境町　しんでんさかいまち　大阪府大東市
新田窪　しんでんくぼ　青森県三戸郡五戸町
新田権右衛門町　にったごんえもんちょう　群馬県太田市
新疋田　しんひきだ　福井県（JR北陸本線）
新白水丸町　しんはくすいまるちょう　京都府京都市上京区
新白岡
　しんしらおか　埼玉県（JR東北本線）
　しんしらおか　埼玉県白岡市
新白河
　しんしらかわ　福島県（JR東北新幹線ほか）
　しんしらかわ　福島県白河市
新白島　しんはくしま　広島県（JR山陽本線ほか）
新目　しんめ　香川県仲多度郡まんのう町
新矢田　しんやだ　三重県桑名市
新矢畑　しんやばた　茨城県結城市
新石下　しんいしげ　茨城県常総市
新石山　しんいしやま　新潟県新潟市東区
新石川　しんいしかわ　神奈川県横浜市青葉区
新石切　しんいしきり　大阪府（近畿日本鉄道けいはんな線）
新石手　しんいして　愛媛県松山市
新立町　しんだてまち　愛媛県松山市
新立町津　しんたてまちつ　三重県津市

新立岩　しんたていわ　福岡県飯塚市
6新伊丹　しんいたみ　兵庫県（阪急電鉄伊丹線）
新伊勢崎　しんいせさき　群馬県（東武鉄道伊勢崎線）
新伝馬　しんてんま　静岡県静岡市葵区
新光
　しんこう　北海道小樽市
　しんこう　北海道夕張郡由仁町
　しんこう　北海道常呂郡置戸町
　しんこう　北海道河東郡士幌町
　しんこう　埼玉県飯能市
　しんこう　埼玉県入間市
新光寺　しんこうじ　新潟県村上市
新光町
　しんこうちょう　北海道小樽市
　しんこうちょう　北海道稚内市
　しんこうちょう　北海道深川市
　しんこうちょう　北海道富良野市
　しんこうちょう　北海道上川郡上川町
　しんこうちょう　北海道斜里郡斜里町
　しんこうちょう　茨城県ひたちなか市
　しんこうちょう　新潟県新潟市中央区
　にっこうちょう　新潟県三条市
　しんこうちょう　新潟県上越市
新光風台　しんこうふうだい　大阪府豊能郡豊能町
新先斗町　しんぽんとちょう　京都府京都市左京区
新吉久　しんよしひさ　富山県（万葉線）
新吉水町　しんよしみずちょう　栃木県佐野市
新吉田　しんよしだ　山形県西村山郡河北町
新吉田町　しんよしだちょう　神奈川県横浜市港北区
新吉田東　しんよしだひがし　神奈川県横浜市港北区
新吉町
　しんよしちょう　福島県伊達郡桑折町
　しんよしちょう　愛知県豊橋市
新吉野　しんよしの　北海道（JR根室本線）
新合川　しんあいかわ　福岡県久留米市
新名　しんみょう　富山県富山市
新名爪　にいなづめ　宮崎県宮崎市
新名鰭　しんなびれ　宮城県遠田郡涌谷町
新在家
　しんざいけ　愛知県西尾市
　しんざいけ　大阪府摂津市
　しんざいけ　兵庫県（阪神電気鉄道阪神本線）
　しんざいけ　兵庫県姫路市
　しんざいけ　奈良県葛城市
　しんざいけ　和歌山県和歌山市
新在家中の町　しんざいけなかのちょう　兵庫県姫路市
新在家北町　しんざいけきたまち　兵庫県神戸市灘区
新在家本町　しんざいけほんちょう　兵庫県姫路市
新在家町
　しんざいけちょう　福井県越前市
　しんざいけちょう　愛知県西尾市
新在家町西　しんざいけちょうにし　大阪府堺市堺区
新在家町東　しんざいけちょうひがし　大阪府堺市堺区
新在家南町　しんざいけみなみまち　兵庫県神戸市灘区
新地
　しんち　福島県（JR常磐線）
　しんち　福島県耶麻郡猪苗代町
　しんち　茨城県結城郡八千代町

13画（新）

あらち	千葉県長生郡一宮町
しんち	三重県桑名市
しんち	奈良県磯城郡田原本町
しんち	広島県安芸府中町
しんち	山口県周南市
しんち	大分県豊後高田市

新地丙 あらちへい　千葉県長生郡一宮町
新地甲 あらちこう　千葉県長生郡一宮町
新地西町 しんちにしまち　山口県下関市
新地町

しんちちょう	北海道檜山郡江差町
しんちちょう	北海道古平郡古平町
しんちまち	青森県西津軽郡鰺ケ沢町
しんちまち	福島県相馬郡
あらじちょう	茨城県常陸太田市
しんちちょう	茨城県牛久市
しんちちょう	千葉県銚子市
しんちちょう	岐阜県大垣市
しんちちょう	愛知県知立市
しんちまち	奈良県御所市
しんちちょう	山口県下関市
しんちちょう	山口県周南市
しんちまち	福岡県大牟田市
しんちまち	長崎県長崎市
しんちまち	熊本県八代市

新地通 しんちどおり　北海道天塩郡天塩町
新地新田 しんちしんでん　茨城県結城郡八千代町
新多 にいだ　福岡県鞍手郡小竹町
新夷町 しんえびすちょう　京都府京都市上京区
新安松 しんやすまつ　大阪府泉佐野市
新安城 しんあんじょう　愛知県（名古屋鉄道西尾線ほか）
新守山

しんもりやま	愛知県（JR中央本線）
しんもりやま	愛知県名古屋市守山区

新守西 しんもりにし　愛知県名古屋市守山区
新守町 しんもりちょう　愛知県名古屋市守山区
新守谷 しんもりや　茨城県（関東鉄道常総線）
新寺

しんてら	宮城県仙台市若林区
にってら	宮城県柴田郡大河原町
にいでら	千葉県香取市

新寺町

しんてらまち	青森県弘前市
しんてらまち	富山県高岡市

新寺町新割町 しんてらまちしんわりちょう　青森県弘前市
新庄

しんじょう	岩手県盛岡市
しんじょう	山形県（JR奥羽本線）
しんじょう	石川県野々市市
しんじょう	石川県鹿島郡中能登町
しんじょう	福井県大野市
しんじょう	福井県丹生郡越前町
しんじょう	福井県三方郡美浜町
しんじょう	静岡県牧之原市
しんじょう	滋賀県米原市
しんじょう	京都府福知山市
しんじょう	大阪府東大阪市
しんじょう	奈良県葛城市
しんじょう	和歌山県和歌山市
しんじょう	岡山県備前市
しんじょう	岡山県浅口郡里庄町
しんじょう	広島県山県郡北広島町
しんじょう	山口県柳井市
しんじょう	福岡県八女市

新庄グリーンクレスト　しんじょうぐりーんくれすと　岡山県浅口郡里庄町
新庄下 しんじょうしも　岡山県岡山市北区
新庄上 しんじょうかみ　岡山県岡山市北区
新庄中央町 しんじょうちゅうおうまち　富山県富山市
新庄中町 しんじょうなかちょう　滋賀県長浜市
新庄北町 しんじょうきたまち　富山県富山市
新庄市 しんじょうし　山形県
新庄本町 しんじょうほんまち　富山県富山市
新庄田中 しんじょうたなか　富山県（富山地方鉄道本線）
新庄寺町 しんじょうてらちょう　滋賀県長浜市
新庄西 しんじょうにし　大阪府東大阪市
新庄村 しんじょうそん　岡山県真庭郡
新庄町

しんじょうちょう	岩手県盛岡市
しんじょうまち	富山県富山市
しんじょうちょう	滋賀県守山市
しんじょうちょう	京都府綾部市
しんじょうちょう	大阪府茨木市
しんじょうちょう	奈良県大和郡山市
しんじょうちょう	和歌山県田辺市
しんじょうちょう	島根県松江市
しんじょうちょう	広島県広島市西区
しんじょうちょう	広島県竹原市
しんじょうちょう	広島県庄原市

新庄東 しんじょうひがし　大阪府東大阪市
新庄南 しんじょうみなみ　大阪府東大阪市
新庄馬場町 しんじょうばんばちょう　滋賀県長浜市
新庄新町 しんじょうしんまち　富山県富山市
新庄銀座 しんじょうぎんざ　富山県富山市
新成

しんせい	北海道天塩郡天塩町
しんせい	宮城県石巻市
しんなり	石川県白山市

新成生 しんなりう　北海道雨竜郡幌加内町
新成町 しんせいまち　富山県高岡市
新旭 しんあさひ　滋賀県（JR湖西線）
新旭ケ丘 しんあさひがおか　奈良県生駒市
新旭川 しんあさひかわ　北海道（JR宗谷本線）
新旭町 しんあさひまち　滋賀県長浜市
新旭町太田 しんあさひちょうおおた　滋賀県高島市
新旭町北畑 しんあさひちょうきたばた　滋賀県高島市
新旭町安井川 しんあさひちょうやすいがわ　滋賀県高島市
新旭町旭 しんあさひちょうあさひ　滋賀県高島市
新旭町針江 しんあさひちょうはりえ　滋賀県高島市
新旭町深溝 しんあさひちょうふかみぞ　滋賀県高島市
新旭町新庄 しんあさひちょうしんじょう　滋賀県高島市
新旭町熊野本 しんあさひちょうくまのもと　滋賀県高島市
新旭町藁園 しんあさひちょうわらその　滋賀県高島市
新旭町饗庭 しんあさひちょうあいば　滋賀県高島市
新早稲谷 しんわせや　宮城県気仙沼市
新有帆町 しんありほちょう　山口県山陽小野田市

13画（新）

新江古田　しんえごた　東京都（東京都交通局大江戸線）
新池
　　しんいけ　福島県白河市
　　にいけ　静岡県袋井市
　　にいいけ　愛知県常滑市
　　しんいけ　愛知県知立市
　　しんいけ　福岡県北九州市戸畑区
新池町
　　しんいけちょう　岐阜県美濃加茂市
　　しんいけちょう　愛知県名古屋市千種区
　　しんいけちょう　愛知県半田市
新池島町　しんいけしまちょう　大阪府東大阪市
新百合ケ丘　しんゆりがおか　神奈川県（小田急電鉄小田原線ほか）
新羽
　　にっぱ　群馬県多野郡上野村
　　にっぱ　神奈川県（横浜市交通局ブルーライン）
新羽町　にっぱちょう　神奈川県横浜市港北区
新羽島　しんはしま　岐阜県（名古屋鉄道羽島線）
新臼井田　しんうすいだ　千葉県佐倉市
新行江町　しんぎょうえちょう　長崎県佐世保市
新西
　　しんにし　富山県小矢部市
　　しんにし　愛知県名古屋市千種区
新西大寺町筋　しんさいだいじちょうすじ　岡山県（岡山電気軌道清輝橋線）
新西方
　　しんにしかた　三重県桑名市
　　しんにしかた　鹿児島県指宿市
新西金沢　しんにしかなざわ　石川県（北陸鉄道石川線）
新西原　しんにしはら　山梨県富士吉田市
新西浜町　しんにしはまちょう　愛知県豊橋市
新西脇　しんにしわき　兵庫県（JR加古川線）
新西篠津　しんにししのつ　北海道石狩郡新篠津村
新作
　　しんさく　千葉県松戸市
　　しんさく　神奈川県川崎市高津区
新住　あたらすみ　奈良県吉野郡下市町
新別府　しんべっぷ　大分県別府市
新別府町　しんべっぷちょう　宮崎県宮崎市
新利府　しんりふ　宮城県（JR東北本線）
新利根　しんとね　埼玉県加須市
新助川原　しんすけかわら　青森県上北郡おいらせ町
新坂町
　　にいざかまち　宮城県仙台市青葉区
　　しんさかちょう　秋田県横手市
新尾切　しんおぎれ　宮城県遠田郡涌谷町
新尾道　しんおのみち　広島県（JR山陽新幹線ほか）
新尾頭　しんおとう　愛知県名古屋市熱田区
新形町　にいがたまち　山形県鶴岡市
新戒　しんがい　埼玉県深谷市
新改　しんがい　高知県（JR土讃線）
新杉田　しんすぎた　神奈川県（JR根岸線ほか）
新杉田町　しんすぎたちょう　神奈川県横浜市磯子区
新村
　　しんむら　北海道檜山郡上ノ国町
　　しんむら　富山県富山市
　　しんむら　富山県中新川郡上市町

　　にいむら　長野県（アルピコ交通上高地線）
　　にいむら　長野県松本市
　　しんむら　兵庫県洲本市
　　しんむら　兵庫県淡路市
　　しむら　奈良県葛城市
新村町　しんむらちょう　愛知県西尾市
新沖　しんおき　山口県山陽小野田市
新沖新田　しんおきしんでん　宮城県遠田郡涌谷町
新沢　しんさわ　秋田県由利本荘市
新沢田町　しんさわだちょう　静岡県沼津市
新町
　　しんまち　北海道網走市
　　しんまち　北海道滝川市
　　しんまち　北海道恵庭市
　　しんまち　北海道石狩市
　　しんまち　北海道檜山郡厚沢部町
　　しんまち　北海道上川郡比布町
　　しんまち　北海道上川郡上川町
　　しんまち　北海道空知郡上富良野町
　　しんまち　北海道空知郡中富良野町
　　しんまち　北海道網走郡美幌町
　　しんまち　北海道網走郡津別町
　　しんまち　北海道斜里郡清里町
　　しんまち　北海道紋別郡滝上町
　　しんまち　北海道勇払郡厚真町
　　しんまち　北海道沙流郡日高町
　　しんまち　北海道河東郡鹿追町
　　しんまち　北海道中川郡幕別町
　　しんまち　北海道中川郡本別町
　　しんまち　北海道足寄郡足寄町
　　しんまち　北海道十勝郡浦幌町
　　しんまち　青森県青森市
　　あらまち　青森県弘前市
　　しんまち　青森県五所川原市
　　しんちょう　青森県三沢市
　　しんまち　青森県むつ市
　　あらまち　青森県西津軽郡鰺ケ沢町
　　しんまち　青森県三戸郡五戸町
　　あらまち　岩手県宮古市
　　しんまち　岩手県遠野市
　　しんまち　岩手県一関市
　　しんまち　岩手県釜石市
　　しんちょう　岩手県上閉伊郡大槌町
　　あらまち　宮城県気仙沼市
　　しんまち　宮城県伊具郡丸森町
　　しんまち　宮城県亘理郡亘理町
　　しんまち　宮城県遠田郡涌谷町
　　しんまち　秋田県大館市
　　しんちょう　秋田県湯沢市
　　しんまち　秋田県雄勝郡羽後町
　　しんまち　山形県酒田市
　　あらまち　山形県新庄市
　　しんまち　山形県上山市
　　しんまち　山形県長井市
　　しんまち　山形県尾花沢市
　　あらまち　山形県最上郡真室川町
　　しんまち　福島県福島市
　　しんまち　福島県須賀川市
　　しんまち　福島県伊達市
　　しんまち　福島県伊達郡桑折町
　　しんまち　福島県岩瀬郡鏡石町
　　あらまち　福島県耶麻郡猪苗代町
　　しんちょう　福島県大沼郡会津美里町
　　しんまち　福島県西白河郡矢吹町
　　しんまち　福島県石川郡石川町

1162

13画（新）

しんまち　福島県田村郡三春町
しんまち　茨城県龍ケ崎市
しんまち　茨城県取手市
しんまち　栃木県宇都宮市
しんまち　栃木県那須塩原市
しんまち　群馬県（JR高崎線）
しんまち　群馬県高崎市
しんまち　群馬県沼田市
しんまち　埼玉県飯能市
しんまち　埼玉県八潮市
しんまち　埼玉県鶴ケ島市
しんまち　千葉県千葉市中央区
しんちょう　千葉県銚子市
しんまち　千葉県成田市
しんまち　千葉県佐倉市
しんまち　千葉県旭市
しんまち　千葉県夷隅郡御宿町
しんまち　東京都世田谷区
しんちょう　東京都八王子市
しんまち　東京都青梅市
しんまち　東京都府中市
しんまち　東京都日野市
しんまち　東京都国分寺市
しんまち　東京都西東京市
しんまち　神奈川県横浜市神奈川区
しんまち　神奈川県平塚市
しんちょう　神奈川県秦野市
しんまち　新潟県新潟市秋葉区
あらまち　新潟県長岡市
しんまち　新潟県加茂市
しんまち　新潟県見附市
しんまち　新潟県村上市
しんまち　新潟県燕市
あらまち　新潟県糸魚川市
しんまち　新潟県上越市
あらまち　富山県富山市
しんまち　富山県黒部市
しんまち　富山県中新川郡上市町
しんまち　石川県小松市
しんまち　福井県大野市
しんまち　福井県鯖江市
しんちょう　福井県越前市
しんまち　長野県長野市
しんまち　長野県上田市
しんまち　長野県須坂市
しんまち　長野県小諸市
しんまち　岐阜県大垣市
しんまち　岐阜県多治見市
しんまち　岐阜県関市
しんまち　岐阜県中津川市
しんまち　岐阜県美濃市
しんまち　岐阜県羽島郡笠松町
しんちょう　静岡県沼津市
しんまち　愛知県豊田市
しんまち　愛知県小牧市
しんまち　三重県津市
しんちょう　三重県四日市市
しんまち　三重県松阪市
しんまち　三重県桑名市
しんまち　三重県名張市
しんまち　滋賀県彦根市
しんまち　滋賀県近江八幡市
しんまち　京都府京都市伏見区
しんまち　京都府綾部市
しんまち　京都府亀岡市
しんまち　大阪府大阪市西区

しんまち　大阪府堺市堺区
しんまち　大阪府池田市
しんまち　大阪府貝塚市
しんまち　大阪府枚方市
しんまち　大阪府泉佐野市
しんまち　大阪府大東市
しんまち　大阪府東大阪市
しんまち　大阪府阪南市
しんまち　兵庫県加東市
しんまち　奈良県大和郡山市
しんまち　奈良県五條市
しんまち　奈良県葛城市
しんまち　奈良県磯城郡田原本町
しんまち　和歌山県新宮市
しんまち　鳥取県鳥取市
しんまち　鳥取県倉吉市
しんまち　島根県松江市
しんまち　島根県浜田市
しんまち　岡山県高梁市
しんまち　広島県大竹市
しんまち　広島県安芸郡海田町
しんまち　山口県宇部市
しんまち　山口県周南市
しんまち　香川県丸亀市
しんまち　香川県綾歌郡宇多津町
しんまち　愛媛県宇和島市
しんまち　愛媛県八幡浜市
しんまち　愛媛県西条市
しんまち　高知県須崎市
しんまち　高知県吾川郡いの町
しんまち　福岡県大牟田市
しんまち　福岡県直方市
しんまち　福岡県田川市
しんまち　福岡県柳川市
しんまち　福岡県朝倉郡筑前町
しんまち　佐賀県唐津市
しんまち　長崎県島原市
しんまち　長崎県平戸市
しんまち　熊本県（熊本市交通局B系統）
しんまち　熊本県熊本市中央区
しんまち　熊本県八代市
しんまち　熊本県人吉市
しんまち　熊本県山鹿市
しんまち　熊本県宇土市
しんまち　大分県大分市
しんまち　大分県津久見市
しんまち　大分県豊後高田市
しんまち　宮崎県延岡市
しんまち　宮崎県西都市
しんまち　鹿児島県鹿児島市
しんまち　鹿児島県枕崎市
しんまち　鹿児島県阿久根市

新町一区　しんまちいっく　北海道足寄郡陸別町
新町二区　しんまちにく　北海道足寄郡陸別町
新町下　しんまちした　長野県諏訪郡下諏訪町
新町上　しんまちうえ　長野県諏訪郡下諏訪町
新町口　しんまちぐち　富山県（万葉線）
新町中央　しんまちちゅうおう　山形県尾花沢市
新町西　しんまちにし　北海道帯広市
新町東　しんまちひがし　北海道帯広市
新町通　しんまちどおり　静岡県島田市
新町野　しんまちの　青森県青森市
新町新田　あらまちしんでん　新潟県十日町市

13画（新）

新町裏
　　しんまちうら　青森県上北郡野辺地町
　　しんまちうら　宮城県遠田郡涌谷町
新町橋　しんまちばし　徳島県徳島市
新芦屋下　しんあしやしも　大阪府吹田市
新芦屋上　しんあしやかみ　大阪府吹田市
新花町　しんはなちょう　新潟県柏崎市
新花巻　しんはなまき　岩手県（JR東北新幹線ほか）
新芝浦　しんしばうら　神奈川県（JR鶴見線）
新見
　　にいみ　北海道磯谷郡蘭越町
　　にいみ　鳥取県八頭郡智頭町
　　にいみ　岡山県（JR伯備線）
　　にいみ　岡山県新見市
新見市　にいみし　岡山県
新角川　しんかどがわ　富山県魚津市
新谷
　　あらや　新潟県新潟市西蒲区
　　あらや　新潟県東蒲原郡阿賀町
　　あらや　静岡県三島市
　　にいや　愛媛県（JR内子線）
　　にや　愛媛県今治市
　　にや　愛媛県大洲市
新谷乙　にいやおつ　愛媛県大洲市
新谷丙　にいやへい　愛媛県大洲市
新谷甲　にいやこう　愛媛県大洲市
新谷地　にいやじ　秋田県大仙市
新谷町　にいやまち　愛媛県大洲市
新谷郷　しんがえごう　長崎県東彼杵郡川棚町
新貝
　　しんがい　静岡県磐田市
　　しんがい　大分県大分市
新貝町　しんがいちょう　静岡県浜松市南区
新赤坂　しんあかさか　新潟県柏崎市
新車屋町　しんくるまやちょう　京都府京都市左京区
新那加　しんなか　岐阜県（名古屋鉄道各務原線）
新里
　　にさと　青森県（弘南鉄道弘南線）
　　にさと　青森県弘前市
　　にいさと　群馬県（上毛電気鉄道線）
　　にっさと　群馬県邑楽郡明和町
　　にいさと　埼玉県児玉郡神川町
　　にっさと　千葉県香取市
　　あらさと　新潟県十日町市
　　しんざと　沖縄県国頭郡本部町
新里町
　　にっさとまち　栃木県宇都宮市
　　にっさとちょう　埼玉県草加市
新里町大久保　にいさとちょうおおくぼ　群馬県桐
　　生市
新里町小林　にいさとちょうこばやし　群馬県桐生市
新里町山上　にいさとちょうやまかみ　群馬県桐生市
新里町赤城山　にいさとちょうあかぎさん　群馬県桐
　　生市
新里町板橋　にいさとちょういたばし　群馬県桐生市
新里町武井　にいさとちょうたけい　群馬県桐生市
新里町高泉　にいさとちょうたかいずみ　群馬県桐生市
新里町野　にいさとちょうの　群馬県桐生市
新里町奥沢　にいさとちょうおくさわ　群馬県桐生市
新里町新川　にいさとちょうにっかわ　群馬県桐生市
新里町関　にいさとちょうせき　群馬県桐生市

新里町鶴ケ谷　にいさとちょうつるがや　群馬県桐
　　生市
⁸新京橋　しんきょうばし　岡山県岡山市中区
新免
　　しんめん　滋賀県大津市
　　しんめん　広島県神石郡神石高原町
新函館北斗　しんはこだてほくと　北海道（JR北海道
　　新幹線ほか）
新取手
　　しんとりで　茨城県（関東鉄道常総線）
　　しんとりで　茨城県取手市
新和
　　しんわ　北海道常呂郡置戸町
　　しんわ　北海道新冠郡新冠町
　　しんわ　北海道中川郡幕別町
　　しんわ　埼玉県三郷市
　　しんわ　新潟県新潟市中央区
新和田　しんわだ　茨城県古河市
新和田町　しんわだまち　愛媛県八幡浜市
新和町
　　しんわちょう　福島県伊達郡桑折町
　　しんわちょう　新潟県胎内市
　　しんわちょう　福井県敦賀市
　　しんわちょう　大阪府茨木市
　　しんわまち　福岡県福岡市博多区
新和町大多尾　しんわまちおおたお　熊本県天草市
新和町大宮地　しんわまちおおみやじ　熊本県天草市
新和町小宮地　しんわまちこみやじ　熊本県天草市
新和町中田　しんわまちなかた　熊本県天草市
新和町碇石　しんわまちいかりいし　熊本県天草市
新和歌浦　しんわかうら　和歌山県和歌山市
新妻　にっつま　千葉県成田市
新妻の神　しんさいのかみ　宮城県遠田郡美里町
新学田　しんがくでん　北海道士別市
新官　しんかん　千葉県勝浦市
新定　しんじょう　兵庫県加東市
新宝町　しんぼうまち　愛知県東海市
新居
　　あらい　愛知県尾張旭市
　　にい　三重県（伊賀鉄道線）
　　にい　高知県土佐市
新居町
　　あらいまち　静岡県（JR東海道本線）
　　あらいちょう　⇒湖西市（静岡県）
　　あらいちょう　愛知県岡崎市
　　あらいちょう　愛知県半田市
　　にのいちょう　滋賀県長浜市
新居町下切戸　あらいちょうしもきりど　愛知県尾張
　　旭市
新居町上の田　あらいちょうかみのた　愛知県尾張
　　旭市
新居町山の田　あらいちょうやまのた　愛知県尾張
　　旭市
新居町中之郷　あらいちょうなかのごう　静岡県湖
　　西市
新居町五反田　あらいちょうごたんだ　愛知県尾張
　　旭市
新居町今池下　あらいちょういまいけした　愛知県尾
　　張旭市
新居町内山　あらいちょううちやま　静岡県湖西市

13画（新）

新居町木の本　あらいちょうきのもと　愛知県尾張旭市

新居町寺田　あらいちょうてらだ　愛知県尾張旭市

新居町西浦　あらいちょうにしうら　愛知県尾張旭市

新居町明才切　あらいちょうめいさいぎり　愛知県尾張旭市

新居町浜名　あらいちょうはまな　静岡県湖西市

新居町新居　あらいちょうあらい　静岡県湖西市

新居町諏訪南　あらいちょうすわみなみ　愛知県尾張旭市

新居見町　にいみちょう　徳島県小松島市

新居屋　にいや　愛知県あま市

新居浜　にいはま　愛媛県（JR予讃線）

新居浜乙　にいはまおつ　愛媛県新居浜市

新居浜市　にいはまし　愛媛県

新岡　にいおか　青森県弘前市

新岡山　しんおかやま　新潟県新潟市東区

新岩国　しんいわくに　山口県（JR山陽新幹線ほか）

新幸町　しんこうちょう　新潟県見附市

新幸谷　しんこうや　茨城県猿島郡五霞町

新庚申塚　しんこうしんづか　東京都（東京都交通局荒川線）

新府　しんぷ　山梨県（JR中央本線）

新延　にのぶ　福岡県鞍手郡鞍手町

新所　しんじょ　静岡県湖西市

新所・岡崎・梅田入会地　しんじょおかさきうめだにゅうかいち　静岡県湖西市

新所沢　しんところざわ　埼玉県（西武鉄道新宿線）

新所原
　しんじょはら　静岡県（JR東海道本線ほか）
　しんじょはら　静岡県湖西市

新所原東　しんじょはらひがし　静岡県湖西市

新拓　しんたく　佐賀県杵島郡白石町

新明
　しんみょう　富山県砺波市
　しんめい　佐賀県杵島郡白石町

新明町
　しんめいちょう　北海道苫小牧市
　しんめいちょう　愛知県瀬戸市
　しんめいちょう　愛知県安城市
　しんめいちょう　兵庫県明石市

新明和町　しんめいわちょう　兵庫県宝塚市

新明治　しんめいじ　大分県大分市

新松ケ島町　しんまつがしまちょう　三重県松阪市

新松戸
　しんまつど　千葉県（JR常磐線）
　しんまつど　千葉県松戸市

新松戸北　しんまつどきた　千葉県松戸市

新松戸東　しんまつどひがし　千葉県松戸市

新松戸南　しんまつどみなみ　千葉県松戸市

新松田　しんまつだ　神奈川県（小田急電鉄小田原線）

新松原町　しんまつわらまち　熊本県宇土市

新松島町　しんまつしまちょう　福井県敦賀市

新松崎　しんまつさき　新潟県新潟市東区

新東
　しんひがし　宮城県柴田郡大河原町
　しんとう　沖縄県島尻郡南大東村

新東名　しんとうな　宮城県東松島市

新東町塔世　しんひがしまちとうせ　三重県津市

新東洞院町　しんひがしどういんちょう　京都府京都市左京区

新板橋　しんいたばし　東京都（東京都交通局三田線）

新林
　しんばやし　福島県二本松市
　しんばやし　石川県羽咋郡志賀町

新林町　しんばやしちょう　愛知県知立市

新河岸
　しんがし　埼玉県（東武鉄道東上本線）
　しんがし　東京都板橋区

新河原　しんかわら　福井県大野市

新治
　にいはり　茨城県（JR水戸線）
　にいはり　茨城県筑西市
　にいはり　茨城県かすみがうら市

新治町
　にいはるちょう　神奈川県横浜市緑区
　にいばるまち　大分県日田市

新沼　にいぬま　福島県相馬市

新沼町　しんぬまちょう　愛知県名古屋市北区

新法師　しんぼうし　青森県弘前市

新牧田　あらまきだ　茨城県つくば市

新牧野　しんまきの　富山県黒部市

新牧野町　しんまきのまち　長崎県長崎市

新知　しんち　愛知県知多市

新知台　しんちだい　愛知県知多市

新知西町　しんちにしまち　愛知県知多市

新知町　しんちまち　福岡県直方市

新知東町　しんちひがしまち　愛知県知多市

新股　あらまた　山形県西置賜郡小国町

新茅町　しんかやまち　岡山県津山市

新茂原　しんもばら　千葉県（JR外房線）

新迫間　しんはさま　岐阜県関市

新邸　しんてい　富山県南砺市

新金代　しんかなだい　富山県富山市

新金沢町　しんかなざわちょう　新潟県新潟市秋葉区

新金谷
　しんかなや　山形県上山市
　しんかなや　静岡県（大井川鉄道大井川本線）

新金岡　しんかなおか　大阪府（大阪市交通局御堂筋線）

新金岡町　しんかなおかちょう　大阪府堺市北区

新金屋　しんかなや　富山県魚津市

新長　しんちょう　新潟県燕市

新長田　しんながた　兵庫県（JR山陽本線ほか）

新長沢町　しんながさわちょう　岐阜県大垣市

新長松　しんながまつ　岐阜県大垣市

新長根　しんながね　愛知県知多市

新門司　しんもじ　福岡県北九州市門司区

新門司北　しんもじきた　福岡県北九州市門司区

新青川　しんあおかわ　宮城県柴田郡大河原町

新青馬町　しんあおうまちょう　愛知県豊川市

新青森　しんあおもり　青森県（JR東北新幹線ほか）

新青渡　にいあおど　山形県酒田市

新青葉丘町　しんあおばおかちょう　大阪府富田林市

新保
　しんぼ　新潟県新潟市秋葉区
　しんぼ　新潟県新潟市西蒲区

1165

13画（新）

にいぼ　新潟県長岡市
しんぼ　新潟県三条市
しんぼ　新潟県阿賀野市
しんぼ　新潟県魚沼市
しんぼ　富山県富山市
しんぼ　富山県氷見市
しんぼ　石川県鳳珠郡能登町
しんぼ　福井県福井市
しんぼ　福井県敦賀市
しんぼ　福井県小浜市
しんぼ　福井県越前市
しんぼ　福井県今立郡池田町
しんぼ　福井県丹生郡越前町
しんぼ　長野県中野市
しんぼう　岡山県岡山市南区

新保小路　しんほこうじ　新潟県新発田市
新保北　しんぼきた　福井県福井市
新保古新田　しんぼこしんでん　新潟県上越市
新保本　しんぼほん　石川県金沢市
新保田中町　しんぼたなかまち　群馬県高崎市
新保町
　しんぼまち　群馬県高崎市
　にいぼまち　新潟県長岡市
　しんぼまち　石川県金沢市
　しんぼまち　石川県七尾市
　しんぼまち　石川県小松市
　しんぼまち　石川県加賀市
　しんぼまち　石川県羽咋市
　しんぼまち　石川県能美市
　しんまえちょう　福井県福井市
　しんぼちょう　福井県越前市
新保新田
　しんぼしんでん　新潟県妙高市
　しんぼしんでん　新潟県魚沼市
新冠　にいかっぷ　北海道（JR日高本線）
新冠町　にいかっぷちょう　北海道新冠郡
新冠郡　にいかっぷぐん　北海道
新前橋　しんまえばし　群馬県（JR上越線）
新前橋町　しんまえばしまち　群馬県前橋市
新南
　しんみなみ　宮城県柴田郡大河原町
　しんなん　栃木県那須塩原市
新南町　しんなんちょう　新潟県上越市
新南部　しんなべ　熊本県熊本市東区
新南陽　しんなんよう　山口県（JR山陽本線）
新南新屋　しんみなみあらや　静岡県藤枝市
新南福島　しんみなみふくしま　徳島県徳島市
新品治町　しんほんじちょう　鳥取県鳥取市
新垣
　あらかき　沖縄県糸満市
　あらかき　沖縄県中頭郡中城村
新垣田北町　しんあかだきたまち　山口県下関市
新垣田西町　しんあかだにしまち　山口県下関市
新垣田東町　しんあかだひがしまち　山口県下関市
新垣田南町　しんあかだみなみまち　山口県下関市
新城
　しんじょう　青森県青森市
　しんじょう　神奈川県川崎市中原区
　しんしろ　愛知県（JR飯田線）
　しんしろ　愛知県名古屋市守山区
　しんじょう　和歌山県伊都郡かつらぎ町
　しんじょう　岡山県久米郡美咲町

しんじょう　大分県豊後高田市
しんじょう　鹿児島県垂水市
しんじょう　鹿児島県大島郡知名町
あらぐすく　沖縄県宜野湾市
あらぐすく　沖縄県島尻郡八重瀬町
あらぐすく　沖縄県八重山郡竹富町

新城中町　しんじょうなかちょう　神奈川県川崎市中原区
新城市　しんしろし　愛知県
新城町
　しんじょうちょう　北海道芦別市
　しんじょうちょう　宮崎県宮崎市
新屋
　あらや　秋田県（JR羽越本線）
　あらや　群馬県（上毛電気鉄道線）
　あらや　神奈川県小田原市
　あらや　新潟県三条市
　あらや　新潟県村上市
　あらや　新潟県五泉市
　あらや　富山県富山市
　あたらしや　富山県南砺市
　あらや　富山県中新川郡上市町
　あらや　富山県下新川郡入善町
　あらや　山梨県富士吉田市
　あらや　長野県東御市
　あらや　静岡県焼津市
　あらや　静岡県袋井市
　にいや　鳥取県日野郡日南町
新屋下川原町　あらやしたかわらまち　秋田県秋田市
新屋大川町　あらやおおかわまち　秋田県秋田市
新屋山下　あらややました　青森県平川市
新屋元町　あらやもとまち　秋田県秋田市
新屋天秤野　あらやてんびんの　秋田県秋田市
新屋日吉町　あらやひよしまち　秋田県秋田市
新屋比内町　あらやひないまち　秋田県秋田市
新屋北浜町　あらやきたはまちょう　秋田県秋田市
新屋平岡　あらやひらおか　青森県平川市
新屋平野　あらやひらの　青森県平川市
新屋田尻沢中町　あらやたじりざわなかまち　秋田県秋田市
新屋田尻沢西町　あらやたじりざわにしまち　秋田県秋田市
新屋田尻沢東町　あらやたじりざわひがしまち　秋田県秋田市
新屋寿町　あらやことぶきまち　秋田県秋田市
新屋沖田町　あらやおきたまち　秋田県秋田市
新屋町
　あらやまち　秋田県秋田市
　あらやまち　石川県七尾市
　にいやちょう　鳥取県境港市
新屋町下沢田　あらやまちしもさわだ　青森県平川市
新屋町上沢田　あらやまちかみさわだ　青森県平川市
新屋町北鶉野　あらやまちきたうずらの　青森県平川市
新屋町田川　あらやまちたがわ　青森県平川市
新屋町村元　あらやまちむらもと　青森県平川市
新屋町松下　あらやまちまつした　青森県平川市
新屋町松久　あらやまちまつひさ　青森県平川市
新屋町松井　あらやまちまつい　青森県平川市
新屋町南鶉野　あらやまちみなみうずらの　青森県平川市

1166

13画（新）

新屋町道ノ下　あらやまちみちのした　青森県平川市
新屋松美ガ丘北町　あらやまつみがおかきたちょう　秋田県秋田市
新屋松美ガ丘東町　あらやまつみがおかひがしちょう　秋田県秋田市
新屋松美ガ丘南町　あらやまつみがおかみなみちょう　秋田県秋田市
新屋松美町　あらやまつみまち　秋田県秋田市
新屋表町　あらやおもてまち　秋田県秋田市
新屋長田　あらやおさだ　青森県平川市
新屋前野町　あらやまえのまち　秋田県秋田市
新屋南浜町　あらやみなみはままち　秋田県秋田市
新屋栄館　あらやさかえだて　青森県平川市
新屋扇町　あらやおおぎまち　秋田県秋田市
新屋栗田町　あらやくりたまち　秋田県秋田市
新屋高美町　あらやたかみまち　秋田県秋田市
新屋渋谷町　あらやしぶやまち　秋田県秋田市
新屋船場町　あらやふなばまち　秋田県秋田市
新屋鳥木町　あらやとりきまち　秋田県秋田市
新屋割山町　あらやわりやままち　秋田県秋田市
新屋富山　あらやとみやま　青森県平川市
新屋勝平台　あらやかつひらだい　秋田県秋田市
新屋勝平町　あらやかつひらまち　秋田県秋田市
新屋朝日町　あらやあさひまち　秋田県秋田市
新屋新町　あらやしんまち　富山県富山市
新屋滝の沢　あらやたきのさわ　青森県平川市
新屋福嶋　あらやふくしま　青森県平川市
新屋豊町　あらやゆたかまち　秋田県秋田市
新屋稲村　あらやいなむら　青森県平川市
新屋敷
　あらやしき　山形県鶴岡市
　しんやしき　山形県酒田市
　しんやしき　山形県西置賜郡小国町
　あらやしき　福島県郡山市
　しんやしき　福島県大沼郡会津美里町
　あらやしき　福島県石川郡石川町
　あらやしき　新潟県新発田市
　あらやしき　新潟県十日町市
　あらやしき　新潟県刈羽郡刈羽村
　しんやしき　岐阜県安八郡神戸町
　しんやしき　三重県桑名市
　しんやしき　奈良県桜井市
　しんやしき　高知県高知市
　しんやしき　熊本県熊本市中央区
　しんやしき　鹿児島県（鹿児島市交通局1系統）
新屋敷町
　しんやしきちょう　愛知県西尾市
　しんやしきちょう　三重県松阪市
　しんやしきまち　和歌山県田辺市
　しんやしきちょう　岡山県岡山市北区
　しんやしきちょう　鹿児島県鹿児島市
新巻
　あらまき　群馬県吾妻郡東吾妻町
　あらまき　群馬県利根郡みなかみ町
　あらまき　千葉県市原市
新巻町　しんまきちょう　滋賀県近江八幡市
新建　しんだち　長崎県島原市
新建町　しんたけちょう　京都府京都市上京区
新後閑町　しごかまち　群馬県高崎市
新後藤江　しんごとうえ　宮城県遠田郡涌谷町
新政成　しんまさなり　愛知県海部郡飛島村

新春日町　しんかすがまち　大分県大分市
新星
　しんせい　北海道千歳市
　しんせい　北海道上川郡美瑛町
新星町　しんせいちょう　北海道旭川市
新栄
　しんえい　北海道檜山郡厚沢部町
　しんえい　北海道樺戸郡月形町
　しんえい　北海道新冠郡新冠町
　しんえい　北海道河東郡士幌町
　しんえい　宮城県石巻市
　しんえい　埼玉県草加市
　しんえい　埼玉県吉川市
　しんえい　千葉県習志野市
　しんえい　新潟県長岡市
　しんさかえ　愛知県名古屋市千種区
　しんさかえ　愛知県名古屋市中区
　しんさかえ　愛知県知多郡美浜町
　しんえい　大分県豊後高田市
新栄台　しんえいだい　北海道江別市
新栄西　しんえいにし　佐賀県佐賀市
新栄町
　しんえいちょう　北海道釧路市
　しんえいちょう　北海道登別市
　しんえいちょう　北海道松前郡福島町
　しんえいちょう　北海道檜山郡江差町
　しんえいちょう　北海道寿都郡寿都町
　しんさかえまち　北海道枝幸郡枝幸町
　しんえいちょう　北海道河西郡更別村
　しんえいちょう　群馬県伊勢崎市
　しんさかえちょう　群馬県館林市
　しんえいちょう　神奈川県横浜市都筑区
　しんえいちょう　神奈川県茅ケ崎市
　しんえいちょう　新潟県新潟市秋葉区
　しんさかえまち　新潟県長岡市
　しんえいちょう　新潟県新発田市
　しんえいちょう　新潟県加茂市
　しんえいちょう　新潟県燕市
　しんさかえまち　新潟県妙高市
　しんえいちょう　新潟県胎内市
　しんさかえまち　富山県高岡市
　しんさかえまち　富山県砺波市
　しんさかえまち　岐阜県岐阜市
　しんさかえまち　愛知県（名古屋市交通局東山線）
　しんさかえまち　愛知県名古屋市中区
　しんさかえちょう　愛知県豊橋市
　しんさかえまち　愛知県半田市
　しんさかえまち　愛知県豊川市
　しんさかえまち　愛知県刈谷市
　しんさかえちょう　愛知県豊明市
　にいさかえ　滋賀県長浜市
　しんさかえまち　滋賀県近江八幡市
　しんえいちょう　愛媛県八幡浜市
　しんさかえまち　福岡県（西日本鉄道天神大牟田線）
　しんさかえまち　福岡県大牟田市
　しんさかえまち　大分県大分市
　しんえいちょう　宮崎県宮崎市
　しんえいちょう　鹿児島県鹿児島市
　しんえいちょう　鹿児島県鹿屋市
　しんえいちょう　沖縄県石垣市
新栄東　しんえいひがし　佐賀県佐賀市
新栄通　しんえいどおり　北海道天塩郡天塩町
新柴　あらしば　静岡県駿東郡小山町
新柴又　しんしばまた　東京都（北総鉄道北総線）

13画（新）

新栃木　しんとちぎ　栃木県（東武鉄道宇都宮線）
新柏
　　しんかしわ　千葉県（東武鉄道野田線）
　　しんかしわ　千葉県柏市
新柳町　しんやなぎちょう　愛知県岩倉市
新柳馬場頭町　しんやなぎのばんばかしらちょう　京都府京都市上京区
新海町
　　しんかいまち　山形県鶴岡市
　　しんがいちょう　滋賀県彦根市
新海浜　しんがいはま　滋賀県彦根市
新泉
　　しんいずみ　千葉県成田市
　　にいのみ　千葉県山武市
新泉田　しんいずみだ　福島県伊達郡国見町
新泉町　にいずみちょう　奈良県天理市
新津
　　にいつ　新潟県（JR信越本線）
　　にいつ　新潟県新潟市秋葉区
　　しんづ　兵庫県養父市
　　あらつ　福岡県京都郡苅田町
新津四ツ興野　にいつよつごや　新潟県新潟市秋葉区
新津本町　にいつほんちょう　新潟県新潟市秋葉区
新津田沼　しんつだぬま　千葉県（新京成電鉄線）
新津町　しんづちょう　静岡県浜松市中区
新津東町　にいつひがしちょう　新潟県新潟市秋葉区
新津緑町　にいつみどりちょう　新潟県新潟市秋葉区
新狭山
　　しんさやま　埼玉県（西武鉄道新宿線）
　　しんさやま　埼玉県狭山市
新発田　しばた　新潟県（JR羽越本線）
新発田市　しばたし　新潟県
新発寒一条　しんはっさむいちじょう　北海道札幌市手稲区
新発寒七条　しんはっさむしちじょう　北海道札幌市手稲区
新発寒二条　しんはっさむにじょう　北海道札幌市手稲区
新発寒三条　しんはっさむさんじょう　北海道札幌市手稲区
新発寒五条　しんはっさむごじょう　北海道札幌市手稲区
新発寒六条　しんはっさむろくじょう　北海道札幌市手稲区
新発寒四条　しんはっさむしじょう　北海道札幌市手稲区
新相ノ木　しんあいのき　富山県（富山地方鉄道本線）
新砂　しんすな　東京都江東区
新祝園　しんほうその　京都府（近畿日本鉄道京都線）
新神戸　しんこうべ　兵庫県（JR山陽新幹線ほか）
新神田　しんかんだ　石川県金沢市
新神野　しんかんの　兵庫県加古川市
新秋津　しんあきつ　東京都（JR武蔵野線）
新美濃部町　しんみのべちょう　京都府京都市上京区
新荒町　しんあらまち　青森県八戸市
新荘
　　しんそう　茨城県水戸市
　　しんじょう　兵庫県篠山市

新茶屋
　　しんちゃや　愛知県名古屋市港区
　　しんちゃや　三重県多気郡明和町
新逆井　しんさかさい　千葉県柏市
10新倉
　　にいくら　埼玉県和光市
　　あらくら　山梨県富士吉田市
　　あらくら　山梨県南巨摩郡早川町
　　しんくら　広島県三原市
新倉町　しんくらちょう　広島県三原市
新倉持　しんくらもち　三重県桑名市
新倉敷　しんくらしき　岡山県（JR山陽新幹線ほか）
新倉敷駅前　しんくらしきえきまえ　岡山県倉敷市
新原
　　しんばら　山形県西置賜郡小国町
　　しんはら　茨城県水戸市
　　しんばら　静岡県浜松市浜北区
　　しんばる　福岡県（JR香椎線）
　　しんばる　福岡県古賀市
　　しんばる　福岡県糟屋郡須惠町
新原町　しんはらまち　福岡県北九州市門司区
新夏梨　しんなつなし　福島県白河市
新家
　　にいえ　愛知県名古屋市中川区
　　しんげ　大阪府（JR阪和線）
　　しんげ　大阪府富田林市
　　しんげ　大阪府寝屋川市
　　しんけ　大阪府東大阪市
　　しんげ　大阪府泉南市
新家中町　しんけなかまち　大阪府東大阪市
新家西町　しんけにしまち　大阪府東大阪市
新家町
　　にのみちょう　三重県津市
　　しんけちょう　大阪府堺市中区
　　しんけちょう　大阪府八尾市
新家東町　しんけひがしまち　大阪府東大阪市
新宮
　　しんぐう　北海道樺戸郡月形町
　　しんみや　青森県五所川原市
　　しんみや　福島県伊達郡川俣町
　　しんぐう　茨城県潮来市
　　しんぐう　茨城県行方市
　　しんみや　新潟県十日町市
　　しんぐう　石川県羽咋郡宝達志水町
　　しんぐう　岐阜県揖斐郡揖斐川町
　　しんみや　愛知県丹羽郡大口町
　　しんぐう　京都府福知山市
　　しんぐう　京都府宮津市
　　しんぐう　和歌山県（JR紀勢本線）
　　しんぐう　和歌山県新宮市
　　しんぐう　広島県廿日市市
　　しんぐう　広島県安芸郡熊野町
　　しんぐう　福岡県糟屋郡新宮町
新宮川　しんみやかわ　富山県（富山地方鉄道本線）
新宮中央　しんぐうちゅうおう　福岡県（JR鹿児島本線）
新宮市　しんぐうし　和歌山県
新宮町
　　しんみやちょう　青森県五所川原市
　　しんぐうまち　岐阜県高山市
　　しんぐうちょう　愛知県半田市
　　しんぐうちょう　滋賀県東近江市
　　しんぐうちょう　京都府綾部市

13画（新）

しんぐうちょう　広島県呉市
しんぐうちょう　山口県周南市
しんぐうまち　福岡県糟屋郡

新宮町二柏野　しんぐうちょうふたつがいの　兵庫県たつの市

新宮町下莇原　しんぐうちょうしもあざわら　兵庫県たつの市

新宮町下笹　しんぐうちょうしもささ　兵庫県たつの市

新宮町下野　しんぐうちょうしもの　兵庫県たつの市

新宮町下野田　しんぐうちょうしものだ　兵庫県たつの市

新宮町上山　しんぐうちょうかみやま　愛媛県四国中央市

新宮町上莇原　しんぐうちょうかみあざわら　兵庫県たつの市

新宮町上笹　しんぐうちょうかみささ　兵庫県たつの市

新宮町千本　しんぐうちょうせんぼん　兵庫県たつの市

新宮町大屋　しんぐうちょうおおや　兵庫県たつの市

新宮町中野庄　しんぐうちょうなかのしょう　兵庫県たつの市

新宮町井野原　しんぐうちょういのはら　兵庫県たつの市

新宮町仙正　しんぐうちょうせんしょう　兵庫県たつの市

新宮町北村　しんぐうちょうきたむら　兵庫県たつの市

新宮町市野保　しんぐうちょういちのほ　兵庫県たつの市

新宮町平野　しんぐうちょうひらの　兵庫県たつの市

新宮町光都　しんぐうちょうこうと　兵庫県たつの市

新宮町吉島　しんぐうちょうよしま　兵庫県たつの市

新宮町佐野　しんぐうちょうさの　兵庫県たつの市

新宮町芝田　しんぐうちょうこげた　兵庫県たつの市

新宮町角亀　しんぐうちょうつのがめ　兵庫県たつの市

新宮町牧　しんぐうちょうまき　兵庫県たつの市

新宮町段之上　しんぐうちょうだんのうえ　兵庫県たつの市

新宮町香山　しんぐうちょうこうやま　兵庫県たつの市

新宮町宮内　しんぐうちょうみやうち　兵庫県たつの市

新宮町時重　しんぐうちょうときしげ　兵庫県たつの市

新宮町栗町　しんぐうちょうくりまち　兵庫県たつの市

新宮町能地　しんぐうちょうのうじ　兵庫県たつの市

新宮町馬立
しんぐうちょううまたて　兵庫県たつの市
しんぐうちょううまたて　愛媛県四国中央市

新宮町曽我井　しんぐうちょうそがい　兵庫県たつの市

新宮町船渡　しんぐうちょうふなと　兵庫県たつの市

新宮町善定　しんぐうちょうぜんじょう　兵庫県たつの市

新宮町奥小屋　しんぐうちょうおくごや　兵庫県たつの市

新宮町鮨崎　しんぐうちょうはしさき　兵庫県たつの市

新宮町新宮
しんぐうちょうしんぐう　兵庫県たつの市
しんぐうちょうしんぐう　愛媛県四国中央市

新宮町新瀬川　しんぐうちょうしんせがわ　愛媛県四国中央市

新宮町福栖　しんぐうちょうふくす　兵庫県たつの市

新宮町篠首　しんぐうちょうしのくび　兵庫県たつの市

新宮町鍛冶屋　しんぐうちょうかじや　兵庫県たつの市

新宮苑　しんぐうえん　広島県広島市佐伯区

新宮南　しんぐうみなみ　茨城県潮来市

新島
にいじま　埼玉県熊谷市
にいじま　千葉県山武郡横芝光町
あらしま　静岡県磐田市
にいじま　兵庫県加古郡播磨町

新島々　しんしましま　長野県（アルピコ交通上高地線）

新島村　にいじまむら　東京都

新島町
にいじまちょう　群馬県太田市
しんじまちょう　鹿児島県鹿児島市

新島町通　しんしまちょうどおり　新潟県新潟市中央区

新座
しんざ　福島県二本松市
にいざ　埼玉県（JR武蔵野線）
にいざ　埼玉県新座市
しんざ　新潟県十日町市
しんざ　新潟県阿賀野市

新座乙　しんざおつ　新潟県十日町市

新座市　にいざし　埼玉県

新座町　しんざまち　三重県松阪市

新恵山町　しんえさんちょう　北海道函館市

新桐生　しんきりゅう　群馬県（東武鉄道桐生線）

新桑竈　さらくわがま　三重県度会郡南伊勢町

新根塚町　しんねづかまち　富山県富山市

新桜ケ丘　しんさくらがおか　神奈川県横浜市保土ケ谷区

新桜台　しんさくらだい　東京都（西武鉄道西武有楽町線）

新桜町
しんさくらちょう　宮城県柴田郡大河原町
しんさくらまち　富山県富山市
しんさくらまち　岐阜県岐阜市

新桜町通　しんさくらまちどおり　愛知県豊川市

新浦戸　しんうらと　愛知県知多郡美浜町

新浦安　しんうらやす　千葉県（JR京葉線）

新浦島町　しんうらしまちょう　神奈川県横浜市神奈川区

新浜
しんはま　北海道幌泉郡えりも町
しんはま　茨城県鹿嶋市
にいはま　千葉県市川市
しんはま　京都府宮津市
にいはま　大阪府泉北郡忠岡町
しんはま　広島県尾道市

新浜本町　しんはまほんちょう　徳島県徳島市

新浜町
しんはまちょう　北海道函館市
しんはまちょう　岩手県釜石市
しんはまちょう　宮城県塩竈市
しんはまちょう　宮城県気仙沼市
しんはまちょう　福島県福島市
にいはまちょう　千葉県千葉市中央区
しんはまちょう　愛知県半田市
しんはまちょう　愛知県常滑市
しんはまちょう　三重県四日市市
しんはまちょう　滋賀県草津市
にいはまちょう　大阪府泉佐野市
にいはまちょう　兵庫県芦屋市

1169

13画（新）

しんはまちょう　広島県福山市
しんはまちょう　徳島県徳島市
しんはまちょう　香川県丸亀市
しんはまちょう　香川県坂出市
しんはままち　愛媛県松山市
しんはまちょう　福岡県京都郡苅田町
しんはまち　熊本県八代市
しんはままち　宮崎県延岡市

新浜松　しんはままつ　静岡県（遠州鉄道線）
新烏丸頭町　しんからすまかしらちょう　京都府京都市上京区
新留丁　にんとめちょう　和歌山県和歌山市
新能町
しんのうまち　富山県（万葉線）
しんのうまち　富山県高岡市
新逗子　しんずし　神奈川県（京浜急行電鉄逗子線）
新通
しんどおり　北海道河東郡音更町
しんどおり　北海道広尾郡大樹町
しんどおり　新潟県新潟市西区
しんとおり　静岡県静岡市葵区
しんとおり　和歌山県和歌山市
新通北　しんどおりきた　北海道河東郡音更町
新通西　しんどおりにし　新潟県新潟市西区
新通町　しんどおりちょう　静岡県磐田市
新通南　しんどおりみなみ　新潟県新潟市西区
新郡山　しんこおりやま　大阪府茨木市
新釜座町　しんかまんざちょう　京都府京都市下京区
新馬場
しんばんば　東京都（京浜急行電鉄本線）
しんばば　山口県山口市
しんばば　宮崎県北諸県郡三股町
新馬場町
しんばばちょう　岐阜県大垣市
しんばばまち　長崎県島原市
新高　にいたか　大阪府大阪市淀川区
新高山
しんたかやま　福島県白河市
しんたかやま　広島県尾道市
新高円寺　しんこうえんじ　東京都（東京地下鉄丸ノ内線）
新高田　しんたかだ　福岡県北九州市小倉北区
新高町　にいたかちょう　和歌山県和歌山市
新高岡　しんたかおか　富山県（JR北陸新幹線）
新高倉　しんたかくら　北海道石狩郡新篠津村
新高島　しんたかしま　神奈川県（横浜高速鉄道みなとみらい線）
新高島平　しんたかしまだいら　東京都（東京都交通局三田線）
新高根　しんたかね　千葉県船橋市
新高徳　しんたかとく　栃木県（東武鉄道鬼怒川線）
11**新冨居**　しんふご　富山県富山市
新堂
しんどう　三重県（JR関西本線）
しんどう　三重県伊賀市
しんどう　大阪府茨木市
しんどう　大阪府富田林市
しんどう　大阪府松原市
しんどう　兵庫県豊岡市
しんどう　和歌山県有田市

新堂町
しんどうちょう　福井県越前市
しんどうちょう　滋賀県草津市
しんどうちょう　奈良県橿原市
新堀
にいぼり　山形県酒田市
にいぼり　茨城県下妻市
にいぼり　埼玉県熊谷市
にいぼり　埼玉県川口市
しんぼり　埼玉県新座市
にいぼり　埼玉県坂戸市
にいぼり　埼玉県日高市
にいぼり　埼玉県比企郡川島町
にいぼり　千葉県市原市
にいぼり　千葉県匝瑳市
にいぼり　東京都江戸川区
にいぼり　東京都東大和市
にいぼり　新潟県三条市
にいぼり　新潟県燕市
にいぼり　新潟県南魚沼市
しんぼり　富山県射水市
しんぼり　富山県中新川郡立山町
しんぼり　長野県上高井郡高山村
にいぼり　静岡県浜松市浜北区
にいぼり　静岡県袋井市
しんぼり　山口県周南市
しんぼり　大分県中津市
新堀田東　しんぼりたひがし　福島県耶麻郡猪苗代町
新堀向　しんぼりむかい　福島県耶麻郡猪苗代町
新堀西　しんぼりにし　福島県耶麻郡猪苗代町
新堀町
にいぼりまち　群馬県前橋市
にいぼりちょう　埼玉県川口市
しんぼりちょう　富山県富山市
しんぼりちょう　岐阜県関市
しんぼりちょう　愛知県名古屋市北区
にいぼりちょう　愛知県岡崎市
しんぼりちょう　大阪府堺市北区
新堀東　しんぼりひがし　和歌山県和歌山市
新堀新田
にいぼりしんでん　埼玉県熊谷市
にいぼりしんでん　埼玉県日高市
にいぼりしんでん　新潟県南魚沼市
新宿
あらじゅく　山形県西村山郡朝日町
あらじゅく　栃木県大田原市
しんしゅく　群馬県桐生市
しんしゅく　群馬県館林市
しんじゅく　埼玉県さいたま市緑区
あらじゅく　埼玉県川越市
しんしゅく　埼玉県鴻巣市
しんしゅく　埼玉県児玉郡神川町
しんじゅく　千葉県千葉市中央区
しんじゅく　千葉県館山市
しんじゅく　千葉県木更津市
にいじゅく　千葉県香取郡東庄町
しんじゅく　東京都（JR山手線ほか）
しんじゅく　東京都新宿区
にいじゅく　東京都葛飾区
しんじゅく　神奈川県逗子市
しんじゅく　富山県魚津市
しんじゅく　静岡県駿東郡清水町
しんじゅく　愛知県名古屋市名東区

13画（新）

新宿三丁目　しんじゅくさんちょうめ　東京都（東京地下鉄丸ノ内線ほか）
新宿区　しんじゅくく　東京都
新宿西口　しんじゅくにしぐち　東京都（東京都交通局大江戸線）
新宿町
　あらじゅくちょう　茨城県常陸太田市
　あらじゅくちょう　栃木県足利市
　あらじゅくまち　埼玉県川越市
　しんじゅくちょう　埼玉県東松山市
　しんじゅくちょう　静岡県沼津市
　しんじゅくちょう　愛知県豊川市
新宿通　しんじゅくどおり　山口県周南市
新宿御苑前　しんじゅくぎょえんまえ　東京都（東京地下鉄丸ノ内線）
新宿新田
　しんじゅくしんでん　茨城県結城市
　しんしゅくしんでん　埼玉県春日部市
新崎
　にいざき　新潟県（JR白新線）
　にいざき　新潟県新潟市北区
　にんざき　石川県鳳珠郡穴水町
新張　みはり　長野県東御市
新得
　しんとく　北海道（JR根室本線）
　しんとく　北海道上川郡新得町
新得町　しんとくちょう　北海道上川郡
新斎部　しんさいぶ　山形県鶴岡市
新曽　にいぞ　埼玉県戸田市
新曽南　にいぞみなみ　埼玉県戸田市
新曽根　しんそね　福岡県北九州市小倉南区
新桝屋町　しんますやちょう　京都府京都市上京区
新涯町　しんがいちょう　広島県福山市
新深江　しんふかえ　大阪府（大阪市交通局千日前線）
新清水
　あらしみず　富山県中新川郡上市町
　しんしみず　静岡県（静岡鉄道静岡清水線）
新清光台　しんせいこうだい　山口県周南市
新清洲
　しんきよす　愛知県（名古屋鉄道名古屋本線）
　しんきよす　愛知県清須市
新猪熊町　しんいのくまちょう　京都府京都市上京区
新猪熊東町　しんいのくまひがしちょう　京都府京都市上京区
新産　しんさん　新潟県長岡市
新産東町　しんさんひがしまち　新潟県長岡市
新盛　しんせい　北海道河東郡士幌町
新盛町　しんもりちょう　愛知県豊田市
新経田　しんきょうでん　富山県魚津市
新紺屋町
　しんこんやまち　群馬県高崎市
　しんこんやまち　奈良県大和郡山市
新組町
　しんくみちょう　秋田県由利本荘市
　しんぐみまち　新潟県長岡市
新組南町　しんぐみみなみまち　新潟県長岡市
新習志野　しんならしの　千葉県（JR京葉線）
新船町　しんふねちょう　愛知県名古屋市港区
新船津町　しんふなつまち　福岡県柳川市
新船橋　しんふなばし　千葉県（東武鉄道野田線）

新郷
　しんごう　埼玉県（秩父鉄道線）
　しんごう　埼玉県所沢市
　しんごう　埼玉県東松山市
　にいさと　岡山県（JR伯備線）
　しんごう　広島県山県郡北広島町
新郷三河　しんごうみかわ　福島県耶麻郡西会津町
新郷本町　しんごうほんまち　佐賀県佐賀市
新郷村　しんごうむら　青森県三戸郡
新郷町　しんごうちょう　愛知県瀬戸市
新郷屋　しんごや　新潟県新潟市秋葉区
新郷冨士　しんごうふじ　福島県耶麻郡西会津町
新郷笹川　しんごうささがわ　福島県耶麻郡西会津町
新郷豊洲　しんごうとよす　福島県耶麻郡西会津町
新都心　しんとしん　埼玉県さいたま市中央区
新都田　しんみやこだ　静岡県浜松市北区
新部　にっぺ　千葉県香取市
新部町　しんべちょう　兵庫県小野市
新野
　にいの　北海道釧路市
　しんの　長野県中野市
　にいの　長野県下伊那郡阿南町
　にいの　静岡県浜松市浜北区
　にいの　静岡県御前崎市
　にいの　兵庫県（JR播但線）
　にいの　兵庫県神崎郡神河町
　にの　奈良県吉野郡大淀町
　あらたの　徳島県（JR牟岐線）
新野山形　にいのやまがた　岡山県津山市
新野田　しんのだ　大阪府泉南郡熊取町
新野町
　にいのちょう　群馬県太田市
　にいのちょう　愛知県半田市
　あらたのちょう　徳島県阿南市
新野東　にいのひがし　岡山県津山市
新釧路町　しんくしろちょう　北海道釧路市
新魚町
　しんぎょまち　和歌山県和歌山市
　しんうおまち　岡山県津山市
　しんうおまち　大分県中津市
新魚津　しんうおづ　富山県（富山地方鉄道本線）
新鳥谷坂　しんとやざか　宮城県遠田郡美里町
新鳥取　しんとっとり　福島県伊達郡国見町
新鳥栖　しんとす　佐賀県（JR九州新幹線ほか）
新鹿　あたしか　三重県（JR紀勢本線）
新鹿町　あたしかちょう　三重県熊野市
新鹿沼　しんかぬま　栃木県（東武鉄道日光線）
新黒部　しんくろべ　富山県（富山地方鉄道本線）
12新博多町　しんはかたまち　大分県中津市
新喜多
　しぎた　大阪府大阪市城東区
　しぎた　大阪府東大阪市
新喜多東　しぎたひがし　大阪府大阪市城東区
新喜来　しんきらい　徳島県板野郡北島町
新善町　しんぜんちょう　埼玉県草加市
新堺丁　しんさかいちょう　和歌山県和歌山市
新塚　にいづか　埼玉県新座市
新塚原　しんつかばら　福井県大野市
新塚越　しんつかごし　神奈川県川崎市幸区

1171

13画（新）

新堤
　にいづつみ　茨城県ひたちなか市
　にいづつみ　埼玉県さいたま市見沼区
新堤仲通り　しんつつみなかどおり　茨城県結城市
新堤町　しんづつみちょう　山口県周南市
新富
　しんとみ　北海道千歳市
　しんとみ　北海道樺戸郡月形町
　しんとみ　北海道雨竜郡幌加内町
　しんとみ　北海道虻田郡豊浦町
　しんとみ　北海道様似郡様似町
　しんとみ　千葉県富津市
　しんとみ　東京都中央区
　しんとみ　愛知県知立市
　にいとみ　鹿児島県肝属郡肝付町
新富一条　しんとみいちじょう　北海道旭川市
新富二条　しんとみにじょう　北海道旭川市
新富三条　しんとみさんじょう　北海道旭川市
新富士
　しんふじ　北海道（JR根室本線）
　しんふじ　静岡県（JR東海道新幹線ほか）
新富士町　しんふじちょう　北海道釧路市
新富町
　しんとみちょう　北海道小樽市
　しんとみちょう　北海道室蘭市
　しんとみちょう　北海道釧路市
　しんとみちょう　北海道苫小牧市
　しんとみちょう　北海道富良野市
　しんとみちょう　宮城県塩竈市
　しんとみちょう　栃木県宇都宮市
　しんとみちょう　栃木県大田原市
　しんとみちょう　埼玉県川越市
　しんとみちょう　千葉県柏市
　しんとみちょう　東京都（東京地下鉄有楽町線）
　しんとみちょう　新潟県新潟市北区
　しんとみちょう　新潟県新発田市
　しんとみちょう　富山県（富山地方鉄道市内線）
　しんとみちょう　富山県富山市
　しんとみちょう　富山県滑川市
　しんとみちょう　富山県砺波市
　しんとみまち　富山県小矢部市
　しんとみちょう　岐阜県多治見市
　しんとみちょう　静岡県静岡市葵区
　しんとみちょう　静岡県静岡市清水区
　しんとみちょう　愛知県名古屋市中村区
　しんとみちょう　愛知県刈谷市
　しんとみちょう　宮崎県児湯郡
新富町西　しんとみちょうにし　北海道北広島市
新富町東　しんとみちょうひがし　北海道北広島市
新御幸町　しんごこうちょう　京都府京都市上京区
新御茶ノ水　しんおちゃのみず　東京都（東京地下鉄千代田線）
新御徒町　しんおかちまち　東京都（首都圏新都市鉄道つくばエクスプレス線ほか）
新御堂
　しみどう　千葉県君津市
　しんみどう　鹿児島県垂水市
新御霊口町
　しんごりょうぐちちょう　京都府京都市北区
　しんごりょうぐちちょう　京都府京都市上京区
新替町　しんがえちょう　長崎県佐世保市
新勝立町　しんかつだちまち　福岡県大牟田市

新朝日
　しんあさひ　北海道河西郡芽室町
　しんあさひ　栃木県那須塩原市
新検見川　しんけみがわ　千葉県（JR総武本線）
新森
　しんもり　青森県三沢市
　しんもり　大阪府大阪市旭区
新森古市　しんもりふるいち　大阪府（大阪市交通局今里筋線）
新森町　しんもりちょう　神奈川県横浜市磯子区
新椋野　しんむくの　山口県下関市
新温泉町　しんおんせんちょう　兵庫県美方郡
新港
　しんみなと　千葉県千葉市美浜区
　しんみなと　千葉県木更津市
　しんこう　神奈川県横浜市中区
　しんみなと　愛媛県八幡浜市
　しんこう　高知県宿毛市
　しんみなと　熊本県熊本市西区
新港中央　しんこうちゅうおう　北海道石狩市
新港西　しんこうにし　北海道石狩市
新港町
　しんみなとちょう　北海道稚内市
　しんこうちょう　北海道紋別市
　しんこうちょう　北海道枝幸郡枝幸町
　しんみなとまち　岩手県上閉伊郡大槌町
　しんこうちょう　神奈川県横須賀市
　しんみなとちょう　静岡県静岡市清水区
　しんみなとまち　大阪府岸和田市
　しんみなとまち　大阪府泉大津市
　しんこうちょう　兵庫県神戸市中央区
　しんこうまち　山口県岩国市
　しんこうまち　福岡県大牟田市
　しんみなとまち　長崎県佐世保市
　しんみなとまち　長崎県五島市
　しんみなとまち　熊本県八代市
　しんみなとまち　大分県別府市
新港東　しんこうひがし　北海道石狩市
新港南　しんこうみなみ　北海道石狩市
新渡場　しんどば　愛知県西尾市
新渡場町　しんどばちょう　愛知県西尾市
新湯　しんゆ　山形県上山市
新湊
　しんみなと　青森県八戸市
　しんみなと　長崎県島原市
新湊町　しんみなとちょう　北海道函館市
新湧　しんゆう　北海道石狩郡新篠津村
新琴似　しんことに　北海道（JR札沼線）
新琴似一条　しんことにいちじょう　北海道札幌市北区
新琴似七条　しんことにしちじょう　北海道札幌市北区
新琴似九条　しんことにくじょう　北海道札幌市北区
新琴似二条　しんことににじょう　北海道札幌市北区
新琴似八条　しんことにはちじょう　北海道札幌市北区
新琴似十一条　しんことにじゅういちじょう　北海道札幌市北区
新琴似十二条　しんことにじゅうにじょう　北海道札幌市北区
新琴似十条　しんことにじゅうじょう　北海道札幌市北区

13画（新）

新琴似三条　しんことにさんじょう　北海道札幌市
　北区
新琴似五条　しんことにごじょう　北海道札幌市北区
新琴似六条　しんことにろくじょう　北海道札幌市
　北区
新琴似四条　しんことにしじょう　北海道札幌市北区
新琴似町　しんことにちょう　北海道札幌市北区
新賀　しんが　岡山県笠岡市
新賀町　しんがちょう　奈良県橿原市
新越谷　しんこしがや　埼玉県（東武鉄道伊勢崎線）
新道
　しんみち　北海道上磯郡木古内町
　しんみち　福島県白河市
　しんどう　新潟県柏崎市
　しんどう　福井県敦賀市
　しんどう　福井県南条郡南越前町
　しんどう　福井県三方上中郡若狭町
　しんみち　愛知県名古屋市西区
　しんみち　岡山県岡山市北区
新道寺　しんどうじ　福岡県北九州市小倉南区
新道町
　しんどうちょう　群馬県太田市
　しんどうちょう　愛知県瀬戸市
　しんみちちょう　愛知県豊川市
　しんみちまち　愛知県碧南市
　しんみちまち　長崎県諫早市
新道東　しんどうひがし　北海道（札幌市交通局東豊
　線）
新道島　しんどうじま　新潟県魚沼市
新開
　しんかい　北海道釧路郡釧路町
　しんかい　山形県山形市
　しびらき　埼玉県さいたま市桜区
　しんかい　長野県木曽郡木曽町
　しんかい　静岡県磐田市
　しんがい　愛知県津島市
　しんかい　鳥取県米子市
　しんがい　香川県綾歌郡宇多津町
　しんかい　福岡県北九州市門司区
　しんかい　佐賀県杵島郡白石町
新開地
　しんかいち　兵庫県（神戸高速鉄道東西線ほか）
　しんかいち　兵庫県神戸市兵庫区
新開町
　しんかいちょう　北海道苫小牧市
　しんかいちょう　北海道山越郡長万部町
　しんかいまち　新潟県長岡市
　しんびらきちょう　福井県福井市
　しんかいちょう　岐阜県大垣市
　しんかいちょう　愛知県名古屋市瑞穂区
　しんかいちょう　愛知県春日井市
　しんがいちょう　愛知県津島市
　しんかいちょう　愛知県常滑市
　しんがいちょう　三重県松阪市
　しんかいちょう　京都府京都市下京区
　しんがいちょう　高知県高岡郡四万十町
　しんかいまち　福岡県大牟田市
　しんがいまち　熊本県八代市
　しんがいまち　熊本県宇土市
新開津　しんかいづ　福島県河沼郡会津坂下町
新開発　しんかいほつ　富山県射水市
新開通　しんかいどおり　北海道天塩郡天塩町
新開福　しんかいふく　長野県木曽郡木曽町

新間　しんま　静岡県静岡市葵区
新陽　しんよう　新潟県長岡市
新陽町　しんようちょう　鳥取県倉吉市
新須屋　しんすや　熊本県（熊本電気鉄道藤崎線）
新須賀町　しんすかちょう　愛媛県新居浜市
新飯田
　にいだ　新潟県新潟市南区
　にいだ　新潟県村上市
新飯塚
　しんいいづか　福岡県（JR筑豊本線）
　しんいいづか　福岡県飯塚市
13新園町　しんそのまち　富山県富山市
新幌呂　しんほろろ　北海道阿寒郡鶴居村
新溝　しんみぞ　福岡県筑後市
新滝　しんたき　福井県小浜市
新照院町　しんしょういんちょう　鹿児島県鹿児島市
新瑞橋　あらたまばし　愛知県（名古屋市交通局桜通
　線ほか）
新福　しんぷく　岡山県岡山市南区
新福井　しんふくい　福井県（えちぜん鉄道三国芦原
　線ほか）
新福寺
　しんぶくじ　茨城県結城市
　しんぶくじ　群馬県邑楽郡千代田町
新福寺町　しんぷくじちょう　愛知県名古屋市西区
新福島　しんふくしま　大阪府（JR東西線）
新堅町　しんたてまち　石川県金沢市
新蒲田　しんかまた　東京都大田区
新蒲原　しんかんばら　静岡県（JR東海道本線）
新豊田　しんとよた　愛知県（愛知環状鉄道線）
新豊川　しんゆたかまち　愛知県豊川市
新豊洲　しんとよす　東京都（ゆりかもめ海線）
新豊津　しんとよつ　福岡県（平成筑豊鉄道田川線）
新豊橋　しんとよはし　愛知県（豊橋鉄道渥美線）
新鉄　しんてつ　新潟県糸魚川市
新雷神　しんらいじん　宮城県刈田郡七ケ宿町
14新境川町　しんさかいちょう　宮城県石巻市
新境堀下　しんさかいぼりした　宮城県遠田郡涌谷町
新稲　にいな　大阪府箕面市
新穀町
　しんこくちょう　岩手県北上市
　しんこくちょう　岩手県遠野市
新綱　にいづな　秋田県大館市
新総曲輪　しんそうがわ　富山県富山市
新緑町
　しんみどりちょう　栃木県那須塩原市
　しんみどりちょう　静岡県静岡市清水区
新鉾田
　しんほこた　茨城県（鹿島臨海鉄道大洗鹿島線）
　しんほこた　茨城県鉾田市
新鉾田西　しんほこたにし　茨城県鉾田市
新関　しんせき　新潟県（JR磐越西線）
新関根　しんせきね　宮城県気仙沼市
新雑賀町
　しんさいかまち　和歌山県和歌山市
　しんさいかまち　島根県松江市
新静岡　しんしずおか　静岡県（静岡鉄道静岡清水
　線）
新鼻　しんばな　新潟県新潟市北区

1173

13画（暘）

新鼻乙　しんばなおつ　新潟県新潟市北区
新鼻甲　しんばなこう　新潟県新潟市北区
15新敷　にしき　青森県上北郡おいらせ町
新横内町　しんよこうちまち　富山県富山市
新横江　しんよこえ　福井県鯖江市
新横町
　　しんよこまち　福島県会津若松市
　　しんよこまち　富山県高岡市
新横島　しんよこしま　岡山県笠岡市
新横浜
　　しんよこはま　神奈川県（JR東海道新幹線ほか）
　　しんよこはま　神奈川県横浜市港北区
新樺　しんかば　北海道石狩郡新篠津村
新潟　にいがた　新潟県（JR上越新幹線ほか）
新潟大学前　にいがただいがくまえ　新潟県（JR越後線）
新潟市　にいがたし　新潟県
新潟西町　にいがたにしまち　新潟県見附市
新潟町　にいがたまち　新潟県見附市
新潟東町　にいがたひがしまち　新潟県見附市
新潟県　にいがたけん
新穂　にいぼ　新潟県佐渡市
新穂大野　にいぼおおの　新潟県佐渡市
新穂井内　にいぼいない　新潟県佐渡市
新穂北方　にいぼきたがた　新潟県佐渡市
新穂正明寺　にいぼしょうみょうじ　新潟県佐渡市
新穂田野沢　にいぼたのさわ　新潟県佐渡市
新穂瓜生屋　にいぼうりゅうや　新潟県佐渡市
新穂舟下　にいぼふなしも　新潟県佐渡市
新穂武井　にいぼたけい　新潟県佐渡市
新穂長畝　にいぼながうね　新潟県佐渡市
新穂青木　にいぼあおき　新潟県佐渡市
新穂皆川　にいぼみながわ　新潟県佐渡市
新穂潟上　にいぼかたがみ　新潟県佐渡市
新舞子
　　しんまいこ　愛知県（名古屋鉄道常滑線）
　　しんまいこ　愛知県知多市
新舞子東町　しんまいこひがしまち　愛知県知多市
新蔵町
　　しんくらまち　福島県白河市
　　しんくらちょう　徳島県徳島市
新蔵長根　しんぞうながね　青森県三戸郡五戸町
新諏訪　しんすわ　長野県長野市
新諏訪町　しんすわちょう　長野県長野市
新駒井野　しんこまいの　千葉県成田市
新駒林　しんこまばやし　埼玉県ふじみ野市
16新整備場　しんせいびじょう　東京都（東京モノレール線）
新橋
　　しんばし　宮城県石巻市
　　しんばし　山形県酒田市
　　しんばし　茨城県稲敷市
　　にっばし　千葉県富里市
　　しんばし　東京都（JR東海道本線ほか）
　　しんばし　東京都港区
　　しんばし　新潟県柏崎市
　　しんばし　長野県松本市
　　にいはし　静岡県御殿場市
新橋大通　しんばしおおどおり　北海道釧路市
新橋寺町　しんばしでらちょう　大阪府守口市

新橋町
　　しんばしちょう　神奈川県横浜市泉区
　　にっばしちょう　静岡県浜松市南区
　　しんばしちょう　静岡県富士市
　　しんばしちょう　大阪府門真市
　　しんばしちょう　山口県防府市
新橋通　しんばしどおり　石川県輪島市
新築地町　しんつきじちょう　山口県防府市
新築町　しんちくちょう　三重県桑名市
新築港　しんちっこう　岡山県岡山市中区
新縫別　しんぬいべつ　北海道白糠郡白糠町
新興寺　しんごうじ　鳥取県八頭郡八頭町
新興町
　　しんこうちょう　岐阜県岐阜市
　　しんこうまち　佐賀県唐津市
新興野　しんこうや　新潟県燕市
新舘
　　にいだて　青森県上北郡東北町
　　にいだて　福島県河沼郡会津坂下町
　　しんだて　新潟県胎内市
新館　しんたて　宮城県石巻市
新館町　しんだてちょう　宮城県白石市
新館東山　にいだてひがしやま　青森県平川市
新館後園　にいだてうしろの　青森県平川市
新館柏崎　にいだてかしわざき　青森県平川市
新館島村　にいだてしまむら　青森県平川市
新館野木和　にいだてのぎわ　青森県平川市
新館駒泊　にいだてこまどまり　青森県平川市
新館藤山　にいだてふじやま　青森県平川市
新館藤巻　にいだてふじまき　青森県平川市
17新檜尾台　しんひのおだい　大阪府堺市南区
新磯子町　しんいそごちょう　神奈川県横浜市磯子区
新磯野　あらいその　神奈川県相模原市南区
新篠津村　しんしのつむら　北海道石狩郡
新鍛冶町
　　しんかじまち　青森県弘前市
　　しんかじまち　石川県小松市
新鍛冶町　しんかじやまち　熊本県熊本市中央区
新鴻池町　しんこうのいけちょう　大阪府東大阪市
18新職人町　しんしょくにんまち　岡山県津山市
新藤ケ崎　しんふじがさき　宮城県遠田郡美里町
新藤田　しんとうだ　秋田県秋田市
新藤原　しんふじわら　栃木県（東武鉄道鬼怒川線ほか）
新鎌ケ谷
　　しんかまがや　千葉県（新京成電鉄線ほか）
　　しんかまがや　千葉県鎌ケ谷市
新鵜沼　しんうぬま　岐阜県（名古屋鉄道各務原線ほか）
新鵜沼台　しんうぬまだい　岐阜県各務原市
19新瀬戸
　　しんせと　富山県中新川郡立山町
　　しんせと　愛知県（名古屋鉄道瀬戸線）
21新鶴　にいつる　福島県（JR只見線）
新鶴羽　しんつるば　熊本県（くま川鉄道湯前線）

【暘】

7暘谷　ようこく　大分県（JR日豊本線）

13画（楽, 業, 極, 榊, 楯, 楚）

【楽】

0 楽々園
　　らくらくえん　広島県（広島電鉄宮島線）
　　らくらくえん　広島県広島市佐伯区
4 楽内　らくうち　福島県田村郡三春町
5 楽市　らくいち　福岡県飯塚市
　楽平　よしひら　愛知県弥富市
　楽田　がくでん　愛知県（名古屋鉄道小牧線）
　楽田一色浦　がくでんいしきうら　愛知県犬山市
　楽田三ツ塚　がくでんみつづか　愛知県犬山市
　楽田上沼　がくでんかみぬま　愛知県犬山市
　楽田大円　がくでんだいえん　愛知県犬山市
　楽田大橋　がくでんおおはし　愛知県犬山市
　楽田小針　がくでんこばり　愛知県犬山市
　楽田山ノ田　がくでんやまのた　愛知県犬山市
　楽田巾　がくでんはば　愛知県犬山市
　楽田今村　がくでんいまむら　愛知県犬山市
　楽田内久保　がくでんうちくぼ　愛知県犬山市
　楽田天神　がくでんてんじん　愛知県犬山市
　楽田打越　がくでんうちこし　愛知県犬山市
　楽田地蔵池　がくでんじぞういけ　愛知県犬山市
　楽田安師　がくでんあんし　愛知県犬山市
　楽田西浦　がくでんにしうら　愛知県犬山市
　楽田西野　がくでんにしの　愛知県犬山市
　楽田町　がくでんちょう　岐阜県大垣市
　楽田東追分　がくでんひがしおいわけ　愛知県犬山市
　楽田長塚西　がくでんながつかにし　愛知県犬山市
　楽田長塚東　がくでんながつかひがし　愛知県犬山市
　楽田青塚　がくでんあおつか　愛知県犬山市
　楽田原西　がくでんはらにし　愛知県犬山市
　楽田原東　がくでんはらひがし　愛知県犬山市
　楽田勝前　がくでんかちべまえ　愛知県犬山市
　楽田鶴池　がくでんつるいけ　愛知県犬山市
7 楽町　らくまち　千葉県いすみ市
9 楽音寺　がくおんじ　大阪府八尾市
12 楽間町　らくままち　群馬県高崎市
13 楽園町　らくえんちょう　愛知県名古屋市昭和区

【業】

5 業平　なりひら　東京都墨田区
　業平町　なりひらちょう　兵庫県芦屋市

【極】

13 極楽
　　ごくらく　岐阜県（明知鉄道線）
　　ごくらく　愛知県名古屋市名東区
　極楽寺
　　ごくらくじ　千葉県東金市
　　ごくらくじ　神奈川県（江ノ島電鉄線）
　　ごくらくじ　神奈川県鎌倉市
　　ごくらくじ　富山県中新川郡上市町
　　ごくらくじ　山梨県中央市
　　ごくらくじ　岐阜県美濃市
　　ごくらくじ　岐阜県揖斐郡揖斐川町
　　ごくらくじ　奈良県御所市
　　ごくらくじ　福岡県築上郡築上町
　極楽寺町
　　ごくらくじちょう　滋賀県彦根市
　　ごくらくじちょう　大阪府岸和田市

　極楽橋　ごくらくばし　和歌山県（南海電気鉄道高野
　　　線）

【榊】

榊
　　さかき　青森県南津軽郡藤崎町
　　さかき　三重県三重郡菰野町
0 榊ノ浦郷　さかきのうらごう　長崎県南松浦郡新上五
　　島町
3 榊山町　さかきやまちょう　高知県高岡郡四万十町
7 榊町
　　さかきちょう　北海道三笠市
　　さかきまち　北海道厚岸郡浜中町
　　さかきまち　千葉県銚子市
　　さかきまち　三重県名張市
　　さがきちょう　兵庫県小野市
　榊町西　さかきまちにし　北海道厚岸郡浜中町
10 榊原町
　　さかきばらちょう　三重県津市
　　さかきばらちょう　大分県中津市
　榊原温泉口　さかきばらおんせんぐち　三重県（近畿日
　　本鉄道大阪線）
11 榊野町　さかきのちょう　愛知県豊田市

【楯】

3 楯山
　　たてやま　山形県（JR仙山線）
　　たてやま　山形県酒田市
8 楯岡
　　たておか　山形県村山市
　　たておか　三重県伊賀市
　楯岡二日町　たておかふつかまち　山形県村山市
　楯岡十日町　たておかとおかまち　山形県村山市
　楯岡大沢川　たておかおおさわがわ　山形県村山市
　楯岡中町　たておかなかまち　山形県村山市
　楯岡五日町　たておかいつかまち　山形県村山市
　楯岡北町　たておかきたまち　山形県村山市
　楯岡東沢　たておかひがしざわ　山形県村山市
　楯岡荒町　たておかあらまち　山形県村山市
　楯岡俵町　たておかたわらまち　山形県村山市
　楯岡晦日町　たておかみそかまち　山形県村山市
　楯岡馬場　たておかばば　山形県村山市
　楯岡笛田　たておかふえだ　山形県村山市
　楯岡湯沢　たておかゆざわ　山形県村山市
　楯岡新町　たておかしんまち　山形県村山市
　楯岡新高田　たておかしんたかだ　山形県村山市
　楯岡楯　たておかたて　山形県村山市
　楯岡鶴ケ町　たておかつるがまち　山形県村山市

【楚】

3 楚川　そがわ　新潟県新潟市江南区
5 楚辺
　　そべ　沖縄県那覇市
　　そべ　沖縄県中頭郡読谷村
8 楚和　そわ　石川県羽咋郡志賀町
9 楚洲　そす　沖縄県国頭郡国頭村
10 楚原　そはら　三重県（三岐鉄道北勢線）

1175

13画（槌, 椿, 楢, 楠）

【槌】

⁰槌ケ原　つちがはら　岡山県玉野市
⁹槌屋町
　つちやちょう　京都府京都市中京区
　つちやちょう　京都府京都市下京区

【椿】

椿
　つばき　山形県西置賜郡飯豊町
　つばき　埼玉県北葛飾郡杉戸町
　つばき　千葉県木更津市
　つばき　千葉県匝瑳市
　つばき　東京都足立区
　つばき　新潟県佐渡市
　つばき　山梨県南都留郡道志村
　つばき　岐阜県山県市
　つばき　和歌山県（JR紀勢本線）
　つばき　和歌山県西牟婁郡白浜町
　つばき　山口県萩市
　つばき　福岡県飯塚市
　つばき　熊本県下益城郡美里町
⁰椿ケ丘　つばきがおか　大分県大分市
椿ケ丘町　つばきがおかまち　長崎県長崎市
¹椿一宮町　つばきいちみやちょう　三重県鈴鹿市
³椿山
　つばきやま　埼玉県蓮田市
　つばやま　高知県吾川郡仁淀川町
椿川　つばきかわ　秋田県雄勝郡東成瀬村
⁴椿井
　つばい　奈良県生駒郡平群町
　つばい　熊本県山鹿市
椿井町　つばいちょう　奈良県奈良市
⁵椿世町　つばいそちょう　三重県亀山市
椿台　つばきだい　奈良県生駒郡平群町
椿市町　つばいちちょう　愛知県津島市
椿立町　つばきだちちょう　愛知県豊田市
⁷椿尾　つばきお　新潟県佐渡市
椿町
　つばきちょう　群馬県高崎市
　つばきちょう　愛知県名古屋市中村区
　つばきちょう　徳島県阿南市
⁸椿東　ちんとう　山口県萩市
椿泊町　つばきどまりちょう　徳島県阿南市
⁹椿洞　つばきぼら　岐阜県岐阜市
椿草里　つばきぞうり　山梨県南巨摩郡身延町
¹⁰椿原　つばきはら　岐阜県大野郡白川村
椿原町
　つばはらまち　福岡県柳川市
　つばわらまち　熊本県宇土市
椿高下　つばきこうげ　岡山県津山市
¹¹椿黒町　つばくろまち　福岡県大牟田市
¹²椿森　つばきもり　千葉県千葉市中央区
¹⁶椿澤町　つばきざわまち　新潟県見附市

【楢】

楢　なら　岡山県津山市
⁰楢の木沢　ならのきざわ　岩手県滝沢市
³楢下　ならげ　山形県上山市
楢山
　ならやま　岩手県二戸郡一戸町
　ならやま　秋田県秋田市
　ならやま　山形県西村山郡大江町
　ならやま　新潟県三条市
楢山大元町　ならやまおおもとまち　秋田県秋田市
楢山川口境　ならやまかわぐちさかい　秋田県秋田市
楢山太田町　ならやまおおたまち　秋田県秋田市
楢山古川新町　ならやまふるかわしんまち　秋田県秋田市
楢山本町　ならやまほんちょう　秋田県秋田市
楢山石塚町　ならやまいしづかちょう　秋田県秋田市
楢山共和町　ならやまきょうわまち　秋田県秋田市
楢山佐竹町　ならやまさたけまち　秋田県秋田市
楢山金照町　ならやまきんしょうまち　秋田県秋田市
楢山南中町　ならやまみなみなかちょう　秋田県秋田市
楢山南新町下丁　ならやまみなみしんまちしもちょう　秋田県秋田市
楢山南新町上丁　ならやまみなみしんまちかみちょう　秋田県秋田市
楢山城南町　ならやまじょうなんまち　秋田県秋田市
楢山城南新町　ならやまじょうなんしんまち　秋田県秋田市
楢山登町　ならやまのぼりまち　秋田県秋田市
楢山愛宕下　ならやまあたごした　秋田県秋田市
⁴楢井　ならい　奈良県吉野郡吉野町
楢戸　ならと　福島県南会津郡只見町
楢木
　ならのき　青森県弘前市
　ならのき　栃木県小山市
　ならのき　愛媛県西条市
⁷楢尾　ならお　静岡県静岡市葵区
楢町　ならちょう　奈良県天理市
⁹楢津　ならづ　岡山県岡山市北区
¹⁰楢原
　ならはら　群馬県多野郡上野村
　ならはら　奈良県御所市
　ならはら　岡山県（JR姫新線）
　ならはら　岡山県岡山市東区
　ならはら　福岡県朝倉市
楢原下　ならはらしも　岡山県美作市
楢原上　ならはらかみ　岡山県美作市
楢原中　ならはらなか　岡山県美作市
楢原町　ならはらまち　東京都八王子市
¹¹楢崎　ならさき　滋賀県犬上郡多賀町
¹²楢葉　ならば　大阪府堺市中区
楢葉町　ならはまち　福島県双葉郡
¹⁶楢橋　ならはし　山形県酒田市

【楠】

楠
　くすのき　北海道中川郡美深町
　くすのき　静岡県静岡市清水区
　くすのき　愛知県名古屋市北区
　くすのき　愛知県弥富市
　くすのき　愛知県知多郡武豊町
　くす　三重県（近畿日本鉄道名古屋線）
　くすのき　兵庫県赤穂郡上郡町
　くす　和歌山県東牟婁郡古座川町
　くす　岡山県苫田郡鏡野町
　くす　愛媛県西条市
　くす　高知県四万十市
　くすのき　熊本県熊本市北区

13画（楓，楊，樃）

楠ケ丘　くすがおか　大阪府河内長野市
楠ケ浦町　くすがうらちょう　神奈川県横須賀市
楠が山町　くすがやまちょう　千葉県船橋市
²楠乃　くすの　山口県下関市
³楠上町　くすがみちょう　香川県高松市
³楠久　くすく　佐賀県（松浦鉄道西九州線）
楠川　くすがわ　鹿児島県熊毛郡屋久島町
⁴楠元町
　　くすもとちょう　愛知県名古屋市千種区
　　くすもとちょう　鹿児島県薩摩川内市
楠公　なんこう　大阪府四條畷市
楠木
　　くすのき　富山県富山市
　　くすのき　山口県周南市
　　くすのき　福岡県北九州市八幡西区
楠木町
　　くすのきちょう　広島県広島市西区
　　くすのきちょう　山口県山口市
　　くすのきちょう　山口県下松市
　　くすのきちょう　長崎県佐世保市
楠木原　くすのきばる　佐賀県西松浦郡有田町
⁵楠丘町　くすがおかちょう　兵庫県神戸市灘区
楠北　くすきた　福岡県北九州市八幡西区
楠右衛門小路　くすえもんしょうじ　和歌山県和歌山市
楠平尾町　くすびらおちょう　三重県亀山市
楠本
　　くすもと　兵庫県淡路市
　　くすもと　和歌山県和歌山市
　　くすもと　和歌山県有田郡有田川町
⁷楠村町　くすむらちょう　愛知県西尾市
楠甫　くすほ　山梨県西八代郡市川三郷町
楠町
　　くすのきちょう　群馬県館林市
　　くすのきちょう　神奈川県横浜市西区
　　くすのきちょう　岐阜県岐阜市
　　くすのきちょう　愛知県名古屋市南区
　　くすのきちょう　京都府京都市中京区
　　くすのきちょう　大阪府堺市堺区
　　くすのきちょう　大阪府富田林市
　　くすのきちょう　兵庫県神戸市中央区
　　くすのきちょう　兵庫県姫路市
　　くすのきちょう　兵庫県芦屋市
　　くすのきまち　山口県岩国市
　　くすのきまち　大分県別府市
楠町小倉　くすちょうおぐら　三重県四日市市
　　くすちょうきたいっしき　三重県四日市市
楠町北五味塚　くすちょうきたごみづか　三重県四日市市
楠町本郷　くすちょうほんごう　三重県四日市市
楠町吉崎　くすちょうよしざき　三重県四日市市
楠町西
　　くすのきちょうにし　大阪府泉大津市
　　くすのきちょうにし　大阪府河内長野市
楠町東
　　くすのきちょうひがし　大阪府泉大津市
　　くすのきちょうひがし　大阪府河内長野市
楠町南川　くすちょうみなみがわ　三重県四日市市
楠町南五味塚　くすちょうみなみごみづか　三重県四日市市

楠町喜惣治新田　くすのきちょうきそうじしんでん　愛知県名古屋市北区
楠見中　くすみなか　和歌山県和歌山市
楠谷町　くすだにちょう　兵庫県神戸市兵庫区
楠那町　くすなちょう　広島県広島市南区
⁸楠味鋺　くすのきあじま　愛知県名古屋市北区
⁹楠風台　なんぷうだい　大阪府富田林市
¹⁰楠原　くすばる　宮崎県日南市
楠島　くすしま　高知県四万十市
楠根　くすね　大阪府東大阪市
楠根北町　くすねきたまち　大阪府寝屋川市
楠根町
　　くすねちょう　大阪府八尾市
　　くすねちょう　徳島県阿南市
楠根南町　くすねみなみまち　大阪府寝屋川市
楠浦町　くすうらまち　熊本県天草市
¹¹楠崎　くっさき　愛媛県新居浜市
楠部町　くすべちょう　三重県伊勢市
楠野町　くすのまち　熊本県熊本市北区
¹²楠葉中之芝　くずばなかのしば　大阪府枚方市
楠葉中町　くずばなかまち　大阪府枚方市
楠葉丘　くずはおか　大阪府枚方市
楠葉花園町　くずはなぞのちょう　大阪府枚方市
楠葉並木　くずはなみき　大阪府枚方市
楠葉美咲　くずはみさき　大阪府枚方市
楠葉面取町　くずばめんどりちょう　大阪府枚方市
楠葉野田　くずはのだ　大阪府枚方市
楠葉朝日　くずはあさひ　大阪府枚方市
¹³楠新田　くすのきしんでん　静岡県静岡市清水区
¹⁶楠橋
　　くすばし　福岡県（筑豊電気鉄道線）
　　くすばし　福岡県北九州市八幡西区
楠橋下方　くすばししもかた　福岡県北九州市八幡西区
楠橋上方　くすばしかみかた　福岡県北九州市八幡西区
楠橋西　くすばしにし　福岡県北九州市八幡西区
楠橋東　くすばしひがし　福岡県北九州市八幡西区
楠橋南　くすばしみなみ　福岡県北九州市八幡西区
¹⁹楠瀬　くすのせ　高知県吾川郡いの町

【楓】
楓
　　かえで　北海道夕張市
　　かえで　北海道枝幸郡浜頓別町
⁰楓ケ丘　かえでがおか　埼玉県比企郡鳩山町
⁵楓台　かえでだい　岐阜県美濃市
⁷楓町　かえでちょう　宮城県塩竈市

【楊】
³楊子町　ようずちょう　静岡県浜松市南区
⁴楊井　やぎい　埼玉県熊谷市

【樃】
⁰樃ケ原　くるみがはら　富山県富山市

1177

13画（楮,椣,楡,楪,椴,椥,殿,滑）

【楮】

楮
　こうず　富山県南砺市
　こうぞ　岡山県美作市
7楮町　こうじまち　青森県弘前市
10楮原　かじはら　高知県吾川郡仁淀川町
　楮根　かぞね　山梨県南巨摩郡南部町

【椣】

10椣原　ふしはら　奈良県生駒郡平群町

【楡】

4楡木
　にれぎ　栃木県（東武鉄道日光線）
　にれぎ　埼玉県日高市
　にれのき　熊本県熊本市北区
　楡木町　にれぎまち　栃木県鹿沼市
5楡生　にりょう　福岡県築上郡吉富町
7楡町　にれちょう　滋賀県彦根市
9楡俣　にれまた　岐阜県安八郡輪之内町
　楡俣新田　にれまたしんでん　岐阜県安八郡輪之内町
10楡原
　にればら　新潟県長岡市
　にれはら　富山県（JR高山本線）
　にれはら　富山県富山市
　楡島　にれしま　新潟県妙高市

【楪】

楪　ゆずりは　山形県鶴岡市

【椴】

3椴川町　とどがわちょう　北海道檜山郡江差町

【椥】

5椥代　たらのきだい　山形県鶴岡市

【殿】

殿
　との　富山県南砺市
　との　長野県木曽郡大桑村
　との　和歌山県有田郡広川町
0殿ケ谷　とのがや　東京都西多摩郡瑞穂町
3殿下町　てんがちょう　福井県福井市
　殿山　とのやま　茨城県（ひたちなか海浜鉄道湊線）
　殿山町
　とのやまちょう　茨城県ひたちなか市
　とのやまちょう　埼玉県東松山市
　とのやまちょう　兵庫県西宮市
　殿川町　とのがわちょう　福岡県京都郡苅田町
4殿戸　とのど　長野県小県郡青木村
5殿台　とのだい　千葉県山武市
　殿台町　とのだいちょう　千葉県千葉市若葉区
　殿平賀　とのひらが　千葉県松戸市
　殿辻　とのつじ　大阪府大阪市住吉区
7殿坂下夕　とのさかした　岩手県八幡平市
　殿村
　とのむら　富山県射水市
　とのむら　三重県津市

殿村町　とのむらちょう　三重県松阪市
殿沢　とのさわ　静岡県静岡市清水区
殿町
　とのまち　神奈川県川崎市川崎区
　とのまち　新潟県長岡市
　とのまち　富山県下新川郡朝日町
　とのまち　石川県七尾市
　とのまち　石川県小松市
　とのまち　石川県白山市
　とのちょう　福井県越前市
　とのまち　岐阜県岐阜市
　とのまち　岐阜県美濃市
　とのまち　愛知県一宮市
　とのまち　三重県松阪市
　とのまち　三重県桑名市
　とのちょう　滋賀県長浜市
　とのまち　大阪府高槻市
　とのまち　兵庫県篠山市
　とのまち　奈良県磯城郡田原本町
　とのまち　島根県松江市
　とのまち　島根県浜田市
　とのまち　福岡県直方市
　とのまち　大分県中津市
　とのまち　大分県日田市
殿谷　とのだに　岡山県赤磐市
殿里　とのさと　茨城県土浦市
8殿岡　とのおか　新潟県村上市
殿所
　とのどころ　岡山県美作市
　とのところ　宮崎県日南市
殿河内　とのがわち　鳥取県西伯郡大山町
9殿垣内町　とのごうちちょう　広島県庄原市
殿城　とのしろ　長野県上田市
殿廻　とのまわり　千葉県東金市
10殿原町　とのはらちょう　兵庫県加西市
殿島　とのしま　新潟県燕市
殿島町　とのしまちょう　大阪府門真市
11殿部田　とのべた　千葉県山武郡芝山町
殿野入　とののいり　長野県松本市

【滑】

3滑川
　なめかわ　山形県山形市
　なめかわ　福島県須賀川市
　なめかわ　千葉県成田市
　なめりかわ　富山県（あいの風とやま鉄道線ほか）
　なめかわ　愛媛県東温市
滑川市　なめりかわし　富山県
滑川本町　なめかわほんちょう　茨城県日立市
滑川町
　なめかわちょう　茨城県日立市
　なめがわまち　埼玉県比企郡
5滑田　なめしだ　岩手県北上市
滑石
　なめし　長崎県長崎市
　なめいし　熊本県玉名市
7滑谷　ぬかりや　千葉県鴨川市
8滑河　なめがわ　千葉県（JR成田線）
9滑津
　なめ　宮城県刈田郡七ケ宿町
　なめつ　福島県西白河郡中島村

13画（漢, 源, 溝, 滝）

なめづ　長野県（JR小海線）
13 滑楚町　なめそちょう　愛知県半田市

【漢】

7 漢那　かんな　沖縄県国頭郡宜野座村
8 漢国町　かんごくちょう　奈良県奈良市

【源】

0 源じいの森　げんじいのもり　福岡県（平成筑豊鉄道田川線）
2 源八新田　げんぱちしんでん　新潟県燕市
3 源大堂　げんだいどう　岩手県岩手郡雫石町
4 源太　げんた　鳥取県鳥取市
源太沢町　げんたさわちょう　岩手県釜石市
源氏　げんじ　愛知県海部郡蟹江町
源氏ケ丘　げんじがおか　大阪府東大阪市
源氏町　げんじまち　愛知県碧南市
源氏神明町　げんじしんめいまち　愛知県碧南市
5 源左衛門新田　げんざえもんしんでん　埼玉県川口市
源平町
　　げんぺいちょう　富山県高岡市
　　げんぺいまち　石川県加賀市
　　げんぺいちょう　愛知県半田市
　　げんぺいちょう　兵庫県神戸市長田区
源平新田　げんぺいしんでん　静岡県磐田市
源田　げんた　新潟県十日町市
7 源兵島町　げんぺいじままち　石川県白山市
源兵衛町　げんべえちょう　愛知県名古屋市南区
源助　げんすけ　静岡県藤枝市
源町　みなもとちょう　千葉県千葉市若葉区
8 源河　げんか　沖縄県名護市
9 源栄町　もとえまち　大分県日田市
11 源清田　げんせいだ　茨城県稲敷郡河内町
12 源道　げんどう　岩手県久慈市
源道寺　げんどうじ　静岡県（JR身延線）
源道寺町　げんどうじちょう　静岡県富士宮市
14 源緑輪中　げんろくわじゅう　三重県桑名郡木曽岬町
15 源蔵馬場　げんぞうばば　和歌山県和歌山市
18 源藤町　げんどうちょう　宮崎県宮崎市

【溝】

溝　みぞ　新潟県燕市
0 溝ノ口　みぞのくち　和歌山県海南市
溝の口　みぞのくち　神奈川県（東京急行電鉄田園都市線ほか）
3 溝上　みぞのうえ　熊本県玉名市
溝口
　　みぞぐち　茨城県神栖市
　　みぞのくち　神奈川県川崎市高津区
　　みぞぐち　岐阜県岐阜市
　　みぞぐち　兵庫県（JR播但線）
　　みぞぐち　兵庫県三田市
　　みぞぐち　鳥取県西伯郡伯耆町
　　みぞぐち　岡山県総社市
　　みぞぐち　広島県山県郡北広島町
　　みぞぐち　福岡県筑後市
溝口下　みぞぐちしも　岐阜県岐阜市
溝口上　みぞぐちかみ　岐阜県岐阜市
溝口中　みぞぐちなか　岐阜県岐阜市

溝口中野　みぞぐちなかの　岐阜県岐阜市
溝口東　みぞぐちひがし　岐阜県岐阜市
溝口童子　みぞぐちどうじ　岐阜県岐阜市
溝川　みぞかわ　和歌山県岩出市
4 溝之杁　みぞのいり　愛知県長久手市
溝井　みぞい　大分県杵築市
5 溝古新　みぞこしん　新潟県燕市
溝尻
　　みぞしり　京都府舞鶴市
　　みぞしり　京都府宮津市
溝尻中町　みぞしりなかまち　京都府舞鶴市
溝尻町　みぞしりちょう　京都府舞鶴市
溝辺町　みぞのべまち　愛媛県松山市
溝辺町三縄　みぞべちょうみなわ　鹿児島県霧島市
溝辺町有川　みぞべちょうありかわ　鹿児島県霧島市
溝辺町竹子　みぞべちょうたかぜ　鹿児島県霧島市
溝辺町崎森　みぞべちょうさきもり　鹿児島県霧島市
溝辺町麓　みぞべちょうふもと　鹿児島県霧島市
7 溝尾　みぞお　新潟県糸魚川市
溝足　みずおし　新潟県新発田市
8 溝延　みぞのべ　山形県西村山郡河北町
溝沼　みぞぬま　埼玉県朝霞市
9 溝前町　みぞまえちょう　京都府京都市上京区
10 溝原　みぞわら　千葉県旭市
11 溝堀　みぞほり　福岡県直方市
溝部　みぞべ　岡山県加賀郡吉備中央町
溝陸町　みぞろくまち　長崎県大村市
13 溝路町　みぞろちょう　広島県呉市
14 溝旗町　みぞはたちょう　岐阜県岐阜市
溝端町　みぞはたちょう　埼玉県坂戸市

【滝】

滝
　　たき　秋田県由利本荘市
　　たき　福島県須賀川市
　　たき　福島県田村郡三春町
　　たき　栃木県（JR烏山線）
　　たき　栃木県那須烏山市
　　たき　埼玉県ふじみ野市
　　たき　千葉県東金市
　　たき　千葉県印西市
　　たき　新潟県新発田市
　　たき　富山県高岡市
　　たき　福井県あわら市
　　たき　京都府与謝郡与謝野町
　　たき　兵庫県（JR加古川線）
　　たき　兵庫県豊岡市
　　たき　和歌山県伊都郡かつらぎ町
　　たき　和歌山県日高郡みなべ町
　　たき　岡山県玉野市
　　たき　岡山県美作市
0 滝ケ宇呂　たきがうろ　京都府舞鶴市
滝ケ原　たきがはら　栃木県日光市
滝ケ原町　たきがはらまち　石川県小松市
滝ケ鼻町　たきがはなちょう　京都府京都市上京区
滝ノ入　たきのいり　埼玉県入間郡毛呂山町
滝ノ下　たきのした　北海道目梨郡羅臼町
滝ノ上
　　たきのうえ　北海道（JR石勝線）
　　たきのうえ　北海道夕張市

1179

13画（滝）

たきのうえ　宮城県刈田郡七ケ宿町
たきのうえ　愛知県新城市
滝ノ上町　たきのうえちょう　東京都青梅市
滝ノ川　たきのがわ　和歌山県海草郡紀美野町
滝ノ水　たきのみず　愛知県名古屋市緑区
滝ノ沢
　たきのさわ　岩手県下閉伊郡田野畑村
　たきのさわ　秋田県由利本荘市
滝ノ町　たきのちょう　京都府長岡京市
滝ノ間　たきのま　秋田県（JR五能線）
滝の入　たきのいり　宮城県気仙沼市
滝の下町　たきのしたまち　新潟県長岡市
滝の上
　たきのかみ　北海道雨竜郡秩父別町
　たきのかみ　宮城県伊具郡丸森町
滝の上町　たきのうえまち　埼玉県秩父市
滝の口　たきのくち　千葉県袖ケ浦市
滝の川町西　たきのかわちょうにし　北海道滝川市
滝の川町東　たきのかわちょうひがし　北海道滝川市
滝の沢　たきのさわ　長野県飯田市
滝の前　たきのまえ　新潟県村上市
滝の茶屋　たきのちゃや　兵庫県（山陽電気鉄道本線）
滝の原　たきのはら　栃木県宇都宮市
滝の宮町　たきのみやちょう　愛媛県新居浜市
2**滝八幡**　たきはちまん　福島県西白河郡矢吹町
滝又町　たきまたまち　石川県輪島市
3**滝下**
　たきした　北海道夕張郡栗山町
　たきした　北海道留萌郡小平町
　たきした　北海道紋別郡滝上町
　たきした　宮城県刈田郡七ケ宿町
　たきした　宮城県加美郡加美町
滝下町　たきしたまち　石川県金沢市
滝上　たきがみ　熊本県上益城郡山都町
滝上町　たきのうえちょう　北海道紋別郡
滝口　たきぐち　千葉県市原市
滝子町　たきこちょう　愛知県名古屋市昭和区
滝子通　たきごとおり　愛知県名古屋市昭和区
滝山
　たきやま　東京都東久留米市
　たきやま　兵庫県（能勢電鉄妙見線）
　たきやま　鳥取県鳥取市
　たきやま　岡山県赤磐市
滝山町
　たきやままち　東京都八王子市
　たきやまちょう　兵庫県神戸市兵庫区
　たきやまちょう　兵庫県川西市
滝川
　たきかわ　北海道（JR函館本線）
　たきがわ　奈良県吉野郡十津川村
　たきがわ　熊本県上益城郡御船町
　たきがわ　鹿児島県大島郡喜界町
滝川台　たきがわだい　奈良県北葛城郡上牧町
滝川市　たきかわし　北海道
滝川町
　たきかわちょう　愛知県名古屋市昭和区
　たきがわちょう　三重県四日市市
滝川原　たきかわら　新潟県糸魚川市
4**滝不動**　たきふどう　千葉県（新京成電鉄線）

滝之又　たきのまた　新潟県魚沼市
滝之上　たきのうえ　神奈川県横浜市中区
滝之口　たきのくち　新潟県長岡市
滝之坊　たきのぼ　石川県鳳珠郡能登町
滝之町　たきのまち　北海道有珠郡壮瞥町
滝之原　たきのはら　三重県名張市
滝之湯町　たきのゆちょう　愛知県瀬戸市
滝井
　たきい　青森県北津軽郡板柳町
　たきい　大阪府（京阪電気鉄道本線）
滝井元町　たきいもとまち　大阪府守口市
滝井西町　たきいにしまち　大阪府守口市
滝元　たきもと　福島県福島市
滝水　たきみず　熊本県（JR豊肥本線）
5**滝台**
　たきだい　千葉県船橋市
　たきだい　千葉県八街市
滝台町　たきだいちょう　千葉県船橋市
滝尻町　たきじりちょう　愛知県岡崎市
滝平　たきのひら　山形県山形市
滝広　たきひろ　三重県多気郡大台町
滝本
　たきもと　岡山県勝田郡奈義町
　たきもと　愛媛県松山市
滝本町　たきもとちょう　奈良県天理市
滝田
　たきた　青森県上北郡野辺地町
　たきた　茨城県土浦市
　たきた　栃木県那須烏山市
　たきだ　岐阜県加茂郡富加町
6**滝寺**　たきでら　新潟県上越市
滝西　たきにし　北海道紋別郡滝上町
7**滝呂町**　たきろちょう　岐阜県多治見市
滝尾
　たきお　奈良県吉野郡天川村
　たきお　熊本県上益城郡御船町
　たきお　大分県（JR豊肥本線）
滝沢
　たきさわ　青森県青森市
　たきさわ　青森県十和田市
　たきざわ　岩手県（IGRいわて銀河鉄道線）
　たきざわ　岩手県一関市
　たきざわ　岩手県八幡平市
　たきざわ　山形県鶴岡市
　たきざわ　福島県南会津郡檜枝岐村
　たきざわ　福島県大沼郡金山町
　たきざわ　栃木県大田原市
　たきざわ　千葉県東金市
　たきざわ　新潟県新発田市
　たきざわ　新潟県十日町市
　たきざわ　新潟県阿賀野市
　たきざわ　静岡県藤枝市
滝沢市　たきざわし　岩手県
滝沢平　たきさわたいら　青森県上北郡東北町
滝沢村　たきざわむら　⇒滝沢市（岩手県）
滝沢町
　たきざわちょう　北海道函館市
　たきざわまち　福島県会津若松市
　たきざわちょう　静岡県浜松市北区
滝町
　たきまち　石川県羽咋市

13画（溜, 渓, 煙, 照）

たきまち　岐阜県高山市
たきちょう　愛知県岡崎市
たきちょう　奈良県五條市
たきまち　山口県山口市
滝見町
　たきみまち　岐阜県養老郡養老町
　たきみちょう　愛知県豊田市
滝谷
　たきや　福島県（JR只見線）
　たきや　福島県大沼郡三島町
　たきや　新潟県三条市
　たきだに　新潟県新発田市
　たきや　新潟県南魚沼市
　たきや　新潟県三島郡出雲崎町
　たきや　新潟県刈羽郡刈羽村
　たきだに　福井県小浜市
　たきや　三重県多気郡大台町
　たきだに　大阪府（南海電気鉄道高野線）
滝谷不動　たきだにふどう　大阪府（近畿日本鉄道長野線）
滝谷本町　たきやほんちょう　新潟県新潟市秋葉区
滝谷町
　たきやちょう　栃木県宇都宮市
　たきやちょう　新潟県新潟市秋葉区
　たきやまち　新潟県長岡市
　たきだにまち　石川県羽咋市
　たきにちょう　兵庫県神戸市長田区
滝谷新田　たきやしんでん　新潟県刈羽郡刈羽村
8滝岡　たきおか　栃木県大田原市
滝波町
　たきなみちょう　福井県福井市
　たきなみちょう　福井県勝山市
9滝春町　たきはるちょう　愛知県名古屋市南区
滝畑
　たきはた　大阪府河内長野市
　たきはた　奈良県吉野郡吉野町
　たきはた　和歌山県和歌山市
滝美町　たきみまち　北海道紋別郡滝上町
10滝倉
　たきぐら　山形県西置賜郡小国町
　たきのくら　奈良県桜井市
滝原
　たきばら　宮城県伊具郡丸森町
　たきのはら　福島県南会津郡南会津町
　たきばら　福島県大沼郡三島町
　たきはら　千葉県君津市
　たきばら　新潟県岩船郡関川村
　たきばら　長野県小諸市
　たきはら　三重県（JR紀勢本線）
　たきはら　三重県度会郡大紀町
　たきばら　島根県邑智郡美郷町
滝宮
　たきみや　岡山県美作市
　たきのみや　香川県（高松琴平電気鉄道琴平線）
　たきのみや　香川県小豆郡土庄町
　たきのみや　香川県綾歌郡綾川町
滝根町広瀬　たきねまちひろせ　福島県田村市
滝根町神俣　たきねまちかんまた　福島県田村市
滝根町菅谷　たきねまちすがや　福島県田村市
滝浜　たきはま　茨城県鉾田市
滝脇　たきわき　新潟県佐渡市
滝脇町　たきわきちょう　愛知県豊田市

滝馬　たきば　京都府宮津市
滝馬室　たきまむろ　埼玉県鴻巣市
11滝部　たきべ　山口県（JR山陰本線）
滝野
　たきの　北海道札幌市南区
　たきの　北海道檜山郡厚沢部町
　たきの　山形県西置賜郡白鷹町
　たきの　千葉県印西市
　たきの　兵庫県（JR加古川線）
　たきの　奈良県吉野郡東吉野村
滝野川　たきのがわ　東京都北区
滝野川一丁目　たきのがわいっちょうめ　東京都（東京都交通局荒川線）
滝野団地　たきのだんち　兵庫県加東市
12滝道　たきみち　宮城県仙台市青葉区
13滝新　たきしん　富山県高岡市
14滝窪町　たきくぼまち　群馬県前橋市
15滝輪　たきわ　福島県石川郡浅川町
16滝頭
　たきがしら　神奈川県横浜市磯子区
　たきがしら　和歌山県日高郡日高川町
19滝瀬
　たきせ　北海道爾志郡乙部町
　たきせ　埼玉県本庄市

【溜】
4溜井　ぬるい　高知県土佐郡土佐町
6溜池山王　ためいけさんのう　東京都（東京地下鉄銀座線ほか）
溜池町　ためいけちょう　京都府京都市下京区

【渓】
7渓村　たにむら　島根県鹿足郡津和野町

【煙】
3煙山　けむやま　岩手県紫波郡矢巾町

【照】
0照ケ丘矢田　てるがおかやた　大阪府大阪市東住吉区
照が丘　てるがおか　愛知県名古屋市名東区
3照山　てるやま　茨城県常陸大宮市
4照井　てるい　宮城県加美郡加美町
照手　てるて　福井県福井市
照手町　てるてちょう　福井県福井市
5照田　てるだ　茨城県常陸大宮市
6照光町　しょうこうまち　愛知県碧南市
7照里　てるさと　長野県飯山市
8照国町　てるくにちょう　鹿児島県鹿児島市
照岡　てるおか　長野県飯山市
照沼　てるぬま　茨城県那珂郡東海村
照波園町　しょうはえんまち　大分県別府市
照若町　てるわかちょう　埼玉県本庄市
9照屋
　てるや　沖縄県糸満市
　てるや　沖縄県沖縄市
　てるや　沖縄県島尻郡南風原町
10照島　てるしま　鹿児島県いちき串木野市

13画（煤, 猿, 獅）

【煤】
0 煤ケ谷　すすがや　神奈川県愛甲郡清川村

【猿】
0 猿ケ京温泉　さるがきょうおんせん　群馬県利根郡みなかみ町
猿ケ島　さるがしま　神奈川県厚木市
猿ケ馬場　さるがばば　新潟県新潟市東区
猿ケ森　さるがもり　青森県下北郡東通村
猿ケ瀬　さるがせ　新潟県新潟市西蒲区
2 猿八　さるはち　新潟県佐渡市
3 猿久保　さるくぼ　長野県佐久市
猿山
　さるやま　岩手県下閉伊郡田野畑村
　さるやま　茨城県猿島郡境町
　さるやま　千葉県成田市
猿川　さるかわ　愛媛県松山市
猿川原　さるかわはら　愛媛県松山市
4 猿木　さるぎ　滋賀県犬上郡多賀町
5 猿払　さるふつ　北海道宗谷郡猿払村
猿払村　さるふつむら　北海道宗谷郡
猿田
　さるた　茨城県鹿嶋市
　さるだ　茨城県桜川市
　やえんだ　埼玉県日高市
　さるだ　千葉県（JR総武本線）
　さるた　新潟県村上市
猿田上ノ台　やえんだうえのだい　埼玉県日高市
猿田町
　さるたちょう　栃木県足利市
　さるたちょう　千葉県銚子市
6 猿江　さるえ　東京都江東区
7 猿別　さるべつ　北海道中川郡幕別町
猿投　さなげ　愛知県（名古屋鉄道三河線）
猿投町
　さなげちょう　愛知県名古屋市北区
　さなげちょう　愛知県豊田市
猿沢
　さるさわ　岩手県下閉伊郡岩泉町
　さるさわ　新潟県村上市
8 猿和田
　さるわだ　新潟県（JR磐越西線）
　さるわだ　新潟県五泉市
9 猿海道　さるかいどう　愛知県一宮市
10 猿倉
　さるくら　新潟県十日町市
　さるくら　新潟県糸魚川市
猿島
　さしま　茨城県稲敷郡河内町
　さるしま　神奈川県横須賀市
猿島郡　さしまぐん　茨城県
11 猿崎町　さるざきまち　長崎県諫早市
猿袋　さるぶくろ　千葉県茂原市
猿野　ましの　三重県伊賀市
12 猿喰　さるはみ　福岡県北九州市門司区
猿渡
　さるわたり　静岡県菊川市
　さるわたり　熊本県上益城郡山都町
　さるわたり　大分県宇佐市

猿猴橋町
　えんこうばしちょう　広島県（広島電鉄本線ほか）
　えんこうばしちょう　広島県広島市南区
猿賀下川　さるかしもかわ　青森県平川市
猿賀下岡　さるかしもおか　青森県平川市
猿賀下野　さるかしもの　青森県平川市
猿賀上川　さるかかみかわ　青森県平川市
猿賀上岡　さるかかみおか　青森県平川市
猿賀平塚　さるかひらつか　青森県平川市
猿賀石林　さるかいしばやし　青森県平川市
猿賀安田　さるかやすた　青森県平川市
猿賀安岡　さるかやすおか　青森県平川市
猿賀池上　さるかいけがみ　青森県平川市
猿賀池田　さるかいけだ　青森県平川市
猿賀明堂　さるかみょうどう　青森県平川市
猿賀松枝　さるかまつえだ　青森県平川市
猿賀南田　さるかみなみだ　青森県平川市
猿賀南野　さるかみなみの　青森県平川市
猿賀浅井　さるかあさい　青森県平川市
猿賀浅田　さるかあさだ　青森県平川市
猿賀富岡　さるかとみおか　青森県平川市
猿賀遠林　さるかとおばやし　青森県平川市
猿間　さるま　秋田県大館市
13 猿楽町
　さるがくちょう　東京都千代田区
　さるがくちょう　東京都渋谷区
猿飼　さるかい　奈良県吉野郡十津川村
14 猿稲　さるいね　千葉県夷隅郡大多喜町
猿鳴　さるなぎ　愛媛県南宇和郡愛南町
16 猿壇　さるだん　福島県耶麻郡猪苗代町
猿橋
　さるはし　新潟県妙高市
　さるはし　新潟県五泉市
　さるはし　山梨県（JR中央本線）
猿橋町小沢　さるはしまちおざわ　山梨県大月市
猿橋町小篠　さるはしまちおしの　山梨県大月市
猿橋町伊良原　さるはしまちいらばら　山梨県大月市
猿橋町桂台　さるはしまちかつらだい　山梨県大月市
猿橋町朝日小沢　さるはしまちあさひおざわ　山梨県大月市
猿橋町殿上　さるはしまちとのうえ　山梨県大月市
猿橋町猿橋　さるはしまちさるはし　山梨県大月市
猿橋町藤崎　さるはしまちふじさき　山梨県大月市

【獅】
3 獅子
　ちし　京都府宮津市
　しし　島根県飯石郡飯南町
獅子ケ口町　ししがぐちちょう　兵庫県西宮市
獅子ケ谷　ししがや　神奈川県横浜市鶴見区
獅子内　ししない　北海道石狩郡当別町
獅子平　ししだいら　山梨県甲斐市
獅子目町　ししめちょう　鹿児島県鹿屋市
獅子沢　ししさわ　青森県上北郡野辺地町
獅子町　ししちょう　長崎県平戸市
獅子島　ししじま　鹿児島県出水郡長島町
獅子浜　ししはま　静岡県沼津市
獅子崎　ししざき　京都府宮津市

13画（瑞, 暖, 當, 睦）

【瑞】

⁰瑞ケ丘
みずがおか　兵庫県神戸市垂水区
みずがおか　兵庫県伊丹市

⁶瑞光　ずいこう　大阪府大阪市東淀川区

瑞光四丁目　ずいこうよんちょうめ　大阪府（大阪市交通局今里筋線）

瑞光院前町　ずいこういんまえちょう　京都府京都市上京区

瑞江
みずえ　東京都（東京都交通局新宿線）
みずえ　東京都江戸川区

⁷瑞応　ずいおう　高知県高岡郡佐川町

⁸瑞岩寺　ずいがんじ　岐阜県揖斐郡揖斐川町

瑞冶　みずはる　北海道網走郡美幌町

瑞波　みずなみ　新潟県新発田市

¹⁰瑞原　みずはら　兵庫県伊丹市

瑞梅寺　ずいばいじ　福岡県糸島市

瑞浪　みずなみ　岐阜県（JR中央本線）

瑞浪市　みずなみし　岐阜県

¹²瑞雲町　ずいうんちょう　岐阜県岐阜市

¹⁴瑞鳳　ずいほう　石川県鳳珠郡穴水町

¹⁵瑞慶覧　ずけらん　沖縄県中頭郡北中城村

瑞穂
みずほ　北海道（JR宗谷本線）
みずほ　北海道名寄市
みずほ　北海道虻田郡倶知安町
みずほ　北海道空知郡奈井江町
みずほ　北海道浦河郡浦河町
みずほ　栃木県宇都宮市
みずほ　千葉県千葉市花見川区
みずほ　石川県鳳珠郡能登町
みずほ　長野県飯山市
みずほ　岐阜県養老郡養老町

瑞穂区　みずほく　愛知県名古屋市

瑞穂区役所　みずほくやくしょ　愛知県（名古屋市交通局桜通線）

瑞穂市　みずほし　岐阜県

瑞穂町
みずほちょう　北海道富良野市
みずほまち　東京都西多摩郡
みずほちょう　神奈川県横浜市神奈川区
みずほまち　富山県高岡市
みずほちょう　岐阜県岐阜市
みずほちょう　愛知県名古屋市瑞穂区
みずほちょう　愛知県半田市
みずほちょう　愛知県津島市
みずほちょう　愛知県豊田市
みずほちょう　兵庫県伊丹市
みずほちょう　山口県下松市
みずほまち　福岡県大野城市

瑞穂町古部乙　みずほちょうこべおつ　長崎県雲仙市

瑞穂町古部甲　みずほちょうこべこう　長崎県雲仙市

瑞穂町伊福乙　みずほちょういふくおつ　長崎県仙市

瑞穂町伊福甲　みずほちょういふくこう　長崎県仙市

瑞穂町西郷乙　みずほちょうさいごうおつ　長崎県雲仙市

瑞穂町西郷丁　みずほちょうさいごうてい　長崎県仙市

瑞穂町西郷己　みずほちょうさいごうき　長崎県雲仙市

瑞穂町西郷丙　みずほちょうさいごうへい　長崎県雲仙市

瑞穂町西郷戊　みずほちょうさいごうぼ　長崎県雲仙市

瑞穂町西郷甲　みずほちょうさいごうこう　長崎県雲仙市

瑞穂町西郷辛　みずほちょうさいごうしん　長崎県雲仙市

瑞穂町西郷庚　みずほちょうさいごうこう　長崎県雲仙市

瑞穂東　みずほひがし　北海道天塩郡豊富町

瑞穂南　みずほみなみ　北海道天塩郡豊富町

瑞穂通
みずほとおり　愛知県名古屋市瑞穂区
みずほどおり　愛知県春日井市
みずほどおり　兵庫県神戸市垂水区

瑞穂野町　みずほのちょう　栃木県足利市

瑞穂運動場西　みずほうんどうじょうにし　愛知県（名古屋市交通局桜通線）

瑞穂運動場東　みずほうんどうじょうひがし　愛知県（名古屋市交通局名城線）

瑞穂豊　みずほとよ　長野県飯山市

¹⁶瑞龍町　ずいりゅうちょう　茨城県常陸太田市

【暖】

⁷暖町
なわてちょう　福井県越前市
なわてまち　岐阜県岐阜市

【當】

¹¹當麻　たいま　奈良県葛城市

【睦】

睦
むつみ　北海道河東郡士幌町
むつみ　北海道釧路郡釧路町
むつみ　栃木県那須塩原市

⁴睦月　むづき　愛媛県松山市

⁵睦平　むつだいら　愛知県新城市

⁶睦合
むつあい　秋田県雄勝郡羽後町
むつあい　山形県西村山郡西川町
むつあい　福島県耶麻郡西会津町

睦合町　むつあいちょう　京都府綾部市

睦成　むつなり　秋田県横手市

睦西　むつにし　北海道河東郡士幌町

⁷睦沢　むつざわ　長野県下伊那郡下條村

睦沢町　むつざわまち　千葉県長生郡

睦町
むつみまち　山形県鶴岡市
むつみちょう　栃木県宇都宮市
むつみちょう　栃木県鹿沼市
むつみちょう　埼玉県加須市
むつみちょう　神奈川県横浜市南区
むつみちょう　静岡県袋井市
むつみちょう　兵庫県姫路市

⁸睦実　むつみ　静岡県周智郡森町

⁹睦南　むつみみなみ　北海道河東郡士幌町

¹⁰睦家　むつや　栃木県那須郡那須町

13画（碓, 碁, 碇, 禁, 禅, 禎, 福）

¹¹睦寄町　むつよりちょう　京都府綾部市

【碓】

⁴碓井　うすい　大阪府羽曳野市

【碁】

⁵碁石　ごいし　新潟県村上市
　碁石沢　ごいしざわ　茨城県石岡市
⁹碁点　ごてん　山形県村山市

【碇】

⁰碇ケ関
　　いかりがせき　青森県（JR奥羽本線）
　　いかりがせき　青森県平川市
　碇ケ関三笠山　いかりがせきみかさやま　青森県平
　　川市
　碇ケ関久吉ニノ渡　いかりがせきひさよしにのわたり
　　青森県平川市
　碇ケ関久吉山岸　いかりがせきひさよしやまぎし　青森
　　県平川市
　碇ケ関久吉蕷ケ平　いかりがせきひさよしいもがたいら
　　青森県平川市
　碇ケ関大葉平　いかりがせきおおばだいら　青森県平
　　川市
　碇ケ関大落前　いかりがせきおおらくまえ　青森県平
　　川市
　碇ケ関小落前　いかりがせきこらくまえ　青森県平
　　川市
　碇ケ関山神堂　いかりがせきさんじんどう　青森県平
　　川市
　碇ケ関水溜　いかりがせきみずため　青森県平川市
　碇ケ関古懸上程森　いかりがせきこがけかみほどもり
　　青森県平川市
　碇ケ関古懸不動沢大石　いかりがせきこがけふどうさ
　　わおおいし　青森県平川市
　碇ケ関古懸不動野　いかりがせきこがけふどうの　青
　　森県平川市
　碇ケ関古懸向安田　いかりがせきこがけむかいやすだ
　　青森県平川市
　碇ケ関古懸安田　いかりがせきこがけやすた　青森県
　　平川市
　碇ケ関古懸西不動野　いかりがせきこがけにしふどうの
　　青森県平川市
　碇ケ関古懸沢田　いかりがせきこがけさわだ　青森県
　　平川市
　碇ケ関古懸東不動野　いかりがせきこがけひがしふどう
　　の　青森県平川市
　碇ケ関古懸門前　いかりがせきこがけもんぜん　青森
　　県平川市
　碇ケ関古懸門前屋岸　いかりがせきこがけもんぜんやぎ
　　し　青森県平川市
　碇ケ関古懸南不動野　いかりがせきこがけみなみふどう
　　の　青森県平川市
　碇ケ関古懸堂ノ上　いかりがせきこがけどうのうえ　青
　　森県平川市
　碇ケ関古懸鳥井　いかりがせきこがけとりい　青森県
　　平川市
　碇ケ関古懸樋ケ沢　いかりがせきこがけといがさわ　青
　　森県平川市
　碇ケ関外白沢　いかりがせきそとしらさわ　青森県平
　　川市

　碇ケ関白沢　いかりがせきしらさわ　青森県平川市
　碇ケ関西碇ケ関山　いかりがせきにしいかりがせきやま
　　青森県平川市
　碇ケ関折橋　いかりがせきおりはし　青森県平川市
　碇ケ関岩井　いかりがせきいわい　青森県平川市
　碇ケ関東碇ケ関山　いかりがせきひがしいかりがせきや
　　ま　青森県平川市
　碇ケ関阿原　いかりがせきあばら　青森県平川市
　碇ケ関相沢　いかりがせきあいざわ　青森県平川市
　碇ケ関高田　いかりがせきたかだ　青森県平川市
　碇ケ関船岡　いかりがせきふなおか　青森県平川市
　碇ケ関湯向川添　いかりがせきゆむかいかわぞえ　青森
　　県平川市
　碇ケ関碇石　いかりがせきいかりいし　青森県平川市
　碇ケ関雷林　いかりがせきいかずちばやし　青森県平
　　川市
　碇ケ関樋ケ沢　いかりがせきといがさわ　青森県平
　　川市
　碇ケ関樋ノ口　いかりがせきひのくち　青森県平川市
　碇ケ関横町　いかりがせきよこまち　青森県平川市
　碇ケ関諏訪平　いかりがせきすわだいら　青森県平
　　川市
　碇ケ関踏田切　いかりがせきふみたぎり　青森県平
　　川市
　碇ケ関鯨森　いかりがせきくじらもり　青森県平川市

【禁】

¹¹禁野本町　きんやほんまち　大阪府枚方市

【禅】

⁵禅台寺　ぜんだいじ　岐阜県可児市
⁸禅定寺　ぜんじょうじ　京都府綴喜郡宇治田原町
　禅昌寺　ぜんしょうじ　岐阜県（JR高山本線）
　禅昌寺町　ぜんしょうじちょう　兵庫県神戸市須磨区
　禅昌院町　ぜんしょういんちょう　京都府京都市上
　　京区

【禎】

¹³禎瑞　ていずい　愛媛県西条市

【福】

福
　ふく　福井県福井市
　ふく　大阪府（阪神電気鉄道阪神なんば線）
⁰福ケ袋　ふくがふくろ　宮城県遠田郡美里町
　福ノ江町　ふくのえちょう　鹿児島県出水市
²福乃宮町　ふくのみやまち　石川県小松市
　福二町　ふくじまち　茨城県常総市
　福力　ふくりき　岡山県津山市
³福上　ふくがみ　富山県小矢部市
　福万　ふくまん　鳥取県米子市
　福万寺町　ふくまんじちょう　大阪府八尾市
　福万寺町北　ふくまんじちょうきた　大阪府八尾市
　福万寺町南　ふくまんじちょうみなみ　大阪府八尾市
　福万来　ふくまき　鳥取県日野郡日南町
　福与　ふくよ　長野県上伊那郡箕輪町
福丸
　ふくまる　福岡県行橋市
　ふくまる　福岡県宮若市

13画（福）

福久
　ふくひさ　富山県小矢部市
　ふくひさ　石川県金沢市
福久町　ふくひさまち　石川県金沢市
福久東　ふくひさひがし　石川県金沢市
福土　ふくど　福岡県三潴郡大木町
福士　ふくし　山梨県南巨摩郡南部町
福大明神町　ふくだいみょうじんちょう　京都府京都市上京区
福大前　ふくだいまえ　福岡県（福岡市交通局七隈線）
福大前西福井　ふくだいまえにしふくい　福井県（えちぜん鉄道三国芦原線）
福山
　ふくやま　北海道松前郡松前町
　ふくやま　北海道十勝郡浦幌町
　ふくやま　青森県五所川原市
　ふくやま　秋田県由利本荘市
　ふくやま　山形県酒田市
　ふくやま　富山県砺波市
　ふくやま　鳥取県倉吉市
　ふくやま　鳥取県東伯郡三朝町
　ふくやま　広島県（JR山陽新幹線ほか）
福山市　ふくやまし　広島県
福山町
　ふくやままち　新潟県長岡市
　ふくやまちょう　鹿児島県鹿児島市
福山町佳例川　ふくやまちょうかれいがわ　鹿児島県霧島市
福山町福山　ふくやまちょうふくやま　鹿児島県霧島市
福山町福地　ふくやまちょうふくち　鹿児島県霧島市
福山町福沢　ふくやまちょうふくざわ　鹿児島県霧島市
福山新田　ふくやましんでん　新潟県魚沼市
福川
　ふくがわ　秋田県男鹿市
　ふくがわ　三重県伊賀市
　ふくがわ　山口県（JR山陽本線）
　ふくがわ　山口県周南市
福川中市町　ふくがわなかいちちょう　山口県周南市
福川町　ふくかわちょう　愛知県名古屋市中川区
福川南町　ふくがわみなみまち　山口県周南市
福工大前　ふっこうだいまえ　福岡県（JR鹿児島本線）
4**福中**　ふくなか　兵庫県佐用郡佐用町
福中町　ふくなかまち　兵庫県姫路市
福井
　ふくい　北海道札幌市西区
　ふくい　北海道虻田郡ニセコ町
　ふくい　福島県南会津郡只見町
　ふくい　福島県東白川郡棚倉町
　ふくい　新潟県新潟市西蒲区
　ふくい　新潟県阿賀野市
　ふくい　石川県羽咋郡志賀町
　ふくい　福井県（JR北陸本線ほか）
　ふくい　愛知県長久手市
　ふくい　大阪府茨木市
　ふくい　兵庫県三木市
　ふくい　和歌山県海草郡紀美野町
　ふくい　鳥取県鳥取市
　ふくい　鳥取県八頭郡八頭町
　ふくい　島根県隠岐郡海士町

　ふくい　岡山県（水島臨海鉄道線）
　ふくい　岡山県倉敷市
　ふくい　岡山県津山市
　ふくい　岡山県総社市
　ふくい　福岡県朝倉郡東峰村
福井下　ふくいしも　山口県萩市
福井上　ふくいかみ　山口県萩市
福井口　ふくいぐち　福井県（えちぜん鉄道勝山永平寺線ほか）
福井市　ふくいし　福井県
福井町
　ふくいまち　新潟県長岡市
　ふくいちょう　兵庫県宝塚市
　ふくいちょう　徳島県阿南市
　ふくいちょう　高知県高知市
福井東町　ふくいひがしまち　高知県高知市
福井県　ふくいけん
福井原　ふくいはら　長野県上高井郡高山村
福井扇町　ふくいおうぎまち　高知県高知市
福井駅　ふくいえき　福井県（福井鉄道福武線）
福元町　ふくもとちょう　愛知県瀬戸市
福戸町　ふくとまち　新潟県長岡市
福手　ふくて　栃木県芳賀郡茂木町
福木　ふくのき　茨城県北相馬郡利根町
福水町　ふくみずまち　石川県羽咋市
福王台　ふくおうだい　千葉県袖ケ浦市
5**福丘**　ふくおか　北海道紋田郡喜茂別町
福市　ふくいち　鳥取県米子市
福平
　ふくだいら　茨城県高萩市
　ふくひら　富山県黒部市
福本
　ふくもと　兵庫県神崎郡神河町
　ふくもと　鳥取県倉吉市
　ふくもと　鳥取県八頭郡八頭町
　ふくもと　鳥取県東伯郡三朝町
　ふくもと　岡山県美作市
福本町
　ふくもとちょう　京都府京都市上京区
　ふくもとちょう　京都府京都市左京区
　ふくもとちょう　京都府京都市下京区
　ふくもとまち　兵庫県姫路市
福正元町　ふくしょうもとまち　熊本県八代市
福正寺町　ふくしょうじまち　石川県白山市
福正町　ふくしょうまち　熊本県八代市
福母　ふくも　佐賀県杵島郡大町町
福永
　ふくなが　北海道天塩郡豊富町
　ふくなが　新潟県阿賀野市
　ふくなが　鳥取県東伯郡琴浦町
　ふくなが　広島県神石郡神石高原町
福永町　ふくながまち　石川県白山市
福生
　ふっさ　東京都（JR青梅線）
　ふっさ　東京都福生市
福生二宮　ふっさにのみや　東京都福生市
福生市　ふっさし　東京都
福用
　ふくよう　静岡県（大井川鉄道大井川本線）
　ふくよう　静岡県島田市

1185

13画（福）

福田
ふくだ　青森県弘前市
ふくだ　青森県三戸郡南部町
ふくだ　岩手県二戸市
ふくだ　宮城県柴田郡大河原町
ふくだ　秋田県大仙市
ふくだ　秋田県北秋田市
ふくだ　山形県米沢市
ふくだ　山形県鶴岡市
ふくだ　山形県新庄市
ふくだ　福島県相馬郡新地町
ふくだ　茨城県下妻市
ふくだ　茨城県笠間市
ふくだ　茨城県那珂市
ふくだ　茨城県稲敷市
ふくだ　茨城県つくばみらい市
ふくだ　茨城県稲敷郡阿見町
ふくだ　埼玉県川越市
ふくだ　埼玉県比企郡滑川町
ふくだ　千葉県香取市
ふくだ　神奈川県大和市
ふくだ　新潟県村上市
ふくだ　新潟県上越市
ふくだ　新潟県阿賀野市
ふくだ　富山県高岡市
ふくだ　富山県中新川郡立山町
ふくだ　石川県鹿島郡中能登町
ふくだ　長野県上田市
ふくで　静岡県磐田市
ふくだ　愛知県名古屋市港区
ふくだ　大阪府堺市中区
ふくだ　大阪府貝塚市
ふくだ　兵庫県神戸市垂水区
ふくだ　兵庫県豊岡市
ふくだ　兵庫県神崎郡福崎町
ふくだ　和歌山県海草郡紀美野町
ふくだ　鳥取県東伯郡三朝町
ふくだ　岡山県岡山市南区
ふくだ　岡山県津山市
ふくだ　岡山県備前市
ふくだ　岡山県赤磐市
ふくだ　岡山県真庭市
ふくだ　広島県広島市東区
ふくだ　山口県山陽小野田市
ふくだ　香川県小豆郡小豆島町
ふくだ　高知県土佐市
ふくた　佐賀県杵島郡白石町

福田ケ谷　ふくだがや　静岡県静岡市葵区

福田下
ふくだしも　岡山県津山市
ふくだしも　山口県阿武郡阿武町

福田上　ふくだかみ　山口県阿武郡阿武町
福田中島　ふくでなかじま　静岡県磐田市
福田六家　ふくたろっけ　富山県高岡市
福田本町　ふくだほんまち　長崎県長崎市
福田寺町　ふくでんじちょう　京都府京都市下京区

福田町
ふくだまち　宮城県（JR仙石線）
ふくだまち　宮城県仙台市宮城野区
ふくだちょう　秋田県大仙市
ふくだちょう　山形県米沢市
ふくだちょう　茨城県牛久市
ふくだまち　岐阜県岐阜市
ふくだちょう　岐阜県大垣市
ふくたちょう　愛知県みよし市
ふくだちょう　広島県広島市東区
ふくだちょう　広島県竹原市
ふくだまち　香川県高松市
ふくだまち　長崎県佐世保市
ふくだまち　長崎県諫早市

福田町古新田　ふくだちょうこしんでん　岡山県倉敷市
福田町広江　ふくだちょうひろえ　岡山県倉敷市
福田町東塚　ふくだちょうひがしづか　岡山県倉敷市
福田町南　ふくだまちみなみ　宮城県仙台市宮城野区
福田町浦田　ふくだちょううらだ　岡山県倉敷市
福田町福田　ふくだちょうふくだ　岡山県倉敷市
福田新田　ふくだしんでん　新潟県魚沼市
福石町　ふくいしちょう　長崎県佐世保市

⁶福光
ふくみつ　富山県（JR城端線）
ふくみつ　富山県南砺市
ふくみつ　石川県鳳珠郡能登町
ふくみつ　鳥取県倉吉市
ふくみつ　岡山県朝倉市

福光西　ふくみつにし　岐阜県岐阜市
福光東　ふくみつひがし　岐阜県岐阜市
福光南町　ふくみつみなみまち　岐阜県岐阜市
福光新町　ふくみつしんまち　富山県南砺市

福吉
ふくよし　兵庫県加東市
ふくよし　兵庫県佐用郡佐用町
ふくよし　鳥取県東伯郡三朝町
ふくし　鳥取県西伯郡伯耆町
ふくよし　岡山県勝田郡勝央町
ふくよし　福岡県（JR筑肥線）
ふくよし　佐賀県杵島郡白石町

福吉台　ふくよしだい　兵庫県神戸市西区
福吉町
ふくよしちょう　鳥取県倉吉市
ふくよしちょう　岡山県岡山市南区

福地
ふくじ　宮城県石巻市
ふくち　岐阜県加茂郡八百津町
ふくち　愛知県（名古屋鉄道西尾線）
ふくじ　三重県桑名市
ふくち　兵庫県揖保郡太子町
ふくち　鳥取県八頭郡八頭町
ふくじ　沖縄県糸満市

福地町
ふくちちょう　愛知県半田市
ふくちちょう　広島県尾道市

福守町　ふくもりちょう　鳥取県倉吉市
福成
ふくなり　鳥取県西伯郡南部町
ふくなり　岡山県岡山市南区

福成寺
ふくじょうじ　兵庫県豊岡市
ふくじょうじ　愛媛県西条市

福江
ふくえ　愛知県名古屋市昭和区
ふくえ　三重県桑名市
ふくえ　岡山県倉敷市
ふくえ　山口県（JR山陰本線）
ふくえ　山口県下関市

福江町
　ふくえちょう　愛知県田原市
　ふくえまち　三重県桑名市
　ふくえちょう　香川県坂出市
　ふくえちょう　長崎県五島市
福池　ふくいけ　愛知県名古屋市天白区
福米沢
　ふくめざわ　秋田県男鹿市
　ふくめざわ　福島県南会津郡南会津町
[7]福住
　ふくずみ　北海道（札幌市交通局東豊線）
　ふくずみ　北海道夕張市
　ふくずみ　北海道千歳市
　ふくずみ　北海道網走郡美幌町
　ふくずみ　北海道勇払郡むかわ町
　ふくずみ　東京都江東区
　ふくずみ　新潟県長岡市
　ふくすみ　愛知県知多郡阿久比町
　ふくすみ　兵庫県篠山市
福住一条　ふくずみいちじょう　北海道札幌市豊平区
福住二条　ふくずみにじょう　北海道札幌市豊平区
福住三条　ふくずみさんじょう　北海道札幌市豊平区
福住町
　ふくずみちょう　北海道芦別市
　ふくずみちょう　北海道恵庭市
　ふくずみまち　宮城県仙台市宮城野区
　ふくずみちょう　岐阜県岐阜市
　ふくずみちょう　愛知県名古屋市中川区
　ふくずみちょう　兵庫県小野市
　ふくずみちょう　兵庫県加西市
　ふくすみちょう　奈良県天理市
福住通　ふくずみどおり　兵庫県神戸市灘区
福寿町　ふくじゅちょう　愛知県岡崎市
福寿町千代田　ふくじゅちょうちよだ　岐阜県羽島市
福寿町平方　ふくじゅちょうひらかた　岐阜県羽島市
福寿町本郷　ふくじゅちょうほんごう　岐阜県羽島市
福寿町浅平　ふくじゅちょうあさひら　岐阜県羽島市
福寿町間島　ふくじゅちょうまじま　岐阜県羽島市
福寿実　ふくすみ　鳥取県日野郡日南町
福尾　ふくお　鳥取県西伯郡大山町
福束　ふくづか　岐阜県安八郡輪之内町
福束新田　ふくづかしんでん　岐阜県安八郡輪之内町
福村
　ふくむら　青森県弘前市
　ふくむら　三重県三重郡菰野町
福村町　ふくむらちょう　徳島県阿南市
福来
　ふくらい　富山県中新川郡立山町
　ふき　京都府舞鶴市
福来問屋町　ふきとんやまち　京都府舞鶴市
福沢
　ふくざわ　宮城県伊具郡丸森町
　ふくざわ　山形県東置賜郡高畠町
　ふくざわ　兵庫県佐用郡佐用町
　ふくざわ　岡山県加賀郡吉備中央町
福沢町
　ふくざわまち　宮城県仙台市青葉区
　ふくざわちょう　群馬県太田市
　ふくざわちょう　兵庫県姫路市
福沢前　ふくざわまえ　宮城県伊具郡丸森町
福沢南　ふくざわみなみ　山形県東置賜郡高畠町

福町
　ふくまち　福井県福井市
　ふくまち　大阪府大阪市西淀川区
　ふくまち　和歌山県和歌山市
福甸町　ふくでんちょう　兵庫県小野市
福良
　ふくら　栃木県小山市
　ふくら　大分県大分市
　ふくら　大分県臼杵市
福良乙　ふくらおつ　兵庫県南あわじ市
福良丙　ふくらへい　兵庫県南あわじ市
福良甲　ふくらこう　兵庫県南あわじ市
福見川町　ふくみがわまち　愛媛県松山市
福角町　ふくずみちょう　愛媛県松山市
福谷
　ふくたに　福井県小浜市
　ふくたに　福井県大飯郡おおい町
　ふくたに　岡山県岡山市北区
　ふくたに　岡山県総社市
　ふくたに　岡山県真庭市
福谷町　うきがいちょう　愛知県みよし市
福里
　ふくさと　北海道虻田郡喜茂別町
　ふくさと　鳥取県西伯郡南部町
[8]福取　ふくとり　新潟県東蒲原郡阿賀町
福受町　ふくじゅちょう　愛知県豊田市
福和田　ふくわだ　栃木県下都賀郡壬生町
福宗　ふくむね　大分県大分市
福定　ふくさだ　兵庫県養父市
福定町　ふくさだちょう　鳥取県境港市
福居
　ふくい　栃木県（東武鉄道伊勢崎線）
　ふくい　富山県富山市
　ふくい　鳥取県西伯郡伯耆町
福居町
　ふくいちょう　栃木県足利市
　ふくいまち　兵庫県姫路市
　ふくいちょう　兵庫県加西市
福岡
　ふくおか　岩手県二戸市
　ふくおか　宮城県仙台市泉区
　ふくおか　福島県東白川郡棚倉町
　ふくおか　茨城県つくばみらい市
　ふくおか　茨城県結城郡八千代町
　ふくおか　栃木県那須烏山市
　ふくおか　埼玉県ふじみ野市
　ふくおか　千葉県君津市
　ふくおか　新潟県三条市
　ふくおか　新潟県新発田市
　ふくおか　富山県（あいの風とやま鉄道線）
　ふくおか　富山県砺波市
　ふくおか　岐阜県中津川市
　ふくおか　静岡県牧之原市
　ふくおか　鳥取県西伯郡伯耆町
　ふくおか　愛媛県喜多郡内子町
福岡八宮　ふくおかやつみや　宮城県白石市
福岡中央　ふくおかちゅうおう　埼玉県ふじみ野市
福岡市　ふくおかし　福岡県
福岡町
　ふくおかまち　栃木県宇都宮市
　ふくおかまち　石川県能美市
　ふくおかちょう　愛知県豊橋市

13画（福）

ふくおかちょう　愛知県岡崎市
ふくおかちょう　三重県桑名市
ふくおかちょう　香川県高松市
福岡町一歩二歩　ふくおかちいちぶにぶ　富山県高岡市
福岡町下向田　ふくおかまちしもむくた　富山県高岡市
福岡町下老子　ふくおかまちしもおいご　富山県高岡市
福岡町下蓑　ふくおかまちしもみの　富山県高岡市
福岡町下蓑新　ふくおかまちしもみのしん　富山県高岡市
福岡町三日市　ふくおかまちみっかいち　富山県高岡市
福岡町上向田　ふくおかまちかみむくた　富山県高岡市
福岡町上野　ふくおかまちうわの　富山県高岡市
福岡町上蓑　ふくおかまちかみみの　富山県高岡市
福岡町土屋　ふくおかまちつちや　富山県高岡市
福岡町大野　ふくおかまちおおの　富山県高岡市
福岡町大滝　ふくおかまちおおたき　富山県高岡市
福岡町小伊勢領　ふくおかまちこいせりょう　富山県高岡市
福岡町小野　ふくおかまちこの　富山県高岡市
福岡町五位　ふくおかまちごい　富山県高岡市
福岡町木舟　ふくおかまちきぶね　富山県高岡市
福岡町加茂　ふくおかまちかも　富山県高岡市
福岡町本領　ふくおかまちほんりょう　富山県高岡市
福岡町矢部　ふくおかまちやべ　富山県高岡市
福岡町江尻　ふくおかまちえじり　富山県高岡市
福岡町西　ふくおかまちにし　富山県高岡市
福岡町西川原島　ふくおかまちにしかわらじま　富山県高岡市
福岡町西明寺　ふくおかまちさいみょうじ　富山県高岡市
福岡町沢川　ふくおかまちそうごう　富山県高岡市
福岡町花尾　ふくおかまちはなお　富山県高岡市
福岡町赤丸　ふくおかまちあかまる　富山県高岡市
福岡町栃丘　ふくおかまちとちおか　富山県高岡市
福岡町荒屋敷　ふくおかまちあらやしき　富山県高岡市
福岡町馬場　ふくおかまちばんば　富山県高岡市
福岡町鳥倉　ふくおかまちとりくら　富山県高岡市
福岡町開發　ふくおかまちかいほつ　富山県高岡市
福岡町福岡　ふくおかまちふくおか　富山県高岡市
福岡町福岡新　ふくおかまちふくおかしん　富山県高岡市
福岡町蓑島　ふくおかまちみのじま　富山県高岡市
福岡町舞谷　ふくおかまちまいのや　富山県高岡市
福岡武蔵野　ふくおかむさしの　埼玉県ふじみ野市
福岡空港　ふくおかくうこう　福岡県（福岡市交通局空港線）
福岡長袋　ふくおかながふくろ　宮城県白石市
福岡県　ふくおかけん
福岡原　ふくおかはら　鳥取県西伯郡伯耆町
福岡深谷　ふくおかふかや　宮城県白石市
福岡新田
ふくおかしんでん　埼玉県ふじみ野市
ふくおかしんでん　新潟県上越市
福岡蔵本　ふくおかくらもと　宮城県白石市

福武乙　ふくたけおつ　愛媛県西条市
福武甲　ふくたけこう　愛媛県西条市
福治　ふくじ　岡山県岡山市東区
福泊　ふくどまり　岡山県岡山市中区
福知山　ふくちやま　京都府（JR山陰本線ほか）
福知山市　ふくちやまし　京都府
福知山市民病院口　ふくちやましみんびょういんぐち　京都府（京都丹後鉄道宮福線）
福知堂口　ふくちどうちょう　奈良県天理市
福長　ふくなが　鳥取県日野郡日野町
福長町
ふくながちょう　京都府京都市上京区
ふくながちょう　京都府京都市中京区
⁹福前　ふくまえ　愛知県名古屋市港区
福室　ふくむろ　宮城県仙台市宮城野区
福屋　ふくや　愛知県名古屋市港区
福屋町　ふくやちょう　京都府京都市中京区
福栄　ふくえい　千葉県市川市
福栄町
ふくえいちょう　富山県高岡市
ふくえいちょう　大阪府八尾市
福柳木　ふくりゅうぎ　福岡県北九州市戸畑区
福泉　ふくせん　神奈川県南足柄市
福津市　ふくつし　福岡県
福神
ふくがみ　奈良県（近畿日本鉄道吉野線）
ふくがみ　奈良県吉野郡大淀町
福美町　ふくみちょう　宮城県気仙沼市
福重　ふくしげ　福岡県福岡市西区
福重団地　ふくしげだんち　福岡県福岡市西区
福重町　ふくしげまち　長崎県大村市
福重岡　ふくえおか　福島県大沼郡会津美里町
福面　ふくめん　広島県廿日市市
福音寺　ふくおんじ　愛媛県（伊予鉄道横河原線）
福音寺町　ふくおんじまち　愛媛県松山市
¹⁰福俵
ふくたわら　千葉県（JR東金線）
ふくたわら　千葉県東金市
福兼　ふくかね　鳥取県西伯郡伯耆町
福原
ふくはら　北海道上川郡和寒町
ふくわら　山形県東田川郡庄内町
ふくはら　福島県河沼郡会津坂下町
ふくはら　茨城県（JR水戸線）
ふくはら　茨城県笠間市
ふくわら　茨城県つくばみらい市
ふくはら　栃木県大田原市
ふくはら　新潟県長岡市
ふくわら　山梨県南巨摩郡身延町
ふくわら　長野県上高井郡小布施町
ふくはら　鳥取県八頭郡智頭町
ふくはら　徳島県勝浦郡上勝町
ふくばる　福岡県行橋市
ふくはら　熊本県合志市
ふくはら　熊本県上益城郡益城町
ふくはら　大分県竹田市
福原町
ふくはらちょう　愛知県名古屋市昭和区
ふくわらちょう　兵庫県神戸市兵庫区
ふくはらちょう　島根県松江市
福原前　ふくはらまえ　福島県河沼郡会津坂下町

13画（福）

福原新田町　ふくはらしんでんちょう　愛知県愛西市
福原農場　ふくはらのうじょう　北海道空知郡中富良野町
福島
　　ふくしま　北海道松前郡福島町
　　ふくしま　北海道蛇田郡喜茂別町
　　ふくしま　北海道紋別郡湧別町
　　ふくしま　青森県東津軽郡平内町
　　ふくしま　青森県南津軽郡藤崎町
　　ふくしま　山形県東田川郡庄内町
　　ふくしま　福島県（JR東北新幹線ほか）
　　ふくしま　茨城県笠間市
　　ふくしま　茨城県潮来市
　　ふくじま　群馬県甘楽郡甘楽町
　　ふくじま　群馬県佐波郡玉村町
　　ふくじま　群馬県邑楽郡千代田町
　　ふくしま　千葉県長生郡白子町
　　ふくしま　新潟県新潟市秋葉区
　　ふくじま　新潟県新潟市南区
　　ふくじま　新潟県新潟市西蒲区
　　ふくじま　新潟県新発田市
　　ふくしま　新潟県十日町市
　　ふくしま　富山県下新川郡入善町
　　ふくしま　長野県伊那市
　　ふくしま　長野県木曽郡木曽町
　　ふくしま　岐阜県揖斐郡揖斐川町
　　ふくしま　岐阜県加茂郡川辺町
　　ふくしま　岐阜県大野郡白川村
　　ふくしま　愛知県名古屋市中川区
　　ふくしま　三重県桑名市
　　ふくしま　大阪府（JR大阪環状線ほか）
　　ふくしま　大阪府大阪市福島区
　　ふくしま　兵庫県三田市
　　ふくしま　和歌山県和歌山市
　　ふくしま　鳥取県西伯郡伯耆町
　　ふくしま　岡山県岡山市南区
　　ふくしま　岡山県倉敷市
　　ふくしま　徳島県徳島市
　　ふくしま　大分県中津市
福島口　ふくしまぐち　佐賀県（松浦鉄道西九州線）
福島今町　ふくしまいままち　宮崎県（JR日南線）
福島区　ふくしまく　大阪府大阪市
福島市　ふくしまし　福島県
福島町
　　ふくしまちょう　北海道松前郡
　　ふくしままち　群馬県高崎市
　　ふくじままち　群馬県伊勢崎市
　　ふくしまちょう　東京都昭島市
　　ふくしままち　新潟県長岡市
　　ふくしままち　新潟県見附市
　　ふくしままち　石川県能美市
　　ふくしまちょう　福井県福井市
　　ふくじままち　長野県須坂市
　　ふくしまちょう　静岡県浜松市南区
　　ふくしまちょう　愛知県稲沢市
　　ふくしまちょう　京都府京都市上京区
　　ふくしまちょう　京都府京都市下京区
　　ふくしまちょう　広島県（広島電鉄本線ほか）
　　ふくしまちょう　広島県広島市西区
　　ふくしまちょう　香川県丸亀市
　　ふくしまちょう　宮崎県宮崎市
福島町土谷免　ふくしまちょうどやめん　長崎県松浦市
福島町里免　ふくしまちょうさとめん　長崎県松浦市

福島町浅谷免　ふくしまちょうあさがいめん　長崎県松浦市
福島町原免　ふくしまちょうはるめん　長崎県松浦市
福島町喜内瀬免　ふくしまちょうきないせめん　長崎県松浦市
福島町塩浜免　ふくしまちょうしおはまめん　長崎県松浦市
福島町端免　ふくしまちょうはしめん　長崎県松浦市
福島町鍋串免　ふくしまちょうなべぐしめん　長崎県松浦市
福島学院前　ふくしまがくいんまえ　福島県（阿武隈急行線）
福島県　ふくしまけん
福島高松　ふくしまたかまつ　宮崎県（JR日南線）
福島新　ふくじましん　富山県下新川郡入善町
福島新田　ふくしましんでん　新潟県三条市
福島新田乙　ふくしましんでんおつ　新潟県三条市
福島新田丁　ふくじましんでんてい　新潟県三条市
福島新田丙　ふくしましんでんへい　新潟県三条市
福島新田戊　ふくしましんでんぼ　新潟県三条市
福島新田甲　ふくしましんでんこう　新潟県三条市
福島新町　ふくしましんまち　三重県桑名市
福庭　ふくば　鳥取県倉吉市
福庭町　ふくばちょう　鳥取県倉吉市
福浦
　　ふくうら　青森県北津軽郡中泊町
　　ふくうら　神奈川県（横浜シーサイドライン）
　　ふくうら　神奈川県横浜市金沢区
　　ふくうら　神奈川県足柄下郡湯河原町
　　ふくうら　兵庫県赤穂市
　　ふくうら　愛媛県南宇和郡愛南町
福浦吉浜　ふくうらよしはま　神奈川県足柄下郡湯河原町
福浦港　ふくらこう　石川県羽咋郡志賀町
福浦鍛冶屋　ふくうらかじや　神奈川県足柄下郡湯河原町
福浜
　　ふくはま　福岡県福岡市中央区
　　ふくはま　熊本県葦北郡津奈木町
福浜西町　ふくはまにしまち　岡山県岡山市南区
福浜町　ふくはまちょう　岡山県岡山市南区
福畠町　ふくはたけまち　石川県金沢市
福留町　ふくどめまち　石川県白山市
福留南　ふくどめみなみ　石川県白山市
福釜町　ふかまちょう　愛知県安城市
11福堂町　ふくどうちょう　滋賀県東近江市
福崎
　　ふくさき　茨城県桜川市
　　ふくざき　大阪府大阪市港区
　　ふくざき　兵庫県（JR播但線）
　　ふくざき　岡山県岡山市北区
福崎町　ふくさきちょう　兵庫県神崎郡
福崎新　ふくさきしん　兵庫県神崎郡福崎町
福桶町　ふくおけちょう　愛知県岡崎市
福清水町　ふくしみずまち　愛知県碧南市
福船　ふくぶね　高知県南国市
福船町　ふくふねちょう　愛知県名古屋市中川区
福部　ふくべ　鳥取県（JR山陰本線）
福部町八重原　ふくべちょうやえばら　鳥取県鳥取市
福部町久志羅　ふくべちょうくじら　鳥取県鳥取市

1189

13画（稚，稔）

福部町中　ふくべちょうなか　鳥取県鳥取市
福部町左近　ふくべちょうさこ　鳥取県鳥取市
福部町岩戸　ふくべちょういわど　鳥取県鳥取市
福部町南田　ふくべちょうのうだ　鳥取県鳥取市
福部町海士　ふくべちょうあもう　鳥取県鳥取市
福部町栗谷　ふくべちょうくりたに　鳥取県鳥取市
福部町高江　ふくべちょうたかえ　鳥取県鳥取市
福部町細川　ふくべちょうほそがわ　鳥取県鳥取市
福部町湯山　ふくべちょうゆやま　鳥取県鳥取市
福部町箭渓　ふくべちょうやだに　鳥取県鳥取市
福部町蔵見　ふくべちょうくらみ　鳥取県鳥取市
福野
　ふくの　北海道常呂郡訓子府町
　ふくの　富山県（JR城端線）
　ふくの　富山県南砺市
　ふくの　石川県羽咋郡志賀町
　ふくの　岐阜県（長良川鉄道越美南線）
福野田　ふくのだ　青森県北津軽郡板柳町
福野軸屋　ふくのじくや　富山県南砺市
12福塚　ふくづか　鳥取県日野郡日南町
福塚町　ふくづかちょう　静岡県浜松市南区
福富
　ふくとみ　北海道上川郡美瑛町
　ふくとみ　岐阜県岐阜市
　ふくとみ　兵庫県美方郡新温泉町
　ふくとみ　鳥取県倉吉市
　ふくとみ　岡山県和気郡和気町
　ふくとみ　佐賀県杵島郡白石町
　ふくとみ　熊本県上益城郡益城町
福富下分　ふくどみしもぶん　佐賀県杵島郡白石町
福富中　ふくとみなか　岡山県岡山市南区
福富天神前　ふくとみてんじんまえ　岐阜県岐阜市
福富出口　ふくとみでぐち　岐阜県岐阜市
福富永田　ふくとみながた　岐阜県岐阜市
福富西　ふくとみにし　岡山県岡山市南区
福富町
　ふくとみちょう　栃木県足利市
　ふくとみちょう　島根県松江市
福富町下竹仁　ふくとみちょうしもだけに　広島県東広島市
福富町上戸野　ふくとみちょうかみとの　広島県東広島市
福富町上竹仁　ふくとみちょうかみだけに　広島県東広島市
福富町久芳　ふくとみちょうくば　広島県東広島市
福富町田　ふくとみちょうだ　岐阜県岐阜市
福富町仲通　ふくとみちょうなかどおり　神奈川県横浜市中区
福富町西通　ふくとみちょうにしどおり　神奈川県横浜市中区
福富町東通　ふくとみちょうひがしどおり　神奈川県横浜市中区
福富迎田　ふくとみむかえだ　岐阜県岐阜市
福富東　ふくとみひがし　岡山県岡山市南区
福富笠海道　ふくとみかさかいどう　岐阜県岐阜市
福富新町　ふくとみしんちょう　栃木県足利市
福智町　ふくちまち　福岡県田川郡
福智院町　ふくちいんちょう　奈良県奈良市
福渡
　ふくわた　福島県南会津郡南会津町

　ふくわたり　岡山県（JR津山線）
福渡町　ふくわたりまち　岡山県津山市
福満　ふくみつ　北海道沙流郡日高町
福童　ふくどう　福岡県小郡市
福貴　ふき　奈良県生駒郡平群町
福貴作　ふきざく　福島県石川郡浅川町
福貴畑　ふきはた　奈良県生駒郡平群町
福貴浦　ふっきうら　宮城県石巻市
福道町
　ふくみちまち　新潟県長岡市
　ふくみちちょう　静岡県熱海市
福間　ふくま　福岡県（JR鹿児島本線）
福間南　ふくまみなみ　福岡県福津市
福間駅東　ふくまえきひがし　福岡県福津市
13福新町
　ふくしんまち　石川県白山市
　ふくしんまち　福井県福井市
福路　ふくろ　北海道紋別郡遠軽町
福路町　ふくろまち　和歌山県田辺市
14福増　ふくます　千葉県市原市
福増町
　ふくますまち　石川県金沢市
　ふくますまち　石川県白山市
福徳町　ふくとくちょう　愛知県名古屋市北区
福稲下高松町　ふくいねしもたかまつちょう　京都府京都市東山区
福稲上高松町　ふくいねかみたかまつちょう　京都府京都市東山区
福稲川原町　ふくいねかわらちょう　京都府京都市東山区
福稲岸ノ上町　ふくいねきしのかみちょう　京都府京都市東山区
福稲柿本町　ふくいねかきもとちょう　京都府京都市東山区
福稲高原町　ふくいねたかはらちょう　京都府京都市東山区
福稲御所ノ内町　ふくいねごしのうちちょう　京都府京都市東山区
16福橋　ふくはし　新潟県上越市
福積　ふくづみ　鳥取県倉吉市
福舘
　ふくだて　青森県南津軽郡藤崎町
　ふくだて　秋田県北秋田郡上小阿仁村
福頼　ふくより　鳥取県西伯郡南部町
福館　ふくだて　青森県東津軽郡平内町
19福瀬町　ふくぜちょう　大阪府和泉市

【稚】
3稚子塚　ちごづか　富山県（富山地方鉄道立山線）
4稚内　わっかない　北海道（JR宗谷本線）
稚内市　わっかないし　北海道
稚日野町　わかひのまち　石川県金沢市
7稚児宮通　ちごのみやとおり　愛知県名古屋市北区
9稚咲内　わかさかない　北海道天塩郡豊富町

【稔】
5稔台　みのりだい　千葉県松戸市
7稔町
　みのりちょう　北海道岩見沢市
　みのりちょう　青森県弘前市

13画（竪、節、筵、筥、筬、糀、継、絹、続、置、義、群、羨、聖）

【竪】
0竪ケ浜　たてがはま　山口県熊毛郡平生町
3竪大恩寺町　たてだいおんじちょう　京都府京都市中京区
4竪切北　たてきりきた　岐阜県関市
　竪切南　たてきりみなみ　岐阜県関市
7竪町
　　たてまち　石川県金沢市
　　たてまち　島根県松江市
　　たてまち　福岡県北九州市小倉北区
　竪社北半町　たてやしろきたはんちょう　京都府京都市上京区
　竪社南半町　たてやしろみなみはんちょう　京都府京都市上京区
8竪林町　たてばやしまち　福岡県北九州市小倉北区
　竪門前町　たてもんぜんちょう　京都府京都市上京区
9竪神明町　たてしんめいちょう　京都府京都市上京区
11竪亀屋町　たてかめやちょう　京都府京都市上京区
　竪堀　たてぼり　静岡県（JR身延線）
12竪富田町　たてとみだちょう　京都府京都市上京区

【節】
3節丸　せつまる　福岡県京都郡みやこ町
　節子　せっこ　鹿児島県大島郡瀬戸内町
11節婦　せっぷ　北海道（JR日高本線）
　節婦町　せっぷちょう　北海道新冠郡新冠町

【筵】
4筵内　むしろうち　福岡県古賀市

【筥】
8筥松　はこまつ　福岡県福岡市東区
　筥松新町　はこまつしんまち　福岡県福岡市東区

【筬】
10筬島　おさしま　北海道（JR宗谷本線）

【糀】
5糀台　こうじだい　兵庫県神戸市西区
7糀町
　　こうじまち　鳥取県米子市
　　こうじまち　山口県周南市
　糀谷
　　こうじや　埼玉県所沢市
　　こうじや　東京都（京浜急行電鉄空港線）
9糀屋町　こうじやまち　福岡県柳川市

【継】
　継　つぎ　兵庫県姫路市
5継立　つぎたて　北海道夕張郡栗山町
7継孝院町　けいこういんちょう　京都府京都市上京区
11継鹿尾　つがお　愛知県犬山市

【絹】
　絹　きぬ　千葉県富津市
0絹ケ丘　きぬがおか　東京都八王子市
　絹の台　きぬのだい　茨城県つくばみらい市
5絹田町　きぬたちょう　愛知県豊橋市

8絹延町　きぬのべちょう　兵庫県川西市
　絹延橋　きぬのべばし　兵庫県（能勢電鉄妙見線）
　絹板　きぬいた　栃木県下野市
9絹屋　きぬや　鳥取県西伯郡南部町
　絹屋町　きぬやちょう　京都府京都市中京区

【続】
7続谷　つづきや　栃木県芳賀郡市貝町
10続浜ノ浦郷　つづきはまのうらごう　長崎県南松浦郡新上五島町

【置】
4置戸町　おけとちょう　北海道常呂郡
8置杵牛　おききねうし　北海道上川郡美瑛町
15置賜　おいたま　山形県（JR奥羽本線）
　置賜町　おきたまちょう　福島県福島市

【義】
4義方町　ぎほうちょう　鳥取県米子市
6義仲町　よしなかちょう　石川県小松市
14義塾高校前　ぎじゅくこうこうまえ　青森県（弘南鉄道大鰐線）

【群】
7群来町　くきちょう　北海道古平郡古平町
8群岡　むらおか　福島県耶麻郡西会津町
10群馬八幡　ぐんまやわた　群馬県（JR信越本線）
　群馬大津　ぐんまおおつ　群馬県（JR吾妻線）
　群馬県　ぐんまけん
　群馬原町　ぐんまはらまち　群馬県（JR吾妻線）
　群馬郡　ぐんまぐん　⇒消滅（群馬県）
　群馬総社　ぐんまそうじゃ　群馬県（JR上越線）
　群馬藤岡　ぐんまふじおか　群馬県（JR八高線）

【羨】
5羨古丹　うらやこたん　北海道厚岸郡浜中町

【聖】
0聖ケ丘　ひじりがおか　東京都多摩市
1聖一色　ひじりいっしき　静岡県静岡市駿河区
3聖川　ひじりかわ　石川県羽咋郡宝達志水町
4聖天下　しょうてんした　大阪府大阪市西成区
　聖天坂　しょうてんさか　大阪府（阪堺電気軌道阪堺線）
　聖天町　しょうてんちょう　京都府京都市上京区
　聖心町　せいしんちょう　愛知県豊田市
5聖石町　ひじりいしまち　群馬県高崎市
8聖佳町　せいかちょう　京都府福知山市
　聖和台　せいわだい　大阪府南河内郡太子町
　聖和町　せいわちょう　滋賀県東近江市
10聖真子町　しょうしんじちょう　京都府京都市下京区
　聖高原　ひじりこうげん　長野県（JR篠ノ井線）
11聖陵町　せいりょうちょう　宮崎県西都市
13聖愛中高前　せいあいちゅうこうまえ　青森県（弘南鉄道大鰐線）
14聖徳町　せいとくちょう　滋賀県東近江市
18聖蹟桜ケ丘　せいせきさくらがおか　東京都（京王電鉄京王線）

1191

13画（腰, 腹, 觧, 蓋, 蒲）

²⁰聖護院山王町 しょうごいんさんのうちょう 京都府京都市左京区
聖護院川原町 しょうごいんかわはらちょう 京都府京都市左京区
聖護院中町 しょうごいんなかまち 京都府京都市左京区
聖護院円頓美町 しょうごいんえんとみちょう 京都府京都市左京区
聖護院西町 しょうごいんにしまち 京都府京都市左京区
聖護院東寺領町 しょうごいんひがしじりょうちょう 京都府京都市左京区
聖護院東町 しょうごいんひがしまち 京都府京都市左京区
聖護院蓮華蔵町 しょうごいんれんげぞうちょう 京都府京都市左京区
²²聖籠町 せいろうまち 新潟県北蒲原郡

【腰】
³腰山 こしやま 三重県伊賀市
⁶腰当 こしあて 千葉県茂原市
¹⁰腰浜町 こしはまちょう 福島県福島市
¹²腰越
　こしごえ 埼玉県比企郡小川町
　こしごえ 千葉県館山市
　こしごえ 神奈川県（江ノ島電鉄線）
　こしごえ 神奈川県鎌倉市
　こしごえ 長野県上田市
　こしごえ 静岡県静岡市葵区

【腹】
⁴腹太町 はらふとちょう 三重県松阪市
⁷腹赤 はらか 熊本県玉名郡長洲町
¹⁰腹帯
　はらたい 岩手県（JR山田線）
　はらたい 岩手県宮古市
¹⁴腹鞍ノ沢 はらがいのさわ 秋田県能代市

【觧】
³觧川岸町 はしけかわぎしちょう 新潟県新潟市中央区

【蓋】
⁴蓋井島 ふたおいじま 山口県下関市

【蒲】
⁰蒲ケ山 かまがやま 茨城県稲敷市
蒲ケ沢 がわがさわ 新潟県新潟市秋葉区
²蒲入 かまにゅう 京都府与謝郡伊根町
⁴蒲之沢町 かばのさわまち 福島県岩瀬郡鏡石町
蒲刈町大浦 かまがりちょうおおうら 広島県呉市
蒲刈町田戸 かまがりちょうたど 広島県呉市
蒲刈町向 かまがりちょうむかい 広島県呉市
蒲刈町宮盛 かまがりちょうみやざかり 広島県呉市
蒲木 かばのき 宮城県刈田郡七ケ宿町
⁵蒲生
　がもう 宮城県仙台市宮城野区
　がもう 福島県南会津郡只見町
　がもう 埼玉県（東武鉄道伊勢崎線）
　がもう 埼玉県越谷市

かもう 新潟県十日町市
こも 京都府船井郡京丹波町
がもう 大阪府大阪市城東区
がもう 鳥取県岩美郡岩美町
かもう 香川県小豆郡小豆島町
がもう 福岡県北九州市小倉南区
がもう 福岡県柳川市
かもう 熊本県山鹿市
蒲生大森町 がもうおおもりちょう 滋賀県東近江市
蒲生四丁目 がもうよんちょうめ 大阪府（大阪市交通局今里筋線ほか）
蒲生本町 がもうほんちょう 埼玉県越谷市
蒲生田 かもうだ 山形県南陽市
蒲生寺町 がもうてらまち 滋賀県東近江市
蒲生旭町 がもうあさひちょう 埼玉県越谷市
蒲生西町 がもうにしまち 埼玉県越谷市
蒲生寿町 がもうことぶきちょう 埼玉県越谷市
蒲生町
　がもうちょう 福井県福井市
　かもうちょう ⇒姶良市（鹿児島県）
蒲生町下久徳 かもうちょうしもぎゅうとく 鹿児島県姶良市
蒲生町上久徳 かもうちょうかみぎゅうとく 鹿児島県姶良市
蒲生町久末 かもうちょうひさすえ 鹿児島県姶良市
蒲生町北 かもうちょうきた 鹿児島県姶良市
蒲生町白男 かもうちょうしらお 鹿児島県姶良市
蒲生町米丸 かもうちょうよねまる 鹿児島県姶良市
蒲生町西浦 かもうちょうにしうら 鹿児島県姶良市
蒲生町漆 かもうちょううるし 鹿児島県姶良市
蒲生岡本町 がもうおかもとちょう 滋賀県東近江市
蒲生東町 がもうひがしちょう 埼玉県越谷市
蒲生南町 がもうみなみちょう 埼玉県越谷市
蒲生茜町 がもうあかねちょう 埼玉県越谷市
蒲生郡 がもうぐん 滋賀県
蒲生堂町 かもうどうちょう 滋賀県東近江市
蒲生野 かもうの 山口県下関市
蒲生愛宕町 がもうあたごちょう 埼玉県越谷市
蒲田
　かまた 東京都（JR京浜東北線ほか）
　かまた 東京都大田区
　かわた 富山県氷見市
　かまた 福岡県福岡市東区
蒲田一本松 がまたいっぽんまつ 青森県平川市
蒲田三原 がまたみはら 青森県平川市
蒲田元宮 がまたもとみや 青森県平川市
蒲田本町 かまたほんちょう 東京都大田区
蒲田玉田 がまたたまだ 青森県平川市
蒲田豊田 がまたとよた 青森県平川市
蒲田豊富 がまたとよとみ 青森県平川市
⁶蒲江
　かまや 京都府舞鶴市
　こもえ 兵庫県西脇市
蒲江丸市尾浦 かまえまるいちびうら 大分県佐伯市
蒲江竹野浦河内 かまえたけのうらごうち 大分県佐伯市
蒲江西野浦 かまえにしのうら 大分県佐伯市
蒲江尾浦 かまえおうら 大分県佐伯市
蒲江波当津浦 かまえはとうづうら 大分県佐伯市
蒲江畑野浦 かまえはたのうら 大分県佐伯市

13画(蒔, 蒋, 蒼, 蒜, 蓬)

蒲江猪串浦　かまえいのくしうら　大分県佐伯市
蒲江葛原浦　かまえかずらはらうら　大分県佐伯市
蒲江野々河内浦　かまえののかわちうら　大分県佐伯市
蒲江森崎浦　かまえもりさきうら　大分県佐伯市
蒲江楠本浦　かまえくすもとうら　大分県佐伯市
蒲江蒲江浦　かまえかまえうら　大分県佐伯市
蒲池
　　がまいけ　新潟県糸魚川市
　　かばいけ　愛知県(名古屋鉄道常滑線)
　　かばいけ　愛知県常滑市
　　かまち　福岡県(西日本鉄道天神大牟田線)
蒲池町　かばいけちょう　愛知県常滑市
蒲牟田　かまむた　宮崎県西諸県郡高原町
7蒲町　かばのまち　宮城県仙台市若林区
8蒲沼　がまぬま　秋田県南秋田郡八郎潟町
10蒲倉町　かばくらまち　福島県郡山市
蒲原
　　かんばら　静岡県(JR東海道本線)
　　かんばら　静岡県静岡市清水区
　　かまはら　福岡県八女市
蒲原小金　かんばらこがね　静岡県静岡市清水区
蒲原中　かんばらなか　静岡県静岡市清水区
蒲原町　かんばらまち　新潟県新潟市中央区
蒲原東　かんばらひがし　静岡県静岡市清水区
蒲原神沢　かんばらかんざわ　静岡県静岡市清水区
蒲原堰沢　かんばらせぎざわ　静岡県静岡市清水区
蒲原新田　かんばらしんでん　静岡県静岡市清水区
蒲原新栄　かんばらしんえい　静岡県静岡市清水区
蒲庭　かばにわ　福島県相馬市
蒲郡　がまごおり　愛知県(JR東海道本線ほか)
蒲郡　がまおりし　愛知県
蒲郡町　がまごおりちょう　愛知県蒲郡市
蒲郡競艇場前　がまごおりきょうていじょうまえ　愛知県(名古屋鉄道蒲郡線)
11蒲萄　ぶどう　新潟県村上市
蒲野　かまの　香川県小豆郡小豆島町
蒲野沢　がまのさわ　青森県下北郡東通村
12蒲須坂
　　かますさか　栃木県(JR東北本線)
　　かますさか　栃木県さくら市

【蒔】
5蒔田
　　まきだ　福島県喜多方市
　　まくだ　茨城県筑西市
　　まいた　埼玉県秩父市
　　まいた　神奈川県(横浜市交通局ブルーライン)
　　まいた　新潟県阿賀野市
　　まきた　三重県四日市市
蒔田町
　　まいたちょう　神奈川県横浜市南区
　　まきたちょう　京都府京都市東山区
8蒔苗　まかなえ　青森県弘前市
11蒔鳥屋町　まきとりやちょう　京都府京都市上京区
12蒔絵屋町　まきえやちょう　京都府京都市中京区

【蒋】
11蒋渕　こもぶち　愛媛県宇和島市

【蒼】
3蒼久保　あおくぼ　長野県上田市
7蒼社町　そうしゃちょう　愛媛県今治市
9蒼前　そうぜん　青森県上北郡七戸町
蒼前西　そうぜんにし　青森県三戸郡階上町
蒼前東　そうぜんひがし　青森県三戸郡階上町

【蒜】
3蒜山下見　ひるぜんしもみ　岡山県真庭市
蒜山下和　ひるぜんしたお　岡山県真庭市
蒜山下長田　ひるぜんしもながた　岡山県真庭市
蒜山下福田　ひるぜんしもふくだ　岡山県真庭市
蒜山下徳山　ひるぜんしもとくやま　岡山県真庭市
蒜山上長田　ひるぜんかみながた　岡山県真庭市
蒜山上福田　ひるぜんかみふくだ　岡山県真庭市
蒜山上徳山　ひるぜんかみとくやま　岡山県真庭市
蒜山中福田　ひるぜんなかふくだ　岡山県真庭市
蒜山本茅部　ひるぜんほんかやべ　岡山県真庭市
蒜山吉田　ひるぜんよしだ　岡山県真庭市
蒜山西茅部　ひるぜんにしかやべ　岡山県真庭市
蒜山初和　ひるぜんはつわ　岡山県真庭市
蒜山別所　ひるぜんべっしょ　岡山県真庭市
蒜山東茅部　ひるぜんひがしかやべ　岡山県真庭市
蒜山真加子　ひるぜんまかご　岡山県真庭市
蒜山富山根　ひるぜんとみやまね　岡山県真庭市
蒜山富掛田　ひるぜんとみかけだ　岡山県真庭市
蒜山湯船　ひるぜんゆぶね　岡山県真庭市
5蒜生　ひりゅう　福島県石川郡玉川村
10蒜畠　ひるばたけ　福井県大飯郡高浜町

【蓬】
3蓬川町　よもがわちょう　兵庫県尼崎市
蓬川荘園　よもがわそうえん　兵庫県尼崎市
5蓬平　よもぎひら　新潟県十日町市
蓬平町　よもぎひらまち　新潟県長岡市
蓬生町　よもぎゅうちょう　愛知県岡崎市
蓬田
　　よもぎた　青森県(JR津軽線)
　　よもぎた　青森県東津軽郡蓬田村
　　よもぎた　福島県二本松市
　　よもぎた　茨城県筑西市
　　よもぎた　長野県佐久市
蓬田村　よもぎたむら　青森県東津軽郡
蓬田新田　よもぎだしんでん　福島県石川郡平田村
7蓬沢
　　よもぎざわ　富山県中新川郡上市町
　　よもぎさわ　山梨県甲府市
蓬沢町　よもぎさわまち　山梨県甲府市
9蓬栄　ほうえい　北海道(JR日高本線)
10蓬莱
　　ほうらい　滋賀県(JR湖西線)
　　ほうらい　和歌山県新宮市
蓬莱町
　　ほうらいちょう　福島県福島市
　　ほうらいちょう　栃木県鹿沼市
　　ほうらいちょう　神奈川県横浜市中区
　　ほうらいちょう　福井県敦賀市
　　ほうらいちょう　福井県越前市
　　ほうらいちょう　愛知県岡崎市

1193

13画（蓑, 蓮, 蛾, 蛸）

ほうらいちょう　香川県丸亀市

【蓑】

³蓑川町　みのがわちょう　愛知県岡崎市
　蓑川新町　みのかわしんまち　愛知県岡崎市
⁴蓑毛　みのげ　神奈川県秦野市
⁷蓑村　みのむら　三重県多気郡明和町
　蓑沢　みのざわ　栃木県那須郡那須町
　蓑町　みのちょう　福井県福井市
　蓑谷　みのだに　富山県南砺市
⁸蓑和田　みのわだ　新潟県魚沼市
⁹蓑垣内　みのがいと　和歌山県海草郡紀美野町
　蓑津呂　みのつろ　和歌山県海草郡紀美野町
¹⁰蓑原町　みのばるちょう　宮崎県都城市
　蓑島　みのしま　福岡県行橋市
　蓑脇町　みのわきちょう　福井県越前市
¹¹蓑野町　みののまち　熊本県人吉市
¹²蓑道　みのみち　福井県大野市
¹⁵蓑輪
　みのわ　富山県滑川市
　みのわ　富山県小矢部市
　蓑輪町　みのわまち　石川県小松市

【蓮】

蓮
　はちす　長野県（JR飯山線）
　はちす　長野県飯山市
⁰蓮ケ池　はすがいけ　宮崎県（JR日豊本線）
　蓮ケ浦　はすがうら　福井県あわら市
　蓮ケ浴　はすがえき　山口県周南市
⁵蓮代寺町　れんだいじまち　石川県小松市
　蓮台　れんだい　高知県高知市
　蓮台寺
　　れんだいじ　新潟県糸魚川市
　　れんだいじ　静岡県（伊豆急行線）
　　れんだいじ　静岡県下田市
　　れんだいじ　福岡県飯塚市
　　れんだいじ　熊本県熊本市西区
　蓮台寺町　れんだいじちょう　滋賀県彦根市
　蓮正寺　れんしょうじ　神奈川県小田原市
　蓮田
　　はすだ　埼玉県（JR東北本線）
　　はすだ　埼玉県蓮田市
　蓮田市　はすだし　埼玉県
⁶蓮如町　れんにょまち　石川県金沢市
　蓮池
　　はすいけ　愛知県一宮市
　　はすいけ　愛知県犬山市
　　はすいけ　三重県伊賀市
　　はすいけ　高知県土佐市
　蓮池町
　　はすいまち　石川県白山市
　　はすいけちょう　滋賀県大津市
　　はすいけちょう　兵庫県神戸市長田区
　　はすいけちょう　鳥取県境港市
　　はすいけちょう　佐賀県伊万里市
　蓮池町小松　はすいけまちこまつ　佐賀県佐賀市
　蓮池町古賀　はすいけまちこが　佐賀県佐賀市
　蓮池町見島　はすいけまちみしま　佐賀県佐賀市

蓮池町通　はすいけまちどおり　高知県（とさでん交通桟橋線）
蓮池町蓮池　はすいけまちはすいけ　佐賀県佐賀市
⁷蓮町
　はすまち　富山県（富山ライトレール線）
　はすまち　富山県富山市
蓮花寺
　れんげじ　新潟県長岡市
　れんげじ　富山県高岡市
　れんげじ　石川県河北郡津幡町
　れんげじ　三重県（三岐鉄道北勢線）
　れんげじ　三重県桑名市
　れんげじ　滋賀県蒲生郡日野町
　れんげじ　岡山県美作市
　れんげじ　福岡県中間市
蓮花寺町
　れんげじまち　石川県野々市市
　れんげじちょう　三重県松阪市
蓮花寺新町　れんげじしんまち　富山県高岡市
蓮花町　れんげまち　石川県金沢市
蓮見町　はすみちょう　三重県桑名市
蓮見新田　はすみしんでん　埼玉県さいたま市緑区
蓮角　はんがく　福岡県遠賀郡遠賀町
⁸蓮河原町　はすかわらまち　茨城県土浦市
蓮河原新町　はすかわらしんまち　茨城県土浦市
蓮沼
　はすぬま　青森県五所川原市
　はすぬま　茨城県つくば市
　はすぬま　茨城県筑西市
　はすぬま　埼玉県さいたま市見沼区
　はすぬま　埼玉県川口市
　はすぬま　埼玉県深谷市
　はすぬま　千葉県山武市
　はすぬま　東京都（東京急行電鉄池上線）
　はすぬま　富山県小矢部市
蓮沼平　はすぬまひら　千葉県山武市
蓮沼町　はすぬまちょう　東京都板橋区
蓮沼新田　はすぬましんでん　埼玉県比企郡吉見町
⁹蓮乗寺　れんじょうじ　愛媛県南宇和郡愛南町
蓮美町　はすみまち　富山県高岡市
¹⁰蓮宮通　はすみやどおり　兵庫県神戸市長田区
蓮根
　はすね　東京都（東京都交通局三田線）
　はすね　東京都板橋区
¹¹蓮常寺　れんじょうじ　兵庫県揖保郡太子町
蓮野　はすの　新潟県北蒲原郡聖籠町
¹⁵蓮潟
　はすがた　新潟県長岡市
　はすがた　新潟県北蒲原郡聖籠町

【蛾】

⁹蛾眉野町　がびのちょう　北海道函館市

【蛸】

⁰蛸の浜町　たこのはまちょう　岩手県宮古市
⁴蛸井興屋　たこいこうや　山形県鶴岡市
　蛸木　たくぎ　島根県隠岐郡隠岐の島町
⁶蛸地蔵　たこじぞう　大阪府（南海電気鉄道南海本線）
⁹蛸屋町　たこやちょう　京都府京都市中京区

13画（蜂, 蜆, 蜑, 裾, 裏, 触, 試, 誠, 誉, 詫, 豊）

蛸草　たこくさ　兵庫県加古郡稲美町
10蛸島町　たこじままち　石川県珠洲市
16蛸薬師町　たこやくしちょう　京都府京都市中京区

【蜂】
0蜂ケ谷　はちがや　静岡県静岡市清水区
蜂ケ谷南町　はちがやみなみちょう　静岡県静岡市清水区
蜂ケ島　はちがしま　富山県高岡市
6蜂伏　はちぶせ　和歌山県新宮市
9蜂屋　はちや　滋賀県栗東市
蜂屋台　はちやだい　岐阜県美濃加茂市
蜂屋町　はちやちょう　岐阜県岐阜市
蜂屋町下蜂屋　はちやちょうしもはちや　岐阜県美濃加茂市
蜂屋町上蜂屋　はちやちょうかみはちや　岐阜県美濃加茂市
蜂屋町中蜂屋　はちやちょうなかはちや　岐阜県美濃加茂市
蜂屋矢田　はちやちょうやた　岐阜県美濃加茂市
蜂屋伊瀬　はちやちょういぜ　岐阜県美濃加茂市
11蜂巣　はちす　栃木県大田原市
12蜂須賀　はちすか　愛知県あま市

【蜆】
12蜆塚　しじみづか　静岡県浜松市中区

【蜑】
7蜑住　あますみ　福岡県北九州市若松区

【裾】
11裾野　すその　静岡県（JR御殿場線）
裾野市　すそのし　静岡県

【裏】
3裏山
　うらやま　福島県白河市
　うらやま　愛知県犬山市
裏山南　うらやまみなみ　福島県西白河郡西郷村
裏川団地　うらかわだんち　大分県大分市
4裏之門　うらのもん　愛知県犬山市
裏片町　うらかたちょう　京都府京都市下京区
6裏寺町　うらでらちょう　京都府京都市中京区
7裏尾崎町　うらおさきまち　秋田県由利本荘市
裏町
　うらまち　秋田県大館市
　うらまち　山形県上山市
　うらまち　福島県耶麻郡猪苗代町
8裏門　うらもん　秋田県湯沢市
9裏城戸　うらきど　宮城県亘理郡亘理町
裏柴田町　うらしばたまち　宮城県仙台市若林区
裏風呂町　うらふろちょう　京都府京都市上京区
10裏桜町　うらさくらちょう　宮城県遠田郡涌谷町
裏高尾町　うらたかおまち　東京都八王子市
11裏宿町　うらじゅくちょう　東京都青梅市
裏野　うらの　愛知県新城市
13裏慈恩寺　うらじおんじ　埼玉県さいたま市岩槻区
裏新町　うらしんまち　千葉県佐倉市

16裏築地町　うらつきじちょう　京都府京都市上京区

【触】
7触坂　ふれざか　富山県氷見市

【試】
18試験場前　しけんじょうまえ　福岡県（西日本鉄道天神大牟田線）

【誠】
8誠和町　せいわまち　大分県日田市
12誠道町　せいどうちょう　鳥取県境港市

【誉】
誉　ほまれ　北海道中川郡中川町
5誉田
　ほんだ　千葉県（JR外房線）
　こんだ　大阪府羽曳野市
誉田町　ほんだちょう　千葉県千葉市緑区
誉田町下沖　ほんだちょうしもおき　兵庫県たつの市
誉田町上沖　ほんだちょうかみおき　兵庫県たつの市
誉田町井上　ほんだちょういのかみ　兵庫県たつの市
誉田町内山　ほんだちょううちやま　兵庫県たつの市
誉田町片吹　ほんだちょうかたぶき　兵庫県たつの市
誉田町広山　ほんだちょうひろやま　兵庫県たつの市
誉田町長真　ほんだちょうながざね　兵庫県たつの市
誉田町高駄　ほんだちょうたかだ　兵庫県たつの市
誉田町福田　ほんだちょうふくだ　兵庫県たつの市
誉田町誉　ほんだちょうほまれ　兵庫県たつの市

【詫】
12詫間　たくま　香川県（JR予讃線）
詫間町大浜　たくまちょうおおはま　香川県三豊市
詫間町生里　たくまちょうなまり　香川県三豊市
詫間町志々島　たくまちょうししじま　香川県三豊市
詫間町松崎　たくまちょうまつさき　香川県三豊市
詫間町香田　たくまちょうこうだ　香川県三豊市
詫間町粟島　たくまちょうあわしま　香川県三豊市
詫間町詫間　たくまちょうたくま　香川県三豊市
詫間町箱　たくまちょうはこ　香川県三豊市
詫間町積　たくまちょうつむ　香川県三豊市

【豊】
豊
　ゆたか　新潟県新潟市東区
　ゆたか　新潟県長岡市
　とよ　岐阜県養老郡養老町
　ゆたか　愛知県名古屋市南区
　ゆたか　福岡県福岡市博多区
0豊ケ丘
　とよがおか　北海道石狩郡新篠津村
　とよがおか　北海道樺戸郡月形町
　とよがおか　東京都多摩市
　とよがおか　石川県鳳珠郡能登町
豊ケ岡
　とよがおか　北海道（JR札沼線）
　とよがおか　青森県十和田市
豊が丘
　ゆたかがおか　愛知県名古屋市名東区

13画（豊）

とよがおか　三重県津市
豊が丘町　ゆたかがおかちょう　愛知県豊川市
³豊上町　とよがみちょう　千葉県柏市
豊久　とよひさ　徳島県板野郡松茂町
豊久田　とよくだ　岡山県勝田郡勝央町
豊久新田　ほうきゅうしんでん　新潟県小千谷市
豊山町　とよやまちょう　愛知県西春日井郡
豊川
　とよかわ　北海道虻田郡真狩村
　とよかわ　北海道天塩郡豊富町
　とよかわ　北海道勇払郡厚真町
　とよかわ　青森県三戸郡三戸町
　とよかわ　秋田県大仙市
　とよかわ　愛知県（JR飯田線）
　とよかわ　大阪府（大阪高速鉄道彩都線）
　とよかわ　大阪府茨木市
豊川乙　とよかわおつ　新潟県東蒲原郡阿賀町
豊川元町　とよかわもとまち　愛知県豊川市
豊川丙　とよかわへい　新潟県東蒲原郡阿賀町
豊川市　とよかわし　愛知県
豊川甲　とよかわこう　新潟県東蒲原郡阿賀町
豊川仲町　とよかわなかまち　愛知県豊川市
豊川西町　とよかわにしまち　愛知県豊川市
豊川町
　とよかわちょう　北海道函館市
　とよかわちょう　北海道小樽市
　とよかわちょう　北海道釧路市
　とよかわちょう　北海道苫小牧市
　とよかわちょう　北海道檜山郡江差町
　とよかわちょう　富山県富山市
　とよかわちょう　岐阜県関市
　とよかわちょう　愛知県豊川市
　とよかわちょう　三重県伊勢市
豊川町一井　とよかわまちいちい　福島県喜多方市
豊川町米室　とよかわまちよねむろ　福島県喜多方市
豊川町沢部　とよかわまちさわべ　福島県喜多方市
豊川町高堂太　とよかわまちたかどうた　福島県喜多方市
豊川栄町　とよかわさかえまち　愛知県豊川市
豊川稲荷　とよかわいなり　愛知県（名古屋鉄道豊川線）
⁴豊中
　とよなか　大阪府（阪急電鉄宝塚本線）
　とよなか　徳島県板野郡松茂町
豊中市　とよなかし　大阪府
豊中町　とよなかちょう　大阪府泉大津市
豊中町下高野　とよなかちょうしもだかの　香川県三豊市
豊中町上高野　とよなかちょうかみだかの　香川県三豊市
豊中町比地大　とよなかちょうひじだい　香川県三豊市
豊中町本山乙　とよなかちょうもとやまおつ　香川県三豊市
豊中町本山甲　とよなかちょうもとやまこう　香川県三豊市
豊中町岡本　とよなかちょうおかもと　香川県三豊市
豊中町笠田竹田　とよなかちょうかさだたけだ　香川県三豊市
豊中町笠田笠岡　とよなかちょうかさだかさおか　香川県三豊市

豊之浦　とよのうら　愛媛県西宇和郡伊方町
豊井町　とよいちょう　奈良県天理市
豊内　とようち　熊本県上益城郡甲佐町
豊水すすきの　ほうすいすすきの　北海道（札幌市交通局東豊線）
豊牛　とようし　北海道枝幸郡浜頓別町
⁵豊丘
　とよおか　北海道勇払郡厚真町
　とよおか　愛知県知多郡南知多町
　とよおか　愛知県知多郡美浜町
豊丘上町　とよおかかみまち　長野県須坂市
豊丘村　とよおかむら　長野県下伊那郡
豊丘町
　とよおかちょう　北海道赤平市
　とよおかちょう　北海道余市郡余市町
　とよおかちょう　富山県富山市
　とよおかまち　長野県須坂市
豊代町　とよしろちょう　栃木県佐野市
豊北　とよきた　北海道十勝郡浦幌町
豊北町北宇賀　ほうほくちょうきたうか　山口県下関市
豊北町田耕　ほうほくちょうたすき　山口県下関市
豊北町矢玉　ほうほくちょうやたま　山口県下関市
豊北町角島　ほうほくちょうつのしま　山口県下関市
豊北町阿川　ほうほくちょうあがわ　山口県下関市
豊北町神田　ほうほくちょうかんだ　山口県下関市
豊北町神田上　ほうほくちょうかんだかみ　山口県下関市
豊北町粟野　ほうほくちょうあわの　山口県下関市
豊北町滝部　ほうほくちょうたきべ　山口県下関市
豊四季
　とよしき　千葉県（東武鉄道野田線）
　とよしき　千葉県柏市
豊四季台　とよしきだい　千葉県柏市
豊平
　とよひら　北海道島牧郡島牧村
　とよひら　北海道留萌郡小平町
　とよひら　北海道枝幸郡中頓別町
　とよひら　長野県茅野市
豊平一条　とよひらいちじょう　北海道札幌市豊平区
豊平七条　とよひらしちじょう　北海道札幌市豊平区
豊平九条　とよひらくじょう　北海道札幌市豊平区
豊平二条　とよひらにじょう　北海道札幌市豊平区
豊平八条　とよひらはちじょう　北海道札幌市豊平区
豊平三条　とよひらさんじょう　北海道札幌市豊平区
豊平五条　とよひらごじょう　北海道札幌市豊平区
豊平公園　とよひらこうえん　北海道（札幌市交通局東豊線）
豊平六条　とよひらろくじょう　北海道札幌市豊平区
豊平区　とよひらく　北海道札幌市
豊平四条　とよひらしじょう　北海道札幌市豊平区
豊平町　とよひらちょう　千葉県柏市
豊永
　とよなが　北海道網走郡津別町
　とよなが　高知県（JR土讃線）
　とよなが　熊本県玉名郡南関町
豊永宇山　とよながうやま　岡山県新見市
豊永佐伏　とよながさぶし　岡山県新見市
豊永赤馬　とよながあこうま　岡山県新見市
豊玉上　とよたまかみ　東京都練馬区

13画（豊）

豊玉中　とよたまなか　東京都練馬区
豊玉北　とよたまきた　東京都練馬区
豊玉町千尋藻　とよたままちちろも　長崎県対馬市
豊玉町大綱　とよたままちおおつな　長崎県対馬市
豊玉町小綱　とよたままちこづな　長崎県対馬市
豊玉町仁位　とよたままちにい　長崎県対馬市
豊玉町卯麦　とよたままちうむぎ　長崎県対馬市
豊玉町田　とよたままちた　長崎県対馬市
豊玉町糸瀬　とよたままちいとせ　長崎県対馬市
豊玉町佐志賀　とよたままちさしか　長崎県対馬市
豊玉町佐保　とよたままちさほ　長崎県対馬市
豊玉町志多浦　とよたままちしたのうら　長崎県対馬市
豊玉町貝口　とよたままちかいぐち　長崎県対馬市
豊玉町貝鮒　とよたままちかいふな　長崎県対馬市
豊玉町和板　とよたままちわいた　長崎県対馬市
豊玉町廻　とよたままちまわり　長崎県対馬市
豊玉町唐洲　とよたままちからす　長崎県対馬市
豊玉町曽　とよたままちそ　長崎県対馬市
豊玉町嵯峨　とよたままちさが　長崎県対馬市
豊玉町銘　とよたままちめい　長崎県対馬市
豊玉町横浦　とよたままちよこうら　長崎県対馬市
豊玉町鑓川　とよたままちやりかわ　長崎県対馬市
豊玉南　とよたまみなみ　東京都練馬区
豊田
　とよた　北海道北見市
　とよた　北海道亀田郡七飯町
　とよた　北海道檜山郡上ノ国町
　とよた　北海道瀬棚郡今金町
　ほうでん　北海道天塩郡豊富町
　とよた　北海道沙流郡日高町
　とよた　北海道河東郡音更町
　とよた　北海道中川郡池田町
　とよた　青森県弘前市
　とよだ　山形県鶴岡市
　とよだ　山形県北村山郡大石田町
　とよだ　福島県岩瀬郡鏡石町
　とよだ　茨城県常総市
　とよだ　栃木県日光市
　とよだ　栃木県矢板市
　とよだ　千葉県君津市
　とよだ　東京都（JR中央本線）
　とよた　東京都日野市
　とよた　新潟県佐渡市
　とよだ　富山県富山市
　とよだ　長野県諏訪市
　とよだ　長野県飯山市
　とよだ　静岡県静岡市駿河区
　とよだ　静岡県磐田市
　とよた　愛知県名古屋市南区
　とよた　愛知県丹羽郡大口町
　とよた　三重県三重郡川越町
　とよた　滋賀県蒲生郡日野町
　とよた　京都府船井郡京丹波町
　とよだ　大阪府堺市南区
　とよだ　奈良県桜井市
　とよだ　奈良県御所市
　とよた　和歌山県紀の川市
　とよだ　島根県隠岐郡海士町
　とよた　岡山県岡山市東区
豊田一色　とよだいっしき　三重県三重郡川越町
豊田小嶺　とよだこみね　神奈川県平塚市

豊田市
　とよたし　愛知県（名古屋鉄道三河線ほか）
　とよたし　愛知県
豊田平等寺　とよだびょうどうじ　神奈川県平塚市
豊田打間木　とよだうちまぎ　神奈川県平塚市
豊田本　とよだほん　埼玉県川越市
豊田本町
　とよだほんまち　富山県富山市
　とよだほんまち　愛知県（名古屋鉄道常滑線）
豊田本郷　とよだほんごう　神奈川県平塚市
豊田西之島　とよだにしのしま　静岡県磐田市
豊田町
　とよだまち　福島県福島市
　とよだまち　福島県郡山市
　とよだまち　茨城県龍ケ崎市
　とよだちょう　埼玉県川越市
　とよだまち　新潟県長岡市
　とよだちょう　富山県富山市
　とよだちょう　静岡県（JR東海道本線）
　とよだちょう　愛知県名古屋市南区
　とよだちょう　愛知県刈谷市
　とよだちょう　愛知県高浜市
　とよだちょう　奈良県天理市
　とよだちょう　奈良県橿原市
　とよだまち　大分県中津市
豊田町一ノ俣　とよたちょういちのまた　山口県下関市
豊田町八道　とよたちょうやじ　山口県下関市
豊田町大河内　とよたちょうおおかわち　山口県下関市
豊田町中村　とよたちょうなかむら　山口県下関市
豊田町今出　とよたちょういまで　山口県下関市
豊田町手洗　とよたちょうたらい　山口県下関市
豊田町日野　とよたちょうひの　山口県下関市
豊田町矢田　とよたちょうやた　山口県下関市
豊田町地吉　とよたちょうじよし　山口県下関市
豊田町宇内　とよたちょううない　山口県下関市
豊田町江良　とよたちょうえら　山口県下関市
豊田町西市　とよたちょうにしいち　山口県下関市
豊田町西長野　とよたちょうにしながの　山口県下関市
豊田町佐野　とよたちょうさの　山口県下関市
豊田町杢路子　とよたちょうむくろうじ　山口県下関市
豊田町東長野　とよたちょうひがしながの　山口県下関市
豊田町金道　とよたちょうきんどう　山口県下関市
豊田町阿座上　とよたちょうあざかみ　山口県下関市
豊田町城戸　とよたちょうきど　山口県下関市
豊田町荒木　とよたちょうあらき　山口県下関市
豊田町庭田　とよたちょうにわた　山口県下関市
豊田町浮石　とよたちょううきいし　山口県下関市
豊田町高山　とよたちょうたかやま　山口県下関市
豊田町萩原　とよたちょうはぎわら　山口県下関市
豊田町楢原　とよたちょうならわら　山口県下関市
豊田町殿居　とよたちょうとのい　山口県下関市
豊田町殿敷　とよたちょうとのしき　山口県下関市
豊田町稲光　とよたちょういなみつ　山口県下関市
豊田町稲見　とよたちょういなみ　山口県下関市
豊田町鷹子　とよたちょうたかのこ　山口県下関市

1197

13画（豊）

豊田前町今山　とよたまえちょういまやま　山口県美祢市

豊田前町古烏帽子　とよたまえちょうふるえぼし　山口県美祢市

豊田前町保々　とよたまえちょうほうほう　山口県美祢市

豊田前町麻生下　とよたまえちょうあそうしも　山口県美祢市

豊田前町麻生上　とよたまえちょうあそうかみ　山口県美祢市

豊田前町嶽　とよたまえちょうだけ　山口県美祢市

豊田宮下　とよだみやした　神奈川県平塚市

豊田郡　とよたぐん　広島県

豊田新田　とよだしんでん　埼玉県川越市

豊白　とよしろ　茨城県那珂郡東海村

6豊地
　ほうち　北海道北見市
　とち　福島県白河市
　とよち　静岡県静岡市葵区

豊年
　ほうねん　北海道河東郡士幌町
　ほうねん　福島県白河市

豊年町　ほうねんちょう　愛知県名古屋市千種区

豊年橋通り　ほうねんばしどおり　奈良県御所市

豊成
　とよなり　青森県五所川原市
　とよなり　福島県南会津郡下郷町
　とよなり　千葉県市原市
　ほうせい　愛知県知多郡武豊町
　とよしげ　鳥取県西伯郡大山町
　とよなり　岡山県岡山市南区

豊成町　ほうせいちょう　愛知県名古屋市中川区

豊西町
　とよにしちょう　北海道帯広市
　とよにしちょう　静岡県浜松市東区

7豊作西　とよさくにし　福島県西白河郡西郷村

豊作東　とよさくひがし　福島県西白河郡西郷村

豊似　とよに　北海道広尾郡広尾町

豊住
　とよずみ　北海道常呂郡置戸町
　とよすみ　千葉県柏市
　とよすみ　静岡県袋井市

豊住町　とよすみちょう　栃木県那須塩原市

豊体　ぶたい　茨城県つくばみらい市

豊坂　とよさか　北海道常呂郡訓子府町

豊沢
　とよさわ　北海道勇払郡厚真町
　とよさわ　岩手県花巻市
　とよさわ　静岡県袋井市
　とよさわ　岡山県勝田郡奈義町

豊沢町
　とよさわちょう　岩手県花巻市
　とよざわちょう　兵庫県姫路市

豊町
　ゆたかまち　岩手県一関市
　ゆたかちょう　秋田県大館市
　ゆたかちょう　栃木県那須塩原市
　ゆたかちょう　埼玉県春日部市
　ゆたかちょう　千葉県柏市
　ゆたかちょう　東京都品川区
　ゆたかちょう　神奈川県相模原市南区
　ゆたかちょう　新潟県柏崎市

　ゆたかちょう　新潟県新発田市
　ゆたかまち　富山県砺波市
　ゆたかまち　石川県加賀市
　ゆたかちょう　福井県越前市
　ゆたかちょう　静岡県浜松市東区
　ゆたかちょう　静岡県沼津市
　ゆたかちょう　静岡県富士宮市
　ゆたかまち　福岡県北九州市八幡東区
　ゆたかまち　大分県大分市

豊町久比　ゆたかまちくび　広島県呉市

豊町大長　ゆたかまちおおちょう　広島県呉市

豊町沖友　ゆたかまちおきとも　広島県呉市

豊町御手洗　ゆたかまちみたらい　広島県呉市

豊秀町　とよひでちょう　大阪府守口市

豊見城　とみぐすく　沖縄県豊見城市

豊見城市　とみぐすくし　沖縄県

豊邦　とよくに　愛知県北設楽郡設楽町

豊里
　とよさと　北海道赤平市
　とよさと　北海道根室市
　とよさと　北海道千歳市
　とよさと　北海道虻田郡ニセコ町
　とよさと　北海道上川郡愛別町
　とよさと　北海道中川郡中川町
　とよさと　北海道宗谷郡猿払村
　とよさと　北海道天塩郡豊富町
　とよさと　北海道斜里郡斜里町
　とよさと　北海道紋別郡遠軽町
　とよさと　北海道広尾郡大樹町
　とよさと　山形県酒田市
　とよさと　長野県南佐久郡小海町
　とよさと　大阪府大阪市東淀川区

豊里の杜　とよさとのもり　茨城県つくば市

豊里台　とよさとだい　千葉県銚子市

豊里町
　とよさとちょう　京都府綾部市
　とよさとちょう　大阪府寝屋川市

豊里町七ツ塚　とよさとちょうななつづか　宮城県登米市

豊里町二ツ屋　とよさとちょうふたつや　宮城県登米市

豊里町八反　とよさとちょうはったん　宮城県登米市

豊里町十丁田　とよさとちょうじっちょうだ　宮城県登米市

豊里町十二沢　とよさとちょうじゅうにさわ　宮城県登米市

豊里町十五貫　とよさとちょうじゅうごかん　宮城県登米市

豊里町十五貫谷地　とよさとちょうじゅうごかんやち　宮城県登米市

豊里町下九　とよさとちょうしもぎゅう　宮城県登米市

豊里町下古屋　とよさとちょうしもこや　宮城県登米市

豊里町下沼田　とよさとちょうしもぬまた　宮城県登米市

豊里町下屋浦　とよさとちょうしもやうら　宮城県登米市

豊里町上町裏　とよさとちょうかみまちうら　宮城県登米市

豊里町上谷地　とよさとちょうかみやち　宮城県登米市

13画（豊）

豊里町上沼田　とよさとちょううわぬまた　宮城県登米市

豊里町上屋浦　とよさとちょうかみやうら　宮城県登米市

豊里町久寿田　とよさとちょうくすだ　宮城県登米市

豊里町久寿田前　とよさとちょうくすだまえ　宮城県登米市

豊里町土手下　とよさとちょうどてした　宮城県登米市

豊里町大曲　とよさとちょうおおまがり　宮城県登米市

豊里町大沢　とよさとちょうおおさわ　宮城県登米市

豊里町大沢谷岐　とよさとちょうおおさわやぎ　宮城県登米市

豊里町大沢沼田　とよさとちょうおおさわぬまた　宮城県登米市

豊里町大椚　とよさとちょうおおくぬぎ　宮城県登米市

豊里町小口前　とよさとちょうこぐちまえ　宮城県登米市

豊里町小谷地　とよさとちょうこやち　宮城県登米市

豊里町小巻　とよさとちょうこまき　宮城県登米市

豊里町山根　とよさとちょうやまね　宮城県登米市

豊里町山根前　とよさとちょうやまねまえ　宮城県登米市

豊里町川前　とよさとちょうかわまえ　宮城県登米市

豊里町中谷岐　とよさとちょうなかやぎ　宮城県登米市

豊里町中沼田　とよさとちょうなかぬまた　宮城県登米市

豊里町五反田　とよさとちょうごたんだ　宮城県登米市

豊里町内一番江　とよさとちょううちいちばんえ　宮城県登米市

豊里町内田　とよさとちょううちた　宮城県登米市

豊里町内町浦　とよさとちょううちまちうら　宮城県登米市

豊里町内畑　とよさとちょううちはた　宮城県登米市

豊里町切津　とよさとちょうきつつ　宮城県登米市

豊里町加々巻　とよさとちょうかがまき　宮城県登米市

豊里町外一番江　とよさとちょうそといちばんえ　宮城県登米市

豊里町外七番江　とよさとちょうそとななばんえ　宮城県登米市

豊里町外二番江　とよさとちょうそとにばんえ　宮城県登米市

豊里町外八番江　とよさとちょうそとはちばんえ　宮城県登米市

豊里町外三番江　とよさとちょうそとさんばんえ　宮城県登米市

豊里町外五番江　とよさとちょうそとごばんえ　宮城県登米市

豊里町外六番江　とよさとちょうそとろくばんえ　宮城県登米市

豊里町外四番江　とよさとちょうそとよんばんえ　宮城県登米市

豊里町平林　とよさとちょうひらばやし　宮城県登米市

豊里町本地八反　とよさとちょうほんちはつたん　宮城県登米市

豊里町本地土手下　とよさとちょうほんちどてした　宮城県登米市

豊里町白鳥　とよさとちょうしろとり　宮城県登米市

豊里町白鳥山　とよさとちょうしらとりやま　宮城県登米市

豊里町白鳥前　とよさとちょうしろとりまえ　宮城県登米市

豊里町竹ノ沢　とよさとちょうたけのさわ　宮城県登米市

豊里町西前田　とよさとちょうにしまえだ　宮城県登米市

豊里町佐野　とよさとちょうさの　宮城県登米市

豊里町寿崎　とよさとちょうすさき　宮城県登米市

豊里町杢沢　とよさとちょうもくさわ　宮城県登米市

豊里町沢尻　とよさとちょうさわじり　宮城県登米市

豊里町町浦　とよさとちょうまちうら　宮城県登米市

豊里町芝下　とよさとちょうしばした　宮城県登米市

豊里町東二ツ屋　とよさとちょうひがしふたつや　宮城県登米市

豊里町東待井下　とよさとちょうひがしまちいした　宮城県登米市

豊里町沼田　とよさとちょうぬまた　宮城県登米市

豊里町迫　とよさとちょうはさま　宮城県登米市

豊里町長前　とよさとちょうながまえ　宮城県登米市

豊里町長根浦　とよさとちょうながねうら　宮城県登米市

豊里町保手　とよさとちょうほで　宮城県登米市

豊里町前田　とよさとちょうまえだ　宮城県登米市

豊里町南切津　とよさとちょうみなみきつつ　宮城県登米市

豊里町南町浦　とよさとちょうみなみまちうら　宮城県登米市

豊里町後沢田　とよさとちょううしろさわだ　宮城県登米市

豊里町昭和　とよさとちょうしょうわ　宮城県登米市

豊里町剣先　とよさとちょうけんさき　宮城県登米市

豊里町唐崎　とよさとちょうからさき　宮城県登米市

豊里町浦軒　とよさとちょううらけん　宮城県登米市

豊里町笑沢　とよさとちょうえみさわ　宮城県登米市

豊里町細沼　とよさとちょうほそぬま　宮城県登米市

豊里町細沼田　とよさとちょうほそぬまた　宮城県登米市

豊里町鳥越　とよさとちょうとりごえ　宮城県登米市

豊里町新加々巻　とよさとちょうしんかがまき　宮城県登米市

豊里町新田町　とよさとちょうしんでんまち　宮城県登米市

豊里町新田鏡形　とよさとちょうしんでんかがみがた　宮城県登米市

豊里町新町　とよさとちょうしんまち　宮城県登米市

豊里町新長前　とよさとちょうしんながまえ　宮城県登米市

豊里町新細沼　とよさとちょうしんほそぬま　宮城県登米市

豊里町福沢　とよさとちょうふくさわ　宮城県登米市

豊里町境沢　とよさとちょうさかいざわ　宮城県登米市

豊里町横町　とよさとちょうよこちょう　宮城県登米市

豊里町蕪木　とよさとちょうかぶき　宮城県登米市

豊里町鏡形　とよさとちょうかがみがた　宮城県登米市

豊国　とよくに　北海道磯谷郡蘭越町

豊国原　とよくにはら　岡山県美作市

豊国通　とよくにとおり　愛知県名古屋市中村区

1199

13画（豊）

豊実
とよみ　新潟県（JR磐越西線）
とよみ　新潟県東蒲原郡阿賀町

豊岡
とよおか　北海道芦別市
とよおか　北海道松前郡松前町
とよおか　北海道虻田郡留寿都村
とよおか　北海道虻田郡倶知安町
とよおか　北海道留萌郡小平町
とよおか　北海道網走郡美幌町
とよおか　北海道中川郡幕別町
とよおか　北海道標津郡中標津町
とよおか　青森県黒石市
とよおか　青森県北津軽郡中泊町
とよおか　秋田県大仙市
とよおか　山形県飽海郡遊佐町
とよおか　茨城県那珂郡東海村
とよおか　埼玉県入間市
とよおか　千葉県富津市
とよおか　新潟県佐渡市
とよおか　福井県福井市
とよおか　静岡県（天竜浜名湖鉄道線）
とよおか　静岡県磐田市
とよおか　愛知県新城市
とよおか　兵庫県（JR山陰本線ほか）
とよおか　徳島県板野郡松茂町
とよおか　愛媛県北宇和郡松野町
とよおか　熊本県合志市
とよおか　熊本県葦北郡芦北町
とよおか　大分県速見郡日出町

豊岡一条　とよおかいちじょう　北海道旭川市
豊岡七条　とよおかしちじょう　北海道旭川市
豊岡九条　とよおかくじょう　北海道旭川市
豊岡二条　とよおかにじょう　北海道旭川市
豊岡八条　とよおかはちじょう　北海道旭川市
豊岡十一条　とよおかじゅういちじょう　北海道旭川市
豊岡十二条　とよおかじゅうにじょう　北海道旭川市
豊岡十三条　とよおかじゅうさんじょう　北海道旭川市
豊岡十五条　とよおかじゅうごじょう　北海道旭川市
豊岡十六条　とよおかじゅうろくじょう　北海道旭川市
豊岡十四条　とよおかじゅうしじょう　北海道旭川市
豊岡十条　とよおかじゅうじょう　北海道旭川市
豊岡下　とよおかしも　岡山県加賀郡吉備中央町
豊岡三条　とよおかさんじょう　北海道旭川市
豊岡上　とよおかかみ　岡山県加賀郡吉備中央町
豊岡五条　とよおかごじょう　北海道旭川市
豊岡六条　とよおかろくじょう　北海道旭川市
豊岡四条　とよおかしじょう　北海道旭川市
豊岡市　とよおかし　兵庫県

豊岡町
とよおかちょう　北海道芦別市
とよおかまち　茨城県常総市
とよおかちょう　神奈川県横浜市鶴見区
とよおかちょう　岐阜県岐阜市
とよおかちょう　岐阜県多治見市
とよおかちょう　岐阜県関市
とよおかちょう　静岡県浜松市北区
とよおかちょう　愛知県豊橋市
とよおかちょう　愛知県蒲郡市
豊岡町大町　とよおかちょうおおまち　愛媛県四国中央市

豊岡町五良野　とよおかちょういらの　愛媛県四国中央市
豊岡町岡銅　とよおかちょうおかどう　愛媛県四国中央市
豊岡町長田　とよおかちょうおさだ　愛媛県四国中央市
豊岡町豊田　とよおかちょうとよだ　愛媛県四国中央市
豊岡金田　とよおかきんでん　秋田県山本郡三種町
豊岡通　とよおかどおり　愛知県名古屋市瑞穂区
豊岩小山　とよいわおやま　秋田県秋田市
豊岩石田坂　とよいわいしださか　秋田県秋田市
豊岩豊巻　とよいわとよまき　秋田県秋田市
豊岬　とよさき　北海道苫前郡初山別村
豊房　とよふさ　鳥取県西伯郡大山町
豊昇　ほうしょう　長野県北佐久郡御代田町
豊明　とよあけ　愛知県（名古屋鉄道名古屋本線）
豊明市　とよあけし　愛知県
豊松町　とよまつちょう　愛知県豊田市
豊河町　とよかわちょう　北海道二海郡八雲町
豊沼　とよぬま　北海道（JR函館本線）
豊沼町　とよぬまちょう　北海道砂川市
豊英　とよふさ　千葉県君津市
豊若町　とよわかちょう　富山県富山市
豊茂乙　とよしげおつ　愛媛県大洲市
豊茂丁　とよしげてい　愛媛県大洲市
豊茂丙　とよしげへい　愛媛県大洲市
豊茂甲　とよしげこう　愛媛県大洲市
⁹豊保　とよやす　静岡県浜松市浜北区
豊前　ぶんぜ　奈良県桜井市
豊前大熊　ぶぜんおおくま　福岡県（平成筑豊鉄道糸田線）
豊前川崎　ぶぜんかわさき　福岡県（JR日田彦山線）
豊前市　ぶぜんし　福岡県
豊前田町　ぶぜんだちょう　山口県下関市
豊前町　とよまえちょう　愛知県名古屋市東区
豊前松江　ぶぜんしょうえ　福岡県（JR日豊本線）
豊前長洲　ぶぜんながす　大分県（JR日豊本線）
豊前桝田　ぶぜんますだ　福岡県（JR日田彦山線）
豊前善光寺　ぶぜんぜんこうじ　大分県（JR日豊本線）
豊南町西　ほうなんちょうにし　大阪府豊中市
豊南町東　ほうなんちょうひがし　大阪府豊中市
豊南町南　ほうなんちょうみなみ　大阪府豊中市
豊城　とよしろ　北海道勇払郡むかわ町

豊城町
とよしろちょう　群馬県伊勢崎市
とよしろちょう　富山県富山市
豊城新町　とよしろしんまち　富山県富山市
豊室　とよむろ　宮城県角田市
豊後三芳　ぶんごみよし　大分県（JR久大本線）
豊後大野市　ぶんごおおのし　大分県
豊後中川　ぶんごなかがわ　大分県（JR久大本線）
豊後中村　ぶんごなかむら　大分県（JR久大本線）
豊後名　ぶんごめ　石川県羽咋郡志賀町
豊後竹田　ぶんごたけた　大分県（JR豊肥本線）

豊後町
ぶんごまち　三重県名張市
ぶんごまち　大分県中津市

13画（豊）

豊後国分　ぶんごこくぶ　大分県（JR久大本線）
豊後荻　ぶんごおぎ　大分県（JR豊肥本線）
豊後高田市　ぶんごたかだし　大分県
豊後清川　ぶんごきよかわ　大分県（JR豊肥本線）
豊後森　ぶんごもり　大分県（JR久大本線）
豊後豊岡　ぶんごとよおか　大分県（JR日豊本線）
豊後橋町　ぶんごばしちょう　京都府京都市伏見区
豊春　とよはる　埼玉県（東武鉄道野田線）
豊栄
　　ほうえい　北海道名寄市
　　ほうえい　北海道天塩郡豊富町
　　とよさかえ　青森県上北郡おいらせ町
　　ほうえい　山形県鶴岡市
　　とよさか　新潟県（JR白新線）
　　とよさかえ　長野県下水内郡栄村
　　とよさか　愛知県新城市
　　とよさかえ　鳥取県日野郡日南町
　　とよさか　岡山県真庭市
豊栄平　とよさかたいら　青森県上北郡横浜町
豊栄町
　　ほうえいちょう　北海道赤平市
　　ほうえいちょう　愛知県豊橋市
　　ほうえいちょう　愛知県豊川市
　　ほうえいちょう　愛知県豊田市
豊栄町乃美　とよさかちょうのみ　広島県東広島市
豊栄町吉原　とよさかちょうよしわら　広島県東広島市
豊栄町安宿　とよさかちょうあすか　広島県東広島市
豊栄町別府　とよさかちょうべふ　広島県東広島市
豊栄町能良　とよさかちょうのうら　広島県東広島市
豊栄町清武　とよさかちょうきよたけ　広島県東広島市
豊栄町飯田　とよさかちょういいだ　広島県東広島市
豊栄町鍛冶屋　とよさかちょうかじや　広島県東広島市
豊海　とよみ　大分県大分市
豊海町　とよみちょう　東京都中央区
豊洲
　　とよす　青森県八戸市
　　とよす　東京都（ゆりかもめ臨海線ほか）
　　とよす　東京都江東区
豊泉
　　とよいずみ　北海道枝幸郡中頓別町
　　とよいずみ　北海道虻田郡豊浦町
豊津
　　とよつ　北海道山越郡長万部町
　　とよつ　長野県中野市
　　とよつ　大阪府（阪急電鉄千里線）
　　とよつ　福岡県（平成筑豊鉄道田川線）
　　とよつ　福岡県京都みやこ町
豊津上野　とよつうえの　三重県（近畿日本鉄道名古屋線）
豊津町
　　とよつちょう　愛知県豊川市
　　とよつちょう　大阪府吹田市
豊洋台　ほうようだい　長崎県長崎市
豊砂　とよすな　千葉県千葉市美浜区
豊科
　　とよしな　長野県（JR大糸線）
　　とよしな　長野県安曇野市
豊科田沢　とよしなたざわ　長野県安曇野市
豊科光　とよしなひかる　長野県安曇野市
豊科南穂高　とよしなみなみほたか　長野県安曇野市

豊科高家　とよしなたきべ　長野県安曇野市
豊秋　とよあき　熊本県上益城郡御船町
豊美　とよみ　北海道釧路郡釧路町
10豊倉　とよくら　北海道斜里郡斜里町
豊倉町　とよくらちょう　兵庫県加西市
豊原
　　とよはら　北海道上川郡上川町
　　とよはら　北海道野付郡別海町
　　とよはら　青森県弘前市
　　とよはら　青森県上北郡おいらせ町
　　とよはら　山形県酒田市
　　とよはら　栃木県（JR東北本線）
　　とよはら　栃木県那須郡那須町
　　とよはら　千葉県長生郡長南町
　　とよはら　高知県高岡郡檮原町
　　とよはら　沖縄県名護市
　　とよはら　沖縄県糸満市
　　とよはら　沖縄県うるま市
　　とよはら　沖縄県国頭郡本部町
豊原乙　とよはらおつ　栃木県那須郡那須町
豊原下町　ぶいわらしもまち　熊本県八代市
豊原上町　ぶいわらかみまち　熊本県八代市
豊原中町　ぶいわらなかまち　熊本県八代市
豊原丙　とよはらへい　栃木県那須郡那須町
豊原甲　とよはらこう　栃木県那須郡那須町
豊原町
　　とよはらちょう　北海道函館市
　　とよはらちょう　神奈川県平塚市
　　とよはらちょう　静岡県静岡市駿河区
　　とよはらちょう　三重県松阪市
　　とよはらちょう　大阪府茨木市
豊島
　　とよしま　青森県北津軽郡中泊町
　　としま　東京都北区
　　としま　福井県福井市
　　としま　静岡県磐田市
　　とよしま　愛知県（豊橋鉄道渥美線）
　　とよしま　愛知県新城市
豊島区　としま　東京都
豊島北　とよしまきた　大阪府池田市
豊島甲生　てしまこう　香川県小豆郡土庄町
豊島町
　　とよしまちょう　富山県富山市
　　としままち　長野県須坂市
　　としまちょう　愛知県田原市
豊島南　とよしまみなみ　大阪府池田市
豊島唐櫃　てしまからと　香川県小豆郡土庄町
豊島家浦　てしまいえうら　香川県小豆郡土庄町
豊島園　としまえん　東京都（西武鉄道豊島線ほか）
豊根村　とよねむら　愛知県北設楽郡
豊浦
　　とようら　北海道（JR室蘭本線）
　　とようら　北海道苫前郡苫前町
　　とようら　栃木県那須塩原市
　　とようら　奈良県高市郡明日香村
豊浦中町　とようらなかまち　栃木県那須塩原市
豊浦北町　とようらきたまち　栃木県那須塩原市
豊浦村　とようらむら　山口県下関市
豊浦町
　　とようらちょう　北海道函館市
　　とようらちょう　北海道虻田郡

1201

13画（豊）

とようらちょう　栃木県那須塩原市
とようらちょう　神奈川県横浜市中区
とようらちょう　京都府京都市東山区
とようらちょう　大阪府東大阪市
とようらちょう　奈良県大和郡山市
とようらちょう　徳島県小松島市
豊浦町小串　とようらちょうこぐし　山口県下関市
豊浦町川棚　とようらちょうかわたな　山口県下関市
豊浦町吉永　とようらちょうよしなが　山口県下関市
豊浦町宇賀　とようらちょううか　山口県下関市
豊浦町厚母郷　とようらちょうあつもごう　山口県下関市
豊浦町室津下　とようらちょうむろつしも　山口県下関市
豊浦町室津上　とようらちょうむろつかみ　山口県下関市
豊浦町涌田後地　とようらちょうわいたうしろじ　山口県下関市
豊浦町黒井　とようらちょうくろい　山口県下関市
豊浦町豊洋台　とようらちょうほうようだい　山口県下関市
豊浦町豊洋台新町　とようらちょうほうようだいしんまち　山口県下関市
豊浦南町　とようらみなみちょう　栃木県那須塩原市
豊浜
とよはま　北海道松前郡福島町
とよはま　北海道爾志郡乙部町
とよはま　北海道島牧郡島牧村
とよはま　北海道枝幸郡浜頓別町
とよはま　静岡県磐田市
とよはま　愛知県知多郡南知多町
とよはま　香川県（JR予讃線）
とよはま　福岡県福岡市西区
豊浜中野　とよはまなかの　静岡県磐田市
豊浜町
とよはまちょう　北海道余市郡余市町
とよはまちょう　岡山県岡山市南区
豊浜町大浜　とよはまちょうおおはま　広島県呉市
豊浜町和田　とよはまちょうわだ　香川県観音寺市
豊浜町和田浜　とよはまちょうわだはま　香川県観音寺市
豊浜町姫浜　とよはまちょうひめはま　香川県観音寺市
豊浜町斎島　とよはまちょういつきしま　広島県呉市
豊浜町豊島　とよはまちょうとよしま　香川県観音寺市
豊浜町箕浦　とよはまちょうみのうら　香川県観音寺市
豊留　とよどめ　鹿児島県始良市
豊留町　とよとめまち　鹿児島県枕崎市
豊益町　とよますちょう　徳島県阿南市
豊祥岱　ほうしょうだい　秋田県能代市
豊能町　とよのちょう　大阪府豊能郡
豊能郡　とよのぐん　大阪府
11**豊崎**
とよさき　大阪府大阪市北区
とよさき　沖縄県豊見城市
豊崎町
とよさきちょう　北海道函館市
とよさきまち　青森県八戸市
豊清水　とよしみず　北海道（JR宗谷本線）
豊清町　ほうせいちょう　愛知県豊橋市
豊郷
とよさと　北海道（JR日高本線）

とよさと　北海道網走市
とよさと　北海道沙流郡日高町
とよさと　福島県岩瀬郡鏡石町
とよさと　長野県下高井郡野沢温泉村
とよさと　滋賀県（近江鉄道本線）
豊郷中　とよさとなか　福島県岩瀬郡鏡石町
豊郷台　とよさとだい　栃木県宇都宮市
豊郷町　とよさとちょう　滋賀県犬上郡
豊野
とよの　北海道石狩郡新篠津村
とよの　北海道山越郡長万部町
とよの　北海道紋別郡興部町
とよの　長野県（JR信越本線）
とよの　長野県上水内郡飯綱町
とよの　岡山県美作市
とよの　岡山県加賀郡吉備中央町
豊野台　とよのだい　埼玉県加須市
豊野町
とよのちょう　埼玉県春日部市
とよのちょう　大阪府寝屋川市
豊野町下郷　とよのまちしもごう　熊本県宇城市
豊野町上郷　とよのまちかみごう　熊本県宇城市
豊野町大倉　とよのまちおおくら　長野県長野市
豊野町山崎　とよのまちやまさき　熊本県宇城市
豊野町川谷　とよのまちかわたに　長野県長野市
豊野町中間　とよのまちなかま　熊本県宇城市
豊野町石　とよのまちいし　長野県長野市
豊野町安見　とよのまちやすみ　熊本県宇城市
豊野町糸石　とよのまちいといし　熊本県宇城市
豊野町南郷　とよのまちみなみごう　長野県長野市
豊野町浅野　とよのまちあさの　長野県長野市
豊野町巣林　とよのまちすばやし　熊本県宇城市
豊野町豊野　とよのまちとよの　長野県長野市
豊野町蟹沢　とよのまちかにさわ　長野県長野市
豊頃
とよころ　北海道（JR根室本線）
とよころ　北海道中川郡豊頃町
豊頃旭町　とよころあさひまち　北海道中川郡豊頃町
豊頃佐々田町　とよころささだまち　北海道中川郡豊頃町
豊頃町　とよころちょう　北海道中川郡
豊頃南町　とよころみなみまち　北海道中川郡豊頃町
12**豊喰**　とよばみ　茨城県那珂市
豊場　とよば　愛知県西春日井郡豊山町
豊寒別　とよかんべつ　北海道枝幸郡浜頓別町
豊富
とよとみ　北海道（JR宗谷本線）
とよとみ　北海道網走郡美幌町
とよとみ　熊本県上益城郡美里町
豊富町
とよとみちょう　北海道天塩郡
とよとみちょう　青森県つがる市
とよとみちょう　千葉県船橋市
豊富町甲丘　とよとみちょうかぶとおか　兵庫県姫路市
豊富町神谷　とよとみちょうこだに　兵庫県姫路市
豊富町御蔭　とよとみちょうみかげ　兵庫県姫路市
豊富町豊富　とよとみちょうとよとみ　兵庫県姫路市
豊満　とよみつ　滋賀県愛知郡愛荘町
豊満町　とよみつちょう　宮崎県都城市
豊葦町　とよあしちょう　北海道美唄市

13画（資, 跡, 農, 遠）

豊間　とよま　熊本県菊池市
豊間内
　　とよまない　青森県上北郡七戸町
　　とよまない　青森県三戸郡五戸町
豊間根
　　とよまね　岩手県（JR山田線）
　　とよまね　岩手県下閉伊郡山田町
13豊幌
　　とよほろ　北海道（JR函館本線）
　　とよほろ　北海道江別市
　　とよほろ　北海道寿都郡黒松内町
　　とよほろ　北海道天塩郡豊富町
　　とよほろ　北海道網走郡美幌町
豊幌はみんぐ町　とよほろはみんぐちょう　北海道江
　別市
豊幌花園町　とよほろはなぞのちょう　北海道江別市
豊幌美咲町　とよほろみさきちょう　北海道江別市
豊新　ほうしん　大阪府大阪市東淀川区
豊楽町　ほうらくちょう　兵庫県西宮市
豊滝　とよたき　北海道札幌市南区
豊照町　とよてるちょう　新潟県新潟市中央区
豊福
　　とよふく　兵庫県佐用郡佐用町
　　とよふく　福岡県八女市
豊蒔　とよまき　青森県南津軽郡田舎館村
豊詰町　とよづめまち　新潟県長岡市
14豊徳　ほうとく　北海道天塩郡豊富町
15豊幡町　とよばたちょう　愛知県名古屋市中村区
豊稼　とよか　島根県鹿足郡津和野町
豊穂町　とよほまち　石川県金沢市
16豊橋
　　とよばし　新潟県三島郡出雲崎町
　　とよばし　愛知県（JR東海道新幹線ほか）
豊橋公園前　とよはしこうえんまえ　愛知県（豊橋鉄
　道東田本線）
豊橋市　とよはしし　愛知県
17豊糠　とよぬか　北海道沙流郡平取町
21豊饒　ぶにょう　大分県大分市

【資】

5資生館小学校前　しせいかんしょうがっこうまえ　北海
　道（札幌市交通局山鼻線）

【跡】

跡　あと　山形県東田川郡庄内町
0跡ケ瀬　あとがせ　熊本県阿蘇市
5跡市町　あといちちょう　島根県江津市
跡永賀村　あとえかむら　北海道釧路郡釧路町
6跡江　あとえ　宮崎県宮崎市
7跡佐登　あとさのぼり　北海道川上郡弟子屈町
跡佐登原野　あとさのぼりげんや　北海道川上郡弟子
　屈町
11跡部
　　あとべ　長野県佐久市
　　あとべ　兵庫県三木市
跡部北の町　あとべきたのちょう　大阪府八尾市
跡部本町　あとべほんまち　大阪府八尾市
跡部南の町　あとべみなみのちょう　大阪府八尾市

【農】

2農人町
　　のうにんまち　兵庫県姫路市
　　のうにんまち　高知県高知市
農人橋　のうにんばし　大阪府大阪市中央区
8農事会　のうじかい　北海道樺戸郡月形町
農学部前　のうがくぶまえ　香川県（高松琴平電気鉄
　道長尾線）
9農神町　のうじんちょう　兵庫県赤穂市
11農野牛　のやうし　北海道中川郡豊頃町
12農場　のうじょう　長野県諏訪郡原村

【遠】

3遠山
　　とおやま　岩手県紫波郡紫波町
　　とおやま　宮城県宮城郡七ケ浜町
　　とおやま　福島県二本松市
　　とおやま　埼玉県比企郡嵐山町
　　とおやま　千葉県山武郡横芝光町
遠山町
　　とおやままち　山形県米沢市
　　とおやまちょう　茨城県牛久市
4遠井　とい　和歌山県有田郡有田川町
遠刈田温泉　とおがったおんせん　宮城県刈田郡蔵
　王町
遠刈田温泉本町　とおがったおんせんもとまち　宮城
　県刈田郡蔵王町
遠刈田温泉仲町　とおがったおんせんなかまち　宮城
　県刈田郡蔵王町
遠刈田温泉旭町　とおがったおんせんあさひちょう　宮
　城県刈田郡蔵王町
遠刈田温泉寿町　とおがったおんせんことぶきちょう
　宮城県刈田郡蔵王町
遠刈田温泉栄町　とおがったおんせんさかえちょう　宮
　城県刈田郡蔵王町
遠方
　　おちかた　兵庫県篠山市
　　おちかた　和歌山県紀の川市
5遠田　とおだ　兵庫県淡路市
遠田町
　　とおだちょう　奈良県天理市
　　とうだちょう　島根県益田市
遠田郡　とおだぐん　宮城県
遠目郷　とおめごう　長崎県東彼杵郡東彼杵町
遠矢
　　とおや　北海道（JR釧網本線）
　　とおや　北海道釧路郡釧路町
遠矢南　とおやみなみ　北海道釧路郡釧路町
遠矢浜町　とおやはまちょう　兵庫県神戸市兵庫区
遠矢崎　とおやさき　新潟県村上市
遠石　といし　山口県周南市
6遠州小松　えんしゅうこまつ　静岡県（遠州鉄道線）
遠州小林　えんしゅうこばやし　静岡県（遠州鉄道線）
遠州西ケ崎　えんしゅうにしがさき　静岡県（遠州鉄
　道線）
遠州芝本　えんしゅうしばもと　静岡県（遠州鉄道線）
遠州岩水寺　えんしゅうがんすいじ　静岡県（遠州鉄
　道線）
遠州浜　えんしゅうはま　静岡県浜松市南区

13画（酩, 鉛, 鉱, 鉦, 鉄, 鉢）

遠州病院　えんしゅうびょういん　静岡県（遠州鉄道線）
遠州森　えんしゅうもり　静岡県（天竜浜名湖鉄道線）
遠江　とおのえ　佐賀県杵島郡白石町
遠江一宮　とおとうみいちのみや　静岡県（天竜浜名湖鉄道線）
遠西　とおにし　福島県二本松市
7遠別町　えんべつちょう　北海道天塩郡
遠見塚　とおみづか　宮城県仙台市若林区
遠見塚東　とおみづかひがし　宮城県仙台市若林区
遠里小野　おりおの　大阪府大阪市住吉区
遠里小野町　おりおのちょう　大阪府堺市堺区
8遠東　とおひがし　茨城県つくば市
遠若町　えんじゃくちょう　愛知県名古屋市港区
9遠浅
　とあさ　北海道（JR室蘭本線）
　とあさ　北海道勇払郡安平町
11遠崎　とおざき　山口県柳井市
遠野
　とおや　北海道釧路郡釧路町
　とおの　岩手県（JR釜石線）
　とおの　埼玉県北葛飾郡杉戸町
　とおの　熊本県下益城郡美里町
遠野市　とおのし　岩手県
遠野町　とおのちょう　岩手県遠野市
遠野町入遠野　とおのまちいりとおの　福島県いわき市
遠野町上根本　とおのまちかみねもと　福島県いわき市
遠野町上遠野　とおのまちかとおの　福島県いわき市
遠野町大平　とおのまちおおだいら　福島県いわき市
遠野町根岸　とおのまちねぎし　福島県いわき市
遠野町深山田　とおのまちみやまだ　福島県いわき市
遠野町滝　とおのまちたき　福島県いわき市
12遠塚　とおづか　石川県かほく市
遠賀川
　おんががわ　福岡県（JR鹿児島本線）
　おんががわ　福岡県遠賀郡遠賀町
遠賀町　おんがちょう　福岡県遠賀郡
遠賀原　おがわら　山形県鶴岡市
遠賀郡　おんがぐん　福岡県
遠賀野　おんがの　福岡県（筑豊電気鉄道線）
遠軽　えんがる　北海道（JR石北本線）
遠軽町　えんがるちょう　北海道紋別郡
15遠敷　おにゅう　福井県小浜市
18遠藤
　えんどう　神奈川県藤沢市
　えんどう　神奈川県足柄上郡中井町
　えんどう　新潟県新潟市西蒲区
　えんどう　鳥取県西伯郡伯耆町
遠藤町　えんどうまち　神奈川県川崎市幸区
遠藤新田　えんどうしんでん　静岡県静岡市葵区
19遠瀬　とうせ　青森県三戸郡田子町
遠瀬戸　とおせと　福島県福島市

【酩】
12酩陽　らくよう　北海道根室市

【鉛】
鉛　なまり　岩手県花巻市
3鉛山　なまりやま　鳥取県東伯郡三朝町
鉛川　なまりかわ　北海道二海郡八雲町

【鉱】
3鉱山町　こうざんちょう　北海道登別市

【鉦】
5鉦打沢　かねうちざわ　秋田県湯沢市

【鉄】
鉄　くろがね　岡山県岡山市東区
3鉄山　かねやま　岡山県真庭市
鉄山町　てつざんちょう　北海道函館市
鉄工町　てっこうちょう　新潟県長岡市
4鉄王　てつおう　福岡県北九州市八幡西区
7鉄町　くろがねちょう　神奈川県横浜市青葉区
9鉄屋米地　かなやめいじ　兵庫県養父市
鉄炮町
　てっぽうまち　福島県伊達郡川俣町
　てっぽうちょう　滋賀県近江八幡市
10鉄扇町　てっせんちょう　福島県二本松市
鉄砲町
　てっぽうまち　青森県弘前市
　てっぽうまち　宮城県仙台市宮城野区
　てっぽうまち　山形県山形市
　てっぽうまち　山形県新庄市
　てっぽうまち　岐阜県高山市
　てっぽうちょう　大阪府堺市堺区
　てっぽうまち　岡山県津山市
　てっぽうちょう　岡山県高梁市
　てっぽうちょう　広島県広島市中区
　てっぽうちょう　愛媛県（伊予鉄道環状線）
　てっぽうちょう　愛媛県松山市
鉄砲町中　てっぽうまちなか　宮城県仙台市宮城野区
鉄砲町西　てっぽうまちにし　宮城県仙台市宮城野区
鉄砲町東　てっぽうまちひがし　宮城県仙台市宮城野区
鉄砲場　てっぽうば　秋田県大館市
鉄竜　てつりゅう　福岡県北九州市八幡西区
12鉄道博物館　てつどうはくぶつかん　埼玉県（埼玉新都市交通伊奈線）
15鉄輪上　かんなかみ　大分県別府市
鉄輪町　かなわちょう　福井県敦賀市
鉄輪東　かんなひがし　大分県別府市
16鉄鋼通り　てっこうどおり　千葉県浦安市

【鉢】
鉢
　はち　富山県魚津市
　はち　徳島県那賀郡那賀町
0鉢ケ峰町　はちがみねちょう　広島県三原市
鉢ケ峯寺　はちがみねじ　大阪府堺市南区
3鉢山町　はちやまちょう　東京都渋谷区
4鉢木町　はちのきちょう　栃木県佐野市
6鉢伏　はちぶせ　石川県かほく市
鉢伏町
　はちぶせまち　新潟県長岡市

13画（鈴,鉈,電,雷,靖）

はちぶせちょう　奈良県奈良市
鉢地町　はつちちょう　愛知県岡崎市
7鉢形
　はちがた　茨城県鹿嶋市
　はちがた　栃木県小山市
　はちがた　埼玉県（東武鉄道東上本線）
　はちがた　埼玉県大里郡寄居町
鉢形台　はちがただい　茨城県鹿嶋市
12鉢塚　はちづか　大阪府池田市
鉢森平　はちもりたい　青森県上北郡七戸町

【鈴】

鈴　すず　高知県幡多郡黒潮町
0鈴ケ嶺　すずがみね　石川県鳳珠郡能登町
鈴が峰町　すずがみねちょう　広島県広島市西区
3鈴丸丁　すずまるちょう　和歌山県和歌山市
鈴久名　すずくな　岩手県宮古市
鈴子町　すずこちょう　岩手県釜石市
鈴川
　すずかわ　北海道虻田郡喜茂別町
　すずかわ　神奈川県伊勢原市
鈴川中町　すずかわなかちょう　静岡県富士市
鈴川本町　すずかわほんちょう　静岡県富士市
鈴川西町　すずかわにしちょう　静岡県富士市
鈴川町
　すずかわまち　山形県山形市
　すずかわちょう　静岡県富士市
鈴川東町　すずかわひがしちょう　静岡県富士市
4鈴井町　すずいちょう　愛知県岩倉市
鈴木　すずき　茨城県稲敷郡阿見町
鈴木町
　すずきちょう　東京都小平市
　すずきちょう　神奈川県（京浜急行電鉄大師線）
　すずきちょう　神奈川県川崎市川崎区
5鈴加町　すずかちょう　長野県飯田市
鈴石町　すずいしちょう　福島県二本松市
鈴石東町　すずいしあずまちょう　福島県二本松市
7鈴町　すずちょう　滋賀県東近江市
鈴見台　すずみだい　石川県金沢市
鈴見町　すずみまち　石川県金沢市
鈴谷　すずや　埼玉県さいたま市中央区
鈴身町　すずみちょう　千葉県船橋市
8鈴岡　すずおか　北海道瀬棚郡今金町
鈴金　すずかね　北海道瀬棚郡今金町
9鈴屋　すずや　山口県防府市
鈴美台　すずみだい　大阪府南河内郡河南町
10鈴原町　すずはらちょう　兵庫県伊丹市
鈴家　すずけ　岡山県美作市
鈴連町　すずれまち　大分県日田市
11鈴張町　すずはりちょう　神奈川県秦野市
鈴野川　すずのがわ　山口県萩市
鈴鹿
　すずか　三重県（伊勢鉄道線）
　すずか　兵庫県三田市
鈴鹿サーキット稲生　すずかさーきっといのう　三重県（伊勢鉄道線）
鈴鹿ハイツ　すずかはいつ　三重県鈴鹿市
鈴鹿市
　すずかし　三重県（近畿日本鉄道鈴鹿線）

すずかし　三重県
12鈴塚　すずつか　茨城県守谷市
14鈴熊　すずくま　福岡県築上郡吉富町
16鈴繁町　すずしげちょう　神奈川県横浜市神奈川区
19鈴蘭　すずらん　北海道川上郡弟子屈町
鈴蘭公園　すずらんこうえん　北海道河東郡音更町
鈴蘭丘町　すずらんおかちょう　北海道函館市
鈴蘭台　すずらんだい　兵庫県（神戸電鉄粟生線）
鈴蘭台北町　すずらんだいきたまち　兵庫県神戸市北区
鈴蘭台西口　すずらんだいにしぐち　兵庫県（神戸電鉄粟生線）
鈴蘭台西町　すずらんだいにしまち　兵庫県神戸市北区
鈴蘭台東町　すずらんだいひがしまち　兵庫県神戸市北区
鈴蘭台南町　すずらんだいみなみまち　兵庫県神戸市北区

【鉈】

9鉈屋町　なたやちょう　岩手県盛岡市

【電】

6電気ビル前　でんきびるまえ　富山県（富山地方鉄道市内線）
7電車事業所前　でんしゃじぎょうしょまえ　北海道（札幌市交通局山鼻線）
13電鉄出雲市　でんてついずもし　島根県（一畑電車北松江線）
電鉄石田　でんてついしだ　富山県（富山地方鉄道本線）
電鉄魚津　でんてつうおづ　富山県（富山地方鉄道本線）
電鉄黒部　でんてつくろべ　富山県（富山地方鉄道本線）
電鉄富山　でんてつとやま　富山県（富山地方鉄道不二越・上滝線ほか）
電鉄富山駅・エスタ前　でんてつとやままえきえすたまえ　富山県（富山地方鉄道市内線）

【雷】

雷
　いかずち　福島県耶麻郡猪苗代町
　いかづち　新潟県村上市
　いかづち　奈良県高市郡明日香村
3雷土　いかづち　新潟県南魚沼市
雷土新田　いかづちしんでん　新潟県南魚沼市
雷山　らいざん　福岡県糸島市
5雷田　らいでん　福島県伊達市
雷別　らいべつ　北海道川上郡標茶町
8雷門　かみなりもん　東京都台東区
11雷鳥沢　らいちょうざわ　富山県中新川郡立山町
13雷電　らいでん　埼玉県鴻巣市
雷電町　らいでんちょう　茨城県古河市

【靖】

8靖国町　やすくにちょう　愛知県名古屋市中村区

1205

13画（頓, 飴, 飾）

【頓】

5頓田
とんだ　福岡県北九州市若松区
とんだ　福岡県朝倉市
7頓別　とんべつ　北海道枝幸郡浜頓別町
10頓原　とんばら　島根県飯石郡飯南町
11頓野　とんの　福岡県直方市

【飴】

9飴屋町
あめやまち　石川県小松市
あめやちょう　京都府京都市下京区

【飾】

6飾西　しきさい　兵庫県姫路市
飾西台　しきさいだい　兵庫県姫路市
8飾東町八重畑　しきとうちょうやえばた　兵庫県姫路市
飾東町夕陽ケ丘　しきとうちょうゆうひがおか　兵庫県姫路市
飾東町大釜　しきとうちょうおおがま　兵庫県姫路市
飾東町大釜新　しきとうちょうおおがましん　兵庫県姫路市
飾東町小原　しきとうちょうおはら　兵庫県姫路市
飾東町小原新　しきとうちょうおはらしん　兵庫県姫路市
飾東町山崎　しきとうちょうやまさき　兵庫県姫路市
飾東町北山　しきとうちょうきたやま　兵庫県姫路市
飾東町北野　しきとうちょうきたの　兵庫県姫路市
飾東町庄　しきとうちょうしょう　兵庫県姫路市
飾東町佐良和　しきとうちょうさろお　兵庫県姫路市
飾東町志吹　しきとうちょうしぶき　兵庫県姫路市
飾東町唐端新　しきとうちょうからはたしん　兵庫県姫路市
飾東町清住　しきとうちょうきよすみ　兵庫県姫路市
飾東町塩崎　しきとうちょうしおざき　兵庫県姫路市
飾東町豊国　しきとうちょうとよくに　兵庫県姫路市
16飾磨　しかま　兵庫県（山陽電気鉄道本線ほか）
飾磨区入船町　しかまくいりふねちょう　兵庫県姫路市
飾磨区下野田　しかまくしものだ　兵庫県姫路市
飾磨区三宅　しかまくみやけ　兵庫県姫路市
飾磨区三和町　しかまくさんわちょう　兵庫県姫路市
飾磨区上野田　しかまくうえのだ　兵庫県姫路市
飾磨区大浜　しかまくおおはま　兵庫県姫路市
飾磨区山崎　しかまくやまさき　兵庫県姫路市
飾磨区山崎台　しかまくやまさきだい　兵庫県姫路市
飾磨区中島　しかまくなかしま　兵庫県姫路市
飾磨区中浜町　しかまくなかはまちょう　兵庫県姫路市
飾磨区中野田　しかまくなかのだ　兵庫県姫路市
飾磨区今在家　しかまくいまざいけ　兵庫県姫路市
飾磨区今在家北　しかまくいまざいけきた　兵庫県姫路市
飾磨区天神　しかまくてんじん　兵庫県姫路市
飾磨区付城　しかまくつけしろ　兵庫県姫路市
飾磨区加茂　しかまくかも　兵庫県姫路市
飾磨区加茂北　しかまくかもきた　兵庫県姫路市
飾磨区加茂東　しかまくかもひがし　兵庫県姫路市
飾磨区加茂南　しかまくかもみなみ　兵庫県姫路市
飾磨区玉地　しかまくたまち　兵庫県姫路市
飾磨区矢倉町　しかまくやぐらちょう　兵庫県姫路市
飾磨区西浜町　しかまくにしはまちょう　兵庫県姫路市
飾磨区妻鹿　しかまくめが　兵庫県姫路市
飾磨区妻鹿日田町　しかまくめがひだちょう　兵庫県姫路市
飾磨区妻鹿東海町　しかまくめがとうかいちょう　兵庫県姫路市
飾磨区妻鹿常盤町　しかまくめがときわちょう　兵庫県姫路市
飾磨区東堀　しかまくひがしぼり　兵庫県姫路市
飾磨区英賀　しかまくあが　兵庫県姫路市
飾磨区英賀西町　しかまくあがにしちょう　兵庫県姫路市
飾磨区英賀東町　しかまくあがひがしちょう　兵庫県姫路市
飾磨区英賀保駅前町　しかまくあがほえきまえちょう　兵庫県姫路市
飾磨区英賀春日町　しかまくあがかすがちょう　兵庫県姫路市
飾磨区英賀宮台　しかまくあがみやだい　兵庫県姫路市
飾磨区英賀宮町　しかまくあがみやちょう　兵庫県姫路市
飾磨区英賀清水町　しかまくあがしみずちょう　兵庫県姫路市
飾磨区若宮町　しかまくわかみやちょう　兵庫県姫路市
飾磨区阿成　しかまくあなせ　兵庫県姫路市
飾磨区阿成下垣内　しかまくあなせしもかいち　兵庫県姫路市
飾磨区阿成中垣内　しかまくあなせなかかいち　兵庫県姫路市
飾磨区阿成鹿古　しかまくあなせかこ　兵庫県姫路市
飾磨区阿成植木　しかまくあなせうえき　兵庫県姫路市
飾磨区阿成渡場　しかまくあなせわたしば　兵庫県姫路市
飾磨区城南町　しかまくじょうなんちょう　兵庫県姫路市
飾磨区思案橋　しかまくしあんばし　兵庫県姫路市
飾磨区栄町　しかまくさかえまち　兵庫県姫路市
飾磨区宮　しかまくみや　兵庫県姫路市
飾磨区恵美酒　しかまくえびす　兵庫県姫路市
飾磨区高町　しかまくたかまち　兵庫県姫路市
飾磨区亀山　しかまくかめやま　兵庫県姫路市
飾磨区堀川町　しかまくほりかわちょう　兵庫県姫路市
飾磨区清水　しかまくしみず　兵庫県姫路市
飾磨区粕谷新町　しかまくかすやしんまち　兵庫県姫路市
飾磨区細江　しかまくほそえ　兵庫県姫路市
飾磨区都倉　しかまくとくら　兵庫県姫路市
飾磨区野田町　しかまくのだちょう　兵庫県姫路市
飾磨区富士見ケ丘町　しかまくふじみがおかちょう　兵庫県姫路市
飾磨区御幸　しかまくごこう　兵庫県姫路市
飾磨区須加　しかまくすか　兵庫県姫路市
飾磨区構　しかまくかまえ　兵庫県姫路市

13画（飽, 飫, 馳, 馴, 鳩, 麁, 鼎, 鼓, 鼠）14画（嘉）

飾磨区蓼野町　しかまくたでのちょう　兵庫県姫路市
飾磨区鎌倉町　しかまくかまくらちょう　兵庫県姫路市

【飽】
0飽の浦町　あくのうらまち　長崎県長崎市
9飽海町　あくみちょう　愛知県豊橋市
　飽海郡　あくみぐん　山形県
10飽浦　あくら　岡山県岡山市南区

【飫】
8飫肥　おび　宮崎県（JR日南線）
　　　おび　宮崎県日南市

【馳】
3馳下り　はせくだり　青森県上北郡おいらせ町
5馳出　はせだし　三重県四日市市
　馳出町　はせだしちょう　三重県四日市市

【馴】
9馴柴町　なれしばまち　茨城県龍ケ崎市
10馴馬町　なれうままち　茨城県龍ケ崎市

【鳩】
0鳩ケ丘　はとがおか　埼玉県比企郡鳩山町
　鳩ケ谷　はとがや　埼玉県（埼玉高速鉄道線）
　鳩ケ谷市　はとがやし　⇒川口市（埼玉県）
　鳩ケ谷本町　はとがやほんちょう　埼玉県川口市
　鳩ケ谷緑町　はとがやみどりちょう　埼玉県川口市
　鳩ノ巣　はとのす　東京都（JR青梅線）
　鳩が丘　はとがおか　北海道岩見沢市
3鳩山　はとやま　北海道夕張郡栗山町
　　　　はとやま　千葉県香取市
　鳩山町　はとやままち　埼玉県加須市
　　　　　はとやままち　埼玉県比企郡
　鳩川　はとがわ　佐賀県唐津市
7鳩吹台　はとふきだい　岐阜県可児市
　鳩谷　はとがや　岐阜県大野郡白川村
8鳩岡　はとおか　愛知県名古屋市北区
　鳩岡町　はとおかちょう　愛知県名古屋市北区
　鳩岡崎　はとおかざき　岩手県北上市
10鳩原　はとばら　宮城県角田市
　　　　はとばら　福井県敦賀市
　　　　はとばら　大阪府河内長野市
11鳩崎　はとざき　茨城県稲敷市
　鳩部屋町　はとべやちょう　岐阜県大垣市
12鳩間　はとま　沖縄県八重山郡竹富町

【麁】
9麁津田　そつだ　岩手県岩手郡雫石町

【鼎】
鼎
　　かなえ　長野県（JR飯田線）

かなえ　大分県豊後高田市
1鼎一色　かなえいっしき　長野県飯田市
3鼎下山　かなえしもやま　長野県飯田市
　鼎下茶屋　かなえしもちゃや　長野県飯田市
　鼎上山　かなえかみやま　長野県飯田市
　鼎上茶屋　かなえかみちゃや　長野県飯田市
4鼎中平　かなえなかだいら　長野県飯田市
　鼎切石　かなえきりいし　長野県飯田市
6鼎名古熊　かなえなごくま　長野県飯田市
　鼎西鼎　かなえにしかなえ　長野県飯田市
8鼎東鼎　かなえひがしかなえ　長野県飯田市

【鼓】
0鼓ケ浦　つづみがうら　三重県（近畿日本鉄道名古屋線）
　鼓が丘　つづみがおか　愛知県名古屋市守山区
　鼓が滝　つづみがたき　兵庫県川西市
8鼓岡　つづみおか　新潟県胎内市
　鼓海　こかい　山口県周南市
13鼓滝　つづみがたき　兵庫県（能勢電鉄妙見線）

【鼠】
0鼠ケ関　ねずがせき　山形県（JR羽越本線）
　　　　　ねずがせき　山形県鶴岡市
2鼠入　そいり　岩手県下閉伊郡岩泉町
15鼠蔵町　そぞうまち　熊本県八代市

14画

【嘉】
2嘉入　かにゅう　鹿児島県大島郡瀬戸内町
3嘉久志町　かくしちょう　島根県江津市
　嘉山　かやま　新潟県新潟市北区
　嘉川
　　かがわ　山口県（JR山陽本線）
　　かがわ　山口県山口市
4嘉手苅
　　かでかる　沖縄県中頭郡西原町
　　かでかる　沖縄県島尻郡久米島町
　嘉手納　かでな　沖縄県中頭郡嘉手納町
　嘉手納町　かでなちょう　沖縄県中頭郡
　嘉木
　　かぎ　新潟県新潟市中央区
　　かぎ　新潟県新潟市江南区
5嘉右衛門町　かうえもんちょう　栃木県栃木市
6嘉多山　かたやま　北海道網走市
　嘉多山町　かたやまちょう　栃木県佐野市
　嘉多町　かたまち　群馬県高崎市
　嘉多蔵　かたくら　栃木県日光市
7嘉良寿理　からすり　茨城県石岡市
8嘉例川
　　かれがわ　三重県桑名市
　　かれいがわ　鹿児島県（JR肥薩線）
　嘉例沢　かれいさわ　富山県黒部市
　嘉例谷　かれいだに　富山県小矢部市
　嘉坪川　かつぼがわ　新潟県三条市

14画（境）

⁹嘉津宇 かつう 沖縄県国頭郡本部町
嘉美 かみ 埼玉県児玉郡上里町
¹⁰嘉家佐和 かけさわ 茨城県筑西市
嘉家作丁 かけづくりちょう 和歌山県和歌山市
嘉島町 かしままち 熊本県上益城郡
嘉祥寺 かしょうじ 大阪府泉南郡田尻町
¹¹嘉麻市 かまし 福岡県
¹²嘉渡 かど 鹿児島県大島郡龍郷町
嘉鈍 かどん 鹿児島県大島郡喜界町
嘉間良 かまら 沖縄県沖縄市
嘉陽 かよう 沖縄県名護市
¹³嘉数
　かかず 沖縄県宜野湾市
　かかず 沖縄県豊見城市
嘉鉄 かてつ 鹿児島県大島郡瀬戸内町
¹⁴嘉徳 かとく 鹿児島県大島郡瀬戸内町
¹⁵嘉幡町 かばたちょう 奈良県天理市
嘉穂才田 かばさいた 福岡県嘉麻市
嘉穂郡 かほぐん 福岡県
¹⁹嘉瀬
　かせ 青森県（津軽鉄道線）
　かせ 新潟県新潟市江南区
嘉瀬町十五 かせまちじゅうご 佐賀県佐賀市
嘉瀬町中原 かせまちなかばる 佐賀県佐賀市
嘉瀬町扇町 かせまちおうぎまち 佐賀県佐賀市
嘉瀬町荻野 かせまちおぎの 佐賀県佐賀市
嘉瀬島 かせじま 新潟県阿賀野市

【境】

境
　さかい 青森県北津軽郡鶴田町
　さかい 福島県岩瀬郡鏡石町
　さかい 栃木県真岡市
　さかい 群馬県伊勢崎市
　さかい 埼玉県鴻巣市
　さかい 埼玉県深谷市
　さかい 千葉県山武郡芝山町
　さかい 東京都武蔵野市
　さかい 東京都西多摩郡奥多摩町
　さかい 神奈川県足柄上郡中井町
　さかい 新潟県新発田市
　さかい 富山県高岡市
　さかい 富山県下新川郡朝日町
　さかい 山梨県都留市
　さかい 山梨県甲斐市
　さかい 長野県伊那市
　さかい 長野県諏訪郡富士見町
　さかい 静岡県富士市
　さかい 兵庫県美方郡新温泉町
　さかえ 鳥取県西伯郡南部町
　さかい 岡山県久米郡美咲町
　さかい 高知県土佐郡土佐町
　さかい 熊本県下益城郡美里町
⁰境ノ内 さかいのうち 福島県石川郡石川町
境ノ沢 さかいのさわ 宮城県刈田郡七ケ宿町
³境下武士 さかいしもたけし 群馬県伊勢崎市
境下渕名 さかいしもふちな 群馬県伊勢崎市
境三ツ木 さかいみつぎ 群馬県伊勢崎市
境上矢島 さかいかみやじま 群馬県伊勢崎市
境上武士 さかいかみたけし 群馬県伊勢崎市
境上渕名 さかいかみふちな 群馬県伊勢崎市

境女塚 さかいおなづか 群馬県伊勢崎市
境小此木 さかいおこのぎ 群馬県伊勢崎市
境山 さかいやま 宮城県宮城郡七ケ浜町
境川
　さかいがわ 岐阜県岐阜市
　さかいがわ 大阪府大阪市西区
　さかいがわ 和歌山県有田郡有田川町
　さかいがわ 福岡県北九州市戸畑区
境川町三椚 さかいがわちょうみつくぬぎ 山梨県笛吹市
境川町大坪 さかいがわちょうおおつぼ 山梨県笛吹市
境川町大黒坂 さかいがわちょうおおぐろさか 山梨県笛吹市
境川町大窪 さかいがわちょうおおくぼ 山梨県笛吹市
境川町小山 さかいがわちょうこやま 山梨県笛吹市
境川町小黒坂 さかいがわちょうこぐろさか 山梨県笛吹市
境川町石橋 さかいがわちょういしばし 山梨県笛吹市
境川町寺尾 さかいがわちょうてらお 山梨県笛吹市
境川町坊ケ峰 さかいがわちょうぼうがみね 山梨県笛吹市
境川町前間田 さかいがわちょうまえまだ 山梨県笛吹市
境川町藤垈 さかいがわちょうふじぬた 山梨県笛吹市
⁴境中島 さかいなかじま 群馬県伊勢崎市
境之谷 さかいのたに 神奈川県横浜市西区
境木本町 さかいぎほんちょう 神奈川県横浜市保土ケ谷区
境木町 さかいぎちょう 神奈川県横浜市保土ケ谷区
境木島 さかいぎじま 群馬県伊勢崎市
⁵境平塚 さかいひらづか 群馬県伊勢崎市
境田
　さかいだ 青森県上北郡おいらせ町
　さかいだ 秋田県仙北郡美郷町
　さかいだ 茨城県つくば市
境田町
　さかいだちょう 岩手県盛岡市
　さかいだちょう 岩手県下閉伊郡山田町
　さかいだまち 山形県山形市
境目町 さかいめまち 熊本県宇土市
⁶境伊与久 さかいいよく 群馬県伊勢崎市
境寺町 さかいでらちょう 福井県福井市
境江 さかえ 新潟県西蒲原郡弥彦村
境百々 さかいどうどう 群馬県伊勢崎市
境百々東 さかいどうどうひがし 群馬県伊勢崎市
境米岡 さかいよねおか 群馬県伊勢崎市
境西今井 さかいにしいまい 群馬県伊勢崎市
⁷境別所 さかいべっしょ 神奈川県足柄上郡中井町
境町
　さかいちょう 福島県西白河郡矢吹町
　さかいまち 茨城県猿島郡
　さかいちょう 栃木県栃木市
　さかいまち 群馬県（東武鉄道伊勢崎線）
　さかいちょう 神奈川県川崎市川崎区
　さかいちょう 愛知県弥富市
　さかいちょう 鹿児島県出水市
境谷
　さかいだに 京都府舞鶴市
　さかいだに 和歌山県岩出市
⁸境免 さかいめん 福島県須賀川市

14画（増,寧）

境松
　　さかいまつ　青森県（弘南鉄道弘南線）
　　さかいまつ　青森県黒石市
　　さかいまつ　茨城県つくば市
　　さかいまつ　愛知県名古屋市緑区
境東　さかいあずま　群馬県伊勢崎市
境東新井　さかいひがしあらい　群馬県伊勢崎市
境林　さかいばやし　栃木県矢板市
⁹境保泉　さかいほずみ　群馬県伊勢崎市
境南町　きょうなんちょう　東京都武蔵野市
境栄　さかいさかえ　群馬県伊勢崎市
境美原　さかいみはら　群馬県伊勢崎市
¹⁰境原
　　さかいばら　和歌山県和歌山市
　　さかいばら　和歌山県橋本市
境島
　　さかいじま　茨城県稲敷市
　　さかいじま　千葉県香取市
境島村　さかいしまむら　群馬県伊勢崎市
境根町　さかいねちょう　愛知県名古屋市天白区
¹¹境宿　さかいじゅく　静岡県湖西市
境野
　　さかいの　北海道常呂郡置戸町
　　さかいの　福島県大沼郡会津美里町
　　さかいの　福井県丹生郡越前町
　　さかいの　兵庫県宝塚市
　　さかいの　佐賀県西松浦郡有田町
境野町　さかいのちょう　群馬県桐生市
境野新　さかいのしん　富山県富山市
¹²境堤　さかいつつみ　宮城県亘理郡亘理町
境森　さかいもり　青森県南津軽郡田舎館村
境港　さかいみなと　鳥取県（JR境線）
境港市　さかいみなとし　鳥取県
境萩原　さかいはぎわら　群馬県伊勢崎市
¹³境新　さかいしん　新潟県阿賀野市
境新田　さかいしんでん　新潟県阿賀野市
境新栄　さかいしんえい　群馬県伊勢崎市
¹⁴境関　さかいぜき　青森県弘前市
¹⁶境橋町　さかいばしちょう　大阪府寝屋川市
境興屋　さかいこうや　山形県東田川郡庄内町
境興野　さかいこうや　山形県酒田市

【増】
増
　　ぞう　静岡県静岡市清水区
　　まし　奈良県御所市
³増口　ましぐち　奈良県吉野郡大淀町
増山　ますやま　富山県砺波市
増川　ますがわ　静岡県富士市
増川新町　ますがわしんまち　静岡県富士市
⁴増井
　　ましい　茨城県東茨城郡城里町
　　ましい　栃木県芳賀郡茂木町
増井町　ましいちょう　茨城県常陸太田市
増戸　ましと　埼玉県春日部市
増毛　ましけ　北海道（JR留萌本線）
増毛町　ましけちょう　北海道増毛郡
増毛郡　ましけぐん　北海道
⁵増市町　ますいちちょう　北海道室蘭市

増永　ますなが　熊本県荒尾市
増田
　　ますた　青森県東津軽郡平内町
　　ますだ　宮城県名取市
　　ました　千葉県香取市
　　ますだ　千葉県いすみ市
　　ましだ　静岡県御殿場市
　　ますだ　三重県桑名市
　　ました　滋賀県蒲生郡日野町
　　ますだ　愛媛県南宇和郡愛南町
　　ますだ　鹿児島県姶良市
　　ますだ　鹿児島県熊毛郡中種子町
増田北町　ましたきたまち　愛知県稲沢市
増田西町　ましたにしまち　愛知県稲沢市
増田町
　　ましたちょう　愛知県稲沢市
　　ますだちょう　長崎県五島市
増田町八木　ますだまちやぎ　秋田県横手市
増田町三又　ますだまちみつまた　秋田県横手市
増田町戸波　ますだまちとなみ　秋田県横手市
増田町吉野　ますだまちよしの　秋田県横手市
増田町狙半内　ますだまちさるはんない　秋田県横手市
増田町荻袋　ますだまちおぎのふくろ　秋田県横手市
増田町亀田　ますだまちかめだ　秋田県横手市
増田町湯野沢　ますだまちゆのさわ　秋田県横手市
増田町増田　ますだまちますだ　秋田県横手市
増田町熊渕　ますだまちくまのふち　秋田県横手市
増田東町　ましたひがしまち　愛知県稲沢市
増田南町　ましたみなみまち　愛知県稲沢市
増田新田　ますだしんでん　埼玉県春日部市
⁷増位本町　ますいほんまち　兵庫県姫路市
増位新町　ますいしんまち　兵庫県姫路市
増尾
　　ますお　埼玉県比企郡小川町
　　ますお　千葉県（東武鉄道野田線）
　　ますお　千葉県柏市
増尾台　ますおだい　千葉県柏市
増形　ますかた　埼玉県川越市
増沢
　　ますざわ　秋田県北秋田市
　　ますざわ　新潟県上越市
増谷　ますたに　福井県丹生郡越前町
⁸増坪町　ますつぼちょう　山梨県甲府市
増岡　ますおか　山形県西置賜郡小国町
増林　ましばやし　埼玉県越谷市
増長　ましなが　埼玉県さいたま市岩槻区
⁹増泉　ますいずみ　石川県金沢市
¹²増富　ましとみ　埼玉県春日部市
増森　ましもり　埼玉県越谷市
増間　ますま　千葉県南房総市
¹³増楽町　ぞうらちょう　静岡県浜松市南区
¹⁵増穂　ますほ　山形県飽海郡遊佐町
増穂町　ますほちょう　⇒富士川町（山梨県南巨摩郡）
¹⁶増館　ますたて　青森県南津軽郡藤崎町

【寧】
¹³寧楽　ねいらく　北海道留萌郡小平町

1209

14画（層，嶋，徳）

【層】

12層雲峡　そううんきょう　北海道上川郡上川町

【嶋】

嶋
　しま　長野県飯田市
　しま　静岡県牧之原市
　しま　兵庫県西脇市
　しま　和歌山県紀の川市
　しま　鳥取県鳥取市
5嶋北　しまきた　山形県山形市
嶋田　しまだ　愛知県知多郡武豊町
嶋田新田　しまだしんでん　秋田県雄勝郡羽後町
9嶋南　しまみなみ　山形県山形市
19嶋瀬　しませ　新潟県阿賀野市

【徳】

2徳力
　とくりき　埼玉県さいたま市岩槻区
　とくりき　福岡県北九州市小倉南区
徳力公団前　とくりきこうだんまえ　福岡県（北九州高速鉄道小倉線）
徳力団地　とくりきだんち　福岡県北九州市小倉南区
徳力嵐山口　とくりきあらしやまぐち　福岡県（北九州高速鉄道小倉線）
徳力新町　とくりきしんまち　福岡県北九州市小倉南区
3徳下　とくげ　青森県南津軽郡藤崎町
徳万
　とくまん　富山県砺波市
　とくまん　鳥取県東伯郡琴浦町
徳万町　とくまんちょう　京都府京都市下京区
徳万新　とくまんしん　富山県砺波市
徳丸
　とくまる　東京都板橋区
　とくまる　石川県鹿島郡中能登町
　とくまる　鳥取県（若桜鉄道線）
　とくまる　鳥取県八頭郡八頭町
　とくまる　愛媛県伊予郡松前町
徳丸町
　とくまるまち　群馬県前橋市
　とくまるまち　石川県白山市
徳久　とくひさ　福岡県筑後市
徳久町　とくひさまち　石川県能美市
徳大寺清水町　とくだいじしみずちょう　京都府京都市西京区
徳大寺殿町　とくだいじでんちょう　京都府京都市上京区
徳山
　とくやま　岐阜県揖斐郡揖斐川町
　とくやま　静岡県榛原郡川根本町
　とくやま　山口県（JR山陽新幹線ほか）
　とくやま　山口県周南市
徳山町
　とくさんまち　石川県能美市
　とくやまちょう　滋賀県長浜市
徳山港町　とくやまみなとまち　山口県周南市
徳川　とくがわ　愛知県名古屋市東区
徳川山町　とくがわやまちょう　愛知県名古屋市千種区

徳川町
　とくがわちょう　群馬県太田市
　とくがわちょう　愛知県名古屋市東区
4徳之島町　とくのしまちょう　鹿児島県大島郡
徳井町
　とくいちょう　大阪府大阪市中央区
　とくいちょう　兵庫県神戸市灘区
徳氏　とくうじ　千葉県市原市
徳王　とくおう　熊本県熊本市北区
徳王町　とくおうまち　熊本県熊本市北区
5徳市　とくいち　広島県世羅郡世羅町
徳本　とくもと　鳥取県東伯郡三朝町
徳正寺町　とくしょうじちょう　京都府京都市下京区
徳永
　とくなが　山梨県南アルプス市
　とくなが　岐阜県（長良川鉄道越美南線）
　とくなが　岐阜県山県市
　とくなが　静岡県伊豆市
　とくなが　兵庫県篠山市
　とくなが　福岡県福岡市西区
　とくなが　福岡県行橋市
　とくなが　福岡県京都郡みやこ町
徳永北　とくながきた　福岡県福岡市西区
徳永町　とくながまち　愛知県西尾市
徳用町　とくもとまち　石川県野々市市
徳田
　とくだ　北海道名寄市
　とくだ　新潟県魚沼市
　とくだ　石川県（JR七尾線）
　とくだ　石川県羽咋郡志賀町
　とくだ　岐阜県羽島郡岐南町
　とくだ　三重県（伊勢鉄道線）
　とくだ　和歌山県有田郡有田川町
徳田木丁　とくだぎちょう　和歌山県和歌山市
徳田西　とくだにし　岐阜県羽島郡岐南町
徳田町
　とくだちょう　青森県弘前市
　とくだちょう　茨城県常陸太田市
　とくだまち　石川県七尾市
　とくだちょう　三重県鈴鹿市
徳田新田　とくだしんでん　新潟県南魚沼市
徳田新町　とくだしんまち　石川県七尾市
6徳光　とくみつ　静岡県袋井市
徳光町
　とくみつまち　石川県白山市
　とくみつちょう　福井県福井市
徳吉
　とくよし　鳥取県鳥取市
　とくよし　福岡県北九州市小倉南区
徳吉西　とくよしにし　福岡県北九州市小倉南区
徳吉町　とくよしちょう　岡山県岡山市中区
徳吉東　とくよしひがし　福岡県北九州市小倉南区
徳吉南　とくよしみなみ　福岡県北九州市小倉南区
徳合　とくあい　新潟県糸魚川市
徳地八坂　とくぢやさか　山口県山口市
徳地三谷　とくぢみたに　山口県山口市
徳地上村　とくぢかみむら　山口県山口市
徳地小古祖　とくぢおごそ　山口県山口市
徳地山畑　とくぢやまはた　山口県山口市
徳地引谷　とくぢひくたに　山口県山口市
徳地伊賀地　とくぢいかじ　山口県山口市

14画（慥，摺，旗）

徳地串　とくぢくし　山口県山口市
徳地岸見　とくぢきしみ　山口県山口市
徳地柚木　とくぢゆのき　山口県山口市
徳地島地　とくぢしまじ　山口県山口市
徳地堀　とくぢほり　山口県山口市
徳地深谷　とくぢふかだに　山口県山口市
徳地船路　とくぢふなじ　山口県山口市
徳地野谷　とくぢのたに　山口県山口市
徳地藤木　とくぢふじき　山口県山口市
徳地鯖河内　とくぢさばごうち　山口県山口市
徳成　とくなり　富山県南砺市
徳次町　とくつぎちょう　愛知県西尾市
徳次郎町　とくじろうまち　栃木県宇都宮市
徳江　とくえ　福島県伊達郡国見町
徳行　とくぎょう　山梨県甲府市
7徳佐　とくさ　山口県（JR山口線）
徳佐田　とくさだ　沖縄県中頭郡西原町
徳尾　とくのお　鳥取県鳥取市
徳尾町　とくおちょう　福井県福井市
徳志別　とくしべつ　北海道枝幸郡枝幸町
徳沢
　とくさわ　秋田県由利本荘市
　とくさわ　福島県（JR磐越西線）
徳町　とくまち　山形県米沢市
徳良窪　とくらくぼ　青森県三戸郡五戸町
徳芳　とくぼう　岡山県倉敷市
8徳命　とくめい　徳島県板野郡藍住町
徳和
　とくわ　新潟県佐渡市
　とくわ　三重県（JR紀勢本線）
徳和瀬　とくわせ　鹿児島県大島郡徳之島町
徳定　とくさだ　愛知県新城市
徳居町　とくすいちょう　三重県鈴鹿市
徳延　とくのぶ　神奈川県平塚市
徳長　とくなが　鳥取県西伯郡南部町
9徳前
　とくぜん　石川県鹿島郡中能登町
　とくぜん　福岡県飯塚市
徳屋町
　とくやちょう　京都府京都市上京区
　とくやちょう　京都府京都市下京区
徳持　とくもち　茨城県筑西市
徳政　とくせい　福岡県京都郡みやこ町
徳星　とくせい　北海道上川郡愛別町
徳泉　とくいずみ　静岡県掛川市
徳泉川内町　とくせんがわちまち　長崎県大村市
徳重
　とくしげ　愛知県（名古屋市交通局桜通線）
　とくしげ　愛知県名古屋市緑区
　とくしげ　愛知県北名古屋市
　とくしげ　愛媛県今治市
　とくしげ　福岡県宗像市
徳重・名古屋芸大　とくしげなごやげいだい　愛知県
　（名古屋鉄道犬山線）
10徳倉
　とくら　静岡県三島市
　とくら　静岡県駿東郡清水町
徳島
　とくしま　茨城県潮来市

　とくしま　徳島県（JR高徳線）
　とくしま　大分県大分市
徳島市　とくしまし　徳島県
徳島本町　とくしまほんちょう　徳島県徳島市
徳島町　とくしまちょう　徳島県徳島市
徳島町城内　とくしまちょうじょうない　徳島県徳島市
徳島県　とくしまけん
徳時　とくどき　鹿児島県大島郡知名町
徳浦　とくうら　大分県津久見市
徳浦本町　とくうらほんまち　大分県津久見市
徳浦宮町　とくうらみやまち　大分県津久見市
徳益　とくます　福岡県（西日本鉄道天神大牟田線）
11徳宿
　とくしゅく　茨城県（鹿島臨海鉄道大洗鹿島線）
　とくしゅく　茨城県鉾田市
徳常町　とくつねちょう　愛媛県新居浜市
徳庵
　とくあん　大阪府（JR片町線）
　とくあん　大阪府大阪市鶴見区
徳庵本町　とくあんほんまち　大阪府東大阪市
徳渕　とくのふち　福岡県朝倉市
徳野南　とくのみなみ　岐阜県可児市
12徳富　とくどみ　岡山県赤磐市
徳森　とくのもり　愛媛県大洲市
徳満
　とくみつ　北海道（JR宗谷本線）
　とくみつ　北海道天塩郡豊富町
徳間　とくま　長野県長野市
14徳増　とくます　千葉県長生郡長柄町
15徳蔵
　とくら　茨城県東茨城郡城里町
　とくぞう　和歌山県日高郡みなべ町

【慥】
9慥柄浦　たしからうら　三重県度会郡南伊勢町

【摺】
5摺出寺　すりでじ　富山県射水市
7摺沢　すりさわ　岩手県（JR大船渡線）
摺町　すりちょう　愛知県豊田市
摺見　すみ　三重県伊賀市
11摺淵　するぶち　群馬県利根郡片品村

【旗】
0旗ケ崎　はたがさき　鳥取県米子市
旗の台
　はたのだい　東京都（東京急行電鉄大井町線ほか）
　はたのだい　東京都品川区
4旗井　はたい　埼玉県加須市
5旗立　はたたて　宮城県仙台市太白区
旗立台　はたたてだい　埼玉県東松山市
8旗岡　はたおか　山口県下松市
9旗屋
　はたや　新潟県新潟市西蒲区
　はたや　愛知県名古屋市熱田区
旗屋村受　はたやむらうけ　新潟県新潟市西蒲区
旗屋町　はたやちょう　愛知県名古屋市熱田区
旗指　はっさし　静岡県島田市
11旗宿　はたじゅく　福島県白河市

1211

14画(暮,榎,構,榛)

¹²旗塚通　はたつかどおり　兵庫県神戸市中央区
¹⁴旗鉾　はたほこ　千葉県香取市

【暮】

⁴暮戸町　くれどちょう　愛知県岡崎市
⁵暮田　くれた　岡山県赤磐市
⁸暮坪　くれつぼ　新潟県五泉市
¹⁰暮帰別西　ぼきべつにし　北海道厚岸郡浜中町
　暮帰別東　ぼきべつひがし　北海道厚岸郡浜中町

【榎】

榎
　えのき　埼玉県春日部市
　えのき　東京都武蔵村山市
　えのき　新潟県新潟市東区
　えのき　新潟県阿賀野市
　えのき　富山県中新川郡立山町
　えのき　福井県大野市
⁰榎ノ下　えのした　愛知県長久手市
榎が丘　えのきがおか　神奈川県横浜市青葉区
³榎下町　えのきしたちょう　愛知県半田市
⁴榎井
　えない　香川県(高松琴平電気鉄道琴平線)
　えない　香川県仲多度郡琴平町
榎元町　えのきもとまち　大阪府堺市堺区
榎戸
　えのきど　福島県二本松市
　えのきど　茨城県つくば市
　えのきど　埼玉県鴻巣市
　えのきど　千葉県(JR総武本線)
　えのきど　千葉県八街市
　えのきど　愛知県(名古屋鉄道常滑線)
　えのきど　愛知県常滑市
榎戸町
　よのきどちょう　岐阜県大垣市
　えのきどちょう　愛知県常滑市
榎木　えのき　山形県東田川郡庄内町
榎木町
　えのきちょう　神奈川県平塚市
　えのきちょう　滋賀県長浜市
　えのきちょう　京都府京都市中京区
　えのきちょう　京都府京都市下京区
⁵榎市　えのきいち　鳥取県日野郡日野町
榎本　えもと　千葉県長生郡長柄町
榎本町　えのもとちょう　北海道函館市
榎生　よのう　茨城県筑西市
榎田
　えのきだ　福岡県福岡市博多区
　えのきだ　宮崎県えびの市
⁶榎列下幡多　えなみしもはだ　兵庫県南あわじ市
榎列上幡多　えなみかみはだ　兵庫県南あわじ市
榎列大榎列　えなみおおえなみ　兵庫県南あわじ市
榎列小榎列　えなみこえなみ　兵庫県南あわじ市
榎列山所　えなみやまじょ　兵庫県南あわじ市
榎列西川　えなみにしがわ　兵庫県南あわじ市
榎列松田　えなみまつだ　兵庫県南あわじ市
榎列掃守　えなみかもり　兵庫県南あわじ市
⁷榎尾町　えのきおまち　石川県金沢市
榎町
　えのきちょう　埼玉県熊谷市

　えのきちょう　埼玉県所沢市
　えのきちょう　埼玉県富士見市
　えのきちょう　東京都新宿区
　えのきちょう　神奈川県横浜市南区
　えのきちょう　神奈川県川崎市川崎区
　えのきちょう　新潟県新潟市東区
　えのきまち　富山県(富山地方鉄道立山線)
　えのきちょう　京都府京都市上京区
　えのきちょう　京都府京都市伏見区
　えのまち　広島県広島市中区
　えのまち　熊本県熊本市東区
榎谷　えのきだに　徳島県那賀郡那賀町
⁸榎松町　えのきまつちょう　愛知県名古屋市中川区
榎林古屋敷　えのきばやしふるやしき　青森県上北郡
　七戸町
榎林家ノ前　えのきばやしいえのまえ　青森県上北郡
　七戸町
榎林家ノ後　えのきばやしいえのうしろ　青森県上北
　郡七戸町
⁹榎前町　えのきまえちょう　愛知県安城市
榎津　えのきづ　福岡県大川市
榎津西町　えのきづにしまち　愛知県名古屋市中川区
榎津郷　えのきづごう　長崎県南松浦郡新上五島町
榎神房　えのきかんぼう　千葉県茂原市
榎神房飛地　えのきかんぼうとびち　千葉県茂原市
¹⁰榎原
　えのきはら　山梨県南アルプス市
　えのきはら　和歌山県和歌山市
　えのきはら　鳥取県米子市
　えのきはら　熊本県玉名郡和水町
　よわら　宮崎県(JR日南線)
¹¹榎船渡　えのきふなと　新潟県阿賀野市

【構】

³構口町　かまえぐちまち　宮崎県延岡市

【榛】

⁶榛名山町　はるなさんまち　群馬県高崎市
榛名町　はるなまち　群馬県沼田市
榛名湖町　はるなこまち　群馬県高崎市
⁷榛沢　はんざわ　埼玉県深谷市
榛沢新田　はんざわしんでん　埼玉県深谷市
⁸榛松　はえまつ　埼玉県川口市
榛東村　しんとうむら　群馬県北群馬郡
¹⁰榛原　はいばら　奈良県(近畿日本鉄道大阪線)
榛原あかね台　はいばらあかねだい　奈良県宇陀市
榛原ひのき坂　はいばらひのきざか　奈良県宇陀市
榛原八滝　はいばらやたき　奈良県宇陀市
榛原下井足　はいばらしもいだに　奈良県宇陀市
榛原三宮寺　はいばらさんぐうじ　奈良県宇陀市
榛原上井足　はいばらかみいだに　奈良県宇陀市
榛原大貝　はいばらおおがい　奈良県宇陀市
榛原山辺三　はいばらやまべさん　奈良県宇陀市
榛原山路　はいばらやまじ　奈良県宇陀市
榛原内牧　はいばらうちまき　奈良県宇陀市
榛原天満台西　はいばらてんまだいにし　奈良県宇
　陀市
榛原天満台東　はいばらてんまだいひがし　奈良県宇
　陀市
榛原比布　はいばらひふ　奈良県宇陀市

14画（檜，樋）

榛原母里　はいばらもり　奈良県宇陀市
榛原石田　はいばらいしだ　奈良県宇陀市
榛原安田　はいばらやすだ　奈良県宇陀市
榛原池上　はいばらいけがみ　奈良県宇陀市
榛原自明　はいばらじみょう　奈良県宇陀市
榛原戒場　はいばらかいば　奈良県宇陀市
榛原角柄　はいばらつのがわら　奈良県宇陀市
榛原赤埴　はいばらあかばね　奈良県宇陀市
榛原赤瀬　はいばらあかぜ　奈良県宇陀市
榛原足立　はいばらあだち　奈良県宇陀市
榛原長峯　はいばらながみね　奈良県宇陀市
榛原雨師　はいばらあめし　奈良県宇陀市
榛原柳　はいばらやなぎ　奈良県宇陀市
榛原栗谷　はいばらくりだに　奈良県宇陀市
榛原桜が丘　はいばらさくらがおか　奈良県宇陀市
榛原荷阪　はいばらにさか　奈良県宇陀市
榛原郡　はいばらぐん　静岡県
榛原高井　はいばらたかい　奈良県宇陀市
榛原高塚　はいばらたかつか　奈良県宇陀市
榛原高萩台　はいばらたかぎだい　奈良県宇陀市
榛原笠間　はいばらかさま　奈良県宇陀市
榛原萩乃里　はいばらはぎのさと　奈良県宇陀市
榛原萩原　はいばらはぎはら　奈良県宇陀市
榛原福地　はいばらふくち　奈良県宇陀市
榛原福西　はいばらふくにし　奈良県宇陀市
榛原榛見が丘　はいばらはるみがおか　奈良県宇陀市
榛原諸木野　はいばらもろきの　奈良県宇陀市
榛原澤　はいばらさわ　奈良県宇陀市
榛原檜牧　はいばらひのまき　奈良県宇陀市
榛原篠楽　はいばらささがく　奈良県宇陀市
榛原額井　はいばらぬかい　奈良県宇陀市

【檜】
⁸檜昔　やりむかし　北海道根室市

【樋】
⁰樋ケ洞　ひがほら　岐阜県美濃市
樋ノ入　どのいり　新潟県新潟市北区
樋ノ口
　といのくち　福島県伊達郡川俣町
　といのくち　福島県田村郡三春町
　ひのくち　埼玉県久喜市
樋ノ口町
　ひのくちまち　栃木県栃木市
　ひのくちちょう　兵庫県西宮市
樋ノ水町　ひのみずちょう　福井県敦賀市
樋ノ沢　ひのさわ　山形県西置賜郡小国町
樋の口　ひのくち　青森県弘前市
樋の口町
　ひのくちまち　青森県弘前市
　ひのくちちょう　愛知県名古屋市西区
樋の沢　ひのさわ　茨城県つくば市
³樋下　ひのした　和歌山県海草郡紀美野町
樋上　ひのうえ　埼玉県行田市
樋口
　ひぐち　茨城県筑西市
　ひぐち　埼玉県（秩父鉄道線）
　ひぐち　長野県上伊那郡辰野町
　ひぐち　滋賀県米原市

ひのくち　鳥取県西伯郡大山町
ひぐち　島根県鹿足郡吉賀町
ひぐち　山口県周南市
ひのくち　愛媛県東温市
ひぐち　福岡県遠賀郡水巻町
樋口町
　ひぐちちょう　京都府京都市下京区
　ひぐちまち　福岡県北九州市八幡西区
　ひぐちまち　福岡県大牟田市
樋口東　ひぐちひがし　福岡県遠賀郡水巻町
樋山　ひやま　福井県あわら市
樋川　ひがわ　沖縄県那覇市
⁴樋之下町　ひのしたちょう　京都府京都市下京区
樋之上　ひのうえ　山梨県南巨摩郡身延町
樋之上町　ひのうえちょう　大阪府枚方市
樋之口　ひのくち　愛媛県西条市
樋之口町
　ひのくちちょう　京都府京都市上京区
　ひのくちちょう　京都府京都市中京区
　ひのくちちょう　大阪府大阪市北区
　てのくちちょう　鹿児島県鹿児島市
樋之池町　ひのいけちょう　兵庫県西宮市
樋井川　ひいかわ　福岡県福岡市城南区
⁵樋田
　といだ　宮城県加美郡加美町
　といだ　山梨県南巨摩郡身延町
　ひだ　滋賀県犬上郡多賀町
　ひだ　大分県宇佐市
樋目野　ひめの　秋田県にかほ市
⁷樋沢
　ひざわ　長野県岡谷市
　ひさわ　長野県南佐久郡川上村
樋里　ひざと　東京都西多摩郡檜原村
⁹樋春　ひはる　埼玉県熊谷市
¹⁰樋島　といしま　福島県河沼郡会津坂下町
樋脇町市比野　ひわきちょういちひの　鹿児島県薩摩川内市
樋脇町倉野　ひわきちょうくらの　鹿児島県薩摩川内市
樋脇町塔之原　ひわきちょうとうのはら　鹿児島県薩摩川内市
¹¹樋堀　ひぼり　埼玉県春日部市
樋掛　といがけ　愛知県常滑市
樋曽　ひそ　新潟県新潟市西蒲区
樋野　ひの　奈良県御所市
樋野口　ひのくち　千葉県松戸市
¹²樋場　といば　福島県耶麻郡猪苗代町
樋場道下　といばみちした　福島県耶麻郡猪苗代町
樋渡
　ひわたし　岩手県一関市
　ひわたし　福島県田村郡三春町
　ひわたし　福島県双葉郡浪江町
樋越
　とよごし　山形県山形市
　といごし　福島県喜多方市
　ひごし　群馬県（上毛電気鉄道線）
　ひごし　群馬県佐波郡玉村町
樋越町　ひごしまち　群馬県前橋市
¹³樋詰　ひづめ　富山県高岡市
¹⁶樋橋　ひばし　茨城県下妻市

14画（槙, 様, 槐, 槁, 榧, 梗, 榑, 榴, 槇, 歌）

とよはし　長野県諏訪郡下諏訪町
19樋瀬戸　ひのせと　富山県南砺市
22樋籠　ひろう　埼玉県春日部市

【槙】
槙　まき　新潟県糸魚川市
3槙山　まきやま　三重県伊賀市

【様】
7様似　さまに　北海道（JR日高本線）
様似町　さまにちょう　北海道様似郡
様似郡　さまにぐん　北海道
15様舞　さままい　北海道中川郡池田町

【槐】
槐　さいかち　秋田県能代市

【槁】
槁　けやき　岡山県総社市

【榧】
0榧の木　かやのき　福島県郡山市

【梗】
3梗川　ほくそがわ　和歌山県日高郡印南町

【榑】
8榑坪　くれつぼ　山梨県南巨摩郡早川町
9榑俣町　くれまたちょう　愛知県豊田市

【榴】
0榴ケ岡　つつじがおか　宮城県（JR仙石線）
　　つつじがおか　宮城県仙台市宮城野区
8榴岡　つつじがおか　宮城県仙台市宮城野区

【槇】
槇　まき　高知県吾川郡いの町
3槇下町　まきしたまち　新潟県長岡市
槇山町　まきやままち　新潟県長岡市
　　まきやまちょう　高知県高知市
5槇代　まきだい　山形県鶴岡市
槇本町　まきもとちょう　愛知県豊田市
7槇尾　まきお　新潟県新潟市西区
　　まきお　奈良県吉野郡黒滝村
槇尾山町　まきおさんちょう　大阪府和泉市
槇谷　まきだに　岡山県総社市
10槇原　まきばら　鳥取県鳥取市
槇原町　まきはらちょう　新潟県柏崎市
槇島
　　まきしま　山形県東田川郡庄内町
　　まきじま　新潟県新潟市西蒲区
槇島町
　　まきじまちょう　静岡県沼津市
　　まきしまちょう　京都府宇治市

11槙野地
　　まぎのち　茨城県久慈郡大子町
　　まきのじ　埼玉県幸手市
12槙塚台　まきづかだい　大阪府堺市南区

【歌】
歌　うた　新潟県糸魚川市
3歌丸　うたまる　山形県長井市
歌川　うたがわ　神奈川県伊勢原市
歌川町　うたがわちょう　群馬県高崎市
歌才　うたさい　北海道寿都郡黒松内町
4歌内
　　うたない　北海道（JR宗谷本線）
　　うたない　北海道中川郡中川町
5歌田　うただ　山梨県山梨市
7歌別　うたべつ　北海道幌泉郡えりも町
歌志内市　うたしないし　北海道
歌見　うたみ　新潟県佐渡市
歌里町　うたさとちょう　愛知県名古屋市西区
8歌長　うたおさ　兵庫県美方郡新温泉町
9歌津　うたつ　宮城県（JR気仙沼線）
歌津上の山　うたつかみのやま　宮城県本吉郡南三陸町
歌津上沢　うたつかみさわ　宮城県本吉郡南三陸町
歌津大沼　うたつおおぬま　宮城県本吉郡南三陸町
歌津大森　うたつおおもり　宮城県本吉郡南三陸町
歌津大磯　うたつおおいそ　宮城県本吉郡南三陸町
歌津小沼　うたつこぬま　宮城県本吉郡南三陸町
歌津小長柴　うたつこながしば　宮城県本吉郡南三陸町
歌津川内　うたつかわうち　宮城県本吉郡南三陸町
歌津中山　うたつなかやま　宮城県本吉郡南三陸町
歌津中在　うたつなかざい　宮城県本吉郡南三陸町
歌津中野　うたつなかの　宮城県本吉郡南三陸町
歌津北の沢　うたつきたのさわ　宮城県本吉郡南三陸町
歌津平松　うたつひらまつ　宮城県本吉郡南三陸町
歌津平棚　うたつひらだな　宮城県本吉郡南三陸町
歌津払川　うたつはらいかわ　宮城県本吉郡南三陸町
歌津田の浦　うたつたのうら　宮城県本吉郡南三陸町
歌津田の頭　うたつたのがしら　宮城県本吉郡南三陸町
歌津田茂川　うたつたもがわ　宮城県本吉郡南三陸町
歌津田表　うたつたおもて　宮城県本吉郡南三陸町
歌津白山　うたつしらやま　宮城県本吉郡南三陸町
歌津皿貝　うたつさらがい　宮城県本吉郡南三陸町
歌津石泉　うたついしずみ　宮城県本吉郡南三陸町
歌津石浜　うたついしはま　宮城県本吉郡南三陸町
歌津伊里前　うたついさとまえ　宮城県本吉郡南三陸町
歌津吉野沢　うたつよしのさわ　宮城県本吉郡南三陸町
歌津名足　うたつなたり　宮城県本吉郡南三陸町
歌津尾崎　うたつおさき　宮城県本吉郡南三陸町
歌津町向　うたつまちむかい　宮城県本吉郡南三陸町
歌津松の崎　うたつまつのさき　宮城県本吉郡南三陸町
歌津板橋　うたついたばし　宮城県本吉郡南三陸町
歌津枡沢　うたつますざわ　宮城県本吉郡南三陸町

14画（歴, 漁, 漆, 漕）

歌津泊浜　うたつとまりはま　宮城県本吉郡南三陸町
歌津牧田　うたつまきた　宮城県本吉郡南三陸町
歌津長羽　うたつながは　宮城県本吉郡南三陸町
歌津長沢　うたつながさわ　宮城県本吉郡南三陸町
歌津長柴　うたつながしば　宮城県本吉郡南三陸町
歌津南の沢　うたつみなみのさわ　宮城県本吉郡南三陸町
歌津砂浜　うたつすなはま　宮城県本吉郡南三陸町
歌津神山　うたつかみやま　宮城県本吉郡南三陸町
歌津草木沢　うたつくさきざわ　宮城県本吉郡南三陸町
歌津宮方　うたつみやかた　宮城県本吉郡南三陸町
歌津峰畑　うたつみねはた　宮城県本吉郡南三陸町
歌津浪板　うたつなみいた　宮城県本吉郡南三陸町
歌津馬場　うたつばば　宮城県本吉郡南三陸町
歌津寄木　うたつよりき　宮城県本吉郡南三陸町
歌津森畑　うたつもりはた　宮城県本吉郡南三陸町
歌津港　うたつみなと　宮城県本吉郡南三陸町
歌津番所　うたつばんどころ　宮城県本吉郡南三陸町
歌津韮の浜　うたつにらのはま　宮城県本吉郡南三陸町
歌津樋の口　うたつひのくち　宮城県本吉郡南三陸町
歌津管の浜　うたつくだのはま　宮城県本吉郡南三陸町
歌津館浜　うたつたてはま　宮城県本吉郡南三陸町
歌神　かしん　北海道歌志内市
10歌姫町　うたひめちょう　奈良県奈良市
歌島
　うたしま　北海道島牧郡島牧村
　うたじま　大阪府大阪市西淀川区
12歌登パンケナイ　うたのぼりぱんけない　北海道枝幸郡枝幸町
歌登上徳志別　うたのぼりかみとくしべつ　北海道枝幸郡枝幸町
歌登大曲　うたのぼりおおまがり　北海道枝幸郡枝幸町
歌登大奮　うたのぼりおおふん　北海道枝幸郡枝幸町
歌登中央　うたのぼりちゅうおう　北海道枝幸郡枝幸町
歌登毛登別　うたのぼりけとべつ　北海道枝幸郡枝幸町
歌登本幌別　うたのぼりほんほろべつ　北海道枝幸郡枝幸町
歌登辺毛内　うたのぼりべんけない　北海道枝幸郡枝幸町
歌登西町　うたのぼりにしまち　北海道枝幸郡枝幸町
歌登西歌登　うたのぼりにしうたのぼり　北海道枝幸郡枝幸町
歌登志美宇丹　うたのぼりしびうたん　北海道枝幸郡枝幸町
歌登東町　うたのぼりひがしまち　北海道枝幸郡枝幸町
歌登東歌登　うたのぼりひがしうたのぼり　北海道枝幸郡枝幸町
歌登南町　うたのぼりみなみまち　北海道枝幸郡枝幸町
歌登桧垣町　うたのぼりひがきまち　北海道枝幸郡枝幸町
歌登豊沃　うたのぼりほうよく　北海道枝幸郡枝幸町
歌越　うたこし　北海道天塩郡遠別町

13歌棄町
　うたすつちょう　北海道寿都郡寿都町
　うたすつちょう　北海道古平郡古平町
15歌敷山　うたしきやま　兵庫県神戸市垂水区
歌舞伎町　かぶきちょう　東京都新宿区

【歴】
4歴木　くぬぎ　福岡県大牟田市

【漁】
4漁太　いざりぶと　北海道恵庭市
5漁生浦郷　りょうせうらごう　長崎県南松浦郡新上五島町
7漁町　いざりまち　北海道恵庭市
10漁師　りょうし　京都府宮津市
漁師町　りょうしまち　青森県西津軽郡鰺ケ沢町

【漆】
3漆山
　うるしやま　山形県（JR奥羽本線）
　うるしやま　山形県山形市
　うるしやま　山形県南陽市
　うるしやま　新潟県新潟市西蒲区
　うるしやま　静岡県静岡市葵区
　うるしやま　愛知県名古屋市緑区
漆山町　うるしやままち　新潟県見附市
漆川　うるしかわ　青森県五所川原市
4漆戸
　うるしど　山梨県甲斐市
　うるしど　長野県上田市
5漆本　うるしもと　福井県丹生郡越前町
漆玉　しったま　青森県上北郡東北町
漆生　うるしお　福岡県嘉麻市
7漆沢　うるしざわ　宮城県加美郡加美町
漆町　うるしまち　石川県小松市
漆谷　うるしたに　富山県南砺市
8漆所　うるしじょ　茨城県つくば市
9漆垣内町　うるしがいとうまち　岐阜県高山市
漆畑町　うるしばたちょう　愛知県豊田市
漆草　うるしのくさ　福島県東白川郡棚倉町
10漆原
　うるしばら　群馬県北群馬郡吉岡町
　うるしばら　鳥取県東伯郡湯梨浜町
漆原北　うるしわらきた　福島県大沼郡会津美里町
漆原町
　うるしはらちょう　福井県福井市
　うるしはらちょう　福井県鯖江市
漆島　うるしじま　新潟県十日町市
漆島町　うるしじままち　石川県白山市
11漆曽根　うるしぞね　山形県酒田市
漆野
　うるしの　山形県最上郡金山町
　うるしの　兵庫県佐用郡佐用町
12漆塚　うるしつか　栃木県那須郡那須町
14漆端　うるしがはな　京都府福知山市

【漕】
5漕代　こいしろ　三重県（近畿日本鉄道山田線）

1215

14画（熊）

【熊】

熊
　　くま　　福島県双葉郡大熊町
　　くま　　静岡県浜松市天竜区
　　くま　　大分県宇佐市
⁰熊ケ畑　　くまがはた　　福岡県嘉麻市
熊ケ根
　　くまがね　　宮城県（JR仙山線）
　　くまがね　　宮城県仙台市青葉区
熊ノ木　　くまのき　　栃木県塩谷郡塩谷町
熊ノ目　　くまのめ　　福島県河沼郡湯川村
熊ノ沢　　くまのさわ　　青森県三戸郡五戸町
熊ノ沢頭　　くまのさわがしら　　青森県三戸郡五戸町
熊ノ峰　　くまのみね　　佐賀県唐津市
熊ノ堂　　くまのどう　　長野県小諸市
²熊入町　　くまいりまち　　熊本県山鹿市
³熊山　　くまやま　　岡山県（JR山陽本線）
熊川
　　くまがわ　　福島県双葉郡大熊町
　　くまがわ　　東京都（JR五日市線）
　　くまがわ　　東京都福生市
　　くまがわ　　福井県三方上中郡若狭町
熊川二宮　　くまがわにのみや　　東京都福生市
⁴熊之庄　　くまのしょう　　愛知県北名古屋市
熊井
　　くまい　　埼玉県比企郡鳩山町
　　くまい　　和歌山県有田郡有田川町
　　くまい　　高知県幡多郡黒潮町
熊内　　くもち　　三重県多気郡大台町
熊内町　　くもちちょう　　兵庫県神戸市中央区
熊内橋通　　くもちばしどおり　　兵庫県神戸市中央区
熊手　　くまで　　福岡県北九州市八幡西区
熊手島　　くまてじま　　山形県酒田市
熊木町　　くまぎまち　　埼玉県秩父市
熊毛中央町　　くまげちゅうおうちょう　　山口県周南市
熊毛郡
　　くまげぐん　　山口県
　　くまげぐん　　鹿児島県
熊牛
　　くまうし　　北海道上川郡清水町
　　くまうし　　北海道厚岸郡浜中町
熊牛原野　　くまうしげんや　　北海道川上郡標茶町
⁵熊出
　　くまいで　　山形県鶴岡市
　　くまいで　　新潟県新発田市
熊本
　　くまもと　　北海道夕張郡由仁町
　　くまもと　　福岡県北九州市小倉北区
　　くまもと　　熊本県（JR九州新幹線ほか）
熊本工大前　　くまもとこうだいまえ　　熊本県（JR鹿児島本線）
熊本市　　くまもとし　　熊本県
熊本城・市役所前　　くまもとじょうしやくしょまえ　　熊本県（熊本市交通局A系統ほか）
熊本県　　くまもとけん　　熊本県
熊本高専前　　くまもとこうせんまえ　　熊本県（熊本電気鉄道菊池線）
熊本駅前　　くまもとえきまえ　　熊本県（熊本市交通局A系統）

熊田
　　くまだ　　栃木県那須烏山市
　　くまだ　　愛知県長久手市
　　くまだ　　愛媛県松山市
熊田町　　くまだちょう　　福井県鯖江市
熊石大谷町　　くまいしおおたにちょう　　北海道二海郡八雲町
熊石平町　　くまいしたいらちょう　　北海道二海郡八雲町
熊石西浜町　　くまいしにしはまちょう　　北海道二海郡八雲町
熊石折戸町　　くまいしおりとちょう　　北海道二海郡八雲町
熊石見日町　　くまいしけんにちちょう　　北海道二海郡八雲町
熊石泊川町　　くまいしとまりかわちょう　　北海道二海郡八雲町
熊石相沼町　　くまいしあいぬまちょう　　北海道二海郡八雲町
熊石根崎町　　くまいしねさきちょう　　北海道二海郡八雲町
熊石黒岩町　　くまいしくろいわちょう　　北海道二海郡八雲町
熊石畳岩町　　くまいしたたみいわちょう　　北海道二海郡八雲町
熊石雲石町　　くまいしうんせきちょう　　北海道二海郡八雲町
熊石関内町　　くまいしせきないちょう　　北海道二海郡八雲町
熊石鳴神町　　くまいしなるかみちょう　　北海道二海郡八雲町
熊石館平町　　くまいしたてひらちょう　　北海道二海郡八雲町
熊石鮎川町　　くまいしあゆかわちょう　　北海道二海郡八雲町
⁶熊耳　　くまがみ　　福島県田村郡三春町
熊西
　　くまにし　　福岡県（筑豊電気鉄道線）
　　くまにし　　福岡県北九州市八幡西区
⁷熊坂
　　くまさか　　福井県あわら市
　　くまさか　　長野県上水内郡信濃町
　　くまさか　　静岡県伊豆市
熊坂町　　くまさかまち　　石川県加賀市
熊沢
　　くまさわ　　新潟県五泉市
　　くまざわ　　山梨県南巨摩郡身延町
熊見　　くまみ　　島根県邑智郡美郷町
熊谷
　　くまがや　　埼玉県（JR上越新幹線ほか）
　　くまがや　　埼玉県熊谷市
　　くまがい　　新潟県新潟市西蒲区
　　くまだに　　福井県丹生郡越前町
　　くまだに　　兵庫県篠山市
　　くまだに　　兵庫県美方郡新温泉町
　　くまがい　　福岡県北九州市小倉北区
熊谷市　　くまがやし　　埼玉県
熊谷町
　　くまんたにまち　　石川県珠洲市
　　くまがやちょう　　山口県萩市
　　くまだにちょう　　徳島県阿南市
熊走町　　くまばしりまち　　石川県金沢市

14画（熊）

8熊取　くまとり　大阪府（JR阪和線）
熊取町　くまとりちょう　大阪府泉南郡
熊味町　くまみちょう　愛知県西尾市
熊居新田　くまいしんでん　新潟県阿賀野市
熊岡　くまおか　和歌山県日高郡みなべ町
10熊倉
　くまぐら　福島県南会津郡只見町
　くまぐら　福島県西白河郡西郷村
　くまぐら　栃木県真岡市
　くまぐら　群馬県甘楽郡南牧村
熊倉町　くまくらちょう　栃木県真岡市
熊倉町都　くまぐらまちみやこ　福島県喜多方市
熊倉町雄国　くまぐらまちおぐに　福島県喜多方市
熊倉町新合　くまぐらまちしんごう　福島県喜多方市
熊倉町熊倉　くまぐらまちくまぐら　福島県喜多方市
熊党　くんとう　鳥取県米子市
熊原町　くまのはらまち　佐賀県唐津市
11熊堂　くまどう　新潟県阿賀野市
熊崎
　くまざき　岡山県赤磐市
　くまざき　大分県（JR日豊本線）
熊張深田　くまはりふかだ　愛知県長久手市
熊淵町　くまぶちまち　石川県七尾市
熊袋　くまのふくろ　新潟県長岡市
熊野
　くまの　福井県小浜市
　くまの　愛知県常滑市
　くまの　愛知県知多郡武豊町
　くまの　滋賀県蒲生郡日野町
　いや　和歌山県御坊市
　いや　和歌山県田辺市
　くまの　福岡県筑後市
　くまの　大分県杵築市
　くまの　宮崎県宮崎市
熊野川　くまのがわ　和歌山県日高郡日高川町
熊野川町九重　くまのがわちょうくじゅう　和歌山県新宮市
熊野川町上長井　くまのがわちょうかみながい　和歌山県新宮市
熊野川町大山　くまのがわちょうおおやま　和歌山県新宮市
熊野川町日足　くまのがわちょうひたり　和歌山県新宮市
熊野川町四滝　くまのがわちょうしたき　和歌山県新宮市
熊野川町玉置口　くまのがわちょうたまきぐち　和歌山県新宮市
熊野川町田長　くまのがわちょうたなご　和歌山県新宮市
熊野川町西　くまのがわちょうにし　和歌山県新宮市
熊野川町西敷屋　くまのがわちょうにししきや　和歌山県新宮市
熊野川町赤木　くまのがわちょうあかぎ　和歌山県新宮市
熊野川町東　くまのがわちょうひがし　和歌山県新宮市
熊野川町東敷屋　くまのがわちょうひがししきや　和歌山県新宮市
熊野川町相須　くまのがわちょうあいす　和歌山県新宮市
熊野川町宮井　くまのがわちょうみやい　和歌山県新宮市

熊野川町畝畑　くまのがわちょううねはた　和歌山県新宮市
熊野川町能城山本　くまのがわちょうのきやまもと　和歌山県新宮市
熊野川町椋井　くまのがわちょうむくのい　和歌山県新宮市
熊野川町滝本　くまのがわちょうたきもと　和歌山県新宮市
熊野川町嶋津　くまのがわちょうしまづ　和歌山県新宮市
熊野川町篠尾　くまのがわちょうささび　和歌山県新宮市
熊野川町鎌塚　くまのがわちょうかまづか　和歌山県新宮市
熊野市
　くまのし　三重県（JR紀勢本線）
　くまのし　三重県
熊野田　くまのだ　山形県酒田市
熊野地　くまのじ　和歌山県新宮市
熊野江町　くまのえまち　宮崎県延岡市
熊野西町　くまのにしまち　山口県下関市
熊野町
　くまのちょう　岩手県宮古市
　くまのちょう　群馬県太田市
　くまのちょう　埼玉県川越市
　くまのちょう　東京都板橋区
　くまのまち　富山県高岡市
　くまのまち　富山県中新川郡上市町
　くまのまち　石川県輪島市
　くまのちょう　岐阜県岐阜市
　くまのちょう　岐阜県大垣市
　くまのちょう　愛知県名古屋市中村区
　くまのちょう　愛知県瀬戸市
　くまのちょう　愛知県春日井市
　くまのちょう　愛知県刈谷市
　くまのちょう　愛知県常滑市
　くまのちょう　大阪府豊中市
　くまのちょう　兵庫県神戸市兵庫区
　くまのちょう　兵庫県西宮市
　くまのちょう　広島県福山市
　くまのちょう　広島県安芸郡
　くまのちょう　山口県下関市
　くまのちょう　山口県山口市
　くまのちょう　長崎県佐世保市
熊野町北　くまのちょうきた　愛知県春日井市
熊野町西　くまのちょうにし　大阪府堺市堺区
熊野町東　くまのちょうひがし　大阪府堺市堺区
熊野林　くまのばやし　青森県三戸郡五戸町
熊野林前　くまのばやしまえ　青森県三戸郡五戸町
熊野林後　くまのばやしうしろ　青森県三戸郡五戸町
熊野前　くまのまえ　東京都（東京都交通局荒川線ほか）
熊野浦　くまのうら　高知県幡多郡黒潮町
熊野堂
　くまのどう　埼玉県児玉郡神川町
　くまのどう　新潟県五泉市
12熊塚　くまづか　新潟県上越市
熊森　くまのもり　新潟県燕市
熊渡　くまわたり　新潟県東蒲原郡阿賀町
熊無　くまなし　富山県氷見市
熊登　くまと　新潟県村上市
14熊嶋　くまじま　青森県弘前市

14画（爾，瑠，皷，碵，碑，碧，稲）

19熊瀬川
くませがわ　和歌山県日高郡みなべ町
くませがわ　和歌山県東牟婁郡那智勝浦町

【爾】
7爾志郡　にしぐん　北海道

【瑠】
5瑠辺蘂　るべしべ　北海道上川郡美瑛町
15瑠璃小路町　るりこうじちょう　愛知県津島市
　瑠璃光町　るりこうちょう　愛知県名古屋市北区

【皷】
3皷川町　つづみがわちょう　鹿児島県鹿児島市

【碵】
5碵田町　せきでんまち　大分県大分市

【碑】
4碑文谷　ひもんや　東京都目黒区
13碑殿町　ひどのちょう　香川県善通寺市

【碧】
4碧水　へきすい　北海道雨竜郡北竜町
9碧南　へきなん　愛知県（名古屋鉄道三河線）
　碧南中央　へきなんちゅうおう　愛知県（名古屋鉄道三河線）
　碧南市　へきなんし　愛知県
　碧海古井　へきかいふるい　愛知県（名古屋鉄道西尾線）
　碧海町　あおみちょう　愛知県高浜市

【稲】
稲
　いな　福島県須賀川市
　いな　茨城県取手市
　いな　茨城県桜川市
　いな　千葉県館山市
　いな　新潟県上越市
　いな　大阪府箕面市
3稲下　いなくだし　山形県村山市
稲上町　いなかみちょう　愛知県名古屋市中村区
稲口　いなぐち　岐阜県関市
稲口町　いなぐちちょう　愛知県春日井市
稲士別　いなしべつ　北海道（JR根室本線）
稲子
　いなご　宮城県刈田郡七ケ宿町
　いなご　埼玉県羽生市
　いなこ　長野県南佐久郡小海町
　いなこ　静岡県（JR身延線）
稲子山　いなごやま　宮城県刈田郡七ケ宿町
稲川
　いながわ　新潟県三島郡出雲崎町
　いながわ　静岡県静岡市駿河区
　いながわ　静岡県藤枝市
稲干場　いなほしば　愛知県犬山市
4稲元
　いなもと　愛知県弥富市
　いなもと　福岡県宗像市

稲元町　いなもとちょう　愛知県弥富市
稲戸井　いなとい　茨城県（関東鉄道常総線）
稲木　いなぎ　愛知県新城市
稲木町
　いなぎちょう　茨城県常陸太田市
　いなぎちょう　三重県松阪市
　いなぎちょう　香川県善通寺市
稲毛
　いなげ　千葉県（JR総武本線）
　いなげ　千葉県千葉市稲毛区
稲毛区　いなげく　千葉県千葉市
稲毛台町　いなげだいちょう　千葉県千葉市稲毛区
稲毛田　いなげた　栃木県芳賀郡芳賀町
稲毛町　いなげちょう　千葉県千葉市稲毛区
稲毛東　いなげひがし　千葉県千葉市稲毛区
稲毛海岸
　いなげかいがん　千葉県（JR京葉線）
　いなげかいがん　千葉県千葉市美浜区
稲牛　いなうし　北海道足寄郡足寄町
5稲丘　いなおか　長野県上水内郡小川村
稲丘町　いなおかちょう　千葉県千葉市稲毛区
稲代　いなしろ　富山県富山市
稲永
　いなえい　愛知県（名古屋臨海高速鉄道西名古屋港線）
　いなえい　愛知県名古屋市港区
稲生
　いのう　青森県東津軽郡平内町
　いなおい　山形県鶴岡市
　いのう　三重県鈴鹿市
　いなぶ　高知県南国市
稲生こがね園　いのうこがねえん　三重県鈴鹿市
稲生西　いのうにし　三重県鈴鹿市
稲生町
　いなおいちょう　青森県十和田市
　いのうちょう　愛知県名古屋市西区
　いのうちょう　三重県鈴鹿市
稲生塩屋　いのうしおや　三重県鈴鹿市
稲田
　いなだ　青森県弘前市
　いなだ　茨城県（JR水戸線）
　いなだ　茨城県笠間市
　いなだ　茨城県ひたちなか市
　いなだ　新潟県上越市
　いなだ　長野県長野市
　いなだ　大分県臼杵市
稲田三島町　いなだみしまちょう　大阪府東大阪市
稲田上町　いなだうえまち　大阪府東大阪市
稲田本町　いなだほんまち　大阪府東大阪市
稲田町
　いなだちょう　北海道帯広市
　いなだまち　長崎県長崎市
稲田町西　いなだちょうにし　北海道帯広市
稲田町東　いなだちょうひがし　北海道帯広市
稲田町南　いなだちょうみなみ　北海道帯広市
稲田町基線　いなだちょうきせん　北海道帯広市
稲田堤　いなだづつみ　神奈川県（JR南武線）
稲田新町　いなだしんまち　大阪府東大阪市
6稲光
　いなみつ　鳥取県西伯郡大山町
　いなみつ　福岡県宮若市

1218

14画（稲）

　　　いなみつ　福岡県京都郡苅田町
稲吉
　　　いなよし　茨城県かすみがうら市
　　　いなよし　愛知県弥富市
　　　いなよし　福岡県小郡市
稲吉東　いなよしひがし　茨城県かすみがうら市
稲吉南　いなよしみなみ　茨城県かすみがうら市
稲地　いなじ　大阪府豊能郡能勢町
稲多元町　いなだもとまち　福井県福井市
稲多浜町　いなだはままち　福井県福井市
稲多新町　いなだしんまち　福井県福井市
稲成町　いなりちょう　和歌山県田辺市
稲次　いなつぎ　京都府船井郡京丹波町
稲舟町　いなぶねまち　石川県輪島市
稲舟通　いなふねとおり　愛知県名古屋市千種区
稲西町　いなにしちょう　愛知県名古屋市中村区
7稲佐　いなさ　熊本県玉名郡玉東町
稲佐町　いなさまち　長崎県長崎市
稲尾
　　　いなお　茨城県猿島郡境町
　　　いなお　長野県（JR大糸線）
　　　いなお　兵庫県加東市
稲志別　いなしべつ　北海道中川郡幕別町
稲村　いなむら　富山県中新川郡上市町
稲村ガ崎　いなむらがさき　神奈川県鎌倉市
稲村ケ崎　いなむらがさき　神奈川県（江ノ島電鉄
　線）
稲沢
　　　いなざわ　福島県本宮市
　　　いなざわ　栃木県那須郡那須町
　　　いなざわ　愛知県（JR東海道本線）
稲沢市　いなざわし　愛知県
稲沢町　いなざわちょう　愛知県稲沢市
稲沢町北山　いなざわちょうきたやま　愛知県稲沢市
稲見　いなみ　北海道檜山郡厚沢部町
稲谷　いなだに　新潟県上越市
稲里
　　　いなさと　北海道北斗市
　　　いなさと　長野県長野市
　　　いなさと　岐阜県瑞穂市
稲里町　いなさとちょう　滋賀県彦根市
稲里町下氷鉋　いなさとまちしもひがの　長野県長
　野市
稲里町中央　いなさとまちちゅうおう　長野県長野市
稲里町中氷鉋　いなさとまちなかひがの　長野県長
　野市
稲里町田牧　いなさとまちたまき　長野県長野市
8稲取　いなとり　静岡県賀茂郡東伊豆町
稲垂町　いなたりちょう　滋賀県東近江市
稲実　いなみ　青森県五所川原市
稲岡　いなおか　茨城県つくば市
稲岡町
　　　いなおかちょう　栃木県足利市
　　　いなおかちょう　神奈川県横須賀市
　　　いなおかちょう　島根県出雲市
稲府町　いなぶちょう　愛知県稲沢市
稲枝　いなえ　滋賀県（JR東海道本線）
稲枝町　いなえちょう　滋賀県彦根市
稲武町　いなぶちょう　愛知県豊田市
稲河町　いなごちょう　岐阜県関市

稲波　いなみ　茨城県稲敷市
稲狐町　いなこちょう　愛知県弥富市
9稲保　いなほ　新潟県長岡市
稲保南　いなほみなみ　新潟県長岡市
稲垣　いながき　大分県佐伯市
稲垣町下繁田　いながきちょうしもしげた　青森県つ
　がる市
稲垣町千年　いながきちょうちとせ　青森県つがる市
稲垣町吉出　いながきちょうよしで　青森県つがる市
稲垣町沼崎　いながきちょうぬまざき　青森県つがる市
稲垣町沼舘　いながきちょうぬまだて　青森県つがる市
稲垣町福富　いながきちょうふくとみ　青森県つがる市
稲垣町豊川　いながきちょうとよかわ　青森県つがる市
稲垣町穂積　いながきちょうほづみ　青森県つがる市
稲垣町繁田　いながきちょうしげた　青森県つがる市
稲城　いなぎ　東京都（京王電鉄相模原線）
稲城市　いなぎし　東京都
稲城長沼　いなぎながぬま　東京都（JR南武線）
稲屋町　とうやまち　石川県輪島市
稲泉　いないずみ　富山県滑川市
稲泉新　いないずみしん　富山県滑川市
稲津
　　　いなづ　滋賀県大津市
　　　いなづ　兵庫県養父市
稲津町
　　　いなづちょう　福井県福井市
　　　いなづちょう　大阪府豊中市
稲津町小里　いなつちょうおり　岐阜県瑞浪市
稲津町萩原　いなつちょうはぎわら　岐阜県瑞浪市
稲畑　いなばた　岐阜県揖斐郡大野町
稲美　いなみ　北海道網走郡美幌町
稲美町　いなみちょう　兵庫県加古郡
10稲倉　しなぐら　長野県松本市
稲原
　　　いなはら　和歌山県（JR紀勢本線）
　　　いなはら　島根県仁多郡奥出雲町
稲宮　いなみや　茨城県古河市
稲島
　　　とうじま　新潟県新潟市西蒲区
　　　いなじま　新潟県長岡市
　　　いなじま　愛知県稲沢市
稲島町　いなじまちょう　愛知県稲沢市
稲島東　いなじまひがし　愛知県稲沢市
稲島法成寺町　いなじまほうじょうじちょう　愛知県稲
　沢市
稲庭町　いなにわちょう　秋田県湯沢市
稲荷
　　　いなり　茨城県筑西市
　　　いなり　埼玉県草加市
　　　いなり　神奈川県藤沢市
　　　いなり　新潟県新発田市
　　　いなり　新潟県上越市
　　　いなり　富山県中新川郡舟橋村
　　　いなり　石川県野々市市
　　　いなり　福井県今立郡池田町
　　　いなり　岐阜県不破郡関ケ原町
　　　いなり　静岡県島田市
　　　いなり　静岡県裾野市
　　　いなり　愛知県弥富市
　　　いなり　京都府（JR奈良線）

14画（稲）

いなり　大阪府大阪市浪速区
いなり　鳥取県八頭郡八頭町
いなり　愛媛県伊予市
稲荷下　いなりした　岩手県岩手郡雫石町
稲荷口　いなりぐち　愛知県（名古屋鉄道豊川線）
稲荷山
　いなりやま　埼玉県狭山市
　とうかやま　千葉県成田市
　いなりやま　長野県（JR篠ノ井線）
　いなりやま　長野県千曲市
　いなりやま　岐阜県岐阜市
稲荷山公園　いなりやまこうえん　埼玉県（西武鉄道池袋線）
稲荷山官有地　いなりやまかんゆうち　京都府京都市伏見区
稲荷元町　いなりもとまち　富山県富山市
稲荷木　とうかぎ　千葉県市川市
稲荷台
　いなりだい　千葉県佐倉市
　いなりだい　東京都板橋区
稲荷台町　とうかだいまち　群馬県高崎市
稲荷平　いなりたいら　青森県上北郡横浜町
稲荷沢　いなりざわ　山形県酒田市
稲荷町
　いなりちょう　青森県八戸市
　いなりちょう　岩手県盛岡市
　いなりちょう　宮城県岩沼市
　いなりまち　福島県須賀川市
　いなりちょう　栃木県日光市
　いなりちょう　群馬県高崎市
　いなりちょう　群馬県桐生市
　いなりちょう　群馬県伊勢崎市
　いなりちょう　埼玉県川越市
　いなりちょう　埼玉県飯能市
　いなりちょう　埼玉県鴻巣市
　いなりちょう　埼玉県深谷市
　いなりちょう　千葉県千葉市中央区
　いなりちょう　東京都（東京地下鉄銀座線）
　いなりまち　新潟県新潟市中央区
　いなりまち　新潟県小千谷市
　いなりちょう　新潟県十日町市
　いなりちょう　新潟県阿賀野市
　いなりちょう　新潟県魚沼市
　いなりまち　富山県（富山地方鉄道不二越・上滝線ほか）
　いなりちょう　富山県富山市
　いなりちょう　岐阜県岐阜市
　いなりちょう　愛知県半田市
　いなりちょう　愛知県碧南市
　いなりちょう　愛知県岩倉市
　いなりちょう　愛知県弥富市
　いなりちょう　京都府京都市下京区
　いなりまち　岡山県倉敷市
　いなりまち　広島県（広島電鉄本線ほか）
　いなりまち　広島県広島市南区
　いなりまち　広島県安芸郡海田町
　いなりまち　山口県山陽小野田市
　いなりちょう　高知県高知市
　とうかまち　福岡県大牟田市
　いなりちょう　福岡県柳川市
　いなりちょう　長崎県佐世保市
　いなりちょう　鹿児島県鹿児島市
稲荷町北　いなりちょうきた　埼玉県深谷市

稲荷町北組　いなりちょうきたぐみ　京都府京都市東山区
稲荷町羽根　いなりちょうはね　愛知県岩倉市
稲荷町西　いなりちょうにし　新潟県十日町市
稲荷町南組　いなりちょうみなみぐみ　京都府京都市東山区
稲荷岡　いなりおか　新潟県新発田市
稲荷前
　いなりまえ　秋田県南秋田郡五城目町
　いなりまえ　茨城県つくば市
稲荷原　いなりはら　茨城県つくば市
稲荷宮　いなりのみや　福島県喜多方市
稲荷通　いなりどおり　愛知県豊川市
稲荷崎　いなりざき　愛知県弥富市
稲荷崎町　いなりざきちょう　愛知県弥富市
稲荷塚　いなりづか　福島県河沼郡会津坂下町
稲荷園町　いなりそのまち　富山県富山市
稲荷新田町
　いなりしんでんまち　茨城県龍ケ崎市
　とうかしんでんまち　群馬県前橋市
11稲寄町　いなよせちょう　福井県越前市
稲宿　いないど　奈良県御所市
稲梓　いなずさ　静岡県（伊豆急行線）
稲清水　いなしみず　福島県喜多方市
稲渕　いなぶち　奈良県高市郡明日香村
稲郷　とうごう　福井県大野市
稲部町　いなべちょう　滋賀県彦根市
稲野　いなの　兵庫県（阪急電鉄伊丹線）
稲野辺　いなのべ　茨城県筑西市
稲野町　いなのちょう　兵庫県伊丹市
12稲場　いなば　宮城県伊具郡丸森町
稲場町　いなばちょう　愛知県刈谷市
稲場東　いなばひがし　宮城県伊具郡丸森町
稲塚　いなづか　新潟県妙高市
稲富
　いなとみ　北海道網走市
　いなどみ　岐阜県揖斐郡大野町
　いなどみ　福岡県八女市
稲童　いなどう　福岡県行橋市
稲葉
　いなば　新潟県新潟市江南区
　いなば　新潟県十日町市
　いなば　長野県長野市
　いなば　愛知県稲沢市
　いなば　大阪府堺市南区
　いなば　大阪府東大阪市
　いなば　広島県安芸郡海田町
稲葉上千田　いなばかみせんだ　長野県長野市
稲葉中千田　いなばなかせんだ　長野県長野市
稲葉元町　いなばもとまち　兵庫県尼崎市
稲葉日詰　いなばひづめ　長野県長野市
稲葉北　いなばきた　岐阜県大垣市
稲葉台　いなばだい　滋賀県大津市
稲葉母袋　いなばもたい　長野県長野市
稲葉地本通　いなばじほんとおり　愛知県名古屋市中村区
稲葉地町　いなばじちょう　愛知県名古屋市中村区
稲葉西
　いなばにし　岐阜県大垣市
　いなばにし　奈良県生駒郡斑鳩町

14画（穀, 種, 稗）

稲葉町
　　いなばちょう　北海道増毛郡増毛町
　　いなばまち　新潟県長岡市
　　いなばちょう　愛知県尾張旭市
　　いなばちょう　愛知県愛西市
　　いなばちょう　三重県津市
　　いなばちょう　三重県四日市市
　　いなばちょう　滋賀県長浜市
　　いなばちょう　京都府京都市上京区
　　いなばちょう　大阪府岸和田市
　　いなばちょう　大阪府茨木市
　　いなばちょう　兵庫県神戸市須磨区
　　いなばちょう　奈良県天理市
稲葉車瀬　いなばくるませ　奈良県生駒郡斑鳩町
稲葉東　いなばひがし　岐阜県大垣市
稲葉南俣　いなばみなみまた　長野県長野市
稲葉海岸町　いなばかいがんちょう　北海道増毛郡増毛町
稲葉荘　いなばそう　兵庫県尼崎市
稲葉崎　いなばさき　鹿児島県姶良郡湧水町
稲葉崎町　いなばさきまち　宮崎県延岡市
稲葉郷　いなばごう　栃木県小山市
稲越　いなごえ　福井県あわら市
稲越町　いなごしまち　千葉県市川市
13稲置　いなおき　宮城県角田市
稲蒔　いなまき　岡山県赤磐市
14稲熊町　いなぐまちょう　愛知県岡崎市
15稲敷　いなしき　石川県羽咋郡志賀町
稲敷市　いなしきし　茨城県
稲敷郡　いなしきぐん　茨城県
稲穂
　　いなほ　北海道（JR函館本線）
　　いなほ　北海道小樽市
　　いなほ　北海道千歳市
　　いなほ　北海道奥尻郡奥尻町
　　いなほ　北海道瀬棚郡今金町
　　いなほ　北海道空知郡南幌町
　　いなほ　北海道十勝郡浦幌町
　　いなほ　岡山県美作市
稲穂一条　いなほいちじょう　北海道札幌市手稲区
稲穂二条　いなほにじょう　北海道札幌市手稲区
稲穂三条　いなほさんじょう　北海道札幌市手稲区
稲穂五条　いなほごじょう　北海道札幌市手稲区
稲穂四条　いなほしじょう　北海道札幌市手稲区
稲穂町
　　いなほちょう　北海道深川市
　　いなほちょう　愛知県半田市
稲穂町西　いなほちょうにし　北海道北広島市
稲穂町東　いなほちょうひがし　北海道北広島市
16稲積
　　いなづみ　富山県氷見市
　　いなづみ　富山県射水市
　　いなずみ　愛媛県大洲市
　　いなづみ　福岡県北九州市門司区
稲積公園　いなづみこうえん　北海道（JR函館本線）
稲築才田　いなつきさいだ　福岡県嘉麻市
17稲嶺　いなみね　沖縄県名護市
18稲藤　いなふじ　岩手県紫波郡紫波町
19稲瀬町　いなせちょう　岩手県北上市
稲鯨　いなくじら　新潟県佐渡市

【穀】
5穀田　こくた　宮城県黒川郡富谷町
7穀町
　　こくちょう　岩手県遠野市
　　こくちょう　宮城県仙台市若林区
　　こくちょう　宮城県石巻市
　　こくちょう　新潟県加茂市
　　こくちょう　新潟県燕市
　　こくまち　長野県須坂市

【種】
種
　　たね　石川県河北郡津幡町
　　たね　岡山県津山市
　　たね　岡山県真庭市
3種子川山　たねがわやま　愛媛県新居浜市
種了川町　たねがわちょう　愛媛県新居浜市
種川
　　たねかわ　北海道瀬棚郡今金町
　　たねかわ　青森県上北郡野辺地町
4種井
　　たねい　青森県五所川原市
　　たねい　岡山県総社市
5種市
　　たねいち　青森県弘前市
　　たねいち　岩手県（JR八戸線）
　　たねいち　岩手県九戸郡洋野町
種生　たなお　三重県伊賀市
6種次　たなつぎ　宮城県仙台市若林区
種池　たないけ　福井県福井市
種池町　たないけちょう　福井県福井市
7種村町　たねむらちょう　島根県益田市
種沢　たねざわ　山形県西置賜郡小国町
種町　たねちょう　滋賀県東近江市
種里町　たねさとまち　青森県西津軽郡鯵ケ沢町
8種具　たねぐ　大分県大分市
10種差海岸　たねさしかいがん　青森県（JR八戸線）
11種崎　たねざき　高知県高知市

【稗】
4稗方　ひえがた　熊本県菊池市
稗木場郷　ひえこばごう　長崎県東彼杵郡波佐見町
5稗古場　ひえこば　佐賀県西松浦郡有田町
稗田
　　ひえだ　富山県中新川郡上市町
　　ひえだ　三重県桑名市
　　ひえだ　岡山県赤磐市
　　ひえだ　宮崎県北諸県郡三股町
稗田乙　ひえだおつ　福島県大沼郡会津美里町
稗田中町　ひえだなかまち　山口県下関市
稗田北町　ひえだきたまち　山口県下関市
稗田西町　ひえだにしまち　山口県下関市
稗田町
　　ひえだちょう　愛知県高浜市
　　ひえだちょう　奈良県大和郡山市
　　ひえだちょう　山口県下関市
　　ひえだまち　長崎県島原市
　　ひえだまち　熊本県熊本市西区
稗田南町　ひえだみなみまち　山口県下関市
7稗谷　ひえだに　鳥取県八頭郡八頭町

1221

14画(窪,端,管,算,箸,箆,箕)

⁹稗柄町　ひえがらまち　茨城県龍ケ崎市
¹⁰稗原　ひえばら　静岡県磐田市
　稗原町
　　　ひえはらちょう　兵庫県神戸市灘区
　　　ひえばらちょう　島根県出雲市
　　　ひえばらちょう　岡山県井原市
　　　ひえばるちょう　宮崎県宮崎市
　稗畠　ひえばたけ　富山県魚津市

【窪】
窪
　　　くぼ　富山県氷見市
　　　くぼ　石川県金沢市
　　　くぼ　和歌山県紀の川市
　　　くぼ　和歌山県伊都郡かつらぎ町
⁰窪ノ内　くぼのうち　福島県耶麻郡猪苗代町
³窪川
　　　くぼかわ　高知県(JR土讃線ほか)
　　　くぼかわ　高知県高岡郡四万十町
　窪川中津川　くぼかわなかつがわ　高知県高岡郡四万
　　十町
　窪川原　くぼがわら　新潟県阿賀野市
⁴窪之庄町　くぼのしょうちょう　奈良県奈良市
　窪木　くぼき　岡山県総社市
⁵窪本町　くぼもとまち　富山県富山市
　窪田
　　　くぼた　福島県耶麻郡猪苗代町
　　　くぼた　新潟県佐渡市
　　　くぼた　富山県下新川郡朝日町
　　　くぼた　大阪府貝塚市
　　　くぼた　兵庫県加東市
　　　くぼた　奈良県生駒郡安堵町
　窪田町
　　　くぼたまち　新潟県新潟市中央区
　　　くぼたちょう　兵庫県加西市
　窪田町小瀬　くぼたまちこぜ　山形県米沢市
　窪田町矢野目　くぼたまちやのめ　山形県米沢市
　窪田町東江股　くぼたまちひがしえまた　山形県米
　　沢市
　窪田町窪田　くぼたまちくぼた　山形県米沢市
　窪田町藤泉　くぼたまちふじいずみ　山形県米沢市
　窪田新田　くぼたしんでん　新潟県妙高市
⁷窪町
　　　くぼちょう　青森県八戸市
　　　くぼまち　広島県安芸郡海田町
⁸窪松原　くぼまつばら　新潟県妙高市
⁹窪南　くぼみなみ　福島県耶麻郡猪苗代町
　窪垣内　くぼがいと　奈良県吉野郡吉野町
　窪屋敷　くぼやしき　福島県喜多方市
　窪津　くぼつ　高知県土佐清水市
¹¹窪野　くぼの　富山県黒部市
　窪野目　くぼのめ　山形県天童市
　窪野町　くぼのまち　愛媛県松山市
　窪谷　くぼのや　千葉県香取郡東庄町
¹³窪新町　くぼしんまち　富山県富山市

【端】
⁶端気町　はけまち　群馬県前橋市
⁸端岡　はしおか　香川県(JR予讃線)
¹¹端野　たんの　北海道(JR石北本線)

端野町一区　たんのちょういっく　北海道北見市
端野町二区　たんのちょうにく　北海道北見市
端野町三区　たんのちょうさんく　北海道北見市
端野町川向　たんのちょうかわむかい　北海道北見市
端野町北登　たんのちょうほくと　北海道北見市
端野町協和　たんのちょうきょうわ　北海道北見市
端野町忠志　たんのちょうちゅうし　北海道北見市
端野町豊実　たんのちょうとよみ　北海道北見市
端野町端野　たんのちょうたんの　北海道北見市
端野町緋牛内　たんのちょうひうしない　北海道北
　見市
¹²端登　はたのぼり　大分県大分市
　端間　はたま　福岡県(西日本鉄道天神大牟田線)
¹³端詰町　はしづめちょう　岐阜県岐阜市

【管】
¹²管鈍　くだどん　鹿児島県大島郡瀬戸内町

【算】
⁸算所
　　　さんじょ　三重県鈴鹿市
　　　さんじょ　京都府与謝郡与謝野町
　算所町　さんじょちょう　三重県鈴鹿市

【箸】
⁴箸中　はしなか　奈良県桜井市
　箸木免　はしきめん　新潟県阿賀野市
⁷箸別
　　　はしべつ　北海道(JR留萌本線)
　　　はしべつ　北海道増毛郡増毛町
　箸尾　はしお　奈良県(近畿日本鉄道田原本線)
¹⁵箸蔵　はしくら　徳島県(JR土讃線)

【箆】
⁹箆津　のつ　鳥取県東伯郡琴浦町

【箕】
³箕土路町　みどろちょう　大阪府岸和田市
　箕山町　みのやまちょう　奈良県大和郡山市
　箕川町　みのがわちょう　滋賀県東近江市
⁴箕六　みろく　和歌山県海草郡紀美野町
　箕升新田　みますしんでん　山形県鶴岡市
⁵箕打　みうち　石川県かほく市
　箕田
　　　みだ　埼玉県鴻巣市
　　　みだ　三重県(近畿日本鉄道名古屋線)
⁶箕曲中村　みのわなかむら　三重県名張市
⁷箕作　みつくり　静岡県下田市
　箕形町　みがたちょう　大阪府和泉市
　箕沖町　みのおきちょう　広島県福山市
　箕町　みちょう　茨城県常陸太田市
　箕谷　みのたに　兵庫県(神戸電鉄有馬線)
⁸箕和田
　　　みのわだ　山形県西置賜郡白鷹町
　　　みのわだ　埼玉県入間郡毛呂山町
　箕岡通　みのおかどおり　兵庫県神戸市灘区
⁹箕面
　　　みのお　大阪府(阪急電鉄箕面線)

14画（箟, 簸, 精, 綾）

みのお　大阪府箕面市
箕面公園　みのおこうえん　大阪府箕面市
箕面市　みのおし　大阪府
10**箕島**
　みのしま　和歌山県（JR紀勢本線）
　みのしま　和歌山県有田市
　みしま　岡山県岡山市南区
箕島町
　みのしまちょう　広島県福山市
　みしままち　長崎県大村市
箕浦
　みのうら　滋賀県米原市
　みのうら　香川県（JR予讃線）
11**箕郷町下芝**　みさとまちしもしば　群馬県高崎市
箕郷町上芝　みさとまちかみしば　群馬県高崎市
箕郷町中野　みさとまちなかの　群馬県高崎市
箕郷町生原　みさとまちおいばら　群馬県高崎市
箕郷町白川　みさとまちしらかわ　群馬県高崎市
箕郷町矢原　みさとまちやばら　群馬県高崎市
箕郷町西明屋　みさとまちにしあきや　群馬県高崎市
箕郷町和田山　みさとまちわだやま　群馬県高崎市
箕郷町松之沢　みさとまちまつのさわ　群馬県高崎市
箕郷町東明屋　みさとまちひがしあきや　群馬県高崎市
箕郷町金敷平　みさとまちかなしきだいら　群馬県高崎市
箕郷町柏木沢　みさとまちかしわぎざわ　群馬県高崎市
箕郷町善地　みさとまちぜんじ　群馬県高崎市
箕郷町富岡　みさとまちとみおか　群馬県高崎市
15**箕輪**
　みのわ　山形県寒河江市
　みのわ　福島県二本松市
　みのわ　茨城県鉾田市
　みのわ　茨城県つくばみらい市
　みのわ　栃木県那須塩原市
　みのわ　栃木県下野市
　みのわ　埼玉県さいたま市岩槻区
　みのわ　埼玉県熊谷市
　みのわ　千葉県茂原市
　みのわ　千葉県柏市
　みのわ　千葉県君津市
　みのわ　大阪府豊中市
　みのわ　大阪府東大阪市
　みのわ　奈良県山辺郡山添村
箕輪町
　みのわまち　茨城県常総市
　みのわちょう　神奈川県横浜市港北区
　みのわまち　長野県上伊那郡
　みのわちょう　愛知県安城市
箕輪新田　みのわしんでん　千葉県柏市
19**箕瀬町**　みのぜちょう　長野県飯田市

【箟】
8**箟岳**　ののだけ　宮城県遠田郡涌谷町

【簸】
19**簸瀬**　えびらせ　熊本県葦北郡芦北町

【精】
7**精町**　しらげまち　佐賀県佐賀市

8**精舎**　しょうじゃ　福島県南会津郡南会津町
10**精華台**　せいかだい　京都府相楽郡精華町
精華町
　せいかまち　岐阜県多治見市
　せいかちょう　京都府相楽郡
11**精進**　しょうじ　山梨県南都留郡富士河口湖町
精進川　しょうじんがわ　静岡県富士宮市
12**精道町**　せいどうちょう　兵庫県芦屋市

【綾】
0**綾ノ町**　あやのちょう　大阪府（阪堺電気軌道阪堺線）
3**綾大宮町**　あやおおみやちょう　京都府京都市下京区
綾子　あやこ　富山県小矢部市
綾川　あやがわ　香川県（高松琴平電気鉄道琴平線）
綾川町　あやがわちょう　香川県綾歌郡
4**綾中町**　あやなかちょう　京都府綾部市
綾之町西　あやのちょうにし　大阪府堺市堺区
綾之町東　あやのちょうひがし　大阪府堺市堺区
綾井　あやい　大阪府泉大津市
綾戸
　あやど　岐阜県不破郡垂井町
　あやど　滋賀県蒲生郡竜王町
5**綾田町**　あいでんまち　富山県富山市
6**綾羽**　あやは　大阪府池田市
綾西　りょうせい　神奈川県綾瀬市
綾西洞院町　あやにしのとういんちょう　京都府京都市下京区
7**綾材木町**　あやざいもくちょう　京都府京都市下京区
綾町　あやちょう　宮崎県東諸県郡
綾里　りょうり　岩手県（三陸鉄道南リアス線）
9**綾垣**　あやがき　大分県玖珠郡玖珠町
11**綾堀川町**　あやほりかわちょう　京都府京都市下京区
綾部
　あやべ　京都府（JR山陰本線）
　あやべ　岡山県津山市
綾部市　あやべし　京都府
綾野
　あやの　岐阜県大垣市
　あやの　福岡県京都郡みやこ町
綾野町　あやのちょう　岐阜県大垣市
12**綾渡町**　あやどちょう　愛知県豊田市
13**綾園**　あやその　大阪府高石市
14**綾歌町岡田下**　あやうたちょうおかだしも　香川県丸亀市
綾歌町岡田上　あやうたちょうおかだかみ　香川県丸亀市
綾歌町岡田西　あやうたちょうおかだにし　香川県丸亀市
綾歌町岡田東　あやうたちょうおかだひがし　香川県丸亀市
綾歌町栗熊西　あやうたちょうくりくまにし　香川県丸亀市
綾歌町栗熊東　あやうたちょうくりくまひがし　香川県丸亀市
綾歌町富熊　あやうたちょうとみくま　香川県丸亀市
綾歌郡　あやうたぐん　香川県
18**綾織**　あやおり　岩手県（JR釜石線）
綾織町みさ崎　あやおりちょうみさざき　岩手県遠野市

14画（維, 綱, 緒, 総）

綾織町下綾織　あやおりちょうしもあやおり　岩手県遠野市

綾織町上綾織　あやおりちょうかみあやおり　岩手県遠野市

綾織町新里　あやおりちょうにっさと　岩手県遠野市

¹⁹綾瀬
　　あやせ　埼玉県蓮田市
　　あやせ　東京都（JR常磐線ほか）
　　あやせ　東京都足立区

綾瀬市　あやせし　神奈川県

綾羅木
　　あやらぎ　山口県（JR山陰本線）
　　あやらぎ　山口県下関市

綾羅木本町　あやらぎほんまち　山口県下関市

綾羅木南町　あやらぎみなみまち　山口県下関市

綾羅木新町　あやらぎしんまち　山口県下関市

【維】

¹³維新公園　いしんこうえん　山口県山口市

【綱】

³綱子　つなご　群馬県利根郡みなかみ町

⁴綱分　つなわき　福岡県飯塚市

綱木
　　つなぎ　山形県米沢市
　　つなぎ　新潟県東蒲原郡阿賀町

綱木箱口　つなぎはこのくち　山形県西置賜郡小国町

⁵綱田　つなだ　千葉県長生郡一宮町

⁸綱取　つなとり　山形県西村山郡西川町

¹⁰綱島
　　つなしま　千葉県茂原市
　　つなしま　神奈川県（東京急行電鉄東横線）

綱島上町　つなしまかみちょう　神奈川県横浜市港北区

綱島台　つなしまだい　神奈川県横浜市港北区

綱島西　つなしまにし　神奈川県横浜市港北区

綱島東　つなしまひがし　神奈川県横浜市港北区

¹¹綱掛　つなかけ　富山県南砺市

¹²綱場町　つなばまち　福岡県福岡市博多区

【緒】

³緒川
　　おがわ　愛知県（JR武豊線）
　　おがわ　愛知県知多郡東浦町

⁴緒方
　　おがた　福岡県築上郡上毛町
　　おがた　大分県（JR豊肥本線）

緒方町下自在　おがたまちしもじざい　大分県豊後大野市

緒方町下徳田　おがたまちしもとくだ　大分県豊後大野市

緒方町上犬塚　おがたまちかみいぬづか　大分県豊後大野市

緒方町上冬原　おがたまちかみふゆばる　大分県豊後大野市

緒方町上年野　おがたまちかみとしの　大分県豊後大野市

緒方町上自在　おがたまちかみじざい　大分県豊後大野市

緒方町上畑　おがたまちうわはた　大分県豊後大野市

緒方町久士知　おがたまちくどち　大分県豊後大野市

緒方町大化　おがたまちたいか　大分県豊後大野市

緒方町大石　おがたまちおおいし　大分県豊後大野市

緒方町小宛　おがたまちおあて　大分県豊後大野市

緒方町小原　おがたまちおはる　大分県豊後大野市

緒方町中野　おがたまちなかの　大分県豊後大野市

緒方町井上　おがたまちいのうえ　大分県豊後大野市

緒方町天神　おがたまちてんじん　大分県豊後大野市

緒方町木野　おがたまちきの　大分県豊後大野市

緒方町冬原　おがたまちふゆばる　大分県豊後大野市

緒方町平石　おがたまちひらいし　大分県豊後大野市

緒方町辻　おがたまちつじ　大分県豊後大野市

緒方町寺原　おがたまちてらばる　大分県豊後大野市

緒方町尾平鉱山　おがたまちおびらこうざん　大分県豊後大野市

緒方町志賀　おがたまちしが　大分県豊後大野市

緒方町知田　おがたまちちた　大分県豊後大野市

緒方町柚木　おがたまちゆぎ　大分県豊後大野市

緒方町草深野　おがたまちくさぶかの　大分県豊後大野市

緒方町原尻　おがたまちはらじり　大分県豊後大野市

緒方町夏足　おがたまちなたせ　大分県豊後大野市

緒方町栗生　おがたまちくりう　大分県豊後大野市

緒方町馬背畑　おがたまちませばた　大分県豊後大野市

緒方町馬場　おがたまちばば　大分県豊後大野市

緒方町野尻　おがたまちのじり　大分県豊後大野市

緒方町越生　おがたまちこしお　大分県豊後大野市

緒方町軸丸　おがたまちじくまる　大分県豊後大野市

緒方町滞迫　おがたまちたいざこ　大分県豊後大野市

緒方町徳田　おがたまちとくだ　大分県豊後大野市

緒方町鮒川　おがたまちふながわ　大分県豊後大野市

⁵緒玉　おだま　福岡県八女市

緒立流通　おたてりゅうつう　新潟県新潟市西区

【総】

⁴総元　ふさもと　千葉県（いすみ鉄道線）

⁶総光寺沢　そうこうじさわ　山形県酒田市

総合リハビリセンター　そうごうりはびりせんたー　愛知県（名古屋市交通局名城線）

総合運動公園　そうごううんどうこうえん　兵庫県（神戸市交通局西神線）

総曲輪　そうがわ　富山県富山市

⁷総社
　　そうじゃ　茨城県石岡市
　　そうじゃ　岡山県（JR伯備線ほか）
　　そうじゃ　岡山県津山市
　　そうじゃ　岡山県総社市

総社市　そうじゃし　岡山県

総社本町　そうじゃほんまち　兵庫県姫路市

総社町　そうじゃまち　群馬県前橋市

総社町桜が丘　そうじゃまちさくらがおか　群馬県前橋市

総社町高井　そうじゃまちたかい　群馬県前橋市

総社町植野　そうじゃまちうえの　群馬県前橋市

総社町総社　そうじゃまちそうじゃ　群馬県前橋市

⁸総和町　そうわまち　岐阜県高山市

⁹総持寺
　　そうじじ　大阪府（阪急電鉄京都本線）

14画（綴, 緋, 綿, 網）

そうじじ 大阪府茨木市
総持寺台 そうじじだい 大阪府茨木市
総持寺駅前町 そうじじえきまえちょう 大阪府茨木市
総津 そうづ 愛媛県伊予郡砥部町
11**総進** そうしん 北海道樺戸郡新十津川町
14**総領町下領家** そうりょうちょうしもりょうけ 広島県庄原市
総領町上領家 そうりょうちょうかみりょうけ 広島県庄原市
総領町中領家 そうりょうちょうなかりょうけ 広島県庄原市
総領町五箇 そうりょうちょうごか 広島県庄原市
総領町木屋 そうりょうちょうきや 広島県庄原市
総領町亀谷 そうりょうちょうかめだに 広島県庄原市
総領町黒目 そうりょうちょうくろめ 広島県庄原市
総領町稲草 そうりょうちょういなくさ 広島県庄原市

【綴】

3**綴子** つづれこ 秋田県北秋田市
12**綴喜郡** つづきぐん 京都府

【緋】

4**緋牛内** ひうしない 北海道（JR石北本線）

【綿】

7**綿町** わたまち 兵庫県姫路市
わたまち 奈良県大和郡山市
9**綿屋町** わたやちょう 京都府京都市中京区
11**綿貫町** わたぬきまち 群馬県高崎市
12**綿場** わたば 福島県耶麻郡猪苗代町

【網】

3**網上郷** あみあげごう 長崎県南松浦郡新上五島町
網川原 あみがわら 新潟県新潟市中央区
網干 あぼし 兵庫県（JR山陽本線）
網干区大江島 あぼしくおおえじま 兵庫県姫路市
網干区大江島古川町 あぼしくおおえじまふるかわちょう 兵庫県姫路市
網干区大江島寺前町 あぼしくおおえじまてらまえちょう 兵庫県姫路市
網干区北新在家 あぼしくきたしんざいけ 兵庫県姫路市
網干区田井 あぼしくたい 兵庫県姫路市
網干区余子浜 あぼしくよこはま 兵庫県姫路市
網干区坂上 あぼしくさかうえ 兵庫県姫路市
網干区坂出 あぼしくさかで 兵庫県姫路市
網干区和久 あぼしくわく 兵庫県姫路市
網干区垣内中町 あぼしくかいうちなかまち 兵庫県姫路市
網干区垣内北町 あぼしくかいうちきたまち 兵庫県姫路市
網干区垣内本町 あぼしくかいうちほんまち 兵庫県姫路市
網干区垣内西町 あぼしくかいうちにしまち 兵庫県姫路市
網干区垣内東町 あぼしくかいうちひがしまち 兵庫県姫路市

網干区垣内南町 あぼしくかいうちみなみまち 兵庫県姫路市
網干区津市場 あぼしくついちば 兵庫県姫路市
網干区宮内 あぼしくみやうち 兵庫県姫路市
網干区浜田 あぼしくはまだ 兵庫県姫路市
網干区高田 あぼしくたかだ 兵庫県姫路市
網干区新在家 あぼしくしんざいけ 兵庫県姫路市
網干区福井 あぼしくふくい 兵庫県姫路市
網干区網干浜 あぼしくあぼしはま 兵庫県姫路市
網干区興浜 あぼしくおきのはま 兵庫県姫路市
4**網引** あびき 兵庫県（北条鉄道線）
網引町
あびきちょう 兵庫県加西市
あびきまち 熊本県宇土市
網戸 あじと 栃木県小山市
網戸瀬町 あどせちょう 福井県福井市
5**網代**
あじろ 東京都あきる野市
あじろ 静岡県（JR伊東線）
あじろ 静岡県熱海市
あじろ 和歌山県日高郡由良町
あじろ 鳥取県岩美郡岩美町
あじろ 愛媛県南宇和郡愛南町
あじろ 大分県津久見市
網代町 あじろちょう 北海道伊達市
網代浜 あじろはま 新潟県北蒲原郡聖籠町
網代瀬 あじろせ 山形県西置賜郡小国町
網田 おうだ 熊本県（JR三角線）
6**網地浜** あじはま 宮城県石巻市
7**網走** あばしり 北海道（JR石北本線）
網走市 あばしりし 北海道
網走郡 あばしりぐん 北海道
9**網屋町** あみやまち 和歌山県和歌山市
網津町
あみづまち 熊本県宇土市
おうづちょう 鹿児島県薩摩川内市
10**網島町** あみじまちょう 大阪府大阪市都島区
網浜 あみのはま 岡山県岡山市中区
11**網掛**
あがけ 茨城県東茨城郡茨城町
あみかけ 長野県埴科郡坂城町
あがけ 兵庫県篠山市
網野 あみの 京都府（京都丹後鉄道宮津線）
網野子 あみのこ 鹿児島県大島郡瀬戸内町
網野町下岡 あみのちょうしもおか 京都府京丹後市
網野町三津 あみのちょうみつ 京都府京丹後市
網野町小浜 あみのちょうこばま 京都府京丹後市
網野町公庄 あみのちょうぐじょう 京都府京丹後市
網野町切畑 あみのちょうきりはた 京都府京丹後市
網野町日和田 あみのちょうひわだ 京都府京丹後市
網野町木津 あみのちょうきつ 京都府京丹後市
網野町生野内 あみのちょういくのうち 京都府京丹後市
網野町仲禅寺 あみのちょうちゅうぜんじ 京都府京丹後市
網野町浅茂川 あみのちょうあさもがわ 京都府京丹後市
網野町俵野 あみのちょうたわらの 京都府京丹後市
網野町島津 あみのちょうしまづ 京都府京丹後市
網野町浜詰 あみのちょうはまづめ 京都府京丹後市

14画（緑）

網野町高橋　あみのちょうたかはし　京都府京丹後市
網野町掛津　あみのちょうかけつ　京都府京丹後市
網野町郷　あみのちょうごう　京都府京丹後市
網野町塩江　あみのちょうしおえ　京都府京丹後市
網野町新庄　あみのちょうしんじょう　京都府京丹後市
網野町溝野　あみのちょうみその　京都府京丹後市
網野町網野　あみのちょうあみの　京都府京丹後市
網野町磯　あみのちょういそ　京都府京丹後市
12網場町　あばまち　長崎県長崎市
網道　あみどう　熊本県八代郡氷川町

【緑】
緑
みどり　北海道（JR釧網本線）
みどり　北海道小樽市
みどり　北海道稚内市
みどり　北海道虻田郡倶知安町
みどり　北海道常呂郡置戸町
みどり　北海道釧路郡釧路町
みどり　北海道白糠郡白糠町
みどり　青森県青森市
みどり　茨城県守谷市
みどり　栃木県宇都宮市
みどり　栃木県那須塩原市
みどり　栃木県下野市
みどり　埼玉県本庄市
みどり　埼玉県久喜市
みどり　埼玉県北本市
みどり　千葉県我孫子市
みどり　東京都墨田区
みどり　神奈川県小田原市
みどり　長野県飯山市
みどり　岐阜県可児市
みどり　愛知県一宮市
みどり　愛知県海部郡蟹江町
みどり　大阪府大阪市鶴見区
0緑方丘　みどりがおか　岩手県八幡平市
緑方丘町　みどりがおかちょう　静岡県熱海市
緑ケ丘
みどりがおか　北海道帯広市
みどりがおか　北海道北見市
みどりがおか　北海道江別市
みどりがおか　北海道枝幸郡浜頓別町
みどりがおか　北海道標津郡中標津町
みどりがおか　青森県弘前市
みどりがおか　青森県黒石市
みどりがおか　青森県むつ市
みどりがおか　青森県上北郡おいらせ町
みどりがおか　岩手県宮古市
みどりがおか　宮城県仙台市太白区
みどりがおか　山形県酒田市
みどりがおか　山形県東村山郡山辺町
みどりがおか　茨城県鹿嶋市
みどりがおか　埼玉県深谷市
みどりがおか　埼玉県ふじみ野市
みどりがおか　千葉県松戸市
みどりがおか　千葉県茂原市
みどりがおか　千葉県柏市
みどりがおか　東京都調布市
みどりがおか　東京都羽村市
みどりがおか　神奈川県厚木市
みどりがおか　神奈川県座間市
みどりがおか　新潟県三条市

みどりがおか　石川県鳳珠郡穴水町
みどりがおか　福井県大飯郡高浜町
みどりがおか　山梨県富士吉田市
みどりがおか　長野県小諸市
みどりがおか　長野県上高井郡高山村
みどりがおか　岐阜県多治見市
みどりがおか　岐阜県関市
みどりがおか　岐阜県可児市
みどりがおか　岐阜県不破郡関ケ原町
みどりがおか　静岡県沼津市
みどりがおか　静岡県磐田市
みどりがおか　静岡県掛川市
みどりがおか　愛知県名古屋市守山区
みどりがおか　愛知県豊橋市
みどりがおか　愛知県半田市
みどりがおか　愛知県豊田市
みどりがおか　大阪府八尾市
みどりがおか　大阪府和泉市
みどりがおか　大阪府阪南市
みどりがおか　兵庫県伊丹市
みどりがおか　兵庫県相生市
みどりがおか　奈良県御所市
みどりがおか　奈良県生駒市
みどりがおか　奈良県生駒郡平群町
みどりがおか　奈良県北葛城郡上牧町
みどりがおか　和歌山県新宮市
みどりがおか　鳥取県鳥取市
みどりがおか　広島県安芸郡府中町
みどりがおか　山口県山口市
みどりがおか　山口県周南市
みどりがおか　高知県南国市
みどりがおか　高知県土佐清水市
みどりがおか　福岡県北九州市門司区
みどりがおか　福岡県北九州市小倉北区
みどりがおか　福岡県大野城市
みどりがおか　福岡県遠賀郡芦屋町
みどりがおか　福岡県遠賀郡水巻町
みどりがおか　熊本県荒尾市
みどりがおか　熊本県水俣市
みどりがおか　宮崎県延岡市
緑ケ丘一条通　みどりがおかいちじょうどおり　北海道帯広市
緑ケ丘二条通　みどりがおかにじょうどおり　北海道帯広市
緑ケ丘三条通　みどりがおかさんじょうどおり　北海道帯広市
緑ケ丘中町
みどりがおかなかまち　三重県伊賀市
みどりがおかなかまち　大阪府堺市堺区
みどりがおかなかまち　大阪府河内長野市
緑ケ丘北町
みどりがおかきたまち　大阪府堺市堺区
みどりがおかきたまち　大阪府河内長野市
緑ケ丘本町　みどりがおかほんまち　三重県伊賀市
緑ケ丘西　みどりがおかにし　福島県郡山市
緑ケ丘西町　みどりがおかにしまち　三重県伊賀市
緑ケ丘町
みどりがおかちょう　北海道留萌市
みどりがおかちょう　石川県七尾市
みどりがおかまち　岐阜県高山市
みどりがおかちょう　京都府福知山市
みどりがおかちょう　大阪府富田林市
みどりがおかちょう　鹿児島県鹿児島市
緑ケ丘東　みどりがおかひがし　福島県郡山市

14画（緑）

緑ケ丘東町　みどりがおかひがしまち　三重県伊賀市
緑ケ丘東通西　みどりがおかひがしどおりにし　北海道帯広市
緑ケ丘東通東　みどりがおかひがしどおりひがし　北海道帯広市
緑ケ丘南町
　みどりがおかみなみまち　三重県伊賀市
　みどりがおかみなみまち　大阪府堺市堺区
　みどりがおかみなみまち　大阪府河内長野市
緑ケ岡　みどりがおか　北海道釧路市
緑ケ原
　みどりがはら　北海道石狩市
　みどりがはら　茨城県つくば市
緑ケ浜　みどりがはま　福岡県糟屋郡新宮町
緑ケ丘
　みどりがおか　北海道（JR富良野線）
　みどりがおか　北海道岩見沢市
　みどりがおか　北海道空知郡上砂川町
　みどりがおか　北海道河東郡音更町
　みどりがおか　岩手県盛岡市
　みどりがおか　宮城県白石市
　みどりがおか　茨城県つくば市
　みどりがおか　千葉県八千代市
　みどりがおか　東京都（東京急行電鉄大井町線）
　みどりがおか　東京都目黒区
　みどりがおか　東京都武蔵村山市
　みどりがおか　神奈川県相模原市中央区
　みどりがおか　神奈川県横須賀市
　みどりがおか　神奈川県中郡二宮町
　みどりがおか　石川県金沢市
　みどりがおか　石川県能美市
　みどりがおか　石川県河北郡津幡町
　みどりがおか　山梨県甲府市
　みどりがおか　長野県上田市
　みどりがおか　愛知県新城市
　みどりがおか　三重県津市
　みどりがおか　京都府長岡京市
　みどりがおか　大阪府高槻市
　みどりがおか　大阪府大東市
　みどりがおか　兵庫県（神戸電鉄粟生線）
　みどりがおか　兵庫県神戸市須磨区
　みどりがおか　兵庫県川西市
　みどりがおか　山口県山陽小野田市
　みどりがおか　大分県大分市
緑が丘一条　みどりがおかいちじょう　北海道旭川市
緑が丘二条　みどりがおかにじょう　北海道旭川市
緑が丘三条　みどりがおかさんじょう　北海道旭川市
緑が丘中　みどりがおかなか　三重県名張市
緑が丘五条　みどりがおかごじょう　北海道旭川市
緑が丘四条　みどりがおかしじょう　北海道旭川市
緑が丘西　みどりがおかにし　三重県名張市
緑が丘町
　みどりがおかまち　群馬県前橋市
　みどりがおかちょう　静岡県静岡市駿河区
　みどりがおかちょう　静岡県静岡市清水区
　みどりがおかまち　長崎県長崎市
緑が丘町中　みどりがおかちょうなか　兵庫県三木市
緑が丘町本町　みどりがおかちょうほんまち　兵庫県三木市
緑が丘町西　みどりがおかちょうにし　兵庫県三木市
緑が丘町東　みどりがおかちょうひがし　兵庫県三木市
緑が丘東　みどりがおかひがし　三重県名張市

緑が丘東一条　みどりがおかひがしいちじょう　北海道旭川市
緑が丘東二条　みどりがおかひがしにじょう　北海道旭川市
緑が丘東三条　みどりがおかひがしさんじょう　北海道旭川市
緑が丘東五条　みどりがおかひがしごじょう　北海道旭川市
緑が丘東四条　みどりがおかひがししじょう　北海道旭川市
緑が丘南一条　みどりがおかみなみいちじょう　北海道旭川市
緑が丘南二条　みどりがおかみなみにじょう　北海道旭川市
緑が丘南三条　みどりがおかみなみさんじょう　北海道旭川市
緑が丘南五条　みどりがおかみなみごじょう　北海道旭川市
緑が丘南四条　みどりがおかみなみしじょう　北海道旭川市
緑が浜
　みどりがはま　神奈川県茅ケ崎市
　みどりがはま　愛知県田原市
緑の丘　みどりのおか　静岡県藤枝市
緑の里　みどりのさと　茨城県坂東市
¹緑乙　みどりおつ　愛媛県南宇和郡愛南町
³緑小路　みどりこうじ　佐賀県佐賀市
緑山　みどりやま　神奈川県横浜市青葉区
緑川
　みどりかわ　熊本県（JR三角線）
　みどりかわ　熊本県上益城郡山都町
⁴緑井
　みどりい　広島県（JR可部線）
　みどりい　広島県広島市安佐南区
緑区
　みどりく　埼玉県さいたま市
　みどりく　千葉県千葉市
　みどりく　神奈川県横浜市
　みどりく　神奈川県相模原市
　みどりく　愛知県名古屋市
緑木　みどりぎ　大阪府大阪市住之江区
⁵緑丘
　みどりおか　北海道名寄市
　みどりおか　北海道檜山郡江差町
　みどりおか　北海道夕張郡栗山町
　みどりおか　北海道常呂郡訓子府町
　みどりおか　北海道白老郡白老町
　みどりおか　北海道新冠郡新冠町
　みどりおか　埼玉県上尾市
　みどりおか　愛知県岡崎市
　みどりおか　大阪府豊中市
　みどりおか　大阪府池田市
　みどりおか　兵庫県高砂市
緑丘町
　みどりがおかちょう　三重県四日市市
　みどりがおかちょう　大分県別府市
緑丙　みどりへい　愛媛県南宇和郡愛南町
緑台
　みどりだい　北海道旭川市
　みどりだい　埼玉県深谷市
　みどりだい　埼玉県幸手市
　みどりだい　千葉県船橋市

1227

14画（緑）

みどりだい	千葉県柏市	
みどりだい	石川県河北郡内灘町	
みどりだい	愛知県知多郡武豊町	
みどりだい	兵庫県神戸市須磨区	
みどりだい	兵庫県姫路市	
みどりだい	兵庫県川西市	

緑甲 みどりこう　愛媛県南宇和郡愛南町

⁶**緑光** りょくこう　北海道河東郡士幌町

緑地公園
りょくちこうえん　大阪府（北大阪急行電鉄線）
りょくちこうえん　大阪府大阪市鶴見区

⁷**緑町**

みどりまち	北海道旭川市
みどりちょう	北海道室蘭市
みどりまち	北海道北見市
みどりちょう	北海道岩見沢市
みどりまち	北海道網走市
みどりまち	北海道苫小牧市
みどりちょう	北海道紋別市
みどりちょう	北海道根室市
みどりちょう	北海道千歳市
みどりまち	北海道滝川市
みどりまち	北海道深川市
みどりまち	北海道富良野市
みどりちょう	北海道登別市
みどりまち	北海道恵庭市
みどりまち	北海道石狩郡当別町
みどりまち	北海道松前郡福島町
みどりちょう	北海道亀田郡七飯町
みどりちょう	北海道二海郡八雲町
みどりまち	北海道檜山郡厚沢部町
みどりちょう	北海道爾志郡乙部町
みどりちょう	北海道瀬棚郡今金町
みどりちょう	北海道虻田郡喜茂別町
みどりまち	北海道空知郡南幌町
みどりまち	北海道雨竜郡沼田町
みどりまち	北海道上川郡比布町
みどりまち	北海道空知郡上富良野町
みどりまち	北海道上川郡剣淵町
みどりまち	北海道上川郡下川町
みどりまち	北海道苫前郡羽幌町
みどりまち	北海道網走郡津別町
みどりまち	北海道斜里郡清里町
みどりまち	北海道紋別郡湧別町
みどりまち	北海道白老郡白老町
みどりちょう	北海道沙流郡日高町
みどりまち	北海道浦河郡浦河町
みどりまち	北海道様似郡様似町
みどりまち	北海道河東郡鹿追町
みどりまち	北海道河西郡更別村
みどりまち	北海道広尾郡大樹町
みどりまち	北海道中川郡幕別町
みどりまち	北海道中川郡本別町
みどりまち	北海道足寄郡陸別町
みどりまち	北海道十勝郡浦幌町
みどりちょう	北海道目梨郡羅臼町
みどりちょう	青森県弘前市
みどりちょう	青森県黒石市
みどりちょう	青森県三沢市
みどりちょう	青森県むつ市
みどりちょう	宮城県石巻市
みどりまち	宮城県柴田郡大河原町
みどりまち	秋田県能代市
みどりちょう	山形県山形市
みどりちょう	山形県酒田市

みどりちょう	山形県寒河江市
みどりちょう	山形県長井市
みどりちょう	山形県北村山郡大石田町
みどりちょう	山形県西置賜郡小国町
みどりまち	福島県会津若松市
みどりまち	福島県郡山市
みどりちょう	福島県須賀川市
みどりちょう	福島県喜多方市
みどりまち	福島県岩瀬郡鏡石町
みどりちょう	茨城県水戸市
みどりちょう	茨城県古河市
みどりちょう	茨城県龍ケ崎市
みどりちょう	栃木県足利市
みどりちょう	栃木県鹿沼市
みどりちょう	栃木県下都賀郡壬生町
みどりちょう	群馬県高崎市
みどりちょう	群馬県伊勢崎市
みどりちょう	群馬県太田市
みどりちょう	群馬県館林市
みどりちょう	埼玉県川口市
みどりちょう	埼玉県行田市
みどりちょう	埼玉県所沢市
みどりちょう	埼玉県飯能市
みどりちょう	埼玉県春日部市
みどりちょう	埼玉県鴻巣市
みどりちょう	埼玉県八潮市
みどりちょう	埼玉県蓮田市
みどりちょう	埼玉県坂戸市
みどりちょう	千葉県千葉市稲毛区
みどりちょう	千葉県茂原市
みどりちょう	東京都八王子市
みどりちょう	東京都立川市
みどりちょう	東京都武蔵野市
みどりちょう	東京都府中市
みどりちょう	東京都昭島市
みどりちょう	東京都小金井市
みどりちょう	東京都西東京市
みどりちょう	神奈川県（伊豆箱根鉄道大雄山線）
みどりちょう	神奈川県横浜市西区
みどりちょう	神奈川県秦野市
みどりまち	新潟県新潟市中央区
みどりちょう	新潟県長岡市
みどりちょう	新潟県柏崎市
みどりちょう	新潟県新発田市
みどりちょう	新潟県見附市
みどりまち	新潟県村上市
みどりちょう	新潟県五泉市
みどりちょう	新潟県阿賀野市
みどりちょう	富山県富山市
みどりちょう	富山県魚津市
みどりまち	富山県滑川市
みどりまち	富山県射水市
みどりちょう	長野県長野市
みどりまち	長野県諏訪郡下諏訪町
みどりまち	長野県木曽郡上松町
みどりまち	岐阜県岐阜市
みどりまち	岐阜県関市
みどりまち	岐阜県羽島郡笠松町
みどりちょう	静岡県静岡市葵区
みどりちょう	静岡県三島市
みどりちょう	静岡県富士市
みどりちょう	静岡県藤枝市
みどりちょう	愛知県名古屋市昭和区
みどりちょう	愛知県瀬戸市
みどりまち	愛知県豊川市
みどりまち	愛知県碧南市

14画（練, 綺, 綣, 翠, 聞, 聚）

みどりちょう　愛知県安城市
みどりまち　愛知県西尾市
みどりまち　愛知県蒲郡市
みどりまち　愛知県小牧市
みどりまち　愛知県稲沢市
みどりまち　愛知県知多市
みどりちょう　滋賀県大津市
みどりまち　滋賀県近江八幡市
みどりちょう　大阪府堺市堺区
みどりちょう　大阪府高槻市
みどりまち　大阪府守口市
みどりまち　大阪府寝屋川市
みどりちょう　兵庫県神戸市北区
みどりちょう　兵庫県芦屋市
みどりまち　奈良県御所市
みどりまち　岡山県笠岡市
みどりちょう　広島県福山市
みどりちょう　山口県山口市
みどりまち　山口県防府市
みどりまち　山口県周南市
みどりまち　愛媛県松山市
みどりまち　高知県須崎市
みどりまち　福岡県宗像市
みどりまち　長崎県長崎市
みどりまち　長崎県島原市
みどりちょう　熊本県八代市
みどりまち　熊本県上益城郡甲佐町
みどりまち　大分県日田市
みどりまち　鹿児島県枕崎市
みどりまち　鹿児島県出水市
みどりまち　鹿児島県いちき串木野市

緑町北　みどりまちきた　北海道標津郡中標津町
緑町西　みどりまちにし　北海道江別市
緑町東　みどりまちひがし　北海道江別市
緑町南　みどりまちみなみ　北海道標津郡中標津町
緑町緑ケ丘　みどりちょうみどりがおか　愛知県尾張旭市
緑花台　りょっかだい　愛知県名古屋市緑区
8**緑岡**
　みどりおか　北海道虻田郡真狩村
　みどりおか　新潟県阿賀野市
緑苑　ろくえん　北海道広尾郡大樹町
緑苑中　りょくえんなか　岐阜県各務原市
緑苑北　りょくえんきた　岐阜県各務原市
緑苑台中央　りょくえんだいちゅうおう　北海道石狩市
緑苑台西一条　りょくえんだいにしいちじょう　北海道石狩市
緑苑台西二条　りょくえんだいにしにじょう　北海道石狩市
緑苑台東一条　りょくえんだいひがしいちじょう　北海道石狩市
緑苑台東二条　りょくえんだいひがしにじょう　北海道石狩市
緑苑台東三条　りょくえんだいひがしさんじょう　北海道石狩市
緑苑西　りょくえんにし　岐阜県各務原市
緑苑坂　りょくえんざか　京都府綴喜郡宇治田原町
緑苑東　りょくえんひがし　岐阜県各務原市
緑苑南　りょくえんみなみ　岐阜県各務原市
9**緑泉町**　ろくせんちょう　北海道芦別市
緑風台　みどりふうだい　大阪府四條畷市
10**緑恵台**　りょくけいだい　静岡県浜松市天竜区

11**緑埜**　みどの　群馬県藤岡市
緑郷　ろくごう　北海道上川郡当麻町
12**緑陽台北区**　りょくようだいきたく　北海道河東郡音更町
緑陽台仲区　りょくようだいなかく　北海道河東郡音更町
緑陽台南区　りょくようだいみなみく　北海道河東郡音更町
緑陽町
　りょくようちょう　北海道北広島市
　りょくようまち　富山県富山市
　りょくようちょう　広島県福山市
13**緑園**
　りょくえん　神奈川県横浜市泉区
　みどりえん　岐阜県大垣市
緑園都市　りょくえんとし　神奈川県（相模鉄道いずみ野線）
14**緑蔭**　りょくいん　北海道紋別郡湧別町
16**緑橋**　みどりばし　大阪府（大阪市交通局今里筋線ほか）

【練】

4**練丑町**　ねりうしちょう　宮城県遠田郡涌谷町
練木　ねりき　千葉県君津市
練牛　ねりうし　宮城県遠田郡美里町
7**練兵町**　れんぺいちょう　熊本県熊本市中央区
10**練馬**
　ねりま　東京都（西武鉄道西武有楽町線ほか）
　ねりま　東京都練馬区
練馬区　ねりまく　東京都
練馬春日町　ねりまかすがちょう　東京都（東京都交通局大江戸線）
練馬高野台　ねりまたかのだい　東京都（西武鉄道池袋線）
11**練貫**　ねりぬき　栃木県大田原市

【綺】

5**綺田町**　かばたちょう　滋賀県東近江市

【綣】

綣　へそ　滋賀県栗東市

【翠】

翠　みどり　広島県広島市南区
0**翠ケ丘町**　みどりがおかちょう　兵庫県芦屋市
8**翠松園**　すいしょうえん　愛知県名古屋市守山区
9**翠香園町**　すいこうえんちょう　大阪府枚方市
11**翠鳥園**　すいちょうえん　大阪府羽曳野市

【聞】

5**聞出**　きけいで　新潟県岩船郡関川村

【聚】

13**聚楽町**
　じゅらくちょう　京都府京都市上京区
　じゅらくまち　京都府京都市伏見区
聚楽廻中町　じゅらくまわりなかまち　京都府京都市中京区

1229

14画（與, 蔭, 蔚, 蔀, 蔦, 蓼, 蜘, 蜷, 蜻, 誓, 読, 豪, 賑, 踊, 遙, 酸, 銀）

聚楽廻西町　じゅらくまわりにしまち　京都府京都市
中京区
聚楽廻松下町　じゅらくまわりまつしたちょう　京都府
京都市中京区
聚楽廻東町　じゅらくまわりひがしまち　京都府京都
市中京区
聚楽廻南町　じゅらくまわりみなみまち　京都府京都
市中京区
聚楽園　しゅうらくえん　愛知県（名古屋鉄道常滑線）

【與】
4與井　よい　兵庫県赤穂郡上郡町
　與井新　よいしん　兵庫県赤穂郡上郡町
7與兵衛野新田
　　よへえのしんでん　新潟県新潟市西区
　　よへえのしんでん　新潟県新潟市西蒲区

【蔭】
7蔭谷　かげだに　徳島県那賀郡那賀町

【蔚】
3蔚山町　うるさんまち　熊本県（熊本市交通局B系統）

【蔀】
9蔀屋　しとみや　大阪府四條畷市
　蔀屋本町　しとみやほんまち　大阪府四條畷市
　蔀屋新町　しとみやしんまち　大阪府四條畷市

【蔦】
4蔦元町　つたもとちょう　愛知県名古屋市中川区

【蓼】
3蓼川　たてかわ　神奈川県綾瀬市
4蓼内久保　たてないくぼ　青森県上北郡東北町
6蓼池　たていけ　宮崎県北諸県郡三股町
9蓼畑町　たてはたちょう　滋賀県東近江市
10蓼原　たではら　静岡県富士市
　蓼原町
　　たではらちょう　静岡県沼津市
　　たではらちょう　静岡県富士市
11蓼野　たての　島根県鹿足郡吉賀町

【蜘】
4蜘手興野　くもでこうや　新潟県新潟市南区

【蜷】
3蜷川
　　にながわ　富山県富山市
　　みながわ　高知県幡多郡黒潮町
4蜷木　になぎ　大分県宇佐市
5蜷田若園　になたわかぞの　福岡県北九州市小倉南区

【蜻】
10蜻浦　へぼうら　熊本県玉名郡和水町

【誓】
6誓多林町　せたりんちょう　奈良県奈良市

【読】
6読合堂町　よみあいどうちょう　滋賀県東近江市
7読売ランド前　よみうりらんどまえ　神奈川県（小田
急電鉄小田原線）
　読谷村　よみたんそん　沖縄県中頭郡
10読書　よみかき　長野県木曽郡南木曽町

【豪】
11豪渓　ごうけい　岡山県（JR伯備線）
14豪徳寺
　　ごうとくじ　東京都（小田急電鉄小田原線）
　　ごうとくじ　東京都世田谷区

【賑】
7賑町
　　にぎわいちょう　愛知県名古屋市中村区
　　にぎわいちょう　大阪府堺市堺区
　　にぎわいまち　長崎県長崎市
8賑岡町ゆりケ丘　にぎおかまちゆりがおか　山梨県大
月市
　賑岡町岩殿　にぎおかまちいわどの　山梨県大月市
　賑岡町浅利　にぎおかまちあさり　山梨県大月市
　賑岡町畑倉　にぎおかまちはたぐら　山梨県大月市
　賑岡町強瀬　にぎおかまちこわぜ　山梨県大月市
　賑岡町奥山　にぎおかまちおくやま　山梨県大月市
16賑橋　にぎわいばし　長崎県（長崎電気軌道4系統ほ
か）

【踊】
5踊石町　おどりいしちょう　長崎県佐世保市
12踊場　おどりば　神奈川県（横浜市交通局ブルーラ
イン）

【遙】
12遙堪　ようかん　島根県（一畑電車大社線）

【酸】
13酸奨沢　さんしょうざわ　福島県耶麻郡猪苗代町

【銀】
3銀山
　　ぎんざん　北海道（JR函館本線）
　　ぎんざん　北海道余市郡仁木町
　　ぎんざん　兵庫県川辺郡猪名川町
　　ぎんざん　鳥取県岩美郡岩美町
　銀山町
　　かなやまちょう　広島県（広島電鉄本線ほか）
　　かなやまちょう　広島県広島市中区
　銀山新畑　ぎんざんしんはた　山形県尾花沢市
4銀天町　ぎんてんちょう　福岡県福岡市博多区
　銀水　ぎんすい　福岡県（JR鹿児島本線）
5銀丘　ぎんがおか　京都府宮津市
7銀杏　いちょう　宮城県伊具郡丸森町
　銀杏木　いちょうのき　青森県三戸郡五戸町
　銀杏木　いちょうのきうら　愛知県瀬戸市
　銀杏木前　いちょうのきまえ　青森県三戸郡五戸町
　銀杏町　いちょうまち　宮城県仙台市宮城野区
　銀町　しろがねまち　岐阜県岐阜市
9銀南木　いちょうのき　青森県上北郡七戸町

14画(銭,銚,銅,鉾,銘,関)

銀南街　ぎんなんがい　山口県周南市
銀屋町　ぎんやまち　長崎県長崎市
10銀座
　　ぎんざ　北海道夕張郡長沼町
　　ぎんざ　栃木県鹿沼市
　　ぎんざ　埼玉県熊谷市
　　ぎんざ　埼玉県本庄市
　　ぎんざ　東京都(東京地下鉄丸ノ内線ほか)
　　ぎんざ　東京都中央区
　　ぎんざ　長野県岡谷市
　　ぎんざ　長野県飯田市
　　ぎんざ　静岡県静岡市清水区
　　ぎんざ　愛知県刈谷市
　　ぎんざ　山口県周南市
　　ぎんざ　徳島県徳島市
　　ぎんざ　福岡県北九州市戸畑区
銀座一丁目　ぎんざいっちょうめ　東京都(東京地下
　　鉄有楽町線)
銀座元町　ぎんざもとまち　静岡県伊東市
銀座本町　ぎんざほんまち　愛知県半田市
銀座町
　　ぎんざちょう　静岡県熱海市
　　ぎんざちょう　滋賀県彦根市
　　ぎんざちょう　京都府京都市伏見区
14銀閣寺町　ぎんかくじちょう　京都府京都市左京区
銀閣寺前町　ぎんかくじまえちょう　京都府京都市左
　　京区
17銀嶺町　ぎんれいちょう　富山県富山市
19銀鏡　しろみ　宮崎県西都市

【銭】
5銭田
　　ぜにた　福島県喜多方市
　　ぜんだ　沖縄県島尻郡久米島町
8銭函
　　ぜにばこ　北海道(JR函館本線)
　　ぜにばこ　北海道小樽市
9銭屋町　ぜにやちょう　京都府京都市下京区
10銭原　ぜにはら　大阪府茨木市
銭座町
　　ぜんざまち　静岡県静岡市葵区
　　ぜんざまち　長崎県(長崎電気軌道1系統ほか)
　　ぜんざまち　長崎県長崎市
11銭亀町　ぜにかめちょう　北海道函館市
銭渕町　ぜにぶちまち　大分県日田市
12銭湯小路　せんとうしょうじ　山口県山口市
13銭塘町　ぜんどもまち　熊本県熊本市南区

【銚】
3銚子　ちょうし　千葉県(JR総武本線ほか)
銚子ケ森　ちょうしがもり　宮城県白石市
銚子口
　　ちょうしぐち　北海道(JR函館本線)
　　ちょうしぐち　埼玉県春日部市
銚子市　ちょうしし　千葉県
銚子町
　　ちょうしちょう　北海道函館市
　　ちょうしまち　石川県金沢市

【銅】
3銅山町　どうざんちょう　北海道函館市

7銅町　どうまち　山形県山形市
銅谷口　どうやぐち　山形県山形市
銅谷町　どうやちょう　岩手県一関市
9銅屋　どうや　岩手県下閉伊郡普代村
銅屋町　どうやまち　青森県弘前市
10銅座町　どうざまち　長崎県長崎市

【鉾】
0鉾ケ崎町　ほこがさきちょう　福井県福井市
鉾ノ木　ほこのき　富山県中新川郡立山町
3鉾土　ほこつち　高知県幡多郡大月町
5鉾田　ほこた　茨城県鉾田市
鉾田市　ほこたし　茨城県
鉾田町　ほこでんちょう　京都府京都市中京区
鉾立　ほこたて　奈良県吉野郡大淀町
10鉾根　ほこね　富山県氷見市

【銘】
7銘苅　めかる　沖縄県那覇市
9銘城台　めいじょうだい　京都府綴喜郡宇治田原町

【関】
関
　　せき　北海道足寄郡陸別町
　　せき　青森県西津軽郡深浦町
　　せき　青森県三戸郡田子町
　　せき　宮城県刈田郡七ケ宿町
　　せき　山形県米沢市
　　せき　山形県酒田市
　　せき　福島県二本松市
　　せき　埼玉県さいたま市南区
　　せき　埼玉県吉川市
　　せき　埼玉県児玉郡美里町
　　せき　千葉県富津市
　　せき　千葉県香取市
　　せき　千葉県長生郡白子町
　　せき　新潟県佐渡市
　　せき　新潟県南魚沼市
　　せき　富山県富山市
　　せき　福井県敦賀市
　　せき　福井県小浜市
　　せき　福井県三方上中郡若狭町
　　せき　岐阜県(長良川鉄道越美南線)
　　せき　三重県(JR関西本線)
　　せき　岡山県岡山市中区
　　せき　岡山県真庭市
0関ケ丘　せきがおか　三重県亀山市
関ケ原
　　せきがはら　岐阜県(JR東海道本線)
　　せきがはら　岐阜県不破郡関ケ原町
関ケ原町　せきがはらちょう　岐阜県不破郡
関ケ島　せきがしま　千葉県市川市
関ケ浜　せきがはま　山口県玖珂郡和木町
関ケ鼻　せきがはな　福井県南条郡南越前町
関ノ上　せきのうえ　岐阜県関市
関ノ宮　せきのみや　三重県(JR名松線)
関が丘　せきがおか　岩手県一関市
関の江新町　せきのえしんまち　大分県別府市
3関下
　　せきした　福島県本宮市

14画（関）

せきした　千葉県東金市
せきしも　熊本県玉名郡南関町
関下有知　せきしもうち　岐阜県（長良川鉄道越美南線）
関口
　せきぐち　秋田県湯沢市
　せきぐち　福島県東白川郡棚倉町
　せきぐち　埼玉県児玉郡神川町
　せきぐち　東京都文京区
　せきぐち　神奈川県厚木市
　せきぐち　新潟県村上市
　せきぐち　岐阜県（長良川鉄道越美南線）
関口町　せきぐちちょう　岐阜県関市
関口樋口町　せきぐちひぐちちょう　新潟県十日町市
関大町　せきおおまち　富山県高岡市
関大前　かんだいまえ　大阪府（阪急電鉄千里線）
関山
　せきやま　山形県東根市
　せきやま　福島県西白河郡矢吹町
　せきやま　埼玉県蓮田市
　せきやま　新潟県（えちごトキめき鉄道妙高はねうまライン）
　せきやま　新潟県妙高市
関川
　せきがわ　山形県鶴岡市
　せきがわ　新潟県妙高市
　せきがわ　愛媛県（JR予讃線）
関川村　せきかわむら　新潟県岩船郡
関川町
　せきがわちょう　栃木県佐野市
　せきがわちょう　新潟県妙高市
関川窪　かんせんくぼ　福島県白河市
4**関之尾町**　せきのおちょう　宮崎県都城市
関井　せきい　新潟県新発田市
関内
　せきうち　千葉県東金市
　かんない　神奈川県（JR根岸線ほか）
関戸
　せきど　茨城県古河市
　せきど　茨城県ひたちなか市
　せきど　千葉県成田市
　せきど　千葉県旭市
　せきど　東京都多摩市
　せきど　和歌山県和歌山市
　せきど　岡山県笠岡市
　せきど　山口県岩国市
関方　せきがた　静岡県焼津市
5**関外目**　せきほかめ　熊本県玉名郡南関町
関尻　せきじり　千葉県富津市
関市　せきし　岐阜県
関市役所前　せきしやくしょまえ　岐阜県（長良川鉄道越美南線）
関本
　せきもと　福島県南会津郡南会津町
　せきもと　神奈川県南足柄市
　せきもと　岡山県勝田郡奈義町
関本下
　せきもとした　茨城県下妻市
　せきもとしも　茨城県筑西市
関本上　せきもとかみ　茨城県筑西市
関本上中　せきもとかみなか　茨城県筑西市
関本中　せきもとなか　茨城県筑西市

関本分中　せきもとわけなか　茨城県筑西市
関本町　せきほんまち　富山県高岡市
関本町八反　せきもとちょうはったん　茨城県北茨城市
関本町小川　せきもとちょうおがわ　茨城県北茨城市
関本町才丸　せきもとちょうさいまる　茨城県北茨城市
関本町富士ケ丘　せきもとちょうふじがおか　茨城県北茨城市
関本町福田　せきもとちょうふくだ　茨城県北茨城市
関本町関本上　せきもとちょうせきもとかみ　茨城県北茨城市
関本町関本中　せきもとちょうせきもとなか　茨城県北茨城市
関本肥土　せきもとあくと　茨城県筑西市
関田町　せきだちょう　愛知県春日井市
関白町　かんぱくちょう　栃木県宇都宮市
関目
　せきめ　大阪府（京阪電気鉄道本線）
　せきめ　大阪府大阪市城東区
関目成育　せきめせいいく　大阪府（大阪市交通局今里筋線）
関目高殿　せきめたかどの　大阪府（大阪市交通局谷町線）
関辺　せきべ　福島県白河市
6**関守町**　せきもりちょう　兵庫県神戸市須磨区
関西本町　かんせいほんまち　山口県下関市
関西町
　かんぜいちょう　岡山県岡山市北区
　かんせいちょう　山口県下関市
関西空港　かんさいくうこう　大阪府（JR関西空港線ほか）
7**関村**　せきむら　熊本県玉名郡南関町
関沢
　せきざわ　山形県山形市
　せきざわ　福島県相馬郡飯舘村
　せきざわ　埼玉県富士見市
　せきざわ　新潟県胎内市
関沢口　せきざわぐち　岩手県八幡平市
関町
　せきまち　山形県米沢市
　せきまち　新潟県柏崎市
　せきまち　富山県高岡市
　せきまち　熊本県玉名郡南関町
関町久我　せきちょうくが　三重県亀山市
関町小野　せきちょうおの　三重県亀山市
関町中町　せきちょうなかまち　三重県亀山市
関町木崎　せきちょうこざき　三重県亀山市
関町北　せきまちきた　東京都練馬区
関町古厩　せきちょうふるまや　三重県亀山市
関町市瀬　せきちょういちのせ　三重県亀山市
関町白木一色　せきちょうしらきいっしき　三重県亀山市
関町会下　せきちょうえげ　三重県亀山市
関町坂下　せきちょうさかした　三重県亀山市
関町東　せきまちひがし　東京都練馬区
関町沓掛　せきちょうくつかけ　三重県亀山市
関町金場　せきちょうかねば　三重県亀山市
関町南　せきまちみなみ　東京都練馬区
関町泉ケ丘　せきちょういずみがおか　三重県亀山市
関町富士ハイツ　せきちょうふじはいつ　三重県亀山市

14画（関）

関町萩原　せきちょうはぎわら　三重県亀山市
関町越川　せきちょうえちがわ　三重県亀山市
関町新所　せきちょうしんじょ　三重県亀山市
関町福徳　せきちょうふくとく　三重県亀山市
関町鷲山　せきちょうわしやま　三重県亀山市
関谷
　せきや　栃木県那須塩原市
　せきやつ　千葉県勝浦市
　せきや　神奈川県鎌倉市
関谷沖名　せきやおきな　宮城県遠田郡涌谷町
8関取町　せきとりちょう　愛知県名古屋市瑞穂区
関和久　せきわぐ　福島県西白河郡泉崎村
関妻　せきづま　新潟県新発田市
関岡　せきおか　福島県東白川郡矢祭町
関東　せきひがし　熊本県玉名郡南関町
関東町　かんとうまち　新潟県長岡市
関東屋町　かんとうやちょう　京都府京都市中京区
関金町大鳥居　せきがねちょうおおどりい　鳥取県倉吉市
関金町小泉　せきがねちょうこいずみ　鳥取県倉吉市
関金町山口　せきがねちょうやまぐち　鳥取県倉吉市
関金町今西　せきがねちょういまにし　鳥取県倉吉市
関金町安歩　せきがねちょうあぶ　鳥取県倉吉市
関金町米富　せきがねちょうよねどめ　鳥取県倉吉市
関金町明高　せきがねちょうみょうこう　鳥取県倉吉市
関金町松河原　せきがねちょうまつがわら　鳥取県倉吉市
関金町泰久寺　せきがねちょうたいきゅうじ　鳥取県倉吉市
関金町郡家　せきがねちょうこおげ　鳥取県倉吉市
関金町堀　せきがねちょうほり　鳥取県倉吉市
関金町野添　せきがねちょうのぞえ　鳥取県倉吉市
関金町福原　せきがねちょうふくはら　鳥取県倉吉市
関金町関宿　せきがねちょうせきがねじゅく　鳥取県倉吉市
関門海峡めかり　かんもんかいきょうめかり　福岡県（平成筑豊鉄道門司港レトロ観光線）
9関前　せきまえ　東京都武蔵野市
関前大下　せきぜんおおげ　愛媛県今治市
関前小大下　せきぜんこおげ　愛媛県今治市
関前岡村　せきぜんおかむら　愛媛県今治市
関南町　せきなみちょう　新潟県新潟市中央区
関南町仁井田　せきなみちょうにいだ　茨城県北茨城市
関南町里根川　せきなみちょうさとねがわ　茨城県北茨城市
関南町神岡下　せきなみちょうかみおかしも　茨城県北茨城市
関南町神岡上　せきなみちょうかみおかかみ　茨城県北茨城市
関南町関本下　せきなみちょうせきもとしも　茨城県北茨城市
関屋
　せきや　福島県耶麻郡北塩原村
　せきや　新潟県（JR越後線）
　せきや　新潟県新潟市中央区
　せきや　新潟県新潟市西区
　せきや　新潟県阿賀野市
　せきや　福井県大飯郡高浜町
　せきや　長野県諏訪郡下諏訪町
　せきや　奈良県（近畿日本鉄道大阪線）
　せきや　奈良県御所市
　せきや　奈良県香芝市
関屋下川原町　せきやしもかわらちょう　新潟県新潟市中央区
関屋大川前　せきやおおかわまえ　新潟県新潟市中央区
関屋北　せきやきた　奈良県香芝市
関屋本村町　せきやほんそんちょう　新潟県新潟市中央区
関屋田町　せきやたまち　新潟県新潟市中央区
関屋町　せきやちょう　愛知県豊橋市
関屋松波町　せきやまつなみちょう　新潟県新潟市中央区
関屋金鉢山町　せきやかなばちやまちょう　新潟県新潟市中央区
関屋金衛町　せきやきんえいちょう　新潟県新潟市中央区
関屋昭和町　せきやしょうわちょう　新潟県新潟市中央区
関屋恵町　せきやめぐみちょう　新潟県新潟市中央区
関屋浜松町　せきやはままつちょう　新潟県新潟市中央区
関屋堀割町　せきやほりわりちょう　新潟県新潟市西区
関屋御船蔵町　せきやおふなぐらちょう　新潟県新潟市中央区
関屋新町通　せきやしんまちどおり　新潟県新潟市中央区
関柴町下柴　せきしばまちしもしば　福島県喜多方市
関柴町三津井　せきしばまちみつい　福島県喜多方市
関柴町上高額　せきしばまちかみたかひたい　福島県喜多方市
関柴町平林　せきしばまちひらばやし　福島県喜多方市
関柴町西勝　せきしばまちさいかち　福島県喜多方市
関柴町豊芦　せきしばまちとよあし　福島県喜多方市
関柴町関柴　せきしばまちせきしば　福島県喜多方市
関津　せきのつ　滋賀県大津市
関茶屋　せきちゃや　大阪府堺市東区
10関原
　せきばら　千葉県長生郡長南町
　せきばら　東京都足立区
　せきはら　山梨県中央市
関原西町　せきはらにしまち　新潟県長岡市
関原町　せきはらまち　新潟県長岡市
関原東町　せきはらひがしまち　新潟県長岡市
関原南　せきはらみなみ　新潟県長岡市
関宮　せきのみや　兵庫県養父市
関根
　せきね　青森県むつ市
　せきね　宮城県気仙沼市
　せきね　宮城県遠田郡美里町
　せきね　山形県（JR奥羽本線）
　せきね　山形県米沢市
　せきね　山形県鶴岡市
　せきね　山形県上山市
　せきね　山形県南陽市
　せきね　福島県石川郡石川町
　せきね　福島県相馬郡飯舘村
　せきね　栃木県那須塩原市
　せきね　埼玉県行田市
　せきね　新潟県長岡市

14画（閣, 隠, 際, 障, 雑, 静）

せきね　新潟県十日町市
関根町 せきねまち　群馬県前橋市
11**関堀** せきぼり　埼玉県比企郡ときがわ町
関堀町 せきぼりちょう　栃木県宇都宮市
関宿三軒家 せきやどさんげんや　千葉県野田市
関宿元町 せきやどもとまち　千葉県野田市
関宿内町 せきやどうちまち　千葉県野田市
関宿台町 せきやどだいまち　千葉県野田市
関宿江戸町 せきやどえどまち　千葉県野田市
関宿町 せきやどまち　千葉県野田市
関崎 せきさき　新潟県燕市
関都
　　せきと　福島県（JR磐越西線）
　　せきと　福島県耶麻郡猪苗代町
関野 せきの　静岡県伊豆市
関野町 せきのちょう　東京都小金井市
12**関場**
　　せきば　宮城県柴田郡村田町
　　せきば　宮城県伊具郡丸森町
関場町 せきばちょう　千葉県柏市
関富岡 せきとみおか　岐阜県（長良川鉄道越美南線）
関間 せきま　埼玉県坂戸市
13**関園** せきぞの　大分県大分市
関新 せきしん　新潟県新潟市中央区
関新田
　　せきしんでん　埼玉県鴻巣市
　　せきしんでん　埼玉県吉川市
16**関舘** せきたて　茨城県筑西市

【閣】
閣 ごう　大分県宇佐市

【隠】
7**隠岐の島町** おきのしまちょう　島根県隠岐郡
隠岐郡 おきぐん　島根県
隠里 かくれさと　福島県二本松市
13**隠蓑** かくれみの　福岡県北九州市小倉南区

【際】
3**際川** さいがわ　滋賀県大津市
8**際波** きわなみ　山口県宇部市

【障】
3**障子谷** しょうじやつ　千葉県富津市
障子岳 しょうじだけ　福岡県糟屋郡宇美町
障子岳南 しょうじだけみなみ　福岡県糟屋郡宇美町

【雑】
5**雑司が谷**
　　ぞうしがや　東京都（東京地下鉄副都心線）
　　ぞうしがや　東京都豊島区
雑司町 ぞうしちょう　奈良県奈良市
6**雑吉沢** ぞうよしざわ　青森県上北郡野辺地町
雑式ノ目 ぞうしきのめ　宮城県加美郡加美町
雑色
　　ぞうしき　東京都（京浜急行電鉄本線）
　　ぞうしき　神奈川県足柄上郡中井町

12**雑賀町**
　　さいかまち　和歌山県和歌山市
　　さいかまち　島根県松江市
　　さいかうち　徳島県徳島市
雑賀屋町 さいかやまち　和歌山県和歌山市
雑賀屋町東ノ丁 さいかやまちひがしのちょう　和歌山県和歌山市
雑賀崎 さいかざき　和歌山県和歌山市
雑賀道 さいかみち　和歌山県和歌山市
14**雑穀町** ざこくまち　奈良県大和郡山市
15**雑敷町** ざっしきちょう　愛知県豊田市
雑餉隈 ざっしょのくま　福岡県（西日本鉄道天神大牟田線）
雑餉隈町 ざっしょのくままち　福岡県大野城市

【静】
静
　　しず　茨城県（JR水郡線）
　　しず　茨城県那珂市
0**静が丘町** しずがおかちょう　岐阜県岐阜市
3**静川**
　　しずかわ　北海道苫小牧市
　　しずかわ　福島県南会津郡南会津町
4**静内**
　　しずない　北海道（JR日高本線）
　　しずない　北海道十勝郡浦幌町
静内こうせい町 しずないこうせいちょう　北海道日高郡新ひだか町
静内ときわ町 しずないときわちょう　北海道日高郡新ひだか町
静内入船町 しずないいりふねちょう　北海道日高郡新ひだか町
静内山手町 しずないやまてちょう　北海道日高郡新ひだか町
静内川合 しずないかわあい　北海道日高郡新ひだか町
静内中野町 しずないなかのちょう　北海道日高郡新ひだか町
静内木場町 しずないきばちょう　北海道日高郡新ひだか町
静内古川町 しずないふるかわちょう　北海道日高郡新ひだか町
静内本町 しずないほんちょう　北海道日高郡新ひだか町
静内末広町 しずないすえひろちょう　北海道日高郡新ひだか町
静内田原 しずないたはら　北海道日高郡新ひだか町
静内目名 しずないめな　北海道日高郡新ひだか町
静内吉野町 しずないよしのちょう　北海道日高郡新ひだか町
静内旭町 しずないあさひちょう　北海道日高郡新ひだか町
静内西川 しずないにしかわ　北海道日高郡新ひだか町
静内花園 しずないはなぞの　北海道日高郡新ひだか町
静内東別 しずないとうべつ　北海道日高郡新ひだか町
静内青柳町 しずないあおやぎちょう　北海道日高郡新ひだか町

14画（鞍, 鞆, 領, 餌, 餅, 駅）

静内春立　しずないはるたち　北海道日高郡新ひだか町

静内柏台　しずないかしわだい　北海道日高郡新ひだか町

静内海岸町　しずないかいがんちょう　北海道日高郡新ひだか町

静内神森　しずないかみもり　北海道日高郡新ひだか町

静内浦和　しずないうらわ　北海道日高郡新ひだか町

静内真歌　しずないまうた　北海道日高郡新ひだか町

静内高見　しずないたかみ　北海道日高郡新ひだか町

静内高砂町　しずないたかさごちょう　北海道日高郡新ひだか町

静内清水丘　しずないしみずおか　北海道日高郡新ひだか町

静内御幸町　しずないみゆきちょう　北海道日高郡新ひだか町

静内御園　しずないみその　北海道日高郡新ひだか町

静内豊畑　しずないとよはた　北海道日高郡新ひだか町

静内農屋　しずないのや　北海道日高郡新ひだか町

静内緑町　しずないみどりちょう　北海道日高郡新ひだか町

静内駒場　しずないこまば　北海道日高郡新ひだか町

5静市市原町　しずいちいちはらちょう　京都府京都市左京区

静市野中町　しずいちのなかちょう　京都府京都市左京区

静市静原町　しずいちしずはらちょう　京都府京都市左京区

静平　しずたいら　新潟県佐渡市

6静西　しずかにし　福島県郡山市

7静火
　　しずかまち　秋田県横手市
　　しずかまち　福島県郡山市
　　しずかまち　茨城県古河市

静谷　しずたに　静岡県牧之原市

静里町　しずさとちょう　岐阜県大垣市

8静和　しずわ　栃木県（東武鉄道日光線）

静岡　しずおか　静岡県（JR東海道新幹線ほか）

静岡市　しずおかし　静岡県

静岡県　しずおかけん

静波　しずなみ　静岡県牧之原市

9静海町　しずみちょう　静岡県伊東市

静狩
　　しずかり　北海道（JR室蘭本線）
　　しずかり　北海道山越郡長万部町

10静修学園前　せいしゅうがくえんまえ　北海道（札幌市交通局山鼻線）

静浦　しずうら　北海道松前郡松前町

12静間
　　しずま　長野県飯山市
　　しずま　島根県（JR山陰本線）

静間町　しずまちょう　島根県大田市

【鞍】

12鞍筒町　つづみどうまち　石川県金沢市

【鞆】

7鞆町後地　ともちょううしろじ　広島県福山市

鞆町鞆　ともちょうとも　広島県福山市

10鞆浦　ともうら　徳島県海部郡海陽町

【領】

3領下　りょうげ　岐阜県岐阜市

4領毛　りょうげ　福島県南会津郡下郷町

5領石　りょうせき　高知県南国市

領石通　りょうせきどおり　高知県（とさでん交通ごめん線）

10領家
　　りょうけ　埼玉県さいたま市浦和区
　　りょうけ　埼玉県川口市
　　りょうけ　埼玉県上尾市
　　りょうけ　神奈川県横浜市泉区
　　りょうけ　石川県河北郡津幡町
　　りょうけ　岐阜県揖斐郡大野町
　　りょうけ　静岡県浜松市中区
　　りょうけ　静岡県掛川市
　　りょうけ　岡山県津山市
　　りょうけ　高知県高知市
　　りょうけ　高知県室戸市

領家町
　　りょうけまち　富山県滑川市
　　りょうけちょう　福井県越前市
　　りょうけちょう　岐阜県大垣市
　　りょうけちょう　徳島県阿南市

【餌】

9餌指町　えさしまち　大分県中津市

10餌差町
　　えさしまち　大阪府大阪市天王寺区
　　えさしまち　和歌山県和歌山市

11餌釣　えつり　秋田県大館市

【餅】

0餅ケ浜町　もちがはまちょう　大分県別府市

4餅木　もちのき　千葉県大網白里市

5餅田　もちた　秋田県大館市

10餅原
　　もちばる　宮崎県（JR日豊本線）
　　もちばる　宮崎県北諸県郡三股町

餅耕地　もちごうち　兵庫県養父市

12餅粟川原　もちあわかわら　青森県上北郡野辺地町

餅飯殿町　もちいどのちょう　奈良県奈良市

【駅】

4駅元町
　　えきもとちょう　三重県桑名市
　　えきもとまち　岡山県岡山市北区

5駅北　えききた　静岡県焼津市

駅北町　えききたまち　島根県出雲市

6駅西
　　えきにし　山形県村山市
　　えきにし　山形県天童市

駅西本町　えきにしほんまち　石川県金沢市

駅西新町　えきにししんまち　石川県金沢市

8駅東
　　えきひがし　宮城県遠田郡美里町
　　えきひがし　山形県酒田市
　　えきひがし　栃木県下野市

1235

14画（駅, 魁）

えきひがし　福岡県古賀市
駅東町
　えきひがしまち　栃木県下都賀郡壬生町
　えきひがしまち　高知県宿毛市
　えきひがしまち　高知県吾川郡いの町
駅東通り　えきひがしどおり　栃木県小山市
9**駅前**
　えきまえ　青森県弘前市
　えきまえ　岩手県一関市
　えきまえ　山形県米沢市
　えきまえ　福島県郡山市
　えきまえ　福島県大沼郡会津美里町
　えきまえ　新潟県柏崎市
　えきまえ　新潟県加茂市
　えきまえ　新潟県五泉市
　えきまえ　静岡県掛川市
　えきまえ　静岡県藤枝市
　えきまえ　愛知県（豊橋鉄道東田本線）
　えきまえ　愛知県稲沢市
　えきまえ　大阪府茨木市
　えきまえ　岡山県総社市
　えきまえ　広島県廿日市市
　えきまえ　愛媛県八幡浜市
　えきまえ　大分県佐伯市
駅前大通
　えきまえおおどおり　愛知県（豊橋鉄道東田本線）
　えきまえおおどおり　愛知県豊橋市
駅前中央　えきまえちゅうおう　佐賀県佐賀市
駅前北通り　えきまえきたどおり　宮城県石巻市
駅前本町
　えきまえほんちょう　神奈川県川崎市川崎区
　えきまえほんまち　大分県別府市
駅前町
　えきまえちょう　青森県弘前市
　えきまえちょう　秋田県横手市
　えきまえまち　福島県会津若松市
　えきまえちょう　福井県小浜市
　えきまえちょう　京都府福知山市
　えきまえちょう　兵庫県姫路市
　えきまえちょう　兵庫県三田市
　えきまえちょう　島根県益田市
　えきまえちょう　岡山県岡山市北区
　えきまえちょう　高知県高知市
　えきまえちょう　高知県南国市
　えきまえちょう　高知県宿毛市
　えきまえちょう　高知県四万十市
　えきまえちょう　高知県吾川郡いの町
　えきまえちょう　大分県別府市
駅前通
　えきまえどおり　北海道天塩郡豊富町
　えきまえどおり　山梨県南巨摩郡富士川町
　えきまえどおり　愛知県豊川市
　えきまえどおり　京都府綾部市
　えきまえどおり　兵庫県神戸市兵庫区
駅前通り
　えきまえどおり　山形県北村山郡大石田町
　えきまえどおり　栃木県宇都宮市
　えきまえどおり　長野県木曽郡上松町
駅前新町　えきまえしんまち　富山県魚津市
駅南
　えきみなみ　秋田県横手市
　えきなん　埼玉県本庄市
　えきなん　富山県高岡市

えきみなみ　静岡県湖西市
えきみなみ　山口県下松市
えきなん　山口県柳井市
えきみなみ　宮崎県小林市
駅南本町　えきみなみほんまち　佐賀県佐賀市
駅南町
　えきみなみちょう　栃木県小山市
　えきなんちょう　京都府福知山市
　えきみなみまち　島根県出雲市
　えきみなみまち　山口県防府市
　えきみなみまち　高知県吾川郡いの町
駅南通　えきみなみどおり　兵庫県神戸市兵庫区
10**駅家**　えきや　広島県（JR福塩線）
駅家町下山守　えきやちょうしもやまもり　広島県福山市
駅家町上山守　えきやちょうかみやまもり　広島県福山市
駅家町万能倉　えきやちょうまなぐら　広島県福山市
駅家町大橋　えきやちょうおおはし　広島県福山市
駅家町中島　えきやちょうなかしま　広島県福山市
駅家町今岡　えきやちょういまおか　広島県福山市
駅家町向永谷　えきやちょうむかいながたに　広島県福山市
駅家町江良　えきやちょうえら　広島県福山市
駅家町助元　えきやちょうすけもと　広島県福山市
駅家町坊寺　えきやちょうぼうじ　広島県福山市
駅家町近田　えきやちょうちかた　広島県福山市
駅家町弥生ケ丘　えきやちょうやよいがおか　広島県福山市
駅家町服部本郷　えきやちょうはっとりほんごう　広島県福山市
駅家町服部永谷　えきやちょうはっとりながたに　広島県福山市
駅家町法成寺　えきやちょうほうじょうじ　広島県福山市
駅家町雨木　えきやちょうあめぎ　広島県福山市
駅家町倉光　えきやちょうくらみつ　広島県福山市
駅家町新山　えきやちょうにいやま　広島県福山市
駅通り
　えきどおり　新潟県十日町市
　えきどおり　山口県山口市
11**駅部田町**　まえのへたちょう　三重県松阪市

【駄】
3**駄口**　だぐち　福井県敦賀市
6**駄地郷**　だじごう　長崎県東彼杵郡東彼杵町
7**駄坂**　ださか　兵庫県豊岡市
8**駄知町**　だちちょう　岐阜県土岐市
9**駄科**
　だしな　長野県（JR飯田線）
　だしな　長野県飯田市
11**駄経寺町**　だきょうじちょう　鳥取県倉吉市

【魁】
7**魁町**
　さきがけちょう　新潟県新潟市中央区
　さきがけちょう　長野県諏訪郡下諏訪町
　さきがけちょう　愛知県名古屋市港区

14画（鳶, 鳳, 鳴）

【鳶】

0 鳶ケ沢山　とびがさわやま　秋田県湯沢市
7 鳶尾　とびお　神奈川県厚木市
鳶町　とびまち　熊本県熊本市南区

【鳳】

鳳　おおとり　大阪府（JR阪和線）
4 鳳中町　おおとりなかまち　大阪府堺市西区
5 鳳北町　おおとりきたまち　大阪府堺市西区
6 鳳至町　ふげしまち　石川県輪島市
鳳西町　おおとりにしまち　大阪府堺市西区
7 鳳町　おおとりちょう　神奈川県横浜市磯子区
8 鳳東町　おおとりひがしまち　大阪府堺市西区
9 鳳南町　おおとりみなみまち　大阪府堺市西区
10 鳳珠郡　ほうすぐん　石川県
11 鳳凰寺　ほうじ　三重県伊賀市
鳳凰岱　ほうおうだい　秋田県能代市
13 鳳瑞町　ほうずいちょう　京都府京都市上京区

【鳴】

3 鳴子　なるこ　兵庫県神戸市北区
鳴子北　なるこきた　愛知県（名古屋市交通局桜通線）
鳴子町　なるこちょう　愛知県名古屋市緑区
鳴子御殿湯　なるこごてんゆ　宮城県（JR陸羽東線）
鳴子温泉　なるこおんせん　宮城県（JR陸羽東線）
鳴子温泉入沢　なるこおんせんいりさわ　宮城県大崎市
鳴子温泉上ノ原　なるこおんせんうえのはら　宮城県大崎市
鳴子温泉上川原　なるこおんせんかみがわら　宮城県大崎市
鳴子温泉上鳴子　なるこおんせんかみなるこ　宮城県大崎市
鳴子温泉久田　なるこおんせんきゅうでん　宮城県大崎市
鳴子温泉大尺　なるこおんせんだいしゃく　宮城県大崎市
鳴子温泉大畑　なるこおんせんおおばたけ　宮城県大崎市
鳴子温泉小身川原　なるこおんせんおみがわら　宮城県大崎市
鳴子温泉小室　なるこおんせんこむろ　宮城県大崎市
鳴子温泉小室山　なるこおんせんこむろやま　宮城県大崎市
鳴子温泉山際　なるこおんせんやまぎわ　宮城県大崎市
鳴子温泉川袋　なるこおんせんかわぶくろ　宮城県大崎市
鳴子温泉川渡　なるこおんせんかわたび　宮城県大崎市
鳴子温泉川端　なるこおんせんかわはた　宮城県大崎市
鳴子温泉不動山　なるこおんせんふどうやま　宮城県大崎市
鳴子温泉中屋敷　なるこおんせんなかやしき　宮城県大崎市
鳴子温泉中野　なるこおんせんなかの　宮城県大崎市
鳴子温泉中道　なるこおんせんなかみち　宮城県大崎市

鳴子温泉天神　なるこおんせんてんじん　宮城県大崎市
鳴子温泉日向山　なるこおんせんひなたやま　宮城県大崎市
鳴子温泉月山　なるこおんせんつきやま　宮城県大崎市
鳴子温泉木戸脇　なるこおんせんきどわき　宮城県大崎市
鳴子温泉水沼　なるこおんせんみずぬま　宮城県大崎市
鳴子温泉古戸前　なるこおんせんふるとまえ　宮城県大崎市
鳴子温泉末沢　なるこおんせんすえざわ　宮城県大崎市
鳴子温泉末沢西　なるこおんせんすえざわにし　宮城県大崎市
鳴子温泉玉ノ木　なるこおんせんたまのき　宮城県大崎市
鳴子温泉田中　なるこおんせんたなか　宮城県大崎市
鳴子温泉石ノ梅　なるこおんせんいしのうめ　宮城県大崎市
鳴子温泉竹原　なるこおんせんたけはら　宮城県大崎市
鳴子温泉西原　なるこおんせんにしはら　宮城県大崎市
鳴子温泉坂ノ上　なるこおんせんさかのうえ　宮城県大崎市
鳴子温泉尿前　なるこおんせんしとまえ　宮城県大崎市
鳴子温泉沢　なるこおんせんさわ　宮城県大崎市
鳴子温泉沢目木　なるこおんせんさわめき　宮城県大崎市
鳴子温泉町　なるこおんせんまち　宮城県大崎市
鳴子温泉町下　なるこおんせんまちした　宮城県大崎市
鳴子温泉町西　なるこおんせんまちにし　宮城県大崎市
鳴子温泉見手野原　なるこおんせんみてのはら　宮城県大崎市
鳴子温泉赤這　なるこおんせんあかばい　宮城県大崎市
鳴子温泉赤湯　なるこおんせんあかゆ　宮城県大崎市
鳴子温泉車湯　なるこおんせんくるまゆ　宮城県大崎市
鳴子温泉和田　なるこおんせんわだ　宮城県大崎市
鳴子温泉岩渕　なるこおんせんいわぶち　宮城県大崎市
鳴子温泉岩渕前　なるこおんせんいわぶちまえ　宮城県大崎市
鳴子温泉河原湯　なるこおんせんかわらゆ　宮城県大崎市
鳴子温泉沼井　なるこおんせんぬまい　宮城県大崎市
鳴子温泉前山　なるこおんせんまえやま　宮城県大崎市
鳴子温泉前森　なるこおんせんまえもり　宮城県大崎市
鳴子温泉南山　なるこおんせんみなみやま　宮城県大崎市
鳴子温泉南星沼　なるこおんせんみなみほしぬま　宮城県大崎市
鳴子温泉南原　なるこおんせんみなみはら　宮城県大崎市

1237

14画（鳴）

鳴子温泉星沼　なるこおんせんほしぬま　宮城県大崎市

鳴子温泉柳木　なるこおんせんやぎ　宮城県大崎市

鳴子温泉畑山　なるこおんせんはたやま　宮城県大崎市

鳴子温泉要害　なるこおんせんようがい　宮城県大崎市

鳴子温泉原　なるこおんせんはら　宮城県大崎市

鳴子温泉原崎　なるこおんせんはらさき　宮城県大崎市

鳴子温泉通原　なるこおんせんかよばら　宮城県大崎市

鳴子温泉馬場　なるこおんせんばば　宮城県大崎市

鳴子温泉鬼首　なるこおんせんおにこうべ　宮城県大崎市

鳴子温泉野際　なるこおんせんのぎわ　宮城県大崎市

鳴子温泉黒崎　なるこおんせんくろさき　宮城県大崎市

鳴子温泉堤下　なるこおんせんつつみした　宮城県大崎市

鳴子温泉奥羽岳　なるこおんせんおおうだけ　宮城県大崎市

鳴子温泉湯元　なるこおんせんゆもと　宮城県大崎市

鳴子温泉焼石亦　なるこおんせんやきいしまた　宮城県大崎市

鳴子温泉新小身川原　なるこおんせんしんおみがわら　宮城県大崎市

鳴子温泉新田　なるこおんせんしんでん　宮城県大崎市

鳴子温泉新町下　なるこおんせんしんまちした　宮城県大崎市

鳴子温泉新屋敷　なるこおんせんしんやしき　宮城県大崎市

鳴子温泉滝岸　なるこおんせんたきぎし　宮城県大崎市

鳴子温泉蓬田　なるこおんせんよもぎだ　宮城県大崎市

鳴子温泉境松　なるこおんせんさかいまつ　宮城県大崎市

鳴子温泉関口　なるこおんせんせきぐち　宮城県大崎市

鳴子温泉横山　なるこおんせんよこやま　宮城県大崎市

鳴子温泉築沢　なるこおんせんきざわ　宮城県大崎市

鳴子温泉鶴田　なるこおんせんつるた　宮城県大崎市

鳴子温泉鷲ノ巣　なるこおんせんわしのす　宮城県大崎市

鳴川
　なるかわ　北海道亀田郡七飯町
　なるかわ　奈良県生駒郡平群町
　なるかわ　大分県大分市

鳴川町
　なるかわちょう　北海道亀田郡七飯町
　なるかわちょう　奈良県奈良市

4鳴水町　なるみずまち　福岡県北九州市八幡西区

5鳴丘　なるおか　愛知県名古屋市緑区

鳴石　なるいし　佐賀県（松浦鉄道西九州線）

6鳴竹　なるたけ　福岡県北九州市門司区

7鳴尾
　なるお　愛知県名古屋市南区
　なるお　兵庫県（阪神電気鉄道阪神本線）

鳴尾町
　なるおちょう　愛知県名古屋市南区
　なるおちょう　兵庫県西宮市

鳴尾浜　なるおはま　兵庫県西宮市

鳴沢
　なるさわ　青森県（JR五能線）
　なるさわ　青森県上北郡野辺地町

鳴沢村　なるさわむら　山梨県南都留郡

鳴見台　なるみだい　長崎県長崎市

鳴見町　なるみまち　長崎県長崎市

鳴谷　なるたに　高知県（とさでん交通伊野線）

8鳴和　なるわ　石川県金沢市

鳴和台　なるわだい　石川県金沢市

鳴和町　なるわまち　石川県金沢市

鳴門　なると　徳島県（JR鳴門線）

鳴門市　なるとし　徳島県

鳴門町三ツ石　なるとちょうみついし　徳島県鳴門市

鳴門町土佐泊浦　なるとちょうとさどまりうら　徳島県鳴門市

鳴門町高島　なるとちょうたかしま　徳島県鳴門市

9鳴海　なるみ　愛知県（名古屋鉄道名古屋本線）

鳴海町
　なるみちょう　北海道根室市
　なるみちょう　愛知県名古屋市緑区

鳴神
　なるがみ　岩手県一関市
　なるがみ　福島県郡山市
　なるかみ　和歌山県和歌山市

10鳴浜町　なるはまちょう　愛知県名古屋市南区

11鳴鹿山鹿　なるかさんが　福井県吉田郡永平寺町

13鳴滝
　なるたき　京都府（京福電気鉄道北野線）
　なるたき　大阪府泉南市
　なるたき　長崎県長崎市

鳴滝川西町　なるたきかわにしちょう　京都府京都市右京区

鳴滝中道町　なるたきなかみちちょう　京都府京都市右京区

鳴滝本町　なるたきほんまち　京都府京都市右京区

鳴滝白砂　なるたきしらすな　京都府京都市右京区

鳴滝安井殿町　なるたきやすいでんちょう　京都府京都市右京区

鳴滝宇多野谷　なるたきうだのたに　京都府京都市右京区

鳴滝宅間町　なるたきたくまちょう　京都府京都市右京区

鳴滝西嵯峨園町　なるたきにしさがそのちょう　京都府京都市右京区

鳴滝町　なるたきちょう　新潟県三島郡出雲崎町

鳴滝松本町　なるたきまつもとちょう　京都府京都市右京区

鳴滝春木町　なるたきはるきちょう　京都府京都市右京区

鳴滝泉谷町　なるたきいずみたにちょう　京都府京都市右京区

鳴滝泉殿町　なるたきいずみでんちょう　京都府京都市右京区

鳴滝音戸山町　なるたきおんどやまちょう　京都府京都市右京区

鳴滝桐ケ淵町　なるたききりがふちちょう　京都府京都市右京区

14画（墨、鼻）15画（儀、勲、堋、嬉）

鳴滝般若寺町　なるたきはんにゃじちょう　京都府京都市右京区
鳴滝嵯峨園町　なるたきさがそのちょう　京都府京都市右京区
鳴滝瑞穂町　なるたきみずほちょう　京都府京都市右京区
鳴滝蓮池町　なるたきはすいけちょう　京都府京都市右京区
鳴滝蓮花寺町　なるたきれんげじちょう　京都府京都市右京区
鳴滝藤ノ木町　なるたきふじのきちょう　京都府京都市右京区
19鳴瀬　なるせ　長野県佐久市
鳴瀬元町　ならせもとまち　石川県金沢市

【墨】
墨　すみ　千葉県印旛郡酒々井町
5墨田
　　すみだ　千葉県茂原市
　　すみだ　東京都墨田区
墨田区　すみだく　東京都
6墨名　とな　千葉県勝浦市
墨江　すみえ　大阪府大阪市住吉区
7墨坂　すみさか　長野県須坂市
墨坂南　すみさかみなみ　長野県須坂市
9墨俣町さい川　すのまたちょうさいかわ　岐阜県大垣市
墨俣町二ツ木　すのまたちょうふたつぎ　岐阜県大垣市
墨俣町下宿　すのまたちょうしもじゅく　岐阜県大垣市
墨俣町上宿　すのまたちょうかみじゅく　岐阜県大垣市
墨俣町先入方　すのまたちょうせんいりかた　岐阜県大垣市
墨俣町墨俣　すのまたちょうすのまた　岐阜県大垣市
墨染　すみぞめ　京都府（京阪電気鉄道本線）
墨染町　すみぞめちょう　京都府京都市伏見区

【鼻】
4鼻毛石町　はなげいしまち　群馬県前橋市
8鼻和　はなわ　青森県弘前市
10鼻高町　はなだかまち　群馬県高崎市

15画

【儀】
6儀式　ぎしき　愛媛県松山市
8儀明
　　ぎみょう　新潟県十日町市
　　ぎみょう　新潟県上越市
儀長　ぎちょう　愛知県稲沢市
9儀保　ぎぼ　沖縄県（沖縄都市モノレール線）
12儀間
　　ぎま　沖縄県中頭郡読谷村
　　ぎま　沖縄県島尻郡久米島町
14儀徳町　ぎとくまち　佐賀県鳥栖市

【勲】
9勲祢別　くんねべつ　北海道足寄郡陸別町

【堋】
4堋之上　ままのうえ　静岡県伊豆の国市

【嬉】
嬉　うれし　大阪府富田林市
5嬉石町　うれいしちょう　岩手県釜石市
7嬉里郷　うれりごう　長崎県西彼杵郡長与町
11嬉野一志町　うれしのいちしちょう　三重県松阪市
嬉野八田町　うれしのはったちょう　三重県松阪市
嬉野下之庄町　うれしのしものしょうちょう　三重県松阪市
嬉野上小川町　うれしのかみおがわちょう　三重県松阪市
嬉野上野町　うれしのうえのちょう　三重県松阪市
嬉野小村町　うれしのこむらちょう　三重県松阪市
嬉野小原町　うれしのおはらちょう　三重県松阪市
嬉野川北町　うれしのかわぎたちょう　三重県松阪市
嬉野川原木造町　うれしのかわらこつくりちょう　三重県松阪市
嬉野中川町　うれしのなかがわちょう　三重県松阪市
嬉野中川新町　うれしのなかがわしんまち　三重県松阪市
嬉野井之上町　うれしのいのうえちょう　三重県松阪市
嬉野天花寺町　うれしのてんげえじちょう　三重県松阪市
嬉野市　うれしのし　佐賀県
嬉野平生町　うれしのひろちょう　三重県松阪市
嬉野田村町　うれしのたむらちょう　三重県松阪市
嬉野矢下町　うれしのやおろしちょう　三重県松阪市
嬉野合ケ野町　うれしのごがのちょう　三重県松阪市
嬉野町　うれしのちょう　三重県松阪市
嬉野町下宿　うれしのまちしもじゅく　佐賀県嬉野市
嬉野町下野　うれしのまちしもの　佐賀県嬉野市
嬉野町不動山　うれしのまちふどうやま　佐賀県嬉野市
嬉野町吉田　うれしのまちよしだ　佐賀県嬉野市
嬉野町岩屋川内　うれしのまちいわやがわち　佐賀県嬉野市
嬉野見永町　うれしのみながちょう　三重県松阪市
嬉野岩倉町　うれしのいわくらちょう　三重県松阪市
嬉野津屋城町　うれしのつやじょうちょう　三重県松阪市
嬉野神ノ木町　うれしのかみのきちょう　三重県松阪市
嬉野宮古町　うれしのみやこちょう　三重県松阪市
嬉野宮野町　うれしのみやのちょう　三重県松阪市
嬉野島田町　うれしのしまだちょう　三重県松阪市
嬉野釜生田町　うれしのかもだちょう　三重県松阪市
嬉野堀之内町　うれしのほりのうちちょう　三重県松阪市
嬉野野田町　うれしののだちょう　三重県松阪市
嬉野黒田町　うれしのくろだちょう　三重県松阪市
嬉野黒野町　うれしのくろのちょう　三重県松阪市
嬉野森本町　うれしのもりもとちょう　三重県松阪市
嬉野須賀町　うれしのすかちょう　三重県松阪市
嬉野須賀領町　うれしのすかりょうちょう　三重県松阪市

15画（寮, 幡, 幣, 幟, 廣, 影, 徹, 慶, 憧, 撮, 撰, 撞, 播）

嬉野新屋庄町　うれしのにわのしょうちょう　三重県松阪市

嬉野滝之川町　うれしのたきのがわちょう　三重県松阪市

嬉野算所町　うれしのさんじょちょう　三重県松阪市

嬉野権現前町　うれしのごんげんまえちょう　三重県松阪市

嬉野薬王寺町　うれしのやくおうじちょう　三重県松阪市

【寮】
7寮町　りょうまち　福井県福井市

【幡】
0幡ケ谷
　はたがや　東京都（京王電鉄京王新線）
　はたがや　東京都渋谷区
3幡山町　はたやまちょう　愛知県瀬戸市
　幡川　はたがわ　和歌山県海南市
4幡中町　はたなかちょう　愛知県瀬戸市
5幡代　はたしろ　大阪府泉南市
　幡生　はたぶ　山口県（JR山陽本線）
　幡生本町　はたぶほんまち　山口県下関市
　幡生町　はたぶちょう　山口県下関市
　幡生宮の下町　はたぶみやのしたちょう　山口県下関市
　幡生新町　はたぶしんまち　山口県下関市
6幡多郡　はたぐん　高知県
　幡西町　はたにしちょう　愛知県瀬戸市
7幡町　はたちょう　茨城県常陸太田市
　幡谷
　はたや　宮城県宮城郡松島町
　はたや　茨城県小美玉市
　はたや　群馬県利根郡片品村
　はたや　千葉県成田市
　幡豆町　はずちょう　⇒西尾市（愛知県）
　幡豆郡　はずぐん　⇒消滅（愛知県）
9幡保　はたほ　福岡県大川市
　幡屋　はたや　島根県（JR木次線）
11幡崎町　はたざきまち　佐賀県鳥栖市
　幡野町
　はたのちょう　愛知県名古屋市熱田区
　はたのちょう　愛知県名古屋市中川区
　はたのちょう　愛知県瀬戸市
13幡路　はだち　兵庫県篠山市
18幡鎌　はたかま　静岡県掛川市
19幡羅町　はたらちょう　埼玉県深谷市

【幣】
15幣舞町　ぬさまいちょう　北海道釧路市

【幟】
7幟町
　のぼりちょう　広島県広島市中区
　のぼりちょう　徳島県徳島市

【廣】
3廣山　ひろやま　兵庫県佐用郡佐用町

【影】
影
　かげ　岡山県総社市
　かげ　岡山県真庭市
5影石　かげいし　岡山県英田郡西粟倉村
8影取町　かげとりちょう　神奈川県横浜市戸塚区
　影沼町　かげぬままち　福島県須賀川市
9影津内　かげつない　青森県上北郡七戸町
10影鬼越　かげおにごえ　福島県白河市
11影野
　かげの　高知県（JR土讃線）
　かげの　高知県高岡郡四万十町
　影野地　かげのじ　高知県高岡郡檮原町
12影森　かげもり　埼玉県（秩父鉄道線）

【徹】
8徹宝町　てっぽうちょう　京都府京都市下京区
　徹明通　てつめいどおり　岐阜県岐阜市

【慶】
3慶万町　けいまんちょう　山口県周南市
　慶山　けいざん　福島県会津若松市
7慶佐次　けさじ　沖縄県国頭郡東村
8慶所　けいじょ　鳥取県八頭郡智頭町
10慶留間　げるま　沖縄県島尻郡座間味村
11慶野　けいの　富山県魚津市
12慶賀野　けがの　和歌山県橋本市
14慶徳町山科　けいとくまちやましな　福島県喜多方市
　慶徳町松舞家　けいとくまちまついけ　福島県喜多方市
　慶徳町新宮　けいとくまちしんぐう　福島県喜多方市
　慶徳町豊岡　けいとくまちとよおか　福島県喜多方市
　慶徳校前　けいとくこうまえ　熊本県（熊本市交通局A系統）
　慶徳堀町　けいとくぼりまち　熊本県熊本市中央区
　慶徳道下　けいとくみちした　福島県喜多方市
　慶徳道上　けいとくみちうえ　福島県喜多方市

【憧】
18憧旛町　どうばんちょう　愛知県名古屋市北区

【撮】
15撮影所前　さつえいしょまえ　京都府（京福電気鉄道北野線）

【撰】
10撰原　えりはら　京都府相楽郡和束町

【撞】
4撞木町　しゅもくまち　京都府京都市伏見区

【播】
6播州赤穂　ばんしゅうあこう　兵庫県（JR赤穂線）
16播磨
　はりま　山形県鶴岡市
　はりま　三重県（養老鉄道線）
　はりま　三重県桑名市
　播磨下里　はりましもさと　兵庫県（北条鉄道線）

15画(撫,摩,敷,横)

播磨田町　はりまだちょう　滋賀県守山市
播磨町
　　はりまちょう　大阪府大阪市阿倍野区
　　はりまちょう　兵庫県(山陽電気鉄道本線)
　　はりままち　兵庫県神戸市中央区
　　はりまちょう　兵庫県加古郡
播磨高岡　はりまたかおか　兵庫県(JR姫新線)
播磨新宮　はりましんぐう　兵庫県(JR姫新線)
播磨徳久　はりまとくさ　兵庫県(JR姫新線)
播磨横田　はりまよこた　兵庫県(北条鉄道本線)

【撫】

3撫子原　なでしこはら　神奈川県平塚市
撫川　なつかわ　岡山県岡山市北区
4撫牛子
　　ないじょうし　青森県(JR奥羽本線)
　　ないじょうし　青森県弘前市
15撫養　むや　徳島県(JR鳴門線)
撫養町大桑島　むやちょうおおくわじま　徳島県鳴門市
撫養町小桑島　むやちょうこくわじま　徳島県鳴門市
撫養町木津　むやちょうきづ　徳島県鳴門市
撫養町北浜　むやちょうきたはま　徳島県鳴門市
撫養町弁財天　むやちょうべざいてん　徳島県鳴門市
撫養町立岩　むやちょうたていわ　徳島県鳴門市
撫養町岡崎　むやちょうおかざき　徳島県鳴門市
撫養町林崎　むやちょうはやさき　徳島県鳴門市
撫養町南浜　むやちょうみなみはま　徳島県鳴門市
撫養町斎田　むやちょうさいた　徳島県鳴門市
撫養町黒崎　むやちょうくろさき　徳島県鳴門市

【摩】

4摩文仁　まぶに　沖縄県糸満市
7摩利山新田　まりやましんでん　茨城県土浦市
8摩周
　　ましゅう　北海道(JR釧網本線)
　　ましゅう　北海道川上郡弟子屈町
9摩耶　まや　兵庫県(JR東海道本線)
摩耶山　まやさん　兵庫県神戸市灘区
摩耶山町　まやさんちょう　兵庫県神戸市灘区
摩耶海岸通　まやかいがんどおり　兵庫県神戸市灘区
摩耶埠頭　まやふとう　兵庫県神戸市灘区
12摩湯町　まゆちょう　大阪府岸和田市

【敷】

3敷山町　しきやまちょう　山口県防府市
敷川内町　しきがわちまち　熊本県八代市
4敷戸
　　しきど　大分県(JR豊肥本線)
　　しきど　大分県大分市
敷戸北町　しきどきたまち　大分県大分市
敷戸台　しきどだい　大分県大分市
敷戸西町　しきどにしまち　大分県大分市
敷戸東町　しきどひがしまち　大分県大分市
敷戸南町　しきどみなみまち　大分県大分市
敷戸新町　しきどしんまち　大分県大分市
敷戸駅北町　しきどえききたまち　大分県大分市
敷文西　しきぶみにし　宮城県伊具郡丸森町
敷文東　しきぶみひがし　宮城県伊具郡丸森町

6敷地
　　しきじ　静岡県(天竜浜名湖鉄道線)
　　しきじ　静岡県静岡市駿河区
　　しきじ　静岡県磐田市
　　しきじ　高知県四万十市
敷地町　しきじちょう　兵庫県小野市
7敷佐町　しきさちょう　長崎県平戸市
8敷波　しきなみ　石川県羽咋郡宝達志水町
9敷津西　しきつにし　大阪府大阪市浪速区
敷津東　しきつひがし　大阪府大阪市浪速区
10敷原　しきはら　岐阜県不破郡垂井町
敷島
　　しきしま　北海道中川郡美深町
　　しきしま　宮城県岩沼市
　　しきしま　群馬県(JR上越線)
敷島内　しきしまない　北海道岩内郡岩内町
敷島町
　　しきしまちょう　北海道根室市
　　しきしまちょう　青森県五所川原市
　　しきしまちょう　群馬県前橋市
　　しきしまちょう　岐阜県岐阜市
　　しきしまちょう　愛知県名古屋市北区
　　しきしまちょう　奈良県奈良市
敷根　しきね　静岡県下田市
敷浪
　　しきなみ　石川県(JR七尾線)
　　しきなみ　石川県羽咋郡宝達志水町

【横】

0横マクリ　よこまくり　福島県耶麻郡猪苗代町
1横一番町　よこいちばんちょう　新潟県新潟市中央区
2横七番町通　よこしちばんちょうどおり　新潟県新潟市中央区
横丁　よこちょう　青森県三戸郡五戸町
3横土手　よこどて　山口県山陽小野田市
横土居　よこどい　新潟県新潟市北区
横大宮町　よこおおみやちょう　京都府京都市上京区
横大路一本木　よこおおじいっぽんぎ　京都府京都市伏見区
横大路八反田　よこおおじはったんだ　京都府京都市伏見区
横大路下ノ坪　よこおおじしものつぼ　京都府京都市伏見区
横大路下三栖山殿　よこおおじしもみすやまでん　京都府京都市伏見区
横大路下三栖辻堂町　よこおおじしもみすつじどうちょう　京都府京都市伏見区
横大路下三栖里ノ内　よこおおじしもみすさとのうち　京都府京都市伏見区
横大路下三栖東ノ口　よこおおじしもみすひがしのくち　京都府京都市伏見区
横大路下三栖南郷　よこおおじしもみすなんごう　京都府京都市伏見区
横大路下三栖城ノ前町　よこおおじしもみすじょうのまえちょう　京都府京都市伏見区
横大路下三栖宮ノ後　よこおおじしもみすみやのごう　京都府京都市伏見区
横大路下三栖梶原町　よこおおじしもみすかじわらちょう　京都府京都市伏見区
横大路三栖大黒町　よこおおじみすだいこくちょう　京都府京都市伏見区

1241

15画（横）

横大路三栖山城屋敷町　よこおおじみすやまじろやし
きちょう　京都府京都市伏見区
横大路三栖木下屋敷町　よこおおじみすきのしたやし
きちょう　京都府京都市伏見区
横大路三栖池田屋敷町　よこおおじみすいけだやしき
ちょう　京都府京都市伏見区
横大路三栖泥町跡町　よこおおじみすどろまちあとちょ
う　京都府京都市伏見区
横大路上ノ浜町　よこおおじかみのはまちょう　京都
府京都市伏見区
横大路千両松町　よこおおじせんりょうまつちょう　京
都府京都市伏見区
横大路中ノ庄町　よこおおじなかのしょうちょう　京都
府京都市伏見区
横大路中ノ島町　よこおおじなかのしまちょう　京都
府京都市伏見区
横大路六反畑　よこおおじろくたんはた　京都府京都
市伏見区
横大路天王前　よこおおじてんのうまえ　京都府京都
市伏見区
横大路天王後　よこおおじてんのうごう　京都府京都
市伏見区
横大路北ノ口町　よこおおじきたのくちちょう　京都
府京都市伏見区
横大路向ヒ　よこおおじむかい　京都府京都市伏見区
横大路朱雀　よこおおじしゅじゃく　京都府京都市伏
見区
横大路西海道　よこおおじさいかいどう　京都府京都
市伏見区
横大路芝生　よこおおじしばふ　京都府京都市伏見区
横大路東裏町　よこおおじひがしうらちょう　京都府京
都市伏見区
横大路沼　よこおおじぬま　京都府京都市伏見区
横大路長畑町　よこおおじながはたちょう　京都府京
都市伏見区
横大路前川町　よこおおじまえがわちょう　京都府京
都市伏見区
横大路柿ノ本町　よこおおじかきのもとちょう　京都
府京都市伏見区
横大路畑中町　よこおおじはたなかちょう　京都府京
都市伏見区
横大路神宮寺　よこおおじじんぐうじ　京都府京都市
伏見区
横大路草津町　よこおおじくさつちょう　京都府京都
市伏見区
横大路畔ノ内　よこおおじくろのうち　京都府京都市
伏見区
横大路菅本　よこおおじすがもと　京都府京都市伏
見区
横大路富ノ森町　よこおおじとみのもりちょう　京都
府京都市伏見区
横大路貴船　よこおおじきふね　京都府京都市伏見区
横大路橋本　よこおおじはしもと　京都府京都市伏
見区
横大路龍ケ池　よこおおじたつがいけ　京都府京都市
伏見区
横大路鍬ノ本　よこおおじくわのもと　京都府京都市
伏見区
横小路町　よこしょうじちょう　大阪府東大阪市

横山
よこやま　山形県北村山郡大石田町
よこやま　山形県東田川郡三川町
よこやま　栃木県宇都宮市
よこやま　千葉県成田市
よこやま　千葉県富津市
よこやま　千葉県夷隅郡大多喜町
よこやま　神奈川県相模原市中央区
よこやま　新潟県長岡市
よこやま　新潟県柏崎市
よこやま　新潟県新発田市
よこやま　新潟県阿賀野市
よこやま　富山県下新川郡入善町
よこやま　石川県（JR七尾線）
よこやま　石川県かほく市
よこやま　福井県丹生郡越前町
よこやま　長野県長野市
よこやま　長野県伊那市
よこやま　静岡県静岡市葵区
よこやま　静岡県湖西市
よこやま　大阪府富田林市
よこやま　兵庫県（神戸電鉄公園都市線）
よこやま　岡山県津山市
よこやま　山口県岩国市
横山台　よこやまだい　神奈川県相模原市中央区
横山町
よこやまちょう　秋田県横手市
よこやまちょう　福島県須賀川市
よこやまちょう　茨城県古河市
よこやまちょう　栃木県宇都宮市
よこやまちょう　群馬県桐生市
よこやまちょう　東京都八王子市
よこやままち　石川県金沢市
よこやまちょう　静岡県浜松市天竜区
よこやまちょう　愛知県半田市
よこやまちょう　愛知県豊田市
よこやまちょう　愛知県安城市
よこやまちょう　滋賀県東近江市
よこやまちょう　兵庫県三田市
よこやまちょう　島根県浜田市
よこやままち　福岡県柳川市
よこやまちょう　鹿児島県鹿屋市
横川
よこかわ　宮城県刈田郡七ヶ宿町
よこかわ　山形県東田川郡三川町
よこかわ　茨城県高萩市
よこかわ　栃木県日光市
よこかわ　群馬県（JR信越本線）
よこかわ　東京都墨田区
よこかわ　石川県金沢市
よこかわ　長野県上伊那郡辰野町
よこかわ　静岡県浜松市天竜区
よこかわ　静岡県下田市
よこかわ　愛知県新城市
よこがわ　広島県（JR山陽本線ほか）
よこごう　広島県山県郡安芸太田町
横川一丁目　よこがわいっちょうめ　広島県（広島電
鉄横川線ほか）
横川目　よこかわめ　岩手県（JR北上線）
横川町
よこかわまち　福島県郡山市
よこかわまち　東京都八王子市
よこがわちょう　愛知県半田市
よこがわちょう　広島県広島市西区

15画（横）

横川町下ノ　よこがわちょうしもの　鹿児島県霧島市
横川町上ノ　よこがわちょうかみの　鹿児島県霧島市
横川町中ノ　よこがわちょうなかの　鹿児島県霧島市
横川原　よこかわはら　宮城県刈田郡七ケ宿町
横川浜　よこがわはま　新潟県新潟市秋葉区
横川新田　よこかわしんでん　山形県東田川郡三川町
横川新町　よこがわしんまち　広島県広島市西区
横川駅　よこがわえき　広島県（広島電鉄横川線）
⁴横井
　　よこい　山形県山形市
　　よこい　新潟県新潟市北区
　　よこい　岐阜県安八郡神戸町
　　よこい　静岡県島田市
　　よこい　静岡県袋井市
　　よこい　愛知県名古屋市中村区
　　よこい　愛知県名古屋市中川区
　　よこい　奈良県奈良市
横井上　よこいかみ　岡山県岡山市北区
横井町
　　よこいちょう　愛知県名古屋市中村区
　　よこいちょう　奈良県奈良市
横六番町　よころくばんちょう　新潟県新潟市中央区
横内
　　よこうち　青森県青森市
　　よこうち　山形県東田川郡三川町
　　よこうち　千葉県野田市
　　よこうち　神奈川県平塚市
　　よこうち　富山県富山市
　　よこうち　静岡県藤枝市
　　よこうち　愛知県小牧市
　　よこうち　香川県東かがわ市
　　よこうち　高知県高知市
横内町　よこうちちょう　静岡県静岡市葵区
横戸　よこど　新潟県新潟市西蒲区
横戸台　よこどだい　千葉県千葉市花見川区
横戸町　よこどちょう　千葉県千葉市花見川区
横手
　　よこて　秋田県（JR奥羽本線）
　　よこて　埼玉県日高市
　　よこて　鳥取県東伯郡三朝町
　　よこて　福岡県福岡市南区
　　よこて　佐賀県杵島郡白石町
　　よこて　熊本県熊本市中央区
　　よこて　熊本県熊本市西区
横手地　よこてし　秋田県
横手本町　よこてほんまち　熊本県八代市
横手町
　　よこてまち　秋田県横手市
　　よこてまち　群馬県前橋市
　　よこてちょう　愛知県西尾市
　　よこてちょう　長崎県佐世保市
　　よこてまち　熊本県八代市
横手南町　よこてみなみまち　福岡県福岡市南区
横手新町　よこてしんまち　熊本県八代市
横木　よこぎ　滋賀県大津市
横水　よこみず　富山県下新川郡朝日町
横水町　よこずいちょう　愛媛県新居浜市
横牛　よこうし　北海道上川郡美瑛町
⁵横代
　　よこだい　山形県酒田市
　　よこしろ　福岡県北九州市小倉南区

横代北町　よこしろきたまち　福岡県北九州市小倉
南区
横代東町　よこしろひがしまち　福岡県北九州市小倉
南区
横代南町　よこしろみなみまち　福岡県北九州市小倉
南区
横代葉山　よこしろはやま　福岡県北九州市小倉南区
横北町　よこぎたまち　石川県加賀市
横市町
　　よこいちちょう　福井県越前市
　　よこいちちょう　宮崎県都城市
横平　よこひら　愛媛県八幡浜市
横打町　よこうちまち　山形県新庄市
横田
　　よこた　福島県須賀川市
　　よこた　福島県大沼郡金山町
　　よこた　栃木県真岡市
　　よこた　千葉県（JR久留里線）
　　よこた　千葉県袖ケ浦市
　　よこた　千葉県山武市
　　よこた　新潟県燕市
　　よこた　富山県高岡市
　　よこた　長野県松本市
　　よこた　愛知県名古屋市熱田区
　　よこた　鳥取県倉吉市
　　よこた　鳥取県八頭郡智頭町
　　よこた　鳥取県八頭郡八頭町
　　よこた　島根県仁多郡奥出雲町
　　よこた　愛媛県伊予郡松前町
　　よこた　福岡県飯塚市
　　よこた　熊本県玉名市
　　よこた　熊本県上益城郡甲佐町
　　よこた　大分県大分市
　　よこた　大分県宇佐市
横田尻　よこたじり　山形県西置賜郡白鷹町
横田本町　よこたほんまち　富山県高岡市
横田町
　　よこたちょう　岩手県陸前高田市
　　よこたまち　富山県高岡市
　　よこたまち　静岡県静岡市葵区
　　よこたちょう　奈良県奈良市
　　よこたちょう　奈良県大和郡山市
　　よこたちょう　島根県益田市
　　よこたちょう　愛媛県今治市
横田基地内　よこたきちない　東京都福生市
横田新町　よこたしんまち　栃木県宇都宮市
横石　よこいし　徳島県那賀郡那賀町
⁶横地
　　よこち　愛知県稲沢市
　　よこち　大阪府門真市
横地町
　　よこじまち　石川県輪島市
　　よこちちょう　三重県松阪市
横寺町　よこてらまち　東京都新宿区
横江
　　よこえ　新潟県加茂市
　　よこえ　富山県（富山地方鉄道立山線）
　　よこえ　富山県中新川郡立山町
　　よこえ　大阪府茨木市
横江町
　　よこえまち　石川県白山市
　　よこえちょう　福井県鯖江市
　　よこえちょう　滋賀県守山市

1243

15画（横）

横江野開　よこえのびらき　富山県中新川郡立山町
7横住町　よこずみちょう　福井県越前市
横吹町　よこぶきちょう　愛知県名古屋市緑区
横坂　よこさか　兵庫県佐用郡佐用町
横尾
　よこお　群馬県吾妻郡中之条町
　よこお　千葉県鴨川市
　よこお　富山県下新川郡朝日町
　よこお　兵庫県神戸市須磨区
　よこお　岡山県岡山市北区
　よこお　岡山県美作市
　よこお　広島県（JR福塩線）
　よこお　長崎県長崎市
　よこお　大分県大分市
横尾町
　よこおちょう　広島県福山市
　よこおちょう　長崎県佐世保市
横志田　よこしだ　岩手県花巻市
横志多　よこしだ　青森県上北郡東北町
横沢
　よこさわ　青森県北津軽郡板柳町
　よこさわ　青森県上北郡東北町
　よこさわ　東京都あきる野市
　よこさわ　富山県中新川郡立山町
　よこさわ　静岡県静岡市葵区
横沢山　よこさわやま　青森県上北郡東北町
横沢町
　よこさわまち　群馬県前橋市
　よこさわちょう　長野県長野市
横沢頭　よこさわがしら　青森県上北郡東北町
横町
　よこまち　北海道石狩市
　よこまち　青森県弘前市
　よこまち　青森県黒石市
　よこまち　岩手県宮古市
　よこまち　山形県長井市
　よこまち　山形県尾花沢市
　よこまち　福島県白河市
　よこまち　茨城県龍ケ崎市
　よこまち　茨城県つくば市
　よこちょう　新潟県三条市
　よこまち　新潟県糸魚川市
　よこまち　新潟県五泉市
　よこちょう　新潟県魚沼市
　よこちょう　富山県滑川市
　よこまち　石川県白山市
　よこまち　長野県長野市
　よこまち　長野県須坂市
　よこまち　長野県諏訪郡下諏訪町
　よこまち　愛知県名古屋市天白区
　よこまち　愛知県津島市
　よこまち　愛知県犬山市
　よこちょう　京都府亀岡市
　よこちょう　和歌山県新宮市
　よこちょう　岡山県高梁市
　よこまち　愛媛県八幡浜市
　よこまち　高知県須崎市
横町木の下　よこまちきのした　長野県諏訪郡下諏訪町
横芝
　よこしば　千葉県（JR総武本線）
　よこしば　千葉県山武郡横芝光町
横芝光町　よこしばひかりまち　千葉県山武郡

横見　よこみ　山口県大島郡周防大島町
横見町　よこみちょう　徳島県阿南市
横谷
　よこだに　富山県小矢部市
　よこだに　兵庫県加東市
　よこだに　和歌山県紀の川市
　よこだに　岡山県小田郡矢掛町
　よこだに　徳島県那賀郡那賀町
　よこだに　愛媛県松山市
横谷町　よこたにまち　石川県金沢市
横貝　よこがい　高知県高岡郡檮原町
横迎町　よこむかいまち　青森県むつ市
8横和　よこわ　長野県佐久市
横居木　よこいぎ　熊本県葦北郡芦北町
横岡
　よこおか　栃木県那須郡那須町
　よこおか　新潟県新発田市
　よこおか　静岡県島田市
横岡新田　よこおかしんでん　静岡県島田市
横松　よこまつ　愛知県知多郡阿久比町
横松上町　よこまつかみちょう　愛知県半田市
横枕
　よこまくら　栃木県那須烏山市
　よこまくら　富山県魚津市
　よこまくら　福井県大野市
　よこまくら　大阪府東大阪市
　よこまくら　鳥取県鳥取市
横枕西　よこまくらにし　大阪府東大阪市
横枕町
　よこまくらまち　新潟県長岡市
　よこまくらまち　石川県金沢市
横枕南　よこまくらみなみ　大阪府東大阪市
横林　よこばやし　栃木県那須塩原市
横河原
　よこがわら　愛媛県（伊予鉄道横河原線）
　よこがわら　愛媛県東温市
横沼
　よこぬま　宮城県気仙沼市
　よこぬま　埼玉県坂戸市
横沼町　よこぬまちょう　大阪府東大阪市
横法音寺　よこほうおんじ　富山県中新川郡上市町
9横前町
　よこまえちょう　愛知県名古屋市中村区
　よこまえちょう　愛知県名古屋市中川区
横垣　よこがき　福井県あわら市
横城　よこぎ　大分県杵築市
横屋
　よこや　岐阜県（樽見鉄道線）
　よこや　岐阜県瑞穂市
　よこや　岐阜県養老郡養老町
横柿　よこがき　奈良県桜井市
横津町　よこづちょう　香川県坂出市
横津海　よこつみ　福井県大飯郡高浜町
横畑　よこばたけ　新潟県上越市
横砂　よこすな　静岡県静岡市清水区
横砂中町　よこすななかちょう　静岡県静岡市清水区
横砂本町　よこすなほんちょう　静岡県静岡市清水区
横砂西町　よこすなにしちょう　静岡県静岡市清水区
横砂東町　よこすなひがしちょう　静岡県静岡市清水区

15画（横）

横砂南町　よこすなみなみちょう　静岡県静岡市清水区
横神明町　よこしんめいちょう　京都府京都市上京区
10**横倉**
　　よこくら　宮城県（阿武隈急行線）
　　よこくら　宮城県角田市
　　よこくら　栃木県小山市
　　よこくら　長野県（JR飯山線）
横倉新田　よこくらしんでん　栃木県小山市
横宮町　よこみやまち　石川県野々市市
横島
　　よこしま　茨城県筑西市
　　よこしま　岡山県笠岡市
横島町大囲　よこしままちおおその　熊本県玉名市
横島町共栄　よこしままちきょうえい　熊本県玉名市
横島町横島　よこしままちよこしま　熊本県玉名市
横峰　よこみね　福岡県大野城市
横座　よこざ　和歌山県橋本市
横根
　　よこね　茨城県下妻市
　　よこね　埼玉県さいたま市岩槻区
　　よこね　千葉県旭市
　　よこね　千葉県安房郡鋸南町
　　よこね　新潟県魚沼市
　　よこね　長野県佐久市
横根中　よこねなか　山梨県南巨摩郡身延町
横根町
　　よこねちょう　福井県越前市
　　よこねまち　山梨県甲府市
　　よこねまち　愛知県大府市
横浦　よこうら　宮城県牡鹿郡女川町
横浜
　　よこはま　北海道厚岸郡浜中町
　　よこはま　青森県上北郡横浜町
　　よこはま　神奈川県（JR東海道本線ほか）
　　よこはま　石川県河北郡津幡町
　　よこはま　福井県敦賀市
　　よこはま　高知県高知市
　　よこはま　福岡県福岡市西区
横浜中央　よこはまちゅうおう　広島県安芸郡坂町
横浜公園　よこはまこうえん　神奈川県横浜市中区
横浜市　よこはまし　神奈川県
横浜西　よこはまにし　広島県安芸郡坂町
横浜西町　よこはまにしまち　高知県高知市
横浜町
　　よこはままち　青森県上北郡
　　よこばまちょう　島根県松江市
　　よこはまちょう　山口県周南市
横浜東　よこはまひがし　広島県安芸郡坂町
横浜東町　よこはまひがしまち　高知県高知市
横浜南町　よこはまみなみまち　高知県高知市
横浜新町　よこはましんまち　高知県高知市
横畠中　よこばたけなか　高知県高岡郡越知町
横畠北　よこばたけきた　高知県高岡郡越知町
横畠東　よこばたけひがし　高知県高岡郡越知町
横畠南　よこばたけみなみ　高知県高岡郡越知町
横馬場町　よこばばちょう　鹿児島県薩摩川内市
11**横堀**
　　よこぼり　秋田県（JR奥羽本線）
　　よこぼり　秋田県湯沢市
　　よこぼり　秋田県大仙市

　　よこぼり　茨城県那珂市
　　よこぼり　茨城県かすみがうら市
　　よこぼり　群馬県渋川市
横堀下　よこぼりした　福島県大沼郡会津美里町
横堀下乙　よこぼりしたおつ　福島県大沼郡会津美里町
横堀町　よこぼりちょう　愛知県名古屋市中川区
横曽根
　　よこぞね　新潟県新潟市西蒲区
　　よこぞね　岐阜県大垣市
横曽根町　よこぞねちょう　岐阜県大垣市
横曽根新田町　よこぞねしんでんまち　茨城県常総市
横渚　よこすか　千葉県鴨川市
横紺屋町　よここうやまち　熊本県熊本市中央区
横苞　よこやち　青森県北津軽郡鶴田町
横部　よこべ　岡山県真庭市
横野
　　よこの　神奈川県秦野市
　　よこの　新潟県長岡市
　　よこの　愛媛県大洲市
　　よこの　佐賀県唐津市
　　よこの　宮崎県児湯郡西米良村
横野西郷町　よこのにしごうちょう　愛知県稲沢市
横野町
　　よこのちょう　愛知県稲沢市
　　よこのちょう　山口県下関市
横野松前町　よこのまつまえちょう　愛知県稲沢市
横野東出町　よこのひがしでちょう　愛知県稲沢市
横野東郷町　よこのひがしごうちょう　愛知県稲沢市
横野河原町　よこのかわらちょう　愛知県稲沢市
横野神田町　よこのじんでんちょう　愛知県稲沢市
横野堂根町　よこのどうねちょう　愛知県稲沢市
横野境塚町　よこのさかいづかちょう　愛知県稲沢市
12**横割**　よこわり　静岡県富士市
横割本町　よこわりほんちょう　静岡県富士市
横場新田　よこばしんでん　新潟県南蒲原郡田上町
横塚
　　よこづか　福島県郡山市
　　よこつか　茨城県筑西市
　　よこづか　茨城県猿島郡境町
　　よこづか　大分県大分市
横塚町　よこづかまち　群馬県沼田市
横堤
　　よこづつみ　大阪府（大阪市交通局長堀鶴見緑地線）
　　よこづつみ　大阪府大阪市鶴見区
横曾根　よこぞね　新潟県上越市
横森　よこもり　秋田県秋田市
横渡
　　よこわたし　新潟県小千谷市
　　よこわたし　新潟県五泉市
　　よこわたり　福井県三方上中郡若狭町
横落　よこおち　愛知県額田郡幸田町
横越
　　よこごし　新潟県新潟市北区
　　よこごし　新潟県新潟市江南区
　　よこごし　富山県富山市
　　よこごし　富山県中新川郡上市町
　　よこごし　岐阜県美濃市
横越上町　よこごしかみちょう　新潟県新潟市江南区
横越川根町　よこごしかわねちょう　新潟県新潟市江南区

1245

15画（樫）

横越中央　よこごしちゅうおう　新潟県新潟市江南区
横越町
　　よこごしちょう　福井県福井市
　　よこごしちょう　福井県鯖江市
横越東町　よこごしひがしちょう　新潟県新潟市江
　　南区
横道
　　よこみち　山形県山形市
　　よこみち　新潟県胎内市
　　よこみち　富山県滑川市
　　よこみち　愛知県長久手市
　　よこみち　高知県土佐清水市
横間　よこま　岩手県（JR花輪線）
横隈　よこぐま　福岡県小郡市
横須町　よこすちょう　徳島県小松島市
横須賀
　　よこすか　茨城県北相馬郡利根町
　　よこすか　千葉県松戸市
　　よこすか　千葉県匝瑳市
　　よこすか　神奈川県（JR横須賀線）
　　よこすか　静岡県浜松市浜北区
　　よこすか　静岡県掛川市
横須賀中央　よこすかちゅうおう　神奈川県（京浜急
　　行電鉄本線）
横須賀市　よこすかし　神奈川県
横須賀町
　　よこすかちょう　愛知県豊橋市
　　よこすかまち　愛知県東海市
13横溝　よこみぞ　福岡県三潴郡大木町
横溝町　よこみぞちょう　滋賀県東近江市
横路　よこじ　兵庫県川西市
14横樋　よこどい　富山県富山市
横網　よこあみ　東京都墨田区
横関　よこぜき　滋賀県犬上郡甲良町
横領町　よこりょうちょう　奈良県奈良市
15横諏訪町　よこすわんちょう　京都府京都市下京区
横輪町　よこわちょう　三重県伊勢市
16横壁　よこかべ　群馬県吾妻郡長野原町
17横磯
　　よこいそ　青森県（JR五能線）
　　よこいそ　青森県西津軽郡深浦町
横鍛冶町　よこかじちょう　京都府京都市中京区
19横瀬
　　よこせ　茨城県神栖市
　　よこせ　埼玉県（西武鉄道西武秩父線）
　　よこせ　埼玉県深谷市
　　よこせ　埼玉県秩父郡横瀬町
　　よこせ　新潟県魚沼市
　　よこせ　高知県四万十市
　　よこせ　大分県大分市
　　よこせ　鹿児島県曽於郡大崎町
横瀬町　よこぜまち　埼玉県秩父郡

【樫】
0樫ノ浦　かしのうら　高知県幡多郡大月町
3樫山
　　かしやま　大阪府羽曳野市
　　かしやま　兵庫県（神戸電鉄粟生線）
　　かしやま　和歌山県東牟婁郡古座川町
　　かしやま　高知県土佐郡土佐町

樫山町
　　かしやまちょう　愛知県岡崎市
　　かしやまちょう　兵庫県小野市
　　かしやままち　長崎県長崎市
　　かしやままち　宮崎県延岡市
4樫切山　かしきりやま　大阪府吹田市
樫月　かしづく　愛媛県南宇和郡愛南町
5樫立　かしたて　東京都八丈町
樫辻町　かしつじちょう　奈良県五條市
6樫合　かしあい　埼玉県深谷市
樫曲　かしまがり　福井県敦賀市
樫西　かしにし　岡山県真庭市
7樫尾　かしお　奈良県吉野郡吉野町
樫見町　かしみまち　石川県金沢市
8樫東　かしひがし　岡山県真庭市
9樫津　かしづ　福井県丹生郡越前町
10樫原
　　かしばら　岐阜県揖斐郡揖斐川町
　　かしわら　奈良県吉野郡十津川村
　　かしはら　和歌山県伊都郡高野町
　　かしわら　和歌山県東牟婁郡那智勝浦町
樫原八反田　かたぎはらはったんだ　京都府京都市西
　　京区
樫原下ノ町　かたぎはらしものちょう　京都府京都市
　　西京区
樫原下池田町　かたぎはらしもいけだちょう　京都府京
　　都市西京区
樫原三宅町　かたぎはらみやけちょう　京都府京都市
　　西京区
樫原上ノ町　かたぎはらかみのちょう　京都府京都市
　　西京区
樫原上池田町　かたぎはらかみいけだちょう　京都府京
　　都市西京区
樫原久保町　かたぎはらくぼちょう　京都府京都市西
　　京区
樫原口戸　かたぎはらくちど　京都府京都市西京区
樫原大亀谷　かたぎはらおおかめだに　京都府京都市
　　西京区
樫原山ノ上町　かたぎはらやまのうえちょう　京都府京
　　都市西京区
樫原山路　かたぎはらやまじ　京都府京都市西京区
樫原中垣外　かたぎはらなかかいと　京都府京都市西
　　京区
樫原井戸　かたぎはらいど　京都府京都市西京区
樫原五反田　かたぎはらごたんだ　京都府京都市西
　　京区
樫原六反田　かたぎはらろくたんだ　京都府京都市西
　　京区
樫原内垣外町　かたぎはらうちかいとちょう　京都府京
　　都市西京区
樫原分田　かたぎはらわけだ　京都府京都市西京区
樫原比恵田町　かたぎはらひえだちょう　京都府京都
　　市西京区
樫原水築町　かたぎはらみずつきちょう　京都府京都
　　市西京区
樫原平田町　かたぎはらひらたちょう　京都府京都市
　　西京区
樫原甲水　かたぎはらこうすい　京都府京都市西京区
樫原田中町　かたぎはらたなかちょう　京都府京都市
　　西京区

1246

15画（樺，権，樟，槻）

樫原石畑町　かたぎはらいしばたちょう　京都府京都市西京区

樫原宇治井西町　かたぎはらうじいにしちょう　京都府京都市西京区

樫原宇治井町　かたぎはらうじいちょう　京都府京都市西京区

樫原江ノ本町　かたぎはらえのもとちょう　京都府京都市西京区

樫原池ノ上町　かたぎはらいけのうえちょう　京都府京都市西京区

樫原百々々ケ池　かたぎはらどどがいけ　京都府京都市西京区

樫原芋峠　かたぎはらいもとうげ　京都府京都市西京区

樫原佃　かたぎはらつくだ　京都府京都市西京区

樫原杉原町　かたぎはらすぎはらちょう　京都府京都市西京区

樫原町　かしわらちょう　三重県伊勢市

樫原角田町　かたぎはらすみたちょう　京都府京都市西京区

樫原里ノ垣外町　かたぎはらさとのかいとちょう　京都府京都市西京区

樫原岡南ノ庄　かたぎはらおかみなみのしょう　京都府京都市西京区

樫原前田町　かたぎはらまえだちょう　京都府京都市西京区

樫原盆山　かたぎはらぼんやま　京都府京都市西京区

樫原茶ノ木本町　かたぎはらちゃのきもとちょう　京都府京都市西京区

樫原庭井　かたぎはらにわい　京都府京都市西京区

樫原畔ノ海道　かたぎはらあぜのかいどう　京都府京都市西京区

樫原枡谷町　かたぎはらはかりだにちょう　京都府京都市西京区

樫原釘貫　かたぎはらくぎぬき　京都府京都市西京区

樫原塚ノ本町　かたぎはらつかのもとちょう　京都府京都市西京区

樫原礎町　かたぎはらはがまちょう　京都府京都市西京区

樫原蛸田町　かたぎはらたこでんちょう　京都府京都市西京区

樫原鳴谷　かたぎはらしぎたに　京都府京都市西京区

11樫野

かしの　和歌山県東牟婁郡串本町

かしの　大分県佐伯市

樫野台　かしのだい　兵庫県神戸市西区

【樺】

樺

かば　高知県宿毛市

かば　熊本県荒尾市

0樺の川　かばのかわ　高知県高岡郡津野町

3樺山

かばやま　北海道虻田郡倶知安町

かばやま　宮崎県北諸県郡三股町

4樺戸町　かばとちょう　北海道石狩郡当別町

樺戸郡　かばとぐん　北海道

7樺沢　かばさわ　岩手県和賀郡西和賀町

10樺島町　かばしままち　長崎県長崎市

11樺崎町　かばさきちょう　栃木県足利市

樺野沢　かばのさわ　新潟県南魚沼市

樺野沢新田　かばのさわしんでん　新潟県南魚沼市

【権】

4権太坂　ごんたざか　神奈川県横浜市保土ケ谷区

5権世　ごんぜ　福井県あわら市

権世市野々　ごんぜいちのの　福井県あわら市

権正寺　ごんしょうじ　富山県砺波市

権田町　ごんだまち　愛知県碧南市

権田沼新田　ごんだぬましんでん　千葉県旭市

11権堂　ごんどう　長野県（長野電鉄長野線）

権堂町　ごんどうちょう　長野県長野市

権常寺　ごんじょうじ　長崎県佐世保市

権常寺町　ごんじょうじちょう　長崎県佐世保市

権現台　ごんげんだい　秋田県能代市

権現町

ごんげんちょう　岐阜県岐阜市

ごんげんちょう　静岡県磐田市

ごんげんまち　愛知県碧南市

ごんげんちょう　兵庫県神戸市須磨区

ごんげんちょう　山口県周南市

ごんげんちょう　愛媛県松山市

ごんげんちょう　宮崎県宮崎市

権現前　ごんげんまえ　三重県（JR名松線）

権現宮　ごんげんみや　福島県大沼郡会津美里町

権現宮甲　ごんげんみやこう　福島県大沼郡会津美里町

権現宮南　ごんげんみやみなみ　福島県大沼郡会津美里町

権現宮南甲　ごんげんみやみなみこう　福島県大沼郡会津美里町

権現通　ごんげんとおり　愛知県名古屋市中村区

権現堂

ごんげんどう　宮城県塩竈市

ごんげんどう　山形県上山市

ごんげんどう　福島県大沼郡会津美里町

ごんげんどう　福島県双葉郡浪江町

ごんげんどう　埼玉県幸手市

ごんげんどう　埼玉県入間郡毛呂山町

ごんげんどう　千葉県市原市

権現堂甲　ごんげんどうこう　福島県大沼郡会津美里町

【樟】

7樟谷　くのぎたに　石川県鳳珠郡穴水町

12樟葉　くずは　大阪府（京阪電気鉄道本線）

樟陽台　しょうようだい　福岡県宗像市

【槻】

0槻ノ木　つきのき　青森県上北郡野辺地町

3槻下　つきのした　鳥取県東伯郡琴浦町

4槻木

つきのき　宮城県（JR東北本線ほか）

つきのき　宮城県柴田郡柴田町

つきのき　福島県二本松市

つきぎ　熊本県球磨郡多良木町

槻木下町　つきのきしもまち　宮城県柴田郡柴田町

槻木上町　つきのきかみまち　宮城県柴田郡柴田町

槻木白幡　つきのきしらはた　宮城県柴田郡柴田町

槻木西　つきのきにし　宮城県柴田郡柴田町

槻木町　つきのきちょう　大阪府池田市

1247

15画(標,樛,樅,歓,潟,潤,澄,潜,潮)

槻木東　つきのきひがし　宮城県柴田郡柴田町
槻木新町　つきのきしんまち　宮城県柴田郡柴田町
槻木駅西　つきのきえきにし　宮城県柴田郡柴田町
5槻田　つきだ　福岡県北九州市八幡東区
7槻沢
　　つきざわ　岩手県和賀郡西和賀町
　　つきぬきざわ　栃木県那須塩原市
8槻並　つくなみ　兵庫県川辺郡猪名川町

【標】

9標津町　しべつちょう　北海道標津郡
標津郡　しべつぐん　北海道
標茶
　　しべちゃ　北海道(JR釧網本線)
　　しべちゃ　北海道川上郡標茶町
標茶町　しべちゃちょう　北海道川上郡

【樛】

4樛木　つきぬき　茨城県つくばみらい市

【樅】

3樅山
　　もみやま　茨城県鉾田市
　　もみやま　栃木県(東武鉄道日光線)
樅山町　もみやままち　栃木県鹿沼市

【歓】

12歓喜寺　かんぎじ　和歌山県有田郡有田川町
歓喜寺前町　かんきじまえちょう　京都府京都市上京区
歓喜町　かんきちょう　京都府京都市上京区
歓遊舎ひこさん　かんゆうしゃひこさん　福岡県(JR日田彦山線)

【潟】

3潟上　かたがみ　新潟県新潟市西蒲区
潟上市　かたがみし　秋田県
4潟元　かたもと　香川県(高松琴平電気鉄道志度線)
7潟町　かたまち　新潟県(JR信越本線)
10潟浦新　かたうらしん　新潟県新潟市西蒲区
14潟端
　　かたばた　新潟県村上市
　　かたばた　新潟県佐渡市
　　かたばた　石川県河北郡津幡町
16潟頭　がたがしら　新潟県新潟市西蒲区

【潤】

潤　うるう　福岡県糸島市
4潤井戸　うるいど　千葉県市原市
5潤田　うるだ　三重県三重郡菰野町
10潤島　うるうじま　栃木県下都賀郡野木町
11潤野
　　うるの　和歌山県東牟婁郡古座川町
　　うるの　福岡県飯塚市

【澄】

3澄川
　　すみかわ　北海道(札幌市交通局南北線)
　　すみかわ　北海道札幌市南区

澄川一条　すみかわいちじょう　北海道札幌市南区
澄川二条　すみかわにじょう　北海道札幌市南区
澄川三条　すみかわさんじょう　北海道札幌市南区
澄川五条　すみかわごじょう　北海道札幌市南区
澄川六条　すみかわろくじょう　北海道札幌市南区
澄川四条　すみかわしじょう　北海道札幌市南区
澄川町　すみかわちょう　北海道苫小牧市
6澄池町　すみいけちょう　愛知県名古屋市中川区

【潜】

4潜木町　くぐるぎちょう　長崎県佐世保市
10潜竜ケ滝　せんりゅうがたき　長崎県(松浦鉄道西九州線)

【潮】

潮
　　うしお　静岡県藤枝市
　　うしお　島根県(JR三江線)
3潮干町　しおひちょう　愛知県半田市
5潮平　しおひら　沖縄県糸満市
潮田町
　　うしおだちょう　神奈川県横浜市鶴見区
　　しおたまち　高知県須崎市
6潮凪町　しおなぎちょう　愛知県名古屋市港区
潮江　しおえ　兵庫県尼崎市
7潮村　うしおむら　島根県邑智郡美郷町
潮来
　　いたこ　茨城県(JR鹿島線)
　　いたこ　茨城県潮来市
潮来市　いたこし　茨城県
潮見
　　しおみ　北海道網走市
　　しおみ　北海道稚内市
　　しおみ　北海道爾志郡乙部町
　　しおみ　千葉県木更津市
　　しおみ　東京都(JR京葉線)
　　しおみ　東京都江東区
　　しおみ　岐阜県加茂郡八百津町
　　しおみ　愛知県みよし市
潮見が丘
　　しおみがおか　愛知県名古屋市緑区
　　しおみがおか　兵庫県神戸市垂水区
潮見台
　　しおみだい　北海道小樽市
　　しおみだい　北海道様似郡様似町
　　しおみだい　神奈川県川崎市宮前区
　　しおみだい　高知県高知市
潮見台町　しおみだいちょう　兵庫県神戸市須磨区
潮見町
　　しおみちょう　北海道紋別市
　　しおみちょう　北海道余市郡余市町
　　しおみちょう　北海道浦河郡浦河町
　　しおみちょう　宮城県石巻市
　　しおみちょう　宮城県気仙沼市
　　しおみちょう　千葉県銚子市
　　しおみちょう　千葉県船橋市
　　しおみちょう　愛知県名古屋市港区
　　しおみまち　愛知県碧南市
　　しおみちょう　兵庫県芦屋市
　　しおみちょう　鳥取県境港市
　　しおみちょう　広島県尾道市

しおみまち　長崎県長崎市
しおみちょう　長崎県佐世保市
しおみちょう　宮崎県宮崎市
8潮岬　しおのみさき　和歌山県東牟婁郡串本町
9潮海寺　ちょうかいじ　静岡県菊川市
潮津町　うしおづまち　石川県加賀市
潮美台　しおみだい　兵庫県南あわじ市
潮音寺　ちょうおんじ　鳥取県西伯郡大山町
潮音町　しおねちょう　山口県下松市
10潮浜　しおはま　千葉県木更津市
潮通　うしおどおり　岡山県倉敷市
11潮崎町
しおざきちょう　愛知県豊橋市
しおざきちょう　沖縄県糸満市
潮彩町　しおさいちょう　鹿児島県垂水市
13潮新町　うしおしんまち　高知県高知市
潮路　しおじ　大阪府大阪市西成区
14潮静　ちょうせい　北海道留萌市

【潰】
13潰溜　つえだまり　高知県吾川郡仁淀川町

【膝】
9膝屋町　ちぎりやちょう　京都府京都市中京区

【熟】
5熟田　ずくだ　徳島県海部郡海陽町

【熱】
5熱田
あつた　北海道二海郡八雲町
あつた　愛知県（JR東海道本線）
あつた　沖縄県中頭郡北中城村
熱田区　あつたく　愛知県名古屋市
熱田西町　あつたにしまち　愛知県名古屋市熱田区
熱田坂　あつたざか　新潟県胎内市
熱田町
あつたまち　新潟県見附市
あつたちょう　島根県浜田市
熱田前新田　あつたまえしんでん　愛知県名古屋市港区
熱田新田東組
あつたしんでんひがしぐみ　愛知県名古屋市熱田区
あつたしんでんひがしぐみ　愛知県名古屋市中川区
6熱池町　にいけちょう　愛知県西尾市
9熱海
あたみ　静岡県（JR東海道新幹線ほか）
あたみ　静岡県熱海市
熱海市　あたみし　静岡県
熱海町下伊豆島　あたみまちしもいずしま　福島県郡山市
熱海町上伊豆島　あたみまちかみいずしま　福島県郡山市
熱海町中山　あたみまちなかやま　福島県郡山市
熱海町玉川　あたみまちたまがわ　福島県郡山市
熱海町石筵　あたみまちいしむしろ　福島県郡山市
熱海町安子島　あたみまちあこがしま　福島県郡山市
熱海町長橋　あたみまちながはし　福島県郡山市
熱海町高玉　あたみまちたかたま　福島県郡山市

熱海町熱海　あたみまちあたみ　福島県郡山市
10熱郛
ねっぷ　北海道（JR函館本線）
ねっぷ　北海道寿都郡黒松内町
11熱野町　ねつのまち　石川県白山市
13熱塩加納町山田　あつしおかのうまちやまだ　福島県喜多方市
熱塩加納町加納　あつしおかのうまちかのう　福島県喜多方市
熱塩加納町米岡　あつしおかのうまちよねおか　福島県喜多方市
熱塩加納町居廻　あつしおかのうまちいまわり　福島県喜多方市
熱塩加納町林際　あつしおかのうまちはやしぎわ　福島県喜多方市
熱塩加納町相田　あつしおかのうまちあいた　福島県喜多方市
熱塩加納町宮川　あつしおかのうまちみやかわ　福島県喜多方市
熱塩加納町熱塩　あつしおかのうまちあつしお　福島県喜多方市

【熨】
4熨斗戸　のしと　福島県南会津郡南会津町

【瘤】
4瘤木　こぶのき　京都府福知山市
瘤木町　こぶきちょう　愛知県瀬戸市

【盤】
0盤の沢町本町　ばんのさわちょうほんちょう　北海道美唄市
盤の沢町桜が丘　ばんのさわちょうさくらがおか　北海道美唄市
盤の沢町高台　ばんのさわちょうたかだい　北海道美唄市
盤の沢町滝の上　ばんのさわちょうたきのうえ　北海道美唄市
4盤尻　ばんじり　北海道恵庭市
8盤若町　はんにゃまち　秋田県能代市
盤若野町　はんにゃのまち　石川県七尾市
11盤渓　ばんけい　北海道札幌市中央区

【磐】
磐　いわお　秋田県能代市
4磐井町　いわいちょう　岩手県一関市
磐戸　いわど　群馬県甘楽郡南牧村
5磐田　いわた　静岡県（JR東海道本線）
磐田市　いわたし　静岡県
7磐里　いわさと　福島県耶麻郡猪苗代町
9磐城　いわき　奈良県（近畿日本鉄道南大阪線）
磐城太田　いわきおおた　福島県（JR常磐線）
磐城石川　いわきいしかわ　福島県（JR水郡線）
磐城石井　いわきいしい　福島県（JR水郡線）
磐城守山　いわきもりやま　福島県（JR水郡線）
磐城浅川　いわきあさかわ　福島県（JR水郡線）
磐城常葉　いわきときわ　福島県（JR磐越東線）
磐城棚倉　いわきたなくら　福島県（JR水郡線）
磐城塙　いわきはなわ　福島県（JR水郡線）

1249

15画（稽, 穂, 窯, 箭, 箪, 箱）

磐盾　いわたて　和歌山県新宮市
10磐根　いわね　福島県耶麻郡猪苗代町
11磐梯　ばんだい　福島県耶麻郡磐梯町
磐梯町
　ばんだいまち　福島県（JR磐越西線）
　ばんだいまち　福島県耶麻郡
磐梯熱海　ばんだいあたみ　福島県（JR磐越西線）

【稽】
5稽古町　けいこちょう　新潟県長岡市

【穂】
0穂ノ原　ほのはら　愛知県豊川市
4穂仁原　おにはら　広島県大竹市
穂日島町　ほひじまちょう　島根県安来市
5穂出町　ほのでちょう　島根県浜田市
穂北　ほきた　宮崎県西都市
7穂別　ほべつ　北海道勇払郡むかわ町
穂別仁和　ほべつにわ　北海道勇払郡むかわ町
穂別平丘　ほべつひらおか　北海道勇払郡むかわ町
穂別安住　ほべつあずみ　北海道勇払郡むかわ町
穂別和泉　ほべついずみ　北海道勇払郡むかわ町
穂別長和　ほべつおさわ　北海道勇払郡むかわ町
穂別栄　ほべつさかえ　北海道勇払郡むかわ町
穂別富内　ほべつとみうち　北海道勇払郡むかわ町
穂別福山　ほべつふくやま　北海道勇払郡むかわ町
穂別豊田　ほべつとよた　北海道勇払郡むかわ町
穂別稲里　ほべついなさと　北海道勇払郡むかわ町
穂坂町三ツ沢　ほさかまちみつさわ　山梨県韮崎市
穂坂町三之蔵　ほさかまちさんのくら　山梨県韮崎市
穂坂町上今井　ほさかまちかみいまい　山梨県韮崎市
穂坂町長久保　ほさかまちながくぼ　山梨県韮崎市
穂坂町柳平　ほさかまちやなぎだいら　山梨県韮崎市
穂坂町宮久保　ほさかまちみやくぼ　山梨県韮崎市
穂見　ほのみ　鳥取県八頭郡智頭町
穂谷　ほたに　大阪府枚方市
8穂並　ほなみ　岐阜県瑞浪市
穂並町　ほなみちょう　青森県十和田市
穂波
　ほなみ　北海道常呂郡訓子府町
　ほなみ　長野県上水内郡信濃町
　ほなみ　鳥取県東伯郡北栄町
穂波町
　ほなみちょう　新潟県柏崎市
　ほなみちょう　静岡県富士宮市
　ほなみちょう　愛知県名古屋市千種区
　ほなみちょう　大阪府吹田市
9穂保　ほやす　長野県長野市
穂栄　ほえい　北海道恵庭市
穂香　ほにおい　北海道根室市
10穂浪　ほなみ　岡山県備前市
穂馬　ほま　福島県大沼郡会津美里町
穂高
　ほたか　長野県（JR大糸線）
　ほたか　長野県安曇野市
　ほたか　長野県下高井郡木島平村
穂高北穂高　ほたかきたほたか　長野県安曇野市
穂高有明　ほたかありあけ　長野県安曇野市
穂高牧　ほたかまき　長野県安曇野市

穂高柏原　ほたかかしわばら　長野県安曇野市
11穂崎　ほさき　岡山県赤磐市
16穂積
　ほづみ　山形県山形市
　ほづみ　山形県酒田市
　ほづみ　栃木県さくら市
　ほづみ　長野県南佐久郡佐久穂町
　ほづみ　岐阜県（JR東海道本線）
　ほづみ　岐阜県瑞穂市
　ほづみ　大阪府豊中市
　ほづみ　兵庫県加東市
穂積台　ほづみだい　大阪府茨木市
穂積町
　ほづみちょう　愛知県豊田市
　ほづみちょう　山口県山口市

【窯】
4窯元町　かまもとちょう　愛知県瀬戸市
7窯町
　かままち　岐阜県多治見市
　かままち　愛知県瀬戸市
9窯神町　かまがみちょう　愛知県瀬戸市

【箭】
3箭弓町　やきゅうちょう　埼玉県東松山市
8箭坪　やつぼ　栃木県那須塩原市

【箪】
11箪笥町　たんすまち　東京都新宿区

【箱】
箱　はこ　岡山県苫田郡鏡野町
0箱ケ瀬　はこがせ　福井県大野市
箱の浦　はこのうら　大阪府阪南市
3箱川
　はこがわ　長野県飯田市
　はこがわ　佐賀県神埼郡吉野ケ里町
5箱田
　はこだ　茨城県笠間市
　はこだ　埼玉県熊谷市
箱田町　はこだまち　群馬県前橋市
箱石
　はこいし　岩手県（JR山田線）
　はこいし　岩手県宮古市
　はこいし　群馬県佐波郡玉村町
7箱作
　はこつくり　大阪府（南海電気鉄道南海本線）
　はこつくり　大阪府阪南市
箱谷
　はこだに　兵庫県篠山市
　はこだに　熊本県玉名市
8箱岩　はこいわ　新潟県新発田市
9箱柳町　はこやなぎちょう　愛知県岡崎市
10箱原　はこばら　山梨県南巨摩郡富士川町
箱宮町　はこみやまち　石川県加賀市
箱島　はこじま　群馬県吾妻郡東吾妻町
箱根　はこね　神奈川県足柄下郡箱根町
箱根ケ崎
　はこねがさき　東京都（JR八高線）
　はこねがさき　東京都西多摩郡瑞穂町

15画（縁, 縄, 膝, 舞）

箱根ケ崎西松原　はこねがさきにしまつばら　東京都
西多摩郡瑞穂町
箱根ケ崎東松原　はこねがさきひがしまつばら　東京
都西多摩郡瑞穂町
箱根町　はこねまち　神奈川県足柄下郡
箱根板橋　はこねいたばし　神奈川県（箱根登山鉄道
線）
箱根湯本　はこねゆもと　神奈川県（箱根登山鉄道
線）
11箱崎
はこざき　福島県伊達市
はこざき　福岡県（JR鹿児島本線）
はこざき　福岡県福岡市東区
箱崎ふ頭　はこざきふとう　福岡県福岡市東区
箱崎九大前　はこざききゅうだいまえ　福岡県（福岡市
交通局箱崎線）
箱崎町
はこざきちょう　岩手県釜石市
はこざきちょう　神奈川県横須賀市
箱崎宮前　はこざきみやまえ　福岡県（福岡市交通局
箱崎線）
箱清水
はこしみず　岩手県盛岡市
はこしみず　長野県長野市
12箱塚　はこづか　宮城県名取市
箱森町　はこのもりまち　栃木県栃木市
箱森新田　はこのもりしんでん　栃木県さくら市
13箱殿町　はこどのちょう　大阪府東大阪市

【縁】
3縁山畑　へりやまはた　福岡県宮若市

【縄】
4縄手町
なわてまち　愛知県碧南市
なわてちょう　奈良県橿原市
なわてちょう　高知県高知市
なわてちょう　福岡県久留米市
縄手町中　なわてちょうなか　滋賀県近江八幡市
縄手町元　なわてちょうもと　滋賀県近江八幡市
縄手町末　なわてちょうすえ　滋賀県近江八幡市
5縄生　なお　三重県三重郡朝日町
6縄地　なわじ　静岡県賀茂郡河津町
12縄間　のうま　福井県敦賀市
15縄蔵　なわぐら　富山県南砺市

【膝】
3膝子　ひざこ　埼玉県さいたま市見沼区
5膝立　ひざたて　岩手県花巻市
7膝折　ひざおり　埼玉県朝霞市
膝折町　ひざおりちょう　埼玉県朝霞市
12膝森　ひざもり　青森県上北郡七戸町

【舞】
舞　まい　大阪府阪南市
0舞々木町　まいまいぎちょう　静岡県富士宮市
舞ケ丘　まいがおか　福岡県北九州市小倉南区
舞の里　まいのさと　福岡県古賀市

3舞子
まいご　新潟県南魚沼市
まいこ　兵庫県（JR山陽本線）
舞子公園　まいここうえん　兵庫県（山陽電気鉄道本
線）
舞子台　まいこだい　兵庫県神戸市垂水区
舞子坂　まいこざか　兵庫県神戸市垂水区
舞川
まいかわ　岩手県一関市
まいかわ　高知県安芸市
4舞戸町　まいとまち　青森県西津軽郡鰺ケ沢町
舞木
もうぎ　福島県（JR磐越東線）
まいぎ　群馬県邑楽郡千代田町
舞木町
もうぎまち　福島県郡山市
まいぎちょう　愛知県岡崎市
まいぎちょう　愛知県豊田市
5舞出町　まいでちょう　三重県松阪市
舞台　ぶたい　新潟県南魚沼市
舞台田　ぶたいだ　福島県喜多方市
舞台町　ぶたいちょう　京都府京都市伏見区
舞田
まいた　長野県（上田電鉄別所線）
まいた　長野県上田市
6舞多聞西　まいたもんにし　兵庫県神戸市垂水区
舞多聞東　まいたもんひがし　兵庫県神戸市垂水区
7舞町　まいちょう　大阪府和泉市
舞車町　まいぐるまちょう　山口県周南市
舞阪　まいさか　静岡県（JR東海道本線）
舞阪町弁天島　まいさかちょうべんてんじま　静岡県浜
松市西区
舞阪町長十新田　まいさかちょうちょうじゅうしんでん
静岡県浜松市西区
舞阪町浜田　まいさかちょうはまだ　静岡県浜松市
西区
舞阪町舞阪　まいさかちょうまいさか　静岡県浜松市
西区
8舞岡　まいおか　神奈川県（横浜市交通局ブルーラ
イン）
舞岡町　まいおかちょう　神奈川県横浜市戸塚区
舞松原
まいまつばら　福岡県（JR香椎線）
まいまつばら　福岡県福岡市東区
9舞屋町　まいやちょう　福井県福井市
10舞原　まいばる　佐賀県西松浦郡有田町
舞姫　まいひめ　千葉県印西市
舞浜
まいはま　千葉県（JR京葉線）
まいはま　千葉県浦安市
舞高　まいたか　岡山県真庭市
11舞崎町　まいざきちょう　福井県敦賀市
舞野町　まいのまち　宮崎県延岡市
14舞綱　もうつな　広島県山県郡北広島町
15舞潟　まいがた　新潟県新潟市江南区
21舞鶴　まいづる　福岡県福岡市中央区
舞鶴市　まいづるし　京都府
舞鶴町　まいづるまち　大分県大分市

1251

15画（蕎, 蔵, 蕃, 蕪）

【蕎】

7 蕎麦原　そばはら　茨城県東茨城郡茨城町
10 蕎原　そぶら　大阪府貝塚市

【蔵】

0 蔵々　ぞうぞう　新潟県妙高市
2 蔵人　くらんど　兵庫県宝塚市
　蔵人沖名　くらんどおきな　宮城県遠田郡涌谷町
3 蔵上　くらのうえ　佐賀県鳥栖市
　蔵上町　くらのうえまち　佐賀県鳥栖市
　蔵土　くろず　和歌山県東牟婁郡古座川町
　蔵子　ぞうし　愛知県豊川市
　蔵小路
　　くらこうじ　山形県酒田市
　　くらしょうじ　和歌山県和歌山市
　蔵川
　　くらかわ　茨城県行方市
　　くらかわ　愛媛県大洲市
4 蔵之元　くらのもと　鹿児島県出水郡長島町
　蔵之内　くらのうち　大阪府羽曳野市
　蔵之庄町　くらのしょうちょう　奈良県天理市
　蔵之宮町　くらのみやちょう　奈良県大和高田市
　蔵内
　　くらうち　宮城県（JR気仙沼線）
　　くらうち　新潟県三条市
　　くらうち　鳥取県倉吉市
　蔵木　くらぎ　島根県鹿足郡吉賀町
　蔵王
　　ざおう　山形県（JR奥羽本線）
　　ざおう　山形県上山市
　　ざおう　新潟県長岡市
　　ざおう　新潟県胎内市
　　ざおう　滋賀県蒲生郡日野町
　蔵王の森　ざおうのもり　山形県上山市
　蔵王上野　ざおううわの　山形県山形市
　蔵王山田　ざおうやまだ　山形県山形市
　蔵王半郷　ざおうはんごう　山形県山形市
　蔵王成沢　ざおうなりさわ　山形県山形市
　蔵王西成沢　ざおうにしなりさわ　山形県山形市
　蔵王町
　　ざおうまち　宮城県刈田郡
　　ざおうちょう　広島県福山市
　蔵王松ケ丘　ざおうまつがおか　山形県山形市
　蔵王南成沢　ざおうみなみなりさわ　山形県山形市
　蔵王堀田　ざおうほった　山形県山形市
　蔵王温泉　ざおうおんせん　山形県山形市
　蔵王飯田　ざおういいだ　山形県山形市
5 蔵主　ぞうす　新潟県新潟市南区
　蔵主町　くらぬしちょう　青森県弘前市
　蔵本　くらもと　徳島県（JR徳島線）
　蔵本元町　くらもともとまち　徳島県徳島市
　蔵本町　くらもとちょう　徳島県徳島市
　蔵本郷　くらもとごう　長崎県東彼杵郡東彼杵町
　蔵本新　くらもとしん　富山県中新川郡立山町
　蔵玉　くらだま　千葉県君津市
　蔵田
　　くらだ　鳥取県鳥取市
　　くらた　島根県隠岐郡隠岐の島町
　蔵田島　そうだしま　新潟県岩船郡関川村

6 蔵光　くらみつ　新潟県新発田市
　蔵次町　くらなみちょう　愛知県岡崎市
7 蔵作町　くらつくりちょう　福井県福井市
　蔵町　くらまち　三重県四日市市
8 蔵岡
　　くらおか　山形県最上郡戸沢村
　　くらおか　新潟県新潟市江南区
　蔵底　くらそこ　宮城県気仙沼市
　蔵所町　くらしょちょう　愛知県瀬戸市
　蔵波　くらなみ　千葉県袖ケ浦市
　蔵波台　くらなみだい　千葉県袖ケ浦市
　蔵迫　くらざこ　広島県山県郡北広島町
9 蔵前
　　くらまえ　東京都（東京都交通局浅草線ほか）
　　くらまえ　東京都台東区
　　くのまえ　岐阜県岐阜市
　蔵前町　くらまえちょう　大阪府堺市北区
　蔵垣内　くらかきうち　大阪府茨木市
　蔵持
　　くらもち　茨城県常総市
　　くらもち　千葉県長生郡長南町
　　くらもち　福岡県糸島市
　　くらもち　福岡県京都郡みやこ町
　蔵持町芝出　くらもちちょうしばで　三重県名張市
　蔵持町里　くらもちちょうさと　三重県名張市
　蔵持町原出　くらもちちょうはらで　三重県名張市
　蔵持新田　くらもちしんでん　茨城県常総市
10 蔵原
　　くらはら　富山県南砺市
　　くらばる　熊本県阿蘇市
　蔵原町　くらはらちょう　宮崎県都城市
11 蔵堂　くらどう　奈良県磯城郡田原本町
　蔵宿
　　ぞうしゅく　佐賀県（松浦鉄道西九州線）
　　ぞうしゅく　佐賀県西松浦郡有田町
　蔵野町　くらのまち　富山県高岡市
12 蔵満　くらみつ　熊本県荒尾市
13 蔵数　くらかず　福岡県筑後市
　蔵福寺島　ぞうふくじしま　高知県南国市
14 蔵増　くらぞう　山形県天童市
　蔵関　くらせき　新潟県燕市
15 蔵敷　ぞうしき　東京都東大和市
　蔵敷町　くらしきちょう　愛媛県今治市
　蔵縄手　くらなわて　三重県伊賀市
16 蔵館　くらだて　青森県南津軽郡大鰐町

【蕃】

3 蕃山　しげやま　岡山県備前市
　蕃山町　ばんざんちょう　岡山県岡山市北区
8 蕃昌　ばんしょう　千葉県野田市

【蕪】

4 蕪木町　かぶらきちょう　愛知県豊田市
7 蕪里　かぶざと　千葉県匝瑳市
9 蕪城　ぶじょう　石川県白山市
　蕪城町　かぶらぎちょう　岐阜県岐阜市
11 蕪郷　かぶらごう　長崎県東彼杵郡東彼杵町

15画(蕗, 蕨, 蝦, 蝉, 蝶, 諸, 諏)

【蕗】
5蕗田　ふきだ　茨城県結城郡八千代町

【蕨】
蕨
　わらび　茨城県筑西市
　わらび　群馬県富岡市
　わらび　埼玉県(JR京浜東北線)
　わらび　愛媛県宇和島市
5蕨市　わらびし　埼玉県
蕨平
　わらびだいら　宮城県伊具郡丸森町
　わらびだいら　福島県相馬郡飯舘村
　わらびだいら　長野県上高井郡高山村
蕨生
　わらびょう　福井県大野市
　わらび　岐阜県美濃市
　わらびょう　愛媛県北宇和郡松野町
7蕨町　わらびちょう　長崎県五島市
蕨谷　わらびだに　高知県吾川郡仁淀川町
8蕨岡乙　わらびおかおつ　高知県四万十市
蕨岡甲　わらびおかこう　高知県四万十市
蕨岱
　わらびたい　北海道(JR函館本線)
　わらびたい　北海道石狩郡当別町
　わらびたい　北海道山越郡長万部町
11蕨曽根　わらびそね　新潟県新潟市秋葉区
蕨野
　わらびの　新潟県柏崎市
　わらびの　新潟県岩船郡関川村
　わらびの　静岡県静岡市葵区

【蝦】
6蝦夷森　えぞもり　岩手県下閉伊郡田野畑村
11蝦貫　えぞぬき　福島県福島市
16蝦蟆渕　がまぶち　福島県喜多方市

【蝉】
3蝉口　せみぐち　福井県丹生郡越前町

【蝶】
0蝶ケ野　ちょうがの　静岡県賀茂郡南伊豆町
6蝶名林　ちょうなばやし　新潟県三条市

【諸】
諸　もろ　長野県小諸市
0諸の木　もろのき　愛知県名古屋市緑区
3諸口　もろくち　大阪府大阪市鶴見区
諸子沢　もろこざわ　静岡県静岡市葵区
諸川　もろかわ　茨城県古河市
4諸井　もろい　静岡県袋井市
諸仏町　しょぶつまち　山形県米沢市
諸木
　もろき　三重県伊賀市
　もろぎ　鳥取県西伯郡南部町
諸毛町　もろけちょう　広島県府中市
5諸田
　もろた　福岡県筑紫野市
　もろた　大分県中津市

　しょだ　鹿児島県大島郡徳之島町
6諸江町　もろえまち　石川県金沢市
7諸志　しょし　沖縄県国頭郡今帰仁村
諸沢　もろざわ　茨城県常陸大宮市
諸町　もろまち　大分県中津市
諸見　しょみ　沖縄県島尻郡伊是名村
諸見里　もろみざと　沖縄県沖縄市
8諸岡　もろおか　福岡県福岡市博多区
9諸持町　もろもちちょう　千葉県銚子市
10諸桑町　もろくわちょう　愛知県愛西市
諸浦
　もろうら　佐賀県東松浦郡玄海町
　しょうら　鹿児島県出水郡長島町
諸留町　もろどめまち　大分県日田市
11諸寄
　もろよせ　兵庫県(JR山陰本線)
　もろよせ　兵庫県美方郡新温泉町
諸鹿　もろが　鳥取県八頭郡若桜町
12諸塚村　もろつかそん　宮崎県東臼杵郡
諸富　もろどみ　福岡県大川市
諸富町大堂　もろどみちょうおおどう　佐賀県佐賀市
諸富町山領　もろどみちょうやまりょう　佐賀県佐賀市
諸富町寺井津　もろどみちょうてらいつ　佐賀県佐賀市
諸富町為重　もろどみちょうためしげ　佐賀県佐賀市
諸富町徳富　もろどみちょうとくどみ　佐賀県佐賀市
諸富町諸富津　もろどみちょうもろどみつ　佐賀県佐賀市
諸越谷　もろこしがい　福島県二本松市
諸鈍　しょどん　鹿児島県大島郡瀬戸内町
13諸数　しょかず　鹿児島県大島郡瀬戸内町
諸福　もろふく　大阪府大東市
15諸輪　もろわ　愛知県愛知郡東郷町
19諸願小路　しょがんしょうじ　山口県山口市

【諏】
11諏訪
　すわ　青森県八戸市
　すわ　岩手県花巻市
　すわ　福島県喜多方市
　すわ　福島県伊達郡桑折町
　すわ　茨城県つくば市
　すわ　埼玉県さいたま市岩槻区
　すわ　埼玉県加須市
　すわ　埼玉県和光市
　すわ　埼玉県富士見市
　すわ　千葉県市原市
　すわ　東京都多摩市
　すわ　神奈川県川崎市高津区
　すわ　新潟県新潟市江南区
　すわ　新潟県三条市
　すわ　新潟県上越市
　すわ　長野県諏訪市
　すわ　静岡県静岡市葵区
　すわ　愛知県豊川市
　すわ　三重県伊賀市
　すわ　三重県三重郡菰野町
　すわ　大阪府大阪市城東区
　すわ　鳥取県米子市
　すわ　福岡県北九州市八幡東区
　すわ　長崎県(JR大村線)

15画（請, 誕, 談, 調, 論）

すわ　長崎県大村市
すわ　大分県臼杵市
諏訪ノ平　すわのたいら　青森県（青い森鉄道線）
諏訪ノ森　すわのもり　大阪府（南海電気鉄道南海本線）
諏訪の前　すわのまえ　福島県西白河郡矢吹町
諏訪山
　すわやま　新潟県北蒲原郡聖籠町
　すわやま　長野県小諸市
　すわやま　岐阜県岐阜市
諏訪山町　すわやまちょう　兵庫県神戸市中央区
諏訪川原
　すわのかわら　富山県（富山地方鉄道市内線）
　すわのかわら　富山県富山市
諏訪之瀬島　すわのせじま　鹿児島県鹿児島郡十島村
諏訪分　すわぶん　新潟県上越市
諏訪市　すわし　長野県
諏訪西
　すわにし　福島県伊達市
　すわにし　福島県耶麻郡猪苗代町
諏訪西町　すわにしまち　愛知県豊川市
諏訪坂　すわざか　神奈川県横浜市鶴見区
諏訪形　すわがた　長野県上田市
諏訪沢　すわのさわ　青森県青森市
諏訪町
　すわちょう　岩手県花巻市
　すわちょう　岩手県北上市
　すわまち　宮城県仙台市太白区
　すわまち　山形県山形市
　すわまち　福島県須賀川市
　すわまち　福島県岩瀬郡鏡石町
　すわちょう　茨城県日立市
　すわちょう　群馬県館林市
　すわちょう　埼玉県川越市
　すわちょう　埼玉県本庄市
　すわちょう　東京都八王子市
　すわちょう　東京都東村山市
　すわちょう　神奈川県横浜市中区
　すわちょう　神奈川県平塚市
　すわちょう　神奈川県三浦市
　すわちょう　新潟県柏崎市
　すわちょう　新潟県新発田市
　すわちょう　新潟県十日町市
　すわちょう　新潟県妙高市
　すわちょう　新潟県魚沼市
　すわまち　富山県魚津市
　すわちょう　長野県長野市
　すわちょう　長野県飯田市
　すわちょう　長野県中野市
　すわちょう　岐阜県多治見市
　すわちょう　愛知県（名古屋鉄道豊川線）
　すわちょう　愛知県名古屋市中村区
　すわちょう　愛知県愛西市
　すわちょう　三重県四日市市
　すわちょう　福岡県大牟田市
　すわまち　長崎県長崎市
　すわまち　熊本県天草市
諏訪東　すわひがし　福島県耶麻郡猪苗代町
諏訪前
　すわまえ　福島県伊達市
　すわまえ　福島県耶麻郡猪苗代町
諏訪栄町　すわさかえまち　三重県四日市市

諏訪神社前　すわじんじゃまえ　長崎県（長崎電気軌道3系統ほか）
諏訪原
　すわばら　宮城県刈田郡七ケ宿町
　すわはら　福島県二本松市
諏訪原団地　すわはらだんち　埼玉県和光市
諏訪郡　すわぐん　長野県
諏訪堂　すわどう　青森県南津軽郡田舎館村
諏訪清水　すわしみず　福島県西白河郡矢吹町
諏訪野
　すわの　福島県伊達市
　すわの　富山県氷見市
諏訪野町　すわのまち　福岡県久留米市
諏訪開町　すわびらきちょう　京都府京都市下京区
諏訪間　すわま　福井県吉田郡永平寺町

【請】

0 **請ノ谷**　うけのたに　徳島県那賀郡那賀町
4 **請戸**　うけど　福島県双葉郡浪江町
請方　うけかた　千葉県印旛郡栄町
6 **請地町**　うけちまち　群馬県高崎市
請西　じょうざい　千葉県木更津市
請西東　じょうざいひがし　千葉県木更津市
請西南　じょうざいみなみ　千葉県木更津市
8 **請阿室**　うけあむろ　鹿児島県大島郡瀬戸内町
9 **請負新田**　うけおいしんでん　静岡県磐田市

【誕】

5 **誕生寺**　たんじょうじ　岡山県（JR津山線）

【談】

談　だん　京都府福知山市
6 **談合町**　だんごうちょう　愛知県豊橋市

【調】

3 **調子**　ちょうし　京都府長岡京市
調川　つきのかわ　長崎県（松浦鉄道西九州線）
調川町下免　つきのかわちょうしもめん　長崎県松浦市
調川町上免　つきのかわちょうかみめん　長崎県松浦市
調川町中免　つきのかわちょうなかめん　長崎県松浦市
調川町平尾免　つきのかわちょうひらおめん　長崎県松浦市
調川町白井免　つきのかわちょうしらいめん　長崎県松浦市
調川町松山田免　つきのかわちょうまつやまだめん　長崎県松浦市
5 **調布**　ちょうふ　東京都（京王電気京王線ほか）
調布ケ丘　ちょうふがおか　東京都調布市
調布市　ちょうふし　東京都
13 **調殿**　つきどの　宮崎県西都市
14 **調練場**　ちょうれんば　秋田県由利本荘市

【論】

5 **論田**
　ろんでん　福島県石川郡古殿町
　ろんでん　富山県氷見市
　ろんでん　富山県小矢部市
　ろんでん　愛媛県喜多郡内子町
論田町　ろんでんちょう　徳島県徳島市

15画（質, 賞, 賤, 踏, 輝, 輪, 鋤, 鋳, 霊, 鞍, 養）

6論地町　ろんちちょう　愛知県高浜市
19論瀬　ろんぜ　新潟県五泉市

【質】
7質志　しずし　京都府船井郡京丹波町
9質美　しつみ　京都府船井郡京丹波町

【賞】
5賞田　しょうだ　岡山県岡山市中区

【賤】
0賤ノ田　しつのた　福島県伊達郡川俣町

【踏】
2踏入　ふみいり　長野県上田市
4踏分町　ふみわけまち　愛知県碧南市
19踏瀬　ふませ　福島県西白河郡泉崎村

【輝】
5輝北町下百引　きほくちょうしももびき　鹿児島県鹿屋市
輝北町上百引　きほくちょうかみもびき　鹿児島県鹿屋市
輝北町市成　きほくちょういちなり　鹿児島県鹿屋市
輝北町平房　きほくちょうひらぼう　鹿児島県鹿屋市
輝北町諏訪原　きほくちょうすわばら　鹿児島県鹿屋市
8輝国　てるくに　福岡県福岡市中央区
9輝美町　てるみちょう　北海道北広島市

【輪】
4輪之内町　わのうちちょう　岐阜県安八郡
6輪西　わにし　北海道（JR室蘭本線）
輪西町　わにしちょう　北海道室蘭市
9輪厚　わっつ　北海道北広島市
輪厚工業団地　わっつこうぎょうだんち　北海道北広島市
輪厚中央　わっつちゅうおう　北海道北広島市
輪厚元町　わっつもとまち　北海道北広島市
10輪島市　わじまし　石川県
輪島崎町　わじまざきまち　石川県輪島市

【鋤】
鋤　すき　鳥取県倉吉市
11鋤崎　すきざき　福岡県京都郡苅田町

【鋳】
8鋳物町　いものまち　山形県山形市
鋳物師
　　いもじ　新潟県村上市
　　いものし　福井県南条郡南越前町
　　いもじ　京都府福知山市
　　いもじ　兵庫県伊丹市
鋳物師沢　いものしざわ　富山県中新川郡立山町
鋳物師町
　　いもじちょう　福井県敦賀市
　　いものしちょう　滋賀県東近江市
　　いもじちょう　山口県防府市

　　いもじまち　福岡県北九州市小倉北区
鋳物師屋
　　いもじや　長野県千曲市
　　いもじや　岐阜県関市
鋳物師興野　いものしごうや　新潟県新潟市南区
14鋳銭司　すぜんじ　山口県山口市
鋳銭場　いせんば　宮城県石巻市

【霊】
3霊山町下小国　りょうぜんまちしもおぐに　福島県伊達市
霊山町上小国　りょうぜんまちかみおぐに　福島県伊達市
霊山町大石　りょうぜんまちおおいし　福島県伊達市
霊山町山戸田　りょうぜんまちやまとだ　福島県伊達市
霊山町山野川　りょうぜんまちやまのがわ　福島県伊達市
霊山町中川　りょうぜんまちなかがわ　福島県伊達市
霊山町石田　りょうぜんまちいしだ　福島県伊達市
霊山町泉原　りょうぜんまちいずみはら　福島県伊達市
霊山町掛田　りょうぜんまちかけだ　福島県伊達市
5霊仙　りょうぜん　滋賀県犬上郡多賀町
霊仙寺　りょうせんじ　滋賀県栗東市
霊山寺　りょうぜんじちょう　大阪府高槻市
6霊安寺町　りょうあんじちょう　奈良県五條市
9霊南　れいなん　長崎県島原市
霊屋下　おたまやした　宮城県仙台市青葉区

【鞍】
3鞍川　くらかわ　富山県氷見市
4鞍手　くらて　福岡県（JR筑豊本線）
鞍手町　くらてまち　福岡県鞍手郡
鞍手郡　くらてぐん　福岡県
鞍月　くらつき　石川県金沢市
鞍月東　くらつきひがし　石川県金沢市
8鞍岡　くらおか　宮崎県西臼杵郡五ケ瀬町
10鞍馬　くらま　京都府（叡山電鉄鞍馬線）
鞍馬二ノ瀬町　くらまにのせちょう　京都府京都市左京区
鞍馬口　くらまぐち　京都府（京都市交通局烏丸線）
鞍馬口町　くらまぐちちょう　京都府京都市北区
鞍馬本町　くらまほんまち　京都府京都市左京区
鞍馬貴船町　くらまきぶねちょう　京都府京都市左京区
鞍骨　くらぼね　富山県氷見市
11鞍掛
　　くらがけ　宮城県遠田郡涌谷町
　　くらかけ　長野県東御市
鞍掛町　くらかけちょう　兵庫県西宮市

【養】
3養川　ようかわ　三重県多気郡明和町
4養父　やぶ　兵庫県（JR山陰本線）
養父元町　やぶもとまち　大阪府枚方市
養父丘　やぶがおか　大阪府枚方市
養父市　やぶし　兵庫県
養父市場　やぶいちば　兵庫県養父市
養父西町　やぶにしまち　大阪府枚方市

15画（駕，駈，駒）

養父町
　　やぶまち　愛知県東海市
　　やぶまち　佐賀県鳥栖市
養父東町　やぶひがしまち　大阪府枚方市
⁵養母田　やぶた　佐賀県唐津市
養母田鬼塚　やぶたおにづか　佐賀県唐津市
⁶養安寺　ようあんじ　千葉県大網白里市
養安町　ようあんちょう　京都府京都市上京区
養老
　　ようろう　北海道十勝郡浦幌町
　　ようろう　千葉県市原市
　　ようろう　岐阜県（養老鉄道線）
　　ようろう　岐阜県養老郡養老町
　　ようろう　高知県土佐清水市
養老公園　ようろうこうえん　岐阜県養老郡養老町
養老牛　ようろううし　北海道標津郡中標津町
養老町
　　ようろうちょう　岐阜県岐阜市
　　ようろうちょう　岐阜県養老郡
　　ようろうちょう　兵庫県神戸市須磨区
養老郡　ようろうぐん　岐阜県
養老渓谷　ようろうけいこく　千葉県（小湊鉄道線）
養老散布　ようろうちりっぷ　北海道厚岸郡浜中町
⁷養沢　ようざわ　東京都あきる野市
¹⁰養蚕　ようさん　秋田県能代市
養蚕脇　ようさんわき　秋田県能代市
¹¹養野　ようの　岡山県苫田郡鏡野町
¹³養福寺町　ようふくじまち　福岡県北九州市八幡西区
²³養鱒公園　ようそんこうえん　福岡県（会津鉄道線）

【駕】
³駕与丁　かよいちょう　福岡県糟屋郡粕屋町
⁷駕町　かごまち　和歌山県和歌山市
¹⁷駕輿丁　かよちょう　滋賀県蒲生郡竜王町

【駈】
³駈上　かけあげ　愛知県名古屋市南区

【駒】
駒　こま　長野県下伊那郡阿智村
⁰駒ケ谷
　　こまがたに　大阪府（近畿日本鉄道南大阪線）
　　こまがたに　大阪府羽曳野市
駒ケ岳
　　こまがたけ　北海道（JR函館本線）
　　こまがたけ　北海道茅部郡森町
駒ケ林　こまがばやし　兵庫県（神戸市交通局海岸線）
駒ケ林町　こまがばやしちょう　兵庫県神戸市長田区
駒ケ林南町　こまがばやしみなみちょう　兵庫県神戸市長田区
駒ケ原町　こまがはらちょう　広島県三原市
駒ケ根　こまがね　長野県（JR飯田線）
駒ケ根市　こまがねし　長野県
駒ケ崎　こまがさき　茨城県古河市
駒ケ野　こまがの　三重県度会郡度会町
駒ケ嶺
　　こまがみね　福島県（JR常磐線）
　　こまがみね　福島県相馬郡新地町

駒の町　こまのちょう　兵庫県宝塚市
³駒山　こまやま　福島県福島市
駒川　こまがわ　大阪府大阪市東住吉区
駒川中野　こまがわなかの　大阪府（大阪市交通局谷町線）
⁴駒之町　こまのちょう　京都府京都市上京区
駒井田町　こまいだまち　熊本県人吉市
駒井沢町　こまいざわちょう　滋賀県草津市
駒井町　こまいまち　東京都狛江市
駒井野　こまいの　千葉県成田市
駒方　こまがた　富山県高岡市
駒方町　こまがたちょう　愛知県名古屋市昭和区
駒木
　　こまき　青森県南津軽郡大鰐町
　　こまぎ　千葉県流山市
駒木台　こまぎだい　千葉県流山市
駒木町
　　こまぎちょう　岩手県釜石市
　　こまきちょう　東京都青梅市
駒木根　こまぎね　茨城県鉾田市
駒止町
　　こまどめちょう　愛知県名古屋市北区
　　こまどめちょう　香川県坂出市
駒水町　こまみずちょう　鹿児島県枕崎市
⁵駒生
　　こまおい　北海道網走郡美幌町
　　こまにゅう　栃木県宇都宮市
駒生町　こまにゅうまち　栃木県宇都宮市
駒立町　こまだちちょう　愛知県岡崎市
駒込
　　こまごめ　青森県青森市
　　こまごめ　茨城県古河市
　　こまごめ　茨城県つくば市
　　こまごめ　千葉県旭市
　　こまごめ　千葉県市原市
　　こまごめ　千葉県大網白里市
　　こまごめ　東京都（JR山手線）
　　こまごめ　東京都豊島区
　　こまごみ　新潟県新潟市江南区
　　こまごみ　新潟県三条市
⁶駒寺野新田　こまでらのしんでん　埼玉県日高市
駒羽根　こまはね　茨城県古河市
駒衣　こまぎぬ　埼玉県児玉郡美里町
駒西　こまにし　埼玉県ふじみ野市
⁷駒形
　　こまがた　宮城県気仙沼市
　　こまがた　福島県石川郡平田村
　　こまがた　群馬県（JR両毛線）
　　こまがた　埼玉県行田市
　　こまがた　埼玉県三郷市
　　こまがた　東京都台東区
駒形町
　　こまがたちょう　秋田県湯沢市
　　こまがたまち　群馬県前橋市
　　こまがたちょう　愛知県豊橋市
駒形通　こまがたどおり　静岡県静岡市葵区
駒形富士山
　　こまがたふじやま　埼玉県入間市
　　こまがたふじやま　東京都西多摩郡瑞穂町
駒形新宿　こまがたしんしゅく　神奈川県南足柄市
駒沢　こまざわ　東京都世田谷区

1256

15画（駛, 髭, 魵, 鴇）

駒沢大学 こまざわだいがく 東京都（東京急行電鉄田園都市線）
駒沢公園 こまざわこうえん 東京都世田谷区
駒見
　こまみ 北海道茅部郡鹿部町
　こまみ 富山県富山市
駒里
　こまさと 北海道千歳市
　こまさと 北海道常呂郡訓子府町
8駒岡 こまおか 神奈川県横浜市鶴見区
駒林
　こまばやし 埼玉県ふじみ野市
　こまばやし 新潟県上越市
　こまばやし 新潟県阿賀野市
駒林元町 こまはやしもとまち 埼玉県ふじみ野市
駒牧 こままき 北海道釧路市
駒門 こまかど 静岡県御殿場市
9駒前町 こままえちょう 愛知県瀬戸市
駒栄町 こまえちょう 兵庫県神戸市長田区
10駒帰 こまがえり 鳥取県八頭郡智頭町
駒帰町 こまがえりまち 石川県金沢市
駒畠 こまはた 北海道中川郡幕別町
11駒崎 こまさき 埼玉県蓮田市
駒野 こまの 岐阜県（養老鉄道線）
駒野町 こまのちょう 愛知県弥富市
12駒場
　こまば 北海道勇払郡むかわ町
　こまば 北海道河東郡音更町
　こまば 宮城県気仙沼市
　こまば 宮城県黒川郡大衡村
　こまば 茨城県取手市
　こまば 茨城県東茨城郡茨城町
　こまば 埼玉県さいたま市浦和区
　こまば 埼玉県加須市
　こまば 東京都目黒区
　こまば 山梨県南アルプス市
　こまば 長野県下伊那郡阿智村
　こまば 長野県上高井郡高山村
　こまんば 岐阜県中津川市
　こまば 静岡県磐田市
駒場北 こまばきた 北海道網走市
駒場北1条通 こまばきたいちじょうどおり 北海道河東郡音更町
駒場北2条通 こまばきたにじょうどおり 北海道河東郡音更町
駒場北町 こまばきたまち 北海道河東郡音更町
駒場平和台 こまばへいわだい 北海道河東郡音更町
駒場本通 こまばほんどおり 北海道河東郡音更町
駒場西 こまばにし 北海道河東郡音更町
駒場町
　こまばちょう 北海道函館市
　こまばちょう 北海道釧路市
　こまばちょう 北海道根室市
　こまばちょう 北海道恵庭市
　こまばちょう 栃木県足利市
　こまんばちょう 岐阜県中津川市
　こまばちょう 愛知県名古屋市瑞穂区
　こまばちょう 愛知県豊田市
　こまばちょう 愛知県尾石市
駒場車庫前 こまばしゃこまえ 北海道（函館市交通局2系統ほか）
駒場並木 こまばなみき 北海道河東郡音更町

駒場東 こまばひがし 北海道河東郡音更町
駒場東大前 こまばとうだいまえ 東京都（京王電鉄井の頭線）
駒場南
　こまばみなみ 北海道網走市
　こまばみなみ 北海道河東郡音更町
駒場南1条通 こまばみなみいちじょうどおり 北海道河東郡音更町
駒場南2条通 こまばみなみにじょうどおり 北海道河東郡音更町
駒場南3条通 こまばみなみさんじょうどおり 北海道河東郡音更町
駒場南4条通 こまばみなみしじょうどおり 北海道河東郡音更町
駒場新町 こまばしんまち 京都府福知山市
駒塚 こまつか 茨城県稲敷市
駒渡
　こまわたり 茨城県東茨城郡茨城町
　こまわたり 石川県鳳珠郡能登町
駒越
　こまごし 青森県弘前市
　こまごえ 静岡県静岡市清水区
駒越中 こまごえなか 静岡県静岡市清水区
駒越北町 こまごえきたまち 静岡県静岡市清水区
駒越西 こまごえにし 静岡県静岡市清水区
駒越町 こまごしまち 青森県弘前市
駒越東町 こまごえひがしちょう 静岡県静岡市清水区
駒越南町 こまごえみなみちょう 静岡県静岡市清水区
13駒園 こまぞの 北海道岩見沢市
駒新町 こましんちょう 愛知県豊田市
14駒跿 こまはね 茨城県坂東市
駒鳴 こまなき 佐賀県（JR筑肥線）
16駒橋 こまはし 山梨県大月市
22駒籠 こまごめ 山形県北村山郡大石田町

【駛】
10駛馬町 はやめまち 福岡県大牟田市

【髭】
9髭茶屋屋敷町 ひげちゃややしきちょう 京都府京都市山科区
髭茶屋桃燈町 ひげちゃやちょうちんちょう 京都府京都市山科区

【魵】
5魵穴 えびあな 新潟県西蒲原郡弥彦村

【鴇】
0鴇ケ谷 とがたに 石川県白山市
3鴇久保 ときくぼ 長野県小諸市
　鴇子 とうのこ 福島県石川郡平田村
7鴇谷 とうや 千葉県長生郡長柄町
11鴇崎 ときざき 千葉県香取市
　鴇巣 とうのす 福島県南会津郡会津町
16鴇頭森 ときとうもり 福島県福島市

1257

15画（鴉, 麹） 16画（劔, 壇, 壁, 懐, 憩, 操, 整, 曇, 機, 橘, 橋）

【鴉】
0鴉ケ島　からすがしま　新潟県長岡市
10鴉根町　からすねちょう　愛知県半田市

【麹】
7麹町
　　こうじまち　東京都（東京地下鉄有楽町線）
　　こうじまち　東京都千代田区
9麹屋町　こうじやまち　長崎県長崎市

16画

【劔】
劔　つるぎ　新潟県上越市

【壇】
0壇ノ前　だんのまえ　福島県喜多方市
4壇之浦町　だんのうらちょう　山口県下関市
9壇前　だんのまえ　宮城県刈田郡七ケ宿町
11壇野前　だんのまえ　山形県山形市

【壁】
5壁田　へきだ　長野県中野市
7壁沢　かべさわ　福島県伊達郡川俣町

【懐】
3懐山　ふところやま　静岡県浜松市天竜区

【憩】
0憩が丘　いこいがおか　北海道上川郡美瑛町
7憩町　いこいちょう　北海道上川郡美瑛町

【操】
5操出　くりだし　愛知県弥富市
7操町　みさおちょう　栃木県宇都宮市

【整】
12整備場　せいびじょう　東京都（東京モノレール線）

【曇】
10曇華院前町　どんげいんまえちょう　京都府京都市中京区

【機】
18機織山　はたおりやま　岩手県一関市
機織轌ノ目　はたおりそりのめ　秋田県能代市

【橘】
橘
　　たちばな　新潟県佐渡市
　　たちばな　石川県能美郡川北町
　　たちばな　静岡県周智郡森町
　　たちばな　愛知県名古屋市中区
　　たちばな　大阪府大阪市西成区
　　たちばな　奈良県高市郡明日香村
　　たちばな　徳島県海部郡牟岐町
　　たちばな　香川県小豆郡小豆島町
　　たちばな　高知県吾川郡仁淀川町
　　たちばな　福岡県大牟田市
　　たちばな　熊本県上益城郡山都町
7橘町
　　たちばなちょう　石川県七尾市
　　たちばなまち　石川県加賀市
　　たちばなちょう　岐阜県大垣市
　　たちばなちょう　愛知県津島市
　　たちばなちょう　京都府京都市上京区
　　たちばなちょう　京都府京都市中京区
　　たちばなちょう　京都府京都市下京区
　　たちばなちょう　徳島県阿南市
橘町大日　たちばなちょうだいにち　佐賀県武雄市
橘町片白　たちばなちょうかたじろ　佐賀県武雄市
橘町永島　たちばなちょうながしま　佐賀県武雄市
橘町芦原　たちばなちょうあしはら　佐賀県武雄市
橘谷　たちばなだに　高知県吾川郡仁淀川町
9橘柳町　たちばなやなぎちょう　京都府京都市中京区
10橘浦　たちばなうら　高知県幡多郡大月町
橘通　たちばなどおり　兵庫県神戸市中央区
橘通西　たちばなどおりにし　宮崎県宮崎市
橘通東　たちばなどおりひがし　宮崎県宮崎市
13橘新　たちばなしん　石川県能美郡川北町

【橋】
0橋ノ上　はしのかみ　青森県上北郡七戸町
橋ノ川　はしのかわ　和歌山県東牟婁郡那智勝浦町
橋の内　はしのうち　大阪府茨木市
2橋丁　はしちょう　和歌山県和歌山市
3橋下条　はしげじょう　富山県射水市
橋下町
　　はししたちょう　愛知県名古屋市中村区
　　はししたちょう　京都府京都市中京区
橋上　はしかみ　山形県西村山郡大江町
橋上町　はしかみちょう　京都府綾部市
橋上町出井　はしかみちょういでい　高知県宿毛市
橋上町平野　はしかみちょうひらの　高知県宿毛市
橋上町坂本　はしかみちょうさかもと　高知県宿毛市
橋上町京法　はしかみちょうきょうほう　高知県宿毛市
橋上町神有　はしかみちょうかみあり　高知県宿毛市
橋上町奥奈路　はしかみちょうおくなろ　高知県宿毛市
橋上町楠山　はしかみちょうくすやま　高知県宿毛市
橋上町橋上　はしかみちょうはしかみ　高知県宿毛市
橋上町還住藪　はしかみちょうげんじゅやぶ　高知県宿毛市
橋丸　はしまる　福島県大沼郡会津美里町
橋口町
　　はしぐちまち　福岡県大牟田市
　　はしぐちまち　長崎県長崎市
橋山　はしやま　広島県山県郡北広島町
4橋之上町　はしのうえちょう　京都府京都市上京区
橋之町
　　はしのちょう　京都府京都市中京区
　　はしのまち　兵庫県姫路市
橋戸　はしど　神奈川県横浜市瀬谷区
橋爪
　　はしづめ　茨城県笠間市
　　はしづめ　福井県大野市

16画（橋）

はしづめ　岐阜県養老郡養老町
はしづめ　愛知県犬山市
はしづめ　京都府船井郡京丹波町
橋爪町　はしづめまち　石川県白山市
橋爪東　はしづめひがし　愛知県犬山市
橋爪新町　はしづめしんまち　石川県白山市
5橋弁慶町　はしべんけいちょう　京都府京都市中京区
橋本
　はしもと　青森県青森市
　はしもと　宮城県柴田郡大河原町
　はしもと　秋田県大仙市
　はしもと　山形県酒田市
　はしもと　福島県会津若松市
　はしもと　福島県二本松市
　はしもと　福島県伊達郡川俣町
　はしもと　栃木県下野市
　はしもと　神奈川県（JR横浜線ほか）
　はしもと　神奈川県相模原市緑区
　はしもと　新潟県新潟市西蒲区
　はしもと　滋賀県蒲生郡竜王町
　はしもと　京都府（京阪電気鉄道本線）
　はしもと　大阪府貝塚市
　はしもと　奈良県桜井市
　はしもと　和歌山県（JR和歌山線ほか）
　はしもと　和歌山県橋本市
　はしもと　和歌山県新宮市
　はしもと　鳥取県鳥取市
　はしもと　鳥取県米子市
　はしもと　鳥取県八頭郡八頭町
　はしもと　福岡県（福岡市交通局七隈線）
　はしもと　福岡県福岡市西区
　はしもと　佐賀県唐津市
橋本乙　はしもとおつ　福島県大沼郡会津美里町
橋本小金川　はしもとこがねがわ　京都府八幡市
橋本中ノ池尻　はしもとなかのいけじり　京都府八幡市
橋本中ノ町　はしもとなかのちょう　京都府八幡市
橋本北ノ町　はしもときたのちょう　京都府八幡市
橋本北浄土ケ原　はしもときたじょうどがはら　京都府八幡市
橋本台　はしもとだい　神奈川県相模原市緑区
橋本尻江　はしもとしりえ　京都府八幡市
橋本市　はしもといち　和歌山県
橋本平野山　はしもとひらのやま　京都府八幡市
橋本石ケ谷　はしもといしがだに　京都府八幡市
橋本向山　はしもとむかいやま　京都府八幡市
橋本米ノ尾　はしもとこめのお　京都府八幡市
橋本糸ケ上　はしもといとがうえ　京都府八幡市
橋本西山本　はしもとにしやまもと　京都府八幡市
橋本西刈又　はしもとにしかりまた　京都府八幡市
橋本町
　はしもとちょう　北海道檜山郡江差町
　はしもとちょう　栃木県那須塩原市
　はしもとちょう　千葉県銚子市
　はしもとちょう　神奈川県横浜市神奈川区
　はしもとちょう　岐阜県岐阜市
　はしもとちょう　愛知県名古屋市千種区
　はしもとちょう　京都府京都市上京区
　はしもとちょう　京都府京都市中京区
　はしもとちょう　京都府京都市東山区
　はしもとちょう　京都府京都市下京区
　はしもとちょう　大阪府大阪市阿倍野区

はしもとちょう　奈良県奈良市
はしもとまち　岡山県津山市
はしもとちょう　広島県広島市中区
はしもとちょう　山口県萩市
はしもとちょう　山口県周南市
はしもとまち　福岡県柳川市
はしもとまち　佐賀県唐津市
橋本東山本　はしもとひがしやまもと　京都府八幡市
橋本東刈又　はしもとひがしかりまた　京都府八幡市
橋本東浄土ケ原　はしもとひがしじょうどがはら　京都府八幡市
橋本東原　はしもとひがしはら　京都府八幡市
橋本狩尾　はしもととがのお　京都府八幡市
橋本栗ケ谷　はしもとくりがだに　京都府八幡市
橋本堂ケ原　はしもとどうがはら　京都府八幡市
橋本奥ノ町　はしもとおくのちょう　京都府八幡市
橋本焼野　はしもとやけの　京都府八幡市
橋本塩釜　はしもとしおがま　京都府八幡市
橋本愛宕山　はしもとあたごやま　京都府八幡市
橋本意足　はしもといそく　京都府八幡市
橋本新田　はしもとしんでん　新潟県妙高市
橋本新石　はしもとしんせき　京都府八幡市
橋本興正　はしもとこうしょう　京都府八幡市
橋田　はした　新潟県五泉市
橋目町
　はしめちょう　愛知県岡崎市
　はしめちょう　愛知県安城市
橋目町御小屋西　はしめちょうおこやにし　愛知県岡崎市
橋立
　はしだて　新潟県糸魚川市
　はしたて　福井県南条郡南越前町
橋立町
　はしたてまち　石川県加賀市
　はしたてちょう　福井県鯖江市
6橋向
　はしむこう　茨城県稲敷市
　はしむこう　愛知県新城市
橋向町　はしむかいちょう　和歌山県和歌山市
橋向町　はしむかいちょう　滋賀県彦根市
橋西　きょうせい　北海道白糠郡白糠町
橋西二町目　はしにしにちょうめ　京都府京都市上京区
橋西町　はしにしちょう　京都府京都市中京区
7橋呉　はしくれ　北海道上磯郡木古内町
橋尾町　はしおちょう　愛知県豊田市
橋良町　はしらちょう　愛知県豊橋市
橋谷　はしたに　和歌山県橋本市
8橋岡町　はしおかちょう　滋賀県草津市
橋詰町　はしひがしづめちょう　京都府京都市中京区
橋波西之町　はしばにしのちょう　大阪府守口市
橋波東之町　はしばひがしのちょう　大阪府守口市
橋門　はしかど　茨城県行方市
9橋屋
　はしや　福井県あわら市
　はしや　奈良県吉野郡吉野町
橋津
　はしづ　鳥取県東伯郡湯梨浜町
　はしづ　大分県宇佐市

1259

16画（樹, 樽, 橡, 橦, 橳, 濁, 澳, 澤, 燕, 燈, 瓢）

---

¹⁰橋桁　はしげた　秋田県大館市
　橋浦町　はしうらちょう　京都府京都市中京区
¹¹橋野町　はしのちょう　岩手県釜石市
¹²橋場
　　はしば　岩手県岩手郡雫石町
　　はしば　東京都台東区
　　はしば　新潟県柏崎市
　橋場町
　　はしばちょう　新潟県柏崎市
　　はしばまち　富山県滑川市
　　はしばちょう　石川県金沢市
　橋場美　はしばみ　茨城県小美玉市
　橋賀台　はしかだい　千葉県成田市
¹³橋詰町
　　はしづめちょう　愛知県津島市
　　はしづめちょう　京都府京都市上京区
　　はしづめちょう　京都府京都市下京区
¹⁶橋橘町　はしたちばなちょう　京都府京都市下京区

【樹】
⁴樹木　じゅもく　青森県弘前市
　樹木町
　　じゅもくまち　千葉県佐倉市
　　じゅもくちょう　愛知県豊田市

【樽】
³樽上町　たるうえちょう　岐阜県瑞浪市
　樽口　たるぐち　山形県西置賜郡小国町
　樽川　たるかわ　北海道石狩市
　樽川七条　たるかわしちじょう　北海道石狩市
　樽川九条　たるかわくじょう　北海道石狩市
　樽川八条　たるかわはちじょう　北海道石狩市
　樽川三条　たるかわさんじょう　北海道石狩市
　樽川五条　たるかわごじょう　北海道石狩市
　樽川六条　たるかわろくじょう　北海道石狩市
　樽川四条　たるかわしじょう　北海道石狩市
⁴樽井
　　たるい　大阪府（南海電気鉄道南海本線）
　　たるい　大阪府泉南市
　樽井町
　　たるいちょう　愛知県豊田市
　　たるいちょう　奈良県奈良市
　樽水
　　たるみ　愛知県常滑市
　　たるみ　京都府福知山市
　樽水町　たるみちょう　愛知県常滑市
⁵樽本　たるもと　新潟県妙高市
　樽石　たるいし　山形県村山市
⁷樽沢　たるさわ　新潟県十日町市
　樽町　たるまち　神奈川県横浜市港北区
　樽見
　　たるみ　岐阜県（樽見鉄道線）
　　たるみ　愛媛県南宇和郡愛南町
⁸樽味　たるみ　愛媛県松山市
　樽岸町　たるきしちょう　北海道寿都郡寿都町
⁹樽前　たるまえ　北海道苫小牧市
　樽屋町
　　たるやちょう　京都府京都市中京区
　　たるやちょう　京都府京都市下京区
　　たるやちょう　京都府京都市伏見区

　　たるやまち　兵庫県明石市
　　たるやちょう　山口県萩市
¹⁰樽真布町　たるまっぷちょう　北海道留萌市

【橡】
³橡久保　とちくぼ　群馬県利根郡昭和村

【橦】
⁴橦木町　しゅもくちょう　愛知県名古屋市東区

【橳】
¹⁰橳島町　ぬでじままち　群馬県前橋市

【濁】
³濁川
　　にごりかわ　北海道茅部郡森町
　　にごりかわ　秋田県秋田市
　　にごりかわ　新潟県新潟市北区
　濁川みどり町　にごりかわみどりまち　北海道紋別郡滝上町
　濁川中央　にごりかわちゅうおう　北海道紋別郡滝上町
　濁川町　にごりかわちょう　広島県庄原市
⁷濁沢　にごりさわ　新潟県三条市
　濁沢町　にごりさわまち　新潟県長岡市
　濁谷　にごたに　鳥取県日野郡日野町

【澳】
⁵澳田　いくた　福島県南会津郡下郷町

【澤】
　澤　さわ　大阪府貝塚市
⁴澤井　さわい　神奈川県相模原市緑区

【燕】
　燕
　　つばめ　新潟県（JR弥彦線）
　　つばめ　新潟県燕市
³燕三条　つばめさんじょう　新潟県（JR上越新幹線ほか）
⁵燕市　つばめし　新潟県
⁷燕沢　つばめさわ　宮城県仙台市宮城野区
　燕沢東　つばめさわひがし　宮城県仙台市宮城野区
¹¹燕清水　つばめしみず　福島県田村郡三春町

【燈】
¹³燈豊町　とうぶちょう　福井県福井市
²²燈籠町　とうろうちょう　京都府京都市下京区

【瓢】
　瓢　ふくべ　青森県上北郡おいらせ町
⁷瓢町
　　ふくべちょう　富山県滑川市
　　ひさごちょう　岐阜県羽島郡笠松町
¹⁵瓢箪山
　　ひょうたんやま　愛知県（名古屋鉄道瀬戸線）
　　ひょうたんやま　大阪府（近畿日本鉄道奈良線）
　瓢箪山町　ひょうたんやまちょう　大阪府東大阪市

1260

16画（瓪，瘦，磨，顥，積，築）

瓢箪図子町　ひょうたんずしちょう　京都府京都市上京区
瓢箪町　ひょうたんまち　石川県金沢市

【瓪】

7瓪谷町　こしきだにちょう　福井県福井市
8瓪岩町　こしきいわちょう　兵庫県西宮市

【瘦】

15瘦槻　こぶつき　宮城県気仙沼市

【磨】

9磨屋町
　とぎやちょう　岡山県岡山市北区
　とぎやまち　香川県高松市

【顥】

9顥娃　えい　鹿児島県（JR指宿枕崎線）
顥娃大川　えいおおかわ　鹿児島県（JR指宿枕崎線）
顥娃町　えいちょう　⇒南九州市（鹿児島県）
顥娃町上別府　えいちょうかみべっぷ　鹿児島県南九州市
顥娃町別府　えいちょうべっぷ　鹿児島県南九州市
顥娃町牧之内　えいちょうまきのうち　鹿児島県南九州市
顥娃町郡　えいちょうこおり　鹿児島県南九州市
顥娃町御領　えいちょうごりょう　鹿児島県南九州市

【積】

3積川町　つがわちょう　大阪府岸和田市
4積丹町　しゃこたんちょう　北海道積丹郡
積丹郡　しゃこたんぐん　北海道
7積志　せきし　静岡県（遠州鉄道線）
積志町　せきしちょう　静岡県浜松市東区
積良　つむろ　三重県度会郡玉城町
12積善寺　しゃくぜんじ　高知県土佐市

【築】

3築三町　つきさんちょう　愛知県名古屋市港区
築上町　ちくじょうまち　福岡県築上郡
築上郡　ちくじょうぐん　福岡県
築山
　つきやま　宮城県石巻市
　つくやま　山梨県南アルプス市
　つきやま　奈良県（近畿日本鉄道大阪線）
　つきやま　奈良県大和高田市
築山北半町　つきやまきたはんちょう　京都府京都市上京区
築山町
　つきやままち　愛知県碧南市
　つきやまちょう　愛媛県松山市
築山南半町　つきやまみなみはんちょう　京都府京都市上京区
築山新町　つきやましんまち　島根県出雲市
4築切　ついきり　佐賀県杵島郡白石町
築木館　つきのきだて　青森県青森市
築比地　つきひじ　埼玉県北葛飾郡松伏町
6築地
　つきじ　北海道浦河郡浦河町

つきじ　岩手県宮古市
ついじ　茨城県潮来市
ついじ　茨城県筑西市
ついじ　群馬県利根郡片品村
つきじ　埼玉県ふじみ野市
つきじ　千葉県木更津市
つきじ　東京都（東京地下鉄日比谷線）
つきじ　東京都中央区
ついじ　新潟県胎内市
ついじ　長野県上田市
つきじ　静岡県藤枝市
つきじ　兵庫県尼崎市
つきじ　和歌山県海南市
つきじ　和歌山県東牟婁郡那智勝浦町
つきじ　熊本県水俣市
ついじ　熊本県玉名市
ついじ　大分県豊後高田市
築地上　ついじかみ　静岡県藤枝市
築地口　つきじぐち　愛知県（名古屋市交通局名港線）
築地之内町　つじのうちちょう　奈良県奈良市
築地市場　つきじしじょう　東京都（東京都交通局大江戸線）
築地町
　つきじちょう　北海道室蘭市
　ついじちょう　栃木県佐野市
　つきじまち　東京都新宿区
　ついじちょう　東京都昭島市
　つきじちょう　静岡県静岡市清水区
　つきじちょう　愛知県名古屋市港区
　つきじちょう　愛知県豊橋市
　ついじちょう　愛知県刈谷市
　つきじちょう　兵庫県神戸市兵庫区
　つきじちょう　広島県呉市
　つきじちょう　香川県高松市
　つきじちょう　愛媛県宇和島市
　つきじまち　福岡県北九州市八幡西区
　つきじちょう　長崎県平戸市
築地新　ついじしん　新潟県胎内市
築地新田　ついじしんでん　山梨県中巨摩郡昭和町
築地新居　ついじあらい　山梨県中巨摩郡昭和町
7築別　ちくべつ　北海道苫前郡羽幌町
築別炭砿　ちくべつたんこう　北海道苫前郡羽幌町
築町
　ちくまち　福岡県大牟田市
　つきまち　長崎県（長崎電気軌道1系統ほか）
　つきまち　長崎県長崎市
9築城
　ついき　福岡県（JR日豊本線）
　ついき　福岡県築上郡築上町
11築捨町　つきすてちょう　岐阜県大垣市
築添町　つきぞえまち　熊本県八代市
築盛町　ちくもりちょう　愛知県名古屋市港区
12築港
　ちっこう　北海道小樽市
　ちっこう　大阪府大阪市港区
　ちっこう　和歌山県和歌山市
　ちっこう　岡山県玉野市
築港ひかり町　ちっこうひかりまち　岡山県岡山市南区
築港八幡町　ちっこうやわたまち　大阪府堺市堺区
築港元町　ちっこうもとまち　岡山県岡山市南区
築港本町　ちっこうほんまち　福岡県福岡市博多区

16画（篙, 簑, 糒, 繁, 縫, 膳）

築港町
　ちっこうちょう　山口県周南市
　ちっこうちょう　香川県坂出市
築港南町　ちっこうみなみまち　大阪府堺市堺区
築港栄町　ちっこうさかえまち　岡山県岡山市南区
築港浜寺西町　ちっこうはまでらにしまち　大阪府堺市西区
築港浜寺町　ちっこうはまでらちょう　大阪府堺市西区
築港街　ちっこうがい　青森県八戸市
築港新町
　ちっこうしんまち　大阪府堺市西区
　ちっこうしんまち　岡山県岡山市南区
築港緑町　ちっこうみどりまち　岡山県岡山市南区
16築館八沢　つきだてやさわ　宮城県栗原市
築館下待井　つきだてしもまい　宮城県栗原市
築館下宮野　つきだてしもみやの　宮城県栗原市
築館下高森　つきだてしもたかもり　宮城県栗原市
築館上宮野　つきだてかみみやの　宮城県栗原市
築館上高森　つきだてかみたかもり　宮城県栗原市
築館久伝　つきだてきゅうでん　宮城県栗原市
築館小淵西　つきだてこぶちにし　宮城県栗原市
築館小淵東　つきだてこぶちひがし　宮城県栗原市
築館川添　つきだてかわぞえ　宮城県栗原市
築館内沢　つきだてうちさわ　宮城県栗原市
築館内南沢　つきだてうちみなみざわ　宮城県栗原市
築館太田　つきだておおた　宮城県栗原市
築館木戸　つきだてきど　宮城県栗原市
築館外南沢　つきだてそとみなみざわ　宮城県栗原市
築館左足　つきだてこえだて　宮城県栗原市
築館伊豆　つきだていず　宮城県栗原市
築館光屋敷　つきだてひかりやしき　宮城県栗原市
築館成田　つきだてなりた　宮城県栗原市
築館芋埣　つきだていもぞね　宮城県栗原市
築館西小山　つきだてにしこやま　宮城県栗原市
築館佐野原　つきだてさのはら　宮城県栗原市
築館沢入　つきだてさわいり　宮城県栗原市
築館赤坂　つきだてあかさか　宮城県栗原市
築館青野　つきだてあおの　宮城県栗原市
築館城生野　つきだてじょうの　宮城県栗原市
築館荒田沢　つきだてあらたざわ　宮城県栗原市
築館唐竹林　つきだてからたけばやし　宮城県栗原市
築館宮野中央　つきだてみやのちゅうおう　宮城県栗原市
築館留場　つきだてとめば　宮城県栗原市
築館高田　つきだてたかだ　宮城県栗原市
築館黒瀬　つきだてくろせ　宮城県栗原市
築館富　つきだてとみ　宮城県栗原市
築館萩沢　つきだてはぎさわ　宮城県栗原市
築館萩沢東　つきだてはぎさわひがし　宮城県栗原市
築館萩沢南　つきだてはぎさわみなみ　宮城県栗原市
築館新八ツ沢　つきだてしんやつざわ　宮城県栗原市
築館新田　つきだてしんでん　宮城県栗原市
築館新成田西　つきだてしんなりたにし　宮城県栗原市
築館源光　つきだてげんこう　宮城県栗原市
築館照越　つきだててるこし　宮城県栗原市
築館境田　つきだてさかいだ　宮城県栗原市
築館横須賀　つきだてよこすか　宮城県栗原市

築館築館　つきだてつきだて　宮城県栗原市
築館薬師　つきだてやくし　宮城県栗原市
築館薬師ケ丘　つきだてやくしがおか　宮城県栗原市
築館薬師台　つきだてやくしだい　宮城県栗原市
築館館下　つきだてたてした　宮城県栗原市
築館館沢　つきだてたてさわ　宮城県栗原市
築館藤木　つきだてふじき　宮城県栗原市
築館蟹沢　つきだてかにさわ　宮城県栗原市
22築籠町　ついごめまち　熊本県宇土市

【篙】
3篙山　かごやま　愛知県名古屋市緑区
5篙田
　かごた　山形県山形市
　かごた　福島県伊達市
篙田町　かごたまち　愛知県碧南市
7篙谷町　かごやちょう　福井県福井市
8篙林町　かごはやしちょう　愛知県豊田市
9篙屋　かごや　愛知県一宮市
12篙場　かごば　新潟県三条市
篙渡　かごど　富山県南砺市

【簑】
7簑沢　みのさわ　神奈川県横浜市中区
10簑原　みのばる　佐賀県三養基郡みやき町
15簑輪　みのわ　福島県石川郡浅川町

【糒】
糒
　ほしい　福岡県（平成筑豊鉄道伊田線）
　ほしい　福岡県田川市

【繁】
3繁山　しげやま　新潟県新発田市
5繁本町　しげもとちょう　愛媛県新居浜市
6繁多川　はんたがわ　沖縄県那覇市
8繁和町　はんわちょう　大阪府和泉市
繁昌　はんじょう　茨城県行方市
繁昌町
　はんじょうちょう　京都府京都市下京区
　はんじょうちょう　兵庫県加西市
繁松新田　しげまつしんでん　三重県桑名市
10繁根木　はねぎ　熊本県玉名市
18繁藤　しげとう　高知県（JR土讃線）

【縫】
7縫別　ぬいべつ　北海道白糠郡白糠町
10縫原町　ぬいばらちょう　福井県福井市

【膳】
膳　ぜん　群馬県（上毛電気鉄道線）
4膳夫町　かしわてちょう　奈良県橿原市
8膳所
　ぜぜ　滋賀県（JR東海道本線）
　ぜぜ　滋賀県大津市
膳所上別保町　ぜぜかみべっぽちょう　滋賀県大津市
膳所平尾町　ぜぜひらおちょう　滋賀県大津市

16画（興, 舘, 薗）

膳所本町　ぜぜほんまち　滋賀県（京阪電気鉄道石山坂本線）
膳所池ノ内町　ぜぜいけのうちちょう　滋賀県大津市
9膳前　ぜんまえ　青森県上北郡東北町
12膳棚町　ぜんだなちょう　愛知県名古屋市瑞穂区

【興】
興　おき　京都府福知山市
0興ケ原町　おくがはらちょう　奈良県奈良市
2興人町　こうじんまち　富山県富山市
4興戸
　こうど　京都府（近畿日本鉄道京都線）
　こうど　京都府京田辺市
7興志内村　おきしないむら　北海道古宇郡泊村
8興和　こうわ　北海道河西郡中札内村
興国町　こうこくまち　熊本県八代市
興法寺　こうほうじ　富山県小矢部巾
9興南町　こうなんちょう　鳥取県鳥取市
興津
　おこつ　北海道釧路市
　おこつ　北海道苫前郡苫前町
　おきつ　茨城県稲敷郡美浦村
　おきつ　千葉県勝浦市
　おきつ　千葉県印旛郡栄町
　きょうづ　石川県河北郡津幡町
　おきつ　静岡県（JR東海道本線）
　おきつ　高知県高岡郡四万十町
興津久保山台　おきつくぼやまだい　千葉県勝浦市
興津中町　おきつなかちょう　静岡県静岡市清水区
興津井上町　おきついのうえちょう　静岡県静岡市清水区
興津本町　おきつほんちょう　静岡県静岡市清水区
興津東町　おきつあずまちょう　静岡県静岡市清水区
興津清見寺町　おきつせいけんじちょう　静岡県静岡市清水区
10興宮町　おきのみやちょう　東京都江戸川区
興留　おきどめ　奈良県生駒郡斑鳩町
興留東　おきどめひがし　奈良県生駒郡斑鳩町
11興部　おこっぺ　北海道紋別郡興部町
興部町　おこっべちょう　北海道紋別郡
興野
　きょうの　栃木県那須烏山市
　おきの　東京都足立区
　こうや　新潟県長岡市
　こうや　新潟県三条市
興野々　おきのの　愛媛県北宇和郡鬼北町
興隆寺　こうりゅうじ　兵庫県淡路市
興隆寺町　こうりゅうじちょう　奈良県奈良市
12興善寺町　こうぜんじまち　熊本県八代市
興善町
　こうぜんちょう　京都府京都市東山区
　こうぜんまち　長崎県長崎市
興善院町　こうぜんいんちょう　奈良県奈良市
興道寺　こうどうじ　福井県三方郡美浜町
13興福地町　こうふくじちょう　岐阜県大垣市

【舘】
舘
　だて　青森県上北郡東北町
　たて　秋田県由利本荘市

たて　福島県伊達郡桑折町
たて　福島県伊達郡川俣町
たち　富山県南砺市
たち　富山県中新川郡上市町
たち　石川県羽咋郡志賀町
0舘ケ岡　たてがおか　福島県須賀川市
舘ノ下　たてのした　福島県河沼郡会津坂下町
舘ノ内
　たてのうち　福島県福島市
　たてのうち　福島県伊達市
舘ノ内甲　たてのうちこう　福島県河沼郡会津坂下町
舘ノ前　たてのまえ　福島県福島市
舘ノ廻　たてのまわり　福島県大沼郡会津美里町
舘ノ廻甲　たてのまわりこう　福島県大沼郡会津美里町
舘ノ腰　たてのこし　福島県伊達郡川俣町
舘の後　たてのうしろ　青森県上北郡横浜町
3舘山
　たてやま　宮城県気仙沼市
　たてやま　山形県米沢市
舘山矢子町　たてやまやごまち　山形県米沢市
舘山寺町　かんざんじちょう　静岡県浜松市西区
舘山町　たちやままち　石川県金沢市
4舘方　たてがた　茨城県常総市
5舘市　たていち　岩手県八幡平市
舘矢間山田　たてやまやまだ　宮城県伊具郡丸森町
舘矢間木沼　たてやまきぬま　宮城県伊具郡丸森町
舘矢間松掛　たてやままつかけ　宮城県伊具郡丸森町
舘矢間舘山　たてやまたてやま　宮城県伊具郡丸森町
6舘合町　たてあいちょう　岩手県宮古市
7舘沢　たてさわ　福島県西白河郡矢吹町
舘町
　たちまち　石川県金沢市
　たちまち　石川県能美市
　たちちょう　京都府綾部市
舘花　だてはな　青森県上北郡東北町
舘谷　たてや　東京都あきる野市
舘谷台　たてやだい　東京都あきる野市
9舘前　たてまえ　秋田県由利本荘市
舘南　たてみなみ　宮城県亘理郡亘理町
11舘野
　たての　青森県上北郡七戸町
　たての　福島県喜多方市
　たての　福島県二本松市
　たての　新潟県燕市
舘野原　たてのはら　福島県二本松市
舘野越　たてのこし　青森県北津軽郡板柳町
12舘越　たてごし　秋田県南秋田郡五城目町
舘開　たちひらき　石川県羽咋郡志賀町

【薗】
薗
　その　千葉県館山市
　その　三重県多気郡大台町
　その　和歌山県御坊市
0薗ケ谷　そのがや　静岡県掛川市
11薗部　そのべ　福井県大飯郡高浜町
薗部町　そのべちょう　栃木県栃木市

1263

16画（薫, 薪, 薦, 薄, 薬）

【薫】

⁰薫る坂 かおるざか　宮崎県宮崎市
⁷薫別
　　くんべつ　北海道足寄郡陸別町
　　くんべつ　北海道標津郡標津町

【薪】

薪 たきぎ　京都府京田辺市
¹²薪森原 たきぎもりばら　岡山県苫田郡鏡野町

【薦】

³薦川 こもがわ　新潟県村上市
⁵薦生 こもお　三重県名張市
⁹薦津町 こもづちょう　島根県松江市
¹¹薦野 こもの　福岡県古賀市

【薄】

⁴薄井沢 うすいざわ　栃木県日光市
薄木 うすぎ　宮城県柴田郡村田町
薄毛 うすげ　島根県隠岐郡知夫村
⁵薄市 うすいち　青森県北津軽郡中泊町
薄平 うすだいら　宮城県伊具郡丸森町
⁷薄沢口 すすきざわぐち　宮城県刈田郡七ケ宿町
薄谷 すすきや　埼玉県春日部市
⁸薄波 うすなみ　富山県富山市
¹⁰薄倉町 うすくらまち　茨城県龍ケ崎市
薄原 すすばる　熊本県水俣市
薄原町 すすきばらちょう　島根県益田市
薄島 すすきしま　千葉県東金市
薄根町 すすねまち　群馬県沼田市
¹¹薄袋 すすきぶくろ　新潟県上越市
¹²薄場
　　うすば　静岡県周智郡森町
　　うすば　熊本県熊本市南区
薄町 うすばまち　熊本県熊本市南区
薄葉
　　うすば　福島県白河市
　　うすば　栃木県大田原市

【薬】

⁴薬井 くすりい　奈良県北葛城郡河合町
薬円台 やくえんだい　千葉県船橋市
薬水
　　くすりみず　奈良県（近畿日本鉄道吉野線）
　　くすりみず　奈良県吉野郡大淀町
薬王寺
　　やくおうじ　奈良県磯城郡田原本町
　　やくおうじ　福岡県古賀市
⁷薬利 くすり　栃木県那須郡那珂川町
薬谷町 くすりやちょう　茨城県常陸太田市
⁹薬屋町
　　くすりやちょう　京都府京都市上京区
　　くすりやちょう　京都府京都市中京区
薬研堀 やげんぼり　広島県広島市中区
¹⁰薬師
　　やくし　福島県二本松市
　　やくし　静岡県静岡市葵区
　　くずし　滋賀県蒲生郡竜王町
　　やくし　鹿児島県鹿児島市

薬師が丘 やくしがおか　広島県広島市佐伯区
薬師台
　　やくしだい　茨城県守谷市
　　やくしだい　東京都町田市
薬師平 やくしたい　青森県上北郡七戸町
薬師寺
　　やくしじ　栃木県下野市
　　やくしじ　岐阜県羽島郡岐南町
　　やくしじ　愛知県北名古屋市
　　やくしじ　福岡県豊前市
薬師町
　　やくしちょう　青森県三沢市
　　やくしまち　山形県山形市
　　やくしまち　埼玉県坂戸市
　　やくしまち　石川県金沢市
　　やくしちょう　福井県福井市
　　やくしちょう　岐阜県岐阜市
　　やくしちょう　岐阜県瑞浪市
　　やくしちょう　静岡県浜松市東区
　　やくしまち　愛知県瀬戸市
　　やくしまち　愛知県津島市
　　やくしちょう　滋賀県近江八幡市
　　やくしちょう　京都府京都市上京区
　　やくしちょう　京都府京都市中京区
　　やくしちょう　京都府京都市東山区
　　やくしちょう　兵庫県西宮市
　　やくしまち　和歌山県新宮市
　　やくしまち　鳥取県鳥取市
薬師前 やくしまえ　愛知県犬山市
薬師前町
　　やくしまえちょう　京都府京都市上京区
　　やくしまえちょう　京都府京都市下京区
薬師浦 やくしうら　愛知県犬山市
薬師通
　　やくしどおり　愛知県名古屋市南区
　　やくしどおり　兵庫県神戸市灘区
薬師堂
　　やくしどう　青森県弘前市
　　やくしどう　宮城県（仙台市交通局東西線）
　　やくしどう　宮城県加美郡加美町
　　やくしどう　秋田県（由利高原鉄道鳥海山ろく線）
　　やくしどう　秋田県由利本荘市
薬師堂町
　　やくしどうまち　石川県金沢市
　　やくしどうちょう　奈良県奈良市
薬師野 やくしの　青森県東津軽郡平内町
薬院
　　やくいん　福岡県（西日本鉄道天神大牟田線ほか）
　　やくいん　福岡県福岡市中央区
薬院大通 やくいんおおどおり　福岡県（福岡市交通局七隈線）
薬院伊福町 やくいんいふくまち　福岡県福岡市中央区
¹¹薬袋 みない　山梨県南巨摩郡早川町
¹²薬勝寺 やくしょうじ　和歌山県和歌山市
¹³薬園台 やくえんだい　千葉県（新京成電鉄線）
薬園台町 やくえんだいちょう　千葉県船橋市
薬園町
　　やくえんちょう　京都府京都市下京区
　　やくえんちょう　熊本県熊本市中央区
薬新町 やくしんちょう　静岡県浜松市東区

16画（薮, 薑, 蒴, 薔, 稗, 螢, 蟇, 親, 謡, 諫, 賢, 醒, 醍）

【薮】

⁰薮ノ丁　やぶのちょう　和歌山県和歌山市
³薮川
　　やぶかわ　岩手県盛岡市
　　やぶかわ　新潟県小千谷市
⁴薮内　やぶうち　福島県伊達郡桑折町
⁵薮田
　　やぶた　富山県氷見市
　　やぶた　福井県今立郡池田町
　　やぶた　愛知県岡崎市
薮田中　やぶたなか　岐阜県岐阜市
薮田西　やぶたにし　岐阜県岐阜市
薮田東　やぶたひがし　岐阜県岐阜市
薮田南　やぶたみなみ　岐阜県岐阜市
¹⁰薮原　やぶはら　長野県木曽郡木祖村
¹¹薮崎　やぶさき　兵庫県養父市
薮野　やぶの　新潟県上越市
¹²薮塚　やぶつか　千葉県長生郡長生村

【薑】

薑　はじかみ　奈良県葛城市

【蒴】

¹¹蒴野
　　あぞうの　高知県（JR土讃線）
　　あぞうの　高知県高知市
蒴野中町　あぞうのなかまち　高知県高知市
蒴野北町　あぞうのきたまち　高知県高知市
蒴野西町　あぞうのにしまち　高知県高知市
蒴野東町　あぞうのひがしまち　高知県高知市
蒴野南町　あぞうのみなみまち　高知県高知市

【薔】

¹⁶薔薇島　ばらじま　宮城県遠田郡涌谷町

【稗】

⁵稗生　ひう　新潟県小千谷市
稗田野町太田　ひえだのちょうおおた　京都府亀岡市
稗田野町天川　ひえだのちょうてんがわ　京都府亀岡市
稗田野町佐伯　ひえだのちょうさえき　京都府亀岡市
稗田野町芦ノ山　ひえだのちょうあしのやま　京都府亀岡市
稗田野町柿花　ひえだのちょうかきはな　京都府亀岡市
稗田野町鹿谷　ひえだのちょうろくや　京都府亀岡市
稗田野町奥条　ひえだのちょうおくじょう　京都府亀岡市
¹⁰稗島　ひえじま　大阪府門真市

【螢】

³螢川町　ほたるがわまち　福岡県久留米市
⁵螢田　ほたるだ　神奈川県（小田急電鉄小田原線）
⁷螢谷　ほたるだに　滋賀県大津市

【蟇】

⁵蟇目
　　ひきめ　岩手県（JR山田線）
　　ひきめ　岩手県宮古市
⁸蟇沼　ひきぬま　栃木県那須塩原市

【親】

⁰親ケ内　おやがうち　高知県高岡郡四万十町
³親川
　　おやかわ　秋田県由利本荘市
　　おやがわ　山梨県北都留郡丹波山村
　　おやがわ　沖縄県名護市
⁴親不知　おやしらず　新潟県（えちごトキめき鉄道日本海ひすいライン）
親方町　おやかたまち　青森県弘前市
親王塚町　しんのうづかちょう　兵庫県芦屋市
⁵親田　おやだ　千葉県山武市
親田町　おやだちょう　千葉県銚子市
⁷親沢町　おやざわまち　新潟県長岡市
⁸親和　しんわ　北海道雨竜郡幌加内町
親和町
　　しんわちょう　新潟県新潟市南区
　　しんわまち　福岡県北九州市小倉北区
　　しんわまち　長崎県島原市
親松　おやまつ　新潟県新潟市中央区
⁹親柄　おやがら　新潟県魚沼市
¹¹親船町　おやふねちょう　北海道石狩市
親船東一条　おやふねひがしいちじょう　北海道石狩市
親船東二条　おやふねひがしにじょう　北海道石狩市
親船東三条　おやふねひがしさんじょう　北海道石狩市
親野井　おやのい　千葉県野田市
¹³親園　ちかその　栃木県大田原市
¹⁴親鼻　おやはな　埼玉県（秩父鉄道線）

【謡】

⁷謡坂　うとうざか　岐阜県可児郡御嵩町
謡谷町　うたいだにちょう　福井県福井市

【諫】

⁶諫早　いさはや　長崎県（JR長崎本線ほか）
諫早市　いさはやし　長崎県
諫早東高校前　いさはやひがしこうこうまえ　長崎県（島原鉄道線）

【賢】

賢　かしこ　和歌山県有田郡有田川町
¹⁰賢島　かしこじま　三重県（近畿日本鉄道志摩線）
¹¹賢堂　かしこどう　和歌山県橋本市

【醒】

⁰醒ケ井　さめがい　滋賀県（JR東海道本線）
醒ケ井町　さめがいちょう　石川県金沢市
⁴醒井　さめがい　滋賀県米原市

【醍】

¹⁶醍醐
　　だいご　秋田県（JR奥羽本線）
　　だいご　富山県高岡市
　　だいご　京都府（京都市交通局東西線）
醍醐一ノ切町　だいごいちのきりちょう　京都府京都市伏見区

1265

16画（醍）

醍醐一言寺裏町　だいごいちごんじうらちょう　京都府京都市伏見区

醍醐二ノ切町　だいごにのきりちょう　京都府京都市伏見区

醍醐下山口町　だいごしもやまぐちちょう　京都府京都市伏見区

醍醐下端山町　だいごしもはやまちょう　京都府京都市伏見区

醍醐三ノ切　だいごさんのきり　京都府京都市伏見区

醍醐上ノ山町　だいごうえのやまちょう　京都府京都市伏見区

醍醐上山口町　だいごかみやまぐちちょう　京都府京都市伏見区

醍醐上山田　だいごかみやまだ　京都府京都市伏見区

醍醐上端山町　だいごかみはやまちょう　京都府京都市伏見区

醍醐大畑町　だいごおおはたちょう　京都府京都市伏見区

醍醐大高町　だいごおおたかちょう　京都府京都市伏見区

醍醐大構町　だいごおおかまえちょう　京都府京都市伏見区

醍醐山ケ鼻　だいごやまがはな　京都府京都市伏見区

醍醐川久保町　だいごかわくぼちょう　京都府京都市伏見区

醍醐中山町　だいごなかやまちょう　京都府京都市伏見区

醍醐内ケ井戸　だいごうちがいど　京都府京都市伏見区

醍醐切レ戸町　だいごきれどちょう　京都府京都市伏見区

醍醐片山町　だいごかたやまちょう　京都府京都市伏見区

醍醐北西裏町　だいごきたにしうらちょう　京都府京都市伏見区

醍醐北伽藍町　だいごきたがらんちょう　京都府京都市伏見区

醍醐北谷　だいごきただに　京都府京都市伏見区

醍醐北端山　だいごきたはやま　京都府京都市伏見区

醍醐古道町　だいごふるみちちょう　京都府京都市伏見区

醍醐外山街道町　だいごそとやまかいどうちょう　京都府京都市伏見区

醍醐平松町　だいごひらまつちょう　京都府京都市伏見区

醍醐合場町　だいごあいばちょう　京都府京都市伏見区

醍醐多近田町　だいごたこんだちょう　京都府京都市伏見区

醍醐江奈志町　だいごえなしちょう　京都府京都市伏見区

醍醐池田町　だいごいけだちょう　京都府京都市伏見区

醍醐西大路町　だいごにしおおじちょう　京都府京都市伏見区

醍醐伽藍町　だいごがらんちょう　京都府京都市伏見区

醍醐折戸町　だいごおりどちょう　京都府京都市伏見区

醍醐町
　だいごちょう　滋賀県長浜市
　だいごちょう　京都府京都市下京区

　だいごちょう　奈良県橿原市

醍醐赤間南裏町　だいごあかまみなみうらちょう　京都府京都市伏見区

醍醐辰巳町　だいごたつみちょう　京都府京都市伏見区

醍醐京道町　だいごきょうみちちょう　京都府京都市伏見区

醍醐和泉町　だいごいずみちょう　京都府京都市伏見区

醍醐岸ノ上町　だいごきしのうえちょう　京都府京都市伏見区

醍醐東大路町　だいごひがしおおじちょう　京都府京都市伏見区

醍醐東合場町　だいごひがしあいばちょう　京都府京都市伏見区

醍醐陀羅谷　だいごだらたに　京都府京都市伏見区

醍醐南西裏町　だいごみなみにしうらちょう　京都府京都市伏見区

醍醐南谷　だいごみなみだに　京都府京都市伏見区

醍醐南里町　だいごみなみさとちょう　京都府京都市伏見区

醍醐南端山町　だいごみなみはやまちょう　京都府京都市伏見区

醍醐廻リ戸町　だいごまわりどちょう　京都府京都市伏見区

醍醐柿原町　だいごかきはらちょう　京都府京都市伏見区

醍醐柏森町　だいごかしわもりちょう　京都府京都市伏見区

醍醐狭間　だいごはざま　京都府京都市伏見区

醍醐宮ノ下町　だいごみやのしたちょう　京都府京都市伏見区

醍醐烏橋町　だいごからすばしちょう　京都府京都市伏見区

醍醐連蔵　だいごれんぞう　京都府京都市伏見区

醍醐高田　だいごたかだ　京都府京都市伏見区

醍醐高畑町　だいごたかはたちょう　京都府京都市伏見区

醍醐御所ノ内　だいごごしょのうち　京都府京都市伏見区

醍醐御陵西裏町　だいごごりょうにしうらちょう　京都府京都市伏見区

醍醐御陵東裏町　だいごごりょうひがしうらちょう　京都府京都市伏見区

醍醐御園尾町　だいごみそのおちょう　京都府京都市伏見区

醍醐御霊ケ下町　だいごごりょうがしたちょう　京都府京都市伏見区

醍醐勝口町　だいごしょうくちちょう　京都府京都市伏見区

醍醐落保町　だいごおちぼちょう　京都府京都市伏見区

醍醐僧尊坊町　だいごどどんぼうちょう　京都府京都市伏見区

醍醐新町裏町　だいごしんまちうらまち　京都府京都市伏見区

醍醐新開　だいごしんかい　京都府京都市伏見区

醍醐構口町　だいごかまえぐちちょう　京都府京都市伏見区

醍醐槇ノ内町　だいごまきのうちちょう　京都府京都市伏見区

醍醐醍醐山　だいごだいごやま　京都府京都市伏見区

醍醐鍵尾町　だいごかぎおちょう　京都府京都市伏見区

【鋸】

⁹鋸南町　きょなんまち　千葉県安房郡

【錦】

錦
　にしき　北海道虻田郡京極町
　にしき　北海道夕張郡栗山町
　にしき　栃木県宇都宮市
　にしき　東京都練馬区
　にしき　新潟県長岡市
　にしき　愛知県名古屋市中区
　にしき　愛知県海部郡蟹江町
　にしき　三重県度会郡大紀町
　にしき　滋賀県 (京阪電気鉄道石山坂本線)
　にしき　高知県宿毛市
　にしき　長崎県長崎市
⁰錦ケ丘
　にしきがおか　宮城県仙台市青葉区
　にしきがおか　熊本県熊本市東区
錦ケ丘町　にしきがおかちょう　大阪府富田林市
錦が丘
　にしきがおか　神奈川県横浜市港北区
　にしきがおか　静岡県三島市
³錦大宮町　にしきおおみやちょう　京都府京都市中京区
⁴錦之町西　にしきのちょうにし　大阪府堺市堺区
錦之町東　にしきのちょうひがし　大阪府堺市堺区
⁵錦本町　にしきほんまち　宮崎県宮崎市
⁶錦江　きんこう　鹿児島県 (JR日豊本線)
錦江台　きんこうだい　鹿児島県鹿児島市
錦江町
　きんこうちょう　鹿児島県鹿児島市
　きんこうちょう　鹿児島県垂水市
　きんこうちょう　鹿児島県肝属郡
錦糸　きんし　東京都墨田区
錦糸町　きんしちょう　東京都 (JR総武本線ほか)
⁷錦町
　にしきまち　北海道小樽市
　にしきまち　北海道旭川市
　にしきちょう　北海道釧路市
　にしきちょう　北海道北見市
　にしきまち　北海道網走市
　にしきまち　北海道留萌市
　にしきまち　北海道苫小牧市
　にしきちょう　北海道江別市
　にしきまち　北海道赤平市
　にしきまち　北海道千歳市
　にしきまち　北海道深川市
　にしきちょう　北海道伊達市
　にしきまち　北海道富良野市
　にしきまち　北海道石狩郡当別町
　にしきまち　北海道上川郡美瑛町
　にしきまち　北海道空知郡上富良野町
　にしきまち　北海道上川郡下川町
　にしきまち　北海道紋別郡湧別町
　にしきまち　北海道勇払郡厚真町
　にしきまち　北海道様似郡様似町
　にしきまち　北海道河西郡更別村
　にしきまち　北海道中川郡幕別町

にしきまち　北海道中川郡本別町
にしきちょう　青森県黒石市
にしきちょう　青森県五所川原市
にしきちょう　宮城県仙台市青葉区
にしきちょう　宮城県石巻市
にしきちょう　宮城県塩竈市
にしきちょう　宮城県気仙沼市
にしきちょう　宮城県柴田郡大河原町
にしきちょう　山形県山形市
にしきまち　山形県鶴岡市
にしきちょう　山形県酒田市
にしきまち　福島県会津若松市
にしきまち　福島県いわき市
にしきちょう　福島県二本松市
にしきちょう　茨城県古河市
にしきちょう　栃木県足利市
にしきちょう　栃木県栃木市
にしきちょう　栃木県那須塩原市
にしきちょう　群馬県桐生市
にしきちょう　埼玉県さいたま市大宮区
にしきちょう　埼玉県上尾市
にしきちょう　埼玉県蕨市
にしきちょう　東京都立川市
にしきちょう　神奈川県横浜市中区
にしきちょう　神奈川県平塚市
にしきまち　新潟県新潟市東区
にしきちょう　新潟県柏崎市
にしきちょう　新潟県十日町市
にしきちょう　新潟県妙高市
にしきちょう　新潟県五泉市
にしきちょう　富山県中新川郡上市町
にしきまち　石川県金沢市
にしきまち　石川県小松市
にしきちょう　福井県大野市
にしきちょう　福井県越前市
にしきちょう　長野県飯田市
にしきちょう　岐阜県岐阜市
にしきまち　岐阜県大垣市
にしきまち　岐阜県多治見市
にしきちょう　静岡県静岡市葵区
にしきちょう　静岡県沼津市
にしきちょう　静岡県富士宮市
にしきちょう　静岡県富士市
にしきまち　愛知県名古屋市港区
にしきまち　愛知県豊橋市
にしきまち　愛知県岡崎市
にしきまち　愛知県津島市
にしきまち　愛知県碧南市
にしきまち　愛知県豊田市
にしきまち　愛知県安城市
にしきちょう　愛知県常滑市
にしきちょう　滋賀県彦根市
にしきちょう　大阪府大阪市北区
にしきちょう　大阪府寝屋川市
にしきちょう　大阪府河内長野市
にしきちょう　大阪府大東市
にしきちょう　鳥取県米子市
にしきまち　島根県浜田市
にしきちょう　岡山県岡山市北区
にしきちょう　山口県 (錦川鉄道錦川清流線)
にしきちょう　山口県宇部市
にしきちょう　山口県山口市
にしきまち　香川県高松市
にしきまち　愛媛県松山市
にしきまち　愛媛県宇和島市
にしきまち　福岡県北九州市門司区

16画（鋼，錫，閻，鞘，頭，頼，頸）

にしきまち　福岡県大野城市
にしきまち　長崎県五島市
にしきちょう　熊本県八代市
にしきまち　熊本県球磨郡
にしきまち　大分県大分市
にしきまち　宮崎県宮崎市
錦町大原　にしきまちおおはら　山口県岩国市
錦町大野　にしきまちおおの　山口県岩国市
錦町中ノ瀬　にしきまちなかのせ　山口県岩国市
錦町中央　にしきまちちゅうおう　福島県いわき市
錦町北
　にしきまちきた　北海道深川市
　にしきまちきた　北海道夕張郡長沼町
錦町広瀬　にしきまちひろせ　山口県岩国市
錦町宇佐　にしきまちうさ　山口県岩国市
錦町宇佐郷　にしきまちうさごう　山口県岩国市
錦町西　にしきまちにし　北海道深川市
錦町府谷　にしきまちふのたに　山口県岩国市
錦町南　にしきまちみなみ　北海道夕張郡長沼町
錦町深川　にしきまちふかがわ　山口県岩国市
錦町野谷　にしきまちのたに　山口県岩国市
錦町須川　にしきまちすがわ　山口県岩国市
錦見　にしみ　山口県岩国市
8錦岡
　にしきおか　北海道（JR室蘭本線）
　にしきおか　北海道苫小牧市
錦松台　きんしょうだい　兵庫県川西市
9錦城町　きんじょうちょう　愛知県西尾市
錦海町　きんかいちょう　鳥取県米子市
錦砂町　きんしゃちょう　京都府京都市上京区
10錦通北　にしきどおりきた　北海道広尾郡広尾町
錦通南　にしきどおりみなみ　北海道広尾郡広尾町
11錦堀川町　にしきほりかわちょう　京都府京都市中京区
錦猪熊町　にしきいのくまちょう　京都府京都市中京区
錦野　にしの　熊本県菊池郡大津町
14錦綾町　きんりょうちょう　大阪府堺市堺区
18錦織
　にしこおり　岐阜県加茂郡八百津町
　にしこおり　滋賀県大津市
　にしきおり　大阪府富田林市
　にしこり　岡山県久米郡美咲町
錦織中　にしきおりなか　大阪府富田林市
錦織北　にしきおりきた　大阪府富田林市
錦織町　にしこおりちょう　滋賀県長浜市
錦織東　にしきおりひがし　大阪府富田林市
錦織南　にしきおりみなみ　大阪府富田林市

【鋼】
14鋼管町
　こうかんちょう　岡山県笠岡市
　こうかんちょう　広島県福山市
鋼管通　こうかんどおり　神奈川県川崎市川崎区

【錫】
10錫高野　すずこうや　茨城県東茨城郡城里町

【閻】
21閻魔前町　えんままえちょう　京都府京都市上京区

【鞘】
7鞘町
　さやちょう　群馬県高崎市
　さやまち　京都府京都市東山区
11鞘堂　さやどう　栃木県河内郡上三川町

【頭】
3頭山　つむりやま　新潟県糸魚川市
頭川　ずかわ　富山県高岡市
7頭町
　かしらちょう　京都府京都市上京区
　かしらちょう　京都府京都市左京区
　かしらちょう　京都府京都市中京区
頭谷　かしらだに　福井県丹生郡越前町
8頭陀寺　ずだじ　和歌山県和歌山市
頭陀寺町　ずだじちょう　静岡県浜松市南区
12頭集　かしらつどい　高知県幡多郡大月町

【頼】
3頼久寺町　らいきゅうじちょう　岡山県高梁市
4頼元　よりもと　岡山県久米郡美咲町
6頼成　らんじょう　富山県砺波市
頼成新　らんじょうしん　富山県砺波市
9頼城町　らいじょうちょう　北海道芦別市
10頼兼　よりかね　広島県三原市

【頸】
9頸城大野　くびきおおの　新潟県（JR大糸線）
頸城区下三分一　くびきくしもさんぶいち　新潟県上越市
頸城区下千原　くびきくしもちはら　新潟県上越市
頸城区下中村　くびきくしもなかむら　新潟県上越市
頸城区下中島　くびきくしもなかじま　新潟県上越市
頸城区下吉　くびきくしもよし　新潟県上越市
頸城区下池田　くびきくしもいけだ　新潟県上越市
頸城区下米岡　くびきくしもよねおか　新潟県上越市
頸城区下柳町　くびきくしもやなぎまち　新潟県上越市
頸城区下神原　くびきくしもかみはら　新潟県上越市
頸城区下増田　くびきくしもますだ　新潟県上越市
頸城区上三分一　くびきくかみさんぶいち　新潟県上越市
頸城区上吉　くびきくかみよし　新潟県上越市
頸城区上池田　くびきくかみいけだ　新潟県上越市
頸城区上柳町　くびきくかみやなぎまち　新潟県上越市
頸城区上神原　くびきくかみかみはら　新潟県上越市
頸城区上増田　くびきくかみますだ　新潟県上越市
頸城区千原　くびきくちはら　新潟県上越市
頸城区大坂井　くびきくおおさかい　新潟県上越市
頸城区大谷内　くびきくおおやち　新潟県上越市
頸城区大蒲生田　くびきくおおかもだ　新潟県上越市
頸城区大潟　くびきくおおがた　新潟県上越市
頸城区川袋　くびきくかわぶくろ　新潟県上越市
頸城区中城　くびきくなかじょう　新潟県上越市

16画（館）

頸城区中柳町　くびきくなかやなぎまち　新潟県上越市
頸城区中島　くびきくなかじま　新潟県上越市
頸城区中増田　くびきくなかますだ　新潟県上越市
頸城区五十嵐　くびきくいがらし　新潟県上越市
頸城区仁野分　くびきくにのぶ　新潟県上越市
頸城区天ケ崎　くびきくあまがさき　新潟県上越市
頸城区戸口野　くびきくとぐちの　新潟県上越市
頸城区手宮　くびきくてみや　新潟県上越市
頸城区手島　くびきくてしま　新潟県上越市
頸城区日根津　くびきくひねづ　新潟県上越市
頸城区片津　くびきくかたづ　新潟県上越市
頸城区北方　くびきくきたかた　新潟県上越市
頸城区北四ツ屋　くびきくきたよつや　新潟県上越市
頸城区北福崎　くびきくきたふくざき　新潟県上越市
頸城区市村　くびきくいちむら　新潟県上越市
頸城区玄僧　くびきくげんぞう　新潟県上越市
頸城区田中　くびきくたなか　新潟県上越市
頸城区矢住　くびきくやずみ　新潟県上越市
頸城区石神　くびきくいしがみ　新潟県上越市
頸城区立崎　くびきくたてさき　新潟県上越市
頸城区両毛　くびきくりょうけ　新潟県上越市
頸城区寺田　くびきくてらだ　新潟県上越市
頸城区百間町　くびきくひゃくけんまち　新潟県上越市
頸城区舟津　くびきくふなつ　新潟県上越市
頸城区西湊　くびきくにしみなと　新潟県上越市
頸城区西福島　くびきくにしふくしま　新潟県上越市
頸城区花ケ崎　くびきくはながさき　新潟県上越市
頸城区岡田　くびきくおかだ　新潟県上越市
頸城区松本　くびきくまつもと　新潟県上越市
頸城区松橋　くびきくまつはし　新潟県上越市
頸城区松橋新田　くびきくまつはししんでん　新潟県上越市
頸城区東俣　くびきくひがしまた　新潟県上越市
頸城区青野　くびきくあおの　新潟県上越市
頸城区城野腰　くびきくじょうのこし　新潟県上越市
頸城区姥谷内　くびきくばやち　新潟県上越市
頸城区柿野　くびきくかきの　新潟県上越市
頸城区柳町新田　くびきくやなぎまちしんでん　新潟県上越市
頸城区畑ケ崎　くびきくはたけさき　新潟県上越市
頸城区美しが丘　くびきくうつくしがおか　新潟県上越市
頸城区宮本　くびきくみやもと　新潟県上越市
頸城区宮原　くびきくみやはら　新潟県上越市
頸城区島田　くびきくしまだ　新潟県上越市
頸城区浮島　くびきくうきしま　新潟県上越市
頸城区望ケ丘　くびきくのぞみがおか　新潟県上越市
頸城区富田　くびきくとみた　新潟県上越市
頸城区森下　くびきくもりした　新潟県上越市
頸城区森本　くびきくもりもと　新潟県上越市
頸城区飯田　くびきくいいだ　新潟県上越市
頸城区榎井　くびきくえのい　新潟県上越市
頸城区潟　くびきくかた　新潟県上越市
頸城区潟口　くびきくかたぐち　新潟県上越市
頸城区諏訪　くびきくすわ　新潟県上越市
頸城区鵜ノ木　くびきくうのき　新潟県上越市

【館】

館　たて　青森県三戸郡五戸町
　　やかた　宮城県仙台市泉区
　　たて　埼玉県志木市
0館ノ下　だてのした　青森県上北郡七戸町
館ノ川　たてのかわ　栃木県矢板市
館ノ越　たてのこし　福島県大沼郡会津美里町
3館下　たてした　宮城県岩沼市
　　たてした　宮城県刈田郡七ケ宿町
　　たてした　秋田県大館市
館山　たてやま　茨城県ひたちなか市
　　たてやま　千葉県（JR内房線）
　　たてやま　千葉県館山市
館山下町　たぐやましたちょう　北海道伊達市
館山下扇田　たてやましもおうぎだ　青森県平川市
館山下亀岡　たてやましもかめおか　青森県平川市
館山上扇田　たてやまかみおうぎだ　青森県平川市
館山上亀岡　たてやまかみかめおか　青森県平川市
館山川合　たてやまかわい　青森県平川市
館山市　たてやまし　千葉県
館山町　たてやまちょう　北海道伊達市
館山板橋　たてやまいたばし　青森県平川市
館山前田　たてやままえだ　青森県平川市
館川　たちかわ　福井県三方上中郡若狭町
4館内町　かんないまち　長崎県長崎市
5館出町　たちいでまち　富山県富山市
館古　たてこ　北海道松前郡福島町
館田　たちた　青森県（弘南鉄道弘南線）
館中前田　たちたなかまえだ　青森県平川市
館田元川原田　たちたもとかわらだ　青森県平川市
館田西川原田　たちたにしかわらだ　青森県平川市
館田西和田　たちたにしわだ　青森県平川市
館田東和田　たちたひがしわだ　青森県平川市
館田東前田　たちたひがしまえだ　青森県平川市
館田東稲村　たちたひがしいなむら　青森県平川市
館田前田　たちたまえだ　青森県平川市
館田南川原田　たちたみなみかわらだ　青森県平川市
館田柳原　たちたやなぎはら　青森県平川市
館田稲村　たちたいなむら　青森県平川市
6館向町　たてむかいちょう　岩手県盛岡市
7館町　たてまち　北海道函館市
　　たてまち　北海道檜山郡厚沢部町
　　たてまち　東京都八王子市
　　やかたまち　広島県三原市
館町北　たてまちきた　山形県長井市
館町南　たてまちみなみ　山形県長井市
8館取町　たてとりまち　福島県須賀川市
館林　たてばやし　群馬県（東武鉄道伊勢崎線ほか）
館林市　たてばやしし　群馬県
9館前町　たてまえまち　青森県西津軽郡鰺ケ沢町
館南　たてみなみ　福島県大沼郡会津美里町
館後　たてうしろ　青森県弘前市
10館浦　たてうら　北海道爾志郡乙部町
館浜　たてはま　北海道松前郡松前町
館脇町　たてわきまち　福島県会津若松市

1269

16画（餘,鮎,鮒,鮓,鴛,鶯,鴨）

館馬町　たてうままち　福島県会津若松市
11館崎　たてさき　北海道松前郡福島町
館野
　　だて の　　北海道北斗市
　　だて の　　北海道檜山郡上ノ国町
　　だて の　　青森県弘前市
　　たて の　　茨城県つくば市
館野小路　たてのこうじ　新潟県新発田市
12館越　たてごし　青森県上北郡おいらせ町
13館腰　たてこし　宮城県（JR東北本線）

【餘】
11餘部　あまるべ　兵庫県（JR山陰本線）

【鮎】
3鮎川
　　あゆかわ　北海道磯谷郡蘭越町
　　あゆかわ　秋田県（由利高原鉄道鳥海山ろく線）
　　あゆかわ　群馬県藤岡市
　　あゆかわ　大阪府茨木市
　　あゆかわ　和歌山県田辺市
　　あいかわ　徳島県那賀郡那賀町
鮎川大町　あゆかわおおまち　宮城県石巻市
鮎川町
　　あゆかわちょう　茨城県日立市
　　あゆかわちょう　福井県福井市
　　あゆかわちょう　長崎県平戸市
鮎川浜　あゆかわはま　宮城県石巻市
鮎川浜丁　あゆかわはまちょう　宮城県石巻市
5鮎田　あいだ　栃木県芳賀郡茂木町
7鮎沢　あゆざわ　山梨県南アルプス市
鮎貝
　　あゆかい　山形県（山形鉄道フラワー長井線）
　　あゆかい　山形県西置賜郡白鷹町
9鮎屋　あいや　兵庫県洲本市
12鮎喰　あくい　徳島県（JR徳島線）
鮎喰町　あくいちょう　徳島県徳島市
19鮎瀬　あゆせ　秋田県由利本荘市

【鮒】
5鮒田　ふなだ　三重県南牟婁郡紀宝町

【鮓】
7鮓谷　かじかだに　新潟県岩船郡関川村

【鴛】
8鴛泊　おしどまり　北海道利尻郡利尻富士町
10鴛原町　おしはらまち　石川県金沢市
11鴛野　おしの　大分県大分市
16鴛鴨町　おしかもちょう　愛知県豊田市

【鶯】
0鶯が丘　うぐいすがおか　兵庫県川西市
鶯の森町　うぐいすのもりちょう　兵庫県川西市
5鶯台　うぐいすだい　兵庫県川西市
11鶯宿　おうしゅく　岩手県岩手郡雫石町

【鴨】
鴨　かも　滋賀県高島市

3鴨口町　かもぐちちょう　奈良県御所市
鴨女町　かもめちょう　鹿児島県西之表市
鴨子ケ原　かもこがはら　兵庫県神戸市東灘区
鴨川
　　かもがわ　埼玉県桶川市
　　かもがわ　石川県鳳珠郡能登町
　　かもがわ　香川県（JR予讃線）
　　かもがわ　愛媛県松山市
　　かもがわ　大分県杵築市
鴨川市　かもがわし　千葉県
鴨川平　かもがわだいら　滋賀県高島市
鴨川町
　　かもがわまち　富山県魚津市
　　かもがわちょう　鳥取県倉吉市
鴨川免　かもがわめん　長崎県北松浦郡佐々町
4鴨之池　かものいけ　愛媛県松山市
鴨方　かもがた　岡山県（JR山陽本線）
鴨方町みどりケ丘　かもがたちょうみどりがおか　岡山県浅口市
鴨方町小坂西　かもがたちょうこさかにし　岡山県浅口市
鴨方町小坂東　かもがたちょうこさかひがし　岡山県浅口市
鴨方町六条院中　かもがたちょうろくじょういんなか　岡山県浅口市
鴨方町六条院西　かもがたちょうろくじょういんにし　岡山県浅口市
鴨方町六条院東　かもがたちょうろくじょういんひがし　岡山県浅口市
鴨方町本庄　かもがたちょうほんじょ　岡山県浅口市
鴨方町地頭上　かもがたちょうちとうかみ　岡山県浅口市
鴨方町益坂　かもがたちょうますさか　岡山県浅口市
鴨方町深田　かもがたちょうふかだ　岡山県浅口市
鴨方町鳩ケ丘　かもがたちょうはとがおか　岡山県浅口市
鴨方町鴨方　かもがたちょうかもがた　岡山県浅口市
5鴨付町　かもつきちょう　愛知県名古屋市中村区
鴨生　かもお　福岡県嘉麻市
鴨生田　かもおだ　福岡県北九州市若松区
鴨田
　　かもだ　埼玉県川越市
　　かもだ　愛知県長久手市
鴨田本町　かもだほんまち　愛知県岡崎市
鴨田町
　　かもだちょう　愛知県豊橋市
　　かもだちょう　愛知県岡崎市
鴨田南町　かもだみなみまち　愛知県岡崎市
6鴨地　かもじ　高知県高岡郡日高村
鴨庄
　　かものしょう　山口県山陽小野田市
　　かもしょう　香川県さぬき市
鴨江　かもえ　静岡県浜松市中区
鴨江町　かもえちょう　静岡県浜松市中区
鴨池
　　かもいけ　鹿児島県（鹿児島市交通局1系統）
　　かもいけ　鹿児島県鹿児島市
鴨池新町　かもいけしんまち　鹿児島県鹿児島市
7鴨志田町　かもしだちょう　神奈川県横浜市青葉区

16画（鴨, 黛, 龍）

鴨沢
　かもざわ　神奈川県足柄上郡中井町
　かもざわ　山梨県北都留郡丹波山村
鴨谷台　かもたにだい　大阪府堺市南区
鴨谷町　かもだにちょう　兵庫県加西市
8鴨居
　かもい　神奈川県（JR横浜線）
　かもい　神奈川県横浜市緑区
　かもい　神奈川県横須賀市
鴨居寺　かもいでら　山梨県山梨市
鴨居町　かもいちょう　神奈川県横浜市緑区
鴨河内　かもごうち　鳥取県倉吉市
9鴨前　かもさき　岡山県赤磐市
鴨狩津向　かもがりつむぎ　山梨県西八代郡市川三郷町
鴨神　かもがみ　奈良県御所市
10鴨倉　かもくら　島根県仁多郡奥出雲町
鴨宮
　かものみや　神奈川県（JR東海道本線）
　かものみや　神奈川県小田原市
鴨島
　かもじま　新潟県上越市
　かもじま　富山県小矢部市
　かもじま　徳島県（JR徳島線）
鴨島町　かもじままち　富山県高岡市
鴨島町上下島　かもじまちょうじょうげじま　徳島県吉野川市
鴨島町上浦　かもじまちょうかみうら　徳島県吉野川市
鴨島町山路　かもじまちょうさんじ　徳島県吉野川市
鴨島町中島　かもじまちょうなかじま　徳島県吉野川市
鴨島町内原　かもじまちょううちばら　徳島県吉野川市
鴨島町牛島　かもじまちょううししま　徳島県吉野川市
鴨島町西麻植　かもじまちょうにしおえ　徳島県吉野川市
鴨島町呉郷団地　かもじまちょうごきょうだんち　徳島県吉野川市
鴨島町知恵島　かもじまちょうちえじま　徳島県吉野川市
鴨島町麻植塚　かもじまちょうおえづか　徳島県吉野川市
鴨島町喜来　かもじまちょうきらい　徳島県吉野川市
鴨島町喜来乙　かもじまちょうきらいおつ　徳島県吉野川市
鴨島町喜来甲　かもじまちょうきらいこう　徳島県吉野川市
鴨島町森藤　かもじまちょうもりとう　徳島県吉野川市
鴨島町粟島　かもじまちょうあわじま　徳島県吉野川市
鴨島町飯尾　かもじまちょういのお　徳島県吉野川市
鴨島町樋山地　かもじまちょうひやまじ　徳島県吉野川市
鴨島町敷地　かもじまちょうしきじ　徳島県吉野川市
鴨島町鴨島　かもじまちょうかもじま　徳島県吉野川市
鴨島町鴨島乙　かもじまちょうかもじまおつ　徳島県吉野川市
鴨島町鴨島甲　かもじまちょうかもじまこう　徳島県吉野川市
11鴨崎町　かもざきちょう　岩手県宮古市
鴨部
　かもべ　鳥取県西伯郡南部町
　かべ　香川県さぬき市
　かもべ　高知県（とさでん交通伊野線）

　かもべ　高知県高知市
鴨部上町　かもべかみまち　高知県高知市
鴨部高町　かもべたかまち　高知県高知市
鴨野町　かものちょう　京都府福知山市

【鳴】
4鳴内　しぎうち　栃木県那須塩原市
11鴫野　しぎの　大阪府（JR片町線ほか）
鴫野西　しぎのにし　大阪府大阪市城東区
鴫野東　しぎのひがし　大阪府大阪市城東区

【黛】
黛　まゆずみ　埼玉県児玉郡上里町

【龍】
0龍ケ谷　たつがや　埼玉県入間郡越生町
龍ケ岳町大道　りゅうがたけまちおおどう　熊本県上天草市
龍ケ岳町高戸　りゅうがたけまちたかど　熊本県上天草市
龍ケ岳町樋島　りゅうがたけまちひのしま　熊本県上天草市
龍ケ迫　たつがさこ　高知県幡多郡大月町
龍ケ原　たつがはら　福岡県八女市
龍ケ崎市　りゅうがさきし　茨城県
龍ケ崎町歩　りゅうがさきちょうぶ　千葉県印旛郡栄町
龍ノ口　たつのくち　青森県弘前市
龍ノ口町　たつのくちちょう　愛知県名古屋市北区
3龍山町下平山　たつやまちょうしもひらやま　静岡県浜松市天竜区
龍山町大嶺　たつやまちょうおおみね　静岡県浜松市天竜区
龍山町戸倉　たつやまちょうとくら　静岡県浜松市天竜区
龍山町瀬尻　たつやまちょうせじり　静岡県浜松市天竜区
4龍円寺前　りゅうえんじまえ　宮城県亘理郡亘理町
龍王峡　りゅうおうきょう　栃木県（野岩鉄道会津鬼怒川線）
5龍田
　たつた　奈良県生駒郡斑鳩町
　たつた　熊本県熊本市北区
龍田弓削　たつたゆげ　熊本県熊本市北区
龍田北　たつたきた　奈良県生駒郡斑鳩町
龍田西　たつたにし　奈良県生駒郡斑鳩町
龍田町弓削　たつだまちゆげ　熊本県熊本市北区
龍田南　たつたみなみ　奈良県生駒郡斑鳩町
龍田陳内　たつたじんない　熊本県熊本市北区
6龍光町　りゅうこうちょう　静岡県浜松市東区
龍地　りゅうじ　山梨県甲斐市
龍安寺　りょうあんじ　京都府（京福電気鉄道北野線）
龍安寺山田町　りょうあんじやまたちょう　京都府京都市右京区
龍安寺五反田町　りょうあんじごたんだちょう　京都府京都市右京区
龍安寺玉津芝町　りょうあんじたまつしばちょう　京都府京都市右京区

1271

17画（厳）

龍安寺池ノ下町　りょうあんじいけのしたちょう　京都府京都市右京区

龍安寺衣笠下町　りょうあんじきぬがさしたちょう　京都府京都市右京区

龍安寺西ノ川町　りょうあんじにしのかわちょう　京都府京都市右京区

龍安寺住吉町　りょうあんじすみよしちょう　京都府京都市右京区

龍安寺斎宮町　りょうあんじさいぐうちょう　京都府京都市右京区

龍安寺塔ノ下町　りょうあんじとうのしたちょう　京都府京都市右京区

龍安寺御陵ノ下町　りょうあんじごりょうのしたちょう　京都府京都市右京区

龍江　たつえ　長野県飯田市

龍池町　たついけちょう　京都府京都市中京区

7龍助町　りゅうすけちょう　石川県小松市

龍角寺　りゅうかくじ　千葉県印旛郡栄町

8龍岡町下條東割　たつおかまちしもじょうひがしわり　山梨県韮崎市

龍岡町下條南割　たつおかまちしもじょうみなみわり　山梨県韮崎市

龍岡町若尾新田　たつおかまちわかおしんでん　山梨県韮崎市

龍岡城　たつおかじょう　長野県（JR小海線）

龍明　りゅうめい　茨城県石岡市

龍門　りゅうもん　熊本県菊池市

9龍前町　たつまえちょう　京都府京都市上京区

龍城ケ丘　りゅうじょうがおか　神奈川県平塚市

龍泉　りゅうせん　大阪府富田林市

龍神村三ツ又　りゅうじんむらみつまた　和歌山県田辺市

龍神村小又川　りゅうじんむらこまたがわ　和歌山県田辺市

龍神村小家　りゅうじんむらおいえ　和歌山県田辺市

龍神村丹生ノ川　りゅうじんむらにゅうのがわ　和歌山県田辺市

龍神村広井原　りゅうじんむらひろいはら　和歌山県田辺市

龍神村甲斐ノ川　りゅうじんむらかいのがわ　和歌山県田辺市

龍神村安井　りゅうじんむらやすい　和歌山県田辺市

龍神村西　りゅうじんむらにし　和歌山県田辺市

龍神村東　りゅうじんむらひがし　和歌山県田辺市

龍神村柳瀬　りゅうじんむらやなせ　和歌山県田辺市

龍神村宮代　りゅうじんむらみやしろ　和歌山県田辺市

龍神村湯ノ又　りゅうじんむらゆのまた　和歌山県田辺市

龍神村殿原　りゅうじんむらとのはら　和歌山県田辺市

龍神村福井　りゅうじんむらふくい　和歌山県田辺市

龍神村龍神　りゅうじんむらりゅうじん　和歌山県田辺市

10龍島　りゅうとう　鳥取県東伯郡湯梨浜町

龍華町　りゅうげちょう　大阪府八尾市

龍造寺町　りゅうぞうじちょう　大阪府大阪市中央区

11龍郷　たつごう　鹿児島県大島郡龍郷町

龍郷町　たつごうちょう　鹿児島県大島郡

龍野町　たつのまち　兵庫県姫路市

龍野町下川原　たつのちょうしもがわら　兵庫県たつの市

龍野町下霞城　たつのちょうしもかじょう　兵庫県たつの市

龍野町上川原　たつのちょうかみがわら　兵庫県たつの市

龍野町上霞城　たつのちょうかみかじょう　兵庫県たつの市

龍野町大手　たつのちょうおおて　兵庫県たつの市

龍野町大道　たつのちょうだいどう　兵庫県たつの市

龍野町小宅北　たつのちょうおやけきた　兵庫県たつの市

龍野町川原町　たつのちょうかわらちょう　兵庫県たつの市

龍野町中井　たつのちょうなかい　兵庫県たつの市

龍野町中村　たつのちょうなかむら　兵庫県たつの市

龍野町中霞城　たつのちょうなかかじょう　兵庫県たつの市

龍野町日山　たつのちょうひやま　兵庫県たつの市

龍野町日飼　たつのちょうひがい　兵庫県たつの市

龍野町水神町　たつのちょうすいじんちょう　兵庫県たつの市

龍野町片山　たつのちょうかたやま　兵庫県たつの市

龍野町北龍野　たつのちょうきたたつの　兵庫県たつの市

龍野町四箇　たつのちょうよっか　兵庫県たつの市

龍野町本町　たつのちょうほんまち　兵庫県たつの市

龍野町末政　たつのちょうすえまさ　兵庫県たつの市

龍野町立町　たつのちょうたてまち　兵庫県たつの市

龍野町旭町　たつのちょうあさひまち　兵庫県たつの市

龍野町門の外　たつのちょうもんのそと　兵庫県たつの市

龍野町柳原　たつのちょうやなぎはら　兵庫県たつの市

龍野町宮脇　たつのちょうみやわき　兵庫県たつの市

龍野町島田　たつのちょうしまだ　兵庫県たつの市

龍野町堂本　たつのちょうどうもと　兵庫県たつの市

龍野町富永　たつのちょうとみなが　兵庫県たつの市

龍野町福の神　たつのちょうふくのかみ　兵庫県たつの市

12龍湖瀬町　りゅうごぜまち　福岡県大牟田市

龍間　たつま　大阪府大東市

13龍禅寺町　りゅうぜんじちょう　静岡県浜松市中区

14龍徳　りゅうとく　福岡県宮若市

15龍舞町　りゅうまいちょう　群馬県太田市

龍蔵寺町　りゅうぞうじちょう　群馬県前橋市

17画

【厳】

4厳木　きゅうらぎ　佐賀県（JR唐津線）

厳木町中島　きゅうらぎまちなかしま　佐賀県唐津市

厳木町天川　きゅうらぎまちあまがわ　佐賀県唐津市

厳木町平之　きゅうらぎまちひらの　佐賀県唐津市

厳木町広川　きゅうらぎまちひろかわ　佐賀県唐津市

厳木町広瀬　きゅうらぎまちひろせ　佐賀県唐津市

厳木町本山　きゅうらぎまちもとやま　佐賀県唐津市

厳木町岩屋　きゅうらぎまちいわや　佐賀県唐津市

厳木町牧瀬　きゅうらぎまちまきせ　佐賀県唐津市

厳木町星領　きゅうらぎまちほしりょう　佐賀県唐津市

17画（塘, 嬬, 嶺, 應, 曙）

厳木町浦川内　きゅうらぎまちうらがわち　佐賀県唐津市

厳木町浪瀬　きゅうらぎまちなみせ　佐賀県唐津市

厳木町鳥越　きゅうらぎまちとりごえ　佐賀県唐津市

厳木町箞木　きゅうらぎまちうつぼき　佐賀県唐津市

厳木町厳木　きゅうらぎまちきゅうらぎ　佐賀県唐津市

厳木町瀬戸木場　きゅうらぎまちせとこば　佐賀県唐津市

9厳美町　げんびちょう　岩手県一関市

10厳原町下原　いづはらまちしもばる　長崎県対馬市

厳原町上槻　いづはらまちこうつき　長崎県対馬市

厳原町与良内院　いづはらまちよらないいん　長崎県対馬市

厳原町久田　いづはらまちくた　長崎県対馬市

厳原町久田道　いづはらまちくたみち　長崎県対馬市

厳原町久和　いづはらまちくわ　長崎県対馬市

厳原町久根田舎　いづはらまちくねいなか　長崎県対馬市

厳原町久根浜　いづはらまちくねはま　長崎県対馬市

厳原町大手橋　いづはらまちおおてばし　長崎県対馬市

厳原町小茂田　いづはらまちこもだ　長崎県対馬市

厳原町小浦　いづはらまちこうら　長崎県対馬市

厳原町中村　いづはらまちなかむら　長崎県対馬市

厳原町今屋敷　いづはらまちいまやしき　長崎県対馬市

厳原町内山　いづはらまちうちやま　長崎県対馬市

厳原町天道茂　いづはらまちてんどうしげ　長崎県対馬市

厳原町日吉　いづはらまちひよし　長崎県対馬市

厳原町北里　いづはらまちきたざと　長崎県対馬市

厳原町田渕　いづはらまちたぶち　長崎県対馬市

厳原町安神　いづはらまちあがみ　長崎県対馬市

厳原町曲　いづはらまちまがり　長崎県対馬市

厳原町西里　いづはらまちにしざと　長崎県対馬市

厳原町佐須瀬　いづはらまちさすせ　長崎県対馬市

厳原町尾浦　いづはらまちおうら　長崎県対馬市

厳原町豆酘　いづはらまちつつ　長崎県対馬市

厳原町豆酘内院　いづはらまちつつないいん　長崎県対馬市

厳原町豆酘瀬　いづはらまちつつせ　長崎県対馬市

厳原町国分　いづはらまちこくぶ　長崎県対馬市

厳原町東里　いづはらまちひがしざと　長崎県対馬市

厳原町阿連　いづはらまちあれ　長崎県対馬市

厳原町南室　いづはらまちなむろ　長崎県対馬市

厳原町浅藻　いづはらまちあざも　長崎県対馬市

厳原町宮谷　いづはらまちみやだに　長崎県対馬市

厳原町桟原　いづはらまちさじきばら　長崎県対馬市

厳原町椎根　いづはらまちしいね　長崎県対馬市

厳原町樫根　いづはらまちかしね　長崎県対馬市

厳島　いつくしま　北海道空知郡奈井江町

【塘】

3塘下　まました　神奈川県南足柄市

【嬬】

10嬬恋村　つまごいむら　群馬県吾妻郡

【嶺】

嶺

　みね　群馬県安中市

　みね　富山県小矢部市

　みね　山梨県南巨摩郡身延町

5嶺田　みねだ　静岡県菊川市

7嶺町　みねまち　群馬県前橋市

11嶺崎　みねざき　新潟県見附市

【應】

5應田　おうだ　青森県三戸郡五戸町

【曙】

曙

　あけぼの　北海道名寄市

　あけぼの　北海道苫前郡羽幌町

　あけぼの　北海道釧路郡釧路町

　あけぼの　茨城県稲敷郡阿見町

　あけぼの　新潟県長岡市

　あけぼの　三重県四日市市

　あけぼの　広島県広島市東区

　あけぼの　福岡県福岡市早良区

　あけぼの　沖縄県那覇市

1曙一条

　あけぼのいちじょう　北海道札幌市手稲区

　あけぼのいちじょう　北海道旭川市

2曙七条　あけぼのしちじょう　北海道札幌市手稲区

曙九条　あけぼのくじょう　北海道札幌市手稲区

曙二条

　あけぼのにじょう　北海道札幌市手稲区

　あけぼのにじょう　北海道旭川市

曙八条　あけぼのはちじょう　北海道札幌市手稲区

曙十一条　あけぼのじゅういちじょう　北海道札幌市手稲区

曙十二条　あけぼのじゅうにじょう　北海道札幌市手稲区

曙十条　あけぼのじゅうじょう　北海道札幌市手稲区

3曙三条

　あけぼのさんじょう　北海道札幌市手稲区

　あけぼのさんじょう　北海道旭川市

曙川東　あけがわひがし　大阪府八尾市

4曙五条　あけぼのごじょう　北海道札幌市手稲区

曙六条　あけぼのろくじょう　北海道札幌市手稲区

5曙北二条　あけぼのきたにじょう　北海道旭川市

曙北三条　あけぼのきたさんじょう　北海道旭川市

曙台　あけぼのだい　大分県大分市

曙四条　あけぼのしじょう　北海道札幌市手稲区

7曙町

　あけぼのちょう　北海道北見市

　あけぼのちょう　北海道根室市

　あけぼのちょう　北海道山越郡長万部町

　あけぼのちょう　北海道瀬棚郡今金町

　あけぼのちょう　北海道夕張郡長沼町

　あけのまち　北海道紋別郡湧別町

　あけぼのちょう　北海道河西郡更別村

　あけぼのちょう　山形県酒田市

　あけぼのちょう　福島県西白河郡矢吹町

　あけぼのちょう　茨城県水戸市

　あけぼのちょう　埼玉県熊谷市

　あけぼのちょう　東京都立川市

　あけぼのちょう　神奈川県横浜市中区

17画（橿, 櫛, 檀, 檜, 濡, 燧, 環, 磯）

あけぼのちょう　新潟県新潟市中央区
あけぼのちょう　新潟県新潟市江南区
あけぼのちょう　新潟県五泉市
あけぼのちょう　富山県富山市
あけぼのちょう　福井県敦賀市
あけぼのちょう　長野県飯田市
あけぼのちょう　長野県諏訪郡下諏訪町
あけぼのちょう　岐阜県岐阜市
あけぼのまち　岐阜県高山市
あけぼのちょう　愛知県名古屋市昭和区
あけぼのちょう　愛知県豊橋市
あけぼのちょう　愛知県岡崎市
あけぼのちょう　愛知県豊川市
あけぼのちょう　愛知県豊田市
あけぼのちょう　愛知県小牧市
あけぼのちょう　三重県四日市市
あけぼのちょう　大阪府八尾市
あけぼのちょう　大阪府大東市
あけぼのちょう　兵庫県神戸市西区
あけぼのちょう　奈良県大和高田市
あけぼのちょう　広島県福山市
あけぼのまち　広島県安芸郡海田町
あけぼのちょう　山口県周南市
あけぼのちょう　愛媛県宇和島市
あけぼのちょう　高知県（とさでん交通伊野線）
あけぼのちょう　高知県高知市
あけぼのまち　福岡県大牟田市
あけぼのまち　福岡県柳川市
あけぼのまち　福岡県大野城市
あけぼのまち　長崎県長崎市
あけぼのちょう　鹿児島県いちき串木野市
曙町東町　あけぼのちょうひがしまち　高知県（とさでん交通伊野線）
16曙橋
あけぼのばし　千葉県柏市
あけぼのばし　東京都（東京都交通局新宿線）

【橿】
10橿原市　かしはらし　奈良県
橿原神宮西口　かしはらじんぐうにしぐち　奈良県（近畿日本鉄道南大阪線）
橿原神宮前　かしはらじんぐうまえ　奈良県（近畿日本鉄道橿原線ほか）

【櫛】
0櫛ケ浜
くしがはま　山口県（JR山陽本線）
くしがはま　山口県周南市
3櫛川
くしかわ　福井県敦賀市
くしかわ　徳島県海部郡海陽町
櫛川町　くしかわちょう　福井県敦賀市
4櫛引
くしびき　青森県八戸市
くしびき　埼玉県深谷市
櫛引町
くしひきちょう　埼玉県さいたま市北区
くしひきちょう　埼玉県さいたま市大宮区
櫛木　くしぎ　福岡県朝倉郡筑前町
5櫛田
くしだ　三重県（近畿日本鉄道山田線）
くしだ　兵庫県佐用郡佐用町
櫛田町　くしだちょう　三重県松阪市

8櫛林　くしばやし　福井県敦賀市
9櫛屋町西　くしやちょうにし　大阪府堺市堺区
櫛屋町東　くしやちょうひがし　大阪府堺市堺区
櫛津町　くしつまち　宮崎県延岡市
10櫛原　くしわら　福岡県（西日本鉄道天神大牟田線）
櫛原町　くしはらまち　福岡県久留米市
11櫛挽　くしびき　埼玉県深谷市
櫛梨町　くしなしちょう　香川県善通寺市
櫛淵町　くしぶちちょう　徳島県小松島市
櫛笥　くしげ　新潟県新潟市南区
櫛笥町　くしげちょう　京都府京都市上京区
19櫛羅　くじら　奈良県御所市

【檀】
5檀田　まゆみだ　長野県長野市
10檀紙町　だんしちょう　香川県高松市
11檀渓通　だんけいとおり　愛知県名古屋市瑞穂区
13檀渓通　だんけいとおり　愛知県名古屋市昭和区

【檜】
3檜山　ひやま　秋田県能代市
檜山郡　ひやまぐん　北海道
檜川町　ひかわちょう　兵庫県神戸市長田区
4檜木　ひのき　福島県東白川郡棚倉町
7檜尾　ひのお　大阪府堺市南区
檜尾谷町　ひおだにちょう　福井県越前市
檜沢　ひさわ　群馬県甘楽郡南牧村
8檜枝岐村　ひのえまたむら　福島県南会津郡
檜物町　ひものちょう　群馬県高崎市
9檜前　ひのくま　奈良県高市郡明日香村
檜垣町　ひがいちょう　奈良県天理市
10檜原
ひばら　福島県耶麻郡北塩原村
ひばら　新潟県村上市
檜原村　ひのはらむら　東京都西多摩郡
13檜新田　ひのきしんでん　静岡県富士市

【濡】
10濡浜北　ぬれはまきた　秋田県由利本荘市

【燧】
燧　ひうち　福井県南条郡南越前町
0燧ケ岳　ひうちがたけ　福島県南会津郡檜枝岐村
5燧田　ひうちた　福島県郡山市

【環】
7環状通東　かんじょうどうりひがし　北海道（札幌市交通局東豊線）

【磯】
磯
いそ　茨城県結城郡八千代町
いそ　滋賀県米原市
0磯ケ谷　いそがや　千葉県市原市
磯ノ川　いそのかわ　高知県四万十市
磯ノ浦　いそのうら　和歌山県（南海電気鉄道加太線）
磯の浦　いそのうら　和歌山県和歌山市

17画（磯）

³磯上　いそがみ　福島県南会津郡下郷町
磯上町　いそのかみちょう　大阪府岸和田市
磯上通　いそがみどおり　兵庫県神戸市中央区
磯子
　いそご　神奈川県（JR根岸線）
　いそご　神奈川県横浜市磯子区
磯子区　いそごく　神奈川県横浜市
磯子台　いそごだい　神奈川県横浜市磯子区
磯山
　いそやま　千葉県香取市
　いそやま　三重県（近畿日本鉄道名古屋線）
　いそやま　三重県鈴鹿市
磯山町　いそやまちょう　三重県鈴鹿市
⁴磯之町　いそのちょう　兵庫県神戸市兵庫区
磯分内　いそぶんない　北海道（JR釧網本線）
磯分内乙西　いそぶんないおつにし　北海道川上郡標茶町
磯分内下　いそぶんないしも　北海道川上郡標茶町
磯分内上　いそぶんないかみ　北海道川上郡標茶町
磯分内小林　いそぶんないこばやし　北海道川上郡標茶町
磯分内市街　いそぶんないしがい　北海道川上郡標茶町
磯分内平和　いそぶんないへいわ　北海道川上郡標茶町
磯分内平泉　いそぶんないひらいずみ　北海道川上郡標茶町
磯分内協盛　いそぶんないきょうせい　北海道川上郡標茶町
磯分内美幌　いそぶんないびほろ　北海道川上郡標茶町
磯分内福島　いそぶんないふくしま　北海道川上郡標茶町
磯分内憩　いそぶんないこい　北海道川上郡標茶町
⁵磯辺
　いそべ　千葉県千葉市美浜区
　いそべ　富山県氷見市
磯辺下地町　いそべしたじちょう　愛知県豊橋市
磯辺通　いそべどおり　兵庫県神戸市中央区
⁶磯光　いそみつ　福岡県宮若市
⁷磯村　いそむら　千葉県鴨川市
磯沢　いそざわ　宮城県気仙沼市
磯町
　いそまち　栃木県鹿沼市
　いそちょう　群馬県伊勢崎市
　いそちょう　三重県伊勢市
磯谷　いそだに　高知県長岡郡大豊町
磯谷町　いそやちょう　北海道寿都郡寿都町
磯谷郡　いそやぐん　北海道
⁸磯岡　いそおか　栃木県河内郡上三川町
磯松　いそまつ　青森県五所川原市
磯河内　いそこうち　愛媛県松山市
⁹磯城郡　しきぐん　奈良県
磯津　いそづ　三重県四日市市
磯草　いそくさ　宮城県気仙沼市
¹⁰磯原　いそはら　茨城県（JR常磐線）
磯原町上相田　いそはらちょうかみそうだ　茨城県北茨城市
磯原町大塚　いそはらちょうおおつか　茨城県北茨城市
磯原町内野　いそはらちょううつの　茨城県北茨城市

磯原町木皿　いそはらちょうきさら　茨城県北茨城市
磯原町本町　いそはらちょうほんちょう　茨城県北茨城市
磯原町豊田　いそはらちょうとよだ　茨城県北茨城市
磯原町磯原　いそはらちょういそはら　茨城県北茨城市
磯島元町　いそしまもとまち　大阪府枚方市
磯島北町　いそしまきたまち　大阪府枚方市
磯島南町　いそしまみなみまち　大阪府枚方市
磯島茶屋町　いそしまちゃやまち　大阪府枚方市
磯浦町　いそうらちょう　愛媛県新居浜市
磯浜町
　いそはまちょう　茨城県東茨城郡大洗町
　いそはまちょう　兵庫県赤穂市
　いそはまちょう　福岡県京都郡苅田町
¹¹磯崎
　いそざき　宮城県宮城郡松島町
　いそざき　茨城県（ひたちなか海浜鉄道湊線）
磯崎町
　いそざきちょう　茨城県ひたちなか市
　いそざきちょう　三重県熊野市
磯部
　いそべ　福島県相馬市
　いそべ　茨城県古河市
　いそべ　茨城県つくば市
　いそべ　茨城県桜川市
　いそべ　栃木県下野市
　いそべ　群馬県（JR信越本線）
　いそべ　群馬県安中市
　いそべ　千葉県成田市
　いそべ　神奈川県相模原市南区
　いそべ　石川県（北陸鉄道浅野川線）
　いそべ　長野県千曲市
磯部町
　いそべちょう　茨城県常陸太田市
　いそべまち　富山県富山市
　いそべまち　石川県金沢市
　いそべちょう　福井県鯖江市
磯部町下之郷　いそべちょうしものごう　三重県志摩市
磯部町三ケ所　いそべちょうさんがしょ　三重県志摩市
磯部町上之郷　いそべちょうかみのごう　三重県志摩市
磯部町山田　いそべちょうやまだ　三重県志摩市
磯部町山原　いそべちょうやまはら　三重県志摩市
磯部町五知　いそべちょうごち　三重県志摩市
磯部町穴川　いそべちょうあながわ　三重県志摩市
磯部町坂崎　いそべちょうさかざき　三重県志摩市
磯部町沓掛　いそべちょうくつかけ　三重県志摩市
磯部町的矢　いそべちょうまとや　三重県志摩市
磯部町迫間　いそべちょうはさま　三重県志摩市
磯部町恵利原　いそべちょうえりはら　三重県志摩市
磯部町栗木広　いそべちょうくりきひろ　三重県志摩市
磯部町渡鹿野　いそべちょうわたかの　三重県志摩市
磯部町飯浜　いそべちょういいはま　三重県志摩市
磯部町築地　いそべちょうついじ　三重県志摩市
磯部町檜山　いそべちょうひやま　三重県志摩市
磯野　いその　茨城県東茨城郡城里町
¹²磯道　いそみち　茨城県東茨城郡大洗町
磯道町　いそみちまち　長崎県長崎市

17画（穄, 篠）

磯間　いそま　和歌山県田辺市
¹³磯路　いそじ　大阪府大阪市港区
　磯馴町　いそなれちょう　兵庫県神戸市須磨区
¹⁶磯壁　いそかべ　奈良県香芝市
¹⁹磯鶏
　　そけい　岩手県（JR山田線）
　　そけい　岩手県宮古市
　磯鶏石崎　そけいいしざき　岩手県宮古市
　磯鶏西　そけいにし　岩手県宮古市
　磯鶏沖　そけいおき　岩手県宮古市

【穄】
⁸穄東町　さいひがしまち　岡山県岡山市中区

【篠】
⁰篠ケ瀬町　ささがせちょう　静岡県浜松市東区
　篠ノ井　しののい　長野県（JR篠ノ井線ほか）
　篠ノ井二ツ柳　しののいふたつやなぎ　長野県長野市
　篠ノ井小松原　しののいこまつばら　長野県長野市
　篠ノ井小森　しののいこもり　長野県長野市
　篠ノ井山布施　しののいやまぶせ　長野県長野市
　篠ノ井布施五明　しののいふせごみょう　長野県長野市
　篠ノ井布施高田　しののいふせたかだ　長野県長野市
　篠ノ井石川　しののいいしかわ　長野県長野市
　篠ノ井会　しののいあい　長野県長野市
　篠ノ井有旅　しののいうたび　長野県長野市
　篠ノ井西寺尾　しののいにしでらお　長野県長野市
　篠ノ井岡田　しののいおかだ　長野県長野市
　篠ノ井杵淵　しののいきねぶち　長野県長野市
　篠ノ井東福寺　しののいとうふくじ　長野県長野市
　篠ノ井御幣川　しののいおんべがわ　長野県長野市
　篠ノ井塩崎　しののいしおざき　長野県長野市
　篠ノ井横田　しののいよこた　長野県長野市
　篠の風　しののかぜ　愛知県名古屋市緑区
³篠山　しのやま　茨城県常総市
　篠山口　ささやまぐち　兵庫県（JR福知山線）
　篠山市　ささやまし　兵庫県
　篠山町　ささやままち　福岡県久留米市
　篠山新田　しのやましんでん　千葉県印旛郡酒々井町
　篠川　しのかわ　鹿児島県大島郡瀬戸内町
⁴篠井　しのい　長野県中野市
　篠井町　しのいまち　栃木県宇都宮市
　篠内平　しのないたい　青森県上北郡東北町
　篠木上黒畑　しのぎかみくろはた　岩手県滝沢市
　篠木上綾織　しのぎかみあやおり　岩手県滝沢市
　篠木上篠木　しのぎかみしのぎ　岩手県滝沢市
　篠木大寺沢　しのぎおおてらさわ　岩手県滝沢市
　篠木小谷地　しのぎこやち　岩手県滝沢市
　篠木中村　しのぎなかむら　岩手県滝沢市
　篠木中屋敷　しのぎなかやしき　岩手県滝沢市
　篠木仁沢瀬　しのぎにさわせ　岩手県滝沢市
　篠木外山　しのぎとやま　岩手県滝沢市
　篠木矢取森　しのぎやとりもり　岩手県滝沢市
　篠木町　しのぎちょう　愛知県春日井市
　篠木参郷　しのぎさんごう　岩手県滝沢市
　篠木参郷の森　しのぎさんごうのもり　岩手県滝沢市
　篠木明法　しのぎみょうほう　岩手県滝沢市

篠木苧桶沢　しのぎおぼけざわ　岩手県滝沢市
篠木待場　しのぎまちば　岩手県滝沢市
篠木荒屋　しのぎあらや　岩手県滝沢市
篠木鳥谷平　しのぎとやひら　岩手県滝沢市
篠木黒畑　しのぎくろはた　岩手県滝沢市
篠木堤　しのぎつつみ　岩手県滝沢市
篠木樋の口　しのぎといのくち　岩手県滝沢市
篠木綾織　しのぎあやおり　岩手県滝沢市
篠木館が沢　しのぎたてがさわ　岩手県滝沢市
⁵篠平　しのだいら　愛知県犬山市
　篠本　ささもと　千葉県山武郡横芝光町
　篠本根切　ささもとねぎり　千葉県山武郡横芝光町
　篠田
　　しだ　青森県青森市
　　しだ　愛知県あま市
　篠田町
　　しだちょう　愛知県春日井市
　　しだちょう　愛知県豊川市
　　しだちょう　京都府綾部市
　篠目　しのめ　山口県（JR山口線）
　篠目町　ささめちょう　愛知県安城市
⁷篠坂
　　しのざか　鳥取県鳥取市
　　しのざか　鳥取県八頭郡智頭町
　　しのざか　岡山県笠岡市
　篠尾町
　　ささおまち　群馬県沼田市
　　しのおちょう　福井県福井市
　篠尾新町　さそおしんまち　京都府福知山市
　篠束町　しのづかちょう　愛知県豊川市
　篠町夕日ケ丘　しのちょうゆうひがおか　京都府亀岡市
　篠町山本　しのちょうやまもと　京都府亀岡市
　篠町王子　しのちょうおうじ　京都府亀岡市
　篠町広田　しのちょうひろた　京都府亀岡市
　篠町見晴　しのちょうみはる　京都府亀岡市
　篠町柏原　しのちょうかせばら　京都府亀岡市
　篠町浄法寺　しのちょうじょうぼうじ　京都府亀岡市
　篠町馬堀　しのちょううまほり　京都府亀岡市
　篠町馬堀駅前　しのちょううまほりえきまえ　京都府亀岡市
　篠町野条　しのちょうのじょう　京都府亀岡市
　篠町森　しのちょうもり　京都府亀岡市
　篠町篠　しのちょうしの　京都府亀岡市
　篠花　ささばな　新潟県長岡市
⁸篠岡　しのおか　愛知県小牧市
　篠波　ささなみ　鳥取県八頭郡八頭町
⁹篠屋町　ささやちょう　京都府京都市下京区
　篠津
　　しのつ　北海道江別市
　　しのづ　埼玉県桶川市
　　しのづ　埼玉県白岡市
¹⁰篠原
　　しのはら　山梨県甲斐市
　　しのはら　静岡県磐田市
　　ささはら　愛知県（愛知環状鉄道線）
　　しのはら　滋賀県（JR東海道本線）
　　しのはら　京都府船井郡京丹波町
　　しのはら　兵庫県神戸市灘区
　　しのはら　高知県（とさでん交通ごめん線）

17画（簗, 糠, 糟, 繋）

しのはら　高知県南国市
しのわら　福岡県糸島市
篠原イ　しのはらい　千葉県香取市
篠原口　しのはら　千葉県香取市
篠原中町　しのはらなかまち　兵庫県神戸市灘区
篠原北　しのはらきた　神奈川県横浜市港北区
篠原北町　しのはらきたまち　兵庫県神戸市灘区
篠原台　しのはらだい　兵庫県神戸市灘区
篠原台町　しのはらだいまち　神奈川県横浜市港北区
篠原本町　しのはらほんまち　兵庫県神戸市灘区
篠原西　しのわらにし　福岡県糸島市
篠原西町　しのはらにしちょう　神奈川県横浜市港北区
篠原伯母野山町　しのはらおばのやまちょう　兵庫県神戸市灘区
篠原町
　しのはらちょう　神奈川県横浜市港北区
　しのはらまち　石川県加賀市
　しのはらちょう　静岡県浜松市西区
　ささばらちょう　愛知県豊田市
　しのはらちょう　滋賀県近江八幡市
　しのはらまち　福岡県久留米市
篠原東
　しのはらひがし　神奈川県横浜市港北区
　しのわらひがし　福岡県糸島市
篠原南町　しのはらみなみまち　兵庫県神戸市灘区
篠原新町　しのはらしんまち　石川県加賀市
篠原橋通　しのはらばしとおり　愛知県名古屋市中川区
篠島　しのじま　愛知県知多郡南知多町
篠座　しのくら　福井県大野市
篠座町　しのくらちょう　福井県大野市
篠栗
　ささぐり　福岡県（JR篠栗線）
　ささぐり　福岡県糟屋郡篠栗町
篠栗町　ささぐりまち　福岡県糟屋郡
篠根町　しのねちょう　広島県府中市
11**篠崎**
　しのざき　茨城県つくば市
　しのざき　東京都（東京都交通局新宿線）
　しのざき　福岡県北九州市小倉北区
篠崎町　しのざきまち　東京都江戸川区
篠部　しのべ　千葉県富津市
12**篠場**　しのんば　静岡県掛川市
篠場町　しのばちょう　愛媛県新居浜市
篠塚
　しのづか　群馬県（東武鉄道小泉線）
　しのづか　群馬県藤岡市
　しのづか　群馬県邑楽郡邑楽町
篠隈　しのくま　福岡県朝倉郡筑前町
13**篠路**　しのろ　北海道（JR札沼線）
篠路一条　しのろいちじょう　北海道札幌市北区
篠路七条　しのろしちじょう　北海道札幌市北区
篠路九条　しのろくじょう　北海道札幌市北区
篠路二条　しのろにじょう　北海道札幌市北区
篠路八条　しのろはちじょう　北海道札幌市北区
篠路十条　しのろじゅうじょう　北海道札幌市北区
篠路三条　しのろさんじょう　北海道札幌市北区
篠路五条　しのろごじょう　北海道札幌市北区
篠路六条　しのろろくじょう　北海道札幌市北区

篠路四条　しのろしじょう　北海道札幌市北区
篠路町上篠路　しのろちょうかみしのろ　北海道札幌市北区
篠路町太平　しのろちょうたいへい　北海道札幌市北区
篠路町拓北　しのろちょうたくほく　北海道札幌市北区
篠路町福移　しのろちょうふくい　北海道札幌市北区
篠路町篠路　しのろちょうしのろ　北海道札幌市北区
14**篠窪**　しのくぼ　神奈川県足柄上郡大井町
19**篠瀬**　しのせ　福岡県豊前市
22**篠籠田**　しこだ　千葉県柏市

【簗】
0**簗ノ上**　やなのうえ　徳島県那賀郡那賀町
3**簗川**　やながわ　岩手県盛岡市
5**簗平町**　やなだいらちょう　愛知県豊田市
7**簗沢**
　やなざわ　山形県米沢市
　やなざわ　山形県東村山郡山辺町
12**簗場**　やなば　長野県（JR大糸線）
19**簗瀬**
　やなぜ　栃木県宇都宮市
　やなせ　群馬県安中市
　やなぜ　島根県邑智郡美郷町
簗瀬町　やなぜまち　栃木県宇都宮市

【糠】
糠　ぬか　福井県南条郡南越前町
3**糠子島**　ぬかごじま　富山県小矢部市
4**糠内**　ぬかない　北海道中川郡幕別町
5**糠田**
　ぬかた　埼玉県鴻巣市
　ぬかた　千葉県君津市
糠田飛地　ぬかたとびち　千葉県君津市
6**糠地**　ぬかち　長野県小諸市
7**糠沢**
　ぬかざわ　秋田県（JR奥羽本線）
　ぬかざわ　福島県本宮市
8**糠坪**　ぬかつぼ　青森県弘前市
9**糠南**　ぬかなん　北海道（JR宗谷本線）
11**糠野目**　ぬかのめ　山形県東置賜郡高畠町
12**糠塚**
　ぬかづか　青森県八戸市
　ぬかづか　岩手県花巻市
　ぬかづか　秋田県雄勝郡羽後町
　ぬかづか　山形県天童市
　ぬかづか　福岡県遠賀郡垣内町
糠塚町　ぬかづかちょう　滋賀県東近江市

【糟】
9**糟屋郡**　かすやぐん　福岡県

【繋】
繋
　つなぎ　岩手県盛岡市
　つなぎ　岩手県岩手郡雫石町
7**繋沢**　つなぎさわ　岩手県八幡平市

17画（縮, 薩, 藍, 藁, 螺, 講, 謝, 賽, 鍬, 鍵, 鍛）

【縮】
12縮景園前　しゅっけいえんまえ　広島県（広島電鉄白島線）

【薩】
3薩川　さつかわ　鹿児島県大島郡瀬戸内町
15薩摩　さつま　奈良県高市郡高取町
薩摩大川　さつまおおかわ　鹿児島県（肥薩おれんじ鉄道線）
薩摩山　さつまやま　鹿児島県いちき串木野市
薩摩川内市　さつませんだいし　鹿児島県
薩摩川尻　さつまかわしり　鹿児島県（JR指宿枕崎線）
薩摩今和泉　さつまいまいずみ　鹿児島県（JR指宿枕崎線）
薩摩町
　さつまちょう　愛知県名古屋市瑞穂区
　さつまちょう　滋賀県彦根市
薩摩松元　さつままつもと　鹿児島県（JR鹿児島本線）
薩摩板敷　さつまいたしき　鹿児島県（JR指宿枕崎線）
薩摩郡　さつまぐん　鹿児島県
薩摩高城　さつまたき　鹿児島県（肥薩おれんじ鉄道線）
薩摩塩屋　さつましおや　鹿児島県（JR指宿枕崎線）

【藍】
3藍川　あいかわ　岐阜県美濃市
藍川町　あいかわちょう　岐阜県岐阜市
4藍内　あいない　青森県弘前市
5藍本
　あいもと　兵庫県（JR福知山線）
　あいもと　兵庫県三田市
7藍住町　あいずみちょう　徳島県板野郡
藍那　あいな　兵庫県（神戸電鉄粟生線）
9藍畑　あいはた　徳島県名西郡石井町
10藍島　あいのしま　福岡県北九州市小倉北区
12藍場町　あいばちょう　徳島県徳島市

【藁】
9藁屋町　わらやちょう　京都府京都市上京区

【螺】
12螺湾　らわん　北海道足寄郡足寄町
螺湾本町　らわんもとまち　北海道足寄郡足寄町

【講】
11講堂町　こうどうちょう　京都府京都市上京区

【謝】
6謝名　じゃな　沖縄県国頭郡今帰仁村
謝名城　じゃなぐすく　沖縄県国頭郡大宜味村
謝名堂　じゃなどう　沖縄県島尻郡久米島町
7謝花　じゃはな　沖縄県国頭郡本部町
15謝敷　じゃしき　沖縄県国頭郡国頭村

【賽】
0賽ノ神　さいのかみ　青森県上北郡七戸町

【鍬】
0鍬ケ崎　くわがさき　岩手県宮古市
鍬ノ町　くわのまち　山形県天童市
3鍬田　くわだ　茨城県桜川市
6鍬江　くわえ　新潟県胎内市
鍬江沢　くわえざわ　新潟県岩船郡関川村
7鍬形　くわがた　三重県多気郡多気町
9鍬柄沢　くわがらさわ　新潟県十日町市
11鍬掛　くわかけ　福井県大野市

【鍵】
鍵　かぎ　奈良県磯城郡田原本町
3鍵山　かぎやま　埼玉県入間市
4鍵之手町　かぎのてちょう　滋賀県近江八幡市
5鍵田町
　かぎたちょう　愛知県名古屋市瑞穂区
　かぎたちょう　愛知県豊橋市
鍵穴　かぎあな　静岡県静岡市葵区
7鍵町
　かぎちょう　富山県中新川郡上市町
　かぎまち　兵庫県姫路市
9鍵屋中町　かぎやなかまち　岐阜県岐阜市
鍵屋西町　かぎやにしまち　岐阜県岐阜市
鍵屋町
　かぎやちょう　京都府京都市中京区
　かぎやちょう　京都府京都市東山区
　かぎやちょう　京都府京都市下京区
鍵屋東町　かぎやひがしまち　岐阜県岐阜市
11鍵掛　かいかけ　高知県土佐清水市

【鍛】
7鍛冶　かじ　京都府福知山市
鍛冶ケ沢　かじがさわ　栃木県さくら市
鍛冶ケ谷　かじがや　神奈川県横浜市栄区
鍛冶ケ谷町　かじがやちょう　神奈川県横浜市栄区
鍛冶町
　かじまち　青森県弘前市
　かじちょう　青森県八戸市
　かじまち　岩手県北上市
　かじまち　秋田県横手市
　かじまち　山形県米沢市
　かじまち　福島県白河市
　かじちょう　群馬県高崎市
　かじまち　群馬県沼田市
　かじまち　東京都千代田区
　かじまち　新潟県村上市
　かじまち　新潟県佐渡市
　かじまち　石川県七尾市
　かじちょう　岐阜県関市
　かじまち　静岡県浜松市中区
　かじまち　愛知県豊橋市
　かじまち　三重県桑名市
　かじまち　三重県名張市
　かじちょう　京都府京都市中京区
　かじまち　兵庫県姫路市
　かじまち　鳥取県鳥取市
　かじまち　鳥取県倉吉市

17画（鍋, 鍛, 鍼, 闇, 霞）

かじまち　高知県須崎市
かじまち　福岡県北九州市小倉北区
鍛冶免分　かじめんぶん　新潟県上越市
鍛冶屋
　かじや　神奈川県足柄下郡湯河原町
　かじや　長野県佐久市
　かじや　三重県伊賀市
　かじや　鳥取県八頭郡八頭町
鍛冶屋町
　かじやちょう　滋賀県長浜市
　かじやちょう　京都府京都市中京区
　かじやちょう　京都府京都市下京区
　かじやちょう　京都府京都市伏見区
　かじやちょう　京都府綾部市
　かじやちょう　兵庫県神戸市兵庫区
　かじやまち　香川県高松市
　かじやまち　福岡県柳川市
　かじやまち　長崎県長崎市
　かじやまち　熊本県熊本市中央区
　かじやまち　熊本県人吉市
鍛冶屋原　かじやばら　徳島県板野郡上板町
鍛冶島　かじしま　静岡県周智郡森町
⁸**鍛冶**
　かじ　北海道函館市
　かじ　富山県南砺市
　かじ　兵庫県神崎郡神河町
鍛冶町
　かじまち　青森県黒石市
　かじまち　岩手県花巻市
　かじまち　秋田県由利本荘市
　かじまち　石川県白山市
　かじまち　岡山県津山市
鍛冶林　かじばやし　青森県上北郡七戸町
鍛冶屋川　かじやがわ　福島県伊達市
鍛冶屋町
　かじやちょう　滋賀県近江八幡市
　かじやちょう　大阪府和泉市
　かじやちょう　兵庫県明石市
　かじやちょう　兵庫県加西市
　かじやまち　大分県豊後高田市
鍛冶屋敷町　かじやしきちょう　愛知県豊田市
¹⁰**鍛高**　たんたか　北海道白糠郡白糠町
¹¹**鍛埜町**　かじのちょう　愛知県岡崎市

【鍋】

⁰**鍋ケ浦**　なべがうら　新潟県上越市
³**鍋小路**　なべこうじ　埼玉県吉川市
鍋山　なべやま　茨城県筑西市
鍋山町
　なべやままち　栃木県栃木市
　なべやままち　千葉県佐倉市
　なべやままち　福岡県中間市
⁴**鍋内**　なべうち　福島県西白河郡矢吹町
鍋片　なべかた　愛知県清須市
⁵**鍋平**　なべひら　愛知県弥富市
鍋田
　なべた　青森県東津軽郡今別町
　なべた　山形県南陽市
　なべた　富山県富山市
　なべた　福岡県遠賀郡岡垣町
　なべた　熊本県山鹿市

鍋田町
　なべたちょう　愛知県豊田市
　なべたちょう　愛知県弥富市
鍋石町　なべいしちょう　島根県浜田市
⁷**鍋谷**　なべや　群馬県邑楽郡千代田町
鍋谷町　なべたにまち　石川県能美市
⁸**鍋沼新田**　なべぬましんでん　茨城県つくば市
⁹**鍋屋**　なべや　岡山県真庭市
鍋屋上野町　なべやうえのちょう　愛知県名古屋市千
　種区
鍋屋町
　なべやちょう　京都府京都市中京区
　なべやちょう　京都府京都市下京区
　なべやちょう　奈良県奈良市
　なべやまち　和歌山県和歌山市
¹⁰**鍋倉**
　なべくら　岩手県花巻市
　なべくら　鳥取県西伯郡南部町
　なべくら　山口県（JR山口線）
　なべくら　鹿児島県始良市
鍋倉町　なべくらちょう　山口県宇部市
鍋原
　なべら　岐阜県（樽見鉄道線）
　なべら　岐阜県本巣市
鍋島
　なべしま　富山県砺波市
　なべしま　高知県四万十市
　なべしま　佐賀県（JR長崎本線）
　なべしま　佐賀県佐賀市
　なべしま　大分県中津市
鍋島町　なべしまちょう　京都府京都市伏見区
鍋島町八戸　なべしままちやえ　佐賀県佐賀市
鍋島町八戸溝　なべしままちやえみぞ　佐賀県佐賀市
鍋島町蛎久　なべしままちかきひさ　佐賀県佐賀市
鍋島町森田　なべしままちもりた　佐賀県佐賀市
鍋島町鍋島　なべしままちなべしま　佐賀県佐賀市
¹¹**鍋掛**　なべかけ　栃木県那須塩原市
¹³**鍋蓋新田**　なべぶたしんでん　愛知県海部郡蟹江町
¹⁵**鍋潟**　なべがた　新潟県新潟市南区
鍋潟新田
　なべがたしんでん　新潟県新潟市中央区
　なべがたしんでん　新潟県新潟市江南区

【鍛】

⁷**鍛冶町**　かじまち　岡山県高梁市
鍛冶屋窪　かじやくぼ　青森県三戸郡五戸町
鍛冶屋窪上ミ　かじやくぼかみ　青森県三戸郡五戸町
鍛冶屋敷　かじやしき　青森県三戸郡五戸町
⁸**鍛冶ケ一色**　かじがいしき　愛知県北名古屋市

【鍼】

⁷**鍼灸大学前**　しんきゅうだいがくまえ　京都府（JR山
　陰本線）

【闇】

¹²**闇無町**　くらなしまち　大分県中津市

【霞】

霞
　かすみ　三重県四日市市

1279

17画(霜,鞠,韓,駿,鮭,鮫,鮖,鮨,鴻)

かすみ 鳥取県日野郡日南町
かすみ 広島県広島市南区

0霞ケ丘
かすみがおか 埼玉県ふじみ野市
かすみがおか 神奈川県横浜市西区
かすみがおか 愛知県名古屋市千種区
かすみがおか 兵庫県 (山陽電気鉄道本線)
かすみがおか 兵庫県神戸市垂水区
かすみがおか 兵庫県川西市

霞ケ丘町
かすみがおかまち 東京都新宿区
かすみがおかちょう 大阪府堺市堺区

霞ケ丘町中 かすみがおかちょうなか 愛知県尾張旭市
霞ケ丘町北 かすみがおかちょうきた 愛知県尾張旭市
霞ケ丘町南 かすみがおかちょうみなみ 愛知県尾張旭市

霞ケ岡町 かすみがおかまち 茨城県土浦市
霞ケ浦
かすみがうら 三重県 (近畿日本鉄道名古屋線)
かすみがうら 大分県佐伯市

霞ケ関
かすみがせき 埼玉県 (東武鉄道東上本線)
かすみがせき 東京都 (東京地下鉄丸ノ内線ほか)

霞ケ関北 かすみがせききた 埼玉県川越市
霞ケ関東 かすみがせきひがし 埼玉県川越市
霞が関 かすみがせき 東京都千代田区

5霞台
かすみだい 北海道茅部郡森町
かすみだい 神奈川県横浜市保土ケ谷区

霞目 かすみのめ 宮城県仙台市若林区
7霞町
かすみちょう 福島県福島市
かすみちょう 岐阜県岐阜市
かすみちょう 愛知県名古屋市南区
かすみちょう 三重県桑名市
かすみちょう 兵庫県西宮市
かすみちょう 広島県福山市

9霞城町 かじょうまち 山形県山形市
10霞浦町 かすみうらまち 愛知県碧南市

【霜】
0霜ケ原 しもがはら 滋賀県犬上郡多賀町
7霜条 しもじょう 新潟県十日町市

【鞠】
3鞠山 まるやま 福井県敦賀市
5鞠生町 まりふちょう 山口県防府市

【韓】
0韓々坂 かんかんざか 熊本県 (熊本電気鉄道上熊本線)

【駿】
8駿府町 すんぷちょう 静岡県静岡市葵区
駿府城公園 すんぷじょうこうえん 静岡県静岡市葵区
駿東郡 すんとうぐん 静岡県
駿河小山 するがおやま 静岡県 (JR御殿場線)
駿河山 するがやま 岐阜県岐阜市
駿河区 するがく 静岡県静岡市

駿河台
するがだい 千葉県船橋市
するがだい 静岡県沼津市
するがだい 静岡県藤枝市

駿河町
するがちょう 静岡県静岡市葵区
するがまち 和歌山県和歌山市

駿河徳山 するがとくやま 静岡県 (大井川鉄道大井川本線)

【鮭】
3鮭川村 さけがわむら 山形県最上郡
7鮭尾 さけお 石川県鳳珠郡能登町

【鮫】
鮫 さめ 青森県 (JR八戸線)
0鮫ケ地 さめがんじ 愛知県弥富市
鮫ケ地町 さめがんじちょう 愛知県弥富市
鮫ノ口 さめのくち 青森県三戸郡五戸町
3鮫川村 さめがわむら 福島県東白川郡
7鮫町 さめまち 青森県八戸市
9鮫洲 さめず 東京都 (京浜急行電鉄本線)
10鮫島
さめじま 静岡県富士市
さめじま 静岡県磐田市
鮫浦 さめのうら 宮城県石巻市

【鮖】
3鮖川 はいかわ 三重県度会郡度会町

【鮨】
9鮨洗 すしあらい 山形県山形市

【鴻】
0鴻ノ巣 こうのす 新潟県胎内市
鴻ノ巣町 こうのすちょう 愛知県豊田市
鴻の巣 こうのす 愛知県名古屋市天白区
4鴻之台1番町 こうのだいいちばんちょう 三重県名張市
鴻之台2番町 こうのだいにばんちょう 三重県名張市
鴻之台3番町 こうのだいさんばんちょう 三重県名張市
鴻之台4番町 こうのだいよんばんちょう 三重県名張市
鴻之台5番町 こうのだいごばんちょう 三重県名張市
鴻之舞 こうのまい 北海道紋別市
鴻仏目 こうぶつめ 愛知県名古屋市緑区
6鴻池 こうのいけ 兵庫県伊丹市
鴻池元町 こうのいけもとまち 大阪府東大阪市
鴻池本町 こうのいけほんまち 大阪府東大阪市
鴻池町 こうのいけちょう 大阪府東大阪市
鴻池新田 こうのいけしんでん 大阪府 (JR片町線)
鴻池徳庵町 こうのいけとくあんちょう 大阪府東大阪市
8鴻茎 こうぎ 埼玉県加須市
9鴻草 こうのくさ 福島県双葉郡双葉町
10鴻島町 こうじままち 愛知県碧南市
11鴻巣
こうのす 茨城県古河市

1280

18画（檮, 櫃, 礎, 礒, 襧, 織, 職, 臨, 藤）

こうのす　茨城県笠間市
こうのす　茨城県那珂市
こうのす　埼玉県（JR高崎線）
こうのす　埼玉県鴻巣市
鴻巣市　こうのすし　埼玉県
鴻巣町　こうのすちょう　新潟県小千谷市
鴻野山
こうのやま　茨城県常総市
こうのやま　栃木県（JR烏山線）
こうのやま　栃木県那須烏山市
鴻野山新田　こうのやましんでん　茨城県常総市

18画

【檮】
¹⁰**檮原**　ゆすはら　高知県高岡郡檮原町
檮原町　ゆすはらちょう　高知県高岡郡

【櫃】
⁵**櫃石**　ひついし　香川県坂出市
¹⁰**櫃島**　ひつしま　山口県萩市
櫃挾　ひつば　千葉県市原市
¹¹**櫃崎**　ひつざき　秋田県大館市

【礎】
⁷**礎町通**　いしずえちょうどおり　新潟県新潟市中央区
礎町通上一ノ町　いしずえちょうどおりかみいちのちょう　新潟県新潟市中央区

【礒】
¹¹**礒野**　いその　奈良県大和高田市
礒野北町　いそのきたちょう　奈良県大和高田市
礒野町　いそのちょう　奈良県大和高田市
礒野東町　いそのひがしちょう　奈良県大和高田市
礒野南町　いそのみなみまち　奈良県大和高田市
礒野新町　いそのしんまち　奈良県大和高田市

【襧】
⁶**襧次**　ねつぎ　福島県耶麻郡猪苗代町
⁸**襧宜町**　ねぎまち　青森県弘前市

【織】
⁵**織田**　おた　福井県丹生郡越前町
織田町　おだまち　岐阜県岐阜市
織田塚町　おだづかちょう　岐阜県岐阜市
⁸**織物屋町**　おりものやちょう　京都府京都市中京区
¹⁰**織姫町**　おりひめちょう　群馬県桐生市
¹¹**織笠**
おりかさ　青森県三沢市
おりかさ　岩手県（JR山田線）
おりかさ　岩手県下閉伊郡山田町
織部　おりべ　岐阜県（樽見鉄道線）
織部町　おべちょう　愛知県名古屋市北区
¹⁵**織幡**　おりはた　千葉県香取市

【職】
²**職人**　しょくにん　京都府舞鶴市

職人町
しょくにんまち　三重県桑名市
しょくにんまち　鳥取県鳥取市
しょくにんちょう　長崎県平戸市

【臨】
⁹**臨海町**
りんかいちょう　東京都江戸川区
りんかいちょう　新潟県新潟市東区
りんかいちょう　大阪府岸和田市
りんかいちょう　大阪府泉大津市
りんかいちょう　山口県周南市
¹²**臨港**　りんこう　新潟県新潟市東区
臨港町　りんこうちょう　新潟県新潟市東区
臨港通　りんこうどおり　岩手県宮古市

【藤】
藤
ふじ　福島県河沼郡柳津町
ふじ　高知県四万十市
⁰**藤ケ丘**
ふじがおか　茨城県龍ケ崎市
ふじがおか　愛知県江南市
ふじがおか　大阪府藤井寺市
藤ケ丘町　ふじがおかちょう　福井県敦賀市
藤ケ台
ふじがだい　兵庫県姫路市
ふじがだい　山口県周南市
藤ケ谷
ふじがや　茨城県筑西市
ふじがや　千葉県柏市
藤ケ谷町　ふじがたにちょう　山口県下関市
藤ケ谷新田　ふじがやしんでん　千葉県柏市
藤ケ崎　ふじがさき　宮城県遠田郡
藤ケ崎町　ふじがさきちょう　宮城県遠田郡美里町
藤ケ瀬町　ふじがせちょう　愛知県愛西市
藤ノ川　ふじのがわ　高知県高岡郡四万十町
藤ノ木
ふじのき　兵庫県伊丹市
ふじのき　福岡県（JR筑豊本線）
ふじのき　福岡県北九州市若松区
藤ノ木台　ふじのきだい　奈良県奈良市
藤ノ野　ふじのの　高知県吾川郡仁淀川町
藤ノ瀬　ふじのせ　石川県鳳珠郡能登町
藤が丘
ふじがおか　神奈川県（東京急行電鉄田園都市線）
ふじがおか　神奈川県横浜市青葉区
ふじがおか　愛知県（愛知高速交通東部丘陵線ほか）
ふじがおか　愛知県名古屋市名東区
ふじがおか　三重県桑名市
ふじがおか　兵庫県明石市
藤が丘町　ふじがおかちょう　大阪府吹田市
藤が尾　ふじがお　大阪府交野市
藤が岡　ふじがおか　神奈川県藤沢市
藤が原　ふじがはら　茨城県水戸市
藤の川　ふじのかわ　岩手県宮古市
藤の木　ふじのき　広島県広島市佐伯区
藤の木台　ふじのきだい　富山県富山市
藤の木園町　ふじのきそのまち　富山県富山市

18画（藤）

藤の牛島　ふじのうしじま　埼玉県（東武鉄道野田
線）
藤の台
　ふじのだい　千葉県香取郡神崎町
　ふじのだい　大分県大分市
藤の花　ふじのはな　山形県鶴岡市
藤の里　ふじのさと　大阪府茨木市
藤の里町　ふじのさとちょう　大阪府高槻市
²藤七温泉　とうしちおんせん　岩手県八幡平市
³藤下
　ふじした　千葉県山武郡九十九里町
　とうげ　岐阜県不破郡関ケ原町
藤下飛地　ふじしたとびち　千葉県東金市
藤上原　ふじかんばら　静岡県磐田市
藤久良町　ふじくらちょう　群馬県太田市
藤久保　ふじくぼ　埼玉県入間郡三芳町
藤山
　ふじやま　北海道（JR留萌本線）
　ふじやま　秋田県能代市
　ふじやま　新潟県新潟市江南区
　ふじやま　新潟県長岡市
　ふじやま　奈良県香芝市
藤山台　ふじやまだい　愛知県春日井市
藤山町
　ふじやまちょう　北海道留萌市
　ふじやままち　福岡県久留米市
　ふじやままち　大分県日田市
藤川
　ふじかわ　青森県中津軽郡西目屋村
　ふじかわ　群馬県佐波郡玉村町
　ふじかわ　群馬県邑楽郡邑楽町
　ふじかわ　新潟県長岡市
　ふじかわ　愛知県（名古屋鉄道名古屋本線）
　ふじかわ　滋賀県米原市
藤川台　ふじかわだい　愛知県岡崎市
藤川町
　ふじかわちょう　愛知県岡崎市
　ふじかわちょう　愛知県津島市
藤川荒古　ふじかわあらこ　愛知県岡崎市
⁴藤之木　ふじのき　兵庫県篠山市
藤之木町　ふじのきちょう　三重県松阪市
藤之石　ふじのいし　愛媛県西条市
藤之前　とうのまえ　福島県二本松市
藤井
　ふじい　北海道枝幸郡中頓別町
　ふじい　茨城県行方市
　ふじい　栃木県下都賀郡壬生町
　ふじい　千葉県市原市
　ふじい　新潟県柏崎市
　ふじい　石川県鹿島郡中能登町
　ふじい　福井県（JR小浜線）
　ふじい　福井県三方上中郡若狭町
　ふじい　奈良県高市郡高取町
　ふじい　奈良県北葛城郡王寺町
　ふじい　和歌山県紀の川市
　ふじい　岡山県岡山市東区
　ふじい　熊本県山鹿市
藤井下組　ふじいしもぐみ　埼玉県羽生市
藤井上組　ふじいかみぐみ　埼玉県羽生市
藤井寺
　ふじいでら　大阪府（近畿日本鉄道南大阪線）
　ふじいでら　大阪府藤井寺市

藤井寺市　ふじいでらし　大阪府
藤井町
　ふじいちょう　茨城県水戸市
　ふじいちょう　愛知県安城市
　ふじいちょう　大阪府岸和田市
　ふじいちょう　奈良県天理市
藤井町北下條　ふじいまちきたげじょう　山梨県韮
崎市
藤井町坂井　ふじいまちさかい　山梨県韮崎市
藤井町南下條　ふじいまちみなみげじょう　山梨県韮
崎市
藤井町駒井　ふじいまちこまい　山梨県韮崎市
藤五郎町　とうごろうちょう　京都府京都市上京区
藤元町　ふじもとちょう　新潟県柏崎市
藤六町　とうろくまち　石川県金沢市
藤内町　とうないまち　青森県弘前市
藤内新田　とうないしんでん　山形県天童市
藤太郎内　とうたろううち　福島県二本松市
藤心　ふじごころ　千葉県柏市
藤戸町天城　ふじとちょうあまき　岡山県倉敷市
藤戸町藤戸　ふじとちょうふじと　岡山県倉敷市
藤戸新田　ふじとしんでん　大阪府東大阪市
藤方　ふじかた　三重県津市
藤木
　ふじき　秋田県大仙市
　ふじき　群馬県富岡市
　ふじのき　富山県富山市
　ふじのき　福岡県北九州市若松区
　ふじき　熊本県上益城郡山都町
藤木中町　ふじのきなかまち　富山県富山市
藤木戸　ふじきど　埼玉県児玉郡上里町
藤木町
　ふじきちょう　埼玉県川越市
　ふじのきまち　石川県白山市
　ふじのきちょう　福井県越前市
　ふじのきちょう　京都府京都市上京区
　ふじきちょう　京都府京都市中京区
　ふじのきまち　佐賀県鳥栖市
藤木新　ふじのきしん　富山県富山市
藤木新町　ふじのきしんまち　富山県富山市
⁵藤代
　ふじしろ　青森県弘前市
　ふじしろ　茨城県（JR常磐線）
　ふじしろ　茨城県取手市
　ふじしろ　岐阜県揖斐郡池田町
藤代町
　ふじしろちょう　富山県富山市
　ふじしろちょう　静岡県三島市
藤代南　ふじしろみなみ　茨城県取手市
藤四郎町　とうしろうちょう　愛知県瀬戸市
藤平
　ふじひら　石川県野々市市
　ふじひら　佐賀県東松浦郡玄海町
藤平田　とへいだ　石川県野々市市
藤本　ふじもと　茨城県つくば市
藤本町
　ふじもとまち　北海道上川郡剣淵町
　ふじもとちょう　栃木県足利市
　ふじもとちょう　京都府京都市中京区
藤本寄町　ふじもとよりちょう　京都府京都市下京区

18画（藤）

藤生
  とうにゅう　福島県南会津郡南会津町
  ふじゅう　岡山県美作市
  ふじゅう　山口県（JR山陽本線）
藤生町　ふじゅうまち　山口県岩国市
藤田
  ふじた　宮城県角田市
  ふじた　山形県西村山郡大江町
  ふじた　福島県（JR東北本線）
  ふじた　福島県伊達郡国見町
  ふじた　栃木県那須烏山市
  ふじた　埼玉県大里郡寄居町
  とうだ　山梨県南アルプス市
  ふじた　兵庫県加東市
  ふじた　和歌山県和歌山市
  ふじた　岡山県岡山市南区
  ふじた　福岡県北九州市八幡西区
  ふじた　福岡県八女郡広川町
  ふじた　熊本県菊池市
  ふじた　熊本県玉名郡和水町
  とうだ　宮崎県西都市
藤田下　ふじたしも　岡山県久米郡美咲町
藤田上　ふじたかみ　岡山県久米郡美咲町
藤田尾町　とうだおまち　長崎県長崎市
藤田町
  ふじたちょう　茨城県常陸太田市
  ふじたまち　栃木県栃木市
  とうだちょう　大阪府守口市
  とうだちょう　大阪府枚方市
  ふじたまち　福岡県大牟田市
藤田町吉田　ふじたちょうよしだ　和歌山県御坊市
藤田町藤井　ふじたちょうふじい　和歌山県御坊市
藤白　ふじしろ　和歌山県海南市
藤白台　ふじしろだい　大阪府吹田市
6藤光　ふじみつ　福岡県久留米市
藤光町
  とうみつちょう　山口県下松市
  ふじみつまち　福岡県久留米市
藤守　ふじもり　静岡県焼津市
藤成通　ふじなりとおり　愛知県名古屋市昭和区
藤曲
  ふじまがり　静岡県駿東郡小山町
  ふじまがり　山口県宇部市
藤江
  ふじえ　愛知県知多郡東浦町
  ふじえ　兵庫県（山陽電気鉄道本線）
  ふじえ　兵庫県明石市
  ふじえ　愛媛県宇和島市
藤江北　ふじえきた　石川県金沢市
藤江町
  ふじえまち　栃木県鹿沼市
  ふじえちょう　岐阜県大垣市
  ふじえちょう　愛知県名古屋市中村区
  ふじえちょう　広島県福山市
藤江南　ふじえみなみ　石川県金沢市
藤西町　ふじにしちょう　京都府京都市中京区
7藤兵衛前　とうべいまえ　宮城県加美郡加美町
藤兵衛新田　とうべえしんでん　埼玉県川口市
藤助新田　とうすけしんでん　山形県東根市
藤吾　とうご　山形県上山市
藤坂　ふじさか　兵庫県篠山市
藤尾　ふじお　兵庫県美方郡新温泉町

藤尾町　ふじおちょう　奈良県生駒市
藤尾奥町　ふじおおくまち　滋賀県大津市
藤沢
  ふじさわ　青森県弘前市
  ふじさわ　青森県東津軽郡平内町
  ふじさわ　岩手県北上市
  ふじさわ　岩手県紫波郡矢巾町
  ふじさわ　山形県鶴岡市
  ふじさわ　福島県白河市
  ふじさわ　茨城県土浦市
  ふじさわ　栃木県大田原市
  ふじさわ　神奈川県（JR東海道本線ほか）
  ふじさわ　神奈川県藤沢市
  ふじさわ　神奈川県足柄上郡中井町
  ふじさわ　新潟県長岡市
  ふじさわ　新潟県村上市
  ふじさわ　長野県北佐久郡立科町
藤沢山　ふじさわやま　福島県白河市
藤沢川　ふじさわがわ　山形県山形市
藤沢台　ふじさわだい　大阪府富田林市
藤沢市　ふじさわし　神奈川県
藤沢本町　ふじさわほんまち　神奈川県（小田急電鉄
　江ノ島線）
藤沢町
  ふじさわちょう　岩手県花巻市
  ふじさわちょう　⇒一関市（岩手県）
  ふじさわまち　千葉県佐倉市
  ふじさわちょう　愛知県豊橋市
  ふじさわちょう　愛知県豊田市
藤沢町大籠　ふじさわちょうおおかご　岩手県一関市
藤沢町西口　ふじさわちょうにしぐち　岩手県一関市
藤沢町保呂羽　ふじさわちょうほろわ　岩手県一関市
藤沢町砂子田　ふじさわちょうすなごた　岩手県一
　関市
藤沢町黄海　ふじさわちょうきのみ　岩手県一関市
藤沢町新沼　ふじさわちょうにいぬま　岩手県一関市
藤沢町増沢　ふじさわちょうますざわ　岩手県一関市
藤沢町徳田　ふじさわちょうとくだ　岩手県一関市
藤沢町藤沢　ふじさわちょうふじさわ　岩手県一関市
藤沢新田　ふじさわしんでん　茨城県土浦市
藤町　ふじまち　高知県吾川郡いの町
藤花　ふじはな　秋田県湯沢市
藤見が丘　ふじみがおか　愛知県名古屋市名東区
藤見町
  ふじみちょう　新潟県新潟市東区
  ふじみちょう　富山県富山市
  ふじみまち　福岡県北九州市八幡東区
藤里町
  ふじさとまち　秋田県山本郡
  ふじさとちょう　愛知県名古屋市名東区
  ふじさとちょう　愛知県津島市
  ふじさとちょう　三重県伊勢市
藤阪　ふじさか　大阪府（JR片町線）
藤阪中町　ふじさかなかまち　大阪府枚方市
藤阪元町　ふじさかもとまち　大阪府枚方市
藤阪天神町　ふじさかてんじんちょう　大阪府枚方市
藤阪北町　ふじさかきたまち　大阪府枚方市
藤阪西町　ふじさかにしまち　大阪府枚方市
藤阪東町　ふじさかひがしまち　大阪府枚方市
藤阪南町　ふじさかみなみまち　大阪府枚方市
8藤並　ふじなみ　和歌山県（JR紀勢本線）

1283

18画（藤）

藤並町　ふじなみちょう　愛知県豊橋市
藤和田　ふじわだ　京都府久世郡久御山町
藤垂園　とうすいえん　広島県広島市佐伯区
藤岡
　ふじおか　山形県鶴岡市
　ふじおか　栃木県（東武鉄道日光線）
　ふじおか　群馬県藤岡市
　ふじおか　静岡県藤枝市
藤岡口　ふじおかくち　兵庫県篠山市
藤岡市　ふじおかし　群馬県
藤岡町
　ふじおかまち　⇒栃木市（栃木県）
　ふじおかちょう　京都府京都市中京区
藤岡町下宮　ふじおかまちしたみや　栃木県栃木市
藤岡町大田和　ふじおかまちおおだわ　栃木県栃木市
藤岡町大前　ふじおかまちおおまえ　栃木県栃木市
藤岡町中根　ふじおかまちなかね　栃木県栃木市
藤岡町内野　ふじおかまちうちの　栃木県栃木市
藤岡町太田　ふじおかまちおおた　栃木県栃木市
藤岡町甲　ふじおかまちこう　栃木県栃木市
藤岡町石川　ふじおかまちいしかわ　栃木県栃木市
藤岡町西前原　ふじおかまちにしまえはら　栃木県栃木市
藤岡町赤麻　ふじおかまちあかま　栃木県栃木市
藤岡町帯刀　ふじおかまちたてわき　栃木県栃木市
藤岡町都賀　ふじおかまちつが　栃木県栃木市
藤岡町部屋　ふじおかまちへや　栃木県栃木市
藤岡町富吉　ふじおかまちとみよし　栃木県栃木市
藤岡町蛭沼　ふじおかまちひるぬま　栃木県栃木市
藤岡町新波　ふじおかまちにっぱ　栃木県栃木市
藤岡町緑川　ふじおかまちみどりかわ　栃木県栃木市
藤岡町藤岡　ふじおかまちふじおか　栃木県栃木市
藤岡奥　ふじおかおく　兵庫県篠山市
藤岡飯野町　ふじおかいいのちょう　愛知県豊田市
藤枝
　ふじえだ　静岡県（JR東海道本線）
　ふじえだ　静岡県藤枝市
藤枝市　ふじえだし　静岡県
藤枝町
　ふじえだちょう　愛知県日進市
　ふじえだちょう　三重県津市
藤松
　ふじまつ　宮城県仙台市青葉区
　ふじまつ　福岡県北九州市門司区
藤林　ふじばやし　千葉県君津市
藤河内
　ふじごうち　山口県宇部市
　ふじかわち　大分県臼杵市
藤治台　とうじだい　千葉県佐倉市
藤治屋敷　とうじやしき　山形県山形市
藤波
　ふじなみ　埼玉県上尾市
　ふじなみ　石川県白山市
　ふじなみ　石川県鳳珠郡能登町
藤金　ふじがね　埼玉県鶴ケ島市
藤阿久町　ふじあぐちょう　群馬県太田市
藤附町　ふじつくちょう　山口県下関市
9藤前　ふじまえ　愛知県名古屋市港区
藤城　ふじしろ　北海道亀田郡七飯町

藤屋　ふじや　新潟県阿賀野市
藤巻
　ふじまき　新潟県上越市
　ふじまき　新潟県三島郡出雲崎町
　ふじまき　富山県射水市
　ふじまき　石川県鳳珠郡穴水町
　ふじまき　福井県吉田郡永平寺町
　ふじまき　山梨県中央市
藤巻町　ふじまきちょう　愛知県名古屋市名東区
藤後　とうご　新潟県糸魚川市
藤栄　ふじえい　富山県滑川市
藤柄町　ふじがらちょう　茨城県水戸市
藤津　ふじつ　鳥取県東伯郡湯梨浜町
藤津郡　ふじつぐん　佐賀県
藤香町　ふじかちょう　愛知県名古屋市名東区
10藤倉
　ふじくら　宮城県塩竈市
　ふじくら　埼玉県川越市
　ふじくら　埼玉県秩父郡小鹿野町
　ふじくら　岐阜県山県市
藤原
　ふじわら　岩手県宮古市
　ふじはら　栃木県日光市
　ふじわら　群馬県利根郡みなかみ町
　ふじわら　千葉県船橋市
　ふじわら　千葉県館山市
　ふじわら　東京都西多摩郡檜原村
　ふじはら　新潟県南魚沼市
　ふじわら　富山県下新川郡入善町
　ふじわら　岡山県岡山市中区
　ふじわら　岡山県久米郡美咲町
　ふじわら　愛媛県松山市
　ふじわら　福岡県北九州市八幡西区
　ふじわら　大分県速見郡日出町
藤原上町　ふじわらかみまち　岩手県宮古市
藤原台中町　ふじわらだいなかまち　兵庫県神戸市北区
藤原台北町　ふじわらだいきたまち　兵庫県神戸市北区
藤原台南町　ふじわらだいみなみまち　兵庫県神戸市北区
藤原田　ふじわらだ　長野県上田市
藤原光町　ふじわらひかりまち　岡山県岡山市中区
藤原西町　ふじわらにしまち　岡山県岡山市中区
藤原町
　ふじわらちょう　埼玉県川越市
　ふじわらちょう　埼玉県行田市
　ふじわらちょう　奈良県奈良市
　ふじわらちょう　奈良県大和郡山市
　ふじわらまち　愛媛県松山市
　ふじわらちょう　長崎県佐世保市
藤原町下相場　ふじわらちょうしもあいば　三重県いなべ市
藤原町下野尻　ふじわらちょうしものじり　三重県いなべ市
藤原町上之山田　ふじわらちょううえのやまだ　三重県いなべ市
藤原町上相場　ふじわらちょうかみあいば　三重県いなべ市
藤原町大貝戸　ふじわらちょうおおがいと　三重県いなべ市
藤原町山口　ふじわらちょうやまぐち　三重県いなべ市

18画（藤）

藤原町川合　ふじわらちょうかわい　三重県いなべ市
藤原町日内　ふじわらちょうひない　三重県いなべ市
藤原町古田　ふじわらちょうふるた　三重県いなべ市
藤原町市場　ふじわらちょういちば　三重県いなべ市
藤原町本郷　ふじわらちょうほんごう　三重県いなべ市
藤原町石川　ふじわらちょういしかわ　三重県いなべ市
藤原町西野尻　ふじわらちょうにしのじり　三重県い
　なべ市
藤原町別名　ふじわらちょうべつみょう　三重県いな
　べ市
藤原町坂本　ふじわらちょうさかもと　三重県いなべ市
藤原町志礼石新田　ふじわらちょうしれいししんでん
　三重県いなべ市
藤原町東禅寺　ふじわらちょうとうぜんじ　三重県い
　なべ市
藤原町長尾　ふじわらちょうながお　三重県いなべ市
藤原町鼎　ふじわらちょうかなえ　三重県いなべ市
藤原町篠立　ふじわらちょうしのだち　三重県いなべ市
藤原町藤ケ丘　ふじわらちょうふじがおか　三重県い
　なべ市
藤家館　ふじいえたて　福島県大沼郡会津美里町
藤島
　ふじしま　青森県十和田市
　ふじしま　山形県（JR羽越本線）
　ふじしま　山形県鶴岡市
　ふじしま　愛知県小牧市
藤島町
　ふじしまちょう　福井県福井市
　ふじしまちょう　愛知県日進市
藤島町中島　ふじしまちょうなかじま　愛知県小牧市
藤島町五才田　ふじしまちょうごさいでん　愛知県小
　牧市
藤島町出口　ふじしまちょうでぐち　愛知県小牧市
藤島町向江　ふじしまちょうむかえ　愛知県小牧市
藤島町居屋敷　ふじしまちょういやしき　愛知県小
　牧市
藤島町梵天　ふじしまちょうぼんてん　愛知県小牧市
藤島町徳願寺　ふじしまちょうとくがんじ　愛知県小
　牧市
藤島町鏡池　ふじしまちょうかがみいけ　愛知県小牧市
藤島関根　ふじしませきね　山形県鶴岡市
藤根　ふじね　岩手県（JR北上線）
藤浪
　ふじなみ　宮城県岩沼市
　ふじなみ　山形県鶴岡市
　ふじなみ　愛知県（名古屋鉄道津島線）
藤浪町　ふじなみちょう　愛知県津島市
藤高　ふじたか　愛知県名古屋市港区
11藤寄　ふじよせ　新潟県北蒲原郡聖籠町
藤崎
　ふじさき　青森県（JR五能線）
　ふじさき　青森県南津軽郡藤崎町
　ふじさき　秋田県由利本荘市
　ふじさき　山形県飽海郡遊佐町
　ふじさき　千葉県習志野市
　ふじさき　神奈川県川崎市川崎区
　とうさき　新潟県糸魚川市
　ふじさき　和歌山県紀の川市
　ふじさき　岡山県岡山市中区
　ふじさき　福岡県（福岡市交通局空港線）
　ふじさき　福岡県福岡市早良区

藤崎町　ふじさきまち　青森県南津軽郡
藤崎宮前　ふじさきぐうまえ　熊本県（熊本電気鉄道
　藤崎線）
藤崎通　ふじさきどおり　佐賀県唐津市
藤掛　ふじかけ　新潟県新発田市
藤野
　ふじの　北海道札幌市南区
　ふじの　北海道上川郡美瑛町
　ふじの　青森県弘前市
　ふじの　神奈川県（JR中央本線）
　ふじの　岡山県和気郡和気町
藤野一条　ふじのいちじょう　北海道札幌市南区
藤野二条　ふじのにじょう　北海道札幌市南区
藤野三条　ふじのさんじょう　北海道札幌市南区
藤野川　とうのがわ　和歌山県日高郡日高川町
藤野五条　ふじのごじょう　北海道札幌市南区
藤野六条　ふじのろくじょう　北海道札幌市南区
藤野木
　ふじのき　埼玉県深谷市
　ふじのき　新潟県新潟市西区
藤野四条　ふじのしじょう　北海道札幌市南区
藤野町
　ふじのまち　⇒相模原市（神奈川県）
　ふじのまち　石川県七尾市
　ふじのまち　愛媛県松山市
藤野新田　ふじのしんでん　新潟県上越市
12藤塚
　ふじつか　宮城県仙台市若林区
　ふじつか　山形県酒田市
　ふじつか　埼玉県春日部市
　ふじつか　新潟県上越市
　ふじつか　富山県下新川郡朝日町
　ふじつか　長野県小諸市
　ふじつか　愛知県名古屋市緑区
　ふじつか　愛知県日進市
藤塚町
　ふじづかまち　群馬県高崎市
　ふじつかちょう　神奈川県横浜市保土ケ谷区
　ふじつかちょう　愛知県一宮市
　ふじつかちょう　香川県高松市
藤塚浜　ふじつかはま　新潟県新発田市
藤塚新田　ふじづかしんでん　新潟県妙高市
藤森
　ふじのもり　富山県小矢部市
　ふじのもり　愛知県名古屋市名東区
　ふじのもり　京都府（京阪電気鉄道本線）
　ふじのもり　奈良県大和高田市
　ふじもり　岡山県真庭市
藤森西町　ふじもりにしまち　愛知県名古屋市名東区
藤棚　ふじたな　福岡県（平成筑豊鉄道伊田線）
藤棚町　ふじだなちょう　神奈川県横浜市西区
藤琴　ふじこと　秋田県山本郡藤里町
藤越　ふじこし　青森県南津軽郡藤崎町
藤間
　ふじま　埼玉県川越市
　とうま　埼玉県行田市
13藤新田　ふじしんでん　新潟県上越市
15藤縄
　ふじなわ　愛媛県大洲市
　ふじなわ　高知県幡多郡黒潮町
藤蔵　とうぞう　石川県能美郡川北町

1285

18画（藪, 蟠, 襟, 覆, 観）

藤蔵新田　とうぞうしんでん　新潟県新潟市西区
16藤橋
　ふじはし　福島県双葉郡浪江町
　ふじはし　東京都青梅市
　ふじはし　新潟県長岡市
　ふじはし　新潟県柏崎市
　ふじはし　富山県南砺市
　ふじはし　富山県中新川郡立山町
藤橋町　ふじはしまち　石川県七尾市
19藤瀬　ふじせ　滋賀県犬上郡多賀町

【藪】

藪
　やぶ　千葉県市原市
　やぶ　兵庫県加東市
0藪ケ洞　やぶがほら　愛知県犬山市
3藪下町　やぶしたちょう　京都府京都市下京区
4藪之下町　やぶのしたちょう　京都府京都市上京区
藪之内町
　やぶのうちちょう　京都府京都市上京区
　やぶのうちちょう　京都府京都市下京区
5藪田町　やぶたちょう　愛知県名古屋市守山区
9藪神　やぶかみ　新潟県（JR只見線）
10藪原　やぶはら　長野県（JR中央本線）
藪畔　やぶぐろ　愛知県犬山市
12藪塚　やぶづか　群馬県（東武鉄道桐生線）
藪塚町　やぶづかちょう　群馬県太田市

【蟠】

11蟠渓　ばんけい　北海道有珠郡壮瞥町

【襟】

11襟野々　えりのの　高知県（JR土讃線）

【覆】

9覆盆子原　いちごはら　宮城県伊具郡丸森町

【観】

3観三橋町　かんさんたちばなちょう　京都府京都市上京区
観山　かんざん　静岡県静岡市葵区
4観月町　かんげつちょう　愛知県名古屋市千種区
観月橋　かんげつきょう　京都府（京阪電気鉄道宇治線）
5観世町　かんぜちょう　京都府京都市上京区
観世音寺　かんぜおんじ　福岡県太宰府市
6観光町　かんこうちょう　香川県高松市
観光通
　かんこうどおり　香川県高松市
　かんこうどおり　長崎県（長崎電気軌道1系統ほか）
8観法寺町　かんぼうじまち　石川県金沢市
9観海寺　かんかいじ　大分県別府市
観音
　かんのん　千葉県（銚子電気鉄道線）
　かんのう　千葉県香取市
　かんのん　神奈川県川崎市川崎区
　かんのん　広島県山県郡安芸太田町
観音下町　かながそまち　石川県小松市
観音山　かんのんやま　岐阜県関市

観音北　かんのんきた　福島県大沼郡会津美里町
観音台
　かんのんだい　茨城県つくば市
　かんのんだい　広島県広島市佐伯区
観音本町　かんおんほんまち　広島県広島市西区
観音寺
　かんのんじ　山形県酒田市
　かんのんじ　山形県東根市
　かんのんじ　新潟県西蒲原郡弥彦村
　かんのんじ　愛知県（名古屋鉄道尾西線）
　かんのんじ　愛知県一宮市
　かんのんじ　滋賀県大津市
　かんのんじ　滋賀県栗東市
　かんのんじ　京都府福知山市
　かんのんじ　京都府舞鶴市
　かんのんじ　鳥取県米子市
　かんおんじ　香川県（JR予讃線）
観音寺市　かんおんじし　香川県
観音寺町
　かんおんじちょう　三重県津市
　かんのんじちょう　京都府京都市伏見区
　かんのんじちょう　大阪府和泉市
　かんのんじちょう　奈良県大和郡山市
　かんのんじちょう　奈良県橿原市
　かんのんじちょう　香川県観音寺市
　かんのんじちょう　福岡県北九州市戸畑区
観音寺門前町　かんのんじもんぜんちょう　京都府京都市上京区
観音寺新町　かんのんじしんまち　鳥取県米子市
観音町
　かんのんまち　秋田県由利本荘市
　かんのんまち　富山県小矢部市
　かんのんまち　石川県金沢市
　かんのんまち　福井県（えちぜん鉄道勝山永平寺線）
　かんのんちょう　福井県敦賀市
　かんのんちょう　愛知県名古屋市南区
　かんのんちょう　愛知県一宮市
　かんのんちょう　愛知県津島市
　かんのんちょう　京都府京都市中京区
　かんおんまち　広島県（広島電鉄本線ほか）
　かんのんまち　広島県広島市西区
観音林前田　かんのんばやしまえだ　青森県上北郡野辺地町
観音林後　かんのんばやしうしろ　青森県上北郡野辺地町
観音林脇　かんのんばやしわき　青森県上北郡野辺地町
観音前　かんのんまえ　岐阜県関市
観音原町　かんのんばらちょう　愛媛県新居浜市
観音浦　かんのんうら　愛知県犬山市
観音堂
　かんのんどう　青森県三戸郡五戸町
　かんのんどう　秋田県大館市
　かんのんどう　富山県魚津市
　かんのんどう　愛知県長久手市
　かんのんどう　京都府城陽市
観音堂町
　かんのんどうまち　石川県金沢市
　かんのんどうちょう　京都府京都市中京区
観音崎町　かんのんざきちょう　山口県下関市
観音森　かんのんもり　秋田県由利本荘市
観音新町　かんおんしんまち　広島県広島市西区
12観喜寺町　かんきじちょう　京都府京都市下京区

18画（贄,轆,鎧,鎌,鎗,鎮）

観晴が丘　みはるがおか　福岡県筑紫郡那珂川町
観覚寺　かんがくじ　奈良県高市郡高取町

【贄】

3贄川
　にえかわ　長野県（JR中央本線）
　にえかわ　長野県塩尻市
5贄田　ねだ　京都府綴喜郡宇治田原町
10贄浦　にえうら　三重県度会郡南伊勢町

【轆】

23轆轤町　ろくろちょう　京都府京都市東山区

【鎧】

鎧　よろい　兵庫県（JR山陰本線）
15鎧潟　よろいがた　新潟県新潟市西蒲区

【鎌】

0鎌ケ谷
　かまがや　千葉県（東武鉄道野田線）
　かまがや　千葉県鎌ケ谷市
鎌ケ谷大仏　かまがやだいぶつ　千葉県（新京成電鉄線）
鎌ケ谷市　かまがやし　千葉県
4鎌井田日ノ浦　かまいだひのうら　高知県高岡郡越知町
鎌井田本村　かまいだほんそん　高知県高岡郡越知町
鎌井田桑薮　かまいだくわぶ　高知県高岡郡越知町
鎌井田清助　かまいだせいすけ　高知県高岡郡越知町
鎌手　かまて　島根県（JR山陰本線）
5鎌田
　かまた　山形県天童市
　かまた　福島県福島市
　かまた　福島県石川郡古殿町
　かまだ　群馬県利根郡片品村
　かまた　東京都世田谷区
　かまた　長野県松本市
　かまた　静岡県静岡市駿河区
　かまた　静岡県伊東市
　かまた　静岡県磐田市
　かまた　兵庫県豊岡市
　かまだ　奈良県香芝市
　かまだ　鳥取県東伯郡三朝町
　かまた　愛媛県（伊予鉄道郡中線）
　かまだ　高知県吾川郡いの町
鎌田本町　かまたほんちょう　山形県天童市
鎌田町
　かまだちょう　三重県松阪市
　かまだまち　長崎県島原市
鎌田前　かまたまえ　福島県田村郡三春町
7鎌形　かまがた　埼玉県比企郡嵐山町
鎌沢　かまのさわ　秋田県北秋田市
鎌苅　かまがり　千葉県印西市
鎌谷　かまだに　福井県あわら市
鎌谷下　かまだにしも　京都府船井郡京丹波町
鎌谷中　かまだになか　京都府船井郡京丹波町
鎌谷町
　かまやちょう　青森県五所川原市
　かまやちょう　神奈川県横浜市保土ケ谷区
　かまやちょう　愛知県西尾市

鎌谷奥　かまだにおく　京都府船井郡京丹波町
8鎌取　かまとり　千葉県（JR外房線）
鎌取町　かまとりちょう　千葉県千葉市緑区
9鎌屋町　かまやちょう　京都府京都市下京区
10鎌倉
　かまくら　埼玉県三郷市
　かまくら　東京都葛飾区
　かまくら　神奈川県（JR横須賀線ほか）
　かまくら　新潟県新潟市秋葉区
　かまくら　福井県大飯郡高浜町
　かまくら　兵庫県川辺郡猪名川町
鎌倉山　かまくらやま　神奈川県鎌倉市
鎌倉台　かまくらだい　愛知県名古屋市緑区
鎌倉市　かまくらし　神奈川県
鎌倉町
　かまくらちょう　埼玉県熊谷市
　かまくらちょう　埼玉県坂戸市
　かまくらちょう　愛知県弥富市
鎌倉高校前　かまくらこうこうまえ　神奈川県（江ノ島電鉄線）
鎌原　かんばら　群馬県吾妻郡嬬恋村
鎌島　かまじま　愛知県弥富市
鎌庭　かにわ　茨城県下妻市
11鎌崎　かまさき　福岡県朝倉市
鎌掛　かいがけ　滋賀県蒲生郡日野町
鎌野　かまの　熊本県上益城郡山都町
12鎌塚　かまつか　埼玉県鴻巣市
鎌須賀　かますか　愛知県海部郡大治町
13鎌数　かまかず　千葉県旭市
鎌滝
　かまだき　千葉県君津市
　かまたき　和歌山県海草郡紀美野町
19鎌瀬　かませ　熊本県（JR肥薩線）

【鎗】

5鎗田町　やりたまち　佐賀県鳥栖市
9鎗屋町　やりやまち　大阪府大阪市中央区

【鎮】

6鎮西町八床　ちんぜいまちやとこ　佐賀県唐津市
鎮西町丸田　ちんぜいまちまるだ　佐賀県唐津市
鎮西町中野　ちんぜいまちなかの　佐賀県唐津市
鎮西町加倉　ちんぜいまちかくら　佐賀県唐津市
鎮西町加唐島　ちんぜいまちかからしま　佐賀県唐津市
鎮西町打上　ちんぜいまちうちあげ　佐賀県唐津市
鎮西町石室　ちんぜいまちいしむろ　佐賀県唐津市
鎮西町名護屋　ちんぜいまちなごや　佐賀県唐津市
鎮西町早田　ちんぜいまちはやた　佐賀県唐津市
鎮西町串　ちんぜいまちくし　佐賀県唐津市
鎮西町赤木　ちんぜいまちあかぎ　佐賀県唐津市
鎮西町岩野　ちんぜいまちいわの　佐賀県唐津市
鎮西町松島　ちんぜいまちまつしま　佐賀県唐津市
鎮西町波戸　ちんぜいまちはど　佐賀県唐津市
鎮西町馬渡島　ちんぜいまちまだらしま　佐賀県唐津市
鎮西町高野　ちんぜいまちこうの　佐賀県唐津市
鎮西町菖蒲　ちんぜいまちしょうぶ　佐賀県唐津市
鎮西町野元　ちんぜいまちのもと　佐賀県唐津市

鎮西町塩鶴　ちんぜいまちしおづる　佐賀県唐津市
鎮西町横竹　ちんぜいまちよこたけ　佐賀県唐津市
8 鎮岩町　とこなべちょう　兵庫県加西市

【雛】

5 雛田　ひなた　青森県五所川原市
9 雛草　ひなくさ　福島県耶麻郡猪苗代町
10 雛倉　ひなくら　岐阜県岐阜市

【難】

8 難波
　なんば　大阪府（南海電気鉄道高野線ほか）
　なんば　大阪府大阪市中央区
難波千日前　なんばせんにちまえ　大阪府大阪市中央区
難波中　なんばなか　大阪府大阪市浪速区
難波江　なばえ　福井県大飯郡高浜町
難波町
　なんばちょう　滋賀県長浜市
　なんばちょう　京都府京都市左京区
　なんばちょう　京都府京都市下京区
難波野　なんばの　京都府宮津市
難波野町　なんばのちょう　岐阜県大垣市

【額】

1 額乙丸町　ぬかおとまるまち　石川県金沢市
5 額田
　ぬかだ　茨城県（JR水郡線）
　ぬかた　三重県桑名市
　ぬかた　大阪府（近畿日本鉄道奈良線）
額田北郷　ぬかだきたごう　茨城県那珂市
額田町
　ぬかたちょう　大阪府東大阪市
　ぬかたちょう　兵庫県尼崎市
額田東郷　ぬかだひがしごう　茨城県那珂市
額田南郷　ぬかだみなみごう　茨城県那珂市
額田郡　ぬかたぐん　愛知県
額田部北町　ぬかたべきたまち　奈良県大和郡山市
額田部寺町　ぬかたべてらまち　奈良県大和郡山市
額田部南町　ぬかたべみなみちょう　奈良県大和郡山市
7 額住宅前　ぬかじゅうたくまえ　石川県（北陸鉄道石川線）
額見町　ぬかみまち　石川県小松市
額谷　ぬかだに　石川県金沢市
額谷町　ぬかだにまち　石川県金沢市
10 額原町　がくはらちょう　大阪府岸和田市
12 額塚　すくもづか　京都府福知山市
13 額新町　ぬかしんまち　石川県金沢市
額新保　ぬかしんぼ　石川県金沢市

【顔】

4 顔戸
　ごうど　岐阜県（名古屋鉄道広見線）
　ごうど　岐阜県可児郡御嵩町
　ごうど　滋賀県米原市
6 顔好乙　かおよしおつ　山形県西村山郡大江町
顔好甲　かおよしこう　山形県西村山郡大江町

【顕】

14 顕徳町　けんとくまち　大分県大分市

【類】

10 類家　るいけ　青森県八戸市

【騎】

6 騎西　きさい　埼玉県加須市
騎西町　きさいまち　⇒加須市（埼玉県）
10 騎射場　きしゃば　鹿児島県（鹿児島市交通局1系統）

【鯉】

0 鯉ケ廻間　こいがばさま　愛知県長久手市
3 鯉口　こいぐち　福岡県遠賀郡水巻町
鯉山町　こいやまちょう　京都府京都市中京区
鯉川
　こいかわ　秋田県（JR奥羽本線）
　こいかわ　秋田県山本郡三種町
　こいがわ　福井県小浜市
6 鯉江本町　こいえほんまち　愛知県常滑市
鯉池町　こいけちょう　愛媛県今治市
8 鯉沼　こいぬま　北海道勇払郡厚真町
11 鯉淵　こいぶち　茨城県笠間市
鯉淵町　こいぶちちょう　茨城県水戸市

【鯆】

12 鯆越　いるかごえ　愛媛県南宇和郡愛南町

【鯏】

10 鯏浦町　うぐいうらちょう　愛知県弥富市

【鵜】

0 鵜ケ池町　うがいけちょう　愛知県西尾市
鵜ケ瀬町　うがせちょう　愛知県豊田市
鵜ノ子
　うのこ　新潟県新潟市中央区
　うのこ　新潟県新潟市江南区
鵜ノ木
　うのき　秋田県南秋田郡五城目町
　うのき　埼玉県狭山市
鵜ノ江　うのえ　高知県四万十市
鵜ノ池町　うのいけちょう　愛知県半田市
鵜ノ沢　うのさわ　秋田県能代市
鵜ノ崎　うのさき　愛媛県伊予郡砥部町
鵜の木
　うのき　東京都（東京急行電鉄東急多摩川線）
　うのき　東京都大田区
鵜の島町　うのしまちょう　山口県宇部市
鵜の森　うのもり　三重県四日市市
鵜の森町　うのもりちょう　千葉県千葉市中央区
2 鵜入町　うにゅうまち　石川県輪島市
3 鵜山
　うやま　三重県名張市
　うやま　奈良県山辺郡山添村
鵜川
　うかわ　秋田県山本郡三種町
　うかわ　石川県鳳珠郡能登町

18画（鵑）

うかわ　滋賀県高島市
うかわ　滋賀県蒲生郡竜王町
鵜川町
　うがわまち　石川県小松市
　うかわちょう　岐阜県岐阜市
4鵜方　うがた　三重県（近畿日本鉄道志摩線）
鵜木
　うのき　秋田県男鹿市
　うのき　福岡県朝倉市
　うのき　福岡県三井郡大刀洗町
6鵜多須町　うたすちょう　愛知県愛西市
鵜池　うのいけ　福岡県八女市
7鵜住居　うのすまい　岩手県（JR山田線）
鵜住居町　うのすまいちょう　岩手県釜石市
鵜杉　うすぎ　山形県（JR陸羽東線）
鵜来巣　うぐるす　高知県高知市
鵜谷地　うのどりやち　岩手県八幡平市
8鵜沼
　うぬま　岐阜県（JR高山本線）
　うぬま　岐阜県各務原市
鵜沼三ツ池町　うぬまみついけちょう　岐阜県各務原市
鵜沼丸子町　うぬままるこちょう　岐阜県各務原市
鵜沼大伊木町　うぬまおおいぎちょう　岐阜県各務原市
鵜沼大安寺町　うぬまだいあんじちょう　岐阜県各務原市
鵜沼小伊木町　うぬまこいぎちょう　岐阜県各務原市
鵜沼山崎町　うぬまやまざきちょう　岐阜県各務原市
鵜沼川崎町　うぬまかわさきちょう　岐阜県各務原市
鵜沼古市場町　うぬまふるいちばちょう　岐阜県各務原市
鵜沼台　うぬまだい　岐阜県各務原市
鵜沼各務原町　うぬまかかみがはらちょう　岐阜県各務原市
鵜沼羽場町　うぬまはばちょう　岐阜県各務原市
鵜沼西町　うぬまにしまち　岐阜県各務原市
鵜沼宝積寺町　うぬまほうしゃくじちょう　岐阜県各務原市
鵜沼東町　うぬまひがしまち　岐阜県各務原市
鵜沼南町　うぬまみなみまち　岐阜県各務原市
鵜沼真名越町　うぬままなごしちょう　岐阜県各務原市
鵜沼宿　うぬまじゅく　岐阜県（名古屋鉄道各務原線）
鵜沼朝日町　うぬまあさひまち　岐阜県各務原市
鵜泊　うどまり　新潟県村上市
鵜苫
　うとま　北海道（JR日高本線）
　うとま　北海道様似郡様似町
10鵜原
　うばら　千葉県（JR外房線）
　うばら　千葉県勝浦市
鵜島　うじま　石川県鳳珠郡穴水町
鵜浦町　うのうらまち　石川県七尾市
11鵜崎　うのさき　愛媛県伊予市
鵜野屋　うのや　石川県羽咋郡志賀町
鵜野森　うのもり　神奈川県相模原市南区
鵜鳥　うとり　秋田県能代市
鵜鳥川原　うどりがわら　秋田県能代市

鵜鳥悪戸　うどりあくど　秋田県能代市
12鵜森
　うのもり　埼玉県本庄市
　うのもり　新潟県加茂市
鵜渡越町　うどごえちょう　長崎県佐世保市
鵜渡路　うのとろ　新潟県村上市
鵜無ケ淵　うないがふち　静岡県富士市
13鵜殿
　うどの　三重県（JR紀勢本線）
　うどの　三重県南牟婁郡紀宝町
鵜飼　うかい　広島県（JR福塩線）
鵜飼八人打　うかいはちにんうち　岩手県滝沢市
鵜飼下柳　うかいしもたかやなぎ　岩手県滝沢市
鵜飼上山　うかいかみのやま　岩手県滝沢市
鵜飼上前田　うかいかみまえだ　岩手県滝沢市
鵜飼上高柳　うかいかみたかやなぎ　岩手県滝沢市
鵜飼大緩　うかいおおだるみ　岩手県滝沢市
鵜飼外久保　うかいそとくぼ　岩手県滝沢市
鵜飼白石　うかいしろいし　岩手県滝沢市
鵜飼石留　うかいいしどめ　岩手県滝沢市
鵜飼先古川　うかいせんこがわ　岩手県滝沢市
鵜飼向新田　うかいむかいしんでん　岩手県滝沢市
鵜飼安達　うかいあだち　岩手県滝沢市
鵜飼年毛　うかいとしもう　岩手県滝沢市
鵜飼町　うかいちょう　広島県府中市
鵜飼花平　うかいはなだいら　岩手県滝沢市
鵜飼沼森　うかいぬまもり　岩手県滝沢市
鵜飼狐洞　うかいきつねほら　岩手県滝沢市
鵜飼迫　うかいはさま　岩手県滝沢市
鵜飼姥屋敷　うかいうばやしき　岩手県滝沢市
鵜飼洞畑　うかいどうはた　岩手県滝沢市
鵜飼高柳　うかいたかやなぎ　岩手県滝沢市
鵜飼鬼越　うかいおにこし　岩手県滝沢市
鵜飼清水沢　うかいしみずさわ　岩手県滝沢市
鵜飼笹森　うかいささもり　岩手県滝沢市
鵜飼細谷地　うかいほそやち　岩手県滝沢市
鵜飼御庭田　うかいおにわだ　岩手県滝沢市
鵜飼滝向　うかいたきむかい　岩手県滝沢市
鵜飼樋の口　うかいといのくち　岩手県滝沢市
鵜飼諸葛川　うかいもろくずがわ　岩手県滝沢市
鵜飼臨安　うかいりんあん　岩手県滝沢市
鵜飼鰍森　うかいかじかもり　岩手県滝沢市
14鵜網　うあみ　静岡県島田市
15鵜縄　うなわ　兵庫県養父市

【鵑】
4鵑戸　くぐいど　茨城県坂東市
8鵑沼
　くげぬま　神奈川県（江ノ島電鉄線）
　くげぬま　神奈川県藤沢市
鵑沼石上　くげぬまいしがみ　神奈川県藤沢市
鵑沼花沢町　くげぬまはなざわちょう　神奈川県藤沢市
鵑沼松が岡　くげぬままつがおか　神奈川県藤沢市
鵑沼東　くげぬまひがし　神奈川県藤沢市
鵑沼海岸
　くげぬまかいがん　神奈川県（小田急電鉄江ノ島線）
　くげぬまかいがん　神奈川県藤沢市
鵑沼神明　くげぬましんめい　神奈川県藤沢市

18画（鵈，鵤）19画（櫟，櫺，瀬）

鵊沼桜が岡　くげぬまさくらがおか　神奈川県藤沢市
鵊沼橘　くげぬまたちばな　神奈川県藤沢市
鵊沼藤が谷　くげぬまふじがや　神奈川県藤沢市

【鵈】

³鵈川　むかわ　北海道（JR日高本線）

【鵤】

鵤　いかるが　兵庫県揖保郡太子町
⁴鵤木町　いかるぎちょう　栃木県足利市

19画

【櫟】

⁵櫟本　いちのもと　奈良県（JR桜井線）
櫟本町　いちのもとちょう　奈良県天理市
櫟田原町　いちいたばらちょう　島根県浜田市
⁸櫟枝町　いちえだちょう　奈良県大和郡山市
¹⁰櫟原
　　いちはら　奈良県生駒郡平群町
　　いちいばら　山口県宇部市
　　いちぎばる　福岡県築上郡築上町
¹¹櫟野　いちの　福岡県大牟田市

【櫺】

³櫺山　たもやま　山形県村山市

【瀬】

⁰瀬々串　せせくし　鹿児島県（JR指宿枕崎線）
瀬ケ崎　せがさき　埼玉県さいたま市浦和区
瀬ケ野　せがの　福島県東白川郡棚倉町
瀬ノ上　せのうえ　福島県二本松市
瀬ノ沢　せのさわ　岩手県八幡平市
²瀬又　せまた　千葉県市原市
³瀬下町　せのしたまち　福岡県久留米市
瀬上　せのうえ　福島県（阿武隈急行線）
瀬上町　せのうえまち　福島県福島市
瀬山　せやま　埼玉県深谷市
瀬川
　　せがわ　栃木県日光市
　　せがわ　大阪府箕面市
　　せがわ　熊本県玉名郡和水町
⁴瀬之口町　せのくちまち　宮崎県延岡市
瀬井　せい　和歌山県有田郡有田川町
瀬切　せぎり　高知県安芸郡安田町
瀬戸
　　せと　福島県喜多方市
　　せと　千葉県野田市
　　せと　千葉県印西市
　　せと　神奈川県横浜市金沢区
　　せと　富山県富山市
　　せと　富山県南砺市
　　せと　石川県白山市
　　せと　石川県鹿島郡中能登町
　　せと　福井県南条郡南越前町
　　せと　山梨県南巨摩郡身延町
　　せと　長野県佐久市
　　せと　岐阜県中津川市

せと　岐阜県下呂市
せと　兵庫県豊岡市
せと　奈良県吉野郡川上村
せと　鳥取県東伯郡北栄町
せと　岡山県（JR山陽本線）
せと　岡山県美作市
せと　岡山県苫田郡鏡野町
せと　山口県下松市
せと　高知県高知市
せど　高知県土佐郡土佐町
せと　福岡県糸島市
せと　福岡県嘉穂郡桂川町
瀬戸ケ谷町　せとがやちょう　神奈川県横浜市保土
　ケ谷区
瀬戸ケ島町　せとがしまちょう　島根県浜田市
瀬ノ谷　せとのや　静岡県藤枝市
瀬戸ハイム　せとはいむ　広島県安芸郡府中町
瀬戸口
　　せとぐち　愛知県（愛知環状鉄道線）
　　せとぐち　熊本県球磨郡湯前町
瀬戸口町　せとぐちちょう　愛知県瀬戸市
瀬戸子　せとし　青森県青森市
瀬戸川　せとがわ　長野県上水内郡小川村
瀬戸川町
　　せとがわちょう　北海道函館市
　　せとがわちょう　愛知県尾張旭市
瀬戸井
　　せとい　茨城県結城郡八千代町
　　せどい　群馬県邑楽郡千代田町
瀬戸元下　せともとしも　埼玉県比企郡ときがわ町
瀬戸元上　せともとかみ　埼玉県比企郡ときがわ町
瀬戸内市　せとうちし　岡山県
瀬戸内町
　　せとうちちょう　香川県高松市
　　せとうちちょう　鹿児島県大島郡
瀬戸市
　　せとし　愛知県（愛知環状鉄道線）
　　せとし　愛知県
瀬戸市役所前　せとしやくしょまえ　愛知県（名古屋
　鉄道瀬戸線）
瀬戸田町中野　せとだちょうなかの　広島県尾道市
瀬戸田町名荷　せとだちょうみょうが　広島県尾道市
瀬戸田町沢　せとだちょうさわ　広島県尾道市
瀬戸田町垂水　せとだちょうたるみ　広島県尾道市
瀬戸田町林　せとだちょうはやし　広島県尾道市
瀬戸田町宮原　せとだちょうみやばら　広島県尾道市
瀬戸田町荻　せとだちょうおぎ　広島県尾道市
瀬戸田町高根　せとだちょうこうね　広島県尾道市
瀬戸田町鹿原　せとだちょうしかはら　広島県尾
　道市
瀬戸田町御寺　せとだちょうみてら　広島県尾道市
瀬戸田町福田　せとだちょうふくだ　広島県尾道市
瀬戸田町瀬戸田　せとだちょうせとだ　広島県尾道市
瀬戸石　せといし　熊本県（JR肥薩線）
瀬戸西町　せとにしまち　高知県高知市
瀬戸町
　　せとまち　福島県いわき市
　　せとまち　福島県大沼郡会津美里町
　　せとまち　石川県かほく市
　　せとちょう　⇒岡山市（岡山県）
　　せとちょう　香川県観音寺市

19画（瀬）

せとちょう　愛媛県新居浜市
せとまち　福岡県北九州市門司区
せとまち　佐賀県伊万里市
せとまち　熊本県天草市
せとちょう　鹿児島県枕崎市
瀬戸町二日市　せとちょうふつかいち　岡山県岡山市東区
瀬戸町下　せとちょうしも　岡山県岡山市東区
瀬戸町万富　せとちょうまんとみ　岡山県岡山市東区
瀬戸町大井　せとちょうだいい　岡山県岡山市東区
瀬戸町大内　せとちょうおおち　岡山県岡山市東区
瀬戸町大島田　せとちょうおおしまだ　徳島県鳴門市
瀬戸町小島田　せとちょうこしまだ　徳島県鳴門市
瀬戸町山北　せとちょうさぼく　広島県福山市
瀬戸町弓削　せとちょうゆげ　岡山県岡山市東区
瀬戸町中島田　せとちょうなかしまだ　徳島県鳴門市
瀬戸町北泊　せとちょうきたどまり　徳島県鳴門市
瀬戸町甲　せとまちこう　福島県大沼郡会津美里町
瀬戸町光明谷　せとちょうこうみょうたに　岡山県岡山市東区
瀬戸町地頭分　せとちょうじとうぶ　広島県福山市
瀬戸町寺地　せとちょうてらじ　岡山県岡山市東区
瀬戸町旭ケ丘　せとちょうあさひがおか　岡山県岡山市東区
瀬戸町江尻　せとちょうえじり　岡山県岡山市東区
瀬戸町坂根　せとちょうさかね　岡山県岡山市東区
瀬戸町沖　せとちょうおき　岡山県岡山市東区
瀬戸町宗堂　せとちょうそうどう　岡山県岡山市東区
瀬戸町肩脊　せとちょうかたせ　岡山県岡山市東区
瀬戸町明神　せとちょうあきのかみ　徳島県鳴門市
瀬戸町長和　せとちょうながわ　広島県福山市
瀬戸町南方　せとちょうみなみがた　岡山県岡山市東区
瀬戸町室　せとちょうむろ　徳島県鳴門市
瀬戸町堂浦　せとちょうどうのうら　徳島県鳴門市
瀬戸町宿奥　せとちょうしゅくおく　岡山県岡山市東区
瀬戸町笹岡　せとちょうささおか　岡山県岡山市東区
瀬戸町菊山　せとちょうきくやま　岡山県岡山市東区
瀬戸町森末　せとちょうもりすえ　岡山県岡山市東区
瀬戸町湊谷　せとちょうみなとだに　徳島県鳴門市
瀬戸町塩納　せとちょうしおのう　岡山県岡山市東区
瀬戸町撫佐　せとちょうむさ　徳島県鳴門市
瀬戸町鍛冶屋　せとちょうかじや　岡山県岡山市東区
瀬戸町観音寺　せとちょうかんおんじ　岡山県岡山市東区
瀬戸町瀬戸　せとちょうせと　岡山県岡山市東区
瀬戸見町
　せとみちょう　島根県浜田市
　せとみちょう　広島県呉市
　せとみちょう　山口県周南市
瀬戸谷町　せどやちょう　群馬県館林市
瀬戸岡　せどおか　東京都あきる野市
瀬戸東町　せとひがしまち　高知県高知市
瀬戸物町　せとものちょう　京都府京都市伏見区
瀬戸南町　せとみなみまち　高知県高知市
瀬戸屋町
　せとやちょう　京都府京都市中京区
　せとやちょう　京都府京都市下京区
瀬戸屋前　せとやまえ　福島県大沼郡会津美里町

瀬戸屋前甲　せとやまえこう　福島県大沼郡会津美里町
瀬戸原　せとはら　福島県白河市
瀬戸郷　せとごう　長崎県東彼杵郡東彼杵町
瀬戸西　せとば　福島県伊達市
瀬戸越　せとごえ　長崎県佐世保市
瀬戸越町　せとごえちょう　長崎県佐世保市
瀬戸新　せとしん　富山県中新川郡立山町
瀬戸新屋　せとあらや　静岡県藤枝市
瀬戸瀬　せとせ　北海道（JR石北本線）
瀬戸瀬西町　せとせにしまち　北海道紋別郡遠軽町
瀬戸瀬東町　せとせひがしまち　北海道紋別郡遠軽町
瀬木　せき　愛知県知多郡武豊町
瀬木山町　せぎやまちょう　三重県尾鷲市
瀬木町
　せぎちょう　愛知県豊川市
　せぎちょう　愛知県常滑市
瀬木野町　せぎのまち　石川県白山市
⁵瀬古
　せこ　岐阜県安八郡神戸町
　せこ　岐阜県揖斐郡大野町
　せこ　静岡県藤枝市
　せこ　愛知県名古屋市守山区
瀬古口　せこぐち　三重県名張市
瀬古東　せこひがし　愛知県名古屋市守山区
瀬古泉　せこいずみ　三重県員弁郡東員町
瀬田
　せた　東京都世田谷区
　せた　神奈川県川崎市高津区
　せた　岐阜県可児市
　せた　滋賀県（JR東海道本線）
　せた　滋賀県大津市
　せた　山口県玖珂郡和木町
　せた　熊本県（JR豊肥本線）
　せた　熊本県菊池郡大津町
瀬田大江町　せたおおえちょう　滋賀県大津市
瀬田月輪町　せたつきのわちょう　滋賀県大津市
瀬田来町　せたらいちょう　北海道函館市
瀬田南大萱町　せたみなみおおがやちょう　滋賀県大津市
瀬田神領町　せたじんりょうちょう　滋賀県大津市
瀬田蔵　せたぐら　鳥取県鳥取市
瀬田橋本町　せたはしもとちょう　滋賀県大津市
瀬石　せきせき　北海道目梨郡羅臼町
瀬辺地
　せへじ　青森県（JR津軽線）
　せへじ　青森県東津軽郡蓬田村
⁶瀬名
　せな　静岡県静岡市葵区
　せな　鹿児島県大島郡和泊町
瀬名川　せながわ　静岡県静岡市葵区
瀬名中央　せなちゅうおう　静岡県静岡市葵区
瀬名波　せなは　沖縄県中頭郡読谷村
瀬多来　せたらい　北海道十勝郡浦幌町
瀬羽町　せわまち　富山県滑川市
瀬西　せにし　宮崎県日南市
⁷瀬利　せり　兵庫県篠山市
瀬利覚　せりかく　鹿児島県大島郡知名町
瀬尾　せのお　栃木県日光市
瀬良沢　せらざわ　青森県北津軽郡鶴田町

19画（瀬）

瀬良垣　せらがき　沖縄県国頭郡恩納村
瀬見　せみ　山形県最上郡最上町
瀬見原　せみはら　宮城県刈田郡七ケ宿町
瀬見温泉　せみおんせん　山形県（JR陸羽東線）
瀬谷
　　せや　神奈川県（相模鉄道本線）
　　せや　神奈川県横浜市瀬谷区
瀬谷区　せやく　神奈川県横浜市
瀬谷町　せやちょう　神奈川県横浜市瀬谷区
瀬貝　せがい　宮崎県日南市
瀬里　せり　高知県高岡郡四万十町
8瀬居町　せいちょう　香川県坂出市
瀬底　せそこ　沖縄県国頭郡本部町
瀬板　せいた　福岡県北九州市八幡西区
瀬武　せたけ　鹿児島県大島郡瀬戸内町
瀬波
　　せなみ　山形県山形市
　　せなみ　石川県白山市
瀬波上町　せなみかんまち　新潟県村上市
瀬波中町　せなみなかまち　新潟県村上市
瀬波浜町　せなみはままち　新潟県村上市
瀬波温泉　せなみおんせん　新潟県村上市
瀬波新田町　せなみしんでんまち　新潟県村上市
瀬波横町　せなみよこまち　新潟県村上市
瀬長　せなが　沖縄県豊見城市
9瀬南　せなみ　埼玉県熊谷市
瀬相　せそう　鹿児島県大島郡瀬戸内町
10瀬原　せばら　三重県南牟婁郡紀宝町
瀬峰　せみね　宮城県（JR東北本線）
瀬峰二ツ谷　せみねふたつや　宮城県栗原市
瀬峰二又　せみねふたまた　宮城県栗原市
瀬峰力石　せみねちからいし　宮城県栗原市
瀬峰十王堂前　せみねじゅうおうどうまえ　宮城県栗原市
瀬峰下の前　せみねしものまえ　宮城県栗原市
瀬峰下田　せみねしもだ　宮城県栗原市
瀬峰下谷地　せみねしもやち　宮城県栗原市
瀬峰下藤沢　せみねしもふじさわ　宮城県栗原市
瀬峰三代　せみねさんだい　宮城県栗原市
瀬峰上沢田　せみねかみさわだ　宮城県栗原市
瀬峰上屋敷　せみねかみやしき　宮城県栗原市
瀬峰上富前　せみねかみとみまえ　宮城県栗原市
瀬峰大屋敷　せみねおおやしき　宮城県栗原市
瀬峰大境山　せみねおおさかいやま　宮城県栗原市
瀬峰大境前　せみねおおさかいまえ　宮城県栗原市
瀬峰大鰐谷　せみねおおわにや　宮城県栗原市
瀬峰小深沢　せみねこぶかさわ　宮城県栗原市
瀬峰山崎前　せみねやまざきまえ　宮城県栗原市
瀬峰川ノ畑　せみねかわのはた　宮城県栗原市
瀬峰刈安沢　せみねかりやすざわ　宮城県栗原市
瀬峰天神下　せみねてんじんした　宮城県栗原市
瀬峰牛渕　せみねうしぶち　宮城県栗原市
瀬峰牛渕前　せみねうしぶちまえ　宮城県栗原市
瀬峰北ノ沢　せみねきたのさわ　宮城県栗原市
瀬峰北谷地　せみねきたやち　宮城県栗原市
瀬峰四ツ壇　せみねよつだん　宮城県栗原市
瀬峰伊勢堂　せみねいせどう　宮城県栗原市
瀬峰寺沢　せみねてらさわ　宮城県栗原市

瀬峰寺浦　せみねてらうら　宮城県栗原市
瀬峰西原　せみねにしはら　宮城県栗原市
瀬峰西原前　せみねにしはらまえ　宮城県栗原市
瀬峰坂ノ下前北　せみねさかのしたまえきた　宮城県栗原市
瀬峰坂ノ下浦　せみねさかのしたうら　宮城県栗原市
瀬峰町田　せみねまちだ　宮城県栗原市
瀬峰町田前　せみねまちだまえ　宮城県栗原市
瀬峰谷地田　せみねやちた　宮城県栗原市
瀬峰長者原　せみねちょうじゃはら　宮城県栗原市
瀬峰長根　せみねながね　宮城県栗原市
瀬峰柴ノ脇　せみねしばのわき　宮城県栗原市
瀬峰泉谷　せみねいずみや　宮城県栗原市
瀬峰泉谷南　せみねいずみやみなみ　宮城県栗原市
瀬峰神田　せみねかみた　宮城県栗原市
瀬峰荒町　せみねあらまち　宮城県栗原市
瀬峰荒神堂　せみねこうじんどう　宮城県栗原市
瀬峰原田　せみねはらた　宮城県栗原市
瀬峰宮小路原西　せみねみやこうじはらにし　宮城県栗原市
瀬峰宮小路原東　せみねみやこうじはらひがし　宮城県栗原市
瀬峰宮田　せみねみやた　宮城県栗原市
瀬峰根岸　せみねねぎし　宮城県栗原市
瀬峰桃生田　せみねものうた　宮城県栗原市
瀬峰桃生田前　せみねものうたまえ　宮城県栗原市
瀬峰除　せみねのぞき　宮城県栗原市
瀬峰高土山　せみねこうどさん　宮城県栗原市
瀬峰清水山　せみねしみずやま　宮城県栗原市
瀬峰清水沢　せみねしみずさわ　宮城県栗原市
瀬峰船橋　せみねふなばし　宮城県栗原市
瀬峰袋沢　せみねふくろさわ　宮城県栗原市
瀬峰野沢　せみねのざわ　宮城県栗原市
瀬峰富要害　せみねとみようがい　宮城県栗原市
瀬峰筒ケ崎　せみねどがさき　宮城県栗原市
瀬峰筒場　せみねどば　宮城県栗原市
瀬峰愛宕　せみねあたご　宮城県栗原市
瀬峰新下田　せみねしんしもだ　宮城県栗原市
瀬峰新下藤沢　せみねしんしたふじさわ　宮城県栗原市
瀬峰新井屋敷　せみねにいやしき　宮城県栗原市
瀬峰新井堀　せみねにいぼり　宮城県栗原市
瀬峰新田沢　せみねにったざわ　宮城県栗原市
瀬峰新道東　せみねしんどうひがし　宮城県栗原市
瀬峰蒲盛　せみねかばもり　宮城県栗原市
瀬峰樋口山　せみねひぐちやま　宮城県栗原市
瀬峰樋渡　せみねひわたし　宮城県栗原市
瀬峰横森前　せみねよこもりまえ　宮城県栗原市
瀬峰蔵王　せみねぞうおう　宮城県栗原市
瀬峰諏訪原　せみねすわはら　宮城県栗原市
瀬峰壇ノ越　せみねだんのこし　宮城県栗原市
瀬峰橋本浦　せみねはしもとうら　宮城県栗原市
瀬峰薬沢西　せみねくすりざわにし　宮城県栗原市
瀬峰薬沢東　せみねくすりざわひがし　宮城県栗原市
瀬峰薬師堂前　せみねやくしどうまえ　宮城県栗原市
瀬峰藤田　せみねふじた　宮城県栗原市
瀬峰藤沢要害　せみねふじさわようがい　宮城県栗原市

19画（瀧, 犢, 獺, 簸, 簾, 繩, 羅, 蘇）

瀬峰藤沢瀬嶺　せみねふじさわせみね　宮城県栗原市
瀬留　せどめ　鹿児島県大島郡龍郷町
瀬高　せたか　福岡県（JR鹿児島本線）
瀬高町　せたかまち　⇒みやま市（福岡県）
瀬高町下庄　せたかまちしものしょう　福岡県みやま市
瀬高町上庄　せたかまちかみのしょう　福岡県みやま市
瀬高町大江　せたかまちおおえ　福岡県みやま市
瀬高町大草　せたかまちおおくさ　福岡県みやま市
瀬高町大廣園　せたかまちおおひろぞの　福岡県みやま市
瀬高町小川　せたかまちおがわ　福岡県みやま市
瀬高町小田　せたかまちおだ　福岡県みやま市
瀬高町山門　せたかまちやまと　福岡県みやま市
瀬高町太神　せたかまちおおが　福岡県みやま市
瀬高町文廣　せたかまちあやひろ　福岡県みやま市
瀬高町本吉　せたかまちもとよし　福岡県みやま市
瀬高町本郷　せたかまちほんごう　福岡県みやま市
瀬高町坂田　せたかまちさかた　福岡県みやま市
瀬高町松田　せたかまちまつだ　福岡県みやま市
瀬高町東津留　せたかまちひがしつる　福岡県みやま市
瀬高町河内　せたかまちかわち　福岡県みやま市
瀬高町長田　せたかまちながた　福岡県みやま市
瀬高町泰仙寺　せたかまちたいせんじ　福岡県みやま市
瀬高町高柳　せたかまちたかやなぎ　福岡県みやま市
瀬高町廣瀬　せたかまちひろせ　福岡県みやま市
瀬高町濱田　せたかまちはまだ　福岡県みやま市
11瀬崎
　　せざき　埼玉県草加市
　　せざき　京都府舞鶴市
瀬崎町　せさきまち　鳥取県倉吉市
瀬部
　　せべ　愛知県一宮市
　　せべ　徳島県板野郡上板町
瀬野
　　せの　広島県（JR山陽本線）
　　せの　広島県広島市安芸区
瀬野西　せのにし　広島県広島市安芸区
瀬野町　せのちょう　広島県広島市安芸区
瀬野南　せのみなみ　広島県広島市安芸区
瀬野南町　せのみなみまち　広島県広島市安芸区
12瀬棚区三本杉　せたなくさんぼんすぎ　北海道久遠郡
　せたな町
瀬棚区元浦　せたなくもとうら　北海道久遠郡せた
　な町
瀬棚区北島歌　せたなくきたしまうた　北海道久遠郡
　せたな町
瀬棚区本町　せたなくほんちょう　北海道久遠郡せた
　な町
瀬棚区共和　せたなくきょうわ　北海道久遠郡せた
　な町
瀬棚区西大里　せたなくにしおおさと　北海道久遠郡
　せたな町
瀬棚区東大里　せたなくひがしおおさと　北海道久遠
　郡せたな町
瀬棚区南川　せたなくみなみかわ　北海道久遠郡せた
　な町
瀬棚区島歌　せたなくしまうた　北海道久遠郡せた
　な町

瀬棚郡　せたなぐん　北海道
瀬越　せごし　北海道（JR留萌本線）
瀬越町　せごしちょう　北海道留萌市
瀬越場　せごしば　秋田県由利本荘市
瀬渡町　せどうちょう　長崎県佐世保市
13瀬嵩　せだけ　沖縄県名護市
瀬滝　せたき　鹿児島県大島郡天城町
14瀬領町
　　せりょうまち　石川県金沢市
　　せいりょまち　石川県小松市
16瀬頭　せがしら　宮崎県宮崎市
瀬頭町　せがしらちょう　宮崎県宮崎市

【瀧】

瀧　たき　三重県伊賀市
4瀧元　たきもと　島根県鹿足郡津和野町
7瀧谷　たきだに　島根県鹿足郡津和野町

【犢】

16犢橋町　こてはしちょう　千葉県千葉市花見川区

【獺】

0獺ケ口町　うそがぐちちょう　福井県福井市
獺ケ通　うすがどおり　新潟県新潟市南区
8獺河内　うそごうち　福井県敦賀市
11獺郷　おそごう　神奈川県藤沢市
獺野　うその　青森県上北郡おいらせ町

【簸】

3簸川郡　ひかわぐん　⇒消滅（島根県）

【簾】

15簾舞　みすまい　北海道札幌市南区
簾舞一条　みすまいいちじょう　北海道札幌市南区
簾舞二条　みすまいにじょう　北海道札幌市南区
簾舞三条　みすまいさんじょう　北海道札幌市南区
簾舞五条　みすまいごじょう　北海道札幌市南区
簾舞六条　みすまいろくじょう　北海道札幌市南区
簾舞四条　みすまいしじょう　北海道札幌市南区

【繩】

2繩又町　なわまたまち　石川県輪島市

【羅】

6羅臼町　らうすちょう　北海道目梨郡
12羅賀
　　らが　岩手県下閉伊郡田野畑村
　　らが　岩手県下閉伊郡普代村
13羅漢　らかん　徳島県板野郡板野町
羅漢町　らかんちょう　群馬県高崎市
羅漢前　らかんまえ　福島県白河市

【蘇】

4蘇刈　そかる　鹿児島県大島郡瀬戸内町
7蘇我
　　そが　千葉県（JR外房線）
　　そが　千葉県千葉市中央区
蘇我町　そがちょう　千葉県千葉市中央区

1293

19画（藻, 蘭, 藺, 蟹）

¹⁰蘇原　そはら　岐阜県（JR高山本線）
　蘇原三柿野町　そはらみかきのちょう　岐阜県各務
　　原市
　蘇原大島町　そはらおおしまちょう　岐阜県各務原市
　蘇原中央町　そはらちゅうおうちょう　岐阜県各務原市
　蘇原六軒町　そはらろっけんちょう　岐阜県各務原市
　蘇原月丘町　そはらつきおかちょう　岐阜県各務原市
　蘇原北山町　そはらきたやまちょう　岐阜県各務原市
　蘇原北陽町　そはらほくようちょう　岐阜県各務原市
　蘇原古市場町　そはらふるいちばちょう　岐阜県各務
　　原市
　蘇原外山町　そはらとやまちょう　岐阜県各務原市
　蘇原申子町　そはらさるこちょう　岐阜県各務原市
　蘇原伊吹町　そはらいぶきちょう　岐阜県各務原市
　蘇原吉野町　そはらよしのちょう　岐阜県各務原市
　蘇原吉新町　そはらきちしんちょう　岐阜県各務原市
　蘇原寺島町　そはらてらじまちょう　岐阜県各務原市
　蘇原旭町　そはらあさひまち　岐阜県各務原市
　蘇原早苗町　そはらさなえちょう　岐阜県各務原市
　蘇原坂井町　そはらさかいちょう　岐阜県各務原市
　蘇原希望町　そはらきぼうちょう　岐阜県各務原市
　蘇原村雨町　そはらむらさめちょう　岐阜県各務原市
　蘇原沢上町　そはらさわがみちょう　岐阜県各務原市
　蘇原花園町　そはらはなぞのちょう　岐阜県各務原市
　蘇原赤羽根町　そはらあかばねちょう　岐阜県各務
　　原市
　蘇原和合町　そはらわごうちょう　岐阜県各務原市
　蘇原東門町　そはらとうもんちょう　岐阜県各務原市
　蘇原東栄町　そはらとうえいちょう　岐阜県各務原市
　蘇原東島町　そはらひがしじまちょう　岐阜県各務原市
　蘇原青雲町　そはらせいうんちょう　岐阜県各務原市
　蘇原持田町　そはらもちだちょう　岐阜県各務原市
　蘇原昭栄町　そはらしょうえいちょう　岐阜県各務原市
　蘇原栄町　そはらさかえまち　岐阜県各務原市
　蘇原柿沢町　そはらかきざわちょう　岐阜県各務原市
　蘇原飛鳥町　そはらあすかちょう　岐阜県各務原市
　蘇原宮代町　そはらみやだいちょう　岐阜県各務原市
　蘇原宮塚町　そはらみやづかちょう　岐阜県各務原市
　蘇原島崎町　そはらしまさきちょう　岐阜県各務原市
　蘇原清住町　そはらよずみちょう　岐阜県各務原市
　蘇原菊園町　そはらきくぞのちょう　岐阜県各務原市
　蘇原野口町　そはらのぐちちょう　岐阜県各務原市
　蘇原新生町　そはらしんせいちょう　岐阜県各務原市
　蘇原新栄町　そはらしんさかえまち　岐阜県各務原市
　蘇原瑞雲町　そはらずいうんちょう　岐阜県各務原市
　蘇原瑞穂町　そはらみずほちょう　岐阜県各務原市
　蘇原熊田町　そはらくまたちょう　岐阜県各務原市
　蘇原緑町　そはらみどりまち　岐阜県各務原市
　蘇原興亜町　そはらこうあまち　岐阜県各務原市
¹³蘇鉄　そてつ　青森県五所川原市

【藻】
³藻川　もがわ　青森県五所川原市
⁶藻池新田　もいけしんでん　岐阜県安八郡輪之内町
⁷藻別　もべつ　北海道紋別市
⁸藻岩下　もいわした　北海道札幌市南区
　藻岩山　もいわやま　北海道札幌市南区
⁹藻津　むくつ　高知県宿毛市

¹⁰藻浦　もうら　新潟県佐渡市
¹²藻散布　もちりっぷ　北海道厚岸郡浜中町
　藻琴
　　もこと　北海道（JR釧網本線）
　　もこと　北海道網走市

【蘭】
⁷蘭町　あららぎちょう　愛知県豊田市
¹⁰蘭島
　　らんしま　北海道（JR函館本線）
　　らんしま　北海道小樽市
　蘭梅町　らんばいちょう　岩手県一関市
　蘭留　らん　北海道（JR宗谷本線）
¹²蘭場谷地　らんばやち　宮城県遠田郡涌谷町
　蘭越
　　らんこし　北海道（JR函館本線）
　　らんこし　北海道千歳市
　蘭越町
　　らんこしちょう　北海道磯谷郡
　　らんこしまち　北海道磯谷郡蘭越町

【藺】
⁵藺生町　いうちょう　奈良県奈良市
⁷藺町　いのまち　奈良県大和郡山市

【蟹】
⁰蟹ケ谷　かにがや　神奈川県川崎市高津区
⁵蟹甲町　かにこうちょう　愛知県日進市
　蟹田
　　かにた　青森県（JR津軽線）
　　かにた　青森県東津軽郡外ケ浜町
　　かにた　青森県上北郡野辺地町
　　かにた　千葉県勝浦市
　　がんだ　大分県佐伯市
　蟹田大平　かにたおおだい　青森県東津軽郡外ケ浜町
　蟹田小国　かにたおぐに　青森県東津軽郡外ケ浜町
　蟹田山本　かにたやまもと　青森県東津軽郡外ケ浜町
　蟹田中師　かにたちゅうし　青森県東津軽郡外ケ浜町
　蟹田石浜　かにたいしはま　青森県東津軽郡外ケ浜町
　蟹田南沢　かにたみなみざわ　青森県東津軽郡外ケ
　　浜町
　蟹田塩越　かにたしおこし　青森県東津軽郡外ケ浜町
⁶蟹寺　かにでら　富山県富山市
　蟹江　かにえ　愛知県（JR関西本線）
　蟹江本町　かにえほんまち　愛知県海部郡蟹江町
　蟹江町　かにえちょう　愛知県海部郡
　蟹江新田　かにえしんでん　愛知県海部郡蟹江町
　蟹江新町　かにえしんまち　愛知県海部郡蟹江町
⁷蟹作町　がんつくりまち　熊本県人吉市
　蟹沢
　　かにさわ　宮城県仙台市宮城野区
　　かにさわ　秋田県由利本荘市
　　かにさわ　山形県東根市
　蟹沢新田　かにさわしんでん　新潟県南魚沼市
　蟹町　かにまち　福岡県柳川市
¹⁰蟹原
　　かにはら　愛知県長久手市
　　かにはら　広島県安芸郡海田町

19画（蟻, 蟷, 警, 識, 蹴, 鏡, 鏑, 離）

【蟻】

⁰蟻ケ原　ありがはら　石川県鹿島郡中能登町
蟻ケ崎　ありがさき　長野県松本市
蟻ケ崎台　ありがさきだい　長野県松本市
³蟻山　ありやま　秋田県由利本荘市
蟻川　ありがわ　群馬県吾妻郡中之条町

【蟷】

¹⁶蟷螂山町　とうろうやまちょう　京都府京都市中京区

【警】

⁸警固　けご　福岡県福岡市中央区
警固町　けいごまち　山口県防府市
警固屋　けごや　広島県呉市
警弥郷　けやごう　福岡県福岡市南区
¹⁴警察署前　けいさつしょまえ　愛媛県（伊予鉄道環状線ほか）

【識】

⁶識名　しきな　沖縄県那覇市

【蹴】

³蹴上　けあげ　京都府（京都市交通局東西線）

【鏡】

鏡
　かがみ　栃木県小山市
　かがみ　滋賀県蒲生郡竜王町
　かがみ　佐賀県唐津市
⁰鏡ケ浦　かがみがうら　京都府宮津市
鏡が岡　かがみがおか　新潟県新潟市中央区
鏡が浜　かがみがはま　滋賀県大津市
³鏡大利　かがみおおり　高知県高知市
鏡大河内　かがみおおがち　高知県高知市
鏡小山　かがみこやま　高知県高知市
鏡小浜　かがみこはま　高知県高知市
鏡山
　かがみやま　広島県東広島市
　かがみやま　福岡県田川郡香春町
鏡山北　かがみやまきた　広島県東広島市
鏡川町
　かがみがわちょう　高知県高知市
　かがみがわちょう　長崎県平戸市
鏡川橋　かがみがわばし　高知県（とさでん交通伊野線）
⁴鏡中條　かがみなかじょう　山梨県南アルプス市
鏡今井　かがみいまい　高知県高知市
鏡水　かがみず　沖縄県那覇市
⁵鏡去坂　かがみさるさか　高知県高知市
鏡田　かがみだ　愛知県名古屋市緑区
鏡田かげ沼町　かがみだかげぬままち　福島県岩瀬郡鏡石町
鏡白岩　かがみしろいわ　高知県高知市
鏡石　かがみいし　福島県（JR東北本線）
鏡石町
　かがみいしまち　福島県岩瀬郡
　かがみいしちょう　京都府京都市上京区
⁶鏡吉原　かがみよしはら　高知県高知市

鏡地　かがんじ　沖縄県国頭郡国頭村
鏡池通　かがみいけとおり　愛知県名古屋市千種区
鏡竹奈路　かがみたけなろ　高知県高知市
⁷鏡町
　かがみちょう　北海道広尾郡大樹町
　かがみちょう　新潟県柏崎市
鏡町下有佐　かがみまちしもありさ　熊本県八代市
鏡町下村　かがみまちしもむら　熊本県八代市
鏡町上鏡　かがみまちかみかがみ　熊本県八代市
鏡町中島　かがみまちなかしま　熊本県八代市
鏡町内田　かがみまちうちだ　熊本県八代市
鏡町北新地　かがみまちきたしんち　熊本県八代市
鏡町両出　かがみまちりょうで　熊本県八代市
鏡町有佐　かがみまちありさ　熊本県八代市
鏡町芝口　かがみまちしばくち　熊本県八代市
鏡町貝洲　かがみまちかいず　熊本県八代市
鏡町宝出　かがみまちほうで　熊本県八代市
鏡町野崎　かがみまちのざき　熊本県八代市
鏡町塩浜　かがみまちしおはま　熊本県八代市
鏡町鏡　かがみまちかがみ　熊本県八代市
鏡町鏡村　かがみまちかがみむら　熊本県八代市
⁸鏡岩　かがみいわ　岐阜県岐阜市
鏡沼　かがみぬま　福島県岩瀬郡鏡石町
鏡的渕　かがみまとぶち　高知県高知市
⁹鏡屋町　かがみやちょう　京都府京都市中京区
鏡柿ノ又　かがみかきのまた　高知県高知市
鏡洲　かがみず　宮崎県宮崎市
鏡狩山　かがみかりやま　高知県高知市
鏡草峰　かがみくさみね　高知県高知市
¹⁰鏡原町　きょうはらちょう　沖縄県那覇市
鏡宮　かがのみや　富山県射水市
鏡宮弥生　かがのみややよい　富山県射水市
鏡島　かがしま　岐阜県岐阜市
鏡島中　かがしまなか　岐阜県岐阜市
鏡島市場　かがしまいちば　岐阜県岐阜市
鏡島西　かがしまにし　岐阜県岐阜市
鏡島町　かがしまちょう　岐阜県岐阜市
鏡島南　かがしまみなみ　岐阜県岐阜市
鏡島精華　かがしませいか　岐阜県岐阜市
鏡梅ノ木　かがみうめのき　高知県高知市
¹¹鏡葛山　かがみかずらやま　高知県高知市
鏡野　かがみの　富山県黒部市
鏡野町　かがみのちょう　岡山県苫田郡
¹³鏡新開　かがみしんかい　佐賀県唐津市
¹⁴鏡増原　かがみますはら　高知県高知市
¹⁵鏡敷ノ山　かがみしきのやま　高知県高知市
鏡横矢　かがみよこや　高知県高知市

【鏑】

⁴鏑木　かぶらき　千葉県旭市
鏑木仲田町　かぶらぎなかたまち　千葉県佐倉市
鏑木町　かぶらぎまち　千葉県佐倉市

【離】

離　はなれ　群馬県邑楽郡板倉町
¹⁰離宮西町　りきゅうにしちょう　兵庫県神戸市須磨区
離宮前町　りきゅうまえまち　兵庫県神戸市須磨区

19画（霧, 願, 鯨, 鯖, 鯛, 鯰, 鶏, 鵲, 鶉, 鶇, 鵯, 鶘, 麓）

【霧】

0 霧ケ丘　きりがおか　福岡県北九州市小倉北区
霧ケ峰　きりがみね　長野県諏訪市
霧が丘　きりがおか　神奈川県横浜市緑区
3 霧山町　きりやまちょう　愛知県豊田市
5 霧生　きりゅう　三重県伊賀市
霧立　きりたち　北海道苫前郡苫前町
6 霧多布西一条　きりたっぷにしいちじょう　北海道厚岸郡浜中町
霧多布西二条　きりたっぷにしにじょう　北海道厚岸郡浜中町
霧多布西三条　きりたっぷにしさんじょう　北海道厚岸郡浜中町
霧多布西四条　きりたっぷにししじょう　北海道厚岸郡浜中町
霧多布東一条　きりたっぷひがしいちじょう　北海道厚岸郡浜中町
霧多布東二条　きりたっぷひがしにじょう　北海道厚岸郡浜中町
霧多布東三条　きりたっぷひがしさんじょう　北海道厚岸郡浜中町
霧多布東四条　きりたっぷひがししじょう　北海道厚岸郡浜中町
霧多布湿原　きりたっぷしつげん　北海道厚岸郡浜中町
10 霧島　きりしま　宮崎県宮崎市
霧島大窪　きりしまおおくぼ　鹿児島県霧島市
霧島川北　きりしまかわきた　鹿児島県霧島市
霧島市　きりしまし　鹿児島県
霧島永水　きりしまながみず　鹿児島県霧島市
霧島田口　きりしまたぐち　鹿児島県霧島市
霧島西口　きりしまにしぐち　鹿児島県（JR肥薩線）
霧島神宮　きりしまじんぐう　鹿児島県（JR日豊本線）
霧島温泉　きりしまおんせん　鹿児島県（JR肥薩線）

【願】

願　ねがい　新潟県佐渡市
6 願成寺　がんじょうじ　岐阜県揖斐郡池田町
願成寺町　がんじょうじまち　熊本県人吉市
9 願海寺　がんかいじ　富山県富山市
願海寺新町　がんかいじしんまち　富山県富山市

【鯨】

鯨　くじら　茨城県下妻市
4 鯨井　くじらい　埼玉県川越市
鯨井新田　くじらいしんでん　埼玉県川越市
8 鯨岡　くじらおか　茨城県石岡市
鯨波　くじらなみ　新潟県（JR信越本線）
くじらなみ　新潟県柏崎市

【鯖】

5 鯖石　さばいし　青森県（弘南鉄道大鰐線）
さばいし　青森県南津軽郡大鰐町
6 鯖江　さばえ　福井県（JR北陸本線）
鯖江市　さばえし　福井県
8 鯖波　さばなみ　福井県南条郡南越前町

19 鯖瀬　さばせ　徳島県（JR牟岐線）

【鯛】

0 鯛ノ浦郷　たいのうらごう　長崎県南松浦郡新上五島町
6 鯛名町　たいなまち　宮崎県延岡市
7 鯛尾　たいび　広島県安芸郡坂町
8 鯛取通　たいとりとおり　愛知県名古屋市南区
10 鯛浜　たいのはま　徳島県板野郡北島町

【鯰】

鯰　なまず　岡山県美作市
なまず　熊本県上益城郡嘉島町
5 鯰田　なまずた　福岡県（JR筑豊本線）
なまず　福岡県飯塚市
6 鯰江町　なまずえちょう　滋賀県東近江市

【鶏】

0 鶏ケ唄　とりがうた　青森県上北郡横浜町
7 鶏沢　にわとりざわ　青森県上北郡横浜町
鶏冠井町　かいでちょう　京都府向日市
14 鶏鉾町　にわとりぼこちょう　京都府京都市下京区

【鵲】

7 鵲町　かささぎちょう　奈良県奈良市

【鶉】

鶉　うずら　北海道砂川市
うずら　北海道檜山郡厚沢部町
うずら　北海道空知郡上砂川町
うずら　群馬県邑楽郡邑楽町
3 鶉久保　うずらくぼ　青森県上北郡おいらせ町
鶉久保山　うずらくぼやま　青森県上北郡おいらせ町
5 鶉本町　うずらほんちょう　北海道空知郡上砂川町
鶉石　うずらいし　新潟県糸魚川市
7 鶉町　うずらまち　北海道檜山郡厚沢部町
11 鶉崎　うずらさき　宮城県黒川郡大郷町
鶉野町　うずらのちょう　兵庫県加西市
13 鶉新田　うずらしんでん　群馬県邑楽郡邑楽町

【鶇】

11 鶇巣町　とうのすちょう　愛知県岡崎市

【鵯】

10 鵯島　ひよどりじま　富山県富山市
12 鵯越　ひよどりごえ　兵庫県（神戸電鉄有馬線）
鵯越町　ひよどりごえちょう　兵庫県神戸市兵庫区
鵯越筋　ひよどりごえすじ　兵庫県神戸市兵庫区

【鶘】

7 鶘町　くまだかちょう　静岡県沼津市

【麓】

麓　ふもと　山形県酒田市

20画（巌，懸，櫨，礫，競，糯，朧，蠣，護，譲，鐘，鐙，露）

ふもと　新潟県新発田市
ふもと　新潟県南魚沼市
ふもと　新潟県西蒲原郡弥彦村
ふもと　静岡県富士宮市
ふもと　愛媛県松山市

³麓山
　ふもとやま　宮城県加美郡加美町
　はやま　福島県郡山市

⁷麓村新田　ふもとむらしんでん　新潟県西蒲原郡弥彦村

麓町
　ふもとちょう　京都府京都市下京区
　ふもとまち　熊本県人吉市
　ふもとちょう　鹿児島県出水市

¹¹麓郷市街地　ろくごうしがいち　北海道富良野市

20画

【巌】

⁹巌城　いわき　鳥取県倉吉市
¹⁰巌根　いわね　千葉県（JR内房線）

【懸】

⁵懸札　かけふだ　富山県氷見市

【櫨】

⁴櫨木　ろうぼく　愛知県長久手市
⁷櫨谷　かたらがい　島根県邑智郡美郷町
櫨谷町友清　はせたにちょうともきよ　兵庫県神戸市西区
櫨谷町寺谷　はせたにちょうてらたに　兵庫県神戸市西区
櫨谷町池谷　はせたにちょういけたに　兵庫県神戸市西区
櫨谷町谷口　はせたにちょうたにぐち　兵庫県神戸市西区
櫨谷町松本　はせたにちょうまつもと　兵庫県神戸市西区
櫨谷町長谷　はせたにちょうはせ　兵庫県神戸市西区
櫨谷町栃木　はせたにちょうとちのき　兵庫県神戸市西区
櫨谷町菅野　はせたにちょうすがの　兵庫県神戸市西区
櫨谷町福谷　はせたにちょうふくたに　兵庫県神戸市西区
¹⁰櫨原　はぜはら　岐阜県揖斐郡揖斐川町
¹²櫨塚町　はぜつかちょう　兵庫県西宮市

【礫】

⁵礫石原町　くれいしばるまち　長崎県島原市
¹⁰礫浦　さざらうら　三重県度会郡南伊勢町

【競】

¹⁰競馬場前
　けいばじょうまえ　北海道（函館市交通局2系統ほか）
　けいばじょうまえ　福岡県（北九州高速鉄道小倉線）
¹³競艇場前　きょうていじょうまえ　東京都（西武鉄道多摩川線）

¹⁵競輪場前
　けいりんじょうまえ　富山県（富山ライトレール線）
　けいりんじょうまえ　愛知県（豊橋鉄道東田本線）

【糯】

⁰糯ケ坪　もちがつぼ　兵庫県篠山市

【朧】

⁶朧気　おぼろけ　山形県尾花沢市

【蠣】

¹²蠣塚新田　かきづかしんでん　三重県桑名市

【護】

⁶護江　もりえ　大分県佐伯市
⁸護国寺　ごこくじ　東京都（東京地下鉄有楽町線）
¹⁵護摩堂　ごまどう　富山県中新川郡上市町
¹⁸護藤町　ごんどうまち　熊本県熊本市南区

【譲】

⁶譲羽　ゆずりは　山口県周南市
¹⁰譲原　ゆずりはら　群馬県藤岡市

【鐘】

⁰鐘ケ江　かねがえ　福岡県大川市
鐘ケ淵　かねがふち　東京都（東武鉄道伊勢崎線）
⁴鐘木
　しゅもく　新潟県新潟市中央区
　しゅもく　新潟県新潟市江南区
⁷鐘尾　かねお　兵庫県美方郡新温泉町
⁹鐘巻　かねまき　和歌山県日高郡日高川町
¹⁰鐘紡町
　かねぼうまち　富山県高岡市
　かねぼうちょう　滋賀県長浜市
　かねぼうちょう　山口県防府市
¹¹鐘寄　かねより　福井県大飯郡高浜町
鐘崎　かねざき　福岡県宗像市
鐘釣　かねつり　富山県（黒部峡谷鉄道線）
¹²鐘場町
　かねばちょう　愛知県瀬戸市
　かねばちょう　愛媛県今治市
¹³鐘楼町　しょうろうちょう　山口県周南市
¹⁵鐘鋳町　かねいちょう　京都府京都市東山区

【鐙】

鐙　あぶみ　新潟県新潟市中央区
⁶鐙西　あぶにし　新潟県新潟市中央区
¹²鐙塚町　あぶつかちょう　栃木県佐野市
¹⁴鐙摺石　あぶずりいし　福島県二本松市

【露】

¹⁰露峰　つゆみね　愛媛県上浮穴郡久万高原町
¹¹露梨子　つゆなし　埼玉県大里郡寄居町
¹⁶露橋
　つゆはし　山形県南陽市
　つゆはし　愛知県名古屋市中川区
露橋町　つゆはしちょう　愛知県名古屋市中川区
¹⁸露藤　つゆふじ　山形県東置賜郡高畠町

1297

20画（響, 饅, 騰, 鰍, 鰐, 鰄, 鰔）21画（櫻, 欅, 灘, 竈, 轟, 鑓, 鑉, 饒, 鰯, 鰭, 鶴）

【響】
7響町　ひびきまち　福岡県北九州市若松区
9響南町　きょうなんまち　福岡県北九州市若松区

【饅】
16饅頭長根　まんじゅうながね　青森県上北郡東北町
饅頭屋町　まんじゅうやちょう　京都府京都市中京区

【騰】
8騰波ノ江　とばのえ　茨城県（関東鉄道常総線）

【鰍】
7鰍沢　かじかざわ　山梨県南巨摩郡富士川町
鰍沢口　かじかざわぐち　山梨県（JR身延線）
鰍沢町　かじかざわちょう　⇒富士川町（山梨県南巨摩郡）

【鰐】
3鰐川
　　わにがわ　茨城県鹿嶋市
　　わにがわ　茨城県神栖市
5鰐石町　わにいしちょう　山口県山口市

【鰄】
3鰄川町　うぐいかわちょう　北海道檜山郡江差町

【鰔】
11鰔渕　かいらげふち　秋田県能代市

21画

【櫻】
4櫻井　さくらい　千葉県旭市
11櫻野　さくらの　栃木県さくら市

【欅】
5欅平　けやきだいら　富山県（黒部峡谷鉄道線）

【灘】
灘
　　なだ　兵庫県（JR東海道本線）
　　なだ　兵庫県南あわじ市
　　なだ　徳島県海部郡牟岐町
　　なだ　高知県幡多郡黒潮町
　　なだ　大分県宇佐市
4灘分町　なだぶんちょう　島根県出雲市
灘区　なだく　兵庫県神戸市
5灘北通　なだきたどおり　兵庫県神戸市灘区
7灘町
　　なだまち　鳥取県米子市
　　なだまち　島根県松江市
　　なだまち　山口県岩国市
　　なだまち　愛媛県伊予市
9灘南通　なだみなみどおり　兵庫県神戸市灘区
10灘浜町　なだはまちょう　兵庫県神戸市灘区
灘浜東町　なだはまひがしちょう　兵庫県神戸市灘区

【竈】
竈　かまど　静岡県御殿場市
3竈山　かまやま　和歌山県（和歌山電鐵貴志川線）
8竈門　かまど　熊本県玉名郡和水町

【轟】
轟
　　とどろき　北海道余市郡赤井川村
　　とどろき　秋田県能代市
　　とどろく　栃木県日光市
　　とどろく　群馬県甘楽郡甘楽町
　　どめき　福井県（えちぜん鉄道勝山永平寺線）
　　どめき　福井県吉田郡永平寺町
　　とどろき　兵庫県養父市
4轟井町　とどろいちょう　福井県越前市
轟木
　　とどろき　岩手県花巻市
　　とどろき　福井県あわら市
　　とどろき　佐賀県東松浦郡玄海町
　　とどろき　鹿児島県大島郡徳之島町
轟木町　とどろきまち　佐賀県鳥栖市
7轟町
　　とどろきちょう　千葉県千葉市稲毛区
　　とどろまち　鹿児島県薩摩郡さつま町

【鑓】
4鑓水　やりみず　東京都八王子市
5鑓田　やりだ　秋田県仙北郡美郷町
7鑓見内
　　やりみない　秋田県（JR田沢湖線）
　　やりみない　秋田県大仙市
9鑓屋町　やりやまち　京都府京都市伏見区

【鑉】
3鑉山町　こてやままち　栃木県宇都宮市
7鑉別　とうべつ　北海道川上郡弟子屈町
鑉別原野　とうべつげんや　北海道川上郡弟子屈町

【饒】
饒　にょう　愛媛県松山市
5饒平名　よへな　沖縄県名護市
8饒波
　　のは　沖縄県豊見城市
　　ぬうは　沖縄県国頭郡大宜味村

【鰯】
0鰯ケ島　いわしがしま　静岡県焼津市
6鰯江町　いわしえちょう　愛知県愛西市

【鰭】
0鰭ケ崎
　　ひれがさき　千葉県（流鉄流山線）
　　ひれがさき　千葉県流山市

【鶴】
0鶴ケ丘
　　つるがおか　埼玉県鶴ケ島市
　　つるがおか　石川県河北郡内灘町
　　つるがおか　大阪府（JR阪和線）

1298

21画（鶴）

つるがおか　宮崎県延岡市
鶴ケ丘町　つるがおかまち　富山県富山市
鶴ケ田　つるけた　熊本県上益城郡山都町
鶴ケ坂
　つるがさか　青森県（JR奥羽本線）
　つるがさか　青森県青森市
鶴ケ谷
　つるがや　宮城県仙台市宮城野区
　つるがや　宮城県多賀城市
鶴ケ谷北　つるがやきた　宮城県仙台市宮城野区
鶴ケ谷東　つるがやひがし　宮城県仙台市宮城野区
鶴ケ岡
　つるがおか　青森県五所川原市
　つるがおか　埼玉県ふじみ野市
鶴ケ岱　つるがだい　北海道釧路市
鶴ケ島　つるがしま　埼玉県（東武鉄道東上本線）
鶴ケ島市　つるがしまし　埼玉県
鶴ケ島町　つるがしままち　石川県小松市
鶴ケ峰
　つるがみね　神奈川県（相模鉄道本線）
　つるがみね　神奈川県横浜市旭区
鶴ケ峰本町　つるがみねほんちょう　神奈川県横浜市
　旭区
鶴ケ崎　つるがさき　青森県上北郡東北町
鶴ケ崎町　つるがさきちょう　愛知県西尾市
鶴ケ曽根
　つるがそね　埼玉県八潮市
　つるがそね　新潟県長岡市
鶴ケ舞　つるがまい　埼玉県ふじみ野市
鶴ケ丘
　つるがおか　宮城県仙台市泉区
　つるがおか　神奈川県横須賀市
鶴が台　つるがだい　神奈川県茅ケ崎市
鶴が沢　つるがさわ　愛知県名古屋市緑区
鶴が谷町　つるがやまち　群馬県前橋市
鶴が島　つるがしま　滋賀県長浜市
鶴の尾町　つるのおまち　長崎県長崎市
鶴の里　つるのさと　滋賀県大津市
鶴の荘　つるのそう　兵庫県宝塚市
鶴の浦　つるのうら　岡山県倉敷市
3鶴三緒　つるみお　福岡県飯塚市
鶴丸
　つるまる　鹿児島県（JR吉都線）
　つるまる　鹿児島県姶良郡湧水町
鶴子　つるこ　山形県尾花沢市
鶴山台　つるやまだい　大阪府和泉市
鶴山町　つるやまちょう　京都府京都市上京区
鶴川
　つるかわ　東京都（小田急電鉄小田原線）
　つるかわ　東京都町田市
　つるかわ　山梨県上野原市
　つるがわ　和歌山県東牟婁郡古座川町
鶴川内　つるがわうち　鹿児島県阿久根市
4鶴木山　つるぎやま　熊本県葦北郡芦北町
5鶴丘　つるおか　北海道釧路市
鶴代　つるしろ　茨城県ひたちなか市
鶴代町　つるしろまち　宮城県仙台市若林区
鶴市町　つるいちちょう　香川県高松市
鶴打田　つるうちた　青森県上北郡七戸町
鶴生　つりゅう　福島県西白河郡西郷村

鶴生田町　つるうだちょう　群馬県太田市
鶴甲　つるかぶと　兵庫県神戸市灘区
鶴田
　つるた　青森県北津軽郡鶴田町
　つるた　山形県酒田市
　つるた　福島県伊達市
　つるた　福島県耶麻郡猪苗代町
　つるた　茨城県小美玉市
　つるた　栃木県（JR日光線）
　つるた　栃木県宇都宮市
　つるた　栃木県真岡市
　つるた　新潟県三条市
　つるだ　愛知県名古屋市南区
　つるた　鳥取県西伯郡南部町
　つるた　福岡県福岡市南区
　つるた　福岡県筑後市
　つるだ　福岡県宮若市
　つるだ　鹿児島県薩摩郡さつま町
鶴田町
　つるまち　青森県北津軽郡
　つるたまち　栃木県宇都宮市
　つるたまち　岐阜県岐阜市
　つるたちょう　大阪府堺市西区
　つるたまち　長崎県諫早市
　つるだまち　熊本県人吉市
6鶴光路町　つるこうじまち　群馬県前橋市
鶴吉
　つるよし　新潟県十日町市
　つるよし　愛媛県伊予郡松前町
鶴多町　つるたまち　石川県羽咋市
鶴江　つるえ　広島県安芸郡府中町
鶴羽　つるわ　香川県（JR高徳線）
鶴羽田　つるはだ　熊本県熊本市北区
鶴羽田町　つるはだまち　熊本県熊本市北区
鶴羽町　つるはちょう　愛知県名古屋市昭和区
鶴羽美　つるばみ　宮城県加美郡加美町
7鶴児平　つるのこたい　青森県上北郡七戸町
鶴形
　つるがた　秋田県（JR奥羽本線）
　つるがた　秋田県能代市
　つるがた　岡山県倉敷市
鶴来　つるぎ　石川県（北陸鉄道石川線）
鶴来下東町　つるぎしもひがしまち　石川県白山市
鶴来上東町　つるぎかみひがしまち　石川県白山市
鶴来大国町　つるぎおおくにまち　石川県白山市
鶴来今町　つるぎいままち　石川県白山市
鶴来日吉町　つるぎひよしまち　石川県白山市
鶴来日詰町　つるぎひづめちょう　石川県白山市
鶴来水戸町　つるぎみとまち　石川県白山市
鶴来古町　つるぎふるまち　石川県白山市
鶴来本町　つるぎほんまち　石川県白山市
鶴来知守町　つるぎちもりちょう　石川県白山市
鶴来桑島町　つるぎくわじままち　石川県白山市
鶴来清沢町　つるぎせいざわまち　石川県白山市
鶴来朝日町　つるぎあさひまち　石川県白山市
鶴来新町　つるぎしんまち　石川県白山市
鶴沢　つるざわ　福島県伊達郡川俣町
鶴沢町　つるさわちょう　千葉県千葉市中央区
鶴町
　つるまち　新潟県上越市
　つるまち　石川県鳳珠郡能登町

1299

21画（鶴）

つるまち　大阪府大阪市大正区
つるまち　兵庫県尼崎市
つるまち　宮崎県日向市
鶴芝　つるしば　福島県白河市
鶴見
　つるみ　神奈川県（JR京浜東北線）
　つるみ　神奈川県横浜市鶴見区
　つるみ　岐阜県揖斐郡揖斐川町
　つるみ　大阪府大阪市鶴見区
　つるみ　大分県別府市
鶴見大島　つるみおおしま　大分県佐伯市
鶴見小野　つるみおの　神奈川県（JR鶴見線）
鶴見中央　つるみちゅうおう　神奈川県横浜市鶴見区
鶴見中越浦　つるみなかごしうら　大分県佐伯市
鶴見丹賀浦　つるみたんがうら　大分県佐伯市
鶴見区
　つるみく　神奈川県横浜市
　つるみく　大阪府大阪市
鶴見台
　つるみだい　山口県周南市
　つるみだい　長崎県長崎市
鶴見市場　つるみいちば　神奈川県（京浜急行電鉄本線）
鶴見地松浦　つるみじまつうら　大分県佐伯市
鶴見有明浦　つるみありあけうら　大分県佐伯市
鶴見羽出浦　つるみはいでうら　大分県佐伯市
鶴見吹浦　つるみふきうら　大分県佐伯市
鶴見沖松浦　つるみおきまつうら　大分県佐伯市
鶴見町
　つるみちょう　群馬県高崎市
　つるみちょう　岐阜県岐阜市
　つるみちょう　岐阜県大垣市
　つるみちょう　静岡県浜松市南区
　つるみまち　愛知県碧南市
　つるみちょう　広島県広島市中区
　つるみちょう　鹿児島県阿久根市
鶴見坦　つるみだん　福島県郡山市
鶴見通　つるみとおり　愛知県名古屋市南区
鶴見梶寄浦　つるみかじよせうら　大分県佐伯市
鶴見園町　つるみえんちょう　大分県別府市
鶴見緑地　つるみりょくち　大阪府（大阪市交通局長堀鶴見緑地線）
鶴見橋　つるみばし　大阪府大阪市西成区
鶴谷町　つるやまち　大分県佐伯市
鶴里　つるさと　愛知県（名古屋市交通局桜通線）
鶴里町　つるさとちょう　愛知県名古屋市南区
鶴里町柿野　つるさとちょうかきの　岐阜県土岐市
鶴里町細野　つるさとちょうほその　岐阜県土岐市
8鶴奉　つるほう　千葉県野田市
鶴居
　つるい　兵庫県（JR播但線）
　つるい　兵庫県神崎郡市川町
鶴居北　つるいきた　北海道阿寒郡鶴居村
鶴居西　つるいにし　北海道阿寒郡鶴居村
鶴居村　つるいむら　北海道阿寒郡
鶴居東　つるいひがし　北海道阿寒郡鶴居村
鶴居南　つるいみなみ　北海道阿寒郡鶴居村
鶴岡
　つるおか　北海道上磯郡木古内町
　つるおか　山形県（JR羽越本線）

つるおか　千葉県富津市
鶴岡市　つるおかし　山形県
鶴岡西町　つるおかにしまち　大分県佐伯市
鶴岡町　つるおかまち　大分県佐伯市
鶴河内町　つるがわちまち　大分県日田市
鶴沼
　つるぬま　北海道（JR札沼線）
　つるぬま　北海道樺戸郡浦臼町
　つるぬま　秋田県由利本荘市
鶴泊
　つるどまり　青森県（JR五能線）
　つるどまり　青森県北津軽郡鶴田町
鶴牧　つるまき　東京都多摩市
9鶴城町
　つるしろちょう　愛知県西尾市
　つるぎまち　大分県日田市
鶴屋町
　つるやちょう　神奈川県横浜市神奈川区
　つるやまち　香川県高松市
鶴巻
　つるまき　宮城県仙台市宮城野区
　つるまき　福島県白河市
　つるまき　福島県喜多方市
　つるまき　福島県伊達市
　つるまき　神奈川県秦野市
　つるまき　長野県小諸市
鶴巻山　つるまきやま　福島県白河市
鶴巻北　つるまききた　神奈川県秦野市
鶴巻田　つるまきた　山形県尾花沢市
鶴巻南　つるまきみなみ　神奈川県秦野市
鶴巻温泉　つるまきおんせん　神奈川県（小田急電鉄小田原線）
鶴海　つるみ　岡山県備前市
10鶴原
　つるはら　大阪府（南海電気鉄道南海本線）
　つるはら　大阪府泉佐野市
鶴島
　つるしま　山梨県上野原市
　つるのしま　宮崎県宮崎市
鶴島町　つるしまちょう　愛媛県宇和島市
鶴峰西　つるみねにし　福島県耶麻郡猪苗代町
鶴馬　つるま　埼玉県富士見市
11鶴寄町　つるよせまち　富山県高岡市
鶴崎
　つるさき　大分県（JR日豊本線）
　つるさき　大分県大分市
鶴崎コスモス団地　つるさきこすもすだんち　大分県大分市
鶴巣下草　つるすしもくさ　宮城県黒川郡大和町
鶴巣大平　つるすおおだいら　宮城県黒川郡大和町
鶴巣小鶴沢　つるすおづるさわ　宮城県黒川郡大和町
鶴巣山田　つるすやまだ　宮城県黒川郡大和町
鶴巣太田　つるすおおた　宮城県黒川郡大和町
鶴巣北目大崎　つるすきためおおさき　宮城県黒川郡大和町
鶴巣鳥屋　つるすとや　宮城県黒川郡大和町
鶴巣幕柳　つるすまくやなぎ　宮城県黒川郡大和町
鶴望　つるみ　大分県佐伯市
鶴脛町　つるはぎちょう　山形県上山市

鶴野
つるの　北海道釧路市
つるの　北海道亀田郡七飯町
つるの　大阪府摂津市
鶴野辺　つるのべ　福島県大沼郡会津美里町
鶴野町
つるのちょう　北海道函館市
つるのちょう　大阪府大阪市北区
鶴野東　つるのひがし　北海道釧路市
12鶴喰
つるばみ　青森県上北郡六戸町
つるばみ　宮城県加美郡加美町
つるはみ　静岡県三島市
鶴賀
つるが　長野県長野市
つるが　京都府宮津市
鶴賀町　つるがまち　福島県会津若松市
鶴間
つるま　東京都町田市
つるま　神奈川県（小田急電鉄江ノ島線）
つるま　神奈川県大和市
13鶴福院町　つるふくいんちょう　奈良県奈良市
鶴蒔田　つるまきた　福島県田村郡三春町
15鶴舞
つるまい　埼玉県坂戸市
つるまい　千葉県市原市
つるまい　愛知県（JR中央本線ほか）
つるまい　愛知県名古屋市昭和区
鶴舞西町　つるまいにしまち　奈良県奈良市
鶴舞町
つるまいちょう　岐阜県岐阜市
つるまいちょう　静岡県静岡市清水区
つるまいちょう　愛知県名古屋市昭和区
つるまいちょう　愛知県西尾市
鶴舞東町　つるまいひがしまち　奈良県奈良市
16鶴橋
つるはし　大阪府（JR大阪環状線ほか）
つるはし　大阪府大阪市生野区
鶴館　つるだて　秋田県湯沢市
19鶴瀬
つるせ　埼玉県（東武鉄道東上本線）
つるせ　大分県大分市
鶴瀬西　つるせにし　埼玉県富士見市
鶴瀬東　つるせひがし　埼玉県富士見市

【鶯】
0鶯の森　うぐいすのもり　兵庫県（能勢電鉄妙見線）
7鶯沢北郷　うぐいすざわきたごう　宮城県栗原市
鶯沢南郷　うぐいすざわなんごう　宮城県栗原市
鶯沢袋　うぐいすざわふくろ　宮城県栗原市
鶯町
うぐいすまち　石川県金沢市
うぐいすちょう　兵庫県神戸市長田区
鶯谷
うぐいすだに　東京都（JR山手線）
うぐいすだに　岐阜県岐阜市
鶯谷町
うぐいすだにちょう　東京都渋谷区
うぐいすだにちょう　岐阜県岐阜市
11鶯崎町　うぐいすざきちょう　岩手県遠野市
鶯巣　うぐす　長野県（JR飯田線）
鶯野　うぐいすの　秋田県（JR田沢湖線）

【鶤】
8鶤和　てんわ　兵庫県赤穂市

22画

【籠】
3籠上　かごうえ　静岡県静岡市葵区
籠山　こもりやま　奈良県吉野郡天川村
4籠月　こもつき　石川県河北郡津幡町
5籠田
こもた　茨城県行方市
かごた　新潟県阿賀野市
籠田町　かごだちょう　愛知県岡崎市
6籠池通　かごいけどおり　兵庫県神戸市中央区
7籠町
かごまち　新潟県妙高市
かごまち　長崎県長崎市
9籠屋町　かごやまち　徳島県徳島市
10籠原　かごはら　埼玉県（JR高崎線）
籠原南　かごはらみなみ　埼玉県熊谷市
11籠掛　かごかけ　福井県今立郡池田町
籠淵町　こもりぶちちょう　長崎県五島市

【纒】
纒　まとい　神奈川県平塚市

【艫】
7艫作　へなし　青森県（JR五能線）

【讃】
6讃州寺町
さんしゅうじちょう　京都府京都市上京区
さんしゅうじちょう　京都府京都市左京区
7讃岐　さぬき　北海道磯谷郡蘭越町
讃岐白鳥　さぬきしろとり　香川県（JR高徳線）
讃岐牟礼　さぬきむれ　香川県（JR高徳線）
讃岐町　さぬきちょう　京都府京都市伏見区
讃岐府中　さぬきふちゅう　香川県（JR予讃線）
讃岐津田　さぬきつだ　香川県（JR高徳線）
讃岐相生　さぬきあいおい　香川県（JR高徳線）
讃岐財田　さぬきさいだ　香川県（JR土讃線）
讃岐塩屋　さぬきしおや　香川県（JR予讃線）
讃良西町　さんらにしまち　大阪府寝屋川市
讃良東町　さんらひがしまち　大阪府寝屋川市

【轡】
8轡取　くつわどり　福島県石川郡石川町

【驚】
驚
おどろく　山形県西置賜郡小国町
おどろき　千葉県長生郡長生村
おどろき　千葉県長生郡白子町

22画（鰹, 鯵, 鷗） 23画（鱒, 鷲） 24画（鑪, 鱗, 鷺）

【鰹】
11 鰹淵　かつおぶち　愛知県新城市

【鯵】
0 鯵ケ沢　あじがさわ　青森県（JR五能線）
　鯵ケ沢町　あじがさわまち　青森県西津軽郡
15 鯵潟　あじがた　新潟県新潟市南区

【鷗】
10 鷗島　かもめじま　北海道檜山郡江差町
　鷗島町　かもめじまちょう　新潟県新潟市東区

23画

【鱒】
3 鱒川町　ますかわちょう　北海道函館市
7 鱒沢　ますざわ　岩手県（JR釜石線）
10 鱒浦
　　ますうら　北海道（JR釧網本線）
　　ますうら　北海道網走市
11 鱒渕　ますぶち　島根県邑智郡邑南町

【鷲】
0 鷲ノ木　わしのき　新潟県新潟市西蒲区
　鷲ノ木町　わしのきちょう　北海道茅部郡森町
　鷲ノ木新田　わしのきしんでん　新潟県新潟市南区
　鷲巣　わしのす　高知県吾川郡仁淀川町
3 鷲子　とりのこ　茨城県常陸大宮市
4 鷲之巣　わしのす　岩手県和賀郡西和賀町
5 鷲北新　わしきたしん　富山県高岡市
7 鷲別　わしべつ　北海道（JR室蘭本線）
　鷲別町　わしべつちょう　北海道登別市
　鷲尾
　　わしお　新潟県糸魚川市
　　わしお　兵庫県篠山市
　鷲尾町　わしおちょう　京都府京都市東山区
　鷲津町　わしざわちょう　静岡県浜松市北区
　鷲足　わしあし　宮城県亘理郡亘理町
8 鷲府　わしっぷ　北海道足寄郡足寄町
　鷲林寺　じゅうりんじ　兵庫県西宮市
　鷲林寺町　じゅうりんじちょう　兵庫県西宮市
　鷲林寺南町　じゅうりんじみなみまち　兵庫県西宮市
　鷲林町　わしばやしまち　愛知県碧南市
9 鷲津
　　わしづ　静岡県（JR東海道本線）
　　わしづ　静岡県湖西市
　鷲神浜　わしのかみはま　宮城県牡鹿郡女川町
10 鷲原　わしばら　島根県鹿足郡津和野町
　鷲家　わしか　奈良県吉野郡東吉野村
　鷲宮
　　わしのみや　埼玉県（東武鉄道伊勢崎線）
　　わしのみや　埼玉県久喜市
　鷲宮中央　わしのみやちゅうおう　埼玉県久喜市
　鷲山町　わしやまちょう　⇒久喜市（埼玉県）
　鷲島　わしがしま　富山県小矢部市
11 鷲宿　わしじゅく　栃木県さくら市

鷲崎　わしざき　新潟県佐渡市
鷲崎町　わしざきまち　長崎県諫早市
鷲巣
　　わしのす　栃木県真岡市
　　わしのす　埼玉県北葛飾郡杉戸町
　　わしのす　千葉県茂原市
　　わしのす　岐阜県養老郡養老町
　　わしず　静岡県袋井市
鷲野谷　わしのや　千葉県柏市
鷲野谷新田　わしのやしんでん　千葉県柏市
12 鷲塚　わしづか　富山県射水市
鷲塚町　わしづかまち　愛知県碧南市
鷲塚針原　わしつかはりばら　福井県（えちぜん鉄道三国芦原線）

24画

【鑪】
鑪　たたら　長野県長野市

【鱗】
7 鱗町　うろこまち　石川県金沢市

【鷺】
0 鷺ケ森　さぎがもり　宮城県仙台市青葉区
鷺ノ宮　さぎのみや　東京都（西武鉄道新宿線）
鷺ノ森
　　さぎのもり　山形県東根市
　　さぎのもり　和歌山県和歌山市
鷺ノ森中ノ丁　さぎのもりなかのちょう　和歌山県和歌山市
鷺ノ森片町　さぎのもりかたまち　和歌山県和歌山市
鷺ノ森西ノ丁　さぎのもりにしのちょう　和歌山県和歌山市
鷺ノ森明神丁　さぎのもりみょうじんちょう　和歌山県和歌山市
鷺ノ森東ノ丁　さぎのもりひがしのちょう　和歌山県和歌山市
鷺ノ森南ノ丁　さぎのもりみなみのちょう　和歌山県和歌山市
鷺ノ森堂前丁　さぎのもりどうまえちょう　和歌山県和歌山市
鷺ノ森新道　さぎのもりしんみち　和歌山県和歌山市
鷺の谷町　さぎのやまち　栃木県宇都宮市
鷺の宿　さぎのしゅく　山形県東根市
3 鷺山
　　さぎやま　神奈川県横浜市中区
　　さぎやま　岐阜県岐阜市
　　さぎやま　愛知県犬山市
鷺山北町　さぎやまきたまち　岐阜県岐阜市
鷺山向井町　さぎやまむかいちょう　岐阜県岐阜市
鷺山東　さぎやまひがし　岐阜県岐阜市
鷺山清洲町　さぎやまきよすちょう　岐阜県岐阜市
鷺山新町　さぎやましんまち　岐阜県岐阜市
鷺山緑ケ丘　さぎやまみどりがおか　岐阜県岐阜市
鷺山緑ケ丘新町　さぎやまみどりがおかしんまち　岐阜県岐阜市

24画（鷹）

8鷺沼
　　さぎぬま　千葉県習志野市
　　さぎぬま　神奈川県（東京急行電鉄田園都市線）
　　さぎぬま　神奈川県川崎市宮前区
鷺沼台　さぎぬまだい　千葉県習志野市
9鷺洲　さぎす　大阪府大阪市福島区
鷺畑　さぎはた　山形県鶴岡市
10鷺宮
　　さぎのみや　群馬県安中市
　　さぎのみや　東京都中野区
鷺島　さぎしま　茨城県筑西市
鷺浦町向田野浦　さぎうらちょうむこうたのうら　広島県三原市
鷺浦町須波　さぎうらちょうすなみ　広島県三原市
11鷺巣　さぎす　岡山県美作市
鷺巣町　さぎのすまち　新潟県長岡市

【鷹】
0鷹ノ子　たかのこ　愛媛県（伊予鉄道横河原線）
鷹ノ巣
　　たかのす　秋田県（JR奥羽本線）
　　たかのす　新潟県胎内市
　　たかのす　高知県土佐市
鷹の台
　　たかのだい　千葉県四街道市
　　たかのだい　東京都（西武鉄道国分寺線）
鷹の巣　たかのす　福岡県北九州市八幡西区
2鷹乃杜　たかのもり　宮城県黒川郡富谷町
3鷹子町　たかのこまち　愛媛県松山市
5鷹司町　たかつかさちょう　京都府京都市上京区
鷹辻町　たかつじまち　熊本県八代市
6鷹匠　たかじょう　静岡県静岡市葵区
鷹匠小路　たかしょうこうじ　青森県八戸市
鷹匠町
　　たかじょうまち　青森県弘前市
　　たかじょうまち　福島県白河市
　　たかじょうまち　石川県小松市
　　たかじょうちょう　岐阜県大垣市
　　たかじょうちょう　京都府京都市伏見区
　　たかじょうちょう　兵庫県姫路市
　　たかじょうまち　兵庫県明石市
　　たかじょうまち　和歌山県和歌山市
　　たかじょうまち　徳島県徳島市
　　たかじょうまち　高知県高知市
　　たかじょうまち　大分県中津市
鷹合　たかあい　大阪府大阪市東住吉区
鷹羽　たかば　新潟県十日町市
7鷹尾　たかお　宮崎県都城市
鷹来町　たかきちょう　愛知県春日井市
鷹見台　たかみだい　福岡県北九州市八幡西区
鷹見町　たかみちょう　岐阜県岐阜市
8鷹取
　　たかとり　神奈川県横須賀市
　　たかとり　兵庫県（JR山陽本線）
鷹取町　たかとりちょう　兵庫県神戸市須磨区
鷹岡本町　たかおかほんちょう　静岡県富士市
鷹泊　たかどまり　北海道深川市
9鷹架　たかほこ　青森県上北郡六ケ所村
鷹狩　たかがり　鳥取県（JR因美線）
10鷹島口　たかしまぐち　長崎県（松浦鉄道西九州線）

鷹島町三里免　たかしまちょうさんりめん　長崎県松浦市
鷹島町中通免　たかしまちょうなかどおりめん　長崎県松浦市
鷹島町里免　たかしまちょうさとめん　長崎県松浦市
鷹島町阿翁免　たかしまちょうあおうめん　長崎県松浦市
鷹島町阿翁浦免　たかしまちょうあおううらめん　長崎県松浦市
鷹島町神崎免　たかしまちょうこうざきめん　長崎県松浦市
鷹島町原免　たかしまちょうはるめん　長崎県松浦市
鷹島町船唐津免　たかしまちょうふなとうづめん　長崎県松浦市
鷹島町黒島免　たかしまちょうくろしまめん　長崎県松浦市
鷹峯上ノ町　たかがみねかみのちょう　京都府京都市北区
鷹峯千束町　たかがみねせんぞくちょう　京都府京都市北区
鷹峯土天井町　たかがみねつちてんじょうちょう　京都府京都市北区
鷹峯大谷町　たかがみねおおたにちょう　京都府京都市北区
鷹峯仏谷　たかがみねほとけだに　京都府京都市北区
鷹峯木ノ畑町　たかがみねきのはたちょう　京都府京都市北区
鷹峯北鷹峯町　たかがみねきたたかがみねちょう　京都府京都市北区
鷹峯旧土居町　たかがみねきゅうどいちょう　京都府京都市北区
鷹峯光悦町　たかがみねこうえつちょう　京都府京都市北区
鷹峯南鷹峯町　たかがみねみなみたかがみねちょう　京都府京都市北区
鷹峯堂ノ庭町　たかがみねどうのにわちょう　京都府京都市北区
鷹峯堀越町　たかがみねほりこしちょう　京都府京都市北区
鷹峯黒門町　たかがみねくろもんちょう　京都府京都市北区
鷹峯藤林町　たかがみねふじばやしちょう　京都府京都市北区
鷹師　たかし　鹿児島県鹿児島市
鷹栖　たかのす　富山県砺波市
鷹栖出　たかのすで　富山県砺波市
鷹栖町
　　たかすちょう　北海道上川郡
　　たかすちょう　京都府綾部市
11鷹巣
　　たかのす　宮城県白石市
　　たかのす　秋田県（秋田内陸縦貫鉄道線）
　　たかのす　秋田県北秋田市
　　たかのす　山形県北村山郡大石田町
　　たかのす　福島県田村郡三春町
　　たかす　茨城県常陸大宮市
　　たかのす　埼玉県比企郡小川町
　　たかのす　埼玉県大里郡寄居町
　　たかのす　鹿児島県出水郡長島町
鷹巣西　たかのすにし　宮城県白石市
鷹巣東　たかのすひがし　宮城県白石市
鷹部屋　たかべや　大分県中津市

1303

25画（鼈）26画（鬮）27画（鱸）30画（驫）

鷹野　たかの　埼玉県三郷市
鷹野原　たかのはら　茨城県つくば市
鷹野橋　たかのばし　広島県（広島電鉄宇品線ほか）
鷹野橋下中瀬　たかのばししもなかぜ　宮城県遠田郡
　涌谷町
12鷹場町　たかばちょう　愛知県愛西市
鷹番　たかばん　東京都目黒区
13鷹殿町　たかどのちょう　大阪府東大阪市
鷹飼町　たかかいちょう　滋賀県近江八幡市
鷹飼町北　たかかいちょうきた　滋賀県近江八幡市
鷹飼町東　たかかいちょうひがし　滋賀県近江八幡市
鷹飼町南　たかかいちょうみなみ　滋賀県近江八幡市

25画

【鼈】
5鼈奴　べっちゃろ　北海道十勝郡浦幌町

26画

【鬮】
11鬮野川　くじのかわ　和歌山県東牟婁郡串本町

27画

【鱸】
鱸　すずき　新潟県新潟市西蒲区

30画

【驫】
4驫木
　とどろき　青森県（JR五能線）
　とどろき　青森県西津軽郡深浦町

全国地名駅名よみかた辞典
——最新·市町村合併完全対応版

2016 年 10 月 25 日　第 1 刷発行

編　集／日外アソシエーツ編集部
発行者／大高利夫
発行所／日外アソシエーツ株式会社
　　　　〒140-0013 東京都品川区南大井6-16-16 鈴中ビル大森アネックス
　　　　電話 (03)3763-5241(代表)　FAX(03)3764-0845
　　　　URL　http://www.nichigai.co.jp/
発売元／株式会社紀伊國屋書店
　　　　〒163-8636 東京都新宿区新宿 3-17-7
　　　　電話 (03)3354-0131(代表)
　　　　ホールセール部(営業)　電話 (03)6910-0519

　　　　電算漢字処理／日外アソシエーツ株式会社
　　　　印刷·製本／株式会社平河工業社

　　　　不許複製·禁無断転載　　　　　　《中性紙クリームドルチェ使用》
　　　　〈落丁·乱丁本はお取り替えいたします〉
　　　　ISBN978-4-8169-2629-7　　　**Printed in Japan,2016**

本書はディジタルデータでご利用いただくことが
できます。詳細はお問い合わせください。

難読誤読 島嶼名 漢字よみかた辞典

四六判・130頁　定価（本体2,500円＋税）　2015.10刊

難読・誤読のおそれのある島名や幾通りにも読めるものを選び、その読みを示したよみかた辞典。島名表記771種に対し、983通りの読みかたを収録。北海道から沖縄まであわせて1,625の島の名前がわかる。

難読誤読 植物名 漢字よみかた辞典

四六判・110頁　定価（本体2,300円＋税）　2015.2刊

難読・誤読のおそれのある植物名のよみかたを確認できる小辞典。植物名見出し791件と、その下に関連する逆引き植物名など、合計1,646件を収録。

難読誤読 昆虫名 漢字よみかた辞典

四六判・120頁　定価（本体2,700円＋税）　2016.5刊

難読・誤読のおそれのある昆虫の名前のよみかたを確認できる小辞典。昆虫名見出し467件と、その下に関連する逆引き昆虫名など、合計2,001件を収録。

難読誤読 魚介類 漢字よみかた辞典

四六判・120頁　定価（本体2,700円＋税）　2016.9刊

難読・誤読のおそれのある魚介類の名前のよみかたを確認できる小辞典。魚介名見出し631件と、その下に関連する逆引き魚介名など、合計1,513件を収録。

難読誤読 鳥の名前 漢字よみかた辞典

四六判・120頁　定価（本体2,300円＋税）　2015.8刊

難読・誤読のおそれのある鳥の名前のよみかたを確認できる小辞典。鳥名見出し500件と、その下に関連する逆引き鳥名など、合計1,839件を収録。

姓名よみかた辞典 姓の部

A5・830頁　定価（本体7,250円＋税）　2014.8刊

姓名よみかた辞典 名の部

A5・810頁　定価（本体7,250円＋税）　2014.8刊

難読や誤読のおそれのある姓・名、幾通りにも読める姓・名を徹底採録し、その読みを実在の人物例で確認できる辞典。「姓の部」では4万人を、「名の部」では3.6万人を収録。各人名には典拠、職業・肩書などを記載。

データベースカンパニー
日外アソシエーツ
〒140-0013　東京都品川区南大井6-16-16
TEL.(03)3763-5241　FAX.(03)3764-0845　http://www.nichigai.co.jp/